LEXIKON
DES MITTELALTERS
BAND IV

LEXIKON DES MITTEL ALTERS

IV

Erzkanzler bis Hiddensee

ARTEMIS VERLAG

MÜNCHEN UND ZÜRICH

ERSCHEINUNGSDATEN
DER LIEFERUNGEN ZUM VIERTEN BAND
DES LEXIKONS DES MITTELALTERS

1. Lieferung: März 1987
2. Lieferung: September 1987
3. Lieferung: November 1987
4. Lieferung: April 1988
5. Lieferung: Juli 1988
6. Lieferung: November 1988
7. Lieferung: Dezember 1988
8. Lieferung: April 1989
9. Lieferung: August 1989
10. Lieferung: Oktober 1989

CIP-Titelaufnahme der Deutschen Bibliothek

LEXIKON DES MITTELALTERS. / [Hrsg. u. Berater:
Bautier, Robert-Henri ...]. – München; Zürich :
Artemis-Verlag, Bd. 1 Hrsg. u. Berater: Robert Auty ...
NE: Bautier, Robert-Henri [Hrsg.]; Auty, Robert [Hrsg.]
4. Erzkanzler bis Hiddensee. – 1989
ISBN 3–7608–8904–2

ANSCHRIFTEN

für München:
Artemis Verlag, Hackenstraße 5, D-8000 München 2
Telefon (089) 231198-0, Telefax (089) 264499, Telex 5215517

für Zürich:
Arbeitsstelle LexMA, Münstergasse 9, CH-8001 Zürich
Telefon (01) 2623773, Telex 825391

INHALTSVERZEICHNIS

DIE HERAUSGEBER UND BERATER MIT IHREN FACHBEREICHEN IM LEXIKON DES MITTELALTERS

Alphabetische Reihenfolge. Stand: September 1989

BAUTIER, ROBERT-HENRI, Paris: *Französische Geschichte im Spätmittelalter*

BERGHAUS, PETER, Münster (Westf.): *Numismatik*

BIEDERMANN, HERMENEGILD M., OSA, Würzburg: *Geschichte der Ostkirche*

BINDING, GÜNTHER, Köln: *Die mittelalterliche Baukunst in Europa in formaler, typologischer und stilistischer Hinsicht*

BRIESEMEISTER, DIETRICH, Berlin: *Romanische Literaturen und Sprachen (Teilbereich)*

BRÜCKNER, WOLFGANG, Würzburg: *Volkskunde*

BRÜHL, CARLRICHARD, Gießen: *Langobarden; Italien im Hochmittelalter* (unter Mitarbeit von THEO KÖLZER, Gießen)

BRUNHÖLZL, FRANZ, München: *Mittellateinische Sprache und Literatur*

BULLOUGH, DONALD A., St. Andrews: *Englische Geschichte im Hochmittelalter*

VAN CAENEGEM, RAOUL, Gent: *Englische Rechtsgeschichte*

CAVANNA, ADRIANO, Milano: *Italienische Rechtsgeschichte*

CONTAMINE, PHILIPPE, Paris: *Französische Geschichte im Spätmittelalter; Kriegswesen*

CORSTEN, SEVERIN, Bonn: *Schrift-, Buch- und Bibliothekswesen*

DILG, PETER, Marburg a. d. Lahn: *Geschichte der Botanik*

ELBERN, VICTOR H., Berlin: *Kleinkunst*

ENGELS, ODILO, Köln: *Geschichte der Iberischen Halbinsel*

ENGEMANN, JOSEF, Bonn: *Archäologie der Spätantike und des Frühchristentums*

VAN ESS, JOSEF, Tübingen: *Arabische Welt*

FAHLBUSCH, FRIEDRICH BERNWARD, Warendorf: *Städtewesen*

FASOLI, GINA, Bologna: *Geschichte Italiens im Spätmittelalter*

FERLUGA, JADRAN, Münster (Westf.); Motovun: *Byzantinische Geschichte und Kultur*

FLECKENSTEIN, JOSEF, Göttingen: *Frühmittelalter*

FRANK, KARL SUSO, OFM, Freiburg i. Br.: *Patristik*

FRENZ, THOMAS, Passau: *Heraldik*

GABRIEL, ERICH, Wien: *Belagerungsgeräte, Feuerwaffen*

GAMBER, ORTWIN, Wien: *Waffenkunde, Rüstungswesen*

GERRITSEN, WILLEM P., Utrecht: *Mittelniederländische Literatur*

GRAUS, FRANTIŠEK †, *Geschichte Osteuropas im Spätmittelalter*

GRUBER, JOACHIM, Erlangen-Nürnberg: *Spätantike, Westgoten*

HAMANN, GÜNTHER, Wien: *Geschichte der Geographie und der Reisen im Mittelalter*

HARMUTH, EGON †, *Mechanische Fernwaffen*

HARRIS, JENNIFER, Manchester: *Kostümkunde*

HÄUSSLING, ANGELUS A., OSB, Maria Laach, Benediktbeuern: *Liturgie*

HEINZELMANN, MARTIN, Paris: *Hagiographie*

HELLMANN, MANFRED, München: *Geschichte Rußlands, Litauens und der baltischen Ostseeländer*

HERDE, PETER, Würzburg: *Historische Grundwissenschaften*

HINZ, HERMANN, Tübingen: *Archäologie des Mittelalters*

HÖDL, LUDWIG, Bochum: *Philosophie und Theologie des Mittelalters*

HÜNEMÖRDER, CHRISTIAN, Hamburg: *Geschichte der Zoologie*

JUNG, MARC-RENÉ, Zürich: *Romanische Literaturen und Sprachen (Teilbereich)*

JÜTTNER, GUIDO, Berlin: *Geschichte der Mineralogie und Alchemie*

KLEMM, CHRISTIAN, Zürich: *Tafelmalerei*

KROESCHELL, KARL, Freiburg i. Br.: *Rechts- und Verfassungsgeschichte*

KÜHNEL, HARRY, Krems a. d. Donau: *Realienkunde des Mittelalters*

LANGGÄRTNER, GEORG †, *Liturgie*

LUDAT, HERBERT, Gießen: *Geschichte Ostmitteleuropas im Hochmittelalter*

MAKSIMOVIĆ, LJUBOMIR, Beograd: *Geschichte Südosteuropas*

MEINHARDT, HELMUT, Gießen: *Philosophie und Theologie des Mittelalters*

MERTENS, VOLKER, Berlin: *Deutsche Literatur*

MEYER, WERNER, Basel: *Kriegswesen*

MORAW, PETER, Gießen: *Deutsche Geschichte im Spätmittelalter*

MORDEK, HUBERT, Freiburg i. Br.: *Kanonisches Recht; Kirchengeschichte und Kirchenverfassung*

VON MUTIUS, HANS-GEORG, München: *Geschichte des Judentums*

NEUENSCHWANDER, ERWIN, Zürich: *Geschichte der Mechanik, Mathematik und Astronomie*

NEWTON, STELLA M., London: *Kostümkunde*

ONASCH, KONRAD, Halle (Saale): *Russische Kunst*

OURLIAC, PAUL, Toulouse: *Romanisches Recht* (unter Mitarbeit von DANIELLE ANEX-CABANIS, Toulouse)

PÁSZTOR, EDITH, Roma: *Häresien*

PATSCHOVSKY, ALEXANDER, Konstanz: *Häresien*

PATZE, HANS, Göttingen: *Deutsche Geschichte im Spätmittelalter*

PLOTZEK, JOACHIM M., Köln: *Buch-, Wand- und Glasmalerei; Mosaikkunst*

REINLE, ADOLF, Zürich: *Skulptur*

RESTLE, MARCELL ST., München: *Byzantinische Kunst*

RICHTER, MICHAEL, Konstanz: *Keltologie*

RILEY-SMITH, JONATHAN, London: *Geschichte der Kreuzzüge*

RINGGER, KURT †, *Romanische Literaturen und Sprachen (Teilbereich)*

ROBBINS, ROSSELL H., Albany: *Altenglische Literatur; Mittelenglische Literatur*

ROBERG, BURKHARD, Bonn: *Kirchengeschichte und Kirchenverfassung*

RÖSENER, WERNER, Göttingen: *Agrar- und Siedlungsgeschichte*

REDAKTION LEXIKON DES MITTELALTERS

E

Erzkanzler (archicancellarius), die älteste der Erzwürden; sie entstand aus der Verbindung eines geistl. Amtes (Erzkapellanat) mit einem polit. (Kanzleivorstehung). Der Erzkaplan (archicapellanus) nahm bereits unter den frühen Karolingern als Vorstand der am Hof tätigen Geistlichen eine wichtige Stellung ein, deren Bedeutung auch am langen Fortwirken des Titels abzulesen ist (→Hofkapelle). Für den Leiter der Kanzlei waren Bezeichnungen wie cancellarius, archinotarius u. ä. üblich (→Kanzler). Die Zusammenlegung der beiden Ämter erfolgte unter →Ludwig d. Deutschen (854, dann bleibend ab 870), indem der Erzkaplan auch mit der Kanzleileitung betraut wurde; dazu trug bei, daß seit den Karolingern ausschließlich geistl. Notare tätig waren. 870 übernahm Ebf. →Liutbert v. Mainz das Erzkapellanat, womit erstmals ein Konnex zu →Mainz entstand, der allerdings noch nicht von Dauer war – so bekleideten in der Folge Ebf.e v. →Salzburg, →Köln oder →Trier diese Funktion; erst unter Otto I. (ab 965 durch seinen Sohn →Wilhelm) wurde diese Verbindung eine ständige.

Bei den it. Karolingern kam der Ämterzusammenschluß nicht zustande; im Westreich hingegen können wir Vergleichbares bis in die Zeit von Kg. →Philipp I. beobachten, wobei die Ebf.e v. →Reims um eine ähnliche Stellung wie die Mainzer bemüht waren, dies allerdings nicht durchsetzen konnten. Der Titel 'archicancellarius' begegnet in Diplomen →Lothars I., wurde unter seinem Sohn →Ludwig II. in Italien üblich und von den Kanzleien der it. und burg. Kg.e sowie im westfrk. Reich aufgegriffen. Nördlich der Alpen setzte er sich jedoch erst im 11. Jh. (1044) gegenüber dem traditionellen archicapellanus durch.

Die Ottonen setzten bei ihren Italienzügen oberit. Bf.e als E. für →Italien ein. Später griff man auf die dt. Kanzlei zurück, wobei unter →Heinrich II. →Eberhard v. Bamberg als E. für Italien tätig war. →Konrad II. betraute 1031 Ebf. →Pilgrim v. Köln mit dieser Würde, der seit 1024 auch päpstl. Bibliothekar (→bibliothecarius) war. Sie blieb fortan – von einer Unterbrechung unter →Heinrich V. abgesehen – dauernd mit Köln verbunden. Die Kontakte des Reichs zu →Burgund sind nie sehr eng gewesen. 1043 berief →Heinrich III. den Ebf. v. Besançon zum E. für das »regnum Arelatense« (→Arelat); 1120–25 bekleidete der Bf. v. Lausanne das Amt, →Friedrich I. übertrug es den Ebf.en v. Vienne. Die zunehmende Ausrichtung Burgunds nach Frankreich führte aber dazu, daß 1308 die Ebf.e v. Trier die Würde übernahmen, die von alters her neben den Ebf.en v. Mainz und Köln eine wichtige Rolle bei →Königswahl und Königskrönung (→Krönung) spielten. Seit 1314 führten sie offiziell den Titel eines E.s »per Galliam«. Der Wirkungsbereich der E. orientierte sich ursprgl. am Betreffsprinzip, erst im 12. Jh. wurde die Lage des Urkundenausstellungsorts maßgeblich. Die geringe Bedeutung Burgunds in der Reichspolitik führte dazu, daß die Trierer Würde auch auf Lothringen ausgedehnt wurde, eine Übung, die vorübergehend schon unter den ersten sächs. Herrschern bestanden hatte.

Die feste Verbindung des E.amts mit einem Ebm. bedeutete, daß sein Träger die tatsächl. Geschäfte kaum ausüben konnte, weshalb der Kanzler die Leitung der Kanzlei und zumeist auch der Kapelle innehatte. Es wurden jedoch regelmäßig die feierl. Diplome im Namen der E. rekognosziert, ungeachtet mitunter bestehender Gegensätze zw. König und E. (vgl. →Rekognitionszeile), denn der polit. Einfluß der E. war bedeutend. Dafür sind insbesondere die Funktionen im Rahmen der Königswahl ausschlaggebend gewesen. Seit dem →Interregnum waren v. a. die Ebf.e v. Mainz bestrebt, auch auf die Leitung der Kanzlei und damit der Tagespolitik Einfluß zu gewinnen; etwa durch das Recht, den Kanzler zu bestellen, was seit →Adolf v. Nassau (1292 für →Gerhard II. v. Mainz) neben anderen Rechten (Siegelobhut, Einkünfte aus der Kanzlei) mehrfach in →Wahlkapitulationen bekräftigt wurde. Obwohl die →Goldene Bulle die E. auf ihre Ehrenvorrechte (c. 26, 27) beschränkte, sind Bemühungen um weitergehende Befugnisse bis in die Regierungszeit →Friedrichs III. zu beobachten; 1310 ließ sich der Ebf. v. Köln von →Heinrich VII. das Recht bestätigen, bei Italienaufenthalten des Herrschers einen Vertreter nominieren zu können.

Die Ausübung des Amts der E. im engeren Sinn blieb somit auf feierl. Anlässe und besondere Staatsakte beschränkt; neue Formen des Urkundenwesens ließen zudem seit dem ausgehenden 12. Jh. die Nennungen in der Rekognition an Bedeutung verlieren. Sichtbares Zeichen der E.würde waren im späteren MA die an silbernen Stäben getragenen →Siegel.   P. Csendes

Lit.: G. Seeliger, E. und Reichskanzleien. Ein Beitrag zur Gesch. des dt. Reichs, 1889 – W. Erben, Die Kaiser- und Königsurkk. des MA in Dtl., Frankreich und Italien, 1907, 44ff. – M. Buchner, Die Entstehung des trier. E.amtes in Theorie und Wirklichkeit, HJb 32, 1911, 1ff. – Bresslau I, 296ff. – L. Perrichet, La grande chancellerie de France, 1912 – F. Hausmann, Reichskanzlei und Hofkapelle unter Heinrich V. und Konrad III. (MGH Schr. 14, 1956) – J. Bärmann, Zur Entstehung des Mainzer Erzkanzleramtes, ZRGGermAbt 75, 1958, 1ff. – J. Fleckenstein, Die Hofkapelle der dt. Kg.e, 2 Bde (MGH Schr. 16/1,2, 1959–66) – H. Mathy, Über das Mainzer E.amt in der NZ (Veröff. des Inst. für gesch. LK an der Univ. Mainz 2, 1965), 109ff.

Erzkaplan → Hofkapelle, →Erzkanzler

Erzpriester → Archipresbyter

Esáin ('vertreibend'), air. Rechtswort, bezeichnet die Verweigerung des Gastrechtes (→bíathad, →dám), zu dem alle freien, erwachsenen Hausbesitzer verpflichtet waren. Eine Person, der das Gastrecht verweigert wurde, galt als beleidigt und konnte Anspruch auf den Ehrenpreis (*lóg n-enech;* →enech) erheben. Die Entschädigung bei e. ist somit eine der wichtigsten Bußleistungen, die Aufschluß über den Rechtsstatus einer Person geben. Eine Folge dieser Rechtsbestimmung ist, daß eine dritte Partei, die die Gäste eines anderen ohne Beköstigung aus dem Hause gehen läßt, den Ehrenpreis des Hauswirts zu zahlen hat. Dies geschieht z. B., wenn zwei Männer gemeinsam eine

Mühle nutzen und der andere anstelle des Hauswirts (der die Gäste geladen hat) gerade Korn mahlt.

T. M. Charles-Edwards

Lit.: D. A. BINCHY, Críth Gablach, 1941, 87f.

Escalada, S. Miguel de, Kl. in León, NW-Spanien (Diöz. León), am Esla gelegen. Vor 913 von Mönchen aus →Córdoba besiedelt, wurde es in der Folgezeit zu einem bedeutenden Zentrum mozarab. Kultur (Codex des →Beatus v. Liébana). Die Infantin →Sancha v. Kastilien, zu deren →*Infantazgo* das reich begüterte Kl. zählte, schenkte es 1124 an →Cluny, versprach es drei Jahre später der Kirche v. →Santiago de Compostela, um dann 1156 zusammen mit ihrem Bruder Kg. Alfons VII. endgültig darüber zugunsten der Regularkanoniker von →St-Ruf in Avignon zu verfügen. Ferdinand II. bestätigte 1173 die wahrscheinl. bereits von Sancha gewährten →Fueros. 1246 unternahm St-Ruf den Versuch, das Priorat an den Bf. v. León zu verkaufen. Die Verhandlungen zerschlugen sich aber. E. sollte bis 1483 dem Verband von St-Ruf angehören. Das Stift besaß eine Anzahl von Pfarrkirchen im Umkreis des Ortes und das Hospiz Sta. Elena in Mansilla de las Mulas. Die Kirche, ein Kleinod mozarab. Kunst (→Mozaraber), wurde 913 geweiht.

U. Vones-Liebenstein

Lit.: DHEE III, 1651 [V. GARCÍA LOBO] – DHGE XIV, 841–843 [RUIZ] – F. FITA, S. M. de E., Inscriptiones y documentos, BRAH 31, 1897, 466–515; ebd. 32, 1898, 25–64, 111–145, 209–245, 266–294, 367–427; ebd. 33, 1898, 217–224; ebd. 34, 1899, 311–316 – V. GARCÍA LOBO, Exención y jurisdicción eclesiásticas de S. M. de E., Hispania Sacra 29, 1976, 5–25 – DERS., La congregación de S. Rufo en el Reino de León, ebd. 30, 1977, 111–142 – DERS., El Beato de S. M. de E., Archivos Leoneses 66, 1979, 205–270.

Esch (ndl. *es*) bezeichnet in den Geestgebieten NW-Deutschlands und in den angrenzenden nö. Provinzen der Niederlande die alte Anbauflur, auf der die Äcker einer Siedlung gruppiert sind. Die Parzellen der daran beteiligten Bauern des Dorfes liegen in Gemenge, ohne dauernde Abzäunung. Der Begriff 'E.' wird auch in SW-Deutschland und in der Schweiz verwendet; er bezeichnet dort aber das Ackerland, das dem Fruchtwechsel der →Dreifelderwirtschaft unterliegt. In NW-Deutschland und in den nö. Niederlanden herrschte dagegen bis ins 19. Jh. das Bodennutzungssystem des »ewigen Roggenbaus« (→Dauerackerbau) vor. Hierfür wurden mit Viehdung gemischte Heideplaggen auf den Boden des E.s aufgetragen. Solche Auftragsböden erreichen gelegentlich erhebl. Stärken (*Plaggenesche*, z. T. mehr als 1 m). Als primäre Flurform des E.s hat man an mehreren Stellen eine Blockflur nachgewiesen, deren Ausbildung durch das Zusammenwachsen oder Zusammenfügen einzelner Blockäcker im 7.–9. Jh. stattgefunden haben soll (MÜLLER-WILLE, KRENZLIN, BEHRE, WATERBOLK). Diese alte Kernflur wurde später zum sog. *Gewannesch* ausgebaut. Der sog. Langstreifenesch, der früher als Primärform galt, wird heute als sekundäre Entwicklung betrachtet. Archäolog. und pollenanalyt. Untersuchungen datieren den Anfang der Plaggendüngung (→Düngung) auf dem E. ins 10. Jh. Dieser Wirtschaftsweise muß ein anderes Bodennutzungssystem vorangegangen sein: entweder die →Feldgraswirtschaft (Eschdrieschwirtschaft; vgl. dazu die etymolog. Ableitung bei DITTMAIER: germ. **at + − isk* 'was zur Atzung dienlich ist'; 'E.' bezeichnet demnach genutztes, →Driesch dagegen ruhendes Land) oder das Einfeldsystem, mit Sommergetreide und partieller Brache (JÄGER); oder aber ein kombiniertes System von Dauerackerbau und Wechselwirtschaft (*Infield-Outfield*-System →Flursysteme; HEIDINGA). Bis ins 19. Jh. war in der ndl. Provinz →Drente

ein Zweifeldersystem ohne Brache und mit Viehdüngung durch Beweidung der Stoppeln das übliche Bodennutzungssystem. Die Entwicklung des E.s von alter Blockflur bis zu neuzeitl. Anbauflur mit ewigem Roggenbau ist noch nicht völlig geklärt; sie verlief regional unterschiedlich.

E. N. Palmboom

Lit.: H. DITTMAIER, E. und Driesch. Ein Beitr. zur agrargesch. Wortkunde (Fschr. F. STEINBACH, 1960), 704–726 – H. J. KEUNING–J. NAARDING, Het Esdorp, Bijdragen en Mededelingen der Naamkundecommissie van de KNAW, 1963, insbes. 5–22 – Hist.-genet. Siedlungsforsch., hg. H. J. NITZ (WdF 300, 1974) – AAG 115, 116, 1979, 1980 [Beitr. von A. KRENZLIN, M. MÜLLER-WILLE, K. E. BEHRE, H. JÄGER] – Algemene Geschiedenis der Nederlanden I, 1981, 153–159 [A. VERHULST–D. P. BLOK].

Eschatokoll, von griech. *ἐσχατοκόλλιον* abgeleitet, wie der letzte Teil einer →Papyrusrolle hieß; als Schlußprotokoll (→Protokoll) oder E. werden im übertragenen Sinn in der Urkundenlehre seit TH. SICKEL die dem →Kontext einer →Urkunde folgenden Schlußformeln bezeichnet. Zu diesen Formeln zählen die Unterschriften bzw. Unterfertigungen des Ausstellers (→Signumzeile, →Monogramm, →Rota) und Kanzleipersonals (→Rekognitionszeile; →Kanzler, →Referendar, →Notar) sowie etwaiger Zeugen, ferner →Datierung (→Datum per manum) und →Apprecatio. Die Auswahl der zum E. gehörenden Formeln wurde durch den rechtl. Charakter und Inhalt der Urk. bedingt.

A. Gawlik

Lit.: TH. SICKEL, Acta regum et imperatorum Karolinorum I, 1867, 208f. – J. FICKER, Beitr. zur Urkundenlehre II, 1878, 120ff. – C. PAOLI, Programma scolastico di paleografia lat. e di diplomatica III, 1898, 106f. – BRESSLAU I, 45ff. – L. SCHMITZ-KALLENBERG, Die Lehre von den Papsturkk., 1913, 67ff. – G. TESSIER, Diplomatique royale française, 1962 – F. DÖLGER–J. KARAYANNOPULOS, Byz. Urkundenlehre, 1968, 48ff.

Eschatologie

A. Lateinisches Mittelalter – B. Ostkirche/byzantinischer Bereich.

A. Lateinisches Mittelalter

I. Theologie – II. Eschatologische Vorstellungen und Geschichtsdenken.

I. THEOLOGIE: Die E., die Lehre von den Letzten Dingen (*ἔσχατα*), fand als letzter Traktat Eingang in das System der ma. Theologie. Nachdem einzelne Eschata schon seit Beginn des 12. Jh. in Quästionen diskutiert worden waren, haben →Hugo v. St. Viktor und →Robertus Pullus ihre Summen, →Petrus Lombardus seine Sentenzen mit der systemat. Behandlung der Letzten Dinge abgeschlossen. Seit dem Lombarden bildet der E.-Traktat den Abschluß der Gesamtdarstellung der ma. Theologie. Diese hat bald begonnen, wie Zeugnisse durch das ganze MA belegen, die Beziehungen der früheren Traktate zur E. herauszustellen: jene der unmittelbar vorausgehenden Sakramentenlehre (Sakramente als signa praenuntiativa der Glorie), der Gnadenlehre (gratia als inchoatio gloriae), der Christologie und Soteriologie (Christus als Erstgeborener von den Toten und als Weltenrichter), der Gotteslehre (Gott als Vollender des Heils und vollendete Heilsgabe). Die aufgewiesenen Verflechtungen sind ein beredtes Zeugnis für den hohen Stellenwert der E. im System der ma. Theologie.

Petrus Lombardus hat aus einem umfangreichen Quellenmaterial (Schrift und Väter, bes. Augustinus) den nach Inhalt und Aufbau für die Folgezeit maßgebl. Grundriß der E. geschaffen. Dieser ist von den Sentenzenkommentaren, aber auch von nicht an den Text des Lombarden gebundenen Summisten weitgehend übernommen worden. Neue mit den ursprünglichen nicht zusammenhängende Probleme sind selten dazugekommen. Dagegen sind viele Fragen allmählich ausführlicher und gründlicher behandelt worden, wozu die durch die →Aristotelesrezeption vermittelten Kategorien und Begriffe entscheidend beitrugen.

Der Grundriß des Petrus Lombardus, und entsprechend der ma. E.-Traktat allgemein, ist nach den Hauptthemen der bibl. Antwort auf die Frage nach der Zukunft des Menschen entworfen: Auferstehung der Toten, allgemeines Gericht, ewiges Leben bzw. ewige Verwerfung. Die Eschata schlechthin sind die durch den wiederkommenden Christus heraufgeführten Eschata, die sowohl die endgültige Vollendung des Menschen mit Einbezug seines Leibes und seiner Zugehörigkeit zur Kirche wie die des ganzen Kosmos bringen. Die Eschata der leibgetrennten Seele kommen nur mittelbar in der Frage nach den zu Auferstehung und Gericht Gerufenen zur Sprache. Das ist auch die Sicht der patristisch-ma. Weltalterlehre. Die ewige Vollendung ist die siebte aetas, die mit der Wiederkunft Christi beginnt. Der Zwischenzustand der Seelen bis zur Auferstehung wird für gewöhnlich nicht erwähnt. Nach Bonaventura ist letzterer das siebte Zeitalter, das von der Passion Christi bis zur Parusie verborgen neben dem sechsten Weltalter herläuft. Die ewige Vollendung ist für ihn dann der achte Tag.

Mit dieser Sicht der endgültigen Heilsvollendung verbinden die Autoren die Lehre, die Benedikt XII. (vgl. →Benedictus Deus) 1336 definiert hat, daß nämlich die Seelen der Verstorbenen sofort nach dem Tod in die Anschauung Gottes bzw. die Hölle eingehen. Die beiden Positionen widersprechen sich nicht, insofern die Theologie allgemein ein extensives, und spätestens von der Hochscholastik weg, auch ein intensives Wachstum der Seligkeit durch die Auferstehung gelehrt hat.

Für den folgenden, nur bezügl. der Auferstehung (A.) von den Toten etwas ausführlicheren Überblick über den Inhalt der E.-Traktate ist zu beachten, daß einige zum dauernden Bestand der E. gehörende und auch dem MA bekannte Themen in der systemat. Theologie wenig oder nicht zur Sprache kommen, wie das Kommen des →Antichrist und die anderen Zeichen des nahen Weltendes (→Weltende), das endzeitl. Friedensreich, das im »Deutschen Symbolismus« des 12. Jh. (→Chiliasmus) wieder Thema wird und seine von →Joachim v. Fiore aufgestellte Variante vom Zeitalter des Hl. Geistes. Bonaventura und Thomas v. Aquin lehnen letzteres ab. Bonaventura hat aber, u. a. mit Denkformen Joachims, seine Geschichtstheologie ausgebildet und für eine nahe Zukunft eine Friedenszeit der Kirche erwartet.

Mehr Beachtung finden in den ma. E.-Traktaten die Letzten Dinge zw. Tod und Auferstehung. Das dem →Tod unmittelbar folgende bes. Gericht entscheidet nach Verdienst bzw. Mißverdienst über den Zustand der leibgetrennten Seelen und weist sie entsprechend verschiedenen Aufenthaltsorten zu: →Himmel, →Paradies, Unterwelt, →Limbus, Schoß →Abrahams, →Fegefeuer, →Hölle.

Die Wiederkunft Christi (→Parusie) erscheint in der ma. E. der Auferstehung der Toten und dem Gericht zugeordnet. Die nur von gnost.-dualist. Sekten (→Katharer, →Albigenser, →Waldenser, →Passaginer) geleugnete Glaubenslehre der A. wird im Licht der Offenbarung durchwegs als Wiederherstellung nicht bloß des Leibes, sondern des ganzen Menschen verstanden, auch in der Frühscholastik, obwohl diese in ihrer philos. Anthropologie bei der Erklärung der Leib-Seele-Einheit nicht über den Dualismus zweier Formen hinauskam. Thomas v. Aquin hat mit dem Denken von Leib und Seele als Materie und Form und seiner Lehre von der Geistseele als einziger substantieller Form des Menschen die gültige philos. Anthropologie für die Auferstehungslehre geschaffen. Diese Auferstehungskonzeption setzt die durch das ganze MA als Offenbarungslehre geglaubte →Unsterblichkeit der Seele voraus. Ohne sie ist nach vielen Autoren die A. nicht rational begründbar und die Identität der Auferstandenen mit den Toten nicht einsichtig. Die Frage nach der Identität des Auferstehungsleibes mit dem ird. Leib, nach →Heinrich v. Gent (Quodl. VII q. 16) das Auferstehungsproblem schlechthin, wird durch die ganze Scholastik unter der Rubrik »De veritate naturae humanae« breit abgehandelt. Erst die Hochscholastik gelangte zum Konsens, daß zur veritas naturae die dem Menschen in der Zeugung mitgegebene und die auf Grund der Nahrung zugewachsene Materie gehören. Aus diesen Materieteilen wird Gott den Auferstehungsleib herstellen. Lehrer der beginnenden Hochscholastik erklärten die Identität zw. Auferstehungsleib und ird. Leib mit in der Materie bleibenden Ausrichtungen, rationes seminales usw. Thomas v. Aquin hat die Erklärung von der Geistseele her grundgelegt. Dieselbe Seele tritt als Körperform zur Leibmaterie hinzu und schafft wieder denselben Leib. →Aegidius Romanus, →Johannes Quidort u. a., v. a. →Durandus de S. Porciano, haben seine These definitiv formuliert.

Daß nur Gott Leib und Seele wieder zusammenbringen kann, wird seit →Wilhelm v. Auxerre mit dem Unvermögen der Natur, den Weg von der privatio zum habitus zu gehen, mit der Unmöglichkeit der Rückkehr zum numerisch Selben und mit der Plötzlichkeit der A. begründet. Gott allein ist also die Wirkursache der A. Die ma. Theologen lehrten früh auch die Exemplarursächlichkeit Christi, blieben aber hinsichtl. seiner Wirkursächlichkeit im unklaren. Thomas v. Aquin hat dann die Instrumentalursächlichkeit der mit dem Logos vereinten Menschheit Christi gelehrt. Mit der Übernatürlichkeit, dem Wundercharakter der A. hat das MA allgemein ihre Natürlichkeit hochgehalten, insofern sie dem Wesen des Menschen entspricht.

Der Auferstehungsleib ist seiner Natur nach vollkommen. Vollkommenheit meint neben der Integrität der Körperteile auch Größe und Lebensalter nach dem Vorbild Christi, Wahrung der zwei Geschlechter, Wegfall von Mängeln. Die gnadenhafte Ausstattung des verklärten Leibes wird in der ma. Theologie seit etwa 1200 unter dem myst. Bild der Brautgaben (dotes) dargestellt. Der Auferstehungsleib wird über die Seele und ihre dotes mit der impassibilitas, subtilitas, agilitas und claritas beschenkt. Die Vollendung des Menschen in der A. wird nach dem Konzept des ma. E.-Traktats gleichsam ergänzt durch die Vollendung des Kosmos (→Weltenbrand, Neuer Himmel und Neue Erde). Mit dem Lehrstück von der A. der Toten eng verbunden, wird jenes vom →Gericht Gottes weitergegeben. Der ma. E.-Traktat erreicht seinen Höhepunkt und Abschluß in der Lehre von der →Seligkeit, der personalen Begegnung des Menschen in Erkenntnis und Liebe mit dem beseligenden Gott. Das Schicksal der Bösen besteht demgegenüber in der Verwerfung durch Gott und Trennung von ihm (→Hölle). N. Wicki

II. ESCHATOLOGISCHE VORSTELLUNGEN UND GESCHICHTSDENKEN: Alle ma. Konzeptionen von Geschichte (→Geschichtsdenken) sind insofern eschatologisch, als sie den hist. Verlauf als eine Abfolge von Zeitaltern sehen, die in der endgültigen Belohnung des Guten und in der Bestrafung des Bösen am Ende der Zeiten gipfelt. Einige ma. Geschichtstheorien sind darüber hinaus auch von apokalypt. Vorstellungen geprägt. Ihnen zufolge habe Gott den von ihm vorbestimmten Plan der Geschichte offenbart;

der Ablauf der Zeitalter und das unmittelbare Bevorstehen der Letzten Dinge – aufgefaßt als dreifach gestaffelte Abfolge von Krise, Gericht und Rechtfertigung – könnten durch Ausdeutung von bibl. wie nichtbibl. →Prophetien, die zu hist. Ereignissen in Bezug zu setzen seien, entziffert werden. Schließlich sind manche apokalypt. Sehweisen stark vom →Chiliasmus (Millennarismus) beeinflußt, insofern sie Hoffnung ausdrücken auf eine bessere Zeit, die nach dem Sieg über die Kräfte des Bösen auf Erden einkehren solle.

Die lat. Kirchenväter, v. a. →Augustinus, →Hieronymus und →Gregor d. Gr., schufen die wesentl. Grundlagen für die traditionelle ma. E. Ihnen war eine spiritualist. Auslegung der eschatolog. Teile der Bibel gemein, insbes. der Johannes-Apokalypse, die als moral. Botschaft über den Kampf zwischen Gut und Böse im Leben der Kirche aufgefaßt wurde. Ohne die Realität der Aussagen der Hl. Schrift über die Letzten Dinge zu leugnen, lehnten es die Kirchenväter jedoch ab, einen Bezug zw. den symbol. Weissagungen der Schrift und dem konkreten Verlauf der Geschichte herzustellen. Augustinus z. B. versagte sich jegliche Spekulation über den Eintritt der Endzeit; Hieronymus und Gregor indessen neigten eher der Annahme zu, daß das Ende des Sechsten und Letzten Zeitalters bald bevorstehe. Andere patrist. Autoritäten, wie etwa →Lactantius, waren stärker von apokalypt. Erwartungen geprägt; sie beobachteten aufmerksam die Zeichen der Zeit und verbreiteten reichlich außer-bibl. eschatolog. Traditionen, besonders solche über den →Antichrist.

Formen der polit. E., ihrer Natur nach meistens Offenbarungsliteratur, waren im MA ebenfalls stark verbreitet. Gestützt auf →sibyllin. Texte und Offenbarungsschriften wie Ps.-→Methodius (7. Jh.), stand im Mittelpunkt dieser Tradition die vom Buch Daniel ausgehende Vorstellung der sich ablösenden Weltreiche, mit dem röm. als dem letzten; ihr eigentümlich war der Glaube an die messian. Gestalt eines kommenden (röm.) Endkaisers (s. a. →Friedenskaiser), der die Feinde der Christenheit (speziell die Muslime) besiegen werde und der nach Erringung der Weltherrschaft seine Krone schließlich Gott übergeben werde; damit würde dann das Ende der röm. Herrschaft gekommen sein und würden die Letzten Tage anbrechen. Durch Texte wie die »Epistola de Antichristo« des →Adso v. Montier-en-Der, die »Sibylla Tiburtina« und den →»Ludus de Antichristo« erlangte diese eschatolog.-apokalypt. Kaiservorstellung beträchtlichen Einfluß, namentlich in Deutschland.

Im Laufe des 12. Jh. war das eschatolog. Denken im Gefolge der gregorian. Reform und Kreuzzügen vielfältigen Wandlungen ausgesetzt, bedingt v. a. durch eine stärkere Hinwendung zu dem Gedanken der hist. Entwicklung. →Otto v. Freising bekräftigte in seiner Chronik die augustin. E.-Konzeption, während →Rupert v. Deutz, →Anselm v. Havelberg und →Gerho(c)h v. Reichersberg sich an neuen eschatolog. und apokalypt. Konzepten versuchten. Der große Neuerer aber war →Joachim v. Fiore (1135–1202), der eine neue Form apokalypt. E. auf der Grundlage einer systemat. hist.-prophet. Ausdeutung der Bibel begründete. Joachim glaubte, daß die Bibel nicht nur das trinitar. Gefüge der Geschichte offenbare, sondern auch die Krise des eigenen Zeitalters, des zweiten, im Zeichen des Sohnes stehenden *Status*, zu enthüllen vermochte. Wenn der Antichrist, dessen Kommen unmittelbar bevorstünde, überwunden sei, würde eine erneuerte monast. Kirche im dritten *Status*, dem Zeitalter des Hl. Geistes, aufblühen. Von bes. Bedeutung für die Verbreitung von Joachims Ideen sollte sich dabei die Einführung

neuer Akteure auf der Bühne der Letzten Tage in Gestalt von *viri spirit(u)ales* erweisen (Mönchsorden, die sich dem Antichrist durch Gebet und Predigt entgegenstellen würden).

Das SpätMA erlebte eine reiche und vielgestaltige Weiterbildung der in den früheren Jahrhunderten entworfenen Denkansätze. Das wurde v. a. begünstigt durch Konflikte zw. Papst und Kaiser (insbes. durch den erbitterten Kampf zw. →Friedrich II. und dem Papsttum), durch Krisen im Inneren der Kirche (v. a. während der Zeit des avignones. Papsttums und des Gr. →Abendländ. Schismas), sowie durch Kämpfe der Christenheit mit äußeren Feinden (Muslimen, →Mongolen). In dieser Zeit spielten apokalypt.-eschatolog. Momente auch in häret. Protesten gegen die etablierte kirchl. und gesellschaftl. Ordnung eine Rolle. Die traditionelle E. übte weiterhin einen beträchtl. Einfluß aus, um bisweilen bei Predigern wie Vinzenz →Ferrer oder Girolamo →Savonarola apokalypt. Züge anzunehmen. Weit verbreitet blieb jedoch auch die eschatolog.-apokalypt. Endkaiservorstellung, sei es im traditionellen Gewand oder auch in neuen Erscheinungsformen, bei denen sich alte Mythen mit joachit. Motiven mischten. Zu deren wichtigsten Ausprägungen ist die Weissagung vom »zweiten Karl d. Gr.« zu zählen, derzufolge ein frz. Kg. namens Karl, im Bunde mit einem hl. Papst, das tyrann. Regiment eines dt. Ks.s namens Friedrich samt dessen falschem Papst stürzen werde, um schließlich selbst zum Letzten Röm. Ks. gekrönt zu werden.

Joachims Weissagungen über die *viri spirit(u)ales* verschafften seinen Vorstellungen Eingang bei zahlreichen religiösen Gemeinschaften, die selbst eine eschatolog. Rolle beanspruchten. Gruppen wie die Franziskaner-→Spiritualen und die revolutionäre Anhängerschaft eines Fra→Dolcino identifizierten sich mit der höheren spirituellen Lebensform, die nach Joachim im bevorstehenden Millennium triumphieren würde; sie gerieten deswegen bald mit der etablierten kirchl. Ordnung in Konflikt und wurden als Häretiker verdammt und verfolgt. Wenn diese Rebellen der Kirche päpstl. Gegner als Verkörperung des Antichrist anprangerten, so schrieben sie dem Papsttum als solchem doch eine zentrale Rolle in der apokalypt. E. zu, abzulesen etwa an der Vorstellung vom Kampf zw. guten und schlechten Päpsten (hie *pastor angelicus*, dort *antichristus mysticus*) am Vorabend der Neuen Zeit. Die →Hussiten brachen mit dieser Tradition und bereiteten den Weg für das eschatolog. Konzept der Reformation, das im Papsttum nurmehr die Inkarnation des Bösen sah.

B. McGinn

Lit.: zu [I]: LThK² II, 171–173; III, 1094–1098 – TRE X, 305–310 – W. Kübel, Die Lehre von d. Auferstehung der Toten nach Albert d. Gr. (Studia Albertina, BGPhThMA, Suppl. IV), 1952, 279–318 – N. Wicki, Die Lehre von der himml. Seligkeit in der ma. Scholastik von Petrus Lombardus bis Thomas v. Aquin, 1954 – A. Hoffmann, Auferstehung des Fleisches, Dt. Thomasausg. 35, 1958 – J. Ratzinger, Die Geschichtstheologie des hl. Bonaventura, 1959 – A. Hoffmann, Die letzten Dinge, Dt. Thomasausg. 36, 1961 – H. Stoevesandt, Die letzten Dinge in der Theologie Bonaventuras, 1969 – R. Heinzmann, Die Unsterblichkeit der Seele und die Auferstehung des Leibes, BGPhThMA 40, 3, 1965 – H. J. Weber, Die Lehre von der A. der Toten in den Haupttraktaten der scholast. Theologie, Freiburger Theol. Studien 91, 1973 – Ch. Schuetz, Mysterium Salutis 5, 1976, 589–606 – A. Emmen, Die E. des Petrus Joh. Olivi, WuW 24, 1961, 113–144 – *zu [II]:* F. Kampers, Kaiserprophetien und Kaisersagen im MA, 1895 – E. Bernheim, Ma. Zeitanschauungen, 1918 – J. Adamek, Vom röm. Endreich in der ma. Bibelerklärung, 1938 – R. Manselli, La »Lectura super Apocalypsim« di Pietro di Giovanni Olivi, 1955 – B. Töpfer, Das kommende Reich des Friedens, 1964 – M. Reeves, Prophecy in the Later MA, 1969 – R. Lerner, Medieval Prophecy and Religious

Dissent 1976, 72 – DERS., Refreshment of the Saints, Traditio 32, 1976, 97–144 – H. GRUNDMANN, Ausgew. Aufs., Bd. 2: Joachim v. Fiore, 1977 – B. McGINN, Visions of the End, 1979 – R. K. EMMERSON, Antichrist in the MA, 1981 – R. LERNER, The Powers of Prophecy, 1983.

B. Ostkirche/byzantinischer Bereich

Innerhalb der eschatolog. Vorstellungen des griech.-byz. Kulturraums lassen sich drei deutlich getrennte Bereiche in einem gegenseitigen Spannungsverhältnis unterscheiden: Während die kosmolog. Enderwartung ihre notwendige Voraussetzung und Ergänzung im anthropolog. Bereich (Einzelschicksal nach dem Tode) besitzt, stehen diese beiden Aspekte im Kontrast zu einer sich zunehmend von ihrem exegetisch-theol. Ausgangspunkt loslösenden, polit. Reichseschatologie. Alle drei Bereiche erlangten schon in der Blütezeit der griech. Patristik (3.–4. Jh.) den Höhepunkt ihrer durchaus kontrovers ausgetragenen Entwicklung.

Für die *kosmologische* Perspektive markiert Eirenaios v. Lyon gegen die valentinian. Gnosis einen ersten, festen Orientierungspunkt mit der These von der ἀνακεφαλαίωσις des Weltalls durch die Parusie des inkarnierten Christus – ein Gedanke, der später von anderen Kirchenvätern (z. B. Oikumenios) auch unter dem Stichwort ἀνακαινισμός fortgeführt wird; dabei geht der im NT bezeugten Umwandlung der Welt durch Feuer (Wiederkunft Christi) das die Geschichte rekapitulierende Schreckensregiment des Antichrist voraus. Den Gipfelpunkt dieser Linie bildet die von Origenes eingebrachte Lehre der ἀποκατάστασις πάντων (= Wiedereinbringung aller / d. h. geistigen Wesen), die von einem sich über mehrere Weltperioden erstreckenden Läuterungs- und Erziehungsprozeß ausgeht und die gänzliche Ausrottung des Bösen bzw. die vollkommene Gottesgemeinschaft zum Ziele hat. Während die darin ausgedrückte Geringschätzung der leibl. Auferstehung heftigen Widerstand hervorrief (Methodios v. Olympos), verlor das Gesamtkonzept auch während der krit. Auseinandersetzung (→Gregorios v. Nyssa, →Epiphanios u. a.), ja selbst nach seiner konziliaren Verurteilung (5. Ökumen. Konzil: 553) nichts von seiner Anziehungskraft. – Weniger dramatisch verlief die Entwicklung im Bereich der *Individualeschatologie*, d. h. der Deutung von →Tod und jenseitigem Leben des Einzelmenschen. Hier spielen die im Spätjudentum, in der →Gnosis (Manichäismus) wie auch im heidn. Orient z. T. vorgebildeten Vorstellungen vom Todesengel, Engelgeleit der →Seele samt deren Grenzwächterrolle (τελῶναι) die entscheidende Rolle; für die Christen sind diese Funktionen der →Engel, mit Ausnahme des Todesengels, an der →Himmelfahrt Christi exemplarisch ablesbar. Die v. a. von der alexandrin. und kappadok. Theologie ausgearbeitete Lehre stimmt darin überein, daß jedem Menschen, nachdem ihm – je nach seiner moral. Verfassung – ein guter Engel oder ein böser Dämon den Tod gebracht hat, ein Schutz- bzw. Ehrengeleit durch gute Engel oder die Entführung durch böse Dämonen zuteil wird. Während des Aufstiegs durch die Himmelssphären vollzieht sich an den noch nicht vollendeten Seelen ein Wachstumsprozeß auf das angestrebte Ziel hin (→Clemens v. Alexandria, →Origenes), insofern sich Hindernisse (»Zollstationen«), die nur im Maße der voranschreitenden Reinheit zu passieren sind, in den Weg stellen. Wieweit die letztgenannte Vorstellung der westl. Konzeption eines Individualgerichts bzw. dem →Feg(e)feuer entspricht, wird von den Autoren verschieden beantwortet, nachdem im 13. Jh. die Frage des Feg(e)feuers unter die offiziellen Kontroverspunkte zw. Ost und West gerückt war, und sollte folglich

offen bleiben. Die in der Florentiner Unionsbulle »Laetentur coeli« (6. Juli 1439) festgehaltene Einigungsformel bezüglich des Feg(e)feuers und der unmittelbaren Gottesschau der Gerechten wurde auch nach 1453 noch jahrhundertelang kontrovers diskutiert. Da nur wenige Grundzüge durch die Entscheidungen der frühchristl. Konzilien gedeckt sind, stehen sich letztlich eine im Detail ausformulierte Schultheologie und eine stets das Geheimnis betonende unsystemat. Spiritualität gegenüber. – Was die zur beherrschenden Ideologie gewordene byz. *Reichseschatologie* betrifft, so kommt ihr aus der Periodisierung der Weltgeschichte (Dan 2;7) abgeleiteten Identifizierung von christl. Weltreich (→Konstantin d. Gr.) und Universalkirche als unüberbietbarer Herrschaftsform durch →Eusebios v. Kaisareia erstrangige Bedeutung zu. Nach der schon von den Alexandrinern geleisteten allegor. Überwindung des →Chiliasmus erscheint diesem nur in der Epoche des Arianismus und der Völkerwanderung sowie in der Endphase des byz. Reiches angezweifelten Theoretiker der Fortgang der Geschichte im christl. Römerreich abgeschlossen bzw. aufgehoben. Ihm stellen sich nur die Schriftdeutung der Randvölker (wie z. B. des Syrers →Theodoretos v. Kyrrhos) sowie eine Reihe nachbyz. Autoren entgegen, welche wiederum die fast vergessene 1000jährige Schreckensherrschaft des →Antichrist (Offb 20) bzw. die (vollzogene) Ablösung des Römerreiches vor dem Weltende in Erinnerung rufen.   G. Podskalsky

Zur Darstellung eschatolog. Motive in der bildenden Kunst s. →Apokalypse; →Parusie; →Weltgericht.

Lit.: DThC V, 2504–2552, bes. 2519–2531 [E. MANGENOT] – TRE 10, 299–305 [G. MAY] – M. JUGIE, La doctrine des fins dernières dans l'Église gréco-russe, EO 17, 1914, 1–22, 209–228, 402–421 – E. CANDAL, Processus discussionis de Novissimis in Concilio Florentino, OrChrP 19, 1953, 303–349 – A. RECHEIS, Engel, Tod und Seelenreise, 1958 – G. PODSKALSKY, Byz. Reichseschatologie, 1972 – G. DAGRON, La perception d'une différence: les débuts de la »Querelle du purgatoire« (Actes du XVᵉ congr. Internat. d'Ét. byz., Athènes 1976, IV. Histoire. Communications, 1980), 84–92 – Studi sull'escatologia: Augustinianum 18, 1978, fasc. 1 – A. ARGYRIOU, Les Exégèses de l'Apocalypse à l'époque turque (1453–1821), 1982 – G. PODSKALSKY, Représentation du temps dans l'e. impériale byz. (Le temps chrétien de la fin de l'antiquité au m-â, IIIᵉ–XIIIᵉ s., 1984), 439–450.

Zur E. im Judentum s. →Messianismus

Esche → Laubhölzer

Escheators (von *to escheat* 'heimfallen'), Beamte der engl. Krone; ihnen oblag die Kontrolle der Liegenschaften nebst Zubehör, die aufgrund des Heimfallrechts (→Heimfall) wegen Erbenlosigkeit oder Verwirkung an die Krone (zurück)gelangt waren (s. a. →Lehen, Lehnswesen/England). Ihr Aufgabenbereich umfaßte u. a. die Abhaltung von Untersuchungen (→inquisitio), die Taxierung von Liegenschaften und die Rechnungslegung vor dem →Exchequer, solange bis der betreffende Landbesitz den früheren Besitzern oder ihren Erben zurückerstattet oder aber an neue Inhaber ausgetan worden war. Das Amt entstand 1232 mit der Schaffung von 34 E.-Stellen, die jeweils paarweise besetzt wurden. Die Ernennung erfolgte für bestimmte Grafschaften. Zahl und Amtsbezirke der E. schwankten in der Folgezeit; seit der Mitte des dreißiger Jahre im 13. Jh. bestanden im Jahrhundert lang zumeist zwei *escheatries*, jeweils für das Gebiet nördl. bzw. südl. des Trent, wobei in den jeweiligen Gft.en untere E. tätig waren. Zeitweise wurde aber auch mit anderen verwaltungstechn. Regelungen experimentiert (escheatries für einzelne Gft.en, regionale escheatries für mehrere benachbarte Gft.en gemeinsam). In den siebziger Jahren des 14. Jh. hatte sich die Verfahrensweise durchgesetzt, daß ein Escheator in zwei Gft.en amtierte; diese Regelung blieb bis zum Ende des MA vorherrschend.   H. M. Jewell

Q. und Lit.: E. R. STEVENSON, The E. (The English Government at Work 1327-36, Bd. 2, hg. W. A. MORRIS–J. R. STRAYER, 1947), 109–167 – List and Ind. Society, Bd. 72: List of E. for England and Wales, 1971 [Verz. der Amtsträger] – H. M. JEWELL, English Local Administration in the MA, 1972.

Eschenloer, Peter, Chronist, * um 1420 Nürnberg, † 12. Mai 1481 in Breslau. Aus einer Kaufmannsfamilie stammend, gelangte er nach Schulausbildung und Lehrtätigkeit in Görlitz nach →Breslau, wo er von 1455 bis zu seinem Tode→Stadtschreiber war. E. übersetzte 1464 im Auftrage des Breslauer Rates »De Bohemorum origine ac gestis historia« des Aeneas Sylvius (→Pius II.), 1466 die »Historia Hierosolymitana« des Robertus Monachus. Nach 1460 bis 1472 Abfassung der lat. »Historia Wratislaviensis« (ed. H. MARKGRAF, 1872), für die letzten Jahrzehnte tagebuchartig mit Dokumenteninserierung. Nach 1472 bis 1481 Erweiterung und stark subjektive Neugestaltung einer dt. Fassung »P. E.s Stadtschreibers zu Breslau Geschichten der Stadt Breslau oder Denkwürdigkeiten seiner Zeit vom Jahre 1440 bis 1479« (ed. J. KUNISCH, 1827-28). E.s Chronik ist das bedeutendste ma. Geschichtswerk Schlesiens in dt. Sprache.   J. J. Menzel

Lit.: ADB VI, 348f. – Repfont IV, 381 – Verf.-Lex.² II, 630ff. – R. KOEBNER, Der Widerstand Breslaus gegen Georg v. Podiebrad, 1916, 155ff. – A. LUBOS, Gesch. der Lit. Schlesiens I, 1960, 61f.

Eschwege, Stadt in Hessen, auf ehem. thür. Boden zw. Eichsfeld, Meißner und Ringgau verkehrsgünstig an einem Übergang der früher schiffbaren Werra. Kgl. Burg und Königshof E. (974 civitas, curtis) gehörten zur Germar-Mark, einem Burgensystem wohl aus der Mitte des 8. Jh. zur Sicherung der frk. Reichsgrenze gegen die →Sachsen. 974 gab Otto II. das gesamte Königsgut E. seiner Gemahlin Theophanu als Wittum, 994 Otto III. seiner Schwester Sophie, die wohl bald nach 1000 in der Pfalz das Kanonissenstift St. Cyriakus gründete. Heinrich IV. überließ 1075 Pfalz, Stift und den ertragreichen Fiskalbezirk der bfl. Kirche→Speyer, doch erscheint E. noch im →Tafelgüterverzeichnis. Das Stift erwarb Friedrich II. 1213 für das Reich zurück; es wurde 1527 aufgehoben. Der Marktort (wohl seit 11. Jh., 1188 villa) mit Pfarrkirche St. Dionys, langgestrecktem Marktplatz und dazu rechtwinkliger 2. Achse zum Werraübergang, unter dem beherrschenden Stiftsberg am Flußufer, war um 1190, aber spätestens 1236 zur Stadt gediehen. Die noch 1249/50 regia villa gen. Stadt kam im thür.-hess. Erbfolgekrieg an Lgf. →Heinrich I. v. Hessen (1264). Als sein angebl. Allod wurde sie 1292 mit der südl. benachbarten Reichsburg Boyneburg Grundlage für seine Erhebung in den Reichsfürstenstand. Im 13. Jh. entstand südl. der Altstadt planmäßig die Neustadt mit eigener Pfarrkirche St. Katharinen. Die Gesamtstadt umfaßte damit ausgangs des MA ca. 4000 Einw. auf ca. 40 ha. Im 14. Jh. zugewanderte Flamen begründeten ein blühendes Tuchgewerbe. Eine landesherrl. Burg wurde um 1386 westl. über der Werra errichtet.   K. Heinemeyer

Q.: Die Kl. der Landschaft an der Werra. Reg. und Urkk., bearb. A. HUYSKENS (VHKH 9, 1, 1916) – Q. zur Rechtsgesch. der Stadt E., 1-2, bearb. K. A. ECKHARDT u. a. (VHKH 13, 6, 1959-70) – Lit.: K. A. ECKHARDT, E. als Brennpunkt thür.-hess. Gesch., 1964 – K. HEINEMEYER, Der Königshof E. in der Germar-Mark (Schr. des Hess. Landesamtes für dgesch. LK 34, 1970) – DERS., E. (Die dt. Königspfalzen, I: Hessen, Lfg. 1-2, 1983-85), 98-130 [Lit.].

Escornalbou, Sant Miquel d', Kl. OSA im südl. Katalonien (Prov. Tarragona), auf einem Felsen im Bergmassiv von Sta. Bàrbara gelegen. 1162 durch Albert v. →Castellvell vom →Wālī v. Siuranà zurückerobert, wurde das

strategisch wichtige Felsennest drei Jahre später von Alfons I. v. Aragón an Johann v. Sant Boì, Kanoniker v. Tarragona, zur Errichtung einer Regularkanonie gemäß dem Ordo v. →St-Ruf übertragen. 1198 kam es zu einer Übereinkunft zw. dem Prior Johannes und dem Ebf. v. →Tarragona, Raimund v. Castellterçol, wonach die Wahl des Priors nicht dem Konvent von E., sondern dem Kapitel v. Tarragona zustand, E. dafür aber die Herrschaft über die zugehörige Burg erhielt und das Recht, bei der Wahl des Ebf.s mitzuwirken. Ab 1219 behielt sich der Ebf. die Priorenwürde von E. vor. 1240 fand die Kirchweihe statt. Die Baronie v. E., um 1166 gegr., war im 14. und 15. Jh. ganz vom Ebf. v. Tarragona abhängig. 1574 erfolgte die Säkularisierung des Stiftes.   U. Vones-Liebenstein

Lit.: Gran Enc. Catalana VI, 775f. [A. PLADEVALL] – O. ENGELS, Episkopat und Kanonie im ma. Katalonien, SFGG. GAKGS 21, 1963, 109/110 – P. CATALÀ ROCA–M. BRASÒ I VAQUÉS, Castell d'E., Els Castells Catalans IV, 1973, 161–166 – A. PLADEVALL–F. CATALÀ ROCA, Els Monestirs Catalans, 1974³, 356–359.

Escouchy, Mathieu d', frz. Chronist, * um 1420 in Péronne (Picardie), † nach 1482, entstammte einer Notabelnfamilie aus Péronne, durchlief eine bewegte, mehrfach von jurist. Streitigkeiten unterbrochene Karriere, zunächst in seiner Vaterstadt; nach dem Übertritt auf die Seite des frz. Kg.s Ludwig XI. (1461) war er als Bailli, Prévôt und kgl. Prokurator in Nesle sowie anderen Städten tätig. E. verfaßte um 1465 eine Chronik der Jahre 1444–61, die sich an diejenige →Monstrelets anschließt. Der unbeteiligt wirkende, zuweilen hochmoralische Ton der Chronik kontrastiert eigentümlich zu E.s unstetem und turbulentem Leben. E. verhält sich gegenüber dem burg.-frz. Konflikt unparteiisch und zeigt sich sehr gut informiert. Das Rittertum bleibt für ihn das absolut verpflichtende Leitbild. Von den fünf erhaltenen Hss. weicht eine formal von den anderen stark ab; sie kann vielleicht als die ursprgl. Fassung gelten.   P. Bourgain

Ed.: G. DU FRESNE DE BEAUCOURT, 1863–64, 3 Bde (SHF) [mit ausführl. Einl.] – G. HALLIGAN [Diss. masch. Cambridge, 1960] – Lit.: MOLINIER IV, 240, n° 4125 – G. HALLIGAN, La chronique de M. d'E., Romania 90, 1969, 100–110.

Esdras (Ezra)-Apokryphen. Unter dem Namen des atl. Schriftgelehrten E. waren im europ. MA, abgesehen von mehreren klimat. →Prognostica, wenigstens sechs Texte überwiegend eschatolog. Inhalts im Umlauf, meist frühchristl. Überarbeitungen jüd. Schriften, die auf die ma. →Visionsliteratur nicht ohne Einfluß blieben. Das III. E.-Buch, in Griech. und Lat. überliefert, beantwortet die Frage, was mächtiger sei: der Wein, der König, das Weib oder die Wahrheit (hg. in älteren Septuaginta- und Vulgata-drucken). – Im IV. E.-Buch (lat. und oriental. Sprachen) sind die Wortoffenbarungen des Engels Uriel an E. und dessen symbol. Traumgesichte (Tiere, apokalypt. Kämpfe) enthalten. Es ist die umfangreichste der E.-A., verwandt der Baruch Apokalypse (hg. L. GRY, Les dites prophétique d'E., 1938). – Das V. E.-Buch (lat.) besteht aus einer Drohrede gegen die Juden und der Verheißung des Himmelreichs für die Christen (hg. R. C. BENSLY–M. R. JAMES, 1895). – Eine Drohrede des Herrn gegen Sünder und die Klage E.' ist auch Thema des VI. (lat.) E.-Buches (hg. ebd.). – Die griech. E.-Apokalypse zeigt den Propheten, der beim Endgericht mit dem unbarmherzigen Gott rechtet; Engel zeigen ihm die Höllenstrafen und den gefesselten Antichrist, dann kurz das Paradies (hg. O. WAHL, Pseudoepigrapha veteris testamenti graeca 4, 1977). – Von ihr hängt die Visio Esdrae ab (3 lat. Versionen), eine Beschreibung der Unterwelt und ihrer Schrecken, die nur Gerechte durchschreiten können (hg. ebd.–DERS., Vier neue Textzeugen der Visio B. Esdrae, Salesianum 40, 1978, 583–589 – hg. S. Perentidis, CChr Series Apocryphorum 3/4, i. Dr.).   P. Dinzelbacher

Lit.: A. M. Denis, Introduction aux pseudépigraphes grecs d' AT, 1970 – G. B. Coleman, The phenomenon of Christian interpolations into Jewish apocalyptic texts [Diss. Vanderbilt 1976] – P. Dinzelbacher, Die Vision Alberichs und die E.-A., SMGB 87, 1976, 435–442 – M. Delcor, L'Apocalyptique juive (Enc. de la mystique juive, hg. A. Abécasis–G. Nataf, 1977), 1–278 – E. Matter, The 'Revelatio Esdrae' in Latin and English Traditions, RevBén 92, 1982, 376–392 – The Old Testament Pseudepigrapha I, hg. J. H. Charlesworth, 1983, 517–604 – M. Dean-Otting, Heavenly Journeys, 1984 – The Apocryphal Old Testament, hg. H. F. D. Sparks, 1984, 927–952.

Esel, Symbol der Laster Eifersucht, Geiz, Dummheit, Trägheit, aber auch der Tugenden Beharrlichkeit, Geduld, Demut, Enthaltsamkeit und Gehorsam, wird in der christl. Kunst seit frühchristl. Zeit hauptsächlich in vier Szenen dargestellt: bei der Geburt Christi (nach Deutung von Jes 1,3 und Habakuk 3,2), als das Gott erkennende Reittier des Propheten Bileam (Nm 22, 23–24), als Reittier Mariens auf der Flucht nach Ägypten (Mt 2,13–33) sowie Jesu beim →Einzug in Jerusalem (Mt 21, 1–11). Palmesel aus Holz werden im MA v. a. in S-Deutschland bei Palmsonntagsprozessionen mitgeführt. Als Attribut ist der E. den Hl.en Antonius v. Padua, Hilarius, Germanus v. Auxerre, Aubertus v. Cambrai und Florentius v. Straßburg beigefügt. Eselsohren charakterisieren Ketzer (Häretiker). Musizierende E. begegnen häufig in der roman. Plastik als Symbol des Unverstands und der geistigen Trägheit, in diesem Sinn ist der E. Sinnbild der stultitia gentilium (Reittier der Synagoge). In Darstellungen der Lebensalter symbolisiert der E. den Greis. Vgl. →Fabeln, →Physiologus, →Samson. – Zur vielseitigen Verwendung des E.s in der ma. Wirtschaft und im Transportwesen→Vieh (-haltung, -nutzung).
                                                  G. Zeitler-Abresch

Lit.: LCI I, 681–684 – RAC VI, 564–595 – RDK V, 1484–1528 – G. H. Mohr, Lex. der christl. Symbole, 1976⁴.

Eseler, Nikolaus, Baumeister, * in Alzey, † 1482 (Testament). Hauptwerke 1439–42 Hallenschiff der Michaelskirche, Schwäbisch-Hall, 1442–61 Georgskirche, Nördlingen und Heiliggeistspital, Augsburg, ab 1448 Georgskirche, Dinkelsbühl (im Chorumgangsgewölbe die Inschrift »1492, Niclaus Esler der alt, Niclas Esler sein suun«), 1453–71 Westchor der Jakobskirche, Rothenburg o. T., ab 1463 oberster Werkmeister des Steinmetzamtes in Stadt und Stift Mainz.   G. Binding

Lit.: Thieme-Becker XI, 30 – P. Albert, Die E. v. Alzey, ZGO NF 37, 1922, H.2.

Eselsrücken → Bogen (2. B.)

Eselsturm, Bezeichnung für Türme an roman. Domen, in denen an Stelle einer Wendeltreppe eine begehbare, spiralige →Rampe, sog. Eselstreppe, hinaufführt, auf der angebl. das Baumaterial von Eseln befördert werden konnte. Beispiele: Regensburg, Speyer, Worms. Der Begriff tritt im 18. Jh. für den alten Turm des Regensburger Domes auf und wird entsprechend von Oscar Mothes 1882 definiert.   G. Binding

Lit.: RDK VI, 21–24.

Esgar the Staller, ein führender Großer (→*thegn*) des engl. Kg.s→Eduard d. Bekenners, verfügte über Landbesitz in mindestens zehn Gft.en Englands und 1066 über viele Gefolgsleute; der Ort East Garston (Berkshire) ist nach ihm benannt (1180: Esgarestuna). Obwohl E. in Quellen des 12. Jh. als Enkel von Tofi dem Stolzen, eines Gefolgsmannes→Knuts d. Gr., bezeichnet wird (Stubbs), ist doch eher anzunehmen, daß Tofi sein Vater war, da E.

während der Regierungszeit Eduards als Zeuge in Urkk. erscheint und →writs dieses Kg.s empfing. Eine bedeutende Rolle spielte E. bei den Verhandlungen um die Übergabe →Londons 1066. Er starb in Gefangenschaft, zu einem unbekannten Zeitpunkt. Seine Besitzungen gingen an Geoffrey de→Mandeville über.   P. H. Sawyer

Q. und Lit.: W. Stubbs, The Foundation of Waltham Abbey, 1861, 13 – F. E. Harmer, Anglo-Saxon Writs, 1952, 560f. – Liber Eliensis, ed. E. O. Blake, 1962, 165 – Carmen de Hastingo Proelio, ed. C. Morton–H. Munz, 1972, 44–46 – P. Sawyer, Domesday Book: A Reassessment, 1985, 71–85.

Eskil, Ebf. v. →Lund (s. a. →Dänemark, C. II und E), * um 1100, † (6./7. Sept.?) 1181 oder 1182 in Clairvaux, ⌑ ebd. E. gehörte dem mächtigen Adelsgeschlecht der »Thrugot-Söhne« in Jütland an und war ein Neffe Ebf. Assers v. Lund (1104–37), stud. in Hildesheim, hatte eine Tochter, wurde 1131/33 Dompropst in Lund, 1134, nach dem Sieg Kg. Erichs II. über Kg. Niels, Bf. v. →Roskilde, vermittelte Skandinaviens endgültige kirchl. Loslösung vom Ebm. →Hamburg–Bremen und wurde 1137 unter Kg. Erich III. (1137–46) Ebf. Reisen nach Frankreich führten ihn mehrmals nach →Clairvaux, wo er von →Bernhard wichtige Impulse empfing (erstmals 1143/44?, McGuire, 1982); sie ließen ihn zum größten Organisator des neuen Klosterwesens und zum Gegenpol des gezwungenermaßen oft an den dt. Kg.en und Ks.n orientierten dän. Kgtm.s werden (Svend Grathe, →Waldemar I.). Nach Besuchen in Clairvaux 1153 und 1156 wurde er 1157 auf der Rückreise von Rom in Burgund gefangengesetzt bis Papst Hadrian IV. intervenierte (20. Sept. 1157). (Der diesbezügl. Brief des Papstes löste in der – provokativen? – Übersetzung →Rainalds v. Dassel beim →Reichstag →Friedrichs I. in →Besançon einen Eklat aus; →Deutschland, Abschnitt D. III, 2.). E.s »Kirchenkampf« mit Kg. →Waldemar I. mag zum Teil im Papstschisma (Abhängigkeit Dänemarks von Friedrich I.), zum Teil in kgl. Übergriffen gegen die bfl. Burg Søborg auf Seeland begründet gewesen sein (Riis); er führte zu einem siebenjährigen Exil 1161–68. Andererseits mag auch der hochadlige Hintergrund E.s dem Papst als Hindernis für eine kirchl. Verständigung mit dem dän. Kg. erschienen sein (Breengaard, 1982; neue skand. Kirchenprovinzen, Jerusalem-Fahrt). Nach 1168 war E. zugunsten des dän. Kgtm.s und der Mission im Ostseegebiet tätig (Nyberg, 1975, 1983). Spannungen zwangen ihn zur Resignation 1177; er wurde Mönch in Clairvaux. →Saxo Grammaticus baute Buch XIV seiner »Gesta Danorum« um E. als Gegenpol zum Helden →Absalon auf, vgl. die Deutung der Figur des Starkad bei Saxo als E.-Darstellung (Skovgaard-Petersen, 1985).   T. S. Nyberg

Q.: De Eskillo archiepiscopo et duobus Eskilli patruis (aus Exordium Magnum), Scriptores minores historiae Danicae medii aevi, ed. M. Cl. Gertz, II, 1922/70, 427–442 – Vita E.s von Herbertus: L. Weibull, En samtida berättelse från Clairvaux om ärkebiskop E. av Lund, Scandia 4, 1931, 270–290 – *Lit.*: →Dänemark, C und E–DBL IV, 1980³ [A. E. Christensen] – C. Wallin, Ärkebiskop E. som klosterstiftare, Scandia 27, 1961, 217–234 – Saxostudier, hg. I. Boserup, 1975 [Beitr. von Th. Riis–I. Boserup] – J. Arvid Hellström, Kyrkofursten som blev klosterstiftare. En bok om ärkebiskop E., 1982 – T. Nyberg, Rez. zu McGuire, The Cistercians..., 1982, HTD, 1986 – I. Skovgaard-Petersen, European Heroic Lit. in the Central MA exemplified in Saxo's Starkad-figure (Hist. and Heroic Tale, 1985), 207–221.

Eskimo (in der Abenaki-Indianersprache: 'Rohfleischesser'). Eskimokulturen sind in der Arktis seit dem 3. Jt. v. Chr. bekannt (Denbigh Flint in W-Alaska) und entstanden vermutlich im Gebiet um die Beringstraße. Es sind Jäger- und Sammlerkulturen (→Nomaden) mit schwach entwickelten Sozialstrukturen, aber einer hochentwickelten techn. Kultur. Die ältesten Kulturen sind die sog. Sarqaq- und Dorsetkulturen, beide in Nordamerika und Grönland verbreitet. Im MA ist die sog. Thulekultur nachweisbar, die im 8./9. Jh. in Alaska entstand und sich von dort nach Osten bis Grönland ausbreitete. Sie repräsentiert eine typ. Großjägerkultur, deren wichtigste Ernährungsgrundlage ursprgl. der →Walfang, im Laufe der Zeit zunehmend die Jagd auf Seehund und →Walroß (→Robben) bildete. Die Nachfolger dieser Kultur bezeichnet man ab 1200 als Inugsuk-Kultur. Ihre charakterist. Gerätschaften sind Harpunen mit Blasen und der Kajak; Wärme lieferte die Tranlampe. – Erst um 1200 kamen E.s auf→Grönland in Kontakt mit Skandinaviern. Sie lebten zwei Jahrhunderte hindurch nebeneinander, ohne sich in nennenswerter Weise zu beeinflussen, und es ist ungeklärt, welchen Anteil E.s am Untergang der skand. Siedlungen auf Grönland hatten.   N. Lund

Lit.: F. GAD, The Hist. of Greenland I, 1970.

Eškinği (eškinci), Begriff des osman. →Heerwesens, abgeleitet von dem Verb *ešmek* ('zu Felde ziehen'), u. a., benutzt im Zusammenhang mit *yürük, müsellem* und ähnlichen Einheiten, von denen nur eine gewisse Anzahl, eben die e., der Reihe nach tatsächl. zu Felde zog, während die übrigen Mitglieder der Einheit (die sog. *yamak*) für die Ausrüstung und Ernährung des jeweiligen Kriegers aufzukommen hatten. Auch gab es →*timare* und Ländereien *(mülk)*, deren Inhaber bzw. Eigentümer der Aufrechterhaltung seines Anspruches im Kriegsfalle einen ins Feld ziehenden e. zu stellen hatte (im Gegensatz dazu: die timare der Garnisonssoldaten). Nach den Steuerregelungen (*qānūn*) der Prov. Karaman (Zentralanatolien, 1575) wurden die e. unter Beibehaltung ihrer militär. Vorrechte (d. h. Befreiung von den typ. Bauernsteuern) zur Arbeit in den Salpeterwerken herangezogen. Am Beginn des 19. Jh. wurde der Ausdruck für ein von Sultan Mahmud II. begründetes Soldatenkorps »modernen Stils« benutzt; nach der Zerschlagung des Janitscharenkorps wurde diese Einheit wieder aufgelöst.   S. Faroqhi

Lit.: IA, s. v. timar [Ö. L. BARKAN] – Ö. L. BARKAN, XV ve XVI ıncı Asırlarda Osmanlı Imparatorluğunda Zirai Ekonominin Hukuki ve Mali Esasları, 1943 – PAKALIN, OTDTS, s. v.

Eskişehir, Stadt an beiden Ufern des Porsuk im NW Mittelanatoliens, Nachfolgerin von →Dorylaion. Der früheste Quellenbeleg ist Sulṭân Üyügü und weist auf einen Siedlungshügel hin. Auch ist der städt. Charakter eindeutig (Stiftungsurkunde des Seldschuken-Emirs Nûr ad-Dîn Câcâ von 1272, von dem eine 666/1267–68 errichtete Moschee stammt). Der Übergang an die Osmanen erfolgte mit der Einnahme von Qaraǧa Ḥiṣâr 687/1288. Es erhielt schon unter ʿOsmân I. Freitagsmoschee und Markt, während Qaraǧa Ḥisâr zunächst Hauptort der *nâḥiye/* des →*sanǧaqs* Sulṭânönü blieb. Erst Anfang des 16. Jh. entsteht ein osman. Stiftungskomplex ([Čoban] →Muṣṭafâ Paşa).   K. Kreiser

Lit.: EI², s. v. Eskishehir – A. TEMR, Kırşehir Emiri Caca-Oğlu Nur el-Din'in... vakfiyesi, 1959.

Eslonza, S. Pedro de, Kl. OSB in León, NW-Spanien (Diöz. León), zw. Esla und Porma gelegen. Von Kg. →García v. León gegr., wird E. 912 anläßlich einer Schenkung dieses Kg.s erstmals erwähnt. Während der Feldzüge→al-Manṣūrs wurde das Kl. 988 gänzlich zerstört. 1099 restaurierte es die Infantin→Urraca v. Kastilien, zu deren →Infantazgo es zählte, und stattete es reich aus, indem sie E. drei ehemalige Kl. unterstellte: S. Juan de León, S. Adriano de Baños, S. Juan de Verbio (in Asturien). Ihr Bruder, Kg.→Alfons VI., übertrug das Kl. Sta. Maria de Algadefe an E. Auch die Infantin →Sancha förderte E.

durch Schenkungen an der astur. Küste und durch Übertragung des Kl. S. Miguel de Berbecedo. Kg. Alfons VII. garantierte den→*Coto* des Kl. und tradierte ihm die Kirche Sta. Maria in Villafáfila. Ferdinand II. und Ferdinand III. befreiten es von der Zahlung verschiedener Steuern:→*pedo,* →*fonsado,* →*yantar,*→*portazgo.* Im 13. Jh. zählte es zu den bedeutendsten Kl. Kastiliens; im 14. Jh. wählte die Familie der Núñez de Guzmán es zu ihrer Grablege. 1513 schloß sich E. der Kongregation v.→Valladolid an.
          U. Vones-Liebenstein

Q.: V. VIGNAU, Cartulario del monasterio de E., 1885–*Lit.:* DHEE III, 1561f. [COLOMBÁS] – DHGE XV, 886–891 [RUIZ] – M. BRAVO, Monasterio de E., Archivos Leoneses 3, 1948, 90–112–A. CALVO, S. P. de E., 1957–L. GARCÍA CALLES, Doña Sancha, hermana del emperador, 1972, 85–87.

Esmoreit → Abel spel

Espagne, Bezeichnung für die in Frankreich ansässig gewordenen Mitglieder der kast. Hochadelsfamilie de la →Cerda (→Kastilien), die auf den Infanten Fernando († 1275) und seine Gemahlin →Blanca († 1320), Tochter Kg. Ludwigs IX. d. Hl. v. Frankreich (→Kapetinger), zurückgeht. Nachdem Fernandos Sohn Alfonso de la →Cerda († 1334) mit frz. und aragones. Hilfe einen erfolglosen Kampf um den kast. Thron geführt hatte, begab er sich nach Frankreich, wo die Familie eine wichtige Position am Hof der →Valois einnahm.

1. E., Charles d' (Karl v. Spanien), Connétable de France, Gf. v. Angoulême, * wohl 1326, ermordet 8. Jan. 1354; Sohn von Isabelle d'Antoing und Alphonse d'E. († 1327), Herrn v. Lunel, dem Kg. Karl IV. eine Zeitlang wichtige militär. und diplomat. Missionen anvertraut hatte. Der früh verwaiste Ch. verbrachte seine Jugend in der Gesellschaft des späteren Kg.s→Johann II. des Guten, der Ch. gegenüber stets ein erstaunlich enges Freundschaftsverhältnis bewahrte. 1346 nahm Ch. an der Belagerung von →Aiguillon teil. Von nun an stand er im Dienst der Krone. Der Regierungsantritt Johanns (1350) verstärkte Ch.' Machtposition noch. Er trat als einer der wichtigsten Ratgeber des Kg.s in Erscheinung, der ihn 1350 zum Gf. en v. Angoulême, 1351 zum →Connétable erhob und ihn als →Lieutenant, zuerst im Languedoc, dann in Picardie, Artois und Flandern einsetzte. 1351 heiratete Ch. die älteste Tochter →Karls v. Blois, des Hzg.s v. →Bretagne. Ch. schuf sich ein regelrechtes Netz von Gefolgsleuten und Günstlingen. Als Heerführer konnte er einige Erfolge gegen die Engländer verbuchen (Einnahme von →St-Jean-d'Angély und →Lusignan in SW-Frankreich). Bald sah er sich jedoch mit dem Neid und den Intrigen des konkurrierenden Hauses →Évreux-Navarra konfrontiert. →Karl v. Navarra, der Schwiegersohn Kg. Johanns, zettelte gemeinsam mit seinem Bruder Philipp eine regelrechte Verschwörung gegen Ch. an, der dieser am 8. Jan. 1354 in L'Aigle (Gft. Alençon), einem Lehen seiner Cousine Marie d'E., zum Opfer fiel. Johann der Gute, der – nach dem boshaften Diktum des feindlich gesonnenen Robert le Coq– »keinen Gott außer ihm«, Ch. de. E., gekannt hatte, war von Bestürzung und Zorn wie gelähmt. Unter dem Druck der Frauen der kgl. Familie fand er sich jedoch bereit, den Navarresen zu verzeihen (März 1354).   Ph. Contamine

Lit.: R. CAZELLES, La société politique et la crise de la royauté sous Philippe de Valois, 1958–DERS., Société politique, noblesse et couronne sous Jean le Bon et Charles V, 1982.

2. E., Louis d' (Ludwig v. Spanien), →Amiral de France (Admiral v. Frankreich) 1341–45, † frühestens 1348; Neffe von 1, am Hofe Kg. Philipps VI. v. Frankreich erzogen, war er u. Gf. v. Talmont und Gf. v. Clermont sowie Herr v. Oléron. Als Admiral beteiligte er sich zur See am bret. Erbfolgekrieg (→Bretagne, Abschnitt B.II) auf Seiten des Prätendenten Karl v. Blois gegen den von England unterstützten Johann v. Montfort. E.s Flotte wurde im kgl. Arsenal→Clos des Galées (Rouen) ausgerüstet; ihr gehörten als Hilfskontingente auch Galeeren der genues. →Doria und der monegass. →Grimaldi sowie bask. Schiffe an. E. errang mehrere Seesiege (bei Nantes, vor Quimperlé und Guérande, bei Guernsey und vor Vannes). Als Gesandter nach Avignon geschickt, empfing er den ʿprincipatus Fortunieʾ (d. h. die Kanar. Inseln) vom Hl. Stuhl zu Lehen mit dem Auftrag zur Missionierung (→Atlant. Inseln). Mit Erträgen aus seinen Prisen sowie mit Hilfe Aragóns wollte er dieses Conquista-Unternehmen finanzieren. Doch kam die Expedition, v. a. wegen der Gegnerschaft →Genuas, nicht zustande. E. machte 1348 sein Testament zugunsten seines Sohnes, dem er den Titel eines ʿprinceps Fortunieʾ vererbte.   M. Mollat

Q.: Monumenta Henricina I, 1960 – A. MERLIN-CHAZELAS, Documents relatifs au Clos des Galées de Rouen, Coll. Doc. Inéd., 2 Bde, 1977–78 – Dok. zur Gesch. der europ. Expansion, ed. E. SCHMITT, 1986, 205ff., 271ff. – Lit.: DBF XII, 1490 [ROMAN D'AMAT] – P. ANSELME, Hist. Généalogique, Paris 1726–39, Bd. VII, 751 – CH. DE LA RONCIÈRE, Hist. de la Marine française, 1909, I, 462ff. – G. DAUMET, Louis de la Cerda ou d'Espagne, Bull. Hisp. 15, 1913, 38–67 – R. CAZELLES, La Société politique et la crise de la Royauté sous Philippe VI de Valois, 1958, 142f., 235 – J. VINCKE, Der verhinderte Kreuzzug Ludwigs v. Spanien zu den Kanar. Inseln, SFGG. GAKGS 17, 1961 – J. R. L. HIGHFIELD, The De la Cerda, the Pimentel and the so-called »Price Revolution«, EHR 87, 1975, 495–512 – G. G. KINZEL, Die rechtl. Begründung der frühen ptg. Landnahme an der westafrikan. Küste, 1976, 106–115 – CH. VERLINDEN, La découverte des archipels de la »Méditerranée atlantique«, Rev Port 12, 1978, 105–131.

Espina, Alonso de, OFM, * 1412, † 1495, ⬚ Kapelle der Concepción de S. Francisco in Palencia (auf seine Anweisung hin erbaut), erbitterter Gegner der→Konvertiten. E. war 1452 Regens der theol. Stud. der Franziskaner in Salamanca. Während der Regierungszeit der Kg.e Johann II. und Heinrich IV. v. Kastilien trat er vielerorts als Wanderprediger gegen die Juden auf und galt daher bei einigen Autoren ohne ausreichende Begründung als konvertierter Jude. E. nahm Alvaro de →Luna vor seiner Hinrichtung in Valladolid (1453) die letzte Beichte ab. 1458 verfaßte E. sein polem. Werk »Fortalitium fidei«, in dem er sich als Kenner talmudischer Kasuistik (→Talmud) erweist; im 3. Buch klagt E. die Juden einer Vielzahl von Verbrechen gegen die Christen an, wobei er konkrete Namen nennt. Am 10. Aug. 1461 schrieb er, der sich als Beichtvater (→confesor) des Kg.s bezeichnete, zusammen mit anderen Franziskanern einen Brief an Alonso de →Oropesa, den General der →Hieronymiten, mit dem Vorschlag, durch Abhaltung eines Inquisitionstribunals die angebl. »Übergriffe« der Juden zu unterbinden. Seit dem 2. Dez. 1491 präkonisierter Titularbf. v. Termópolis, versah E. das Bm. Oviedo als Koadjutor des Bf.s Juan Arias de Villar.   M. de Castro

Ed.: Fortalitium fidei contra judeos, sarracenos aliosque christianae fidei inimicos, Straßburg, nach 1471; sechs frühe Drucke, am verbreitesten: Lyon 1525 – Lit.: A. LÓPEZ, Descripción de los manuscritos franciscanos existentes en la Bibl. Provincial de Toledo, Archivo Ibero-Americano 25, 1926, 334–337, 346–381 – DERS., Confesores de la familia real de Castilla, ebd. 31, 1929, 68–75 – M. ESPÓSITO, Une secte d'hérétiques à Medina del Campo en 1459, d'après le »Fortalitium fidei« d'Alphonse de Spina, RHE 32, 1936, 350–360 – DERS., Notes sur le »Fortalitium fidei« d'Alphonse de Spina, ebd. 43, 1948, 514–536 – N. LÓPEZ MARTÍNEZ, Los Judaizantes castellanos, 1954, 78f., 84f. – B. NETANYAHU, Alonso de Espina. Was he a New Christian?, AJR 43, 1976, 107–165.

Espinay. 1. E., André, OSB, Ebf. v. →Lyon, * 1451, † 10. Nov. 1500 in Paris, ⬚ Paris, Coelestinerkl.; Sohn des Richard d'E., des Chambellan von →Franz I., Hzg. v. →Bretagne (1442–50). E. wurde zum Prior von St-Martin-des-Champs zu Paris erhoben. Später wurde er als Ebf. v. Arles proponiert, aber nicht gewählt (1476). Er erhielt lediglich den Titel eines apostol. Protonotars und ein Kanonikat an der Kathedrale v. Bordeaux. Am 10. April 1478 folgte er seinem Onkel Arthus de Montauban als Ebf. v. Bordeaux. Am 28. April 1479 als Ebf. konfirmiert, ergriff er am 4. Okt. 1479 mittels eines Prokurators Besitz von seinem Ebm. Erst am 25. März 1482 hielt er seinen Einzug in Bordeaux. Kommendatarabt v. St. Wandrille (Juni 1483), nahm er 1484 an den →États v. Tours teil. In den Auseinandersetzungen um das Hzm. →Bretagne Parteigänger des frz. Kg.s, wurde er für das Ebm. Lyon proponiert (1. Okt. 1488). Von Innozenz VIII. zum Kard. erhoben (9. März 1489), reiste er nach Rom und nahm nach der Rückkehr am kgl. Rat (→conseil royal) teil. Seit 1490 Kommendatarabt v. Ste-Croix de Bordeaux, verzichtete er am 24. Jan. 1500 auf diese Pfründe zugunsten der Mensa v. St. Corneille und St. Cyprien zu Compiègne. Am 1. Nov. 1492 zum päpstl. Legaten bei Kg. Karl VIII. ernannt, begleitete er diesen 1495 auf den Italienfeldzug. Schließlich erhielt er am 23. Dez. 1499 das Ebm. Lyon, wobei er auch das Ebm. Bordeaux beibehielt. 1499 administrierte er darüber hinaus das Bm. Aix-en-Provence.   E. Lalou

Lit.: DBF XIII, 7 – DHGE XV, 976.

2. E., Jacques d', Bf. v. →Rennes, † Jan. 1482, ⬚ Champeaux, Kollegiatkirche, Sohn des Robert d'E., Großhofmeister (grand maître de l'Hôtel) →Franz' I., Hzg. v. →Bretagne (1442–50), unter dessen Protektion Vater und Sohn standen. 1447 für das Bm. Rennes proponiert, wurde ihm dieses verweigert. E. begab sich nach Rom, um dort seine Sache durchzufechten, vermochte aber lediglich einige geringere päpstl. Gunstbeweise zu erlangen (Protonotar-Titel, Priorat Vertou, Dekanat v. Clisson). Abt v. Redon (10. Juni 1449), dann Bf. v. St. Malo (7. Jan. 1450), wurde er schließlich am 25. April 1450 zum Bf. v. Rennes erhoben, nachdem sein Mitbewerber Robert de la Rivière am 18. März 1450 verstorben war. Doch führten seine Gegner, die von den neuen Hzg.en der Bretagne dazu ermuntert wurden, einen Konkurrenten gegen ihn ins Feld, Jean de Coëtquis, der jedoch schließlich auf den Bischofssitz v. Tréguier transferiert wurde (27. Juli 1453). Dennoch setzten seine Widersacher ihren Kampf fort: Jurisdiktionsstreitigkeiten und Verleumdungen häuften sich; schließlich wurde E. 1480 seines Amtes enthoben und seine Güter beschlagnahmt. Erst posthum fand der Bf. durch den Conseil d'État des Hzg.s v. Bretagne Rehabilitation (20. Dez. 1485).   E. Lalou

Lit.: DBF XIII, 10 – DHGE XV, 978–981.

Eśref-oǧlï Abdullāh Rūmī (auch: Eśref-i Rūmī), aus Iznik (Nikaia), gest. 1469 (?), ⬚ ebd., osman. Dichter und Gründer (in Iznik) des Eśrefīye-Zweiges des myst. Ordens der Qādirīya. Sein Orden entstand als Kombination der Orden der Bayrāmīya und Qādirīya (er war Jünger und Schwiegersohn von →Ḥāǧǧī Bayrām Velī, der ihn zur Weitervervollkommnung zu einem Qādirī-Scheich in Hama schickte) und betont bes. Askese und zurückgezogenes Leben. Eśref-oǧlï hinterließ einen →Dīwān mit Gedichten teils in quantitierender, teils in silbenzählender Metrik im Stile →Yūnus Emres sowie mehrere Traktate myst. und belehrender Natur, deren berühmtester Müzekkī n-nüfūs (ʿDer Reiniger der Seelenʾ) ist.   E. Ambros

Lit.: EI², Suppl., s.v. Eshrefoghlu – İA, s.v. Eśrefīye – Eśrefoǧlu Divanı, o. J. (1972?).

Ešref-oġulları, kleines turkmen. Fsm. in Westanatolien, das um die Wende vom 13. zum 14. Jh. am Rande des durch die mongol.-ilchan. Oberherrschaft geschwächten seldschuk. Sultanats v. Konya (→Ikonion) eine unabhängige Herrschaft zu errichten versuchte. Sein Begründer Süleymān Beg, 1277 erstmals genannt, erwählte Beyşehir zur Hauptstadt, wo er bei der von ihm erbauten schönen Holzmoschee begraben ist (1302). Seine Nachfolger dehnten die Herrschaft nach Norden (Akşehir, Bolvadin) aus, aber 1326 wurde sie von dem ilchan. Statthalter Timurtaš zerstört. Die benachbarten Turkmenenfürsten der →Qaraman-oġulları und →Ḥamīd-oġulları teilten das Gebiet untereinander auf.   A. Tietze

Lit.: C. CAHEN, Pre-Ottoman Turkey, 1968.

Esrum (Esrom), Abtei OCist in →Dänemark (Seeland), gegr. um 1150, wurde 1153 von Mönchen aus →Clairvaux (→Zisterzienser) besiedelt, die Ebf. →Eskil nach Dänemark berufen hatte. Die erste Papsturk., ausgestellt für Abt Wilhelm, datiert vom 29. Dez. 1151. Die ältere Forschung ging deshalb davon aus, daß E. ursprgl. benediktinisch gewesen sei. Nach einer eingehenden Analyse der Papsturkk. Eugens III. und Gregors IX. (1229) wird diese Möglichkeit jedoch ausgeschlossen (SKYUM-NIELSEN, 1971). Die abgeschiedene Lage der Abtei an ihrem See entsprach zisterziens. Ideal. E. wurde von Kg. →Waldemar I. und den Ebf.en Eskil und →Absalon reich ausgestattet und erlebte vor 1200 eine bedeutende Expansion. Bereits zu dieser Zeit war E. Mutterkl. der Kl. →Vitskøl, →Sorø und Guldholm (Ryd) in Dänemark sowie →Dargun und Colbatz in Pommern. Eine Reihe von Urkk. der Urkundensammlung des Abtes Wilhelm v. Æbelholt sind an E. gerichtet, u. a. wegen Streitigkeiten. Die Nachbarschaft zu den Augustinermönchen war nicht immer ohne Probleme. In Auseinandersetzungen mit Dargun mußte E. einlenken. Außer über Besitzangelegenheiten ist nur verhältnismäßig wenig zur Entwicklung E.s nach 1200 bekannt. Mit einem Querschiff von 54 m Länge besaß E. wohl die größte Zisterzienserkirche im nord. Raum. E. überstand einigermaßen unbeschadet die Agrarkrise und den Streit zw. Kgtm. und Kirche. Noch 1497 hatte das Kl. Besitzungen an fast 100 Orten. Das in diesem Jahr erstellte Güterverzeichnis ist in das zur gleichen Zeit angelegte Kopialbuch mit Abschriften päpstl., kgl. und bfl. Privilegien sowie Besitzurkk. in topograph. Reihenfolge inkorporiert (Codex Esromensis). Bis zur Reformation hatten die Äbte von E. Sitz im Reichsrat. Das Kl. wurde 1559 aufgelöst, Kirche und Klosterbauten – mit Ausnahme des spätgot. Südflügels – abgebrochen.   Th. Jexlev

Q. und Lit.: N. SKYUM-NIELSEN, Kvinde og slave, 1971 – Codex Esromensis, ed. O. NIELSEN, 1881 [Neudr. 1973] – B. P. MCGUIRE, Property and Politics at E. Abbey 1151–1251, MSc 6, 1973, 122–150 – DERS., The Cistercians in Denmark, 1982.

Essarts, des, aus der Normandie (→Rouen) stammende Pariser Bürgerfamilie, die im 14. und 15. Jh. in Hoffinanz und Königsdienst eine wichtige Rolle spielte.

     1. E., Martin des, Hofmeister (*maître de l'Hôtel du roi*), *maître de la* →*Chambre des Comptes,* † 29. Nov. 1335; Bürger v. Rouen, war E. 1310 Bürgermeister (*maire*) (Sept. 1320 Entlastungserteilung für die Stadtregion); Bruder von 2, ∞ Nicole, Tochter von Baudoin de Rouy; dem Hofmeister und Schatzmeister (*maître de l'Hôtel, trésorier*) →Philipps des Schönen, vier Söhne: Guillaume, Bf. v. Évreux (1333); Vincent, Bf. v. Évreux (1334–35); Jean, Ritter; Jacques, →*valet du roi* († Jan. 1345); eine Tochter, 1317 mit dem 1319 geadelten J. Gorgeul verheiratet. – E. wurde 1314 zum Hofmeister ernannt und war Testamentsvollstrecker Philipps des Schönen; Juli 1316 Rat (*conseiller*) der

Chambre des comptes, 1316 »mestre de l'estroit conseil« ('Meister des engen Rates'), Juni 1315 Hofmeister →Ludwigs X., ebenfalls Testamentsvollstrecker Philipps V. Bereits 1311 hatte er einen Rechnungsbericht für die Garnisonen von Lyon und Vienne erstellt, 1315–16 war er mit der Aufstellung von Garnisonen für den Flandernfeldzug betraut. 1320 gehörte er gemeinsam mit Guillaume Courteheuse und Giraud Guette einer Kommission an, die mit der Verhaftung von lombard. Wucherern (→Lombarden) befaßt war. Als *maître des comptes* nahm er 1322, 1323 und 1324 an den Sitzungen des norm. →Échiquier teil. Im Mai 1328 war er an der Krönung →Philipps VI. beteiligt; 1329 ging er als Gesandter nach Aragón und hatte Vollmacht zur Aushandlung des Vertrags von 1330. E. besaß in Romilly-sur-Andelle (dép. Eure) einen Herrenhof (für den er 1317 Nutzungsrechte am Forst v. Longboel erhielt), bezog eine Rente aus den Erträgen des Échiquier (April 1314) und außerdem 400 *livres* Rente (Juni 1315) sowie erneut 180 *livres* (Febr. 1333) auf den in die Pariser Hallen eingeführten Fisch. E. vermachte Mittel zur Stiftung einer Kapelle in Notre-Dame de Paris.   E. Lalou

Q. und Lit.: Arch. nat. Paris, Dokumentation der Gallia regia Philippica [R. FAWTIER – R. H. BAUTIER] – J. VIARD, Les Journaux du trésor de Philippe le Bel, n° 6029.

     2. E., Pierre des, →*argentier* Kg. →Karls IV. v. Frankreich, † März/Sept. 1349; Bruder von 1, also norm. Herkunft, doch in den Quellen meist als Bürger v. Paris bezeichnet. ∞ 1. Thomasse, Tochter des Pariser Wechslers Guérin de Senlis, aus dieser Ehe zwei Kinder: Perrin, ✗ 1346 bei Crécy; Yolant, Religiose in Longchamp; ∞ 2. Jeanne, sieben Kinder: Jean, Kanoniker v. Lisieux; Jeanne, Religiose in Poissy; Marguerite, Gemahlin von Étienne →Marcel; Pernelle, Gemahlin von Robert de →Lorris; Jean; Martin; Marion. – Seit der Regierung →Philipps IV. im Königsdienst tätig, war er →*valet* Kg. →Philipps V., der ihn 1320 adeln ließ; als →*receveur* diente er im Hofhalt von Jeanne de Bourgogne, der Gemahlin Philipps V. Ab 1326 war er argentier Kg. →Karls IV. Am 6. Aug. 1336 wurde er zum *maître lai* der →Chambre des comptes ernannt in Nachfolge seines Bruders Martin. Danach gehörte er dem Rat (→*conseil*) Philipps VI. an; als bedeutende Persönlichkeit am Hofe übte er auch diplomat. Missionen aus (zu den genues. Doria, 1337; nach Lille, 1338; Gft. Hennegau 1343, 1346). E. war Kreditgeber des Kg.s und anderer frz. Fs.en und Großer; bes. enge Beziehungen unterhielt er zum Kg. v. Navarra, zu den Hzg.en v. Bourbon und Burgund sowie zum Gf.en v. Flandern. Sogar die geheimen Fonds der Krone wurden ihm in Verwahrung gegeben. Am 1. Okt. 1346 noch in Gnade, wurde er am 25. Okt. 1346 wegen seines Finanzgebarens verhaftet. Von Festung zu Festung transportiert, wurde von ihm eine Buße von – zunächst – 100 000 *livres* gefordert; schließlich konnte er sich mit einer auf Bitten des Gf.en v. Flandern ermäßigten Bußleistung von 50 000 *livres* freikaufen (Mai 1347). Finanziell angeschlagen, nahm er seine Finanzgeschäfte wieder auf und verheiratete um 1348 seine Tochter an Étienne Marcel mit einer Mitgift von 3000 *écus d'or*. Nachdem E. und kurz darauf seine Witwe verstorben waren, kamen die minderjährigen Kinder unter die Vormundschaft seiner Schwäger Robert de Lorris und Étienne Marcel sowie von Philippe des E., Jacques de Pacy und Simon de Damare. Diese Verwandten verzichteten wegen der Schuldenlast auf die Annahme des Erbes, mit Ausnahme Roberts de Lorris und E.s Sohn, des Kanonikers Jean. Am 7. Febr. 1352 rehabilitierte Kg. →Johann II. E. posthum und ließ die 50 000 *livres* an diejenigen der Erben, die das Erbe angenommen hatten, restituieren.

E. Lalou

Lit.: R. CAZELLES, La société politique et la crise de la royauté sous Philippe de Valois, 1958, 181, 239–242.

3. E., Pierre des, →*Prévôt de Paris,* →*Chambellan,* 1. Präsident der →*Chambre des comptes,* * 1372 in Quiercy-la-Motte (dép. Pas-de-Calais), † 11. Juli 1413 in Paris. E., der mit 1 und 2, wenn überhaupt, nur entfernt verwandt war, diente zunächst im kgl. Heer, ging nach Schottland und geriet dort 1402 in Gefangenschaft. Nach Frankreich zurückgekehrt, schloß er sich – von Ehrgeiz getrieben – der Partei des Hzg.s v. Burgund, →Johann Ohnefurcht, an (1406), der ihm eine Pension gewährte (→Armagnacs et Bourguignons). 1408 wurde E. zum Prévôt de Paris ernannt; am 17. Okt. 1409 ließ er Jean de →Montaigu, den *surintendant des finances,* henken. In der Folgezeit wurde E. förmlich mit Ehren überhäuft: So war er *chambellan* und *maître de l'*→*hôtel du roi* und wurde am 20. Okt. 1409 in die Kommission zur Neuordnung des Finanzwesens berufen. Er wurde zum 1. Präsidenten der Chambre des comptes und zum *souverain maître des*→*Eaux et Forêts* (5. März 1411) erhoben und war *capitaine* v. Cherbourg, Montargis und Nevers (mit 10000 *livres* jährl. Einkünfte). Doch schon in den Jahren 1410–11 sank sein Stern. Im Mai 1411, während des Bürgerkriegs, noch von Hzg. Johann mit Wein- und Geldspenden an das Volk von Paris beauftragt, sah er sich 1413 durch die Cabochiens (→Caboche) als Verschwender und Volksfeind angeprangert. Am 24. Febr. 1413 als Prévôt abgesetzt und ztw. nach Cherbourg entflohen, verschanzte er sich schließlich in der Bastide St-Antoine (der Bastille). Seit dem 28. April von der aufständ. Pariser Bevölkerung belagert, ergab er sich am 29. April Hzg. Johann persönlich, der seinen Gefolgsmann jedoch rasch fallen ließ. Im →Châtelet eingekerkert, wurde E. wegen wucher. Verkaufs, Erpressung und Verschwörung zum Tode verurteilt. Auf schimpfl. Weise durch die Pariser Straßen und zu den Hallen geschleift, wurde er anschließend enthauptet, sein Leichnam in Montfaucon am Galgen zur Schau gestellt.

E. Lalou

Lit.: DBF X, 1322 – J. FAVIER, Paris au XVᵉ s., 1380–1500, 1974 – R. CAZELLES, Société, politique, noblesse et couronne sous Jean le Bon et Charles V, 1982, 200f.

Essebi, Prior de. Einem Prior v. E., den man seit OWST mit Alexander v. Ashby, der auch hagiograph. Gedichte verfaßte, identifiziert, wird in der Überlieferung eine »Ars de (artificioso) modo praedicandi« (um 1200) mit angeschlossenen Mustersermones zugeschrieben, die für Predigt und Predigttheorie entwicklungsgeschichtl. bedeutsam ist. Die Ars teilt die Predigt (sermo) in vier Teile: prologus, divisio, confirmatio, conclusio. Vor den Prolog sei jedoch eine auctoritas (ein Bibelzitat in der Regel) zu stellen, die den Stoff für die gesamte Predigt bilden solle. Im weiteren setzt die Ars für den sermo offenbar eine mehrfach wiederholbare Abfolge divisio + subdivisio-(nes) an, wobei auf jedes Glied der einzelnen divisiones und subdivisiones jeweils sogleich die (durch auctoritates und/oder rationes gesicherte und gelegentl. durch eine →Allegorie bzw. ein →Exemplum aufgeputzte) Bekräftigung (confirmatio) folgen soll. Auf Grund dieser aufbautechn. Regeln ist die Ars, wenn sie auch für die auctoritas am Beginn der Predigt noch nicht den späteren Terminus 'thema' verwendet, als (erste?) Repräsentantin der (rhetor. und scholast.-dialekt. Elemente vereinenden) Theorie der 'thematischen' Predigt einzustufen, die um 1200 als 'modernes' Gegenstück zur traditionellen Homilie in Entwicklung begriffen ist (→Artes praedicandi).

F. Quadlbauer

Q. und Lit.: MS Cambridge, Univ. Libr. Ii. I.24 (14. Jh.) fol. 169–173 – G. R. OWST, Preaching in Medieval England, 1926 – H. CAPLAN, Mediaeval Artes praedicandi, 1936, 39 – TH.-M. CHARLAND, Artes praedicandi, 1936 – J. C. RUSSELL, Dict. of Writers of Thirteenth C. England, 1936 – J. J. MURPHY, Rhetoric in the MA, 1974.

Esseg (ung. Eszék, ma. auch: Ezeek; kroat. Namensform Osÿek erst in der NZ belegt), Stadt im Kgr. →Ungarn, am rechten Ufer der unteren →Drau (heute zu Jugoslavien, Kroatien). Am Platz der röm. Stadt Murs(i)a (→Pannonia) gelegen, war E. auch im MA wichtigster Flußübergang, benutzt von Pilgern ins Hl. Land (1030–43), Kreuzfahrern (1189) und Kaufleuten. Den Markt- und Furtzoll erhielten die Zisterzienser von Cikádor (seit 1189). E. blieb trotz günstiger Lage nur ein regionaler Handelsplatz. Es ist 1454 als oppidum erwähnt. 1460 wurde ein grundherrl. Schloß erbaut.

E. Fügedi

Lit.: EJug VI, 391–393 – KL. PAULY III, 1474 – RE XVI, 670–676 – V. KLAIĆ, Podatci za povijest grada Osieka u srednjem vieku II, 1879 – N. KLAIĆ, Povijest Hrvate II, passim.

Essen, Kanonissenstift und Stadt in Nordrhein-Westfalen. In Nachbarschaft von →Werden, der heute auf E.er Stadtgebiet liegenden Gründung →Liudgers, Bf. v. Münster, stiftete Altfried, Ratgeber Ludwigs d. Dt. und 851–874 Bf. v. →Hildesheim, wohl 845 auf seinem Allod »Astnide« ein ursprgl. benediktin. orientiertes Frauenkloster, das sich bei Beibehaltung der vom Papst zugesicherten freien Wahl der Äbt. bald in ein hochadliges Kanonissenstift wandelte. Das Nebeneinander von Werden und E., ihre Gebetsverbrüderung und kulturelle Verbundenheit in karol. und otton. Zeit lassen bei der vielfältigen, wohl auch liudgerid. Versippung des Gründers, dessen Schwester Gerswid erste Äbt. wurde, an das Konzept eines Doppelklosters denken. E., zunächst →Eigenkirche (Maria, Cosmas, Damian) der Bf.e v. Hildesheim, kam nach Altfrieds Tod unter kgl. Schutz, der mit Immunität und freier Wahl der Äbt. 947 durch Otto I. bestätigt wurde; Papst Agapet II. unterstellte 947/951 E. der Jurisdiktion der Kurie. Damit sowie durch die reichen, mit der Marktrechtsverleihung (1041) allerdings auslaufenden Schenkungen und Privilegierungen durch Hochadel, Kg. und Ksr., die den Besitz des Stifts auf weit über 1000 Hufen (Ende 10. Jh.) wachsen ließen, war die Basis für die Blüte in otton. Zeit geschaffen. Sie äußerte sich im Neubau der Stiftskirche (3. Bau ab 1039 mit Anklängen an die Aachener Pfalzkapelle), in der Pflege der Kunst und in der Verwandtschaft der Äbt. mit dem otton. Hause. Während die Stiftsdamen (1058: 11; 1292: 26; 1396: 14) dem Hochadel angehörten, entstammten die Mitglieder des Kanonikerkapitels (20) der E.er Dienstmannschaft. 1228 bezeichnete Kg. Heinrich (VII.) die Äbt. als Reichsfürstin, doch war die reichsstift. Landesherrschaft im Raum E. bes. im 13. Jh. durch die Vögte (Friedrich v. Isenberg, dann die Ebf.e v. →Köln) bedroht. Daher band sich das Stift 1308 durch Vogteiverträge in Nutzung regionaler Parteiungen an die Gf.en v. der Mark, erreichte 1357 eine große Privilegienbestätigung durch Karl IV., mußte jedoch 1495 einen Erbvogteivertrag mit den Hzg.en v. →Kleve-Mark schließen, der zwar das Territorium nicht antastete, aber die polit. Abhängigkeit besiegelte. – Die Marktsiedlung E. um die Gertrudiskirche (1056) nördl. der Stiftsimmunität zog Vorteil aus der Lage am →Hellweg. Die »civitas abbatissae« (11. Jh.) im N der Abteiburg mit Gertrudispfarre wurde 1243/44 ummauert, besaß damals einen parität. aus Bürgern und Ministerialen bestehenden Rat, entledigte sich 1335 des stift. Stadtrichters und erlangte 1377 von Karl IV. formell die Reichsunmittelbarkeit. Obwohl die Stadt 1399 die Äbt. als Landesherrin anerkannte, blieb die Frage des Status der Stadt bis zum Ende des 15. Jh. ungeklärt. Sie umfaßte 1380 ca. 680 Häuser auf ca. 37 ha.   H. Schoppmeyer

Bibliogr.: A. Peter, E. Bibliogr., 1969ff., 1970ff. – W. Sellmann, E. Bibliogr. 1574–1960, 1980 – *Lit.:* W. Zimmermann, Das Münster zu E., 1956 – DtStb III, 3, 1956, 154–166 – E. Wisplinghoff, Beitr. zur Gesch. des Damenstifts E., ADipl 13, 1967, 110ff. – M. Petry, Das Stift E. (Köln-Westfalen 1180–1980, hg. P. Berghaus, 1980), 165ff. – s. künftig: H.-K. Junk, E. (Dt. Städteatlas, 4. Lfg.) – Zur E.er Heberolle, einem as. Sprachzeugnis des 10. Jh.: Verf.-Lex.²II, 634f.[R. Schmidt-Wiegand].

Essentia → Sein

Essex, altes ags. Kgr. und große Gft. im sö. →England, begrenzt im O von der Nordsee, im S von der Themsemündung, im N von Cambridgeshire und Suffolk. Ihre ursprgl. westl. Grenze verlief nur 10 Meilen von →London, was die Geschichte der Gft. tiefgreifend beeinflußte. Bis zum 9. Jh. umschlossen diese Grenzen den Kernbereich des Kgr.es der Ostsachsen (→Angelsachsen; →England, Abschnitt A), von denen E. seinen Namen erhielt.

Die ags. Ansiedlung des Gebietes von E. begann wohl im frühen 5. Jh., obwohl die ostsächs. Königsdynastie erst gegen Ende des 6. Jh. faßbar wird. Aufgrund von archäolog. Funden und genealog. Quellen ist anzunehmen, daß ein großer Teil der Siedler aus dem alten kontinentalen →Sachsen stammte. Während des 7. Jh. beherrschten die ostsächs. Kg.e auch Teile der Gebiete von Hertfordshire und Middlesex, einschließlich von London, doch kam das Provinzial-Kgr. von E. im 8. Jh. unter die Oberherrschaft der Kg.e v. →Mercien. Im ostsächs. Kgr. war das Mitkönigtum üblich; daher herrschten zumeist mehrere Kg.e mit unterschiedlichen Rechtsstellungen und Verwandtschaftsverhältnissen nebeneinander. Nachdem E. 825 zum *scir* (→*shire*) innerhalb des Verbandes von →Wessex geworden war, verschwand auch die ostsächs. Königsdynastie. Noch vor 878 bildete E. den südl. Teil des Wikingerreichs des Kg.s →Guthrum; die skand. Siedlung blieb aber gering. Kg. →Eduard d. Ä. eroberte die Gft. 915–917 zurück und ließ –*burhs* in →Colchester und Maldon errichten. Bei →Maldon fand, im Zuge einer neuen wiking. Angriffswelle, 991 die in einem berühmten ae. Gedicht geschilderte Schlacht statt. In der ausgehenden Angelsachsenzeit war die Familie des Earl →Godwin ein bedeutender Machtfaktor in E.

Nach der norm. Eroberung von 1066 übertrug Kg. →Wilhelm I. mehreren seiner Gefolgsleute Land in E., darunter den Begründern der Häuser de →Mandeville und de →Vere, die während des späteren MA durchgängig eine bedeutende Rolle im Gft. spielten. Kg. →Stephan erhob Geoffrey de Mandeville und Aubrey de Vere 1140 jeweils zu Earls von E. und Oxford, was Geoffrey jedoch nicht an einer Rebellion gegen Stephan hinderte. Die Gft. war in eine Reihe von Aufständen involviert, u. a. in die Bürgerkriege um die →Magna Carta (1215–16) und in den großen Bauernaufstand unter Wat →Tyler (1381). Die Kl. und Kirchen von E. waren 1403–04 Keimzellen einer Verschwörung gegen Kg. →Heinrich IV. Zumeist aber herrschten friedliche Verhältnisse in der Gft., die ihren Wohlstand dem Wollhandel sowie der Lieferung von Agrarprodukten und Fisch auf dem stets aufnahmebereiten Londoner Markt verdankte. Neben den alten städt. Zentren wie Colchester entwickelten sich im SpätMA blühende→*boroughs* wie etwa Chelmsford.

         B. A. E. Yorke

Lit.: J. H. Round, Geoffrey de Mandeville, 1892 – VCH E. I, 1903; II, 1907 – C. Hart, The Early Charters of E., Parts I, II, hg. Dept. of Engl. Loc. Hist., Leicester, Occasional Papers 10 and 11, 1957 – Archaeology

of E. to AD 1500, hg. D. G. Buckley (Council for British Archaeology Research Report 34, 1980) – B. A. E. Yorke, The Kingdom of the East Saxons (ASE 14, 1985).

Essig → Acetum

Esslingen, Stadt in Mittelschwaben am Neckar, in günstiger Furtlage, im Schnittpunkt alter röm. Straßenverbindungen nach Cannstatt, zu den Albübergängen und nach Bayern über Ulm; im MA führte eine der meistbefahrenen Straßen vom Elsaß und Niederrhein über E. nach Augsburg und Bayern; erstmals 866 urkundl. erwähnt (»Hetslinga in pago Nechragawe«) und von Fulrad, einem Kaplan Karls d. Gr., von einem alam. (?) Adligen Hafti erworben; 777 testamentar. dem Kl. St-Denis vermacht, das 784 sein Erbe antrat. Älter ist Ober-E., das auf einen röm. Gutshof und ein alam. Sippendorf zurückgeht. Allein die klösterl. Tochtersiedlung entwickelte sich zu einem karol. Markt mit Münzrecht, der in otton. Zeit zu einem Marktort erhoben wurde. 1077 gehörte das »oppidum« E. zum schwäb. Hzg.-Besitz. 1080/81 erscheint die Stadt in der Hand Ks. Friedrichs I. und wurde zu einem bedeutenden stauf. Verwaltungsmittelpunkt für das Reichs- und stauf. Hausgut, wobei die Stadt offenbar schon Stadtrechte ausübte. 1219 siegelt sie erstmals als »universitas populi«, seit 1232 zeigt das Stadtsiegel den Reichsadler, 1241 wird E. im Reichssteuerverzeichnis aufgeführt, 1298 von Kg. Albrecht als Reichsstadt bezeichnet. Ein formeller Stadterhebungsprozeß scheint bei E. nie erfolgt zu sein; spätestens seit Ks. Friedrich II., der die »civitas« mit einer Mauer umgab, ist die Stadt dem Reich unterstellt. Bis 1330 besaß außer der Inselvorstadt Plinsau im S nur die civitas eine Mauer, Mitte 14. Jh. wurden auch deren beide Vorstädte Obertorstadt und Beutau in den um 1450 insgesamt 55 ha schützenden Mauerring einbezogen.

Aus den Kämpfen des →Interregnums ging E. als Führerin der Städte unter der Alb hervor. Von 1246 (Schlacht bei Frankfurt) bis 1473 ist die polit. und wirtschaftl. Entwicklung von E. durch die Gegnerschaft zur Gft. →Württemberg bestimmt; in verschiedenen Kriegen, in denen E. sich an die Spitze der innerschwäb. Städte setzte (→Schwäb. Städtebund), mußte es wiederholt seine Freiheit gegen Württemberg verteidigen. Mit der wachsenden polit. und wirtschaftl. Macht vermochte E. seit 1300, sein Territorium vom reinen Stadtgebiet (ca. 400 ha) gegen seinen württ. Nachbarn um das Zehnfache zu erweitern. Mit der Schlacht v. →Döffingen war das Streben E.s nach einem wirkl. Stadtterritorium endgültig gescheitert; zwar konnte E. im Vorfeld der Stadt seine Hoheitsrechte gegen Württemberg verteidigen, mußte aber zugleich wichtige Vogteirechte abtreten.

Nach dem Frieden zw. E. und Württemberg (29. Aug. 1454) gebot Ks. Friedrich III. den Mgf.en Karl und Bernhard v. Baden, die Stadt bei ihren Freiheiten und Rechten zu schützen; Baden war hierzu auf die Dauer nicht in der Lage, so schloß E. 1473 auf fünf Jahre, 1477 auf 30 Jahre mit Württemberg einen Schirm- und Schutzvertrag; seitdem entwickelte sich zw. den beiden ein nachbarschaftl. Verhältnis. 1489 trat E. dem in E. gegr. →Schwäb. Bund (14. Febr. 1488) bei, jedoch unter der Bedingung, daß sich Württemberg auch anschließe.

Die älteren Rechtstexte von 1229 lassen sich nur noch aus einer Rechtsmitteilung an Brackenheim erschließen; 1274 erhält E. das Ulmer Stadtrecht, das dann als sog. E.er Stadtrecht an Reutlingen (Ende 13. Jh.), Brackenheim (1280), Cannstadt (1330), Weil (der Stadt; 1434) weitergegeben wurde. Der verfassungsrechtl. Ausbau der Stadt erreichte mit der Konstituierung des Rats (1274), der

Schaffung des Bürgermeisteramtes (1286) und der personalen Trennung der Funktionen eines »iudex« von denen des »consul« (1291) seinen Abschluß. Zugleich wird das kgl. Schultheißenamt in seinen Rechten zurückgedrängt, das seit 1360 de facto in der Hand der Stadt ist; friedl. Reformen von 1316, 1376 und 1392 brachten eine Stärkung der Rolle der Zünfte. Die Bevölkerungsentwicklung der bevölkerungsreichsten Stadt Innerschwabens zeigt seit Mitte des 14. Jh. eine abnehmende Tendenz (1362 noch 2380 Steuerhaushalte; 1458 nur noch 1454). Früh schon hatte E. in St. Dionysius eine eigene Pfarrkirche, die Ks. Friedrich II. mit allen Rechten 1231 dem Domstift Speyer schenkte; seit der Kapellenordnung von 1321 übte E. das Patronatsrecht über alle Pfründen aus, ausgenommen die Pfarrpfründe.

Wichtigste Erwerbsquelle der Stadt war der Weinanbau und der Weinhandel ins Bayerische; der E. → Eimer war in Württemberg und Bayern anerkanntes Weinmaß. Neben dem früh bezeugten Fernhandel kamen dem Tuch- und Leinengewerbe und der Gerberei gewisse Bedeutung zu. Die im 14. Jh. nachweisbare Lombardbank, die einzige im weiten Umkreis, zeugt von der Bedeutung E.s als Handelszentrum des mittleren Neckarraums. Die jahrzehntelangen Auseinandersetzungen mit Württemberg und die Führungsrolle unter den schwäb. Städten führten langfristig zu einer wirtschaftl. Schwächung der Stadt. Nach dem polit. Niedergang setzte Mitte des 15. Jh. auch der wirtschaftl. ein.   P.-J. Schuler

Q. und Lit.: UB der Stadt E., bearb. A. DIEHL, 2 Bde (Württ. Geschichtsq. Bd. 3, 7, 1899, 1905) – M. HABERLEN, Stud. zur Verfassungsgesch. der Reichstadt E., Württ. Vierteljahresh. für Landesgesch. NF 21, 1912 – H. BLETZINGER, Der Schwäb. Städtebund in den Jahren 1438–1445 (Darstellungen aus der Württ. Gesch. 39, 1954) – E. NAUJOKS, Obrigkeitsgedanke, Zunftverfassung und Reformation. Stud. zur Verfassungsgesch. von Ulm, E. und Schwäb. Gmünd, 1958 – R. UHLAND, Die E. Kl. im MA, E. er Stud. 8, 1961 – DtStb IV/2, 1962 – B. KIRCHGÄSSNER, Wirtschaft und Bevölkerung der Reichsstadt E. im SpätMA, 1360–1460, 1964 – J. SCHNEIDER, Bibliogr. zur Gesch. und Kultur der Stadt E., 1975 – E. (Hist. Atlas Baden-Württ. IV, 8), 1976 [O. BORST; Kataster] – O. BORST, Gesch. der Stadt E. am Neckar, 1977 – P.-J. SCHULER, Die Rolle der schwäb. und elsäss. Städtebünde in den Auseinandersetzungen zw. Ludwig d. Bayern und Karl IV. (Karl IV. 1316–1378 ..., hg. H. PATZE, 1978) – CH. W. FABRY, E. er Kirchen, E. er Stud. 18–19, 1979–80 – H.-G. HOFACKER, Die schwäb. Reichslandvogteien im späten MA (SpätMA und Frühe NZ 8, 1980) – H. HÖNBURGER, Judenvertreibungen im SpätMA am Beispiel E. und Konstanz, 1981.

Esslingen, Schulmeister v. → Schulmeister v. Esslingen

Estaing, Pierre d', OSB, frz. Prälat, Kard., † Nov. 1377 in Rom, entstammte einer Adelsfamilie aus dem südwestfrz. Rouergue; Prior des von St-Victor de Marseille abhängigen Priorates St-Geniès d'Olt, übte ca. 1355–60 in Montpellier eine Rechtsprofessur aus, war Prior des von Conques abhängigen Priorates Coulommiers. Seit 1361 Bf. v. → St-Flour (Auvergne, dép. Cantal), beteiligte er sich an der Unterdrückung der → Tuchins und an den Kriegszügen, die Guillaume de Cardaillac im Auftrag von → Johann, Hzg. v. Berry und Auvergne, führte (1365). E. gründete das Kollegiatstift Villedieu. Rat Kg. Karls V. (→ *conseil royal*), erhielt E. von Urban V. 1368 das Ebm. → Bourges, in dem er selten residierte. Er verstärkte seine freundschaftl. Beziehungen zum Kard. Gilles Aycelin de Montaigu, als dessen Statthalter (*lieutenant*) E. in Italien im Jan. 1369 auftritt, im Nov. 1369 als Rektor v. Spoleto. Am 7. Juni 1370, kurz vor Urbans V. Rückkehr nach Avignon, wurde E. zum Kard. erhoben. Generalvikar in temporale von Rom, des Patrimonium Petri, der Campagna, der

Maremmen, unterwarf er im Mai 1371 Perugia. Als Generalvikar der Romagna und von Bologna (Jan. 1372) führte er Krieg gegen Bernabò → Visconti. Trotz seiner militär. Erfolge wurde E. von Gregor XI. nach Avignon zurückberufen; er erhielt das Bm. Ostia (1374). Im Aug. 1376 erneut in Italien, bereitete er die Ankunft Gregors XI. vor und entzog Viterbo und Bolsena der Familie → Vico. E. erhielt nicht die Mittel, um seinen großen Plan, die Reform des Kirchenstaates, zu verwirklichen. Erschöpft starb er in Rom im Alter von ca. 50 Jahren. In einem Testament überhäufte er seine heimatliche Kirche Rodez mit Wohltaten.   M. Hayez

Q. und Lit.: DHGE XV, s. v. – F. LEHOUX, Jean de France, I, 1966 – Ecole fr. de Rome, Lettres comm. d'Urbain V, 8211, 25897–25901, 26702 (Benefizien), 26381, 26537–26538, 26743, 26824, 26942–26943, 27043, 27182, 27213, 27221, 27241, 27244, 27260, 27288, 27305, 27308, 27318–27319 [Tätigkeit in Italien] – Lettres secr. Grégoire XI – Bibl. nat. Paris, ms. Doat 45, F. 79–87 [Testament] – M. ANTONELLI, Archivio della Soc. romana di storia patria, 1908 – P. DURRIEU, BEC, 1916 – A. SAMARITANI, Boll. di notizie e ricerche da archivi e biblioteche, Ferrara, 1980.

Estampie (frz.; prov. *estampida*, it. *istampita*, lat. *stantipes*; möglicherweise mit dt. 'stampfen' verwandt), musikal. und lit. Begriff, der 1. eine Tanzweise, 2. eine Melodie ohne Tanzcharakter, 3. frz. und prov. lyr. Gedichte bezeichnet. Drei Quellen (je eine frz., engl. und it. Hs.) überliefern Musikstücke ohne Texte, wobei sich darunter die wohl älteste rein instrumentale Komposition befindet; drei weitere Quellen geben nur Texte. Einzig für die »Kalenda maya« des Troubadours Raimbaut de → Vaqueiras sind in einer Hs. Text und Melodie erhalten. Ein frz. Kontrafakt dazu wird in der Hs. nicht als E. bezeichnet. Die Definitionen im Musiktraktat des → Johannes de Grocheo (Ende 13. Jh.) und in den prov. Poetiken »Doctrina de compondre dictatz« und »Leys d'Amors« (beide 14. Jh.) beschreiben die E. ihrer Zeit recht gut, passen aber weniger auf die frühere E. Inhalt, Versifizierung, Strophenzahl und -bau gestatten keine Definition der it. Gattung. Heterometrie ist die Regel; während die 6 prov. Stücke regelmäßigen Strophenbau aufweisen, bevorzugen die 19 frz. E. die Heterostrophie. Einziges gemeinsames Merkmal ist die systemat. Wiederholung der musikal. Versikel, die auch für die ohne Noten überlieferten Texte zu erschließen ist. In der frz. Hs. Oxford, Bodl. Library, Douce 308 zeigt am Anfang des Abschnittes mit den frz. E. eine Miniatur vier in die Hände klatschende Mädchen: Ein Hinweis darauf, daß in Nordfrankreich am Anfang des 14. Jh. die E. noch als Tanzlyrik empfunden wurde.   M.-R. Jung

Strittig bleibt, ob sich die zu Anfang von fünfzehn untextierten einstimmigen, mit Titeln versehenen Melodien gesetzte Bezeichnung *istampita* in einer it. Hs. um 1400 auf alle bezieht oder nur auf die ersten acht; und ob alle oder nur die letzten sieben wegen ihrer auf Tänze verweisenden Überschriften (Saltarello, Trotto) Tanzmelodien sind. Die zweite Gruppe unterscheidet sich von der ersten in zwei Fällen durch angehängte Tanzsätze *(rotta)*, wogegen die erste im Gegensatz zur zweiten (und zu den frz. e.) längere Einzelabschnitte hat, statt einer *aperto/chiuso*-Endung oftmals deren zwei und gelegentl. die Mensur wechselt.   H. Leuchtmann

Lit.: MGG – NEW GROVE – The Manuscript London, British Museum, Additional 29987: a Facsimile-Ed. with an Introduction, ed. G. REANEY (Musical Studies and Documents XIII, 1965) – P. BEC, La lyrique française au moyen âge, I, 1977, 241–246 – P. W. CUMMINS, How well do medieval treatises describe extant estampies?, Neophilologus 63, 1979, 330–337 – DIES., Le problème de la musique et de la poésie dans l'estampie, Romania 103, 1982, 259–277.

Este (Prov. Padua, Italien), Stadt am Südrand der Euganeischen Hügel. Das antike venet. Ateste (»Este-Kultur«) hatte durch seine Beherrschung des Unterlaufs der Etsch (Atesis) große Bedeutung, bis Padua ihm die Vorrangstellung streitig machte (3.–2. Jh. v. Chr.). Die sog. »Rotta della Cucca« (589), ein Zusammenwirken von Erdbeben und Überschwemmungen, durch die der Flußlauf der Etsch nach S verlegt wurde und der damit verbundene Verlust der Kontrolle über den Fluß führte im FrühMA zum endgültigen wirtschaftl. und polit. Niedergang der Stadt, bis sie im 11. Jh. zum Sitz eines der Zweige der →Otbertiner wurde, der sich nach jenem Kastell d'Este oder Estensen nannte. Nachdem sich die Estensen im 12. Jh. in →Ferrara, dem Mittelpunkt ihrer neuen polit. Interessen, niedergelassen hatten, wurde E. seit dem 13. Jh. ein Teil des von der Kommune Padua beherrschten Territoriums.   F. Bocchi

Lit.: EncIt, s. v. – F. BETTELLA, E. (Guida ai centri minori I, 1983), 290–295.

Este (d'), oberit. Familie. Spitzenahn der Familie war →*Albert Azzo II.* († 1097), der die Burg von →Este im Zentrum seiner Besitzungen im südl. Venetien (Cerro, Calaone, Montagnana, Monselice, Polesine di Rovigo) zu seiner Residenz erwählte. Von seinem Sohn →Welf (Guelfo) IV. stammte die jg. →Welfen-Linie ab, von seinem Sohn *Fulco I.* (Folco) ging die Linie aus, die sich nach der Stammburg E. nannte. Albert Azzo stammte aus dem Geschlecht der →Otbertiner, einer frk. Adelsfamilie, die zur Zeit Karls d. Gr. nach Italien gekommen war und deren Nachkommen langob. Recht unterstanden. Nach ihrem bedeutendsten Vertreter, Otbert (Mgf. im östl. Ligurien, Gf. v. Luni, Pfgf. [972]) führte der Zweig der Familie, der sich im 11. Jh. in E. niederließ, den Markgrafentitel (der seit 1171 belegt ist), ohne mit einer Mark Este investiert zu sein, deren Existenz im übrigen nicht bezeugt ist.

1154 schlossen die Söhne Fulcos I. mit →Heinrich dem Löwen, dem Nachkommen Welfs IV., ein Übereinkommen hinsichtl. der Aufteilung des Erbes ihres Großvaters Albert Azzo II. Die Hzg.e v. Sachsen verzichteten auf ihre Rechte auf die it. Besitzungen zugunsten der Söhne Fulcos gegen eine Zahlung von 400 Mark Silber und die Anerkennung ihrer Lehenshoheit. In der 2. Hälfte des 12. Jh. wählte *Obizzo I.* (um 1110–1193) →Ferrara zu seiner Residenz, das zum Mittelpunkt seiner polit. Interessen wurde, behielt jedoch die Besitzungen im südl. Venetien. Er war beim Frieden von →Venedig 1177 anwesend und wurde im gleichen und darauffolgenden Jahr Podestà v. Padua. Nach dem Frieden v. →Konstanz (1183) wurde er von Ks. Friedrich I. mit den Marken Genua und Mailand und den ehemaligen Territorien Heinrichs des Löwen belehnt. Dies waren eher Ehrentitel als Investituren mit polit. Konsequenzen, da Genua und Mailand in jener Zeit autonome Kommunen waren; sie zeigen jedoch das Ansehen, das er bei dem Ks. zur Zeit der großen Auseinandersetzung mit ihm genoß. In Ferrara nahm die Familie zur Zeit der Kommune aktiven Anteil an den Kämpfen zw. den Familien Adelardi und Salinguerra. *Azzo VI.* vermochte sich mittels seines Enkels Obizzo, der mit der Erbtochter der Adelardi, Marchesella, verlobt war, des Besitzes der Adelardi zu bemächtigen und ihre Stelle in den polit. Machtkämpfen der Stadt einzunehmen. Zw. 1186 und 1240 hatten die E., abwechselnd mit den Salinguerra, die Macht in der Kommune inne und übten das Podestariat in Padua, Mantua und Verona aus. Der Machtkampf in Ferrara blieb nicht unbeeinflußt von den polit. Ereignissen im Reich. Nach dem Tod Heinrichs VI.

(1196) erklärten sich die E. als Guelfen, die Salinguerra als Ghibellinen. In Wahrheit hatten derartige Erklärungen keine reale soziale oder polit. Basis: beide Familien suchten nur Unterstützung bei ihrem Bestreben, die Macht in Ferrara an sich zu reißen. Sie unterschieden sich jedoch insofern darin, daß die Salinguerra sich auf die lokale Bevölkerung stützten und versuchten, Venedig von den wirtschaftl. Interessen Ferraras fernzuhalten, während *Azzo VII.* Militärhilfe Venedigs in Anspruch nahm, um seinen Rivalen zu schlagen (1240). Venedig ließ sich sein entscheidendes Eingreifen in diesen Kampf durch enorme wirtschaftl. Privilegien vergelten, so daß die ferrares. Handwerker und Kaufleute die Möglichkeit verloren, sich die wichtigen Märkte zu erschließen, die von jener Zeit an endgültig von Venedig beherrscht wurden. Außerdem verlagerte sich der Schwerpunkt der ferrares. Wirtschaft vollständig auf die Landwirtschaft. Nach dem Tod Azzos VII. (1264) wurde sein Enkel *Obizzo II.* (→8. E.), mit Unterstützung der wichtigsten ferrares. Familien, zum Signoren v. Ferrara akklamiert – ein völliges Novum in der Geschichte der nord- und mittelit. Kommunen. Von dieser Zeit an sanken die kommunalen Institutionen →Ferraras zu bloßen Ausführungsorganen der Signoren herab.

Die Signorie der E. verlief nicht immer ruhig und von allen Untertanen gern gesehen. Im Lauf des 14. Jh. erhob sich das Volk mehrmals gegen den Steuerdruck, den die E. auf die ärmeren Schichten ausübten (1385 wurde nach einer derartigen Revolte das Kastell inmitten der Stadt errichtet). Nach dem Tod eines jeden Signore kam es unter den legitimen und natürl. Söhnen, den Vettern und sonstigen Blutsverwandten stets zu blutigen Nachfolgekämpfen, die aus der langob. Rechtstradition der Erbteilung unter Brüdern herrührten. Die herausragendste Persönlichkeit der Familie im 14. Jh. war *Alberto V.* (Regierungszeit 1383–93), der einzige Mgf. d'Este, der eine Politik verfolgte, die nicht nur persönl. Machtstreben diente. Er war bemüht, das Staatswesen durch das Herstellen guter Beziehungen zum Papst zu konsolidieren, die es ihm ermöglichten, in Ferrara eine Universität zu gründen (1392) und die Rechtsstellung der an kirchl. Einrichtungen gebundenen Besitzungen zu reformieren und sie auf den freien Markt zu bringen.

Im 15. und 16. Jh. führten die großen Mgf.en *Niccolò III.* (→7. E.) und *Leonello* (→5. E.) und die Hzg.e *Borso* (→2. E.), *Ercole I.* (→3. E.), *Alfonso I.* (→1. E.), die Ferrara zu einem der Zentren der humanist. Kultur und der Kunst gemacht hatten, zumeist eine Politik der Ausbeutung der wirtschaftl. Ressourcen des Staates, indem sie die öffentl. Einnahmen für Militärausgaben und zum Teil auch für Kunstwerke verwendeten.

Die E. herrschten bis 1598 über Ferrara, Modena und Reggio, als nach dem erbenlosen Tod *Alfonsos II.* der Papst sie zwang, Ferrara zu verlassen, das an den Hl. Stuhl fiel. Sie verlegten den Sitz nach →Modena, wo sie bis 1796 herrschten.

Die Familie erlosch Anfang des 19. Jh. im Mannesstamm.   F. Bocchi

Lit.: L. A. MURATORI, Delle Antichità Estensi e Italiane 2, 1717–40 – E. HLAWITSCHKA, Franken, Alemannen, Bayern und Burgunder in Oberitalien (774–962), 1960, CXXVI, 244f. – L. CHIAPPINI, Gli Estensi, 1967 – L. MARINI, Per una storia dello stato estense, 1973 – A. VASINA, Società, politica e istituzioni nell'Italia padana (secoli IX–XII), 1974 – F. BOCCHI, Istituzioni e società a Ferrara in età precomunale, Atti e Mem. Dep. Ferrarese, s. III, XXVI, 1979 – La corte e lo spazio: Ferrara estense, hg. G. PAPAGNO–A. QUONDAM, 3, 1982 – Il castello. Origini, realtà, fantasia, hg. P. PORTOGHESI–F. BOCCHI, 1985.

1. E., Alfonso I. d', * 1476, † 1534, Hzg. v. Ferrara, Modena und Reggio Emilia, Sohn von Ercole I. (→ 3. E.) und Eleonora v. Aragón, ⚭ 1501 in zweiter Ehe→Lucrezia Borgia, die natürl. Tochter Papst Alexanders VI., trat 1505 die Nachfolge seines Vaters an. A. bemühte sich, seinen Staat aus Konflikten herauszuhalten, obwohl er ständig von Venedig bedroht und in den Kampf zw. Frankreich und Spanien verwickelt wurde. Außerdem mußte er den Versuchen des Papsttums, die Herrschaft über Ferrara an sich zu reißen, entgegentreten. Während des Krieges mit Venedig gelang es ihm, dessen Flotte auf dem Po bei Polesella zu vernichten (1509). A. zeigte bes. Interesse für die neuen Kriegstechniken: die von ihm geförderte Produktion der Artilleriewaffen machte ihn berühmt. So verdankte Gaston de →Foix den Sieg über die Spanier bei Ravenna (1512) dem Einsatz ferrares. Kanonen. An A.s Hof lebte der Dichter Ludovico Ariosto, den der Hzg. auch mit diplomat. Aufgaben betraute.

F. Bocchi

Lit.: DBI II, 332–337 – L. CHIAPPINI, Gli Estensi, 1967, 211–247.

2. E., Borso d', * 1413, † 1471, Mgf. v. Modena und Reggio Emilia (1452), Hzg. v. Ferrara (1471), natürl. Sohn von Niccolò III. (→ 7. E.) und Stella dell'Assassino. Während der Signorie seines Bruders Leonello (→ 5. E.) über Ferrara war B. Condottiere und Gouverneur des Polesine (Zentrum Rovigo). Als Leonello 1450 starb, gelang es B., nicht zuletzt mit Unterstützung anderer Signoren der Emilia, dessen Nachfolge anzutreten, obwohl er keinen Rechtsanspruch darauf besaß. In seiner Italienpolitik bewirkte er eine Annäherung an →Venedig – eine ungewöhnliche, vereinzelt bleibende Episode in der Außenpolitik →Ferraras – und vertrat eine feindl. Haltung gegenüber dem Hzm. →Mailand und dem Kgr. →Neapel; seine Bestrebungen, mit dem Papsttum ein gutes Verhältnis herzustellen, wurde durch die Verleihung des Titels »Herzog v. Ferrara« für sich und seine Nachfolger gekrönt. Das wichtigste Ereignis seiner Innenpolitik ist der Erlaß neuer Statuten (1456), in denen die absolute Macht des Hzg.s zum Ausdruck kam und eine komplexe staatl. Organisation geschaffen wurde, deren Mechanismen der direkten Kontrolle des Hzg.s unterstanden.

Die Blüte der humanist. Kultur, die sich zur Zeit Leonellos in Ferrara entwickelt hatte, dauerte auch unter der Herrschaft B.s an, obwohl er selbst nicht die Sensibilität und feine Bildung seines Vorgängers besaß und Prunk und Luxus den Studien vorzog. Er bereicherte die Bibliothek um wertvolle illuminierte Hss. (u. a. die berühmte sog. »Borso-Bibel«, heute Bibl. Estense, Modena) und ließ im Kastell eine Wandteppichmanufaktur einrichten. An seinem Hof blühte die sog. Malerschule v. Ferrara (Francesco del→Cossa, Cosmè→Tura, Ercole de→Roberti).

F. Bocchi

Lit.: DBI XIII, 134–143 – A. LAZZARI, Il primo duca di Ferrara Borso d'E., Atti e Mem. Dep. Ferrara, NS III, 1945 – R. LONGHI, Officina ferrarese, 1956 – L. CHIAPPINI, Gli Estensi, 1967, 119–143 – N. FORTI GRAZZINI, Arazzi a Ferrara, 1982.

3. E., Ercole I. d', * 1431, † 1505, Hzg. v. Ferrara, Modena und Reggio Emilia, legitimer Sohn Niccolòs III. (→ 7. E.) und der Ricciarda di Saluzzo, 1471 Nachfolger seines Bruders Borso (→ 2. E.). 1473 ⚭ Eleonora, Tochter des Kg.s v. Neapel, Ferrante (Ferdinand) v. Aragón. In dem beständigen Kriegszustand, der während seiner Regierungszeit herrschte, gab E. das von Borso mit Venedig geschlossene Bündnis auf und kehrte zur traditionellen ferrares. Politik zurück, die danach strebte, die ven. Expansionsbestrebungen am Unterlauf des Po zu hemmen. Der 1480–82 mit Venedig geführte Krieg endete jedoch mit einer Niederlage, so daß der ganze Polesine (Zentrum Rovigo), der früher den Hzg.en v. Ferrara unterstand, im Frieden v. Bagnolo an Venedig fiel. In der Folge versuchte E. unter großen Schwierigkeiten sich aus den Auseinandersetzungen der it. Staaten weitgehend herauszuhalten. Er bemühte sich zuerst, den Italienzug Karls VIII. v. Frankreich zu verhindern und nahm dann eine neutrale Haltung ein. In seiner Innenpolitik war er bestrebt, durch eine Organisation der Verwaltung Gelder für die Finanzierung des Kriegs mit Venedig flüssig zu machen. Im Zuge der Maßnahmen, die auf jenen für Ferrara verhängnisvollen Krieg folgten, ließ er eine Erweiterung und Befestigung der Stadt durchführen (sog. »Addizione Erculea«), um dadurch eventuellen Angriffen aus dem N zu begegnen. Diese von dem Architekten Biagio Rossetti seit 1490 durchgeführte Stadterweiterung gilt als hervorragendes Beispiel der Integration einer modernen Stadtanlage mit dem ma. Stadtkern.

An E.s Hof lebten hervorragende Dichter wie Matteo Maria →Boiardo und Ludovico Ariosto. Durch die Aufführung der ins It. übersetzten Klassiker und auch zeitgenöss. Autoren kam es zu einer neuen Blüte des Theaters. E. gab auch der Musik große Impulse: er gründete die Cappella Musicale und berief u. a. →Josquin Desprèz nach Ferrara.

F. Bocchi

Lit.: L. CHIAPPINI, Gli Estensi, 1967, 144–210 – B. ZEVI, Saper vedere l'urbanistica. Ferrara di Biagio Rossetti, la prima città moderna europea, 1971² – W. L. GUNDERSHEIMER, Ferrara. The Style of a Renaissance Despotism, 1973 – F. BOCCHI, Uomini e terre nei borghi ferraresi. Il catasto parcellare del 1494, 1976 – L. ZORZI, Il sipario ducale (Il teatro e la città), 1977.

4. E., Isabella d', Mgfn. v. Mantua, * in Ferrara 1474, † 1. Febr. 1539, Tochter Ercoles I. (→ 3. E.) und der Eleonora v. Aragón, ⚭ 1490 Francesco →Gonzaga, Mgf. v. Mantua. Am Hof von →Ferrara widmete sie sich erfolgreich unter Anleitung des Battista →Guarino humanist. Studien. In Mantua umgab sie sich mit einem Kreis hochbedeutender it. Literaten, die von dem kulturellen Klima, das I. zu schaffen vermochte, angezogen wurden (→Equicola, Baldassare→Castiglione, Matteo Bandello). Sie stand auch in Beziehung mit Matteo Maria →Boiardo, Ludovico Ariosto und Pietro Bembo. Die berühmtesten bildenden Künstler wurden von ihr nach Mantua berufen (Porträt von Leonardo da Vinci, Francesco Francia und Tizian). I. spielte eine sehr bedeutende Rolle bei der Regierung Mantuas und beim Schutz der Interessen von →Ferrara und →Mailand (ihre Schwester Beatrice war mit Ludovico →Sforza gen. il Moro vermählt) während der Liga v. Cambrai und der Hl. Liga. Vom 1. Aug. 1509 bis Juli 1510 war ihr Gatte Francesco Sforza Gefangener der Venezianer. Während dieser Zeit regierte I. in Mantua und betrieb erfolgreich die Freilassung ihres Gatten. Sie suchte ein Bündnis mit Kg. Ludwig XII. v. Frankreich, mußte als Garantie dafür jedoch ihren Sohn Federico als Geisel stellen. Als 1519 Federico die Nachfolge seines Vaters antrat, unterstützte I. ihn bei der Regierung des Staates. 1514–15 war sie Gast Papst Leos X. in Rom. Zw. 1525 und 1527 hielt sie sich erneut in Rom auf.

F. Bocchi

Lit.: A. LUZIO, Mantova e Urbino. I. d'E. ed Elisabetta Gonzaga nelle relazioni famigliari e nelle vicende politiche, 1893 – A. LUZIO–R. RENIER, Delle relazioni di I. d'E. Gonzaga con Lodovico e Beatrice Sforza, 1896 – G. BONGIOANNI, I. d'E. marchesa di Mantova, 1960 – E. FACCIOLI, Mantova. Le lettere, II: L'Esperienza umanista. L'età isabelliana e l'autunno del Rinascimento mantovano, 1962 – V. BROSTO, La rosa e la spada. I. d'E. e Francesco Gonzago, 1980.

5. E., Leonello d', Mgf., Signore v. Ferrara, * 1407, † 1450, natürlicher Sohn Niccolòs III. (→ 7. E.) und der

Stella dell' Assassino, trat 1441 die Nachfolge seines Vaters an. Überzeugt, daß der Friede die unerläßliche Bedingung für Weiterbestand und Prosperität seines Staates sei, gelang es ihm, sich aus den bewaffneten Auseinandersetzungen herauszuhalten, in denen sich zu jener Zeit die it. Fürstentümer aufrieben. Er vermochte auf diese Weise den Rüstungsetat auf ein Minimum zu reduzieren und dadurch Steuern, die auf der landwirtschaftlichen Produktion lasteten, zu verringern; ferner traf er Maßnahmen in der Armen- und Krankenfürsorge und förderte die Trockenlegung der Sumpfgebiete. Bei seiner Regierung ließ er Besonnenheit und Mäßigung erkennen, wie sie seinen Vorgängern durchaus nicht selbstverständlich gewesen waren: vielleicht ein Ergebnis seiner humanist. Erziehung. Er hatte in Ferrara den Unterricht des →Guarino Veronese genossen und sich mit dem Studium der klassischen Autoren und dem Aufspüren der Hss., die den besten Text boten, beschäftigt. L. förderte die Künste und das Kulturleben im allgemeinen und berief die Maler →Pisanello (Porträt, Bergamo, Medaille), Andrea →Mantegna, →Rogier Van der Weyden, Jacopo →Bellini und →Piero della Francesca an den Hof. Er beauftragte Leon Battista →Alberti mit der Abfassung des Traktats »De re edificatoria«, trug entscheidend zur Neubelebung der Universität bei und machte sie zu einem der bedeutendsten Kulturzentren Italiens; er förderte einen lit. Zirkel unter dem Vorsitz des Guarino Veronese, dessen Seele Angelo →Decembrio war, der in seiner »Politia literaria«, in der L. einer der Protagonisten ist, ein Abbild des kulturellen Lebens seiner Zeit gibt. L. verlieh auch der bereits von seinem Vater gegründeten Bibliothek richtungweisende Impulse.   F. Bocchi

Lit.: G. Pardi, L. d'E. marchese di Ferrara, 1904 – L. Chiappini, Gli Estensi, 1967, 103–118 – E. Garin, Guarino Veronese e la cultura a Ferrara (Ritratti di umanisti, 1967) – L. Balsamo, La circolazione del libro a corte (La corte e lo spazio: Ferrara Estense, 1982), 659–681 – A. Biondi, Angelo Decembrio e la cultura del Principe (ebd.), 637–657.

6. E., Niccolò II. d', gen. lo Zoppo (der Lahme), Mgf. v. E., * 1338, † 1388, Signore v. Ferrara, Sohn Obizzos III., trat 1361 die Nachfolge seines Bruders Aldobrandino an, ⚭ 1362 Verde della Scala. Im Zuge seiner Expansionspolitik erwarb N. um hohe Geldsummen einige wichtige Gebiete in der Romagna (Lugo, Bagnacavallo, Cotignola). Im Krieg zw. Genua und Venedig um die Vorherrschaft im Levantehandel gelang es ihm, eine eindeutige Stellung für eine der beiden Parteien zu vermeiden. Um seine äußerst aufwendige Außenpolitik zu finanzieren, belastete N. in einer Zeit der Seuchen, Überschwemmungen und Wirtschaftskrisen die städt. und ländl. Bevölkerung immer stärker mit Steuern. 1385 brach bei einer weiteren Steuerforderung ein Volksaufstand aus, der blutig niedergeschlagen wurde. Zur besseren politischen und militärischen Kontrolle über Ferrara ließ N. danach – mit Hilfe einer sehr hohen Anleihe beim Signore v. Mantua – das Kastell errichten.   F. Bocchi

Lit.: L. Chiappini, Gli Estensi, 1967, 68–73 – F. Bocchi, Gli Estensi a Ferrara: il Castello come struttura di potere (Il castello. Origini, realtà, fantasia, 1985), 21–27.

7. E., Niccolò III. d', Mgf., Signore v. Ferrara, * 1383, † 1441, natürl. Sohn Albertos V. (1347–93), mit zehn Jahren Nachfolger seines Vaters. Gestützt auf den von seinem Vater ernannten Regentschaftsrat, mußte er sich den Ansprüchen seiner Vettern auf die Nachfolge stellen und die Probleme der starken Verschuldung des Staates gegenüber Mantua und Venedig bewältigen. 1397 ⚭ Gigliola, Tochter des Signore v. Padua, Francesco Novello da →Carrara. Nachdem N. III. 1402 die volle Regierungs-

gewalt über Ferrara übernommen hatte, sah er sich genötigt, im Konflikt zw. Padua und Venedig die Partei seines Schwiegervaters zu ergreifen, um Ferrara vor den Konsequenzen der Herrschaft Venedigs über Padua zu schützen, obwohl er überzeugt war, daß nur ein Friede das Weiterbestehen seines Staates garantieren konnte. Seine Bemühungen trugen jedoch keinen Erfolg, so daß er 1405 die Expansion der Republik →Venedig bis zu den Grenzen des Gebiets von Ferrara hinnehmen mußte. Seine, im übrigen wechselhaften Beziehungen mit den →Visconti von →Mailand ermöglichten ihm die Rückgewinnung von Reggio Emilia, das die Estensen 1306 verloren hatten.

Obwohl er selbst keine hohe Bildung besaß, vermochte er doch ihren Wert zu schätzen, berief den Humanisten →Guarino Veronese nach Ferrara und förderte die von seinem Vater 1392 gegr. Universität.

So erbarmungslos wie im Krieg zeigte er sich auch in seinem Privatleben: die Hinrichtung seiner zweiten Frau, Parisina Malatesta, und seines natürlichen Sohnes Ugo lebt nicht zuletzt in den dramat. Dichtungen von Byron und d'Annunzio weiter. N. hinterließ zwei natürliche und zwei legitime Söhne (→Borso [2. E.] und →Leonello [5. E.] sowie →Ercole I. [3. E.] und Sigismondo), letztere von seiner dritten Frau Ricciarda di Saluzzo.   F. Bocchi

Lit.: A. Manni, L'età minore di Nicolò III d'Este, marchese di Ferrara, Reggio Emilia, 1910 – A. Lazzari, Il Signor di Ferrara ai tempi del concilio 1438–39. N. III d'E., Atti e Mem. Dep. Ferrara, NS X, 1954 – L. Chiappini, Gli Estensi, 1967, 82–102.

8. E., Obizzo II. d', Mgf., Signore v. Ferrara, * um 1247, † 1293, Sohn des Rinaldo d'Este (1221–51); ⚭ 1263 Giacoma Fieschi. Nach vielen Jahrzehnten polit. Spannungen innerhalb der Kommune →Ferrara wurde O. 1264 in einer Gewaltaktion zum Signore der Stadt akklamiert (erste Signorie in Italien). O. zog alle Macht an sich. 1287 erließ er ein Statut, das seine polit. Funktion auch rechtlich definierte. Im gleichen Jahr schaffte er die Korporationen der Arti (Zünfte) ab, die in den anderen mittel- und norditt. Städten die Kommune regierten. Diese Maßnahme führte auch auf wirtschaftl. Gebiet zu einer Verlangsamung der Entwicklung und einem Rückschritt. 1289 wurde O. von den adligen Familien →Modenas die Signorie übertragen, um auch dort die polit. Entwicklung der Korporationen zu bremsen. 1290 wurde er Signore v. →Reggio Emilia.

Durch die Aufteilung seines riesigen Grundbesitzes in zahlreiche, auch sehr kleine Lehen schuf er ein richtiges Heer von Fideles. O. unterstützte die Italienpolitik →Karls I. v. Anjou.

Dante Alighieri verbannte O. unter die grausamsten Tyrannen in das Inferno (Inf. XII, 111); er verschonte mit seinem Urteil auch O.s Söhne (→Azzo VIII.) nicht, von denen das Gerücht ging, sie hätten ihren Vater im Bett erdrosselt.   F. Bocchi

Lit.: L. Simeoni, Ricerche sulle origini della signoria estense a Modena, Atti e Mem. Dep. Modena, s. V, XII, 1919 – Ders., L'elezione di O. d'E. a Signore di Ferrara, ASI I, 1935, 165–188 – L. Chiappini, Gli Estensi, 1967, 53–58 – A. L. Trombetti Budriesi, Vassalli e feudi a Ferrara e nel Ferrarese dall'età precomunale alla signoria estense secoli XI–XIII, Atti e Mem. Dep. Ferr., s. III, XXVIII, 1980 – F. Bocchi, Gli Estensi a Ferrara: il Castello come struttura di potere (Il castello. Origini, realtà, fantasia, 1985), 21–27.

Esten, Estland

I. Volk und Land – II. Vorgeschichte und archäologische Erforschung – III. Frühgeschichte; Eroberung und Christianisierung – IV. Unter dänischer und deutscher Herrschaft.

I. Volk und Land: Die Esten gehören mit den →Finnen, →Kareliern, Wepsen, Ingern, Woten und →Liven zur ostseefinn. Sprach- und Völkerfamilie (→Finno-ugr.

Sprachen). Ostseeanwohner sind sie spätestens seit dem 1. vorchristl. Jt. Vermutlich sind die aestiorum gentes des Tacitus, der Wortbedeutung nach »Ostleute«, östl. Anwohner der Ostsee in skand. Sicht und Sprache, den E. gleichzusetzen oder schließen sie zumindest mit ein. Der got. Geschichtsschreiber →Jordanes nennt im 6. Jh. die Hestii, →Adam v. Bremen die Insula Aestland (1070), 1120 werden Hestia und Findia von →Sigtuna als Missionsbezirke beansprucht, und 100 Jahre später berichtet →Heinrich v. Lettland von den Estones und von Estonia oder Estlandia. Den E. waren diese Namen bis ins 18. und 19. Jh. nicht geläufig. Für Estland hatten sie das Wort *maa* ('Land'), sich selbst nannten sie *maarahvas* ('Landvolk').

Die Grenzen des estn. Siedlungsraumes im MA deckten sich weitgehend mit den heut. Grenzen der Estn. SSR, bes. im Osten und Südosten; im SW war das Land nördl. der Salis bis fast zum Pernaufluß unbesiedelt, ebenso die Insel Dagö, die von den →Öseler E. genutzt wurde, sowie die kleinen Inseln Nuckö und Worms und, wie überall an der Ostsee, der Strand.   H. von zur Mühlen

II. VORGESCHICHTE UND ARCHÄOLOGISCHE ERFORSCHUNG: Für die E. in der älteren Eisenzeit (4. Jh.) waren offene Siedlungen, Fluchtburgen und Tarandgräber (estn. *tarand* 'Zelle': durch zellenartige Steinsetzung gekennzeichnete rechteckige Gräberfelder der Großfamilien) charakteristisch. Der Hauptwirtschaftszweig war der Landbau in Form der Schwende (→Brandwirtschaft) und Egartenwirtschaft (→Driesch, Abschnitt 1; →Feldgraswirtschaft). Das Eisen wurde aus örtl. Raseneisenstein (→Raseneisenerze) gewonnen; die Bronze gelangte zu den Esten durch Vermittlung der balt. Stämme (→Balten) und der Bevölkerung des Weichselmündungsgebiets. Unterscheidbar sind acht Kulturbezirke, entsprechend den Gebieten der estn. Stämme. Deren Grundzelle war die blutsverwandte Großfamilie oder Sippe.

In der mittleren Eisenzeit (5.–8. Jh.), bes. in ihrer 2. Stufe (7.–8. Jh.), entstanden zu den offenen Siedlungen Kleinburgen einzelner wohlhabender Familien, z. B. in Rauge (Rõuge). Die vorherrschende Bestattungsart war strukturlose Steinsetzung mit Leichenverbrennung und wenigen Beigaben; vereinzelt sind auch reich ausgestattete Gräber bekannt geworden. Nur im SO wurden Hügelgräber gefunden, wie sie am See v. Pskóv (Pleskau) üblich waren. Eiserne Arbeitsgeräte, Waffen und Schmuck aus Edelmetall wurden vergraben oder geopfert. Neben der Schwende und Egartenwirtschaft entwickelte sich der Pflugbau. Die auf Blutsverwandtschaft gegründete Gentilorganisation wurde durch die territorialen oder Nachbarschaftsgemeinden abgelöst. Diese schlossen sich zu Gauen zusammen. Nach wie vor bestanden enge Kulturverbindungen mit den balt. Stämmen sowie mit ostseefinn. stammverwandten Gruppierungen in →Finnland; lebhafter wurden die Verbindungen mit den skand. Nachbarn (Funde v. Proosa).

In der sozialökonom. Entwicklung der 1. Stufe (9.–1. Hälfte des 11. Jh.), bes. aber der 2. Stufe (2. Hälfte des 11.–Anfang des 13. Jh.) der jüngeren Eisenzeit zeigten sich erste Ansätze frühfeudaler Verhältnisse. Im Feldbau wurden mit Mist gedüngte Daueräcker mit eiserner Pflugschar bearbeitet; der Winterroggenanbau machte den Übergang zur →Dreifelderwirtschaft möglich. Unter den Errungenschaften des Handwerks sind die Erzeugung von Lanzenspitzen mit damasziertem Blatt und die Verwendung der Töpferscheibe hervorzuheben. Die Macht der Oberschicht beruhte auf Grundbesitz u. a. Vermögen, das die Vornehmen durch Fernhandel (Beziehungen zu Novgorod, Pskóv, Gotland) zu vergrößern wußten (zahlreiche Schätze mit etwa 6000 oriental., 12000 westeurop. Münzen und Silberschmuck). Neben Kleinburgen einzelner Vornehmer (Leole/Lõhavere) entstanden die großen Gemeinschaftsburgen mehrerer Vornehmer (Warbola/ Varbola) sowie Handels- und Handwerkszentren (Dorpat/Tartu, Reval/Tallinn). Durch den Verkehr mit östl. und westl. Nachbarn drangen Elemente des Christentums in die Vorstellungen der oberen Bevölkerungsschicht ein. Neben Steinsetzung mit Leichenverbrennung und reichl. Beigaben kommen immer öfter halbheidn. Körpergräber und Gruftgräberfelder der Vornehmen vor. Dabei kann eine gewisse Abnahme lokaler Unterschiede, eine Angleichung der ehemaligen Kulturbezirke und die Entwicklung einer verhältnismäßig einheitlichen Kultur der E. festgestellt werden. Die aus den territorialen Dorfgemeinden bestehenden Gaue schlossen sich zu Anfang des 13. Jh. zu acht größeren und sechs kleineren Landschaften zusammen: am Finn. Meerbusen Wironia (im O) und Revele, südl. anschließend Gerwia und Harria, an der Westküste Maritima, die Insel Osilia, im südl. Estland Sackala und Ugaunia, zw. den nord- und südestn. Landschaften die einzelnen Gaue: am Peipussee Waiga und Sobolitz, entlang dem Embach Jogentagania, westl. anschließend Mocha, Nurmegunde und Alempois.   J. Selirand

III. FRÜHGESCHICHTE; EROBERUNG UND CHRISTIANISIERUNG: Seit dem 9. Jh. war Estland, v. a. Ösel, anord. Eysýsla ('Inselland'), Ziel von Eroberungs- und Raubzügen der →Wikinger zur Sicherung ihres nord. Handels und ihrer Eroberungen in Rußland, zugleich aber auch Ausgangspunkt von Raubzügen nach Westen. Die Ugaunier wurden von →Jaroslav d. Weisen, Gfs.en v. →Kiev, durch Errichtung der Zwingburg Jurjev (→Dorpat, 1030) tributpflichtig gemacht, konnten sich aber mit Hilfe der Öseler (Sosoly) wieder befreien (1061).

Seit den späten 11. Jh. unternahmen die Dänen Züge in den östl. Ostseeraum. 1120 war Hestia Missionsgebiet zunächst von →Sigtuna. Vor 1167 wurde der frz. Zisterziensermönch Fulco zum ersten Bf. der E. geweiht (durch Ebf. →Eskil v. Lund?). Diesem Fulco stand ein in Norwegen ausgebildeter estn. Mönch Nicholaus zur Seite. Ging von dieser Missiontätigkeit keine nachhaltige Wirkung aus, so hatte die Kaufmannskirche gotländ. Fernhändler (St. Olai, Reval) stärkere Ausstrahlungskraft, wie die Namen einiger estn. Vornehmer (der auf Gotland getaufte Thabelinus, die Vasallen Clemens Esto und Hildelempe) und die früh zerstörte Kapelle zu Saage östl. von Reval vermuten lassen. Widerstand setzten die E. aber der gewaltsamen Christianisierung entgegen, die 1208 nach der Unterwerfung der →Liven und Letten durch den →Schwertbrüderorden und dt. Kreuzfahrer begann. Obwohl sie damals noch nicht zu einer staatl. Einheit gelangt waren, kam ihr Volksbewußtsein in ihren Bündnissen und gemeinsamen Kämpfen zum Ausdruck. 1215 wurden Sackala und Ugaunia unterworfen und getauft. Sie erhoben sich wieder, von den Nachbarn im Norden unterstützt, wurden aber 1217 bei →Fellin geschlagen, wobei ihr Führer Lembit fiel. Die Hilfe der Russen kam zu spät. 1219 griffen auch die Dänen unter →Waldemar II. ein. Bei Lindanyse (Reval), wo die E. den Missionsbischof →Theoderich erschlugen, siegten die Dänen, eroberten den Norden des Landes und tauften im selben Jahr die E. in →Harrien und →Wierland. 1220 landete ein schwed. Heer im Westen des Landes und eroberte →Leal. Die Dänen setzten sich 1222 auf →Ösel fest. Der Gegenschlag der Öseler führte zur Erhebung der Festlandesten und zur Befreiung von fast ganz E. (1223). In erbitterten Kämpfen wurden die E. erneut unterworfen, 1224 siegten die Dt.

und Letten bei Dorpat, 1227 wurden auch die Öseler unterworfen und getauft.

IV. UNTER DÄNISCHER UND DEUTSCHER HERRSCHAFT: 1227 brach die Herrschaft der Dänen in der Ostsee zusammen. Die Schwertbrüder nahmen ihre Stellungen in E. ein und bauten sie durch Gründung Revals mit Hilfe dt. Kaufleute aus Gotland aus (1230). Doch als der →Dt. Orden ihr Erbe antrat, mußte er im Vertrag von Stensby (1238) Harrien und Wierland wieder den Dänen abtreten.

An Stelle einer staatl. Einheit gab es nun vier Territorien in E.: das Gebiet des Dt. Ordens auf dem Festland mit Exklaven auf den Inseln, die Bm.er Dorpat und Ösel-Wiek und das Hzm. E. unter dän. Herrschaft. Der Bf. v. Reval, dem Ebf. v. Lund unterstellt, hatte kein Territorium.

Zur sozialen Schichtung der Bevölkerung und zur dt. Besiedlung des Landes vgl. →Livland. – Eine Besonderheit in E. war die Ansiedlung von →Schweden an den siedlungsleeren Küsten und Inseln, die sich in zwei Perioden (im 13./14. und 15./16.Jh.) vollzog.

Unter der schwachen dän. Herrschaft erlangten die Vasallen in →Harrien und Wierland frühzeitig korporativen Zusammenschluß und eine mächtige polit. Stellung. Das Waldemar-Erichsche Lehnrecht (1315) setzte die Erblichkeit der Lehen fest und verlieh den Vasallen die hohe Gerichtsbarkeit über die Bauern. Der soziale Druck lastete bes. seitens der kleineren Vasallen auf den Bauern und wuchs mit der Zunahme ihrer wirtschaftl. Interessen am Lande. In Harrien brach in der St. Georgsnacht 1343 ein Aufstand der Bauern aus, dem zahlreiche Dt. zum Opfer fielen. Das feste Kl. →Padis wurde erstürmt, die Mönche erschlagen; ganz Harrien war von der Fremdherrschaft befreit, Reval wurde belagert. Noch vor Ankunft des zur Hilfe gerufenen Vogtes von Åbo (Finnland) griff der livländ. Ordensmeister Dreileben, nachdem Unterhändler (»Könige«) in →Weißenstein erschlagen worden waren, ein und warf den Aufstand nieder. Während im Stift Dorpat die Russen aus Pleskau eingefallen waren, folgten die Bauern im Stift Ösel-Wiek dem Beispiel der Harrier. Die Öseler hatten schon früher (1236, 1260) kritische Situationen der Deutschen zu Erhebungen ausgenutzt, wenn auch ohne bleibende Erfolge. Der Aufstand konnte endlich in allen Gebieten vom Dt. Orden niedergeworfen werden (1345).

1346 verkaufte →Waldemar IV. Atterdag sein Hzm., das er nicht hatte halten können, für 19000 Mark Silbers an den Dt. Orden. Harrien und Wierland unterstanden seitdem formal dem Hochmeister in Preußen, bis auch diese Gebiete 1525 nach der Auflösung des Ordens in Preußen dem livländ. Ordensmeister nach Entrichtung einer Loskaufsumme unterstellt wurden. An der Machtstellung der Harrisch-Wierischen Vasallen hat der Wechsel von 1346 nichts geändert. Durch die Jungingensche Gnade wurde ihr Erbrecht noch erweitert, der Heimfall der Lehen fast ausgeschlossen (1397). Auch in den beiden Stiften schlossen sich die Vasallen, auf deren militär. Macht die Landesherren angewiesen waren, im Laufe des 14.Jh. zu Verbänden zusammen. Im 15.Jh. erlangten sie die erweiterte Erbfolge in den Lehnsgütern, die den Ordensvasallen erst 1561 zuteil wurde. Die allmähliche Annäherung der Verfassungs- und Rechtsverhältnisse in den Territorien erstreckte sich auch auf die Entstehung der Erbuntertänigkeit und Gutsherrschaft in ganz Livland, doch führte bes. im Norden die Läuflingsfrage (→Läuflinge) zu Konflikten zw. dem Adel und den am Zustrom von Arbeitskräften interessierten Städten, allen voran Reval, das den Grundsatz »Stadtluft macht frei nach Jahr und Tag« als erste zur Geltung brachte (1515).

In den Städten waren die E. oder »Undeutschen« im 13.Jh. auch an Handel und Handwerk beteiligt gewesen, doch wurden sie mehr und mehr auf Hilfsgewerbe des Handels und bestimmter Handwerke, v.a. des Baugewerbes, beschränkt. Mit dem Aufkommen des Zunftwesens wurde ihnen von manchen Zünften oder Ämtern ausdrücklich der Eintritt verwehrt. Meist waren sie als bloße →Einwohner gegenüber den Bürgern im Besitz- und Erbrecht – im Gegensatz zur Frühzeit – benachteiligt. Andererseits wurden sie von der städt. Obrigkeit gegenüber ihren früheren Herren, dem Adel, in Schutz genommen. Durch das →Lübische Recht, das in Reval, →Wesenberg und →Narva galt, und das in →Dorpat, →Pernau, →Fellin, →Hapsal und →Weißenstein angewandte →Rigische Stadtrecht waren die Esten unmittelbar in den Bereich der →Hanse einbezogen. Im Kriegsfall wurden estn. Landbewohner zeitweilig zu Wach- und Spähdiensten herangezogen, erwiesen sich jedoch (etwa während des Angriffs Zar Ivans IV. auf Livland 1558) als wenig zuverlässig.

Trotz der Taufe überdeckte das Christentum der E. nur oberflächlich heidn. Sitten und Vorstellungen. Dies änderte sich, zumindest in den Städten, durch die Reformation. Die städt. Obrigkeit fühlte sich verpflichtet, für lutherische estn. Predigt zu sorgen, ermöglichte einzelnen E. ein Theologiestudium und veranlaßte den Druck des luth. Katechismus in estn. Sprache.   H. von zur Mühlen

Q.: Liv-, Est- und Kurländ. UB, 1852ff. – Heinrich v. Lettland, Chronicon Livoniae, ed. L. ARBUSOW–A. BAUER, MGH SRG, 1955; ed. und übers. A. BAUER, AusgQ, 1959, 1975² – B. Rüssow, Chronica der Prov. Lyfflandt, ed. E. PAPST, 1845 – Publikationen aus dem Revaler Stadtarchiv, 1923ff. – Lit.: [zur Vor- und Frühgesch., Archäologie]: FILIP, Urgeschichte, I, II – A. M. TALLGREN, Zur Archäologie Eestis, 2 Bde, 1922–25 – H. LAAKMANN, Ösel und Livland in frühgesch. Zeit (BL I, 1939) – H. MOORA, Die Vorzeit E.s, 1932 – H. MOORA–H. LIGI, Wirtschaft und Gesellschaftsordnung der Völker des Baltikums zu Anfang des 13.Jh., 1970 – J. SELIRAND, Eestlaste matmis kombed varafeodaalsete suhete tärkamise perioodil (11.–13.sajand), 1974 [dt. Zus.fassg.] – DERS., Die archäol. Forsch. in der ESSR in den Jahren 1967–78, ZA 14/1, 1980, 67–97 – L. JAANITS, S. LAUL, V. LÕUGAS, E. TÕNISSON, Eesti esiajalugu, 1982 – J. SELIRAND–E. TÕNISSON, Through Past Millennia. Arch. Discoveries in Estonia, 1984 – [zur Gesch. E.s im MA, allg. Lit.]: L. ARBUSOW, Grdr. der Gesch. Liv-, Est- und Kurlands, 1918⁴ [Neudr. 1964] – P. JOHANSEN, Siedlungs- und Agrarwesen der Esten im MA (Verh. der Gelehrten Estn. Ges. 23, 1925) – H. KRUUS, Grdr. der Gesch. des estn. Volkes, 1932 – Hwb. des Grenz- und Auslandsdeutschtums. Deutschbalten und balt. Lande II, 1936 – R. WITTRAM, Balt. Gesch. Die Ostseelande Livland, E., Kurland, 1954 – S. VAHTRE–H. PIIRIMÄE, Meie kaugem minevik, 1983 – [zu einzelnen Perioden und Einzelfragen]: L. ARBUSOW, Die Einführung der Reformation in Liv-, Est- und Kurland, 1921 [Neudr. 1964] – P. JOHANSEN, Die Estlandliste des Liber Census Daniae, 1933 – J. ULNUOTS, Die Verträge der E. mit den Fremden im 13.Jh., 1937 – E. BLUMFELDT, Über die Wehrpflicht der estn. Landbevölkerung im MA (Fschr. Apophoreta Tartuensia, 1949) – V. NIITEMA, Die undt. Frage in der Politik der livländ. Städte im MA, 1949 – P. JOHANSEN, Der undt. Name Öselsals verfassungsgesch. Problem (Fschr. K. HARFF, 1950) – DERS., Nord. Mission, Revals Gründung und die Schwedensiedlung in E. (Kungl. Vitterhets Hist. och Antikv. Akad. Handl. 74, 1951) – F. BENNINGHOVEN, Der Orden der Schwertbrüder, 1965 – W. BARON WRANGELL, Die Estländ. Ritterschaft, ihre Ritterschaftshauptmänner und Landräte, 1967, 1–20 – P. JOHANSEN–H. v. ZUR MÜHLEN, Deutsch und Undeutsch im ma. und frühnz. Reval (Ostmitteleuropa in Vergangenheit und Gegenwart 15, 1973) – L. MERI, Hõbevalge, 1976 – TH. RIIS, Les institutions politiques centrales du Danemark 1100–1332, 1977, 323–336 – S. VAHTRE, Jüriöö, 1980 – Danish Medieval Hist. New Currents, hg. N. SKYUM-NIELSEN–H. LUND, 1981, 112–135 [N. SKYUM-NIELSEN] – TH. RIIS, Die Administration E.s zur Dänenzeit (Die Rolle der Ritterorden in der ma. Kultur, hg. Z. H. NOWAK, 1985).

Estevan da Guarda, * um 1270/80, † Mitte 14. Jh., stand im Dienst des Kg.s →Dinis I., an dessen Hof er eine wichtige Stellung einnahm als Prokurator und später als Testamentsvollstrecker des Herrschers. Die aragones. Herkunft des »privado d'el-rey« ist nicht eindeutig erwiesen. Die ptg. Liedersammlung in Cod. Vat. 4803 und die Hs. Colocci-Brancuti der Nationalbibliothek Lissabon enthalten insgesamt 35 Gedichte E.s: 6→cantigas d'amor, 28 →cantigas d'escarnho e maldizer sowie eine →cantiga d'amigo. Die Liebesgedichte folgen in Motiven (Minnedienst, Liebesschmerz, Todesverlangen) und gesuchter Sprachkunst den festgefügten Mustern der prov. Lyrik. In den satir. Gedichten schöpft E. aus eigener Beobachtung und Erfahrung. Mit Ironie und Spott zeichnet er menschl. Schwächen, Typen (wie etwa einen Dichterling, einen Astrologen, den Kleriker Martin Vaasquez, den homosexuellen Alvar Rodríguez) und Verhaltensweisen. E. gehört zu den späten Vertretern der galicisch-ptg. höf. Lyrik, deren rhetor. Mittel und formale Technik er sicher beherrscht. 　　　　　　　　　　D. Briesemeister

Ed. und Lit.: W. PAGANI, Il canzoniere di E. da G., Studi Mediolatini e volgari 19, 1971, 51–179 – S. PELLEGRINI-G. MARRONI, Nuovo repertorio bibliografico della prima lirica galego-portoghese, 1981.

Estienne (»Stephanus«), bedeutende Buchdrucker- und Verlegerfamilie; ihre Mitglieder zeichneten sich durch fachl. Können, profunde Gelehrsamkeit und Geschäftstüchtigkeit aus. Die Familie wurde begründet durch *Henri* (I) E. (* um 1460, † 1520), der aus einem prov. Adelsgeschlecht stammte und sich seit etwa 1480 (1482 Enterbung wegen seines bürgerl. Berufs) mit dem →Buchdruck befaßte. Um 1505 machte er sich selbständig und gründete im Pariser Buchhändlerviertel St-Jacques das Stammhaus des Unternehmens. Er unterhielt enge Beziehungen zur Univ., deren »suppositus« er war. Seine Söhne, *François* (I), *Robert* (I) und *Charles* befaßten sich ebenfalls mit Buchdruck und Buchhandel. Der bedeutendste war Robert E. (* 1503 in Paris, † 7. Sept. 1559 in Genf, ∞ Perette Bade, Tochter des Humanisten und Druckverlegers Jodocus Badius Ascensius), der den Betrieb modernisierte und ein Signet einführte: Unter einem Ölbaum weist ein Greis auf ein Schriftband mit dem Pauluswort »Noli altum sapere, sed time« (viele Fassungen). Aufsehen erregten seine krit. Ausg. der Bibel und vieler lat. Klassiker, 1538 brachte er die erste Ausg. des »Thesaurus linguae latinae« heraus. Die Bibelausgaben verstrickten ihn in Streitigkeiten mit d. Sorbonne, so daß er 1550 nach Genf übersiedelte. Sein Sohn *Henri* (II) E. (* 1528, † 1598) führte das Unternehmen in großem Stil weiter. 　　　　S. Corsten

Lit.: DBF XIII, 91–101 [ältere Lit.] – PH. RENOUARD, Les marques typographiques parisiennes des XVe et XVIe s., 1928, 84–93.

Estimo (estimum, extimum), it. Steuerkataster für die vermögenssteuerl. Veranlagung, →Steuer.

Estinnes, Les, Konzil v., zweite Reformsynode →Austriens, am 1. März 744, dem 2. Fastensonntag, in Fortsetzung des →Concilium Germanicum von 743 (s. dort zur Datierung) offenbar in gleicher Zusammensetzung (mit →Bonifatius) gemeinsam mit dem Märzfeld der comites et praefecti in Les Estinnes (Hennegau) versammelt. Im Kapitular des Hausmeiers →Karlmann wurden die Beschlüsse des Vorjahres erneuert, teilweise auch abgewandelt: Einhaltung der alten Kanones und der Regula S. Benedicti, Sanktionen gegen unzüchtige Kleriker, Mönche und Nonnen, Zuständigkeit des bfl. Gerichts für Ehefragen, Verbot des Verkaufs christl. Sklaven an Heiden, hohe Geldbußen für heidn. Bräuche. Dagegen wurde die radikale Forderung nach Rückerstattung entfremdeten Kirchengutes eingeschränkt: ein Teil bleibe als herrscherl.

Leihe (precarium) zum Unterhalt des Heeres einbehalten und könne auch künftig neu vergeben werden, jedoch gegen einen Zins an die betroffenen, auf jeden Fall vor Not zu bewahrenden Kirchen und Kl. – ein wichtiges Zeugnis zur Entstehungsgesch. des→Lehnswesens. 　　Th. Schieffer

Q. und Lit.: MGH Epp. sel. I, ed. M. TANGL, n. 56–MGH Conc. II 5–7; der Bezug des Indiculus superstitionum et paganiarum (MGH Cap. I, 222f.) zu den Synoden von 743/744 ist fraglich – HEFELE-LECLERCQ III 2, 825–836 – H. MITTEIS, Lehnrecht und Staatsgewalt, 1933, 117–122 – TH. SCHIEFFER, Winfrid-Bonifatius, 1972², 215–219, 306f. – J. JARNUT, Bonifatius und die frk. Reformkonzilien 743–748, ZRGKanAbt 65, 1979, 1–26 – s. a. Q. und Lit. zu →Bonifatius (10. B.).

Estland → Esten, Estland

Estouteville, d', Haus, bedeutende Adelsfamilie der →Normandie, stammt aus E. im Pays de Caux (heute Étoutteville, dép. Seine-Maritime, arr. Rouen, cant. Yerville), dort große→Motte erhalten. Bis zum 13. Jh. bleiben die Genealogie und die Abfolge der frühen E., mit dem Leitnamen *Robert*, unsicher. *Robert* († nach 1106?), ein treuer Ritter der norm. Hzg.e →Wilhelm des Eroberers und →Robert Courtheuse, gilt als Erbauer des Donjons der großen Burg Valmont (dép. Seine-M., arr. Le Havre), die seine Nachkommen als Lehen besaßen. Nach der norm. Eroberung Englands (1066) blieb ein Zweig der E. dort seßhaft. Für die ältere norm. Linie gründete *Nicolas* in Nachbarschaft seiner Burg die Abtei Valmont als Grablege (1169). Durch die Gunst der Hzg.e, später (nach 1204) der Kg.e v. Frankreich, stiegen die E. immer höher auf. Schon um die Mitte des 14. Jh. waren die E., die sich in verschiedene Zweige teilten (wichtig v. a. die *E. v. Torcy*; benannt nach Torcy-le-Grand, dép. Seine-M., arr. Dieppe, cant. Longueville-sur-Scie), zu einem der mächtigsten Häuser der Normandie geworden. Bedeutende Mitglieder waren: *Jean*, Herr v. Torcy (✗ 1356 bei →Poitiers), ∞ Jeanne de →Fiennes; *Robert* († 1396), ∞ Marguerite de →Montmorency; beider Sohn *Jean II.* (* 1377, † um 1435), ∞ Marguerite d'→Harcourt, Tochter v. Jean, Gf. en v. Harcourt, und von Catherine de →Bourbon, Schwester von Marie, der Gemahlin Kg. →Karls V. Die E. hatten hochrangige Ämter inne, einige in der Kirche (so *Thomas* d'E. [4. E.] und *Guillaume* d'E. [1. E.] als Bf.e, *Estout* v. Torcy als Abt), andere in der kgl. Verwaltung (so der genannte Thomas und *Gilles* [1389, 1402] im hohen Amt des *maître des* →requêtes de l'hôtel, *Colart* v. Torcy als Seneschall v. →Toulouse 1389–1403, *Raoul* v. Raymes in der Steuerverwaltung) oder in der Diplomatie (so *Jeannet* v. Villebon. Mehrere E. kämpften im kgl. Heer als Kommandanten berittener Truppen, einige als *chevaliers bannerets* (Bannerherren), so *Robert*, Herr v. E., unter Bertrand →du Guesclin (1371), dessen von →Cuvelier verfaßte Chronik im Auftrag Jeannets v. Villebon 1387 in Prosa gefaßt wurde; ferner: *Colart* v. Torcy, der unter →Ludwig, Hzg. v. →Anjou (1374), diente und 1378 gegen →Karl den Bösen kämpfte. Im 15. Jh. erfolgte der Aufstieg in den Hochadel, wobei die Parteinahme der E. für den Kg. v. Frankreich in der umkämpften Normandie der Familie Ehre, aber auch Unglück eintrug: Gegen die Invasion Heinrichs V. v. England verteidigte Jean II. →Honfleur und kam in engl. Kriegsgefangenschaft; am 10. Nov. 1415 wurde er zum *grand* →bouteiller de France ernannt. Während der engl. Besetzung der Normandie traten fast alle E. entschlossen für Karl VII. v. Frankreich ein und wurden daher von den Engländern aus ihren Besitzungen vertrieben. *Louis* (* um 1398, † 1464), älterer Sohn Jeans II., verteidigte heldenhaft und erfolgreich den →Mont-St-Michel; er war wie sein Vater *grand bouteiller de France*, außerdem →lieutenant général, →gouverneur (Statt-

halter) und →Seneschall der Normandie; verheiratet war
er mit Jeanne Paynel, Erbtochter dieses norm. Hauses.
Der 2. Sohn Jeans II. war der große Kard. *Guillaume*
(2. E.). *Jean* v. Torcy (* um 1408, † 1494), ein tapferer
Ritter, wurde 1446 zum →*prévôt de Paris*, 1449 zum *maître
des* →*arbalétriers de France*, 1474 zum *lieutenant général* v.
→Amiens ernannt. Alle Zweige des Hauses E. erloschen
im 16. Jh.: Die Besitzungen des älteren Zweiges fielen an
das Königshaus →Bourbon; der letzte Zweig, die Villebon, starben i. J. 1565 mit *Jean*, dem letzten *prévôt de Paris*
aus dem Hause E., aus.   J.-M. Roger

Q. *[ungedr.]:* Paris, Bibl. nat., P.o. 1082–1084 – Clairambault 45, Nr.
115–149; 202, Nr. 73, 79 – Dupuy 761, Nr. 21 – Nouv. acqu. fr.
23725–23726 – Public Record Office, London, u. a. C. 76/107–113, E.
404/31/582, 594, 32/262, 34/101, 260, 37/101, 39/156, 348 – *[gedr., in
Ausw.]:* Rymer, Foedera – Orderic Vital, hg. A. Le Prevost, 5 Bde,
1838–55 – Th. Stapleton, Magni rotuli Scaccarii Normanniae..., 2
Bde, 1840–44 – L. Douët-d'Arcq, Coll. de sceaux I, 1863, Nr. 2114
[1205]–J. Tardif, Mon. hist., 1866–P. Cochon, Chronique normande, hg. Ch. de Robillard de Beaurepaire, 1870, 89–90 – Chronique
du Mont-St-Michel (1343–1468), hg. S. Luce, 2 Bde, 1879–83 – A.
Tuetey, Testaments enregistrés au Parlement de Paris sous le règne de
Charles VI, 1880 – G. Demay, Inv. des sceaux de la Normandie, 1881,
411 – Louis XI, Lettres, ed. J. Vaesen–E. Charavay, 11 Bde,
1883–1909 – G. Demay, Inv. des sceaux de la coll. Clairambault..., I,
1885, Nr. 3430–3443 – P. Le Verdier, Donation à Jehannet d'E. par
Bertrand du Guesclin, Bull. de la Soc. de l'hist. de Normandie, 1887,
406–412 – P. Le Cacheux, Actes de la chancellerie d'Henri VI concer-
nant la Normandie sous la domination anglaise (1422–1435)..., 2 Bde,
1907–08 – J. Roman, Inv. des sceaux de la coll. des Pièces originales...,
I, 1909, Nr. 4303–4322 – Hommages rendus à la Chambre de France,
Chambre des comptes de Paris..., 3 Bde, 1932–45 [Neudr. 1982–1985]
– P. Le Cacheux, Correspondance de la famille d'E. (1460–1535), 1935
– J.-M. Roger, L'enquête sur l'âge de Jean II d'E. (21–22 août 1397),
Bull. philol. et hist. 1975, 103–128 – *Lit.:* DBF XIII, 124–130 – P.
Anselme, Hist.... de la maison royale de France, 9 Bde, 1726–33, v. a.
VIII, 87–103 – R. Langlois d'Estaintot, Recherches hist., archéol. et
féodales sur les sires et le duché d'E., Mém. de la Soc. des antiquaires de
Normandie 24, 1859, 403–458, I–VII – F. Bouquet, Recherches hist.
sur les sires et le château de Blainville, 1863 – G. du Fresne de
Beaucourt, Hist. de Charles VII, 6 Bde, 1881–91 – G. Potier de la
Morandière, Hist. de la maison d'E. en Normandie, 1903 – R.
Delachenal, Hist. de Charles V, 5 Bde, 1909–31 – Ph. Feugère des
Forts, Le château de Villebon, 1914 – G. Dupont-Ferrier, Études sur
les inst. financières de la France à la fin du MA, 2 Bde, 1930–32 – Ders.,
Nouvelles études sur les inst. financières de la France à la fin du MA,
1933 – M. Boudet, Torcy-le-Grand et ses seigneurs, 1950 – Ph.
Contamine, Guerre, Etat et soc. à la fin du MA..., 1972 – O. Le
Bertre, La statue de St-Michel dans la collégiale de Blainville-Crevon,
1976 – J. Le Maho, L'apparition des seigneuries châtelaines dans le
Grand-Caux à l'époque ducale, ArchM 6, 1976, 59–62 – J.-M. Roger,
Le don de Bar-sur-Aube à Antoine de Croÿ (1435–1438), Actes du 104ᵉ
Congr. nat. des Soc. savantes (Bordeaux, 1979), 1981, 185–189 – I.
Delabruyère-Neuschwander, L'activité réglementaire d'un séné-
chal de Toulouse à la fin du XIVᵉ s., BEC 143, 1985, 53–89 [über Colart
v. Torcy].

1. E., Guillaume d', Bf. v. →Lisieux seit 1382, * 1354,
† 21. Dez. 1414 in Courtonne, ☐ Lisieux, Kathedrale. Die
Laufbahn des vierten von zehn Söhnen des Jean d'E.,
Herrn v. Torcy, und der Jeanne de →Fiennes ist ähnlich der
seiner Brüder Ausdruck der königsnahen Stellung der E.
wie ihrer Dominanz in der norm. Heimat. Nach Studien in
Paris und Bologna (?) wurde der Lizentiat beider Rechte
1375 Bf. v. Évreux und 1376 v. Auxerre. Beide Pontifikate
waren von Konflikten mit dem Kapitel wegen dessen
Exemtions- und Prokurationsrecht (Evreux) bzw. Nomi-
nationsbefugnis (Auxerre) begleitet. Sie überschatteten
auch die Amtsführung in Lisieux, wo G. 1382 die Nachfolge des →Nikolaus v. Oresme antrat. E. trug die Streitigkeiten mehrfach vor das Pariser Parlement, dessen Mitglied er 1388–1404 war; dabei wurde er, der auch *Premier
président de la Cour des* →*Aides* war – wie in anderen Fragen

(Kapitanat von Lisieux) –, vom kgl. Hof unterstützt, an
dem er seit Karl V. belegt ist. Von der Pariser Synode 1408
zu einem der Kommissare im Streit um Rouen bestellt,
trug er mit zum Entscheid für den Elekten Louis d'→Har-
court bei. Auf dem Konzil v. Pisa 1409 gehörte er dem
Ausschuß zur Prüfung der Aussagen gegen Gregor XII.
und Benedikt XIII. an. Testamentarisch fundierte er für
Studenten seiner Diözese das Collège de Torcy in Paris,
später Collège de Lisieux genannt.   Heribert Müller

Lit.: DBF XIII, 125f. – GChr XI, 597f, 790f.; XII, 323 – Lebeuf, Mém.
concernant l'hist. civ. et eccl. d'Auxerre, nouv. éd. par Challe-
Quantin, II, 1851, 5–8 – H. de Formeville, Hist. de l'ancien évêché-
comté de Lisieux, II, 1873 [Nachdr. 1971], 146–155 – G. Bonnenfant,
Hist. gén. du diocèse d'Évreux, I, 1933, 88 – F. Autrand, Naissance
d'un grand corps de l'État, 1981, 400 s.v. E.

2. E., Guillaume d', Kard., * wahrscheinl. um 1412,
† 22. Jan. 1483 in Rom, ☐ ebd., S. Agostino. Der 2. Sohn
von Jean II. war über seine Mutter Marie d'→Harcourt,
Schwester der Gemahlin Karls V., mit der frz. Königsfamilie sowie (u. a.) dem Haus Savoyen verwandt. Erste
kirchl. Würden erlangte der in Paris und Angers studierende Mag. art. und spätere Lic. decr. als Kanoniker und
Archidiakon in Lyon (Adelsnachweis 1433: Lyon, ADR,
10 G 87, f. 71ʳ–75ʳ) und Angers (1433). Auch in der Bretagne bepfründet, wandte E. sich wegen des Archidiakonats v. →Rouen 1438 an das →Basler Konzil (Conc. Bas.
VI, 186), doch vollzog sich die eigtl. Karriere des apostol.
Notars (Belege seit 1433) an der →Kurie: Im Febr. 1439
providierte Eugen IV. ihn mit dem Bm. →Angers, was auf
erfolgreichen Widerstand vor Ort und bes. bei Kg. Karl
VII. stieß, der hierin die erste Bewährungsprobe für die
Applikation der →Pragmatique Sanction v. Bourges sah.
Vor diesem Hintergrund erscheint die Vermutung einer
geheimen Mission durch Karl VII. auf dem von Frank-
reich offiziell nicht anerkannten Konzil v. →Ferrara-Flo-
renz (u. a. de La Morandière, de Mathan) wenig begründet. Am 25. Sept. 1439 entschädigte der Papst E. mit
dem Bm. Digne und erhob ihn am 18. Dez. 1439 in das
Kardinalat (8. Jan. 1440: s. Martini in Montibus, gen.
'Kard. v. Angers'); Beginn einer Vielzahl von Vergaben,
Administrationen und Kommendationen an den besitzbe-
dachten E., der aus dem frz. Pfründenstock seinen bei
Zeitgenossen bekannten, opulent-mäzenat. Lebensstil in
Italien finanzierte: a) Bm.er: Couserans (1439), Mirepoix
(1440), Nîmes (1441), Béziers (1444; nicht realisiert), Ar-
les (1449), Lodève (1450), St-Jean-de-Maurienne (1453 in
Nachfolge des Johann v. Segovia), →Rouen (1453). b)
Abteien und Priorate: 1444/45 auf Verwendung Karls VII.
erster Kommendatarabt des Mont-St-Michel, den E.s
Bruder Louis heldenhaft gegen die Engländer verteidigt
hatte; des weiteren in der Normandie: St-Ouen/Rouen,
Jumièges, Grandmont, Beaumont-en-Auge u. a.; ferner
St-Martin-des-Champs/Paris, Léhon, Vertou, St-Gildas-
des-Bois, Cunault, Bonnecombe. Die päpstl. Gunst erklärt sich auch aus der E. als Verwandten Karls VII.
zugedachten Mittlerrolle zw. Kurie und frz. Hof, wie sie
bes. in der ihm von Nikolaus V. 1451/52 im Rahmen einer
diplomat. Offensive des Hl. Stuhls anvertrauten Legation
ihren Ausdruck fand, die einen formellen Frieden zw.
Frankreich und England zwecks gemeinsamer Teilnahme
am →Türkenkrieg herbeiführen sollte. Bei einem zunächst wenig empfangsbereiten Kg. erreichte E. nicht das
eigtl. Ziel, die (auch vom frz. Klerus in Bourges Juli/Aug.
1452 abgelehnte) Aufgabe der Pragmatique Sanction,
doch konnte er den damals in das Interesse des Hofs
rückenden Nullitätsprozeß →Jeanne d'Arc in Gang setzen,
die Reform der Pariser Universitätsstatuten (→Paris,

Univ.) vornehmen sowie im Vertrag v. Feurs den Konflikt zw. Karl VII., als dessen (Ehren)→Rat E. damals fungierte, und Hzg. →Ludwig v. Savoyen (Italienpolitik, Heirat des Dauphin →Ludwig [XI.]) beilegen. E., als Legat 1452 auch in der Bretagne und im Dauphiné tätig, reiste 1454 erneut in die Heimat, um von seiner Kirche Rouen Besitz zu ergreifen, die er bes. als Bauherr (Kathedrale, Bischofspalast) förderte. Im Konklave v. 1458 verfolgte der 'Kard. v. Rouen' eigene Ambitionen, doch verstand es Pius II., E. durch die Beförderung zum Kardinalbf. v. Porto/S. Rufina (1459) und Ostia (1461) sowie durch Tätigkeit als Protektor des Dt. Ordens und Beteiligung an den Kreuzzugsplänen einzubinden wie auf Distanz zu halten. Ähnliches gilt für Paul II., der ihn überdies in die mit dem Verfahren gegen die utraquist. Kg. v. Böhmen, →Georg Podiebrad, beauftragte Kardinalkommission berief. Dekan des Kardinalkollegs unter Sixtus IV., betätigte sich E. in seinen letzten Jahren – damals auch Dekan v. Le Puy – bes. als Bauherr in und um Rom, so in S. Maria Maggiore, dessen Erzpriester er seit 1443 war, an der frz. Kirche S. Luigi dei Francesi u. a. Der um Zentralisierung des Ordens bemühte Kardinalprotektor der→Augustiner-Eremiten (»Epistola ad heremitas s. Augustini«) förderte bes. den Sitz des Generalats S. Agostino (Finanzierung von Kl., Bibliothek und Kirchenbau mit Grablege 1479). E. stellte über Jahrzehnte eine Schlüsselfigur des Kardinalkollegs dar, dessen Kämmerer er zw. 1440 und 1473 wiederholt war und in dem er, von Alain de →Coëtivy unterstützt, die frz. Fraktion führte, doch verkörperte er v. a. den Typ des it. Kurienprälaten der Renaissance.

Heribert Müller

Q. und Lit.: DBF XIII, 126ff. – DHGE XV, 1080ff. – GChr, u. a. XI, 90–93, 528ff.; XVI, 643f.; Nov. III, n. 1958f. – G. DU FRESNE DE BEAUCOURT, Hist. de Charles VII, 1881–91 – Chart. Univ. Paris. IV (bes. XX–XXIV, n. 2689f.) sowie Auct. Chart. Univ. Paris. II, V, 1897 [Nachdr. 1964], 1937, 1942 – G. DE LA MORANDIÈRE, Hist. de la maison d'E. . . . , 1903 – N. VALOIS, Hist. de la Pragmatique Sanction de Bourges sous Charles VII, 1906, s.v. E., G. d' – J. BEYSSAC, Les chanoines de Lyon, 1914, 129f. – G. BIASIOTTI–J. MARX, MAH 35, 1915 – L. v. PASTOR, Gesch. der Päpste I, 1931¹⁰, 375f., 463–467 – P. OURLIAC, La Pragmatique Sanction et la légation en France du card. d'E., MAH 55, 1938, 403–432 [abgedr. in DERS., Études d'hist. du droit médiéval I, 1979, 375–398] – A. STRNAD, F. Todeschini-Piccolomini, RHMitt 8/9, 1964/66, 188ff. – V. GOLZIO–G. ZANDER, L'arte in Roma nel sec. XV, 1968 – B. DE MATHAN, Guillaume d'E. . . . , Assoc. Amis du Vieux Fécamp . . . , Bull. 1970/71, 1972, 19–31 – Procès en nullité de la condamnation de Jeanne d'Arc, ed. P. DUPARC, I, 1979 – A. ESPOSITO ALIANO, Testamento e inventari per la ricostruzione della bibl. del card. G. d'E., Scrittura, biblioteche e stampa a Roma nel Quattrocento, 1980, 309–342 – K. WALSH, Päpstl. Kurie und Reformideologie . . . , AHP 20, 1982, 129–161.

3. E., Robert d', *prévôt de* →*Paris*, * um 1410, † 3. Juni 1479 in Paris, Enkel Colarts, nachgeborener Sohn von Guillaume, Herrn v. Torcy († 1449), und von Jeanne de Doudeauville, Witwe v. Raoul de Rayneval († Okt. 1406). Er diente Karl VII. gegen die Engländer, zuerst in der Normandie, bei Dieppe (1435) und Harfleur (1440); i. J. 1441 wurde er anläßlich der Eroberung von Pontoise zum Ritter geschlagen. 1444 kämpfte er im Elsaß (→Armagnaken) unter dem Dauphin→Ludwig (XI.). 1446 heiratete er Ambroise de Loré († 5. Mai 1468), Tochter des Ambrois de →Loré, *prévôt de Paris*, die er am Hof Kg. →Renés v. Anjou kennengelernt hatte. Bereits *conseiller* (Rat) und →*chambellan* (Kammerherr) Karls VII., folgte er seinem älteren Bruder, Jean v. Torcy, am 28. März 1447 im bedeutenden Amt des →*prévôt* de Paris nach, 1449–50 nahm er an der Rückeroberung der Normandie teil. Als Ludwig XI. den Thron bestieg, fiel R. in Ungnade und wurde als *prévôt* de Paris abgelöst (Sommer 1461); in

dieser Situation eignete ihm →Villon ein berühmtes Akrostichon zu. Doch konnten ihm keine Rechtsbrüche nachgewiesen werden. Am 16. Juli 1465 nahm er an der Seite des Kg.s an der Schlacht v. →Montlhéry teil; danach wurde er am 30. Oktober 1465 (erneut am 6. Nov.) wieder in das Amt des *prévôt* de Paris eingesetzt, das er bis zu seinem Tode innehatte. 1472 verteidigte er →Beauvais gegen die Burgunder.   J.-M. Roger

Q. [ungedr.]): Arch. nat. Xᴵᵃ 1483, 72r–v, 111, 135v–Xᴵᶜ94ᵇ, Nr. 230, zu weiteren Belegen s. Q. zu Estouteville, Haus (Bibl. nat. P. σ, Clairambault) – [gedr.]: E. de Monstrelet, Chronique, ed. L. DOUËT-D'ARCQ, V–VI, 1861–62 – Chronique du Mont-St-Michel, op. cit., II, Nr. CCLXVI – Louis XI, Lettres, op. cit. – O. de la Marche, Mémoires, hg. H. BEAUNE–J. MAULBON D'ARBAUMONT, II, 1884 – J. de Wavrin, Croniques, hg. W. HARDY–E. HARDY, IV, 1884 – J. de Roye, Chronique scandaleuse, hg. B. DE MANDROT, 2 Bde, 1894–96 – P. LE CACHEUX, Actes de la chancellerie d'Henri VI . . . , op. cit., II, Nr. DVIII – Hommages, op. cit., I, Nr. 3130–3131; III, Nr. 3429 – Th. Basin, Hist. de Charles VII, ed. CH. SAMARAN, II, 1944 – Héraut Berry, Chroniques du roi Charles VII, ed. H. COURTEAULT–L. CELIER, 1979 – *Lit.*: A. TUETEY, Les Ecorcheurs sous Charles VII . . . , 2 Bde, 1873–74 – G. DU FRESNE DE BEAUCOURT, op. cit. – G. POTIER DE LA MORANDIÈRE, op. cit. – G. DUPONT-FERRIER, Gallia regia II, 1942, Nr. 7067; IV, 1954, Nr. 16511, 16513 – P. CHAMPION, Vie de Charles d'Orléans . . . , 1969² – DERS., François Villon . . . , 1969² – J. FAVIER, François Villon, 1982.

4. E., Thomas d', Bf. v. Beauvais, * um 1355, † 22. März 1395 in Beauvais, ⌑ ebd., Kathedrale; nachgeborener Sohn von Jean, Herrn v. Torcy, und von Jeanne de Fiennes, studierte kanon. und Zivilrecht, erhielt die Würde des *docteur en loys* (1388). Damals stand er bereits im Dienst der Kirche; auch war er schon in jungen Jahren in den Königsdienst eingetreten: Kanoniker v. →Rouen (1379), Archidiakon des Petit Caux im selben Bm., erhielt er 1382 das hohe Amt eines *maître des* →*requêtes de l'hôtel clerc*, mit dem Titel eines *conseiller du roi* (→Conseil royal). Er nahm am Feldzug (*chevauchée*) nach Flandern (→West-Rozebeke) teil (1382) und wurde vom Kg. mit diplomat. Missionen nach →Brabant und Deutschland betraut; der Kg. wies ihm mehrmals bedeutende Summen für seine Häuser an (1383, 1388). Am 29. März 1389 wurde Th. von Papst Clemens VII. zum Bf. v. Beauvais ernannt als Nachfolger Philippes de Vienne, der seinerseits zum neuen Ebf. v. Rouen erhoben wurde. Am 8. April wurde Th. als *maître des requêtes* abgelöst. Am 21. März 1395 diktierte er sein Testament. Er war in einen Streit mit dem eigenen sowie dem Reimser Kapitel verwickelt und hinterließ eine drückende Schuldenlast.   J.-M. Roger

Q. [ungedr.]: Arch. nat., Xᴵᵃ 44, 72v°; 1471, 520; 9807, 37r°–38v°; Xᴵᶜ 70ᵇ; 72b, Nr. 189; 80a, Nr. 30; 93a – Bibl. nat., fr. 6740, 3, 12 – P.o. 1082, Nr. 47–50, 59–62, 74, 76–77, 79 – [gedr.]: L. DOUËT-D'ARCQ, Comptes de l'hôtel des rois de France aux XIVᵉ et XVᵉ s., 1865 – J. TARDIF, op. cit., Nr. 1630, 1663 – A. TUETEY, op. cit. – J. ROMAN, op. cit., Nr. 4322 – *Lit.*: DBF XIII, 129–130 (Nr. 7) – P. ANSELME, op. cit., II, 276; VIII, 96 – GChr IX, 755–756 – DELETTRE, Hist. du dioc. de Beauvais . . . , II, 1843, 491–500 – P. COCHON, op. cit., 90, n. – C. EUBEL, Hierarchia catholica MA, I, 1913², 132 – G. POTIER DE LA MORANDIÈRE, op. cit.

Estremadura (Extremadura), span. Landschaft südl. des Flusses Duero; das jenseits des christl. Machtbereichs gelegene Grenzgebiet ('Extremo') entspricht in seiner ursprgl. Ausdehnung in etwa den heutigen Provinzen Segovia, Ávila, Salamanca, Soria. Nachdem das Gebiet lange weitgehend entvölkert war (strateg. *Despoblación* zum Schutz des astur.-leones. Reiches), erfolgte die Rückeroberung und Wiederbesiedlung in verschiedenen Anläufen seit Beginn des 10. Jh. Wurde im 9. Jh. anfänglich von den 'extremis' Kastiliens (Crónica Albeldense) gesprochen, so dehnte sich dieser dem vulgarsprachl. Gebrauch (»extremos«) nachgebildete Begriff mit der Zeit in der latinisierten und abstrahierenden Form 'Extrematura' bzw. 'Estremadura' auf die wiedergewonnenen südl. Regionen aus, bis im 13. Jh. der Geschichtsschreiber Rodrigo →Jiménez de Rada die bis heute einflußreiche etymolog. Erklärung aus 'Extrema Dorii' bzw. 'extremorum Dorii' prägte und den Begriff auf den Duero zurückführte (MARTÍNEZ DÍEZ). Man unterscheidet zw. einer leones. E., die südl. der Jurisdiktionsbezirke von →Zamora und →Toro verlaufend – im W geograph. an nach Portugal hinüberreichte und nur künstlich durch den Fluß Coa, im tiefen S durch die Sierra Morena begrenzt wurde und deren Hauptorte Ledesma, →Salamanca, Alba de Tormes sowie →Ciudad Rodrigo waren. Im Zuge der späteren →Reconquista traten jenseits der zentralen Bergkette nun eindeutig im Sinne des Gebietes der 'extremos' die Transierra und der Reino de →Badajoz hinzu. Neben dem →*Solariego* der adligen Familien und dem auf Kosten desselben stark geschmälerten →*Realengo* findet sich in dieser Region noch der ausgedehnte →*Maestrazgo* der Ritterorden v. →Santiago und →Alcántara. Die kast. E. schloß sich im O an die leones. E. an und reichte unter Einschluß des Duerobeckens bis zu den Sierras von Ayllón und Guadarrama sowie dem Tal des Jarama; nach S wurde sie durch die Sierra de Gredos sowie (bis kurz vor→Talavera) durch den Tajo begrenzt, obgleich in einer späteren Phase vielleicht noch Trujillo und Medellín hinzutraten. Die Hauptorte dieser kast. E., die sich auf der verfassungsrechtl. Ebene von dem in→*Merindades* eingeteilten Altkastilien dadurch unterschied, daß ihre Struktur durch die →*Comunidades de Villa y Tierra* bestimmt wurde, waren →Soria, →Sepúlveda, →Segovia und →Ávila. Im Laufe des 12. Jh. trat zu diesen Kernlandschaften noch die südl. des Duerobeckens gelegene 'Extremadura oriental' hinzu, deren Besiedlung vornehmlich von →Sigüenza, Atienza und Medinaceli aus eingeleitet wurde. In übertragenem Sinne wird die Bezeichnung neue 'E.' in der hist. Forschung (LACARRA, MOXÓ) auch auf die unter Alfons I. v. Aragón und Raimund Berengar IV. v. Barcelona als Princeps von Aragón kultivierten aragon. Gebiete südl. des Ebro angewandt. →Reconquista, →Repoblación.

L. Vones

Lit.: D. SÁNCHEZ LORO, Bibliogr. de E., 1955 – V. BARRANTES, Aparato bibliogr. para la Historia de E., 3 Bde, 1975–77 – J. GONZÁLEZ, La repoblación de la E. leonesa, Hispania 3, 195–273 – DERS., Reconquista y repoblación de Castilla, León, E. y Andalucía (La Reconquista española y la repoblación del país), 1951 – J. M. LACARRA, Aragón en el pasado, 1972², 69ff. – J. GONZÁLEZ, La E. castellana al mediar del siglo XIII, Hispania 34, 1974, 265–424 – DERS., Repoblación de Castilla la Nueva, 2 Bde, 1975 – M. T. GACTO FERNÁNDEZ, Estructura de la población de la E. leonesa en los siglos XII y XIII, 1977 – S. DE MOXÓ, Repoblación y Sociedad en la España Cristiana Medieval, 1979 – M.-C. GERBET, La noblesse dans le royaume de Castille. Étude sur ses structures sociales en Estrémadure de 1454 à 1516, 1979 [Lit.] – V. CHAMORRO, Historia de E., I, 1981 – G. MARTÍNEZ DÍEZ, Las Comunidades de Villa y Tierra de la E. Castellana, 1983 – M. ASENJO GONZÁLEZ, La E. castellano-oriental en el tiempo de los Reyes Católicos. Segovia, 1450–1516, 2 Bde, 1983 – A. C. MERCHAN FERNÁNDEZ, El gobierno municipal de E. durante la Baja Edad Media, 1984 – La ciudad hispánica durante los siglos XIII al XVI, Bd. I, 1985, 377ff. – L. M. VILLAR GARCÍA, La E. Castellano-Leonesa. Guerreros, clérigos y campesinos (711–1252), 1986. – Zur Lit. über die E. vgl. auch die bibliograph. Angaben bei den einzelnen Städten sowie bei→Reconquista, →Repoblación.

Estribillo, Formelement der span. Metrik ('Ritornell, Refrain'), Gruppe von Versen (1–4, selten mehr), die in eine Dichtung eingeschaltet wird. Im Regelfall steht der E. am Anfang des Gedichts – aus diesem Grund manchmal Cabeza (Kopf) genannt – und wird ganz oder teilweise, bisweilen mit Varianten, am Ende jeder Strophe wiederholt (z. B. bei *zéjel [arab. zağal], letrilla, villancico* und bei anderen volksliedähnl. Formen). In funktioneller Hinsicht verstärkt der E. die rhythm. Wirkung der Wiederholung, die eine der maßgebenden Elemente der Dichtung darstellt. Das Wort ist abgeleitet von »Estribo« ('Steigbügel', vgl. estribar, 'sich auf etwas stützen'), da der E. gewöhnl. das Thema, auf dem das Gedicht basiert, bezeichnet. Das in der klass. Dichtung unbekannte Ritornell hat seinen Vorläufer im Responsorium der christl. Hymnen; es handelt sich dabei wahrscheinl. um eine Technik, die auf semit. Ursprünge zurückgeführt werden kann, in Spanien ist jedoch an direkten Einfluß arab. und jüd. metrischer Formen (*muwaššaha* und *zağal*) zu denken.

A. D'Agostino

Lit.: R. BAEHR, Span. Verslehre, 1962 – T. NAVARRO TOMÁS, Métrica española, 1973 – D. S. AVALLE, Le origini della versificazione moderna, 1979 – J. DOMÍNGUEZ CAPARRÓS, Diccionario de métrica española, 1985.

Estrich, fugenloser Fußboden aus weich aufgetragenem und dann erhärtetem Lehm, Gips oder Mörtel mit verschiedenen Zuschlagstoffen. Kalkmörtel-E. ist seit der Römerzeit bekannt und wurde bes. in frk. und karol. Kirchen n. der Alpen verwendet, im 10. Jh. häufig mit Ziegelsplittzuschlag. Gips-E. ist seltener und lokal begrenzt, seit dem 9. Jh. nachgewiesen (Hildesheimer Dom), im 12./13. Jh. auch inkrustiert (Frankreich, Harzgebiet ca. 1160–1220: Helmstedt, Erfurt, Nienburg/Saale, Hildesheimer Dom, Drübeck, Quedlinburg, Ilsenburg). *Lit.*: H. KIER, Der ma. Schmuckfußboden, 1970.   G. Binding

Esztergom → Gran

Établissement → Ordonnance

Établissements de Rouen (Stabilimentum oder: Resscriptum communie Rothomagensis), Bezeichnung für ein verbreitetes →Stadtrecht anglofrz. Provenienz; es bildete die Grundlage des städt. Rechtslebens in→Rouen und den übrigen Städten der →Normandie, aber auch in zahlreichen Städten SW-Frankreichs (→La Rochelle, →Saintes, →Angoulême, →Bordeaux, →Bayonne, →Poitiers, →Niort, Cognac, →St-Jean d'Angély, im 15. Jh. auch in →Tours). Die Originalurkunde, erlassen wohl in den letzten Regierungsjahren Kg. →Heinrichs II. v. England, nach 1169, ist verloren; unbekannt ist auch der genaue Zeitpunkt der frühesten Bewidmung (Rouen, vor 1177?; La Rochelle, vor 1199). Die älteste Abschrift, von 1204, findet sich in den Registern→Philipps II. August v. Frankreich (anläßl. der frz. Rückeroberung der Normandie). Der Text umfaßt 28 Artikel. Spätere Redaktionen sind wesentlich ausführlicher (Niort: 54 Artikel). Durch die É. wurde für die Städte keine außergewöhnlich günstige Stellung im Gerichtswesen geschaffen; die kgl. Gewalt blieb stets präsent, und die Privilegien der É. wurden jeweils von Stadt zu Stadt den örtl. Gegebenheiten und Beschränkungen angepaßt. Die É. stellten – trotz ihrer z. T. detaillierten Rechtsklauseln – auch keine umfassende Rechts- und Verfassungsurkunde nach Art der mitteleurop. Stadtrechte dar. Alle Städte, die die É. besaßen, waren →Kommunen, doch hat das in den Texten oft verwendete Wort 'communia' verschiedene Bedeutungen. Es kann in abstrakter Weise den Zusammenschluß der Bürger bedeuten, aber auch die Stadt und schließlich die Kommune im institutionellen Sinne.

Alle städt. Ämter werden ausgeübt von den Mitgliedern einer Körperschaft von 100 *Pairs*, über deren Rekrutierung die É. keinen Aufschluß geben; offensichtlich handelte es sich um eine Art von erbl. städt. Aristokratie.

Sie erwählen aus ihrer Mitte die städt. Beamten und bilden selbst den Magistrat, in dem Maße, wie sie an der städt. Jurisdiktion teilhaben, wobei sie sich eidl. verpflichten, nach ihrem Gewissen Recht zu sprechen. Somit bilden sie in erster Linie ein Gerichtskolleg, das halbmonatlich tagt und dabei auch andere Verwaltungsaufgaben wahrnimmt, so die Aufnahme von Neubürgern.

Die 100 Pairs präsentieren dem Kg. drei →Notabeln, aus denen er den →Bürgermeister (maior, *maire*) wählt. Dieser leistet beim Amtsantritt den Eid und ist mehrfach wählbar. Seine Stellung ist ähnlich als die des maire in anderen Stadtrechtstypen; er leitet sämtliche Magistratssitzungen, beruft außerordentl. Versammlungen ein und fungiert als Schiedsrichter. In allen gerichtl. Fällen kann er von Privatleuten wie von kgl. Beamten angerufen werden. Bei →Casus reservati ist er als Urteiler mitbeteiligt. Bei Kriminalprozessen läßt er – außer in Fällen d. →Hochgerichts – das Urteil vollstrecken; in Zivilprozessen kann er das Vermögen eines Schuldners beschlagnahmen und dem Gläubiger aushändigen lassen. Er ist Steuereinnehmer der Stadt, Befehlshaber ihres Aufgebots und Verantwortlicher des Wachtdienstes. Da er eine erhöhte Verantwortung trägt, wird er bei Verfehlungen strenger bestraft als andere städt. Amtsträger.

Die 100 Pairs erwählen, ebenfalls aus ihrer Mitte, für eine jährl. Amtszeit 24 →Geschworene (jurati), die einen Amtseid zu schwören haben. Sie stellen die wichtigste Verwaltungskörperschaft dar, tagen einmal wöchentlich am Samstag, üben die freiwillige Gerichtsbarkeit (insbes. für das Vertragsrecht), und fungieren bevorzugt als →Zeugen. 12 dieser 24 jurati bilden das Kolleg der →Schöffen (scabini), das, unter Vorsitz des Bürgermeisters, als wichtigster Gerichtshof der Stadt amtiert.

Die Bürger der Stadt sind jurati communie, da sie das juramentum communie (→Bürgereid) geleistet haben. Jeder über →Jahr und Tag in der Stadt Ansässige ist gehalten, sich um Aufnahme in die Kommune zu bemühen. Die Bürger verfügen über ein breites Spektrum von Rechten und Privilegien, u. a. Zoll- und Abgabenbefreiungen (*Franchises*), die in den einzelnen Städten unterschiedlich geregelt sind, sowie Befreiung von aller nichtstädt. Rechtsprechung (außer bei Hochgerichtsprozessen). Im Gegenzug sind die Bürger verpflichtet, zu den städt. Lasten beizutragen, im städt. Aufgebot zu dienen und bestimmte Leistungen (Stellung von Pferden, Frondienste) zu erbringen.

Die Kommune übt im gesamten städt. Gebiet die Straf-, Zivil- und freiwillige Gerichtsbarkeit gegenüber allen Bürgern aus. Doch bleiben sittliche Delikte (→Ehebruch) den kirchl. Tribunalen, Hochgerichtsprozesse und alle in Zweikampf oder Fehde einmündenden Streitigkeiten den kgl. Gerichten vorbehalten. Im Privatrecht enthalten die É. nur Bestimmungen zum Schuldrecht (Einziehung von Gütern des Schuldners, Verbannung).

Der durch den ursprgl. Text der É. gesteckte Rahmen wurde in den einzelnen Städten abgewandelt, erhalten blieb jedoch stets das konstitutionelle Grundmuster der Kommune, mit Regierung durch Bürgermeister und mehrere Ratsgremien, die die Bürgerschaft repräsentierten.
A. Rigaudière

Ed.: A. Giry, Les É., 1883 – Recueil des Actes de Henri II. ..., concernant les provinces françaises..., ed. E. Berger, 3 vol., 1916–27 – Recueil des Actes de Philippe Auguste, T. I, ed. E. Berger, 1916; T. II, ed. C. Brunel, 1943; T. III, IV, ed. Ch. Samaran, 1966, 1979–Recueil des Actes des ducs de Normandie (911–1066), 1961 – *Lit.:* H. Prentout, Les origines de la commune et les É., Mém. Acad. Caen, nouv. sér. 5, 1929, 1–53.

Établissements de St-Louis, frz. private Rechtskompilation, die lange Zeit zu Unrecht als offizielles Gesetzeswerk Kg. →Ludwigs d. Hl.en (1226–70) galt, aufgrund des nachträglich eingefügten Prologs, der eine Promulgation durch diesen Kg. fingiert (erstmals von Montesquieu als Fälschung erkannt). In ihrer ursprgl. Fassung noch ohne derartigen Titel, übten die É. im spätma. Frankreich als autoritatives Werk, die in einem weiten Bereich das jurist. Rüstzeug lieferte, einen großen Einfluß aus – in einer Zeit, die keine einheitl. Durchsetzung allgemeiner Rechtsvorschriften durch das Kgtm. kannte. Die Redaktion erfolgte spätestens 1273 (eine der Hss. ist mit 19. Juni datiert), vermutl. aber bereits um 1272, da mehrfach auf eine Entscheidung Kg. Philipps des Kühnen von Allerheiligenoktav 1272 Bezug genommen wird. Der–unbekannte – Redaktor zeigt sich vom Rechtsunterricht in →Orléans beeinflußt; dies wird v. a. durch die Hineinnahme von römischrechtl. Elementen in den gewohnheitsrechtl. geprägten Kontext deutlich, wie dies schon im nur wenig älteren »Livre de Jostice et de Plet« der Fall gewesen war. Auch Momente des kanon. Rechts fehlen nicht. Insgesamt deutet der Text auf einen Juristen von eher durchschnittl. Kenntnissen und lit. Fähigkeiten hin, der aus dem Orléanais stammte oder doch das Recht dieser Region gut kannte.

Die Kompilation, deren Anlage wohl nicht in einem Zug erfolgte, umfaßt folgende Bestandteile: Im 1. Buch: Zwei →Ordonnanzen Ludwigs d. Hl.en (Livre I, chapitre 1–9: über Verfahrensweisen beim →Châtelet und gerichtl. Duellverbot). – Die Coutume von Touraine-Anjou (L. 1, ch. 10–175) von 1246, möglicherweise verfaßt von dem →Bailli Jean de Bonnes, eine zwar in dieser Version des 13. Jh. nicht offizielle, aber im Anjou wirkungsreiche Rechtsquelle (→Angers, Abschnitt II). – Im 2. Buch: Der »Usage d'Orlenois«, der höchstwahrscheinl. von einem kgl. Beamten aus der Zeit Ludwigs d. Hl.en stammt, Jean le Monnoyer, 1248–53 Bailli v. Orléans. Dieser Text weist in seiner ursprgl. Gestalt bereits bemerkenswerte Einflüsse des röm. und kanon. Rechts auf und präsentiert sich als Zeugnis einer hochentwickelten jurist. und lit. Kultur.

Die Gesamtkompilation dieser Rechtsquellen ist nicht frei von Längen und Wiederholungen; ihr disparater Charakter ließ Montesquieu von einem »code amphibie« sprechen. Die Hauptbedeutung der Sammlung liegt zweifellos darin, daß sie frühzeitig als Werk Ludwigs d. Hl.en betrachtet wurde und dadurch hohe Autorität genoß. Hiervon zeugen zahlreiche Hss. sowie auch mehrere Ausgaben der frühen Neuzeit (u. a. Du Cange de Laurière). Während des gesamten 14. Jh. griff die kgl. Gesetzgebung vielfach auf Bestimmungen der É. zurück. Die meisten Coutumiers aus dem Gebiet nördl. der Loire übernahmen Elemente der É. (so die Coutumes von: Maine, Anjou, Touraine; Artois, Champagne, Beauvaisis, Hennegau, Flandern, Bretagne). Selbst am Grenzsaum der gemeinrechtl. geprägten »pays de droit écrit« hinterließen die É. ihre Spuren (Poitou, Auvergne).
A. Rigaudière

Ed.: P. Viollet, Les É., 4 Bde, 1881–86 – *Lit.:* Coing, Hdb. I, s.v. [Register].

Étampes, Stadt und Königspfalz in N-Frankreich, südl. von Paris, Zentrum einer fruchtbaren Agrarregion, gelegen am linken Ufer der Essonne, begrenzt im N vom →Hurepoix, im W vom Chartrain (→Chartres), im S vom Orléanais (→Orléans), im O vom →Gâtinais, durchflossen von Louette, Chalouette und Juine. Das Étampois zählte zu den wichtigsten Territorien innerhalb der →Krondomäne der Kg.e v. →Frankreich. Die Gesch. von

É. im MA läßt sich in drei Perioden unterteilen: vor 1240, 1240–1384, 1384–1478.

[1] Seit gallo-röm. Zeit Vorort des pagus Stampensis, lag die ursprgl. Siedlung, ein großer befestigter Vicus, südl. der Louette um die Kirche St-Martin, in einer fruchtbaren Talaue und in günstiger Verkehrslage an der Römerstraße von Paris nach Orléans. Nach der Krise des 10. Jh. nahm das Étampois, nicht zuletzt dank des energ. Vorgehens der →Kapetinger gegen die Feudalanarchie, im 11. Jh. einen Aufschwung; durch Rodungstätigkeit wurden neue Flächen für den Wein- und Getreideanbau erschlossen. É. wurde zur städt. Siedlung, gefördert durch Kg. →Robert und seine Nachfolger. 1022 ließ Robert die Stiftskirche Notre-Dame und eine weitere, dem hl. Basilius geweihte Kirche erbauen. Bald darauf wurde eine Königspfalz errichtet. Damit waren zwei Stadtkerne entstanden, vicus und castrum, getrennt durch eine unbesiedelte Zone (von der Rue Pavée zur Rue de la Bretonnerie/Rue de la Porte brûlée). Die Kanoniker von Notre-Dame wurden mit fiskal., finanziellen und Grundbesitz-Privilegien ausgestattet (Heinrich I., 1046; Philipp I., 1082; bestätigt: 1101, 1104). Im frühen 12. Jh. wurde von →Ludwig VI. im Gelände zw. vicus und castrum ein forum novum begründet, das eine echte Neugründung darstellt: Die vom Kg. 1123 dort eingesetzten Grundbesitzer wurden mit reichen Privilegien bewidmet. Standorte der sich rasch entwickelnden Gewerbetätigkeit waren dieses forum novum sowie das Viertel von St-Gilles. Die Verschmelzung beider Siedlungskomplexe markiert den Aufschwung der Stadt, deren Hauptbedeutung in der Versorgung von →Paris mit landwirtschaftl. Gütern lag. Nächst Paris und Orléans war É. für Kg. →Ludwig VII. die bevorzugte Stadt; er residierte hier häufig und verlieh É. eine Reihe von Urkk. (1137–38, 1179); sie beinhalten u. a. die Bestätigung der Münzstätte, Handelsprivilegien, Verbesserung der Rechtsstellung der Einwohner, die sich ihrerseits zur Zahlung einer Steuer von 300 *livres* alle drei Jahre verpflichteten. Städt. Institutionen entstanden: 1188 ist in É. erstmals eine →Kommune mit einem Bürgermeister (*maire*) bezeugt. 1199 wird diese jedoch wegen Schädigung der Ritter und der Kirchengüter wieder aufgelöst. Dennoch tritt bald wieder eine städt. Selbstverwaltung auf, die schließlich toleriert wird. Wir finden sie zu Beginn des 13. Jh., stark abhängig vom Kgtm., von dem sie ihre Privilegien erhalten hat. Sehr früh wird É. auch zum Sitz eines kgl. *bailliage*; schon 1202 ist ein →Bailli, der die *baillie* v. É., Dourdan und Montlhéry verwaltet, belegt.

[2] In der Periode von 1240 bis 1384 wurden É. und sein Gebiet als →Wittum oder als →Apanage ausgetan, erstmals durch Ludwig IX., der es 1240 gemeinsam mit anderen Besitzungen seiner Mutter →Blanca (Blanche de Castille) gleichsam im Austausch gegen ihr ursprgl. Wittum übergab. Nach Blancas Tod (1. Dez. 1252) kehrte É. zunächst in Kronbesitz zurück. 1272 gab Kg. →Philipp III. der Kühne das Territorium an seine Mutter →Margarete v. Provence. Nach ihrem Tod (1295) wieder an die Krondomäne gelangt, erfolgte 1298 mittels Urkunden (litterae) die Einrichtung einer →Apanage für →Ludwig, den Sohn Philipps III., in die auch das Étampois einbezogen war. Die jährl. Einnahmen der prévôté v. É. betrugen damals 2500 *livres* (Abgaben aus: Bergbau, Wegzoll, Vogtei, Weinbau, Fleischerei, Weberei, Gerberei; Naturalabgaben in Getreide). Erst 1307 wurde die Kastellanei É. jedoch effektiv aus der Domäne ausgegliedert und →Ludwig, Gf.en v. →Évreux, in männl. Erbfolge übertragen. Ludwig (⚭ Margarete v. Artois) regierte 1307–19 als Herr v. É., ihm folgte sein ältester Sohn Karl (⚭ Maria de la →Cerda, Gfn. v. Biscaya, die Enkelin von Alfons X. v. Kastilien und Blanca v. Frankreich). 1327 wurde die Baronie É. von Kg. Karl IV. zur Gft. erhoben. 1336–1400 regierte Ludwig II. v. Évreux als 2. Gf. v. É., der wie sein Vater in bestem Einvernehmen mit dem Kg. stand, dem er fides, homagium, auxilium und consilium geschworen hatte; der Kg. seinerseits betraute Ludwig II. mit der Jurisdiktion über sämtliche Juden im Kgr. Frankreich. Im Étampois bemühte sich Ludwig um den Wiederaufbau nach den Schäden des →Hundertjährigen Krieges und machte sich v. a. um die geistl.-karitativen Stiftungen verdient.

[3] Mit 1384 beginnt die dritte Periode der ma. Gesch. des Étampois, gekennzeichnet von Konflikten und Rivalitäten um diese ertragreiche Agrar- und Gewerberegion. Der erbenlose Ludwig II. hatte, unter Wahrung seiner Rechte auf Lebenszeit, die Gft. 1381 an Gf. →Ludwig v. Anjou, den 2. Sohn Kg. →Johanns des Guten, abgetreten. Nachdem Ludwig v. Anjou bereits am 21. Sept. 1384 verstorben war, überschrieben seine Nachkommen die Gft. É. gegen eine Entschädigung an ihren Onkel und Vormund →Johann, Hzg. v. Berry. Dieser wurde damit 3. Gf. v. É., unter Übergehung der Heimfallrechte der Krone. Diese wurden erneut verletzt, als Johann v. Berry 1388 die Gft. an seinen Bruder →Philipp den Kühnen, Hzg. v. →Burgund, verkaufte, unter Reservierung des Nießbrauchs auf Lebenszeit. Da auch in diesem Fall der Empfänger vor dem Verkäufer verstarb, ging der Besitzanspruch auf Philipps Sohn →Johann Ohnefurcht über; nach dem Mord an →Ludwig v. Orléans (→Armagnacs et Bourguignons) entzog Johann v. Berry dem Burgunder jedoch die Rechte auf die Gft. Nach einer langen Periode der Feindseligkeiten wurde 1419 im Vertrag v. Pouilly zw. dem Dauphin und Johann Ohnefurcht die Übertragung des Besitzes von É. an den Burgunder festgelegt. Auch nach dieser Besitzergreifung durch Burgund blieb die wertvolle Gft. ein steter Zankapfel zw. Kg. und Hzg. 1446 wurde sie per provisional durch die frz. Krone eingezogen und von kgl. Kommissaren verwaltet, ohne daß ihre Zugehörigkeit definitiv geklärt worden wäre. Erst in der Krise des burg. Staates nach dem Tode →Karls des Kühnen ließ Ludwig XI. durch →Arrêt des →Parlement vom 18. März 1478 verkünden, daß jeder feudale Besitzanspruch auf É. der Rechtsgrundlage entbehre. Von nun an konnte das Kgtm. frei und ohne feudale Hemmnisse über das Territorium verfügen. Aufgrund der günstigen geograph. Situation (Flußschiffahrt) erfolgte ein Ausbau des Handelsverkehrs zw. Paris und Orléans über É. Die alten durch das Kgtm. erlassenen Privilegien wurden erneut Wirklichkeit.

A. Rigaudière

Lit.: M. A. LAMY, Coutumes du bailliage et prévosté du duché d'É. commentées, Paris 1720 – L. MARQUIS, Les seigneurs d'É., chronologie des barons, comtes et ducs d'É., 1905 – P. DUPIEUX, Les institutions royales au pays d'É., 1931 – CHAN. L. GUIBOURGÉ, É. ville royale, 1958.

Étampes, Jean d', *général des finances*, Bf. v. Carcassonne, † 25. Jan. 1456 Nevers, ⬭ ebd., Kathedrale. Der Sohn des 1405 nobilitierten Robert d'É., Herrn v. Salbris und Barons v. La Ferté-Imbault, entstammte einer dem Haus Berry verbundenen Familie und knüpfte an dem nach 1418 oft zu →Bourges weilenden Königshof (vielleicht auch über Jacques →Cœur) Kontakte zu →Karl VII. Zeichen bes. Königsnähe war 1435 die Verleihung des Thesaurats an St-Hilaire/Poitiers. In der »Exilhauptstadt« Karls VII. bekleidete der Dr. decr. (oder: leg.?) Ämter an Kathedrale, Universität und Parlement. Vom Kg. mehrfach mit Gesandtschaften beauftragt, bes. an die Kurie (1430, 1432, 1436, 1440), sah Eugen IV. während einer durch die neapolitan. Sukzession bedingten Annäherungsphase des

Hofs um 1436 (→René d'Anjou) in É. seinen Gewährsmann in Frankreich und verlieh ihm das Kantorat an Notre-Dame (Paris). Doch hat É., 1440 Teilnehmer an der Klerusversammlung von Bourges und Korrespondent des gallikan. →*confesseur du roi* Gérard Machet, stets die kirchenpolit. Linie des Hofs eingehalten. Nach erfolgloser Bemühung um Clermont, die Karl VII. ebenso wie die Verleihung von Nevers und Montauban an seine Brüder Jean und Guillaume unterstützte, erlangte der zum *général de toutes les finances* beförderte É. 1445/46 das Bm. Carcassonne, möglicherweise mit Hilfe von Jacques Cœur. Das Wirken des 1432 bis 1453 als Rat Karls VII. bezeugten Bf.s, zuletzt v. a. als Finanzorganisator im frz. Süden, steht für die oft verkannte, durchaus kontinuierl. und effiziente Regierung unter diesem König. Heribert Müller

Q.: Paris, Bibl. nat., ms. fr. 20881, Carc. n. 88–97; ebd., ms. fr. 25967, Carc. n. 329–343; Paris, Arch. nat. LL 86 und 114 – Conc. Basiliense I, 1896 [Nachdr. 1976] – Les affaires de Jacques Cœur. Journal du procureur Dauvet, ed. M. MOLLAT, 1952 – *Lit.:* DBF XIII, 170 – GChr VI, 913f. – G. DU FRESNE DE BEAUCOURT, Hist. de Charles VII, 1881–91 – F. LEHOUX, Jean de France, duc de Berri, 1966–68 – R. FAVREAU, La ville de Poitiers à la fin du MA, 1978, Register s.v. E(s)tampes, J. d' – P.-R. GAUSSIN, Les conseillers de Charles VII, Francia 10, 1982, 115.

États généraux ('Generalstände'). Der Terminus 'É.g.' zur Bezeichnung einer allgemeinen Versammlung von Adel, Klerus und 3. Stand in →Frankreich findet sich zum ersten Mal anläßlich der von Kg. →Ludwig XI. (1468) einberufenen É.g.: »faisant et representant les trois estats generaux de ce royaume, los stats generals de Fransa«; 1484: »generaux estats, status generales«. Daneben wird aber auch noch weiterhin die bisher übliche Formulierung benutzt: »les trois estats du royaume de France« (1356, 1468). Gleichwohl kann sicher nicht erst seit diesem Zeitpunkt von Generalständen gesprochen werden. In der älteren Forschung wird gemeinhin die Position vertreten, daß die Ständeversammlung von 1302 als erste Generalständeversammlung zu gelten habe. Dieser Auffassung ist dann zuzustimmen, wenn man der Neuerung, daß zu dieser Versammlung erstmals in breitem Umfang auch gewählte Vertreter aus dem 3. Stand einberufen wurden, entscheidendes Gewicht beimißt. Daß, soweit sich nachweisen läßt, dies von den Zeitgenossen nicht als Bruch mit dem Herkommen empfunden wurde, tut diesem Argument keinen Abbruch. Wenn dem mit dem Argument widersprochen wurde, daß diese und die folgenden É.g. lediglich beratenden und keinen beschließenden Charakter hatten (MARONGIU) und daß ihnen jegliche Homogenität und einheitl. Verfahrensordnungen fehlten (VILLERS), so ist dem entgegenzuhalten, daß einerseits den É.g. trotz ihrer tatsächl. Machtlosigkeit gegenüber dem Kg. eine wichtige legitimierende Funktion bei den von →Philipp dem Schönen einberufenen Versammlungen (1302 gegen →Bonifatius VIII. und 1308 gegen die →Templer) zukam und daß andererseits die Verfahrensordnungen zu É.g. über das ganze MA inhomogen geblieben sind. Weder wurde im MA eine Theorie über Funktion und Kompetenzen von É.g. entwickelt, noch gab es allgemeine Durchführungsverordnungen, so daß aus polit. oder organisator. Gründen selbst Mischformen zwischen É.g. und →États provinciaux auftraten. Die Einberufung der É.g. oblag allein dem Kg. Den Ständen gelang es nicht, diese kgl. Prärogative zu durchbrechen und ihre Forderungen nach Periodizität trotz kgl. Zugeständnisse (z. B. 1357 Selbstkonstituierung aus wichtigem Anlaß für die Dauer eines Jahres; 1484: regelmäßige Einberufung alle 2 Jahre) zu verwirklichen. Der Adel und die hohe Geistlich-

keit wurden bis zu den É.g. von 1468 persönlich einberufen. Daneben kamen aus dem Klerus noch z. T. gewählte Vertreter aus geistl. Institutionen sowie gewählte Vertreter aus einem ständig sich verändernden Kreis von Städten und Gemeinden. Die É.g. von 1484 setzten sich zum ersten Mal nur aus gewählten Vertretern der drei Stände zusammen, wobei die →Bailliages und →Sénéchaussées die Wahlbezirke bildeten. Zum ersten Mal wurde hier auch, zumindest in einigen Regionen, die Bauernschaft an den Wahlen beteiligt, selbst wenn es ihr ebensowenig wie dem niederen Klerus gelang, Vertreter aus den eigenen Reihen zu stellen. Die Zahl der Mitglieder von É.g. wechselte dementsprechend fortwährend. Die persönlich Einberufenen waren gehalten, sich bei einer Verhinderung durch Bevollmächtigte vertreten zu lassen. Von den Delegierten wurde in den Einberufungsschreiben plein pouvoir gefordert. Konkrete Informationen über die zur Behandlung anstehenden Gegenstände wurden meist nicht gegeben. Dies verhinderte nicht, daß den Delegierten Instruktionen und Forderungen (→Cahier de doléances) übergeben wurden, die allerdings nicht einem imperativen Mandat gleichzusetzen sind. V. a. bei kgl. Steuerforderungen waren fehlende Verhandlungsvollmachten ein häufig benutzter Vorwand, um Zustimmung zu verweigern. Anlaß zur Einberufung von É.g. waren neben der Zustimmung zu v. a. kriegsbedingten Steuererhebungen Krisensituationen, in denen das Kgtm. der Unterstützung der Stände bedurfte. Gelang es einzelnen É.g., dies zur Durchsetzung von Reformen auszunutzen (1355–58, 1413, 1484), so blieben auch diese Versuche trotz anfänglicher Zugeständnisse weitgehend folgenlos. Die Willensbildung auf ma. É.g. verlief sehr unterschiedlich, wobei gemeinsam oder in ständ. oder in regionalen Gruppierungen beraten werden konnte (1356: zwei Stände können nicht gemeinsam den dritten überstimmen). Auch die Bezahlung der Mitglieder von É.g. war nicht einheitlich geregelt. Gemeinhin trug der 3. Stand – trotz starker Proteste 1484 – die Kosten für Reise und Aufenthalt. Die Entscheidung über die Dauer der Versammlungen lag im Ermessen des Kg.s, der seiner Entscheidung durch die Limitierung von Tagegeldern noch zusätzlich Nachdruck verleihen konnte. Die É.g. hatten keine Entscheidungskompetenz, sondern waren gehalten, entweder den ihnen zumeist über den Kanzler (→Chancelier) übermittelten Wünschen des Kg.s zuzustimmen oder eigene Forderungen in Form eines *Cahier de doléances* an den Kg. zu richten. In Fragen der Steuerbewilligung (→Steuer) war ihre Position zusätzlich dadurch geschwächt, daß es das Kgtm. häufig vorzog, direkt auf unterer Ebene (z. B. mit →États provinciaux) zu verhandeln. Eine weitere Schwäche lag im Fehlen eines kontinuitätsbildenden Personalapparats begründet. Dennoch wird man bei einer Einschätzung ihrer polit. Bedeutung nur bedingt von einem Scheitern sprechen können, was sich nicht zuletzt durch häufige Versuche von seiten der Opposition, den Kg. zur Abhaltung von É.g. zu veranlassen, belegen läßt. N. Bulst

Q.: Documents relatifs aux É.G. et Assemblées réunis sous Philippe le Bel, ed. G. PICOT, 1901 – Jean Masselin, Journal des É.G. de France tenus à Tours en 1484 sous le règne de Charles VIII, ed. A. BERNIER, 1835 – *Lit.:* H. HERVIEU, Recherches sur les premiers É.G. et les assemblées représentatives, 1876 – G. PICOT, Hist. des É.G. de 1355 à 1614, 5 Bde, 1888² – J. R. MAJOR, The Deputies to the Estates General in Renaissance France, 1960 – DERS., Representative Institutions in Renaissance France (1421–1559), 1960 – P. S. LEWIS, The Failure of the French Medieval Estates, PP 23, 1962, 3–23 – J. ELLUL, Hist. des institutions 3, 1962 – N. BULST, Repräsentativversammlungen als Mittel der Zentralverwaltung in Frankreich (15. Jh.). Mit vergleichendem Rückblick ins 11. Jh. (Hist. comparée de l'Administration, hg. W.

PARAVICINI–K. F. WERNER, Beih. der Francia 9, 1980), 254–263 – DERS., Vers les états modernes: le tiers état aux É.g. de Tours en 1484 (Représentation et vouloir politiques, hg. R. CHARTIER–D. RICHET, 1982), 11–23 – R. CAZELLES, Société politique, noblesse et couronne sous Jean le Bon et Charles V, 1982 – A. MARONGIU, Progrès et problèmes de l'hist. des Assemblées d'É. et Parlements, Parliaments, Estates and Representation 2, 1982, 173–188 – R. VILLERS, Réflexions sur les Premiers É.G. de France au début du XIVe s., ebd. 4, 1984, 93–97 – N. BULST, Louis XI et les É.G. de 1468 (La France de la fin du XVe s. – Renouveau et apogée, hg. B. CHEVALIER–PH. CONTAMINE, 1985), 91–104.

États provinciaux ('Provinzialstände'). Der Terminus 'É.p.' findet sich, da es im ma. →Frankreich keine Provinzeinteilung gab, erst im 16. Jh. (1576: »congrégation et assemblée des Estatz provinciaulx de Normandie«, PRENTOUT, Bd. 2, 47). Die ma. Bezeichnungen sind denen der →États généraux vergleichbar: »les trois Estatz de Normandie« (1445) oder »consilium generale« für Ständeversammlungen des Languedoc im 14. Jh. Angesichts dieses terminolog. Anachronismus wurde in der Forschung vielfach der Terminus 'États particuliers' vorgezogen, der in gewisser Weise der großen Inhomogenität innerhalb der É.p. besser gerecht wird; denn diese auf einer mittleren Ebene unterhalb der É.g. angesiedelten Ständeversammlungen konnten in sehr unterschiedlicher Weise weitere Ständeversammlungen kleinerer Verwaltungseinheiten unter- und zugeordnet sein (z. B. der →Bailliages und →Sénéchaussées). Terminologisch nicht zu fassen sind gemeinsame Sitzungen einzelner É.p. in bestimmten Regionen (z. B. 1443 Versammlung der É.p. des Poitou, des Anjou, der Touraine und der Saintonge). Die Definition von CADIER der É.p. als »ein Zusammentreten der drei Stände einer Provinz zu einer rechtmäßig gebildeten und periodisch einberufenen Versammlung, die über bestimmte polit. und administrative Zuständigkeiten verfügt, wovon die wichtigste das Steuerbewilligungsrecht war«, trifft denn auch keineswegs auf alle É.p. zu, da keineswegs von allen regionalen Ständeversammlungen die dieser Definition zugrundeliegenden Rechte in Form von Privilegien erworben werden konnten. Ein wesentl. Anstoß zur Herausbildung der É.p. in der 2. Hälfte des 14. Jh. dürfte in den durch den →Hundertjährigen Krieg bedingten aktuellen militär. und finanziellen Bedürfnissen des Kg.s und anderer Feudalherren zu sehen sein. Dies erklärt auch, weshalb mit Wiedererstarken des Kgtm.s die Bedeutung vieler É.p. seit der 2. Hälfte des 15. Jh. wieder abnahm. So verschwanden die in den zentralen Gebieten der frz. Monarchie viele É.p. Die Forderung der États généraux von 1484 nach Wiederherstellung der É.p. fand kein Gehör, lediglich die noch bestehenden behielten ihre Privilegien. Dauerhafter waren die É.p. an der Peripherie des Kgr.es Frankreich (z. B. Normandie, Burgund, Dauphiné, Provence, Languedoc, Bretagne). Die Einberufung zu É.p. ging vom Kg. aus, der dieses Recht bisweilen delegierte; in den großen spätma. Fsm.ern, etwa den Hzm.ern →Burgund und →Bretagne, war es faktisch weitgehend an die regierenden Fs.en übergegangen. Die Sitzungsfrequenz der einzelnen É.p. war sehr unterschiedlich, z. B. jährl. Zusammentreten der É.p. der Normandie (1458–1589), ein Dreijahresturnus der É.p. Burgunds, unregelmäßige Einberufung der É.p. des Poitou. Auch unter dem Gesichtspunkt der Ständevertretung sind die É.p. inhomogen. Nicht alle É.p. waren de facto Repräsentativorgane mit Vertretern aller drei Stände. In einigen sind einzelne Stände gar nicht vertreten (z. B. der Klerus in der Normandie), in anderen dominiert ein Stand (z. B. der 3. Stand in den É.p. des Languedoc). Die Berechtigung zur Teilnahme war im Gegensatz zu den États généraux im

wesentl. festgelegt. Die Geistlichkeit war v. a. durch Bf.e und Äbte vertreten, der Adel durch die Familien, die im Besitz der größeren Seigneurien waren, während die Vertretung des 3. Standes sich aus Abgeordneten einer festgelegten Zahl von Städten zusammensetzte. Gewählt wurde im allgemeinen nicht. Verhandlungsgegenstände waren neben Steuerfragen (Bewilligung bzw. Umlage) v. a. wirtschaftl. Fragen und bestimmte rechtl. Angelegenheiten (Ratifizierung von Verträgen, →coutumes). Von Bedeutung für Stabilität und Kontinuität der É.p. waren eigene Amtsträger (→syndic, greffier, trésorier), die neben der Ausführung von Beschlüssen auch mit Vertretungsaufgaben beim Kg. zur Durchsetzung der doléances, der Beschwerden, oder auch mit Delegationen zu É.g. beauftragt werden konnten.   N. Bulst

Lit.: A. THOMAS, Les É.p. de la France centrale sous Charles VII, 2 Bde, 1879 – L. CADIER, Les É. de Béarn depuis leurs origines jusqu'au commencement du XVIe s., 1888 – A. DUSSERT, Les É. du Dauphiné aux XIVe et XVe s., 1915 – C. HIRSCHAUER, Les É. d'Artois de leurs origines à l'occupation française, 2 Bde, 1923 – H. PRENTOUT, Les é.p. de Normandie, 3 Bde, 1927 – G. DUPONT-FERRIER, De quelques problèmes historiques relatifs aux »É. provinciaux«, Journal des Savants, 1928, 315–357 – H. GILLES, Les É. de Languedoc au XVe s., 1965 – Études sur l'hist. des Assemblées d'É., 1966 – J. M. TYRRELL, A Hist. of the Estates of Poitou, 1968 – J. R. MAJOR, Representative Government in Early Modern France, 1980 – P. S. LEWIS, Breton Estates (DERS., Essays in later Medieval French Hist., 1985), 127–138 – N. BULST, Die frz. General- und Provinzialstände im 15. Jh. Zum Problem nationaler Integration und Desintegration (Europa 1500, ed. W. EBERHARD–F. SEIBT, 1987), 313–329.

Etelköz (Ἀτελκούζου), Bezeichnung für die ältere Heimat der →Ungarn. →Konstantinos Porphyrogennetos (De adm. imp. cap. 38, 40) schreibt, daß die ung. Stämme vor der Landnahme (895) in 'Atelkuzu' wohnten, dort, wo die →Petschenegen um 950 saßen, also zw. den Flüssen Don und Donau. Zw. denselben Flüssen wohnten die Magyaren nach Ğaihānī (um 890), dessen Geographie in pers. Fassung von Gardīzī, und in arab. bei Ibn Rusta erhalten sind (10. Jh.). Etel (Etil) war der ung. und türk. Name des Don und der Wolga, und mit dem ung. Wort *köz* (altung. *küzü* 'zwischen') bildeten die Ungarn meist geograph. Namen für von zwei Flüssen begrenzte Gebiete, unter Weglassung des ersten Namens. So konnte E. urspgl. ein Land bedeuten, das zw. einem unbekannten Gewässer (Asov'sches Meer?) und dem Don oder zw. dem Don und der Wolga lag. Schließlich wurde unter E. das zw. dem Fluß Dnjepr und den Karpaten gelegene Gebiet verstanden. Die Lage von E. wurde in verschiedener Weise erklärt.   Gy. Györffy

Lit.: MORAVCSIK, Byzturc I, 77 [Lit.] – Constantine Porphyrogenitus, De adm. imp. vol. II, Comm., ed. R. J. H. JENKINS, 1962, 148 – L. BENKŐ, Gy. GYÖRFFY, J. HARMATTA, P. KIRALY, L. LIGETI, Magyar Nyelv 80, 1984, 387–459; 81, 1985, 1–19.

Etheldreda (Æthelthryth), hl., Äbtissin v. →Ely (Fest: 23. Juni; Translatio: 17. Okt.). † 23. Juni 679, Tochter von Anna, Kg. v. Ostanglien; ∞ 1. kurze Ehe mit Tondberht, princeps des südl. Gyrwe, 2. wahrscheinl. 660 →Ecgfrith, späterer northumbr. Kg., mit dem sie eine zwölfjährige Josephsehe führte. Sie war eine enge Vertraute des Bf.s →Wilfrid v. York und übertrug ihm nach der Aussage seines Biographen Stephanus →Hexham. Nach ihrer Trennung von Ecgfrith wurde sie zuerst Nonne in →Coldingham und dann nach einem Jahr Äbtissin des Doppelklosters, das sie in Ely gründete und wo sie nach sieben Jahren starb und begraben wurde. 695 ließ ihre Schwester und Nachfolgerin Sexburga ihre Gebeine in die Kirche überführen und fand sie noch unversehrt. Weitere Translationen wurden 1106, 1252 und vielleicht i. J. oder kurz nach 970 vorgenommen. Ihr Kult war während des MA sehr verbreitet.   D. W. Rollason

Ed.: Beda, Hist. Eccl. Gentis Anglorum IV, 19, ed. B. COLGRAVE–R. A. B. MYNORS, 1969 – Liber Eliensis, ed. E. O. BLAKE, 1962 – *Lit.*: DHGE XV, 1160–1162 – P. DRAPER – N. COLDSTREAM, Medieval Art and Architecture at Ely Cathedral, 1979.

Ethelred (s. a. Æthelred), **1. E.**, Kg. v. →Wessex 865–871, † bald nach Ostern (15. April) 871, ▢ Wimborne, heut. Kathedrale; 3. Sohn v. Kg. Æthelwulf († 858); Bruder von →Alfred d. Gr. Gegen Ende 865 (nach dem 24. Sept.) folgte er seinem Bruder Ethelbert als Kg. in Wessex nach, ebenso in den östl. Kgr.en Kent, Essex, Surrey und Sussex, die sein Großvater →Egbert Wessex einverleibt hatte. E. kämpfte gegen die eindringenden →Wikinger gemeinsam mit Alfred. 868 versuchten sie auf ein Hilfsgesuch von →Burgred, Kg. v. Mercien, hin, die Wikinger aus →Nottingham zu vertreiben, blieben aber erfolglos. Im Frühjahr 871 führten sie eine Reihe von Kriegszügen gegen die Wikinger, die in →Reading saßen. Eine der Schlachten, bei Ashdown, wurde zwar als Sieg gefeiert, doch konnten insgesamt keine wirklichen Erfolge erreicht werden. E. starb während dieser Feldzüge; sein Bruder Alfred trat seine Nachfolge an. E. hinterließ zwei Söhne, Æthelhelm, über den nichts bekannt ist, und Æthelwold, der sich gegen die Nachfolge von Alfreds Sohn, →Eduard d. Ä., i. J. 899 erhob. Der Chronist und ealdorman Ethelweard war ein Nachkomme E.s.   P. H. Sawyer

Lit.: STENTON³, 245–250.

2. E. II., Kg. v. →England 978–1016, * ca. 968, † 1016, ▢ London, St. Paul's; Sohn von →Edgar; Halbbruder: →Eduard 'd. Märtyrer'; ∞ 2. →Emma, Tochter Gf. →Richards I. v. Normandie; Söhne: →Edmund Ironside; von 2.: →Eduard d. Bekenner, Alfred. – E.s wenig glückl. Herrschaft, die drittlängste Regierung eines Kg.s in ags. Zeit, trug ihm, spätestens seit 1066, den Beinamen 'the Unready' ein (ironisches Wortspiel: *Æthel ræd* 'edler Rat', *Un-ræd* 'ohne Rat, ratlos'). E.s Regierung brachte zweifellos seiner Dynastie und seinem Kgr. schwere Rückschläge, u. a. durch die skand. Besetzung Englands, zunächst durch Kg. →Svend v. Dänemark (1013–14), sodann – nach dem Tod E.s und seines Sohnes Edmund Ironside – durch Kg. →Knut. Militär. Niederlagen, Unfähigkeit und Verrat werden detailliert beschrieben in der Ags. →Chronik, die für diesen Zeitraum wohl erst nach Knuts Sieg verfaßt wurde; die sozialen Veränderungen werden von Ebf. →Wulfstan II. im »Sermo Lupi« angeprangert; die spätere Gesetzgebung des Kg.s (»V–X Æthelred«) bestand angebl. nur in wirkungslosen Ermahnungen.

E. besaß zwar nicht die Durchsetzungskraft seines Vaters, gleichwohl war dem Geschichtsschreiber →Wilhelm v. Malmesbury eine Überlieferung bekannt, nach der E. »weder übermäßig töricht noch ungemein feige« gewesen sei; seine Regierung mag daher doch positiver zu werten sein. Folgende Gesichtspunkte sprechen hierfür: Erstens litt E.s Ruf in späterer Zeit – vielleicht jedoch auch schon bei den Zeitgenossen – unter dem Mord an seinem älteren Bruder Eduard 'd. Märtyrer', dessen Verehrung E. in einer Urk. (SAWYER, Nr. 899), wenn nicht sogar in seinen Gesetzen anerkennen ließ. Sosehr er von diesem Mord profitiert haben mag, kann ihm dieser – E. war damals 10 Jahre alt – doch nicht angelastet werden. – Zweitens sah sich E. konfrontiert mit der gefährl. Gegnerschaft der Kg.e v. →Dänemark, die ihn gemeinsam mit →Olaf Tryggvason, dem späteren Kg. →Olaf d. Hl. v. Norwegen und →Thorkill befehdeten, wobei wohl die schwankende Loyalität der Dänen im N und O Englands die Lage des Kg.s verschärfte. – Drittens wurde E. zwar von einigen seiner Großen im Stich gelassen, so von Eadric, dem Ealdorman v. →Mercia, und sogar von Edmund, doch fand er bei anderen hohen Adligen loyale Unterstützung, v. a. beim Ealdorman →Byrthnoth in der berühmten Schlacht v. →Maldon. – Viertens kann heute gezeigt werden, daß manche polit. Instabilität der Regierung E.s auf das Konto verschiedener Hofcliquen ging; die erste dieser Gruppierungen, die den Kg. offenbar in seiner Jugend stark beeinflußte (E. spricht in späteren Urkk. von seiner »jugendl. Torheit«), verübte Übergriffe auf monast. Institutionen, die von der Schenkungspolitik des Vaters Edgar profitiert hatten, und schädigte so den Ruf des Kg.s. – Fünftens: Während manche Urkk. den Kg. als inaktiv gegen Verstöße zeigen, geben andere Aufschluß über die rücksichtslose Anwendung von Gewalt gegen seine Feinde. Schließlich gibt es für einen administrativen Zusammenbruch unter E. kaum Anzeichen: der Turnus des Münzaustauschs (alle sechs Jahre) blieb fast durchgängig gewahrt; das Amt des →*sheriff* tritt unter E. erstmals auf; riesige Summen des →Danegeld wurden eingetrieben. E.s Gesetze zeigen, daß er die Politik seines Vaters fortentwickelte, v. a. im Hinblick auf kgl. Abgaben, den nachbarschaftl. Frieden (→Nachbarschaft), und daß er seine Königswürde ganz im Sinne der Karolinger als Stellvertretung Christi und Hirtenamt gegenüber seinem Volk verstand.   C. P. Wormald

Q.: EHD I, 1, 10, 117–121, 123, 127, 240 – LIEBERMANN, Gesetze I, 1903, 216f.; III, 1916, 146ff. – *Lit.*: STENTON³, 372ff. – E. the Unready, hg. D. HILL, 1978, bes. Kap. 2–3, 6–10 – S. D. KEYNES, The Diplomas of King Æthelred 'the Unready', 1980, 163ff. – D. HILL, Atlas of Anglo-Saxon England, 1981, 63ff. – E. JOHN, The Return of the Vikings (The Anglo-Saxons, hg. J. CAMPBELL, 1982), 192ff. – M. K. LAWSON, The Collection of Danegeld in the Reigns of Æthelred II and Cnut, EHR 99, 1984, 721ff.

Ethik. [1] *Lateinisches Mittelalter*: Zeugnisse ma. Ethik sind Dichtung, bildende Kunst, Predigten, →Bußbücher, →»Fürstenspiegel« u. a. standesbezogene Schriften, Briefe, kirchenrechtl. Bußbestimmungen, kasuist. Summen für Beichtväter, (moral-)theol. Lehrschriften u. a. Letztere entstammen seit dem 12. Jh. dem an Bibel und Kirchenväter orientierten Lehrzusammenhang der Klöster oder dem stärker philos. beeinflußten »dialektischen« Lehrzusammenhang der Stadtschulen und Universitäten. In beiden geht es um gemeinsame Themen. Vier seien exemplarisch herausgehoben.

Glück(seligkeit) ist für Augustinus seit seiner Lektüre von Ciceros »Hortensius« das handlungsbestimmende Ziel, das philos. zu erforschen ist und dem Erlösten aus Gnade geschenkt wird. Die Mönchslehre (vgl. →Anselm, →Bernhard v. Clairvaux, →Wilhelm v. St. Thierry) sieht mit Augustinus die Gottesliebe (caritas) als die geschenkte Kraft an, durch die der Mensch aus der regio dissimilitudinis in die regio similitudinis, die volle Gemeinschaft des Abbildes mit dem dreifaltigen Urbild aufsteigt. Dieser myst. Tendenz, die oft in eine heilsgeschichtl. Sehnsucht eingefügt ist (vgl. →Rupert v. Deutz, →Hildegard v. Bingen, →Joachim v. Fiore), steht die dialekt. Tendenz gegenüber, das philos. Verständnis von höchstem Gut, natürlichem (Sitten-)Gesetz und Tugenden in die theol. Liebesethik hinein aufzuheben (Petrus →Abaelard, Dialogus).

Die Spannung zw. *Gesetz und Gewissen* ergibt sich aus der Begegnung zweier Traditionsströme: der durch Cicero und die röm. Juristen vermittelten stoischen Tradition des Naturgesetzes/-rechtes und der durch die Kirchenväter vermittelten paulin. Tradition des Gewissens (*syneidesis* – conscientia). Diese wird im 12. Jh. ausgearbeitet: subjektorientiert und gesinnungsbezogen bei Abaelard (in Frontstellung gegen das materielle Sündenverständnis der Bußbücher); mystisch gottbezogen und objektiv normiert bei Bernhard v. Clairvaux (in der Aufnahme der Vätertradition). Durch einen Abschreibefehler entsteht aus der »syneidesis« in einem Hieronymustext (MPL 25,22) im 12.Jh. die Tradition der *synderesis* als »Vernunftfünklein«, das Sitz des Naturrechts ist. Etwa ab 1230 werden synderesis und conscientia in denselben Traktaten behandelt und ab etwa 1250 systemat. einander zugeordnet. Bonaventura versteht conscientia als einen Habitus der prakt. Vernunft, der die ethischen Grundsätze und die konkreten Anwendungen umfaßt, und synderesis als die Willensorientierung zum Guten. Thomas v. Aquin reduziert conscientia auf den konkret urteilenden Akt der prakt. Vernunft und setzt synderesis als Habitus der ethischen Grundsätze mit den Erstgegebenheiten des Naturgesetzes gleich. Die Verklammerung zw. Grundsätzen und konkreten Urteilen leistet die Klugheit, die Thomas – auf Aristoteles aufbauend – aus vielfältigem Traditionsmaterial zur orientierenden Klammer der *Tugendlehre*, genauer der Systematisierung der Kardinal- und der ihnen zugeordneten Tugenden ausgestaltet. Die weitere Verklammerung von theol. (Glaube, Hoffnung, Liebe) und sittl. (Kardinal-)Tugenden macht die thomas. Ethik zur konsequent durchgeführten Tugendethik. Spezifisch christl. Traditionsstücke wie Gebote, Seligpreisungen, Gaben des Hl. Geistes werden ihr eingefügt. Die Ziele der Tugenden sind in der lex naturalis/synderesis grundgelegt und begründen mit dieser die »praktische Wahrheit« als Maß für die Entscheidungen und Handlungen. Diese sind durch die Verklammerung von finis operis und finis operantis Verwirklichung objektgeprägter Subjektivität. Die durch die lex naturalis strukturierte prakt. Vernunft ist Zentrum einer partizipativ theologisch eingebundenen Autonomie.

Aus der Einbindung in Schöpfung und Heilsgeschichte sowie aus selbstverständl. übernommener Feudalordnung und erst allmähl. reflektierter bürgerl. Gesellschaft ergeben sich verschiedene Zuordnungen von *Ethik* und *Politik*. Der »politische Augustinismus« spricht die Regelungen röm. polit. E. (z.B. betr. Krieg und Frieden) je nach polit. Konstellation dem Kaiser, dem Papst oder dem princeps eines Staates, einer Provinz oder einer selbständigen Stadt zu. Mystik und Politik mischen sich bei Bernhard v. Clairvaux (De consideratione, De praecepto et dispensatione, Briefe). →Thomas v. Aquin ordnet Gesetz und Tugenden (bes. die Klugheit und Gerechtigkeit des Herrschers) dem bonum commune und dieses dem »letzten Ziel der geordnet zusammenlebenden Menge . . ., durch tugendhaftes Leben zum Genuß Gottes zu gelangen« (De reg. princ. 15,44), zu. Die lex gentium als das unter allen Völkern geltende Recht wird erst im 16.Jh. durch Franz v. Vitoria zum zw. den Völkern geltenden Recht umgedacht. P. Engelhardt

Lit.: HWP II, 763–769; III, 581–584 – O. DITTRICH, Gesch. der E. III, 1926 – M. WITTMANN, Die E. des hl. Thomas v. Aquin in ihrem systemat. Aufbau dargestellt und in ihren gesch., bes. in den antiken Q. erforscht, 1933 – O. LOTTIN, Psychologie et morale aux XII⁰ et XIII⁰ s., 6 Bde (1942–60), 1957² – R. GUINDON, Béatitude et Théologie morale chez s. Thomas d'Aquin, Origines – Interpretation, 1956 – W. KLUXEN, Philos. E. bei Thomas v. Aquin (1964), 1980² – F. VANDENBROUCKE, La Morale monastique du XI⁰ aus XVI⁰ s., 1966 – G. WIELAND, Ethica – Scientia practica. Die Anfänge der philos. E. im 13. Jh., BGPhThMA 21, 1981.

[2] *Renaissance/Humanismus:* Mit der »Entdeckung des Menschen« (J. BURCKHARDT), d.h. der in der Renaissance neu erwachten Sensibilität gegenüber dem Lebensphäno-

men, begann man die Erscheinungsformen des Menschseins sowohl am eigenen Ich als an der fremden Individualität zu erforschen. Als die Träger der Bildungsbewegung der Renaissance verbanden die Humanisten mit der Beschreibung der »conditio humana« Reflexionen über die Normen für ein rechtschaffenes Leben, gewonnen in erster Linie aus der Rückbesinnung auf die überzeitl. Lebensweisheit der antiken Autoren.

Damit steht das humanist. Bildungsprogramm im Zeichen einer eth. Zielsetzung und hat seinen theoret. Rückhalt in der Moralphilosophie, die im Fächerkatalog der »studia humanitatis« eine Schlüsselstellung einnimmt. Mit Cicero räumen ihr die Humanisten den Vorrang gegenüber den anderen Teilen der Philosophie ein. Nach →Guarino Veronese kann sich der Mensch nichts Besseres ausdenken als die Moralphilosophie, die ihm in allen Lebenslagen zum richtigen Verhalten verhilft, und J. L. Vives sieht in der Moralphilosophie, ohne die es kein gesittetes Zusammenleben weder in der Familie noch in der Gesellschaft gibt, die Grundlage der Humanitas.

Eine solche Wertschätzung der Moralphilosophie hat eine umfangreiche Literatur gezeitigt, eine der bedeutendsten Leistungen des Humanismus. In der Nachfolge F. →Petrarcas, der eine bes. Neigung zur Moralphilosophie empfand, haben zahlreiche Humanisten, hauptsächl. in Italien, in geringerem Umfang jenseits der Alpen, eine Fülle moralphilos. Schriften, die Mehrzahl auf lat., seltener in der Volkssprache, verfaßt, meist in den unsystemat. Formen des Dialogs, des Briefes und der Diatribe. Als Quellen dienten neben der aristotel. E., die an den Universitäten gelehrt wurde, die Vertreter der hellenist. Weisheitsethik, Stoiker, Epikureer und Skeptiker. In zweiter Linie griff man auf die Kirchenväter zurück, welche in der humanist. Pädagogik unter die Schulautoren eingereiht wurden. Antike und christl. Wertbegriffe verschmolzen miteinander.

Die Thematik der humanist. E. ist vielfältig: Neben Handbüchern (A. Piccolomini, Della Institutione morale), Schriften über Tugenden und Laster, den Einfluß der Affekte auf den Willen, den Konflikt zw. Vernunft und Leidenschaft, die Frage nach dem »summum bonum« und im Zusammenhang damit nach Vorzügen und Nachteilen der »vita activa« und der »vita contemplativa«. Die Ergebnisse der moralphilos. Reflexionen verdichten sich in gewissen Leitbildern des individuellen Verhaltens und der zwischenmenschl. Beziehungen: dem in einem »otium cum litteris« eines einfachen Lebens sich selbst genügenden »homo solitarius« (F. Petrarca), dem vorbildl. Hausvater und ehrbaren Kaufmann (L. B. Alberti), dem durch die wiedererweckte staatszugewandte Gesinnung der Polis geprägten idealen Bürger (M. Palmieri), dem ritterl. Tugenden und humanist. Bildung miteinander vereinenden vollkommenen Hofmann (B. Castiglione), dem der Wahrheit verpflichteten und zugleich sich seiner Verantwortung gegenüber der Gesellschaft bewußten humanist. Gelehrten (J. L. Vives), dem Vorbild der christl. Fürsten, dem ins Christliche gewendeten platon. Ideal des Philosophen als König, der bei strengster Wahrung der Gerechtigkeit stets das »bonum commune« verfolgt (Erasmus v. Rotterdam), und schließlich dem Weltweisen, der auf der höchsten Stufe der Kontemplation als Spiegel des Alls in seinen Gedanken die göttl. Schöpfung nachvollzieht (Charles de Bovelles). A. Buck

Lit.: E. GARIN, L'umanesimo it., 1964 – Das moral. Denken des Renaissance-Humanismus (P. O. KRISTELLER, Humanismus und Renaissance II, 1976), 30–84 – Ethik im Humanismus, Beitr. zur Humanismusforsch. V, hg. W. RÜEGG–D. WUTTKE, 1979.

Etichonen, Adelssippe im →Elsaß vom 7. bis 11. Jh. Ihr namengebender Stammvater *Adalricus/Eticho* (†nach 683) war neustroburg. Herkunft und wirkte in den 60er Jahren des 7. Jh. als dux des Pagus Attoariensis (→Atuyer) um →Dijon. Im Zuge der Adelsopposition gegen den neustr. Kg. →Theuderich III. und den Hausmeier →Ebroin ging er zum austras. Kg. →Childerich II. über und erhielt von diesem ca. 673 den Dukat im Elsaß. Damit begründete er die dauerhafte Stellung der E. am Oberrhein; sie zeigt sich in der Weitergabe der Dukatswürde an Etichos Sohn *Adalbert* (†723) und Enkel *Liutfrid* (†nach 739) ebenso wie in zahlreichen, für Christianisierung und Landesausbau wichtigen Klosterstiftungen (u. a. Hohenburg/→Odilienberg für Etichos Tochter *Odilia,* →Honau, →Murbach; s. a. →Elsaß A. I). Eticho, dessen Machtbasis bis in den Sornegau mit Münstergranfelden, der Stiftung des ersten elsäss. dux Gundoin, reichte, fand im Elsaß offenbar Anschluß an die in Opposition zu den Pippiniden stehende →Weißenburger Gründersippe. In der Folgezeit vermochten die frühen →Karolinger den Einfluß der E. im Elsaß einzuschränken, und nach Liutfrids Tod ist der elsäss. Dukat parallel zu den Vorgängen in Alemannien (→Alamannen) nicht mehr erneuert worden. Dennoch behielten die E. in der 2. Hälfte des 8. Jh. wohl weitgehend ihre Positionen, wenngleich der Laienabbatiat Karls d. Gr. in →Murbach vom Zugriff der Zentralgewalt zeugt. – Im 9. Jh. gelang den E., offenbar in Konkurrenz mit den gleichfalls im Elsaß verwurzelten Erchangaren (ihnen entstammte Richgard, ∞ Ks. Karl III.), ein neuer Höhepunkt ihres Einflusses, weit über das Elsaß hinaus: So zählte Gf. →Hugo v. *Tours* (†837) zu den bedeutendsten Großen des Reiches schon unter Karl d. Gr., v. a. aber unter→Ludwig d. Fr. Seine Tochter *Irmingard* (∞LotharI.) gründete 849 das Kl. →Erstein. Nach dem Verlust der kgl. Gunst (828) zog sich Hugo in das Reich seines Schwiegersohns nach Italien zurück, wo er als dux de Locate (bei Mailand) hervortrat. Nach seinem Sohn *Liutfrid* (†um 865) ist die etichon. Linie der Liutfride benannt, die um 900 als mächtigste Herren im Elsaß galten, bis ins 10. Jh. aber auch Verbindung mit Italien hielten. Sie verfügten über Münstergranfelden, bis das Kl. um die Mitte des 10. Jh. endgültig unter burg. Herrschaft kam, und restaurierten um 900 das Kl. St. Trudpert (Breisgau), ihre Grablege. Später erscheinen sie als Gf.en im Sundgau, ihre Spuren verlieren sich um 1000. Wohl gleichfalls etichon. Herkunft war der um die Mitte des 9. Jh. bezeugte Gf. *Eberhard (III.)* im Elsaß. Von ihm leiten sich die Eberharde her, die Vorfahren der Gf.en v. Egisheim (→Dagsburg). Ihre Vormachtstellung am Oberrhein (v. a. elsäss. Nordgau, Breisgau) wurde durch Otto I. zugunsten der →Rudolfinger (→Burgund, Kgr.) geschmälert (Prozeß gegen Gf. Guntram, Entzug der Herrschaft über das burg. Kl. Lure), doch spielten sie noch im 11. Jh., zunächst gefördert durch die Salier (*Bruno v. Egisheim,* Bf. v. Toul und Papst →Leo IX.), dann in Gegnerschaft zu Heinrich IV. eine wichtige Rolle. Mit Gf. *Hugo,* dem Stifter von St. Leo in Toul, erlosch 1089 die männl. Linie der etichonenstämmigen Dagsburg-Egisheimer. Th. Zotz

Lit.: NDB IV, 664 – F. VOLLMER, Die E. (Stud. und Vorarb. zur Gesch. des großfrk. und frühdt. Adels, hg. G. TELLENBACH, 1957), 137–184 – CH. WILSDORF, Les Etichonides aux temps carolingiens et ottoniens, Bull. philol. et hist. du comité des travaux hist. et scientifiques 89, 1967, 1–33 – M. BORGOLTE, Die Gesch. der Grafengewalt im Elsaß von Dagobert I. bis Otto dem Großen, ZGO 131, 1983, 3–54.

Étienne → Stephan

Étienne, Buchdruckerfamilie → Estienne

Etimasie → Thronbild, → Weltgericht

Étival, St-Pierre d', ehem. Kl. in Lothringen, an der Meurthe (arr. St-Dié, dép. Vosges). Die Frühgesch., angeblich bis ins 7. Jh. zurückreichend, ist nicht zu erhellen. 884 (?) wurde É. (wie Bonmoutier von Ksn. →Richardis) dem neugegr. Nonnenkl. →Andlau unterstellt. Nach zeitweiliger Verödung war É. im 10. Kanonikerstift, wurde 1146/47 den Prämonstratensern übergeben (für ein Jahrhundert Doppelkloster) und hatte außer zu Andlau enge Beziehungen zu den Nonnen von Hohenburg (→Odilienberg), von denen É. 1178 St-Gorgon zur Errichtung einer Niederlassung erhielt (D F. I. 767). É. hatte umfangreiche weltl. und geistl. Rechte, v. a. im »ban d'Étival«. Ihren Ausdruck fanden sie in der Erhebung des letzten und bekanntesten Abtes, Ch.-L. Hugo (†1739), Verfasser der Sacri et Can. Ord. Praem. Annales (2 Bde, 1734/36) zum Titularbf. Die umfangreiche Bibliothek ist heute in Épinal und Nancy; die Archivalien bilden einen der reichsten Klosterfonds der Arch. dép. des Vosges. F. J. Felten

Lit.: DHGE XIV, 1283–1285 [N. BACKMUND] – CH.-E. PERRIN, Recherches sur la seigneurie rurale en Lorraine, 1935, 339–362 [Nachdr. 1978] – H. BÜTTNER, Die polit. Erschließung der westl. Vogesen im frühen MA, ZGO 89, NF 50, 1937, 365–408 – M. MAULINI, Le ban d'É. dans les Vosges, 1961 – M.-A. GEORGEL, L'abbaye d'É., ordre de Prémontré du XIIᵉ au XVIIIᵉ s. (Bibl. Anal Praem 3, 1962) – M. TEXIER, L'Église d'É., Mon. Hist. France, NS 10, 1964, 117–130.

Eton, Stadt in England (Gft. Buckingham), westl. von London an der Themse, mit berühmter Schule (Eton College), die 1440 von Kg. →Heinrich VI. gegr. wurde (Stiftungsurk. vom 11. Okt.); ausschlaggebend für die Ortswahl war die Nähe zu →Windsor, Geburtsort und Lieblingsresidenz des Kg.s. Die Statuten von 1447 sahen einen *provost,* zehn Mitglieder *(fellows)* und 70 arme Schüler vor, die von einem Magister *(master)* nebst Gehilfen unterrichtet werden sollten, dazu zehn Kaplane, zehn Clerici und sechzehn Choristen. In Umfang und Anspruch ahmte die Neugründung das Winchester College nach (1382 von William →Wykeham gestiftet), das die bis dahin größte Grammatikschule *(grammar school)* Englands war. Tatsächl. sind die drei großen vorreformator. Schulen →Winchester, E. und Ipswich (gegr. 1528 von Kard. Wolsey) mit ihrer ambitionierten Konzeption und ihrem großen Ansehen ganz untypisch für den →Grammatikunterricht im ma. England. Nach Wykehams Vorbild für seine Schule in Winchester als eine Art Pflanzschule für seine Universitätsgründung, das New College in →Oxford (s. a. →Collegium 2), konzipiert hatte, verband Heinrich VI. E. eng mit dem von ihm 1441 gegr. King's College in →Cambridge, das ohnehin nach dem Muster des Oxforder New College aufgebaut war. Nach Heinrichs VI. Willen sollten die Schüler in E. eine gründl. Grammatikausbildung erhalten, bevor sie im King's College ihr Universitätsstudium begannen. Bald zeigte sich jedoch, daß King's College nicht alle nach Cambridge drängenden Schüler aus E. aufnehmen konnte. Heinrich VI. versuchte dieses Problem zu lösen, indem er E. mit den Cambridger Kollegien King's Hall und King's College zu einer administrativen Einheit verband, die von den späten 40er Jahren bis 1461 bestand. Bis zur völligen Wiederherstellung der Unabhängigkeit von King's Hall durch Eduard IV. i. J. 1462 wurde dieses Kolleg weithin zur Versorgung der E.-Absolventen mit Studienplätzen genutzt. E. und King's College hatten als Gründungen des Hauses →Lancaster unter dem Sieg des Hauses →York zu leiden (→Rosenkriege): Eduard IV. plante sogar die Aufhebung und Einverleibung von E. in die St. George's Chapel zu

Windsor. E.s Zukunft wurde erst mit dem Regierungsantritt →Heinrichs VII. (1485) gesichert. Obwohl die wirtschaftl. Grundlagen von E. im Laufe des 16. Jh. überbeansprucht wurden, überlebte das College und entwickelte sich – ebenso wie Winchester – zu einer der einflußreichsten engl. Schulen.   A. B. Cobban

Q. und Lit.: H. C. MAXWELL LYTE, A Hist. of E. College 1440–1910, 1911⁴ – W. STERRY, The E. College Register 1441–1698, 1943 – A. B. COBBAN, The King's Hall within the Univ. of Cambridge in the Later MA, 1969 – N. ORME, English Schools in the MA, 1973 – vgl. auch →Heinrich VI.

Etsch (lat. Athesis, Atacis, it. Adige), Fluß in NO-Italien, entspringt am Reschenscheideck und mündet nach 415 km südl. v. →Venedig in die →Adria. Während des gesamten MA diente die E. zw. Branzoll (südl. v. →Bozen) und der Mündung als wichtiger Schiffahrtsweg für den großräumigen Warenaustausch zw. Norditalien und Mitteleuropa. Eigene Abkommen zw. →Venedig und →Verona regelten seit 1107 die Benutzung der »strata Atacis« in der Ebene, wo die E. durch Kanäle mit dem →Po verbunden wurde. Im schiffbaren Oberlauf südl. v. Bozen besaß seit 1188 kraft Privileg durch den Bf. v. →Trient die Schiffahrtsgesellschaft von Sacco (südl. v. Trient) das Beförderungsmonopol, das allerdings von der Veroneser Zunft der *radaroli* (Holzhändler, -flößer) beeinträchtigt wurde. Die E. prägte insbes. das Stadtbild (Überschwemmungen) und die Wirtschaft von Verona. Das Tal der E., vornehmlich im Abschnitt Bozen – Verona, stellte die Hauptverbindungslinie zw. Deutschland und Italien dar, wobei dem engen Durchbruch des Flusses durch das Gebirge nördl. v. Verona (Veroneser Klause) eine zentrale strateg. Bedeutung zukam.   J. Riedmann

Lit.: G. FACCIOLI, Verona e la navigazione atesina, 1956 – Verona e il suo territorio, Bd. 3 und 4, 1975/81 – Una città e il suo fiume, 1977 – J. RIEDMANN, Das MA (Gesch. Tirols 1, 1985).

Etsi de statu, Bulle →Bonifatius' VIII. vom 31. Juli 1297, adressiert an Kg. →Philipp IV., Klerus, Adel und Volk v. Frankreich. Vorgeschichte: Gegen das päpstl. Verbot der Besteuerung von Kirchengut (→»Clericis laicos«) erhob der frz. Klerus Einwendungen, erkannte seine lehnsrechtl. Verpflichtung im Krieg an und bat den Papst um Genehmigung der Beihilfe zur Landesverteidigung. Die frz. Unterbrechung des Geldtransfers an die Kurie und der Konflikt mit der Familie der →Colonna bewogen den Papst zur Modifizierung des Verbots. Am 7. Febr. 1297 (»Romana mater ecclesia«) ließ er freiwillige Leistungen bei Gefahr zu, gab am 28. Febr. 1297 (»Coram illo fatemur«) den Prälaten die erbetene Erlaubnis und traf auf fortgesetzten Druck hin mit E. d. s. die abschließende Regelung: Freiwilligkeit und Antrag des Fs.en beim Papst sind grundsätzl. Voraussetzungen der Beihilfe; für lehnsrechtl. und vertragl. vereinbarte Abgaben und nicht standesgemäß lebende Kleriker gilt das Verbot nicht; im Verteidigungsfall entfällt es unabhängig von päpstl. Zustimmung, und den Eintritt des Notstands stellt der Kg. oder, bei Minderjährigkeit, sein Rat fest. Mit seinem Zurückweichen gab der Papst die kirchl. Finanzkraft weithin in staatl. Verfügung.   T. Schmidt

Q.: G. DIGARD u. a., Les registres de Boniface VIII, Bd. 1, 1884, Nr. 2354 – B. BARBICHE, Les actes pontificaux originaux des Arch. nat. de Paris, II, 1978, Nr. 2051ff. – Lit.: →Clericis laicos.

Ettal ('Tal des Gelöbnisses'), Kl. im Voralpengebiet des westl. Oberbayern (Lkrs. Garmisch-Partenkirchen), von Ks. →Ludwig dem Bayern 1330 als Gelöbnisstiftung gegründet. Nach den Gründungsstatuten sollten hier 20 Benediktinermönche und 12 Ritter mit ihren Frauen unter der Leitung eines ritterl. Meisters ein gottgeweihtes Leben

führen. Statuten wie Rundbau der Kirche erinnern an Templerkirchen. In der Kirche wurde eine Muttergottesstatue gleichsam als der hl. →Gral verehrt. Die Motive für die Gründung können allerdings auch einen realpolit. Hintergrund gehabt haben: Sicherung der wichtigen Straßenverbindung nach Tirol und Landsässigmachung von Reichsbesitz durch Schenkung an das wittelsbach. Kl. (Besitz im späteren Klostergericht E., Reichsvogteien um Schongau). Das Ritterstift überdauerte nur wenige Jahre den Tod des Gründers (1347); fortan lebten in E. nur Benediktiner. Im 15. Jh. war E. ein Zentrum der Klosterreform. Im Schmalkald. Krieg wurde 1552 das von der Reformation kaum berührte Kloster geplündert. Seit der Gegenreformation wieder bedeutender Wallfahrtsort, erlebte E. in der Barockzeit eine neue Blüte (Ritterakademie, nach Brand 1744 großartiger barocker Wiederaufbau). 1803 säkularisiert, seit 1900 wieder von Benediktinern besiedelt.   P. Fried

Lit.: F. BOCK, Die Gründung des Kl. E. (Oberbayer. Archiv 66), 1929 – D. ALBRECHT, Die Klostergerichte E. und Benediktbeuern (HAB, T. Altbayern, H. 6), 1953 – J. HEMMERLE, E., Die Benediktinerkl. in Bayern (Germania Benedictina II), 1970, 94–100 – Fschr. E. 1330–1980, 1980.

Ettenheimmünster, ehem. Kl. (Baden-Württemberg, Ortenaukreis), Diöz. Straßburg; aufgehoben 1803. Die seit dem 12. Jh. bezeugte Verehrung des hl. Landelin verlegt die Anfänge des Kl. ins 7. Jh. Sicher bezeugt ist die Gründung durch den Bf. v. →Straßburg, Eddo, um 734; dessen in der Substanz als echt geltendes »Testament« von 762 nennt Besitz in der Ortenau, im Elsaß und in der Schweiz. Mönchslisten im Reichenauer Verbrüderungsbuch (→Reichenau) bezeugen einen Konvent von ca. 30 Mönchen. Die weitere Geschichte ist kaum erhellt bis ins 12. Jh., als nach Verfall (v. a. aufgrund der Politik der Bf.e v. Straßburg) Kontakt zur Reform von →St. Blasien geknüpft und eine Konsolidierung des Besitzes im näheren Umland erreicht wurde. Die äußere Geschichte des Kl. ist bis in die NZ geprägt von Auseinandersetzungen mit den Bf.en und den von diesen belehnten Vögten (Geroldsecker 13. Jh. – 1684). Seit dem 15. Jh. meist kurzfristige Kontakte zu den Reformbemühungen von Petershausen, Bursfelde und Melk; im 17. Jh. Anschluß an die Straßburger Kongregation.   F. J. Felten

Lit.: Germania Benedictina, V: Die Benediktinerkl. in Baden-Württemberg, 1975, 215–224 [H. SCHWARZMAIER] – Die Kl. der Ortenau, hg. W. MÜLLER, o. J. [1978], 150–201 [F. SCHULTZ – H. SCHADEK].

Etymologie, Etymologica. Schon die frühe griech. Dichtung versuchte gelegentl. die 'wahre Bedeutung' (E.) eines Wortes zu erfassen. Die Philosophie beschäftigte sich seit dem 5. Jh. mit derartigen Fragen und Erklärungen, wobei entweder angenommen wurde, jede Bezeichnung sei von Natur aus gegeben oder durch Übereinkunft entstanden. Aus der Erkenntnis der wahren Bedeutung sollte die Erkenntnis der Dinge selbst gewonnen werden. Bes. intensiv widmete sich die Stoa etymolog. Problemen. Ableitung der Wörter aus einsilbigen Verbalstämmen mit Hilfe der Analogie versuchte Philoxenos (1. Jh. v. Chr.), auf dessen Methode die spätantiken und ma. griech. Sammlungen (»Etymologica«) beruhen. Erhalten sind ganz oder in Auszügen die E. des Orion (5. Jh.), die im 6. Jh. entstandenen Epimerismen (Satz- und Wortanalysen) zu Homer und zum Psalter (Choiroboskos, →Grammatik), das Etymologicum Genuinum (2. Hälfte des 9. Jh.), das E. um Gudianum, das E. um Magnum (1. Hälfte des 12. Jh.), das E. um Symeonis und das Lexikon des →'Zonaras' (1. Hälfte des 13. Jh.).

Die lat. Grammatiker verfahren nach den gleichen

Grundsätzen wie die griech. Die Werke des Varro (De lingua latina) und des Verrius Flaccus (De verborum significatu) werden von den spätantiken Autoren vielfach genützt, ohne daß das Material immer einer bestimmten Quelle zugewiesen werden kann. Als Gegenstück zu den profanen sprachwissenschaftl. Lexika entstehen die christl. →Onomastica, Hilfsmittel für die Bibelerklärung. Die in den glossograph. Sammlungen (→Glossen) der Antike überlieferten Wortableitungen werden bis ins 12. Jh. tradiert, wobei →Isidor eine bes. Rolle zufällt (Orig. 10: Vocum certarum alphabetum). Dagegen versucht →Petrus Helie christl. Begriffe durch Umschreibung mit anderen Wörtern zu erklären. J. Gruber

Die »Etymologiae« →Isidors, jahrhundertelang das wichtigste Hdb. des Wissens, hielten mehr als anderweitig überlieferte antike E.n die Vorstellung wach, daß in der Grundbedeutung sich der tiefere Sinn eines Wortes enthülle. Die E. wurde im ganzen MA mit Phantasie gepflegt; Griechisches fand man bei den Kirchenvätern, Hebr. bes. bei Hieronymus. Die ma. E.n sind, wie viele antike, z. T. abenteuerlich, man sucht in ihnen freilich auch Wahrheit anderer Art als zutreffende sprachgeschichtl. Ableitung (vgl. Scriptores rerum mythicarum…, ed. G. H. Bode, 1834, III, 12, 3). Eine der Ausnahmen bildet →Walahfrids sehr schüchtern vorgebrachte – richtige – E. von 'Kirche' (u. a. »De exordiis et incrementis…« c. 7). Nicht nur gelehrte Werke, Kommentare, Glossen, Wörterbücher (→Glossare), →Enzyklopädien bedienen sich ihrer, sie wird auch in der Dichtung gebraucht, bes. bei Namen – zum Lob oder zur Herabsetzung. In Viten werden die Namen der Hl.en manchmal etymolog. gedeutet. Fast regelmäßig geschieht dies in der »Legenda aurea« des →Jacobus de Voragine. G. Bernt

Lit.: LAW 902–904 – RAC VI, 798–844 – RE VI, 807–817; X 1, 732–763; XI, 2464ff. – KL. PAULY V, 1552f. – R. KLINCK, Die lat. E. des MA, 1970 – R. PINTAUDI, E., RILL L 107, 1973, 10–24 – K. ALPERS, Das attizist. Lex. des Oros, 1981 – D. NORBERG–J. FONTAINE (La lexicographie du latin médiéval, 1981 [Colloque internat. du CNRC 589]) – Ed. und Lit. zu einzelnen E.n: Orion: W. STURZ, 1820 [Neudr. 1973] – Epimerismi Homerici: J. A. CRAMER, Anecdota Parisiana III, 1841, 294–370 und Anecdota Oxoniensia I, 1835, 1–472 – A. R. DYCK, 1983 (Ilias A) – Epimerismi zum Psalter: TH. GAISFORD, Georgii Choerobosci in Theodosii canones et epimerismi in psalmos III, 1842, 1–192 – KL. PAULY II, 320 – RE VI, 179–181 – E. Genuinum: E. MILLER, Mél. delitt. grecque, 1868, 1–318 – R. REITZENSTEIN, Gesch. der griech. E., 1897, 11–44 (ἄμα–ἄμωμος) – A. COLONNA, Littera Λ, 1967 – G. BERGER, 1972 (β) – F. LASSERRE, N. LIVADARAS, α–ἀμωσγέπως, 1976 – E. Gudianum: J. D. REUSS–L. KULENKAMP, 1764 [Ed. pr.] – F. W. STURZ, 1818 – A. D. STEFANI, 1909/20 (α–ζειαί) – E. Magnum: M. MUSURUS, 1499 [Ed. pr.] – TH. GAISFORD, 1848 [Neudr. 1962] – E. Symeonis: H. SELL, 1968 (α–ἀίω) – G. BERGER, 1972 (β) – Lexikon des 'Zonaras': J. A. H. TITTMANN, 1808 [Neudr. 1967].

Etzel/Atli

I. Deutsche Literatur – II. Altnordische Literatur.

I. DEUTSCHE LITERATUR: Etzel, dt. Name für den Hunnenherrscher →Attila (434–453). Die regulärem hist. Lautwandel entsprechende Namensform steht v. a. auch für den im dt. Sprachraum dominierenden Typ sagenhafter Umformung der hist. Gestalt: E. erscheint als mächtiger, aber passiver Kg., der an seinem Hof Vertriebenen Zuflucht und Unterstützung gewährt, damit sie ihr Reich und Erbe zurückgewinnen. Die Stationen des Sagenbildungsprozesses lassen sich nicht rekonstruieren. Sie sind Teil der mündlich tradierten Heldendichtung (→Mündl. Literaturtradition), in der verschiedene Völkerschaften die Ereignisse der Völkerwanderungszeit mit differierenden Akzenten verarbeiteten, um ihre hist. Erfahrungen zu bewältigen. Dabei werden wiederkehrende Motive, Si-

tuations- und Handlungsmuster benutzt und hist. ungleichzeitige Personen und Ereignisse synchronisiert, wie E. und →Dietrich v. Bern (Theoderich d. Gr., 471–526). Begegnungen werden konstruiert, die nicht stattgefunden haben, wie zw. E. und dem Burgundenkg. Gunther (Gundahari) und der Untergang der Burgunden im hunn. Herrschaftsbereich. Das dt. Bild von E. als passivem 'Heldenvater' und 'Völkerhirten', das dem goldgierigen, grausamen Atli der altnord. Heldendichtung entgegensteht, ist seit dem 13. Jh. lit. faßbar, v. a. in der Dietrichepik (→Dietrich v. Bern, Abschnitt II). Gegenüber den handelnden Personen erscheint E. als Nebenfigur, doch sein Hof bildet ein Orientierungszentrum, dem Artushof im Artusroman (→Artus) vergleichbar. Auch der E. des →»Nibelungenlieds« repräsentiert diesen Typ des wesentlich passiven Machthabers. Im Rahmen der höf.-ritterl. Durchgestaltung des Nibelungenstoffes entspricht die Residenz des heidn. Herrschers in Etzelnburg (Alt-Ofen/→Etzelburg oder Gran) hinsichtl. d. Lebens- und Rechtsformen weithin den christl. Zentren in Worms, Xanten und Bechelarn; Heiden und Christen leben dort zusammen. So kann E. nach dem Tod seiner ersten Frau Helche um die Witwe Kriemhild aus der burg. Königssippe werben. Sie benutzt die Verbindung mit E. und seine Machtmittel zur Rache für den Mord an Siegfried und führt an E.s Hof den Burgundenuntergang herbei. Die dem »Nibelungenlied« angefügte »Klage« zeigt E. als trauernden Überlebenden des großen Gemetzels, der nachträglich erst Einblick in die Zusammenhänge bekommt. Im Zuge der wertenden Erklärungen der »Klage« erscheint E. als bekehrter, wieder vom Christentum abgefallener Heide; sein Tod, den die skand. Dichtung erzählt, bleibt im dunkeln.

Neben dem positiven E.-Bild der dt. Heldendichtung gab es eine christl.-kirchl. Sicht des Hunnenkönigs als flagellum dei ('Geißel Gottes', zuerst bei →Gregor v. Tours, 6. Jh.), der verwüstend durch die Lande zog, ein teufl. Antipode christl. Heiliger. Dies Bild wurde v. a. in Frankreich legendarisch ausgebildet und tradiert, dt. erscheint es zuerst in »Sante Servatien Leben« (Ende 12. Jh.).

H. DE BOOR erblickte bereits in der Gotengeschichte des →Jordanes (6. Jh.) ansatzweise drei verschiedene Bewertungsmuster Attilas, die später in unterschiedl. Rezeptionsbereichen (kirchl., skand., dt.) vereinzelt wurden. Das →»Hildebrandslied« (8. Jh.) mit einem unbenannten freigebigen Hunnenherrscher gilt als Indiz für eine Tradition E. vor dem 13. Jh., und der lat. →»Waltharius« (9./10. Jh.) bestätigt die Kenntnis des 'Heldenvaters' in Deutschland.

Die →»Kaiserchronik« (Mitte 12. Jh.) versucht als älteste dt. Geschichtsdarstellung, das sagenhafte E.-Bild zu korrigieren, indem sie sich gegen die Synchronisierung von E. und Dietrich wendet, der erst 43 Jahre nach Dietrichs Tod geboren worden sei. – Zum Attila-Epos der franco-it. Lit. →Attila. U. Schulze

Lit.: H. DE BOOR, Das Attilabild in Gesch., Legende und heroischer Dichtung, 1932 [Neudr. 1963] – J. WILLIAMS, Etzel der rîche, 1981 [Ed. und Lit.].

II. ALTNORDISCHE LITERATUR: [1] Die »Atlakviða« der Edda erzählt von Atlis heimtückischer Einladung an die Burgundenkg.e Gunnarr und Hǫgni, die er nach dem Eintreffen am Hunnenhof gefangennimmt. Hǫgni verweigert die Antwort auf die Frage nach dem Schatz der Nibelungen, woraufhin A. ihm das Herz aus der Brust schneiden läßt. Auch Gunnarr bewahrt das Geheimnis und wird in die Schlangengrube gesetzt. Gudrun, die Frau A.s und die Schwester der burg. Könige, rächt ihre Brüder, indem sie das Herz ihrer und A.s Kinder dem Gemahl vorsetzt, A. mit dem Schwert tötet und die Halle in Brand setzt. (Die jüngeren Atlamál berichten im wesentl. dasselbe, jedoch ohne Horterfragung und Hortverweigerung; die Völsunga saga gibt eine Zusammenfassung beider Lieder. Sekundäre Quellen sind die fär. Ballade »Høgna táttur«, CCF 1, und die dän. Ballade »Grimhilds Hævn«, DgF Nr. 5.) Zwei hist. Begebenheiten sind hier zusammengefügt: der Untergang der Burgunden unter Kg. Gundahar 437 und der Tod A.s 453, von dem bereits Jordanes, der sich auch hier auf Priskos beruft, berichtet, er sei in der Hochzeitsnacht mit seiner germ. Nebenfrau einem Blutsturz erlegen. Dieses Ereignis wird bereits 70 Jahre später (bei Marcellinus Comes) in die Ermordung umgedeutet. In der nord. Überlieferung wird hieraus die Rache an den Brüdern.

[2] In der auf nd. Quellen zurückgreifenden altnorw. »Þiðrekssaga« (→Dietrich v. Bern, Abschnitt IV) errichtet A. seinen Königssitz in dem westfäl. Susat (→Soest). In 2. Ehe ist er mit Grimhilldr verheiratet, die ihn überredet, Gunnarr und seine Gefolgsleute einzuladen. Er lehnt es jedoch ab, sie gefangenzunehmen. Später schließt Høgnis Sohn Aldrian A. in der Höhle ein, in der sich der Nibelungenschatz befindet, und läßt ihn dort verhungern. Das Bild des milden, oberdt. Etzels ist hier mit dem des goldgierigen des Nordens verschmolzen in der Weise, daß der junge A. die Vorzüge des mhd. Etzels verkörpert und mit zunehmendem Alter die grausamen Züge des Nordens annimmt. Dies entspricht auch dem Plan des Sagamannes, der eine ähnliche Entwicklung bei Þiðrekr beschreibt (Th. Klein).

[3] Im späten eddischen Lied »Oddrúnargrátr« verbietet A. seiner Schwester Oddrún, die nach Brynhilds Tod Gunnarrs Geliebte war, diesen zu heiraten.

[4] Das dritte Gudrunlied der Edda erzählt, daß A.s Konkubine Herkja Þiðrek und Guðrún, A.s Frau, in heimlichen Zusammenkünften beobachtet habe. on dieser Bezichtigung kann sich Guðrún durch ein von A. angeordnetes Gottesgericht reinwaschen, Herkja dagegen nicht. A. bestraft sie mit dem Tode (→Atlilieder der Edda).

[5] Das Bild eines gütigen Attila (wie im Mhd.) beherrscht auch die Walthersage, v.a. den →Waltharius und das altengl. →Waldere-Bruchstück   H. Uecker

Lit.: K. v. See, Germ. Heldensage, 1971 – H. Uecker, Germ. Heldensage, 1972 – G. T. Gillespie, A Cat. of Persons names in Germanic Heroic Lit., 1973 – O. Holzapfel, Die dän. Nibelungenballaden. Texte und Komm., 1974 (GAG 122) [Text und Übers. der dän. Ballade] – G. Dumézil, Attila entre deux trésors (Festg. O. Höfler, 1976), 121–127–Th. Klein, Zur Þiðrekssaga (Arbeiten zur Skandinavistik, hg. H. Beck, 1985), 487–565 [Texte und Unters. zur Germanistik und Skandinavistik 11].

Etzelburg, ma. Name von Óbuda (Alt-Buda, Alt-Ofen), dem heut. nw. Viertel von Budapest (→Buda und Pest). 'Etzelburge' erscheint im →Nibelungenlied als die am Donauufer gelegene Residenz des Hunnenkg.s →Etzel (→Attila). In Buda am Ende des 12. Jh. angesiedelte Bayern identifizierten daher die röm. Ruinen von Acquincum (→Buda und Pest, Abschnitt I) mit Etzels Burg; um 1200 setzt der ungar. Anonymus in seiner Gesta (cap. 1,48,50) 'Buduuar' mit 'Ecilburgu-Civitas Attile regis' gleich, während er das Amphitheater von Aquincum für die Burg des Kursan (Kusal), des Gefährten des ung. Fs.en →Árpád, hält. Simon →Kézai leitet um 1283 in seiner Gesta (cap. 13) den Ortsnamen 'Buda' vom Namen des Attila-Bruders Buda (eigtl. Bleda) her und identifiziert die Stadt auch mit der aus dem →Troja-Roman bekannten Stadt Sicambria.

Kg. →Stephan I. (bzw. sein Nachfolger →Peter Orseolo) gründete hier um 1038 das Kollegiatstift (Propstei) St. Peter, als dessen Pröpste im 12.–13. Jh. meist kgl. Notare fungierten. 1200 wurde die Stadt an die Propstei geschenkt, bis auf den Königshof und seine Pertinenzen. Kg. →Bela IV. residierte hier in den 1230er Jahren; er etablierte das erste ortsfeste Hofgericht unter dem viceiudex curiae (weitere Angaben unter →Buda und Pest, Abschnitt II).

Nachdem E. 1242 durch die Mongolen zerstört worden war und 1247 die Umsiedlung der deutschen und ungar. Bewohner (hospites) in die neue Stadt auf dem Burgberg erfolgt war, erhielt E. den Namen Óbuda, wurde aber im 15. Jh. im Dt. noch als 'E.' bezeichnet. Zum Marktflecken (mit Weinbau) abgesunken, blieb E. kirchl. Zentrum der Region. Seit 1343 gehörte die Königsburg zur Ausstattung der Königinnen v. Ungarn. 1346 gründete die Kgn.-Mutter Elisabeth ein Klarissenkl. St. Maria. 1350 erneuerte Kg. Ludwig I. die verfallene Propstei; 1395 gründete Kg. Siegmund eine mit der Propstei verbundene, allerdings kurzlebige Universität mit vier Fakultäten. In und um E. hatten Franziskaner, Pauliner-Eremiten, Dominikanerinnen und Prämonstratenser Niederlassungen. 1541 wurde E. von den Türken erobert und fiel 1596 wüst.

                               Gy. Györffy

Lit.: L. Bártfai Szabó, Óbuda egyházi intézményei a középkorban, 1935 – Budapest története, red. L. Gerevich, I–II, 1973–76 [Gy. Györffy–A. Kubinyi].

Eu, Gft. und Stadt (dép. Seine-Maritime) in der nördl. →Normandie. [1] *Grafschaft:* Der pagus Tellaus (Talou) war bis zum Ende des 10. Jh. in der Hand der Hzg.e der Normandie. Richard I. (942–996) belehnte seinen außerehel. Sohn Gottfried mit einem Teil des pagus; dieses Gebiet wurde zur eigenen Gft., Vorort war der bereits unter →Rollo, dem ersten Normannenhzg., befestigte Burgort E. (oppidum Augi). Hzg. Richard II. entzog dem Sohn Gottfrieds, seinem Neffen Gibert, jedoch die Gft., um sie seinem unehel. Halbbruder →Wilhelm I. (dem späteren Eroberer) abzutreten. Auf Wilhelm folgte dessen Sohn →Robert I. Courteheuse, danach →Wilhelm II. Rufus (1087), dann Robert II. Courteheuse (1087–1106), dem Heinrich I. 1106 die Normandie entzog. – Heinrich I. besaß bis 1140 die Gft. E., 1140–70 regierte Johann, der Sohn Wilhelms II., die Gft. 1170 kam E. an →Heinrich II. Plantagenêt, Kg. v. England und Hzg. der Normandie, danach an dessen Sohn Raoul I. († 1183), der kinderlos verstarb. Seine Schwester Alix erbte 1186 die Gft. und brachte sie in die Ehe mit Raoul de →Lusignan ein. Beider Sohn Raoul III. wurde 1227 Gf.; er war ohne männl. Nachkommen, seine Erbtochter Marie heiratete Alphonse de →Brienne. Damit gelangte die Gft. E. an das Haus Brienne; in Sohnesfolge hatten folgende Brienne (aus der Linie Eu-Guines) die Gft. E. inne: Jean I. (1252–59), Jean II. (1259–1302), Raoul I. (1302–45) und Raoul II. (1345–50). Raoul II., Connétable de France, wurde 1350 wegen angebl. Paktierens mit England in Paris enthauptet, mehrere seiner Besitzungen, darunter auch E., von der frz. Krone konfisziert. Kg. Johann II. übergab die Gft. 1352 dem Gf.en Jean d'→Artois. Dessen Sohn Robert II. folgte ihm 1387 als Gf. nach; noch im gleichen Jahr beerbte ihn bereits sein Bruder Philippe d'Artois, der die Gft. seinem älteren Sohn Charles hinterließ (1397). Die 1458 durch Karl VII. zur →Pairschaft erhobene Gft. ging nach Charles' Tod an seinen Neffen Jean de Bourgogne, Gf. v. Nevers, über (1472). Von da an regierten in E. die Gf.en v. →Nevers und →Rethel aus dem Haus →Kleve.

Aufgrund der vorgeschobenen Position im äußersten Norden des Hzm.s Normandie spielte E. stets eine große polit. und strateg. Rolle, um so mehr, als die Gf. en v. E. in der polit. Hierarchie, zunächst im Verband des anglo-norm. Reiches, dann am Hof von Frankreich, einen sehr hohen Rang einnahmen.

[2] *Stadt:* Die geograph. Situation der Stadt E. war äußerst vorteilhaft. Gelegen unweit des Kanals im frucht-baren Tale der Bresle, die die natürl. Grenze zw. Picardie und Normandie bildete, war E. als Handelszentrum wie als Festung von großer Bedeutung. Ursprgl. eine röm. Villa an der Calceia, der Römerstraße von Lillebonne ins Boulonais, bildete sich in der Normannenzeit das bei Flodoard (894–966) erwähnte Castrum. Bei ihm entstand ein Burgus, der bereits in den Quellen des 12. Jh. vom Castrum unterschieden wird. Stand im späten 11. Jh. noch der Festungscharakter des Oppidum Augi im Vorder-grund, so siedelten sich in der Folgezeit im Schutz der Mauern rasch Bauern, Kaufleute und Handwerker an. Vom Gf. en gefördert, wurde der Burgus zum Zentrum des wirtschaftl. Lebens; seine zugewanderten Bewohner werden in einer 1119 den Kanonikern v. Notre-Dame d'E. verliehenen Urkunde erstmals als burgenses erwähnt. Begünstigt v. a. von Kg. Heinrich I. (1096–1140), gewan-nen diese burgenses Privilegien, insbes. die günstige Lei-heform des →*bourgage* (burgagium). Neben den burgenses begegnen wir Leuten des Gf. en (homines) sowie der Ab-teien und weltl. Herren (hospites). In der gesamten Gft. war das 11. Jh. eine Periode starken Aufschwungs. Durch die Initiative der Gf. en setzte eine starke Rodungstätigkeit ein, wurden Bauern mit Pachtgütern (→Emphyteusis) ausgestattet und erfolgten zahlreiche Freilassungen. Im 12. Jh. beschleunigte sich das Tempo dieser Entwicklung noch, so daß im gesamten Hzm. die Leibeigenschaft ver-schwand und die Zahl der von Feudalabgaben (consuetu-dines) freien Bauernstellen rasch anwuchs; ebenso wurden zahlreiche Städte und Flecken gegründet.

Die Stadt E. profitierte von dieser Entwicklung in noch stärkerem Maße als das Umland; seit dem Ende des 11. Jh. waren nahezu alle Bewohner der Stadt freie Leute. Dank der günstigen Lage der Stadt blühten gewerbl. Tätigkeit und Englandhandel auf. Die burgenses, die sonstigen Freien und die freigelassenen Leibeigenen schlossen sich zusammen und erlangten 1151 vom Gf. en Johann I. ein Kommunalprivileg, das älteste der Normandie. Stark von der emanzipator. Bewegung der fläm.-pikard. Städte be-einflußt, nahmen sich die Bürger von E. die *Établissements* der pikard. Stadt →St-Quentin, bereits vor 1077, zum Vorbild. Von 1151 an nahm jeder Gf. v. E. seiner Stadt den Treueid ab und hatte im Gegenzug ihre Privilegien zu beschwören.

Das Kommunalprivileg von 1151 weist allgemein zwar Einflüsse der Établissements v. St-Quentin auf, in den einzelnen Bestimmungen zeigen sich jedoch eigene Züge und eine stärkere Verwandtschaft zum Städtewesen der Normandie. An der Spitze der Kommune standen →Schöffen, Rat und ein Bürgermeister (maior, *maire*). Die Schöffen (zwölf für die Stadt, vier für die Vorstadt) wur-den aus der Bürgerschaft für ein Jahr kooptiert und waren mehrfach wählbar. Neben der Vertretung der städt. Be-lange, v. a. gegenüber dem Gf. en, übten sie Gericht und Polizeigewalt aus. Der Rat umfaßte 20–30, z. T. auf Le-benszeit gewählte Mitglieder, oft frühere Schöffen. Der Bürgermeister besaß offenbar keine höhere Autorität als die Schöffen. Er hatte die Exekutivgewalt inne, aber stets im Zusammenwirken mit den Schöffen, und wurde vom Gf. en aus drei Kandidaten, die ihm die Schöffen präsen-tierten, ausgewählt; seine Amtszeit betrug ein Jahr, ohne Möglichkeit einer unmittelbaren Wiederwahl. Alle ehe-

maligen Bürgermeister hatten das Recht auf Mitglied-schaft im Schöffenkolleg. Die Stadt verfügte über eigenes Gericht, das aus Bürgermeister und Schöffen bestand, die nach Beratung mit dem Stadtrat das Urteil sprachen. Über die Organisation der städt. Verwaltung im einzelnen wer-den wir erst durch das *Livre rouge* (→Stadtbuch) unterrich-tet, mit Einträgen ab 1271.

Die Charta von 1151 gab der Stadtentwicklung weite-ren Auftrieb. Während der Blütezeit von E., um die Mitte des 13. Jh., dürften im engeren Stadtbereich ca. 5600 Einw., im gesamten Territorium der Kommune wohl über 8000 Einw. gelebt haben.

Um den Stadtkern mit der Grafenburg und dem Regu-larkanonikerstift Notre-Dame entstanden weitere Kir-chen (St-Jean, St-Pierre und St-Jacques für die Stadt, St-Étienne, La Trinité für die Vorstädte), in denen Kleri-ker, die dem Stift unterstanden, die Seelsorge wahrnah-men. Im Stift verstarb am 14. Nov. 1180 der ir. Ebf. v. →Dublin, Laurentius O'Toole (Lorćan Ua Tuathail), der, 1225 kanonisiert, in E. Verehrung genoß (14. Nov., Translation 10. Mai).

Im Zuge der Krise des SpätMA in der Normandie, insbes. seit dem →Hundertjährigen Krieg, setzten auch in E. und seinem Umland wirtschaftl. Schwierigkeiten und Bevölkerungsrückgang ein. 1347, am Vorabend der Er-oberung von Calais, hatte der Gf. v. E., der Connétable Raoul de Brienne, in engl. Gefangenschaft seine norm. Territorien, darunter auch die Gft. E., an Eduard III. verpfändet, wodurch der Gf. seinen Herrschaftsbereich nicht mehr wirksam vor engl. Steuerdruck zu schützen vermochte. Die drückende Finanznot setzte sich auch nach der Konfiskation durch die frz. Krone (1350) fort; die verarmte Stadtbevölkerung revoltierte mehrfach (v. a. 1357–60). Während der Invasion Heinrichs V. war E. eine der letzten antiengl. Bastionen (erst 15. Febr. 1419 Kapitu-lation der kgl., städt. und gfl. Beamten gegenüber dem Hzg. v. Exeter). Trotz immer wieder aufflammenden Widerstands fiel die Gft. E. fast gänzlich in die Hände der Engländer; die ansässigen Bewohner blieben im Besitz ihrer Güter, sofern sie sich dem Kg. v. England unterwar-fen. 1435 wurde E. von Frankreich zurückerobert und war fortan eine Hauptbasis des frz. Widerstands. Der erneute engl. Angriff von 1475 besiegelte schließlich das Geschick der Stadt: Ludwig XI. v. Frankreich ließ Festung und Stadt E. vollständig zerstören, um den Invasoren die Basis für ein weiteres Vorrücken zu entziehen. Trotz nachfolgender steuerl. Begünstigung des Wiederaufbaus erreichte E. den alten Wohlstand nicht mehr; Kg. Karl VIII. stellte 1494 fest: »La ville n'est encores redifiée, repupulée, habitée, ne du tout reffaicte«.   A. Rigaudière

Q. und Lit.: ABBÉ A. LEGRIS, E., ses comtes jusqu'au XIIIe s., 1909 – DERS., Le livre rouge d'E. (Soc. Histoire Normandie 45, 1911) – S. DECK, Une commune normande au MA. La ville d'E., son hist., ses institutions (1151–1475), BEHE 243, 1924.

Euboia (Negroponte), zweitgrößte Insel Griechenlands (3580 km²). An der Meerenge Euripos bis auf ca. 55 m an Böotien heranrückend, nimmt E. seit jeher eine Zwitter-stellung ein. Bei einer Länge von 180 km und einer Breite zw. 6 und 50 km ergibt sich eine deutliche Dreiteilung der durchwegs gebirgigen Insel, die im N und im Zentrum bewaldet ist und intensive landwirtschaftl. Nutzung zu-läßt, während die S alle Landschaftsmerkmale ägäischer Inseln aufweist. Die natürl. Gliederung der Insel ist zu allen Zeiten siedlungsgeschichtlich relevant und ergibt folgende Zentralräume (von N nach S): Aidepsos–Oreoi, Mantudi, Chalkis am Euripos, Aulon–Kyme, Karystos. – Die antiken (und modernen) Namen E. und Chalkis waren im MA und in der Turkokratia durch Negroponte bzw. (türk.) Eğriboz (jeweils mit zahlreichen Nebenformen) verdrängt, herzuleiten vom Namen der Meerenge Euripos (> Evripos > Egripo > Negrepo > Negroponte, wobei N- durch griech. Artikel *ten* und *-ponte* durch ausländ. Volksetymologie – auch dt.: 'Schwartzbruck' bei R. Lubenau Ende 16. Jh. – erklärt wird).

E. gehörte seit 27 v. Chr. zur Provinz Achaia (Hellas), somit seit der diokletian. Reform (→Diözese) zur Diöz. Moesia, seit der Mitte des 4. Jh. zur Diöz. Macedonia, mit welcher es durch die Teilung Theodosios' I. zur O-Hälfte des Röm. Reiches kam; es ist in dieser Zuordnung auch im 6. Jh. belegt (Hierokles 17 nennt die *poleis* Aidepsos, Chalkis, Porthmos, Karystos). Mit der Einführung der →Themen im →Byz. Reich ist es – wohl seit Justinians II. erster Regierung (685–695) – bis 1204 Bestandteil des Themas Hellas, wobei Chalkis als Flottenbasis und Versorgungshafen der 30 km entfernten Themenhauptstadt →Theben bes. Bedeutung zukam (eigener Inspekteur der Meerenge, der *Archon* oder *Abydikos Euripu*), insbes. in der Frühzeit des Themas, als dieses noch stark maritim geprägt war. Vor Ende des 8. Jh. ist ein eigener *Dioiketes* v. E. belegt (Beamtensiegel), doch sind die Grenzen fließend, denn der Kataster von Theben (Mitte 11. Jh.) bezieht das Hinterland v. Chalkis mit ein, und in der Komnenenzeit gibt es ein *Horion* und das Amt des *Dux* von Theben und Euripos.

Kirchlich war E. zunächst Korinth, dann – nach dessen Erhebung zur Metropolis um 900 – Athen unterstellt, wobei in mittelbyz. Zeit die Bm. er Euripos, Oreos, Karystos, Porthmos und Aulon nachweisbar sind. Während der Lateinerherrschaft reduzierte Rom die Zahl der (kath.) Bistümer 1222 (bzw. 1240) auf Negroponte und Avalona (Aulon) als Suffragane Athens und wies das Bm. Negroponte spätestens 1314 dem aus Konstantinopel vertriebenen lat. Patriarchen zu, welcher es nominell bis 1470 innehatte. Unmittelbar nach 1470 wurde Euripos zur Metropolis angehoben, welcher die traditionellen Bm. er von E. und Kanalia unterstellt waren.

In frühbyz. Zeit dürfte E. dank seiner Insellage von den Plünderungen der Völkerwanderung weitgehend verschont worden sein, lediglich die Flottenunternehmungen der →Vandalen könnten zw. 466 und 475 auch E. betroffen haben (vgl. Prok. bell. 3.5.23). Immerhin sind wohl auch die *poleis* E.s von Justinian befestigt worden (Informationslücke bei Prok. aed. 4.3.16–20). Die avar. Plünderungen und v. a. die slav. Landnahme scheinen E. wenig beeinträchtigt zu haben – slav. Toponyme sind fast ausschließlich im S bezeugt und vielleicht erst durch alban. Ansiedler der spätbyz. Zeit eingebracht worden –, und auch die Seewege nach Konstantinopel wurden anscheinend nie unterbrochen. Bis zum 12. Jh. verläuft die Entwicklung E.s im Rahmen der Gesch. der Ägäis-Inseln und des Themas Hellas (Slavenfrage, Bulgareneinfälle, arab. Piraterie). An Einzelereignissen sind der Angriff des Emirs v. Tarsos, Osman (871), und die Eroberung und Brandschatzung von Chalkis während der ven. Strafexpedition von 1171 hervorzuheben.

Die wirtschaftl. Grundlage E.s waren die fruchtbaren Ebenen bzw. Talsenken der Räume um Mantudi, Chalkis–Lilanto und Aulon, mit einer den Eigenbedarf deutlich übersteigenden landwirtschaftl. Produktion, sowie die Wälder im N von E. (Schiffbauholz). Neben dem Fischfang ist die Muschelfischerei hervorzuheben, mit ihrer Bedeutung für die nahen Textil- und Seidenfärbereien (Theben, Korinth). Ob die spätantiken Kupferminen E.s in byz. Zeit betrieben wurden, ist hingegen fraglich.

Aufgrund der wirtschaftl. Bedeutung und der Ver-

kehrssituation wurde E. seit 1084 (Alexios I.) in die byz. ven. Handelsverträge einbezogen. Nach der lat. Eroberung Konstantinopels (1204) ging E. nach 1205 als Lehen an die »Dreiherren«, die Inhaber der drei Lehen, in die E. geteilt wurde. →Venedig gewann ab 1209 seinen Einfluß auf E. durch Lehnsverträge mit diesen zurück, bei bestehendem Lehnsverhältnis mit dem lat. Ks., welcher es freilich 1248 an die Fs. en v. →Morea abtrat, woraus der E.-Krieg 1256–58 entstand, der am Ende eine Zunahme des ven. Einflusses brachte. Zwar wurde E. unter Michael VIII. durch den Megas Dux Licario (Ikarios) ab 1265 schrittweise wieder byz. (Schlacht bei Batonta 1279/80), doch gelang noch am Ende des 13. Jh. die Rückeroberung durch die Dreiherren – mit Hilfe Venedigs, dessen Politik ab 1300 auf E. dominierte. Nach dem Sieg der Katalanen (→Katal. Kompagnie) in Festlandgriechenland (1311) errichtete Venedig – zum Teil in Konfrontation mit den Katalanen – seine Territorialherrschaft (»Regno di Negroponte«), deren Aufbau gegen Ende des 14. Jh. abgeschlossen war. Venedig konnte E. trotz wiederholter Angriffe (Plünderung durch Umur Paša 1332, mit anschließender Tributpflicht; Brandschatzung von Chalkis durch →Genua 1350) und trotz ständig wachsender türk. Bedrohung dank erheblicher Investitionen in die Wirtschaft und die Verteidigung halten, wobei die Ansiedlung von Flüchtlingen und alban. →Stratioten ab Ende des 14. Jh. mehrfach belegt ist. Erst zehn Jahre nach dem griech. Festland wurde Chalkis durch Meḥmed II. und Mahmud Paša 1470 erobert und das gesamte E. dem Osman. Reich einverleibt, in dem es zusammen mit Attika und der böot. Küste den →Sanğaq Eğriboz bildete. J. Koder

Lit.: D. JACOBY, La féodalité en Grèce médiévale, 1971 – J. KODER, Negroponte, 1973 – R.-J. LOENERTZ, Les Ghisi, Dynastes vénitiens dans l'Archipel, 1975, 423–465 – J. KODER-F. HILD, Hellas und Thessalia (Tabula Imperii Byz. I), 1976 – K. M. SETTON, The Papacy and the Levant, I–II, 1976–78, bes. II, 271–313 – J. KODER, Der Lebensraum der Byzantiner, 1984.

Eucharistie. [1] *Westen:* E., aus der gr. Kirchensprache unübersetzt auch im lat. W (erste Nachweise bei Tertullian) in Gebrauch gekommene Bezeichnung des Sakramentes des »Herrenmahles« (so 1 Kor 11,20), auch »Abendmahl«, »Altarsakrament«. Das gr. Wort bezeichnet zunächst, das hebr. *Berakah* ('Segen, Preisung, Bekenntnis, Danksagung') wiedergebend, den Redevorgang der liturg. Feier (und findet darin einen Anhalt im stiftenden Handeln Jesu selbst, vgl. 1 Kor 11,24, Mk 14,22 par.), dann aber auch, davon abgeleitet, die Mahlgaben von Brot und Wein, über denen die E. gesprochen ist. Im abendländ. MA kommt es, aus noch nicht ganz einsichtigen Gründen, zu einer merkwürdigen Bedeutungsumkehr: Mit E., ohnedies nur ein Wort der Gelehrten-, nicht der Liturgie- und Predigtsprache, werden betont nur die durch die Realpräsenz Christi ausgezeichneten Sakramentsmaterien von Brot und Wein benannt, nicht aber die liturg. actio selbst (Duns Scotus etwa liefert dafür sogar eine theol. Theorie; Sent. IV 8 q. 1 3m.). E., demnach ein »Sacramentum in esse«, nicht »in fieri«, wird also (verehrt und) empfangen, nicht »gefeiert«; sie ist also »Kommunion«, nicht »Messe«. Diesen Sinn hatte schon Isidor v. Sevilla suggeriert und dem lat. MA vermittelt (Etym. 6,19,38): E. ist »bona gratia«, »gute Gabe«, »(die) große Gnade«, und die Scholastik repetiert diese autorisierte Definition oft und oft (z. B. Thomas v. Aquin, STh III 73, 4,2; 74,2,1 u. ö.). In dieser Fixierung des Interesses am stat. Moment liegt ein typ. Zug der ma. Theologie des Sakramentes; s. dazu →Abendmahl, Abendmahlsstreit. Im ganzen ist das Wort im abendländ. MA eher selten; die Sache wird mehr mit →Messe und →Kommunion angesprochen. A. Häußling

Lit.: P.-M. GY, Eucharistia et »ecclesia« dans le premier vocabulaire de la liturgie chrétienne, La Maison-Dieu 130, 1977, 19–34, bes. 20ff., 24–27 – DERS., L'Eucharistie dans la tradition de la prière et de la doctrine, La Maison-Dieu 137, 1979, 81–102 [Lit.].

[2] *Ostkirche:* E. als Terminus begegnet im griech. Sprachgebrauch seit dem NT, zunächst allgemein in seiner Grundbedeutung 'Danksagung', zusammen mit der zugehörigen Verbalform, in den Liturgien wie in der Theologie der Gedächtnisfeier des Todes und der Auferstehung des Herrn. Es ist in aller Regel nicht leicht auszumachen, ob an einer bestimmten Stelle E. als Name für die Feier als solche verstanden werden will. So spricht →Kyrill v. Jerusalem von ἄρτος καὶ οἶνος τῆς εὐχαριστίας (Myst. I 7; MPG 33, 1072A; vgl. III 3, ebd. 1089C), was sich ebenso mit »Wein und Brot der Danksagung« wie »der Eucharistie(feier)« übersetzen läßt, wobei man gegen letzteres einwenden könnte, daß Kyrill bei der Nennung der Initiationssakramente diese mit »Taufe, Chrisma und Empfang (μετάληψις) des Leibes und Blutes Christi« bezeichnet (Myst. V 1; MPG 33, 1109A). Dionysios Ps.-Areopagites (→Dionysius C) spricht von der θειοτάτη εὐχαριστία, die in einzigartiger Weise κοινωνία καὶ σύναξις genannt werde (hier. eccl. III MPG 3, 424BD). Diese Aussage hat offenbar →Symeon v. Thessalonike im Auge, wenn er sich auf Dionysios beruft, dieser habe die Liturgie εὐχαριστίαν καὶ κοινωνίαν genannt (de s. lit., MPG 155, 253B). →Johannes v. Damaskos kennt E. offenbar nicht als dogmat. Begriff, da er als Bezeichnungen für das Herrenmysterium nur μετάληψις und κοινωνία aufführt (de f. orth. IV 13; MPG 94, 1153A). Auch Ps.-→Germanos gebraucht E. nicht als Terminus für die Feier und den Inhalt der Liturgie (vgl. seine allegor. Liturgiedeutung ἱστορία ἐκκλησιαστική MPG 98, 381–453). Dagegen spricht Nikolaos →Kabasilas in seiner »Erklärung der Göttl. Liturgie« ausdrücklich von der »Feier« oder vom »Vollzug« der E., darin Christi ganzes Heilswerk »wie auf einer Tafel« dargestellt werde (SC 4bis, 226, MPG 150 452A: τὴν ἱερὰν τῆς εὐχαριστίας τελετήν vgl. SC 236; MPG 456C). Auch bei ihm hat E. an vielen Stellen die originäre Bedeutung von Dank(sagung); aber in einem eigenen Kapitel begründet er den Gebrauch des Terminus als ausschließl. Bezeichnung für die Gedächtnisfeier des Herrn: sie sei wohl Bitt- wie Dankgottesdienst, doch wir gedenken darin nicht dieser oder jener Gnade, sondern einfach aller gegenwärtig wirksamen wie zukünftigen Güter Gottes (SC 4bis, 296–302; MPG 150, 485–488). Anders freilich ist der Tenor in seinem berühmteren Werk »Leben in Christus«, bes. in dessen 4. Buch, wo er E. mit Kommunion gleichsetzt (vgl. z. B. MPG 150, 584f.). →Liturgie. H. M. Biedermann

Lit.: Speziallit. fehlt weithin.

Euchelaion → Krankensalbung

Eucherius, Bf. v. Lyon, * um 380, † 449 (Chronica gallica von 452) oder 450 (Gennadius, vir. illustr. 64) in Lyon, hl. (Fest 16. Nov.), Autor. [1] *Leben und Kult:* E. stammte vermutl. aus einer Familie der gallo-röm. Aristokratie, vielleicht aus Lyon (vgl. Predigt zu Ehren der Lyoner Märtyrer Epiphodius und Alexander). Zeitgenöss. Zeugnis (→Hilarius v. Arles, Sermo de vita s. Honorati 22) weist E. schon vor seinem Episkopat eine bedeutende Stellung im öffentl. Leben zu. Um 420 zog er sich mit seiner Gattin Galla und den Söhnen Salonius (späterer Bf. v. Genf) sowie Veranus (späterer Bf. v. Vence) auf die Insel Lerinum (heute Saint-Honorat) zurück, wo →Honoratus,

späterer Bf. v. Arles, das Kl. Lérins gegründet hatte, später auf die einsame Nachbarinsel Lero (heute Sainte-Marguerite). Trotz dieses Rückzuges, den er u. a. für lit. Tätigkeiten nutzte, blieb E. in ständiger Verbindung mit führenden Vertretern der geistigen wie polit. Elite Galliens: Honoratus und Hilarius v. Arles, →Vincentius v. Lérins, →Cassianus, →Salvianus, →Paulinus v. Nola (ep. 51). Um 434 wurde er Bf. v. Lyon, als welcher er die (kirchen)-polit. Aktivitäten des Hilarius v. Arles unterstützt zu haben scheint (Anwesenheit mit beiden Söhnen auf dem Konzil v. Orange von 441), die eine weitgehende Eigenständigkeit der von der Aristokratie beherrschten gall. Kirche zum Ziel hatte. Sein Kult ist in Lyon im 6. Jh. fest verankert (Gregor v. Tours, Vitae patrum VIII 5; Martyrologium Hieronymianum). Die Kompilatoren der Lyoner Martyrologien im 9. Jh. legten eine Notiz aus der Vita Consortiae (BHL 1925) zugrunde, deren Heldin Consortia einen hl. Bf. E. senator. Herkunft (freilich in der Provence des 6. Jh.) zum Vater hatte; entsprechend hat Cluny, das Reliquien der hl. Consortia besaß, gleichzeitig auch den Kult ihres vermeintl. Vaters E. v. L. gefördert, der sich bes. im SO Frankreichs ausbreitete.

[2] *Schriften:* 1. De laude heremi ad Hilarium Lirinensem presbyterum epistula, in Briefform an Hilarius v. Arles gehaltene asketische Schrift, verfaßt um 427. 2. Epistula paraenetica ad Valerianum cognatum de contemptu mundi et saecularis philosophiae, Mahnschreiben von 432 (zur Datierung MPL 50, 722 A) an einen vornehmen Verwandten, der neuerdings wieder zurecht mit dem späteren Bf. Valerianus v. Cimiez identifiziert wird (dazu unten HEINZELMANN). 3. Zwei Werke zur Schriftauslegung, teilweise exeget. oder hermeneut., die im MA wegen ihrer Einfachheit häufig benutzt, ausgeschrieben und vervollständigt wurden (zu der deshalb problemat. Edition bei WOTKE, 3–161, vgl. die zahlreichen bibliogr. Ergänzungen von R. ÉTAIX in DHGE XV, 1963, 1317). – a. Formulae spiritalis intelligentiae, dem Sohn Veranus gewidmet, vor 434. – b. Instructionum libri duo, an den Sohn Salonius, 428/434; verfaßt unter Benutzung des Onomasticum des Hieronymus und, teilweise, des Vulgata-Textes. 4. Epitome operum Cassiani ad Castorem Aptensem, Auszug aus Cassians Werken, angefertigt von E. nach dem Zeugnis des Gennadius (De vir. illust. 64; Cassian hatte 426/7 den 2. Teil seiner Collationes dem Honoratus und dem E. gewidmet); der Text bei MPL 50, 867–894 ist eine moderne Übers. griech. Epitome, vgl. aber (echte) Fragmente bei K. HONSELMANN, in Theologie und Glaube 51, 1961, 300–304. 5. Passio Agaunensium martyrum (BHL 5737–5740), die älteste Nachricht über das Martyrium der →Thebäischen Legion. 6. Predigten: a. De sancta Blandina Lugdunensi; b. De sanctis martyribus Epiphodio et Alexandro; c. (Fragment) »Quaerere quidam solent«, überliefert bei Claudianus Mamertus, De statu animae II,9 (MPL 50, 866). Die »Exhortatio ad monachos« sowie »Sententia ad monachos« (MPL 50, 865–1210) sind den Spuria des E. zuzurechnen. 7. Unechte Schriften: neben den unter 6 gen. Predigten gehören zu den Spuria des E. die »Commentarii in Genesim« und »Commentarii in libros Regum«, die »Glossae spirituales secundum Eucherium episcopum« (Epitome des 8. Jh. aus den »Formulae«, oben 3.a) und »De situ Hierosolimitanae urbis atque ipsius Iudeae epistola ad Faustum presbyterum« (MPL Suppl. 3, 1963, 49–53), welche Schrift schon von Beda dem E. zugesprochen wurde. M. Heinzelmann

Ed.: Opera omnia: MPL 50; teilw. K. WOTKE, CSEL 31/1, 1894 (mit Briefen an E., 197–199) – *zu [1]*: K. WOTKE, loc. cit., 177–194; S. PRICOCCO, Eucherii De laude eremi, 1965 (vgl. Latomus 26, 1967,

831f.) – *zu [5]*: ed. Wotke, 165–173; M. Besson, Monasterium acaunense, 1913, 39–45; B. Krusch, MGM SRM 3, 32–41; L. Dupraz, Les passions de S. Maurice d'Agaune, 1961, Appendix I, 1*–8* (mit Eingehen auf die Interpolationen des 5. und 6. Jh.) – *zu [6a]*: MPL 50, 859–861 – *zu [6b]*: MPL 50, 861–865 – *Lit.*: RE VI, 1, 1907 – Schanz-Hosius IV, 2, 518–521 (Nr. 1208) – Vies des Saints XI, 506–511 – DSAM IV, 1653–1660 – CPL 1961², 112–114 (Nr. 488–498) – DHGE XV, 1315–1317 [R. Étaix] – P.-M. Duval, La Gaule jusqu'au milieu du Vᵉ s. (Les sources de l'hist. de France I, 1971), 728–732 (Nr. 316) – P. Fabre, Essai sur la chronologie de l'œuvre de S. Paulin de Nole, 1948, 87–88 (zu Brief 51 des Paulinus an E., neu datiert zu 423/425) – F. Prinz, Frühes Mönchtum im Frankenreich, 1965, 457–461 u. passim – E. Griffe, La Gaule chrétienne à l'époque romaine, 2, 1966², 286–288 – M. Heinzelmann, Gall. Prosopographie 260–527, Francia 10, 1982, 598f. (Eucherius 3 und 5), 709 (Valerianus 3 und 4).

Euchiten → Messalianer

Euchologion → Liturgische Bücher

Eudes → Eudo, → Odo

Eudes Rigaud (Odo Rigaldi) OFM, Theologe, Ebf. v. →Rouen, Anfang des 13. Jh., † 2. Juli 1275 in Gaillon, ⌑ Rouen, Kathedrale.

[1] *Leben und Wirken. Das Regestrum visitationum:* Über die Herkunft von E. ist wenig bekannt. Wahrscheinl. entstammt er einer adligen Familie der Ile-de-France; das Register von E. erwähnt seinen Bruder Peter als miles in Courquetaine (cᵒⁿ Tournan, arr. Melun) und dessen Heirat mit Nazarea, der Tochter eines Straßenvermessers v. Auxerre, die von E. in Villejuif bei Paris zelebriert wurde (1263). Kurz zuvor hatte er einem Neffen, Mag. Adam R., eine Pfründe in Rouen übertragen. Zu seiner unmittelbaren Umgebung als Ebf. gehörte sein Bruder, frater Adam R. Wohl in den dreißiger Jahren trat E. an einem unbekannten Ort in den →Franziskanerorden ein. In Paris studierte er dann als Schüler von →Alexander v. Hales. 1242 wurde er Mag. theol. und – wie Alexander – Mitglied der Ordenskommission, die über die Bedeutung der Armut in der →Franziskanerregel gutachten sollte (»Expositio quatuor magistrorum super Regulam OFM«, ed. L. Oliger, Storia e lett. 30, 1950). 1245–47 war er →Mag. regens in Paris als Nachfolger von Johannes de Rupella (de la Rochelle). Bekannt als Prediger und *commissaire* Kg. →Ludwigs IX. für die Erhebungen in der →Normandie (1247), wurde er unter nicht geklärten Umständen – nach →Salimbene auf Betreiben Kg. Ludwigs – nach dem Tode von Ebf. Odo Clement (5. Mai 1247) zum Ebf. v. Rouen gewählt und von Papst Innozenz IV. in Lyon geweiht (März 1248). In seinem »Regestrum visitationum« (→Register) hat er minuziös seine Aktivitäten über 21 Jahre lang festgehalten (17. Juli 1248 – 17. Dez. 1269). Eine seiner ersten Amtshandlungen war eine Reise nach England zu Kg. Heinrich III. (1249), dem er einen Lehnseid leistete, wofür er im Gegenzug die Rückerstattung des Roueneser Besitzes erlangte. Seine gesamte Amtszeit ist geprägt von einer regen Reisetätigkeit: →Visitationen innerhalb seines Bm.s und seiner Kirchenprovinz, Reisen zum Papst, zum Kg., zu weltl. Fs.en, zu Synoden, zum Pariser Parlement usw. Peinlich genau verzeichnet das Register die zahllosen Mißstände, auf die er bei seinen Visitationen stieß und die zu beseitigen er sich bemühte. Konflikte mit den Diözesanbf.en blieben nicht aus, wobei E. die Unterstützung des Papstes zu gewinnen wußte (Romreise 1254). Seine Aufzeichnungen sind Zeugnis seines Lebenswerks und seiner Verdienste um die Reform des geistl. Lebens in seiner Kirchenprovinz (u. a. Bemühen um Verbreitung von Gelehrsamkeit auch in Frauenkonventen, Fürsorge für Hospitäler, Leprosorien usw.). Darüber hinaus zeichnet E. (bei vorrangiger Darst. von Verstößen und Miß-

bräuchen) ein in dieser Ausführlichkeit singuläres Bild d. Lebens seiner Zeit, nicht nur d. Kirchenverhältnisse.

Nach 1254 traf E. immer häufiger mit Ludwig IX. zusammen. Spätestens seit dem frz.-engl. Vertrag v. →Paris (1259) dürfte E. zu den engsten Freunden und Beratern des Kg.s gezählt haben. Der Kg. berief ihn nicht nur in seinen Rat, sondern auch zum Mitglied des Pariser →Parlement, an dessen Sitzungen er sehr häufig teilnahm, sowie des norm. →Échiquier und betraute ihn zudem mit diplomat. Missionen (z. B. 1264 Verhandlungen mit aragones. Gesandten). Wieweit E., der mit den Problemen des Orients vertraut war, die Kreuzzugspläne des Kg.s beeinflußt hat, ist nicht bekannt. Kurz nach dem Kg. nahm auch er 1267 das Kreuz und war führend an den Vorbereitungen zum Kreuzzug beteiligt. Trotz seiner prekären Gesundheit begleitete er den Kg. auf dem →Kreuzzug und war 1270 Zeuge seines Sterbens. 1273 wurde E. Mitglied der Kommission zur Heiligsprechung des Kg.s. 1274 nahm er in führender Position neben →Bonaventura am 2. Konzil v. →Lyon teil.   N. Bulst

[2] *Theologische Werke:* E. (Odo) war einer der ersten Franziskanertheologen in Paris, der um 1242–45 das Sentenzenbuch des →Petrus Lombardus auslegte, und zwar nicht nur in der Form der Erklärung, sondern der selbständigen Diskussion. Der Kommentar ist nur hs. überliefert (Stegmüller, Rep. Comment. I 291–293, ergänzt by Doucet, Comment. 64); der Kommentar zum 4. Buch in der Überlieferung stammt nicht von ihm (Ps. Odo). Die krit. Edition ist in Vorbereitung. Um 1245 wurde er Magister. Zu den quaestiones disputatae vgl. O. Lottin, RevThom 34, 1929, 234–248; 36, 1931, 886–895; F. Pelster, Schol. 6, 1931, 335–339; 11, 1936, 518–542; zu den Sermones vgl. B. Schneyer, Rep. Sermon. IV 510–517; die in der hs. Überlieferung ihm zuerkannten Schriftkommentare stammen nicht von ihm (Stegmüller, RBMA IV, 128, 6130–6132 (Ps.-Odo).

Geistesgeschichtl. ist Magister Odo an der unvollendeten Summa de bono →Philipp des Kanzlers (1236) (ed. N. Wicki, Corp. philos. MA II/1.2., 1985) und an der Sentenzenglosse seines Lehrers →Alexander v. Hales orientiert. Sein eigener lit. und doktrinärer Beitrag zur Summa Halensis (Lib. I–III) steht fest, muß aber im einzelnen noch erforscht werden. Unbeschadet der sorgsamen Unterscheidung zw. Philosophie und Theologie blieb E. in seiner Lehre (z. B. über das Verhältnis der Seele zu ihren Potenzen oder über das Wesen der Gnade) einem »augustinisme aristotélisant« verpflichtet. Besondere Beachtung schenkte er den Fragen und Problemen der Tugend-, Freiheit- und Gnadenlehre. Sein Einfluß ging weit über die ältere Franziskanerschule bis zu Albert und Thomas hinaus.   M. Gerwing

Q.: Regestrum Visitationum Archiepiscopi Rothomagensis (1248–1269), ed. Th. Bonnin, 1852 – The Register of E. of Rouen, übers. S. Brown, ed. J. F. O'Sullivan, 1964 – *Lit.*: *zu [1]*: S. M. Brown, Note biographique sur E. R., M–A 41, 1931, 167–194 – P. Andrieu-Guitrancourt, L'archevêque E. R. et la vie de l'église au XIIIᵉ s., 1938 – A. M. Hamelin, L'école franciscaine et ses débuts jusqu'à l'occamisme, 1961 – W. Thomson, Friars in the Cathedral, 1975, 77–91 – C. R. Cheney, Episcopal Visitation of Monasteries in the Thirteenth Century, 1983² – *zu [2]*: F. Pelster, Beitr. zur Erforsch. des schriftl. Nachlasses Odo Rigaldi, Schol. 11, 1936, 518–542 – J. Auer, Die Entwicklung der Gnadenlehre in der Hochscholastik, I–II, 1942, 1951, partim – V. Doucet, Prolegomena ad Summam Alexandri de Hales IV, 1948, 228–234 – J. Bouvy S.J., Les questions sur la grâce dans le Commentaire des Sentences d'Odon Rigaud, RThAM 27, 1960, 290–343 – Ders., La nécessité de la grâce..., ebd. 28, 1961, 59–96 – I. Biffi, Teologia 3, 1977, 191–231 – J. G. Bougerol, Odo Rigaldi teologo della speranza (La speranza. Atti del Congr. Pontif. At. Antonianum, 1984), 297–335.

Eudin, Enguerrand d', frz. Truppenführer, † 6. März 1391 in Grenoble. E. stammte aus einer Adelsfamilie des Ponthieu, er war Ritter und Herr v. Châteauvillain-en-Barrois (durch seine Heirat mit Jeanne de Châteauvillain, Witwe Arnauds de →Cervole, des »Archiprêtre«). Als →*chambellan* am Königshof hatte er wichtige militär. und administrative Funktionen inne: Am 3. Juni 1378 wurde er zum *capitaine* v. →Loches ernannt. Im →Languedoc seit 1378 →Seneschall v. →Beaucaire und Nîmes, kumulierte er dieses Amt mit dem Posten des *châtelain* v. Sommières (19. Nov. 1379 – 28. Nov. 1385) und insbes. mit der Funktion des Gouverneurs v. →Montpellier (1379, 1383). Im Languedoc hatte er führenden Anteil an der Niederwerfung der →Tuchins. Gouverneur des →Dauphiné seit 1385, sah er sich konfrontiert mit den Söldnertruppen der »Engländer«, den Kompagnien von Raymond de →Turenne und den Truppen Johanns III. v. →Armagnac. Aufgrund der Versammlungen der →États provinciaux zu Vienne (15. März 1388) und Romans/Grenoble (8. Jan.–7. Febr. 1391) erließ er zwei Ordonnanzen, die Zusammensetzung, Befugnisse und Arbeitsweise der États regelten.

V. Chomel

Q. und Lit.: G. DUPONT-FERRIER, Gallia regia, t. I, nos 2963, 3800; II, n° 7825; IV, nos 15846, 15849 – VIC-VAISSETTE, Hist. de Languedoc IX, 876, 912–939 – M. BOUDET, Les Jacqueries des Tuchins (1363–84), o.J., 59f. – BRANDT DE GALAMETZ, E. d'E. Gouverneur du Ponthieu et du Dauphiné..., 1899² – Bull. de la Commiss. dép. des mon. hist. Pas-de-Calais 3, 1901–02, 117–125 – Epigraphie du Pas-de-Calais, Bd. 4, arr. de Montreuil, cant. d'Étaples, 46–50 – A. DUSSERT, Les États du Dauphiné au XIVᵉ et XVᵉ s., 1915, 97–127 – P. M.-L. HÉLIOT, Notes sur E. d'E., Bull. Soc. académ. arr. Boulogne-s.-Mer 12/2, 1929–33, 29–33.

Eudo (s. a. Eudes, Odo)

1. E., Fs. v. →Aquitanien, † 735. Lit. Quellen bezeichnen E. als dux oder princeps, wahrscheinl. war er ztw. rex. Bezeugt sind zwei Söhne, Hunald und Ato, sowie eine Tochter (Lampegia?). Die Herrschaft des nominell vom Frankenkönig abhängigen E. begann um 700. →Chilperich II. und sein Hausmeier →Raganfrid wandten sich nach ihrer Niederlage gegen →Karl Martell bei Vincy 717 an E. und baten ihn um ein Bündnis; dafür boten sie ihm die Anerkennung als rex, also die rechtl. Unabhängigkeit vom Frankenreich. E. vermochte jedoch Karl Martell nicht zu schlagen; 720 schloß er mit ihm einen amicitia-Vertrag. Damals erreichte die Macht E.s, der mit →Gregor II. in Verbindung stand, ihren Höhepunkt. Die über die Pyrenäen vorstoßenden Araber besiegte E. 721 vor →Toulouse. Der Sicherung vor weiteren arab. Angriffen diente ein Bündnis mit dem von den Arabern abgefallenen Berberfürsten Munnûz, der die Tochter E.s heiratete. Munnûz konnte sich jedoch in der Cerdagne nicht gegen den arab. Statthalter behaupten. Die Araber fügten E. auf ihrem Zug nach →Tours 732 bei →Bordeaux eine schwere Niederlage zu.

D. Claude

Lit.: Hist. de l'Aquitaine, hg. CH. HIGOUNET, 1971, 135f. – M. ROUCHE, L'Aquitaine des Wisigoths aux Arabes 418–781, 1979.

2. E., Hzg. v. →Gascogne, später auch von →Aquitanien, ⚔ 10. März 1040 vor der Burg Mauzé (Aunis); 2. Sohn von →Wilhelm V. d. Gr., Hzg. v. Aquitanien, und seiner 2. Gemahlin, Prisca (Brisce) v. Gascogne. E. folgte seinem Onkel von väterlicher Seite, Sancho-Wilhelm (Sanche-Guillaume; 4. Okt. 1032), als Hzg. v. Gascogne nach. Mit diesem Titel wird er 1033 in Bordeaux anerkannt. Nach dem Tode seines Halbbruders →Wilhelm VI. († 15. Dez. 1038) erbte E. auch das Hzm. Aquitanien. Weder von ihm erlassene noch unterzeichnete Urkunden sind erhalten. Nach der Übernahme Aquitaniens sah sich E. sogleich konfrontiert mit einem Aufstand poitevin. Barone, ent-

facht durch die Intrigen der 3. Gemahlin seines Vaters, →Agnes v. Burgund, die sich erfolgreich bemühte, die Erbfolge in der Gft. →Poitiers ihrem Sohn →Wilhelm (VII.) zu sichern. Nach E.s frühem Tod im Kampf mit den Rebellen vermochte sich auch der 2. Sohn der Agnes, Wido-Gottfried (Gui-Geoffroy = →Wilhelm VIII.), obwohl ohne Rechtsanspruch, der Gascogne zu bemächtigen; als Erbe seines Bruders Wilhelm VII. in Aquitanien/Poitou (1058) sicherte Wilhelm VIII. sich und seinen Nachkommen der Herrschaft über den großen südwestfrz. Länderkomplex.

Ch. Higounet

Lit.: A. RICHARD, Hist. des comtes de Poitiers I, 1903, 234–237 – CH. HIGOUNET, Bordeaux pendant le Haut MA (Hist. de Bordeaux II, 1963), 53–55 – W. KIENAST, Der Herzogtitel in Frankreich und Dtl., 1968, 212f.

3. E. v. Stella →Éon v. Stella

Eudokia

1. E. (Ailia E.), urspgl. Athenais, Tochter des athen. Rhetoriklehrers Leontios, ⚭ nach ihrer Taufe Ks. →Theodosios II. (7. Juni 421). Nach der Heirat ihrer Tochter →Eudoxia mit →Valentinian III. (437) unternahm sie eine Pilgerreise nach Jerusalem, von der sie die Gebeine des Erzmärtyrers →Stephanus nach Konstantinopel mitbrachte. Nach ihrer Trennung von Theodosius lebte sie bis 20. Okt. 460 in Jerusalem, wo sie eine rege Bautätigkeit förderte. Vertrautheit mit der alten Lit. bezeugen die Darstellung des Lebens Jesu in Homercentonen und die Bearbeitung der Legende von →Cyprianus v. Antiochia und Justina in Hexametern. Verloren sind ein Panegyricus auf Antiochia, ein episches Werk über den Persersieg des Theodosios von 422 sowie hexametr. Paraphrasen bibl. Bücher. Ihr Leben wurde im 6./7. Jh. von den byz. Chronisten romanhaft ausgestaltet.

J. Gruber

Ed.: A. LUDWICH, 1897 – Cypr.: C. BEVEGNI, Prometheus 8, 1982, 249–262 (I, 1–99) – E. SALVANESCHI, 1982 [mit it. Übers. und Komm.] – *Lit.:* KL. PAULY II, 405f. – RAC VI, 844–847 – RE VI, 906–912 – T. A. SABATTINI, S. Cipriano nella tradizione agiografica, Rivista di Studi Classici 21, 1973, 181–204 – E. SALVANESCHI, Ἐξ ἄλλου ἄλλο. Antico e tardo antico nelle opere di Eudocia Augusta, Scritti Bartolini 1981, 123–188 – P. WILSON-KASTNER, A lost tradition. Woman writers of the early church, 1981, 135–171 (mit engl. Übers. des Cyprianus-Martyriums).

2. E., Schwiegertochter Geiserichs →Geiserich

3. E. Makrembolitissa, byz. Ksn., stammte aus adliger Familie (Nichte des Patriarchen →Michael Kerularios), ⚭ →Konstantin X. Dukas (1059–67) als 2. Gemahlin noch vor dessen Thronbesteigung. Sie gebar ihrem Gemahl mehrere Söhne und Töchter. Nach dem Tode des Ks.s (22. Mai 1067) fungierte E. als Regentin für ihre Söhne. Infolge der katastrophalen Lage an den Grenzen wurde Druck auf die Ksn. ausgeübt mit dem Ziel, sie zur Bildung einer starken Militärregierung zu veranlassen. Sie gab schließlich nach und heiratete den tüchtigen General →Romanos (IV.) Diogenes (Ks. seit 1. Jan. 1068), der seine Gemahlin bald vernachlässigte. – Romanos wurde am 19. Okt. 1071 bei →Mantzikert von den Truppen des seldschuk. Sultans Alp Arslan (→Seldschuken) vernichtend geschlagen und geriet in Gefangenschaft. Nach dem Abschluß eines Vertrages mit dem Sultan wieder freigekommen, wurde Romanos bald von einer innerbyz. Opposition, geführt von der Familie →Dukas, für abgesetzt erklärt und vor Erreichen von Konstantinopel geblendet († 1072). Schon einige Wochen nach dem Eintreffen der ersten Gerüchte von der vernichtenden Niederlage bei Mantzikert war eine Gesamtherrschaft der Ksn. E. und ihres ältesten Sohnes Michael gebildet worden. Als Michael →Psellos die Macht übernahm, ließ er →Michael

VII. Ende Okt. 1071 zum Alleinherrscher ausrufen, und E. wurde in das Kl. der Theotokos, das sie selbst gegr. hatte, verbannt und zur Nonne geschoren. Hier lebte sie bis zum Ende des Jahrhunderts, literarisch tätig, was ihr einen gewissen Ruhm einbrachte. Sehr wahrscheinlich ist E. gemeinsam mit Romanos IV. auf einem Elfenbein dargestellt (Paris, Cabinet des Médailles).   J. Ferluga

Lit.: OSTROGORSKY, Geschichte 3, 284f. – D. I. POLEMIS, Notes on Eleventh-Century Chronology, BZ 58, 1965, 61–65 – DERS., The Doukai. A contribution to Byz. Prosopography, 1968, 29, 36f., 42f. – I. KALAVREZOU-MAXEINER, E.M. and the Romanos Ivory, DOP 31, 1977, 306–325 – C. WALTER, Marriage Crowns in Byz. Iconography, Zograf 10, 1979, 87, 91.

4. E., byz. Prinzessin und Ksn., jüngste Tochter von →Alexios III., der 1195–1203 Ks. war, und Euphrosyne. E.s Geburts- und Todesjahr sind unbekannt. E. wurde wohl nach der Schlacht an der →Morava (1190), in der Byzanz den Großžupan →Stephan Nemanja (→Serbien) besiegte, mit →Stephan dem Erstgekrönten, dem zweitgeborenen Sohn Nemanjas, verheiratet, der bei diesem Anlaß den Titel eines →Sebastokrators erhielt. (Möglicherweise erfolgte die Heirat jedoch schon vor 1190.) Die Ehe mit einer ksl. Prinzessin und die Verleihung des hohen Titels war eine bes. Auszeichnung, brachte aber zugleich die Eingliederung des serb. Thronfolgers in die Hierarchie der byz. Titel und damit die ideelle Oberhoheit des byz. Ks.s zum Ausdruck. Die Aneignung des byz. Kaiserthrons durch Alexios III. (1195) hatte zur Folge, daß der greise Nemanja 1196 in Serbien, vielleicht unter byz. Druck, zugunsten von Stephan dem Erstgekrönten, der nun ksl. Schwiegersohn war, abdankte. E. regierte gemeinsam mit Stephan in Serbien einige Jahre; aus der Ehe gingen u. a. der künftige Kg. →Radoslav (1228–34) hervor. 1200 oder 1201 wurde E. jedoch von ihrem Mann verstoßen und nach Konstantinopel zurückgeschickt. I. J. 1204 heiratete E. in Thrakien Ks. →Alexios V. Dukas Murtzuphlos, der vor den Kreuzfahrern (→Kreuzzug, 4.) auf der Flucht war, wurde aber bald wieder Witwe, da ihr Gemahl noch im gleichen Jahr von den Lateinern gefangengenommen und von der Theodosiossäule in Konstantinopel gestürzt wurde. Bald darauf begegnete E. auf der weiteren Flucht mit ihrem Vater Alexios III. in Thessalien dem Leon →Sgouros, einem mächtigen byz. →Archonten, der als Herr von Nauplia, Korinth und Argos fast ganz Mittelgriechenland beherrschte; sie heiratete ihn 1205 in Larissa. Nachdem Leon Sgouros um 1208 auf dem Akrokorinth Selbstmord begangen hatte, verließ E. diese Festung und begab sich nach Kleinasien, vielleicht an den Hof von →Theodor I. Laskaris, Ks. v. →Nikaia, der mit ihrer Schwester Anna verheiratet war, oder zu ihrem Vater Alexios III. Es ist die letzte Nachricht aus dem bewegten Leben der temperamentvollen byz. Prinzessin und Ksn., Zeit und Ort ihres Todes sind unbekannt.
          J. Ferluga

Lit.: M. LASKARIS, Vizantiske prinzese u srednjevekovnoj Srbiji, Prilog istoriji vizantiskosrpskih odnosa od kraja XII do sredine XV veka, 1926, 7–37 – OSTROGORSKY, Geschichte³, 337f., 344 – B. FERJANČIĆ, Kada se Evdokija udala za Stevana Nemanjića, Zbornik Filozofskog Fakulteta u Beogradu 8, 1964, 217–224 – Istorija srpskog naroda I, 1981, 259, 263, 268, 308.

Eudokimos, ostkirchl. Hl., Beiname δίκαιος, * 807 in Kappadokien als Sohn frommer Eltern (der Vater war Patrikios), † 840. E. wurde um 829 vom Ks. Theophilos (829–842) zum Kandidatos ernannt und nach Kappadokien als Stratopedarches des Themas von Charsianon geschickt. Dort wirkte er als Beschützer der Witwen und der Waisen und lebte tugendhaft. Seine Mutter, Eudokia,

ließ 842 durch einen Mönch Joseph, vielleicht Joseph den Hymnograph, seine Reliquien nach Konstantinopel überbringen. Bei diesem Anlaß sowie bereits nach dem Tode des Hl. en ereigneten sich Wunder. Eine nicht identifizierte Kirche wurde ihm in Konstantinopel geweiht. Vielleicht ist E., der als Militärheiliger einen der ersten Hl. en aus dem Laienstand darstellt, mit dem Hymnographen Eudokimos identisch. – Die Synaxarnotiz unter dem 31. Juli beruht auf einer verlorenen Vita, die von →Symeon Metaphrastes im 10. Jh. bearbeitet wurde; im 14. Jh. widmete ihm Konstantinos Akropolites ein Enkomion.
          Ch. Hannick

Ed.: AASS Juli VII 321–325 (= MPG 115, 487–498: lat. Übers. des Symeon Metaphrastes) – J. MARTINOV, Annus ecclesiasticus graecolatinus, 1863, 191 – H. DELEHAYE, Synaxarium eccl. Constantinopolitanae (Propylaeum ad AASS Nov.) 857 – BHG 606–607 – J. POPOVIĆ, Žitija svetih za mesec juli, 1975, 737–742 – *Lit.:* Bibl. SS V, 147 – DHGE XV, 1337 – LThK² III, 1170–1171 – ThEE V, 1021–1022 – BECK, Kirche, 517 – G. DA COSTA-ROUILLET, Les saints de Constantinople, Byzantion 25–27, 1955–57, 783–788.

Eudoxia, Aelia, Tochter des frk. Heermeisters →Bauto, seit 395 Gattin des oström. Ks. s →Arcadius, der sie 400 zur Augusta erhob. Sie gebar ihrem Gatten Flacilla (397), Pulcheria (399), den späteren Ks. →Theodosios II. (401) und Marina (403). Trotz ihrer germ. Herkunft sorgte sie für die Ausschaltung der germ. Kräfte am Hof und setzte den Sturz des allmächtigen Eunuchen Eutropius durch. Vor allem auf dem Gebiet der Religionspolitik wurde sie die eigentliche Beherrscherin des Reiches. Persönlich fromm und wunderglaubig, unterstützte sie die orth. Bf.e, ließ Kirchen bauen und Reliquien sammeln und beeinflußte ihren Gatten zu strengem Vorgehen gegen Heiden und Häretiker (vgl. bes. Socr. hist. eccl. 6,8). Bekannt ist v. a. ihre Auseinandersetzung mit →Johannes Chrysostomos. Die anfängl. Freundschaft wurde erstmals getrübt, als dieser die seinem Gegner →Epiphanios v. Salamis gewogene Ksn. in einer Predigt scharf angriff (Socr. hist. eccl. 6,10,14). Einer ersten, auf der sog. →Eichensynode ausgesprochenen Absetzung, die u. a. von E. mit Hilfe des alexandrin. Patriarchen →Theophilos wegen angeblich unangemessener Lebensführung betrieben wurde (403), folgten Rückkehr und Versöhnung des Bf.s mit der Ksn. Als dieser eine silberne Statue auf einer Porphyrsäule errichtet wurde, sah Johannes darin eine Störung des Gottesdienstes seiner in der Nähe gelegenen Kirche und predigte wiederum gegen die neue Herodias und Jesabel, die sich in ungehöriger Weise in die Politik einmische (MPG 59, 485; vgl. Socr. hist. eccl. 6,18,1ff.). Auf einer Synode ließ das Kaiserpaar den Bf. trotz seines großen Anhangs in der Hauptstadt erneut absetzen (404) und mit Waffengewalt aus der Stadt entfernen. Im gleichen Jahr starb E., wahrscheinl. an einer Fehlgeburt, sie wurde in der Apostelkirche zu Konstantinopel beigesetzt.
          R. Klein

Lit.: KL. PAULY II, 407f. – RE VI, 917–925 – O. SEECK, Gesch. des Untergangs der antiken Welt V, 1920, 342ff. – F. VAN OMMESLAEGHE, Jean Chrysostome en conflit avec l'impératrice Eudoxie. Le dossier et les origines d'une légende, AB 97, 1979, 131ff. – K. G. HOLUM, Theodosian Empress. Women and Imperial Dominion in Late Antiquity, 1982, 25ff.

Eudoxios, Bf. v. Konstantinopel, * um 300, † 370, typ. Repräsentant des neuen reichskirchl. Episkopats, hat die ksl. Religionspolitik unter Constantius II. und Valens im antinicän. Sinne beeinflußt. Gebürtig aus dem kappadok.-armen. Gebiet, in Antiochia philos. und exeget. ausgebildet, wurde er vor 340 Bf. v. Germanikia (Kilikien) und nahm als Anhänger der origenist. Mittelpartei seit 341 an den wichtigsten Synoden des trinitar. Streits teil. Er war kein Arianer, sondern – theol. beeinflußt durch →Akakios v. Kaisareia – seit 357 in der Gruppe der Hofbischöfe einer der Führer der Homöer. Auf zweifelhafte Weise 357/358 Bf. v. Antiochia geworden, wurde er von Constantius II. suspendiert, aber 360 als Nachfolger des exilierten Makedonios zum Metropoliten v. Konstantinopel ernannt. Da seine Begünstigung des Arianers Eunomios, den er 360 zum Bf. v. Kyzikos weihte, dem ksl. Kurs einer biblizist. Mittelposition widersprach, vertrat er seitdem eine Kirchenpolitik gewaltsamer Unterdrückung aller Arianer, Nicäner und Homöusianer, v. a. unter Ks. Valens seit 364 mit äußerl. Erfolg, jedoch ohne Überzeugungskraft und daher langfristig wirkungslos. Schriften des E. sind nicht erhalten, nur ein Bekenntnis (Fragment aus seinem Buch »Über die Menschwerdung«), welches seine dogmengeschichtl. bemerkenswerte (»monophysitische«) Christologie belegt. W.-D. Hauschild

Lit.: DHGE XV, 1337–1340 [Lit.] – DThC V, 1484–1487 – RE V, 577–580 – M. Tetz, Eudoxius-Fragmente?, StPatr III (TU 78), 1961, 314–323.

Eufemiavisor, drei zusammen in zahlreichen Mss. überlieferte und nach Eufemia v. Arnstein, Gattin (1299–1312) des norw. Kg.s →Hakon V., benannte aschwed. höf. Versepen im erstmals im Norden benützten vierhebigen, paarweis reimenden Knittelvers. Der 'höfische' »Ivan Lejonriddaren« (ca. 6500 vv.) ist seinem Epilog zufolge 1303 »aus dem Afrz.« übersetzt (nach →Chrétiens »Yvain«), der 'burleske' »Hertig Fredrik av Normandie« tradiert – vermutl. nach nd. spielmänn. Vorlage – einen sonst nicht überlieferten Stoff des *roman breton* (mit einer Idealbeschreibung des »rex justus« am Ende). Wie diese ist als letzter auch der sentimentale Liebesroman »Flores och Blanzeflor« (nach der anorw. Prosaversion »Flóres saga ok Blankiflúr« des afrz. »Floires et Blancheflor«?) – vermutl. zur Vermählung des schwed. Hzg.s Erich, des Bruders Kg. Birgers, mit Eufemias Tochter Ingeborg 1312 – wahrscheinl. von dem am norw. Hof exilierten schwed. Adligen Peter Algotsson, Bruder des Bf.s und Hymnendichters →Brynjolf Algotsson und ehem. Kanzler von Magnus Ladulås, als 'literar. Mitgift' Eufemias an den schwed. Hochadel verfaßt (s. a. →Floris-Dichtung). Die Sprache der E. zeigt Einfluß des dän. formelhaften Balladenstils (→folkeviser). Adän. Übersetzungen und frühe Drucke (»Flores och Blanzeflor« 1504, 1509) bezeugen die Beliebtheit der E. beim skand. Hochadel und dessen in der →Erikskrönika geschilderten Bemühungen um Anschluß an die europ. Ritterkultur (→Höf. Literatur). G. W. Weber

Lit.: S. Sawicki, Die »Eufemiavisorna«, 1939 – V. Jansson, »Eufemiavisorna«, 1945 (Uppsala universitets årsskrift).

Eugen

1. E. I., hl. (Fest: 2. Juni), Papst seit 10. Aug. 654, † 2. Juni 657, Römer, zu Lebzeiten seines nach Cherson (Krim) deportierten Vorgängers →Martin I. auf Druck des ksl. Exarchen gewählt. Er nahm im Streit um den →Monotheletismus den Kontakt mit Konstantinopel wieder auf, konnte aber wenig ausrichten, da die ihm übersandte theol. Kompromißformel des Patriarchen →Petros 655 der Ablehnung durch Klerus und Volk von Rom verfiel. Kurz vor dem Tod soll ihm das Schicksal Martins gedroht haben. Seine einzige überlieferte Urkunde, ein Privileg für St-Maurice d'Agaune, ist im Kern echt. R. Schieffer

Q.: LP I, 341f. – Jaffé² I, 234; II, 740 – P. Conte, Chiesa e primato nelle lettere dei papi del secolo VII, 1971, 454–456 [Register] – *Lit.:* DHGE XV, 1346f. – E. Caspar, Gesch. des Papsttums von den Anfängen bis zur Höhe der Weltherrschaft, II: Das Papsttum unter byz. Herrschaft, 1933, 574–580 – D. Mallardo, Papa Sant'E. I, 1943 – L. Magi, La sede romana nella corrispondenza degli imperatori e patriarchi bizantini (VI–VII sec.), 1972, 223–225 – H. H. Anton, Stud. zu den Klosterprivilegien der Päpste im frühen MA, 1975 – G. Kreuzer, Die Honoriusfrage im MA und in der NZ, 1975, 74f.

2. E. II., Papst seit Anfang Juni 824, † Aug. 827, zuvor Archipresbyter von S. Sabina, nach mehrmonatigem Streit in Anwesenheit →Walas v. Corbie als Kandidat des stadtröm. Adels gewählt. Er zeigte seine Wahl Ks. Ludwig d. Frommen an und verband dies mit einem eidl. Treueversprechen. Im Herbst 824 empfing er in Rom Ks. Lothar I., der mit der →Constitutio Romana die städt. Unruhen der letzten Zeit zu überwinden und die ksl.-frk. Vorherrschaft zu befestigen suchte. Im wieder aufgeflammten →Bilderstreit gestattete E. die Abhaltung einer frk. Synode (Paris, 825), beharrte aber selbst auf der röm. Linie, die durch das 2. Nicaenum (→Nikaia) von 787 vorgegeben war. Höhepunkt seines Pontifikats war die von 62 Bf.en besuchte röm. Synode im Nov. 826 (MGH Conc. II, 552–583), mit der das Papsttum die karol. Kirchenreform aufgriff und wesentl. Ergebnisse, u. a. ein modifiziertes Eigenkirchenrecht (→Eigenkirche), sanktionierte. Die Christianisierung des Nordens förderte E. durch die Bestätigung des Missionsauftrags für →Ansgar. R. Schieffer

Q.: LP II, 69f. – Jaffé² I, 320–322 – *Lit.:* DHGE XV, 1347–1349 – Haller II, 27ff. – Seppelt II, 208ff. – W. Seegrün, Das Papsttum und Skandinavien bis zur Vollendung der nord. Kirchenorganisation (1164), 1967, 23 – Th. F. X. Noble, The Place in Papal Hist. of the Roman Synod of 826, ChH 45, 1976, 434–454 – Ders., The Republic of St. Peter. The Birth of the Papal State 680–825, 1984, 310ff. – →Constitutio Romana.

3. E. III. (Bernhard) OCist, sel. (Fest am Todestag), Papst seit 15. Febr. 1145 (Wahl in Rom; Krönung am 18. Febr. in Farfa), † 8. Juli 1153 in Tivoli, ☐ Rom, St. Peter; stammte aus unbekannter Familie in Pisa, wo er seine geistl. Laufbahn im Kamaldulenserkl. S. Zeno begann (1128 Prior) und zum Vicedominus des Ebm.s aufstieg (urkundl. 1135, 1137). Auch als Papst unterhielt er Beziehungen zu Pisa: er beauftragte den Judex →Burgundio mit der Übersetzung theol. Werke aus dem Griechischen. Unter dem Eindruck →Bernhards v. Clairvaux trat er in dessen Kl. ein, wurde aber von diesem 1141 zum Abt von →Tre Fontane bei Rom bestimmt. Ohne Kard. zu sein, wurde er inmitten der röm. Wirren von 36 Kard.en gewählt. Weiterhin nach zisterziens. Ideal lebend, war er dem päpstl. Amt nicht voll gewachsen, so daß den Kanzlern (u. a. →Robertus Pullus, →Roland, →Boso) und den Kard.en vermehrt Regierungsaufgaben zufielen. E. kreierte 20 Kard.e (davon drei Zisterzienser, drei Pisaner), darunter die zukünftigen Päpste →Hadrian IV., →Alexander III., →Viktor IV. (Oktavian). Die Zentralisation der päpstl. Herrschaft bewirkte die Kritik Bernhards v. Clairvaux in dem E. gewidmeten »De consideratione«, worin ein Idealbild des Papstes entworfen und die Mißstände an der Kurie angeprangert werden. Der Einfluß Bernhards, der vom April 1147 bis zum April 1148 in der Umgebung E.s weilte, ist schwer zu bestimmen. Neben Hinweisen auf die Gefügigkeit E.s gibt es Zeugnisse für ein deutliches Abgehen von den Ratschlägen des Hl. – Nur etwa ein Achtel des Pontifikates residierte E. in →Rom, das die kommunale Autonomie gegenüber den päpstl. Wünschen im wesentl. zu behaupten vermochte. Abkommen (1145, 1149) entspannten das Verhältnis nur kurzfristig; der Agitation →Arnolds v. Brescia (seit 1147), der die weltl. Herrschaft des Papstes über Rom in Frage stellte und radikale Reformideen mit Reminiszenzen an die Antike verknüpfte, vermochte E. nicht Herr zu werden. Die

Kurie hielt sich vorzugsweise an verschiedenen Orten des →Patrimonium Petri auf, für welches Ansätze zu einer stärkeren herrschaftl. Durchdringung zu erkennen sind. Infolge des Verlustes von →Edessa erließ E. am 1. Dez. 1145 einen Kreuzzugsaufruf, aber erst als er ihn am 1. März 1146 wiederholte und Bernhard v. Clairvaux mit der Predigt beauftragte, wurde die Begeisterung in Deutschland und Frankreich entfacht. E.s Engagement für den 2. →Kreuzzug beschränkte sich auf die Aufrufe (ein weiterer für it. Teilnehmer im Okt. 1146) und die Entsendung von zwei Legaten, die jedoch durch ihr Amt überfordert waren, so daß die Vorwürfe gegen den Papst wegen des Scheiterns des Unternehmens teilweise berechtigt waren. E. billigte auch den Kreuzzug gegen die slav. Wenden (1147; →»Wendenkreuzzug«), der nur ein Teilerfolg wurde und das Missionswerk im O belastete. Ab Jan. 1147 reiste E. nach Frankreich und Deutschland (Nov. 1147 bis Febr. 1148 in Trier), um den päpstl Einfluß im W des Abendlandes zu festigen. Wichtigstes Ereignis war die gut besuchte Synode in →Reims (21. März 1148), deren Kanones an die II. →Lateranum anknüpften. Es wurde auch →Éon v. Stella als Ketzer verurteilt und überhaupt die Unterstützung von Häretikern mit geistl. Strafen bedroht. Im Anschluß an die Synode wurde das Verfahren gegen →Gilbert v. Poitiers wegen seiner Trinitätstheologie, das im Konsistorium zu Paris (April 1147) vertagt worden war, wiederaufgenommen. Trotz der Bemühungen Bernhards v. Clairvaux wurde Gilbert nicht verurteilt, v. a. weil ein Teil der Kard.e der Willfährigkeit des Papstes gegenüber dem Hl. einen Riegel vorschob. – Die Beziehungen zur engl. Kirche vertieften sich, u. a. durch das enge Verhältnis zu Ebf. →Theobald v. Canterbury und das Eingreifen in den Wahlstreit von →York (1141/47). Die ir. und skand. Kirchen wurden durch Kardinallegaten reorganisiert. – Nach der Rückkehr nach Italien (Juni 1148) scheiterte ein Versuch, die Römer durch ein Bündnis mit →Roger II. zu unterwerfen. E. war nämlich nicht bereit, sich in die Koalition der Gegner des dt.-byz. Bündnisses von 1148 (Vertrag v. →Thessalonike) eingliedern zu lassen. Er näherte sich seit 1151 vielmehr, durch die Vermittlung →Wibalds v. Stablo gefördert, dem dt. Kg. →Konrad III., der für 1152 die Romfahrt in Aussicht stellte. Nach dessen Tod setzte →Friedrich I. die Politik der Zusammenarbeit zunächst nur zögernd fort, schloß dann aber am 23. März 1153 den Vertrag v. →Konstanz. Darin verpflichtete sich, keinen Frieden mit dem norm. Kgr. zu schließen, die Römer dem Papst zu unterwerfen und den byz. Plänen auf Unteritalien entgegenzutreten. E. sicherte die Kaiserkrönung und Mehrung des →»honor« des Reiches zu.   W. Maleczek

Q.: Jaffé² II, 20–89 – GP – IP – PU, passim – LP II, 386f. – Wibald v. Stablo, Epistolae, ed. Jaffé, BRG I – Johannes v. Salisbury, Historia pontificalis, ed. M. Chibnall, 1956 – Bernhard v. Clairvaux, Epistolae; De consideratione, ed. J. Leclercq–H. Rochais, 1963–77 – Lit.: DHGE XV, 1349–1355 – Bibl. SS V, 196–201 – H. Gleber, Papst E. III., 1936 – P. Rassow, Honor Imperii, 1940 – P. Brezzi, Roma e l'Impero medioevale, 1947, 326ff. – Seppelt III, 189–212 – P. Lamma, Comneni e Staufer, I–II, 1955–57 – A. Saltmann, Theobald, Archbishop of Canterbury, 1956 – B. Jacqueline, Papauté et épiscopat selon St Bernard de Clairvaux, 1963 – B. Zenker, Die Mitglieder des Kardinalkollegiums von 1130 bis 1159 [Diss. Würzburg 1965] – H. C. Van Elswijk, Gilbert Porreta, 1966, 75–124 – N. M. Häring, Notes on the Council and Consistory of Rheims, MSt 28, 1966, 39–59 – Ders., Das Pariser Konsistorium Eugens III. vom April 1147, SG 11, 1967, 91–117 – E. Kennan, The →Concept« of St. Bernard of Clairvaux, Traditio 23, 1967, 73–115 – W. Seegrün, Das Papsttum und Skandinavien bis zur Vollendung der nord. Kirchenorganisation, 1967 – D. Baker, S. Bernardo e l'elezione di York (Studi su S. Bernardo, 1975), 115–180 – F. Lotter, Die Konzeption des Wendenkreuzzugs, 1977 – L. Cioni, Il Concilio di Reims nelle fonti contemporanee, Aevum 53, 1979, 273–300 – F. J. Jakobi, Wibald v. Stablo und Corvey, 1979 – H. Jakobs, E. und die Anfänge europ. Stadtsiegel, 1980.

4. E. IV. (Gabriele Condulmer) OESA, Papst seit 3. März 1431 (Wahl; Krönung: 12. März), * 1383 in Venedig, † 23. Febr. 1447 in Rom, ⊡ ebd., St. Peter (Renaissance-Grabmal des Isaia da Pisa später nach S. Salvatore in Lauro verlegt); aus der ven. Kaufmannsfamilie der →Condulmer. E. wurde durch die monast. Bildung des OESA geformt. 1404 gründete er mit Antonio →Correr die Kongregation v. S. Giorgio in Alga (Prior: Ludovico →Barbo). Nach der Wahl seines Onkels Angelo →Correr zum Papst der röm. Obödienz (→Gregor XII.) ging er an die Kurie, wurde 1407 Kammerkleriker, Thesaurar, Prior v. S. Agostino in Vicenza und Bf. v. Siena, 1408 Kardinalpriester von S. Clemente. Die Erfahrungen der letzten Jahre des →Abendländ. Schismas, die er in engster Umgebung Gregors XII. zubrachte, prägten sein späteres kirchenpolit. Handeln. Seit Nov. 1415 auf dem Konzil v. →Konstanz, ohne dort bes. hervorzutreten. Unter →Martin V. war er 1420–23 Gouverneur der Mark Ancona, 1423–24 von Bologna, stand aber seither, ohne Ämter, offenbar in getrübtem Verhältnis zu diesem. Bei seiner Wahl zum Papst als Kompromißkandidat zw. →Orsini und →Colonna mußte er eine Kapitulation des →Kardinalkollegs unterzeichnen.

Sein langer und wechselvoller Pontifikat markierte »die letzte große Krise des Papsttums vor der Reformation« (Partner). Er begann mit einer Serie von Fehlgriffen: Ohne familienpolit. Abstützung geriet E. sofort in Konflikt mit den Colonna, deren Nepotenregiment dem Kirchenstaat eine gewisse Stabilität gewährt hatte. Sein Neffe Marco →Condulmer scheiterte als Legat in Avignon. Das noch von Martin V. einberufene Konzil v. →Basel löste er im Dez. 1431 auf. Die epochale Auseinandersetzung mit dem Konzil begleitete den ganzen Pontifikat und verschränkte sich mit der Italien- und Unionspolitik. Die unerwartete europ. Solidarisierung mit dem Konzil führte den spätma. Streit um die Kirchenverfassung (→Konziliarismus) auf den Höhepunkt. Unter massivem Druck erkannte E. die Synode im Dez. 1433 wieder an, verlegte sie aber, ihre innere Spaltung ausnutzend, 1437 nach Ferrara. Am 25. Juni 1439 setzten ihn die Basler ab und wählten mit →Felix V. den letzten Gegenpapst der Geschichte. Die seit ca. 1436 von E. eingeleitete ideolog. und diplomat. Offensive zielte v. a. auf Gewinnung der Fs.en. Sein »Libellus Apologeticus« (Juni 1436; vgl. die Bullen »Moyses vir dei«, 4. Sept. 1439; »Etsi non dubitemus«, April 1441) stilisierte den Konziliarismus als Bedrohung des monarch. Prinzips. Den schließlichen Erfolg verdankte er fähigen Diplomaten und Theoretikern (Juan de →Carvajal, →Nikolaus v. Kues, Juan →Torquemada u. a.). Privilegien und bilaterale →Konkordate (1441 mit Lüttich, Bretagne, Burgund; 1445 mit Verden; 1448 unter →Nikolaus V. →Wiener Konkordat mit dem dt. Kg.; Konkordat mit Frankreich scheiterte 1444) räumten den Fs.en als Partnern der Kurie große kirchenherrl. Rechte ein (→Landeskirche). – E.s persönlichstes Anliegen war eindeutig die →Kirchenunion mit den Griechen. Ihr Zustandekommen auf dem Konzil v. →Ferrara-Florenz (5. Juli 1439) bedeutete den Höhepunkt seiner Regierung. Als unmittelbare Folge der Union begann unter E. eine jahrzehntelange Phase päpstl. Kreuzzugspolitik gegen die →Türken. Das christl. Heer unter Kard. →Cesarini erlitt aber 1444 bei →Varna eine katastrophale Niederlage.

Die Martin V. geglückte Konsolidierung des Kirchenstaats erlitt unter E. schwere Rückschläge. Konstante der

Italienpolitik war zunächst eine enge Allianz mit Venedig und Florenz gegen Mailand und Neapel, die sich u. a. des Basler Konzils als Druckmittel bedienten. Am 31. Mai 1433 krönte E. den Luxemburger→Sigmund in Rom zum Ks. Dem Condottiere Francesco →Sforza mußte er 1434 die Mark Ancona überlassen. Eine Erhebung der Römer zwang E. zu dramat. Flucht nach Florenz (Juni 1434), das seither, mit Unterbrechungen in Bologna und Ferrara, bis 1443 Sitz der Kurie war. Die polit., wirtschaftl. und kulturellen Folgen dieses Aufenthalts sind wenig erforscht. In den Jahren 1435–40 gewann Giovanni →Vitelleschi mit brutalen Methoden Rom und Teile des Kirchenstaats für E. zurück. Die Thronvakanz in Neapel (1435) veranlaßte den Papst zur Schaukelpolitik zw. den Nachfolgekandidaten Alfons V. v. Aragón (→17. Alfons) und dem von Frankreich gestützten →René v. Anjou, ohne eigene territoriale Ambitionen zu verhehlen. Das Jahr 1443 brachte eine Zäsur: Durch Arrangement mit Mailand und Neapel vollzog E. einen Bündniswechsel und konnte am 28. Sept. 1443 in Rom einziehen. – Die Kurienbehörden funktionierten trotz der Basler Konkurrenz auch im Florentiner Exil weiter. Wesentl. Reformen sind nicht feststellbar, jedoch Ansätze verstärkter kollegialer Organisierung (→Abbreviatoren) und künftiger Ämterkäuflichkeit.

Obwohl selber ʿmodicae litteraturaeʾ (Platina) und dem Humanismus letztlich fremd, entzog sich E. dem humanist. Ambiente nicht (Humanistenwettstreit vor E. 1435 in Florenz etc.). Noch als Papst lernte er um der Union willen Griech. und beauftragte Künstler wie Filarete, Ghiberti und Donatello. Die Kurientätigkeit vieler Humanisten (Poggio, Aurispa, Vegio, Parentucelli usw.), der prominente Platz E.s in der humanist. Geschichtsschreibung, die engere Beziehung zu Flavio →Biondo machten ihn zwar noch nicht zu einem »christl. Humanisten«; doch leitete sein Pontifikat zum Renaissancepapsttum über.

Von ehrfurchtgebietender Erscheinung, asket. lebend und karitativ tätig, litt er seit Amtsbeginn unter den Folgen eines Schlaganfalls. Seiner mönch. Selbstauffassung entsprechend, förderte er die Observanz (→S. Giustina) und reformierte persönl. Kl. und Konvente. Züge von Härte und Starrheit zeigen sich v. a. im ebenso eisernen wie skrupulösen Beharren auf der plenitudo potestatis des Papstamts, die er mit allen Mitteln verteidigte. In seiner Politik wechselten krasse Mißgriffe mit spektakulären Erfolgen. Wie maßgebend hier Ratgeber und Helfer waren, bedarf noch der Klärung.   J. Helmrath

Q.: Blondi Flavii historiarum decades, Basel 1559, III, 4–6; IV, 1–2 – C. Baronius, Annales ecclesiastici, ed. A. THEINER, XX, 1874 – MANSI XXIX–XXXII, XXXV – BDPV, 1–96 – A. THEINER, Cod. diplomaticus dominii temporalis S. Sedis III, 1862, 301–367 – Rep. Germanicum I, bearb. R. ARNOLD, 1897 – Bullarium Franciscanum NS I, 1929, 1–527 – Poggio Bracciolini, Opera omnia II, ed. R. FUBINI, 1964, 85–122 – Viten: B. Platina, MURATORI² III, 1, 313–328 – Anonymus, ebd. III, 2, 868–878 – Vespasiano da Bisticci, Le Vite, ed. A. GRECO, I, 1970, 3–27 – Lit.: DHGE XV, 1355–1359 [Lit.] – DThC V, 1492–1496 – HE XIV, 227–292 – HKG III, 2, 572–588 – LThK² III, 1172f. – F. GREGOROVIUS, Gesch. der Stadt Rom VII, 1894⁴, 27–98 – E. HAAS, Das Salvatorium Papst E. IV. – L. PASTOR, Gesch. der Päpste I, 1926⁸⁻⁹, 295–373 – J. GILL, Eugenius IV Pope of Christian Union, 1961 [einzige Biogr.] – R. BÄUMER, Die Stellungnahme E.s IV. zum Konstanzer Superioritätsdekret (Das Konzil v. Konstanz, 1964), 337–356 – J. B. TOEWS, Pope Eugenius IV and the Concordat of Vienna, ChH 34, 1965, 178–194 – W. BRANDMÜLLER, Der Übergang vom Pontifikat Martins V. zu E. IV., QFIAB 47, 1967, 596–629 – A. M. CORBO, Artisti e artigiani in Roma al tempo di Martino V e Eugenio IV, 1969 – J. KIRSHNER, Papa Eugenio IV e il Monte Commune, ASI 127, 1969, 339–382 – P. OURLIAC, Eugène IV, 1970 [Neudr.: DERS.,

Études de l'hist. du droit I, 1979, 367–370] – P. PARTNER, The Lands of St. Peter, 1972 – E. MARINO, Eugenio IV e la storiografia di Flavio Biondo, Memorie domenicane NS 4, 1973, 241–287 [vgl. L. ONOFRI, ASRSP 99, 1976, 349–356] – M. MIGLIO, Storiografia pontificia del Quattrocento, 1975 [vgl. R. FUBINI, StM, Ser. III, 18, 1977, 321–351] – K. M. SETTON, The Papacy and the Levant II, 1976 – M. CARAVALE – A. CARACCIOLO, Lo stato pontificio da Martino V a Pio IX, 1978, 49–65 – J. W. STIEBER, Pope Eugenius IV, the Council of Basel, 1978 – B. SCHWARZ, Die Abbreviatoren unter E. IV., QFIAB 60, 1980, 200–274 – J. A. F. THOMSON, Popes and Princes, 1980 – R. REINHARDT, Martin V. und E. IV. (Gestalten der Kirchengesch. 12, hg. M. GRESCHAT, 1985), 27–38 – N. KÜHLENTHAL, Zwei Grabmäler des frühen Quattrocento in Rom, Röm. Jb. für Kunstgesch. 16, 1976, 17–56.

Eugenikos → Markos Eugenikos

Eugenios. 1. E. v. Palermo, siz. Würdenträger und Dichter, *1130, † 1203. Enkel des Notars und Admirals Eugenios I., Sohn eines Admirals Johannes, magister der kgl. Duana baronum von 1174 bis 1189, seit 1190 kgl. Admiral (→Admiratus). 1195 von Ks. Heinrich VI. exiliert, 1196 jedoch in die Finanzverwaltung zurückgeholt. Von 1198 bis 1202 magister camerarius von Apulien und der Terra di Lavoro. E. förderte die Neublüte der klass. griech. Literatur im norm. Sizilien. Sein eigenes lit. Œuvre geistl. und profanen Inhalts verschafft ihm einen angesehenen Platz in der Geschichte der byz. Lit. Italiens. Wie bei den Schriftstellern des griech. Ostens gehen auch bei E. bibl. Stoffe mit paganen Mythen eine Symbiose ein. Die lat. Dichtung hat auf E. keinen Einfluß. Sein gelehrtes Werk ist sehr facettenreich (Mitübersetzung des Almagests des Ptolemaeus, Übersetzung der Optik des Ptolemaeus aus dem Arab. ins Lat. und der sybillin. Orakel aus dem Griech. ins Lat.; ferner Herausgabe der von Symeon Seth ins Griech. übersetzten Fabel →Stephanites und Ichnelates. E.ʾ Persönlichkeit wird v. a. in seinen 24 Gedichten deutlich (Florenz, Cod. Laur. graec. plut. V, 10, 14. Jh., aus S. Nicola di Casole bei Otranto), die wertvolle Hinweise auf das kulturelle Leben der Zeit und die Biographie des Autors bieten. E. beweist große metr. Gewandtheit in der Verwendung des byz. Zwölfsilbers und greift auf das rhetor. Arsenal zurück. Er verbindet die Lehre der hl. Schrift und der Kirchenväter (insbes. des Gregor v. Nazianz) mit dem Gedankengut Platons und Plutarchs, schöpft auch aus Lukian sowie aus dem hermet. Werk des hellenist. Dichters Lykophron, dem auch die italobyz. Dichter der Terra d'Otranto im 13. Jh. verpflichtet sind.

Die Themen der Gedichte sind vielfältig: Laster (c. II, III, VI, VII, VIII, XX, XXII), Tugenden (c. IV, V, XXIII), Regeln zum asket. Leben (c. IX), inspiriert von Paulus und Athanasios; autobiograph. ist das im Gefängnis verfaßte c. I über die Unbeständigkeit des menschl. Lebens und über sich selbst, in dem das individuelle Gefühl nicht von dem Gewicht der traditionellen Rhetorik und Philosophie überlagert wird. Der Wechsel von Glück und Unglück wird durch das im MA sehr beliebte Bild des Rades der Fortuna symbolisiert. Die christl. Asketen treten an die Stelle der »falschen Weisheit« der barbar. Heiden. Bei der Beschreibung einer Seerosenart (c. X) läßt sich der Einfluß Theophrasts und Dioskurides' sowie der Ekphrasisregeln des Hermogenes feststellen. C. XI, XII, XIII, XIV, XVI sind Epigramme, teilweise religiösen Inhalts (darunter c. XIV auf den Friedhof der Mönche des Salvatorkl. in Messina). Im 15. Gedicht stellt E. dem Enkomion Lukians auf die Fliege ein Schmählied gegenüber. C. XVII, XVIII, XIX sind in Briefform gehalten. Von polit. und ideolog. Interesse sind c. XXI über das Königtum, eine Art Fürstenspiegel, der platon. Gedankengut vermittelt und Anklänge an die Reden des Dion Chrysostomos an Traian, des Synesios an Arcadius und der Regeln des Agapitus für Justinian erkennen läßt, sowie c. XXIV, ein nach den Panegyrikos-Regeln des Rhetors Menander verfaßtes Preislied auf Wilhelm I., Kg. v. Sizilien, kein hist. Zeugnis, sondern eine Verherrlichung des Normannenkönigs als »alter Christus«, der alle krieger. und polit. Tugenden besitzt. M. Gigante

Lit.: C. H. HASKINS – D. P. LOCKWOOD, The Sicilian Translators of the Twelfth Century and the First Lat. Version of Ptolemy's Almagest, Harvard Studies in Classical Philology XXI, 1910, 75–102 – C. H. HASKINS, Further Notes on Sicilian Translations of the Twelfth Century, ebd. XXIII, 1912, 155–166 – E. JAMISON, Admiral Eugenius of Sicily. His Life and Work, and the Authorship of the Epistola ad Petrum and the Hist. Hugonis Falcandi Siculi, 1957 [die Gleichsetzung mit Hugo Falcandus ist nicht aufrechtzuerhalten] – C. H. HASKINS, Stud. in the Hist. of Mediaeval Science, 1960², 156–193 – L. O. SJÖBERG, Stephanites und Ichnelates. Überlieferungsgesch. und Text, 1962, 106ff. – M. GIGANTE, Il tema dell' instabilità della vita nel primo carme di Eugenio di Palermo, Byzantion XXXIII, 1963, 325ff. (= Scritti sulla civiltà letteraria bizantina [Saggi Bibliopolis 5], 1981, 131–166) – Eugenii Panormitani Versus Iambici, ed. (mit it. Übers. und Komm.) M. GIGANTE, 1964 – DERS., La civiltà letteraria (I Bizantini in Italia), 1982, 628–630.

2. E., Mönch und Wundertäter, Persien, 4. Jh. Seit dem 9. Jh. gilt E. (Mar Augen) als Begründer des Mönchtums in Persien. Danach soll er ursprgl. Mönch im Pachomiuskloster (Ägypten) gewesen, dann mit 70 Schülern unter Kg. Šapur II. (310–380) nach Persien gekommen sein. Die Nachricht ist völlig unglaubwürdig. Vielleicht war ein E./ Mar Augen Gründer eines Kl. auf dem Berg Izla bei Nisibis. K. S. Frank

Lit.: Acta Mart. syr. 3, 376–479 – DIP III,1343; V,286–287 – A. VÖÖBUS, Hist. of Asceticism in the Syrian Orient 1, 1958, 217–220 – J. M. FIEG, Aonès, Awun et Awgin (Eugène). Aux origines du monachisme mésopotamien, AnalBoll 80, 1962, 52–81.

Eugenius

1. E., Flavius, Usurpator 392–394; Lehrer der Rhetorik in Rom. Nach dem Tod Ks. →Valentinians II. (392) wurde er von dem frk. Heermeister Arbogast, einem Heiden, in Lyon zum Ks. des Westens bestimmt, aber von →Theodosius nicht anerkannt. Nach einem Vertrag mit Franken und Alamannen am Rhein marschierte E. in Italien ein und nahm Residenz in Mailand. Obwohl selbst Christ, förderte er die heidn. Reaktion in Rom unter Führung des Praefectus Praetorio Italiae, Nicomachus Flavianus: Rückgabe der eingezogenen Tempelgüter, Wiederaufstellung des Victoriaaltares in der Kurie (Paulin. vit. Ambr. 26). Dies rief den Protest des Bf.s →Ambrosius hervor, der E. den Ausschluß vom Gottesdienst androhte (epist. 57,8). 394 wurde E. von den aus dem Osten heranrückenden Truppen des Theodosius am Fluß Frigidus (in den Jul. Alpen) geschlagen, gefangengenommen und hingerichtet; Arbogast und Flavianus töteten sich selbst. Der durch einen plötzlich einsetzenden Nordoststurm, die Bora, beeinflußte Ausgang der Schlacht wurde von den Christen als Gottesgericht gegen die Heiden gedeutet, welche ihre Hoffnung auf mitgeführte Bilder von Jupiter und Herakles gesetzt hatten. Nach dem Ende der Eugeniusherrschaft traten viele Anhänger der heidn.-röm. Opposition zum Christentum über (Prud. contr. Symm. I 545ff.). R. Klein

Lit.: KL. PAULY II, 413 – RAC VI, 860ff. – RE II, 417, s. v. Arbogast – O. SEECK, Gesch. des Untergangs der antiken Welt V, 1920, 243ff. – J. SZIDAT, Die Usurpation des E., Historia 28, 1979, 487ff.

2. E. (Owen) **the Bald** (›der Kahle‹), † wohl 1018, Sohn des Dumnagual, Kg. v. →Strathclyde (Cumbria) im späten 10. und frühen 11. Jh. E. war der letzte Angehörige einer Königsfamilie, die Strathclyde, dem letzten verbliebenen brit. Reich im nördl. Britannien, im 9. und 10. Jh.

einen weitgehend unabhängigen Status sicherte. Während eine walis. Überlieferung 1015 als E.' Sterbejahr nennt, ist eine nordengl. Überlieferung, nach der er 1018 in der Schlacht v. →Carham-on-Tweed auf schott. Seite kämpfte u. fiel, als glaubwürdiger vorzuziehen. G. W. S. Barrow

Lit.: A. O. ANDERSON, Early Sources of Scottish Hist., 1922, I, 480 – K. H. JACKSON, The Britons in Southern Scotland, Antiquity 29, 1955, 77–88.

3. E., Bf. v. Karthago 481–505; † 505 in Albi/Gallien. Nach den schweren Verfolgungen der Katholiken unter Kg. →Geiserich gestattete Kg. Hunnerich (477–484) 481 (nach 24jähriger Vakanz) in Karthago wieder eine Bischofswahl, aus der E. als Bf. hervorging. Er erregte durch sein sozial-caritatives Wirken den Neid des vandal. Klerus. Hunnerich verfolgte daraufhin wieder die Katholiken: E. mußte mit etwa 5000 Gläubigen in die Verbannung. Am 1. Febr. 484 führte E. mit dem vandal. Klerus ein Religionsgespräch, das jedoch kein Ergebnis, sondern schärfere Verfolgung brachte. Kg. Gunthamund (484–496) nahm die Verfolgungsgesetze teilweise zurück; E. konnte 487 nach Karthago heimkehren. Doch dessen Nachfolger Thrasamund (496–523) verfolgte die Katholiken wieder. E. wurde erneut verbannt und floh nach Südgallien. – Wird als Hl. verehrt. K. S. Frank

Q.: VICTOR V. VITA, Historia persec. Africanae prov., II–III – Gregor v. Tours, Hist. Franc. II, 3–4 – Ps. Gennad. vir. ill. 97 – *Lit.:* DACL I, 810–861 – DHGE XI, 1149–1159 – BHL 2677–2681 – KL. PAULY II, 413f. – RE VI, 986f. – CH. COURTOIS, Les Vandales et l'Afrique, 1955 – P. COURCELLE, Hist. littéraire des grandes invasions germaniques, 1964⁴ – H. J. DIESNER, Das Vandalenreich, 1966.

4. E. II., Metropolit v. Toledo, † 657. Er gab seine Stellung als Geistlicher an der Hofkirche v. Toledo auf und zog sich nach Zaragoza zurück, wo er Mönch wurde und sich als Archidiakon unter Bf. →Braulio bewährte. 646 übertrug ihm Kg. →Chindasvinth das Toledaner Bistum; seine Einstellung zu diesem Herrscher, der mit harter Hand in kirchl. Angelegenheiten eingriff, war jedoch trotz äußerer Unterwerfung von tiefer Abneigung geprägt. 656 tagte das 10. Konzil v. Toledo unter dem Vorsitz des Eugenius. →Iulianus v. Toledo war sein Schüler.

Nach dem Zeugnis seines Nachfolgers →Ildefons v. Toledo (De viris ill. 13), der ihn als körperlich schwach und schmächtig beschreibt, besaß E. musikal. Kenntnisse und verbesserte den liturg. Gesang. Von seiner Prosa, zu der insbes. eine Schrift über die Trinität zählte, haben sich, abgesehen von ihm zugeschriebenen Texten in Konzilsakten, nur Fragmente und drei Briefe erhalten; bekannt wurde er als Dichter. Auf Veranlassung Chindasvinths überarbeitete er →Dracontius' »De laudibus dei« (nur Buch I, v. 118–754) und »Satisfactio« (v. 1–252). Seine Kleindichtung stellte er selbst in einem Corpus mit Vorrede zusammen. Dort finden sich Epitaphien – darunter eines für Chindasvinth, in dem der Kg. seine Laster und Verbrechen bekennt –, beschreibende Epigramme, Sprüche und Tituli für mancherlei Gegenstände. Persönliche und Naturgedichte boten E. Gelegenheit zur Klage über seine Sünden und seine Kränklichkeit, über Altersgebrechen und die vielfältigen Gefahren und Mühsale, die den hinfälligen Menschen auf seinem kurzen Lebensweg begleiten. – Die gute Bildung des Autors spiegelt sich in seinem Werk. Auffällig ist die formale Eigenwilligkeit, die sich zumal in ungewöhnlichen Versmaßkombinationen äußert. Den Eindruck prosodischer Anomalien führt BRUNHÖLZL in manchen Fällen auf Einführung des rhythm. Prinzips zurück, wogegen NORBERG für durchgängig metrische Poesie, in der kurze Endsilben lang gemessen werden durften, plädiert. J. Prelog

Ed. und Q.: MGH AA 14, 1905 [F. VOLLMER] – Epistolario de S. Braulio, ed. L. RIESCO TERRERO, 1975, 132–137, 140–147 – Blossi Aemili Draconti satisfactio una cum Eugeni recensione, ed. F. SPERANZA, 1978 – *Lit.*: Repfont IV, 387–389 [Lit.] – BRUNHÖLZL I, 95–99, 522 – H.-J. DIESNER, E. II. v. Toledo im Konflikt zw. Demut und Gewissen (Pietas. Fschr. B. KÖTTING, 1980), 472–480 – C. CODOÑER, The Poetry of E. of Toledo, Papers of the Liverpool Latin Seminar 3 (Arca 7, 1981), 323–342 – D. NORBERG, Carmen oder Rhythmus?, MJb 19, 1984, 63–72.

5. E. Vulgarius, wohl Neapolitaner und vielleicht Lehrer an der dortigen Domschule, zeitweilig auch in ein Kl. (Montecassino?) verbannt, verteidigte unter Papst →Sergius III. (904–911) in zwei kanonist. Streitschriften, gestützt auf pseudoisidor. Rechtssätze zur Bischofstranslation, die Gültigkeit der Weihen des postum verurteilten →Formosus. In seinen kurzen Briefen und Gelegenheitsgedichten, die vornehmlich Schmeicheleien gegenüber Papst Sergius, dem byz. Ks. →Leo VI. und unterit. Großen ausbreiten, zeigt er formale Vielseitigkeit und ausgedehnte Belesenheit, u. a. in den Tragödien Senecas.
R. Schieffer

Ed.: E. DÜMMLER, Auxilius und Vulgarius, 1866, 117–139 – MPL 129, 1101–1112 – MGH PP 4/1, 406–440 – P. MEYVAERT, A Metrical Calendar by E. V., AnalBoll 85, 1966, 349–377 – *Lit.*: MANITIUS I, 433–437 – F. J. E. RABY, A Hist. of Secular Latin Poetry in the MA I, 1957², 286–289 – WATTENBACH-LEVISON-LÖWE IV, 445–447 – H. FUHRMANN, Einfluß und Verbreitung der pseudoisidor. Fälschungen II, 1973, 309f.

Eugippius, Abt, christl. Autor, * wohl 465/467, † nach 533. E. entstammte wahrscheinlich einer röm., vielleicht in Ufernoricum (→Noricum) ansässigen Familie. Als junger Mann schloß er sich dem hl. →Severinus v. Noricum an und trat – kurz vor oder nach Severinus' Tod (482) – in dessen Kl. Favianis (Mautern bei Krems a. d. Donau?) ein.

Als die Situation in Noricum durch die Barbareneinfälle unhaltbar wurde, wanderte er mit den übrigen Mitgliedern seines Kl. nach Italien; nach der definitiven Installierung der Gemeinschaft im Castellum Lucullanum bei Neapel übernahm E. schließlich das Amt des Abtes während des Pontifikats Papst Gelasius' I. (492–496). Möglicherweise lebte er vorher ztw. auch in anderen Kl. (Lérins?).

E. stand in Kontakt mit bedeutenden kirchl. Gelehrten seiner Zeit wie →Dionysius Exiguus, der E. seine lat. Übersetzung von »De statu hominis« des Gregor v. Nyssa widmete, →Fulgentius v. Ruspe, Fulgentius→Ferrandus, →Cassiodor und →Paschasius sowie mit →Proba, wahrscheinlich Tochter des Symmachus (Consul 485?). Im Lichte dieser weitgespannten Beziehungen erscheint E. als eine mit dem spirituellen und intellektuellen Leben seiner Zeit sehr vertraute Persönlichkeit und als Sympathisant der probyz. röm. Aristokratie der Zeit des →akakian. und laurentian. Schismas.

Um 511 hatte E. sein Hauptwerk vollendet, das »Commemoratorium vitae sancti Severini« (eingeleitet durch einen Brief an Paschasius, den dieser beantwortete). In dieser bedeutenden Vita schildert E. vor dem dramat. Hintergrund des Niedergangs der röm. Provinz Noricum das Wirken des hl. Severinus, der als von der Bibel inspirierter Gottesmann dargestellt wird. Sprachlich-stilistisch kombiniert E. spätantike Kunstprosa (z. B. rhythmische Klauseln) mit christlich geprägter Einfachheit des Stils, wie sie Paschasius in seinem Schreiben als angemessen befürwortet hatte. Nach 511 kompilierte E. seine »Excerpta ex operibus sancti Augustini«, denen er einen Widmungsbrief an Proba voranstellte. Neuerdings wird ihm auch eine monastische »Regula«, ein sog. Regel-Cento, der Texte aus älteren Regeln zusammenstellt, zugeschrieben; sie dürfte um 530 entstanden sein. →Hagiographie.
M. van Uytfanghe

Ed.: Vita Severini: P. KNÖLL, CSEL 9,2, 1886; T. R. MOMMSEN, MGH SRG (in us. schol.) 26, 1898 – R. NOLL, Eugippius. Das Leben des hl. Severin, 1963 [mit dt. Übers.]; TH. NÜSSLEIN, 1985 [mit Komm.] – Excerpta: P. KNÖLL, CSEL 9,1 1885 – Regula: F. VILLEGAS–A. DE VOGÜÉ, CSEL 87, 1976 – *Lit.*: A. DE VOGÜÉ, La Règle d'Eugippe retrouvée?, Revue d'Ascétique et de Mystique 47, 1971, 233–266 – DERS., Quelques observations nouvelles sur la Règle d'Eugippe, Benedictina 22, 1975, 31–41 – F. LOTTER, Severinus v. Noricum. Legende und hist. Wirklichkeit, 1976 – A. QUACQUARELLI, La Vita sancti Severini di Eugippio: etopeia e sentenze, Vetera Christianorum 13, 1976, 229–253 – E. M. RUPRECHTSBERGER, Beobachtungen zum Stil und zur Sprache des E., Röm. Österreich 4, 1976, 227–299 – M. VAN UYTFANGHE, Les avatars contemporains de l'»hagiologie«. A propos d'un ouvrage récent sur St Séverin du Norique, Francia 5, 1977, 639–671 – J. DUMMER, E. und die Rolle der Kirche in der Übergangsepoche, Klio 63, 1981, 639–642 – M. M. GORMAN, The Ms. Tradition of E.' Excerpta ex operibus s. Augustini, RevBén 92, 1982, 7–32, 229–265 – H. SCHMEJA, Zur Latinität der Vita S. Severini des E. (Fschr. R. MUTH, 1983), 425–436 – s. a. die Lit. zu →Severinus.

Eugraphius, Grammatiker → Grammatik, Grammatiker

Euhemerismus, die Theorie von der Entstehung des Götterglaubens aus der Verehrung vergöttlichter Menschen, benannt nach dem Griechen Euhemeros und im christl. MA vielfach verwendet zur Erklärung der Existenz nichtchristl. Göttervorstellungen. Die Ἱερὰ ἀναγραφή (hl. Aufzeichnung) des Euhemeros – verfaßt um 300 v. Chr. und nur fragmentarisch überliefert bei Diodor v. Sizilien (1. Jh. v. Chr.) und dem Kirchenvater Lactantius (4. Jh.) – gehört zu einer in nachalexandrin. Zeit beliebten Romangattung, die eine polit. Utopie in die Form einer fiktiven Reisebeschreibung kleidet: Der Autor wird auf eine Inselgruppe im Ind. Ozean verschlagen und findet auf deren Hauptinsel Panchaia einen Zeustempel mit Götterstatuen und einer goldenen Stele. Deren Inschrift und dazu die priesterl. Überlieferung bezeugen, daß Uranos, Kronos und Zeus die ältesten Könige der Panchaier und überhaupt der »bewohnten Erde« waren und daß Zeus sich mit der Errichtung eines Altars für Uranos, seinen »Stammvater« (προπάτωρ), schon zu Lebzeiten göttliche Ehren zuerkennen ließ (ed. F. JACOBY, Die Fragmente der griech. Historiker I, 1923, Nachdr. 1957, 300–313). Euhemeros, im Dienste des Kg.s Kassandros v. Makedonien stehend, will mit dieser rationalist. Mythenerklärung wohl zugleich eine polit. Rechtfertigung des hellenist., oriental. beeinflußten Königskultes liefern. Ansatzweise taucht schon bei ihm der Gedanke auf, daß die Könige wegen ihrer zivilisator. Verdienste zu Göttern wurden, und älter noch ist die griech. Vorstellung vom »Gottmenschen« (θεῖος ἀνήρ), der – wie Pythagoras – mit seinen übermenschl. Fähigkeiten zwischen Göttern und Menschen steht. Von daher kann sich später, bes. bei den Stoikern, der polit. orientierte E. leicht zur allgemeinen Vorstellung erweitern, daß die Götter Menschen gewesen seien, die als »Wohltäter« und »Erfinder« apotheosiert wurden (θεοὶ εὐεργέται und εὑρεταί).

Seit dem frühen Christentum dient der E. – oft reduziert zum bloßen Topos »deos homines fuisse« – als Mittel der Polemik gegen den →Polytheismus und neigt dazu, sich mit der bibl. Vorstellung zu verbinden, daß der heidn. Götterkult aus der Idolatrie hervorgegangen sei (Weish 14, 17–20), daß also »alle Götter der (Heiden-)Völker Götzenbilder« seien (omnes dii populorum sculptilia, Ps 95,5) und daß überhaupt »die Heiden den Dämonen opfern und nicht Gott« (1 Kor 10,20). Aus dem E. bezieht man dabei gern, um die Sterblichkeit der Götter zu demonstrieren, die Hinweise auf ihre Gräber, z. B. das Zeus-Grab auf Kreta. Unabhängig davon kann sich aber eine dem euhemerist. Ansatz ähnl. Polemik auch aus der Mythos-Kritik begründen: Bonifatius erhält vom Bf. Daniel für die Bekehrung der Heiden den Rat, die »Genealogie« ihrer Götter gar nicht anzuzweifeln, um desto besser beweisen zu können, daß »Götter und Göttinnen, die wie Menschen geboren sind, eben Menschen und nicht Götter waren« (Ep. 23).

Die Dämonenlehre des MA in ihrer Kombination mit dem E. orientiert sich vornehmlich an →Augustinus, der Euhemeros wegen seiner »hist. Gründlichkeit« lobt (De civ. Dei VI, 7): Die heidn. Götterverehrung gilt ihm zwar als törichter Aberglaube, aber nicht schon vom Ursprung her als Werk der Dämonen. Vielmehr sind für ihn die Götter – ganz im Sinne der euhemerist. εὐεργέται-Lehre – verdienstvolle, »große Menschen« gewesen (XVIII,14): Iris erhielt nach dem Tode göttl. Ehren, weil sie gerecht regiert und die Schrift erfunden haben soll (XVIII,3), Argus, weil er den Ackerbau eingeführt hatte (XVIII,6), Telxion, weil unter seiner Herrschaft »die Zeiten sanft und froh« gewesen waren (XVIII,2). In den Dienst des Teufels geraten solche Kulte erst dadurch, daß die Dämonen – gefallene Engel, die als Götter verehrt werden wollen – sie mit ihren trügerischen Künsten usurpieren und sich an die Stelle der vergöttlichten Toten setzen (II,10).

Sehr viel rigoroser urteilt der von Augustin kaum beeinflußte Bf. →Martin v. Bracara (6. Jh.), dessen Musterpredigt gegen den Aberglauben »De correctione rusticorum« bis in engl. und skand. Texte des 10.–13. Jh. wirkt (ed. C. P. CASPARI, 1883): Für Martin sind die heidn. Kulte von Anfang an Dämonenwerk und die Götter vor ihrem Tode nicht etwa εὐεργέται, sondern böse, lasterhafte Menschen, deren Namen und Kulte sich die Dämonen aneignen: Jupiter ein Zauberer und Ehebrecher, Mars ein Unruhestifter, Venus eine Hure (c.7).

Der E. erscheint während des MA also in mannigfachen Formen. Zumal in der von Augustin vorgezeichneten Konzeption kann er dazu dienen, das pagane Mythengut – als Geschichtswissen verfügbar gemacht – dem christl. Weltbild zu integrieren. Auf solche Weise wird der E. zu einer dritten Möglichkeit der Antike-Rezeption neben der →Typologese (z. B. Christus als »verus Apollo«) und der →Allegorese (z. B. Athene, Hera und Aphrodite im Paris-Urteil als Verkörperungen der vita contemplativa, activa und philargica). Gefördert wird diese Form des E. durch die dem MA fest eingeprägte Lehre von der →translatio artium, der ostwestl. Kulturwanderung, die für alle »Künste«, vornehml. die des Quadriviums, aber auch für Staat, Recht und Ritterschaft ehrwürdige, frühzeitl. »Erfinder« (εὑρεταί, inventores) voraussetzen möchte. Hinter dem hist. Interesse tritt dabei die ursprüngl. Funktion des E., den Götterglauben aus dem Totenkult zu begründen, gelegentl. etwas zurück oder wirkt nur noch unausgesprochen mit. So baut →Isidor v. Sevilla (7. Jh.) die Viten der antiken Götter parallel zu den bibl. Ereignissen in die Geschichte ein und trennt die Verehrung, die man diesen menschl. Wohltätern nach ihrem Tode entgegenbringt, von dem Götterkult, den danach erst die Dämonen inszenieren (Etymologiae VIII,11). Isidors Verfahren setzt sich fort bei →Ado v. Vienne (9. Jh.) und →Petrus Comestor (12. Jh.): Die paganen Gestalten stehen gleichrangig neben denen der Bibel. Selbst ihre Zauberfertigkeiten werden akzeptiert und nicht etwa auf Dämonen zurückgeführt, sondern – wie schon Isidor andeutet (VIII,9) – auf die größere, noch nicht der göttl. Schöpfung entfremdete

Naturkenntnis der Menschheit vor der Sündflut. Der Noah-Sohn Zoroaster ist nicht nur der »Erfinder der Magie« (inventor magicae artis), sondern schrieb auch die »sieben freien Künste« auf Säulen nieder (MPL 198, 1090). Im »Ovide moralisé« (14. Jh.) wird ohne pejorative Wertung erzählt, Jupiter, »König der Kreter«, habe durch seine Zauberkunst – also ohne Eingreifen der Dämonen – erreicht, daß man ihn für einen Gott hielt (I, 859ff.).

Genealog. aktualisiert im Dienste der stauf. Kaiseridee wird der E. von →Gottfried v. Viterbo, der in seinem 'Speculum regum' eine weltumfassende Ahnenreihe aufstellt, die von Adam bis zum Barbarossa-Sohn Heinrich VI. reicht, dem Adressaten seiner Schrift (1180er Jahre). Nimrod erscheint darin als der Vater des Kres, der der Insel Kreta seinen Namen gab und dem in der Königsherrschaft Celius, Saturn und Jupiter folgten. Von Jupiter heißt es, daß er als König Mensch gewesen sei, aber »wegen seiner unvergleichlichen Fähigkeiten und Verdienste Gott genannt werden konnte« (MGH SS 22, 37–39): Er war Gründer Athens, führte Recht und Gesetz und dazu die »sieben freien Künste« ein und wurde zum Stammvater der griech. und trojan. Könige, so daß auch Heinrich VI. – als Abkömmling der gens Francorum und damit der ausgewanderten Trojaner – letztlich ein Jupitersproß ist (→Genealogien, fiktive; →Trojaner-Abstammung).

Die Vorstellung von den 'Göttern' als Pionieren der Zivilisation bleibt durchs ganze MA lebendig. Der Humanist Poliodoro Virgilio systematisiert sie geradezu, wenn er in seinem Werk »De rerum inventoribus« (1499) jeden der Götter – die er für sterbliche Menschen hält, aber 'Götter' nennt – als einen 'inventor' präsentiert: Bacchus erfand den Weinanbau, Merkur das Alphabet usw.

Neben dieser positiv bewerteten Einverleibung der paganen Mythen in die christl. Geschichts- und Kulturtradition existiert weiterhin – wenn auch in geringerem Umfang – die strengere geistl. Sicht, die alle paganen Götter als lasterhafte Menschen und deren Kulte von vornherein als Dämonentrug verdammt. Dabei ist es kein Zufall, daß in der Nachfolge Martins v. Bracara bes. solche Autoren stehen, die noch einen unmittelbaren Kontakt mit der Heiden- und Ketzermission haben. Hierher gehören der anti-arianisch gesinnte Bf. →Gregor v. Tours (6. Jh., Hist. II, 29) und bes. →Ælfric, der sich im wikingerzeitl. England mit dem Heidentum der skand. Invasoren konfrontiert sieht (um 1000). Bemerkenswert ist daran nicht nur, daß Ælfric in seiner ae. Homilie »De falsis diis« die Predigt Martins verwertet, sondern auch, daß er mit den Göttern der Antike die der gegenwärtigen Heiden – Thor, Odin und Frigg – gleichsetzt, also auch sie im euhemerist. Sinne zu lasterhaften Menschen degradiert (ed. J. C. POPE, 1968, 682ff.). Diese eher beiläufige Apostrophierung der skand. Götter reizt dann irgendwann – vielleicht schon vor 1100 – einen färing. oder isländ. Geistlichen, seinen kurz zuvor christianisierten Landsleuten eine an. Homilie zu schreiben, in der er neben Ælfrics wohl auch Martins Text verwendet (»Um hvaðan ótrú hófst« [Woher der Unglaube stammt] in der →Hauksbók, 1892ff., 156–164). Daß der E. im 12. Jh. auf Island geläufig gewesen sein muß, bestätigt →Saxo Grammaticus in seinen »Gesta Danorum« (um 1200), wenn auch unklar bleibt, inwieweit er die Auskünfte seines Gewährsmannes polemisch überspitzt: Für Saxo waren die skand. Götter zwar Menschen, aber nicht Könige, sondern lasterhafte und lächerliche Betrüger. An ihrer Spitze stand Othinus, dem »ganz Europa« – aus unerklärten Gründen, vielleicht unter dem Eindruck seiner Zauberkunst, jedenfalls ohne Eingreifen der Dämonen – »den falschen Titel der Göttlichkeit« zuerkannte.

Seinen Stammsitz hatte er in Byzantium, hielt sich aber gern in Upsala auf, zumal die »Könige des Nordens« (Septentrionis reges) seine eifrigsten Verehrer waren (ed. J. OLRIK–H. RÆDER, 1931, 25ff.).

Manche Züge im germ.-nord. Mythos – Odin als Wanderer und Zauberer, das Sterben der Götter – mögen der Verwendung des E. von vornherein entgegenkommen. Zweifelhaft ist dagegen, ob die Zeugnisse für eine göttl. Abstammung got., engl. und skand. Herrscherfamilien wirklich bis ins Heidentum zurückreichen. Schon der früheste Beleg, die Herleitung des amal. Königshauses von den 'Ansen' (= an. Asen) in der Gotengeschichte des →Jordanes (6. Jh.), scheint unter dem Einfluß des E. zu stehen: Jordanes erzählt, die Goten hätten ihre »Vornehmsten« (proceres), als sie durch deren Kriegsglück einen Sieg über die Römer errangen, »nicht (mehr) bloße Menschen, sondern Halbgötter, d. h. Ansen,« genannt (non puros homines, sed semideos id est Ansis, MGH AA 5,1,76). Als »gelehrte« Konstruktion verrät sich diese spontane Vergöttlichung allein schon durch die Vorstellung des »Halbgottes«, die zwar den Griechen und Römern wohlgeläufig ($ήμίϑεος$, semideus), den Germanen aber völlig unbekannt ist. Auch die Genealogien ags. Könige, an deren Spitze meist Woden, seltener Geat, Sceaf oder Adam stehen – zuerst belegt durch →Beda (um 730, Hist. eccl. I,15) –, scheinen in ihrer Kürze und Einförmigkeit, zumal in ihrer Neigung zur bibl. Vierzehnzahl der Glieder (Matth 1,17), und ebenso nach dem Befund der Hss. erst in christl. Zeit entstanden zu sein, lassen sich also wohl nicht anders als im Sinne des E. verstehen. Den Beweis hierfür liefert Æthelweard (10. Jh.): Er bezeichnet Hengist und Horsa als »nepotes UUoddan (Wodans) regis barbarorum«, den die Heiden »ut deum« verehrten (Chron. 2,2). Stärker umstritten ist die Provenienz zweier an. Skaldengedichte, Ynglingatal und Háleygjatal, die angebl. aus dem vorchristl. 9. Jh. stammen, aber vielleicht als »gelehrte« Produkte des 12. Jh. gelten müssen. Bedenkenswert ist jedenfalls, daß es außerhalb dieser Gedichte keine skald. Metaphern gibt, die einen Fürsten als Göttersproß feiern, und auffällig ist auch, daß schon im ersten Prosabeleg für den göttl. Ursprung der schwed.-norw. Ynglinge, in →Aris Stammtafel (Anfang des 12. Jh.), die Göttergenealogie mit einer euhemerist. Einwanderungsfabel kombiniert ist: »1. Yngvi Türkenkönig (Tyrkia conungr), 2. Njörd Schwedenkönig, 3. Freyr...« (hg. W. GOLTHER, 1923², 25).

Diese euhemerist. Eingliederung der Götter in fsl. Genealogien setzt voraus, daß die Götter im Sinne der $εύεργέται$-Lehre als positive hist. Gestalten gesehen werden: Der gerade im Norden durch seine längere Lebensdauer reichhaltige Mythenschatz wird mit Hilfe des E. dem christl. Geschichtskonzept einverleibt und damit in den gleichen Rang versetzt wie die antike Tradition. Bedeutendster Zeuge dieses Kulturbewußtseins ist →Snorri Sturluson (1179–1241), der sowohl in der »Heimskringla« als auch in der sog. →»Snorra Edda« die einheim. Mythenüberlieferung euhemeristisch verwertet. In der Heimskr. bedient er sich der – wohl schon zu Aris Zeit geläufigen – etymolog. Spekulation, daß die 'Asen' aus 'Asien' eingewandert seien: Odin und seine zwölf »Tempelpriester« lehrten die Menschen im Norden allerlei »Fertigkeiten«, darunter auch die Skaldendichtung, führten Gesetze im Lande ein und wurden schließl. wegen ihrer »Weisheit und Zauberkunst« (fróðleikr ok fjǫlkyngi) als Götter verehrt. Nach Odins Tod ging die Herrschaft an die Vanen Njörd und Frey über, die dann zu Stammvätern der Ynglinge, des ältesten skand. Königsgeschlechts, wurden (Heimskr.,

Yngl. saga k. 2ff.). Geht es hier um Geschichte, so will Snorri in seiner 'Edda' das alte Mythengut als solches dem Gedächtnis bewahren. Er bewerkstelligt dies durch eine Rahmenerzählung, in der die zauberkundigen Asen dem Schwedenkönig Gylfi eine Sinnestäuschung vorgaukeln: Odin – in Gestalt einer Trinität »Hár-Jafnhár-Þriði« (Hoher-Ebenhoher-Dritter) – erzählt dem König die Mythen, und nachdem dieser das Gehörte unter den Menschen verbreitet hat, beschließen die Asen, die Namen des myth. Personals anzunehmen und sich fortan selbst als Götter verehren zu lassen (Gylfaginning, ed. G. LORENZ, 1984, 61ff., 647ff.). Konsequent hält Snorri hier wie auch sonst – so etwa Heimskr., Ól. Tryggv. k. 64, im Vergleich zu Odds Óláfssaga k. 43 – die kirchl. Dämonenlehre vom Mythos fern.

Stärker dem theol. Denken verpflichtet und detaillierter noch im Bemühen, den einheim. Mythos mit der antiken Mythen- und Sagentradition zu verklammern, ist der »Prolog« zur »Snorra Edda«, für den allerdings Snorris Autorschaft kaum zu sichern ist. Der Prolog läßt das skand. Göttergeschlecht ganz im Sinne der Kulturwanderungstheorie »nahe dem Weltmittelpunkt« entstanden sein, und der Versuch, es mit Hilfe einer Lautspielerei an die Troja-Sage zu binden, ist ihm wichtiger als das Faktum, daß Thor als Sohn Odins gilt: Trór, »den wir Thor nennen«, war ein Enkel des Priamus, und vermählte sich mit Síbíl (Sybille), die mit der Göttin Sif identifiziert wird. Erst viele Generationen später ging aus diesem Geschlecht Vóden hervor, »den wir Odin nennen«, und im Gegensatz zur Heimskr. erscheint dann Yngvi als sein Sohn und Nachfolger. Die Zeitspanne zwischen Trór und Vóden wird recht willkürlich dadurch überbrückt, daß zunächst geläufige Beinamen Thors als Namen seiner Nachkommen benutzt und danach Teile ags. Königsgenealogien eingefügt werden. Außerdem zeigt der Prolog im Beginn den Einfluß Martins v. Bracara, hält aber – anders als Martin – die Dämonenlehre fern und folgt im Gebrauch des E. entschieden der $εύεργέται$-Version: Als Odin mit seinen Gefolgsleuten in den Norden gekommen sei, hätte man so »viel Rühmendes« von ihnen erzählt, »daß sie eher Göttern als Menschen zu gleichen schienen« (ed. LORENZ, 43ff.)

Außerhalb Skandinaviens findet allein noch in Irland der einheim. Mythos Eingang in die christl. Kulturtradition: Seit dem 9. Jh. ist die gelehrte Klosterliteratur bemüht, den mytholog. Sagenkreis im euhemerist. Sinne mit den alttestamentl. und antik-heidn. Traditionen chronolog. zu verknüpfen und die Geschlechter der Götter und überird. Wesen als zauberkundige Völkerstämme zu begreifen, die längst vor der Ansiedlung der Gälen nach Irland eingewandert waren. So werden myth. Ereignisse wie die Schlacht von Mag Tured zu Bestandteilen der ir. Vor- und Frühgeschichte.   K. von See

Lit.: RE VI, 952–972 [F. JACOBY] – RAC VI, 877–890 [K. THRAEDE] – F. ZUCKER, Euhemeros und seine 'Ιερά άναγραφή bei den christl. Schriftstellern, Philologus 64, 1905, 465–472 – A. HEUSLER, Die gelehrte Urgesch. im isländ. Schrifttum, 1908 [abgedr. in: DERS., Kl. Schriften 2, 1969, 80–161] – O. WEINREICH, Antikes Gottmenschentum, Neue Jbb. für Wiss. und Jugendb. 2, 1926, 633–651 – J. D. COOKE, Euhemerism: A Mediaeval Interpretation of Classical Paganism, Speculum 2, 1927, 396–410 – A. KLEINGÜNTHER, Πρῶτος εὑρετής, Philologus Suppl. 26, 1933 – P. ALPHANDERY, L'Evhémérisme et les débuts de l'hist. des religions au MA, RHR 109, 1934, 1–27 – J. SEZNEC, La Survivance des dieux antiques (Stud. of the Warburg Institute 11), 1940 [engl. The Survivance of the Pagan Gods, 1953] – T. S. BROWN, Euhemerus and the Historians, Harvard Theol. Rev. 39, 1946, 259–274 – W. BAETKE, Die Götterlehre der Snorra-Edda (SSA. PH 97,3), 1950 – J. W. SCHIPPERS, De ontwikkeling der euhemerist. godencritiek in de christelijke latijnse literatuur, 1952 – K. SISAM, Anglo-Saxon Royal Genealogies, PBA 39, 1953, 287–348 – W. SPOERRI, Späthellenist. Berichte über Welt, Kultur und Götter (Schweizer. Beitr. zur Altertumswiss. 9), 1959 – A. HOLTSMARK, Studier i Snorres mytologi, 1964 – F. J. WORSTBROCK, Translatio artium, AK 47, 1965, 1–22 – H. BRAUNERT, Die hl. Insel des Euhemeros in der Diodor-Überlieferung, RhM 108, 1965, 255–268 – K. W. BOLLE, In Defense of Euhemeros (Myth and Law Among the Indo-Europeans, ed. J. RUHVEL, 1970), 19–38 – U. DRONKE – P. DRONKE, The Prologue of the Prose Edda: Explorations of a Latin Background (Sjötíu Ritgerðir, 1977), 153–176 – D. HARMENING, Superstitio, 1979 – I. C. COLOMBO, Modalità dell' interpretatio cristiana di culti pagani (Mondo classico e cristianesimo, 1982), 29–43 – A. FAULKES, Pagan Sympathy (Edda. A Collection of Essays, 1983), 283–314.

Euklid, griech. Mathematiker, um 300 v. Chr. höchstwahrscheinlich in Alexandria, Verfasser zahlreicher Lehrbücher und math. Schriften. Sein Hauptwerk, die »Elemente«, eines der meiststudierten und am häufigsten edierten Werke der Weltliteratur, wurde bereits in der Antike gern benutzt. Zeugnis sind die teilweise erhaltenen Kommentare von Heron v. Alexandria, Pappos v. Alexandria, → Proklos Diadochos und → Simplikios, die zahlreichen griech. Scholien sowie die Bearbeitung und Herausgabe des Textes durch → Theon v. Alexandria (4. Jh. n. Chr.), der die meisten späteren Hss. folgen. Von den Arabern sind verschiedene Übersetzungen sowie eine große Anzahl von Kommentaren, Bearbeitungen und Abkürzungen der Elemente bekannt (vgl. SEZGIN). Die vermutlich erste Übersetzung der Elemente ins Arab. erfolgte während der Regierungszeit von Hārūn durch al-Ḥaǧǧāǧ (um 786–833), der unter der Regierung von al-Ma'mūn noch eine zweite Fassung erstellte. Die nächste Übersetzung wurde durch Isḥaq b. Ḥunain († 910/911) angefertigt und wenig später durch den Mathematiker → Ṯābit ibn Qurra überarbeitet. Am beliebtesten war d. Textausgabe von → Naṣīr al-Dīn al-Ṭūsī (1201–1274), die alle vorangegangenen in den Schatten stellte.

In Westeuropa war der griech. Urtext der Elemente während des MA im allgemeinen nicht bekannt (zu einer nur wenig verbreiteten gr.-lat. Übersetzung im 12. Jh. in Sizilien vgl. MURDOCH, BUSARD). Wichtigste Quelle für die ma. Gelehrten bildeten zunächst einige dürftige Exzerpte aus einer von → Boethius (um 500) angefertigten, später verlorenen lat. Übersetzung (vgl. FOLKERTS). Mit dem 12. Jh. kommen die Übersetzungen aus dem Arab. hinzu. Die erste von ihnen wird im allgemeinen → Adelard v. Bath zugeschrieben und beruht nach der heute vorherrschenden Meinung auf dem Text von al-Ḥaǧǧāǧ (nach KUNITZSCH Isḥāq-Ṯābit). Gemäß CLAGETT lassen sich die zur sog. »Adelard-Tradition« gehörigen Hss. in drei verschiedene Versionen unterteilen (Ed. der Version I durch BUSARD). Aus der gegenüber Version I etwas abgekürzten, aber wirkungsgeschichtlich bedeutsamsten Version II entnahm → Campanus v. Novara die Formulierung der Propositionen für seine äußerst beliebte Textausgabe (über 100 Hss., erster Druck 1482 in Venedig). Weitere arab.-lat. Übersetzungen der Elemente wurden von → Gerhard v. Cremona (basierend auf dem Text von Isḥāq-Ṯābit) und → Hermannus de Carinthia (?) (basierend auf dem Text von al-Ḥaǧǧāǧ) angefertigt. Eine Edition des griech. Textes und allgemein verbreitete Übersetzungen aus dem Griech. folgten erst in der Renaissance durch Bartolomeo Zamberti (Venedig 1505), Simon Grynaeus (Basel 1533) und Federigo Commandino (Pesaro 1572), welche wiederum zahlreichen späteren als Vorlage dienten (zu den frühen Drucken vgl. STECK, THOMAS-SANFORD).

Neben den »Elementen« waren im MA auch einige von E.s kleineren Schriften wie die »Data«, die »Optica« und die vermutlich pseudoeuklid. »Catoptrica« bekannt. Sie wurden ebenfalls bereits im 12. Jh. aus dem Griech. ins Lat. übersetzt. Von den »Optica« existieren über 40 lat. Hss. und mindestens 3 verschiedene Übersetzungen, davon zwei aus dem Arab. (THEISEN).

Die zentrale Stellung von E.s Werken im MA läßt sich belegen durch die große Anzahl erhaltener Hss., die teilweise Aufnahme seiner Schriften in den Lektionsplan der Artes, die Übersetzung verschiedener griech. und arab. Kommentare sowie durch die Tatsache, daß bedeutende ma. Gelehrte wie → Leonardo Fibonacci, → Albertus Magnus (?), → Roger Bacon, → Witelo, → Nikolaus Oresme usw. Euklids Schriften kommentierten oder deren Gedankengut übernahmen und weiter entwickelten.

E. Neuenschwander

Ed.: M. GEYMONAT, Euclidis lat. facti fragmenta Veronensia, 1964 – H. L. L. BUSARD, The Translation of the Elements of Euclid from Arabic into Lat. by Hermann of Carinthia (?): Books I–VI, 1968; Books VII–XII, 1977 – M. FOLKERTS, »Boethius« Geometrie II, ein math. Lehrbuch des MA, 1970 – DERS., Anonyme lat. Euklidbearb. aus dem 12. Jh., DÖAW, Math.-Nat. Kl., 116, 1971, 1. Abh. – W. R. THEISEN, Liber de Visu: The Greco-Lat. Translation of Euclid's Optics, MSt 41, 1979, 44–105 – S. ITO, The Medieval Lat. Translation of the Data of Euclid, 1980 – H. L. L. BUSARD, The First Lat. Translation of Euclid's Elements Commonly Ascribed to Adelard of Bath, 1983 – DERS., The Lat. translation of the Arabic version of Euclid's Elements commonly acribed to Gerard of Cremona, 1983 – P. M. J. E. TUMMERS, Albertus' (Magnus) Commentaar op Euclides' Elementen der Geometrie, 1984 – H. L. L. BUSARD, The Medieval Lat. Translation of Euclid's Elements Made Directly from the Greek, 1987 – *Lit.:* DSB IV, 414–459 [ält. Lit.] – SEZGIN V, 83–120 – CH. THOMAS-SANFORD, Early Ed. of Euclid's Elements, 1926 – M. CLAGETT, The Medieval Lat. Translations from the Arabic of the Elements of Euclid, with Special Emphasis on the Versions of Adelard of Bath, Isis 44, 1953, 16–42 – J. E. MURDOCH, Euclides Graeco-Latinus, Harvard Stud. in Classical Philol. 71, 1967, 249–302 – Mehrere Aufs. von H. L. L. BUSARD zu ma. E.-Scholien und Komm. in: Centaurus 18, 1974, 97–128; Janus 60, 1973, 53–58; AIHS 24, 1974, 199–218 – G. R. EVANS, The »Sub-Euclidean« Geometry of the Earlier MA, up to the Mid-Twelfth Century, AHExSc 16, 1976/77, 105–118 – G. R. EVANS, Boethian and Euclidean Axiomatic Method in the Theology of the Later Twelfth Century, AIHS 30, 1980, 36–52 – M. FOLKERTS, Probleme der Euklidinterpretation und ihre Bedeutung für die Entwicklung der Mathematik, Centaurus 23, 1980, 185–215 – M. STECK, Bibliographia Euclideana, 1981 – W. THEISEN, Euclid's Optics in the Medieval Curriculum, AIHS 32, 1982, 159–176 – P. HOSSFELD, Zum Euklidkomm. des Albertus Magnus, APraed 52, 1982, 115–133 – J. SCHÖNBECK, E. durch die Jhh., Jb. Überblicke Mathematik, 1984, 81–104 – G. DE YOUNG, The Arabic Textual Traditions of Euclid's Elements, HM 11, 1984, 147–160 – Mathemata, Fschr. H. GERICKE, 1985 [Beitr. von: P. KUNITZSCH, 115–128; H. L. L. BUSARD, 129–164].

Eulalia. 1. **E.,** hl., Märtyrerin der diokletian. Verfolgung in → Barcelona, Heiligenfest am 12. Febr. Ihre Verehrung begann im 7. Jh. mit dem liturg. Hymnus »Fulget hic honor« (MPL 86, 1099), Bf. Quiricus v. Barcelona zugeschrieben. 877 wurde ihr Grab durch Bf. Frodoinus entdeckt; sie stieg neben dem Patrozinium S. Crux zur Mitpatronin der Kirche v. Barcelona auf. Ihre Authentizität ist umstritten, da die wohl ebenfalls im 7. Jh. entstandene Passio dem Martyrium der früher bezeugten E. v. Mérida nachgebildet zu sein scheint.   O. Engels

Q.: BHL Nr. 2693–2698 [Versionen der Passio] – *Lit.:* DHEE II, 883 [J. VIVES] – F. FITA, Bol. de la R. Acad. de la Hist. 43, 1903, 250–255 – H. MORETUS, Rev. Questions hist. 89, 1911, 85–119 – DERS., AnalBoll 23, 1904, 346–348; ebd. 48, 1930, 403–444 – A. FÁBREGA GRAU, Sa. E. de Barcelona, 1958 – R. GARCÍA VILLOSLADA, Hist. de la Iglesia en España I, 1979, 39 [Lit.], 80.

2. **E.,** hl., Märtyrerin der diokletian. Verfolgung in → Mérida, Heiligenfest 10. Dez. Ihre authent. Existenz stützt sich auf den Hymnus des → Prudentius, die älteste

Quelle, von der alle anderen Nachrichten abhängen (Augustinus; Hydatius [die Profanisierung ihres Grabes durch den tolosan. Westgotenkönig Theoderich II. zum Jahr 456]; Dedikation der Basilika in Ensérune bei Béziers, 455; Gregor v. Tours [In gloria martirum 90]). Die Passio ist bereits um legendäre Zusätze erweitert. Als 13jähriges Mädchen eilte sie heimlich vom Landgut ihrer Eltern in die Stadt Mérida und provozierte dort durch Zeichen ihrer Entrüstung ihr grausames Martyrium; im Tod entwich ihre Seele in Gestalt einer aus dem Mund fliegenden weißen Taube. Ihre Verehrung breitete sich schnell über die Iber. Halbinsel hinaus aus. Im 6.Jh. erscheint sie auf dem Mosaik in S. Apollinare nuovo von Ravenna in einer Reihe mit den röm. Märtyrerinnen Agnes und Caecilia; im 9.Jh. entstand an der westfrk.-lotharing. Grenze im Anschluß an den Hymnus des Prudentius die »Chanson de Sainte→Eulalie«.   O. Engels

Q.: Prudentius, Peristephanon III (CSEL 30), 324f. – E. Flórez, España Sagrada XIII 398–406 [Passio] – A. Fábrega Grau, Pasionario Hispánico, 1953, I 108–119; II 233–237 – Venantius Fortunatus, MGH AA 4, 185 – *Lit.:* AnalBoll 77, 1959, 196–198 – DHEE II, 883 [J. Vives] – R. García Villoslada, Hist. de la Iglesia en España I, 1979, 38 [Lit.], 78f., 321, 331, 374.

Eulalie, Chanson de Sainte (Cantilène de, Séquence de), ältester frz. literar. Text, der, nach heutigem Konsens, um 881/882 in poet. Form auf die Leerseite einer Kirchenväter-Hs. (Gregor v. Nazianz) eingetragen wurde. Voraus geht die lat. Eulalia-Sequenz aus dem »Peristephanon« des →Prudentius, während das rhein-frk. »Ludwigslied« auf dem nächsten Blatt folgt. Seit 1791 befindet sich der aus der Abtei OSB St-Amand-sur-Elnon (Hennegau) stammende Codex in der Bibl. v. Valenciennes, wo die Ch. de Ste. E. 1837 durch Hoffmann v. Fallersleben neu entdeckt wurde (Ed. pr. in: Elnonensia, 1837, 6). Die Entstehung der Ch. de Ste. E. wird meist mit dem in St-Amand tätig gewesenen Musiker und Dichter →Hucbald († 930) in Verbindung gebracht; unbestritten ist die Lokalisierung im lothr. Grenzgebiet. Formal richtet sich die Ch. de Ste. E., bei allem Unterschied, nach dem lat. »Canticum Virginis Eulaliae« des Prudentius. Sie besteht aus 14 akzentrhythm. Klauseln (28 Verse, je 4 Akzente) mit 9 bis 13 Silben. Eine Melodie, auf die sie eventuell gesungen wurde, ist unbekannt. Inhaltlich erfüllt die Ch. de St. E. in aller Kürze das Strukturschema der Heiligenlegende. Als Abbreviatur einer Vita bzw. Passio bringt sie einleitend ein Kurzporträt mit Tugendschilderung (Standhaftigkeit, Treue) der spanischen Hl.en (→Eulalia v. Mérida). Es folgen der Bericht von Martyrium und Tod und das Schlußmirakel: die Seele der Hl.en erhebt sich in Gestalt einer weißen Taube zum Himmel. Der knappe Epilog beendet die Dichtung mit der Bitte um Interzession. Formal ist die Eulaliasequenz ohne Nachfolge geblieben.   L. Gnädinger

Ed.: F. J. Barnett, Some Notes to the »Sequence of Saint Eulalia« (Stud. in Medieval French, pres. to A. Ewert, 1961), 1–25 [Text und Komm. S.2–24] – W. Bulst, Buona pulcella fut Eulalia (Fschr. B. Bischoff, 1971), 207–217 [Strukturanalyse 214–217] – A. Henry, Chrestomathie de la litt. en ancien français, 1953, 1965³ – E. Koschwitz, Les plus anciens monuments de la langue française, 1879, 1964⁶ – Ders., Comm. zu den ältesten frz. Sprachdenkmälern, 1886 [Neudr. 1968] – *Lit.:* H. Suchier, Über Inhalt und Q. ältesten frz. Gedichts, ZRPh 15, 1891, 24–46 – L. C. Porter, The »Cantilène de Ste. E.« Phonology and Graphemics, StP 57, 1960, 587–596 – S. D'Arco Avalle, Alle origini della lett. francese. I Giuramenti di Strasburgo e la Sequenza di Sta. Eulalia, 1966 – M. Delbouille, A propos des deux séquences d'E. et du Ludwigslied, Interlinguistica (Fschr. M. Wandruszka, 1971), 26–38 – G. Hilty, Ste. E. et le feu, Travaux de linguistique et de litt. 16, 1978, 217–228 – Ders., Les Serments de Strasbourg et la Séquence de Ste. E., Vox Romanica 37, 1978, 126–150

– E. P. Work, The foundations of vernacular eloquence in Gallo-Romance from the »Song of Saint Eulalia« and the »Song of Saint Fides« [Diss. Abstr. 43, 1982/83], 1143A – M. Bambeck, »Element« und »virginitet« in der afrz. Eulaliasequenz, ASNSL 220, 1983, 88–109.

Eule → Greifvögel

Eulenspiegel, Til(l), nd. volkstüml. Sagengestalt, Zentralfigur eines frühnhd. Prosaromans.

I. Ursprungsfiguren und Eulenspiegelsage – II. Eulenspiegelbuch.

I. Ursprungsfiguren: Bei der Frage nach hist. Ursprungsfiguren lassen sich drei Bereiche erkennen.

[1] *Der ostfäl. Sagenkreis um Tile v. Kneitlingen (T. v. K.):* Er ist zentriert auf das östl. von Braunschweig gelegene Kneitlingen (Elm) mit dem E.-Hof, dessen Besitzer die welf. Ministerialen v. Kneitlingen (Leitname: Dietrich, Tile, Tileke) waren. Die Nachrichten über den ca. 1339–51 belegten Tile (Tileke) v. K. († vor 1352) finden deutliche Entsprechungen in manchen Zügen der Anfangshistorie des E.buches: Verarmung; Wegzug in östl. angrenzende Gebiete Sachsens; Erwerb von Lehen des Gf.en v. Regenstein, um so dem Druck der ihre →Landesherrschaft ausbauenden →Welfen-Hzg.e auszuweichen; Verfestung durch den Altstädter Rat in →Braunschweig, wohl wegen T.s Tätigkeit als →Raubritter im Umkreis Bernhards v. Regenstein. Auch E. (Hist. 10.22) begegnet als Komplize räuber. Burgherrn. Das E.buch weist seinen Helden dem genealog. Umkreis der Adelsfamilie v. Kneitlingen zu. Der Taufpate *Thyl v. utzen* ist 1265 belegt. Offenkundig ist die Funktion T.s v. K. als »Kristallisationsfigur« für die ostfäl. E.sage. Auf T. v. K. können insbes. die aus der Konzeption des E.buchs herausfallenden höf.-adligen Züge E.s sowie möglicherweise auch die antistädt. Aktion der Narrensaat (Hist. 732, z. T. in ält. Tradition) zurückgehen.

[2] *Der westfäl. Til Ulenspegel:* Von dem Rechtshistoriker E. Spangenberg († 1833) ausgewertete, z. Z. nicht vorliegende westfäl. Urkunden von 1300/50 nennen einen »Tilo dictus Ulenspegel«. Eine Frau Ulenspeghel ist ca. 1335–55 als Geldverleiherin in Braunschweig belegt. Diese Namensträger sind vielleicht der ministerial.-patriz. Familie Ulenspegel (Soest, Attendorn usw.), einem Zweig der großen hans. Familie v. Lunen, zuzuordnen.

[3] *Der Möllner Til Ulenspegel (T. U.):* Der Name T. U. erscheint in der dichten ma. E.tradition der Stadt Mölln (Krs. Hzm. Lauenburg, bis 1343 hzgl.-sächs. Residenz, 1359–1683 an Lübeck verpfändet). U.s Name, der als nd. *ul'n spegel* 'wisch den Hintern' gedeutet wurde, dürfte in seinem hist. Ursprung als Familienname auf ein Hauszeichen (Eule und Spiegel) zurückgehen, während der ostfäl. Sagenname von einer Turmbezeichnung in Bernburg herrührt. – Die wichtigsten Zeugnisse der Möllner Tradition sind: 1. ein Gemälde im Möllner Rathaus von ca. 1480 (überl. in Tuschzeichnung von 1607; Abb. in J. Schildhauer, Die Hanse, 1984), mit T. U. in höf.-närr. Tracht zeigend; 2. der Grabstein, wohl 1544 skulptiert, mit Darstellung T. U.s unter Einfluß der Erfurter Ausg. des E.buches, inschriftlich Todesjahr 1350 und gereimtes Memento mori; 3. ein hist. »Merkvers auf T.U.s Tod (1350) und Begräbnisort (Mölln), Abb. in RDK VI, 130. Hinzu tritt eine in Mölln verwurzelte E.-Verehrung, die sich u. a. in einer noch 1591 belegten Prozession mit E.s Nachlaß äußerte. Dieser entspricht dem →Heergewäte eines Fremden. Die adlig-patriz. Ausprägung des Heergewätes stimmt mit dem Charakter der lokalen Traditionen überein und legt eine Gleichsetzung mit dem 1300/50 nachgewiesenen T. U. nahe. Hofnarrenfunktionen und

Verdienste um die Stadt scheinen T.U.s Bedeutung als Kristallisationsfigur einer Sagenbildung im Bereich der hans. Seestädte begründet zu haben.

Wie bei anderen Sagenkreisen (z. B. →Dietrich v. Bern, →Kaisersage, →Rattenfänger) sind auch in der E.-Sage verschiedene Personen und Stoffebenen kontaminiert: bereits 1411 Erscheinen des Narrensäers als E., auf dem Gemälde von ca. 1480 Verschmelzung des Möllner Hofnarrenstoffs mit der ostfäl. E.sage. Zwischenstufe bildete die Einbeziehung von lokalem Erzählgut über Haus-, Keller-, Turmgeister (→Geister, -glaube), wobei eine am E.hof haftende Koboldsage diesen Prozeß auslöste oder doch erleichterte. Die Verschmelzung mit der Möllner Sage erfolgte, nachdem auch die ostfäl. Kristallisationsfigur unter dem Namen E. aufgetreten war (EM IV, 541f.). Die Überregionalität förderte die biograph. Ausformung der Sage und bildete das Wandermotiv aus. Ein weiterer, im E.buch dann zur tragenden Idee ausgebauter Zug gesellte sich dem Stoff durch die im 15. Jh. einsetzende Diabolisierung der bis dahin positiv gesehenen Hausgeister hinzu.

II. EULENSPIEGELBUCH: Die früheste schriftl. Erwähnung einer Bearbeitung des E.stoffs ist im Briefwechsel zw. →Dietrich v. Nieheim und dem päpstl. Kanzlisten Joh. Stalberg († 1437) aus dem J. 1411 enthalten (ed. H. HEIMPEL, s. u.), wobei ungewiß bleibt, ob eine Schrift oder orale Traditionen gemeint sind.

Nach glaubwürdiger Aussage der ältesten Drucke (Straßburg 1510/11 bei Joh. Grüninger, 1515, 1519, 1531) entstand das E.buch i. J. 1500 (und wohl noch 1501/02). Erst spätere Drucküberlieferungen nennen 1483 als Entstehungsjahr. Die von L. HÄNSELMANN und CH. WALTHER 1892 angenommene Autorschaft Hermen →Botes wurde von E. SCHRÖDER widerlegt, doch ist in der Tat von einem Braunschweiger Verfasser auszugehen. Durch die in einem Akrostichon genannte Buchstabenfolge ERMANB, von P. HONEGGER auf einen Verfasser bezogen, läßt sich die Autorschaft Botes nicht beweisen, da die Folge gestört ist. Birgt sie einen Namen, so kommen auch Gönner oder Bearbeiter in Frage.

Die Absicht des Verfassers war eine zugleich unterhaltende und belehrende; die E.figur, der übernatürl. und diabol. Züge beigelegt wurden, ist als Anti-Held konzipiert und sollte das etablierte Bürgertum vor den Betrugskünsten der →Fahrenden und anderer Außenseiter, v. a. der →Unehrlichen, warnen. Eine unmittelbare schriftl. Vorlage hat es vielleicht nicht gegeben, neben der E.sage wurden auch andere ma. Erzähl- und Lesestoffe in das E.buch einbezogen (z. B. Pfaffe Amis, Pfaffe vom Kalenberg, Hans →Folz, →Salomon und Marcolf, Bruder Rausch, Poggio, Sacchetti, Morlini – diese drei wohl über andere –, Mensa philosophica, Repeues franches). Die verschiedenartigen Stoffe sind biograph. angeordnet und mit aktuellen Anspielungen auf die Politik der Stadt Braunschweig und des welf. Fs.enhauses sowie wirtschaftl. Besonderheiten einzelner Hansestädte versehen. Das Ganze ist gattungsgeschichtlich der Frühform des Prosaromans (→Roman) zuzurechnen und richtet sich an führende bürgerl. Kreise. Die biograph. Entfaltung der Handlung besteht darin, daß E. sich nicht zum Guten verändern kann, sich also gerade nicht entwickelt (u. a. Verspottungsszenen der Sakramente und sogar des Kreuzestodes Christi). Er fährt unbußfertig und nicht absolviert unter dubiosen Umständen in die Grube. Die Komposition wird getragen von einer geograph. bzw. ständ. Ordnung sowie Verknüpfungen der Historien zu Gruppen von 2, 7 und 12 Stücken. Das Buch besteht aus Vorwort und 96 Historien. 9 sog. Zusatzhistorien sind erstmals 1531 sowie in den Drucken Erfurt 1532 und Köln ca. 1533 mitgeteilt. Eine zusätzl. Wirkung wurde durch das Zusammenspiel von Text und Bild erzielt. Die Straßburger Drucke enthalten 83 Holzschnitte, angefertigt von 6–7 Holzschneidern, unter Mitwirkung von Hans Baldung Grien. Die Motive sind aus dem Raum der Hansestädte gewählt. Die Sprache der ältesten Drucke ist Frühnhd., mit nd. Einsprengseln, außerdem sind viele Passagen aus dem Nd. (oft mißverstanden) übertragen. Mehrere Historien wurden aus hd. Vorlagen ohne nd. Bearbeitung belassen. Der erhaltene Textbestand ist sehr heterogen. Die ursprgl. Ordnung der Historien (nicht nur die akrostichische) ist mehrfach gestört. Wie, wann und wo die Texte überarbeitet (und teilweise übers.) wurden, ist unklar. Die Wirkung des E.buchs im frühen 16. Jh. war beträchtlich: →Dürer kaufte 1520 auf seiner ndl. Reise zwei E. (vielleicht Bilder?); Luther nennt E. mehrfach; Hans →Sachs bearbeitete die Mehrzahl der Historien; Kaspar Scheidt plante eine Versbearbeitung, die Johann Fischart dann ausführte. Der geistl. Gehalt u. der komplizierte ständ. und zahlensymbol. Aufbau des Buches sind dem gelehrten Leser des 16. Jh. noch bewußt gewesen. Zwei lat. Bearbeitungen entstanden 1563 und 1567. Im Zuge der z. T. durch volksläufige Jahrmarktsdrucke vermittelten weiteren Rezeption wurden die negativen Züge der Bearbeitung von 1500 weitgehend beseitigt. Im europ. Ausland ist das E.buch bereits im 16. Jh. fast überall bekannt geworden, da es schon bald gedruckte frz., engl., ndl., poln. und dän. Übersetzungen sowie die genannten lat. Bearbeitungen gab. – →Narr, -enlit.   B. U. Hucker

Bibliogr.: E.-Jb., 1960ff. – EM IV, 538–556 [Ed., Q., Lit.] – Q.: Dr. Thomas Murners Ulenspiegel, hg. J. M. LAPPENBERG, 1854 [Ausg. 1519; Komm.] – H. HEIMPEL, Dietrich v. Niem, 1932 – O. DEBUS, Till E. in d. dt. Volksüberlieferung [Diss. masch. Marburg 1951] – R. UDE, E.s Grabstein, Lauenburg. Heimat NF 65, 1969, 54–58; vgl. ebd. 72, 1971, 67–74 – Till E. Ausstell.-Kat., Braunschw. 1980 – B. U. HUCKER, Reg. zur Gesch. Tiles v. Kneitlingen, Braunschw. Jb. 64, 1983, 20–28 – DERS., Hist. Merkverse als Q. der Landesgesch. Mit einer Slg. norddt. Merkverse, BDLG 120, 1984, 293–328 – DERS., Das älteste Bildzeugnis vom Braunschweiger Altstadtmarkt, Misz. Städt. Museum Braunschw. 41, 1986 – Lit.: W. VIRMOND, E. und seine Interpreten, 1981 [Lit.] – P. HONEGGER, Ulenspiegel, 1973 – W. WUNDERLICH, Till E., 1984 – G. BOLLENBECK, Der dauerhafte Schwankheld, 1985 – E. SCHRÖDER, Unters. zum Volksbuch von E., AAG Phil.-hist. Kl. 3. F., Nr. 159, 1987.

Eule und Nachtigall → Owl and Nightingale

Eulogie. In den Ostliturgien bezeichnet E. das gesegnete, aber nicht konsekrierte Brot, das am Ende der Eucharistiefeier an die Gläubigen verteilt wird als Kommunionersatz (daher seit dem 12. Jh. als ἀντίδωρον bezeichnet), d. h. als Ausdruck der Zugehörigkeit zur Gemeinde in der Anteilnahme am Opfer. Als Täuflings-Kommunionersatz hat sich sowohl die Brot- als auch die Wein-E. da und dort bis ins 17./18. Jh. erhalten. Daneben entwickelten sich Eulogieformen, bei denen der ursprgl. Zweck (communionis vicarium, unitatis seu unanimitatis indicium) nicht mehr erkennbar wird (z. B. Erinnerungen an die hl. Stätten, Reliquien, Geschenke im allgemeinen, Goldene Rose). S. a. →Pilgerandenken.   W. Dürig

Lit.: A. FRANZ, Die Kirchl. Benediktionen im MA I, 1909, 229–263 – G. GAGOV, Misc. Francescana, 1955, 387–394 – F. v. LILIENFELD, Εὐλογία und εὐλογεῖν im gottesdienstl. Handeln der orth. Kirche, ALW 20/21, 1978/79, 9–27 – G. SCHREIBER, Dt. Weingesch., 1980, 333–354.

Eulogios (Eulogius). **1. E. v. Alexandria,** Presbyter und Abt in Antiochia, sodann 580–607/608 chalkedonens. Patriarch v. Alexandria, der mit →Gregor d. Gr. in freundschaftl. Briefwechsel stand. Sein umfangreiches Schrifttum, v. a. zur Verteidigung des Konzils v. →Chalkedon gegen die Monophysiten, ist nur in Fragmenten auf uns gekommen oder anhand der Notizen des Photios rekonstruierbar (Phot. bibl. cod. 182, 208, 225–227, 230, 280). Er schrieb auch das letzte, wohl größte Werk gegen die Novatianer.   Th. Baumeister

Q. und Lit.: CPG 6971–6979 – BARDENHEWER 5, 19f. – DHGE XV, 1388f. – Diz. Patristico e di Antichità Cristiane I, 1281 – CH. MOELLER, Le chalcédonisme et le néo-chalcédonisme en Orient de 451 à la fin du VIe s. (Das Konzil v. Chalkedon, hg. A. GRILLMEIER – H. BACHT, I, 1951), 637–720, hier 691–693 – ALTANER-STUIBER, 1978[8], 512f. – BECK, Kirche, 381f. – S. HELMER, Der Neuchalkedonismus [Diss. Bonn 1962], 236–241 – H.-J. VOGT, Coetus sanctorum, 1968, 284–287.

2. E. v. Córdoba, hl., * in Córdoba, † ebd. 11. März 859, ▭ ebd., S. Zoilo; entstammte einer vornehmen Familie. Mit seinem Freund und späteren Biographen →Albarus besuchte er den Unterricht des Abtes Speraindeo, dessen kämpferisch antiislam. Haltung er sich dann als Priester zu eigen machte. Der Kräftigung einer chr. Opposition dienten indirekt auch seine Bildungsbestrebungen; so brachte er von einer Pyrenäenreise u. a. Klassikerhss. in seine Vaterstadt mit und bemühte sich um die Erneuerung der quantitierenden Dichtkunst. Als militante Christen verfolgt wurden (ab 850; →Córdoba, Märtyrer v.), trat E. in seinen Schriften »Documentum martyriale«, »Memoriale sanctorum« und »Liber apologeticus martyrum« nachdrücklich für Kompromißlosigkeit auch um den Preis des Lebens ein. Mit der Schilderung der Ereignisse verband er die Forderung, die Hingerichteten als Märtyrer anzuerkennen. Zum Ebf. v. →Toledo gewählt, konnte er das Amt nicht antreten. Weil er eine Konvertitin versteckte, wurde er festgenommen und, da er den Propheten lästerte, enthauptet. Seine Reliquien ließ →Alfons III. v. Asturien nach Oviedo überführen. – Von E. stammen vielleicht der Zoilushymnus der mozarab. Liturgie (PÉREZ DE ÚRBEL) sowie drei weitere Hymnen (THORSBERG).
             J. Prelog

Q. und Ed.: Corpus scriptorum muzarabicorum, ed. J. GIL, 1973, 330ff., 358–503 – Lit.: Repfont IV, 391f. [Lit.] – J. PÉREZ DE ÚRBEL, S. Eulogio de Córdoba, 1942[2] – B. THORSBERG, Études sur l'hymnologie mozarabe, 1962 – Boletín de la R. Academia de Córdoba 31, 1960, 5–26, 45–236 [Beitr. v. R. JIMÉNEZ PEDRAJAS, M. A. ORTÍ BELMONTE].

Eunapios v. Sardes, * um 345 in Sardes, † um 420, studierte neuplaton. Philosophie in seiner Heimatstadt, beschäftigte sich während eines Aufenthaltes in Athen mit christl. Lehre und zeigte später großes Interesse an med. Studien unter dem Einfluß des Leibarztes Ks. Julians, →Oreibasios. – Sein Geschichtswerk, eine Weltchronik in 14 Büchern, die nur in Fragmenten der »Bibliothek« des →Photios, in einigen Werken →Konstantins VII. Porphyrogennetos und in →Zosimos' »Neuerer Geschichte« vorliegt, behandelte ursprgl. als Fortsetzung der Chronik des griech. Geschichtsschreibers Dexippos die Zeit von 270 n. Chr. bis zur Aufteilung des Reiches unter Arcadius und Honorius i. J. 395; später setzte er es bis zum Tode der Ksn. →Eudoxia (404) fort. Hartnäckiger Anhänger des Heidentums, machte E. die Regierungszeit des Ks.s →Julian (361–363) zum Schwerpunkt seiner Darstellung. Ursprgl. mit scharfer antichristl. Tendenz, erlebte das Werk eine wahrscheinlich von E. selbst redigierte zweite Fassung, in der alle Angriffe gegen die Christen ausgemerzt sind. E. bemüht sich wenig um Chronologie und objektive Darstellung, seine Kenntnisse über das Westreich sind zudem unzureichend; der Quellenwert ist daher zum Teil zweifelhaft. Sein Interesse ist eher psycholog. und moral. Fragen zugewandt. Photios, der noch beide Fassungen gekannt hat, urteilt mild über E.' Stil, kritisiert aber seine rhetor. Figuren, die Häufung von Adjektiven und die Schwerfälligkeit des Satzbaus. E.' Werk diente als Quelle für →Zosimos, Petros Patrikios, →Johannes v. Antiochia, →Philostorgios und die →Suda. – E. verfaßte ferner eine Sophistenbiographie, welche die Viten von 17 Philosophen aus dem Kreis der Neuplatoniker, darunter →Plotin, →Porphyrios, →Jamblichos und →Oreibasios, enthält. Das Werk besitzt hohes kulturgesch. Interesse für die Zeit Ks. Julians, ist aber auch eine wichtige Quelle für die philos.-hist. Einstellung des Autors.   J. Ferluga

Q.: Photios, Bibl. Cod. 77 (s. Ed. zu →Photios) – I. BEKKER–B. G. NIEBUHR, CB, 1829, 39–118 – MPG 113, 649–661 – Vitae Sophistarum, ed. G. GIANGRANDE, 1956 – Fragm. Historicorum Graecorum IV, 11–56 – Hist. Gr. Min. I, 207–274 – Excerpta de legationibus, ed. C. DE BOOR, 1903, 591–599 – Excerpta de sententiis, ed. U. PH. BOISSEVAIN, 1906, 71–103 – Lit.: MORAVCSIK, Byzturc I, 259–261 – RE VI, 1121–1127 – KL. PAULY II, 427 – LAW, 914f. – H. HUNGER, Hochsprachl. profane Lit. I, 279f. – J. KARAYANNOPULOS-G. WEISS, Quellenkunde zur Gesch. von Byzanz, 1982, 259f.

Eunomius, Eunomianismus. E. († 394) war in der 2. Hälfte des 4. Jh. der Hauptvertreter der radikalen Arianismus (Gruppe der Anomöer). Aus Kappadokien stammend, von niederer Herkunft, wurde er Schüler und Sekretär des →Aetios, der um die Mitte des 4. Jh. die Thesen des radikalen Arianismus (sog. Neuarianismus) verkündete. Eudoxios v. Antiochia, der diese Thesen unterstützte, ordinierte E. um 357 zum Diakon und 360, nach der Synode v. Konstantinopel, auf der sich die gemäßigten Arianer durchsetzten, zum Bf. v. Kyzikos. Bald danach mußte E. jedoch seinen Sitz aufgeben, da seine Propaganda für den radikalen Arianismus auf Widerstand gestoßen war. Nach 362 brach er die Beziehungen zu den gemäßigten Arianern unter der Führung von Eudoxios und Euzoios ab und gründete eine schismat. (anomöische) Gemeinschaft mit eigenen Bf.en, die jedoch sowohl von den Katholiken als auch von den gemäßigten Arianern bekämpft wurde. Der Sieg des Katholizismus unter Ks. Theodosios bedeutete für E. und seine Anhänger eine entscheidende Wende. E., der bereits mehrere Exile hinter sich hatte, wurde 383 erneut verbannt, zuerst nach Mösien, anschließend nach Kappadokien. Schließlich erlaubte man ihm, sich auf eine seiner Besitzungen zurückzuziehen, wo er 394 starb. Von seinen zahlreichen Schriften ist nur wenig erhalten: Die »Apologie« ist eine umfassende Darstellung seiner arian. Lehre. Basilius d. Gr. widerlegte sie 363–364 in seiner Schrift »Adversus Eunomium«, auf die E. 378 mit einer »Apologie der Apologie« erwiderte, von der umfangreiche Fragmente in der Widerlegungsschrift Gregors v. Nyssa überliefert sind. In der auf Verlangen des Theodosios 383 entstandenen »Expositio fidei« faßt E. sein theol. Glaubensbekenntnis zusammen. Von seinem »Commentum ad Romanos« in 7 Büchern und von verschiedenen Briefen, die noch Photios kannte (cod. 138), ist nichts erhalten.

In der Nachfolge des →Arius und Aetios lehrt E. die absolute Transzendenz von Gott Vater, unterscheidendes Hauptmerkmal von Gottes Wesenheit liege in Gottes Ungezeugtheit. Da der Sohn nicht ungezeugt ist, müsse er als Hypostase substantiell vom Vater verschieden, das heißt, geringer als dieser sein, da er nicht, wie der Vater, ab aeterno bestehe. Ohne die Lehre des Arius, der Sohn sei aus dem Nichts geschaffen, zu wiederholen, lehrt E. nur, dieser sei als einziges Wesen direkt vom Vater geschaffen, um sein Gehilfe bei der Erschaffung aller anderen Wesen zu sein, die er nach dem Willen des Vaters verwirklicht. Er hat Teil an dessen Eigenschaften und Vollkommenheiten, wie Licht, Leben, Macht, aber auf niedriger und untergeordneter Stufe, da der Vater Licht, Leben, Macht in Ungezeugtheit besitzt, während der Sohn diese Eigenschaften im Akt, in dem der Vater ihn erschuf, von diesem erhalten hat. Deshalb gleicht er dem Vater nur in seinem Wirken, jedoch nicht in der Substanz. Trotz seiner Inferiorität im Vergleich zu Gott Vater ist der Sohn als Schöpfer Gott, jedoch ein kleinerer Gott im Vergleich zum höchsten Gott. E. schreibt dem Hl. Geist nicht Göttlichkeit zu, sondern sieht ihn nur als das wichtigste der Geschöpfe an, die vom Sohn auf Wunsch des Vaters geschaffen werden, um die Heiligung der Gläubigen zu bewirken. Da die drei göttl. Hypostasen für E. nicht nur einander untergeordnet, sondern auch in ihrer Substanz (Natur) verschieden sind, bleibt ihm der Gedanke einer göttl. Trinität im wesentl. fremd, so daß es kein Zufall ist, daß dieser Terminus in seinen Schriften nicht begegnet. Folgerichtig tauften seine Anhänger, die sich in verschiedene kleinere Gruppen teilten, die bis in die 1. Hälfte des 5. Jh. lebendig blieben, nicht im Namen des Vaters, des Sohnes und des Hl. Geistes, sondern im Namen des Todes des Herrn.

M. Simonetti

Ed.: CPG II, 3455–3460 – *Lit.:* RAC VI, 336–347 – M. ALBERTZ, Zur Gesch. der jung-arian. Kirchengemeinschaft, Theol. Stud. und Kritiken 82, 1909, 205–278 – Th. A. KOPECEK, A Hist. of Neo-Arianism, I–II, 1979.

Eunuchen

I. Arabischer Bereich – II. Spätantike und Byzanz – III. Osmanisches Reich.

I. ARABISCHER BEREICH: E. (arab. ḥaṣī, pl. ḥiṣyān), nach Zerstörung oder Entfernung der Hoden zeugungsunfähige Männer. Der Ursprung des Brauches der →Kastration ist unbekannt; es gibt sehr frühe Belege aus Indien, dem Zweistromland und Ägypten. Im AT findet sich die älteste gesicherte Erwähnung (2 Kön 9,22) aus der Zeit des Kg.s Jehu (9. Jh. v. Chr.). Die Praxis der Entmannung scheint einen verhältnismäßig hohen polit. und gesellschaftl. Organisationsgrad vorauszusetzen. Denn schon die frühesten Belege nennen E. als hohe Beamte und Offiziere der Herrscher sowie als Haremsaufseher. Sie genossen dank ihrer Zeugungsunfähigkeit das bes. Vertrauen der Mächtigen, weil von ihnen keine Familiengründung und Gefährdung der Herrscherdynastie zu befürchten waren. Von E. im vorislam. Arabien wissen wir nichts. Der Prophet soll die Kastration untersagt haben; es wird in diesem Zusammenhang von Selbstentmannung zum Zweck der Unterdrückung der Sinnenlust gesprochen (→Sexualität). Erst seitdem das arab.-islam. Reich die alten Kulturländer umfaßte, tauchen in der arab. Literatur Hinweise auf E. auf. Al-Ǧāḥiẓ (gest. 868) aus Baṣra ist der erste Araber, der sich mit diesem Thema ausführl. beschäftigte. Er war der Auffassung, die Byzantiner seien die Erfinder der Kastration gewesen. In der Tat scheint diese Operation in den islam. Ländern nur selten durchgeführt worden zu sein. Weiße E. wurden meist über Spanien den arab. Sklavenmärkten zugeführt (→Sklaverei). Schwarze E. importierte man aus Äthiopien. Seit der Mamlūkenzeit beherrschten ägypt. Kaufleute, die in Oberägypten eigene Betriebe zur Kastration unterhielten, den Handel mit schwarzen E. Genaue Berichte hierüber gibt es freilich erst seit dem 19. Jh. Die Sterblichkeitsrate soll bei Kastration noch nicht geschlechtsreifer Knaben verhältnismäßig gering gewesen sein, während Ältere nur selten überlebten. Da für E. erheblich höhere Preise als für gewöhnl. Sklaven erzielt wurden, dürfte das Geschäft trotzdem sehr einträglich gewesen sein.

Nach byz. Vorbild fanden E. v. a. an den großen Höfen

Verwendung. In den Kalifenpalästen von Bagdad, Córdoba und Kairo waren sie sehr zahlreich. Doch scheinen sie als Gruppe nie eine ähnliche polit. Bedeutung wie in Byzanz erlangt zu haben. Gleichwohl stand ihnen der Aufstieg in hohe Ämter offen. Als Beispiel sei Kāfūr genannt, der schwarze Eunuch des ägypt. Herrschers Muḥammad b. Ṭuǧǧ; er diente diesem zunächst als Prinzenerzieher, sicherte nach dessen Tod den Fortbestand der Dynastie und war schließlich von 966 bis 968 alleiniger Herr des Landes.

Seit dem 12. Jh. wurden an der Grabmoschee des Propheten in Medina 12 äthiop. E. als Diener eingesetzt – der einzige islam. Beleg für die Beschäftigung von E. in einem religiösen Zusammenhang.   T. Nagel

Lit.: EI (engl.) IV, 1089ff., s. v. KHAṢĪ – Enc. of Religion and Ethics, s. v. Eunuch – D. AYALON, The Eunuchs in the Mamluk Sultanate (Stud. G. WIET, 1977), 267f. – DERS., On the Eunuchs in Islam (Jerusalem Stud. in Arabic and Islam I, 1979), 67ff.

II. SPÄTANTIKE UND BYZANZ: Waren in den oriental. Staaten E. (εὐνοῦχοι) als Sklaven oder in Hofdiensten häufig, so bedienten sich auch hellenist. Herrscher der Dienste von E. Unter →Diokletian erscheint zuerst offiziell am Kaiserhof ein Eunuch als Vorsteher der ksl. Sklaven und in anderen Ämtern. Im 5. Jh. ist das Amt der →Kämmerer (cubicularii) und ihres Vorstehers (praepositus sacri cubiculi) durchweg mit E. besetzt (→Eutropius). In reichen Privathaushalten wurden E. vereinzelt schon in der röm. Republik, im größeren Maße in der Kaiserzeit zumeist als Sklaven in gehobenen Diensten (z. B. als Lehrer, Schreiber, Ärzte, Wächter, Artisten, Diener), aber auch als Lustknaben verwendet.

Im byz. Reich bildeten die E. im ksl. Dienst eine mächtige Sondergruppe innerhalb der hierarch. Ordnung.

Ihnen war die Ausübung fast aller Ämter, mit Ausnahme der →Kaiserwürde selbst, zugänglich; bei Gleichheit der Titel hatten die E. den Vorrang vor den bärtigen Würdenträgern. In der Spätantike war ihre Anzahl nicht sehr groß, wenn auch einige eine mächtige Stellung am Hof einnahmen. Ks. Leon I. (457–474) verbot den Handel mit röm. E. auf Reichsboden, gestattete aber den Verkauf von E. barbarischer Herkunft. Dieser Handel nahm so gewaltig zu, daß sich Justinian I. (527–565) gezwungen sah, die Nov. 142, welche die älteren Entmannungsverbote des röm. Rechts bekräftigen und verschärfen sollte, zu erlassen, denn die Sterblichkeit bei der Kastration hatte katastrophale Ausmaße angenommen; von 90 Entmannten überlebten im Durchschnitt kaum drei. Weit verbreitet war in Abasgien und Lazien die Kastration gut gewachsener Knaben, die die Herrscher dieser Länder für gutes Geld an Interessenten in Byzanz verkauften. Daher Justinians I. Verbot, Angehörige dieser Völker zu E. zu machen. Diese Kastrationsverbote scheinen aber keine volle Wirkung erreicht zu haben, denn Ks. Leon VI. erließ ein neues, jedoch weniger strenges Gesetz (Nov. Leonis 60). Im Byz. Reich war insofern eine widersprüchl. Lage entstanden; einerseits bekämpften die Ks. die Entmannung, andererseits hielten sie am Hofe eine beträchtl. Zahl von E. Sie dienten wie schon in der Spätantike in den Schlafgemächern, vorzugsweise in den ksl., so daß sie bald großen Einfluß auf Ks. und Ksn. ausübten. Da die E. hohe Positionen im Staat erlangten, entschied man sich in vielen Familien, auch in aristokrat. und ksl., zur schmerzhaften Operation der Knaben.

Die byz. Gesetzgebung unterschied zw. zwei Arten von E.: 1. die *spadones* (σπαδόνες), die durch körperl. Mängel zeugungsunfähig oder impotent waren, unter ihnen gelten als gesonderte Gruppe manchmal die sog. *thlibiai*

($\vartheta\lambda\iota\beta i\alpha\iota$),nämlich E., denen die Hoden durch Mutter oder Amme zerquetscht worden waren; 2. die *castrati* ($\dot\epsilon\varkappa\tau o\mu i\alpha\iota$, $\dot\epsilon\varkappa\tau o\mu o\iota$), deren Zeugungsunfähigkeit durch chirurg. Eingriff vollständig zerstört worden war. Die letzteren durften nach der justinian. Gesetzgebung weder heiraten oder Kinder adoptieren noch Erben benennen; mit der Zeit aber wurde auch für sie die Härte des Gesetzes bezüglich der Adoption etwas gelockert.

Die Ks. übertrugen zahlreichen E. hohe und höchste Ämter am Hof, in Verwaltung, Armee und Kirche. Hauptgrund für diesen Aufstieg war die Tatsache, daß E. nicht die Kaiserwürde erlangen konnten, während andere hohe Würdenträger oder Generäle oft zu potentiellen Thronprätendenten wurden; auch konnten sich die Ks. leicht und ohne großes Aufsehen von mißliebig gewordenen E. befreien. Im Hofzeremoniell spielten sie eine wichtige, eigentüml. Rolle: Weißgekleidet wie Engel führten sie die Besucher vor den Ks., überreichten diesem bei der Krönung die Herrschaftsinsignien, geleiteten ihn bei der Rückkehr vom Feldzug in die Kapelle der Gottesmutter, assistierten ihm beim Ausziehen der Rüstung und führten ihn zum Bad in den Blachernenpalast. In einer Rangliste des 9. Jh. sind neben den leitenden Beamten der Militär-, Zivil- und Hofverwaltung gesondert acht Eunuchenämter aufgeführt; darunter als wichtigste der →Parakoimomenos, der neben den ksl. Gemächern schlief und meistens zu den nächsten Vertrauten des Ks.s zählte, und der →Protovestiarios, der Vorsteher der ksl. Garderobe. Seit ältesten Zeiten verfügten E. als Lehrer oder Ratgeber von Ks.n über unbeschränkte Macht; ihr Einfluß war groß unter Irene und Leon VI., erreichte seinen Höhepunkt jedoch im 10.–11. Jh. Berühmte E., die eine gleichsam diktator. Machtstellung einnahmen, waren →Basileios Parakoimomenos, unehel. Sohn des Ks.s Romanos I. Lakapenos (920–944), und Joseph Bringas (959–963) unter Ks. Romanos II. (959–963), ebenfalls Parakoimomenos; drei Brüder Ks. Michaels IV. (1034–41) waren E., unter ihnen Johannes Orphanotrophos, der Michael zum Thron verhalf und fast ein Jahrzehnt uneingeschränkt das Reich regierte. Die E. blieben unter den Ksn.en Zoe und Theodora bzw. Konstantin IX. Monomachos (1042–55) bis zu den Komnenen in großer Gunst und bekleideten auch in dieser Zeit oft die höchsten Ämter, so der Logothet →Nikephoritzes, der unter Michael VII. (1071–78) durch seine Getreidespekulationen bekannt wurde.

Auffallend viele E. hatten wichtige, sogar höchste Posten im byz. Heer inne, bes. seit Justinian I. Auch dies erklärt sich durch die Tatsache, daß ein Verstümmelter nie als Thronprätendent hervortreten konnte. Von den berühmten E., die Oberbefehlshaber waren, seien erwähnt: unter Justinian I. der Gotensieger →Narses sowie Salomon, der Nachfolger Belisars in Africa; Staurakios, der auf Befehl von Ksn. Irene (797–802) die Slaven in Griechenland und auf der Peloponnes unterwarf; Konstantin Gongylas, dem Konstantin VII. das Kommando gegen die Araber auf Kreta üertrug; Romanos, Sohn des Bulgarenzaren Peter, von Basileios II. (976–1025) zum Strategen von Abydos ernannt; unter Michael IV., Konstantin IX. Monomachos, Ksn. Theodora bis zur Regierung Nikephoros' III. (1078–81) hatten E. meist die höchsten Stellen im Armee wie in der Zivilverwaltung inne.

Die Lage änderte sich vom 12. Jh. an. Komnenen, Angeloi und Palaiologen waren fest etablierte Dynastien, die weniger von Thronprätendenten zu befürchten hatten, so daß die E. mehr im Hof- und Zivildienst als in der Armee erscheinen, noch immer zahlreich, aber zunehmend in niedrigeren Positionen.

Die Stellung der E. in der Kirche wurde schon im Konzil v. →Nikaia (325) grundlegend in Kanon I geregelt und später durch weitere Kanones, darunter die Apostol. Kanones 21 und 22 ergänzt. Danach waren Selbstverstümmelte vom Klerus ausgeschlossen. Trotz der gegen die E. gerichteten Haltung der kirchl. Gesetzgebung und einiger Kirchenväter erreichten E. in der byz. Kirche hohe Stellen; es gab unter ihnen viele Patriarchen, sogar aus ksl. Familien, wie Theophylaktos (933–956), Sohn des Ks.s Romanos I. Lakapenos. Viele wurden Metropoliten, Ebf.e oder Bf.e, so daß →Liutprand bemerkt, daß entgegen den kirchl. Kanones viele Bf.e entmannt waren. Unter den einfachen Klerikern und Mönchen waren viele E. Einige Kl. waren für sie reserviert, so das der Katharoi oder das des hl. Lazarus in Konstantinopel; auch andere waren ihnen offen, so das berühmte →Studiu-Kl. Die in Ungnade gefallenen E. wurden häufig in Kl. verbannt. In Frauenkl. war es fast die Regel, daß E. Wirtschaftsverwalter waren.

Die E., die wegen ihrer körperl. Entstellung und ihres »schwachen Charakters« verachtet und verspottet wurden, waren wegen ihrer Macht und Intrigen gleichwohl gefürchtet. – Zur Entmannung im westl. Europa, v. a. im Strafrecht, s. →Kastration. J. Ferluga

Lit.: RE, Suppl. III, 449–455 – P. BROWE, Zur Gesch. der Entmannung, 1936 – R. GUILLAND, Les eunuques dans l'Empire byz., EByz 1, 1943, 196ff. – DERS., Fonctions et dignités des eunuques, ebd. 2, 1944, 185ff.; 3, 1945, 179ff. – DERS., Etudes de titulature byz.: les titres auliques reservés aux eunuques, RevByz 13, 1955, 50f.; 14, 1956, 122ff. – DERS., Études sur l'hist. administrative de l'Empire byz.: les titres auliques des eunuques, Byzantion 25/26, 1955/57, 649ff. – DERS., Le Préposite, Byzslav 22, 1961, 341ff. [auch in: DERS., Recherches sur les institutions byz. I, 1967, 164–380] – N. OIKONOMIDÈS, Les listes de préséance byz. des IXe et Xe s., 1972, 288, 299–301, 305–307 – D. DALLA, L'incapacità sessuale in diritto romano, 1978 – P. GUYOT, E. als Sklaven und Freigelassene in der gr.-röm. Antike, 1980 – M. D. SPADARO, Un inedito di Teofilatto di Achrida sull'eunuchia, Rivista di Studi Bizantini e Slavi 1, 1980, 3–38.

III. OSMANISCHES REICH: Die Institution der Palasteunuchen in osman. Zeit (osman. *ḫādïm, ṭavaši*) setzt die islam. und gleichzeitig die byz. Tradition fort. Manche brachten es zu bedeutenden Stellungen (z. B. der Großwesir Ḫādïm ʿAlī Pascha, 1503, 1506–11). Neben den weißen E. treten seit der 2. Hälfte des 15. Jh. auch schwarze auf, die dann seit dem späten 16. Jh. zahlenmäßig und politisch dominieren. Im ksl. Palast war ihr Haupt der *dār al-saʿāde aġasï*, ein einflußreicher und – da mit Stiftungsverwaltungen betraut – auch lukrativer Posten. Er bestand bis an den Anfang des 20. Jh. A. Tietze

Euphemia v. Chalkedon, hl. Märtyrerin, gemartert in →Chalkedon unter Ks. →Diokletian an einem 16. Sept. (Mart. Hieron. AASS Nov. 2,2, 1931, 510); nach den Fasti consulares Vindobonenses (MGH AA IX, 290) i.J. 303. Nähere Todesumstände sind nicht bezeugt. Asterius v. Amaseia († um 410) erwähnt in der →Ekphrasis eines Bildes im E.-Martyrium bei Chalkedon (Homilia XI) ihren Tod durch Verbrennen nach Ausbrechen der Zähne. Die Glaubwürdigkeit dieses Zeugnisses ist jedoch in Frage gestellt worden (SCHNEIDER, SPEYER). Die älteste griech. Passio (Bibl. Hagiogr. gr. 619 d), wahrscheinl. um die Mitte des 5.Jh. in Chalkedon als Text des heroischen Genres verfaßt und bereits →Ennodius († 521) bekannt (Carm. 1,17), berichtet von einer Vielfalt der Marterinstrumente und -methoden (Räder, Feuer, Foltermaschine mit vier Steinen, Meeresgetier, Schlinge, Auspeitschung, Röstpfanne), erwähnt nicht das Ausbrechen der Zähne und läßt E. durch wilde Tiere umkommen. Ein dritter Überlieferungsstrang vom Ende des 4.Jh. – mit Tod durch

Enthaupten – wurde neuerdings von SCHRIER aufgedeckt (ältester Beleg im Westen: Victricius v. Rouen, De laude sanctorum, par. 6).

Hauptzentrum des Kults war das 1 Meile nördl. von Chalkedon, 2 Stadien vom Bosporus entfernt gelegene →Martyrium der E. Von ihm sind keine Überreste erhalten. Das Grab der Hl.en, in einem einstöckigen Rundbau, war mit einer Basilika verbunden; 384 wurde es von →Aetheria (Egeria), um 436 von →Melania d. J. besucht. Im Frühjahr 400 gaben sich hier Ks. →Arcadius und der got. Magister militum Gainas durch persönl. Eid eine wechselseitige Friedensgarantie. Die Verehrung der hl. E. ging weit über den lokalen Kult hinaus; dies bezeugen Reliquien in Rouen, Nola, Afrika und Jerusalem.

Die hl. E. ist eng verbunden mit dem Konzil v. →Chalkedon, das seit dem 8. Okt. 451 in ihrer Basilika tagte: Die Konzilsväter bezeugten ihre Dankbarkeit gegenüber der Märtyrerin (ACO II, 1.3. S. 117, 1.35–40), ebenso Ks. →Markianos, der Chalkedon zum Rang einer Metropole, »um die hl. E. zu ehren«, erhob (ACO II, 1,2, 157, 1.35). Seitdem blühten der hl. E. geweihte Kirchen auf (Konstantinopel, Rom, Jerusalem, Caesarea in Palästina, Oxyrhynchos, Grado u. a.); zahlreiche ikonograph. Darstellungen sind belegt (cf. Ravenna: LCI VI, 182–185). Zu ihrem Fest am 16. Sept. trat ein weiteres am 11. Juli hinzu. Durch einen im W verbreiteten und zu Beginn des 8. Jh. bezeugten Mirakelbericht (cf. P. CANART, Le palimpseste . . .) wurde die Verbindung zw. E. und dem Konzil popularisiert: Die Konzilsväter hätten danach ihre Glaubensformel im Grab der Hl.en niedergelegt, die damit ausdrückl. ihre Zustimmung zum Chalcedonense bekundet habe.

Evagrios Scholastikos (Hist. eccl. II, 3) berichtet von einem anderen berühmten Wunder: dem Blut, das aus der Tumba (makra, maktra) der Hl.en floß; nach →Theophylaktes (Hist. VIII, 14) ereignete sich dieses Wunder bereits jährlich. Unter Konstantin IV. (668–685) wurden die E.-Reliquien nach Konstantinopel überführt und in einem Martyrium nahe dem Hippodrom, im früheren Antiochos-Palast, bewahrt (zur Datierung: cf. P. CANART, Le palimpseste . . .). Während des →Bilderstreites, unter Ks. Konstantin V., wurde das Martyrium der E. profaniert. Die Reliquien wurden nach einer bei Konstantin v. Tios (um 800) belegten Überlieferung ins Meer geworfen, von frommen Seeleuten geborgen und auf Lemnos niedergelegt. Nach dem 2. Konzil v. →Nikaia (787) brachten der orth. Ks. →Konstantin VI. und seine Mutter →Irene diese Reliquien zurück und ließen sie erneut im Martyrium am Hippodrom deponieren. 1208, nach dem Vierten →Kreuzzug, brachte der Bf. v. Halberstadt seiner Kirche einen Arm der E. mit. Nach orth. Tradition sollen die Reliquien jedoch vor den Kreuzfahrern geborgen worden sein. Sie befinden sich heute im ökumen. Patriarchat v. Konstantinopel.   B. Flusin

Q.: [griech.]: Euphémie de Chalcédoine. Légendes byz., hg. F. HALKIN (Subsidia hagiographica, n° 41), 1965 – P. CANART, Le palimpseste Vaticanus gr. 1876 et la date de la translation de sainte Euphémie, AnalBoll 87, 1969, 91–104 – C. DATEMA, Asterius of Amasea, Homilies I–XIV. Text, Introduction and Notes, 1970 – *[lat.]:* A. FABREGA-GRAU, Pasionario hispanico 2, 1955, 338–345 – Wunderbericht v. Chalcedon (3 Rezensionen): J. MALLET–A. THIBAUT, Les manuscrits en écriture Bénéventaine de la bibl. capitulaire de Bénévent I, 1984, 272–273 – H. BOESE, Eine lat. Fassung des Miraculum sanctae Eufemiae vom Konzil zu Chalkedon, AnalBoll 97, 1979, 355–362 (cf. F. DOLBEAU, Christian de Stavelot et sainte Euphémie de Chalcédoine, AnalBoll 98, 1980, 48) – *Lit.:* A. M. SCHNEIDER, Sankt E. und das Konzil v. Chalkedon (H. BACHT–A. GRILLMEIER, Das Konzil v. Chalkedon, Bd. I, 1951, 291–302) – R. NAUMANN–H. BELTING, Die E.-Kirche am Hippodrom

zu Istanbul und ihre Fresken (Istanbuler Forsch. 25), 1966 – R. JANIN, Le siège de Constantinople et le patriarcat oecuménique. Les églises et les monastères, 1969, 120–130 – W. SPEYER, Die E.-Rede des Asterius v. Amaseia. Eine Missionsschrift für gebildete Heiden, JbAC 14, 1971, 39–47 – R. JANIN, Les églises et les monastères des grands centres byz., 1975, 31–33 – O. J. SCHRIER, A propos d'une donnée négligée sur la mort de sainte Euphémie, AnalBoll 102, 1984, 329–353.

Eupolemius, unbekannter, wohl dt. Verfasser eines vermutl. um 1100 entstandenen lat. Epos (»Liber Eupolemii«, nach A. VIDMANOVA, CCMéd 18, 1975, 166, Buchtitel) mit 1464 Hexametern in zwei Büchern. Das Werk schildert die Kämpfe der Anhänger des Kg.s Agatus v. Jerusalem und seines Sohnes Messias gegen den von ihm abgefallenen Fs.en v. Babylon, Cacus, und sein Gefolge zur Befreiung ihrer Gefangenen, bes. der Brüder Iudas und Ethnis, der Söhne des dem Agatus entführten Antropus. In den Kämpfen und Erzählungen verdichtet sich die bibl. Geschichte vom Sündenfall und dem Erlösungswerk des Messias zu einem heroisch-allegor. Epos mit buntgemischtem bibl.-allegor. Personal und einer eigenwilligen Fabel, die vielleicht auch eine zeitgesch. Dimension hat. Es vereinigt Traditionen des röm. Epos, der Bibelepik und des christl.-allegor. Epos des →Prudentius. →Epos.
                                                                 P. Ch. Jacobsen

Ed.: K. MANITIUS, E., Das Bibelgedicht, 1973 (MGH QG IX) – *Lit.:* Verf.-Lex.² II, 642–645 – J. J. JENSEN, Das Bibelgedicht des E. und die ma. Zahlenkomposition, MJb 18, 1983, 121–127.

Euporista (gr. εὐπόριστα sc. φάρμακα; lat. facile parabilia sc. remedia), leicht anzufertigende, leicht zu beschaffende Arzneien, die den Bedarf der Hausapotheke des Arztes und des Laien auf dem Land decken sollen (→Galen, Vorrede zu De remediis parabilibus XIV, 311–581, der antiken ärztl. Tradition folgend). – Unter dieser Bezeichnung sind kleinere Abhandlungen von Ärzten überliefert (→Dioskurides, →Oreibasios u. a.), deren Zweck es war, bei eintretenden Krankheitsfällen rasche Hilfe zu verschaffen. Sie enthalten daher meist keine Beschreibung der Krankheiten; die Heilmittel sind in knapper Form verzeichnet. – Der übliche Titel »Εὐπόριστα« für das Werk des Oreibasios, »Πρός Εὐνάπιον«, ist der Vorrede entnommen und paßt, streng genommen, nur auf das 2. Buch.
                                                                 H. Papadimitriu

Lit.: RE Suppl. VII, 803, s. v. Oreibasios – H. SCHELENZ, Gesch. der Pharmazie, 1904, Register s. v.

Eupraxia → Adelheid (2. A.)

Eurich, Kg. der →Westgoten 466–484, Sohn →Theoderichs I. (Theudereds), erlangte durch Ermordung seines älteren Bruders →Theoderich (II.) den Thron. Er brach das Foedus der Westgoten mit dem röm. Reich und leitete Offensiven ein, um den ganzen Raum südwestl. der Loire- und Rhônelinie sowie möglichst weite Teile der Iber. Halbinsel unter seine Herrschaft zu bringen. Der got. Expansion in Gallien, die 469 begann, stellten sich im Berry die Bretonen, in der Gegend von Orléans frk. Föderaten unter →Childerich I. und röm. Truppen des comes Paulus, im Rhônetal erst ein ksl. Heer aus Italien, dann die Burgunder →Chilperichs I. entgegen; in Spanien setzten sich die →Sueven zur Wehr. Zudem leisteten in der Tarraconensis und in der Auvergne vornehme Provinzialen energischen Widerstand. Als Arianer (→Arius) mußten die Goten überdies stets mit der Feindschaft des kath. Klerus rechnen. – Erst wurden die Bretonen entscheidend geschlagen, dann (471) die ksl. Armee; in Spanien mußten die Sueven in den NW zurückweichen, die Unterwerfung der Hispanoromanen gelang 472–473. In der Auvergne, wo der fähige Arverner Ecdicius und Bf. →Sidonius Apollinaris Clermont verteidigten, endete der Krieg erst, als

Ks. →Nepos 475 E.s Herrschaft über die von den Westgoten beanspruchten Gebiete westlich der Rhône und der Loire akzeptierte. 476 besetzten die Westgoten auch die südl. Provence. – Im frk. Ausdehnungsdrang am Niederrhein sah E. eine Gefahr; er reagierte mit einem erfolgreichen Einsatz seiner Atlantikflotte. Als er 484 starb, war er der mächtigste Kg. auf ehem. Reichsboden.

In die Regierungszeit E.s, dessen legislatives Wirken Sidonius Apollinaris bezeugt (Ep. 8,3,3), setzt →Isidor v. Sevilla (Hist. Goth. c. 35) den Anfang der westgot. Rechtskodifikation. In der Palimpsesths. Paris, Bibl. Nat., lat. 12161 sind aus dem 6. Jh. stammende Fragmente eines Gesetzbuchs erhalten, für das der Hg. K. ZEUMER die Bezeichnung »Codex Euricianus« eingeführt hat, dessen Urheber jedoch nach NEHLSEN E.s Sohn und Nachfolger →Alarich II. war. Dieses von roman. Juristenhand in klarem Latein abgefaßte Gesetzeswerk war für die Goten bestimmt. Es regelte auch die Rechtsbeziehungen zwischen Goten und Romanen, doch territoriale Geltung kam ihm nicht zu.   J. Prelog

Ed.: El Código de Eurico, ed. A. D'ORS, 1960 – *Lit.*: HOOPS² V, 42–47 [H. NEHLSEN; Lit.] – HRG II, 1966–1979 [H. NEHLSEN] – Repfont III, 498 [Lit.] – K. F. STROHEKER, G., Kg. der Westgoten, 1937 – M. ROUCHE, L'Aquitaine des Wisigoths aux Arabes 418–781, 1979, 35ff., 169ff. – H. WOLFRAM, Gesch. der Goten, 1979, 219–231, 235–252.

Europa → Kontinente

Eusebios

1. E. v. Alexandria (Pseudo-). Die gänzlich fiktive Vita (MPG 86, 297–310) sieht im Mönch E. den Nachfolger des Kyrill auf dem Bischofsstuhl von Alexandria (in Wirklichkeit folgte Dioskur auf Kyrill). Sein notarius Johannes, der sich zum Schluß als Autor vorstellt, will auch die mündl. Lehre des E. niedergeschrieben haben. Tatsächl. dürften Vita und die unter dem Namen des E. überlieferten sermones auf einen Verfasser zurückgehen, der vielleicht älteres Gut verwandt hat und Ende des 5./im 6. Jh. (im syr.-palästinens. Raum?) tätig war. Die sermones fanden weite Verbreitung, auch in den Sprachen des christl. Orients und in Latein. Die Predigten des sog. Eusebius Gallicanus sind von ihnen beeinflußt.   Th. Baumeister

Q. und Lit.: MPG 86, 297–309 [vita]; 313–536 [sermones] – CPG 5510–5533 – Bibliotheca hagiographica graeca³ 635–635z; Auctarium 635a–635zb; Novum Auctarium 635a–635zb – Diz. Patristico e di Antichità Cristiane I, 1284f. – DSAM IV, 1686f. – BARDENHEWER IV, 86–91– BECK, Kirche, 400f. – G. LAFONTAINE, Les homélies d'Eusèbe d'Alexandrie [Diss. masch. Louvain 1966] – J. LEROY–FR. GLORIE, »Eusèbe d'Alexandrie« source d'»Eusèbe de Gaule«, Sacris erudiri 19, 1969–1970, 33–76 – M. GRONEWALD, Kein durchtriebener Räuber (P. Lit. Lond. 245 = Ps. Eusebius, Sermo 17), Zs. für Papyrologie und Epigraphik 34, 1979, 22–25.

2. E. v. Dorylaion, Bf., † nach 451. Aus Alexandria stammend wirkte E. in Konstantinopel als Rhetor. Noch Laie bezichtigte er 428 Patriarch Nestorios öffentlich (contestario) der Häresie. Zum Bf. v. Dorylaion (Phrygia salutaris) erhoben, wachte er mit Feuereifer über die Reinheit der Orthodoxie. Vor der endem. Synode (448) v. Konstantinopel klagte er jedenfalls →Eutyches an, dem er ursprgl. verbunden war. Aufgrund des Vorwurfs, E. würde Christus spalten, traf ihn die Verurteilung durch die sog. Räubersynode (449). Dem Gefängnis entronnen, appellierte er an Papst Leo I. sowie an die Ks. Durch das Konzil v. →Chalkedon rehabilitiert, starb er kurz danach.   P. Stockmeier

Q.: Leontios Byz., Contra Nestorianos et Eutychianos III, 43 – Evagrios Schol., hist. eccl. I, 9 – ACO I–II (vgl. MPG 3, 5940–5944) – *Lit.*: DThC V, 1532–1537 – BARDENHEWER IV, 204f. – A. GRILLMEIER – H. BACHT, Das Konzil v. Chalkedon, 3 Bde, 1951–54 [Register].

3. E. v. Emesa, * um 295 in Edessa von christl. Eltern, ▭ vor 359 in Antiochia. Seine Ausbildung an Schulen verschiedener Richtung in Edessa, Skythopolis, Kaisareia (Schüler des →Eusebios v. K.), Alexandria und Antiochia sowie die theol. und (kirchen)polit. Auseinandersetzungen des 4. Jh. haben sein Leben und Werk mitbestimmt. Nach Ablehnung der Nachfolge des abgesetzten →Athanasios v. Alexandria wird er 341 Bf. v. Emesa, muß jedoch vor dem Widerstand gegen seine Lehren aus seiner Bischofsstadt fliehen. Zw. 342 und 350 begleitet er Constantius II. auf seinen Perserfeldzügen. Von seinen angesehenen »zahllosen Schriften« (Hier. vir. ill. 91) blieben nur 1 Homilie im griech. Original, 29 Homilien in lat. Übersetzung und griech., syr. und armen. Fragmente erhalten. Sein oft in bildhafter Sprache formuliertes Denken zeigt homoiusian. Züge, wobei aber sein Wille zur Verständigung deutlich wird.   W. Cramer

Ed. und Lit.: ALTANER-STUIBER, 1978⁸, 224, 473 – *Zur lat. Überlieferung*: E. M. BUYTAERT, Eusèbe d'Émèse. Discours conservés en latin, 1953 – J. BERTEN, Cyrille de Jérusalem, Eusèbe d'Émèse et la théologie semiarienne, RSPhTh 52, 1968, 38–75 – P. SMULDERS, Eusèbe d'Émèse comme source du De Trinitate d'Hilaire de Poitiers (Hilaire et son temps, 1969), 175–212 – H. J. LEHMANN, Per piscatores. Stud. in the Armenian version of a collection of homilies by Eusebius of E. and Severian of Gabala, 1975 [23–36 Forschungsüberblick].

4. E. (Eusebius) **v. Kaisareia,** Bf., Historiker und altkirchl. Theologe, * um 260/264 in Kaisareia/→Caesarea (?), † um 339/340 ebd. Der Origenesschüler Pamphilos bereitete E. für die kirchl. und theol. Laufbahn vor. Durch ihn erhielt E. Zugang zur Bibliothek des Origenes in Kaisareia. E. konnte die Verfolgungen seiner Zeit überleben, während sein Lehrer Pamphilos i. J. 309 als Martyrer starb (mart. Palaest. 7,4; 11). I. J. 313 (oder bald danach) zum Bf. v. Kaisareia gewählt, hat E. zunächst das kirchl. Leben zu reorganisieren, zerstörte Kirchen wiederaufzubauen und neue Kirchen zu bauen (Rede zur Einweihung der großen Kirche von Tyrus: Hist. eccl. X 4). Danach bestimmte die kirchl. Auseinandersetzung mit →Arius sein Leben und Schaffen. Diese aber war (seit 325) unlösbar mit der neuen religionspolit. Situation verbunden. Sie und ihren Repräsentanten Ks. Konstantin theologisch zu deuten, sah E. als seine nächste Aufgabe an.

Im arian. Streit, 318 in Alexandria ausgebrochen, trat E. zunächst vorsichtig für Arius ein. Dessen Verurteilung auf der Synode v. Antiochia 324 traf auch E. In Nikaia 325 konnte er sich rechtfertigen und stimmte dem nikän. Glaubensbekenntnis zu (Theodoret, Hist. eccl. I 12; Socrates, Hist. eccl. I 8), wobei er das synodale Bekenntnis mit seiner bisherigen Glaubensauffassung identifizierte. Er blieb beim älteren, origen. Subordinatianismus, der zu einer Art »Zweigötterlehre« führte. Die vom Konzil geforderte Wesenseinheit von Gott-Vater und Gott-Sohn konnte von ihm nicht genau nachvollzogen werden; in ihr sah er die Häresie des Sabellius. Seit etwa 328 gehörte E. deshalb zu den Gegnern des Nicaenums.

Seit dem Konzil v. Nikaia war E. mit Ks. Konstantin persönlich bekannt. Es lassen sich zwar nur wenig persönl. Begegnungen nachweisen, aber E. verehrte den »gottgeliebten und dreimalseligen Kaiser« in grenzenloser Bewunderung. Der christl. Kaiser, der die religio christiana zur kult. Grundlage seiner Reichspolitik gemacht hatte, war für ihn ein sichtbares Werkzeug der Vorsehung, in dessen Reich sah er die Erfüllung der Weltgeschichte: Das Abraham gegebene Versprechen ist im Reich Konstantins erfüllt (quaest. ad Steph. 6). Konstantin hat die Feinde der Kirche besiegt; er selbst ist der unbesiegbare Kaiser, der größte der Weltgeschichte (vita Const. I 5,6; II 24–28; IV

20, laus Const. 7). E. folgte dabei der hellenist. Staats- und Herrscherphilosophie, in der ksl. Herrschaft als Nachbildung der göttl. Herrschaft verstanden wird. In seinen Äußerungen über Ks. Konstantin (Hist. eccl. IX–X; vita Const., laus Const.) ist E. zum Theoretiker des christl. Kaiserreiches geworden.

Lit. Werk: Das umfangreiche, nicht vollständig erhaltene Werk bezeugt profunde Sachkenntnis, Sammelleidenschaft und tiefe Gelehrsamkeit; es erstreckt sich auf die ganze Breite damaliger Theologie (Bibelwissenschaft, Apologetik, Dogmatik und Geschichte). Am bekanntesten sind seine hist. Schriften: Chronik, Über die Martyrer von Palästina, Kirchengeschichte und Leben Ks. Konstantins. Die »Historia ecclesiastica« begründete seinen Ruhm als 'Vater der Kirchengeschichte'. Buch 1–7 gilt der Vergangenheit; ihr bes. Wert liegt in der Sammlung altkirchl. Nachrichten, wenngleich deren Wiedergabe oft ungenau und unbefriedigend ist. Buch 8–10 ist für E. Zeitgeschichte, in der der persönl. Standpunkt deutlich die Darstellung bestimmt. Die Redaktion des Werkes ist bis heute Gegenstand gelehrter Diskussion (E. SCHWARTZ: Erstpublikation 317, Endpublikation 332; T. W. BARNES: Ersterscheinung 290). Die Schriften zum Konstantinleben (Vita und De laudibus Constantini) sind in ihrer Authentizität nicht unbestritten. Die Kaiservita ist als panegyr. Werk anzusehen und von ihrer apologet. und geschichtstheol. Tendenz her zu beurteilen.

Nachwirken: Größte Wirkungsgeschichte ist vorab der Hist. eccl. beschieden: Die altkirchl. Historiker verstehen sich als Fortsetzer der eusebian. Kirchengeschichte. →Rufinus v. Aquileia übersetzte sie und die Chronik ins Lat., womit auch der lat. Historiographie die Wege gewiesen werden. – Durch seine Konstantindeutung begründete E. die byz. Reichstheologie. – Im →Bilderstreit beriefen sich die Ikonoklasten auf E. und seine Ablehnung des religiösen Bildes.   K. S. Frank

Ed.: CPG 2, 3465–3507 [vollst. Übersicht] – GCS; Hist. eccl. auch Sources chrét. 31; 41; 55; hier auch Praep. evangelica 206, 215; 228; 262, 292; 307 – Dt. Übers.: Hist. eccl., H. KRAFT, 1967; Vita Const. und De mart. Palaest.: BKV – *Lit.:* RAC VI, 1052–1088 – TRE X, 537–543 – ALTANER-STUIBER, § 58 – N. H. BAYNES, Constantine the Great and the Christian Church, 1929 – H. BERKHOF, Ks. und Kirche, 1947 – D. S. WALLACE-HADRILL, Eusebius of Caesarea, 1960 – R. FARINA, L'impero e l'imperatore cristiano in Eusebio di Cesarea, 1966 – G. RUHBACH, Die Kirche angesichts der konstantin. Wende, 1976 – G. F. CHESNUT, The First Christian Histories, 1977 – R. GRANT, Eusebius as Church Historian, 1980 – T. D. BARNES, Constantine and Eusebius, 1981 – E. DES PLACES, Eusèbe de Césarée Commentateur, 1982.

5. E. v. Nikomedeia, † 341/342, mit →Arius (Areios) Schüler des Lukian v. Antiochia, Bf. v. Berytos, etwa 318 Bf. der Kaiserresidenz Nikomedeia, nach Absetzung des pronikän. Paulos v. Konstantinopel 338 Bf. der neuen Kaiserstadt. Weniger Theologe als Kirchenpolitiker trägt er entscheidend dazu bei, daß das dogmat. Problem des Arius zum gesamtkirchl. Konflikt und zur Staatsangelegenheit wird. In Nikaia 325 wird sein Glaubensbekenntnis zurückgewiesen; er scheint ohne Überzeugung die Konzilsformel unterzeichnet, die Verurteilung des Arius jedoch abgelehnt zu haben. Wegen fortdauernder Unterstützung der Arianer verbannt Konstantin ihn nach Gallien, doch kann er 328 zurückkehren, gewinnt Einfluß am Hof und erreicht nun als Führer der Opposition gegen das Nicaenum die Absetzung des Eustathios v. Antiochia 330, des Athanasios v. Alexandria 335 und des Markellos v. Ankyra 336. 337 tauft er Konstantin. Unter seinem Einfluß suchen die »Eusebianer« auf der Kirchweihsynode zu Antiochia 341 zwar Verständigung mit dem W, formieren sich aber zugleich zu einer homoiusian. Partei. Wahr-

scheinl. hier weiht er den Westgoten →Ulfila zum Missionsbischof der Goten. Von seiner umfangreichen Korrespondenz sind nur einzelne Stücke überliefert. W. Cramer

Lit.: DHGE XV, 1466–1471 – ALTANER-STUIBER, 1978[8], 270 – P. NAUTIN, Note critique sur la lettre d'Eusèbe de Nicomédie à Paulin de Tyr, VC 17, 1963, 24–27 – J. QUASTEN, Initiation aux Pères de l'Église 3, 1963, 277–281 – C. LUIBHÉID, The Arianism of Eusebius of Nicomedia, The Irish Theol. Quarterly 43, 1976, 3–23.

6. E. v. Samosata erscheint seit etwa 361 als Bf. v. Samosata, † 380 in Doliche (ermordet von einer Arianerin). In ständigem Mühen um Stärkung der nikän. Orthodoxie trägt er u. a. maßgebl. zur Erhebung des Melitios zum Bf. v. Antiochia 361 und des Basileios zum Bf. v. Kaisareia 370 bei. Als zweiter von 32 unterzeichnet er 372 den Brief der Orientalen an die Bf. e Italiens und Galliens (Basil. ep. 92). Von Valens 373 nach Thrakien verbannt, kehrt er nach dessen Tod 378 nach Samosata zurück und müht sich erneut um eine Reorganisation der Kirche in Syrien. Basileios ep. 136 charakterisiert ihn als »edlen Wächter des Glaubens, wachsamen Verteidiger der Kirchen«. Im Synaxar v. Konstantinopel gilt er als Martyrer. Seine geringe Berücksichtigung in der Lit. wird dieser pastoralen und kirchenpolit. Bedeutung nicht gerecht. W. Cramer

Ed. und Lit.: DHGE XV, 1473–1475 – P. BEDJAN, Acta mart. 6, 335–377 (syr. Vita) – F. HALKIN, Une Vie grècque d'Eusèbe de Samosate, AnalBoll 85, 1967, 5–15.

Eusebius

1. E., hl., * um 1200 in →Gran (Esztergom, Ungarn), † 20. Jan. 1270 in Pilisszentkereszt (Ungarn). Aus adliger Familie stammend, wurde er nach Studien in Gran zum Priester ordiniert. Während der schwierigen Zeit des Mongoleneinfalls in Ungarn zeichnete er sich als Domherr der Kathedrale durch seine hohe Bildung u. v. a. seine Kenntnisse im kanon. Recht aus. 1246 verzichtete er jedoch auf seine Ämter und Würden und zog sich in eine Einsiedelei in den Bergen von Pilis zurück. Bald sammelten sich andere Eremiten um ihn (1250), mit denen er den einzigen im MA in Ungarn entstandenen religiösen Orden gründete, den »Ordo S. Pauli primi eremitae«, wegen seiner bes. Kreuzesverehrung auch Orden der Eremiten vom Hl. Kreuz (Pauliner) genannt.

Von dem Zeitpunkt der Gründung an bildet das Leben des E. einen Teil der Geschichte seines Ordens. Papst Urban IV. erteilte dem Orden die Approbation, seine Regel (eine mit eigenen Konstitutionen erweiterte Augustinerregel) wurde erst nach dem Tod des E. 1308 und endgültig 1371 bestätigt. Der Orden verbreitete sich v. a. in Ungarn und in Polen. Er hat die Obhut über die berühmte Marienwallfahrtskirche →Częstochowa.

Lit.: Bibl. SS V, 262–263 – DIP VI, 25–43 [Lit.]. E. Pásztor

2. E., Bf. v. Vercelli, * um 283 in Sardinien, † um 370 in Vercelli. E. gilt als 1. Bf. v. Vercelli; bekannt als strenger Verteidiger des nikän. Glaubens. Von Constantius II. 355 nach Palästina verbannt, konnte er unter Ks. Julian 362 nach Vercelli zurückkehren. Drei Briefe (an Constantius, it. Gemeinden und →Gregor v. Elvira) sind erhalten; sieben Bücher »De Trinitate« werden ihm wohl zu Unrecht zugeschrieben. Der Codex Vercellensis (Evangelienhs.) wird mit ihm in Verbindung gebracht. Nach dem Zeugnis des →Ambrosius (ep. 63) hat E. in Vercelli die Vita communis für seine Kleriker eingeführt, wozu ihn vielleicht die Begegnung mit dem östl. Mönchtum während des Exils anregte. K. S. Frank

Ed.: V. BULHART, CCl 9 – *Lit.:* ALTANER-STUIBER, 366–367 – J. T. LIENHARD, Patristic sermons on E. of V. and their Relation to his Monasticism, RevBén 87, 1977, 164–172.

3. E. v. Cremona, aus Cremona stammend (etwa Mitte 4. Jh.), wurde er Mönch und Schüler des →Hieronymus in Bethlehem. 398 reiste er nach Italien, wo er in der Auseinandersetzung zw. Hieronymus und Rufinus über Origenes polemisch Partei für seinen Lehrer ergriff. Dieser schrieb für ihn bzw. widmete ihm die Kommentare zu Matthäus und Jeremia. Ein ma. Autor verfaßte unter dem Namen des E. eine Schrift über den Tod des Hieronymus (Epistula Pseudo-Eusebii de morte Hieronymi BHL 3866). Th. Baumeister

Q. und Lit.: LThK² III, 1199f. – Diz. Patristico e di Antichità Cristiane I, 1293f. – Bibl.SS V, 253f. – DHGE XV, 1460–1462 – F. Cavallera, Saint Jérôme I/2, 1922 [Register s. v. Eusèbe de Cremone] – G. Grützmacher, Hieronymus I/3, 1901–08 bzw. 1969 [Register s. v. E. v. C.] – J. Labourt, S. Jérôme, Lettres 3, 1953, 239–241 – J. Steinmann, Saint Jérôme, 1958 (dt.: Hieronymus, Ausleger der Bibel, 1961) [Register s. v. E. v. C.].

Eußerthal, ehem. Abtei OCist, 6 km nw. von Landau/Pfalz, gegr. 1148/50 von Stefan v. Mörlheim (vielleicht aus einer Linie der Gf.en v. →Sponheim) und mainfrk.-thür. Herren v. Auhausen-Lobdeburg auf Eigengut und vom Kl. Hornbach erworbenem Besitz mit Mönchen aus dem lothr. Weiler-Bettnach. Die Ausbauphase (früh auch Kauf und Pacht) ist bestimmt von Konflikten mit den Gf.en v. →Saarbrücken (Vögte von Hornbach und Klingenmünster), dem Kl. →Wadgassen und den Bauern der Umgebung um Nutzungsrechte im großen Waldgebiet im Umkreis des Klosters. Acht Grangien und drei Stadthöfe (Landau, Speyer, Weißenburg) sind nachgewiesen, Kirchen- und Zehntbesitz seit 1164 belegt. Papst Eugen III. nahm E. 1152 in Schutz, Ks. Friedrich I. 1186 nach einem Besuch und reichen Schenkungen (St. 4469; vgl. DD F. I. 548, 771 von 1168 und 1178). Seit dem 13. Jh. waren Mönche aus E. Kapläne (bis 1529) und Hüter der Reichskleinodien auf dem Trifels. Abt Heinrich (1297–1306) wurde Kanzler Heinrichs VII. und Bf. v. Trient († 1336); als Generalvikar diente ihm der E.er Mönch Konrad. Seit dem 15. Jh. mehren sich innere und äußere Schwierigkeiten; 1561 wird das Kl. aufgehoben. F. J. Felten

Lit.: F.-X. Remling, Urk. Gesch. der ehem. Abteien und Kl. im jetzigen Rheinbayern I, 1836, 184–215 [Neudr. 1973; noch grundlegend] – A. Lutz, Kl. und Kirche E. 1148–1948 (Fschr. zum Gründungsjubiläum der ehemaligen Zisterzienserabtei, 1948, 1981²) – Ders., Entstehungszeit und Namensgesch. der Zisterzienser-Abtei E., Archiv für mittelrhein. Kirchengesch., 1, 1949, 292–316 – H. Werle, Die Fundatoren der Zisterze E., Bll. für pfälz. Kirchengesch. und religöse VK 23, 1956, 74–83 – L. A. Doll, Beobachtungen zu den Anfängen der Zisterzienserkl. E. und zur Entwicklung der Haingeraide, Mitt. des hist. Vereins der Pfalz 68, 1970, 194–221 – W. W. Scherer, Unters. zur Personen- und Besitzgesch. des Zisterzienserkl. E. (Schr. des Diözesan-Archivs Speyer 6, 1983).

Eustache

1. E. Deschamps →Deschamps, E.

2. E. Mercadé (Marcadé) OSB, † 10. Jan. 1440, um 1414 Prévôt in Dampierre, 1418 Offizial in Corbie, 1427 von der engl. Verwaltung wegen Majestätsverbrechen in Amiens eingekerkert, zehn Jahre später rehabilitiert und wieder Offizial in Corbie, 1437 Doktorat, von Febr. 1439 bis zu seinem Tod Dekan der kanonist. Fakultät in Paris. Mitglied der »Cour amoureuse de Charles VI«. Bedeutend als Autor der »Vengeance Jésus-Christ« (ca. 14 000 Verse; 2 Hss.) und der »Passion d'Arras« (ca. 25 000 Verse; 1 Hs.; Zuschreibung wahrscheinlich), der ersten sich über mehrere Tage hinstreckenden geistl. Schauspiele Frankreichs, deren Technik um 1450 im Passionsspiel des Arnoul →Gréban weiterentwickelt wurde. Die rhetor. geschickt variierte Verskunst und der ausgeprägte Sinn für dramat.

Effekte haben Maßstäbe gesetzt. Die Miniaturen in der Hs. Arras 697 (»Passion« und »Vengeance«) geben z. T. eindeutig aufführungsprakt. Hinweise und sind somit neben dem Text eine wichtige Quelle für die Theatergeschichte des SpätMA. M.-R. Jung

Ed.: J.-M. Richard, Le Mystère de la Passion. Texte du ms. 697 de la Bibl. d'Arras, 1891, 1976² – *Lit.:* A. Thomas, Notice biographique sur E. M., Romania 35, 1906, 583–590 – E. B. Ham, The basic ms. of the Marcadé »Vengeance«, MLR 29, 1934, 405–420 – G. Frank, The Medieval French Drama, 1954.

3. E. le Moine (E. de Boulogne), nordfrz. Pirat, * 1175 (?), ✕ 1217 im Enterkampf. Zunächst Mönch in St-Wulmer, verließ er sein Kl., um das Erbe seines mutmaßl. Vaters, des von Hainfroi d'Hersinghem im Verlauf einer Auseinandersetzung um ein umstrittenes Lehen ermordeten hohen Adligen Baudouin Busquet (Buskès), zu fordern. Unter Rainald v. Dammartin Seneschall v. →Boulogne, wurde E. wegen rücksichtslosen Vorgehens abgesetzt. Danach führten er und seine Brüder von der Kanalinsel Sark aus Piratenaktionen durch, zunächst im Dienste des engl. Kg.s Johann (1205), dann jedoch auf frz. Seite (1216), wobei E. den Sohn Kg. Philipps II. August, →Ludwig (VIII.), bei dessen Versuch einer Englandinvasion unterstützte. E. beherrschte den Kanal dank seiner kühnen Manöver und der genialen Neuerung einer erhöhten Kampfplatzform auf seinen Schiffen. Dieser »pirata fortissimus« galt als Zauberer. Seine legendären Taten inspirierten Adam le Roi zum »Roman d'E. le Moine« (um 1233, 23000 v.). M. Mollat

Q.: Guillaume le Breton, Chron., ed. H. F. Delaborde, II, 1855 – L. Delisle, Cat. des actes de Philippe Auguste, 1856 – Ch. Petit-Dutaillis, Étude sur la vie et le règne de Louis VIII, 1894, 98f. – Le Roman de Witasse li moine, ed. D. Coulon, 1972 – *Lit.:* Ch. de la Roncière, Hist. de la Marine française, 1909, 302–311 – La France de Philippe Auguste, hg. R.-H. Bautier, 1982, 605–623 [M. Mollat].

4. E. li Paintres (le Peintre; E. de Reims), Trouvère, wirkte im 2. Viertel des 13. Jh., jüngerer Zeitgenosse von →Blondel de Nesle und vom Kastellan v. →Coucy, die er in einem Gedicht zitiert. Von ihm sind sieben →Chansons erhalten (Raynaud-Spanke 129, 162, 1139, 1251, 1745, 1892, 2116), zu denen auch die musikal. Begleitung überliefert ist. Die im →Envoi der Chanson RS 16, 2 erwähnten Beziehungen zu einem Gf.en v. Forez bieten keine sichere Basis für die Erstellung einer Biographie, obwohl sie nicht als fiktiv anzusehen sind. Der Name *Li Paintres* könnte sich vielleicht auf eine tatsächl. Tätigkeit des Autors beziehen; mit größerer Wahrscheinlichkeit handelt es sich jedoch bereits um einen Familiennamen, wie er im 13. Jh. in Reims belegt ist. E.s Werk (ausschließl. Liebeslieder) ist sehr konventionell und auch in metrischer Hinsicht gleichförmig. Charakteristische oder zumindest in bezeichnender Weise häufig wiederkehrende Themen fehlen weitgehend, eine Ausnahme bildet vielleicht nur die Tendenz, einige Gemeinplätze sentenzenartig zu stilisieren. A. Vitale Brovarone

Ed. und Lit.: New Grove, s. v. – E. Schwan, Die afrz. Liederhss.: ihr Verhältnis, ihre Entstehung und ihre Bestimmung, 1886 – A. Langfors, Mélanges de poésie lyrique française V, Romania 58, 1932, 357ff. – H. Spanke–G. Raynauds, Bibliogr. des afrz. Liedes neu bearb. und erg., 1955.

Eustachius (Εὐστάθιος, Eustasius), hl., legendärer Märtyrer unter Ks. Hadrian (Fest: 20. Sept., vereinzelt auch: 20. Mai, 1. bzw. 2. Nov.). Als röm. Heerführer soll er auf der Jagd durch eine Wundererscheinung (Kreuz zw. Hirschgeweih) zum Christentum bekehrt worden sein und seinen Namen von Placidus in E. geändert haben. Nach wechselvollem Mißgeschick (Anklänge an das bibl.

Vorbild Hiob) fand er mit seiner Familie auf Befehl des Ks.s den gewaltsamen Tod. Es handelt sich um eine Wandererzählung, die aus dem Orient über Griechenland und Süditalien seit dem frühen 11. Jh. in den Westen kam (in Rom ist d. Name schon im 8. Jh. bekannt). Im MA als →Nothelfer verehrt. Im SpätMA wurde seine Verehrung im MA durch den hl. →Hubertus infolge ähnlicher Legende und gleicher Attribute verdrängt. – Darstellung zumeist als Krieger in Rüstung und Mantel; Attribut Hirschkopf mit Kruzifix zw. dem Geweih.   O. Engels

Ed.: *Legendenversionen*: AASS Sept. VI, 1867, 123–135 – AnalBoll 3, 1884, 66ff. [beide griech.] – Bibl. Casinensis III, 1877, Flor. 351–354 – W. MEYER, Nachdr. der Göttinger Gelehrten Ges., 1915, 272ff.; 1916, 793ff. – O. ENGELS, QFIAB 35, 1955, 16–23 – *Lit.*: DHGE XVI, 6f. [R. AUBERT] – LThK² III, 1201 [O. ENGELS] – H. DELEHAYE, Bull. de l'Acad. royale de Belgiques, Cl. des lettres, 1919, 176–210 [Lit.] – J. BRAUN, Tracht und Attribute der Hl.en in der dt. Kunst, 1943 – O. ENGELS, HJb 76, 1957, 119–125 [Lit.].

Eustachius

1. E. v. Arras, Franziskanertheologe und Bf., * um 1225 wohl in Arras (Flandern), † 7. Aug. 1291. Wahrscheinl. identisch mit Wistasse Buisine (Zuname); dieser wiederum identisch mit Frater Huttacius (Huitacius). E. war unmittelbarer Schüler des hl. →Bonaventura und des Guibert v. Tournai, dem er 1263–66 als Magister regens am Franziskanerstudium in Paris nachfolgte (Lehrtätigkeit ebd. 1260–73). Als Vertreter der mittleren →Franziskanerschule hing er noch dem Augustinismus an (u. a. Augustins Illuminationslehre: Erkenntnis mittels der ewigen Ideen und ewigen Regeln. Am 27. Okt. 1266 unterzeichnete Wistasse gen. Buisine mit anderen Franziskanern eine Vereinbarung zw. diesen und dem Domkapitel v. Cambrai betreffend Klosterbau. Für den zum Kreuzzug aufbrechenden Kg. Ludwig IX. d. Hl. als Mittelsmann überbrachte er Mai 1270 den zum Konklave versammelten Kard. in Viterbo die Vorschläge des byz. Ks.s Michael Palaiologos. 1269–73 predigte er öfters vor dem kgl. Hof und der Univ. Paris. Am 4. Nov. 1282 wurde er zum Bf. v. Coutance (Normandie) geweiht. Sein in einer Reihe von Hss. erhaltenes Werk (über 40 Predigten; ein Kommentar zum I. Buch der Sentenzen, dist. 1–9; 3 Quodlibeta; etwa 80 Quaestiones disputatae) ist größtenteils ungedruckt.   H. Roßmann

Ed.: De humanae cognitionis ratione anecdota quaedam S. Bonaventurae et nonnullorum ipsius discipulorum, ed. PP. Franciscani, Quaracchi 1883, XVIIIf., 183–195 – De existentia animae in corpore, ed. F. DELORME, Bibl. franciscana scholastica VIII, ebd. 1934, 305–327 – De peccato veniali (Qq. quodlibetales), ed. A. LANDGRAF, Das Wesen der läßl. Sünde in der Scholastik, 1923, 297–343 – Quodlibet I, ed. P. GLORIEUX, FF 13, 1930, 147–152 – Quodl. II q.5 et q.9, ed. J. LECLERCQ, Le magistère . . . 119–121 – Quodl. III q.19, ed. DERS., L'idéal . . . 127f. – Quodl. III q.2, ed. H. J. WEBER, Die Lehre . . . 369–371 – *Q. und Lit.*: Catholicisme – DHGE – DSAM – LThK² – AASS, August, t. V, 1741, 507 – M. GRABMANN, Die philos. und theol. Erkenntnislehre des Kard. Matthaeus v. Aquasparta, 1906 – A. CALLEBAUT, AFrH 7, 1914, 251–254 – C. EUBEL, Hierarchia cath. medii aevi I, 1913², 205 – P. GLORIEUX, La litt. quodlibétique de 1260 à 1320, I, 1925, 299; II, 1935, 77–81 – A. LANDGRAF, CF 1, 1931, 79f. – V. DOUCET, AFrH 26, 1933, 191f. u. ö.; 27, 1934, 547 – P. GLORIEUX, Rép. II, 1933, 77–82 – DERS., AFrH 26, 1933, 257–281 – J. AUER, Die Entwicklung der Gnadenlehre in der Hochscholastik, 1942/51 – J. LECLERCQ, Le magistère du prédicateur au XIIIᵉ s., AHDL 21, 1946, 119ff. – DERS., L'idéal du théologien au MA, Rev. Sciences Relig. 21, 1947, 121–148 – P. GLORIEUX, RTh 18, 1951, 324, 329 – V. DOUCET, Commentaires sur les Sentences, 1954 – B. ROBERG, Die Union zw. der griech. und der lat. Kirche auf dem II. Konzil v. Lyon, BHF 24, 1964, 71 – J. BRADY, Questions at Paris c. 1260–1270, AFrH 61, 1968, 434–461; 62, 1969, 357–376, 678–692 – J. B. SCHNEYER, Rep. der lat. Sermones des MA, BGPhMA 43, 2, 1970, 40–45 – H. J. WEBER, Die Lehre von der Auferstehung der Toten in den Haupttraktaten der scholast. Theol., 1973, 28, 234.

2. E. II., Gf. v. Boulogne, † 1086/88 oder um 1093; ⚭ 1. Godgifu, Schwester des engl. Kg.s →Eduard d. Bekenners, 2. Ida v. Bouillon, Schwester→Gottfrieds d. Buckligen, Hzg. v. Niederlothringen; Kinder: von 2: Eustachius III. v. Boulogne, →Balduin I., Kg. v. Jerusalem, →Gottfried v. Bouillon. E. trat um 1047 die Herrschaft über →Boulogne(-sur-Mer) an. Als er 1051 England aufsuchte, kam es zu einem Streit zw. seinem Gefolge und den Bewohnern von Dover (über die daraus resultierende Krise: →Godwin, Earl v. Wessex). E. kämpfte in der Schlacht v. →Hastings an der Seite Wilhelms d. Eroberers (→Wilhelm I.). 1067 griff E. zuammen mit aufständ. Angelsachsen die Burg von Dover an, ohne sie einnehmen zu können. War sein Verhältnis zu Wilhelm I. auch zeitweise getrübt, so übertrug der Kg. ihm doch später (von neuem?) umfangreichen Lehnsbesitz in England (»honour of Boulogne« mit 120 Ritterlehen, Schwerpunkt in Essex). E. zählte damit zu den größten Grundbesitzern im Lande.   K. Schnith

Lit.: J. H. ROUND, Stud. in Peerage and Family Hist., 1907 [darin: The Counts of Boulogne as English Lords, 147ff.] – J. C. ANDRESSOHN, The Ancestry and Life of Godfrey of Bouillon, 1947 [Stammtaf. 19] – The Carmen de Hastingae Proelio, hg. C. MORTON–H. MUNTZ, 1972 [Einl.] – R. DHENIN–M. DHENIN, Denier inédit de Boulogne trouvé à St-Martin-Choquel, Septentrion 3, 1973, 72–74 – J. LE PATOUREL, The Norman Empire, 1976 – C. W. HOLLISTER, Magnates and Curiales in Early Norman England, Viator 8, 1977, 63ff. – Weitere Lit.: →Boulogne-sur-Mer.

3. E. (auch: Eustasius) **v. Matera,** Richter in Venosa (Prov. Potenza), ging als Anhänger der Staufer nach dem Untergang Konradins 1268 ins Exil. Am 5. Okt. 1269 ließ Karl I. v. Anjou den Besitz des E. in Venosa beschlagnahmen. Im Exil schrieb E. 1270 ein in Distichen abgefaßtes, aus mindestens 14 Büchern bestehendes, heute größtenteils verlorenes Werk »Planctus Italiae«. Darin schildert er die Städte Süditaliens und deren Schicksal nach der angiovin. Eroberung. Spätere Autoren überliefern insgesamt 66 Verse: Fragmente über Messina, Neapel, Potenza und Tarent sowie über den Dichter selbst. E. soll auch eine (verlorene) Chronik verfaßt haben, die jedoch identisch mit dem Planctus sein könnte. Irrtüml. zugeschrieben wurde ihm bisweilen das Gedicht des →Petrus de Ebulo, »De balneis Puteolanis«.   H. M. Schaller

Q. und Lit.: E. VIGGIANO, Memorie della città di Potenza, 1805, 70–73 – A. N. VESELOVSKI, »Eustachio di M.« (o di Venosa) e il suo Planctus Italiae. Con traduzione di F. VERDINOIS e documenti inediti pubbl. a c. di R. BRISCESE, Melfi 1907 – A. ALTAMURA, I frammenti di Eustazio da M., Arch. stor. per la Calabria e la Lucania 15, 1946, 133–140 – R. FILANGIERI, I registri della cancelleria angioina 5, 1953, 161 Nr. 257 – T. PEDÌO, La vita a Potenza dai Normanni agli Aragonesi, Arch. stor. pugliese 15, 1962, bes. 158f. – DERS., Storia della storiografia lucana, 1964, 11f., 33 – DERS., Per la storia del Mezzogiorno d'Italia nell'età medievale, 1968, 125, 169, 181f.

Eusthatios

1. E., *Bf. v. Antiochia,* † vor 337, einer der bedeutendsten Theologen der Zeit Konstantins. Vor 319/320 Bf. im syr. Beroea, 324/325 – als Parteigänger Alexanders v. Alexandria im arian. Streit – Metropolit v. Antiochia; seit dem Konzil v. Nikaia (dem er vielleicht präsidierte) einer der wenigen überzeugten Verfechter des Homousios, bekämpfte rigoros den Arianismus und die antinikän. Politik der Eusebianer, weswegen diese – wohl 328/329 unter Führung des →Eusebius v. Caesarea – ihn wegen →Sabellianismus (wohl verbunden mit moral. Vorwürfen) absetzten. Da er Konstantins Ausgleichspolitik störte, verbannte dieser ihn (nach Thrakien?). E.' Anhänger bildeten eine Sondergemeinde der Altnicäner, neben der später noch andere Gruppierungen entstanden, so daß das antiochen. Schisma lange fortbestand (letzte Reste der Eustathianergemeinde bis 413). E. starb im Exil, wahrscheinl. vor 337 (falls die Schrift gegen Photinos v. Sirmium echt sein sollte, möglicherweise auch später). – Seine Lehren können nur partiell aus der kleinen Schrift »De engastrimytho« (gegen Origenes' Auslegung von I Sam 28,7ff.) sowie aus Fragmenten seiner Schriften gegen die Arianer rekonstruiert werden. Die Trinität denkt er nicht von der Heilsgeschichte, sondern vom philos. Begriff der Einheit Gottes her, wobei er gegen den Origenismus die Einheit von Vater und Sohn betont und von einer einzigen Hypostase der Gottheit spricht. In seiner Abwehr der arian. Lehre von der Leidensfähigkeit des Logos, der im Menschen Jesus an die Stelle der Seele tritt, entwickelt E. eine dogmengeschichtl. bedeutsame Christologie mit dem Vorstellungsschema, daß in Jesus Christus der Logos (der wesenseins mit Gott ist) einen vollkommenen Menschen annimmt, wobei E. die Verbindung und damit die Personeinheit als göttl. Einwohnung nach Analogie der Propheteninspiration denkt (homo deifer; Leib als Tempel des Logos). Damit präludiert er den Typ der antiochen. (Differenzierungs-)Christologie.   W.-D. Hauschild

Q. und Ed.: Origenes, Eustathius v. Antiochien und Gregor v. Nyssa über die Hexe von Endor, hg. E. KLOSTERMANN (Kleine Texte 83, 1912) – M. SPANNEUT, Recherches sur les écrits d'Eustathe d'Antioche avec une éd. nouv. des fragments dogmatiques et exégétiques, 1948 – *Lit.*: DHGE XVI, 13–23 [Lit.] – TRE X, 543–546 [Lit.] – F. ZOEPFL, Die trinitar. und christolog. Anschauungen des Bf.s Eustathius v. Antiochien, TQ 104, 1923, 170–201 – R. V. SELLERS, Eustathius of Antioch and his Place in the Early Hist. of Christian Doctrine, 1928 – DERS., Two Ancient Christologies, 1940 – M. SPANNEUT, Eustathe d'Antioche exégète, StPatr 7 (TU 92), 1966, 549–559 – A. GRILLMEIER, Jesus der Christus im Glauben der Kirche I, 1979, 440–446 – R. LORENZ, Die Eustathius v. Antiochien zugeschriebene Schrift gegen Photin, Zs. für die ntl. Wiss. und die Kunde der älteren Kirche 71, 1980, 109–128 – R. P. C. HANSON, The Fate of Eustathius of Antioch, ZKG 95, 1984, 171–179.

2. E., *Bf. v. Berytos,* vertrat während der christolog. Auseinandersetzungen im Vorfeld von Chalkedon die Linie →Kyrills, also das Logos-Sarx-Schema. Dementsprechend war er 448 für die Verurteilung des Ibas v. Edessa als Anhänger des Nestorios und ebenso auf der Räubersynode (449) für die Absetzung des Patriarchen Flavian v. Konstantinopel. Der apollinarist. Ansatz seiner Christologie führte E. zur monophysit. Interpretation Kyrills. Noch in Chalkedon erklärte er, daß der Logos nicht einen Menschen angenommen habe, sondern Mensch geworden sei; angenommen habe er aber Fleisch. Gleichwohl bemühte er sich um Ausgleich, trat schließlich für den Tomus Leonis ein und distanzierte sich auch von der Verurteilung Flavians. Seine Bemühungen um kirchl. Rangerhöhung von Berytos scheiterten jedoch in →Chalkedon.   P. Stockmeier

Q.: ACO II, I 1, 112–115; 3, 460–469 – *Lit.*: DHGE XVI, 23 – A. GRILLMEIER–H. BACHT, Das Konzil v. Chalkedon, 3 Bde, 1951–54 [Register].

3. E., *Bf. v. Sebaste/Armenien,* * vor 300, † nach 377, hat die Entwicklung des östl. Mönchtums beeinflußt und als Vertreter der Pneumatomachen dogmengeschichtl. Bedeutung erlangt. Um 340 trat er hervor als Führer einer asket. Protestbewegung mit enthusiast. Zügen, die auf der Synode v. Gangra wegen ihrer Kirchenkritik verurteilt wurde. Danach war er als Presbyter und Bf. (seit ca. 356) um eine Integration von Mönchtum und kirchl. Institution bemüht und warb erfolgreich für das neue asket. Ideal. Er galt der Nachwelt als Initiator des Mönchtums im nördl. Kleinasien. (Bedeutendster Schüler →Basilios v. Caesarea, der E.' Ideal der Absage an die weltl. Bindungen

als Praxis der Kreuzesnachfolge verkirchlichte.) Schriften des E. sind nicht überliefert. Im trinitar. Streit engagierte er sich seit 358 als Führer der Homousianer gegen Arianer und Homöer sowie gegen die ksl. Politik, deshalb abgesetzt, konnte er sich kirchenpolit. durch seinen großen Anhang in Armenien und im Pontus behaupten. E. vertrat die Mittelposition einer konservativ-biblizist. Trinitätslehre, die für ihn seit 362 eine Ablehnung der Gottheit des Hl. Geistes einschloß. Gegenüber der theol. Reflexion auf der religiösen Erfahrung des Asketen beharrend, wurde er von den Nicänern als »Pneumatomache« angegriffen (373 Bruch mit Basilios, dessen Werk »Über den Hl. Geist« die Auseinandersetzung mit E. enthält). An der organisator. Konsolidierung der in Kleinasien stark verbreiteten Pneumatomachen führend beteiligt (Synode v. Kyzikos 376), galt E. seit der Dogmatisierung der nicän. Trinitätslehre durch das Konzil v. Konstantinopel 381 als Häretiker.   W.-D. Hauschild

Lit.: DSAM IV/2, 1707–1712 – TRE X, 547–550 [Lit.] – F. LOOFS, Eustathius v. S. und die Chronologie der Basilius-Briefe, 1898 – H. DÖRRIES, De Spiritu Sancto. Der Beitr. des Basilius zum Abschluß der trinitar. Dogmas, 1956 – W.-D. HAUSCHILD, Die Pneumatomachen [Diss. Hamburg 1967] – K. S. FRANK, Monast. Reform im Altertum. Eustathius v. S. und Basilius v. Caesarea (Reformatio Ecclesiae. Fschr. E. ISERLOH, 1980), 35–49.

4. E., *Ebf. v.* → *Thessalonike,* bedeutender byz. Autor, *um 1110 zu Konstantinopel, †1195/98 in Thessalonike. Aufgrund vorzügl. Ausbildung und der Zugehörigkeit zur Berufsgruppe der Diakone an der Hagia Sophia absolvierte er eine Karriere, die ihn u.a. zum μαῖστωρ τῶν ῥητόρων (Lehrer der Beredsamkeit), zum ἐπὶ τῶν δεήσεων (Vermittler der Bittschriften) und bis zum hohen Amt des Sakelliu brachte. Nach jahrzehntelanger Tätigkeit als Lehrer der Grammatik, Rhetorik und Philosophie sowie als Autor wurde er erst im 7. Lebensjahrzehnt (vermutl. 1177) zum Ebf. erhoben und entgegen der ursprgl. Bestimmung (Myra in Lykien) in die verwaiste Diöz. Thessalonike entsandt. Hier wirkte er als Reformator des Mönchtums und als Organisator der Seelsorge. 1185 erlebte er die Eroberung der Stadt durch die Normannen, wobei er sich unerschrocken für seine Herde einsetzte. Nach einer erzwungenen kurzen Unterbrechung (Flucht nach Konstantinopel 1191 vor Intrigen seiner Gegner) konnte E. nach Thessalonike zurückkehren, wo er hochbetagt starb. Die orthodoxe Kirche verehrt ihn als Heiligen.

E. war im geistigen Leben von Byzanz im 12. Jh. eine herausragende Persönlichkeit. Seine reichen enzyklopäd. Kenntnisse befähigten ihn zur Abfassung umfangreicher Kommentare zu Ilias und Odyssee (→Homer), die für die »studierende Jugend« bestimmt, sachl. und sprachl. Material in großer Fülle, auch unter Einsatz der allegor. Mythendeutung und der Schedographie darbieten. Ein Kommentar zu Pindar ist – bis auf eine Einführung – noch nicht ediert. Dieser sowie die Paraphrase zu Dionysios Periegetes (geograph. Schulbuch) wurden vor den Homerkommentaren geschrieben. Ein Aristophaneskommentar ist verloren. E. schrieb selbst natürlich in Hochsprache, hatte aber für die Volkssprache sowie für die Volkskunde großes Interesse. Historisch und literarisch bedeutend ist seine Schilderung der Eroberung von Thessalonike durch die →Normannen. Die lebhafte Darstellung, die vor krassem Naturalismus nicht zurückschreckt, steht unter dem unmittelbaren Eindruck des Erlebten. E. skizziert die wenigen Jahre nach dem Tod Ks. Manuels I. (1180), den Lateinerpogrom beim Einmarsch →Andronikos' I. in Konstantinopel und die Motivierung der Normannen zu ihrem amphibischen Angriffsfeldzug. Mangelnde Vorbereitung und Lethargie auf seiten des byz. Kommandos führen zur Katastrophe, die von E. in Genreszenen und mit persönl. Erlebnissen (Verhandlungsgeschick!) abwechslungsreich geschildert wird. Trotz einer gewissen Problematik im Aufbau und trotz der starken rhetor. Stilisierung gehört die Schrift zum Besten, was die byz. Literatur des 12.Jh. aufzuweisen hat. Neben den üblichen Enkomien und Epitaphioi auf Ks. und andere hochstehende Persönlichkeiten sowie 74 Briefen hinterließ E. krit. Schriften über das Mönchtum seiner Zeit (Untersuchung des Mönchslebens; Über die Heuchelei), die seinen Scharfblick und seinen reformator. Eifer bestätigen. Seinen Sinn für Humor beweist die Ethopoiie auf den Metropoliten v. Mokissos, der als Fan luxuriösen Badens sich nicht einmal am Tag nach dem Tod des Patriarchen von einem Badebesuch abhalten ließ und dafür in beschämender Weise gefoppt wurde. – An theol. Rhetorik wären noch 6 Homilien, 4 hagiograph. Enkomia, ferner eine Rede über den Gehorsam im christl. Staatswesen und eine Rede anläßlich der Erhebung zum Ebf. v. Myra zu erwähnen.

Zur Kirchendichtung gehört ein Kanon auf den hl. Demetrios und eine Erklärung des Pfingstkanons des →Johannes v. Damaskos. **H. Hunger**

Ed.: Komm.: zur Ilias, ed. M. van der Valk, Bd. 1–3 (A–II), 1971–79; alte Ausg.: ed. G. Stallbaum, Bd. 1–4 (A–Ω), 1827–30[Nachdr. 1960]– zur Odyssee: ed. G. Stallbaum, Bd. 1–2 (A–Ω), 1825–26 [Nachdr. 1960] – Paraphrase zu Dionysius Periegetes (C. Müller, Geographi Graeci Minores II, 1882), 201–407 – Einf. zum Pindarkomm.: Th. F. L. Tafel, Eustathii opuscula, 1832, 53–61 [Nachdr. 1964] – Eroberung von Thessalonike, ed. St. Kyriakides, 1961; Übers.: it. V. Rotolo, o.J.; dt.: H. Hunger, 1955, 1967² – Reden: W. Regel, Fontes rerum byzantinarum, 2 Bde, 1892, 1917 – übrige Werke: Tafel, Eustathii opuscula, 1832; MPG 135, 136 – *Lit.:* Tusculum-Lex.³, 1982, 243–245 – Beck, Kirche, 634–636 – Hunger, Profane Lit. I, 114–115, 426–429; II, 63–67 – A. P. Každan, Vizantijskij publicist XII v. Evstafij Solunskij, VV 27–29, 1967–69.

5. E. v. Epiphaneia (Syrien), † vermutl. Anfang des 6.Jh., Autor eines Kompendiums der Weltgeschichte (Χρονικὴ ἐπιτομή), das fragmentarisch bei →Evagrios Scholastikos und Iohannes →Malalas erhalten ist. Er hat sein Werk, das aus zwei Teilen bestand, von den ältesten Zeiten bis auf das zwölfte Regierungsjahr des oström. Ks.s Anastasios I., also bis 502/503, geführt.

J. M. Alonso-Núñez

Ed.: Fragmenta historicorum Graecorum IV, 138–142 – L. Dindorf, Historici Graeci Minores I, 1870, 353–363 – *Lit.:* RE VI, 1450–1451.

6. E. Makrembolites → Makrembolites, Eustathios

7. E. Romaios, byz. Richter, in der 1. Hälfte des 11.Jh. am zentralen Reichsgericht des Hippodroms tätig. Aus seinen Urteilsberichten (σημειώματα) und Gutachten (ὑπομνήματα) verfaßte ein Mitarbeiter des E. die sog. →Peira, deren lit. Ziel in der Veranschaulichung der bes. jurist. und rhetor. Fähigkeiten des E. liegt. Von den persönl. Schicksalen des E. ist nur bekannt, daß er vom einfachen Mitglied bis zum Vorsitzenden des Hippodromgerichts aufgestiegen ist und schließlich den hohen Titel eines μάγιστρος erhalten hat. **P. E. Pieler**

Lit.: D. Simon, Rechtsfindung am byz. Reichsgericht, 1973, 11.

Eustathius I. (Jevstatije), hl., Ebf. v. →Serbien 1279–86, † 4. Jan. 1286 in Žiča. In der Župa Budimlje geboren, wurde E. um 1250–53 von Neophytos, Bf. v. Zeta, zum Mönch geweiht. Er ging nach Jerusalem, von dort auf den →Athos, wo er bald Igumen des Klosters →Hilandar wurde (1262–65). Von dort kam er nach →Zeta, wo er ca. 1270–79 das Bischofsamt innehatte. Nach dem Tod von Ebf. Joannikios I. (Joanikije), der beim Sturz von Kg.

→Uroš I. 1276 diesem ins Exil gefolgt war, wurde im Mai 1279 zur Beendigung der über zweieinhalbjährigen Sedisvakanz E., anscheinend auf Wunsch von Kg. Dragutin, zum Ebf. v. Serbien gewählt. Wie man annimmt, wurde die Wahl vom Landtag nur bestätigt. – Zunächst in Žiča, in einem Marmorsarkophag beigesetzt, wurde E.' Leichnam nach dem Überfall des Fs.en Šišman v. Vidin auf Žiča (1291–92) in die Apostelkirche bei →Peć gebracht. Seinem Biographen Ebf. Danilo II. zufolge geschahen schon bald nach E.' Tod an seinem Grabe Wunder. Unmittelbar nach dem Tode kanonisiert, ist E. in der Reihe der Ebf.e v. Serbien dargestellt in der Achilleios-Kirche v. →Arilje (Sv. Ahilije; Fresken vollendet 1296) und im Exonarthex der Gottesmutterkirche in →Prizren (Bogorodica Ljeviška; Fresken vollendet nach 1307). Diese Kirchen sind Stiftungen der Kg.e Dragutin und Milutin, denen gegenüber sich E. loyal verhielt als eine Persönlichkeit ohne größeren polit. Einfluß, doch mit der moral. Autorität eines aufrichtig frommen Mönches. **I. Djurić**

Lit.: St. Stanojević, Srpski arhiepiskopi od Save II do Danila II, Glas SKA 153, 1933, 55 – M. Purković, Srpski episkopi i mitropoliti srednjega veka, Hrišćansko delo III, 4–6, 1937, 18ff. – Ders., Srpski patrijarsi srednjega veka, 1976, 18ff. – M. Janković, Episkopije i mitropolije srpske crkve u srednjem veku, 1985, 42ff.

Eustochia. 1. E. Calafato v. Messina, sel., Mystikerin, * 25. März 1434 Annunciata b. Messina, † 20. Jan. 1485 Messina. Nachdem der aus reicher Kaufmannsfamilie stammenden Smeralda (so ihr Taufname) zwei Freier frühzeitig verstorben waren, konnte sie 1449 ihrem Wunsch gemäß in das Klarissenkl. Basciò in Messina eintreten. 1457 erwirkte E. jedoch von Calixtus III. die Erlaubnis, ein eigenes Kl. zu gründen (Accomandata), zu dessen geistl. Betreuung Pius II. 1461 die widerstrebenden Franziskaner verpflichtete. 1464 verlegte E. ihren Konvent nach →Montevergine, wo sie in einer Zelle unter der Kirchentreppe hauste. Von Krankheiten und dämon. Anfechtungen behelligt, mit Stimmen, myst. Gnaden und Wundergabe ausgezeichnet, erfüllte sie dort ihre Pflichten als Äbtissin. Für ihre Mitschwestern verfaßte E. ein »Libro della Passione« (ed. F. Terrizzi, 1975), ein nahe am Bericht der Evangelien bleibendes Meditationsbuch in toskan. Sprache mit vielen Sizilianismen, eines der ältesten Zeugnisse für die Übernahme der it. Literatursprache im Süden. **P. Dinzelbacher**

Q.: L. Perroni Grande, Per la biografia della b. E., 1922 – La leggenda della b. E. da M., hg. M. Catalano, 1950² – F. M. Terrizzi, Documenti relativi all 'Vita' della b.E.C., AFH 58, 1965, 280–329 – *Lit.:* Bibl. SS III, 660–662 – DBI XVI, 402f. – DHGE XVI, 42 – LThK² III, 866 – NCE V, 638 – E. Cenni, La b.E.C., 1966 – F. M. Terrizzi, La b.E.C. nella leggenda ed in altri documenti del tempo, 1966.

2. E. (-o, -um) **v. Padua** OSB, sel., * 1444 Padua, † 13. Febr. 1469 ebd. Ab dem 4. Lebensjahr, als Lucrezia Bellini (so ihr eigtl. Name) von der Amme in die ihr feindl. gegenüberstehende Familie zurückkam (E. war die Frucht eines Ehebruchs mit einer Nonne), zeigten sich angebl. Phänomene dämon. Besessenheit an ihr, die ungeachtet aller Exorzismen mit Unterbrechungen bis zu ihrem Tode anhalten sollten. Als das Kl. S. Prosdocimo, in dem sie seit ihrem 7. Jahr leben mußte, 1460 von Benediktinerinnen übernommen wurde, erlitt das Mädchen spektakuläre patholog. Anfälle (mit Selbstverwundung), so daß sich die Mitschwestern ihrer als Hexe zu entledigen suchten; v. a. die Bemühungen ihres Beichtvaters retteten sie vor dem Scheiterhaufen. Ihr in größter Frömmigkeit und Demut getragenes Leiden ließ sie nach ihrem Tode als Hl.e erscheinen (1476 Altar in der Kl. kirche). **P. Dinzelbacher**

Lit.: Bibl. SS V, 305f. – DHGE XVI, 42 – LThK² III, 866 – NCE V, 638 – G. M. Giberti, Vita della B. Eustochio, 1836² – J. v. Görres, Die christl. Mystik, 1879², IV, 103–124, 183–187, 411f. – H. THURSTON, Surprising Mystics, 1955, 133–146.

Eustochium, Jungfrau, hl., * um 368 in Rom, † um 419 in Bethlehem, stammte aus stadtröm. Aristokratenfamilie. Mit ihrer Mutter →Paula und anderen vornehmen Römerinnen geriet sie in den Bann des →Hieronymus und entschloß sich unter seinem Einfluß zum asket.-monast. Leben. 385 folgte sie Hieronymus nach Bethlehem; nach dem Tod ihrer Mutter (404) leitete sie die dortigen Nonnenklöster. – Hieronymus schrieb ihr mehrere Briefe; bes. wichtig ist ep. 22 (ein langer Traktat über die christl. Jungfräulichkeit); ep. 46 der Hieronymusbriefe ist von Paula und E. geschrieben. Hieronymus widmete ihr, der »virgo Christi«, der »filia«, mehrere seiner Werke (Prologe zum Jesaia- und Ezechielkommentar). K. S. FRANK

Lit.: DSAM IV, 1715–1718 – J. N. D. KELLY, Jerome. His Life, His Writings, His Controversies, 1975.

Eustratios. 1. E. v. Nikaia, * ca. 1050, † nach April 1117, erstmalig erwähnt im Prozeß (1082) gegen seinen Lehrer →Johannes Italos, entging E. – damals Diakon und Schulleiter in Konstantinopel (St. Theodoros) – nur knapp der Verurteilung als Häretiker, wurde aber bald darauf Metropolit v. →Nikaia. Als solcher gehörte er zur Gruppe der sieben Theologen, die mit dem Ebf. v. Mailand, Pietro Grossolano, Streitgespräche (1112) über das →Filioque sowie kataphat. und apophat. Theologie führten; zweimal (1087, 1114) nahm er auch an Debatten mit den monophysit. Armeniern teil (→Monophysitismus). Aufgrund einseitiger Äußerungen über die menschliche Natur Christi in der letzten Kontroverse kam es zur Anklage vor dem Ks. durch Niketas Seides; vor der Synode (27. April 1117) schwor E. zwar seinen Irrtümern ab, verfiel aber wenig später dennoch der Absetzung und Verurteilung als Häretiker. – E. kommentierte Teile der »Analytica Posteriora« und der »Nikomach. Ethik« des →Aristoteles; in einer kurzen Definition des Seins verbindet er Nominalismus und neuplaton. Emanationslehre. Auch in der Theologie gibt er der Vernunft den Vorzug vor den Zeugnissen der Tradition. Zwei syllogist. Schriften sind dem Bilderstreit des 11.Jh. gewidmet; auch die insgesamt sechs Traktate gegen die Lateiner verraten die philos. Schulung; zwei weitere Abhandlungen polemisieren gegen →Azyma in der röm. Eucharistiefeier. – In seinem Ethikkommentar verteidigt Eustratios die platon. Ideenlehre gegen die Kritik des Aristoteles, obwohl er sich der Notwendigkeit einer christl. Neuinterpretation des →Platonismus bewußt ist. In der Bilderfrage wendet er sich gegen eine allzu enge Bindung des Christusbildes an den Prototyp, die Person Christi. Auch die übrigen Traktate sind so stark von Syllogismen durchsetzt, daß die letzte der 24 verworfenen Thesen des E. lauten konnte: »Daß Christus in all seinen heiligen und göttlichen Reden in Syllogismen nach Art des Aristoteles spricht. « G. PODSKALSKY

Lit.: TRE X, 1982, 550f. [G. PODSKALSKY; Ed., Lit.] – L. CLUCAS, The Trial of John Italos and the Crisis of Intellectual Values in Byzantium in the Eleventh Century, 1981, 93–95.

2. E. v. Konstantinopel, Presbyter in Konstantinopel und Schüler des Patriarchen Eutychios († 582), über den er eine enkomienhafte Vita verfaßte (BHG 657). Seine Vita der hl. Golinduch (BHG 700–702b) ist eine rhetor. Paraphrase der georgisch erhaltenen Lebensbeschreibung durch Stephanos v. Hierapolis (G. GARITTE). Die am Schluß unvollständige Schrift »De statu animarum post mortem« enthält zahlreiche Zitate aus den Vätern. Von seiner Abhandlung »De anima et angelis« liegen nur Fragmente vor. Th. BAUMEISTER

Q. und Lit.: CPG 7520–7523 – Bibl. hagiographica graeca, 1957³, 657, 700–702b – DHGE XVI, 48 – DSAM IV, 1718f. – LThK² III, 1206 – Diz. Patristico e di Antichità Cristiane I, 1304f. – BARDENHEWER 5, 130f. – P. PEETERS, Sainte Golinduch, martyre perse († 13 juillet 591), AnalBoll 62, 1944, 74–125 – G. GARITTE, La passion géorgienne de sainte Golindouch, ebd. 74, 1956, 405–440 – BECK, Kirche, 410f. – K. LAGA, Eustratius van Constantinopel, De mens en zijn werk [Diss. Löwen 1958].

Eutharich, Westgote, † um 522; von →Theoderich zum Gatten seiner Tochter →Amalasuntha bestimmt, nach dem Zeugnis von Jordanes (Get. 14, 79ff. u. ä.) und Cassiodor (Var. 9,25) väterlicher- wie mütterlicherseits einem alten amalischen Geschlecht (→Amaler) entstammend. Sein Stammbaum reichte angeblich zurück bis auf den Enkel des ostgot. Kg.s →Ermanarich mit Namen Beremud, der sich nach Spanien zu den Westgoten begeben haben soll. I.J. 519 hatte er zusammen mit dem oström. Ks. →Justin das Konsulat inne. Er feierte seinen Amtsantritt in Ravenna und Rom mit prächtigen Spielen, →Cassiodor hielt ihm eine Lobrede (MGH AA XII, 465ff.) und veröffentlichte ihm zu Ehren seine Chronik. Der den Römern geneigte, aber den Katoliken feindlich gesinnte E. war nach dem Willen des Theoderich als Thronfolger ausersehen. Sein früher Tod verhinderte die Nachfolge. R. KLEIN

Lit.: KL. PAULY II, 465 – RE VI, 1496f. – W. ENSSLIN, Theoderich d. Gr., 1960², 301ff. – H. WOLFRAM, Gesch. der Goten, 1979, 404ff. – S. KRAUTSCHICK, Cassiodor und die Politik seiner Zeit, 1983, 31ff.

Eutherios, Bf. v. Tyana (Kemerhisar s. von Nigde, Türkei), verteidigte Nestorios, weigerte sich, dem mit der Unionsformel von 433 zw. →Kyrill v. Alexandria und Johannes v. Antiochia geschlossenen Kirchenfrieden beizutreten und wurde deshalb verbannt. Er versteht die 12 Anathematismen des Kyrill oft falsch; daß man nach dem 8. Anathem. den (vom Logos) angenommenen Menschen nicht mit diesen zusammen anbeten dürfe, bedeutet für E., Kyrill »wolle das Fleisch vom Logos trennen«. Er kritisiert Kyrill aber auch mit Recht; z. B. man solle nicht von der Einheit aus zwei Naturen (in Christus) sprechen (als ob daraus ein Drittes entstanden wäre), sondern von der Einheit der zwei Naturen. H. J. VOGT

Ed. und Lit.: ACO I, 4, 109–112, 144–148, 213–231 – M. TETZ, Eine Antilogie des E. v. Tyana, Patrist. Texte und Stud. 1, 1964.

Euthymios
1. E. d.Gr., hl., einer der wichtigsten Vertreter palästinens. Mönchtums, * um 377 in Melitene (Armenien), † 473. Nach seiner Priesterweihe ca. 405 verließ er seine Heimat und kam in das älteste Kl. Pharan nordöstl. von Jerusalem. Hier widmete er sich, zusammen mit seinem Freund Theoktistos dem Ideal christl. Askese. Der glühende Eifer nach höheren Formen asket. Vollkommenheit brachte beide Freunde in die Wüste Juda. Das von ihnen hier gegründete Koinobion trug den Namen des Theoktistos, der sein erster Abt wurde. Dem Beispiel des hl. Antonius (→Antonius 6.) folgend, suchte E. nach der absoluten Hesychia, um sich dem ständigen Gebet zu weihen. Eine große Schar seiner Schüler bat ihn inständig, ein neues Kl. zu gründen. So entstand seine große gleichnamige →Laura (Mönchssiedlung), die nach seinem Tod 473 die Form eines Koinobions bekam. E. hat der damaligen monast. Bewegung in Palästina entscheidende Impulse gegeben. Er war das große Vorbild mönch. Tugenden, unter denen er Demut, Liebe und Gastfreundschaft mit bes. Nachdruck betonte. Aber auch auf kirchl. Gebiet hat er sich verdient gemacht. Mit eiserner Strenge und großem Eifer verteidigte E. das orth. Dogma gegen den →Monophysitismus; auch trug er zur Rückkehr der dem

Monophysitentum anhängenden Ksn. →Eudokia zum orth. Glauben bei. Darüber hinaus brachte er die Botschaft Christi zu den Beduinen, für die er das Bm. Parembolai gründete. Schon zu seinen Lebzeiten wurde E. aufgrund seiner prophet. Gabe und seiner zahlreichen Wunder als Hl. verehrt. Die orth. Kirche feiert sein Fest am 20. Jan. Sein Ruhm in Byzanz war so groß, daß sogar der Exilkaiser Theodoros II. Dukas Laskaris (1254–58) ihm ein Enkomion widmete.   E. Konstantinou

Q.: Vita: bei Kyrillos v. Skythopolis, ed. E. SCHWARTZ, Texte und Unters. Bd. 49, H. 2, 1939–Symeon Metaphrastes, MPG 114, 596–733 – S. VAILHÉ, Saint Euthyme le Grand, RevOrChr IIème Sér. 2, 1907, 298–312, 337–355; 3, 1908, 181–191, 225–246; 4, 1909, 189–202, 256–263 – R. E. GÉNIER, Vie de Saint Euthyme le Grand, 1909 – Lit.: Θρησκευτικὴ καὶ Ἠθικὴ Ἐγκυκλοπαιδεία 5, 1964, 1030–1032 [F. HALKIN] – H. GRÉGOIRE, Note sur un nouveau ms. de la Vie d'Euthyme, BCH 30, 1906, 481f. – F. DUNKEL, Das E.-Kl. in Chan-es-sal in der Wüste Juda, Das Hl. Land 74, 1930, 131–133 – BECK, Kirche, 203.

2. E. d. J., Hl. der byz. Kirche (Fest: 14. Okt.), weltl. Name: Niketas, * 824 in Opso (Galatien), † 898. E. trennte sich ein Jahr nach seiner Heirat von seiner Gattin und wurde Mönch. 17 Jahre lebte er im Kl. Pissadine auf dem bithyn. Olymp, dann ztw. als Einsiedler, ztw. auf dem →Athos. Zum Priester geweiht, gründete er das Kl. Peristera (871) bei Thessalonike. Er starb als Eremit auf der Insel Hiera. Seine Biographie schrieb Basileios v. Thessalonike. BECK (Kirche, 209) nennt E. »eines der frühen Ruhmesblätter des athonit. Mönchtums«.

H. M. Biedermann

Q.: L. PETIT, Vie et office de St-Euthyme le Jeune, ROC 8, 1903, 155–205, 503–536–DERS., Bibl. hagiographique orient. 5, 1904, 14–51 – Lit.: ThEE 5, 1033–1035 – A. KIRSOPP LAKE, The Early Days of Monasticism on Mt. Athos, 1909, 40–52–B. MENTHON, L'Olympe de Bithynie, 1953, 163–170 – Bibl. hagiographica Graeca, 1957³, 655 [Lit.].

3. E., Patriarch v. Konstantinopel 907–spätestens 912, * um 834 in Seleukia (Isaurien), † 5. Aug. 917 im Kl. Agathou nahe Konstantinopel. Von Jugend an Mönch, zunächst auf dem Bithyn. →Olympos, ergriff er im Streit zw. →Basileios I. und dem Thronfolger →Leon (VI.) die Partei des letzteren. Nach Basileios' Tod wurde E. zum Beichtvater Leons VI., Hegumenos des Kl. in Psamathia (im südwestl. Bereich der Hauptstadt), Mitglied des →Senats und →Synkellos erhoben. Er stand den polit. wie intellektuell einflußreichen Persönlichkeiten am Hofe Leons wie dem Armenier Stylianos Zautzes, dem Araber Samonas und dem aus Italien stammenden Patriarchen →Nikolaos I. Mystikos feindlich gegenüber. Stets versuchte E., die Interessen der traditionellen Hofbürokratie zu verteidigen und geriet daher oft in Konflikte mit dem Ks. Als Nikolaos Mystikos im Zuge des Tetragamiestreites gemeinsam mit den →Dukas der Verschwörung verdächtigt wurde, ernannte der Ks. an seiner statt 907 den E. (s. a. →Nikolaiten). E. billigte Ks. Leons vierte Ehe, was aber keinen Frieden brachte. Wohl noch zu Lebzeiten Leons wurde E. zum Rücktritt gezwungen. Nach Leons Tod verbannte dessen Bruder und Nachfolger Alexander den E. in das Kl. Agathou, und Nikolaos bestieg erneut den Patriarchenthron. – E.' Leben wird in einem Panegyricus des →Arethas v. Kaisareia verherrlicht und in einem anonymen Bios beschrieben, den ein Mönch von Psamathia nach 932 schrieb (D. SOPHIANOS, Epeteris Hetaireias Byzantinon Spudon 38, 1971, 289–296). Diese Lebensbeschreibung ist eine der wichtigsten Quellen für die polit. Geschichte von Byzanz nach dem Tode Basileios' I. bis zur Minderjährigkeit Konstantins VII. Leider gingen mehrere Teile des Bios schon vor der ersten Veröffentlichung verloren, und seit dem 2. Weltkrieg ist die Hs. verschollen.

Von E.' lit. Nachlaß sind publiziert Predigten zu Ehren des Festes der Empfängnis der hl. Anna und eine Homilie für das Fest der Übertragung des Gürtels der Jungfrau in die Kirche von Chalkoprateia. Es sind noch weitere unedierte Werke erhalten, doch ist die Zuschreibung nicht immer sicher (C. VAN DE VORST, AnalBoll 33, 1919, 452f. – A. EHRHARD, BZ 24, 1924, 186f.).   A. Kazhdan

Ed.: M. JUGIE, POr 16, 1922, 463–514; 19, 1925, 441–455 – Bios: Vita Euthymii patriarchae CP, ed. P. KARLIN-HAYTER, 1970; russ. Übers.: A. KAZHDAN, in Dve vizantijskie chroniki, 1959, 9–137 – Lit.: Bibl. hagiogr. Gr., 1957³, 651f. – M. JUGIE, La vie et les œuvres d'Euthyme patriarche de Constantinople, EO 16, 1913, 385–395, 481–492–BECK, Kirche, 549f. – B. FLUSIN, Un fragment inédit de la vie d'Euthyme le patriarche? (TM 9, 1985), 119ff.

4. E. v. Tǔrnovo → Evtimij

5. E. Zigabenos (auch: Zygabenos, Zygadenos), größter systemat. Theologe im Byzanz des 12. Jh. Seine Lebensdaten sind unbekannt; er wurde lange mit einem gleichnamigen Mönch des Peribleptos Madonnenkl. in Konstantinopel identifiziert. Nach dem Zeugnis der →Anna Komnene war E. ein sehr gebildeter und angesehener Mönch, den Ks. →Alexios I. Komnenos für sein erklärtes Ziel der Ketzerbekämpfung einsetzte. Z. verfaßte im ksl. Auftrag eine Widerlegung der Irrlehren; dieses, sein Hauptwerk bezeichnete der Ks. selbst als πανοπλία δογματικὴ ('Dogmat. Rüstkammer'). Hinsichtl. Methode und Zielsetzung, nicht jedoch im Aufbau besteht große Ähnlichkeit mit dem πανάριον ('Arzneikasten') des Epiphanios v. Salamis. Die »Panoplia« bestehen aus einem Prolog, der ein reines Enkomion auf Ks. Alexios darstellt, und 28 Titeln (1–7: Gottes-, Schöpfungs- und Erlösungslehre, abgehandelt mit Hilfe patrist. Zitate; 8–22: Widerlegung der Häresien seit Simon Magus; 23–28: Widerlegung der neueren Häretiker wie →Paulikianer, →Messalianer, →Bogomilen, ferner auch der Muslime und der armen. Azymiten; →Azyma). E.' selbständiges theol. Denken findet sich v. a. in den Titeln 20 und 23. Wichtigster Mitarbeiter bei den »Panoplia« war E.' Freund Johannes Phurnes, der Protos des Kl. auf dem Berge Ganos. – Von E. stammt weiterhin ein kleiner dogmat. Traktat über den Tag des Abendmahls Christi (Νομικὸν Πάσχα). Verdienste erwarb sich E. auf dem Gebiet der Exegese mit mehreren Schriften, die eine gewisse Selbständigkeit erkennen lassen: Psalmenkommentar; Kommentar zu den vier Evangelien, der v. a. auf den Katenen beruht; Pauluskommentar, ebenfalls stark von Johannes Chrysostomos beeinflußt. Die Zuschreibung einiger weiterer Werke (antihäret. Traktate, Homilien, Kommentare) ist irrig oder doch unsicher. Die Frage der Echtheit der ihm zugeschriebenen Briefe bedarf einer systemat. Untersuchung.

E. Konstantinou

Ed.: MPG 128–131; Panoplia: ebd. 130, 20–1360; Neued. des Titels 17: G. FICKER, Die Phundagiagiten, 1908, 89–111–Pauluskomm., ed. N. KALOGERAS, 1887, 2 Bde–Lit.: J. WICKERT, Die Panoplia dogmatica des E. Z.: Oriens Christianus 8, 1911, 278–388 – M. JUGIE, La vie et les œuvres d'E. Z., EO 4, 1912, 215–225 – J. SAJDAK, Hist. critica Scholiastarum et commentatorum Gregorii Nazianzeni I, 1914, 188f. – K. STAAB, Die Paulus-Katenen nach den hs. Q. untersucht, 1926, 44, 216, 275 – J. REUSS, Matthäus-Markus und Johannes-Katenen, 1941, 238–243 – BECK, Kirche, 614–616.

Eutokios v. Askalon, * um 480 in Palästina, Verfasser von Kommentaren zu Archimedes' Schriften »De sphaera et cylindro«, »Dimensio circuli« und »De planorum aequilibriis« sowie zu Apollonios' »Conica« (Bücher I–IV), die er überdies edierte. E.' Kommentare sind für die Gesch. der griech. Mathematik von hervorragender Bedeutung, da sie wertvolle Auszüge aus verlorengegangenen griech. Werken enthalten. Sie waren in Byzanz, im lat.

MA und z. T. auch bei den Arabern bekannt und werden seit ihrer Abfassung meist zusammen mit den entsprechenden Werken von→Archimedes oder Apollonios wiedergegeben. Wesentlich für ihren Einfluß im MA war die Übersetzung von E.' Kommentar zu »De sphaera et cylindro« und zu »De planorum aequilibriis« durch→Wilhelm v. Moerbeke i. J. 1269, anläßlich der lat. Übers. der Werke von Archimedes, sowie die Aufnahme aller drei Kommentare zu Archimedes in die lat. Archimedes-Übers. v. Jakob v. Cremona um 1450.   E. Neuenschwander

Lit.: DSB IV, 488–491 [ält. Lit.] – KL. PAULY II, 468 – RE VI, 1518 – SEZGIN V, 188 [Zusammenstellung der Übersetzungen ins Arab.] – B. L. VAN DER WAERDEN, Erwachende Wiss., 1956 – W. R. KNORR, The Hyperbola-Construction in the »Conics«, Book II: Ancient Variations on a Theorem of Apollonius, Centaurus 25, 1982, 253–291 – M. CLAGETT, Archimedes in the MA, 5 Bde, 1964–84 [Ed. der von Moerbeke übersetzten Komm., Diskussion der Wirkungsgesch.].

Eutropius

1. E., hl., Bf. v. →*Orange* (um 463 – um? 494), verehrt zum 27. Mai. Zum ersten Mal in der Adresse eines Briefes von Papst Hilarus (25. Febr. 464) unter Verweis auf ein Konzil des Vorjahres (in Arles?) genannt, unterschrieb E. 470/475 ein Synodalschreiben in der Angelegenheit des Priesters Lucidus (→Prädestination) und erhielt im Sommer 471 ein Schreiben des →Sidonius Apollinaris (Ep. VI,6; vgl. auch VI, 12, 8) mit Bezug auf kürzliche Verwüstungen des Bm.s Orange durch die Westgoten. Weitere Angaben in seiner Vita, verfaßt von einem Verus (Bf. nach Florus v. Lyon, 9. Jh., und deshalb als Nachfolger des E. in der Liste von Orange geführt) und gewidmet an einen Bf. Stephanus, wohl von Lyon (501–um 515). Danach kommt E. aus einem vornehmen Marseiller Hause, hatte eine erfolgversprechende zivile Karriere begonnen und geheiratet; nach dem Tode seiner Frau wurde er Diakon unter Bf. Eustasius v. Marseille (451/463–um 470) und um 463 Bf. v. Orange. Einer betont asket. Lebensweise (Handarbeit!) entsprach seine Wunderkraft, die er als Patron der Bewohner von Orange einsetzte, im Leben wie im Tode. In der von ihm erbauten Julianskirche (Julianus, Märtyrer von Antiochien) – später St-Eutrope – wurde er begraben; ein Teil des Epitaphs (auf einem antiken Sarkophagdeckel) des E. ist noch erhalten.   M. Heinzelmann

Q.: Vita (BHL 2782), ed. P. VARIN, Vie de S. Eutrope, 1849 (Bull. du Comité hist. des monuments écrits de l'hist. de France I, 52–64), 4–16 – Epitaph: CIL 12, 1272 – DIEHL, Inscriptiones 1065 – DELOYE, Inscription métrique du tombeau de saint Eutrope, à Orange, Rev. des soc. savantes 1, 1883, 175–178 – *Lit.:* Bibl. SS 5, 1964, 345 – E. GRIFFE, La Gaule chrétienne à l'époque romaine 2, 1966², 256–259 – M. HEINZELMANN, Bischofsherrschaft in Gallien, 1976, 94–98.

2. E. v. Valencia, *Abt v. Servitanum, Bf. v. Valencia,* † wahrscheinl. vor 610. E. nahm an der dritten Synode v. Toledo (589) teil. Er beschäftigte sich mit Sittenlehre und ist der Autor der »Epistula de districtione monachorum et ruina monasteriorum« und der »Epistula de octo vitiis«.   J. M. Alonso-Nuñez

Ed.: MPL LXXX, 9–20 – *Lit.:* DHGE XVI, 84–85 – Diccionario de Hist. Eclesiástica de España II, 886–887 – LThK III, 1213 – U. DOMINGUEZ DEL VAL, Eutropio de Valencia y sus fuentes de información, Revista Española de Teología XIV, 1954, 369–392 – M. C. DIAZ Y DIAZ, La producción literaria de Eutropio de Valencia: Anecdota Wisigothica I, 1958, 9–35 [mit krit. Ausg. der Werke].

3. E. Presbyter, lat. Kirchenschriftsteller wohl aus Aquitanien, schrieb 394/5–431 an Cerasia und ihre Schwester die drei Trostbriefe asket. Charakters »De contemnenda hereditate«, »De vera circumcisione«, »De perfecto homine« und den einzigen altkirchl. Trost-Traktat »De similitudine carnis peccati«, in welchem er Theologie in persönl. Seelenführung einsetzt.   H. S. Eymann

Ed.: MPL 30, 45–50, 75–104, 188–210 – De sim. c.p., ed. G. MORIN, Études, Textes, Découvertes I, 1913, 81–150 – *Lit.:* H. S. EYMANN, E. P. und sein Traktat »De similitudine carnis peccati«, 1985 [mit weiterer Lit.].

4. E., röm. Geschichtsschreiber, 363 Teilnehmer am Perserfeldzug Julians, Magister memoriae unter Ks. Valens (364–378), auf dessen Veranlassung er einen Abriß der röm. Gesch. (»Breviarium ab urbe condita«) in 10 kurzen Büchern von Romulus bis zum Tode Jovians (364) verfaßte. Quellen sind eine Livius-Epitome, Sueton und die (verlorene, sog. Enmannsche) Kaisergesch. sowie eigene zeitgesch. Kenntnisse. Auf die wesentl. Fakten beschränkte Kürze und anschaul. Darstellung machten das Werk rasch bekannt (benutzt von Hieronymus, Orosius, Aurelius Victor, Augustin, Jordanes, Cassiodor, Isidor, Beda u. a., ins Griech. übers. von Paianios um 380 und Capito v. Lykien im 5. Jh.). Im MA verbreitet und geschätzt (vgl. Johannes v. Salisbury, Policrat. 8, 799a WEBB) und auch später als Schulbuch beliebt, erfuhr das Werk bereits durch →Paulus Diaconus (6 Bücher, bis 553) und →Landulfus Sagax (8 Bücher, bis 820) Erweiterungen.   J. Gruber

Ed.: H. DROYSEN, MGH AA II, 1879 – F. RÜHL, 1887 [Neudr. 1975] – C. SANTINI, 1979 – *Lit.:* KL. PAULY II, 469f. – LAW 930 – RE VI, 1521–1527 – W. DEN BOER, Some minor Roman historians, 1972, 114–172 – M. CAPOZZO, Roma fra monarchia e decemvirato nell' interpretazione di Eutropio, 1973 – G. BONAMENTE, La dedica del Breviarium e la carriera di Eutropio, Giorn. it. filol. 29, 1977, 274–297 – DERS., La biografia di Eutropio lo Storico, Ann. facolt. lett. Macerata 10, 1977, 161–210 – D. NELLEN, Viri litterati, 1977, 62ff. – G. BONAMENTE, Eutropio e la tradizione pagana su Costantino, Scritti Zambelli, 1978, 17–59 – C. SANTINI, Per una caratterizzazione stilistica del Breviarium di Eutropio, Giorn. it. filol. 31, 1979, 1–16.

5. E., Eunuch, † 399. Trotz unfreier Herkunft stieg E. nach seiner Freilassung (379) am Hof von Byzanz zunächst zum Kämmerer (cubicularius) auf und erreichte schließlich das angesehene Amt des Oberkämmerers (praepositus sacri cubiculi). Nach der maßgeblich von ihm betriebenen Ausschaltung des allmächtigen Praefectus Praetorio Rufinus (395) beherrschte E. bis zu seinem Tode 399 den schwachen Ks. →Arcadius, der ihn 398 zum Patricius und 399 zum Konsul ernannte. Dadurch bestimmte E. in starkem Maße die Politik des ö. Reichsteils. Beauftragt mit dem Oberbefehl über die Truppen, drängte er die in Kleinasien eingefallenen →Hunnen über die ö. Grenzen zurück. Sein Sturz wurde veranlaßt durch sein militär. Versagen gegen die got. Greuthungen, die unter ihrem Führer Tribigild Phrygien plünderten, v. a. aber durch seine Feindschaft mit der Ksn. →Eudoxia, die ihn unterstützenden kirchl. Kreisen, da E. die bfl. Gerichtsbarkeit und das kirchl. Asylrecht einschränken wollte. Ein verzerrtes Bild des E. bietet die zwei Bücher umfassende Invektive des Dichters →Claudianus, welche von einem scharfen Antibyzantinismus geprägt ist.   R. Klein

Lit.: KL. PAULY II, 470 – RE IV, 1520f. – O. SEECK, Gesch. des Untergangs der antiken Welt V, 1922, 303ff. – S. DÖPP, Zeitgesch. in Dichtungen Claudians, 1980, 159ff. – G. ALBERT, Goten in Konstantinopel, Unters. zur oström. Gesch. um das Jahr 400 n. Chr., 1984, bes. 36ff.

Eutyches. 1. E., * um 378 (370?), † nach 449, Priester und Archimandrit eines Kl. (von 300 Mönchen) in der Bannmeile von Konstantinopel, entschiedener Gegner des →Nestorios und Parteigänger des →Kyrillos v. Alexandria, dessen Theologie er aber nicht nachvollziehen konnte. E. wollte nur *eine* Natur in Christus anerkennen: die göttl., die die menschl. gewissermaßen aufgesogen habe. Durch seine engen Beziehungen zum Hof Ks. →Theodosios' II. – der allmächtige Eunuch Chrysaphios war E.' Patensohn – spielte er eine wichtige Rolle in der Kirchen-

politik des Patriarchen v. →Alexandria gegenüber →An-
tiochia und →Konstantinopel. →Theodoret v. Kyros hat
wohl gegen ihn seinen »Eranistes« geschrieben, vor dem
Patriarchen Flavian v. Konstantinopel wurde er wegen
seiner Lehre angeklagt. 448 auf einer endem. Synode
abgesetzt, gelang es ihm, zusammen mit →Dioskoros I. v.
Alexandria, Ks. Theodosios zur Einberufung einer
Reichssynode nach Ephesos für 449 zu bewegen (sog.
Räubersynode v. →Ephesos). Sie rehabilitierte E. und
setzte Flavian ab. E.' Lehre, oder was die Väter aus seinen
Aussagen als solche abstrahierten, wurde 451 auf dem 4.
Ökumen. Konzil v. →Chalkedon verurteilt.

H. M. Biedermann

Lit.: DHGE 16, 87–91 – LThK² III, 1213f. – ThEE 5, 1106–1109 – Das
Konzil v. Chalkedon, hg. A. GRILLMEIER – H. BACHT, 3 Bde, 1979⁵, I,
213–242 [TH. CAMELOT]; II, 193–231 [H. BACHT] – ST. HORN, Petrou
Kathedra, 1982.

2. E. E. bezeichnet sich selbst als Priscianschüler und
widmet seine »Ars de verbo« einem uns unbekannten
Craterus, der früher sein Schüler war. Sein Name ist
strittig, wurde auch zur Zeit von Sedulius Scottus diskutiert (Eutex, Euticius, Eutichius, Eutyches), in den Hss.
und ma. Bibliothekskatalogen findet man verschiedene
Namensformen.

Werke: a) »Ars de verbo« in 2 Büchern: 1. über die
verschiedenen Conjugationen, ihre Endungen und ihre
Ableitung. 2. über die finalitates, d. h. die Zugehörigkeit
der einzelnen Verben zu den verschiedenen Conjugationen nach ihrer Endung und dazu die Verba composita. b)
»De aspiratione«, Vorlage für einen Abschnitt von Cassiodors Orthographia, mit Beispielen in alphabet. Ordnung und wohl einem Lexikon entnommen. E. wurde in
karol. Zeit mehrfach kommentiert (→Sedulius; Remigius).

C. Jeudy

Ed.: Ars de verbo: GLK 5, 1868 [Nachdr. 1961], 447–489 – Sedulius
Scottus' Kommentar: H. HAGEN, Anecdota Helvetica, 1870 [Nachdr.
1961], 1–38 (GLK 8) – B. LÖFSTEDT, Sedulius Scottus. In Donati artem
minorem. In Priscianum. In Eutychem (CChrCM 40C Grammatici
Hibernici carolini aevi, III,2), 1977, 87–130 – De aspiratione: GLK 7,
1880, 199–202 – *Lit.:* SCHANZ-HOSIUS, 4², 238–240 – *zu den Hss.:* C.
JEUDY, Les manuscrits de l'Ars de verbo d'Eutychès et le commentaire
de Rémi d'Auxerre, Études de civilisation médiévale (Mél. E.-R.
LABANDE, 1974), 421–436 – DIES., Le »Scalprum Prisciani« et sa
tradition manuscrite (Rev. d'hist. des textes 12–13, 1982–83, 192 und
Anm. 6) – DIES., Nouveaux fragm. de textes grammaticaux (Rev.
d'hist. des textes 14–15, 1984–85, 135f.) – DIES., Le Florilège grammatical inédit du ms. 8° 8 de la bibl. d'Erfurt (ALMA 44, 1985), 308–313 –
ferner Lit. →Sedulius, →Remigius.

Eutychios. 1. E. (Eutyches), melkit. Patriarch v. →Alex-
andria, arab. Name: Saꜥīd ibn Baṭrīq, * 17. Aug. 877 in
Fusṭāṭ (Alt-Kairo), Arzt, 7. Febr. 933 Patriarch, † 11. Mai
940, Verfasser, wohl besser Kompilator, eines Annalen-
werkes »Die Perlenschnur« (*Naẓm al-ǧawhar*), das von
Adam und Eva bis zum Jahr 938 reicht. Das Werk liegt in
zwei Rezensionen vor: die ältere, kürzere (»alexandrin.«)
überliefert der Cod. Sin. Arab. 582, eine Papierhs. wohl
des 10. Jh.; die jüngere, erweiterte (»antiochen.«) Rezension liegt in zahlreichen Hss. vor und wurde von J. SELDEN
(1658) und L. CHEIKHO (1906–09) ediert. Die Sinai-Hs.
steht der Urfassung sehr nahe (Autograph?) und ermöglicht die Feststellung späterer Änderungen und Erweiterungen. Die mitgeteilten Nachrichten sind je nach Güte
der verwendeten Quellen von unterschiedl. Wert. Das
Werk erfreute sich weiter Verbreitung und großer Beliebtheit, wie die zahlreichen Hss. und die Benutzung
durch spätere Geschichtsschreiber – z. B. durch den Kop-
ten al-Makīn (13. Jh.), den Araber al-Maqrīzī (14. Jh.) und
den Abendländer →Wilhelm v. Tyrus (12. Jh.) – zeigen.

Fortgesetzt wurde dieses Annalenwerk durch das »Buch
des Anhangs« (*kitāb aḏ-ḏail*) des →Yaḥyā ibn Saꜥīd v.
Antiochia für die Jahre 938–1027/28. – Wohl das Werk
eines anonymen Verfassers ist das dem E. zugeschriebene
»Buch des Beweises« (*kitāb al-burhān*), eine umfängliche
theol. Schrift in vier Teilen mit zahlreichen Belegstellen
aus Bibel und Väterschriften zu einzelnen theol. Lehren.
Das Werk scheint vor 944 entstanden zu sein (das berühmte Christusbild befindet sich noch in Edessa) und wird in
den Hss. oft fälschlich dem hl. Athanasius v. Alexandria
zugeschrieben, mit dessen »Quaestiones ad Antiochum
ducem« der vierte Teil tatsächlich Verwandtschaft zeigt. –
Weitere Werke des E. sind fraglich.

J. Aßfalg

Ed. und Übers.: Contextio Gemmarum, sive, Eutychii Patriarchae
Alexandrini Annales. Illustr. Joanne Seldeno, interprete Edwardo
Pocockio, 2 Bde, Oxoniae 1658 – Eutychii Patriarchae Alexandrini
Annales I, ed. L. CHEIKHO, 1906; II: Accedunt Annales Yahia ibn Saïd
Antiochensis, ed. L. CHEIKHO, B. CARRA DE VAUX, H. ZAYYAT, 1909
(CSCO 50, 51) [nur arab. Text] – M. BREYDY, Das Annalenwerk des E.
v. Alexandrien (= Ed. und Übers. von Cod. Sin. Arab. 582), 1985
(CSCO 471, 472) – Buch des Beweises: Ed.: E. of Alexandria, The
Book of the Demonstration, ed. P. CACHIA, I, 1960; II, 1961 (CSCO
192, 209); Übers. von W. MONTGOMERY WATT, I, 1960; II, 1961
(CSCO 193, 210) – *Lit.:* G. GRAF, Gesch. der christl. arab. Lit. II, 1947,
32–38 – J. KARAYANNOPULOS – G. WEISS, Quellenkunde zur Gesch. von
Byzanz, 1982, 376 – M. BREYDY, Études sur Saꜥīd ibn Baṭrīq et ses
sources, 1983 (CSCO 450).

2. E., Patriarch v. Konstantinopel, Hl. der griech.
Kirche (Fest 6. April), * um 512 in Phrygien, † 5. April 582,
Mönch und Priester in Amaseia, ging als →Apokrisiar
seines Bf.s nach Konstantinopel und gewann Ks. Justinians Wertschätzung durch seine Ablehnung der Drei
Kapitel (→Dreikapitelstreit). 552 wurde er daher Patriarch
und präsidierte dem 5. Ökumen. Konzil 553, da Papst
→Vigilius sich geweigert hatte. Er verfaßte auch die Syn-
odalsentenz (MANSI IX, 396–400). Vergeblich versuchte
er, Justinian von dessen späterem Aphthartodoketismus
abzubringen, verlor dessen Gunst, wurde 565 abgesetzt
und in sein Kl. verbannt, wo er sich kanonist. Arbeiten
widmete. Justinians Neffe und Nachfolger, →Justin II.,
veranlaßte 577 seine – triumphale – Wiedereinsetzung.
Gegen Lebensende vertrat E. eine, angeblich origenisti-
sche, der Überlieferung widersprechende Auffassung von
der Auferstehung, wogegen sich der röm. Apokrisiar, der
spätere Papst →Gregor d. Gr., wandte. E. widerrief und
bekannte sich zum Glauben an die leibl. Auferstehung.
Seine Biographie schrieb sein Schüler →Eustratios.

H. M. Biedermann

Q.: MPG 86, 2, 2273–2390, 2392–2406 – *Lit.:* DHGE XVI, 94f. – BECK,
Kirche, 380 – GRUMEL-LAURENT, Nr. 244–249, 260–263.

Eva. [1] Was in der christl. Theologie des lat. MA über E.
gesagt wird, gilt zum guten Teil generell für das weibl.
Geschlecht. Genesis- und Hexaemeronkommentare, Sentenzenkommentare und Summen, myst. Visionen und
deren Auslegung sind unter dem Stichwort »Eva« der
Fundort für die philos.-theol. Anthropologie der →Frau.

Die Schultheologie der Früh- und Hochscholastik atte-
stiert der Frau teilweise wegen ihrer Erschaffung aus dem
Mann die Subordination durch die lex naturae, teilweise
jedoch nur als Strafe für den Sündenfall. Wenige Theologen rechnen mit einem hierarchiefreien Geschlechterverhältnis im Urstand. Die Frau wird nach ihrem Wert für den
Mann und nicht als um seiner selbst willen erschaffenes
Wesen gesehen, dem gegenüber er jedoch Pflichten hat.
Nach allegor. Interpretation ist E. Symbol der sensualitas,
während Adam der ratio gleichgesetzt wird (Einfluß Phi-
lons v. Alexandrien, durch Ambrosius vermittelt).

Beim Vergleich der Evasünde mit der Adams, ein

Diskussionsthema bis weit in die Renaissance, neigt Petrus Lombardus der E. stärker belastenden Auffassung zu, was weitreichende Folgen hatte (Sent.L.II dist.22 c.4). Die aus der Väterzeit überkommene E.-Maria-Parallele findet im MA zahlreiche Variationen. Anselm v. Canterbury tröstet alle Frauen mit Maria als der neuen E., die die Belastung durch die Schuld der ersten Frau vom weibl. Geschlecht genommen habe (Cur Deus homo II, 8.16). Bei Bernhard v. Clairvaux findet E. Verzeihung durch ihre Tochter Maria (In nativ.b.Mariae, ed. LECLERCQ t.5,275ff.).

Frauen des MA (in der Renaissance auch frauenfreundl. Männer) deuten die Gestalt der E. anders. Hildegard v. Bingen läßt nicht nur E. um Adams willen, sondern ausdrücklich auch ihn um ihretwillen erschaffen sein (Scivias I.2.12). Die gegenseitige Hilfe der Geschlechter beschränkt sich nicht auf die Kinderzeugung. Die dämon. Schlange wird mehr be- und E. als ihr Opfer entlastet. Die schon von Ambrosius bekämpfte Auffassung, E. sei wegen ihrer Erschaffung im Paradies bevorzugt, lebt bei Hildegard wieder auf: E., die Vollendung der Schöpfung, nicht schwach, sondern von weicherer Kraft, bevor sie dem Adam zugeführt wird, im direkten Gegenüber zu Gott, ist Urbild der Jungfräulichkeit und Vorbild aller virgines (Ep.141 u.ö.). Aus menschl. Leiblichkeit geschaffen, ist E. von größerer Geschicklichkeit als der aus Lehm geschaffene Adam, so daß der Dienst für ihn ihr leicht fällt (Kompensierung des Gehorsamsgebotes). Mechthild v. Madgeburg betont das gemeinsame Essen von der verbotenen Speise, der E. wird keine böse Absicht unterschoben. E.-Christus- bzw. Frau-Christus-Parallelen sind in der Frauenmystik nicht selten. Die E.-Maria-Parallele erscheint als heilsgeschichtl. Kontinuität einer Mutter-Tochter-Reihe, vereint im Kampf gegen das Böse. Rückwirkungen dieser E.-Deutung auf die Schultheologie finden sich kaum.

Für Thomas v. Aquin ist (mit Augustinus) zu jedem andern Werk als dem der Kinderzeugung der Mann dem Mann eine bessere Hilfe als die Frau. Daß E. im Urstand naturaliter dem Mann untergeben ist, begründet er mit der größeren Abundanz der ratio »in homine« (= Mann). Nur der Mann ist Prinzip der Species Mensch, so wie Gott Prinzip des Universums ist, was bedeutet, daß der Frau ein wesentl. Element der Gottebenbildlichkeit nicht zukommt (S.Th.I q.92 a.1 a.2.). Die Erschaffung der E. aus Adam ist Sinnbild der aus der Seitenwunde Christi geborenen Kirche. Die Paradieseserschaffung der E. jedoch geschah nach Thomas nicht um ihrer eigenen Würde willen, sondern wegen der Würde des Prinzips, aus dem ihr Leib geformt wurde (q.102 a.4 ad 3), ist also zu einem Vorteil für Adam gewendet. Mit Rücksicht auf die conditio personae, weil er vollkommener war als die Frau, läßt Thomas die Sünde Adams schwerer wiegen, aber E. sündigte mehr durch größere Überheblichkeit, Leichtgläubigkeit, Verführung A.s (S.Th.IIa IIae q.163 a.4).

Die Franziskanertheologie zeigt gewisse Milderungen im Frauenbild, was auch mit einer kritischeren Aristoteles-Rezeption zusammenhängt. Bonaventura deutet trotz Betonung des männl. Principium-Seins die Erschaffung der E. aus Adam im Sinne einer aequalitas mutuae societatis und als Symbol des Verhältnisses Deus-anima, Christus-Ecclesia, superior-inferior portio rationis (ed. QUARACCHI t.II, dist.18 a.1 q.1 resp.). Aber auch für ihn eskaliert die Sünde der E., die von geringerer geistiger und moral. Kraft ist als A., von superbia zu avaritia und gula (dist.22 a.1 q.1), und nur sie beabsichtigte, wie Gott zu sein.

Die divergierende Deutung der Gestalt der E. setzt sich bis über die Renaissance hinaus fort.   E. Gössmann
Zur Ikonographie →Adam und Eva; →Sündenfall.

Lit.: J. T. MOTHERWAY, The Creation of Eve in Catholic Tradition, Theological Stud. I, 1940, 97–160 – K. E. BØRRESEN, Subordination et Equivalence. Nature et Rôle de la Femme d'après Augustin et Thomas d'Aquin, 1968 – M.-TH. D'ALVERNY (La Femme dans les Civilisations des Xᵉ–XIIIᵉ s., 1977), 15–39 – C. CAPELLE, Thomas d'Aquin Féministe?, 1982 – B. J. NEWMAN, O feminea forma. God and Woman in the Works of St. Hildegard (Univ. Microfilms Internat.), 1983 – B. SMALLEY, The Study of the Bible in the MA, 1983³ – E. GÖSSMANN, (Frauenmystik im MA, hg. P. DINZELBACHER – D. R. BAUER, 1985), 24–47.

[2] In der ma. jüd. Theologie hat die Gestalt der E. keine so große Bedeutung wie in der kirchl. Dogmatik. Die →Haggada mit ihren freilich zumeist schon in der Spätantike ausgebildeten Erzähltraditionen schmückt ihre Rolle in der Paradies- und Sündenfallerzählung mit mannigfaltigen Erweiterungen der bibl. Darstellung aus. In bestimmten Sparten spezifisch ma. liturg. Dichtungen (Pijjut) taucht das haggadische Motiv ihrer Hochzeit mit →Adam häufiger auf.   H.-G. v. Mutius

Lit.: L. GINZBERG, The Legends of the Jews, 1968⁸; I, 64ff.; V, 86ff.

Evagrios (Evagrius)

1. E. v. Antiochia, Priester und Bf. in Antiochia, † 392/393. Der gelehrte Priester war ein Freund des hl. →Hieronymus. Nach ihm verfaßte er verschiedene Schriften (De vir. ill. 125), bekannt ist nur die lat. Übersetzung der Vita Antonii des →Athanasius. E. hielt sich längere Zeit in Italien auf und stand in Verbindung mit Ks. Valentinian I. und Papst Damasus. In Antiochia gehörte er zur Gemeinde des von Rom unterstützten Bf.s Paulinos, dem er im Amt nachfolgte (seit 388).   K. S. Frank

Lit.: F. CAVALLERA, Le schisme d'Antioche, 1905 – R. PASTÈ, Un orientale latinista presso S. Eusebio di Vercelli, La Scuola cattolica, NF 3, 1932, 341–358 – J. N. D. KELLY, Jerome. His Life, Writings, and Controversies, 1975.

2. E. Pontikos, Mönch, geistl. Schriftsteller, * um 345 in Ibora/Pontus, † 399 in Ägypten. – Aus der »Schule« der Kappadokier kommend, wo er bes. von →Gregor v. Nazianz beeinflußt wurde, war E. Diakon in Konstantinopel und zog sich 382 in die Mönchssiedlung der nitr. Wüste zurück (Palladius, Hist. Laus. 38). Hier wurde er zum Theologen der Wüstenaskese, wofür er v.a. das asket.-myst. Gut des →Origenes auswertete. Durch seine Verurteilung als »Origenist« (Konzil v. Konstantinopel 553) ging vieles von seinem Schrifttum verloren, anderes blieb nur in Übers. erhalten oder wurde unter fremdem Namen überliefert. Für seine Schriften bevorzugte er die Spruchliteratur (Centurie). Die wichtigsten Schriften: »Kephalaia gnostica« (Gesamtdarstellung seiner asket.-myst. Lehre), »Sententiae ad monachos / ad virginem« (»Mönchs- und Nonnenspiegel«), »De oratione«, Briefe. Grundgedanken seiner Lehre über das asket.-monast. Leben: Zurückgezogenheit und Einsamkeit, die die Ruhe (Hesychia) ermöglichen und Raum für die Askese (= aktives Leben) schaffen, der der Reinigung des leidenschaftl. Teiles der Seele dient. Askese ist deshalb körperl. und geistige Entsagung. Letztere will die »bösen Gedanken« überwinden. Ihr Ziel ist die Leidenschaftslosigkeit (Apatheia) des vollkommenen (gnost.) Mönchs. Der Gnostiker ist zur Erkenntnis der Geschöpfe und Gottes und zum »reinen Gebet« fähig. Die jenseitige Vollendung ist die Engelgleichheit in der Wiederherstellung aller mit Christus.   K. S. Frank

Ed.: MPG 40 [unzulänglich] – krit. Ed. von A. GUILLAUMONT – C. GUILLAUMONT [in Vorber.] – vollständiges Werkverz.: CPG 2, 2430–2482 – Übers.: A. GUILLAUMONT – C. GUILLAUMONT, Praktikos:

SC 170–171 [frz.] – I. Hausherr, De oratione, 1960 [frz.] – J. E.
Bamberger, Praktikos, De oratione, 1981 [engl.] – *Lit.:* RAC VI,
1088–1107 – TRE X, 565–570 – Altaner-Stuiber, 265–267.

3. E. Scholastikos, Kirchenhistoriker, * um 536 in
Epiphaneia/Syrien, † 593/594 in Antiochia. Er war
Rechtsanwalt, widmete sich jedoch der kirchl. Historiographie. Im Anschluß an ältere Kirchengeschichten
schrieb er seine Ecclesiastica Historia (6 Bücher), für die
Zeit von 431–593. Sie ist eine aufschlußreiche Quelle für
die dogmat. Entwicklung jener Zeit (Nestorianismus und
Monophysitismus). E. stand auf orth. Standpunkt, gilt
aber als objektiver Berichterstatter.   K. S. Frank

Ed.: J. Bidez–L. Parmentier, 1898; 1964 – A. J. Festugière [frz.
Übers.], 1975 – *Lit.:* G. F. Chesnut, The First Christian Histories,
1977 – P. Allen, Evagrius Scholasticus. The Church Historian, 1981.

Evangeliar

I. Frühchristentum, frühbyzantinische Zeit, Okzident – II. Byzanz –
III. Altrußland.

I. Frühchristentum, frühbyzantinische Zeit, Okzident: Es ist anzunehmen, daß bereits in frühchristl. Zeit
Einzelausgaben wie auch seit dem 2. Jh. eine Zusammenfassung der Evangelien in Rollen- und später Codex-
form hergestellt worden sind, die künstler. ausgestattet
waren, wenngleich früheste Beispiele mit Illustrationen
erst aus dem 6. Jh. erhalten sind. Die Ausstattung beschränkt sich nicht allein auf den Evangelientext, sondern
bezieht die vorangestellten Konkordanztabellen des Eusebius in Form der Kanontafeln, die Vorreden des →Hie-
ronymus zu seiner Vulgataausgabe, die als argumentum
oder prologus bezeichneten Viten der Evangelisten, verschiedentl. auch die Inhaltsangabe der einzelnen Evangelien in Form der Capitulatio sowie das meist nachgestellte
Capitulare Evangeliorum, das Perikopenverzeichnis für
das liturgische Jahr, zumindest in die ornamentale Ausschmückung mit ein.

Die frühesten, aus dem 6. Jh. stammenden Bilderzyklen
in den fragmentarisch überkommenen byz. Purpurhss. im
Ebfl. Mus. von Rossano und von Sinope, Ms. suppl. gr.
1286 BN Paris, überliefern bereits mit ihren dem Text
vorangestellten bzw. am unteren Blattrand angebrachten
Streifenbildern unterschiedl. Illustrationsformen, die im
Rabbula-Codex insofern eine weitere Variante erfahren,
als in diesem im syr. Kl. Zagba 586 fertiggestellten E.
kleine Miniaturen neben die Kanonbögen gesetzt sind und
weitere ganzseitige Darstellungen vor dem Evangelientext folgen. Das etwa zeitgleich in Oberitalien entstandene
lat. E., das der Tradition nach die hl. Augustinus als
Missionar von Rom nach England mitbrachte, Ms. 286,
Corpus Christi College Library, Cambridge, verbindet
kleinformatige Szenen mit dem Evangelistenbild bzw.
stellt eine Sammlung solcher Szenen auf einer Seite zusammen. Das Bekanntwerden und Benutzen östl. Bilderzyklen im Abendland wird durch das Verzeichnis von Illustrationen eines griech. E. im Cod. 48 der Stiftsbibl. von
St. Gallen aus dem 9. Jh. belegt.

Während die insulare Buchmalerei neben den Evangelistenbildern und wenigen anderen Darstellungen die Ausstattung der großformatigen E.e auf reich ornamentierte
Zier- und Initialseiten konzentriert, läßt sich den Bildtituli
sowie Zwickel- und Initialszenen in den Hss. der Ada-
schule (→Ada-Codex) entnehmen, daß es umfangreichere
E.-Zyklen in karol. Zeit gegeben haben muß. Die eigtl.
Blütezeit der reich illustrierten E.e setzt freilich im Abendland erst in otton. Zeit ein und hält sich bis ins späte 13. Jh.,
als neue Hss.-Typen das E. ersetzen. Eine ähnliche Entwicklung ist im byz. Osten zu beobachten, wo in nachikonoklast. Zeit vielszenige Zyklen dem Text der Tetraevan-

geliare vorangestellt oder als Randillustrationen und Strei-
fenkompositionen dem Text unmittelbar zugewiesen
werden (vgl. Abschnitt II). Die oftmals von hohen Auftraggebern initiierten Luxusmss. aus den Skriptorien gerade im deutschsprachigen Gebiet wie Köln, Trier, Echternach, Hildesheim, Fulda, Regensburg oder der Reichenau, im 12. und 13. Jh. auch in Salzburg, Helmarshausen
und in thür.-sächs. Kl., folgen ganz verschiedenen Aus-
stattungsprinzipien, wenn dort in unterschiedl. Auswahl
und stark divergierendem Umfang Bilderzyklen dem
Text vorangestellt oder eingefügt, ganzseitig oder strei-
fenhaft komponiert sind. Verschiedentl. dürfte die Auswahl, möglicherweise auch die Reihenfolge der gewählten Bildthemen auf liturg. festgelegte Vorlagen zurückgehen, da sich überdies d. Bebilderung von E. mit solchen
von →Lektionaren und Evangelistaren (→Perikopen-
buch) mehr oder weniger decken kann. Über die Evangelienzyklen hinaus finden sich in solchen Prachtevangelia-
ren →Evangelistenbilder oder →Evangelistensymbole,
weitere Autorenbilder (Hieronymus), →Dedikationsbil-
der, verschiedene Typen von Zier- und Stoff imitierenden
Schmuckseiten, als Titelbild zudem meist die →Maiestas
Domini. Entsprechend der allgemeinen Entwicklung der
Buchmalerei in roman. Zeit treten seit dem späteren
11. Jh. neben die ganzseitig gerahmten, auch mehrszeni-
gen Miniaturen Initialbilder hinzu, die bis ins 13. Jh. beibehalten werden. Von da ab verliert der Buchtyp des E. an
Bedeutung, weil sein Gebrauch in der Liturgie von kompilierten Meßbüchern verschiedener Art und seine Benutzung zur persönl. Erbauung von Vollbibeln oder deren
populären Bearbeitungen in Form von →Historienbibeln
u. a. abgelöst wurde.   J. M. Plotzek

II. Byzanz: Die große Mehrzahl der Hss. des E.s
(griech. Tetraevangelon) ist ohne jeden maler. Dekor. Die
Mindestdekoration illuminierter E.e – abgesehen von einfachen Ornamentleisten zu den einzelnen Evangelien –
sind die Bilder der Evangelisten am Anfang des E.s, dazu
kann der Brief des Eusebios an Karpianos über seine
Kanones (→Kanon-Tafeln) treten, und es kommen die
eben erwähnten K.-T. als Dekor in Betracht. Der Brief des
Eusebios kann dabei entweder auf einem farbigen Feld ein-
oder zweispaltig geschrieben werden, oder er steht unter
einer ähnlichen Architektur wie die Kanon-Bögen. In
einer Erweiterung dieses Grundschemas wird das Bild
des Evangelisten ein Bild gegenübergesetzt, das nicht
unbedingt seinem Text entstammt, sondern mit den bes.
Eigenschaften zu erklären ist, die den Evangelisten zugeschrieben werden (vgl. dazu RByzK II, 470): z. B. Rom,
Bibl. Vat., Cod. Urb. Graec. I (2. Viertel 12. Jh.). Zuordnung folgender Szenen zu den einzelnen Evangelistenbildern: Mt – Geburt Christi, Mk – Taufe Christi, Lk –
Geburt des Täufers, Joh – Anastasis. Als Vorläufer für die
Gegenüberstellung von Einzelbild und Evangelistenbild
ist wohl Cod. I, 8 der Bibl. Marc., Venedig (9. Jh.) anzusehen (gleiche Szenen oberhalb der Evangelistenbilder), eine
Art der Darstellung, die sich in verschiedenen späteren
E.en wiederfindet. Dazu treten hie und da Stifterbilder
oder Devotionsbilder.

Gleiches Schema, aber zusätzl. Bildseiten nach den
Kanon-Tafeln und in der Mitte des E.s mit mehreren,
einzeln gerahmten Szenen aus den Evangelien, zeigt der
Cod. Palatinus 5 der Bibl. Palatina in Parma (wohl Ende
des 11. Jh.). Einzige Parallele zu diesem Evangelientyp ist
der Cod. Copt. Arab. I des Institut Catholique, Paris
(13. Jh.) mit nach den Evangelistenbildern eingeordneten,
in zehn Felder geteilten Tafeln mit zahlreichen Szenen aus
dem NT.

Diese beiden Hss. leiten über zu einer Gruppe von E.en, die außer den Kanon-Tafeln und Evangelistenbildern noch Streifenbilder oder Teilbilder oder Randminiaturen mit Szenen aus dem Leben Jesu und seiner Passion enthalten. Bedeutendstes und umfangreichstes E. dieser Art ist Cod. Plut. VI,23 der Bibl. Laur., Florenz (kurz nach 1100), bei dem fast jede Seite mit zum Text gehörigen Streifenbildern verziert ist, ähnlich den aus einem Bericht des Patriarchen Nikephoros I. (frühes 9.Jh.) bekannten vorikonoklast. Hss., bei denen die Bilderfolge dem Text genau folgt. Im Unterschied zu den meisten anderen stark bebilderten E.en ist hier für alle Evangelien der Text in gleicher Weise dicht illustriert, so daß sich entsprechend viele Bilder der Kreuzigung und ähnliches vorfinden. Eine ähnliche Dichte der Bebilderung zeigt sonst nur noch der Cod. Paris. Gr. 74 (BN Paris, Mitte 11.Jh., wahrscheinl. aus Konstantinopel), der allerdings offensichtl. nach einem ganz anderen Schema geht, und weder stilistisch noch in der Themenauswahl in Beziehung zu dem Florentiner Codex steht. Er verteilt seine Bilder, ohne den Text zu berücksichtigen. Vermutl. war seine Vorlage ein Lektionar (→Perikopenbuch). Neben diesen vereinzelt auftretenden E.en mit sehr ausführl. Zyklen gibt es eine Reihe von solchen, die mehr als 50 Bilder haben, darunter als wohl die älteste der Cod. Paris. Gr. 115 (10.Jh.) mit Randminiaturen, bei denen in der Hauptsache das Mt-Evangelium illustriert ist. Miniaturen zu Mk und Lk fehlen, erst für Joh sind einige wenige Miniaturen vorhanden.

Aus der nicht geringen Zahl weiterer Beispiele von Evangelien mit in den Text eingeschobenen Bildern seien noch zwei herausgegriffen: Codex IX, (12. oder 13.Jh.), Gymnasialbibliothek, Mytilene, mit 89 Miniaturen von Seiten- oder Kolumnenbreite, die gerahmt sind mit Hintergrund. Graeco-Latin. Codex Gr. 54 BN Paris (Mitte 13.Jh.) mit 23 fertigen und vier vorgezeichneten Streifenbildern mit Hintergrund sowie Spatien, die erkennen lassen, daß etwa 50 weitere Miniaturen dieser Art vorgesehen waren, die nicht mehr zur Ausführung gelangten.

K. Wessel

III. ALTRUSSLAND: Den beiden Typen des E.s entsprechen in der orth. Nomenklatur 1. Das Tetra-E. *(četvero-evangelie, evangelie tetr)* und 2. das Aprakos-E., entweder a. mit den Sonntags- oder b. mit den Jahreslektionen. Beide können Randnotizen führen. Mischtypen sind nicht selten. Die meisten der ältesten E.e (Ostromir-E., 1056/1057; Mstislav-E., 1103/17; Archangelsker-E., 1092, u. a.) gehören zum Aprakos-Typ, daneben etwas später Tetra-E. (z. B. Galizisches E., 1144). Das Tetra-E., kostbar eingebunden und illuminiert, steht seit alters auf dem →Altar und wird beim Kleinen Einzug um ihn herumgetragen. Der Aprakos ist ein für die Liturgie notwendiges Lektionar. Auf die Entstehung dieser Kultusbücher hat die Übersetzungstätigkeit der Slavenlehrer →Konstantin und Method eingewirkt (auch →Bibelübersetzungen XV). Ob das in der Vita Constantini, cap. 8, erwähnte »russ.« E. ein solches oder in syr. Sprache geschrieben war, wird heute im allgemeinen zugunsten der letzteren entschieden. Bemühungen um die Vollbibel als Individuallektüre finden sich bei den »Judaisierenden« im 15.Jh. Ebf. →Gennadij v. Novgorod erstellte Ende 15.Jh. die erste Vollbibel, auf der ausgangs des MA die Ostrogbibel (1581) aufbaute. Es ist nicht ausgeschlossen, daß schon früh das Tetra-E. auch als Lektüre gedient haben könnte. Die Bibelkenntnis gründete sich in der Hauptsache auf dem Hören der Aprakos-Lektionen. Darauf deutet das Zitieren »aus dem Kopf« bei vielen Q. hin.   K. Onasch

Lit.: zu [I]: RDK VI, 439−447 [Lit.] − A. VON EUW−J. M. PLOTZEK, Die Hss. der Slg. Ludwig I, 1979, 141ff. [Lit.] − Zum Cod. 48 der Stiftsbibl. St. Gallen s. F. MÜTHERICH (Fschr. E. KITZINGER, 1987) − *zu [II]:* RByzK II, 436ff., s. v. Evangelienzyklen [zu den Hypothesen über die verschiedenen Arten der E.-Illustration] − *zu [III]:* K. ONASCH, Liturgie und Kunst in der Ostkirche, 1981, s. v. Evangelium, Lesebücher [Lit.] − G. PODSKALSKY, Christentum und Theol. Lit. in der Kiever Ruś, 1982 − Zum künstler. Aspekt →Buchmalerei, Abschnitt C. V.

Evangeliar v. Cividale, eine auf Pergamentbll. im Format 25,5 × 29,5 cm in Unziale an der Wende vom 5. zum 6.Jh. geschriebene Evangelienhs., entstanden in einem an einer der großen Pilgerstraßen aus dem NO bzw. N gelegenen Kl. (Eintrag f.4 recte) Friauls, lange im Besitz der Patriarchen v. →Aquileia, seit 1409 in Cividale (heute Museo nazion). Über, unter und zw. den zwei Kolumnen des Textes und an den Seiten befinden sich auf verschiedenen, nicht auf allen Bll. viele Namenseintragungen (auch Freilassungsurkunden) langobardischer u. a. germanischer, z. T. romanisierter Art, v. a. aber eine Fülle von slav. und bulg. Namen aus dem 9. und 10.Jh., darunter vieler bekannter Persönlichkeiten, z. B. des ersten christl. Bulgarenherrschers →Boris I. († 907), seiner Familie und seiner vornehmsten Gefolgsleute, zahlreicher slav. Fs.en aus Pannonien, Dalmatien usw. (Brasclavus, Pribislaus u. a.) und vieler unbekannter bzw. − noch − nicht identifizierter slav. Personen neben den Namen karol. Kg.e und Ks. (Ludwig II., Karl III.), aber auch eines byz. Ks.s (Johannes Tzimiskes). Das Marcus-Evangelium aus dem Codex herausgelöst worden, wahrscheinlich z. Zt. des Patriarchen Raimondo della Torre v. Aquileia (1274−99), und wurde als Autograph des hl. Marcus ausgegeben, um polit. Ansprüche Aquileias gegenüber dem Patriarchat v. →Grado bzw. →Venedig zu untermauern. 1354 erhielt Ks. →Karl IV. von seinem Halbbruder Patriarch Nikolaus v. Luxemburg von Aquileia (seit 1350) zwei Quaternionen dieses Marcus-Evangeliums, die feierlich nach Prag überführt wurden (»Prager Bll.«), während der Hauptteil des Evangeliums im Domschatz v. S. Marco verblieb, wo er inzwischen durch Feuchtigkeit schwer beschädigt ist. Der Restcodex wurde neu eingebunden, dabei stark beschnitten und überklebt. Eine Restaurierung ist 1979−83 in Rom erfolgt. Eine moderne Edition der Namen ist geplant.   M. Hellmann

Ed.: C. L. BETHMANN, Die Evangelienhs. v. Cividale, NA 2, 1877, 111−128; dazu: A. CRONIA, Revision der slav. Eigennamen im alten E. v. C., WslJb 2, 1952, 6−21 [Lit.] − *Lit.:* Glossar ö. Europa, Iff., 1983ff. [alle Namen slav. und bulg. Herkunft; Lit.] − J. STANISLAW, Zo štúdia slovanských osobných mien v Evanjeliu cividalskom (Ev. Civ.), Slavia 18, 1941, 87−100 [Lit.] − J. DOBROVSKÝ, Spisy a projevy. Svazek V. Fragmentum Pragense Evangelii S. Marci vulgo S. Marci autographi, ed. B. RYBA, 1955 [Lit.] − I. DUJČEV, Der protobulg. Name Sondoks-Sundice. In: Polychronion (Fschr. F. DÖLGER, 1966), 181−183 − R. BERGMANN, Die germ. Namen im E. v. C., BN NF 6, 1971, 110−127 [Lit.] − M. HELLMANN, Bemerkungen zum E. v. C. (Fschr. POSCH, 1981), 305−311 [Lit.].

Evangelien → Apokryphen, →Bibel

Evangelienharmonie. [1] *Begriff; Mittellateinische Literatur:* E. (im MA meist als »Unum ex Quatuor« bezeichnet), kompilator. Zusammenstellung der Geschichte des Lebens Jesu aus den 4 Evangelien; zu unterscheiden von der Synopse, welche 4 Evangelien parallel nebeneinanderstellt. Am Anfang steht die wohl von dem Syrer →Tatian im späten 2.Jh. angelegte (gr.?) E. Während die Evangeliorum libri IV des →Iuvencus als Bibelepos nur im weiteren Sinn den E.n zugerechnet werden können, ist die älteste erhaltene lat. E. (Landesbibl. Fulda, Cod. Bonif. 1) die des Bf.s Victor v. Capua. Dieser ließ 546/547 in eine Abschrift des NT an Stelle der 4 Evangelien eine lat. E.

aufnehmen, in der er, wie er in der Praef. berichtet (ed.
RANKE, S. 1), das Werk des Tatian vermutete. Auf ihr
beruht die lat. E., die in Fulda während der Zeit des Abtes
→Hrabanus Maurus ins Ahd. übersetzt wurde. Zacharias
v. Besançon († um 1157) verfaßte einen Kommentar zum
lat. Tatian (»Candela«). Ebenfalls im 12. Jh. schrieb Clemens v. Gloucester, Prior von Llanthony, eine E. (STEG-
MÜLLER Nr. 1981). Ins späte MA fallen das »Quatuor
Unum« (mit Kommentar) des →Guido v. Perpignan (†
1342 in Avignon) und das »Monotessaron« des →Johannes
Gerson. Aufbauend auf E.n entstehen Historienbibeln
(→Petrus Comestor) und die »Leben-Jesu«-Dichtungen,
zu denen die weit verbreiteten »Meditationes vitae Christi« des Johannes de Caulibus (um 1300) und die von
diesem Werk stark beeinflußte »Vita Iesu Christi« des
→Ludolf v. Sachsen gehören. →Bibeldichtung.
　　　　　　　　　　　　　　　　　　　　B. Gansweidt
　Zu ahd. E.n →Tatian (sog. »ahd. Tatian«); →Otfrid v.
Weißenburg; →Bibeldichtung, Abschn. II; →Bibelüber-
setzungen, Abschn. X.

　[2] *Englische Literatur:* In der ae. Zeit gab es zwar Übersetzungen und Glossierungen der einzelnen Evangelien
(→Bibelübersetzungen, Abschnitt XII; →Glossen), E.n
(gospel harmonies) treten aber erst im Laufe der Zeit auf;
sie gehören dem Typ an, in dem die Texte der vier
Evangelien zu einer zusammenhängenden Geschichte
verschmolzen wurden. Zu nennen sind v.a.: 1. Das me.
»Prose Life of Christ« aus dem späten 14. oder frühen 15.
Jh., das möglicherweise nach einer frz. Vorlage übersetzt
wurde und für Lesung und Meditation gedacht war. 2. Die
um 1375–1400 wahrscheinl. von einem →Lollarden angefertigte Prosaübersetzung der aus dem späten 12. Jh.
stammenden E. »Unum ex quatuor« des Clemens (Clement) v. Llanthony; sowohl das lat. Original als auch die
me. Übersetzung waren in England weit verbreitet. – Für
weitere me. Prosa- und Versbearbeitungen des Stoffes der
Evangelien, die aber zusätzliches Material enthalten und
nicht mehr zu den Harmonien im strengen Sinn gehören,
S. L. MUIR, Nr. 28ff.　　　　　　　　　　　　　H. Sauer
Lit.: zu [1]: CLA VIII, 1196 [mit Bibliogr. und Abb.] – Codex
Fuldensis, ed. E. RANKE, 1868 – Abb.: STEFFENS², Taf. 21a – *zu [2]:*
Bibliogr.: L. MUIR, in: ManualME 2.IV, 1970, 393–395, 544f. [Nr. 31,
37] – *Ed.:* »Prose Life of Christ«: M. GOATES, The Pepysian Gospel
Harmony, EETS 157, 1922 – Übers. nach Clemens v. Llanthony:
größtenteils noch unediert. – *Lit.:* M. DEANESLY, The Lollard Bible,
1920, 175–177, 302f. – L. MUIR, s. o.

Evangelienseite, bei Blickrichtung auf den Altar die
linke, bei der üblichen Ostung die nördl. Seite, an der von
dem dort stehenden →Ambo die Evangelien verlesen
werden. →Epistelseite.

Evangelienübersetzungen → Bibelübersetzungen, →
Bibeldichtung

Evangelische Räte, Armut, Ehelosigkeit und Gehorsam
im Unterschied zu den Geboten des Dekalogs Weisungen
des Evangeliums zum vollständigen christl. Leben in der
Nachfolge Christi und Jüngerschaft der Apostel. Nach Mt
19,16–22 unterscheiden sich Gebote und R. nicht nach
dem verpflichtenden Willen Gottes, sondern nach dem in
den e.R. wirksamen Charisma des Geistes. Die Weisungen der Nachfolge Christi im apostol. Leben sind vielfältig: Armut, Verlassen von Heimat und Familie, Botengang der Evangelisation. Unterschiedl. wurden sie in den
verschiedenen Situationen der Kirche verwirklicht. Bes.
Bedeutung erlangte schon in der frühen Kirche das Charisma der →Jungfräulichkeit. Die inwendige Anspannung
von Gnadengabe und Tugend, die äußere disziplinäre

Spannung von Ratschlag, Gelübde und Gesetz der Jungfräulichkeit führten zu folgenschweren kirchl. Auseinandersetzungen über Wesen und Wirklichkeit der e.R. im
Anschluß an 1 Kor 7,25 »Praeceptum Domini non habeo:
consilium autem do«. Die e.R. als solche und ihre institutionalisierte Dreizahl bestimmten die große Erneuerungsbewegung der Kirche im 12. Jh. und die Gründungen der
beiden Mendikantenorden im 13. Jh. (→Bettelorden).
　Rupert v. Deutz († 1129/30), Honorius Augustodunensis († ca. 1140) und Gerhoch v. Reichersberg († 1169)
verpflichteten wenigstens die Leiter der geistlerneuerten
Kirche auf die e.R. Nach Joachim v. Fiore († 1202) sind sie
das Gesetz des Geistes; jede Unterscheidung zw. Geboten
und e.R. vernichte das geistl. Leben der Kirche. Für die
Waldenser bedürfe es in der Befolgung der e.R., v. a. der
Armut, keiner Regel und keiner kirchl. Verpflichtung,
denn die Entscheidung (»propositum«) für den apostol.
Botengang sei zugleich die Entscheidung für die evangel.
Armut (vgl. Professio fidei Waldensibus praescripta,
DENZINGER–SCHÖNMETZER, 797). In der Einleitung zur
Regel des hl. Franziskus v. Assisi werden Evangelium,
e.R. und Ordensregel identifiziert (ed. D. FLOOD, 1967).
　Die scholast. Theologie des 13. Jh. diskutierte Bedeutung und Verpflichtung der e.R. in der Frage nach der
apostol. Vollkommenheit der »vita apostolica«, und zwar
in der erregten Auseinandersetzung zw. dem Weltklerus
und den Mendikantenbrüdern an der Univ. Paris. Vordergründig ging es dabei um die korporationsrechtl. Aufnahme der beiden Mendikantenstudien in Paris in die »universitas magistrorum et scholarium«, tiefgründig aber lagen
sehr unterschiedl. Ideen und Überzeugungen kirchl. Sendung (Pastoral), Spiritualität und Theologie im Streit.
Wilhelm v. St-Amour († 1272) und Gerhard v. Abbeville
(† 1272) bekämpften das Vollkommenheitsideal der Mendikanten und brachten es (in geschickter Zuordnung zu
tatsächl. apokalypt. Tendenzen in der älteren Franziskanertheologie) in den Verdacht eschatolog. Irreführung. In
verschiedenen Quästionen über das Verhältnis der sittl.
Gebote zu den e.R. kritisierten Gerhard v. Abbeville
(»Duplex quaestio«, ed. S. CLASEN, in: Ant.22, 1947,
194–200) und Nikolaus v. Lisieux (»De ordine praecepto-
rum ad consilia«, ed. M. BIERBAUM, Bettelorden und
Weltgeistlichkeit an der Univ. Paris, 1920, 220–234) v. a.
das Institut der Oblaten, der Ordenserziehung. Nach ihrer
Meinung sind die sittl. Gebote das Begründende; wer sich
darin bewährt hat, kann die Vollkommenheit der e.R.
erfüllen. Die »mandata« sind der »paedagogus« für den
Heranwachsenden, nicht die »consilia«. Diese sind gerade
gerade als Buße heilsam, während die Gebote der Bergpredigt Jesu für die »perfecti« gegeben sind. Damit kehrte
Nikolaus v. Lisieux das Vollkommenheitsverständnis geradezu um.
　Diese Opposition der Weltgeistlichen gegen die Vollkommenheit der e.R. rief die Mendikantentheologen auf
d. Plan: Thomas v. York OM († ca. 1260), Bonaventura
OM († 1274), Johannes Peckham († 1292) u. a. Thomas v.
Aquin OP († 1274) schrieb 1256 gegen Wilhelm v. St-
Amour »Contra impugnantes Dei cultum et religionem«
(ed. Opera omnia XLI A), 1269 gegen Gerhard v. Abbeville »De perfectione spiritualis vitae« (ebd. B) und 1271
»Contra retrahentium doctrinam a religione« (ebd. C) und
bezichtigte nun seinerseits Gerhard v. Abbeville des Irrtums. 1271–72 faßte er in der Summa IIᵃ IIᵃᵉ qq. 179–189 die
Vollkommenheitslehre der Gebote und e.R. zusammen.
Nach Thomas begründen Gebote und e.R. keine zweifache Vollkommenheit, eine zureichende und notwendige
der Gebote und eine überschießende (»perfectio superero-

gationis«) der e.R., und darum auch kein höheres, monastisches und niederes, christl. Leben. In der Auseinandersetzung mit den Franziskanertheologen wandte sich Thomas gegen eine unkrit. Identifizierung von e.R. und christl. Vollkommenheit. Diese besteht in der vollkommenen Gottes- und Nächstenliebe (II^a II^{ae} q.184 a.2); die e.R. sind Weg und Mittel dazu (ebd.a.3), »exercitium«, durch Armut, Enthaltsamkeit und Gehorsam (ebd. q.188 a.3–5) die Hindernisse zu je noch größerer Freiheit, nämlich Habsucht, Begierlichkeit und Selbstsucht, zu überwinden (ebd.a.6). In der Festigung und Bindung durch das Gelübde konstituieren die e.R. die Orden als brüderl. Gemeinschaft, die zum Dienst Gottes und der Menschen bestimmt ist (ebd.a.6–8). Der größte unter den drei e.R. ist der Gehorsam, denn er fordert die Hingabe des freien Willens in der Nachfolge Christi.

Die Doktrin des Thomas v. Aquin wurde von Wilhelm de la Mare OM (✝ ca. 1285) »Correctorium fr. Thomae« (ed. Fr. Pelster, OTHE.S 21, 1956) scharf gerügt. Er warf ihm vor, Eigenart und Vorrang der evangel. Vollkommenheit zu verkürzen, Bedeutung und Wert der Ordensregel und der religiösen Gelübde zu schmälern. Unbeirrt von theol. Kritik oder kirchenamtl. Zurechtweisung vertraten die Spiritualen, allen voran Petrus Johannis Olivi (✝ 1298) die unaufgebbare Einheit von Ordensregel, Evangelium und vollkommener Armut. Gemäßigte Franziskaner nahmen die Gedanken des Thomas positiv auf. Wilhelm v. Falegar (✝ 1297/98) Quodl.I q.16: »Utrum consilia evangelica . . . sint de perfectione vitae humanae . . .« (Cod. lat. 14305 Paris, BN, fol.152vb–153ra) betrachtete die e.R. als Einübung in die Vollkommenheit und als deren Funktion. Matthaeus v. Acquasparta (✝ 1302), Quodl. VI q. 1: ». . . quaeritur de consiliorum perfectione: Utrum abnegare propter Christum propriam voluntatem sit perfectionis« (Cod.lat. 134, Assisi, BC, fol.220rb–va), verknüpfte sittl. Tugend und e.R., die ihrerseits das Tugendethos retten und vollenden müssen. Die e.R. schaffen überdies die Gleichgestaltung mit Christus und sind so gesehen evangel. Vollkommenheit. Diese vermittelnde Funktion betont auch eine (Cod. lat. Plut. dextr. 8 B.Laurenz. Florenz, fol.80va–vb, 62ra–63rb) Wilhelm v. Alnwick OM (✝ 1333) zugeschriebene Quaestio: »Utrum consilia evangelica includant perfectionem«.

Gegen die Kritik des Wilhelm de la Mare schrieben Schüler und Verteidiger des Thomas v. Aquin im sog. →Korrektorienstreit die »Correctoria Corruptorii«. Zwei von diesen, nämlich das CC »Quare« des engl. Dominikanertheologen Richard Knapwell (ed. P. Glorieux, BTh IX, 1927) und das CC »Sciendum« des Wilhelm v. Macclesfield (ed. Ders., ebd. XXXI, 1956) verteidigten die thoman. Vollkommenheitslehre. Räte und Gebote müssen auf das umfassende Ziel der Gottesliebe bezogen werden, sei es auf dem angestrengten Weg des »status perfectionis«, sei es in den sittl. Aufgaben der Welt. Gegen die These von der vollkommenen Armut machte Wilhelm v. Macclesfield die sittl. Indifferenz von Armut und Besitz geltend; beide müssen dem vollkommenen Leben in der Liebe dienstbar gemacht werden. Die Güter der Welt sind das Kapital der Tugend. Die freigewählte Armut ist das »exercitium« der größeren Freiheit für Gott. Was die Auslegung der bibl. Imperative betrifft – »willst du vollkommen sein, so geh und verkaufe alles, was du besitzt, und gib den Erlös den Armen, dann komm und folge mir nach« (Mt 19,21) –, so wies bereits Thomas v. Aquin S.th. II^a II^{ae} q.186 a.6 ad 2 auf die dreifach verschiedene Auslegung der Väter hin, die ein unterschiedl. Verständnis derselben ermöglichen. Gebote, Weisungen und Mah-

nungen müssen als unterschiedl. Wegweiser zum einen Ziel der Vollendung begriffen werden. Durch Ordensregeln und Ordensgelübde werden sie in ihrer Verpflichtung, nicht aber in ihrem Wesen verändert.

Meister Eckhart (✝ 1327/28) maß dieser Frage nach dem Verhältnis von Geboten und e.R. keine Bedeutung zu, denn in der Gottesliebe ist ihr Unterschied aufgehoben (Pr.48, hg. und übers. J. Quint 1969. 381; vgl. auch Reden der Unterweisung c.23, ebd. 94–100, ferner Heinrich Seuse. Dt. Schriften, hg. K. Bihlmeyer, 1907, 527).

In der Schule der Weltgeistlichen gab Heinrich v. Gent (✝ 1293), Gottfried v. Fontaines (✝ nach 1306) und Johannes de Polliaco (✝ nach 1326) wurde die theol. Frage nach der Bedeutung der e.R. völlig überdeckt vom Streit um die Pastoralprivilegien der Mendikantenorden im 13. Jh. Um den »Fratres« die Übernahme der Seelsorge in Predigt und Spendung des Bußsakramentes zu verwehren, suchte Heinrich v. Gent, Quodl. XII q.28 und Quodl. XIII q.14 einerseits zu zeigen, daß die Befolgung der e.R. nur der subjektiven Vervollkommnung diene, andererseits begründete er, daß Stand und Aufgaben der kirchl. Vorsteher andere Tugenden voraussetzen. Da Thomas v. Aquin den Bf.en einen höheren Vollkommenheitsstand zuerkannte als den Religiosen, konnte sich Heinrich v. Gent viele seiner Argumente zu eigen machen, wenn er auch den Stand der niederen Prälaten (Seelsorger) höher als der Religiosen einstufte. Alle Prälaten brauchen die »perfectio politica«, wie Johannes de Polliaco, Quodl. V q.13, Cod.lat.II–I 117, BN Florenz, fol.283ra schrieb. Gottfried v. Fontaines opponierte v. a. gegen die franziskan. Forderung der vollkommenen Armut. »Bettelarmut« ist weder erstrebenswert noch als »pura privatio« objektiv sinnvoll; sie kann nur als Schickung hingenommen werden (Quodl.VIII q.11, ed. Phil.Belg.IV, 109). Brüdergemeinschaften brauchen den gemeinsamen Besitz, und es wäre gut, schrieb der Magister (ebd. 124), »wenn die Bischöfe, die jenen ersten und vollkommenen Bischöfen, den seligen Aposteln nachfolgen, mit dem Gemeingut der Kirche zufrieden wären . . .«. In dem unter dem Namen des Johannes Duns Scotus überlieferten und edierten Traktat »De perfectione statuum« (ed. Vives XXVI, 499–561) und in der oben erwähnten Wilhelm v. Alnwick zugeschriebenen Quaestio wird Gottfried mit Recht kritisiert, da die e.R. nicht einfach in den Raum des privaten Vollkommenheitsstrebens abgedrängt werden dürfen.

Die vielschichtigen Auseinandersetzungen über das Verständnis der e.R. und der christl. Vollkommenheit (begleitet vom Streit um das Pastoralstatut der Mendikantenorden) hielten im ganzen 14. Jh. an. Der Zisterzienserpapst Benedikt XII. forderte bereits wenige Tage nach seiner Papstwahl die großen Orden der Kirche auf, den Streit um die vollkommene Armut zu beenden und zur Tradition der Lehre vom Weg der Vollkommenheit für die Anfangenden, Fortschreitenden und zur Vollendung Gelangenden zurückzukehren. Auch der zunehmende Einfluß der Theologie des hl. Thomas unterstützte die Erneuerung der Spiritualität, in der die Idee der »simplex christiana religio« nicht nur in der devotio moderna Bedeutung erlangte. Joh. Wyclif, »De VII donis spiritus sancti« (ed. R. Buddensieg, 1883, 199–230), ließ die e.R. für alle nach Vollkommenheit Strebenden gelten. Er bestritt den Mendikanten den »status perfectionis« und stellte in »De religione privata I–II« (ed. Ders., ebd. 482–518, 519–536) deren Ordensdisziplin in Frage. Das Konzil v. Konstanz verwarf 1415 eine Reihe von diesen Sätzen als Irrtümer (Denzinger–Schönmetzer, 1171–74). →Armut, →Jungfräulichkeit, →Zölibat.

L. Hödl

Lit.: DSAM II, 1592–1609 – L. Hertling, Die professio der Kleriker und die Entstehung der drei Gelübde, ZKTh 56, 1932, 148–174 – E. Benz, Ecclesia spiritualis . . ., 1964 – Dt. Thomas-Ausg., 24: Stände und Standespflichten (II–II q.183–189), 1952 – P. Philippe, Angelicum 39, 1962, 294–349 – F. Vandenbroucke, Vie spirituelle 107, 1962, 298–310 – L. Hödl (Thomas v. Aquin, hg. W. P. Eckert, 1964), 470–487 – Ders., RFNS 1974, 552–570 – Los consejos evangelicos en la tradicion monastica. XIV Semana de estudios monasticos Silas 1973, 1975 – H. Grundmann, Ausgewählte Aufsätze, T. I: Religiöse Bewegungen, 1976 – M. Gerwing, Malogranatum oder der dreifache Weg zur Vollkommenheit, 1986.

Evangelistar → Perikopenbuch

Evangelisten

A. Biblisch – theologisch – B. Ikonographie

A. Biblisch – theologisch

»euangelistēs« (Verkündiger) findet sich ein einziges Mal im Profangriech. (Inscr. Graecae XII 1,657.6) und nur 3mal im NT. Philippus, Mitglied des Siebenerkreises (Apg 6,5), war Missionar in Samaria (Apg 8,5f.) und später Evangelist in Caesarea (Apg 21,8); der Apostelschüler Timotheus (vgl. 1 Thess 3,2; Phil 2,19–23) wird in 2 Tim 4,5 beauftragt, »das Werk eines Evangelisten«, d.h. den Dienst eines Verkündigers zu tun; in Eph 4,11 zählen E. (Plural) nach den Aposteln und Propheten, aber vor den Hirten und Lehrern zu den christl. Gemeindeleitern.

Der Evangelist ist beauftragter Mitarbeiter der Apostel und wirkt in den Gemeinden (v.a. der Pls-Tradition) als (Wander)prediger. Ein fest umschriebenes und klar abgegrenztes Gemeinde»amt« ist nicht erkennbar; denn nicht die leitende Stellung wird hervorgehoben, sondern das Lehren und Predigen. Das entsprechende Verbum »euangelizō« begegnet 54mal im NT, überwiegend in der pl-lk-Überlieferung; dabei ist zw. dem neutralen Wortsinn (»mitteilen, ansagen, ankündigen«) und der christolog. Bedeutung zu unterscheiden: »Jesus, den Herrn, das Evangelium predigen«.

Zu einer Amtsbezeichnung im eigtl. Sinn ist Evangelist nicht geworden; der Titel fehlt in der Didache (vgl. Did 11,3ff., wo nur Apostel und Propheten genannt werden) und bei den Apostol. Vätern; auch Eusebius (Hist. Eccl. III 37,2f.; V 10,2) verwendet das Wort nicht als Amtsbestimmung. Als man anfing, den (ursprgl. theol.) Begriff »euangelion« als Bezeichnung für die vier Evangelienschriften zu verwenden (vgl. Justinus, Apologia I 66; Dialogus 10,2 u.ö.), wurde Evangelist Bezeichnung für den Verfasser eines Evangeliums (vgl. Hippolytus, De Antichristo 56; Tertullian, Adversus Praxean 22.23). Evangelist ist somit eine lit. Bestimmung geworden. **A. Sand**

Lit.: ThWNT II, 705–735 – H. Merklein, Das kirchl. Amt nach dem Epheserbrief (StANT 33), 1973.

B. Ikonographie

I. Frühchristentum – II. Byzanz – III. Altrußland – IV. Okzident.

I. Frühchristentum: Die Autoren der vier kanon. Evangelien Mt, Mk, Lk und Joh wurden in der bildenden Kunst vorwiegend in menschl. Gestalt oder durch ihr Symbol (→Evangelistensymbole) dargestellt. Bilder stehender und (häufiger) sitzender E. in der monumentalen Kunst, Kleinkunst und Buchmalerei seit dem 5. Jh. zeigen starke Abhängigkeit von antiken Redner-, Dichter-, Autoren- und Philosophenbildnissen. Daß eine Darstellung von E.-Büsten in Medaillons auf einem Einband für eine Hs. (Evangeliar?: Elfenbein, Mailand, Domschatz, 5. Jh.) erhebl. früher ist, als erhaltene E.-Autorenbilder in Hss. selbst, dürfte Zufall sein (z. B. je zwei stehende bzw. sitzende E. in den Kanontafeln des syr. Rabbula-Evangeliars v. J. 586, Florenz; Medaillons mit Brustbildern der vier E. in gemeinsamem Kranz im frühbyz. Evangeliar

von Rossano, in dem es auch Einzelbilder gab, von denen Mk erhalten blieb, den eine Frau [Sophia?] inspiriert, wie vordem eine Muse den Dichter). **J. Engemann**

II. Byzanz: Zw. der frühbyz. Zeit und der nachikonoklast. Periode scheinen drei E.-Bilder (Johannes fehlt) entstanden zu sein, die in ein i. J. 1055 fertiggestelltes Evangeliar (Suppl. gr. 905, Paris BN) im 14. Jh. eingeklebt worden sind. Die Sitte, ältere E.-Bilder in spätere Evangeliare einzukleben oder älteren Evangeliaren spätere E.-Bilder hinzuzufügen, ist in der byz. Zeit sehr üblich. Diese Miniaturen gehören, dem Duktus ihrer Beischriften nach zu urteilen, in das 8. oder frühe 9. Jh., also vielleicht in die Zeit der Pause im Bilderstreit. Im 10. Jh. setzt dann die Darstellung der E. im großen Stil wieder ein, v. a. der sitzenden nach antikem Vorbild; das beste Beispiel, die Hs. 43 im Athos-Kl. Stavronikita, zeigt die vier E. in der vollendet nachgebildeten Haltung antiker Rhetoren oder Philosophen vor einer antikisierenden Gartenarchitektur mit dahinter aufspriessenden Pflanzen. Nicht alle Denkmäler dieser Zeit sind von ähnlicher antikisierender Qualität, aber im großen und ganzen ist gerade die Malerei des 10. Jh. von hervorragender künstler. Bedeutung für die weitere Entwicklung. Zu den Variationen der Haltungen der sitzenden E. und ihrer Tätigkeiten, zur Individualisierung der einzelnen E. und zum Aufkommen der Szene mit Joh und seinem Schreiber und Helfer Prochoros sowie zur verhältnismäßig kleinen Gruppe der stehenden E. vgl. H. Hunger, RByzK II, 458.

Als bes. Gruppe der E.-Bilder sind jene aufzuführen, in denen die 4 E. ihre Codices Christus darbringen, meistens zu zweit auf einer r-Seite dem gegenüberstehenden Christus auf der v-Seite des voraufgehenden Blattes (wichtigstes Beispiel: Evangeliar Vat.gr. 576, 11. Jh., fol. 11ᵛ und 12ʳ; vgl. weiteres Hunger, a.a.O., 453f.) **K. Wessel**

III. Altrussland: Als Sinnbilder kirchl. Lehrautorität sind die vier E. auch in der altruss. Sakralkunst von Bedeutung: 1. Als Autoren – →Bildnis (II), oft mit ihren →Evangelistensymbolen, Schreibutensilien und –mobiliar bei Abfassung ihres Evangeliums in den →Evangeliarien (als Titelbild im Tetra-Evangeliar, aber auch im Aprakos), 2. Als →Ikone auf der Königstür *(carskie vrata)* der →Bilderwand darüber mit →Verkündigung Marias und →Apostelkommunion über der Tür vorwiegend wie Nr. 1 (z. B. Dreieinigkeits-Sergij-Kl., Zagorsk, 1425–27; Volokolamsk-Kl., →Dionisij, Ende 15.Jh.; Erzengel-Michail-Kl., nördl. Dvina, Anfang 16.Jh.), auch mit Varianten (z. B. Matthäus mit Göttl. Weisheit als Inspirationsvorgang, Staatl. Russ. Mus. Leningrad, 2.Hälfte 15.Jh.), als Grund der Heilsordnung (vgl. 1.Kor 3,11; 2.Tim 2,19). 3. Von entsprechend traditionell semant. Gehalt ist die Position der E. im →Bildprogramm auf den Pendentifs (z. B. Sophienkathedrale, Kiev; Ferapont-Kl., →Dionisij, Ende 15.Jh.; Snetogorskij-Kl., Pskov, 1313), v.a. wenn ihnen aszendierend im Tambur die →Propheten und um den Pantokrator in der Kuppel die Cherubim folgen. Ende des MA finden Wesen und Leben des 4. E. als Theologe Interesse (Johannes im Schweigen, Ikone, 16.Jh., Onasch, T. 119; auf Patmos mit Vita auf Randbildern, Ikone, Anfang 16.Jh., Katalog Nr. 298). **K. Onasch**

Lit.: Gesch. der russ. Kunst, Bd. 1ff., 1957ff. – K. Onasch, Ikonen, 1961 – Katalog drevnerusskoj živopisi, 2 Bde, 1963 – V. N. Lazarev, Russkaja srednevekovaja živopiś, 1970 – G. N. Logvin, Sofija Kievskaja, 1971 – G. V. Popov-A. V. Rydina, Živopiś prikladnoe iskusstvo Tveri XIV–XVI v., 1979 – K. Onasch, Liturgie und Kunst, 1981, Art. Evangelistenbilder – E. S. Smirnova, N. K. Laurina, E. A. Gordienko, Živopiś Velikogo Novgoroda XV v., 1982.

IV. Okzident: Bestimmte physiognom. Typen sind in

der westl. Kunst anfangs nicht festgelegt, die E.-Zyklen der karol. Buchmalerei zeigen sie meist jugendlich-bartlos oder nur Johannes bärtig (Wiener Krönungsevangeliar), wobei sich im SpätMA der jugendl. Johannes-Typus durchsetzt. Als Hinweis auf die Authentizität der Evangelien finden sich Darstellungen der E. in Verbindung mit biograph. Motiven, z. B. Markus als Bf. v. Alexandria (Evangeliar der St-Chapelle, Paris, BN, 1004/5), oder mit Hinweisen auf die Stätten ihres Wirkens im sog. E.-Gewölbe der Oberkirche von S. Francesco in Assisi, Ende 13. Jh. Auch die Darstellungen der E., die mit ihren Evangelien auf Christus zuschreiten, entsprechend karol. Dedikationsbildern (Livinus-Evangeliar, Gent, St. Bavo, 8./9. Jh.) gehören in diesen Zusammenhang. Eine direkte Bezugnahme auf den Evangeliumstext zeigen Darstellungen der E. mit best. Szenen des Evangeliums: Markus, Bericht über die Auferstehung Christi (Uta-Cod., München, Staatsbibl., 1025); Lukas, Weihnachtsgeschichte; Johannes, Kreuzigung (Hitda-Cod., Darmstadt, um 1000/1020).

Seit dem 6. Jh. sind die E. ein bevorzugtes Thema der Buchmalerei. Die Verbildlichung des E. im Autorenbild am Anfang des Evangeliumstextes, meist auf ganzseitigen Bildern ist ein im MA weit verbreitetes Thema (Perikopenbuch Heinrichs II., München, Staatsbibliothek, 1007–1014). Die E. werden stets in einer Beziehung zu ihrer Schrift dargestellt, d. h. im Zustand des Federspitzens, -prüfens, -eintauchens bzw. des Schreibens selber (Evangeliar aus St. Pantaleon, Köln, Mitte 12. Jh.). Ein häufiges Bildthema der westl. Kunst ist der E. mit einem auf seine Inspiration hinweisenden Symbol. Die Quelle der Inspiration wird entweder durch die Hand Gottes, die Taube des Hl. Geistes (Evangeliar aus Bremen (?), Manchester, um 1000) dargestellt oder durch die → Evangelistensymbole (Evangeliar aus St. Médard in Soissons, Paris BN, Anfang 9. Jh.). In Anlehnung an die auf ihren Tierattributen reitenden vier Elemente wird das Symbol der E. zu deren Reittier (Kapitell, Kreuzgang v. Moissac, um 1100). Eine Sonderform ist die sog. Gruppe der »visionären E.«, mit weit aufgerissenen Augen, bewegter Gestik, von einer Mandorla umgeben (Evangeliar Ottos III., München, Staatsbibl., Ende 10. Jh.).

Die Vierzahl der E., die einerseits den Einheitsgedanken der vier Evangelien in Christus, die Evangelienharmonie, beinhaltet – Darstellung aller E. (karol. Evangeliar, Aachen, Domschatz) mit dem über ihnen thronenden Christus oder Christussymbol (Metzer Sakramentar-Fragment, Paris, BN) –, gibt andererseits den Bezug zu analogen Vierzahl-Gruppen aus dem AT oder aus Kosmologie und Enzyklopädie: typolog. Gegenüberstellung mit den vier großen Propheten (Glasfenster, Chartres, Kath., 1220/30: Ezechiel-Johannes, Daniel-Markus, Jeremias-Lukas, Jesaias-Matthäus), mit den vier Paradiesesflüssen (Deckel des Echternacher Cod. aureus, Nürnberg, 983/991), den vier Himmelsrichtungen, in die das Evangelium ausgebreitet werden soll (Lesepult, Evangel. Stadtkirche, Freudenstadt, um 1150) und den vier Kardinaltugenden (Salzburger Missale, Mitte 12. Jh., Stuttgart).

Im SpätMA finden sich E.-Darstellungen auf Werken der Kleinkunst, im Kirchengebäude, meist in näherem Umkreis des Altars (Retabel, Jan Pollak, München-Blutenburg, um 1491) oder auf Ausmalungen des Kirchengebäudes (Langhausdecke, Hildesheim, St. Michael, 1. Hälfte 13. Jh.) sowie am Außenbau der Kirche, an Portalen, Gewänden (Galluspforte, Basler Münster, Ende 12. Jh.) und Tympana (Burgos, Portal der Kath., Mitte 13. Jh.).   S. Stolz

Lit.: zu [I und II]: RByzK II, 452–507 – *zu [III]:* Gesch. der russ. Kunst 1ff., 1957ff. – K. ONASCH, Ikonen, 1961 – Katalog drevnerusskoj živopisi, 2 Bde, 1963 – V. N. LAZAREV, Russkaja srednekovaja živopis', 1970 – G. N. LOGVIN, Sofija Kievskaja, 1971 – G. V. POPOV – A. V. RYDINA, Živopiś prikladnoe iskusstvo Tveri XIV–XVI v., 1979 – K. ONASCH, Liturgie und Kunst, 1981, Art. Evangelistenbilder – E. S. SMIRNOVA, N. K. LAURINA, E. A. GORDIENKO, Živopiś Velikogo Novgoroda XV v., 1982 – *zu [IV]:* LCI I, 696–713 [Lit.] – RDK VI, 448–517 [Lit.].

Evangelistensymbole

I. Frühchristentum – II. Okzident – III. Byzanz – IV. Altrußland.

I. FRÜHCHRISTENTUM: In der Väterlit. wurde eine Verbindung zw. den Vier Lebenden Wesen der Visionen des Ez (1,4–28) und der Joh-Apokalypse (Offb 4,6ff; → Apokalypt. Motive) und den vier kanon. Evangelien bzw. den → Evangelisten bereits im späten 2. Jh. hergestellt (Iren. adv. haer. 3,11,8). Nach zunächst wechselnden, meist mit dem Inhalt der Evangelienanfänge begründeten Zuordnungen wurde die Ordnung des Hieronymus durch Aufnahme seines Mt-Prologs in die Vulgata-Hss. allmählich verbindlich: Mt-Mensch, Mk-Löwe, Lk-Stier, Joh-Adler. In der Kunst erscheinen die Vier Wesen seit Anfang des 5. Jh., und zwar nicht in viergesichtiger Gestalt nach Ez (→ Tetramorph), sondern eingesichtig nach Offb, vielfach mit den hier erwähnten sechs Flügeln, manchmal mit Augen übersät (Offb 4,6 und 8); im O wegen der dort späten Anerkennung der Offb selten, → Apokalypt. Motive. Ob frühe Darstellungen der Vier Wesen ohne Codices (z. B. »Trivulzio«-Elfenbein, Mailand; Mosaiken S. Pudenziana und S. Maria Magg., Rom [hier mit Kränzen]; Holztür S. Sabina, Rom; Mosaiken Mausoleum der Galla Placidia, Ravenna und Baptisterium S. Giovanni, Neapel) bereits (auch?) als Darstellung der E. gemeint waren, läßt sich nicht sagen. Gesichert wurde diese Bedeutung dann durch Beigabe von Codices (z. B. Mosaiken Hos. David, Thessalonike und Ebfl. Kapelle, Ravenna) und/oder Verwendung als Attribut der vier → Evangelisten (z. B. Buchdeckel Mailand, Domschatz, 5. Jh.; Mosaiken S. Vitale, Ravenna, 6. Jh.; Lukasseite im Evangeliar des hl. Augustinus, Cambridge, fol. 129b). Die E. können ohne oder mit Nimbus dargestellt sein; bisweilen ist nur der Mensch als E. des Mt nimbiert.   J. Engemann

II. OKZIDENT: Während des MA erscheinen die E. am häufigsten auf den Autorenbildern der Evangelien-Hss., als Begleiter der → Evangelisten, als ganzfiguriges Einzelbild (Book of Durrow, Dublin, Trinity College, um 680), auf Initial-Zierseiten in Hss. der Hofschule Karls d. Gr. und der karol. Schulen von Metz und Tours, auf Kanontafeln (Cod. aureus aus St. Emmeram, Regensburg, München, Staatsbibl., 870). Seit dem 7. Jh. gab es, v. a. in der iber., insularen und frk. Kunst, auch »anthropomorphe« E.: menschengestaltige Evangelisten mit dem Kopf ihres jeweiligen E.s (z. B. Kapitell, Córdoba, Mus. Arqueol.). Ikonograph. bedeutsam sind Darstellungen der E. entsprechend der christolog. Deutung der Vier Wesen (Gregor I., Alkuin, Rupert v. Deutz) in Verbindung mit den vier Lebensstadien Christi, Mensch–Inkarnation, Stier-Opfertod, Löwe–Auferstehung, Adler–Himmelfahrt (Reichenauer Evangeliar aus Bamberg, München, Staatsbibl., Anfang 11. Jh.; Einband eines Reliquiars, Aachen, Domschatz, Fulda (?) um 1020).

In Zusammenhang mit der Einheit der vier Evangelien in Christus, die Evangelienharmonie (→ Evangelisten) erscheinen die E. meist mit Christus oder einem Christussymbol, häufig der Maiestas-Domini-Typus (Lothar-Evangeliar aus St-Martin in Tours, Paris, Bibl. Nat., 849–851) auch im Rahmen apokalypt. Visionsbilder, Weltgerichtsdarstellungen (Taufstein, Freckenhorst, um

1129) bes. auf frz. roman. Portaltympana und -archivolten (Westportal, St-Trophime, Arles, nach 1152). Im Grunde eine Variante der Maiestas Domini, gleichfalls als Harmoniebild zu deuten, sind Darstellungen der E. mit dem Kreuz Christi, dem Baum des Lebens, die vier Paradiesesflüsse symbolisierend (Deckel des Evangeliars von Helmarshausen, Trier, Domschatz, um 1100).   S. Stolz

III. BYZANZ: Die E. sind in mittelbyz. Zeit ausgesprochen selten geworden, sie entsprechen nicht der Grundforderung der byz. Bilderlehre von der Ähnlichkeit des Abbildes mit dem Urbild. In erster Linie kommen sie daher in den Randgebieten der byz. Kunst vor sowie v. a. im serb. und rumän. Bereich. In der byz. Buchmalerei folgen die E., wo sie gelegentl. dargestellt werden, eher der Anordnung des Irenäus (um 200), der den Löwen mit Joh, den Stier mit Lk, den Menschen mit Mt und den Adler mit Mk verbindet (z. B. Codex Auct. T. inf. 1,3 der Bibl. Bodleiana, spätes 12. oder 1. Hälfte 13. Jh. sowie in weiteren Beispielen in der gleichen Bibl.).

Ansonsten kommen die E. fast immer in der Darstellung der Maiestas Domini vor, auch wenn diese in die Buchmalerei übernommen wird.

Eine eigene Gruppe von Denkmälern, auf denen sich die E. finden, bilden die sog. Epitaphioi, d. h. liturg. Tücher, die beim Großen Einzug im byz. Gottesdienst in die Kirche hineingetragen werden; sie zeigen Christus auf dem Salbstein liegend und in den Ecken die E., gelegentl. auch die Köpfe der Evangelisten. Sehr häufig sind diese E. mit den aus der Ezechiel-Vision bekannten partizipiellen Wendungen bezeichnet (vgl. RByzK II, s. v. E.). Epitaphios von Sv. Kliment in Ohrid, wohl aus der Gründungszeit der Kirche stammend und angebl. von Ks. Andronikos III. gestiftet (verschollen); großer Epitaphios aus Thessalonike, 14. Jh., Byz. Mus. in Athen; Epitaphios in San Marco, 14. Jh. (weitere Beispiele und Entwicklung bis zur Gegenwart vgl. B. JOHNSTONE).

Die Nachfolge der Bildtypus aus Hos. David in Thessalonike findet sich in der Pantokratorhöhle auf dem Latmos (Kleinasien, wohl 10. Jh.), auf einer Ikone des Sinai-Kl., 11. Jh. und auf der großen Ikone aus Póganovo, Mus. von Sofia aus dem J. 1395.

Die Gegenüberstellung von Evangelistenbildern und E.n im Cod. Selden supra 6, Bibl. Bodleiana, Oxford (um 1330) ist nur aus westl. Einflüssen zu erklären.   K. Wessel

Lit.: zu [I und II]: LCI I, 696–713 – RDK VI, 517–572 – *zu [III]:* RByzK II, 469f., 508ff. – B. JOHNSTONE, Byz. Tradition in Church Embroidery, 1967, 117ff.

IV. ALTRUSSLAND: Die ältesten →Evangeliarien zeigen die E. als Überbringer (der Engel mit Matthäus im Mstislav-Evangeliar als Inspirator) der Evangelien, indem sie einen Rotulus halten. Auf dem Fedorovskij-Evangeliar (um 1320) inspiriert Christus per auditionem Johannes, der sich ihm zuwendet und Prochoros diktiert. Die Wiedergabe dieser Funktion der E. wird später seltener oder durch andere ersetzt, vorwiegend durch einen Strahl aus der Himmelssphäre. Auf einem Evangeliar, Ende 14. Jh., beugt sich ein die Göttl. Weisheit symbolisierender Engel über die rechte Schulter des Lukas. Als isoliertes E. bringt im Chitrovo-Evangeliar (um 1408) ein Engel einen schweren Codex des Matthäus-Evangeliums herbei. Die E. gehören zum Bestand der Ikonographie des »Erlösers unter den Himmelsmächten« (*Spas v silach,* westl. Bezeichnung: Majestas Domini, z. B. Evangeliar des Andronikov-Kl., Moskau, Anfang 15. Jh.; Ikone, Staatl. Tretjakov Gal., Moskau, um 1411. In der Spätzeit gehören die E. nicht selten zum Inventar komplizierter Bildtraktate, deren Lehrautorität sie bekräftigen helfen, z. B. Ikonen:

Göttl. Weisheit, Novgorod, um 1548, Kat. Nr. 365; Gottesmutter Unverbrannter Dornbusch, 2. Hälfte, 16. Jh., Katalog Nr. 623.   K. Onasch

Lit.: Katalog drevnesrusskoj živopisi, 2 Bde, 1963 – Weitere Lit. →Buchmalerei C. V, →Evangelisten, →Evangeliar.

Evangelium. Im Gegensatz zur Ordnung der bibl. Bücher und zum tatsächl. Ablauf der Ereignisse steht das E. unter den Lesungen der Messe in allen Liturgien an letzter Stelle (→Epistel), wodurch eine Ehrung zum Ausdruck kommt, wie sie kirchl. Rangordnung entspricht, derzufolge der Ranghöchste den feierl. Zug beschließt. Von der Hochschätzung des E.s als Verkündigung der Worte und Taten Christi selbst zeugen zahlreiche weitere Ehrenerweise. Bereits die Hss. wurden sorgfältig, ja luxuriös gestaltet (→Evangeliar). Die Verkündigung des E.s erfolgte nur in den ersten Jahrhunderten durch Lektoren (Cyprian v. Karthago), später durch einen Diakon (dies im Abendland seit Ordo Romanus I, 7. Jh., die Regel), andernorts durch den Bf. (Jerusalem, 6. Jh.) oder den Zelebranten. Im späten MA war die Verlesung des E.s in der Hl. Nacht Vorrecht des Kaisers. Seit dem Ordo Romanus I wurde der Gang zum Ort der Verlesung fortschreitend zu einer feierl. Prozession ausgebaut mit einem oder zwei Subdiakonen, mehreren Akolythen mit Leuchtern und Weihrauch, die dem Bestand der Ehrenzeichen für röm. Staatswürdenträger entliehen waren, hier jedoch nicht dem Bf. oder einem anderen Kleriker, sondern dem in seinem Wort gegenwärtigen Herrn Jesus Christus galten, zumal man durch das bei Synoden auf einem Thron niedergelegte (so Konzil v. Ephesus 431) oder bei der Palmsonntagsprozession mitgetragene Evangelienbuch (noch 10./12. Jh.) die Stelle Christi vertreten ließ. Die Verkündigung des E.s wurde, v. a. n. der Alpen, durch Zurufe umgeben; die Gläubigen hörten sie stehend und bezeichneten sich (seit dem 9. Jh.) mit einem Kreuz. Seit Ordo Romanus I wurde das Evangelienbuch den Klerikern, später auch den Gläubigen, bes. den Kommunikanten, schließl. nur noch dem Zelebranten zum Kuß gereicht. – Im kirchl. Stundengebet hatte das E. ursprgl. seinen Platz nach dem Te Deum, seit dem 7./8. Jh. zu Beginn der dritten Nokturn, seit dem 10./11. Jh. führten Kürzungen der ursprgl. vollständigen Perikopen zu der bis zur jüngsten Liturgiereform gültigen Praxis, nur noch die ersten Worte der Perikope zu lesen und mit »et reliqua« zu schließen.   G. Langgärtner

Lit.: THALHOFER–EISENHOFER II, 92–97. 556 – J. A. JUNGMANN, Missarum Sollemnia, 1965⁵, II, 565–583.

Evangelium aeternum → Joachim v. Fiore

Evangelium Nicodemi → Apokryphen

Everaert, Cornelis, ndl. Dichter und Dramatiker, * zw. 1480 und 1485 vermutl. in Brügge, † 14. Nov. 1556 ebd.; Mitglied, vielleicht auch »factor« (Intendant) der zwei Brügger »Cameren van Rhetoriken« (Dichtungs- und Theatergesellschaften), »De Helighe Gheest« und »De drie Santinnen«. Von E. sind 35 dramat. Werke (Possen, Tafelspiele und allegor. Spiele, datiert von 1509 bis 1538) in einem Autograph überliefert (Ms. Kon. Bibl. Brussel, Nr. 19036). Selbst als Tuchfärber und -walker in der damals dahinsiechenden fläm. Weberei beschäftigt, berührte er in seinen Spielen oft soziale, polit. und wirtschaftl. Probleme. Zweimal wurde eine Aufführung wegen der scharfen Kritik in den betreffenden Stücken von der Obrigkeit verboten. Die Lösungsvorschläge für die krit. vorgeführten Probleme sind jedoch nicht revolutionär: E. predigt Nächstenliebe und Geduld. Auch seine religiösen Dramen sind von einem konservativen, v. a. durch Marienverehrung und Leidensmystik inspirierten Geist geprägt. Es ist deshalb nicht sicher, ob E. auch das schon modernere, etwas lutherisch anmutende Brügger Spiel für den Dichtungswettkampf von 1539 in Gent zugeschrieben werden kann.   D. Coigneau

Ed. und Lit.: J. W. MULLER – L. SCHARPÉ, Spelen van C. E., 1920 – W. M. H. HUMMELEN, Repertorium van het rederijkersdrama 1500–ca. 1620, 1968 – B. H. ERNÉ – L. M. VAN DIS, De Gentse Spelen van 1539, 1982 – J. B. DREWES, Het interpreteren van godsdienstige spelen van zinne, Jaarboek De Fonteine 1978–79, I, XXIX – DERS., Interpretatie van de Gentse spelen van 1539, TNTL 100, 1984.

Everdon, Silvester de, kgl. Richter und Bf. v. →Carlisle 1247–54, † 1254. Vielleicht aus Northamptonshire stammend, war er seit 1225 kgl. Beamter und diente später in der Kanzlei des Kg.s. 1242 führte er das Siegel des →Exchequer, während Kg. Heinrich III. in der Gascogne das Große Siegel v. England bewahrte. 1244 wurde E. dann Bewahrer des Großen Siegels, obwohl er niemals offiziell Kanzler war. Nachdem er 1246 zum Bf. v. Carlisle gewählt worden war, einem Amt, das er nur widerstrebend annahm, wurde er im darauffolgenden Jahr geweiht. Als Bf. verteidigte er die Rechte und den Besitz seines Sitzes, auch legte er einen langanhaltenden Streit zw. dem Bm. und dem Priorat v. Carlisle über ihren jeweiligen Landbesitz bei. 1251–52 wurde er zum Leiter einer Kommission von Reiserichtern (→*eyre*) ernannt, dies aber offenbar in weitgehend ehrenamtl. Tätigkeit. 1253 gehörte E. zu den Bf.en, die eine Petition an den Kg. richteten, um die freie Bischofswahl zu gestatten; daraufhin wurde er von Heinrich III. gerügt, der ihn daran erinnerte, daß er seine eigene Wahl kgl. Gunst verdanke.   H. Summerson

Q.: Annales Monastici, ed. H. R. LUARD (RS), 1864–69 – Matthew Paris, Chronica Majora IV, V, ed. H. R. LUARD (RS), 1877, 1880 – *Lit.:* DNB, s. v. – M. GIBBS – J. LANG, Bishops and Reform 1215–1272, 1934 – C. M. L. BOUCH, Prelates and People of the Lake Counties, 1948 – D. CROOK, Records of the General Eyre, 1982.

Everger, Ebf. v. Köln 985–999, † 11. Juni 999, ▢ Köln (Hildebold-)Dom. Der seit 950 in verschiedenen Ämtern an der Kölner Kirche belegte E. verdankte seine Berufung zum Ebf. wahrscheinlich Ksn. →Theophanu. Briefe →Gerberts v. Aurillac und mehrfache Interventionen (u. a. D O III 120) zeugen von einer gewissen Bedeutung während der vormundschaftl. Regierung →Ottos III. Der Hof hielt sich häufiger in Köln auf; 991 bestattete E. die Ksn. in St. Pantaleon, das zur Zeit seines Pontifikats entscheidende bauliche Ausgestaltung erfuhr. Trotz Einflußnahme auf Otto III. für die Erhebung des Gf.en Ansfrid zum Bf. v. →Utrecht (995) ließ ihn der Generationswechsel am Königshof nach 994 aus der Reichspolitik zurücktreten. Obwohl seine bfl. Amtsführung später mißverstehende Kritik erfuhr, wozu bes. Thietmars Bericht über E.s angebl. Mitschuld am Tod des Ebf.s →Gero beitrug, hat er als Förderer gorzischer Reform und der Künste zu gelten: Den ztw. Aufenthalt des Konvents v. Gladbach – eines Kölner Eigenkl. auf Lütticher Gebiet – im Kölner Martinsstift nutzte er zu dessen Umwandlung in eine von ihm reich dotierte Abtei St. Maximiner Prägung, die er mit Schottenmönchen besetzte. Ob er auch als Reformer im Stift St. Kunibert eingriff, bleibt unklar; spätere Vorwürfe (Lac. I, 218) sind jedoch unhaltbar. E. ließ einen Hieronymuskommentar abschreiben (Köln, Dombibl., 53); das nach ihm gen. Lektionar mit Dedikationsbild des Bf.s (ebd., 143) steht an Anfang der otton. Kölner Malerschule. Drei erste große Leistungen wie das Sakramentar v. St. Gereon (Paris, Bibl. Nat., ms. lat. 817) noch in seinen Pontifikat fallen. Neueren Untersuchungen zufolge soll dies auch für das Gerokreuz gelten.   Heribert Müller

Q.: F. W. OEDIGER, Reg. der Ebf.e v. Köln I, 1954–61 [Nachdr. 1978], 165–169 – GAMS V/1, 1982, 21f. – *Lit.:* H. MÜLLER, Stud. zu Ebf. E. v. Köln, JbKGV 49, 1978, 1–18.

Everstein, Gf.en v. Die ehem. Doppelburg im Solling an der Mittelweser (Niedersachsen, Krs. Holzminden), zu 1110/20 als »castellum ... Eversten« bezeugt, war namengebend für die im frühen 12. Jh. erstmals belegte Gf.enfamilie unbekannter Herkunft; eine Verwandtschaft mit den E.ern im →Vogtland ist nicht sicher, eine Herkunft aus der Ministerialität →Lothars III. nicht auszuschließen. Die E.er verfügten über Besitz im Leine-Werra-Gebiet, im Wesertal zw. Hameln und Holzminden, im Bereich von Diemel und Twiste sowie im Dobnagau. Gestützt auf reiches Allod, bemühten sich die Gf.en in spätstauf. Zeit an der Mittelweser und an Diemel und Twiste zumeist als stauf. Parteigänger um einen planvollen Landesausbau (→Hameln, Holzminden, Volkmarsen, Mengeringhausen). Der Höhepunkt dieser Politik war um 1260 überschritten, nachdem bereits im frühen 13. Jh. eine im Leinetal versuchte Herrschaftsbildung gescheitert war. Bis um 1400 wurden sie auf die Gft. E. beiderseits der Mittelweser zurückgedrängt. Eine Erbvereinigung mit →Lippe 1403 führte zur Eversteinschen Fehde (1404–09). Über die Erbtochter Elisabeth fiel die Gft. 1408 an die →Welfen.   F. B. Fahlbusch

Q. und Lit.: B. CHR. V. SPILCKER, Gesch. der Gf.en v. E. ... (Beitr. zur älteren dt. Gesch. 2, 1883 [mit einem UB]) – Lipp. Reg., 1–4, 1860–68, bes. Bd. 3 [Neudr. 1975] – P. BARTELS, Der eversteinsche Erbfolgekrieg zw. Braunschweig-Lüneburg und Lippe 1404–1409 [Diss. Göttingen 1881] – G. SCHNATH, Die Herrschaften E., Homburg, Spiegelberg (Stud. und Vorarbeiten zum Hist. Atlas von Nds. 7, 1922) – H. STOOB (Forsch. zum Städtewesen in Europa I, 1970), 166–172.

Everwin (Ebroin) **v. Steinfeld,** Propst des Prämonstratenserkl. Steinfeld von 1121?–1151/53; die Nachricht einer Series praepositorum et abbatum Steinfeldensium des 18. Jh., E. stamme aus dem Geschlecht der Gf.en v. Helfenstein und sei aus Franken gebürtig, scheint keine Grundlage in ma. Quellen zu haben. E. dürfte der erste Leiter des aus einem Kl. OSB 1121 in einem Regularkanoniker-Konvent umgewandelten Stiftes →Steinfeld gewesen sein, der sich während E.s Amtszeit zw. 1126 und 1135 (oder noch etwas später) dem Reformorden der Prämonstratenser anschloß. E. machte Steinfeld zu einem Zentrum der Kanonikerreform und zum Mutterkloster für mehrere weitere Kl. in den Rheinlanden und Westfalen (z. B. Hamborn und Dünnwald) sowie für →Strahov und Selau in Böhmen. Die Steinfelder Klosterkirche geht auf E. zurück. Reisen in Sachen seines Kl. oder seines Ordens führten ihn an die päpstl. Kurie (1136) und nach Böhmen (1142). Bekannt ist E. v. a. durch seine Verbindung mit →Bernhard v. Clairvaux, den er bei dessen Predigten für den 2. Kreuzzug 1147 in Köln begleitete und den er über die Lehren der 1143 in Köln auftretenden →Katharer unterrichtete. E.s diesbezügl. Brief (MPL 182, 675–680) gehört zu den wichtigsten Quellen für die Frühgeschichte dieser Sekte im Abendland.   A. Patschovsky

Lit.: TH. PAAS, Entstehung und Gesch. des Kl. Steinfeld als Propstei, AHVN 93, 1912, 24–54 – F. W. OEDIGER, Gesch. des Ebm.s Köln I, 1972², 144, 309, 397f. – R. MANSELLI, Evervino di S. e San Bernardo di Clairvaux (DERS., Studi sulle eresie del secolo XII, 1975²), 141–156 – N. BACKMUND, Monasticon Praemonstratense I, 1983², 251–256.

Everyman, vor 1525 entstandene frühneuengl. Übersetzung des mndl. »Spieghel der salicheit van Elckerlijc« (»El.«, vor 1495, von Petrus Diesthemius, d. i. Peter aus Diest [= Petrus Dorlandus?]). »El.« hat einen →Rederijker-Wettbewerb in Antwerpen gewonnen, über eine Aufführung des »E.« ist nichts bekannt. Die Handlung geht auf eine Parabel aus →»Barlaam und Joasaph« zurück: Von drei Freunden (Besitz; Verwandtschaft; Glaube, Hoffnung, Liebe, Almosen und andere gute Werke) mag nur der letzte, am wenigsten geliebte den Menschen auf seinem Gang zu Gott dem Richter begleiten. Aus der knappen Fabel wird ein emotional wirkungsvolles Drama von knapp 900 Versen, in dem v. a. die wachsende Enttäuschung und das allmähliche Hoffnungfassen der Titelfigur sprachl. eindrucksvoll gestaltet sind. »El.«, eine dramatisierte →Ars moriendi, die frömmigkeitsgeschichtl. in der ndl. →Devotio moderna wurzelt, wurde nicht nur in England, sondern auch in Deutschland und den Niederlanden rasch populär, wie zahlreiche neulat. und dt. Übersetzungen beweisen. Gegenüber »El.« zeigt »E.« gelegentl. Übersetzungsfehler und theol. Verfälschungen. So erscheint der einzig treue Freund Doecht (»Tugend«) als Goode Dedes und suggeriert eine ursprgl. nicht intendierte Werkgerechtigkeit. →Moralitäten.   H.-J. Diller

Bibliogr.: Manual ME 5. XII, 1374–1377, 1613–1618 – NCBEL I, 1406f. – C. J. STRATMAN, Bibliogr. of Medieval Drama, 2 Bde, 1972², I, 554–567 – Ed.: H. LOGEMAN, El. ... and E. ..., 1892 [Paralleltexte] – W. W. GREG, Materialien zur Kunde des älteren engl. Dramas 4, 24, 28, 1904, 1908, 1910 [Nachdr. 1963] – A. C. CAWLEY, E., 1961 – R. VOS, Den spieghel der salicheit van El., 1967 – G. COOPER–G. WORTHAM, The Summoning of E., 1980 – Übers. von »El.« dt.: W. CORDAN, Jedermann, 1950 – engl.: J. CONLEY u. a., The Mirror of E.s Salvation, 1985 – Lit.: J. VAN MIERLO, De Prioriteit van El. tegenover E. gehandhaafd, 1948 – J. J. PARKER, The Development of the E. Drama from 'El.' to Hofmannsthal's 'Jedermann', 1970 – E. R. TIGG, The Dutch 'El.' Is Prior to the English 'E.', 1981.

Evesham, ehem. Abtei in England, sö. von Worcester, gegr. um 700 von Ecgwine, Bf. v. →Worcester. Die frühe Gesch. von E. ist weithin ungesichert, da die angebl. frühen Schenkungsurkunden der Kg.e der →Hwicce und der Mercier (→Mercia) allesamt Fälschungen des 12. und 13. Jh. sind. Vor der Mitte des 10. Jh. war das reguläre monast. Leben jedoch zum Erliegen gekommen. Abt Osweard (970–975), ein Schüler des hl. →Æthelwold von →Abingdon, versuchte zwar, im Zuge der Benediktinerreform (→Benediktiner, Abschnitt B. VI) das monast. Leben zu erneuern; dies wurde jedoch von →Ælfhere, dem ealdorman v. Mercia, durchkreuzt, und die Abtei gelangte wieder unter die Jurisdiktion des Bf.s v. Worcester. Eine erfolgreichere Reform wurde erst vom Abt Ælfweard (1014–44), einem Mönch aus →Ramsey, durchgesetzt; er verstand es, alte Besitzungen wiederzugewinnen und neue zu erwerben. Einen Höhepunkt erreicht der Besitzstand der Abtei unter Abt Æthelwig (1058–77), der dem ersten norm. Kg., Wilhelm dem Eroberer, als Helfer und Berater zur Seite stand. Obwohl Æthelwigs Nachfolger mehrere Besitzungen abtraten und andere an norm. Ritter verlehnen mußten, wuchs die Zahl der Mönche kontinuierl. an (1058: 12, 1077: 36, um 1104: 67), um im späteren MA relativ konstant zu bleiben (1206: ca. 40, 1418: 31, 1549: 33). In der frühen Normannenzeit (ca. 1070/1080) waren Mönche aus E. an der Wiederbelebung des Benediktinertums im nördl. England beteiligt (in →Jarrow, →Monkwearmouth, →Whitby und →Durham); andere E.er Mönche gründeten in den Jahren nach 1090 das Kl. →Odense in →Dänemark. Die Verehrung des hl. Ecgwine wurde durch die von →Byrhtferth v. Ramsey (1014) und dem Prior Dominic (ca. 1125) verfaßten Heiligenviten gefördert. Den größten Ruhm gewann E. durch den langen und erbitterten Kampf, den der Konvent führte, um sich des Regiments des tyrann. und ausschweifenden Abtes Roger Norreys (1190–1213) zu entledigen und ein päpstl. Privileg zur vollen Exemption von der Jurisdiktion des Bf.s v. Worcester zu erlangen. Der Führer der Mönche, Thomas v. Marlborough (Abt 1229–36), verfaß-

te einen ausführl. Chronikbericht zur Gesch. von E., in dessen Zentrum die genannten Kämpfe stehen. Im 14. und 15. Jh. verlief das Leben der wohlhabenden Abtei insgesamt in geruhsamen und wenig auffälligen Bahnen.
            N. P. Brooks

Q. und Lit.: Chronicon Abbatiae de E., ed. W. D. MACRAY, RS, 1863 – R. R. DARLINGTON, Æthelwig, Abbot of E., EHR 68, 1933, 1–22, 177–198 – D. KNOWLES, Monastic Order in England, 1941 – M. LAPIDGE, Byrhtferth and the Vita S. Ecgwini, MSt 41, 1979, 331–353.

Evesham, Schlacht v. (4. Aug. 1265), Entscheidungsschlacht zw. der aufständ. engl. Baronen und dem engl. Heer des Kronprinzen →Eduard (I.) (→Barone, Krieg der). Im Sommer 1265 sah sich der Führer der aufständ. Barone, Simon de →Montfort, zunehmend in das Gebiet westl. des Severn abgedrängt. Prinz Eduard vermochte nach seiner Flucht aus der Gefangenschaft in Hereford die Flußübergänge bei Worcester und Gloucester zu besetzen und die Truppen des jüngeren Simon de Montfort, der zum Entsatz seines Vaters angerückt war, zu zerstreuen (1. Aug.). Am 2. Aug. gelang De Montfort jedoch der Übergang über den Severn bei Kempsey, und er erreichte das in einer Biegung des Avon gelegene Evesham (Co. Worcester), wo seine Streitmacht in die Umklammerung der gegner. Truppen geriet. Die am 4. Aug. geschlagene Schlacht war die letzte große militär. Aktion während des Krieges der Barone. De Montfort und sein ältester Sohn Henry fielen mit einer großen Anzahl ihrer engsten Bundesgenossen; →Heinrich III. wurde aus der Gefangenschaft befreit. Bald nach diesem Sieg ließ das harte Vorgehen Kg. Heinrichs (Konfiskation der Güter der Rebellen) den Konflikt jedoch erneut aufflammen (→Dishinherited, the).   C. H. Knowles

Lit.: F. M. POWICKE, Henry III and the Lord Edward, 1947.

Evodius (frz. Evode, Yved), Bf. v. Rouen, 5. Jh., hl. (Fest 8. Okt., 10. Okt.; Translation 8. Juli). Nach der zuverlässigen Bf.s-Liste von Rouen war E. 9. Bf. der Stadt, was ihn der ersten Hälfte des 5. Jh. zuordnet. Nach seiner späten und unzuverlässigen Vita (BHL 2798) wäre er Zeitgenosse →Chlothars I. (511–561). Er sei in Les Andelys gestorben und (nach einer Translation?) in der Kathedrale v. Rouen begraben. Im 9. Jh. wurden seine Reliquien nach →Braine (Dép. Aisne) geflüchtet, wo sein Kult in der späteren Kirche St-Yved ebenso wie in Rouen und in Troyes (Kl. St-Loup) gepflegt wurde.   M. Heinzelmann

Lit.: AASS Oct. IV, 241–245 – Bibl. SS V, 396.

Evokation → Gericht, -swesen

Évora (lat. Ebora, Elbora, Liberalitas Julia), Stadt und Bm. im südl. Portugal (Prov. Alto Alentejo). Die antike Stadt in der röm. Lusitania erhielt durch Augustus Stadtrecht und die Erlaubnis zur (später von den Westgoten fortgeführten) Münzprägung. In der Westgotenzeit mit starken Befestigungen versehen, wurde É. von 'Abdal-'azīz, dem Sohn Mūsās, während seiner Zeit als Statthalter für seinen Vater (714–716) eingenommen, gehörte zum Emirat und Kalifat v. →Córdoba und schließlich zum aftasidischen →Taifenreich v. →Badajoz. Einer ersten nur kurzzeitigen Einnahme durch Alfons I. v. Portugal (1159) folgte die endgültige Rückeroberung durch →Geraldo 'Sem Pavor' (1165/66), der die Stadt seinem Kg. übergab. In É. wurde um 1166 und 1176 jener Ritterorden begründet, der später dem Orden v. →Calatrava affiliiert und schließlich als Orden v. →Avís weitergeführt werden sollte. Die stark befestigte Stadt stieg zu einem der bevorzugten Aufenthaltsorte der Kg.e v. Portugal auf, fungierte im SpätMA häufig als Versammlungsort der →Cortes und erhielt durch Johann I. den Ehrentitel »mui nobre« und

»sempre leal«. Die im 13. Jh. unter Bf. Durando Pais (1267-83) erbaute Kathedrale, die eine einfachere Konstruktion aus dem 12. Jh. ersetzte, zählt zu den bedeutendsten Bauwerken im südl. Portugal.

Das Bm. ist nach obskuren Anfängen mit Sicherheit erst seit dem frühen 4. Jh. als Glied der lusitan. Kirchenprov. unter der Metropole→Mérida nachzuweisen. Nach seiner Wiederbegründung bildete es einen Zankapfel zw. den Erzstühlen v. →Braga und →Santiago de Compostela, bevor Innozenz III. es am 2. Juli 1199 durch die Bulle »In causa duorum« (Register Innozenz' III., Bd. II, Nr. 95/103; POTTHAST, Reg. 755) der Jakobuskirche als Suffragan unterstellte. Diese Entscheidung wurde erst 1393 revidiert, als Bonifaz IX. É. zusammen mit →Idanha (Guarda), →Lamego und →Silves dem zum Ebm. erhobenen →Lissabon als Suffragane zuwies. É. gehörte mit seiner die Einkünfte widerspiegelnden Servitientaxe von 2000 Florin zu den wohlhabenderen, aber nicht zu den reichen Bm. ern. L. Vones

Lit.: DHGE XVI, 135-166 [M. COCHERIL] - DHP II, 148-155 - LThK² III, 1261f. - RE V, 1897 - EUBEL, Hier. cath. I, 236 - Francisco da Fonseca, E. Gloriosa, 1728 - André de Resende, História da antiguidade da cidade de E., Lissabon 1783³ - M. TAVARES CHICÓ, A Catedral de E. na Idade Média, 1946 - D. MANSILLA, Disputas diocesanas entre Toledo, Braga y Compostela en los siglos XII al XV, Anthologica Annua 3, 1955, 89-143 - M. DE OLIVEIRA, A milicia de E. e a ordem de Calatrava, Lusitania Sacra 1, 1956, 51-64 - J. DE ALARCÃO, Portugal Romano, 1973 - L. A. GARCÍA MORENO, Prosopografía del reino visigodo de Toledo, 1974, 178f. Nr. 470-476.

Évreux

I. Stadt, Grafschaft und Bistum - II. Das Haus Évreux.

I. STADT, GRAFSCHAFT UND BISTUM: [1] *Stadt:* É., Stadt in der →Normandie, nahe der Grenze zur Ile-de-France (dép. Eure), am Iton gelegen. Seit der röm. Eroberung neuer Vorort der gall. Civitas der Aulerci Eburovices, erhielt die Stadt den Namen Mediolanum und war in der röm. Kaiserzeit Flußhafen, Straßenknotenpunkt und Zentrum der Tuchverarbeitung. In spätröm. Zeit wurde die Stadt mit einer Mauer befestigt (umschlossenes Areal: 70 ha).

886 und 896 wurde É. von →Normannen geplündert. Zur Normandie gehörig, wurde die Stadt mehrfach bei krieger. Auseinandersetzungen zerstört: 1119 durch den engl. Kg. Heinrich I.; 1194 als Vergeltung für die Vernichtung der frz. Besatzung durch Johann Ohneland, wobei zahlreiche Bürger erschlagen wurden. Nach der frz. Eroberung der Normandie erließ Kg. Philipp II. August eine städt. Charta. In den folgenden Jahrhunderten herrschten überwiegend Frieden und Wohlstand. Neue Kriegswirren brachen aus mit dem Konflikt zw. Kg. Johann II. und seinem Schwiegersohn, dem ränkevollen →Karl 'd. Bösen', Gf.en v. É. und Kg. v. Navarra (→Abschnitt II); die Stadt erlitt drei Belagerungen (1356, 1365, 1378). 1418-41 unterstand sie engl. Besatzung. Vom kgl.-frz. Bailli Robert de Flocques zurückerobert, wurde É. 1466 vom Hzg. v. Bretagne, →Franz II., in Besitz gehalten. In É. erfolgte 1485 der Friedensschluß zw. der Regentin →Anna v. Beaujeu und →Ludwig, Hzg. v. Orléans.

É. hatte 1356 800 Feuerstellen, verteilt auf 9 Pfarreien (St-Nicolas in der Petite-Cité, St-Pierre im Bourg, St-Aquilin extra muros, N.-D. la ronde, St-Thomas, St-Denis, St-Gilles, St-Léger sowie die beim Hof des Kg.s v. Navarra gelegene Kirche St-Germain).

[2] *Grafschaft:* Die Civitas Eburovicum umfaßte das Itontal, das Plateau zw. Seine und Eure, die Ebenen *(campagnes)* v. Le Neubourg und St-André sowie das gesamte Pays d'Ouche. Sie wurde 490 durch Chlodwig I. dem Frankenreich einverleibt und kam unter Childebert I.

(511-558) an den Reichsteil→Neustrien. Unter den Hausmeiern Pippin II. und Karl Martell wurde sie →Austrien zugeschlagen. Die auf der →Seine kreuzenden Normannen bildeten im 9. Jh. eine ständige Bedrohung, bis schließlich 911 das ganze Gebiet an den Normannenfürsten →Rollo übergeben wurde (→Normandie); ein Rückeroberungsversuch des westfrk. Kg.s Lothar schlug fehl (962).

Hzg. →Richard I. schuf nachfolgend die Gft. É. zugunsten seines Bruders Robert, Ebf. v. Rouen, der 1028 gegen Hzg. Robert I. kämpfte. Wilhelm III. v. É., hart bedrängt von den Adligen der umliegenden Gebiete von Conches, Mantes und Beaumont (1087-92), wurde schließlich von Kg. Heinrich I. zur Abtretung der Gft. gezwungen. Der Kg. übertrug sie 1119 an Amaury v. →Montfort. Dieser führte 1124 einen Aufstand gegen Heinrich I. an. Sein Sohn Amaury II. verbündete sich mit Geoffroy Plantagenêt, Gf. v. Anjou (→Angers), der sich 1144 zum Hzg. der Normandie proklamierte. Mit der Thronbesteigung von Geoffroys und Mathildes Sohn →Heinrich II. (1154) kehrten zunächst wieder geordnetere Verhältnisse ein. Zwistigkeiten innerhalb des Hauses Plantagenêt provozierten nachfolgend jedoch die militär. Intervention Kg. →Ludwigs VI. v. Frankreich, den Verrat des Prinzen Johann Ohneland und schließlich die frz. Eroberung der gesamten Normandie durch Philipp II. August (1199-1204).

Die Gft. É. wurde als selbständige Territorialherrschaft neu gebildet durch Philipp IV., der sie seinem Bruder Ludwig als →Apanage übertrug (1307). 1317 zur →Pairschaft erhoben, wurde É. durch die Heirat von Ludwigs Sohn Philipp mit Johanna, Tochter Kg. Ludwigs X., 1328 mit dem Kgr. →Navarra vereinigt (→Abschnitt II). Beider Sohn, →Karl 'd. Böse', bemächtigte sich 1343-64 großer Teile der Normandie, unterlag jedoch schließlich Kg. →Johann d. Guten, der 1378 Karls Güter konfiszierte; die Gft. É. verschwand definitiv mit der Verzichterklärung des Sohnes, →Karls ('des Edlen'), 1404.

[3] *Bistum:* Als erster Bf. gilt der hl. Taurinus (5. Jh.); seine Legende ist auf dem berühmten hochgot. Reliquienschrein in der Abteikirche St-Taurin dargestellt. Taurinus' Nachfolger, unter ihnen der hl. Aquilinus (belegt 683), sind zumeist nur unsicher, durch legendär. Viten belegt. Gervoldus, der als Kapellan der Mutter Karls d. Gr., Bertrada, eine bedeutende polit. Rolle spielte, war Bf. v. É. und nachfolgend, seit 787, Abt v. →Fontenelle. In der anglonorm. Zeit waren folgende Bf.e v. É. in Kirche und Königsdienst einflußreich: Gilbert Lagrue (1071-1112), Sohn des Osbern, Großseneschalls der Normandie; Audoenus (Audouin, 1112-34), Berater Kg. Heinrichs I.; Rotrou de Beaumont (1139-65); Gilles du Perche (1165-81), Berater Kg. Heinrichs II. und Papst Alexanders III.; Jean I. (1181-92), Kapellan Heinrichs II. und Familiar von dessen Sohn Richard Löwenherz. Aus der Zeit nach der frz. Eroberung sind zu nennen: Jean de la Cour d'Aubergenville (1244-56) und Raoul Grosparmi (1259-62), beide Kanzler Ludwigs d. Hl.en; Philippe de Chaource (1269-81), Universallegat Kg. Ludwigs. Im 15. Jh. traten hervor: Guillaume de Cantiers, Rat Kg. Karls VI. 1413; Martial Fournier (1427-39) und Pasquier de Vaux (1439-43), beide Kanzler des engl. Regenten Johann, Hzg. v. →Bedford; Jean →Balue (1465-67) und Jean Héberge (1473-79), Günstlinge Kg. Ludwigs XI.

Die Diöz. É. zählte drei Archidiakonate (É., Le Neubourg, Ouche) und 484 Pfarreien; fünf Benediktinerabteien (St-Taurin d'É., La Crois-St-Leufroy, Lyre, Conches, Ivry), eine Benediktinerinnenabtei (St-Sauveur d'É.), drei Zisterzienserabteien (Bonport, Le Breuil-Benoit, L'Estrée), ein Frauenkl. der Kongregation v. Font-évrault (Chaise-Dieu).   M. Baudot

II. DAS HAUS ÉVREUX: Das Haus É. ist eine jüngere Linie des frz. Königshauses der →Kapetinger. Ludwig, Sohn →Philipps III. des Kühnen, Kg.s v. Frankreich, erhielt 1307 von seinem Bruder, Kg. →Philipp IV. dem Schönen, als →Apanage mehrere Territorien, von denen die Gft. É. und die Herrschaft →Étampes die bedeutendsten waren. An Karl, den jüngeren seiner beiden Söhne, fiel die Herrschaft Étampes, während der ältere, →Philipp (†1343), die 1317 zur →Pairschaft erhobene Gft. É. erhielt. Diese stellte allerdings ein recht bescheidenes Besitztum dar, wie die in der Verleihungsurkunde angegebenen Einkünfte von nur 6200 *livres tournois* pro Jahr zeigen. Doch machte Philipp v. É. sein Glück durch eine reiche Heirat: Er vermählte sich mit Johanna (Jeanne, †1349), der Tochter Kg. →Ludwigs X. (Louis le Hutin), die ihm nicht nur das Kgr. →Navarra, sondern auch die Gft.en →Angoulême, →Mortain und Longueville in die Ehe brachte.

Der älteste Sohn aus dieser Ehe, →Karl ('d. Böse', †1387), heiratete die Tochter →Johanns des Guten, Kg.s v. Frankreich. Karls Ehrgeiz richtete sich zwar nicht offen auf die Erlangung der frz. Krone, jedoch auf eine Erweiterung seiner Besitztümer und auf eine entscheidende Einflußnahme auf den Gang der frz. Politik; zur Erreichung dieses Ziels baute er eine mächtige Klientel auf. Unmittelbar strebte er nach dem Besitz dreier großer Fsm.er: des Hzm.s →Normandie, der Gft. →Champagne und Brie sowie des Hzm.s →Burgund. In den Jahren 1354 bis 1364 gelang es ihm, einen großen Teil der Normandie (einschließlich fast des gesamten Bailliage →Cotentin) seiner Herrschaft zu unterwerfen. Seit der Niederlage von →Cocherel und dem nachfolgenden Verlust von →Mantes, →Meulan und Longueville (jedoch im Austausch gegen →Montpellier) zerfiel Karls Machtstellung jedoch zunehmend. 1378 wurde sein gesamter Territorialbesitz im Kgr. Frankreich konfisziert, mit Ausnahme des engl. besetzten Cherbourg. Während seiner letzten Lebensjahre mußte er sich mit dem Kgr. Navarra zufriedengeben. Obwohl Karls Söhne zu einem Ausgleich mit dem Kg. v. Frankreich gelangten, konnten sie nur einen kleinen Teil des väterl. Erbes wiedererlangen: der jüngere, Peter (†1412), war seit 1401 Gf. v. →Mortain, er verstarb ohne männl. Nachkommen; der ältere, →Karl ('d. Edle', †1425), war seit 1387 Kg. v. Navarra; er mußte 1404 alle seine Besitzungen in der Normandie (einschließl. des wenige Jahre zuvor zurückgewonnenen Cherbourg) an die frz. Krone abtreten, wofür er als Abfindung eine Reihe von Herrschaften, deren Ertrag 12000 livres tournois betrug und die zur *duché-pairie* v. →Nemours erhoben wurden, erhielt. Da auch Karl d. Edle ohne männl. Nachkommen blieb, erlosch mit ihm das Haus É. im Mannesstamm. Karls Erbtochter Blanca war mit →Johann II. v. →Aragón vermählt; beider Sohn→Karl v. Viana erhielt nach Blancas Tod 1441 die Krone Navarra. – Frappant bleibt, wie sehr die É. trotz ihrer geringen Besitzgrundlage die frz. Politik in der angespannten Situation des →Hundertjährigen Krieges durch Umtriebe und Intrigen zu beeinflussen vermochten.   Ph. Contamine

Lit.: *zu [I, 1]:* RE XV, 96 – H. LAMIRAY, Promenades hist. et anecdotiques dans É., 1927 – A. PLAISSE, La vie municipale à É. pendant la guerre de cent ans, 1978 – DERS., Un chef de guerre du XVe s.; Robert de Flocques, bailli royal d'É., 1984 – DERS., É. et les Ebroiciens au temps de Louis XI, 1986 – *zu [I, 2]:* M. BAUDOT, Le dép. de l'Eure à travers le passé, 2 Bde, 1967 – I. CLOULAS, A. PLAISSE, B. SUAU, La région d'É. sous la domination anglaise (1417–50), 1970 – A. PLAISSE, Charles le Mauvais, Comte d'É. roi de Navarre, 1972 – *zu [I, 3]:* G. BONNENFANT,

Hist. générale du dioc. d. É., 1933 – J. LAPORTE, L'origine du monachisme dans la province de Rouen, RevMab, 1941 – *zu [II]:* R. CAZELLES, La société politique et la crise de la royauté sous Philippe de Valois, 1958 – J. M. LACARRA, Hist. del reino de Navarra en la edad media, 1976, 358ff., 369ff., 405ff., 425ff., 460ff. – R. CAZELLES, Société politique, noblesse et couronne sous Jean le Bon et Charles V, 1982 – s. a. Lit. zu →Navarra.

Evtimij (Euthymios) **v. Tŭrnovo,** bulg. Patriarch 1375–93, *1325/30, †1401/12. Einer der bedeutendsten Schriftsteller und letzter Patriarch des ma. bulg. Reiches. Verfocht als Schüler Teodosijs v. Tŭrnovo den →Hesychasmus. Reiste nach Konstantinopel und dem Athos. Gründete im Kl. Sv. Troica die lit. Schule v. Tŭrnovo. Soll nach der türk. Eroberung Tŭrnovos 1393 ins Kl. Bačkovo verbannt worden sein.

E. überprüfte anhand der griech. Vorlagen und ältesten slav. Versionen die Kirchenbücher. Über seine Schüler beeinflußte er die orthograph.-sprachl. Reform in Rußland und Serbien. Die Textrevision betraf das NT und die Ps, die Neuübersetzung aber liturg. Bücher. Seine selbständigen Werke sind die Viten Ivan Rilskis, der hl. Paraskeva u. a., Lobreden auf Konstantin und Helena und einige Sendschreiben. Seine wichtigsten Schüler waren →Kyprian, →Gregor (Grigorij) Camblak und →Konstantin v. Kostenec.   R. Preinerstorfer

Ed. und Lit.: Werke des Patriarchen v. Bulgarien Euthymius (1375–1393), ed. E. KAŁUŻNIACKI, 1901 – P. DINEKOV, Evtimij Tŭrnovskij, Istorija na bŭlgarskata literatura, I: Starobŭlg. lit., 1963, 285–306 – J. ALISSANDRATOS, Medieval Slavic and Patristic Eulogies (Stud. historica et philologica XIV [= Sectio Slavica 6], 1982).

Ewalde, hll., Märtyrer (Fest 3. Okt.). Zwei Brüder, der schwarze und der weiße E., Gefährten des hl. Willibrord, werden nach Beda bei Versuch, im Sachsenland zu missionieren, um 693/695 ermordet. Am Kern der Nachricht ist nicht zu zweifeln, zumal der Todestag (mit nachträgl. Zufügen des 2. E.) im fast gleichzeitigen Kalender des hl. Willibrord vermerkt ist. Die Toten seien unter Mitwirkung Pippins nach Köln-St. Kunibert verbracht worden. Dort 1074 durch Ebf. Anno erhoben; Teile der Häupter sind dem Bf. v. Münster überlassen. In Köln-St. Kunibert Stoff des 12. Jh. von der Hülle der Reliquien und Altarretabel mit beiden E.n von 1450. Der Todestag seit dem Martyrologium Bedas in vielen Martyrologien und Kalendarien genannt. Der Kult ist auch durch den hl. →Norbert gefördert.

Seit dem SpätMA verstärkt sich die Suche nach dem Todesort. Aplerbeek b. Dortmund, Hoya, Laren (Gelderland), Laar b. Duisburg, Laer (Krs. Steinfort) betonen ihr Anrecht auf diesen Ort mit Patrozinium, Feier und lokalen Sagen, doch mit untaugl. Mitteln. Wahrscheinl. liegt der Ort an der Unteren Lippe oder an der Emscher.

Zu wenigen ma. Kultorten treten seit 1450 bis hin zu Kirchweihen im 20. Jh. einige weitere. Die beiden E.e gelten als Patrone und »Marschälle« Westfalens.

Der im Umkreis der Hanse bis nach Flandern oft gen. Ewald bezeichnet den hl. Theobald aus dem vielbesuchten Wallfahrtsort Thann in den Vogesen.   M. Zender

Q.: Beda, Hist. eccl., hg. C. PLUMMER, 1890, V, c. 10 – H. A. WILSON, The Calendar of St. Willibrord, 1918, Taf. X, 12, 41 – MGH SS XI, 482, 506 – BHL 2804–2807 – Wernerus Rolevinck, De laude antiquae Saxoniae nunc Westphaliae dictae (1474), 1953, 54–61, 188f. – *Lit.:* Vies des Saints et des Bienheureux X, 1952, 54–56 – AASS Oct. II, 1768, 180–207 – Bibl. SS V, 401ff. – A. FLASKAMP, Die Anfänge des fries. und sächs. Christentums, 1929, 27–78 – Westfalia Sacra, hg. H. BÖRSTING-A. SCHROER, II, 1950, 51–54, 145–148.

Ewige Richtung, Bündnis der 8 eidgenöss. Orte (→Eidgenossenschaft) mit Ehzg. →Siegmund v. Tirol, beschlossen am 31. März 1474 in Konstanz und besiegelt am

11. Juni 1474 in Senlis. Für →Habsburg bedeutete es den Bruch mit →Karl dem Kühnen v. →Burgund; in der Folge kündigte Siegmund am 6. April den 1469 geschlossenen Vertrag v. St-Omer. Für die Eidgenossen war die E. R. der erste dauerhafte Frieden mit →Österreich und die Anerkennung ihrer Herrschaft über die ehemals habsburg. Gebiete. Im →Elsaß und am Oberrhein – Pfandlande des Vertrages v. St-Omer – brach nun die burg. Verwaltung (→Peter v. Hagenbach) zusammen und wich wieder der österr. Herrschaft. Mit der E. R. waren die Koalitionen festgelegt, die sich in den Burgunderkriegen (→Grandson, →Murten, →Nancy) gegenüberstehen sollten.

F. de Capitani

Vertragstext: Eidgenöss. Abschiede, 2 – *Lit.:* R. JANESCHITZ-KRIEGL, Gesch. der ewigen Richtung von 1474, ZGO 105, 1957 – Handbuch der Schweizer Geschichte I, 1972, passim.

Ewiger Bund, sog., unkorrekte Bezeichnung des ältesten erhaltenen Bundesbriefes der Eidgenossenschaft der drei Waldorte (Aug. 1291). →Eidgenossenschaft, →Tellsage.

Ewiger Jude → Ahasver(us)

Ewiger Pfennig (lat. denarius perpetuus). Die in weiten Teilen Deutschlands seit dem 12. Jh. ausgeübte →Münzverrufung führte zu einer ständigen Verschlechterung der silbernen Pfennigmünze. Zur Unterscheidung von älteren Prägungen wurden immer wieder neue Münzbilder eingeführt. Münzverschlechterung und Wechsel führten zu einer starken finanziellen Belastung v.a. der Kaufmannschaft. In ihrem Widerstand gegen die Münzverrufung gelang es den Städten gelegentl., den Münzherren gegen Zahlung einer bestimmten Summe zum Verzicht auf die Münzverrufung zu bewegen. U.a. erreichten es die Bürger von Konstanz 1295 auf diese Weise, daß der Bf. für die nächsten Jahre auf Münzverrufung und Münzbildwechsel verzichtete und nur noch einen »E. Pf.« prägte.

P. Berghaus

Lit.: J. CAHN, Münz-und Geldgesch. von Konstanz und des Bodenseegebietes im MA bis zum Reichsmünzgesetz von 1559, 1911, 69 – F. v. SCHROETTER, Wb. der Münzkunde, 1930, 183, 440–443 [A. SUHLE].

Ewiger Reichslandfrieden → Reichslandfrieden, Ewiger

Ewiges Leben → Eschatologie

Ewiges Licht. Psycholog. ist eine dauernd brennende Lampe (durch die Flamme) ein Aufmerke-, (durch die Stetigkeit) ein Verweilsignal. So kommen E.L.er im Mazdaismus, in der Synagoge (Ner tamid, die als Symbol der Tempel-Menora fungierende Lampe), in der altkirchl. Martyrerverehrung, auch im Allerseelenkult, in Friedhofsleuchten u.ä. vor. Seit dem frühen MA (10. Jh. im O, 11. Jh. im W) ist das E.L. allein mit der Verehrung der Eucharistie im Tabernakel verbunden, möglicherweise ausgehend von Burgund (BROWE, 2f.) oder der Regel von St. Johann in Jerusalem (DÜRIG 3, 1266), in Deutschland am frühesten nachweisbar in der Frauenabtei von →Quedlinburg (um 1270), dann bald in allen Kathedral-, Stifts- und Pfarrkirchen verbreitet. Die Versorgung des E.L.s (Olivenöl oder Bienenwachs in oben offenen, meist roten Glaszylindern in Halterungen oder Hängeampeln) geschah oft durch eigene Bruderschaften. Im 15./16. Jh. beschäftigen sich fast alle Synoden und Visitationen (NUSSBAUM, 172f.) damit. Der Brauch ist festgeschrieben vom Rit. Roman. von 1614 (V,1,6) und dem Caerem. episc. (I, 12,17), bis zur Gegenwart verpflichtend nach dem CIC (1917) can 1271 und dem CIC (1983) can 940.

J. H. Emminghaus

Lit.: LThK² III, 1266f. [W. DÜRIG]–RDK V, 600–617 [Lit.]–EISENHOFER I, 288ff. – P. BROWE, Die Verehrung der Eucharistie im MA, 1933, 1–11 – D. R. DENDY, The use of lights in Christian Worship (Alcuin Club Coll. 41), 1959, 67f. – O. NUSSBAUM, Die Aufbewahrung der Eucharistie, Theophaneia 29, 1979, 170–174 und Register.

Ewyas Harold, Burgwüstung im westl. England (SW-Herefordshire) mit Resten einer großen →motte-and-bailey-Burg, die das Zentrum einer bedeutenden Herrschaft der →Walis. Marken war. Der Befestigungsbau reicht wohl in die Zeit vor der norm. Eroberung zurück. Nach dem →Domesday Book wurde E. H. von Earl William →Fitz Osbern († 1071) erneut befestigt; die Anlage ist möglicherweise identisch mit »Pentecost's Castle«, das von seinem norm. Herrn, Osbern Pentecost, und seiner Besatzung aufgegeben wurde, als die Familie des ags. Earl →Godwin 1052 die Macht wiedererlangte. N. P. Brooks

Lit.: J. H. ROUND, Feudal England, 1895–D. RENN, Norman Castles in England and Wales, 1973², 184f.

Examens(ordnung), aus d. klass. Lat. übernommenes Wort, das zunächst – neben seiner allgemeinen abstrakten Bedeutung – v. a. die gerichtl. Untersuchung bezeichnet. Erst in den Quellen des Universitätswesens, vom 13. Jh. an, finden wir den Begriff, meist in seiner mlat. Version *examinatio* (examinare, examinator) als Bezeichnung für die wissenschaftl. Prüfung, deren erfolgreiche Absolvierung das Recht zum Tragen eines universitären Grades wie →baccalarius, →licentiatus und →doctor verleiht (als Bezeichnung für Prüfung und Prüfer finden sich neben examinatio auch temptamen, temptator, disputatio temptativa usw.).

Weitaus älter als die unmittelbar bezeugten Prüfungen ist zweifellos die Vorstellung, daß zur Erteilung von Unterricht – neben einer kirchl. Erlaubnis – intellektuelle Fähigkeiten, die ein Magister zu überprüfen hatte, notwendig waren. Die – wohl nicht formell geregelten – Modalitäten derartiger Prüfungen in voruniversitärer Zeit sind nicht näher bekannt. Erst in Universitätsstatuten treten regelrechte Examensordnungen auf: 1215, in den Statuten der Artisten und Theologen von →Paris. (Obwohl erst später bezeugt, dürften etwa gleichzeitig auch die Univ. →Oxford, die Rechtsschule von →Bologna und die Med. Fakultät von →Montpellier entsprechende Prüfungsregelungen getroffen haben.) Die Examina bildeten geradezu ein konstitutives Element der neuen Universitäten. Für die →Magister waren sie das Hauptinstrument, um sich die Verfügungsgewalt über die Promotionen innerhalb ihres Lehrbereichs zu sichern und ebenso das wissenschaftl. Niveau und die rechtgläubige Haltung ihrer Studenten und späteren Kollegen zu kontrollieren.

Die Prüflinge hatten zunächst vorgeschriebene Gebühren zu entrichten, einwandfreien Lebenswandel und hinreichende Studienzeit nachzuweisen, sodann das Examen (E.) abzulegen, das v.a. aus mündl. Prüfungen (Kommentierung eines Textes, →Disputatio) bestand, wobei Studienprogramme mit obligator. Texten zugrundegelegt wurden. Dieses E. wurde vom Prüfling in der Regel bestanden; offenbar wurden im wesentl. nur sichere Kandidaten zum E. zugelassen; die – vielfach sehr starke – Selektierung erfolgte bereits vor dem E. Dem bestandenen E. folgte eine abschließende Zeremonie, die meist mit Vergnügungen (Festmahl, -bankett) verbunden, die Inthronisation des erfolgreichen Kandidaten in seine neue Würde markierte; er empfing die Insignien seines Grades und hielt eine feierl. Inauguralvorlesung oder Disputation, deren Art dem Range seines Grades innerhalb der universitären Hierarchie entsprach.

Die offizielle Führung des Vorsitzes und die Verleihung

des Grades oblag dem →Kanzler als dem Repräsentanten der geistl. Lehraufsicht; doch hatten sich die Magister von Anfang an die Besetzung der Prüfungsausschüsse gesichert, welche die Kandidaten examinierten und die Liste, gelegentl. auch eine Rangordnung der erfolgreichen Absolventen festlegten.

Die Modalitäten waren im einzelnen recht unterschiedl. geregelt, doch orientierten sich die Artisten und Theologen häufig am Pariser, die Juristen am Bologneser Vorbild. Die Examina stellten manchmal hohe Anforderungen, waren jedoch oft reine Formalitäten; insgesamt tendierten die Univ. im Laufe des MA zunehmend zu leichten Prüfungen, die jedoch insbes. für die höheren Grade, immer kostspieliger wurden. In nichtuniversitären Bereichen des Bildungs- und Schulwesens, wo keine Möglichkeit zur Verleihung allgemein anerkannter Grade bestand, waren entsprechende Examina wohl unbekannt; zur Kontrolle des Kenntnisstandes dienten hier offenbar weit weniger formalisierte Prozeduren.   J. Verger

Lit.: RASHDALL, passim – P. GLORIEUX, L'enseignement au MA. Techniques et méthodes en usage à la Faculté de théologie de Paris, au XIII^{e}s., AHDL 35, 1968, 65–186 – J. VERGER, Le coût des grades: droits et frais d'e. dans les univ. du Midi de la France au MA (The Economic and Material Frame of the Mediaeval Univ., hg. A. L. GABRIEL, 1977), 19–36 – M. BELLOMO, Saggio sull'Università nell'età del diritto comune, 1979, 239–263.

Exarch, Exarchat

I. Begriff – II. Der Exarchat Italien – III. Der Exarchat Afrika.

I. BEGRIFF: [1] *Byzantinisches Militär- und Verwaltungswesen:* Exarch (ἔξαρχος) bezeichnet noch im 4. Jh. einen untergeordneten Offizier des röm. Heeres, im 6. Jh. dagegen einen höheren Offizier, bald darauf den Oberbefehlshaber einer großen militär. Einheit. So wird z.B. →Narses als 'E. der Romäer' genannt; der Titel wird aber auch auf fremde hohe Militärs wie die 'E. en der Perser' angewandt (Theophanes 228, 465, 469). Als gegen Ende des 6. Jh. die byz. Verwaltung in →Italien und →Afrika reorganisiert wurde, wandte man den noch immer allgemeinen Titel 'E.' auf die neuen militär. Oberbefehlshaber an. Nach dem Exarchentitel wurden das byz. Italien und Afrika als Exarchate bezeichnet. »Die beiden Exarchate wurden zu Vorposten der byz. Macht im Westen. Ihre Organisation eröffnete die Epoche der Militarisierung der byz. Verwaltung und gab das Beispiel für die spätere Themenverfassung« (OSTROGORSKY, Geschichte³, 68).

[2] *Byzantinische Kirche:* In der byz. Kirche war der E. ein Beamter des →Patriarchen, der ihn fallweise oder dauernd vertrat, um die Ausführung seiner Anordnungen in den Diözesen, bes. in den Klöstern, zu überwachen. Der Titel wurde mit der Zeit Attribut von →Metropoliten einiger größerer Sprengel, an denen die Patriarchen ein bes. Interesse hatten. Im 14. Jh. wurden E.n in Konstantinopel eingesetzt, um das Handeln des Klerus in den Stadtbezirken zu kontrollieren. In den Ostkirchen ist noch heute der E. Leiter eines besonderen Kirchengebietes (Exarchie).

II. DER EXARCHAT ITALIEN: Die im Westen von →Justinian eroberten Gebiete (→Ostgoten) entsprachen nicht mehr den alten Präfekturen. Die ital. Prätorianerpräfektur, zu der die illyr. Diöz. Italien und Afrika gehört hatten, wurde nicht wiederhergestellt: die Apenninenhalbinsel wurde nach der Wiedereroberung 554 noch eine Zeitlang von dem Oberfeldherrn →Narses von →Ravenna aus verwaltet, dem um 568 der praefectus praetorio Longinus folgte; →Sizilien wurde unter einem Zivilgouverneur, einem →Praetor, und einem höheren Offizier, einem →dux, direkt vom ksl. Hof abhängig; →Sardinien und →Korsika

wurden dagegen →Karthago, dem Verwaltungssitz des byz. Afrika, unterstellt. Daher blieb nur das ital. Festland, bis zu den Alpen, Ravenna unterstellt. Dieser Zustand dauerte aber nicht lange: 568 fielen die →Langobarden ein, die rasch fast das ganze Norditalien bis zum Po – und z.T. darüber hinaus – unterwarfen, während andere langob. Verbände tief in den Süden der Halbinsel vordrangen. Es entstand ein territoriales Gewirr, bes. in Mittelitalien, wo für Byzanz die Verbindungen zw. Rom und Ravenna und für die Langobarden die Verkehrswege zw. der Toskana und →Spoleto bzw. →Benevent auf lange Zeit unsicher wurden. Für Byzanz handelte es sich nicht nur um Gebietsverluste, sondern um einen Zustand von fast ständigen Kleinkriegen, der zu einem starken Übergewicht des Militärs über die Zivilbehörden führte. In einem Brief des Papstes Pelagius II. vom 4. Okt. 584 wird zum ersten Mal ein E. in Ravenna erwähnt, und es gibt gute Gründe anzunehmen, daß die Reorganisation Italiens erst von Ks. →Maurikios (582–602) durchgeführt wurde. Der erste sicher bekannte E. v. Italien war Smaragdos, der Chartularios war und den Titel eines Patrikios trug. Die offizielle Titulatur lautete »patricius et exarchus (Italiae)«, und der E. wurde mit »excellentissimus«, manchmal »gloriosus«, angeredet (→Ränge, Ranglisten).

Die E.en besaßen die höchste Macht im Exarchat, ihre breitgefächerten Befugnisse umfaßten: Kriegführung und gesamte Militärorganisation; Bauwesen; Rechtsprechung; Finanzverwaltung (obwohl bis zur Mitte des 7. Jh. ein Prätorianerpräfekt bezeugt ist); Beaufsichtigung der kirchl. Einrichtungen, der Bischofswahlen sowie Bestätigung der Papstwahlen (→Papst, -tum); diplomat. Beziehungen zu den benachbarten Barbaren (doch durften sie keinen Frieden oder Bündnisse, sondern nur Waffenstillstände schließen). Zum Stab der E.en gehörten neben den Offizieren auch jurist. Beisitzer (scholastici, consiliarii) und Finanzbeamte (chartulari). Die E.en residierten in Ravenna bis zur langob. Eroberung der Stadt (751). Ravenna hatte eine günstige strateg. Lage für die Kriegführung gegen die Langobarden und die Verteidigung der Ostgrenzen Italiens; die Verbindungen zur See mit Konstantinopel und zu Lande mit Rom und Süditalien konnten von hier aus gut aufrechterhalten werden.

Gegen Ende des 6. Jh. war der ital. Exarchat in mehrere Militärbezirke aufgeteilt bzw. zersplittert: →Ligurien, ein Küstenstreifen mit →Genua, der z.T. auch die toskan. Küste umfaßte; Venetien (→Venedig), mehr und mehr auf die Lagunen beschränkt, und →Istrien; das Gebiet von Ravenna bis ins 7. Jh. der Exarchat im eigtl. Sinne, dessen Kerngebiet noch heute – als das Römerland schlechthin – den Namen →Romagna trägt und sich nördl. bis zur →Etsch, im Westen bis →Bologna und im Südwesten bis zum Apennin erstreckte; die →Pentapolis, südl. des Exarchats mit den Städten →Rimini, →Pesaro, →Fano, →Senigallia und →Ancona; →Perugia, der Hauptstützpunkt eines schmalen und dauernd bedrohten Landstreifens, eines Korridors entlang der Via Amerina, die die Pentapolis mit Rom verband; →Rom, die alte Hauptstadt, und ein breiter Landstreifen am Tyrrhenischen Meer von →Civitavecchia bis →Terracina und Gaeta; →Neapel, mit →Gaeta, →Amalfi und →Salerno, wo die Küstenstraße, die Via Domitiana, verlief, die nach dem Fall von →Capua (597) Rom mit Neapel verband; in →Kalabrien, dem heut. →Apulien, die Gebiete südlich von →Bari mit →Tarent sowie den größten Teil von Bruttium, dem heut. Kalabrien, mit →Reggio und mehreren Städten an der Küste und im Innern.

Die Vereinigung aller Macht in den Händen des Militärs

stand im krassen Widerspruch zu dem noch in justinian. Zeit geltenden röm. Verwaltungsprinzip der strengen Trennung von zivilen und militär. Kompetenzen. Die duces (→dux) und die→magistri militum der neuen Bezirke waren Offiziere, die von den E.en ernannt wurden.

Scheinbar hatte Byzanz durch ein auf der lokalen Ebene verwurzeltes, aber straffes Regiment die territoriale Zersplitterung überwunden. Parallel mit der neuen polit. Verfassung lief aber ein sozialer Prozeß, der zu radikalen Veränderungen im Gefüge Italiens führte. Der fast ununterbrochene Kriegszustand hatte zur Militarisierung des öffentl. Lebens geführt, und da aus dem Osten immer weniger Truppen kamen, wurde das ital. Heer, das fast nur noch für die örtl. Verteidigung eingesetzt wurde, zunehmend auf lokaler Grundlage rekrutiert. Die Landbesitzer hatten nun die Pflicht zur persönl. Leistung des Militärdienstes, der auf ihren Bezirk, dessen Zentrum eine befestigte Stadt (castrum) bildete, beschränkt war. Erfolgte die Einberufung von coloni (→Kolonat) oder Stadtbewohnern zum Milizdienst, so wurden sie in Truppeneinheiten (numeri) zusammengefaßt, die den tribuni, Offizieren lokaler Herkunft, unterstanden. Mit der Zeit schwand daher die Bedeutung desjenigen Armeekorps, das dem E.en als primus exercitus Italiae direkt unterstellt und in Ravenna und in der Pentapolis stationiert war; demgegenüber erlangten die Verbände der Militärbezirke, v.a. der exercitus romanus, immer mehr das Übergewicht. Auch der kurze Langobardenfeldzug →Konstans' II. i.J. 663 änderte nicht die Lage im Exarchat; nach einem flüchtigen Besuch in Rom zog der Ks. nämlich im selben Jahr nach Sizilien, das immer mehr zum Stützpunkt für die Verteidigung der byz. Westgebiete wurde.

Die regionalen Bindungen des Exarchates erreichten daher ein sehr hohes Ausmaß, gestärkt nicht nur durch die Verteidigung des eigenen Gebietes, sondern auch durch ökonom. und polit. sowie kirchl. Interessen. Die Kirche war in Italien nächst der Armee die stärkste Macht, und so ist zu erklären, daß dem Ebm. v. Ravenna 666 von Ks. Konstans II. die→Autokephalie erteilt wurde. Zwar dauerte dieser Zustand nur bis 680; er wirkte sich aber stark im Dukat v. Rom aus, denn hier wurden in der Zeit des Exarchats die wirtschaftl. und polit. Grundlagen des künftigen päpstl. Staates geschaffen (→Kirchenstaat).

Die Zersplitterung des byz. Heeres in Italien brachte die E.en in eine schwierige, oft widersprüchliche Lage: Vertreter der ksl. Politik, mußten sie diese mit lokalen Aufgeboten durchführen. Die E.en waren fast sämtlich Inhaber von hohen Hofämtern, wie Chartularios oder Kubikularios, alle trugen aber den Titel eines Patrikios (→patricius); einige waren Eunuchen, wie z.B. Eleutherios (Anfang des 7. Jh.), und alle wurden von Konstantinopel nach Ravenna entsandt. Nur ein einziger E. scheint lokaler Herkunft gewesen zu sein, Theodoros Kalliopa (653–?), aber auch er entstammte einer griech. Familie; einige übten sehr lange ihr Amt aus, so Isaak (625–643) und Eutychios (727–ca. 750), andere wurden schon nach kurzer Amtszeit (zw. drei und sieben Jahren) abberufen, wenige erlebten eine zweite Amtszeit wie Smaragdos und – wahrscheinlich – Theodoros Kalliopa. Aufgrund der Verringerung der regulären aus Byzanz entsandten Truppen gerieten die E.en in immer größere Abhängigkeit von den lokalen Milizen, die mehr die eigenen als die ksl. Interessen verteidigten. Das zeigte sich bes. bei der Durchführung ksl. kirchl. Verordnungen im 7. und 8. Jh. (→Ekthesis, →Typos, →Bilderstreit usw.), die sich immer schwieriger gestaltete, bis die E.en schließlich ganz machtlos wurden. Die Schwäche der E.en und die wachsende Bedeutung der Lokalmilizen

wurden offenbar, als der Kg. der Langobarden, →Liutprand, 732 Ravenna einnahm und der E. nur mit ven. Hilfe, vermittelt durch den Papst, in seine Residenz zurückkehren konnte. Das Schwergewicht der byz. Besitzungen in Italien hatte sich inzwischen auf die südl. Dukate verlagert, die sich auf Sizilien, das seit dem Ende des 7. Jh. als →Thema organisiert war, stützten und die nach dem Verlust Afrikas weiter an Bedeutung gewonnen hatten. Auch hatte Ks. Leon III. 732/733 die siz., kalabr. und illyr. (westl.) Diöz. Rom entzogen und Konstantinopel unterstellt. Die endgültige langob. Eroberung von Ravenna (751) bedeutete das Ende des Exarchats v. Italien; die Verhandlungen, die der byz. Hof mit den Päpsten und dem →Frankenreich über die Rückgabe der verlorenen Gebiete führte, schlugen fehl.

III. DER EXARCHAT AFRIKA: Auch das byz. Nordafrika wurde gegen Ende des 6. Jh. reorganisiert mit dem Ziel, die Verteidigung gegen die seßhaften und nomad. Berberstämme (→Berber) zu stärken und die durch religiöse Unruhen erschütterte innere Lage zu festigen. Seit der Wiederherstellung der byz. Macht i.J. 534 befand sich die zivile Verwaltung unter einem Praefectus praetorio Africae, während der Oberbefehlshaber der Truppen ein magister militum Africae war. In einem Brief des Papstes Gregor I. wird erstmals 591 ein E. erwähnt, der wahrscheinlich der Nachfolger des magister militum ist. Als E. und Patrikios hatte er einen höheren Rang als der Präfekt; mit der Zeit vereinigte er – wie sein Kollege in Italien – auch die zivile Gewalt in seinen Händen, ein Prozeß, der sich auch in den Provinzen vollzog, denn auch hier gewannen die magistri militum und die duces den Vorrang vor den Zivilgouverneuren. Der erste E. war Gennadios, der die auf dem Limes basierende Grenzverteidigung verstärkte und die maur. Stämme zurückschlug, so daß einige Jahrzehnte lang Ruhe und Prosperität einkehrten. Gegen Ende des 6. Jh. umfaßte der afrikan. Exarchat die Provinzen Proconsularis, Byzacena, Numidien, Teile der beiden Mauretanien und die Inseln Sardinien und Korsika. Am Anfang des 7. Jh. hatte der Vater des Ks.s Herakleios den Exarchat inne. Während der Regierung des Herakleios (610–641) begann die Expansion der→Araber. Unter dem E.en Gregorios wurden die Byzantiner 647 von den vordringenden Arabern bei Sufetula in Byzacena schwer geschlagen. Nach Plünderung und Tributzahlung zogen die Araber allerdings zunächst wieder ab; immerhin hatten sie die byz. Regierung von Gregorios befreit, der sich mit Hilfe religiös unzufriedener nordafrikan. Bevölkerungsteile und benachbarter maurischer Stämme zum Ks. aufgeworfen hatte. Bald drangen die Araber jedoch erneut gegen den Exarchat vor und nahmen Karthago erstmals 695 und endgültig 698 ein; i.J. 709 fiel auch Septum (→Ceuta), womit die byz. Herrschaft in Nordafrika ihr Ende fand.   J. Ferluga

Lit.: CH. DIEHL, Études sur l'administration byz. dans l'exarchat de Ravenne (568–751), 1888–H. COHN, Die Stellung des byz. Statthalters in Ober- und Mittelitalien (540–751), 1889 – L. M. HARTMANN, Unters. zur Gesch. der byz. Verwaltung in Italien (540–750), 1889 – CH. DIEHL, L'Afrique byz. Hist. de la domination byz. en Afrique (533–709), 1896 – HARTMANN, Gesch. Italiens, II/1–2 – BECK, Kirche, 64, 68f., 116–117, 129, 137f. – G. OSTROGORSKY, L'exarchat de Ravenne et l'origine du thème byz. (VII Corso di cultura sull'arte ravennate e bizantina, Ravenna 1960, Facs. I), 99–110 – G. OSTROGORSKY, Geschichte³, 68, 99f., 102, 111, 118, 142 – P. GOUBERT, Byzance avant l'Islam, II, 2: Rome, Byzance et Carthage, 1965 – A. GUILLOU, Régionalisme et indépendance dans l'empire byz. au VIIᵉ s. L'exemple de l'exarchat et de la Pentapole d'Italie, 1969 – Storia d'Italia, hg. G. GALASSO, I, 1980, 217–338 [A. GUILLOU]; III, 1983, 129–193 [F. BURGARELLA]; 323–326 [V. v. FALKENHAUSEN]; 328–338 [F. LUZZATI LAGANÀ]

– V. v. FALKENHAUSEN, L'Esarcato d'Italia (VI–VIII secolo) (Bizantini in Italia, 1982), 3–45.

Excarpsus Cummeani (Paenit. Ps.-Cummeani) wird ein Bußbuch genannt, das bis zur Entdeckung des Paenit. Cummeani durch ZETTINGER für ein Werk des Iren →Cummianus gehalten wurde. Der E. C. (E) und das inhaltl. mit ihm weitgehend übereinstimmende Paenitentiale Remense (R) sind aber frk. Bußbücher und zwar systemat. geordnete Paenitentialia tripartita (→Bußbücher). Die gegenseitige Abhängigkeit von E und R konnte noch nicht eindeutig geklärt werden. ASBACH glaubt auf Grund v. a. der inhaltl. Analyse, daß R ursprünglicher, E. »aus einer R sehr nahestehenden Überlieferung zusammengestellt« ist (S. 224f.). E ist jedoch durch ältere und zahlreichere Hss. bezeugt – die älteste Kopenhagen Ny Kgl. S. 58 8°, saec. VIII ¾, aus Südfrankreich, die älteste mit R saec. VIII ex., aus Nordostfrankreich. Nach MORDEK stellt R eine Sonderform von E dar, das bereits zum »Archetyp der redigierten →Vetus Gallica« gehörte. Die relativ wenigen Hss. mit R stammen aus dem Nordosten des Westfrankenreiches und dem Bodenseeraum, die Hss. mit E von vielen Stätten des Frankenreiches, bes. aus dem S und N, Burgund und Südwestdtl., aus Italien keine mit vollständigem Text.   R. Kottje

Ed.: H. J. SCHMITZ, Die Bussbücher und das kanon. Bussverfahren II, 1898, 597–644 [Neudr. 1958] – F. B. ASBACH, Das Poenitentiale Remense und der sog. E. C. [Diss. Regensburg 1975], Anh. S. 4–77 [nur R] – *Lit.:* The Irish Penitentials, hg. L. BIELER (Scriptores Latini Hiberniae V, 1963), 7, 17ff. – ASBACH [s. Ed.] – H. MORDEK, Kirchenrecht und Reform im Frankenreich (Beitr. zur Gesch. und Quellenkunde des MA, Bd. 1, 1975), bes. 197ff., 220 und 224f. Anm. 49–55 – C. VOGEL, Les »Libri paenitentiales«, hg. A. J. FRANTZEN (TS 27, 1985), 30f.

Exceptiones ('Ausnahmen', 'Einreden') sind bes. Verteidigungsmittel des Beklagten im röm. und im gemeinen (röm.-kanon.) →Zivilprozeß gegen eine an sich begründete Klage (→Actio). Man unterscheidet e. perpetuae et peremptoriae ('immerwährende und zerstörende E.') und e. temporales et dilatoriae ('zeitweilige und verzögernde E.'). Die exceptio pacti z. B. 'zerstört' die Darlehensklage, wenn sie auf einem (formlos abgeschlossenen) Schulderlaß beruht, verhindert aber deren Erfolg nur 'zeitweilig', wenn ihr eine Stundung zugrunde liegt. In einem weiteren Sinne bezeichnet man auch Einwendungen, die die Klage selbst als unbegründet erscheinen lassen, sowie prozessuale Einwendungen des Beklagten als e. (vgl. Inst. 4,13; D. 44,1–4; X. 2,25). – Die glehrten Juristen haben – gleichsam als Seitenstück zu den Schriften über Klagen (→Actio) – seit etwa 1185 auch e. behandelt. Schriften über e. verfaßt, in denen die Verteidigungsmöglichkeiten des Beklagten vor Gericht zusammenfassend dargestellt sind. Wichtige Werke waren: »De reorum exceptionibus 'Precibus et instantia'« von →Pilius (1185/1193), in das verbreitete Sammelwerk »Cavillationes« des Bologneser Richters und Rechtslehrers Bagarottus († 1242) aufgenommen; »Actor et Reus« aus der anglo-norm. Rechtsschule (2. Viertel des 13. Jh.); »Libellus fugitivus« oder »Libellus pauperum«, verfaßt oder bearbeitet von Nepos de Monte Albano (Neveu de Montauban, Richter in Albi) (1268); »Defensorium iuris« von Gerardus Monachus (Anfang des 14. Jh.), eine Bearbeitung des vorigen.   P. Weimar

Lit.: COING, Hdb. I, 393, 396 [K. W. Nörr] – L. FOWLER-MAGERL, Ordo iudiciorum vel Ordo iudiciarius (Ius commune, Sonderhefte 19, 1984), 7f., 28ff., 185–218.

Exceptiones legum Romanarum ('Auszüge aus den röm. Gesetzen') ist der Titel einer Art Lehrbuchs des röm. Rechts, das um die Mitte des 12. Jh., vielleicht gegen Ende der 50er Jahre, in Valence (→Dauphiné, Abschnitt C) von

einem sonst nicht bekannten Petrus redigiert wurde. Die frühere Ansicht, wonach die Schrift in vorbolognes. Zeit (→Bologna, Abschnitt B) in Italien entstanden sein sollte, wird kaum noch vertreten. Die E. bestehen aus einem Prolog und 259 Kapiteln, nach dem Schema »Personen, Verträge, Delikte, Klagen« auf vier Bücher verteilt. Die einzelnen Kapitel sind identisch mit den Kapiteln des sog. Tübinger Rechtsbuchs und einer seiner Appendizes, des sog. Ashburnhamer Rechtsbuchs. Die E. sind also nur eine systematisierende Bearbeitung dieser »Rechtsbücher«. Deren Verfasser (ders. Petrus?) hat wichtige Tatbestände des Rechtslebens formuliert und entschieden, durch mehr oder weniger freie Wiedergabe einzelner Stellen der Digesten (ohne Infortiatum), des Codex Iustinianus, der Institutionen und der Justinian. Novellen in der Form der Epitome Iuliani (→Corpus iuris civilis). Dabei bediente er sich des Glossenapparats zu den Institutionen von →Martinus Gosia und vielleicht noch anderer früher Werke der Bologneser Rechtslit. Die Verbreitung des Tübinger Rechtsbuchs (8 Hss.) und der E. (4 Hss.; Ed. pr. Straßburg 1500), auch die mittelbare durch Aufnahme mehrerer Kapitel in die Prager Kanonessammlung (3 Hss.), in das Grazer Rechtsbuch und in zwei Hss. der Collectio canonum Caesaraugustana, sowie ihr Einfluß auf die Usatges de Barcelona (→Barcelona, IV) sind für solche Erzeugnisse eines kleinen provinziellen Studienzentrums bemerkenswert.   P. Weimar

Ed.: Scritti giuridici preirneriani, ed. C. G. MOR, I–II, 1980 – *Lit.:* M. CONRAT (Cohn), Gesch. der Q. und Lit. des röm. Rechts im früheren MA, 1891, 420–549 – H. KANTOROWICZ, Les origines françaises des E., RHDFE IV, 16, 1937, 588–640 [jetzt in DERS., Rechtshist. Schr., 1970, 197–230] – G. SANTINI, Ricerche sulle »E.«, 1969 [dazu Rezension v. P. WEIMAR, ZRGRomAbt 88, 1971, 481–492] – P. WEIMAR, Zur Entstehung des sog. Tübinger Rechtsbuchs und der E. (Stud. zur europ. Rechtsgesch., hg. W. WILHELM, 1972), 1–24 – COING, Hdb. I, 253–257 [Lit.] – A. GOURON, La science juridique française au XIᵉ et XIIᵉ s. (IRMAe I 4 d–e, 1978), 42–78.

Excerpta Barbari, lat. Übersetzung einer alexandrin. Mönchschronik, die nur in einer einzigen Hs., dem Parisinus latinus 4884, erhalten ist und erstmals wegen des vulgärlat. Stils von dem Humanisten J. Scaliger so genannt wurde (Ed. pr. 1606). Die Übersetzung aus dem Griech., die von einem unbekannten Gallier oder Franken stammt, wird auf die Zeit um 700 angesetzt. Die Chronik, welche im Original bebildert war, besteht aus drei größeren Abschnitten: einer Weltgeschichte, die von Adam bis zum Tode Kleopatras reicht (31 v. Chr.), mit eingestreuten synchronist. Daten aus der griech. und röm. Profangeschichte, einer Liste nichtjüd. Regenten, welcher ein Verzeichnis der jüd. Hohenpriester und röm. Ks. bis Anastasios beigegeben ist, und einer lückenhaften Fastenchronik von Caesar bis zum Jahr 387 (hier bricht das Werk ab). Die Vorlagen der beiden ersten Teile waren die bekannten Chroniken von Hippolytos, Iulius Africanus und Eusebius.   R. Klein

Ed.: C. FRICK, Chron. Min. I, 1892, 183ff. [mit griech. Rückübers.] – *Lit.:* RE VI, 1566ff. – KL. PAULY II, 477.

Exchequer (lat. scaccarium), bedeutendste Behörde der kgl. →Finanzverwaltung des ma. →England. Der E. entstand um 1100 und stellte in seinen Ursprüngen eine bestimmte Sitzung des kgl. Gerichtshofes (→curia regis) dar, die mit den kgl. Einkünften befaßt war. Die erste und wichtigste Aufgabe des E. war die Feststellung der dem Kg. geschuldeten Gelder und die Sorge um ihren Eingang, während die Erhebung, Thesaurierung und Ausgabe von Geldmitteln weniger zu seinen Funktionen zählte. Zur Durchführung seiner Kontrollaufgabe lud der E. die wichtigste Gruppe der kgl. Beamten, die →*sheriffs,* an zwei

Terminen im Jahr (um Ostern und zu St. Michael, 29. Sept.) mit ihren Einnahmen zur Rechenschaft vor; hierbei wurden die von ihnen abgeführten Summen mit den geschuldeten Beträgen verglichen. Zu Ostern wurden dem E. die halbjährl. Einnahmen bezahlt, und zu St. Michael waren die ausstehenden Saldobeträge zu entrichten, und die Rechnung wurde abgeschlossen und abgelegt. Berechnungen wurden mittels eines →Abakus durchgeführt, und die Zahlungen wurden auf einem Rechentisch ausgebreitet, den ein Tuch mit Schachbrettmuster bedeckte; dies gab der Institution ihren Namen. Bei der Rechnungslegung und -prüfung war eine Gruppe kgl. Amtsträger zugegen, unter ihnen der →justiciar (Justitiar), →chancellor (Kanzler), →treasurer (Schatzmeister) und die →chamberlains. Das Prüfungsverfahren wurde auf einer Pergamentrolle, der sog. →Pipe Roll, verzeichnet; das älteste erhaltene Beispiel stammt von 1131. Diese frühe Organisation des E. war wohl das Werk des Justitiars, Bf. →Roger v. Salisbury. Seine Berichte wurden während der Regierung Kg. →Stephans unterbrochen, aber der E. wurde unter Kg. →Heinrich II. wiederhergestellt und seine Kompetenzen erweitert; aus dieser Zeit sind erstmals kontinuierl. Serien der Pipe Rolls überliefert, und es entstand der berühmte →»Dialogus de Scaccario« des →Richard v. Ely. Der engl. E. war am Ende des 12. Jh. die entwickeltste Finanzinstitution des nördl. Europa, nur das Finanzwesen des Kgr.es Sizilien – mit der →Duana de secretis – kannte ein ebenso ausgeklügeltes, in seinem Aufbau nicht unähnl. System, wobei auch bestimmte personelle Zusammenhänge zw. der siz. und der engl. Finanzverwaltung aufscheinen (vgl. z.B. →Brown, Thomas). Seit dem Ende des 12. Jh. machten die nun regelmäßigen Zusammenkünfte der Beamten des E. (barones de scaccario) und das angewachsene Archivmaterial den ständigen Sitz des E. in Westminster erforderlich. Doch war der E. nicht die einzige führende Finanzbehörde; die treasury, der kgl. Schatz, blieb weiterhin der wichtigste Aufbewahrungsort des kgl. Vermögens; große Teile der kgl. Einnahmen wurden auch von den finanziellen Ämtern innerhalb des kgl. →Hofhalts, der chamber (→Kammer) und der →wardrobe, gesammelt, verwaltet und ausgegeben. In den folgenden 150 Jahren sollte der E. die Kontrolle über diese anderen Finanzinstitutionen erlangen und gleichzeitig die Zahl seiner eigenen Unterteilungen vervielfachen. In der Zeit des »Dialogus« war der E. bereits in einen unteren und oberen E. gegliedert. Beim unteren E. zahlte der Sheriff das von ihm gesammelte Geld ein und erhielt ein →Kerbholz (tally) als Quittung, während in der Eingangsrolle (receipt roll) ein schriftl. Vermerk vorgenommen wurde. Mit seinem Kerbholz begab sich der Sheriff zum oberen E., vor dem er Rechenschaft über die bezahlten und noch ausstehenden Beträge abzulegen hatte; hier wurde auch über Streitfälle Gericht gehalten. Im 13. Jh. entwickelten sich beim E. neue Unterabteilungen und neue Typen von Akten, was eine Reaktion auf das Anwachsen der Geschäfte darstellte. Der Sheriff teilte nun die Verantwortung für die kgl. Einkünfte mit anderen Beamten der Krone. So hatten die →escheators auf die feudalen Rechte des Kg.s (→Lehen, Lehnswesen) zu achten; manche kgl. Besitzungen wurden an private Pächter ausgegeben; die in kgl. Hand befindl. kirchl. →Temporalia wurden gesondert verwaltet, ebenso die kgl. →Forsten, während die Kronbesitzungen in →Wales, →Irland und in der →Gascogne eigene Behörden erhielten. Zugleich erscheinen neue Fiskaleinnahmen, so die persönl. Vermögenssteuer (→Steuerwesen) und die Handelszölle. Mit der Zunahme dieser Abrechnungen und angesichts der zunehmenden Komplexität ihrer Verwaltung wurden neue Beamte eingesetzt, die sog. remembrancers, deren memoranda »rolls« zahlreiche ergänzende Informationen überliefern.

Im 13. und 14. Jh. erlebte der E. zwei grundlegende Reformperioden. Die erste (1232–36) wurde von Peter des →Rivaux eingeleitet; die zweite (1318–26) wird mit Bf. Walter →Stapledon in Verbindung gebracht. Diese Reformen führten zur Entstehung einer Reihe von Einzelabteilungen und feststehenden Serien von Rechnungen, deren Funktionsweise bis ins 16. Jh. kaum noch Änderungen erfuhr. Bis zur Mitte des 14. Jh. war die wardrobe, die Eduard I., II. und III. für ihre Feldzüge als Kriegskasse gedient hatte, nicht viel mehr als eine Unterabteilung des E., zuständig für die Ausgaben des kgl. Hofhaltes, geworden. Beim unteren E. wurden Einnahmen und Ausgaben in Eingangs- und Ausgangsrollen, die vom 13. Jh. fortlaufende Serien bilden, verbucht. Im späteren MA umfaßte die Verwaltung des E. nahezu die gesamten Einkünfte der engl. Monarchie, mit Ausnahme des persönl. Schatzes des Königs. Zahlungen des unteren E. wurden durch die Anweisungen des treasurer und der chamberlains kontrolliert, die aufgrund von kgl. →writs handelten. Die im 15. Jh. ständig anwachsenden Zahlungen wurden zunehmend dezentralisiert, wobei dem Zahlungsempfänger ein auf den E. ausgestelltes Kerbholz ausgehändigt wurde; dieses konnte er bei einer örtl. Einnahmestelle einlösen (→assignment). Im 13. Jh. wurde auch das alte Schatzamt, die Treasury, dem E. einverleibt; als Treasury of the Receipt wurde sie zum Depot von Geld und Wertsachen. Schließlich entwickelte sich in der E.Chamber ein Gerichtshof, vor dem komplizierte finanzielle Prozesse, v. a. Kreditfälle, verhandelt wurden (→E., Court of).

So besaß der E. im späten MA eine unbestrittene Autorität als nahezu allmächtiges Zentralorgan der engl. Staatsfinanzen. Er befaßte sich mit Hunderten von lokalen Amtsinhabern und Privatpersonen, die als seine Schuldner oder Gläubiger auftraten, er nahm Anleihen bei einem weiten Kreis von Untertanen auf, er erstellte Berichte über Einnahmen und Ausgaben und unternahm zumindest Versuche, Einnahmen und Ausgaben im voraus einzuschätzen und eine genaue Kalkulation der bestehenden finanziellen Ressourcen vorzunehmen. Da die Arbeitsweise des E. jedoch sehr komplex war und seine ursprgl. Zielsetzung in der Überprüfung und Kontrolle des Finanzgebarens bestand, war er zur Mobilisierung finanzieller Reserven und als Instrument direkter kgl. Geldbeschaffungspolitik kaum geeignet. Daher entwickelte die engl. Monarchie im letzten Viertel des 15. Jh., unter Eduard IV. und Heinrich VII., die Chamber als alternatives Schatzamt, während dem E. die Einnahme der Steuern mehr und mehr entzogen wurde. Erst 1553 erfolgte eine Reform des E., die dem Amt die Vorrangstellung, die er im SpätMA besessen hatte, zurückgab. – Zur Parallelentwicklung im Finanzwesen der Normandie vgl. →Échiquier.

G. L. Harriss

Q. und Lit.: R. L. POOLE, The E. in the Twelfth Century, 1912 – T. F. TOUT, Chapters in Medieval Administrative Hist., 6 Bde, 1920–33 – S. B. CHRIMES, Introduction to the Administrative Hist. of Medieval England, 1952 – Guide to the Contents of the Public Record Office, Bd. II, 1963 – B. LYON-A. E. VERHULST, Medieval Finance. A Comparison of Financial Inst. in Northwestern Europe, 1967 – G. L. HARRISS, King, Parliament and Public Finance in Medieval England, 1975 – J. D. ALSOP, The E. in Late Medieval Government, c. 1485–1530 (Aspects of Late Medieval Government and Society, hg. J. G. ROWE, 1986) – s. a. Ed. und Lit. zu →Dialogus de Scaccario.

Exchequer, Court of (E., Pleas of). Seit seinen Anfängen im frühen 12. Jh. hatte der →Exchequer den Charakter eines Gerichtshofes; als im 13. Jh. das engl. Rechtssystem seine Definition und Neugestaltung erfuhr, entwickelte sich der E. of Pleas neben →*King's Bench* und →*Common Pleas* zu einer der führenden engl. Gerichtsorgane. Der älteste erhaltene Rotulus *(plea roll)* des E. datiert von 1237; ab 1267 sind die Serien fast durchgängig erhalten. Ein eigener Gerichtshof des Exchequer war notwendig, um zu gewährleisten, daß seine Amts- und Kontrollfunktionen nicht behindert wurden, indem man seine Beamten vor andere Gerichte forderte. Die Jurisdiktion des C. of E. umfaßte mithin: a) Fälle, die die Erhebung der kgl. Steuern, Abgaben und sonstigen Einkünfte betrafen; b) Fälle, in die Beamte des E., von welchem Rang auch immer, verwickelt waren. Bis 1300 trat der C. of E. auch bei Beschwerden gegen lokale Amtsträger *(Sheriffs,* Kollektoren) in Aktion. Im C. of E. führten die barones de scaccario den Vorsitz; als Fürsprecher der streitenden Parteien fungierten Beamte des Exchequer. Der C. of E. wurde bald recht populär, da er seine Prozesse in zügiger Weise abwickelte (dadurch sollten Verzögerungen beim Ablauf der Geschäfte des Exchequer verhindert werden) und Klagen gegen kgl. Beamte am leichtesten vor dem C. of E. eingeleitet werden konnten. Um 1300 erwies es sich als notwendig, den C. of E. anzuweisen, keine Fälle mehr zu verhandeln, die dem Court of Common Pleas vorbehalten waren und den kgl. Rechtssachen Priorität einzuräumen. Dennoch riefen zunehmend auch private Kläger den C. an; es handelte sich vielfach um Gläubiger, die private Schuldforderungen einzutreiben suchten, indem sie sich einen →*writ* »quo minus« ausstellen ließen, der ihnen bescheinigte, daß sie wegen der eigenen Außenstände »am wenigsten fähig« seien, ihre Schulden an die Krone zu zahlen. Die Geschichte des C. of E. zw. 1300 und 1500 ist fast unerforscht; in diesem Zeitraum erlebte der Gerichtshof einen Niedergang. Er verhandelte keine Prozesse über kgl. Einkünfte mehr und nur noch in geringem Maße Klagen gegen lokale Beamte; durch die neuen *Equity Courts* (z. B. →*Star Chamber* und →*Requests*) und die wachsende Popularität des *Plea of* → *Trespass* wurde der C. of E. auch aus dem Bereich des Kreditprozesses verdrängt.

G. L. Harriss

Q. und Lit.: Select Cases in the Exchequer of Pleas, ed. C. HILARY JENKINSON – B. E. R. FORMOY, Selden Society, 48, 1932 – DELLOYD J. GUTH, Notes on the Early Tudor Exchequer of Pleas (Tudor Men and Institutions, hg. A. J. SLAVIN, 1972), 101–122.

Exchequer of the Jews (Scaccarium Iudeorum), engl. Verwaltungsinstitution. Obwohl namentl. erst in den erhaltenen Akten von 1209 erwähnt, entstand diese wichtige Behörde schon bald nach 1190. Um das beträchtl. Vermögen ihrer jüd. Untertanen effektiv zu nutzen, übertrugen die Plantagenêt-Kg.e Richard I. Löwenherz und Johann Ohneland die fiskal. und jurisdiktionelle Aufsicht über die engl. Juden einer kleinen Gruppe, den *Wardens* oder *Justices of the Jews.* Diese, zumeist selbst Christen, hatten fortan den Vorsitz des E. of the J. inne, der seine Kammer im Westtrakt der Westminster Hall hatte und bis zum Vorabend der Vertreibung der engl. Juden durch →Eduard I. (1290) bestand. Die wohl wichtigste Aufgabe des E. of the J. war die Überprüfung und Koordination der komplizierten finanziellen Transaktionen in den 27 engl. Städten, in denen jüd. archae zur Schuldenerfassung existierten. Da der E. of the J. auch als Gerichtshof für Streitfälle zw. Juden und Christen fungierte, sind seine Roteln, die von 1218 an in großer Zahl überliefert sind, eine äußerst aussagekräftige Quelle über das engl. Judentum des MA. Seine Bedeutung als Instrument der kgl. Politik gegenüber den Juden darf jedoch nicht überschätzt

werden; Heinrich III. und Eduard I. zögerten nicht, sich über seine Autorität hinwegzusetzen, auch hat die E. of the J. offensichtl. keinerlei Maßnahmen zum Schutz der engl. Juden vor Verfolgung und schließlicher Verbannung ergriffen. →England, Abschnitt J.   R. B. Dobson

Q.: →England, Abschnitt J – *Lit.:* C. GROSS, The E. of the J. of England in the MA, 1887 – A. C. CRAMER, The Jewish E.: an Inquiry into its Fiscal Functions, American Hist. Review 45, 1939–40, 327–337 – DERS., The Origins and Functions of the Jewish E., Speculum 16, 1941, 226–229 – H. G. RICHARDSON, The English Jewry under Angevin Kings, 1960 – C. ROTH, A Hist. of the Jews in England, 1964³.

Execrabilis. 1. E., Bulle vom 19. Nov. 1317 (Extravag. com. 4.3.2), in der Papst→Johannes XXII. die Akkumulation von →Benefizien untersagt und die →Dispense begrenzt: Bis auf das zuletzt erworbene sind alle Benefizien aufzugeben; die freigewordenen unterliegen fortan der päpstl. →Reservation. E. markiert einen Versuch der Kirchenreform, zugleich einen Markstein im Ausbau des päpstl. Benefizienmonopols.   J. Helmrath

Lit.: J. HALLER, Papsttum und Kirchenreform, 1903, 98–101.

2. E., unmittelbar vor Schluß des Kongresses v. Mantua erlassene Bulle Papst→Pius' II. vom 18. Jan. 1460, die in scharfer Form jede Appellation vom Papst an ein Konzil verurteilt und sie für ungültig erklärt. Zuwiderhandelnden Personen und Korporationen werden→Exkommunikation, →Interdikt, Majestäts- und Ketzerprozeß angedroht. Die päpstl. Entscheidung in dieser lange strittigen Frage ist als Reaktion auf kürzl. erfolgte Appellationen (1457 Univ. Paris, Aragón; 1459→René d'Anjou usw.) zu verstehen, zugleich als Präventivmaßnahme gegen künftige, etwa seitens der sich im Reich formierenden Oppositionsbewegungen. Aufsehen erregte E. erst durch die Inserierung in die Bulle »Infructuosos palmites« (2. Nov. 1460), die sich konkret gegen die Appellation→Sigmunds v. Tirol (13. Aug.) richtete. Doch konnte E. die anhaltende Serie polit. motivierter Konzilsappellationen nicht verhindern. Sie spielte trotz späterer Wiederholungen (1483, 1509 u. ö.) nur eine begrenzte Rolle – auch in der kanonist. Theorie. Doch fand sie 1590ff. Eingang in den (nicht approbierten) »Liber Septimus« (II, 9, 1) des Petrus Matthaeus.   J. Helmrath

Ed.: BDP V, 149f. – MIRBT, 242f. – DENZINGER–SCHÖNMETZER, 354 – *Lit.:* FEINE, 485, 518 – HRG II, 1139–1142 – G., G. B. PICOTTI, La pubblicazione e i primi effetti della 'E.' di Pio II, ASRSP 37, 1914, 5–56 – R. BÄUMER, Nachwirkungen des konziliaren Gedankens, 1971, 136–162 – J. A. F. THOMSON, Popes and Princes, 1980, 14ff. – H. J. BECKER, Die Appellation vom Papst an ein allgemeines Konzil [im Druck].

Executor, ein (oder mehrere) Prälat(en) am Ort, die mit der Durchführung eines päpstl. Gnadenerweises, bes. einer Pfründenprovision beauftragt werden. Neben dem eigtl. Gnadenerweis in Form einer »littera cum serico« richtet der Papst an den E. eine gesonderte »littera cum filo canapis« (»executoriale« oder »processus«). Das Verfahren dürfte sich von der Bestellung von Testaments-E. im röm. Recht ableiten und ähnelt der Bestellung von Konservatoren und delegierten Richtern durch die →Audientia litterarum contradictarum.   Th. Frenz

Lit.: L. SCHMITZ-KALLENBERG, Practica cancellariae apostolicae saeculi XV exeuntis, 1904, 23f. – P. HERDE, Audientia litterarum contradictarum, 2 Bde – TH. FRENZ, Die Kanzlei der Päpste der Hochrenaissance 1471 – 1527, 1986, 72.

Exedra, urspgl. eine halbrunde oder rechteckige Nische mit erhöhten Sitzplätzen in antiken Wohnhäusern, Thermen, Säulengängen und an öffentl. Plätzen, im MA, seit dem 9. Jh. nachweisbar, auf die→Apsis der christl. Kirche übertragen und schließlich auf jede Nische oder halbkreisförmigen Abschluß eines auch profanen Raumes, →Konche; auch für mehr oder weniger freistehende Annexräume an Kirchen oder auf Begräbnisplätzen neben der Kirche im 7.–14. Jh. benutzt. Auf dem Sankt Galler Klosterplan (um 820) steht E. an den halbrunden Abschlüssen beider Chöre, einmal auf der eingezeichneten Rundbank, einmal innerhalb der Rundung. Durch Glossare wird diese Definition dann dem späteren MA überliefert: »Exedra absis id est locus subselliorum« (Papias Mitte 11. Jh., im 15. Jh. mehrfach gedr.); aber auch die Kathedra, der Bischofsstuhl, wird E. genannt.   G. Binding

Lit.: RAC VI, 1165–1174 – RDK VI, 648–671.

Exegese → Bibel

Exempel, Exemplum

I. Begriff – II. Mittellateinische Literatur – III. Englische Literatur – IV. Romanische Literaturen – V. Mittelniederländische Literatur.

I. Begriff: E. ('Beispiel') als lit. Begriff bezeichnet im lat. MA in sich abgeschlossene, vorwiegend erzählende Texte meist geringen Umfangs mit belehrender Tendenz, die ausgedrückt (z.B. Epimythion) sein oder sich aus dem Inhalt des E. selbst ergeben kann; früher als Predigtmärlein, oft als Beispielerzählung bezeichnet, wird heute kaum eine Definition allgemein akzeptiert. Da im MA lit. Gattungen, bes. die der sich ausbildenden Erzählliteratur, nicht streng fixiert sind, bleibt die Abgrenzung gegenüber anderen lit. Formen (→Parabel, →Fabel, →Miracula u.ä.) problematisch. – S. a. →Bispel.

II. Mittellateinische Literatur: E. im lat. MA sind als rhetor.-lit. Phänomen verbreitet, treten seit dem 12. Jh. gehäuft auf und werden ein Charakteristikum hoch- und spätma. Literatur.

Muster und Quellen sind nächst der Bibel und den Apokrypha hagiograph. Werke, Traktate (Hieronymus' Invektive gegen Iovinian) und christl. Geschichtsdeutungen (Augustins »de civitate dei«, Orosius); daneben profanantike Autoren (→Seneca, →Cicero, →Valerius Maximus, A.→Gellius, →Frontin, →Vegetius u.a.), ferner durch lat. Übersetzungen zugängl. Werke östl. Ursprungs (z.B. die »Vitas patrum«).

Im frühen MA spielen E. eine vergleichsweise geringe Rolle: Von der →Hagiographie abgesehen (→Gregors d. Gr. »dialogi«, Gregors v. Tours »vita patrum«), verwenden E. z.B. →Aldhelm v. Malmesbury, →Hrabanus Maurus sowie, in moral.-didakt. Werken, →Dhuoda, →Smaragd v. St-Mihiel, →Sedulius Scottus; E. exzerpiert →Hadoard v. Corbie. Zahlreiche, aus verschiedenen Gebieten entlehnte E. in vielfältigen Formen und Typen führt →Odo v. Cluny, ein Meister des Vergleichs, an; in Predigten →Rather v. Verona, →Petrus Damiani. →Fulbert v. Chartres zugeschrieben wird das rhythm. Gedicht vom »Iohannes abbas parvulus«, dessen Stoff den »vitae patrum« entlehnt ist; trotz eingehender Untersuchungen dürfen E. in der lat. Dichtung als wenig erforscht gelten (E. des Valerius Maximus versifiziert Rodulfus Tortarius, E. gebrauchen →Marbod v. Rennes, →Johannes de Hauvilla u.v.m.).

Seit dem 12. Jh. nimmt die Zahl der E. sprunghaft zu. Ihr Gebrauch wird in den *artes praedicandi* empfohlen (→Guibert v. Nogent). Petrus →Abaelard erschließt heidn. Autoren der christl. Glaubenslehre und damit das antike E., welches bes. in einer Reihe von moralphilos. Schriften, →Fürstenspiegeln und lehrhafter Literatur weiterlebt: in →Johannes' v. Salisbury »Policraticus« und im →Moralium dogma philosophorum, beide von bedeutendem Einfluß auf Spätere; in den Schriften des →Walter Map, →Petrus v. Blois und →Girald v. Cambrai. →Florilegien (F.) von dicta und E. antiker Autoren, das F.

Gallicum und das F. Angelicum, kommen als Quellen in Betracht, moral. Florilegien (s. Delhaye, DSAM VI, 460–475) entstehen. E. erscheinen in der sog. →contemptus mundi Literatur, in theol. Werken (→Speculum ecclesiae, →Petrus Cantor, →Alanus ab Insulis), in naturkundl. orientierten (→Alexander Neckam, →Gervasius v. Tilbury). Östl. Erzählgut erschließen im 12. Jh. →Petrus Alfonsi, die Übersetzung von →Barlaam und Josaphat, die Historia septem sapientium (→Sieben Weise, →Dolopathos) und →Jacob v. Vitry. – In →Mirakelsammlungen halten bes. Zisterzienser wie →Petrus Venerabilis, →Herbert v. Clairvaux, →Konrad v. Eberbach und →Caesarius v. Heisterbach vorwiegend Ereignisse in der Ordensgeschichte fest. Auch werden Marienmirakelsammlungen angelegt. – E. verschiedener Herkunft, antike und christl., einzuflechten wird in nahezu allen Literaturgattungen üblich, v.a. in →Predigten (z.B. →Helinand v. Froidmont, Caesarius v. Heisterbach); sehr verbreitet im 13. bis 15. Jh. sind z.B. die sermones Parati, Peregrini und die des Johannes →Herolt (Kaeppeli 3194, 2387ff.); in Schriftkommentaren (→Stephan Langton, →Thomas v. Perseigne, Robert →Holkot, Hugo v. St-Cher usw.). In historiograph. Werken erscheinen zunehmend erzählende Elemente (→Helinand, →Gotfrid v. Viterbo, →William v. Malmesbury, →Ranulf Higden, →Vinzenz v. Beauvais, →Heinrich v. Herford u.v.m.). E. werden in chronolog. Anordnung rehistorisiert, was bes. an der aufkommenden doxograph. Lit. deutlich wird (→Vinzenz v. Beauvais, v.a. →Johannes Gallensis, →Walter Burley). – Das moral. Schrifttum des Hoch- und SpätMA ist sehr reich an E., bes. antiken: Darstellungen der →Ethik (Vinzenz v. Beauvais, speculum doctrinale; →Roger Bacon; Johannes Gallensis, »breviloquium de virtutibus antiquorum«; Jeremias de Montagnone, →Jacobus Magni), →Fürstenspiegel (Vinzenz v. Beauvais, →Guibert v. Tournai, →Thomas v. Aquin de regimine principum, →Engelbert v. Admont), moraltheol. Summen (Speculum morale, Guillelmus Peraltus). Nicht nur durch die eingelegten E. sind didakt.-allegor. Schriften wie die des →Jacobus de Cessolis, des →Thomas v. Cantimpré, →Johannes Nider (Formicarius) u.a. reizvoll. E. und Moralisation hängen eng zusammen, in ihren verschiedenen Werken verwenden bes. die sog. »classicizing friars« (Thomas Waleys, Johannes Ridevall, Robert Holkot u.a., s. Smalley, English Friars..., 1960) E. und legen sie tropolog.-allegor. aus, so daß moralitates entstehen; für die E.-Lit. wichtige antike Autoren erhalten Moralisationen (z.B. Ps.-→Quintilian, decl. maiores; →Seneca rhetor, →Valerius Maximus). – *E.-Sammlungen:* Nur die wenigsten sind moralisiert (→Gesta Romanorum), meist sind nur Deutungshinweise (avaritia o.ä.) gegeben, nach denen die Sammlung geordnet wird, entweder systemat. wie bei Stephan v. Bourbon, →Martin v. Troppau, Humbertus de Romanis, oder alphabet. wie der liber e., das speculum laicorum, die tabula e., die reich überlieferten Werke des Arnold v. Lüttich [Kaeppeli, 335], →Johannes Bromyard, →Johannes Gobi Iunior sowie der Manipulus e. des Johannes Faii. Andere beschränken sich auf best. Quellen, auf die Bibel Nicolaus v. Hanapis, auf die Natur Johannes de S. Geminiano, wie auch →Konrad v. Halberstadt. Nach lit. Gestaltung der E. streben Hermannus Bononiensis im »Viaticum narrationum« und Claretus de Solencia im »Exemplarius auctorum« [ed. Flajšhans, 1926–28], der versucht, Erzählung und Epimython in je einem Distichon zusammenzufassen.

Auch im Renaissance-Humanismus, für den Nachahmung der Antike programmat. ist, spielt der Begriff E.

bes. in Moralphilosophie und Pädagogik eine wichtige Rolle, so daß auch das lit. Phänomen E. weite Verbreitung erlangt. In den folgenden Jahrhunderten entstehen neue Sammlungen von E. (z.B. des L. D. Brusonius »facetiae exemplaque«, 1559); E. erscheinen in Fülle in Predigten: Ungebrochen führt die Tradition bis über die Barockzeit hinaus. E. Rauner

Bibliogr.: zu [I, II]: CL. BREMONT, J. LE GOFF, J.-C. SCHMITT, L'»e.«, 1982 [Rez.: Fabula 26, 1985, 139–142] – *Lit.:* RAC VI, 1229–1257–J.-TH. WELTER, L'e. dans la litt. religieuse et didactique du MA, 1927–EM IV, 592–650 [Lit.] – B. P. McGUIRE, The Cistercians and the Rise of the E., CM 34, 1983, 211–267–D. L. D'AVRAY, The preaching of the friars, 1985 [Register].

III. ENGLISCHE LITERATUR: Das E. hat bereits im ae. homilet. Schrifttum und in den Übersetzungen →Alfreds d. Gr. seinen Platz. Mit der Übertragung der »Dialoge« →Gregors d. Gr. durch →Wærferth v. Worcester liegt auch eine beliebte Quelle von E. in ae. Sprache vor. Der durch die Bettelmönche geförderte Gebrauch des E. wirkt sich im Me. aber erst im 14. Jh. aus. Besonders reich an E. sind →Predigtsammlungen wie der →»Northern Homily Cycle« (nach 1300), →Mirks »Festial« (vor 1415; wo die Zahl der E. in späterer Red. verringert ist) und »Jacob's Well« (vor 1450), während ihre Verwendung von John →Wycliff und den →Lollarden bekämpft wird. Auf dem Gebiet der theol.-didaktischen Literatur erweitert Robert →Mannyng in »Handlyng Synne« (begonnen 1303) die erzählerische Komponente gegenüber seiner Vorlage, dem anglonorm. »Manuel des Péchés«. Mannyngs Werk hat später Peter Idley als Q. für das 2. Buch seiner »Instructions to His Son« (ca. 1450) gedient. Aus E. traditionellen und persönl. Inhalts bestehen die Lebensregeln, die Geoffroy de la →Tour-Landry für seine Töchter zusammengestellt hat und die im 15. Jh. zweimal (anonym und durch →Caxton) übertragen werden. Das E. findet Eingang in den 1. Teil der Erklärung des Offiziums für die Nonnen von Syon im »Myroure of Oure Ladye« (1408–50), und im →Dialog zw. →»Dives et Pauper« (1405–10) bedient sich Pauper häufig dieses Mittels. Dem E. verpflichtet sind »Purity« (→»Pearl«-Dichter), Teile der →Romanzenliteratur sowie →Gowers »Confessio Amantis«, wenn auch bei diesem die begrenzte Funktion der E. aufgehoben ist. In →Chaucers »Canterbury Tales« werden Geschichten als E. und E. als Argumentationshilfe benutzt. Ferner ist auf Verbindungen zum →*carol* und zur Buchmalerei hinzuweisen. Nur wenige der häufig als Quelle herangezogenen lat. Sammlungen sind ins Engl. übersetzt worden, so das »Alphabetum narrationum« (»An Alphabet of Tales«, ca. 1450), die →»Gesta Romanorum« (ca. 1450) und die »Disciplina clericalis« des→Petrus Alfonsi (vor 1500).

K. Bitterling

Lit.: G. H. GEROULD, The North-English Homily Collection, 1902–J. A. HERBERT, Catalogue of Romances ... in the British Museum, III, 1910–J. A. MOSHER, The E. in the Early Religious and Didactic Lit. of England, 1911–G. R. OWST, Preaching in Medieval England, 1926– J.-TH. WELTER, L'e. dans la litt. religieuse et didactique du MA, 1927– G. R. OWST, Lit. und Pulpit in Medieval England 1933, 1961²–C. L. ROSENTHAL, The Vitae Patrum in Old and ME Lit., 1936 – E. J. ARNOULD, Le Manuel des Péchés, 1940–L. M. C. RANDALL, E. as a Source of Gothic Marginal Illumination, The Art Bull. 39, 1957, 97–107–S. J. KAHRL, Allegory in Practice: A Study of Narrative Styles in Medieval E., MP 63, 1965, 105–110 – H. SCHELP, Exemplar. Romanzen im Me., 1967–J. A. BURROW, Ricardian Poetry, 1971–S. WENZEL, The Gay E. and Carol, NM 77, 1976, 85–91–J. Y. GREGG, The E. of Jacob's Well..., Traditio 33, 1977, 359–380–K. O. OLSSON, Rhetoric, John Gower, and the Late Medieval E., Medievalia et Humanistica, NS 8. 1977, 185–200 – P. STROHM, ME Narrative Genres, Genre 13, 1980, 379–388–J. SHAW, John Gower's Illustrative

Tales, NM 84, 1983, 437–447 – T. J. HEFFERNAN, Sermon Lit. (ME Prose: A Critical Guide to Major Authors and Genres, hg. A. S. G. EDWARDS, 1984), 177–207, bes. 183–185–F. KEMMLER, 'E.' in Context: A Historical and Critical Study of Robert Mannyng of Brunne's 'Handlyng Synne', 1984 [mit weiterer Lit.].

IV. ROMANISCHE LITERATUREN: a) Bei den E.-Sammlungen in den roman. Volkssprachen handelt es sich zumeist um Übersetzungen oder Bearbeitungen lat. Texte. Dies ist der Fall bei der »Disciplina clericalis« des →Petrus Alfonsi, die häufig ins Frz., ins Prov. und ins It. übersetzt wurde. →Odo v. Cheriton wurde ins Frz. übersetzt. Jean Mansel übertrug Teile des »Alphabetum narrationum« des Arnold v. Lüttich (Anfang 14. Jh.) in der »Fleur des histoires« (um 1470) ins Frz. Das Werk wurde auch ins Katalan. übersetzt.

b) Verwendung des E. in roman. Sprache in anderem Zusammenhang: In der ältesten volkssprachl. Predigt ist der Gebrauch von E. geringer als im lat. Predigtschrifttum (ZINK, 204–210). Im späteren MA nimmt die Verwendung zu: Bernhardin v. Siena z. B. macht reichl. Gebrauch davon. In der volkssprachl. Traktatliteratur finden sich bisweilen zahlreiche E., ohne daß man dabei von echten E.-Sammlungen mit themat. Anordnung sprechen könnte: ein Beispiel ist »Specchio di vera penitenza« des Jacopo →Passavanti.

c) Ursprgl. in den roman. Volkssprachen abgefaßte E.-Sammlungen sind vergleichsweise selten und zeigen bisweilen bes. Charakteristika: sie rücken in die Nähe echter lit. Prosa und schöpfen dabei Möglichkeiten aus, die nur zum Teil von der lit. Tradition ausgenutzt werden. In der it. Literatur ist dies der Fall bei den »Assempri« des Filippo degli Agazzari; in der frz. bei dem »Manuel des Péchés«, das um 1270 verfaßt und von Robert Mannyng of Brunne um 1350 ins Engl. übertragen wurde (»Handlyng Synne«). Spanien nimmt durch seine beachtl. Produktion volkssprachl. E.-Sammlungen eine Sonderstellung ein: Den Sammlungen traditioneller Art wie der »Libro de los exemplos por A.B.C.« und der »Libro de los Gatos« stehen originelle Schöpfungen gegenüber, die auf der Linie der arab. E.-Literatur liegen (die ihrerseits wichtige Einflüsse auf die roman. volkssprachl. Lit. hatte, wie z. B. »El libro de Calila e Dimna«): hierzu gehören der erste Teil des »Libro de buen amor« des Juan →Ruiz, Arcipreste de Hita und der auf die Bedürfnisse eines Laienpublikums zugeschnittene »Conde Lucanor« des Don →Juan Manuel. A. Vitale-Brovarone

Ed.: zu Petrus Alfonsi: A. HILKA, Acta Soc. Scientiarum Fennicae 49, 4, 1922 – J. DUCAMIN, Pierre Alphonse, Discipline de clergie et de moralités, 1908 – C. SEGRE, La Prosa del Duecento, 1959, 255–263, 1064–1065–*zu Odo v. Cheriton:* P. MEYER, Romania 14, 1885, 388–397 – *zu Arnold v. Lüttich:* M. AGUILÓ Y FUSTER, Recull de eximplis, miracles, gestes e faules e altres ligendes ordenadas por A.B.C., 1881 – Libro de los exemplos por A.B.C., ed. J. F. KELLER, 1961–Libro de los Gatos, ed. P. DE GAYANGOS, 1868 – vgl. auch Lit. zu den gen. Autoren. *Lit.:* EM, S.V. – TH. WELTER, L'e. dans la littérature religieuse et didactique du MA, 1927 – S. BATTAGLIA, L'esempio medievale (La coscienza letteraria del medio evo, 1965, 447–485 – DERS., Dall' esempio alla novella, ebd., 487–547 – M. ZINK, La prédication en langue romane avant 1300, 1976 – E. et facezia in S. Bernardino da Siena, Atti del conv. stor. bernardiniano, L'Aquila 1982, 141–153.

V. MITTELNIEDERLÄNDISCHE LITERATUR: Die E.-Lit. erfreute sich im späten MA in den Niederlanden großer Beliebtheit. Sie war als Refektoriumlektüre im Umkreis der Devotio Moderna sehr verbreitet, wie aus den zahlreichen überlieferten Hss. zu ersehen ist. Von einer spezifisch mndl. E.-Lit. kann allerdings nicht die Rede sein. Viele der mndl. E. und der in ihnen vorkommenden Motive finden sich ebenfalls in lat. Quellen und in Schriften aus anderen

Volkssprachen. Auch die Verwendung des mndl. E. ist dieselbe: in Predigten, in erbaulichen Traktaten und in der Lehrdichtung; daneben stehen selbständige E.-Sammlungen.

Wichtige mndl. Quellen sind neben dem »Vaderboec« die Übersetzungen der »Dialogi« Gregors d. Gr., des »Exordium magnum ordinis cisterciensis«, des »Dialogus miraculorum« des Caesarius v. Heisterbach, des »Bonum universale de apibus« des Thomas v. Cantimpré, des »Speculum historiale« des Vincenz v. Beauvais (von Jacob van →Maerlant übersetzt) und der »Legenda aurea« des Jacobus de Voragine. Daneben finden sich E. in allerlei anderen Quellen wie »De spiegel der sonden«, »Des coninx summe«, »Dat scaecspel«, Dirc van Delfs »Tafel van den kersten ghelove«, Jan van →Boendales »Der leken spieghel«, »Dat kaetspel ghemoralizeert«, der Übersetzung des »Dyalogus creaturarum«, Jan Matthijssens »Rechtsboek van Den Briel«, Dirc →Potters »Blome der doechden« und vielen anderen.   A. M. J. van Buuren

Hss.: J. Deschamps, Catalogus Middelnederlandse hss. uit Europese en Amerikaanse bibliotheken, 1972², nr. 56–70 – *Ed. und Lit.*: W. A. van der Vet, Het Biënboec van Thomas van Cantimpré en zijn exemplen, 1902 – C. G. N. de Vooys, Middelnederlandse legenden en exempelen, bijdrage tot de kennis van de prozalitteratuur en het volksgeloof der Middeleeuwen, 1926² [Nachdr. 1974] – Ders., Middelnederlandse stichtelijke exempelen, 1953 – F. P. van Oostrom, Voorbeeldig vertellen, Middelnederlandse exempelen, 1985.

Zum E. in der dt. Lit. →Bîspel.

Exemplar, Vorlage oder (seltener) Abschrift; im Urkundenwesen überwiegt die 2. Bedeutung. Während andere Texte meist in Abschrift überliefert sind (→Autograph) und nach dem Inhalt beurteilt werden, sind bei Urkunden Original (Authenticum) und E. scharf geschieden (auch wenn sich bei frühma. Stücken zuweilen, bei ags. häufig Original und zeitgenöss. Kopie nicht mehr unterscheiden lassen). E.e wurden für Empfänger und Betroffene häufig hergestellt und bezeugen die Aktualität der betreffenden Urkunde. Zuweilen wurde die Vorlage auch äußerlich nachgebildet (Nachzeichnung). Aus der →Beglaubigung des E.s entstand im HochMA das →Vidimus, welches den Text des E.s mit einer neuen Urkunde umgibt (oft →Notariatsinstrument). Es wurde rechtl. dem Original gleichgestellt (→Beweiskraft), doch unterlief nicht selten Fälschung und Verfälschung. Schwächere Autorität kam der billigeren, im 15. Jh. beliebten einfachen notariellen →Kopie zu. Vom E. zu unterscheiden ist die neues Recht schaffende Bestätigung einer Urkunde durch den Aussteller des Originals oder seinen Nachfolger (→Transsumpt). Für E. im Sinn von Textvorlage →Pecia, →Textüberlieferung.   M. Steinmann

Lit.: Bresslau I, 88ff. – A. de Boüard, Manuel de diplomatique française et pontificale 1, 1929, 159–190 – A. Bruckner, Introduction, ChLA 4, 1967, XIII–XXIII – L. Genicot, Les actes publics (TS 3, 1972), 46–48 – S. Rizzo, Lessico filologico degli umanisti, 1973, 185ff. – P.-J. Schuler, Gesch. des südwestdt. Notariats, 1976.

Exemtion ist im weiteren kirchenrechtl. Sinn das Privileg, durch welches eine physische oder jurist. Person oder ein Gebiet der Jurisdiktionsgewalt eines (hierarch.) höherrangigen Oberen unterstellt werden. Hierher gehören z.B. auch die besonderen Gerichtsstände der Bf.e, Kard.e und Staatsoberhäupter. In einem engeren Sinn wird unter E. die Herausnahme von Personen, Kl., Orden, Ordensangehörigen oder Gebieten aus den territorialen Grundformationen von Pfarrei, Bm. oder Kirchenprovinz und deren Unterstellung unter einen eigens bestimmten oder den nächsthöheren Oberen oder den Papst begriffen. Es wird zw. passiver E. (= E. einzelner Klöster oder ganzer Ordensgemeinschaften aus der Jurisdiktion des Diözesan-

bischofs) und aktiver E. (= E. von Gebieten oder Personalverbänden aus der ordentl. Bistumsorganisation, z.B. Praelatura oder Abbatia nullius) unterschieden.

[1] Im *Ordenswesen* ist die E., nachdem das Konzil v. →Chalkedon 451 noch die Ordensangehörigen der Jurisdiktion des →Bf.s unterstellt hatte, zur Stärkung der inneren Organisation und Zucht einzelner Kl. (cura animarum der Äbte hinsichtl. der Mönche, freie Verwaltung durch den Abt, kein bfl. introitus, Privileg der Abtwahl) im Wege spezieller bfl. Gewährung langsam entstanden (privilegium exemtionis). Im Gegensatz zur Ostkirche sind in der Westkirche aber nur wenige Beispiele bekannt: →Bobbio (Papst Honorius I., 613), →Benevent (714 und 741), →Montecassino (748), →Fulda (751), →St-Denis (757) und →Farfa (775). Fraglich ist, ob diese Privilegien, die einzelne Kl. der iuris dicio (= →Gewere; in Italien condicio) des Papstes unterstellen, nicht »nur« päpstl. Besitz- und Schutzprivilegien waren. Eigentliche päpstl. E.-Privilegien wurden erst im 11. und 12. Jh. häufiger, seit der gregorian. Kirchenreform (Feine). E.-Grund ist dann auch die Stärkung des Papsttums. →Cluny konnte seine E. noch nicht voll auf die ihm zugehörigen Kl. ausdehnen. Mit den →Zisterziensern, geistl. →Ritterorden und bes. den Mendikantenorden (→Bettelorden) entsteht die E. ganzer Klosterverbände bzw. Gesamtorden. Seit dem →I. Laterankonzil steht die Frage der Eingrenzung der E. zur Debatte. Das Tridentinum (1548–63) versucht durch Einschränkung der E., die bfl. Rechte in der Diözese zu stärken.

[2] Die *Bistumsexemtion* (= Ausschluß der Metropolitangewalt) ist wohl eine gelegentl. Erscheinung geblieben (v.a. unter Urban II. bis Innozenz III.). Die Zugehörigkeit exemter Bm.er zur röm. Kirchenprovinz hat stets nur theoret. Bedeutung gehabt (Feine). Sie erfolgte meist aus polit. Gründen. Ältester bekannter Fall ist →Pavia (7. Jh.). Von hist. Bedeutung sind die über die E. hinausgehenden Jurisdiktionsrechte einzelner Kl. und Orden hinsichtl. ihrer inkorporierten Pfarren geworden (incorporatio plenissimo iure). Sie waren die Basis für die Entstehung von ganzen Gebieten, die von der Jurisdiktionsgewalt eines Bf.s ausgenommen waren und unter der Leitung eines Ordensoberen als Praelatus oder Abbas nullius (dioecesis) oder praelatus cum iurisdictione generi episcopali standen. Das führte oft auch zu Prozessen zw. den Bf.en und den Prälaten, die in der NZ oft bis vor die Röm. Rota (→Audientia sacri palatii) gingen. Vereinzelt kamen auch E.en von Dekanaten (z.B. →Reichenau gegenüber Konstanz) vor.   R. Puza

Q. und Lit.: DDC V, 637–646 – Enciclopedia del diritto XV, 1966, 575ff. [Esenzione, Diritto canonico] – Feine, 175f. [Klostere. mit Lit.] – TRE X, 636–698 [Q. und Lit.] – L. Ferraris, Prompta Bibliotheca Canonica etc., VI, Frankfurt apud Vanduren 1783, 524ff. [Regulares, Art. II].

Exequien → Begräbnis

Exercitalis. Im →Edictus Rothari (643) und in einem Edikt Liutprands (724) bezeichnet e. einen zum Wehrdienst im langob. Heer verpflichteten Freien und hat danach die gleiche Bedeutung, die normalerweise arimannus (→arimannia, arimannus) besitzt. Diese Pflichten oblagen allen wehrfähigen Langobarden, wurden jedoch im 8. Jh., als die ethn. Zugehörigkeit nicht mehr allein als Kriterium für den Wehrdienst ausschlaggebend war, an die wirtschaftl. Möglichkeiten der Freien angepaßt, wie ein Edikt Aistulfs (750) bezeugt. Im frk. Raum galten ähnliche Pflichten (die mit der Zeit eine analoge Entwicklung erfuhren) seit der frühen Merowingerzeit; erst in der

Karolingerzeit ist jedoch das Wort e. als Bezeichnung der »franci homines«, die zum »iter exercitale« verpflichtet waren, belegt, d. h. der freien, waffenfähigen Männer, die öffentl. Pflichten zu übernehmen hatten (u. a. Heerfolge nach dem kgl. Aufgebot oder Beitragsleistung [adiutorium] zur Ausrüstung der Ausrückenden). Parallel dazu ist das Verb »exercitare« (in der Bedeutung 'mit dem Heer operieren') in einem Edikt Aistulfs (755) erstmals belegt und findet sich danach in karol. Zeit sowohl in dem von den Franken beherrschten Gebiet wie im Dukat Benevent. E. begegnet einmal auch in den westgot. Rechtstexten, in einem Edikt Ervigs (681), zur Bezeichnung der Männer, die sich im Gefolge eines öffentl. Amtsträgers oder eines privaten Patronus dem kgl. Heer anschlossen. Da in jener Periode das westgot. Heer zum Großteil aus der – hauptsächl. aus Sklaven bestehenden – Klientel von Mächtigen bestand, konnte das Wort e. bei den Westgoten nicht die bei den Langobarden übliche Bedeutung 'waffenfähiger Vollfreier' annehmen, wie sie im Karolingerreich rezipiert wurde.   G. Tabacco

Q.: Leges Langobardorum, ed. F. Beyerle, 1962² (Germanenrechte NF) – Leges Visigothorum, ed. K. Zeumer, 1973², MGH LL sectio I – Capitularia regum Francorum, ed. A. Boretius – V. Krause, MGH LL sectio II, 1–2 – CDL I, ed. L. Schiaparelli – SS rer. Langob., MGH – Lit.: Brunner, DRG – F. L. Ganshof, L'armée sous les Carolingiens, Sett. cent. it. 15, 1968 – O. Bertolini, Ordinamenti militari e strutture sociali dei Longobardi in Italia, ebd. – G. Tabacco, Il regno italico nei secoli IX–XI, ebd. – Ders., Dai possessori dell'età carolingia agli esercitali dell'età longobarda, StM Ser. III, 10, 1969 – J. Jarnut, Beobachtungen zu den langobard. arimanni und exercitales, ZRG-GermAbt 88, 1971 – C. Sánchez Albornoz, Estudios visigodos, 1971 – D. Claude, Adel, Kirche und Königtum im Westgotenreich, 1971 – J. Schmitt, Unters. zu den liberi homines der Karolingerzeit, 1977 – S. Gasparri, La questione degli arimanni, BISIAM 87, 1978.

Exeter, Stadt, Kl. und Bm. in SW-England, am Exe (6 km oberhalb seiner Mündung) gelegen, Verwaltungssitz der Gft. →Devon. Isca Dumnoniorum, die Civitas der romano-brit. →Dumnonii, geht auf ein röm. Legionslager (um 55–75 n. Chr.) zurück. Über ihre Gesch. in der späten Kaiserzeit gibt es kaum Nachrichten. Vor dem Ende des 5. Jh. entstand an der Stelle des Forums ein christl. Friedhof, der bis zum 12. Jh. benutzt wurde; er stand mit einer (ergrabenen) Kirche, westl. der heut. Kathedrale, in Verbindung. Diese – wohl brit. – Kirche dürfte identisch sein mit dem Kl. St. Peter, an dessen Stelle später die Kathedrale trat. Um 675/685 wurde ein ags. Kl. errichtet; hier erhielt der hl. →Bonifatius seine erste Ausbildung. Dank seiner röm. Ummauerung wurde der Ort zu einem der →burhs, die unter Kg. →Alfred um 892 befestigt wurden, und zu einer Münzstätte. Hier wirkte →Asser eine Zeitlang als →Chorbischof des Bf.s v. →Sherborne; nach seinem Tod (909) wurde eine neue Diöz. von E. für die Gft.en →Devon und →Cornwall mit Sitz in →Crediton eingerichtet. Nach jüngerer Überlieferung soll das Peterskloster von E. von Kg. →Æthelstan († 939) neu gegr. worden sein. Kg. →Edgar soll 968 im Zuge der Benediktinerreform (→Benediktiner, Abschnitt B. VI) eine Gruppe von Mönchen dorthin verpflanzt haben. 1003 litt das Kl. unter den Däneneinfällen. →Leofric, der als einer der Kleriker →Eduards des Bekenners 1046 Bf. geworden war, transferierte 1050 den Bischofssitz von Crediton in das Peterskloster von E. Der in Lothringen geformte Leofric ersetzte die Mönche durch →Kanoniker fränkischer Observanz; Spuren dieser Lebensform haben sich am Kathedralstift von E. bis in die NZ erhalten. Leofric machte sich um die Wiederherstellung des Kirchenbesitzes im SW verdient; seinem Interesse an Bildung und Handschriften, das sich in einer bedeutenden, seiner

Kathedrale testamentar. vermachten Bibliothek dokumentiert, verdanken wir die Grundlagen für die Rechts- und Theologieschulen, die ihre Blütezeit im 12. Jh. erreichten.

Nach der norm. Eroberung war E. 1068 das Zentrum eines Aufstandes im SW gegen Kg. →Wilhelm I. Dieser belagerte E., das sich bald ergab; der Kg. ließ anschließend im N der röm. Umwallung eine die Stadt beherrschende Burg erbauen, die, ohne über eine →Motte oder einen *keep* (→Donjon) zu verfügen, einen Erdwall und ein steinernes Torhaus besaß, ähnlich den Normannenburgen in →Ludlow und →Richmond. Eine steinerne Kurtine wurde 1138, später auch eine äußere Vorburg *(bailey)* errichtet. – Die militär. Bedeutung ging seit dem 13. Jh. zurück; doch blieben die *shire-hall* und das Verlies in der inneren Vorburg für die Verwaltung der Gft. von Bedeutung.

Die Stadt E. blühte seit dem 13. Jh. als wichtigstes städt. Zentrum des engl. SW auf. Eine Steinbrücke über den Exe wurde um 1250/60 erbaut. Die traditionellen Handelsbeziehungen mit dem nordwestl. Frankreich wurden weitergeführt, diejenigen mit dem engl. beherrschten →Bordeaux noch erweitert. Doch um 1285 gab es Auseinandersetzungen mit den Earls of Devon um die Schiffahrtsrechte auf dem Exe, und es entwickelte sich der 5 km flußabwärts, bei der Exe-Mündung gelegene Ort Topsham zum Seehafen. Eine Erneuerung der röm. Mauern erfolgte in Abständen, bes. in den Jahren 1350–1410, in Sorge um eine frz. Invasion. Die vier Stadttore orientierten sich weitgehend an den röm. Toren, während die ma. Straßenführung von der röm. abwich. Im tiefgelegenen Areal zw. Mauern und Fluß entwickelte sich ein suburbium mit Gerbereien sowie Korn- und Walkmühlen; der Tuchexport aus E. verzeichnete bes. im 15. Jh. einen Aufschwung. Große Bedeutung hatte die Ausfuhr von hochwertigem →Zinn aus →Devon und →Cornwall nach Frankreich und in die Mittelmeerländer. Hatte Leofric noch die ags. Klosterkirche als Kathedrale weiterbenutzt, so nahm Bf. William Warelwast (1107–38), ein Verwandter Wilhelms I., einen roman. Kathedralneubau östl. des Petersklosters in Angriff (östl. Querhaus 1133, Vierung, Querschifftürme und Schiff um 1160). Das erste Kapitelhaus (im Early English) wurde 1225 auf Initiative von William Brewer begonnen. Nach 1258 leitete Walter Bronescombe den Um- und Ausbau der Kathedrale im Decorated Style ein, teilweise nach dem Vorbild von →Salisbury, mit monumentaler Westfassade. Die Baumaßnahmen werden durch Roteln der Fabrica ecclesiae für 1279–1353 dokumentiert. Als Nachfolgerin des Petersklosters hatte die Kathedrale das ausschließl. Begräbnisrecht in der Stadt inne; die 16 Pfarrkirchen, die zumeist wohl auf die Zeit vor 1066 zurückgehen, verfügten daher nicht über Kirchhöfe. Das Kapitel, eines der kleinsten unter den weltl. Domkapiteln Englands, umfaßte 24 Kanoniker, die zumeist der einheim. Diöz. entstammten. Kg. Wilhelm I. stiftete um 1087 das Benediktinerpriorat St. Nikolaus. Dominikan. und franziskan. Klöster entstanden ab ca. 1250; eines der zahlreichen kleineren Spitäler wurde 1387 in ein Kolleg für Chorvikare, die bis dahin bei den Kanonikern gewohnt hatten, umgewandelt. Die Kanoniker selbst hatten längst das Gemeinschaftsleben aufgegeben und bewohnten Häuser in der Immunität. Vor 1200 errichtete das Kapitel eine Wasserleitung mit zentralem Brunnenhaus in der Immunität, zur Versorgung von Bf., Immunitätsbewohnern, Priorat St. Nikolaus und Stadt. Der Bf. verfügte über mehrere ländl. Herrenhöfe, u. a. in Faringdon (Berkshire).   M. W. Barley

Q. und Lit.: RE IX, 2056f. – K. Edwards, English Secular Cathedrals in the MA, 1967 – Transactions Devonshire Ass. 104, 1972, 15–34; 106, 1974, 47–58; 109, 1977, 13–40; 113, 1981, 79–102 – V. HOPE–J. LLOYD, E. Cathedral, 1973 – A. M. ERSKINE, Accounts of the Fabric of E. Cathedral 1279–1353 (Devon and Cornwall Record Ser. 24, 1981; 26, 1983).

Exeter, Duke of, engl. Adelstitel, der im Sept. 1397 geschaffen wurde, als Kg. Richard II. ihn seinem Halbbruder John →Holland, Earl of Huntingdon, verlieh, der in dieser Zeit am Hof in hoher Gunst stand und u.a. im Prozeß gegen die Lords →Appellant als Ankläger auftrat. Nach der Absetzung Richards rebellierte Huntingdon gemeinsam mit anderen früheren Anhängern Richards gegen Heinrich IV. (1400), doch brach der Aufstand rasch zusammen, und Holland wurde am 9. Jan. 1400 hingerichtet.

Im Nov. 1416 erneuerte Kg. Heinrich V. das Dukedom of E. für seinen Gefolgsmann Thomas →Beaufort, den jüngsten Sohn von →John of Gaunt, Duke of Lancaster. Als Beaufort am 31. Dez. 1426 ohne Nachkommen starb, erlosch das Hzm. Im Jan. 1444 wurde es aber von Heinrich VI. zugunsten von John →Holland, Earl of Huntingdon, erneuert; dieser war ein Sohn des gleichnamigen ersten Duke of E. 1444 war Heinrich VI. noch immer kinderlos, und er übertrug das Hzm. an Huntingdon, um so die Unterstützung der Holland-Familie für das Haus Lancaster zu erhalten. In der Ernennungsurkunde wird festgestellt, daß Huntingdon wegen seiner Blutsverwandtschaft mit dem Kg. zum Duke of E. erhoben worden war. Sie gewährte ihm den Vorrang vor allen anderen Hzg.en, außer dem Duke of York. Er starb jedoch am 5. Aug. 1447, und der Titel ging auf seinen Sohn Heinrich über, einen zuverlässigen Anhänger der →Lancaster-Partei, der im Nov. 1461 wegen Rebellion gegen Kg. →Eduard IV. verbannt wurde. Heinrich ertrank im Sept. 1475 auf dem Rückweg nach England, ohne einen Erben zu hinterlassen, woraufhin das Dukedom of E. erlosch.   A. Tuck

Lit.: Peerage V, 195–215 – E. F. JACOB, Henry V and the Invasion of France, 1947 – J. L. KIRBY, Henry IV of England, 1970 – R. A. GRIFFITHS, The Reign of King Henry VI, 1981.

Exeter-Buch (Codex Exoniensis), ae. Sammelhs.; eine der vier Hss., in denen die Hauptmasse der ae. Dichtung erhalten ist. Das E.-B. wurde in der 2. Hälfte des 10. Jh. von einem Schreiber aus älteren Vorlagen kopiert. Bf. →Leofric (†1072) schenkte es der Kathedrale von →Exeter, wo es noch heute aufbewahrt wird (Hs. Exeter, Cathedral, 3501). Es enthält zahlreiche ae. Dichtungen, die fast durchwegs anonym, ohne Titel und nur hier überliefert sind, wie die →»Christ«-Gedichte, →»Guthlac« A und B, →»Azarias«, The →»Phoenix«, →Cynewulfs →»Juliana«, sowie viele kürzere Stücke, z.B. die sog. Elegien (→Elegie, V), die →Rätsel, usw., und repräsentieren somit die verschiedensten Gattungen religiöser und weltl. ae. Dichtung, wie z.B. Heiligenlegenden, Lyrik, allegor. und didakt. Werke, Versifizierungen von bibl., apokryphem und liturg. Material. Ein bestimmtes Auswahl- und Anordnungsprinzip ist jedoch nicht erkennbar; so sind z.B. die Rätsel auf verschiedene Stellen in der Hs. verteilt – allerdings sind auch einige Blätter der Hs. verlorengegangen. →Ae. Lit.   H. Sauer

Bibliogr.: RENWICK-ORTON, 172–202 – NCBEL I, 229 – CAMERON, OE Texts, 30–33 [Nr. A. 3] – S. B. GREENFIELD–F. C. ROBINSON, A Bibliogr. of Publ. on OE Lit., 1980, 20f. – *Ed.:* The Exeter Book, Part I, ed. I. GOLLANCZ, EETS 104, 1895; Part II, ed. W. S. MACKIE, EETS 194, 1934 – R. W. CHAMBERS, M. FÖRSTER, R. FLOWER, The Exeter Book of OE Poetry, 1933 [Faks.] – ASPR III, 1936 – Ferner zahlreiche Separatausgaben – *Lit.:* K. SISAM, Stud. in the Hist. of OE Lit., 1953, 97–108, 291f. – N. R. KER, Catalogue of MSS Containing Anglo-Saxon, 1957, Nr. 116 – F. BARLOW u.a., Leofric of Exeter, 1972 – J. C.

POPE, Palaeography and Poetry ... (Medieval Scribes, MSS and Libraries: Essays Presented to N. R. KER, hg. M. B. PARKES–A. G. WATSON, 1978), 25–65.

Eximeniz, Francesc → Eiximenis, Francesc

Existenz → Sein

Exkommunikation, ursprgl. ein auf Dauer verhängter Ausschluß aus der Kirche (z.T. ohne Möglichkeit der Wiederaufnahme), bedeutete seit der Wende zum 5. Jh. den Entzug kirchl. Kirchengliedschaft selbst, wenngleich zahlreiche Quellen die Wirkung der E. auch weiterhin mit »Ausschluß aus der Kirche« (ʾexpellere extra Ecclesiamʾ) oder ähnlichen Wendungen bezeichnen. Eine klare Trennung des Bedeutungsinhalts von E. und →Anathem dürfte schwierig sein; teils wurden beide Begriffe synonym verwendet, teils stand letzterer für die feierl. E., mit der bes. verwerfl. Vergehen geahndet werden sollten. Außer innerkirchl. Folgen (Verbot der Teilnahme an Gottesdienst und Sakramenten, Ausschluß aus der Gemeinschaft der Gläubigen – communio fidelium –, z.T. mit Verkehrsverbot) wurden mit der E. allmählich auch weitreichende Konsequenzen im weltl. Bereich verbunden (Ausschluß von öffentl. Ämtern, Militärdienst u.a. bis zu Exil und Ächtung).

Gestützt auf →Gratian, dem für sein Werk schon zahlreiche Quellentexte zur Verfügung standen (vgl. v.a. C. 3 q. 4), entwickelte die →Dekretistik eine differenzierte E.s-lehre (z. B. über deren causa iusta bzw. über die ungerechte E.) und unterschied zw. verschiedenen Abstufungen und Wirkungen der E., mitunter in einer verwirrenden Terminologie. In der Folgezeit führten päpstl. Dekretalengesetzgebung und kanonist. Doktrin zu einer weiteren, v.a. auch verfahrensrechtl. Ausgestaltung der Exkommunikation. Von bes. Bedeutung wurde die mit Begehen einer Straftat von selbst (ipso facto, ipso iure) eintretende E. (latae sententiae), ohne daß es einer richterl. Untersuchung bzw. Entscheidung bedurfte. Zu viele mit dieser Art der E. verbundene Tatbestände, zu zahlreiche und zu schnell verhängte E.en (ferendae sententiae) und nicht zuletzt die sog. generelle E. führten zu Mißständen, die ihrerseits die immer deutlichere Wirkungslosigkeit dieser kirchl. Strafe bis hin zur (außer im klerikalen Bereich) völligen Bedeutungslosigkeit zur Folge hatten. →Bann, Abschnitt B.   H. Zapp

Lit.: TRE V, 170ff. – N. HILLING, Die Bedeutung der iusta causa für die Gültigkeit der E.ssentenz, AKKR 85, 1905, 246ff. – F. GILLMANN, Zu Gratians und der Glossatoren... Lehre über die Bedeutung der causa iusta für die Wirksamkeit der E., ebd. 104, 1924, 6–40 – M. MOREL, L'E. et le Pouvoir civil en France du droit canonique classique au commencement du XVᵉ s., 1926 – F. E. HYLAND, E.: Its Nature, Hist. Development and Effects, 1928 – P. HUIZING, The Earliest Development of E. Latae sententiae by Gratian and the Earliest Decretists, SG 3, 1955, 277–320 – J. ZELIAUSKAS, De excommunicatione vitiata apud Glossatores (1140–1350), 1967 – F. ELSENER, Die E. als prozessuales Vollstreckungsmittel (Fschr. F. KERN, 1968), 69–86 – F. D. LOGAN, E. and the Secular Arm in Medieval England (13–16th century), 1968 – R. WEIGAND, Zur E. bei den Glossatoren, ZRGKanAbt 56, 1970, 396–405.

Exkubiten (ἐξκούβιτοι), in der mittelbyz. Epoche eines der vier Tagmata (→Heerwesen, byz.), eine militär. Einheit, aus Berufssoldaten zusammengesetzt und in der Hauptstadt oder in der nächsten Umgebung, auch in der kleinasiat., stationiert; zu unterscheiden von den Themen (→Thema) der Provinzen, in denen einheim. Soldaten dienten, wobei die Soldaten der E. einen höheren Rang einnahmen als diejenigen der Themen. Der Verband der E. wurde als Garderegiment mit 300 Mann, zumeist →Isauriern, um 468 von Ks. →Leon I. geschaffen; befeh-

ligt von einem →comes, oblag ihnen anstelle der Schola-
rien der Wachdienst im Kaiserpalast (→Garde). Um die
Mitte des 8. Jh. wurden die E. im Laufe der Auseinandersetzungen des →Bilderstreits reorganisiert und einem
→Domestikos unterstellt; dieser hatte einen geringeren
Rang als der comes; Ks. Leon V. (813–820) erhob den
Domestikos der E. jedoch zum Patrikios. Die E. waren
nicht nur eine Paradetruppe, sondern nahmen auch als
zuverlässige Militäreinheit an Feldzügen teil. Im 10. Jh.
wurde für die Empfänge im Palast der Demos der Grünen
den E., derjenige der Blauen den Scholen angeschlossen
(→Demen, →Hofzeremoniell). In der 2. Hälfte des 10. Jh.
erfolgte die Aufteilung der E. in drei Verbände (Domestikos des Ostens, Domestikos des Westens und der weniger
hochrangige Verband von Konstantinopel); schon im 11.
Jh. ist jedoch wieder nur ein Tagma und ein Domestikos
der E. belegt. Das Tagma war in Banda unterteilt; neben
dem Stellvertreter des Domestikos, dem Topoteretes,
spielten eine wichtige Rolle die Scribones, die dem Ks. für
Sonderaufgaben zur Verfügung standen. Die E. wurden
anscheinend unter Ks. Alexios I. (1081–1118) abgeschafft,
den Dienst im Kaiserpalast übernahmen die→Varäger.

J. Ferluga

Lit.: RE, Suppl. IX, 1963 – BREHIER, Institutions, 273, 286, 311 – N.
OIKONOMIDÈS, Les listes de préséance byz. des IXᵉ et Xᵉ s., 1972, 270,
Anm. 2, 330–331 – J. F. HALDON, Byz. Praetorians, 1984.

Exkusseia, Bezeichnung für die Befreiung von Steuern
und Dienstleistungen im Byz. Reich; →Immunität

Exlibris, lose, zum Einkleben in →Bücher bestimmte,
den Eigentümer bezeichnende Blätter mit graph. Bild-
schmuck und/oder Text. Haben auch →Supralibros oder
geschriebene →Besitzvermerke, gemalte →Wappen und
sonstige ikonograph. Anspielungen auf Besitzer und Auftraggeber in Hss. bereits die Funktion von E., so steht das
Aufkommen des E. im letzten Drittel des 15. Jh. doch in
engem Zusammenhang mit der Reproduzierbarkeit des
Buches durch den Druck. Zu den ältesten gehört ein
»redendes« E. für den Kaplan Johann Knabensperg, gen.
Igler, das einen Igel mit Blüten im Maul zeigt (um
1470–80). Die meisten der frühen E. sind (z. T. kolorierte)
Wappenholzschnitte, so z. B. drei in Büchern der Kartause
Buxheim benutzte für Hildebrand Brandenburg aus Biberach (um 1470), Wilhelm v. Zell (1489) und Jörg Gossen-
brot (um 1500); das erste Kupferstich-E. (für den Domherrn Walter v. Bilsen) stammt vom Ende des 15. Jh. In der
Blütezeit der E.kunst 1500–1650, in allen europ. Ländern E. üblich wurden, schufen in Deutschland die bedeutendsten Künstler (→Dürer, Cranach, die Nürnberger
»Kleinmeister«) E. und erweiterten den bis dahin fast nur
herald. Motivschatz um Bildnisse, Allegorien und religiöse Themen.

N. H. Ott

Bibliogr.: A Bibliogr. of Bookplate-Lit., hg. G. W. FULLER, 1926 – *Lit.:*
F. WARNECKE, Die dt. Bücherzeichen (E.) von ihrem Ursprunge bis zur
Gegenwart, 1890 – DERS., Bücherzeichen (E.) des 15. und 16. Jh., 1894
– A. SEYLER, Ill. Hb. der E.kunde, 1895 – K.E. Gf. zu Leiningen-
Westerburg, Dt. und österr. Bibl.-Zeichen. E., 1901 – J. SCHWENCKE,
E.kunde, 1947 – R. K. DONIN, Stilgesch. des E., 1949 – G. v. STAWA,
Alte E. aus Tirol (Schlern-Schriften 181, 1958) – E. aus dem Buch- und
Bibl.wesen, hg. F. FUNKE, 1966 – N. H. OTT, Titelminiaturen als
Besitzerhinweise, E.kunst und Graphik, Jb. der Dt. E.-Ges., 1980,
1–10.

Exmes, Burg und Vicomté in der→Normandie. Der Ort
E., in der Basse-Normandie (dép. Orne, arr. Argentan)
gelegen, war zu Beginn des 6. Jh. für kurze Zeit Bischofssitz in Abhängigkeit von →Sées; als Vorort des pagus
Oximensis, des späteren Exmois, ist E. in frk. Zeit gut
belegt. Eine Burg ist am Ende des 10. Jh. bezeugt. Viceco-

mitatus vielleicht schon unter Hzg. Richard II., wurde das
Exmois mit dem Regierungsantritt Hzg. Richards III. für
kurze Zeit zur Gft. (1026), die dem späteren Hzg. Robert I.
(le Magnifique) übertragen wurde (bis 1027). Danach
hatten die→Montgommery abwechselnd mit den Goz die
Vizgft. E. inne: Roger I. v. Montgommery (1027–ca.
1035); Torsten Goz (ca. 1035–43); Roger I., dann Roger II.
v. Montgommery (ca. 1043–95), dann dessen Sohn Robert v. →Bellême (1095–1112). Im späteren 12. Jh. sind
Guigan Algason (1135) und Hugo v. →Nonant (1165–83)
als Träger der vizgfl. Würde bekannt. – Das Territorium
der Vizgft., das sich, östl. v. Caen, zw. Orne und Dive
erstreckte, bildete einen hzgl. Fiskalbezirk. Nach der frz.
Eroberung der Normandie (1204) fiel die Burg E. an die
Krondomäne. 1370 entstand erneut eine Vizgft. E. aufgrund eines Vertrags zw. Kg. Karl V. und den Gf.en v.
→Alençon und des →Perche (Tausch gegen die Herrschaft
Josselin, dép. Morbihan). Als Teil der Gft. Alençon erlebte die Vizgft. E. bis 1789 nur geringe territoriale Veränderungen.

J.-M. Bouvris

Q.: Ordericus Vitalis, ed. M. CHIBNALL, V, 1975, 178; VI, 1978, 454 –
Lit.: D. C. DOUGLAS, The Earliest Norman Counts, EHR 61, 1946,
135f., 145f. – L. MUSSET, Une famille vicomtale: les Goz (Doc. de
l'Hist. de Normandie..., 1972), 94–98 – A. VALLEZ, La construction du
comté d'Alençon (1269–1380)..., Ann. de Normandie 22, 1972, 35–42
– L. MUSSET, L'aristocratie normande au XIᵉ s. (Essais à la mém. de R.
BOUTRUCHE..., 1976), 76–77, 79.

Exodus, nz. Titel einer in der →Junius-Hs. nicht ganz
vollständig überlieferten ae. Dichtung von 590 Versen, die
urspgl. vielleicht im 8. Jh. entstand. Geschildert wird der
Auszug der Israeliten aus Ägypten unter Moses' Führung,
ihr Durchzug durch das Rote Meer und der Untergang des
ägypt. Heeres – dazwischen sind die Geschichten von Noe
und der Sintflut sowie die von Abraham und Isaak eingeschoben (362–446). Der ae. Dichter stellt die großenteils
Kap. 13–14 des Buches E. entnommenen bibl. Ereignisse
weitgehend im Stil und mit den Motiven der ae. heroischen Dichtung dar (z.B. fügt er Schlachtmotive ein),
doch wurde seine Darstellung daneben auch von der
bibelexeget. Literatur beeinflußt, welche gerade den
Durchzug durch das Rote Meer oft typologisch-allegor.
deutete, u.a. als Vorbild der Taufe. Vgl. →Allegorie,
Abschnitt V. 3; →Bibeldichtung, Abschnitt IV. – Eine me.
poetische Version des Exodusstoffes enthält u.a. die um
1250 entstandene »Genesis and Exodus« (→»Genesis«).

H. Sauer

Bibliogr.: RENWICK-ORTON, 208–210 – NCBEL I, 278f. – S. B. GREEN-
FIELD–F. C. ROBINSON, A Bibliogr. of Publ. on OE Lit., 1980, 222–225
– *Ed.:* ASPR I, 91–107 – E. B. IRVING, Jr., The OE E., YSE 122, 1953
[Neudr. 1970] – P. J. LUCAS, E., 1977 – J. R. R. TOLKIEN–J. TURVILLE-
PETRE, The OE E, 1981 – *Lit.:* S. B. GREENFIELD, A Critical Hist. of OE
Lit., 1965, 154–159.

Exorzismus

I. Religionsgeschichtlich. Der Exorzismus in der mittelalterlichen
Kirche – II. Scholastische Theologie – III. Ostkirche.

I. RELIGIONSGESCHICHTLICH. DER EXORZISMUS IN DER MIT-
TELALTERLICHEN KIRCHE: Der E. basiert auf der Vorstellung von guten und bösen Geistern, die das Geschick von
Welt und Mensch bestimmen, weswegen es die guten zu
bestärken und die bösen zu vertreiben gilt. Der E., abgeleitet von griech. exorkizein 'beschwören', soll eine positive
Wirkung heraufbeschwören, v. a. die bösen Geister und
Dämonen vertreiben, die Menschen wie Sachen »besessen« halten können (→Besessenheit), dabei Unheil und
Schaden schaffen, bes. Krankheiten und speziell die→Epi-
lepsie. Das Gelingen des E. ist abhängig von der Wirk-
macht des E.-Ritus oder des Exorzisten. Letztlich ist es der
stärkere Gott, der im E. angerufen wird und die Dämonen

zum Ausfahren zwingt. Zusätzl. werden volksmed. Mittel benutzt: Wasser, Speichel, Blut, Öl, Räucherwerk, Pflanzen, Erde, Amulette und dergleichen, ebenso mag. Praktiken wie Handauflegung, Aufseufzen, Anblasen, Anschreien, dazu in schlimmen Fällen Fastenkuren oder Brechmittel und sogar Stockschläge. Sobald die Dämonen die überlegene Macht verspüren und im Namen des stärkeren Gottes angefahren werden, müssen sie ihre Niederlage anerkennen und fahren als schwarze Vogelwesen oder verunstaltete Menschengebilde aus. Dieser »archaische« E. hat in der Welt der Religion eine auffällige Gleichartigkeit und eine nahezu allgemeine Verbreitung, und so auch im MA. In höheren Religionsstufen wird er mehr »geistig« und »ethisch« aufgefaßt. In gnostisch-dualist. Systemen ist er die grundsätzl. Reinigung und Entflechtung aus dem Bösen. In ethischen Systemen wird er eingegrenzt, weil die Dämonen zum Bösen nurmehr überreden, nicht aber zwingend verführen können, und der Mensch sich ihrer durch ethische Reinigung erwehren kann.   A. Angenendt

II. SCHOLASTISCHE THEOLOGIE: Die scholast. Theologie handelte über den E. im Anschluß an die Liturgie der Taufe und der Weihe des Exorzisten. Die gallikan. →Liturgie der Osternacht enthielt einen großen E., der die Beschwörung und Bannung des unreinen, verworfenen Geistes (→Dämonen), des Herrschers der Vorzeiten, in den Taten der alten und neuen Bundesgeschichte rühmt (vgl. Missale Gallicanum Vetus, ed. L. C. MOHLBERG 1957, 17 nr. 61). Nach Thomas v. Aquin Sent. IV d.6 q. 1 a.3 qu.3 müssen Dinge und Menschen vor ihrer Bestimmung zum Kult und Gottesdienst exorzisiert werden, um sie aus der Herrschaft des Teufels zu befreien (vgl. den E. in der Weihe des Wassers, der Kirchen und bei der Taufe). Das Wasser ist der ausnehmende Empfänger und Mittler des E., weil es im Schöpfungswerk Gottes nicht vom Fluch des Ackerbodens betroffen war (Gen 3,17b).

Im Anschluß an Hugo v. St. Viktor, Summa de sacramentis II p.6 c.10 (MPL 176,456f.) reihte Petrus Lombardus, Sententiae IV d.6 c.7 (ed. 1981, 275f.) den E. unter die »sacramentalia« ein, die nur signifikative Bedeutung haben. Diesem Verständnis des E. folgten die meisten Sentenzenerklärer bis →Präpositinus (1210), der sich in seiner (1190–94 entstandenen) Summa dafür erklärte, daß der E. die Sündenstrafe minderte und die Macht des Teufels schwächte. Dieser Meinung schlossen sich die Sententiarii des 13. Jh. an. Nach Alexander v. Hales († 1245), Glossa in IV Sententiarum, IV d.6 n.15–17 (ed. Bibl. Franc. Schol. m. ae. XV, 1957, 119–126) mindert der Taufexorzismus die Strafen, die Schwächen des Fleisches und die Verdunkelung des Geistes. Bonaventura, Sent.IV d.6 p.2 a.3 q.2 (ed. Opera Omnia IV, 157–159) wollte zw. einem signifikativen und kausal-effizienten Verständnis des sakramental. E. einen Mittelweg gehen. Thomas v. Aquin führte in der S.th. III q.71 a.3 aus, daß der E. ein doppeltes Hindernis der Gnade ausräumte: den äußeren Einfluß der Dämonen und die aus der Ursünde stammende innere Verschlossenheit.   L. Hödl

III. OSTKIRCHE: Auch die Ostkirche kennt einen E. gegenüber Dingen und Menschen (z. B. E. über »ein Haus, das von bösen Mächten beunruhigt wird« [GOAR, 569f.]). Die Vorstellung eines E. steht hinter den Gebeten zum Beginn eines Kirchenbaus zum Schutz gegen Dämonen (vgl. Symeon v. Thessalonike, MPG 155, 308D). Auch das Öl zur Taufsalbung ist nach Kyrill v. Jerusalem ein ἔλαιον ἐπορκιστόν (MPG 33, 1080A). Für die Hochschätzung des E. spricht die Tatsache, daß man in der Überlieferung die entsprechenden Gebete den hervorra-

gendsten Vätern (Gregorios Thaumaturgos, Basileios, Chrysostomos) zuschrieb. V. a. war der E. ein wesentl. Teil der Taufspendung, hochgewertet durch das ganze MA (Kommentierung vom 4. [Kyrill v. Jerus.] bis zum 15. [Symeon v. Thessalonike] Jh.). Für Kyrill sind die Exorzismusgebete aus den Hl. Schriften genommen, ohne den E. kann die Seele nicht gereinigt werden (vgl. MPG 33, 348/49). Symeon spricht von 8 oder 10 E.en, die gemäß der »alten Gewohnheit der Kirche« vorzunehmen seien. Er warnt davor, sie nachlässig oder unaufmerksam auszusprechen (MPG 155, 212D). Nach ihm geschieht die dem E. zugeordnete Anhauchung des Katechumenen dreifach im Blick auf das Geheimnis der Trinität und zugleich in Kreuzesform zum Zeichen, daß Christus durch seinen Kreuzestod den Herrscher des Todes besiegt hat (ebd. 213 CD; vgl. K.62 passim ebd. 213/225). Dem Kreuzzeichen wie dem Namen Jesu wird überhaupt eine exorzisierende Kraft zugesprochen, v. a. in der Überlieferung des Mönchtums (vgl. bereits die vita Antonii des Athanasios, z. B. c. 13; 23; 40f., MPG 26, 864A; 877B; 901/04). Mag. Vorstellungen solcher Praxis kurzerhand zuzuschreiben, ist man kaum berechtigt; Voraussetzung ist bei den Exorzismusgebeten der Kirche wie beim Gebrauch des Kreuzzeichens und der Anrufung des Namens Jesu der aufrichtige Gottes- und Christusglaube, Sinn des E. die Bewährung im sittl. Christenleben.   H. M. Biedermann

Lit.: zu [I und II]: RAC VII, 44–177–TRE X, 747–761–F.-J.DÖLGER, Der E. im altchr. Taufritual (Stud. zur Gesch. und Kultur des Altertums 3), 1909 – A. FRANZ, Die kirchl. Benediktionen im MA, 1909 [Neudr. 1960]–H. KIRSTEN, Die Taufabsage. Eine Unters. zur Gestalt und Gesch. der Taufe nach den altkirchl. Taufliturgien, 1960 – E. BARTSCH, Die Sachbeschwörung der röm. Liturgie (LQF 46), 1967– O. BÖCHER, Dämonenfurcht und Dämonenabwehr. Ein Beitr. zur Vorgesch. der christl. Taufe (Beitr. zur Wiss. vom AT und NT, 5.F., H. 10), 1970 – DERS., Christus exorcista. Dämonismus und Taufe im NT (Beitr. zur Wiss. vom AT und NT, 5.F., H.16), 1972 – A. ANGENENDT, Der Taufexorzismus und seine Kritik in der Theologie des XII. und XIII. Jh. (Die Mächte des Guten und Bösen. Vorstellungen im XII. und XIII. Jh. über ihr Wirken in der Heilsgesch., hg. A. ZIMMERMANN, Misc. Mediaevalia 11, 1977), 388–410–J. DELUMEAU, La peur en occident, 1978 [dt. Übers. 1985] – zu [III]: DTC V, 1762–1780–Jacobus Goar, Euchologion sive Rituale Graecorum, 1730 [Nachdr. 1960] – A. v. MALTZEV, Die Sakramente der Orth. Kath. Kirche des Morgenlandes, 1898–A. STRITTMATTER, Ein griech. Exorzismusbüchlein, Orientalia Christiana 20, 1930, 169–178; 26, 1932, 127–144.

Exorzist → Exorzismus, →Weihegrade

Expansion, europäische (13.–16. Jahrhundert)
I. Begrifflichkeit, Methoden- und Periodisierungsprobleme – II. Voraussetzungen und Ursachen – III. Die Anfänge der Expansion – IV. Die Expansion des 15. Jahrhunderts.

I. BEGRIFFLICHKEIT, METHODEN- UND PERIODISIERUNGS-PROBLEME: Die Atlantikfahrten von Italienern, Seeleuten der span. Reiche und Portugals, Franzosen, Engländern und Niederländern, die zur Entdeckung und Besiedlung der Atlantikinseln, zur Erkundung und Umschiffung der afrikanischen Westküste, zur Erschließung des Seeweges nach Indien und Ostasien, zur »Entdeckung« und Eroberung Amerikas, zur ersten Erdumseglung Magellans und der Erkundung des pazif. Raumes, schließlich auch zur wirtschaftl. Nutzung und z. T. zur Besiedlung durch Europäer und im 15. und 16. Jahrhundert zur einschneidenden Veränderung des europ. Weltbildes führten, haben die Geschichtsschreibung seit dem 19. Jh. dazu veranlaßt, diese Epoche als das »Zeitalter der Entdeckungen und Eroberungen« zu bezeichnen. Die Suche nach den Ursachen und Folgen dieser Unternehmungen hat dann zu einer zeitl. Ausdehnung dieser Epoche geführt, indem man die Ursachen weit ins MA zurückverfolgte und zugleich die Zusammenhänge mit dem neuzeitl. Phänomen des Kolonialismus herausstellte. Parallel dazu erfolgte eine Verlagerung der Forschungsinteressen und der Deutung dieses Phänomens weg vom eher geistesgeschichtl. Aspekt der Erweiterung und Veränderung des Weltbildes hin zur Betonung polit. und v. a. sozio-ökonom. und technolog. Bedeutungsgehalte mit der Folge der Einbeziehung nahezu aller hist. Teildisziplinen von den Hilfswissenschaften bis hin zur Technikgeschichte. Dies führte zur Verselbständigung dieses Wissensgebietes, zu eigenen hist. Teildisziplinen (Expansionsgeschichte, Kolonialgeschichte, maritime Geschichte etc.), aber auch zur Veränderung der Begrifflichkeit, mit der diese Prozesse bezeichnet werden. So setzte sich immer mehr der Begriff der »europ. Expansion« für diesen thematischen Zusammenhang in der Zeit vom 13. bis zum 16. Jh. durch. Der frz. Historiker P. CHAUNU konnte daher 1969 eine weltgeschichtl. Perspektive für diese Vorgänge fordern und als ihr Charakteristikum ein »désenclavement des univers cloisonnés«, ein Aufbrechen der Abgeschlossenheit der großen Kulturräume des Erdballs, herausstellen. Während sich der Begriff der europ. Expansion immer mehr auch im deutschsprachigen Raum durchsetzte, drang die weltgesch. Perspektive nur langsam in die Geschichtsschreibung ein.

Auch von anderer Seite gehen Anstöße zur Revision der Begrifflichkeit in diesem Bereich der ma. und neuzeitl. Gesch. aus, der als Nahtstelle zwischen europ. und außereurop. Geschichte in besonderem Maße das hist. Selbstverständnis derjenigen außereurop. Staaten berührt, die mit aus diesem Expansionsprozeß hervorgegangen sind. In dem Maße, in dem sich diese Staaten stärker auf europ. oder auch auf voreurop. Traditionen berufen, unterscheidet sich auch die Akzeptanz der aus der europ. historiograph. Tradition stammenden Begrifflichkeit. So sind im Vorfeld der 500. Wiederkehr der Fahrt des Kolumbus 1992 von stärker indianisch geprägten Staaten Lateinamerikas Forderungen erhoben worden, z. B. den Begriff 'Entdeckung' als diskriminierend aufzugeben, da die außereurop. Gebiete großenteils bewohnt und mithin lange zuvor von Menschen »entdeckt« worden waren. – Die Übernahme des Begriffs 'europ. E.' und die dem zugrunde liegende thematisch-inhaltl. und zeitl. Ausdehnung der »Epoche der Entdeckungen« führte zu mancherlei Periodisierungsproblemen. Zunächst verknüpfte sich auf diese Weise das »Zeitalter der europ. E.« mit einer Reihe von früh- und hochma. Expansionsprozessen innerhalb und um Europa, so z. B. mit der Expansion der →Wikinger und →Normannen (s. a. →Entdeckungsfahrten, skand.), der →Ostsiedlung und dem ma. Asienhandel über die →Seidenstraße, mit den Kreuzzügen und Kreuzfahrerstaaten, der maritim-kommerziellen Expansion der it. Stadtrepubliken im östl. Mittelmeer- und Schwarzmeerraum, der iber. →Reconquista und nicht zuletzt mit der Expansion des Städtewesens, der Geldwirtschaft, des Fernhandels, der Technisierung von Produktion und Transport und des philos.-naturwissenschaftl. Kenntnisstandes. Auf der anderen Seite sprengte diese Betrachtungsweise die klass. Epochengrenze zw. MA und NZ durch die direkte Verknüpfung des Expansionsprozesses mit dem frühneuzeitl. Kolonialismus. Dieser hist. Arbeitsbereich stellt sich daher oft als ein Jahrhunderte umfassendes diffuses Kontinuum dar, das nur vage in klar gegliederte Zeitabschnitte und inhaltlich definierte Entwicklungsphasen eingeteilt worden ist. So führt man die Ursprünge z. T. bis zu frühma. mythischen Vorgängen

wie der Westfahrt des hl. →Brendan (um 570) zurück und bezieht das sich langsam erweiternde geograph. Wissen Europas (→Geographie) ebenso in die Betrachtung ein, wie andererseits rundheraus das 13. Jh. als Beginn des Zeitalters und der Mittelmeerraum als der treibende Motor dieses Prozesses bezeichnet werden. Je nachdem, welches europ. Land oder welcher betroffene außereurop. Raum im Mittelpunkt der Betrachtung stehen, ergeben sich unterschiedl. Periodisierungen. Die ma. Phase endet für einige Historiker mit den Aktivitäten →Heinrichs d. Seefahrers, für andere mit Beginn des span. Ausgreifens nach →Amerika und für wieder andere mit Beginn der kolonialen Unternehmungen der Holländer und Engländer, je nachdem, ob man die einzelnen Komplexe noch als überwiegend »ma.-feudal« oder »modern-kapitalistisch« geprägt ansieht. Die in diesem Bereich tätigen Historiker arbeiten denn auch meist epochenübergreifend. Nachfolgend soll mit 'europ. E.' im engeren Sinne das vom Mittelmeerraum angestoßene, aber von den westeurop. Küsten ausgehende Ausgreifen in den atlant. Raum und darüber hinaus vom 13. bis zum beginnenden 16. Jh. bezeichnet und behandelt werden.

II. VORAUSSETZUNGEN UND URSACHEN: Zu den Voraussetzungen für die europ. E. im weiteren Sinne zählen, auch wenn eine klare Scheidung von den Ursachen nicht eindeutig möglich, in der Lit. auch kaum versucht wird, die allgemeinen strukturellen, polit. und religiös-geistigen Entwicklungen Europas vom 11.–13. Jh., wie etwa das Wachstum der →Bevölkerung, die Stadtentwicklung (→Stadt) und das Aufkommen des städt. →Bürgertums als dynam. sozialer Schicht, die Ausweitung der →Geldwirtschaft, des →Fernhandels und der neuen Finanz-, Wirtschafts- und Seefahrtstechniken, die Festigung intermediärer polit. Gewalten, die Dominanz des religiösen Bereichs, wie sie sich in den →Kreuzzügen, der Entstehung der →Bettelorden, dem weltl. Machtanspruch des Papsttums (→Kurie) und des Christentums allgemein manifestiert, die →Aristotelesrezeption mit ihren weitreichenden Konsequenzen für das ma. Weltbild und der Hinwendung zu Empirie und neuen Wissenschaften, aber auch das Fortleben myth. Überlieferungen, Legenden und der Glaube an allerlei Phantastisches (z. B. das Reich des Priesterkönigs →Johannes).

Im engeren Sinne sind als Voraussetzungen für die atlant. E. die Konsolidierung der Handelsimperien der it. Seemächte im Mittelmeer- und Schwarzmeerraum, die im 13. und 14. Jh. ihren Höhepunkt erreichte und die spektakulären Fortschritte der iber. Reconquista im 13. Jh. zu nennen, die eine Verbindung der Schiffahrts- und Seehandelstradition des Mittelmeers mit der des atlant. Westeuropa und des Nord- und Ostseegebietes ermöglichten. Vorformen moderner Wirtschafts- und Finanztechniken, Einrichtung von Handelskontoren (→Fondaco) in den Häfen des östl. Mittelmeerraums, Koloniegründungen (Ägäis, Schwarzes Meer) und Entwicklung profitabler, großvolumiger Schiffe (→Schiff, -bau) bei gleichzeitiger Verbesserung der Seefahrtstechniken (→Portulankarten, →Kompaß, ganzjährige Fahrt) ermöglichten die it. Handels- u. Gewerbezentren (→Venedig, →Pisa, →Genua, →Florenz, →Mailand und ihren Trabantenstädten) nicht nur die Kontrolle des Handels mit den von Europa zunehmend nachgefragten orientalischen Luxusgütern, die teils zur See, teils auf dem Landweg aus →China, →Indien, Ceylon, den Molukken in den Vorderen Orient gelangten und von islam. Zwischenhändlern (→Araber, Abschnitt III) mit hohen Handelsspannen an christl. Händler weiterverkauft wurden, sondern auch die

Dominanz im Handel zw. Byzanz und seinen islam. Nachbarn bzw. unter diesen und über ihre Kolonien auch im Handel mit →Sklaven (Tscherkessen, südruss. Nomaden) und Massengütern wie →Getreide, getrocknetem →Fisch, →Wein, →Öl, →Alaun etc. Das weitverzweigte Netz von Handelsstützpunkten, Kolonien und Schiffahrtsrouten gestattete Italien nicht nur die Bereitstellung der Logistik für die Kreuzzüge und die Kreuzfahrerstaaten sowie die Akklimatisierung wichtiger oriental. Nutzpflanzen, die später in Übersee von zentraler wirtschaftl. Bedeutung werden sollten, wie →Zuckerrohr, →Baumwolle und Maulbeerbaum mit Seidenraupe (→Seide), sondern es ermöglichte im 13. und 14. Jh. unter der Pax Mongolica (→Mongolen) in Asien auch erstmals seit der Antike europ. Reisen bis nach →China.

Die Berichte der in den Osten reisenden päpstl. Gesandten und Missionare sowie der Kaufleute (→Polo) erweckten großes Interesse in der zeitgenöss. Gelehrtenwelt, aber auch in Kaufmannskreisen (vgl. das Handbuch des →Pegolotti, ca. 1338). Eine Verknüpfung von Gelehrtenwissen über Kosmographie und Geographie mit den Kenntnissen, Fertigkeiten und Planungen des Kaufmanns- und Seefahrermilieus der Hafenstädte läßt sich freilich erst seit dem 15. Jh. nachweisen.

Unterdessen machten die christl. Reiche der Iber. Halbinsel Fortschritte im Kampf gegen die span. Muslime, die in der 2. Hälfte des 12. Jh. unter den →Almohaden erheblich an Boden gewonnen hatten. Im Jahre 1212 gelang der entscheidende Sieg bei Las →Navas de Tolosa, der die Macht des Islams auf Andalusien beschränkte. Nach der definitiven Vereinigung der Reiche León und Kastilien (1230) gelangt seit dem 13. Jh. in rascher Folge die Eroberung oder Unterwerfung der noch bestehenden muslim. Staaten. Während Aragón daran anschließend seine Mittelmeerexpansion einleitete und sich anschickte, in Rivalität zu →Frankreich das stauf. Erbe (→Staufer) in Süditalien anzutreten (Eroberung Mallorcas 1229, Siziliens 1282, 1302ff.; →Almogávares), was wiederum den kommerziell-maritimen Aufstieg →Barcelonas und →Valencias nach sich zog, verlagerte sich der Schwerpunkt der kast.-leones. Monarchie zunehmend nach Süden, wo sich neben Altkast. in Neukast., der sog. →Estremadura u., analog zur ptg. Algarveküste, im Mündungsgebiet des Guadalquivir (→Sevilla), des Odiel und Rio Tinto (Palos, Moguer) und der Bucht v. →Cádiz ein neues Handels-, Schiffahrts- und Fischfangzentrum entwickelte, von dem aus die christl. Kontrolle über den Seeweg zw. Mittelmeer und Atlantik gesichert und die Erkundung des angrenzenden Seegebietes vorangetrieben werden konnte. Die Italiener reagierten rasch auf diese Veränderungen der Machtverhältnisse auf der Iber. Halbinsel. Hatten sie noch im 12. Jh. eher mit den islam. Reichen kommerzielle Beziehungen unterhalten, so errichteten die großen Handelshäuser aus Genua und Florenz in der 2. Hälfte des 13. Jh. Niederlassungen an der Küste der span. Levante, in Andalusien und Portugal und verbreiteten ihre Erfahrungen und Techniken im Handel in Spanien. Italiener traten als Admiräle in den Dienst der christl. Kg.e Spaniens, stellten den Monarchen ihre Schiffe zur Verfügung (s. a. →Flotte) und finanzierten deren Politik mit dem Erfolg, daß schon bald kast. und ptg. Handelskolonien in den flandr. Handelszentren entstanden und dem genues. (seit 1277) und venezian. (seit 1314) Direkthandel nach Flandern Konkurrenz machten. Öl, Wein, Getreide, Metalle und die hochwertige span. Merinowolle (→Wolle) bildeten die attraktivsten Waren im it. Handel mit der Iber. Halbinsel. Durch die Kontrolle des Handels mit dem

Maghrib (→Afrika) gewannen Aragón und Kastilien im 14. Jh. zusätzlich an Bedeutung, da auf den Karawanenwegen durch die Sahara →Gold aus dem Nigergebiet an die Mittelmeerküsten gelangte. Da der europ. Orienthandel in hohem Maße defizitär war, mußte zur Bezahlung der begehrten Produkte neben Waren stets auch →Silber aus europ. Produktion herangezogen werden, das wiederum aufgrund seiner günstigen Wertrelation zum Gold im Orient sehr begehrt war. Dieser kontinuierl. Silberabfluß konnte nun durch das nordafrikan. Gold zumindest teilweise kompensiert werden, was sich später durch den Übergang zum Goldstandard manifestierte. Auch die polit. Rahmenbedingungen steigerten allmählich die wirtschaftl. Attraktivität des westl. Mittelmeergebietes. 1291 fiel das christl. →Akkon in Palästina an die ägypt. →Mamlüken, die sich ihrerseits im Hinterland dem Druck des pers. Mongolenkhanats (→Mongolen) ausgesetzt sahen. Genua verbündete sich mit den Orientalen, Venedig mit den Mamlüken, Spannungen, die sich im 14. Jh. verschärften, als die Mongolenherrschaft ins Wanken geriet und fiel, die innerasiat. Nomadenvölker bedingt durch klimat. Veränderungen erneut in Bewegung gerieten und mit dem Aufstieg →Timurs und der Türken die Handelsverbindungen zu Lande nach China abrissen und die it. Schwarzmeerpositionen in Gefahr gerieten. Diese sich zw. der Mitte des 13. und der Mitte des 14. Jh. vollziehenden Veränderungen müssen wohl im engeren Sinne als die Ursachen für die in dieser Zeitspanne liegenden Anfänge der atlant. Expansion angesehen werden.

III. Die Anfänge der Expansion: In diese Zeitspanne zw. dem Höhepunkt der europ. Asienkontakte und Beginn der Hinwendung zum westl. Mittelmeerraum und den flandr. Handelszentren fällt die erste überlieferte Expedition in den Atlantik mit weitgespannten Zielen, die 1291 von genues. Handelshäusern ausgerüstete Fahrt der Brüder →Vivaldi, bei der trotz Teilnahme von Minoriten kommerzielle Interessen überwogen. Dieser erste, bemerkenswerterweise aus dem Mittelmeer heraus, von Genuesen mit mediterranen Schiffen vorgetragene Versuch, durch Umschiffung Afrikas den Seeweg nach Indien zu finden, sollte bis ins 15. Jh. keine Nachahmer finden, auch wenn in der Folgezeit eine ganze Reihe von Atlantikfahrten aus dem westl. Mittelmeerraum heraus bezeugt ist. Im 1. Drittel des 14. Jh. (1312?, 1336?) entdeckte der Genuese Lancelotto Malocello, wohl in ptg. Diensten, die der Antike als »Insulae Fortunatae« bekannten Kanar. Inseln (→Atlant. Inseln) wieder. Angebl. Versuche des Entdeckers, sich auf der nach ihm ben. Insel Lanzarote zu etablieren, sollen am Widerstand der Ureinwohner, der Guanchen, gescheitert sein. 1341 wird eine weitere, von Lissabon ausfahrende Expedition von Portugiesen, Florentinern, Kastiliern und Genuesen zu den Kanaren erwähnt, über die wohl durch den Genuesen Niccoloso da Recco, einen der Schiffskapitäne, ein Bericht nach Italien gelangte. Die Nachrichten von diesen Fahrten riefen in West- und Südeuropa so großes Aufsehen hervor, daß der in frz. Diensten stehende kast. Infant Luis de la Cerda (→Espagne, Louis d') sich von Papst Clemens VI. 1344 mit den Inseln belehnen ließ, um sie zu erobern und zu christianisieren. Hier begegnet erstmals die →Kurie als Rechtstitel verleihende Autorität in der überseeischen E., nachdem das Papsttum bereits seit dem 11. Jh. mehrmals als Lehensgeber europ. Inselgruppen aufgetreten war (1091 Lipar. Inseln und Korsika, 1155/56 Irland). Der Papst berief sich dabei offenbar auf die →Konstantin. Schenkung und anerkannte den Wunsch zur Ausbreitung des Christentums als Grund für einen gerechten (Eroberungs-)Krieg. Portugal und Kastilien führten dem Papst gegenüber eigene Ansprüche an (Portugal unter Hinweis auf die Erstentdeckung und die geograph. Nähe der Inseln zu Portugal, Kastilien unter Berufung auf das Westgotenreich, dem Afrika gehört habe und das wiederherzustellen sein Ziel sei), fügten sich aber dem päpstl. Belehnungsakt. In der hier erstmals faßbar werdenden Rivalität zw. Portugal und Kastilien sollte das Papsttum bis hin zum Vertrag v. →Tordesillas (1494) noch wiederholt angerufen werden und kraft eigener, im einzelnen unterschiedlich begründeter Autorität Recht setzen. Das Lehnrecht sollte aber auch von weltl. Herrschern bis weit in die frühe Neuzeit hinein als Instrument zur Begründung und Besiedlung überseeischer Kolonien benutzt werden, bevor erstmals Kastilien zu Beginn des 16. Jh. neue staatl.-bürokrat. Formen beim Erwerb und der Erschließung von Kolonien entwickelte. In den folgenden Jahrzehnten sind vor allem einige katal.-mallorquin. Fahrten zu den Kanaren bezeugt (1342 Francesc Desvalers und Domingo Gual, 1352 Arnau Roger sowie zwei vorwiegend missionar. Unternehmen 1369 und 1386), die freilich ebensowenig wie die vorhergehenden nachwirkten. Beachtung verdient die lediglich kartographisch überlieferte Fahrt des Katalanen Jacme Ferrer zum »Goldfluß« 1346, die erstmals in dem mallorquin.-katal. Weltatlas des Abraham →Cresques in der Legende erwähnt wird. Nicht mehr Indien, wie noch bei den Brüdern Vivaldi, sondern das Guineagold begründete nun das Interesse an der Westafrikafahrt und sollte in der Folgezeit bis hin zu Heinrich d. Seefahrer als Hauptmotiv dominieren. Die Überlieferungsform dieser Reise läßt zugleich erkennen, daß die →Kartographie beträchtliche Fortschritte machte und die Tradition der ma. Radkarten endgültig durch eine Entwicklung in Richtung auf die neuzeitl. Kartographie abgelöst wurde, die sich rasch als ein wichtiges Instrument der Expansion erwies, das neue Kenntnisse fixierte und verbreitete. So hat z. B. bereits 1339 der Portulan des Katalanen Angelino Dulcert die Entdeckung des L. Malocello verzeichnet.

Insgesamt blieben die Reisen des 14. Jh. ohne greifbare Ergebnisse, sieht man von der Erweiterung des Wissens ab. Die Ursachen dafür sind sicher vielfältig. So erwiesen sich die seefahr. Mittel des Mittelmeers als wenig für die Atlantikschiffahrt geeignet. Die niederbordigen Galeeren und die plumpen, mit abgerundetem Kiel und latein. Dreiecksbesegelung ausgestatteten, großvolumigen Schiffe des Mittelmeers erwiesen sich für die Hochseeschiffahrt im Atlantik mit seinen Wind-, Strömungs- und Dünungsverhältnissen wenig geeignet. Erst die aus einer Fusion mediterraner und flandr.-hans. Schiffahrtstraditionen an den iber. Küsten entstandenen kleineren →Karavellen, Dreimaster mit hohem Außenbord, flachem Kiel, Heckruder und kombinierter Dreiecks- und Viereckesbesegelung, sollten sich den Anforderungen gewachsen erweisen. Auch die navigator. Fähigkeiten sollten erst im 15. Jh. mit der Einführung von →Quadrant, →Astrolabium und Sternkarten, in der →Astronomie des 14. Jh. längst gebräuchlich, entscheidend verbessert werden, wie überhaupt erst die Verknüpfung von wissenschaftl. Kenntnissen und Methoden mit dem Erfahrungswissen der Seeleute die großen seefahrer. Leistungen der Folgezeit ermöglichte. Ein weiterer Grund für ein Ausbleiben nachhaltiger Auswirkungen dieser ersten Fahrten dürfte in der von den Pestjahren 1346–50 ausgelösten großen europ. Krise zu suchen sein. Zumindest in den iber. Reichen führte die Krise zu polit., wirtschaftl. und sozialen Spannungen mit Auswirkungen auf die überseeische E. Im kast. Bürgerkrieg unterlag der dem merkantil-ge-werbl. Städtewesen verbundene König Peter I. seinem vom Adel gestützten Halbbruder Heinrich v. Trastámara, was eine Abkehr von der maritimen E. zur Folge hatte. Im ptg. Sukzessionskonflikt setzte sich demgegenüber Johann (I.) v. →Avis mit Hilfe des Stadtbürgertums und niederen Adels gegen den hohen Adel und den Kg. v. Kastilien durch (→Aljubarrota, 1385), womit der Grundstein für Portugals Führungsrolle in der atlant. E. gelegt wurde.

IV. DIE EXPANSION DES 15. JAHRHUNDERTS: Vor dem Ausgreifen Portugals unternahmen zunächst Kastilier 1393 einen spektakulären Raubzug auf den Kanaren, bevor 1402–18 der norm. Adlige Jean de →Béthencourt mit Erlaubnis des Kg.s v. Kastilien seinen Kolonisationsversuch auf den Kanaren mit Hilfe von Handelskapital und Personal aus →La Rochelle verwirklichte. Fahrten zu den Kanaren und entlang der marokkan. Küste waren inzwischen Gewohnheit, allerdings vorrangig zwecks Tauschhandel, Fischfang, Sklavenfang und Plünderung. Diese Unternehmungen zeigten, daß für weitergehende Vorhaben der Rückhalt einer starken polit. Macht mit Verfügungsgewalt über beträchtl. finanzielle Ressourcen erforderlich war, wie sie erstmals Prinz →Heinrich d. Seefahrer in die Waagschale warf, nachdem es in Portugal längst üblich war, daß Mitglieder des Königshauses, ja, der Kg. selbst auf eigene Rechnung Handels- und Schiffahrtsunternehmungen veranlaßten, weshalb man mit bezug zu Portugal auch von einem »monarch. Kapitalismus« gesprochen hat. Am Beginn der ptg. Expansionsunternehmungen stand 1415 die Einnahme der reichen marokkan. Handelsstadt →Ceuta. Die ständigen Angriffe der Muslime auf die Stadt und das Ausbleiben von Handelsvorteilen veranlaßten die ptg. Politik, die Stadt zu halten und zugleich zu versuchen, durch Vorstöße entlang der afrikan. Küste in den Rücken des marokkan. Reiches zu gelangen. Heinrich d. Seefahrer scheint ein entschlossener Anhänger dieser Politik geworden zu sein. Zw. 1418 und 1425 entdeckten João Gonçalves Zarco und Tristão Vaz Teixeira, zwei als Korsaren tätige Gefolgsleute Heinrichs, die Madeira-Inseln (→Atlant. Inseln), die in der Folgezeit besiedelt und 1433 Prinz Heinrich vom Kg. übertragen wurden. Befehlshaber von Porto Santo, einer dieser Inseln, wurde Bartolomeu Perestrelo, dessen Tochter später Kolumbus heiraten sollte. 1427 und 1431 erfolgte die Entdeckung der Azoren (→Atlant. Inseln) unter unklaren Umständen. Heinrich leitete bereits 1432 die Kolonisation ein und erhielt 1439 von der Krone das Recht zur Besiedlung von sieben dieser Inseln. Er finanzierte die Conquista z. T. durch Einkünfte des →Christusordens, dem er als Großmeister vorstand. Die Tatsache, daß schon einige Jahrzehnte später Agrarprodukte von den beiden Inselgruppen (Getreide, Zucker u. a.) auf den Märkten des Festlandes auftauchten, weist auf Heinrichs Erfolge hin. Ptg. Vorstöße entlang der afrikan. Küste, in den Atlantik und zu den Kanaren, teils auf Initiative der Krone, teils auf Veranlassung Heinrichs oder auch aufgrund privater Anstrengungen folgten nun in rascher Folge: 1434 umrundete Gil →Eanes auf Befehl Heinrichs das legendäre Kap Bojador, das lange als südlichster Punkt galt, bis zu dem Seefahrt möglich sei; 1436 gelangte Afonso Baldaia bis Rio do Ouro; nach einer Unterbrechung, bedingt durch einen fehlgeschlagenen Angriff auf Tanger, gelang 1441 der Fang der ersten schwarzafrikan. Sklaven in Rio do Ouro; im gleichen Jahr erreichte Nuno Tristão im Auftrag Heinrichs Kap Blanco und derselbe die Bucht von Arguim. Der Handel mit den neu entdeckten Küstengebieten nahm einen raschen Aufschwung: →Sklaven, →Gewürze (Malaguetta-Pfeffer), Häute, →Gold u. a. Die Fahrten begannen regelmäßig beträchtl. Gewinne abzuwerfen, weshalb Heinrich die Gelegenheit genutzt hatte, sich von der Krone ein Exklusivprivileg für Fahrten südlich von Kap Bojador geben und 1443 vom Papst bestätigen zu lassen. Die Versklavung von Nichtmuslimen, die nun in großem Stile einsetzte, stellte zunächst noch kein theol. Problem dar, da bis weit ins 15. Jh. hinein die diesbezügl. →Naturrechtslehren von →Aegidius Romanus und →Henricus de Segusio gegenüber der thomist. Konzeption (→Thomas v. Aquin) überwogen, wodurch die Auffassung gestützt wurde, daß →Heiden grundsätzl. im Zustand der →Sünde lebten und eine Versklavung mit nachfolgender Christianisierung die Rettung ihrer Seelen ermögliche. In dem Maße, wie parallel zu den genannten Fahrten friedliche Missionsversuche einsetzten, sicherte zunächst Papst →Eugen IV. 1434 in der Bulle »Regimini gregis« den solche Missionierung tolerierenden Eingeborenen auf den Kanaren die persönl. Freiheit und damit Schutz vor Versklavung. 1472 dehnte Sixtus IV. in der Bulle »Pastoris aeterni« diese Regelung auf die in Missionsgebieten lebenden Bewohner der afrikan. Festlandsküste aus. Hier wird deutlich, daß sich schrittweise die dann im 16. Jh. von den span. Spätscholastikern verfochtene thomist. Rechtsauffassung durchzusetzen begann, aber auch, daß die Mission den ökonomisch motivierten Unternehmungen stets mit zeitl. Verzögerung folgte und sich dann häufig vollzogenen Tatsachen gegenübersah. In der Zwischenzeit intensivierte sich aber auch die Rivalität mit dem unter Johann II. erstarkten Kastilien, das nach wie vor Ansprüche auf die Kanar. Inseln erhob und dessen andalus. Seeleute den Spuren der Portugiesen entlang der afrikan. Küste folgten und bereits Stützpunkte auf den kleineren Kanaren besaßen. Die Kurie widerrief angesichts kast. Vorstellungen 1436 eine Konzession an Portugal. Doch als →Cadamosto und Usodimare in ptg. Diensten 1455/56 nach Guinea vorstießen und die Kapverden (→Atlant. Inseln) entdeckten, erreichte Portugal 1455 die Bulle »Romanus Pontifex«, die ihm das Exklusivrecht für die Fahrten südl. des Kap Bojador zubilligte, eine Regelung, die Portugal in dem Vertrag v. Alcáçovas 1479 von Kastilien gegen den Verzicht auf die Kanar. Inseln bestätigt erhielt. Die an die päpstl. Interventionen in dieser Rivalität geknüpften Interpretationen von einer »Weltteilung« zw. Portugal und Spanien, die dann in den Bullen Alexanders VI. aus dem Jahre 1493 (→Amerika) gipfelten, sind jedoch übertrieben, da Portugal wie Kastilien sehr wohl wußten, daß diese Konzessionen gegenüber Dritten politisch und ggf. militärisch würden durchzusetzen sein. Der Vertrag v. Alcáçovas beendete nicht nur vorübergehend die Rivalität zw. Portugal und Kastilien durch die Fixierung der in Ost-West-Richtung durch das Kap Bojador verlaufenden Linie, südlich derer keine kast. Schiffahrt mehr erlaubt sein sollte, und sprach zugleich Kastilien definitiv die Kanar. Inseln zu, sondern er bedeutete auch das Ende des Erbfolgekrieges um Kastilien und die entschlossene Hinwendung der kast. Krone zu den atlant. Unternehmungen. Die →Kath. Könige leiteten nun die Unterwerfung und Besiedlung der Kanar. Inseln ein. Die privaten Unternehmungen andalus. Seefahrer und Kaufleute erhielten nun staatl. Unterstützung, wie sie in Portugal bereits seit langem üblich war. Zugleich war durch den Vertrag v. Alcáçovas vorgezeichnet, daß eine weitere Expansion Spaniens nur in westl. Richtung im Ozean, d. h. auf der von →Kolumbus vorgeschlagenen Route möglich sein würde. Parallel dazu zeichnet sich nun bald eine unterschiedliche Expansionskonzeption zw. Portugal und Ka-

stilien ab: Während Portugal eine Handelskolonisation mit der Anlage von befestigten Stützpunkten, jedoch keine totale Durchdringung und Besiedlung der aufgefundenen Länder anstrebte, begann Kastilien auf den Kanar. Inseln eine gezielte Eroberungs-, Besiedlungs- und Missionspolitik, die eine Integration der Urbevölkerung anstrebte, ein Unterschied, der schon gegen Ende des 15. Jh. auch im span. Amerika und im ptg. Afrika und Asien deutlich faßbar werden und zu sehr unterschiedl. Konsequenzen führen sollte. Portugal hatte mit den Fahrten Cadamostos und Usodimares zunächst sein Ziel, zu den Ursprungsländern des Goldes und der trop. Produkte vorzudringen, erreicht und nutzte deren kommerzielle Möglichkeiten. Nach Heinrichs Tod 1460 folgte ihm in dem erworbenen Besitz zwar sein Neffe und Adoptivsohn Ferdinand, doch trieb dieser die Entdeckungsfahrten nicht weiter voran. Zwar förderte die Krone die Besiedlung der unbewohnten Kapverden, doch Alfons V. betrieb verstärkt Eroberungen in Marokko und mischte sich in der innerkast. Thronfolgestreitigkeiten unter Heinrich IV. ein, reklamierte nun freilich ein Konzessionierungsmonopol der Krone für jedwede Nutzung der entdeckten Gebiete und weitere Expansionsunternehmungen. Erst nach Alfons' Tod 1481 nahm sein Nachfolger Johann II. die Expansionspolitik in Westafrika wieder auf. 1482 ließ er an der Goldküste das Fort São Jorge da Mina als Handelsfaktorei gründen. 1482/83 entdeckte in kgl. Auftrag D. →Cão den Zaire (Kongo) und stieß über den Äquator hinaus vor. Eine zweite von ihm in der Annahme, nahe der Südspitze Afrikas und damit des Seeweges nach Asien angelangt zu sein, durchgeführte Fahrt gelangte bis an die namib. Küste. Fortan war der Vorstoß nach Asien oberstes Ziel der weiteren ptg. Expeditionen, das schon 1487/88 mit der Umrundung des Kaps d. guten Hoffnung durch B. →Dias in greifbare Nähe gerückt war, weshalb in Portugal auch Kolumbus' Plan einer Westfahrt auf kein Interesse stieß. Die so zögernd und tastend in Gang gekommene Expansionsbewegung überstürzte sich nun: 1492 stieß →Kolumbus auf die Amerika vorgelagerten Inseln. 1494 veränderte der Vertrag v. →Tordesillas definitiv die Richtung der ptg. und span. Expansion. 1495 unternahm England mit der Fahrt des it. Seefahrers →Caboto einen ersten Vorstoß nach Übersee. 1497–99 umrundete Vasca da →Gama Afrika und gelangte nach Indien. 1500 entdeckte →Cabral Brasilien. 1513 begann die span. Kolonisation Zentralamerikas vom Isthmus v. Panamá aus. 1511/12 gelangten die Portugiesen zu den Molukken und 1514 nach Kanton. 1519–21 eroberte →Cortés Mexiko und 1520 begann →Magellan die erste Erdumsegelung, die Elcano 1522 vollendete. Diese raschen Fortschritte, vor dem Hintergrund eines unendlich langen Vorbereitungsprozesses seit dem 13. Jh., veränderten innerhalb von 30 Jahren das Gesicht der Welt, wie sich an den zahlreichen kartograph. Darstellungen der Zeit ablesen läßt. Die Gründe für diese Beschleunigung sind vielfältig. Einmal ist hier sicherlich die enorme Verbesserung der Segeltechnik und der naut. Fertigkeiten mit der Einführung der astronom. Navigation zu nennen, die dazu führte, daß die Afrikafahrer Portugals so weit in den Atlantik ausholten, daß Cabral auf einer dieser Fahrten Brasilien »zufällig« finden konnte. Zum anderen ist sicherlich auch der Fall →Konstantinopels (1453) und die damit verbundene Erschwerung des traditionellen Orienthandels sowie v. a. die Unterstützung des sich in Richtung auf den Absolutismus entwickelnden Flächenstaates in Westeuropa und der Einsatz seiner Ressourcen für die E. dafür verantwortlich zu machen.

H. Pietschmann

Q. und Lit.: [Q. und ältere Lit. sind aus nachfolgend gen. neueren Darstellungen zu erschließen]: V. Magalhães Godinho, A expansão quatrocentista portuguesa. Problemas das origenes e da linha de evolução, 1944 – F. Pérez Embid, Los descubrimientos en el Atlantico y la rivalidad castellano-portuguesa hasta el tratado de Tordesillas, 1948 – V. Magalhães Godinho, Les grandes découvertes, 1953 – J. Heers, Gênes au XVe s., 1961 – J. H. Parry, Age of Reconnaissance, 1963 – V. Magalhães Godinho, Os descobrimentos e a economia mundial, 2 Bde, 1965–71 – Ch. Verlinden, Les origines de la civilisation atlantique, 1966 – G. Hamann, Der Eintritt der südl. Hemisphäre in die europ. Gesch., 1968 – A. Rumeu de Armas, La política indigenista de Isabella Católica, 1969 – P. Chaunu, L'E. européenne du XIIIe au XVe s., 1969 – Ders., Conquête et exploitation des nouveaux mondes, 1969 – F. C. Lane, Seerepublik Venedig, 1973 – A. Rumeu de Armas, La conquista de Tenerife (1494–96), 1975 – Ch.-E. Dufourcq, La vie quotidienne dans les ports mediterranéens au MA (Provence-Languedoc-Catalogne), 1975 – H. A. Miskimin, The Economy of Early Renaissance Europe (1300–1460), 1975 – U. Bitterli, Die »Wilden« und die »Zivilisierten«. Grundzüge einer Geistes- und Kulturgesch. der europ.-überseeischen Begegnung, 1976 – Ch.-E. Dufourcq – J. Gautier-Dalché, Hist. économique et sociale de l'Espagne chrétienne au MA (1000–1500), 1976 – R. S. Lopez, The Commercial Revolution of the MA (950–1350), 1976 – B. W. Diffie – D. Winius, Foundations of the Portuguese Empire (1415–1580), 1977 – A. MacKay, Spain in the MA (1000–1500), 1977 – Die Entdeckung und Eroberung der Welt. Dok. und Ber., hg. U. Bitterli, 2 Bde, 1980–81 – F. Fernández-Armesto, The Canary Islands after the Conquest, 1982 – M. Mollat, La vie quotidienne des Gens de Mer en Atlantique IXe–XVIe s., 1983 – W. Reinhard, Gesch. der europ. E., 2 Bde, 1983–85 – E. Aznar Vallejo, La integración de las Islas Canarias en la Corona de Castilla 1478–1526, 1983 – Dok. zur Gesch. der europ. E., hg. E. Schmitt, Bd. 1–2, 1984–86 – J.-P. Roux, Les explorateurs au MA, 1985 – U. Bitterli, Alte Welt – neue Welt, 1986.

Expeditio, der Weg einer Urk. durch die →Kanzlei von der Genehmigung der Bitte über den Fertigungsbefehl, Anfertigung und Kontrolle von Konzept und Reinschrift, Besiegelungsbefehl und Besiegelung bis zur Registrierung, also der gesamte Vorgang der →Beurkundung, wobei E. als terminus technicus allerdings im MA nur in der päpstl. Kanzlei (und später in der Reichskanzlei) gebräuchl. ist. Dabei bezeichnet »expedire« nicht die Tätigkeit der Kanzlei, sondern diejenige des Bittstellers, der die E. seiner Urk. durch Taxzahlung und meist auch Trinkgelder selbst voranzutreiben hat. Quellen für den Geschäftsgang sind die Kanzleiordnungen, die Kanzleivermerke auf den Urkk. und literar. Darstellungen, bes. Klagen über Mißbräuche (v. a. letztere zeigen, daß die geltenden Regeln in der Praxis oft nicht eingehalten wurden); für die päpstl. Kanzlei gibt es am Ende des MA zwei »Leitfäden« für Bittsteller, die anonyme »Practica« und denjenigen des Dr. Dittens. Im SpätMA entwickeln sich oft mehrere Expeditionswege, die sich bis zu konkurrierenden Kanzleien mit eigenen Siegeln entwickeln können, v. a. dort, wo (wie z. B. in England und Frankreich) der Herrscher die alleinige Kontrolle über die Kanzlei verliert. Die Wahl des Expeditionsweges liegt meist im Belieben des Bittstellers; allerdings fallen verschieden hohe Gebühren an, und es eignen sich nicht alle Materien für jeden Expeditionsweg.

Der Beurkundungsbefehl, dem mündl. oder schriftl. Bitte, u. U. begleitet von der Intervention hochgestellter Personen, die Vorlage von Vorurkunden, ein Urteilsspruch, aber auch eigener freier Entschluß des Herrschers zugrunde lag, wurde von diesem der Kanzlei nur selten persönl. erteilt. Häufiger ist die Beauftragung von Mittelsmännern, worüber in karol. Zeit die Ambasciatorenvermerke (→Ambasciator), seit dem 14. Jh. die Relatorenvermerke berichten, oder ein schriftl. Befehl in Form der Signierung einer Bittschrift (Kurie, Frankreich) oder als eigene Urk. unter dem persönl. Siegel des Kg.s (v. a. in England). Daneben erlangen einzelne Behörden (z. B. das →Exchequer), aber auch die Kanzleivorstände (z. B. Vizekanzler an der Kurie, Großhofrichter in Sizilien) das Recht, weniger wichtige Materien ohne Befragung des Herrschers zu genehmigen. Die abschließende inhaltl. Kontrolle nimmt gewöhnl. der Kanzleivorstand unmittelbar vor der Besiegelung vor. Persönliche Beteiligung des Herrschers ist nur in der merow. (Unterschrift), der karol. und otton. (Vollziehungsstrich), der sal. (signum speciale), der norm. Kanzlei (Unterschrift) sowie auf den päpstl. →Privilegien (Unterfertigung des Papstes in wechselnder Form) zu beobachten; dann kommen erst wieder im 15. Jh. Unterschriften des Herrschers auf.

Deutlich sind die verschiedenen Expeditionswege in der päpstl. Kanzlei zu erkennen. Für litterae und Bullen stehen drei Möglichkeiten offen, die sich v. a. in der Art der Kontrolle unterscheiden: 1. E. per cancellariam mit Kontrolle durch die →Abbreviatoren des parcus maior (bzw. bis zum 13. Jh. die →Notare) unter Zugrundelegung der →Kanzleiregeln; 2. E. per cameram mit Freigabe durch den Papst selbst ohne Beachtung der Kanzleiregeln, aber mit erhöhter Taxe; 3. E. per viam correctoris mit Freigabe durch den →Corrector litterarum apostolicarum bzw. den →Vizekanzler und routinemäßiger Verlesung in der →Audientia. Die →Breven werden von den →Sekretären ohne bes. Kontrolle ausgestellt, ggf. supplicatione introclusa. Schließlich kann die sola signatura gültige Supplik als Urkundenersatz dienen, wobei eine weitere E. entfällt.

Th. Frenz

Lit.: Bresslau II, 1ff. – J. Haller, Die Ausfertigung der Provisionen, QFIAB 2, 1899, 1–40 – L. Schmitz-Kallenberg, Practica cancellariae apostolicae saeculi XV exeuntis, 1904 – W. Erben, Die Kaiser- und Königsurkk. des MA in Dtl., Frankreich und Italien, 1907, 41ff. [Nachdr. 1967] – T. F. Tout, Chapters in the Administrative Hist. of Mediaeval England, 1937² – G. Tessier, Diplomatique royale française, 1962 – P. Rabikauskas, Diplomatica pontificia, 1964 – P. Herde, Beitr. zum päpstl. Kanzlei- und Urkundenwesen im 13. Jh., 1967², 149ff. – H. Enzensberger, Beitr. zum Kanzlei- und Urkundenwesen der norm. Herrscher Unteritaliens und Siziliens, 1971, 39ff. – Th. Frenz, Die Kanzlei der Päpste der Hochrenaissance 1471–1527, 1986, 55f., 91ff.

Experimentum (lat. 'Erfahrung, Versuch, Probe'). E. ist zunächst und teilweise auch im MA *Erfahrung,* welche selbst gemacht, aber auch von als Autoritäten geltenden Autoren ungeprüft übernommen wird. Trotz gelegentl. Ansätze griech. Gelehrter der Antike zum Experimentbegriff der NZ, dem kontrollierten und reproduzierbaren Versuch, welcher der Naturwissenschaft den eigtl. Aufschwung erst ermöglicht hat, blieb die Naturkunde zunächst deskriptiv, und die Phänomene wurden aristotelisch nach dem »warum«, weniger nach dem »wie« ihres Ablaufes oder Seins befragt. Die mehr passive Naturbeobachtung hat auch im MA – mit Ausnahmen – noch vorgeherrscht, doch wurden die Grundlagen techn. Art und der Wandel des Begriffes durch gelegentl. Infragestellung der Autoritäten schon vorbereitet. Plinius maior (s. Thorndike I, 54–57) stellt die Erfahrung als E. noch in den Vordergrund; Galen hat schon auf die Erprobung im Mit- und Gegeneinander von ratio Bezug genommen. Während das frühe Christentum und auch der Islam dem *Versuch* an und mit der Natur – als fertiger Schöpfung – wenig Interesse entgegenbrachten, ist seit dem 13. Jh. eine Diskussion darüber festzustellen (u. a. →Petrus Hispanus, † 1277; Thorndike II, 508ff., über »via experimenti«). →Roger Bacon (1214–91) hat mit physikal. Versuchen und deren Ergebnissen an den »Autoritäten« Zweifel erhoben. →Albertus Magnus (1193–1280) fordert, daß bei der Bearbeitung von Naturphänomenen »experimentum et ratio« zusammenwirken müssen. Weiterhin: »Die Naturwissenschaft hat nicht zum Ziel, das Tatsächliche zu berichten und einfach hinzunehmen, sondern vielmehr die Ursachen im Naturgeschehen zu ergründen« (de mineralibus; Übers. n. HAAS, 127). Mit Entwertung der Ideen, als vormals eigtl. Realem, zu Zeichen und Signaturen, wird im Beginn des →Nominalismus die Sicht der Realität der Welterkenntnis und der Methoden hierzu freier (v. a. bei →Wilhelm v. Ockham, † 1349; →Nikolaus Oresme, †1382). Die Renaissance hat dann auch in Breitenwirkung den Autoritätenglauben vermindert und durch Bestärkung des Individuums den einzelnen zur Überprüfung seiner Theorie durch das E. ermuntert. Doch haben ideolog. Gegensätze oft die Anerkennung der Ergebnisse experimenteller Forschung verzögert. Nicht zu Unrecht wird Paracelsus (Theophrastus Bombastus v. Hohenheim) in seiner spektakulären Verachtung von »Autoritäten« und Schulmedizin (16. Jh.) oft in dem Zusammenhang des Begriffswandels von E. genannt. Er hat eigtl. nur den Boden für die Chemiatriker geschaffen, die aber – noch ohne Maß und Zahl sowie Analytik recht einsetzen zu können – Chemie und Medizin im E. verbunden haben. – Bei Paracelsus trafen Traditionen mit techn. Fertigkeiten zusammen, die sich im MA ausgebildet hatten, ohne der gelehrten Welt der Scholastik immer zur Kenntnis gekommen zu sein: Zum einen die Montanistik (→Bergbau), welche im MA als lang schriftarme Technik die Analytik, Säuren, Scheidekunst, Amalgamtechnik usw. gewiß mit E. entwickelt hat; die Färberei und die Rezeptliteratur zu techn. Verfahren (v. a. →Compositiones ad tingenda musiva; →Liber Sacerdotum; →Mappae Clavicula), welches alles auch nicht allein als spontane Erfindung, sondern als mit E. verbunden zu gelten hat. Zum anderen die Fertigkeiten der →Pyrotechnik, der Feuerwerkskunst, des Pulverhandwerks (V. →Biringuccio) und bes. die aus hellenist.-neuplaton. und älterem ägypt. Gedankengut im MA florierende →Alchemie, die mit dem Ziel des künstl. Eingriffes in die Natur das E. in dem von ihr geschaffenen Laboratorium erst in größerem Stil ermöglicht hat. Über das chemiatr. Apothekenlaboratorium seit dem 16. Jh. hat dies sich zum Experimentallabor im 17. Jh. weiterentwickelt. – Grundlage zu alchem. Operationen und Versuchen bot die neuplaton. Mikro-Makrokosmostheorie und sonstige Analogielehren, die die Neugier zur Ergründung von Zusammenhängen und Ursachen des Bestehenden geweckt und somit auch über mag. Beeinflussungsversuche der vorgegebenen Natur zum E. geführt haben. Das immer wieder im MA mit vergelb. Verboten belegte künstl. Eingreifen des Menschen in die Natur durch das E. hat die nz. Wissenschaft vorbereiten helfen und den Menschen von seiner als passiv vorgesehenen Rolle in einer geschlossenen teleologisch und organologisch geordneten Welt, die den Platz des einzelnen vorherbestimmt und für die Wissenserweiterung über das Bekannte hinaus unmöglich war, befreit. Insofern ist der Wandel des E. von Erfahrung zum Versuch auch schon mit Anfängen des kontrollierten Versuches im MA zu sehen.   G. Jüttner

Lit.: A. C. CROMBIE, Robert Grosseteste and the Origins of Experimental Science 1100–1700, 1953 – THORNDIKE–H. HAAS, Spiegel der Arznei, 1956 [Das Experiment und die Therapie, 125–136] – J. PRIGOGINE – J. STENGERS, Dialog mit der Natur, 1980 [u. a. 45ff.].

Explicatio → implicatio

Exportgewerbe, -handel → Fernhandel, →Handel, →Gewerbe

Exportgewerbestadt → Stadttypen

Exposita → Wal

Expositio totius mundi et gentium, eine in der Mitte des 4. Jh. n. Chr., vielleicht 359/360 (ROUGÉ, 9ff.) in schlechtem Latein verfaßte, aus einer unbekannten griech. Vorlage schöpfende Beschreibung der antiken, bes. röm. Welt eines unbekannten Autors mit handelsgeograph. Interessen. Im Osten beginnend, behandelt sie Asien, Europa und Afrika und endet mit den größten Inseln des Mittelmeers und Britannien. Das Hauptinteresse der Schilderung richtet sich auf Charakter und Eigenheiten der behandelten Völker, Regionen und Städte, ihre Produkte und Handelsverbindungen.   J. Hahn

Ed., Komm., frz. Übers.: J. ROUGÉ, 1966 – *Lit.:* KL. PAULY II, 484 – RE VI, 1693f. – H.-J. DREXHAGE, Münstersche Beitr. zur antiken Handelsgesch. 2, 1983, 3–41 [Einf., dt. Übers., Lit.].

Exsultetrolle(n). Die ausschließl. in Mittel- und Süditalien bekannten E. enthalten den liturg. Text der Lob- und Opferpräfation zur Verherrlichung und Darbietung der brennenden Osterkerze in der Feier der Osternacht, hymnolog. mit der Bezeichnung Praeconium paschale, das mit dem »Exsultet iam angelica turba« einsetzt. Die 28 erhaltenen Beispiele aus dem 10. bis 13. Jh. sind bis zu 45 cm breit, die längste, heute zerschnittene mißt annähernd 9 m. Neben dem Text mit den zugehörigen Neumen enthalten die Pergamentrollen ornamental geschmückte Rahmungen, Initialen sowie Miniaturen, die auf den ältesten Exemplaren reine Wortillustrationen darstellen, dann aber auch Schilderungen liturg. Vorgänge (Entzünden der Osterkerze, Verwendung der E.), bibl. Szenen, Personifikationen und von den Miniatoren erfundene, individuelle Bildprägungen; zu den Wortillustrationen zählt auch die beliebte Darstellung der Honig sammelnden Bienen – mit dem Bezug auf das Wachs der Osterkerze – zu dem bereits vom hl. Hieronymus beanstandeten Bienenlob. Aufgrund der Verwendung der E. durch den Diakon, der Texte vom Ambo aus, neben dem die Osterkerze stand, intonierte und dabei die Rolle allmähl. über das Lesepult zu den unten Stehenden hinabgleiten ließ, wurden seit dem 11. Jh. die Illustrationen in Gegenrichtung zum Text, also auf dem Kopf stehend, angebracht, so daß man sie von unten in richtiger Position sehen konnte. →Buchmalerei, Abschnitt X.   J. M. Plotzek

Lit.: LThK III, 1318f. – RDK VI, 719–740 [Lit.].

Externsteine (von nd. Exter, wohl 'Elster'), eine am alten Fernweg von Paderborn nach Hameln und Magdeburg vor der Überquerung des großen Eggepasses bei Horn (Lippe, östl. Westfalen) gelegene monumentale Felsengruppe aus Sandstein. Als Naturdenkmal aus dem Bergrücken des Teutoburger Waldes ausgewaschen, wurde es durch die Bearbeitung des Menschen zu verschiedenen Zeiten zu einem Kulturdenkmal, das seit Hermann Hamelmann 1564 als heidn. und christl. Kultstätte vielfach und kontrovers gedeutet worden ist. Als weithin geklärt gilt, daß die 1093 von der Abtei OSB Abdinghof in →Paderborn erworbene »Agistersten« zu einer Rekluse und wenig später durch den Bf. v. Paderborn, Heinrich v. Werl (1084–1127), zu einer Nachbildung der Hl. Grabanlage (→Grab, Hl.) in Jerusalem mit Kreuzauffindungskapelle (Weiheinschrift 1115), Felsengrab, oberer Golgathakapelle (nach MUNDHENK erst 1590) und einem aus dem Felsen gehauenen, 5,5 m hohen Großrelief der Kreuzabnahme (um 1115) ausgestaltet worden ist. Es gilt als älteste dt. Großplastik und verbindet in seinem abendländisch einzigartigen Erscheinungsbild byz. Elemente wie kunsthist. Bezüge zu Großreliefs in →Gernrode und →Chichester. Kl. Abdinghof unterhielt an den E.n im MA einen Kapellendienst. P. Leidinger

Lit.: A. Fuchs, Im Streit um die E., 1934–O. Gaul, Neue Forsch. zum Problem der E., Westfalen 32, 1955, 141–164–K. Honselmann, Der Externsteinbesitz Abdinghofs, Mitt. aus der Lipp. Gesch. und Landeskunde, 1955, 212–226–F. H. Hamkens, Der Externstein. Seine Gesch. und seine Bedeutung, 1971–J. Mundhenk, Forsch. zur Gesch. der E., I–IV, 1980–83 – E. Neumann-Gundrum, Europas Kultur der Groß-Skulpturen, 1981–A. Reinle, Das roman. Relief der Kreuzabnahme an den E.n, Bull. de la cathédrale de Strasbourg XV, 1982, 105–113 – F. Hohenschwert, E. bei Horn (Führer zu archäol. Denkmälern in Dtl. 11, 1985), 220–230 – J. Mundhenk, Zur Datierung des E.r Kreuzabnahmereliefs innerhalb der Kunstgesch., WF 35, 1985, 40–59.

Extravagantes, ein Begriff aus den Schulen der →Dekretisten und später der →Dekretalisten, der einen gewissen Bedeutungswandel durchlief. Ursprünglich, etwa ab Mitte des 12. Jh., bezeichnete er kanonist. Quellenmaterial, das nicht im →Decretum Gratiani enthalten war; bezogen auf die Sammlung →Gratians sah man diese Texte daher gleichsam als »außerhalb umherschweifende« an. Bald bedeuteten E. dann aber v. a. neue →Dekretalen und Konzilsentscheidungen. Um das Dekret auf dem neuesten Stand zu halten, wurden diese Rechtsquellen zunächst in sog. Dekretanhängen den Handschriften (am Ende, seltener auch am Rand zur betreffenden Thematik) beigefügt. Die wachsende Masse dieses Rechtsstoffes führte rasch zu eigenen →Dekretalensammlungen, welche ihrerseits wieder die Voraussetzungen für den →Liber Extra bildeten; fortan bezeichneten E. die gegenüber diesem Rechtsbuch neuen Entscheidungen. Dieser Vorgang wiederholte sich im wesentl. beim →Liber Sextus und den →Clementinae, so daß als E. die nach dem jeweils neuesten authent. Rechtsbuch erneut gesammelten Dekretalen galten. Im engeren und eigtl. Sinn indessen trifft dieser Begriff auf jene Quellentexte zu, die nach den Clementinen ergingen und daher keine Aufnahme in authent. Rechtssammlungen mehr erfuhren.

Wohl aber wurden solche E. in privaten Collectiones des 14. und 15. Jh. zusammengefaßt, die ihrerseits als Vorlagen für weitere Zusammenstellungen dienten, mitunter auch mit ausgewählten Stücken aus authent. Sammlungen. Ihr Umfang reicht von drei bis weit über hundert Texten (z. B. eine bisher unbekannte Extravagantensammlung 's Gravenhage KB 73 E 16 mit 132 Dekretalen von Gregor IX. bis Alexander VI., darunter 80 von Clemens VI., 12 von Bonifatius VIII., 9 von Johannes XXII., 6 von Benedikt XII.). Oft wurden diese Sammlungen auch mit →Apparaten versehen; bekannt sind solche Kommentare z. B. von →Johannes Monachus, Guilelmus de Monte Lauduno, →Zenzelinus de Cassanis und Aegidius de Bellamera. Bemerkenswert für diese Extravagantensammlungen ist, daß sie im Gegensatz zu den meisten Collectiones des 12. und 13. Jh. nicht (von ganz wenigen Ausnahmen abgesehen) systemat., sondern chronolog. aufgebaut sind. Auffallend ist weiter die relativ geringe Anzahl der in solche Sammlungen aufgenommenen Stücke, obwohl sehr viel mehr päpstl. Entscheidungen zur Verfügung standen. Erklärungsversuche weisen einmal auf die Andersartigkeit der späten E. hin, die kaum mehr Entscheidungen von Einzelfällen waren, vielmehr meist schon Gesetzes-Charakter beanspruchten (»ad perpetuam rei memoriam«), daher nicht wie die älteren Dekretalen themat.-systemat. aufgeteilt, sondern vollständig übernommen wurden; zum andern wird auf die Verlagerung der wissenschaftl. Interessen der Kanonisten aufmerksam gemacht (J. Tarrant).

Versuche einer authent. Extravagantensammlung am Ende des 16. Jh. scheiterten. Weder der »Liber septimus decretalium« des Petrus Matthaeus von 1590, noch der »Liber septimus decretalium Clementis VIII« (1598, revidiert 1607–08) erfuhren eine Approbation oder Promulgation. Auch eine bloße, den privaten Charakter nicht verändernde Aufnahme in das →Corpus iuris canonici erfolgte nicht, so daß es bei den beiden einzigen im Corpus enthaltenen, daher bekanntesten und einflußreichsten Extravagantensammlungen blieb:

[1] *Extravagantes Johannis XXII:* Die Entstehung dieser Sammlung von 20 Dekretalen Johannes' XXII. aus den Jahren 1316–24 ist eng verbunden mit dem Apparat des Zenzelinus de Cassanis, wobei noch unklar scheint, ob dieser auf eine bereits bestehende Sammlung zurückgreifen konnte oder – wohl wahrscheinlicher – sie erst beim bzw. nach Verfassen seines Kommentars zusammenstellte. Sicher konnte er auf die Gruppe von drei schon 1319 von Guilelmus de Monte Lauduno kommentierten E. (Extravag. Jo. XXII. 1.2, 4.1, 3. un = Ed. Tarrant 7, 8, 9) zurückgreifen. Möglicherweise gehörte zu dem Grundstock seiner Sammlung auch die noch wenig erforschte, von Johannes XXII. wohl am 26. Nov. 1324 promulgierte Collectio (damit wäre sie die einzige Ausnahme bei den E. im strengen Sinn) von vier seiner Dekretalen (Extravag. Jo. XXII. 14.2, 14.3, 14.4, 14.5 = Ed. Tarrant 14, 18, 19, 20). Mit guten Gründen wird die endgültige Fassung der Sammlung auf die Jahre 1325–27 (nach Fertigstellung des Zenzelinschen Apparats) datiert (J. Tarrant). Die Neuordnung und Aufteilung dieser E. auf 14 Titel geht auf die Corpus-Ausgabe des Pariser Rechtsgelehrten Johannes Chappuis zurück.

[2] *Extravagantes communes:* Diese zweite Collectio Extravagantium im Corpus iuris canonici stellte Chappuis zusammen. In ihrer endgültigen Fassung mit 74 Dekretalen erschien sie erstmals in seiner Ausgabe von 1503; die ältesten Texte darin stammen von Bonifatius VIII. (1295; die oft Urban IV. bzw. Martin IV. zugeschriebenen Dekretalen gehen wohl auf Urban V. bzw. Martin V. zurück) bis Sixtus IV. (1483). Wahrscheinlich großenteils einer (oder auch mehreren) der Sammlungen von E. entnommen, ordnete Chappuis sein Material nach dem Vorbild der authent. Rechtsbücher in fünf nach Titeln gegliederte Bücher, obwohl ihm eherechtl. Quellen für das vierte fehlten (»Liber quartus vacat«). H. Zapp

Ed. und Lit.: J. W. Bickel, Über die Entstehung und den heut. Gebrauch der beiden E.sammlungen des C.i.c., 1825 – F. Sentis, Clementis Papae VIII Decretales quae vulgo nuncupantur Liber Septimus Decretalium Clementis VIII, 1870–A. M. Stickler, Hist. iuris can., 1950, 268ff., 363ff. – J. Tarrant, Extravagantes Iohannis XXII, MIC B 6, 1983. →Corpus iuris canonici.

Exzenter → Planetenbewegung

Eyb, Ludwig v., d. Ä., enger Vertrauter der frk. →Hohenzollern, polit. Schriftsteller, * 20. Febr. 1417 bei Ansbach, † 29. Jan. 1502, ▭ Abtei OCist →Heilsbronn (Bildnisgrabstein). Einer frk. Adelsfamilie entstammend, Bruder des Humanisten →Albrecht v. Eyb (24. A.), trat E. früh in den Dienst des Mgf.en →Albrecht Achilles (8. A.), nahm an dessen Kriegszügen und – zunehmend im diplomat. Aufgaben betraut – u. a. am →»Markgrafenkrieg« gegen die Stadt →Nürnberg (1449–50) teil. In der Verwaltung des frk. Territoriums der Hohenzollern wirkte er als Haushofmeister der Mgf.en und Hausvogt in Ansbach, ab 1462 als Statthalter des Landes. Nach Übernahme der Kurwürde in →Brandenburg durch Mgf. Albrecht (1470) reiste E. 1470–72 nach Brandenburg zur Ordnung der dortigen Landesverwaltung. Er ist Verfasser der »kurbrandenburg. Hofordnung« (1470). Nach zahlreichen diplomat. Missionen, u.a. zu den Wittelsbachern und an den Wiener Hof, war E. ab 1482 Erbkämmerer des Burggrafentums Nürnberg, bereits zuvor Pfleger eines bfl.-eichstätt. Amtes; seine schriftsteller. Tätigkeit im Alter umfaßte Themen wie die Geschichte des Markgrafenhauses (»Denkwürdigkeiten«) und die Haus- und Landesverwaltung (»Aufzeichnung«, »Familienbuch«).   F. Escher

Ed.: Ritter L. v. E., Denkwürdigkeiten brandenburg. (hohenzoller.) Fs.en, ed. C. Höfler, 1849, 113 – Des Ritters L. v. E. d. Ä. Aufzeichnungen über das ksl. Landgericht des Burggrafthums Nürnberg, ed. W. Vogel, 1867, 59–79 – Hofordnung, Codex diplomaticus Brandenburgensis III, 2, 115–125 [fehlerhaft] – *Lit.*: Verf. Lex.² V, 997–1006 – NDB IV, 706f. – G. Schapper, Die Hofordnung von 1470 und die Verwaltung am Berliner Hofe zur Zeit Kfs. Albrechts, 1912 – A. Werminghoff, L. v. E. d. Ä. Ein Beitr. zur frk. und dt. Geschichte im 15. Jh., 1919 – F. Koeppel–G. Schuhmann, L. v. E. d. Ä., Frk. Lebensbilder 2, 1968, 177–197.

Eyck, Hubert und Jan, van, nld. Maler, von Maaseyck bei Maastricht?, der ältere Bruder (?) † 18. Sept. 1426 in Gent, Jan † 9. Juli 1441 in Brügge. Erste sichere Erwähnung des »meester Luberecht« 1424/25, im folgenden Rechnungsjahr Besuch des Rats in seiner Werkstatt. Gemäß der Inschrift des Genter Altars vom 16. Mai 1432 wurde dieser von H. begonnen und von J. vollendet. Dieser arbeitete von 1422–25 für Johann v. Bayern, Gf. v. Holland (→ Wittelsbacher) in Den Haag, seit 19. Mai 1425 als hochgeschätzter »peintre et valet de chambre« für Philipp den Guten v. Burgund in Lille. Vom Hzg. wird er mit diplomat. Missionen betraut; die für ihn gemalten Werke (z. B. ein 1429 in Aviz auf der Brautschau gemaltes Portrait Isabellas v. Portugal und eine Weltkarte) sind verloren. 1432 übersiedelt J. nach Brügge, kauft ein Haus und heiratet; 1434/35 entwirft und faßt er im Auftrag des Rates Statuen der Gf.en v. Flandern.

Das Hauptwerk der beiden v. E. ist der sog. Genter Altar in der Kathedrale St. Bavo, gestiftet von Joos Vyd, 1433/34 Bürgermeister v. Gent, und seiner Gemahlin Isabella →Borluut. Die Interpretation des komplexen Ganzen und die Händescheidung bleiben problematisch; auf H. geht wohl die Hauptgruppe mit Gottvater, Maria und Johannes d. T., die Anlage der »Anbetung des Lamms« und die Ausführung des Vordergrundes zurück; J. wird allgemein der Landschaftshintergrund, Adam und Eva, die Stifterbildnisse und der Innenraum der »Verkündigung« zuerkannt. Als wichtige Quelle der eucharist. Symbolik des Werkes ist Olivier de Langhes, Prior von St. Bavo, »Tractatus de corpore Christi« (1400) zu nennen. Eng verwandt mit den altertümlicheren Teilen und folgl. wohl von H. sind die »Marien am Grab« (Rotterdam) und eine »Verkündigung« (New York).

Jugendwerke J.s werden in Miniaturen (Turin) und einem Diptychon mit der »Kreuzigung« und dem »Jüngsten Gericht« (New York) vermutet; mehrheitlich wird hingegen die an den Genter Altar anschließende »Stigmatisation des hl. Franziskus« (Philadelphia) und die »Verkündigung in der Kirche« (Washington) akzeptiert. Dank dem Reichtum der Darstellung und der Pracht ihrer Ausführung gelten als Hauptwerk die Madonna des Kanzlers Nicolas Rolin (aus Autun im Louvre) und die große »Madonna zw. St. Donatius und Georg« des Kanonikus van der Paele (1436, Brügge); während das erstere den Aspekt der Anbetung durch den Stifter betont, tritt im anderen, ehemals über dem Grab hängenden Bild der Memorialcharakter stärker hervor; in beiden weisen Inschriften und Ikonographie auf eine marianisch-myst. Lichtsymbolik. Anzuschließen ist die »Maria mit dem Kind« in Frankfurt, das kleine Triptychon von 1437 in Dresden, die »Madonna in der Kirche« (Berlin) und die

gleichfalls archaisierende Elemente aufweisende »Madonna am Brunnen« (1439, Antwerpen). Betont kunstvoll wirken die »Verkündigung« als Skulpturen vor schwarz spiegelndem Marmor (Slg. Thyssen) und die als Zeichnung gemalte »Hl. Barbara« (sign., 1437, Antwerpen). Weitgehend von Jans Schüler Petrus →Christus sind die Madonna des Jan Vos (New York, Frick Coll.) und der »Hl. Hieronymus im Gehäuse« (Detroit) ausgeführt.

Die unglaubl. Intensität, mit der J. die Dinge zu erfassen und im Bild wiederzugeben vermochte, befähigte ihn auch, die in ihren Anfängen steckende realist. Portraitmalerei zu ihrem ersten Höhepunkt zu führen. Auf den noch befangen wirkenden »Tymotheos« (1432, London; Jean de Croy?) folgt der »Mann mit dem Turban« (1433, London, vermutl. ein Selbstbildnis), der Goldschmied Jan de Leeuw (1436, Wien), der Kard. Albergati (Wien), 1438 auf Grund einer 1431 entstandenen Zeichnung gemalt, schließlich J.s Gemahlin (1439, Brügge), ferner die halbfigurigen Portraits Baudoin de Lannoys und eines Arnolfini (Berlin). Dessen Eheschließung hält das berühmte Doppelbildnis (1434, London) fest.

Die wichtigsten Anregungen erhielten die v.E. vom Meister des Boucicaut-Stundenbuchs und von Robert →Campin; zusammen mit diesem sind sie als die Begründer der realist. Tafelmalerei in den Niederlanden zu betrachten. In der Erfassung der Dinge blieb J. unerreicht, aber sein Realismus ist durchwirkt von geistl.-symbol. Bezügen und verweist auf eine höhere Wirklichkeit.
     Ch. Klemm

Lit.: W. H. J. Waele, H. and John v.E. Their Life and Work, 1908 [grundlegend, Q.] – E. Panofsky, Early Netherlandish Painting, 1953, 178–246 und passim [bes. Ikonographie] – R. Brignetti – G. T. Faggin, L'opera completa dei V.E., 1968 – E. Dhanens, H. and J. v.E., 1980 [bes. sozialhist.] – C. J. Purtle, The Marian Paintings of J. v.E., 1982 – H. L. Belting – D. Eichberger, J. v.E. als Erzähler. Frühe Tafelbilder im Umkreis der New Yorker Doppeltafel, 1983.

Eye, Honour of, bedeutende Lehnsherrschaft in England, deren Mittelpunkt die Stadt E. (Suffolk) bildete. Die Herrschaft entwickelte sich aus den Besitzungen, die Kg. →Wilhelm I. nach der Eroberung seinem Kämmerer Robert Malet übertrug; 1166 ist sie mit 80 Ritterlehen *(knight's fees)* bezeugt, doch wurde sie ztw. auch mit 90 ½ Ritterlehen zur Steuer veranlagt. Robert erbaute in E. eine Burg, richtete einen Markt ein und gründete dort ein Priorat, das von Notre Dame in →Bernay (Normandie) abhing. Die Besitzungen des H. of E. lagen hauptsächl. in Suffolk, mit Außenbesitzungen in Norfolk, Essex und Lincolnshire. Um 1105 ließ Kg. →Heinrich I. die Besitzungen Roberts einziehen; die nächsten Inhaber des Lehens waren Kg. →Stephan v. Blois und sein Sohn Wilhelm (ca. 1113–59). Vom 13. Jh. an wurde E. üblicherweise verlehnt, teils auf Widerruf nach dem Belieben des Kg.s, teils auf Lebenszeit; Lehnsnehmer waren u. a. Richard, der Bruder Kg. Heinrichs III. (1221), und dessen Sohn sowie Kg.n Isabella (1319). Burg, Stadt *(borough)* und Honour wurden 1337/38–81 und von 1386 an gemeinsam mit dem Earldom v. →Suffolk zu Lehen gehalten; 1513/14 fielen sie definitiv an die Krone.   E. O. Blake

Q. und Lit.: A. Suckling, Hist. and Antiquities of the County of Suffolk, 2 Bde, 1846–48 – Suffolk Inst. of Arch. Proceedings 2, 1859 – Red Book of the Exchequer, ed. H. Hall, RS, 3 Bde, 1896 – VCH Suffolk I, 1911 – Liber Feodorum Bd II, 1931, 137f. – I. J. Sanders, English Baronies, 1960 – B. P. Wolffe, The Royal Demesne in English Hist., 1971.

Eymerich, Nicolas OP, Inquisitor, *um 1320 in Gerona (Katalonien), † 9. Jan. 1399 ebd. Mit 14 Jahren Eintritt in den Dominikanerkonvent in Gerona. 1357 als Nachfolger des Nicolò Roselli OP Generalinquisitor von Katalonien,

Aragón, Valencia und Mallorca. Wahrscheinl. infolge seiner heftigen Stellungnahme gegen die Lullisten verlor N. E. die Gunst des Herrschers und die Unterstützung eines Teils seines Ordens, so daß er 1360 aus seinem Amt entfernt wurde. Von diesem Zeitpunkt an wechseln sich in seiner Karriere Höhen und Tiefen ab: Zweimal wurde er für längere Zeit seines Amtes enthoben (1360–65 und 1365–87), zweimal sogar aus dem Kgr. Katalonien-Aragón verbannt (1377/78 und 1393–97). 1362 wurde er jedoch zum Generalvikar seines Ordens in den Ländern der Krone Aragón ernannt. 1371 erhielt er Titel und Funktionen eines päpstl. Kapellans in Avignon. Die religiöse und polit. Krise dieser Zeit (→Abendländisches Schisma) hatte auch direkte Auswirkungen auf E.s Leben: Zuerst hielt er sich im Gefolge Gregors XI. in Rom auf (1377), unterstützte aber dann in Avignon Clemens VII. Erst 1397 kehrte er endgültig nach Gerona zurück. In der schwierigen Situation jener Jahre trug E. offenbar eine Sicherheit zur Schau, die ihm die zweifellos vorhandene Intransigenz, mit der er sein Amt ausübte, und eine gewisse Strenge und Starrheit seines Charakters verliehen sowie eine intellektuelle Unbeugsamkeit, die klar aus seinen Werken zutage tritt. Die Tradition schreibt ihm elf (nicht edierte) Schriften zu, die alle der Kontroversliteratur angehören und sozusagen als theoret. Kontrapunkt seine Inquisitorentätigkeit begleiteten. Sein wichtigstes Werk ist jedoch das Directorium Inquisitorum (1376 in Avignon entstanden, Ed. pr. 1503 in Barcelona, 1578 mit einem Kommentar von F. Pegna in Rom neuediert, bis 1607 weitere vier Veröffentlichungen). Der Practica officii inquisitionis des →Bernardus Guidonis verpflichtet, doch zweifellos umfassender, war das Werk von seinem ersten Erscheinen an erfolgreich und wurde bald von der röm. Kurie als unersetzl. Arbeitsinstrument für den Inquisitionsprozeß und dessen Kasuistik angesehen.

M. Romanello

Ed. und Lit.: DHGE XVI, 274f. – J. Quétif – J. Eckart, Scriptores ordinis Praedicatorum I, 709–717, Paris 1719 – N. Eymerich – F. Peña, Le manuel des Inquisiteurs, hg. L. Sala-Molins, 1973 – H. Hurter, Nomenclator literarius theologiae catholicae II, 710–712, 1906 – Th. Kaeppeli, Scriptores Ordinis Praedicatorum Medii Aevi III, 1980, 156–165 – E. van der Vekené, Bibl. bibliographica historiae sanctae Inquisitionis, 1982, 1–2, 49–50, 109, 121, 124, 129–133, 135, 220, 224, 225, 227, 231, 244–249.

Eynsham, ehem. Abtei OSB und kleine Stadt in England (9 km nw. von Oxford). Die Abtei wurde 1005 gegr.; ihr erster Abt war →Ælfric. Nach der norm. Eroberung von 1066 wurde die Abtei von Remigius, Bf. v. →Lincoln, neugegr. Nachdem dieser 1092 seinen Bischofssitz von →Dorchester bei Oxford nach Lincoln verlegt hatte, wollte er auch den Konvent von E. in die Nähe von Lincoln, nach Stow, übersiedeln lassen, doch verfügte sein Nachfolger Robert Bloet den Verbleib der Mönche in E. In der Folgezeit wurde die Abtei reich und bedeutend. Da sie nahe bei der Königspfalz →Woodstock lag, war sie mit starken Gastungspflichten belastet; so versammelte Heinrich II. hier 1186 Dekan und Kapitel von Lincoln zur Bischofswahl des hl. →Hugo v. Avalon. Unter den Normannen wurde die Stadtentwicklung gefördert (Verpachtung von Abteiland, Wochen- und Jahrmarktsprivilegien). Weiterer Ausbau ist für 1215 bezeugt; erneut wurde ein Komplex aus der Domäne der Abtei parzelliert und zu 4 s. Jahreszins ausgetan. Nach der Auflösung der Abtei unter Heinrich VIII. wurde der letzte Abt zum Bf. v. →Llandaff (Wales) erhoben und die Abtei verkauft. Wenige Reste der Bauten sind westl. der Pfarrkirche erhalten.

M. W. Barley

Q.: H. E. Salter, E. Cart., Oxford Hist. Soc. 49, 1967; 48, 1908 – Lit.: J. W. F. Hill, Medieval Lincoln, 1948, 75–77 – M. Beresford, New Towns of the MA, 1967, 476 – K. Rodwell, Hist. Towns in Oxfordshire, 1975, 107–109.

Eyrbyggja saga (aisländ. 'Die Geschichte von den Leuten auf Eyrr'), von einem anonymen isländ. Verfasser zw. 1200 und 1245 geschriebene Isländersaga (→Saga). Sie schildert Begebenheiten auf der westisländ. Halbinsel Snæfellsnes (zw. Faxaflói und Breidafjördur) von der Landnahme ca. 884 bis 1031. Der Verfasser beschränkt sich nicht, wie der Titel der Saga nahelegen könnte, auf die Geschichte eines einzigen Bauerngeschlechts, sondern er hat die Beziehungen einer ganzen Gruppe von Geschlechtern auf Snæfellsnes im Auge. Ein wichtiges Thema sind die Machtkämpfe zw. zwei Häuptlingen, dem Goden Snorri und dem Goden Arnkell (→Gode), und ihrer Anhängerschaft. Daneben liefert der Verfasser eine Fülle von Auskünften über die religiösen, rechts- und verfassungshist. Verhältnisse zur Zeit der Errichtung des →Allthings (930) sowie vor und nach der Annahme des Christentums (1000).

Die eher am Stoff als an der Form orientierte Saga ist episodenhaft und vielschichtig aufgebaut und hat nicht die kunstvolle Geschlossenheit anderer Isländersagas. Sie bemüht sich statt dessen, den Stoff in einem genauen chronolog. Rahmen zu präsentieren und steht einer chronikal. Darstellungsweise nahe. Von der Forschung wird ihr daher ein vergleichsweise hohes Maß an hist. Zuverlässigkeit zugemessen. Neben einem offensichtl. reichen mündl. Erzählgut stützt sich der Verfasser auf die →Skaldendichtung, schriftl. Sagas, z. B. die →Heidarvíga saga, und genealog. Aufzeichnungen. Es ist denkbar, daß die Saga im Kl. →Helgafell (→Flatey) auf Snæfellsnes aufgezeichnet wurde. Der Text ist u. a. im Codex Wolfenbüttel 9.10. Aug. 4° überliefert.

H. Ehrhardt

Ed.: An. Sagabibliothek, 6, 1897 [H. Gering] – Íslenzk fornrit, 4, 1935 [E. Ó. Sveinsson] – Übers.: »Die Geschichte vom Goden Snorri« (F. Niedner; Slg. Thule, 7, 1920) – »Die Saga von den Leuten auf Eyr« (R. Heller [Isländersagas, 1, 1982]) – Bibliogr.: H. Hermannsson, Bibliogr. of the Icelandic Sagas, Islandica 1, 1908; 24, 1935; 38, 1957 – Bibliogr. of Old Norse Icelandic Stud., 1964ff.

Eyre (von lat. iter 'Weg', 'Reise') bezeichnet die Reisen kgl. engl. Reiserichter bzw. deren Gerichtssitzungen. Die Sonderbeauftragten, die 1086 die Enquête für das →Domesday Book durchführten, können als erste Richter dieser Art betrachtet werden, denn sie mußten, bevor sie allen Grundbesitz verzeichnen konnten, Streitigkeiten um Besitzansprüche (clamores) entscheiden; zu diesem Zweck vernahmen sie Geschworene der Gft.en (counties) und Hundertschaften (hundreds) als Zeugen. →Heinrich I. (1100–35) entsandte von seinem Hof gelegentl. justices of all England, doch oblag die Festigung und Kontrolle der Rechtsprechung in den shires vorzugsweise der Tätigkeit der →justiciarii comitatuum. Diese örtl. Richter wurden erst unter →Heinrich II. 1166 abgelöst. Um das Land von der unter →Stephan v. Blois aufgetretenen »Anarchie« zu befreien, betraute er Geoffrey de →Mandeville und Richard de →Luci mit der Untersuchung von Kriminalfällen, die gemäß den jüngst erlassenen Konstitutionen (Assisen) v. →Clarendon in den Gft.en angezeigt worden waren, sowie von Klagen über ungerechte Enteignung von Land, aufgrund der ebenfalls neugeschaffenen Prozeßform der assize of novel disseisin. Seit 1176 wurden Gruppen von Richtern, »whom we call itinerant«, stets alle paar Jahre neu entsandt, wobei jedoch der Zwischenraum zw. den Reisen nie genau fixiert wurde. 1179 wurden nicht weniger als 21 Richter für vier Umfahrten eingesetzt. Die Tätigkeit von e.s wird vor 1194–95 belegt in den →Pipe Rolls durch Zahlungen an den Kg. für →writs, welche v. Parteien erwirkt wurden, um eine Sache vor das kgl. Gericht zu bringen, und durch in den e.s verhängte Bußen; seit den Visitationen von 1194–95 beginnt die Überlieferung von *plea-rolls* (Gerichtsprotokollen) und *final concords* (Schlußvereinbarungen), die Streitfälle um Landbesitz schlichteten.

Diese Quellen zeigen eine kleine Körperschaft von kgl. Richtern, von denen ein jeder zu verschiedenen Zeiten im Gerichtshof coram rege (spätere →*King's bench*), im Court of →Exchequer oder eben im e. tätig sein konnte. Bis in die 1290er Jahre war das e. offenbar die wichtigste kgl. Regierungsinstitution. Es hatte die Jurisdiktion über alle kriminalen wie zivilen Fälle und vermittelte die Rechtsgeschäfte des Kg.s an alle Untertanen. Es kontrollierte die Verwaltung der *shires* anhand eines Katalogs von Fragen, der sog. *articles of the eyre* (s. a. →inquisitio), insbes. in Unruhezeiten: Hatte der →*sheriff* Prozesse v. Zaun gebrochen, um sich Land oder Vormundschaftsrechte anzueignen? Hatten kgl. Beamte Leute willkürlich verhaftet und für ihre Freilassung Geld erpreßt?

Als Beispiel für die Arbeitsweise eines e. sei das siebente allgemeine e. unter Heinrich III., das von 1252 bis 1258 unterwegs war, angeführt: Eine seiner drei Reisen begann im Okt. 1254 in Buckinghamshire und führte durch die westl. Midlands nach Northumberland und Cumberland, um schließlich im Febr. 1258 nach Derby zurückzuführen. Die vier Richter, der Abt v. Peterborough, zwei weitere Kleriker des kgl. Gerichtshofes sowie ein erfahrener örtl. Verwaltungsmann, hielten von Mitte Jan. bis Mitte Febr. 1256 in Shrewsbury Gericht. Sie entschieden: 482 *common pleas*, unter denen *assizes of novel disseisin* (Grundbesitzprozesse) mit 89 Fällen die größte Gruppe bildeten, wobei in 29 Fällen der Klägerpartei Schadenersatz zuerkannt wurde; 428 *crown pleas*, davon fast 200 Mordfälle, während es sich bei weiteren 61 pleas um Todesfälle handelte, die die →coroners, seit dem letzten Gericht eines e. i. J. 1248 angezeigt und für Unglücksfälle befunden hatten. Nur ca. 20 Diebe wurden angezeigt, und nur 19 Angeklagte wurden wegen →Felonie verurteilt und gehenkt, doch zog der Kg. reichen Profit aus den Gütern von geflohenen Angeklagten und aus den Bußen, die den Gemeinden und örtl. Beamten wegen Versäumnis der Verfolgung von Übeltätern auferlegt wurden. Die Einnahmen der Krone beliefen sich nach der plea-roll auf £ 730.

In der 2. Hälfte des 13. Jh. wurde dem e. mehr Arbeit aufgebürdet, als es zu bewältigen vermochte. Der Kg. forderte alle Besitzer von →Franchises auf, vor dem e. zu beweisen, »aufgrund welcher Befugnis« (→quo warranto) sie öffentl. Jurisdiktionsrechte; ebenso wurden die Richter dazu angehalten, die vielen Klagen (→bill) einzudämmen, was auch zur Einrichtung des *high court of* →*parliament* führte. 1294 brach die Institution des e. zusammen. 1329–30 gab es noch einen Versuch, das e. als Regierungsorgan neu zu beleben; die Jurisdiktion in den shires ging jedoch an Kommissionen mit begrenzten Befugnissen für Gerichtssitzungen über, bei *gaol delivery*, der Freilassung von unschuldig Verhafteten, und bei *trailbaston*, der Freilassung bei leichteren Fällen, sowie an die lokalen →*justices of the peace*.   A. Harding

Lit.: C. A. F. MEEKINGS, Crown Pleas of the Wiltshire E. (1249), Wilts. Arch. Soc., 1961 – A. HARDING, Roll of the Shropshire E. of 1256, Selden Soc., 1981 – D. CROOK, Records of the General E., P. R. O. Handbook 29, 1982.

Eysteinn Erlendsson, † 1188, Ebf. v. Nidaros (Drontheim), entstammte einem vornehmen Geschlecht aus dem Tröndelag (→Drontheim), diente als Kaplan und Schatzmeister Kg. Inge Haraldsson und wurde der Streitschrift »En →Tale mot biskopene« zufolge von diesem zum Ebf. ernannt (1157 Wahl, 1161 Weihe). Nach Inges Tod (1161) schloß er sich dem neuen Anführer der →Bagler-Partei, →Erling Skakke, an und krönte 1163/64 dessen Sohn →Magnús Erlingsson zum Kg. E. geriet dadurch mit dem Konkurrenten und späteren Kg. →Sverrir Sigurðarson (→Birkebeiner) in Konflikt. Als Sverrir das Tröndelag unter seine Kontrolle gebracht hatte, floh E. 1180 nach England. 1183 zurückgekehrt, versöhnte er sich mit Sverrir und nahm in den folgenden Bürgerkriegsjahren anscheinend eine neutrale Haltung ein. – 1229 von einem Provinzialkonzil in Nidaros zum Hl. erklärt, gelang es trotz zahlreicher Versuche nicht, die päpstl. Kanonisation für E. zu erwirken.

E. ist eine der bedeutendsten Gestalten der ma. Geschichte →Norwegens; er hat wichtige Wandlungen auf kirchl., polit. und kulturellem Gebiet in der 2. Hälfte des 12. Jh. mit initiiert. Auf ihn gehen Reformen zurück, die die Stellung der Kirche, insbes. des ebfl. Stuhls, in der norw. Gesellschaft stärkten (→Canones Nidrosienses). Er förderte die →Augustiner-Chorherren und gründete zwei Klöster. Während seiner Amtszeit wurden die entscheidenden Fortschritte in der Verbindung Norwegens zur päpstl. →Kurie erzielt. So führte er mit Rom u. a. regelmäßige Korrespondenzen über liturg. und kirchenrechtl. Fragen. Er revidierte die kirchenrechtl. Bestimmungen des trönd. Rechts (→Frostuþingslög), möglicherweise auch die übrigen Teile dieser Gesetzessammlung, in Übereinstimmung mit dem kanon. Recht.

Auf polit. Gebiet hatte die Allianz mit Erling Skakke weitreichende Konsequenzen. In Magnús Erlingssons Privilegienbrief und Krönungseid formulierte E. eine christl. Königsideologie (→Königtum), die zur Grundlage einer Reihe von Privilegien der Kirche und des ebfl. Stuhls, u. a. auf wirtschaftl. Gebiet, wurde. Sie fand ihren symbol. Ausdruck in der Anerkennung des Kg.s, daß er das Reich als Lehen des hl. →Olav empfangen habe und die Krone nach seinem Tod wieder an den Hl. zurückgeben müsse. Diese von E. propagierte Unterwerfung der Königsmacht unter die Kirche konnte von Kg. Sverrir und seinen Nachfolgern allerdings in diesem Ausmaß nicht akzeptiert werden. Die gen. Quellen dokumentieren zudem eine Interessengemeinschaft zw. Kirche und Kg. beim Ausbau der staatl. Macht. In noch höherem Maße trifft das auf das ohne Zweifel von E. inspirierte Thronfolgegesetz von 1163/64 zu, in dem Einkönigtum und zentrale Königswahl, unter starkem Einfluß des Ebf.s, verbindlich festgelegt wurden. E. hatte außerdem aktiven Anteil an der königlichen Landfriedensgesetzgebung (→Landfrieden).

Auf kulturellem Gebiet vermittelte E. neue, europ. Impulse. Durch seine Verbindung mit St-Victor in Paris ermöglichte er es Norwegern, dort zu studieren. Er selbst war Verf. der »Passio Olavi« (→Olav d. Hl.) und hat andere lit. Aktivitäten am ebfl. Stuhl angeregt (Theodoricus Monachus, →Hist. Norvegiae). Mit bes. Engagement förderte er den Bau des Doms in Nidaros, der nach seinem Englandaufenthalt in got. Stil weitergeführt wurde.

Auf polit., kirchl. und kulturellem Gebiet ist E. somit Repräsentant der europ. Einflüsse, die in Norwegen während der 2. Hälfte des 12. Jh. wichtigen Anteil an der Veränderung von Gesellschaft und Staat hatten. Insbes. die Canones Nidrosienses und seine Gesetzesrevisionen sind Ausdruck dieser Vermittlerrolle.   S. Bagge

Lit.: K. HELLE, Norge blir en stat, 1974².

Eytzing, Ulrich Eytzinger v., Führer der niederösterr. Stände, * um 1398, † 20. Nov. 1460 in Schrattenthal, ▢ ebd. Aus dem bayer. Innviertel stammend, ist U.v.E. mit seinen Geschwistern seit 1419 in Niederösterreich nachweisbar; seine jüngeren Brüder Oswald und Stephan unterstützten ihn später stets bei seinen polit. Unternehmungen. U. heiratete Barbara Kraft, Tochter eines landesfsl. Beamten und Erbin eines reichen Wiener bürgerl. Vermögens. Er erwarb großen Besitz im nördl. Niederösterreich, Mittelpunkt wurde Schrattenthal (1434), das er zur Residenz ausbaute. 1439 erlangten die Eytzinger den Herrenstand. Günstling Kg. →Albrechts II., war U. 1437–40 als Hubmeister Leiter des landesfsl. Finanzwesens von Österreich. Nach Albrechts Tod erzwang er 1452 an der Spitze der nö. Stände von Ks. →Friedrich III. die Auslieferung von Albrechts Sohn →Ladislaus; im folgenden Machtkampf mit Gf. Ulrich II. v. →Cilli nahm U. 1453–55 die führende Stellung im Land ein und hoffte, sie auch nach Ladislaus' Tod neuerlich zu gewinnen. Er wurde aber 1458 von Albrecht VI., dem Bruder Friedrichs III., gefangengesetzt; er kam wieder frei, erlangte aber seine polit. Position nicht mehr. Von den Zeitgenossen wurde der Emporkömmling wegen seines Ehrgeizes und seiner Habgier überwiegend ablehnend beurteilt. →Österreich.

                     P. Csendes

Lit.: O. STOWASSER, U.v.E. und das Testament Kg. Albrechts II., Mitt. des Vereines für Gesch. der Stadt Wien 3, 1922, 5ff. – K. GUTKAS, Der Mailberger Bund von 1451, MIÖG 74, 1966, 51ff., 347ff. – DERS., U.v.E.s letzte Lebensjahre, Jb.LK NÖ. 37, 1965–67, 149ff. – Hist. Stätten Österr. I, s.v. Schrattenthal, 535–537.

Ezechiel in der Kunst. [1] *Frühchristentum:* In der frühchristl. Kunst wurden zwei Passagen aus dem prophet. Buch des E. aufgegriffen. 1. Der Bericht über die Gotteserscheinung mit den Vier Wesen, Rädern und Händen beeinflußte Darstellungen der Majestas Christi (Apsismosaik Hos. David, Thessalonike; Himmelfahrtsbild Rabbula-Kodex, Florenz; Nischenmalereien Apollonkloster Bawît/Ägypten), wenn auch die Wesen nie viergesichtig erscheinen (Ez 1,6.10), sondern stets eingesichtig (Offb 4,6.8; →Apokalypt. Motive, →Evangelistensymbole). 2. Die Vision der Auferweckung der Gebeine (Ez 37,1–14), die bereits in der Synagoge in Dura Europos am Euphrat (Mitte 3. Jh.) zykl. dargestellt wurde, begegnet im 4. Jh. in der Kleinkunst (Goldglas aus Köln, London, Brit. Mus.) und auf Sarkophagen aus röm. Werkstätten, mit bewußter Angleichung des Wundertäters an die Gestalt Christi (vgl. SOTOMAYOR, 32–34).

                     J. Engemann

[2] *Byzanz:* Hier ist zunächst auf die Nachfolge des Mosaiks von Hos. David in Thessalonike zu verweisen, zu der ja E. als einer der beiden Propheten, die unterhalb der Erscheinung Christi zu sehen sind, gehört. Im übrigen spielt E. in mittelbyz. Zeit keine bes. Rolle. Hingewiesen sei auf die wohl schönste Miniatur des Pariser Cod. gr. 510, die die Vision des E. im Tal der Knochen zeigt: In der unteren Hälfte führt ein Engel E. zum Tal hin, in der oberen Hälfte steht er betend, die Hand Gottes antwortet seinem Gebet vom Himmel her, und die Gebeine liegen vor ihm. Gelegentlich, keinesfalls immer, kommt E. unter den Propheten im Kuppeltambour vor, so z. B. in →Daphni und in der Paregoritissa in →Arta sowie vielleicht in der Kirche der H. Apostoloi in Thessalonike aus dem 14. Jh., freilich ohne Beischrift.   K. Wessel

Lit.: LCI I, 416–418 [mit Beispielen für abendländ. Kunst] – M. SOTOMAYOR, Sarcófagos Romano-Cristianos de España, 1975.

Ezeriten (Ἐζερῖται), slav. Stamm, angesiedelt auf der Peloponnes, an den östl. Hängen des Pentadaktylos (Taygetos) im Gebiet des antiken Helos (Ἕλος; slav. Ἐζερός

oder Ἐζερόν 'See, Sumpf'), verwandt mit den westl. der Bergkette siedelnden Milingen. In der Regierungszeit des Ks.s Theophilos (829–842) und seines Sohnes Michael III. (842–867) kam es zu einem antibyz. Aufstand der E. gemeinsam mit den Milingen und anderen Slaven auf der Peloponnes. Zum Christentum traten die E. erst in der 2. Hälfte des 9. Jh. über. Nach der Niederschlagung des Aufstandes konnten sie sich eine gewisse Autonomie unter einem →Archonten, der vom →Strategen des →Themas Peloponnes eingesetzt wurde, erhalten, mußten aber Militärdienst leisten und einen Tribut von 300 Nomismata entrichten, während die Milingen nur 60 Nomismata zahlten. Trotz eines erneuten, mißlungenen Aufstandes während der Regierung von Romanos Lakapenos (919–944) konnten die E. ihre autonome Stellung bewahren. Ihre ethn. Eigenständigkeit behielten sie auch nach 1204, unter der frk. Herrschaft (→Morea), bis ins 15. Jh.

                     I. Dujčev

Q. und Lit.: SłowStarSłow II, Nr. 2, 234 [T. LEWICKI] – Constantine Porphyrogenitus, De administrando imperio, ed. G. MORAVCSIK–R. H. JENKINS, Kap. 50; Comm. 183ff. – VASMER, Slaven in Griechenl., 164ff. – A. BON, Le Péloponnèse byz. jusqu'en 1204, 1951 – D. J. GEORGACAS, The Medieval Names 'Melingi' and 'Eseritae' of Slavic Groups in the Peloponnesus, BZ 43, 1950, 327–330 – M. DUNN, Evangelisation or Repentance? The Re-christianisation of the Peloponnese in the Ninth and Tenth Centuries (Renaissance and Renewal in Christian Hist., 1977), 71ff.

Eznik v. Kołb, armen. Schriftsteller des 5. Jh., hervorragendes Mitglied der »hl. Übersetzer«, nahm 449 als Bischof v. Bagrewand an der Synode v. Artaschat teil. Sein Hauptwerk »Ełc ałandocᶜ« (Wider die Sekten, um 445–448 entstanden) bekämpft in gepflegter Sprache die Irrlehren der Heiden, der pers. Magier, der griech. Philosophen und der Markioniten. Vermutlich hat E. auch Homilien verfaßt.   J. Aßfalg

Ed. mit Übers.: E. de K., De Deo, ed. L. MARIÈS – CH. MERCIER, 1959 (POr 28, 3–4) – *Übers.:* J. M. SCHMID, Wider die Sekten, 1900 – S. WEBER, Wider die Irrlehren, 1927 (BKV² 57) – *Lit.:* RAC VII, 118–128 – HO VII, 160 [V. INGLISIAN] – Revue des études arméniennes, NS 6, 1969, 45–66; 7, 1970, 497–527.

Ezzelino III. da Romano, oberit. Signore, bedeutender Führer der →Ghibellinen, aus einer Adelsfamilie, die nach der Burg Romano an der Grenze der Komitate Vicenza und Treviso benannt wurde; * 25. April 1194, † 1. Okt. 1259. Als 1223 sein Vater Ezzelino II. in ein Kl. eintrat, erhielt E. die Güter im Gebiet von Treviso, sein Bruder Alberico jene im Gebiet von Vicenza. Demnach waren Albericos Interessen auf →Treviso gerichtet, E. hingegen sah im Ziel seiner polit. Ambitionen in →Verona, das die wichtigste Paßstraße nach Deutschland kontrollierte und im langen Konflikt zw. Friedrich II. und der Zweiten →Lombardischen Liga bes. Bedeutung gewann. Mit dem Einverständnis der verones. Partei der Montecchi und unterstützt von dem Ferraresen Salinguerra Torelli, gelang es E., gegen den Widerstand der von den Este unterstützten San Bonifacio, Verona (nicht zuletzt auch mit Hilfe des ksl. Heeres) am 24. Jan. 1236 fest in seinen Besitz zu bringen; kurz darauf bemächtigte er sich der Signorie v. Vicenza (2. Nov. 1236) und von Padua (25. Febr. 1237) sowie von Belluno, Feltre und Trient (1241). Zw. E. und Friedrich II., der ihm seine natürl. Tochter Selvaggia zur Frau gegeben hatte (23. Mai 1238), hatte sich ein außergewöhnl. enges Verhältnis entwickelt, das von dem üblichen rechtl. und administrativen Schema, das der Ks. für Mittel- und Norditalien vorgesehen hatte, abwich, da es nicht von formalen Akten, Vollmachten oder Titeln sanktioniert wurde, sondern auf gegenseitigem Interesse beruhte. E. garantierte Friedrich freie Verbindungswege durch die Täler der Etsch, des Brenta und des Piave und zu den Gebieten des Patriarchats von →Aquileia; er kämpfte auch mehrfach an Friedrichs Seite, z.B. in der Schlacht von →Cortenuova (12. April 1239) oder bei der Belagerung von →Parma (1247–48). Friedrich erkannte E. weitgehende Autorität zu, die nicht nur die Kontrolle über die Städte, sondern auch über das umliegende Territorium beinhaltete. Bei seiner Regierung ließ E. in formaler Hinsicht die kommunalen Einrichtungen unangetastet und sicherte sich die Zustimmung eines guten Teils der wirtschaftl. aktiven und polit. nicht engagierten Bevölkerung, verfolgte jedoch seine Gegner mit Gefangensetzung, Foltern und Hinrichtungen, von deren Grausamkeit die Chronisten in detaillierter Weise berichten. Zwar respektierte er äußerlich die religiöse und polit. Autorität der Kirche, blieb jedoch Friedrich II. treu und wurde daher wie dieser als Häretiker und Protektor von Häretikern exkommuniziert (12. April 1248). Der Tod Friedrichs II. schwächte E.s Position nicht: gemeinsam mit Oberto →Pelavicino und Buoso da →Dovara führte er die it. →Ghibellinen an und wies die Einigungsvorschläge Innozenz' IV. zurück, so daß dieser gegen ihn zum Kreuzzug aufrief. Höhepunkte dieses Krieges waren die Eroberung von →Padua durch das Kreuzheer (20. Juni 1256) und die Eroberung von →Brescia durch E. und Oberto Pelavicino (1. Sept. 1258). Da E. die Stadt jedoch allein für sich behalten wollte, wechselte Pelavicino das Lager und verbündete sich mit Azzo d'Este und den Städten Ferrara, Mantua und Pavia gegen E. Im Zuge der Konsolidierung der militär. Besetzung des Territoriums von Brescia versuchte E. sich mit Unterstützung der mailänd. Verbannten Mailands zu bemächtigen. Der Versuch scheiterte jedoch. Bei seinem Rückmarsch wurde E. in den Gefechten bei Cassano d'Adda (27. September 1259) und Blancanuga verwundet. Gefangengenommen, wurde er nach Soncino gebracht und von den Siegern ehrenvoll behandelt. Trotz der Pflege, die man ihm angedeihen ließ, starb er dort am 1. Okt. 1259. Mit seinem Tod zerfiel das von ihm errichtete polit. Gebilde.

Wegen seiner Grausamkeit genoß er bei Chronisten, Dichtern und Novellisten düsteren Ruhm, wurde andererseits als Prototyp des »Signore« der Renaissance idealisiert (J. BURCKHARDT) und erst in jüngster Zeit im Lichte der hist. Realität gesehen.   G. Fasoli

Lit.: G. B. Verci, Storia degli Ecelini, 3 Bde, Bassano 1779 – AA.VV. Studi ezzeliniani, Studi storici 46–47, 1963 – G. Arnaldi, Studi sui cronisti della Marca trevigiana, Studi storici 48–50, 1963 – G. Fasoli, Un cronista e un tiranno-Rolandino da Padova ed E. da R., Atti dell'Accad. dell'Ist. delle scienze di Bologna, Scienze morali, Rendiconti LXXII, 1983–84, 25–48 – Dies., E. da R. fra tradizione cronachistica e revisione storiografica (AA.VV. Storia e cultura a Padova nell'età di sant'Antonio, 1985), 85–101.

Ezzo, Pfgf. v. →Lothringen (→Ezzonen), Geburtsjahr unbekannt (möglicherweise * 955, vermutlich aber später); † 1034; Sohn des Pfgf.en Hermann (ca. 985–996) und der Helwig (aus schwäb. Geschlecht). Für E.s Aufstieg war – neben der ererbten Position seiner Familie insbes. die Einheirat in das otton. Kaiserhaus maßgebend. E. wurde wohl in Augsburg durch Bf. →Udalrich, mit dem er vermutlich von mütterl. Seite her verwandt war, erzogen. Er heiratete die Tochter Ottos II. und der Theophanu, →Mathilde, noch vor dem Tod ihrer Mutter († 15. Juni 991). (Nach einer Sage soll E. die Hand der Kaisertochter im Schachspiel gegen ihren jugendl. Bruder Otto III. errungen haben). Der Zeitpunkt der Heirat legt nahe, daß E. erst nach 955 geboren worden ist. Aus der Ehe gingen drei Söhne und sieben Töchter hervor, denen E. zu glän

zenden Positionen verhalf. – E. dürfte 996 die Nachfolge seines Vaters als Pfgf. angetreten haben, doch fehlen hierüber Nachrichten; erst 1020 ist E. erstmals als Pfgf. bezeugt. Aufgrund seiner Verschwägerung mit dem Kaiserhaus könnte E. nach dem Tode Ottos III. Thronansprüche gegen →Heinrich II. angemeldet haben, doch bleibt dies Hypothese. Während der Lützelburg. Fehde (→Luxemburg) stand er im Lager der Gegner Heinrichs II., nach 1012 jedoch auf seiten des Kg.s, der E.s Reichtum noch mehrte. Als väterl. Erbe besaß E. eine große Zahl von Gft.en an Mittelrhein und unterer Mosel, von Mainz bis zum Ruhrgau, außerdem verfügte er über die Güter seiner Gemahlin (um →Saalfeld, zw. Werra und Saale). All dies verschaffte ihm eine herzoggleiche Stellung. Im Alter gründete er die auf Eigengut gelegene Abtei OSB →Brauweiler, die er zur →Grablege seiner Familie bestimmte. Hier wurden seine Gattin Mathilde († 1024), sein Sohn Ludolf († 1031), sein Enkel Heinrich († um 1033) und schließlich E. bestattet. Die Pfalzgrafenwürde fiel an E.s jüngeren Sohn Otto. – Wohl einer späten Verbindung E.s mit einer Konkubine entstammte Heinrich, der nachmalige Abt v. Gorze (1055–93).   M. Parisse

Lit.: R. Gerstner, Die Gesch. der lothr. und rhein. Pfgft. von ihren Anfängen bis zur Ausbildung der Kurterritoriums Pfalz, Rhein. Arch. 40, 1942, 14–24 – G. Droege, Pfgft., Gft.en und allodiale Herrschaften zw. Maas und Rhein in sal. und stauf. Zeit, RhVjbll 26, 1961 – s. a. Lit. zu →Ezzonen.

Ezzolied, frühmhd. Hymnus auf Gottes Schöpfungs- und Erlösungswerk, der etwa 1060 von Ezzo, einem Geistlichen, im Auftrag des Bf.s v. Bamberg, →Gunther (1057–65), verfaßt wurde und zu dem Wille eine allerdings nicht erhaltene Melodie komponiert hat. Das Lied ist in zwei Hss. überliefert, die im Textumfang stark voneinander abweichen: 7 Strophen = 76 Verse in einer Straßburger Hs., Ende 11. oder Anfang 12. Jh., in alem. Dialekt; 34 Strophen = 420 Verse in der Vorauer Hs., 2. Hälfte 12. Jh., in bair. Dialekt. Der Straßburger Text ist unvollständig, kann aber nicht ohne weiteres durch den fast doppelt so langen Vorauer ergänzt werden, da dieser von Anfang an Zusatzstrophen besitzt und eine insgesamt erweiternde umgestaltende Bearbeitung aus dem 1. Drittel des 12. Jh. darstellt. Die – kontrovers geführte – Diskussion um eine 'Urfassung' des E.s hat zu keinem verbindlichen Ergebnis geführt. Die Literaturgeschichtsschreibung ist auf die beiden konkreten Fassungen und ihre unterschiedl. Konzeption verwiesen, die einen Wandel des E.s in verändertem Gebrauchsrahmen dokumentieren.

Nach einer Einleitungsstrophe (I), die ein adliges Publikum (»iu herron«) anspricht und die Themen des Liedes nennt (»daz anegenge« = die Schöpfung, »alez manchunne« – das ganze Menschengeschlecht, »wîstuom« = Gottes Weisheit, wohl im Sinne des Heilswirkens), apostrophiert das alte E. »lux in tenebris« und das göttl. »verbum« (II), den Schöpfergott (III), speziell die Erschaffung des Menschen (IV), erinnert an den Sündenfall (V), die darauffolgende Finsternis, bis Gottes Sohn als Sonne erscheint (VI) und die Sterne der Zwischenzeit, die die Symbolgestalten der fünf Weltalter (Abel, Enoch, Noah, Abraham, David) bezeichnen. Folgen müßten nach dieser Anlage und dem weiteren Verlauf des Vorauer Textes Passagen mit Johannes d. T., der Geburt und den heilsbedeutsamen Stationen des Lebens Christi über Tod und Auferstehung bis zur endgültigen Erlösung. In den 7 Straßburger Strophen werden Lob und Erwähnung bibl. Heilszusammenhänge hymnisch prägnant zusammengefaßt, im Vorauer Text sind sie predigthaft ausgeweitet, einzelnen Heilstatsachen ist mehr als eine Strophe von unterschiedlicher Länge gewidmet, atl. Präfigurationen, Allegorien (geistl. Seefahrt), Kreuzesanrufungen werden eingebracht; beide Fassungen schöpfen insgesamt aus dem allgemeinen Schatz ma. Schriftauslegung.

Die Strukturierung des Stoffes und die sprachl. Bewältigung stellt in der frühmhd. Lit. eine außerordentl. Leistung dar, deren Wirkung in späteren Texten erkennbar ist; zu der hymn. Version des 11. Jh. existiert kein zeitlich paralleles vergleichbares Werk.

Für die Entstehung und den Gebrauch des E.s gibt es zwei Informationsquellen: Die 1. Strophe der Vorauer Fassung nennt Auftraggeber, Verfasser und Komponisten sowie die allerdings nicht exakt deutbare Wirkung des Liedes (»duo ilten si sich alle munechen« = da beeilten sie sich alle, nach der Mönchsregel zu leben). Die um 1130/40 entstandene Vita des Bf.s →Altmann v. Passau berichtet, daß auf der großen Jerusalem-Pilgerfahrt von 1064–65 (vgl. Lampert, Annalen), die u. a. unter der Führung Bf. Gunthers v. Bamberg stand, ein canonicus und scholasticus Ezzo eine »cantilena de miraculis Christi« in seiner Muttersprache gedichtet habe, die zweifellos mit dem E. identisch ist. Offenbleibt, ob das Lied von Anfang an für die Pilgerfahrt bestimmt war oder ob es zunächst – wie die aristokrat. Anrede des Bruchstücks und die erwähnte Wirkung es nahe legen – im Zusammenhang mit der Regulierung der Bamberger Domkanoniker oder der Einweihung des Stiftes St. Gangolf verfaßt und gesungen wurde. Die auf der Jerusalemfahrt benutzte Fassung dürfte dann bereits verändert, vielleicht erweitert gewesen sein. Für die lange Vorauer Version schließt man gemeinsamen Gesang aus, sie entspricht sicher nicht dem Lied der Jerusalemfahrer, in ihrer verallgemeinernden Adressierung (»iu eben allen«) wie in ihren Heilsvorstellungen hat man einen Ausdruck reformerischer Frömmigkeit gesehen. – →Deutsche Literatur. U. Schulze

Ed.: Ezzos Gesang von den Wundern Christi und Memento Mori (Facs. Straßb. Hs.), ed. K. A. BARACK, 1879 – Die dt. Gedichte der Vorauer Hs. (Facs.), ed. K. K. POLHEIM, 1958, 128rb–129vb – Dt. Gedichte des XI. und XII. Jh., ed. J. DIEMER, 1849 [Nachdr. 1968], 317–330 – Denkmäler der Poesie und Prosa aus dem 8.–12. Jh., ed. K. MÜLLENHOFF–W. SCHERER, 1892³, Nr. XXXI – Kleinere dt. Gedichte des XI. und XII. Jh., ed. A. WAAG, 1916², 1–16 – Die kleinen Denkmäler der Vorauer Hs., ed. E. HENSCHEL–U. PRETZEL, 1963, 2–27; Beilage, 1–11 – Die religiösen Dichtungen des 11. und 12. Jh., ed. F. MAURER, I, 1964, 284–303 – Kleinere dt. Gedichte des 11. und 12. Jh., ed. A. WAAG–W. SCHRÖDER, 1972, I, 10–26 – *Lit.:* Verf.-Lex.² II, 670–679 [G. SCHWEIKLE; Lit.] – H. SCHNEIDER, Ezzos Gesang, ZDA 68, 1931, 1–16 – H. DE BOOR, Ezzos Gesang, ebd. 68, 1931, 226–232 – C. ERDMANN, Fabulae curiales, ebd. 73, 1936, 87–98 – HUGO KUHN, Gestalten und Lebenskräfte der frühmhd. Dichtung, DVjs 27, 1953, 1–30 – W. SCHRÖDER, Mönch. Reformbewegungen und frühdt. Lit. Gesch., Wiss. Zs. Univ. Halle-Wittenberg 1954/55, 242–245 – B. MERGELL, Ezzos Gesang, PBB (Halle) 76, 1955, 199–216 – G. SCHWEIKLE, Ezzos Gesang und Memento Mori [Diss. masch. Tübingen 1955] – F. MAURER, Das alte E. (Fschr. E. BENDER, 1959), 6–10 – R. SCHÜTZEICHEL, Ezzos Cantilena de miraculis Christi, Euphorion 54, 1960, 121–134 – R. SCHMIDT-WIEGAND, Die Weltalter in Ezzos Gesang (Fschr. F. TSCHIRCH, 1972), 42–51 – M. WEHRLI, Gesch. der dt. Lit., 1980, 148–152 – R. SCHÜTZEICHEL, Ezzolied. Versuch einer Rekonstruktion (DERS., Textgebundenheit, 1981), 77–101.

Ezzonen, nach dem Pfgf.en v. →Lothringen, →Ezzo (1020–34), benanntes hochadliges Geschlecht, eines der bedeutendsten in otton. und sal. Zeit. Außer den Nachkommen Ezzos sind auch die Familie der Erenfride und die Nachkommen Hezelins, des Bruders von Ezzo, einzubeziehen. [1] *Erenfride und Ezzonen:* Erstes bekanntes Mitglied der Familie ist wohl ein Erenfrid mit Besitzungen in Alzey (belegt 897). Es folgen Hermann, 948 Gf. im Auel-

gau, sowie Erenfrid (⚭ Richwara), belegt 941–966 mit einer großen Zahl von Gft.en (Zülpich-, Bonn-, Hattuaria-, Eifel-, Ruhr-, Keldach-, Huy-, Mühlgau). Erenfrid erhielt diese Gft.en aufgrund seines tapferen Verhaltens in der Schlacht auf dem →Lechfeld (955). Sein Sohn Hermann (⚭ Helwig) erbte den Großteil dieser Gft.en und erhielt um 985/989 die lothr. Pfgft.; er verstarb 996. Als Pfgf. hatte Hermann die Kontrolle über die Fiskalgüter an Rhein und Mosel mit den dazugehörigen Forsten inne; diese Herrschaftsposition gewann eminente polit. Bedeutung, als das Imperium nach dem Tod Ottos II. (983) in eine schwierige Phase geriet. So dürften bereits die engen Beziehungen des im Umkreis von Aachen wirkenden Pfgf.en zu den Ksn.en Adelheid und Theophanu, der Vormundschaftsregierung für Otto III., hinlängl. erklären, warum es zur Heirat von Hermanns Sohn Ezzo mit Mathilde, der Schwester des Kg.s, kam. Diese Ehe begründete einen starken Aufstieg der E.; sie erwarben weitere Allodialgüter und Gft.en und übernahmen Hofämter, Vogteien sowie geistl. u. weltl. Würden (Ebm.er, Abteien, Hzm.er). Die E. behaupteten ihre einflußreiche Stellung ein halbes Jahrhundert lang; dann folgte ihr rascher Sturz. Ezzo brachte seine Töchter in günstige Positionen: →Richeza († 1063 in Saalfeld) heiratete →Mieszko II., Kg. v. →Polen (→Piasten), wurde nach dessen Tode aus dem Lande vertrieben, ihr Sohn →Kasimir I. wurde mit ksl. Hilfe zum Erneuerer des poln. Staates, ihre Töchter heirateten →Béla I. v. Ungarn bzw. Gfs. →Izjaslav v. Kiev; Adelheid wurde Äbtissin in →Nivelles, Theophanu in →Essen, Helwig in →Neuß, Mathilde in Dietkirchen und →Vilich, Sophie im Marienstift zu →Mainz, Ida in →Gandersheim und St. Maria im Kapitol zu →Köln. Als Äbtissinnen entfalteten sie rege Bautätigkeit. Ezzos Sohn →Hermann trat in die →Hofkapelle ein, wurde Archidiakon in Köln, Reichskanzler für Italien und Ebf. v. →Köln; dies markierte für die E., die stets in territorialpolit. Konkurrenz zum angrenzenden Ebm. Köln standen, einen wichtigen, jedoch nur temporären Erfolg. Ludolf, Ezzos ältester Sohn, heiratete Mathilde v. →Zutphen; die beiden Söhne aus dieser Ehe waren Heinrich († bereits 1033) und →Konrad, 1049–53 Hzg. v. →Bayern. Der jüngere Sohn, Otto, folgte seinem Vater als Pfgf. nach, erhielt jedoch 1045 das Hzm. →Schwaben. Da er ohne direkte Nachkommen blieb, fiel der von Ezzo überkommene reiche Besitz an mehrere Kirchen und wurde somit verstreut (Abteien →Brauweiler und →Saalfeld; Abteien, denen Töchter von Ezzo als Äbtissinnen vorgestanden hatten; verschiedene Domkapitel).

[2] *Die Hezeliniden:* Ezzos Bruder Hezelin, Gf. im Zülpichgau, übte die Rechte über die Forste im Rheinland aus; sein ältester Sohn →Heinrich war nach seinem Vetter Otto 1045–60 Pfgf. v. Lothringen; der jüngere Sohn, Kuno, erhielt 1056 das Hzm. Kärnten, starb aber noch vor dem Amtsantritt. Ohne klar erkennbaren Grund trat Pfgf. Heinrich in die Abtei →Gorze ein, kehrte aber in die Laienwelt zurück, als er sich mit den Bestrebungen des ehrgeizigen Ebf.s v. Köln, →Anno II., die Position der E. zu zerschlagen, konfrontiert sah. In der Fehde mit Anno unterlag er (1058/60) und mußte u. a. die Burg →Siegburg abtreten, in der Ebf. Anno 1064 das große Reformkloster gründete. Nachdem Heinrich in einem Wahnsinnsanfall seine Gattin Mathilde, die Tochter Hzg. Gozelos I. v. Niederlothringen, ermordet hatte, wurde er im Kl. Echternach gefangengehalten, was Anno das weitere Vordringen auf Kosten der pfgfl. Besitzungen ermöglichte. Pfgf. Hermann (1064–85) ist vielleicht ein Sohn Heinrichs.

Die E. sind bemerkenswert wegen ihres Reichtums, ihrer großen Machtfülle und ihres raschen Sturzes, bedingt durch familiäre Wechselfälle. So wurde Richeza aus Polen vertrieben, ihre Nachkommen lebten außerhalb Deutschlands und konnten daher den Besitz der Familie nicht schützen. Drei Mitglieder der Familie wurden Hzg.e: zwei starben rasch, der dritte, Konrad v. Bayern, wurde abgesetzt. Ezzo hatte zehn Kinder, jedoch in der folgenden Generation nur wenige Nachkommen (drei Enkelkinder). Er häufte einen riesigen Besitz an, vermochte jedoch keine einzige dauernde Territorialherrschaft zu begründen. Die Besitzschwerpunkte der E. lagen südlich und westlich von Mainz (Alzey), am linken Ufer der unteren Mosel (Eifel, Mainfeldgau) und insbes. um Köln, was die verhängnisvollen Konflikte mit den Ebf. en v. Köln auslöste.   M. Parisse

Lit.: E. KIMPEN, E. und Heziliniden in der rhein. Pfgft., MIÖG Ergbd. 12, 1933, 1–91 – F. STEINBACH, Die E., ein Versuch territorial-polit. Zusammenschlusses der frk. Rheinlande (Das erste Jt., 1964), 848–866, Karten [auch in: Coll. F. STEINBACH, 1961, 64–81] – U. LEWALD, Die E. Das Schicksal eines rhein. Fürstengeschlechtes, RhVjbll 43, 1979, 120–168.

F

Fabel, -dichtung

I. Begriff – II. Lateinische Literatur – III. Deutsche Literatur – IV. Romanische Literaturen – V. Englische Literatur – VI. Byzantinische und slavische Literaturen – VII. Arabische Literatur – VIII. Osmanische Literatur.

I. BEGRIFF: F. (fabula) im MA umfaßt den antiken Bedeutungsbereich des Wortes, wie ihn etwa Isidor (etym. 1,40) zu beschreiben sucht, als fiktive Rede im allgemeinen und als solche Äquivalent zu Mythos (→Mythologie), im bes. als anthropomorphe Darstellung nichtmenschlicher, aus belebter und unbelebter Natur stammender Handlungsträger und insofern auf die äsopische F. eingeengt, die auch apologus genannt wird. Meist schließt die F. eine Deutung (z. B. Epimythion) ein und stellt sich aufgrund ihrer Struktur (Relation: Bild-Bedeutung) neben →Parabel und →Exemplum, hinsichtl. ihres lit. Charakters neben →Dialog, →Streitgedicht oder narrative Kleinformen wie →Schwank oder →Märchen; im ma. →Tierepos findet sie eine eigenständige Weiterentwicklung. F.n können in Prosa oder Versen verfaßt, in anderen Gattungen verwendet oder in Sammlungen vereinigt sein, der Unterhaltung oder Unterweisung dienen oder (gelegentlich) auch als Mittel der Zeitkritik oder der →Satire verwendet werden.

II. LATEINISCHE LITERATUR: Lat.F. und F.-Theorie im MA sind von den antiken bestimmt, ohne daß Aesop und Babrius selbst bekannt oder die wenigen ma. Textzeugen des originalen Phaedrus wirksam gewesen wären; neben lat. spätantiken F.-Sammlungen leben auch einzelne F.n und deren Deutungen nach, etwa die von Horaz, Apuleius und bes. den Kirchenvätern angeführten; letztere vermitteln und rechtfertigen, beispielhaft für das MA, den Gebrauch profanantiker Literatur in christl. Kontext. In der ma. F.-Rezeption liegen Aneignung des tradierten Gutes, Umgestaltung und Neuschöpfung eng beieinander; bis zum 10. Jh. dürfen allerdings eigenständige Bearbeitungen von F.-Stoffen (→Gregor v. Tours, →Paulus Diaconus, →Fredegar, →Sedulius Scottus) als Ausnahme gelten, die spätantiken F.-Corpora werden durch Abschriften bewahrt und wie in der Spätantike in der Schule (→Schullektüre) gelesen, von →Remigius v. Auxerre haben sich möglicherweise Glossen zu Avianus erhalten. »Avianus« und »Esopus« gelten im MA als die F.-Dichter. Der Text der F.n (eleg. Distichen) Avians bleibt in der überaus reichen Überlieferung (weit über 100 Hss.) konstant, Bearbeitungen des Avianus hatten nur geringen Erfolg (Novus Avianus eines Poeta Astensis in Distichen um 1100; daneben verschiedene Prosaauflösungen in einzelnen Hss.; von →Alexander Neckam rührt ein kurzer Novus Avianus her).

Unter »Esopus« verbergen sich im MA dagegen verschiedenartige Bearbeitungen der spätantiken Sammlung von Prosa-F.n des in der Moderne sog. »Romulus«. Im Gegensatz zu Avian setzt die Überlieferung und Bearbeitung der Aesopischen F.n (Romulus und dessen Dependenzen) erst gegen Abschluß der karol. Erneuerung ein: Der Romulus-Text, eine in der Spätantike entstandene Prosaauflösung der F.n des Phaedrus, liegt in zwei verschiedenen Rezensionen vor, der vetus und der Gallicana (oder vulgaris genannt), zu denen zwei bedeutende Hss. hinzutreten, eine Weißenburger Fabelsammlung (10. Jh.) sowie eine Sammelhs. aus dem Nachlaß →Ademars v. Chabannes. Der Romulus und mehrere seiner Bearbeitungen (→Alexander Neckam, Novus Esopus; Romulus Nilantii, der bes. für →Marie de France und den sog. Romulus LBG von Bedeutung ist, und mehrere andere »Romuli«) sind nur in wenigen Hss. überliefert; weite Verbreitung hingegen erlangten der Auszug aus Romulus (29 F.n) des →Vinzenz v. Beauvais und die Versifikation des sog. Anonymus Neveleti (Galterus Anglicus von HERVIEUX beigelegt), der von mehr als hundert Hss. überliefert wird und zahlreiche Inkunabeldrucke erfuhr (Esopus moralisatus); seit dem 13. Jh. wird er vorzugsweise als »Esopus« bezeichnet.

Viele Verse aus F.n werden zu Proverbien; enge Verknüpfung von F. und Sprichwort zeigt schon die Fecunda ratis des →Egbert v. Lüttich. →Leo v. Vercelli verwendet F.n in seinem nur fragmentar. erhaltenen, wohl satir. »Metrum Leonis«. F.n dienen in verschiedenen Werken als Einlagen (z. B. bei →Aimoin v. Fleury, →Rather v. Verona, →Donizo v. Canossa, →Petrus Alfonsi), seit dem 13. Jh. dann, wie auch Exempla, bes. in →Predigten (→Odo v. Cheriton, dessen Fabeln Johannes Sheppey verkürzt, →Jacobus de Vitriaco (Vitry) und bei vielen späteren Autoren).

Östl. F.-Stoffe scheinen erst seit dem 12./13. Jh. in die lat. Welt einzudringen: F.n aus dem Pañcatantra erscheinen bei →Baldo, →Johann v. Capua (Directorium vite humane) und →Raimundus de Biturris. Im 13. Jh. entsteht ferner der sog. »Minor Fabularius« (ed. SEEMANN, 217–300), so daß sich im Jahrhundert, das sich an die Blütezeit der lat. Lit. im MA (11. und 12. Jh.) anschließen, nur scheinbar die schöpfer. Nachdichtung von F.n hinter der Ordnung und Systematisierung des Vorhandenen zurücktritt: Handbücher für die moral. Unterweisung und die →Predigt entstehen, →Florilegien (z. B. →Jeremias de Montagnone), in denen die F.n z. T. eine wichtige Rolle spielen und, je nach Art des Redaktors, entweder wörtl. kompiliert (Vinzenz v. Beauvais) oder bearbeitet

(z. B. bei →Johannes Bromyard) werden; neue umfangreiche F.-Sammlungen, oft in Verbindung mit Exemplasammlungen, werden angelegt, →Konrad v. Halberstadt z. B. stellt im dritten Buch seines tripartitus moralium etwa 200 F.n zusammen; Schulbücher (libri Catoniani, auctores octo morales) enthalten F.n, und die Schule bringt Kommentare zu F.-Texten hervor, die nur wenig untersucht sind; Claretus de Solencia strebt in seinen Dichtungen (ed. FLAJŠHANS, 1926–28) nach Prägnanz von F.-Erzählung und Epimythion. →Alexander v. Roes kleidet seine Satire »Pavo« in das Gewand einer F.

Die F.n eines Ps.-Cyrillus im »Speculum sapientiae« bzw. »Quadripartitus figure moralium« (14. Jh.?, Boniohannes de Messana von TH. KAEPELLI als Verfasser genannt, J. TŘÍŠKA schlägt Gregorius de Hungarica Broda vor, s. KAEPELLI 699) dienen der moral. Unterweisung; diesen Zweck verfolgt auch der »Dialogus creaturarum« (14. Jh.), in welchem die den F.n angefügten Exempla und Sentenzen häufig dem »breviloquium de virtutibus antiquorum« des →Johannes Gallensis (John of Wales) entlehnt sind, welcher in seinem »Compendiloquium« (VIII 5–6) Begriff und Funktion der F. in christl. Glaubenswelt diskutiert.

Die F. als Mittel der Unterweisung spielt im ganzen MA eine wichtige Rolle, deren einzelnen Aspekten, analog etwa zu den →Disticha Catonis (s. R. HAZELTON, The Christianization of »Cato«, MSt 19, 1959, 157–173), im Laufe der Zeit verschiedene Bedeutung zukommt: als Text im Grammatikunterricht, als Vorlage für Nach- und Umdichtung, als Gegenstand, anhand dessen christl. Ethik vermittelt wird. Mit der Entdeckung und Übersetzung griech. F.-Corpora im 15. und 16. Jh. erfährt die F.-Tradition neue Impulse.   E. Rauner

Ed.: L. HERVIEUX, Les fabulistes lat. depuis le siècle d'Auguste jusqu'à la fin du MA, I–V, 1893–99 – G. THIELE, Der Lat. Äsop des Romulus und die Prosa-Fassungen des Phädrus, 1910 – E. SEEMANN, Hugo v. Trimberg und die F.n seines Renners, 1923 – *Lit.:* RAC VII, 129–154 – EM IV, 727ff. – WALTHER, Initia [Register] – BLOOMFIELD [Register] – Favolisti latini medievali, hg. F. BERTINI, I, 1984 – siehe Lit. zu III.

III. DEUTSCHE LITERATUR: Die dt. F. ist im MA ganz auf den Horizont der lat. Überlieferung bezogen. Sie entsteht fast ausschließl. aus der Übersetzung oder freieren Adaptation der Texte, die in den großen lat. Corpora, den 'aesopischen', vom späten 12. Jh. an (→Baldo, →Johannes v. Capua) auch den über das Arab. ('Kalīla und Dimna') vermittelten ind. Stoff ins MA tradiert haben; ganz der lat. Überlieferungsfrequenz entsprechend stehen als Stoff- und Textlieferanten die aesop. Sammlungen Avians, des Anonymus Neveleti und des »Romulus LBG« im Vordergrund. Dabei sind freilich im Einzelfall genaue Nachweise oft nur schwer zu führen, weil v. a. Einfluß 'mündlicher' Übermittlung im Rahmen des Unterrichts kaum abzuschätzen und deren Niederschlag in der Kommentarüberlieferung noch nahezu unerforscht ist. Nur in wenigen Ausnahmefällen ist jedenfalls die lat. Ausgangsfabel nicht wenigstens in ihren Stoffelementen und Figurenkonstellationen zu ermitteln (z. B. →Hugo v. Trimberg, »Renner«: »Hagebutte und Schlehe«, v. 5953–92; Michel →Beheim Nr. 26: »Schlange und Panther«), ganz selten nur muß mit dem Einfluß volkstüml. Überlieferung gerechnet werden (z. B. →Herger, MF 26,33). Gelegentl. (z. B. →Marner, XV 7 »Ysengrimus«, VI 349–550) entstehen F.n aus Einzelepisoden des →Tierepos. Eine eigene, weitgehend in sich abgeschlossene Traditionslinie bildet das um 1330/50 als ma. Neuentwicklung entstandene Corpus von dialog. Prosafabeln eines Ps.-Cyrillus ('Speculum sapientiae').

Die dt. Fabeldichtung beginnt mit vereinzelten, oft nur

in Anspielungen realisierten Rückgriffen in das Traditionsreservoir (Herger, »Kaiserchronik«, 6854–6921), bedient sich im Umkreis des →Strickers des Darstellungstypus der F. früh zur Ausbildung und Konsolidierung einer eigenen bildhaften Lehrform (→*bîspel*), in deren Überlieferungsumgebung sie aufgeht, und tendiert von der Mitte des 14. Jh. an zunehmend zur Abschließung in eigenen, den lat. vergleichbaren Sammlungen (»Wolfenbütteler Äsop« Gerhards v. Minden, Magdeburger, Leipziger und Breslauer »Äsop«, auch schon →Heinrichs v. Mügeln Buch IV). Reimpaar-Kleinepik, Spruchdichtung in prägnanten Einzelfällen (Marner, Bruder →Wernher, Heinrich v. Mügeln) und lehrhafte Großdichtung (→Thomasin v. Zerclaere, Hugos v. Trimberg »Renner«) mit ihrem Bedarf an exemplar. Beleggeschichten bieten den Gattungsrahmen. Die Predigt tritt wider Erwarten als Fabelumgebung bis zu →Geiler v. Kaisersberg kaum in Erscheinung. Prosasammlungen erscheinen erstmals zu Beginn des 15. Jh.: »Nürnberger Prosa-Äsop«, vor 1412; →Ulrichs v. Pottenstein Übersetzung der »Cyrillischen Fabeln«, zw. 1408 und 1416; mit Antons v. Pforr »Buch der Beispiele der alten Weisen« (aus Johanns v. Capua »Directorium vitae humanae«, übersetzt vor 1480) und v. a. mit Heinrich →Steinhöwels »Äsop« (zweisprachig: Ulm, um 1476; dt.: Augsburg, um 1477/78; lat.: Augsburg um 1480) erreichen sie breite Wirksamkeit.

Von bes. Bedeutung sind für die Gesch. der dt. F. im MA: die F.n und Bîspel des →Strickers, weil sie im Typus der Gleichnisfabel die Pragmatik erfolgreichen Verhaltens mit ethischen Normen harmonisieren und zugleich einen bis ins 15. Jh. reichenden Überlieferungsverbund begründen (Wiener Corpus: das Buch »Die Welt«; Karlsruher Sammlung, Liedersaal-Sammlung); der »Edelstein« (Ulrich) →Boners, der in der Ausdehnung des Epimythions zum Variantenangebot die F. zum Exempel für jegliche Art von Belehrung tauglich macht und dafür beträchtl. Überlieferungserfolg erntet; Heinrichs v. Mügeln F.n, die im Spiel mit dem Ruf der Gattung der F. in der Doppelbödigkeit des scheinbar Schlichten artist. Rang verleihen; Michel Beheims Spruchdichtung, in der die F. in bes. vielfältigen Funktionen auftritt.

Mit der Übersetzung der wiederentdeckten griech. Corpora ins Lat. (v. a. Rinuccio d'Arezzo, 1474, in Teilen aufgenommen bei Steinhöwel) wird der Traditionsstrom der ma. F. unterbrochen und die Fabeldichtung auf eine neue Grundlage gestellt.   K. Grubmüller

Lit.: G. SCHÜTZE, Gesellschaftskrit. Tendenzen in dt. Tierfabeln des 13. bis 15. Jh., 1973 – K. GRUBMÜLLER, Meister Esopus, 1977 – B. KOSAK, Die Reimpaarfabel im SpätMA, 1977 – K. SPECKENBACH, Die Fabel von der Fabel, FMASt 12, 1978, 178–229 – D. PEIL, Der Streit der Glieder mit dem Magen, 1985 – F. G. SIEVEKE, Aesop (Die Dt. Lit. Biograph. und bibliograph. Lexikon. R. II: Die Dt. Lit. zw. 1450 und 1620. A: Autorenlexikon, 1985), 331–340 – U. BODEMANN, Die Cyrillusfabeln und ihre dt. Übers. durch Ulrich v. Pottenstein, 1987 – G. DICKE–K. GRUBMÜLLER, F.n des MA und der frühen NZ. Ein Kat. der dt. Versionen und ihrer lat. Entsprechungen, 1987 [Ed.].

IV. ROMANISCHE LITERATUREN: Die älteste ma. volkssprachl. F.-Sammlung ist der *frz.* »Esope« der →Marie de France, ca. 1180 in England für ein adliges Publikum geschrieben; die Auslegungen zahlreicher F.n haben das Verhältnis zw. Herrschenden und Untergebenen in der Feudalgesellschaft zum Gegenstand. Quelle war für die ersten 40 der 102 F.n die lat. »Romulus Nilantii«, möglicherweise in einer engl. Version; die folgenden 62 F.n sind unterschiedl. Quellen entnommen, z. T. vielleicht der mündl. Überlieferung. Neben F.n im engeren Sinn enthält die Sammlung auch einige Schwankerzählungen. Manche F.n um Löwe, Fuchs und Wolf weisen Berührungspunkte zur Tierepik (→»Roman de Renart«) auf.

Die frz. F.-Sammlungen des HochMA (Isopets, vom Namen Aesop; in achtsilbigen Versen, wie schon die Slg. Maries) gehen sämtlich auf lat. Vorlagen zurück: Bis auf das Werk des →Avianus (18 F.n aus dieser Slg. bilden den zweiten Teil des »Isopet I-Avionnet«, ca. 1345) sind nur ma. Slg.en übersetzt worden, so der »Romulus« des Galterus Anglicus im »Isopet de Lyon« (13. Jh.) und dem ersten Teil des »Isopet I-Avionnet« (eine Prosabearbeitung dieser Slg. ist der »Isopet III«, 15. Jh.); oder der »Novus Esopus« des →Alexander Neckam im »Isopet II de Paris« (Ende 13. Jh.) und dem »Isopet de Chartres« (Ende 13. Jh.). Neben diesen Texten, die für Laien geschrieben sind und eine profane Moral widerspiegeln, steht etwa die Prosaübersetzung der F.n des →Odo v. Cheriton (2. Hälfte 13. Jh.), die der Lockerung der Moral des Klerus entgegenwirken sollen. Um 1480 übersetzt der Mönch Julien Macho →Steinhöwels »Esopus« nach der lat. Fassung ins Frz. Zu den selbständigen F.-Sammlungen kommen die in größere Werke eingefügten F.n hinzu, selten als in sich geschlossene Gruppe wie die 29 Prosafabeln im »Speculum historiale« des →Vinzenz v. Beauvais, die Jean de Vignay in seiner frz. Übersetzung (1. Viertel 14. Jh.) nicht überging; häufiger stehen F.n verstreut unter anderen Erzählungen, v. a. in Exempelsammlungen wie den »Contes moralisés« des →Nicole de Bozon, dessen 38 F.n größtenteils aus Odo v. Cheriton und Marie de France übernommen sind. – In okzitan. Sprache ist lediglich ein Fragment (ein Blatt einer Hs. mit Texten von 2 F.n) erhalten, das wohl zu einer Übersetzung des »Romulus« von Galterus Anglicus gehörte.

Auf der *Pyrenäenhalbinsel* wirkte neben der europ. auch die arab. F.-Tradition: So enthält das Buch von »Calila e Dimna« (1251), eine kast. Fassung des ind. Pančatantra (über eine arab. Zwischenstufe), zahlreiche in die eigtl. Geschichte eingelegte F.n, die von den handelnden Personen meist eingesetzt werden, um die Richtigkeit ihrer Auffassungen zu erweisen. Auch der »Libro de buen amor« (1343) des Juan →Ruiz, Arcipreste de Hita, bietet 25 äsop. F.n, die meist mit den Fassungen im »Romulus« des Galterus Anglicus übereinstimmen; ebenso der katal. »Llibre de les bèsties«, der das 7. Buch des »Llibre de meravelles« (1288/89) des Ramón Llull (→Lullus) bildet (wichtigste Quelle ist hier das kast. Buch von »Calila e Dimna«). Dagegen dauert es bis zum 15. Jh., bis auf der Halbinsel selbständige F.-Sammlungen nachzuweisen sind: 1489 wird eine kast. Übersetzung von Steinhöwels »Esopus« gedruckt (mit 188 Holzschnitten); gleichzeitig setzt die ptg. Überlieferung ein. In *Italien* entstanden gegen zwanzig Übers., bes. des Galterus Anglicus, im 14. Jh. v. a. im Veneto, mit klerikal-höf. Einschlag, und in der Toscana, hier kommunalbürgerl. Zuschnitts, im 15. Jh. am aragones. Hof in Neapel. Seit 1479 wurde eine lat.-it. Ausg. der F.n Aesops (Versübersetzung von Accio Zucco di Sommacampagna) mehrfach gedruckt, ebenfalls mit Holzschnittillustrationen.   A. Gier

Ed. und Lit.: →Nicole de Bozon, →Odo v. Cheriton, →Marie de France – EM – *Frz. und prov.:* H. R. Jauss, Unters. zur ma. Tierdichtung, 1959, 24–55 – Recueil général des Isopets, ed. J. Bastin, 2 Bde, 1929/30 – G. Mombello, Le raccolte francesi di favole Esopiane dal 1480 alla fine del secolo XVI, 1981 – Julien Macho, Esope, ed. P. Ruelle, 1982 – G. E. Snavely, The Ysopet of Jean de Vignay (Fschr. A. Marshall Elliott I, 1911), 347–374 – P. Rajna, Frammento di una raccolta di favole in provenzale, Romania 3, 1874, 291–294 – *Iber. Halbinsel:* R. E. Marsan, Itinéraire espagnol du conte médiéval (VIIIe–XVe s.), 1974 – Calila e Dimna, ed. J. M. Cacho Blecua, M. Jesús Lacarra, 1984 – La Vida del Ysopet con sus Fabulas Hystoriadas, reproducción en facsímile de la 1ª ed. de 1489, ed. E. Cotarelo y Mori,

1929 – *Italien:* DLI, s. v. Esopo volgare, 1973 – C. Filosa, La favola e la letteratura esopiana in Italia dal Medio evo ai nostri giorni, 1952 – Le favole di Esopo, stampate in latino con la versione it. di Accio Zucco e le figure dell'edizione veronese del 1479, 1973.

V. **Englische Literatur:** Obwohl aus der frühme. Zeit nur spärliche Zeugnisse der Fabeldichtung erhalten sind, muß es doch schon im 12. Jh. eine engl. Übersetzung lat. F.n gegeben haben. →Marie de France (12. Jh.) bezieht sich im Epilog zu ihrem »Esope« ausdrücklich auf eine solche engl. Version, aus der sie ihre F.n ins Anglonorm. übersetzt habe. Die älteste überlieferte engl. F. ist die F. vom Krebs, der sich nur rückwärts bewegen kann (Aesop, Halm, Nr. 187). Sie ist als beispielhafte Geschichte (→Exemplum) in einer Predigt aus dem späten 12. Jh. zu finden (»Lambeth Homilies«, Nr. 5). In ähnlicher Weise sind auch in andere me. Dichtungen F.n eingestreut; so wird etwa in dem Streitgedicht von Eule und Nachtigall (→»Owl and Nightingale«, ca. 1200) u. a. auf die F. von der Katze und dem Fuchs angespielt (Marie de France, Nr. 98), und es findet sich in Dan Michels →»Ayenbite of Inwyt« (1340) die F. vom zärtl. Esel (Aesop, Halm, Nr. 331; »Romulus«, Nr. 21), in einem zeitkrit.-satir. Gedicht in der →Kildare-Hs. (Anfang 14. Jh., Index 4144) die F. von Esel, Fuchs und Wolf vor dem Löwen, wie sie auch →Nicole Bozon (Anfang 14. Jh.) in seinen »Contes moralisés« überliefert, oder in William →Langlands →»Piers Plowman« (Ende 14. Jh.) die F. von der Katze und der Schelle (B Prolog; C Passus I), die sich in der lat. und frz. Exemplaliteratur Englands einer besonderen Beliebtheit erfreute (Odo v. Cheriton; »Summa Praedicantium« des →Johannes v. Bromyard u. a.). Daneben kommen F.n auch in den me. Übersetzungen von lat. Exempla- und Erzählsammlungen vor, wie etwa in der me. Bearbeitung der →»Gesta Romanorum« (15. Jh.). Für einige me. Tiergeschichten ist die unmittelbare Quelle nicht die Fabeldichtung, sondern das →Tierepos (»Roman de Renart«). Dies gilt für die me. Verserzählung vom Fuchs und vom Wolf (13. Jh., Index 35; Aesop, Halm, Nr. 45) und für →Chaucers »Nun's Priest's Tale« in seinen »Canterbury Tales« (Ende 14. Jh.), der letztlich die F. von Fuchs und Hahn zugrunde liegt (»Romulus«, Nr. 34).

Fabelsammlungen sind erst aus der spätme. Zeit erhalten. Die »Isopes Fabules« von John →Lydgate (?1370–1452) gelten als das erste Werk des Dichters. In 137 'rime royal'-Strophen werden folgende F.n erzählt: Hahn und Perle (»Romulus«, Nr. 1), Wolf und Lamm (»Romulus«, Nr. 3), Frosch und Maus (»Romulus«, Nr. 4), Hund und Schaf (»Romulus«, Nr. 5), Wolf und Kranich (»Romulus«, Nr. 11), Zwei Sonnen (»Romulus«, Nr. 10) und Hund und Schatten (»Romulus«, Nr. 6). Der bedeutendste Fabeldichter des engl. MA ist der Schotte Robert →Henryson (?1430–?1506). Seine »Morall Fabillis« enthalten 13 F.n, worunter sich sowohl F.n aus der lat. Aesoptradition – z. B. Hahn und Edelstein, Löwe und Maus (»Romulus«, Nr. 22) – als auch in das Tierepos eingegangene F.n befinden, wie etwa die auch von Chaucer bearbeitete F. von Fuchs und Hahn, »Schir Chantecleir and the Foxe«. Henrysons Dichtung ist durch ein lebendiges und spannungsreiches Erzählen charakterisiert, das sich verschiedener stilist. Register bedient, die z. T. auch der mündl. Erzähltradition verpflichtet sind. Die umfangreichste engl. Fabelsammlung des ausgehenden MA stellt schließlich William →Caxtons Prosaübersetzung der frz. Version von →Steinhöwels F.n dar, die er 1483 im Druck herausbrachte.   K. Reichl

Bibliogr.: J. E. Wells, A Manual of the Writings in ME 1050–1400, 1923, 180ff. [2 Suppl.] – C. Brown–R. H. Robbins, The Ind. of ME

Verse, 1943 [Suppl.: R. H. ROBBINS–J. L. CUTLER, 1965]–ManualME, 3. IX, 1972, 786f., 936f. [Caxton]; 4. X, 1973, 967ff., 1138ff. [Henryson]; 6. XVI, 1980, 1857ff., 2122f. [Lydgate] – *Ed.*: K. HALM, Fabulae Aesopicae Collectae, 1868 – G. THIELE, Der lat. Äsop des Romulus und die Prosa-Fassungen des Phädrus, 1910 – H. N. MACCRACKEN–M. SHERWOOD, The Minor Poems of John Lydgate, II, EETS 192, 1934, 566–599 – R. T. LENAGHAN, Caxton's Aesop, 1967 – D. FOX, The Poems of Robert Henryson, 1981 – *Lit.*: M. PLESSOW, Gesch. der Fabeldichtung in England bis zu John Gay (1726), 1906 – D. BAUMAN, The Folktale and Oral Tradition in the Fables of Robert Henryson, Fabula 6, 1964, 108–124 – J. MACQUEEN, Robert Henryson, 1967 – D. PEARSALL, John Lydgate, 1970 – D. GRAY, Robert Henryson, 1979 – D. MEHL, Robert Henryson's Moral Fables as Experiments in Didactic Narrative (Functions of Lit., Fschr. E. WOLFF, hg. U. BROICH u. a., 1984), 81–99.

VI. BYZANTINISCHE UND SLAVISCHE LITERATUREN: Im rhetor. Handbuch des Hermogenes, Progymnasmata (ed. RABE 2) werden F.n (μῦϑοι) den Anfängern auf dem Gebiet der Τέχνη empfohlen. Von da an begegnen F.n aus der aesop. Sammlung in fast allen byz. Progymnasmata. Je nach Aufbau der F.n und nach Ort der Anbringung der Moral, der Nutzanwendung, vor oder nach dem Tiergleichnis, wird von προμύϑιον bzw. ἐπιμύϑιον gesprochen. F.n unterscheiden sich von Parabel oder Gleichnis, da ihre Handlung als wirklich hingestellt wird, und von der Allegorie, da ihr Zweck der Verdeutlichung einer allgemeinen Wahrheit dient, ohne daß die in ihr erwähnten Personen oder Tiere allegorisch gedeutet werden dürfen. Der Kommentator des Hermogenes, der antiochen. Rhetor des 4.–5. Jh. aus der Schule des Libanios, Aphthonios (WALZ, Rhetores graeci I, 59), trennt weiter die F.n nach dem Inhalt zw. λογικόν (Auftreten von Menschen), ἠϑικόν (Gewohnheiten der Tiere) und μικτόν (Mischform). Drei Typen von Sammlungen der Aisopos-F.n lassen sich in der byz. Zeit feststellen, von der die älteste ab dem 10. Jh. bezeugt ist und wahrscheinl. auf das 3. Jh. zurückgeht. An der Zusammenstellung der 3. Typus soll der Humanist Maximos Planudes (13. Jh.) Anteil gehabt haben. Aus dem 14. Jh. stammt die älteste Hs. des mit dem Namen Syntipas verbundenes F.-Corpus, das aus dem Syr. ins Griech. übersetzt wurde. Aesop. Stoff – auch unter der in volkstüml. Choliamben verfaßten Fabelsammlung des vermutl. in Syrien im 2. Jh. lebenden Babrios – findet sich u. a. in zwei in Briefform stilisierten F.n des Theophylaktos Simokattes aus dem 7. Jh. (ἐπιστολαὶ ἠϑικαί), in den Progymnasmata des Nikephoros Basilakes im 12. Jh., des Gregorios Kyprios im 13. Jh., des Nikephoros Kallistos Xanthopulos (13.–14. Jh.).

In der byz. Volkssprache abgefaßt sind Tiergeschichten meist in reimlosen Fünfzehnsilbern wie z. B. die Legende vom Esel (Συναξάριον τοῦ τιμημένου γαδάρου) oder die Geschichte von den Vierfüßlern (Διήγησις τῶν τετραπόδων ζῴων) erhalten, die sprachlich an die Ptochoprodromika erinnern.

Slavische Literaturen: In Altrußland und bei den Südslaven blieben die byz. Tierfabeln im MA unbekannt. In Polen hatte bereits Biernat v. Lublin (ca. 1465–1529) am Beginn des 16. Jh. das Leben des Aisopos mit einer Auswahl aus den F.n aus dem Lat. übersetzt: »Żywot Ezopa Fryga mędrca obyczajnego i z przypowieściami jego« (1522; ed. I. CHRZANOWSKI, 1910). In Böhmen entwickelte sich ab dem 14. Jh. die Gattung der didakt. Fabeln. Die tschech. versifizierte anonyme Fassung beruht auf der lat. Umarbeitung des Phaedrus, die in zwei Redaktionen, in Prosa und in Versen, bekannt ist, und berücksichtigt in moral. Belehrungen gelegentl. die tschech. Verhältnisse. Eine eigene Fabelsammlung in ca. 2100 achtsilbigen Versen verfaßte der Neffe des ersten Prager Ebf.s, Smil Flaška

v. Pardubice (1349–1403), in der »Nová rada« (Neuer Ratschlag, 1394). In diesem Fürstenspiegel, der ein Tierparlament beschreibt, wird im Löwen das Idealbild des Herrschers gezeigt. S. a. →Stephanites und Ichnilates.

Ch. Hannick

Ed. und Lit.: BECK, Volkssliteratur, 30ff., 173–177 – HUNGER, Profane Lit. I, 94–96 – A. TRUHLÁŘ, O českých překladech z antických básníkův latinských a řeckých za doby střední. Progr. Akad. gymn. v. Praze, 1887 – W. WIENERT, Die Typen der griech.-röm. F., 1925 – Výbor z české literatury od počátků po dobu Husovu, ed. B. HAVRÁNEK–J. HRABÁK, 1957, 489–515 – V. S. SANDROVSKAJA, Die byz. F.n in den Leningrader Hss. Slg., Probleme der neugriech. Lit. III, 1960, 10–20 – D. I. PALLAS, Βυζαντινὸν ὑπέρϑυρον τοῦ μουσείου Κορίνϑου, ἁπλῶς αἰσώπειος μῦϑος ἢ τὸ Συναξάριον τοῦ Τιμημένου Γαδάρου, EEBS 30, 1960–61, 413–452 – G. A. MEGAS, Some oral Greek parallels to Aesop's fables, Laographia 25, 1967, 284–297 – M. A. GASPAROV, Antičnaja literaturnaja Basnja. Fedr i Babrij, 1971.

VII. ARABISCHE LITERATUR: Die arab. Lit. kennt zwei große Fabelsammlungen: Die »Amt̠āl Luqmān al-Ḥakīm« (Ermahnungen des Weisen Luqmān) sowie das dem ind. bzw. pers. Erbe verpflichtete Buch Kalīla und Dimna, das zuerst im 8. Jh. ins Arab. übersetzt wurde. Daneben enthalten bes. die Werke der arab. schöngeistigen *(adab-)*Lit. Fabeln und Tiergeschichten. C. BROCKELMANN unterscheidet bei den teils vorislam. Ursprüngen des in der arab. Lit. verbreiteten Fabelgutes drei wesentl. Kategorien: 1. F.n aesop. Ursprungs, wie z. B. die Erzählung vom Fuchs und den (hoch hängenden) Trauben; 2. F.n eindeutig arab. Herkunft sowie solche, die aufgrund inhaltl. Indizien im arab. Sprachgebiet entstanden sein müssen; 3. Kontaminationen von Motiven verschiedener Herkunft.

Entgegen der Erwartung enthält ein so themat. naheliegendes frühes Werk wie das »Kitāb al-Ḥayawān« (Buch der Tiere) des Ǧāḥiz̤ (gest. 255/868; ed. HĀRŪN, Beirut, 1969³) fast keine F.n. In späterer Zeit finden sich größere Fabelsammlungen bes. im »Kitāb ad-durr« (Prosaperlen) des Ābī (gest. 421/1030; Bd. 7. ed. BŪǦĀNMĪ, 1983, 192–194), in »Muḥāḍarāt al-udabāʾ« (Gespräche der Gebildeten) des Rāġib al-Iṣfahānī (gest. 502/1108; 1–4, 1961, Bd. 4, 706–708) sowie im »Kitāb (Aḫbār) al-Adkiyā'« des ḥanbalit. Predigers Ibn al-Ǧauzī (gest. 597/1200; ed. ḤŪLĪ, Kairo [1970], 253–258). Bei der weiteren Verbreitung bekannter Motive dürften auch die aus Ābīs Werk schöpfenden syr. »Ergötzlichen Erzählungen« des jakobit. Maphrians →Bar Hebraeus († 1268) mitgewirkt haben.

U. Marzolph

Lit.: V. CHAUVIN, Corpus des fables ayant cours chez les Arabes (DERS., Bibliogr. des ouvrages arabes 3, 1898), 47–82 – C. BROCKELMANN, F.n und Tiermärchen in der älteren arab. Lit., Islamica 2, 1926, 98–128 – GH.-A. KARIMI, Le Conte animalier dans la litt. arabe avant la traduction de Kalila wa Dimna, BEO 28, 1975, 51–56.

VIII. OSMANISCHE LITERATUR: Das arab. und pers. Fabelgut wird auch von der osman.-türk. Literatur aufgenommen, natürlich einschließlich der aus der klass. Antike stammenden Stoffe (siehe z. B. R. ANHEGGER, Die F. von der Grille und der Ameise in der türk. Literatur, Asiat. Studien 3, 1949, 30–47). Die aus dem →Pañcatantra stammenden pers. »Fabeln des Bidpai« (Kalila und Dimna) werden schon in der 1. Hälfte des 14. Jh. ins Türk. übersetzt (Teiled. in A. ZAJĄCZKOWSKI, Studja nad językiem staroosmańskim 1, 1934). Die eigene türk. Tradition kennt Tiermythen und Tiermärchen, hat aber zu der F. als lit. Gattung nichts Originelles beigetragen.

A. Tietze

Fabelwesen

I. Quellen – II. Definitionen – III. Darstellungen – IV. Heraldik.

I. QUELLEN: An der ma. →Antikenrezeption hat das Weiterleben von F. zoomorpher und anthropomorpher Art aus griech.-röm. Mythologie, Naturkunde und Kosmographie (mit Beschreibung der Wunder entlegener Erdteile, bes. Indiens und Äthiopiens) bedeutenden Anteil. Zahlreiche Fabeltiere und monströse Fabelmenschenrassen wurden von antiken Autoren beschrieben, bes. von Herodot, Ktesias (Indika), Megasthenes, Plinius maior und Solinus, in verschiedenen Schriften der Alexanderdichtung (→Alexander d. Gr.), bes. im Brief Alexanders an Aristoteles, schließlich in der Epistula Premonis regis ad Trajanum imperatorem. Nachdem im →Physiologus fabelhafte Tiere ebenso mit christl. Bedeutung allegorisiert wurden wie real existierende, und Augustinus (Civ. dei 16,8) erklärte, daß monströse Menschenrassen, wenn sie in entlegenen Erdteilen existieren sollten, mit dem bibl. Buch Gen vereinbar seien, gab →Isidor v. Sevilla in den »Etymologiae« eine Fülle von F. an das MA weiter. Die wichtigsten Autoren für die Aufnahme der antiken Vorstellungen waren: →Hrabanus Maurus (De rerum naturis), Pseudo-→Hugo v. St. Victor (De bestiis et aliis rebus), →Albertus Magnus (De animalibus), →Thomas v. Cantimpré (Liber de natura rerum), →Vinzenz v. Beauvais (Speculum naturale) und →Bartholomaeus Anglicus (De proprietatibus rerum); außerdem bieten reiches Material die →Bestiarien, die »Wunder des Ostens« sowie Erdbeschreibungen und fingierte →Reiseberichte wie »De mirabilibus mundi« des →Jean de Mandeville, schließlich der →»Liber monstrorum de diversis generibus«.

II. DEFINITIONEN: Die wichtigsten F. lassen sich in vier Gruppen einteilen: 1. Tiere, die in der Natur nicht vorkommen, bes. Mischwesen aus verschiedenen Tierarten. Hierzu zählen z. B.: die atl. →Aspis und Basilisk; der griech. dreiköpfige Höllenhund Cerberus, den →Herakles bei Rückführung der Alkestis bändigte; die →Chimäre; die aus Vorderasien in die griech. und atl. Mythologie übernommenen, meist geflügelten →Drachen verschiedenster Art (auch die aus Lucan und Plinius beschriebene doppelköpfige Schlange Amphisbaena wurde im MA gewöhnl. als Drache dargestellt); das in seiner vielfältigen allegor. Deutung bes. wichtige →Einhorn; der meist mit Löwenkörper, Adlerkopf und -flügeln dargestellte →Greif; das Pferd mit ein- oder zweischwänzigem Fischleib (Hippokampos) und der aus der Asche wiedererstehende →Phönix. Außerdem sind hier alle geflügelten Formen von Säugetieren zu nennen, z. B. das von Bellerophon beim Sieg über die →Chimäre gerittene Flügelpferd Pegasus, schließlich die verschiedensten Fabeltiere mit vermehrter Zahl von Köpfen, Gliedern, Hörnern usw. Der bildl. Phantasie waren keine Grenzen gesetzt, vgl. z. B. die o. Bd. 1, Sp. 2079 beschriebene Darstellung eines Krokodils. Die geflügelten Vier Wesen des Ezechiel bzw. der Joh-Offb. (→Evangelistensymbole, →Tetramorph) müßten eigtl. als F. bezeichnet werden, doch vermeidet dies auch die neueste Lit. – 2. Tiere, die zwar in der Natur vorkommen, jedoch durch ihnen zugeschriebene Eigenschaften und/oder Fähigkeiten zu F. wurden, z. B. →Charadrius und →Pelikan. – 3. Mischwesen von Mensch und Tier. Eine Verbindung von menschl. Oberkörper und Pferdeleib ist der →Kentaur (bes. häufig als Sagittarius im Zodiacus, →Tierkreiszeichen); die Verbindung von Mensch und Stier im Minotaurus erscheint im MA meist in Darstellungen des →Labyrinths, Menschen mit Hundekopf (Cynocephalen) gewöhnl. bei den anderen unter 4 gen. Fabelrassen; als Sirenen wurden im MA nicht nur die antiken geflügelten Mädchen mit Vogelkrallen bzw. Vögel mit Mädchenkopf bezeichnet (teilw. auch Harpyen genannt), sondern auch Meerweibchen mit ein oder zwei Schwänzen (Fischsirenen, eigtl. Tritoninnen); die ägypt.-

griech. löwen-menschl. Sphinx begegnet auch im MA mit männl. und weibl. Kopf; der →Triton verbindet einen menschl. Oberkörper mit ein- oder zweischwänzigem Fischleib. Für menschengestaltige →Engel mit zwei bis sechs Flügeln und für Bilder der →Evangelisten, bei denen der Menschenkopf durch den Kopf des →Evangelistensymbols ersetzt ist, gilt das o. zu den Vier Wesen gesagte. – 4. Menschenrassen, die in der Natur nicht vorkommen. Meist unterscheiden sich diese F., zu deren Erfindung außer der Phantasie auch der Eindruck von tatsächl. monströsen Mißbildungen beigetragen haben dürfte, durch unterschiedl. Anordnung und Zahl von Körperteilen vom existierenden Menschen. Wichtigste Typen (ausführl. bei ZAJADACZ-HASTENRATH mit Lit.): Menschen ohne Kopf (Acephali), mit unterschiedl. Anordnung von Augen, Mund und Nase auf dem Rumpf; Menschen ohne (Astomen) oder mit fast zugewachsenem Mund; mit einem oder vier Augen, ohne oder mit riesigen Ohren (Panotier); mit skurril vergrößerter Unterlippe, mit sechs Händen, oder mit rückwärts weisenden, zehenreichen Füßen (Antipoden); solche mit einem riesigen Fuß, der ihnen Schatten spenden kann (Skiapoden), und schließlich Frauen mit langen Bärten und/oder Hörnern.

III. DARSTELLUNGEN: Für die tier. und tier-menschl. F. sind die meisten Darstellungen als Illustrationen zu den gen. Texten zu finden, daneben in allen Kunstbereichen, in denen ma. →Tiersymbolik Verwendung fand, v. a. in der roman. Bauskulptur, aber auch in anderen Gattungen (z. B. Otranto, Kathedrale, Fußbodenmosaik). F. wurden bes. gern für Bilder von →Dämonen gewählt. Die Invektive →Bernhards v. Clairvaux (Apol. ad Guil. 12,28f.) gegen die lächerl. monstruositas der Bauornamentik blieb wirkungslos. Monströse Menschengestalten dienten nicht nur als Illustration der über sie handelnden Texte, sondern erscheinen auch in Beschreibungen und/oder Bildern auf ma. Weltkarten (→Kartographie) und in monumentalen Darstellungen (z. B. Vézelay, Ste-Madeleine, Hauptportal; Kastelaz/Tramin, St. Jakob, Apsismalerei).

                                 J. Engemann

Lit.: zu [I–III]: RDK VI, 739–816 [S. ZAJADACZ-HASTENRATH] – R. WITTKOWER, Marvels of the East, JWarb 5, 1942, 159–197 – I. ADLOFF, Die antiken F. in der roman. Bauplastik [Diss. Tübingen 1947] – D. SCHMIDTKE, Geistl. Tierinterpretation der deutschsprachigen Lit. des MA (1100–1500) [Diss. Berlin 1968] – B. ROWLAND, Animals with Human Faces, 1973 – G. LASCAULT, Le monstre dans l'art occidental, 1973 – P. MICHEL, Tiere als Symbol und Ornament, 1979 – J. B. FRIEDMAN, The Monstrous Races in Medieval Art and Thought, 1981 – A. v. EUW – J. M. PLOTZEK, Die Hss. der Slg. Ludwig IV, 1984, 134f. [Lit.], 172–206 – J. M. PLOTZEK, Mirabilia mundi (Ornamenta Ecclesiae, Ausstell.-Kat. Köln I, 1985), 107–111 – Weitere Lit.: →Bestiarium, →Einhorn.

IV. HERALDIK: F. stellen in der Heraldik einen großen Teil der natürl. gemeinen Figuren. In keinem anderen Bereich wurden sie phantasievoller verwendet. In den Anfängen der Heraldik wurden sie zum einen aus den Gleichnissen der Bibel (Apg 9,12,13,20; Num 23,22; Dtn 33,17; Dan 8,5–7; Ps 21,22), zum anderen durch Einflüsse aus dem Orient in der Kreuzzugszeit übernommen. Die Heraldik erlaubte, neben klassischen F. (→Einhorn, →Basilisk, →Drache, →Greif, →Harpyie etc.) durch Verbindung gespaltener oder geteilter Wappen auch typisch herald. zu schaffen: wie Doppeladler, Meer- oder Seelöwe bzw. Löwenadler (vgl. →Adler, →Löwe). Weiterhin konnte man durch Ersetzen, Austauschen oder Hinzufügen von verschiedenen Körperteilen eine prakt. unbegrenzte Anzahl phantastischer F. erreichen (Hahn mit Fischschwanz, mit Ziegenkopf; Löwe mit Frauen- oder Männerkopf etc.). Erwähnenswert sind auch alle geflügelten Tiere, die dem ganzen Tierreich entnommen sind. Entsprechend der christl. Symbolauffassung, die den F. oft einen negativen Wert beimaß, hat man sie im MA oft antiken, alttestamentar. bzw. anderen nichtchristl. Persönlichkeiten, die in Wirklichkeit nie ein Wappen geführt hatten, zugeteilt, so Julius Caesar einen Drachen, Judas Makkabäus einen Greifen etc. Neben ihrer Funktion als Wappentiere wurden F. sehr oft als Schildträger oder Bilddevisen (→Devisen) benutzt. In der Renaissance gewannen die antiken F. an Beliebtheit (so z. B. →Pegasus, →Sphinx, →Phönix etc.).   V. Filip

Lit.: W. LEONHARD, Das große Buch der Wappenkunst, 1976, 239–244 – G. SCHEIBELREITER, Tiernamen und Wappenwesen, 1976 – F. GALL, Österr. Wappenkunde, 1977, 399–416 – D. L. GALBREATH – L. JEQUIER, Lehrbuch der Heraldik, 1978, 146–150.

Faber Stapulensis → Lefèvre d' Étaples

Faber, Wenzel (Fabri), dt. Astromediziner, * ca. 1455/60 in Budweis, † 3. Nov. 1518 ebd. Seit 1475 Studium an der Univ. Leipzig. Nach Erwerb der Magister artium-Würde (1479) Lehrtätigkeit an der Artistenfakultät und Rektor der Univ. (1488); die med. Fakultät verlieh F. die Würde eines Baccalaureus (1488), Licentiaten (1489) und Doctors der Medizin (1497). Seit 1499 lebte er als Arzt in Brüx, seit 1505 bis zu seinem Tode als Stadtpfarrer in Budweis.

F. kommentierte das Standardlehrbuch des universitären Quadriviumunterrichts, die »Sphaera mundi« des →Johannes de Sacrobosco, und schuf ferner ein Tabellenwerk über die Konjunktionen von Sonne und Mond (»Tabulae solis et lunae coniunctionum«). Der zeitgenöss. Ruhm F.s beruhte jedoch auf seinen jährl. erschienenen Almanachen mit Neu- und Vollmondtafeln (erhalten für die Jahre seit 1486), die den Leser mit vermeintl. günstigen Zeitpunkten für gebräuchlichste Verrichtungen der Gesundheitspflege und Landwirtschaft: Aderlaß, Purgieren, Baden, Aussaat, Anpflanzung, bekannt machten sowie auf seinen Jahresprognostiken (erhalten für die Jahre seit 1482), die Vorhersagen über die politisch-soziale Lage, Ernteaussichten oder Epidemien darboten. Dieses umfängl. Schriftencorpus zeigt, daß F. unter Beifall der med. Fakultät auf dem Gebiet der astromed. Druckproduktion in Leipzig eine monopolartige (von P. →Eck 1488 vergbl. angefochtene) Stellung einnahm und den Rang eines im dt. Kulturgebiet des ausgehenden 15. Jh. publizist. führenden Mathematicus beanspruchen kann.   J. Telle

Ed. und Lit.: Verf.-Lex.² II, 681f. [W. SCHMITT] – Hundert Kalender-Inkunabeln, hg. P. HEITZ (Text K. HAEBLER), 1905 [mit Almanach-Faks.] – K. SUDHOFF, Laßtafelkunst in Drucken des 15. Jh., SudArch 1, 1907, 219–288, hier 255, 258 – DERS., Die med. Fak. zu Leipzig im ersten Jh. der Univ. (Stud. zur Gesch. der Medizin 8), 1909, s. v. F.-K. HAEBLER, Paulus Eck gegen W. F., Zs. für Bücherfreunde NF 6, 1914/15, 200–204 – G. HELLMANN, Die Wettervorhersage im ausgehenden MA (XII. bis XV. Jh.) (DERS., Beitr. zur Gesch. der Meteorologie 2 [Veröff. des Kgl. Preuß. Meteorolog. Inst., Nr. 296]), 1917, Nr. 8, 167–230, hier 213f., 224f. – E. WICKERSHEIMER, La Prenostication Nouvelle pour 1504 de Bernard de la Forest et la Grant Prenostication Nouvelle pour 1515 de Wenceslas Fabri, Bibl. d'Humanisme et Renaissance 17, 1955, 395–404 – A. DRESLER, Die Kalender des XV. Jh., Börsenblatt für den Dt. Buchhandel, Frankfurter Ausg., 19. Jg., 1963, Nr. 102 (Aus dem Antiquariat XII), 2331–2339 – E. ZINNER, Gesch. und Bibliogr. der astronom. Lit. in Dtl. zur Zeit der Renaissance, 1964², s. v. F. – K. PLETZER, Středověký astronom Dr. Václav Fabri z Budějovic, Jihočesky sborník historický 37, 1968, 76–86 – U. BRUCKNER, W. F. v. Budweis oder Johannes Virdung? Beitr. zur Inkunabelkunde 3. F., 4, 1969, 123–140 – GW 8, 1978, Nr. 9547–9629 – Praktiken des 15. und 16. Jh., hg. P. H. PASCHER (Armarium. Beitr. zur Kodikologie und zu den Hist. Hilfswiss. 11), 1980, 15 [dazu Faks. einer dt. und lat. Praktika für das J. 1487].

Fabliau(x). [1] *Wort und Begriff:* Das Wort *fabliau* (Variante *fablel*), eine pikard. Form (seit dem Ende des MA

häufiger als das frz. Äquivalent *fableau*), ist das Diminutiv von *fable,* beides bezeichnet fiktive Erzählungen, im Gegensatz zu *estoire,* der Schilderung einer wahren (oder als wahr ausgegebenen) Begebenheit. Die ma. Terminologie ist jedoch nicht einheitlich: nur 56 der frz. Texte betiteln sich als »F.« (f. certifiés), häufig werden jedoch andere Begriffe verwendet (conte, aventure, fable, lai, dit, essample u. a.), die üblicherweise mehr oder weniger benachbarte lit. Gattungen bezeichnen. Die F. sind im allgemeinen kurze Erzählungen (Ausnahme: »Trubert« mit 2984 Versen) und beschränken sich gewöhnlich auf die Entwicklung eines einzigen Erzählmotivs. Die Handlungsträger sind zumeist Menschen (nicht Tiere). Das kom. Element überwiegt, der Stil ist gewollt anspruchslos, die Sprache realistisch und manchmal obszön, Handlung und Situation sind oft amoralisch: geschildert werden pikante oder makabre Ereignisse, derbe und grausame Streiche, Betrug und Täuschung sowie Intrigen, oft mit sexueller Zielrichtung, die bisweilen bis zur Unglaubwürdigkeit gesteigert werden. Das F. ist Teil einer »Karnevalskultur« (oder Gegenkultur, die in Wirklichkeit das Produkt der offiziellen Kultur darstellt), die den Körper und seine Funktionen (Nahrungsmittelaufnahme, Sexualität, Ausscheidung) zur Schau stellt und – erstmals in der Volkssprache – dem »Schwank« mit einer »sanften Revolution« zu lit. Ehren verhilft. Obwohl das zugrundeliegende Wertsystem höf. Ursprungs ist, zeigen viele F., im Gegensatz zum →Lai ein parodistisches oder burlesk travestiertes Zerrbild der höf. Welt oder beschreiben gerne – in ähnl. Weise wie die mlat. sog. Vagantendichtung und die →Elegienkomödie das soziale Milieu der Bürger und Landleute. Es ist dabei zu berücksichtigen, daß die F. in Frankreich v. a. im 13. Jh., einer Zeit des intensiven Aufschwungs von Handel und Gewerbe, Verbreitung finden, und dies v. a. in Nordfrankreich, hauptsächl. in der Pikardie, wo sich sehr früh eine blühende städt. Kultur entwickelt. Das F. ist im Grunde die Kehrseite der anderen lit. Gattungen und parodiert diese z. T.: es lehnt transzendente, ideale, allegor., symbol. und moral. Bedeutungsinhalte ab und widmet sich mit äußerster künstler. Freiheit dem reinen Erzählen; es gehorcht nur dem Antrieb der Erzählfreude und den Erfordernissen der Realität des zufälligen Einzelereignisses, des »hic et nunc« und bereitet so den Boden für die verschiedenen Spielarten der Novelle.

[2] *Französische Literatur:* In der frz. Literatur gibt es rund 150 F., die in Gestaltung, Themenwahl, Milieu und Publikum beträchtl. Unterschiede aufweisen. Sie sind zw. dem Ende des 12. und der 1. Hälfte des 14. Jh. abgefaßt und zumeist anonym. Einige F. sind in Überarbeitungen erhalten, die bisweilen aus Rücksicht auf eine andere Zusammensetzung des Publikums entstanden. Unter den etwa 20 namentlich bekannten Autoren (Spielleute, Fahrende, Kleriker) haben manche ihren lit. Ruhm auch auf anderen Gebieten erworben: Jean →Bodel, vielleicht der Schöpfer der Gattung (nach 1195), Gautier Le Leu, →Rutebeuf, →Jean de Condé, →Watriquet de Couvin etc.; andere sind nur durch ihre F. bekannt: Garin, Haiseau, Hugues Piaucele, Drouin de Lavesne usw. Die frz. F. sind in paarweise gereimten Achtsilbern (»octosyllabes«) abgefaßt (wie die überwiegende Mehrheit der afrz. Erzähllit. in Versen). Sie genossen große Beliebtheit und Verbreitung (so wurde etwa Jean Bodels »De Gombert et des deus clers« von Boccaccio und Chaucer rezipiert), ihr Einfluß reicht bis zu Rabelais und La Fontaine. S. a. →Schwank; →Richeut; Les trois →aveugles de Compiègne.   A. D'Agostino

[3] *Englische Literatur:* Während die Gattung in Frankreich sehr verbreitet war, erlebt die engl. F. nur eine kurze

und verspätete Hochblüte. Dies mag damit zusammen-hängen, daß es sich um ein aristokrat. Genre handelt und daß der engl. Adel bis zum 14. Jh. vorwiegend franzö-sischsprachig war. (Auch die Tierfabel [→Fabel], die sich in vielen Punkten mit dem F. berührt, ist in der engl. Literatur vor dem 14. Jh. nur vereinzelt anzutreffen.) Das einzige engl. F. vor Chaucer ist »Dame Sirith« (spätes 13. Jh.), eine Variante der Geschichte von der 'Weinenden Hündin' (→Drama VI. 1). Von →Chaucers »Canterbury Tales« gehören die Erzählungen des Müllers, des Gutsver-walters ('Reeve'), des Gerichtsdieners ('Summoner'), des Kaufmanns und des Schiffers zur Gattung des F. Alle sind (wie auch »Dame Sirith«) in Versen abgefaßt. Das Ge-wicht liegt mehr auf der Herausarbeitung der Intrige, weniger auf der Charakterzeichnung, obgleich die direkte Rede viel Raum einnimmt. Vielfach werden charakterist. Gegensätze eingeführt; so tritt etwa in der Erzählung des Müllers die Jugend gegen das Alter an, nämlich der junge Student *(clerk)* Nicholas gegen den alten Zimmermann John. Insofern als das F. die Befriedigung rein physischer Begierden thematisiert, bezieht es Stellung gegen jene Literatur, die Ideale und geistige Grundsätze verficht. – Nach Chaucers Zeit begegnet das F. zumeist als Prosa-Schwank.　　　　　　　　　　　　　　　　　N. F. Blake

Ed. und Lit.: zu [1 und 2]: EM – A. DE MONTAIGLON–G. RAYNAUD, Recueil général et complet des f. des XIIIᵉ et XIVᵉ s., 1872–90 – J. BÉDIER, Les f., 1893 – P. NYKROG, Les f., 1957 – J. RYCHNER, Contribu-tion á l'étude des f., 1960 – J. BEYER, Schwank und Moral, 1969 – O. JODOGNE, Le f., 1975 – R. KIESOW, Die F., 1976 – M.-TH. LORCIN, Façons de sentir et de penser: les f. français, 1979 – R. H. BLOCH, The Scandal of the F., 1983 – PH. MÉNARD, Les f., 1983 – W. NOOMEN–N. VAN DEN BOOGAARD, Nouveau recueil complet des f., 1983ff. – D. BOUTET, Les f., 1985 – C. MUSCATINE, The Old French F., 1986 – *zu [3]:* R. H. ROBBINS, The English F.: Before and After Chaucer, Moderna Språk 64, 1970, 231–244 – H. BERGNER, Das F. in der me. Lit., Sprachkunst 3, 1972, 298–312 – D. S. BREWER, The F. (Companion to Chaucer Stud., hg. B. ROWLAND, rev. edn., 1979), 296–325 – R. E. LEWIS, The English F. Tradition and Chaucer's »Miller's Tale«, MP79, 1981–82, 241–255.

Fabriano, it. Stadt sö. von Ancona (Marken). Ma. Ur-sprungs, bewahrt die Stadt die Erinnerung an die intensive röm. Binnenkolonisation des Gebiets (Munizipien Atti-dium und Tuficum), da ihr Name vermutl. auf das röm. Gentilitium Faberius zurückgeht. In diokletian. Zeit Teil der Prov. Picenum Suburbicarium, wurde das Gebiet von F. im 3. Jh. (vielleicht infolge der Predigttätigkeit des hl. Felicianus, Bf. von Forum Julii [→Foligno]) christiani-siert. Zeugnis einer frühen Kirchenorganisation sind die Taufkirchen S. Maria in Civita, S. Maria in Albacina, S. Giovanni Evangelista in Attiggio. Im Zuge der langob. Landnahme gelangte das Territorium von F. unter die formale Jurisdiktion des Dukats →Spoleto und wurde im 10. und 11. Jh. Sitz bedeutender Kl. OSB: S. Vittore alle Chiuse, S. Maria d'Appennino, S. Salvatore di Valdica-stro (1005 von →Romuald v. Camaldoli gegr.). Erste urkundl. Erwähnung eines »locus fabriani« 1065; die Stadt bildete sich um zwei castra (urkundl. 1160 genannt); 1165 wurde sie Kommune, was ihre Entwicklung förderte. Im folgenden Jh. erlebte die Kommune einen starken demo-graph. und wirtschaftl. Aufschwung; an die Stelle der Konsuln trat ein Podestà (1234), eine Institution, in der sich die neue städt. Führungsschicht verkörperte, die in den Korporationen (Arti und Mestieri) organisiert war. Nach zahlreichen Kämpfen der städt. Faktionen gewann im 13. Jh. die Familie Chiavelli in F. die Vorherrschaft: Alberghetto II. errang 1322 die Signorie über die Stadt, Guido Napolitano 1378. Guido gelang es, durch den Erhalt des Titels Apostolischer Vikar (1381) seine Herr-

schaft zu festigen. Am 26. Mai 1435 wurden jedoch fast alle männl. Mitglieder der Familie Chiavelli in einer Ver-schwörung getötet. Die kommunalen Institutionen wur-den wieder eingesetzt, und die Stadt stellte sich unter den Schutz Francesco →Sforzas, der bis 1444 ihr nomineller Signore war. Danach unterstellte sich F. Papst →Eugen IV. und gehörte von da an definitiv zum Kirchenstaat. Während der kulturellen und wirtschaftl. Blüte der Stadt im 14. und frühen 15. Jh. unter der Signorie der Chiavelli entstanden zahlreiche Kirchen und Kl. (u. a. S. Agostino, Olivetanerkl. S. Caterina), andere, wie die Mitte des 11. Jh. gegr. Hauptkirche (ổ St. Venantius), wurden erweitert. Der in der 1. Hälfte des 13. Jh. errichtete Mauerring (der eine Fläche von rund 21 ha einschloß) ist nur in Resten erhalten. F. bildete den Mittelpunkt einer Malerschule (→Gentile da F.; Allegretto Nuzi u.a.).

　　Die Ursprünge d. bedeutenden →Papierherstellung sol-len auf arab. Gefangene, die aus Ancona kamen, zurückge-hen. Die Papierherstellung begann in der 2. Hälfte des 13. Jh., vielleicht im Umkreis der Wollarbeiter; das älteste sichere Zeugnis für in F. erzeugtes Papier stammt aus dem Jahr 1283. Vom arab. Herstellungsverfahren unterschei-det sich die in F. angewandte Technik durch drei Neuerun-gen: 1. Ersetzung der Holzlamellen der Schöpfform durch Metallamellen; 2. Verwendung tier. statt pflanzl. Leims; 3. Wasserzeichen. Die Stadt exportierte im Lauf des 13., 14. und 15. Jh. ihr Herstellungsverfahren und ihre Pro-duktion nach ganz Italien und in das Ausland. S. Cosentino

Lit.: DBI 24, s. v. Chiavelli – A. GASPARINETTI, Carte, cartiere e cartai fabrianesi, Risorgimento grafico 16, 1938 – B. MOLAJOLI, Guida artistica di F., 1968² – L'arte della carta a F., hg. O. EMERY, 1978 – La città della carta: ambiente, società, cultura, nella storia di F., hg. G. CASTAGNARI, 1982 – DERS., Il monastero di S. Vittore delle Chiuse: ricerche su un feudo comitale (Aspetti e problemi del monachesimo nelle Marche), 1982.

Fabrica ecclesiae ('Kirchenfabrik') bezeichnet schon in frühen Quellen (wohl in Anlehnung an röm.-rechtl. Sprachgebrauch) zunächst den Bau einer Kirche, dann das Kirchengebäude selbst. Ein (in der Regel der vierte) Teil der kirchl. Einkünfte hatte diesen »ecclesiasticis fabricis« (z. B. Simplicius 475, Gelasius I. 494 u. a.; vgl. C. 12 q. 2 cc. 23, 27–30) zu dienen. Daher wurde F. e. terminus tech-nicus des kirchl. →Finanzwesens für die dem Bau bzw. Unterhalt einer Kirche und schließlich auch für gottes-dienstl. Aufgaben im weiteren Sinn (so z. B. luminaria, 'Lichtergut') dienende Vermögensmasse. Seit dem 12. Jh. löste sich dieses »Gotteshausvermögen« als zweckgebun-denes Sondervermögen (primär Baulastpflicht) vom übri-gen Kirchengut und entwickelte sich zur selbständigen jurist. Person des Fabrikvermögens mit eigenen Einkünf-ten (z. B. →Stiftungen), das zunehmend von Laien (bestä-tigt vom Tridentinum sess. XXII de ref. c. 9) als »Kirchen-pfleger« (vitricus oder ähnl. Bezeichnungen) verwaltet wurde.　　　　　　　　　　　　　　　　　H. Zapp

Lit.: DDC V, 791ff. [R. NAZ] – FEINE, passim – PLÖCHL, passim – PRE I, 737ff. [H. F. JACOBSON]; II, 454f. [E. FRIEDBERG]; X, 366f. [H. F. JACOBSON] – RGG III, 1417f. [S. REICKE] – Wetzer und Welte's Kirchen-lex. IV, 1187ff. [HEUSER] – J. B. SÄGMÜLLER, Lehrbuch des kath. Kirchenrechts II, 1914, 470ff. – F. LAFFORGUE, Hist. des fabriques des églises de France sous l'ancien régime, 1923 – S. SCHRÖCKER, Die Kirchenpflegschaft. Die Verwaltung des Niederkirchenvermögens durch Laien seit dem ausgehenden MA, 1934.

Facetie. F. (lat. facetiae, -arum »launige Einfälle, drollige Witze«; it. *facezia,* pl. *-zie*), kurze schwankhafte Erzäh-lung von geistreichen Äußerungen, schlagfertigen Ant-worten, Witzen, Zoten, Scherzen, Streichen, Schaber-nack, meist Anekdoten, die von bekannten Persönlichkei-ten berichtet oder ihnen zugeschrieben werden.

In *Italien* wurden die F.n durch die it. Humanisten zu einer eigenen Gattung entwickelt. Antonio →Beccadelli, il Panormita (1394–1471), Hofhistoriograph Alfons' I. (V.) v. Neapel, vereinigte Anekdoten über den Kg. in seinem »De dictis et factis Alphonsi regis Aragonorum« (Pisa 1485). Der eigtl. Schöpfer der Gattung wurde jedoch →Poggio Bracciolini (1380–1459) mit seiner in lat. Prosa verfaßten Anekdotensammlung »Liber Facetiarum« (entstanden 1438–52, postum 1470 gedr.). Sie fand rasch in ganz Europa Verbreitung. Sie enthält 272 Anekdoten über bekannte Persönlichkeiten der röm. Kurie u. a. Poggio wollte als Humanist zeigen, daß das Lat. bei der Behandlung dieser unterhaltenden Geschichtchen mit der Volkssprache in Konkurrenz treten könne. Eine Theorie der F. gab Giovanni →Pontano (1426–1503) mit reichem Beispielmaterial an Anekdoten in der Abhandlung »De sermone« (1502–03). In der it. Literatur kann das 6. Buch von →Boccaccios Decamerone (1353) als eine Vorwegnahme der Facetiensammlungen angesehen werden. Als eigene Gattung in it. Sprache trat in Erscheinung die Facetiensammlung des Humanisten Ludovico Carbone (1435–1482) mit 103 F.n. Die Späße und Witzworte des um die Mitte des 14. Jh. am Hof der Este in Ferrara lebenden Hofnarren Gonnella schrieb im 15. Jh. ein Anonymus auf; erhalten sind eine Prosafassung und eine in Oktaven. Zu einer dem dt. Eulenspiegel vergleichbaren Figur wurde der Priester Arlotto Mainardi (1396–1484) aus Florenz, dessen Streiche und Späße ein Ungenannter im 15. Jh. herausgab u. d. T. »Le facezie del Piovano Arlotto«, einem der bekanntesten Schwankbücher der it. Literatur. Eine über eintausend Nummern umfassende Facetiensammlung, die umfangreichste der Renaissance, veröffentlichte Ludovico Domenichi (1515–64), »Facezie e motti arguti di alcuni eccellentissimi ingegni« (1548, 1562, erweitert 1564). Seine wichtigste Quelle ist v. a. eine am Hofe der Medici (1477–79) entstandene Facetiensammlung, die Angelo →Poliziano zugeschrieben wird. Die Gattung der F.n wurde zu Ende des 16. Jh. aufgegeben.

In *Frankreich* konnte sich die F. nicht gegen die Novellenliteratur durchsetzen. Die einzige Anekdotensammlung in der Art der lat.-it. F.n bot Bonaventure des Périers (1500–44) in seinen »Nouvelles récréations et joyeux devis« (Lyon 1558, 1561, erw. 1568; neu: 1932).

W. Th. Elwert

Ed. und Lit.: s. →Beccadelli, →Poggio – L. Carbone, Le facezie, ed. crit. A. SALZA, 1900 – F. GABOTTO, L'epopea del buffone, 1883 [Gonnella] – L. Domenichi, ed. G. FABRIS, 1923 – A. WESSELSKI, A. Polizianos Tagebuch (1477–79), 1929 [krit. zu WESSELSKI: L. DI FRANCIA, GSL 101, 1933, 131ff.] – A. BISCANTI, Alcune osservazioni sulle Facezie di Poggio Bracciolini, Schede Medievali, 1986, 66–86 – zur Überlieferung des Textes: G. FOLENA, Studi di filol. it. XI, 1953, 431–488.

Facetus, Bezeichnung für mlat. Anstandslehren in Gedichtform. 1. Das Gedicht mit dem Incipit »Moribus et vita« (gelegentl. auch als »Novus facetus« bezeichnet), vermutl. noch 12. Jh., in eleg. Distichen, im Mittelteil eine wohl nachträgl. eingefügte Liebeslehre. Als Verfasser nennt sich am Schluß ein Dichter namens »Aurigena« (zur Überlieferung WALTHER, Nr. 11220, 14438; J. STOHLMANN, MJb 8, 1973, 296. Die Ps.-Ovidiana wird vielfach gesondert überliefert, E. J. THIEL, MJb 5, 1968, 115–180).

2. »Cum nihil utilius« (gelegentl. »antiquus f.« genannt), in paargereimten Hexametern, seit Ende 12. Jh. bekannt, in manchen Hss. einem »magister Johannes« zugeschrieben. In der Einleitung als Ergänzung zum →»Cato« bezeichnet, lehrt das Gedicht wie 1 v. a. Anstandsregeln; in zahlreichen Hss. und Drucken überliefert

(WALTHER, Nr. 3692; J. STOHLMANN, MJb 8, 1973, 291), ist es häufig ins Dt. übersetzt und als Schullektüre verwendet worden. Beide Gedichte erscheinen mitunter in Florilegien. Im 14. und 15. Jh. gehörte der F. zu den →auctores octo.

Auf die Behandlung von Tischsitten beschränkt sich das in den Hss. als »Phagifacetus« oder »Thesmophagia« bezeichnete Hexameter-Gedicht vom Ende des 12. Jh. (bei Hugo v. Trimberg »Novus facetus« genannt). Den Verfasser nennt das Akrostichon »Reinerus Me Fecit« (zur Überlieferung WALTHER, Nr. 12288, 16645). Alle drei Gedichte wurden von Sebastian →Brant übersetzt.

B. Gansweidt

Ed.: »Moribus et vita«, ed. A. MOREL-FATIO, Mél. de litt. Catalane, III: Le livre de courtoisie, Romania 15, 1886, 192–235 – »Cum nihil utilius«, ed. C. SCHROEDER, Der dt. F., 1911 [Palaestra 86] – »Reineri Phagifacetus«, ed. H. LEMCKE, 1880 – *Lit.:* Verf.-Lex.² II, 699–703 [R. SCHNELL] – F. ZARNCKE, Sebastian Brants Narrenschiff, 1854 – DERS., Beitr. zur mlat. Spruchpoesie (BGL Phil.-hist. Kl. 15, 1863), 73–78 – G. EHRISMANN, Phaset, ZDA 64, 1927, 301–306 – I. GLIER, Artes amandi (MTU 34, 1971) – R. SCHNELL, F., Ps.-ars amatoria u. die mhd. Minnedidaktik, ZDA 104, 1975, 244–247 – P. DRONKE, Ps.-Ovid, F., and the arts of love, MJb 11, 1976, 126–131 – K. LANGOSCH, Der »F. Moribus et vita« und seine Ps.-Ovidiana, MJb 11, 1976, 132–142 – P. DRONKE, A note on »Pamphilus«, JWarburg 42, 1979, 225–230.

Fächer (Flabellum). F. bzw. Wedel sind in allen alten Kulturen bekannt. Sie spenden Schatten, Lufthauch und vertreiben Insekten. Von Dienern gehandhabt, werden sie schon in den altoriental. Kulturen zum Würdezeichen. In entsprechenden Funktionen gehören F. in griech. und röm. Zeit zur gehobenen Lebensführung.

Wichtigste Erscheinungsformen: Feder-F., fahnen-, blatt-, herz- und radförmige F. sowie Falt- und Klapp-F. Als Materialien begegnen (Pfauen- bzw. Straußen-)Federn, Pergament, Leder, Textilien (Seide, Brokat), Binsen- oder Strohgeflecht, Holztäfelchen. Die Handhabe des F.s, aus Holz, Elfenbein, Perlmutt, Metall u. a. gefertigt, ist häufig verziert. Aus spätantik-christl. Zeit sind für profane F. wenige, bildl. Zeugnisse bekannt (→Chronograph von 354), asket. Texte wenden sich gegen sie. Für den Kult werden F. erstmals in den Const. Apost. (Ende 4. Jh.) erwähnt, zur Reinhaltung der liturg. Gaben (muscarium, ventilabrum). Die ältesten erhaltenen liturg. F. (lat. *Flabellum*, gr. *Rhipidion*) bestehen aus Silber, ihre Verzierung zeigt Tetramorphe bzw. Cherubim (Fund von Stûma/Rîha, Ende 6. Jh.). Letztere Bezeichnung benennt bis heute den F. im ostkirchl. Gottesdienst, wo er paarweise auf dem Altar aufgestellt oder, oft mit tintinnabula versehen, von Diakonen bewegt wird, zu deren Vorrechten dies gehört. In Werken mittel- und spätbyz. Kunst sind F. vielfach abgebildet (z. B. Apostelkommunion, Epitaphios). In östl. Randgebieten (Georgien, Armenien) ist eine vierpaßförmige Sonderform des liturg. F.s entwickelt worden.

Auch im W ist über den profanen F. wenig bekannt. Ein inschriftl. ausgewiesenes Beispiel im Domschatz von Monza, später wohl liturg. genutzt, gehört zum Typus des Rad-F.s mit plissiertem Pergamentblatt, mit vegetabil. verzierter Silbercustodia. Von örtl. Tradition Kgn. Theodelinde († 627/628) zugewiesen, gehört er doch in karol. Zeit. Für einen zweiten erhaltenen Rad-F. aus Tournus (Florenz, Bargello) erweisen bildl. Darstellungen auf dem F.-Blatt sowie eine Aufschrift den liturg. Charakter. Die Handhabe mit Custodia trägt. karol. Elfenbeinschnitzereien nach den Bucolica Vergils. Seit dem 11. Jh. begegnen liturg. F. zwar häufiger, waren im W aber nie so verbreitet wie im christl. O. Aus Bildzeugnissen und Texten erhellt, daß im MA regelmäßig nur ein F. benutzt wurde, und zwar im Sommer (Durandus, Rat. div. off. IV, 35). Ebd. wird dem F. ein allegor.-myst. Verständnis zugeschrieben, demzufolge er auch sündhafte Gedanken vertreibt, eine schon Hieronymus bekannte Vorstellung.

Die Erstarrung des byz. Rhipidion zu metallenen Zieraten begegnet ähnlich im W, in den reich verzierten Scheibenkreuzen, die paarweise oder in Gruppen auf dem Altar aufgestellt oder bei Prozessionen mitgeführt wurden (Hildesheim, Dom, Stift Kremsmünster u. a.). Vielleicht sind schon Kreuzscheiben auf der frühma. Altarplatte von Ferentillo so zu verstehen.

Der liturg. F., im 14. Jh. noch vereinzelt bezeugt, verschwindet im W mit Ausgang des MA. Der profane F. bleibt in Gebrauch bei den Damen, wie manche Bildwerke – Geburts-, Kranken- und Heilungsszenen – zeigen, vielfach im Typus des Fahnen-F.s. In fsl. Inventaren wegen der Verwendung kostbarer Materialien oft belegt, entwickelt sich die F. in nachma. Zeit zum Luxusgerät.

Im zeremoniellen Bereich höf. Würdezeichen haben die Prunk-F. am Thron des Papstes bis in neueste Zeit fortgelebt (→Herrschaftszeichen). Entsprechende Verwendung eines Zeremonial-F.s am byz. Kaiserhof ist nicht bewiesen, aber wahrscheinlich.   V. H. Elbern

Lit.: DACL V, 2, 1610ff. [Lit.] – RAC VII, 217ff. [Lit.] – RByzK II, 550ff. [Lit.] – RDK VI, 880ff. [Lit.] – Ch. de Linas, Les Disques Crucifères, le Flabellum et l'Umbrella, RAChr 26, 1883, 477ff. – J. Braun, Das chr. Altargerät, 1932, 642ff. – L. E. A. Eitner, The Flabellum of Tournus, ArtBull Suppl. 1, 1944 – V. H. Elbern, Liturg. Gerät in edlen Materialien z. Zt. Karls d. Gr. (Braunfels KdG III, 1965), 162ff. – Ders., Einige Werke liturg. Kunst in Georgien, Ostkirchl. Stud. 26, 1977, 312ff. – weitere Lit.: →Herrschaftszeichen.

Fachliteratur

I. Islamische Fachliteratur und Enzyklopädien – II. Lateinische Fachliteratur.

I. Islamische Fachliteratur und Enzyklopädien: Klassifizierungen der Wissenschaften und ihrer F. im Islam sind zu einem großen Teil von antiken Vorbildern geprägt. Systematiken wie etwa der Katalog der aristotel. Schriften von →al-Kindī (gest. 870), dem ersten namhaften muslim. Rezipienten spätantiker Philosophie, die Kommentare zu den aristotel. »Kategorien« und zu →Porphyrs »Eisagoge« von dem nestorian. Theologen und Philosophen Ibn aṭ-Ṭayyib (gest. 1043) und das »Sendschreiben über die Teile der philos. Wissenschaften« des ebenfalls christl. Mediziners und Lehrers Avicennas, Abū Sahl al-Masīḥī (gest. 1010), orientieren sich alle an alexandrin. Modellen der Propädeutik zur aristotel. Logik und Philosophie und wirken in zeitgenöss. und späteren islam. Wissenschaftsklassifizierungen fort, die sich darum bemühen, den Kanon der ʿgriechischen' Wissenschaften mit den – philolog., theol.-exeget., jurist. – Disziplinen der islam. Lehrtradition in einem umfassenden System zu verknüpfen.

Ein frühes Beispiel für eine solche systemat. Integration bilden die »Schlüssel zu den Wissenschaften« (verfaßt kurz nach 977) von Muḥammad b. Aḥmad al-Ḫwārizmī. Sie sind gegliedert nach ʿreligionsgesetzl. und arab. Wissenschaften' (Jurisprudenz, Theologie, Grammatik, Schreibkunst, Poetik, Geschichte) und ʿfremden Wissenschaften' (nach Philosophie und Logik das Quadrivium der math. Wissenschaften: Arithmetik, Geometrie, Astronomie und Musik, sowie die Sonderdisziplinen Medizin, Mechanik und Alchemie) und bezwecken in erster Linie eine allseitige Vermittlung spezif. Fachterminologien. Neben den eher marginalen Entwürfen einer Wissenschaftssystematik von Abūl-Ḥasan al-ʿĀmirī (gest. 922; »Bekanntmachung der Verdienste des Islam«) und Ibn Farīġūn

(2. Hälfte des 10. Jh.; »Summarien der Wissenschaften«), die beide um eine Integration nicht nur von religiösen und philos. Wissenschaften, sondern auch von Bildungselementen höfisch-iran. Tradition bemüht sind, ist v. a. der bedeutende und einflußreiche »Katalog der Wissenschaften« von →al-Fārābī (gest. 950) zu nennen. In seinen fünf Abschnitten, welche Sprachwissenschaft, Logik, die ʿmathematischen' Wissenschaften (Quadrivium plus Optik, Gewichtskunde und Mechanik), Physik nebst Metaphysik, sowie die Trias Politik, Jurisprudenz und Theologie behandeln, unternimmt der »Katalog«, die Universalität der philos. Wahrheit und ihrer Erkenntnisinstrumente bzw. die Relativität der traditionell-islam. Wissensdisziplinen nachzuweisen. In der Adaptierung durch den Archidiakon v. Segovia, →Dominicus Gundissalinus (»De divisione philosophiae«), wirkte al-Fārābīs »Katalog« auch auf die lat. →Scholastik. – An al-Fārābīs »Katalog« schließt sich eine spätere Enzyklopädie an, »Des Suchenden Wegleitung zu den höchsten Zielen« von Ibn al-Akfānī (gest. 1348), einem Kairiner Arzt und Schriftsteller, deren Popularität an zahlreichen Hss. und Drucken zu erkennen ist. Die hier aufgeführten sechzig Wissenschaften folgen etwa dem Plan des »Katalogs«; freilich fehlen die vielfältigen systemat. Verschränkungen zw. einheimischen und fremden Wissenschaften, es herrschen die Prinzipien der Partikularisierung und Aufreihung. Der praxisorientierte Charakter des Handbuches erweist sich auch in den bibliograph. Angaben jeweils am Ende eines Abschnitts u. in d. Liste von Fachbegr. am Ende d. Buches.

Aus der 2. Hälfte des 10. Jh., also etwa eine Generation nach al-Fārābī, stammt ein ganz anderer Überblick über die Wissenschaften, die im allgemeinen als anonym geltenden »Sendschreiben der →Lauteren Brüder«. Die propädeut. Disziplinen Schreiben und Lesen, Lexikologie und Grammatik, Arithmetik und Buchführung, Poetik, Divination, Magie, Gewerbe und Handwerke, Handel, Landwirtschaft und Tierzucht, Biographie und Geschichte dienen der diesseitigen Subsistenz; auf der nächsten Stufe stehen die ʿkonventionell religionsgesetzlichen Wissenschaften', die ihrerseits in die ʿwahrhaft philosophischen Wissenschaften' münden. Das Corpus der »Sendschreiben« ist trotz vielerlei einzelnen inhaltl. Einflüssen als Versuch, eine neuplaton. Erkenntnistheorie, eine esoter. Seelenheilslehre und eine kosmisch-polit. Gesamtsicht systematisch darzustellen und – gegen den Konsens der islam. Gemeinschaft – zu propagieren, folgenlos geblieben.

Der Philosoph und umfassend gebildete Gelehrte →Avicenna (Ibn Sīnā, gest. 1037) ist Erbe der islamisch-arab. wie der aristotel. Tradition. Seine Hauptwerke, namentlich »Das Buch der Heilung«, sind Summen, die alles philos. Wissen enthalten; seine kleineren Monographien sind stets auf den Gesamtentwurf zu beziehen und erörtern Einzelfragen sub specie Summae – so etwa das kleine »Sendschreiben über die Teile der intellektuellen Wissenschaften«, das innerhalb der konventionellen Teile der Philosophie zw. ʿprinzipiellen' und ʿabgeleiteten' Wissenschaften unterscheidet (eine aus der Jurisprudenz entlehnte Distinktion) und v. a. erlaubt, Themen der islam. Theologie einen Platz unter dem Dach der Metaphysik zuzuweisen. Avicennas Versionen der philos. Enzyklopädie verdanken ihren vielfältigen und nachhaltigen Erfolg v. a. der Bewahrung des wohlorganisierten Corpus Aristotelicum (unter Einschluß der »Elementa« des →Euklid und des ptolemäischen →»Almagest«) bei gleichzeitiger Relativierung – und im Ansatz Unterordnung – der Metaphysik gegenüber der Theologie.

Die in Persisch verfaßte »Sammlung der Wissenschaften« des bedeutenden Theologen und Philosophen Faḫ-
ruddīn ar-Rāzī (gest. 1209) ist wohl als erstes Exemplar
einer Gattung von Klassifikationen anzusehen, das kein
leitendes Prinzip mehr hat, sondern eher den Charakter
einer Liste. Die hier abgehandelten sechzig Wissenschaften haben je ihre eigene Binnenstruktur; gemeinsam sind
ihnen die Sammlungen einschlägiger Prüfungsfragen und
-antworten zum Beschluß eines jeden Abschnittes. Deutlich ist die bei Avicenna bereits angelegte dienende Funktion der Philosophie unter der Gottesgelehrsamkeit, eine
Tendenz, die in späteren pers. Enzyklopädien, etwa den
»Kostbarkeiten der Künste« von Šamsuddīn Āmulī (gest.
1352 oder 1353), sich weiter verstärkt.

Außer den skizzierten philos. bzw. theol. Enzyklopädien finden sich Klassifikationen der Wissenschaften auch
in Bücherkatalogen (etwa der klassische »Fihrist« des
Buchhändlers Ibn an-Nadīm, verfaßt 938 in Bagdad, oder
der Katalog des osman. Polyhistors Ḥāǧǧī Ḫalīfa aus der
1. Hälfte des 17. Jh.), in Ätiologien der Wissenschaften
(etwa das wertvolle bibliograph. Handbuch »Die Klassen
der Völker« von Ṣāʿid al-Andalusī, Qadi in Toledo, gest.
1070) und in den zahlreichen Handbüchern über die Methode und Ethik des Lehrens und Lernens (etwa der
»Schlüssel zur Glückseligkeit« des osman. Gelehrten Tāš-
köprüzāde, gest. 1561, der nicht weniger als 316 verschiedene Disziplinen registriert).   H. H. Biesterfeldt

Lit.: S. VAN DEN BERGH, Umriß der muhammedan. Wissenschaften
nach Ibn Ḫaldūn, 1912 – M. BOUYGES, Sur le de Scientiis d'Alfarabi . . .
et sur le Divisione Philosophiae de Gundissalinus, Mél. de l'Univ.
St-Joseph 9, 1923/24, 49–70 – M. PLESSNER, Der οἰκονομικός des
Neupythagoreers 'Bryson' und sein Einfluß auf die islam. Wiss. . . . ,
1928 – DERS., Die Gesch. der Wissenschaften im Islam als Aufgabe der
modernen Islamwiss., 1931 – D. M. DUNLOP, The Ǧawāmiʿ al-ʿulūm
of Ibn Farīġūn (Zeki Velidi Togan'a armağan, 1950–55), 348–353 – M.
PLESSNER, Der Astronom und Historiker Ibn Ṣāʿid al-Andalusī und
seine Gesch. der Wiss., Rivista degli studi orientali 31, 1956, 235–257 –
A. A. GHAUSSY, Aufbau und System der Philosophie und Wissenschaften im Islam nach al-Kindī, al-Fārābī und Ibn Sīnā in ihren
systemat. Werken [Diss. Hamburg 1961] – C. E. BOSWORTH, A
Pioneer Arabic Encyclopedia of the Sciences: al Khwārizmī's Keys of
the Sciences, Isis 54, 1963, 97–111 – F. ROSENTHAL, Das Fortleben der
Antike im Islam, 1965, 77–105 – R. PARET, Contribution à l'étude des
milieux culturels dans le Proche-Orient médiéval: »L'encyclopédisme« arabo-musulman de 850 à 950 de l'ère chrétienne, RH 477, 1966,
47–100 – F. E. PETERS, Aristotle and the Arabs: The Aristotelian
Tradition in Islam, 1968, 104–120 – F. ROSENTHAL, A Hist. of Muslim
Historiography, 1968², 30–53 [The Position of Hist. in Muslim Scho-
larship and Education] – R. BLACHÈRE, Quelques réflexions sur les
formes de l'encyclopédisme en Égypte et en Syrie du VIIIᵉ/XIVᵉ s. à la
fin du IXᵉ/XVᵉ s., BEO 23, 1970, 7–19 – L. GARDET–M.-M. ANAWATI,
Introduction à la théologie musulmane, 1970², 94–135 – J. MOUHASSEB,
La classification des sciences . . . , I: Les philosophes grecs et arabes,
1971² – A. CORTABARRIA BEITIA, La classification des sciences chez al-
Kindī, Mél. de l'Inst. Dominicain d'études orientales du Caire 11, 1972,
49–76 – S. DIWALD, Arab. Philosophie und Wiss. in der Enzyklopädie
Kitāb Iḫwān aṣ-ṣafāʾ (III): Die Lehre vom Intellekt, 1975 – M. MAHDI,
Science, Philosophy and Religion in Alfarabi's 'Enumeration of the
Sciences' (The Cultural Context of Medieval Learning, hg. J. E.
MURDOCH–E. D. SYLLA, 1975), 113–147 – H. H. BIESTERFELDT, Abū
l-Ḥasan al-ʿĀmirī und die Wiss., ZDMG, Suppl. III 1, 1977, 335–341 –
A. BAUSANI, L'encyclopedia dei fratelli della purità . . . , 1978 – M. J.
HERMOSILLA LLISTERRI, Sobre bibliographía árabe. Un resumen del
Iršād al-qāṣid ilà asnà al-maqāṣid . . . , al-Qanṭara 1, 1980, 263–279 – M.
MARMURA, Avicenna on the Division of the Sciences in the Isagoge of
his Shifāʾ, Journal for the Hist. of Arabic Science 4, 1980, 239–253 – J.
MICHOT, Les sciences physiques et métaphysiques selon la Risālah fī
Aqsām al-ʿulūm d'Avicenne . . . , Bull. de philosophie médiévale 22,
1980, 62–73 – G. MAKDISI, The Rise of Colleges. Inst. of Learning in
Islam and the West, 1981 – H. KILPATRICK, A Genre in Classical Arabic
Lit.: the Adab Encyclopedia (Union Européenne d'Arabisants et d'Isla-
misants, 10th Congr. Edinburgh, 1982), 34–42 – D. GUTAS, Paul the

Persian on the Classification of the Parts of Aristotle's Philosophy: a
Milestone between Alexandria and Baġdād, Der Islam 60, 1983,
231–267 – Études sur Avicenne, hg. J. JOLIVET–R. RASHED, 1984 [Beitr.
von H. HUGONNARD-ROCHE und E. WÉBER] – CH. HEIN, Definition
und Einteilung der Philosophie. Von der spätantiken Einteilungslit.
zur arab. Enzyklopädie, 1985 (Europ. Hochschulschr. XX/177) – Ž.
VESEL, Les encyclopédies persanes, 1986.

II. LATEINISCHE FACHLITERATUR: [1] *Umfang und Definition:* Zur F. muß der weitaus größte Teil der lat. Lit. des
MA insofern gerechnet werden, als er Wissensstoffe vermitteln will (→Didakt. Lit.). Seltener sind Texte, die zum
Erwerb bestimmter prakt. Fertigkeiten anleiten wollen,
überliefert. Grundlage für die Aneignung des Wissens-
stoffes ist die F. der →Artes liberales; die →Artes mechani-
cae dagegen bilden, wie auch die Einteilungen der Physik,
eher ein Ordnungsschema der Wissenschaft als ein Lehr-
programm; von ihnen hat nur die →Medizin ein umfangreiches Schrifttum hervorgebracht. Von den Artes-Sche-
mata nicht erfaßt werden die höheren Wissenschaften der
Theologie und Jurisprudenz, die Philosophie, soweit sie
die Grenzen der Dialectica überschreitet, die Historiographie, →Alchemie und Geheimwissenschaften.

[2] *Geschichte der Fachliteratur: a) Wissenschaft und Schrifttum:* Nach der an F. armen Zeit des frühen MA brachte die
unter Karl d. Gr. ins Werk gesetzte Erneuerung einen
entscheidenden Aufschwung. Die noch auffindbaren
Werke des Altertums wurden wie abgeschrieben und
vor dem Untergang bewahrt (z. B. die Agrimensoren,
Arat, Nonius, Palladius, Solinus, Vegetius, Vitruvius, im
Auszug Festus). Etwa um 1000 setzt eine verstärkte Pflege
der Lit. des Quadrivium an den Schulen Frankreichs ein
(→Artes liberales, →Abbo v. Fleury, →Gerbert v. Aurillac), und bald entwickeln sich an den Kathedralschulen die
neuplaton.-philos. und kosmolog. Studien bis zu den
Leistungen des 12. Jh. (→Bernhardus Silvestris). Die
Schultexte wurden z. T. in Corpora vereinigt (→Thierry
v. Chartres, Heptateuchon). – Seit dem 11. Jh. werden die
Schriften der alten med. Schule v. Salerno greifbar. Zum
röm. Recht entstehen im 12. Jh. neue Glossierungen und
Kommentare (→Corpus iuris civilis), das kanon. Recht
wird in neuen Sammlungen vereinigt (→Corpus iuris
canonici). Hier und v. a. bei der Bibelkommentierung
kommen verschiedenartige Gattungen in Gebrauch (glossae, catenae, expositiones, comment[ari]a, distinctiones,
quaestiones, concordantiae) wie auch eine bes. Art der
Textanordnung ('cum textu incluso').

Einen völligen Umschwung in der wiss. Lit. führt die
große Übersetzungsbewegung des 12./13. Jh. herbei:
Hunderte neuer Texte der Medizin, der Astronomie,
Astrologie, Geheimwissenschaften, Mathematik, Geometrie, Philosophie werden zugänglich, v. a. aber →Ari-
stoteles mit seinen Kommentatoren (→Averroes); er bestimmt fortan weithin den Umfang und die Methoden der
Wissenschaften. Nur ausnahmsweise werden zusätzl. eigene Beobachtungen eingebracht (→Albertus Magnus,
→Roger Bacon). Zur korrekten Vervielfältigung ihrer
Lehrtexte entwickeln die Univ. das System der →Pecia.
Manche Texte sind als Vorlesungsmitschriften (reportationes) überliefert.

b) *Techn. und prakt. Gebiete:* Um 800 entstand die älteste
Niederschrift der →Compositiones ad tingenda musiva.
Diese Sammlung von kunsttechn. Rezepten geht auf
griech. Material zurück, das auch in den →Mappae clavicula wirkt. Eigenständige Handbücher stellen vor und um
1100 →Heraclius und →Theophilus zusammen. Aus der
Praxis wuchsen auch Werke wie der →Dialogus de Scaccario (über die Finanzverwaltung).

[3] *Sprache und Form:* Die Sprache der F. ist teilweise von Gräzismen und Erscheinungen der Umgangssprache durchsetzt (Antimus, Compositiones); vielfach wird auf sorgfältige sprachl. Gestaltung verzichtet (Roger Bacon), oft prägt die Methode Form und Sprache (Thomas v. Aquin); manche sprachl. Erscheinungen der F. ließen sich vermutl. auf Schuljargon zurückführen. Andererseits wird ebensooft klare und korrekte Literatursprache geschrieben (→Beda) oder mit hohem Anspruch – bis hin zur Versform – gestaltet (→Alanus ab Insulis). Der Vers kann aber auch zur bloßen Memorierhilfe absinken (Versus de titulis decretalium usw.). Sehr häufig sind Fachtexte in der Form des →Dialogs gekleidet, im späten MA sind Quaestionen und Summen bes. verbreitete Formen. Zu den byz. und volkssprachl. F.en →Enzyklopädie, Enzyklopädik; →Lehrhafte Literatur sowie die Artikel zu den einzelnen Fachdisziplinen.   G. Bernt

Lit.: SARTON – THORNDIKE–THORNDIKE–KIBRE – P. ASSION, Altdt. F., 1973 – E. GRANT, Das physikal. Weltbild des MA, 1980 [umfangreiche Bibliogr.] – B. BISCHOFF, Die Überl. der techn. Lit. (Ma. Stud. 3, 1981), 277–297.

Fachwerkbau, Holzskelettbauweise aus senkrechten (Ständer, Stiel), waagerechten (Schwelle, Rähm, Riegel) und schrägen (Strebe, Band, Schwertung) Balken (Kanthölzern), deren Gefache durch verschiedene Baustoffe (Holzbohlen und Flechtwerk mit Lehmbewurf, Backsteine, Bruchsteine) geschlossen sind. Durch Ausgrabungen (z. B. Hochelten am Niederrhein 1. Hälfte 10. Jh., Basel–Petersberg 12. Jh., Lübeck 13. Jh.) und dendrochronolog. Datierung (z. B. Esslingen [Webergasse 8] 1267, Göttingen [Rote Str. 25] 1276, Limburg/Lahn [Römer 2–6 und Kleine Rütsche 4] je 1289 sowie Amorbach [Templerhaus] 1289/90 und Frankfurt [Schellgasse 8] 1290/92, Limburg/Lahn [Römer 1] 1296) haben wir in dem letzten Jahrzehnt umfangreiche Kenntnis über Bau- und Raumstrukturen im F.; die Datierung an Gebäuden anzubringen, hat sich erst zu Beginn der Neuzeit im 16. Jh. in Westfalen und in Niedersachsen allgemein verbreitet.

Der ma. F. geht wie der Ständerbohlenbau wohl teilweise auch auf die Römer zurück. Schon Vitruv (II, 8, 20) empfiehlt, die Schwelle so hoch zu unterbauen, daß sie mit dem Boden nicht in Berührung kommt, um das Modern der Balken und damit Risse im Putz zu verhindern. Über Einzelheiten und die Frage der Übermittlung über die nachröm. Jahrhunderte sind z. Zt. kaum Vorstellungen zu gewinnen. Gleichzeitig mit dem Abschreiben von Vitruv am karol. Hof zu Beginn des 9. Jh. ist zu beobachten, daß die Schwellbalken von →Holzkirchen auf Fundamente gelegt werden (G. BINDING, Niederrhein. Holzkirchen auf Schwellbalken, Bonner Jb. 170, 1970, 279–288).

Der F. gleicht in seiner Grundkonstruktion dem Ständerbohlenbau mit seinen aussteifenden Holzbohlen und findet sich bis ins 16. Jh. auch mit diesem in Mischbauweise; in Norddeutschland sind als Übergangsphase im 10.–14. Jh. in außenliegende Falzen Bohlen angenagelt, die die versteifenden Konstruktionshölzer überdecken. Zu Beginn der Entwicklung stehen die Ständer, die sich aus den eingegrabenen Pfosten entwickelt haben, unmittelbar auf dem Boden oder dem massiven Unterbau des Kellers oder des Sockels (10.–13. Jh. nachweisbar); Fußriegel stellen die waagerechte Verbindung her und nehmen die Gefachfüllung auf. Erst allmählich wird während des 10.–15. Jh. der Ständer auf durchlaufende Schwellen gesetzt. Die Grundschwelle liegt auf dem Boden oder dem Sockel auf, die im Stockwerkbau auf der Deckenbalkenlage ruhende Schwelle wird Stockschwelle (oder Saumschwelle) genannt. Der Rahmen oder Rähm bildet den oberen Wandabschluß. Die tragenden Ständer heißen an den Hausecken Eckständer, am Anschluß von inneren Scheidewänden Bundständer und in der Wand Zwischenständer. Die nicht tragenden und deshalb dünneren Stiele tragen Gefache und begrenzen Fenster und Türen. Die horizontalen, in Ständer und Stiele gezapften Riegel teilen die Gefache und schließen als Sturz-, Fenster- oder Türriegel die Wandöffnung nach oben und als Brustriegel die Fenster nach unten ab. Die Brustriegel können auch als durchlaufende vorgeblattete Riegel oder Brustschwertungen ausgebildet sein. Nach Aufgabe der aussteifenden Bohlenwände und mit Beginn des mehrgeschossigen Hausbaus im 13. Jh. waren zur Versteifung der Wandkonstruktion Schräghölzer notwendig (Dreieckverband gegen Verschiebung), entweder in voller Holzdicke und eingezapft als Streben oder als Bänder aus Bohlen oder auch angeblattete Vollhölzer oder als lange Schwertungen schräg über mehr als zwei konstruktive Hölzer geblattet und an den Enden schwalbenschwanzförmig angeblattet; das Band und die Schwertung nehmen Zugkräfte, die Strebe Druckkräfte und das angeblattete Vollholz-Band Zug- und Druckkräfte auf.

Die Grund- und Stockschwelle sowie der Rähm werden an den Kreuzungsstellen überblattet, verkämmt oder verschlitzt und bilden so einen Schwellen- oder Rähmkranz. Saumschwellen werden zur Sicherung der Balkenlage mit dem Balken durch Verkämmung verbunden. Die Anstückung der Schwelle erfolgt häufig durch schräge Hakenblätter. Die Ständer sind in Schwelle und Rähm eingezapft oder angeblattet oder auch beides mittels eines Blattzapfen oder Schwebeblattes. Wenn die Ständer durch mehrere Geschosse reichen, werden die Deckenbalken in die Ständer eingezapft, auch mit durchgestecktem Zapfen und Zapfenschloß, oder angeblattet, dazu aus Auflager aus dem Vollholz des Ständers ausgearbeitete Konsolen (13./14. Jh.). Schon bei den ältesten erhaltenen Häusern aus dem 4. Viertel des 13. Jh. und beginnenden 14. Jh. findet sich diese Konstruktionsweise in Verbindung mit stockwerkbildenden Elementen bes. an der Hausfront, wo vorkragende Stockwerkfassaden vor das eigtl. Gerüst gehängt werden (Limburg [Kleine Rütsche 4] 1289/90, Göttingen [Rote Str. 25] 1276, Biberach [Zeughausgasse 4] 1318/19 und 1353/54); erst allmähl. wird dafür die Stichbalkenlage eingeführt, die in der Längsbalkenlage städt. Bauten des 13./14. Jh. ihre Vorläufer zu haben scheint; die Stichbalken werden bis zum zweiten Gebinde verlängert und dort eingezapft. Mehrseitig vorkragende Stockwerkbauten haben sich in Südwestdeutschland um 1425/30 (Esslingen, Rathaus, 1425, Ravensburg [Marktstr. 34] 1429/30) voll ausgebildet, in Westfalen erst im letzten Drittel des 15. Jh. Der Ständerbau, der unter dem Dach mit Riegeln (Rähmriegel) abschließt, findet sich zumeist bei Geschoßbauweise und in Niedersachsen bis ins späte MA auch im Stockwerkbau; in Südwestdeutschland haben Häuser aus der 2. Hälfte des 15. Jh. bei der dort vorherrschenden weiten Ständerstellung Rähm und Rähmriegel untereinander angeordnet.

Im Verlauf des 15. Jh. tritt die Einzelverstrebung der Ständer auf und verdrängt die über mehrere konstruktive Hölzer reichenden Schwertungen, die zumeist auch geschoßübergreifend waren, auf die Seitenwände. Im Rhein-Main-Gebiet und in Südwestdeutschland kommen überkreuzende Fußbänder oder Streben auf, in Südwestdeutschland getrennte Kopf- und Fußbänder als »schwäbisches Weible« und seit 1540 in Hessen und im Rhein-Main-Moselgebiet dreiviertelhohe Fußstreben und Kopfwinkelhölzer als »Mann«. Insgesamt gilt die Verblattung

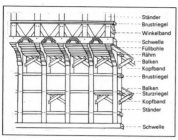

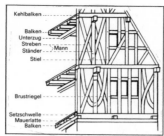

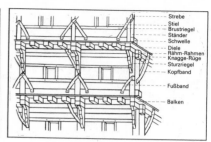

Fig. 1: Niedersächsisches Fachwerk   *Fig. 2:* Fränkisches Fachwerk   *Fig. 3:* Alemannisches Fachwerk

als bevorzugt ma., die Zapfung als eher frühnz. Verbindungsart der konstruktiven Hölzer. Im Rheinland, in Hessen, im NW von Württemberg, in Baden und im Elsaß wird die Blattung schon vor 1500 von der Zapfung abgelöst, in Franken 1. Hälfte 16. Jh., in Ostniedersachsen und in Schleswig-Holstein um 1550, in Mecklenburg, Ostthüringen und Sachsen um 1600; das altbayer. Gebiet, das nordwestl. Österreich sowie Ostdeutschland, Polen, Ungarn und die Slowakei behalten die Blattung bis 1850 bei, die zu reichen Schmuckformen gesteigert wird.

Die im späteren MA und in der frühen NZ häufigste Art der Gefachfüllung ist die Ausstakung (seit dem 13. Jh. nachgewiesen), bei der zw. die Horizontalhölzer des Gerüstes Stöcke gesetzt werden, um die Weidenruten (Fachgerten) oder Strohseile gewunden und mit strohvermengtem Lehm verkleidet werden. Die Ausfachung mit Backsteinmauerwerk findet seit dem späten MA (früheste Beispiele 15. Jh.), teilweise erst später, v. a. im niedersächs.-norddt. Raum Verbreitung und wird hier auch unverputzt als Zierelement verwendet, sonst wie bei Bruchsteinausmauerung verputzt. Bei frühstädt. Häusern des 10.–14. Jh. findet sich neben dem Ständerbohlenbau als Übergangsentwicklung eine außenliegende, senkrechte Verbohlung, die in Falze genagelt ist und die die zurückgesetzten verstrebenden Konstruktionshölzer, wie Band, Strebe und Riegel, überzieht. In Westfalen und im Harzgebiet konnte nachgewiesen werden, daß bis ins beginnende 16. Jh. Riegel und Kopfstreben bis zu 7 cm zurückgesetzt eingezapft und von der Lehmausfachung überdeckt wurden, so daß nur die senkrechten Ständer sichtbar waren. In Westfalen lösen spätestens seit der Mitte des 15. Jh. sichtbare Kopfstreben die zurückgesetzten Kopfstreben ab, die aber noch nach der Mitte des 16. Jh. vorkommen. Die Kopfstreben sind paarig an jedem zweiten Ständer angeordnet, seit dem 15. Jh. auch an jedem Ständer einzelne, zumeist zur Hausmitte gerichtete Kopfstreben, die im 16. Jh. kürzer werden und dann paarig an jedem Ständer verstreben. Wandhohe Streben treten erst um 1550 auf. In Südwestdeutschland waren die zurückliegend eingenuteten Bohlenwände als Wohnstuben außen ebenfalls mit Lehm verkleidet.

Bis ins 12./13. Jh. waren die städt. Häuser vorrangig reine Holzbauten, im westfäl.-niedersächs. Gebiet noch bis ins 16. Jh. möglich, jedoch immer vermischt mit Steinbauten höheren Anspruchs. Im 14./15. Jh. wurden die Bohlen feuerhemmend mit Lehm bedeckt, an Seitenwänden bis ins 16. Jh. nachweisbar. Das reine Fachwerk mit Einzelausfachung scheint sich in Süddeutschland eher als in Norddeutschland durchgesetzt zu haben, denn hier findet sich Ende des 13. Jh. schon die vollausgebildete Konstruktion.

Bei mehretagigen Häusern ist die Richtung der Deckenbalken abhängig von der Breite der Bauparzelle. Die Balken gehen über den Rähm hinweg, greifen gleichzeitig etwas in diesen ein, eine Verkämmung bildend, und verankern so die Außenwand. Die Balkenköpfe können als dekorative Zierglieder vor die Bauflucht vorspringen und zu Trägern der oberen vorspringenden Fachwerkwand werden; je nach dem Ausladungsgrad (Überhang) werden dann reich verzierte Bügen (Streben) oder Knaggen (Winkelhölzer) zur weiteren Unterstützung und Verriegelung der Balken eingezapft. Bei Querrichtung der Balkenlage übernehmen Stichbalken, die an einem Ende mit dem letzten Deckenbalken zumeist schwalbenschwanzförmig verbunden sind, die Aufgabe. Bei mehrseitigem Überhang wird an der Hausecke der Gradstichbalken erforderlich, der zumeist wie die Decken- und Stichbalken von Bügen oder Knaggen unterstützt wird, so daß an der Ecke Bügen- oder Knaggenbündel ausgebildet werden, die in den Eckständer eingezapft sind. Die Verriegelung durch die Knaggen und Bügen und die Verkämmung mit dem Rahmen, die günstige stat. Wirkung als Durchlaufträger und die Vermeidung von Scherbeanspruchung sind konstruktive Gründe für den Überhang, der sich schon bei den frühesten Häusern des 13. Jh. findet und erst im 16. Jh. langsam aufgegeben wird.

Im 15./16. Jh. haben sich regionale Eigenheiten im F. ausgebildet, so daß man unterscheiden kann: engl. Fachwerk mit verhältnismäßig eng stehenden Ständern und damit Betonung des Vertikalen; frz. Fachwerk mit sehr schmalen Gefachen und damit großem Holzanteil; norddt. (niedersächs.) Fachwerk mit Rähmriegel, deshalb unter jedem Deckenbalken stehende Ständer (s. Fig. 1), und in Westfalen zurückgesetzte Kopfverstrebungen; (fränkisches) Fachwerk an Mittelrhein-Mosel und in Hessen mit Rähm, Kopf- und Fußstreben, Ständer unter jedem zweiten Deckenbalken (s. Fig. 2); südwestdt. (alem.) Fachwerk mit weitstehenden Ständern, doppeltem Rähm, Kopf- und Fußbändern, sichtbare Dielung (s. Fig. 3); in Südostdeutschland und angrenzenden Gebieten findet sich das Umgebindehaus als Blockbau mit aufgeständertem Fachwerkoberstock. In der Mitte des 15. Jh. setzt in Niedersachsen und Westfalen das ornamentale und figürl. Beschnitzen der Frontseite der Fachwerkhäuser ein. Im Verlauf des 16. Jh. findet eine recht weitgehende Verschmelzung der im 15. Jh. landschaftl. gebundenen Konstruktions- und Dekorationseigenheiten statt, zugleich entwickelt sich eine Vielzahl verschiedener neuer Formen (Strebefiguren, Mann-Figur, Gefachverstrebungen, Brüstungsplatten und reiche Dekorationsformen), bis im späten 17. Jh. der F. allgemein vom Steinbau verdrängt wird; das Fachwerk wird konstruktiv und verputzt, auch wegen feuerpolizeil. Vorschriften. Während im MA wohl allgemein das Holzwerk unbehandelt bleibt und nur die lehmverputzten Gefache gekälkt werden, wird seit dem 15. Jh. ein roter oder schwarzer Holzanstrich üblich, der wenige Zentimeter über das Holz hinaus auf die Ausfachung übergreift (also das Holz in seiner

Wirkung verbreitert und die Fuge überdeckt und schließt) und von einem oder mehreren Farbstrichen begleitet wird; auch Ocker ist seit der Mitte des 16. Jh. als Farbe nachweisbar; in dieser Zeit kommen auch andersfarbige Begleitstriche und Musterungen auf. Die Farbwahl ist regional und zeitlich sehr unterschiedlich. Auch die Innenräume waren entsprechend mit sichtbarem Holzwerk gestaltet.

G. Binding

Lit.: G. Binding, U. Mainzer, A. Wiedenau, Kleine Kunstgesch. des dt. F.s, 1977² [mit Verz. älterer Lit.] – H. Nebel, Fachwerkbauten im Ortsbild am Mittelrhein [Diss. Kaiserslautern 1976] – K. Bedal, Hist. Hausforsch., 1978 – K. Klöckner, Alte Fachwerkbauten, 1978 – M. Gerner, Fachwerk, 1979 – H. Ossenberg, Das Bürgerhaus in Oberschwaben, 1979 – E. Altwasser, Die Bemalung der Marburger Bürgerhäuser vom 15.–18. Jh., 1980 – E. Huxhold, Das Bürgerhaus zw. Schwarzwald und Odenwald, 1980 – K. Klöckner, Der F. in Hessen, 1980 – J. Hähnel, Spätma. F. in frk. Städten, 1982 – U. Grossmann, Der spätma. F. in Hessen, 1983 – K. Freckmann, Das Bürgerhaus in Trier und an der Mosel, 1984 – Hausbau im MA, Jb. für Hausforsch. 33, 1983 und Sonderbd. 1985 – K. Terlau–F. Kaspar (Stadt im Wandel, Kat. Braunschweig 1985), III, 472ff. – H.-G. Griep, Kleine Kunstgesch. des dt. Bürgerhauses, 1985 – F. Kaspar, Fachwerkbauten des 14.–16. Jh. in Westfalen, 1986 – D. Grossmann, Der F., 1986 – H. Ossenberg, Das Bürgerhaus in Baden, 1986.

Facio, Bartolomeo, it. Humanist, * nach 1405 in La Spezia (Ligurien), † 1457 in Neapel, Schüler des →Guarino Veronese. Humanist. Wissensdurst und die Suche nach Arbeit führten ihn nach Venedig, Florenz, Mailand und Lucca. Nach 1436 verfaßte er die Abhandlung »De differentiis verborum latinorum« und die novellenartige Schrift »De origine belli inter Gallos et Britannos historia«; eine in den Quellen belegte oratiuncula »De re uxoria« ist nicht erhalten. 1441 war er als Kanzler des Admirals Francesco Spinola in Nizza; im Dienst des Raffaele Adorno trat er als Gesandter der Republik Genua in Kontakt mit dem Kg. v. Neapel, Alfons I. (V.) v. Aragón, der ihn 1446 zum Hofhistoriographen bestellte. Zusammen mit dem Panormita (→Beccadelli) gab F. dem Humanismus am aragones. Hof in Neapel das Gepräge, dabei stand er in Polemik mit L. →Valla, wie seine Invektiven und das »Antidotum in F.« des Valla bezeugen. In diese Zeit fallen F.s wichtigste Werke: die lat. Übersetzung der ersten Novelle des zehnten Tages des Decameron, der philos. Dialog »De vitae felicitate«, »De excellentia et praestantia hominis«, »De bello veneto Clodiano« (Chioggiakrieg), »De rebus gestis ab Alphonso I Neapolitanorum rege«, »De viris illustribus« und die unvollendete Arrian-Übersetzung.

D. Coppini

Ed. und Lit.: Repfont IV, 417–418 – Invective in Laurentium Vallam, ed. E. I. Rao, 1978 – P. O. Kristeller, The humanist B. F. and his unknown correspondence, 1965 – C. Marchiori, B. F. tra letteratura e vita, 1971.

Facultas → Fakultäten

Facundus v. Hermiane, Bf., † nach 571. – Als Bf. v. Hermiane in Nordafrika lehnte er die Verurteilung der →Dreikapitel durch Ks. Justinian ab und verteidigte sie (Pro defensione trium capitulorum libri XII). Er wurde damit einer der Hauptvertreter der nordafrikan. Opposition gegen die ksl. Religionspolitik und auch gegen Papst Vigilius, als dieser unter ksl. Druck der Verurteilung zustimmte.

K. S. Frank

Ed.: CChrL 90A – *Lit.:* Altaner-Stuiber § 111,5.

Fadrique → Friedrich

Faenza, it. Stadt und Bm. (Romagna) an der via Emilia; die Anlage des bedeutenden röm. Municipiums (Faventia) ist noch heute im Stadtbild erkennbar: der rechtwinkelige Schnitt von decumanus (via Emilia) und cardo ergab eine Teilung der Stadt in vier Viertel *(rioni)*, die im MA mit

Gräben und Mauern umgeben wurden (Reste der Ummauerung aus dem 12. Jh. erhalten). Noch 540 sind städt. Magistrate bezeugt. Bis 742 unter byz., danach bis 774 unter langob. Herrschaft, wurde F. 1017 von Ks. Heinrich II. an Ebf. Arnald v. Ravenna verlehnt. Die ersten Zeugnisse für die Konstituierung einer Kommune, die allerdings in demograph. und wirtschaftl. Hinsicht hinter anderen Kommunen der Po-Ebene und der Toskana zurückstand, stammen aus der 1. Hälfte des 11. Jh. In der Folge wurden verschiedene städt. Behörden eingerichtet und Statuten erlassen (für 1215 belegt, in der Kodifikation des Jahres 1410 überliefert). Dieser Entwicklung der Kommune konnten auch die beständigen inneren Kämpfe (mit dauerndem Machtwechsel der guelf. und ghibellin. Partei), die kurze Periode der Unterwerfung unter die Herrschaft Bolognas im 13. Jh. und die eher de jure als de facto Anerkennung der Oberhoheit der Kirche keinen Abbruch tun. F. besaß seit 1177 ein palatium communis (später Palast des Podestà); mit der Einrichtung des Amts des Capitano del Popolo entstand Mitte des 13. Jh. das palatium populi, der spätere Sitz der Signorie. In Dantes »Divina Commedia« wird auf Vorgänge in F. und Einzelpersönlichkeiten angespielt (Inf. XXXII, 123; XXXIII, 119–154). – Bereits 1300 fand Dante in F. das Regiment des Ghibellinen Maghinardo Pagani von Susinana vor (Inf. XXVII, 50–51). In der Folge gewann die Signoren-Herrschaft zunehmend an Stärke: Francesco Manfredi wurde vom defensor (1313) zum dominus (1322). Die Signorie der →Manfredi wechselte mit Perioden des Regiments der Kirche ab (unter den Kard. →Bertrand Du Poujet, →Albornoz, Anglico), bis nach der Plünderung durch John →Hawkwood (Acuto) und der Abtretung von F. an Niccolò d' →Este (1376–77) die Kirche 1379 das Vikariat über die Stadt Astorgio I. Manfredi übertrug. Der letzte Vertreter der Dynastie, Astorgio III., wurde 1501 von →Cesare Borgia vertrieben. Nach kurzer ven. Herrschaft (1504–09) gelangte F. endgültig an den Kirchenstaat. In religionsgesch. Hinsicht erlangte F. durch das Alter seiner Diöz. und durch das Wirken des hl. →Petrus Damiani, der dort 1072 gestorben ist, Bedeutung. Die sog. Schule von F. erbrachte in der Malerei und v. a. in der Keramik (15. Jh., »Fayencen«) große Leistungen.

S. Polica

Lit.: G. C. Tonduzzi, Historia di F., 1675 – A. Montanari, Guida storica di F., 1882 – F. Lanzoni, I primordi della chiesa faentina, 1906 – A. Messeri – A. Calzi, F. nella storia e nell'arte, 1909 – A. Lanzoni, Cronotassi dei vescovi di F., 1913 – G. Fasoli, Tracce dell'occupazione longobarda nell'Esarcato, Atti e Mem. Dep. Storia Pat. prov. Romagna, n. s. III, 1951–53, 35–55, bes. 43ff. – A. Vasina, I romagnoli fra autonomie cittadine e accentramento papale nell'età di Dante, 1965 – Ders., Romagna medievale, 1970 – M. G. Tavoni, Le città romagnole conquistano la loro autonomia (Storia della Emilia Romagna, hg. A. Berselli), 1976.

Fáfnir, Name des Drachen, der in der anord. Überlieferung von Sigurd ('Siegfried'), dem »Töter Fafnirs« (anord. Sigurdr Fáfnisbani), getötet wurde, um an den von F. bewachten Schatz zu gelangen. F. ist der Bruder Regins des Schmieds, der der Lehrmeister Sigurds war. Sigurd überwindet F., indem er aus einer Grube heraus dem darüberhin kriechenden Drachen von unten mit dem Schwert ins Herz stößt. F.s Blut verleiht die Fähigkeit, die Vogelsprache zu verstehen. Diese Episode der anord. Sigurdüberlieferung erscheint in bildl. Darstellungen auf Runensteinen des 10. Jh. Die lit. Nennung F.s konzentriert sich auf zwei Eddalieder (→Edda), »Reginsmál« und →»Fáfnismál«. Hierauf beziehen sich die »Skáldskaparmál« des →Snorri Sturluson (Kap. 37–38) und die →Völsungasaga (→Drache).

H. Ehrhardt

Lit.: KL IV, 138f.

Fáfnismál (anord. 'Fafnirlied'), Heldenlied der →Edda, das zusammen mit »Reginsmál« und »Sigrdrífumál« zu den Jung-Sigurd-Liedern des Codex Regius der Älteren Edda zählt. Während die Vorgeschichte des Kampfes mit →Fáfnir in »Reginsmál« überliefert wird, stellt F. die Tötung des Drachen durch Sigurd und dessen nachfolgende Handlungen dar (Kenntnis der Vogelsprache durch Berührung mit dem Drachenblut, Tötung Regins, Aneignung des – vom sterbenden Fáfnir verfluchten – Hortes und der Zauberdinge aus Fáfnirs Besitz: Schwert Hrotti, Goldbrünne und Helm, Aufbruch zur Befreiung von Giúkis Tochter Brynhild aus dem von Odin verhängten Zauberschlaf).

Das Lied ist eine Mischung aus Vers und Prosa, wobei in den metr. Teilen zunächst das gnomische Versmaß *ljóðaháttr*, im Schlußteil dann das epische Versmaß *fornyrðislag* verwendet wird. Die Datierung des Liedes ist, wie bei allen Eddaliedern, äußerst schwierig; es könnte aber sein, daß u. a. die Sigurdlieder bereits um 1200 schriftlich vorlagen (→Edda). Der im Kern kontinentale Stoff war im Norden jedoch schon früher verbreitet, wie aus Anspielungen in der →Skaldendichtung seit dem 10. Jh., aus bildl. Darstellungen, etwa auf schwed. Runensteinen des 10. Jh. oder aus Schnitzereien auf norw. Kirchenportalen um 1200 hervorgeht. H. Ehrhardt

Ed.: Edda. Die Lieder des Codex Regius nebst verwandten Denkmälern, hg. v. G. Neckel–H. Kuhn, 1962[4], 180–188 – *Übers.:* Slg. Thule 1, 1963[2] [F. Genzmer] – *Lit.:* Kindler Lit. Lex. II, 2669ff. [Lit.] – Bibliogr. of Old Norse Icelandic Stud., 1964ff.

Fagana gehören zu den fünf genealogiae, die in der →Lex Baiuvariorum (Tit. III) als die primi nach dem genus ducale der →Agilolfinger vorgeführt werden (→Bayern). Diese bayer. »Uradelsgeschlechter« erhalten gemäß ihrer 'Ehre' (honor) doppeltes →Wergeld. Nur in einer einzigen Urkunde, die für die Erforschung der F. eine Schlüsselrolle spielt, werden vier Personen (Ragino, Anulo, Wetti, Wurmhart) ausdrücklich als F. bezeichnet, so daß nur deren engere Familienbeziehungen verfolgt werden können. Dementsprechend sind keine geistl. Amtsträger aus dem Clan der F. bekannt, ebenso kein faganisches Kloster. Weltl. Amtsträger aus der Nachkommenschaft der vier Faganen werden jedoch bis ins 10. Jh. im faganischen Einflußraum um →Freising und Erding greifbar. V.a. die Nachkommen Wettis scheinen ihr Grafenamt behalten zu haben. Die Frage, was diese F. und überhaupt die genealogiae der LB im bayer. FrühMA waren, ist quellenmäßig schwer zu beantworten, doch ist es naheliegend, in ihnen (germ.?) Fürstenfamilien zu sehen, die sich erst im Laufe des 6. Jh. mit dem bayer. Hzg. und seinem Stamm verbanden, jedenfalls in das bayer. Stammesherzogtum (zwangsweise?) integriert wurden. Es handelt sich um hochangesehene und mächtige Abstammungsgemeinschaften, die wohl älter sind als die agilolfing. Hzm., das sie allmählich einzugliedern vermochte. Das Einflußgebiet der F. ist im 8. Jh. stark von Herzogsgut durchsetzt. Daraus wird man eine partielle Entmachtung der F. erschließen dürfen. W. Störmer

Lit.: J. Merkel, Die Adelsgeschlechter nach dem baier. Volksrecht, 1861, 255–272 – F. Dahn, Die Kg.e der Germanen 9, 1925, 115ff. – J. Sturm, Die Anfänge des Hauses Preysing, 1931, 210ff. – W. Störmer, Adelsgruppen im früh- und hochma. Bayern, 1972, 113–120.

Făgăraş → Fogăraş

Fagrskinna, ein wohl um 1220 entstandenes, von einem anonymen Isländer verfaßtes Übersichtswerk über die Gesch. der norw. Kg.e von Halfdan d. Schwarzen (9. Jh.) bis 1177 (Kg. →Magnús Erlingsson, Regierungszeit 1162–84). Die Hss. der beiden Versionen der F. (A: »Æt-tartal Nóregs konunga«, B: »Nóregs konunga tal«, beide 1. Hälfte des 13. Jh.) gingen 1728 beim Brand von Kopenhagen verloren, der Text ist jedoch aus geretteten Abschriften bekannt. Im 17. Jh. benutzte der isländ. Historiker Thormodur Torfason (Torfæus) die Hs. A für seine »Historia rerum Norvegicarum« und gab der Pergamenths. wegen ihres prächtigen Aussehens den Namen »Fagrskinna« ('Das schöne Pergament').

In der Darstellung der norw. Königsgeschichte bezieht sich die F. auf die →Morkinskinna, auf →Ágrip af Nóregs konunga sǫgum, auf Überlieferungen über →Olav Tryggvason und →Olav Haraldsson und auf die →Jómsvíkinga saga. Als weitere Quellen werden in umfangreichem Maße Skaldenstrophen (→Skaldendichtung) herangezogen. In der Chronologie richtet sich die F. nach →Sæmundr inn fróði. Die Beziehung der F. zu →Snorri Sturlusons →Heimskringla ist umstritten, es deutet aber vieles darauf hin, daß Snorri die F. kannte.

Die F. vermeidet bewußt alle Ausschmückungen und verfolgt eine rational bestimmte, auf das Wesentliche beschränkte, stringente Erzählweise. Das Werk dokumentiert einen hohen Bildungsstand des Verfassers, der auch über die norw. Verhältnisse bestens informiert war. Vermutlich gehörte er zu den Anhängern Kg. →Hákon Hákonarsons (1217–63), der möglicherweise das Werk in Auftrag gegeben hat (→Konunga sǫgur). H. Ehrhardt

Ed.: F. Jónsson, 1902/03 (Samfund til Udgivelse af gammel nordisk lit. 30) – *Bibliogr.:* Bibliogr. olf Old Norse Icelandic Stud., 1964ff. – *Lit.:* KL IV, 139f. – Kindler Lit. Lex. II, 2673 [Lit.].

Fahne (ahd. *fano,* mhd. *vane, van,* lat. pannus) ist ein an einer Stange dauerhaft oder abnehmbar befestigtes Tuch, das von einem Träger (→Bannerherr) durch Bewegen (Schwenken) der Stange oder Lanze zum Flattern gebracht und damit zum Blick- oder Sammelpunkt gemacht werden kann. Eine sehr flexible Terminologie setzt vexillum teils mit F., teils auch mit deren symbol. Bebilderung (z. B. Vexillum crucis 'Kreuzeszeichen') gleich. Grundsätzl. ist jede F. ein Unikat – in der Hand ihres Inhabers oder ihres Trägers, der auch ein Stellvertreter des ersteren sein kann (vgl. Entwicklung von Bannerherr zu Venner). Der im MA vorwiegend militär. Gebrauch der F. bedingt die Einführung der »Duplikatbanner«, die, etwa als Siegeszeichen auf eroberten Plätzen aufgepflanzt, dem eigtl. Fahnenträger die Möglichkeit verschafften, sich seiner (persönl.) F. nicht entäußern zu müssen. Die Duplikatbanner eröffnen die Entwicklung zur Geschichte der →Flaggen.

Formal treten im europ. MA hauptsächl. zwei Tuchgestalten auf, das Hochrechteck und der in Zipfel oder Lätze auslaufende →Gonfanon (Kriegsfahne). Landesherren scheinen ihrer Doppelfunktion als oberster Lehnsherr und als oberster Heeresmachtbefehlshaber durch beide Fahnenformen nebeneinander Ausdruck verliehen zu haben (z. B.: Zwei Siegel des Lgf.en Konrad v. →Thüringen: auf dem Thron, zw. dem hochrechteckigen →Banner und dem →Wappenschild, als Landesherr, aber gerüstet zu Pferde mit Gonfanon in der rechten Faust, den Wappenschild am linken Arm als Heerführer [1233/1234]).

Dreieckig gestaltete F.n (→Wimpel) gelten den Bannern gegenüber als rangniedriger (Reglement →Alfons' X. d. Weisen, des Kg.s v. Kastilien und León). Nicht gesichert ist die Bewertung von »Schwenkeln«, die teils als gleichrangig mit Dreieckfahnen (Rennfähnlein), teils, wenn betont zusätzl. zum Grundmuster, als Gnadenzeichen (Banner der Stadt Konstanz, 1417) bezeugt sind. →Fahnlehen, →Fahnenwagen; →Krieg, -führung. O. Neubecker

Lit.: →Banner – RDK.VI, 1060–1168 [O. NEUBECKER, Bibliogr.]; 1168–1183 [O. NEUBECKER–F. DEUCHLER, Bibliogr.; s. v. Fahnen-buch] – O. NEUBECKER, F.n und Flaggen, 1939 – K. GÓRSKI, Jana Długosza Banderia Prutenorum, 1958 – A. FRHR. v. REITZENSTEIN, Zur Frage der Fahnenkonservierung (Waffen- und Kostümkunde, NF 6, 1964), 58f. – S. EKDAHL, Die »Banderia Prutenorum« des Jan Długosz-eine Q. zur Schlacht bei Tannenberg 1410, AAG Ph.-hist. Kl. 3. F., 104, 1976.

Arabischer und osmanischer Bereich: F. (arab. *'Alam, Liwā'* oder *Rāya;* pers. *Bänd* oder *Diräfš;* türk. *Bayraq* oder *Sanğaq*) kommt bei den Arabern schon vor dem Propheten vor. Berühmt ist die F. Mohammeds, die noch heute in einem Holzkasten in Istanbul im Sarai aufbewahrt wird. Sie wurde, wenn der große Krieg ausbrach, beim Heere mitgeführt und ist aus schwarzem Tuch. Nach der Schlacht am Kahlenberge (12. Sept. 1683) wurde sie mit Mühe gerettet.

Neben →Roßschweif und Trommel waren die großen F.n bei den Osmanen ein Würdezeichen. Der Begriff →'Sanğaq' ist synonym mit Provinz, und die Belehnung erfolgte mit der Übergabe der F. an den mit dem Kommando über das Aufgebot der Provinz Belehnten. Leider sind uns keine Berichte über das Aussehen der F.n überliefert. Die in Museen und Sammlungen erhaltenen F.n – neben den großen gab es viele kleine – stammen alle aus dem 17. Jh.　　　　　　　　　　　　　　P. Jaeckel

Lit.: ZDZ. ŻYGULSKI JR., Chorągwie tureckie w Polsce (na tle ogolnej problematyki przedmiotu). (Studia do dziełów Wawelu, III, 1968) – W. B. DENNY, A Group of Silk Islamic Banners, Textile Museum Journal IV, 1, 1974 – D. BOJANIĆ, Turske vojne zastave u četinjskim muzejima, 1981.

Fahnenwagen, Fahrgestell oder Wagen, auf denen die ma. Heere ihre große Hauptfahne häufig mit in die Schlacht führten. Die →Fahne war an der Querstange eines hohen, für den Marsch umlegbaren Mastes befestigt. Solche bewegl. Feldzeichen (signa) wurden von Ochsen-paaren (auch Pferden) gezogen und sind seit dem 11. Jh. in Deutschland und England (standardum, *standart*), aber auch in Ungarn, bei Kreuzfahrern und Muslimen nach-weisbar. Sowohl Adlige (Kg. Richard Löwenherz, Ks. Otto IV., Gf.en v. Flandern) als auch seit dem 13. Jh. Städte (Worms, Mainz, Straßburg, Köln, Metz, Würz-burg) haben sich ihrer bedient. Der F. sollte die Geschlos-senheit der Verbände fördern, indem er den Kämpfenden neben Orientierung und Schutz auch psycholog. Halt bot. Das Fällen des Mastes oder der Verlust des gesamten F.s bedeuteten folgerichtig die Niederlage.

Eine über das Feldzeichen hinausgehende Bedeutungs-fülle zeigt sich in bes. Weise im *Carroccio* (carrocium, mhd. *karrosche*), dem F. der meisten ober- und mittelit. Städte, der im 12./13. Jh. zu einem der Herrschaftszeichen der →Kommune wird. Geweiht, das Bild des Stadtheiligen oder eine Kreuzfahne tragend, hat er im Frieden seinen Platz in der Kathedrale, aus der er bei Krieg herausgezogen ('extrahere carrocium', auch im übertr. Sinn) und in rituel-ler Kriegserklärung bzw. Mobilmachung öffentl. ausge-stellt wird, bevor er, begleitet von Trompetern, Priester und Notar, das große Aufgebot ('exercitus generalis') anführt. Sein sakraler Charakter macht ihn zum Gegen-stand patriot. Verehrung, zum Symbol von Stadt und Kommune, zur Verkörperung der Summe ihrer Rechte und Machtstellung, die in ihm stellvertretend aufs Spiel gesetzt werden. Er steht in bes. Nähe zum →*Popolo,* d. h. den zu Fuß kämpfenden Stadtbewohnern, und kommt nach der Mitte des 13. Jh. außer Gebrauch, als dieser durch die →Signorien politisch entmachtet und auch im Aufge-bot durch berittene Söldner ersetzt wird. Popolare Oppo-sitionsbewegungen benutzen ihn als polit. Symbol be-

wußt wieder, aber er wird im SpätMA, wenn überhaupt, nur noch zur Repräsentation gebraucht.　　　　E. Voltmer

Lit.: H. ZUG TUCCI, Der F. in der ma. it. Militäremblematik (Les origines des armoiries, 1983), 163–172 – DIES., Il carroccio nella vita comunale italiana (QFIAB 65, 1985), 1–104 – E. VOLTMER, Carroccio und Kommune. Der ma. F. als Feldzeichen und Herrschaftssymbol (Trierer Hist. Forsch. 11, 1987).

Fahnlehen (*vanlehen,* feudum vexillare, feudum vexilli) bezeichnet ein bes. qualifiziertes Lehnsobjekt, das mit einer →Fahne als Investitursymbol (→Investitur) verlie-hen wurde. Die besondere Bedeutung des F.s kommt bereits in einigen Regelungen der →Rechtsbücher zum Ausdruck, wonach die unmittelbare kgl. Belehnung mit einem F. regelmäßig als Voraussetzung für die Zugehö-rigkeit zum Fürstenstand (→Fürst) angesehen wurde und wonach F. weder geteilt noch vom Kg. länger als →Jahr und Tag einbehalten werden durften (→Leihezwang). Ähnlich bestimmte die →Goldene Bulle (1356), daß neben Fürstenlehen auch F. vom Verleihungsrecht des →Reichs-vikars im Falle der Thronvakanz ausgenommen sein soll-ten. Unklar bleibt jedoch, worin die besondere Qualifika-tion, durch die sich F. von Normallehen (→Lehen, Lehns-wesen) unterschieden, im einzelnen bestanden hat. Sicher erscheint lediglich, daß das F. seit der Mitte des 13. Jh. nicht mehr als ident. mit dem fürstl. Kronlehen angesehen wurde; dieses setzte sich vielmehr von nun an regelmäßig aus mehreren F. zusammen und wurde deshalb auch mit mehreren Fahnen als Investitursymbolen verliehen. Dabei scheint die Fahne ursprgl. besondere militär. bzw. ge-richtsherrl. Befugnisse, später dann die regalia im Sinne der vom Kg. abgeleiteten Herrschaftsrechte (→Regalien) symbolisiert zu haben, so daß der Schluß naheliegt, daß mit dem F. in jedem Falle eine besondere Herrschaftsge-walt verbunden war. Soweit bekannt, trägt jedes der bei der Investitur im F. verwendeten rechteckigen →Banner stets das Wappenbild eines Lehnsobjekte, bis hin zu Regalien (→Bannleihe).　　　　　　　K.-F. Krieger

Lit.: J. BRUCKAUF, Vom Fahnlehn und von der Fahnenbelehnung im Alten Dt. Reiche, 1906 – S. RIETSCHEL, Zur Lehre vom Fahnlehn, HZ 107, 1911, 353–360 – H. MITTEIS, Lehnrecht und Staatsgewalt, 1933, 436, 511ff. – D. C. SKEMER, The Medieval Banner-Fief and the Two Ages of Feudal Government [Diss. Brown Univ. 1972; Mikrofilm] – K.-F. KRIEGER, Die Lehnshoheit der dt. Kg.e im SpätMA, 1979, 36–42 [Lit.] – T. H. LARSEN, Tegn og krop. En skits til et højmiddelalderligt lenstegnscodex, Scandia 48,2, 1982, 231–247, 351f.

Fähre, Fährrecht. Fähre (F.) oder Fahr (mhd. *vere, ver;* bayer. *urfahr*) ist ein Wasserfahrzeug, das unter der Füh-rung eines Fergen (Fährmanns) dem Übersetzen eines Gewässers (Fluß, See, Fjord) dient. Die Bedeutung von F.n und Fergen ist in Sagen von der griech. Antike (Cha-ron) bis ins MA (→Nibelungenlied XXV 1550, 1553) wiederholt festgehalten. Im FrühMA ersetzten F.n häufig röm. Brücken, wie das →Arbeo v. Freising um 760 auf dem Inn erwähnt. Im HochMA galt das Recht auf den Betrieb von F.n als →Regal, das vom Kg. bzw. den Landesfürsten selbst genutzt oder als →Lehen (*varlehen, fergenlehen*) vergabt wurde. Die Lehensträger, häufig Kl., konnten die Fährgerechtigkeit als Erbpacht oder Erbleihe (→Emphyteusis) weitervergeben. Das Entgelt für die Be-nützung der F. (Fährschatz, Fergenlohn) wurde entweder für die Einzelfahrt frei vereinbart oder pauschal durch jährl. Naturalleistungen (Fergenmahl) abgegolten. Die Instandhaltung der F.n oblag dem Fährenhalter, z. T. mit Robotleistung der Grundholden. Eingriffe in die Fähr-rechtigkeit eines Fährbezirks wurden durch Beschlagnah-me oder Vernichtung des nichtberechtigten Fahrzeugs geahndet. F.n konnten auch als weltl. →Asyle gelten

(Fährenfreiung), ihre Rechte wurden in →Weistümern festgehalten. Die Fergen von Großfähren oder Fährbezirken schlossen sich zu Fährgenossenschaften zusammen (Pest 1280). In Skandinavien, wo es seit 1170 eine F. über den Großen Belt gab, mußte an wichtigen Überfuhren ein Fährmann, meist der nächste Hofbesitzer, von den Reisenden bezahlt werden und für dieses Privileg eine Abgabe entrichten. Wurden F.n durch den Bau von →Brücken abgelöst, dann sollte bei Einsturz oder Beschädigung der Brücke die Fährgerechtigkeit wieder aufleben. H. Dopsch

Lit.: HRG I, 1042f. [E. Ruhwedel] – E. v. Künssberg, Fährenrecht und Fährenfreiung, ZRGGermAbt 45, 1925, 144–205 – E. Neweklowsky, Die Schiffahrt und Flößerei im Raume der oberen Donau I, 1952, 373ff.; III, 1964, 135ff. – G. Györffy, Geographia hist. Hungariae tempore stirpis Arpadianae I, 1966²f.

Fahrende, fahrendes Volk – Sammelbezeichnung spätma. Ursprungs (*varende lute* auch Vagabunden, Freiheiten u. ä.) für Angehörige verschiedener Gruppen der Bevölkerung. Dazu gehörten ein Teil der →Spielleute, Schausteller, Dirnen (fahrende Frauen, →Prostitution), →Vaganten und bes. herumziehende Bettler (→Bettlerwesen); seit dem 15. Jh. auch die Zigeuner (→Sinti und Roma). Als ihr gemeinsames Zeichen wurde oft der Mangel eines ständigen Wohnsitzes angeführt (um 1330→Guillaume de Breuil: »vagabundus = nesciretur ubi haberet domicilium suum«); zunehmend wurde auch ihre Arbeitsunwilligkeit zum Charakteristikum. Die Bezeichnung deckt sich nur z. T. mit dem Begriff der →unehrlichen Berufe bzw. der Randständigen (→Randgruppen, →*barattiere*). Die F.n (v. a. die Spielleute) sind seit der Zeit der Kirchenväter immer wieder getadelt und vom Abendmahl ausgeschlossen worden; auch in der weltl. Rechtsprechung ist ihnen oft die Rechtsfähigkeit abgesprochen worden (z. B. Ssp Ldr. III 45,9). Im SpätMA wurden sie wiederholt zum Objekt städt. Mandate, die ihre Tätigkeit verschiedentl. eingrenzten. In bes. Verzeichnissen wurden ihre betrüger. Praktiken und ihre Sondersprache (→Rotwelsch) zusammengestellt (z. B. Basler Betrügnisse der Gyler aus der Mitte des 15.Jh.; »Liber vagatorum«, 1510).

Zusammenfassungen der F.n gab es von den Obrigkeiten her (Ordnungen der Bordelle, Bettlergerichte, zunehmend Bettelvögte), daneben existierten auch eigenständige Zusammenschlüsse in der Form von→Bruderschaften, bes. aber als Banden (→Kriminalität). Gelegentlich gab es auch überregionale Ordnungsformen, wie etwa das 1400 bezeugte *kunigrich varender lute* in Rappoltsweiler (Ribeauvillé) mit Parallelen in anderen Gebieten.   F. Graus

Lit.: F. Kluge, Rotwelsch, 1901 – Th. Hampe, Die fahrenden Leute in der dt. Vergangenheit, 1902 – B. Geremek, Truands et misérables dans l'Europe moderne, 1980 – W. Hartung, Die Spielleute, 1982 – F. Graus, Die Randständigen, ZHF, Beih. 1, 1985, 93–104.

Fahrerkompanien. In F., die den jüngeren Kaufleutegilden (→Gilde) zuzurechnen sind, schlossen sich in Nord- und Westdeutschland (in Flandern, Frankreich, England, den Niederlanden wohl auch früher) seit der Mitte des 14. Jh. Kaufleute auf Dauer zusammen, die in dieselbe geogr. Richtung Handel trieben, jedoch nicht mehr ihre Ware selbst begleiteten und daher nicht das Reiserisiko (wie in den älteren Kaufleutegilden) als zwingendes Motiv ihres Zusammenschlusses sahen; sie verfügten im Ausland über feste Stützpunkte (z. B. London, Brügge, Bergen, Novgorod) und erstrebten insbes. den Ausschluß anderer Kaufleute von diesem Handel. Interessenschutz im Ausland und zuhause, daraus folgend Einfluß auf das Stadtregiment, Erwerb gesellschaftl. Prestiges waren daneben erwünschte Konsequenzen des Zusammenschlusses in F.,

die sich durch gemeinsame Gelage im Hause ihrer F., religiöse und karitative Aktivitäten manifestierten. Die Quellen sind dürftig: Konstitutionsakte sind nicht überliefert. Nachzuweisen sind z. B. 1365 Schonenfahrer in Lübeck, 1370 Dragörfahrer in Stettin, 1396 in Deventer, 1395 Flandern-, Schonen- und Englandfahrer in Hamburg, 1416 Schonenfahrer in Haarlem, 1432 Rigafahrer in Lübeck. Verliert auch das Handelsziel im Laufe der Zeit seine Verbindlichkeit, so bestanden die F. noch weit bis in die NZ und stellten z. B. in Lübeck noch bis 1848 die Elemente des Verfassungsgremiums Bürgerschaft dar. →Fernhandel, →Hanse.   A. Graßmann

Lit.: F. Siewert, Gesch. und Urkk. der Rigafahrer in Lübeck im 16. und 17. Jh., 1897 – B. Schwineköper, Gilden und Zünfte. Kaufmänn. und gewerbl. Genossenschaften im frühen und hohen MA, 1985.

Fahrhabe (Fahrnis). In Abgrenzung gegen die Liegenschaften (*ligende gut, eigen, erbe,* immobilia, proprietas, hereditas) bezeichnet F. (*varende have, fahrhab,* varnus, *farnis, varndes gut;* zu ahd. *faran,* mhd. *varn,* 'sich von einem Ort zum andern bewegen') die beweglichen Sachen (bona mobilia).

Bereits die Grabbeigaben wie Waffen, Werkzeug, Kleidung, Schmuck- und sonstige Gebrauchsgegenstände, Nahrungsmittel oder Haustiere sprechen für eine frühe individuelle Zuordnung der Fahrhabe.

Während das röm. Recht der naturgegebenen Unterscheidung nach Beweglichkeit bzw. Immobilität einer Sache nur untergeordnete Bedeutung beimaß, erwuchs der Gegensatz von F. und (Grund-)Eigen in den dt. und verwandten Rechten zu einem strukturellen Charakteristikum, das bis heute im BGB fortwirkt.

Rechtlich hob sich die F. als weitgehend individuell verfügbare Vermögensmasse von den Liegenschaften ab; das fand Ausdruck in den differierenden Regelungen über Veräußerung, Erbgang, Verpfändung und Konfiskation. Im →Anefang entwickelte das ma. dt. Recht ein spezielles Institut der F.verfolgung.

Nach der weitverbreiteten Definition des →Schwabenspiegels (Ldr. 168a) gehörte zur F. »allez das man getriben vnd getragen mag«, also Vieh (ursprgl. auch Unfreie) und sämtl. unbelebte Mobilien. Ergänzend stellten andere Rechtsquellen auf Mortalität, Verbrauch- und insbes. Verbrennbarkeit einer Sache ab (»Was die Fackel verzehrt, ist F.«); danach wurden zwar Holz-, nicht aber Steinhäuser der F. zugezählt.

Bewegliche Sachen, die »erd- und mauerfest«, »niet- und nagelfest« mit einem Grundstück verbunden waren, fielen als dessen wesentl. Bestandteile unter das Immobiliarrecht; Bodenerzeugnisse (stehendes Holz, Früchte auf dem Halm) wurden spätestens durch Trennung vom Boden zur Fahrhabe. Als Zubehör folgte die F. der Rechtsqualität der Hauptsache. Dingliche Rechte an bewegl. Sachen wurden in der Regel als F., solche an Grund und Boden als Liegenschaften bewertet.

Um die Verkehrsfähigkeit einer Sache zu erschweren oder zu erleichtern, verließen ma. Gewohnheitsrecht und privatdispositive Vereinbarungen häufig die natürl. Betrachtungsweise: So konnten Immobilien zur F. (»Entliegenschaftung«), F. zu unbeweglichem Gut (»Verliegenschaftung«) erklärt werden.

Erbrechtlichen Sonderregelungen unterlag die F. in Gestalt des →Heergewätes und der →Gerade. Zu den anderen Rechtsbereichen→Gut, loses.   H. Drüppel

Lit.: DtRechtswb III, 369ff., 379, 385 – Hoops IV, 58ff. – HRG I, 1049ff. – E. Graf–M. Dietherr, Dt. Rechtssprichwörter, 1869², 64ff. – Bibliogr. zur dt. Rechtsgesch., hg. H. Planitz–Th. Buyken, 1952, 287f., 685, 700f.

Faḥrī, Faḥreddīn Yaʿqūb b. Meḥmed, türk. Dichter des 14. Jh., verfaßte 1367 im westanatol. Ayasoluġ (Ephesus) für den dort residierenden ʿIsā Beg (→Aydïn Oġullarï) die erste von vielen anatol.-türkischen Bearbeitungen der Romanze vom Perserkönig Chusrev (→Chosroes II.) und der kaukas. Prinzessin Schirin. Pers. Vorlagen des in der erhaltenen Hs. 4683 Doppelverse zählenden Werks, im Metrum *hezeǧ*, sind die Werke Niẓamīs und Firdausīs.

B. Flemming

Ed.: Faḥrīs Ḥusrev u Šīrīn. Eine türk. Dichtung von 1367, ed. B. FLEMMING, 1974.

Faitinelli (Faytinelli), **Pietro dei,** von Lucca, gen. »il Mugnone«, it. Dichter, * 1280/90, † 23. Nov. 1349, stammte aus einer adligen Familie, die in Lucca in der 2. Hälfte des 13. Jh. eine wichtige Rolle spielte und übte den Beruf eines Notars aus. Als Uguccione→della Faggiola 1314 an die Macht kam, mußte P. d. F. mit den anderen schwarzen Guelfen Lucca verlassen. Während seines langen Exils (bis 1331) gab er nie die Hoffnung auf, heimkehren zu können, v. a. als die guelf. Koalition zustandekam, die jedoch völlig unerwartet bei →Montecatini (1315) eine katastrophale Niederlage erlitt. P. d. F.s Lebensschicksal spiegelt sich in seiner polit. Dichtung wider, in der sich auch eine kom. Begabung äußert – eine Verbindung, die nicht selten anzutreffen ist. Von P. d. F. sind 17 Sonette (eines davon in drei Varianten) und eine Canzone erhalten. Die in scherzhaftem Ton gehaltenen Sonette waren weit verbreitet, die Hss.-Tradition seiner anderen Werke ist jedoch eher bescheiden.

A. Vitale-Brovarone

Ed. und Lit.: Rime di ser P. dei Faytinelli detto Mugnone, poeta lucchese del sec. XIV, ed. L. DEL PRETE, 1874 (Scelta di curiosità letterarie inedite e rare, 139) [mit Biographie] – Poeti giocosi del tempo di Dante, ed. M. MARTI, 1956 – DERS., P. d. F. e le rime politiche dei poeti giocosi (Cultura e stile nei poeti giocosi del tempo di Dante, 1953), 153–169 – A. TARTARO, Forme poetiche del Trecento, 1971, 47–54.

Faits des Romains bzw. »Li Fet des Romains«, im Prolog auch »Gestes as Romains« genannt, umfangreiche Caesar-Biographie (→Caesar, Abschnitt D.IV), von einem Anonymus in Paris 1211–14 unter Verwendung von Glossen kompiliert aus Sueton, Sallust (Catilina), Caesar (Comm. bell. Gal.) und Lukan. Nach →Alexander, dessen romaneske Vita schon im 12. Jh. in Versform nach Art einer →Chanson de geste besungen worden war, sind die F. die zweite Lebensbeschreibung, diesmal in Prosa, einer antiken Figur. Das Werk ist durchaus gelehrt und dürfte zur Entstehungszeit für höf. Kreise noch kaum interessant gewesen sein. Die gegen 60 z. T. reich illustrierten Hss. zeigen, daß der Erfolg sich erst in der zweiten Hälfte des 13. Jh. einstellte, und zwar zunächst in Italien, dann, ab 1280, auch in Frankreich. Von da an war die Wirkung bis gegen Ende des 15. Jh. außerordentlich, sind doch in Frankreich wie in Italien je gegen zwanzig Werke stark von den F. abhängig, etwa Brunetto →Latini, die Chronik des →Baudouin (1.) d'Avesnes, »Renart le Contrefait« (→Renart), →Nicola da Verona, Fazio degli →Uberti, die »Conti di antichi cavalieri«, usw. Im 15. Jh. entstand auch eine ptg. Übers. Die Miniaturen in den frz. und it. Hss. sind wichtige Zeugnisse der ma. Antikenrezeption. Schon um 1400 dürfte es in Paris Bildteppiche gegeben haben; erhalten sind die burg. Caesarenteppiche in Bern.

M.-R. Jung

Ed.: L.-F. FLUTRE–K. SNEYDERS DE VOGEL, 1938 – Ptg. Version: M. H. M. MATEUS, 1970 – *Lit.:* Repfont – DLI, s. v. Fatti di Cesare [G. ZAPPACOSTA] – L.-F. FLUTRE, Les mss. des F., 1932 – DERS., Li Fait d. R. dans les litt. française et italienne du XIII° au XVI° s., 1932 – R. L. WYSS, Die Caesarenteppiche und ihr ikonograph. Verhältnis zur Illustration der »F.« im 14. und 15. Jh., 1957 – M. H. M. MATEUS, La traduction portugaise de »Li F.« (XI Congreso internac. de lingüística y filol. románicas, Actas, hg. A. QUILIS, 1968), 765–775 [RFE Anejo 86] – G. PAPINI, I Fatti dei Romani, Studi di filol. it. 31, 1973, 97–155 – M. H. M. MATEUS, Glossario da »Vida e feitos de Júlio César«, Boletim de Filologia 23, 1974 – J. M. A. BEER, A Medieval Caesar, 1976 – M. BENDENA, The Translations of Lucan and their Influence on French Medieval Lit., together with an Ed. of the »Roumans de Jules Cesar« by Jacos De Forest [Diss. Wayne State Univ. 1976] – B. GUENÉE, La culture hist. des nobles: le succès des F. (La noblesse au MA. Essais à la mém. de R. BOUTRUCHE, hg. P. CONTAMINE, 1976), 261–288 – C. F. FRAKER, The F. and the Primera Crónica general, Hispanic Review 46, 1978, 199–220 – J. M. A. BEER, Narrative Conventions of Truth in the MA, 1981, 47–62 – R. BESSI, Pulci, Lucano e i 'Fatti di Cesare', Interpres 4, 1981–82, 58–72 – J. LEEKER, Die Darstellung Cäsars in den roman. Lit. des MA, 1986.

Faktor (mlat. factor, it. *fattore*, ptg. *feitor*, dt. 'Diener', 'Lieger'). [1] *Im italienischen Bereich:* Das Wort F. wurde v. a. von den großen Handelsgesellschaften der Toskana verwendet; der fattore war der Beauftragte einer Gesellschaft an einem auswärtigen Handelsplatz. Gelegentl. wurde das Wort auch als Synonym für *giovane* verwendet, doch war der F. (nach R. DE ROOVER) im allgemeinen älter als der *garzone* oder *discepolo* und hatte mehr Erfahrung als dieser. Seine Aufgaben wurden gelegentl. in einem Notariatskontrakt (→Notariat) festgehalten. Darin wurden Vollmachten und Pflichten sorgfältig umschrieben. Der fattore erhielt ein Gehalt, nahm aber nicht am Gewinn teil und unterschied sich damit vom *compagno,* der am Gewinn beteiligt wurde, wobei zu beachten ist, daß an der Spitze der wichtigsten Niederlassungen nicht fattori, sondern compagni standen. Wenn der fattore hervorragende Dienste leistete, erhielt er eine Belohnung. Im günstigsten Fall konnte er compagno, also Teilhaber der Gesellschaft, werden.

Auch im Mailänd. finden wir neben der Bezeichnung des *iuvenis* und garzone den fattore, so v. a. im Unternehmen der Borromei. Im ven., genues. und pisan. Handelsbereich war er entsprechend der anderen Struktur und Organisation des Handels dieser Seestädte nicht im gleichen Maße üblich. Die Handelsniederlassungen, die diese Städte in der →Levante aufbauten, nahmen in ihrer Struktur wohl Züge der späteren europ. Faktoreien in Übersee vorweg, was in der Funktion ihrer Leiter (consul [→Konsul], baiulus [→*bailo*], capitaneus, governatore, massarius) zum Ausdruck kam.

[2] *Im deutschen Bereich:* Während F. im roman. Sprachbereich einen klaren Begriffsinhalt hatte, erschienen nördl. der Alpen lange andere Bezeichnungen, insbes. zunächst 'Diener' oder →'Lieger'. Wir finden sie in der Niederlassung der →Schäffereien des →Dt. Ordens in Brügge wie in Oberdeutschland bei der Gr. →Ravensburger Handelsgesellschaft. Als erste übernahmen die Oberdeutschen das Wort 'factor' im 15. Jh. als Lehnwort aus dem It. (Konstanz 1451). 1475 finden wir das Wort factore neben dem bislang üblichen Diener *(dynere)* oder Lieger im hans. Bereich (→Hanse). Die obdt. Safranhändler hielten, wenn sie L'Aquila ('Adler') in den Abruzzen besuchten, factori zum Safraneinkauf. In seiner Musterbuchhaltung über den ven. Handel der →Fugger gebrauchte Matthäus Schwarz, offensichtl. von Italien beeinflußt, das Wort factor, aber in seinem »Buchhalten von 1550« verwendete er das Wort 'Diener', und auch Anton Fugger blieb beim Diener. Wenn der Welserdiener Lukas →Rem in seinem Tagebuch 1504 von unserer factoria spricht, dann wurde er aufgrund seiner Lissaboner Tätigkeit vom ptg. Sprachgebrauch beeinflußt. Auch die Handelsdiener, die man neuerdings den Gesellschaften der →Imhoff und Fugger zuschreibt, sprachen vom ptg. factor.

Aufgabenbereich und Sanktionen des Handelsdieners entsprechen denen des *fattore*. Auch ihm legte die »Verschreibung« genau den Aufgabenkreis fest. Verboten waren Geschäfte in die eigene Tasche, wogegen natürl. immer wieder verstoßen wurde. Dabei gab es im Unterschied zu den it. Gesellschaften einige Besonderheiten. Es bestand z. B. keine so scharfe Trennung zw. Handelsdiener und Gesellschaften. Lukas Rem war Diener mit einer eigenen Einlage und Fürlegungen als Belohnung. Die Fuggerschen Diener hatten z. T. beträchtl. Einlagen in Augsburg, und dementsprechend hoch war ihr sozialer Status. Verschiedene wurden nobilitiert.

[3] Im *portugiesischen Bereich* nimmt die Funktion des F.s (feitor) eine neue Richtung. Dies beginnt mit der *Feitoria de Flandres*, die, 1386 belegt, damals in Brügge schon ein eigenes Haus hatte. Dieses wurde von einem feitor geleitet, der den ptg. Handel mit dem europ. N in den Händen hatte. Seine Funktionen entsprachen denen des *consul* (baiulus, massarius) in den levantin. Niederlassungen der Italiener und Katalanen sowohl in administrativer wie jurist. Hinsicht, und die Feitoria de Flandres, die dann 1485 ihren Sitz nach Antwerpen verlegte, 1549 aber aufgehoben wurde, kann in gewisser Hinsicht verglichen werden mit den Kontoren der Hanse und dem →*Fondaco dei Tedeschi* in Venedig. In Portugal hingegen waren die feitores in der weiteren Folge nicht Diener von Handelsgesellschaften, sondern Funktionäre der Handel treibenden Krone, so ab Mitte des 15. Jh. in Andalusien und zur selben Zeit an der westafrikan. Küste (Arguim). Weitere sollten folgen, so in England, Venedig, Istanbul, an den wichtigsten Küstenplätzen Afrikas und in Ostindien. Dabei ging es in Afrika und Ostindien u. a. darum, einheim. Kaufleute heranzubilden, mit denen der Kontakt zu den einheim. Märkten hergestellt werden konnte. Vermerkt sei noch, daß seit dem 15. Jh. Königinnen von Portugal, Infanten und andere hohe Adlige ihre feitores in den Niederlanden hatten. Die weitere Entwicklung des Begriffs, namentl. im Bereich der großen Überseegesellschaften, sei hier nur angedeutet.   H. Kellenbenz

Lit.: HRG I, s. v. Faktorei [H. KELLENBENZ; Lit.] – dazu ergänzend: A. WEITNAUER, Ven. Handel der Fugger. Nach der Musterbuchhaltung des Matthäus Schwarz (Stud. zur Fugger-Gesch. IX, 1931) – R. ORTNER, Der Handlungsgehilfe, im besonderen der F. des süddt. Kaufmanns im 15. und 16. Jh. [Diss. München 1932] – A. SAPORI, Il personale delle compagnie mercantili nel Medioevo (Studi di storia economica, Secoli XII, XIV, XV, 1955) – E. MASCHKE, Die Schäffer und Lieger des Dt. Ordens in Preußen (Hamburger Mittel- und Ostdt. Forsch., 1960) – A. H. DE OLIVEIRA MARQUES, Notas para a história da Feitoria portuguesa de Flandres no s. XV (Studi i. o. A. FANFANI, II, 1962) – Dicionário de Hist. de Portugal, 1965 [A. H. DE OLIVEIRA MARQUES] – V. RAU, Feitores e Feitorias, Instrumento do comércio internacional português no s. XVI, 1966 – L. DERMIGNY, Escales, échelles et ports francs au MA et aux temps modernes (RecJean Bodin XXXIV, 1974) – E. LUTZ, Die rechtl. Struktur süddt. Handelsgesellschaften in der Zeit der Fugger, 2 Bde (Stud. zur Fugger-Gesch. 25, 1976) – P. MAINONI, Mercanti lombardi tra Barcellona e Valenza nel Basso Medioevo, 1982 – H. POHL, Die Portugiesen in Antwerpen (1567–1648). Zur Gesch. einer Minderheit (VSWG Beih. 63, 1977) – R. HILDEBRANDT, Diener und Herren. Eine Hist.-statist. Unters. zur Entstehung der kaufmänn. Angestelltenschaft am Beispiel des Personals der großen obdt. Handelshäuser 1450–1650, I [masch.].

Fakultät, -en. Das klass. Latein kannte ʻfacultasʼ nur im Sinne von ʻMöglichkeit, Gelegenheitʼ. Seit dem 12. Jh., vielleicht auch schon früher, erhielt das Wort die Bedeutung ʻUnterrichtsstoff, Disziplinʼ, die es bis zum Ende des MA beibehielt. Daneben bezeichnete der Begriff seit der 1. Hälfte des 13. Jh. in den Quellen der →Universitäten zunehmend eine Sektion, in der die mit Autonomie ausgestatteten Lehrer und Studenten einer bestimmten Disziplin zusammengeschlossen waren. Die Gliederung nach Einzeldisziplinen, die auf älteren Klassifikationen des Wissens beruhte, ging der Gründung der Univ. zeitlich voraus. Seit dem Ende des 12. Jh. unterschied man z. B. in →Paris deutlich zw. den Schulen der →Artes liberales, des →Rechts, der →Medizin und der →Theologie. Die eigtl. F. konstituierten sich nach und nach im Laufe des 13. Jh. Ihre wichtigste Funktion lag in der Abhaltung von Examina (→Examen[s]ordnung). Die F. umfaßten die Schulen, in denen der Unterricht nach gleichen, in den Statuten festgelegten Lehrprogrammen erteilt wurde und deren Lehrer die Prüfungsgremien bildeten. Die erste F., die sich gleichzeitig mit der Univ. selbst als feste Institution bildete, war die Pariser Artistenfakultät; sie zählte auch mit Abstand die meisten Magister und Scholaren. Dabei war diese F. nichts anderes als ein Zusammenschluß der vier →Nationes, die seit ca. 1220 belegt sind. Jede Nation hatte ihren eigenen Prokurator; diese Prokuratoren wählten den →Rektor der Artistenfakultät, der seit ca. 1237–40 auftritt. Der Rektor der Artisten setzte sich rasch als Oberhaupt der gesamten Univ. durch, denn die »höheren« F. (Theologie, kanon. Recht, Medizin) organisierten sich nur mit großem zeitl. Abstand (erst 1252 sind Statuten, 1264 Dekane, 1270 Siegel belegt); es gelang ihnen jedoch, eine gewisse Autonomie und einiges Gewicht in den Generalversammlungen der Univ., in denen nach F. abgestimmt wurde, zu erkämpfen. Dies stellte die führende Position des Rektors, dem nahezu alle Studenten der höheren F. in ihrer Eigenschaft als Magistri artium Gehorsam zu schwören hatten, aber nicht in Frage. Die Vorrangstellung des Rektors vermochte trotz der teilweisen Autonomie der F. und Nationen, die Einheit der Univ. zu garantieren.

Das Pariser Fakultätensystem bildete mehr oder weniger das Modell für alle Univ. nördl. der Alpen, insbes. diejenigen im dt. Bereich. In England, v. a. in →Oxford, erlangten die höheren F. dagegen keine autonome Stellung mit eigenen Statuten und Dekanen, was ein noch deutlicheres Übergewicht der Magistri artium zur Folge hatte.

In →Bologna und an anderen Univ. des Mittelmeerraumes (→Padua, →Montpellier usw.) gewann die Institution der F. keine größere Bedeutung, da es hier universitates (Korporationen) der Studenten und die collegia doctorum für Recht, Artes und Medizin gemeinsam sowie Theologie gab; ʻfacultasʼ bezeichnete lediglich in einem abstrakten Sinn die Organisation des Lehrbetriebs und der Prüfungen in den einzelnen Fächern.

Viele Univ. umfaßten – zumindest in ihren Anfängen – nur eine, zwei oder drei der vier facultates licitae (Artes, Recht, Medizin, Theologie). Erst in einer späten Phase veranlaßten die Päpste die Errichtung einer größeren Zahl von theol. F., die anfängl. nur in Paris, Oxford und Cambridge bestanden hatten (Bologna und Toulouse 1360, Padua 1363, Wien 1384, Montpellier 1421 usw.). An manchen Univ., so in Toulouse, bestand neben der Artistenfakultät eine F. der Grammatiker. Eine völlige Trennung zw. der »propädeutischen« Artistenfakultät und den »höheren« F. bestand in der Realität nicht. Zahlreiche Artisten besuchten nie eine höhere F., und die höheren F., bes. die juristische, nahmen ihrerseits oft Studenten auf, die keine Artistenausbildung durchlaufen hatten. Cursus und Grade der Artistenfakultät hatten also durchaus ihren Eigenwert.

Seit dem Ende des MA statteten sich die F., insbes. in Paris, oft mit eigenen Gebäuden und Bibliotheken aus. Dabei standen sie unter wachsender Konkurrenz von seiten der →Collegia, die den Studenten Unterkunft, dem

Lehrpersonal feste Bezüge boten. Am Ende des 15. Jh. beschränkten die F., v. a. die Artistenfakultät, ihre Funktion mehr und mehr auf die Durchführung von Examina und die Verleihung von Titeln, während die eigtl. Ausbildung von den Kollegien vollständig übernommen wurde.

J. Verger

Lit.: RASHDALL, I, II, III, passim – G. LEFF, Paris and Oxford. Univ. in the 13th and 14th Cent., 1968 – A. B. COBBAN, The Medieval Univ.: their Development and Organization, 1975.

Falbrecht (Valprecht), **Johann,** Hansekaufmann, * um 1370, † 1437, vor Juni; Bürger aus →Thorn, westfäl. Abkunft. 1391–99 Diener des Großschäffers des →Dt. Ordens in Königsberg (→Schäffer), dann dessen →Lieger in Brügge bis 1406; ein Teil des Rechnungsbuches der Großschäfferei von 1403 beruht auf F.s Rechnungslegung. 1407 Gesandter des Hochmeisters bei Hzg. →Johann Ohnefurcht v. Burgund, der ihn seinerseits für eine diplomat. Mission auf dem Hansetag in →Lübeck verwendete. F. war Hauptinitiator einer 1408 gegr., konzernartigen Gesellschaft hans. Kaufleute in Thorn und →Breslau, der sein Bruder *Jakob,* der Danziger Ratsherr Witich Morser, der Kulmer David Rosenfeld, der Soester Johann v. Lunen (bis 1415) und weitere Fernhändler aus Thorn und Posen angehörten. Diese Firma trieb Handel mit Venedig und der päpstl. Kammer, ihre Geschäfte erstreckten sich von den burg. Niederlanden und London bis nach →Caffa und →Chilia. Sie konkurrierte auf den Weltmärkten für →Kupfer, →Silber und →Gold mit den obdt. Handelshäusern und den →Medici; sie finanzierte die Politik der Hochmeister und Ks. →Siegmunds. Dadurch und durch das Engagement im ung. Edelmetall- und Kupferbergbau gelang es F., hohe Ämter in →Ungarn einzunehmen: 1427–31 Kammergf. v. Kremnitz, 1428 und 1432 Kammergf. v. Schmöllnitz und Kaschau, 1428 Münzmeister in Kronstadt, 1431 Kupfergraf. Goldgulden Kg. Siegmunds tragen das Prägezeichen F.s. Die Firma war auch am Kupferbergbau von Falun beteiligt. B. U. Hucker

Q.: Handelsrechnungen des Dt. Ordens, ed. C. SATTLER, 1887, 150ff.; 157–159 [Rechnungslegung F.s]; 264 [Handelsmarke] – A. POHL, Ung. Goldgulden des MA 1325–1540, 1974, Tab. 11 [Prägezeichen K(remnitz) und F (für F.)] – *Lit.:* NDB XVI, s. v. Johann v. Lunen [B. U. HUCKER], im Dr. – E. MASCHKE, Domus Hospitalis Theutonicorum (Q. und Stud. zur Gesch. des dt. Ordens 10, 1970), 91f., 95f. – W. v. STROMER, Die ausländ. Kammergf.der Stephanskrone unter den Kg.en aus den Häusern Anjou, Luxemburg und Habsburg, HBNum 27/29, 1973/75 [1982], 85–106 – DERS., Ein hans. Konzern, seine wirtschaftl. und polit. Aktivitäten (Referat auf dem 6. Internat. Kongr. für Wirtschaftsgesch., 1974) [Kongr. drucksache] – B. U. HUCKER, Der Köln-Soester Fernhändler Johann v. Lunen (1415–1443) und die hans. Gesellschaften F. & Co. und v. d. Hosen & Co. (Fschr. zum 100jährigen Bestehen des Vereins für Gesch. und Heimatpflege Soest, 1981 [= Soester Beitr. 41]), 383–421.

Falco v. Benevent, it. Chronist, * um 1070 in Benevent, stammte aus einer adligen Familie langob. Herkunft. 1092 bereits »notarius et scriba Sacri Beneventani Palatii«, war er seit 1133 Richter. F. beschrieb die Geschichte seiner Stadt in einer Chronik (gleichzeitig Hauptquelle für sein Leben), von der nur die Jahre 1103–40 erhalten sind, der Anfang (vielleicht ab 1099) und das Ende fehlen. Er schreibt voll innerem Engagement und legt Wert auf Detailgenauigkeit: neben die Schilderungen polit. Krisensituationen treten anschaul. Beschreibungen von Ereignissen des öffentl. und religiösen Lebens der Stadt. F. war ein aktiver Anhänger der päpstl. Herrschaft über →Benevent und wandte sich gegen die Versuche der Normannen, sich der Stadt zu bemächtigen; während des Schismas →Anaklets II., der von dem Normannen →Roger II. unterstützt wurde, trat F. für Innozenz II. ein; dieser bestätigte 1133 seine kurz vorher erfolgte Nominierung zum Richter der Stadt. Dies trug ihm jedoch die Verbannung nach Neapel ein, als Roger II. und Anaklet 1134 Benevent eroberten. Höchstwahrscheinlich begann er in den drei Jahren seines Exils mit der Redaktion seiner Chronik. Als Ks. Lothar III. 1137 Benevent an den Papst zurückgab, kehrte F. in seine Vaterstadt zurück. In dem Friedensschluß zw. Roger und Innozenz nach Anaklets Tod (1138) wurden die Rechte Roms auf Benevent endgültig festgelegt. Die uns erhaltene Chronik endet mit dem Bericht über den triumphalen (von uns herbeigewünschten) Einzug des Papstes in die Stadt. Die letzten von F. unterzeichneten öffentl. Urkk. stammen aus dem J. 1142, das Original der Chronik brach offenbar 1144 ab, wahrscheinl. infolge des Todes des Verfassers.

A. Menniti Ippolito

Ed. und Lit.: Repfont IV, 422–423 – E. GERVASIO, Falcone Beneventano e la sua Cronaca, BISI 54, 1939, 1–128 [A. PETRUCCI] – Falcone Beneventano, AA.VV., Il notariato nella civiltà it. Biografie notarili dall'VIII al XX secolo, 1961, 246–248.

Falconbridge, Thomas, engl. Kaperfahrer ('Bastard of Fauconberg'), † Sept. 1471. F., ein illegitimer Sohn von Sir William →Neville, Earl v. Kent († 1465), ist v. a. bekannt durch seinen erfolglosen, jedoch im Lied gefeierten Angriff auf London von der Themse her (Mai 1471). Zu dieser Zeit kämpfte er auf der Seite von Richard →Neville, Earl of Warwick (→Rosenkriege), der bald darauf in der Schlacht v. →Tewkesbury besiegt wurde und den Tod fand, und auf der Seite →Heinrichs VI., der im Tower gefangengehalten wurde. 1470 hatte er zu Warwicks Admirälen gehört, doch nennt ihn Vergilius Polydorus, der nach 1502 eine »Anglia Historia« verfaßte, einen Piraten, eine Version, die durch einen späteren Beleg für seinen Angriff i. J. 1469 auf die Schiffsfracht des Kg.s v. Portugal, eines Verbündeten, zumindest teilweise bestätigt wird. Kg. Eduard IV. ließ F. gefangennehmen und hinrichten. – →Kaper, -schiffahrt. J. Critchley

Q.: Warkworth (Camden Soc., 1839), 19, 20 – Polydore Vergil (ebd., 1844), 153 – Political Songs and Poems, ed. T. WRIGHT (RS II, 1861), 277–279 – Cal. Patent Rolls, 1467–77, 379 – C. F. RICHMOND, Fauconberg's Kentish Rising of May 1471, EHR 85, 1970, 673–692 – Paston Letters, ed. N. DAVIS, 1971, I, 440.

Falcucci, Niccolò (Nicolaus Falcutius, de Falconiis, Florentinus), Florentiner Arzt, † um 1411/12, verfaßte ein umfangreiches med. Kompendium, in sieben »Sermones« unterteilt, das sich auf die lat. Übersetzungen aller damals bekannten griech. und arab. Autoren stützt und den traditionellen Wissensstand der scholast. Medizin umfassend repräsentiert. Für die Beliebtheit dieser Kompilation spricht die Zahl der frühen Druckausgaben der Sermones, die seit 1481 sowohl in Auswahl als auch insgesamt in Pavia oder Venedig erschienen. Bekannt ist auch ein Kommentar F.s zu den Aphorismen des Hippokrates. H. H. Lauer

Q.: KLEBS Nr. 389 – ausführl. Inhaltsangabe des VII. Sermons bei: E. GURLT, Gesch. der Chirurgie I, 1898 [Nachdr. 1964], 803–829 – *Lit.:* SARTON III, 1194–1195.

Falguières. 1. F., Arnaud de, Kard. aus gascogn. Familie, päpstl. Kapellan, Ebf. v. →Arles 1307–10, † 12. Sept. 1317. In letzterer Eigenschaft bemühte er sich vergeblich, von Kg. Robert bei dessen Thronbesteigung die Restauration der traditionellen weltl. Prärogativen des Ebm.s Arles zu erlangen. 1310 gehörte er zu den drei Kard., die von →Clemens V. mit der Kaiserkrönung →Heinrichs VII. in Rom beauftragt wurden.

2. F., Gaillard de, Bruder von 1, Kard., † 1328; Kanoniker und Subdekan der Kathedrale v. Bordeaux, päpstl. Kapellan, folgte seinem Bruder 1310 als Ebf. v. Arles nach. Als solcher verfolgte er das gleiche Ziel wie Arnaud und erreichte von Ks. Heinrich VII. eine Bestätigung der regalia der Kirche v. Arles, ohne daß diese Urkunde jedoch prakt. Wirkung hatte. Er wurde 1318 auf den Bischofssitz v. →Angoulême transferiert. N. Coulet

Lit.: GChr II, 1013f. – GChrNov Arles, 583–602, 1106f. – Le diocèse d'Aix en Provence, hg. J. R. PALANQUE, 1975, 49 – M. AURELL I CARDONA, Le monastère cistercien de Mollégès, Provence Hist., 1983, 277 – L. STOUFF, Arles à la fin du MA, 1986, 164.

Falier(o), Marin(o), ven. Doge, * wahrscheinl. 1285, † 17. April 1355. Am 10. Okt. 1315 gehörte er zur polit. Führungsspitze des →Consiglio dei Dieci und wurde am 25. Juni 1320 wiedergewählt; am 24. April 1323 zum Capitano und Bailo in Negroponte (→Euböa) ernannt, begegnet er 1326, 1327 und mehrmals in den folgenden Jahren erneut als Mitglied des Consiglio dei Dieci. 1333 Flottenkommandant in Konstantinopel, 1334 Podestà von Lesina und Brazza, 1338–39 Podestà v. Padua und 1339 v. Treviso, 1341 v. Serravalle, 1342 v. Chioggia; am 3. Jan. 1344 war er Gesandter in Avignon, danach nochmals Podestà v. Chioggia. 1346 nahm er an dem Feldzug gegen Zara (Zadar) teil, 1346 fungierte er wiederum als Podestà v. Treviso, 1348 v. Serravalle, 1349 v. Chioggia; 1350 zum Gesandten für Genua ernannt, führte er seine Mission jedoch nicht aus. 1350 Podestà in Padua, 1351 Gesandter bei Ludwig v. Ungarn, 1353 in Wien, Ferrara und schließlich in Avignon an der Kurie von Innozenz VI. Dort befand er sich zu Friedensverhandlungen mit Genua und den Visconti, als er als Nachfolger des Andrea →Dandolo am 11. Sept. 1354 zum Dogen gewählt wurde. Neben seinen öffentl. Ämtern betrieb er auch Handel, wie es der Tradition des ven. Patriziats entsprach. Kurz nach seiner Wahl zum Dogen unterlag Venedig am 4. Nov. 1354 bei Portolungo den Genuesen (Friedensschluß 1. Juni 1355). Gestützt auf ein Bündnis mit Bertuccio Isarello und Filippo Calendario und auf adelsfeindl. Gruppen aus den unteren Schichten, plante M. F. für die Nacht vom 15. April 1355 einen Staatsstreich: Eine große Zahl von Adligen sollte durch den falschen Alarm einer genues. Landung in eine Falle gelockt und niedergemacht werden. Im letzten Moment verhinderte M. F. jedoch die Ausführung dieses Komplotts. Einer der Verschwörer enthüllte den Plan, und der Consiglio dei Dieci – aus diesem Anlaß durch eine Zonta (Ausschuß) erweitert – schlug den Aufstand nieder. M. F. wurde am 17. April enthauptet. Spätere Chronisten haben Feindschaft zw. den Familien Falier und →Steno und eine Rache F.s wegen Ehrenbeleidigung seiner Frau durch Michele Steno sowie allgemein den herrschsüchtigen Charakter des Dogen als Motive der Verschwörung betrachtet. Tatsächlich liegt wohl ein Faktionenkampf innerhalb der führenden Schicht zugrunde. P. Preto

Lit.: R. CESSI, La Regolazione delle entrate e delle spese (sec. XII–XIV), 1925, CXCVII–CC – M. BRUNETTI, M. F. e la sua congiura, Rivista di Venezia X, 1931, 41–45 – V. LAZZARINI, M. F., 1963 [grundlegend] – G. PILLININI, M. F. e la crisi economica e politica della metà del' 300 a Venezia, Arch. veneto, s. V, LXXXIV, 1968, 45–71 – A. DA MOSTO, I Dogi di Venezia, 1977, 118–127 – R. CESSI, Storia della Repubblica di Venezia, 1981², 315–316.

Falke → Beizvögel, →Beizjagd, →Greifvögel, →Doğanği, →Falkentraktate, →Heraldik.

Falkenau (Valckena, estn. Kärkna), Abtei OCist, 11 km nnw. →Dorpat, 1228–33 erbaut. Mutterkl. war →Pforte a. d. Saale, seit 1305 →Stolp. Es unterstand d. Oboedienz des Bf.s v. →Dorpat, war aber sonst exemt, unterstützte 1233 den päpstl. Vizelegaten →Balduin v. Alna gegen den →Schwertbrüderorden und wurde 1234 von Russen zer-

stört. Für den Wiederaufbau belehnte →Waldemar II., Kg. v. Dänemark, das Kl., in dessen Tochter begraben sein soll, mit Gütern in →Estland, zugleich zum Zwecke der Kolonisierung und Christianisierung des Waldwinkels in Ost-→Wierland. Um 1300 erhielt F. eine Ringmauer. Im Konflikt des Bf.s Dietrich →Damerow mit dem →Dt. Orden nahm es Partei für den Bf. und vollendete um 1400, von Vasallen des Bf.s unterstützt, den Bau. Für verdiente Adlige war das Kl. Beisetzungsstätte. 1558 wurde es von Russen zerstört. H. von zur Mühlen

Lit.: K. v. LÖWIS OF MENAR, Die Cistercienserabtei F. am Embach, SB Riga 1893 (1894) – DERS., Burgenlexikon für Alt-Livland, 1922 – P. JOHANSEN, Die Estlandliste des Liber Census Daniae, 1933 – A. TUULSE, Die Burgen in Estland und Lettland, 1942 – F. BENNINGHOVEN, Der Orden der Schwertbrüder, 1965.

Falkenberg, Johannes, Dominikanertheologe, * ca. 1364, † nach 1429, studierte seit 1379/80 in Prag und seit 1385 in Wien. Ort und Zeit der Promotion zum Dr. theol. und des Eintritts in den Dominikanerorden sind unbekannt. 1405/06 ist F. Lektor im Dominikanerkonvent in Krakau, 1408 lebt er in Prag, 1411 ist er als Inquisitor in Magdeburg bezeugt, 1412 weilt er in Preußen, 1414 ist er Prior des Dominikanerkl. in Warburg, seit 1415 nimmt er am →Konstanzer Konzil teil, das er als päpstl. Gefangener verläßt. Bis 1424 war er in der Engelsburg in Rom inhaftiert. 1429 ist er noch einmal in Preußen (Thorn) bezeugt.

In den heftigen Krakauer Auseinandersetzungen zw. Königshof und Universität, zw. Konziliaristen und ihren Gegnern schrieb F. einen extrem papalist. Traktat »De mundi monarchia«. Wegen eines weiteren Traktats, in dem er die Gelehrten bekämpfte, welche die Verwendung heidnischer Truppen im poln. Heer gegen den →Dt. Orden gerechtfertigt hatten, mußte er Krakau verlassen (zu dieser Kontroverse s. a. →Bellum iustum). In Prag verfaßte er einen kurzen Traktat gegen Papst Gregor XII. In Preußen schrieb er für den Dt. Orden eine von ihm »Satira« genannte Schrift, in der er darlegte, daß der Kg. v. Polen und alle Polen Ketzer und alle Christen verpflichtet seien, die Polen zu vernichten. Obwohl der Orden diese Schrift nicht verwendete, beauftragte er F. doch auf dem Konstanzer Konzil, gegen den Krakauer Kanonisten Paulus →Vladimiri zu schreiben, der die Existenzberechtigung des Ordens grundsätzlich bestritten hatte. Nachdem in Konstanz F.s »Satira« bekannt geworden war, wurde ihr Autor der Häresie angeklagt. Der Ketzerprozeß gehört in die rechtl. Auseinandersetzungen zw. Polen und dem Orden auf dem Konstanzer Konzil. In dessen Schlußsitzung protestierten die poln. Gesandten gegen die ihrer Meinung nach zu milde Behandlung F.s. Die als Antwort darauf gegebene Feststellung Papst Martins V., er werde sich an alles halten, was das Konzil als Konzil beschlossen habe, hat in der Diskussion um die Rechtsgültigkeit der Konstanzer Dekrete eine große Rolle gespielt. H. Boockmann

Lit.: H. BOOCKMANN, J. F., der Dt. Orden und die poln. Politik, 1975 – W. SEŃKO, Materiały do historii filozofii średniowiecznej w Polsce 9 (20), 1975 [Ed. von »De mundi monarchia«].

Falkenbuch → Falkentraktate, →Friedrich II.

Falkenstein (Neuburg-F.), bayer. Grafenfamilie, ben. nach der Burg F. (Ruine südl. von Rosenheim/Oberbayern). Stammsitz der Familie war seit Anfang des 11. Jh. die Burg Weyarn (westl. Rosenheim, über der Mangfall). Nach Verwandlung des Stammsitzes in ein Augustinerchorherrenstift 1133 ließ sich die Familie weiter nordöstl. in einer neuen Burganlage nieder und nannte sich dementsprechend von Neuburg. Durch die Heirat *Gertruds v.*

Weyarn-Neuburg mit *Rudolf v. F.-Hernstein* um 1125 kamen die Neuburger in den reichen Besitz dieser aus Hernstein (westl. Wiener Neustadt/Niederösterreich) stammenden Familie und nannten sich fortan Neuburg-Falkenstein. *Siboto IV.* (* 1126, † um 1200), der Sohn Rudolfs, begründete den raschen Aufstieg des Hauses, das im 12. Jh. eine wichtige Rolle im kirchl.-klösterl. Leben Südbayerns spielte. Unter Siboto IV. entstand der einzigartige →Codex Falkensteinensis. Mit den Brüdern *Siboto VI.* († 6. Okt. 1244) und *Konrad*, dem letzten männl. Vertreter seines Hauses († vor 30. Okt. 1260), setzte der schnelle Niedergang des Geschlechts ein, das wie die meisten bayer. Dynastien dieser Zeit ein Opfer der zielstrebigen Territorialpolitik der Wittelsbacher wurde.   F. R. Böck

Lit.: R. BAUERREISS, Die Gf.en v. Neuburg-F. und die südbayer. Kl. im 12. Jh., SMGB 60, 1943, 77–81 – F. TYROLLER, Die Mangfallgrafschaft, Das bayer. Inn-Oberland 29, 1958, 83–140 – Genealogie des altbayer. Adels im HochMA, 1962–69 – J. B. FREED, The Counts of F.: Noble Self – Consciousness in Twelfth Cent. Germany (Transactions of the American Philos. Soc. 74/6), 1984 – s. a. Ed. und Lit. zu →Codex Falkensteinensis.

Falkentraktate

I. Lateinische Literatur – II. Romanische Literaturen – III. Deutsche Literatur – IV. Englische Literatur – V. Byzantinische Literatur.

I. LATEINISCHE LITERATUR: Die ältesten erhaltenen lat. F., das Frgm. aus Vercelli (Mitte 10. Jh.), →Adelard v. Bath, →Dancus rex und Guilelmus Falconarius, Gerardus Falconarius, Grisofus, Alexander, die arab. Werke des Moamin (übersetzt von Theodor) und Ghatrif (→Beizjagd [3] und Lit. dazu) behandeln in erster Linie Falkenmedizin, nur gelegentl. und kurz die Arten, Haltung und Ausbildung der Falken. Umfassend, auf gesammelten und eigenen Beobachtungen beruhend, ist dagegen das Falkenjagdbuch →Friedrichs II. Die umfangreiche Abhandlung des →Albertus Magnus (de animalibus l. 23) führt u. a. Dancus (als »Guilelmus«) und Friedrich an, außerdem den angebl. Brief der Bibelübersetzer Aquila, Symmachus und Theodotion (cap. 23; THORNDYKE-KIBRE 549), den auch →Vinzenz v. Beauvais im Speculum naturale nennt (l. 16, c. 71). →Petrus de Crescentiis handelt im 10. Buch seines »Liber ruralium commodorum« von den Greifvögeln. Weitere lat. F.: Grimaldus (vgl. BISCHOFF, 172), Archibernardus (in Hexametern), Aegidius v. Aquino, Petrus Falconarius (zu diesen HASKINS, 352 ff. und XVI) und Anonymi (ebd. und bei THORNDYKE-KIBRE, 24, 153, 278, 847, 913, 1317).   G. Bernt

Ed.: s. a. Lit. zu den einzelnen Autoren – B. BISCHOFF, Anecdota novissima, 1984 (Q. und Unters. zur lat. Philol. des MA 7), 171–182 [Vercelli] – Dancus Rex, Guilelmus Falconarius, Gerardus Falcon., ed. G. TILANDER, 1963 (Cynegetica 9) – Sources inéd. des »Auzels cassadors« de Daude de Prades. Grisofus medicus, Alexander medicus, ed. G. TILANDER, 1964 (Cynegetica 10) – Friderici Romanorum Imperatoris secundi de arte venandi cum avibus, hg. C. A. WILLEMSEN, 1942 – Ks. Friedrich II. Über die Kunst mit Vögeln zu jagen. Übers. und Komm. C. A. WILLEMSEN, 1964 und 1969 – Ks. Friedrich II., De arte venandi cum avibus. Komm. C. A. WILLEMSEN, 1969 (Codices selecti 16) [Facs.] – *Lit.:* H. WERTH [vgl. roman. Lit.] – J. E. HARTING, Bibliotheca accipitaria, 1891 – B. BISCHOFF [vgl. Ed.], G. TILANDER [vgl. Ed.] – CH. H. HASKINS, Stud. in the Hist. of Mediaeval Science, 1927², XVI, 28, 299–326, 346–355 – THORNDYKE-KIBRE 1793 (»Falconry«); Moamyn: 580, 1343, 1518; Ghatrif: 736, 947 – SARTON 2, 1172 (»Falconry«); 3, 1968 (»Falconry«) – Bibl. Palatina, Kat. zur Ausstellung ... Heidelberg, hg. E. MITTLER, 1986, 111–114 [Friedr. II.].

II. ROMANISCHE LITERATUREN: Die in Sizilien entstandenen lat. F. wurden in die meisten roman. Sprachen übersetzt: Dancus, die Falkner Gerardus und Guillelmus, Ghatrif, Moamin, Friedrich II. (nur Buch 1 und 2), dazu Ptolemaeus und Albertus Magnus. Die hs. Verbreitung dieser anonymen Übersetzungen ist gering.

Aus dem 13. Jh. sind einige F. in Vers oder Prosa aus dem anglonorm. Raum erhalten. Wichtig ist »Dels auzels cassadors« des →Daude de Pradas (3792 Verse, prov., 1. Hälfte 13. Jh.), der weniger auf arab. als auf ags. Quellen zurückgreift. Die bedeutendsten F. Frankreichs entstehen im 3. Viertel des 14. Jh.: Der Normanne Henri de Ferrières gibt im »Livre de la chasse« (= 2. Buch der »Livres du roy Modus et de la royne Ratio«) einen F. in Prosa, der zeitgenöss. Jagdpraktiken widerspiegelt; darauf folgt ein Streitgespräch in 1044 Versen, in dem es um die Vorzüge der →Beizjagd und der Jagd mit Hunden geht (30 Hss., davon 20 illustriert). Kurz darauf verfaßt der Normanne Gace de la Buigne den »Roman des deduis« (12210 Verse, 20 Hss.), dessen Hauptteil ebenfalls ein Streitgespräch zw. Deduit d'Oyseaulx und Deduit de Chiens enthält. Die Beizjagd wird nicht technisch abgehandelt, sondern eingebettet in die höf. Praxis mit farbiger Schilderung von kgl. Jagdpartien. Eigtl. F. entstehen wieder in der 2. Hälfte des 15. Jh.: Im »Livre de fauconnerie« benützt der Johanniter Jean de Francières F. der Falkner von Antiochien, Zypern und Rhodos (30 Hss.). Zu erwähnen sind weiter die »Fauconnerie« des Gf.en Arthelouche d'Alagona, Herr v. Meyrargues in der Provence (10 Hss.), sowie der »Art de fauconnerie«, den der Grammatikprofessor Guillaume Tardif dem frz. Kg. Karl VIII. gewidmet hat.

Aus der pyrenäischen Halbinsel sind eine Anzahl meist anonymer F. in ptg., kast. und katal. Sprache in wenigen Hss. erhalten. Autoren aus dem 14. Jh.: Der Portugiese Pero Menino, die Spanier →Juan de Mena (1 Hs.) und v. a. Pero →López de Ayala, »Libro de la caza de las aves« (1386; 22 Hss.), im 15. Jh. bearbeitet von Juan de Sahagún, der seinerseits im »Libro de cetrería« des »Evangelista« scherzhaft bearbeitet wurde (3. Viertel 15. Jh.; 5 Hss.).

Der Stellenwert der Beizjagd wird nur bei Berücksichtigung sämtlicher →Jagdbücher ersichtlich; einige von diesen Jagdbüchern enthalten, z. T. ausdrücklich, keine F.   M.-R. Jung

Ed. und Lit.: DLFMA – GRLMA VI; IX, 1, fasc. 7 – H. WERTH, Afrz. Jagdlehrbücher, ZRPh 12, 1888, 146–191, 381–415; 13, 1889, 1–34 – C. BIEDERMANN, Erg. zu Werth ..., ZRPh 21, 1897, 529–540 – J. THIÉBAUD, Bibliogr. des ouvrages français sur la chasse, 1934 – Adam des Aigles, Traité de fauconnerie, ed. A. BLOMQVIST, 1966 – R. WISTEDT, Le Livre de fauconnerie de Jean de Fransières, 1967 – Bibliogr. of Old Spanish Texts, ed. C. B. FAULHABER et alii, 1984 – J. M. FRADEJAS RUEDA, Ensayo de una bibliogr. de los libros españoles de cetrería y montería, 1985 – Tratados de cetrería, ed. J. M. FRADEJAS RUEDA, 1985 – s. a. →Daude de Pradas.

III. DEUTSCHE LITERATUR: Von der lat. Venatio-Lit. des HochMA, in der die Beizvogeljagd als Adelskunst eine hervorragende Stelle einnimmt (Friedrich II.), unterscheiden sich die später einsetzenden deutschsprachigen beizkundl. Traktate in einigen Punkten. Die dt. Fachlit. läßt sich in zwei Gruppen teilen:

1. In Übersetzungen leben die lat., an orientalischem Fachwissen orientierten Falkenlehren fort; sie vermitteln neben der eigtl. Kunst des Bereitens v. a. ornitholog. und veterinärmed. Kenntnisse. So werden die jagdkundl. Abschnitte aus dem »Liber de animalibus« des Albertus Magnus wiederholt übersetzt. Hier ist bes. die Übersetzung des Heinrich Münsinger (ca. 1440) zu nennen, deren ausgefeiltes, fachsprachl. Instrumentarium Ergebnis einer sich im 14. Jh. vollziehenden terminolog. Entwicklung ist, die auch durch nicht fachspezif. Texte belegt ist (Minnelyrik, Allegorien etc.).

2. Die eigenständige dt. Jagdliteratur ist v. a. praxis- und erfahrungsorientiert. Vogelhierarchie und die Kunst der Edelfalkenjagd treten hinter der Beschäftigung mit minderen Beizvögeln wie Habicht und Sperber zurück.

Wichtigstes Zeugnis ist wohl die »Ältere Habichtslehre« (14. Jh.), die unbeeinflußt von oriental., resp. lat. vermittelten Quellen zu denken ist. Auf dieser fußt das älteste dt. gedruckte Jagdbuch, das sog. »Beizbüchlein«, eine weitwirkende Schrift, die die jagdkundl. Kenntnisse der »Habichtslehre« mit dem aus der lat. Lit. bekannten zoolog. und med. Wissen verbindet. Zu den empirisch orientierten Werken gehört auch die Abhandlung des →Petrus de Crescentiis, die in Übersetzungen des 14. und 15. Jh. wichtigen Einfluß auf die dt. jagdkundl. Lit. ausübte. Der in ihr vorherrschende Nützlichkeitsstandpunkt ist bezeichnend für die Differenz zw. hochma. und spätma. Falkenbüchern. Den Schlußpunkt setzt ein rein kompilator. Werk des 16. Jh., das unter dem Namen des Verlegers Sigmund Feyerabend firmiert: »Das Neuw Jag und Weydwerck Buch«.   I. Erfen

Ed.: Die dt. Habichtslehre, Das Beizbüchlein und seine Q., ed. K. LINDNER, 1955 (Q. und Stud. zur Gesch. der Jagd, II) – Das Jagdbuch des Petrus de Crescentiis in dt. Übers. des 14. und 15. Jh., ed. DERS., 1957 (ebd. IV) – Von Falken, Hunden und Pferden, Dt. Albertus-Magnus-Übers. aus der 1. Hälfte des 15. Jh. T. 1, 2, ed. DERS., 1962, (ebd. VII, VIII) – *Lit.:* Einleitungen zu den gen. Ed. – K. LINDNER, Über die europ. Jagdlit. des 12.–15. Jh., Zs. für Jagdwiss. 1, 1955.

IV. ENGLISCHE LITERATUR: Die →Beizjagd ist seit ae. Zeit bekannt (vgl. →Asser, »De vita et rebus gestis Alfredi«, Kap. 76; →Ælfric, »Colloquium«; →Harold auf dem Teppich v. →Bayeux) und später auch als Sport nichtadliger Kreise bezeugt (EHD, II, Nr. 281). Sie erfolgte überwiegend mit dem im germ. Bereich beliebteren Habicht. F. sind erst aus dem 15. Jh. überliefert, von denen der bekannteste im »Book of St. Albans« (1486, »BSA«; A Short-Title Catalogue... [STC], 1986², Nr. 3308; The English Experience 151, 1969) enthalten ist. Er stellt eine Kompilation dar, in der v. a. das »Prince Edward's Book« (»PEB«; mindestens acht Hss.) verarbeitet wurde, das die Quelle einer Reihe von F.n bildete und selbst teilweise auf den veterinärmed. ausgerichteten →»Dancus Rex« zurückgeht, der wohl nur in Auszügen durch eine frz. Version von →Albertus Magnus »De falconibus« bekannt war und sowohl über das »PEB« als auch gesondert das »BSA« beeinflußt hat. Eine weitere Vorlage ist in dem 'J.B.'-Traktat zu sehen, der mit der mysteriösen Juliana Berners in Verbindung gebracht wurde. In diesem ist jagdkundl. und anderes Material gesammelt, das nicht so stark techn. ausgerichtet ist (mindestens 11, inhaltl. stark divergierende Hss. und zwei Drucke von →Caxton; STC, 1976², Nr. 17018–17019). Dem F. im »BSA« ist eine »Hierarchie der Falken« angehängt, die außerdem in mindestens acht Hss. vorkommt. Weitere Texte sind noch unediert.

K. Bitterling

Bibliogr.: A Short-Title Catalogue of Books Printed in England... 1475–1640, hg. A. W. POLLARD u. a., 1956; 1976–86² – *Ed.:* A. E. H. SWAEN, »The Booke of Hawkyng after Prince Edwarde Kyng of Englande« and Its Relation to the »BSA«, StN 16, 1943–44, 1–32 [»PEB«] – N. J. SHIRLEY LEGGATT, The »BSA« and the Origins of Its Treatise on Hawking, StN 22, 1949–50, 135–145 [»PEB«] – B. DANIELSSON, The Kerdeston 'Library of Hunting and Hawking Lit.'... (Et multum et multa, Beitr. zur Lit., Gesch. und Kultur der Jagd, Festg. K. LINDNER, 1971), 47–59 [Frgm.e, u. a. aus dem »Ptolemäusbrief«] – R. HANDS, English Hawking and Hunting in »The BSA«: A Facsimile Ed. ..., 1975 – *Lit.:* G. TILANDER, Traduction anglaise de »Dancus«, StN 22, 1949–50, 194–207 – R. HANDS, Juliana Berners and »The BSA«, RES, NS 18, 1967, 373–386 [J.B.] – DIES., The Names of All Manner of Hawks, and to Whom They Belong, NQ 216, 1971, 85–88 [»Hierarchie«] – DIES., »PEB« – A Survey of the Related Texts, ASNSL 209, 1972, 26–42 – DIES., »Dancus Rex« in English, MSt 35, 1973, 354–369.

V. BYZANTINISCHE LITERATUR: Bereits in einer Hs. des 10. Jh. ist ein an einen Ks. Michael (wohl Michael III., 842–867) gerichtetes Orneosophion überliefert. Zwei weitere Traktate (Hierakosophion, Orneosophion) werden einem Demetrios Pepagomenos zugeschrieben, der nun nicht mehr, wie auf Grund einer mißverständl. Notiz bisher allgemein angenommen, in die Zeit Michaels VIII. (1258–82) zu setzen, sondern mit dem Briefadressaten des Johannes Chortasmenos (15. Jh., 1. Viertel) zu identifizieren ist. Ein weiteres Hierakosophion, wohl ebenfalls aus der Spätzeit, ist anonym überliefert. Außer den Traktaten, die neben Anweisungen zu Fang und Haltung der Vögel eine große Zahl von Rezepten zur Behandlung von deren Krankheiten enthalten, sind auch ausführl. Beschreibungen von Beizjagden aus der Feder von Konstantinos Manasses und Konstantinos Pantechnes (beide 12. Jh.) überliefert. Manuel →Philes beschreibt in seinem Gedicht über die Eigenschaften der Tiere die thrak. Art der Vogeljagd, bei der Vögel mit Hilfe von Falken in Netze getrieben werden. Auch das Traumbuch des Achmet (9./12. Jh.) setzt im Kapitel über die Falken deren Verwendung in der Jagd voraus.   W. Hörandner

Ed. und Lit.: →Beizjagd – A. DILLER, Demetrius Pepagomenus, Byzantion 48, 1978, 35–42 [Klärung der Autorfrage].

Falkirk, Schlacht v. (22. Juli 1298), zw. Kg. →Eduard I. v. →England und dem schott. Heer. Nach der Niederlage gegen →Schottland (Stirling Bridge, 1297) war der Kg. zur Vergeltung entschlossen. In seinem Heerlager nahe Edinburgh (Größe des Heeres: ca. 3000 Mann zu Pferde, ca. 25 700 zu Fuß, vielfach Waliser) brach jedoch ein Streit zw. Engländern und Walisern aus, und letztere meuterten und drohten, zu den Schotten überzugehen. Als bald darauf die Nachricht eintraf, daß das schott. Heer unter William →Wallace nahe bei F. stand, rückte Eduard gegen F. vor. Die schott. Truppen hatten sich in *schiltroms* aufgestellt, starken Defensivformationen der Infanterie, mit der Reiterei im Rücken. Die schott. Reiterei floh binnen kurzem, doch die Fußtruppen hielten tapfer stand. Schließlich wurden ihre schiltroms jedoch – durch den Einsatz von Bogenschützen (→archers) oder aber durch einen Angriff der Reiterei von hinten – aufgebrochen. Die Waliser griffen erst ein, als sie sahen, daß Eduard die Oberhand gewonnen hatte.   M. C. Prestwich

Q.: Scotland in 1298, ed. H. GOUGH, 1898 – *Lit.:* G. W. S. BARROW, Robert Bruce and the Community of the Realm of Scotland, 1965 – M. C. PRESTWICH, War, Politics and Finance under Edward I., 1972.

Falkner, Falknerei → Beizjagd, →Doğanğï, →Falkentraktate

Falköping, Schlacht bei (Västergötland, Schweden). Am 24. Febr. 1389 fand nahe F. auf dem Moor Falen bei Åsle, unweit der schwed.-norw.-dän. Grenze, die Entscheidungsschlacht zw. dem Kg. v. →Schweden, →Albrecht v. Mecklenburg, und der Kgn. →Margarete statt. Der Lübecker Chronist →Detmar gibt eine plast. Schilderung der nach zeitgenöss. Maßstäben großen Schlacht; den über 1500 Kombattanten des dän.-norw.-schwed. Heeres stand ein fast gleich starkes, überwiegend aus Deutschen bestehendes Ritterheer unter Albrecht gegenüber. Nach anfänglichem Schlachtenglück Albrechts gerieten seine Panzerreiter auf nicht tragfähigem Eis in Bedrängnis. Margarete errang den Sieg. Kg. Albrecht, sein Sohn →Erich, der Gf. v. Holstein und weitere dt. Fs.en wurden gefangen nach Båhus geführt. Bereits im Dalaborgvertrag vom März 1388 hatte der schwed. →Reichsrat die meisten Burgen an Margarete übergeben, und noch im selben Jahr empfing sie auch in Schweden die Huldigung als »Hochmächtige Frau«. Nach der Schlacht v. F. hielten Albrechts Anhänger nur mehr zwei Burgen sowie die Städte →Kalmar und →Stockholm. Albrecht wurde

zur Abtretung der beiden Burgen genötigt, konnte sich
aber nicht loskaufen. Die dt. Mehrheit der Stockholmer
Bürgerschaft blieb ihm jedoch immer treu. 60 der bedeu-
tendsten schwed. Bürger Stockholms wurden gefangen-
genommen und im Blutbad der sog. »Käplingemorde«
grausam getötet. Kg. Albrecht blieb Gefangener bis zum
Vertrag v. Lindholm (1395), in dem die Abtretung von
Stockholm festgelegt und so der Weg für die →Kalmarer
Union von 1397 geebnet wurde. →Dänemark, Abschnitt
D. II, 2.   Th. Jexlev

Q.: Detmars Chronik, ed. K. Koppmann (Chr. dt. Städte 19, 1884–94)
– Danmarks middelald. annaler, ed. E. Kromann, 1980 – *Lit.:* V. A.
Norman, Albrecht, Hzg. v. Mecklenburg, Kg. v. Schweden, 1939 – J.
Rosén, Svensk historia I, 1962 – M. Linton, Drottning Margareta,
1971 – P. Lauring, Valdemars sønner og unionen, 1974 – V. Etting,
Margrete den første. En regent og hendes samtid, 1986.

Fallabrini, Familie → Pavia

Fallen, -technik → Jagd

Fallgesetz → Dynamik; →Kinematik, Kinetik

Falschmünzerei beabsichtigt wie die Münzfälschung
Täuschung und unerlaubten Gewinn. Mit der F. werden
falsche →Münzen hergestellt; sie bedroht die Münze in
ihrer Eigenschaft als Zahlungsmittel und damit den Geldumlauf (→Geld, Geldwesen). Die Münzfälschung produziert unechte (gefälschte) Münzen; sie bedroht die Münze
als begehrten Gegenstand des Sammeleifers und der Wissenschaft und entspricht der Kunstfälschung.
   Falsche Münzen begegnen seit der Antike. Bei →Gregor
v. Tours (IV, 42) werden für 572 vergoldete Bronzestücke
erwähnt. In der →»Lex Romana Visigothorum« (7. Jh.)
werden für die Verfälschung von Goldmünzen durch
Beschneiden und ähnliche Manipulationen Strafen angedroht. Bei den Angelsachsen ist im 10. Jh. von falsariis, die
in der Regel mit monetariis ident. sind, die Rede. In den
karol. →Kapitularien wird seit Karl d. Gr. wiederholt vor
falsis monetis gewarnt, worunter jedoch unbefugt geprägte Münzen verstanden werden. Das »Edictum Pisten-
se« (864) widmet den falsis monetariis und ihrer Bestrafung lange Erläuterungen. →Sachsenspiegel und
→Schwabenspiegel führen Münzmeister als Falschmünzer auf. Auch die →Landfrieden des 13. Jh. gehen auf die
monetae falsae ein.
   Es sind verschiedene Arten der F. zu unterscheiden: 1.
Die Fälschung von umlaufenden offiziellen Geldstücken
im Präge- oder Gußverfahren durch private Fälscher oder
korrupte Münzbeamte: Funde von Prägewerkzeugen und
Gußmatrizen des 13. bis 15. Jh. belegen diese Art der F.
ebenso wie ma. gefälschte Münzen aus unterwertigem
Metall von der Völkerwanderungszeit bis zur NZ. 1441
stellt der Münzmeister in Eschershausen und Nienburg
falsche Schillinge her und setzt sie über »Afdreger« auf
größeren Handelsplätzen ab. – 2. Die Nachahmung von
bekannten Münzsorten durch kleinere Herren: 1246 erhält
der Bf. v. Münster von Papst Innozenz IV. die Erlaubnis,
die falsatores et immutatores seiner Münzen zu exkommunizieren. Seit dem 12. Jh. wird das Münzwesen in
Deutschland, Frankreich, den Niederlanden und Italien
durch diese Nachahmungen (z. B. von →Sterlingen,
→Turnosen, →Goldgulden) bestimmt. Z. T. wird die
Nachahmung durch kgl. Privilegien zugestanden, z. T.
unter Anklage gestellt. – 3. Die vorsätzl. Verstümmelung
von Münzen, z. B. durch Beschneiden des Randes mit der
Absicht der Bereicherung: Die Strafen für F. waren dra-
stisch. Das in der älteren Zeit übliche Abschlagen der
Hand wurde später v. a. durch den Feuertod oder das
Sieden in heißem Öl ersetzt (Falschmünzerkessel Ende 15.
Jh. an der »Waag« in Deventer/Niederlande). P. Berghaus

Bibliogr. und Lit.: E. E. Clain-Stefanelli, Numismatic Bibliogr.,
1984, 688–690 – KL IV, 158–160 [N. L. Rasmusson] – W. Jesse,
Quellenbuch zur Münz- und Geldgesch. des MA, 1924 – A. Luschin v.
Ebengreuth, Allgemeine Münzkunde und Geldgesch. des MA und
der neueren Zeit, 1926², 145–156 – R. His, Das Strafrecht des dt. MA II,
1935, 274–283 – G. A. Löning, Das Münzrecht im Ebm. Bremen,
1937, 205 – W. Hävernick, Eine Falschmünzergußform des 12. Jh.,
Dt. Münzbll. 58, 1938, 137f. – E. Nathorst-Böös, Hela världens tjuv,
En studie i straffen för mynt- och sedelförfalskningsbrotten före cirka
1850, 1973 – H. Voigtlaender, Falschmünzer und Münzfälscher, 1976
– Proceedings of the Internat. Numismatic Symposium, hg. I. Ge-
dai-K. Bíró-Sey, 1980 – M. Bompaire, Identification et lecture des
monnaies au XIVᵉ s., RNum 1984, 193–207.

Falschspiel, Falschspieler. Für die Ursprünge des gewerbl. Verbrechertums ist es bezeichnend, daß der heutige Sammelbegriff »Gauner« als wortgeschichtl. Zeugnis
für die Spezialisierung in der ma. Unterwelt dienen kann;
ursprgl. bezeichnet Gauner (< rotwelsch *jonen*, < hebr.
joneh 'er wird betrügen') nichts anderes als den professionellen Spieler.
   In rechtsgeschichtl. Quellen des 14. Jh. findet man
erstmals F. namentl. erwähnt (Nürnberg 1336, Augsburg
1349). Die Existenz von F.-Banden ist für das 15. Jh.
urkundl. belegt (Prozeß gegen die *Coquillards* in Dijon
1455, Breslauer Malefizbuch 1495). Diese F.-Banden waren hierarchisch und arbeitsteilig organisiert. Der *Bleher*
(rotwelsch) spricht das potentielle Opfer an und macht es
mit dem Hauptspieler (rotwelsch *Meister*) bekannt. Der
(im Rotwelschen *Kleher* gen.) Dritte bringt Falschgeld ins
Spiel, so daß der ahnungslose Mitspieler zweifach betrogen wird.
   Zu den bekanntesten Betrügereien beim Kartenspiel
zählt das sog. *Zinken.* Um eine bestimmte Karte für den
Eingeweihten kenntlich zu machen, kannte man im MA
bereits folgende Möglichkeiten: Beschneiden der Karte an
den Rändern oder Ecken, Beschichtung und Punktierung
der Kartenrückseite. Diese Manipulationen hatten größtenteils spezielle Namen, wie z. B. aus dem »Liber vagatorum« (ca. 1510) und anderen Rotwelsch-Quellen hervorgeht. Beim Würfelspiel gab es ebenfalls mehrere
Tricks, so z. B. die Verlängerung der Kantenlänge oder die
Anfertigung von Würfeln mit doppelter Augenzahl.
   F. war im MA zunächst nur ein schuldrechtl. Delikt,
wurde dann aber im späten MA strafrechtl. verfolgt
(Augsburger Stadtrecht 1276).   R. Jütte

Lit.: R. Jütte, F. und Gaunertricks. Zu den Anfängen des organisierten
Verbrechens und seiner Sondersprache im MA und der frühen NZ, AK
1987/88.

Fälschungen

**A. Lateinischer Westen – B. Byzantinischer Bereich – C. Altruß-
land und Südosteuropa**

A. Lateinischer Westen

I. Allgemeines – II. Fälschungen im weltlichen und kirchlichen Recht
des Mittelalters; Papstkanzlei – III. Kaiser-, Königsurkunden; Privaturkunden.

I. Allgemeines: Das MA hat zahlreiche F. der verschiedensten Art von →Urkunden über Rechtssammlungen,
theol., hagiograph., historiograph. usw. Texte bis zu (oft
ohne Betrugsabsicht nur fingierten) →Briefen, →Reli-
quien usw. hervorgebracht, von denen etwa die →Kon-
stantin. Schenkung oder die →Pseudoisidor. Dekretalen
bis ins 19./20. Jh. nachwirkten. Von erhaltenen Urkk. texten sind im FrühMA bis zu 50% und mehr gefälscht oder
verfälscht (vgl. Abschnitt III). Die Unterscheidung von
Echtem und Falschem, letzteres definiert als Produkte, die
nach der Absicht ihres Herstellers sich für etwas anderes
ausgeben, als sie in Wirklichkeit sind, ist seit dem 17. Jh.
ein Hauptanliegen der Mediävistik geworden und wurde

method. immer weiter verfeinert. Neben der Entdeckung von F. gehört auch die Erforschung der ihnen zugrundeliegenden Motive und ›Mentalitäten‹ zur Aufgabe der Geschichtswissenschaft. Darüber gehen die Meinungen bis heute auseinander. Unter dem Einfluß des Rechtspositivismus wurden von einem Teil der Forschung um die Jahrhundertwende auf der Grundlage der Ansicht von der Unveränderlichkeit der Menschennatur F. als Betrug, Auswuchs verschrobenen Charakters angesehen; andere Forscher versuchten schon damals, nach Art, Ort und Zeit sowie Motiven der Fälschung zu differenzieren. Eine größere interpretator. Tiefendimension versuchte dann F. KERN mit seiner Auffassung von angebl. germ. mythologisch-metaphys. Rechtsvorstellungen vom guten und alten Recht zu erreichen; in diesem Rahmen wurden auch F. zur ›pia fraus‹, Wiederherstellung der guten, alten, göttl. Rechtsordnung, und man mußte ihnen »aus der mangelnden Rechtsbeständigkeit heraus noch einen gewissen Milderungsgrund zugestehen«. Diese Auffassungen sind durch neuere Forschungen (G. KÖBLER, K. KROESCHELL) in Frage gestellt worden, die nachwiesen, daß die frühma. Rechtsvorstellungen keineswegs durch Merkmale des Alters und der Güte geprägt waren und Vorstellungen vom ›guten alten Recht‹ eher dem röm., durch die Kirche vermittelten →Gewohnheitsrecht zuzuordnen sind; ja KERNS Ansichten sind in Verdacht geraten, zeitbedingt die Kritik der Freirechtslehre am Gesetzespositivismus um 1900 zu spiegeln und nicht einer vertieften Einsicht in den Geist des ma. Rechts entsprungen zu sein. Daß seine Anschauungen für die nachgratian. Periode keine Gültigkeit mehr besitzen, hat KERN übrigens selbst gesehen. Trotz der damit offenkundigen Gefahr, moderne Ideen und subjektive Vorstellungen in das MA zurückzuprojizieren, ist der Versuch eines tieferen Verständnisses ma. F. sicher legitim. Da ein vom heutigen verschiedener Wahrheitsbegriff des MA schwerlich postuliert werden kann, versucht man neuerdings v. a. durch den Begriff der →›aequitas‹ als persönl. empfundener Billigkeit und allgemeiner Sittlichkeit dem Phänomen ma. F. näherzukommen. Doch wird von rechtshistor. Seite gegen eine zu starke Betonung solcher Sichtweisen Einspruch erhoben und darauf hingewiesen, daß es mit der Frage nach dem Rechtsgefühl nicht getan sei und daß auch im MA ein fundamentaler Unterschied zw. echt und wahr, unecht und falsch bestand. Man wird dem Phänomen künftig am ehesten gerecht werden, wenn man innerhalb des Konventionsbegriffs MA nach Zeit und Ort, nach Art der Fälschung, Motiven des Fälschers usw. vor dem wechselnden rechtl., philosoph.-theol. und sozialen Hintergrund noch weiter differenziert.

II. FÄLSCHUNGEN IM WELTLICHEN UND KIRCHLICHEN RECHT DES MITTELALTERS; PAPSTKANZLEI: Auf sicherem Boden sind wir bei der Behandlung von F. im ma. Recht und in der Diplomatik. Hier fließt mit der Verbreitung des Urk.-wesens, des Münzwesens (→Münzen; →Falschmünzen) u. a. ein breiter Strom antiker Tradition ins MA und prägt nachhaltig den Fälschungsbegriff des ma. →Rechts. Ausgangspunkt ist das um späte Senatsbeschlüsse und ksl. Konstitutionen erweiterte Gesetz Sullas, die »Lex Cornelia de falsis« (zunächst Testaments- und Münzdelikte, später auch falsches Zeugnis, Urk.fälschungen u. a. betreffend), die dem MA v. a. über den →Codex Theodosianus und das →Corpus iuris civilis überliefert wurde. Mit der Ausbreitung v. a. des spätröm. Urkk.wesens fand auch das Fälschungsdelikt Eingang in die frühma. Volksrechte (u. a. →Edictum Theoderici, →Leges Visigothorum, →Langobard. Recht, →Lex Ribuaria) so-

wie ins Kirchenrecht (zahlreiche Synodalkanones; bes. für die Folgezeit wichtig wurde: Conc. Tribur. [895] c. 30 = Decretum Gratiani D. 19 c. 3). Wie das röm. Recht kennt auch das ma. Recht keine einheitl. Begriffsbestimmung von »falsum«.

Dieses besteht vielmehr aus einer großen Zahl eindeutig bestimmter Tatbestände, wobei Fälschung und →Betrug nicht scharf getrennt werden. Der strafrechtl. Tatbestand war nur gegeben, wenn das Fälschungsdelikt einen schädl. Erfolg, v. a. eine Vermögensschädigung, nach sich zog oder erwarten ließ; Voraussetzung war auch Vorsätzlichkeit. Neben diesem Aspekt tritt v. a. in der Rechtswissenschaft seit dem 12. Jh. die Sorge um das öffentl. Wohl, die Sicherheit des Rechtsverkehrs, bes. des →Beweises. Unter diesen Voraussetzungen fallen viele ma. F. nicht unter die Strafbestimmungen für das Fälschungsdelikt. Statt der im röm. Recht vorgesehenen Deportation und Konfiskation des Besitzes für die ›honestiores‹, der ›poena metalli‹ bzw. der Todesstrafe für die ›humiliores‹, tritt in den Germanenrechten die spiegelnde Strafe (Abhacken von Daumen oder Hand); die unscheltbare Königsurk. genoß besonderen Schutz. Die strafrechtl. Verfolgung des Fälschungsdelikts im weiteren Verlauf des MA beruht zunächst auf dem Stammesrechten; später wird wieder römischrechtl. Einfluß (Todesstrafe, Vermögenskonfiskation, Ächtung) deutlich. Dieser ist v. a. im südit. Recht der Normannen und Staufer spürbar (→Assisen v. Ariano Rogers II.; →»Liber Augustalis«, später Gesetze→Karls I. v. Anjou); hier hat das röm. Recht, auch in der griech. Version des Corpus iuris civilis, bes. stark gewirkt: Fälschern von Königsurkk. wird die Todesstrafe angedroht, unwissentl. Benutzung einer Fälschung wird nicht bestraft, die Strafzumessung richtet sich nach dem Stand des Schuldigen. Im Statutenrecht der it. →Kommunen findet sich als Strafe Vermögenskonfiskation, Geldbußen, Amtsverlust und Infamie; in schweren Fällen ist die Todesstrafe vorgesehen; ähnlich ist es in Spanien. Auch in Frankreich löste im weltl. Recht im 13. Jh. die Todesstrafe für Fälscher die alten Verstümmelungsstrafen ab. In England wurden Fälschung des kgl. →Siegels und Wertminderung der kgl. Münze wohl ebenfalls unter Einfluß des röm. Rechts als Hochverrat geahndet; Fälscher kgl. →writs wurden gehängt, Fälschung nichtkgl. Urkk. dagegen meist nur durch Geldstrafen und Kerker geahndet. In Deutschland überwiegt bis ins 13. Jh. als Strafe das Handabhacken; später dringt im Rahmen der allgemeinen Entwicklung der peinl. Strafe und unter Einfluß des röm. Rechts die Todesstrafe durch Enthaupten, Sieden oder Verbrennen vor. – Mit der starken Zunahme der Studien des röm. und kanon. Rechts seit dem 12. Jh. mündete erneut ein breiter Strom röm. Rechtsanschauungen auch in die Behandlung des Fälschungsdelikts. Dabei gewannen diese v. a. im Kirchenrecht auch prakt. Bedeutung. Hier wurden v. a. F. von Papsturkk. behandelt, die im MA ebenfalls weit verbreitet waren; unter Innozenz III. kam es sogar zu Kanzleifälschungen (s. u.). Nach D. 19 c. 3 (s. o.) sollten Geistliche, die gefälschte päpstl. Briefe besaßen, durch die Bf.e eingekerkert werden; letztere sollten sich wegen der Bestrafung an den Papst wenden. →Alexander III., →Lucius III., →Cölestin III. und →Urban III. folgten diesem Kanon in betreffenden Dekretalen. Von Innozenz III. dagegen wurde neues Recht gesetzt; der Kanon galt seitdem nur für Fälscher von anderen Urkk. als Papstsurkunden. →Innozenz III. hat 1201 (X 5.20.7) das geltende Kirchenrecht bzgl. der Fälschung von Papsturkk. erheblich verändert. Die bislang geltende Straffreiheit bei unwissentlicher Benutzung einer Fälschung und Namhaftmachung des Fälschers wurde eingeschränkt, indem anhand angeführter Echtheitskriterien der Entschuldigungsgrund nicht vorsätzlicher Benutzung einer Fälschung nicht mehr anerkannt wurde (die, anders als die »ignorantia iuris«, bislang vor Strafen schützende »ignorantia facti« wurde jetzt unterteilt, entsprechend eines »factum, quod oportet scire« und eines »factum, quod non oportet scire«; ersteres war bzgl. Papsturkk. seit X 5.20.7 gegeben, damit entfiel die Straffreiheit). Was die Strafen betraf, so verfügte Innozenz III., daß alle der Fälschung an Papsturkk. überführten Kleriker sofort der → Exkommunikation, → Deposition und dem Entzug der → Benefizien verfielen; hatten sie die F. selbst angefertigt, so waren sie der weltl. Gewalt zu übergeben, von der sie wie Laien bestraft werden sollten; für bloße Benutzung nicht selbst hergestellter Falsifikate setzte der Papst für Kleriker die Exkommunikation fest. Damit hatte der Papst, offensichtl. seinem Lehrer → Huguccio folgend, das Fälschungsdelikt unter die schweren Verbrechen eingeordnet, die bei Klerikern die Auslieferung an den weltl. Arm nach sich zogen. Wegen der starken Abweichung vom bisherigen Recht mußte Innozenz III. 1209 seine Strafbestimmungen jedoch etwas mildern (X 5.40.27): zwar hielt er an der Auslieferung des klerikalen Fälschers an das weltl. Gericht im Prinzip fest, doch war der geistl. Richter dazu nicht verpflichtet; fand die Auslieferung statt, dann sollte der weltl. Richter veranlaßt werden, von der Todesstrafe abzusehen. Die klass. Kanonistik, aber auch die Legistik, hat im 13. Jh. unter Allegation des kanon. und röm. Rechts das Fälschungsdelikt ausführl. erörtert (bes. → Azo, → Goffredus de Trano, Sinibaldo Fieschi [→ Innozenz IV.]; → Henricus de Segusio [Hostiensis]), wobei die Schuldformen (Vorsätzlichkeit, Unwissenheit, Irrtum), Fragen von F. und Verfälschungen, Fragen der Erschleichung von Urkk. u. ä. ausführl. behandelt wurden. Dadurch wurde das ›crimen falsi‹ aus dem Bereich des Formalen auf die höhere Ebene des Bewußtseins und des Willens gehoben. Mit den → Dekretalen Innozenz' III. und ihrer Erörterung in der → Dekretalistik war das Problem der Bestrafung von Fälschern im Kirchenrecht weitgehend abgeschlossen.   P. Herde

III. KAISER-, KÖNIGSURKUNDEN; PRIVATURKUNDEN: Als F. im strengen Sinn des Wortes werden die Urkk. bezeichnet, »die nach der Absicht ihres Herstellers sich für etwas anderes ausgeben, als sie in Wirklichkeit sind« (BRESSLAU). Das massenhafte Vorkommen gefälschter Urkk. des MA, bes. aus der Zeit vom 10. bis zum 13. Jh., ist ein ebenso bekanntes wie vielfach noch rätselhaftes Phänomen. Kaiser-, Königs- und Papsturkk. bilden darunter das größte Kontingent, Privaturkk. dagegen wurden wegen ihres geringen prozessual. Werts (→ Beweiskraft) verhältnismäßig selten gefälscht. Zu F. griffen sowohl einzelne Personen als auch geistl. und weltl. Institutionen. Es gab Fälschungszentren wie z. B. → Montecassino, St. Maximin (→ Trier), → Reichenau, in denen ganze Serien von Falsifikaten produziert wurden. Bisweilen ist es vorgekommen, daß in der → Kanzlei eines Herrschers ohne seine Ermächtigung und gegen seinen Willen Urkk. ausgestellt und beglaubigt worden sind (»Kanzleifälschungen«). Mit Vorliebe fälschte man auf alte Herrschernamen. So sind von den Urkk. der ersten sächs. Herrscher etwa 10%, von denen der ersten vier Karolinger ungefähr 15% gefälscht, und bei den (noch nicht kritisch edierten) Merowingerurkk. muß sogar mit einem Fälschungsanteil von etwa 50% gerechnet werden (eine Parallele zu dieser hohen Fälschungsquote bieten die langob. und ags. Königsurkk.). Es gab vielfältige Methoden, eine Urk. zu fälschen. Die völlig freie Erfindung war selten. In der Regel wurde die Fälschung aus einer oder mehreren Vorlagen zusammengesetzt. Häufig wurde auch das → Siegel von der Vorlage abgetrennt und an der Fälschung neu befestigt (hatte man kein echtes Siegel zur Hand, so mußte ein falsches angefertigt werden). Sehr viele F. sind Teilfälschungen: Durch Auslassung, Veränderung oder Einfügung einzelner Buchstaben, Zahlen, Wörter oder Sätze konnten der ursprüngliche Text interpoliert und dadurch rechtserhebliche Tatsachen verschwiegen oder neu aufgenommen werden. Wurden derartige Veränderungen am Original vorgenommen, dann tilgte man die störenden Stellen durch → Rasur oder Abwaschen. Solche Manipulationen hinterließen augenfällige Spuren. Das Erkennen derartiger Verfälschungen wird aber erschwert, wenn das Falsifikat nur als Abschrift, → Transsumt oder Vidimus vorliegt, so daß eine Prüfung äußerer Merkmale unmöglich ist (→ Echtheit). Neben stümperhaften Ausführungen gab es F., die mit großer Virtuosität hergestellt wurden, z. B. der Fälschungskomplex der »österr. Freiheitsbriefe« (→ Privilegium maius). – Die Frage nach dem »veri ac falsi discrimen«, die im 17. Jh. zum Entstehen einer Urkk.wissenschaft geführt hat (→ Bella diplomatica), ist bis heute eine Kernfrage geblieben. Nachdem man sich anfangs begnügt hat, den Fälschungsnachweis zu erbringen, bemüht man sich in neuerer Zeit immer mehr auch durch inhaltl. Klärung und hist. Einordnung um den Quellenwert der F. Die grundlegende Frage, warum im MA so ungeheuer viel gefälscht wurde, ist noch nicht eindeutig beantwortet (vgl. Abschnitt I). In vielen Fällen wurde die Kluft zw. Sein und Seinsollen um der »höheren Wahrheit« willen durch veränderte oder einfach erfundene Texte überbrückt. Häufig wird man aber bei der Kritik von dem Verdacht auf betrüger. Manipulation ausgehen müssen.
                                    A. Gawlik

Q. und Lit.: zu [I]: BRESSLAU I, 7ff., 87f. – F. KERN, Recht und Verfassung im MA, o. J. [zuerst: Ma. Stud. 1, 1914, 286ff., 456ff.; HZ 115, 1916, 496ff.] – H. FUHRMANN, Die F. im MA, HZ 197, 1963, 529ff. [mit Diskussionsbeitr. v. K. BOSL, 555ff.; H. PATZE, 568ff.; A. NITSCHKE, 574ff.] – G. KÖBLER, Das Recht im frühen MA, 1971 – H. FUHRMANN, Einfluß und Verbreitung der pseudoisidor. F. 1 (Schr. der MGH 24/I, 1972), 64ff. – K. KROESCHELL, Dt. Rechtsgesch. I, 1972 u. ö., 168ff. – G. CONSTABLE, Forgery and Plagiarism in the MA, ADipl 29, 1983, 1ff. – K. KROESCHELL, Germ. Recht als Forschungsproblem (Fschr. H. THIEME, hg. K. KROESCHELL, 1986), 13f. – F. im MA (MGH Schr. 32) [im Dr.] – zu [II]: RE VI, 1973–1976 [HITZIG] – F. BRANDILEONE, Il diritto romano nelle leggi normanne e sveve nel regno di Sicilia, 1884, 106ff. – M. CONRAT (COHN), Gesch. der Q. und Lit. des röm. Rechts im frühen MA, 1891 – A. PERTILE, Storia del diritto it. dalla caduta dell'Impero Romano alla codificazione V, 1892², 547f. – E. GLASSON, Hist. du droit et des institutions de la France VI, 1895, 696 – J. KOHLER, Stud. aus dem Strafrecht, V: Das Strafrecht der it. Statuten vom 12.–16. Jh., 1897, 531ff. – A. LENZ, Die Fälschungsverbrechen in dogmat. und rechtsvergleichender Darstellung, I: Die Urkundenfälschung, 1897 – F. POLLOCK–F. W. MAITLAND, A Hist. of English Law before the Time of Edward I, II, 1898², 504f., 540f. – TH. MOMMSEN, Röm. Strafrecht, 1899, 607ff. – A. v. HALBAN, Das Röm. Recht in den germ. Volksstaaten I, 1901 – F. HEINEMANN, Das Crimen falsi in der altit. Doktrin, 1904 – LIEBERMANN, Gesetze II, 1, 397 – T. F. TOUT, Mediaeval Forgers and Forgeries, 1920 – S. MINGUIJÓN, Hist. del derecho español X, Derecho penal, 1926, 185f. – R. TRIFONE, La legislazione angioina, 1927, 76 – R. HIS, Gesch. des dt. Strafrechts bis zur Karolina, 1928, 165ff. – J. BENEYTO PÉREZ, Instituciones de derecho histórico español III, 1931, 235ff. – G. DAHM, Das Strafrecht Italiens im ausgehenden MA, 1931, 513ff. – S. KUTTNER, Die jurist. Natur der falschen Beweisaussage, 1931 – R. HIS, Das Strafrecht des dt. MA II, 1935, 283ff. – S. KUTTNER, Kanonist. Schuldlehre von Gratian bis auf die Dekretalen Gregors IX., 1935, 65ff., 133ff. – W. S. HOLDSWORTH, A Hist. of English Law I, 1956⁷, 457; II, 1923³, 360; III, 1923³, 366, 400, 457 – R. TRIFONE, Diritto romano comune e diritti particolari nell'Italia meridionale, IRMAE V 2d, 1962, 24 – P. HERDE, Röm. und kanon.

Recht bei der Verfolgung des Fälschungsdelikts im MA, Traditio 21, 1965, 291ff. [ausführl. mit Q. und Lit.] – C. V. Schminck, Crimen laesae maiestatis. Das polit. Strafrecht Siziliens nach den Assisen v. Ariano (1140) und den Konstitutionen v. Melfi und ihren Novellen, 1970, 54ff. – G. Vararini, falsari, EDant II, 1970, 783ff. – H. Dilcher, Die sizil. Gesetzgebung Ks. Friedrichs II. Q. der Constitutionen v. Melfi und ihrer Novellen, 1975, 715ff. – P. Herde, Die Bestrafung von Fälschern nach weltl. und kirchl. Rechtsquellen (F. im MA [MGH Schr. 32]) [im Dr.] – *zu [III]:* Th. Sickel, Acta regum et imperatorum Karolinorum, I: Urkundenlehre, 1867, 21ff. – J. Ficker, Beitr. zur Urkundenlehre I, 1877, 5ff.; II, 1878, 477f. – A. Giry, Manuel de diplomatique, 1894, 871ff. – O. Redlich (Allg. Einl. zu: W. Erben, Die Kaiser- und Königsurkk. des MA), 1907, 35f. – W. Ewald, Siegelkunde, 1914, 225ff. – A. de Boüard, Manuel de diplomatique française et pontificale I, 1929, 14ff. – A. Lhotsky, Privilegium Maius, 1957 – H. Quirin, Einf. in das Studium der ma. Gesch., 1964³, 74ff. – C. Brühl, Stud. zu den langob. Königsurkk., 1970, 8ff. – Ch. Brooke, Approaches to Medieval Forgery (Medieval Church and Society, 1971), 100ff. – E. Wisplinghoff, Echt und falsch in Urkk. des MA, Der Archivar 28, 1975, 33–35 – C. Brühl, Der ehrbare Fälscher, DA 35, 1979, 209ff. – A. Scharer, Die ags. Königsurkk. im 7. und 8. Jh., 1982, passim – T. Diederich, Rhein. Städtesiegel, 1984, 142ff. – F. und Fiktionen (Ausstellungskat. der Staatl. Archive Bayerns, Beih. zu Nr. 11, 1986) – vgl. auch die Lit. zu B.

B. Byzantinischer Bereich

Von den Urkk. bedurften zuvörderst die →Testamente des Rechtsschutzes, da hier F. leichter vorzunehmen waren als bei öffentl. Urkunden und andererseits unmittelbare persönl. Interessen betroffen wurden. Das röm. Recht, wie es sich im →Corpus iuris civilis niederschlug, hob daher Dig. 48, 10 (der Titel stützte sich auf das sog. Cornel. Fälschungsgesetz des Sulla und dessen Erweiterung durch einen Senatsbeschluß wohl vom Jahre 16 v. Chr., der mit dem Namen des Consuls Libo verbunden ist) die Erbschaftsfragen nachdrücklich heraus. Was eine Fälschung sei, definierte in umfassender Weise der Jurist Iulius Paulus in der 1. Hälfte des 3. Jh.: »Quid sit falsum, quaeritur; et videtur id esse, si quis alienum chirographum imitetur aut libellum vel rationes intercidat vel describat, non qui alias in computatione vel in ratione mentiuntur« (Dig. 48, 10, 23). Daß diese vagen Formulierungen der Rechtspraxis der sich tiefgreifend verändernden byz. Gesellschaft nicht genügen konnten, zeigt die Präzisierung der →Basiliken; der Tatbestand der Urkundenfälschung (πλαστογραφία) wird hier folgendermaßen umschrieben: Ὁ ποιήσας ἐκμαρτύρια πλαστὰ ἢ διαθήκας ἢ ἐκδεδωκὼς ἢ ὑποβαλὼν εἰς ἀνάγνωσιν τῷ περὶ πλαστογραφίας νόμῳ ὑπόκειται ('Wer Dokumente oder Testamente fälscht, F. weitergibt oder zur Lektüre überläßt, unterliegt dem Gesetz über Urkundenfälschung') (Bas. 60,41,1). Strafmaße für das Delikt nennt die →Synopsis maior Basilicorum: Verbannung (περιορισμός), vollständige Vermögenskonfiskation (τελεία δήμευσις), ja, sofern es sich bei dem Täter um einen Sklaven handelte, sogar der Tod (ἐσχάτη) (Synopsis Basilicorum 17,1). Diese Strafbestimmungen wurden in der gleichen Form in der Folgezeit wiederholt bis hin zu dem Νομικὸν πρόχειρον, das um 1765 in Bukarest in der von Phanarioten verwalteten Walachei der Chiote Michael Photeinopulos publizierte; sie beweisen, daß das Delikt der Urkundenfälschung im Rechtsdenken des Ostens strenger gefaßt und bewertet wurde als im Abendland. Das gerichtl. Prüfungsverfahren für die Echtheit von Urkk. und speziell wieder von Testamenten beschreibt die →Peira (Titel 64 Περὶ πλαστοῦ), wobei bereits diplomat. Gesichtspunkte beigebracht werden. Urkk. in größerer Zahl stehen uns erst aus der spätbyz. Zeit zur Verfügung. Sie zeigen, daß F. recht häufig vorkamen und auch Priester und Mönche an ihnen beteiligt waren, ja es scheint sogar berufsmäßige Fälscher gegeben zu haben. Ungeachtet der bekannten Strafandrohungen kamen die Fälscher jedoch meist glimpflich davon, und ihre Gewitztheit konnte sogar auf heimliche Bewunderung rechnen. J. Irmscher

Lit.: F. Dölger, Urkundenfälscher in Byzanz (Byz. Diplomatik, 1956), 384ff. – F. Dölger-J. Karayannopulos, Byz. Urkundenlehre I, 1968, 135–137 – I. E. Karayannopulos, Βυζαντινὴ διπλωματικὴ I, 1972², 261–264.

C. Altrußland und Südosteuropa

I. Altrußland – II. Südosteuropa.

I. Altrussland: F. von →Urkunden treten am frühesten in →Novgorod auf. Zwei Statuten wurden im Namen des Fs.en v. Novgorod, Vsevolod-Gavriil Mstislavič (1117–36), verfaßt, die in neuerer Literatur als F. des 13. oder 14. Jh. angesehen und mit dem Kampf zw. Novgorod und seinen Fs.en in Zusammenhang gebracht werden. Die drei ältesten Novgoroder Privaturkunden, die den Namen der darin erwähnten Personen nach aus dem 12. Jh. datieren könnten, werden von einigen Forschern dem 14. oder 16. Jh. zugeschrieben, von anderen aber für echt gehalten. Die angeblich vom Fs.en Lev Danilovič v. →Galič-Volhynien (1264–1301) stammenden Urkk. wurden im 15.–18. Jh., während der poln. Herrschaft im südwestl. Rußland, als Beweis der Rechte der russ. Grundbesitzer gefälscht. Im nordöstl. Rußland fertigten Geistliche im 16. Jh. zum Schutz ihrer Immunität einige verfälschte Privilegien an, z. B. den →Jarlyk des Khans Uzbek für den Metropoliten Petr (14. Jh.), die Gnadenbriefe des Gfs.en →Dmitrij Donskoj, →Vasilij I. u. a. für das Dreifaltigkeitskl. (Ende 14.–15. Jh.). S. Kaschtanow

Lit.: S. N. Valk, Načal'naja istorija drevnerusskogo častnogo akta (Vspomogatel'nye istoričeskie discipliny, 1937) [grundlegend] – A. A. Zimin, K izučeniju fal'sifikacii aktovyh materialov v Russkom gosudarstve XVI–XVII vv. (Trudy Moskovskogo gosudarstvennogo istoriko-arhivnogo instituta 17, 1963) – J. N. Ščapov, Knjažeskie ustavy i cerkov' v drevnej Rusi XI–XIV vv., 1972 – V. L. Janin, Očerki kompleksnogo istočnikovedenija. Srednevekovyj Novgorod, 1977.

II. Südosteuropa: Innerhalb des zumeist spärlichen, vorwiegend aus dem SpätMA überkommenen Urkundenbestandes (→Urkunde) aus SO-Europa sind – trotz erst wenig vorangeschrittener diplomat. Kritik – eine Reihe individueller F.en, aber auch ganze Fälschungskomplexe festgestellt und datiert worden (z. B. serb. Urkk. des 13.–14. Jh. für Kotor, die Kl. Vranjina und Orehovica, zunehmend auch Urkk. aus dem Athos-Kl. Hilandar).

In Kroatien, dem einzigen südosteurop. Land mit reicher Urkundenüberlieferung, sind seit der ersten systemat. Edition von F. Rački (1877) zahlreiche Urkk. unter Fälschungsverdacht geraten. Eine systemat. diplomat. Kritik mit Erforschung einzelner Urkk. oder -komplexe ist erst im 20. Jh. entwickelt worden. Eine Analyse wird behindert durch die Vereinzelung verfälschter Urkk. in einer bestimmten Periode, was Vergleich und interne Kritik erschwert. Nach der überzeugenden Ansicht von N. Klaić sind derzeit noch keine endgültigen Feststellungen möglich. Sicher nachgewiesene F.en sind die F.en des sog. Pinzius (angeblich Ende des 10. Jh.), die Fälschungskomplexe aus St. Chrysogonus in Zadar sowie aus dem Benediktinerinnenkl. in Split, ein Teil der Privilegien vom Trogirer Typ usw. Die diplomat. Kritik bemüht sich, Motive und Umstände der (Ver)fälschung festzustellen, um die Auswertung der gefälschten Urkk. als Quelle zu ermöglichen.   S. Ćirković

Lit.: F. Rački, Podmetnute, sumnjive i preradjene listine hrvatske do XII vieka, Rad 45, 1878, 128–150 [Nachtr.: Rad 48, 1879, 222f.] – V. Novak, Dva splitska falsifikata XII stoljeća, Bulićev zbornik, 1924, 547–569 – G. Praga, Lo 'Scriptorium' dell' abbazia ben. di S. Grisogono in Zara, Archivio storico per la Dalmazia 7–9, 1929–30 – D. Švob,

Krivotvorine o Svetom Jurju Putaljskom, Vjesnik Hrvatskog arheo-
loškog društva 17, 1936, 195–207 – N. KLAIĆ, O autentičnosti privilegija trogirskog tipa, Zbornik Inst. za hist. znanosti u Zadru 2, 1956–57,
77–88 – DIES., O falsifikatima splitskih benediktinka, Vjesnik za
arheologiju i historiju dalmatinska 53–54, 1961–62, 199–219 – DIES.,
Diplomatićka analiza isprava iz doba narodnih vladara, Historijski
zbornik 18, 1965, 141–187; 19–20, 1966–1967, 25–263 – GY. GYÖRFFY,
O kritici dalmatinskih privilegija 12. stoljeća, Zbornik Historijskog
inst. JAZU 6, 1969, 87–108 – L. STEINDORFF, Die dalmatin. Städte im
12. Jh., 1984.

Faltstuhl, zusammenklappbarer Stuhl, bereits in der Antike bezeugt (sellae curules, s. castrenses). Ma. Bezeichnungen faldistolium, falcistorium, facidorium, faudesto-
la; mfrz. *faudstuef, faudesteuil* usw.; Chanson de Roland:
faldestoel; in Bologna 1298: faldistorium; etymol. Ableitung von *falden* und *stuol*; mlat. Synonyma: sella plicatilis,
faldo, cliothedrum); Belege bieten Textzitate, ikonograph. Zeugnisse und erhaltene Exemplare von hist. und
künstler. Wert (mit Abb. A. A. SCHMID). Eine wesentl.
Formen-Kontinuität ergibt sich aus den unveränderl.
funktionalen Erfordernissen (charakterist. für die Form
des F.s sind die auf Gelenkstiften bewegbaren Latten, die
das Zusammenklappen des Sitzes und dadurch leichten
Transport ermöglichen) sowie aus der Qualität der Arbeit
und der Verzierung, die auf die Verwendung durch öffentl. und religiöse Amtsträger schließen lassen. Antike
Beispiele: sellae aus Ostia (heute Paris, Louvre) in Metall-
arbeit, Lattenenden von Protomen gekrönt. In techn.
Hinsicht verwandt sind die F.e der Völkerwanderungszeit, z. B. aus dem langob. Gräberfeld von Nocera Umbra
(heute Rom, Museo Naz. dell'Alto Medio Evo), die mit
spiralförmigem Silbertauschierungsdekor versehen sind,
sowie die merow. F.e in St-Germain-en-Laye. Das Auftreten derartiger Funde wurde aufgrund einzelner Fund-
stücke (in Pommern aufgefundenes Gelenkstück) auch
mit einer autonomen indogerm. Tradition erklärt (vgl.
SCHRAMM, Nachträge). Zu dieser Gruppe gehören das
Exemplar in London (Brit. Museum) mit Silbertau-
schierung und Faltung auch der querlaufenden Latten
(6. Jh.) und das aus dem Ticino geborgene Stück in Pavia
(Musei Civici), das nur aufgrund der Morphologie der
Verzierung (auf dem Eisenkern applizierte silbertau-
schierte Plättchen mit Vergoldung) klassifiziert werden
kann (9.–10. Jh.).

Reicher ausgeführt ist der sog. Dagobertthron (Paris,
Louvre) aus Goldbronze, der mit Armstützen und Rük-
kenlehne ausgestattet ist; er wird auf das 9. Jh. datiert und
weist große Ähnlichkeit mit dem Thron Lothars I. auf, der
in dessen Psalter in London, Brit. Museum (ca. 845),
abgebildet ist; Restaurierung in der Zeit Sugers v. St-
Denis. Gehören diese Beispiele, die alle vor dem Jahr 1000
entstanden sind, der Repräsentationssphäre weltl. Machtträger an, so beziehen sich schriftl. und ikonograph.
Zeugnisse auch auf den kirchl. Bereich, in dem man später
zu einer Kodifikation der Herrschaftszeichen für Päpste,
Bischöfe und Äbte übergeht. Bereits Ende des 8. Jh.
begegnet »domnus papa resedet suo faldone«; bei Durandus, Pontifikale 1295, werden die päpstl. Zeremonien »ad
faldistorium« abgehalten, wobei F. auch den Bischofs-
thron bezeichnet. Erwähnung finden auch Kissen und
Schemel (scabellum). Erst später wird es üblich, den F. als
Armstütze während der Anbetungsgebete zu verwenden:
erstes Beispiel einer Steinplastik mit der Darstellung der
»Ewigen Anbetung«: Monument des Card. Carafa, Dom
von Neapel, unterird. Kapelle, 1497–1506. 1242 wird die
sella der Äbtissin von Nonnberg (Salzburg) als Herrschaftszeichen erwähnt. Ikonograph. Belege bieten zahlreiche Münzen, Siegel, Miniaturen, Skulpturen (vgl. A.

A. SCHMID; SCHRAMM, Herrschaftszeichen und Staatssymbolik I; D. M. WILSON). Dabei läßt sich die Herausbildung eines festen Typus mit Protomen feststellen: die
wichtigsten neueren Beispiele dafür (verschiedene Materialien, vorwiegend Holz) befinden sich in: Perugia, Roda
de Isábena, Salzburg (Stift Nonnberg), Limburg 12.–13.
Jh., Wien (Österr. Mus. für angewandte Kunst, aus dem
Stift Admont, 14. Jh.). Die geschnitzten oder applizierten
Schmuckelemente bieten vorwiegend zoomorphe oder
pflanzl. (rankenartige) Motive, seltener sind hagiograph.
Szenen (Legende des hl. Eustachius auf dem Nonnberger
F.).

                                                    A. Peroni

Lit.: RDK VI, 1220–1238 [A. A. SCHMID] – P. E. SCHRAMM, Herrschaftszeichen und Staatssymbolik I, 1954, 326–334 [mit Nachtr. aus
dem Nachlaß, 1978, 21f.] – D. M. WILSON, An Inlaid Iron Folding
Stool in the Brit. Museum, Medieval Arch. I, 1957, 39–56.

Falun, schwed. Bergbau- und Industriegemeinde.
Hauptstadt des Verwaltungsbezirks Kopparbergs län,
Zentrum der alten Bergbauregion Bergslagen, im SO der
mittelschwed. Landschaft →Dalarna gelegen. Hauptab-
baugebiet der reichhaltigen Eisen- und Kupfererzvor-
kommen war die Falu Gruva ('Falu-Grube'), auf die der
neuzeitl. Ortsname F. zurückgeht. Im MA (seit der Ersterwähnung 1288) wurde das Grubengebiet (schwed. *berg*)
u.a. *Tiskasjöberg, Kårberget*, meist aber *Kopparberget*, später dann *Stora Kopparberget* genannt. Diesen Namen trug
auch die in der Umgebung der Grube entstandene Berg-
mannssiedlung, deren ältestes Privileg von 1347 stammt,
die jedoch erst 1720 Stadtrechte erlangte. – S.a. →Berg-
bau, →Bergstadt, →Eisen, →Kupfer, →Schweden.

                                                H. Ehrhardt

Famagusta (gr. Ammochostos), Stadt auf →Zypern,
verfügt über den wohl besten Naturhafen der Insel und
entwickelte sich nach der im 7. Jh. erfolgten Zerstörung
von →Salamis zur wichtigsten Stadt an der O-Küste. Zum
bedeutenden Handelszentrum stieg F. unter der Herrschaft der →Lusignan auf. Im 13. Jh., als der muslim.
Druck auf die lat. Herrschaftsgebiete in Syrien wuchs,
nahm F. zahlreiche syr. Flüchtlinge auf, die den Wohlstand der Stadt wesentlich begründeten. V. a. nach dem
Fall von →Akkon (1291) wurde F. zu einem wichtigen
Zentrum des Levantehandels; westl. Kaufleute kauften
hier von örtl. Händlern importierte Waren aus dem Osten
ein. Diese Blütezeit brach im späten 14. Jh. abrupt ab,
bedingt durch Pest, Verlagerung der Handelsrouten und
Krieg. 1373 wurde F. von den Genuesen besetzt und erst
1464 von den Lusignan zurückerobert. Die Blüte der Stadt
wird belegt durch die Notariatsregister des Lamberto di
Sambuceto, das Handbuch des →Pegolotti sowie durch
Reiseberichte (z. B. Ludolf v. Sudheim, 1336–41). Auch
die erhaltenen kirchl. Bauten, etwa die Kathedralen der
Lateiner und der Griechen, zeugen vom Reichtum der
Handelsstadt. Die erhaltenen venezian. Festungswerke
des 16. Jh. befinden sich an der Stelle der Stadtbefestigung,
welche die Lusignan im frühen 14. Jh. errichten ließen.

                                          P. W. Edbury

Lit.: C. ENLART, L'art gothique et la renaissance en Chypre, 1899 – J.
RICHARD, La situation juridique de Famagouste dans le royaume des
Lusignan (Orient et Occident au MA, 1976, XVII) – D. JACOBY, The
Rise of a new emporium in the E. Mediterranean: F. in the Late
Thirteenth Century. Μελέται καί ὑπομνήματα 1, 1984, 143–179.

Familia

I. Allgemein – II. Päpstliche.

I. ALLGEMEIN: Im Früh- und HochMA wurde der Begriff
der f. vornehml. für den Verband (Hausgenossenschaft)
der Angehörigen einer →Grundherrschaft benutzt, die
dem →Hofrecht unterstanden. Er geht auf röm.-antike

Grundlagen zurück. Abgesehen davon, daß er in der Antike auch die Einzelfamilie bezeichnen konnte, umfaßte er ursprgl. 'res' und 'personae' zugleich, verwies aber aufgrund seiner Verwandtschaft mit dem Begriff des 'famulus' bereits stärker auf die von einem Herrn abhängige Personengruppe (einschließl. der ihnen übertragenen Besitzungen). Die ahd. Sprache benutzte dafür das substantivierte Adjektiv *hiwiski* ('zum Haus gehörig'), das neben der engeren f. der Mönche oder Kleriker auf alle zu einer geistl. Grundherrschaft gehörenden Hintersassen Anwendung finden konnte. Diese Begriffserweiterung im Sinne der grundherrschaftl. f. setzte sich jedoch im Früh-MA nicht in einem Zuge und in den einzelnen Regionen unterschiedl. schnell durch, bes. in manchen Gebieten Norddeutschlands fand er nur zögernd Verbreitung (etwa in Fulda erst nach 1039). Bis weit in das 9. Jh. hinein wurde in den Quellen auch verschiedentl. noch im Plural von den familiae als den einzelnen grundhörigen Familien gesprochen. Bei der Durchsetzung des umfassenden Begriffs dürften christl. Vorstellungen von der Kirche als f. Dei und der geistl. Gemeinschaft unter einem Abt (= Vater) eine wichtige Rolle gespielt haben.

Die Ausformung und Ausdehnung der familiae der großen geistl. Grundherrschaften, aber auch der – schon im →Capitulare de villis bezeugten – des Kg.s und vermutl. auch anderer weltl. Großer schritt bes. im 9./10. und 11. Jh. rasch voran, so daß K. Bosl zu der radikal erscheinenden Schlußfolgerung gelangen konnte, daß in dieser Zeit etwa 95% aller Menschen in solche f. eingebunden waren. »Mit Ausnahme der Herrenschicht gab es also außerhalb der familiae keine Menschen, ja konnten keine existieren, es sei denn, sie waren Außenseiter, vogelfrei, schutzlos; denn die familiae waren die Schutzverbände und Leistungsgruppen schlechthin« (Bosl, 413).

Gerade das Schutzversprechen eines Herrn und eine gewisse wirtschaftl. Absicherung in einer größeren Gemeinschaft sind in der Tat wichtige Faktoren in diesem Entwicklungsprozeß, die auch zu einem gelegentlich bezeugten Zusammengehörigkeitsgefühl der z. T. als societates bezeichneten familiae beitrugen. Diese waren dabei in sich stark gegliedert. Einerseits wurden die am Herrenhof lebenden und versorgten Hörigen als f. intus von den auf dem Land angesetzten bäuerl. Hintersassen als f. foris unterschieden. Andererseits gab es eine – zumindest teilweise getrennt davon bestehende – rechtl. und soziale Differenzierung. In dem berühmten Wormser Hofrecht, der »Lex familie Wormatiensis ecclesie« des Bf.s →Burchard v. Worms von 1023/25, lassen sich folgende Gruppen unterscheiden: Die Fiskalinen als Kerngruppe der entstehenden →Ministerialität, die nur in einer lockeren Abhängigkeit befindl. →Zensualen, sodann die (ursprgl.) zu unbegrenzten Dienstleistungen am Herrenhof verpflichteten Dagewarden und schließlich die Manzipien, hier hauptsächl. im Sinne von bäuerl. Knechten und Mägden.

Mit den tiefgreifenden Veränderungen, wie sie sich seit der Wende vom 11. zum 12. Jh. anbahnten und im späten 12. Jh. immer stärker zum Tragen kamen (Umstrukturierung und z. T. Auflösung der Grundherrschaft, Ausformung des Stadtrechts und Entfaltung des Städtewesens sowie Verselbständigung der Ministerialität), erfolgte in vielen Fällen eine Auflockerung der familia. Die Heiratsbeschränkungen wurden bes. im städt. Bereich beseitigt und die restl. Bindungen auf fixierte, häufig kleinere Geldbeträge reduziert. Damit erfuhr der Begriff der f. hier vielfach eine Eingrenzung auf den engeren, durch eine Dienstfunktion mit einer Kirche verbundenen Personen-

kreis, wie sie etwa durch verschiedene Reichshofsgerichtsurteile bes. mit Bezug auf städt. →Stifte im Laufe des 12. Jh. vorgenommen wurde. Daneben blieb er in verschiedenen Regionen an den grundhörigen →Bauern und durchaus auch an Einwohnergruppen von Städten bes. geistlicher Landesherren haften. Seit dem ausgehenden MA wurden die aus der Zugehörigkeit zur f. resultierenden Bindungen und Heiratsbeschränkungen in vielen Regionen wieder stärker betont und wirkten z. T. bis zum Beginn des 19. Jh. fort. Vgl. →Familie.

K. Schulz

Lit.: AMIRA-ECKHARDT I, 152 [iura familiae] – HRG I, 1066f. [K. KROESCHELL] – U. BERLIÈRE, La f. dans les monastères bénédictins du MA (Mém. de l'Acad. Royale de Belgique, Classe des Lettres et des Sciences morales et politiques, Collection in 8°, XXIX, 2, 1931) – P. DOLLINGER, L'évolution des classes rurales en Bavière depuis la fin de l'époque carolingienne jusqu'au milieu du XIIIe s., 1949 [dt. Ausg.: Der bayer. Bauernstand vom 9. bis zum 13. Jh., 1982] – W. MÜLLER, Entwicklung und Spätformen der Leibeigenschaft am Beispiel der Heiratsbeschränkungen (VuF, Sonderbd. 14, 1974) – K. BOSL, Die »F.« als Grundstruktur der ma. Gesellschaft, ZBLG 38, 1975, 403–424 – E. LINCK, Sozialer Wandel in klösterl. Grundherrschaften des 11. bis 13. Jh. Stud. zu den familiae von Gembloux, Stablo-Malmedy und St. Trond (Veröff. der Max-Planck-Inst. für Gesch. 57, 1979).

II. PÄPSTLICHE: Bisher nur in Ansätzen erforscht, bildete die päpstl. f. ein klientelartiges, für die Karriere wichtiges Verhältnis zw. dem Papst als Patron und dem einzelnen Familiaren, erkennbar bes. seit dem 13. Jh. Wer zur f. gehörte, hing zumindest theoret. vom Willen des Patrons ab. Daher gab es anfangs auch keine strikte Trennung zw. der f. und der →Kapelle des Papstes; vielmehr ist wahrscheinl., daß die Kapelle einen Teil der f. bildete. Wer darüber hinaus ihr angehörte, ist nicht immer deutlich erkennbar. Im 13. Jh. zählten wohl alle zur f. (auch f. palatii genannt), die von den →Hofämtern versorgt wurden, vom Kämmerer und Vizekanzler bis hin zu den Hofämtern, Wachen und Türhütern. Je stärker sich im 14. Jh. einzelne Bereiche der →Kurie institutionalisierten, desto eher schieden sie aus der patriarchal. strukturierten f. aus. Die Folge war, daß der Titel eines 'Familiar' immer mehr bestimmten Chargen verliehen wurde, so etwa 1347 den →Abbreviatoren und →Skriptoren, 1444 den Mitgliedern der ehedem von →Benedikt XII. gegründeten, neuen Kapelle. Die Zugehörigkeit zur f. war seitdem deshalb wichtig, weil die Mitglieder päpstl. Schriftstücke gewöhnl. gratis erhielten und bei der Pfründenvergabe (→Pfründe) bevorzugt wurden. Wie der Papst besaßen auch die Kard.e und besser situierten Kurialen eigene Familien (Mitglieder des jeweiligen Haushaltes).

B. Schimmelpfennig

Lit.: DESE XXIII, 27–126 – B. RUSCH, Die Behörden und Hofbeamten der päpstl. Kurie des 13. Jh., 1936 – R. ELZE, Die päpstl. Kapelle im 12. und 13. Jh., ZRGKanAbt 36, 1950, 145–204 – B. GUILLEMAIN, La cour pontificale d'Avignon, 1965, bes. 493ff. – A. PARAVICINI BAGLIANI, Cardinali di curia e »familiae« cardinalizie II, 1972, 445–516 – A. M. FRUTAZ, La famiglia pontificia in un documento dell'inizio del sec. XIV (Palaeographica, diplomatica et archivistica. Studi in on. G. BATELLI, 1979), 279–323 – A. ROTH, Zur »Reform« der päpstl. Kapelle unter dem Pontifikat Sixtus' IV. (Zusammenhänge, Einflüsse, Wirkungen). Kongreßakten zum 1. Symp. des Mediävistenverb., Tübingen 1984), 1986, bes. 178ff.

Familie

A–C. Lateinischer Westen (A. Bedeutung und Begriff – B. Recht – C. Die Familie in der Gesellschaft des Mittelalters) – D. Byzantinisches Reich, ost- und südosteuropäischer Bereich – E. Judentum – F. Arabisch-islamischer und osmanischer Bereich

A–C. Lateinischer Westen:
A. Bedeutung und Begriff
I. Bedeutung – II. Begriff.

I. BEDEUTUNG: Die F. gilt zu Recht als die Grundgemeinschaft der ma. Gesellschaft, die als Modell auch für größere

Verbände diente: Mittelalterliche Herrschafts- und Regierungsformen bauten auf der Struktur von →Haus und F. auf (→König, Königtum), der Hörigenverband (→Hörige) der →Grundherrschaft verstand sich als →familia des Herrn, der Mönchskonvent als F. der Brüder unter der Leitung des mit der Autorität des röm. paterfamilias ausgestatteten 'Vaters' (→Abt); an das gleiche Modell knüpften religiöse →Bruderschaften an, und selbst staatl. Bündnissysteme des früheren MA verstanden sich auch byz. Vorbild bisweilen als »F. der Kg.e«. In der antikpatrist. Tradition (→Cicero, →Augustinus) galt die F. als Keimzelle des Staates; darüber hinaus bildete die ganze, auf Adam und Eva zurückgeführte Menschheit eine F.

Die Bedeutung der F. wurde im Laufe des MA zunehmend vom öffentl. auf den privaten Bereich eingeengt, doch fielen ihr noch wichtige Funktionen in Recht, Politik, Gesellschaft und Wirtschaft zu. Die ganz auf der →Ehe gegründete F. war die normale Sozialisationsform in allen Gesellschaftsschichten. Ihre tatsächl. Bedeutung spiegelt sich allerdings kaum in den Quellen wider, die ihr als Normalität wenig Beachtung schenkten. Infolgedessen steckt die Erforschung der ma. F. erst in den Anfängen; ein Gesamtbild muß sich weithin auf punktuelle Einzelergebnisse stützen, die zeitl., räuml. und sozial noch stärker zu differenzieren sind. Dennoch zeichnen sich Gemeinsamkeiten zw. den sozialen Schichten ab, die auch über die Jahrhunderte hinweg Bestand hatten.

II. BEGRIFF: F. ist (bis heute) ein mehrdeutiger Begriff. Grundsätzlich ist zw. zwei F.nformen zu unterscheiden, die sich überlagerten, aber kaum je identisch wurden und deren Verhältnis zueinander ein Problem ma. Familiengeschichte bildet: 1. der Haushalts-F. als Wohngemeinschaft aller im Hause lebenden Personen (einschließlich Dienerschaft, Gesellen usw.) und 2. der Verwandtschafts-F. Der Begriff »F.« im modernen Sinn ist erst seit dem 16. Jh. belegt und seit dem 18. Jh. verbreitet. Im MA bezog sich →familia, in antiker Tradition, selten auf die Verwandtschaft, sondern auf das Haus und alles, was sich unter der Gewalt des Hausherrn befand (vgl. gr. οἶκος, lat. domus), bzw. auf das Gesinde (famulus 'Diener'; vgl. *hiwiska*, *gesinde* in ahd. Glossen; vgl. →Hausgesinde).

Bei der Verwandtschafts-F. sind wiederum zwei, in ihrer Bedeutung ebenfalls umstrittene Formen zu unterscheiden: a) im engeren Sinn die auf der Ehe beruhende Kern-F. (Klein-F.) als Lebens- oder Wohngemeinschaft von Eltern und Kindern, evtl. unter Einschluß weiterer F.nmitglieder wie Geschwister, Elternteile usw. (sog. erweiterte F.); b) im weiteren Sinn der aus vielen Kern-F.n zusammengesetzte Verwandtschaftsverband (Groß-F., →Sippe) entweder der Blutsverwandten – in agnatischer Folge (Abstammungs-F., Geschlecht) oder unter Einschluß der Seitenlinien – oder als kognatischer Verband der Blutsverwandten und Verschwägerten (in der jüngeren Forschung auch als Sippe bezeichnet); die Ehe schloß jeweils zwei Blutsverwandten-F.n zusammen. Im MA selbst hat man die verschiedenen Formen allerdings nur unvollkommen geschieden (vgl. die Mehrfachbedeutung von *parentes* als 'Eltern', 'Vorfahren' und 'Verwandte').

Lit.: Vgl. Abschnitte B und C.   H.-W. Goetz

B. Recht

I. Römisches Recht – II. Kanonisches Recht – III.–X. Rechte einzelner Länder (III. Italien – IV. Frankeich – V. Iberische Halbinsel – VI. Germanisches und deutsches Recht – VII. Skandinavien – VIII. England – IX. Irland, Wales, Schottland – X. Ostmitteleuropa und Ungarn).

I. RÖMISCHES RECHT: Familia ('Familie', 'Haus') ist der Bereich der Hausgewalt (dominium < domus, 'Haus') eines Haus- oder Familienvaters (pater f.s), d. h. eines selbst keiner Hausgewalt unterworfenen und daher rechtlich selbständigen Römers (civis Romanus sui iuris). Zur F. gehören die freien und unfreien Hausgenossen, v. a. die Hauskinder (filii f.s) – sie stehen unter väterl. Gewalt (patria potestas) – und Sklaven (servi), sowie das bewegl. und unbewegl. Sachvermögen. Hauskinder sind die in rechter Ehe (iustum matrimonium; →Ehe, B.I) gezeugten Kinder des Hausvaters und seine legitimen, in männl. Linie von ihm abstammenden entfernteren Nachkommen, außerdem seine Adoptivkinder, falls sie nicht – bei einer sog. adoptio minus plena nach justinian. Recht – Hauskinder ihrer angestammten F. geblieben sind. Auch erwachsene und verheiratete legitime Nachkommen unterstehen, wenn sie nicht emanzipiert sind, der väterl. Gewalt, nicht dagegen außerehelich Gezeugte, wenn man von der seit dem 4. Jh. möglichen Legitimation von Konkubinenkindern absieht. Beim Tode des Hausvaters gehen die Gewalt über die Sklaven sowie das F.nvermögen auf die Erben (→Erbrecht, A.I) über; die Kinder des Verstorbenen und diejenigen Enkel, die von vorverstorbenen Söhnen abstammen, werden rechtlich selbständig. Soweit sie männl. Geschlechts sind, werden sie zugleich als Hausväter Vorsteher selbständiger F.n, sogar die unter Vormundschaft stehenden Unmündigen; auch selbständig gewordene Frauen bilden mit ihren Sklaven und ihrem Sachvermögen eigene Familien.

Der Hausvater kann seine F. gegen Übergriffe Außenstehender verteidigen und dazu staatl. Rechtsschutz in Anspruch nehmen. Insbes. kann er seine Hauskinder, Sklaven und Sachen, die ihm von Dritten vorenthalten werden, gerichtlich herausverlangen (→Eigentum, A.I). Seit der Zeit des Prinzipats hat der Hausvater keine rechtlich unbeschränkte Gewalt über Leben und Tod (ius vitae necisque) der Hausgenossen mehr. Wer sein Hauskind tötet, wird mit dem Tode bestraft; hat sich das Hauskind eines schweren Vergehens schuldig gemacht, kann seine Bestrafung nur noch durch den staatl. Richter erfolgen (vgl. C. 9,15,1). Auch die Tötung des eigenen Sklaven gilt als Mord (homicidium). Der Hausvater kann allerdings auch noch nach justinian. Recht Neugeborene aussetzen oder »wegen allzugroßer Armut, um des Lebensunterhaltes willen« verkaufen, wobei die Auslösung vorbehalten bleibt (C. 4,43,2). Die Auslieferung eines Hauskindes wegen eines →Delikts an den Verletzten (noxae deditio) kommt seit dem 4. Jh. nicht mehr in Frage.

Hauskinder galten einst, ebenso wie Sklaven, als vermögensunfähig. Dieser Grundsatz wurde aber früh gelockert und ist in der Spätantike weitgehend überwunden: V. a. pflegt man Hauskindern, bes. Haussöhnen, wie auch Sklaven seit alters ein Sondervermögen (peculium) zuzugestehen, das man in jeder Beziehung als deren eigenes Vermögen behandelt, auch wenn man es juristisch als dem Hausvater zugeordnet konstruiert. Mit dieser Konstruktion hängt es zusammen, daß der Hausvater bis zum Wert des Sondervermögens für die Schulden der Hausgenossen haftet (sog. adjektiz. Haftung). Das peculium bleibt beim Tode des Inhabers dem Hausvater. Über Vermögen, das ein Haussohn im Zusammenhang mit dem Heeresdienst, in gewissen Beamtenstellungen oder als Geistlicher erworben oder von seiner Ehefrau geerbt hat (peculium castrense), kann er jedoch durch Testament anders verfügen. Aufgrund einer Entwicklung des Rechts seit dem 4. Jh. sind Hauskinder nach justinian. Recht Eigentümer alles Vermögens, das sie von ihrer Muter geerbt (bona materna) oder von seiten der mütterl. F. oder vom Ehegatten als dos oder Eheschenkung erhalten oder zurückerhalten haben (bona adventicia). Der Hausvater erhält an diesen Vermögensteilen nur ein Verwaltungs- und Nutznießungsrecht. – Zwischen Eltern und Kindern bestehen kraft der Verwandtschaft Unterhaltsverpflichtungen; der Vater ist nach justinian. Recht verpflichtet, für seine Tochter eine Mitgift (dos) zu bestellen (→Ehe, B.I).

Streng rechtlich gehören die Ehefrau und die Schwiegertöchter des Hausvaters nicht zu seiner F., seitdem die sog. manus-Ehe zur Zeit des Prinzipats außer Gebrauch gekommen ist. Verheiratete Frauen sind entweder rechtlich selbständig oder Hauskinder in ihrer angestammten F. Allerdings kann ihr Hausvater sie nicht mehr wie einst in sein Haus zurückholen und eine harmon. Ehe dadurch scheiden, vielmehr erhält der Ehemann Rechtsschutz gegen den Hausvater der Frau, wenn dieser sie ihm vorenthält.   P. Weimar

Lit.: M. Kaser, Das röm. Privatrecht, 1971–75².

II. Kanonisches Recht: Der Ausdruck F. kommt in ma. Kirchenrechtsquellen überhaupt nicht vor. Eine Ursache hierfür dürfte sein, daß dieser Ausdruck im heutigen Sinn kaum verwendet wurde. Außerdem hat sich das Kirchenrecht eingehend mit der Entstehung und dem Bestand der →Ehe befaßt und in diesem Zusammenhang manche Fragen geregelt, die heute zum Familienbereich zählen. Im Unterschied zum röm. und germ. Recht sieht das kanon. primär die Kern-F., bes. das Verhältnis von Mann und →Frau (und die Beziehung zu den →Kindern), während das Verhältnis zu den sonstigen Verwandten und dem Gesinde keinen Anlaß für kirchenrechtl. Bestimmungen bot.

Das Verhältnis von Mann und Frau war im geschlechtl. Bereich gemäß 1 Kor 7,2ff. völlig gleichberechtigt. Beide hatten das Recht auf ehelichen Verkehr und die Pflicht, ihn auf die Bitte des Partners zu leisten. Weil im Anschluß an →Augustinus die Geschlechtslust vielfach negativ bewertet und als sündhaft eingeschätzt wurde, erschien oft nur der Verkehr um der Nachkommenschaft willen für sittlich unbedenkl., wozu dann auch das Motiv kam, die Unenthaltsamkeit zu vermeiden (remedium concupiscentiae). Kein Gatte konnte ohne Zustimmung des anderen ein Enthaltsamkeits-Gelübde ablegen oder sich einseitig zurückziehen oder trennen. Beide waren zum gemeinschaftl. Leben verpflichtet, was in Grenzfällen zu rechtl. Regelungen führte (Leistung der ehelichen Pflicht bei [schwerer] Krankheit, z. B. Lepra? Muß die Frau den Mann bei einer gelobten Wallfahrt begleiten?). Einem unsteten, vagabundierenden Mann brauchte die Frau nicht zu folgen. Ein getrenntes Leben war im übrigen den Gatten nur mit kirchl. Genehmigung gestattet, die nach Ausweis verschiedener Gerichtsbücher in manchen Gegenden unterschiedl. gehandhabt wurde, zumal mit Recht die Gefährdung der grundsätzl. weiterbestehenden ehelichen Treue befürchtet wurde. Bei nachgewiesenem Ehebruch eines Teils hatte der Partner das Recht auf Getrenntleben. Ein Großteil kirchl. Aktivitäten zu Gunsten der F. diente der Vermeidung oder Ahndung des →Ehebruchs, wie Visitationsprotokolle (→Visitation) aus den verschiedenen Ländern erweisen.

Im sonstigen Binnenverhältnis schuldete die Frau dem Mann ähnlich wie die Kinder den Eltern und die Unfreien ihren Herren Gehorsam, was nach damaliger Lehre und Gerichtspraxis auch ein (mäßiges) Züchtigungsrecht des Mannes über die Frau mit einschloß (C.27 q. 1 c.26 glos. v. receperit). Nur wenn er dieses »Recht« gröblicherweise mißbrauchte, wurde (in seltenen Fällen) aus diesem Grund ein Getrenntleben gestattet, falls die »Sicherung« der Frau

nicht auf andere Weise zu gewährleisten war. Die Frau schuldet dem Mann eine doppelte »servitus«: die zum ehelichen Verkehr und die zu sonstigen Dienstleistungen.

Hinsichtlich der Kinder spielte die Frage der Ehelichkeit oder Unehelichkeit eine wichtige Rolle, weil Fragen des →Erbrechtes damit entschieden wurden. Aus diesem Grund kam es gelegentl. zu Konflikten zw. der kirchl. und weltl. (städt.) Jurisdiktion, weil hier sehr verschiedene Interessen vorhanden sein konnten. Der Fortbestand einer (hochadligen) F. war im späten MA ein legitimer Dispensgrund vom Gelübde der Ehelosigkeit, wenn der letzte Namensträger einer F. ins Kloster gegangen und die anderen Brüder gestorben waren. Jedoch war die »Unfruchtbarkeit« einer Ehe (auch in der kirchl. Praxis) kein Dispensgrund für die Auflösung einer bestehenden Ehe, falls nicht Impotenz erweisbar war, obwohl das oft behauptet wird, weil Ehe und F. mit allen Mitteln der Rechtsordnung geschützt wurden.

Während Erziehungsrecht und -pflicht der Eltern mehr selbstverständl. vorausgesetzt und in der Verkündigung der Kirche geschützt und angemahnt wurden, erfuhr die »patria potestas« des Vaters und Mannes eine zielbewußte Einschränkung. Abgesehen von den zunächst gesellschaftl. Gründen, welche zum Rückgang bzw. Verschwinden der »Muntehe« (wie früher der »manus«-Ehe bei den Römern) führten, wirkte die kirchl. Gesetzgebung und Rechtsprechung zielbewußt auf die freie Entscheidungsmöglichkeit der Kinder zu Ehe oder Klostereintritt hin. Im FrühMA wurde der väterl. (Vor)Entscheidung zwar noch ein größeres Gewicht in der partikularen Gesetzgebung zuerkannt. Die Eltern können zwar für die Kinder vor dem 7. Lebensjahr ein gültiges Verlöbnis (im Sinne eines Familienvertrages) abschließen, eine Ehe kann daraus jedoch nur werden, wenn die Kinder nach Erreichen der Pubertät und Ehefähigkeit diese Verbindung bejahen und frei akzeptieren. Die väterl. Zustimmung zu einer Eheschließung wurde kirchl. gelegentlich gefordert (das Ehehindernis des Frauenraubes konnte nach manchen Quellen auch vorliegen, wenn die Frau gegen den Willen des Vaters, aber mit ihrem Willen, entführt wurde), jedoch durch die grundsätzl. und weitreichende Entscheidung Papst →Nikolaus' I. 866 für unbeachtl. erklärt. Entscheidend ist und bleibt nur der Wille der beiden, welche die Ehe schließen. Durch viele konkrete Entscheidungen der Päpste wurde die Eheschließungsfreiheit der ehemündig gewordenen Kinder (und damit ihre »Emanzipation«) geschützt und verteidigt, selbst wenn das auf der anderen Seite zu manchen gesellschaftl. Unzuträglichkeiten führte, wie geheime, manchmal nicht beweisbare Eheschließung und damit fakt. Unehelichkeit von Kindern, obwohl ein echter Ehewille vorgelegen hatte oder ein solcher vom Mann vorgetäuscht worden war. Ähnlich wurde die Freiheit der Kinder zum Klostereintritt gesichert und die frühma. Ansicht, daß einer Mönch werden könne durch eigenen Willen oder durch die »väterliche Frömmigkeit« (vgl. C.20 q. 1 c.3), korrigiert.   R. Weigand

Lit.: R. Weigand, Ehe- und Familienrecht in der ma. Stadt (Haus und F. in der spätma. Stadt, hg. A. Haverkamp, 1984), 161–194.

III.–X. Rechte einzelner Länder:

III. Italien: In der Spätantike, die sich in Italien bis ca. zur langob. Landnahme erstreckt, wurde das Modell der paganen F. durch das christl. F. (das auf der Unauflöslichkeit der zum Sakrament erhobenen →Ehe gründete) ersetzt. Die Gesetzgebung der späten Kaiserzeit übernahm Grundsätze der christl. Morallehre: Die patria potestas und die Vormundschaft des Mannes wurden als Rechte bzw. Pflichten aufgefaßt, die im Interesse der Familienmitglieder ausgeübt wurden; die Vermögensverhältnisse wurden im Hinblick auf die Bedürfnisse der F. sowie der Witwe und der Kinder geregelt ('donatio propter nuptias'); die Möglichkeiten der Ehescheidung wurden auch für Heiden eingeschränkt. Die polit. und wirtschaftl. Krise des röm. Imperiums und die Landnahme der Langobarden führten zu einem engeren Zusammenhalt innerhalb der F.n: die röm. F. grenzte sich gegen die Umwelt ab und entwickelte Züge einer patriarchal. Gruppe, in der die Autorität des Familienvaters und Ehemannes noch stärker hervortrat als dies bisher der Fall war. Die F. übernahm die Verteidigungs- und Schutzfunktion ihrer Mitglieder, die in jener Zeit keine polit. Autorität zu erfüllen vermochte.

Bei den Langobarden bildete die F. als Fundament einer krieger. Gesellschaft eine militär. Einheit. Die Solidarität der F. ließ jeden einzelnen Verantwortung für die Handlungen seiner Verwandten tragen und verpflichtete ihn, Rache zu nehmen, falls man diesen Schaden zugefügt hatte. Im Langobardenreich wie auch in den von der langob. Landnahme unberührten Gebieten Italiens war man bestrebt, auch nach dem Tod des Familienvaters die Familiengemeinschaft aufrechtzuerhalten. Die Witwe verblieb in der F. des Mannes; zu keuschem Lebenswandel verpflichtet (»ancilla Dei«), trat sie in die Rechte des Familienvaters ein und verwaltete das Familiengut, wobei sie allerdings nur begrenzte Veräußerungsmöglichkeiten hatte. In anderen Fällen bildete sich beim Tode des Familienvaters eine »fraterna societas«: die Söhne lebten weiterhin gemeinschaftlich mit ihren F.n im Vaterhaus, einer von ihnen bildete das Familienoberhaupt. Die ma. F. ist also auf dem Prinzip der Gemeinschaft aufgebaut, d. h., sie vereint eine Gruppe von Familienangehörigen oder Verwandten unter Nutzung des gemeinsamen Familiengutes. Vom 8.–12. Jh. sind keine tiefgreifenden Veränderungen festzustellen. Die F. in Italien blieb weiterhin ein in sich geschlossener Organismus mit einem ausgeprägten Zusammengehörigkeitsgefühl.

Die Adligen bildeten engere oder weitere Familienverbände (Konsorterien), um den Grundbesitz, auf dem ihre wirtschaftl. und polit. Macht basierte, nicht in fremde Hände fallen zu lassen. Ebenso stark war der Zusammenhalt bei den Kaufleuten und Handwerkern, in deren Interesse es lag, für Fondaco und Werkstatt die Mitarbeit von Verwandten zu sichern. Das gleiche galt für die Landwirtschaft treibende Bevölkerung, der ein ungeteilter Grundbesitz und die Zusammenarbeit der Familienangehörigen besseren Ertrag gewährleistete. Die Rechtsstellung der nach langob. Recht lebenden Frau, die anfänglich stets einem Muntwalt unterstand, hatte sich durch die Gleichsetzung mit dem Status der röm. Frau verbessert.

Die (auf das röm. Recht zurückgehende) kanonist. Theorie, zur Gültigkeit der Ehe bedürfe es des Ehewillens beider Partner (Konsens), trug ebenfalls zur Hebung der Stellung der →Frau bei. Im späteren Mittelalter war die F. gegensätzl. Einflüssen unterworfen: einerseits zeigte sich das Bestreben, aus der Geschlossenheit der F. herauszutreten und individuelle Aktivität zu entfalten, andererseits war es im Geschäftsleben von Vorteil, den Zusammenhalt der F. zu bewahren. Mittlerweile mußte die F. nicht mehr die Schutz- und Verteidigungsfunktion des einzelnen Individuums wahrnehmen. Die Rückkehr zum röm. Recht stärkte die Machtposition des Vaters und Ehemannes. Die rechtl. Stellung der Frau erfuhr von neuem Beschränkungen: bei der Erbfolge war der erstgeborene Sohn privilegiert, die Tochter wurde mit der Mitgift ausgestattet, die Witwe hatte nur den einfachen Nießbrauch. Im ausgehenden MA verstärkten sich im Erscheinungsbild der it. F. die

monarch. und autoritären Züge. Der Signore wurde Vorbild des Vaters. Zum erstenmal suchte der Staat eine Kontrolle über die F. auszuüben. Um die immerwährende Dauer des eigenen Hauses zu betonen, führten die oberen Schichten ihren Ursprung auf röm. Geschlechter zurück und nahmen deren Struktur zum Vorbild. An die Stelle des ma. Bestrebens, die Einheit der Familienmitglieder, die das Familiengut gemeinsam nutzten, zu bewahren, war nun das Bemühen getreten, das Familiengut ungeteilt an den erstgeborenen Nachkommen weiterzugeben. Die »fraterna societas« hielt sich fast nur auf dem flachen Land. In den höchsten Schichten führte der Verfall der Sitten vielfach zu einer Auflösung der F.   G. Vismara

Lit.: Enc. diritto, s. v. Famiglia [M. BELLOMO] – E. BESTA, La famiglia nella storia del diritto it., 1933 – M. ROBERTI, Svolgimento storico del diritto privato in Italia, 3: La famiglia, 1935 – G. VISMARA, L'unità della famiglia nella storia del diritto it., SDHI 22, 1956, 228–265 – DERS., I rapporti patrimoniali tra coniugi nell'alto medioevo, Il matrimonio nella società altomedievale, 24. Sett. cent. it., 1978, 633–700.

IV. FRANKREICH: Aus der Zugehörigkeit zu einer F. resultierten Rechte, Gemeinschaftsbeziehungen und Pflichten. Die relative Unsicherheit und die wenig ausgebildeten polit.-institutionellen Strukturen der frühen Feudalperiode mußten zu einer Verstärkung der familiären Bindungen führen, die fast den einzigen Schutz gegen äußere Gewalt boten und die Sicherheit von Menschen und Gütern verhältnismäßig wirksam zu garantieren vermochten. Diese Verankerung des einzelnen in der Gemeinschaft führte schließlich dazu, daß die Mitglieder einer F. nicht einmal kleineren Landbesitz veräußern konnten, ohne die Einwilligung sämtlicher Familienangehöriger, die darüber hinaus noch als Zeugen und Bürgen fungierten, eingeholt zu haben. Mit einer zunehmend patriarchal. Ausprägung hatte der Vater zumeist die dominierende Position in der F. inne. In dem Maße, wie er für die materielle Versorgung der F. aufkam, übte er auch eine mehr oder minder rigide väterl. Gewalt über alle ihre Mitglieder aus. Mit der zunehmenden Bedeutung der »öffentl.« (monarch.) Gewalt bei der Gewährung von Sicherheit (verstärkt seit dem 13. Jh.) wurde die militär. Funktion der familiären Gemeinschaften geschwächt; in gleichem Maße drängte die kgl. Justiz die Privatjustiz und Fehden zurück. Dennoch erkannte noch Beaumanoir (nos. 1678–81) dem Familienvorstand die militär. Befehl über alle Familienmitglieder zu, ebenso auch den Friedensschluß, unter Haftung aller Familienmitglieder mit Vermögen und Person. Die Établissements de St-Louis (I, 67) kennen dagegen ausschließlich bürgerl.-rechtl. Funktionen der F., die z. B. ein Mitspracherecht hat, wenn eine Witwe ihre Tochter verheiratet oder – so bei Beaumanoir (no. 445) – ein Ehemann das Wittum seiner Frau festsetzt. In der Bretagne können alle Verwandten eines Prozeßbeteiligten durch die Prozedur des *finport* vor Gericht gezogen werden, während bei der Champagne bei Mord oder Totschlag, die F. des Opfers ultimativ aufgefordert wird, sich als kollektiv klagende Partei zu konstituieren.

Fundament der F. war zweifellos die ehel. Gemeinschaft (→Ehe, B. IV). Die Kern-Familie trat mehr und mehr als Zentrum des sozialen Lebens in Erscheinung; sie verdrängte dabei zunehmend den überkommenen erweiterten Verwandtschaftsverband aus seinen alten Funktionen, doch konnte letzterer eine Reihe wichtiger Prärogativen im →Erbrecht bewahren. Als wirtschaftl. primäre Einheit für Produktion und Verbrauch verkörperte sich die F. symbolisch und nach außen hin sichtbar im →Haus. Sämtliche Familienmitglieder nahmen an allen Arbeitsprozessen teil ohne eine eigentlich spezialisierte Arbeitsteilung.

Die Hauptsorge galt dabei der Wahrung des F.nbesitzes unter weitestmöglicher Vermeidung von Besitzzersplitterung. Dies hatte in manchen Gegenden Frankreichs den vollständigen Übergang zur Primogenitur zur Folge, so in den Pyrenäen, wo nur das älteste Kind (männl. oder weibl.) das Haus *(ostau)* erbte, während die jüngeren Kinder, wenn sie nicht anderwärts einheirateten, gewöhnlich ehelos blieben und als mitarbeitende Kostgänger im Haushalt des oder der Ältesten lebten. Nach den meisten Gewohnheitsrechten (→Coutumes) Südfrankreichs wurden die Töchter dagegen ausgesteuert und damit ganz oder teilweise vom Erbrecht ausgeschlossen, im Gegensatz zum Individualismus und Egalitarismus des Gemeinrechts, das hier vor Kollektivrechten zurücktreten mußte.

Schließlich schaffte die Zugehörigkeit zur F. Verwandtschaftsverhältnisse, die andere Beziehungen (Heirat, Konkubinat usw.) ausschlossen, außer bei Erteilung von →Dispensen. Bei variierenden Modi der Berechnung des Verwandtschaftsgrades (nach den Parentelen oder nach dem kanon. System) gehen die Coutumes jedoch z. T. so weit, jeden noch so entfernten Verwandtschaftsgrad als solchen gelten zu lassen, wenn er nur nachgewiesen werden kann (Cout. de Berry XIX, 1), oder doch Verwandtschaft bis zum 9. Grad anzuerkennen (TAC LXV) – eine zugleich positive wie negative Fixierung.

D. Anex-Cabanis

Lit.: PH. ARIES, L'enfant et la vie familiale sous l'ancien Régime, 1960 – J. HEERS, Le clan familial, 1974 – A. BURGUIÈRE u. a., Hist. de la famille, t. I, 1986.

V. IBERISCHE HALBINSEL: Die F. als Verwandtschaftsverband *(comunidad parental)* spielte in Zeiten genossenschaftl. Denkens wie dem HochMA eine bedeutende Rolle. Die Haushalts-F. *(comunidad doméstica)* kam gelegentl. einer agnatischen F.gemeinschaft sehr nahe. In Gebieten wie Galicien, Aragón und Katalonien kam es häufiger vor, daß Männer, die die Tochter des Hauses ehelichten, ihre Wohnung im Elternhaus der Braut nahmen. Die Verwandtschafts-F. war vorzugsweise kognatisch ausgerichtet, da sie sich auf Blutsverwandtschaft gründete. Sie spielte im HochMA eine bedeutende Rolle: a) im zivilen Bereich, da sowohl bei Verfügungen über den Besitz, bei Eheschließungen, bei Verträgen wie auch bei Erbschaftsangelegenheiten die Groß-F. intervenierte; b) im Strafrecht, da sie für von Familienmitgliedern verübte Verbrechen mitverantwortlich gemacht und auch dafür bestraft wurde; c) im Prozeßrecht, wo alle Handlungen, wie z. B. der →Eid, gemeinsam mit den anderen Verwandten abzulegen war.

Die wichtigste Funktion der F. kam der zu jeder Zeit monogamen Ehe zu (→Ehe, B. V). Aus ihr gingen die leibl. Kinder hervor, wobei im HochMA illegitime Kinder weitgehend toleriert wurden, während im SpätMA unter dem Einfluß des Kirchenrechts der legitimen Abstammung der Vorzug gegeben und Kinder illegitimer Abstammung abgelehnt wurden. Im HochMA hatten beide Elternteile gemeinsam die Gewalt über die Kinder, aber unter dem Einfluß des röm. Rechts erhielt der Vater die ausschließl. Gewalt. War eine leibl. Nachkommenschaft gar nicht oder nicht ausreichend vorhanden, so konnte man dem durch rechtl. Mittel abhelfen, wie z. B. im HochMA durch die *afiliación* ('Ansippung') und im SpätMA unter dem Einfluß röm. Rechtsvorstellungen durch die Adoption. Der zu einer Groß-F. zählende Verwandtschaftskreis war sehr ausgedehnt, so daß im HochMA der 7. oder 8. Verwandtschaftsgrad häufig vorkamen. Im SpätMA zählte man v. a. wegen der kanon.

Hindernisse, die einer Verwandtenehe entgegenstanden, nur noch den 4. Grad zu einer Groß-Familie.

J. Lalinde Abadía

Lit.: L. MARTÍN-BALLESTERO, La Casa en el Derecho aragonés, 1944 – E. DE HINOJOSA, La comunidad doméstica en España durante la Edad Media, Obras II, 1955, 329–341 – L. G. DE VALDEAVELLANO, La comunidad patrimonial de la familia en el derecho español medieval, Acta Salmanticensia III, I, 1956 – J. C. PAZ ARES, Instituciones al servicio de la Casa en el Derecho civil de Galicia, 1964 – S. M. BELMARTINA, Estructura de la familia y edades sociales en la aristocracía de León y Castilla, según las fuentes literarias e historiográficas (s. X–XIII), CHE XLVII–XLVIII, 1968, 256–328 – E. MONTANOS, La familia en la Alta Edad Media española, 1980.

VI. GERMANISCHES UND DEUTSCHES RECHT: [1] a) Für das frühma. germ. Recht hatte die Haushalts-F. in Form der *Haus- und Herdgemeinschaft* zentrale Bedeutung (in Grundsatz und Einzelheiten aber strittig). Innerhalb des weiteren Kreises von familiären Bindungen durch Verwandtschaft und Schwägerschaft bildete sie einen eigenen engen Friedens- und Herrschaftsbereich mit patriarchalischer Struktur. Den ihr zuzurechnenden Personenkreis bezeichnet ahd. *hîwon* (ursprgl. wohl 'Schlafgenossen'; in engerem Sinn auch für die Ehegatten gebraucht). Als lat. Entsprechung wird zuweilen familia verwandt (zu deren weiterer Bedeutung für größere Personenverbände ohne häusl. Wohngemeinschaft→familia). Kern der Haus- und Herdgemeinschaft war regelmäßig nicht eine Groß-F. (für die frühe Zeit strittig), sondern eine Einzel- (bzw. Sonder-)F. aus Ehegatten und Kindern, häufig erweitert um mit ihnen gemeinsam lebende Verwandte und adoptierte »Quasiverwandte«. Im Unterschied zur modernen F. beschränkte sich der Rechtskreis der Hausgemeinschaft jedoch nicht auf diese durch →Ehe und →Verwandtschaft verbundene Gruppe, sondern schloß die weiteren in die Wohn- und Wirtschaftsgemeinschaft des Hauses aufgenommenen Personen ein, insbes. das Gesinde. Dem Familienvater und Hausherr stand eine weitreichende, aber nicht schrankenlose Hausgewalt zu, deren rechtl. Ausgestaltung indes noch weiterer Erforschung bedarf (auch hinsichtl. des Einflusses röm. Vorbilder – pater familias, patria potestas – und der aristotel. Haus-Lehre auf die Darstellungsweise in den lat. Quellen und auf deren Interpretation). In bezug auf die Ehefrau (→Frau) und die im Hause lebenden Verwandten werden die hausherrl. Befugnisse gemeinhin unter dem Begriff →Munt zusammengefaßt (für das freie Gesinde sehr strittig). Sie umschlossen – unabhängig vom Alter der Familienangehörigen – u. a. die Strafgewalt und die Vertretung im Gericht; ferner die Entscheidungsmacht über die Aufnahme der →Kinder in die F. sowie über die Heirat der Töchter und über die Verstoßung. Zugleich hatten die unter der Munt des Hausherrn stehende Ehefrau und die Kinder teil an dessen →Stand. In vermögensrechtl. Hinsicht kam dem Hausherrn grundsätzl. die Nutzungs- und Verwaltungsbefugnis am Familiengut zu; hingegen konnte sein Verfügungsrecht v. a. mit Rücksicht auf die Erben eingeschränkt sein (→Erbrecht).

b) Den Rechtskreis der Hausgemeinschaft umgaben und überlagerten *familiäre Bindungen im weiteren Sinne*. Sie beeinflußten innerhalb der Einzelfamilie etwa die Rechtsform der →Ehe (Friedelehe bei Standesungleichheit der Herkunftsfamilien) und die Grenzen der hausherrl. Gewalt (Schutz der Ehefrau durch deren Verwandte). Agnatische Abstammung und Blutsverwandtschaft zu Vater- und Mutterseite (Magschaft von ahd. *mâg* 'Blutsverwandte') bestimmten darüber hinaus auf unterschiedl. Weise die rechtl. Grundstruktur vieler Lebensbereiche, von der

→Vormundschaft bis zur Erbfolge. Vornehmlich auf letztem Gebiet breitete sich in den Rechtsquellen bis zum HochMA zunehmend eine weitreichende und detaillierte Gliederung der →Verwandtschaft aus. Innerhalb dieses weiten Verwandtschaftskreises erlangten im Verlaufe des MA insbes. im Adel zuweilen engere, aber mehrere Einzel-F.n umfassende F.nverbände besondere Bedeutung im Hinblick auf den Zusammenhalt und die Nutzung gemeinsamen Erbgutes (etwa bei →Lehen mehrerer Verwandter »zur gesamten Hand«). – Heftig umstritten (und zeitlich-räuml. sehr differenziert zu betrachten) ist hingegen für die frühere Zeit die Stellung der agnatischen →Sippe innerhalb des Spektrums familiärer Bindungen. Häufig kam wohl anderen Familienbindungen (etwa der Schwägerschaft mit dem Königshaus bei den Franken) oder außerfamiliären Bindungen durch →Schwurfreundschaft, →Gilde und →Herrschaft größeres rechtl.-soziales Gewicht zu, als die älteren Sippen-Theorien annahmen. Besonders nach ags. Quellen scheinen sich die rechtl. relevanten Verwandtschaftsbeziehungen auf kleinere und fallweise wechselnde Personengruppen beschränkt zu haben. Sehr zweifelhaft ist, ob diese Befunde sich insgesamt einem kirchl. geförderten Zerfallsprozeß vorma. Sippenordnungen zurechnen lassen.

[2] Die weitere Entwicklung der F. spätestens seit dem 9. Jh. prägte den kirchl. Einfluß jedoch in erhebl. Maße, indem christl. Personenverständnis und kirchl. Eheauffassung (→Ehe, Abschnitt B.II) zur Differenzierung der innerfamiliären Rechtsverhältnisse beitrugen und die patriarchal. Struktur abschwächten. Im Rahmen der Rechts- und Sozialanschauungen des sich herausbildenden Feudalismus ließen sich in der Folge die innerfamiliären Herrschaftsverhältnisse in Schutz- und wechselseitige Treueverhältnisse umdeuten und somit der reziproke Charakter der Rechtsbeziehungen auch zw. Ungleichen schärfer fassen. Auf diesen Grundlagen wandelte sich die F. im Verlaufe des MA v. a. in folgender Hinsicht: 1. gewann die durch Ehe und Verwandtschaft verbundene F. im neueren Verständnis an institutioneller Eigenständigkeit gegenüber der germ. →Hausgenossenschaft. Innerhalb dieser F. traten 2. verstärkt spezifische Rechtsmerkmale des Ehegatten-Verhältnisses gegenüber den anderen innerfamiliären Rechtsbeziehungen hervor (insbes. nach der kirchl. Durchsetzung des Konsensprinzips bei Eingehung der Ehe). So vereinigte sich weithin das Ehegatten-Vermögen zu echter Gütergemeinschaft, während sich die güterrechtl. Stellung der Kinder als potentieller Erben zum Näherrecht minderte. Im Verhältnis der Ehegatten zueinander verringerte sich 3. das Vorrecht des Mannes zugunsten beiderseitiger Verpflichtungen (etwa beim Verbot des →Ehebruchs) und genossenschaftlicher Einschläge; dem Ehemann standen aber weiterhin die gerichtl. und geschäftl. Vertretung, die Vermögensverwaltung sowie Weisungsbefugnisse zu. 4. veränderte sich im Verhältnis zu den Kindern nicht nur der Umfang der familienrechtl. Gewalt (beispielsweise Abkehr vom Aussetzungsrecht bei Neugeborenen und von der Entscheidungsgewalt über die Heirat der Töchter), sondern ansatzweise auch die Inhaberschaft: Indem v. a. spätma. Quellen im innerfamiliären Verhältnis vermehrt neben dem Vater auf die Mutter abstellen, zeichnet sich der Übergang von der allein väterl. zu einer (freilich nicht gleichheitl.) elterl. Gewalt ab. Im hoch- und spätma. dt. Recht hatten sich damit bereits Elemente der nz. Familienstruktur ausgebildet.

R. Schulze

Lit.: Gesch. Grundbegriffe II, 1975, 253–301 – Hoops II, 10–12 [S. Rietschel] – HRG I, 1066–1071 [D. Schwab] – K. v. Amira, Grdr. des germ. Rechts, 1913³, 169ff. – R. Hübner, Grundzüge des dt. Privatrechts, 1930⁵, 615ff. – K. Kroeschell, Die Sippe im germ. Recht, ZRGGermAbt 77, 1960, 1ff. – H. Conrad, Dt. Rechtsgesch. I, 1962², 31ff. – K. Kroeschell, Haus und Herrschaft im frühen dt. Recht, 1968, insbes. 28ff. – M. Schröter, Wo zwei zusammenkommen in rechter Ehe, 1985 – J. Goody, Die Entwicklung von Ehe und F. in Europa, 1986.

VII. Skandinavien: Äußerlich unterschied sich die ma. skand. F. wohl kaum von der modernen Kern-F. Es finden sich keine zuverlässigen Belege, daß die sog. Groß-F. die gängige F.nform gewesen wäre. Die Idee von der Groß-F. geht auf Vorstellungen von der umfassenden Bedeutung der →Sippe in der Wikingerzeit und im skand. FrühMA zurück. Nach Ansicht der älteren Forschung befanden sich Grund und Boden im Gemeinschaftsbesitz der Sippe, die als Ganzes auch für ihre Mitglieder und deren Handlungen verantwortl. gewesen sein soll. Eine solche »Sippengesellschaft« ist jedoch im skand. Bereich nirgendwo belegt. Die entsprechenden Theorien beziehen sich auf vermutete Reflexe dieser sippengebundenen Gesellschaft in den hochma. →Rechtsbüchern. Gegen die Sippentheorie spricht die Tatsache, daß das Verwandtschaftssystem bereits in der Wikingerzeit zweiseitig war. Darüber hinaus fußt die Sippentheorie auf einer Verwechslung von F. und Haushalt. Auch wenn Vielehen im vorchristl. Skandinavien vorkamen, zeigen die wikingerzeitl. Runeninschriften doch, daß die monogame →Ehe die Regel war. Vielleicht weisen die Bestimmungen in den ma. Rechts- und Gesetzbüchern über die Rechte von Friedelfrauen (an. *frilla*) und Friedelkindern auf ein früheres F.nmodell, wonach ein Mann mit mehreren Frauen erbberechtigte Nachkommen zeugen konnte.

Alle skand. Gesetze gehen von der Monogamie aus, dennoch liegt die Treuepflicht ausschließlich bei der →Frau. Ertappte ein Mann seine Ehefrau bei flagrantem →Ehebruch, hatte er das Recht, sie zu töten. Bemerkenswert ist, daß dieses Recht im umgekehrten Fall nicht galt. Der Mann hatte die Vormundschaft (→Munt) über die Frau und die Kinder, er vertrat ihre Interessen und hatte das Recht, sie zu strafen und auch (mit gewissen Einschränkungen) zu züchtigen. Bei Rechtsbrüchen trug der Hausherr die Verantwortung für den ganzen Haushalt, allerdings ging unter kirchl. Einfluß die Entwicklung in Richtung auf eine individuelle Strafmündigkeit. Die schwed. Svearechte machen beispielsweise den Vater nicht verantwortl. für die Missetaten der Söhne, und in Dänemark begrenzte man (bei öffentl. Vergehen) die Verantwortung der F.nmitglieder auf deren jeweiligen Anteil an der Wohnstatt. Nach dän. Recht billigte man sogar dem Kind einen solchen »Kopfteil« (dän. *hovedlod*) am gemeinsamen F.nbesitz zu: den Töchtern einen halben, den Söhnen, genauso wie der Mutter bzw. dem Vater, je einen ganzen Teil. In diese »Vermögensgemeinschaft« (*fællig*) waren nicht das Erbland, sondern nur gekauftes Land und Fahrhabe (→Gut, loses) eingeschlossen. Der F.nvater bestimmte, ob und wann eine Aufteilung vorgenommen werden sollte (etwa bei der Verheiratung eines Kindes), sein Dispositionsrecht war jedoch begrenzt: wollte er in ein Kl. eintreten, konnte er nur seinen eigenen Kopfteil beanspruchen, und für Seelengaben durfte er nur einen halben Kopfteil aufwenden. Auch nach schwed. Recht wird in bezug auf Kaufland und Fahrhabe eine Vermögensgemeinschaft zw. Ehegatten vorausgesetzt, ein Anspruch der Kinder auf einen eigenen Anteil ist jedoch nicht belegt. Bei einer Vermögensteilung fielen dem Mann zwei Drittel, der Frau ein Drittel zu, bzw. den jeweiligen Familien. Nach norw. und isländ. Recht

konnte eine Vermögensgemeinschaft *(félag)* zw. den Ehe-
leuten vereinbart werden, ansonsten herrschte in der Ehe
Gütertrennung. Wenn nicht anders abgesprochen, wurde
in Norwegen der Besitz zu gleichen Teilen geteilt, auf
Island im Verhältnis 2 : 1. Die Quellen lassen keine Berechnung der durchschnittl. Kinderzahl pro F. zu, aber
Angaben auf Runeninschriften und späteren Quellen deuten darauf hin, daß sich die Größe der F. von heutigen
F.ngrößen kaum unterschied.   B. Sawyer
Lit.: St. Iuul, Fællig og hovedlod, 1940 – E. Sjöholm, Gesetze als Q.
ma. Gesch. des Nordens, 1976 – D. Gaunt, Familjeliv i Norden, 1983 –
J. M. Jochens, En Islande médiévale: à la recherche de la famille
nucléaire, Annales I, 1985, 95–112.

VIII. England: Weder das Common Law noch das
kanonische Recht hatten ein besonderes F.nrecht, es gab
aber eine Reihe weltlicher Rechte, die die Beziehungen
zw. den Ehegatten *(baron* und *femme),* Eltern und Kindern,
Vormund und Mündel, Herr und Knecht regelten. Die
anthropolog. Begriffe Groß-F. und Kern-F. sind zu pauschal, um die Vielfalt der F.nformen im ma. England zu
beschreiben. »Die Waage zwischen dem Grad der Erweiterung einer Familie und der Unabhängigkeit des verheirateten Paares neigte sich je nach den Umständen mal zur
einen, mal zur anderen Seite« (M. M. Sheehan). Ein
Gutteil der Belege über die F. befaßt sich mit den Konsequenzen, die sich aus dem Tod eines landbesitzenden
verheirateten Mannes ergeben. Der Todesfall erforderte
eine auf gewohnheitsrechtl. Basis geregelte Versorgung
der Witwe *(dower),* die bei Inhabern eines Lehens ein
Drittel des Grundbesitzes ausmachte. Ehemänner von
Erbinnen eines Lehensgutes hatten lebenslanges Nutzungsrecht am Eigentum der Ehefrau, sofern lebende
Nachkommen aus der Ehe hervorgegangen waren *(curte-
sy).* Die gesetzl. Bestimmungen, die den Heimfall von
F.nland betrafen, unterschieden sich je nach Art des Landbesitzes voneinander (→Erbrecht). Bewegliche Habe,
ausgenommen die zum Grund und Boden gehörige,
konnte durch letztwillige Verfügungen vermacht werden. Solche →Testamente wurden vor kirchl. Gerichten
bestätigt. Abgaben bei Todfall gingen an die weltl. und
kirchl. Obrigkeit. Die Erbfolge minderjähriger Erben
war Gegenstand gesetzl. Regelungen bei Vormundschaft
und Ehe. Es gab zwei unterschiedl. Arten der →Vor-
mundschaft: die nicht-treuhänder. Verwahrung eines
Lehnsgutes und die treuhänder. Vormundschaft bei *free*
→*socage.* Bei unfreien Hintersassen scheint die F.nvor-
mundschaft die Regel gewesen zu sein. Die Versorgung
von Waisen regelten die gutsherrl. Gerichte. Die Städte
richteten Vormundschaften für verwaiste Bürgerkinder
ein. Im Rahmen feudalrechtlicher Abhängigkeiten mußte
eine Witwe vom Feudalherrn die Erlaubnis zur Wiederverheiratung erwirken. Wiederverheiratungen waren üblich und meist umfaßten die F.n Stiefvater oder Stiefmut-
ter und die Kinder aus früheren Ehen. Inter-vivos-Versor-
gungen für jüngere Kinder waren Sache der F., und Auseinandersetzungen darüber führten häufig zum Rechtsstreit, ebenso Eheverträge bei erwachsenen Eheleuten. In
der →Ehe waren die Rechte der Frauen eingeschränkt, der
Ehemann hatte die Kontrolle über den Landbesitz der
Ehefrau. In welchem Ausmaß die geschäftl. Aktivitäten
verheirateter Frauen auch die ihrer Männer einbezogen,
hing von örtl. Rechtsgewohnheiten ab (→Frau). Familien
wurden durch Heirat gegründet. Während die Gültigkeit
dieser Verbindung und die sexuellen Pflichten der Partner Gegenstand kirchl. Gerichtshöfe waren, enthielt das
weltl. Recht Bestimmungen über ihren Landbesitz und
viele Bereiche ihrer persönl. geschäftl. Unternehmungen.

Die Akten des kgl. Gerichtshofs enthalten in reichem
Maße Dokumente über ma. F.nverhältnisse, insbes. in
den Urteilssprüchen der zu Geschworenen ernannten
kundigen Nachbarn.   S. Sheridan Walker
Q.: Glanvill, ed. G. D. G. Hall, 1965 [Ind., s. v. family]–Bracton, De
legibus et consuetudinibus Angliae, ed. S. E. Thorne, 4 Bde, 1968–77,
z. B.: II, 75–81, 185–207, 248–283; III, 357–372, 375–406; IV, 30–35,
38, 41, 200f., 311–316, 360f. – *Lit.:* M. M. Sheehan (Dict. of the MA
IV; s. Abschn. C) – T. F. T. Plucknett, Legislation of Edward I, 1962,
Kap. V – M. Altschul, A Baronial Family in Medieval England, 1965
– S. Sheridan Walker, Widow and Ward: the Feudal Law of Child
Custody in Medieval England, Feminist Stud. 3, 1976, 104–161 – E.
Searle, Merchet in Medieval England, PP 82, 1979, 3–43 – S. Sheridan
Walker, Feudal Constraint and Free Consent in the Making of Marria-
ges in Medieval England: Widows in the King's Gift, Canadian Hist.
Soc. Papers, 1979, 97–110 – R. C. Palmer, The Whilton Dispute, 1983
– Ders., Contexts of Marriage in Medieval England: Evidence from
the King's Court circa 1300, Speculum 59, 1984, 42–67 – S. Sheridan
Walker, Common Law Juries and Feudal Marriage Customs in
Medieval England: the Pleas of Ravishment, Univ. of Illinois Law
Review 3, 1984, 705–718 – B. Hanawalt, The Ties that bound:
Peasant Families in Medieval England, 1986.

IX. Irland, Wales, Schottland: In den kelt. Gesellschaften des MA gab es keine Bezeichnung für die Formen
der F. im modernen Sinne, auch nicht für die Kern-F., die
gleichwohl existierte. Der Verwandtschaftsverband (ir.
→*cenél,* walis. *cenedl,* ir. →*fine)* konnte je nach dem Kontext auf agnat. Grundlagen (→agnatio) beruhen oder eine
bilaterale Verbindung, die sich um eine gegebene Person
('ego') gruppierte, darstellen. Agnat. Abstammung war
wichtig für den Grundbesitz und seine Vererbung; für den
Status waren dagegen bilaterale Verwandtschaftsbeziehungen von größerer Bedeutung. Kognaten (→cognatio)
konnten ebensogut als polit. Verbündete fungieren wie
Agnaten. Agnat. Sippen hatten manchmal große genealog. Tiefe, dann, wenn sie die patrilinearen Deszendenten
weit entlegener Ahnherren einbezogen; oft waren sie aber
von nur geringer Tiefe.

   Neben dem Verwandtschaftsverband hatte die Haushalts-F. (ir. *tech,* walis. *ty* 'Haus'; ir. *teglach,* walis. *teulu*
tylwyth; auch ir. *muinter,* lat. glossiert als familia; s. a.
→familia) eine große Bedeutung. Nur ein verarmter
Haushalt umfaßte eine bloße Kern-F. ohne Knechte oder
Sklaven; so umschreibt →Adamnanus v. Hy († 704) eine
Kern-F. als 'familiola' ('kleiner Haushalt'). In der ir. F. wie
in der Haushalts-F. überlappten sich verwandtschaftl.
Beziehungen und Dienstbarkeit: Ein Sohn, der aus einer
nicht anerkannten Verbindung stammte, aber von seinem
Vater angenommen worden war, befand sich gegenüber
seinen Verwandten in einer halbabhängigen Stellung;
Ähnliches galt für ein Kind aus der Verbindung zw. einer
der F. angehörigen Frau und einem Fremden. Derartige
dienstbare oder halbabhängige Personen konnten folglich
als minderberechtigter Teil des Verwandtschaftsverban-
des *(fine)* angesehen werden. Die ir. Sippe konnte sich
darüber hinaus auch durch Adoption vergrößern. Diese
vielfältigen Bindungen sind konstitutive Grundelemente
des schott. Clan (→*clann),* dessen Kern eine genealogisch
tiefe agnat. Abstammung bildete, zu denen aber kognat.
Verwandte ebenso wie nicht blutsverwandte Abhängige
gehörten.   T. M. Charles-Edwards
Lit.: R. Thurneysen, Ir. Recht, AAB, 1931, I: Díre – Ders. u. a., Stud.
in Early Irish Law, 1936 – s. a. Lit. zu →fine.

X. Ostmitteleuropa und Ungarn: [1] *Ostmitteleuropa:* Die adlige F. (der Begriff 'F.' im engeren Sinn erscheint
in den ma. Q. nicht) bedeutet im spätma. Polen oft das
Haus, in dem die Groß-F. (zwei oder drei Generationen,
manchmal mit Verwandten und Dienern) zusammenleb-

te; »familia« (poln. *czeladź*) bezeichnete das Hausgesinde. Das ganze MA hindurch überwog die Kern-F.; bekannt war auch die Form der Hausgemeinschaft (poln. *niedział*, tsch. *nedíl*, lat. communio, fratres indivisi etc.), die in allen sozialen Schichten auftrat. Sie verband die ein gemeinsames Vermögen besitzenden Verwandten (Vater und erwachsene Söhne, Töchter; erwachsene Brüder, Schwestern sowie entfernte Verwandte, z. B. Oheim und Neffen). Die Hausgemeinschaft bestand oft nur vorübergehend, so bis zur Eheschließung der Kinder einer F. Doch wurde in einigen Fällen die Hausgemeinschaft lange aufrechterhalten, so aus Furcht vor Verarmung der F., wegen der Vorteile beim Militärdienst, den nur ein Mitglied der Hausgemeinschaft zu leisten hatte, und auch, um dem kgl. →Heimfallrecht in Böhmen zu entgehen.

In der vorchr. Stammesgesellschaft wurden die Ehen vorwiegend durch Kauf geschlossen. Der Kaufpreis wurde später in das →Dotalicium umgewandelt. Geschlossen wurde die Ehe während eines öffentl. Festes. Ehebruch wurde in vorchr. Zeit streng bestraft. Es ist überliefert, daß slav. Witwen Selbstmord begingen. Vorschriften zum Eherecht wurden in Polen unter →Bolesław I. Chrobry († 1025) und in Böhmen unter →Břetislav I. († 1055) erlassen. Die Stellung der adligen Frau und Mutter war weitgehend abgesichert, sie trat bis zum Ende des 15. Jh. vor Gericht ohne Beistand des Mannes auf. Witwen konnten selbständig eine neue Ehe eingehen, sie hatten häufig die Gewalt über minderj. Kinder und verwalteten das ganze Vermögen des verstorbenen Mannes.

In den F.n spielten der Bruder des Vaters wie der Bruder der Mutter eine große Rolle als Vermittler und Betreuer der Waisen. Die meisten der Bezeichnungen des Verwandtschafts- und Verschwägerungsgrades erhielten sich in der poln. Sprache bis in die NZ. Bis zum Ende des MA existierte in Polen und Böhmen das Näherrecht, das vor Gericht von nahen Verwandten in Anspruch genommen wurde. Spätma. poln. herald. Geschlechter, deren Stammbaum bis in die Zeit der Stammesgesellschaft zurückreichte, verbanden mehrere F.n, die verschiedene Namen trugen.   M. Koczerska

Lit.: SłowStarSłow IV, 2, 516–522 [H. Łowmiański] – K. Kadlec, Rodinný nedíl čili záchruha v. právu slovanském, 1898 – W. Abraham, Zawarcie małżeństwa w pierwotnym prawie polskim, 1925 – V. Vaněček, La communauté de biens par indivis dans l'ancien droit tschèque (Études d'hist. du droit privé off. à P. Petot, 1959), 581–592 – S. Svečová, Haus- und F.nformen in der Slowakei, Dt. Jb. für VK 30, 1967, 89–100 – B. Waldo, Niedział rodzinny w polskim prawie ziemskim do końca XV stulecia, 1967 – Z. Rymaszewski, Prawo bliższości krewnych w polskim prawie ziemskim do końca XV w., 1970 – M. Koczerska, Rodzina szlachecka w Polsce późnego średniowiecza, 1975 – J. Bardach, L'indivision familiale dans les pays du Centre-Est européen (Famille et parenté..., hg. G. Duby–J. Le Goff, Collection de l'École Française de Rome 30, 1977), 335–353 – A. Gieysztor, Le lignage et la famille nobiliaire en Pologne aux XIᵉ, XIIᵉ, et XIIIᵉ s. (ebd.), 299–308 – H. Samsonowicz, La famille noble et la famille bourgeoise en Pologne aux XIIIᵉ–XVᵉ s. (ebd.), 309–317.

[2] *Ungarn:* Schlechte Quellenlage und mangelnde Forschung lassen nur Aussagen über adelige und bürgerl. F.nverhältnisse zu. Bei der madjar. Landnahme war die soziale Grundeinheit nicht – wie früher angenommen wurde – die Groß-F., sondern die →Sippe, die auch nach der Christianisierung weiterbestand und bes. bei den Freien dominierte. Sie löste sich im 13.–14. Jh. in patrilineare F.n auf. Für die adelige F. (meistens mit Dienerschaft und Gefolgschaft) war unter Berücksichtigung der christl. Wertvorstellungen charakteristisch: 1. die absolute Gewalt des Vaters, der an seiner Stelle seine Söhne als Geiseln stellen konnte, über den Status der Nachkommen und

über die Heirat seiner Kinder entschied; 2. zahlreiche Eheschließungen; 3. Verdrängung der Frauen aus dem F.nbesitz – Töchter wurden seit dem 12. Jh. nur mit Geld (quarta filialis) ausgesteuert, Witwen erhielten außer ihrem Heiratsgut eine der Stellung und dem Besitz des Mannes entsprechende Zahlung; 4. die ebenbürtige Ehe blieb unbekannt, bei der Heirat einer Tochter mit einem Nichtadeligen erhielt sie ein Viertel der Güter; 5. erlosch eine F., wenn sie keine Söhne hatte, konnte der Kg. Töchter zu männl. Erben bestimmen (»in haeredem masculinum praeficere«). Die Funktion der *frérèches* ('Hausgemeinschaften'; →Haus) im Kleinadel ist noch unerforscht. – In den bürgerl. F.n hatten die Frauen eine dem dt. Recht entsprechende Stellung.   E. Fügedi

Lit.: E. Fügedi, A magyar nemesség rokonsági rendszerének két kérdése (Történeti antropológia, hg. T. Hofer, 1984).

C. Die Familie in der Gesellschaft des Mittelalters

I. Familienstruktur – II. Familienbewußtsein – III. Funktion der mittelalterlichen Familie – IV. Familienleben und Verhältnis der Geschlechter.

I. FAMILIENSTRUKTUR. [1] *Die Familie als mittelalterliche Lebensgemeinschaft:* In der Ethnologie galt die Groß-F. lange Zeit als die ursprgl. Sozialisationsform, die zugleich Siedelverband und Kultgemeinschaft war. Die Theorie einer ständigen Schrumpfung von weitesten zu immer engeren F.nformen im Laufe der Geschichte (E. Durkheim) ist heute aber aufgegeben. Die ältere, vom »ganzen Haus« (W. H. Riehl) ausgehende Lehre der ma. Lebensgemeinschaft als einer aus mehreren Generationen bestehenden Groß-F. (zuletzt J. Heers) wird kaum mehr vertreten, eine agnatisch bestimmte Sippenstruktur ist zuletzt sogar für die germ. Zeit bestritten worden (A. C. Murray). Grundsätzlich ist im MA von der Existenz verschiedener F.nformen auszugehen. Auch wenn es in allen Jahrhunderten des MA, in manchen Gegenden sogar verstärkt, in einem Haushalt zusammenwohnende Groß-F.n gegeben hat – der Drei-Generationen-Haushalt bildete schon wegen der geringen Lebenserwartung eher die Ausnahme – und noch im hohen und späten MA in verschiedenen Regionen (v. a. Frankreichs) »Brüderhaushalte« (*frérèches*) in adligen wie in bäuerl. Schichten weiter verbreitet waren, ist doch die (manchmal erweiterte) Kern-F. von Anfang an als die weithin vorherrschende Lebensform aller Schichten anzusehen. Ein Zusammengehörigkeitsgefühl der Adels-F. darf daher kaum als Rückkehr zur Groß-F. gewertet werden (so A. Jastrebickaja).

Deutlich erkennbar ist das Vorherrschen der Kern-F. nach Ausweis einiger →Urbare (St-Germain, Farfa) auch in den bäuerlichen F.n des FrühMA. »Drei-Generationen«-F.n waren selten (Farfa) oder fehlten ganz (St-Germain). In der →Grundherrschaft galt die →Hufe als Hof-Einheit der F., doch gab es in der Praxis zahlreiche Abweichungen von diesem Regelfall (in St-Germain und Farfa jeweils 40%), darunter auch Mehrfachbelegungen der Hufen mit bis zu fünf Familien. Da es sich dabei, den Namen nach zu urteilen, oft um Verwandtengruppen handelte, erscheint die Bauernhufe schon im 9. Jh. gewissermaßen als Erbhof. Eine Rückkehr zur Groß-F. (so J. Bessmerny) läßt sich daraus aber nicht ableiten, da die F.n jeweils einen eigenen Herd (focus; →Feuerstättenverzeichnis; →Herdsteuer) besaßen, also einen eigenen Haushalt auf der Hufe führten. Daß die Kern-F. noch in späteren Jahrhunderten Grundlage des →Bauernhauses blieb, belegen die Zustände in Montaillou im frühen 14. Jh. (E. Le Roy Ladurie, Montaillou, Village occitan, 1975 [dt. 1980]).

Die in bürgerl. Kreisen des spätma. Italien gelegentlich wiederauflebende Theorie der Groß-F. als Lebenseinheit (z. B. bei Leon Battista →Alberti, »I libri della famiglia«, ed. C. GRAYSON, 1960) stellt ein veraltetes Ideal dar. Tatsächlich war nach dem Catasto v. Florenz (1427) auch in der Stadt, stärker noch als auf dem Land, die Kern-F. Grundlage des Haushalts (D. HERLIHY), in der sich die lebenswichtigen Vorgänge vollzogen (E. MASCHKE), auch wenn Angehörige bedeutender F.n noch in bestimmten Vierteln in angrenzenden Häusern leben mochten und täglich miteinander verkehrten (J. HEERS).

[2] *Größe:* Die Größe solcher Kern-F.n darf nicht überschätzt werden. Trotz hoher Kinderzahlen im Einzelfall bestand die F., nicht zuletzt infolge der hohen Kindersterblichkeit, im FrühMA (Farfa, St-Germain) wie noch im SpätMA (Florenz 1427) durchschnittl. nur aus 4–5 Personen (Eltern mit 2–3 Kindern); dabei ist allerdings damit zu rechnen, daß ältere Kinder bereits einen eigenen Hausstand gegründet hatten oder in fremde Dienste gegeben worden waren. Die Gesamtkinderzahl wuchs mit der materiellen Grundlage.

[3] *Patriarchalische Struktur:* Die F. des MA war in allen Schichten patriarchal. strukturiert: Der Mann übte die →Munt über alle Hausbewohner aus, während die staatl. Eingriffsmöglichkeiten in die F. beschränkt waren. Der Besitz folgte meist der männl. Linie (→Erbrecht); die Frau zog bei der Heirat zum Mann.

[4] *Verwandtschaftsverband und verwandtschaftliche Beziehungen:* Ist die ma. Wohngemeinschaft, die Haushalts-F., also weitgehend durch die (eventuell erweiterte) Kern-F. (einschließlich des Gesindes) charakterisiert, so behielt die Groß-F. demgegenüber ihre grundsätzl. Bedeutung als Verwandtschafts- und Rechtsverband. Der einzelne blieb stets in seine F. eingeordnet; ohne F. zu leben, bedeutete faktisch, schutz- und rechtlos zu sein, eine große Zahl von Verwandten galt dagegen als Ausdruck der Stärke. Die für die Eheverbote (→Ehe, Abschnitt B.II) wichtigen Verwandtschaftsbeziehungen wurden in der Regel beachtet und in Verwandtschaftstafeln übersichtlich festgehalten (→Verwandtschaft).

Die Rolle der →Sippe im germ. MA ist früher überschätzt worden. Die Sippe (im agnatischen wie erst recht im kognatischen Sinn) war vielfach zu weit verstreut und unübersehbar, um einen engen Zusammenhalt aller Mitglieder zu gewährleisten, sie behielt aber wichtige Funktionen als Schutz- und Hilfsverband, da das ma. Leben weit mehr auf Selbst- und Verwandtenhilfe als auf kirchl. oder gar staatl. Hilfe angewiesen blieb (zur Rechtsfunktion vgl. Abschnitt B, zur Rolle bei der Eheschließung →Ehe). Die Verwandten wachten auch über die F.nmoral (vgl. →Gregor v. Tours, Hist. 6,36 zur Lynchjustiz an einem entehrten Mädchen). Bei einer infolge der Kindbettsterblichkeit der Frau in manchen Kreisen wohl verbreiteten Wiederheirat hatte der neue Partner nach frk. Recht ein »Reifgeld« an die Sippe des ersten Gatten zu zahlen, ein Indiz dafür, daß die angeheiratete Person in die Sippe des Ehepartners aufgenommen war und erst durch einen solchen Akt wieder aus ihr ausschied.

II. FAMILIENBEWUSSTSEIN: [1] *Adliges Familienbewußtsein im frühen Mittelalter:* Die Bedeutung der Verwandtschafts-F. äußerte sich, bes. beim ma. →Adel, in einem ausgeprägten F.n- und Abstammungsbewußtsein, das freilich Streitigkeiten innerhalb der F. oder zw. verschiedenen F.nzweigen nicht auszuschließen vermochte: Der Zusammenhalt endete vor konkreten, divergierenden Interessen und Ansprüchen und wurde wohl auch durch die zunehmende territoriale Zerstückelung bedroht (R. HENNEBIC-

QUE). Im allgemeinen aber achtete man auf die Wahrung des F.nbesitzes, suchte Ämter und hohe Stellungen zu vererben, strebte standesgemäße Heiraten an und schuf vielfach ein geistiges Zentrum im sog. Hauskloster (→Kloster), das den dortigen Mönchen und (mehr noch) Nonnen das Gedenken der F. zur Pflicht machte und manchmal auch als F.ngrablege diente (vgl. →Stiftungen, →Seelenmessen). Darüber hinaus aber fehlte der Adels-F. des frühen MA noch ein fester Sitz; der Adel richtete seine Interessen vielmehr auf Königshof sowie hohe weltl. oder geistl. Ämter.

Ein wichtiger Indikator einer ma. F.ntradition ist die →Namengebung: Zumindest im germ. Sprachbereich wurden die Namen der Eltern, Großeltern und Elterngeschwister gern ganz (Nachbenennung) oder teilweise (Namensvariation) an die Kinder weitergegeben, um, in einer Zeit der Einnamigkeit, die Zugehörigkeit zu einem bestimmten Sippenverband zu dokumentieren; der Name war »Vor- und Sippenname« zugleich (K. SCHMID). Diese Sitte der Nachbenennung wurde auch später beibehalten, als der Adel bereits durch die Benennung nach seiner Stammburg charakterisiert war und im Bürgertum aus Berufs-, Hof- und Eigenschaftsbezeichnungen abgeleitete F.nnamen aufkamen.

Charakteristisch für den frühma. Adel ist nun eine an den Namen ablesbare, »offene Sippenstruktur«, die sich aus der gleichberechtigten Eingliederung der kognatischen Verwandtschaft erklärt und die Ausbildung fester, über mehrere Generationen nachweisbarer Geschlechter verhinderte: Da die F.ntradition sich jeweils nach dem höhergestellten Ehepartner ausrichtete, war sie dauernden Wandlungen ausgesetzt und betonte zugleich die verwandtschaftl. Beziehungen zw. verschiedenen Sippen (K. SCHMID); die gesellschaftl. Stellung der angeheirateten Verwandtschaft für das F.nbewußtsein erklärt, neben materiellen Interessen, auch die Bedeutung der adligen Heiratspolitik. Gedenkbucheinträge, die in aller Regel Verwandtengruppen zusammenfaßten, belegen a) den Zusammenhalt der F., b) den Einschluß der Frauen als in dieser Hinsicht gleichberechtigte F.nmitglieder, c) den Zusammenhalt von geistl. und weltl. F.nangehörigen über die ständ. Trennung hinweg und d) die Verbindung von Lebenden und Toten, die stets Bestandteil der F. und des F.nbewußtseins blieben (vgl. O. G. OEXLE; →Memorial, -überlieferung). Das Gebetsgedenken dokumentierte zugleich den Wunsch der adligen Laien nach Teilhabe am geistl. Leben (K. SCHMID).

[2] *Wandlungen im hohen Mittelalter:* Seit dem 10./11. Jh. ist ein Wandel des adligen F.nbewußtseins von der kognatischen Sippe hin zum agnatischen Geschlecht (frz. *Lignage*) zu verzeichnen, das sich, der männl. Linie folgend, auf einen »Spitzenahn« berief und nach außen hin abgrenzte. Erbgut und Ämter folgten zunehmend dem Primogeniturprinzip; Ziel war nicht mehr eine ständige Ausweitung der F., sondern die Sicherung von Status und Besitz. In der namengebenden Stammburg (→Burg) gewann die Adels-F. einen festen Bezugspunkt und ein Herrschaftszentrum. →Genealogien hielten die Geschlechterfolge fest und wurden seit dem 12. Jh. häufig zu »Hausgeschichten« ausgestaltet, die die ruhmreichen Taten früherer F.nmitglieder festhielten.

[3] *Bäuerliches Familienbewußtsein:* War das F.bewußtsein beim Adel vielleicht besonders stark ausgeprägt, so ist es grundsätzl. in allen Schichten nachweisbar. Bei der bäuerl. Bevölkerung herrschte die gleiche Tendenz vor, Kinder mit familientypischen Namen zu benennen; anstatt auf den Königshof, war die bäuerl. F. auf den Herren-

hof und, mehr noch, auf Nachbarschaft und →Dorf fixiert, und sie hielt ebenfalls den Kontakt zu den eigenen Verwandten aufrecht (s. a. →Bauer, Bauerntum, Abschnitt A. IV).

[4] *Bürgerliches Familienbewußtsein:* Besser untersucht ist das F.nbewußtsein des spätma. Großbürgertums, das die F.ntradition ebenfalls mit Hilfe von Leitnamen aufrechterhielt, die in bedeutenden Geschlechtern sogar durchnumeriert wurden. Ein Abstammungsbewußtsein war hier ebenso wichtig wie der z. B. an Testamenten ablesbare Zusammenhalt der F. über weite Entfernungen hinweg (E. Maschke). Eine unmittelbare Bindung reicher Kaufmanns-F.n beschränkte sich dabei meist auf die engere Verwandtschaft, v. a. auf die Geschwister und deren Ehepartner, die teilweise aber auch eigene Wege gehen konnten (Th. Schuler) und jedenfalls eigene Hausgemeinschaften gründeten (Ch. Maurel). Steinhäuser und Wohntürme (→Geschlechtertürme) sind Dokumente des sozialen Status wie auch der F.ntradition des Großbürgertums und des Stadtadels. Vgl. →Bürger, Bürgertum.

III. Funktion der mittelalterlichen Familie: Verwandten- und Haushalts-F.n waren zum Schutz der eigenen Angehörigen verpflichtet. Kirchlicherseits erblickte man die Primärfunktion der Kern-F. (als ehelicher Gemeinschaft) in der auf Fortpflanzung ausgerichteten Lebensgemeinschaft von Mann und Frau (vgl. Abschnitt B.II). Dem Mann oblagen Schutz und Versorgung seiner F., doch benötigten nach jüngsten Berechnungen viele städt. Haushalte zum Leben mehr als ein Einkommen (U. Dirlmeier in: »Haus und F.«). Die (geschlechtsspezif.) Erziehung der →Kinder in den ersten Lebensjahren oblag der Mutter, sie wurden aber schon frühzeitig in die Arbeitswelt der elterl. Wirtschaft integriert oder auch außer Haus gegeben und dort ausgebildet (s. a. →Erziehungs- und Bildungswesen). Umgekehrt übernahmen die Kinder später meist die Altersversorgung der Eltern, bes. der Mutter. Die ursprgl., im adligen Hauskloster fortlebende religiöse Funktion der F. verlor im Laufe des MA an Bedeutung, doch besaßen noch im späten MA großbürgerl. F.n oft eigene →Kapellen, trugen zum Unterhalt der Pfarrkirche bei oder stifteten hier einen eigenen Altar.

Vielfach bildeten F. und Haushalt eine Wirtschaftseinheit (Produktions-, aber auch als Dienstleistungsgemeinschaft). Durchweg wurde der bäuerl. Hof von einer oder mehreren F.n bewirtschaftet, wobei der →Frau bestimmte Aufgaben zufielen. Die F. betrieb lange Zeit eine möglichst autarke Hauswirtschaft, in deren Rahmen Kleidung, einfache Geräte und Bauten von F.nmitgliedern selbst hergestellt wurden.

Städtische F.nbetriebe gab es in →Handwerk und →Handel. Wohnung, Werkstatt und Verkaufsraum der Handwerker waren in der Regel unter einem Dach vereint, wenngleich auf verschiedene Etagen verteilt. Unverheiratete →Gesellen und Lehrlinge waren meist in die F. integriert, doch verfügte keineswegs jeder Meisterbetrieb über solche Gehilfen. Durch die (im Ausmaß umstrittene) Berufsvererbung in den Meister-F.n wurde die F. zu einem Strukturelement der ma. →Zunft (E. Maschke). Bei den F.nunternehmen der Kaufleute spielte die Verwandtschaft (Brüder und Schwäger; vgl. z. B. →Fugger) eine größere Rolle als die Ehefrau. Besonders in Italien schlossen sich gern mehrere, meist verwandtschaftl. verbundene Haushalte zu consorterie zusammen (→Handelsgesellschaft). Insgesamt gilt der F.nbetrieb als die wichtigste Organisationsform der städt. Güterproduktion und -verteilung (E. Maschke), wenn auch das Ausmaß seiner

wirtschaftl. Bedeutung kürzlich in Frage gestellt wurde (M. Mitterauer in: »Haus und F.«).

Durch die Beschränkung der Ratsfähigkeit (→Rat) auf einige F.n (»Geschlechterherrschaft«) fiel diesen schließlich eine polit. Bedeutung in der spätma. →Stadt zu. Die Vorherrschaft einer F. suchte man gelegentl. dadurch zu verhindern, daß nicht mehrere F.nangehörige gleichzeitig Ratsmitglieder sein durften; umgekehrt wurde manchmal aber auch die Nachfolge eines F.nmitglieds festgeschrieben. Eine ähnliche Dominanz einzelner F.n gab es auch in den Dörfern (wie bei der F. Clergue in Montaillou).

IV. Familienleben und Verhältnis der Geschlechter: Das Alltagsleben der F. fiel einerseits in den von Haus und Hausherrschaft bestimmten »privaten«, d. h. von der →Munt des Mannes geprägten Rahmen, in den öffentl. Organe (mit Ausnahme des Grundherrn) kaum eingreifen konnten, wurde andererseits aber ständig durch die Nachbarn sowie das kirchl. und später auch das städt. Recht überwacht. Das Kirchenrecht mit seinen Bußbestimmungen und Synodaldekreten regelte v. a. Ehe- und Sexualleben (→Sexualität). Insgesamt gesehen, fand das Leben des einzelnen von der Geburt bis zum Tod in der F. statt. Gelegentliche Höhepunkte (→Hochzeiten, →Taufen, hohe Kirchenfeste) führten die Verwandtschaft immer wieder zusammen, wurden ebenso aber von Nachbarschaft und Dorf geteilt.

Die F.ngründung setzte materielle Existenzsicherung voraus; Männer, v. a. nachgeborene Söhne, heirateten daher später als Frauen und lebten infolgedessen länger im Haushalt der Eltern. Das Verhältnis der Geschlechter bestimmte sich einerseits durch die Überordnung des Mannes, andererseits durch die Vorstellung einer gleichberechtigten Partnerschaft, die sich theol. aus der Erschaffung der Frau aus der Seite (latus) des Mannes ableiten ließ (vgl. Hugo v. St. Victor, De sacr. 1,6, 35, Migne PL 176, 284; Petrus Lombardus, Sent. 2,18,2, Spicilegium Bonaventurianum 4, 1971³, 416f., vgl. Abschnitt B.II). Das Verhältnis der F.nmitglieder zueinander war durchaus von Emotionen geprägt. Im Alltagsleben setzte sich eine funktionale Rollenverteilung zw. Mann und Frau durch, bei der – ungeachtet der Munt des Mannes – gerade →Haus und Haushalt einschließlich Kleinkindererziehung, Krankenpflege, Textilarbeit und Viehversorgung als Tätigkeitsfeld der →Frau galten, ohne daß hier eine ausschließliche Zuordnung möglich ist. Erst die Hausliteratur des bürgerl. SpätMA scheint die Frau allmählich in die Rolle der gehorsamen, auf die Umsorgung des Mannes fixierten Hausfrau ohne Eigeninitiative zurückgedrängt zu haben. Der Funktionsverlust der Frau erklärt sich nach Herlihy aus einem wachsenden Altersunterschied zw. Mann und Frau (von 5–15 Jahren) in der spätma. Bürger-F., der die Frau zur Vermittlerin zw. den Generationen werden ließ.

H.-W. Goetz

Bibliogr.: M. M. Sheehan – K. D. Scardellato, Family and Marriage in Medieval Europe, 1976 – J. W. Milden, The Family in Past Time, 1977 – Lit.: Dict. of the MA IV, 1984, 608–612 [M. M. Sheehan] – K. Schmid, Zur Problematik von F., Sippe und Geschlecht, Haus und Dynastie beim ma. Adel, ZGO 105, 1957, 1–62 – J. Wollasch, Eine adlige F. des frühen MA. Ihr Selbstverständnis und ihre Wirklichkeit, AK 39, 1957, 150–188 – K. Schmid, Über die Struktur des Adels im früheren MA, JbffL 19, 1959, 1–23 – D. Herlihy, Land, Family and Women in Continental Europe, 701–1200, Traditio 18, 1962, 89–120 – K. Schmid, Religiöses und sippengebundenes Gemeinschaftsbewußtsein in frühma. Gedenkbucheinträgen, DA 21, 1965, 18–81 – Ders., Welfisches Selbstverständnis (Fschr. G. Tellenbach, 1968), 389–416 – Familles et Sociétés, Annales 27, 1972, 799–1090 – G. Duby, Structures de parenté et noblesse dans la France du nord aux 11ᵉ et 12ᵉ s. (Ders., Hommes et structures du MA, 1973, 267–285) – W. Störmer,

Früher Adel. Stud. zur polit. Führungsschicht im frk.-dt. Reich vom 8.–11. Jh. (Monogr. zur Gesch. des MA 6, 1973) – J. Heers, Le clan familial au MA, 1974 [engl. 1977] – K. Bosl, Die »familia« als Grundstruktur der ma. Ges., ZBLG 38, 1975, 403–424 – Famille et parenté dans l'occident médiéval, hg. G. Duby – J. Le Goff (Collection de l'École Française 30, 1977) – M. Heinzelmann, Beobachtungen zur Bevölkerungsstruktur einiger grundherrschaftl. Siedlungen im karol. Bayern, FMASt 11, 1977, 202–217; 12, 1978, 433–437 – K. Schmid, Heirat, F.nfolge, Geschlechterbewußtsein (Il matrimonio nellà società altomedievale 1, 1977), 103–137 – A. Borst, Lebensformen im MA, 1978, 49ff. – D. Herlihy – Ch. Klapisch-Zuber, Les Toscans et leurs familles. Une étude du catasto-florentin de 1427, 1978 [engl. 1985] – L. Kuchenbuch, Bäuerliche Ges. und Klosterherrschaft im 9. Jh. Stud. zur Sozialstruktur der familia der Abtei Prüm (VSWG Beih. 66, 1978) – Seminar: F. und Gesellschaftsstruktur. Materialien zu den sozio-ökonom. Bedingungen von F.nformen, hg. H. Rosenbaum, 1978 – M. Mitterauer, Grundtypen alteurop. Sozialformen. Haus und Gemeinde in vorindustriellen Ges. (Kultur und Ges. 5, 1979) – R. R. Ring, Early Medieval Peasant Households in Central Italy, Journal of Family Hist. 4, 1979, 2–25 – R. Fossier, Les structures de la famille en Occident au MA, Comité Int. des Sciences Hist. Bukarest, 10–17 août 1980, Rapports II, Chronologie, 115–132 [Forschungsüberblick über ma. Familienstrukturen seit 1970] – E. Maschke, Die F. in der dt. Stadt des späten MA (SAH. PH 1980,4) – R. Hennebicque, Structures familiales et politiques au IXe s.; en groupe familial de l'aristocratie franque, RH 265, 1981, 289–333 – M. Bloch, Die Feudalges., 1982 [frz. 1939] – R. Fossier, Enfance de l'Europe. X^e–XIIe s. Aspects économique et sociaux 2: Structures et problèmes, 1982, 905ff. – A. Jastrebickaja, Die F. als soziale Gruppe der ma. Ges., Jb. für Gesch. des Feudalismus 6, 1982, 185–193 – Th. Schuler, F.n im MA (Die F. in der Gesch., hg. H. Reif, 1982), 28–60 – C. I. Hammer, Family and familia in Early Medieval Bavaria (Family Forms in historic Europe, hg. R. Wallu. a., 1983), 217–248 – D. Herlihy, The Making of the Medieval Family: Symmetry, Structure and Sentiment, Journal of Family Hist. 8, 1983, 116–130 – A. C. Murray, Germanic Kinship Structure. Stud. in Law and Society in Antiquity and Early MA (Stud. and Texts 65, 1983) – O. G. Oexle, Die Gegenwart der Toten (Death in the MA, hg. H. Braet – W. Verbeke, Mediaevalia Lovaniensia 1,9, 1983), 19–77 – H. Fichtenau, Lebensordnungen des 10. Jh. Stud. über Denkart und Existenz im einstigen Karolingerreich (Monogr. zur Gesch. des MA 30, 1984), bes. 113ff., 165ff. – Haus und F. in der spätma. Stadt, hg. A. Haverkamp (Städteforsch. A 18, 1984) – D. Herlihy, Household in the Early MA: Symmetry and Sainthood (Households: Comparative and Historical Stud. in the Domestic Group, hg. R. McNetting u. a., 1984), 383–406 – Ders., Medieval Households, 1985 – D. Nicholas, The Domestic Life of a Medieval City: Women, Children and the Family in Fourteenth-Century Ghent, 1985 – W. Rösener, Bauern im MA, 1985 – H.-W. Goetz, Leben im MA vom 7. bis zum 13. Jh., 1986 – Ch. Maurel, Structures familiales et solidarités lignagères à Marseille au XVe s.: autour de l'ascension sociale des Forbin, Annales 41, 1986, 657–681 – H.-K. Schulze, Grundstrukturen der Verf. im MA II, 1986, 9ff.

D. Byzantinisches Reich, ost- und südosteuropäischer Bereich

I. Byzantinisches Reich – II. Südosteuropäischer Bereich – III. Altrußland.

I. Byzantinisches Reich: Die byz. F. als wichtigste biolog. und ökonom. Grundeinheit der Gesellschaft bildete sich aus im Zuge von sozialen Wandlungen des spätröm. Reichs, die um die Mitte des 7. Jh. zur Krise des städt. Lebens führten. Während die städt. Gemeinschaft (πόλις, municipium) ihre beherrschende soziale, wirtschaftl. und kulturelle Rolle verlor, trat die Kern-F. mehr und mehr an ihre Stelle. Die Kirchenväter, insbes. Johannes Chrysostomos, lehnten die aus der Antike überkommenen Munizipalinstitutionen ab und betonten demgegenüber die Bedeutung der (Kern)familie und propagierten das Ideal stabiler familiärer Bindungen. Folgende Charakteristiken prägten sich infolge dieser Wandlungen aus: 1. Die feierl. Form der Eheschließung (→ Ehe), einschließlich des Aufsetzens von Kronen und der Einbeziehung eucharist. Elemente, erstmals beschrieben bei Theophylaktos Simokattes (ed. C. de Boor, 57, 17–19); er bezeichnet diese Zeremonie als ein gegen Ende des 6. Jh. übliches Ritual.

Im 9. Jh. wandte sich Papst Nikolaus I. gegen dieses byz. Heiratszeremoniell, da es pompöser als der röm. Brauch sei, der – nach den Wortes des Papstes – ohne Kronen für Mann oder Frau auskomme und demgegenüber eine Eheschließung »consensu eorum, qui haec contrahunt, et eorum in quorum potestate sunt« kenne. – 2. Nach langer Auseinandersetzung wurden die Rechte der Konkubine und der mit ihr gezeugten Kinder beseitigt, das → Konkubinat wurde der → Prostitution gleichgesetzt; die entscheidenden Gesetze wurden aber erst unter Basileios I. (867–886) erlassen und von Leon VI. (886–912) bestätigt. – 3. Die Scheidungsfreiheit wurde ebenfalls abgeschafft; die → Ekloge von 726 erlaubte Scheidung lediglich in bestimmten Ausnahmefällen, während Justin II. noch 566 das Recht der Gatten zur Scheidung aus freiem Entschluß verteidigt hatte. – 4. Das Verlöbnis wurde der Heirat weitgehend gleichgestellt, in der Theorie durch ein Edikt Alexios' I., obwohl Verlöbnisse in der Praxis immer wieder gelöst wurden. – 5. Der wirtschaftl. Zusammenhalt der Familie wurde gestärkt, und die gemeinsame Vermögensmasse, bestehend aus der Mitgift der Ehefrau und der vorehel. Mannesgabe, galt als wirtschaftl. Grundlage für Aufzucht und Versorgung der Kinder.

Die Kern-F. bzw. der Haushalt war die wichtigste ökonom. Einheit in Stadt und Land. Mann und Frau arbeiteten gemeinsam auf dem Feld oder in der Werkstatt, und die Kinder wurden schon in frühem Alter zur Arbeit innerhalb der Familie herangezogen; vgl. in den hagiograph. Quellen den Topos des für die Eltern als Hirtenknabe arbeitenden jungen Hl. en. Mit dem Verfall der städt. Schulen wurde die F. (und familienähnl. Verbände) ein Zentrum des Elementarunterrichts. Neben leibl. Kindern lebten in der Kern-F. häufig adoptierte Kinder, Neffen (oft enge Bindung zw. einem Knaben und seinem Onkel von mütterl. Seite) sowie z. T. zur Familie gezählte Leute wie etwa die μίσθιοι, die ggf. die Chance hatten, einmal die Tochter des Meisters oder Hausherrn zu heiraten.

Die an sich grundlegende Bedeutung der Kern-F. für die byz. Sozialstruktur war durch mehrere Faktoren eingegrenzt: 1. Ehe und Familie blieben ein gegenüber den höher geachteten Tugenden des Zölibats und des Eremitentums zweitrangiges Ideal; erst im 10. Jh. wurde eine einzige verheiratete Frau, Maria die Jüngere, gegen starke Proteste in die Gemeinschaft der Hl. en aufgenommen, und erst im 12. Jh. wagte es → Eustathios v. Thessalonike, den verheirateten Hl. en höher zu bewerten als den Eremiten. – 2. Der Staat kontrollierte das Familienleben: Nicht nur wurden Ehen der Führungsschicht oft auf der Basis polit. Interessen geschlossen, was manchmal schwere Familienkonflikte zur Folge hatte; darüber hinaus erzwang der Staat vielfach die Scheidung, im 12. Jh. insbes. bei sozialer Ungleichheit von Eheleuten. Der Staat hatte Anrecht auf einen bestimmten Teil des Vermögens eines verstorbenen Familienvorstands; in der späteren Zeit umfaßte dieses sog. ἀβιώτικιον ein Drittel des Vermögens, während die Kirche ein weiteres Drittel beanspruchte. – 3. Die erweiterte F. und die Sippe übten einen bestimmten, aber wohl geringeren Einfluß als im Westen aus. Die Vita des hl. Philaret des Barmherzigen erwähnt für das Paphlagonien der Zeit um 800 eine erweiterte F., die aus drei im selben Haushalt lebenden Generationen bestand; es ist aber nicht klar, wie weit dieses Beispiel verallgemeinert werden kann. Nach A. Laiou war im 14. Jh. die Kern-F. im Thema Strymon vergleichsweise weniger bedeutend als um Thessalonike. Die Gesetzgeber des 10. Jh. anerkannten das Recht der außerhalb der Kern-F. stehenden Verwandten auf den Familienbesitz; bei Veräußerung von

Land erhielten diese zumindest die Abfindungssumme der προτίμησις; später, im Trapezunt des 13. Jh., konnte eine Erbengemeinschaft von fünf συγγονικάρχιοι (Verwandten) Land in kollektivem Besitz halten. Aufgrund der sozialen Entwicklung in der Zeit um 1000 erhielt das verwandtschaftl. Moment starken Auftrieb, und es bildeten sich mächtige aristokrat. Familienverbände heraus (→Adel, →Feudalismus), was bei der Regierung zu Besorgnis führte. Im 12. Jh. versuchten die Gesetzgeber daher, die Heiratsallianzen dieser Clans zu beschränken. Die mangelnde Stetigkeit genealog. Beziehungen in Byzanz zeigt sich u. a. in der Tatsache, daß es keine festen Regeln für die Vererbung von Familiennamen gab; die Kinder derselben Eltern konnten verschiedene Familiennamen tragen, den des Vaters, den der Mutter oder sogar den der Großmutter mütterlicherseits. – 4. Die Rechte der Einzelmitglieder einer F. verhinderten, daß sich im →Erbrecht die Primogenitur durchsetzte; so trat in Morea nach dem 4. Kreuzzug von 1204 eine Diskrepanz auf zw. den lat.-frk. Eroberern, die das im westl. Europa gebräuchl. Institut des Majorats einführten, und den einheim. byz. Adligen, die weiterhin eine Erbteilung zw. allen ihren männl. wie weibl. Nachkommen praktizierten.

Parallel zur Stärkung der Familienbande ist in byz. Quellen ein wachsendes Ansehen der Ehefrau und Mutter feststellbar, das auch in der sich steigernden Marienverehrung (→Maria) seinen Niederschlag fand. Die Rolle der →Frau im byz. Familienleben war beachtlich, und die Hagiographie stellte die Mutter über den Vater. Charakteristisch ist etwa der Panegyricus des Michael →Psellos auf seine Mutter oder die Schilderung einer energ. Hausfrau und Matrone bei →Theodoros Prodromos. Im 14. Jh. finden wir in Quellen über Klosterbesitzungen zahlreiche Witwen, die als Familienoberhäupter in mächtiger Position die Aufsicht über ihre erwachsenen Söhne führten. Das Problem der Beziehungen zw. Vätern und Söhnen wurde zumindest in der hagiograph. Literatur behandelt, weil sich hier die Frage stellte, ob mit dem Eintritt ins monast. Leben ein Abbruch oder eine Weiterführung der Bindungen zw. Eltern und Sohn bzw. Tochter stattfinden sollte. Die Byzantiner haben dabei zu keiner einheitl. Haltung gefunden. Die Wärme der Beziehung zw. Eltern und Kindern wird oft von byz. Autoren betont; sie steht in krassem Gegensatz zu der exzessiven Forderung der Vernachlässigung der Sohnespflichten, wie sie in der Vita des hl. Alexios v. Edessa und ähnlichen Texten erhoben wird. Selbst die liebevolle Beziehung zw. Großmutter/Großvater und Enkel wird von Autoren wie Michael Psellos oder →Anna Komnene einfühlsam beschrieben.

Bestimmte soziale Gruppen waren, in der einen oder anderen Form, von Ehe und Familienleben ausgeschlossen, so die Mönche und Bf.e (→Zölibat), während der reguläre Klerus und die Diakone gehalten waren zu heiraten. Keine ehel.-familiären Beziehungen hatten die →Eunuchen; sowohl die Bf.e als auch die Eunuchen schufen sich in engen Bindungen an Brüder oder Neffen oft einen Ersatz. →Sklaven durften keine rechtlich gültige Ehe schließen, bis Alexios I. im frühen 12. Jh. ihnen dieses Recht zugestand. Noch die Vita des hl. Basileios d. J. aus dem 10. Jh. betrachtet sexuelle Beziehungen mit einer jungen Sklavin nicht als Todsünde, selbst wenn diese einen festen Partner hatte.

Zentrale Institution des sozialen Lebens, diente die F. auch als Modell für soziale oder polit. Bindungen. Der Ks. wurde zum Vater seiner Untertanen erklärt; auch die Beziehungen zu auswärtigen Herrschern und Fs.en wurden in hierarch. Begriffen aus dem Bereich der F. (Vater-

Sohn-Beziehung, Verschwägerung, Adoption) ausgedrückt (»Familie der Fs.en«; vgl. dazu →Kaisertum). Auch das Lehrer-Schüler-Verhältnis fand Ausdruck in familiären Bezeichnungen (Schüler als 'Söhne' oder 'Neffen'). Große Bedeutung hatten diese Vorstellungen in der geistl.-spirituellen Sphäre; die Auffassung, daß der Hegumenos als geistl. Vater im Kl. an die Stelle des leibl. trat, war in Byzanz weit verbreitet. A. Kazhdan

Lit.: F. DÖLGER, Byzanz und die europ. Staatenwelt, 1953, bes. 34–66 – PH. KUKULES, Βυζαντινῶν Βίος..., Bd. 2, 1948, 163–218 – F. DÖLGER, Die dynast. Familienpolitik des Ks.s Michael Palaiologos (DERS., Παρασπορά, 1961), 178–188 – H. HUNGER, Christliches und Nichtchristliches im byz. Eherecht, ÖAKR 18, 1967 [abgedr. in: DERS., Grundlagenforsch., 1973, T. XI, 305–325] – D. SIMON, Zur Ehegesetzgebung der Isaurier (Fontes minores I, 1976), 16–43 – W. C. THOMPSON, Legal Reforms of the Iconoclastic Era: the Changing Economic Structure of the Family, 1976 – A. LAIOU-THOMADAKIS, Peasant Society in the late Byz. Empire. A Social and Demographic Study, 1977 – E. PATLAGEAN, Structure sociale, famille, chrétienté à Byzance, 1981 – A. LAIOU, Contribution à l'étude de l'institution familiale en Épire au XIIIᵉ s. (Fontes minores 6, 1984), 275–323 – J. IRMSCHER, La donna, il matrimonio e la famiglia a Bisanzio, Schede medievali 6/7, 1985, 83–91.

II. SÜDOSTEUROPÄISCHER BEREICH: Das Fortdauern der Groß-F. wurde lange Zeit als Eigenart des Balkanraumes betrachtet. In der Hauskommunion der Militärgrenze, der aus der ethnograph. Forschung bekannten südslav. *Zadruga* sowie in der Groß-F. der Albaner wurden Überreste einer in älterer Zeit allgemein verbreiteten F.nstruktur gesehen. Es hat sich jedoch gezeigt, daß es im SpätMA zwar mit der Zadruga vergleichbare Groß-F.n gab, ihr Anteil an der Gesamtzahl der F.n jedoch kaum größer gewesen sein dürfte als im 19. Jh. Jedenfalls ist mit starken ethnisch-regionalen Unterschieden zu rechnen. Die Groß-F., die zumeist drei im gemeinsamen Haushalt lebende Generationen umfaßte, war bes. unter den Nachkommen der altbalkan. Bevölkerung (Walachen, Albaner, Rumänen) verbreitet. Erweiterte F.nverbände, die nicht unbedingt zusammen siedelten, spielten eine große Rolle im kroat., bosn., serb. und alban. Adel. Unter den dienstpflichtigen Bauern wurde dagegen die Kern-F. gefördert. In den Küstenstädten und ihren Distrikten war die Groß-F. am wenigsten vertreten.

Die balkan. Sprachen haben eine sehr präzise Verwandtschaftsterminologie, in der die Benennung für die Kern-F. fehlt. Die Bezeichnungen für die F. gehen entweder auf gemeinsame Wohnung und Haushalt zurück (*obitelj, kuća*; F.nangehörige: *kućani, čeljad; familia, fámilje*), oder auf Blutsverwandtschaft (*rod, rodbina, bratija, družina, pleme*). Das Zusammengehörigkeitsgefühl in der Groß-F. wirkte sich in gemeinsamen Pflichten (Haftung, Blutrache) wie Rechten (Anteil am Erbland) aus. Der freie Grundbesitz war Erbgut schlechthin (*baština, dědina, plemenito, bastine*). Dies gilt auch für die rumän. und alban. Groß-F.n. Die Zugehörigkeit zu einem größeren F.nverband schützte vor Unterdrückung und Absinken in Hörigkeit, daher der Zusammenhang zw. F.nverband und Adel bei Südslaven und Albanern. Die Adligen sind *plemeniti ljudi*, d. h. diejenigen, die zur Sippe (*pleme*) gehören, im Alban. analog *fisnik* (nobilis) zu *fis* (Sippe). Das Bestreben, die Rechte der Mitglieder der Groß-F.n durchzusetzen, führte zu Spannungen zw. Adel und Herrscher, wie bes. aus bosn. Urkk. des 14. Jh. erkennbar ist. Der Adel bestand bei einem Treuebruch auf der Bestrafung des Individuums, um so die Konfiskation des Erbgutes zu verhindern; der Herrscher war seinerseits bestrebt, die Verschmelzung eines durch Donation verliehenen Gutes mit dem Erbgut zu verhindern. Unter Einfluß des gelehrten Rechts aus Byzanz bzw. aus den Küstenstädten setzte sich jedoch die freie Verfügung des F.noberhauptes über die F.ngüter durch. Dazu trug auch die Kirche bei, die bes. an der legitimen sakramentalen Eheschließung interessiert war (verbindl. Vorschrift der kirchl. Trauung, *venčanje*, im Gesetzbuch von Stefan Dušan, 1349). In →Bosnien lehnte die dualist. »bosnische Kirche« jedoch jedes kirchl. Sakrament ab und überließ daher das F.nleben gänzlich dem Volksbrauch (s. a. →Ehe, D. III).   S. Ćirković

Lit.: V. Mažuranić, Prinosi za hrvatski pravno-povjesni rečnik, I–II, 1908–23 – C. Jireček, Staat und Gesellschaft im ma. Serbien, DAW 56, 1912 – S. Novaković, Selo, 1965³ – E. A. Hammel, The Zadruga as Process, Household and Family in Past Time, 1972.

III. Altrussland: Über die alltägl. Erscheinungsformen familiären Zusammenlebens im russ. MA sind wir nur sehr unzureichend informiert. Die F. im Normalzustand war kein beachtenswerter Gegenstand des öffentl. Interesses, sie hat in den Quellen keine Spuren hinterlassen. In den Chronikberichten, in den Rechtsdenkmälern staatl. und kirchl. Provenienz oder in den späteren Grundbüchern und Steuerlisten und in verstreuten Hinweisen einer paränet. Literaturgattung tritt sie nur in gesellschaftlich relevanten Teilfunktionen – als Besteuerungseinheit oder Erbengemeinschaft, als Objekt kirchl. Straf- und Bußpraxis, als Rechts- und Haftungsgemeinschaft – in Erscheinung. Archäologische Siedlungsgrabungen haben wohl die räuml. Gegebenheiten des Wohnens und Arbeitens klären helfen, in den Rückschlüssen auf familiäre Lebensgewohnheiten lassen die Ergebnisse aber noch erheblichen Interpretationsspielraum.

Einigkeit besteht heute darin, daß die Klein-Familie – mit gewissen Übergangsformen – während des ganzen russ. MA die vorherrschende F.nform gewesen ist. Die schon in der ältesten Chronik bezeugte Steuereinheit des Rauchfanges und des Pfluges lassen auf kleinere Wirtschaftseinheiten schließen. In dem durch Grundbücher besser erforschten Novgoroder Land war zu Ende des 15. Jh. die bäuerl. Kleinsiedlung mit 1–4 Höfen die typ. Siedlungsform. Patronym. Benennung deutet auf verwandtschaftl. Zusammenhänge hin. Bei einer Hofbesetzung von 1–3 F.n ist von einer durchschnittl. F.ngröße von 5 Personen (bei Höfen mit 2 F.n 7, 5 und 3 F.n 10 Personen) auszugehen. Unter der steuerpflichtigen städt. Bevölkerung war im 16.–17. Jh. die Kern-F. aus zwei Generationen mit 1–5 Kindern der Regelfall.

Ob sich hinter dem etymolog. weiterhin unklaren Terminus der *verv'* in der »Russkaja pravda« (und im Statut von Poljica in Kroatien) eine F.ngenossenschaft aus Blutsverwandten oder eine Nachbarschaftsgemeinde verbirgt, ist kontrovers. Daß F.nbande auch über den Zerfall von Groß-F.n hinaus rechtl. Qualität behielten, wird aus den Bestimmungen des altruss. Rechts zur Blutrache und aus den erbrechtl. Regelungen schon in den »Griechenverträgen« des 10. Jh. deutlich. Auf der fsl. Ebene bedeutete unter den Bedingungen des Seniorates die Geschlechtszugehörigkeit (*rod*) konkrete Teilhabe an der polit. Macht. In der Retrospektive des Chronisten verbindet sich mit der heidn. Vergangenheit der ostslav. Stämme die Vorstellung von ehelosem Urzustand, Frauenraub und Polygamie (s. a. →Ehe, D. III). Seit der Christianisierung Rußlands verstand die F. den von der griech. Mutterkirche vorgegebenen eherechtl. Regulierungen. Sie umschlossen das Gebot der kirchl. Einsegnung, das Bigamieverbot und einzelne Ehevorbehalte (verbotene Verwandtschaftsgrade, Verbot der 3. Ehe etc.) bzw. Ehescheidungen. Die offensichtl. in den unteren Bevölkerungsschichten verbreitete »Unsitte« der formlosen Eheschließung wird noch in späterer Zeit mit kirchl. Sanktionen verfolgt. Entsprechend den kirchl. und gewohnheitsrechtl. Normen war dem Familienoberhaupt eine nahezu unbeschränkte Machtbefugnis innerhalb der F. zuerkannt. Seine testamentar. Verfügungen hatten Bestand, unverheiratete Töchter waren der Obhut der Brüder anvertraut. Die Frau betreute im prakt. Leben einen breiten Wirkungskreis, als Witwe war sie in allen rechtl. Belangen einem Familienoberhaupt gleichgestellt. Das im berühmten »Hausordnungsbuch« (Domostroj) des 16. Jh. abgebildete musterhafte Familienleben, dem das Idealbild eines autarken Hausbetriebes einer Groß-F. zugrunde liegt, ist für das russ. MA nicht repräsentativ.   E. Hösch

Q. und Lit.: L. K. Goetz, Kirchenrechtl. und kulturgesch. Denkmäler Altrußlands nebst Gesch. des russ. Kirchenrechts, 1905 [Neudr. 1963] – E. Duchesne, Le Stoglav ou les cents chapitres, 1920 – M. O. Kosven, Semejnaja obščina i patronimija, 1963 – B. A. Romanov, Ljudi i nravy drevnej Rusi. Istoriko-bytovye očerki XI–XIII vv., 1966² – Ju. M. Rapov, Byla li verv' »Russkoj pravdy sem'ej«?, Sov. etnografija 3, 1969, 106–117 – Ja. N. Ščapov, Brak i sem'ja v drevnej Rusi, VI 10, 1970, 216–219 – Agrarnaja istorija severo-zapada Rossii. Vtoraja polovina XV–načalo XVI v., 1971 – I. Ja. Frojanov, Sem'ja i verv' v Kievskoj Rusi, Sovetskaja etnografija 3, 1972, 90–97 – Ja. N. Ščapov, Bol'šaja i malaja sem'ja na Rusi v IX–XIII vv., Stanovlenie i razvitie rannefeodalnych slavjanskich gosudarstv, 1972, 180–193 – M. G. Rabinovič, Očerki etnografii russkogo feodal'nogo goroda. Gorožane, ich obščestvennyi i domašnyj byt, 1978 [Lit.] – G. Podskalsky, Christentum und theol. Lit. in der Kiever Ruś (988–1237), 1982 [Lit.] – M. B. Sverdlov, Genezis i struktura feodal'nogo obščestva v drevnej Rusi, 1983 [Lit.] – C. Goehrke, Die Witwe im alten Rußland, FOG 38, 1986, 64–96 [Lit.].

E. Judentum

Auf dem Hintergrund der Minderheitssituation in einer feindl. Umwelt kam der jüd. F. im europ. MA die wesentliche Funktion der Stützung des Individuums zu. Ohne die Spannungen der Unscheidbarkeit der →Ehe und einer grundsätzlich sexualfeindl. Religion war die jüd. F. kulturell weniger vorbelastet als die christliche. So kannte das Judentum zwar die Tatsache, nicht jedoch das Manko der außerehel. Geburt. Die Mätresse ist im Vergleich zur umgebenden Gesellschaft nur spärlich belegt. Folgenreich war bes. die städt. Lebensform und die beinahe ausschließliche Beschäftigung mit Fernhandel und Geldleihe (→Geld). Früh reduzierte sich die in der Spätantike noch vorhandene Groß-F. auf die Kern-Familie. Ebenso ging man, im Gegensatz zu der im islam. Bereich weiterbestehenden polygamen Ehe, zur Monogamie über. Auf dem Hintergrund einer erzwungenen Mobilität gab es zahlreiche geteilte F.n, dagegen wurde die rasche Wiederverheiratung verlassener und verwitweter →Frauen rechtlich verankert und dauernd geübt. Wirtschaftlich funktionierte die F. nicht als Produktionseinheit oder Ausbildungsstätte, sondern hauptsächl. als Instrument zur Schaffung des zur Geldleihe notwendigen Kapitals. Daraus ergibt sich ein besonderer Ausbildungsweg des Jünglings (→Kind), die volle Kontrolle der Eltern über die Partnerwahl und vergleichsweise sehr frühe Ehen. Zusammengenommen scheinen diese Grundtatsachen eher als in der christl. Gesellschaft den gefühlsmäßigen Aspekt der F. betont zu haben. Wie uns zahlreiche Quellen berichten, war die aus der Folklore bekannte enggeknüpfte jüd. F. bereits im MA eine Tatsache.   M. Toch

Lit.: J. Katz, Tradition and Crisis. Jewish Society at the End of the MA, 1961.

F. Arabisch-islamischer und osmanischer Bereich

I. Arabisch-islamischer Bereich – II. Osmanischer Bereich.

I. Arabisch-islamischer Bereich: Die in heidn. Zeit bestehende Familienordnung ist durch den Islam nicht von Grund auf umgestaltet, sondern nur in verschiedener

Hinsicht reformiert worden, wobei die Stellung der →Frau verbessert wurde.

Wie schon in vorislam. Zeit ist die Familienordnung patriarchalisch. Die Männer stehen nach dem Koran über den Frauen (vgl. Koran IV, 34; auch II, 228). Die Geburt eines Sohnes löst größere Freude als die einer Tochter aus. Kinder gehören ausschließlich zum Stamm des Vaters. Sie unterliegen seiner (elterl.) Gewalt und haben seine Religion. Die Ehefrau gehörte in vorislam. Zeit zum Besitz des Mannes und unterlag daher ebenfalls seiner Gewalt. Im allgemeinen wurde sie durch Kaufehe erworben, der Vater oder der sonstige »Vormund« (walī) der Frau erhielt den Kaufpreis. Im Islam wurde die →Ehe ein zivilrechtl. Vertrag sui generis. Der Kaufpreis wurde in einen rechtmäßigen »Lohn« für die Dienste und die Hingabe der Frau umgedeutet und stand fortan als Morgengabe (mahr oder ṣadāq) grundsätzl. der Frau selbst zu. Die Entlassung der Frau durch freiwilligen Verzicht des Mannes auf seine Rechte blieb in islam. Zeit in der Form der Verstoßung (ṭalāq) bestehen. Ebenso blieb die vorislam. Möglichkeit, den Mann durch Rückgabe der Morgengabe zum Verzicht auf seine Ansprüche zu bewegen, als »Selbstloskauf« (ḫulʿ) der Frau erhalten.

Die Auffassung der Ehe im Sinne eines Lebensverhältnisses, bei dem – anstelle des gegenseitigen Verständnisses – die persönl. Leistungen und sozialen Beistandspflichten im Vordergrund stehen, zeigt sich ebenfalls bei der grundsätzl. erlaubten →Polygamie. Die in vorislam. Zeit unbeschränkte Polygamie, die einst geholfen hatte, verfeindete Stammesverbände miteinander zu versöhnen, dient nicht nur zur Gewinnung (männlichen) Nachwuchses, sondern – im Austausch gegen Arbeitsleistung – auch zur Versorgung alleinstehender Frauen.

Der Wirkungsbereich der Frau ist das häusl. Leben, wobei traditionell die ältere Frau (Schwiegermutter, Großmutter) die höhere Autorität genießt. Die kleineren Kinder leben bei den Frauen im »Harem«. Der Ehemann und Vater repräsentiert die Familienmitglieder nach außen.

Da im Islam die Gemeinschaft der Gläubigen (umma) an die Stelle der Stammesverbände und ethnischen Gruppen trat, blieb die F. der einzige Blutsverband, den der Islam anerkannte. Der Stamm spielt nur noch insofern eine Rolle, als seine männlichen Mitglieder (ʿāqila) für das sog. Blutgeld (diya) haften. Das umfassende Erbrecht der männlichen Verwandten der männlichen Linie (ʿaṣabāt), der sog. Agnaten des röm. Rechts, wurde durch Festsetzung bestimmter Erbquoten zugunsten einiger vorher von der Erbfolge ausgeschlossener Verwandter, insbes. weibl. Familienmitglieder, im Koran zu einem subsidiären Erbanspruch herabgestuft (→Erbrecht).

Das besondere Verhältnis der Ehefrau zu den nächsten männlichen Verwandten, insbes. zu den Brüdern und dem Vater ihres Ehemannes, äußert sich noch in islam. Zeit darin, daß der nächste männliche Verwandte des verstorbenen Ehemannes die Ehe fortsetzt (sog. Leviratsehe). Aber Mohammed stellte klar, daß Witwen nicht mehr gegen ihren Willen geerbt werden können (Koran IV, 19).

K. Dilger

Lit.: EI² I, 305 [s. v. ʿāʾila; J. Lecerf] – Th. W. Juynboll, Hb. des islam. Gesetzes, 1910, 182ff. – J. Lecerf, Note sur la famille dans le monde arabe et islamique, Arabica 3, 1956, 31–60 – P. Antes, Ethik und Politik im Islam, 1982, 57ff.

II. Osmanischer Bereich: Da das bislang bekannte Quellenmaterial kaum Rückschlüsse auf die bäuerl. F. erlaubt, beziehen sich die folgenden Ausführungen auf die Oberschicht, die im Rahmen ihrer Möglichkeiten dem osman. Palast nacheiferte, sowie auf die muslim. Bewohner der Provinzstädte Anatoliens. Nach den bisherigen Beobachtungen scheint es, daß in diesen beiden Schichten verschiedene F.ntypen vorherrschten. In den dem Palast nahestehenden Kreisen Istanbuls und Edirnes finden wir im 16. und 17. Jh. – für die ältere osman. Zeit fehlen Quellen – nicht selten polygame Ehen, neben den Ehefrauen konnten auch Sklavinnen legitime Nachkommen des Hausherrn zur Welt bringen. Dagegen scheint die polygame Ehe unter den Stadtbewohnern der anatolischen Provinz recht selten gewesen zu sein. Scheidungen waren häufig; die Kadiamtsregister enthalten zahlreiche Fälle, in denen die Frau sich gegen ein Entgelt von ihrem Ehemann die Scheidung aussprechen ließ.

Um die Dauer eines F.nvermögens zu gewährleisten und die Aufsplitterung unter den vom koran. Erbrecht vorgesehenen zahlreichen Erben zu verzögern, richteten manche F.noberhäupter eigens Stiftungen ein, deren Ertrag hauptsächl. den Nachkommen zugute kam. Solche Stiftungen wurden bis zum Erlöschen der F. von F.nmitgliedern verwaltet; von diesen Verwalterstellen waren auch Frauen nicht ausgeschlossen. Dennoch scheinen F.n, die sich über Generationen hinweg in einflußreichen Stellungen halten konnten, recht selten gewesen zu sein. Neben den Auswirkungen des Erbrechts spielte die häufige Einziehung des Vermögens verstorbener Staatsmänner und führender Beamter durch den Sultan eine Rolle.

Verheirateten Frauen verblieb die Kontrolle über ihren Besitz; gegen Versuche ihrer männl. Verwandten, sie um ihr Erbteil zu bringen, wehrten sich viele Frauen mit Erfolg vor dem Gericht des Kadis. Weibl. Erben scheinen den ihnen zustehenden Anteil meist in Form von Bargeld erhalten zu haben, den sie oftmals gegen Zinsen ausliehen. Haus- und Grundbesitz in weibl. Hand waren seltener und wohl am häufigsten in den wohlhabendsten F.n zu finden. Die hohe Zahl frommer Stiftungen, die im Istanbul des 16. Jh. von Frauen errichtet wurden, weist auf ein z. T. beachtl. von Frauen kontrolliertes Vermögen hin. S. Faroqhi

Lit.: Ö. Lütfi Barkan, Edirne Askeri Kassamı'na ait Tereke Defterleri, Belgeler III, 5–6, 1966, 1–479 – R. Jennings, Women in Early 17th Cent. Judicial Records. The Sharia Court of Anatolian Kayseri, JESHO 18, 1, 1975, 53–114 – G. Dávid, The Age of Unmarried Children in the tahrir defters, ActaOrHung 31, 3, 1977, 347–357 – H. Gerber, Social and Economic Position of Women in an Ottoman City. Bursa 1600–1700, IJMES 12, 3, 1980, 231–244 – E. Elifoğlu, Ottoman defters containing Ages of Children: a new Source for demographic Research, AO 9, 1984, 321–328.

Familie, Hl. → Andachtsbild, →Kindheitsgeschichte Jesu

Fano, it. Stadt an der Adriaküste zw. Pesaro und Ancona (Marken) röm. Ursprungs (»Fanum Fortunae«), wurde Ende des 3., Anfang des 4. Jh. Bischofssitz, der Überlieferung nach im Gefolge der Predigttätigkeit des Eremiten Paternianus. Nach der Plünderung durch die Goten unter Witigis (538) gehörte die Stadt bis zu ihrer Einnahme durch die Langobarden 752 zur →Pentapolis. 755 von den Franken zurückerobert, bildete sie einen Teil der Gebiete, die Karl d. Gr. dem Papsttum schenkte (Bestätigung durch Otto III. 1001). In der Stadt entwickelten sich die kommunalen Institutionen (seit 1140 Konsuln, seit 1244 Podestà). Im 13. Jh. tobten in F. heftige Parteikämpfe zw. den Familien Da Carignano und Del Cassero, 1304 wurde F. der Signorie der →Malatesta unterstellt, die 1340 durch die Verleihung des →Reichsvikariats legalisiert wurde, dem 1355 das Apostolische Vikariat folgte. 1357 verkündete Kard. →Albornoz in F. die berühmten →Constitutiones (Aegidianae). Seit 1414 besaß F. eine eigene Münze.

1463 ließ Papst Pius II. im Streit mit Sigismondo→Malatesta die Stadt von Federico di →Montefeltro, Hzg. v. Urbino, belagern. Damit war die Herrschaft der Malatesta beendet. Nach einer kurzfristigen Signorie des Hzg.s v. Urbino wurde die Stadt von verschiedenen Vikaren, darunter auch →Cesare Borgia, beherrscht.

F. spielte im 12. und 13. Jh. eine Rolle im Adriahandel (1140 Verträge mit Venedig, 1199 und 1249 mit→Ragusa, 1208 mit→Split). Anfang des 16. Jh. war F. Sitz bedeutender Drucker (u. a. Girolamo da Soncino). Unter den Malatesta kam es zu einer Stadterweiterung über den röm. Mauerring hinaus. (Die Fläche innerhalb der Mauern betrug zu dieser Zeit 31,29 ha.) Bedeutendste ma. Kirchen sind der Dom (S. Maria 12. Jh., vermutl. aber älteren Ursprungs), S. Maria del Suffragio (12. Jh.), S. Agostino (13. Jh.) und S. Domenico (14. Jh.).   S. Cosentino

Lit.: F. BONASERA, F. Studio di geogr. urbana, Studia Picena 20, 1951, 9–180 – s.a. F. Suppl. al Notiziario di informazione sui problemi cittadini, 1970ff. – F. BATTISTELLI, F. Storia, monumenti, escursioni, 1973.

Fantosme, Jourdain (Jordanus Fantasma), anglofrz. Dichter und Historiograph des 12. Jh. Träger des genannten Namèns sind: 1. einer der Lieblingsschüler →Gilberts de la Porrée um 1142; 2. ein Kleriker in Winchester (1150–80); 3. der Verfasser einer frz. Verschronik; die Identität dieser drei Namensträger ist wahrscheinlich. – Die Verschronik (2 Hss., 2071 Verse) behandelt die Kriege, die →Heinrich II. Plantagenêt, Kg. v. →England, 1173–74 gegen seine Gegner auszufechten hatte (Aufstand der Barone und der Söhne des Kg.s, unterstützt von: →Ludwig VII., Kg. v. →Frankreich, →Wilhelm dem Löwen, Kg. v. →Schottland, sowie dem Gf.en v. Flandern, →Philipp v. Elsaß). Sehr parteilich zugunsten Heinrich II., bietet F.s Chronik für die schott. Einfälle in das nördl. England Nachrichten aus erster Hand; Berichte über die sonstigen Kriegsereignisse sind flüchtiger und z. T. etwas fantastisch. Bemerkenswert ist der lit. Rang der Chronik; die Schilderungen sind lebendig, mit Darstellungen von Szenen in der Art der epischen Dichtung. Die Prosodie dieses anglofrz. Autors ist nach Auffassung seines neuesten Editors äußerst subtil. – Ein rhythm. lat. Gedicht über die Inkarnation wird ihm in einer der 32 Hss. ebenfalls zugeschrieben.   P. Bourgain

Ed.: P. A. BECKER, ZRPh 64, 1944, 449–556 – R. C. JOHNSTON, 1981 – Lit.: MOLINIER II, n° 2000 – I. McDONALD, The Chronicle of Jordan F., Mss., Author and Versification (Mél. A. EWERT, 1961), 242–258 – R. C. JOHNSTON, J. F.' Experiments in Prosody and Design (Mél. P. JONIN, 1979), 355–367 – N. M. HAERING, Ein Lehrgedicht des Gilbertschülers Jordanus Fantasma (Sapientiae doctrina. Mél. H. BASCOUR, 1980), 91–109 – J. G. GOUTTEBROZE, Henry II Plantagenêt patron des historiographes anglonormands, La litt. angevine médiévale, 1981, 91–109.

Fara. Nach herrschender Meinung bezeichnet »f.« bis in das 7. Jh. hinein eine Unterabteilung des langob. Heeres. Nach dem zeitgenöss. Zeugnis des Marius v. Avenches besetzten die Langobarden Italien 568 »in fara«: »Alboenus... cum omni exercitu relinquens... Pannoniam... cum mulieribus vel omni populo suo in fara Italiam occupavit« (Chron. a 569; MGH AA 11). Fast unstrittig ist, daß der Begriff von *faran* ('fahren') abgeleitet und damit als »Fahrtverband« übersetzt werden kann. Marius' Nachricht zeigt, daß diese umfassendere Bedeutung der allgemein angenommenen engeren »Heeresabteilung« vorzuziehen ist. Die f. war also die Lebensgemeinschaft und Organisationsform von Untergruppen des wandernden Langobardenvolkes, zu deren Aufgaben neben der Kriegführung auch die Wahrung des inneren Friedens, die Versorgung von Mensch und Vieh mit Nahrung u. ä.

gehört haben müssen. Die Struktur der f. ist in der Forschung umstritten. Meist wird sie als ein Verband betrachtet, der (auch) durch verwandtschaftl. Bindungen zusammengehalten wird, wobei diese Annahme durch eine Glosse von Paulus Diaconus gestützt wird: »faras, hoc est generationes vel lineas« (Hist. Lang. II, 9; MGH SS rer. Lang.). Einige Indizien sprechen aber auch für eine gefolgschaftl. Komponente im Aufbau der f. Nach dem Bericht des Paulus (l. c.) scheinen im 6. Jh. jeweils mehrere f. unter der Führung eines dux gestanden zu haben. Nach der Eroberung Italiens wurden die f. an strateg. wichtigen Plätzen stationiert. Von dieser Phase in ihrer Geschichte zeugen zahlreiche mit f. gebildete Ortsnamen. Trotz der fortschreitenden Territorialisierung des Langobardenreiches scheint die f. mindestens bis zur Mitte des 7. Jh. weiterexistiert und sich auch eine gewisse Mobilität bewahrt zu haben, wie ihre Erwähnung im Edictum Rothari 177 zeigt.   J. Jarnut

Lit.: G. P. BOGNETTI, Sa. Maria foris Portas di Castelseprio e la storia religiosa dei Longobardi, 1948 (DERS., L'età langobarda 2, 1966), bes. 62–64, 146–149 – DERS., L'influsso delle istituzioni militari romane sulle istituzioni longobarde del secolo VI e la natura della »f.«, 1953 (L'età longobarda 3, 1967), 1–46 – A. CAVANNA, F., sala, arimannia nella storia di un vico longobardo, 1967, bes. 285–296 – HRG I, 1074–1077 [C. G. MOR] – W. GOFFART, Barbarians and Romans a.D. 418–584. The Techniques of Accomodation, 1980, bes. 255–257 – P. M. CONTI, Il ducato di Spoleto e la storia istituzionale dei Longobardi, 1982, bes. 86–92 – J. JARNUT, Gesch. der Langobarden, 1982, bes. 47–49 – A. C. MURRAY, Germanic Kinship Structure, 1983, bes. 89–97.

Fara, Agilolfinger, * vor 624/625, † um 640; Sohn →Chrodoalds, der 624 auf Betreiben der →Arnulfinger bei Kg. →Dagobert I. in Ungnade fiel und 625 in Trier ermordet wurde. F.s Aufenthaltsort zw. 625 und 640 ist unbekannt. Er konnte seinen Vater erst nach dem Tode Dagoberts I. (†638/639) rächen. Um 640 schloß er sich dem Aufstand des Thüringerherzogs →Radulf an, um an Dagoberts Sohn →Sigibert III. und dem Arnulfinger →Grimoald Vergeltung zu üben. Doch Kg. Sigiberts gewaltiges Heer überwand, offenbar zw. Mainz und Vogelsberg, F. mit seinem Anhang in einer »wilden« Schlacht, wobei F. getötet wurde und sein Kriegsvolk, soweit es dem Schwert entkam, in Gefangenschaft geriet. Hzg. Radulf dagegen zog sich nach Thüringen zurück. Von Nachkommen wissen wir nichts, auch nicht, in welchem Verhältnis er zu den bayer. Agilolfingern stand. Für E. ZÖLLNER ist F. ein gewichtiges Bindeglied für seine These der burg. Herkunft der →Agilolfinger.   W. Störmer

Q.: Fredegar IV, 87 – Lit.: E. ZÖLLNER, Die Herkunft der Agilolfinger, MIÖG 59, 1951, 245–264 – M. GOCKEL, Karol. Königshöfe am Mittelrhein, 1970, 309–311 – A. FRIESE, Stud. zur Herrschaftsgesch. des frk. Adels, 1978, 23ff., 164ff. – W. STÖRMER, Bayer.-ostfrk. Beziehungen vom 7. bis zum frühen 9. Jh. (Die Bayern und ihre Nachbarn, hg. H. WOLFRAM–A. SCHWARCZ, I, 1985), 227–252.

al-Fārābī (Abū Naṣr Muḥammad b. Muḥammad b. Turḥān al-Fārābī), bedeutender islam. Philosoph und Theologe, gen. der 'Zweite Meister' nach Aristoteles als erstem. Geb. 872 im Distrikt Fārāb (Transoxanien), wahrscheinl. türk. Abstammung, gest. 950 in Damaskus. Er wurde in Bagdad erzogen und hatte christl. Gelehrte als Lehrer. Begab sich nach Aleppo an den Hof von Saifaddaula. Seine zahlreichen Werke umfassen Kommentare zu Aristoteles und eigene Schriften. Von letzteren blieb erhalten: De Scientiis (»Aufzählung der Wissenschaften«, Iḥṣāʾc al-ʿulūm), De intellectu et intellecto; staatstheoret. Schriften (interessant v. a. der »Musterstaat«), ein Compendium der platon. Nomoi, eine Studie über Platons Philosophie.

Bedeutend für die Geschichte der Philosophie sind seine metaphys. Unterscheidung von Wesen und Sein, die

Theorie der Emanation der zehn Intelligenzen aus dem Einen nach dem Prinzip Ex uno non fit nisi unum, seine Theorie des Intellekts und die Thesen über Prophetie und Gemeinwesen. Vgl. →Philosophie, arab.   G. C. Anawati

al-F. ist in der arab. *Musiktheorie* v. a. als Autor des »Großen Buchs der Musik« (Kitāb al-mūsīqā al-kabīr) bekannt. Darin entfaltet er erstmals die Aristoteles-Rezeption des spätalexandrin. Schulbetriebs für Belange der arab. Musiktheorie. Im Einführungsteil formuliert er eine Prinzipienlehre (wesentl. aufgrund der Anal. post.) und berücksichtigt die Physik; die Lehre von den musikal. Elementen (Ton, Skala) stellte er aufgrund einer z. T. eigenständigen Durchdringung griech. Musiktheorie dar. Dabei berücksichtigt er instrumentenkundl. Belange und gibt eine Rhythmustheorie, die er auch monographisch bearbeitete. – Das Musikkapitel in seiner »Aufzählung der Wissenschaften« (eine sehr konzentrierte Zusammenfassung des »Großen Buches«) war in der lat. Version geläufig (so im 13. Jh. bei →Lambertus und →Hieronymus de Moravia), ohne allerdings dem lat. MA arab. Musiktheorie näherzubringen.   M. Haas

Q., *Ed. und Lit.*: EI², s. v. – A. SHILOAH, RISM B X, 101–108 – Zusätzl.: B. REINERT, Das Problem des pythagoräischen Kommas in der arab. Musiktheorie, Asiat. Stud. 33, 1979, 199–217 – M. HAAS, Arab. und lat. Musiklehre …, Misc. Med. 17, 1985, 358–375.

Farbe, Färber, Farbensymbolik

I. Farbstoffe, -pflanzen, -handel – II. Färber, Färberei – III. Farbensymbolik.

I. FARBSTOFFE, -PFLANZEN, -HANDEL: [1] *Farbstoffe, -pflanzen:* Die in den ma. Textilgewerben (→Textilien) gebräuchl. Farben (F.n) waren überwiegend pflanzl. Ursprungs. In der Buch-, Tafel- und Wandmalerei überwogen mineral., z. T. animalische Farben. Für die Textilfarbe Blau kam →Waid, seit dem 15. Jh. zunehmend auch der aus dem Orient stammende →Indigo in Frage, für Rot →Krapp, Saflor, seltener Brasilholz und →Kermes (grain), für Gelb →Wau, Saflor und →Safran. Weitere Farbstoffe waren: Färberflechte (orseille), Eichenrinde, Eisengallat und importierte Galläpfel. Braun, Grün, Violett und Schwarz konnten, wie die zahlreich überlieferten Färbereirezeptbücher angeben, nur durch die Mischung mehrerer F.n oder durch eine bes. intensive Färbung erreicht werden (vgl. auch →Beizmittel). Der arbeitsintensive Anbau der Farbpflanzen ist typisch für die agrar. Nutzung stadtnaher Ländereien und entwickelte sich parallel zu den Konjunkturen der europ. Textilgewerbelandschaften. Waidanbau ist seit dem 12. Jh. in Namur (heut. Belgien), seit dem 13. Jh. am Niederrhein, in Thüringen, Frankreich (Gascogne, Languedoc zw. Toulouse, Albi und Narbonne, Normandie, Picardie), Italien (Piemont, Toskana), seit dem 14. Jh. in Westfalen (Soest) und spätestens im 15./16. Jh. in England (Lincolnshire, Somerset) belegt. Krapp wurde seit dem 12. Jh. im ndl. Seeland, seit dem 14. Jh. in Schlesien (Breslau), Niedersachsen (Braunschweig), am Oberrhein (Speyer, Straßburg) und an der Obermosel (Trier), in Frankreich (Provence), Spanien (Kastilien) und Ungarn angebaut. Wauanbau findet sich nach 1300 weitverbreitet in Europa, bes. aber in Thüringen, am Nieder- und Oberrhein, in Frankreich (Picardie) und z. T. in England. Den besten Saflor bezog man aus Südfrankreich, Italien und Spanien. Der teuerste und in der Seidenfärberei (→Seide) bevorzugte Safran bester Qualität stammte seit dem 12. Jh. aus Oberitalien (Toskana), Südfrankreich und Spanien (Aragón, Katalonien). Mindere Qualitäten wurden im 15./16. Jh. am Oberrhein, in Niederösterreich und England (East-Anglia) angebaut. Das zu den Rothölzern gehörende teure Brasilholz wurde

seit dem 13. Jh. über it. Händler aus Indien, Sumatra und Ceylon nach Europa eingeführt. Der Name »Brasilholz« (abgeleitet vom it. ʿVerzinoʾ, ʿBresilʾ, ʿPresilienʾ) ging auf das um 1500 in Brasilien und Jamaika entdeckte Rotholz Fernambuk- und Bahiaholz über. Kermes, das aus den abgelegten Larven der Schildläuse in Kleinasien, der Levante und in Spanien, vielleicht auch in Deutschland und Polen gewonnen wurde, verdrängte seit der Spätantike zunehmend die kostspielige Purpurfärbung (→Purpur). Es konkurrierte mit dem teureren Brasilholz.

[2] *Farbstoffhandel:* Die F.n kamen gemahlen oder zu kleinen Ballen gepreßt, Brasilholz in Holzblöcken, Safran als getrocknete Blütennarben in den Handel. Am Farbhandel beteiligten sich die meisten großen europ. Handelsgesellschaften. Import und Verkauf der F.n unterlagen auf den großen europ. Messen und Warenumschlagplätzen der Kontrolle besonderer Aufsichtspersonen (Waidmesser, Safranbeschauer). Besonders im Handel mit Waid und Safran ließen sich hohe Spekulationsgewinne erzielen. Der Waidhandel genoß z. T. besondere Privilegien. Er wurde von häufig zunftmäßig organisierten Waidhändlern getragen; die Mitgliedschaft in diesen Zünften setzte beim einzelnen Händler ein hohes Eigenkapital voraus. Als Käufer der F.n traten die einzelnen Färber oder die Färberzünfte geschlossen auf, wenn sie eine selbständige Zunft bildeten.   Ch. Reinicke

II. FÄRBER, FÄRBEREI: [1] *Wertschätzung der Textilfarben:* Vom Altertum bis weit in die frühe NZ hinein spielte die Farbgebung von Kleiderstoffen als soziales Unterscheidungsmerkmal eine wesentl. größere Rolle als heute. Bezeichnend dafür ist die Beschränkung der Verwendung bestimmter Farbstoffe und F.n, z. B. des Purpurs, auf die →Kleidung sozial hochgestellter Personen. Wichtig waren dabei die Seltenheit und hohen Preise mancher Farbstoffe, auch abgesehen vom Purpur: wir wissen z. B. aus dem spätma. Florenz oder Lille, daß das Färben derselben Stoffmenge mit einem luxuriösen, meist importierten Farbstoff bis zum Zwölffachen dessen kosten konnte, was für die Erzielung eines ähnlichen Farbtons mit einfacheren, heimischen Färbemitteln verlangt wurde; dabei dürfte die Färbung teurer als der Textilstoff selbst geworden sein. Aufgrund hoher Herstellungskosten und entsprechender Preise scheinen im SpätMA brillante Rottöne und alle dunklen, satten F.n die höchste Geltung besessen zu haben.

[2] *Organisation der Färbergewerbe:* Trotz der großen Bedeutung der Textilfarben sind die Zeugnisse für zunftmäßig organisierte Färbergewerbe seltener und liegen auch zeitl. meist später als die für andere Textilgewerbe. Die Entstehung einer Färberzunft oder einer entsprechenden Organisation setzte anscheinend die Existenz eines hochentwickelten lokalen Textilgewerbes, am besten eines fernhandelsorientierten Tuchveredelungsgewerbes, voraus. Wo dieses fehlte, bildeten sich Färberzünfte gar nicht oder erst sehr spät im MA aus. Unter solchen einfacheren Verhältnissen dürften viele Weber ihre Tuche selber gefärbt haben; so erlaubte etwa die Zunftordnung den Rippbarchentwebern von Frankfurt a. M. noch im 16. Jh., ihre Produkte selber zu färben. In Lille dagegen mußten alle in der Stadt gewebten Tuche von den stadtansässigen Färbern gefärbt werden. Wo es, wie in Flandern, in Norditalien, auch etwa in Köln, eine hochentwickelte Tuchveredlung gab, entstanden organisierte Färbergewerbe schon im HochMA und teilten sich schon im 13. Jh. in Spezialzweige, wie Blau- und Rotfärber (»Röder«), Schwarz- und Schönfärber, Garn- und Tuchfärber, Woll- und Leinenfärber.

Die Lehrzeiten schwankten zw. drei Jahren bei den Leinenfärbern in Köln und sechs Jahren bei den Wolltuchfärbern in Venedig.

Daß Färberzünfte seltener und die Zahl der einzelnen Färber meist kleiner waren als die anderer Textilhandwerker (1292 gab es in Paris 15 Färber, aber 82 Weber und 124 Schneider), beruhte wohl auch darauf, daß das Färben weniger Zeit in Anspruch nahm als das Spinnen oder Weben. In Lille, wo sich bei guter Konjunktur in der ersten Hälfte des 15. Jh. die Zahl der Färber von etwa 6 auf rund 18 erhöhte, verarbeitete jeder Färber neben den Tüchern aus heimischer Produktion im Durchschnitt jährl. 100 Tuche aus dem städt. Umland. Ein Hamburger Färber war vertragl. verpflichtet, jährl. 400 engl. Laken zu färben.

[3] *Spezifische Probleme, Qualitätskontrollen, Arbeitsteilung:* Vielleicht noch mehr als bei anderen Gewerben verlangte die Ausübung des Färberhandwerks neben umfangreichen Kenntnissen über die Eigenschaften der verwendeten Rohstoffe (Farbmittel, Beizen und Textilien) einen reichen Erfahrungsschatz zur Erzielung lichtechter, feuchtigkeitsbeständiger und gleichmäßiger F.n, bes. aber, um auch bei einer großen Zahl einheitl. zu färbender Tuche immer exakt den gleichen Farbton zu treffen. Eine spezielle Schwierigkeit lag darin, daß gerade bei den so häufig verwendeten Farbstoffen Waid und Indigo der erreichte Farbton nicht sofort, sondern erst nach längerer Oxydation, also Lufttrocknung, des eigtl. chemischen Wirkstoffs Indigotin sichtbar wurde. In manchen Städten erhielten die Färber Musterstücke, deren Farbton exakt zu reproduzieren war. Die Färberarbeit unterlag möglicherweise mehr Qualitätskontrollen als die anderer Gewerbe. Viele Farbtöne konnten nämlich im MA nur durch mehrfache Überfärbungen erreicht werden und in manchen Städten, z. B. Hamburg und Lübeck, wurden die Tuche nicht nur im Endzustand, sondern nach mehreren einzelnen Färbevorgängen geprüft. Bei diesen Prüfungen durften die Färber nicht persönlich anwesend sein. Wurde dabei ein Färbevorgang als irreparabel mißlungen festgestellt, konnte die weitere Verarbeitung des Tuchs untersagt werden. Praktisch überall waren die Färber verpflichtet, ihre Kunden nicht durch die Verwendung billiger Ersatzfarbstoffe zu hintergehen – was zu erkennen für Nichtfachleute offensichtl. schwer war – und bestimmte Farbstoffe ganz zu meiden, bes. die aus Eisenschliff gewonnene »Galle« bei der Schwarzfärbung, die die Textilfasern brüchig machte. Generell waren die Färber auch verpflichtet, ihren Auftraggebern verfärbte Tuche, bei denen eine Nachbesserung unmöglich schien, zu ersetzen. Bei teuren Tuchen gingen die Färber daher erhebl. finanzielle Risiken ein. In →Venedig und →Florenz mußten die Färber beim Eintritt in ihre Zunft bzw. die »arte della lana« sogar eine hohe Kaution hinterlegen, wohl um daraus ggf. ihren Kunden verfärbte Tuche ersetzen zu können.

Die Ausübung des Färbergewerbes setzte demnach auch einen relativ hohen Kapitaleinsatz voraus und dürfte vielerorts eine hohe Affinität zum Tuch- und Farbstoffhandel mit seinen großen Verdienstmöglichkeiten gehabt haben, z. B. in der Leinen- und Barchentstadt →Konstanz. Andererseits gab es in →Köln eine eher kaufmänn. Waidhändlerzunft, der Mitglieder bedeutender Patrizierfamilien angehörten und die kaum sehr eng mit den handwerkl. arbeitenden Färbern verflochten gewesen sein dürfte. Die Lübecker Färberordnung von 1500 war deutlich bemüht, Färberhandwerk und Tuchhandel klar zu trennen: den Kaufleuten wurde verboten, die Färber anders als bar, z. B. mit Tuch oder Farbstoffen zu bezahlen.

Die Kenntnis neuer oder besserer Färbetechniken war offensichtl. lukrativ, denn 1380 warb ein Konstanzer Färber einen venez. Kollegen an, um von ihm solche Kenntnisse zu erwerben. Die Hamburger Englandfahrergesellschaft schloß 1530 mit einem Antwerpener Färber einen Vertrag, wonach jener sich verpflichtete, Antwerpener Techniken in der Hansestadt einzuführen (wobei ihm die Antwerpener Stücklohntarife garantiert wurden). Färbetechniken wurden also nicht nur durch die zahlreichen Rezeptbücher verbreitet. Der Aufbau eines Färbereigewerbes in einer Stadt wie Hamburg, in der es keine bedeutende Tuchproduktion gab, weist, wie die bereits erwähnte Konzentration der Färberei auf Tuchveredlungsregionen, auf die im MA häufige räuml. Trennung zw. Tuchproduktion und Färberei und Veredlung hin. Obwohl wir aus →Datinis Handlungsbüchern wissen, daß engl. Tuche auch gefärbt ausgeführt wurden, war es gerade für Tuche dieser Provenienz typisch, daß sie ungefärbt nach Florenz oder Antwerpen gebracht wurden und dort ihre Färbung erhielten. Gründe dafür dürften die bessere Versorgung dieser großen Märkte mit Farbstoffen und ihre größere Nähe zu den Abnehmern gewesen sein.

[4] *Technische Einzelheiten:* Textilfasern können im Rohzustand, als Garn oder als fertiges Gewebe gefärbt werden. Alle drei Möglichkeiten waren im MA zweifellos bekannt, doch zeigen die Quellen, daß im MA die Färbung fertig gewebter Tuche bei weitem überwog. Nur bei der Seide dürfte die Garnfärbung wichtiger gewesen sein. Der Farbdruck auf Textilien war im MA ebenfalls bekannt.

Eine dauerhafte Färbung von Textilfasern war nur unter Zuhilfenahme von Beizmitteln wie z. B. Aschenlaugen oder Alaun möglich, da viele der verwendeten Farbstoffe nicht auf ungebeizten Textilfasern haften und überdies das nach dem Spinnen übliche Einfetten des Garns, das die Fasern elastisch hielt, eine Farbaufnahme erschwerte. Da alle im MA verwendeten Farbstoffe in wäßriger Lösung auf die Textilien aufgetragen wurden, waren die Färber auf reichliche Wasserzufuhr angewiesen. Färberhäuser lagen daher fast immer an den Stadtgräben oder Fließgewässern in der Stadt; auch speziell angelegte Wasserleitungen kamen vor. Die Farblösungen wurden in Küpen angesetzt und erhitzt, wobei es häufig – z. B. beim Färben mit Waid – notwendig war, erhöhte Temperaturen lange zu halten, Überhitzung jedoch zu vermeiden. Die Tuche oder Garne wurden in der Küpe mit langen Holzstangen gewendet. Es gab aber auch die Möglichkeit, die Tuche über an der Küpe befestigte Rollen zu spannen und durch deren Drehung immer wieder ins Farbbad zu tauchen. Bes. bei der Garnfärbung bestimmten die Zunftordnungen höchstzulässige Mengen, die in einer Küpe gefärbt werden durften, da starkes Zusammenpressen des Garns die Farbaufnahme verhindern konnte. Nach den meisten Färbeprozeduren waren reichliche Spülungen der Tuche in klarem Wasser notwendig, was in Köln nur im Rhein zulässig war. Aus den meisten Städten mit größerem Färbereigewerbe sind Klagen über die Verunreinigung von Gewässern durch Färberückstände bekannt.

H.-P. Baum

Q.: vgl. →Handwerker – *Lit.:* RDK VI, 1461–1492 – Ch. Desmaze, Les métiers de Paris. D'après les ordonnances du Châtelet, avec les sceaux des artisans, 1875 [Repr. 1975] – L. Bardenhewer, Safranhandel im MA, 1914 – H. Grünfelder, Die Färberei in Dtl. bis zum Jahre 1300, VSWG 16, 1922, 307–324 – H. Jecht, Beitr. zur Gesch. des ostdt. Waidhandels und Tuchmachergewerbes, Neues Lausitzisches Magazin 99, 1923, 55–98; 100, 1924, 57–134 – R. Scholz, zur Gesch. des Farbstoffhandels im MA, 1929 – J. B. Hurry, The Woad Plant and Its Dye, 1930 – W. L. J. de Nie, De ontwikkeling der noordnederlandsche textielvererij, 1937 – R. Marquant, La vie économique à Lille sous

Philippe le Bon, 1940 – F. WIELANDT, Das Konstanzer Leinengewerbe. 1. Gesch. und Organisation (Konstanzer Stadtrechtsq., II, 1950) – G. DE POERCK, La draperie médiévale en Flandre et en Artois, 3 Bde, 1951 – C. WISKERKE, De geschiedenis van het meekrapbedrijf in Nederland, Economisch-Historisch Jaarboek 25, 1952, 1–144 – H. WISWE, Ma. Rezepte zur Färberei sowie zur Herstellung von F.n und Fleckenwasser, Jb. des Vereins für Ndt. Sprachforsch. 81, 1958, 49–58 – G. CASTER, Le commerce du pastel et de l'épicerie à Toulouse de 1450 environ à 1561, 1962 – G. ASAERT, Handel en kleurstoffen op de Antwerpse markt tijdens de XVe eeuw, Bijdragen en Mededelingen betreffende de Geschiedenis der Nederlanden 88, 1973, 377–402 – W. MÄGDEFRAU, Zum Waid- und Tuchhandel thür. Städte im späten MA, Jb. für Wirtschaftsgesch., 1973, 131–148 – E. E. PLOSS, Ein Buch von alten F.n. Technologie der Textilfarben im MA mit einem Ausblick auf die festen F.n, 1977[4] – M. LOMBARD, Les textiles dans le monde musulman au VIIe–XIIe s. (École des Hautes Études en Sciences Soc. Civilisations et Sociétés 61, 1978) – Farbmittel, Buchmalerei, Tafel- und Leinwandmalerei, hg. H. KÜHN u. a. (Reclams Hb. der künstler. Techniken 1, 1984).

III. FARBENSYMBOLIK: [1] *Allgemeines:* a) *Begriff:* F.n gehören nach ma. Auffassung neben anderen von Gott und den Menschen geschaffenen Dingen und weiteren Gattungen von Sinnträgern, wie z. B. Personen, Zahlen, Orten und Zeiten, Ereignissen und Qualitäten, zur Welt der signifikanten Dinge, deren Zeichencharakter dadurch gegeben ist, daß nicht nur die Worte (voces), sondern auch die mit ihnen gemeinten Dinge (res) bedeutungshaltig sind. Sie sind daher Gegenstand der ma. Bedeutungsforschung, die die Aufgabe hat, auf einem Teilgebiet ma. Allegorese die bisher noch ungesicherte Rede von sog. Farbensymbolik (F.s.) unter Verzicht auf einen einerseits inhaltsärmeren, andererseits wissenschaftsgeschichtl. determinierten Symbolbegriff auf einen philolog. festen Grund zu stellen, indem sie die allegor. Bedeutung der F.n durch authentische, d. h. von den Autoren des MA selbst vollzogene Erklärungen dokumentiert. Insgesamt ist die Forschungssituation noch durch das Fehlen einschlägiger Untersuchungen zur Farbenallegorese des MA gekennzeichnet (vgl. jedoch Lit.).

b) *Quellen:* Entscheidend für das Bedeutungsspektrum eines Farbwortes ist seine bibl. Bezeugung, wodurch es zum Gegenstand der Exegese wird. Ein verläßl. Bild über Methoden und Inhalte der Farbenallegorese läßt sich durch Auswertung einer nach den Kriterien der hist. Repräsentanz und der Wirkung getroffenen Auswahl von Bibelkommentaren der Väterliteratur (Origenes, Ambrosius, Hieronymus, Augustinus), des frühen MA (Cassiodor, Gregor d. Gr., Isidor v. Sevilla, Beda), der Karolingerzeit (Alkuin, Hrabanus Maurus) und des 12./13. Jh. (Rupert v. Deutz, Honorius Augustodunensis, Hugo und Richard v. St. Viktor, Bernhard v. Clairvaux, Thomas Cisterciensis) gewinnen. Schwerpunkte der allegor. Exegese bleiben auch weit über diesen Zeitpunkt hinaus exeget. Schriften zum Buch Exodus, zum Hohen Lied und zur Apokalypse. Daneben sind Ausstrahlungen der F.s in nichtexeget. Texte zu verzeichnen (z. B. Liturgieerklärungen, enzyklopäd. Lit., Visionstexte, Antikenkommentare, dichterische Texte). Reflexe der ma. F.s. finden sich noch in den allegor. Wörterbüchern der frühen NZ und bis ins 18. Jh. (v. a. in der Edelsteinallegorese).

c) *Methode:* Anders als z. B. bei der Zahlenauslegung sind für die F.n aus dem MA keine theoret. Zeugnisse über den Vorgang der Farbenallegorese bekannt. Es entspricht der exeget. Praxis, daß Farbwörter zumeist im bibl. Kontext gedeutet werden. Die Textgebundenheit als ein Spezifikum der Bibelauslegung gilt für alle Gattungen von Sinnträgern gleichermaßen. Sie enthebt die Allegorese weitgehend der Willkür und bestimmt den Gang der Auslegung entscheidend. F.n fungieren hier einerseits als

Proprietäten bibl. Sinnträger, d. h. als deutungsstiftende Eigenschaften bieten sie auf der spirituellen Sinnebene den konkreten Ansatz zur Auslegung (z. B. der rote Granatapfel oder die zum Sündopfer dargebrachte rote Kuh als Signum des Gedenkens an die Passion Christi). F.n können daneben aber auch selbständig (als Qualität) Bedeutungsträger sein und mit eigenen Proprietäten oder mit einem sinnstiftenden Bezug auf eine semant. Opposition verstanden werden (z. B. kommen der Qualität Purpurrot aufgrund ihrer Proprietäten Feuerähnlichkeit, Blutähnlichkeit, der Gewinnung aus Meerestieren die Bedeutungen Liebe, Passion/Martyrium, Taufe zu). Das Bedeutungsspektrum hängt von der Anzahl und der Auswahl der Proprietäten ab. Als Proprietätenäquivalente können Zitate aus der Bibel den Weg der Allegorese bestimmen. Die deutungsstiftenden Eigenschaften werden durchaus unregelmäßig genannt, wenngleich immer auch dann bestimmend, wenn ihre Kenntnis stillschweigend vorausgesetzt wird.

[2] *Farbenvorkommen; Beispiele der Auslegung:* Die systemat. Auswertung repräsentativer Quellen hat etwa 130 lat. Farblemmata (ohne Nebenformen, abgeleitete Formen und ohne den Licht-Dunkel-Bereich) ermittelt, für die bei einer Minderzahl nur ungedeutete Belege vorliegen. Für weit über 80 Lexeme sind explizite Deutungen erfaßt; dabei handelt es sich in der großen Mehrzahl um seltener belegte, zumeist von Dingen abgeleitete Farbwörter, während sich die meisten Auslegungen zu einer kleineren Anzahl von Lexemen finden, die v. a. fünf Farbbereichen zuzuordnen sind: Rot; Grün; Blau; Gelb/Gold und Verwandtes; Schwarz/Weiß. Auch bei Metallen wird häufig ihre Farbqualität deutungsrelevant. Pauschale Aussagen zu den Farbendeutungen (Beispiele aus der Edelsteinallegorese: Grün: Glaube, Hoffnung, Kontemplation, Keuschheit, Strenge, ewiges Leben; Blau: Himmlisches in weitem Bedeutungsumfang, göttl. Natur; Schwarz: Sündhaftigkeit/Teufel, geistige Traurigkeit, Unglück, Demut, Unwissenheit; Weiß: Glaube, Wahrheit, Reinheit, Freude, Glück; Gelb: Tod, Buße, Mäßigung, Reichtum) müssen ohne Hinweis auf Bedeutungsträger, Proprietäten und Kontext beliebig erscheinen; zudem verkennen sie die auf der Proprie-Ebene zu verzeichnende Komplexität der Farbenbezeichnungen; allein für die rote F. sind neben dem Grundwort ruber/rubeus mehr als 30 weitere differenzierende, z. T. in einem Deutungszusammenhang ident. Sachverhalte benennende Lexeme bekannt; diese translate das gesamte Spektrum einer hierarch. strukturierten Bedeutungswelt entsprechen kann (z. B. Rot als Blutfarbe: Passion Christi, Martyrium, Blutschuld der Juden an Christus, Christenverfolgung; als F. glühenden Feuers: Hl. Geist/Gnade, Liebe, Intensität verschiedener Tugenden, Feuergericht bei der Wiederkunft Christi, ird. Bedrängnis; als F. natürl. Schamröte: Scham, Buße, Bekenntnis, Liebe/Zorn/Freude Christi; als F. roter Erde: irdische Natur Christi, menschl. Schwachheit; als Weinfarbe: Abendmahl, Blut Christi, Kelch des Leidens; als F. des Morgenrots: begrenzte Gotteserkenntnis; als F. der Sonnenglut: Zeit der Gnade Christi; als F. rötl. gefleckter Haut den Aussätzigen: Sünde; als F. des Elfenbeins oder Farbqualität des Goldes ist es in der Deutung durch die Farbträger festgelegt).

R. Suntrup

Lit.: RDK VII, 54–121 – S. SKARD, The Use of Color in Lit. A Survey of Research, Proceedings of the American Philosophical Society 90/3, 1946, 163–249 – CH. MEIER, Die Bedeutung der F.n im Werk Hildegards v. Bingen, FMASt 6, 1972, 245–355 – DIES., Gemma spiritalis. Methode und Gebrauch der Edelsteinallegorese vom frühen Christentum bis ins 18. Jh., T. 1, 1977 [139–236 zu den F.n] – DIES.–R. SUNTRUP,

Zum Lexikon der Farbenbedeutungen im MA, FMASt 21, 1987 [im Dr.].

Farben, heraldische → Heraldik

Farbigkeit der Architektur

I. Okzident – II. Byzanz.

I. OKZIDENT: Term. techn. für jede Maßnahme, die dazu dient, durch Farbe vorhandene architekton. Gliederungen hervorzuheben oder Flächen zu gliedern, d. h. sowohl das Betonen von Strukturen und das Gliedern als auch ornamentale, dekorative und illusionist. Bemalung von Flächen und Baugliedern, im Steinbau ebenso wie im Holzbau (→Fachwerkbau). Unter F.d.A. ist nicht die Gesamterscheinung eines Bauwerks bzw. seines Innenraumes zu verstehen, die u. a. durch die Struktur der Materialoberfläche, Beleuchtung, Farbverglasung, Ausstattung (Gemälde, Figuren, Textilien, Geräte) und Dachdeckung hervorgerufen wird.

Für das westl. MA gibt es seit dem 19. Jh. (E. VIOLLET-LE-DUC, K. SCHÄFER, P. CLEMEN, H. PHLEPS) eine Fülle von Einzelbeobachtungen, eine systemat. Untersuchung jedoch fehlt. F. KOBLER hat 1973 einen ersten Überblick im RDK versucht. Die Befunduntersuchungen und deren Dokumentation sind zumeist nur sehr fragmentarisch und die Rekonstruktion für den Gesamtbau hypothetisch. Die Funktion der F. in ihrem Verhältnis zur architekton. Form, deren Struktur die Farbe betont, ergänzt, negiert oder verändert, ist bisher nicht untersucht, ebensowenig der Wandel der F.d.A. parallel zum Stilwandel, regionale oder künstler. Traditionen, Einflüsse und Übernahmen. Allgemein besteht die Schwierigkeit zu klären, ob die erste nachweisbare Farbfassung aus der Bauzeit stammt, vom Baumeister zugleich mit der Baustruktur geplant, unmittelbar nachträglich oder von einer nachfolgenden Generation aufgebracht worden ist, d. h. wieweit die Farbfassung unmittelbar zur Planungsidee gehört und somit ein unverzichtbarer Teil der beabsichtigten Gesamtwirkung war. Die F. ist jedenfalls ein außerordentl. wichtiges Gliederungs- und Gestaltungselement. Voreilige Schlüsse oder Ergänzungen können die Wirkung der Architektur nachhaltig beeinflussen, wie auch das Negieren der F. zu einem falschen Eindruck führt, der vorrangig durch die Vorstellungen der vergangenen 200 Jahre bestimmt ist.

Die F. (Polychromie) und die Fassadenmalerei sind seit der Antike (Ägypten, Mesopotamien, Griechenland, Rom) in reichem Maße als architekton. Gliederung mit Fugennetzen, Vorlagen, Pilastern, Gesimsen, Giebeln usw. angewendet worden, dazu ferner figürl. oder ornamentale Motive bzw. Scheinarchitekturen. Die F. wird entweder durch den Wechsel verschiedenfarbigen Materials oder Bemalung hervorgerufen, sowie mittels Mosaik, Baukeramik oder Sgraffitotechnik. Im MA wird zusätzl. zu den farbigen Gliederungen der Fassaden auch die Fläche mit Wappen, Heiligenbildern u. ä. bemalt, oder – seit dem 13. Jh. nachgewiesen – mit Scheinmaßwerk, jedoch erst seit der Renaissance bildet sich die Fassadenmalerei in ihrem ganzen Reichtum aus. Das MA wird bestimmt von einer heute kaum noch in vollem Umfang nachvollziehbaren F. der Gliederungselemente sowohl im Innern als auch im Äußeren.

Gemalte Quader, die durch Fugenmalerei erreicht werden, sind seit dem 11. Jh. nachzuweisen, zumeist unabhängig von dem originalen Fugenschnitt, im 13. Jh. im Rheinland anscheinend auch ohne Vertikalfugen nur als horizontale weiße Linien, auch finden sich doppelte Fugenlinien (Romainmôtier um 1080). Im 15. Jh. beginnt die gemalte Eckquaderverzahnung. Farbwechsel, bes. bei Architekturgliederungen wie Säulen, Bogen, Lisenen wird entweder durch Wechsel der Steinmaterialien und/oder durch Farbanstrich erreicht, vereinzelt schon an karol. Bauten, häufiger seit dem 10. Jh. (St. Pantaleon, Köln, Westwerk Ende 10. Jh., St. Michael, Hildesheim 1010–22), auch durch Einfügen von Backsteinen. Der Materialwechsel wurde bes. reich im 12./13. Jh. an toskan. Bauten (Protorenaissance) angewendet. Im Backsteinbau wird die F. durch Putzflächen oder farbig glasierte Backsteine erreicht, verbreitet bei got. Bauten in Norddeutschland.

Merow. und *karol. Bauten* waren üblicherweise bemalt, wie Schriftquellen und Befunde belegen: weißer Anstrich im Innern wie am Äußeren, Gliederungen in Rot, Ornamentik an den Fensterbogen, Blenden und Gesimsen, Begleitstriche, ferner Materialwechsel (Torhalle des Kl. Lorsch), im Innern reiche ornamentale Bemalungen (Corvey Westwerk 873–885, Essen-Werden 943), auch Scheinarchitekturen (Torhalle Lorsch, Krypta St. Maximin, Trier vor 882); ähnl. Befunde an frz. Bauten. Für die *otton.* und *sal. Bauten* ist der Farbwechsel als Materialwechsel oder Anstrich charakteristisch; Ornamentbänder und Marmorierung sowie farbige Wandgestaltungen sind selten nachgewiesen. In der *Romanik* ist eine umfassende reiche F.d.A. in allen Gegenden festzustellen, wobei die frz. Bauten seltener und südd. Bauten kaum Farbspuren aufweisen, in der Toskana aber bes. reicher Materialwechsel (Inkrustation) vorherrscht. Die Farbe wird zur Betonung plast. Gliederungselemente genutzt sowie zur Flächengliederung und als Dekor. Die Gliederungs- und Dekorationssysteme sind außerordentlich vielgestaltig, zeitlich und regional sehr differenziert und kaum allgemein gültig. Häufig ist die Vermischung von plast. Struktur und farbiger Gestaltung zu beobachten; entweder werden Strukturen vermischt oder betont. Am Mittel- und Niederrhein ist um 1140–1250 der größte Reichtum an F.d.A. in Europa festzustellen. Die Einzelbefunde sind außerordentl. zahlreich, die Dekorationssysteme nur teilweise zuverlässig zu rekonstruieren (Wiederherstellung nach 1950 am Außenbau allgemein, im Innenraum teilweise fraglich). Portalrahmungen, Fenstergewände, Bogen und Grate wie Rippen werden von breiten, ornamentierten Bändern begleitet, in den Kappen Ranken und Mischwesen, Stirnflächen werden gequadert, Gesimse und Bögen bes. im Rheinland stark farbig und reich gemustert mit Spiral- und Wellenlinien, Rauten, Blattwerk, Marmorierung; Wandflächen können innen und außen Quadermalerei tragen, auch Streumuster oder figürl. Einfügungen, beeinflußt von der reichen Buchmalerei der Zeit. Für Süd-, Südwest- und Mitteldeutschland liegen nur Einzelbeobachtungen vor, die sich nicht zu Systemen ergänzen. Häufig ist zudem zu beobachten, daß die Malerei sich nicht an die vorgegebenen dreidimensionalen Architekturglieder hält, diese flächig auffaßt (Quaderung der Bogenstirn, weiße Laibung) oder durch Malerei ergänzt, auch fortsetzt, oder gar abbricht. Die Vielfalt der erkennbaren Lösungen läßt bislang Systeme nur schwer erkennen. Außerdem sind Rückschlüsse erschwert durch die Beobachtung, daß Putz und Farbfassung häufig joch- und bauabschnittweise aufgebracht und im Baufortgang abgewandelt wurden (Dom in Xanten).

In der *Gotik* belegen Farbbefunde am Außen- wie Innenbau ebenfalls eine mehr oder weniger durchgehende Farbfassung; zumindest verschiedenfarbige Tönung der Gliederungselemente und Flächen, farbige Hervorhebung von Kapitellen, Gesimsen und Figuren, reiche F. an Portalen, aber auch kleinteiliger Dekor, bes. in den Gewölben, ist allgemein zu beobachten. Mitte 13.–Ende 14. Jh. wird die traditionelle Behandlung fortgeführt, wobei zumeist die Wandabschnitte mit einer Grundfarbe gefaßt sind (bes. rot, grau, weiß) und die dünnen durchgehenden Gliederungen als Dienst-Rippen-System davon abgesetzt sind, die Flächen mit Fugennetz, die Laibungen ornamental behandelt. Eine Vielzahl von Farbtönen bestimmt die Dekorationen. Bei den Bettelordenskirchen, bes. in Süddeutschland herrscht Quadermalerei vor, in Grau oder rötlich mit weißen oder roten Fugen, dazu gelb. Rippen, auch mit schwarzem oder rotem Begleitstrich, Schlußsteine zusätzlich mit Vergoldung. In Österreich bestimmt die Quadermalerei das allgemeine Bild, dazu reiche Farbvariationen für Gewölbe, Rippen und Gliederungen. Zu Ende des 14. Jh. beginnt eine Reduzierung der F.d.A., sie beschränkt sich häufig auf die Bogen, Schildflächen und Gewölbe (bes. im Rheinland). Die Steinsichtigkeit wird immer häufiger gewählt. Durch das ganze MA unterscheidet sich die F. von kirchl. und profanen Bauten nicht grundsätzlich, sondern innerhalb beider Gattungen sind unterschiedl. Anspruchniveaus festzustellen. Zur Farbikonologie ist bisher wegen der fragmentar. Befunde und fehlender krit. Zusammenstellung kaum etwas auszusagen.   G. Binding

Lit.: RDK VII, 274–428, s. v. Farbigkeit [F. Kobler; Forschungsstand bis 1973]; ebd., 690–742, s. v. Fassadenmalerei [Chr. Klemm] – M. Baur-Heinhold, Bemalte Fassaden, 1975 – J. Michler, Über die Farbfassung hochgot. Sakralräume, Wallraf-Richartz-Jb. 39, 1977, 29–64 – H. Claussen, Zur F. von Kirchenräumen des 12. und 13. Jh. in Westfalen, Westfalen 56, 1978, 18–72 – H. Magirius, Denkmalpflege an Kirchenbauten der obersächs. Spätgotik (Denkmalpflege in Sachsen, 1978), 160–209 – H. Claussen, Zur F. des Paderborner Domes im 13. Jh. Dom-Restaurierung Paderborn 1978–1980, 1980, 37–43 – M. Hering-Mitgau, B. Sigel, J. Ganz, Von Farbe und Farben (Fschr. A. Knoepfli, 1980) – G. U. Grossmann, Der Fachwerkbau, 1986 – J. Michler, Got. Ausmalungssysteme am Bodensee, Jb. der Staatl. Kunstslg.en in Baden-Württemberg 23, 1986, 32–57 – J. Schneider-J. Hanser, Wandmalerei im Alten Zürich, 1986.

II. Byzanz: Die F. d. A. durch den Wechsel von behauenen Steinflächen mit mehrfachen Schichten von Ziegeln wird erstmals bezeugt durch die Landmauer von Konstantinopel (frühes 5. Jh.). Obwohl diese Bauweise auch sonst unter Putzschichten oder an Ruinen in Erscheinung tritt, ist in den wenigsten Fällen gesichert, ob sie jemals sichtbar gewesen ist. Erst im 14. Jh. tritt diese Kombination von Hausteinen und Ziegeln in reichster Form wieder auf, bes. kennzeichnend dafür sind die Bauten in Mesembria (Nesebăr), v. a. Johannes Aleiturgetos-Kirche, 2. Hälfte 14. Jh., Ruine: neben dem Wechsel von Ziegel- und Hausteinschichten ungewöhnl. variationsreiche Ziegelornamentik mit hinzugefügten keram. blütenartigen Gebilden in jedem Bogenfeld der Außenarkaden. Verwandtes, wenn auch nicht so reich, findet sich in der 1. Hälfte des 14. Jh. in Konstantinopel, z. B. an der Fethiye-Camii (kombiniert mit Plattenbelägen in den Bögen, die die verschiedensten Muster ergeben), der Kilise Camii und bes. am Tekfur Saray.

Eine Gruppe von Kirchen weist starke Ziegelornamentik an den Apsiden auf, z. B. H. Apostoloi, Thessalonike 14. Jh.; Sv. Kliment, Ohrid 1295; Megiste Laura, →Athos u. a. Die Verbindung von Kästelmauerwerk (Hausteine umgeben von Ziegeln) mit Ziegelornamentik als Fensterrahmung mit starker Farbhervorhebung der hellen Fugen findet sich z. B. in Kastoria, H. Stephanos, H. Nikolaos (9. Jh.) (bei der zusätzl. starke Ziegelornamentik in Streifen zw. dem Kästelmauerwerk hinzukommt), ebd. Panagia Kumbelidike (14. Jh., am Kuppeltambour nachgeahmte kufische Schrift und Ornamentfriese von Ziegeln).

Starke F. d. A. tritt bei Hos. Lukas, 11. Jh., auf (stark betontes Kästelmauerwerk auf der O-Seite der beiden Kirchen, an den Hauptapsiden wechseln Quadern und Ziegelschichten ab). Eine weitere Möglichkeit der F. d. A. ist die Außenbemalung, z. B. Kirche Kurbinovo (1191) (südl. Außenmauer: Reste von Putz, mit Ziegelmuster bemalt), sowie die Fassadenmalerei: bes. im serb. und bulgar. Bereich z. T. mit aufwendigem Malereiprogramm, nur z. T. datiert, z. B. Sv. Marina bei Karlukovo, Bulgarien (14. Jh.). Im 15. Jh. setzt eine neue Art der Apsisgestaltung ein: Pantanassa, Mistra um 1430 (Apsis umzogen mit einer Art Fries von Eselsrücken und aufgesetzten Blüten).   K. Wessel

Lit.: R. Krautheimer, Early Christian and Byz. Architecture, 1965 – D. Panayotova-Pigult, Les façades peintes de Sainte Marina près de Karlukovo et l'art de leurs temps, SOF 39, 1980, 168ff. – J. Mavrodinova, Die Einsiedeleien hl. Marina und hl. Nikola (Gligora) in den Felsen bei Karlukovo (bulg. mit dt. Resumée), 1985.

Farce (frz. *farce* 'Fleischfüllsel' von lat. farcire 'stopfen, füllen'), urspgl. in der Liturgie nicht kanonisierte Bemerkung im religiösen Text (s. a. →Épitres farcies); im Theater seit dem 14. Jh. belegte Bezeichnung für ein kleines komisches Stück als volkstüml. Einlage zw. den Akten von Mysterien- und Mirakelspielen. Später selbständiges Spiel in Versen komischen oder possenhaften Inhalts zur Darstellung von Lächerlichkeit und Absonderlichkeit des individuellen oder öffentl. Lebens ohne moral. Intention. Einziges Ziel ist, die Zuschauer mit menschl. Unzulänglichkeiten zum Lachen zu bringen. Aufgrund der Abhängigkeit vom aktuellen lokalen Geschehen, ihres improvisator. Charakters sowie der Anonymität der Verfasser sind nur ca. 150 F.n überliefert (als bekannteste die »Farce de Maistre Pathelin«, die allerdings untypisch in ihrer Komplexität ist und schon auf die Entwicklung zur Komödie verweist), die zw. 1440 und 1560 entstanden und im 16. Jh. gesammelt wurden. Eine F. hat 300–400 Verse, geschrieben in gepaarten Achtsilbern und einer derben Alltagssprache. Beteiligt sind 3 oder 4 handelnde Personen, die Typen (Ehemann oder -frau, Spaßvogel, Diener, Verliebter) in bestimmten Verhaltensmustern (betrüger. Händler, ausschweifender Geistlicher o. ä.) darstellen. In schlichten Handlungsstrukturen werden intendierte List oder Betrug in ihr Gegenteil verkehrt. Häufig beschäftigt sich die F. mit dem Kräfteverhältnis von Mann und Frau im ehel. Zusammenleben, so z. B. in der »F. du Cuvier«, in der der Mann unter die Fuchtel von Frau und Schwiegermutter steht und die Komik sich aus der Umkehrung der Situation entwickelt. Die List der unterlegenen Frau, die keine Kleider kaufen darf, weil ihr Mann trinkt, ist Thema der »F. du savetier Calbain«. Der burleske Charakter beruht auf Situationskomik, Doppeldeutigkeit, Parodie oder obszönen Metaphern. Die F. wurde von Renaissancedichtern gegenüber dem klass. Komödienideal abgewertet, erfreute sich aber bis in die Klassik (Molière) großer Beliebtheit.   E. Lange

Ed.: Recueil de f.s françaises inédites du XVe s., ed. G. Cohen, 1949 – A. Tissier, Recueil de F.s (1450–1550), I, 1986 – Lit.: A. Beneke, Das Rep. und die Q. der frz. F., 1910 – B. C. Bowen, Les caractéristiques essentielles de la f. française et leurs survivances dans les années 1550–1620, 1964 – H. Lewicka, Études sur l'ancienne f. française, 1974 – K. Schoell, Das kom. Theater des frz. MA. Wirklichkeit und Spiel, 1975 – B. Rey-Flaud, La f. ou la machine à rire. Théorie d'un genre dramatique, 1450–1550, 1984.

Faremoutiers (Evoriacas, Farae monasterium), urspgl. iro-frk. Nonnenkl. in N-Frankreich (Bm. Meaux, dép. Seine-et-Marne), gegr. um 620 durch die erste Äbt. Burgundofara (hl. Fara, † nach 641), ein Mitglied der →Burgundofarones. F. war →Doppelkloster; die ersten Mönche kamen aus →Luxeuil mit Waldebert, dem späteren Abt v. Luxeuil, der seine »Regula cuiusdam Patris ad Virgines« wohl für die Nonnen v. F. verfaßte. Die Äbt. hatte – von Anfang an oder doch schon bald nach der Gründung – die entscheidende Position inne. Zur Zeit der Burgundofara stand F. in engen Beziehungen zu →Remiremont. Wohl seit 648, mit dem Aufstieg der Angelsächsin →Balthild zur Kgn., zog F. bes. Angelsächsinnen an, von denen zwei nacheinander Äbt. wurden. Durch Balthilds Förderung war das ursprgl. Eigenkloster zum frk. Königskloster geworden; im 9. Jh. begegnen zwei dem Karolingerhaus verbundene Äbt. Vom späten 10. Jh. bis 1055 war F. den Gf.en v. →Sens unterworfen; ab 1166 stand die Abtei in unmittelbarem Schutz (garde) der Kg.e v. Frankreich. 1176–77 beschränkte Ludwig VII. die Zahl der Nonnen und der – wenigen – Kleriker (später, bis zum 16. Jh., Kanoniker). 1518 erfolgte eine Reform durch den Orden v. →Fontevrault mit Nonnen aus →Chelles und Montmartre (→Paris).   J. Guerout

Q.: Jonas I 26, II 7, 11–22 (MGH SRM IV) – Beda, Hist. eccl., ed. C. PLUMMER, III, 8 – *Lit.*: DHGE XVI, 506–531, 534f. – GChr VIII, 1700f. – Ste. Fare et F., 1956 – J. GUEROUT, RHE 60, 1965, 761f. – BRAUNFELS, KdG IV, 1967, 411, 427, 445, 449 – MARQUISE DE MAILLÉ, Les cryptes de Jouarre, 1971.

Farfa, Abtei OSB in der Sabina (Latium, Mittelitalien), zw. Rom und Rieti. [1] *Abtei:* Das Kl. wurde um 700 von dem aus der Maurienne (Savoyen) stammenden frk. Wandermönch Thomas zu Ehren der Gottesmutter gegr. Die im Chron. Farfense →Gregors v. Catino geschilderte erste Gründung im 6. Jh. durch einen syr. Bf. Laurentius ist legendenhaft. Seit seiner Gründung sah sich das auf dem Territorium des langob. Dukats →Spoleto gelegene F. wegen seiner Grenzlage zu Rom unweit der Via Salaria in das Spannungsfeld zw. den langob. Hzg.en und dem Papsttum gestellt. Johannes VII. bestätigte die Gründung 705 auf Bitten →Faroalds II. v. Spoleto. Seine erste Blütezeit verdankte F. neben den spoletin. Hzg.en auch den langob. Kg.en, die sich seit →Liutprand im Hzm. Spoleto durchzusetzen begannen. Von einem bewußten frk. Einfluß, gar mit polit. Zielsetzung, kann man in der Gründungsphase schwerlich sprechen, auch wenn mehrere Nachfolger des Thomas aquitanisch-frk. Abstammung waren. Umfangreicher Grundbesitz, der F. von den Hzg.en und von vielen privaten Stiftern nicht nur in der Sabina, sondern auch in den angrenzenden Gebieten Latiums, um Rieti, in den Abruzzen und in Tuszien zufloß, machte F. zu einer der reichsten Abteien Italiens im MA. Nach der frk. Eroberung (774) erwirkte Abt Probatus schon im Mai 775 – früher als alle anderen it. Kl. – von Karl d. Gr. die frk. Immunität mit Abtswahlrecht und Exemtion. Der so gesicherten Stellung F.s konnte die Schenkung der Sabina durch Karl d. Gr. 781 an den Papst nicht mehr wirklich gefährlich werden. Nach Ludwig d. Fr. und Lothar I. hat auch Ks. Ludwig II. den umfangreichen Besitz und die Rechtsstellung des Kl. bestätigt, ohne daß sich F. deshalb in eine betont antipäpstl. Stellung hätte hineindrängen lassen. Allerdings verlangsamte sich – im Einklang mit der allgemeinen polit. und wirtschaftl. Entwicklung – das rasante wirtschaftl. Wachstum in F. bereits seit den 20er Jahren des 9. Jh. Der Verfall der karol. Königsmacht nach dem Tod Ludwigs II. (875) und die gegen Ende des 9. Jh. immer unerträglicher werdenden Raubzüge der Sarazenen verschärften diese Entwicklung, so daß die Abtei um 898 aufgegeben werden mußte.

Die Konsolidierung der polit.-wirtschaftl. Verhältnisse im 10. Jh. führte auch in F. unter Abt Ratfred zu einer Wiederbesiedlung des Klosterlandes (nach 930), die wie überall in Italien ganz im Zeichen neuer, auf befestigte Kastelle konzentrierter Siedlungsformen stand (sog. →incastellamento). Die ersten für F. relevanten Ansätze polit. Erneuerung nahmen ihren Ausgang von Rom, von wo der Princeps →Alberich (II.) die päpstl. Herrschaft in der Sabina planmäßig reorganisierte und nicht zuletzt aus polit. Erwägungen die in seinem Herrschaftsbereich liegenden Abteien →Odo v. Cluny übertrug (947). In F. scheiterte die Einführung der Reform am Widerstand des Konvents (952). Otto I. festigte 967 die Rechtsstellung der Abtei und ihre Bindung an das ostfrk.-dt. Kg.

Seine zu Beginn des 11. Jh. einsetzende Blütezeit verdankte F. v. a. dem überragenden Abt Hugo (998–1038), der die Abtei in Zusammenarbeit mit →Odilo v. Cluny und →Wilhelm v. Dijon der von →Cluny geprägten monast. Erneuerungsbewegung öffnete, ohne daß F. in der Folgezeit seine geistige Unabhängigkeit eingebüßt hätte. Unter dem 1048 von Heinrich III. investierten Abt Berard I. umfaßte der Konvent etwa 90 Mönche. Papst und Kg. nahmen das Kl. am Vorabend des Investiturstreits neuerlich in ihren Schutz und bestätigten seine alten Freiheiten. Sogar mit den in der Sabina reich begüterten und mit F. bislang scharf rivalisierenden →Crescentiern erreichte man damals einen Modus vivendi. Farfenser Einfluß machte sich 1069 auch in →Subiaco geltend. In jenen Jahrzehnten hatte F. den Zenit seiner geistigen und polit.-wirtschaftl. Bedeutung erreicht.

Im Investiturstreit stand F. wie viele kirchl. Kreise den Reformideen zwar aufgeschlossen gegenüber, ohne indes den antikaiserl. Kurs der Kurie mitzutragen. Mit diesen Spannungen und allgemein-wirtschaftlichen Umwälzungen hängt offenbar die interne Krise in dem Jahrzehnt nach dem Tod Abt Berards I. (1089) zusammen. Die umfangreichen Urkundensammlungen des →Gregor v. Catino (seit 1092), seine Klostergeschichte (Chron. Farfense) und seine Kanones-Slg. (→Farfensis, Collectio) sind Ausfluß dieser Krise und Protest gegen die damalige Güterpolitik Abt Berards II., der 1097 einen monumentalen Neubau der (nie vollendeten) Klosterkirche auf dem Berg oberhalb F.s begann. Unter Abt Berald (1099–1119) erlebte F. eine letzte Blütezeit. An der prokaiserl. Haltung hielt die Abtei auch unter Heinrich V. entschieden fest (anonyme »Orthodoxa defensio imperialis« um 1111). Nach Beralds Tod lockerten sich langfristig die Bindungen an den kgl. Klosterherrn. Der von der Kurie auf Bitten der Mönche eingesetzte Abt Athenolf (Adenulf) (1125–1144), der wegen seiner Parteinahme für Innozenz II. 1131/32 mit der Kardinalswürde ausgezeichnet wurde, setzte den internen Streitigkeiten nach 1137 ein Ende und reorganisierte mit Erfolg die Verwaltung des Klosterlandes. Die Staufer konnten die seit dieser Zeit fortschreitende Integration der Abtei in das Territorium des Kirchenstaats – schon Eugen III. beanspruchte F. als päpstl. Eigenkloster – nicht mehr aufhalten, obwohl v. a. Friedrich I. Barbarossa noch einmal mit Erfolg Reichsrechte in F., wo sich 1159 der Gegenpapst Victor IV. weihen ließ, geltend gemacht hatte. In den 20er Jahren des 13. Jh. übernahmen päpstl. Provisoren im Kardinalsrang die faktische Leitung des Klosters. 1400 wurde die heruntergekommene Abtei sogar Kommende. Im 15. Jh. kam F. in den Besitz der →Orsini, die 1477/79 die Unierung mit dem reformierten →Subiaco betrieben und für die Ansiedlung deutscher, der Melker Reformbewegung nahestehender Mönche sorgten (Consuetudines Sublacenses). Den Orsini ist auch der vollständige Neubau der Klosteranlage um die Mitte des 15. Jh. zu danken. Die Farnese schließlich, die seit 1546 die

Kommendataräbte stellten, vertrieben 1567 die letzten dt. Mönche und übergaben die Abtei der Kongregation v. Montecassino. Nach der Auflösung (1861) wurde das Kl. erst 1921 wiederbesiedelt. Der archäolog.-kunstgesch. Befund der verschiedenen Kirchenbauten ist kompliziert und strittig (s. Lit.).

[2] *Skriptorium und Archiv:* Die Bibliothek des 8. und 9. Jh., die nach dem Bericht des Abts Hugo ziemlich bedeutend gewesen sein muß, ist wohl schon in den Wirren des 9. Jh. bis auf geringe Reste verloren gegangen. Irregeleitet durch das monumentale Werk Gregors v. Catino, ist die ältere Forschung von der Existenz einer bedeutenden Farfenser Schreibschule im 11. Jh. ausgegangen. In Wirklichkeit handelt es sich bei der »Farfenser Minuskel« (sog. F.-Typ) aber nur um eine in ganz Latium und Rom verbreitete Regionalform der späten karol. Minuskel (sog. roman. Minuskel). Ein Teil der in F. im 11. Jh. entstandenen Hss. gelangte im 19. Jh. aus der Abtei in die Bibl. Nazionale nach Rom und in die Bibl. Vaticana (Regestum Farfense). Auch was man unabhängig von den erhaltenen Werken Farfenser Provenienz über die Bestände der Klosterbibliothek zur Blütezeit F.s im 11. Jh. ermitteln kann, läßt auf keinen bes. kulturellen Rang der Abtei und ihrer Klosterschule schließen. Das einst so reiche Farfenser Archiv ist bis auf kümmerliche Reste völlig untergegangen.   H. Zielinski

Q. und Lit.: Die Werke→Gregors v. Catino, vgl. Repfont V, 223–225; ergänzend: Il »Liber Floriger« di Gregorio da Catino, ed. M. T. MAGGI BEI, 1, 1984 – Liber Tramitis aevi Odilonis abbatis (die sog. Cons. Farf.), ed. P. DINTER, 1980 – »Liber Beraldi«, ed. K. HEINZELMANN, Die Farfenser Streitschriften, 1904 – Orthodoxa defensio imperialis, MGH L. d. L. 2, 1892, 535–542 – SS XI, 519–590 – IP 2, 57–69 – DHGE XVI, 547–553 [Bibliogr.] – LThK² IV, 25f. – Monasticon Italiae I, 1981, 139ff. – I. SCHUSTER, L'abbazia imperiale di F., 1921 – O. VEHSE, Die päpstl. Herrschaft in der Sabina bis zur Mitte des 12. Jh., QFIAB 21, 1929/30, 120–175 – H. SCHWARZMAIER, Der Liber Vitae von Subiaco, QFIAB 48, 1968, 80–147 – C. BRÜHL, Chronologie und Urkk. der Hzg.e v. Spoleto im 8. Jh., QFIAB 51, 1972, 1–92 – R. R. RING, The Lands of F., 1972 – H. ZIELINSKI, Stud. zu den spoletin. »Privaturkk.« des 8. Jh. und ihrer Überl. im Regestum Farfense, 1972 – P. TOUBERT, Les structures du Latium médiéval, 1–2, 1973 – H. HOFFMANN, Der Kirchenstaat im hohen MA, QFIAB 57, 1977, 1–45 – F. J. FELTEN, Zur Gesch. der Kl. F. und S. Vincenzo al Volturno im 8. Jh., QFIAB 62, 1982, 1–58 – TH. KÖLZER, Cod. libertatis, Atti del 9° Congr. internaz. di studi sull'alto medioevo 2, 1983, 609–653 – CH. WICKHAM, Il problema dell'incastellamento nell'Italia centrale, 1985, 45ff. – [*Skriptorium:*] P. SUPINO MARTINI, La produzione libraria negli scriptoria delle abbazie di F. e di S. Eutizio, Atti del 9° Congr. …, 2, 1983, 581–607 – [*Baugeschichte:*] L. PANI ERMINI, Gli insediamenti monastici nel ducato fino al secolo IX, Atti del 9° Congr. …, 2, 1983 – CH. B. McCLENDON, The Imperial Abbey Church at F., 1978.

Farfensis, Collectio, Sammlung von 280 kanonist. Exzerpten in vier Büchern, 1099/1100 von dem Farfenser Mönch →Gregor v. Catino als integraler Teil des Klosterchartulars (Regestum Farfense) konzipiert (Autograph: Vat. lat. 8487). Die zunächst geplante inhaltl. Beschränkung (lib. II: Verwaltung und Nutzung des Kirchenguts) wurde im endgültigen Konzept zugunsten einer themat. Vielfalt aufgegeben. Quellen: →Pseudo-Isidor, →Burchard v. Worms, Coll. 5L, vielleicht Coll. 4L. Eine Benutzung ist nur im Kl. →Farfa nachgewiesen. Bedeutung hat die C.F. als Prototyp einer »monast. Kanonessammlung«, die im Gegensatz etwa zu den zeitgenöss. Reformsammlungen nicht auf Breitenwirkung konzipiert war, sondern eng begrenzte, interne Ziele verfolgte. Th. Kölzer

Ed. und Lit.: Coll. canonum Regesto Farfensi inserta, ed. TH. KÖLZER (MIC B5, 1982) – TH. KÖLZER, Mönchtum und Kirchenrecht, ZRGKanAbt 69, 1983, 121–142.

al-Farġānī (Alfraganus) (Abū-l-ʿAbbās [Aḥmad b.] Muḥammad b. Kaṯīr), aus Farġāna (Transoxanien) stammend, Astronom und Ingenieur unter al-Maʾmūn (813–833) und al-Mutawakkil (gest. 816). Die Anlage des Ġaʿfarī-Kanals in der Stadt al-Ġaʿfariyya bei Sāmarrā mißlang ihm. Er leitete die Arbeiten am Nilometer von Fusṭāṭ, die 861 beendet wurden. Als Astronom war er Theoretiker und schrieb eine erhaltene, aber ungedruckte Abhandlung über das Astrolabium und einen Kommentar zu den Tafeln des →al-Ḫwārizmī, den wir durch indirekte Zitate bei al-Hāšimī, Ibn al-Muṯannā und →al-Bīrūnī kennen. Sein bekanntestes Werk ist eine nicht ganz adäquate Zusammenfassung des →Almagest des →Ptolemaios, die von →Johannes v. Sevilla (ed. F. J. CARMODY, Berkeley, 1943) und →Gerard v. Cremona (ed. R. CAMPANI, 1910) ins Lat. übersetzt wurde und die Quelle der astronom. Kenntnisse →Dantes war.

Hauptsächlich dank dieses Buches gelangten die ptolemäischen Ideen über die Abstände der Planeten und ihre Größe nach Europa: al-Farġānī kannte die »Hypothesen der Planeten« nicht, berechnete jedoch die Werte neu, indem er Parameter des Almagest verwendete.   J. Samsó

Lit.: DSB IV, 541–545 – SEZGIN V, 259f.; VI, 149–151.

Fargues
1. F., Amanieu de, Bf. v. Agen, † 26. Mai 1357; entstammte einer gascogn. Familie des Bazadais (dép. Gironde, cant. Langon), war Neffe →Clemens' V. durch die Schwester des Papstes, Marquise de →Got. Wie seine Brüder Raimond (Kard. 1310–45), Bernard und Béraud war er Rechtsstudent des Aymeri de Chatelus (Kard. 1342–49). A. de F. wurde 1314 durch seinen Onkel zum Bf. v. Agen ernannt. Er wandte den päpstl. Kollegiatsstiften Uzeste und Villandraut Stiftungen zu. 1316 verlieh er der Münze v. Agen Statuten. Papst Johannes XXII beauftragte ihn mit der Schlichtung des Streites zw. den beiden gascogn. Adligen Amanieu d' →Albret und Séverin de Pins.   M. Hayez

Lit.: J. BERNARD, Annales du Midi 61, 1949 – DBF XIII – J. GARDELLES, Châteaux France Sud-ouest, 1972.

2. F., Béraud de, Bruder von 1, Bf. v. →Albi, † 5. Juni 1334; Kanoniker v. Laon und Agen, verfügte F. über reiche Pfründen in England und wurde 1313 von Clemens V. unter Dispensierung vom kanon. Alter zum Bf. v. Albi erhoben. Er löste die Bürger von Albi von der Exkommunikation, die wegen der gegen F.' Vorgänger verübten Gewalttaten verhängt worden war, und legte die Fehde um die Burg Lombers bei. F. geriet in Streitigkeiten mit dem Abt v. Gaillac und dem Ebf. v. Bourges, in welche der Kard. Pilfort de Rabastens schlichtend eingriff (1322–24). Nachdem der Seneschall v. Carcassonne Rechte der Kirche v. Albi bestritten hatte, erreichte F. bei Kg. Philipp VI. die Anerkennung dieser Rechte (1331). F. förderte den Bau der von Bernard de →Castanet begonnenen got. Kathedrale und gründete in Albi das Priorat Notre-Dame de F.   M. Hayez

Lit.: Pithon-Curt, Hist. noblesse Comté Venaissin, 2, 1743 – s. a. die Lit. zu 1.

3. F., Béraud de, Bruder von 1, Ebf. v. →Rouen und →Narbonne, † bald nach 23. April 1341 (Datum seines Testaments), ⬚ Narbonne, Kathedrale. Archidiakon des Beauvaisis, 1306 Bf. v. Agen, unter Dispensierung vom kanon. Alter, Juni 1306 Ebf. v. →Rouen, eines der reichsten Ebm. er Frankreichs. 1310 hielt er ein Provinzialkonzil ab, das die →Templer verdammte. Fast ständig im Gefolge Papst →Clemens' V., machte er sich bei den Normannen wegen seiner hohen Ausgaben verhaßt. Clemens V. sah sich schließlich genötigt, F.' Schenkungen aufzuheben und den Prälaten auf den Erzsitz v. Narbonne zu versetzen (1311). Um 1317 stiftete er in seinem Haus in Paris ein Kolleg (Collège de Narbonne) für neun Pfründner. Er übergab seinem Kathedralkapitel die Minerva-Kirche und ließ in Narbonne die Kirche St-Étienne extra muros zum Kollegiatstift erheben (1330). F. stand mehrfach im Konflikt mit den kgl. Beamten, u. a. um die Güter der Juden (1328, 1336, 1342). Er führte den Bau des neuen Bischofspalastes weiter und begann den großen Chor der Kathedrale (1332).   M. Hayez

Lit.: BALUZE-MOLLAT, Vitae paparum, III – H. FURGEOT, Actes Parlement de Paris, Jugés, I, 1920 – DHGE 16 – A. VERNET, Y. CARBONELL-LAMOTHE, J.-P. SUAU, Narbonne, archéologie et hist. II … moyen âge, 1973 – s. a. die Lit. zu 1.

al-Fārisī (Kamāladdīn Abū-l-Ḥasan Muḥammad b. al-Ḥasan, gest. um 1320), pers. Optiker und Mathematiker, Schüler des Quṭbaddīn al-Šīrāzī (1236–1311). Sein Hauptwerk ist das »Tanqīḥ al-Manāẓir« (ed. Hyderabad, 1928/29), ein Kommentar und eine krit. Überarbeitung des »Kitāb al-Manāẓir« des Ibn →al-Haiṯam (Alhazen) (um 965–1039) sowie fünf weiterer kleinerer optischer Schriften desselben Autors. Er beschäftigt sich darin mit Fragen wie der Fortpflanzung des Lichtes, den Farben, der Brechung des Lichts, der camera obscura und v. a. dem Regenbogen, dessen Bildung er durch eine Reflexion des Sonnenlichts (eigentlicher Regenbogen) beim Einfall in einen Wassertropfen nach vorheriger und nachheriger Brechung erklärt und durch zweimalige Reflexion des Lichts (Nebenbogen) zwischen zwei Lichtbrechungen, eine Erklärung, die sowohl in der Methode (Verbindung der Experimentalmethode mit der geometrischen Analyse) wie auch in den Ergebnissen mit jener übereinstimmt, die sein Zeitgenosse →Dietrich v. Freiberg in seinem »De iride« darlegt, ohne daß man deshalb auf eine direkte Verbindung zw. ihnen schließen könnte. Sie waren einfach beide von Ibn al-Haiṯam beeinflußt.   J. Samsó

Lit.: DSB VII, 212–219.

Farnese, alte it. Herzogsfamilie unbekannten Ursprungs, nannte sich vermutl. nach dem Castrum Farneti im nördl. Latium, wo sie seit dem 11. Jh. bezeugt ist. Ihr Einflußbereich erstreckte sich auf das Gebiet zw. den Cimini- und Volsinibergen, dem Vico- und Bolsena-See und dem Tyrrhen. Meer. Dort begegnen die F. in den Quellen seit dem 12. Jh. im Gefolge größerer Herren und sind in die Faktionskämpfe →Viterbo und →Orvieto verstrickt (*Prudenzio* F. um 1154). Die männl. Mitglieder der Familie, in der die Namen Pietro und Ranuccio als Leitnamen fungieren, sind vorwiegend Kriegsleute, aber auch Kirchenfürsten: *Guido* war 1309 Bf. v. Orvieto und weihte den berühmten Dom dieser Stadt ein. Zur Zeit des Schismas hingen die F. der Oboedienz der röm. Päpste an und wurden von diesen daher mit Ehrungen und Erweiterungen ihres Territorialbesitzes bis in die Nähe von Rom belohnt. *Ranuccio der Ältere* war 1417 Senator von Rom und leitete damit die röm. Periode der Familie ein. Verbündet mit den →Colonna, schützte er den Kirchenstaat und erhielt dafür von Papst Eugen IV. umfangreichen Lehensbesitz (Gebiete in Valentano, Manta, Montalto, Cassano, Latera und Canino). Die Familie war nunmehr in Rom festverwurzelt (obzwar Ranuccio 1448 die Grablege der Familie auf der Bisentina-Insel im Bolsena-See errichten ließ). Die Söhne des Ranuccio († um 1460) fanden durch Heirat Eingang in den röm. Hochadel (*Gabriele Francesco,* ∞ mit Isabella Orsini, *Pierluigi,* ∞ Giovannella Caetani). Von den Söhnen des Pierluigi, *Bartolomeo, Guido* und *Alessandro,* begründete Bartolomeo die Linie der F.

von Latera; Alessandro wurde von seiner Mutter für die kirchl. Laufbahn bestimmt und bestieg als Paul III. den Paptstthron (1534–49). Seine illegitimen Nachkommen waren 1545–1731 Hzg. e v. Parma und Piacenza. A. Biondi

Lit.: F. M. ANNIBALI, Notizie storiche della Casa F., 2 Bde, 1817 – F. ODORICI, Farnesi duchi di Parma (P. LITTA, Famiglie it., 1860–68) – E. NASALLI ROCCA, I Farnese, 1969.

Farnkräuter. Von den in der Antike als Wurm- und Abtreibungsmittel bekannten F.n wurde im MA bes. der in Europa heimische *Wurmfarn* (Dryopteris filix-mas [L.] Schott/Aspidiaceae) bzw. dessen Wurzel mit denselben Indikationen, wenngleich nur selten, verwendet (Ps.-Apuleius, Herbarius, ed. HOWALD und SIGERIST, 139; Avicenna, Lib. canonis II, 628; Gart, Kap. 183). Weit größere Bedeutung besaßen die F. indes als Zauberkräuter; eine antidämonische Wirkung dieser blütenlosen Pflanzen erwähnt als erste Hildegard v. Bingen (Phys. I, 47), die vermutl. aus der volksmed. Praxis schöpfte. Neben dem lat. *filix* bzw. ahd. *far(a)n, farin, farm* (STEINMEYER-SIEVERS II, 23; III, 480, 514, 556; IV, 170, 214) gen. Wurmfarn, der meist nicht von dem zarteren *Frauenfarn* (Athyrium filix-femina [L.] Roth/Athyriaceae) unterschieden wurde, galten als heilkräftig hauptsächl. die *Hirschzunge* (Phyllitis scolopendrium [L.] Newm./Aspleniaceae): *lingua cervina, scolopendria, splenetica* (Alphita, ed. MOWAT, 103ᵃ, 177ᵃ; Albertus Magnus, De veget. 6,438; Hildegard v. Bingen, Phys. I, 30; Antidotarium Nicolai), das *Engelsüß* (Polypodium vulgare L./Polypodiaceae): *polipodium, filix quercina, diapton* (Alphita, ed. MOWAT, 50ᵃ, 147ᵇ; Circa instans, ed. WÖLFEL, 95; Gart, Kap. 307; JÖRIMANN, 35) bzw. *steinvar(e)n* (STEINMEYER-SIEVERS III, 508) sowie die *Mauerraute* (Asplenium rutamuraria L./Aspleniaceae): *capillus veneris* (Gart, Kap. 88; JÖRIMANN, 24; SIGERIST, 136), welch letztere Bezeichnung sich auch gut auf den *Frauenhaarfarn* (Adiantum capillus-veneris L./Adiantaceae) u. a. beziehen kann. Als Indikationen sind v. a. Blasen-, Nieren-, Leberleiden und Sommersprossen, Darm- und Drüsenerkrankungen zu nennen sowie der Einsatz als universales Antidot und empfängnisverhütendes Mittel.   I. Müller

Lit.: MARZELL I, 118f., 476–493; III, 703–705, 945–952 – DERS., Heilpflanzen, 34–41 – HWDA II, 1215–1229 – J. JÖRIMANN, Frühma. Rezeptarien, BGM I, 1925 – H. E. SIGERIST, Stud. und Texte zur frühma. Rezeptlit., StGM 13, 1923.

Faroald (Farwald) **II.,** Hzg. v. →Spoleto (703/705–719/720), Sohn des Gf.en v. Capua und späteren Hzg.s v. Spoleto, Transamund I., Vater des spoletin. Hzg.s Transamund II. F. betrieb gegenüber Rom und Byzanz eine aktive, häufig expansive Politik. So eroberte er Classe, den Hafen Ravennas, mußte es aber unter dem Druck Kg. →Liutprands den Byzantinern zurückgeben. Im Innern war er ein aktiver Förderer der spoletin. Kl., insbes. des gerade errichteten →Farfa. 719/720 wurde er von seinem Sohn gestürzt und in einem Kl. interniert, wahrscheinl. in dem von ihm gegr. S. Pietro in Valle bei Ferentillo (Umbrien).   J. Jarnut

Lit.: A. JENNY, Gesch. des Hzm.s Spoleto von 570 bis 774 [Diss. Basel 1890], 33–35 – O. BERTOLINI, Roma di fronte a Bisanzio e ai Longobardi, 1941, 411, 421, 426, 431 – C. BRÜHL, Chronologie und Urkk. der Hzg.e v. Spoleto, QFIAB 51, 1971, 15–19 – H. ZIELINSKI, Stud. zu den spoletin. »Privaturkk.« des 8. Jh. und ihrer Überl. im Regestum Farfense, 1972, 9f., 225–227 – S. GASPARRI, I duchi longobardi, 1978, 77 – P. M. CONTI, Il ducato di Spoleto e la storia istituzionale dei Longobardi, 1982, 306–309 – (J. JARNUT, Gesch. der Langobarden, 1982, 86.

Färöer (anord. Fáreyjar, färing. Føroyar, dän. Færøerne, 'Schafsinseln'), Inselgruppe im Nordatlantik zw. Schottland und Island gelegen (heute autonomes Gebiet im Rahmen des Kgr. es Dänemark). Die Entdecker und ersten Siedler waren vermutlich kelt. Mönche, die ab 650 die Inseln als Eremiten aufsuchten. Um 800 setzte im Verlauf der skand. Expansion während der Wikingerzeit die Besiedlung durch Norweger ein. Aufgrund neuerer Untersuchungen konnte bereits für das 7. Jh. Getreideanbau nachgewiesen werden. Bis 1035 war die Inselgruppe unabhängig und kam danach als sog. »Schatzland« unter die norw. Krone. Die ersten Siedlungen bestanden aus Einzelhöfen, später wurden Hof und Hofmark geteilt. Seit ungefähr 1200 war ein Flursystem mit geteilter Innenmark und ungeteilter Außenmark vorherrschend. Daneben finden sich aber auch ältere Flursysteme. Im Laufe des MA vollzog sich eine fortschreitende Teilung von Grund und Boden im Eigenbesitz, während Pachtland stabil blieb. Daraus ergaben sich große Unterschiede in den Hofgrößen. Um 1500 besaß die Kirche die Hälfte des bewirtschafteten Areals, ein Drittel war bäuerl. Eigen, der Rest gehörte Adel und Krone. Für das HochMA wird eine Bevölkerung von ca. 3000 angenommen, die – nach mündl. Überlieferung – durch die 1350 aufgetretene Pest stark zurückging.

Hauptwirtschaftszweig war die Landwirtschaft, mit etwa gleich hohem Anteil von Gerstenanbau und Viehhaltung (Rinder, Schafe, Schweine), ergänzt durch Fischerei und Vogelfang. Der Handel war – bei geringem Volumen – lebenswichtig: Ausfuhr von Lodenstoffen, Wolle und Butter, außerdem Trockenfisch, Federn und Tran; Einfuhr von Bauholz, Getreide und Gebrauchsgütern. Der eigenständige färing. Handel kam im 13. Jh. zum Erliegen, ab 1271 hatte →Bergen das Handelsmonopol inne, 1361 übernahm die →Hanse offiziell den Handel mit den F.n.

Das Allthing (ab ca. 1400 'Lagthing' genannt) in Tórshavn hatte bis 1271 jurisdiktionelle und vollziehende Gewalt, danach lag die gesamte Amtsgewalt in Händen des kgl. Vogtes. Der westnorw. →Gulaþingslög galt seit 1271 auf den F.n. Das wichtigste Sondergesetz für die F., der »Seyðabrævið« von 1298, enthält in erster Linie Kodifizierungen älterer Rechtsregeln für den bäuerlich-landwirtschaftl. Bereich. Das Christentum wurde i. J. 1000 eingeführt, ab ca. 1100 hatten die F. ein eigenes Bm. mit Sitz in Kirkjubøur, das dem Ebm. Nidaros (→Drontheim) unterstand.

Auf den F.n wurde ein alt(west)norw. Dialekt gesprochen, so daß das Färingische (Färöische) zur norrönen Sprachfamilie gehört und bis heute (wie auch das Isländ.) weitgehend den Formenreichtum des Altwestnord. bewahrt hat. Eigene färing. Wortbildungen finden sich bereits im »Seyðabrævið«. Erst ab 1400 wird eine eigenständige färing. Sprachentwicklung deutlicher. Spätma. Balladendichtung ist in mündl. Tradition noch heute lebendig (→Färöische Balladen). Hauptquelle für die Gesch. der ersten Jahrhunderte nach der norw. Landnahme ist die »Færeyinga saga«, eine aus isländ. →Sagas des 13. Jh. entnommene Zusammenstellung von Geschichten über die F. und ihre Bewohner.   P. Korsgaard

Q. und Ed.: Diplomatarium Faeroense, ed. J. JAKOBSEN, 1907 – Færeyinga saga, ed. F. JÓNSSON, 1927; ed. Ó. HALLDÓRSSON, 1967 [dt. Übers.: Slg. Thule 13] – Seyðabræið, ed. J. H. W. POULSEN u. a., 1971 – J. CH. SVABO, Indberetninger om en Reise i Færø 1781 og 1782, ed. N. DJURHUUS, 1976 – Lit.: H. GRÜNER-NIELSEN, De færøske kvadmelodiers tonalitet i middelalderen, 1945 – E. A. BJØRK, Færøsk bygderet, 1956–63/1984 – L. ZACHARIASEN, Føroya sum rættarsamfelag 1535–1655, 1961 – O. WERNER, Die Erforsch. der färing. Sprache, Orbis 13, 1964, 481–544 – G. V. C. YOUNG, From the Vikings to the Reformation, 1979 – s. a. Ed. und Lit. zu →Färöische Balladen.

Färöische Balladen, gehören zu den skand. Balladen, sind aber insofern einzigartig, als ihre Tradition seit dem späten MA bis heute ohne Unterbrechung lebendig ist: sie wurden und werden im Winter sowie bei Festen, stets in geschlossenen Räumen und oft viele Stunden lang (Dauer der einzelnen B. bis zu 90 Minuten), von einer Gruppe gemeinsam gesungen und getanzt; der männl. oder weibl. Vorsinger *(skipar)* setzt das Tempo und garantiert (mit einem oft staunenswerten Repertoire) die Textkenntnis, die anderen singen mit, soweit sie den Text können, beschränken sich aber keinesfalls auf den Refrain. Eine genaue Datierung der teilweise wohl bis ins 14. Jh. zurückreichenden B. ist unsicher. Die Texte wurden seit Ende des 18. Jh. schriftlich gesammelt; heute mischen sich schriftl. und mündl. Tradition. Die Melodien werden ausschließlich mündlich überliefert; eine schriftl. Fixierung ergibt einen völlig unzureichenden Eindruck.

Inhaltlich verteilen sich die im CCF gesammelten 236 B. bzw. B.-Typen auf die Bereiche Heldensage, färöische und skand. Geschichte, Ritter- und Liebesgeschichten, Zauber und Märchen sowie Zeitkritik; bes. typisch sind die meist als *kvæði* bezeichneten heroischen B. (unter anderem über Sigurd und die Nibelungen, Karl und Roland sowie Tristan!) und diejenigen mit satirisch-zeitkrit. Inhalt *(táttur,* pl. *tættir),* letztere eine bis heute produktive Gattung.

Neben B. auf färöisch gibt es seit dem 17. Jh. auch solche in dänisch *(vísur).* In Inhalt und Stil sind Beziehungen zu anderen skand. B. deutlich. Der einfache, im Tempo kaum variierte Tanzschritt (zwei Schritte links, einer rechts) gehört zum Typ des einst in ganz Europa verbreiteten und vielleicht aus dem ma. Frankreich stammenden »Ketten-Tanzes«. Melodien und Tanzstil erinnern an kult. Tänze, doch ist eine mag. Bedeutung nicht (mehr) erkennbar. Die f. B. blieben aus zwei Gründen lebendig: 1. wegen der Isolation der Inseln, 2. als Reaktion gegen die auch kulturelle und sprachl. Unterdrückung durch die Dänen, d. h. zur Bewahrung der kulturellen Identität. Sie sind auch heute nicht gefährdet, weder durch den auf den Sommer beschränkten Tourismus noch durch die modernen Massenmedien.   U. Müller

Ed.: Corpus Carminum Faeroensium/Føroya Kvæði (CCF), 6 Bde, ed. CH. MATRAS–N. DJURHUUS, 1941–75 [umfassend und vollständig] – Die färöischen Lieder der Nibelungensage (Text und Übers., hg. K. FUSS, 3 Bde, 1985–87 – Lit.: H. DE BOOR, Die färöischen Lieder der Nibelungenzyklus, 1918 – E. BAKKA, M. NOLSOE, OLAVUR HÁTUN, The Faroese Dance, Faroe Isles Review 2 II, 1977, 25–37 – W. SUPPAN, Musikethnolog. Forsch. auf den Färöer-Inseln (Acta Musicologica 49, 1977), 49–69 – J. WYLIE–D. MARGOLIN, The Ring of Dancers, 1981 – U. MÜLLER, Die färöischen Tanzballaden. Ihr »Sitz im Leben« (Die färöischen Lieder, hg. K. FUSS, II, 1985), 173–186.

Fasan, einziger wilder Hühnervogel, dessen Einbürgerung in mehreren Kontinenten geglückt ist. Der Sage nach von den Argonauten vom Phasis (daher phasianus) am Kaukasus nach Griechenland eingeführt, verbreitete er sich seit der Antike durch Zucht in Fasanerien und ständige Auswilderung. Als Luxusspeise geschätzt und teuer gehandelt, wurde er bei heidn. und christl. Moralisten zum Symbol für Schwelgerei. In der Diätetik werden Fleisch und Eier seit Galen als bekömmlich eingestuft und im MA u. a. bei Fieber und Pest (in Pesttraktaten seit 1348) empfohlen. Volksmed. Verwendung von Blut, Fett, Galle und Kot sowie Federn (als Räuchermittel) ist belegt. Zur Hohen Jagd gerechnet, wurde der F. mit Netzen oder Schlingen, Armbrust oder Bogen, v. a. aber mit Beizvögeln erbeutet. Wildbann und Jagdgesetze zur Verhinderung der Ausrottung sind seit dem 13. Jh. nachweisbar. In einer griech. Rezension des →Physiologus ist er wegen des Fortlockens des Jägers von den Küken Sinnbild des Teufels. Sonst wird sein gegenüber Feinden oft unangepaßtes Verhalten in lit. Vergleichen meist negativ, in Sprichwörtern ambivalent gewertet. In der Ikonographie auf ca. 100 erhaltenen farbigen antiken Mosaiken und in ma. Hss. ist er ein ausschließl. dekoratives Motiv. Chr. Hünemörder

Lit.: CH. HÜNEMÖRDER, »Phasianus.« Stud. zur Kulturgesch. des F.s, 1970 [Diss. Bonn 1966] – DERS., Die Ikonographie des F.s in der abendländ.-christl. Buchmalerei (Fschr. CL. NISSEN, hg. E. GECK–G. PRESSLER, 1973) – B. YAPP, Birds in ma. mss., 1981.

Fasciculus Morum, lat. Handbuch für Prediger, von einem unbekannten engl. Franziskaner (Robert Selk?) Anfang des 14. Jh. verfaßt und in 28 Hss. in verschiedenen Redaktionen überliefert. In sieben Teilen werden systemat. die Todsünden mit den entgegengesetzten christl. Tugenden behandelt, wobei eine große Anzahl Predigtexempel (→Exempel, Exemplum, Abschnitt III), zumeist mit moral. Anwendung, sowie 55 engl. Gedichte eingeflochten sind. Mehrere Hss. fügen 42 Kurzpredigten mit Hinweisen auf das Handbuch hinzu, in denen sich weitere sechs engl. Predigtverse finden. S. Wenzel

Ed. und Lit.: S. WENZEL, Verses in Sermons, 1978.

Fasciculus temporum → Rolevinck, Werner

Faß, größtes hölzernes Gebinde von unterschiedl. Abmessungen für Flüssigkeiten oder feste Stoffe (Asche, Fisch, Felle, Getreide etc.), benutzt als Recheneinheit bestimmter Größe (nach →Tonnen, →Eimer, Stübchen etc.) und Verpackung. Eine Elbzollrolle des 13. Jh. nennt Fässer Wein und Talg von Fudergröße, eine Lüneburger Verordnung 1397 »ghans voder« und »halv vat« Bier; 1398 mußten Fässer Bier aus Hildesheim, Hannover und Einbeck »dre ame« halten (= 120 Stübchen). Die Rechnung nach Tonnen war jünger, die Normierung nach ortseigenem Maß überwiegend neuzeitl.; man berechnete die Fässer mit angepaßten Teilmaßen nach der Norm der Herkunft oder bedeutender Handelspartner. Als Verpakkung für Flüssigkeiten finden sich Fässer zu 3–3 1/2 Ohm/Tonnen räumlich weit gestreut, aber in ident. Größe. Ein F. zu 3 Ohm nach Wormser (Drilling) oder Mainzer Eiche von 405–480 l galt als halbes Fuder. Es gab abweichende Größen (Braunschweig, Mumme, 100 Stübchen, ca. 373 l) bis herab zu etwa 1 1/2 Ohm/Tonnen (Lüneburg, Talg, ca. 234 l). Vielfältiger waren Größe und Gewicht von Fässern fester Produkte; Faßgrößen/-formen und Transportbedingungen hingen zusammen. Einschneidende Veränderungen der Größen zeichnen sich seit dem 15. Jh. ab. Im 17. Jh. ist das F. Getreide von ca. 54,5 l in Hamburg eine Einheit des Detailhandels. H. Witthöft

Lit.: →Maße und Gewichte – H. ZIEGLER, Flüssigkeitsmaße, Fässer und Tonnen in Norddtl. vom 14. bis zum 19. Jh., BDLG 113, 1977, 277–337 – H. WITTHÖFT, Umrisse einer hist. Metrologie zum Nutzen der wirtschafts- und sozialgesch. Forsch. (Veröff. des Max-Planck-Inst. für Gesch. 60/1, 2, 1979).

Fassade (lat. facies 'Gesicht', frz. *façade*), Schauseite (Prospekt) eines Gebäudes, zugleich allgemein die Haupteingangsseite; ein Gebäude kann aber auch mehrere F.n besitzen. Normalerweise läßt die F. den Baukörper und die Raumgliederung des dahinterliegenden Gebäudes erkennen (Querschnitt-F.), seltener sind Blendfassaden, die einen vom Baukörper unabhängigen Aufbau oder eine andere Kontur haben (Rathaus in Stralsund um 1400, Klosterkirche in Chorin um 1300). Die F. kann ein- oder mehrteilig sein.

Die F. ist bes. reich gegliedert und prunkvoll ausgestattet (→Farbigkeit der Architektur): plast. Gliederungen,

Inkrustationen, Sgraffito, Mosaiken, Bauplastik oder Portalvorbauten, Fenstergruppen, Balkone, Erker, Treppen, Risalite, auch reiche Giebelbekrönungen und Turmbauten (→Doppelturm-F., →Einturm, →Westwerk). F.n finden sich sowohl an Kirchen, dort zumeist im W, bei bes. Lage auch im O (Köln) oder auf der Langseite (Oppenheim), als auch an allen repräsentativen städt. Profanbauten, an Stadttoren, Burgen und Schlössern. Zeitl. und regionale Wandlungen in der Auffassung von F. und ihrer wirkungsvollen Gestaltung sind allgemein verbreitet. S. a. →Bauplastik. G. Binding

Lit.: RDK VII, 536–690 [Lit.].

Faßbinder → Böttcher

Fasten,- zeiten, -dispensen

A–B. Christlicher Bereich (A. Lateinischer Westen – B. Ostkirchen) – C. Judentum – D. Islam

A–B. Christlicher Bereich:
A. Lateinischer Westen

I. Biblische Voraussetzungen; Entwicklung des Fastens in der frühen und mittelalterlichen Kirche – II. Theologische Motivierung – III. Die Fastenpraxis und ihre soziokulturellen Aspekte – IV. Fastendispensen.

I. BIBLISCHE VORAUSSETZUNGEN; ENTWICKLUNG DES FASTENS IN DER FRÜHEN UND MITTELALTERLICHEN KIRCHE: Unter F. (lat. ieiunium) im allg. versteht man die teilweise oder vollständige Enthaltung von Nahrung aus sittlich-religiösen Gründen. In den großen Weltreligionen wird zu bestimmten Zeiten (Tage oder Perioden) gefastet. Das AT kennt das F. als Ausdruck der Demütigung und Buße, als Totentrauer und vor dem Empfang einer Offenbarung. Die Pharisäer z. Zt. Jesu hielten wöchentlich 2 F.tage (Montag, Donnerstag) als verdienstl. Werk (Lk 18,12; vgl. Mt 9,14). Jesus, der selbst ein 40tägiges F. vor seinem öffentl. Wirken hielt, warnt vor der Praxis der Pharisäer und verteidigt seine Jünger gegen deren gesetzl. Auffassung (Mt 6, 16–18). Doch sieht Jesus im F. eine Waffe im Kampf gegen den Satan (Mt 17,21) und weist seine Jünger darauf hin, daß auch sie fasten werden (Mk 2,18–20par). Auch die Urgemeinde übt das F. (Apg 13, 2; 14,23). In der frühchr. Kirche bereitete man sich mit Gebet und F. auf die Taufe vor (Justinus, Apol. I 61; Tertullian, Bapt. 20). Strengstes F. wurde vom Büßer gefordert (Tertullian, Paen.9). Das F. wurde am Mittwoch und Freitag allgemein (Didache 8,1; Tertullian, Ord. 19). In der röm. Kirche kam allmählich das Samstags-F. hinzu und verdrängte ab 400 das Mittwoch-F. Zu sonstigen, v. a. im Osten wirksam werdenden F.bräuchen s. Abschn. B. Dem Osterfest ging von jeher ein F. voraus, das man mit der teilnehmenden Trauer um den leidenden und sterbenden »Bräutigam« begründete (Tertullian, Jejun. 2). Dieses Voll-F. ohne jegl. Essen und Trinken wurde um 250 als Halb-F., bei dem man sich mit einer tägl. Mahlzeit begnügte und auf Fleisch, Wein sowie Laktizinien verzichtete (Abstinenz) auf die Karwoche ausgedehnt und bereits vom Nicänum (c. 5) als 40tägiges, also als *Quadragesima* erwähnt. Die Berechnung der Quadragesima war in Ost und West unterschiedlich. In der röm. Kirche wurden im MA die *Vigil-F.* vor bes. beliebten Festtagen sehr zahlreich. Die *Quatember-F.*, von Gregor VII. auf die erste Fasten-, die Pfingst-, die dritte September- und dritte Adventswoche festgelegt, hießen in Deutschland auch Weihe-F. wegen der Ordinationen, Fron-F. oder Angarien, weil an den Quatemberterminen die Fron zu leisten bzw. die Pachtzinsen zu entrichten waren. Vom HochMA an ist eine ständige Milderung der F.vorschriften zu beobachten. W. Dürig

II. THEOLOGISCHE MOTIVIERUNG: Beten, F. und Almosen wirken im jüd. Glauben (Tob 12,8) ebenso wie im christl. die Vergebung der tägl. Sünden und schützen vor der Macht des Bösen. Die griech. und lat. Väter (von Klemens v. Rom, Ep. ad Cor. 53,2; 55,6, SC 167, 184, 188, und Athanasius, De virginitate, c. 6f., MPG 28, 257–260, bis Leo I., Sermo 12,4, SC 200, 158f., und Ambrosius, De Helia et ieiunio, CSEL 32,2) begründeten das F. mit den bibl. Vorbildern und der 'vita angelica' (dem engelgleichen Leben). Die ma. Kirche und Theologie machten den Ternar Beten, F. und Almosen zum festen Bestand der sakramentalen Buße und Genugtuung; vgl. Petrus Lombardus, Sententiae IV d.16 c.6, ed. 1981, 341f., und die Komm. der scholast. Theologen (z. B. Bonaventura Sent. IV d.15 p.2 a.2 q.1. 1–3). Im Unterschied zum Sentenzenkommentar (IV d.15 q.3 a.1–4), in dem Thomas von Aquin das F. im Kontext der Buße erörterte, behandelte er in der S.th.II II q.147 a.1–8 das F. als Tugend (als Teil der 'temperantia' Mäßigung). Rainerius v. Pisa (ca. 1348), Pantheologia (ed. 1486 fol. 254va–257ra) hat die F.-Theologie des Thomas systematisch zusammengefaßt. Er zählt vier Früchte des F.s auf: Verlängerung des leibl. Lebens (nach Galen ist das F. »summa medicinarum«), Genugtuung für die Sünden, Zügelung des Begehrens, Erhebung des Geistes.　　　　　　　　　　　　　A. Blasius

Q. und Lit.: DSAM VIII, 1974, 1164–1179 – RAC VII, 447–524 – J. SCHÜMMER, Die altkirchl. F.praxis, 1933 – J. PIEPER, Zucht und Maß. Über die vierte Kardinaltugend, 1947 – A. GUILLAUME, Jeûne et charité dans l'église des origines au 12ᵉ s., 1954 – TH. PICHLER, Das F. bei Basileios d. Gr. und im antiken Heidentum, 1955 – P. LAFÉTEUR, Die Mäßigkeit (Die kath. Glaubenswelt II, 1960), 868–936 – Die Dt.-Lat. Thomasausg. 21: Tapferkeit/Maßhaltung (1. Teil), komm. J. F. GRONER, 1964 – F. G. CREMER, Die F.ansage Jesu Mk 2,20 und Par. in der Sicht der patrist. und scholast. Exegese, 1965 – DERS., Das F.streitgespräch (Mk 2,18–22 Par) bei Beda Venerabilis und Hrabanus Maurus, RevBén 77, 1967, 157–174 – DERS., Der Beitr. Augustins zur Auslegung des F.streitgesprächs (Mk 2,18–22 par) und der Einfluß seiner Exegese auf die ma. Theologie, 1971 – Gottesdienst der Kirche, hg. H. B. MEYER, 5, 1983, 143–153 [H. AUF DER MAUER].

III. DIE FASTENPRAXIS UND IHRE SOZIOKULTURELLEN ASPEKTE: [1] *Medizinische Aspekte:* An den kanon. F.zeiten waren Fastenspeisen vorgeschrieben, die sich oft zu Fastenkuren erweiterten, wobei als Fastenarten unterschieden wurden: *jejunium naturale* als völlige Enthaltung von Speise und Trank; *jejunium plenum*, d. h. eine tägl. Mahlzeit ohne Fleischgenuß, *jejunium semiplenum* als allgemeine Abstinenz. Als F.speisen galten in erster Linie Mehlspeisen aus Weizen- oder Roggenmehl, ferner Trockenfrüchte und verschiedene Fischsorten, was zu einem Aufschwung des Fischhandels (→Fische) im MA führte. Als 'Fleisch' galt nur das Fleisch warmblütiger Tiere; der Genuß von Fischen, Krebsen, Muscheln, Wasserhühnern, Feldhühnern, Enten, Gänsen u. ä. war daher erlaubt. Örtlich finden sich auch F.mus (Mehlbrei mit Wasser) sowie die F.brezel (von: bracellum, brachiolum), ein ungesäuertes Hartgebäck in Form zweier verschränkter Arme (früheste Abb. im Cod. Vat. 3867, s. V).

Der Regulierung der F.speisen liegen neben religiösen Motiven physiolog. Erwägungen zugrunde. Nach Hildegard v. Bingen bereiten F., Wachen und Beten eine höhere Ordnung vor, die den weltl. Dingen nicht mehr verhaftet ist (MPL 197, 939 B). Durch F. und Beten werden die Leiber in Zucht gehalten (MPL 197, 947 B: »corpora in jejuniis macerent«). Bei übermäßigem F. geraten die Säfte des Stoffwechsels in Aufruhr, weil »dem Leib die rechtmäßige Erquickung beim Essen nicht gegönnt wird« (Causae et curae 153, 24). »Unvernünftige Enthaltsamkeit richtet das Fleisch des Menschen zugrunde, weil ihm nicht die Grünkraft der rechten Ernährung vergönnt wird« (MPL 197, 319 D–320 B). Daß alles auf Ausgleich und

Maß ankommt, betont im 15. Jh. auch Geiler v. Kaisersberg (Postill., Teil III, S. 40). Für Basileios v. Caesarea (330–379) schon war das F. durchweg eine »Mutter der Gesundheit« für die Kranken, für die Gesunden aber die »Erhalterin des Wohlbefindens« (Hom. 2,7; MPG 31, 193 C).

Fastenkuren dienen der vernünftigen Regulierung der gesamten Lebensweise, sind demnach Teil des →»regimen sanitatis«. Wichtig ist auch hier die Motivation: F. als solches, ohne die sittl. Gesinnung, hat keinen Wert. Den Charakter einer rein med. Kur enthalten die Empfehlungen Basileios d. Gr.: »Die erfahrensten Ärzte entfernen das Überflüssige durch F., damit nicht die Kraft unter der Last der Wohlbeleibtheit zusammenbricht« (Hom. 2,7; MPG 31, 193 C). Durch die Demütigung des F.s wird nach Augustinus der Mensch dem Brote ähnlich gleichsam gemahlen (Sermo 229; MPL 38, 1103). Verzicht auf Freuden des Fleisches dient der Erhebung des Geistes: »afflictio corporis, exsultatio tamen cordis« (Enarr. in Ps 118, 223; MPL 37, 1569). F.kuren sollen Einfluß nehmen auf die gesamte Lebensführung des Menschen, werden demnach nicht negativ betrachtet, schaffen vielmehr Raum für höhere Bedürfnisse. F. gilt als »tugendliche Übung« (Joh. Tauler), eine »geistliche Waffe« (Predigt des 14. Jh.), als ein »gut Werk« (Berthold v. Regensburg). H. Schipperges

Lit.: L. KOTELMANN, Gesundheitspflege im MA. Kulturgeschichtl. Stud. nach Predigten des 13., 14. und 15. Jh., 1890 – H. MOESER, Das kirchl. F.- und Abstinenzgebot in gesundheitl. Beleuchtung, 1907 – E. A. WESTERMARCK, The Principles of Fasting, Folklore XVIII, 1907 – M. HÖFLER, Gebildbrote der F.zeit, 1908 – R. ARBESMANN, Das F. bei den Griechen und Römern, 1929 – TH. PICHLER, Das F. bei Basileios d. Gr. und im antiken Heidentum, 1955 – R. ARBESMANN, Aurelius Augustinus: Der Nutzen des F.s, 1958.

[2] *Soziokulturelle Aspekte:* Rein arithmetisch gesehen verblieben im MA pro Jahr bloß 220–230 Tage, an denen keine Einschränkungen der Ernährung durch das F.gebot vorgegeben waren. Je nach sozialer Schicht waren die Auswirkungen hiervon unterschiedlich: Zum bes. Anlaß zeigen sich je nach Liquidität und öffentl. Norm oft raffinierte Versuche, die Restriktionen zu überspielen, etwa durch Auswahl prestigeträchtiger Ersatzstoffe und Ingredienzien (Gewürze, Mandeln, Zucker, Reis, Fisch), Imitation von Fleischspeisen, Verkochen von Wein oder Veränderung des natürl. Aussehens der Ersatzstoffe (Formen, Färben, sonstige gestalter. Effekte). Die Unbemittelten konnten sich jedoch dieser Möglichkeiten nicht einmal annähernd bedienen. Insbes. steht nördl. der Alpen ja kein Olivenöl, sondern nur ein quantitativ bescheidenes Repertoire an billigen pflanzl. Fetten (z. B. Lein, Mohn, Rübsamen, Nüsse, Hanf) als Alternative für tier. Fettstoffe (Schmalz, Butter) zur Verfügung. Dies bedeutet gerade für die Masse der körperl. schwer Arbeitenden einen erhebl. Verlust an Nahrhaftigkeit der Kost.

Speziell die 40tägige Quadragesima erlangt auch für Kunst und Volkskultur Bedeutung. Sichtbarster Ausdruck davon sind die zur Verhüllung der Altäre in den Kirchen aufgehängten, oft auch szenisch bemalten Fastentücher (aus Leinen, auch Seide).　　　　　H. Hundsbichler

Lit.: LThK² IV, 32–39 – RDK VII, 826–848 – Alltag im SpätMA, hg. H. KÜHNEL, 1986³, 220–229 [H. HUNDSBICHLER].

IV. FASTENDISPENSEN: Der Begriff des F.s ist in diesem Zusammenhang weit zu fassen, d. h. er bedeutet nicht nur »Abbruchfasten«, sondern bes. »Abstinenz«. Wie der Begriff der →Dispens beinhaltet, ging es bei Fastendispensen um Aufhebung der Fastenverpflichtung in einem besonderen Fall, d. h. sie wurden stets nur – unter gesamtkirchl. Aspekt – für »Einzelfälle« erteilt, selbst wenn darunter

größere Gebiete wie z. B. Diözesen fielen. Auch sog. allgemeine Fastendispensen bezogen sich daher bloß auf bestimmte Orte oder Gegenden; dabei konnten solche Fastenmilderungen von Ort zu Ort sehr verschieden sein, wie die wenigen bislang vorliegenden Untersuchungen zu Fastendispensen jeweils nur einzelner Teilkirchenbereiche doch schon deutlich zeigen.

In größerer Zahl sind Fastendispensen erst seit dem 15. Jh. bekannt. Zuerst wußten sich höhergestellte Einzelpersonen oder Familien solche Erleichterungen zu verschaffen; als nächstes lassen sich Lockerungen kl. Fastengebote feststellen, danach wurde immer mehr den Bittgesuchen nach einer allgemeineren Milderung der kirchl. Fastenstrenge, nach einer »Befreiung wenigstens vom Laktizinienverbot, nach Erlangung von Butterbriefen« (LINDNER) nachgegeben. Kann zum einen in den zahlreichen Eingaben um Fastendispensen ein Zeichen dafür gesehen werden, wie gewissenhaft man sich an die kirchl. Fastengebote zu halten suchte, so lassen andererseits die häufig darin zu findenden Hinweise auf »alte Gewohnheiten«, etwa bezügl. des Laktiziniengenusses, erkennen, daß die strengen Fastengebote nicht immer und überall eingehalten wurden.

Die unter dem Begriff →Butterbrief (auch Molkenbrief) bekannten Fastendispensen gestatteten in erster Linie den Genuß von Milch und Milchprodukten, wobei Käse mitunter ausdrückl. ausgenommen war; der Verzehr von Eiern wurde seltener, der von Fleisch kaum gestattet, Erleichterungen in der Karwoche waren so gut wie ausgeschlossen. Oft enthielt die Gewährung von Fastendispensen auch Strafnachlaß für zurückliegende Übertretungen des Fastengebotes. Ganz allgemein ist festzustellen, daß die Dispensskripte stark voneinander abwichen; teilweise waren sie zur Durchführung auch dem Ermessen des Bf.s (oder auch Pfarrers bzw. Beichtvaters und Arztes) überlassen.

Ähnlich uneinheitl. erweisen sich die Gegenleistungen, die mit Fastendispensen verbunden sein konnten. Neben gratis erteilten Vergünstigungen wurden »andere Werke der Frömmigkeit« verlangt; mitunter war der Geldwert (»Schmalzgeld«) eines Tagesunterhaltes einem frommen Zweck (z. B. 1486 in Bern für den Bau der Vinzenzkirche) zuzuführen oder Taxen (z. B. 1465 Villingen 40 Gulden) zu entrichten.

Als Dispensgründe erscheinen regelmäßig der Mangel an Olivenöl und anderen Fastenspeisen (Fischen) bzw. Überteuerung des Oliven- und Ersatzöls (z. B. Nuß-, Leinöl), oder es wurde ganz einfach darauf hingewiesen, daß Ölgenuß Ekel und Widerwille errege. Gewährt wurden die Fastendispensen zunächst allein vom Papst oder dessen dazu bes. bevollmächtigten Legaten, doch wurden um die Mitte des 16. Jh. auch Fastendispensen immer mehr Ausfluß bfl. Amtsgewalt, v. a. gestützt auf kanonist. Lehren (X 2.3.46, →Johannes de Deo, Guillelmus →Duranti).

H. Zapp

Lit.: →Dispens; →Butterbriefe – D. LINDNER, Die allg. Fastendispensen in den jeweils bayer. Gebieten seit dem Ausgang des MA (Münchener Stud. zur hist. Theologie 13, 1935).

B. Ostkirchen

I. Verständnis des Fastens – II. Fastenzeiten.

I. VERSTÄNDNIS DES FASTENS: Das auf bibl. ntl. Grundlage (s. Abschn. A.I) beruhende F. (griech. νηστεία) wird in der alten Kirche unter dem Einfluß monast. →Askese bes. streng gehandhabt. Nach dem Beispiel des 40tägigen F.s Jesu vor seiner Versuchung (Mt 4, 1–11) wird im F. ein Mittel gegen Anfechtungen des Teufels gesehen. F.

und Beten gelten als Heilmittel gegen bestimmte, auf →Besessenheit zurückgeführte Krankheiten (z. B. Mondsucht, Mt 17, 14–21 u. a.). Im Geiste des NT erhält das F. einen verinnerlichten und spirituellen Charakter und gilt als Mittel geistiger Erhebung und Wachsamkeit (νῆψις). →Johannes Klimakos sieht im F. den besten Weg »zur Vertreibung von bösen Gedanken, zur Befreiung von Träumen, zur Reinheit des Gebetes, zur Erleuchtung der Seele, zur Wachsamkeit des Geistes, zur inneren Ergriffenheit, zum bescheidenen Seufzen, zur freudigen Zerknirschung, zur inneren Ruhe (→Hesychia), zur Leidenschaftslosigkeit, zur Vergebung der Sünde usw.« (Klimax, Kap. 31).

Nach den griech. Kirchenvätern soll der Christ – unter Vermeidung unangemessenen Stolzes auf das F. selbst, das nur als Werkzeug gilt – sein F. mit Werken der →Barmherzigkeit verbinden. Diesen Grundgedanken führt →Johannes Chrysostomos in seiner III. Homilie de Statuis aus (»Was nützt uns die Enthaltsamkeit von Geflügel und Fischen, wenn wir die Brüder beißen und sie verschlucken?«). Auch das bei der Vesper des reinen Montags gesungene Troparion betont die Vorstellung der Nächstenliebe als Bestandteil des F.

II. FASTENZEITEN: Im Gegensatz zu den jüd. F.tagen Montag und Donnerstag begeht die Ostkirche in altchristl. Tradition den Mittwoch und Freitag im Gedenken an den Verrat des Judas und den Kreuzestod Christi. Die F.gebote für diese Tage schreiben Nüchternheit bis drei Uhr nachmittags vor und erlauben erst danach Genuß von Wasser und Brot.

Erste Grundlage der F. bilden Passion und Auferstehung. Die älteste F.periode ist daher die Zeit vor dem →Osterfest, dem Höhepunkt des liturg. Jahresablaufs. Die Ursprünge dieser F.zeit sind bereits in apost. Zeit zu suchen (Mt 9, 15). War das vorösterl. F. in den Anfängen zeitlich nicht genau festgelegt, so setzt sich wohl im frühen 4. Jh. die Quadragesima durch, erstmals im 5. Kanon der ökumen. Synode v. →Nikaia (325) fixiert. Als Vorbild dient das 40tägige F. von Mose, Elias und Christus. Zu diesen 40 Tagen gehört allerdings nicht die Karwoche. Die Ostkirche kennt außerdem auch eine Vorfastenzeit, die drei Wochen und vier Sonntage umfaßt. Am 1. Sonntag wird des Zöllners und Pharisäers gemäß der evangel. Perikope LK 18, 10ff. gedacht. Nach der liturg. Praxis der griech.-orthodoxen Kirche beginnt an diesem Montag der Vortrag der →Troparien der Kanones in gekürzter Form, wie sie das →Triodion enthält. Der zweite Sonntag gilt dem verlorenen Sohn (Lk 15, 11–32), der dritte der Erscheinung Christi, an dem zum letzten Mal vor Ostern Fleischgenuß erlaubt ist. Ab Montag beginnt die Woche, in der noch Milchprodukte genossen werden dürfen, und sie endet mit dem Sonntag des Käse-Essens (Κυριακὴ τῆς Τυροφάγου). Der vierte Sonntag ist der Vertreibung Adams und Evas gewidmet. Ab Montag beginnt die erste eigtl. F.woche, die reine Woche.

Während der ersten vier Tage werden Troparien aus dem großen Bußkanon des Andreas v. Kreta vorgetragen. Der Sonntag gilt dem hl. →Theodoros Teron. An diesem Tag werden die Kolyba geweiht.

Der erste eigtl. F.sonntag ist seit dem 9. Jh. mit dem Fest der →Orthodoxie zur Erinnerung an die Wiederherstellung der Bilderverehrung (842) verbunden. Der zweite F.sonntag ist dem großen Vorkämpfer des →Hesychasmus, Gregorios →Palamas, gewidmet. Der dritte gilt der Kreuzesverehrung und der vierte der großen monast. Persönlichkeit →Johannes Klimakos. Am fünften F.sonntag wird der großen Büßerin, der hl. →Maria v. Ägypten, gedacht. Der letzte F.sonntag vor dem Beginn der Karwoche ist dem Einzug Christi geweiht (Palmsonntag).

Die 40tägige F.zeit, die große und heilige F.zeit (*Ἡ Ἁγία καὶ Μεγάλη Τεσσαρακοστή*) vor Ostern wird in der Ostkirche sehr streng eingehalten; ihre Liturgie trägt ernsten Bußcharakter. Nur an Samstagen und Sonntagen darf die →Basiliusliturgie nach dem 49. Kanon der Lokalsynode v. Laodikeia gefeiert werden. Am Mittwoch und Freitag jeweils wird hingegen die »Liturgie der vorgeweihten Gaben« zelebriert. Die orth. Kirche kennt noch zwei andere 40tägige F.zeiten, nämlich vor dem Tag der hll. Apostel Petrus und Paulus (29. Juni) und vor Weihnachten; hierbei handelt es sich um ursprünglich kurze F.zeiten, die später unter dem Einfluß der großen vorösterl. F.zeit eine Ausdehnung erfuhren, die auf das syr. und palästinens. Mönchtum des 6. Jh. zurückgehen soll. Der erste sichere Beleg für das F. vor dem aus der röm. Kirche stammenden Peter-und Paul-Fest findet sich erst bei →Athanasios Athonites im späten 10. Jh. Die vierte 40tägige F.zeit gilt als Vorbereitung auf das Fest Mariä Himmelfahrt (→Maria, Marienfeste) am 15. Aug., heute nur mehr 15 Tage umfassend. Diese kirchl. Feier wurde durch ein Dekret des Ks.s Maurikios (582–602) allgemein verbreitet. Außer diesen großen F.zeiten begegnen uns in der Ostkirche auch eintägige F., so anläßlich der Feier der Kreuzeserhöhung (14. Sept.) sowie am 5. Jan. vor der →Epiphanie, wobei der große Agiasmos (große Wasserweihung) stattfindet, ebenso am 29. Aug. (Enthauptung Johannes d. T.).   E. Konstantinou

Lit.: K. M. RHALLES, Περὶ τῶν νηστειῶν, 1919 – K. HOLL, Die Entstehung der vier F.zeiten in der griech. Kirche, AAB, 5, 1923 (1924) [abgedr. in: DERS., Ges. Aufs. II, 1928, 155–203] – BECK, Kirche, 254–262 – CH. M. ENISLEIDES, Ὁ Θεσμὸς τῆς Νηστείας, 1959.

C. Judentum

Sinn des F.s – Enthaltung von Speise und Trank während eines Tages – war Kasteiung zum Zwecke der →Buße, Unterstützung eines Bittgebetes oder Zeichen der Reue, das durch symbol. Handlungen (Anlegen rauher Kleidung, Streuen von Asche aufs Haupt) unterstrichen wurde. Man unterscheidet persönl. F. (z. B. am Todestag der Eltern) und öffentl. F. Bei Eintritt einer Not (Regenmangel) riefen die örtl. Autoritäten zu rituellem F. auf, welches jedoch an Feiertagen, Halbfeiertagen und Monatsanfängen verboten war. Neben diesen ad hoc eingesetzten öffentl. Fasttagen gab es bibl.-hist. Fasttage zur Erinnerung an Unglücke in der Geschichte des jüd. Volkes, die – obwohl die in der Fastenrolle »megillat ta ʿanit« eingeschärft – nur in geringer Zahl geblieben sind: 17. Tammus (Erinnerung an das Durchbrechen der Mauer unter Nebukadnezar und Titus), 9. Ab (zum Gedenken an die Zerstörung des 1. und 2. Tempels), 3. Tischri (zur Erinnerung an die Ermordung Gedaljas, Jer 41,1f.; 2 Kg 25,25), 10. Tebet (zum Gedenken an die Belagerung Jerusalem unter Nebukadnezar) und 13. Adar (F. am Tag vor dem Purimfest, Est 4,16). In Frankreich erklärte R. →Jakob b. Meir (ca. 1100–71) den 20. Siwan zum Fasttag als Erinnerung an die Märtyrer v. Blois (Mai 1171). Um 1250 fielen in Deutschland die F. nach den Pessach- und Sukkotfeiertagen auf den ersten Montag, Donnerstag und zweiten Montag der Monate Ijar und Marcheschwan, die wahrscheinlich im Zusammenhang mit der Vielzahl der Verfolgungen, die kein Einzeldatum zuließen, eingerichtet wurden – wie auch in einzelnen Gemeinden lokale Vertreibungen und Verfolgungen zu örtl. Fasttagen führten. In Spanien und Frankreich wurden Fasttage am vorhergehenden Sabbat beim Gottesdienst angekündigt, während in Deutschland nur von Fasttagen nach den Festen in der Synagoge Mitteilung gemacht wurde. Da F. u. a. an durch Sünden bewirkte Unglücke erinnern, wird in Gebeten die Bitte um Sündenvergebung erweitert. Nicht durchgesetzt haben sich Tendenzen gegen das F., die im 2. Jh. auftraten und vom neuzeitl. Chassidismus aufgegriffen wurden. Im Widerspruch zu ihnen befanden sich die kabbalist. Theorien, nach denen für jede Sünde neben Kasteiungen eine bestimmte Anzahl von Fasttagen festgesetzt wurden. Eingebürgert haben sich die 10 Tage vom Neujahrs- bis zum Versöhnungstag. Als Vorbereitung auf diese Bußzeit wurde im vorhergehenden Monat Elul und am Vorabend des Neujahrstages gefastet. Bedeutender als F. ist das Torastudium; denn »kein Gelehrter hat das Recht zu fasten, wenn er dadurch das Werk des Himmels vernachlässigt« (b Taʿanit 63b). In der →Halacha führte dies zu einer Milderung des strengen F.s bei gleichzeitiger Betonung des ursprünglichen Sinns: gute Taten und Reue – einer von Saadja Gaon (882–942) übernommenen Auffassung, wenn er dem Ablassen von Sünde gegenüber dem freiwilligen F. den Vorzug gab. Von Mystikern und Kabbalisten – zeitweise bes. von aschkenas. Chassidim (z. B. betonte →Jehuda b. Samuel hä-Chasid [ca. 1150–1217] die Askese.so, daß er selbst am Sabbat Nahrung nur freudlos zu sich nahm) – wurde das F. gepflegt, um – wie schon in den apokalypt. Kreisen und der rabbin. Esoterik des Frühjudentums – zu ekstat. Erfahrungen und Visionen zu gelangen.   Rolf Schmitz

Lit.: BARON, IV, 138, 145; V, 214, 216, 245, 392; VI, 16, 86, 330f.; VIII, 49, 119 – I. ELBOGEN, Der jüd. Gottesdienst in seiner gesch. Entwicklung, 1962⁴ [Nachdr.], 126–130 [Ind.].

D. Islam

Im Islam ist der 9. Monat des muslim. Jahres, der Ramadān, als jährl. F.zeit *(ṣaum)* vorgeschrieben. Vgl. →Ramadān.

Fastenpredigten. F. wurden nicht nur an den Sonntagen der 40tägigen Fastenzeit, sondern auch an den Wochentagen (feriae) gehalten. Sie begannen am Aschermittwoch und wurden z. T. bis in die Osterwoche hinein fortgesetzt. Sie schließen sich thematisch in der Regel an die beiden Lesungen der Fastenmessen an. Bonaventura hielt 1268 (bzw. 1267) vor dem Pariser Klerus F. in der Form von Vorträgen, »Collationes in X praeceptis«. Thomas v. Aquin predigte 1273 in Neapel (und wohl auch in Rom) über das Pater Noster, das Credo und die 10 Gebote. In der hs. Überlieferung sind die F. entweder Bestandteil der allgemeinen Predigtsammlungen »De tempore«, die das ganze Kirchenjahr begleiteten, oder sie wurden auch gesondert als »Sermones quadragesimales« bzw. als »Quadragesimale« überliefert. Sie sind weder geschichtl. noch theol. untersucht. Das »Repertorium der lat. Sermones des MA für die Zeit von 1150–1350« von J. B. SCHNEYER liefert wichtige Hinweise für die Geschichte der lat. (nicht der dt.) F. vom 12.–14. Jh. Ihr Einzugsbereich erstreckt sich von Italien (12./13. Jh.) nach Frankreich und später nach Deutschland (13.–14. Jh.).

Einer der ersten Autoren von F. in Italien war →Bruno v. Segni OSB (†1123), RS I, 697–700. Führend wurden die Dominikaner, unter anderen: Antonius Azoro de Parma (12./13. Jh.), RS I, 291–295; Constantinus v. Orvieto (†1256), »Sermones dominicales et quadragesimales« (vgl. TH. KAEPPELI, Script. Ord. Praed. ME I, 1970, 294, n.798); Ps. Thomas v. Aquin (tatsächl. ein anonymer, zw. 1240–53 predigender Dominikaner), »Quadragesimale«, RS V, 622–627; Aldobrandino →Cavalcanti (†1279), RS I, 161–168, 199–204, 215–222; Johannes v. Opreno, RS III, 619–624; 652–656; Nicolaus de Hannapes (†1291), »Quadragesimale«, RS IV, 322–329; Aldobrandinus de Tuscanella (1287–92 lector), 48 F., RS I, 235–239; Nicolaus de Gorran († 1295), mehr als 80 F., RS IV, 273–278; Jacobus de Voragine († 1298), ca. 100 F. (vielfach überliefert und mehrfach gedruckt), RS III, 238–246. Von it. Franziskanern ist im 13. Jh. Jacobus Capelli v. Mailand mit ca. 50 F. bekannt, RS III, 43–46. Odo v. Châteauroux († 1273), Kanzler in Paris und Kardinal in Rom, schrieb eine Sammlung von fast 100 F., RS IV, 404–415. Er wirkte in Italien und stand den Dominikanern nahe. Aus Frankreich kennen wir im 13. Jh. 9 F. des Pariser Kanzlers und Bf.s v. Cambrai Guiardus de Laon († 1247), RS II, 258.

Im 14. Jh. führten die it. Dominikaner die Tradition der F. fort: Remigius Girolami v. Florenz († 1319), zahlreiche F. und »Serm. quadragesim.«, RS V, 70–79, 131–134; Hugo de Prato florido († 1322), 58 »Serm. quadragesim.«, RS II 753–758; Jordanus v. Pisa († nach 1331), Sammlung von F. (ed. C. DELCORNO, 1974); er hat zwei-, dreimal tägl. an verschiedenen Orten gepredigt. Nicolaus v. Ascoli († ca. 1350), RS IV, 224–228; Johannes v. S. Gimignano († nach 1333), »Quadragesimale« I, RS III, 734–741 (wiederholt gedruckt), »Quadragesimale« II, RS III, 741–746; Jacobus de Bovenato († nach 1360), ca. 100 F., RS III, 13–23. Von den it. Minoriten sind zu nennen: Bindo v. Siena und Franciscus de Abbatibus (Mitte des 14. Jh.) mit 51 F., RS II, 59–63, und von den Augustinereremiten: Albertus v. Padua († 1328), »Postilla super evangelia quadragesimalia« I–II, RS I, 130–146, 146–150; → Augustinus Triumphus v. Ancona († 1328), »Serm. quadragesim.« I, RS I, 374–378.

In Frankreich widmeten sich im 14. Jh. alle Orden den F.: bei d. Dominikanertheologen Jakob v. Lausanne († 1322), RS III, 119–122. Führend wurden die Minoriten: Bertrandus de Turre (de la Tour) († 1332), der die Fastenepistel RS I, 512–522 und zweimal die Fastenevangelien ebd. 537–542, 562–564 auslegte; Johannes Rigaldi (Rigaud; † 1323), ca. 80 F. (einschl. Osterwoche), RS III, 683–693; Franciscus de Mayronis († nach 1328), ca. 30 F. (bis zum Passionssonntag). Im 14. Jh. sind F. auch aus Deutschland, England und Böhmen überliefert: Guilelmus v. Werd OP in Köln hielt im Zyklus der Predigten von Advent bis Ostern auch F., RS II, 603–608; → Jordanus v. Quedlinburg († 1380) OESA fügte in die Predigten des Kirchenjahres auch F. ein, RS III, 831–836. In England predigte Robert → Holcot OP († 1349) in der Fastenzeit, »Quadragesimale: de bello spirituali«, RS V, 192–195. In Böhmen hielt → Johannes (Jan) Milić v. Kremsier († 1374) F., RS III, 578–587, und → Johannes Hus († 1415) schrieb zu Beginn des 15. Jh. ein Quadragesimale.

Im 15. Jh. waren F. ein fester Bestandteil des Glaubenslebens. Berühmte Autoren von F. waren: → Bernardinus v. Siena († 1444), »Quadragesimale de christiana religione« und »Quadragesimale de evangelio aeterno« (ed. Op. omnia IV–V, 1956), und sein Schüler → Johannes v. Capestrano († 1456) OM; → Robert (Caracciolo) v. Lecce OM († 1495), dessen Predigten vom 3. Sonntag nach Epiphanie bis zum Karfreitag genau datiert sind (ed. O. VISANI, 1983). Antonius v. Vercelli OM († 1483) schrieb im »Quadragesimale de XII mirabilibus christianae fidei excellentiis« und ein »Quadragesimale de aeternis fructibus Spiritus s.«. Die Themen der F. betreffen nicht nur die Fastenlesungen, sondern allgemein die Glaubens- und Sittenlehre, vgl. → Antonius v. Bitonto OM († 1459 bzw. 1465), »Quadragesimale De vitiis«; Pelbart de Temesvár OM († 1504), »Quadragesimale de poenitentia«, »Quadragesimale de praeceptis decalogi«.

Für den deutschsprachigen Raum lassen sich (nach den

hs. Unterlagen von J. B. SCHNEYER für die Fortsetzung des Repertorium der lat. Sermones des MA für die Zeit von 1350–1500 folgende Autoren von F. anführen: Albertus (Matthias) Engelschalk v. Straubing, F.; Conradus (Johannes) Gritsch OM, »Quadragesimale«; Eberhard Prunner v. Indersdorff OSA CAn († 1442), F.; Johannes (Currifex seu Gayswegner von Gamundia, Schwäbisch-Gmünd) OESA († nach 1441), F.; Johannes Herolt (Discipulus) OP († 1468), F.; Johannes Meder OM, »Quadragesimale de filio prodigo«; Johannes Nider (Nyder) OP († 1438); Johannes Niger (Schwarz) OP, F.; Matthaeus v. Zerbst (de Saxonia OESA, † nach 1390), F. und »Sermones super evangelia per Quadragesimam«; Stephanus Wirtenberger OESA, »Quadragesimale«; Thomas → Ebendorfer v. Haselbach († 1464), »Quadragesimale«.

J. Longère

Lit.: J. B. SCHNEYER, BGPhThMA 43, 1–9, 1969–80 – → Ed. und Lit. zu einzelnen Autoren.

Fastensynoden (1075, 1076, 1080). In Weiterführung des seit → Leo IX. üblichen Brauchs, jährl. zur Fastenzeit in Rom eine Synode abzuhalten, berief → Gregor VII. von 1074 an regelmäßig F. ein, die er gezielt in den Dienst der Kirchenreform stellte.

[1] Auf der *Fastensynode v. 1075* (24.–28. Febr.) verhängte Gregor VII. über fünf der → Simonie verdächtige kgl. Räte den Bann und bedrohte vier dt. Bf.e, unter ihnen → Liemar v. Bremen, mit der Suspension. Dazu kamen Sanktionen gegen eine Reihe lombard. Bischöfe. Die Synode beschloß auch Maßnahmen gegen → Simonie und Priesterehe. Ein förmliches Investiturverbot wurde jedoch nicht erlassen.

[2] Die *Fastensynode v. 1076* (14.–20. Febr.) stand im Zeichen der Auseinandersetzung mit → Heinrich IV. In Reaktion auf das → Wormser Absetzungsdekret vom Jan. 1076 verkündete Gregor VII. die Exkommunikation und Absetzung des dt. Kg.s und entband die Untertanen von ihrem Treueid. Strafmaßnahmen richteten sich auch gegen die Unterzeichner des Wormser Dekrets wie gegen lombard. Bischöfe.

[3] Die *Fastensynode v. 1080* (Anfang März) markiert den offenen Bruch Gregors VII. mit Heinrich IV. Der Papst erneuerte die Exkommunikation und Absetzung des Saliers und erkannte im Gegenzug → Rudolf v. Schwaben als rechtmäßigen Kg. in Deutschland an. Die Absetzungsurteile gegen einige lombard. Bf.e, unter ihnen → Thedald v. Mailand und Wibert v. Ravenna (→ Clemens III.), wurden bestätigt. Das 1078 ergangene Investiturverbot wurde nunmehr auch auf die Niederkirchen ausgedehnt. Damit sollte künftig jegliche weltl. Einflußnahme auf die Besetzung geistlicher Ämter ausgeschlossen sein. T. Struve

Q.: Gregor VII., Registrum II, 52a; III, 10a; VII, 14a (MGH Epp. sel. 2), 196f., 268–271, 479–487 – JAFFÉ-LÖWENFELD, Nr. 4929, 4978, 5154 – G. MEYER v. KNONAU, JDGH. IV; H. V. 2, 1894, 451–455, 631–643; 3, 1900, 246–256 – HEFELE-LECLERCQ 5/1, 114–131, 158–167, 262–268 – *Lit.:* HAUCK III, 777f., 794–796, 821f. – A. FLICHE, La réforme Grégorienne 2, 1924, 174–183, 283–286, 378–380 – CH. SCHNEIDER, Prophet. Sacerdotium und heilsgesch. Regnum im Dialog, MMS 9, 1972, 108ff. – R. SCHIEFFER, Die Entstehung des päpstl. Investiturverbots für den dt. Kg. (MGH Schr. 28, 1981), 114–132, 173–175 – J. VOGEL, Gregor VII. und Heinrich IV. nach Canossa (Arbeiten zur FrühMAforsch. 9, 1983), 186–195.

Fastidius, Bf. v. Britannien, altkirchl. Theologe, 5. Jh. – Nach Gennadius, vir. ill. 56 schrieb F., »Brittanicorum episcopus«, 2 Abhandlungen: »De vita Christiana« und »De viduitate servanda«. Die Identifizierung dieser Werke ist Gegenstand gelehrter Diskussion wie auch die Zuschreibung weiterer Werke an F.; sicher gehörte F. zum Kreis um Pelagius. K. S. Frank

Lit.: DHGE XVI, 676f. – G. DE PLINVAL, Pélage, ses écrits, sa vie et sa réforme, 1943 – ALTANER–STUIBER, 377 – O. WERMELINGER, Rom und Pelagius, 1975.

Fastnacht

I. Name und Termine der Fastnacht – II. Fastnachtsbräuche – III. Fastnacht als politisches und soziales Instrument.

I. NAME UND TERMINE DER FASTNACHT: »Fastnacht« oder »Faschang« bzw. die regionalen Sonderformen »Fasnacht« und »Fasnet« bezeichnen das der kirchl. Fastenzeit vorausgehende Kalenderfest. Datum und Brauchtumkreis besitzen unterschiedl. Termine und Zeitphasen entsprechen der sich wandelnden und unterschiedl. gehandhabten kirchl. Fastenordnung. Seit dem Konzil v. Benevent 1091 beginnt die sich erst allmählich durchsetzende heutige Bußzeit am Aschermittwoch, so daß die eigentliche F. der Faschingsdienstag bildet, errechnet aus 40 Tagen bis Ostern, die 6 Sonntage als Gedächtnis der Auferstehung Jesu ausgenommen. Dieser sog. kleinen oder rechten F. vom Donnerstag vor bis incl. Estomihi (Quinquagesima) steht die alte große F. bis Invocavit gegenüber (Basel). Zw. 1450 und 1582 gelang schließlich, ohnehin auf kath. Territorien beschränkt, die Zusammendrängung der F. auf die drei Tage vor Aschermittwoch. Die heutigen Ausdehnungen der »Saison« oder »Kampagne« entstammen erst dem 19. Jh. Die in der älteren Forschung übliche Ableitung des Namens F. von »faseln« und die damit verbundene Ursprungsdeutung aus einer kult. Geschlechtsfreiheit in vorchristl. Zeit läßt sich etymolog. wie brauchgeschichtl. nicht halten. Ebenso umstritten ist heute jedoch auch die dezidierte interpretatio christiana mit der Behauptung einer gezielten katechet. Erfindung der F. durch ein bewußt geübtes Nachspielen der Zwei-Staatenlehre des hl. Augustinus (D. R. MOSER). Der wissenschaftl. Streit geht um die theoret. Zulässigkeit einer derart verengten und damit selbst mythisch werdenden Ursprungsfrage. Hist. Forschung vermag ledigl. nach der jeweiligen sozialen Funktion und dem in den Quellen allgegenwärtigen gesellschaftl. Wandel jeglichen Festwesens sinnvollerweise zu forschen.

Der mhd. Begriff *vast-schanc,* aus dem die im süddt. und österreich. Raum übliche Bezeichnung »Faschang«, »Fasching« hervorging, bedeutet Ausschank und Trunk vor der Fastenzeit. Der Begriff »Karneval«, abgeleitet vom lat. »carnislevamen« und der spätma. Zwischenform »carnelevare«, ist in Deutschland erst seit 1699 als Festbezeichnung nachweisbar.

II. FASTNACHTSBRÄUCHE (Fbr.): Eine der ältesten Nachrichten über die Fbr. in einem Codex der Kirche zu Cambrai (Anfang 13. Jh.) berichtet, daß in Rom »in Dominica dimissionis carnium« (Sonntag des Abschieds vom Fleischlichen) in Anwesenheit des Papstes ein Spiel aufgeführt wurde, bei dem man Tiere (Bären, Ochsen und einen Hahn) als Sinnbilder »fleischlicher Lust« tötete. Die Abhängigkeit der Fbr. von den Saturnalien, Bacchanalien und Luperkalien trifft zu, jedoch nicht auf dem Wege kontinuierl. tradierten Brauchtums, sondern auf Grund vielfacher Rückgriffe und der Benutzung allgemeiner Strukturelemente der auch sonst im Jahreslaufbrauch bekannten Ventilsitten des Verkleidens und Spielens von verkehrter Welt. Darum dominiert die Beteiligung von Jugendlichen, Gesellen oder bisweilen auch Frauen in den reglementierenden Verordnungen des SpätMA. Demnach besaßen keineswegs alle Städte das uns heute geläufige F.streiben. In Köln waren bis in die NZ allein häusliche Gelage üblich, in Nürnberg kauften die jungen Patrizier den Metzgergesellen das Recht auf den »Schembartlauf« ab. Solche organisierten Maskenumzüge entstammen in Mitteleuropa erst dem 15. Jh., während es bürgerl. Renn- und Stechspiele schon im 14. Jh. gab. Auch die Heiratsspottbräuche des Pflug- und Blockziehens für bislang Sitzengebliebene entstammen zumeist der Stadt. Reformation und Gegenreformation brachten generelle Verbote oder restriktive Zügelungen der F.sbräuche. Die Rückprojektion barocker oder gegenwärtiger Formen ins MA ist unzulässig. Alle unmittelbaren Kontinuitätskonstruktionen haben sich als unhaltbar erwiesen, nachdem es direkte Quellenzeugnisse für die wechselnde Geschichte der zeitlichen, regionalen und sozialen Differenzierung und Funktionen der F. gibt, die darüber hinaus innerhalb des gesamten öffentl. Festwesens einer Kommune, deren Herrschaftsverhältnissen und Selbstverständnis gesehen und beurteilt werden muß.

III. FASTNACHT ALS POLITISCHES UND SOZIALES INSTRUMENT: Die F. unterlag im SpätMA einer zunehmenden »Vereinnahmung durch die Magistrate« (ROGER CHARTIER), da diese wegen der »Ventilfunktion« des Festes Übergriffe und Aufruhr (Basel 1376, Magdeburg 1397, Köln 1482) fürchteten. Zahlreich sind deshalb die Verbote, Masken und Messer zu tragen, auch deshalb, um potentielle Rechtsbrecher identifizieren zu können. In vielen Städten wie Braunschweig, Hildesheim und Nürnberg kam es zur Reglementierung der Fastnachtumzüge, wurden diese doch auch als Kampfmittel bei sozialen Auseinandersetzungen gebraucht. In Nürnberg mußte überdies der Inhalt der →Fastnachtspiele zur Genehmigung vorgelegt werden. Trotz dieser Quasi-Zensur konnte nicht verhindert werden, daß polit., wirtschaftl. und soziale Mißstände angeprangert wurden (Rosenplüt »Des Türken Vasnachtspil«, Rosenplüt »Des König von Engellant Hochzeit«, Folz »Von König Salomon und Markolfo«, und »Der Scheveklot«). Papst Paul II. ließ 1466 die Karnevalsveranstaltungen von der Piazza Navona, dem Kapitolsplatz und dem Monte Testaccio in das engste Stadtzentrum verlegen, er vermehrte die Spiele und die Preise. Überdies gab er der Bevölkerung von Rom Gastmähler – ein Paradigma einer F. als polit. Instrument.

H. Kühnel

Lit.: A. SPAMER, Dt. Fastnachtbräuche, 1936 – H.-U. ROLLER, Der Nürnberger Schembartlauf. Stud. zum Fest- und Maskenwesen des späten MA (Volksleben 11, 1965) – K. MEISEN, Name und Ursprung der F., Rhein. Jb. f. Volkskunde 17/18, 1967 – H. MOSER, Städt. F. im MA (Volksleben 18, 1967) – M. BACHTIN, Lit. und Karneval. Zur Romantheorie und Lachkultur, 1985 [aus dem Russ.] – R. KROHN, Der unanständige Bürger, 1974 – D. BRETT-EVANS, Von Hrotsvit bis Folz und Gengenbach, 2. Teil: Religiöse und weltl. Spiele des SpätMA, 1975 (Grundlagen der Germanistik, hg. H. MOSER, 18) – H. KINDERMANN, Das Theaterpublikum des MA, 1980 – J. HEERS, Fêtes jeux et joutes dans les Sociétés d'Occident à la fin du MA, 1982² (dt.: Vom Mummenschanz zum Machttheater. Europ. Festkultur im MA, 1986) – J. KÜSTER, Spectaculum Vitiorum. Stud. zur Intentionalität und Gesch. des Nürnberger Schembartlaufes (Kulturgesch. Forsch. 2), 1984 (dazu H. SCHUHLADEN, ZfVK 82, 1986, 108–113) – D.-R. MOSER, F. – Fasching – Karneval, 1986 – H. KÜHNEL, Die städt. F. im 15. Jh. Das disziplinierte und öffentl. finanzierte Volksfest (Volkskultur des europ. SpätMA, 1987). Aktuelle Diskussion mit vielen krit. Beitr. und Bibliogr. über die Generalthemen »Brauchforschung auf dem Prüfstand«, »Fastnachtforschung«, »Kirche und Fasching«: s. Jb. für VK NF 5, 1982; 6, 1983; 7, 1984; 8, 1985.

Fastnachtspiel

I. Allgemeines – II. Wichtige Zentren.

I. ALLGEMEINES: Das F., die bedeutendste Repräsentationsform des spätma. weltl. →Dramas im deutschsprachigen Raum, ist ein in städt. Umgebung aufgeführtes Spiel zur →Fastnacht, der bevorzugten Zeit für →Feste. Die Überlieferung dokumentiert es als gegenüber fastnächtl. Bräuchen selbständige lit.-theatral. Form. Konstitutiv für Form, Inhalt und Aufführungsbedingungen ist die regional divergente soziale Gebrauchssituation. Hieraus ergibt sich für die jeweilige Wirkungsabsicht entsprechend der dem ma. Fest inhärenten Mischung von Ernstem und Komischem eine unterschiedl. Gewichtung unterhaltender und belehrender Elemente, stofflich eine unterschiedl. Relation von Alltagsthematik und politischreligiöser Problematik. Die Verschriftlichung und zunehmend auch Drucklegung eröffnet die Lektüre als Rezeptionsmöglichkeit. Im 16. Jh. machen sich verstärkt Tendenzen einer Assimilierung an andere dramat. Formen geltend.

II. WICHTIGE ZENTREN: [1] *Nürnberg:* Der gängige Gattungsbegriff ist von der um 1440 einsetzenden Nürnberger-F.tradition geprägt, der die meisten überlieferten Texte des 15. Jh. (108 von 144) zugehören. Sie wird hauptsächlich von Handwerkern getragen, deren kulturelle Aktivitäten vom patriz. Rat in Inhalt, Publikations- und Aufführungspraxis zunehmend strenger reglementiert werden. Während der Schembartlauf als gesamtstädt. Fastnachtspektakel auf die religiöse Bedeutung der Zurschaustellung sündiger Triebverfallenheit vor der Fastenzeit verweist, führen die F.e mit ihrer derbdrast. bzw. satir. Komik v. a. die diesseitige Tragweite menschl. Fehlverhaltens vor Augen. Sie sind bis Mitte des 16. Jh. einbezogen in die fastnächtl. Geselligkeit insbes. der städt. Mittel- und Unterschichten und reflektieren in Form, Thematik und Spielpraxis diese soziale Gebrauchssituation. Die Rahmenteile (Praecursor) vermitteln das Spiel mit der im Wirts- oder Privathaus versammelten Festgemeinschaft: Begrüßung der Gäste, Bitte um Aufmerksamkeit, evtl. Einführung in das Spiel, abschließende Rückbindung. Die frühen Spiele, für die Hans →Rosenplüt (um 1400 – nach 1460) namhaft ist, bringen noch unmittelbar die Lust einer fastnächtl. Grenzüberschreitung zum Ausdruck, dokumentieren jedoch zugleich den Konflikt zw. dem Ausleben von Triebbedürfnissen und der Notwendigkeit einer Disziplinierung des sozialen Verhaltens. Wenngleich Revue- und Handlungsform von Anfang an nebeneinander stehen, ist das Reihenspiel typisch, das mit seinen parataktisch geordneten Einzelvorträgen obszön-komischen Diskursen Raum gibt, mit Rosenplüts »Des Türken Vasnachtspil« u. a. aber bereits die politisch-ernste Dimension der Gattung signalisiert. Neben stereotypen (von Männern gespielten) Frauenrollen ist es insbes. der traditionelle Bauernnarr, der als städt. Projektionsfigur die Attraktivität und zugleich Abwehr unmittelbarer Triebwünsche verkörpert. Der für das spätere 15. Jh. repräsentative Hans→Folz (1435/40–1513), der das Handlungsspiel bevorzugt, verstärkt die negativdidakt. Tendenz. Die Denunziation blinder Triebhaftigkeit, zeitkrit. Engagement und konfessionspolemischantijüd. Agitation zeigen den widersprüchl. Prozeß stadtbürgerl. Normierung an. Mit dem wichtigsten Autor des 16. Jh., Hans→Sachs (1494–1576; 85 F.e), wandelt sich das F.: Sexuelle Obszönität wird ausgegrenzt; die Didaxe erfolgt nunmehr explizit; das F. löst sich von der Fastnachtgeselligkeit (feste Spielorte seit 1550); die Ausbildung einer eigenständigen Spielrealität und die soziale Konkretisierung der Figuren markieren den Übergang zum dt. Lustspiel. Weitere bedeutende Autoren sind Peter Probst (7 F.e zw. 1553–56) und Jacob Ayrer (36 F.e um 1600).

[2] *Tirol:* Eine ausgesprochene F.tradition setzt in Tirol erst um 1500 ein. Unter dem eher mißverständl. Namen 'Sterzinger Spiele' sind 25 F.e bekannt, die der Maler und Spielleiter Vigil →Raber zw. 1510 und 1535 als Auffüh-

rungsanleitung für den Tiroler Raum aufgezeichnet hat. Anknüpfend an die Nürnberger F.e des 15. Jh., die teils als Vorlagen dienen, entfaltet sich eine eigenständige Spielpraxis, die von der gegenüber Nürnberg veränderten Funktion einer ostentativen Repräsentation der Gemeinwesen geprägt ist und entsprechend über die Kerngruppe der Bergknappen hinaus von allen Schichten getragen wird. Unter dem Einfluß des geistl. Spiels, das sich stofflich in den Arztspielen (Krämerszenen!) geltend macht, zeigt sich das Streben nach dramaturg. Geschlossenheit.

[3] *Lübeck:* Für diesen neben Nürnberg wichtigsten Spielort im 15. Jh. sind mit Ausnahme eines einzigen Spiels, »Henselin« (Aufführung 1484, Druckbearb. etwa 1497/1500), nur der Titel von 74 F.en, die zw. 1430 und 1515 sowie 1537 gespielt wurden, überliefert. Sozialer Träger ist die patriz. Zirkelbruderschaft, deren Mitglieder alljährlich für Text und Aufführung verantwortlich sind. Auf einem erhöhten, evtl. fahrbaren Spielstand präsentiert sich die städt. Herrschaftselite mit mytholog., hist. und zunehmend allegor. Sujets auch in der Ausnahmezeit Fastnacht als Garant kultureller Tradition und moral. Ordnung. Anregung durch niederländ. Gesellschaften (→Rederijker) ist wahrscheinlich.

[4] *Alemannisches Gebiet:* Schweizer und Elsässer Spieltraditionen lassen sich erst vom 2. Jahrzehnt d. 16. Jh. an sicher nachweisen. Träger sind Patriziat (in Luzern exklusiv) und gehobenes Bürgertum. Die polit.-religiöse Thematik überwiegt; typisch sind zeitkrit. Belehrung und Satire. Der Basler Buchdrucker Pamphilus Gengenbach (1480–1525) und der Berner Maler und Ratsherr Niklaus Manuel (1484–1530), beide eidgenöss. Idealen verpflichtet, gelten als die bedeutendsten Autoren. Vorbereitet von der bei Gengenbach ausgeprägten reichs- und kirchenkrit. Tendenz, wird das F. bei Manuel zum konfessionspolem. Drama im Dienst der Reformation.   M. E. Müller

Ed.: F. aus dem 15. Jh., T. 1–3, Nachlese, ed. A. v. KELLER, 1853/58 [Nachdr. 1965/66] – F.e des 15. und 16. Jh., ed. D. WUTTKE, 1978²[Lit.] – *Lit.:* E. CATHOLY, F., 1966 – DERS.-W. M. BAUER, Tiroler Volksschauspiel, 1976, 35–59, 60–73 – J. JANOTA, Ma.-frühnz. Spiele und Dramen (Hb. des dt. Dramas, 1980), 26–34 – H. U. GUMBRECHT, Lit. Gegenwelten, Karnevalskultur und die Epochenschwelle vom SpätMA zur Renaissance (Lit. in der Gesellschaft des SpätMA, 1980), 95–144 – E. KARTSCHOKE, F. (Einf. in die dt. Lit. des 12. bis 16. Jh., Bd. 3, 1981), 114–138 – H. BASTIAN, Mummenschanz. Sinneslust und Gefühlsbeherrschung im F. des 15. Jh., 1983 – s. a. →Fastnacht.

Fastolf, John, engl. Heerführer des →Hundertjährigen Krieges, *1380, †1459; entstammte der Gentry in der Gft. Norfolk. Nach Kriegsdiensten in Irland und in der Gascogne hielt er sich 1415–39 in der Normandie auf. Als bedeutender und erfolgreicher Feldhauptmann wurde er für seine militär. Dienste von der Krone mit großen Besitzungen belohnt. 1426 wurde er zum Ritter des →Hosenbandordens (Order of the Garter) ernannt, 1427 zum Parlamentsmitglied *(Member of Parliament)* für Yarmouth erwählt. 1439 verkaufte er seine Ländereien in Frankreich und lebte fortan in England, wo er sein Vermögen in Grundbesitz anlegte und sich in Caister (Norfolk) ein prächtiges befestigtes Herrenhaus errichtete. Als eifriger Mehrer seines Vermögens war er – in Frankreich wie in England – mehrfach in Prozesse verwickelt; aus den →Paston Letters erfahren wir manches über seine letzten Lebensjahre. F. tritt in William Shakespeares »Heinrich VI.« (II. 1) als Feigling auf; der historische F. war jedoch wahrscheinl. ein tapferer und tüchtiger Kriegsmann.

C. T. Allmand

Lit.: DNB VI, 1099–1104 – K. B. McFARLANE, The Investment of Sir John F.'s Profits of War, TRHS, 1957, 91–116 – A. SMITH, Litigation and Politics: Sir J. F.'s defence of his English property (Property and Politics, hg. A. J. POLLARD, 1984), 59–75.

Fastrada, Gemahlin Karls d. Gr. → Karl d. Gr.

Fates of the Apostles, the → Cynewulf

Fathan (Othan muru), ir. Kl. (Nord-Irland, Baronie Inishowen west, Gft. Donegal, Bm. Derry). Der hl. Patron des Kl., Muru, ein Mitglied der großen Dynastie der → Uí Néill, war Bf. und Abt zu Beginn des 7. Jh. Der nach der Überlieferung auf den hl. Muru zurückgehende Codex (libellus) der metr. Vita des hl. → Columba, dessen Text sich als Exzerpt in späteren hagiograph. Texten z. T. erhalten hat, sowie ein altehrwürdiger Codex Chronicorum waren berühmte Schätze des auch an Landbesitz reichen Klosters. John Colgan rühmt im 17. Jh. die Kirche ('Basilika') sowie den erhaltenen reichgeschmückten Krummstab des hl. Muru *(Bachull Mura)*, auf den Fromme und Adlige, bes. aber die Mitglieder der Uí Néill-Sippe, ihre Eide ablegten. Eine Steinplatte mit ornamentalem und figuralem Reliefschmuck trägt die einzige aus altir. Zeit überkommene griech. Inschrift mit dem doxolog. Text: *ΔΟΞΑ ΚΑΙ TIME* (sic) *ΠΑΤΡΙ ΚΑΙ ΥΙΩ ΚΑΙ ΠΝΕΥΜΑΤΙ ΑΓΙΩ*, in einer Form, wie sie noch heute im Irischen von Munster gebräuchlich ist. Zu den großen Persönlichkeiten von F. zählt Fothad v. Othan († 819), mit dem Ehrennamen Fothad na canóine ('Fothad des Kanons'), der Verfasser eines metr. Leitfadens der christl. Lebensführung; er erlangte 804 für alle Mönche und Kleriker die Befreiung von jedwedem Kriegsdienst. Berühmt war auch Mael Mura v. Othan († 887), kgl. Dichter und Verfasser gelehrter Verse, in denen er u. a. die Ursprünge der Iren und Pikten behandelt. P. Ní Chatháin

Lit.: John Colgan, Acta Sanctorum Hiberniae, 1645 [Nachdr. 1948], 587– R. A. S. MACALISTER, Corpus Inscriptionum Insularum Celticarum II, 1949, 118f. – J. F. KENNEY, The Sources for the Early Hist. of Ireland, 1966, 473– A. GWYNN – R. N. HADCOCK, Medieval Religious Houses of Ireland, 1970, 36.

Fāṭimiden, arab.-islam. Dynastie schiit. Bekenntnisses in → Ifrīqiya, später in → Ägypten (909–1171). Die F. leiteten aus ihrer behaupteten Abkunft vom Propheten →Mohammed (über dessen Tochter Fāṭima) ihren Anspruch auf die universale Lenkung der islam. Gesamtgemeinde ab. Nach jahrzehntelanger revolutionärer Propaganda gegen das →Kalifat der →Abbasiden von Bagdad gelang ihnen zu Anfang des 10. Jh. in Nordafrika die Gründung eines Gegenkalifats, das sich militärisch auf das Berbervolk (→Berber) der Kutāma im O des heut. Algerien (um Constantine) stützte. Nach der Eroberung Ifrīqiyas und der Vertreibung der →Aġlabiden durch seine Anhänger trat der Dynastiegründer ʿAbdallāh (meist unrichtig: ʿUbaidallāh) 909 in →Kairuan als der verheißene Erneuerer des Islams, der »Rechtgeleitete« (→al-Mahdī) auf; das schiit.-ismailit. Bekenntnis wurde als die eigtl., reine Form des Islams propagiert. Von der 916 gegründeten Palaststadt al-Mahdīya (an der tunes. Küste s. von Monastir) aus suchten die F. ihren Anspruch auf die islam. Universalherrschaft durchzusetzen; in mehreren Feldzügen wurde der Maġrib bis zur Atlantikküste erobert; von Sizilien aus unternahmen freiwillige Glaubenskämpfer *(ġāzī)* alljährlich Überfälle auf das byz. Unteritalien und die Küstenstädte des Tyrrhen. Meeres. 969 unterwarf sich das krisengeschüttelte Ägypten vertraglich der Oberhoheit der F.; 973 siedelte der vierte F.kalif al-Muʿizz in die neugegründete Palaststadt →Kairo (arab. *al-Qāhira*, ʿdie Siegreicheʾ) über. Als Oberherren der von ihnen eingesetzten Emire v. Ifrīqiya und →Sizilien blieben die F. bis in die Mitte des 11. Jh. die islam. Vormacht im westl.

Mittelmeer; im ö. Mittelmeer rivalisierten sie dank ihrer bedeutenden Flottenmacht mit dem →Byz. Reich, mit dem sie infolge der Feldzüge der Ks. →Nikephoros Phokas (964–969), →Johannes Tzimiskes (975) und →Basileios II. (995) im n. Syrien in Konflikt gerieten. Ihr eigtl. Ziel, den Sturz der →Abbasiden, erreichten die F. nicht; die Huldigung in Bagdad durch pro-fāṭimid. Rebellen während des ganzen Jahres 1059 blieb Episode. Dagegen wurden die F. trotz ihres schiit. Bekenntnisses in →Mekka und →Medina als Kalifen und damit als Schutzherren der Pilgerstätten anerkannt; 1047 etablierten im Jemen die Ṣulaiḥiden, eine schiit. Vasallendynastie der F. Die Herrschaft über das Rote Meer und damit über den Seehandel vom Ind. Ozean zum Mittelmeer sicherte Ägypten eine dominierende Stellung im Welthandel; Kairo stieg zu einer der wirtschaftl. und geistigen Metropolen der islam. Welt auf. Die it. Seestädte gründeten Handelsniederlassungen in Ägypten; Kaufleute aus →Amalfi sind schon 996 in Kairo bezeugt, Genuesen um 1100; um 1150 wurde der →*fondaco* der Pisaner (→Pisa) in Alexandria gegründet.

Innenpolitisch beruhte die Herrschaft der F. zunächst auf der Ergebenheit der berber. Kutāma-Krieger, die der Dynastie in Ifrīqiya zur Macht verholfen hatten und ihr in Scharen nach Ägypten folgten; in wachsendem Maße stützten die F. sich aber auf importierte, zu Soldaten ausgebildete Sklaven (ʿabīd), in Ifrīqiya meist ʿSlavenʾ (ṣaqāliba) genannte Süd- und Osteuropäer, in Ägypten seit der Regierung des Kalifen al-ʿAzīz (975–996) zunehmend Türken (→Mamlūken), die den Einfluß der Berber zurückdrängten. Das schiit.-ismailit. Bekenntnis der F. wurde privilegiert, doch blieb die Zahl seiner Anhänger gering gegenüber den Sunniten, die zwar als Muslime zweiter Klasse galten, in der Ausübung ihres Kultes aber kaum behindert wurden. Die christl. Bevölkerungsmehrheit von Ägypten, die Christen Syriens und die Juden genossen den Schützlingsstatus (ḏimma), den das islam. Recht den Anhängern monotheistischer Religionen gewährt; Christen und Juden dominierten v. a. in der ägypt. Finanzverwaltung und stiegen gelegentl. zum Amt des →Wesirs auf. Lediglich unter al-Ḥākim (996–1021) wurden die Nichtmuslime bedrängt, als der Kalif versuchte, ihnen die – nach islam. Anschauung rechtmäßigen – diskriminierenden Kleidervorschriften und Kennzeichen aufzuzwingen, die Ausübung ihres Kultes in der Öffentlichkeit zu beschränken, den Beamtenapparat zu islamisieren und durch Konfiskationen seine leeren Kassen zu füllen; eine Bekehrung aller Christen zum Islam war jedoch zu keinem Zeitpunkt beabsichtigt. Mehrere Kirchen und Klöster in Ägypten und Syrien, u. a. die Grabeskirche in Jerusalem, wurden in den Jahren 1009–19 enteignet, ausgeplündert und z. T. zerstört. Außenpolit. Rücksichtnahme auf Byzanz zwang jedoch al-Ḥākim und seinen Nachfolger aẓ-Ẓāhir (1021–36), diese Maßnahmen rückgängig zu machen.

Unter al-Mustanṣir (1036–94) sah Ägypten zunächst den Höhepunkt seiner wirtschaftl. und polit. Macht und erlebte dann infolge politischer Wirren, Beduineneinfällen, Mißernten und Seuchen einen schnellen Niedergang; 1051 sagte sich der Maġrib unter der berber. Statthalterdynastie der →Zīriden von Ägypten los; die nordsyr. Städte gingen an die türk. →Seldschuken verloren. Unter dem armen. Wesir Badr al-Ǧamālī, den al-Mustanṣir an die Spitze von Armee und Verwaltung berief (1074–94), und unter dessen Sohn und Nachfolger al-Afḍal (1094–1121) festigte die Dynastie ihre Herrschaft jedoch noch einmal. Die türk. und die unter al-Mustanṣir neu aufgestellten sudanes. Truppen wurden durch armen. Söldner ersetzt;

Kairo erhielt zum Schutz gegen innere Wirren seit 1087 neue Mauern und Tore (das Südtor Bāb Zuwaila und die Nordtore Bāb an-Naṣr und Bāb al-Futūḥ stehen noch); Steuernachlässe und Verwaltungsreformen brachten dem Land Erholung und neuen wirtschaftl. Aufschwung. Die Inbesitznahme Palästinas durch die Kreuzfahrer konnten die F. indes nicht verhindern; nach der Ermordung des Kalifen al-Āmir (1130) verfiel Ägypten erneut der Anarchie und geriet gegenüber dem frk. Kgr. →Jerusalem in die Defensive. Unter aẓ-Ẓāfir (1149–54) bahnte sich das Zusammenspiel zw. den F. und dem Emir v. Aleppo, →Nūr ad-Dīn b. Zengī, gegen die Kreuzfahrer an; diese suchten der drohenden Gefahr durch direkte Angriffe auf Ägypten zu begegnen. Nach der Eroberung von Askalon (1161) intervenierte Kg. →Amalrich v. Jerusalem mehrfach in Ägypten, das zeitweilig nicht mehr war als ein fränkisches Protektorat. Das Ende des frk. Einflusses kam mit der endgültigen Besetzung des Nillandes durch eine syr. Armee; deren Befehlshaber, der →Ayyūbide Ṣalāḥaddīn (→Saladin) Yūsuf, wurde zum Wesir der F. erhoben. Im Sept. 1171 stürzte Saladin die schiit. Dynastie und ließ den Abbasidenkalifen von Bagdad als Oberherrn der gesamten islam. Welt proklamieren.

Die F. errichteten in ihrer (von Saladin aufgegebenen) Palaststadt Kairo bedeutende Bauten wie die 970 gegründete Palastmoschee al-Azhar (die erst im 13. Jh. zu einer Hochschule wurde) und die Moschee al-Ḥākims (990); wiss. Studien aller Art diente das von al-Ḥākim 1005 eröffnete »Haus der Weisheit« (dār al-ḥikma), eine Lehranstalt und Bibliothek, die als einzige Institution des islam. MA die Bezeichnung »Universität« verdient; sie wurde nach dem Sturz der Dynastie geschlossen. Bedeutendstes Ergebnis der von den F. geförderten Forschungen ist die »Ḥākim'sche Tabelle« (az-zīǧ al-Ḥākimī) des Astronomen Ibn→Yūnus; von den unter den F. errichteten Observatorien hat sich indes keines erhalten.   H. Halm

Lit.: Hist. de la nation égyptienne, hg. G. Hanotaux, IV, 1937, 179ff. [G. Wiet] – EI², s. v. [M. Canard] – K. A. C. Creswell, The Muslim Architecture of Egypt, 2 Bde, 1952–59 – H. Halm, Der Treuhänder Gottes. Die Edikte des Kalifen al-Ḥākim, Islam 63, 1986, 11ff. – Gesch. der arab. Welt, hg. U. Haarmann, 1987, 166f. [H. Halm].

Fatras, Fatrasie → Unsinnsdichtung

Fatum → Fortuna

Faubourg → Vorstadt

Faucigny, Tallandschaft und Adelsfamilie im Bereich von →Savoyen (dép. Haute-Savoie). Die territoriale Einheit des F. geht zurück auf das seit dem frühen 11. Jh. gut belegte Haus der Herren v. F., die auf der namengebenden Burg, nahe Bonneville, saßen und im Laufe des 11. und 12. Jh. die Kontrolle über die Voralpentäler der Arve, des Giffre und des oberen Arly errangen. Um über ihren engeren Herrschaftsbereich ausgreifen zu können, strebten die Herren v. F. nach einer Besetzung der Bischofssitze von →Genf und →Lausanne durch die jüngeren Söhne der Familie; trotz Verwandtschaftsbeziehungen rivalisierte die Familie ständig mit den Gf.en v. →Genf, wobei v. a. Grenzstreitigkeiten und die Frage der Kontrolle des Tals v. Chamonix Anlaß zu Konflikten boten. Das Haus F. förderte die monast. Bewegung, insbes. die Augustinerchorherren (v. a. in Sixt) sowie die Kartäuser (bes. Le Reposoir), und schuf sich eine Hausgrablege im Priorat Contamines. Letzter 'Sire de F.' im Mannesstamm war Aymon II. (1202–53), der seine Residenz in Châtillon-sur-Cluses errichtete und Landesausbau (Verleihung von →Chartes de franchises) betrieb. Seine Erbtochter Agnès, Dame de F. (1253–68), heiratete Peter v. Savoyen. Unter Aymon II.

und Agnès wurde das Burgennetz verdichtet; es umfaßte nun zehn Burgen. Infolge einer unerwarteten weibl. Erbfolge fiel das F. von 1268 bis 1355 an den →Dauphiné; die Kriege zw. Dauphiné und Savoyen zogen das untere Arvetal häufig in Mitleidenschaft. Durch den Vertrag v. Paris (1355) kam das F. an die Gft. Savoyen, in der es ein eigenes →Bailliage bildete. Unter den Städten der Region bildete Cluses das traditionelle Zentrum, mit dem jedoch Bonneville, der neue Gerichts- und Amtssitz, um den Vorrang rivalisierte; Sallanches war demgegenüber Wohnsitz zahlreicher Adliger und Kaufleute und profitierte vom Ruf seiner zur Kollegiatkirche erhobenen Kirche; Samoens machte sich v. a. durch sein Steinmetzgewerbe namhaft. Die ländl. Gemeinschaften des F. bildeten eine eigenständige polit. Kraft, insbes. die Talschaft v. Chamonix, deren Bewohner seit dem 13. Jh. Zug um Zug eine weitgehende Selbstverwaltung auf gewohnheitsrechtl. Basis errangen. Mit dem Landesausbau, der bis ins Vallorcine (Vallis Ursina) vordrang, entstand ein dichtes Netz von Burgen, kleineren Städten sowie Kirchen und Stiften (u. a. Contamines-sur-Arve, Sixt, Entremont, Mélan).   B. Demotz

Lit.: J. M. Lavorel, Cluses et le F., 1888–89 – L. Guy, Bonneville et le F., 1921 – H. Baud, Inst. communales et franchises dans le F. et la vallée de Montjoie au MA, Bull. de la Soc. d'Hist. et d'Archéol. de Genève, 1965, 131–159 – R. Couvert du Crest, Une vallée insolite (Chamonix le Mont Blanc, 2 Bde, 1971 – J. Y. Mariotte, Les sires de F., Cah. de l'Alpe 57, 1972, 83–86 – P. James, Hist. de Sallanches, Saint-Roche et Cordon, 1974 – Atlas hist. Français: Savoie, 1979 – s. a. Lit. zu→Genf, Bm., Gft.

Fauquembergue, Clément de, frz. Chronist, † 19. Juni 1438, Verfasser eines →Tagebuchs der Jahre 1417–35. Von picard. Herkunft, lic. jur., auch literarisch gut gebildet, machte der Kleriker F. am Pariser →Parlement Karriere und häufte zahlreiche Pfründen an. 1417–35 →Greffier du Parlement, hatte er in dieser Eigenschaft die →Register des Parlement zu führen. Wie sein Vorgänger Nicolas de Baye fügte er als Randnotizen die ihm bekanntgewordenen Tagesereignisse aus dem angloburgundisch besetzten →Paris hinzu (zur allgemeinen polit. Lage der Zeit →Armagnacs et Bourguignons). F.s Marginalien bilden eine Art Tagebuch, dessen Einträge äußerste Vorsicht und Zurückhaltung des Autors verraten. Zeichnungen (darunter eine berühmte Abbildung der →Jeanne d'Arc) sind gelegentlich beigegeben. An Zitaten treten insbes. solche aus →Vergil auf; persönl. Reflexionen in frz. Sprache mischen sich mit lat. Satzgliedern. Erhalten sind ferner F.s Güterinventar und einige Hss., meist jurist. Inhalts.   P. Bourgain

Ed.: A. Tuetey–H. Lacaille, 1903–15, 3 Bde (SHF) – Lit.: Tuetey, op. cit. III, I–LXVI – Molinier IV, n° 4491 – Repfont III, 493 – P. Hefti, La formation d'un humaniste au début du XVᵉ s. en France, Romania 92, 1971, 289–325.

Faustrohr (Faustbüchse, Fäustling) → Handfeuerwaffe

Faustschild → Buckler

Faustus

1. F. v. Riez, Abt und Bf., * um 410 in Britannien, † vor 500. F. war Mönch und seit 433 Abt von Lerinum (→Lérins), um 458 wurde er Bf. v. Riez (Provence). Vom Westgotenkönig →Eurich wurde er in den Jahren 477–485 verbannt. F. nahm an verschiedenen Synoden teil und zählte zu den Hauptvertretern des südgall. Semipelagianismus. In seiner Schrift »De Spiritu Sancto« verteidigt er die kirchl. Trinitätslehre, in »De gratia« greift er die extreme augustin. Gnadenlehre an. Erhalten sind von ihm mehrere Briefe und zahlreiche Predigten. Der genaue Umfang seines Predigtwerkes ist umstritten.   K. S. Frank

Ed.: CSEL 21 – CCL 101, 101 A/B (Sermones unter dem Namen des Eusebius Gallicanus) – *Lit.*: ALTANER-STUIBER, 473–474.

2. F. v. Mileve, manichäischer Bf., 4. Jh. Nach Augustinus, conf. V 3, 3–4 war F. der Führer der nordafrikan. Manichäer. Zur Verteidigung der manichäischen Lehre schrieb er ein Werk mit radikaler Kritik am AT. Darauf antwortete später Augustin mit seiner Schrift »Contra Faustum Manichaeum«.   K. S. Frank

Lit.: P. MONCEAUX, Le Manicheen F., 1933 – F. DECRET, Aspects du Manichéisme dans l'Afrique Romaine, 1970.

3. F. v. Byzanz (P^{c}awstos Buzand[ac^{c}i]), Verfasser einer »Geschichte der Armenier« in 4 Büchern (Buch 3–6) über die Zeit von etwa 320 bis 387. Der armen. Text ist – wohl noch in der 1. Hälfte des 5. Jh. – vielleicht aus dem Griech. (oder dem Syr.?) übersetzt worden. →Prokopios († um 560) benützt (Bell. Pers. I, 5, 9–40; De aedificiis III,1,6) gekürzte Auszüge aus der »Geschichte der Armenier« (IV, 52ff.; V,7). Der Beiname »Buzandac^{c}i« ist schon im 5. Jh. durch Lazar von P^{c}arp bezeugt.   J. Aßfalg

Ed.: St.-Petersburg, 1883; Venedig 1933^4 – *Übers.*: M. LAUER, Des F. v. B. Gesch. Armeniens, 1879 – V. LANGLOIS, Collection des historiens anciens et modernes de l'Arménie I, 1867, 209–310 – russ.: M. A. GEVORKJAN, P. B., Istorija Armenii, 1953 – *Lit.*: HO VII, 159 [V. INGLISIAN] – LThK^2 IV, 43 – ALTANER-STUIBER, 351 – J. KARAYANNOPULOS–G. WEISS, Quellenkunde zur Gesch. von Byzanz (324–1453), 1982, 242.

Fauvel (Roman de), allegor. Satire von Gervais du Bus, Notar der frz.-kgl. Kanzlei. Den 12 vom Hg. benutzten Hss. ist die Hs. der Bibl. Bodmeriana (Genf) hinzuzufügen. – Im 1. Buch (1310) striegeln die Stände den fahlroten Hengst F.: sein Name setzt sich aus den Anfangsbuchstaben der herrschenden Laster zusammen. Bezug auf die hist. Aktualität nimmt die Klage der Kirche über den moral. Zerfall des von Philipp IV. bekämpften Templerordens. Die Haltung des Kg.s wird hier gelobt im Gegensatz zu den, auch von →Geffroy de Paris verurteilten Versuchen, die Kirche dem Staat unterzuordnen. Im 2., vom →»Roman de la Rose« beeinflußten Buch (1314) eröffnet Ks. F. den Lastern seine Absicht, →Fortuna zu heiraten. Sie erklärt ihm ihre von Gott gewollte Funktion, und F. muß sich mit Vaine Gloire zufriedengeben. – Eine interpolierte Fassung (1316) von Chaillou de Pesstain (Landvogt Raoul Chaillou?) findet sich in der Hs. Paris, B.N. fr. 146 mit 78 Miniaturen und 167 musikal. Einlagen (s. u.). Berühmt sind die Fol. 34^r–36vo mit dem ältesten lit. und ikonograph. Zeugnis eines charivari (→Rügebräuche). Aus dem »Comte d'Anjou« stammen die Aufzählung der Gerichte beim Hochzeitsmahl und die Vorbereitungen der Braut für die Nacht, aus dem »Torneiment Anticrist« das Erscheinen der Jungfrau und Teile des Turniers der Tugenden gegen die Laster. – Nachwirken: Raoul Le Petit, Histoire de Fauvain (LÅNGFORS, 1914).

                                    J.-C. Mühlethaler

Ed.: P. AUBRY, 1907 [Faks. Hs. 146] – A. LÅNGFORS, 1914–19 – E. DAHNK, L'hérésie de F., 1935 – E. ROESNER & alii [Faks. Hs. 146, im Dr.] – *Lit.*: PH.-A. BECKER, F. und Fauvelliana, 1936 – H. SPANKE, Zu den musikal. Einlagen, Neuphilol. Mitt. 37, 1936 – G. ULRICHSHOFER, Der R. de F., 1959 – P.-Y. BADEL, Le Roman de la Rose au 14^c s., 1980 – H. REY-FLAUD, Le charivari, 1985 – J.-C. MÜHLETHALER, L'allégorie du cheval F., Actes du VI^c Coll. de la Soc. Renard. à Spa, 1985.

Musikeinlagen der Hs. Paris, B.N. fr. 146: Der Index verzeichnet 130 Stücke; tatsächl. sind es 167: 34 mehrstimmige Sätze (überwiegend Motetten), die übrigen einstimmige weltl. und geistl., lat. und frz. Melodien. Das Repertoire erstreckt sich von der →Notre-Dame-Zeit (um 1200) bis zu frühesten Exemplaren →isorhythm. Motetten, darunter mindestens 2 von →Philipp v. Vitry. Die Notation auch der jüngsten Sätze ist noch nicht die der →Ars nova, sondern »franconisch-petronisch« (→Franco v. Köln, →Petrus de Cruce, →Ars antiqua); es erscheinen die frühesten bekannten Beispiele für die Verwendung roter Noten (→Color).   R. Bockholdt

Ed.: Rondeaux, Virelais und Balladen, hg. F. GENNRICH, I, 1921; II, 1927 – The R. de F., hg. L. SCHRADE (Polyphonic Music of the 14th Century I), 1956 – *Lit.*: F. LUDWIG, Die Q. der Motetten ältesten Stils (Arch. für Musikwiss. V, 1923) – H. BESSELER, Stud. zur Musik des MA, II (Arch. für Musikwiss. VIII, 1926) – G. A. HARRISON, The Monophonic Music in the 'R. de F.', 1963 [Diss. masch. Stanford, 1963].

Fauxbourdontechnik, eine um 1430 als Sache wie als Name (*fauxbourdon, faux bourdon, faulxbourdon* usw.) erstmals erscheinende und bis zum Anfang des 16. Jh. praktizierte musikal. Satztechnik. Das klangl. Ergebnis besteht in Ketten von Terzsextklängen (modern gesprochen: »Sextakkorden«), die von einem einzelnen Quintoktavklang ausgehen und stets wieder in einen solchen münden. Dieses elementare klangl. Geschehen – »Gänge« aus imperfekten Konsonanzen, durch die perfekt konsonierende Klang-»Zentren« miteinander verbunden werden – findet auch schon in der Zeit vor dem 15. Jh. (v. a. in England) sowie noch lange danach Anwendung. Zur F. jedoch gehören außerdem folgende spezif. Merkmale: 1. Notiert sind nur zwei Stimmen der Komposition, Ober- und Unterstimme (Cantus und Tenor); die dritte, mittlere, in Unterquartparallelen zur oberen verlaufende Stimme ist aus dem Stegreif zu ergänzen, was in den Hss. durch den Vermerk *à* (oder *au, in, per*) *fauxbourdon* angezeigt wird. 2. Es handelt sich stets um geistl. Kompositionen, denen – von verschwindend wenigen Ausnahmen abgesehen – in der Oberstimme eine Choralmelodie als cantus firmus zugrunde liegt.

Erhalten sind rund 170 Sätze mit F.; meistens gehören sie kleineren liturg. Gattungen an (v. a. Hymnen, in der Messe v. a. Kyrie). Zu den frühesten bekannten Beispielen gehören die Communio »Vos qui secuti estis« aus der »Missa Sancti Jacobi« (um 1427) von G. →Dufay, der mit 24 Sätzen in F. zugleich der am stärksten vertretene Komponist ist, sowie eine Marienantiphon von Johannes de Lymburgia.

Die Bedeutung des Terminus ist bis heute nicht geklärt. Vielleicht handelt es sich um eine Verballhornung des Wortes *faburden*, das zur Beschreibung einer in England geübten Improvisationspraxis diente, die höchstwahrscheinl. älter als die – spezif. kontinentale – F. ist, mit der sie im klangl. Resultat übereinstimmt. Der entscheidende Unterschied besteht darin, daß es sich beim *faburden*-Singen um eine Stegreifpraxis, bei der F. dagegen – trotz der aus dem Stegreif zu ergänzenden dritten Stimme – um eine Kompositionstechnik (Res facta) handelt. – Der it. Name *falsobordone* ist zwar das sprachl. Äquivalent des frz. Terminus, bezeichnet aber eine andersartige Klangtechnik.   R. Bockholdt

Lit.: NEW GROVE – RIEMANN [umfangreiche Bibliogr.] – R. BOCKHOLDT, Engl. und franko-fläm. Kirchenmusik (Gesch. der kath. Kirchenmusik, hg. K. G. FELLERER, I, 1972).

Fava, Guido → Guido Faba

Faverney (Faverniacum, Fauriniacum), ♂ Notre-Dame, ehem., 1790 aufgehobenes Frauenkl. OSB in der Fgft. →Burgund, Diöz. →Besançon (dép. Hte. Saône, arr. Vesoul, cant. Amance), gegr. um 722 durch Widrade für ihre Schwester Gude (angebl. ältere irofrk. Gründung aus der Zeit →Columbans nicht belegbar); Blüte im 9. Jh. Nach Disziplinverfall und teilw. Usurpation des Klosterbesitzes durch Laienvögte erfolgte – nach gescheitertem

Reformversuch des frühen 12. Jh. – auf Initiative des Ebf.s v. Besançon die Affiliation an →La Chaise-Dieu (13. Sept. 1132; päpstl. Bestätigung: 13. Juni 1133). Im 13. – frühen 15. Jh. erneuter Ausbau des Besitzes. Nach Kriegszerstörungen (u. a. 1444 durch →Armagnaken) wurden ab 1486 neue Reformanstrengungen unternommen. – Bekanntestes nachma. Ereignis ist das Hostienwunder v. F. (Pfingsten 1608).

Lit.: DHGE XVI, 750–755 [TH. DE MOREMBERT; Q., Lit.].

Faversham, Ort und Abtei OSB in S-England, Kent. In der Römerzeit war der Ort ein Zentrum der Eisenverarbeitung, die im FrühMA wohl fortbestand (Ortsname: von lat. faber 'Schmied' und ae. *ham* 'Dorf, Siedlung'). F.s Bedeutung in frühags. Zeit wird durch ein reiches heidn. »jütisches« Gräberfeld dokumentiert. Im 9. Jh. war der Ort dann kgl. villa und wahrscheinl. Zentrum einer regio (→*lathe*). Im →Domesday Book (1086) scheint er als eine der letzten kgl. Grundherrschaften (*manors*) in Kent auf.

1138 beschloß das Königspaar →Stephan v. Blois und →Mathilde die Gründung eines cluniazens. Kl. (→Cluny, B. V) in F.; 1147 wurden 12 Mönche unter Abt Clarembald aus Bermondsey installiert. Entsprechend dem Plan, F. zum Hauskloster der Dynastie →Blois auszubauen, wurde die Abtei zur Grablege von Stephan (⊟ 1152), Mathilde (⊟ 1154) sowie deren ältestem Sohn Eustachius IV. (⊟ 1153). Nach dem Ende der kurzen Regierungsperiode des Hauses Blois fand F. jedoch kaum noch Förderung und blieb das MA hindurch eine kleine Abtei mit einem Konvent von 12–15 Mönchen.   N. P. Brooks

Lit.: DHGE XVI, 755ff. – VCH Kent II, 1926, 137–140 – R. N. HADCOCK–D. KNOWLES, Medieval Religious Houses: England and Wales, 1953, 66, 96 – S. C. HAWKES, Early Anglo-Saxon Kent, Archaeological Journal 126, 1969, 186–192 – A. EVERITT, Continuity and Colonization: the Evolution of Kentish Settlement, 1986.

Fayence → Keramik

Fazio, Bartolomeo → Facio, Bartolomeo

Fécamp (Fiscannum, Fiscampum), Stadt und ehem. Abtei OSB (dép. Seine-Maritime, arr. Le Havre).
I. Abtei – II. Stadt.

I. ABTEI: In unmittelbarer Nähe zum Meer, dort, wo nach hagiograph. Überlieferung eine Hl.-Blut-Ampulle (→Blut, Hl.), verborgen in einem Feigenbaum, angelandet war, gegr. in den 60er Jahren des 7. Jh. als Frauenkl. von Waningus, einem Freund Kg. →Chlotars III. F., das vielleicht der Observanz von →Luxeuil folgte, scheint rasch an Bedeutung gewonnen zu haben. Abgesehen von wenigen isolierten Nachrichten – erwähnenswert die Inhaftierung des gestürzten Bf.s v. Autun, →Leodegar, in F. (nach 674) – ist aus der frühen Gesch. der Abtei nichts bekannt, bis auch hier die einfallenden Dänen dem monast. Leben ein Ende setzten (842 oder 876). Die unter Hzg. →Wilhelm Langschwert (927–942) wiedererrichtete Klosterkirche wurde von Hzg. →Richard I. (942–996) durch einen größeren Bau ersetzt und mit Dreieinigkeitspatrozinium am 15. Juni 990 in Gegenwart aller Bf.e der Kirchenprovinz →Rouen geweiht. Das Kl. wurde Kanonikern übergeben, was der Hzg. jedoch bald darauf rückgängig zu machen suchte. Ein erster Versuch, den Abt →Maiolus v. Cluny als Reformer zu gewinnen, mißlang. Richards I. Sohn, Richard II. (996–1026), konnte 1001 den Schüler des Maiolus und Abt v. St-Bénigne de Dijon, →Wilhelm v. Volpiano († 1. Jan. 1031 in F., ⊟ ebd.), zur Übernahme des Kl. bewegen. Unter Wilhelm erfolgte der Ausbau der Reform, durch die F. bald zu einem führenden geistigen Zentrum der Normandie wurde. In der Kloster-

politik der norm. Hzg.e, die auch ein Mittel zur Herrschaftssicherung war, kam der Abtei eine führende Stellung zu, was auch in der Wahl als Grablege durch Richard I. und II. zum Ausdruck kam. 1006 verlieh Richard II. F. die Freiheit in Wahl und Weihe des Abtes, wie sie →Cluny genoß. De facto erhielt F. damit die →Exemtion. 1016 wurde die Unabhängigkeit vom Diözesan, dem Ebf. v. Rouen, dahingehend erweitert, daß F. als hzgl. Eigenkloster von Papst Benedikt VIII. in den päpstl. Schutz für den Hzg. eingeschlossen und Exkommunikation und Interdikt durch den Diözesan verboten wurden. 1025 wurden F. 35 Kirchen, eine Kapelle und Teile von drei·Kirchen als Besitz bestätigt. Die Kongregation, die Wilhelm unter die Leitung eines Priors gestellt und die Mönche aus England, Italien und verschiedenen Teilen Frankreichs angezogen hatte, zählte um 1020 50 Mönche. 1025 wurde die hzgl. Neugründung →Bernay als Priorat F. unterstellt, ebenso 1035 die Abtei St-Taurin d'→Évreux.

Unter →Wilhelm d. Eroberer, zu dem der von Wilhelm eingesetzte Abt →Johannes v. F. (1028–78) in enger Verbindung stand, wurden F. zahlreiche Besitzungen in England, darunter auch das Schlachtfeld von →Hastings, übertragen. Mönche aus F. und seinen Prioraten wurden als Bf.e und Äbte in England eingesetzt. Auch über die Krise von 1204 hinaus, als Kg. Johann Ohneland fremden Besitz in England einzog, gelang es F., Besitz und Einfluß dort zu wahren. Sichtbares Zeichen des Wohlstandes der Abtei war die unter Abt Wilhelm de Ros durchgeführte Erneuerung des Kirchenbaus, bedingt durch die große Zahl der Hl.-Blut-Wallfahrer. Wesentl. Teile der heut., überwiegend spätroman. Kirche entstammen dem Wiederaufbau nach einem Brand (1168–1219). Der Reichtum der Abtei machte sie zum begehrten Besitzobjekt. Äbte waren hier u. a. der spätere Papst Clemens VI. und Jean →Balue (1465–73, 1480–82). 1521 wurde sie →Kommendatarabtei (Kommendataräbte ab 1525).

II. STADT: Die Küstenlage, ein Hafen und die Wallfahrt ließen eine Siedlung entstehen, die zuerst in völliger, auch jurisdiktioneller Abhängigkeit von der Abtei sich entwickelte (→Abteistadt), bis sie 1202 v. a. aufgrund ihrer strateg. Bedeutung von Kg. Johann Ohneland zusammen mit einer Reihe anderer norm. Siedlungen Stadtrecht erhielt. Die Unabhängigkeit von der Abtei war allerdings von begrenzter Dauer. Nach 1235, als ein major und jurati von F. erwähnt werden, muß die Stadt zusammen mit der Vicomté und dem Hafen (bis Ende des 17. Jh.) erneut in die rechtl. und administrative Abhängigkeit der Abtei geraten sein.   N. Bulst

Lit.: DHGE XVI, 793–799 [J. DAOUST] – DIP III, 1425–28 [J. DAOUST] – LThK² IV, 47–48 [ST. HILPISCH] – L. H. COTTINEAU, Rép. topobibliogr. des abbayes et prieurés, I, 1935, 1116–1120 – L'abbaye bénédictine de F., 658–1958, Bde 1–4, 1959–63 – S. DECK, Les municipalités en Hte-Normandie, Annales de Normandie 10, 1960, 320–325; 12, 1962, 223–225 – N. BULST, Unters. zu den Klosterreformen Wilhelms v. Dijon (962–1031), 1973 – Les abbayes de Normandie, 1979, 115–133, 317–325 [Beitr. von A. RENOUX und M. YVART] – N. BULST, La réforme monastique en Normandie (Les mutations socioculturelles au tournant des XIᵉ–XIIᵉ s., 1984), 317–330.

Fechten, Fechtwesen
I. Zum Begriff – II. Fechtwesen – III. Fechtliteratur in Deutschland und Italien – IV. Französischer Bereich.

I. ZUM BEGRIFF: Das Verb »fechten« in der Bedeutung 'kämpfen', 'streiten', 'pugnare', 'certare', 'dimicare', ahd. *fëhtan* (*facht*, *fuhtun*), mhd. *vëhten* (*vaht*, *vâhten/vuhten*), urspgl. für jegliche kämpfer. Tätigkeit mit Waffen zu Pferd und zu Fuß unter Einschluß des Ringens (GRIMM, DWB III, 1387–1390), wird seit dem SpätMA eingeengt

auf den bloßen →Zweikampf mit den gebräuchl. Schutz-
und Trutzwaffen und erscheint seit Ende des 16. Jh. als
regelgerecht und kunstvoll beherrschter Umgang mit
den leichten →Blankwaffen →Degen, Rapier und Florett
(dagegen nfrz. *escrime* sowie it. *schermire, fare di scherma*
'fechten'). Das komplementäre und zeitweise konkurrierende *schirmen/schermen*, ahd. *scirmen* (aus älterem *scirmjan*)
trägt zunächst ledigl. die Bedeutung 'decken gegen angriff
und schädigung, beschützen' (GRIMM, DWB IX, 215);
nfrz. *protéger/défendre* sowie it. *difendere* 'schirmen'/'schützen'). Der substantiv. gebrauchte Infinitiv bezeichnet in
älterer Sprache das Parieren mit dem Schilde, dann das F.
überhaupt (GRIMM, DWB IX, 217).

II. FECHTWESEN: [1] *Fechtkunst:* Eine regelhafte und
durch waffentechn. Voraussetzungen bedingte Kampf-
kunst wurde während des ganzen MA von allen waffenfähigen Männern geübt. Als Waffen dienten im allgemeinen
die gebräuchl. Kriegswaffen des Nahkampfes: →Dolch,
→Messer und →Schwert, →Streitkolben und →Streitaxt,
alle →Stangenwaffen; im Hinblick auf die Kampfgerichtsbarkeit (→Gerichtsbarkeit) zählte dazu auch der Kampf-
schild und seine Kombination mit Kolben (frk. Kampfrecht) bzw. Schwert (schwäb. Kampfrecht). Demgegenüber fand der aus Italien (oder Spanien?) stammende
Degen erst seit der Mitte des 16. Jh. im Gebiet nördl. der
Alpen größere Verbreitung.

Die in den deutschsprachigen Hss. des SpätMA tradierte Fechtkunst gab vielmehr dem zweihändigen »langen
Schwert« des Fechtmeisters Johannes Liechtenauer (Cod.
ms. 3227 a, Germ. Nat. Mus. Nürnberg, ed. WIERSCHIN,
1965, nach Mscr. Dresd. C 487, Sächs. LB Dresden) den
Vorzug. Liechtenauers Fechtlehre wurde von seinem
Schüler Hanko Döbringer 1389 aufgezeichnet; er beginnt
mit einer Vorrede, bestehend aus Ermahnungen zu ritterl.
Lebensführung, worauf Ausführungen zu den wichtigsten Fechtarten, insbes. zum Bloßfechten zu Fuß (18^r-40^r)
und Roßfechten im Harnisch (53^v-60^v) folgen, abgehandelt in paarig gereimten Merkversen und umfangreichen
Prosaglossen.

Das zweihändige →Schwert (vgl. Cod. ms. 3227a, 15^r:
»eyn guter fechter sal ... syn swert ... füren vnd fassen mit
beiden henden«) wurde zum Haupt- und Renommiergeg-
enstand des dt. Fechtwesens; seine beständig wachsenden Maße (bis hin zu den riesenhaften Schlachtschwertern
der Landsknechtszeit) führten jedoch zu einer zwar dynam., aber unverhältnismäßig hohen Kraftaufwand for-
dernden, raumbeanspruchenden Hiebfechtkunst, bei der
dem Stich, obzwar geübt, nur geringe kampfentscheiden-
de Wirkung zukam, so daß als ultima ratio des F.s das
Ringen galt (vgl. Cod. ms. 3227a, 86^v: »alle fechten komen
vrsachlich vnd gruntlich vom ringen«).

Die in der 2. Hälfte des 15. Jh. aufkommende, sich rasch
ausbreitende Messerfechtkunst des Johannes Lecküchner
(Cod. Pal. Germ. 430, UB Heidelberg [Texths.] sowie
Cgm 582, SB München [illustr. Hs.]), eine Adaption der
Liechtenauerschen Fechtkunst, ist eine erste Gegenreaktion auf die Gigantomanie des Langschwertfechtens und
bereitet den leichten Stoßdegen den Weg.

[2] *Fechtausbildung:* Von gezielter Fechtausbildung der
ritterl. Jugend berichten schon die Epen. Sie wurde von
erfahrenen älteren Rittern oder einem eigens bestellten
Waffenmeister vermittelt; doch treten daneben auch
schon fahrende Fechtmeister in adligem Dienst auf (→Rit-
ter, Rittertum). Auch in den aufstrebenden Städten üben
sich seit dem 12. Jh. ehrbare und zeugnisfähige Handwer-
ker-Bürger in der Fechtkunst; sie werden in den Q. als
»campiones«, »gladiatores« u. »pugiles« verzeichnet.

Eine Verbindung zur Kampfgerichtsbarkeit scheint
von Anfang an gegeben; darauf weisen u. a. die Hss. des
15. Jh. mit ihrer besonderen Thematik hin. Die Fechtmeister bezeichnen sich darin selbstbewußt als *schirmeister* und
wollen sich als Vertreter eines ehrbaren Handwerks von
den zu den »joculatores« zu rechnenden *schirmaeren* geschieden wissen, stehen aber auch in deutlichem Kontrast
zum oft synonym gebrauchten *kemphen*.

Das Wort 'kemphe' erscheint in Epik und Rechtsliteratur zunächst als jurist. Funktionsbegriff und bezeichnet
einen, der im gottesgerichtl. Zweikampf (→Ordal) um
Lohn für einen anderen kämpft. Durch die inflationäre
Ausdehnung der Kampfgerichtsbarkeit im 14. und 15. Jh.
wird der Begriff zur Bezeichnung für einen mißachteten
Berufsstand, dessen Angehörige ihren Lebensunterhalt
vielfach durch Schaukämpfe bestritten. Dagegen erscheinen die schirmeister als bloß Lehrende in die Kampfgerichtsbarkeit eingebunden; ihre Tätigkeit beschränkt sich
auf die Unterweisung einer bürgerl. oder adligen Klientel
in den für einen Kampftag von den Rechten vorgeschriebenen Waffen sowie deren Betreuung während des Kampfes. Aufgrund der pauschalierenden Zuordnung zu den
→Fahrenden bleiben die Grenzen zw. schirmeister, schir-
maere und kemphe jedoch fließend.

[3] *Genossenschaftliche Organisation und Fechtschulen:* Die
genossenschaftliche Organisation der Fechtmeister setzt
früh ein; erste Fechtbruderschaften bilden sich im 14. Jh. in
den oberit. Städten, im deutschsprachigen Raum erst seit
Mitte des 15. Jh. Sie sind Ausdruck eines wachsenden
bürgerl. Selbstbewußtseins und zu verstehen als Versuch,
sich von den *rehtelosen* Lohnkämpfern zu distanzieren. Als
Forum zur Selbstdarstellung dienen öffentlich abgehaltene »Fechtschulen« mit Demonstrationskämpfen, die
gleichzeitig Approbationsort für angehende »Meister des
Schwerts« sind.

Der erste Privilegiumsbrief wurde 1487 von Ks. Friedrich III. für die Marxbrüder (Gesellschaft der St. Markus-
Fechter) ausgestellt und in der Folgezeit immer wieder
erneuert. Einige andere konkurrierende Gesellschaften
(Federfechter, Luxbrüder, Freifechter) erhielten später
entsprechende Privilegien, die ihnen v. a. das Vorrecht zur
alleinigen Abhaltung von Fechtschulen im Reich verliehen.

Fechtschulen sind nicht nur in der Epik (z. B. »Iwein«,
7004f.), sondern auch urkundl. früh bezeugt (so z. B. 1386:
Verbot des Fechtschulbesuchs für Studenten in den ersten
Rektoratsbestimmungen der Univ. Heidelberg). Mit der
Säkularisierung der ehemals kampfgerichtl. gebundenen
Fechtkunst, dem Niedergang der Fechtschulen zu öffentl.
Spektakeln und dem unaufhaltsamen Vordringen des De-
genfechtens wurde die Studentenschaft immer mehr zum
alleinigen Träger der Fechtkunst (Einrichtung von Ritter-
akademien, Fechtböden an der Univ.), wo sie in der
weiteren Entwicklung zur bloßen Duell- und Mensurpau-
kerei verkommt.

III. FECHTLITERATUR IN DEUTSCHLAND UND ITALIEN: Die
schriftl. Überlieferung der Fechtkunst setzt mit einem aus
dem frühen 14. Jh. stammenden Perg.-Ms. (Ms. membr.
I, 115, ehem. LB Gotha, derzeit Tower-Museum, London) ein und bietet eine mit lavierten Federzeichnungen
illustrierte lat. notierte Fechtlehre, in der sich dt. Facher-
mini eingestreut finden.

Konstituierend für die deutschsprachige Fechtliteratur
wurde jedoch die »Kunst des langen Schwertes« Liechtenauers (II. 1). Die weitaus größte Zahl bisher erfaßter Hss.
steht in seiner Nachfolge. Im Verlauf der Überlieferung
erfuhr die Lehre zahlreiche, den Textbestand häufig stark

verändernde Bearbeitungen, die sich in deutlich auszumachende Traditionsstränge aufspalten und schon gegen Ende des 15. Jh. weiträumig streuen, um Mitte des 16. Jh. noch einmal unter humanist.-philolog. geprägtem Fachinteresse zusammengefaßt und zu einer letzten Blüte geführt zu werden.

An der ausschließlich literar. Weitergabe der Lehre sind beteiligt Sigmund Ringecks bearbeitende Glossierung (ed. WIERSCHIN, 1965); dieser folgen der Cod. 44 A 8 (Cod. 1449, Bibl. dell'Acad. Naz. dei Lincei e Corsiniana, Rom) Peters v. Danzig, der Cod. I. 6.4°.3 (UB Augsburg) des Juden Lew sowie M. I. 29 (UB Salzburg) des Meisters Hans v. Speyer als umfassender Kompilation der vorausgegangenen Lehren; dazu treten die bearbeitenden Adaptionen des Messerfechters Lecküchner (II.1).

An der bald ausschließlich ikonograph. Weitergabe der Lehre sind beteiligt die Hss. der obdt. Fechtmeister Hans Talhoffer (HILS, 1983) und Paulus Kal (Cgm 1507, SB München).

Ende des 15. Jh. durchflechten sich diese beiden Traditionsstränge vielfach in Text und Bild kombinierenden Hss. und pflanzen sich bis weit in das 16. Jh. fort: P 5012 (KHM Wien) von Peter Falkner, Cod. I.6.4°.5, Cod. I.6.2°.3 und Cod. I.6.2°.2 (UB Augsburg) sowie Cgm 3711 und Cgm 3712 (SB München) des Augsburger Hutmachers Jörg Wilhalm, ebenso die im Auftrag des Augsburger Ratsdieners Paulus Hector Mair von Jörg Breu ausgestalteten Prachthss. Mscr. Dresd. C 93/94 (Sächs. LB Dresden), Cod. icon. 393 (SB München) und Cod. Vindob. 10825/26 (ÖNB Wien).

Anfang des 16. Jh. setzt eine sich schnell ausbreitende Überlieferung in gedruckten Fechtbüchern ein, die neben der stets respektvoll zitierten Schwertkunst Liechtenauers auch schon das modernere Degenfechten präsentieren.

Das älteste bekannte Fechtbuch aus Italien ist der 1410 für Niccolò III. d'Este von Fiore dei Liberi da Premariacco geschriebene »Flos duellatorum« (ed. NOVATI, 1902) mit seinen zahlreichen oberit. Abschriften. Die überwiegend das Degenfechten bevorzugende it. Fechtschule rekurriert zwar auch auf die Langschwertfechtkunst (*scherma di spadone*), wird dann aber doch zu deren schärfster Konkurrentin und verdrängt sie schließlich. An it. Fechtbüchern der Renaissance sind zu nennen: »Opera nova« von Achille Marozzo, Ed. pr. 1517; »Trattato di Scienza d'Arme con vn Dialogo di filosofia« von Camillo Agrippa, Rom 1553; »Ragione di adoprar sicuramente l'Arme si da offesa, come da difesa« von Giacomo di Grassi, 1570.

Trotz des behaupteten Anspruchs, die Fechtkunst sei zusammen mit dem Degen in Spanien erfunden worden, setzte sich die it. Schule auch hier durch (vgl. »Filosofia de las armas« von Jeronimo Sanchez de Carranza, 1569) und bestimmte auch seit Anfang des 17. Jh. ebenso die Fechtkunst in Frankreich und England. Schließlich übernahm die frz. Schule vor Mitte des 17. Jh. die Führung und beendete die ma. Tradition des Langschwertfechtens.

H.-P. Hils

IV. FRANZÖSISCHER BEREICH: Auch in Frankreich umfaßte die militär. Erziehung der jungen Adligen die kunstgerechte Handhabung des →Schwertes und der anderen Hieb- und Stoßwaffen, zu Fuß wie zu Pferde. Gilbert de →Lannoy rät um die Mitte des 15. Jh. in seinem »Enseignements paternels« den jungen Männern, Liebeshändel zu meiden, sich dagegen im Bogenschießen, in der Erstürmung von Mauern, im Massenkampf und Einzelkampf (»luiter et jouster«) sowie im Gebrauch von Streitaxt und Schwert zu schulen, auch die Historien von den Taten der alten Helden zu lesen. Der Nahkampf mit der →Blankwaffe wird im Afrz. üblicherweise bezeichnet mit dem Wort *escremir* (von germ. *scirmjan*), das schon im Rolandslied (Ende des 11. Jh.) erscheint. Seit dem Ende des 13. Jh. hieß der Kämpfer und zugleich auch der Waffen- und Fechtmeister *escremisseor* (nfrz. *escremeur*; lat. dimicator). Ein Prediger der 1. Hälfte des 14. Jh. spricht – vergleichend – von einem »Meister, der die Kunst des Angriffs lehrt« und »Schläge gegen seinen Schild empfängt, um den anderen zu zeigen, wie man sich verteidigt«, der ebenfalls zeitgenöss. →Guillaume de Deguileville hebt das Erlernen von Angriffs- und Verteidigungsstellung sowie aller Kunstgriffe der Fechtkunst (»tous les tours d'escremissement«) hervor. Im 15. Jh. war der Waffenunterricht bereits fortgeschritten; dies belegt ein Privileg der Stadt Poitiers von 1463, das einem Fechtmeister Adam Valier die Ausbildung an zweihändigem Schwert, Streitaxt, Degen und Stoßdegen erlaubt. Vom 16. Jh. an machte sich der Einfluß der modernen it. Fechtkunst bemerkbar; so verspottet Rabelais im »Gargantua« den Bruder Jean des Entommeures, »frappant a tort et a travers a vieille escrime«.

Aus dem frz. Bereich ist für die Zeit vor dem 16. Jh. wohl keine eigtl. Fechtliteratur erhalten; vgl. aus dem 15. Jh. lediglich den Traktat »La doctrine et l'industrie du noble jeu de la hache et la maniere de battaillier« (Bibl. Nat. Paris, ms. fr. 1996). Ph. Contamine

Bibliogr.: C. A. THIMM, Vollständige Bibliogr. der alten und modernen Fechtkunst aller europ. Nationen, 1891 – *Lit.:* GRIMM, DWB III, 1387–1390; IX, 215–218 – HRG II, 700f. [D. BRENNECKE]; III, 31f. [DERS.] – Verf.-Lex.² V, 641–644 [H.-P. HILS]; 742f. [DERS.]; 811–816 [DERS.]; 822f. [DERS.] – K. WASSMANNSDORFF, Turnen und F. in früheren Jahrhunderten, 1890 – M. WIERSCHIN, Meister Johann Liechtenauers Kunst des F.s, MTU 13, 1965 – H.-P. HILS, Die Hss. des obdt. Fechtmeisters Hans Talhoffer (Codices Manuscripti 9, 1983), 97–121 – DERS., »Der da sigelos wirt, dem sleht man die hant ab«. Zum Stand der hauptberufl. Fechter nach ma. Rechtsquellen, ZRGGermAbt 102, 1985, 328–340 – DERS., Meister Johann Liechtenauers Kunst des langen Schwertes, 1985 [Schlüsselbibliogr.] – DERS., »Kempen unde er kinder … de sin alle rechtelos«. Zur sozialen und rechtl. Stellung der Fechtmeister im späten MA (Kongreßakten zum ersten Symposium des Mediävistenverb. in Tübingen, 1984, hg. J. O. FICHTE, K. H. GÖLLER, B. SCHIMMELPFENNIG, 1986), 255–271 – DERS., »Gladiatoria«. Über drei Fechthss. aus der ersten Hälfte des 15. Jh. (Codices Manuscripti 12, 1986), H. 3.

Federbusch, im MA nur selten verwendeter Helmschmuck. Die ostgot. →Spangenhelme hatten am Scheitel eine Tülle zum Einstecken des Federbusches. Dann verschwand er für längere Zeit. Auf den →Topfhelmen des 13. und 14. Jh. saßen meist plast. Zierden, selten jedoch ein F., wie z. B. der »Pfauenstoß« der Habsburger. Der F. erschien erst wieder in der 2. Hälfte des 14. Jh. in Verbindung mit dem Bacinet (→Beckenhaube) bzw. der →Hundsgugel. Aus Italien kamen um 1400 Helmzierden in Gestalt einer Kugel auf langem Stich, die oben von einem F. bekrönt war. Die →Schaller des 15. Jh. trug bisweilen einen kleinen F. an der linken Seite.

Die →Roßstirn war oft durch einen F. geziert. Ein F. saß auch an der Spitze der ung. →Flügeltartsche. O. Gamber

Federprobe → Zeichnung

Federzeichnung → Zeichnung

Fegfeuer. [1] *Biblisch-theologisch:* Schon im Mhd. vorfindl. Wiedergabe für purgatorium, das seit dem 12. Jh. (vorher »ignis purgatorius«, »purgatoria tormenta« u. a.) den postmortalen Läuterungszustand der Seelen bezeichnet. Der christl. Begriffsinhalt bildete sich in einer längeren Entwicklung heraus, die sowohl in Anziehung als auch in Abstoßung griech.-röm. (Hades), spätjüd. (Scheol) und gnostischer (Seelenreise) Vorstellungen vor sich ging, aber immer deutlicheren Anhalt an den bibl. Ansätzen fand (2 Makk 12,32–46; Mt 12,32; 2 Tim 1,18; bes. aber 1 Kor 3,13–15). Von früh an machten sich auch Einwirkungen der Frömmigkeit und der Liturgie (Suffragien) geltend. Dabei wurde die Existenz dieses Zustands problemloser empfunden als seine Modalität. Noch ohne Berücksichtigung des Unterschiedes zw. schweren und leichten Sünden betont Tertullian den Strafcharakter des F.s (De an. 35.58. De res. 42), während Cyprian den Bußcharakter hervorhebt (ep 55,20). Origenes läßt das geistig verstandene Feuer zur Strafe wie zur Reinigung auch an den Todsündern zur Wirkung kommen (Hom 3 in ps. 36), damit die Wiederherstellung aller andeutend, worin er aber selbst im Osten wenig Gefolgschaft fand. Hier dominierte die Auffassung des Johannes Chrysostomos, nach der den Seelen erst beim Jüngsten Gericht Lohn und Strafe zuteil würden (Hom 9 III in 1 Kor 3–17). Eine gewisse Zurückhaltung übt in diesen Fragen Augustinus, der zwar die Existenz des F.s bezeugt (enarr. in ps. 37,3; Ench. c. 109) und an den Suffragien festhält, aber die Frage nach der Art der nachzulassenden Sünden offenläßt (De civ. Dei 21,26). Deutlicher urteilt Gregor d. Gr. unter gewisser Zusammenfassung der abendländ. Vorstellungen (Dial. IV, 39) und mit Beschränkung der Läuterung auf die läßlichen Sünden. Die Aufnahme volkstüml. Elemente durch ihn bestimmte die nachfolgende Entwicklung über Isidor v. Sevilla (†633) bis hin zur Einführung des →Allerseelentages im 11. Jh. reichend. Die Frühscholastik bereicherte die Fragestellung durch die Aufnahme der Unterscheidung zw. Sünden und Sündenstrafen wie durch Untersuchungen bezüglich der Art der Läuterung (Feuerstrafe oder Buße). Petrus Lombardus spricht vom »ignis purgationis«, das nicht ewig, aber äußerst schmerzlich sei (Sent. IV d. 20 c.1). Die Auseinandersetzung mit den diese Lehre leugnenden →Waldensern und →Albigensern machte ihren weiteren Ausbau notwendig, zu dem u. a. Hugo v. St. Viktor beitrug (De sacr. 2,16,4). Thomas v. Aquin, der einen gewissen Abschluß der Lehre bot (S. th. III q. 69 a.2 und 7; q.71 a.6), verband das F. christolog. mit dem descensus Christi (S. th. III q. 52 a.8), ergänzte die Problematik um Fragen nach dem Ort des F.s (In Sent. 4 d. 21 q. 1 ad 1 sol. 2), nach der Größe der Seelenschmerzen und nach der Tilgung durch Wirkung der caritas (De malo q.7 a. 11, ähnlich wie Bonaventura, In Sent. 4 d. 21 p. 1 a. 1q. 2). Die Annahme eines Zwischenzustandes gilt ihm als notwendig (In Sent. 4 d. 21 a. 1), weshalb sie auch zum Bekenntnis der Kirche gehört (vgl. dazu DThA 36, 540ff.). Neben Betonung der Wichtigkeit von Fürbitten und guten Werken für die Verstorbenen stellt er auch die später häufiger erörterte Frage nach der Möglichkeit der Fürbitte der leidenden Seelen für die Lebenden, die er (ähnlich wie Alexander v. Hales: S.th. IV q. 91 m. 4) verneint (S. th. II. II. q. 83 a. 11). Auf diesen Grundlagen aufbauend, konnte die ma. Kirche die Lehre vom F. definieren, was v. a. auf den Unionskonzilien von Lyon 1274 (DENZINGER-SCHÖNMETZER, 856–859) und Ferrara-Florenz 1439 (DENZINGER-SCHÖNMETZER, 1304–1306) geschah, allerdings die Divergenzen zw. Lateinern und Griechen auf Dauer nicht beheben konnte. Der bei Thomas anklingende Gedanke des Aufschubs der seligen Schau im F. fand bei den ma. Mystikern eine weitergehende visionäre Ausgestaltung: Gertrud d. Gr. († 1302), Mechthild v. Hakeborn († 1299), während Katharina v. Genua († 1510) aus ihren Entrükkungen auch über die Freuden des F.s berichtete. Mit dem Bild des siebenstufigen Läuterungsberges gab Dante († 1326) dem Gedanken vom F. einen starkempfundenen

dichter. Ausdruck mit ethischer Ausrichtung. Dagegen trugen die volkstüml. Verfestigungen und Übertreibungen dieses Glaubens im späten MA zu seiner schließlichen Ablehnung durch die Reformatoren bei, freilich unter wesentlicherer Einwirkung des reformator. Grundprinzips von der reinen Gnadenhaftigkeit der Vergebung (vgl. dagegen das Tridentinum: DENZINGER-SCHÖNMETZER, 1550; 1820).   L. Scheffczyk

[2] *Volksglauben:* Die Entwicklung der F.-Vorstellungen gelangten im 12. Jh. zu einem gewissen Abschluß. In den Anschauungen über das Jenseits erhielt damals das F. eine zentrale Bedeutung, weil sich Gedanken über die endliche Rettung des reuigen Sünders (vgl. schon die Visio des Drythelm bei Beda, Hist. Eccl. V, 12) durchsetzten bzw. in der Entfaltung der Sündenlehre neue Auffassungen über die Verhältnismäßigkeit zw. Schuld und Sühne Geltung erlangten. Die häufig unsicheren Vorstellungen von der Lage des F.s präzisierte Thomas v. Aquin (IV. Sent. 21,1 [V] 31), der es bei der Hölle lokalisierte und die Gleichheit der Feuerstrafen verdeutlichte. Indessen tritt zu der strafenden, reinigenden Wirkung des Feuers (Rettung durch das Feuer 1 Cor 3,11–15) ein breites Repertoire an Qualen, z. B. im Eis und im Wasser, im Sturm und Regen, wobei bevorzugt in populärer Anschaulichkeit Entsprechungen zw. dem Vergehen und der Art von dessen Ahndung geäußert werden (Sap. 11,16). V. a. prägten die das Purgatorium bes. ausführlich beschreibenden Jenseitsvisionen die Vorstellungen vom F., z. B. die Visio Tnugdali (1148) oder der Tractatus de Purgatorio S. Patricii (ca. 1153) des Ritters Owen, der im Lough Derg (Nordirland) das F. aufsuchte, so daß nach der Verbreitung seines Berichtes gegen 1200 dort eine Wallfahrtsstätte entstand (vgl. Caesarius v. Heisterbach, Dialogus miraculorum XII, 38; Verbot der Wallfahrt 1497 durch Alexander VI.). Nachdem bereits Petrus Damiani von Erscheinungen der im F. Weilenden berichtete (MPL 145, 584–590), wurde das Leiden im F. v. a. im 13. und 14. Jh. durch Epiphanien der →Armen Seelen auf Erden und deren Mitteilungen über die Härte der Sühne in Visionen vergegenwärtigt. Im fiktiven Erzählgut sind die im F. büßenden (oft auch theriomorph vorgestellten) Seelen mit den Attributen der Pein ausgestattet. Neben der Situierung des F.s im meist unter der Erde gelegenen Jenseits wirkte der wesentl. von Gregor d. Gr. (Dial. IV, 40, 55) beeinflußte Gedanke weiter, daß die Toten an ihren früheren ird. Wirkungsstätten Buße leisten. Diese Lokalisierung des F.s auf Erden ist in zahlreichen Exempeln geschildert und in seiner Konkretheit häufig Grundlage für Gedanken über die Beziehungen zw. Lebenden und Armen Seelen (z. B. Motiv der helfenden Toten oder der stellvertretenden Buße). Vielfach sind die Verbindung zw. Höllen- und F.-Anschauungen eng; der Gedanke, daß Vulkane den Eingang zur Hölle bilden (Gregor. Dial. IV,30) wurde auf das F. übertragen (z. B. Ätna als F.; Vita Odilonis MPL 144, 936ff.). Auch wurde die Härte der Strafen, in die nach einer allerdings nicht einhellig vertretenen Meinung die Züchtigung durch Dämonen einbegriffen sein konnte, denen der Hölle gleichgesetzt, die zeitl. Erstreckung des Verweilens im F. galt als endlos, ein Augenblick dort währte tausend ird. Jahre. Andererseits bestimmten Gedanken von einer zeitl. Begrenzung des Aufenthalts im Infernum die Vorstellungen vom F., die Ansicht über eine Sonntagsruhe der Verdammten (Paulus-Apokalypse, 4. Jh.) wurde auf das F. übertragen (Petrus Damiani, MPL 145, 564f.); auch beeinflußte das Erzählgut zur Losbetung des heidn. Trajan durch Gregor d. Gr. (2. Hälfte 9. Jh.) die Überlieferung (Losbetung des Vaters Adalrich bei unklarer Jenseitsvor-

stellung in der Vita St. Odiliae, Anfang 10. Jh.). Bei aller Rigorosität der Sühne blieb die Existenz im F. vielfältigen Erleichterungen zugänglich; des Honorius Augustodunensis Elucidarium weiß von den Tröstungen durch Engel oder durch Hl. e, denen sich der Büßende während seines Erdenlebens verpflichtet hatte (MPL 172, 1157f.), später wird auch bildlich veranschaulicht, wie Engel den Armen Seelen beistehen, indem sie ihnen Hostien reichen, sie dem Peiniger entreißen und zum Himmel führen (Gemälde Regensburg, um 1500). Grundsätzl. ist die Läuterung im F. auf die Erlösung bezogen; Legenden berichten von der Freude der Armen Seelen angesichts des absehbaren Endes der Pein (Thomas v. Cantimpré: Bonum universale de apibus 2, 53, n. 31: Motiv vom Erlöser in der Wiege). Hilfe gewähren v. a. – wie bereits Gregor d. Gr. zeigte – fromme Handlungen der Lebenden, also Almosen, Gebete und Messen, wie dies durch zahlreiche Legenden von um Messen bittenden, an Messen teilnehmenden, durch Messen erlösten Seelen bekräftigt und mit didakt. Ziel aufbereitet ist. B. Deneke

Lit. zu [1]: HDG IV, 7a, c – TRE XI, 70–74 [Lit.] – J. BAUTZ, Das F. Im Anschluß an die Scholastik mit Bezugnahme auf Mystik und Ascetik dargestellt, 1883 – L. ATZBERGER, Gesch. der christl. Eschatologie innerhalb der vornizänischen Zeit, 1896 – M. JUGIE, Theologia dogmatica christiana or. IV, 1930, 84–164 – N. HILL, Die Eschatologie Gregors d. Gr. [Diss. Freiburg i. Br., 1941] – LANDGRAF IV, 2, 155–174 – A. STUIBER, Refrigerium interim. Die Vorstellungen vom Zwischenzustand und die frühchristl. Grabeskunst, 1957 (Theoph. 11) – J. P. ARENDZEN, Purgatory and Heaven, 1960 – E. BAUER, Die Armen Seelen und Fegfeuervorstellungen der altdt. Mystik [Diss. Würzburg, 1960] – E. FLEISCHHACK, F. Die christl. Vorstellung vom Geschick der Verstorbenen gesch. dargestellt, 1969 – Mysterium Salutis V, 1976, 454–456 – J. AUER, Siehe ich mache alles neu. Der Glaube an die Vollendung der Welt, 1984 – zu [2] M. LANDAU, Hölle und F. in Volksglaube, Dichtung u. Kirchenlehre, 1909 – PH. M. HALM, Ikonograph. Stud. zum Armen-Seelen-Kultus, Münchner Jb. der Bildenden Kunst 12, 1922, 1–24 – L. KRETZENBACHER, Legendenbilder aus dem Feuerjenseits, 1980 (SAW. PH 370, 1980) – P. DINZELBACHER, Vision und Visionslit. im MA, 1981 – J. LE GOFF, La naissance du Purgatoire, 1981 (dt.: Die Geburt des Fegefeuers, 1984) – EM, s. v.

Feh *(vech, veh, vehe),* ursprgl. Bezeichnung für 'bunt', dann übertragen auf buntes Pelzwerk, im speziellen auf den Pelz des Eichhörnchens; in diesem Sinn bei Konrad v. Megenberg, Buch der Natur (lichtgraues Eichhorn »vech«); als bes. kostbarer Futterpelz in der Kleidung Verwendung findend. S. a. →Heraldik. E. Vavra

Lit.: LEXER III, 36 – GRIMM, DWB III, 1386 – R. DELORT, Le commerce des fourrures en occident à la fin du moyen-âge, 1978.

Fehde, Fehdewesen. [1] *Allgemein:* Seit der Mitte des 19. Jh. wird das Fehdewesen als eines der Grundprinzipien des ma. polit. und rechtl. Lebens der Sippen- und Völkergemeinschaften in Nord- und Mitteleuropa gesehen. Seine Einschränkung und endliche Abschaffung in der NZ gilt als Maßstab für das Fortschreiten auf den modernen Rechtsstaat hin. In den frühesten schriftl. Zeugnissen der germ. Stammesgemeinschaften, im →Hildebrandslied, dem →Nibelungenlied und v. a. den »Isländersagas« (→Saga) sind →Blutrache und →Sippenfehde das zentrale Thema. Dabei entsteht die Fehde (F.) in früher Zeit fast immer aus der Blutrache, ist aber nicht ident. mit ihr. Schon das älteste isländ. Recht, die sog. →Grágás, gesteht ein Recht auf Fehdeführung auch bei Ehrenkränkung, →Ehebruch, →Verwundung, →Raub oder →Tötung von Sklaven oder Vieh zu. Der freigeborene Mann war zur →Rache verpflichtet, wenn Ehre, Besitz oder Leben seiner Sippe verletzt worden waren. Der Kampf der männl. Mitglieder zweier feindl. Familienverbände war erbarmungslos und auf gründl. Ausrottung des Gegners bedacht. Dabei waren auch →Heimsuchung und →Brandstiftung ein zugelassenes Mittel. Auch Kinder wurden nicht geschont, wie man an der Tötung von Krimhilds Sohn mit einem der letzten Schwerthiebe im Nibelungenlied sieht.

So alt wie Blutrache und Sippenfehde sind die Versuche, diese durch Sühne und Komposition abzubrechen oder zumindest Regeln über die Fehdeführung allgemein geltend zu machen. Bewußt wird in den älteren Volksrechten das →Wergeld für den Getöteten hoch angesetzt, damit sich für die Sippe eine Einigung auch lohnte. Dennoch kam es häufig vor, daß der zur Zahlung verpflichtete Familienverband den Kampf weiterführte statt zu zahlen oder der Geschädigte es ablehnte, wie es in den isländ. Sagas ausgedrückt wird, seinen Sohn oder Vater im Beutel zu tragen.

War der Verursacher eines Totschlags oder dessen Sippe zahlungsunfähig, so konnte er der Sippe des Getöteten zur Verknechtung oder als Ersatz der Arbeitskraft ausgeliefert werden. Von Anfang der Überlieferung an hat der Gekränkte oder Geschädigte die Möglichkeit, zw. der F. und der gerichtl. Klage zu wählen. Auch der Rechtsgang war Kampf, sei es in Form des gerichtl. →Zweikampfes oder der Überwindung des gegner. Partei durch →Eideshelfer. Schon in ältester Zeit werden erfahrene Schiedsleute zw. den verfeindeten Parteien vermittelt haben. Detaillierte Bußenkataloge, in denen verlorene oder verletzte Gliedmaßen gegeneinander gerechnet, Wergeldsätze nach dem sozialen Rang des Erschlagenen, gestohlene Gegenstände, weggeführtes Vieh nach ihrem Wert verglichen wurden, sind in dem Gesetz des Langobardenkönigs →Rothari aus der Mitte des 7. Jh. überliefert. An die Bußleistungen oder den gerichtl. Schiedsspruch waren freilich die streitenden Parteien nicht gebunden, es sei denn, man konnte sie zu einem Friedenseid verpflichten, oder kgl. Gewalt zwang sie zu einem Friedensschluß. Erste Ansätze dazu finden sich in der Gesetzgebung des Merowingerkönigs →Childebert II. von 596, die die Todesstrafe bei vorsätzl. Totschlag und die Zahlung einer →Buße statt des Wergelds verhängte. Das westgot. und das burg. Recht verboten die F. grundsätzlich. Wie weit solche Verbote durchdrangen, hing immer von der Stärke der kgl. Zentralgewalt ab. Ein Verbot der F. Karls d. Gr. von 789 ist nicht ganz eindeutig, doch ein Kapitular von 802 bietet den Königbann auf, um die Verwandten eines in F. Getöteten zur Annahme des Wergelds und zum Verzicht auf weitere F. zu zwingen. Ein anderes Mittel zur Eindämmung der F. waren die durch kgl. Macht erzwungenen Abschlüsse von regionalen Sonderfrieden oder bedingter Friedenszeiten, an denen bes. auch die Kirche beteiligt war.

Der Gottesfrieden galt für bestimmte heilige Zeiten wie Weihnachten und die →Fasten und nahm Personengruppen (Kleriker, Frauen, den Bauern hinter dem Pflug) von Angriffen der Fehdeführenden aus. Die Wirkung der zunächst in Frankreich, seit dem Ende des 11. Jh. auch im dt. Reichsgebiet ausgesprochenen Gottesfriedensgebote war eher gering. Doch wurden die Gottesfrieden zu Vorläufern der seit etwa 1100 einsetzenden Landfriedensbewegung (→Landfrieden).

[2] *Regeln der Fehdeführung:* Fehdeführung unterlag seit dem hohen MA bestimmten Regeln, rechte und unrechte F. wurde von den Zeitgenossen, wie schriftl. Zeugnisse zeigen, deutlich unterschieden. Die rechte F. bedurfte eines allgemein anerkannten Anlasses. Dieser konnte z. B. in einer abgewiesenen gerichtl. Klage bestehen. Wer »sein Recht« nicht bekam, durfte zum Mittel der F. greifen. Doch ist zumeist, wie schon in älterer Zeit, Schädigung

oder Ehrenkränkung, aber auch die Aussage, der Gegner habe wider das Recht gehandelt, oder einfach Feindschaft als allgemein verständl. Argument zu nennen. Grundsätzlich stand das Recht, F. zu führen, nur dem rittermäßigen Manne zu, nicht Bauern und Bürgern, Klerikern, Juden und Frauen. Die Definition des rittermäßigen Mannes konnte aber in den einzelnen Landschaften sehr verschieden sein, und neben der ritterl. F. stand bis ins 16. Jh. berechtigt auch die Blutrache oder Totschlagsfehde der Bauern und Bürger. Deren Rechtsansprüche wurden gewöhnlich vom Grundherrn oder Stadtrat vertreten, wenn der einzelne es verstand, seinen Rechtsfall fehdefähig zu machen. Fehden erklärten, bes. im späten MA, auch die Städte gegen den umwohnenden Adel, der Landesherr gegen widersätzl. Adlige oder Städte oder der Adel gegen einen ihm schädl. gesonnenen Landesherrn. Der Fehdehauptmann als Urheber einer erklärten F. sammelte zunächst die ihm verpflichteten Männer der Verwandtschaft (Freundschaft) und seine und deren waffentragenden Knechte, ferner die Helfer, durch Lehnsverhältnis oder Vertrag gebundene Leute, oft aber auch Freiwillige um sich. Die Erklärung der F. erfolgte schriftlich in Form eines Fehdebriefes, der →Ab-, Wider- oder Aufsage. Nach Anrede des Gegners, Nennung des Absenders und Angabe des Fehdegrundes mußte die Bewahrung der Ehre des Fehdeführenden folgen; nur dadurch wurden die nachfolgenden Schädigungen des Gegners zu Fehdehandlungen, die keine Wiedergutmachungsforderungen nach sich zogen. Auch die Fehdehelfer erklärten in ähnlichen, meist kürzer gefaßten Briefen die F. oder ihre Parteinahme. Herkömmlicherweise mußten zw. der Abgabe des Fehdebriefes und dem Beginn der F. ein bis drei Tage verstreichen. Oft versuchte man aber zum Schaden des Gegners, diese Zeit zu verkürzen, indem der Fehdebrief an verstecktem Ort deponiert oder das Datum unrichtig angegeben wurde. Grundsätzl. herrschte zw. den Fehdegegnern nach Zustellung der Absage ein Kriegszustand, der jederzeit in offenen Kampf übergehen konnte. Dazu kam es jedoch selten oder eher zufällig; Fehdeführung bestand darin, dem Gegner auf jede Weise Schaden zuzufügen. Das traf bes. die Bauern; Dörfer wurden überfallen, das Vieh weggetrieben, Hausrat und Vorräte geraubt, einzelne Bauern als Gefangene weggeführt oder getötet, das Dorf oft schließlich niedergebrannt. Viele →Wüstungen sind auf diese Weise entstanden. Ferner wurden Untertanen gezwungen, ihre Abgaben und die Ernteerträge an die überlegene Fehdepartei statt an den Grundherrn zu geben. Die Städte wurden bes. durch Überfälle ihrer Vorstädte und Beraubung ihrer handeltreibenden Bürger auf den Straßen geschädigt. Bürger wurden gefangengenommen und mußten von ihren Familien oder vom Rat teuer ausgelöst werden. Andererseits führten gerade auch die Städte, seit dem 14. Jh. oft in Bündnissen mit den Nachbarstädten zusammengeschlossen, grausame F.n gegen benachbarte oder an den wichtigen Straßen gelegene Adelsburgen. Dabei wurde bes. angestrebt, die Burgen unbewohnbar zu machen, d. h. es wurde alles irgend Brauchbare als Beute genommen und die Steine abgebrochen, damit sie nicht von neuem als »Raubnest« benutzt werden konnten. Obgleich der Gottes- und Landfrieden die Kirchen grundsätzl. von der F. ausnahmen, sind doch oft genug die dorthin Flüchtenden niedergemacht, die Kirchen ausgeraubt oder zu Verteidigungszwecken burgartig ausgebaut und mißbraucht worden. Trat in der F. ein Stillstand ein, weil einer der Gegner sich neu ausrüsten oder neue Verbündete suchen mußte oder die Ausgangssituation der F. sich veränderte, so konnte ein →Friede, der meist von neutralen Dritten vermittelt wurde, ausgehandelt werden. Anfang und Ende dieses Waffenstillstands wurden bes. genau festgelegt. Unterlag eine der fehdeführenden Parteien, sei es im offenen Kampf, sei es durch die Gefangennahme der Hauptleute, so hatte sie der überlegenen Partei →Urfehde zu schwören. Dieser Schwur schloß einseitig alle Feindseligkeiten für die Zukunft aus, der Überlegene konnte seine Bedingungen stellen. Endete die F. mit einer Sühne, waren beide Parteien gleicherweise an dem Friedensschluß beteiligt. Die →Sühne wurde durch einen unbeteiligten Dritten in die Wege geleitet, oft von einem Mann des höheren Adels oder einer geistl. Autorität, seltener von einem Schiedsgericht. In der Sühne wurde die Feindschaft endgültig abgetan, ohne daß die einzelnen Fehdehandlungen gegeneinander gerechnet wurden. Geldforderungen, Gefangenenaustausch, Dienstverträge wurden auch in Sonderverträgen verhandelt. Dennoch fiel auch die Sühne sehr oft einseitig zu Gunsten einer in der F. überlegenen Partei aus. – Die strengen Regeln der Fehdeführung des hohen und späten MA bildeten sich unter dem Einfluß der Landfriedensgesetzgebung aus. Deren Ziel, die F. zugunsten der gerichtl. Entscheidung ganz abzuschaffen, gelang auch mit dem Ewigen →Reichslandfrieden von 1495 nicht. Erst die Ausbildung der landesherrl. Gewalt in den Territorien und eine allg. geltende Strafgesetzgeb. haben die F. im 16. Jh. beendet.

[3] *Beurteilung in der Geschichtswissenschaft:* Die Beurteilung des Fehdewesens hat in der Geschichtswissenschaft mehrfach gewechselt. Sah man in älteren Werken den abenteuerhaft-frevler. Sinn eines imaginären Rittertums, am Ende des 19. Jh. und Anfang des 20. Jh. eher die Beeinträchtigung des sich in Ansätzen entwickelnden Verfassungsstaats in der F., so schien das seit 1939 in mehreren Auflagen erschienene Buch »Land und Herrschaft« von O. BRUNNER aus dem spätma. Fehdewesen Österreichs eine neue und endgültige Sicht zu geben. F. war demnach ein »subsidiäres Rechtsmittel«, eine legitime und notwendige Form der Selbsthilfe, da das Gewaltmonopol noch nicht beim Staat lag. BRUNNER wies auf die strengen Regeln der »rechten F.« hin, die sich mit der Standesehre der fehdefähigen spätma. Adelswelt verknüpfte. In jüngster Zeit wird mehr das kriminelle Element einer die F. stets begleitenden Schicht von »Raubgesindel« gesehen und auf das soziökonom. Absinken des Ritterstandes im späten MA hingewiesen. Besonderes Interesse haben auch wieder die Gestalten des Götz von Berlichingen und des Michael Kohlhaas gefunden als letzte Streiter für das alte Recht der Selbsthilfe in einer Zeit, als der territoriale Staat bereits den willfährigen und an den Rechtsweg gebundenen Untertanen anstrebte.

A. Boockmann

Lit.: HRG I, 1083–1093 [E. KAUFMANN] – F. DAHN, Fehdegang und Rechtsgang, 1879 – P. FRAUENSTÄDT, Blutrache und Totschlagsühne im dt. MA, 1881 – R. HIS, Das Strafrecht des dt. MA I, 1920, 2ff., 263ff. – H. MITTEIS, Land und Herrschaft, HZ 163, 1941, 255–281, 471–489 – H. CONRAD, Dt. Rechtsgesch. I, 1962², 47ff., 435ff. – O. BRUNNER, Land und Herrschaft, 1965⁵ – K. CRÖSSMANN, Sühneverträge der Stadt Frankfurt a. M. mit ihren Fehdegegnern [Diss. Frankfurt 1964] – U. TEWES, Zum Fehdewesen zw. Weser und Elbe, Lüneburger Bl. 21/22, 1970–73 – E. ORTH, Die F.n der Reichsstadt Frankfurt a. M. im SpätMA, Frankfurter Hist. Abh. 6, 1973 – H. ULMSCHNEIDER, Götz v. Berlichingen. Ein adeliges Leben der dt. Renaissance, 1974 – A. BOOCKMANN, Urfehde und ewige Gefangenschaft im ma. Göttingen, Stud. zur Gesch. der Stadt Göttingen 13, 1980 – W. RÖSENER, Zur Problematik des spätma. Raubrittertums (Fschr. B. SCHWINEKÖPER, 1982), 469ff. – H. BOOCKMANN, Ma. Recht bei Kleist. Ein Beitr. zum Verständnis des 'Michael Kohlhaas', Kleist-Jb. 1985, 84–108 – E. KAUFMANN, Hans Kohlhase, F. und Recht im 16. Jh. Symposien für A. ERLER, 1985.

Fehdebücher. Fast alle größeren Städte haben im 14. und 15. Jh. über die Schädigungen, die ihnen durch die →Fehde widerfuhren, Buch geführt, um diese bei Sühneverhandlungen geltend machen zu können. Besonders lag der Stadtobrigkeit daran, die Personen, die Raubzüge, unabgesagte Fehde oder Viehdiebstahl trieben, zu identifizieren und ihre Namen festzuhalten. Auch die Hehler von geraubter Ware, auch diejenigen, die Feinde der Stadt hausten oder speisten, wurden mit Namen vermerkt. Viele Namen tauchen in den F.n in jedem Jahr erneut oder mehrmals auf. Daneben wurden Gefangennahme und Auslösung von Bürgern, Sühne, Urfehden, nichtgehaltene Urfehden, Friedebruch und die verschiedensten weiteren →Delikte aufgeführt. Im 14. Jh. legten die Städte auch Listen von verfesteten Bürgern und »landschädlichen Leuten« an und verzeichneten die jeweiligen Maßnahmen gegen diese Personen.   A. Boockmann

Q. und Lit.: Chr. dt. Städte VI (Braunschweig), 1868 – Das Soester Nequambuch. Das Buch der Frevler, hg. hist. Komm. für die Provinz Westfalen, 1924 – Die Acht-, Verbots- und F. Nürnbergs von 1285–1400, hg. W. SCHULTHEISS, 1960.

Feidlimid mac Crimthain, * 770, † 847, seit 820 Kg. v. →Munster (→Cashel). F. fand rasch zu einer Einigung mit der Kirche, wie seine 823 erfolgte Proklamation des im Wortlaut nicht erhaltenen Cáin Phátraic (Lex Patricii) im Kgr. Munster belegt. Trotz seiner Beziehungen zur monast. Bewegung der →Céli Dé werden in den Annalen häufige Übergriffe F.s gegen Kl. erwähnt; so überfiel er 826 Gallen (ohne Schonung der sakralen Räume) und Delbna Bethre, beide in der Gft. Offaly. Die Anerkennung seiner Position in Munster erfolgte 827 durch eine Begegnung zw. F. und dem Hochkönig der →Uí Néill, Conchobar mac Donnchada, zu Birr (Gft. Offaly). Doch kam es bereits 830 wieder zu Kämpfen, in deren Verlauf F. Westmeath angriff und die vereinigten Truppen der Uí Néill und der →Connachta schlug. Weitere Raubzüge richteten sich gegen →Meath (831), →Clonmacnois (832, 833), →Durrow (833) und →Kildare, das der Kg. 836 besetzte, wobei er den dort anwesenden Abt v. →Armagh trotz aller Proteste gefangennahm. Dieser Vorgang ist zweifellos in Zusammenhang mit einer Krisenperiode und häufigem Abtswechsel im Armagh der 830er Jahre zu sehen.

838 fand eine feierliche Begegnung *(rígdál mór)* mit dem Uí Néill-Hochkönig, Niall mac Áeda, statt, bei der F. als höchster Kg. v. Irland *(lánrí hÉrend)* anerkannt wurde; eine nicht ganz klare Nachricht besagt ferner, er habe bei dieser Gelegenheit den Abtsstuhl von →Clonfert in Besitz genommen. Ein Vers der Annalen rühmt F.s Taten »Es war für F. nur die Sache eines Tages, die Geiseln aus Connacht zu nehmen und Meath zu verwüsten.«

840 entführte er Gormflaith, die Tochter des Kg.s v. →Leinster. Dies war wohl sein letzter erfolgreicher Kriegszug außerhalb seines Kerngebiets Munster; 841 zog er nach Carman, um gegen Niall mac Áeda zu kämpfen, ergriff aber vor der Schlacht ruhmlos die Flucht und »ließ seinen Krummstab in den Büschen zurück.« Dennoch kann F. als der erfolgreichste aller Munster-Kg.e vor →Brian Bóruma gelten.   D. ÓCróinín

Lit.: F. J. BYRNE, Irish Kings and High-Kings, 1973, 211–229 – P. O'DWYER, The Céli Dé, 1985, 40–43.

Feige, Feigenbaum (Ficus carica L. [und Kulturvarietäten]/Moraceae). Die vermutl. im ö. Mittelmeerraum und in S-Arabien heimische F. gehört zu den ältesten Kulturpflanzen und diente schon den Römern als Volksnahrungsmittel. Bereits im frühen MA gelangte der *fichböm, vichbum, feigpaum* (STEINMEYER-SIEVERS III, 36, 195, 473) in

Gebiete n. der Alpen (Cap. de villis, 70). Zubereitungen aus den Blättern und Früchten, lat. *caricae* (nach dem Hauptanbaugebiet Karien) bzw. dt. *figa, vîgen* (STEINMEYER-SIEVERS III, 99, 229, 471), galten als erweichende Pflaster und schmerzstillende Salben (JÖRIMANN, 68, 72, 76; SIGERIST, 92; Hildegard v. Bingen, Phys. III, 14), als harntreibendes und mild abführendes Mittel sowie als Antidot gegen Vergiftungen (Konrad v. Megenberg IV, 16; Gart, Kap. 191). Zur Ikonographie →Gleichnisse Christi; zum Handel→Südfrüchte.   Irmgard Müller

Lit.: MARZELL II, 431 – J. JÖRIMANN, Frühma. Rezeptarien, BGM 1, 1925 – H. E. SIGERIST, Stud. und Texte zur frühma. Rezeptlit., StGM 13, 1923 – V. HEHN, Kulturpflanzen und Haustiere, 1911, 95–103.

Feigwurz (Ranunculus ficaria L./Ranunculaceae). Die mlat. und dt. Namen *ficaria* (zu lat. ficus) bzw. *ficwrz, vicwurz* (STEINMEYER-SIEVERS III, 480, 501), *wichwurtz* (Hildegard v. Bingen, Phys. I, 172, 207) sowie *apium emoroidarum, fickblatern eppich* (Gart, Kap. 9) verweisen auf die – Feigwarzen ähnlichen – längl. Wurzelknollen und Brutknospen der in Europa und Asien verbreiteten Pflanze. Gelegentl. wird *figvvurtz, uichwurz* auch mit *tormentilla* gleichgesetzt (STEINMEYER-SIEVERS III, 101, 197, 516) und bezeichnet dann die →Blutwurz, die zur Heilung von 'vich' (bzw. colica oder tortio 'Bauchgrimmen') diente (Hildegard v. Bingen, Causae et curae, ed. KAISER, 198, 209). Der Signatur der Wurzelknöllchen entsprechend wurde die F. hauptsächl. gegen Feigwarzen (Kondylome) in der Aftergegend verwendet.   Irmgard Müller

Lit.: MARZELL III, 1251–1262.

Feingehalt. Der F. (Korn; auch Witte, Brand, Gelöt gen.) einer →Münze und deren Gewicht (Schrot) sind die wesentl. Komponenten, aus denen sich der →Münzfuß errechnet. Der F. bezeichnet die Beschaffenheit der Metallmischung bei Münzen aus Edelmetall. Ausgangspunkt bei der Berechnung des F.s war die →Mark, die man in Deutschland bei Gold in 24 Karat zu 4 Grän, später zu 288 Grän (in Italien in 24 Karat zu 24 *parti* oder *grani*) aufteilte, bei Silber in Deutschland in 16 Lot zu 4 Quentchen zu 4 Richtpfennigen (in Frankreich in 12 *deniers* zu 24 *grains*). Nach Karat oder Lot wurde damit der F. bezeichnet, z. B. 22karätig = 21/24 Teile Feingold = 875/1000 Goldgehalt oder 16lötig = 16/24 Teile Feinsilber = 667/1000 Silbergehalt. Tatsächlich war es im MA noch nicht möglich, chemisch reines →Silber oder →Gold herzustellen. Es ist daher zw. dem gewollten und dem wirklichen F. zu unterscheiden, wobei der Unterschied bis zu 10% betragen kann. Der F. einer Münze wurde im MA durch die Strichprobe mit Nadel und Probierstein oder durch die Kupellen- oder Feuerprobe, also durch Zerstörung, ermittelt.   P. Berghaus

Lit.: A. LUSCHIN V. EBENGREUTH, Allg. Münzkunde und Geldgesch. des MA und der neueren Zeit, 1926², 197–206 [dort auch Angaben weiterer Berechnungsarten].

Felapton → Schlußmodi

Feldartillerie. In verschiedenen Quellen wird zwar schon vor 1400 die Verwendung von →Geschützen in Feldschlachten erwähnt, die Voraussetzung für einen wirkungsvollen Einsatz von Geschützen als F. schuf aber erst die Konstruktion fahrbarer Schießgestelle und Radlafetten (→Lafetten) am Beginn des 15. Jh. Erst diese Lafettenkonstruktionen, bei denen die geschmiedeten Tarrasbüchsen oder→Haubitzen noch in Holzblöcken eingepaßt und mit Eisenbändern befestigt waren, vereinfachten nicht nur den Transport zum Einsatzort sehr wesentlich und ermöglichten einen Stellungswechsel während der Schlacht, sie boten auch die Möglichkeit, den Abschußwinkel des Geschützes durch Richtkeile oder Richthörner zu verändern und dadurch die Treffsicherheit entscheidend zu steigern.   E. Gabriel

Lit.: B. RATHGEN, Das Geschütz im MA, 1928.

Feldebrő, Dorf mit Abtei (Debrő, ⚭ Hl. Kreuz) in →Ungarn, gestiftet durch den Palatin und späteren Kg. →Aba († 1044, ▱ ebd., Krypta). – Der in der Forschung vieldiskutierte Bau geht in seinem zentralen Grundriß letztendlich auf die Grabeskirche von →Jerusalem zurück; die fünfschiffige Kreuzkuppelkirche auf quadrat. Grundriß, mit ausladenden Apsiden an den Enden der Kreuzarme, wurde zum einen von armen.-georg. Vorbildern hergeleitet, zum anderen mit Germigny-des-Près (→Baukunst, A. II) verglichen. Die Krypta folgt it. Vorbildern. – Nach Zerstörung durch die Mongolen (1241) dreischiffig als Pfarrkirche umgebaut, erfolgte nach neuerl. Verwüstung durch die Osmanen (16. Jh.) im 18. Jh. eine Barockisierung. Ausgrabungen haben den ursprgl. Grundriß geklärt.   Gy. Györffy

Lit.: Heves megye müemlékei, hg. D. DERCSÉNYI–P. VOIT, 1969–78, Bd II, 716ff. – J. GYURKÓ–GY. GYÖRFFY, Műemlékvédelem 26, 1982, 64–67 [Lit.].

Feldgraswirtschaft, eine Art der Bodennutzung, bei der insbes. zw. geregelten und ungeregelten Formen differenziert werden muß. 1. Eine ungeregelte oder wilde F. – sie war v. a. im FrühMA weit verbreitet – liegt vor, wenn eine oft nur kurzfristige Beackerung von Flurstücken in ungeregelter Form mit einer längeren Zeitspanne der Wiesen- oder Weidenutzung wechselt. Nach dem Umbruch der Grasnarbe baute man im MA zumeist zwei bis drei Jahre lang Roggen, Hafer oder Dinkel (→Getreide) an und überließ diese Flächen dann der Selbstbegrünung; in der Nachbarschaft wurden danach neue Graslandstücke zur Ackernutzung herangezogen. – 2. Bei der geregelten F. unterliegt der Wechsel von Acker- und Grasnutzung einer zeitl. und räuml. Ordnung. Von einer Egartwirtschaft – sie war insbes. im süddt. Raum verbreitet – ist dann zu sprechen, wenn ein Ackerbau von etwa 3–5 Jahren Dauer auf eine längere Periode der Grasnutzung folgt. Die mehrjährigen, genau geregelten Formen der F., zu denen auch die norddt. und fläm. Koppelwirtschaft (→Fruchtwechselwirtschaft, →Driesch) zählt, haben sich offenbar erst seit dem 16. Jh. stärker ausgebreitet. →Flursysteme, -formen.   W. Rösener

Lit.: M. BORN, Die Entwicklung der dt. Agrarlandschaft, 1974 – H. JÄGER, Bodennutzungssysteme (Feldsysteme) der Frühzeit (Unters. zur eisenzeitl. u. frühma. Flur in Mitteleuropa und ihrer Nutzung, AAG 116, 1980), 197ff.

Feldheer, hussitisches, nach der Gründung von →Tábor (1420) gebildetes stehendes Heer, militär. und polit. Hauptmacht des radikalen →Hussitentums. Neben den Taboriten gründete →Žižka in Ostböhmen ein zweites Feldheer, die Orebiten (1423). Ein merkliches Übergewicht der niederen Sozialschichten war für die einfache Ausrüstung und bes. Kampftaktik (→Heerwesen und Kriegführung) bestimmend. Straffe Organisation und Disziplin wurden durch eine militär. Ordnung (1423) gesichert. Hauptleute stammten aus dem niederen Adel, sie befehligten die militär. Einheiten; Priester sorgten für strenge geistl. Erziehung. Die stehenden Heere erreichten bei den Taboriten eine Mannstärke von ca. 6000, bei den Orebiten ca. 4000. Unter dem Oberkommando →Prokops d. Gr. verschafften die F.e nach 1425 dem radikalen Hussitentum in Böhmen die Vormacht, schlugen Einfälle der Kreuzfahrer zurück und unternahmen Ausfälle in die Nachbarländer. Während der Verhandlungen mit dem →Basler Konzil (1433/34) gerieten die F.e in die polit.

Isolation, die ihre inneren Gegensätze vertiefte. Nach der Niederlage bei →Lipany (1434) kämpften einige Truppen der hussit. Feldheere als →Söldner in Deutschland, Österreich, Polen und Ungarn.   M. Polívka

Lit.: →Heerwesen und Kriegführung, hussit.

Feldmark, städt. → Stadtflur

Feldzeichen. [1] *Byzantinisches Reich:* Von den röm. F. sind im 4. Jh. noch das »signum«, das »vexillum«, der »draco« (→Drache, F) und für kurze Zeit noch die »aquila« in Verwendung. Im 6. Jh. scheint das βάνδον (got. *bandwa*) das einzige F. gewesen zu sein. Es diente als Stabsflagge, als Bezugspunkt der Soldaten und zur Befehlsübermittlung. Kennzeichnende Merkmale (Farbe, Zeichen, Form, Größe) der F. dienten zur Unterscheidung der Abteilungen und zeigten deren Zugehörigkeit zu einer Einheit. Ab dem 9. Jh. tritt das F. der Byzantiner meistens als φλάμουλον auf, das ursprgl. die kleinen Lanzenfähnchen der Kavalleristen bezeichnete.

Die byz. F. bestanden aus einem meist mehrfarbigen länglichen Stoffstück, das spitz oder in 2–3 oder mehrere Zipfel auslief; aus dem 12. Jh. sind F. mit acht Zipfeln bekannt, der sog. ʹOktapusʹ. Aus bildl. Darstellungen zu schließen, hing der Stoff schon gegen Ende des 5./Anfang des 6. Jh. nicht mehr wie das vexillum von einem zur Stange vertikal angebrachten Stab, sondern war direkt an ihr befestigt.

Die Bedeutung, die den F. in Byzanz beigemessen wurde, wird durch die Einrichtung einer speziellen →Garde zu ihrem Schutz sowie ihre Weihung vor der Schlacht bezeugt.   T. G. Kolias

[2] *Westlicher Bereich:* Das Wort ʹF.ʹ, im MA unbekannt, ist zuerst bezeugt durch die Übersetzung eines tschech. Textes von 1562, in nhd. Texten eingebürgert als Sammelausdruck für lat. »signum«. Die antiken »signa«, die teils figürlich (plast., dreidimensional, →Labarum) waren, kommen in der ma. Ikonographie bei retrospektiven Darstellungen vor (z. B. →Drachen aus dem →»Codex Aureus« von St. Gallen, 9. Jh.), erleben aber eine graph. Wiederbelebung erst in der Renaissance. Von da an ist der Zusatz »Feld« zu »Zeichen« = »signum« das etymolog. Merkmal für militär. Gebrauch, nämlich »im Felde« (der Ehre), und unkritisch als Sammelbegriff für Fahnen und →Standarten. Die schon im MA zu beobachtende Kennzeichnung eines Kriegers als Parteigänger durch zusätzl. Kennzeichen an seinem Körper wird zwar kaum als ʹF.ʹ zitiert, doch ist z. B. der Ginsterzweig des Hauses →Plantagenêt als *Cognizance* zum Vorläufer der in der brit. Heraldik üblich gebliebenen →*Badges* (→Devise, 2) geworden; die Funktion eines Badge kann auch von einem *Crest* (in der Heraldik: Helmzier) wahrgenommen werden. Im 16. Jh. bürgerten sich Schärpen, dann Leibbinden als F. ein. – Zur Funktion von F. im Militärwesen s. →Heerwesen, →Krieg, -führung.   O. Neubecker

Lit.: Zu [1]: RAC VII, 689–711 [W. SESTON] – A. VON DOMASZEWSKI, Die Fahnen im röm. Heere (Abh. des Arch.-Epigr. Seminares d. Univ. Wien 5, 1885) – R. GROSSE, Die Fahnen in der röm.-byz. Armee des 4.–10. Jh., BZ 24, 1924, 359–372 – S. DUFRENNE, Aux sources des gonfanons, Byzantion 43, 1973, 51–60 – G. T. DENNIS, Byz. Battle Flags, Byz. Forsch. 8, 1982, 51–59 – zu [2]: RDK VII, 1137–1152 [O. NEUBECKER].

Feliciano, Felice (Felix Antiquarius), Humanist, * 1433 in Verona, † (vermutl. Ende) 1479. Sich selbst »Antiquarius« nennend, befaßte er sich vorwiegend mit der Erforschung von antiquitates, ohne je eine dauerhafte Anstellung zu finden. Als Freund Andrea →Mantegnas und Bibliothekar Giovanni Marcanovas beteiligte er sich 1464 an Ausgrabungen am Gardasee, mit dem Zweck, röm.

Spuren des Veronenser Gebietes nachzuweisen (beschrieben in »Jubilatio«). Durch ihn sind viele lat. Inschriften hs. überliefert, auch Funde seines Lehrers →Ciriaco d'Ancona, dessen Vita er schrieb. Als Kopist humanist. Werke war er ein vorzügl. Illuminator; zugleich entwarf er Typen eines Alphabets nach röm. Muster. Wegen der Qualität seiner lit. Werke (Novelle »Justa Victoria«, Sonette, Briefe) – er verlegte auch ein Werk Petrarcas (1476) – wurde ihm vorübergehend die »Hypnerotomachia Poliphili« (von Francesco→Colonna, anonym 1499) zugeschrieben. Seine bewegte Vita, auch seine alchemist. Neigungen, waren Stoff für Novellen des zeitgenöss. Sabbadino degli →Arienti (Novelle Porretane).   P. R. Blum

Q.: R. SCHÖNE, F. F. opusculum ineditum, Ephemeris Epigraphica 1, 1872, 255–269 – C. MAZZI, Sonetti di F. F., La Bibliofilia 3, 1901–02, 55–68 – »La Gallica Historia di Drusillo intitolata Justa Victoria«, ed. H. MARDERSTEIG, 1943 – »Alphabetum Romanum«, ed. H. MARDERSTEIG, 1960 – Lit.: HAIN 12808 – Catalogue of Books printed in the XVth C. now in the Brit. Museum, VII 1073 – Rép. des sources hist. du MA I 1471 – COSENZA II, 1370–1371; V fol. 690 – AAVV La letteratura It., storia e testi III, 1972, § 73 – CIL III, V [Index Auctorum] – G. FIOCCO, F. F. amico degli artisti, Arch. Veneto-Tridentino 9, 1926, 188–201 – V. SCHOLDERER, A Note on Felix Antiquarius, Gutenberg-Jb. 1933, 34–35 – A. KHOMENTOVSKAIA, F.F. da Verona comme auteur de l'»Hypnerotomachia Poliphili«, La Bibliofilia 37, 1935, 154–174; 38, 1936, 92–102 – H. MARDERSTEIG, Nuovi documenti su F.F. da Verona, ebd. 41, 1939, 102–110 – C. MITCHELL, F. F. Antiquarius, Proceedings of the Brit. Academy 1961, 197–221 – H. MARDERSTEIG, Tre epigrammi di Gian Mario Filelfo a F.F., Classical Medieval and Renaissance Stud. i. H. of B. L. ULLMAN, 1964, II, 375–383 – L. PRATILLI, F.F. alla luce dei suoi codici, Atti del R. Ist. Veneto di scienze, lettere ed arti, Cl. di Sc. mor. e lett., 99, 1939–40, 33–105 – F. RIVA, Saggio sulla lingua di F.F., Atti dell'Ist. Veneto di scienze, lettere ed arti 121, 1962–63, 263–334 – A. SCÓLARI, La »Justa Victoria« di F.F. antiquario, ebd. 125, 1966–67, 293–305 – F. RIVA, Un'edizione di »Ippolito e Lionora«, ebd. 129, 1970–71, 127–134 – DERS., Un'epistola di F. sull'amicizia, ebd. 134, 1975–76, 663–680 – G. TRAINA, Note di epigrafia veronese, Studi Classici e Orientali 31, 1981, 57–68.

Felipe → Philipp

Félire Oengusso ist ein versifizierter Festkalender in ir. Sprache, den Oengus, ein dem Kloster Tallaght nahestehender Mönch, um 800 schuf. Das in *félire* enthaltene Wort *féil* ist abgeleitet von 'vigilia': In der frühen ir. Kirche wurde nicht nur am Vorabend großer Feste, sondern an den Festtagen selbst gefastet (→Fasten). Für jeden Tag ab 1. Jan. bietet F.O. einen Vierzeiler in *rinnard* Versmaß mit 1 bis 4 ir. und/oder nichtir. Namen. Prolog (85 Vierzeiler) und Epilog (140 Vierzeiler) stellen das Ganze als Einheit vor und enthalten allgemeine Preisungen ausgewählter nichtir. (auch atl.) und ir. Hll. sowie Darlegungen des Nutzens des Werkes. F.O. wurde nicht (wie Prol. 285ff. nahelegt) Tag für Tag liturg. benutzt, sondern ist eine Gesamtdevotion (Epil. 564ff.). Oengus beansprucht (Epil. 109f.), *félire* 'von fern und nah' durchsucht zu haben; am nächsten steht F.O. das (auch um 800 entstandene) »Martyrologium v. Tallaght«, das für jeden Tag nichtir. und (nahezu gleichviele) ir. Namen ohne weitere Angaben bietet. Die zehn spätma. Hss. des F.O. enthalten zahlreiche und oft umfangreiche Anmerkungen, meist in ir. Sprache und für die ir. Hll. vielfach anekdotenhaft. Für die ir. Hll. informieren sie über Ortsnamen, Devotionen, Volksbräuche, Recht u. a. Für die nichtir. Hll. ist Hs Rawlinson B 505 (frühes 15. Jh.) am inhaltsreichsten. F.O. wurde von W. STOKES in der Vorrede zu seiner Ausgabe v. a. volks- und sprachgeschichtl. gewürdigt. Stokes' Register geben einige Information über Quellen der Eintragungen. HENNIG hat ab 1951 (Bibliographie in ALW 13, 1971, 153ff.; 19, 1978, 98ff.) die martyrolog. Tradition

vieler Eintragungen in F.O. verfolgt und 1970 und 1975 die nichtir. Eintragungen behandelt.   J. Hennig

Q.: The Martyrologie of Oengus the Culdee, hg. W. STOKES (Henry Bradshaw Soc. XXIX), 1905 – The Martyrology of Tallaght, hg. R. I. BEST–H. J. LAWLOR (ebd. LXVIII), 193 – Lit.: LThK II, 1158f. – J. F. KENNEY, The Sources for the Early Hist. of Ireland I, 1929 [Neudr. 1979], 479–481 – L. BOYLE, Bibl. SS IV, 1967, 1128–1130 – J. HENNIG, Stud. in the Lat. texts of the Martyrology of Tallaght, of F.O. and of Félire húi Gormáin, PRIA 6C, 1970, 45–112 – DERS., The notes on non-Irish Saints in the manuscripts of F.O., ebd. 7C, 1975, 119–159.

Felix

1. F. II., *Papst* 355–358, † 22. Nov. 365 auf seinem Landgut bei Porto. Der frühere röm. Diakon erlangte nach der Verbannung des Papstes →Liberius die Bischofsweihe auf Druck des Ks.s →Constantius II., der sich über röm. Proteste und Treueide hinwegsetzte. Die schon 357 vorgesehene gemeinschaftl. Regierung des röm. Bm.s durch F. und Liberius erwies sich als undurchführbar. Vor seinem heimgekehrten Rivalen mußte F. aus Rom weichen, ohne jedoch hier seine Anhängerschaft völlig zu verlieren. Sein Restitutionsversuch blieb vergeblich. Unglaubwürdig werden dem ksl. Protégé schon im →Liber pontificalis des 6. Jh. antiarian. Maßnahmen und gar der Märtyrertod zugeschrieben.   H. Zimmermann

Q. und Lit.: DHGE XVI, 887–889 – LP, 211 – TH. MOMMSEN, Die röm. Bf.e Liberius und Felix II., DZG NF 1, 1896–97, 167–179 [Nachdr. TH. MOMMSEN, Ges. Schr. VI, 1910, 570–581] – L. SALTET, La formation de la légende des papes Libère et Félix, BLE 1905, 222–236 – E. CASPAR, Gesch. des Papsttums I, 1930, 188ff. – CH. PIETRI, Roma christiana I, 1976 – M. WOJTOWYTSCH, Papsttum und Konzile, 1981, 123ff. – H. ZIMMERMANN, Das Papsttum im MA, 1981, 13.

2. F. III., *Papst* 483–492, † 1. März 492. Der erste nach dem Ende des weström. Kaisertums erhobene Papst entstammte erstmals dem röm. Senatorenstand. Selbst Priestersohn, war er erst nach mit Kindern gesegneter Ehe Kleriker geworden. Als Diakon von St. Paul unter dem Einfluß →Odoakers am 13. März 483 zum Papst gewählt, hat F. erstmals eine Wahlanzeige an den Kaiserhof nach Byzanz geschickt. Berühmt geworden ist F. durch seine Opposition gegen das Henotikon Ks. →Zenons u. durch die Bannung und Absetzung des byz. Patriarchen Akakios als dessen Autor, wodurch 484 das →Akakianische Schisma entstand. Auf einer anderen röm. Synode wurden 487 Bußbestimmungen für Lapsi im afrikan. Reich der →Vandalen erlassen. Als Leiter der päpstl. Politik und als Diktator der immer wichtige Aussagen enthaltenden Papstschreiben fungierte der Archidiakon →Gelasius, der auch sein Nachfolger wurde.   H. Zimmermann

Q. und Lit.: DHGE XVI, 889–895 – HKG II, 2, 10ff., 194 – JAFFÉ, 80–83 – LP, 252 – E. CASPAR, Gesch. des Papsttums II, 1933, 25ff. – E. SCHWARTZ, Publizist. Slg. zum Akazian. Schisma, AAM NF 10, 1934 – J. T. MILIK, La famiglia di Felice III papa, Epigrafica 28, 1966, 140–142 – W. ULLMANN, Gelasius I., 1981 – H. ZIMMERMANN, Das Papsttum im MA, 1981, 23 – P. NAUTIN, La lettre de Félix III à André de Thessalonique et sa doctrine sur l'Église et l'Empire, RHE 77, 1982, 5–34 – DERS., La lettre »Diabolicae artis« de Félix III aux moines de Constantinople et de Bithynie, RevAug 30, 1984, 263–268.

3. F. IV., *Papst* 526–530, † 20. Sept. 530, ⌐ Rom, Petersdom. Der aus Samnien stammende Diakon F. hatte 519–520 einer röm. Gesandtschaft nach Byzanz zur Beendigung des →Akakianischen Schismas angehört, wurde nach langer Vakanz am 12. Juli 526 laut dem →Liber Pontificalis auf Befehl →Theoderichs d. Gr. zum Nachfolger des in kgl. Haft verstorbenen Papstes →Johannes II. erhoben und war wohl Repräsentant einer gotenfreundl. Partei in Rom. So erklärt sich sein schiedsrichterl. Eingreifen in →Ravenna und umgekehrt ein kgl. Gerichtsprivileg für den röm. Klerus von ca. 527. Auch erhielt er vom Kg.

ein Gebäude am Forum zur Errichtung der Kirche SS. Cosma e Damiano. Ansonsten weiß man von Kontakten zu →Caesarius v. Arles und einer päpstl. Stellungnahme gegen den am Konzil v. Orange 529 verhandelten →Semipelagianismus. F. designierte den Goten →Bonifatius II. zum Nachfolger, was ein Wahlgesetz des Senats veranlaßte.   H. Zimmermann

Q. und Lit.: DHGE XVI, 895f. – HKG II, 2, 203f. – JAFFÉ, 110f. – LP, 279 – A. v. HARNACK, Der erste dt. Papst Bonifaz II. 530–532 und die beiden letzten Dekrete des röm. Senats, SPA 1924, 24–42 – E. CASPAR, Gesch. des Papsttums II, 1933, 193ff. – W. BUCHOWIECKI, Hb. der Kirchen Roms I, 1968, 586ff. – H. ZIMMERMANN, Das Papsttum im MA, 1981, 29f.

4. F. V. (Hzg. →Amadeus VIII. v. Savoyen; 9. A.), *Papst,* Wahl am 5. Nov. 1439 durch das Konzil v. →Basel (Krönung: 24. Juli 1440) gegen den zuvor abgesetzten →Eugen IV., Rücktritt am 7. April 1449, † 7. Jan. 1451 in Genf, ⌐ Ripaille, St. Augustin, nach 1536 Turin. – Die mit der Wahl verbundenen finanziellen und polit. Erwartungen erfüllten sich für beide Seiten nicht. Der hochangesehene Hzg. fand als Papst trotz großer diplomat. Bemühungen nur in Teilen Europas ztw. Anerkennung: Fs. en v. Aragón, Mailand, Schottland (alle bis 1443), Polen, Schweden; Savoyen, W-Schweiz, Teile Bayerns, Österreichs und der Pfalz; einige Univ. und Diözesen. F. ernannte bis 1444 neunzehn Kard. e; acht von ihnen lehnten den Titel ab. Die Beziehung zur Basler Synode, die auch gegenüber F. an ihren konziliarist. Prinzipien festzuhalten suchte, blieb schwierig. F. verließ Basel am 17. Nov. 1442 und residierte seither in Lausanne. Vom Konzil zögernd mit Pfründen und benefizialen Besetzungsrechten versehen, übernahm F. am 7. März 1444 die Diöz. Genf. Einzige Machtbasis des Pontifikats bildete als »Kirchenstaat-Ersatz« das Hzm. →Savoyen, dessen Politik F. weiter mitbestimmte. Nach seinem v. a. von Frankreich bewirkten Rücktritt ernannte ihn →Nikolaus V. am 29. Aug. 1449 zum Kard.-Bf. v. S. Sabina und, mit großen Privilegien, zum päpstl. Vikar in seinem alten Oboedienzbereich.   J. Helmrath

Q.: Turin, Archivio di stato, Bollario di Felice V, 8 Bde, o. J. [hs.] – STUTZ (s. u.), VII–XII – *Lit.*: DBI II, 749–753 – DHGE II, 1166–1174 [Q., Lit.] – LThK² I, 413 – Helvetia Sacra I/3, 102f. – A. ECKSTEIN, Zur Finanzlage F.'V. und des Basler Konzils, 1912 [Neudr. 1973] – J. STUTZ, F. V. und die Schweiz [Diss. Freiburg i. Ü., 1930] – MARIE-JOSÉ, La Maison de Savoie, Amédée VIII, ... III, 1962 – E. MONGIANO, Privilegi concessi all'antipapa F.V., RSDI 52, 1979, 174–187 – J. HELMRATH, Das Basler Konzil, 1987, 153–157 [Lit.] – →Amadeus VIII.

5. F. hl., erster *Bf. v. Como,* † an einem 8. Okt., Herkunft und Todesjahr unbekannt, ⌐ S. Brigida (ursprgl. S. Carpoforo), Como. F. wurde an einem 1. Nov. (nach GINI i. J. 386) vom hl. →Ambrosius v. Mailand, mit dem er befreundet war, zum Bf. geweiht. Erhalten sind zwei an ihn gerichtete Briefe des hl. Ambrosius (MPL XVI, ep. 3; CSEL 82, ep. V [mit dem Hinweis auf die Bischofsweihe, Lob seiner erfolgreichen Missionstätigkeit und der Einladung zur Weihe der von Bf. Bassianus erbauten Basilika v. Lodi]). F. nahm an der Synode v. Mailand 390 (nach anderen 393) teil. Ihm wird die Gründung des Vorgängerbaus von S. Carpoforo (Umwandlung eines paganen Tempels) zugeschrieben.   G. Avella-Widhalm

Q. und Lit.: Acta SS Jul. III, 628; Oct. IV, 233–241 – Mart. Rom. 286–287 – Bibl. SS V, 540–542 – DHGE XVI, 902f. – R. MAIOCCHI, I vescovi di Como, 1929 – P. GINI, Evangelizzazione prefeliciana in Como e cronologia del protovescovo Felice, Periodico della Società Stor. Comense 48, 1981, 7–88.

6. F., *Bf. v. Nantes* →Nantes

7. F., *Bf. v.* →Ostanglien im frühen 7. Jh., wohl mit Sitz in →Dunwich. Die einzigen Quellenbelege über F. sind drei Erwähnungen bei →Beda: Danach wurde F. in Burgund ordiniert, er suchte Ebf. →Honorius v. Canterbury auf, in der Absicht, bei den Angeln zu predigen, und wurde nach Ostanglien entsandt (630/631), wo er als erster Bf. fungierte und Kg. →Sigeberht bei seinen Bemühungen um →Mission und Schulgründung unterstützte. Sein Sitz war 'Dommoc'. F. starb nach 17jährigem Episkopat an einem 8. März; die Nachfolge trat sein Diakon Thomas an, ein Einheimischer. – Neuerdings haben engl. und dt. Historiker unabhängig voneinander die bereits von STUBBS geäußerte Vermutung erhärtet, F. entstamme dem sog. 'irofrk. Reformkreis' in →Luxeuil und sei als einer der wichtigsten Vermittler zw. dieser Gruppierung und der frühen engl. Kirche anzusehen. Auch ist die Identifikation seines Bischofssitzes 'Dommoc' mit Dunwich in Zweifel gezogen worden, stattdessen wird Felixstowe (bzw. das benachbarte Walton Castle, ein durch maritime Erosion wüstgewordenes Castrum des →Litus Saxonicum) vorgeschlagen. Der Name 'Felixstowe' gehört zwar vermutlich zu den auf F. zurückgehenden Ortsnamen, doch sprechen gewichtige Argumente weiterhin für eine Lokalisierung nach Dunwich.   C. P. Wormald

Q.: Baedae Opera Hist., ed. C. PLUMMER, 1896 II, 15; III, 18, 20; vgl. II, 106–108 – Bede's Ecclesiastical Hist. of the English People: Comm. Volume, ed. J. M. WALLACE-HADRILL, 1987, s.v. – *Lit.*: D. WHITELOCK, The pre-Viking age Church in East Anglia, ASE I, 1972, 3–5 – E. EWIG, Bemerkungen zu ... merow. Kl. (VuF 20, 1974), 246–248 – J. CAMPBELL, Essays in Anglo-Saxon Hist., 1986, 55–65.

8. F., *Bf. v.* →Urgel, † 818 in Lyon, führender theol. Kopf des →Adoptianismus, Lehrer des Bf. s →Claudius v. Turin. Wahrscheinlich gestützt auf die noch sehr lebendige Tradition der westgot. Theologie in den Ostpyrenäen, begrüßte er um 785 die Lehräußerungen des Ebf. s →Elipandus v. Toledo wohl als Hilfsmittel für die Reintegration muslimisch gewordener Bevölkerungsteile seines Bm. s. 792 widerrief er auf der Synode in Regensburg seine Lehre, ebenso in Rom vor Hadrian I., stimmte nach Rückkehr in sein Bm. aber wieder mit der adoptian. Lehre überein. Mehr als die →Frankfurter Synode v. 794 kennzeichnen die gegen F. gerichteten ausführl. Schreiben →Alkuins, →Paulinus' v. Aquileia und →Leos III. (auf der röm. Synode von 798) dessen theol. Bedeutung und Gefahr für die frk. Lehrmeinung. Auf einer von Karl d. Gr. um 800 in Aachen veranstalteten Disputation widerrief F. erneut seine Lehre und verzichtete auf sein Bm. Aber noch in seinen letzten Jahren unter der Aufsicht →Leidrads v. Lyon, der im Bm. Urgel gegen die Häresie zu predigen hatte, scheint F. seine frühere Lehre verteidigt zu haben, da →Agobard v. Lyon ausführlich zu ihr Stellung nahm. Demgegenüber liegen ausführl. Äußerungen von seiten F.' nicht vor. Die Zuschreibung des »Liber de variis quaestionibus adversus Judaeos ac caeteros infideles seu quoslibet haereticos« (ed. A. C. VEGA–A. E. ANSPACH, 1940) an F. (vgl. J. MADOZ, Estudios eclesiásticos 23, 1949, 147–168) ist umstritten (vgl. A. C. VEGA, La Ciudad de Dios 161, 1949, 217–268; dazu: J. N. HILLGARTH, Isidoriana, 1961, 30ff.).   O. Engels

Q.: MGH Conc. II, passim – MPL 99, 343–368 [Paulinus]; 101, 82–230 [Alkuin]; 104, 29–70 [Agobard] – *Lit.*: DHEE II, 912f. [M. DÍAZ Y DÍAZ] – DHGE XV, 209–214 [J. F. RIVERA RECIO]; XVI 915f. – LThK² IV, 71 [L. UEDING] – R. D'ABADAL I DE VINYALS, La batalla del Adopcionismo en la desintegración de la Iglesia visigoda, 1949 – M. RIU RIU, Revisión del problema adopcionista en la diocesis de Urgel, AEM I, 1964, 77–96 – K. SCHÄFERDIEK, Der adoptian. Streit im Rahmen der span. Kirchengesch., ZKG 80, 1969, 291–311; 81, 1970, 1–16 – O. ENGELS, Die Anfänge des span. Jakobusgrabes in kirchenpolit. Sicht, RQ 75, 1980, 146–170.

9. F., Märtyrer in →Gerona zur Zeit Diokletians. Er soll laut Passio und Hymnus zusammen mit dem Märtyrer →Cucufas aus Caesarea in Mauretanien an die Ostküste Spaniens gekommen sein und nach wechselvollen Martern einen gewaltsamen Tod gefunden haben. Seine Verehrung (Fest 1. Aug.) ist schon durch →Prudentius bezeugt, →Rusticus v. Narbonne weihte ihm 455 eine Basilika.   O. Engels

Lit.: DHEE II, 911 [J. VIVES] – AASS Aug. I, 24–29 – MPL 86, 1171–1175 – F. Dorca, Colección de notícias para la Hist. de los santos mártires de Gerona, 1691, 103–179 – M. J. PLÁ CARGOL, Santos mártires de Gerona, 1955.

10. F. v. Nola, hl. (Fest: 14. Jan.), stammte aus →Nola (Kampanien) und war Sohn eines reichen Zuwanderers aus Syrien. Als Kleriker (Lektor, dann Priester) verfiel er bei einer Christenverfolgung als Bekenner der Einkerkerung und Folter (3. oder Anfang 4. Jh.?). Seinen heidn. Verfolgern auf wunderbare Weise entkommen, wurde er schließlich Bf. v. Nola; nach seinem Tod entwickelte sich um sein dortiges Grab ein Kult. Diese summar. biograph. Angaben finden sich in bereits ausgeschmückter Weise im Carmen 15 des →Paulinus v. Nola, der dem Hl.en von 395–407 jährlich ein Gedicht (carmen natalicium) widmete; die 13 carmina umfassen insges. 5000 Hexameter. Zeitl. Ferne, der Einfluß mündl. Tradition sowie die lit. Gestaltung lassen die hist. Persönlichkeit des Hl.en nicht deutlich werden. Während das Heiligenlob bei Paulinus eher konventionell ausfällt, gilt sein Hauptinteresse der wunderbaren Errettung des hl. F. und insbes. der am Grab des Hl.en erfolgten Wunder (Heilungen, Wiederfindung verlorengegangener Tiere und sonstige 'Gesta Felicis').

Durch Errichtung von Sakralbauten im Umkreis der Heiligentumba trug Paulinus stark zur Kultausbreitung bei, v. a. aber durch die jährl. Rezitationen seiner Carmina, deren lang anhaltender Erfolg durch die hs. Überlieferung deutlich wird. Die Verehrung verbreitete sich zuerst in Afrika und Rom, wo der Kult des F. v. N. sich in »unentwirrbarer Weise« (H. DELEHAYE) mit demjenigen seiner Namensvettern vermischte. Bei →Augustinus (De cura 16; ep. 78,3) noch als 'confessor' bezeichnet, rühmte →Gregor v. Tours (In gloria martyrum 103) den Hl.en bereits als 'martyr insignis'. – Beda verfaßte im Anschluß an Paulinus' Carmina eine Prosavita. Eine solche schrieb im 9. Jh. ebenfalls ein sonst unbekannter Presbyter Marcellus, während ein Anonymus die Persönlichkeit des Hl.en verdoppelte. Auf letzterer Schrift sowie auf dem Werk Gregors v. Tours basiert der dem hl. F. gewidmete Eintrag im Martyrologium des →Ado v. Vienne. Der Felix-Kult in Nola lebte – nach einer Unterbrechung während des 5.–8. Jh. – im 9.–14. Jh. wieder auf, wie die Grabungen von Cimitile (bei Nola) belegen.   J. Fontaine

Q.: BHL 2870–2876 – *Lit.:* Bibl. SS 5, 549–555 – DHGE 16, 906–910 – H. DELEHAYE, Les origines du culte des martyrs, 1933² – J. FONTAINE, Naissance de la poésie dans l'Occident chrétien, 1981, 161–176 – YVETTE DUVAL, Loca sanctorum Africae 2, 1982, 652–654.

11. F. Hemmerli(n) →Hemmerli(n), Felix

Fellin (estn. Viljandi), Stadt und Burg in →Livland, 65 km westl. Dorpat. Estn. Hauptburg der Landschaft Sackala, 1211 von Deutschen bezwungen. 1217 wurden die →Esten mit dän. Hilfe (Danebrog-Legende) erneut besiegt, endgültig 1223. 1224 erbaute Volkwin, Ordensmeister der →Schwertbrüder, mit Beteiligung →Bernhards (II.) zur Lippe (20. B.), Bf. v. Selonien, eine steinerne Burg mit 3 Vorburgen und gründete die auf dem Schilde anschließende Stadt. Die Burg war Sitz eines Vogtes, unter dem →Dt. Orden eines →Komturs, dem Landschaft und

Stadt unterstellt waren. Auf dem Schloß befanden sich eine Kapelle und St. Marienkirche, in der Stadt eine St. Johannis-Pfarrkirche, ein Franziskaner-Männerkloster mit St. Katharinenkirche, in der Vorstadt ein Spital. 1285 erteilte der Ordensmeister der Stadt »libertates«. Später galten Gildenverfassung mit Ratsherren und Bürgermeistern und rigisches Stadtrecht (→Riga) mit Autonomie in Ämterbesetzung und Justiz. Im Handel auf dem Wasserweg (Embeke) zw. Pernau und Peipussee wurde F. von →Dorpat bevormundet, war aber Mitglied der →Hanse und an livländ. Städtetagen beteiligt. 1481 wurde F. von Russen zerstört. Trotz Erneuerung der Privilegien durch den Ordensmeister blieb die Wirtschaft ruiniert. 1560 wurde F. nach Verrat der Söldner von Russen niedergebrannt.   H. von zur Mühlen

Lit.: C. HOLST, Die Entwicklung der Stadt F. und ihre Verfassung, 1864 – F. AMELUNG, Gesch. der Stadt und Landschaft F. von 1210 bis 1625, 1898 – K. v. LÖWIS OF MENAR, Burgenlex. für Alt-Livland, 1922 – P. JOHANSEN, Ein Verz. der Ordensbeamten und Diener im Gebiete F. vom J. 1554 (SB der Altertumsforschenden Ges. zu Pernau 9, 1926–29, 1930), 121–132 – DERS., Lippstadt, Freckenhorst und F. in Livland (Westfalen, Hanse, Ostseeraum), 1955).

Felonie, mlat. fel(l)onia, afrz. *félonie*, abgeleitet von lat. fello ('Bösewicht', 'Verräter'), ist seit dem 11. Jh. zunächst ganz allgemein als Inbegriff für treulos-rechtswidrige Verhaltensweisen bezeugt. Im engeren Sinne handelt es sich um einen zentralen Begriff des abendländ. Lehnrechts (→Lehen, Lehnswesen), der in allen Lehnrechtsordnungen von England (vgl. auch →*Felony*) bis zu den Kreuzfahrerstaaten verbreitet war und der in einer Art Sammeltatbestand alle möglichen Formen lehnrechtl. Treupflichtverletzungen in sich vereinigte. In →Rechtsbüchern, Rechtstraktaten und anderen normativen Quellen wurde immer wieder versucht, durch eine detaillierte positive Aufzählung der einzelnen in Frage kommenden Pflichtverletzungen zu einer inhaltl. Klärung und Abgrenzung des Begriffs zu gelangen. Die auf diese Weise entstandene Kasuistik umfaßte gleichermaßen Pflichtverletzungen gegenüber der Person des Lehnsherrn und seiner Angehörigen (tätlicher Angriff, Beleidigung, Verweigerung der Lehnsdienste) wie auch Pflichtwidrigkeiten bei der Nutzung des Lehens (Lehnsverschweigung, Verletzung der Mutungspflicht, Veräußerung und Eingriffe in die Substanz ohne lehnsherrl. Zustimmung). In schweren Fällen war der Lehnsherr dazu berechtigt, das Lehnsverhältnis aufzukündigen und das Lehen einzuziehen, was allerdings regelmäßig ein lehngerichtl. Verfahren vor den Standesgenossen des beschuldigten Vasallen (pares curiae) voraussetzte.

Während in England und Frankreich die F. neben dem Lehnsverlust auch strafrechtl. Konsequenzen (→Todesstrafe, →Kerkerhaft) nach sich zog, haftete nach dt. Reichslehnrecht für die F. des Vasallen allein das Lehnsobjekt; der Versuch Ks. →Ludwigs d. Bayern, durch Reichsgesetz (Koblenz 1338) die gegen Kg. und Reich verübte F. zum Staatsverbrechen zu erklären und mit Todesstrafe und Gütereinzug zu bedrohen, blieb in der Praxis ohne Wirkung. Der Eigenart des Vasallitätsverhältnisses als einem Gefüge wechselseitiger Rechte und Pflichten entsprach es, daß auch der Lehnsherr seine Treupflicht gegenüber dem Vasallen verletzen konnte. In diesem Falle der sog. 'Herrenfelonie' konnte der Vasall dem Herrn →Fehde ansagen oder ihn vor dem Vasallengericht des Herrn bzw. des Oberlehnsherrn verklagen; der treubrüchige Herr lief dabei nach der Lehre der Rechtsbücher Gefahr, seine lehnsherrl. Rechte zu verwirken, indem das Lehngut entweder an den Oberherrn fiel (→Sachsenspiegel, →Schwabenspiegel) oder Eigengut des Vasallen (→Libri Feudorum) wurde.   K.-F. Krieger

Lit.: HRG I, 1098f. [G. Theuerkauf] – H. Mitteis, Lehnrecht und Staatsgewalt, 1933, 542ff., 679ff. – J. G. Bellamy, The Law of Treason in England in the Later MA, 1970 – F. L. Ganshof, Was ist das Lehnswesen? 1977⁵, 104ff. – K.-F. Krieger, Die Lehnshoheit der dt. Kg.e im SpätMA (ca. 1200 bis 1437), 1979, 400ff., 465ff. [Lit.].

Felony (lat. felonia), engl. (anglonorm.) Rechtswort, das die Kapitalverbrechen wie →Mord, →Vergewaltigung, Einbruch und →Diebstahl kennzeichnet; diese wurden – durch ihre Klassifizierung als f. – von den weniger schweren Straftaten, den sog. *misdemeanours*, unterschieden. F.-Verbrechen wurden mit der Todesstrafe oder Verstümmelung und – bis 1870 – mit der Konfiskation des Vermögens des überführten *felon* geahndet. Anhand der Bestimmung des Vermögenseinzugs ergibt sich, daß die Rechtsvorstellung der f., die von Frankreich her nach England eindrang und erstmals in den »Leges Henrici Primi« von ca. 1118 erscheint (cc. 43,7; 46,3; 53,4; 88,14), zunächst die schwere Untreue des Lehnsmannes gegenüber dem Herrn bezeichnete, die den Einzug des verwirkten Lehens nach sich zog (→Felonie, →Lehen, Lehnswesen). Die Bedeutung von horror ('Empörung'), nach der ein Verrat am Herrn als bes. schwerer Frevel gegen die Rechtsordnung betrachtet wurde, übertrug sich rasch auf andere Verbrechen, die bereits in ags. Zeit als nicht kompensationsfähig (»bußlos«) gegolten hatten.

Ein Mann, der vor den kgl. Richtern *(king's justices)* einen anderen eines schweren Verbrechens beschuldigte, wurde aufgefordert, feierlich die »words of felony« zu sprechen und den gerichtl. →Zweikampf mit dem Angeklagten auf sich zu nehmen. Nach →Henricus de Bracton enthielt das Blut des überführten oder geächteten felon tatsächlich Gift; dies diente fortan als Begründung für den Heimfall der Familiengüter eines felon an den Herren; jedoch wurden diese Güter zuvor über →Jahr und Tag von der Krone – ausgiebig – genutzt. Der geächtete felon durfte ohne weiteres getötet werden. Das Institut der f. trug stark zur Definition von Kapitalverbrechen bei, denn ein Richter verhängte die schweren Strafen üblicherweise nicht bei als f. ausgegebenen Bagatelldelikten; Bracton (101f., 130) nennt als Fallbeispiel für ein solches angebl. f.-Verbrechen die Klage eines Mannes, daß ein anderer ihm »heimtückisch und voll Felonie« den Staub vom Hut geschlagen habe. Kläger und Rügegerichte *(indicting juries)* betonten den heimtück. Vorsatz *(malice aforethought)*, der einen Totschlag erst zum Mord machte; ebenso wurde der Schrecken, in den ein Eindringling die Bewohner eines Hauses versetzte, bei der Bewertung einer Straftat als Einbruch und damit als f. angesehen.
                                                    A. Harding

Q. und Lit.: F. Pollock–F. W. Maitland, Hist. of English Law I, 1898, 303–305; 447; II, 1898, 464–470 – T. F. T. Plucknett, Comm. on the indictments in Proceedings before the Justices of the Peace, ed. B. H. Putnam, 1938 – Bracton on the Laws and Customs of England, übers. S. E. Thorne, II, 1968 – Leges Henrici Primi, ed. L. J. Downer, 1972.

Feltre, oberit. Stadt zw. Brenta- und Piavetal (Prov. Belluno, Venetien). Nach Plinius (Nat. hist. III, 19, 130) ist F. rät. Ursprungs; der Name ist vermutl. aus dem Etrusk. abgeleitet (Stadt des Fel). Als röm. Municipium der Regio X gehörte Feltria(ae) zur Tribus Menenia; 409 von den Westgoten, 452 von den Hunnen und 463 von den Alanen geplündert, wurde die Stadt 475 von Odovakar eingenommen. Erstes Zeugnis des Christentums ist ein vor dem Dom freigelegtes Baptisterium aus dem 5. Jh. (Einfluß von S. Ambrogio in Cromazio/Aquileia). Der erste bekannte Bf., Fonteius, nahm an der Synode v. Marano (591) teil. Zeugnisse der Herrschaft der Ostgoten sowie der Langobarden (568) sind u. a. Kg. Theoderichs Brief an die feltrinischen »possessores«, der Kelch des Diakons Ursus aus justinian. Zeit, Fragmente eines Greifen sowie Ortsnamen (Farra, Sala). In frk. Zeit entstand aus F. und Territorium die Gft. F. Unter Otto I. begann die weltl. Herrschaft des Bf.s von F., der den Grafentitel erhielt und mit der Stadt und ihrem Umland belehnt wurde. Infolge ksl. Bestätigungen und Schenkungen erhielt das Feudum die Ausmaße des heut. Territoriums von F. und umfaßte auch das Primieratal und das Suganatal. Die wachsende Bedeutung der Stadt – nicht zuletzt infolge ihrer Lage an der Paßstraße durch die Brentatäler und das Pustertal nach Deutschland – zeigte sich im Kirchenbau: Im 10. und 11. Jh. entstanden der Campanile von Ognissanti, die Krypta des Doms und die Aula von SS. Vittore e Corona sowie im Umland die Dreiapsidenkirche von Arsié. Die Macht des bfl. Stadtherrn wurde durch die Bildung der Kommune gebrochen (eine Initiative der Adligen, die nie von einem Comune del popolo abgelöst wurde). Im 13. und 14. Jh. wechselten die Herrschaften ab: →Da Camino, →Della Scala, Johann v. Luxemburg-Böhmen (Verci, XI, 89, doc. 138) und sein Sohn Karl (IV.), Ludwig d. Bayer (1341–46), Karl IV., die →Carrara und die →Visconti (1389). Im Zuge der Ausdehnungspolitik, die →Venedig in der Terraferma betrieb, um die Handelswege nach Deutschland über die Alpenpässe zu kontrollieren, fiel F. 1404 an die Seerepublik.

F. war Umschlagplatz für Gold und Silber »de Alemania« und Eisen und Holz aus dem Agordino und Cadore sowie für bearbeitete Metalle, Öl, Wein, Leinwand und Glas aus dem Süden. In F. selbst wurde Tuch erzeugt. Die Stadt hatte um 1400 etwa 4000 Einw. bei einer Fläche von ca. 115 ha innerhalb des Berings.   P. Rugo

Lit.: A. Pellin, Storia di F., 1944 – C. G. Mor, L'età feudale, 1952 – L. Ferrerio Alpago Novello, Longobardi e Bizantini nella Val Belluna, Arch. Storico di Belluno, F. e Cadore, 1975, n° 211–212, 11 – Cambruzzi-Vecellio, Storia di F., 1978 [Nachdr.], Bd. I–II, passim – P. Rugo, Iscrizioni medioevali nel feltrino, Dolomiti, Belluno, 1978, n° 1; cit. 1979, n° 3, 5 – E. Migliorini, Le città della Val Belluna: F. e Belluno, Scritti geografici, 1982, 695–712 passim – G. Rösch, Venezia e l'Impero, 1985, 170 – E. Widder, Itinerar und Politik: Die Italienzüge Karls IV. [Diss. masch. Münster 1986], 66ff., 114–137, 171–176.

Feme

I. Entstehung – II. Verfassung und Wirksamkeit.

I. ENTSTEHUNG: Die westfäl. F. ist entstanden aus den Freigrafschaften jener Landschaft (→Westfalen), in denen unter →Königsbann die alte gfl. →Gerichtsbarkeit geübt wurde (→Graf, Grafschaft). Die Wirksamkeit dieser Gerichte beschränkte sich im hohen MA immer mehr auf die schrumpfende Zahl der freien Leute (→Freie), aus deren Reihen die →Schöffen (Freischöffen) genommen wurden; da ihr Freigut nur in einem Freistuhl seinen Gerichtsstand hatte, wurden sie, die Stuhlfreien, bisweilen geradezu als Zubehör des Freistuhls angesehen. Den Vorsitz im Freigericht führte allerdings schon seit dem 12. Jh. nicht mehr der Inhaber der gfl. Gerichtsrechte (Gf. oder Edelvogt) selbst; er übertrug als Stuhlherr vielmehr den Vorsitz an einen (meist ministerial.) Beamten, den Dinggrafen oder Freigrafen. Obwohl es schon 1177 von einem Freigrafen heißt, er sei »eodem tempore apud eundem locum super liberos et liberorum agros« gesetzt, ist es doch keine Sondergerichtsbarkeit über Freigüter und Stuhlfreie, die er übt, sondern eine Spätform des Grafengerichts.

Seit dem frühen 13. Jh. erscheint bei diesen westfäl.

Freistühlen die Terminologie der Feme. Zwar begegnet das Wort F. allein erst 1252, aber schon 1227 ist die Rede von den »scabini qui vulgo dicuntur *vimenoten*« (Femgenossen), 1306 heißen sie »prescriptores dicti vulgariter *vemenoten*«, und 1311 bezeichnet man sie als »scabini imperiales sive vemenoten«. Hier erscheinen nacheinander die wichtigsten Elemente des Femewesens: eine Vereinigung (dies ist heute zumeist angenommene Deutung des Wortes F.), deren Glieder die Femgenossen sind, die von ihnen verhängte →Acht, und ihr Anspruch, im Namen des Kg.s oder Ks.s zu richten. Die beiden letztgenannten Faktoren weisen auf die kgl. Landfriedensgesetzgebung hin; in der Tat scheint das Wort F., wo es außerhalb Westfalens vorkam (von den welf. Landen bis nach Pommern und Schlesien), den →Landfrieden bedeutet zu haben. Versteht man den Landfrieden als beschworene →Einung, so mag hier die gemeinsame Grundbedeutung liegen. Die westfäl. F. wäre dann eine eidliche Verbindung freier Leute, v. a. der Freischöffen, zur Wahrung des Landfriedens.

Über die Entstehung der F. sind gleichwohl nur Vermutungen möglich. Die auf die Landfrieden gegründete Blutgerichtsbarkeit wurde in Westfalen v. a. von den Gogerichten (→Go) wahrgenommen, die seit der Mitte des 12. Jh. belegt sind und in denen Unfreie wie Freie dingpflichtig waren. Womöglich muß man die F. als eine Gegenwehr der westfäl. Freien gegen die nivellierende Gogerichtsbarkeit ansehen; die durch Jahrhunderte miteinander konkurrierende Zuständigkeit von Goding und Freiding in peinlichen Sachen würde darin ihre Erklärung finden.

II. VERFASSUNG UND WIRKSAMKEIT: Jeder Freistuhl, ursprgl. nur eine der Gerichtsstätten eines größeren Grafschafts- oder Vogteibezirks, wurde vom Stuhlherrn je einem Freigrafen übertragen. Dadurch wurden die Freistühle zu selbständigen Gerichten mit verhältnismäßig kleinem Sprengel; bisweilen gab es in einem Freigericht nicht einmal genug Freie, um die Schöffenbank besetzen zu können. Städtisches Bürgertum und →Ministerialität halfen später diese Lücke zu schließen. Beim echten →Ding, dem »offenen« Ding, in dem die Angelegenheiten der Freigrafschaft selbst verhandelt wurden, mußten sieben Freischöffen mitwirken. Gleiches galt für das gebotene, »heimliche« oder »stille« Ding, das über die auswärtigen Sachen verhandelte; doch waren hier bei einflußreichen Freistühlen bisweilen hunderte von Freischöffen anwesend, und auch die Anwesenheit benachbarter Freigrafen war nicht selten. Beim Notgericht schließlich, das am Ort der Tat stattfand, genügten drei Freischöffen, die ein Todesurteil dann sogleich zu vollstrecken hatten; eines Freigrafen bedurfte es nicht.

Über die Zuständigkeiten der Femgerichte fehlt es im 13. Jh. fast ganz an Nachrichten; nur die Kompetenzen des alten Grafengerichts lassen sich bei ihnen in Umrissen ausmachen. Auf Blutgerichtsbarkeit und Acht deuten nur die Bezeichnungen der »vemenoten« als »proscriptores« und »salizatores«, letzteres wohl nach dem Weidenstrang, mit dem die Freischöffen ihre Todesurteile vollstreckten; beide Ausdrücke erscheinen um die Wende zum 14. Jh. im westl. →Münsterland, das damals ein Zentrum der F. gewesen zu sein scheint. Im 14. Jh. ist wenigstens an einzelnen Prozessen abzulesen, daß die F. gegen todeswürdige Verbrechen, v. a. gegen Gewaltverbrechen und Bruch des beschworenen Landfriedens, vorging. Erst zu Anfang des 15. Jh. wurde die strenge Geheimhaltung soweit gelüftet, daß es zur Aufzeichnung von Katalogen der Femsachen kam. Ihr Umfang schwankt zw. fünf und

zwölf Punkten; im Mittelpunkt stehen →Diebstahl, →Raub und Gewalttat gegen Kirchen, Straßenraub, →Mord, →Meineid und Rechtsverweigerung. Die Herkunft einzelner dieser Punkte aus der »Treuga Heinrici« von 1224 und dem →Mainzer Reichslandfrieden von 1235 ist deutlich und läßt sich sogar an einzelnen Formulierungen ablesen. Das Bewußtsein hiervon mag auch zu der (1350 zuerst bezeugten) Herleitung der F. von →Karl d. Gr. geführt haben, sofern darin nicht (wie im →Sachsenspiegel) ein Element des sächs. Rechtstraditionalismus zu sehen ist.

Andererseits ist auch der Einfluß kirchl. Sendgerichtsbarkeit (→Sendgericht) nicht zu verkennen. Er tritt v. a. in dem Rügeverfahren (→Rüge) zutage, das zu dem der Gogerichte in Konkurrenz stand. Erst nach Erschöpfung des Rechtsweges und nur auf Klage wurden die Femgerichte tätig. Insbes. aber war es die Rüge *(Femwroge)*, zu der die Freischöffen verpflichtet waren, die das Verfahren in Gang brachte. Das Urteil lautete auf Freispruch oder Tod durch den Strang. Leistete ein Angeklagter der Ladung nicht Folge, so wurde er geächtet (verfemt). Einen Rechtszug gab es zunächst nur an den Kg.; doch entwickelten sich aus der Teilnahme fremder Freigrafen und Freischöffen an den Sitzungen, die zuerst Ende des 13. Jh. im Westmünsterland begegnen, schließlich große Freigrafenkapitel, die im 15. Jh. meist in Arnsberg a. d. Ruhr stattfanden und als Berufungsgericht fungierten.

An der Entstehung von Femrechtsbüchern haben diese Kapitel wesentl. Anteil gehabt. Erste Grundlage solcher Aufzeichnungen waren freilich die Ruprechtschen Fragen von 1408, ein Protokoll über die Beantwortung kgl. Fragen über Verfassung und Tätigkeit der Feme. Auf zwei vom Ebf. v. Köln abgehaltenen Kapiteln in Soest und Dortmund wurden 1430 erste umfangreiche →Weistümer über das Femrecht gefunden. Ein Kapitel in Arnsberg 1437 beschloß dann eine Reformation des Femrechts, deren Text Ausgangspunkt einer Reihe von →Rechtsbüchern wurde, von denen verhältnismäßig viele in West- und Süddeutschland entstanden.

Die oft geschilderte Geschichte von Ausbreitung und Verfall der F. braucht hier nicht ausführlich wiederholt zu werden. Es waren nicht die alten münsterländ. Femgerichte, sondern die der Gft. Mark und Waldecks, die mit Prozessen im ganzen Reich von sich reden machten, aber auch einen gewissen Ersatz für die unwirksame Reichsgerichtsbarkeit boten. Die im 14. Jh. den Westfalen benachbarten Territorien erteilten Privilegien zur Errichtung von Freistühlen blieben zumeist ohne rechte Wirkung. Wohl aber drängten sich Bürger, Adlige und Fs.en überall im Reich zur Aufnahme in den Kreis der »Wissenden«, der Freischöffen, um zumindest für ihre Person in den Genuß gewisser prozessualer Vorrechte zu kommen. Die Kg.e förderten die F. im Interesse des Reiches, v. a. Karl IV., der die Femgerichte 1371 zu Landfriedensgerichten erklärte, und Siegmund, der 1422 den Ebf. von Köln zum kgl. »Statthalter der heimlichen Gerichte« machte. Als Hzg.e in Westfalen trugen die Ebf. v. Köln und der Bf. v. Münster die Femgerichte vom Reich zu Lehen. Seit der Mitte des 15. Jh. setzte dann ein rascher Abstieg ein, der mit dem Ewigen →Reichslandfrieden und der Einsetzung des →Reichskammergerichts 1495 im wesentl. seinen Abschluß fand. Nur die Freigrafen von Bergisch-Neustadt, Medebach und der waldeck. Stühle setzten ihre Tätigkeit bis Mitte des 16. Jh. fort.   K. Kroeschell

Lit.: DtRechtswb III, 493ff. [dort die im Text zitierten Beispiele] – HRG I, 1100ff. [R. GIMBEL] – SCHILLER-LÜBBEN, Mnd. Wb. V, 1931, 232ff. [Neudr.] – SCHRÖDER-KÜNSSBERG, 625ff. – C. G. HALTAUS,

Gloss. germ. medii aevi, Göttingen 1758, 425ff. – C. PH. KOPP, Über die Verfassung der heiml. Gerichte in Westfalen, Göttingen 1794 – P. WIGAND, Das Femgericht Westfalens, Hamm 1825 [erste rechtshist. Unters.] – E. TH. GAUPP, Von Fehmgerichten mit bes. Rücksicht auf Schlesien, 1857 – TH. LINDNER, Die Veme, 1896² [bis heute grundlegend] – G. FRANKE, Das Oberlausitzer Femgericht, 1937 – C. W. SCHERER, Die westfäl. Femgerichte und die Eidgenossenschaft, 1941 – A. K. HÖMBERG, Die Veme in ihrer zeitl. und räuml. Entwicklung (mit Verbreitungskarte), Der Raum Westfalen II, 1955, 139ff. – L. VEIT, Nürnberg und die F., 1955 – Karte »Die westfäl. Freigerichte und die Femeprozesse des 15. Jh.« (Großer hist. Weltatlas, Bayr. Schulbuchverlag, II, 1970), 113 – J. NAENDRUP, Karl IV. und die westfäl. Femgerichte (Ks. Karl IV., hg. H. PATZE, 1978), 289–306 – W. HANISCH, Anm. zu neueren Ansichten über die F., ZRGGermAbt 102, 1985, 247–268 – *zu den Femrechtsbüchern:* LINDNER, s. o., 199–303 – H. DUNCKER, Krit. Besprechung der wichtigsten Q. zur Gesch. der sächs. Femgerichte, ZRG 5, 1884, 116–197 – K. v. AMIRA, Das Femgerichtsbild des Soester Stadtarchivs, 1927 – G. HOMEYER–J. v. GIERKE, Die dt. Rechtsbücher des MA und ihre Hss., 1931/1934³, * 47 und Hs.-Verz.

Fenage → Terragium

Fenagh (Fidnachna, auch: Dún Baile, Berán in Brait, Cnoc na Ríg), ehem. Kl. in Irland (Gft. Leitrim). Der Gründer des Kl., der hl. Caillín mac Niatach, soll Schüler des hl. Benignus, eines Begleiters des hl. →Patricius (Patrick), gewesen sein; andere Quellen machen ihn zu einem Zeitgenossen des hl. →Columba (Colum Cille). Das Kl. ist v. a. bekannt als Herkunftsort des »Book of F. (Lebar Fidnacha)«, einer im 16. Jh. angefertigten Kopie eines älteren Urbars *(lebar sochair),* das Zinsen, Abgaben, Privilegien und Immunitäten des Kl. des hl. Caillín verzeichnet. Es wurde von Muirghes Ó Máilchonaire, Mitglied einer bekannten Gelehrtenfamilie, für Tadhg Ó Rodaighe, dem erbl. *coarb* (Verwalter) des Kl. F., abgeschrieben. Eine wertvolle Quelle für die ir. Ortsnamen, ist der Codex hinsichtlich seiner hist. Nachrichten unzuverlässig.

D. Ó CRÓINÍN

Q. und Lit.: J. F. KENNEY, Sources for the Early Hist. of Ireland, 1929, 400f. – W. M. HENNESSY–D. H. KELLY, The Book of F., 1939.

Fenchel (Foeniculum vulgare Mill./Umbelliferae). Die im Mittelmeergebiet heim. Pflanze, deren ahd. Namen *fenech(el), fenich(il), fenucal* u. ä. (STEINMEYER-SIEVERS III, 110, 237, 488, 579, 589; V, 43) auf lat. *feniculum* (von fenum 'Heu') zurückgehen, war als Heilkraut bereits in der Antike sehr geschätzt. Seit dem frühen MA angebaut (Cap. de villis, 70) und bes. über die Klostergärten verbreitet (Walahfrid Strabo, Hortulus, ed. STOFFLER, 208–216), fand der F. vielfältige med. Anwendung: So diente er v. a. zur Schärfung der Sehkraft und bei Verdauungsstörungen als blähungstreibendes Mittel, wurde aber auch zur Förderung der Harnausscheidung und der Milchsekretion, bei Milz- und Leberleiden, Blasenstein, Husten u. a. m. eingesetzt (Circa instans, ed. WÖLFEL, 55; Hildegard v. Bingen, Phys. I, 66; Albertus Magnus, De veget. 6, 346; Konrad v. Megenberg V, 37; Gart, Kap. 175). Wie anderen aromat. riechenden Doldenblütlern schrieb man dem F. außerdem zauberwidrige Kräfte zu.   P. DILG

Lit.: MARZELL II, 453–456 – DERS., Heilpflanzen, 158f. – HWDA II, 1327f.

Féni. [1] *Volksbegriff:* F., traditionelle ir. Bezeichnung für die Iren (→Irland, Iren). Ursprünglich waren die F. jedoch nur eines der kelt. Völker in Irland, erst seit spätestens 700 kam der Name als Gesamtbezeichnung in Gebrauch. Im 7. Jh. wurde demgegenüber häufig noch zw. den F., den →Ulaid ('Leuten aus Ulster') und den Gailni (Gailéoin oder →Laigin 'Leute aus Leinster') unterschieden; ein Text, wohl aus dem frühen 8. Jh., nennt diese Volksgruppen die »drei freien Völer Irlands«, dies auch zur Abgrenzung gegenüber den Stammesverbänden, denen der betreffen-

de Autor einen niedrigen polit. Status zuschreibt (z. B. den Érainn, unter ihnen die →Corco Loígde). Ein beträchtl. Teil der frühesten erzählenden Prosa, z. B. das Epos →»Táin Bó Cúailonge« ('Rinderraub'), behandelt – aus jeweils unterschiedl. ethn. Perspektive – die Beziehungen und Kämpfe zw. den genannten drei Völkern. – Zwei Hauptgruppen der F. zeichnen sich ab: zum einen die Gruppen v. →Munster mit der führenden Dynastie der →Eóganachta, zum anderen, die nördl. Gruppen mit den Connachta (→Connacht), später den →Uí Néill als herrschender Dynastie. Durch genealog. Fiktion wurden auch die →Airgialla als »Vasallenvolk« mit den nördl. F. in Verbindung gebracht.

[2] *Recht:* Das traditionelle Recht der F., genannt *Fénechas,* wurde ebenso wie die Volksbezeichnung 'F.' auf ganz Irland ausgedehnt, so daß Fénechas nicht mehr das Recht einer einzelnen Volksgruppe, sondern das Recht des gesamten Irland bezeichnen konnte; dabei finden sich jedoch insbes. in Rechtstexten des 7. Jh. klare Hinweise für eigene Rechtstraditionen der →Ulaid gegenüber denen der F. Überlieferte Texte, die aus dem Bereich der F. stammen, zeigen ein deutl. Bestreben, dem Leser zu suggerieren, daß das Recht der F. auch bei den Ulaid Geltung habe. Die Teilung der F. in nördl. und südl. Stammesverbände setzt sich auch auf rechtl. Gebiet fort: im N findet sich der Rechtstraktat →»Senchas Már« aus dem frühen 8. Jh., im S der aus der gleichen Periode stammende Traktat →»Bretha Nemed«.   T. M. Charles-Edwards

Lit.: F. J. BYRNE, Irish Kings and High-Kings, 1973 – Bechbretha, ed. T. CHARLES-EDWARDS–F. KELLY, 1983, 133f.

Fenian Cycle → Irische Literatur, →Fianna

Fenin, Pierre de → Févin, Pierre de

Fenster

I. Allgemein – II. Westen – III. Frühchristentum; Byzanz.

I. ALLGEMEIN: F. (lat. fenestra), Maueröffnung zur Belichtung und Belüftung von Innenräumen. Es wird oben begrenzt durch den geraden Sturz oder durch einen Bogen, unten durch die waagrechte, nach außen für die Regenwasserableitung zumeist abgeschrägte Sohlbank und seitlich durch das senkrecht oder schräg eingeschnittene Gewände (Laibung). Unter dem F. liegt die Brüstung, die dann eine Fensternische bildet, wenn sie schwächer dimensioniert ist als die Mauer. Die Fensteröffnung (auch Fensterfläche genannt) kann unterteilt sein: durch einen hölzernen oder steinernen, waagrechten Stock (Kämpfer), durch einen senkrechten Stock (Pfosten) oder durch einen Kreuzstock (Fensterkreuz), an den die hölzernen Fensterflügel oder die feste Verglasung anschlagen bzw. in einen Falz einschlagen, auch durch eine (gekuppeltes F., Zwillingsfenster) oder mehrere eingestellte Säulen (Drillingsfenster, Fensterband, Fensterarkaden), oder sie kann durch Stäbe und Maßwerk gegliedert werden. Die Öffnungen wurden anfangs durch Tücher/Teppiche, geölte Leinwand, gegerbte Häute, Horn, Tierblasen, durchbrochene oder dünngeschliffene Marmorplatten und durch Glas und Holzläden geschlossen. Die beweg. Fensterflügel sind als Drehflügel (senkrechte Drehachse an der Seite des Fensterrahmens), Schwingflügel (waagrechte Drehachse in der Mitte des Fensterflügels), Kippflügel (waagrechte Drehachse am unteren Fensterrahmen), Klappflügel (waagrechte Drehachse am oberen Fensterrahmen) oder als Schiebefenster ausgebildet. Die Fensterflügel werden durch die inneren Holzleisten (Sprossen) unterteilt, um die in ihrer Größe nur begrenzt herstellbaren Glasscheiben aufzunehmen bzw. die Bespannungen gegen den Winddruck abzustützen. Während die F. in der antiken Baukunst verhältnismäßig groß waren, sind sie im FrühMA klein, nehmen aber seit dem 12. Jh. bis hin zum 16. Jh. an Größe fortschreitend zu; im 16. Jh. werden sie wieder kleiner. Besonders in got. Zeit wird der obere Teil des Bauwerks weitestgehend in F. aufgelöst. Bei den Kirchenfenstern in Deutschland, Oberitalien und Burgund fällt die Sohlbank allgemein nach innen wie außen schräg ab, um einerseits den Lichteinfall zu vergrößern und andererseits Regen leichter abfließen zu lassen; in Spanien, Frankreich und England ist die Sohlbank meist nur nach innen abgeschrägt. G. Binding

II. WESTEN: Die Fensterformen des MA sind von großer Variationsbreite. Üblich ist in der roman. Baukunst das einfache, hochrechteckige, rundbogig abgeschlossene F., das auch gekuppelt oder mit ein, zwei, drei oder mehr Zwischensäulchen vorkommt (Fensterarkaden, bes. im städt. Profanbau und am Palas von Pfalzen und Burgen). In Frankreich und von dort beeinflußt an der Mosel und am Oberrhein tritt auch das gekuppelte hochrechteckige F. mit horizontalem Sturz auf. Die gewölbte Basilika mit dem gebundenen System macht ein Zusammenrücken der F. zu Gruppen notwendig, damit diese nicht von den Schildbögen überschnitten werden. Die Zweiergruppen können in der Spätromanik durch ein drittes überhöhtes F. bereichert sein (bes. im Rheinland). Diese pyramidale Anordnung wird auch erreicht durch ein mittig unter dem Scheitel des Schildbogens über den zwei F.n eingesetztes Rundfenster (Okulus), eine von der karol. Baukunst übernommene Fensterform. In Frankreich kann sich an dieser Stelle ein Radfenster ausbilden. Wird die Zweiergruppe durch einen Blendbogen zusammengefaßt bei gleichzeitiger Vergrößerung der Fensterflächen, entsteht eine Vorstufe des Maßwerkes.

Am Oberrhein und in der Lombardei, aber auch in Sachsen und in Frankreich, beginnt man im späteren 11. Jh., die äußeren Fenstergewände zu stufen, zu profilieren und plastisch zu verzieren oder Säulen einzustellen. Auch erhalten die F. vorspringende Rahmen und werden von einem vorstehenden Bogen oder Giebel überdacht (Verdachung, auch als Ädikula).

In der stauf. Zeit entwickelt sich eine Vielzahl von Fensterformen. Das einfache, hochrechteckige Rundbogenf. wird durch große Streckung zum Lanzettfenster, dessen Abschluß unter got. Einfluß spitzbogig sein kann. Auch kann der Rundbogen in drei Bogenteile aufgelöst werden (Kleeblattbogenfenster). Konkav und konvex geführte Kreissegmente bilden ein Lilien- bzw. Glocken- oder Schlüssellochfenster (seit 1150 im Rheinland). Aus dem Paßfenster wird durch Teilung in der Horizontalen das fünf-, sieben- oder neunpaßförmige Fächerfenster entwickelt (nur im Rheinland nach 1210). Häufige Anwendung findet das Drei- oder Vierpaßfenster, das in Großform mit sechs, acht oder zwölf Pässen vorkommt (zweite Hälfte des 12./13. Jh.). Das Dreipaßfenster kann auch halbiert sein, auf einem geraden oder konischen Schaft aufsitzen oder einem Quader einbeschrieben sein. Das kleine Rundfenster wird bes. in Frankreich und Italien seit der Mitte des 12. Jh. mit speichenförmig angeordneten Stäben zum Radfenster erweitert, die Vorstufe zu der aus Maßwerk gebildeten Fensterrose der Gotik. Der durchgängige Gebrauch von Kreuzgewölben und die erweiterten konstruktiven Möglichkeiten gestatten seit dem 12. Jh. in der Gotik größere F., deren Glasflächen durch steinernes Stab- und →Maßwerk unterteilt werden. Auch im Profanbau der Gotik wird das Maßwerkfenster übernommen; daneben entwickeln sich große Kreuzstockfenster, die sowohl im Stein- wie im Fachwerkbau weiterver-

breitet sind (ältestes nachweisbares Kreuzstockfenster auf der Hofseite des Overstolzenhauses in der Rheingasse 8 in Köln, um 1235), häufig sind die beiden oberen kleineren Öffnungen fest verglast, während die hochrechteckigen unteren Öffnungen mit hölzernen Klappläden verschlossen sind und nur bei gutem Wetter und größerem Lichtbedarf geöffnet werden. G. Binding

Lit.: RDK VII, 1253–1466 [Lit.]; ebd. 1501–1524 [s. v. Fensterladen] – M. SIMON, Das F. [Diss. Darmstadt 1933] – W. MERSMANN, Die Bedeutung des Rundfensters im MA [Diss. masch. Wien 1944] – H. G. FRANZ, Die Fensterrose und ihre Vorgesch. in der islam. Baukunst, ZKW 1956, 1–22 – DERS., Les fenêtres circulaires de la cathédrale de Cefalù et le problème de l'origine de la »rose« du M–A, CahArch 9, 1957, 252–270 – W. SCHLOMBS, Unters. über die Verwendung niedrig liegender F. an der Hofkapelle St. Ägidius in Frechen-Hücheln (Vom Bauen, Bilden und Bewahren, F. W. WEYRES, 1963), 121–129 [Beichtfenster] – R. BECKSMANN, Die architekton. Rahmung des hochgot. Bildfensters, 1967 – W. RANKE, Frühe Rundfenster in Italien [Diss. Berlin 1968] – M. BARBKNECHT, Die Fensterformen im rhein.-spätroman. Kirchenbau, 1968 – G. BINDING, Architekt. Formenlehre, 1987² – weitere Lit. → Maßwerk.

III. FRÜHCHRISTENTUM; BYZANZ: [1] Fenster: a) Rundbogenfenster, für das MA wichtigste Fensterform, hat sich in der kaiserzeitl. Architektur seit dem 2. Jh. gegenüber dem F. mit horizontalem Sturz durchgesetzt; zur Entwicklung und zu Beispielen vgl. GÜNTER, 19/21.

Grundtyp: Überwölbung der Fensteröffnung mit einem Rundbogen. Daneben durch zwei oder drei Bögen unterteilte Zwillings- und Drillingsfenster. Beim »Säulenarkadentyp« stützen sich die Bogen auf eingestellte Säulen mit häufig ornamental verzierten Kämpfern, beim »Mittelstützentyp« lasten sie auf gemauerten Pfosten aus Bruchstein oder Ziegelwerk. Varianten des Drillingsfensters in mittel- und spätbyz. Zeit: Erhöhung des zentralen Fensterbogens; Kombination der zwei seitl. Halbbögen mit einem zentralen Rundbogenfenster.

Rahmen und Sohlbank aus Ziegelwerk, häufig Ziegelsteinrahmen mit Marmorsims als Sohlbank. Marmorbzw. Steinrahmen in Griechenland vereinzelt erst ab Mitte des 12. Jh. Häufig ist der Fensterbogen von einem Ziegelsteinkranz umschlossen. Rundbogen-, Zwillings- und Drillingsfenster sind in Byzanz oft mit einem Schildbogen, zumeist aus konzentrisch angeordneten Ziegelsteinen umgeben (»eingeschriebenes Fenster«; im 12. Jh. in Griechenland ausschließl. benutzt, kaum in Konstantinopel selbst). Das Schildbogenfeld wird von Beginn des 11. Jh. an dekorativ ausgestaltet (z. B. pseudo-kuf. Muster, geometr. Ornamente). Bes. häufig sind in Griechenland Rundbogenfenster mit seitl. niedrigeren Blendbogen und eingeschriebene Zwillings- und Drillingsfenster mit außen an den Schildbogen anschließenden lateralen Blendbogen. Die eigentl. Funktion des F.s, Licht zu spenden, tritt hinter der Gliederung der Mauerfläche durch gegensätzl. Strukturen und farbl. Kontraste zurück; oftmals handelt es sich in Griechenland nur um schmale »Lichtschlitze«. In der Hauptstadt weisen die erhaltenen Baudenkmäler der mittelbyz. Zeit jedoch breite Rundbogenfenster auf, die zwar keine auffallende Rahmung besitzen, aber viel Licht ins Rauminnere lassen. Typisch für die hauptstädt. Architektur seit mittelbyz. Zeit ist der mehrzonige Fensterverband in den Kreuzarmen, bei dem häufig verschiedene Fenstertypen nebeneinandergesetzt sind.

Von der gewöhnlich in West und Ost gewahrten Schmucklosigkeit des Rahmens hebt sich die reiche Rahmenarchitektur in Nordsyrien im 5./6. Jh. ab (vgl. DEICHMANN).

In der armen. und georg. Architektur, die durch den Quadersteinbau charakterisiert ist, sind die Öffnungen meist als kleine Rundbogenfenster konzipiert, die aus der glatten, massiven Wand herausgeschnitten scheinen. Betont werden die Fensteröffnungen durch Profile, die aus den Steinblöcken herausgehauen sind. In Georgien ist die Fensterrahmung im 11. Jh. reich ornamentiert (Ursprung vielleicht in der iranisch-sāsānid. Kunst).

Die *serb. und bulg. Baudenkmäler* der mittel- und spätbyz. Zeit zeigen starken griech. Einfluß. Die Bautätigkeit von Mitgliedern der ksl. Familie läßt auch Elemente des hauptstädt. Formenrepertoires eindringen. Die lokalen Traditionen fügen der importierten byz. Baukunst nichts Originelles hinzu.

b) *Halbkreisförmige Fenster:* In Byzanz hauptsächl. in frühchristl. Zeit in der Giebelzone oder auch dem Lichtgaden verwendet (z. B. Westfenster der →Hagia Sophia im »Säulenarkadentyp«). In mittel- und spätbyz. Zeit ist der Mittelstützentyp häufiger, bei dem gemauerte Pfosten die Funktion der Säulen übernehmen, wodurch zwei- oder dreiteilige Halbkreisfenster entstehen. Daneben halbkreisförmige F. ohne Unterteilungen. In halbkreisförmige Arkaden eingeschriebene F. scheinen in paläolog. Zeit bes. häufig verwendet worden zu sein. Verschiedene Varianten z. B. im Exonarthex der Kilise Camii.

c) *Oculi (Rundfenster):* In der byz. Architektur vergleichsweise selten, v. a. an Bauten der mittelbyz. Zeit überliefert (an Giebelwänden und oberen Wandzonen, z. B. Myrelaion-Kirche, Bodrum Camii). Die dem Oculusfenster von der Form her verwandte Schmuck-Rosette aus Ziegelsteinen an den Außenwänden von Kirchen, die im Zentrum eine Öffnung haben kann, hat sich ursprgl. vielleicht am Rosettendekor von Fensterverschlüssen für Rundfenster inspiriert.

[2] *Fensterverschlüsse:* a) *Transennae:* ornamental durchbrochene Platten. In der frühchristl. Zeit noch durch eine Vielfalt von Mustern (Rauten, Rosetten, Kreuze, etc.) ausgezeichnet – die Ornamentierung der Transennae folgt dabei offensichtl. der Entwicklung der durchbrochenen Schrankenplatten für das Templon –, werden die komplizierten Formen der Spätantike recht bald zugunsten einfacher Motive aufgegeben. Neben den Balkengitter-Transennae aus Holz oder Stein (Hagia Sophia), bei denen viel Licht durch die relativ großen Gitterfelder ins Innere dringen kann, wird in mittel- und spätbyz. Zeit die Verschlußplatte mit einfachem Lochmuster, die relativ wenig Licht in den Kirchenraum einläßt, bestimmend. Bei sehr großen Fensteröffnungen in Arkadenform wird die gelochte Transenna in der Bogenfeldzone bisweilen mit einer mittleren Zone, wo ein rechteckiges F. auftritt, und einer unteren Zone, die mit einer ornamentierten Marmorplatte (Verwandtschaft mit Ikonostasenschranken) verschlossen ist, kombiniert. In spätbyz. Zeit Fensterverschluß mit dreieckigen oder halbrunden Öffnungen in der Randzone, neben den zylindr. Öffnungen. Material für die Fensterverschlüsse: hauptsächl. Platten aus Marmor, Stuck oder hartem Gipsmörtel mit ausgesparten Öffnungen für die Glasscheiben. Bei verzierten Transennae häufig Flechtbandornament. Verglaste Transennae sind schon aus spätantik/frühchristl. Zeit bekannt. Glasscheiben analog des Transennatyps rechteckig oder rund, in mittel- und spätbyz. Zeit hauptsächl. Rundscheiben. Bei Stuck- oder Gipsmörteltransennae konnte die Fassung um das Glas herum geformt werden. Bei Marmor- und Steintransennae konnte das Glas in die vorgefertigte Fensterplatte gegossen werden. Die relativ dicken Rundscheiben erinnern an Butzenscheiben. Viele Funde von Fensterglas beweisen, daß in Byzanz und in seinen Ausstrahlungsgebieten bunte Fensterscheiben bei Kirchenbauten verwendet wurden (vgl. die gemalten, farbigen Scheiben in der Zentralkuppel der Perivleptos-Kirche, Mistra, die echte Glasfenster imitieren, sowie Architekturdarstellungen mit farbigen Glasfenstern).

b) *Glasfenster mit Bleirahmen:* Neben den verglasten Transennae aus Stein, Stuck oder Marmor sind aus mittel- und spätbyz. Zeit auch F. bekannt, bei denen das bunte Glas mit Bleiruten gefaßt und mit figürl. und ornamentalen Darstellungen versehen waren. Die Funde zeigen, daß man sich das ursprgl. Aussehen der bunten Glasfenster in der Art vorzustellen hat, wie sie aus der ma. Kunst Mitteleuropas bekannt ist, und welche bisher als typisch »westlich« galt (H. Megaw).　　　　Ch. Stephan

Lit.: A. M. Schneider, Die Hagia Sophia zu Konstantinopel, 1939–H. G. Franz, Transennae als Fensterverschluß, Istanbuler Mitt. 8, 1958, 55–62, Abb. 24, 1–2–R. Ljubinković, Sur un exemplaire de vitraux du monastère de Studenica, Archaeol. Iugoslavica 3, 1959, 137–141–H. Megaw, Notes on Recent Work of the Byz. Inst. in Istanbul, DOP 17, 1963, 349–367 [mit Ill.]–H. Hallensleben, Unters. zur Baugesch. der ehem. Pammakaristoskirche, der heut. Fethiye Camii in Istanbul, Istanbuler Mitt. 13–14, 1964, 180, 181, fig. 11–R. Günter, Wand, F. und Licht in der Trierer Palastaula und in spätantiken Bauten, 1968, 77ff. – V. Han, The Origin and Style of Medieval Glass Found in the Central Balkans, J. of Glass Stud. 17, 1975, 118–R. Krautheimer, Early Christian and Byz. Architecture, 1979 – M. Chatzidakis, Mistra, Die ma. Stadt und die Burg, 1981–C. Striker, The Myrelaion (Bodrum Camii) in Istanbul, 1981–F. W. Deichmann, Qalb Loze und Qalat Sem'an. Die bes. Entwicklung der nordsyr.-spätantiken Architektur, SBA. PPH 1982, 6 – M. Vickers, A painted window in St. Sophia at Istanbul, DOP 37, 1983, 165–166–G. M. Belenēs, Ἑρμηνεία τοῦ ἐξωτερικοῦ διάκοσμου στη βυζαντινή ἀρχιτεκτονική, 1984–H. Jaensen, Lichtsymbolik in der ma. Architektur mit Beispielen aus Georgien, CahArch 33, 1985, 87ff. – C. Mango, Byz. Architecture, 1986.

Fensterrose. Verglaste F. kommen mit den frühgot. frz. Kathedralen auf und finden sich, nicht an Kathedralen gebunden, bis zum 16. Jh. Spätroman. Rundfensterverglasungen wie in Weißenburg/Elsaß können nicht als F. im eigtl. Sinne gelten. Die Programme gehen von der Figur im Zentrum aus, der die übrigen Figuren konzentrisch, seltener axial, und hierarchisch von innen nach außen zugeordnet sind. Die wichtigsten Bildquellen sind Kreiskompositionen und Figurenräder in ma. Buchillustrationen bes. für enzyklopäd. Werke. Auch die Kreisform als Symbol des Alls hat wohl Themen wie Imago mundi, Maria oder Christus als Himmels- bzw. Weltenherrscher begünstigt. Die für F. wichtigsten Themen sind bereits im 1. Viertel des 13. Jh. in den nordfrz. Kathedralen belegt (im folgenden auch stark erneuerte, aber gut dokumentierte F.). 1. *Marienrosen:* Maria mit Gestalten des AT in Chartres N, um 1235, und Paris N, um 1250; mit Gestalten aus NT und Apokalypse Laon, um 1210/15; mit Szenen aus NT oder AT Soissons, Reims N und W. 2. *Christusrosen:* mit Gestalten aus NT in Chartres S, um 1221/30, und ursprgl. Paris S, um 1260; Weltenherrscher mit Monatsbildern Brie-Comte-Robert, um 1225/30. In Chartres und Paris scheinen Marien-(AT) und Christusrose (NT) einander typolog. gegenübergestellt zu sein. Die Konkordanz von AT und NT ist Thema der beiden s. Rosen in Straßburg mit Christus/Moses und Christus/Melchisedek, um 1220/35, in enger Anlehnung an den Hortus deliciarum. 3. *Weltgericht:* im W in Laon, um 1220/30, Nantes ab ca. 1220; auch im Querschiff: Lincoln, 13. und 14. Jh. 4. *Kosmologisch-enzyklopädische F.* als Abbild der christl. gedeuteten Imago mundi mit Monaten, Tierkreis, Tugenden und Lastern usw. (vgl. auch die zeitgenöss. Portalprogramme). Paris W, um 1220, mit Maria als Ecclesia (erneuert); ehem. St. Yved, Braine, 13. Jh.; in Laon N, um 1200/1205, Philosophie und Artes liberales. Ein gewaltiges Bild des Makrokosmos in der S-Rose

Lausanne, um 1230/35. Ab Ende 13. Jh. einfachere und nicht an die Rosenform gebundene Themen: Kreuzigung, Haina, um 1300; Christus als Mittelpunkt der himml. Ordnung: Nürnberg, St. Lorenz, um 1360. Ganz oder überwiegend ornamental verglaste F. häufig am Oberrhein: Weißenburg/Elsaß S, vor 1293, Straßburg W und N, 14. Jh., aber auch z. B. in Spanien: Toledo, Valencia.

B. Lymant

Lit.: [allg.]: RDK VIII, bes. 8off. [F. KOBLER] – H. J. DOW, The Rose Window, JWarburg 20, 1957, 248–297 – N. AUBERT u. a., Le vitrail français, 1958, 46–48 – V. BEYER, Roses, rosaces et roues de Fortune à la fin de l'art roman et au début de l'art gothique, Zs. für Schweizer. Archäologie und Kunstgesch. 22, 1962 – E. FRODL-KRAFT, Die Glasmalerei, Entwicklung, Technik. Eigenart, 1970, 110 – P. COWEN, Rose Windows, 1979 – [Zu einzelnen F.]: E. J. BEER, Nouvelles réflexions sur l'image du monde dans la cathédrale de Lausanne, Revue de l'art 10, 1970, 57–62 – F. PERROT, La rose de l'église de Donnemarie-en-Montois, Bull. de la Soc. d'hist. et d'art de Provins 124, 1970, 65–69 – G. FRENZEL u. a., St. Lorenz, Restaurierung der Rosettenverglasung, 1977 – DERS., Die Farbverglasung aus St. Lorenz in Nürnberg, 1978, 114f. – einschlägige CVMA-Bände, bes. France I, IX, Recensement I–III; Schweiz I, Österreich III.

Feodosij Pečerskij, russischer Mönch, † 3. Mai 1074, 2. Abt des Höhlen-Klosters in →Kiev, wo er das Studiu-Typikon einführte und den Bau der großen Kirche Mariä Himmelfahrt begann. Angaben über sein Leben liefern die von →Nestor verfaßte Lebensbeschreibung (»Žitie«), die bereits im →Uspenskij sbornik des 12.–13. Jh. überliefert ist, sowie die →»Povest' vremennych let«. Aus dem lit. Erbe des F. gilt als gesichert, daß er – neben in der Vita erwähnten, jedoch verlorenen Briefen – zwei Sendschreiben an Fs. →Izjaslav Jaroslavič, den Enkel Vladimirs d. Gr., über die Heiligkeit des Sonntags und die lat. Irrlehren (darunter →Filioque), 7 kurze Fastenpredigten, eine Ermahnung an den Ökonomen des Höhlen-Klosters sowie ein Gebet »für alle Christen« verfaßte. Einer seiner Nachfolger im Amt, Feoktist, veranlaßte 1108 seine Verehrung als Hl.

Ch. Hannick

Q.: I. P. EREMIN, Literaturnoe nasledie Feodosija Pečerskogo, TODRL 5, 1947, 159–184 – Lit.: E. GOLUBINSKIJ, Istorija kanonizacii svjatych v russkoj cerkvi, 1903, 50ff. – G. PODSKALSKY, Christentum und theol. Lit. in der Kiever Rus', 1982, 122ff., 236f.

Feofan Grek (Theophanes der Grieche), bedeutender byz. Maler in Rußland, * um 1325 in Konstantinopel (?), †1404/15, kam über Caffa nach Rußland, wo er in Novgorod (1378), Nižnij Novgorod, Moskau (1390), Kolomna (1392) und, mit einer Unterbrechung in Pereslavl'-Zalesskij (1403), wieder in Moskau bis zu seinem Tode arbeitete. Wichtigste Quelle neben altruss. Chroniken (→Chronik, O) für seine Biographie und sein Künstlertum ist ein Brief →Epifanij Premudryj's (um 1415). Zweifelsfreie Arbeiten F.s sind die Fresken in der Spasa-Preobraženie-Kirche in Novgorod und der Deisusrang der →Bilderwand der Verkündigungs-(Blagoveščenie-)Kathedrale im Moskauer Kreml', während u. a. die Ikonen »Donskaja«/Uspenie, Sobor Bogorodicy, Verklärung Christi, eine vierteilige Ikone (alle Tret'jakov-Galerie, Moskau) sowie einige Hss. (VZDORNOV, 1983) umstritten sind. Die Kunst F.s zeichnet sich aus durch eine dynam. Expressivität in Gestik und Farbgebung, die auf eine entsprechende Auffassung der von menschl. Persönlichkeit schließen läßt. Sollte sich die jüngst geäußerte Skepsis gegenüber der bisher von der Forschung vertretenen Ansicht vom Einfluß des spätbyz. →Hesychasmus als stichhaltig erweisen, ist eine umfassende Diskussion über diesen Künstler zu erwarten, die auch sein Verhältnis zu Andrej →Rublev berühren dürfte, wie ihr Verhältnis zur Kunst und Literatur auf dem Balkan (»2. südslav. Einfluß«).

K. Onasch

Lit.: V. N. LAZAREV, Th. d. Gr. und seine Schule, 1968 – G. I. VZDORNOV, Freski Feofana Greka v cerkvi Spasa Preobraženija v Novgorode, 1976 – DERS., F. G. Tvorčeskoe nasledie, 1983 [Lit.] – M. ALPATOV, F. G., 1984 [sämtl. Titel mit engl. Resumées].

Feorm. Nach 1066 wurde das ae. feorm von den Normannen um dem mlat. firma (frz. ferme) identifiziert, das als »festgesetzte Zahlung« in Wendungen wie »firma burgi« und »firma comitatus« erscheint und jährl. an die Krone zu entrichtende Pauschalsummen für Einkünfte aus einer Stadt oder einer Gft. bedeutet. Feufirma bezeichnet ein – in Schottland bis in die NZ verbreitetes – →Lehen, bei dem die Leistung in der jährl. Zahlung eines festgesetzten Geldbetrages bestand. Ein farmer in England galt traditionell als Pächter, und nicht als Eigentümer des Landes, das er bewirtschaftete. F. scheint indessen ursprgl. »Gastmahl« bedeutet zu haben und konnte deshalb mit »firma« gleichgesetzt werden, weil die frühesten Abgaben für Landpacht in Naturalien geleistet wurden. Die ags. Kg.e taxierten das Land nach der Verpflegungsmenge (pastus, victus), die notwendig war, den kgl. Hofhalt für einen Tag, eine Nacht oder mehrere Nächte zu unterhalten. Die Identifizierung wird bereits im →Domesday Book deutlich, denn 1086 verwertete der kgl. Hofhalt längst keine Naturalabgaben mehr. Das Register verzeichnet zahlreiche Güter, die dem Kg. »firma unius noctis« zu entrichten hatten, und häufig wurde der Wert eines Hofes in Münzbeträgen angegeben. Auch wenn es Belege dafür gibt, daß noch während der Regierungszeit Kg. →Heinrichs I. die Naturalabgaben in Geldabgaben umgewandelt wurden, machte doch die Festsetzung des Pachtzinses in Geldwert die Berechnung nach Tagesverpflegung überflüssig.

A. Harding

Lit.: J. H. ROUND, Feudal England, 1895, 96–100 [Neuausg. 1964] – F. W. MAITLAND, Domesday Book and Beyond, 1897, 282–285, 374–376 [Neuausg. 1960] – R. LENNARD, Rural England 1086–1135, 1959, 128–141.

Ferdinand (s. a. Ferrand)

1. F. I. 'v. Antequera', Kg. v. Aragón, 1412–16, * 28. Nov. 1380 in Medina del Campo, † 2. April 1416 in Igualada, ◻ Kl. Poblet; 2. Sohn Kg. Johanns I. v. Kastilien und der Eleonora v. Aragón, Tochter Kg. →Peters IV., ⚭ 1393 Leonor v. Alburquerque 'la Ricahembra'; Kinder: ⚭ →Johann II. v. Aragón, Kg. → Alfons V. v. Aragón, Sancho, Heinrich, Peter; Maria (⚭ 1420 Kg. Johann II. v. Kastilien), Leonor (⚭ 1428 Kg. Eduard v. Portugal) u. a.

F., der bereits Hzg. v. Peñafiel, Gf. v. Mayorga und Besitzer größerer Güter war (Lara, Cuéllar, S. Esteban de Gormaz, Castrogeriz, Medina del Campo; Jahreseinkünfte ca. 400 000 Maravedís), wurde durch seine reiche Heirat zum bedeutendsten Territorialherrn des Reiches, dessen Herrschaften eine strateg. Verbindung von Navarra bis Portugal bildeten. Politisch sollte die auf Betreiben des Ebf.s v. Toledo, Pedro →Tenório, geschlossene Ehe den Einfluß des Hzg.s v. Benavente, Fadrique →Enríquez, beschneiden.

Ztw. (1390/1401) als Erbe des kast. Throns betrachtet, übernahm F. nach dem Tod Heinrichs III. (25. Dez. 1406) gemeinsam mit der Königin-Witwe →Katharina v. Lancaster die Regentschaft für den Infanten Johann (II.), wobei er das Angebot der Königskrone durch eine Adelsgruppe unter Führung des Condestable Ruy López →Dávalos ausschlug. Es folgten heftige Auseinandersetzungen mit Katharina und dem von den →Stúñiga, →Velasco und →Mendoza beherrschten →Consejo Real, die erst nachließen, als der Krieg mit →Granada ausbrach und eine Aufteilung der Einflußzonen erfolgte (Katharina: Altkastilien und León, F.: Frontgebiete Neukastilien, Estremadura,

Andalusien, Murcia). F. gelang es nicht nur, die wichtigsten Adelsfamilien auf seine Seite zu ziehen und eine gezielte Städtepolitik zu betreiben, sondern sich auch die Einkünfte der Orden v. →Alcántara und →Santiago zu sichern, indem er seine minderjährigen Söhne Sancho und Heinrich nominell mit dem *Maestrazgo* betrauen ließ. Die Eroberung der granadin. Festung Antequera (Sept. 1410) trug ihm seinen Ehrennamen ein.

Im Aug. 1412 wurde F. als Enkel Peters IV. infolge des Kompromisses v. →Caspe zum König v. Aragón erhoben. Nach militär. Ausschaltung seines Mitprätendenten →Jakob v. Urgell (Okt. 1413) wurde er am 10. Febr. 1414 in Zaragoza als letzter der aragones. Kg.e feierlich gekrönt. Da er im Großen →Abendländ. Schisma zuverlässigste Stütze Papst→Benedikts XIII. war, erhielt er mühelos die Investitur mit den Reichen von →Sizilien, →Korsika und →Sardinien (21. Nov. 1412). Unter unnachgiebiger Niederwerfung von Unruhen vereinigte er Sizilien mit der Krone Aragón, ohne Rücksicht zu nehmen auf die Forderungen der Wiederherstellung des siz. Kgtm.s, während er seinen Sohn Johann, Hzg. v. Peñafiel, zum Vizekg. v. Mallorca, Sardinien und Sizilien (1. März 1415) bestellte. Seine Versuche, das Kgr. Neapel durch Einheirat an sein Haus zu ziehen, blieben erfolglos. Die katal. Handelsrouten wurden durch Verträge mit Ägypten, Fez und Genua (Febr. 1413) gesichert. Unter der Regierung F.s fand 1413 die Disputation v. →Tortosa statt. Einzig den Papst Benedikt XIII., der sich den Forderungen des Konzils v. →Konstanz nachdrücklich widersetzte (ergebnisloses Treffen mit Ks. →Siegmund in Perpignan, 19. Sept. bis 7. Nov. 1415), konnte er nicht halten (Entzug der Oboedienz, 6. Jan. 1416).

Auch als Kg. v. Aragón behielt F. die Regentschaft über Kastilien bei (wichtigste Helfer: sein Sohn Heinrich, der Großmeister des Santiagoordens; Admiral Alfonso →Enríquez; Condestable Ruy López Dávalos; Adelantado Mayor Pedro →Manrique). F. schloß wiederholt Verträge mit Granada unter Einbeziehung Marokkos und erreichte durch eine weitsichtige Familien- und Heiratspolitik mit den Königshäusern von Navarra, Kastilien und Portugal, daß die meisten seiner Nachkommen, die »Infanten v. Aragón«, zu beherrschenden Gestalten der span. Politik wurden.   L. Vones

Q.: E. SÁEZ, Ordenamiento dado a Toledo por el infante don F. de A., tutor de Juan II, en 1411, AHDE 15, 1944, 499–556 – DERS., El Libro del Juramento del Ayuntamiento de Toledo, AHDE 16, 1945, 530–624 – Registri e carte reali di F. I d'Aragona, Archivio Storico Sardo 25, 1957, 261–318 – Dietari de la Diputació del General de Cathalunya 1411–1458 (CODOIN XLVI), 1974 – Cortes del reino de Aragón, 1357–1451, ed. A. SESMA MUÑOZ–E. SARASA SÁNCHEZ, 1976 – Rentas reales de Aragón de la época de F. I, 1412–1416, ed. F. VENDRELL GALLOSTRA, 1977 – Crónica incompleta del reinado de F. I de A., ed. L. VELA GORMEDINO, 1985 – *Lit.:* I. I. MacDONALD, D. F. de A., 1948 – E. BENITO RUANO, Los infantes de Aragón, 1952 – F. GIUNTA, Aragonesi e Catalani nel Mediterraneo I, 1953, 235–338 – A. BOSCOLO, La politica it. di F. I, 1954 (auch in: Studi Sardi 12–13, 1954, 70–254) – M. ARRIBAS PALAU, Las treguas entre Castilla y Granada firmadas por F. I de A., 1956 – J. VICENS VIVES, Els Trastámares (segle XV), 1956 – A. BOSCOLO, Medioevo Aragonese, 1958, bes. 151–165 – J. TORRES FONTES, La regencia de D. F. de A. Política interior, Anales de la Univ. de Murcia 18, 1959–60, 25–75 – DERS., Moros, judíos y conversos en la regencia de Don F. de A., CHE 31, 1960, 60–97 – DERS., Las Cortes castellanas en la menor edad de Juan II, Anales de la Universidad de Murcia 20, 1961–62 – DERS., La regencia de D. F. de A., AEM 1, 1964, 375–429 – DERS., La regencia de D. F. el de Antequera: Las relaciones castellano-granadinas (1407–1416), Misc. de Estudios Árabes y Hebraicos 14–15, 1965–66, 137–167; 16–17, 1967–68, 89–145 – F. SEVILLANO COLOM, Cancillerías de F.I. de Antequera y de Alfonso V el Magnánimo, AHDE 23, 1965, 169–216 – E. MITRE FERNÁNDEZ, Evolución de la nobleza en Castilla bajo Enrique III (1396–1406), 1968 – M.

ARRIBAS PALAU, F. de A. y sus relaciones con Granada y Marruecos, AEM 9, 1974–79, 531–549 – L. SUÁREZ FERNÁNDEZ, Nobleza y Monarquía..., 1975² – E. SARASA SÁNCHEZ, F. I y Zaragoza (La coronación de 1414), Cuadernos de Zaragoza 10, 1977 – DERS., La Hacienda Real de Aragón en el siglo XV (Hist. de la Hacienda Española. Épocas antigua y medieval. Homenaje al Prof. GARCÍA DE VALDEAVELLANO, 1982), 823–844 – DERS., Aragón en el reinado de F.I. 1412–1416, 1986.

2. F. II. 'der Katholische,' *Kg. v. Aragón* (F. V. als Kg. v. Kastilien), * 10. März 1452 Sos (Aragón), † 25. Jan. 1516 in Madrigalejo (Kastilien), Sohn →Johanns II. v. Aragón, aus dessen 2. Ehe mit Johanna Enríquez, Tochter des Admirals v. Kastilien. F. wuchs in den turbulentesten Regierungsjahren seines Vaters auf. Von Geburt an Objekt polit. Interessen, erlebte F. eine bewegte Kindheit in steter Nähe seiner Eltern, wodurch er stark geprägt wurde, lernte der eher gefühlsbetonte und zu Temperamentsausbrüchen neigende Prinz in dieser Atmosphäre doch die eiserne Selbstbeherrschung und das ränkereiche Taktieren, das ihn später kennzeichnete. In der humanist. Bildungstradition seiner Zeit erzogen, entwickelte F. eine Vorliebe für Musik, Geschichte und die Jagd. Aus polit. Gründen wurde er schon früh mit Ämtern und Würden ausgestattet (u. a. 1458 Hzg. v. Montblanc und Gf. v. Ribagorza [Katalonien], Gf. v. Augusta und 1461 Hzg. v. Noto [Sizilien], 1461 Stellvertreter des Kg.s in Katalonien). 1461 wurde F. von →Aragón, 1462 von →Katalonien, 1466 von →Valencia als Thronerbe anerkannt, nach dem Tod seines Stiefbruders →Karl v. Viana. Mit 14 Jahren volljährig, übernahm F. selbständig, aber in strikter Befolgung der Weisungen des Vaters, polit. und militär. Aufgaben. Sein Vater erhob ihn 1468 zum Mitkg. v. Sizilien und betrieb entschlossen seine Eheschließung mit der 1468 als Thronerbin anerkannten →Isabella v. Kastilien. Verkleidet durch feindl. Gebiet nach Valladolid gereist, heiratete F. am 18. Okt. 1469 gegen den Willen Kg. →Heinrichs IV. v. Kastilien die Thronerbin. Trotz romantischer Ausschmückung waren beide Partner dabei von sehr konkreten, situationsgebundenen Interessen und wohl auch nur am Rande von einem span. Einheitsgedanken bestimmt. Nach dem Tod Heinrichs IV. ließ sich Isabella in Abwesenheit F.s zur Kgn. ausrufen, und erst in der Concordia v. Segovia vom 15. Jan. 1475 wurde F. als gleichberechtigter Mitkönig und -regent in Kastilien anerkannt.

In der Regierung der →Katholischen Könige wird die Leistung F.s vor allem in den militär. Unternehmungen (erfolgreiche persönl. Interventionen im kast. Erbfolgekrieg und im Krieg gegen Granada) sowie in der Außenpolitik faßbar. Auf seine Initiative vollzog Kastilien einen Wechsel in seiner traditionellen Bündnispolitik und reihte sich in die von Aragón ausgehende antifrz. Bündnispolitik mit →Burgund, dem Reich und →England ein. F.s weitgespannte Bündnispolitik zielte, v. a. nachdem mit der Eroberung →Granadas 1492 Kastiliens wichtigstes außenpolit. Problem gelöst war, auf Wiederherstellung und Ausbau der aragon. Vormachtstellung im westl. Mittelmeer und in Süditalien, Eindämmung der Expansion des →Osmanischen Reiches, Bekämpfung des Islam in Nordafrika, Kontrolle bzw. Erwerb →Navarras und Neutralisierung →Portugals durch enge dynast. Beziehungen, Ziele, die er mit Hilfe seines überlegenen diplomat. Geschicks, dem Einsatz militär. Mittel unter Nutzung der kast. Ressourcen und dynastischer Verbindungen großenteils erreichte (1490 Heirat der Tochter Isabella mit Alfons V. v. Portugal und später mit dessen Nachfolger Manuel, 1496 Sohn Johann mit Margarete v. Österreich und Tochter Johanna mit →Philipp d. Schönen, den Kindern Ks. →Maximilians, 1509 Tochter Katharina mit Heinrich VIII.). Dynast. Wechselfälle führten freilich zu der unerwünschten habsburg. Thronfolge (→Habsburger), die F.s außenpolit. Erfolge in Frage stellte.

In den Reichen Aragóns folgte F. 1479 Johann II. nach, ohne daß Isabella dort Mitregentin werden konnte; hier erwies er sich auch als Meister der Innenpolitik, gelang ihm doch schrittweise die innere Befriedung nach der langen Bürgerkriegsphase in Katalonien und v. a. 1486 im Schiedsspruch v. Guadalupe die Beilegung des Konflikts zw. den Payeses de→Remensa, den grundholden Bauern, und ihren Herren.

Nach dem Tod Isabellas (†1504) traten für F. immer stärker die Thronfolgeprobleme in den Vordergrund. Von Isabella als Regent für die nicht regierungsfähige Tochter Johanna in Kastilien eingesetzt, mußte F. 1506 Kastilien seinem vom Adel unterstützten Schwiegersohn Philipp überlassen und sich nach Aragón zurückziehen. Nachdem F. diesen durch eine Einigung mit Frankreich und die Ehe mit Germaine de→Foix diplomatisch ausmanövriert hatte, begab er sich nach Italien, wurde jedoch bald nach Philipps Tod wieder zum Regenten Kastiliens berufen (1507). Unter seiner und des Kard.s →Cisneros Führung erwarb Kastilien in der Folgezeit mehrere Stützpunkte in Nordafrika, bevor F. 1512 die Eroberung Navarras und dessen Angliederung an Kastilien gelang. Die letzten Jahre F.s waren überschattet von den Zwistigkeiten mit dem Brüsseler Hof seines Enkels Karl (V.), des Thronerben, und veranlaßten F., ohne Erfolg mehrere alternative Thronfolgeprojekte zu betreiben und selbst die erneute Trennung Kastiliens und Aragóns ins Auge zu fassen. F., sicherlich einer der bedeutendsten Renaissancefürsten mediterraner Prägung, schuf durch seine Außenpolitik und seine auf Stärkung der kgl. Autorität gegenüber allen Partikulargewalten gerichtete Politik die Voraussetzungen für Spaniens Aufstieg zur Weltmacht (→Expansion, europ.), auch wenn ihm selbst wohl nie mehr als eine führende Stellung im mediterran-südeurop. Bereich als Ziel vorgeschwebt haben dürfte. Solange jedoch eine wirklich umfassende Biographie dieser an der Schwelle vom MA zur Neuzeit wirkenden Persönlichkeit fehlt, wird seine Charakterisierung freilich Stückwerk bleiben.

H. Pietschmann

Lit.: DHGE XVI, 1027–1042 [T. DE AZCONA] – J. VICENS VIVES, Ferran II i la ciutat de Barcelona 1479–1516, 3 Bde, 1936–37 – R. DEL ARCO, Fernando el Católico, 1939 – A. GIMÉNEZ SOLER, Fernando el Católico, 1941 – J. M. DOUSSINAGUE, La política internacional de Fernando el Católico, 1944 – J. VICENS VIVES, Fernando el Católico, príncipe de Aragón y rey de Sicilia, 1944 – J. M. DOUSSINAGUE, Fernando el Católico y el Cisma de Pisa, 1946 – J. M. VICENS VIVES, Hist. crítica de la vida y reinado de Fernando II de Aragón, 1962 [nur zur Frühzeit] – L. SUÁREZ FERNÁNDEZ, Fernando el Católico y Navarra, 1985.

3. F. III. 'el Santo', Kg. v. →Kastilien und León, 1217 (1230)–1252, * Ende (24.?) Juni 1201 zw. Zamora und Salamanca (heut. Zisterze Valparaíso), † Ende (31.?) Mai 1252, ◻ Sevilla, Kathedrale, heiliggesprochen am 4. Febr. 1671 durch Papst Clemens X. (Festtag: 13. Juni), Sohn Kg. →Alfons' IX. v. León und der →Berenguela v. Kastilien, Tochter Alfons' VIII., ∞ 1. 30. Nov. 1219 Beatrix (gen. Elisabeth/Isabella), Tochter des →Staufers →Philipp v. Schwaben und der Irene; 2. 1237 Johanna v. Ponthieu und Montreuil; insgesamt 13 Kinder, darunter die Infanten Alfons (X.), Fadrique (Friedrich), Ferdinand, Heinrich, Philipp, Sancho, Manuel. – Nachdem F., der aus einer von der Kirche wegen zu naher Verwandtschaft aufgelösten Ehe stammte, die ihm durch den vorzeitigen Tod Kg. Heinrichs I. überraschend zugefallene Nachfolge im

Kgr. Kastilien gegen den Widerstand einer Adels- und Städteopposition unter Führung des Reichsverwesers Álvar Núñez de →Lara sowie die Ansprüche seines eigenen Vaters mit Hilfe seiner auf ihre Rechte Verzicht leistenden Mutter (Vertrag v. León vom 26. Nov. 1217) durchgesetzt hatte, konnte er 1230, beim Tod Alfons' IX., sich sogar den Thron des Kgr.s León sichern, indem er seine beiden, ebenfalls aus einer aufgelösten Ehe stammenden Halbschwestern, die Infantinnen Sancha und Dulcia, mit Geld auszahlte. Neben der damit eingeleiteten endgültigen Vereinigung von Kastilien und León zu einem unteilbaren Gesamtreich Kastilien, die indes erst zu Beginn des 14. Jh. mit der Zusammenlegung der →Cortes abgeschlossen war, gehörte das energ. Vorantreiben der →Reconquista gegen das nach der Niederlage von Las →Navas de Tolosa geschwächte arab. Lager zu den großen Leistungen seiner Regierungszeit. Das Erlöschen der Macht der →Almohaden nutzte F. zur systemat. Einverleibung der eroberten Reiche in seine Krone, der nacheinander die Reiche v. →Córdoba (29. Juni 1236), das Guadalquivir-Tal (zw. 1236 und 1244), die strategisch wichtigen Stützpunkte Arjona, Priego und →Jaén (zw. 1244 und 1246), das Reich v. →Sévilla (23. Nov. 1248) sowie als direkte Folge davon – alle bedeutenderen Städte der Baja Andalucía mit Ausnahme von →Niebla angegliedert wurden. Der Inkorporation folgte die →Repoblación, die nun im großen und ganzen ausschließlich als Angelegenheit des Kgtm.s durchgeführt wurde, wobei sich F. nicht nur eigener Amtsträger, sondern auch der Ritterorden bediente und darüber hinaus umfangreiche →Señoríos der Kirche (so den Adelantamiento de Cazorla [→Adelantado] dem Ebf. Rodrigo →Jiménez de Rada) sowie als Apanage Mitgliedern des Königshauses übertrug. Außenpolitisch sicherte F. seine Machtstellung durch eine durchdachte und weitgespannte Heiratspolitik ab, durch die außer verwandtschaftl. Beziehungen zu Frankreich, England und Norwegen aufgrund seiner Bindung zur Stauferdynastie sogar Ansprüche auf →Sizilien, den dt. Königsthron und das röm. Kaisertum begründet wurden.

L. Vones

Q.: Rodrigo Jiménez de Rada, Opera, Madrid 1793 [Nachdr. 1968] – Gil de Zamora, Biografías de San Fernando y de Alfonso el Sabio, ed. F. FITA, BRAH 5, 1884, 308–328 – J. GONZÁLEZ, Repartimiento de Sevilla, 2 Bde, 1951 – Jofré de Loaysa, Crónica de los reyes de Castilla, ed. A. GARCÍA MARTÍNEZ, 1982² – Crónica latina de los reyes de Castilla, ed. M. D. CABANES PECOURT, 1985³ – J. GONZÁLEZ, Reinado y diplomas... [s. u. Lit.] – Lit.: DHEE II, 923f. [D. MANSILLA] – DHGE XVI, 1043–1048 [D. MANSILLA] – BS 624–628 – AASS Maii VII, 280ff. – A. Núñez de Castro, Vida de S. Fernando, el tercero, rey de Castilla y León, Madrid 1673 – A. Marcos Burriel, Memorias para la vida del santo rey don Fernando, ed. M. DE MANUEL RODRÍGUEZ, 1800 – L. SERRANO, Nuevos datos sobre Fernando III de Castilla, Hispania 3, 1943, 569–579 – J. GONZÁLEZ, Alfonso IX, 2 Bde, 1944 – DERS., Las conquistas de Fernando III en Andalucía, Hispania 6, 1946, 515–631 – R. FERNÁNDEZ POUSA, Fernando III y Galicia, 1943 – J. GONZÁLEZ, El reino de Castilla en la época de Alfonso VIII, 3 Bde, 1960 – J. GÓMEZ PÉREZ, La Estoria de España Alfonsí de Fruela II a Fernando III, Hispania 25, 1965, 485–520 – C. PESCADOR DEL HOYO, Cuando y dónde nació Fernando III el Santo, RABM 72, 1966, 499–553 – Staufer III, 361f., Nr. 84 [H. DECKER-HAUFF] – J. GONZÁLEZ, Reinado y diplomas de Fernando III, 3 Bde, 1980–86 [grundlegend; Bd. 2–3 Urkundensammlung].

4. F. IV. 'el Emplazado', Kg. v. →Kastilien 1295–1312, * 6. Dez. 1285 in Sevilla, † 7. Sept. 1312 in Jaén, Sohn Kg. →Sanchos IV. aus dessen wegen zu naher Verwandtschaft vom Papsttum nicht anerkannten Ehe mit →Maria de Molina. Aufgrund einer Vereinbarung vom 15. Sept. 1291 (Ciudad Rodrigo) heiratete F. die Infantin Konstanze v. Portugal, Tochter von Kg. →Dinis; zwischenzeitlich hatten auch Verhandlungen über eine Ehe mit Blanche v. Frankreich stattgefunden (1294). Nach der Ausrufung des unmündigen F. zum Kg. (Toledo, 26. April 1295) amtierte ein Regentschaftsrat, an dessen Spitze die machtbewußte Königinmutter, ferner der Infant →Heinrich v. Kastilien, Bruder Alfons X., sowie Nuño González de Lara und Ebf. →Gonzalo v. Toledo standen. Angesichts auftretender Zweifel an F.s legitimer Geburt machten auch andere Kandidaten, v. a. die Infanten de la →Cerda, der Infant Johann v. Kastilien, Bruder Sanchos IV., sowie der am Regentschaftsrat beteiligte Infant Heinrich unmittelbar oder mittelbar ihre Ansprüche geltend. Adelsunruhen, z. T. unter führender Beteiligung der konkurrierenden Häuser →Lara und →Haro, wuchsen sich zum Bürgerkrieg aus (1295–1301), in den Dinis v. Portugal und insbes. →Jakob II. v. Aragón (Besetzung des Kgr.es →Murcia) eingriffen. In dieser Krisenzeit erreichten sowohl die Adelsmacht als auch die in →Hermandades organisierten →Concejos eine Stärkung ihres Einflusses auf den →Cortes.

Eine Änderung der Situation bahnte sich an mit der Volljährigkeit F.s (6. Dez. 1301) und der begleitenden päpstl. Dispenserteilung, durch welche die Kinder aus Sanchos IV. Ehe nachträglich legitimiert wurden. Durch eine weitere Dispens wurde die Heirat mit Konstanze v. Portugal ermöglicht. Im Zuge des erneut aufflammenden Bürgerkrieges verloren schließlich Maria de Molina und der mit den Haro verbündete Heinrich v. Kastilien (†Aug. 1303 in Roa) weitgehend ihren Einfluß. F. konnte durch Friedensschluß mit Aragón (Übereinkunft v. →Torrellas, 8. Aug. 1304, vermittelt durch den Infanten Johann) u. Regelung der Grenzziehung zw. den Kgr.en →Valencia und →Murcia (Vertrag v. Elche, 19. Mai 1305) seine Machtstellung konsolidieren, sah sich jedoch weiterhin mit der Gegnerschaft des Adels, insbes. des Hauses Haro, konfrontiert. Geschwächt durch neue Unruhen, mußte F. auf den Cortes v. Valladolid (1307) sowie auf einer Adelsversammlung in Grijota (1308) der Absetzung aller kgl. Beamten zugunsten von Adelsvertretern zustimmen. Nach Abschluß des Vertrags v. Alcalá de Henares (19. Dez. 1308) konnte F. bei einem gegen →Granada gerichteten Reconquista-Feldzug der vereinigten Heere v. Kastilien und Aragón zwar →Gibraltar erobern, doch endete der Krieg wegen des Abfalls Johanns v. Kastilien, des derzeit führenden Adelsrepräsentanten, mit einem Mißerfolg. Nach einem gescheiterten Versuch F.s, Johann in Burgos zu töten und sich selbst an die Spitze des Adels zu setzen, rettete nur ein durch Maria de Molina vermittelter Kompromiß vorläufig die Situation, wodurch weitere Maurenfeldzüge gesichert wurden. Der sich nach der Geburt des Infanten Alfons (XI.) verstärkende Widerstand des Adels, der versuchte, F.s Bruder Pedro als Kg. durchzusetzen, wurde erst Ende Okt. 1311 durch eine Einigung zum Stillstand gebracht, was deutlich macht, daß das Kgtm. zu einer gewaltsamen Durchsetzung seiner Ziele nicht stark genug war. Selbst der von COLMEIRO (Cortes ... Introducción, I, 1883, 213) als »politisches Testament« des Kg.s bezeichnete Versuch, auf den Cortes v. Valladolid (1312) als Grundlage für eine neue Politik u. a. eine Reform des Gerichtswesens und der Rechtsprechung durchzuführen, war durch den baldigen Tod F.s zum Scheitern verurteilt.

Die Regierung F.s war geprägt durch ein intensives Ringen zw. Kgtm. und Adel um die reale Machtausübung, das durch den Gegensatz zw. dem hohen Adel, der seine Privilegien gewahrt wissen wollte, und den aufstrebenden Städten, die auf eine Veränderung der althergebrachten Zustände drängten, flankiert wurde. Der unter F. zutage tretende Wandel der Machtverhältnisse, der

durch den frühzeitigen Tod des Kg.s ohne regierungsfähigen Nachfolger eher noch beschleunigt wurde, deutet bereits auf die Zustände hin, die ein halbes Jahrhundert später den Aufstieg der →Trastámara-Dynastie begünstigen sollten. L. Vones

Q.: Cronicón del Infante don Juan Manuel, ed. E. FLÓREZ, España Sagrada II², Madrid 1754, 215–222 – A. BENAVIDES, Memorias de D. Fernando IV de Castilla, 2 Bde, 1860 – J. TORRES FONTES, Privilegios de Fernando IV a Murcia, AHDE 19, 1948–49, 547–575 – Crónica de Fernando IV, ed. C. ROSELL, Crónicas de los reyes de Castilla, BAE LXVI, 1953, 93–170 – J. de Loaysa, Crónica de los reyes de Castilla Fernando III, Alfonso X, Sancho IV y Fernando IV (1248–1305), ed. A. GARCÍA MARTÍNEZ, 1961 – J. TORRES FONTES, Documentos de Fernando IV, 1980 – Lit.: I. JORDAN DE ASSO – M. DE MANUEL Y RODRÍGUEZ, Cortes celebradas en el reinado de don Sancho IV y en el de don Fernando IV, Madrid 1775 – J. TORRES FONTES, Las delimitaciones del Sudeste peninsular. Torrellas-Elche, 1304–1305, 1951 – A. MARCOS POUS, Los dos matrimonios de Sancho IV de Castilla, Cuadernos de trabajo de la Escuela española ... en Roma 8, 1956, 1–108 – A. CANELLAS LÓPEZ, Datos para la hist. de los reinos peninsulares en el primer tercio del siglo XIV, BRAH 145, 1959, 231–286 – J. VALDEÓN BARUQUE, Aspectos de la crisis castellana de la primera mitad del siglo XIV, Hispania 29, 1969, 5–24 – DERS., La crisis del siglo XIV en Castilla: revisión del problema, Revista de la Univ. de Madrid 79, 1972, 161–184 – C. GONZÁLEZ MÍNGUEZ, Contribución al estudio de las Hermandades en el reinado de Fernando IV de Castilla, 1974 – DERS., Fernando IV de Castilla (1295–1312). La guerra civil y el predominio de la nobleza, 1976 [grundlegend]. – J. M. DEL ESTAL, Conquista y Anexión de las tierras de Alicante, Elche, Orihuela y Guardamar al Reino de Valencia por Jaime II de Aragón (1296–1308), 1982 – DERS., El Reino de Murcia bajo Aragón (1296–1305), Corpus documental I/1, 1985.

5. F. I. 'el Magno', Kg. v. →León 1038–65, Gf. v. →Kastilien seit 1029 (1035), *um 1016/18, †27. Dez. 1065 in León, ⌷ S. Isidoro de León, zweitgeborener (legitimer) Sohn Sanchos III. v. Navarra und der Gfn. →Mayor (Mumadonna) v. Kastilien, ∞ Okt. 1032 Sancha v. León, Schwester Kg. Vermudos III. v. León. F. erhielt den Grafentitel v. Kastilien durch seinen Vater übertragen, der die Gft. nach der Ermordung des Infanten García Sánchez (13. Mai 1029) im Juli 1029 als Erbe seiner Gattin Mayor in Besitz genommen und politisch-faktisch aus dem Kgr. León ausgegliedert hatte. Obwohl F. 1032 mit der Infantin Sancha verheiratet worden war, um das navarres. Machtgefüge gegenüber León abzusichern, konnte er erst nach dem Tod Sanchos III. (18. Okt. 1035) aufgrund der Nachfolgeregelung zw. ihm und seinen Brüdern die alleinige Machtausübung in Kastilien übernehmen. Im Gegensatz zu seinen Brüdern mußte er, der streng rechtlich gesehen in einem politisch allerdings nur schwer faßbaren Abhängigkeitsverhältnis zu León stand, sich mit dem Grafentitel begnügen, was sich erst nach einer militär. Auseinandersetzung mit Vermudo III. v. León (Schlacht v. →Tamarón, 4. Sept. 1037) änderte. Der Tod Vermudos III. ohne Leibeserben eröffnete F. die Nachfolge im Kgtm. v. León auf dem Erbweg (Königsweihe 22. Juni 1038 in der Kathedrale v. León, fortan Führung des Titels eines Kg.s v. León und Burgos), ohne daß die zukünftige Rechtsstellung Kastiliens verbindlich geklärt wurde. Da sein Bruder García III. v. Pamplona-Navarra ihn bei Tamarón unterstützt hatte, mußte er diesem einen Teil Kastiliens, darunter Álava, Vizcaya, Durango und Guipúzcoa, abtreten. Als jedoch García III. den Versuch unternahm, durch die Anpassung der Kirchenorganisation (Gründung des Bm.s →Nájera-Calahorra) den neuen Grenzverlauf zu zementieren, kam es zum Krieg, in dessen Verlauf García bei Atapuerca (1. Sept. 1054) fiel. Dies zwang seinen Sohn Sancho IV., den Suprematieanspruch F.s durch einen Lehnseid anzuerkennen. In der Folgezeit gelang es dem Kg., die verlorenen kast. Gebiete bis auf Álava und Vizcaya zurückzugewinnen (Friedensvertrag v. 1062).

F.s Reichspolitik war an der leones., von Rückgriffen auf westgot. Vorbilder geprägten Tradition orientiert, sowohl in Gerichtsverfassung und Hofhaltung als auch in den Ansätzen zur Reorganisation der Kirche (Synoden v. →Coyanza [1055] und →Santiago de Compostela [1065]). Obwohl der Kg. ebenso wie sein Vater intensive persönl. Kontakte zu →Cluny unterhielt (Leistung eines Jahreszinses von 1000 Goldstücken, Aufnahme in das Gebetsgedächtnis), gibt es keinen Hinweis auf eine allgemeine Übernahme des cluniazens. Reformprogramms für das leones. Reich, zumal in dieser Epoche kein einziges Kl. an Cluny tradiert wurde.

Nach den bereits erfolgreich durchgeführten Feldzügen in →Portugal (v. a. Eroberung von →Lamego, 27. Nov. 1057, und →Viseu, 23. Juli 1058) nahm F. in den Jahren 1060–62 wieder zielstrebig den Maurenkampf gegen die Taifenreiche v. →Zaragoza und →Toledo auf. Seine Erfolge brachten ihm nicht nur →Parias (Tribute) ein, durch die zukünftige Unternehmungen finanziell abgesichert werden konnten, sondern festigten auch die Position von Kastilien-León gegenüber Pamplona-Navarra, so daß die Einigung von 1062 als Anerkennung der neuen Kräfteverteilung erscheint. Die nun eingeleitete offensivere Phase der →Reconquista brachte die Einnahme von →Coimbra (9. Juli 1064) sowie die fortschreitende Eroberung der Gebiete jenseits des Duero bis zum Mondego, verpflichtete F. andererseits aufgrund der von ihm übernommenen Schutzfunktion für die Taifenreiche zum Beistand gegen äußere Feinde, so daß ein kast. Heeresaufgebot, unter Führung des Infanten Sancho entsandt zur Verteidigung des Reiches v. Zaragoza, Anteil hatte am Tod seines Bruders Ramiro I. v. Aragón bei der Belagerung v. Graus (1064).

Deutlichstes Zeichen für das programmat. Anknüpfen an die leones. Reichstradition war der auf Betreiben von F.s Gattin Sancha in Angriff genommene Ausbau der Königsstadt→León mit Errichtung der Klosterkirche und kgl. Grablege S. Isidoro. Anläßlich der Kirchweihe (21. Dez. 1063) fand eine große Kirchen- und Reichsversammlung statt, auf der eine Nachfolgeregelung getroffen wurde. Der Erstgeborene Sancho (II.) erhielt das Kgr. Kastilien sowie die Parias v. Zaragoza, der Zweitgeborene Alfons (VI.) das Kgr. León, die Tierra de Campos bis zum Pisuerga sowie die Parias v. Toledo, der jüngste Sohn García schließlich das Kgr. Galicien mit dem sich anschließenden Territorium v. Portugal sowie die Parias von Badajoz und Sevilla, während den Infantinnen Elvira und Urraca, solange sie ehelos lebten, ein →Infantazgo zugesprochen wurde, der aus dem →Señorío über alle Kl. des leones.-kast. Reiches bestand. In den letzten zwei Jahren seiner Regierungszeit widmete sich F. vornehmlich dem weiteren Ausbau seiner Herrschaftsgewalt. L. Vones

Lit.: Eine zusammenfassende wiss. Darstellung fehlt bisher; unveröff. blieb: A. Sánchez Candeira, Fernando I, rey de León y Castilla, 1950 [Anh.: Urkk.-Slg.] [vgl.: E. Sáez, Hispania 11, 1951, 172–180] – A. Ubieto Arteta, Estudios en torno a la división del reino por Sancho el Mayor de Navarra, Príncipe de Viana 21, 1960, 5–56, 163–237 – G. Martínez Díez, El concilio compostelano del reinado de Fernando I, AEM 1, 1964, 121–138 – R. Menéndez Pidal, La España del Cid, 2 Bde, 1969⁷ – P. Segl, Kgtm. und Klosterreform in Spanien, 1974 – Ch. J. Bishko, Stud. in Medieval Frontier Hist., 1980 – Ders., Spanish and Portuguese Monastic Hist. 600–1300, 1984 – H. Grassotti, La Iglesia y el Estado en León y Castilla de Tamarón a Zamora (1037–1072), CHE 61–62, 1977, 96–144 [abgedr. in: Estudios Medievales Españoles, 1981, 377–431].

6. F. II. 'el Baboso', *Kg. v.* →*León* 1157–88, * 1137, † 22. Jan. 1188 in Benavente, zweitgeborener Sohn Kg. Alfons' VII. v. Kastilien-León und seiner 1. Gattin →Berengaria, Tochter Gf. →Raimund Berengars III. v. Barcelona, ∞ 1. 1165 Urraca, Tochter Alfons' I. v. Portugal, 2. 1178 Teresa Fernández, Tochter des Gf.en Fernando Pérez v. Traba († Febr. 1180), 3. 1187 Urraca López de Haro. – Erzogen von dem galic. Gf.en Fernando Pérez v. Traba und seit 1154 Kg. in Galicien, trat F. nach dem Tod seines Vaters (21. Aug. 1157) die Nachfolge im Kgr. León sowie in Galicien, Asturias de Oviedo, Astorga, Toro, Zamora, Salamanca und den angrenzenden Regionen innerhalb des leones. Adels. Unruhen innerhalb des leones. Adels, die bald nach der Regierungsübernahme ausbrachen und Sancho III. v. Kastilien, F.s älteren Bruder, auf den Plan riefen, wurden am 23. Mai 1158 endgültig durch den Vertrag v. →Sahagún beigelegt (Abgrenzung der beiderseitigen Einfluß- und Eroberungszonen, Richtlinien für die gegenseitige Nachfolge im Todesfall). Der überraschende Tod Sanchos III. am 31. Aug. 1158 schuf jedoch eine völlig neue Situation, da F. die Vormundschaft über seinen minderjährigen Neffen Alfons (VIII.) zufiel und es ihm, der seit Nov. 1158 den Titel eines »rex Hispaniae« bzw. (etwas später) eines »rex Hispanorum« (→Hispania) führte, durch den Gegensatz zw. den Adelsfamilien der →Castro und →Lara möglich wurde, in Kastilien einzufallen, sich→Segovias sowie weiterer Städte der kast. →Estremadura und der Transierra zu bemächtigen, am 9. Aug. 1162 gar seinen Einzug in →Toledo zu halten und hinfort im Bunde mit den Castro seinen polit. Einfluß abzusichern. Seit dieser Zeit hielt der »Hispanorum rex« seinen Anspruch auf Suprematie aufrecht, der noch gefestigt wurde durch Verträge mit Aragón und Portugal: in Ágreda (27. Sept. 1162) nahm F. nach dem Tod →Raimund Berengars IV. dessen unmündigen Sohn Alfons (II.) sowie dessen Reich unter seine Schutzgewalt (tutela) und gab ihm seine Schwester Sancha zur Frau; in Pontevedra (30. April 1165) wurde der Ausgleich mit Portugal durch die Heirat des Kg.s mit der Infantin Urraca besiegelt. Die neugewonnene Stellung fand ihren Ausdruck in der Annahme des Titels eines »rex Hispaniarum«. Parallel zu seinen außenpolit. Bestrebungen trieb F. die →Repoblación der Estremadura leonesa voran, wo u. a. 1161 durch die Besiedlung von →Ciudad Rodrigo und →Ledesma wichtige Stützpunkte befestigt werden konnten, aber auch ein Konflikt mit →Salamanca, das seine Rechte in dieser Ausdehnungszone geschmälert sah, heraufbeschworen wurde. In der Folgezeit häuften sich die territorialen Auseinandersetzungen, v. a. mit Kastilien, wo die Lara am 26. Aug. 1166 Toledo zurückgewinnen konnten, und mit Portugal, mit dem die Eroberung des Reiches v. →Badajoz einen Streitpunkt bildete. Im Zuge des stets vorangetriebenen Maurenkampfes wurde 1166 die Burg →Alcántara eingenommen; 1170 erfolgte die Gründung des Ritterordens v. →Santiago (1170), der zuerst als Gemeinschaft in Cáceres Bestand hatte. Zwei Ereignisse beeinflußten zu dieser Zeit die außenpolit. Konzeption F.s nachhaltig: zum einen die Erlangung der Alleinregierung durch Alfons VIII. v. Kastilien, schrittweise bis 1177; zum anderen die Verweigerung der wegen naher Verwandtschaft erforderlichen Dispens durch Papst Alexander III., was – trotz der Geburt eines Thronfolgers, Alfons (IX.) – 1175 zur Auflösung der Ehe mit Urraca führte. Zwar ergab im Juni 1177 eine Zusammenkunft in Tarazona einen Gebietsausgleich zw. León und Kastilien, so daß F. 1178 die Kirchenordnung einer Revision unterziehen und durch seine Heirat mit Teresa, der Witwe des Gf.en Nuño

Pérez v. Lara, neue polit. Beziehungen knüpfen konnte, doch führten die permanenten Reibereien mit Kastilien schließlich zum Krieg (1178–81). Nach den nur temporär wirksamen Friedensschlüssen von Castronuño (Ende Febr. 1181) und Medina de Ríoseco (21. März 1181) ermöglichte die Übereinkunft von Fresno-Lavandera (Juni 1183) eine längere Atempause. In seiner letzten Regierungsphase geriet F. immer mehr unter den Einfluß seiner Geliebten und – seit 1187 – Gemahlin Urraca López aus der kast. Adelsfamilie →Haro, deren Verwandte allmählich in wichtige Positionen aufrückten. F. hinterließ seinem Sohn Alfons IX. eine schwierige Nachfolge, zumal Urraca Thronansprüche für ihren nach F.s Tod geborenen Sohn Sancho stellte. Das Ende der Regierung F.s sah bürgerkriegsähnliche Zustände heraufziehen, die dem Kg. v. Kastilien die Möglichkeit zu direktem Eingreifen eröffneten.　　　　　　　　　　　　　　　　　　L. Vones

Lit.: J. González, Regesta de Fernando II, 1943 [grundlegend] – Ders., La repoblación de la Extremadura leonesa, Hispania 3, 1943, 195–273 – Ders., El reino de Castilla en la época de Alfonso VIII, 3 Bde, 1960 – J. L. Martín, Fernando II de León y la Orden de Santiago (1170–1181), AEM 1, 1964, 167–195 – M. R. García Alvarez, Los Arias de Galicia y sus relaciones familiares con Fernando II de León y Alfonso I de Portugal, Bracara Augusta 20, 1966, 25–41 – J. L. Martín, Orígenes de la orden militar de Santiago (1170–1195), 1974 – E. Pérez Rodríguez, El Latín de la Cancillería de Fernando II, 1986.

7. F. I. v. Aragón (Ferrante), *Kg. v. Neapel,* * 2. Juni 1431 in Valencia, † 25. Jan. 1494 in Neapel. Eltern: →Alfons I. (V.) und Giraldona Carlino, Frau des Gaspare Revertit, aus Barcelona. Am 17. Febr. 1440 bereits durch seinen Vater legitimiert, am 26. Febr. 1443 als Nachfolger im Kgr. Neapel durch das Parlament anerkannt, Hzg. v. Kalabrien. Von Pius II. investiert (25. Juli und 10. Nov. 1458), wurde er am 4. Febr. 1459 in Barletta gekrönt und nahm die Titel Kg. v. Sizilien, Jerusalem und Ungarn an. 1. ∞ 1445 Isabella Chiaromonte; Kinder: →Alfons II.; Eleonora, ∞ 1473 Hzg. →Ercole I. d'→Este; Federico (→Friedrich v. Aragón); Giovanni (1477 Kardinal); Beatrice, 1. ∞ 1476 →Matthias Corvinus und 2. ∞ 1490 Ladislaus, Kg. v. Ungarn und Böhmen; Francesco, Hzg. v. Monte Sant' Angelo (1484) und Mgf. v. Bisceglie. – 2. ∞ 1477 Johanna, Tochter Johanns II. v. Aragón; Tochter: Johanna, ∞ 1496 →Ferdinand II. v. Aragón (Ferrandino). Daneben neun illegitime Kinder. 1452–54 kämpfte er in der Toskana, 1458 und 1459 unterwarf er den unbotmäßigen Feudaladel in den Abruzzen und in Apulien, von Sept.–Nov. 1459 unterdrückte er den Aufstand in Kalabrien. 1459–64 kämpfte er gegen den von Calixtus III. favorisierten Kronprätendenten →Johann v. Anjou, und die Barone, die auf angevin. Seite standen, wurde bei Sarno geschlagen (7. Juli 1461), konnte jedoch nach dem Sieg bei Troia (18. Mai 1462) seine Herrschaft sichern. Von da an zog er selbst nicht mehr ins Feld, schaltete sich aber aktiv in das Spiel der Kräfte ein, die Italien beherrschten. Zur Unterstützung der Liga mit Mailand und Florenz schickte er 1467 Truppen gegen Bartolomeo →Colleoni in das Gebiet von Bologna; er stand auf der Seite der Mächte, die das System der »pace d'Italia« vertraten (25. April 1468), leistete 1469 Roberto Malatesta, dem Paul II. Rimini streitig machte, militär. Hilfe und sandte 1467–72 Johann II. v. Aragón, der von René und Johann v. Anjou bekämpft wurde, ein Schiffsaufgebot; bei dem Versuch, seinen illegitimen Sohn Alfonso auf den Thron von Zypern zu setzen, brach er den Friedensvertrag mit Venedig (19. April 1471), zog aber in der Levante seine Flotte gegen die Türken im ven.-türk. Krieg nicht ab (1468–72); 1475 schloß er mit Sixtus IV. ein Bündnis gegen die Medici und ließ 1478–79 die

Gebiete am Fluß Elsa in Streifzügen verwüsten; vorwiegend um Beitragsleistungen für die Befreiung Otrantos von der türk. Belagerung (11. Aug. 1480–10. Sept. 1481) zu erhalten, gab er jedoch die eroberten toskan. Gebiete an Florenz zurück. 1482–84 unterstützte er seinen Schwiegersohn Ercole I. v. Ferrara im Krieg gegen Venedig, im Gegenzug besetzte die Seerepublik Gallipoli und Nardò. Es gelang ihm, die gefährl. Opposition des vom Papst unterstützten Feudaladels zu unterdrücken (Verschwörung der →Barone). 1489 von Innozenz VIII. exkommuniziert, legte er die Kontroverse mit dem Papst um die Oberhoheit im Regno jedoch 1492 bei, so daß er der Isolierung, in die ihn die antineapolitan. und profrz. Liga von S. Marco (25. April 1493) trieb, trotzte.

F. führte zahlreiche innere Reformen durch: 1477 regelte er auf der Basis der angevin. »Ritus« das Prozeßrecht. In der Finanzverwaltung bediente er sich der Geschäftsführung des Bankhauses →Strozzi, dem er die Funktionen der Hofkasse übertrug (1466–87). Durch Liberalisierung des Handels mit Erzeugnissen aus Lehensgrundbesitz (1466), Aufhebung von mißbräuchl. eingezogenem Wege- und Ufergeld (1466, 1469), Vereinheitlichung von Maßen und Gewichten (1480) sowie Förderung des Unternehmertums (Gründung mehrerer Korporationen u. a. für Seide, Brokat und Wolle) trug er zum Aufschwung der Wirtschaft bei. 1467 und 1470 ließ er durch die universitates eine Reform des »apprezzo« (Verteilung der Steuerlast) durchführen. Der Stadt Neapel, die er 1484 und 1492 befestigte, gestand er Steuerfreiheit und eigene Gerichtsbarkeit zu (1476) und förderte die Universität durch Errichtung neuer Lehrkanzeln (1465, 1468). Er schritt energisch gegen Mißbrauch der Amtsgewalt bei Amtsträgern (1469), Baronen (1467) und Klerus ein (1469) und bekämpfte das Verbrechertum (1468, 1480).　C. Vultaggio

Lit.: E. Pontieri, Ferrante d'Aragona re di Napoli, 1969² – A. Ryder, The Kingdom of Naples under Alfonso the Magnanimous, 1976 – M. del Treppo, Il regno aragonese (Storia del Mezzogiorno, hg. G. Galasso – R. Romeo, IV, 1, 1986), 89–201.

8. F. II. Vinzenz v. Aragón (Ferdinando Vincenzo), gen. Ferrandino, *Kg. v. Neapel,* * 26. Juni 1467 in Neapel, †7. Okt. 1496 ebd. Eltern: →Alfons II. und Ippolita Maria Sforza. Fs. v. Capua (1467), Hzg. v. Kalabrien (1494); 1492 Gewährung seiner Thronfolgerechte durch Papst Alexander VI.; Krönung in Neapel am 23. Jan. 1495, dem Tag der Abdankung seines Vaters, ∞ Johanna, Tochter →Ferdinands I. von Aragón und der Johanna v. Aragón-Neapel. F. nahm am Ferrarakrieg (→Ferrara; 1482–84) teil, kämpfte gegen die Verschwörung der →Barone, war 1487–93 Generalstellvertreter und befehligte das neapolitan.-päpstl. Heer in der Romagna (1494). Da F.s Städte und Truppen vor →Karl VIII. kapitulierten, besetzte dieser am 21. Febr. 1495 Neapel. Am 7. Juli 1495 kehrte F. auf dem Seeweg in seine Hauptstadt zurück, am 27. Okt. brachte er Castelnuovo sowie die Dohana menae pecudum (→Foggia, →Capitanata) wieder in seine Gewalt. Bei der Rückeroberung seines Kgr.s stützte F. sich auf Truppen unter der Führung Gonzalos de Córdoba (→Gran Capitan), die ihm →Ferdinand der Kath. gesandt hatte; 208 000 Dukaten entlehnte er von Venedig, wobei er als Kaution die apulischen Häfen einsetzte (21. Jan. 1496); für die Stellung von Garnisonstruppen gewährte er den Popolanen von Neapel in 21 Kapiteln Autonomie und Machtfunktionen im Stadtregiment (28. Juni 1496). Nach der Belagerung von Atella (23. Juni 1496) und dem Sieg über die aufständischen →Sanseverino in Salerno (13. Aug.) fiel er schließlich einer Art Malariafieber zum Opfer.

C. Vultaggio

Lit.: N. Minervini, Re Ferrandino, 1923 – G. D. D'Agostino, La capitale ambigua. Napoli dal 1458 al 1580, 1979, 56–77.

9. F. I., *Kg. v. Portugal,* * 31. Okt. 1345 in Lissabon, † 22. Okt. 1383 ebd.; Sohn und seit 1367 Nachfolger Peters I., letzter Kg. der burg. Dynastie. Er förderte den Schiffbau und die Kultivierung von brachliegendem Ackerland (Lei das Sesmarias). Daß aber sein Chronist Fernão Lopes dem sterbenden Kg. die Worte in den Mund legte, er werde Gott für seine Herrschaft »muj maao comto« abgeben müssen, dafür sind v. a. seine ruinösen Kriege mit Kastilien und seine unglückselige Ehe verantwortlich. F. hatte unter obskuren Bedingungen die schon verheiratete Adlige Leonor Téllez geheiratet (Zeit und Ort der Hochzeit schon damals unbekannt), was einen Aufruhr auslöste, der auf Betreiben der Kgn. blutig unterdrückt wurde; später ist die den Adel begünstigende und beim Volk unbeliebte Kgn. noch wegen eines Favoriten in üblen Ruf geraten. In seinem 1. Krieg (1369–71) war F. darauf aus, als Urenkel Sanchos IV. den Thron →Peters I. v. Kastilien zu erlangen, auf dem nun dessen Mörder →Heinrich II. saß. Den 2. Krieg (1372–73) provozierte F., indem er als Verbündeter Englands Heinrichs Verständigungsbemühungen ignorierte, womit er Portugal zu einem Nebenschauplatz des →Hundertjährigen Krieges machte. Beide Male retteten päpstl. Friedensvermittlungen ihn vor der völligen Niederlage. Im Vertrag v. London (16. Juni 1373) festigten England und Portugal ihr Bündnis. Doch dann verband sich F. mit Kastilien, wobei er 1376 und 1380 Ehen seiner Tochter →Beatrice mit Söhnen Heinrichs II. bzw. Johanns I. vereinbarte und sein Land von der Oboedienz Urbans VI. zu der Clemens' VII. wechseln ließ. Der Erneuerung der Allianz mit England folgte der 3. Krieg mit Kastilien (1381–82) samt einem engl. Heiratsvertrag für seine Tochter und der Rückkehr zur röm. Oboedienz. Als F. den Krieg abbrach, kehrte er auch zum avignones. Papst zurück und vereinbarte Beatrices Ehe mit Johanns 2. Sohn. Wenig später verheiratete er sie mit Kg. Johann selbst. Damit schuf er trotz aller Gegenbestimmungen im Ehevertrag für den Kastilier konkrete Ansatzpunkte zur Eroberung des ptg. Thrones. Nach seinem Tod bewahrte die »Revolution« von 1383–85 (→Aljubarrota, →Avis-Dynastie) Portugal vor diesem Zugriff.   P. Feige

Q.: Lissabon, Arquivo Nacional da Torre do Tombo, Chancelaria de D. Fernando I. livros 1–4 u. Arquivo Histórico da Câmara Municipal, Chancelaria Régia, Livro 2.° del-rei D. Fernando (cod. 8) – Fernão Lopes, Crónica de D. Fernando, ed. G. Macchi, 1975 – *Lit.:* Dicionário de Hist. de Portugal II, 206–210 [R. de Abreu Torres] – S. Dias Arnaut, A crise nacional dos fins do século XIV I, A successão de D. Fernando, Biblos 35, 1959, 1ff. – M. T. Campos Rodrigues, Itinerário de D. Fernando 1367–1383, Bracara Augusta 32, 1978, 181–186 – J. T. Montalvão Machado, Amizade do Rei D. Fernando às praças fronteiriças, Arqueologia e Hist. 9. Ser. Bd. 1, 171–176 – A. H. de Oliveira Marques, Hist. de Portugal, 1982¹⁰, 217–225 – s. a. →Beatrice v. Portugal.

10. F. 'd. Hl.', *Prinz v.* →*Portugal,* † 1443 in Tanger in muslim. Gefangenschaft. – Zur polit. Bedeutung F. s s. die Artikel zu seinen Brüdern, Kg. →Eduard (Duarte) v. Portugal (11. E.) und →Heinrich d. Seefahrer.

11. F., *Infant v.* →*Portugal,* † 1470, Bruder Kg. →Alfons' V., Vater von →Diogo, 4. Hzg. v. Viseu.

12. F. v. Mallorca, *Prinz von* →*Achaia,* * um 1278, † nach 5. Juli 1316, 3. Sohn Kg. →Jakobs II. v. Mallorca und der Esclaramunda v. →Foix, ⚭ Febr. 1314 Isabelle de Sabran, Tochter der Margarete v. →Villhardouin und Erbin des Hzm.s →Morea. Nach Auseinandersetzungen mit seinem Vater, dessen polit. Linie er nicht gutgeheißen und durch verschiedene eigene Schachzüge desavouiert

hatte, ging er zuerst an den Hof →Jakobs II. v. Aragón nach Barcelona und dann zu →Friedrich III. nach Sizilien, mit dem er am 10. März 1307 einen Vertrag schloß, der ihm mit der Funktion eines Vizekg.s in lehnrechtl. Formen die Führung der →Katal. Kompagnie im Osten übertrug. Die Schwierigkeiten, denen sich F. gegenübersah, als er die Führer der Kompagnie in Gallipoli zum Lehnseid bewegen wollte, die Verweigerung Bernats de →Rocafort und der →Almogávares sowie die Ermordung Berengars d' →Entença ließen das Unternehmen zusammenbrechen. Die Kompagnie leistete →Karl v. Valois den Treueid. Auf der Rückreise wurde der Infant ebenso wie der Geschichtsschreiber Ramon →Muntaner von den Venezianern gefangengenommen, an Kg. →Robert v. Neapel ausgeliefert und vorübergehend in Neapel eingekerkert. Als Prinz v. Achaia forderte er die Erbansprüche seiner im Mai 1315 gest. Gattin auf das Hzm. Morea ein. F. starb an den Folgen der gegen Ludwig v. Burgund verlorenen Schlacht v. Manolada (5. Juli 1316). Seinem Sohn Jakob sollte als →Jakob III. die Krone→Mallorca zufallen.   L. Vones

Lit.: A. Rubió i Lluch, Contribució a la biografía de l'infant Ferràn de Mallorca, Estudis Univ. Catalans 7, 1913, 291–379 [mit Ed. wichtiger Q.] – J. E. Martínez-Ferrando, L'infant Ferràn de Mallorca, 1962 – A. Bon, La Morée franque, 1969, 190ff., 195f. – R. Sablonier, Krieg und Kriegertum in der Crònica des Ramon Muntaner, 1971, 69–71 – A. E. Laiou, Constantinople and the Latins. The Foreign Policy of Andronicus II, 1972, 180ff., 208f., 255.

13. F., 3. *Hzg. v.* →*Braganza* (seit 1478), Gf. und Hzg. des neugeschaffenen Hzm.s Guimarães (seit 4. Juli 1470), * 1430, enthauptet 20. Juni 1483 in Évora, erstgeborener Sohn des Ferdinand, des 2. Hzg.s v. Braganza, und der Johanna de Castro. Als enger Berater Kg. Alfons' V. v. Portugal, mächtigster ptg. Grundherr und oberster Statthalter in den Grenzprovinzen Entre Douro e Minho und Trás-os-Montes, verfügte F. über beträchtl. Truppenkontingente. Unterstützt von seinen ebenfalls reich begüterten Brüdern (Afonso, Gf. v. Faro; João, Mgf. v. Montemor; Alvaro), wurde er unter der Regierung Johanns II. zum politisch bedeutendsten Gegenspieler des Kgtm.s. Nachdem F. beim Thronwechsel von 1481 auf den Cortes v. →Évora als entschiedener Vertreter adliger Standesinteressen gegenüber den zentralist. Ansprüchen der neuen Kg.s aufgetreten war, wurde er 1483 unter zwielichtigen Begleitumständen als Haupt einer Adelsverschwörung entlarvt, gefangengenommen (28. Mai) und zum Tode verurteilt, der Besitz des Herzogshauses v. Braganza konfisziert. Eine Rehabilitation seiner Person und seines Hauses fand unter Kg. Manuel I. gegenüber F.s Sohn Jakob, dem 4. Hzg. v. Braganza, am 18. Juni 1496 statt.

                L. Vones

Q.: Rui de Pina, Croniqua d'el Rey Dom Joham II. Nova ed. de A. Martins de Carvalho, 1950 – García de Resende, Crónica de D. João II e Miscelânea, ed. J. Veríssimo Serrão, 1973 – Crónicas de Rui de Pina, ed. M. Lopes de Almeida, 1977 – *Lit.:* DHP II, 211f. – A. Braamcamp Freire, As conspirações do reinado de D. João II, Archivo Hist. Português 1–2, 1903–04 – Ders., Brasões da Sala de Sintra, Vol. III², 1930, 291 – H. Barquero Moreno, A conspiração contra D. João II, Arquivos do Centro Cultural Português 2, 1970, 47–103 – J. Veríssimo Serrão, Itinerários de El-Rei D. João II, Vol. I (1481–1488), 1975, 96–99.

14. F. v. Aragón, *Marqués v. Tortosa,* * Dez. 1329, † 16. Juli 1363, 1. Sohn Kg. →Alfons' IV. v. Aragón und seiner 2. Gemahlin →Eleonore v. Kastilien, zu dessen Ausstattung sein Vater 1332 aus dem kgl. Patrimonium die Mgft. →Tortosa-Camarasa sowie weitere Gebiete an der Grenze zw. Valencia und Kastilien ausgliederte, damit aber auf Widerspruch des Adels stieß. Nach dem Tod Alfons' IV. mußte F. zusammen mit seiner Mutter und

seinem Bruder Johann vor seinem Stiefbruder → Peter IV.
nach Kastilien fliehen, wo er von 1350 bis 1355 die Funktion eines → Adelantado Mayor de la Frontera (Andalusien) ausübte. Zwischenzeitlich versuchte er im Bund mit
der Adelsunion in Valencia und Aragón wieder Fuß zu
fassen, geriet aber nach der Schlacht v. → Épila in Gefangenschaft. 1352 wieder in seine aragon. Besitzungen eingesetzt, spielte er zuerst bei späteren Auseinandersetzungen zw. Kastilien und Aragón → Peter I. v. Kastilien in die
Hände, bevor er, dem beim Tod des Kg.s v. Kastilien das
Thronfolgerecht zufallen mußte, gezwungen war, bei
Peter IV. Zuflucht zu nehmen. Wegen seiner Thronansprüche in den kast. Bürgerkrieg hineingezogen, wurde F.
schließlich nach dem Frieden v. → Murviedro (2. Juli 1363)
durch seinen Konkurrenten → Heinrich (II.) v. Trastámara, vielleicht mit Billigung Peters IV., ermordet.　L. Vones

Lit.: R. PÉREZ-BUSTAMANTE, El gobierno y la administración territorial
de Castilla (1230–1474), Vol. I, 1976, 369f., 389 – Hist. General de
España y América V, 1981 – J. M. SALRACH – E. DURAN, Hist. dels
paisos catalans. Dels orígens a 1714, Bd. 1–2, 1982².

Ferdomnach, air. Kalligraph, † 846 nach einem Vermerk
in den Annalen v. Ulster, in dem er als sapiens ('Gelehrter')
und scriba optimus ('hervorragender Schreiber') v. → Armagh genannt ist. 807 schrieb er, bereits Schreibmeister,
im Auftrag des Abtes Torbach gemeinsam mit zwei Gehilfen das bedeutende → »Book of Armagh«. Aufgrund der
Kolophone sind ihm innerhalb des Codex das NT (f.
25–105), das supplementum (f. 20–24) zu den Dokumenten über den hl. → Patricius und der Schluß (f. 214–222) der
Vita des hl. → Martin zuzuweisen. Seine Signaturen erscheinen f. 24v, 53v, 215r, 222r. F. bediente sich gelegentlich der ps.-griech. → Unziale, im Kontrast zu der sonst im
Codex verwendeten ir. → Minuskel. Seine steile Handschrift ist von höchster kalligraph. Schönheit und Meisterschaft. Der Schreiber, dessen stammesmäßig-dynast.
Herkunft unbekannt bleibt, dürfte in seinen letzten Lebensjahren Leiter der Klosterschule v. Armagh gewesen
sein.　　　　　　　　　　　　　　　　Ch. Doherty

Lit.: s. Ed. und Lit. zu → Book of Armagh – ferner: CH. GRAVES, On
the Date of the Book of Armagh, PRIA 3, 1845–47, 316–324 – R. I.
BEST, Palaeographical Notes III: the Book of Armagh, ERIU 18, 1958,
102–107 – R. SHARPE, Palaeographical Considerations in the Study of
the Patrician Documents in the Book of Armagh, Scriptorium 36,
1982, 3–28.

Fereğ baᶜd eš-šidde ('Auf Leid folgt Freud'), osman.
Sammlung von 42 Erzählungen, die meisten nachweislich
aus dem Pers. übersetzt. Früheste Hss. aus der Mitte des
15. Jh., doch dürfte das Buch schon in der 2. Hälfte des
14. Jh. entstanden sein. Das beliebte Werk volkstümlicher
Unterhaltungsliteratur wurde im 18. Jh. in der Übersetz-
zung von François De La Croix (»Les Mille et un jour«) in
Europa bekannt (z. B. die Turandot-Geschichte). → Tau-
sendundein Tag.　　　　　　　　　　　A. Tietze

Lit.: A. TIETZE, Das türk. F. als Medium der Wanderung oriental.
Stoffe ins Abendland (Proceedings of the XXII Congress of Orienta-
lists II, 1957), 412–420.

Fergal mac Máele Dúin, ir. Hochkönig, ca. ab 717, ✕
Ende 722; Kg. der → Cenél nEógain, eines Zweiges der
nördl. → Uí Néill, belegt erstmals 707 anläßlich eines
Vergeltungsfeldzuges gegen die → Connachta. Es gelang
F., unter Ausnutzung der inneren Streitigkeiten der kon-
kurrierenden südl. Uí Néill, nach 717 an ihrer Stelle das
Hochkönigtum zu gewinnen. Die größte Gefahr für seine
Machtstellung bildete der Kg. v. → Munster, → Cathal
mac Finguine († 742), der im Bunde mit Leinster 721 in die
Midlands einfiel. F. beantwortete diesen Angriff noch im
gleichen Jahr mit einer Invasion Leinsters; mit Cathal

dürfte er Frieden geschlossen haben. Am Freitag, dem
11. Dez. 722, fiel er erneut in Leinster ein, zwecks Unterwerfung der Provinz, unterlag und fiel aber in der großen
Schlacht v. Allen (Gft. Kildare).　　　　Ch. Doherty

Lit.: F. J. BYRNE, Irish Kings and High-Kings, 1973, 144, 146–148,
207f., 248.

Fergus (Fearghas), ir. Name, belegt in den ma. → Genealogien als – sagenhafter – Held aus Ulster und Sohn des
Fintan, Nachkomme von Fróech mac Cúscraid. F. galt als
Stammvater mehrerer ir. Königsfamilien. – In Annalen
und Martyrologien sind außerdem ca. 20 frühma. Hl.e
namens F. belegt.

Feria, Gf.en v., im SpätMA Titel der Häupter der
ursprgl. in Galicien begüterten Adelsfamilie (Suárez de)
Figueroa, nachdem es Lorenzo Suárez de Figueroa als
Meister des → Santiagoordens (1387–1409) gelungen war,
im Kgr. v. → Badajoz einen Güterkomplex zu erwerben,
dessen Zentrum die sö. v. Badajoz gelegene Tierra de
Barros mit den Orten Villalba, Nogales und La Parra war,
wozu u. a. noch Zafra, Salvaleón, Villanueva de Barcarro-
ta, Feria, Perales und Solana sowie weitere Besitzungen,
v. a. im Kgr. → Sevilla und im Bm. → Córdoba, gehörten.
Die Schaffung eines → Mayorazgo (1400/1404) leitete eine
Entwicklung ein, die mit der Verleihung des Grafentitels
am 17. Mai 1460 ihren Abschluß fand. Der Gf. v. F. zählte
zu den bedeutendsten Adligen der → Estremadura, war
seit 1469 mit Juan → Pacheco verbündet, wurde am 12.
Okt. 1474 dort von Heinrich IV., Kg. v. Kastilien, zum
militär. Befehlshaber ernannt und konnte während der
Wirren nach dessen Tod gemeinsam mit Alonso de Cárde-
nas, dem Meister des Santiagoordens, den südl. Teil der
Region halten.　　　　　　　　　　　　L. Vones

Lit.: F. MAZO ROMERO, Los Suárez de Figueroa y el señorío de F., Hist.,
Instituciones, Documentos 1, 1974, 111–164 – M.-C. GERBET, La
noblesse dans le royaume de Castille, 1979 [Stammtaf.] – F. MAZO
ROMERO, El condado de F. (1394–1505), 1980 – DERS., El patrimonio de
los señores de F. en Andalucía (Actas del I Coloquio de Hist. Medieval
Andaluza, 1982), 207–217 – DERS., Propriedad y régimen de explota-
ción en la Tierra de Barros a fines de la Edad Media (En la España
Medieval III/2, 1982), 81–108.

Ferio → Schlußmodi

Ferison → Schlußmodi

Fer léigind (von air. *léigend* 'Lateinkenntnisse', < lat.
legendum), Bezeichnung für den Lehrer der Hl. Schrift
und Theologie an der → Klosterschule des hochma. → Irland; Colgan gab den Begriff im 17. Jh. mit 'lector,
scholasticus' wieder. Der f. war Inhaber eines hochangesehenen monast. Amtes und häufig zugleich Bf., Abt oder
→ airchinnech. Der Gebrauch der Bezeichnung 'f.' scheint
mit dem Rückgang des lat. Begriffs 'scriba' ('Schreiber',
zumeist wohl den Leiter eines → Skriptoriums bezeichnend) einherzugehen. Nach sporad. Auftreten seit dem
Ende des 8. Jh. gewinnt das Amt des f. im 10.–12. Jh.
größte Verbreitung; die großen Kl. → Armagh, → Clon-
macnoise und → Kildare weisen eine kontinuierl. Reihe
von *fir léigind* auf, die für die Bewahrung der älteren
Überlieferungen und den Ruf dieser Kl. als Stätten der
Lateinpflege sorgten. Möglicherweise hängt die Verbreitung dieses Amts mit einem Wandel der Ausrichtung des
ir. Schulwesens zusammen, nämlich einer verstärkten
Verbindung von einheim. weltl. Überlieferungen und
monast.-kirchl. Bildungstraditionen. Auf der Synode v.
Clane (1162) wurde die Absolvierung eines Studiums in
Armagh zur Voraussetzung für die Einsetzung eines mo-
nast. f. erklärt. 1169 stiftete → Ruaidrí Ua Conchobair,
Kg. v. Irland, dem Abt des f. zu Armagh zehn Kühe

zugunsten der Studenten aus Irland und Schottland. Flann Ua Gormáin († 1174), der den Titel *árdfherléigind* ('leitender f.') v. Armagh trug, soll einen zwanzigjährigen Studienaufenthalt bei »Franken und Sachsen« absolviert haben. Zu den berühmten Trägern des Titels eines f. zählten auch Gelehrtenpersönlichkeiten wie Máel Mura Othna aus →Fathan († 887) und Gilla na Naem Ua Duinn aus Inis Clothrand († 1160), die sich durch Beherrschung der kgl. Genealogien, der Erklärung von Ortsnamen und der Regeln der Dichtkunst auszeichneten. Mit der anglonorm. Invasion verfiel das durch den f. getragene ir. Bildungswesen. P. Ní Chatháin

Q. und Lit.: E. MacNeill, Phases of Irish Hist., 1920, 284f. – J. F. Kenney, The Sources for the Early Hist. of Ireland, 1966, 11 – F. McGrath, Education in Ancient and Medieval Ireland, 1979, 89ff.

Fermentatio → Alchemie II

Fermo, it. Stadt (Marken), erstreckt sich über einen Bergrücken, wenige km vom Meer entfernt; auf der höchsten Erhebung steht der Dom (Fassade von 1227), gegenüber lag einstmals das stark befestigte Kastell Girfalco (geschleift 1446). Erwachsen ist F. aus der röm. Kolonie Firmum Picenum (seit 264 v. Chr.). Nach der Gotenherrschaft konnte F. noch einmal 553–570 zum oström. Reich zurückkehren. Um 580 wird der erste Bf. genannt; 1589 wurde F. Ebm. Seit der Langobardenzeit war es Sitz eines Gf.en (bezeugt zuerst 748); später erscheint gelegentl. sogar die Bezeichnung ducatus F., zuweilen auch marca F. (später Mark →Ancona). Jedenfalls war F. im MA stets namengebender Zentralort der umliegenden Region.

Als Teil des Hzm.s →Spoleto wurde die Gft. 754 von Pippin und 774 von Karl d. G. der röm. Kirche versprochen. Deshalb waren Stadt und Territorium im 12. Jh. zw. Ks. und Papst umstritten (1176 Zerstörung durch Friedrich I. Barbarossa). Nach einer Phase kommunaler Selbständigkeit wurde F. unter Innozenz III. zu einem Teil des Kirchenstaates (1214). Erst seit Mitte 15. Jh. war die Stadt unbestritten in direkter päpstl. Herrschaft, während bis dahin immer wieder einzelne Herren sie zeitweise regierten, zum Teil als Vikare der Kirche. In F. saßen die Rektoren der Prov. Marken im Kirchenstaat.

1398 verfügte Bonifaz IX. die Einrichtung einer Univ. mit Theologie, beiden Rechten und artes, die jedoch nicht verwirklicht worden zu sein scheint. Schon im Karolingerreich war F. Sitz einer der neun regionalen Schulen Mittel- und Oberitaliens gewesen. D. Girgensohn

Lit.: DHGE XVI, 1084–1091 – IP IV, 134–146 – Il codice 1030 dell'Archivio diplomatico di F.: Liber diversarum copiarum…, hg. D. Pacini, Deput. di storia patria per le Marche StT 3, 1963 – E. Taurino, L'organizzazione territoriale della contea di F. nei secoli VIII–X, StM Ser. 3, 11, 1970, 659–710 – G. Liberati, Dinamica della vita economica e politica a F. nel secolo XIV, Studi urbinati di storia, filosofia e letteratura 49 = NS B 2, 1975, 9–29 – D. Pacini, I »ministeria« nel territorio di F. (secoli X–XII), Studi maceratesi 10, 1976, 112–172 – C. Tomassini, I castelli del territorio di F. nel XII secolo, Deput. di storia patria per le Marche, Atti e memorie 84, 1979, 81–98 – S. Prete, Pagine di storia fermana, Fonti e studi 6, 1984 – E. Taurino, Cronotassi dei vescovi di F. dalle origini alla fine del sec. XII, Studia Picena 49, 1984, 25–34 – L'Archivio stor. arcivescovile di F., 1985.

Fernam de Silveira, ptg. Dichter, 15. Jh., am Hof Kg. →Alfons' V. v. Portugal (23. A.) Oberhofstallmeister (15. Juni 1454) sowie im Gefolge des Infanten Fernando, Vater von Jorge und Francisco da Silveira, jedoch zu unterscheiden von dem ebenfalls dichtenden Zeitgenossen F. da S. o Moço († 1489). F. da S. war ein wenig origineller höf. Gelegenheitsdichter, dessen lehrhaft-satir. Produktion in die Regierungszeit von Alfons V. und Johann II. fällt. Sie ist im Cancioneiro Geral überliefert, zuerst 1516 gedruckt. D. Briesemeister

Ed.: 1904 [Faks.] – Cancioneiro Geral, ed. A. Crabbé Rocha, 1973 – Cancioneiro Geral, ed. A. J. da Costa Pimpão, A. F. Dias, 1973 – *Lit.:* J. Ruggieri, Il Canzoniere di Resende, 1931 – A. Crabbé Rocha, Aspectos do Cancioneiro Geral, 1949 – P. Le Gentil, La poésie lyrique espagnole et portugaise à la fin du MA, 1949–53 – A. Fernanda Dias, O Cancioneiro Geral e a poesia peninsular de Quatrocentos, 1978.

Fernández

1. F. de Andeiro, Juan, Gf. v. Ourem, ermordet 6. Dez. 1383 im kgl. Palast zu Lissabon, galic. Adliger aus der Gegend von La Coruña, der seit 1369 die Belange des ptg. Kgtm.s unterstützte und unter der Regierung Ferdinands I. v. Portugal als einer der verhandlungsführenden Gesandten 1372/73 großen Anteil an der Allianz zw. Portugal und England hatte, deren Ziel die Durchsetzung der Rechte des Hzg.s Johann v. →Lancaster auf den kast. Thron war. F. trat politisch seit 1380 erneut in Erscheinung, betrieb im Auftrag des engl. Kg.s Richard II. Verhandlungen um die Hand der ptg. Erbtochter →Beatrix für Prinz Eduard v. Cambridge, um schließlich 1382/83 in gleicher Weise als Haupt einer prokast. Partei um die Kg.n →Leonor Téllez, deren *Mayordomo Mayor* und Liebhaber er war, die notwendige, durch die Eheschließung mit Beatrix besiegelte Einigung mit dem militärisch siegreichen Johann I. v. Kastilien voranzubringen. In den polit. Wirren nach dem Tod Ferdinands I. (22. Okt. 1383) wurde er durch Johann v. Avis, den nachmaligen Kg. →Johann I., ermordet. L. Vones

Lit.: DHP I, 148f. – P. E. Russell, João Fernandes A. at the Court of John of Lancaster, 1371–1381, Revista da Univ. de Coimbra 14, 1940, 20–30 – Ders., J. F. de A. en la Corte de Juan Lancaster, Boletín de la Real Acad. Gallega 23, 1943, 359–375 – L. Suárez Fernández, Capitulaciones matrimoniales entre Castilla y Portugal en el siglo XIV (1373–1383), Hispania 8, 1948, 539–593 – P. E. Russell, The English Intervention in Spain and Portugal…, 1955 – S. Dias Arnaut, A Crise Nacional dos Fins do Século XIV, Biblos 35, 1959, 9–597 – J. García Oro, Galicia en la Baja Edad Media. Iglesia, Señorío y Nobleza, 1977 – L. Suárez Fernández, Hist. del reinado de Juan I de Castilla, I, 1977.

2. F. de Córdoba, Familie (auch: Haus Córdoba), führende Adelsfamilie im Kgr. →Córdoba während des SpätMA. Im 13. Jh. im Zuge der →Reconquista aus →Galicien eingewandert, erlebte sie ihren Aufstieg während der kast. Thronkämpfe des 14. Jh. durch Parteinahme für →Heinrich (II.) v. Trastámara. Sie spaltete sich in der 2. Hälfte des 14. Jh. in vier Linien auf, von denen zwei zur obersten Adelsschicht der Krone Kastilien zählten. Die Hauptlinie, das Haus *Aguilar,* erwarb umfangreiche Herrschaften im S des Kgr.es (Cañete de las Torres, Aguilar, Priego, Monturque, Castillo Anzur, La Puente de Don Gonzalo, Montilla, Santa Cruz, Duernas, Carcabuey), während das Haus *Baena* (die *mariscales de Castilla*), das die gleichnamige Herrschaft 1386 von Heinrich II. erhalten hatte, neben Belmonte (1396) v. a. die Vizegft. Iznájar und die Gft. Cabra in Besitz nehmen konnte. Mehr zu einer mittleren Adelsschicht gehörten die weiteren Zweige der Familie: die *Alcaides de los Donceles,* deren Herrschaft sich über die Gebiete von Lucena, Espejo und Chillón erstreckte, und die Herren v. *Montemáyor* und *Alcaudete.* Fünf weitere legitime (Haus *Guadalcázar*) und illegitime Nebenlinien besaßen geringere Bedeutung. 1501 wurde dem Haupt des Hauses Aguilar, Pedro Fernández de Córdoba II. (1501–17), der Titel eines Marqués de Priego verliehen, wohingegen den Alcaides de los Donceles 1512 der Marquesado v. Comares zugestanden wurde. L. Vones

Lit.: M. A. Ladero Quesada, Andalucía en el siglo XV, 1973, 44ff. – M. C. Quintanilla Raso, Nobleza y señoríos en el reino de Córdoba. La casa de Aguilar (siglos XIV y XV), 1979 [grundlegend] – Dies., El señorío de la casa de Aguilar: un dominio en la Campiña y un núcleo frente al Islam (Andalucía Medieval. Nuevos Estudios, 1979), 105–145

– Hist. de Andalucía, hg. M. González Jiménez–J. E. López de Coca Castañer, III, 1981, 114ff. – J. Edwards, Christian Córdoba, 1982.

3. F. de Córdoba, Gonzalo → Gran Capitan

4. F. de Frias, Pedro, Kard., gen. »de Hispania« oder »Oxomensis«, † 19. Sept. 1420 in Florenz, ▭ Burgos, Kathedrale, Vertrauter der kast. Kg.e Heinrich III. und Johann II. Zuerst Archidiakon der Kirche v. Burgos, wurde er am 21. März 1379 zum Bf. v. →Osma gewählt und am 23. Jan. 1394 von Papst Clemens VII. zum Kard.-priester v. S. Prassede, 1413 schließlich zum Kard.bf. v. Sabina erhoben, behielt aber bis 1404 die Verwaltung von Osma bei (definitiver Verzicht erst 1410). Im Laufe seiner kirchenpolit. Karriere tief in die Wirren des →Abendländ. Schismas verstrickt, gehörte er zuerst der clementist., dann der pisan. Oboedienz an und starb schließlich, in Kastilien in Ungnade gefallen, im Exil.　　　L. Vones

Lit.: DHEE II, 918 [J. Goñi Gaztambide] – DHGE XVI, 1106f. [F. Martín Hernández] – Eubel, Hier. cath. I², 29, 383 – J. Goñi Gaztambide, Los españoles en el concilio de Constanza, 1966, 207–217.

5. F. de Heredia, Juan, Großmeister der →Johanniter, * um 1310 in Munébrega (Calatayud), † 1. März 1396 in Avignon, ▭ Caspe, Kollegiatkirche Sta. María; Sohn des García F. de H., trat um 1328 in den Johanniterorden ein und erhielt die Kommenden v. Villel, Aliaga sowie Alfambra, später – gegen die Ansprüche des Infanten Sancho v. Aragón – die aragones. Kastellanei v. Amposta (1346/ 47), wurde dann Großprior v. Kastilien (1355) und León (1359), v. St-Gilles (1357) sowie v. Katalonien (1369). Zweimal verwitwet, hatte er vier Kinder, die er am 1. Mai 1360 durch Kg. Peter IV. legitimieren ließ. Er geriet bei Poitiers (1356) in Gefangenschaft, aus der ihn Kg. Eduard III. befreite. Als Ratgeber und schließlich Kanzler Peters IV. v. Aragón übte er schon seit 1338 großen Einfluß aus (Gesandtschaften zw. 1339 und 1356), ging dann an die Kurie, wo er das Vertrauen der Päpste erwarb (wiederholt Generalkapitän der Stadt Avignon und des →Comtat Venaissin: 1357, 1358, 1361, 1363, 1374). Zeitweilig wieder in Aragón und an den Auseinandersetzungen zw. Aragón und Kastilien beteiligt, begleitete er 1376 Gregor XI. als Flottenadmiral nach Italien und zog mit ihm in Rom ein (17. Jan. 1377). Ende Juli 1377 nahm er schließlich die ihm angetragene Großmeisterwürde der Johanniter an. Nachdem er bereits am 31. März 1363 das Kreuz genommen hatte, bemühte er sich nun nachdrücklich um die Verteidigung des den Johannitern von Kgn. Johanna I. v. Neapel übertragenen Fsm.s Achaia (→Peloponnes). Fast einjährige Kriegsgefangenschaft (1378–Mai 1379) ließ jedoch seinen polit. Einfluß schwinden. – Auf lit. Gebiet veranlaßte er, im Geiste des →Humanismus, Übertragungen ins Aragonesische, das er damit literaturfähig machte (u. a. Übers. von Plutarch, Thukydides, Orosius, Eutropius, Josephus; aber auch des byz. Autors Zonaras sowie der →»Crónica General« Alfons' X., des »Llibre dels feyts« Jakobs I., des »Milione« des Marco →Polo u. a.). Seine enge Freundschaft mit Kg. Johann I. gab der Wiederbelebung der katal. Lit. wichtige Impulse. Die Zusammenstellung des Cartulário Magno v. Amposta (1349–54) weist ihn als umsichtigen Verwaltungsfachmann aus.　　　　　　　　　　　　　　　L. Vones

Ed.: Secreta secretorum, ed. H. Knust, Jb. für roman. und engl. Lit. 10, 1869, 129–172 – A. Morel-Fatio (ed.), Chronique de la Morée aux XIIIᵉ et XIVᵉ s. Libro de los fechos..., 1885 – El libro de Marco Polo, ed. R. Suebe, 1902 – Crónica de Espanya: Libro XVIII, ed. Foulché-Delbosc, 1909 – La Flor de las ystorias de Orient, ed. W. Long, 1934 – Tucídides romanceado en el siglo XIV, ed. L. López Molina, 1960 – La Grant Crónica de Espanya. Libros I–II, ed. R. af Geijerstam, 2 Bde, 1964 – *Lit.:* DHEE II, 918f. [J. Vives] – DHGE XVI, 1111–1115 [J.

Vives] – K. Herquet, J. F. d. H. ..., 1877 – J. Delaville Le Roulx, Les Hospitaliers à Rhodes..., 1913 – M. Serrano y Sanz, Vida y escritos de don J. F. d. H., 1913 – R. André-Michel, Les défenseurs des châteaux et des villes fortes dans le Comtat-Venaissin, BECh 76, 1915, 322ff. – J. Vives, J. F. d. H., Gran Maestre de Rodas: vida, obras, formas dialectales, AST 3, 1927, 121–192 – K. M. Setton, Catalan Domination of Athens 1311–1388, 1948 – A. Luttrell, J. F. d. H. [Diss. Oxford 1959] – Ders., Greek Histories translated and compiled for J. F. d. H. ..., Speculum 35, 1960, 401–407 – Ders., Intrigue, Schism and Violence among the Hospitallers of Rhodes, Speculum 41, 1966, 30–48 – Ders., La Corona de Aragón y la Grecia catalana, AEM 6, 1969, 219–251 – Ders., J. F. d. H. at Avignon, 1351–1367 (El cardenal Albornoz y el Colegio de España I, 1972), 289–316 – M. Batllori, El Gran Maestre don J. F. d. H. y los orígenes del Humanismo aragonés, Estudios del Departamento de Hist. Moderna 2, 1973, 9–15 – K. M. Setton, The Papacy and the Levant, I, 1976 – M. L. Ledesma Rubio, Templarios y Hospitalarios en el Reino de Aragón, 1982, 247ff.

6. F., Lucas, span. Dramatiker, * ca. 1474 in Salamanca (?), † 17. Sept. 1542 ebd. Aus einfachen Verhältnissen stammend und früh verwaist, erbte L. F. die Pfründe seines geistl. Onkels Alonso González de Cantalapiedra. Nach dem Studium in Salamanca Domkantor, um 1502 am ptg. Hof tätig. Von 1522 bis zu seinem Tod hatte er den Lehrstuhl für Musik an der Univ. Salamanca inne. Die »Farsas y églogas al modo y estilo pastoral« (Salamanca 1514) enthalten vier weltl. und drei geistl. Spiele, deren dramat. Gattungsbezeichnungen (z. B. *cuasi comedia, auto, representación, égloga*) noch unscharf sind. Als Vorbild dienen Juan del →Encinas »Eglogas« (1496). Das kürzeste Stück ist ein Diálogo, eine gesungene Liebesklage zweier Hirten. Die »Comedia de Bras Gil y Beringuela« bietet unter Verwendung der ländlich-dialektalen *sayagués*-Sprache ein kleines amoureuses Sittenbild. Auch die »Farsa o cuasi comedia de una doncella, un pastor y un caballero« ist eine Liebeskomödie mit Typen verschiedenen Verhaltens. Die »Farsa de dos pastores, un soldado y una pastora« zeigt den Typ des prahler. Soldaten. Die religiösen Stücke gehören dem Oster- bzw. Weihnachtszyklus an. Am bedeutendsten ist das Passionsspiel »Auto de la pasión«, das die Bekehrung des Dionysius Areopagita zeigt, der schließlich am Grab Christi zusammen mit Petrus, Matthäus, den drei Marien – die unter Orgelbegleitung einen Planctus vortragen – die Heilstat des Erlösers preist. Das dramatische Werk des L. F. stellt eine wichtige Entwicklungsstufe dar in der künstler. und techn. Ausbildung des span. Theaters.　　D. Briesemeister

Ed.: 1929 [Faks.] – ed. J. Lihani, 1969 – *Lit.:* J. Lihani, L. F., 1973 – Ders., El lenguaje de L. F., 1973 – A. Hermenegildo, Renacimiento, teatro y sociedad. Vida y obra de L. F., 1975 – A. van Beysterveldt, Estudio comparativo del teatro profano de L. F. y de Juan del Encina, Revista Canadiense de Estudios Hispánicos 3, 1979, 161–182 – A. Hermenegildo, Del icono visual al símbolo textual. El Auto de la pasión, de L. F., Bull. of the Comediantes 35, 1983, 31–46.

7. F. de Palencia, Alfonso, span. Geschichtsschreiber und Humanist, * 1423 in Osma, † 1492. Zunächst diente er im Hause des Alfonso v. Cartagena (1441 [→28. A.]), ging dann nach Italien und stand im Dienst des Kard.s →Bessarion (ab 1453); er hatte auch Verbindung mit dem Kreis um →Georg v. Trapezunt. Nach Juan de →Menas Tod (1456) zum Sekretär und Chronisten Kg. Heinrichs IV. v. Kastilien bestellt, war F. später für Ebf. Alonso →Fonseca in Sevilla tätig, wo er auch 1476 an der Einrichtung der Santa →Hermandad beteiligt war. Im Zusammenhang mit der von Kgn. Isabella geförderten Bildungsreform kompilierte er das erste lat.-span. Lexikon »Universal vocabulario en latín y en romance« (Sevilla 1491), mit dem er Antonio de →Nebrija zuvorkam. Das beigegebene einsprachige lat. Wb. beruht weitgehend auf →Papias' »Vocabulista«. Zu den philol. Arbeiten gehört außerdem das Werk »De sinonymis elegantibus« (Sevilla 1491). F. de P. hat eine Anzahl von Plutarch-Viten (1491), die Jüdische Geschichte des Josephus Flavius (1492) und das religiöse Erfolgsbuch »Specchio di croce« des Domenico→Cavalca (Espejo de la cruz, 1486) ins Span. übersetzt. Bei der Darstellung der span. Geschichte zw. 1440–77 ('Decades') zeigt sich der selbstbewußte Chronist, der sich die Normen des Rodrigo →Sánchez de Arévalo hinsichtl. des Herrscherbildes zu eigen machte, Heinrich IV. gegenüber wenig geneigt. Seine Personenbeschreibung und auf Dokumente gegründete Analyse des Geschehens sind prägnant und sprachlich ausdrucksvoll; sie dienten später als Vorlage für die »Memorias del reinado de los Reyes Católicos« des Andrés Bernáldez († 1513?) und die »Crónica de los Reyes Católicos« des Hernando del →Pulgar. Die beiden Schriften »Guerra e batalla campal que los perros contra los lobos ouieron« (1456) und »De la Perfecçion del triunfo militar« (1456/59) sind ursprgl. lat. verfaßt und vom Autor selbst übersetzt worden (gedr. um 1490). Die erste stellt eine allegorisierende Satire auf die Machenschaften der einander widerstreitenden innenpolit. Gruppierungen in Kastilien dar. Auch die zweite hat zeitkrit. Charakter. Zum Tod von Bf. Alfonso de Madrigal, El Tostado (1455), verfaßte F. de P. eine lat. Elegie (Madrid, R. Acad. de la Hist., ms. 9/6482). Er hinterließ neben einer umfangreichen lat. Korrespondenz auch zwei mit dem Krieg um Granada zusammenhängende Werke (»Epistola ad Joannem episcopum Astoricensem de bello Granatensi«, Sevilla 1492 sowie eine umfangreiche hist. Darstellung). F. de P., der mehrfach auch mit polit.-diplomat. Missionen betraut war, gilt zusammen mit Nebrija als einer der bedeutendsten Humanisten im späten 15. Jh. D. Briesemeister

Ed.: Universal vocabulario en latín y en romance, 1966 [Faks.] – Dos tratados, ed. A. M. Fabié, 1876 und in BAE 116, 1959, ed. M. Penna [mit Einl.] – Guerra de Granada, escrita en latín, trad. A. Paz y Melia, 1909 – Crónica de Enrique IV, trad. del latín A. Paz y Melia, 5 Bde, 1904–08 und in BAE 257–258, 1973 [Crónicas de Enrique IV] – Epistolario latino de A. de P., ed. R. B. Tate–R. Alemany, 1982 – *Lit.*: A. Paz y Melia, El cronista A. de P., su vida y sus obras, 1914 – L. Pfandl, Über A.F. de P. ZRPh 55, 1935, 340–360 – J. M. Hill, Universal vocabulario de A. de P., registro de sus voces internas, 1957 – R. Alemany, Dimensión humanística de una obra menor de A. de P., el Tratado de la perfección del triunfo militar, Anales de Lit. Española 1, 1982, 7–20 – R. B. Tate, El Tratado de la perfección del triunfo militar de A. de P. (1459), la villa de Discreción y la arquitectura humanista, Essays on Narrative Fiction in the Iberian Peninsula in Honour of F. Pierce, 1982, 163–176 – H.-J. Niederehe, Das Universal vocabulario des A. de P., 1490, und seine Q., Historiographia Linguistica XI, 1/2, 1984, 39–54.

8. F. Pecha, Pedro (Pedro de Guadalajara), * 1326, † 4. Nov. 1402 im Kl. Guadalupe, ⬜ebd., einer der Gründer des Ordens der→Hieronymiten; stammt wahrscheinlich von der sienes. Familie der Pechi ab, 1. Sohn des Fernán Rodríguez Pecha († um 1348), des Kämmerers von Kg. Alfons XI., und der Elvira Martínez de Cámara, *Camarera Mayor* der Kgn. Maria v. Portugal. – Ursprgl. für die weltl. Laufbahn bestimmt, wurde F. nach dem Tod des Vaters ebenfalls Mitglied der kgl. Kammer, Thesaurar Alfons' XI., *Repostero Mayor* der Kgn. Maria und Kanzler des Infanten Juan. Unter der Regierung Peters I. in den Hintergrund gedrängt, scheint v. a. der vorzeitige Tod seiner Gattin und seiner vier Kinder (ein Sohn – Fernán Rodríguez 'el Mozo' – und drei Töchter) Anlaß für seine Abkehr vom weltl. Leben kurz nach dem 17. Juni 1366 und seine Hinwendung zu eremit. Idealen gewesen zu sein. Gemeinsam mit seinem jüngeren Bruder Alfonso und Fernando Yáñez de Figueroa wurde er zum Gründer des Ordens der span. Hieronymiten. L. Vones

Lit.: DHEE II, 921 – A. Custodio Vega, Los »soliloquios« de Fray F. P…, Ciudad de Dios 175, 1962, 710–763 – S. de Moxó, El auge de la burocracia castellana en la corte de Alfonso XI. El camarero Fernán Rodríguez y su hijo el tesorero Pedro F. P. (Homenaje Don A. Millares Carlo, II, 1975), 11–42 – J. Revuelta Somalo, Los Jerónimos I, 1982 – J. R. L. Highfield, The Jeronimites in Spain, their Patrons and Success, 1373–1516 JEH 34, 1983, 513–533 – DIP III, 1479f.

9. F. de Santaella, Rodrigo, * 15. Dez. 1444 in Carmona (Prov. Sevilla), † 20. Jan. 1509 in Sevilla; studierte im span. Kolleg in→Bologna, wo er auch Regens des Lehrstuhls für Theologie war. Er war Kleriker der Diöz. Sevilla, Dr. theol., Mag. art., Prediger der Päpste Sixtus IV. und Innozenz VIII., Beichtvater der Kath. Kg.e, Archidiakon der Kgn. an der Kirche von Sevilla, erwählter (aber nicht bestätigter) Bf. v. Zaragoza, apostol. Protonotar, Magistralkanoniker und Prediger des Kapitels in Sevilla, Generalvisitator des Kgr.s Sevilla. Auf ihn geht zurück die Gründung des nach Bologneser Vorbild konzipierten Colegio Mayor de Santa María de Jesús der Univ. von →Sevilla (1502 kgl., 1505–08 päpstl. Bestätigung).

Werke: Unter seinen zahlreichen theol., kanonist.-pastoralen und literar. Schriften sind bes. hervorzuheben: »Vocabularium ecclesiasticum«, Sevilla 1499 (und 12 weitere Editionen), das »Libro de Marco Polo el Veneciano«, Sevilla 1502 (und 5 weitere Editionen) und die »Constitutiones Collegii S. Mariae a Iesu«, Sevilla, 1584, 1636 und 1701. A. García y García

Lit.: DHEE II, 922 [A. García y García] – A. Pérez Martín, Proles Aegidiana 2, 1979, 342–343, nr. 388; 4, 1979, 2216.

10. F. de Toledo, Blas ('don Vasco'), Ebf. v. Toledo, † 7. März 1362 in Coimbra, ⬜ Toledo, Kathedrale, Bruder des Gutierre F. de T., des Kämmerers und *Repostero Mayor* Kg. Peters I. v. Kastilien, über die mütterl. Linie eng verwandt mit→Gutierre v. Toledo, Bf. v. Oviedo; Kanzler der Kgn. Maria v. Portugal, Gattin Alfons' XI., bis 1352 *Notario Mayor del Reino de León*. Zuerst Dekan der Kirche v. Toledo, wurde er am 12. Sept. 1343 zum Bf. v. →Palencia, sodann am 17. Juni 1353 auf Betreiben Peters I. zum Ebf. v. →Toledo gewählt, nachdem er bis in die ersten Regierungsjahre des Kg.s durch Unterstützung der Politik Marias und des Juan Alfonso de Alburquerque, hier im Zusammenspiel mit seiner Familie, den F. de T., großen Einfluß ausgeübt hatte, nun aber die Sache der Blanche de Bourbon begünstigte. Schließlich in den Sturz des Gutierre Fernández verstrickt, mußte er nach Portugal fliehen und starb im Exil. In seinen Bm.ern führte er u. a. mittels Diözesansynoden und eines Provinzialkonzils (1344, 1345, 1346, 1349, 1351, 1355, 1356) eine Verwaltungs-und Klerusreform durch. L. Vones

Q.: P. López de Ayala, Crónica del Rey don Pedro (BAE LXVI), 1953 – *Lit.*: DHEE II, 922 [J. F. Rivera Recio] – Eubel, Hier. cath. I, 386, 487 – G. Daumet, Étude sur les rélations d'Innocent VI avec le roi Pedro I de Castille au sujet de Blanche de Bourbon, 1897 – J. San Martín, Sínodos diocesanos del obispo don Vasco (1344–1352), Publicaciones de la Institución Tello Téllez de Meneses 2, 1949, 129–175 – J. M. Mendi, La primera legación del cardenal Guido de Boulogne a España (1358–1361), Scriptorium Victoriense 11, 1964, 135ff. – J. F. Rivera Recio, Los arzobispos de Toledo en la baja Edad Media, 1969, 91f. – L. V. Díaz Martín, Los oficiales de Pedro I de Castilla, 1975, bes. 86f. – J. Sánchez Herrero, Concilios Provinciales y Sínodos Toledanos de los siglos XIV y XV, 1976, bes. 50ff., 217ff. [Ed. der Synodalstatuten und des am 3. Mai 1356 promulgierten 'Libro de Constituciones Sinodales'] – F. J. Fernández Conde, Gutierre de Toledo, obispo de Oviedo (1377–1389), 1978, pass.

Fernando → Ferdinand

Fernán González, Gf. v. →Kastilien und Alava 931/ 932–970, † Juni 970, Sohn des Gf. en Gonzalo Fernández v. Burgos und Kastilien sowie seiner Gattin Mumadonna, deren Abstammung ungewiß ist (aus Navarra?; nach Ansicht von Pérez de Urbel aus dem astur. Königshaus); ∞ 1. Sancha, Tochter von Kg. Sancho I. Garcés v. Pamplona und Witwe v. Kg. Ordoño II. v. León sowie des Magnaten Alvaro Herraméliz; 2. Urraca, Tochter v. Kg. García I. Sánchez v. Pamplona. – Nachdem die bisherigen Partikulargft.en →Burgos, →Kastilien, →Lara, Cerezo, Lantarón, Celorigo, Grañón, Amaya und Alava um 931/932 wohl durch Übertragung durch den Kg. v. →León, Ramiro II., in der Hand des F.G. vereinigt worden waren (entspricht in etwa den heut. Prov. Burgos und Vizcaya sowie den größeren Teil v. Santander und Alava und einigen kleineren Gebieten in Guipúzcoa, Logroño, Soria, Palencia), betrieb dieser in der Folgezeit tatkräftig den Maurenkrieg sowie den Landesausbau und versuchte, durch die Anknüpfung enger Beziehungen zum Kgr. →Pamplona-Navarra und ggf. zum Kalifat v. →Córdoba in die polit. Belange des leones. Kgtm.s einzugreifen, wobei durchaus die Grenze zur offenen Rebellion überschritten und zudem die Grundlage für eine eigenständige Machtstellung gelegt wurde. Selbst das Scheitern der mit Gf. Diego Muñoz v. →Carrión und →Saldaña gemeinsam unternommenen Rebellion von 943 sowie eine anschließende Gefangenschaft konnten seinen Herrschaftsanspruch nicht erschüttern, da sein Verschwinden eine zu große Lücke im Machtgefüge hinterlassen hatte. Wohl Ende 944/Anfang 945 wurde F. G. von Ramiro II. wieder in seine Grafenrechte eingesetzt und gleichzeitig durch die Verheiratung seiner Tochter Urraca mit Ordoño III., später noch mit Ordoño IV. an das leones. Königshaus gebunden, ohne daß seine polit. Absichten berechenbarer geworden wären. Ordoño IV. (958–960) sollte seine Nachfolge im Kgtm. sogar hauptsächlich seinem Schwiegervater verdanken und unter seinem Einfluß stehen, bis eine Koalition des oppositionellen Adels mit Pamplona-Navarra beide stürzen und den Gf.en abermals vorübergehend in Gefangenschaft bringen sollte. Die Bedrohung durch das Kalifat bewirkte die baldige Restituierung des F. G., der durch seine Heirat mit der pamplon. Infantin Urraca und die Verheiratung seiner Tochter Urraca mit dem pamplon. Infanten Sancho, dem künftigen Kg. Sancho II. Garcés Abarca, seine Stellung entscheidend festigen konnte, ohne jemals die oft behauptete verfassungsrechtl. Unabhängigkeit erreichen zu können. Seinem polit. Einfluß entsprach seine Leistung bei der →Reconquista und der Landesverteidigung, wobei v. a. seine Mitwirkung an der →Repoblación hervorzuheben ist. Die größte Bedeutung kam in diesem Zusammenhang der strategisch wichtigen Wiederbesiedlung v. →Sepúlveda (940) zu. Obwohl die abenteuerl. Gestalt des F. G. in die kast. Epik eingehen sollte und er dort als Heros und Gründer Kastiliens gefeiert wird (→»Poema de F.G.«), muß sein polit. Wirken nüchterner und ohne jede Verklärung als zeitbedingte Folge des Niedergangs des leones. Kgtm.s betrachtet werden. **L. Vones**

Lit.: R. Menéndez Pidal, La Castilla de F. G., Boletín de la Comisión de Monumentos Hist. y Artísticos de Burgos 22, 1943, 237–254 – C. Sánchez Albornoz, Observaciones a la hist. de Castilla de Pérez de Urbel, CHE 11, 1949, 144–149 – J. Pérez de Urbel, Sampiro, su crónica y la monarquía leonesa en el siglo X, 1962 – R. Menéndez Pidal, F. G., su juventud y su genealogía, BRAH 134, 1954, 1–30 – T. López Mata, Geografía del condado de Castilla a la muerte de F. G., 1957 – J. Pérez de Urbel, F. G., su juventud y su linaje (Homenaje J. Vincke, I, 1962–63), 47–71 – Ders., El condado de castilla, II, 1970, 19ff. – Ders., El conde F. G., 1970 – J. Rodríguez, Ramiro II, rey de León, 1972 – G. Martínez Díez, Alava Medieval I, 1974, 61ff. – J. M. Lacarra, Hist. del reino de Navarra en la Edad Media, 1976 – J. Rodríguez Marquina, Las salinas de Castilla en el siglo X, y la genealogía de las familias condales (Homenaje a Fr. J. Pérez de Urbel I, 1976), 143–151 – J. Pérez de Urbel, F. G. contado de nuevo, Boletín de la Institución Fernán González 177, 1977, 668–694 – J. Rodríguez, Los reyes de León. Ordoño III, 1982 – A. García-Gallo, Las versiones medievales de la independencia de Castilla, AHDE 54, 1984, 253–294 – Hist. de Burgos, II: Edad Media (1), 1986, 63ff. [G. Martínez Díez].

Fernhandel

I. Frühmittelalter (5.–9. Jh.) – II. Anglofriesisches Verkehrssystem (8.–11. Jh.) – III. Hochmittelalter – IV. Spätmittelalter.

I. Frühmittelalter (5.–9. Jh.): Die Geschichte des europ. F.s beginnt mit einem System kolonialwirtschaftl. Natur, nämlich dem Austausch zw. den gewerbl. und kommerziell entwickelten Ländern am östl. Mittelmeer und den in unterschiedl. Grade unterentwickelten Regionen W-, Mittel- und N-Europas. Die Überlegenheit des östl. Mittelmeerraumes beruhte auf einem alten und dichten Netz reicher Städte und auf den Verbindungen zu den Hochkulturen Asiens (→Araber, →Byz. Reich, →China). Der F. Europas in frk. Zeit bestand im Austausch von Luxusgütern des östl. Mittelmeerraumes wie →Seide, →Damast, Linnen, →Waffen, Tafelsilber, →Gewürzen, Parfums, →Gläsern, Schmuck, gegen Rohstoffe, v. a. →Pelze, →Bernstein, Edel- und Buntmetalle (→Gold, →Silber). Die Überlegenheit des Ostens über den Westen ist daran zu erkennen, daß Syrer, Juden und Griechen den F. im merow. Reich beherrschten und daß der Westen bis zum Ende des 7. Jh. seine Goldvorräte an den Osten abgab. Die Wege des F.s zw. Orient und Europa unterlagen im FrühMA zwei bedeutenden Veränderungen: 1. Die Ausbreitung der →Avaren und →Slaven in O-Europa unterbrach seit dem 6. Jh. die Wege, die das Schwarze Meer, den Balkan und die Adria (Bernsteinstraße [→Bernstein], →Balten) mit der Ostsee verbunden hatten. Der F. des Ostseeraumes richtete sich daher nach dem Rheinmündungsgebiet hin aus, das über Maas und Seine (Gründung des Jahrmarktes in →St-Denis 634/635) und Rhône weiterhin Verkehr mit dem Mittelmeer unterhielt. 2. Die arab. Eroberung der Mittelmeerküste von Ägypten (639–642) bis nach Spanien (711–713) beantworteten die Byzantiner mit einer →Blockade der Seewege, die die Araber erst zu Beginn des 9. Jh. zu brechen vermochten. Seither bildete die auf den Handel mit →Sklaven spezialisierte Verbindung des frk. Reiches mit dem Orient über Spanien das Rückgrat des Mittelmeerhandels, an dem sich die it. Seestädte →Gaeta, →Amalfi, →Bari und →Venedig als Lieferanten von →Salz und →Getreide beteiligten.

Eine wichtige Rolle im Handel des FrühMA spielte der →Pilger, der die Reisekosten aus dem Erlös mitgeführter Waren deckte. Lediglich ir. Pilger benutzten den Seeweg durch den Atlantik und die Straße von Gibraltar ins Heilige Land. Wichtiger war der seit der zweiten Hälfte des 7. Jh. aufkommende Verkehr engl. Großer und Bf.e nach →Rom. Dieser Verkehr benutzte auch die →Alpenpässe; von Mailand führte die →Via Francigena über Lucca nach Rom. – Auf der Suche nach Rohstoffen und Sklaven (Sklavenhandel über Verdun nach Spanien) zogen frk. Kaufleute von Mainz aus ostwärts. Zu ihnen gehörte jener →Samo aus Sens, der von 620–658/659 als Kg. über die Stämme →Böhmens und des Donauraumes herrschte. Karl. d. Gr. regulierte i. J. 805 den Handel mit den Slaven (→Diedenhofener Kapitular). Im 9. Jh. tritt →Regensburg hervor, das über die →Donau mit dem Byz. Reich und über Prag und Krakau mit den Ostslaven in Verbindung stand (Zollordnung v. →Raffelstetten).

Das wichtigste Transportmittel des FrühMA war das Schiff (→Binnenschiffahrt, →Schiffahrt). Der Landtransport war schwerfällig und kostspielig. Schon im röm.

Reich hatte er nur mittels erzwungener Spann- und Fuhrdienste funktioniert, und mit dem Verfall der röm. Fernstraßen wurde er für den Kaufmann vollends uninteressant, da nur Saumtiere und ein- oder zweirädrige Karren für ihn brauchbar waren. Gering war auch das antike Erbe an kommerzieller Technik. Die Kaufleute waren vielfach selbst Reeder, nahmen aber auch fremde Schiffe gegen Bezahlung der Fracht in Anspruch. Es gab Kaufleute, die gleichzeitig Großgrundbesitzer waren (Justinianus Partiniacus in Venedig 829), ferner Großhändler, die nur an Detaillisten verkauften, und Kreditgeschäfte – Ks. Justinian I. (527–565) setzte den Höchstzins für Seedarlehen auf 12%, für kaufmänn. Darlehen auf 8% und für private Darlehen auf 6% fest. Das röm. Recht kennt Handelsgesellschaften, aber keinerlei Wertpapiere oder Wechsel; die Inhaberklausel (παντὶ τῷ ἐπιφέροντι), mit der die Geschichte des Wertpapiers beginnt, ist griech. Ursprungs und hat sich erst vom Byz. Reich aus verbreitet. Die Vielzahl der arab. Fachworte in der europ. Kaufmannssprache zeigt, daß der Orient in der Betriebsweise den Europäern weit überlegen war und daß die Italiener eifrig von ihm gelernt haben.

II. ANGLOFRIESISCHES VERKEHRSSYSTEM (8.–11. Jh.): Daß Europa im Laufe des MA das kolonialwirtschaftl. Verhältnis zum Orient überwinden und schließlich ins Gegenteil verwandeln konnte, war die Folge der Ausbildung eigener Exportgewerbe zunächst in den Landschaften an Schelde, Maas und Niederrhein. Die Anfänge der Metall- und Glasindustrie des Maaslandes (→Dinant), der rhein. Töpferei (→Badorfer Keramik), der Mühlsteinindustrie des Neuwieder Beckens und der Tuchmacherei westl. der Schelde fallen ins 7. Jh.; hinzu kam der Weinbau im Rheinland und →Elsaß (→Wein, -handel). Vielleicht als Lieferant von →Wolle und →Zinn trat →England (→Cornwall, →Devon) zu diesen Gewerbegebieten in Verbindung (Handelsvertrag mit dem frk. Reich 796: RI 1, Nr. 331). Träger des Handels waren fries. Schiffer und Kaufleute (→Friesenhandel). Seit dem 8. Jh. überquerten sie die jüt. Halbinsel (→Haithabu) auf dem Wege in die Ostsee und nach Schweden (→Birka), und schwed. →Wikinger stellten im 9. Jh. den Verkehr von der Ostsee zum Schwarzen und zum Kaspischen Meer wieder her (Handelsvertrag zw. Kiev und Byzanz 911: DÖLGER, Reg. 556). Von hier aus gelangten nun byz. und oriental. Münzen und Schmucksachen und chin. Seide nach Skandinavien, dessen frk. Handel dadurch etwas in den Hintergrund trat. Um 1070/80 beschrieb →Adam v. Bremen die Seewege in der Ostsee bis nach →Novgorod und in der Nordsee bis nach England und Island; er erwähnt griech. Kaufleute in Jumne an der Odermündung, die die Straße über Krakau und Halyč benutzt haben dürften. Über den →Hellweg, der Köln mit Magdeburg verband, und durch die Mährische Pforte stand Polen auch mit dem Westen in Verbindung, wie die Verbreitung der Kölner und Regensburger Pfennige im Osten zeigt.

Die Betriebsformen dieses Handelssystems waren einfach. Es gab keine Berufsteilung, so daß der Kaufmann zugleich Spediteur, Fuhrmann und Reeder sein mußte. In der Fremde bedurfte er des Königsschutzes (→servitium regis). Zur Minderung der Risiken schloß er sich mit anderen zu (Schiffs-)→Karawanen und Fahrtgemeinschaften (→Hansen in →Flandern seit dem 11. Jh. bezeugt) oder →Gilden (zur Versicherung gegen Schiffbruch: MGH Cap. 1, 51 c.16) zusammen. Die Kaufkraft der Verbraucher war noch so gering, daß der Handel der Nachfrage an vielen Orten nachgehen mußte; überall gab es daher period. Märkte, meist →Jahrmärkte, die nur

wenige seßhafte Anwohner besaßen; im 10. und 11. Jh. sind ihrer viele neu gegründet und zum Kern einer Stadtbildung geworden (→burgus, →emporium, →portus, →vicus). Bei den slav. und wiking. Herrensitzen entstanden gewerbl. →Suburbien, die den Grund für ein eigenständiges Städtewesen in Osteuropa legten (→Burg, Abschnitt VI; →Burgwall, slav.; →Danzig). Nur der Kaufauf dem Markt genoß Rechtsschutz und schützte vor der Diebstahlsklage. Über Kreditkauf ist nichts bekannt, doch betraf Karls d. Gr. Wucherverbot von 806 (MGH Cap. 1, 132 c. 11–17) wohl weniger Handels- als Konsumkredite. Die ersten Zolltarife (→Zoll), die über die Waren des F.s unterrichten, stammen aus dem 11. Jh. (London um 1000, Arras 1036, Koblenz 11. Jh., Köln 1103).

III. HOCHMITTELALTER: Die →Italienpolitik der dt. Kg.e brachte Deutschland in engere Verbindung mit Italien und dessen aufblühendem F. (→Pavia, Honorantiae). Im 11. Jh. entrissen die it. Seestädte den Arabern die Seeherrschaft auf dem Mittelmeer, und die Venezianer nötigten dem griech. Ks. 1082 einen Vertrag ab, der ihnen den F. im Byz. Reich überantwortete (DÖLGER, Reg. 1081). Die Gründung der Kreuzfahrerstaaten seit 1098/99 (→Kreuzfahrer) belebte den Verkehr zw. der →Levante und W-Europa, an dem auch Provençalen (seit 1108) und Katalanen Anteil erlangten. Gleichzeitig verstärkte die fortschreitende christl. Rückeroberung Spaniens (→Reconquista) dessen Einbeziehung in den F., nachdem schon im 9. Jh. der Pilgerverkehr nach →Santiago de Compostela eingesetzt hatte. Auch über den →Mittelmeerhandel unterrichten jetzt die ersten Zolltarife (Jaca 1076/94, Genua 11. Jh.). – Die Hinwendung Europas zum Mittelmeer belebte den Verkehr zw. Norden und Süden. Im 12. Jh. erscheinen ndl. Tuche und oberschwäb. Leinen auf dem Markt von →St. Gilles, und in der zweiten Hälfte des 12. Jh. stiegen die →Champagnemessen zum Zentrum der Handelsachse »Niederlande-Italien-Orient« empor, auf der Seide, Lederwaren, Gewürze (→Droge), Farbstoffe (→Farbe), →Südfrüchte, →Baumwolle und ägyptischer →Alaun nach dem Norden gelangten. Gleichzeitig entwickelten sich Schiffahrt und Handel an der Atlantikküste. Während die ndt. Kreuzfahrer bereits den Seeweg benutzten, setzte die bask. Schiffahrt zw. Nordspanien, Bordeaux und England ein.

Den Handel Nordeuropas brachten zunächst in der Nordsee, seit der Gründung →Lübecks 1158 auch in der Ostsee die Deutschen in ihre Hand. Sie schlossen 1189 den ersten Handelsvertrag mit einem russ. Fs. ab und verwandelten ganz Niederdeutschland mit Polen, dem Baltikum und Skandinavien in ein einheitl. Absatzgebiet für fläm. Tuche (→Textilien). Zugleich versorgten sie die Gewerbestädte im Westen mit Rohstoffen (Pelzen, →Wachs, →Flachs, →Eisen, →Kupfer, →Teer) und Lebensmitteln (→Getreide, →Bier, →Butter, →Fisch).

Die Betriebsformen des Großhandels wurden weitgehend von dem Aufkommen großer →Schiffe bestimmt, die die Arbeitsteilung zw. Schiffer und Kaufmann und die Partenreederei begünstigten. Der Landverkehr gewann an Bedeutung (Aufkommen des vierrädrigen Frachtwagens), wobei die Belastung der Wasserstraßen mit zahlreichen Zöllen eine Rolle spielte. In Italien, langsamer im Norden entwickelte sich die →Handelsgesellschaft; selbst im kommerziell wenig entwickelten England spricht bereits ein Gesetz von 1109/18 von Männern, die sich verbanden und ihr Geld gemeinsam anlegten. Für die gefahrvolle Reise ins Ausland bildeten die Kaufleute weiterhin Fahrtgemeinschaften unter Führung von Ältermannen, Hansegrafen, Meereskonsuln (→consules maris) u. ä. In den regelmäßig aufgesuchten Zielorten erwarben sie gemeinsam Privilegien und Handelshöfe (Gildehallen, Kontore, →Fondachi). Die größte Fahrtgemeinschaft bildeten die dt. Kaufleute, die →Gotland besuchten; aus ihr ging im 13. Jh. die dt. →Hanse hervor.

IV. SPÄTMITTELALTER: Der Untergang der Gotlandfahrergemeinschaft ist ein Teil der »kommerziellen Revolution des 13. Jh.« (R. DE ROOVER), als deren Elemente sich nennen lassen: Vorrang des Handels mit Massengütern vor dem mit Luxuswaren, Übergang zu schriftl. Geschäftsverkehr (→Brief, Abschnitt F; →Buchhaltung), Trennung der leitenden von der ausführenden Arbeit: der Kaufmann wird seßhaft und läßt sich auf auswärtigen Märkten durch reisende Gehilfen (→Faktor) oder durch Gesellschafter vertreten, Trennung des Haushalts vom Betrieb, Entstehung der →Firma und der mit Fremdkapital arbeitenden Gesellschaft (z. B. →Datini; →Cœur, Jacques), Herstellung von Fernhandelswaren im Verlag, Aufkommen der Seeversicherung, Übergang zu bargeldlosem Zahlungsverkehr durch →Wechselbrief und multilaterale Verrechnung von Forderungen (→Bankwesen). – Zur Stellung des Fernhändlers innerhalb der städt. Gesellschaft vgl. →Stadt, →Sozialstruktur.

Im europ. Fernhandelssystem traten Veränderungen ein infolge der Entstehung neuer Produktionszentren, insbes. der Wolltuchmacherei in England und Toskana (→Florenz), der Leinen- und Barchentweberei in Oberdeutschland und des →Bergbaus auf Silber und Kupfer in Tirol, Böhmen und Ungarn. Diese Gewerbe belebten die Nachfrage nach Rohstoffen (z. B. →Wolle aus Spanien, →Baumwolle und →Alaun aus der Levante) und aktivierten endgültig die europ. Handelsbilanz gegenüber dem Orient (Beginn der Goldprägung in Florenz 1252). Die Italiener blieben im Levantehandel führend; vom Schwarzen Meer aus lieferten sie über das aufblühende Lemberg Mittelmeerwaren nach Mittelosteuropa. Der Niedergang der Messen in der Champagne (vgl. →Cahors) führte im 13. Jh. zur Verlegung des Verkehrs zw. S- und N-Europa teils auf die Atlantikroute (direkte Schiffahrt von Italien nach Flandern seit 1277), teils auf die Rheinlinie (Öffnung des St. Gotthard-Passes 1237). Die Atlantikschiffahrt wurde außerdem vom Rohstoffexport der →baskischen Provinzen und vom Salzhandel (→Baienfahrt) belebt. Beide Verkehrslinien trafen sich in →Brügge, wo sich der Austausch der Mittelmeerwaren, der gewerbl. Produkte NW-Europas und der Rohstoffe des Ostseeraumes vollzog.

Die kommerzielle Entwicklung Oberdeutschlands, Böhmens und Ungarns führte zu weiteren Verschiebungen im 14. und 15. Jh., mit denen der Niedergang Brügges und der Aufstieg →Antwerpens zusammenhängt: 1. Der Anstieg der Nachfrage nach engl. und ndl. Tuchen in den silbererzeugenden Ländern im SO veranlaßte die Kölner zum Rückzug aus dem Ostseehandel und rief in Oberdeutschland eine Reihe neuer Messeplätze ins Leben (→Frankfurt a. M.). 2. Die oberdt. Städte traten in enge Verbindung mit Italien, insbes. mit Venedig (der →Fondaco dei Tedeschi ist 1228 bezeugt, nach 1370 sogar von hans. Kaufleuten besucht), sowie mit S-Frankreich, Aragón und Valencia (über die Messeplätze →Genf und →Lyon, die zugleich zw. Frankreich und Italien vermittelten); dem verdanken einige der größten Firmen der Zeit ihre Blüte (Große →Ravensburger Handelsgesellschaft, gegr. 1380; →Diesbach-Watt-Gesellschaft seit vor 1428). 3. Die Nachfrage der rhein.-ndl. Städte nach Fleisch führte zur Einbeziehung der nicht vom hans. Handel erfaßten Teile O-Europas in den europ. F. durch den Rinderhandel

von →Ungarn (→Buda und Pest), der Walachei und Moldau, von Galizien, Ostpolen und der Ukraine her; die dadurch steigende Kaufkraft des Ostens begründete den Aufstieg →Nürnbergs und →Leipzigs sowie der an der →Hohen Straße von Leipzig nach Krakau und Lemberg gelegenen Städte und beraubte die Hansestädte ihres Monopols im Rußlandhandel. 4. Die Blockade des Verkehrs nach O- und S-Asien infolge Zerfalls des Mongolenreiches und Ausbreitung der Türken veranlaßte die Genuesen, sich aus der Levante zurückzuziehen und dem Handel mit Kastilien und Westafrika zuzuwenden. Der Aufschwung Sevillas und Lissabons beruhte darauf, daß von hier aus die Genuesen den Katalanen den Handel mit Gold aus dem Sudan und von der Guineaküste abjagten. Auf der Suche nach dem Seeweg dorthin entdeckten die Portugiesen die →Atlantischen Inseln, deren Zuckerproduktion sie vorwiegend in Antwerpen absetzten. Mit der Eröffnung der Seewege nach Westindien 1492 und Ostindien 1498 (→Expansion und Entdeckungen) endet die Geschichte des ma. Fernhandelssystems.

E. Pitz

Bibliogr.: DW¹⁰ 37/919–1036 [Allg., europ. und dt. Handelsgesch.]; 182/46–94, 183/1–32 [Zeit des Frankenreiches]; 220/48–67, 221/1–12 [HochMA]; 37/347–469, 240/1–328 [Dt. Hanse]; 37/1207–1225, 258/209–416, 259/1–96 [SpätMA] – [Ergänzende] Lit.: J. HEERS, Il commercio nel mediterraneo alla fine del sec. XIV e nei primi anni del XV, ASI 113, 1955, 157–209 – F. THIRIET, La Romanie vénitienne au MA, Bibl. des Écoles Françaises d'Athènes et de Rome 193, 1959 – G. LUZZATTO, Storia economica di Venezia dall'XI al XVI s., 1961 – PH. WOLFF, Quidam homo nomine Roberto negociatore, M–A 69, 1963, 129–139 – J. VICENS VIVES, An Economic Hist. of Spain, 1969 – M.-J. TITS-DIEUAÏDE, La formation des prix céréaliers en Brabant et en Flandre au XVᵉ s., 1975 – Die ma. Städtebildung im südöstl. Europa, hg. H. STOOB, 1977 – M. BALARD, La Romanie génoise (XIIᵉ–début du XVᵉ s.), Bibl. des Écoles Françaises d'Athènes et de Rome 235, 1978 – D. CLAUDE, Der Handel im westl. Mittelmeer während des FrühMA, AAG phil.-hist. Kl. 3, F. 144, 1985 – J. KODER, Der Lebensraum der Byzantiner, 1985.

Fernhandelsdenar, Bezeichnung für die dt. Silbermünzen (→Münzen) des 10. und 11. Jh., die in großen Mengen, weitaus mehr als im Bereich des Imperiums, in Schatzfunden in den Anliegerstaaten der Ostsee (Norddeutschland, Dänemark, Norwegen, Schweden, bes. Gotland, Finnland, Polen, Baltikum, Altrußland) zusammen mit arab. →Dirhams und ags. →Pennies vorkommen. Dieser Zeitabschnitt wird angesichts der so reichl. Abwanderung mit allem wissenschaftl. Vorbehalt in der dt. Numismatik als »Periode des F.s« bezeichnet, auf die die »Periode des regionalen Pfennigs« (12./13. Jh.) folgt. Die Bezeichnung soll jedoch nicht ausschließen, daß dt. Silbermünzen des 10./11. Jh. im »Inland« umgelaufen wären, wo der →Pfennig, zahlenmäßig freilich deutlich weniger, in Schatzfunden und als Einzelfund durchaus begegnet.

P. Berghaus

Lit.: G. HATZ, Handel und Verkehr zw. dem Dt. Reich und Schweden in der späten Wikingerzeit (Die dt. Münzen des 10. und 11. Jh. in Schweden, 1974), 184.

Ferns, Kl. im sö. Irland, ztw. dynast. Zentrum des südl. →Leinster (heut. Dorf Ferna Mór Máedóic, Gft. Wexford), gegr. im späten 6./frühen 7. Jh. vom hl. Máedóc mac Sétnai aus dem Geschlecht der Uí moccu Uais, einem Zweig der →Airgialla, auf vielleicht vom Kg. v. Leinster →Brandub (†605/608) geschenktem Land. Das Leben des hl. Gründers (*624/625 nach den Annalen v. Ulster) wird beschrieben in lat. und ir. Viten des 11.–12. Jh., basierend auf wohl ins frühe 8. Jh. zurückreichende 'acta', die im späteren MA noch weiter ausgeschmückt wurden. Zeitgenöss. Quellen über das Kl. F. liegen dagegen erst mit dem Tod des Dachua Luachra (†654 nach den Annalen v. Ulster) vor.

Im 8. Jh. wuchs die Bedeutung von F. Unter der Regierung des →Uí Cennselaigh-Kg.s v. Leinster, Áed mac Colggen (734–738), kam das Kl. unter die Kontrolle dieser Dynastie, und zwar des Zweiges der Síl Chormaic, der ein von der Küste bei Wexford bis über den Barrow (Gft. Carlow) hinausreichendes Gebiet beherrschte. Áeds Bruder Bresal († 749) wurde Abt. Ein Zeugnis der Förderung durch diese Dynastie dürften die erhaltenen Steinkreuze an der Stätte des Kl. darstellen. Als wirtschaftlich stärkste Institution im südl. Leinster wurde F. zum Brennpunkt der Streitigkeiten der einzelnen Zweige der Uí Cennselaigh um die Königsherrschaft. 783 brach im Kl. ein 'bellum' zw. dem Abt und dem Verwalter aus, beides Repräsentanten rivalisierender Zweige der Dynastie. 817 fand dann eine große Entscheidungsschlacht mit 400 Toten statt, in der die Síl Máeluidir, an der Spitze der Streitmacht des Kl. Tech Munnu (Taghmon, Gft. Wexford), die Síl Chormaic schlugen.

Im 9. Jh. teilte sich die Dynastie in zwei weitere Zweige: Im Zeitraum bis zum späten 9. Jh. errangen die Síl nOnchon die Vormachtstellung, die sie das ganze 10. Jh. hindurch, allerdings gegen starke Widerstände, behaupteten. Der konkurrierende Zweig der Síl nÉlathaigh stützte sich demgegenüber auf das Kl. Clonmore (Cluian Mór Maedóic; südl. Gft. Wicklow), wo – wie in F. – ein Hl. namens Máedóc, allerdings aus einer anderen Familie, verehrt wurde. 1040 plünderte Kg. →Diarmait mac Máel na mBó jedoch Clonmore, was in der Folgezeit zum völligen Aufgehen des dortigen Heiligenkultes in der Verehrung des hl. Máedóc v. F. führte. Im Zeitraum bis zum 12. Jh. entwickelte sich F. zum Sitz der Kg.e des südl. Leinster. Kg. →Dermot mac Murrough errichtete in der 2. Hälfte des 12. Jh. dort eine steinerne Burg und stiftete eine Augustinerkanonie. Im Zuge der Reform der ir. Kirche wurde F. Sitz eines Bm.s. Um die Mitte des 13. Jh. erbauten die Nachkommen des William →Marshal eine große anglonorm. Burganlage mit Donjon *(Keep)*.   Ch. Doherty

Q. und Lit.: Vitae sanctorum Hiberniae, ed. Ch. PLUMMER, Bd. I, 1910, 141–163, 295–311 – Bethada náem nÉrenn (Lives of Irish saints …), 2 Bde, 1922, I, 183–189, 190–290; II, 177–183, 184–281 – K. HUGHES (Stud. in the Early British Church, hg. N. K. CHADWICK u. a., 1958), 183–200 – C. BROOKE (Celt and Saxon, Stud. in the Early British Border, hg. N. K. CHADWICK, 1963), 283–299 – K. HUGHES, The Church in Early Irish Soc., 1966, 190f. – F. J. BYRNE, Irish Kings and High-kings, 1973, 149 – CH. DOHERTY, St-Máedóc and St-Molaisse, Bréifne, 1986, 363–374.

Fernwaffen wurden prinzipiell am Beginn des Gefechtes, jede ab der wirksamen Wurf- oder Schußweite, also vor der wirksamen Distanz der Nahkampfwaffen, eingesetzt. Ihre Einsatzentfernung reichte mit 400 – 20 m weniger weit als jene heutiger Fernwaffen. Sie schleuderten Projektile gegen den Feind. Die Wucht kam bei den Sehnen- und Hebelwaffen aus menschl. Muskelkraft, bei der →Büchse aus der Schwarzpulververbrennung. Die alten mechan. F. bauten beim Spannen ihre Wurfkraft langsam als elast. Verformung auf, die, wenn sie der Schütze über das Schloß auslöste, beim Schuß plötzlich, wenn auch nicht vollständig, als Wucht auf das Geschoß überging. Auch die viel jüngere Büchse konnte jederzeit die im Schwarzpulver bereitgestellte chemische Energie auf das Geschoß übertragen. Bei den F. werden Handwaffen und, von einem Mann nicht mehr tragbare, →Geschütze unterschieden. Die beschleunigenden Sehnen der Bogen- und Hebelgeschütze *(balista de torno,* Springolfe) umschlingen die Bogenenden bzw. die äußeren Enden beider Hebelarme des zweisträngigen Torsionsgeschützes. Am einsträngigen Torsionsgeschütz (Onager) und ab 1100 am Wurf-

baum der →Wurfgeschütze oder →Bliden waren beide Schlingenenden der Schleudern (Halbsehnen) am einzigen Hebelarm der Steilbahngeschütze teils selbstlösend festgemacht. Zum Speichern der Wurfkraft dienten konkret die Bogenarten, eingedrehte Seile oder Haarpakete (nervi) an den inneren Enden der Hebelarme, elast. Balken (Ruten), sowie starre Balken mit tonnenschweren, mit Erde oder Steinen gefüllten Gewichtskästen. Auch phantastische, nie verwendete Sonderkonstruktionen sind reichlich in den Kriegsbüchern (→Krieg, -führung) abgebildet. Die speziellen Geschützbezeichnungen ändern sich mit Zeit und Ort und bleiben häufig unklar. Unter den mechan. Handfernwaffen Europas erschienen zuerst Wurfstein, Wurfspeer (→Wurflanze) und Wurfpfeil, dann →Schleuder, →Bogen, →Armbrust, →Blasrohr und endlich die →Handbüchse.   E. Harmuth

Lit.: →Wurflanze, →Schleuder, →Bogen, →Armbrust, →Blasrohr, →Handbüchse.

Ferrand v. Portugal, Gf. v. →Flandern und →Hennegau, *24. März 1188, †27. oder 29. Juli 1233, ☐Abtei OCist Marquette; Sohn →Sanchos I., Kg. v. →Portugal, und der Dulcia, Gfn. v. Barcelona, ∞ Jan. 1212 in Paris →Johanna ('v. Konstantinopel'), Gfn. v. Flandern und Hennegau, deren verstorbener Vater →Balduin IX. (VI.) Gf. v. Flandern und Hennegau und Ks. v. Konstantinopel gewesen war; Tochter: Marie (frühverstorben). – F.s Heirat erfolgte durch Vermittlung der Mathilde v. Portugal, Gfn. v. Flandern und Tante F.s, und mit Zustimmung des Kg.s v. →Frankreich, →Philipp II. August, des Lehnsherrn und Vormunds der jungen Gfn., der bei dieser Gelegenheit Gebietsabtretungen erzwang (25. Febr. 1212). F. delegierte die Verwaltung des Hennegau seinem Schwager Bouchard d'→Avesnes. Als der Kg. v. Frankreich im Frühjahr 1213 zum Angriff auf →England rüstete, verweigerte F. die Heerfolge. Nach der Aufgabe der England-Invasion griff Philipp August daher seinen abtrünnigen Vasallen an (Mai 1213). Der auf Walcheren verschanzte F. schloß im Gegenzug ein Bündnis mit dem engl. Kg. →Johann Ohneland, der den Flamen Handelsprivilegien und Rentenlehen zugestand (Juli 1213). Damit war Flandern ein Teil der anglo-welf. Koalition geworden; das ganze Land unterstützte F. im Kampf gegen Philipp August. Im Jan. 1214 leistete F. dem Kg. v. England den persönl. Lehnseid; der frz. Prinz Ludwig nutzte die Abwesenheit des Gf.en zur Verwüstung des südl. Flandern. Bei →Bouvines erlitt die anglo-welf. Partei ihre entscheidende Niederlage; der in der Schlacht verwundete F. wurde mit zahlreichen fläm. Adligen in Paris gefangengesetzt. Die Versuche der Gfn., ihren Gatten loszukaufen, waren erfolgreich erst Ende 1226, nach dem Tod Ludwigs VIII. (8. Nov.), unter der Regentschaft von →Blanca v. Kastilien. F. kam wahrscheinlich am 6. Jan. 1227 frei.

F. nahm fortan die Haltung eines loyalen Vasallen ein und unterstützte Blanca im Kampf gegen ihre aufständ. Barone (1228–30). Das Abhängigkeitsverhältnis zu Frankreich stand den guten, für den wirtschaftl. Aufstieg der fläm. Städte förderlichen Beziehungen zu England nicht im Wege. F.s letzte Regierungsjahre waren v. a. der Begründung friedl. Beziehungen zu den benachbarten Fsm.ern →Holland, →Brabant und →Namur gewidmet. Gemeinsam mit seiner Gemahlin war er der wichtigste Förderer des →Dominikanerordens in Flandern.

Th. de Hemptinne

Lit.: L. PABST, Die äußere Politik der Gft. Flandern unter F., Bull. comm. royale d'Hist. 80, 1911, 51–214 – G. G. DEPT, Les influences française et anglaise dans le comté de Flandre au début du XIIIes., 1928 – G. DOUDELEZ, Les résultats de la bataille de Bouvines et l'exécution du

Traité de Melun par la Flandre, Revue des questions hist. 65, 1937, 7–27, 22–62 – TH. LUYKX, Johanna van Constantinopel, 1946.

Ferrandino → Ferdinand II. Vinzenz

Ferrandus, schon im 6. Jh. auch Fulgentius Ferrandus gen., Diakon der karthag. Kirche, † 546/547; Schüler des Bf.s →Fulgentius v. Ruspe, den er ins erste Exil nach Sardinien (ca. 503–515) begleitete. Seine Verfasserschaft der Vita des Fulgentius v. Ruspe, eines Panegyrikus mit durchaus wahrheitsgetreuen Zügen des Heiligen, ist heute kaum noch umstritten. Bahnbrechend wirkte F. als Kanonist: Seine in 232 knappe Titel eingeteilte »Breviatio canonum« (nach 523), gern zusammen überliefert mit der jüngeren »Concordia (canonum)« des →Cresconius, ordnet die alten griech. und afrikan. Konzilskanones nach inhaltl. Kriterien, ohne freilich ihren Text zu zitieren, und steht so mit am Anfang der Entwicklung des systemat. Kirchenrechts im Westen. In seinen 12 erhaltenen Briefen äußerte sich F. als bedeutender Theologe auch zu aktuellen religionspolit. und dogmat. Kontroversen (→Dreikapitelstreit, →Theopaschitenfrage u. a. m.). H. Mordek

Ed.: MPL 65, 117–150, 378–380, 392–394; 67, 887–962; 88, 817–830 – *krit. Ausg. Vita:* G.-G. LAPEYRE, Ferrand, Diacre de Carthage, Vie de St-Fulgence de Ruspe, 1929 [mit frz. Übers.] – BKV² IX, 49–118 [dt. Übers.] – *Breviatio canonum:* CH. MUNIER, Concilia Africae A. 345–A. 525, CCL 149, 1974, 287–306 – *Briefe 1, 2:* J. FRAIPONT, Sancti Fulgentii episcopi Ruspensis opera, CCL 91, 1968, 359–362; 385–387 – *Brief 4:* Bibliotheca Casinensis seu codicum manuscriptorum qui in tabulario Casinensi asservantur I, 2: Florilegium Casinense, 1873, 195–202 – *5 kleinere Briefe:* ebd., 193f. – A. REIFFERSCHEID, Anecdota Casinensia (Index scholarum in univ. litt. Vratislav. per hiemem a. 1871/72), 5–7 – *Bibliogr. und Lit.:* Biogr.-Bibliogr. Kirchenlex., bearb. und hg. F. W. BAUTZ, I, 2, 19f. – ALTANER-STUIBER, 1980⁹, 489 – BARDENHEWER V, 316–319 – BKV² IX, 37–42 – Catholicisme IV, 1196f. – CPL² 847f., 1768 – DDC II, 1111–1113; V, 831 – DHGE XVI, 1171f. – Dict. de Spiritualité Ascétique et Mystique V, 181–183 – DThC V, 2174f. – ECatt V, 1181 – LThK² IV, 87 – NCE V, 892 – RE VI, 2, 2219–2221 – RGG II, 904f. – SCHANZ-HOSIUS IV, 2, 572–574 – U. MORICCA, Storia della letteratura lat. cristiana III, 2, 1934, 1390f., 1395–1407 – A. MANDOUZE, Prosopographie chrétienne du Bas-Empire I, 1982, 446–450 – *zur Vita Fulgentii Ruspensis:* G. FICKER, Zur Würdigung der Vita Fulgentii, ZKG 21, 1901, 9–42 – LAPEYRE, s. o., VII–LXXVI – M. SIMONETTI, Note sulla »Vita Fulgentii« (Mél. offerts à B. DE GAIFFIER et F. HALKIN, 1982), 277–289 – s. a. →Fulgentius v. Ruspe – *zur Breviatio canonum:* F. MAASSEN, Gesch. der Q. und der Lit. des canon. Rechts im Abendlande, 1870, 799–802 – FOURNIER-LE BRAS I, 35 – VAN HOVE², 265f. – H. J. SIEBEN, Die Konzilsidee des lat. MA (847–1378), 1984, 195f. – J. GAUDEMET, Les sources du droit de l'Église en Occident du II⁰ au VII⁰ s., 1985, 137f. – *zu den Briefen:* K. KÜNSTLE, Zwei Dokumente zur altchr. Militärseelsorge (Der Katholik 80, 2, 1900), 105–116 – R. B. ENO, Doctrinal Authority in the African Ecclesiology of the Sixth Century: F. and Facundus, RevAug 22, 1976, 95–113 – H. J. SIEBEN, Die Konzilsidee der Alten Kirche, 1979, 283–291 – M. SIMONETTI, Ferrando di Cartagine nella controversia teopaschita (Fides Sacramenti, Sacramentum fidei. Stud. i. H. of P. SMULDERS, 1981), 218–232 – R. B. ENO, F. and Facundus on Doctrinal Authority, Studia Patristica 15, I, 1984, 291–296.

Ferrante → Ferdinand I. v. Aragón, Kg. v. Neapel

Ferrant Sánchez de Talavera (Calavera) → Sánchez F.

Ferrara

I. Entwicklung im früheren Mittelalter – II. Die kommunale Epoche – III. Politische, topographische, demographische und wirtschaftliche Entwicklung während der Signorie der Este – IV. Diözese und wichtigste kirchliche Institutionen – V. Universität.

I. ENTWICKLUNG IM FRÜHEREN MITTELALTER: F., it. Stadt (Emilia-Romagna), liegt heute fünf km s. des Po-Hauptarms im Ostteil der Poebene. Als die Stadt entstand (ca. Anfang des 7. Jh.), floß der Po tiefer im Süden, teilte sich an der Stelle, an der sich F. entwickeln sollte, in zwei Delta-Arme (Po di Primaro und Po di Volano) und bildete zwei

Flußinseln. Das große gelappte Po-Delta entstand erst nach dem Dammbruch von Ficarolo Mitte des 12. Jh., durch den sich der Flußlauf änderte und eine neue Mündung bildete. Die umliegende Tiefebene (zumeist Sumpfland) war spärlich besiedelt. Der erste befestigte Siedlungskern der späteren Stadt F. lag am linken Ufer des frühma. Flußbettes des Po und hatte die Form eines schrägen Rechtecks (Nord- und Südseite ca. 300 m, Westseite ca. 180 m, Ostseite ca. 220 m). Name und Alter dieser Siedlung sind nicht belegt. Der Name F. erscheint erstmals 757 in dem Versprechen, das der Langobardenkönig →Desiderius Papst →Stephan II. leistete, den Ducatus Ferrariae zurückzugeben (LP Steph. II.) Da das ehemals zum byz. →Exarchat gehörige Gebiet zu jener Zeit bereits als Dukat organisiert war, kann die Errichtung des Castrum mit großer Wahrscheinlichkeit auf den Beginn des 7. Jh. datiert werden, wofür auch die gerade in den ersten Jahren des 7. Jh. verstärkt auftretenden Eroberungsversuche der Langobarden vom südl. Venetien her sprechen. Vor dem 9. Jh. gibt es keine sicheren Belege für in F. residierende Bf.e, obwohl nach der Überlieferung des Bischofssitz von Voghenza infolge der Auseinandersetzung zw. dem dortigen Bf. Maurelius und dem schismat. Ebf. v. →Ravenna, Maurus, 657 nach F. verlegt wurde (s. Abschnitt IV). Um ein Gegengewicht gegen die Übermacht der Ebf.e v. Ravenna und deren Expansionspolitik zu schaffen, förderten die Päpste unter Anwendung der päpstl. Jurisdiktionsansprüche die Bf.e v. F. Gegen Anfang des 9. Jh. verliehen sie ihnen ein umfangreiches, auch die Stadt selbst umfassendes Territorium (die sog. 12 Masse). Die Auseinandersetzungen zw. den Bf.en v. F. und der Ebf. v. Ravenna dauerten das ganze 10. Jh. und einen großen Teil des 11. Jh. an, ohne daß es den Bf.en und den Einwohnern von F. in größerem Umfang gelang, polit. Macht und Territorialbesitz auf Kosten Ravennas zu gewinnen. Einen Rückschlag brachte auch die Zerstörung der ferrares. Befestigungen durch den ven. Dogen Petrus IV. Candianus (963/964), womit Venedig den Handelskonkurrenten im Bereich der Poebene zu schädigen suchte.

Die Bf.e von F. erhielten zum Unterschied von den Bf.en der Städte in Reichsitalien nie die Grafengewalt. Allerdings setzten die Kg.e von Italien und die Ottonen mehrmals im Zuge ihrer Auseinandersetzung mit dem Papsttum Gf.en in F. ein. Die erhaltenen Quellen geben keine klare Auskunft, wer bis zum Ende des 10. Jh. die Jurisdiktion über das Gebiet ausübte. Von wem die wenigen urkundl. belegten Gf.en investiert wurden, ist zumeist nicht bekannt. Dies gilt auch für den vom Papst wie vom Ks. geschätzten Te(o)dald von →Canossa, der 999 mit der Gft. F. belehnt wurde. Aus der allgemeinen polit. Situation läßt sich eine Investitur durch den Papst annehmen.

Am Ende des 10. Jh. war die Stadt über die byz. Befestigung hinausgewachsen und dehnte sich zumeist auf dem Flußufer in westl. Richtung aus. Sie besaß nunmehr auch eine wahrscheinl. auf das 10. Jh. (Ungarneinfälle) zurückgehende Befestigung, die im N fast parallel zum Fluß verlief, im O das castrum einschloß und im W im sog. Castel Tedaldo endete. Tedalds Nachfolger, →Bonifaz v. Canossa, Mgf. v. Tuszien und Gf. v. F. (1012–52), führte ein sehr strenges Regiment und unterwarf die Bf.e und die städt. Bevölkerung seinem Gericht. Während der Minderjährigkeit seiner Tochter →Mathilde erhielt eine Gruppe von Familien, die im castrum ihren Wohnsitz hatten, die Machtfunktionen des Stadtregiments delegiert. Es handelte sich dabei um eine dünne Oberschicht, die bereits in den Urkk. des 10. und 11. Jh. erscheint und zusammen mit dem Bf. bestrebt war, den Ebf.en v. Ravenna Rechte auf ferrares. Gebiet zu entziehen, wobei sie jedoch immer mit den Machthabern in Auseinandersetzungen verwikkelt war.

Während der Regierungszeit der Gfn. Mathilde (1063–1115), die mit der großen, polit., religiösen, sozialen und institutionellen Krise des sog. →Investiturstreites zusammenfällt, erweiterte sich in F. die Schicht, die nach Verantwortung im Stadtregiment strebte. Dies führte zu einer Störung des seit Jahrhunderten bestehenden sozialen Gleichgewichts. Die große religiöse Auseinandersetzung in der 2. Hälfte des 11. Jh. (→Alexander II., →Honorius II., →Pataria; →Heinrich IV., →Gregor VII.) ließ diese Spannungen aufbrechen. In den letzten Jahren des 11. Jh. hatte die kaisertreue Gruppe in F. die Oberhand. Viele Personen, die noch am Vorabend der großen Auseinandersetzung hervorgetreten waren, begegnen nun in den erhaltenen Quellen nicht mehr. Die Stadt trat in offenen Aufruhr gegen Mathilde und wurde von dieser 1101 mit Hilfe eines Schiffsaufgebots aus Venedig und Ravenna, den traditionellen Gegnern F.s, zurückerobert. Dies hatte einen erneuten polit. Wechsel zur Folge.

II. Die kommunale Epoche: Einige Angehörige der alten Machtgruppierungen kehrten zurück, neue Persönlichkeiten mit anderer Orientierung, wenn auch aus der gleichen sozialen Schicht stammend, traten hinzu, geführt von Bf. Landulf. Diese Gruppe gewann zunehmend an Einfluß und Entschlußkraft: Nach Mathildes Tod (1115) konstituierte sie die →Kommune und begann 1135 im Mittelpunkt des gewachsenen Stadtgebiets den Bau der neuen Kathedrale, das Symbol der städtischen Autonomie. Im Unterschied zu den anderen nord- und mittelit. Städten war die kommunale Epoche in F. nur von kurzer Dauer. Die Macht lag in F. immer in den Händen des Großgrundbesitzes und des Kleinadels (der nicht vor der 2. Hälfte des 11. Jh. in Erscheinung trat). Es handelt sich dabei um die gleiche soziale Schicht, die auch in früherer Zeit hervorgetreten war. Kaufleuten, Handwerkern, Angehörigen der freien Berufe gelang es nie, sich in polit. und wirtschaftl. Hinsicht hinreichend durchzusetzen. Infolge der Lage am →Po entwickelte sich F. zu einem Umschlagplatz, erhob Zölle und Ufergelder und tendierte daher zum Passivhandel. Auch das Engagement F.s an der →Lombardischen Liga während der Kämpfe zw. den Kommunen und Friedrich I. war eher gering. Aufgrund des Fehlens einer sozialen Dialektik in F. konzentrierten sich die Auseinandersetzungen auf Kämpfe zw. den bedeutendsten Familien (Adelardi, Salinguerra), in die sich in der 1. Hälfte des 13. Jh. die →Este einschalteten.

III. Politische, topographische, demographische und wirtschaftliche Entwicklung während der Signorie der Este: Um Salinguerra zu besiegen (1240), bediente sich Azzo VII. Este nicht nur der Unterstützung des Papstes, sondern auch – in entscheidender Weise – der Hilfe Venedigs. Die Stadt F. mußte dafür auf wirtschaftl. Gebiet den hohen Preis der Ausschaltung aus dem Po-Handel, den sich Venedig vorbehielt, zahlen. Von da an konzentrierten sich die wirtschaftl. Aktivitäten F.s in zunehmendem Maße auf die Landwirtschaft.

Am 16. Febr. 1264 wurde Obizzo II. (→Este, 8. E.), der Enkel Azzos VII., mit Unterstützung der wichtigsten Familien der Stadt zum Signore akklamiert (erste it. Signorie). Die kommunalen Institutionen sanken zu Befehlsempfängern des Signore ab. In den 1287 veröffentlichten städt. Statuten wurde festgelegt, daß der Mgf. v. Este die höchste Autorität besaß, und die Auflösung der

ohnehin nicht allzu bedeutenden Korporationen und Zünfte angeordnet. Abgesehen von kurzen Unterbrechungen infolge von Machtkämpfen innerhalb der Dynastie, die sich Venedig zunutze machte (1308–09), und einer längeren Periode der Abhängigkeit vom Papsttum durch das Vikariat Roberts v. Anjou (1310–13) regierten die Este bis 1598 aufgrund der ihnen vom Papst verliehenen Investitur.

Die städt. Autonomie und später das Erstarken der Signorie der Este hatte vom 12.–14. Jh. im O, W und teilweise N eine Stadterweiterung im Gefolge, wobei jedoch die Stadt, die sich auf dem linken Po-Ufer ausbreitete, immer ihre langgestreckte Form beibehielt. Die Einwohnerzahl betrug 1310 vermutl. 17000 (aufgrund des päpstl. Treueides 3470 Kernfamilien), eine, mit anderen Städten dieses Raumes verglichen, bescheidene Entwicklung. Einer der Gründe für diesen relativ geringen Aufschwung war das Fehlen einer starken Mittelschicht von Gewerbe- und Handeltreibenden. Der Reichtum konzentrierte sich in wenigen Großgrundbesitzerfamilien. In wirtschaftl. wie sozialer Hinsicht nahm die Stadt also eine Sonderstellung ein: Die großen Familien unterstützten die Signorie und erhielten von ihr steuerl. und wirtschaftl. Privilegien. Durch den Dammbruch von Ficarolo und die damit in Zusammenhang stehende Verlagerung des Po-Hauptarms versandete der Lauf, an dem die Stadt lag, allmählich. Im 15. Jh. war eine der Flußinseln (S. Antonio in Polesine) bereits in das bebaute Stadtgebiet eingeschlossen.

Ein wichtiges Ereignis der Stadtgeschichte war der durch den unerträgl. Steuerdruck ausgelöste Volksaufstand des Jahres 1385, bei dem die Este die Fragilität ihrer Macht erkennen mußten. Als Konsequenz ließ Hzg. Niccolò II. als Zwingburg und Signorensitz im Kastell im Nordteil des Mauerkranzes errichten, das mit den öffentlichen Gebäuden und der Piazza in enger Verbindung stand. – Es wurde in den folgenden Jahrhunderten Mittelpunkt glanzvollen Hoflebens.

Auf außenpolit. Ebene bestanden bis zum Ende des 15. Jh. die stärksten Spannungen mit Venedig, in der Folgezeit mit Rom. Gegen Venedigs Ansprüche verbanden sich die Este mit anderen it. Signoren; sie waren dabei ständig in Auseinandersetzungen verstrickt. Der Krieg gegen Venedig (1482–84, Teil des sog. Ferrara-Kriegs) endete mit der Niederlage der Este. Hzg. Ercole I. mußte den ganzen Polesine di Rovigo abtreten, so daß Venedig seine Grenzen an den Hauptarm des Po in der unmittelbaren Nähe von F. vorschob und die Stadt der Este damit weitgehend vom Po-Handel ausschloß. Die Este mußten daher aus den landwirtschaftl. Erträgen die Mittel für ihre Kriegspolitik und ihre Prachtentfaltung bestreiten, was bei den schwächsten sozialen Schichten, v. a. der ländl. Bevölkerung, zu hartem Steuerdruck und Fronarbeit (Damm- und Kanalbau) führte. Als Folge des Pachtsystems bereicherten sich Mittelsmänner und Verwalter des Großgrundbesitzes von Adel und Kirche auf Kosten der Bauern. Jedoch ließen gerade diese Ressourcen die Stadt im 15. Jh. zu einem der europ. Kulturzentren aufsteigen: bereits gegen Ende des 14. Jh. hatte Alberto d'Este die Universität (s. Abschnitt V) gegründet; die Mgf.en Niccolò III. (→Este, 7. E.) und Leonello (→Este, 5. E.) beriefen berühmte Künstler (u. a. Cosme →Tura) an ihren Hof, die Stadt schmückte sich mit prunkvollen Palästen.

Um die Stadtmauern aus ihrer gefährl. Nähe zu den »neuralgischen Punkten« (Residenz der Este, Kathedrale, öffentl. Gebäude) zu verlegen und neuen Raum für die adligen und reichen Familien zu gewinnen, ordnete Ercole

I. 1490 nach den Plänen Biagio Rossettis eine Erweiterung der Stadt gegen N an, durch die sich das Areal des ma. Kerns (181 ha) fast verdreifachte, die sog. »Addizione erculea«, damals »Terranova« gen., eines der wichtigsten städtebaul. Projekte der Renaissance. Das Kastell, das endgültig als Residenz der Herrscherfamilie und Sitz des Hofes dienen sollte, befand sich von nun an im Zentrum des auf diese Weise entstandenen neuen städt. Organismus, im Knotenpunkt zw. den alten und neuen Teilen der Stadt, die es aufgrund seiner strategischen Lage kontrollierte.

Die letzte Periode der Signorie der Este – die 1471 vom Ks. zu Hzg. en ernannt wurden – stand im Zeichen ihres erbitterten, aber in zunehmendem Maße fruchtlosen Widerstands gegen die Rückeroberungsversuche der Päpste, die F. 1598 der direkten Herrschaft des Hl. Stuhles unterstellten.

IV. Diözese und wichtigste kirchliche Institutionen: Das Datum der Verlegung des Bischofssitzes von Voghenza nach F. ist nicht sicher bekannt. Die erhaltenen Ambonen der Kathedrale von Voghenza (Dommuseum, Ferrara, Stifterinschrift) werden von der Forschung in das 8. Jh. datiert. Die Bf. e von F. trugen noch im 10. Jh. den Titel von Voghenza (der auch heute noch den Ebf. en zukommt). Aufgrund dieser Fakten läßt sich für das 8. und 9. Jh. der Residenzort der Bf. e nicht eindeutig festlegen. Dem Urkundenmaterial des 10. Jh. zufolge befand sich die bfl. Residenz an der extra muros gelegenen Kathedrale S. Giorgio, am gegenüberliegenden Po-Ufer.

Die Verlegung der Kathedrale in die Stadt (1135) hatte symbol. Bedeutung für die städt. Autonomie. Ausdruck dafür ist auch der ursprgl. ca. 80 m lange umlaufende Marmorfries an der Südseite des Domes, welcher in großer Capitalis-Schrift die städt. Consuetudines verzeichnet (1173). Der Bau der Kathedrale hatte eine völlige Neustrukturierung der städt. Topographie zur Folge: die wichtigsten Gebäude und öffentl. Plätze wurden in die Stadtmitte gelegt (Kathedrale, Palazzo comunale, Piazza und – seit dem 13. Jh. – die Residenzen der Este).

Die frühere, auf dem anderen Po-Ufer gelegene Kathedralkirche S. Giorgio wurde in ein Regularkanonikerstift umgewandelt, 1411 wurden Olivetanermönche dorthin berufen. Die wichtigsten Kirchen von F. sind S. Maria in Vado (Pofurt), die bereits im 12. Jh. berühmt war, und S. Romano (seit Ende des 10. Jh. bekannt). Unter den Männerklöstern sind S. Bartolomeo (9. Jh.), S. Benedetto (15. Jh.) und die Kartause (1461) die bedeutendsten, unter den Frauenklöstern S. Silvestro (11. Jh.) und Corpus Domini (15. Jh.). Das berühmte Kl. OSB→Pomposa gehörte zur Diöz. Comacchio.

V. Universität: 1391 durch Mgf. Alberto d'→Este mit päpstl. Zustimmung gegründet, geriet die Univ. F. durch Albertos Tod (1393) in eine schwere Krise und mußte geschlossen werden. Erst unter Niccolò III. (→Este, 7. E.) und Leonello (→Este, 5. E.) wurde sie neubegründet. Neben dem Lehrstuhl der Rechtswissenschaft, als deren namhaftester Vertreter zur Zeit der Gründung der Bolognese →Bartholomaeus de Saliceto (→19. B.) berufen wurde, genossen die verschiedenen Lehrstühle der Artes liberales großes Ansehen, an denen Gelehrte wirkten, die von den Este an ihren Hof gezogen worden waren: u. a. der Humanist →Guarino Guarini, der Arzt Ugo →Benzi, der Philosoph und Mathematiker Nicolò Leoniceno. Im 15. und frühen 16. Jh. studierten bedeutende Persönlichkeiten wie Nikolaus →Kopernikus (Doktorat in kanon. Recht) und Theophrastus Paracelsus (Doktorat in Medizin) in F.

Das Schicksal der Univ. F. war eng mit der Herrscherfamilie verbunden, obwohl ihre Unterhaltskosten von der öffentl. Verwaltung bestritten wurden. Die Klientelstruktur des Hofes hatte auch Auswirkungen auf die Univ.: Um 1500 und in der Folgezeit waren die besser dotierten Lehrkanzeln so gut wie stets für einen engen Kreis adliger Familien reserviert. Im 16. Jh. kam es nicht zuletzt infolge des starken Druckes der Inquisition zu einem Niedergang der Univ. F.

F. Bocchi

Lit.: L. A. Muratori, Delle antichità estensi e italiane, 2 Bde, 1717–40 – A. Frizzi, Memorie per la storia di F., 5 Bde, 1848 – E. Lombardini, Dei cangiamenti cui soggiacque l'idraulica condizione del Po nel territorio di F., 1852 – P. Sitta, Saggio sulle istituzioni finanziarie del Ducato estense, Atti e Mem. Dep. Prov. Ferr. St. Patria, III, 1891 – Ders., Le Univ. delle Arti a F. dal s. XII al XVIII, ebd. 1896 – G. Bertoni, La Bibl. Estense e la cultura ferrarese ai tempi del duca Ercole I, 1903 – G. Soranzo, La guerra fra Venezia e la S. Sede per il dominio di F. (1303–1313), 1905 – B. Ghetti, I patti fra Venezia e F. dal 1191 al 1313, 1907 – O. Vehse, Ferrareser Fälschungen, QFIAB XXVII, 1936, 1–108 – A. Visconti, Storia dell'Univ. di F., 1950 – A. Piromalli, La cultura a F. al tempo di Ludovico Ariosto, 1953 – Statuta Ferrariae anno MCCLXXXVII, hg. W. Montorsi, 1955 – R. Longhi, Officina ferrarese, 1956 – A. Franceschini, I frammenti epigrafici degli statuti di F. del 1173 venuti in luce nella cattedrale, 1969 – G. Ortalli, Comune e vescovo a F. nel sec. XII: dai falsi ferraresi agli statuti del 1173, BISI 82, 1970, 271–328 – B. Zevi, Saper vedere l'urbanistica. F. di Biagio Rossetti, la prima città moderna d'Europa, 1971 – F. Bocchi, Note di storia urbanistica ferrarese nell'alto medioevo, Atti e Mem. Dep. Prov. Ferr. St. Patria, s. III, XVIII, 1973 – W. L. Gundersheimer, F. The Style of a Renaissance Despotism, 1973 – F. Bocchi, Uomini e terra nei borghi ferraresi. Il catasto parcellare del 1494, 1976 – S. Uggeri Patitucci, Il Castrum Ferrariae (Insediamenti nel Ferrarese, 1976), 153–158 – Insediamenti nel Ferrarese. Dall'età romana alla fondazione della cattedrale, 1976 – E. Bocchi, Istituzioni e società a F. in età precomunale, Atti e Mem. Dep. Prov. Ferr. St. Patria, s. III, XXVI, 1979 – L. Trombetti, Vassalli e feudi a F. e nel Ferrarese dall'età precomunale alla signoria estense, ebd., s. III, XXVIII, 1980 – F. Cazzola, Produzioni agricole e rendimenti unitari dei cereali nel Ferrarese a metà Quattrocento (Studi in mem. di L. Dal Pane, 1982), 239–300 – La corte e lo spazio: F. estense, hg. G. Papagno – A. Quondam, 2 Bde, 1982 – A. Castagnetti, Società e politica a F. dall'età postcarolingia alla signoria estense (sec. X–XIII), 1985 – weitere Lit. →Este.

Ferrara-Florenz, Konzil v. (eröffnet am 9. April 1438)

I. Vorgeschichte – II. Verlauf – III. Ergebnis und Nachwirkung.

I. Vorgeschichte: Der byz. Ks. Manuel II. (1391–1425) hatte 1415 Manuel →Chrysoloras zum Konzil v. →Konstanz entsandt, um an der Überwindung des →Abendländ. Schismas mitzuwirken und so günstigere Voraussetzungen für eine →Kirchenunion zu schaffen. Diese Gespräche führten aber ebensowenig zu Ergebnissen wie anschließende Verhandlungen mit Papst →Martin V. Im Zuge des Konflikts zw. Papst →Eugen IV. und dem Konzil v. →Basel gerieten dann die Unionsverhandlungen vollends ins (kirchen)polit. Fahrwasser; Eugen nutzte die Forderung der Griechen nach einem leicht erreichbaren Konzilsort, um die Verlegung der Basler Synode nach Bologna zu betreiben und diese dadurch funktionsunfähig zu machen. Seither verhandelten Papst und Konzil parallel mit Byzanz, wobei Eugen der Erfolgreichere blieb. Ausschlaggebend für die Entscheidung der Griechen waren der vom Papst gewählte Konzilsort →Ferrara sowie die Überzeugung des byz. Patriarchen →Josef II. (1416–39), Abmachungen ohne oder gegen den Papst seien sinnlos, und die Erwartung des Basileus, von Eugen und Ks. →Siegmund leichter als von den Baslern wirkungsvolle Hilfe gegen die Türken zu erhalten. Die Byzantiner führten die Verhandlungen mit den Lateinern in erster Linie nicht, weil sie auf eine wirkliche Kirchenunion hofften (das traf auch auf die Lateiner zu), sondern weil Ks.

Johannes VIII. (1425–48), Sohn Manuels II., den Schutz des oström. Reiches gegen die Osmanen nur durch eine effektive Einigung (nicht allein durch Verhandlungen) und einen anschließenden Kreuzzug glaubte sichern zu können. Am 18. Okt. 1437 stachen die Griechen auf der sie abholenden päpstl. Flotte in See, die für denselben Zweck in Konstantinopel erschienene Flotte der Basler mußte unverrichteter Dinge heimkehren.

II. VERLAUF: Nur eine wenig repräsentative Teilnehmerzahl folgte der Verlegung von Basel nach Ferrara und begann hier die Arbeit am 8. Jan. 1438. Die ersten neun Sitzungen waren der Auseinandersetzung mit den Baslern gewidmet, die Eugen IV. am 24. Jan. 1438 für abgesetzt erklärt hatten. Nachdem die byz. Delegation (Ks., Patriarch, 20 Metropoliten, viele Kleriker und Mönche, drei gelehrte Laienberater, insgesamt ca. 700 Personen) in der ersten Märzwoche eingetroffen war – Vertreter der russ. Kirche erschienen erst Mitte Aug. –, wurde das Konzil nach Beilegung von Protokollschwierigkeiten am 9. April (neu) eröffnet. Da Verhandlungen über eine westl. Militärhilfe für Byzanz nicht aufgenommen werden konnten, u. a. weil Ks. Siegmund am 9. Dez. 1437 gestorben war, setzte Johannes VIII. einen viermonatigen Aufschub der Plenarsitzungen durch. Bis dahin blieb es bei der ergebnislosen Diskussion eines untergeordneten Kontroverspunktes (über das Purgatorium, 4. Juni bis Mitte Juli) durch ausgewählte Experten. Erst unter dem Druck wirtschaftl. Notwendigkeiten – durch das Ausbleiben (Hinauszögern?) vereinbarter monatl. Unterhaltszahlungen geriet mancher in Schwierigkeiten – gab der Ks. schließlich nach; am 8. Okt. fand die erste Plenarsitzung statt. Man kam gleich zum wichtigsten Streitpunkt, dem →Filioque. In seiner Einfügung ins →Symbolum sahen die Griechen eine eigenmächtige Änderung des gemeinsam formulierten und für unabänderl. erklärten Bekenntnisses durch eine Teilkirche, aber auch eine inhaltl. falsche Aussage. Vom 8. Okt.–13. Dez. 1438 wurde in 15 Sitzungen diskutiert, ob ein Zusatz zum nicäno-konstantinopolitan. Glaubensbekenntnis (→Nikaia) statthaft sei, wenn er inhaltl. orthodox, im Symbolum bereits implizit enthalten und zur Klarstellung erforderl. sei. Die Griechen verneinten unter Hinweis auf das ephesinische Verbot (→Ephesos), eine andere πίστις zu formulieren als die von Nikaia. Die Lateiner wollten demgegenüber das Änderungsverbot nur auf den Inhalt beziehen. Keine Partei konnte die andere überzeugen. Bei den Byzantinern wurden schon Stimmen laut, die für Abreise plädierten, doch konnte der Ks. am 10. Jan. 1439 die Mehrheit dafür gewinnen, die päpstl. Translation des Konzils ins weit von der Adria entfernt liegende Florenz – wozu weniger die Pest in Ferrara als die von den Florentinern angebotene Lösung der finanziellen Probleme rieten – zu akzeptieren, zumal die Griechen danach ihre rückständigen Unterhaltszahlungen erhielten. In Florenz wurde vom 26. Febr.–24. März der Lehrinhalt des Filioque zunächst ergebnislos diskutiert. →Markos Eugenikos v. Ephesos, der Sprecher der Orthodoxen, sah darin unverändert einen dogmat. Irrtum und wäre höchstens bereit gewesen, den Lateinern diese Lehre als »theologoumenon« zuzugestehen, falls sie zum gemeinsamen Symbol ohne Filioque zurückkehren würden, wobei er hoffte, die Streichung des Filioque aus dem →Credo werde auf die Dauer zum Verschwinden auch aus dem Glaubensbewußtsein führen. Andererseits hatte sich eine Minderheit der Griechen davon überzeugen lassen, daß auch einige griech. Väter das Filioque dem Sinne nach gelehrt hätten. Ab Ende März 1439 versuchte man, eine Einigungsformel ohne öffentl. Disputationen

zu finden; am 17. April wurde die Suche danach einer Kommission aus je 10 Delegierten beider Kirchen anvertraut. Obwohl jeder Versuch der Byzantiner scheiterte, eine Formulierung durchzubringen, die ihnen entgegenkam, traten nach direkter päpstl. Intervention am 30. Mai Patriarch Joseph II. und zehn griech. Bf.e für die Anerkennung des Filioque ein, und ihnen folgten nach und nach fast alle anderen. Gleichzeitig handelte der Ks., nun einer Einigung sicher, eine verbriefte päpstl. Zusage militär. Hilfe aus.

Am 7. Juni erfolgte dann die endgültige Einigung über das Filioque. Bei dem zwei Tage danach verstorbenen Patriarchen fand man eine schriftl. Mitteilung, worin er sich zur Lehre der röm. Kirche bekannte. Die anschließenden Verhandlungen über →Primat, Forma Eucharistiae (Konsekrationsworte/Epiklese) und Los der Verstorbenen gestalteten sich ebenfalls schwierig, erst Geheimverhandlungen durch Vierer- bzw. Sechserdelegationen (die Quellenangaben darüber differieren) führten am 26. Juni zum Durchbruch. Am 4. Juli wurde das Einigungsdekret »Laetentur coeli« publiziert und am 5. Juli unterzeichnet. Das im Original erhaltene Dokument (Florenz, Bibl. Med.-Laur. Cassette Cesarini 1–2) zeigt 117 lat. und 33 griech. Unterschriften. Bei der Weigerung blieben nur Markos Eugenikos und ein anderer griech. Bf., alle anderen unterschrieben, juridisch freiwillig, aber unter starkem inneren und äußeren psycholog. Druck und ohne die schwierigen dogmat.-theol. Probleme in jedem Fall zu durchschauen. Der päpstl. Primat wurde in einer Form anerkannt, die von den Byzantinern nicht als Jurisdiktionsprimat verstanden werden mußte und auch nicht verstanden wurde. Für die →Eucharistie wird der Usus gesäuerten und ungesäuerten Brotes gleichermaßen autorisiert. Nach der Unterzeichnung von »Laetentur coeli« durch die Lateiner verlas →Bessarion v. Nikaia eine Erklärung zur Forma Eucharistiae – worüber das Dekret vereinbarungsgemäß schwieg – und bekundete darin seine Übereinstimmung mit der lat. Lehre; laut Silvestros →Syropulos gab er die Epiklese nicht ganz preis, nach einem am 27. Aug. verfaßten lat. Protokoll erwähnte er sie überhaupt nicht. Am 6. Juli wurde die Einigung mit einem lat. Gottesdienst besiegelt, aber die Bitte des byz. Ks.s an die Lateiner, an einer griech. Eucharistiefeier teilzunehmen, mit beleidigendem Mißtrauen abgelehnt. Dementsprechend war die Stimmung – entgegen dem jubilierenden Incipit des Einigungsdekrets – unter den Griechen gedrückt u. pessimistisch; sie kehrten sofort heim, die meisten enttäuscht und beschämt. Nach Abreise der Griechen wurde der Kampf gegen die Basler fortgesetzt, die unter Zugrundelegung ihrer am 16. Mai 1439 proklamierten »Wahrheiten« das Florentinum für schismat. erklärten. Dem trat Eugen und sein Konzil am 4. September 1439 in der Bulle »Moyses vir Dei« mit der Verurteilung der Basler entgegen. Weitere Unionsverhandlungen brachten die Wiedervereinigung im Sinne von reductio errantium mit der arm. Kirche von →Caffa (22. Nov. 1439), der jakobit. von →Ägypten, Libyen und →Jerusalem (4. Febr. 1442) und – nach der Translation des Konzils nach →Rom (1442/43) – mit dem Kg. von →Bosnien, der syr. Kirche (→Syrien) des Zweistromlandes (30. Sept. 1444) und den kleinen Gemeinden der chaldäischen →Nestorianer und der →Maroniten auf Zypern (7. Aug. 1445). – Keine Quelle bezeugt, wie das Konzil zu Ende ging.

III. ERGEBNIS UND NACHWIRKUNG: Die sog. Florentiner Union wurde in Konstantinopel als Verrat an der Orthodoxie betrachtet, die meisten griech. Unterzeichner von »Laetentur coeli« widerriefen, Johannes VIII. unterließ die

Verkündigung der Union. Als der letzte Ks. von →Byzanz, →Konstantin XI. (1449–53), sie doch noch verkündete (10. Dez. 1452), stieß er auf geschlossene Ablehnung, zumal weitere zugesagte westl. Militärhilfe nach dem gescheiterten Kreuzzug von →Varna (Schlacht 1444) ausblieb. Am 29. Mai 1453 fiel das christl. →Konstantinopel Sultan →Meḥmet II. zu. Die Vorgänge um das Konzil v. F.-Fl. haben die Kluft zw. Ost u. West nur vergrößert. →Ivan III. v. Moskau beschuldigte Byzanz des Verrats und betrachtete fortan sich selbst als neuen Führer der rechtgläubigen Christenheit: Die Idee vom »dritten Rom« war geboren. Die übrigen orthodoxen Patriarchate erkannten die Unterschriften ihrer Vertreter unter »Laetentur coeli« nicht an. – Ein Erfolg war das Konzil allein für Eugen IV., insofern er die päpstl. Oberhoheit gegenüber dem von den Baslern vertretenen →Konziliarismus behaupten konnte. Das kollegiale Element in der Leitung der lat. Kirche trat damit weiter zurück. Das Florentinum vernachlässigte die dringend nötige Kirchenreform und bereitete somit den Weg für die Reformation. Zu seinen positiven Wirkungen gehört das durch das Zusammentreffen von Gelehrten der byz. und lat. Welt geförderte humanist. Interesse (→Humanismus) für griech. Kultur und Geschichte.   J.-L. van Dieten

Q.: Concilium Florentinum. Documenta et Scriptores, ed. cons. et imp. Pontif. Inst. Or. Stud., 1944–76 – Konzilsakten sind nicht erhalten. – E. Cecconi, Studi storici sul Concilio di Firenze, 1869 – Lit.: DHGE XVII, 561–568 – TRE V, 289–296 [J. Gill] – T. Frommann, Krit. Beitr. zur Gesch. der Florentiner Kircheneinigung, 1872 – Hefele-Leclercq VII, 2, 1916, 951–1051 – J. Gill, The Council of Florence, 1959 – A. Leidl, Die Einheit der Kirchen auf dem spätma. Konzilien von Konstanz bis Florenz, 1966 – J. Décarreaux, Les Grècs au Concile de l'Union Ferrare-Florence (1438–1439), 1970 – H. J. Marx, Filioque und Verbot eines anderen Glaubens auf dem Florentinum, 1977 [dazu J.-L. van Dieten: AHC 10, 1978, 421–425] – J.-L. van Dieten, Zu den zwei Fassungen der Memoiren des Silvester Syropulos über das Konzil v. Ferrara-Florenz, AHC 11, 1979, 367–395 – P. Cazzola, Il Concilio ecumenico di Ferrara-Firenze e la Russia, Studi e Ricerche sull'Oriente Cristiano, 1982, 47–62 – J.-L. van Dieten, Die Erklärung Bessarions zur Forma Eucharistiae, AHC 16, 1984, 369–384.

Ferrarius (Efferarius, Euferarius), Frater, frühestens im 14. Jh. wirkender Verfasser eines an einen ungenannten Papst gerichteten Brieftraktats »De lapide philosophorum«, und eines »Thesaurus philosophiae« alchem. Inhalts. Die traditionelle Auffassung, nach der »De lapide« und »Thesaurus« aus einer Feder rühren, ist nicht hinreichend gesichert.

In beiden Werken bieten sich Exzerptkollektaneen, die in textl. engster Bindung an im 14. Jh. aktuelle Fachschriften entstanden sind. »De lapide« vermittelt Lehrgut, das hauptsächl. dem →Geber-Corpus entstammt; der »Thesaurus« wurde aus der →»Turba philosophorum«, dem Morienus-Calid-Dialog, Geber-Corpus und anderen Hauptwerken spätma. Alchemisten kompiliert. Eine Mitteilung von Kenntnissen, die aus eigenständig erworbenen Laborerfahrungen des Kompilators erflossen, unterblieb.

Von frühnz. Alchemisten wurden beide Schriften zum lit. Rüstzeug gezählt; man nahm sie in alchem. Standardwerke des 16. bis 18. Jh. auf und hat sie ins Dt. übersetzt. Textkrit. Ausgaben, literar-, fach- oder rezeptionsgeschichtl. Würdigungen fehlen.   J. Telle

Ed. (Abdrucke): 1. Epistola Papae: E., De lapide philosophorum, in: Verae alchemiae (...) doctrina, hg. W. Gratarolus, Basel 1561, II, 232–237 (Teilabdr.); auch in: Theatrum chemicum, Bd. III, Straßburg 1659 (1602¹), 143–151 – F., Tractatus chemicus, in: Tractatus aliquot chemici singulares, hg. L. Combach, Geismar 1647 [86 S.] – Dt. Übers.: Von dem Stein der Weisen, übers. J. Lange, in: Chymisches Zwey=Blat, Frankfurt/Hamburg 1673 [72 S.]; auch in: Philaletha,

Chymische Tractätlein, Wien 1748 – Chymische Abhandlung für den Pabst, übers. J., in: Neue Alchymistische Bibl. für den Naturkundiger unsers Jahrhunderts, hg. F. J. W. Schröder, Bd. I, 2. Slg., 1772, 159–236 – 2. Euferarius, Thesaurus philosophiae, in: Verae alchemiae (...) doctrina, hg. W. Gratarolus, Basel 1561, II, 237–248; auch in: Theatrum chemicum, Bd. III, Straßburg 1659 (1602¹), 151–165 – Dt. Übers. in: Eröffnete Geheimnisse Des Steins der Weisen Oder Schatz= Kammer Der Alchymie (Aureum vellus), Hamburg 1708, Traktat V (1604¹), 606–622 – Lit.: Ferguson I, 267f. – Thorndike II, 755f.; III, 149.

Ferrer. 1. F., **Bonifacio** (Bonifaz) OCart, bedeutender Kirchenpolitiker der Zeit des Gr. →Abendländ. Schismas, Bruder von 2, * Mitte 14. Jh. in Valencia, † 29. April 1417 in Valdecristo (Valencia), entstammte der mittelständ., einst aus der Gegend von Gerona nach Valencia übergesiedelten Familie Ferreres. B. F., dessen Vater Notar *(escribano)* war, studierte Jura in Perugia, Lérida und begann in seiner Heimatstadt eine brillante Karriere als Anwalt, städt. Politiker und – seit 1376 – Rechtsprofessor an der Kathedrale. 1388 nahm er als einer der Vertreter seiner Stadt an den →Cortes v. Monzón teil, geriet aber in eine Verleumdungsaffäre und wurde während des sich sieben Jahre hinziehenden Prozesses gefangen bzw. unter Arrest gehalten. Am 21. März 1396 trat er nach dem Tode seiner Frau, seiner sieben Töchter und mehrerer Söhne in die Kartause Porta coeli (Portaceli) zu Valencia ein, wo er dank der wohl durch seinen Bruder Vicent erwirkten Dispensen →Benedikts XIII. binnen vier Monaten die Profeß ablegte und alle Weihen empfing. Schon im Jan. 1400 war er Prior und Visitator seines Ordens für Katalonien. Bei der Rückkehr vom Generalkapitel besuchte er Benedikt in Avignon, der ihn – eben von Vicent verlassen – als Ratgeber bei sich behielt und sogleich mit einer wichtigen Mission beim Hzg. v. →Orléans betraute (31. Juli 1400). 1401 gehörte F. zu jener Delegation, die Kg. →Karl VI. v. Frankreich die Proteste Kg. →Martins I. v. Aragón betreffs den frz. Vorgehens gegen Benedikt vortrug. Am 23. Juni 1402 wurde B. F. zum Prior der Grande →Chartreuse gewählt – und damit auch zum Ordensgeneral der →Kartäuser, d. h. des avignonesisch orientierten Teils seines Ordens. Doch erst drei Wochen, bevor Benedikt, als Kartäuser verkleidet, aus Avignon floh, befahl er B. F., sein neues Amt auch anzutreten (20. Febr. 1403), in dem er dann als Reformer erfolgreich wirkte. 1408 berief Benedikt beide Brüder F. zum Konzil v. →Perpignan, auf dem B. sich – im Gegensatz zu Vicent – sehr für die Sache seines Papstes engagierte: Er gehörte zur Delegation, die dessen und des Konzils Unionsvorschläge dem Konzil v. →Pisa unterbreiten sollte. Der Bericht dieser Gesandtschaft (die im Wortlaut nicht vorliegende »relatio itineris«, die nach F. Pérez Bayer, 1756, von F. selbst verfaßt wurde) könnte mit der Schilderung der demütigenden Behandlung der avignones. Gesandten durch die Pisaner Konziliaristen und durch die röm. Parteigänger in Bologna Benedikt in seiner unerschütterl. Haltung bestärkt haben.

Am 21. März 1410 verzichtete B. F. auf das Amt des Ordensgenerals unter zwei Bedingungen: paralleler Verzicht Stefan Maconis, des Generals der Kartäuser röm. Oboedienz; »indifferentes« Verhalten des Ordens gegenüber dem Konzil v. Pisa bis zur Klärung seiner Legalität. Als aber der neu gewählte Ordensgeneral Jean de Griffenberg aus der Kartause Vauvert bei Paris den Orden dem in Pisa gewählten Papst Alexander V. antrug, widerrief B.F. seinen Verzicht auf den scharfen Befehl Benedikts XIII. vom 18. Juni 1410 hin. Fortan residierte er als Ordensgeneral in der Kartause Valdecristo bei Valencia, hielt dort 1411 sowie 1414 Generalkapitel ab, die allerdings nur von

Kartäusern der span. Königreiche besucht wurden, und verfaßte den »Tractatus pro defensione Benedicti XIII.«, auch als »De schismate Pisano« bekannt (ed. E. MARTÈNE-U. DURAND, Thesaurus novus anecdotarum, 1717 [Nachdr. 1968], Bd. II, 1435–1529), in dem er die Kritik des frz. Kartäusers Guillaume de la Motte an seiner Wiederaufnahme des Amts des Ordensgenerals zum Ausgangspunkt einer scharfen Polemik gegen die Pisaner Konziliaristen nimmt. B. F. war wie sein Bruder Vicent einer der drei Vertreter des Kgr.es Valencia beim Compromiso de →Caspe, und er war auch in Morella (1413) und in Perpignan (1415) zugegen, als Benedikt allen Beschwörungen, auf die Tiara zu verzichten, widerstand. 1416 schloß er sich der aragones. Oboedienzsubstraktion an.

Von seinen zahlreichen, verstreut erwähnten Werken sind diejenigen, die im Wortlaut überliefert sind, ediert bei: J. L. VILLANUEVA, Viage literario a las iglesias de España IV, 1806, 218–256. Von F.s schon 1477–78 gedruckter valencian. →Bibelübersetzung sind nur wenige Fragmente überliefert.   P. Feige

Bibliogr.: K. REINHARD – H. SANTIAGO-OTERO, Biblioteca bíblica ibérica medieval, 1986, 127–129 – *Lit.*: DHGE XI, 951–955 – K. HAEBLER, The Valencian Bible of 1478, Revue Hisp. 21, 1909 – Escritores Cartujos de España, por un profeso de la Cartuja de N. S. de Aula Dei [Ms. masch. 1954], 68–76 – P. L. LLORENS Y RAGA, Fray B.F. como religioso y como literato, Boletín de la Sociedad Castellonense de Cultura 31, 1955, 198–223 – I. M. GÓMEZ, Perpiñán–Pisa–Constanza y los Cartujos de la Confederación catalano-aragonesa, I Colloqui d'Història del Monaquisme Català, Bd. 2, 1969, 59–107 – W. BRANDMÜLLER, Die Gesandtschaft Benedikts XIII. an das Konzil v. Pisa (Fschr. H. TÜCHLE, 1975), 169–205 – R. SWANSON, The Univ. of S. Andrews and the Great Schism, 1410–1419, JEcH 26, 1975, 223–245 – A. GARCÍA, Las crisis del siglo XIV valenciano y Bonifacio F. (Estudios de Hist. de Valencia, 1978), 81–89 – V.-T. GÓMEZ, La figura de B. F., Escritos del VEDAT 10, 1980, 259–295 – M. LLOP CATALÁ, Proceso de B.F., ebd., 415–471 – V. CÁRCEL ORTÍ, Hist. de la Iglesia en Valencia, 2 Bde, 1986, passim – M. HERIARD DUBREUIL, Valencia y el Gótico Internacional, 1, 1987, 64–77 – DHEE II, 925f.

2. F., Vicent(e) (Vinzent, Vinzenz), hl. (Fest 5. April) OP, span. Prediger, eine der führenden kirchl. Persönlichkeiten der Zeit des Gr. →Abendländ. Schismas, Bruder von 1, * 23. Jan. 1350 in Valencia, † 5. April 1419 in Vannes (Bretagne, dép. Morbihan), ▭ ebd., Kathedrale; Heiligsprechungsbulle Calixt' III. vom 29. Juni 1455, publiziert am 1. Okt. 1458 von Pius II. – 1367 in das Dominikanerkl. von →Valencia eingetreten, studierte F. Logik, Hl. Schrift und Sentenzen in Barcelona und Lérida; ztw. lehrte er dort auch. 1374 schrieb er den antinominalist. prothomist. Traktat »De suppositionibus dialecticis«, wenig später die »Quaestio solemnis de unitate universalis«. 1376–78 studierte er Theologie in Toulouse. Nach den zwei Papstwahlen von 1378 bekannte sich F. zu →Clemens VII. und wurde Mitstreiter seines span. Legaten Pedro de Luna (späterer →Benedikt XIII.). Im Herbst 1379 versuchte F., eben zum Prior seines valencian. Kl. gewählt, Valencias Bevölkerung für den avignones. Papst zu mobilisieren, was ihm die Stadtverwaltung unter Berufung auf die von Kg. →Peter IV. v. Aragón befohlene 'indiferentia' untersagte. Einerseits protestierte F. heftig gegen diesen Eingriff der Obrigkeit, andererseits verzichtete er angesichts urbanist. Tendenzen in seinem Kl. ohne Aufhebens auf sein Priorenamt. Dafür kämpfte er mit der Feder desto radikaler für seinen Papst: Seinen an →Eymerichs Argumentation erinnernden Traktat »De moderno Ecclesie schismate« (1380) widmete er Kg. Peter, um ihn zur Parteinahme für Clemens zu bewegen. Blieb dies auch erfolglos, so gewann F. als Beichtvater (→*confesor*) der

Ehefrauen der beiden Söhne des Kg.s, →Johanns (I.) und →Martins (I.), deutlichen Einfluß auf die nachfolgende Herrschergeneration. In Valencia, wo F. im seelsorgerl. und sozialen Bereich große Verdienste erwarb, berief ihn das Kapitel 1385 zum theol. Lector. 1387 führte der neue Kg. v. Aragón, Johann I., als dessen →Elemosinar F. fungierte, sein Reich der Oboedienz Clemens' VII. zu. F., der auf Fürsprache Pedros de Luna inzwischen zum Mag. theol., wohl durch Clemens selbst, promoviert worden war, erhielt 1389 von seinem Provinzialkapitel die Ernennung zum Generalprediger. Luna berief ihn nach seiner Papstwahl (1394) als Beichtvater und Ratgeber nach Avignon.

Als Benedikt so strikt auf der Gültigkeit seines Pontifikats beharrte, daß er sich auch durch Frankreichs Oboedienzentzug und militär. Intervention unbeirrbar zeigte, verließ F. den aufs heftigste bedrängten Papst (Anfang 1398) und zog sich in das Dominikanerkl. v. Avignon zurück. Seine Haltung sah er am 3. Okt. 1398 durch eine gleichsam wunderbare Heilung von schwerer Krankheit und durch eine Vision bestätigt, in der ihm Christus sowie die hll. Dominikus und Franziskus den Auftrag erteilten, der Welt das Evangelium zu predigen (vgl. F.s Brief an Benedikt vom 27. Juli 1412). Von Nov. 1399 an zog er als Bußprediger und selbsternannter Legat »a latere Christi«, oft von →Flagellanten begleitet, durch Mitteleuropa, Frankreich und Norditalien, missionierte zahlreiche →Waldenser und predigte für die Einheit der Kirche. 1408 folgten die Brüder F. der persönl. Einladung Benedikts XIII. zum Konzil v. →Perpignan. Aber im Gegensatz zu Bonifacio entzog sich V. F. auch jetzt d. direkten Konfrontation mit der Problematik des Schismas: Er verließ vorzeitig das Konzil, um seine Predigttätigkeit fortzusetzen, nun in Spanien, wo er auch auf anderen Gebieten erfolgreich wirkte, vgl. seine Beteiligung an der Gründung des Studium Generale in Valencia (1412) und seine entscheidende Mitwirkung, im Auftrage und im Sinne Benedikts XIII., beim Zustandekommen des Compromiso de →Caspe, den er am 28. Juni 1412 verkündete. Seine Fastenpredigten von 1413 sollen zur Beilegung des valencian. Bürgerkriegs beigetragen und seine Missionspredigten die Bekehrung von Tausenden von Mauren und →Juden herbeigeführt haben. Gegen die nicht bekehrungswilligen Juden hat er in León und Kastilien als Berater der Regentin Katharina das in seiner ursprgl. Fassung äußerst drückende »Ordenamiento de Doña Catalina« (1412) erwirkt. 1413–14 nahm er auf Einladung Benedikts, dessen magister sacri palatii er damals war, an den christl.-jüd. Religionsgesprächen zu →Tortosa teil und wohl auch am »Tractatus novus et valde compendiosus contra Perfidiam judaeorum« beteiligt. Auch die antijüd. Gesetzgebung des aragon. Kg.s Ferdinand zw. 1413 und 1415 war ebenso von F. wie von Benedikt beeinflußt (s. a. →Judentum, →Konvertiten/*conversos*).

Nach Einberufung des Konzils v. →Konstanz bemühten sich F. und Kg. Ferdinand vergeblich um Benedikts freiwilligen Verzicht (Morella Juli 1414). Im Aug. 1415 stellte F. die Verbindung zw. dem nach Narbonne gereisten Ks. →Si(e)gmund und dem in Perpignan residierenden Benedikt her. Doch Benedikt war nicht zum Verzicht zu bewegen. Zwei Tage nach der Abreise des enttäuschten Ks.s predigte F., zum zweitenmal auf wunderbare Weise von schwerer Krankheit geheilt, vor dem Papst über »Ossa arida, audite verbum dei« (7. Nov. 1415). Als Kg. Ferdinand Aragóns Oboedienz zu Benedikt schließlich aufkündigte, geschah es mit ausdrückl. Zustimmung F.s, der die Suspensionsurkunde öffentlich verlas (6. Jan.

1416). Den inständigen Bitten des Konstanzer Konzils um seine Mitwirkung versagte sich F., doch hat er sich sich nach der Wahl→Martins V. öffentlich zu diesem bekannt. Er starb auf einer Predigtreise durch die Bretagne.

Sein »Tractatus de vita spirituali« ist eine frühere Vorlagen mitverarbeitende Anleitung für einen fiktiven Ordensbruder, ein heiligmäßiges Leben zu führen, um dieses dann auch der Welt predigen zu können. Den thomist. »Tractatus consolatorius in tentationibus circa fidem« hat F. in der Kartause Scala Dei geschrieben. Neben den über 400 Predigten und einigen Mirakelspielen sind als seine Werke noch zu nennen die »Contemplaçio molt devota qui compren tota la vida de Jesucrist Salvador nostre, ab les proprietas dela missa« und die »Contemplaçio dela passio de Jesucrist«. Die Bayer. Staatsbibl. München besitzt eine dt. Übers. des Traktats »De fine mundi« (Tegernsee, im Auftrag des Hzg.s v. Bayern, Mitte 16. Jh.).   P. Feige

Q.: H. FAGES, Œuvres de St Vincent Ferrier, 1909–J. M. DE GARGANTA – V. FORCADA, Biografía y escritos de S. Vicente F., 1956–Sant V. F., Sermons, 4 Bde, ed. J. SANCHIS SIVERA – G. SCHIB, 1932–77 – Sant Vincent F., Sermons de Quaresma, ed. M. SANCHIS GUARNER, 2 Bde, 1973 – Tractatus de suppositionibus, ed. J. A. TRENTMANN, 1977 – *Bibliogr.:* P. SAINZ RODRÍGUEZ, Antología de la literatura espiritual española, 1, 1980, 564–574 – K. REINHARD – H. SANTIAGO OTERO, Biblioteca bíblica ibérica medieval, 1986, 309–312 – *Lit.:* [außer den Titeln, die in den unter 'Q. und Bibliogr.' gen. Werken zitiert sind]: TRE 11, 91–93 – Revista Valenciana de Filología 4, 1954, 85–86, 187–238, 239–364 – J. M. COLL, Ascendencia gerundense de San Vicente F., Anales del Instituto de Estudios Gerundenses 10, 1955, 149–164 – F. ALMELA Y VIVES, Los Valores estéticos en San Vicente F., Revista de Ideas Estéticas 15, 1957, 3–30 – C. BARAUT, Fragmentos de una versión castellana cuatrocentista del »Tractatus de vita spirituali« de San Vicente F., AST 32, 1959, 213–228 – J. B. MANYÀ, Sant Vicents F. a Casp i a Perpinyà, 1962 – J. ANTA JARES, La predicación cristiana en la doctrina de San Vicente F., 1963 – M. GARCÍA MIRALLES, María en la Sagrada Escritura, según los escritores dominicos: San Vicente F., Estudios marianos 24, 1963, 89–100 – E. POVEDA, El Tratado »De suppositionibus dialecticis« de San Vicente F. y su significación histórica en la cuestión de los universales, Anales del Seminario de Valencia 3, 1963, 5–88 – J. MARTÍNEZ ORTIZ, Relaciones entre S. Vicente F. y el municipio valenciano (Colección documental, IV Congr. de Hist. de la Corona de Aragón. Actas y Comunicaciones 2, 1970), 571–631 – A. MACÍA SERRANO, San Vicente F., 1971 – E. SAURAS, La Santísima Virgen en los sermones de San Vicente F., Teología espiritual 16, 1972, 43–69 – V. FORCADA, Momento hist. del Tratado »De Suppositione« de San Vicente F. (1350–1419), Escritos del VEDAT 3, 1973, 37–89 – J. PERARNAU, Sermones de Sant Vicent F. en los manuscritos de Barcelona, Bibl. de Catalunya, 477 y Avignon, Musée Calvet, 610, Escritos del VEDAT 4, 1974, 611–646 – E. DELARUELLE, La piété populaire au MA, 1975 – G. SCHIB, Vocabulari de Sant V. F., 1977 – B. MONTAGNES, St Vincent Ferrier devant le schisme, Genèse et débuts du Grand Schisme d'Occident, 1980, 607–613 – J.-L. MARTÍN, Enseñanzas medievales de una cena evangélica, En la España medieval I, 1980, 249–261 – M. GARCÍA MIRALLES, Milagros de San Vicente F., 1981 – P. M. CÁTEDRA, La Predicación castellana de San Vicente F., Boletín de la Real Academia de Buenas Letras de Barcelona 39, 1983/84, 235–309 – A. ATIENZA PEÑARROCHA, San Vicente – y otras cosas de contar, 1986 – V. CÁRCEL ORTÍ, Hist. de la Iglesia en Valencia, 2 Bde, 1986 – DHEE II, 927f.

Ferrières, ehem. Abtei OSB (St. Peter und Paul; aufgehoben 1791) in Frankreich (ehem. Ebm. Sens, heute Bm. Orléans, dép. Loiret). Nach einer von Papst Paschalis II. 1103 bestätigten Tradition ist in F. um 630 eine Mönchsgemeinschaft gegründet worden. Ihre Existenz bezeugt eine Urk. Chlodwigs II. von 639. Vielleicht war F. durch →Eligius, dem eng mit den Kg.en Chlotar II. und Dagobert I. kooperierenden Bf. v. Noyon, im Sinne der irofrk. Mischregel beeinflußt worden. Die Benediktregel ist wohl erst zu Beginn des 9. Jh. in Folge der Beschlüsse der Aachener Synodalgesetzgebung von 816/819 angenommen worden. Abt Aldrich von F. sorgte um 820 als missus Ludwigs d. Frommen für die Einführung der benediktin.

Reform in →St-Amand. F. hatte seine Blütezeit unter den karol. Herrschern. Karl d. Gr. setzte 782 →Alkuin als Abt ein. Obgleich sich dieser anscheinend nur selten in dem ihm übertragenen Kl. aufhielt, gewann F. Anschluß an die Wiederbelebung der Schriftkultur. Die Vita Alkuins ist in F. verfaßt worden. Von der literar. Tätigkeit zeugt auch →Ado, Verfasser eines Martyrologiums. In erster Linie ist →Servatus Lupus zu nennen, der das Kl. von 840 bis zu seinem Tod ca. 862 leitete. Er hinterließ ein umfangreiches Werk, von den insbes. seine Briefe von großem historiograph. Interesse sind. Die Bitte um Überlassung von Büchern, um sie im Skriptorium kopieren zu lassen, wird in ihnen häufig vorgetragen, ebenso die Klage, von den Pflichten – einschließl. der militär. – des →servitium regis bedrängt zu werden. Andererseits zog F. auch Nutzen aus seinen engen Bindungen zu den karol. Herrschern. Ludwig d. Fromme übertrug 832 dem Kl. die Zelle St-Josse (dép. Pas de Calais), wo ein abhängiges Priorat eingerichtet wurde. In der architekton. Gestaltung der zu Beginn des 9. Jh. errichteten Klosterkirche läßt sich der prägende Einfluß der karol. Reichskirche feststellen. Der oktogonale Grundriß folgt dem Vorbild der Aachener Pfalzkapelle. Die im 12. und 13. Jh. erbaute Kirche läßt noch Spuren des Vorgängerbaus erkennen. Von den Normanneneinfällen in der 2. Hälfte des 9. Jh. wurde F. nicht unmittelbar in Mitleidenschaft gezogen, mußte jedoch wiederholt aus anderen Kl. vertriebene Mönche – u. a. aus →Prüm und St. Martin bei →Tours – aufnehmen. Einbußen des klösterl. Besitzes unter der Herrschaft von Laienäbten während des 10. Jh. führten zum Niedergang. In der hochma. Epoche erfolgte in enger Verbindung zum frz. Königshaus ein erneuter Aufschwung, der durch die Wirren des →Hundertjährigen Krieges sein Ende fand. Zeitweise mußten die Mönche ihr Kl. verlassen.

Nach der Auflösung blieb die Kirche erhalten. Die Klostergebäude wurden zum großen Teil abgerissen. Verlorengegangen ist die Bibliothek.   H.-J. Schmidt

Lit.: DHGE XVI, 1278–1284 [R. GAZEAU] – E. LESNE, Hist. de la proprieté ecclésiastique en France II/IV, 1922, 28/38 – F. PRINZ, Frühes Mönchtum im Frankenreich, 1965 – L. SAULNIER, F.-en-Gâtinais, Bull. Monumental 130, 1972, 267–277 – Études Ligériennes d'hist. et d'archéologie médiévales, 1975 [L. DONNAT – P. ROUSSEAU] – D. C. NUSBAUM, Lupus of F. Scholar, Humanist, Monk [Diss. Fordham 1977] – J. HUBERT, Notes sur l'hist. de l'abbaye de F. (Mémoires et documents publ. par la Soc. de l'École des Chartes 29, 1985), 281–300.

Ferrières, Pierre de, † 8. Nov. 1308, frz. Prälat, Jurist und Staatsmann im Dienst der →Anjou, stammte aus dem Quercy, studierte (?) und lehrte 1288–94 als Dr. und Prof. an der Univ. Toulouse (Doktorat 1288). Als Rechtsgutachter und -lehrer tätig (Gutachten für Limoux und Albi, Glossen zu den Dig., Cod. Just. und Tres libri), zählte er die Juristen Petrus Jacobi (Pierre Jame) und Hugo de Cairolis zu seinen Schülern. Päpstl. Kapellan und Diakon, wurde er 1295 zum Dekan v. Le Puy, 1299 zum Bf. v. Lectoure und Dez. 1301 zum Bf. v. Noyon erhoben. Aug. 1303 zum Ebf. v. →Arles gewählt und am 30. Jan. 1304 providiert, hat er wohl nur 1306–08 in seiner Bischofsstadt residiert, während des Zeitraums, in der sein Dienstherr, Kg. →Karl II. v. Anjou, sich in der →Provence aufhielt. Eine geistl. Aktivität F.' ist nur gering bezeugt (Visitation der Abtei OCist Mollégès, Jan. 1307).

Nicht weniger brillant als F.' kirchl. Karriere war diejenige im Dienst des Hauses Anjou, wohl unter Protektion seines Verwandten (Bruders?) Guillaume de F. (Prévôt v. Marseille, 1289–95; Kard. presbyter v. S. Clemente; 1285–1309 Rat Karls II.). P. de F. war seit Juni 1295 Rat Karls II., Nov. 1295 kgl. Vizekanzler und seit März 1296

Kanzler, 1298–1301 Rektor der Univ. →Neapel. Durch den Erlaß von Generalstatuten für die Provence (Nov. 1304, mit Bestimmungen über Verwaltung, Gerichtsbarkeit und →cas royaux) übte er einen außerordentl. Einfluß aus, wobei er stets bestrebt war, die kgl. Machtstellung durch Anwendung des gelehrten →Rechts, des →Regalienrechts, des merum et mixtum →imperium zu erweitern (auch Abfassung eines Gutachtens über die cas royaux und ein Traktat »de mero et mixto imperio«). 1305 zum Generalvikar des Kgr.es ernannt, war er auch als Gesandter tätig (1301 Genua, 1305 Mgf. v. Saluzzo). Das Inventar seiner nachgelassenen Bibliothek liefert ein Musterbeispiel für den Kenntnisstand eines gelehrten Juristen und Verwaltungsmannes des frühen 14. Jh.   G. Giordanengo

Q. und Lit.: GChrNov 1900, Arles, n° 1389–1450 – Historiae patriae monumenta, leges municipales I, 1836, 134–143 – Ch. Giraud, Essai sur l'hist. du droit français au MA, 2, 1846, 50–61 – E.-M. Meijers, Responsa doctorum Tolosanorum, 1938 – P. Guidi, Inventari di libri nelle serie dell'Archivio vaticano, 1948, p.15, n° 4 [ungedr.] – E.-M. Meijers, Études d'hist. du droit 3, 1959 – G. Dolezalek, Verz. der Hss. zum röm. Recht, 1972, 3, s. v. – G. Giordanengo, Vocabulaire romanisant et réalité féodale en Provence, PH 25, 255–273 – F. Sabatini, Napoli angioina, cultura e società, 1975, 19.

Ferry, Hzg. e v. Lothringen → Friedrich

Ferté-sur-Grosne, La → La Ferté-sur-Grosne

Fertigungsbefehl. Unter F. versteht man den im Zuge der →Beurkundung nach der Genehmigung des →Konzepts an die→Kanzlei bzw. einzelne Schreiber ergangenen Auftrag zur Herstellung der →Reinschrift einer →Urkunde. Auftraggeber konnte der Urkundenaussteller selbst, der →Kanzler oder ein höherer Kanzleibeamter sein. Als wichtigste Quelle für den Vorgang sind neben →Kanzleiordnungen, Ordonnanzen und Amtseiden (→Eid) die Kanzleivermerke (»per N.N.«, »ad mandatum N.N.« oder ähnlich, v. a. die auf die Prüfung des Konzepts hinweisenden »audivit«-Vermerke, aber auch Vermerke in →tironischen Noten) heranzuziehen. Bei Königs- und Privaturkunden läßt es sich nicht immer eindeutig entscheiden, ob sich diese Vermerke auf den Beurkundungs- oder den F. beziehen. Ein eindeutiger Mundierungsbefehl ist der im Geschäftsgang bei der Ausstellung einer Papsturkunde begegnende Recipe-Vermerk des →Distributors.   A. Gawlik

Lit.: Bresslau II, 101f., 159–163, 544 – J. Ficker, Beitr. zur Urk.lehre II, 1878, 59ff. – W. Erben, Die Kaiser- und Königsurkk. des MA in Dtl., Frankreich und Italien, 1907, 261ff. – O. Redlich, Die Privaturkk. des MA, 1911, 167ff. – H. Spangenberg, Die Kanzleivermerke als Quelle verwaltungsgesch. Forsch., AU 10, 1928, 469–525 – A. de Boüard, Manuel de diplomatique française et pontificale I, 1929, 82ff. – G. Tessier, Diplomatique royale française, 1962, 108f., 275ff. – P. Herde, Beitr. zum päpstl. Kanzlei- und Urkundenwesen im 13. Jh., 1967², 161ff. – I. Hlaváček, Das Urk.- und Kanzleiwesen des böhm. und röm. Kg.s Wenzel (IV.) 1376–1419, 1970, 228ff. – B. Schwarz, Die Organisation kurialer Schreiberkollegien von ihrer Entstehung bis zur Mitte des 15. Jh., 1972, 141ff. – Landesherrl. Kanzleien im Spät-MA, hg. G. Silagi (Münchener Beitr. zur Mediävistik- und Renaissanceforsch. 35, 1984), passim – Th. Frenz, Papsturkk. des MA und der NZ, 1986, 66ff.

Fesapo → Schlußmodi

Festbildzyklus → Dodekaortion

Feste

A. Lateinischer Westen – B. Byzantinischer Bereich – C. Judentum – D. Islam

A. Lateinischer Westen

I. Allgemeines – II. Feste im kirchlichen Bereich – III. Feste im weltlich-politischen Bereich – IV. Jahreszeitlich gebundene Feste.

I. Allgemeines: F. erhöhen die Zahl der Ruhetage im Jahresablauf; im sozialen Leben gestatten sie Freiheiten,

Ausgelassenheit und auch mancherlei Zügellosigkeiten und beinhalten somit, gerade für die weniger begünstigten Gruppen innerhalb der Gesellschaft, eine willkommene Kompensation. Dennoch können die F. nicht bloß als kostenlose Vergnügungen verstanden werden; vielmehr sind sie stets mit polit. Intentionen verknüpft, und oft dienen sie zur Affirmation von Herrschaft. Dabei richteten sich die F. im MA, im städt. wie im ländl. Bereich, in aller Regel sowohl an die Vornehmeren als auch an das »volkstüml.« Publikum. Die abgeschlossenen Stätten, die die antike Welt für den Vollzug von Spielen und Darbietungen kannte (Amphitheater, Theater, Odeon), waren verfallen oder wurden nicht mehr als Festschauplatz genutzt. F. fanden nun auf den Straßen, an Kreuzwegen, auf Märkten und kommunalen Plätzen statt: Prozessionen, Triumphzüge, Wandertheater, Lanzenstechen, Turniere, Pferderennen. Ort der kirchl. F. war der den Volksmengen offenstehende Kirchenvorplatz (parvisium) oder die Kathedrale bzw. Kirche. Jedes Fest, selbst wenn es aristokrat. Ursprungs war, hatte die Aufgabe, die Schaulust eines in seinem sozialen Rang und seiner berufl. Tätigkeit stark differenzierten Publikums zu befriedigen. Ein F. bietet die Gelegenheit, eine Vielfalt von Begegnungen herbeizuführen und die polit. Einheit einer Gemeinschaft zu betonen: etwa diejenige der Christen, der Untertanen eines Kg.s, der Bürger einer Stadt.

Unter kulturellem Gesichtspunkt sind F. Ausdruck alter Traditionen und ihres Fortlebens. Darüber hinaus ist das Fest, in Ermangelung einer verbreiteten Schrift- und Buchkultur, neben der Predigt und den kirchl. Bildwerken das wichtigste Medium, durch das den Menschen religiöse, literar. oder hist. Überlieferungen vermittelt werden. Dank der F. und ihrer figürl. Darstellungen (hölzerne Statuen und -gruppen, mimisch-theatral. Darbietungen, Festkarren [pageants], Karnevalsfiguren, kostümierte Personen) erfuhr und bewahrte den Mann am Hofe wie der Mann auf der Straße die Tradition der großen bibl.-christl., röm. und ritterl.-höf. Vergangenheit.   J. Heers

II. Feste im kirchlichen Bereich: [1] Bereits in der frühen Kirche wurden die Jahrtage des Todes der Martyrer und bedeutenden Bf.e nach Art des Totengedenkens am Grab begangen; die Termine wurden nach den Monatstagen (also anders als die Sonntage, das Osterfest und die davon bestimmten weiteren »Herrenfeste«; →Komputistik) verzeichnet. Die lokale Bindung der Verehrung an das Grab wurde aber schon in der Spätantike zunehmend durchbrochen, etwa durch Übertragung und Teilung von →Reliquien, auch Versand von Kontaktreliquien, wodurch neue Verehrungsorte (mit den Jahresfeiern) entstanden. Mit der zunehmenden Orientierung an der Liturgie der röm. Stadtkirche und den röm. Liturgiebüchern wanderten auch deren Heiligenfeste in andere Kirchen, ohne daß die Nennung eines ortsfremden Heiligenfestes im →Kalender oder in einem liturg. Buch im Einzelfall auch schon die Feier dieses Heiligenfesttages beweist. Bis gegen Ende des 8. Jh. setzte sich aber auch eine den Trend verstärkende Verehrung vieler, ja »aller Heiligen« durch (Beleg dafür auch das Fest →Allerheiligen); die nun zahlreicher werdenden →Martyrologien verbreiten die Kenntnis der Heiligentage. Neben den Jahrtag des Todes (»dies natalis«) können weitere Termine treten, wie Jahrtag der Translation, der Erhebung, der (früheren) Ordination. Je nach der Bedeutung für die einzelne Kirche wurden die Feste rangmäßig gestuft. Mit den röm. Liturgiebüchern setzte sich ein ziemlich einheitliches Heiligen-Festkalendarium durch (bis zum 13. Jh. ca. 85 Tage), das das

Kalendar der lokal gefeierten Hl. en ergänzte. Die Sonntage und die Feste, die von Ostern aus berechnet werden, haben aber immer den Vorrang vor den Kalenderfesten der Hl. en →(Kirchenjahr). Während des ganzen MA lag das eigtl. Recht der Festbestimmung beim einzelnen Bf. für seine Diözese. Zu beachten ist, daß zu dieser Zeit gern wichtige Akte mit Absicht auf markante F. gelegt wurden, Termine also oft ihre Bedeutung erst dann zeigen, wenn das entsprechende Fest beachtet ist.   A. Häußling

[2] Für die christl. Kirchen, im ostkirchl.-byz. wie im abendländ. Bereich, bedeutete jede liturg. Feier, von der üblichen Sonntagsmesse bis zur prachtvollen Zelebrierung der großen Kirchenfeste, einerseits einen Glaubensakt und eine Gelegenheit zur Erbauung und zur Belehrung über Glaubenswahrheiten, andererseits eine Möglichkeit, die Evangelien in einer für die Gläubigen faßbaren Weise zu vergegenwärtigen. Die Pfarrer in den ländl. und städt. Gemeinden, vielfach beeinflußt von monast. Vorbildern, verliehen den großen Kirchenfesten (→Weihnachten, →Ostern, →Pfingsten, →Fronleichnam) größte Feierlichkeit durch Zeremonien, die mancherorts zu Spectacula wurden, zunächst nur mit illustrierten Predigten (in Süditalien auch Verdeutlichung der Osterliturgie durch die →Exultet-Rollen), Zurschaustellung von plastischen Gruppenszenen, dann mit kleinen »lebenden Bildern« mit stummen Personen, schließlich durch Gestaltung vollausgebildeter »repraesentationes sacrae«, bei denen Themen wie die Anbetung der hl. Drei Könige, der Einzug Christi in Jerusalem und schließlich die Passion als Mysterienspiele (→Geistliches Drama; →Auto sacramental) einer riesigen Volksmenge dargeboten wurden und die einen wesentl. Ansatzpunkt für das geistl. Spiel des SpätMA darstellten. Die starke Ausbildung der Marienverehrung, v. a. seit dem 13. Jh., bereicherte das ikonograph. und dramat. Repertoire in beachtl. Weise (Geschichte aus Anna und Joachim, Geburt Christi, Kindermord, Flucht nach Ägypten usw.). In Italien schufen namhafte Künstler die Ausstattung und die Bühnenmaschinerie, insbes. zur Darstellung der Verkündigung an Maria.

Gleichzeitig bildete sich neben der Vergegenwärtigung alt- und neutestamentl. Szenen auch die Heiligenverehrung mittels szen. Repräsentation aus, im Rahmen des Allerheiligenfests und wohl noch stärker bei den Patronatsfesten, die dem oder den Schutzheiligen einer Pfarrkirche, einer Bruderschaft, einer Zunft oder Gilde oder einer ganzen Stadt zu Ehren veranstaltet wurden. Beispiele für derart gefeierte Schutzpatrone sind Johannes d. T.; Nikolaus, der Patron der Seeleute und Kauffahrer; Katharina, Schutzhl. der Pilger und Reisenden; u. a.

Bei allen christl. F.n des MA mischten sich stets das Heilige und das Profane, das Ernste und das Komische, bis hin zum Grotesken oder Derb-Drastischen. In den Passionsmysterien traten Drachen und sonstige Fabeltiere auf; aufgenommen wurden auch humorist. Einlagen wie etwa häusl. Streitszenen, bisweilen mit frauenfeindl. Unterton und derb-erot. Einsprengseln. Im Kirchenschiff oder im benachbarten Kreuzgang schlossen sich den frommen →Prozessionen Tänze (Sarabanden, caroles) der Laien an, zu denen auch durchaus weltl. Lieder und Spiele gehörten.

Die Kleriker selbst organisierten ihre eigenen F. von oft recht ausgelassenem Charakter. Dies gilt v. a. für diejenigen Kathedralen, die ihre jährl. →Narrenfeste feierten. Zur Ausführung der hierbei üblichen Gesänge und Zeremonien versammelte sich der Domklerus um den Bf., wobei den Domherren zahlreiche junge Kleriker, Meßdiener, Chorknaben etc. folgten. Bf. und Domherren räumten ihre angestammten Plätze im Chor den Jungklerikern und Kindern, die aus ihrer Mitte einen abbas oder episcopus (Kinder-, Narrenbischof) erwählten, der, investiert mit Mitra und Stab, eine parodist. Predigt hielt und anschließend den tollen Prozessionszug durch die Stadt anführte. Diesem F. ging voraus oder folgte das Eselsfest (asinaria), bei dem ein kostümierter Esel im Kirchenschiff herumgeführt wurde. Alle diese klerikalen Narrenfeste fanden im Winter statt, so zu St. Nikolaus, St. Stephan oder am Tag der Unschuldigen Kinder.

Außer dem Klerus waren insbes. die religiösen →Bruderschaften mit der Durchführung und Finanzierung der geistl. F. und Spiele befaßt. Bestimmte Bruderschaften waren zuständig für die großen geistl. Spiele (Passions- oder Sakramentsbruderschaften für die Mirakelspiele zu Ehren der Hl. Jungfrau). In Florenz veranstaltete die Dreikönigsbruderschaft seit 1428 an Epiphanie ihr prunkvolles Schauspiel, das vielleicht →Gozzolis Fresko im Palazzo Medici inspiriert hat. Andere Gesellschaften veranstalteten und finanzierten Dichterwettkämpfe und ähnliche lit. Darbietungen; bei diesen stand ursprgl. das Tugend- und Marienlob ganz im Mittelpunkt, während im späteren MA und der Renaissance immer stärker profane Themen eindrangen. Zumindest im roman. (prov., frz., it.) Bereich gingen diese dichter. Fest- und Wettkampfbräuche des SpätMA vielfach auf die Zeit der Troubadours und Trouvères zurück, am traditionsreichsten waren die →jeux floraux in Toulouse (→Mäzenatentum, →puys, →Cour amoureuse, →Rederijkers, →Meistersang; →Dichterkrönung, →Certame coronario; →Eisteddfod u. a.).

Alle Bruderschaften waren bestrebt, dem Fest ihres Patrons bes. Glanz zu verleihen, wobei im Ablauf eines solchen F.s im allgemeinen folgende Momente hervortreten: Feierl. Messe; Prozession mit Fahnen, Bannern, Reliquien und Statuen; Trinkgelage und Bankett, bei dem ein Priester die Vita des Hl. en verlas und über seine Wunder predigte, Ausgangspunkt für das →Mirakelspiel, die andere große geistl. Theaterform neben dem Mysterienspiel. Oft konkurrierten die religiösen und berufsständ. Gruppierungen, die Gilden und Zünfte, heftig miteinander um die Ehre, ein solches »Spiel« zu veranstalten, den schönsten pageant (Festkarren) vorzuführen, usw. Andererseits erwies es sich angesichts der steigenden Kosten dieser Festveranstaltungen als erforderlich, die finanzielle Beteiligung auf dem Wege obrigkeitl. fiskal. Verordnungen zu regeln, es entstanden Sondersteuern wie der pageant silver oder der pageant pennys in England.

III. FESTE IM WELTLICH-POLITISCHEN BEREICH: Keine polit. Gewalt, kein Fürst, kein städt. Magistrat konnte den Ruf der breiten Bevölkerung nach Abhaltung prunkvoller F. unbeantwortet lassen. Herren und Obrigkeiten rivalisierten miteinander, um ihrer Klientel, ihren Untertanen oder Untergebenen ein Spektakel zu bieten, welches das Fest des benachbarten Herrschaftsträgers übertrumpfte. Mied die Volksmenge ein Fest, so war das ein sicheres Zeichen, daß sein Veranstalter unpopulär geworden war.

Das Fest bekräftigte und festigte alle Solidaritätsbeziehungen. Die adligen wie bürgerl.-patrizischen großen Familien zelebrierten →Hochzeiten und →Begräbnisse mit größtem Prunk und luden auch die kleineren Verwandten, die Klienten und Schützlinge sowie die Armen zu den Zeremonien und Festmählern. Große Familien versammelten so ihre ganze Klientel und erhöhten ihr Prestige.

Als Reaktion auf eine derartige Prunkentfaltung, die zugleich eine Machtdemonstration war, bemühte sich die staatl. Obrigkeit, durch →Luxusordnungen die Ausuferung der F. einzudämmen und die Zahl der Gäste zu beschränken.

Für Kg.e und Fs.en war das Fest ein selbstverständl. Bestandteil der Ausübung ihrer herrscherl. Gewalt (→Herrscherzeremoniell). Die →Krönungen der Ks. in Rom und Mailand, die Papstkrönungen im Vatikan nach dem Abendländ. Schisma, die Weihen *(sacres)* der frz. Kg.e in Reims, die großen →Hoftage und später die feierl. Ständeversammlungen (z. B. →Parliament, →États généraux, →Cortes) waren »polit.« Schauspiele, die nach einem symbolreichen Zeremoniell abliefen. Nach dem Krönungs- oder Weiheakt zeigte sich der Herrscher dem Volke, reiste von Stadt zu Stadt (s. a. →Umritt). Jeder Einzug eines Herrschers (→adventus regis) oder Fs.en (z. B. →Joyeuse entrée) gab Anlaß zu einer Folge von festl. gestalteten Abläufen: langer Zug durch die Straßen; Empfang am Stadttor, das als Triumphpforte geschmückt war; Austausch von Gaben und Geschenken, meist unter feierl. Ansprachen; theatral. Darbietung auf Bühnen, die an den Kreuzwegen standen, bes. aber bei →Brunnen, aus denen Wein oder Met flossen. Diese prunkvollen Zeremonien, zu denen auch →Turniere und Festbankette zählten, fanden auch bei Besuchen fremder Fs.en oder ihrer →Gesandten statt.

Die antike Tradition des Triumphzuges erhielt sich im MA oder wurde wiederbelebt, bes. in Italien, wo Ks., Papst, Kommunen und Fs.en ihre Siege mit großen Festumzügen feierten, um so öffentl. ihren Ruhm zu verkünden und den besiegten Gegner zu demütigen. Friedrich II. ließ 1237 den →Fahnenwagen der geschlagenen Mailänder von einem Elefanten durch die Straßen von Cremona ziehen. 1433 veranstaltete Alfons v. Aragón in Neapel einen triumphalen Einzug, dessen Vorbereitung ein Jahr in Anspruch nahm. Der dafür errichtete marmorne Triumphbogen bildete fortan das Tor des Castel Nuovo. In Rom wurden die Einzüge des Kardinallegaten und später des Gesandten der Kath. Kg.e durch lange Züge von sarazen. Kriegsgefangenen (in Otranto gefangene Türken bzw. »Mauren« aus Granada) begleitet.

Im 14. und 15. Jh. wurde die Gestaltung aufwendiger Hoffeste von den Herrschern und Fs.en in Frankreich (z. B. Orléans, Anjou, Berry, Burgund, Bretagne, Savoyen), Italien, Deutschland, Ungarn (Matthias Corvinus), Böhmen, Polen-Litauen usw. eingesetzt, um das eigene Ansehen und damit die polit. Macht zu steigern. Zum Erscheinungsbild dieser großen Fürstenhöfe des SpätMA gehörten große, durch mimische Einlagen, Festmusik, Tänze und Turniere belebte Bankette. Charakteristisch sind auch die feierl. Sitzungen der exklusiven →Ritterorden (z. B. →Goldenes Vlies, →Hosenbandorden) oder das Fest- und Bankettzeremoniell bei den →Preußenreisen im Bereich des →Dt. Ordens.

In gleicher Weise vergegenwärtigen die Städte ihre ruhmreiche Vergangenheit wie ihre aktuellen Erfolge durch das Fest. So versinnbildlichte etwa die berühmte Zeremonie der »Vermählung mit dem Meer«, auf deren Höhepunkt der Doge einen Ring in die Fluten der Lagune warf, die Herrschaft Venedigs über die Adria. In Rom veranstaltete →Cola di Rienzo 1347 ein außergewöhnl. Fest, das den von ihm erhobenen Anspruch der Römer auf die Weltherrschaft manifestieren sollte.

In zunehmendem Maße veränderten die polit. Gewalten die ursprgl. religiöse Sinngebung von F.n im Sinne ihrer polit. Propaganda. So geschah es mit dem Fest Johannes d. T. in →Florenz: Ursprgl. nur im Umkreis des Baptisteriums gefeiert, erfaßte es schließlich die ganze

Stadt; die Vertreter der von Florenz unterworfenen Herren und Dörfer zogen in der Prozession mit Bannern und Kerzen mit. In ähnl. Weise verlor der Karneval (→Fastnacht) seinen einerseits religiösen, andererseits spontanen Charakter, um zu einer von der Obrigkeit kontrollierten Veranstaltung mit festgelegtem Ablauf zu werden, was die Gefahr von Ausschreitungen, aber auch allzu freizügige Kritik und Satire vermeiden helfen sollte. In Nürnberg stellten seit 1349 die →Fleischer, dank ihrer *läufer,* während der Fastnacht eine Art Polizei. In Florenz geriet der Karneval unter den →Medici, bes. unter →Lorenzo Magnifico, völlig ins Fahrwasser dynast. Enkomiastik. Dies war ein Karneval, der einerseits polit. Gehorsam und Staatsklugheit, andererseits erot. Momente (galante Konversation, Klagen unglückl. Liebender) hervorhob; soziale Satire war demgegenüber selten und polit. Kritik gänzlich ausgeschaltet.

Dennoch manifestierte sich in städt. Spielen in Friedenszeiten die Konkurrenz zw. den großen Familien, den Stadtvierteln oder den Parteiungen, v. a. bei krieger. und sportl. Wettkämpfen. Adlige und Bürger standen sich in großen Turnieren gegenüber, die in Brügge und anderen fläm. Städten den Auftakt zu großen F.n bildeten. In Italien, bes. in Pisa und Venedig, lieferten sich die Kontrahenten bei den Patronatsfesten heftige, oft mörderische Kämpfe um den Durchlaß auf Brücken. Sehr beliebt waren die Pferderennen, die wegen des ursprgl. Siegerpreises, eines Tuchstreifens (pallium), als *palio* bezeichnet wurden. Sie fanden auf dem Kommunalplatz statt (so der nach wie vor lebendige Palio in →Siena) oder auf der Via del Corso; die Jockeys wurden von den rivalisierenden Vierteln *(contrade, rioni)* aufgestellt.

IV. JAHRESZEITLICH GEBUNDENE FESTE: Die Kalenderfeste folgen den Terminen des →Kirchenjahres, das sich aus älteren oriental. wie röm.-germ. Komponenten zusammensetzt. Die religionswissenschaftl.-mytholog. Forschung hat aus diesen formalen Strukturzusammenhängen meist vorschnell auf inhaltl.-sachl. Kontinuitäten von der Vorzeit bis in unsere Gegenwart geschlossen, ohne den heute quellenkrit. faßbar gewordenen hist. Wandel der Jahrhunderte zu beachten. Die Erfüllung religiöser Bedürfnisse agrar. Gesellschaften im Rhythmus von Wachstum und Ernte sind auch in der Bibel angelegt, und die Interpretation des sog. Heidnischen und des Superstitiösen (→Aberglauben) stammt nicht erst aus der modernen Forschung, sondern gehört zu den theol. Auseinandersetzungen vieler Epochen, zuletzt der Reformation, und hat sich von dort in die Wissenschaften des 19. Jh. vererbt.

In den jahreszeitl. Rhythmus eingebunden war die Wintersonnwendfeier, die gelegentl. als Relikt röm. Saturnalien gilt. Herannahen und Beginn des Frühlings wurden mit kollektiven Andachtsübungen, Gaben und Gebeten für eine gute Ernte, aber auch mit ausgelassener Fröhlichkeit als Reflex auf das »Erwachen der Natur« begangen. An Mariä Lichtmeß und insbes. am Vorabend von Christi Himmelfahrt fanden lange Prozessionen durch die gesamte Gemeindeflur statt; die Bf.e beklagen wiederholt Mißbräuche bei diesen ländl. Umzügen (unzüchtige Lieder, Schreie und Tänze; Kleiderluxus; Reiten auf Pferden statt barfuß zu gehen; aufreizendes Gebaren der Frauen usw.). Die im Mai begangenen F. feierten Jugend und Schönheit, weshalb der Mai in den Monatsbildern oft als reichgekleideter schöner Ritter dargestellt wird; in Florenz, beim *Maggio fiorentino,* erschienen die Männer sämtlich in neuen Kleidern. Zur Sommersonnenwende (Johannisnacht) fanden, nach dem Zeugnis der kirchl. Zensoren, wahre Bacchanalien statt, ausgelassene Tänze *(brandons, chorée*) um das Johannisfeuer, manchmal von Umzügen mit Riesen, Ungeheuern oder Drachen, z. T. auf Festwagen, begleitet. Im MA vereinte jedes Fest religiös-christl. Inhalte mit profanen Zügen, die sich in ausgelassener Freizügigkeit und oft fantast. Elementen äußerten. – Vgl. Brauchtum, →Fastnacht, →Fest- und Heiligenkalender, →Kirchenjahr, →Narrenfeste. J. Heers

Lit.: M. Nickel, Die Hl. Zeiten und F. nach ihrer Gesch. und Feier, 6 Bde, 1825–38 – K. A. H. Kellner, Heortologie, 1911³ – M. J. Rudwin, The Origin of the German Carnical Comedy, JEGP 18, 1919 – L. Duchesne, Origines du culte chrétien, 1925, 254ff. – G. F. Lussky, The Structure of Hans Sachs' Fastnachtspiele in Relation of their Place of Performance, JEGP 26, 1927 – Th. Knoll – W. Stälin, Das Kirchenjahr, 1934 – F. Clementi, Il Carnevale romano nelle cronache contemporanee, 1939 – M. Sahlin, Étude sur la carole médiévale, 1940 – S. L. Sumberg, The Nuremberg Schembart Carnival, 1941 – R. Donovan, The liturgical Drama in Medieval Spain, 1958 – F. und Feiern im alten Europa, hg. H. Bier, 1965 – W. E. Mead, The English Medieval Feast, 1967 – J. Heers, Fêtes, jeux et joutes dans les Soc. d'Occident à la fin du MA, 1971, 1982² – A. Fahne, Der Carnaval. Mit Rücksicht auf verwandte Erscheinungen. Ein Beitr. zur Kirchen- und Sittengesch., 1972 – J. Heers, Fêtes des Fous et Carnavals, 1983 [dt. 1986] – Hj. Auf der Maur, Herrenfeste in Woche und Jahr (Gottesdienst der Kirche 5, 1983) – H. Kühnel, Die städt. Fasnacht im 15. Jh. Das disziplinierte und öffentl. finanzierte Volksfest (Volkskultur des europ. SpätMA, 1987) – weitere Lit. → die o. gen. Verweise.

B. Byzantinischer Bereich

Die byz. F. *(πανηγύρεις)* lassen sich nach verschiedenen Kategorien einteilen; zu unterscheiden sind: 1. kirchl., staatl. und halbheidn. F.; 2. reichsweite und örtl. F.; 3. in wöchentl. oder jährl. Turnus begangene F., die einem solaren oder bewegl. Festkalender (→Kalender) folgen (wobei allerdings eine Tendenz bestand, →Ostern auf den 25. oder 27. März zu legen und die bewegl. F. diesem Termin anzupassen); hierhin gehören auch z. B. Gedenktage an siegreiche Schlachten, ksl. Hochzeits-, Geburtstags- oder Krönungsf., feierl. Reliquientranslationen, Weihen von Reliquienschreinen usw., wobei viele zunächst nur gelegentl. gefeierte Ereignisse sich zu jährlich begangenen F.n entwickelten; 4. christolog. (→Sonntag), mariolog. (→Maria, hl.) und Heiligenf. (→Heiligenverehrung) sowie F. zur Vergegenwärtigung von Glaubensinhalten (z. B. der Trinität) bzw. Ereignissen (F. der →Orthodoxie, zur Erinnerung an die Überwindung des →Bilderstreits 843); 5. »große«, mittlere und gewöhnl. F. 1166 erließ Ks. Manuel I. Komnenos eine Liste der offiziellen Festtage (Dölger, Reg., Nr. 1466, Neued. u. Komm. R. Macrides), die 66 Ganzfeiertage (ohne die Sonntage) und 27 halbe Feiertage enthielt.

Einige byz. F. gehen auf jüd. oder röm. Feiertage zurück, doch wurde ihre Sinngebung in christl. Sinne umgedeutet, so die aus dem Judentum überkommenen F. →Pessach/Ostern und →Pfingsten. Das →Weihnachtsfest (25. Dez.) kam nur im westl. Bereich zur Entfaltung, während in der östl. Kirche die Fleischwerdung des Logos im Fest der →Epiphanie (6. Jan.) gefeiert und die Kindheitsgeschichte Jesu kommemoriert wurde; an die Stelle des jüd. →Sabbat trat als geheiligter Ruhetag der →Sonntag *(κυριακή)*, der wöchentl. das Mysterium der Auferstehung Christi kommemorierte. In einem gewissen Maße stand die Kyriake *(κυριακή)* in der Tradition des röm. dies solis, und die Gleichsetzung Christi mit der 'Sonne der Gerechtigkeit' wurde zum festen Bestandteil byz. Symboldenkens. Bereits Konstantin I. führte den Sonntag als offiziellen Feiertag ein.

Trotz kirchl. Verbote lebten eine Reihe halbheidn. F. fort. So beschreibt →Balsamon das Numenia-Fest, das noch im Konstantinopel des 12. Jh. begangen wurde: Am 23. Juni versammelten sich Männer und Frauen am Strand, tanzten, sprangen über brennende Heu- und Reisigbündel, schmückten ihre Häuser und weissagten.

Die Abhaltung von F.n schloß üblicherweise bes. gottesdienstl. Feiern ein. Auf manche F., insbes. die großen Feiertage, bereiteten sich die Menschen durch Fasten, Wachen und Beten während eines festgesetzten Zeitraums vor; diese Vorbereitungszeit hieß προεόρτιος, die Zeit nach dem Fest dagegen μεθεόρτιος. Zum Ablauf eines kirchl. Festes gehörten auch Prozessionen, die allerdings seit dem 6. Jh. von der Kirche eingeschränkt wurden, so daß die Zelebration nur mehr im Kircheninnern, im Umkreis eines Schreines, stattfand. Demgegenüber kannte das ksl. Zeremoniell vielfältige Prozessionen, an denen der Ks. zu Fuß oder zu Pferde teilnahm, sowohl bei kirchl. Anlässen (an Sonntagen nahm der Ks. in der Hagia Sophia an der Liturgie teil, während er die Marienfeste in der Chalkoprateia- oder Blachernenkirche feierte) als auch insbes. bei Siegesfeiern. Vielfach wurden dann Festbankette im Palast gefeiert, bei denen μῖμοι (→Spielleute und Gaukler) auftraten. Das Volk wurde dagegen auf Plätzen mit Speisen und Getränken bewirtet. →Eustathios v. Thessalonike beschreibt in einer unedierten Rede eines dieser üppigen Volksgelage, das 1179 im Hippodrom anläßl. der Heirat Ks. Alexios' II. mit der frz. Prinzessin Agnès stattfand. Die Hochzeit zw. Isaak II. und einer ung. Prinzessin war so aufwendig, daß Niketas →Choniates in den hohen Kosten – und den daraus resultierenden Steuerforderungen – den eigtl. Grund für den sog. »Vlachen«-Aufstand im Balkangebiet sah.

Ein wichtiger Bestandteil byz. F. waren die verschiedenen Arten von Wettkämpfen und Spielen, von Pferderennen (→Hippodrom) bis hin zu theaterartigen Darbietungen. Im 14. Jh. verbreitete sich die szen. Darstellung bibl. Ereignisse im Rahmen des Festzeremoniells, bes. beliebt die Episode der drei Jünglinge im Feuerofen nach Dan III (s. a. →Geistliches Drama).

Auch in Byzanz nahmen F. häufig karnevalist. Züge an; so beschreibt →Christophoros v. Mytilene (11. Jh.) eine Prozession verkleideter Notare am St. Markianos-und-Martyrios-Tag (25. Okt.), wobei einer der Teilnehmer sogar ksl. Tracht angelegt hatte. Die Kirche bekämpfte derartige Tendenzen: Das Trullanum verbot den Laien das Tragen von Klerikergewändern, den Klerikern dagegen das Anlegen von Frauenkleidern.

F. galten als Ruhetage; untersagt waren Arbeit und Gerichtsverhandlungen an Sonntagen und Ganzfeiertagen (an Halbfeiertagen durfte jedoch nach dem Ende des Gottesdienstes Gericht gehalten werden). Die Festtage dienten der Renovierung und Säuberung von Häusern und Wohnstätten; am Vorabend des Osterfestes und anderer hoher Feiertage badeten selbst die strengsten Asketen.

Die F., die große Menschenmassen anzogen, führten auch im Byz. Reich zur Ausbildung von Jahrmärkten und →Messen (am bedeutendsten die im ganzen Mittelmeerraum bekannte Demetriosmesse in →Thessalonike). →Symeon der Theologe wirft mit seiner Schilderung eines faulen, dem Schwatzen, dem Zechen und den Dirnen zugetanen Kaufmannes ein Schlaglicht auf das Treiben bei einer solchen πανήγυρις.

Der Austausch von Geschenken an F.n war üblich. Auch wurden an hohen Feiertagen (etwa den F.n des örtl. Hl.en) →Abgaben entrichtet, so die Kaniskia.

Auf eine soziale Differenzierung bei der Abhaltung von F.n gibt es nur geringe Hinweise. Die kirchl. F. waren für alle Gläubigen bestimmt, ohne soziale Unterschiede, wobei sich allerdings die liturg. Bräuche der Mönche mit ihren zahlreichen Gebeten und Hymnen von den allgemeinen Gottesdiensten in den Kathedralen und sonstigen Kirchen abhoben. Die ksl. F. waren natürlich vielfach einem exklusiven Kreis vorbehalten, obwohl sie zuweilen einige pseudodemokratisch wirkende Elemente enthielten; so übte auch der byz. Ks. in der Nachfolge Christi am Gründonnerstag an zwölf sorgsam ausgewählten Bettlern den Brauch der Fußwaschung. →Johannes Mauropus vergleicht im 11. Jh. die verschiedenen Arten der Zelebration des F.s des hl. →Theodoros v. Euchaïta, dargestellt einmal als Ritter, zum anderen als Fußsoldat; letztere Verehrungsweise, wie sie in Euchaïta gepflegt wurde, zog nach Mauropus' Darstellung vornehmlich das einfache Volk an. A. Kazhdan

Lit.: J. MATEOS, Le typikon de la Grande Église, OrChrAn 165–166, 1962–63 – F. HALKIN, Fêtes fixes et fêtes mobiles, AnalBoll 86, 1968–B. REICHE, Jahresfeier und Zeitenwende im Judentum und Christentum in Antike, TQ 150, 1970 – M. ARRANZ, Les 'fêtes théol.' du calendrier byz. La liturgie, expression de la foi, 1979 – R. MACRIDES, Justice under Manuel Komnenos: Four Novels on Court Business and Murder, Fontes Minores 6, 1984, 99–204, bes. 140–155 – M. McCORMICK, Eternal Victory, 1986.

C. Judentum

Vom →Sabbat und den Fastentagen (→Fasten) abgesehen, feierte die jüd. Gemeinschaft mehrere F.e. Das Passahfest (Pesach), vom 15.–22. Nisan (März/April), umfaßte zwei Vollfeiertage am Anfang und Ende der Festzeit mit strengen Arbeitsverboten, dazwischen Halbfeiertage mit gemilderten Verbotsbestimmungen. Es diente der Erinnerung an den Auszug aus Ägypten (→Mose) und thematisierte die Erwartung einer messian. Restauration der im Exil zerstreuten Judenheit (→Messianismus). Am Abend des 15. Nisan fand eine rituelle Mahlfeier im Familienkreis, der sog. Seder, statt, bei der die Pesach-Haggada (→Haggada) verlesen wurde. Charakteristikum des Passahfestes war der Genuß von ungesäuerten Broten (Mazzot) und das Verbot von sauerteighaltiger Nahrung überhaupt. Am Sabbat der Festwoche verlas man im Synagogengottesdienst das Hohelied.

Das aus zwei Vollfeiertagen bestehende Wochenfest (Schavu'ot), am 6. und 7. Siwan (Mai/Juni), erinnerte die Juden an die Sinaigesetzgebung. Im Synagogengottesdienst verlas man das Buch Rut, womit die Erntesymbolik anklang, die dem Wochenfest als Zeitpunkt der Darbringung der Erstlingsfrüchte bis zur Zerstörung des zweiten Tempels innegewohnt hatte.

Erntedankcharakter hatte in der Antike auch das vom 15.–22. Tischri (Sept./Okt.) gefeierte Laubhüttenfest (Sukkot), das wie das Passahfest in Voll- und Halbfeiertage zerfiel. Zur Erinnerung an die beim Auszug aus Ägypten verwendeten Behausungen verbrachten die Juden im MA etliche Stunden jedes Festtages, insbes. bei den Mahlzeiten, in nahe den Wohnstätten errichteten Laubhütten. Während der morgendl. Synagogengottesdienste wurden Feststräuße aus Bachweiden-, Palmen- und Myrtenzweigen mit der rechten Hand hin- und hergeschwenkt, während die linke eine Zitrone hielt. Am siebten Festtag Hoscha'na Rabba wurden im Gottesdienst nach siebenmaliger Prozession fünf Weidenzweige durch Peitschen auf dem Boden entblättert. Die aus der Antike stammenden Regengebete dieses Tages deutete man im MA symbolisch auf Bitten um göttl. Heil und Barmherzigkeit um. Das Sukkotfest, an dem das Buch Kohelet verlesen wurde, betonte wie das Passahfest die Hoffnung auf messian. Erlösung nachdrücklich. Der 22. Tischri, Azeret Schemini genannt, war eigtl. das Festende; doch folgte mit dem 23. Tischri noch der Feiertag Simchat Tora, an dem der

Jahreszyklus der Toravorlesung (→Tora) mit Deuteronomium 34 endete und mit Genesis 1 wieder neu begann.

Vom Sabbattag abgesehen, bestand das mit dem 25. Kislew (Nov./Dez.) einsetzende achttägige Chanukkafest nur aus Halbfeiertagen. Es erinnerte an die Wiedereinweihung des von Antiochos IV. Epiphanes geschändeten Jerusalemer Tempels durch die Makkabäer (165 v. Chr.). Bes. Kennzeichen war die Verwendung eines achtarmigen Leuchters in Synagoge und Wohnhaus, an dem man jeden Tag ein Licht mehr anzündete. Im dt. Judentum symbolisierte das Fest darüber hinaus die Standhaftigkeit glaubenstreuer Märtyrer.

Das am 14. Adar (Febr./März) gefeierte Purimfest gedachte der wunderbaren Errettung der pers. Judenheit im Buche Ester, das im Gottesdienst dieses Tages auch verlesen wurde. Trotz seines düsteren bibl. Hintergrundes war es ein fröhliches, karnevalartiges Fest, an dem auch Freunde und Arme beschenkt wurden. Fiel im Synagogengottesdienst der Name des Judenfeindes Haman, so lärmten die anwesenden Kinder mit Rasseln. H.-G. v. Mutius

Lit.: A. Z. IDELSOHN, Jewish Liturgy and its Development, 1972², 163f., 173ff. – TH. METZGER–M. METZGER, Jüd. Leben im MA, 1983, 248ff.

D. Islam

Die beiden großen religiösen F.e des Islam sind →'Id al-aḍḥā (das F. des Opfers), zum Gedenken an Abrahams Opferbereitschaft, und →'Id al-fiṭr (das F. des Fastenbrechens), als Beschluß des Fastenmonats →Ramaḍān.

Fest- und Heiligenkalender. Die →Datierung (Tagesbezeichnung) nach dem F.-H. ist in Urkk., aber auch in chronikal. Werken, die im SpätMA nördl. der Alpen beliebteste Datierungsweise. Für Italien hat diese Datierungsform wenig an Bedeutung gewonnen, weil dort andere Datierungsformen üblich waren. Entstanden ist die Datierungsweise wohl in Nordfrankreich (Bretagne, Normandie) und hat sich von dort im 10. Jh. nach Süddeutschland verbreitet, im 12. und 13. Jh. dann auch in Norddeutschland; im 14. Jh. war sie dann im Dt. Reich allgemein üblich. Verbreitet hat sich die Datierung vornehmlich über die geistl. Urkk.; in den Königsurkk. hat sie relativ spät Eingang gefunden. Gegenüber der röm. Datierung gewann der F.-H. von dem Zeitpunkt an immer größere Bedeutung, als man Wochentage mit dem Datum oder der Nennung des Festtags verband. Auch das Vordringen der dt. Sprache als Urkundensprache dürfte diese Datierung begünstigt haben. Die Datierung selbst erfolgte, indem man das an diesem Tag begangene →Fest selbst oder den vorausgehenden bzw. nachfolgenden Wochentag nannte. Man nahm allgemein nur solche Heiligen- oder Festtage, die entweder allgemein kirchl. oder zumindest regionale Bedeutung hatten. Wenn man mittels eines Festes datierte, meinte man den feststehenden Tag, gleichgültig, ob dieses Fest an diesem Tag gefeiert wurde oder aus litur. Gründen verlegt worden war. Chronologisch wichtig sind jedoch die Feste, die aus lokalen oder anderen Gründen für das betreffende Bm. für immer auf einen anderen Tag verlegt worden sind. Die in den Urkk. gebrauchten Festnamen sind nicht immer die offiziellen. Wurden in einer Datierung mittels eines unbewegl. Festes ein Wochentag bzw. die Oktav oder die Vigil genannt, so stellt die Reduktion kein Problem dar, wenn man die lokalen Besonderheiten beachtet. Bei bewegl. Festen muß man vom Ostertermin bzw. von Weihnachten ausgehen und dann weiterrechnen. Wird jedoch ein Wochentag vor oder nach einem bewegl. Fest genannt, muß man zuerst den Wochentag des Festes im betreffenden Jahr ermitteln. Wird aber das Datum nicht durch den Wochentag, sondern durch die Zahl der Tage vor oder nach einem Fest festgelegt, dann werden in altröm. Weise die Anfangs- und Endtage mitgezählt; Ausnahmen von der Regel sind nicht selten. Im Lat. gebraucht man zur Datierung von Festtagen »die, in die, sub die, ipso die« mit dem nachfolgenden Festnamen im Genitiv; im Dt. verwendet man »des tages, an (in) dem tage, auf den tag«. Der Wochentag (feria, dies) nach (post, ab) oder vor (ante) einem Fest steht entweder ohne Beisatz oder man fügt durch einen Beisatz den unmittelbar vorausgehenden oder nachfolgenden Tag an.　　　　　　　　　　P.-J. Schuler

Lit.: GINZEL III, 117–120; 185–209 – GROTEFEND, Bd. 1: Glossar, Taf.; Bd. 2: Kalender der Diöz., Ordenskalender, Heiligenverz. – F. K. W. PIPER, Karl d. Gr. Kalendarium und Ostertafel, 1858 – F. RÜHL, Chronologie des MA und der NZ, 1897, 80–106 – F. SACHSE, Das Aufkommen der Datierungen nach dem Festkalender in Urkk. der Reichskanzlei und der dt. Ebm.er [Diss. Erlangen 1904] – G. ZILLICKEN, Der Kölner Festkalender, seine Entwicklung und seine Verwendung zur Urkk.datierung, BJ 119, 1910, 13–157 – P. MIESGEN, Der Trierer Festkalender, Trier. Jb., Ergbd. 15, 1915 – J. P. KIRSCH, Der stadtröm. christl. Festkalender im Altertum, LQF 7/8, 1924 – H. M. SCHALLER, Der hl. Tag als Termin ma. Staatsakte, DA 30, 1974, 1–24.

Festino → Schlußmodi

Festkrönungen, von GIESEBRECHT geprägter Begriff zur Bezeichnung von Krönungen (→Krone, Krönung), die an einem hohen kirchl. Feiertag begangen werden, vorzugsweise zu Ostern, Pfingsten, Weihnachten, aber auch anläßl. der hohen Marienfeste, des Namensfestes des Landespatrons, des von einem Herrscher bes. verehrten Hl.en usw. Der Brauch ist seit karol. Zeit sicher bezeugt. Vom einfachen »Unter Krone Gehen« unterscheidet sich die F. durch die feierl. Krönung im Rahmen der Meßfeier durch einen Coronator, der mindestens Bischofsrang haben muß. Sowohl der Kg. als auch die Kgn. können in dieser Form gekrönt werden; eine →Salbung ist ausgeschlossen und nur bei der Erstkrönung zulässig, die zugleich Voraussetzung für spätere F. ist. Ausdrückl. Hinweise auf F. in den ma. Annalen und Chroniken sind selten und müssen meist aus Formeln wie »regio more« o. ä. erschlossen werden.　　　　　　　　　　C. Brühl

Lit.: H.-W. KLEWITZ, Die F. der dt. Kg.e, ZRGKanAbt 28, 1939, 48–96 (und: »Libelli«, t.CXXXIII, 1966) – C. BRÜHL, Frk. Krönungsbrauch und das Problem der »F.«, HZ 194, 1962, 265–326 – U. JÄSCHKE, Frühma. F.?, HZ 211, 1970, 556–588 – C. BRÜHL, Kronen- und Krönungsbrauch im MA, HZ 234, 1982, 1–31.

Festsaal → Palas, →Tanzhaus, →Rathaus

Festung (auch Veste), ein zur Verteidigung errichteter, nur militär. Zwecken dienender Wehrbau, der zumeist aus einem System untergeordneter Verteidigungswerke besteht und in Form und Ausbildung von der Entwicklung der Feuerwaffen abhängig ist. Nach Anfängen im 14./15. Jh. ist die F. zunächst in Italien (Francesco di Giorgio Martini 1439–1502, Francesco di Marchi 1504–77) und in Frankreich (Höhepunkt: Vauban, 1633–1707) entwickelt, dann über das Deutschland und den angrenzenden Ländern verbreitet, mit Ausnahme v. England, das F.en kaum kennt.

Als F. werden auch ständig verteidigungsfähig ausgebaute Orte bezeichnet (→Festungsstadt). Aber auch ma. Burgen können als Sperrfort eines Passes, eines Flusses oder einer Straße, als Zollburg oder zur Territorialverteidigung errichtet sein, womit der Unterschied zw. F. und Burg fließend ist. Schon im MA haben sich Verteidigungsanlagen entwickelt, deren eigentl. Aufgabe es war, in krieger. Zeiten als fester Platz für die Landesverteidigung zu dienen, wie z. B. das Schloß Broich in Mühlheim/

Ruhr, das der Kölner Ebf. um 1200 zu einem mächtigen Rundturm (17,20 m Durchmesser mit feindseitiger Verdickung) mit Ringmauer und 2,50 m innerer Geländeaufschüttung ausgebaut hat, deren Wohngebäude für die Wachmannschaft außerhalb der Anlage standen.
　　　　　　　　　　G. Binding

Lit.: RDK VIII, 304–348 [W. MÜLLER-WIENER; Lit.] – R. HUBER-R. RIETH, F.en (Glossarium Artis 7), 1979 [Lit.].

Festungsartillerie. Die in den europ. Ländern zur Abwehr von Angriffen in Burgen und Stadtbefestigungen aufgestellten Feuerwaffen unterschieden sich von allen übrigen Geschützen der ma. Belagerungs- und Feldartillerie nur durch die Art ihrer Lafettierung (→Lafetten). Die zum Schutz der Schwachstellen im Verteidigungssystem fester Plätze aufgestellten schweren Festungsgeschütze, zunächst großkalibrige geschmiedete, ab der Mitte des 15. Jh. aber auch schon aus Bronze gegossene →Steinbüchsen, lagen ohne jede Möglichkeit, ihre Schußrichtung zu verändern, entweder unmittelbar auf dem Boden oder in einer einfachen Holzbettung. Zum Beschuß von Zielen, von denen während einer Belagerung besondere Gefahr drohte, dienten die in tragbaren oder rollbaren Schießgestellen gelagerten leichten Festungsgeschütze, hinter Schießscharten auf Mauern oder Türmen aufgestellte Tarrasbüchsen, →Bockbüchsen oder Kammerschlangen.　　　　　　　　　　E. Gabriel

Lit.: B. RATHGEN, Das Geschütz im MA, 1928.

Festungsstadt, städt. Dauersiedlung mit der wesentl. Funktion eines befestigten Platzes, im engeren Sinn eine →Stadt, deren →Befestigung (Abschnitt A. V) von regionaler bis gesamtstaatl. strategischer Bedeutung ist. Im Gegensatz zur antiken bis spätma. ummauerten Stadt, deren Befestigung in Ländern, die städt. Autonomie kennen, in der Regel der Stadtgemeinde gehört, von ihr erbaut (→Freijahre), erhalten und zur Verteidigung besetzt wird, wenn auch der Ortsherr das Recht hat, sich ihrer zu bedienen, ist die F. des ausgehenden MA und der NZ von Werken umgeben, die meist im Eigentum des Landesherrn sind und von seinen Truppen besetzt werden. Zu ihrer Erhaltung (z. B. Erdarbeiten, im Winter Enteisen der nassen Gräben) wird jedoch regelmäßig die Bürgerschaft, teilweise auch die Bevölkerung der Umgebung mit herangezogen.

Formal ist von F. erst seit dem Aufkommen der Pulvergeschütze im 14. Jh. und dem daraus folgenden Umbau der Befestigungswerke zu sprechen. Aus Erde aufgeschüttete Wälle schützten besser gegen die anfangs verwendeten Steinkugeln als die herkömml. Steinmauern und erlaubten im Unterschied zu diesen das Aufstellen eigener →Geschütze. Das sich langsam entwickelnde Bastionärsystem ermöglichte den (gegenüber dem frontalen) effektiveren flankierenden Waffeneinsatz der Verteidiger, überstieg jedoch oft die Leistungsfähigkeit der Städte.　　　　　　　　　　H.-K. Junk

Lit.: →Befestigung, A. V – Schriftenreihe Festungsforsch. der Dt. Ges. für Festungsforsch. e.V., 1977ff. – E. SPOHR, Düsseldorf, Stadt und Festung, 1979² – Beitr. zur Gesch. der frühnz. Garnisons- und F., hg. H.-W. HERRMANN–F. IRSIGLER, Veröff. der Komm. für Saarländ. Landesgesch. und Volksforsch. 13, 1983 – Architekt und Ingenieur. Baumeister in Krieg und Frieden, Ausstellungskat. der Hzg. August Bibl., Wolfenbüttel 1984 – H. STOOB, Die Stadtbefestigung...[Städteforsch. A 28, hg. K. KRÜGER, 1988).

Festus → Paulus Diaconus

Fette → Butter, →Öl, →Ernährung

Feuchtwangen, Stadt und Stift in Mittelfranken am Ostufer der Sulzach im Schnittpunkt der ma. Fernwege Würzburg–Augsburg und Hall–Nürnberg; Bm. Augsburg. Das für Ende des 8. Jh. anzusetzende, 817 namentlich bezeugte Benediktinerkl. F. wurde, im 10. Jh. durch Tegernseer Mönche wiederbelebt (→Gorzer Reform), zum Eigenkl. der Augsburger Bf.e (→Eigenkirche) und vor 1197 zum Kollegiatstift (mit Marienpatrozinium, vorher Salvator, eventuell ursprgl. Martin) umgewandelt. Auf Vogteirechte und umliegendes Reichsgut gestützt, bezog →Friedrich I. F. in die stauf. Reichslandpolitik zw. Donauwörth und Rothenburg o. T. mit ein. Die städt. Anfänge, wohl in einer Klostersiedlung wurzelnd, sind zeitgleich zu →Dinkelsbühl um 1170/80 anzusetzen; der erste »civitas«-Beleg datiert von 1241 (→Reichssteuerverzeichnis). Die aus Stiftsbereich und eventuellem frühen Königshof zusammengewachsene Stadt wurde 1388 gründlich zerstört. Der nach 1395 neu errichtete Bering umfaßte 12 ha, die gleichzeitige Einwohnerzahl lag unter 1000. Im 14. Jh. diente F., dessen Wirtschaft nie überörtl. Bedeutung besaß, dem kgl. Stadtherrn mehrmals als Pfandobjekt; die letzte Verpfändung 1376 an die →Nürnberger Burggf.en bedeutete den bald vollzogenen Übergang in den Herrschaftsverband der Mgft. Ansbach. 1563 erfolgte die Aufhebung des evangel. gewordenen Stiftes.

F. B. Fahlbusch

Bibliogr.: Frk. Bibliogr. I, 1965, hg. G. PFEIFFER, Nr. 13689–13740– Q. *und Lit.:* W. SCHAUDIG, Gesch. der Stadt und des ehem. Stiftes F., 1927 – O. MEYER, F., Augsburger Eigen-, Tegernseer Filialkl. Eine Stud. zum Mutterklosterrecht, ZRGKanAbt 27, 1938, 599–638 – W. FUNK, Werden und Wachsen einer frk. Stadt, 1954 – H. K. RAMISCH, Ldkr. F. (Kurzinventar), 1964 [Bayer. Kunstdenkmale XXI] – H. STOOB, Formen und Wandel stauf. Verhaltens zum Städtewesen (Fschr. H. AUBIN, 1965), 423–451 – DtStb V, 1, 1971, 197–201 – L. SCHNURRER, F. – Sfift und Stadt..., JbffL 31, 1971, 309–334 – N. BACKMUND, Die Kollegiat- und Kanonissenstifte in Bayern, 1973, 54–56 [Q., Lit.] – Die Urkk. der Stadt F. 1284–1700 (–1772), bearb. W. HÖRBER, 1979 – L. SCHNURRER, F. als Reichsstadt (ca. 1230–1376), JbffL 41, 1981, 23–43.

Feudalismus

A. Allgemein. West- und mitteleuropäischer Bereich – B. Byzantinisches Reich, Südost- und Osteuropa

A. Allgemein. West- und mitteleuropäischer Bereich

F. entstand als polit. Schlagwort in der 1. Hälfte des 19. Jh. und gründet auf der Rezeption der Frz. Revolution als Kampf gegen *féodalité*. Wie *régime féodal* in Frankreich die vorrevolutionären Verhältnisse bezeichnete, so wurde 'F.' in Europa und später auch in den Ländern der Dritten Welt zum Inbegriff überlebter Gesellschaftsordnungen. Dieses Fortwirken ist im »Zeitalter der Ideologien« (O. BRUNNER) undenkbar ohne die wissenschaftl. Ausarbeitung des F.-Begriffs. So bildet sich in immer neuer Weise die Spannung zw. präzisen fachwissenschaftl. termini technici, den darauf basierenden Synthesen (als Allgemeinbegriff, Modell, Theorie) und dem handlungsorientierten polit. Schlagwort. Irritierend für den Gebrauch von 'F.' wirkt immer noch das Wissenschaftsverständnis des Historischen Materialismus, in dem Theorie, wissenschaftl. und gesellschaftl. Praxis verbunden sind; hingegen sehen sich »bürgerliche« Wissenschaftler vielfach weiterhin in einer neutralen 'objektiven' Beobachterposition.

[1] *Erste Ansätze zur Verwissenschaftlichung des F.-Begriffs:* Die Verwissenschaftlichung von F. begann mit der Ablösung von der vorrevolutionären Frühen Neuzeit und der Zuordnung zum →Mittelalter, das im Zeichen der entstehenden nationalen Staatlichkeit als unmittelbare Wurzel entdeckt wurde und gleichberechtigt neben die nur durch Tradition mit dem modernen Europa verbundene Antike trat. Anknüpfend an frühneuzeitl. jurist. Arbeiten zum Lehnsrecht, erarbeiteten Rechtshistoriker das Lehnswesen als komplexe militär., rechtl. und polit.

Institution ma. Staatlichkeit, in dem germ.- und römisch-rechtl. Elemente zusammenwirkten (G. WAITZ, 1861). Die junge Wirtschaftsgeschichte erforschte in der 2. Hälfte des 19. Jh. die wirtschaftl. Verhältnisse des MA in der doppelten Dualität von Grundherrschaft – Markgenossenschaft und Grundherrschaft – Stadt. Damit stellten sich Fragen, die bis heute die F.-Diskussion beherrschen: Soll unter F. nur das Lehnswesen, der Zusammenhang von Lehnswesen und Grundherrschaft oder auch die Stadt verstanden werden, liegt das »Wesen« des F. in der Herrschaft einer Grundbesitzerschicht über abhängige »unfreie« Bauern (→Grundherrschaft) oder in komplexen gegenläufigen Machtstrukturen (Stadt als →Einung)? Von den Antworten hängt insbes. ab, in welche Beziehung F. und Kapitalismus zu setzen sind.

[2] *Entwicklung der F.-Interpretation im späten 19. und frühen 20. Jh. Weltgeschichtliche Deutungen:* Neben der nationalgeschichtl. Orientierung prägte das Interesse an Weltgeschichte die weitere Verwissenschaftlichung des F.-Begriffs, und zwar zunehmend in dem Maß, wie die Distanz zur eigenen feudalen Vergangenheit wuchs und die hist. Erfahrung Europas konfrontiert wurde mit den durch die koloniale →Expansion in den europ. Blick und Griff geratenen Völkern und ihrer Geschichtlichkeit. Die beschreibende enzyklopäd. »Geschichte der Menschheit« des 18. Jh. wurde zur »Weltgeschichte Europas« (H. FREYER). Die Erkundung der »Primitiven« durch Missionare und Ethnologen sowie die Erforschung der außereurop. Hochkulturen diente dazu, Weltgeschichte evolutionär als Entwicklung vom Niederen zum Höheren zu rekonstruieren und damit die Herrschaft der Europäer über Völker mit »überholten« Gesellschaftsordnungen nach dem dominanten biolog. Paradigma auch »natürlich« zu begründen. Diesen zeitgenöss. Kontext reflektiert einerseits der F.-Begriff der älteren Soziologie, der eine durch Eroberung entstandene Gewaltherrschaft über rechtlose und ausgebeutete Bauern bezeichnet (L. GUMPLOWICZ, 1892), andererseits der F.-Begriff der Kulturhistoriker K. LAMPRECHT und K. BREYSIG, für die F. eine Stufe in der Entwicklung der Menschheit darstellt.

Die weltgeschichtl. wirksamste Interpretation dieser Konstellation leistete jedoch K. MARX, der seine Kapitalismusanalyse zwar primär auf die Veränderung gegenwärtiger Verhältnisse und auf die zu planende Zukunft richtete, aber die Dynamik mit Handelns wesentlich aus der Geschichte bezog. MARX hat keine F.-Theorie vorgelegt, F. vielmehr unter den »Produktionsweisen, die dem Kapitalismus vorausgehen«, neben der antiken und asiat. behandelt. Maßgebend für das F.-Konzept des Historischen Materialismus wurde LENIN, für die Periodisierung der Weltgeschichte STALINs gesetzmäßige Abfolge der fünf progressiven Gesellschaftsformationen (Urgesellschaft, Sklavenhaltergesellschaft, F., Kapitalismus, Sozialismus).

Beschränkte sich der F.-Begriff der Rechts- und Verfassungsgeschichte auf die Entstehung, Organisation und Erhaltung gesellschaftlicher Macht im MA, so verwies der marxist.-leninist. Zugriff Recht, Staat und Kirche als Träger »außerökonomischer Gewalt« in den »Überbau« und faßte demgegenüber F. mit den am Kapitalismus entwickelten ökonom. Kategorien: Eigentum an Produktionsmitteln, Produktionsverhältnisse (Verhältnisse, die die Menschen zur Produktion miteinander eingehen), Produktivkräfte. Die »Widersprüche« zw. den feudalen Landeigentümern und den Bauern als Landbearbeitern sowie zw. diesen Produktionsverhältnissen und den Produktivkräften führten zu Klassenkämpfen, die schließlich in der Frz. Revolution als »bürgerlicher Revolution« die sozio-ökonom. Gesellschaftsformation F. überwanden. Revolution wurde nicht nur zur marxist. Handlungsperspektive Weltrevolution für das 19. und 20. Jh., sondern ebenso rückwärtsgewandt für die »Übergänge« zw. den hist. Gesellschaftsformationen der verschiedenen Klassengesellschaften postuliert.

[3] *F.-Begriff und vergleichende Ansätze:* Solange ein dogmatischer F.-Begriff lediglich dem marxist.-leninist. Umschreiben der Länder- und Weltgeschichte diente, spielte er für den Gang der Forschung eine untergeordnete Rolle, so daß die vergleichende Methode die weitestgehende Form der Theoretisierung von F. darstellte. Breit angelegte vergleichende Untersuchungen zu Vasallität und Immunität initiierte die Société Jean Bodin (1935), für den innereurop. Vergleich wurde F. GANSHOF (1944) maßgebend. Synthesen der einzelnen für das MA erarbeiteten Strukturbegriffe als F. begannen mit G. v. BELOW (1914): F. als »zusammengesetzter Begriff« umfaßt neben Lehnswesen und Grundherrschaft auch die Einung (Stadt), ist aber auf Europa beschränkt. Demgegenüber entwickelte O. HINTZE (1929) F. als Begriff der »allgemeinen (vergleichenden) Geschichte« mit militär., polit. und wirtschaftl.-sozialen Komponenten von unterschiedl. langer hist. Wirksamkeit in den Nachfolgestaaten des karol. Reiches. Im weltgeschichtl. Vergleich genügen nur Japan, die Islamstaaten und Rußland diesem diachron und synchron aufgebauten »Verfassungssystem«, denn F. tritt nur auf, wenn Stämme mit einem untergehenden Weltreich zusammentreffen, was sie zu einer verfrühten Großstaatsbildung (»Imperialismus«) veranlaßt. Allerdings, nur in Europa entwickelte sich aus dem Lehnswesen ein »politisches Ständetum«, das auf die modernen Repräsentativverfassungen hinführt. In diese Tradition vergleichender Weltgeschichte gehören die Beiträge zu »Feudalism« in der Encyclopedia of Social Sciences (1932) und in dem von R. COULBORN herausgegebenen Sammelband »Feudalism in History« (1956). Neuere vergleichende Untersuchungen mit dem Konzept F. nutzen dieses heuristisch, nicht mehr, um F. substantiell wiederzufinden.

Unvermindert wirksam geblieben ist M. BLOCHS »Société féodale« (1939–40), dessen vergleichender Ansatz sich auf das MA beschränkt und mit dem Integrationsbegriff »Gesellschaft« die Hinwendung der frz. Sozialgeschichte zur »histoire totale« vorbereitet. Seine Nachfolger (G. DUBY, J. LEGOFF, J. C. SCHMITT) arbeiten interdisziplinär, rezipieren v. a. ethnolog. Forschungen und Konzepte für die Rekonstruktion des MA als fremder Kultur in der eigenen Geschichte. Der interkulturelle Vergleich tritt somit an die Stelle der eurozentr. vergleichenden Methode.

Während engl. und frz. Mediävisten selbstverständl. *feudalism, féodalité, féodalisme* gebrauchen, bevorzugen dt. Mediävisten »Mittelalter« als Gegenbegriff zum ideolog. aufgeladenen F. und erarbeiten dieses als komplexen Epochenbegriff: zu F. als →Lehnswesen tritt Allodialismus (→Allod), neben delegierte die autogene →Herrschaft des Adels (W. SCHLESINGER). Prozeßkategorien (Feudalisierung, Vergrundherrschaftung, Vergetreidung) bezeichnen die Dynamik des hist. Geschehens. W. EBEL hat die Leihe als allgemeines Prinzip ma. Rechtsdenkens erkannt und damit ein neues Kriterium für die Einheit der Epoche zur Diskussion gestellt, während O. BRUNNER als Vertreter der sozialen Verfassungsgeschichte den traditionellen Mittelalterbegriff zugunsten von »Alteuropa« aufgibt und sich damit der marxist. Periodisierung von F. nähert. – Ein

derart ausgearbeiteter Mittelalterbegriff wird wie F. als Parameter für vergleichende Weltgeschichte benutzt (S. THRUPP).

[4] *Die gegenwärtige F.-Diskussion:* Eine internationale F.-Diskussion kam zustande, als für Marxisten in Ost und West eine »schöpferische« Auseinandersetzung mit K. MARX möglich wurde und die Veröffentlichung von MARX' Frühschriften eine breite theoret. Rezeption einleitete, als die dekolonisierte »Dritte Welt« »entwickelt«/ »modernisiert« werden sollte, was die Frage nach der »Modernisierung« der europ. Agrargesellschaften provozierte, und zwar als Übergang vom F. zum Kapitalismus und als Wechselwirkung von europ. Entwicklung und außereurop. Unterentwicklung (I. WALLERSTEIN). Diese Diskussion stellte sich in den »Krisen«-Diskussionen, der Übergangsdebatte von DOBB u. a., der Brenner-Debatte sowie im Trierer »F.-Kongreß« (1981) dar. Eine Reihe von Ergebnissen zeichnet sich ab: In der Periodisierung wird Pluralismus zugelassen, die Stalinsche Abfolge der Gesellschaftsformationen wird modifiziert, indem die drei vorkapitalistischen Gesellschaftsformationen auch nebeneinander, nicht nur nacheinander, möglich sind, der europ. F. kann Paradigma wie Sonderfall sein (E. MÜLLER-MERTENS). V. a. wird die strikte Trennung von Basis-Überbau aufgegeben und damit die Rolle der »außerökonomischen Gewalt« im F. modifiziert sowie das »Weltbild des mittelalterlichen Menschen« (A. GURJEWITSCH) als hist. Kraft anerkannt. Nachdem bisher Kapital und Handel thematisiert worden sind, treten erstmals Arbeit und somit Bauern wie unterbäuerl. Gruppen (»Protoindustrialisierung«) in ihren wirtschaftl., sozialen und polit. Organisationsformen (Familienwirtschaft, Gemeinde) und insbes. mit ihren Aktionen gegenüber Grundherren und der entstehenden zentralen Staatlichkeit (R. HILTON, L. KUCHENBUCH) in den Vordergrund. Der in der Theoriediskussion wie in den Einzelforschungen angelegte interkulturelle Vergleich wirkt keineswegs vereinheitlichend, sondern differenzierend. Er verbindet die Agrargesellschaften Europas mit gegenwärtigen Agrargesellschaften und zeigt zugleich die jeweils eigenen Züge. Er charakterisiert die Eigenart europ. Sozialgeschichte: M. MITTERAUER führt das »European marriage pattern« auf die bes. Familienformen im F. zurück, L. KUCHENBUCH entwickelt am Modell der »peasant« economy« ma./feudale Formen bäuerlicher Familienwirtschaft, schließlich zeichnen sich europ. Eigenentwicklungen der Geschlechterbeziehungen ab (H. WUNDER). – Zur rechtl.-institutionellen Ausprägung und sozialgesch. Bedeutung des Lehnswesens vgl. im einzelnen →Lehen, Lehnswesen.

H. Wunder

Lit.: Zs., Sammelbände, Kongreßber.: Jb. für die Gesch. des F.; Comparative Stud. in Hist. and Soc.; Journal of Peasant Stud.-Feudalism in Hist., hg. R. COULBORN, 1956 – Les liens de la vassalité et les immunités, 1958² [RecJean Bodin 1] – Stud. zum. ma. Lehnswesen, hg. Konstanzer Arbeitskreis, 1960 – Crisis in Europe 1560–1660, hg. T. H. ASTON, 1965 – Early Medieval Society, hg. S. L. THRUPP, 1967 – F. GRAUS, Das SpätMA als Krisenzeit. Ein Lit.-Ber., MBohem 1, 1969 [Suppl.] – Peasants and Peasant Soc., hg. T. SHANIN, 1971 – F. Zehn Aufs., hg. H. WUNDER, 1974 – Universalgesch., hg. E. SCHULIN, 1974 – F. Materialien zur Theorie und Gesch., hg. L. KUCHENBUCH – B. MICHAEL, 1977 – P. SWEEZY u. a., Der Übergang vom F. zum Kapitalismus, 1978 – F. und Kapitalismus auf dem Lande, Soz.wiss. Informationen für Unterricht und Studium, Jg. 8, H. 3, 1979 – Protokollbd.: Zum Problem des F. in Europa, Trier 1981 – Europa 1400. Die Krise des SpätMA, hg. F. SEIBT – W. EBERHARD, 1984 – The Brenner Debate. Agrarian Class Structure and Economic Development in Pre-Industr. Europe, hg. T. H. ASTON – C. H. E. PHILPIN, 1985 – F.: Entstehung und Wesen, hg. E. MÜLLER-MERTENS, 1985 – *wichtige Einzelveröff.:* G. WAITZ, Lehnswesen (Dt. Staatswb., hg. C. BLUNTSCHLI – K. BRATER

VI, 1861) – M. BLOCH, La société féodale, 2 Bde, 1939–40 – H. MITTEIS, Der Staat des hohen MA, 1953⁴, 1968⁸ – F. L. GANSHOF, Was ist das Lehnswesen?, 1961, 1975⁴ [frz. Orig. 1944] – A. V. CHAYANOV, The Theory of Peasant Economy, Homewood 1966 – R. BOUTRUCHE, Seigneurie et féodalité, 2 Bde, 1968, 1970 – W. KULA, Théorie économique du système féodal, 1970 – E. BROWN, The Tyranny of a Construct: Feudalism and Historians of Medieval Europe, The American Hist. Review 79, 1974, 1063–1088 – I. WALLERSTEIN, The Modern World System. Capitalist Agriculture and the Origins of the European World-Economy in the Sixteenth Century, 1974 – G. BOIS, Crise du féodalisme, 1976 – P. KRIEDTE, H. MEDICK, J. SCHLUMBOHM, Industrialisierung vor der Industrialisierung. Gewerbl. Warenproduktion auf dem Land in der Formationsperiode des Kapitalismus, 1977 – P. ANDERSON, Von der Antike zum F., 1978 – J. CRITCHLEY, Feudalism, 1978 – G. DUBY, Les trois ordres ou l'imaginaire du féodalisme, 1978 – A. J. GURJEWITSCH, Das Weltbild des ma. Menschen, 1978 [russ. Originalausg. 1972] – P. ANDERSON, Die Entstehung des absolutist. Staates, 1979 – A. GUERREAU, Le féodalisme. Un horizon théorique, 1980 – M. HROCH – J. PETRAN, Das 17. Jh. Krise der feudalen Gesellschaft, 1981 – P. KRIEDTE, Spätma. Agrarkrise oder Krise des F. (Gesch. und Gesellschaft 7, 1981), 42–68 – L. KUCHENBUCH, Bäuerl. Ökonomie und feudale Produktionsweise (Perspektiven des Weltsystems, hg. J. BLASCHKE, 1983), 112–141 – M. MITTERAUER, Ledige Mütter, 1983 – O. HINTZE, Wesen und Verbreitung des F. (DERS., Staat und Verfassung, 1984²) – R. HILTON, Class Conflict and the Crisis of Feudalism, 1986 – H. WUNDER, Frauen in der Gesellschaft Mitteleuropas im späten MA und in der Frühen NZ (Hexen und Zauberer, hg. H. VALENTINITSCH, 1987), 123–154.

B. Byzantinisches Reich, Südost- und Osteuropa

I. Byzantinisches Reich – II. Südosteuropa – III. Altrußland.

I. BYZANTINISCHES REICH: Voraussetzungen für die Entstehung von Beziehungen, die man als feudal bezeichnen kann, bildeten sich allmählich in der sog. mittelbyz. Zeit (7.–11. Jh.) heraus. Die gesellschaftl. Struktur wurde hauptsächlich von der Existenz der allmächtigen Staatsbürokratie einerseits und des Bauerntums andererseits bestimmt. Aus den Reihen der Bürokratie (→Beamtenwesen) – des zivilen Beamtentums wie der militär. Befehlshaberschaft – bildete sich in einem allmähl. Prozeß eine neue Aristokratie (→Adel, Abschnitt D), deren Charakter vom Zusammentreffen mehrerer sozialer und wirtschaftl. Faktoren im Rahmen bestimmter Familien geprägt war: ständige Ausübung von Verwaltungsposten, überdurchschnittlich großer Landbesitz und bewegl. Besitz und Herausbildung eines angesehenen Familiennamens. Am Ende des 8. Jh. sind die ersten Familiennamen als Zeichen familiären Selbstbewußtseins belegt; der erste Kaiser, der einen Familiennamen führte, ist Michael I. Rangabe (811–813), doch erst am Ende des 9. Jh. erließ Ks. Leon VI. (886–912) seine berühmten Empfehlungen über die Bevorzugung angesehener Familien bei der Vergabe verantwortl. Ämter. Aber noch im 10. Jh. und sogar später ist eine soziale und genealog. Abschließung der führenden Familien nicht durchweg erreicht; die vertikale Offenheit der Gesellschaft stellte noch immer einen wichtigen Faktor der byz. Zivilisation dar.

Parallel mit Ausbildung und Aufstieg der Aristokratie verlief der Verfallsprozeß des sog. freien →Bauerntums. Seit Anfang des 10. Jh. nahm das Problem solche Ausmaße an, daß sich die Ks. genötigt sahen, Maßnahmen zum Schutz der agrar. Kleineigentümer zu treffen, die dem Staat von großem Nutzen waren und deren Lage gleichwohl prekär blieb, insbes. wegen der kollektiven Steuerhaftung. Der Kern der Agrarfrage im 10. Jh. ist in der zunehmenden Abhängigkeit der verarmten Bauern von Grundbesitzern mit höherem gesellschaftl. Status zu sehen (→Großgrundbesitz), wobei der Staat seine fiskal. Ressourcen und sein Potential an Militärdienstfähigen schwinden sah.

Gleichzeitig erreichte im Laufe des 10. Jh. die staatl. Reglementierung der städt. Wirtschaft ihren Höhepunkt (→Eparchenbuch), wodurch die Ausbildung eines eigenständigen Bürgertums (→Bürgertum I, 1; →Stadt) verhindert wurde. Die Auswirkungen dieser Situation in Land und Stadt zeigten sich im 11. Jh., als die erstarkte Aristokratie unmittelbar die Macht übernahm. Zuerst hatte die hauptstädt. Aristokratie eine Vormachtstellung, doch glich sich der Unterschied der Herkunft der Adelsfamilien, im zivilen wie im militär. Bereich, bereits in einem knappen Jahrhundert aus. Parallel dazu verlor das dezimierte freie Bauerntum seine aktive Rolle in der Gesellschaft völlig, und auch die Stadtbevölkerung geriet unter Vormundschaft der Aristokratie. Die wirtschaftl. Unterordnung der Stadt unter die Interessen der landbesitzenden Aristokraten trat um so deutlicher hervor, als sogar die großen Staatswerkstätten in den städt. Zentren verfielen. Die Aristokratie erlangte – trotz Uneinheitlichkeit ihres sozialen Status – im gesamten gesellschaftl. Leben vollkommene Dominanz.

Die Ausbildung einer wirtschaftl., kulturellen und administrativ-herrschaftl. Elite in Gestalt der großen Familien führte – bei weiter betonter sozialer Offenheit – zu immer stärkerer sozialer Hierarchisierung. So bildeten sich die Grundvoraussetzungen für charakterist. Merkmale des F., die bereits seit dem 11. Jh., verstärkt seit dem 12. Jh. erkennbar sind. Gleichzeitig stand der zunehmenden staatl. Verarmung ein Anwachsen privaten aristokrat. Reichtums gegenüber, der durch das Auftreten mächtiger »Clans«, zu denen sich die herrschenden Familien zusammenschlossen, in gesellschaftl. Macht umgesetzt wurde. Die unter der Kontrolle dieser Familiengruppierungen stehenden staatl. Institutionen, vom Kaiserhof angefangen, erhielten mehr oder minder explizit privaten Charakter.

Doch das markanteste Zeugnis für den Prozeß der Feudalisierung ist die Institution der im 12. Jh. eingeführten Pronoia (→Lehnswesen), durch die dem Träger Nutzungsrechte über einen von Abhängigen bewirtschafteten Besitz, gegen die Leistung von Militärdienst, verliehen wurden. Dieser Vertrag des Herrschers mit angesehenen Untertanen erinnert stark an das westl. Institut des Lehens, dem die Pronoia nach dem 4. Kreuzzug angeglichen wurde (vgl. dazu die →Chronik v. Morea). Ein fast ebenso wichtiges Merkmal ist das Institut der →Immunität (ἐξκουσσεία), die zunächst die Steuerimmunität der eigenen Güter umfaßte, in seltenen Fällen auch die Eigengerichtsbarkeit, v. a. in Zivilprozessen (Gerichtsimmunität), häufiger aber den Schutz vor dem Eingreifen von Staatsbeamten auf den Gütern des Immunitätsinhabers (administrative Immunität). Auch wenn keineswegs immer vollständige Immunitätsprivilegien verliehen wurden, stellten diese doch weitreichende Zugeständnisse des Staates an Kl. und adlige Grundbesitzer dar. Es begann ein langsamer Prozeß der Wandlung des Staatsapparates, der wohl erst in der Zeit der Palaiologen als Feudalisierung im eigtl. Sinne bezeichnet werden kann, obwohl sich schon in der Komnenenzeit viele Ansätze abzeichnen. Die Beziehung des Ks.s zu seinen – oftmals mit ihm verwandten – hohen Beamten wurde in großem Maße privatisiert. Alle waren Höflinge und οἰκεῖοι ('Hausgenossen', familiares des Ks.s, nannten sich selbst δοῦλοι ('Diener') und legten einen persönl. Treueid ab. Der Tätigkeitsbereich der Beamten wurde durch die Immunitäten immer mehr eingeschränkt, Kompetenzabgrenzungen zw. den einzelnen Ressorts verwischten sich. An die Stelle der nicht mehr ausgezahlten staatl. Bezüge traten bei den Beamten private Einnahmequellen bzw. weitestmögliche Abzweigungen von Einnahmen aus den eigenen Ressorts (s. a. →Korruption), was zum Gewohnheitsrecht wurde. Im übrigen drangen auch Elemente des westl. Lehnswesens ein, so homo ligius (λίζιος, δοῦλος ἐθελόδουλος), homagium (ἀνθρωπεία), boni homines (ἄνθρωποι καλοί).

Am anderen Ende der gesellschaftl. Skala standen die abhängigen Bauern, die Paroiken (πάροικοι), deren Lage ebenfalls von Elementen feudaler Beziehungen bestimmt war. Bei unterschiedl. jurist. und materieller Stellung (διζευγαράτοι, ζευγαράτοι, δουλοπάροικοι) waren sie alle zur Steuerzahlung an den Staat und zur Abgabenleistung an ihren Grundbesitzer verpflichtet; hatte dieser Steuerimmunität erlangt, so behielt er nun die Steuern seiner Paroiken ein. Die Paroiken verloren das freie Verfügungsrecht über ihre Parzellen und die Freizügigkeit (vgl. die Bestimmungen spätbyz. Urkk. über die Rückführung flüchtiger Paroiken sowie die πρακτικά [Kataster]). Dennoch gelang es zahlreichen weggezogenen Paroiken, in entfernteren Gegenden als sog. Zusiedlerbauern bzw. Zinsbauern (προσκαθήμενοι) zumindest zeitweilig Steuerfreiheit in neuer Umgebung zu erlangen, um jedoch allmählich wieder auf den Paroiken-Status abzusinken.

Zur Gruppe der – mehrheitlich bäuerl. – Paroiken gehörten aber auch Handwerker im dörfl. und städt. Bereich, ebenso einige →Kleriker. Der verstärkte Einfluß der Aristokratie in der Stadt seit dem 11. Jh. führte einen wirtschaftl. Rückgang der byz. Städte herbei mit wachsendem Anteil der Agrarproduktion und Verfall der Handwerkerkorporationen; die sich im westeurop. Spät-MA herausbildende vorindustrielle Manufaktur blieb im spätbyz. Bereich unbekannt. Die Städte strebten vielmehr nach Verleihung derselben Immunitäten, wie sie die Aristokratie erhalten hatte, nur daß der Empfänger jetzt ein kollektiver Verband war (Saloniki, Ioannina usw.). Darüber hinaus standen die Konkurrenz der dörfl. Handwerker und insbes. die Überschwemmung des byz. Markts mit westeurop. Produkten von seiten der it. Kaufleute einer produktiven wirtschaftl. Aktivität der Städte im Weg. Daher schritt im 14. Jh. die Verarmung der sog. »Mittleren« (μέσοι), im wesentl. der Schicht der Kaufleute und Handwerker, schnell voran, was die gesellschaftl. Polarisierung in der Stadt verstärkte und um die Mitte des Jahrhunderts soziale Unruhen zur Folge hatte. Als Auswirkung dieser Polarisierung lassen sich aber in dieser Zeit auch Ansätze zu ständ. Organisation erkennen: Aristokratie – Klerus – andere Stadtbewohner (z. B. Stadtversammlung in Berrhoia). Diese Gliederung widersprach der üblichen sozialen Aufteilung in der byz. Stadt nach Aristokratie, »Mittleren« und »Armen«.

Seit der Mitte des 14. Jh. erreichte der Prozeß der Privatisierung der staatl. und sozialen Struktur auf wesentlich feudaler Grundlage seinen Höhepunkt. Die nächsten Verwandten des Ks.s, v. a. die Söhne, erhielten weiträumige Gebiete, die in der modernen Terminologie als →Apanagen bezeichnet werden. Das Kaiserreich verwandelte sich zeitweilig gleichsam in ein Konglomerat solcher administrativ weitgehend autonomer Herrschaftsgebilde. In der spätesten Periode sind entsprechende Tendenzen auch auf niedrigeren Stufen der Herrschaftsausübung festzustellen, da einzelne Pronoien gleichsam zu eigenständigen Verwaltungsbezirken wurden, in denen die Pronoiare die Lokalverwaltung ausübten (z. B. die Familie Gemistos). Doch zu dieser Zeit begann die byz. Aristokratie bereits, ihr Interesse von der Agrarproduktion auf die Sphäre von Handel, Bankwesen und Immobiliengeschäft in den Städten zu verlagern, und es artikulierten sich bereits Vorschläge für grundlegende wirtschaftl. und soziale Reformen.

Die Eroberung durch die Osmanen unterbrach jedoch jede mögliche Weiterentwicklung der byz. Gesellschaft.

Lj. Maksimović

Lit.: G. Ostrogorsky, Die ländl. Steuergemeinde des byz. Reiches im 10. Jh., VSWG 20, 1927, 1–108 [Nachdr. 1969] – D. Zakythinos, Crise monétaire et crise économique à Byzance du XIIIᵉ au XVᵉ s., 1948 [Nachdr. 1973] – Ders., Processus de féodalisation, L'Hell. Contemp. 2, 1948, 499–514 [Nachdr. 1973] – P. Charanis, On the Social Structure and Economic Organization of the Byz. Empire in the 13th c. and Later, Byzslav 12/1, 1951, 94–153 [Nachdr. 1973] – A. P. Každan, Agrarnie otnošenija v Vizantii XIII–XIV vv., 1952 – G. Ostrogorsky, Pour l'hist. de la féodalité byz., 1954 – B. T. Gorjanov, Pozdnevizantijskij immunitet, VV 11, 1956, 177–199; 12, 1957, 97–116 – G. Ostrogorsky, Quelques problèmes d'hist. de la paysannerie byz., 1956 – G. Ostrogorsky, K istorii immuniteta v Vizantii, VV 13, 1958, 55–106 – F. Dölger, Der F. in Byzanz, VuF 5, 1960, 185–193 – J. Ferluga, La ligesse dans l'Empire byz., ZRVI 7, 1961, 97–123 – Ostrogorsky, Geschichte³, 225–236 – H.-G. Beck, Byz. Gefolgschaftswesen, 1965 – J. Verpeaux, Les oikeioi. Notes d'hist. institutionelle et sociale, RevByz 23, 1965, 89–99 – K. Watanabe, Problèmes de la »Féodalité« byz., Hitotsubashi Journal of Arts and Sciences V/1, Jan. 1965, 31–40; VI/1, Sept. 1965, 7–24 – G. Weiss, Johannes Kantakuzenos, 1969 – G. Ostrogorsky, Die Pronoia unter den Komnenen, ZRVI 12, 1970, 41–54 – Ders., Observations on the Aristocracy in Byzantium, DOP 25, 1971, 1–32 – E. Laiou, The Byz. Aristocracy in the Palaeologan Period: A Story of Arrested Development, Viator 4, 1973, 131–151 – Lj. Maksimović, Geneza i karakter apanaža u Vizantiji, ZRVI 14–15, 1973, 103–154 – Féodalisme à Byzance. Problèmes du mode de production de l'empire byz., 1974 [Einl.: H. Antoniades-Bibicou] – A. P. Každan, Social'nyj sostav gospodstvujuščego klassa Vizantii XI–XII vv., 1974 – F. Dölger, Zur Frage des Grundeigentums in Byzanz (Ders., Byzanz u. die europ. Staatenwelt², 1964), 217–231 – Z. V. Udal'tsova–K. A. Osipova, Aspects of Feudalism in Byzantium, Soviet Studies in History 15 (1976), H. 1, 31–66 – A. E. Laiou, Peasant Society in the Later Byz. Empire, 1977 – N. Oikonomidès, Hommes d'affaires grecs et latins à Constantinople, 1979 – Lj. Maksimović, Charakter der sozial-wirtschaftl. Struktur der spätbyz. Stadt, JÖB 31/1, 1981, 149–188.

II. Südosteuropa: Wurde in der älteren Forschung der Begriff des F. kaum auf SO-Europa angewandt, so fand er nach dem 2. Weltkrieg verstärkte Anwendung. An die Stelle eingeschränkterer älterer Auffassungen, die den F. auf →Lehnswesen, →Vasallität und die Verhältnisse innerhalb der herrschenden Klasse eingrenzten, wurde der F. nunmehr auch für Südosteuropa als »gesamtgesellschaftl.« Phänomen definiert (B. Grafenauer). War es schwierig, aus der Gesamtheit einer Gesellschaft oder Epoche die für den F. wesentl. Momente klar hervorzuheben, so hat die differenzierte Anwendung des F.-Begriffs doch eine komparative Sehweise gefördert, deren Hauptziel es war zu zeigen, wie konkrete Bedingungen zur Gestaltung spezifischer Erscheinungsformen beigetragen haben. Hier können i. f. nur die wichtigsten Ergebnisse der südosteurop. F.-Forschung, in Hinblick auf ihre gesamteurop. Bedeutung, referiert werden (Entstehung von Klassen, Formen der Ausbeutung, Lehnswesen, Treueverpflichtung).

Die Theorie der Entstehung einer herrschenden Klasse durch fremde Überschichtung (Germanen, nichtslav. Kroaten, Protobulgaren) wird in der neueren Forschung abgelehnt. Zwar ist von einem Anteil dt., ung. und byz. Familien am Adel SO-Europas auszugehen, dennoch ist die Entstehung des Adels auf die inneren polit.-sozialen Verhältnisse des Früh- und HochMA zurückzuführen. Der Adel ist in einem langen Prozeß endogener Differenzierung entstanden. Seine Wurzeln sind in den Fürstenfamilien der slav. und bulg. Landnahmezeit und in der Sippenaristokratie der →Župane zu erkennen. Jünger ist der aus Würdenträgern und fsl. Amtsträgern entstandene Dienstadel. Nach einer verbreiteten Auffassung soll sich in der Ablösung der älteren Bezeichnung *boljari* (allgemein bis zur Mitte des 13. Jh.) durch den jüngeren Begriff *vlastela* die Schwerpunktverlagerung vom Sippen- zum Dienstadel widerspiegeln. Von Kroatien bis zu den rumän. Fsm.ern läßt sich ein Nebeneinander von Großherren *(velmože, gospoda, signori, barones)* und Kleinadel *(vlastela, vlasteličići, zentiluomini)* feststellen. Seitdem die →Landesherrschaft von der großen →Grundherrschaft unterschieden wird, ist deutlich geworden, daß der Adel in den verschiedenen Ländern SO-Europas grundsätzlich gleiche Privilegien besaß, doch nur in →Kroatien war die »una et eadem nobilitas« auch gesetzlich anerkannt.

Die Klasse der abhängigen Bauern hat sich im Laufe der Jahrhunderte aus verschiedenen unfreien und freien Bestandteilen gebildet. In der ältesten Periode muß der Anteil der Sklaven und Kriegsgefangenen bedeutend gewesen sein, es gibt aber keine Spuren eventueller massiver Unterwerfung der altbalkan. Bevölkerung. Diskussionen über die servi und die entsprechenden Begriffe in slav. Sprachen *(otroci, rabi)* haben die Fragwürdigkeit eines Rückschlusses von Quellenbegriffen auf die soziale Stellung der betreffenden Gruppe und ihre Gleichsetzung mit den antiken Sklaven deutlich gemacht. Im Gesetzbuch des Zaren →Stefan Dušan (1349), das übrigens die Befreiung der otroci kennt, wurde verordnet (Art. 67), daß in einem Dorf zusammenlebende otroci ('Sklaven') und *meropsi* ('Kolonen') gleiche Abgaben und Dienste leisten sollen (→Bauerntum, XIII). Die meisten Bauern gerieten in Abhängigkeit und Abgabenpflicht im Zuge der Übertragung des Landes, auf dem sie saßen, an eine kirchl. Institution oder einen weltl. Herrn.

Trotz der zahlreichen terminolog. Unterschiede und regionalen Besonderheiten ist die →Grundherrschaft auch in SO-Europa auf die bekannten Grundstrukturen zurückzuführen. Der in Eigenwirtschaft bebaute Anteil verringerte sich jedoch allmählich, was zur Erleichterung der Frondienste führte. Steuer- und Gerichtsimmunitäten brachten die Angehörigen der Grundherrschaft unter die →Gerichtsbarkeit ihrer Herren, wobei in Serbien das kgl. Gericht sich bestimmte Fälle reservierte. Die Ausbreitung der Grundherrschaft dient als Maßstab für die Einschätzung des Grades der Feudalisierung. Sie fehlt charakteristischerweise in den Distrikten der Küstenstädte und in den Gebirgslandschaften.

Das eigtl. Lehen (feudum) blieb auf die Grenzen des röm.-dt. Reiches beschränkt. Schon in Kroatien war nur die Belehnung mit dem Allod *(plemenština,* hereditas) üblich. Das durch Donation ('Schenkung') verliehene Gut konnte leicht mit dem Familiengut vereinigt werden und fiel nur selten wieder an den Herrscher. In der rechtshist. Forschung hat man vom Donational-F. als einem Sondertyp in Kroatien und Ungarn gesprochen. Doch war die Donation weitverbreitet, so auch in Bosnien, Serbien und Bulgarien. In Serbien blieb die Donation die Hauptform der Belehnung, auch noch nach dem 13. Jh., als die byz. Pronoia (→Lehnswesen) übernommen worden war. Die Pronoia blieb auch in Serbien auf Lebenszeit verliehenes Gut, verbunden mit militär. Dienst. Sie fand den Weg in die Stadtkommunen südlich von Dubrovnik, wo die kommunalen Ländereien aufgeteilt und zwecks militär. Sicherung an Pronoiare verliehen wurden.

Schenkung wie Pronoia beruhen stets auf dem bereits in der Frühzeit belegten »treuen Dienst« *(verna služba),* der als Motiv einer Schenkung ausdrücklich erwähnt wird. Diesen »treuen Dienst« schuldete ohnehin jeder Untertan seinem Herrscher. Aus bosn. Urkk. geht hervor, daß dem adligen »treuen Dienst« ein »Treuwort des Herren« *(vjera gospodska)* entsprach, das Garantien für Person und Eigentum des betreffenden Adligen beinhaltete. Erst nach dem gerichtl. festgestellten Treubruch *(nevjera;* →Felonie) konnte ein Edelmann verhaftet oder hingerichtet, sein Gut konfisziert werden. In allen südosteurop. Ländern gelang es mächtigen Herren, in Krisenzeiten (Thronkämpfe, Schwäche der Herrschergewalt u. ä.) den »treuen Dienst« des Adels an sich zu reißen und dadurch Territorialherrschaften zu bilden (Kroatien: Ende des 13. Jh. und erneut nach 1382; Bosnien: nach 1391; Serbien: nach 1355 bis zum Ende des 14. Jh.; Bulgarien: seit dem Ende des 13. Jh.; Albanien: nach 1355, bes. aber im 15. Jh.). Früher war man dagegen geneigt, die Landesherrschaft als typ. Erscheinung einer »feudalen Zersplitterung« zu bewerten.

Eine Sonderstellung, verbunden mit einer Phasenverschiebung, nahmen die Nachkommen der altbalkan. Bevölkerung ein (→Walachen, →Albaner). Sie waren nicht in die feudale Gesellschaft integriert, auch dann nicht, wenn sie zerstreut unter der griech. oder slav. Bevölkerung lebten. In ihren Sippen- und Großfamilienverbänden entzogen sie sich der sozialen Differenzierung. Auch das Eindringen ihrer Sippenoberhäupter in die herrschende Klasse der jeweiligen Staaten hat ihre soziale Struktur nicht geändert. Auch die Landesherrschaft der mächtigen Familien (→Thopia, →Dukagjini, →Arianiti, →Kastrioti, u. a.) hat die alban. Bevölkerung nicht zu abhängigen Bauern gemacht. Der Anteil freier Kriegsleute gab den beiden Gruppen ein besonderes militär. Gewicht in den Kriegen des 15.–16. Jh. Aufgrund dieser Vorbedingungen hat sich die soziale Differenzierung der Walachen und Albaner erst im Rahmen des →Osman. Reiches vollzogen. Durch die Islamisierung schloß sich ein Teil der Bevölkerung der herrschenden Klasse an, der andere sank zur Stellung der *raya* ab, was bei den teilweise bereits slavisierten Walachen zum Verlust der Individualität führte. S. Ćirković

Lit.: Feudalizam kod jugoslovenskih naroda, EncJugosl. 3, 1958²; B. 4, 1986 [neuere Lit.; B. GRAFENAUER, A. BABIĆ, D. JANKOVIĆ] – D. ANGELOV, Vaprosi na feodalizma v balgarskite zemi prez XIV–XV v., Istoričeski pregled 6, 1960, 61–90 – S. ĆIRKOVIĆ, »Verna služba« i »vjera gospodska«, Zbornik Filozofskog fakulteta 6–2, 1962, 95–112 – I. BOŽIĆ, Le système foncier en » Albanie Vénitienne « au XVᵉ s., BISSV 5–6, 1963–64, 65–140.

III. ALTRUSSLAND: Inwieweit der Begriff des F. geeignet ist zur Beschreibung gesellschaftl. Verhältnisse in Altrußland, hängt ab von dessen Definition. Die sowjet. Historiographie selbst sieht entsprechend den Grundpositionen marxistischer Geschichtsauffassung im F. eine Phase des hist. Prozesses, die in Rußland wie in jeder anderen Region zw. der Zeit der Sklavenhaltergesellschaft und dem Kapitalismus durchlaufen wurde; die Adäquatheit des Begriffes ist somit vorausgesetzt. Als Aufgabe der Forschung folgt daraus, die verschiedenen Erscheinungen der russ. Gesch. möglichst vollständig auf das vorgegebene, im Prinzip universal gültige Periodisierungsmodell zu beziehen, doch dieses auch entsprechend dem historiograph. Befund zu differenzieren. Versteht man F. in synonymem Gebrauch zu 'Lehnswesen' in engem Sinne als ein spezielles System von Rechtsbeziehungen, wird man die Anwendbarkeit des Begriffes auf Altrußland letztlich zurückweisen müssen. Andere Möglichkeiten bietet die Auffassung von F. als einem offenen Strukturbegriff; von einer feudalen Gesellschaft ist zu sprechen, wenn für deren Beschreibung möglichst viele als für den F. charakteristisch definierte Merkmale zutreffen, wobei entsprechend der historiograph. Entwicklung diese einschließl. der für sie verwendeten Terminologie in erster Linie anhand der westeurop. Geschichte erarbeitet sind. Entsprechend der Dichte der Merkmale kann der F. in stärkerem oder geringerem Maße eine Gesellschaft charakterisieren. Für Altrußland lassen sich nun, ähnlich wie für Byzanz, eine Reihe von Merkmalen nachweisen, die als typisch feudal angesehen werden. Dazu gehört die Ausbildung einer sozialen Schicht, der Nähe zum Herrscher, kontinuierl. Innehaben von Ämtern, Anhäufung von bewegl. Gütern u. Aufbau von großem Landbesitz eigen sind u. die sich somit als Adel (→Bojaren) konstituiert. Während für den aus der Gefolgschaft (→Družina) hervorgegangenen Adel der Kiever Epoche der Landbesitz von untergeordneter Bedeutung war, wurde dieser in der Moskauer Epoche, also seit dem 14. Jh., für die Stellung des Adels ein wichtiges Kriterium. In enger gegenseitiger Abhängigkeit stehen Entwicklung des Adels und des Bauerntums. Die Veränderungen der sozialen und rechtlichen Lage der Bauern (→Bauer, -ntum XI) sind als ein Prozeß der Feudalisierung zu beschreiben, der von der Kiever Zeit mit einem freien Bauerntum über die Ausbildung von Abhängigkeitsverhältnissen in sehr unterschiedl. Rechtslagen, über die zunehmende Einschränkung des Abzugsrechtes schließlich zur →Leibeigenschaft führte. Als ein Kriterium des F. in Altrußland ist die Nicht-Trennung zw. öffentl. Belangen der polit. Institutionen und privatem Interesse der Funktionsträger in den Institutionen faßbar. Dazu gehörten die persönl. Treuebindung des Adels an den Herrscher, das Verbleiben von Ämtern in Familien, das Innehaben eines Amtes, das nur sekundär der Erfüllung einer Funktion diente, primär zur Sicherung der sozialen Stellung des Amtsinhabers. Auf dieses Kriterium läßt sich v. a. das seit dem 13. Jh. entwickelte, 1556 abgeschaffte System des *kormlenie* (wörtlich 'Fütterung'), der Verpflichtung der Bevölkerung zum Unterhalt des gfsl. Statthalters, beziehen. So kann man auch unter Berücksichtigung der bes. geograph. Verhältnisse und der spezif. »Ereignisgeschichte« Rußlands im Bereich der ökonom., sozialen und polit. Beziehungen zahlreiche analoge Tendenzen zum westeurop. F. aufzeigen; feudale Rechtsbeziehungen und -formen sind jedoch in Altrußland kaum ausgeprägt. Ein den westeurop. Verhältnissen vergleichbar differenziertes System von Immunitätsrechten verschiedenster Abstufung hat sich nicht herausgebildet; die Unmittelbarkeit herrscherl. Gewalt blieb fast überall weitestgehend erhalten. Die Abgrenzung zw. Stadt und Land ist rechtlich nicht definiert worden. In enger Verbindung mit der schwach entwickelten Verrechtlichung von als vertikal zu beschreibenden feudalen herrschaftl. Beziehungen in Altrußland steht das Fehlen der Verrechtlichung von horizontalen, genossenschaftl. Bindungen, wie sie angelegt sind in der fsl. Gefolgschaft der Kiever Zeit, in der Bauerngemeinde und im *veče*, der städt. Volksversammlung des 11.–15. Jh. (s. a. →Stände). Wenn auch in Rußland schon seit der Herrschaftsbildung und Christianisierung im 10. Jh. einzelne Elemente des F. aufzeigbar sind, liegt doch die größte Verdichtung an Merkmalen, die man dem F. zurechnen und für Rußland nachweisen kann, erst im 16. und 17. Jh. Will man den Rückgang der Feudalität Rußlands durch Zäsuren beschreiben, sind v. a. die Reformen Peters d. Gr. am Anfang des 18. Jh., die Bauernbefreiung 1861 und die Revolutionen 1905 und 1917 zu nennen. →Adel E.   L. Steindorff

Lit.: M. HELLMANN (VuF 5, 1960), 235–258 – SłowStarSłow 2, 1964, 35–41 – SIE 15, 1974, 35–43 – Lex. der Gesch. Rußlands, hg. H.-J. TORKE, 1985, 11–16, 53–55, 118–120, 360–362, 400f. – V. I. GOREMYKINA, O genezise feodalizma v Drevnej Rusi V, I 1987, 2, 78–100 – K. HELLER, Russ. Wirtschafts- und Sozialgesch., I, 1987.

Feuer → Alchemie, →Elemente, →Griechisches Feuer, →Heizung, →Personifikationen

Feuerordnungen → Feuerwehr

Feuerstättenverzeichnis, Steuer-, seltener Zinsregister einer größeren Herrschaft, aber bisweilen auch einer lokalen Obrigkeit, die als Veranlagungskriterium die Feuerstelle (F.; Herd, Rauch) haben. Die F. wird schon in den Weistümern zu einem rechtl. Kriterium für das bewohnte Haus und bewirtschaftete Anwesen. Das eigene Feuer, das eine bestimmte Beschaffenheit haben mußte, war häufig Voraussetzung für die Vollmitgliedschaft in Siedlungsgemeinschaften aller Größenordnungen. Für den Inhaber der F. bedeutete dies einerseits die Teilhabe an den Gemeindeleistungen, andererseits auch die Verpflichtung zur Teilnahme an den Lasten. Sie ist auch die Basis der schon fast grundrechtl. abgesicherten Privatsphäre. Wer hier gewaltsam und ohne Recht eindringt, hat die Folgen selbst zu tragen. Die Bindung der Rechte an die F. führte häufig zu einer zahlenmäßigen Begrenzung der Vollmitglieder. Da aber der Herd auch die Voraussetzung für die Heirat war, scharten sich die Familien der nachgeborenen Kinder um die F. des Inhabers.

Im fiskal. Sinn ist der Begriff F. (Herd, Rauch) nach Zeit und Region nicht einheitl.: im allgemeinen bedeutet er das Haus, aber auch nur den Haushalt oder den Haushaltsvorstand. Entscheidend ist, daß er überwiegend auf das »ganze Haus« abzielt. Die Feuerstättenverzeichnisse haben sich in Süditalien seit dem ersten Drittel des 13. Jh., in Frankreich seit Anfang des 14. Jh. erhalten, sie sind in Deutschland erst seit dem 15. Jh. nachweisbar (Mainz, Tirol 1427; Breisgau 1475). Erst seit Ende des 15. Jh. wird zw. F. und Haus unterschieden. Besteuert wurde die F. (Herd, Rauch). Die Feuerstättenverzeichnisse erfassen somit nur die Vollberechtigten, nicht die rechtlich schlechter gestellten »Beiwohner«. Für demograph. Untersuchungen ergeben sich aus dieser Besonderheit method. Probleme. Man kann zwar wachsende und abnehmende Bevölkerungstendenzen erkennen, aber nur unzureichend Gesamtbevölkerungszahlen ermitteln.

Bei der Steuererhebung wird entweder jede F. einzeln veranlagt oder eine globale Steuerleistung für einen Ort anteilig nach Zahl der F.n umgelegt. Vgl. auch →Herdsteuer.   P.-J. Schuler

Lit.: →Herdsteuer – DtRechtswb V, 764f.; III, 532 – HRG II, 84–87 [K.-S. KRAMER] – K. J. BELOCH, Bevölkerungsgesch. Italiens, 2 Bde, 1937/39 – E. KEYSER, Bevölkerungsgesch. Dtl., 1943³ – TH. KRAUSE, The Population of France in 1328: An Exploration into Hist. Demography [Diss. Masch. New York 1954] – R.-H. BAUTIER, Feux, population et structure sociale au milieu du XVᵉ s., Annales 14, 1959, 255ff. – M.-A. ARNOULD, Les relevés des feux, TS 18, 1976 [*Lit.*].

Feuertopf, ein mit einem nur schwer löschbaren Brandsatz aus Pech und Salpeter gefülltes Gefäß aus Holz oder Weidengeflecht, mit dem bei Belagerungen die Verteidiger versuchten, die vom Angreifer an die Mauer herangeschobenen Belagerungsmaschinen in Brand zu setzen.

Lit.: B. RATHGEN, Das Geschütz im MA, 1928.   E. Gabriel

Feuerwehr. [1] *Allgemein. Mittel- und Westeuropa:* Aufgabe und Organisation zur Brandbekämpfung sind seit dem Altertum in verschiedenen Formen bekannt; sie wurde bes. in dicht bebauten Großsiedlungen als Pflicht der ganzen Einwohnerschaft zur Abwehr gemeinsamer Gefahr verstanden, die Anstrengungen meist bürgerschaftl., seltener berufsständ. oder militär. organisiert. Rechtliche Grundlage waren in Mitteleuropa oft die seit dem 13. Jh. erlassenen, landesherrl. Feuerordnungen (Brandbekämpfungs- und -verhütungs- sowie →Bauordnungen), regelmäßig aber auch Ortssatzungen. In Städten mit bürgerschaftl. organisierter F. (Einsatzgliederung nach den auch für andere Zwecke eingerichteten Nachbarschaften, Stadtvierteln, Bauerschaften u. ä.) waren Anschaffung und Instandhaltung von z. B. Feuerpatschen und/oder (meist ledernen) Wassereimern Pflicht des einzelnen Bürgers. Bei Leistung des →Bürgereides mußte oft das Gerät erworben oder sein Vorhandensein nachgewiesen werden. Die große Zahl der obrigkeitl. Erinnerungen an die Erhaltungspflicht weist allerdings auf ein vielerorts gering entwickeltes Feuerschutzbewußtsein hin. Trag- oder fahrbare Spritzen waren oft im Besitz von Zünften. Der Bereitstellung von Löschwasser dienten Stadtbäche und Löschteiche, bei insgesamt schwieriger →Wasserversorgung auch Wasserleitungen (»Wasserkünste«), der Feuerwache die höchsten Türme.

Lit.: →Brandkatastrophen, Abschnitt 1.   H.-K. Junk

[2] *Byzantinisches Reich:* Lag die Brandbekämpfung in der Spätantike in den Händen einer nach Bezirken gegliederten und von Prätoren der Demen (πραίτωρες δήμων) geleiteten, korporationsmäßigen F., so läßt sich ein mögliches Fortbestehen dieser Institution im Byz. Reich, etwa im Rahmen der Verpflichtungen der Zünfte (→Leiturgie) nur vermuten. Aktive Brandbekämpfung nutzte die Wasservorräte in →Brunnen u. →Zisternen und setzte Spritzen ein (σίφων; Vita des Theodoros Studites, MPG 99, 312). – Als Präventivmaßnahmen begegnen »baupolizeil.« Verordnungen (vgl. die →Hexabiblos, 14. Jh.), etwa die Vorschrift von Mindestabständen zw. Gebäuden bzw. Läden und Werkstätten, die Festlegung bes. Standorte für bestimmte Gewerbe (Glasbläser, Schmiede) und das Verbot der Lagerung leicht brennbarer Materialien in Wohnhäusern (vgl. →Eparchenbuch 18: Bäcker). Trotzdem kam es speziell in Konstantinopel immer wieder zu Flächenbränden, wobei sich allerdings schon wegen der breiten, boulevardartigen Straßen und Plätze mit ihren Steinbauten die Zahl der Feuersbrünste in Grenzen hielt. In der Spätzeit (13.–15. Jh.) wirkte die geringe Siedlungsdichte zudem gefahrenmindernd.   E. Kislinger

Lit.: A. M. Schneider, Brände in Konstantinopel, BZ 41, 1941, 382–403 – Ph. Koukoules, Βυζαντινῶν βίος, IV, 1951, 260f. – O. Robinson, Fire Prevention at Rome, Revue internat. des droits de l'antiquité, 3ᵉ sér., 24, 1977, 377–388 – G. Velenis, Wohnviertel und Wohnhausbau in den byz. Städten (Wohnungsbau im Altertum. Kolloquium Berlin 1978) [Diskussionen zur arch. Bauforschung 3, 1979], 227–236.

Feuerweihe → Benediktionen, →Karwoche

Feuerwerk → Pyrotechnik, →Geschütz, →Artillerie

Feuerwerksbücher, erste schriftl. Quellen, die über die Bedeutung, den Umfang und die Art der Verwendung der Feuerwaffen im 14. und 15. Jh. Aufschluß geben. In den F.n berichten →Büchsenmeister über ihre bisher als Geheimnis gehüteten Erfahrungen auf dem Gebiete der Herstellung des →Pulvers, der Gewinnung, Bearbeitung und Beurteilung der Güte seiner wichtigsten Bestandteile und deren Erprobung, über die Anfertigung von Geschossen sowie über das Laden und Abfeuern von →Büchsen. Zu den ersten Lehrbüchern dieser Art zählt der um 1400 entstandene »Codex germanicus 600« (BS München), das ebenfalls in lat. Sprache bald nach 1400 erschienene »Bellefortis« von Conrad →Kyeser und das »Feuerwerkbuch von 1420« (Hs. in dt. Sprache, ÖNB Wien).   E. Gabriel

Lit.: W. Hassenstein, Das Feuerwerkbuch von 1420, 1941.

Févin, Pierre de (irrtüml. Fenin), frz. Kronbeamter und möglicherweise Chronist, † 28. Juni 1433, ◻ Arras, St-Nicaise. Aus artes. Niederadel stammend (Febvin-Pal-

fart, dép. Pas-de-Calais), Sohn des Vuillaume de F., stand F. im Dienst Kg. Karls VI. (am 18. Febr. 1412 zum Mitglied des Ginsterschotenordens ernannt), war vielleicht kgl. →panetier (Brotmeister) und u. a. →prévôt v. Arras. Seine beiden Ehen (Jacquemine de Mernes, † 13. Okt. 1427; Ysabeau de Mély) blieben kinderlos. – F. wird eine berühmte Chronik der Jahre 1407–27 mit Schilderung des Krieges zw. Frankreich und England sowie der Kämpfe zw. →Armagnacs und Bourguignons zugeschrieben. E. Dupont (1837) lehnte die Verfasserschaft F.s, ohne überzeugende Beweise, ab.   J.-M. Roger

Ed.: Mém. de Pierre de Fenin…, ed. E. Dupont, 1837–*Q.:* Paris, Bibl. nat., fr. 16166, Nr. 103 – Carrés de d'Hozier, 256, 135–140 – *Lit.:* DBF XIII, 1242f. (Nr. 2) – R. de Maulde, Jean Perréal et Pierre de Fénin, à propos d'une lettre de Louis XII (1507), Revue de l'art français, 1886, 1–9 – A. Molinier, Les sources de l'hist. de France…, IV, 1904, 189 (Nr. 3938) – De Puisieux, P. de F., chroniqueur artésien du XVᵉ s., Bull. de la Soc. des Antiquaires de Picardie, XXIV, 1910, 322–333 – R. Bossuat, Manuel bibliogr. de la littérature française du MA, 1951, Nr. 5198–5200.

Fezensac, Gft. in SW-Frankreich (dép. Gers). Der comitatus Fidentiacus tritt seit 778/781 als eine der Gft.en des karol. Regnums →Aquitanien auf; in der östl. →Gascogne gelegen, sollte er dazu dienen, die Vasconen in Schach zu halten. Erster bekannter Gf. war Burgundus, an dessen Stelle 801 Lisiardus, ein Sohn von Bego, trat. Die Gft. kam 814 an das für →Pippin I. konstituierte Regnum Aquitanien. 863/864 untersteht sie dem Arnoldus, einem Sohn des Emeno, Gf.en v. →Périgord und Nachfolger seines Onkels Sancho Sanchez in dessen gascogn. Principatus; somit war F. in dieser Zeit bereits dem Machtbereich der Karolinger entzogen.

Späte und z. T. sehr fragwürdige Quellen behaupten, daß das Grafenhaus und die Gft. F. aus Erbteilungen des Hzm.s Gascogne hervorgegangen sei: Bei der Teilung unter die drei Söhne eines Hzg.s Garsie-Sanche habe der zweite, Guillaume Sanche (Wilhelm Sancho), das F. erhalten (um 920?); Guillaume wiederum habe die Gft. →Armagnac vom F. abgeteilt (960/965). Diese Nachrichten sind unsicher; erst im 11. Jh. beginnt die gesicherte Grafenreihe. Die territoriale Achse der Gft. F. war das mittlere Baïsetal, mit zwei städt. Hauptzentren: im Westen Vic-Fezensac, im Osten Auch. Die Ausdehnung, mit sieben Archidiakonaten des Bm.s Auch (Corrensac, Savenès, Sempuy, Vic, Anglès, Eauzan, Mauvezin), entspricht der heut. Canton-Aufteilung. Die bedeutendsten Vasallen der Gf.en waren die Herren (später Barone) v. Montaut, Montesquiou sowie Pardeilhan et l'Isle. Seit dem 11. Jh. richtete sich das Interesse der Gf.en auf die Bischofsstadt →Auch. Während der große Ebf. Austindus hier die roman. Kathedrale errichtete, ließ Gf. Aymeric (Aimericus) neben dieser eine Burg erbauen und gründete 1070–95 den gfl. Burgus. Aymerics Sohn, Astanove, starb auf dem 1. Kreuzzug und hinterließ lediglich eine Erbtochter, Azelina, deren Heirat mit ihrem Vetter, Gerald III., Gf.en v. Armagnac, um 1140 die Wiedervereinigung beider Gft.en herbeiführte. Seitdem verschmolz die Geschichte des F. mit derjenigen des Armagnac; lediglich zweimal (1285, 1450) wurde die Vicomté Fezensaguet (Mauvezin) vom Gf.en als Apanage ausgetan.   Ch. Higounet

Q. und Lit.: Lacave Laplagne Barris, Cart. de Ste-Marie d'Auch, 1899 – L. Auzias, L'Aquitaine carolingienne, 1937 – J. Clémens, La Gascogne est née à Auch au XIIᵉ s., AM 1986, 167–184 – s.a. die Lit. zu →Armagnac, →Auch.

Fiachnae. 1. F. mac Áedo Róin, Kg. der →Dál Fíatach 750–789, Oberkönig der →Ulaid. Nach dem Tod seines Vaters Áed Rón (✗ 735 bei Fochairt nahe Dundalk, Gft.

Louth) im Kampf gegen die →Uí Néill konnte F. nach kurzem Interregnum die Herrschaft der Dál Fíatach erneut stabilisieren und im Laufe seiner langen Regierung in nordwestl. Richtung bis zum Lough Neagh ausdehnen, womit er einen Keil in das Herrschaftsgebiet der →Cruthin trieb (Abtrennung der →Dál nAraide, Gft. Antrim, und der Uí Echach Cobo, Gft. Down). 759 besiegte F. eine vereinigte Streitmacht in einer Schlacht bei dem symbolträchtigen alten Königsort →Emain Macha (Gft. Armagh), doch hat diese Episode, die offenbar von internen Streitigkeiten der Kirche v. →Armagh ausgelöst wurde, anscheinend keine dauerhafte Kontrolle der Dál Fíatach über dieses große Kl. begründet. F., der nach den Genealogien eine Pilgerfahrt nach →Bangor (1. B.) unternahm, scheint allgemein Beziehungen zu diesem Kl. unterhalten zu haben, entsprechend den Traditionen seiner Dynastie. F. soll mehrere Brücken, u. a. in Béal Feirste (Belfast), errichtet haben.   D. Ó Cróinín

Lit.: F. J. Byrne, Irish Kings and High-Kings, 1973, 118f.

2. F. mac Báetáin, Kg. der→Dál nAraide, Oberkg. der →Ulaid 588–626. Er eiferte wohl seinem Onkel →Báetán mac Cairill nach, der bereits versucht hatte, über die nach Schottland ausgreifenden →Dál Riada eine Oberherrschaft zu errichten. F. wurde 626 von seinem Konkurrenten Fiachnae mac Demmáin (→Dál Fíatach) erschlagen. – Eines der ältesten Zeugnisse der air. Prosaliteratur, »Compert Mongáin« ('Die Empfängnis von Mongán'), berichtet, wie F., der die Oberhoheit über die Dál Riada beanspruchte, ihren Kg. →Áedán mac Gabráin bei seinen Feldzügen gegen die Angelsachsen unterstützt. Eine heute verlorene Sage schilderte einen Zug F.s gegen den nordhumbr. Vorort →Bamburgh ('Dún Guaire i Saxanaib'), was durch die Annalen bestätigt wird (s. a. 623). F.s Sohn Mongán steht im Zentrum eines großen frühen Sagenkreises. F. wird in einem Traktat aus der mittelir. Periode als Kg. v. Irland und Schottland bezeichnet, und er ist wohl auch der in der ältesten Königsliste »Baile Chuind« als Kg. v. Tara genannte Nachfolger →Diarmaits mac Cerbaill.   D. Ó Cróinín

Lit.: F. J. Byrne, The Ireland of St. Columba, Hist. Stud. 5, 1965, 47– Ders., Irish Kings and High-Kings, 1973, 106, 111–112.

Fiale (*fillole, fiole* = afrz. 'Töchterchen'), seit Mitte des 19. Jh. F. (gemäß M. Roriczer), schlankes, spitz auslaufendes Türmchen. Ihr unterer Teil, der vier- oder achtseitige Leib oder Rumpf über einem niedrigen Fuß, ist häufig mit Maßwerk verblendet und über jeder Seite mit einem Giebel abgeschlossen. Darüber erhebt sich der pyramidenförmige Helm oder Riese, der an den Kanten meist mit Krabben besetzt und von der Kreuzblume bekrönt ist. F. kommen an got. Bauwerken an Wimpergen, Strebepfeilern oder auf der Attika vor. Ihr Leib kann seit dem Anfang des 13. Jh. tabernakelartig durchbrochen sein. Die F. ist in der got. Architektur und Kleinkunst ein wichtiges Gliederungselement zur Betonung der Vertikalität, zur Verschleierung konstruktiver Mauermassen, zur Überleitung rückspringender Geschosse und zur Auflockerung der abschließenden Umrißlinien. Früh- bzw. Vorformen der F. im 12. Jh. an frz. Turmdachansätzen, erst seit dem Beginn des 13. Jh. an Strebepfeilern, Wimpergen u. ä.   G. Binding

Lit.: RDK VIII, 617–665 [Lit.] – K.-A. Knappe, Die F. (Fschr. W. Messerer, 1980), 137–155.

Fiamma, Galvano, OP, * Ende 1283 in Mailand, † nach 1344, stammte aus einer reichen Kaufmannsfamilie (Parteigängerin der→Visconti). Am 27. April 1298 trat er in S. Eustorgio ein. Als lector sacrae theologiae lehrte er im

Konvent OP in Pavia Philosophie. In seinem ersten Hauptwerk, der sog. »Cronica galvagnana« (von den Ursprüngen Mailands bis 1338), verteidigte er Mailand gegenüber der Geringschätzung der Pavesen, die der Stadt niedrigen Ursprung und geringes Alter vorwarfen. Er widmete sich danach verstärkt philos. Studien und gab dem Dominikanerorden bedeutende kulturelle Impulse. Infolge des päpstl. Interdikts gegen Mailand verließen 1323 die Dominikaner die Stadt. G. F. kehrte etwa zehn Jahre später dorthin zurück und konnte durch Beilegung der Streitigkeiten zw. den Visconti und seinem Orden die Rückkehr der Dominikaner nach Mailand ermöglichen. Er wurde der Freund des Azzo Visconti, danach der Beichtvater des Luchino und der Kapellan und Schreiber des Bf.s Giovanni. Seine Spuren verlieren sich i. J. 1344, in dem er die Chronik seines Ordens beendete (Cronica Maior Ordinis Praedicatorum).   G. L. Fantoni

Werke und Ed.: »Cronica galvagnana«: Teiled. (ab 1230) in Annales Mediolanenses, Muratori XVI – »Cronica Extravagans« und »Chronicon Maius«, Teiled. A. Ceruti, Misc. di Storia It. VII, 1869 – »Opusculum de rebus gestis ad Azone, Luchino et Johanne Vicecomitibus ab anno 1328 ad annum 1341«, Muratori XI – »Politia Novella« (über die Altertümer von Mailand), »Cronica Pontificum Mediolanensium«, beides unediert – »Cronica parva«, ed. Reichert, Fratris Galvagni de la Flamma, Cronica Ordinis Praedicatorum ab anno 1170 usque ad annum 1333, 1897 – »Cronica Maior Ordinis Praedicatorum«, Teiled. G. Odetto, La cronaca maggiore dell' ordine domenicano di G. F., APraed X, 1940, 296–373 – »Cronica minor« (Verz. der Kapitel, der Generalminister und Provinzialen mit Angaben über das Kl. S. Eustorgio und seine Priore), unediert – Kleinere ihm zugeschriebene Werke u. a.: »Cronica imperatorum«, »Cronica de clavibus ecclesiae«, »Tractatus yconomicus«, »Collationes super Evangelium beati Lucae«, »Summa casuum conscientiae«, »Sermones de tempore de sanctis, festivitatum Beatissimae Virginis«, alle unediert – *Lit.:* Enc It XV, 192 – P. Morigia, La nobilità di Milano, Milano 1615 (ed. anast., 1979), 216, 282–283 – F. Picinelli, Ateneo dei letterati milanesi, Milano 1670, 231–232 – F. Argelati, Bibl. Scriptorum Mediolanensium, Mediolani, 1745, I, 2, 625–629 – G. Giulini, Memorie spettanti alla storia, al governo e alla descrizione della città e campagna di Milano ne' seculi bassi, 1854 (ed. anast. 1973), IV, 803–837 – A. Ceruti, Introduzione a Chronica Extravagans et Chronicon Maius, Misc. di Storia It., a. VII, 1869 – L. A. Ferrai, Le cronache di G. F. e le fonti della Galvagnana, BISI X, 1891, 93–128 – F. Novati, De Magnalibus urbis Mediolani. Prefazione, ediz. 20, 1898, 35, 36n1, 39, 42, 44–46 – P. Torelli, La cronaca milanese »Flos Florum«, Arch. Mur. III, 1906, 101 – L. Grazioli, Di alcune fonti storiche citate ed usate da fra' G. F., Riv. di Scienze Storiche IV, 1907, 3–14, 118, 154ff. – A. Caretta, Le fonti lodigiane di G. F., Arch. Stor. Lodigiano X, 1962, 19 – O. Capitani, Motivi e momenti di storiografia medievale i: sec. V–XIV (Nuove questioni di storia medievale, 1964), 791–792 – G. Martini, La battaglia di Legnano: la realtà e il mito (Nuova Antologia, 1976), 365–366.

Fianna, in der air. Heldendichtung eine Krieger(»Söldner«-)bande unter Führung des Finn mac Cumaill, in Verbindung mit Cormac mac Airt, dem sagenhaften Kg. v. →Tara, stehend. Die üblicherweise als mythisch betrachteten F. bilden das Thema eines großen Zyklus der ir. Heldendichtung (Fenian Cycle, →Ir. Lit.). Manchmal wird dieser F.-Kreis als »volkstüml.« Gegenpol zur »aristokrat.« Heldenliteratur des Ulster-Zyklus angesehen, doch kann diese typolog. Zuordnung uneingeschränkt nur für die spätma.-frühneuzeitl. Traditionen gelten, während die ältesten Überlieferungen des Stoffes den Kriegerverband der F. mit →Leinster assoziieren, wobei Finn mac Cumaill möglicherweise eine historische Figur ist (als solche scheint er in den frühen Genealogien v. Leinster auf). Der *fian* war ursprgl. ein Männerbund, bestehend aus jungen, landlosen Königssöhnen, die – vor Übernahme einer gefestigten Herrschaftsposition in der *tuath* (Kgr.) – einer räuber. und unsteten Lebensweise folgten. Spätere Verklärung führte zur Entstehung zahl-

reicher »Fenian«-Erzählungen, die in der ir. Volksüberlieferung bis zur Gegenwart hin eine dominierende Rolle
spielen.   D. Ó Cróinín

Lit.: Dict. of the MA V, 1985, 43–47–[J. Falaky Nagy]–G. Murphy,
The Ossianic Lore and Romantic Tales of medieval Ireland, 1955–K.
McCone, Juvenile Delinquency in Early Ireland, Cambr. Medieval
Celt. Stud. 12, 1986, 1–22.

Fibel (lat. fibula), Sachbezeichnung für metallene Ge-
wandspangen mit einer Nadelkonstruktion, die in der
frühen knopflosen Zeit neben Dornen oder Nadeln, wie
Plinius schreibt, zum Raffen oder Heften verschiedener
Teile der Tracht benutzt wurden. In Mitteleuropa ist die F.
seit der Bronzezeit funktional notwendiges Zubehör der
Gewandung, das im Verlauf des hohen MA in Mitteleuropa seiner Heftfunktion weitgehend entkleidet wird und
nur noch dem Gewandschmuck dient. Solange die Toten
bis etwa in die Karolingerzeit in ihrer Tracht bestattet
wurden, gibt die F. als Grabbeigabe wesentliche Aufschlüsse über künstler. Entwicklungen und soziale Ordnungen und ist in ihrer typolog. Entfaltung in der archäolog. und vor- und frühgesch. Literatur ausführlich untersucht. Im kunstgesch. Sprachgebrauch, bezogen auf das
frühe und hohe MA, ist die quasi synonyme Verwendung
der Begriffe F., Brosche, Heftlein, Fürspan, Hemdspan-
ge, Tassel immer noch unklar. Auch in ma. Quellen wird
'fibula' sowohl für Gewandschließen als auch für Ansteckschmuck und metallene (oft aufgenähte) Zierplättchen
(bratea) an Kleidungsstücken verwendet (→Schmuck-
brakteat), wobei nicht nur Fürspane, Ringbroschen oder
Hemdspangen gemeint sein können, sondern auch Man-
telschließen, ohne Nadelkonstruktion, aber mit Haken
und Ösen.

Mit der älteren Bronzezeit kommt die in Bronze gegossene F. auf und wird erst in der Latènezeit aus Eisen
hergestellt. Um Christi Geburt sind die F.n meist schlank
drahtförmig. Mit der Völkerwanderungszeit setzt sich ein
neuer Stil durch. Vermutlich auf der Basis im SO weiter
lebender Latèneformen entsteht die drahtförmige F. mit
umgeschlagenem Fuß, der der Nadelrast dient. Diese
Bügelf. ist die Hauptleitform der bronzegegossenen F.
von der Kaiserzeit bis in die Wikingerzeit: Unter dem
Kopf (Spiralplatte) verbirgt sich der spiralförmig auf eine
Achse gezogene Anfang der Nadel, unter dem Bügelfuß
(Nadelplatte) der Nadelhalter, in den das Ende der Nadel
einrastet. Achsenträger und Nadelhalter können aufgelö-
tet oder mitgegossen sein.

Kopf und Bügelfuß bieten sich zu vielfältiger Verzierung an. Nach ersten röm. Ornamenten (Spiralen u. a.)
bedecken Flechtband und germ. Tierstile die Flächen. Es
spiegeln sich Modeströmungen wie ethnische Gruppierungen der Tracht wider: got. Silberblechf.n im SO,
»Langobardenf.n« in Pannonien und Italien, Thüring.
Zangenf.n und »reichsfrk.« Formen lassen sich unterscheiden. Neben den meist großen und schweren Bügelf.n
gibt es im merow. Kulturbereich und zwar ausschließlich
in der Frauentracht verschiedene Formen der Kleinf.n; im
5. und 6. Jh. S-förmige F.n, Vogelf.n (Adlerf.n), Rau-
tenf.n, Vierpaßf.n und Rosettenf.n. Schon in der Merowingerzeit erfolgt in Mitteleuropa der Übergang zur Einfibeltracht unter mediterranem Einfluß. Die oft kostbar
mit Filigran und Steineinlagen verzierten merow. Scheibenfibeln, die v. a. für das 7. Jh. charakterist. sind, setzen
sich im verwandten Typus der Rundf. bis in die Karolingerzeit und darüber hinaus fort (Goldemailf. v. Dorestad,
bronzene Heiligenf.n in Gruben- und Zellenschmelz).
Typisch für die karol.-otton. Zeit sind weiterhin gleicharmige Bügelf.n, Kreuzf.n und Rechteckfibeln.

Die Wikingertracht kennt im 9./10. Jh. v. a. die großen
paarigen Schalenspangen mit Tierstilornamenten, aber
auch Scheiben-, Kleeblatt- und gleicharmige F.n, deren
Dekor z. T. von karol. Importstücken beeinflußt ist
(Spange von Hon). In der wiking. und insularen Männer-
tracht wird der Mantel vorn mit einer einzelnen großen
Ringnadel (Fürspan, Ring-F.) geschlossen, die konstruktiv an hochma. Hemdspangen erinnert, indem die Nadel
nicht in einer Nadelrast, sondern quer über dem Ring
durch die Spannung des durchgesteckten Stoffes gehalten
wird (Tara Brooch).

Da die F.n als Modeschmuck dem Zeitstil schnell fol-
gen, sind sie in der Vor- und Frühgeschichte wichtiges
Hilfsmittel bei der chronolog. Ordnung der Altsachen
und in mehreren Corpora vorgelegt. Sie erlauben hist.
Schlüsse. Die Sippe der kreuzförmigen, der gleicharmigen
F.n und der Scheibenf.n, die aus dem Nordseewinkel nach
Britannien strömen, künden den »adventus Saxonum«.
Einzelne ältere F.n (Dorchester) können ins Land gerufene
Foederaten bezeugen. Die →Briten grenzen sich wiederum durch Rundf.n u. a. davon im W ab. Durch ihre
fibellose Tracht geben sich frühslav. Siedlungsgebiete zu
erkennen. Im Baltikum und in Finnland werden die Altformen voluminös: massive Armbrustf.n, Hufeisenf.n,
Eulenf.n und später Ringf.n. In Finnland werden karol.
gleicharmige F.n produziert. – Während seit der röm.
Kaiserzeit Frauen drei F.n zum Schließen der »Peplos-
tracht« benötigen, haben Männer gewöhnl. nur eine
Fibel. An paarigen Bügelf.n werden seit der Völkerwanderungszeit Brustgehänge aus Ketten befestigt, eine Sitte,
die über die Brustketten an paarigen wikingerzeitl. Schalenspangen im N bis in die NZ fortlebt, während an
einzelnen Bügelf.n Lederbänder mit Kristallkugeln in
Gürtelhöhe hängen. Die F.n sind auch Statussymbole: Die
goldenen Zwiebelknopff.n im →Childerichgrab, wie andere, sind offenbar von Rom verliehen (Darstellung von
Würdenträgern auf ravennat. Mosaiken oder Abbildung
Stilichos auf dem Monza-Diptychon).

Neben den bis ins 11. Jh. sowohl auf dem Kontinent als
auch im insularen Bereich nachweisbaren einfachen Fibel-
formen – letztlich noch karol. Typs – wie den Heiligenf.n
zeigt sich im kostbaren Ansteckschmuck höfischen Zuschnitts ein Funktionswandel an. Die meist kegelförmigen Filigranf.n des späten 10. bis 11. Jh. aus einem Mainzer
Verwahrfund, dem sog. →»Giselaschmuck«, und verwandten Streufunden, deren Trachtzusammenhang nur
noch im Vergleich zu Bildzeugnissen erschlossen werden
kann, haben erstens keine feste Bodenplatte und außerdem
sind bei ihnen Nadel und Nadelrast aus dem Halbmesser
ins Segment versetzt worden. Das garantiert zwar den
kippsicheren Sitz der sehr steil kegelförmigen Schmuckstücke, ist aber zum Zusammenheften verschiedener Stoffe nicht mehr so geeignet. Vorwiegend als auf dem Kleide
getragene Schmuckstücke (Stifterfigur der Ksn. Kunigunde auf dem Basler Antependium) lebt dieser Fibeltyp
mit Nadel und Nadelrast, oval oder rund und mit erhöh-
tem Zentrum, mit Steinbesatz und Filigran bis in nz.
Trachten fort (Onyx von Schaffhausen, Filigranf.
1230–40). Bes. im got. Frankreich sind Lilienbroschen, die
in Form und Funktion dem nz. Schmuckstück nahekom-
men, beliebt. Paarig getragene kegelförmige, runde oder
rosettenförmige Schmuckstücke, die zur Befestigung der
Mantelschnüre (Naumburger Stifterfiguren) dienen,
werden allgemein als Tasseln bezeichnet.

Ringförmige Schmuckstücke mit einer Scharniernadel
ohne Nadelrast im Halbmesser, die den Hemd- oder
Kleiderschlitz am Hals verschließen, und die von einfa-

chen flach gegossenen Scheiben (Silberfund von Pritzwalk) bis zu steinbesetztem, mit plastischem figürl. oder
herald. Zierrat besetzten Rosettenformen (Fürspan von
Badeboda, große Spange aus dem Motala-Fluß, 14. Jh.)
eine große Typenvielfalt vornehml. im 13.–15. Jh. entwickeln, sind als Fürspane anzusprechen. Der nach GRIMM
seit dem 12. Jh. gebräuchl. Begriff, im 15. Jh. durch
'Fürspange' ersetzt, wird, ähnlich wie 'fibula', synonym
mit *rinck, spang,* fibula, bratea, *monile, heftel,* scutula,
serpentum benutzt. S. a. →Rangabzeichen.

H. Hinz/H. Westermann-Angerhausen

Lit.: GRIMM, DWB V, 827 [s.v. Fürspan] – RAC VII, 790–800 – RDK
VIII, 719–763 [V. BIERBRAUER u. a.] – O. ALMGREN, Stud. zu nordeurop. F.formen der ersten nachchristl. Jahrhunderte, 1897 – B. SALIN,
Die altgerm. Tierornamentik, 1905 – O. v. FALKE, Der Mainzer
Goldschmuck der Ksn. Gisela, 1913 – J. PETERSEN, Vikingetids smy-
ker, 1928 – J. EVANS, Wheel-Shaped Brooches, Art Bull., 1934 – M.
OREND, Das Fortleben der germ. Rundf. bei den Siebenbürger Sachsen, Volkskunde-Arbeit, 1934 – A. ALFÖLDI, Insignien und Tracht der
röm. Ks., Röm. Mitt. 50, 1935, 3–158 – E. H. MEYER, Zur Gesch. des
hochma. Schmuckes (Fschr. A. GOLDSCHMIDT, 1935), 19ff. – J. WER-
NER, Münzdatierte austras. Grabfunde, 1935 – TH. LEEDS, Early Anglo-
Saxon Art and Archeology, 1936 – F. RADEMACHER, Frk. Goldschei-
benf. n aus dem Rhein. Landesmus. Bonn, 1940 – C. BLINDHEIM, Drakt
og smykker. Studier i jernalderens drakthistorie i Norden, Viking 11,
1947, 1–140 – TH. LEEDS, A Corpus of Early Anglo-Saxon great
square-headed Brooches, 1949 – J. WERNER, Die langobard. F.n in
Italien, 1950 – F. KUCHENBUCH, Die F., mit umgeschlagenem Fuß,
Saalburg Jb. 13, 1954, 5–52 – J. PETERSEN, Vikingetidens Smykker i
Norge, 1955 – A. SALIN, La civilisation mérovingienne, 1955 – H.

KÜHN, Die germ. Bügelf. der Völkerwanderungszeit, T. 1, 1956; T. 2,
Bd. 1–2, 1974 – E. STEINGRÄBER, Alter Schmuck, 1956 – K. BÖHNER,
Die frk. Altertümer des Trierer Landes, 1958 – H. HINZ, Am langen
Band getragene Bergkristallanhänger der Merowingerzeit, Jb. RGZM
13, 1966, 212–230 – F. STEIN, Adelsgräber des 8. Jh. in Dtl., 1967 – Ma.
Schatzverzeichnisse, hg. Zentralinst. für Kunstgesch. unter Mitarbeit
B. BISCHOFF, 1967 – T. CAPELLE, Der Metallschmuck von Haithabu,
Stud. zur Wiking. Metallkunst, Röm.-Germ. Komm. des Dt. Archäo-
log. Inst., Bd. 5, 1968 – J. EVANS, A Hist. of Jewellery, 1000 to 1870,
1970² – M. L. VOLLENWEIDER, Der Onyx von Schaffhausen, Helvetia
Archeologica 2, 1971, 78ff. – A. BÖHME, Die F.n der Kastelle Saalburg
und Zugmantel (röm. F.), Saalburg Jb. 17, 1972 – G. BOTT, Ullstein
Juwelenbuch, 1972 – J. REICHSTEIN, Die kreuzförmige F., 1975 – W. A.
v. Es, La grande Fibule de Dorestad (Festoen opgedragen aan A. N.
ZADOKS-J. JITTA, 1976) – C. AHRENS, Sachsen und Angelsachsen
(Ausstellungskat.), 1978 [H. VIERCK] – T. CAPELLE, Die karol. Funde
von Schouwen 1 und 2, Nederlandse Oudheiden, Rijksdienst voor het
oudheidkundig Bodemonderzoek 7, 1978 – H. HINZ, Zur Frauentracht
der Völkerwanderungs- und Vendelzeit in N, BJ 178, 1978, 347–365 –
B. THIEME, Filigranscheibenf. n der Merowingerzeit aus Dtl., Ber. der
Röm. Germ. Komm. 59, 1978, 382ff. – H. VIERCK, Religion, Rang und
Herrschaft im Spiegel der Tracht (Kat. Sachsen und Angelsachsen,
1978) – V. H. ELBERN, F. und Krone (Fschr. W. MESSERER, 1980), 47ff. –
P.-L. LETHOSALO-HILANDER, Common Characteristics Features of
Dress. Expression of Kinship of Culturel Contacts. Fenno-Ugri et
Slavi, 1980 – H. WESTERMANN-ANGERHAUSEN, Otton. F.schmuck,
neue Funde und Überlegungen, Jewellery Stud. 1, 1983/84, 20ff. – I.
ZACHRISSON, De Samiska Metalldepaerna ar 1000–1350, Univ. of
Umea, Dep. of Archeology, 1984 – D. BUCKTON, Late 10th and 11th
Century Cloisonne Enamel Brooches, MArch 30, 1986, 8ff. – A. ERÄ-
ESKO, Domburg-Gulldynt, FinsktMus. 1986, 54f.

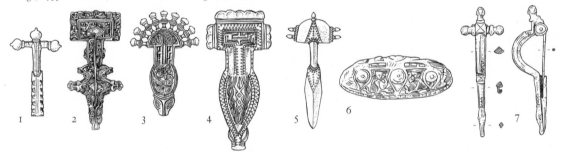

Fig. 4: Fibel-Beispiele: 1 = Zwiebelknopffibel, Bayern (nach KELLER), 4. Jh.; 2 = Norwegische Bügelfibel mit rechteckiger Kopfplatte (nach
B. SALIN, Tierornamentik), Ende 6./Anfang 7. Jh.; 3 = Bügelfibel langobardischer Art (nach B. SALIN, Tierornamentik), Ende 6. Jh.; 4 =
Fränkische Bügelfibel, Rheinland (nach H. HINZ), 2./6. Jh.; 5 = Silberblechfibel, Dép. Saône-et-Loire, Frankreich (nach B. SALIN), 4. Jh.; 6 =
Schalenfibel aus Norwegen (Myklebostad, Eid, S. og Fj.), Wikingerzeit, um 800; 7 = Kreuzförmige Fibel, Schleswig-Holst. (nach H. HINZ),
frühes 5. Jh.

Fibonacci, Leonardo → Leonardo Fibonacci

Fichet, Guillaume, frz. Theologe und Humanist, * 1433
in Savoyen, † nach 1487, vermutl. in Italien. 1452 Baccalaureus, 1453 Licentiat der Artistenfakultät in Paris, darauf
unterrichtet F. Theologie und Rhetorik; Reisen nach Avignon, wo er →Petrarcas Werke entdeckt, und nach Mailand; 1468 Doktorat in Theologie an der Sorbonne. 1472
folgt F. →Bessarion nach Italien. – 1470–72 richtet F. mit J.
Heynlin die erste Druckerei in Paris ein. Nach Ausgaben
der Briefe und der Orthographie von G. →Barzizza läßt F.
1471 seine Rhetorica drucken, deren Textanordnung didakt. Kriterien folgt. Neben klass. lat. Autoren verwendet
F. die Rhetorik des →Georgios Trapezuntios. In der Ein-
leitungsepistel an seinen Schüler Robert →Gaguin singt F.
das Lob des →Buchdrucks. Außer einer »Consolatio luc-
tus parisiensis« (1466, anläßlich der Pest), einer Predigt auf
den hl. Stephan, Briefen, Orationes, Exordia und Gedichten hat F. weitere, noch nicht aufgefundene Texte verfaßt.
Eine Anzahl Hss., die er besessen und z. T. selbst geschrieben hat, ist bekannt. Eine Gesamtwürdigung steht noch
aus.   M.-R. Jung

Lit.: Repfont – DLF, 1972 – A. P. SACCARO, Frz. Humanismus des 14.
und 15. Jh., 1975 – L. TERREAUX, La Rhetorica de G. F. (Mél. F. SIMONE,
IV, 1983), 93–101 – E. BELTRAN, Les sources de la Rhétorique de F.
(Bibl. d'Humanisme et Renaissance 47), 1985, 7–25.

Fichte → Nadelhölzer

Ficino, Marsilio (Marsilius Ficinus), Philosoph, * 19.
Okt. 1433 Figline Valdarno, † 1. Okt. 1499 Florenz. Als
Sohn des Leibarztes von Cosimo de' Medici in Florenz
studierte er die humanist. Fächer, Philosophie und Medizin. Ausgehend von dem im MA bekannten Corpus
christl.-platon. Literatur (Augustinus, Pseudo-Dionysios
etc.) studierte er Griechisch, um Platon und die Neuplatoniker zu lesen. Auf Anregung und mit materieller Unterstützung der Medici, die ihm ein Stadthaus und eine Villa
schenkten, übersetzte er die Hermetische Literatur, Platon
(1463–69, erstmals vollständig), Plotin (1484–86, auf Anraten von Giovanni Pico) u. a. ins Lateinische. Seine Kommentare dazu sind z. T. eigenständige Werke (z. B. Sym-
posion-Kommentar »De amore«, 1469). Mit der Absicht
einer Erneuerung des Christentums (»Della religione cristiana«, 1474; Komm. zum Römer-Brief, 1496) und in

Abkehr von 'heidnischen' Tendenzen des Humanismus (Kritik an Lukrez) versucht F. in seinem Hauptwerk »Theologia Platonica« (1469–74), antik-paganes Denken für die christl. Theologie fruchtbar zu machen, indem er platonisierende Elemente der scholast. Philosophie mit ihren (neu-)platon. Quellen verknüpft: Trinität, Unsterblichkeit der Seele, Liebestheologie u. a. werden als Erkenntnisse Platons und seiner Nachfolger dargestellt, die als Erben der ursprgl. »Alten Weisheit« und Vertreter einer natürl. Theologie – Prophetenrang einnehmen können. F.s kosmolog. wie epistemolog. angelegte Seelenlehre prägte die nachfolgende anti-aristotel. Literatur. Wesentl. Bestandteil davon war die Stärkung astrolog. Theorie in der Medizin (»De vita«, 1489). F. war Mittelpunkt eines Kreises Florentiner Bürger, der sog. Platonischen →Akademie (u. a. Lorenzo de' Medici, Giovanni Cavalcanti, Cristoforo Landino, Angelo Poliziano), für die er auch it. Werke bzw. Übersetzungen verfaßte. Sein weiter Freundeskreis ist in den 1495 gedruckten »Epistolae« dokumentiert, die auch zahlreiche Traktate enthalten.

P. R. Blum

Q.: Opera omnia, Basel 1576 [Repr. 1962] – Briefe des Mediceerkreises – aus M. F.s Epistolarium, dt. K. v. MONTORIOLA, 1926 – Supplementum Ficinianum, ed. P. O. KRISTELLER, 1937 [Werkverz.] – Commentaire sur le Banquet de Platon, ed. R. MARCEL, 1956 [lat.-frz.] – Théologie Platonicienne, ed. R. MARCEL, 1964–70 [lat.-frz.] – The Philebus Commentary, ed. M. J. B. ALLEN, 1975 [lat.-engl.] – M. F. and the Phaedran Charioteer (Phaidros-Komm.), ed. M. J. B. ALLEN, 1981 [lat.-engl.] – Lessico greco-latino, ed. R. PINTAUDI, 1977 – P. SHAW, La versione ficiniana della »Monarchia«, Studi Danteschi 51, 1978, 289–408 – The Letters of M. F., 1975ff. [engl.] – Über die Liebe, ed. P. R. BLUM, 1984 [lat.-dt.] – M. F. e il ritorno di Platone (Catalogo), ed. S. GENTILE u. a., 1984 – Lit.: A. DELLA TORRE, Storia dell'Accademia Platonica di Firenze, 1902 – P. O. KRISTELLER, Studies in Renaissance Thought and Letters, 1956 – R. MARCEL, Marsile Ficin, 1958 – D. P. WALKER, Spiritual and Demonic Magic from F. to Campanella, 1958 – E. GARIN, Storia della filosofia it., 1966², I, 373–436 – P. O. KRISTELLER, Die Philosophie des M. F., 1972 [Bibliogr.] – W. BEIERWALTES, M. Fs. Theorie des Schönen im Kontext des Platonismus, SAH. PH., 1980, 11 – P. O. KRISTELLER, Acht Philosophen der it. Renaissance, 1986 [Bibliogr.] – M. F. e il ritorno di Platone, Studi e documenti, hg. G. C. GARFAGNINI, 2 Bde, 1986 [Bibliogr.].

Fideikommiß

I. Römisches Recht – II. Italienisches Recht – III. Französisches Recht – IV. Recht der Iberischen Halbinsel.

I. RÖMISCHES RECHT: Fideicommissum ('der Treue aufgetragen') ist eine in beliebiger Form geäußerte Bitte eines Erblassers an jemanden, der etwas aus der Erbschaft erhält. Sogar eine mündl., ohne Zeugen gegenüber dem Beschwerten geäußerte Bitte ist als sog. Oralf. einklagbar. Nach allmähl. Angleichung werden F. und Legat (→Testament) im justinian. Recht einander ausdrücklich gleichgestellt. Inhalt eines F.es kann die Leistung eines einzelnen Vermögensgegenstandes, eine Handlung, z. B. die Freilassung eines Sklaven, oder auch die Herausgabe der ganzen Erbschaft oder eines Bruchteils derselben (sog. Universalf.) sein. Der mit einem Universalf. beschwerte Erbe muß die Erbschaft annehmen, darf aber im allgemeinen ein Viertel ihres Wertes behalten (falzid. Quart, →Testament). Der Bedachte tritt als Gesamtnachfolger an die Stelle des Erben, sobald er die Erbschaft oder die Erbschaftsquote erhält. Für den Fall, daß der Bedachte das F. nicht erwirbt, kann der Erblasser eine andere Person bedenken (Ersatzberufung, Vulgarsubstitution). Durch F. kann er aber auch erreichen, daß zunächst der Erbe die Erbschaft genießen kann und daß sie erst zu einem späteren Zeitpunkt, insbes. beim Tode des Erben, dem F.ar als Zweitbedachtem herausgegeben werden muß (fideikommissar. Substitution). Daraus haben sich das Familienf.

oder →Majorat – und zwar wohl zuerst in Spanien im 15. Jh. (→Mayorazgo) – und auch die moderne Nacherbeneinsetzung entwickelt.

P. Weimar

Lit.: M. KASER, Das röm. Privatrecht, 1971–75, I, 757ff.; II, 552ff., 563f.

II. ITALIENISCHES RECHT: Das F. fand zumeist bei der Erbfolge Anwendung, wo es mit der fideikommissar. Substitution (s. Abschnitt I) gleichzusetzen ist. Die justinian. Gleichstellung von F. und Legat wurde vermutl. in Italien nicht übernommen. Der F.ar konnte mit dem Testamentsvollstrecker identisch sein (→Testament). Nur wenige und ungenaue Hinweise auf diese Einrichtung finden sich in der →Summa Perusina und im →Brachylogus. Erst in der Schule v. →Bologna wurde eine systemat. Lehre des F. entwickelt und das Prinzip der Unveräußerlichkeit mit dem Verbot, Erbgüter außerhalb der Familie zu veräußern, verbunden (Grundsatz der Unteilbarkeit des Familienvermögens). Fideikommissar. Substitutionen waren auch auf Lehengüter anwendbar. Das gelehrte Recht unterschied stillschweigendes und implizites, allgemeines und bes. F.; auch Sonderformen von F.en (wie das Fideicommissum militis) fanden Beachtung, wobei auch die Form des F.es zugunsten von Kirchen (das der frühma. Rechtspraxis nicht unbekannt war) ausgearbeitet wurde. Es setzte sich die Regel durch, daß direkte Substitutionen, sofern sie nicht ausdrücklich als solche gelten konnten, als fideikommissar. oder indirekte Substitutionen anzusehen waren. Der Empfänger eines F.es trat ope legis die Erbfolge an. Viele Statuten hielten die Restitution nicht für notwendig, zahlreiche andere erkannten dem F.ar das Recht zu, ein Viertel der Erbschaft für sich zu behalten. Durch die Begünstigung des erstgeborenen Sohnes in agnat. Linie zuungunsten der Frauen u. der jüngeren Söhne diente das F. als Garant der Macht einer Adelsfamilie.

G. Vismara

Lit.: Novissimo Digesto Ital. VII, 1961, s. v. Fedecommesso [R. TRIFONE; Lit.] – E. BESTA, Le successioni nella storia del diritto it. 1935 – A. PADOVANI, Studi storici sulla dottrina delle sostituzioni, 1983.

III. FRANZÖSISCHES RECHT: Nach Vorläufern im 10. und 11. Jh. breitet sich das F. am Ende des 12. Jh. in S-Frankreich aus. Seit dem Anfang des 13. Jh. setzt es sich im Languedoc, in der Provence und im Tal der Rhône durch. Im N spielen F.e eine geringere Rolle. Gemäß der in der damaligen Welt verbreiteten Religiosität sind F.e manchmal nur fromme Ausschmückung einer Verfügung von Todes wegen, doch schon bald dienen sie, wie das ma. →Testament im allgemeinen, religiösen und weltl. Zwecken gleichermaßen. Der Wille des Einzelnen, lange Zeit durch die gesellschaftl. und familiären Strukturen an der Entfaltung gehindert, findet im F. die Möglichkeit, sich über Generationen hinweg zu verwirklichen. Seit dem 12. Jh. benutzen die großen südfrz. Familien – die Guilhems v. Montpellier, die Gf.en v. Toulouse, v. Foix, der Provence – das F., um genaue Anordnungen über ihr Vermögen und eine rigorose Auswahl unter den Erben (Bevorzugung der männl. Verwandtschaft und der Erstgeborenen) zu treffen und so den Zusammenhalt des Familienvermögens zu sichern. Es waren in Frankreich eher die Praktiker als die Gelehrten, die das F. zum bevorzugten Mittel der Erklärung eines vorsorgenden, dauernden Erblasserwillens gemacht haben. Zur Blütezeit im 14. und 15. Jh. errichtet man F.e in allen sozialen Schichten: im Hochadel und im Klerus, in Stadt und Land, bei Kaufleuten, Handwerkern und Unfreien. F.e dienten geistl. oder weltl. Zwecken oder beiden und spielten so in sozialer, wirtschaftl. und polit. Hinsicht eine dreifache Rolle.

M. Petitjean

Lit.: →Französisches Recht.

IV. Recht der Iberischen Halbinsel: In den ersten Jahrhunderten der →Reconquista war das Testament selbst eine Art Fideikommiß. Das Aufkommen der Lehre, daß die Fähigkeit einen Erben einzusetzen zugleich auch das Recht bedingte, einen Ersatz bzw. Nacherben dafür zu benennen, führte zum Eindringen röm. Rechtsvorstellungen vom F., so daß die Ernennung von Stellvertretern praktisch das Wesen des F. ausmachte. In den Stadtrechten findet sich nichts, was dem F. als solchem (*Fideicomiso puro*) entgegenstände. Auch das zeitlich begrenzte oder bedingte F. (*Fideicomiso a término* oder *condicional*) fand Anerkennung in den Gebieten mit →Rezeption des röm. Rechts (wie Katalonien, Mallorca und Portugal). Dagegen macht es die Klausula »si sine liberis decesserit« fraglich, ob das bedingte F. auch in Kastilien und Aragón existierte. In Kastilien erfuhr die Bestimmung des just. Rechts (D. 36, 1, 102: »Cum avus«) in den Partidas VI, 4, 10 eine Verschärfung durch die Vorschrift, daß die Besitzungen eines verstorbenen Vaters nicht an seinen Bruder zurückfallen, sondern auf die Enkel des Erblassers und die Söhne des Nacherben übergehen sollten. Dies läßt die Anwendung des bedingten F. zweifelhaft erscheinen und wirft die Frage auf, ob die Partidas die Klausula überflüssig gemacht hatten. Die kast. Lehrmeinung unterschied sich vom Gemeinrecht dergestalt, daß gemäß dem Ordenamiento von Alcalá (tit. XIX, ley única), falls kein Erbe vorhanden war oder dieser die Erbschaft nicht antreten wollte, der oder die Nacherben sie antreten und ganz entgegennehmen konnten. In Aragón gab es bis 1533 keine allgemeinverbindl. Regelung, aber die Klausel »si sine liberis decesserit« war schon vor der Kompilation von 1247 bekannt, möglicherweise richtete man sich nach dem Gemeinrecht.　　　　　　　　　　J. Lalinde Abadía

Lit.: J. L. Lacruz Berdeja, La cláusula »si sine liberis decesserit« en el Derecho aragonés (Homenaje D. J. Novena. Estudios de Derecho Aragonés, 1954), 575–631 – J. Vallet de Goytisolo, Fideicomisos a término y condicionales y la cláusula »si sine liberis decesserit« en el Derecho hist. de Castilla y en el Código civil, Inst. Nacional de Estudios Jurídicos IX, 1956, 783–860.

Fidelis (regis), die Begriffe ʻfidesʼ und ʻfidelisʼ wurden im MA mit zwei unterschiedl. Bedeutungsinhalten gebraucht. So verstand man hierunter zum einen den (christl.) Glauben bzw. den Gläubigen, zum anderen die Treue und den Getreuen.

Die seit der Merowingerzeit im Sprachgebrauch der frk. Herrscherurkunden auftauchende und auch vom dt. Kgtm. bis ins SpätMA übernommene Formel »nostri fideles« oder »fideles regis« bezog sich regelmäßig auf die Gesamtheit aller Reichsuntertanen. Daneben deutet jedoch einiges darauf hin, daß in der frühen Karolingerzeit die Bezeichnung »f. r.« als ein techn. Begriff für einen engeren Personenkreis verwandt wurde, der zwar nicht dauernd am Hofe anwesend war, der aber dennoch in einem besonderen Vertrauensverhältnis zum Kg. stand und von diesem zu gelegentl. Diensten herangezogen wurde. Der doppelte Bedeutungsgehalt des Begriffes f., der die christl. Glaubenstreue und die dem Herrn geschuldete Gefolgschafts- bzw. Lehnstreue in sich vereinigte, schlug sich auch in der erweiterten Formel »fideles Dei et regis« zur Bezeichnung der Reichsuntertanen nieder, mit der das frk. bzw. dt. Kgtm. – von Karl d. Gr. bis zum Ende der Stauferzeit – den sakralen Wertgehalt der dem Kg. geschuldeten Treuepflicht zu unterstreichen suchte. →Lehen, Lehnswesen.　　　　　　　　　　K.-F. Krieger

Lit.: D. v. Gladiss, F. r., ZRGGermAbt 57, 1937, 442–451 – H. Helbig, Fideles Dei et regis, AK 33, 1951, 275–306.

Fidem catholicam, Proklamation →Ludwigs des Bayern. Auf dem Höhepunkt seiner Auseinandersetzungen mit der avignones. →Kurie sah Ludwig der Bayer sich zu einem öffentl. Bekenntnis seiner Rechtgläubigkeit sowie einer kanonistisch begründeten Zurückweisung sämtlicher päpstl. Prozesse und Zensuren veranlaßt. Deren Nichtbeachtung wurde den Untertanen bei schwerster Strafandrohung geboten. Formal ist das ksl. Mandat als Urkunde einzuordnen; inhaltlich weist es Elemente der Apologie und Rechtsexegese auf. Die Publikation erfolgte auf den Hoftagen v. Frankfurt (6. Aug. 1338) und Koblenz (3. Sept. 1338). Mit Hinweis auf die von Gott stammende Macht und Autorität des Ks.s weist dieser alle hierokrat. Ansprüche, die auf eine Unterordnung des →Imperiums unter das Papsttum zielen, zurück. Diesem wird jede Zuständigkeit im Bereich der →Temporalia bestritten. Im Blick auf die verfassungsrechtl. Bedeutung der Kurfürstenwahl (→Kurfürst) werden wiederholte Approbationsforderungen abgelehnt. Den Prozessen →Johannes' XXII. lastet der Kaiser schwerwiegende Verfahrensfehler an; dessen Verkehrungen zur Trennung →Italiens vom Reich erklärt er gleichfalls für null und nichtig. Unter Berufung auf ein künftiges Konzil, das Ludwig wiederholt fordert, wird die päpstl. Jurisdiktion relativiert und in ihrer Verbindlichkeit bei den schwebenden Auseinandersetzungen bestritten. Mehrere Traktate kommentieren das bedeutsame Manifest, das die Rechtsposition der wachsenden Anhängerschaft des Ks.s im Reich erheblich stärkte.　　　　　　　　　　Th. M. Martin

Lit.: H.-J. Becker, Das Mandat »F. c.« Ludwigs des Bayern von 1338, DA 26, 1970, 454–512 [krit. Ed.: 493–512].

Fidenza → Borgo San Donnino

Fides (frz. Foy), hl. (Fest 6. Okt.), Märtyrerin v. →Agen (Aquitanien, dép. Lot-et-Garonne), ca. 300, im Hoch- und SpätMA insbes. in →Conques verehrt; nicht zu verwechseln mit einer gleichnamigen röm. Märtyrerin. Obwohl verbürgte Nachrichten über Leben und Tod der F. fehlen, nahm sie in der Heiligenverehrung und lit. Tradition des MA einen wichtigen Platz ein. Das älteste Zeugnis über F. findet sich im →Martyrologium Hieronymianum (Fassung von Auxerre, Ende des 6. Jh.). Eine erste, legendäre Passio existierte vielleicht schon im 5. Jh.; der konventionelle Züge tragende Bericht über Verhör und Hinrichtung der F. bildete den Ausgangspunkt biograph. Darstellung. Diese frühe Passio ist nur in einer Umarbeitung des 7.–9. Jh. erhalten; in ihr ist die Passio der F. mit derjenigen des hl. Caprasius (Caprais) v. Agen – gleichfalls auf älterer legendar. Grundlage fußend – verschmolzen (BHL 2934). Diese Doppel-Passio wurde bald nach ihrer Entstehung interpoliert (BHL 2936a), um die Mitte des 11. Jh. in Versform gebracht (BHL 2938) und vor dem 13. Jh. zu einer umfangreicheren Version umgestaltet (BHL 2936). Dem Märtyrerpaar F. und Caprasius wurden spätestens im 10. Jh. die Märtyrer Primus und Felicianus beigesellt (BHL 2929, 2930–31). Um die Mitte des 11. Jh. wurde aus diesen Texten eine neue Beschreibung, die nur die Passio der F. behandelt, herausgefiltert (BHL 2928).

Die Legende der hl. F. wurde um 1060/1080 in der »Chanson de ste Foy«, einem der ältesten prov. Texte, in Laissenform dargestellt, vermutl. anläßlich einer Reliquientranslation (ca. 1060). Ein am 14. Jan. 862/863 für die Abtei Conques durchgeführter Reliquiendiebstahl wurde zw. 1020/1060 in einem Prosabericht beschrieben (BHL 2939), der nach 1060 in verkürzter Weise versifiziert wurde (BHL 2941).

Mit der Verbringung der F.-Reliquien nach Conques begann eine Ausstrahlung der F.-Verehrung auf den gesamten Westen, favorisiert durch die günstige Verkehrslage der Abtei an einem der großen Pilgerwege nach →Santiago de Compostela; ein Zeugnis dieses Kults ist die Mirakelsammlung des Bernhard v. Angers aus der Zeit um 1010/1026 (BHL 2942; interpoliert vielleicht bald nach Entstehung, doch nicht erst im 16. Jh.); diese Slg. wurde von einem anonymen Mönch aus Conques um 1080/90 fortgeführt (BHL 2943). Die F.-Verehrung erfuhr eine erste große Blüte im 11. Jh. und erreichte ihren Kulminationspunkt im 13. Jh.; weitere Kultstätten der Hl. en entstanden in Chartres (Ende des 10. Jh.), Conches (Normandie, dép. Eure, 1034), Schlettstadt (Elsaß, dép. Bas-Rhin, 1094; BHL 2964–65), Barbastro (Aragón, Prov. Huesca, 1101) und St. Gallen (ca. 1125, BHL 2937). – Das berühmte Statuettenreliquiar (sog. Maiestas) der F., das sich in Conques erhalten hat, wurde um 984/1005 geschaffen (→Reliquiar). Während der Religionskriege in Conques versteckte F.-Reliquien wurden 1875 wieder aufgefunden.   J.-C. Poulin

Q. und Lit.: Bibl. SS 5, 1964, 511–516 – DHGE XVII, 1358–1364 – A. BOUILLET–L. SERVIÈRES, Ste-Foy, vierge et martyre, 1900 – La Chanson de ste Foy, ed. E. HOEPFFNER–P. ALFARIC, 2 Bde, 1926 – L. BOUSQUET, Date de la translation des reliques de ste Foy, Rev. du Rouergue 8, 1954, 64–75 – J. TARALON, La Majesté d'or de ste Foy du trésor de Conques, Rev. de l'art 40–41, 1978, 9–22.

Fides quaerens intellectum, der Glaube, der die Erkenntnis sucht und findet. Glauben und Erkennen gehören im Verständnis der patrist. Theologie zusammen, nicht in der Undifferenziertheit eines monist. Denkens, sondern in der spannungsvollen Zuordnung des Glaubens, der das Erkennen umfängt, und der Erkenntnis, die im Glauben (die aus eigener Anstrengung nicht zu erreichende) Wahrheit empfängt (vgl. Jes 7,9b). →Augustinus hat die wechselseitige Verklammerung von Glauben und Erkennen auf die bekannte Formel gebracht: »intellige ut credas, crede ut intelligas« (Sermo 43,7–9, CC 41, 182–183; Ep 120,3, CSEL 34,2). In der Übernahme der wissenschaftstheoret. Begriffe griech. Philosophie (»fides – scientia – sapientia«) begründete Augustinus die Glaubens-Erkenntnis als die alles Wissen überhöhende Weisheit.

→Anselm v. Canterbury (†1109) gibt in dem von ihm später so betitelten »Proslogion« ein Schulbeispiel der Aufmerksamkeit auf die »ratio fidei« (Proslogion, Prooemium, ed. SCHMITT I, 94): das im Glauben (formal und notwendig) Erkannte. Nach dem Abschluß der Trinitätsspekulation im »Monologion«, die in der Einsicht gipfelt, daß der höchste schöpfer., göttl. Geist ohne sein Wort und ohne die Liebe nicht einmal gedacht werden kann, demonstriert er diese Methode der Glaubens-Erkenntnis am Gottesgedanken (vgl. Anselm, Ep. De incarnatione Verbi c.2, ed. SCHMITT II, 11). Im Nachdenken über Gott (in der Nachdenklichkeit des Intellekts) offenbart und spiegelt sich das Gottebenbildsein des Menschen in ontischer Dignität und transzendierender Mächtigkeit, so daß alles Wirkliche, auch das positiv Geschichtliche im strengen Begriff des Denkens seine bleibende Wahrheit hat. Etwas anderes ist für Anselm (Proslogion c.2 ed. SCHMITT I, 101) der (strenge) Begriff und die erkannte Sache (von welcher der Begriff hinwiederum nicht wegzudenken ist), aber der notwendige Begriff (»ratio necessaria«) gehört zur Sache u. intendiert sie. – Die unterschiedl. philos., theol. oder transzendentalphilos. Auslegung der Methode Anselms gründet im unterschiedl. hermeneut. Ansatz.
                                        L. Hödl

Lit.: Anal. Anselmiana I–V, 1969–76 [Forts.] – K. BARTH, F. qu. i. Anselms Beweis der Existenz Gottes im Zusammenhang seines theol.
Programms, 1931 [E. JÜNGEL, I. U. DALFERTH, K. BARTH, Gesamtausg.] – K. KIENZLER, Glauben und Denken bei Anselm v. Canterbury, 1981 – I. U. DALFERTH, F. qu. i. Theologie als Kunst der Argumentation in Anselms Proslogion, ZThK 81, 1984, 54–105 – W. CHRISTE, Sola ratione. Zur Begründung der Methode des intellectus fidei bei Anselm v. Canterbury, ThPh 60, 1985, 341–375.

Fiennes, Robert de, gen. Moreau ('der Schwarzbraune'), frz. Heerführer des →Hundertjährigen Krieges, *um 1308, † zw. 22. Aug. 1384 und 22. Febr. 1385 in Montreuil-sur-Mer, aus altem Adel des →Artois (F., auch: Fieules, dép. Pas-de-Calais), Sohn von Jean de F. und Isabel v. Flandern; ⚭ 1. Beatrix de Gavre, 2. Marguerite de Melun, keine ehel. Nachkommen; ein Bastard: Colard, ✕ bei →Agincourt. – F.' Familie, verwandt mit Fürstenhäusern und selbst mit den Kg. en v. Frankreich und England, schwankte in ihrer Parteinahme lange zw. den beiden Monarchien. R.s Vater Jean kämpfte für den engl. Parteigänger →Robert III. v. Artois; R. de F. wurde 1320 von kgl.-frz. Truppen gefangengenommen. Trotz R.s Erziehung am Hofe →Eduards III. (sein Vater besaß die Burg Martok, Gft. Somerset) kämpfte R. als Ritter lange Jahre (1337–56) im Heer des frz. Kg.s →Philipp VI. gegen Kg. Eduard III. und wurde 1356 zum →Connétable de France erhoben, anstelle des bei →Poitiers gefallenen Gautier VI. v. →Brienne. Am 3. April 1360 war er an den Verhandlungen von →Longjumeau als Vertreter →Karls, Hzg.s v. Normandie, beteiligt. Im Frieden v. →Brétigny (8. Mai 1360) wurde er zu einer der Geiseln für Kg. →Johann II. bestellt. In mehreren Provinzen kgl. →Lieutenant général, kämpfte er 1361 gegen die »Große Kompagnie« im Languedoc, dann in Burgund. Am 19. Mai 1364 nahm er an der Krönung Karls V. teil. Heldenhafter Ritter, aber schwacher Stratege, wurde er am 2. Okt. 1370 von Bertran →du Guesclin als Connétable abgelöst.   J.-M. Roger

Q.: [ungedr.]: Arch. nat., X¹ᵃ 18, 22 v°–X¹ᶜ 2B, Nr. 281; 9A, Nr. 60–61; 13B, Nr. 256–257; 16B, Nr. 185–186, 248; 31, Nr. 44; 32A, Nr. 123–125; 40B, Nr. 225; 42B, Nr. 156; 48A, Nr. 25; 50C, Nr. 340; 51A, Nr. 62–X²ᵃ 10, 33 v°–34 r° – Arch. dép. Nord, 127 H 8, 30, 41 – Bibl. nat., P.o. 1151, doss. 26179, Nr. 4–6 – Clair. 47, Nr. 140, 142–145, 165 – fr. 31922, 92 v°–95 – Lit.: DBF XIII, 1296f. (Nr. 6) – Mém. de la Soc. des Antiquaires de la Morinie VIII, 1849–50, 191–271, 470–489 [E. GARNIER]; 273–341 [A. HERMAND] – E. GARNIER, Notice sur R. de F., connétable de France (1320–1384), BEC, 3. F., III, 1852, 23–52 – R. CAZELLES, La soc. politique et la crise de la royauté sous Philippe de Valois, 1958 – DERS., Société politique, noblesse et couronne sous Jean le Bon et Charles V, 1982.

Fieschi, bedeutende genues. Familie. Ihre Abkunft von einem nicht näher belegten Würdenträger Ottos I., Cesar Flescus, ist legendarisch. Die F. bilden eine Linie der 'Grafen' von Lavagna. Im 13. Jh. wiederholt von Genua besiegt, wurden sie in der Folge gezwungen, zwei Monate im Jahr ihren Wohnsitz in der Stadt zu nehmen. Nach Verlust eines Großteils ihrer Herrschaften an der ö. Riviera gewannen die Nachkommen von *Ugo,* dem ersten Mitglied der Familie mit Beinamen *Flisco,* in der städt. Gesellschaft eine wichtige Position, bedingt durch eine geschickte Heiratspolitik, Übernahme kirchl. Ämter und Handelstätigkeit. Unter Ugos sechs Kindern sind bes. hervorzuheben: *Sinibaldo,* der spätere Papst →Innozenz IV., *Rufino,* später Abt von S. Fruttuoso di Capodimonte und *Tedisio* (mit zahlreicher Nachkommenschaft). Durch ein subtiles Netz von Familienbeziehungen und wirtschaftl. Verflechtungen waren die F. in der Mitte des 13. Jh. in Genua die mächtigsten Vertreter der guelf. Faktion (→Guelfen). Hinzu kam, daß sie im Lauf von 20 Jahren zwei Päpste stellten, obwohl sie nicht zu den Familien der röm. Kurie gehörten. Unter den Söhnen des Tedisio war *Ottobuono* (der spätere →Hadrian V.) der Lieblingsnepote

Innozenz' IV., der ihm – wie auch den anderen Nepoten – eine Karriere an der Kurie eröffnete und den Kardinalstitel verlieh. Innerhalb der genues. Politik nahm er für die Guelfen und für →Karl v. Anjou Partei und unterstützte die ehrgeizigen Pläne seines Bruders *Nicolò*, eines Führers der genues. Guelfen, durch die Einkünfte aus seinen zahlreichen Pfründen in Frankreich und England. Als Papst Hadrian V. (1276) bemühte er sich, den Frieden zw. den kämpfenden genues. Faktionen wiederherzustellen und löste die Stadt vom Interdikt. In der Mitte des 13. Jh. ist der gen. Nicolò als das Werkzeug der antikaiserl. u. nepotist. Politik der beiden Fieschi-Päpste zu bezeichnen. Durch die Gunst Innozenz' IV. gelang es ihm, ein weites Herrschaftsgebiet an der östl. Riviera und in der Lunigiana zu errichten, von Vernazza, La Spezia bis zum Apenninenkamm, das neben dem Besitz der Vorfahren, der 'Grafen' von Lavagna, auch Gebiete umfaßte, die dem Bm. Luni und anderen lokalen Machthabern entzogen worden waren. Obwohl Nicolò 1276 diese ausgedehnte Herrschaft für 25000 Genues. Lire an die Republik Genua abtreten mußte, blieb er bis zu seinem Tod (vor 1310) das unbestrittene Familienoberhaupt. Unter der ghibellin. Doppelherrschaft von Oberto →Spinola und Oberto →Doria verloren die F. allmählich ihren polit. und wirtschaftl. Einfluß und waren häufig genötigt, sich auf ihre Lehen an den beiden Rivieren oder im gebirgigen Hinterland zurückzuziehen, von wo aus sie Genua befehdeten. 1317 gewannen sie durch die Wahl von *Carlo* F. und Gaspare Grimaldi zu Capitani für kurze Zeit die Macht zurück, aber sowohl in polit. wie in kirchl. Hinsicht war die Stadt nunmehr ihrer Kontrolle entglitten. Nach der Einsetzung des Dogats durch Simon →Boccanegra (1339) versuchten sie aus dem Exil die »populane« Regierung zu stürzen. In den Bürgerkriegen des 14. und 15. Jh. schlossen sie sich abwechselnd den →Campofregoso und den →Adorno an, den beiden zur damaligen Zeit führenden 'populanen' Familien. *Giovanni Antonio* unterstützte 1427 Tommaso Campofregoso bei seinem Versuch, die Stadt von der Mailänder Herrschaft zu befreien; im Gegenzug verwüsteten die Truppen des Mailänder Hzg.s die Lehen Torriglia, Montoggio, Pontremoli und Varese Ligure. 1442 führte jedoch der gleiche Giovanni Antonio die Revolte gegen den Dogen Tommaso an. 1464 unterstützten die F. zusammen mit den Adorno die Herrschaft der →Sforza über die Stadt, waren aber 1478 die treibende Kraft des Aufstands gegen sie: in dieser Zeit war das bedeutendste Mitglied der Familie *Obietto*, der fast die ganze östl. Riviera beherrschte, jedoch eine Zeitlang in Mailand gefangen gesetzt war. Schließlich verbündeten sich die F. mit den Adorno in ihrem Kampf gegen die Fregoso, bis sie 1547 durch die (bei F. Schiller literarisch gestaltete) Verschwörung des *Giannettino* F. versuchten, Andrea →Doria zu eliminieren und Genua in den frz. Machtbereich zurückzuführen.   G. Petti Balbi

Lit.: F. FEDERICI, Trattato della famiglia Fiesca, 1620 – A. PARAVICINI BAGLIANI, Cardinali di curia e famiglie cardinalizie, 1972 – A. SISTO, Genova nel Duecento. Il capitolo di San Lorenzo, 1979 – G. PETTI BALBI, I Fieschi e il loro territorio nella Liguria orientale (La storia dei genovesi III, 1984), 105–129.

1. F., Ottob(u)ono → Hadrian V.

2. F., Sinibaldo → Innozenz IV.

Fiesole, schon in etrusk. Zeit eine der bedeutendsten Städte der →Toskana (Faesulae), ist in seinen Geschicken auf das engste dem nur wenige km. entfernt gegründeten, jüngeren →Florenz verbunden, von diesem bald eindeutig überflügelt, dann auch unterworfen. In F. gab es schon unter den Langobarden eine Gft., doch wird diese erst nach der Zusammenlegung mit derjenigen von Florenz bezeugt (854). Bf.e werden seit Ende des 5. Jh. genannt. Ihr Sitz lag urspgl. außerhalb der Stadt am Ort der 1027 gegr. Badia Fiesolana (OSB, SS. Bartolomeo e Romolo, 1778 aufgehoben); die Kathedrale wurde 1032 geweiht, der damalige Bau ist noch großenteils erhalten. Von Florenz wurde F. 1125 zerstört. Damit war die einstige Bedeutung endgültig verloren. 1405 wurde unweit der Stadt der Dominikanerkonvent S. Domenico errichtet. Zur Diöz. F. gehörten auch die Kl. →Vallombrosa und Passignano.   D. Girgensohn

Lit.: DHGE XVI, 1441–1452 – F. UGHELLI, Italia sacra 3, 1718² [Nachdr. 1967], 210–268 – IP 3, 72–116 – E. SALVINI, La distruzione di F. etrusca nel 1125, L'Universo 49, 1969, 1043–1056 – R. C. TREXLER, Synodal law in Florence and F., 1306–1518, StT 268, 1971. – E. SESTAN, Società e istituzioni nei secoli IX e X: Firenze, F., Pistoia, Atti del 5° Congr. internaz. di studi sull'alto medioevo, 1973, 191–207 – M. MANNINI, Le podesterie di F. e Sesto dal XV al XVIII s., 1974 – weitere Lit. →Toskana.

Fife, Halbinsel und Earldom im östl. Schottland, zw. den Firths (Mündungsbuchten) v. Forth und Tay. In halblegendär. Erzählungen des 12. und 13. Jh., in die aber ältere, zuverlässige Nachrichten eingeflossen sind, erscheint F. ('Fib') als eines der sieben Provinzialkgr.e der →Pikten. Es kann angenommen werden, daß in der Zeit vor 1100 ein *mormaer* ('großer Verwalter') als Vertreter des Kg.s der Pikten bzw. Schotten die Herrschaft über F. ausübte. Um 1100 tritt dann Ethelred, ein jüngerer Sohn Kg. →Malcolms III., als *comes* (lat. Entsprechung zu *mormaer* und *earl*) v. F. auf. Vielleicht aufgrund dieser Verbindung zur Königsdynastie wurde F. als das erste →Earldom v. Schottland betrachtet. Der Earl of F. hatte das Vorrecht, bei der Königserhebung die zentrale Handlung vorzunehmen, nämlich den neuen Kg. auf den Krönungsstein v. →Scone zu setzen. 1120–1372 wurde das Earldom von einer einzigen Familie, den Macduff ('Sohn des Dubh'), regiert. 1372 übertrug die letzte Vertreterin dieses Hauses, die als Gfn. eigenen Rechts regierende Isabel, das Earldom an →Robert Stewart, den späteren Duke of Albany, einen jüngeren Sohn Kg. →Roberts II. Nach der Hinrichtung von Roberts Sohn Murdoch, Duke of Albany, wegen Verrats (1425) fiel das Earldom – dauernd – an die Krone.

Neben seiner Bedeutung als Earldom war F. auch →Sheriffdom, in dem um 1200 auch die älteren lokalen Sheriffdoms Crail und Dunfermline aufgingen, während Kinross, allerdings oft in enger Verbindung mit F., weiterbestand. Zentralort mit Gerichtssitz des Sheriffs war Cupar. – F. hat stets in der schott. Geschichte eine führende Rolle gespielt, lagen in seinem Bereich doch der wichtigste Bischofssitz und das Nationalheiligtum von →St-Andrews, die reichste schott. Benediktinerabtei →Dunfermline sowie zahlreiche kgl. →bur(g)hs. G. W. S. Barrow

Q. und Lit.: R. SIBBALD, Hist. of F., 1803 – W. DICKINSON, Sheriff Court Book of F. (Scottish Hist. Soc., 1928) – A. A. M. DUNCAN, Scotland: the Making of the Kingdom, 1975.

Figeac, Abtei OSB und Stadt in SW-Frankreich, Quercy (dép. Lot). [1] *Abtei St-Sauveur:* Die Ursprünge von F. wurden durch den Streit zw. F. und →Conques und die damit verbundenen Fälschungen lange verunklart. Die Gründung von F. erfolgte auf Initiative →Pippins I., Kg.s v. →Aquitanien; dieser erlaubte i. J. 838 den Mönchen v. Conques – im Zusammenhang mit der Bestätigung ihrer Privilegien und Güter –, in F. ein Monasterium (Novas Concas) zu errichten, das dem Abt v. Conques unterstellt war und von diesem mit Reliquien ausgestattet wurde. Später behaupteten die Mönche v. F. jedoch mit Hilfe gefälschter Urkunden, ihre Abtei sei bereits 755 von Kg. →Pippin (I.) dem Kurzen gegr. worden und damit älter als Conques; schließlich beanspruchten sie Jurisdiktion über Conques. Auf dem Höhepunkt des Streites unterwarf der vom Abt v. Conques angerufene Herr v. Calmont um 1050 die Abtei F. der Herrschaft von Conques; als Gegenmaßnahme affilierte sich F. der Abtei →Cluny. Papst Gregor VII. stellte 1084 die Autorität des Abtes v. Conques über F. wieder her; schließlich verfügten die Konzilien v. →Clermont (1095) und Nîmes (1097) jedoch die Trennung der beiden Abteien, wobei jede der beiden unter ihrem eigenen Abt stehen sollte.

[2] *Stadt:* Um die Abtei bildete sich eine Stadt (→Abteistadt), bestehend aus zwei Vierteln: Das eine, am Ufer des Célé gelegen, umschließt die Abteikirche St-Sauveur (teils roman., teils got. Bau), das andere, die *ville haute*, hat die Pfarrkirche Notre-Dame-du-Puy (stark restauriertes roman. Bauwerk) zum Zentrum. Das ca. 15 ha umfassende Gesamtareal der Stadt war von einer in Resten erhaltenen Mauer umschlossen. F. bewahrt zahlreiche ma. Häuser. In der Vorstadt markierten pyramidenförmige Steinsetzungen die Grenze des städt. Rechtsbezirks (*franchise*); zwei von ihnen sind erhalten.

F. war nächst→Cahors die größte und reichste Stadt des Quercy. Ihre Fernhandelskaufleute besuchten vom Ende des 12. Jh. bis zur Mitte des 14. Jh. die→Champagnemessen und waren auch auf der großen Verkehrsachse zw. Atlantik und Mittelmeerraum zu finden; belegt ist ihre Anwesenheit an den beiden Endpunkten dieser Achse, La Rochelle und Montpellier, ebenso in Marseille und anderen Mittelmeerhäfen. Die Kaufleute aus F. zählten zur Gruppe der aus dem Quercy stammenden, für das Geldgeschäft so bedeutungsvollen Coarsinen oder →Kawertschen.

Stadtherr von F. war zunächst die Abtei, doch erhielt die Stadt noch im 1. Viertel des 13. Jh. ein→Konsulat. Während der 2. Hälfte des 13. Jh., von 1245 an, lagen die Konsuln in fast ständigem Streit mit der Abtei, wobei es um die Abgrenzung und Ausübung der jeweiligen Rechte ging; 1245–51 wurden die Privilegien der Konsuln durch Schiedssprüche festgelegt. Die Auseinandersetzung flammte durch die Intervention der kgl. Beamten erneut auf; schließlich befaßte sich das→Parlement mit der Streitsache. 1302 trat der Abt seine Jurisdiktion über die Stadt F. an den Kg. v. Frankreich ab; ein Schiedsspruch des Guillaume de →Nogaret definierte nun die wechselseitigen Rechte der beteiligten Prozeßparteien, doch zogen sich die weiteren Verhandlungen noch bis 1318 hin.

Die Stadt litt schwer unter der Krise des SpätMA, ohne jedoch völlig entvölkert zu werden, wie Quellen des 14. Jh. belegen. Seit der Mitte des 15. Jh. spielte sie eine wichtige Rolle beim wirtschaftl. Wiederaufstieg SW-Frankreichs: zahlreiche Zuwanderer aus benachbarten Regionen (Rouergue, Auvergne) fanden bei den Kaufleuten von F. das nötige »Startkapital« in Form von Krediten oder Viehpachtverträgen.   G. Fournier

Lit.: DHGE XVI, 1455–1458 [R. PRAT] – N. VALOIS, Établissement et organisation du régime municipal à F., BEC 40, 1879, 397–423 – L. D'ALAUZIER, Les Figeaçois et le grand commerce jusqu'en 1350, Bull. de la Soc. des études litt., scientifiques et artistiques du Lot, 1954, 223–234 – J. LARTIGAUT, Les campagnes du Quercy après la Guerre de Cent ans, 1978.

Figueroa, Haus → Feria, Gf.en v.

Figura → Logik

Figurae (σχήματα), (Rede-)Figuren, kunstmäßige 'Gestaltungen' des Ausdrucks, neben den →Tropen die wich-

tigste Redeschmuck (→Ornatus). Die Antike unterscheidet v. a. a) schem(ata) lex(eos), f. verb(orum), Wortfiguren, z. B. die Anaphora, und b) schem. dian(oeas), f. sentent(iarum), Sinn(Gedanken)figuren, z. B. die Apostrophe. Zahl und Zuordnung der f. zu den zwei Typen variieren. Die Rhetoren behandeln Wort- und Sinnfig(uren), die Grammatiker aber, voran Donat (4. Jh. n. Chr.), nur die schem. lex. und betonen auch, diese 'gehörten' den grammatici 'zu', (nur) die schem. dian. den rhetores. – Der Rhetor Quintilian (1. Jh. n. Chr.) hatte jedoch die übl. schem. lex. als rhetoricum magis und nur den 'entschuldigten' →Soloecismus und den →Metaplasmus als grammaticum (genus schematum) eingestuft (vgl. LAUSBERG § 605). Manche nannten auch die Tropen f. (§ 601).

Das MA sucht mit der Uneinheitlichkeit der antiken grammat. und rhetor. Tradition zurechtzukommen. Beginnend mit dem 11. Jh. bezeichnet man die von der »Rhet(orica) ad Her(ennium)« (1. Jh. v. Chr.) behandelten, mit lat. Termini benannten exornationes = f. (verb. [einschl. tropi] et sentent.) als col(ores) rhet(orici) und setzt sie so ab von den mit griech. Namen bezeichneten schem. (und tropi) der gramm. (Donat-)Tradition (s. →colores rhetorici Abs. 2; 3). Im 13. Jh. konstatiert ein Glossator z. »Doctrinale« →Alexanders de Villa Dei (THUROT 470/1; 33), daß die col. rhet. (verb. et sentent.) generell inhaltl. identisch seien mit den schem. lex. et dian. der grammatici; den Widerspruch zw. dem Begriff der col. rhet., der implizit auch die Wortfig. dem Rhetor zueignet, und Donat, der dem Rhetor nur die Sinnfig. zuspricht, applaniert er durch die Erklärung, daß die schem. lex. primär dem Grammatiker, die schem. dian. primär dem Rhetor, sekundär aber die Wortfig. auch dem Rhetor, die Sinnfig. auch dem grammaticus 'zugehören'.

Da nun a) schemata in der Donattradition der Hauptterminus für Figuren ist und f. hier oft nur als dessen lat. Interpretament fungiert (wie im grammat. Abschnitt →Isidors, orig. 1,36) und da b) seit dem 11. Jh. in der breiten »Rhet.Her.«-Tradition (u. a. in →ars poetica und a. dictaminis) die Figuren (und Tropen) als col. rhet. bezeichnet werden, wird f. (in der Bedeutung Wort- und/ bzw. Sinnfig.) eher selten 'selbständig' verwendet (so im »Documentum« →Galfrids v. Vinsauf, u. a. 2,3,60). Eine grammat. Richtung aber nennt nach THUROT 465 die Tropen f. locutionis (vgl. »Documentum« 2,3,34 Bezeichnung des Tropus Synecdoche als figura), und von den versifizierten Grammatiken rechnet das »Doctrinale« (s. o.) zur figura loquelae (zudem f. grammaticae), nach THUROT 459–461 u. a., schema, tropus, metaplasmus (vgl. Quintilian o.); die Kapitelüberschriften des »Graecismus« (→Eberhard v. Béthune) sprechen außerdem von f. →barbarismi et soloecismi (vgl. die Definition der f. als 'entschuldigter' vitia in der erwähnten »Doctrinale«-Glosse [THUROT 460]). – Zur Rolle der f. in der ma. Schmuckartentheorie s. →Ornatus. – Verwendet wurden die f. im MA mit steigender Intensität, oft manieristisch.   F. Quadlbauer

Lit.: LAW, 2621 – U. SCHINDEL, Die lat. Figurenlehren des 5.–7. Jh. und Donats Vergilkomm., 1975 – Vgl. →Colores rhetorici [bes. THUROT, LAUSBERG] und die Ausg. der Poetiken von →Galfrid v. Vinsauf [E. GALLO, 167–216] und →Gervasius v. Melkley]H.-J. GRÄBENER, XL–CIV].

Figuralmusik, nach lat. cantus oder musica figuralis, im 15. Jh. nachweisbare Bezeichnung (neben cantus oder musica mensurabilis, seit dem 13. Jh.) für Musik, deren Notierung mit Hilfe unterschiedl. Notenformen (figurae notarum) auch Tondauer-Relationen festhält. Damit unterscheidet sich Figural- oder →Mensuralmusik aus Tönen mit »abgemessener« Tondauer von der einstimmigen liturg. Musik (cantus planus, »Choral«), deren ebenfalls differenzierte Notenformen, längst nicht mehr als rhythm. Ausführungsvorschrift verstanden, seit damals schon in annähernder oder vollständiger zeitl. Gleichwertigkeit (»äqualistisch«) gesungen werden. H. Leuchtmann

Lit.: RIEMANN, Sachteil, 1967, s. v. cantus planus, musica mensurabilis.

Figurengedichte
I. Lateinisches Mittelalter – II. Byzantinische Literatur.

I. LATEINISCHES MITTELALTER: [1] Die der sog. »optischen« oder »visuellen« Poesie zugerechneten F. nehmen eine extreme Position der lit. Möglichkeiten ein, indem sie mit keiner der üblichen (akust.) Realisationsweisen von Texten (Gesang, Rezitation, Lesung) ihre Funktion ganz erfüllen, sondern zugleich vom Auge in der Totale erfaßt werden müssen. Diese Bestimmung ergibt sich aus dem konstituierenden Formprinzip der Buchstabenzählung, die im Unterschied zu der viel geläufigeren Silbenzählung oder der Hebungszählung akust.-rhythm. nicht apperzipiert werden kann. Die visuelle Gestalt solcher Texte hat eine über deren immanenten Wortsinn hinausgehende ästhet. oder ideentragende Bedeutung (Buchstabensymbolik, Zahlenallegorese).

[2] Die als *carmina figurata* bezeichneten Dichtungen sind zu unterscheiden in zwei Haupttypen, die beide unter den 28 Gedichten des für Konstantin d. Gr. dichtenden →Porfyrius Optatianus vertreten sind (ed. POLARA, 1973). Seine *Umrißgedichte* stehen in der Nachfolge des hellenist. Technopaignion; durch planvolle Abstufung der Buchstabenzahlen der Einzelverse ergeben sich die Konturen von bedeutsamen Gegenständen (Orgel, Altar, Flöte). Hingegen auf konstanter Buchstabenzahl aller Verse beruhen seine rechteckigen *Gittergedichte*, überwiegend (11 von 18) *carmina quadrata*, in denen die Buchstabenzahl des Einzelverses der Gesamtverszahl des Carmen entspricht; alle Buchstaben stehen sowohl in Zeilen als auch in exakten Vertikalen. In Anwendung und Weiterentwicklung der herkömml. Technik des →Akrostichon, Mesostichon und Telestichon werden die Gittergedichte figural ausgestaltet durch sog. *versus intexti*, d. h. nicht nur senkrecht zu den Verszeilen, sondern auch schräg und gekrümmt verlaufende Leselinien, die aus den durch sie geschnittenen Buchstaben der Verszeilen weitere Verse oder Versteile herstellen; durch ihre andere Tintenfarbe (meist rot) präsentiert sich der Figurenschmuck des Gedichts. Aus der durchweg hexamer. Zeilenform erklärt sich die Seitenlänge der Gedichtquadrate aus 35 oder 37 Buchstaben (Mittelwerte in der Buchstabenzahl lat. Hexameter); die Seitenlänge 36 wird meist gemieden, weil sie kein einfaches Mesost. zuläßt. Die Formkunst des Porf. Opt. wurde durch hs. Tradierung im merow. und im ags. Kulturgebiet zugänglich und hat Imitationen angeregt (Venantius Fortunatus, MGH AA IV p. 30–33, 112–117; Bonifatius, s. u.; Lullus, MGH Ep. III p. 386), durch die Vermittlung des Angelsachsen→Alkuin dann auch am Hof Karls d. Gr. (ca. 782/790) unter Mitwirkung des Iren→Joseph und des Westgoten→Theodulf (MGH PP I p. 224–227, 152–159, 480–482); diese imitiert dann zu Ehren Karls des Kahlen →Milo v. St. Amand (MGH PP III p. 562–565). In dieser Traditionslinie beschränkt man sich auf Variationen der linear-geometr. Intextfiguren des Porf. Opt.

[3] Von deren Abstraktion hin zur figuralen Abbildung bewegt sich Joseph (carm. 6) mit seinen drei Golgatha-Kreuzen. – →Hrabanus Maurus erschließt in seinem mit 28 Figurenseiten ausgestalteten Frühwerk 'De laudibus S. Crucis' (ca. 810; MPL 107) nicht nur weitere von Porf.

Opt. eröffnete Möglichkeiten (z. B. großflächige Buchstaben als Träger von *versus intexti*), sondern kombiniert auch diverse ornamental-geometr. Elemente zu Ensembles, die in immer neuer Weise das Kreuz darstellen; revolutionär ist die Einbringung farbig ausgemalter menschl. und tier. Gestalten *(imagines)*: Christus als Gekreuzigter; je zwei Seraphim und Cherubim, vier Evangelistensymbole, dazu als Dedikationsseite (831 zugefügt) eine »Imago Caesaris« mit Kreuzstab und Schild zur Huldigung an Ludwig d. Fr. am Anfang und als »imago mea« ein unter einem Kreuz kniender Mönch am Ende. Die Buchstabeninhalte der von diesen Malereien bedeckten Teile der quadrat. bzw. rechteckigen Hexametergedichte ergeben wiederum Verse. – Hrabans Werk bleibt nie wieder erreichter Höhepunkt ma. Figurendichtung; es wird in über 50 Hss. reproduziert und (seit 1501) mehrfach gedruckt. – Ein Reichenauer Fragm. 9. Jh. überliefert ein quadrat. Carmen mit reichgegliederter Kreuzfigur (MGH PP IV p. 1115).

[4] Eigenständig gegenüber der Tradition präsentiert der Neapolitaner →Eugenius Vulgarius auf trigonalem, nicht vom Buchstabengitter ausgefülltem Rahmen um 900 dem Basileus Leon VI. 6 Hexameter, die zahlensymmetrisch entlang der Umrißzeichnung einer Pyramide verlaufen (MGH PP IV p. 422). – Vereinzelt begegnen in St. Galler Hss. 9. Jh. auch Umrißgedichte in Kreuzform (MGH AA IV 381; ERNST in: MA-Rezeption, 183). – Scheinbar noch ganz an den Figurenquadraten des Porf. Opt. orientiert, jedoch nicht mehr metrisch und auch nicht akzentrhythm. oder silbenzählend gebaut sind 5 religiöse Texte in einer Escorial-Hs. aus Logroño, die Sarracinus, ein Mönch des Kl. Albelda (nach Mitte 10. Jh.), verfaßt hat (DIAZ y DIAZ nr. 2–6). Hier wird erstmals die Buchstabenzählung auf Prosatexte angewendet. Auch andere wichen vom traditionell strengen Bauprinzip der F. insofern ab, als der Text nur noch teilweise oder zum Schein am Bau der Figur mitwirkt. So verzichtete Bonifatius (MGH PP I p. 17) auf das Buchstabengitter und beschränkte die Buchstabenzählung auf den eingeschriebenen Rhombus. – Zu den vom 10. Jh. an neuartigen Figuren des Rades tragen die Texte konstitutiv nichts weiter bei als gewisse in Akro-, Meso- und Telesticha tiradenartig verwendete Buchstaben (O, seltener S, T, M), die im Rad den Platz der Nabe und der Schnittpunkte von Speichen und Radkranz einnehmen. Die Einzelverse werden ohne Rücksicht auf Buchstabenzählung auf den Kranz und die Speichen verteilt; Editionen z. B. PBB 83, 1961, 49; MGH PP V, p. 629–631, 665–667; BECh 87, 1926, 237 (unter dem Namen→Abaelards); Jacobus Nicolai de Dacia, 'Liber de distinccione metrorum', ed. KABELL, 1967, 161; tab. XII–XIII. Diese oder andere Texte, die ledigl. eine Figur bzw. den Grundriß oder Aufriß eines Gegenstandes in Vers oder Prosa einigermaßen beliebig auffüllen, sind nach Genese und Intention von der eigtl. F. n zu trennen. D. Schaller

Lit.: zu [1]: RAC II, 910–912 – U. ERNST, The Figured Poem, Visible Language 20, 1986, 8–27 – G. POZZI, La parola dipinta, 1981 – *zu [2]:* D. SCHALLER, Die karol. F. des Cod. Bern. 212 (Medium Aevum Vivum, Fschr. W. BULST, 1960), 22–47 – U. ERNST, Zahl und Maß in den F. n der Antike und des FrühMA, Misc. Mediaevalia 16, 1982, 310–332 – DERS., Carmen figuratum. Gesch. des F. s von den antiken Ursprüngen bis zum Ausgang des MA [im Dr.] – *zu [3]:* H. G. MÜLLER, Hrabanus Maurus – De laudibus s. crucis, Stud. zu Überl. und Geistesgesch. (Beih. MJb 11), 1973 [mit Faks. des cod. Vat. Reg. 124] – B. REUDENBACH, Das Verhältnis von Text und Bild in De laudibus s. crucis des Hrabanus Maurus ('Geistliche Denkformen'; MMS 51), 1984, 282–320 – *zu [4]:* M. DIAZ y DIAZ, Vigilán é Sarracino (Lat. Dichtungen des X. und XI. Jh., Festg. W. BULST, 1981), 60–92 – U. ERNST, Poesie und

Geometrie. Beob. zu einem visuellen Pyramidengedicht des Eugenius Vulgarius ('Geistliche Denkformen'), 321–335 – DERS., Die nz. Rezeption des ma. F.s in Kreuzform (MA-Rezeption, 1986), 177–233 – DERS., Ein unbeachtetes 'Carmen figuratum' des Petrus Abaelardus, MJb 21, 1986/87.

II. BYZANTINISCHE LITERATUR: Die Technopägnien Theokrits und anderer hellenist. Bukoliker, Gedichte, deren Schriftbild durch die Wahl verschiedener Metren für die einzelnen Verse die Umrisse eines Gegenstandes ergibt, sind in Byzanz bekannt; Manuel Holobolos (2. Hälfte 13. Jh.) erstellt eine kommentierte und illustrierte Ausgabe, in die auch Scholien seines Zeitgenossen Johannes Pediasimos aufgenommen wurden. Die eigene Produktion der Byzantiner auf diesem Randgebiet der Dichtkunst geht jedoch in die Richtung der versus intexti (στίχοι ὑφαντοί, s. Abschnitt I). Kenntnis der lat. Vorbilder ist wegen der teilweise sehr großen Ähnlichkeiten wahrscheinlich: Das hexametr. Gedicht christolog. Inhalts im Uspenskij-Psalter (das Blatt entstand um 800 im palästinens. Raum, die Entstehungszeit des Gedichts ist unbekannt) entspricht Porf. Opt. 24 (Christusmonogramm, nur noch mit zusätzl. Querbalken), das Theodoros→Prodromos oder Eustathios→Makrembolites zugeschriebene Gittergedicht entspricht im wesentl. Porf. Opt. 2. Daß hinter diesen Gebilden nicht nur gelehrte Spielerei, sondern oft auch eine dogmat.-kirchenpolit. Intention steht, wird schon aus der Wahl der dargestellten Symbole deutlich. Bes. augenfällig wird dies in jenen vier jamb. Gedichten ikonoklast. Tendenz, die i. J. 815 an der Chalke inschriftl. angebracht wurden; sie sind durchwegs so gebaut, daß die Mesostichis gemeinsam mit dem Wort in der Mitte des 3. Verses (σταυρός, ἐλπίς) ein Kreuz ergibt. Theodoros Studites stellte diesen Gedichten eigene gegenüber, in denen er nicht nur den Inhalt widerlegt, sondern, wie er betont, auch die Technik korrigiert. Ebenfalls in Zeit und Milieu der Ikonoklasten gehört wohl auch ein Siegel mit kreuzförmig angeordneter jamb. Kreuzinvokation. Aus späterer Zeit sind F. von Georgios →Pachymeres, Manuel→Philes und Lukas Chrysoberges überliefert; letzterer wird auch von →Eustathios v. Thessalonike einschlägig gewürdigt.

Nur am Rande zu erwähnen sind noch Versgebilde wie Klimakotoi (Leiterverse, vgl. Greg. Naz., Anth. Pal. 8, 230.246f.), Echoverse und Karkinoi (Krebsverse, versus retrogradi); letztere werden in den Hss. gern Leon VI., Johannes Tzetzes oder Theodoros Prodromos zugeschrieben. W. Hörandner

Ed.: →Theodoros Studites; Eustathios→Makrembolites – E. FOLLIERI, Tommaso di Damasco, Acc. Naz. Linc., Rend. Cl. Sc. mor., ser. VIII, vol. XXIX, fasc. 3-4, 1974, 145–163 [Uspenskij-Psalter] – O. LAMPSIDES, Δύο μετὰ ὑφαντῶν στίχων βυζ. σχηματικὰ ποιήματα, Theologia 53/2, 1982, 1143–1149 [Pachymeres, Chrysoberges] – G. ZACOS–A. VEGLERY, Byz. Lead Seals I/3, 1972, 1688f. (Nr. 2993) – Lit.: HUNGER, Profane Lit. II, 105–107 – V. GARDTHAUSEN, Griech. Palaeographie II, 1913, 58–68 – P. SPECK, Die Ksl. Univ. v. Konstantinopel, 1974, 74–76 – W. HÖRANDNER, Theodoros Prodromos, Hist. Gedichte, 1974, 62–65 [Nr. 191.192.208].

Figurenschmuck, rhetorischer → Figurae

Filangieri, bedeutende südit., in mehrere Linien verzweigte adlige Familie norm. Ursprungs. Nach dem Stammvater Angerius († vor 1105) nannten sich die Nachkommen Filii Angerii: Guglielmus († vor 1143), dessen gleichnamiger Sohn, kgl. Kämmerer im Prinzipat Capua 1138, 1157 und Lehensträger in Rapara, und der Enkel Guglielmus, der Sohn des Jordanus, Kämmerer im Prinzipat Salerno 1183, 1185 und Lehensträger in Nocera, † 1187. Den Beinamen Filangerius trugen Riccardo gen. auch de Principatu, Sohn des Guido († 1256), kgl. Marschall,

Kommandant der Kreuzfahrer (1228–29), Führer des Unternehmens gegen die Häretiker v. Neapel (1231), Baiulus (→Balia) der Kgr. e Jerusalem und Zypern (1232–40) und nach Verlust der Gunst Friedrichs II. 1251 Podestà der Kommune Neapel, sowie sein Bruder Giordano, Capitaneus und Bewacher der lombard. Gefangenen (1239). Ihren Söhnen und Brüdern, die Anhänger der Staufer waren, entzog Karl v. Anjou die Lehen von Nocera und gab sie an Jacques de Brusson aus, einen Schwiegersohn Riccardos. Die F. gewannen neues Ansehen mit der Linie Candida, die auf Aldoino, Sohn des Giordano, Signore v. Candida (1269), Vizekg. v. Bari (1284) und Magister rationalis zurückgeht; Filippo, Sohn des Riccardo, Enkel des Aldoino, erhielt durch seine Heirat mit Maria v. Capua die Baronie Gesualdo (1342); Giacomo, Sohn des Giordano, Enkel des Aldoino, »Scudiero regio« 1344, begründete die Linie Lucera, sein Bruder Pietro die Linie Benevent. Giacomo, Sohn des Filippo, Enkel des Riccardo, 1371 Vizekg. v. Kalabrien, 1381 von der Basilicata, Marschall, erwarb Montemarano und erhielt von Kg. Ladislaus die Gft. Avellino (1392). Der Aufstieg der Familie kam zum Stillstand, als infolge der Konstitution De feudis (1418) die Gft. Avellino an Sergianni Caracciolo übertragen wurde, den Gatten von Caterina F., Tochter des Giacomo Nicolò, Enkelin des Giacomo. Weitere Linien waren der Zweig von Lapio, der sich unter Giovanni, dem Bruder von Giacomo, 1414 von der Linie Candida trennte, sowie die siz. Linie mit der Baronie von San Marco (1398–1497), aus der Riccardo, Herr v. Licodia (1366), stammte, der sich seiner Abkunft aus der Hauptlinie rühmte. C. Vultaggio

Lit.: B. CANDIDA GONZAGA, Casa F. Antico manoscritto di Carlo De Lellis sulla famiglia F., 1887 – G. DEL GIUDICE, Riccardo F. al tempo di Federico II, di Corrado e di Manfredi, ASPN 17, 1892, 243–277 – Catalogus Baronum, Commentario, hg. E. CUOZZO, Fonti 101, II, 1984, 144–148, 258.

Filarete, selbstgewählter Künstlername (»Tugendfreund«) des Bronzeplastikers, Architekten und Architekturtheoretikers Antonio Averlino; * um 1400 in Florenz, Ort und Jahr des Todes unbekannt. Ca. 1433 bis 1448 in Rom, wo er die Relieftüren von St. Peter schafft, ab 1449 in Oberitalien, seit 1451 im Dienst des Hzg.s Francesco →Sforza in Mailand, am Dom tätig, v. a. aber an dem von ihm entworfenen großangelegten Ospedale Maggiore 1456–65, am Dom zu Bergamo 1457ff., letzte Lebenszeugnisse 1465. – Berühmt durch seinen nur in Abschriften überlieferten, titellosen Architekturtraktat, an dem er ca. 1461–64 schrieb, seinem Mailänder Hzg., wie auch Piero de' Medici in Florenz gewidmet. Der novellistisch abgefaßte Traktat, eine Propagandaschrift für antikisch florent. Baukunst im noch got. befangenen Mailand (Dombau) demonstriert an Hand einer Idealstadt »Sforzinda« nicht nur die modernen Architekturformen, sondern auch den neuen intellektuellen, umfassend und in Eintracht mit seinem Fs.en wirkenden Architekten, im Gegensatz zum ma. Bauhüttenmeister. Interessant sind seine Angriffspunkte got. Architektur: Charakterisierung got. Bauten als vergrößerte Wiederholung von Goldschmiedearbeiten wie Monstranzen und Weihrauchfässern, Widerlegung der Schönheit und Solidität der Spitzbogens. A. Reinle

Ed. und Lit.: P. TIGLER, Die Architekturtheorie des F., 1963 – F., Treatise on Architecture, ed. J. R. SPENCER, 1965 (Bd. I: engl. Übers.; Bd. II: Faks. des Cod. Magliabechianus) – F., Trattato di architettura, ed. A. M. FINOLI, L. GRASSI, 1972 [1. krit. Ed.].

Filelfo. 1. F., Francesco (Philelphus), it. Humanist, * 25. Juli 1398 in Tolentino, prov. Macerata, † 31. Juli 1481 in Florenz. Nach kurzer Lern- und Lehrtätigkeit in Padua,

Venedig und Vicenza kam F. 1421 nach Konstantinopel, wo er zur vollständigen Beherrschung griech. Sprache und Lit. gelangte. Diplomat. Aufträge brachten ihn zu Murād II. (sein Einblick in türk. Verhältnisse sollte ihm später bei der Abfassung zahlreicher Türkenbriefe zugute kommen), zu Ks. Siegmund und Władisław v. Polen. 1427 kehrte er nach Venedig zurück, 1429–34 lehrte er in Florenz, überwarf sich mit Cosimo de' Medici und mußte die Stadt verlassen. 1434–38 lehrte er in Siena, 1438 in Bologna und ab 1439 in Mailand unter den Visconti- und Sforza-Hzg.en. Die ständig ersehnte Rückkehr nach Florenz gelang ihm erst kurz vor seinem Tode.

F.s *Werk* in durchaus korrekter griech. und lat. Prosa und Dichtung ist äußerst umfangreich, es zeichnet sich aber mehr durch Gelehrsamkeit als durch Originalität aus. Am wichtigsten sind seine über 2000 lat. Briefe, die über sein Leben berichten und über die sich im Umlauf befindenden philos., med., polit., lit. und sprachl. Fragen (z. B. die it. »questione della lingua«) sowie über die Fortschritte in der Erschließung antiken Kulturgutes Aufschluß geben, eine wahre Fundgrube humanist. (oft noch abwegiger) Ansichten und eine Enzyklopädie der damaligen Wissens. In gleiche Richtung gehen die »Convivia Mediolanensia« (1443), ein Versuch, den antiken Gelehrtendialog wieder ins Leben zu rufen. Mit den Epigrammen der 10 Bücher »De iocis et seriis« (1445–65) hat F. wesentl. zur Neugestaltung dieser Gattung beigetragen. Es sei auch auf sein unvollendetes lat. Epos »Sfortias«, eine Lobpreisung seines Gönners F. Sforza und auf die »Commentationes florentinae de exilio« (1440) sowie auf seine it. Prosa und Dichtung und die zahlreichen lat. Übers. griech. Autoren (z. B. Xenophon, Plutarch) hingewiesen. F. wird ein anmaßender, hab- und streitsüchtiger Charakter vorgeworfen. Bekannt sind seine Invektiven z. B. gegen →Poggio Bracciolini.   V. R. Giustiniani

Ed. und Lit.: Etwa 40 Inkunabeln (IGI 3879–3914, dazu 8496 u. a.), meistens aber hs. Tradition – Lat. Briefe: Venedig 1502 (in Auswahl für den Schulunterricht bes. in Deutschland bis Mitte des 18. Jh. weiter verlegt); vollständigere Slg. cod. Triv. 873 (11 Bücher mehr, noch undiert, darin auch die griech. Briefe) – Griech. Briefe: hg. T. KLETTE, 1890, E. LEGRAND 1892 – G. BENADDUCI, Contributo alla bibliogr. di F. F., Atti Mem. Dep. Storia Patria Marche, 1901 – A. CALDERINI, La cultura greca di F.F., Riv. It. Fil. Cl., 1913 – DERS., I codici milanesi delle opere di F.F., ASL, 1915 – E. GARIN, Testi inediti di C. Landino e F.F., 1949 – DERS., Prosatori del '400, 1952 – F. ARNALDI–L. GUALDO, Poeti del '400, 1964 – L. FIRPO, F.F. educatore, 1967 – G. GUALDO, Il F.e la curia pontificia: una carriera mancata, ASRSP 102, 1979 – J. KRAYE, F.F. on emotions, Bibl. Hum. Ren., 1981 – V. R. GIUSTINIANI, Lo scrittore e l'uomo nell'epistolario di F.F., Medioevo e Umanesimo 58, 1983.

2. F., Giovanni Mario, it. Humanist, * 24. Juli 1426 in Konstantinopel, † Juni 1480 in Mantua; Sohn des → 1. F., Francesco, noch in seinem ersten Lebensjahr nach Italien gebracht, 1439–42 wieder in Konstantinopel zur Fortbildung im Griech. Begabt, aber verwahrlost, deswegen oft mit dem Vater überworfen, konnte nirgends Fuß fassen. Nachweisbar als Lehrer in Savona, Marseille, Genua, Turin, Paris, Venedig, Bologna, Modena, Verona, Bergamo, Ancona, in seiner Vaterstadt Tolentino, Urbino, Mantua. Verfasser lat. und it. Dichtungen, Reden, Traktate, darunter einer Dante-Biographie.   V. R. Giustiniani

Ed. und Lit.: L. AGOSTINELLI–G. BENADDUCI, Biografia e Bibliogr. di G.M.F. 1899 [mit Liste von 267 Schriften, einige abgedr.] – Außerdem: Carmina illustrium poetarum Italorum, 7, 1720 – F. FLAMINI, Versi inediti di G.M.F., 1892 – A. SOLERTI, Vite di Dante, Petrarca, Boccaccio, Milano, o. J. – Chronike de la Città de Anchona, hg. P. FRASSICA, 1979 – Amyris, hg. A. MANETTI, 1978 – P. FRASSICA, I F., Due generazioni di umanisti, Medioevo e Umanesimo 58, 1983 – J. WIMPFELING, Adolescentia, hg. O. HERDING, 1965 [ermahnende Verse seines

Vaters an G.M.F.] – Die im Vat. Barb. XXXI, 38 (alte Num.) enthaltene Übers. von »De militaribus artibus et officiis« eines Linus Thebanus (?) ist nach P. O. KRISTELLER, Iter Italicum 2, 450 »a forgery«.

Fili (pl. *filid*; 'Seher, Dichter', lat. glossiert als 'poeta'), in →Irland Mitglied der professionellen, korporativ organisierten Gelehrtenschaft, die in unmittelbarer Tradition des älteren kelt. Druidentums (→magi) stand. Nach der Christianisierung wurde im 6. Jh. zw. der Kirche und den aus der vorchristl. Zeit überkommenen f. ein Ausgleich erreicht; seitdem waren die f. Träger zahlreicher althergebrachter Funktionen und Privilegien der Druiden. Diese hatten als Priester, Künder, Richter, Rechtsgelehrte und sogar als Heiler sowie als erbl. Überlieferer hist. Traditionen gewirkt. Ihre vorchristl. Stellung war eng verbunden mit der ihres Mäzens, des *rí túaíthe*, des 'Stammeskönigs'. Entsprechend standen auch die f. in engen Beziehungen zu Gönnern, als solche fungierten in der Frühzeit die Sakralkönige (*rí*), in der Blütezeit des Früh- und HochMA die Hoch- und Provinzialkg.e, in der Zeit nach der anglonorm. Invasion die kleinen gäl. Lokalkönige und -fürsten.

Die Verbindung von f. und Kg. war vor gegenseitigem Geben und Nehmen geprägt, der Kg. schenkte dem f. eine Gabe (*dúas*) für dessen poet. Werk (*dúan*). Die panegyr. Dichtung des f. pries den jeweiligen Gönner im Sinne der traditionellen Herrschervorstellung und garantierte somit ideell die segensreiche Regierung des Kg.s und das Wohlergehen der Untertanen.

Entsprach ein Kg. jedoch dieser Idealvorstellung nicht, so war es die Pflicht des f., ihn durch ein satir. Gedicht zu rügen und zu zeigen, daß er unfähig zur Herrschaft war. Ein Schmähgedicht konnte angeblich das Gesicht des Geschmähten physisch schädigen; ein Kg., der nicht makellos war, galt als unfähig zur Herrschaft (→*enech*). Diese Ehrenzucht von seiten der f. verlieh ihnen eine wichtige Funktion bei der Sicherung stabiler polit. und sozialer Verhältnisse in Irland.

Die f. übten ihr Amt als professionelle Hüter der althergebrachten Traditionen erblich aus und besaßen einen festen Platz im Gefüge der aristokrat. Gesellschaft. Ihr Status war entsprechend ihrer Ausbildung, Rechte und Pflichten abgestuft. Nach den Rechtstraktaten hatten die f. das nur wenigen zugebilligte Privileg, öffentlich das Wort ergreifen zu dürfen; eine der wichtigsten Formen der Tradierung von Rechtsüberlieferungen erfolgte durch das Singen der Dichter (*díchetal filed*). Bei der *oenach*, der zwecks Legitimation eines *rí* abgehaltenen Zusammenkunft, traten üblicherweise f. auf, welche zur Verherrlichung von Kg. und Volk die Stammestraditionen (→*senchas*), bestehend aus hist., topograph. und geograph. Überlieferungen sowie sonstige bedeutendere lit. Werke in Prosa und Vers vortrugen. Die f. fungierten auch als Berater des Kg.s und Zeugen bei Verträgen und Rechtsgeschäften; die wiederholte Bestätigung von genealog. oder topograph. Überlieferungen durch einen f. war entscheidende Grundlage von Erb- und Besitzansprüchen.

Ein f. durchlief eine 12jährige Ausbildung. Quellen des 8.–9. Jh. unterscheiden sieben Grade, vom *fochlocc* bis hinauf zum *ollam filed* ('Lehrer der Dichter'), in dessen Händen auch die Ausbildung des Nachwuchses aus erbl. f.-Familien lag. Nach sieben Lehrjahren sollte der Schüler 50 Versmaße, bestimmte Rituale, topograph. Mythen und die wichtigsten lit. Erzählungen beherrschen. Das 12. Jahr brachte dann mit dem *druimne suíthe* den Abschluß der Ausbildung zum *ollam*; ein solcher mußte 250 *primscéla* (Haupterzählungen) und ca. 100 *scéla* (nach Themen klassifizierte Erzählungen) kennen, ebenso über gründliche Kenntnisse von Metrik und Ritualen, gemäß seinem Status, verfügen. Jeder Grad des f. hatte seine eigenen metr. Formen; die Einkünfte waren ebenfalls hierarchisch abgestuft, von einer Färse für einen fochlocc bis zu zehn Kühen für einen ollam.

Der ollam filed hatte bei der Zeremonie der Königseinsetzung eine dominierende Rolle inne; mit persönl. Immunität ausgestattet, konnte er von Kgr. zu Kgr. reisen und mit anderen Kgr.en Verhandlungen führen. Nach Rang und Gefolge, das auch zu unterhalten war, war er einem rí tuaíthe, einem Provinzialkg., gleichgestellt.

Die Metren der f.-Dichtung waren in der Frühzeit strophisch; die ältesten Textteile der air. Gesetze sind in Siebensilbern abgefaßt. Nach der Christianisierung wandelte sich die ir. Metrik unter dem Einfluß der spätlat. Dichtung; die f. dichteten bis zum Ende der gäl. Aristokratie im 17. Jh. in syllab. Versen.   P. Ní Chatháin

Lit.: P. Mac Cana, Regnum and Sacerdotium, PBA 65, 1979, 443ff. – R. Thurneysen, Die ir. Helden- und Königsage, 1921 [Neudr. 1980], 65ff. – L. Mac Mathúna, The Designation, Functions and Knowledge of the Irish Poet (Veröff. der Kelt. Komm. Wien, Nr. 2, 1982), 225ff.

Filiation, monastische → Kloster

Filibertus (frz. Philibert) v. Jumièges und Noirmoutier, hl. (Fest: 20. Aug. im Mart. Hieronymianum), * 616/620 in Eauze (Aquitanien, dép. Gers), † an einem 20. Aug. bald nach 685 in Noirmoutier, Sohn des kgl. Amtsträgers Filibaudis, des späteren Bf.s v. Aire-sur-l'Adour (dép. Landes). In jugendl. Alter (nach 631) durch seinen Vater an Kg. Dagobert I. empfohlen, schloß F. am Merowingerhof zu Paris Freundschaft mit →Audoenus, dem späteren Bf. v. Rouen. Mit 20 Jahren trat er in das Columban-Kl. →Rebais (dép. Seine-et-Marne) ein. Um 650 wurde er dort Nachfolger des Abtes Agilus. Angesichts von Opposition seiner Mönche begab sich F. auf eine Rundreise durch mehrere Kl. in der Francia, in Burgund und Italien, insbes. nach →Luxeuil und →Bobbio, deren Regeln er miteinander verglich. Nach seiner Rückkehr gründete er 654 das St. Peter geweihte Kl. →Jumièges (dép. Seine-Maritime) auf einem Teil der ihm von Kg. Chlodwig II. und seiner Gemahlin →Balthild übertragenen Domäne Gemeticum. Um 662 gründete er ein Frauenkl., das er Austreberta unterstellte; dieses Kl. erhielt schließlich in Pauliacus (Pavilly, dép. Seine-Maritime) seinen endgültigen Standort.

Als Anhänger der austras. (arnulfing.) Partei (→Frankenreich) stellte F. sich 676 dem neustr. Hausmeier →Ebroin entgegen; dies führte zum Bruch mit Audoenus, der ihn in Haft setzen ließ. Bald wieder freigekommen, fand F. Zuflucht bei einem anderen Opponenten, Bf. Ansoaldus v. Poitiers, einem Verwandten des hl. →Leodegarius, Bf. v. Autun. F. gründete alsbald ein Kl. in Quinçay nahe Poitiers und erhielt 677 von Ansoaldus die notwendigen wirtschaftl. Grundlagen für die Gründung von →Noirmoutier (dép. Vendée) auf der damals Herio gen. Atlantikinsel. Nach dem Tode des Ebroin und wohl auch des Audoenus (um 683/684) konnte F. nach achtjährigem Exil in sein Kl. Jumièges zurückkehren und gründete in dessen Nähe ein neues Frauenkl., Montivilliers (dép. Seine-Maritime), mit Hilfe einer Stiftung des Hausmeiers Waratto. Bald unterstellte F. Jumièges jedoch dem aus Quinçay stammenden Aicardus und zog sich selbst nach Noirmoutier zurück, wo er bald nach 685 verstarb.

Die Normanneneinfälle des 9. Jh. führten eine Welle von Translationen der Reliquien des F. herbei: so 836 nach Déas (St-Philibert-de-Grandlieu, dép. Loire-Atlantique), 856 nach →Cunault (dép. Maine-et-Loire), 862 nach Messay (dép. Vienne), 872/873 nach →St-Pourçain-sur-Sioule

(dép. Allier), 875 nach St-Valérien de →Tournus (dép. Saône-et-Loire). Wegen örtl. Wirren wurden die F.-Reliquien 946–949 erneut nach St-Pourçain geflüchtet, um schließlich definitiv nach Tournus zu gelangen. Tournus sandte zweimal F.-Reliquien nach Jumièges: 1493 (1562 durch Protestanten vernichtet) und 1661.

Die bald nach F.' Tod in Jumièges entstandene (verlorene) Vita wurde bereits um 700 unter Abt Coschinus durch eine zweite (ebenfalls nicht erhaltene) Fassung ersetzt (Vita s. Austrebertae prol. 1; BHL 832); diese Version ist – vielleicht in einer um 800 stilist. verbesserten Fassung – durch den Mönch Ermentarius v. Noirmoutier überliefert (BHL 6805–6806). Er gliederte sie (in überarbeiteter Gestalt?) um 837/838 seinem Bericht über die Translation und Wunder des hl. F. ein (BHL 6908, l. I), den er 853/854 dem Abt →Hilduin v. St-Germain-des-Prés widmete (BHL 6807). Nachdem Ermentarius Ende 862 Abt geworden war, fügte er ein zweites Buch mit Translations- und Mirakelberichten hinzu (BHL 6809). Die F.-Verehrung erfaßte v. a. die Gebiete im Einzugsbereich der Seine, der Loire und der Saône.   J.-C. Poulin

Lit.: Bibl. SS 5, 1964, 702–705 – Monuments de l'hist. des abbayes de St-Philibert (Noirmoutier, Grandlieu, Tournus), ed. R. Poupardin, 1905 [dazu: M-A 19, 1906, 97–117] – Jumièges. Congrès scient. du XIIIe centenaire, 2 Bde, Rouen 1955 – K. H. Debus, Bf. Ansoalds Schenkung an Filibert, ADipl 14, 1968, 96–104, 186–189 – E. Pepin, S. Philibert et ses reliques (Centre internat. d'études romanes, 1975), 7–14.

Filigran, seit dem 16. Jh. aus dem It. übernommene Bezeichnung einer Metallbearbeitung, bei der feiner Draht muster- bzw. flächenbildend verwendet wird, in der Regel auf einem Träger. Im MA spricht man von »flosculi« (Theophilus presb.). Zu dieser Arbeit dienen sowohl glatter (rund oder flach) als auch strukturierter Draht, meistens gekörnt – daher enge Beziehung zur →Granulation –, ferner gekerbt, gefältelt, gewellt, verflochten, gekordelt und zwar ein- oder mehrfädig. Als Werkstoff wird das extrem dehnbare Gold bevorzugt, Silber-F. ist im MA selten, unedle Metalle begegnen legiert und vergoldet. F.-Draht wird gehämmert, gerollt, verdrillt oder gezogen. Zieheisen, für die Antike umstritten, sind seit merow. Zeit nachweisbar. Zur Körnung (Perlung) des F.-Drahtes verwendet das MA ein bei Theophilus presb. III, 9–10 »organarium« (Perlfeile) gen. Gerät. Mit dem Träger wird F. durch Löten (im MA sog. Reaktionslote, vgl. Theophilus presb. III, 52) über Holzkohlefeuer verbunden. F. als eine der ältesten Metalltechniken im Mittelmeerraum blüht seit spätröm. Zeit in Italien wie in Nordeuropa. Vielfalt und Qualität des F.s in karol.-otton. Zeit wirken auf den wiking. wie den slav. Bereich ein. – Das ma. F., bei profanem Schmuck, Herrschaftszeichen und v. a. in sakraler Goldschmiedekunst vielfältig angewendet, kennt eine Fülle von linear-abstrakten wie vegetabil. Mustern: Ringe, Spiralen, Schlingen, Ranken, Palmetten, jeweils locker bis dicht gestreut. Als eher plast. Motive begegnen Arkaden, gestufte Steinfassungen, Auflagen wie Körbchen und Böckchen. Im späteren MA wird das Würmchen-F. (vermiculé) entwickelt, die üblichen Granula-Enden werden zu Rosetten oder Blümchen bereichert. Mehrfädiges F. entfaltet sich zu fächerartigen Mustern und zu schneckenartigen, den Träger überlagernden Gebilden, in räuml. Ausweitung der urspgl. reinen Flächenkunst des F.s. Schließlich ist die Verbindung mit →Email zu erwähnen (F.- oder Drahtemail). – Systemat. Forschung zum F. liegt bisher nur für Antike und Wikingerzeit vor. Der byz. Anteil an der Gesamtentwicklung ist beträchtlich.   V. H. Elbern

Lit.: RDK VIII, 1062–1184 [J. Wolters; Lit.] – Gold Jewelry, ed. T. Hackens–R. Winkes, 1983 – Wl. Duczko, The Filigree and Granulation Work of the Viking Period (Birka V), 1985.

Filioque. Unter diesem Stichwort, das sich auf einen Zusatz zum nicäno-konstantinopolitan. Glaubensbekenntnis (381; →Nikaia) bezieht und den Hervorgang des →Hl. Geistes vom Vater »und vom Sohne« umschreibt, entwickelte sich seit dem 9. Jh. eine Kontroverse zw. der lat. und der griech. Kirche; der Streit ging sowohl um den Inhalt der Lehre wie um die Rechtmäßigkeit eines entsprechenden Zusatzes zum →Symbolum. Die später so umstrittene Lehre vom F. ist in der lat. Kirche seit dem 4. Jh. bezeugt (Ambrosius, »De spir. sancto«; Augustinus, »De trin.«; Fides Damasi); im Osten gingen die Meinungen zw. den Schulen von →Antioch(e)ia und →Alexandr(e)ia auseinander. Patriarch →Kyrillos v. Alexandr(e)ia wurde als Verfechter des F. von seinen Gegnern angeklagt. In Rom nahm Papst→Martin I. die Formel in einen Synodalbrief nach Konstantinopel (649) auf; →Maximos Homologetes beschwichtigte die dort entstandene Aufregung (Ep. ad Marinum). In Gallien und Spanien hatte das F. schon im 4. und 5. Jh. Aufnahme in verschiedene »Regulae fidei« gefunden, um priscillianist. und arian. Irrlehren zurückzuweisen (→Priscillianismus; →Arius, Arianismus). Patriarch →Tarasios v. Konstantinopel sprach auf dem 2. Konzil v. →Nikaia (787) vom Ausgang des Geistes »vom Vater durch den Sohn«, was eine scharfe Replik in den »Libri Carolini« und auf der Synode v. →Frankfurt (794) hervorrief. Nachdem Karl d. Gr. ein um das F. erweitertes Symbolum in die Liturgie hatte einordnen lassen, gelangte es über lat. Mönche auch nach →Jerusalem (807); wegen des Widerspruchs der Griechen wandten sich die Lateiner an Papst →Leo III. (809), der zwar der Lehre des F. zustimmte, aber dessen Einfügung ins Symbolum verwarf, und deshalb zwei Silberplatten mit dem griech. und lat. Text des alten Symbolums (ohne F.) gegenüber der Confessio von St. Peter in Rom aufstellen ließ. In Rom wurde das F. wohl erst durch Benedikt VIII. auf Bitten Ks. Heinrichs II. (ca. 1013) eingeführt. Schon zuvor waren für Patriarch →Photios (Konstantinopel) Lehre und Einfügung des F. zum wichtigsten Anklagepunkt (867) gegen die Kirche von Rom geworden; seither wertet die griech. Kirche das F. als Hauptursache des Schismas von 1054 (→Ostkirchen). Auf dem 2. Konzil v. →Lyon (1274) sangen drei Delegierte des byz. Ks.s Michael VIII. das Glaubensbekenntnis mit dem F.; ihre Handlungsweise blieb aber in Byzanz umstritten. Der spätere Patriarch →Johannes XI. Bekkos, zunächst wegen seiner Ablehnung des F. eingekerkert, erkannte beim Väterstudium während der Haft die Rechtmäßigkeit des Zusatzes und verteidigte hinfort die Übereinkunft von Lyon gegen alle Widrigkeiten; sein Gegner und Nachfolger, →Gregorios II., versuchte, einen (zw. ewiger und zeitlicher Ebene) vermittelnden, jedoch in sich widersprüchl. Ansatz dagegenzusetzen. Die von Bekkos angeregte und von einer lateinerfreundl. Minderheit in Byzanz aufgegriffene Neubewertung der lat. Position fand ihren vollendeten Ausdruck auf dem Konzil v. →Ferrara-Florenz (Bulle »Laetentur coeli«, 1439), das die Gleichwertigkeit der Formeln »von« und »durch« (d. h. den Sohn) feststellte, falls die Einheit von Ursprungsprinzip und Ausgang (bzw. Hauchung) gewahrt bleibe; auch diese Entscheidung traf in Konstantinopel nur auf kurzfristige und geteilte Annahmebereitschaft, bis nach dem Fall der Hauptstadt (1453) eine Lokalsynode (1484) die Union aufkündigte; an dieser Haltung hat sich, von wenigen Vermittlungsvorschlägen (z. B. des Maximos Margunios) abgesehen, später nichts

mehr geändert. Schon in Florenz hatten die Griechen (→Markos Eugenikos) auf die Bestimmung des Konzils v. →Ephesos (431) verwiesen, daß niemand einen »anderen Glauben« als den des I. Nicaenums verkünden dürfe; umstritten blieb dabei, ob 'Glaube' und 'Symbolum' einfachhin gleichgesetzt werden dürfen. Tatsächlich hatte sich die griech. Patristik auch nach Ephesos als offen auf das F. hin erwiesen.   G. Podskalsky

Q. und Lit.:DThC V, 2309–2343 [A. Palmieri; ält. Lit.] – NCE V, 913f. [J. Gill] – LThK² IV, 126–128 [J. Gill] – L. Lohn, Doctrina Graecorum et Russorum de proc. Spiritus S. a solo Patre, pars I: Photii temporibus, 1934 – M. Jugie, De Processione Spiritus S. ex fontibus Revelationis et secundum Orientales dissidentes, 1936 (Lateranum, NS II, 3–4) – Ders., Origines de la controverse sur l'addition du 'F.' au Symbole, RSPhTh 28, 1939, 369–385 – H. du Manoir, Dogme et spiritualité chez S. Cyrille d'Alexandrie, 1944 – V. Grumel, Photius et l'addition du F. au Symbole de Nicée-Constantinople, RevByz 5, 1947, 218–234 – M. Schmaus, Die psychol. Trinitätslehre des hl. Augustinus, 1966² – H. J. Marx, F. und Verbot eines anderen Glaubens auf dem Florentinum, 1977 [vgl. dazu J. L. van Dieten, AHC 10, 1978, 421–425] – A. de Halleux, La profession de l'Esprit Saint dans le Symbole de Constantinople, Rev. théol. de Louvain 10, 1979, 3–39–B. Schultze, Die Pneumatologie des Symbols von Konstantinopel als abschließende Formulierung der griech. Theologie (381–1981), OrChrP 47, 1981, 5–54–L. Vischer, Geist Gottes – Geist Christi, 1981 – A. Papadakis, Crisis in Byzantium: The 'F.' Controversy in the Patriarchate of Gregory II of Cyprus, 1984 [vgl. dazu: B. Schultze, OrChrP 51, 1985, 163–187] – D. Ramos-Lissón, Die synodalen Ursprünge des F. im röm.-westgot. Hispanien, Arch. hist. conc. 16, 1984, 286–299.

Filippi, Rustico, it. Dichter, * in Florenz; einige seiner Sonette sind auf das 6. und 7. Jahrzehnt des 13. Jh. datierbar, † zw. 1291 und 1300. Brunetto →Latini widmete ihm seinen »Favolello«; erhalten ist auch ein Sonettwechsel (2 Gedichte) zw. R. F. und Bondie Dietaiuti; auch Jacopo da Léona adressiert ein Sonett an ihn. Von R. sind 58 Sonette erhalten, die eine Hälfte im höf. Stil, die andere, durch Neuheit der Erfindung bedeutendere Gruppe im kom. Stil. Der Unterschied drückt sich auch in der Wortwahl aus. Bei seinen scherzhaften, der prov. satir. Tradition verpflichteten Gedichten bezieht er sich auf reale Personen und konkrete Situationen, so daß viele Anspielungen für den heutigen Leser nicht mehr zu entschlüsseln sind. Seine Satire nimmt polit. Gegner aufs Korn (R. F. ist Ghibelline) und betrifft Episoden oft sexueller Natur aus dem Leben seiner Mitbürger. Das Alltagsleben in den engen Straßen von Florenz, wo die Leute sich gegenseitig beobachteten, und der Klatsch liefern den Stoff für R.s Dichtung. So ergeben sich prägnante satir. Portraits. Herabsetzende Vergleiche für Menschen, die er in seinen Sonetten angreift, bezieht R. mit Vorliebe aus der Tierwelt und gibt so ein negativ verzerrtes Abbild der Realität.

Im Gegensatz zum »Vituperium« (Schmähung), das R. in den kom. Dichtungen pflegt, wird in den höf., einer anderen rhetor. Tradition verpflichteten Sonetten das Lob der Frau gesungen.   F. Bruni

Ed.: Sonetti, ed. P. V. Mengaldo, 1971 – Sonetti burleschi e realistici dei primi due secoli, ed. A. F. Massèra–L. Russo, 1940 – Poeti giocosi del tempo di Dante, ed. M. Marti, 1956 – Rimatori comico-realistici del Due e Trecento, ed M. Vitale, 1956 – *Lit.*: M. Marti, Cultura e stile nei poeti giocosi del tempo di Dante, 1953 – V. Russo, »Verba obscena« e comico: R. F., Filologia e critica 5, 1980, 169–182 – F. Suitner, La poesia satirica e giocosa nell'età dei Comuni, 1983 – S. Buzzetti Gallarati, Sull'organizzazione del discorso comico nella produzione di R. F., MR 9, 1984, 189–214.

Fillastre, Guillaume d. Ä., Kard., * um 1350 La Suze (Le Maine), † 6. Nov. 1428 in Rom; nach Rechtsstudium 1392 Dekan in Reims, 1394 »consiliarius« →Ludwigs v. Orléans. F. ist bes. durch seine Rolle bei der Überwindung des

→Abendländ. Schismas hervorgetreten: 1406 auf der Synode v. →Paris noch Verteidiger →Benedikts XIII. gegen Simon de→Cramaud, stand er nach dem Konzil v. →Pisa (1409) auf der Seite von →Johannes XXIII. 1411 zusammen mit Pierre d'→Ailly zum Kard. (tit. S. Marci) erhoben, seit 1414 auch Administrator v. Arles, war er auf dem Konzil v. →Konstanz gleichwohl für die Absetzung dieses Papstes; gegen Kg. →Siegmund trat F. für Neuwahl vor Reform ein. Er war Teilnehmer am Konklave →Martins V., der ihn 1421 als Legaten nach Frankreich sandte.

F. hat sich über die Verhandlungen in Konstanz Aufzeichnungen gemacht; sie dienten 1431 Kard. Juan→Cervantes als Argumentationshilfe für die Weigerung gegenüber Eugen IV., die Auflösungsbulle des Konzils v. →Basel zu unterzeichnen.   W. Decker

Q.: F.s »Konzilstagebuch«: Acta Concilii Constanciensis II, ed. H. FINKE, 13–170; vgl. auch die übrigen Bde ad indicem – Lit.: DBF XIII, 1340f. – DHGE XVI, 1490–DTC V, 2343–2351–P. LUC, Un complot contre le pape Benoît XIII (1406–1407), MAH 55, 1938, 374–402 – A. FRANZEN–W. MÜLLER, Das Konzil v. Konstanz, 1964–H. KAMINSKY, Simon de Cramaud, 1982.

Filofej, russ. Mönch und Publizist, * ca. 1465, † 1542 in Pskov; Angaben über sein Leben nur aus seinen Schriften und einem kurzen Kopistenvermerk bekannt. F. war Starec (»geistiger Vater«) und nach 1514 vielleicht Abt des von Evfrosin Pskovskij († 1481) im Geist der monast. Reform des →Iosif Volockij gegründeten Eleazar-Kl. des Erlösers in →Pskov. Er verfaßte u. a. eine Chronik (»Russkij chronograf«, 1512) und eine Erzählung über eine Pskover Marienikone (»Čirskaja«, 1420); von ungleich größerer Bedeutung sind jedoch mehrere Sendschreiben, die er wohl nach der endgültigen Einverleibung Pskovs durch den Gfs.en v. Moskau (1510) verfaßte. Als Empfänger dieser – in ihrer Authentizität nicht immer zweifelsfreien – Briefe fungieren die Gfs. Vasilij III. Ivanovič, dessen Sohn Ivan IV. 'der Schreckliche', der D'jak Michail (Misjur) Grigor'evič Munechin (u. a. anläßlich einer Pestepidemie 1521–22) sowie weitere Adressaten. Den Briefen zugrunde liegt die Idee der Gleichsetzung →Moskaus mit dem »Dritten Rom«, die F. in Zusammenhang mit einer Apokalypsenexegese begründet. Als Gegner des Einflusses der lat.-westl. »Häretiker« polemisiert F. u. a. gegen Sterndeuter, nimmt in der Frage der Klostergüter und Klosterordnung Stellung und verherrlicht die Gfs.en v. Moskau, verteidigt aber andererseits seine Landsleute gegen Übergriffe der Moskauer Statthalter. Die Grundlage der religiös-philos., eschatologisch geprägten Konzeption F.s bildet seine Auffassung von der weltgeschichtl. Bedeutung Moskaus als der erwählten »göttl. Stadt«, verbunden mit seiner Vorstellung von einer theokratisch-monarch. Gestaltung des Moskauer Reichs.   Ch. Hannick

Lit.: BROKGAUZ-EFRON 70, 856f. – RBS XXI, 135ff. – FILARET (GUMILEVSKIJ), Obzor russkoj duchovnoj literatury I, 1884³ [Neudr. 1984], 137f. – V. MALININ, Starec Eleazarova monastyrja Filofej ego poslanija, 1901 – H. SCHAEDER, Moskau das Dritte Rom. Stud. zur Gesch. der polit. Theorien in der slaw. Welt, 1957 – N. ANDREYEV, Filofey and his Epistle to Ivan Vasil'yevich, The Slavonic and East European Review 38, 1959–60, 1–31 – JA. S. LUR'E, Ideologičeskaja bor'ba v russkoj publicistike konca XV – načala XVI v., 1960, 484ff. – F. KÄMPFER, Beobachtungen zu den Sendschreiben Filofejs, JbGO 18, 1970, 1–46 – A. L. GOL'DBERG, Tri »poslanija Filofeja« (Opyt tekstologičeskogo analiza), TODRL 29, 1974, 68–97 – H.-G. GRABMÜLLER, Die Pskover Chroniken. Unters. zur russ. Regionalchronistik im 13.–15. Jh., 1975, 39f. – F. KÄMPFER, »Sendschreiben F.s« oder »F.-Zyklus«? Argumente gegen die Ergebnisse A. Goldbergs. Canadian-American Slavic Stud. 1–2, 1979, 126–138 – A. L. GOL'DBERG, Ideja »Moskva-tretij Rim« v cikle sočinenij pervoj poloviny XVI v., TODRL 37, 1983, 139–149 – V. T. PAŠUTO, Mosca-terza Roma. Storiografia e bibliogr. (Roma-

Costantinopoli-Mosca. Da Roma alla terza Roma, Documenti e studi 1, 1983), 466f. – Pamjatniki literatury drevnej Rusi, Konec XV – pervaja polovina XVI veka, 1984, 436–455 [V. V. KOLESOV].

Filz → Textilien, -herstellung, -handel

Final Concords. Die F. C. oder »Fines« gehören zu den populärsten engl. Rechtsdokumenten und finden sich in den Public Record Office-Mss. des Court of→Common Pleas (CP, 25). Die F. C. waren Abschlußprotokolle, die die Entscheidungen in einem wirklichen Prozeß oder einem Scheinprozeß darstellen, wobei es meist um Vertragsabschlüsse oder beurkundete Garantien oder Zusicherungen ging. F. C. sind bereits um 1175 belegt, treten aber bes. zahlreich zw. 1200 und 1834 auf. Danach verloren sie durch die Rechtsreform ihre Bedeutung. Das letzte Stadium beim Zustandekommen einer solchen »letzten Übereinkunft« war die Erstellung eines dreiteiligen Dokuments mit je einer Kopie für jede Prozeßpartei und dem sog. »Fuß« (Foot of the Fine), der zu den Gerichtsakten genommen wurde. Die drei Fassungen des Abschlußprotokolls wurden an den Linien eines umgedrehten »T« und entlang des Wortes »Cyrographum« (→Chirograph) auseinandergeschnitten. Die Fines wurden bei Eigentumsübertragungen eingesetzt. Wegen der beweisrechtl. Sicherheit waren Fines leicht vor Gericht durchzusetzen. Wenn sie nicht innerhalb von Jahr und Tag angefochten wurden, konnten die Rechtsansprüche des Inhabers nicht nur gegenüber den Prozeßparteien, sondern auch gegenüber deren Erben und Drittparteien geltend gemacht werden. In jurist. Lehrbüchern über Besitzrecht sind Fines an die Wiedergewinnung von Grundbesitz (recovery) geknüpft, es gibt jedoch grundsätzl. Unterschiede im Zeitpunkt und der Art der entsprechenden Rechtsgeschäfte. Fines waren ein grundlegender Bestandteil des ma. engl. Besitzrechts.   S. Sheridan Walker

Q. und Lit.: Viele F. C. wurden von der Pipe Roll Soc. gedruckt, vgl. Bde 17, 1894; 20, 1896; 65, 1952; 67, 1954 – Abstract of the Surrey Feet of Fines, hg. C. A. F. MEEKINGS (Surrey Records Soc. 19, 1946) – T. F. T. PLUCKNETT, A Concise Hist. of the Common Law, 1956⁵, 567f., 613–616 – Verschiedene Darstellungen des Zustandekommens von Fines in: Guide to the Contents of the Public Record Office, Bd. I, 1963, 135f. – Feet of Fines for the County of York 1300–1314, ed. M. ROPER, Yorkshire Archaeological Soc. 127, 1965 – S. F. C. MILSOM, Historical Foundations of the Common Law, 1981², 181–183.

Finalis ('zum Ende gehörend' von lat. finis), scil. clavis sive vox sive sedes, bezeichnet in der Musiklehre des MA zunächst die vier Skalenschlußtöne (D, E, F, G) des Tetrachordum finalium; auf ihnen enden beinahe alle Melodien. Amalar (MPL 105, 1120) bekämpft im System des gregorian. Oktoechos leiterfremde Töne, die Berno (GERBERT II, 74) mit Hilfe von Translation oder Transposition emendiert. Dadurch entstehen neue Skalen mit irregulären Schlußtönen (confinales, affinales, sociales). F. bedeutet sodann im Gegensatz zu medialis – im Sinne von accentus und concentus – auch Finalklausel in einstimmiger und mehrstimmiger Musik (→Differenzen, →Clausula). Beim Vortrag liturg. Gebete und Lesungen ist F. identisch mit punctum.   D. v. Huebner

Lit.: WAGNER, Einführung III, 128ff., 165ff., 184ff., 207ff. – NEW GROVE VI, 556f. – H. SCHMID, Musica et scolica enchiriadis una cum aliquibus tractatulis adiunctis, 1981, passim.

Fin'amor ('vollkommene Liebe'). Im Unterschied zum Begriff cortez 'amor ('höfische Liebe'), der nur in einer religiösen Dichtung des →Peire d'Alvernhe, PC 323,18, und im →Flamenca Roman v. 1197 begegnet, findet sich die Wendung f. a. in den Chansons der prov. Troubadoure des 12. und 13. Jh. (am frühesten bei →Marcabru, →Cercamon und →Jaufre Rudel, später bei →Bernart de Ventadorn und den Dichtern der sog. »dritten Generation«). In der langue d'oïl wird sie von Thomas (→Tristan), →Chrétien de Troyes und →Marie de France sowie von den Trouvères aufgegriffen (Kastellan v. →Coucy, →Gace Brulé, →Thibaut de Champagne etc.). Seit dem 19. Jh. gilt f. a. als einer der Zentralgedanken der »höfischen Ideologie« und als Archetypus der Sprache der nz. Liebesdichtung. Die 'vollkommene Liebe' richtet sich nicht auf einen konkreten, bestimmten Gegenstand und findet ihre Erfüllung allein im selbstlosen Dienen, dessen einziger Lohn in der Fortdauer der Passion besteht; f.a. bedeutet Selbstaufopferung für eine auf der sozialen Stufenleiter höherstehende und so gut wie unerreichbare Dame; jeder Gedanke an eine eheliche Verbindung ist mit f.a. unvereinbar: mit einem Wort, f.a. ist eine Liebe, deren Gegenstand fern ist *(amor de lonh)*, ein getreues Abbild einer Gesellschaft, in der sich der Adel mit einer Entourage von Dienenden umgab.

Die Ursprünge des Gedankens der f.a. werden von der Forschung einerseits in der augustin. caritas gesehen (mit mehr oder weniger starkem Einfluß der ma. Mystik und insbes. der Schule von St. Victor), andererseits in der ma. Verehrung der Jungfrau Maria sowie in der sog. Brautmystik des Hohen Liedes und in anderen Elementen.

Die von der f.a. propagierte Sublimierung des sexuellen Verlangens und ihr Wertsystem (Verherrlichung der Liebesekstase beim Anblick der Geliebten sowie der verschwenderischen Freigebigkeit und des »jugendfrischen Sinnes«) werden vielfach durch die soziale und wirtschaftl. Lage des Kleinadels und dessen Probleme der feudalen Integration (Jüngere Söhne, Ritter, die noch keine Lehen besaßen etc.) begründet. Über die verschiedenen generalisierenden Erklärungsversuche hinaus, die in der Forschung unternommen wurden, wäre jedoch eine Rückkehr zu den Texten wünschenswert, um ohne vorgefaßte »globale« Interpretation ihre Polyvalenz und ihre gegenseitigen Abhängigkeiten zu untersuchen. Man gewänne dann die Erkenntnis, daß die Wendung f.a. bei den einzelnen Dichtern, ja sogar innerhalb des Werkes jedes einzelnen Troubadours (beispielhaft ist der Chansonnier des Bernart de Ventadorn) eine je nach Kontext verschiedene Bedeutung annehmen kann.   L. Rossi

Lit.: R. SCHNELL, »Causa Amoris«. Liebeskonzeption und Liebesdarstellung in der ma. Lit., 1985 [bes. c. III, Die höf. Liebe, 77–184; mit Bibliogr.] – C. S. JAEGER, The Origins of Courtliness. Civilizing Trends and the Formation of Courtly Ideals (939–1210), 1985 – J. LARMAT, La conception de la f.a. chez quelques troubadours (Studia Occitanica in mem. P. REMY, I, 1986), 109–119 – H. A. KELLY, The Varieties of Love in Medieval Literature According to Gaston Paris, RP XL, 1987, 301–327.

Finán Cam ('der Schielende'), hl., Patron des südwestir. Familienverbandes der →Corcu Duibne (Gft. Kerry), gilt traditionell als Schüler des hl. →Brendan moccu Alti (aus dem ebenfalls aus Kerry stammenden Verband der Altraige), des Gründers von →Clonfert. F. ist in den Annalen nicht erwähnt, nach seinen Viten war er Zeitgenosse des Kg.s v. Munster, Fáilbe Flann († 637). F.s wichtigste Klostergründung ist Cenn Etig (Kinnitty, Gft. Offaly), das, sö. von Clonfert gelegen, vielleicht zu dessen 'paruchia' gehörte. Nach seiner Vita lag F. im Streit mit den Uí Fidgente, einer Familie des Verbandes der →Eóganacht, während er mit Fáilbe Flann, der als Kg. v. →Cashel (→Munster) einem anderen Eóganachtzweig angehörte, in Einvernehmen lebte.   D. Ó Cróinín

Lit.: J. F. KENNEY, Sources for the Early Hist. of Ireland, I, 1929, 421 – W. W. HEIST, Vitae Sanctorum Hib., 1965, 153–160.

Finán mac Rímedo, ir. (schott.) Missionar, hl., seit 651 in Nachfolge →Aidans Bf. v. →Lindisfarne, † 660 (nach den Annalen v. Ulster). Hauptquelle für F.s Leben ist →Beda (ed. CH. PLUMMER, Bd. I, Buch III, 17, 21, 22, 25–27). F. kam aus →Iona, wo er ausgebildet worden war, nach Lindisfarne und erbaute dort eine Kirche in ir. Bauweise, aus Eichenstämmen und mit Rieddach. Diese wurde später von Ebf. →Theodor v. Canterbury dem Apostel Petrus geweiht. Als Bf. taufte F. zu At-Wall (Walton bei Newcastle) den Sohn Kg. →Pendas v. Mercien, Peada, mit dessen Freunden, Gefolgsleuten und Knechten. Der Ire Diuma, einer der Priester, die Peada anschließend nach Mercien begleitet hatten, wurde später von F. zum Bf. der mittleren Angeln und Mercier geweiht. In ähnlicher Weise taufte F. in At-Wall den Kg. der Ostsachsen, →Sigbert, und weihte den Priester →Cedd zum Ostsachsenbf. F. vertrat im →Osterstreit den Standpunkt seines Mutterkl. Iona und disputierte die röm. Methode der Kalkulation des Ostertermins mit dem Iren Ronan, der in Gallien und Italien theol. und jurist. Kenntnisse erworben hatte.

Q.: →Beda; →Aidan.   Ch. Doherty

Finanzwesen, -verwaltung

A. Spätantike, Byzantinisches Reich und Südosteuropa – B. Westliches Europa – C. Osmanisches Reich

A. Spätantike, Byzantinisches Reich und Südosteuropa

I. Spätantike – II. Byzantinisches Reich – III. Südosteuropa.

I. SPÄTANTIKE: Die Verwaltung der Staatseinkünfte aus Steuern, Gefällen und Pacht entwickelte sich aus der augusteischen Reichsordnung angesichts wachsender finanzieller Belastung des Reiches. Nach dem Ende einer senator. Staatsverwaltung mit ursprünglich eigener und deren Übernahme durch die ksl. Finanzverwaltung wird die Gliederung in Ressorts seit dem 3. Jh. in der Spätantike im wesentlichen beibehalten: 1. →res privata mit dem comes rerum privatarum für die Einkünfte aus ksl. Besitz mit 5 (im 6. Jh.: 6) →scrinia, 2. anstelle des fiscus der sacrae →largitiones (alle Einkünfte außer den Domänen) mit 9 (im 6. Jh. 10) scrinia. Ein comes sacri patrimonii (seit dem 5. Jh.) scheint daneben zweitrangig. Eine klare Trennung des Ressortwesens für die zentrale Verwaltung ist indes nicht möglich. Hingegen bleibt die nach dem Grundbesitz eingehobene und nach →indictiones veranlagte →annona im Bereich der Präfektur. Sie wird auf die civitates umgelegt, deren Selbstverwaltung die Einhebung nach den Richtlinien der capitatio und iugatio garantiert; die Ablösung von Naturalien durch Geldabgaben (adaeratio) ist grundsätzlich möglich, wird indes eigens verfügt. Die Präfektur führt nach Bezahlung der für sie anfallenden Kosten (Versorgung von Heer und Beamten) die Überschüsse in die zentrale Kasse ab; eine parallele Steuer für alle Gewerbetreibenden (collatio lustralis, χρυσάργυρον) besteht bis 498, wird offensichtlich aber direkt von den Städten (C 11,1,1) an das Amt der largitiones abgeführt. Eine Belastung des F.s bedeuten die vielfältigen Immunitäten für Standes- und Berufsgruppen, dazu anderseits die Sondersteuern, die zu Steuerflucht, teilweiser Verarmung des Decurionenstandes (→Decurio) und Verfall der Städte führen. Anderseits unterwandert ein ausgeprägtes Sportel- und Gebührenwesen jede Möglichkeit einer Finanzbürokratie. Nach einem gewissen Gleichgewicht im 4. Jh. gerät das F. in der Völkerwanderungszeit durch Überbelastung des Wirtschaftsgefüges, wachsende Ausgaben und Mangel an Edelmetallen in eine neue katastrophale Entwicklung, die einen verstärkten Dirigismus bewirkt. Doch gelingt in Byzanz →Anastasios I. offensichtlich durch rationale Sparsamkeitsmethoden und Verringerung der Zahlung an Auswärtige die Schaffung eines ansehnlichen Staatsschatzes. Justinian hingegen muß nach dessen Aufzehrung mit neuen rigorosen Eintreibungen (→Johannes der Kappadoker) seine Kriegs- und Baukosten decken. →Steuerwesen.   G. Wirth

Lit.: RE I, 340f., s.v. adaeratio; III, 1513–1521, s.v. capitatio; IV, 370–376, s.v. collatio lustralis; 664–677, s.v. comes; IX, 1327–1332, s.v. indictio; II A, 893–904, s.v. scrinium – M. Gelzer, Stud. zur byz. Verwaltung Ägyptens, 1909 [Neudr. 1974] – H. Bott, Die Grundzüge der Diokletian. Steuerverfassung, 1928 – G. Mickwitz, Geld und Wirtschaft im röm. Reich des 4. Jh. n. Chr., 1932 – A. Segrè, Stud. in Byz. Economy. Iugatio and capitatio, Traditio 3, 1945, 101–127 – M. Rostovtzeff, The Social and Economic History of the Roman Empire, 1957² – J. Karayannopoulos, Das F. des frühbyz. Staates, 1958 – Jones, LRE – A. Bernardi, The Economic Problems of the Roman Empire at the Time of its Decline, SDHI 31, 1965, 110–170.

II. Byzantinisches Reich: [1] *Quellenlage:* Nur für die frühbyz. Zeit (4.–6. Jh.) lassen sich auf Grund von lit. Quellen, Gesetzestexten, Inschriften und Papyri einigermaßen abgesicherte Aussagen über das F. machen. In mittelbyz. Zeit sind in Siegeln, Urkunden, Ämterlisten und einigen wenigen Traktaten (des 10.–12. Jh.) zwar Funktionen und Ämter überliefert, doch fehlen weitgehend Hinweise auf die zeitl. Abfolge, Kompetenzen der Amtsträger und Koordinierung. Da aus spätbyz. Zeit (13. bis 15. Jh.) keine Finanztraktate bekannt sind und die übrigen Quellen noch keiner systemat. Durchsicht im Hinblick auf das F. unterzogen wurden, bleibt die Entwicklung in dieser Epoche noch mehr im dunkeln als in früheren Jahrhunderten.

[2] *Staatshaushalt:* Haupteinnahmequelle waren Steuern (v. a. Grund- und Kopfsteuer, aber auch die zahlreichen Sondersteuern, vgl. →Steuerwesen) und das – seit dem 12. Jh. schwindende – →Kommerkion (Handelszoll). Hinzu kommen, v. a. in früh- und mittelbyz. Zeit, noch Gewinne aus den Staatsgütern und den Monopolbetrieben (Seide, Bergwerke, Salinen). Dem stehen Ausgaben gegenüber für Heer und Kriegführung, Beamtengehälter, kirchl. und weltl. Bauten, Subsidien und Tribute. Da keine öffentl. Finanzaufzeichnungen erhalten sind, besitzen wir nur wenige punktuelle Angaben über den Staatshaushalt: 1025 betrug der Überschuß 14,4 Mio Nomismata (Psellos II, 19), während er sich zu Beginn der selbstständigen Regierung Basileios' II. wohl nur auf 720000 Nom. belief. I. J. 1321 gab es Einnahmen in Höhe von ca. 1/2 Mio Nom. (nach dem Geldwert des 10. Jh.); 1348 umfaßten die Steuereinnahmen in Konstantinopel 15000 Nom. Kalkulationen über die Haushaltshöhe sind für die früh- und mittelbyz. Zeit mehrfach mit höchst unterschiedl. Ergebnissen unternommen worden, basierend u. a. auf Zahlenangaben (Militärstärke, Baukosten) wie auch auf demograph. Schätzungen und »Hochrechnungen«. Die Fragwürdigkeit dieses Vorgehens ist evident. Von Treadgold angestellte Überlegungen für das 8. und 9. Jh., die bisher jedoch nicht nachgeprüft wurden und im strengen Sinn unbeweisbar bleiben, in sich jedoch zumindest diskutabel erscheinen, führen für das späte 8. Jh. zu jährl. Einnahmen von 1,8 Mio Nomismata, denen etwa die gleichen Ausgaben gegenüberstehen, für die Mitte des 9. Jh. zu 3,3 Mio Nom. Einnahmen und 2,8 Mio Ausgaben, also einem jährl. Gewinn von 1/2 Mio Nomismata. Er errechnet für das Jahr 856 einen Staatsschatz von 13,6 Mio, der nur geringfügig von dem am Ende der Regierung Basileios' II. (s. o.) überboten wird. Demgegenüber mag die halbe Million (Einnahmen) i. J. 1321 gering erscheinen, ist es aber weit weniger, wenn man in Betracht zieht, wie sehr der Umfang des Reiches geschwunden war.

[3] *Finanzverwaltung (7.–15. Jh.):* Sie erweist sich, nicht nur auf Grund der Quellenlage, als ein proteusartiges Gebilde, wobei v. a. die Entwicklung zw. dem 7. und 9.

Jh. wenig belegbar ist. In dieser Zeit verschwinden die lat. Ämterbezeichnungen und machen griechischen Platz. Als Kontinuität aus frühbyz. Zeit (→Abschnitt I) bleibt die Zweiteilung in staatl. und ksl. Finanzen sowie die Tatsache, daß oberster Dienstherr aller Ämter immer der Ks. ist. Auch die Finanzierung von Armee und Militärverwaltung, in frühbyz. Zeit den praefecti praetorio übertragen, unterstand in frühmittelbyz. Zeit einer dritten, nun zentralen Finanzbehörde, dem Logothesion tu stratiōtiku, λογοθέσιον τοῦ στρατιωτικοῦ. Wie die Koordination zw. den drei »Behörden« verlief, ist unbekannt. Erst im 10. und 11. Jh. treten die verschiedenen Finanzstellen wieder deutlicher hervor. Die Staatskasse (früher comitiva sacrarum largitionum) heißt nun genikē trapeza / γενικὴ τράπεζα (allgemeine Kasse), die des Kaisers (früher comitiva rerum privatarum) idikē trapeza / ἰδικὴ τράπεζα oder kurz idikon, ἰδικόν (Privatkasse). An der Spitze der ersteren stand zunächst (wohl schon seit dem 7. Jh.) der Sakellarios, σακελλάριος als oberster Kontrollbeamter, der Ende des 11. Jh. vom megas logariastēs / μέγας λογαριαστής (oberster Rechenmeister) abgelöst wird. Er stand der eigtl. Geldverwaltung (Sakellion / σακέλλιον, Staatsschatz) und der Behörde für Waren, Gegenstände und Naturaleinkünfte, dem →Bestiarion (βεστιάριον), vor. Diese übernahm im 12. Jh. auch die Aufgaben des Sakellion. Dem Sakellarios unterstanden noch weitere Behörden (logothesia / λογοθέσια, Rechnungsstellen), ohne daß sich die Zuordnung im einzelnen klären läßt. Am wichtigsten war das l. tu geniku, λογοθέσιον τοῦ γενικοῦ, dem die Einziehung der Steuern und Zölle oblag; ihr Leiter, der logothetēs tu geniku, λογοθέτης τοῦ γενικοῦ, wurde zum eigtl. »Finanzminister« des Byz. Reiches. Auch das bereits genannte logothesion tu stratiōtiku / λογοθέσιον τοῦ στρατιωτικοῦ gehört in diese Reihe, verschwindet aber spätestens mit dem 12. Jh. Der logothetēs tu dromu / λογοθέτης τοῦ δρόμου (→Logothet), der für den cursus publicus zuständig war und seit dem 10. Jh. die Funktion eines »Außenministers« hat, unterstand ebenfalls zunächst dem Finanzressort. Dem Sakellios untergeordnet war schließlich (wenngleich kaum über das 10. Jh. hinaus) das »Rechnungsamt für den Marstall« (logothesion tōn agelōn / λογοθέσιον τῶν ἀγελῶν). Zu den Finanzbehörden gehören aber auch die Verwaltung der Staatsdomänen (Kuratoriai / κουρατωρίαι), die von einem Kuratōr / κουράτωρ, später (11. Jh.) einem oikonomos, οἰκονόμος geleitet wurden. Anzuführen ist in diesem Zusammenhang auch die Behörde, der die Verwaltung des Besitzes des Manganen-Palastes anvertraut war, da diese umfangreichen Güter (obwohl ursprgl. kaiserlich) wenigstens zeitweise in Staatsbesitz überführt wurden.

Über die Finanzkompetenz der Verwaltungseinheiten des Byz. Reiches (→Themen u. ä.) haben wir kaum Hinweise. Mit Sicherheit unterlagen auch die lokalen Zoll- und Steuerbehörden der Zentrale des logothesion tu geniku. Die Wandlung der Themen von militärisch-administrativen Einheiten zu überwiegend (wenn auch nicht ausschließlich) fiskalischen, zeigt, daß eine finanzielle Eigenstellung der byz. Provinz (zumindest de jure) nicht möglich war.

Über das idikon (griech. ἰδικόν) besitzen wir, da es den privaten Bereich des Kaisers umfaßte, noch weniger Informationen. Schon im 12. Jh. ist ein Großteil seiner Aufgaben mit dem Bestiarion vereint worden. Eine Wechselwirkung zw. Staatskasse und ksl. Privatkasse hat aber immer schon bestanden, ein Vorgang, welcher der Staatskasse keineswegs zum Nachteil gereichte.

Da die Ämterlisten der spätbyz. Zeit viele frühere Bezeichnungen von Finanzbeamten nicht mehr kennen oder sie eindeutig als Ehrentitel verwenden, ist nach 1261 von der mittelbyz. Finanzverwaltung nicht mehr allzu viel übriggeblieben. Staats- und Hoffinanzen waren wohl zu einer einzigen Behörde (unter der Bezeichnung 'Bestiarion') geworden, dessen vorwiegende Aufgabe in der Eintreibung von Steuern und Zöllen bestand. Gründl. finanzgeschichtl. Forschungen in diesem Zeitraum können aber vielleicht noch zu einem differenzierteren Bild führen.

Ein System des byz. F.s wird nie zu erstellen sein, weil es nicht existierte. Es können allenfalls die punktuellen Beobachtungen vermehrt werden, so daß durch Vergleiche und Rückschlüsse ein vollständigeres Bild entsteht. Wie F. Dölger schon festgestellt hat, widerlegt die Entwicklung des byz. F.s beispielhaft die Fabel vom Konservatismus dieses Staates, ist gleichzeitig aber auch ein Spiegel des äußeren und inneren Aufstiegs und Niedergangs.

P. Schreiner

Q. und Lit.: [Zur frühbyz. Periode s. a. die unter AI gen. Titel]: A. Andréadès, Le montant du budget de l'Empire Byz., REG 34, 1921, 20–56 [dazu ablehnend: E. Stein, BZ 24, 1924, 377–387] – E. Stein, Unters. zur spätbyz. Verfassungs- und Wirtschaftsgesch., 1925 [Nachdr. 1962; revisionsbedürftig] – F. Dölger, Beitr. zur Gesch. der byz. Finanzverwaltung bes. des 10. und 11. Jh., 1927 [grundlegend] – A. Andréadès, Public Finances (Byzantium. An Introduction to East Roman Civilization, hg. N. H. Baynes–H. St. L. B. Moss, 1949), 71–85 [überholt] – J. Karayannopoulos, Frgm. aus dem Vademecum eines byz. Finanzbeamten (Polychronion, 1966), 318–334 – Lj. Maksimović, Vizantijska provincijska uprava u doba Paleologa, 1972 – H.-G. Beck, Theorie und Praxis im Aufbau der byz. Zentralverwaltung, SBA. PPH, H. 8, 1974 – C. Morrisson, La logarikè: réforme monétaire et réforme fiscale sous Alexis Ier Comnène, TM 7, 1979, 419–464 – W. T. Treadgold, The Byz. State Finances in the Eighth and Ninth Cent., 1982 – N. F. Hendy, Stud. in the Byz. Monetary Economy c. 300–1450, 1985 – G. Weiss, Byzanz. Krit. Forsch.- und Lit.ber. 1968–1985, 1986, 199f. – R.-J. Lilie, Byzslav 47, 1987, 49–55.

III. Südosteuropa: Über das fsl. F. in SO-Europa im Früh- und Hochmittelalter ist wenig bekannt. Selbst dort wo die Quellenüberlieferung etwas reicher ist, wie in Kroatien und Bulgarien, werden als Einnahmequellen nur Tribute und Naturalabgaben von Fremden und eigenen Untertanen erwähnt. Die Verwaltung des fsl. Vermögens unterstand dem *tepčija (tepci, tepizo)* bzw. *kauchanos*. In der ältesten frühen Zeit wurden keine lokalen Münzen geprägt, im Umlauf waren die byzantinischen. Seit Ende des 12. Jh. prägten die Hzg.e bzw. →Bane Silberdenare des →Friesacher Typs für Slavonien. Der jährlich eingezogene Anteil wurde 1237 in eine regelmäßige Taxe verwandelt. Im 13. Jh. folgte Silberprägung in Bulgarien und Serbien, im 14. Jh. in Bosnien, Dubrovnik, Kotor und einigen kleineren Städten. Im 2. Bulg. Reich und im serb. Nemanjidenreich sind bereits spezialisierte Hofbeamte für das F. belegt. Zuerst waren es *kaznaci (casnezii, camerarii)*, später begegnet das aus Byzanz übernommene Amt des *protovestijar* (auch in Bosnien seit 1377, ebenfalls an den Höfen der Landesherren, in der Walachei und Moldau *vistiernic*). Mit dem Aufblühen des Handels und des Bergbaus nahm der Anteil der →Regalien an den fsl. Einkünften zu, doch wurde auch die Verwaltung komplizierter, bes. im Bergbau. Die Einkünfte aus Zolltaxen, Münze, Zehnten des Erzabbaus u. a. wurden in der Regel an Kaufleute und Unternehmer verpachtet. Durch die Pachtverträge kamen einige Verwaltungs- und Gerichtsfunktionen in die Hände der *carinici* (Zollpächter). Diese wurden gleichsam »Hilfsorgane« der Finanzverwaltung, wobei die Herrscher ihnen üblicherweise Anweisungen für Auszahlungen gaben, die später bei der Abrechnung getilgt wurden.

S. Ćirković

Lit.: C. Jireček, Staat und Gesellschaft im ma. Serbien. Stud. zur Kulturgesch. des 13.–15. Jh., DAW 56, 1912, 46–74 – M. Blagojević, Tepčije u srednjovekovnoj Srbiji, Bosni i Hrvatskoj, IstGlas 1–2, 1976, 7–47.

B. Westliches Europa
I. Allgemeine Grundlagen – II. Deutschland – III. Frankreich – IV. England – V. Italien – VI. Iberische Halbinsel – VII. Ostmitteleuropa (Böhmen, Polen) – VIII. Königreich Ungarn.

I. Allgemeine Grundlagen: Erst im 14. und 15. Jh. läßt sich in Westeuropa von der Entwicklung und dem Ausbau eines eigtl. F.s sprechen, wenn man darunter eine planmäßige Organisation der Geldbeschaffung und eine effektive Verwaltung und Kontrolle verstehen will. Das häufig als polit. Forderung formulierte Axiom, daß die Ausgaben den Einnahmen anzupassen seien, daß konkret das Kgtm. mit den ihm bes. aus seinen Domäneneinkünften zustehenden Mitteln ohne zusätzl. Steuerbewilligungen auskommen müsse, hat sich politisch nicht durchsetzen lassen und nicht zu einer an den Einkünften orientierten Ausgabenpolitik geführt. Die Finanzpolitik ist im allgemeinen eher reaktiv als planerisch, d. h. Verschuldung und leere Staats- und Stadtkassen werden nachträglich durch Geldbeschaffungsmaßnahmen wie diverse Arten von Steuererhebungen, Münzmanipulationen, Kreditaufnahmen, Verpfändungen usw. auszugleichen versucht. Eine geordnete Haushaltsführung im Sinne einer budgetären Planung gibt es nicht. In der polit. Theorie ist das F. von untergeordneter Bedeutung, theoret. Traktate wie der →»Dialogus de scaccario« bilden die Ausnahme. Einer Planung stehen auf der Seite der Einnahmen sowohl das Fehlen eines effizienten Verwaltungsapparats, über den sich zuverlässig die Einkünfte ermitteln ließen, als auch durch äußere Umstände bedingte Einnahmeverluste (wie Kriege, extreme Witterungsbedingungen mit nachfolgenden Hungersnöten oder Bevölkerungsverluste durch Epidemien) entgegen. Auf der Ausgabenseite sind es häufig heute unverhältnismäßig hoch erscheinende Aufwendungen für Hofhaltung oder Repräsentation sowie ebenfalls der Krieg, die die Ausgaben unkontrolliert in die Höhe treiben. Das F. bildet über das Mitspracherecht ständischer Vertretungen bei Steuererhebungen eine wesentl. Voraussetzung zur Entstehung von Repräsentativversammlungen. Die Finanzverwaltung aber, deren Ausbau in Westeuropa zu sehr unterschiedlichen Zeiten einsetzte – in den dt. Territorien und im Reich erst sehr viel später als in der Normandie und England (s. a. →Échiquier, →Exchequer), Sizilien (s. a. →Duana de secretis), den span. Reichen und Frankreich – entzieht sich meist ebenso wie die Verwendung der bewilligten Gelder einer Kontrolle von außen – etwa durch die →Stände – und unterstand im allgemeinen allein dem Herrscher bzw. den in seinem Auftrag handelnden Institutionen. – S. a. →Amt, →Beamtenwesen, →Kammer, Kämmerei, →Münzwesen, →Geld, →Frühkapitalismus, →Steuer, →Korruption u. a.

II. Deutschland: [1] *Reich:* Von Enea Silvio Piccolomini (→Pius II.) stammt das Wort vom Geld als dem »nervus rei publicae«. Nach seinem Urteil war das Fehlen eines zentralen F.s oder einer effektiven Finanzverwaltung auf Reichsebene, was dem Widerstand von Territorialherren und Städten anzulasten war, für den Niedergang des Reichs verantwortlich. Auch die moderne Forschung kam zu dem Schluß, daß es ein eigtl. Reichsfinanzwesen im MA nicht gegeben habe, da die wichtigsten Voraussetzungen dafür, nämlich ein eigener Verwaltungsapparat sowie eine Reichssteuerbehörde, nicht aufgebaut wurden. Die 1495 vorgesehene Institutionalisierung wurde nicht realisiert.

Gleichwohl lassen sich mit einem weiten Begriffsverständnis von Finanzwesen Anfänge im Frankenreich (z. B. →Capitulare de villis) oder in Aufstellungen wie z. B. der Steuerliste von 1241 sehen, denen aber Kontinuität fehlt. Der vom Kgtm. für das F. eingerichtete Verwaltungsapparat ist wenig entwickelt, so daß die schon in die Zeit Heinrichs IV. zurückreichenden Versuche zur Ausbildung eines Systems direkter Reichssteuern erfolglos blieben. Seine wichtigsten Einkünfte flossen dem Kgtm. v. a. aus den kgl. →Städten bzw. →Reichsstädten und von den Juden (→Kammerknechte) zu (daneben Einkünfte aus Zöllen, Reichsgut, Gerichtsgebühren usw.). Selbst bei der Einziehung der umfängl. Judensteuern gelang es nicht, ein einheitl. System zu entwickeln. Zusätzl. größerer Geldbedarf wurde bes. unter Karl IV. mit Verpfändungen und Kreditaufnahmen befriedigt. Äußerer Druck begünstigte die Entstehung eines dualist. Handelns für das Reich, in dessen Gefolge umfängl. Steuerprojekte entwickelt wurden. 1427 auf einem Reichstag in Frankfurt wurde die erste allgemeine Geldsteuer zur Finanzierung des Kampfes gegen die →Hussiten beschlossen. Zum ersten Mal in der Reichsgeschichte sollte ein jeder besteuert werden. Vorgesehen war eine gemischte Besteuerung (Kopfsteuer für die Bauern und Mittelschichten, Vermögenssteuer für die Reichen, Einkommensteuer für den Klerus, persönl. Steuern für den hohen Adel). Ein komplizierter neu zu schaffender Verwaltungsapparat sollte die Steuern einziehen. Angesichts der geringen Einnahmen muß man jedoch von einem Scheitern dieses ersten Ansatzes zu einem geordneten F. des Reichs und einer Finanzverwaltung sprechen. Zwei weitere Fortentwicklungen dieses Ansatzes sind von Bedeutung. Zuerst sind die Reichsordonnanzen von 1471 und 1474 zu nennen, wo dem Prinzip einer den jeweiligen Möglichkeiten der Steuerzahler möglichst angemessenen Besteuerung. Wert beigemessen wurde. Zudem war die Verwendung der einzuziehenden Gelder zweckgebunden und sollte die für den →Türkenkrieg als notwendig veranschlagten Ausgaben decken. Der 1495 vom Reichstag beschlossene →Gemeine Pfennig war durch seine Einbindung in ein allgemeines Programm (→Reichsreform, →Deutschland E. II,4) zur Wiederherstellung von Recht und Frieden, dessen Kosten er mitfinanzieren sollte, der wohl umfassendste Versuch zur Errichtung eines Reichsfinanzwesens. Die Besteuerung war eine Mischung aus Kopf- und Vermögenssteuern. Bei der armen Bevölkerung sollten je 24 Personen mit einem Gulden besteuert werden. Als Neuerung verdient festgehalten zu werden, daß standesunabhängig lediglich nach den vorgesehenen Sätzen besteuert werden sollte. Außerdem waren die Steuereinnahmen nicht mehr so streng wie in den vorangegangenen Fällen zur Deckung konkret voraussehbarer Ausgaben bestimmt. Die Dauer des Gemeinen Pfennigs war auf vier Jahre limitiert. Der Versuch zur Erneuerung 1499 und zur Institutionalisierung als allgemeiner Steuer scheiterte. Als dauerhafte Steuer entwickelte sich im Reich lediglich ab dem 16. Jh. der Kammerzieler, eine auf die Stände verteilte relativ niedrige Repartitionssteuer zur Finanzierung des →Reichskammergerichts. In ähnlicher Weise wurden die Kosten der frühneuzeitl. Reichsverteidigung bestritten (Römermonat). Die Kammer, in der die kgl. und Reichseinkünfte gesammelt und verwaltet wurden, wurde erst unter Maximilian I. als erste zentrale Finanzbehörde des Reichs (Hofkammer 1498) mit festem Sitz und Personal – mit Zuständigkeiten auch für die Erblande – institutionalisiert; ihr entsprachen dualist. »Reichsfinanzbehörden«.

[2] *Territorien:* Die Anfänge einer territorialen Finanzverwaltung fallen zusammen mit der Entstehung der ma. Territorialstaaten (→Landesherrschaft). Infolgedessen sind die zeitl. und räuml. Unterschiede beträchtlich. Die Entwicklung eines F.s in den Territorialstaaten wurde durch verschiedene Faktoren negativ beeinflußt: die nach Rechtstiteln getrennte Erhebung der Einnahmen; die Praxis, daß lediglich die Überschüsse aus den Einnahmen nach Abzweigung der vor Ort zur Bezahlung der Amtsträger entstehenden Ausgaben an den Landesherrn abgeführt wurden, was einer Planung sehr hinderlich war; das Fehlen eines zuverlässigen →Katasters (Anfänge im 13. Jh.), einer zentralen Kasse und einer festen →Residenz; die unterschiedl. Natur der Einkünfte (teils Naturalien, teils Geldabgaben). Einkünfte für den Territorialherren kamen aus Domänenbesitz, aus →Regalien (Berg-, Münz-, Salz-, Zollregalien u. a.), aus Gebühren und Steuern, darunter auch die →Akzise (Ungeld). Dem ab dem 14. Jh. anzutreffenden Rentmeister, dem →Amtmann oder hohen Hofbeamten (Kanzler, Landschreiber u. a.) oblag die Kontrolle der wohl nur selten regelmäßig durchgeführten Rechnungslegung (mit anschließender Archivierung). Erste Ansätze zu Haushaltsberechnungen und Haushaltsplänen finden sich zu Beginn des 15. Jh. (z. B. Württemberg 1422/23). Ein System allgemeiner Besteuerung beginnt sich ab dem 15. Jh. durchzusetzen. Diese neu eingeführte, mit landesherrschaftl. →Souveränität begründete →Steuer ist grundsätzlich zu unterscheiden von den bisher vom Landesherrn erhobenen Steuern (→Bede, precaria, *stuofa* usw.), obwohl die zeitgenöss. Terminologie hier keine Unterscheidung vornimmt. Zu ihrer Bewilligung waren die Stände hinzuzuziehen. Ihre Einkünfte flossen nicht mehr in die Kasse des Fs.en (Kameralkasse), sondern in eine davon getrennt verwaltete Landeskasse. Wenn auch die Stände ihr Bewilligungsrecht verloren, so bewahrten sie z. T. die Mitbestimmung bei der Höhe der Steuersumme. Als groben Richtwert zur Bedeutung der Steuerhöhe im ausgehenden 15. Jh. innerhalb der Gesamteinkünfte wird man ein Verhältnis von 50% Steuer : 30% Einkünfte aus Regalien : 20% Domanialeinkünfte annehmen können. Erst nach dem 15. Jh. wurde die Steuer wichtigste Einnahmequelle, wobei die Einwohnerzahl der Territorien die Finanzkraft eines Territoriums entscheidend zu beeinflussen begann. Die Steuer wurde so zu einem wichtigen Faktor der territorialen Konsolidierung. Der Prozeß des Übergangs vom Domänenstaat zum Steuerstaat (SCHUMPETER) ist allerdings weitgehend unerforscht. Die Herausbildung von moderner Staatlichkeit in den Territorien, die Entwicklung zum Finanzstaat (OESTREICH) mit seinem bes. Interesse am F. als Basis territorialer Macht bedeutet allerdings nicht, daß budgetäre Planung und Budgetausgleich zu leitenden Handlungsmaximen der Finanzverwaltung wurden.

[3] *Städte:* Das F. in den Städten wird i. a. vor allem wegen eines regelmäßigen Steuer- und funktionierenden Kreditwesens als Vorbild des territorialen F.s angesehen. Doch dürfte dies nur bedingt zutreffen. Auch in den Städten gab es eine erhebliche Vielfalt von Steuerarten (Vermögens-, Gewinn-, Gewerbe-, Gebäude-, Feuerstätten-, Kopf-, Dienstboten-, Handwerkersteuern u. a. sowie indirekte Besteuerung), was budgetäre Planung aufgrund ihrer Unübersichtlichkeit und der z. T. erheblichen Schwankungen (über 100%) und eine koordinierte Einnahmen- und Ausgabenpolitik vor kaum überwindbare Schwierigkeiten stellte. Gleichwohl verfügten die Städte i. a. über eine organisierte Finanzverwaltung mit – häufig jährl. – Rechnungslegung und -prüfung durch vom Rat beauftragte Funktionsträger (Amtleute, Beetherren

usw.). Ab der 1. Hälfte des 14. Jh. sind – z. T. sehr detailliert untergliederte – Stadtrechnungen überliefert, die als Basis eines geordneten Finanzwesens gelten können. Allerdings geraten auch die Städte leicht in die Gefahr erheblicher Verschuldung, sei es durch nicht vorhersehbare kriegsbedingte Ausgaben oder durch Expansionsbestrebungen, die nicht an finanzpolit. Zweckmäßigkeitsüberlegungen ausgerichtet waren und die eine moderne Budgetplanung nicht zuließen.

III. FRANKREICH: Mit dem Brand der *Chambre des comptes* in Paris i. J. 1737 verbrannten bis auf geringe Reste die wesentl. Unterlagen der frz. Finanzverwaltung des MA. Die erste uns erhaltene Rechnung der Domänenverwaltung (→Krondomäne) stammt aus dem Jahre 1202/03, doch dürften die Anfänge der kgl. Rechnungsführung wesentlich weiter zurückreichen. Ein spezieller Apparat, die bereits genannte →*Chambre des comptes,* war mit Verwaltung und Kontrolle beauftragt. Deckte der Kg. seinen Finanzbedarf zunächst aus den Domanialeinkünften, so wurden am Ende des 13. Jh. unter →Philipp IV. dem Schönen aus aktueller Finanznot →*Cinquantième* und →*Centième* (1295ff.) als allgemeine direkte und indirekte (*maltôte*) →Steuern eingeführt. Begründet wurde das Recht zur Steuererhebung von den→Legisten unter Berufung auf die→Souveränität des Kg.s und die »necessitas«. Gleichwohl bedurfte es der Krise des →Hundertjährigen Krieges, um die permanente Besteuerung durchzusetzen. Mit →*aide,* →*gabelle* (Salzsteuer), *traite* (Warenhandelssteuer) und *fouage* (→Herdsteuer) wurden ab 1350 regelmäßige Steuern eingeführt. Die kriegsbedingte Zerrüttung der kgl. Finanzen hatte den Kg. zum Mittel der Münzverschlechterung greifen lassen. Die 1355–58 tagenden →*États généraux* (Generalstände) sahen eine ihrer vordringlichsten Aufgaben darin, das kgl. Finanzwesen zu ordnen, weshalb sie gezwungen waren, um der Geldentwertungspolitik des Königs entgegenzutreten, Steuern zu bewilligen. Es gelang ihnen allerdings nicht, die Respektierung der nur befristet bewilligten Steuer durchzusetzen, da Karl V. (1364–80) sie nicht mehr einberief. Die von ihm eingeführte Neuordnung des F.s implizierte neben der Einführung permanenter Besteuerung eine Trennung in der Verwaltung der kgl. Ausgaben von den Staatsausgaben. Mit der Errichtung der *épargne* schuf er eine Reserve für Notfälle. Trotz seiner berühmten Abschaffung des *fouage* auf dem Totenbett, die als schwere Steuerruhen im Gefolge hatte, legte er die Grundlagen für ein Finanzsystem, das Frankreich bei seinem engl. Nachbarn und im Reich als Steuerstaat in Verruf brachte. Als wichtige weitere Form der Besteuerung wurde als direkte Steuer ab dem 15. Jh. nach anfängl. Bewilligung durch die *États généraux,* die →*taille* (Kopfsteuer) erhoben, die in der Folgezeit zur bedeutendsten Einkunftsquelle des Kgtm.s wurde. Am Ende der Regierungszeit→Ludwigs XI. (1461–83) war sie auf 4 400 000 *livres* angewachsen. Die Generalstände von 1484 suchten sie – allerdings ohne dauerhaften Erfolg – auf einer Höhe von 1 200 000 *livres* festzuschreiben. Karl VII. (1421–61) hatte zu Beginn seiner Regierungszeit bis 1439 regelmäßig Generalstände zur Steuerbewilligung einberufen, danach aber darauf verzichtet, so daß er von Ph. von →Commynes kritisiert wurde, der erste gewesen zu sein, der Steuern willkürlich und ohne ständ. Zustimmung eingezogen habe. Vor allem von den →*États provinciaux* wurde immer wieder die Forderung nach Steuerbewilligungsrecht artikuliert. Je nach Vorhandensein oder Fehlen dieses Rechts teilt sich die frz. Finanzverwaltung in *pays d'états* und *pays d'élection,* d. h. Steuerbezirke, in denen die Stände in eigener Regie die Steuer festsetzten und einzo-

gen, und solche, in denen kgl. Amtsträger, die *élus,* mit der Steuereinziehung beauftragt waren. Die Verwaltung des F.s oblag den in Paris zentralisierten Institutionen, nämlich der →*Chambre aux deniers* (Kasse der Hofhaltung), →*Chambre du trésor* (als Aufbewahrungsort und Verwaltung der flüssigen Geldmittel), *Chambre des aides* (zwei weitere wurden im 15. Jh. in Toulouse [später Montpellier] und Rouen errichtet) und der *Chambre des comptes* (als *cour souveraine* oberster Gerichtshof des F.s). Das Land war im 15. Jh. in vier finanzpolit. Verwaltungsbereiche, die *généralités* (Languedoc, Langedoïl, Outre-Seine und Normandie), an deren Spitze je ein →*général des finances* stand, unterteilt. Daneben sind als wichtige und begehrte Ämter der kgl. Finanzverwaltung die des →*grenetier* (Einzug der *gabelle*), die →*maîtres des ports et passages* (Zoll), die →*receveurs* und die *élus* zu nennen. Eine ab 1413 wiederholt von Generalständen erhobene Forderung nach besserer Qualifikation dieser Amtsträger wurde angesichts zunehmender Konkurrenz im 15. Jh. allmählich erreicht. – Zum burg.-niederländ. F. →Burgund, Hzm., Abschnitt C.

N. Bulst

Q. und Lit.: allg. und zu [II]: HRG I, 1130–1134 – A. NUGLISCH, Das F. des dt. Reiches unter Ks. Karl IV., 1899 – L. SCHÖNBERG, Die Technik des Finanzhaushalts der dt. Städte im MA, 1910 – E. BAMBERGER, Die Finanzverwaltung in den dt. Territorien des MA 1200–1500, Zs. für die ges. Staatswiss. 77, 1922/23, 168–255 – C. BAUER, Ma. Staatsfinanz und internat. Hochfinanz, 1930 [abgedr. in: DERS., Ges. Aufs. zur Wirtschafts- und Sozialgesch., 1965, 88–111] – TH. MAYER, Gesch. der Finanzwirtschaft vom MA bis zum Ende des 18. Jh. (Hb. der Finanzwiss., hg. W. GERLOFF–F. NEUMARK, 1, 1952), 236–272 – U. DIRLMEIER, Ma. Hoheitsträger im wirtschaftl. Wettbewerb, 1966 – G. DROEGE, Die finanziellen Grundlagen des Territorialstaats in West- und Ostdeutschland an der Wende vom MA zur NZ, VSWG 53, 1966, 145–161 – D. KREIL, Der Stadthaushalt von Schwäbisch Hall im 15./16. Jh., 1967 – G. DROEGE, Die Ausbildung der ma. territorialen Finanzverwaltung (Der dt. Territorialstaat im 14. Jh., hg. H. PATZE, I, 1970), 325–345 – W. VON STROMER, Oberdt. Hochfinanz 1350–1450, 1–3, 1970 (Beih. der VSWG 55–57) – G. DROEGE, Spätma. Staatsfinanzen in Westdtld. (Öffentl. Finanzen und privates Kapital im späten MA und in der 1. Hälfte des 19. Jh., hg. H. KELLENBENZ, 1971) – E. KLEIN, Gesch. der öffentl. Finanzen in Deutschland (1500–1870), 1974 – I. M. PETERS, Das ma. Zahlungssystem als Problem der Landesgesch., 2 Tle, BDLG 112–113, 1976–77, 139–183; 141–202 – Städt. Haushalts- und Rechnungswesen, hg. E. MASCHKE–J. SYDOW, 1977 – Hb. der europ. Sozial- und Wirtschaftsgesch. II, bes. 589–594 [H. KELLENBENZ] – E. ISENMANN, Reichsfinanzen und Reichssteuern im 15. Jh., ZHF 7, 1980, 1–76, 129–218 – K. KRÜGER, Finanzstaat Hessen 1500–1567. Staatsbildung im Übergang vom Domänenstaat zum Steuerstaat, 1981 – W. ZIEGLER, Stud. zum Staatshaushalt Bayerns in der 2. Hälfte des 15. Jh. Die regulären Kammereinkünfte des Hzm.s Niederbayern 1400–1500, 1981 – Dt. Verwaltungsgesch., 1: Vom SpätMA bis zum Ende des Reiches, hg. G. A. JESERICH u. a., 1983 – R. GRESKY, Die Finanzen der Welfen im 13. und 14. Jh., 1984 – N. BULST, Impôts et finances publiques en Allemagne au XVe s. (Genèse de l'état moderne. Prélèvement et redistribution, hg. J.-PH. GENET–M. LE MENÉ, 1986) – HEG II, 1987, Reg., s.v. Finanzwesen – VuF 32, 1987 [E. SCHUBERT, H. KOLLER] – zu [III]: Q.: G. JACQUETON, Documents relatifs à l'administration financière en France, de Charles VII à François Ier, 1891 – J. FAVIER, Finance et fiscalité au bas m.â., 1971 – Lit.: A. VUITRY, Études sur le régime financier de la France avant la révolution de 1789, 1–3, 1878–83 – R. HOLTZMANN, Frz. Verfassungsgesch. von der Mitte des 9. Jh. bis zur Revolution, 1910 – G. DUPONT-FERRIER, Etudes sur les institutions financières de la France à la fin du m.â., 1–2, 1930–33 – F. LOT–R. FAWTIER, Le premier budget de la monarchie française. Le compte général de 1202–03, 1932 – G. DUPONT-FERRIER, Nouvelles études sur les institutions financières de la France, 1933 – Hist. des institutions françaises au m.â., hg. F. LOT–R. FAWTIER, 2, 1958, 183–285 – Finances et comptabilité urbaines du XIIIe au XVIe, 1964 – M. REY, Le domaine du roi et les finances extraordinaires sous Charles VI (1388–1413), 1965 – DERS., Les finances royales sous Charles VI. Les causes du déficit 1388–1413, 1965 – L'impôt dans le cadre de la ville et de l'état, 1966 – Études sur l'hist. des assemblées d'États, 1966 – B.

LYON–A. VERHULST, Medieval Finance. A Comparison of Financial Institutions in NW Europe, 1967 – J. B. HENNEMAN, Royal Taxation in 14th cent. France. The Development of War Financing 1322–1356, 1971 – M. WOLFE, The Fiscal System of Renaissance France, 1972 – A. RIGAUDIÈRE, St-Flour, ville d'Auvergne au bas m. â., 1–2, 1982 – Études sur la fiscalité au m. â. (Actes du 102ᵉ congr. nat. des soc. savantes), 1, 1979) – A. RIGAUDIÈRE, Le financement des fortifications urbaines en France du milieu du XIVᵉ s. à la fin du XVᵉ s., RH 273, 1985, 19–95 – Genèse de l'état moderne. Prélèvement et redistribution, hg. J.-PH. GENET–M. LE MENÉ, 1986.

IV. ENGLAND: In England bestand seit der Errichtung des →*Exchequer* um die Mitte des 12. Jh. bis zum Niedergang dieses Amts im späten 15. Jh. ein effizientes, aber komplexes Finanzverwaltungssystem.

[1] *Einkünfte:* Die Einkünfte der Feudalmonarchie (bis zum 13. Jh.) flossen vorwiegend aus der →Krondomäne und den kgl. Feudal- und Gerichtsrechten, wobei letztere die einträglichere Einkommensgruppe bildeten. Nach 1200 erhob die Krone direkte →Steuern auf persönl. Vermögen, wobei die Grundlage die Verpflichtung aller Untertanen zur Verteidigung des Kgr.es bildete. Um 1300 beanspruchte die Krone das Recht, →Zölle auf Handelsexporte, insbes. →Wolle, zu erheben. Steuern wie Zölle entwickelten sich im späteren MA zu ständigen Abgaben, obwohl beide jeweils der Bewilligung von seiten des →Parliament unterlagen. Auch erhob die Krone häufig Abgaben vom →Klerus. Diese sog. »außerordentl.« Abgaben stellten weitaus höhere Erträge dar, als die »ordentl.« Einnahmen aus den alten Kronbesitzungen und Feudalrechten. Die Einkünfte der engl. Kg.e des 14. Jh. waren sehr umfangreich, sanken jedoch in der Zeit nach 1400. Das Kgtm. konnte insgesamt stabile Währungsverhältnisse, ohne allzustarke Geldentwertung, gewährleisten. In der Zeit von 1272 bis 1348 nahmen die Kg.e in weitem Umfang Kredite bei. Kaufleuten auf, wobei die engl. Wollexporte als Sicherheit dienten, bis schließlich →Eduard III. angesichts der wachsenden Schuldenlast seine Zahlungen einstellte (→Bankwesen; vgl. auch →England, C, D). Nach diesem »Bankkrach« wurden Darlehen vielfach nur noch bei einheim. Geldgebern und zumeist mit kurzer Laufzeit aufgenommen.

[2] *Erhebung von Einkünften:* Vom 12. Jh. an war der →*sheriff* für die Erhebung der domanialen und feudalen Abgaben zuständig. Seit dem 13. Jh. lagen Heimfall von Lehen und Vormundschaften in den Händen des →*Escheator;* neue Steuern wurden von eigenen Kollektoren in Gft.en, Städten und Häfen erhoben. Die Zolleinnehmer waren auch mit der Bekämpfung des →Schmuggels beauftragt.

[3] *Zentrale Finanzinstitutionen:* Im 12. Jh. kontrollierte der Exchequer die Erhebung und Verrechnung der kgl. Einnahmen; im →»Dialogus de Scaccario« des →Richard v. Ely sind Aufbau und Funktionsweise dieser Zentralbehörde eingehend dargestellt. Vom Exchequer gesondert, bestand die Schatzkammer (→*Treasury*), in der Geld und Juwelen thesauriert wurden. Bis zur Mitte des 13. Jh. hatte der Exchequer eine Buchführung mit gesonderten Roteln für seine Einnahmen und Ausgaben entwickelt, um 1300 bildete sich ein eigener Gerichtshof aus, der *Court of →Exchequer (Exchequer of Pleas).* Eigene Rechnungen wurden von der kgl. Garderobe (→*Wardrobe*) geführt, obwohl diese Behörde ebenfalls der Jurisdiktion des Court of Exchequer unterstand. Die Bedeutung der Wardrobe wuchs in dem Maße, wie sie zur eigenständigen Kriegskasse wurde; aus ihren Beständen wurden die Feldzüge des →Hundertjährigen Krieges unter →Eduard I., II. und III. finanziert, und sie nahm die riesigen, von it. Bankiers bereitgestellten Darlehen auf. Die *Chamber* dagegen diente

als Schatulle derjenigen Finanzmittel, die stärker auf die Person des Kg.s bezogen waren, bewegte sich daher, quantitativ gesehen, in einem viel kleineren Radius und unterlag auch nicht der Abrechnungspflicht vor dem Exchequer. Im 13. Jh. wurde die Treasury dem Exchequer einverleibt, sie wurde zum reinen Aufbewahrungsort der Kronjuwelen. Der Exchequer kontrollierte nun faktisch die gesamten kgl. Einkünfte und die anderen Finanzinstitutionen, er war so zur allgewaltigen Oberbehörde der engl. Finanzverwaltung geworden.

[4] *Ausgaben:* Den Hauptteil der kgl. Ausgaben bildeten die Kriegskosten. Unter den Kg.en mit großer militär. Aktivität (Eduard I., Eduard III. und →Heinrich V.) dürfte z. T. das Zwei- oder Dreifache der Jahreseinkünfte allein für krieger. Unternehmungen verwandt worden sein, so daß die Krone beträchtl. Anleihen aufnehmen mußte. Doch selbst kleinere Feldzüge stellten stets den größten Posten unter den Ausgaben dar. Nach 1350 hatte die Krone die steigenden Aufwendungen für defensive militär. Aktivitäten zu tragen. Ztw. unterhielt die Krone →Flotten im Kanal und in der Nordsee. Den nächst dem Militärwesen größten Anteil hatten die Kosten für die Hofhalte des Kg.s und der Kgn. Die Aufwendungen für die Verwaltung waren geringer, doch immer noch beträchtl.; sie umfaßten die Bezüge der Beamten in den großen Zentralämtern (Exchequer, Chancery, Hofhalt, Gerichte) sowie in der Lokalverwaltung, außerdem die Kosten für Gesandtschaften. Üblicherweise überstiegen die Ausgaben die Einnahmen. Daher lebte die Krone auf Kredit und akkumulierte die Schuldenlast, wobei die umfangreichen Darlehen gewöhlich mit großer Verspätung zurückgezahlt wurden. Die Bezüge, etwa der militär. Befehlshaber, und die Kosten für Warenlieferungen von seiten der Kaufleute oder der Bevölkerung (→*purveyance*) wurden oft nur unvollständig bezahlt. Auch bei der Entlohnung der Beamten gab es ztw. Verzögerungen. Die Praxis, Gläubiger beim Exchequer durch ein →Kerbholz *(tally),* das bei einer örtl. Einnahmestelle einzulösen war (→*assignment*), abzufinden, bedeutete, daß der Kreditor (bzw. sein Nachfolger) sein Geld mit großer Verspätung oder gar nicht erhielt. Jeder Kg. hinterließ Schulden, für deren Tilgung die Testamentsvollstrecker sorgen sollten.

[5] *Fiskalische Konzepte und Politik:* Die kgl. Verschuldung rief Unzufriedenheit hervor. Das Parliament forderte in Wahrnehmung seines Steuerbewilligungsrechts sparsameres Wirtschaften und Einschränkungen der kgl. Ausgaben. Die Forderung, daß der Kg. »von seinem Eigen« leben solle, reflektiert die hergebrachte Vorstellung, daß die Aufwendungen der Krone im wesentlichen durch Feudal- und Domanialeinkünfte zu bestreiten seien, während die »außerordentl.« Steuern dem Kriegsfall vorbehalten sein sollten. Das Parliament ernannte eigene Kontrollbeamte, die *Treasurers of war taxes,* die diesem Grundsatz Nachdruck verliehen. Im 15. Jh. wurde der Kg. genötigt, für Gunstbeweise und Ausgaben Kronbesitzungen heranzuziehen. Nach 1450 gab die Krone diesen Forderungen nach und bestimmte die »ordentl.« Kroneinnahmen zur Bestreitung der Hofhaltkosten. Gegen Ende des MA war der Exchequer dazu übergegangen, eine Vorausberechnung seiner Jahreseinnahmen vorzunehmen und nach dieser die jährl. Ausgaben zu verteilen – eine Haushaltsplanung, die auf einige Versiertheit schließen läßt.

G. L. Harriss

Lit.: →Exchequer – W. A. MORRIS – J. R. STRAYER, The English Government at Work: Fiscal Administration, 1947 – S. K. MITCHELL, Taxation in Medieval England, 1951 – A. STEEL, The Receipt of the Exchequer, 1377–1485, 1954 – B. P. WOLFFE, The Royal Demesne in

English Hist., 1971 – M. PRESTWICH, War, Politics and Finance under Edward I, 1972 – I.-M. PETERS, Hansekaufleute als Gläubiger der engl. Krone (1294–1350), 1978 – E. B. FRYDE, Stud. in Medieval Trade and Finance, 1983.

V. ITALIEN: [1] *Königreich Sizilien:* Das F. des Kgr.s

Sizilien in der norm. Zeit ist geprägt von der doppelten Natur des Staatsgebildes, das zugleich feudale Strukturen und – stärker noch – Züge eines »Beamtenstaates« aufwies. Das bedeutendste Organ ist die Duana mit ihren einzelnen Institutionen (→Duana de Secretis); die äußerst komplexen Beziehungen zw. persönl. Vermögen des Herrschers (Camera) und dem Demanialgut, dessen Verwaltung in den Händen der Duana lag, verlangten eine gesonderte Untersuchung. Hier sei nur erwähnt, daß die Quellen als Einkünfte des Herrschers Abgaben und Leistungen (servitia) nennen, wobei der letztgenannte Begriff häufig von der lehensrechtl. Terminologie abweicht, in der ʻservitium' zumeist die Heerfolge meint. Die Abgaben bestanden aus einer breiten Palette indirekter Steuern, deren früheste Aufzählung erst aus angevin. Zeit stammt (→Andreas de Isernia). Diese scheint jedoch nur exemplarisch zu sein, da überdies Sondersteuern in den Städten und lokalen *terrae* eingetrieben wurden. Außerordentl. Leistungen waren Kollekten und Adiutoria, die sowohl auf Lehen wie auf Allodialbesitz lasteten. Bereits zur Zeit →Rogers II. (1101–54) standen an der Spitze dieser Verwaltung *Camerarii* und *Baiuli,* die auch zivilgerichtl. Kompetenzen hatten; hinsichtl. ihrer Verbindung zur Duana in allen ihren Verzweigungen – wie im übrigen auch der der Portulani zu ihr – sei auf die Lit. verwiesen.

In der Stauferzeit liegt die Finanzverwaltung in Süditalien (dem Aktenmaterial zufolge, das nicht immer mit den normativen Quellen übereinstimmt) zuerst in den Händen der *Magistri Procuratores,* danach der *Magistri Camerarii.* In Sizilien sind bis 1240 zwei *Secreti* bezeugt, einer für die ganze Insel bis 1246, ein oder zwei Magistri Camerarii bis 1249 und ein Secretus bis 1250. Von diesen an der Spitze stehenden Amtsträgern hängen viele andere ab; genannt seien nur die *Forestarii,* die *Fondacarii* und die *Procuratores,* denen die Verwaltung herrenloser Güter oblag (super excadenciis et morticiis). Bes. Bedeutung gewinnen die bereits in norm. Zeit genannten Portulani, die seit 1239 mit der Eintreibung des *ius exiturae* betraut waren und in der Hierarchie einen höheren Rang einnahmen als die *Custodes portuum.* Beim Eintreiben der Gelder wurden die Finanzbeamten von den *Collectores pecuniae* unterstützt, deren Bedeutung gewachsen war, seit die urspgl. außerordentl. Kollekten faktisch regelmäßig erhoben wurden und die Zahl der Cabellae (gabelle) angestiegen war, die direkt auf Rechnung des Kg.s (ad credentiam) oder – vielleicht schon seit der Zeit Wilhelms II. – in Pacht (ad extalium) eingezogen wurden. Die Finanzbeamten hatten auch die Aufgabe, für die Deckung der in ihrem Sektor anfallenden Ausgaben zu sorgen. Bei den *Custodes aerarii Salvatoris ad mare* oder den anderen *Custodes camerae regiae* gingen daher nur die Überschüsse der einzelnen Verwaltungsinstitutionen ein.

Alle, die öffentl. Gelder verwalteten, mußten für ihre Amtsführung Rechenschaft ablegen. Anfänglich kontrollierten die höheren Beamten die Untergebenen und die Familiare ihrerseits wieder die höheren Beamten. Seit 1240 wurde ein Kollegium von drei Funktionären *(Rationales)* mit der Finanzkontrolle beauftragt. Ihre Kompetenz erstreckte sich zunächst auf das ganze Kgr. Sizilien; 1243 und 1246 wurden in Apulien und Sizilien jedoch getrennte Finanzverwaltungsbezirke eingerichtet. Die Rationales prüften anhand der Belege die Amtsführung und verfaß-

ten darüber ein Protokoll für den Herrscher, der als einziger zu quittieren befugt war. Unter Manfred (1258–66) wurden mehrere Kollegien von Rationales geschaffen: die *Magistri Rationales Magnae Regiae Curiae* (Zentralorgan) sowie die peripheren Kollegien, unter denen nur das *Collegium Apuliae* gut belegt ist. Zur gleichen Zeit wurden auch die Ämter des Secretum dezentralisiert; der *Magister Secretus per totam Siciliam* verschwand, und sein Amt wurde durch mehrere Beamte wahrgenommen.

In angevin. Zeit ist im wesentl. eine Kontinuität der Struktur der Finanzverwaltung festzustellen. Weiterhin fungierte das Kollegium der Magistri Rationales als höchstes Kontrollorgan, das mit der Curia und dem Herrscher in enger Verbindung stand.

Obwohl sich in der aragones. Periode erste Ansätze zur Reduzierung der Steuerlasten zeigen und die Kollekten nur mehr in bes. Fällen eingezogen wurden, blieb das drückende System der Cabellae bestehen; die als Donativum bezeichneten Abgaben der Untertanen an die Krone wurden zu regelmäßigen Leistungen, die allerdings als freiwillig galten und zuweilen sogar im Gegenzug für die Gewährung der Zustimmung des Kg.s zu im Regno erhobenen Forderungen geleistet wurden. Dieses System entwickelte sich parallel zur Institution des →Parlamentum. In der zentralen Verwaltung wurde das Amt des Magister secretus wieder eingeführt, dem in den einzelnen Städten *Vicesecreti* unterstanden. Am Ende des 14. Jh. fand jedoch ein Dezentralisierungsprozeß statt, in dessen Folge die Sekreten von Palermo, Messina, Catania und Malta autonom wurden und direkt der Regia Curia unterstanden. Eine bedeutende Rolle erhielten in dieser Zeit die *Credentiarii* in ihrer Funktion als direkte Einnehmer der Cabellae oder als Kontrollorgane der Steuerpächter. Das zumeist vermögenden Personen übertragene Amt des *Magister Portulanus* sah einen einzigen Amtsträger vor, dem von diesem selbst ernannte Viceportulani unterstanden: Sowohl der Magister Portulanus als auch seine Untergebenen wurden von den vom Kg. ernannten *Portulanoti* kontrolliert. Im 14. Jh. bekleidete ein einziger Amtsträger das Amt des *Thesaurarius Regni (Tesoriere,* Schatzmeister). Seine Kompetenzen waren zu dieser Zeit allerdings beschränkt. Erst im 15. Jh. wurde er zum wichtigsten Funktionär des gesamten F.s und zog sogar kurze Zeit die Kompetenzen des Magister Secretus und des Magister Portulanus an sich. Reformen – die nicht von Dauer waren – wurden auch im Bereich der Kontrolle des Finanzhaushalts vorgenommen: Nach einer Periode von rund 30 Jahren, in der anscheinend ein einziger Magister Rationalis an die Stelle des früheren Kollegiums getreten war, kehrte man zu einem aus drei Funktionären bestehenden Amt zurück, das den Charakter eines Zentralorgans trug. Seine Aufgaben bestanden in Beratung, Kontrolle, Registrierung und Jurisdiktion. U. a. setzte es die Donativum gen. Steuer fest. Eine Neuschöpfung war das von Ferdinand I. 1414 geschaffene Amt des *Conservatore del Real Patrimonio,* der – vorübergehend – die Aufgabe hatte, die Güter, Einnahmen und Belastungen des Fiskus zu schätzen: darüber hinaus hatte er beratende (v. a. in bezug auf die kgl. und vizekgl. Executoria) und Kontrollfunktionen. Diese Kontrolle hatte auch präventiven Charakter: erst nach der Kontrolle durch den Conservatore del Real Patrimonio wurden Maßnahmen, die die öffentl. Finanzen betrafen, wirksam. Am Schluß des geschilderten Kontrollprozesses der jurist. Richtigkeit jeder einzelnen Verfügung stand die Registrierung aller im Bereich der F. getroffenen Maßnahmen. Am Ausgang des 15. Jh. wurde der Conservatore *revisor computorum* und erhielt zusätzl. zu seinen Kompetenzen noch die Jurisdiktion in Finanzsachen sowie die Kontrolle des Finanzhaushalts, die er gemeinsam mit den Magistri Rationales wahrnahm.

So basiert das F. im Kgr. Sizilien vom 12. bis zum 15. Jh. offenbar weitgehend auf den norm. Institutionen, die in stauf. und aragones. Zeit immer wieder den Bedürfnissen einer gesteigerten und ständig fortentwickelten Staatsverwaltung und – zeitweise experimentierenden – Wirtschaftspolitik angepaßt wurden.   E. Mazzarese Fardella

Lit.: R. Gregorio, Considerazioni sopra la storia di Sicilia, 1858 – H. Wilda, Zur sic. Gesetzgebung, Steuer- und F. unter Ks. Friedrich II. und seiner norm. Vorfahren [Diss. Halle/S. 1889] – L. Cadier, Essai sur l'administration du Royaume de Sicile sous Charles I et Charles II d'Anjou, 1891 – H. Arndt, Stud. zur inneren Regierungsgesch. Manfreds, 1911 – E. Jamison, The Norman Administration of Apulia and Capua, Papers of the British School at Rome 6, 1913, 211–481 – G. de Martino, Il sistema tributario degli Aragonesi in Sicilia, ASI 3 ser., t. 4–5, 1938–39 – W. E. Heupel, Der Siz. Großhof unter Ks. Friedrich II., 1940 – A. Baviera Albanese, L'istituzione dell'ufficio del Conservatore del R. Patrimonio, 1958 – P. Colliva, Ricerche sul principio di legalità nell' amministrazione del Regno di Sicilia al tempo di Federico II, 1964 – M. Caravale, Il Regno norm. di Sicilia, 1966 – E. Mazzarese Fardella, Introduzione a J. L. de Barberiis, Liber de Secretiis, 1966 – Ders., Aspetti dell'organizzazione amministrativa nello Stato norm. e svevo, 1966 – Brühl, Fodrum, 309ff. – A. Baviera Albanese, Diritto pubblico e istituzioni amministrative in Sicilia, 1974 – N. Kamp, Vom Kämmerer zum Sekreten, Wirtschaftsreformen und Finanzverwaltung im stauf. Kgr. Sizilien (VuF 16, 1974) – H. Takayama, The Financial and Administrative Organization of the Norman Kingdom of Sicily, Viator 16, 1985, 129–157.

[2] *Nord- und mittelitalienische Kommunen und Signorien* (zu den Voraussetzungen und zu fiskal. Institutionen des Früh- und HochMA bis in die Stauferzeit bzw. bis zur vorkommunalen Periode s. →Italien, →Regalien, –politik): Zwar ist das F. der →Kommunen und →Signorien in Ober- und Mittelitalien häufig Gegenstand von Forschungen gewesen, dennoch fehlt es bislang sowohl an einer Gesamtsynthese als auch an systemat. und vergleichenden Einzeluntersuchungen und Monographien, wobei die schlechte bzw. ungleichmäßige Quellenlage erschwerend wirkt. Zu berücksichtigen ist für die Entstehungsperiode der kommunalen Bewegung die verschiedenartige Ausprägung der Finanzinstitutionen in den einzelnen Städten, in der Zeit der Ablösung der Kommunen durch Signorien dagegen der langwierige Übergangsprozeß vom Stadt- zum Territorialstaat. Im allgemeinen sind die Systeme des Steuer- und F.s in Nord- und Mittelitalien durch einen graduellen Anpassungsprozeß der zunächst einfachen und wenig effektiven Verwaltungsmethoden an die wachsenden Bedürfnisse gekennzeichnet, bedingt durch Bevölkerungswachstum, Entfaltung der Geldwirtschaft, territoriale Expansion, Kriege; systemat. und planvolle Reformen des F.s wurden jedoch nicht durchgeführt, sondern nur bescheidene und pragmat. Modifizierungen, so daß alte und neue Strukturen einander vielfach überlagerten. Das Interesse an einer Wahrung des sozialen Friedens und Gleichgewichts zw. den Gruppierungen und Schichten der städt. Bevölkerung bzw. den Untertanen eines Signore oder Fs.en überwog zumeist gegenüber dem Bedürfnis nach Sicherung und Effektivierung der finanziellen Ressourcen.

Das Recht der Steuererhebung wurde von den Kommunen anfänglich »usurpiert«, später erworben und umfaßte zunächst nur den innerstädt. Bereich, dehnte sich aber zunehmend auf das Umland (→Contado) aus. Geldleistungen traten mehr und mehr an die Stelle der Naturalabgaben. Das Abgabensystem basierte in den Städten auf indirekten Steuern, im Umland auf verschiedenen Arten direkter Steuern, die im wesentl. auf das alte →Fodrum

zurückzuführen sind. →Gabellen und →Zölle (Brücken-, Wegzoll u. a.) bildeten die Hauptmasse der regulären Einkünfte. Der häufig der Verpachtung unterliegende Sektor der indirekten Steuern ließ sich administrativ am leichtesten handhaben und ohne allzu spürbare Belastung der Steuerzahler auch wirksam steigern. Seit etwa Mitte des 13. Jh. zeigte sich folglich die Tendenz, auch Konsumgüter sowie notariell beglaubigte Vermögenstransaktionen zu besteuern.

Die indirekten Steuern, die praktisch alle Bereiche des Zusammenlebens erfaßten, dienten vorwiegend zur Deckung regelmäßiger Ausgaben, doch zogen die Kommunen hierfür auch ihre Domanialgüter und die »politischen« Bußgelder und Gerichtsgefälle heran. Die sog. »außerordentl.« Ausgaben, die faktisch einen sehr beträchtl. Anteil an den Gesamtausgaben hatten (sie umfaßten u. a. Bereiche wie: öffentl. Arbeiten, Lebensmittelversorgung, diplomat. Missionen, Kriege, Zahlungen an Papst, Ks. und andere Machtträger), mußten wesentlich durch direkte Steuern bestritten werden. Über die Veranlagung zu diesen direkten Steuern (Kopf-, Vermögenssteuer) unterrichtet insbes. der florent. *Catasto* von 1427, das modernste fiskal. Instrument im kommunalen Italien des SpätMA (s. dazu im einzelnen →Kataster).

Da die Systeme der Steuereintreibung nur langsam und schwerfällig funktionierten, griff man angesichts unvorhergesehenen Finanzbedarfs bereits in der Frühzeit der Kommunen zum Mittel kurzfristiger Anleihen bei Privatleuten oder privaten Konsortien; außerordentl. Abgaben figurierten formal als verzinsl. und rückzahlbare Darlehen. Diese *prestanze,* die gleichsam Zwangsanleihen darstellten und in der Regel von den reichsten Bevölkerungsschichten aufgebracht wurden, führten zu hoher Staatsverschuldung. Die verzinsl. Staatsschuldverschreibungen, die häufig in Korrelation zur Steuerleistungsfähigkeit standen, blieben auch nach der Konsolidierung der Haushalte, die im allgemeinen im 14. Jh. mit der Einrichtung der →*Monti* erfolgte, ein integrierender Bestandteil des Steuer- und Finanzsystems der Kommunen.

Lassen sich im F. der einzelnen Kommunen und Signorien allerorten vergleichbare Grundzüge feststellen, so wandelten sich diese im Zuge der institutionellen und territorialen Entwicklung der spätma. Territorialstaaten, was auch eine Modifizierung der Kritierien der Veranlagung und Einziehung der Steuern sowie Wandlungen im Gefüge der Institutionen des F.s nach sich zog. Die *Camere* (→Kammer, Kämmerei) der Kommunen bzw. der Signorien, die ihr Personal gewöhnlich aus dem Bereich von Handel und Bankwesen rekrutierten, blieben stets die wichtigsten Organe der Verwaltung von Einnahmen und Ausgaben; in dieser Funktion entwickelten sie differenzierte Methoden der →Buchhaltung und Abrechnung, die in ganz Europa entscheidend zur Modernisierung des F.s beitrugen. Neben den Camere (denen manchmal auch bes. Kategorien von Steuerzahlern – wie z. B. die Signoren als Lehnsleute der Fs.en – direkt ohne Zwischenglied unterstanden) existierte jedoch eine Vielzahl selbständiger Behörden, die die Verteilung der direkten Steuern vornahmen, die Monti leiteten bzw. die Verwaltung der Sondereinkünfte oder der außerordentl. Ausgaben wahrnehmen etc., so daß ein geschlossener und organ. Finanzverwaltungsapparat nicht entstehen konnte. – Zum päpstl. F. →Kammer, apostol.   M. Luzzati

Lit.: P. Cammarosano, Studi medievali, ser. III, XII, 1971, 301–322 – P. L. Spaggiari, Le finanze degli Stati it. (Storia d'Italia Einaudi V, 1973), I, 807–837 – P. Malanima, Società e Storia, 20, 1983, 256–263 – E. Stumpo, Economia naturale ed economia monetaria (Storia d'Italia

Einaudi, Annali VI, 1983), 521–562 – F. Leverotti, La crisi finanziaria del Ducato di Milano alla fine del Quattrocento (Milano nell'età di Ludovico il Moro, 1983), 585–632 – A. Molho, L'amministrazione del debito pubblico a Firenze nel quindicesimo secolo (I ceti dirigenti nella Toscana del Quattrocento, 1987), 191–207.

VI. Iberische Halbinsel: [1] *Kastilien:* Die kgl. Finanzverwaltung vor dem 13. Jh. war sehr einfach strukturiert. In Kastilien und León verwaltete der →*Mayordomo Mayor* die Finanzen des Hofs, unterstützt von Kämmerer (*camarero*), Speisemeister (*despensero*), Mundschenk (*copero*) und Marschall (→*caballerizo*) wie auch von einem Schatzmeister (*tesorero*). Die örtl. Vertreter des Kgtm.s (→*merinos,* →*sayones*) waren mit der Einziehung und Verwaltung der Abgaben in den einzelnen Gebieten betraut. Seit Mitte des 13. Jh. wurde das F. infolge der Erschließung neuer Einkünfte durch die Krone komplexer und differenzierter. Die früheren Ämter bestanden weiter, z. T. nur als Ehrenämter, doch hatte der Mayordomo Mayor auch weiterhin alle kgl. Urkk. mit finanziellen Konsequenzen (»que fueran de dinero«) gegenzuzeichnen. Mit dem häufig an Juden übertragenen Amt des *almojarife* (→*almojarifazgo*) oder *Tesorero Mayor,* belegt schon seit Mitte des 12. Jh., war auch die höchste Verantwortung für Eintreibung und Auszahlung der Einkünfte verbunden. Parallel dazu wurde das Land in von Einnehmern (*recaudadores*) verwaltete Steuerbezirke aufgeteilt, während für andere Einkünfte (Zölle, Dienstleistungen und Forstabgaben, Salinen usw.) bes. Beamte zuständig wurden. Das Steueraufkommen gelangte über die Stadtverwaltung (→*Concejo*) oder die im Zuge öffentl. Ausschreibung eingesetzten Steuerpächter (*arrendadores*) an die Steuerbeamten der Krone. Die städt. Concejos nahmen auf die direkten Steuern stets Einfluß über die *empadronadores,* Beamte, welche die Eintragung ins Steuerregister und die Steuerveranlagung bei allen Vollbürgern vornahmen; die direkten Steuern teilten sich im wesentl. in *pechos* (reguläre Steuern) und *servicios de Cortes* (der Bewilligung durch die Cortes unterliegende Sondersteuern). Üblicherweise begnügte sich die Krone mit der Angabe der Gesamtsumme, die ein Concejo aufzubringen hatte (*encabezamiento*). Aber bes. seit 1325 zogen es die Kg.e vor, ihre Steuern an Privatleute oder Konsortien – bis zum frühen 15. Jh. unter starker Beteiligung von Juden – zu verpachten, um unverzüglich über das Geld verfügen zu können und größere polit. Bewegungsfreiheit gegenüber Adel und Städten zu gewinnen.

Seit dem letzten Drittel des 14. Jh. wurde das F. der kast. Krone weiter ausgebaut. Seine eigtl. Leitung oblag zu diesem Zeitpunkt bereits den beiden *Contadores Mayores de Hacienda* und den beiden *Contadores Mayores de Cuentas.* Erstere leiteten die Verwaltung der Steuereinkünfte und der Ausgaben mit Hilfe spezialisierter Rechnungskammern, seit 1429 kennt man Summarien oder allgemeine Verzeichnisse (*apuntamientos*) der Einnahmen und Ausgaben (mit Angabe der Einzelposten und des Datums). Schatzmeister, Steuereinzieher und andere kgl. Beamte hatten vor den Rechnungskammern Rechenschaft abzulegen, diese sicherten, wenngleich dies manchmal Nachforschungen (→*pesquisas*) erforderlich machte, die Deckung der Schulden (Defizite und Rückstände, *alcances* und *albaquías*) ab. Vor Ende des 14. Jh. verschwand der Almojarife Mayor, der durch vier Oberschatzmeister (*Tesoreros Mayores*), seit 1435 durch mehrere voneinander unabhängige Schatzämter abgelöst wurde. Zugleich fungierten die Steuereinnehmer, für die 1387 eine Ordonnanz erlassen wurde, auch als Zahlmeister (üblicherweise mit Vier-Monats-Fristen, Zahltage im April, Aug. und Dez.). Die Praxis der Steuerverpachtung wurde allgemein üblich: die

verschiedenen Ausschreibungen wurden von der *Escribanía Mayor de Rentas* (oberste Rentkammer) überwacht. Oft erhielten die Pächter auch gleichzeitig das Amt des Steuereinnehmers in ihrem Bezirk übertragen.

Die →Cortes, die niemals eine Kontrolle der kgl. Finanzbehörde durchzusetzen vermochten, unternahmen dennoch viele Reformversuche, insbes. in Hinblick auf die Ausgabenpolitik. Die Ausgaben betrafen – neben dem zur Deckung der Hofhaltskosten bestimmten Zehnten (*Diezmo de Cámara*) – v. a. die militär. Kosten (Soldzahlungen, Landvergaben, Geldrenten: *sueldos, tierras, acostamientos,* die durch eine Ordonnanz von 1390 geregelt wurden) und die Zivilausgaben wie Pfründen, Gehälter, Gnadenerweise und Aufwandsentschädigungen (*raciones, quitaciones, mercedes, mantenimientos*). Die Kriegskosten wurden durch außerordentl. Einkünfte bestritten, bes. durch von den Cortes bewilligte, aber von der Krone verwaltete Sondersteuern (*servicios*). Die Finanzgesetzgebung war gegen Ende des 14./Mitte des 15. Jh. voll ausgereift: *Ordenamientos,* die von den Cortes erlassen wurden; *cuadernos,* Akten, in denen die Verpachtung, Eintreibung und Verwaltung jeder Steuer festgelegt wurde, und *ordenanzas,* Verordnungen für die Rechnungskammern (die Finanzverwaltung betreffend: 1433, 1436, 1476 und 1488; das Rechnungswesen betreffend: 1437, 1442 und 1478) und für die Oberste Schreibkammer (von 1488).

[2] *Portugal:* Während der Regierungszeit von Dinis I. (1279–1325) gelangte das F. der ptg. Krone zu voller Entfaltung. Das oberste Hofamt hatte der *Mordomo-mor* inne, aber die meisten Befugnisse in der Verwaltung kamen dem *Porteiro-mor* (Portarius maior 'oberster Türvorsteher'), zu, dem andere Beamte, wie der Türvorsteher, der Schatzmeister und der Finanzverwalter (*reposteiro, tesoureiro, ovençais de el-rei*) zur Seite standen. Um 1361 wurde der *Porteiro* durch zwei Finanzinspektoren (*Vedores da Fazenda*) abgelöst, die zusammen mit dem Finanzverwalter (*Provedor da Fazenda*) der Algarve die eigtl. Spitze der Finanzverwaltung bildeten. Von der einfachen Aufzeichnung der Abrechnungen in den Büchern »de recabedo regni« ging man unter Dinis I. zur Buchführung (*contos*) über: die *Casa dos Contos* (Rentamt) entfaltete im 15. Jh. ihre volle Aktivität. Um die Mitte des Jahrhunderts kam es schon zu pauschalen Vorausschätzungen der Einkünfte und Ausgaben (*orçamento*). Das Reich wurde in Finanzbezirke oder *almoxarifados* aufgeteilt.

[3] *Krone Aragón:* Die Verwaltung des Königsguts (*Patrimonio real*) war in der Krone Aragón ebenfalls zu Beginn des 14. Jh. voll ausgereift. Die Verwaltung der Einkünfte oblag den *Bayles Generales* (*Batlles Generals*) von Katalonien, Valencia und Aragón sowie dem *Procurador Real* in Mallorca. Abhängig von ihnen übten örtl. Beamte (→*Bailes* [*Batlles*] und →*Merinos*) ihre Tätigkeit aus. Die Ausgaben des Hofes waren Sache eines Schatzmeisters (*Tesorero*), dem ein Schreiber (*Escribano de Ración, Escrivá de ració*) beigegeben war. Die Kontrolle und Eintragung der Abrechnungen stand in jedem Reich einem eigenen *Maestre Racional* (→*Mestre Racional*) zu, dessen Amt um 1285 aufkam, in den *Ordinacions* von 1344 genauer umrissen wird und im 15. Jh. in jedem Reich eigene Formen annehmen sollte. Die wichtigsten Einkünfte aber kamen aus den Sondersteuern, die von den Cortes bewilligt und deren Verwaltung von ihnen mit Hilfe der →*Diputaciones del General,* die in Katalonien seit 1359, in Aragón bereits vor 1412 und in Valencia seit 1419 zu Dauereinrichtungen geworden waren, kontrolliert wurde.

[4] *Navarra:* Die Organisation des F.s war hier ähnlich: Um 1254 war das Amt des *Recibidor General* (General-

steuereinnehmers) oder Receptor redditum geschaffen worden, der über die Ausgaben verfügte, eine Aufgabe, die schon im 14. Jh. der *Tesorero* übernahm, während er selbst bis 1345 »la recepta e expensa general de Navarra« (Einkünfte und allgemeine Ausgaben von Navarra) regelte. Bis zu Beginn des 14. Jh. waren es die *merinos, bailes* und *prebostes,* die die Steuern und Abgaben in den verschiedenen Bezirken des Kgr.es erhoben, aber dann erschienen in jedem Landgerichtsbezirk (→*merindad*) Steuereintreiber (*recibidores, recaudadores*) und andere außerordentl. Beamte. Die Abrechnung und Kontrolle des F.s kam der *Cámara de Comptos* zu, deren Vorläufer bis 1328 zurückreichen und die sich seit 1365 aus *Maestros Oidores* (Auditoren) und *Notarios* (mit der Buchführung betraute Kleriker) zusammensetzte. Sie war das höchste Finanzorgan des Reiches. Aber wie in der Krone Aragón waren die Einkünfte aus dem Krongut (*Patrimonio Real*) weit geringer als die von den Cortes bewilligten außerordentl. Einnahmen.

M. A. Ladero Quesada

Lit.: V. Rau, A Casa dos Contos, 1951 – M. A. Ladero Quesada, La Hacienda Real de Castilla en el siglo XV, 1973 – J. Zabalo Zabalegui, La Administración del reino de Navarra en el siglo XIV, 1973, 119ff. – J. A. Sesma Muñoz, Trayectoria económica de la hacienda del reino de Aragón en el siglo XV (Aragón en La Edad Media II, 1979), 171–202 – M. A. Ladero Quesada, El siglo XV en Castilla: fuentes de renta y política fiscal, 1982 – Hist. de la Hacienda Española (Épocas antigua y medieval), 1982 – W. Küchler, Die Finanzen der Krone Aragón während des 15. Jh., 1983 – Th. N. Bisson, Fiscal Accounts of Catalonia under the Early Court-Kings (1151–1213), 2 Bde, 1984 – L. Vones, Finanzsystem und Herrschaftskrise: Die Kronen Kastilien und Aragón in der zweiten Hälfte des 15. Jh. (Europa 1500. Integrationsprozesse im Widerstreit, 1987), 62–83 [Lit.].

VII. Ostmitteleuropa (Böhmen, Polen): Ansätze zu einem F. entstanden im hochma. Böhmen und Polen – nach schlecht erhellten Anfängen des 10. Jh. – im 11. Jh. mit der Entfaltung des →Münzwesens, das sich in Böhmen früher als in Polen ausbildete. Ganz im Vordergrund stand zunächst das Abgabenwesen (→Abgaben, III), das noch lange wesentlich auf den Naturalabgaben basierte und z. T. auch die Beziehungen zu ausländ. Mächten betraf (Erhebung bzw. Zahlung von Tributen).

Wichtigste Grundlage des fsl. Abgabenwesens waren: der Grundbesitz, darunter das unter verschiedenen Rechtstiteln an weltl. Lehnsleute (→Lehnswesen) und kirchl. Institutionen ausgetane Land, das z. T. vom Fs.en zu außerordentl. Abgaben herangezogen wurde; die an den Landesgrenzen wie im Innern erhobenen →Zölle; verschiedene Tribute (tributum pacis in Böhmen); seit dem Ende des 12. Jh. konkreter faßbare Steuern (→berna in Böhmen); Kriegsbeute (→Heerwesen); →Regalien (Berg- und Münzregal; Forst-, Wasser-, Jagdregal; Salzregal in Polen; unmittelbare fsl. Verfügung über →Juden). Diese Einkünfte wurden geschmälert durch verschiedenste →Immunitäten, deren Inhaber, zunächst v. a. kirchl. Institutionen, später auch andere Bevölkerungsgruppen waren. An öffentl. Ausgaben fielen die Kosten v. a. für Hof, militär. Gefolgschaft (→Družina) und Heer sowie das Bauwesen ins Gewicht.

Als erste Amtsträger mit u. a. finanziellen Aufgaben können die seit dem 11. Jh. belegten →Kastellane gelten. An den Höfen erscheinen dann allmählich spezialisiertere fsl. Beamte wie Schatzmeister, Kämmerer, später Unterkämmerer. In der 2. Hälfte des 13. Jh. vollzieht sich dann mit dem allmähl. Ausbau der Landesverwaltung ein spürbarer Wandel, in Böhmen rascher als in Polen. Er ist gekennzeichnet durch den Ausbau des F.s auch auf mittlerer und unterer Ebene; v. a. die Städte und auch die größeren geistl. und weltl. Grundherren schufen sich eigene

Finanzverwaltungsorgane, deren Tätigkeit auf schriftl. Aufzeichnungen basiert (→Schriftlichkeit). Sind aus der früheren Zeit nur wenige finanzgeschichtl. Dokumente überliefert, so wächst die Zahl der →Urbare, Rechnungen, Abgaben- und Steuerregister usw. seit der 2. Hälfte des 13. Jh. spürbar an, und es entwickelt sich auf mehreren Ebenen des F.s ein relativ zahlreiches, breitgefächertes Beamtenpersonal. Knotenpunkt des staatl. F.s war in Böhmen der Prager Hof, wo die Einnahmen der böhm. Krone zusammenflossen (u. a. aus Bergbau, kgl. Städten, kirchl. Institutionen, Urkundentaxen). Die Domäne, einschließlich der Krongüter, unterstand dem Kämmerer, die Städte dem Unterkämmerer, das Münzregal dem Münzmeister. Mit den Hussitenkriegen (→Hussiten) verlor das Kgtm. jedoch seine breite materielle Grundlage, und die →Stände rissen viele dieser Rechte an sich. Der Adel bereicherte sich während der Hussitenzeit durch Säkularisierungen, und auch die Städte konnten ihr F., allerdings auf schmalerer Basis, konsolidieren, wohingegen die kath. Kirche ihre wirtschaftl. Substanz weithin verlor. Diese Wandlungen der Besitz- und Sozialstruktur schlagen sich in den Methoden des F.s, bis hin zum Geschäftsschriftgut, deutlich nieder.

In Polen führte die 1374 durchgesetzte Steuerbefreiung zunächst der adligen, bald auch der geistl. Grundherren zu einem Wandel des staatl. F.s. Zur staatl. Besteuerung von Adligen und Klerus war fortan die Bewilligung von seiten der Besteuerten erforderlich. Die Krone war in dieser Situation bemüht, Finanzmittel v. a. durch Verpfändung der kgl. Güter und durch den städt. Schoß (→Steuer) zu gewinnen. Die zentrale Finanzverwaltung unterstand dem Krakauer subthesaurarius, der 1361 an die Stelle des kgl. Schatzmeisters trat. Die Ausgaben umfaßten vornehmlich die Hofversorgung und die Kosten für das Heer im weitesten Sinn.

I. Hlaváček

Lit.: Česká diplomatika do roku 1848, 1971 – SlowStarSłow V, insbes. s. v. Skarbowość, 198–210 [Bibliogr.]. – *Zu Böhmen:* Č. Klier, Stručný, nástin bernictví království českého v dobách přéd válkami husitskými, Časopis musea král. Českého 76, 1902, 21–39, 211–233 – J. Kapras, Právní dějiny zemí koruny české 1–2, 1912f. – O. Peterka, Rechtsgesch. der böhm. Länder 1–2, 1923–28 – Bosl, Böhm. Länder I, s.v. Sachreg. – *Zu Polen:* B. Markowski, Administracja skarbowa w Polsce, 1931 – J. Bardach, Hist. państwa i prawa Polski 1–2, 1965³, 1966² [Register] – K. Maleczynski–M. Bielińska–A. Gasiorowski, Dyplomatyka wieków średnich, 1971 – J. Dudziak, Dziesięcina papieska w Polsce średniowiecznej, 1974 – J. Bardach–B. Leśnodorski–M. Pietrzak, Hist. państwa i prawa polskiego, 1976.

VIII. Königreich Ungarn: Nach der Landnahme verblieb Ungarn bis ins 13. Jh. im wirtschaftl. Einflußbereich des byz.-osteurop. Raumes (Zentren: Konstantinopel, Kiev); im 10. Jh. kursierten arab. und byz. Münzen, und die →Währung beruhte auf dem byz. →Solidus (pensa auri), trotz der unter Kg. →Stephan I. (1000–38) einsetzenden Prägung von →Pfennigen (obuli). Die Einnahmen des Kgtm.s stammten zur einen Hälfte aus den kgl. Domänen und den →Komitaten, zur anderen aus den →Regalien, v. a. dem Münzregal. Seit Mitte des 11. Jh. treten direkte Steuern auf (lucrum camere, liberi denarii), wobei der Kreis der Steuerpflichtigen unklar bleibt.

Das kgl. F. unterstand dem →Palatin, seit 1148 dem Kämmerer (magister tavarnicorum). →Andreas II. (1205–35) beschränkte im Zuge seiner adelsfreundl. Politik die kgl. Einnahmen auf die regalia maiora, während er die regalia minora dem Adel überließ: dies führte zu einer Krise, in deren Verlauf das Land mit →Friesacher Pfennigen und deren Nachprägungen geradezu überschwemmt wurde und Importe mit Barrensilber bezahlt werden mußten.

Nach den Thronwirren reformierte der Anjou →Karl Robert I. (1307–42) das F. grundlegend. 1323 reorganisierte er die Münzämter, die das Einlösemonopol für die – nunmehr einem Ausfuhrverbot unterliegenden – Edelmetalle erhielten (Gewinnspanne bei Silber: 35%, bei Gold 40%). 1325 wurde nach Florentiner Muster der ung. →Goldgulden (florenus aureus Hungaricus) eingeführt, der zu einer führenden Währung des spätma. Europa wurde. 1327 fand die Lockerung des Bergbaumonopols statt, die die systemat. Suche nach Edelmetallvorkommen sowie die Gründung von →Bergstädten begünstigte und das Kgr. Ungarn zum führenden Goldproduzenten (→Gold) machte. 1328 wandelte der Kg. das lucrum camere in eine direkte Steuer der Agrarbevölkerung nach Hofstellen (porte) um. 1340 erfolgte die Konstituierung des Schatzmeisters (thesaurarius) als Leiter des Schatzamtes. Der vom Kg. v. Ungarn gehortete Schatz schmolz allerdings in den Italienfeldzügen der →Anjou (1347–48, 1350) dahin. Der Luxemburger →Sigmund zerstörte die geordneten Finanzen durch Vergabungen und Schuldenanhäufung; auch die Kosten der Türkenabwehr (→Türkenkrieg) nahmen ständig zu. Infolgedessen wurden häufig außerordentl. Steuern erhoben; die Silbervaluta unterlag in den 1430er Jahren starker Verringerung des Edelmetallgehalts. Nach dem Interregnum reformierte Kg. →Matthias Corvinus 1467 die Finanzen. Sein Einkommen erreichte in den 1470er Jahren jährlich 800000 Gulden, 56% aus Steuern, 35% aus Regalien (Münze, Salz, Kupferhandel, Zoll); die hohen Abgaben, die v. a. zur Bestreitung der ehrgeizigen Außenpolitik des Kg.s dienen sollten, führten zur wirtschaftl. Erschöpfung des Landes.   E. Fügedi

Lit.: L. Thallóczy, A kamara haszna története, 1879 – B. Hóman, Magyar pénztörténet, 1916 – Ders., Magyarország pénzügyei és gazdaságpolitikája Károly Róbert korában, 1921 – E. Fügedi, Mátyás király jövedelme 1475 ban, 1982.

C. Osmanisches Reich
Zum arab.-islam. F. →Dīwān, →Buchhaltung C, →Steuer-, Fiskal- und Finanzwesen. – Zusammenhängende Information über das osman. F. beginnt mit der Regierung Sultan →Meḥmeds II. (1451–81); in einem Rechtstext, der wenigstens im Kern auf diese Periode zurückgehen soll, ist von einem *baş defterdār* (später oft Rumeli *defterdarı* genannt) sowie von zwei Amtskollegen die Rede. Doch fällt der Ausbau der osman. Finanzbürokratie hauptsächl. ins 16. Jh.; am Ende des 16. Jh. waren die drei führenden Beamten als Rumeli, Anadolu und *šiqq-i sani defterdarı* bekannt. Der leitende defterdār unterstand unmittelbar dem Großwesir (→defterdār).

Von Finanzverwaltungen in den Provinzen ist erst von der Zeit Selims I. (1512–20) an die Rede. Solche Verwaltungen erschienen zuerst in Ägypten und Aleppo; im übrigen schwankte die Anzahl im Zusammenhang mit Kriegsereignissen und Reorganisationen der Verwaltung. Wo eine provinziale Finanzverwaltung vorhanden war, hatte der Gouverneur keine Kontrolle über sie; diese Trennung war als vorsorgl. Maßnahme gegen Korruption gedacht. In Provinzen ohne *defterdār* blieb der Gouverneur aber nach wie vor auch für die Finanzen zuständig.

Ein großer Teil des heute zugängl. osman. Archivmaterials entstammt der Finanzverwaltung. Neben den allgemeinen Steuerkonskriptionen (*mufassal tahrī*) sind Verzeichnisse frommer Stiftungen sowie der als →*timār* bekannten Militärlehen zu nennen; ebenfalls wichtig ist die Korrespondenz bezüglich der Steuerpachten. Einnahmen und Ausgaben der Zentralverwaltung bzw. der Verwaltung bestimmter Provinzen wurden Jahr für Jahr gesondert abgerechnet; einige Musterbeispiele solcher Budgets sind auch veröffentlicht. In Finanzabrechnungen war bes. für Zahlen eine Geheimschrift üblich, das sog. *siyāqat*; ihre Beherrschung galt als Kennzeichen des voll ausgebildeten, mit den Staatsgeheimnissen wohlvertrauten Finanzbeamten.   S. Faroqhi

Lit.: I. Hakkı Uzunçarşılı, Osmanlı Devletinin Merkez ve Bahriye Teşkilatı, 1948 – L. Fekete, Die Siyāqat-Schrift in der türk. Finanzverwaltung, 2 Bde, 1955 – Ö. Lütfi Barkan, Osmanlı Imparatorluğu Bütçelerine Dair Notlar, İÜ Iktisat Fakültesi Mecmuası 17, 1–4, 1955–56, 193–224 – K. Röhrborn, Die Emanzipation der Finanzbehörde im osman. Reich, ZDMG 122, 1972, 118–139 – J. Matuz, Das Kanzleiwesen des Sultans Süleymans des Prächtigen, 1974 – H. G. Majer, Ein osman. Budget aus der Zeit Mehmed des Eroberers. Der Islam 59, 1, 1982, 40–63 – H. Sahillioğlu, 1524–25 Osmanlı Bütçesi, İÜ Iktisat Fakültesi Mecmuası 41, 1–4, 1982–83, 415–452 – C. Fleischer, Bureaucrat and Intellectual in the Ottoman Empire, The Historian Mustafa Âlî (1541–1600), Princeton Stud. on the Near East, 1986.

Finanzwirtschaft → Finanzwesen, →Frühkapitalismus, →Hochfinanz

Findelhaus → Waisenhaus

Fine, in Irland archaische rechtl. Familiengruppe (→Familie B. IX), deren erbl. Landbesitz *(fintiu, fintiud)* nicht ohne Zustimmung der Familienmitglieder weiterveräußert werden konnte. Im rechtl. Sinne bestand die fine aus einer Gruppe männl. Personen von gemeinsamer Abstammung, die bestimmte gegenseitige Verpflichtungen hatten und für die Handlungen jedes einzelnen Mitglieds kollektiv hafteten. Dieser kollektive Verband der Verwandten hatte auch in Irland größte Bedeutung bei der Vererbung und bei der Buße von Vergehen. An der Spitze eines solchen Familienverbandes stand als Senior der *áge fine* oder *cend fine.* Aufgrund der air. Rechtstraktate des 7. bzw. frühen 8. Jh. tritt die Bedeutung der agnat. (patrilinearen) Abstammung, der *derbfine,* als Kerneinheit der f. stark hervor (→*derbfine,* dort auch Ausführungen zu *gelfine, iarfine* und *indfine,* unterschiedl. Formen der agnat. Sippenbindung).   P. Ní Chatháin

Lit.: Dict. of the Irish Language, s. v. fine, fintiud – D. A. Binchy, Irish Hist. and Irish Law II, Stud. Hibernica XVI, 1976, 31–38 – R. Baumgarten, The Kindred Metaphors in »Bechbretha« and »Coibnes usci thairide«, Peritia 4, 1985, 307–345.

Finechas → Féni, Abschn. 2

Fingal, air. Rechtswort für die Tötung von Blutsverwandten, wird in den Rechtstraktaten des 7.–8. Jh. als eines der schwerwiegendsten Vergehen betrachtet; der Täter verfiel der strafweisen Verbannung, dem Verlust des Erbrechts und – im Falle seiner Rückkehr – dem Status eines Halb-Unfreien. F. wurde wohl am häufigsten im Zuge von Nachfolgestreitigkeiten zw. verschiedenen Zweigen ir. Königsdynastien verübt. Auf dieser sozialen Ebene zeigte sich aber oft die Diskrepanz zw. Rechtsnormen und »Rechtswirklichkeit«: Der erfolgreiche Bewerber um die Königswürde dürfte wohl häufig f. begangen haben, ging aber straflos aus. Die Verfasser der (fiktiven) genealog.-dynast. Überlieferungen des 8.–9. Jh. betrachteten f. jedoch als schweren Makel, um dessentwillen einer schuldigen Dynastie die Königswürde abzuerkennen war.   T. M. Charles-Edwards

Fingerhut (Digitalis purpurea L. u. a./Scrophulariaceae). Obgleich eine der auffallendsten und (seit Ende des 18. Jh.) arzneilich bedeutsamsten Pflanzen, ist der – zur (sub)atlant. Flora gehörende, bei den antiken Autoren nicht nachweisbare und eindeutig erst 1542 durch Leonhart Fuchs als Digitalis beschriebene – F. in der ma. Lit. kaum belegt. Die wenigen Zeugnisse bzw. volkskundl. Nachrichten stammen fast alle aus dem kelt. Bereich, bes. aus

England, was sowohl für die älteren Namen: wie ags. *foxesclife* oder *foxesglofa* (10./11. Jh.) als auch für die früheste med. Erwähnung gilt. Diese findet sich in dem walis. »Meddygon Myddfai« aus dem 13. Jh., dessen Vorschriften z. T. bis auf das 6. Jh. zurückgehen dürften und das den F. zur äußerl. Anwendung v. a. bei Geschwülsten empfiehlt. Nach einer zweiten in kymrischer Sprache verfaßten Rezeptsammlung aus dem 10./11. Jh. diente F. (?) ebenfalls äußerl. zur Wundbehandlung. Dieselbe Indikation verzeichnet die »Wündärznei« des →Heinrich v. Pfalzpaint 1460: aus dem dt. Sprachraum möglicherweise der erste Textzeuge für den F., mit dem das dort gen. *fuchs krawth* wahrscheinl. identisch ist.   P. Dilg

Lit.: MARZELL II, 127–136 – DERS., Heilpflanzen, 235f. – A. OVERHAMM, Zur Gesch. der Digitalis unter bes. Berücksichtigung ihrer äußerl. Anwendung, QStGPh 13[14!], 1976.

Fingerkraut (Potentilla reptans L. u. a./Rosaceae). Von den zahlreichen F.-Arten war neben der →Blutwurz und dem Gänserich (P. anserina L.) bzw. *potentilla, gre(i)nsi(n)g, grensic(h)* u. ä. (STEINMEYER-SIEVERS III, 472, 586; V, 41, 42) wohl auch das Kriechende F. bekannt, auf das sich hauptsächl. die – von gr. pentaphyllon abgeleiteten – lat. und dt. Namen *pentafilon, pentafolium, quinquefolium, vinfblat, funfbleter* (STEINMEYER-SIEVERS III, 107, 531) sowie *funffinger(krut)* beziehen dürften. Med. wurde dieses u. a. gegen starkes Fieber, Augentrübung, Gelbsucht und Epilepsie verwendet (Hildegard v. Bingen, Phys. I, 55; Albertus Magnus, De veget. 6,421; Gart, Kap. 306); außerdem galt es als Zauber(abwehr)- und sympathet. Mittel.   P. Dilg

Lit.: MARZELL III, 998–1013, 1023–1029 – DERS., Heilpflanzen, 106–108 – HWDA II, 1497–1500.

Finglas (Finnglais Chainnich), Kl. in Irland bei Dublin, wohl gegr. von Cainnech († um 600), im 8. und 9. Jh., als ein Zentrum der Reformbewegung der →Céli Dé oft in den Annalen genannt. Da F. eng mit →Tallaght verbunden war, stammt ein Großteil der Quellenbelege über F. aus der dortigen Überlieferung. In den Triaden werden F. und Tallaght als die »beiden Augen Irlands (dí súil Érend)« bezeichnet. F. verfügte auch über ein Frauenkloster. Einer der Äbte v. F., der berühmte Duiblitir († 796), war bei der Synode v. →Tara (780) der Wortführer der zahlreichen dort vertretenen culdeisch geprägten »scribae et anachoritae« der Uí Néill und Laigin. Duiblitirs Beichtvater war der Bf. v. F., Caenchomrac († 791). Duiblitir galt als Autorität in Fragen der Bußdisziplin und der monast. Gewohnheiten und wird in den culdeischen Schriften häufig zitiert. – Der letzte bezeugte Abt v. F. starb 1038 in Rom.   P. Ní Chatháin

Lit.: A. GWYNN – R. N. HADCOCK Medieval Religious Houses: Ireland, 1970, 384 – O'DWYER, Céli Dé, 1981.

Finguine mac Láegaire, Kg. v. →Cashel 896–901, abgedankt, † 902, aus dem Zweig der →Eóganachta Caisil. Bekannt unter dem Beinamen Cenn nGécán ('Gänsekopf'). Nach der »Vita Tripartita« (Bethu Phátraic) war F. der 27. Nachfolger von Oengus mac Nad Froích, den →Patrick angeblich getauft hat und dem er bei der Taufzeremonie mit dem Krummstab den Fuß durchbohrt haben soll. Die »Vita Tripartita« wurde möglicherweise während der Regierungszeit F.s abgefaßt. Die Kg. e v. Cashel waren der Kirche enger verbunden als andere ir. Dynastien.   M. Richter

Q.: Tripartite Life of Patrick, ed. W. STOKES (RS 89, 1887) – Bethu Phátraic, ed. K. MULCHRONE, 1939, 118f. – *Lit.:* K. HUGHES, The Church in early Irish Society, 1966, 221 – F. J. BYRNE, Irish Kings and High-Kings, 1973, 190.

Fini, florent. Kaufmanns- und Bankiersfamilie; *Baldo, Renieri* und *Schiattino* F., Söhne des Fino de' Benzi aus Figline Valdarno; 1296–1321 bei den →Champagnemessen und im Kgr. Frankreich tätig. Ein Geschäftsbuch für die Jahre 1296–1305 (einer der ältesten Belege für die Anwendung der doppelten Buchführung [→Buchhaltung], auch für die Linguisten von Interesse, da der Text in Toskanisch geschrieben ist) und einige Urkunden und Akten des Kgr.s Frankreich und der Kommune Florenz bezeugen ihre Tätigkeit. Baldo und Renieri wirkten spätestens ab 1293 als Faktoren für Biccio und Musciotto Franzesi. Alle drei Brüder waren danach Socii in einer um 1303 gegr. Handelskompanie (Partner waren u. a. Musciotto Franzesi und die Familie →Pazzi). Das nur zum geringen Teil edierte Geschäftsbuch der F. läßt eine intensive Tätigkeit als Geldleiher während der →Champagnemessen erkennen. Die Darlehen wurden zumeist an florentin. und sienes. Handelskompanien gegen einen Jahreszins von 20 bis 25% vergeben; als Rückzahlungsfrist galt das Datum der einzelnen Messen. Von 1311–21 setzten die Brüder F. ihre Tätigkeit in Frankreich fort, wo sie den Akten des Parlements von Paris zufolge Konzessionen für die Ausfuhr von beträchtl. Mengen Wolle nach Italien erhielten; am Ende des Berichtszeitraums erwarb Baldo F. das Recht, 4300 Wollballen innerhalb von vier Jahren zu exportieren. Die F. waren →Ghibellinen, Baldo wurde jedoch in einer antiksl. Mission als Gesandter an den Kg. v. Frankreich geschickt, was den F. die Verurteilung durch Ks. Heinrich VII. eintrug (1313).   B. Dini

Lit.: E. BOUTARIC, Actes du parlement de Paris, 1863–67 – P. DAZZI, Sette lettere inedite del secolo XIV, 1866, 11–24 – F. MELIS, Storia della ragioneria, 1950, 481–485 – A. CASTELLANI, Nuovi testi fiorentini del Dugento, 1952, 7–10, 674–696.

Finnbarr (auch: Bairrfind, Bairre), hl., Gründer des ir. Kl. →Cork in Munster, über den nur wenige glaubwürdige Nachrichten vorliegen; er soll im 6. Jh. gelebt haben. Seine lat. und ir. Viten sind späten Datums; nach neuerer Auffassung ist die ir. Vita erst ca. 1170–1230 entstanden und spiegelt die Auseinandersetzungen um die Bm.er →Cork, →Cloyne und →Ross sowie insbes. die entsprechenden kirchenpolit. Ambitionen der Munster-Dynastie der McCartney wider. Auch wurde die Hypothese vertreten, daß F. die Verehrung anderer namensverwandter Hl., v. a. des hl. →Finnian (Finnio/Uinniauus) v. Clonard und des hl. →Finnian v. Moville, teilte. →Félire Óengusso kommemoriert F. am 25. Sept., das Martyrologium v. →Tallaght am 22. Mai und 25. Sept.   Ch. Doherty

Q. und Lit.: Félire Óengusso Céli, ed. W. STOKES, 1905, 196 – J. F. KENNEY, Sources for the Early Hist. of Ireland, 1929, 401f. – P. O'RIAIN, St-F.: A Study in a Cult, Journal Cork Hist. Archaeol. Soc. 82, 1977, 63–82 – DERS., Towards a Methodology in Early Irish Hagiography, Peritia 1, 1982, 146–159.

Finnian (Vinnian). 1. F. v. Clonard (ir. Finnio/Findén moccu Thellduib 'F. aus der Familie v. Telldub'), hl., † 549, Fest: 12. Dez. F. gründete eine Klosterschule in Ard na Relec, die hohen Ruhm erlangte. Später – aber wohl erst nach F.s Tod – wurde diese nach →Clonard verlegt. →Adamnanus v. Hy berichtet in seiner »Vita Columbae« (um 700) von einem Besuch des hl. →Columba bei seinem Meister, »venerandum episcopum Finnionem« – dies mit ziemlicher Sicherheit ein Hinweis auf F. v. Clonard. Spätere Hagiographen machen zahlreiche andere Hl. zu F.s Schülern. Wahrscheinlich ist F. auch der 'Vennianus auctor', der nach →Columba den hl. →Gildas in einer monast. Disziplinfrage konsultierte; auch wird ihm das →Bußbuch »Penitentialis Vinniani« zugeschrieben. Allerdings beziehen einige Forscher diese beiden Belege auf

→Finnian v. Moville. L. Fleuriot hat mit linguist. Argumenten eine mögliche breton. Herkunft F.s vorgeschlagen (Identifikation mit dem in der Vita des hl. →Samson v. Dol genannten Winniau). Die Herkunftsangaben seiner Viten (Leinster) und der Namensbestandteil *moccu* sprechen allerdings für ir. Abstammung.   P. Byrne

Lit.: L. Fleuriot, Le »Saint« Breton Winniau et le pénitentiel dit »de Finnian«, ECelt 15, 1978, 607–617 – P. Ó Riain, Finnian or Winniau? (Ireland and Europe: the Early Church, 1984), 52–57 – P. Byrne, The Community of Clonard from the 6th to the 12th century, Peritia 4, 1985, 157–173 – s. a. Lit. zu →Clonard (J. F. Kenney, K. Hughes).

2. F. v. Moville, ir. Hl. (ir. Uinniaus/Findén/Findbarr moccu Fíatach 'F. aus der Familie der Fíatach'), † 579, Fest: 10. Sept. F. entstammte der Ulster-Dynastie der →Dál Fíatach und wurde zu ihrem hl. Patron. Er soll an der Candida Casa in Whithorn (Schottland) studiert haben. Seine bedeutendste Klostergründung war Moville (Gft. Down). Nach dem →Félire Óengusso (um 800) brachte er Irland ein 'Gesetz'. Hierbei soll es sich nach späteren Meinungen um das mosaische Gesetz oder das erste vollständige NT, das nach Irland gelangte, gehandelt haben. F. war Bf. Er wird manchmal mit 1, ja sogar mit dem hl. Fredianus v. Lucca verwechselt.   P. Byrne

Lit.: J. F. Kenney, The Sources for the Early Hist. of Ireland, 1, 1929, 240, 308, 390f. – J. Ryan, Irish Monasticism: Origins and Early Development, 1931, 106f., 125.

Finnische Stämme → Finnisch-ugrische Sprachen, →Finnland

Finnisch-ugrische Sprachen, gliedern sich in die folgenden Sprachengruppen und Einzelsprachen: 1. die *ugrische Gruppe* mit den Einzelsprachen Ostjakisch (Chanti), Wogulisch (Mansi) – gemeinsame Benennung »Obugrisch« – und →Ungarisch; 2. die *finnisch-perm. Gruppe* mit Wotjakisch (Udmurt) und Syrjänisch (Komi); 3. die *finnisch-wolgaische Gruppe* mit Mordwinisch (Moksha und Erza nach den Hauptdialekten) und Tscheremissisch (Mari); 4. die *ostseefinn. Gruppe* mit Finnisch, Karelisch, Wepsisch, Ingrisch (Ižorisch), Wotisch, Estnisch und Livisch (Ingrisch, Wotisch, Livisch im Aussterben begriffen). Dem Ostseefinnischen nahe steht das *Lappische,* dessen Einordnung durch die Verknüpfung von sprach- und ethnogenet. Problemstellungen erschwert ist. Die neuere Forschung erhärtet die Annahme einer Aussonderung des Lappischen aus einer angenommenen frühurfinn. (lappofinn.) Grundsprache.

Die hier vorgenommene Gruppierung entspricht der chronolog. Abfolge der Ausgliederung der Sprachengruppen aus einer rekonstruktiv erschließbaren finnisch-ugr. Grundsprache. Diese steht in engem genet. Zusammenhang mit einer samojed. Grundsprache und geht wie diese auf eine uralische »Ursprache« zurück (Uralisch minus Samojedisch = Finnisch-Ugrisch). Eine absolute Chronologie der Ausgliederung der Sprachengruppen ist strittig. Als terminus a quo – Teilung der uralischen »Ursprache« in einen samojed. und einen finnisch-ugr. Zweig – gilt 4000 v. Chr. Der Zerfall der finnisch-ugr. Spracheinheit in einen ugr. und einen perm. Zweig wird um 2500 v. Chr. angesetzt. Über den zeitl. Ansatz einer ostseefinn. (lappofinn.) Grundsprache gehen die Meinungen auseinander; nach M. Korhonen wäre ca. 1500 v. Chr. anzusetzen, die Ausgliederung des Lappischen nähme ihren Anfang um 1000 v. Chr.

Die schriftsprachl. Tradition der finnisch-ugr. Sprachen reicht nur im Falle des →Ungarischen und des Syrjänischen ins MA zurück. Die ostseefinn. Sprachen Estnisch und Finnisch treten erst seit der Reformation als Schrift-

sprachen auf. Eine kürzlich aufgefundene Aufzeichnung zweier finn. Sätze stammt aus der Mitte des 15. Jh. In karel. Sprache ist das Fragment einer Beschwörungsformel aus dem 13. Jh. erhalten.

Die Erforschung der finnisch-ugr. Sprachgeschichte ist so mangels älterer schriftl. Zeugnisse weitgehend auf die Erfassung diachron signifikanter sprachl. Erscheinungen angewiesen, die sich durch synchronen Sprachvergleich gewinnen und rekonstruktiv auswerten und verbinden lassen. Die Anwendung und Präzisierung der Methoden der Dialektologie, Areallinguistik und Typologie sind daher von großer Bedeutung, ebenso die Beachtung sprachtheoret. Erkenntnisse und die Auswertung der Resultate der Sprachuniversalienforschung. Von bes. Erkenntniswert sind die Erträge der Lehnwortforschung. Im Bereich der ostseefinn. Sprachen (einschließl. des Lappischen) sind es Lehnwörter baltischer, germanischer und russischer Provenienz, die Rückschlüsse auf die Abläufe der Sprachenteilung und die arealen Bewegungen der Sprachvölker und Dialektgruppen ermöglichen.

Nachrichten über Finnen (→Finnland, Finnen) und →Lappen – als »exotische« Völker gern verwechselt – finden sich bei antiken Schriftstellern, im MA reichlicher in altnord. Quellen; indessen liefern diese nur spärliche Auskünfte zu sprachl. Gegebenheiten. Die z. T. ins MA zurückreichende mündlich tradierte Volksdichtung finnischer (→Kalevala), karelischer, ingrischer Herkunft liegt in großem Umfang erst seit dem 19. Jh. schriftlich kompiliert vor (»Suomen kansan vanhat runot«).   U. Groenke

Lit.: B. Collinder, A Handbook of the Uralic Languages, I–III, 1955–60 – An Introduction to the Uralic Languages, 1960 – Gy. Décsy, Einf. in die finnisch-ugr. Sprachwiss., 1965 – O. Ikola – A. Joki, Uralic (Current Trends in Linguistics, 9, 1972), 1693–1743 – The New Enc. Brit.: Macropaedia XVIII, 1974, 1022–1032 [R. T. Harms] – P. Hajdú, Finno-Ugrian Languages and Peoples, 1975 – Sukulaisuuden kielellistä taustaa, 11–51 [P. Hajdú] – M. Korhonen, Über die strukturaltypolog. Strömungen (Drifts) in den ural. Sprachen (Congressus Quintus Internationalis Fenno-Ugristarum, I, 1980), 87–110 – Johdatus lapin kielen historiaan, 1981 – A. Laanest, Einf. in die ostseefinn. Sprachen, 1982 – R. Austerlitz, Uralic Languages (B. Comrie, The World's major Languages, 1987), 569–576.

Finnland, Finnen

I. Besiedlung in der Eisenzeit (bis ca. 1150 n. Chr.) – II. Schwedische Eroberung und Christianisierung (ca. 1150–1323) – III. Finnland als Teil Schwedens (1323–97) – IV. Finnland in der nordischen Union (1397–1523) – V. Wirtschaft und Gesellschaft.

I. Besiedlung in der Eisenzeit (bis ca. 1150 n. Chr.): Die Besiedlung F.s setzte während der sog. Suomusjärvi-Kultur (ca. 6500–4200 v. Chr.) ein. Zumindest die nachfolgende Periode der Kammkeramik-Kultur (4200–2500 v. Chr.) wird heute für finnougrisch gehalten (→Finn.-ugr. Sprachen). Ca. 450 Lehnwörter belegen germ. Zuwanderung. Die im Zuge der jungsteinzeitl. und bronzezeitl. Kulturen angewachsene Besiedlung verringerte sich in der frühen Eisenzeit (um ca. 500 v. Chr. bis um Chr. Geburt), einer Periode kulturellen Rückgangs. Ein erneuter kultureller Aufschwung erfolgte während der röm. Eisenzeit (Zeit um Christi Geburt bis ca. 400 n. Chr.) in SW-F. (großzügig angelegte Gräberfelder mit Einzugsgebiet bis ins Binnenland: südl. Ostbottnien/Etelä Pohjanmaa und Tavastland/Häme. Starke kulturelle Verbindungen mit Estland (→Esten, Estland), den Mündungsgebieten von Weichsel und Elbe sowie mit →Schweden prägten diese Periode; aus diesen Gebieten kam auch Bevölkerung nach Finnland.

In der Völkerwanderungszeit (ca. 400–600) lag das kulturelle Zentrum weiterhin in Südwestf.; im Tavastland und südl. Ostbottnien setzte aber eine blühende Pelzverarbeitung ein, und auch auf den Ålandinseln begann die eisenzeitl. Kultur. In der Merowingerzeit (600–800) verselbständigte sich die finn. Kultur; die Bevölkerung nahm kontinuierlich zu, und die urbare Landfläche reichte nun bis in die Provinz Eigentliches F. (finn. Varsinais-Suomi) und bis ins Tavastland. Der Ackerbau trat schon in beträchtl. Maße an die Stelle der Schwendwirtschaft. Wie schon in früheren Perioden sind Einflüsse germ. Bevölkerungsgruppen feststellbar (Reihengräber in Entsprechung zu germ. Gräberfeldern in Westeuropa). Gegen Ende der Periode verödete die reiche Kultur des südl. Ostbottniens. Andererseits aber breiteten sich westfinn. Grabformen im Osten bis in die Region des Ladogasees aus, wo sich unter Einbeziehung neuer und alter regionaler Elemente eine karel. Kultur auszubilden begann.

In der Wikingerzeit (ca. 800–1050) nahm die Besiedlung zu, konzentriert auf drei Zentren: Eigtl. F., Tavastland und Karelien. Åland war völlig schwed. geworden. In den genannten, von Finnen, Tavastländern und Kareliern bewohnten Gebieten bildeten sich frühe Formen einer landschaftl. Organisation aus, zwar noch ohne feste polit. Ordnung, aber mit Ansätzen zu gemeinsamem Kultverband, Burgenbau, Verteidigung und Organisation von Kriegs-, Fang- und Kaufzügen, unter lokalen Führern. Im N traf die feste bäuerl. Siedlung auf die →Lappen, zu denen von den Zentren des S aus Handels- und Besteuerungsfahrten unternommen wurden.

Die finn. Stämme kamen bei den nach O gerichteten Fahrten der Wikinger in neuen regen Kontakt mit der Außenwelt, insbes. in Handelsverbindungen, die auch christl. Einflüsse vermittelten (z. B. Reise→Olafs d. Hl. en nach F. um 1007). Die christl. Bestattungsbräuche setzten sich seit der 1. Hälfte des 12. Jh. im Eigtl. F. und Tavastland durch. Der Zeitabschnitt von ca. 1050 bis 1150 ist als frühchristl. Periode zu bezeichnen. Es scheint sicher, daß ein Teil SW-F.s zeitweise schon im 11. Jh. Schweden (Svealand) tributpflichtig war, während der Einfluß →Novgorods und der orthodoxen Kirche sich bis ins östl. Tavastland erstreckte.

II. Schwedische Eroberung und Christianisierung (ca. 1150–1323): Der Kg. v. →Schweden, →Erich IX., und Bf. →Heinrich v. Uppsala versuchten, wohl um 1150, in F. eine polit. und kirchl. Ordnung zu etablieren, jedoch ohne bleibende Ergebnisse (sog. 1. Kreuzzug, nicht genau datierbar). Die von Missionsbf. en geleitete Bekehrungstätigkeit und wahrscheinlich auch die von Adel geförderten Kreuzzüge setzen sich in F. bis in die 2. Hälfte des 12. Jh. fort. Zweifellos wurde trotz des Widerstands heidn. Kräfte und der Novgoroder Konkurrenz eine westlich geprägte kirchl. Ordnung verankert.

Infolge der dt. und dän. Eroberungstätigkeit im Baltikum entfaltete auch Schweden zu Beginn des 13. Jh. an den Küsten des Finn. Meerbusens Aktivitäten, die v. a. von Gotland und dem Bm. Linköping ausgingen. Als Bf. v. F. fungierte 1220–45 der energische Thomas, der die Kirchenorganisation vorantrieb und die bfl. Gewalt auf die Provinzen Eigtl. F. und Tavastland ausdehnte. Er stützte sich v. a. auf die dt. Mächte im Baltikum, die ihm in den 30er Jahren des 12. Jh. wahrscheinlich auch militär. Unterstützung durch Zuzug von Rittern für den Kampf gegen das tavastländ. Heidentum und gegen Novgorod gaben. Das Bm. F. wurde aber wohl erst kurz nach dem Episkopat des Thomas dem Ebm. →Uppsala unterstellt. Der Bischofssitz erfuhr um 1229 eine Verlegung von Nousiainen nach Koroinen ins Tal des Auraflusses, von dort in den Jahren nach 1290 an dessen Mündung nach Åbo (finn. Turku). Da das gesamte F. dem Bm. Åbo unterstellt

wurde, entstanden so Verbindungen zw. den vorher stärker isolierten Burgbezirken, wobei Åbo die Funktion eines Zentralorts erhielt. Mit seinen 1290 erlassenen Privilegien war es in dieser Zeit auch die einzige Stadt in Finnland.

Vom 13. Jh. bis ins 16. Jh. beherrschten Deutsche den finn. Handel mit dem Ausland: Zahlreiche dt. Kaufleute siedelten sich in F. an; sie brachten auch die Formen des europ. Städtewesens nach F. Der schwed. Reichsregent Jarl →Birger brachte Westf. unter die Krone Schwedens. Er stationierte wohl am Ende der 50er Jahre des 13. Jh. im Tavastland eine größere Gruppe schwed. Kreuzfahrer, die das Land gegen Novgorod verteidigen sollten. Sie besiedelten die Küste des Finn. Meerbusens im sog. Nyland ('Neuland', finn. Uusimaa). Die schwed. Besiedlung setzte im 13. und 14. Jh. spontan an den Küsten des Finn. und Bottn. Meerbusens fort.

Die starken Burgen Hämeenlinna (Tavastland) und Åbo wurden in den 70er und 80er Jahren des 13. Jh. von der Krone als Zentren der Siedlung und Verwaltung der von Vögten geleiteten Burgprovinzen errichtet. Novgorod wurde aus dem östl. Tavastland verdrängt, ebenso aus dem westl. Karelien, in das zahlreiche Neusiedler aus dem westl. F. nachrückten. Der am Ladogasee gelegene Teil von Karelien hingegen geriet dauerhaft in den Einflußbereich Novgorods.

Schon Bf. Thomas hatte 1240 gemeinsam mit den Schweden vergeblich versucht, Karelien zu erobern und – im Kampf gegen den Novgoroder Fs.en →Alexander 'Nevskij' – die Interessensphäre des W bis an die Neva vorzuschieben. Der schwed. Marschall Knutsson eroberte 1293 Westkarelien (Bau der Burg Wiborg/finn. Viipuri). Novgorod erkannte diese Annexion in dem 1323 geschlossenen Frieden v. Schlüsselburg (finn. Pähkinäsaari), dem ersten schriftl. Friedensvertrag zw. Schweden und Novgorod, an. Nach diesem Vertrag verlief die Grenze zw. den beiden Herrschaftsbereichen vom inneren Teil des Finn. Meerbusens nach NW durch das Ödland hin zum Bottn. Meerbusen. Doch wurde durch die Besiedlung F.s und durch die Expansion Schwedens diese Grenze sowohl in Ostbottnien als auch in der Provinz Savo schon in der 2. Hälfte des 14. Jh. ständig überschritten.

III. Finnland als Teil Schwedens (1323–97): Der Begriff 'F.' bezeichnete im MA primär den südwestl., dichter besiedelten und wirtschaftl. stärker erschlossenen Teil des Landes, wurde gegen Ende des MA aber zunehmend auf die gesamten Siedlungsgefilde der finn. Stämme, das sog. Österland ('Ostland'), ausgedehnt. F. war dem schwed. Reich nicht als formloser Landgewinn angegliedert, sondern wurde zum gleichberechtigten Teil des Reiches. Während der Unmündigkeit von Kg. Magnus Eriksson (1319–31) verwalteten die Burgherren v. Åbo und Wiborg die finn. Angelegenheiten weitgehend selbständig. In den 30er und 40er Jahren des 14. Jh. betrieb Magnus Eriksson jedoch eine ungewöhnl. Reformpolitik in F., das ihm in seinem Kampf gegen den Adel ein wichtiger Rückhalt war. In den 50er Jahren des 14. Jh. übertrug er F. dagegen als Hzm. an seinen Günstling Benedikt Algotsson. Die Machtkämpfe der schwed. Monarchie förderten die eigenständige Entwicklung F.s, dessen Bewohner am 15. Febr. 1362 das Recht zu gleichberechtigter Teilnahme an den Königswahlen erhielten.

Der 1364 zum Kg. gewählte Albrecht v. Mecklenburg sicherte seine Stellung im schwed. Reich durch starke Machtkonzentration in F., wobei er versuchte, die feudalen Burgverwaltungen durch den Bau neuer Burgen zu stärken, was aber am Widerstand der Bauern scheiterte.

Die schwed. Institutionen in Verwaltung und Rechtsprechung F.s blieben erhalten; es galt das neue Landrecht
Magnus Erikssons. Deutsche wurden zwar oft Burgherren, doch längst nicht in gleichem Maße wie im Mutterland Schweden.

In den 70er Jahren des 14. Jh. vollzog sich eine beachtl.
Verdichtung feudaler Macht. Alle finn. Burgprovinzen
gelangten in den Besitz des schwed. Adligen und Reichs-
drosten Bo Jonsson Grip († 1386). Auch der Kg. hatte in F.
keine Befehlsgewalt mehr. Bo Jonsson stärkte die regiona-
le Verwaltung, indem er als Zentrum von Nyland die
Burg v. Raseborg (finn. Raasepori) baute und die Provinz
Korsholm als nördlichste der Burgprovinzen einrichtete.
Sie umfaßte v. a. die Küste des Bottn. Meerbusens; ein
Großteil ihrer Siedlungen lag auf Novgoroder Gebiet. Kg.
Albrechts Versuch, nach Bo Jonssons Tod dessen riesige
Besitzungen an die Krone zu ziehen, trug entscheidend zur
Parteinahme des schwed. Adels für die nord. Union bei.

IV. FINNLAND IN DER NORDISCHEN UNION (1397–1523):
F. trat gemeinsam mit Schweden 1397 in die →Kalmarer
Union ein. Die ersten Unionskönige, Margarete und
Erich v. Pommern, betrieben in F. eine beachtl. Reform-
politik: Sie förderten Neuansiedlungen, reformierten
Steuerwesen und Lokalverwaltung (Aufteilung der Burg-
provinzen in Verwaltungsgemeinden) und ordneten die
Rechtsprechung in allen drei Instanzen (Recht der Ge-
richtsbezirke; Landrichterrecht; Landrecht v. Åbo, das
sich auf das Königsrecht stützte). Als das gewaltsame
Vorgehen Erichs v. Pommern 1434 in Schweden einen
Aufruhr auslöste, hielten die Großen F.s unter Führung
des einflußreichen Bf.s Magnus Tavast dem Kg. lange die
Treue. Erst nach einem völligen Abfall Schwedens sagte
sich auch der Adel F.s von Erich los. Wie im Mutterland
waren auch in F. lokale Bauernaufstände (1438–39) gegen
die drückenden kgl. Steuern vorausgegangen.

Der neue Kg. Christoph v. Bayern konnte nur das
westl. F. seiner unmittelbaren Herrschaft einverleiben;
den östl. Teil der Burgprovinz Wiborg mußte er dem
Führer der nationalen Partei, →Karl Knutsson, als Lehen
überlassen. Diese Zweiteilung hatte Bestand bis zum Ende
der Union. Der Oberherr der Burgprovinz Wiborg verfügte selbständig über die Steuereinnahmen und organisierte die Verteidigung seines Gebietes – und damit auch F.s
und Schwedens – gegen Novgorod und →Moskau. Von
Wiborg aus strebte Karl Knutsson ab 1448 wiederholt
nach Reichsverweserschaft und Krone.

Nach Karl Knutsson stieg der aus Dänemark stammende Ritter →Erich (Erik) Axelsson Tott († 1481) faktisch
zum Regenten in F. auf. Er regierte jahrzehntelang die
Provinz Wiborg, ztw. aber auch die Provinz Åbo und
periodisch als Reichsverweser auch das ganze Reich. Erik,
der sich bes. aktiv in der schwed. Politik gegenüber dem
Osten engagierte, errichtete als Stützpunkt gegen das
erstarkende Gfsm. Moskau 1475 die Olafsburg (finn.
Olavinlinna); sie sollte die über die Novgoroder Grenze
vorgeschobenen Siedlungen sichern.

Nach dem Tod Erik Axelssons gelangten schließlich
alle wichtigen finn. Burgen in den Besitz des schwed.
Reichsverwesers Sten →Sture, unter dem Schweden in
einen außenpolit. Konflikt mit dem Gfsm. Moskau geriet;
→Ivan III. forderte nach der Annexion Novgorods (1478)
die Wiederherstellung der durch den Frieden v. Schlüsselburg festgelegten Grenzziehung, was zum Krieg von
1495–96 führte. In diesem wurde F. zwar stark in Mitleidenschaft gezogen, blieb aber von einer längeren Moskauer Besetzung verschont. Eine neue Grenze wurde genau-
sowenig zustande gebracht wie ein dauerhafter Friede.

Im Kampf zw. Dänemark und den schwed. Reichsver-
wesern um die Aufrechterhaltung der Union unterstützte
F. die Schweden, nicht zuletzt wegen des dän. Bündnisses
mit dem verhaßten Moskau. Nach dem Sieg Christians II.
v. Dänemark wurde auch F. besetzt (Nov. 1520), und es
blieb nach dem erfolgreichen schwed. Aufstand das letzte
in dän. Hand befindliche Reichsgebiet: Erst im Herbst
1523 gelangten die finn. Burgen in Gustav Vasas Besitz.
Vasas Nationalstaatspolitik und die Auflösung bzw.
Schwächung der supranationalen Mächte wie der Kalmarer Union, der Hanse und der kath. Kirche bedeuteten
auch für F. einen Übergang von spätma. zu frühneuzeitl.
Strukturen.

V. WIRTSCHAFT UND GESELLSCHAFT: Die Bevölkerung
F.s stieg bis zum Ende des MA auf knapp 300000 Bewohner an. Das Fundament der Gesellschaft bildeten die freien
Bauern, die am Ende des MA weit über 90% der ca. 34000
steuerpflichtigen Grundstücke besaßen. Ihnen standen
970 (= ca. 3%) steuerfreie Rittergüter gegenüber, davon
250 von ihren Besitzern bewohnt und bearbeitet, 720
dagegen verpachtet. Im Mutterland Schweden hingegen
waren am Ende des MA nur ca. 50% der Güter in bäuerl.
Besitz.

Auch in F. bildete sich im MA die Struktur einer ständ.
Gesellschaft europ. Zuschnitts heraus, jedoch mit nur
zahlenmäßig kleinem Anteil von Adel, Klerus und Bürgertum. Die führenden Adelsgeschlechter waren
schwed., dän. oder dt. Abstammung; am Ende des MA
waren aber auch einige einheim. Familien in höhere Ämter
aufgestiegen. Die sechs ma. Städte F.s waren winzig klein;
ein beachtl. Teil der Bürgerschaft, bes. in Åbo (Turku),
Wiborg (Viipuri) und Ulsby (Ulvila), war von dt. oder
schwed. Herkunft. Alle finn. Bf.e und beinahe alle Mitglieder des Domkapitels waren während der Union Finnen, ebenso auch die in der Domschule v. Åbo ausgebildeten Geistlichen.

Die ständigen Neuansiedlungen bildeten ein dynam.
Moment. Entlang den alten Frontlinien verdichtete sich
die Besiedlung; nur ungefähr die Hälfte der Güter lag am
Ende des MA noch im südwestl. Kerngebiet des Landes,
während weite Gebiete im N und O (Ostbottnien, Savo,
Nordkarelien) neu erschlossen wurden. Es gibt keine
Hinweise auf drast. Bevölkerungseinbrüche oder rapide
Wüstungsvorgänge in der Zeit des »Schwarzen Todes«
(→Epidemien), doch stagnierte die Bevölkerungsbewe-
gung offenkundig in der 2. Hälfte des 14. Jh., um im 15.
und 16. Jh. einen neuen Aufschwung zu nehmen. Grundlage des Wirtschaftslebens bildete die bäuerl. Erwerbstätigkeit, wobei die Höfe stark auf sich selbst gestellt waren. Es existierten viele Nebenerwerbstätigkeiten, doch gab es
– regional unterschiedlich – meist eine klare Haupter-
werbsquelle, mit der Überschüsse für Steuerleistung und
Handel erzielt wurden. In Südwestf. und z. T. auch im
Tavastland wurde hauptsächlich Ackerbau betrieben: In
Savo und Karelien bildeten Schwendwirtschaft, Jagd und
Fischfang die wirtschaftl. Grundlage, während in Nordf.
bei Finnen wie Lappen Jagd und bes. Fischfang zentrale
Bedeutung hatten. In der Küstenregion und im Schären-
gebiet war Fischfang der Haupterwerb. Die Bedeutung
der Viehzucht war überall groß. Die Handwerksproduk-
tion umfaßte Werkzeug, Geschirr, Stoffe und Tuche,
Boote und kleine Schiffe, Eisen u. a. Holzgefäße aus Vak-
ka (Vehmaan kihlakunta) wurden auch exportiert (u. a.
nach Deutschland).

Die Bedeutung des Handels wuchs im Verlauf des MA.
Importiert wurden Salz, Hopfen, Tuche, Wein, Gewürze
und Geräte sowie in schlechten Jahren Getreide. Die wich-

tigsten Exportgüter waren Butter, Fisch (Pökellachs bzw. Strömling, Dörrhecht), Pelze, Häute, Robbenspeck und Pferde (aus Karelien). Der Handel mit dem Ausland lag überwiegend in den Händen von Hansekaufleuten aus Danzig, Lübeck, Reval sowie der Stockholmer Bürgerschaft; aber auch bäuerl. Seefahrt war vertreten. J. Vahtola

Q.: *Urkk. und Verträge*: Liv-, Esth- und Curländ. UB I, ed. F. G. v. BUNGE, 1852 – Sverges traktater med främmande magter I, ed. O. S. RYDBERG, 1877 – Registrum Ecclesiae Aboensis, ed. R. HAUSEN, 1890 – Finlands medeltidsurkunder I–VIII, ed. DERS., 1910–28 – *Chroniken*: s. Ed. zu →Erikskrönikan, →Detmar – *Lit.*: Suomen hist. I, 1985 [T. EDGREN, U. SALO, P. L. LEHTOSALO-HILANDER u. a.]; II, 1985 [S. SUVANTO u. a.] [Lit.] – J. GALLEN, La province de Dacie de l'Ordre des Frères Prêcheurs, 1946 – W. M. CARLGREN, Om Finlands relationer till Sverige och påvedömet 1216–37, HTs 70, 1950, 247–284 – K. PIRINEN, Kymmenysverotus Suomessa ennen kirkkoreduktiota, 1962 – H. KIRKINEN, Karjala idän kultuuripiirissä, 1963 – K. DRAKE, Die Burg Hämeenlinna im MA, Suomen Muinaismuistoyhdistyksen Aikakauskirja 68, 1968 – J. GALLEN, Nöteborgsfreden och Finlands medeltida östgräns, 1968 – E. ANTHONI, Finlands medeltida frälse och 1500-talsadek, 1970 – I. P. ŠASKOLSKIJ, Boŕba Rusi protiv krestonosnoj agressii na beregach Baltiki v XII–XIII vv., 1978 – M. HUURRE, 9000 vuotta Suomen esihistoriaa, 1979 – Suomen väestön esihistorialliset juuret, Bidr. till kännedom av Finland natur och folk 131, 1984 – J. VAHTOLA, F.s kirchenpolit. Verbindungen im frühen und mittleren 13. Jh., JbGO 32, 1984, 488–516 – S. SUVANTO, Ensimmäinen ristiretki – tarua vai totta? (Muinaisrunot ja todellisuus, toim. M. LINNA, Historian Aitta 20, 1987), 149–160 – J. VAHTOLA, Keskiaika. Suomen historian pikkujättiläinen, 1987.

Finnsburg-Fragment, ein unvollständig erhaltenes ae. Gedicht (48 Zeilen), überliefert in der 1705 veröffentlichten Abschrift einer jetzt verlorenen Handschrift. Ohne die gewöhnlich als »Finnsburg-Episode« bezeichneten Verse 1066–1159 des →»Beowulf« wäre das Fragment unverständlich. Episode und Fragment zusammen ergeben folgende, wenn auch in Einzelheiten umstrittene Geschichte: Der Dänenkg. Hnaef besucht mit 60 Kriegern den Friesenkg. Finn, der mit Hildeburh, Hnaefs Schwester, verheiratet ist. Aus einem unbekannten Grund greifen einige Friesen Hnaef an (Beginn des Fragments); nach 5 Tagen Kampf (Ende des Fragments), in dem Hnaef stirbt, schließt Finn mit dem neuen Dänenführer Hengest einen Friedensvertrag. Die Dänen halten diesen bis zum Frühjahr, doch rächen sie dann den Tod Hnaefs. – Obwohl sowohl Anfang wie Ende des Fragments fehlen, gilt es stilist. und inhaltl. als eines der besten Beispiele der wenigen auf uns gekommenen germ. Heldenlieder (→Heldendichtung). Vgl. auch→Epos D. III.   G. Wieland

Bibliogr.: RENWICK-ORTON, 203f. – NCBEL I, 240f. – S. B. GREENFIELD–F. C. ROBINSON, A Bibliogr. of Publ. on OE Lit. …, 1980, 119–121 – *Ed.*: ASPR VI, 3f. – F. KLAEBER, Beowulf and the Fight at Finnsburg, 1950³ – D. FRY, Finnsburh: Fragment and Episode, 1974 – J. R. R. TOLKIEN–A. BLISS, Finn and Hengest, The Fragment and the Episode, 1982 – *Lit.*: D. FRY, Finnsburh: A New Interpretation, Chaucer Review 9, 1974, 1–14 – M. V. MOLINARI, Il »Frammento di Finnsburg«: proposta di rilettura, Annali, Istituto Universitario Orientale di Napoli, Filologia germanica 24, 1981, 27–50.

Finsnechta Fledach ('der Freigebige'), Sohn des Dúnchad († 659), Kg. v. →Tara (d. h. Hochkönig der →Uí Néill) 675–695. In der ältesten Königsliste von Tara, »Baile Chuind«, erscheint er als Snechta Fína ('Schnee des Weins'), metaphor. Reflex seines anderen Epithetons 'Fledach'. F. gehörte dem südl. Zweig der Uí Néill, den Síl nAédo Sláne, an. Er wurde von der konkurrierenden Midland-Familie der Fir Chúl Breg ermordet. F. tritt in der ir. Hagiographie als – unterlegener – Gegenspieler des hl. Moling auf.   D. Ó Cróinín

Lit.: F. J. BYRNE, Irish Kings and High-Kings, 1973, 104, 146.

Finsternis (eclipsa), in der →Astronomie Erscheinung, bei der vom ird. Beobachtungsort aus gesehen ein Himmelskörper ztw. von einem anderen völlig oder teilweise bedeckt wird. Der Kult der Sonne und des Mondes bei nahezu allen Völkern des Altertums ließ das Eintreten einer solaren oder lunaren F. zur bedrohl. oder doch bedeutsamen Himmelserscheinung werden. Während die Chinesen und andere östl. Völker eine solche F. als Zeichen dafür auffaßten, daß eine Schlange, ein Hund oder anderes myth. Tier Sonne oder Mond verzehrte, galt in der altnord. Mythologie der Wolf Sköll als Verfolger der Sonne. W. HARTNER führt kryptorunische Inschriften an, in denen auf die Mond- und Sonnenf.se von 412 und 413 Bezug genommen wird. Christl. Kritik an mit Sonne und Mond zusammenhängenden Volksbräuchen (z. B. im »Decretum« des →Burchard v. Worms, MPL 140, 960) zeigt, daß der Glaube an die religiöse Wirkungskraft dieser Himmelskörper zählebig war; das erhebl. Interesse späterer Jahrhunderte an F.sen, insbes. in astrolog. Zusammenhang, überrascht daher nicht.

Jede ernstzunehmende astronom. Schrift ptolemäischer Tradition bot, v. a. auf der Grundlage von Buch IV und V des →»Almagest«, Regeln zur F-Berechnung, und die astron. →Tafeln (insbes. Toledan. und Alfonsin.) ermöglichten deren eingehende Berechnung. Da diese zeitraubend war, kamen Astronomen mit der Erstellung von Listen beobachtbarer F.se im Rahmen kirchlicher Kalendarien oder →Almanache offenbar einem verbreiteten Bedürfnis entgegen. Manche Astronomen entwickelten Hilfsmittel für die Berechnung (vgl. v. a. »Eclipsorium« des Petrus de Dacia, ed. F. S. PEDERSEN, Corpus Philosophorum Danicorum Medii Aevi X/1, 1983; »Albion« des →Richard v. Wallingford, ed. J. D. NORTH, 1976; dieses oft übernommen und plagiiert, so von →Johannes v. Gmunden, →Regiomontanus und Petrus Apianus). Die älteste bekannte mechan. →Uhr, ein Werk des Richard v. Wallingford (um 1330), wies eine ingeniöse Vorrichtung zur Darstellung von Mondf.sen auf.

Die vielbeachteten Kalendarien mit F.aufzählungen des →John Somer und des →Nikolaus v. Lynn (beide 1386) wurden vermutlich von →Chaucer herangezogen, zumindest eines von beiden. Die nach Mt 27,45, Mk 15,33, Lk 23,44–45 während der Kreuzigung Christi eingetretene Sonnenf. bildete den Ausgangspunkt zahlreicher ma. ikonograph. und lit. Darstellungen und Bezugnahmen, die auch mit Elementen des verbreiteten astrolog. Schrifttums angereichert wurden. F.se spielten eine Rolle in der Witterungskunde wie auch bei der Vorhersage der Geschicke von Individuen und Städten. Die Mondknoten, wo F.se am Himmel stattfinden, wurden weiterhin mit Haupt und Schwanz eines myth. →Drachen gleichgesetzt, wobei der Drachenschwanz in der Literatur gelegentlich einen sexuellen Beiklang erhielt.

F.se wurden auch im MA gelegentlich zur Überprüfung astronomischer Theorien der Sonnen- und Mondbewegung genutzt, so insbes. durch→Johannes de Muris in den 30er Jahren des 14. Jh., der seine Beobachtungen mit den anhand der Alfonsin. Tafeln berechneten Vorhersagen verglich. Eine weitere Gruppe von Beobachtungen – für den Zeitraum 1321–39 – stammt von→Gersonides, der die Lehrmeinungen des →Ptolemaios kritisch beurteilt, allerdings nicht über die Möglichkeit verfügt, grundsätzlich eine andere Theorie an ihre Stelle zu setzen.   J. D. North

Lit.: W. HARTNER, Die Goldhörner v. Gallehus, 1969 – A. E. ROY–E. L. G. STONES, The Records of Eclipses in the Bury Chronicle, BIHR 43, 1970, 125–133 – G. BEAUJOUAN, Observations et calculs astronomiques de Jean de Murs (Actes du XIVe Congr. int. d'hist. des sciences. Tokyo-Kyoto 1974, II, 27–30) – Barlaam de Seminara, Traités s. les éclipses… de 1333 et 1337, ed., übers., komm. J. MOGENET–A.

Tihon, 1977 – B. Goldstein, Medieval Observations of Solar and Lunar Eclipses, AIHS 29, 1979, 101–156 – U. Dall'Olmo, 'Eclypsis naturalis' ed 'ecclypsis prodigialis': Nelle cronache medievali, Organon 15, 1979, 155–166 – J. D. North, Chaucer's Universe, 1988 – [zur Rolle der F.se in der arab.-islam. Astronomie]: EI², 535–537, s. v. Kusūf [E. Wiedemann] – C. de Perceval, Le livre de la Grande Table Hakemite observée par ebn Iounis, Notices et extraits des ms. de la Bibl. Nat. 7, 1804, Kap. 4 – E. S. Kennedy, A Comm. upon Bīrūnī's Kitāb Taḥdīd (Nihāyāt) al-Amākin, 1973, bes. Kap. 5, 10 – G. Azarpay, The Eclipse Dragon on an Arabic Frontispiece-Miniature, JAOS 98, 1978, 363–374 – [zur Rolle der F.se in islam. Religion und Volkskultur]: EI¹ V, s. v. Ṣalāt – M. Rodinson, La lune: mythes et rites, 1962, 199f. – →Astronomie, →Astrologie.

Finstingen (frz. Fénétrange, dép. Moselle), lothr. Adelsfamilie (→Lothringen), die sich von den seit dem 11. Jh. faßbaren Herren v. Malberg in der Eifel ableitet. Deren Mitglieder erscheinen im 2. Viertel des 12. Jh. im Besitz von Falkenberg an der Nied (Faulquemont, dép. Moselle) und als Vögte über Besitz der Abtei→Remiremont in und um F. an der oberen Saar. Seit 1224 tragen die Herren v. Malberg ihn von Remiremont zu Lehen und nennen sich seitdem nach F. Ein Lehensverzeichnis um 1250 nennt 140 Vasallen, darunter die Herren v. →Bolchen. Der Familie entstammen: Heinrich v. F., Ebf. v. Trier (1260–86), Burkhard v. F., als Statthalter Graf→Eberhards II. v. Württemberg die bedeutendste Gestalt im polit. Kräftespiel der 1350er Jahre in Lothringen, ferner mehrere Inhaber der Reichslandvogtei im →Elsaß und des Schultheißenamtes in→Hagenau. Der Besitz der Familie, die sich im 2. Drittel des 13. Jh. in die beiden nach ihren Helmzieren benannten Zweige F.-Schwanenhals und v. F.-Brackenkopf spaltete, zersplitterte durch Erbfolgen in männlicher und weiblicher Linie. Sie erlosch mit Johann v. F.-Schwanenhals († 1467) und Johann v. F.-Brackenkopf, Chorbischof zu Trier († 1500), im Mannesstamm. H.-W. Herrmann

Lit.: V. Chatelain, Hist. du comté de Créhange, Jb. Ges. für lothr. Gesch. und Altertumskde. 3, 1891, 175–231 – Ders., Ein Vasallenverz. der Herren v. F. aus der Mitte des 13. Jh., ebd. 7, 1895, 1–68 – W. Möller, Stammtaf. westdt. Adelsgeschlechter im MA, 1922, 27f., Taf. XIII – H. Thomas, Zw. Regnum und Imperium. Die Fsm.er Bar und Lothringen zur Zeit Ks. Karls IV., 1973 – M. Parisse, Noblesse et chevalerie en Lorraine médiévale du XIᵉ au XIIIᵉ s., 1982.

Fintâle → Haubert

Fioravanti, Aristotele, it. Architekt der Frührenaissance, * 1415/20 in Bologna, † nach 1482 in Moskau, entstammte einer bedeutenden Bologneser Architektenfamilie und war Sohn von Ridolfo F. (ca. 1390–1440), der v. a. in Perugia und Bologna als Baumeister und Wasserbauingenieur tätig war. A. F. setzte die Arbeiten des Vaters nach dessen Tod fort, war 1451/52 an Ausgrabungen antiker Bauten beteiligt und führte Projekte von L. B. →Alberti aus. Bes. geschätzt als Ingenieur und Festungsbaumeister, wirkte er 1450 in Venedig und Cento, 1458 in Pavia, 1459/60 in Parma (Kanalbau), danach in Mailand (Herzogsresidenz der Sforza), Mantua und Bologna (1460–66: Stadtmauern, Chor v. S. Domenico, Palazzo Bentivoglio). 1467 war er ein halbes Jahr in Ungarn tätig, anschließend in Rom und Neapel (1471/72). In Bologna schuf er ein Modell des Palazzo del Podestà, an dessen Bau er jedoch nicht beteiligt wurde. 1474 ging er wegen Intrigen seiner Bologneser Kollegen nach Mailand, von wo aus er vom Gfs.en →Ivan III. nach →Moskau berufen wurde. Hier errichtete er, unter Mitwirkung seines Sohnes Andrea, ab März 1475 den Neubau der am 20. Mai 1474 durch Erdbeben eingestürzten Kirche Uspenskij Sobor (Mariä Himmelfahrt, dessen Bau ursprgl. von 1326 stammte). Er errichtete einen neuen hohen und hellen Kirchenraum mit fünf Apsiden und fünf Kuppeln, gegliedert durch sechs

freistehende Säulen. Am Außenbau ist v. a. das Südportal, zum Kremlplatz hin, reich ausgestaltet. Viele Details zeigen den Einfluß der Frührenaissance, obwohl sich F. auf Befehl des Gfs.en an das Vorbild des Uspenskij Sobor in →Vladimir hielt, es nach dem Zeugnis von Zeitgenossen aber weit übertraf. Neu war v. a. die Verwendung von Eisengurten statt der bisherigen Holzstreben, das Kreuzgewölbe mit einer für die Russen bewunderswerten Dünne der Decke und die Härte des Mörtels. Die lichte Weite des Innenraums wurde von →Josif Volockij als »irdischer Himmel« gerühmt. Da F. auch Moskauer Künstler als Mitarbeiter heranzog, hatte seine Tätigkeit große Bedeutung für Bautechnik und Architektur in Rußland. In seinen letzten Lebensjahren hat F. wohl auch noch an den Vorarbeiten für die Kremlmauern (begonnen 1485, beendet 1516) mitgewirkt. M. Hellmann

Lit.: Enclt 15, 237f. [ältere Lit.] – D. V. Ainalov, Gesch. der russ. Monumentalkunst, 2 Bde, 1932/33 – M. Alpatov–N. Brunov, Gesch. der altruss. Kunst, 1932 – V. Snegirev, Aristotel' Fioravanti i perestrojka Moskovskogo Kremlja, 1935 [Lit.] – Istorija russkogo iskusstva, hg. I. É. Grabař, III, 1955, 295ff. [Lit.] – M. A. Il'jin, O postrojke moskovskogo Uspenskogo sobora Aristotelem Fioravanti (Iz istorii russkogo i zapadnoevropejskogo iskusstva, 1960), 53ff. [Lit.] – Ders., Architektura (Očerki russkoj kul'tury XVI veka I, 1977), 279ff.

Fiore, Kl. S. Giovanni → Joachim v. Fiore

Fiore, il, Kranz von 232 Sonetten, die in Kurzfassung eine it. Übersetzung und Bearbeitung der Prosateile des →Roman de la rose von Guillaume de Lorris und Jean de Meung bieten. Ohne Titel in der Hs. Montpellier, Bibl. Faculté de Médecine, ms. H. 438, s. XIV überliefert, ist das Werk aufgrund eines Hinweises (XCII. 10,11) auf die Ermordung von Siger v. Brabant nach 1283–84 entstanden. Die Verfasserschaft ist problematisch: die Figur des Liebenden trägt den Namen (ser) Durante (LXXXII. 9 und CII. 14) und wird seit dem ersten Herausgeber Castets mit dem jungen →Dante Alighieri identifiziert. Diese Zuschreibung wurde von der Forschung zumeist abgelehnt, bis G. Contini mit Hilfe subtiler Untersuchungen von Anklängen und Parallelen in Dantes Werk für die Echtheit eintrat. Welchen Standpunkt man in der Echtheitsfrage auch annehmen mag, so handelt es sich jedenfalls um ein Nebenwerk, den Versuch, in einer stark mit frz. Anklängen durchsetzten Sprache die scholast.-höf. Kultur des Romans in Italien heimisch zu machen; ein Versuch, über den der reife Dante weit hinausgewachsen war und der auch in der Geschichte der it. Lit. und der Rezeption des »Roman de la rose« eine zweitrangige Rolle spielt. In der gleichen, später geteilten Hs. sind von derselben Hand und demselben Autor 480 Septenare in paarweise gereimten Distichen einer anderen Bearbeitung des »Roman de la rose« erhalten, der »Detto d'Amore«. A. Várvaro

Ed. und Lit.: Il Fiore e il Detto d'Amore attribuibili a Dante Alighieri, ed. G. Contini, 1984 – Ders., Un'idea di Dante, 1976, 69–111, 245–85 – L. Vanossi, Dante e il 'Roman de la rose', 1979.

Fioretti di S. Francesco, Florilegium (»Fioretto«) in 53 Kapiteln (die beiden ersten bildeten ursprgl. eine Einheit) von Episoden aus dem Leben des hl. →Franziskus v. Assisi und einiger seiner ersten Gefährten, gekürzte Übersetzung der vermutl. zum Großteil von Fra Ugolino v. Montegiorgio vor 1340 verfaßten »Actus Beati Francisci et sociorum eius«; die auf die Jahre 1370–90 zu datierende anonyme it. Übersetzung fand im MA wie in der NZ große Verbreitung (84 Hss., zahlreiche Drucke – Erstdr. in Vicenza 1476 – sowie Übersetzungen). Das Werk entstand während der heftigen Auseinandersetzungen, die den Franziskanerorden im 13. und 14. Jh. spalteten, und ist ohne Zweifel der asket.-pauperist. Richtung der Spiritualen zuzurechnen. Aber die Form der Umsetzung von Lehrinhalten in Handlungen und Verhaltensweisen, die dem Hl.en und seinen ersten Gefährten zugeschrieben werden, hebt die F. über jede Art von Kontroverse hinaus und versetzt sie in eine Atmosphäre, die bei allem Realismus (Bericht wahrer Tatsachen von real existierenden Menschen) so tief von Verinnerlichung und der Gegenwart des Heiligen geprägt ist, daß die F. die Bedeutung eines erbaul. Paradigma erhalten. Andererseits unterlag das Buch auch Verfälschungen und Fehlinterpretationen, die ihren Höhepunkt im europ. Dekadentismus an der Wende vom 19. zum 20. Jh. erreichten. Im Kontext der franziskan. Quellen betrachtet (wobei die lit. Stilisierung und die Einschränkung durch die Themenwahl zu berücksichtigen sind), erhalten die F. beachtlichen hist. und lit. Wert und können zu den schönsten künstlerischen Zeugnissen des ma. Franziskanertums gerechnet werden.

A. Várvaro

Ed. und Lit.: I f. di S. F., ed. G. Petrocchi, 1972 – Actus beati Francisci et sociorum eius, ed. P. Sabatier, 1902 – Fonti francescane, 1977 – G. Petrocchi, Ascesi e mistica trecentesca, 1957, 85–146 – C. Segre, Introd. a I f. di S. F., ed. L. Morini, 1979, 5–21.

Fír flathemon ('Wahrheit eines Herrn/Kg.s'), air. Begriff, umschreibt die Rechtmäßigkeit eines Kg.s und den »Segen«, der auf seiner Herrschaft ruht, sein Volk vor Unheil bewahrt und ihm Fruchtbarkeit in materieller wie genealog. Hinsicht gewährleistet. Dieser in vielen frühen Kulturen belegte Vorstellungskomplex (vgl. z. B. AT, Gen oder Odyssee XIX, 109) tritt nicht in der lat. wie vernakularen Lit. des frühma. Irland einen auffällig großen Stellenwert ein. Er bildet die Grundlage der Gattung der →Fürstenspiegel, deren älteste ma. Beispiele aus Irland (7. Jh.) stammen. Texte der Fürstenspiegel (bes. die Abschnitte über das Gegenbild des gerechten Kg.s, den rex iniquus) dürften im frühma. Irland die Grundlage für Rezitationen bei der Erhebung von Kg.en (→Herrscherzeremoniell/Irland) gebildet haben; hieraus entwickelte sich die gleichfalls verbreitete didakt. Gattung der »Tecosca«, der herrscherl. Verhaltenslehre.

D. Ó Cróinín

Lit.: F. Kelly, Audacht Morainn, 1976.

Firma (von lat. firmare, 'unterschreiben, unterzeichnen, bekräftigen'), im dt. Sprachgebrauch bis in die NZ nicht verwendet. In den ma. Geschäftsbeziehungen gab es noch keine feste Bezeichnung für ein kaufmänn. Unternehmen, vielmehr wechselte dies nach den örtl. Gegebenheiten. Mit dem Aufkommen der Schriftlichkeit wurden Verpackungen von Waren wie auch Briefe mit einer Marke versehen, die, meist aus der →Hausmarke des Geschäftsinhabers abgeleitet, sich aus den Initialen seines Namens und symbol. Zeichen (Kreuz) zusammensetzte. Kaufmannszeichen gebrauchten der Einzelkaufmann wie die offene Handelsgesellschaft. Ein innerer Zusammenhang mit dem Handelsnamen der letzteren bestand nicht. Der Handelsname entsprang dem it. Recht der offenen Handelsgesellschaft seit der Mitte des 12. Jh. und ist am frühesten in Genua festzustellen. Die oft große Zahl der Teilhaber veranlaßte gewöhnlich den Hauptträger der Gesellschaft, diese nach außen mit seinem Namen und dem abkürzenden »et socii« (it. *e compagni*) zu vertreten.

Gesellschaften, deren Inhaber nicht das It. bzw. ein anderes 'welsches' Idiom als Muttersprache hatten, mußten zusätzlich eine welsche und lat. Form gebrauchen. Das Beispiel der Großen →Ravensburger Gesellschaft zeigt überhaupt, daß im deutschsprachigen Bereich das Streben nach formaler Gleichheit noch nicht so ausgeprägt war wie in Italien. →»Diesbach-Watt-Gesellschaft« und »Gruber-

Podmer-Stromer-Gesellschaft« sind Prägungen des 20. Jh. Am häufigsten gebrauchte man eine Form, in der der Name des ersten Regierers gebraucht wurde, so »Jos Humpis und seine Gesellschaft«. Dementsprechend lautete es in Valencia »Jos Hompis e compania«, während sich ein Genueser Handelsdiener »gestor societatis Alemannorum qui dicitur Josumpis« nannte. Daneben gebrauchte man »societas magna Alemaniae« oder »societas magna Germaniae Superioris«. Bei der Marke, dem »Gemerk«, war inzwischen »fast völlig die ursprgl. rein persönl. Natur« (Lutz) überwunden. Bei den →Welsern in Augsburg behauptete sich das Pentagramm über Generationen als »symbolisches Signum« des Unternehmens. Bei den →Fuggern begleitete ähnlich die Webergabel mit dem Ring die wechselnden Gesellschaftsnamen. Im ersten Gesellschaftsvertrag der Brüder Ulrich, Georg und Jakob Fugger 1494 wurde festgesetzt, daß die Gesellschaft sich »nennen und schreiben« werde, »als wir auch untz hier gethann haben also: Ulrich Fugker und gebrudere von Augspurg«. Im Hoechstettervertrag von 1524 wurden die Namen der Brüder Ambrosius und Hans erwähnt, die andern Teilhaber als »und ir mitverwandt« einbezogen. Bei Gesellschaften unter Nichtverwandten oder solchen, die nur in einem entfernten Verwandtschaftsverhältnis standen, wurden möglichst alle Gesellschafter genannt. Eine weitere Möglichkeit bot sich bei der Erbengemeinschaft, so bei »Hannß Österreicher selig erben« (1590). Im hans. Bereich wurden solche Bezeichnungen mit Verspätung durch die Vermittlung zugezogener Fremder üblich. Meist sprach man einfach vom Namen der Gesellschaft. Daneben behaupteten sich Ragione (*rason*) und Ditta. Nach der Augsburger Wechselordnung mußten bei Beginn oder Änderung einer Handelstätigkeit die »Handlungsditta« in das »Raggionbuch« der Kaufleutestube eingetragen werden. Daraus entwickelte sich dann das Handelsregister.

Wegen des vorerst ungeklärten Sprachgebrauchs gab es zahlreiche Streitigkeiten, mit denen sich v. a. die it. Juristen, voran →Bartolus und →Baldus sowie →Paulus de Castro, befaßten. Sie stützten sich weitgehend auf den Handelsbrauch, da das röm. Handelsrecht keinen Anhaltspunkt bot. Dabei war man bedacht, hinter der lat. Form »societas« bzw. »et socii« das Haupt der Gesellschaft festzulegen. Dementsprechend bildete unter den Gesellschaftern die Frage einen Streitpunkt, wer namentl. im Vertrag genannt wurde, weil daraus nicht nur die Verantwortlichkeit ersichtl. wurde, sondern auch die entsprechende Ehre zum Ausdruck kam.

H. Kellenbenz

Lit.: Hwb. der Wirtschaftswiss. III, 1981, 287–293 [M. Lutter] – H. Erlanger, Über Ursprung und Wesen der F. [Diss. Tübingen 1891] – L. Goldschmidt, Universalgesch. des Handelsrechts (Hb. des Handelsrechts I, 1891³) – P. Rehme, Gesch. des Handelsrechts (Hb. des gesamten Handelsrechts I, 1914) – A. Schulte, Gesch. der Großen Ravensburger Handelsges. 1380–1530 (Dt. Handelsakten des MA und der NZ, I–III, 1923) – Fl. Edler de Roover, Glossary of Medieval Terms of Business, It. Ser., 1200–1600, 1934 – H. Coing, Die Frankfurter Reformation von 1578. Eine Stud. zum Privatrecht der Rezeptionszeit, 1935 – R. de Roover, The Medici Bank, its Organisation, Management, Operations, and Decline (Business Hist. Ser., Graduate School of Business Administration, New York Univ., 1948) – Ders., The Rise and Decline of the Medici Bank 1397–1494 (Harvard Stud. in Business Hist. XXI, 1963) – W. v. Stromer, Die Nürnberger Handelsges. Gruber-Podmer-Stromer im 15. Jh. (Nürnberger Forsch. 7, 1963) – H. Schiele, Betriebswirtschaftl. Aufschlüsse aus den Fugger-Veröff. von Götz Freiherrn v. Pölnitz (Nürnberger Abh. zu den Wirtschafts- und Sozialwiss. 25, 1967) – W. v. Stromer, Das Schriftwesen der Nürnberger Wirtschaft vom 14. bis zum 16. Jh., Zur Gesch. obdt. Handelsbücher (Beitr. zur Wirtschaftsgesch. Nürnbergs, hg. Stadtarchiv Nürnberg, 1967), 751–799 – Ders., Obdt. Hochfinanz (VSWG

Beih. 55–57, 1970) – F. Melis, Documenti per la storia economica dei secoli XIII–XVI (Istituto internaz. di Storia Economica F. Datini, Prato, Pubbl., Ser. F, Documenti, 1972) – S. Lammel, Die Gesetzgebung des Handelsrechts (Hb. der Q. und Lit. der neueren europ. Privatrechtsgesch., 2. Bd.: Neuere Zeit [1500–1800]. Das Zeitalter des Gemeinen Rechts, 2. Teilbd.: Gesetzgebung und Rechtsprechung, hg. H. Coing, 1976), 656f. – E. Lutz, Die rechtl. Struktur süddt. Handelsges. in der Zeit der Fugger, 2 Bde (Stud. zur Fuggergesch. 25, 1976).

Firma → Herbergsrecht; →feorm

Fir Manach, Volk im nördl. →Irland, namengebend für die heut. Gft. Fermanagh, erlangte erst in der 2. Hälfte des 11. Jh. Bedeutung. Im späten 13. Jh. errichtete Donn Óc († 1302) aus der Sippe der →Maguire (Mág Nidhir) eine dynast. Herrschaft über die F. M., mit Schwerpunkt um den Lough Erne; sie gehörte bis zum frühen 17. Jh. zu den führenden polit. Kräften im gäl. nördl. Irland. Eine →Genealogie des 12. Jh. bezeichnet die Maguire als Zweig einer älteren Königsfamilie, des Clann Lugáin, der sich rühmte, eine Seitenlinie der Uí Chremthainn, der mächtigsten Dynastie der →Airgialla im 8.–9. Jh. zu sein. Das Kgr. der F. M. nahm zw. den Kgr.en der →Cenél nEógain im N und O der →Ua Domhnaill im NW und der →Bréifne im S die Schlüsselposition im Herzen des gäl. Gebiets ein. Einer der Maguire, Cú Chonnacht Mág Uidhir († 1589), hinterließ eine Gedichtsammlung *(duanaire)*.

T. M. Charles-Edwards

Q. und Lit.: M. Maguire, Me Guidhir Fearmanach: The Maguires of Fermanach, ed. P. Dinneen (Society for the Preservation of the Irish Language, 1917) – Duanaire Mhéig Uidhir, ed. D. Green, 1972 – K. Simms, The Medieval Kingdom of Lough Erne, Clogher Record, 9, 1977, 126–141 – N. Ó Muráile, The Barony Names of Fermanagh and Monaghan, ebd. 11, 1982–85, 387–402.

Firmatus, hl., * in Tours, † 24. April um 1085/95 in Mantilly (Orne), □→Mortain (ca. 20 km nw. von Mantilly), Stiftskirche St-Évroult, die bereits um 1112/35 einen dem hl. F. geweihten Altar besaß. F. war zunächst Kanoniker v. St-Venant (Tours), dann Eremit an verschiedenen Orten W-Frankreichs, schließlich in Mantilly. Er war ein Vorläufer der westfrz. Eremitenbewegung um 1100, bes. bekannt durch →Vitalis v. Savigny, der bis ca. 1096 Kanoniker v. St-Évroult war, sowie →Robert v. Arbrissel, →Bernhard v. Tiron. Weniges spricht dafür, daß F. mit einem Mönch F., dem Verfasser einer »Exhortatio in amorem claustri« identisch war. – 1156 fand die 'elevatio' seiner Reliquien durch den Ebf. v. Rouen und drei seiner Suffragane in St-Évroult statt. Später wurde F. in Mortain, dessen Patron er ist, unter dem Namen »Guilielmus« verehrt. J. J. van Moolenbroek

Q.: Stephanus v. Fougères, Vita, AASS Apr. III, 1866, 336–343 – Urkk. St-Évroult, hg. J. Boussard, Le comté de Mortain au XIᵉ s., M-A 58, 1952, 265 – *Lit.:* Bibl. SS VII, 492–494 – DBF XIII, 1390f. – DSAM VI, 1203f. – J. Leclercq, L'exhortation de Guillaume F., Analecta monastica II, StAns 31, 1953, 28–44 – J. J. van Moolenbroek, Vitalis v. Savigny († 1122): bronnen en vroege cultus, 1982, 148–157.

Firmicus Maternus, Iulius, aus Sizilien stammender Senator, verfaßte um 334/337 das umfangreichste erhaltene astrolog. Handbuch der Antike (Mathesis, 8 Bücher); es wurde gelegentl. von mlat. Autoren (→Marbod v. Rennes, →Wilhelm v. Conches) benutzt. Nach seiner Bekehrung zum Christentum zw. 346 und 350 schrieb er »De errore profanarum religionum« mit der Aufforderung an die Ks. Constans und Constantius, das Heidentum auszurotten. Ed. pr. 1562 durch Flacius Illyricus nach der einzigen Hs. Vaticanus Palatinus 165 (9./10. Jh.). J. Gruber

Ed.: Mathesis: W. Kroll – F. Skutsch – K. Ziegler, 1897/1913 [Neudr. 1968] – Err. prof.: K. Ziegler, 1907 – K. Ziegler, 1953 [mitdt. Übers.] – A. Pastorino, 1956 – A. Pastorino, 1969 [mit it. Übers.] – R. Turcan, 1982 [mit frz. Übers. und Komm.] – *Übers.:* Mathesis: J.

R. Bram, 1975 [engl.] – Err. prof.: A. Müller, 1913 (BKV² 14) – G. Faggin, 1932 [it.] – G. Heuten, 1938 [frz.] – C. A. Forbes, 1970 [engl.] – *Lit.:* DSB IV, 621f. – Kl. Pauly II, 554 – RAC VII, 946–959 [Lit.] – RE VI, 2365–2379 – K. Hoheisel, Das Urteil über die nichtchr. Religionen im Traktat De errore profanarum ... des I. F. M. [Diss. Bonn (1971) [1972].

Firmung

I. Biblisch-patristische Theologie – II. Scholastische Theologie – III. Häresien – IV. Kanonistisch.

I. Biblisch-patristische Theologie: In der bibl. und patrist. Tradition gehören Taufe und Geistmitteilung (durch Handauflegung) zusammen. Sie dürfen nicht in der Undifferenziertheit von Wasser- und Geist-Taufe verstanden werden, sondern als der doppelte Gipfel des Pascha- und Pfingstgeschehens. In der ntl. Überlieferung kann die Geistausgießung der Taufe ebenso nachfolgen (Apg 8,14–17; 19,5f.) wie vorangehen (Apg 9,17f., 10,44–48). Die Wirkmächtigkeit der Geistmitteilung wird ebenso real erfahren wie bildhaft in der Predigt ausgelegt: Salbung und Versiegelung durch den Hl. Geist (2 Kor 1,21f.; Eph 1,13f.). Die Geistausgießung ist das untrügl. Zeugnis der Erhöhung des Kyrios Jesus Christus, der seine Gemeinde am königl.-befreienden, priesterl.-heiligenden, prophet.-charismat. Pneuma teilhaben läßt.

Diese operative Einheit von Taufe und Geistmitteilung blieb für die ganze nachapostol. und patrist. Zeit gültig, so daß Ambrosius, De mysteriis (c.7,42 CSEL 73,106) die Versiegelung ('signaculum', 'consignari') als Vollendung der Mysterien der Osternacht betrachtete. In der griech. und lat. Kirche und Theologie blieb die unterschiedl. bibl. Überlieferung von Taufe und F. dadurch wirksam, daß nach den ostkirchl. Quellen die (Geist-)Salbung (die während der beiden ersten Jahrhunderte in der Kirche unbekannt war) vor der Taufe geschah, während in der lat. Kirche eine zweifach-unterschiedl. Salbung in Übung kam: die präbaptismale, der später exorzist. Wirkung zuerkannt wurde, und die Chrisamsalbung nach der Taufe. In der (stadt-)röm. Liturgie wurden Taufe und Geistmitteilung in einer komplexen Zeichenhandlung ausgefaltet. In der Kirchenordnung Hippolyts († 235) (ed. Botte, LQF 39, 1963, 52) folgt auf die Taufe und Taufsalbung, welche die Presbyter vollziehen, die Handauflegung durch den Bf. (begleitet mit Gebet), die Ausgießung des Chrisams über den Scheitel des Täuflings und die »signatio« der Stirne mit dem Kreuzzeichen. Solange die Liturgie der Taufe durch den Bf. gefeiert wurde, war weder die Handauflegung und Salbung durch den Bf. noch deren Ablösung von der Taufe ein Problem; anders war es in der von den Presbytern geleiteten Tauffeier. Innozenz I. machte in seinem Brief an den Bf. Decentius v. Gubbio (Umbrien) die stadtröm. Ordnung auch für die Provinz geltend (Denzinger-Schönmetzer, 215). Durch äußere Verhältnisse bedingt wurde im Laufe des 5. Jh. die F. von der Taufe im liturg. Vollzug abgetrennt. Faustus v. Riez bezeugt in einer Pfingsthomilie (zw. 461–470) diese Ablösung für Südgallien. Die F. mußte verschoben werden, bis der Bf. anwesend war; das Alter der Zu-firmenden spielt keine Rolle. Gregor I. suchte die röm. Praxis der F. durch den Bf. auch in Sardinien durchzusetzen (vgl. Ep. IV. 9, ed. MGH ep. I, 1891, 242), mußte aber die F. durch die Presbyter bei Abwesenheit des Bf.s zugestehen (vgl. ebd. IV, 26, 261f.). Die Bf.e v. Sizilien ermahnte er (Ep. XIII, 22, ebd. ep. II, 388f.) Jan. 603, den Priestern auf dem Lande nicht zur Last zu fallen, wenn sie »ad consignandos infantes« unterwegs wären. Demnach wurden auch die Kleinkinder (getauft und) gefirmt. Auf Weisung Gregors I. setzte Augustinus v. Canterbury die röm. Praxis der F.

auch in der Bretagne durch. Die gegenteilige Praxis hielt sich aber in Spanien und Südgallien länger. Die zeitl. Ablösung der F. hinderte Isidor v. Sevilla in den Etymologiae (VI c.19: De officiis nr. 39–54) nicht, Taufe und Chrisam in eins zu betrachten. Die Chrismation behielt auch er unter Berufung auf die Apg 8,17 den Bf.en vor (ebd. VII c.12). Zusammen mit den Ausführungen über den Hl. Geist (ebd. VIII c.3 nr.22–29) begründete Isidor die Chrisam-Theologie, die in der Karolingerzeit eifrig rezipiert wurde (vgl. Hrabanus Maurus, De clericorum institutione [I c.28–30, MPL 107, 312–316]). Übergewichtig erscheint die Bedeutung des Chrisam, die nun in den Traktaten 'De chrismate' dargestellt wurde und die der F. den Charakter als 'confirmatio' (= Stärkung im Glauben) verlieh.

II. SCHOLASTISCHE THEOLOGIE: Der scholast. Theologie gab die Ablösung der F. von der Taufe, die Anreicherung des sakramental. Zeichens und die daraus zu erschließende eigene und unabhängige Wirkung viele Fragen auf, die schulmäßig behandelt wurden: a) *Einsetzung* der F.: Von der Geistverleihung her gesehen, hat die F. ihren Ursprung in Jesus Christus, der den Aposteln zweimal (Joh 20,22, Apg 2,4) den Hl. Geist mitteilte. Die Handauflegung haben die Apostel eingesetzt (Apg 8,17), und die Salbung wurde von der Kirche eingeführt. Obwohl die Theologen eine historisierende Deutung des Einsetzungsbegriffes vermieden, gelang es nicht, christolog., apostol. und ekklesiale Tradition zu integrieren. b) *Wirkung* der F.: Mit dem aus der ps.-isidor. Dekretalensammlung oft zitierten Brief des Ps.-Melchiades (möglicherweise nach V. NATALINI, Antonianum 37, 1962, 56–59 von Eusebius Gallicanus) wurde die F. als Sakrament der Glaubensstärkung kraft der 7 Gaben des Hl. Geistes verstanden (vgl. Hugo v. St. Viktor, Summa de sacramentis II, p.7 c.6). In der Taufe wird der Hl. Geist zur Vergebung der Sünden und in der F. zur Stärkung im Glauben verliehen (Petrus Lombardus, Sent. IV. d. 7 c.3). Diese Wirkung ist ebenso wie die der Taufe bleibend; die F. darf darum nicht wiederholt werden. c) Diesem Wirkverständnis wurden *Form und Materie* der F. angepaßt. Seit dem 12. Jh. festigte sich diese Spendeformel: »Ich bezeichne dich mit dem Siegel des Kreuzes und dem Chrisam des Heiles im Namen . . .« (bzw. »Ich bezeichne dich . . . und salbe dich . . .«). Vor dem 12. Jh. waren verschiedene Formeln in Übung (vgl. AMOUGOU-ATANGANA, 232–34). Die heutige Formel »Siegel der Gabe des Hl. Geistes« ist in einem aus dem 5. Jh. stammenden Zeugnis, das später den Canones des Konzils v. Konstantinopel 381 angefügt wurde, bekannt und steht dort in Beziehung zum Rekonziliationsritus (vgl. MANSI, Collectio, III, 564). Bezügl. der Materie der F. schwanken die frühscholast. Theologen: Handauflegung durch den Bf. (Gratian, Decr. III, De cons. d.5 c.1; Sententiae Divinitatis, ed. B. GEYER, BGPhThMA VII 2–3, 1909 [Nachdr. 1967], 126–28), Handauflegung und Chrisamsalbung (Petrus Lombardus, Sent. IV d.7 c.1), Salbung der Stirn und Bezeichnung mit dem Kreuzzeichen (Simon v. Tournai, Institutiones, Cod. lat. Paris. Arsenal 519, fol. 58ra). Fortan dominierte diese Lehrmeinung. d) *Dignität* und *Notwendigkeit* der F. mußte die Schule in deren Zuordnung zur Taufe (unbeschadet des Vorrangs der Taufe) aufzeigen.

Im 13. Jh. wurde die F. mit den in der allgemeinen Sakramententheologie erarbeiteten Begriffen durchreflektiert. Materie und Form der F. sind Chrisamsalbung mit Handauflegung des Bf.s und Deutewort. Wort und Zeichen haben ihre Kraft von Christus, der die F. in der Geistverheißung (Joh 16,7) eingesetzt hat (ebd. a.1 ad 1).

Die Meinung, daß die F. durch die Apostel und durch die Kirche eingesetzt wurde (vgl. Bonaventura, Sent. IV d.7 a.1 q.2) ließ Thomas nicht gelten. Er mußte sich darum mit Ps.-Dionysios auf eine verborgene Tradition berufen (S.th. III q.72 a.4 ad 1). Die F. ertüchtigt zum standhaften Bekenntnis des Glaubens, ermächtigt zum kirchl. Zeugnis und schenkt die Teilhabe am Priestertum Jesu Christi durch die Gleichgestaltung mit ihm auf Grund des sakramentalen Charakters (ebd. a.5 und q.63 a.3). Die Lehre vom sakramentalen Charakter der F. hat Alexander v. Hales nachhaltig beeinflußt. Nach seiner allgemeinen Bestimmung ist der sakramentale →Charakter Zeichen der Gemeinschaft, Siegel der Gleichgestaltung mit Jesus Christus, dem Lehrer und Propheten (in der Taufe), dem König (in der Firmung) und dem Priester (in der Weihe). Alexander teilte den dreifachen Charakter auf die drei Sakramente Taufe, F. und Weihe auf; Thomas bezog ihn gleichermaßen auf die passive und aktive Teilhabe am Priestertum Christi. Die scholast. Theologie kam zu keinem integralen Verständnis des einen in sich gegliederten sakramentalen Charakters der F. Streitfragen (bezügl. der kategorialen Bestimmung des Charakters und hinsichtl. der Delegation der Firmungsvollmacht an einen einfachen Presbyter durch den Papst) überlagerten die eigtl. Firmungstheologie (vgl. Durandus de S. Porciano O.P. Sent. IV d.7, ed. Venedig 1571, fol. 306ra–308vb). Der Stirnsalbung ordnete →Duranti(s), Rationale divinorum officiorum VI c.84 (ed. Lyon 1559 fol. 364v–65r) den Backenstreich (»percussio in facie«) zu, der die Beschämung im Glauben sichtbar macht, welche der Gefirmte standhaft zu ertragen hat.

III. HÄRESIEN: Die →Albigenser bzw. →Katharer spendeten durch Handauflegung die Geisttaufe zur Wiederherstellung des geistigen Menschen und zu dessen apostol. Sendung in der Welt (vgl. S. Petrus Martyr, Summa contra Patarenos, ed. KAEPPELI, 329). Nach →Alanus ab Insulis, Contra haereticos I c.66 (MPL 210,369B) lehnten die Katharer die F. ebenso wie alle anderen sakramentalen Handlungen der Kirche ab. Gleiches gilt – ebenso wie für die meisten anderen häret. Sekten – für die Waldenser, die bes. am Reservat der Bf.e zur Erteilung des Sakraments Anstoß nahmen, wo doch das Eucharistiesakrament von jedem Priester gespendet werden konnte. Einsetzung der F. durch Christus und (alleinige) Spendung durch den Bf. waren im 13. und 14. Jh. umstritten. Scharfe Kritik an der kirchl. Praxis der F. übte auch Johannes Wyclif, im »Trialogus« (1383 publiziert) IV c.14 (ed. G. LECHLER, 1869, 294f.), den Johannes →Hus ins Tschech. übersetzte. So wirkte der Trialogus auch auf die hussit. Bewegung und die Brüdergemeinde in Böhmen. Vgl. →Handauflegung.

L. Hödl

IV. KANONISTISCH: Nach geltendem Recht der röm.-kath. Kirche ist der Bf. der ordentl. Spender der F., der Priester der außerordentl., wenn er dazu vom allgemeinen Recht oder durch besondere Verleihung von seiten der zuständigen Autorität bevollmächtigt ist (c.882). In den oriental. Kirchen nimmt noch heute der Priester im Anschluß an die Taufe die consignatio mit Chrisam, dem hl. Myron, vor. Wichtig ist bis in die Gegenwart, daß der Bf. (oder Metropolit) durch die Weihe das Myron zum Antitypon des Hl. Geistes gemacht hat. – In der alten Kirche (des Ostens wie des Westens) waren Chrisma und Sphragis als Vollendung der Initiation Ausdruck der »Fülle des Geistes«. Erst als in der Frühscholastik →Hrabanus Maurus und →Gottfried v. Vendôme die spezif. F.sgnade zu bestimmen versuchten, wurde der wesentl. Zusammenhang zur Initiation verdunkelt. Die Hochscholastik (v. a.

Bonaventura, die →Summa Alexandri und Thomas v. Aquin) entwickelte zwar den Gedanken eines eigenen »Charakters« der F., doch war damit keine inhaltlich rechtl. Bedeutung mehr verbunden. Auch der (vom Lehramt verworfene) Vorschlag des →Erasmus v. Rotterdam (Epilog zu den »Paraphrases in Matthaeum«), wonach die Jugendlichen im Pubertätsalter eine Glaubensprüfung und ein Glaubensbekenntnis abzulegen hätten, brachte keine Aufwertung der Firmung. J. Neumann

Lit.: zu [I–III] [allg.]: J. Amougou-Atangana, Ein Sakrament des Geistempfangs? Zum Verhältnis von Taufe und F., Ökumen. Forsch. III, 1974, 315–328 [Lit.-Verz.] – *Zu Einzelproblemen:* H. Weisweiler, Das Sakrament der F. in den systemat. Werken der ersten Frühscholastik, Schol 8, 1933, 481–523 – D. L. Greenstock, El problema de la confirmación, Ciencia tomista tom. 80, 1953, 175–228, 539–590; 81, 1954, 201–240 – R. Bernier OP, Le sacrement de confirmation dans la théologie de s. Thomas, Lumen vitae 10, 1961, 59–72 – V. Natalini, Relazione ontologica della grazia del battesimo con la grazia della cresima. Un trentennio di storia (1225–1255), Antonianum 37, 1962, 55–114, 219–238 – L. A. van Buchum, L'homélie pseudo-eusebienne de Pentecôte. L'origine de la »confirmatio« in Gaule méridionale et l'interprétatio de ce rite par Fauste de Rieze, 1967 – J. D. C. Fisher, Christian Initiation. The Reformation Period, 1970 – H. M. Riley, Christian Initiation. A comparative Study of the Interpretation of the Baptismal Liturgy in the mystagogical Writings of Cyril of Jerusalem, John Chrysostom, Theodore of Mopsuestia and Ambrose of Milan, 1974 – Ch. Thouzellier, Rituel Cathare, 1977 – G. Rottenwöhrer, Der Katharismus, 1982 – B. Kleinheyer, Ausgießung des Geistes in frühchristl. Initiationsfeier, MThZ 37, 1986, 273–290 – weitere Lit.: →Albigenser, →Katharer, →Waldenser – *zu [IV]:* HDG IV, 2, 1956 [B. Neunhäuser] – J. Neumann, Das Zusammenspiel von Weihegewalt und Hirtengewalt bei der F., AKKR 130, 1961, 388–435; 131, 1962, 66–102 – Ders., Der Spender der F., 1963 – Ders., Kirchenrechtl. Überlegungen zur Kindertaufe (Christsein ohne Entscheidung – oder soll die Kirche Kinder taufen?, hg. W. Kasper, 1970), 207–224 – L. Hofmann, Ratifizierung der Taufe? (Zeichen des Glaubens, Fschr. B. Fischer, 1972), 95–107.

Firmus v. Caesarea, Ebf. v. Caesarea (Kappadokien),
†439. Auf dem Konzil v. Ephesus 431 zählte er zu den Parteigängern →Kyrills v. Alexandrien und zu den entschiedenen Gegnern des →Nestorius. Eine kurze Predigt gegen Nestorius, nur in äthiop. Übersetzung erhalten, wurde von ihm vielleicht während des Konzils in Ephesus gehalten. Außerdem sind 45 Briefe von ihm bekannt, in elegantem Griechisch, höflich und liebenswürdig, aber ohne theol. Bedeutung. K. S. Frank

Ed.: MPG 77, 1481–1514 – E. Littmann, Chrestomatia Aethiopica, 1968² – CPG 6120–6121 – *Lit.:* Catholicisme IV, 1320 – DHGE XVII, 264.

First → Dach

Fisch, -fang, -handel
A. Fische – B. Fischfang, -handel
A. Fische
I. Zoologiegeschichtlich – II. Religionsgeschichtlich-symbolischkunsthistorisch.

I. Zoologiegeschichtlich: F. (pisces), wichtige Klasse der Wirbeltiere, welche bis zum Ende des 17. Jh. (John Ray) nicht streng definiert wurde und somit andere Wassertiere einschloß. Bes. gefährl. Raubfische wie Haie und Rochen wurden im MA manchmal als F., manchmal wie Wale und Robben als Meerungeheuer (monstra marina) behandelt. Biolog. Kenntnisse von ihnen beschränkten sich auf Namen, Aussehen und Vorkommen, einschließl. ihrer Wanderungen, Ernährungswert und – v. a. bei bekannten Süßwasserarten – auf ihr Verhalten bei der Fortpflanzung, gegenüber anderen F.n und den Fanggeräten. Das umfangreiche Wissen des Aristoteles über F., mehr noch die aus zahlreichen Quellen geschöpften Angaben des Plinius (n. h. 9), wurden durch Solin und Isidor (etym.

12,6, 1–64) in einer bescheidenen Auswahl weit verbreitet und von →Hrabanus Maurus (8,5), →Lambert von St. Omer und Ps.-Hugo v. St. Viktor (de bestiis 3,55) übernommen. Die arab.-lat. Version der zoolog. Schriften des Aristoteles benutzten →Alexander Neckam (2,22–46 und De laudibus 3,371–670), →Arnold v. Sachsen (Teil 2, Kap. 7–8), dem →Vinzenz v. Beauvais seine Jorath-Zitate im Buch 17 verdankt, und →Bartholomaeus Anglicus (13,26). Ausführlicher werden im 13. Jh. die F. behandelt von →Thomas v. Cantimpré (Buch 6, Kap. 1–60; Buch 7, Kap. 1–90) und den ihn ausschreibenden Enzyklopädikern →Albertus Magnus (24,1–60), →Konrad v. Megenberg (Buch der Natur, III, C, 1–20 und D, 1–29 nach der Fassung Thomas III, vgl. Ökonomik I, 4, 10, 3), →Vinzenz v. Beauvais (17,1–46) und Jakob von Maerlant. Außerhalb dieser Tradition stehend, beschreibt →Hildegard v. Bingen (Buch 5), wahrscheinl. nach Berichten der Nahefischer, die Aufenthaltsorte und z. T. die Ernährungsweise der F. Ihr Hauptinteresse aber gilt ihrem aus den Primärqualitäten abgeleiteten diätet. Wert und ihrer nicht seltenen volksmed. Verwendung. Seit dem 13. Jh. kamen zu dem Traditionsgut verstärkt empir. Kenntnisse hinzu. Nach dem bisher unidentifizierten »Liber rerum« schildert Thomas ziemlich treffend das Verhalten von Hering (allec: 7,5 mit Zug in der Deutschen Bucht), Karpfen (carpera/carpo: 7,48 über Klugheit am Netz) und Hecht (lucius: 7,48 über Jagdweise auf Beutefische). Morpholog. Beschreibungen, welche die Bestimmung sichern, bietet er vom Seepferdchen (zydrach monstrum marinum: 6,58), der Scholle (botha: 7,16), der →Aalraupe (borbotha: 7,17), dem Rochen (raitha: 7,68), der Forelle (truita = trutta: 7,84), der Finte (aristosus = venth: 7,89) und dem Stichling (pungitivus: 7,62). Zusätzl. originelle Angaben des Albertus Magnus, der den Aberglauben zurückweist, der Hering (allec: 24,8) lebe vom Wasser allein, betreffen den selbst gesehenen 'aslet' (24,7; von Stadler als Spöke/Seekatze identifiziert), den Hausen (esox bzw. huso, 24,32), das Neunauge (24,41) unter der traditionellen Bezeichnung 'muraena' und die ebenfalls in der Donau vorkommende Nase (nasus, 24,45). Konrad v. Megenberg, der mehr an moralisierenden Deutungen interessiert ist, beschreibt (III, D, 1) zusätzl. nur aus eigener Erfahrung die Zubereitungsweise des →Aales (anguilla). Vinzenz v. Beauvais bietet die meisten systemat. Kapitel über Morphologie, Physiologie und Lebensweise der F., steuert aber etwa zwanzigmal als »Auctor« eigene Bemerkungen bei. Er bedauert (17,28 und 79), daß viele seiner anerkannten Quellen (libri philosophorum) viele frz. Speisefische übergingen bzw. unter anderem Namen erwähnten. Von diesen behandelt er 'gardo' (17,55), Barsch (perca: 17,78), Scholle (plais: 17,79), Seezunge (solea: 17,93), Schlei (teucha = tinca?: 17,96) und Forelle (truta: 17,97). Insgesamt fällt auf, daß von den Autoren des 13. Jh. die von Aristoteles getroffene klare Unterscheidung zw. Knorpelfischen und Knochenfischen aufgegeben wurde, wohl deswegen, weil die zu 'celechi' entstellte Bezeichnung Selachier nicht verständlich war. Vgl. →Ernährung, →Fasten(speisen), →Tierkreis.

Ch. Hünemörder

Ed.: s. →einzelne Autoren, dazu: Liber floridus, ed. A. Derolez, 1968 – Solinus Collectanea rerum memorabilium, ed. Th. Mommsen, 1895² [Neudr. 1958] – *Lit.:* H. Stadler, Mitt. zur Gesch. der Medizin und Naturwiss. 6, 1907, 249–251 – S. Krüger, Die Naturwiss. 43, 1967, 257–259 – *Zu Fischfang und Fischkunde im MA:* Ch. Hünemörder, Dt. Schiffahrtsarchiv 1, 1975, 185–200; 4, 1981, 183–190; 9, 1986, 189–198.

II. Religionsgeschichtlich-symbolisch-kunsthistorisch: Gegenüber vielfältiger Darstellung von F.n als

Dekor, in Bildern des →Fischfangs und zur Belebung des Wassers in narrativem, geograph. und kosmolog. Kontext sind F.bilder mit symbol. Bedeutung im MA selten. Bereits die frühchristl. F.-symbolik war schillernd und ist bei Einzelbildern nur aus dem Kontext zu bestimmen. Während F. als Bild der Gläubigen ihre Grundlage in der Berufung der Menschen-Fischer (Mt 4,19 Par.) hatten (Clemens v. Alexandria, Paed. III, 52,2; 59,2; 101,3) oder in der Angleichung an den F. Christus (Tert., Bapt. 1), fehlte für die Christussymbolik ein bibl. Text. Dies wird aus den frühesten Quellen, der eucharist. gefärbten Grabinschrift des Aberkius und einer auf die Taufe bezogenen Stelle Tertullians (Bapt. 1) deutlich. Da in letzterer das gr. Wort ΙΧΘΥΣ(Fisch) für den F. Christus in den lat. Text eingefügt ist, könnte dieses →Akrostichon überhaupt der Ursprung der Christus-F.-symbolik gewesen sein. Hier wurden die Anfangsbuchstaben geläufiger Christustitel Ι(ΗΣΟΥΣ) Χ(ΡΙΣΤΟΣ) Θ(ΕΟΥ) Υ(ΙΟΣ) durch ein Σ(ΩΤΗΡ) vervollständigt: Jesus Christus, Gottes Sohn, Erlöser, vielleicht Zwischenstufe Υ(ΙΟ)Σ. Die Annahme einer speziellen eucharist. Christussymbolik der F. in →Mahldarstellungen ist durch neuere Erkenntnisse über die Verwendung von F.n als Speise in paganen, atl. und verschiedenen ntl. Mahlbildern und solchen zum Totengedächtnis oder im Jenseits hinfällig geworden (DÖLGER, ENGEMANN, VOGEL, anders WEHRHAHN-STAUCH). Dies gilt auch für das MA, selbst wenn der Bissen in der Hand des Judas beim Letzten Abendmahl als F. erscheint (z. B. Klosterneuburger Altar): auch andere ma. Mahlszenen zeigen F. als Speise, und in S. Angelo in Formis (Fresken, 11. Jh.) dienen beim Mahl des Simeon F. als Speise, beim Abendmahl dagegen ein Huhn.   J. Engemann

Lit.: RAC VII, 959–1097 [J. ENGEMANN] – F. J. DÖLGER, ΙΧΘΥΣ, I–V, 1928–43 – L. WEHRHAHN-STAUCH, Christl. F.-symbolik von den Anfängen bis zum hohen MA, ZK 35, 1972, 1–68 – C. VOGEL, Symboles culturels chrétiens. Les aliments sacrés: poisson et refrigeria, Simboli e simbologia nell'alto medioevo, Sett. cent. it. 23,1, 1975 (1976), 197–252.

B. Fischfang, -handel

I. Archäologisch – II. Fischfang und -handel im nord- und westeuropäischen Raum – III. Fischfang und -handel im Byzantinischen Reich – IV. Darstellungen des Fischers und Fischfangs.

I. ARCHÄOLOGISCH: Seit der Steinzeit wesentl. Bestandteil der menschl. Nahrung, wurde der F. geangelt, mit dem Pfeil geschossen oder mit Speer oder Harpune erlegt. Angelhaken aus Knochen und Horn (entweder einteilig oder größere zusammengesetzt), Pfeile und Speere mit Flinteinsätzen sind archäolog. nachweisbar; spätere Metallhaken gleichen den modernen. J. G. D. CLARKE hat die Typen in chronologischer Ordnung zusammengestellt. Netze wurden sicher benutzt, es gibt Funde von bronzezeitl. F.-Zäunen in Skedemosse (Öland, Schweden) mit einer Fangkammer aus Holzstaken. Solche Zäune treten mehrfach auf, in der Oka oder als Heringszäune in der Schlei, im Mündungsgebiet der Flüsse und in ziehenden Gewässern. Netze wurden u. a. vom Boot aus gezogen. Vermutlich benutzte man auch Wurfnetze vom Boot, Floß oder vom seichten Uferwasser aus. Aus vielen frühgesch. Grabungen sind scheibenförmige Netzsenker aus Ton für das untere Netzende und Schwimmer aus Borke für das obere Ende bekannt. E. KRAUSE vergleicht vorgesch. Funde mit ethnolog. und nz. Material. – Man nimmt an, daß in England in den mit Wasser gefüllten Gräben der *moated sites* (→Curia, 2. C.) auch F.e gezüchtet wurden.

Über die gefangenen Arten geben die gefundenen F.reste aus den Grabungen Auskunft. In der Slavensiedlung

→Bosau (Plöner See) wurden neben Plötzen und Brachsen u. a. Hecht und Barsch verzehrt. Im wikingerzeitl. →Haithabu dominieren Hecht und Barsch neben Forelle, Karpfen, Zander und Aal. Dorsch und Plattf.e kommen aus dem Salzwasser. Der Hering ist stark vertreten. Im jüngeren →Schleswig kommen auch Sorten vor, die nicht aus der Schlei stammen (z. B. Schellf.); auch die F.größe spricht für den Fang auf See, während die Haithabufischer wohl u. a. die Förde und die angrenzende Ostsee befuhren. Bei der Grabung auf der Feddersen Wierde (Wesermündung) wurden Stör, Maifisch, Lachs, Kabeljau, Scholle und Flunder gefunden. F.reste der frühgesch. Marschensiedlung beim Elisenhof (Eiderstedt) stammten von Stör, Kabeljau, Scholle, Flunder, Schellfisch, Wels u. a., die teils aus der lokalen Fischerei in der Eider, einige auch aus der Nordsee kamen.

Wikingerzeitliche Fischersiedlungen (kleine abgerundete, viereckige Primitivhäuser; Schären vor Bergen) sind ausgegraben worden, auch sind viele nichtdatierte Anlagen bekannt. Neben großen Umschlagplätzen gab es kleine Häfen oder nur Schiffsländen an der Ostseeküste (z. B. Saisonhafen bei Hamaren, Bornholm). Vielleicht war die Phase III der eisenzeitl. Burganlage →Eketorp auf Öland (Schweden) durch den Heringsfang bedingt. Die F.e wurden getrocknet oder auch gesalzen, weshalb Salzstellen wie →Kolberg an Bedeutung gewannen.

Die Meeressäuger, die mit ähnlichen Geräten wie die F.e und von den gleichen Leuten gefangen wurden, tauchen schon als Beute auf den Felszeichnungen skand. Jägerkulturen auf. Neben der Gewinnung von Fleisch und Tran (Beleuchtung) spielte auch der Walroßzahn eine Rolle (Schnitzereien). Zu den Funden gehören in Lund ein Walroßkiefer mit ausgebrochenem Zahn, in Haithabu, Elisenhof oder Feddersen Wierde Robben, Tümmler und Knochen von Kleinwalen.   H. Hinz

Lit.: RE IV, 456–462 [STÖCKLE] – E. KRAUSE, Vorgesch. Fischereigeräte und neuere Vergleichsstücke, 1904 – J. G. D. CLARKE, The Classification of Microlithic Culture XC, The Arch. Journ. 18, 1934, 52 ff. – DERS., The Mesolithic Settlement of Northern Europe, 1936 – B. HOUGEN, Fra seter til gård, 1947 – H. BERGQUIST–J. L. LEPISKAAR, Archeology of Lund I, 1957 – U. E. HAGBERG, Fornvännen, 1961, 237 ff. – B. MAGNUS, Viking 38, 1974, 68 ff. – W. HAARNAGEL, Die Grabung Feddersen Wierde, 1979 – D. HEINRICH (H. HINZ, Bosau IV, 1980), 29 ff. – DERS. (BAR Internat. Ser. 183, 1983), 151 ff. – D. HEINRICH, Die F.reste aus der frühgesch. Marschensiedlung beim Elisenhof in Eiderstedt, 1985 – DERS. (BAR 294, 1986), 42 ff.

II. FISCHFANG UND -HANDEL IM NORD- UND WESTEUROPÄISCHEN RAUM: Der Verzehr von F. nahm in Europa, nicht zuletzt bedingt durch den Einfluß kirchl. Gebote und monast. Gewohnheiten (→Fasten), einen wichtigen Platz in der →Ernährung ein. Neben F. aus lokalen Fängen hatte der →Fernhandel mit Pökel-, Dörr- oder Räucherfisch (→Konservierung) eine zunehmende Bedeutung, wobei die nord- und nordwesteurop. Fanggebiete die Hauptrolle spielten.

[1] *Ostseegebiet einschließlich Dänemark:* Wichtigste F.arten waren hier in der Seefischerei Hering (nördl. von Kalmar *Strömming* gen.) und Dorsch. In den Flüssen wurden Lachs und Neunauge mit Reusen und Schleppnetzen gefangen, und Hecht aus den finn. Seen hatte wie der Lachs überregionale Bedeutung, die insbes. auch dem an den Mündungen der großen Ströme (Weichsel, Oder) gefangenen Stör zukam. Im Bottn. und Finn. Meerbusen wurde fast ganzjährig Heringsfischerei betrieben: im Frühling mit Schleppnetzen im küstennahen Schärenbereich (im FrühMA wohl unter Beteiligung estn. Fischer an der finn. S- und SW-Küste), im Sommer und Herbst in den äußeren Schären und im Winter mit Schleppnetzen unter dem Eis.

Auch im übrigen Ostseeraum war der Heringsfang saisongebunden (Spätherbst: Bohuslän, Nordost-Rügen/ →Arkona; Frühling: Limfjord, Hiddensee; Herbst: →Schonen). Während der Dorschfang mit Angeln auf individueller Basis betrieben werden konnte, war beim Heringsfang (Verwendung von Schlepp- und Treibnetzen) die Zusammenarbeit mehrerer Fischer erforderlich. Jede Gruppe (schwed. *lag*), deren Mitglieder zur Instandhaltung der Netze beitrugen, bildete eine *Notlag* (*Not*, schwed. ʽSchleppnetzʼ), deren Gewinn unter den Mitgliedern proportional zum eingebrachten Kapital (z. B. Anteil an der Herstellung der Netze) verteilt wurde.

Die livländ. Städte erließen im SpätMA Bestimmungen zwecks Sicherung der städt. F.versorgung (freier F.-Verkauf der Esten in Reval, seit 1345; zehntfreier F.-Verkauf der Russen in Dorpat, seit 1458). Hering wurde am Ende des MA in die livländ. Städte aus Aalborg, Schonen und Flandern exportiert; in Danzig umfaßte der Heringsimport 1460, 1470, 1475 und 1492 wertmäßig zw. 7 und 15% des Gesamtimports. Wahrscheinlich waren Unternehmer aus Großstädten wie Lübeck und Danzig mit Kapital an der Fischerei beteiligt; die Darlehen in Geld mit späterer Rückzahlung in F. sind wohl so zu verstehen. Eine Qualitätskontrolle für den schon. Hering wird seit dem 14. Jh., für den Aalborger Hering seit 1516 erwähnt. Für den dortigen F.fang lieferten die Hansen das zur Konservierung notwendige →Salz, vielfach aus →Lüneburg, und importierten als Rückfracht den Hering.

[2] *Nordseegebiet:* Wie im Ostseeraum wurde Lachs bes. in den norw. und isländ. Flüssen mit Reusen, Netzen und Lachseisen gefangen; Lachsfischerei mit Netzen auf See kannte man in Norwegen spätestens seit dem fr. 16. Jh. V. Lunge († 1536), der Gouverneur v. →Bergen, hatte als Grundbesitzer das F.recht auf Lachs, das er gegen d. Hälfte d. Gewinns verpachtete. Während in Skandinavien die Grundbesitzer das F.recht im Fluß besaßen (soweit sie es nicht verkauft hatten), gehörte es im schott. →Aberdeen der Stadt. Sie vermietete das F.recht an individuelle Unternehmer; gesalzener Lachs war ein wichtiger schott. Exportartikel, bes. nach Frankreich und den Niederlanden. In England war dagegen Aal der verbreitetste Süßwasserfisch, schon aus ags. Zeit ist der Fang mit Reusen in den Flüssen belegt; in gleicher Weise erfolgte der Lachsfang in Irland. Systemat. F.zucht (→Teichwirtschaft) wurde, nicht zuletzt durch die →Zisterzienser, in England wie in vielen anderen Ländern Europas (so in →Böhmen und seinen Nachbargebieten, etwa in →Waldsassen/Opf.) betrieben.

Vom Fang von →Walen und Robben abgesehen, der in geringerem Maße auch im Ostseegebiet betrieben wurde, war die Seefischerei im Nordseegebiet auf Hering, Dorsch und Kabeljau konzentriert. Schon vor der Jahrtausendwende wurde der Hering an den schott. und südostengl. Küsten gefangen, seit etwa der Jahrtausendwende auch in den ir. Gewässern. Traditionell begann der schott. Heringsfang im Frühling im N und folgte den Bewegungen der Heringsschwärme südwärts bis zum Jahresende. Im MA waren im Nordseegebiet Yarmouth (Norfolk) und Brielle (Niederlande) die wichtigsten Fangplätze. Wie in Schonen handelte es sich um eine Herbstfischerei, und wie dort wurde der Hering auf dem Land konserviert, u. a. durch Einsalzen; in Yarmouth gab es drei Typen: roter Hering (gesalzen und geräuchert), weißer Hering (gesalzen), getrockneter Hering (wahrscheinl. gesalzen, getrocknet und leicht geräuchert). Beim F.fang und -handel von Yarmouth waren Gascogner, Spanier, Florentiner, Franzosen und Deutsche tätig, während die Hansen den

Hering im Ostseegebiet importierten. Wichtig war der Austausch zw. Yarmouth und Westfrankreich. Von dort wurden Wein und das für die Konservierung erforderl. Salz eingeführt und Hering als Rückfracht ausgeführt.

Während der 2. Hälfte des 14. Jh. scheinen die Niederländer eine neue Technik eingeführt zu haben: An die Stelle kurzer Fangreisen und der Verarbeitung der Fänge an Land traten ausgedehnte Reisen und die Einpökelung des F.s auf See. Hierzu wurden größere Schiffe, die sog. *Busse*, entwickelt; die Versorgung mit Lebensmitteln, leeren Tonnen und Salz erfolgte durch kleinere Fahrzeuge, die auch den verarbeiteten Hering mit an Land nahmen. Diese niederländ. Innovation erwies sich als konkurrenzfähig, so daß sich fläm. Hering auch im Ostseegebiet verbreitete; durch den »Intercursus magnus« (1496) mit England sicherten sich die Niederländer das F.fangrecht im Kanal, in der Nordsee und im Seegebiet östl. von England. Der nicht unbeträchtl. norw. Heringsfang gelangte im SpätMA dagegen nicht zu internationaler Bedeutung, trotz einer gewissen Ausfuhr nach England (vor 1300). Der Kabeljaufang wurde als Winterfischerei bei Norwegen, Island, den Färöer- und Shetland-Inseln betrieben und paßte sich daher gut dem Rhythmus der bäuerl. Wirtschaft an. Hauptgerät war die Angelschnur, gewöhnlich mit mehreren Haken versehen. Neben dem ganzjährigen Dorschfang war u. a. die bes. bei den Lofoten betriebene Kabeljaufischerei von großer Bedeutung. Angesichts der günstigen Fangzeit von Febr.–April (kühles Klima, kein Fliegenbefall) konnte der F. ohne Salz, durch Hängen an einen Stock konserviert werden (Stockfisch, it. *stoccafisso*). Schon im 12. Jh. hatten bask. Fischer eine andere Konservierungsmethode entwickelt: Der Kabeljau wurde an Bord gesalzen und später an Land zum Trocknen ausgebreitet (span. *bacalao*, it. *baccalà*; dt. Klippfisch, skand. *klipfisk*). Diese Methode wurde in Skandinavien erst im 16. Jh., wohl unter Einfluß der an der Nordseefischerei beteiligten Basken, eingeführt.

Eine wichtige Handelsbezeichnung war auch *Bergerfisk* (d. h. allgemein von Bergener Kaufleuten exportierter F.). Der norw. Stockfischexport nach England war bis zum Anfang des 14. Jh. noch bedeutend, kam aber um 1470 – nach einer Phase allmähl. Rückgangs – offenbar ganz zum Erliegen. Dafür wurde Deutschland zum wichtigen Absatzmarkt, wobei wohl die Nordseefischerei der Basken eine spürbare Konkurrenz für die Norweger bedeutete, zumal die Basken besseren Zugang zu den südeurop. Märkten und zum Salz hatten.

[3] *Atlantik und Kanal:* Wie im Ost- und Nordseeraum war der F.fang auch im frz. und engl. Küstengebiet vielfach in die bäuerl. Wirtschaft eingebunden. Allerdings war Fischerei als ausschließl. Tätigkeit hier häufiger, wie Beispiele aus Cornwall und Westfrankreich für das 15. Jh. belegen. War das Bordelais eine bevorzugte Region der Küsten- und Süßwasserfischerei (Meeraal, Rochen, Neunauge und Hai bzw. Lachs und Stör), fanden die Seefischer in der Region von La Rochelle, vor der Loiremündung, um Belle Île sowie in der sonstigen Bretagne gute F.gründe. Der Fang – bes. von Makrele und Hechtdorsch – wurde frisch an Land gebracht oder auch an Bord gesalzen, was die Franzosen wahrscheinlich von den Basken erlernt hatten; die Makrelen wurden in Netzen gefangen und der Hechtdorsch mit der Schnur geangelt. Nach etwa 1300 wuchs die Nachfrage nach atlant. F.; Quimper, Nantes und Bordeaux wurden allmählich zu Umschlagplätzen für Innerfrankreich. In N-Frankreich wurde Frischfisch aus Dieppe und Rouen nach Paris verschickt; Rouen war wichtigster Einfuhrhafen für Salzfisch.

Die Fischer der frz. Nordküste fingen Makrelen im Frühling (Mai–Juni) unweit ihrer Heimat. Im Herbst (Okt.–Dez.) fand aber die große Heringsfangfahrt in die Nordsee statt (*Hareng de saffare* 'Hering aus Suffolk'). Die nordfrz. und fläm. Heringsf.erei ist seit 12. Jh. belegt. Nach einer Beschreibung von 1209 waren die Bootsbesatzungen korporativ organisiert, üblicherweise mit 13 Mann an Bord, jeder für zwei Netze verantwortlich. Die Frage des Kapitalbedarfs wurde in Nordfrankreich und auch in Yarmouth durch das Wirtssystem *(hosting system, hôtelage)* gelöst. In Yarmouth hatte der Kapitalgeber das Boot auszurüsten und besaß dafür das Recht, für die Dauer des Kontraktes dem Fischer den ganzen Fang abzukaufen. In Frankreich war die Verbindung zw. Kapitalgeber und Fischer enger: Zwar sollte der Kapitalgeber nötigenfalls den Fischern Vorschüsse geben, er wurde aber Geschäftsführer der Bootsmannschaft, sorgte für den Verkauf des Fanges und führte die Eintreibung der Zahlung und führte die Rechnungen; dafür erhielt er die Hälfte des Gewinnes. Während die Yarmouther Wirtskontrakte sehr oft gebrochen wurden, dauerten die frz. Verträge oft bis zum Tod des Wirtes. Sowohl in Yarmouth als in Nordfrankreich führte das Wirtssystem zu einer gewissen Konzentration im Fischereigewerbe; so gab es 1475 in Dieppe 183 Fischer und 34 Wirte, aber nur fünf Familien kontrollierten zwei Drittel der Fischerei. Th. Riis

[4] *Italien:* Bereits im 8.–10. Jh. war der F.fang nur in den kleinen Wasserläufen frei, während die Fischereirechte für die großen Flüsse (v. a. für den Po gut belegt) grundsätzlich bei den Herrschern, für die kleineren Flüsse bei den Grundherren lagen. Diese Regalien und Rechte wurden gegen Naturalleistungen zumeist an Gemeinden oder Teile der Bevölkerung vergeben. Neben der →Teichwirtschaft hatte die Fischerei in den Lagunen, stehenden Gewässern und in den im FrühMA ausgedehnten Sumpfgebieten v. a. in Süditalien und auf den Inseln wegen der sommerl. Trockenperioden der Flüsse große Bedeutung. Der individuelle F.fang der Landbevölkerung ist mangels schriftl. Quellen nur schwer zu fassen, doch gab es Korporationen von Fischern (Schola piscatorum des Podelta, Bestätigung von Privilegien 943 durch Ebf. v. Ravenna; Vereinigung der Fischer in Pavia als ministerium, im 10.–11. Jh. zur F.-Abgabe an den kgl. Palast verpflichtet; vgl. Honorantiae civitatis, MGH SS 30, 1956).

Bei weiter bestehenden grundherrl. Rechten waren es nach 1000 in erster Linie die kommunalen Statuten, die Regelungen für F.fang und -handel vornahmen. Eine wachsende Bedeutung des F.handels zeigt sich anhand gemeinsamer Korporationen von Fischern und F.händlern. In den Städten gab es F.läden und F.märkte (→Markt), kleinere Orte wurden von wandernden F.händlern versorgt. Gesuchte F.e waren Aale, große Störe aus dem Po, Forellen. Im Umland von Mailand wurden auch Zahnbrassen, große Aalweibchen, Schleie, Äschen und Lampreten gefangen (nach Bonvesin de la Riva, frühes 14. Jh.). Auch Konsum von Zuchtfischen (u. a. Karpfen) ist belegt. Der Verzehr von Süßwasserfischen überwog denjenigen von Seefischen, außer an der Küste. Die Erforschung des Fernhandels mit eingesalzenem F. ist noch nicht abgeschlossen. Eine wichtige Rolle in der Ernährung spielten auch Krustentiere (häufige Erwähnung von Krebsen), Mollusken und Frösche. – Zum Fang wurden Schleppnetze, Netze, Reusen aus Weidenruten, Angeln, Harpunen und Dreizacke verwendet.

S. a. →Schiffahrt, Schiffstypen. M. Tangheroni

Q.: D. SCHÄFER, Das Buch des lübeck. Vogts auf Schonen (Hans. Geschichtsq. IV, 1887, 1927²) – *Lit.:* KL IV, 302–372; XV, 238–264;

XVIII, 506–518 – J. STEENSTRUP, Nogle Træk af Fiskerbefolkningens Historie, HTD 7.R.6, 1905, 141–171 – H. HENKING, Die Ostseefischerei (Hb. der Seefischerei Nordeuropas V,3, 1929) – K. FASTING, Lofotfisket. Smådrift eller Storbruk i norsk fiske – O. HASSLÖF, Svenska Västkustfiskarna. Studier i en yrkesgrupps näringsliv och sociale kultur, 1949 – V. NIITEMAA, Der Binnenhandel in der Politik der livländ. Städte im MA (Annales Academiae scientiarum Fennicae Ser. B:76:2), 1952 – Z. LIGERS, L'économie d'acquisition: la cueillette, la chasse et la pêche en Lettonie, 1953 – O. VOLLAN, Den norske klippfiskhandels historie, 1956 – O. SUNNANÅ, Lofotfisket i eldre tid, Håløygminne 39, 1958, 154–159 – R. PEESCH, Die Fischerkommünen auf Rügen und Hiddensee (Veröff. Inst. Dt. VK 28, 1961) – K. FASTING, Feitsildsoga. Sild og Samfunn, II: Feitsild og loddefiske gjennom århundrene, 1962 – H. HVARFNER, Fiskaren, laget och redskapet. En bok om lax – og sikfiske i Indalsälven, 1964 – Hunting and Fishing, hg. H. HVARFNER, 1965 – R. DEGRYSE, De laatmiddeleeuwsche haringsvisserij, BGN 21, 1966–67, 82–121 – S. TVEITE, Nordfararane i Bergen i seinmellomalderen, HTOs 47, 1968, 223–229 – M. N. SEIM, Laksefisket, Frå Fjon til Fusa 22, 1969, 56–79 – W. EHN, Nejonögonfiske i Älvkarleby, Svenska landsmal, 1970, 9–25 – O. VOLLAN, Sildefisket gjennom tusen år, 1971 – E. HERJE, Fiskarsoge for Sør-Trøndelag, 1972 – A. HOLMSEN, Bonde – økonomi og fiskerøkonomi i Norge i slutten av middelalderen, Heimen 16, 1975, 545–556 – A. NEDKVITNE, Omfanget af tørrfiskeeksporten fra Bergen, HTOs, 55, 1976, 340–355 – R. AARSETHER, Værmenn, fiskere, bønder og fiskerbønder. Nord-norsk bosetningsutvikling fra høymiddelalderen til begynnelsen av det 17. århundre, Heimen 18, 1979–81, 406–426 – A. NEDKVITNE, Bergerfisk, Heimen 18, 1979–81, 370 – J. MC DONNELL, Inland Fisheries in Medieval Yorkshire, 1066–1300 (Borthwick Papers 60, 1981) – S. Å. KNUDSEN, Askvoll i Sunnfjord. Fiskets betydning for bosetningsmønstret i en vestlandsk havbygd ca. 1350–1700 (Seinmiddelalder i norske bygder, hg. L. I. HANSEN, 1981), 189–261 – A. SAUL, The Herring Industry at Great Yarmouth, c. 1280–1400, Norfolk Archaeology 38, 1981, 33–43 – M. MOLLAT, La vie quotidienne des gens de mer en Atlantique (IXᵉ–XVIᵉ s.), 1983 – Les hommes et la mer dans l'Europe du Nord-Ouest de l'Antiquité à nos jours. Actes du colloque de Boulogne-s.-Mer (1984), 1986 – H. GUTTORMSEN, Hva vet vi om den norske tørrfiskhandelen i middelalderen. Et forsøk på å skissere status i en omfattende historisk debatt og Nord-Norges plass i dette bildet, Håløygminne 17 H. 1, 1985, 3–24 – J. P. JOENSEN, Folk og fisk. En studie over produktion og miljø i klipfiskeberedningen på Færøerne, 1985 – [speziell zu Italien]: A. I. PINI, Pesce, pescivendoli e mercanti di pesce in Bologna medievale, Il Carrobbio I, 1976, 329–349 – M. MONTANARI, L'alimentazione contadina nell'alto Medioevo, 1979, 227–295.

III. FISCHFANG UND -HANDEL IM BYZANTINISCHEN REICH: Der Stellenwert von F. (ἰχθύς, ὀψάριον), sei es maritimer Art, sei es aus Binnengewässern (vgl. Theodoros Metochites über den Askania-See in seinem Enkomion auf Nikaia oder Briefe des Theophylaktos v. Ohrid) in der byz. →Ernährung war schichtgebunden stets hoch. Zum Fang dienten primär Netze (δίκτυα), ausgeworfen von Booten (σανδάλια u. a.) oder verankert an Pfählen (ἐποχαί), die zugleich Beobachtungsposten sein konnten. Von dort angeleitet, trieben mehrere Boote gemeinsam die F.schwärme in die Netze. Ebenfalls verwendet wurden Reuse bzw. Korb (κύρτος), weiters F.speer und natürlich Angeln. Das Anmieten von Fischern für einen Fang kam vor. Zumindest im Bereich von Konstantinopel bemühte sich der Staat, in die diesbezügl. Gesamtversorgung reglementierend einzugreifen. So sollten etwa laut →Eparchenbuch die F.händler (ἰχθυοπρᾶται) nur an den Anlegestellen den Fang erwerben. Gemäß dem jeweiligen Angebot setzte dabei der →Eparch den Preis fest. Auch der Detailverkauf mit fixer Gewinnspanne erfolgte kontrolliert an festen Plätzen, den καμάραι. Unter den Palaiologen befand sich der nämliche Markt vor den Mauern am Ufer des Goldenen Hornes. Der Handel mit F. in mehr als lokalen Dimensionen ist eng verbunden mit der →Konservierung, diese meist durch Pökeln, wobei das Produkt, welches dann bei den Gemischtwarenhändlern (σαλδαμάριοι) angeboten wurde, generell τάριχος heißt. Bezeichnenderweise hat man im Schwarzmeerraum, einem Hauptexportgebiet (Stör, Thunfisch), F. salzen in Chersonesos aufgedeckt. In der byz. Spätzeit drangen in Fischerei und F. handel Italiener aus den Seerepubliken ein, was zu Spannungen und Konflikten führte. Abgaben aus dieser Branche fielen damals angesichts schrumpfender Totaleinnahmen des Staates stärker ins Gewicht. – Als Sondergruppe sind schließlich noch die Purpurschneckenfischer (κογχυλευταί) als wichtige Rohstofflieferanten für das Färben kostbarer Textilien zu erwähnen. E. Kislinger

Lit.: [allg.]: PH. KUKULES, Βυζαντινῶν βίος καὶ πολιτισμός V, 1952, 331–343 – L. ROBERT, Les Kordakia de Nicée, le combustible de Synnada et les poissons-scies. Sur les lettres d'un metropolite de Phrygie au Xe s. Philol. et réalités, I, Journal des Savants, 1961, 97–115 – K. P. MATSCHKE, Situation, Organisation und Aktion der Fischer von Konstantinopel und Umgebung in der byz. Spätzeit, Byzantinobulgarica 6, 1980, 281–298 – G. MAKRIS, Stud. zur spätbyz. Schiffahrt [Diss. Köln 1987, 187–194] – *[zu F. salzen]:* A. ROMANČUK, Antičnaja drevnost' i srednie veka 9, 1973, 45–53; 14, 1977, 18–26 – *[zur it. Präsenz]:* M. BALARD, La Romanie génoise, II, 1978, 705–708, 852–857 – *[zu Rechtsaspekten]:* E. TRAPP, Die gesetzl. Bestimmungen über die Errichtung einer ἐποχή, Byz. Forsch. 1, 1966, 329–333.

IV. DARSTELLUNGEN DES FISCHERS UND FISCHFANGS: Das Bild der Beauftragung der Apostel als Menschen-Fischer durch Christus (Mt 4, 19 Par.) wurde in der Väter-Lit. seit Clemens v. Alexandria (→Abschnitt A. II) häufig aufgenommen, wobei man die Schwierigkeit, daß Fische eigtl. beim Fischfang sterben, meist dadurch umgehen wollte, daß man von einer Rettung der Christen in der Taufe aus dem Meer der Bosheit sprach. Für einzelne Fischer, bes. Angel-Fischer, in der Grabkunst des späten 3./frühen 4. Jh. ist eine Deutung dadurch erschwert, daß bereits die pagane Kunst dieselben Typen als Repräsentanten friedl.-idyll. Lebens am Ufer verwendete, so daß eine Trennung zw. idyll. Beifügung und Taufsymbol selten zu sichern ist. Das vielumstrittene Fischfangmosaik der Südhalle von Aquileia (frühes 4. Jh.) ist kaum christl., da Jonasszenen und Bischofsinschrift nachträgl. eingesetzt wurden (SCHUMACHER). Erzähler. Bilder des Fischfangs →Petri und der Apostelberufung leben im MA weiter, während allegor. Darstellungen selten sind, z. B. das Bild Gottvaters als Fischer, der den Leviathan mit dem Köder des Kreuzes Christi angelt (Hortus deliciarum der Herrad v. Landsberg). J. Engemann

Lit.: LCI II, 40–42 – RAC VII, 959–1097 – RDK I, 694–698 – L. WEHRHAHN-STAUCH, Christl. Fischsymbolik von den Anfängen bis zum hohen MA, ZK 35, 1972, 1–68 – W. N. SCHUMACHER, Hirt und »Guter Hirt«, 1977.

Fischblase (Schneuß) → Maßwerk

Fischerringsiegel → Anulus piscatorius

Fischotter (lutra), eine ans Wasserleben angepaßte, im MA noch häufige Mardergattung, deren kostbarer Pelz begehrt war. (u. a. von Karl d. Gr. getragen, Einhard, cap. 23). Die erste Beschreibung (Größe und Gestalt einer Katze mit Ausnahme des Kopfes, dunkles glänzendes Fell, beliebt als Kragenbesatz bei Männern und Frauen, Fischnahrung, Höhlenleben in Uferböschungen) findet sich nach dem bisher unidentifizierten »Liber rerum« bei Thomas v. Cantimpré (4, 66: 'luter', zitiert von Vinzenz v. Beauvais 19, 89). Zum Beweis seiner Abhängigkeit von der Atemluft führt er an, daß er aus Beutegier unter Wasser manchmal in eine Fischreuse (gurgustium bzw. nassa) gelange und darin ersticke. Gezähmt treibe er Fische zum Vorteil seines Herrn ins Netz, was nicht in die Version Thomas III übernommen wurde und somit Konrad v. Megenberg (III, A, 46) unbekannt blieb. Albertus Magnus (22, 118) korrigiert die Größenangabe und nennt den nicht auf Fisch angewiesenen zahmen F. verspielt und bißlustig.

Das Fleisch sei kalt und stinkend, seine Haut helfe gegen Paralyse. Dagegen bezeichnet Hildegard (Physica, B. 7) die »otther« als warm und sauber. Sie nehme reine und unreine Nahrung auf. Kopf, Fleisch und Schwanz seien für den Menschen Gift. Chr. Hünemörder

Ed.: → einzelne Autoren.

Fiscus. Hatte der Begriff 'f.' in der Antike die Gesamtheit der ksl. Einkünfte bezeichnet, so stand das Wort vom 6. Jh. an für das gesamte kgl. Patrimonium, d. h. für alle kgl. Einkünfte, auch außerhalb des Grundbesitzes (z. B. den Zoll), sowie die Verwaltung dieser Einkünfte und Güter (→Finanzwesen, -verwaltung). Schon früh (Mitte 6. Jh.) wird aber die Tendenz deutlich, mit dem Wort 'f.' den kgl. Grundbesitz zu bezeichnen, insbes. das nicht verlehnte, in freier Verfügung des Kg.s stehende Königsgut. 'F.' erhält somit eine territoriale Bedeutung und bezieht sich vom 7. bis zum 9. Jh. in steigendem Maß einerseits auf eine Gruppe kgl. Domänen, andererseits auf einzelne kgl. villae, die manchmal, aber nicht immer Bestandteil solcher Gruppierungen sind. Im →Capitulare de villis (um 800) erscheint 'f. (dominicus)' als Bezeichnung für einen Verwaltungsbereich (ministerium), der mehrere villae umfaßt, die einem Haupthof (caput fisci, villa capitanea) dem Sitz eines als Zentralbeamten fungierenden judex unterstehen. In diesem Sinn wird 'f.' im Ahd. als →'Fronhof' glossiert (→Grundherrschaft). Dem Gaugrafen (→Graf) gegenüber hatte das ministerium eines f. vollständige →Immunität. Nicht nur einzelne kgl. Domänen und bes. die Hauptvilla eines solchen 'f.' genannten ministerium werden schon früh (6.–7. Jh.) 'f.' genannt, sondern auch villae in kirchl. Besitz, selbst wenn sie nicht von einer kgl. Schenkung herrühren. In späterer Zeit (10.–11. Jh.) deutet die Qualifizierung eine kirchl. Grundbesitzes als 'f.' oft dagegen auf kgl. Ursprung hin. Alle solcherart als 'f.' bezeichneten Domänen hatten eine beträchtl. Größe, mindestens die einer heut. Gemeinde. Im 11.–12. Jh. wird auch als Lehen ausgetaner kgl. Besitz 'f.' genannt, während der zur Ausstattung einer →Pfarrei dienende Grundbesitz oft 'f. sacerdotalis' heißt. Endlich wird auch noch im 11.–12. Jh. das gesamte Vermögen eines Herren, vorzugsweise eines Fs. en, einschließlich des beweglichen Vermögens (Schatz), als 'f.' bezeichnet. – Zu Fiscus, Fiskalität im heut. Sinne →Abgaben; →Finanzwesen, -verwaltung; →Steuer, -wesen. A. Verhulst

Lit.: CH.-E. PERRIN, La seigneurie rurale en France et en Allemagne I, 1951 – W. METZ, Das karol. Reichsgut, 1960 – DERS., Zur Erforsch. des karol. Reichsgutes, 1971 – Hb. der europ. Wirtschafts- und Sozialgesch., hg. H. KELLENBENZ, II, 1980, 163f. [F.-L. GANSHOF].

Fiskalbetrieb → Wirtschaft, -sformen

Fitero, S. María de, Abtei OCist (Diöz. Pamplona, Prov. Navarra), gegr. von Alfons VII. v. Kastilien mit Hilfe von Mönchen aus →Scala Dei (Oboedienz →Morimond). Der Standort der Abtei wechselte dreimal: Yerga (1140–41), Niencebas (1141–51) und Fitero (1152–1835). Hier erfolgte die Gründung des Ritterordens v. →Calatrava. Im 12. Jh. erwarb F. ein reiches Klosterpatrimonium, aber seine bedeutende Kirche (roman. Fassade, frühgot. Kirchenschiffe) wurde erst vor 1247 auf Kosten des Ebf.s v. →Toledo, Rodrigo →Jiménez de Rada, erbaut. 1373 wurde es dem Kgr. Navarra zugeschlagen. Im 15. Jh. zeigte sich ein geistiger und materieller Verfall. Eine Reform fand durch Visitatoren von außen statt. Im Schutze des Kl. bildete sich das Dorf F., das 1524 Stadtrechte erhielt und einige Jahre später zu einem exemten Gebiet (territorium nullius) wurde. Die Bibliothek des Kl. setzte sich aus annähernd 8000 Bänden zusammen, darunter viele Hss. J. Goñi Gaztambide

Q. und Lit.: DHGE XVII, 286–301 [J. Goñi Gaztambide] – T. Biur-
run, El arte románico en Navarra, 1936, 592–595 – L. Torres Balbas,
Arquitectura gótica, 1952, 36–37 – F. Gutton, La chevalerie militaire
en Espagne, l'ordre de Calatrava, 1955 – J. Goñi Gaztambide, Hist. del
monasterio de F., Príncipe de Viana 26, 1965, 295–329 – C. Monterde
Albiac, Coleccion diplomática del monasterio de F. (1140–1210),
1978.

Fitte (engl. *fit*). Als F.n werden die in der hs. Überlieferung der meisten ae. poetischen Denkmäler und des as.
→»Heliand« bezeugten Abschnitte unterschiedlicher Länge (im →»Beowulf« zw. 32 und 128 Ms.-Zeilen) bezeichnet. Kenntlich gemacht sind die Anfänge der F.n bei
Unterschieden im einzelnen durch Numerierung mittels
röm. Ziffern (einen spezifisch ags. Usus), Zeilenausspa-
rung, Initialen und Großschreibung der folgenden Buchstaben, z. T. bis zum Schluß der ersten F.nzeile, ihre Enden
durch besondere Interpunktionszeichen. Ursprung und
Funktion der F.neinteilung sind umstritten. Von den verschiedenen, teilweise recht spekulativen Deutungsversu-
chen ist in erster Linie die Interpretation der F.n als Leseab-
schnitte erwägenswert, die sich auf die in der Praefatio des
»Heliand« gegebene Umschreibung von vitteae als lectiones vel sententiae sowie einen ae. Glossenbeleg gründet,
dessen Echtheit allerdings angezweifelt worden ist. Andererseits wird wegen des häufigen Zusammenfalls von
F.ngrenzen mit Sinneinschnitten auch an eine von den
jeweiligen Dichtern herrührende inhaltsbezogene Gliederung gedacht. Ae. *fit(t)* 'Gesang, Gedicht, Leseabschnitt'
lebt in me. *fit* fort, das u. a. den Abschnitt eines erzählenden Gedichts, den Teil eines Liedes, aber auch ein Lied als
Ganzes bezeichnet.   C.-D. Wetzel

Lit.: H. Bradley, The Numbered Sections in OE Poetical Mss., PBA,
1915–16, 165–187 – M. Förster, Die Beowulf-Hs., BSAW 71, 4, 1919,
84–89 – I. Gollancz, The Cædmon Ms. of Anglo-Saxon Biblical
Poetry, 1927, xxx–xxxii – F. Klaeber, Beowulf and The Fight at
Finnsburg, 1950[3], c–ci – B. J. Timmer, Sectional Divisions of Poems in
OE Mss., MLR 47, 1952, 319–322 – J. Rathofer, Zum Aufbau des
Heliand, ZDA 93, 1964, 239–272 – E. Werlich, Der westgerm. Skop
[Diss. Münster 1964], 89–185, 202–212 – O. Behaghel, Heliand und
Genesis, 1984[9], XX–XXIV.

FitzAlan, engl. baroniale Familie breton. Herkunft. Sie
tritt in England auf mit *Alan FitzFlaad* (Alan, Sohn des
Flaad), Herrn v. Oswestry, der nach dem Sturz des großen norm. Hauses →Bellême (1102) ein wichtiger Helfer
Kg. →Heinrichs I. war und als Lohn für seine Dienste
den Bezirk von Oswestry (heute Gft. Shropshire) empfing, ein ehem. walis. Territorium, das gegen Ende des
11. Jh. von den Anglonormannen erobert worden war
(→Walis. Marken). FitzFlaad hatte drei Söhne: Der älteste war Seneschall v. →Dol (Bretagne), der jüngste,
Walter F., zog als Gefolgsmann →Davids I. nach Schottland und wurde →*steward* des kgl. Hofhalts und Begründer des späteren schott. Königshauses →Stewart
(Stuart). Der 2. Sohn, *William* F., erbte Oswestry und
gewann durch Heirat die benachbarte Herrschaft Clun.
Drei Generationen später verlagerte sich der territoriale
Schwerpunkt der Familie, da der Urenkel *John* F. sich
mit Isabel, der Schwester und Miterbin von Hugh d'Albini (d'Aubigny), Earl of →Arundel, vermählte (um
1220), deren Erbgüter vorwiegend im westl. →Sussex
lagen. Earl Hughs Witwe lebte bis 1282; obwohl John
F.s Sohn die Besitzungen der Albini in Sussex erbte,
erhielten weder er noch sein Sohn *John* (†1272) je das
Recht, den Titel 'Earl of Arundel' zu tragen. Erst sein
Enkel *Richard* durfte seit ca. 1292 dieses Prädikat führen.
Richard diente Kg. →Eduard I. in Wales (1300 Belagerung der Burg →Caerlaverock), Gascogne und Schottland.

Im 14. Jh. erfolgte dann der Aufstieg der Familie zu
gesamtengl. Bedeutung. Richards Sohn *Edmund,* seit
1302 Earl, schloß sich nach →Eduards II. Thronbesteigung der baronialen Oppositionsgruppe an, die →Gave-
stons Sturz betrieb. Ztw. einer der wichtigsten Opponenten, wurde er 1310 zum →Ordainer berufen. Er verweigerte bei →Bannockburn die Heerfolge (1314). In
den nächsten Jahren rückte er allerdings angesichts der
zunehmenden polit. Dominanz des Earl of →Lancaster
von seinen früheren Bündnispartnern ab. Seine Gattin
Alice war Schwester – und spätere Erbin – von John Earl
Warenne; dieser geriet in eine Fehde mit letzterem
(1317). Auch Edmund brach mit Lancaster, wobei offen
bleibt, ob die Unterstützung für seinen Schwager das
einzige Motiv hierfür war. Nach 1321 zum Anhänger
Eduards II. und der →Despenser geworden, zählte er
nach →Boroughbridge zu Lancasters Richtern (1322).
Für seine Loyalität reich belohnt, gehörte er der kleinen
Adelsgruppierung an, die auch nach →Mortimers und
→Isabellas Invasion zu Eduard II. standen, was im Nov.
1326 Hinrichtung und Güterverlust nach sich zog.

Dem Sturz der Familie folgte jedoch nach kurzer Zeit
ein Wiederaufstieg. Nach Mortimers und Isabellas Ende
(1330) erreichte Edmunds Sohn *Richard* (†1376) die Rehabilitation seines Vaters und die Wiedereinsetzung in
Arundel Castle (1331). Wie andere junge Adlige hatte
Richard ein gutes Verhältnis zu →Eduard III.; dies ermöglichte ihm den Aufbau einer starken Machtposition
im nördl. →Wales. Als wichtiger militär. Helfer des
Kg.s begleitete er diesen bei dessen erfolgreichen Feldzügen: Schottland 1337–38, Schlacht v. →Sluys 1340,
Bretagne 1342–43. Er befehligte eine Abteilung bei
→Crécy (1346) und nahm an der Belagerung von →Ca-
lais teil. Unter ihm erreichte die Machtstellung der Familie ihren Höhepunkt. V. a. durch Erbschaft und Königsdienst konnte er den Besitz des Hauses sehr vergrößern: Im Zeitraum bis 1361 erwarb er die meisten der
Besitzungen der Warennes, das Erbe seiner Mutter, und
kaufte zahlreiche Landgüter in Surrey und Sussex hinzu.
Kreditgeber des Kg.s sowie der Prinzen →Eduard (des
'Schwarzen Prinzen') und →John of Gaunt, soll er nach
späteren Quellen allein in Arundel Castle ein Barvermö-
gen von 90000 Mark (£ 60000) besessen haben.

Die Laufbahn seines Sohnes, Earl *Richard III.*
(1346–97), verlief nicht so glücklich. Er erbte sein Earldom in einer Zeit stagnierenden militär. Geschehens in
Frankreich und polit. Instabilität in England, und geriet
– wie sein Großvater – in Opposition zum Königtum.
1381 zur Überwachung des jungen Kg.s in den Hofhalt
entsandt, wurde er in den folgenden fünf Jahren zu einem der Hauptgegner Kg. →Richards II., was auch bedingt war durch Affronts von seiten des Kg.s, der Ämter, die Richards Vater in Nordwales besessen hatte, nun
an Günstlinge austat. 1383 wurde Earl Richard beim
Flandern-»Kreuzzug« des Bf.s v. Norwich von diesem
als (Laien-)Stellvertreter abgelehnt. Er trat der Regie-
rungskommission zur Kontrolle des Kg.s bei (*Wonderful
Parliament,* Okt. 1386) und war als einer der Lords →Ap-
pellant am Sturz der Favoriten des Kg.s führend beteiligt
(Herbst 1387, *Merciless Parliament* 1388). Vermochte er
im Frühjahr 1387 sein persönl. Prestige durch einen siegreichen Flottenfeldzug gegen die Flamen zu steigern, so
war sein zweiter Zug (Sommer 1388) ein Fehlschlag und
rief eine parlamentar. Anklage (*inquiry*) der Commons
hervor (Sept. 1388). Sein Verhältnis zu Richard II. blieb
gespannt; für eine – behauptete – Unterstützung der
Friedenspolitik des Kg.s gegenüber Frankreich gibt es

kaum Hinweise. Nach Abkühlung seiner Beziehungen zu John of Gaunt in den 90er Jahren in polit. Isolation geraten, wurde Richard im Sommer 1397 gefangengesetzt und trotz seiner glänzenden Verteidigung (Sept. 1397) zum Tode verurteilt und hingerichtet, nach dem Chronisten →Thomas v. Walsingham fast wie ein Märtyrer betrauert. Seine Güter wurden konfisziert, sein Erbe .Thomas der Vormundschaft des Duke of Exeter unterstellt.

Erneut wendete sich das Geschick der Familie F. mit demjenigen der allgemeinen engl. Politik. Thomas entfloh der Vormundschaft und nahm auf dem Kontinent Kontakt auf zu Emigrantengruppen; er verband sich mit seinem Onkel Arundel in Utrecht, schließlich mit →Heinrich (IV.) Bolingbroke in Paris, den er bei seiner Englandinvasion 1399 begleitete. Nach Richards II. Sturz in die väterl. Rechte und Besitzungen wiedereingesetzt, diente er Heinrich IV. als loyaler Befehlshaber. Bei den Kriegen gegen →Owain Glyn Dŵr in Wales dürfte er nahe Beziehungen zu dem Prince of Wales, →Heinrich (V.), angeknüpft haben; nach 1408 tritt er als enger Mitkämpfer Heinrichs und der →Beauforts auf. Als solcher befehligte er 1411 das engl. Invasionsheer zur Unterstützung des burg. Hzg.s →Johann Ohnefurcht. Nach seinem – erbenlosen – Tod (1415, vor Harfleur, an Ruhr) fielen seine Besitzungen an eine Seitenlinie. Mit dem Aussterben des letzten männl. Erben (1580) kam der Titel über die Erbtochter an Thomas Howard, Duke of Norfolk, den Stammherrn der gegenwärtigen Familie FitzAlan-Howard.   J. A. Tuck

Lit.: J. H. ROUND, Stud. in Peerage and Family Hist., 1900 – J. R. MADDICOTT, Thomas of Lancaster, 1970 – A. GOODMAN, The Loyal Conspiracy, 1971.

FitzGerald, große, weitverzweigte angloir. Adelsfamilie, entstammte der Verbindung zw. *Gerald of Windsor,* Constable der walis. Burg Pembroke, und Nest, Tochter v. →Rhys ap Tewdwr († 1093), Kg. v. →Deheubarth. Im sw. Wales des frühen 12. Jh. war Gerald der führende Helfer zunächst von Arnulf v. Montgomery, Lord of →Pembroke, sodann von Kg. →Heinrich I. Geralds Nachfahren beteiligten sich – ebenso wie weitere Verwandte, die auch Abstammung von Nest behaupteten (sog. ʿchildren of Nestʾ) – unter →Dermot mac Murrough 1169 an der Invasion →Irlands. Mit der Ausdehnung des engl. Herrschaftsgebietes in Irland wuchs ihre Macht; sie wurden zu einer der mächtigsten Familien in →Leinster und →Munster. Die wichtigsten in Irland ansässigen Zweige, die auf die Söhne von *Maurice* F. († 1176) zurückgehen, waren: die Barone v. Naas, Offaly (seit 1316 Earls of →Kildare), Kiltrany, die Earls of Desmond (seit 1326, spätere FitzGibbons), die FitzMaurices of Kerry.
                                   T. M. Charles-Edwards

Q.: Giraldus Cambrensis, Expugnatio Hibernica. The Conquest of Ireland, ed. A. B. SCOTT–F. X. MARTIN, 1978 – *Lit.:* B. FITZGERALD, The Geraldines, 1951–A New Hist. of Ireland IX: Maps, Genealogies, Lists, hg. T. W. MOODY, F. X. MARTIN, F. J. BYRNE, 1984, 166–168, 231–233 – A New Hist. of Ireland, II: Medieval Ireland (1169–1534), hg. A. COSGROVE, 1987 – R. R. DAVIES, Conquest, Coexistence and Change, Wales 1063–1415, 1987.

FitzGilbert → Clare

FitzNigel (Fitz Neal), Richard → Richard v. Ely, →Dialogus de scaccario

FitzOsbern, Wilhelm (William) (William), norm. Adliger, ✕ 1071 bei Cassel (Flandern); Sohn des →Osbern; erstmals um 1040 erwähnt in einer Urkunde Hzg. →Wilhelms (des Eroberers), zu dessen wichtigsten Anhängern F. zählte. Er wurde zum Mundschenk des Hzg.s ernannt und nahm

1066 an der norm. Eroberung →Englands teil. Als Wilhelm 1067 in die Normandie zurückkehrte, wurde er gemeinsam mit →Odo v. Bayeux mit der Verwaltung des Landes betraut. In diesem Jahr war Winchester sein wichtigstes Herrschaftszentrum, darüber hinaus hatte er die Isle of Wight und das an der Walliser Grenze gelegene Earldom →Hereford erhalten. Er war stets eine der Schlüsselfiguren bei der norm. Besetzung Englands; so wurde ihm der Befehl über die zweite Burg, die Kg. Wilhelm 1069 in York errichten ließ, übertragen. 1070 kehrte F. jedoch in die Normandie zurück und zog von dort aus nach Flandern, um die verwitwete Gfn., die er zu heiraten hoffte, zu unterstützen. Er fiel 1071 in der Schlacht v. Cassel.   J. Green

Lit.: DNB XIX, 188f. – Recueil des Actes des ducs de Normandie de 911 à 1066, hg. M. FAUROUX, 1961, passim – C. LEWIS, ʿThe Norman Settlement of Herefordshireʾ (Anglo-Norman Stud. VII. Proceedings of the Battle Conference 1984, 1985), 195–213.

Fitzpeter, Geoffrey, engl. Staatsmann, →Sheriff und →Justitiar v. England, † 1213; wahrscheinl. der Sohn des Peter de Ludgershall, eines Forstbeamten; ∞ mit Beatrice de Say, seinem Mündel. F.s Laufbahn vor seinem plötzl. Aufstieg in den 80er Jahren des 12. Jh. liegt im dunkeln, er wird mit →Glanvill in Verbindung gebracht und vielleicht sogar mit dem diesem zugeschriebenen Rechtstraktat. 1184–85 übernahm er Ländereien und Vormundschaften von einem anderen Forstbeamten, Thomas FitzBernard. Durch seine Heirat erhielt F. reichen Besitz und Ansprüche auf weitere Ländereien, die ihm den Zugang zur Regentschaft für →Richard Löwenherz verschafften, ebenso die Anwartschaft auf das Earldom v. →Essex, das er schließlich von →Johann Ohneland erhielt, dessen Nachfolge er 1199 unterstützte. 1198 folgte er →Hubert Walter als Justitiar nach und behielt dieses Amt bis zu seinem Tod. In dieser Zeit gehörte er zu den einflußreichsten Männern in England. Angeblich soll F.s Tod Kg. Johann kaum betrübt haben, wohl ein Hinweis auf F.s schwindende Macht in den letzten Lebensjahren, vielleicht auch ein Ausdruck eines Ressentiments gegenüber diesem Aufsteiger von dunkler Herkunft.   J. Critchley

Q.: Pipe Rolls (Pipe Roll Soc.), passim – *Lit.:* F. WEST, The Justiciarship in England, 1966 – R. V. TURNER, The English Judiciary, 1985.

FitzRalph, Richard (Ricardus Armachanus), Ebf. v. Armagh, bedeutender angloir. Theologe und Prediger, * ca. 1299 in Dundalk (Irland), † 16. Nov. 1360 in Avignon, ca. 1315 am Balliol College in →Oxford bezeugt, 1331 Dr. theol., 1332–34 Kanzler in Oxford, 10. Juli 1334 Kanzler der Kathedrale v. Lincoln, 17. Dez. 1335 Dekan v. Lichfield, am 30. Juli 1346 von Papst Clemens VI. zum Ebf. v. Armagh providiert, am 8. Juli 1347 von Bf. Grandisson in Exeter geweiht; wiederholt längere Aufenthalte an der Kurie zu Avignon (1334–35, 1337–44, 1349–51, 1357–60). F. bekämpfte im Armutsstreit (→Bettelorden, Abschnitt 3) als Wortführer des weltl. Klerus in Streitschriften und Predigten (bes. 1356–57 in London) die Mendikanten in bezug auf Predigt, Beichte und Begräbnis von Laien. Sein in drei Hss. erhaltenes Predigttagebuch umfaßt über 90 – ursprgl. wohl meist vernakulare – Sermones in lat., z. T. summar. Fassung. F. trug seine bekannteste lat. Streitschrift »Defensio Curatorum« am 8. Nov. 1357 Papst Innozenz VI. zu Avignon vor. Er verfaßte weiterhin: einen Sentenzenkomm. (ca. 1328–29), den Dialog »Summa de Questionibus Armenorum« (ca. 1340–44), in dem er den Vorwurf irriger Lehrmeinungen der armen. Kirche untersucht sowie »De Pauperie Salvatoris« (ca. 1350–56). Dieser ebenfalls in Dialogform gehaltene Traktat gegen die Bettelorden behandelt die Frage der

Armut Christi im Hinblick auf die Behauptung der Mendikanten, die Nachfolge Christi in allen Stücken zu praktizieren: Wenn Christus nicht arm war, so fehlt den Bettelorden auch jede Berechtigung für ihre Armut. Im Zusammenhang mit dieser Fragestellung behandelt F. in »De Pauperie Salvatoris« das Verhältnis von Herrschaft und →Gnade: Wer nicht der Gnade teilhaftig ist, dem sollen Herrschaftsgewalt und Besitz entzogen werden. – F.s Nachwirkung war bedeutend, die Verbreitung seiner Werke erheblich. Die →Lollarden verehrten ihn wie einen Hl. en. Mendikantenfeindl. Züge in den Werken →Chaucers und →Langlands dürften z. T. auf F.s Einfluß zurückgehen. Allerdings sind viele seiner Ideen in späterer Zeit mißverstanden oder verfälscht worden; der hist. F. war von Persönlichkeit und Bildung her ein der Tradition verpflichteter konservativer Kirchenmann. T. P. Dolan

Ed.: Eine Gesamtausg. fehlt. – Summa de Questionibus Armenorum, ed. J. Sudor, 1511 – Defensio Curatorum, ed. M. Goldast, 1614 – De Pauperie Salvatoris, I–IV, ed. R. L. POOLE, 1890 – Proposicio Unusquisque, ed. L. L. HAMMERICH, 1938 – Lit.: DNB VII, 194–198 – LThK² VIII, 1289f. – A. GWYNN, The Sermon-Diary of R. F., PRIA XLIV, Section C, no. 1, 1937, 1–57 – K. WALSH, A Fourteenth-Century Scholar and Primate: R. F. in Oxford, Avignon and Armagh, 1981.

Five Boroughs, im frühen 11. Jh. eine Gruppe von fünf regional benachbarten Frühstädten (→boroughs) in Mittelengland, nämlich →Leicester, →Derby, →Nottingham, →Stamford und →Lincoln, die mit ihren Landgebieten einen gemeinsamen Bezirk bildeten, der – in etwa einem →*shire* vergleichbar – über eigenen →*ealdorman, gerefa (king's →reeve)* und Gerichtshof verfügte. Das Recht dieses Bezirks ist im Wantage Code Kg. →Æthelreds aufgezeichnet. Seit dem späten 9. Jh. als befestigte Orte zum →Danelaw gehörig, unterwarfen sie sich zw. 918 und 927 dem engl. Kgtm. Die Konstituierung dieser Städte als Fünfer-Verband hing mit ihrer Lage in der Grenzzone gegen das skand. Kgr. v. →York (Northumbrien) zusammen und erfolgte wohl unter Kg. →Edmund oder bereits unter seinem Vorgänger →Æthelstan. Die F. B. sind als Gruppe erstmals unter Edmund 941 belegt, anläßlich der engl. Rückeroberung des kurzzeitig von Kg. →Olaf Guthfrithsson besetzten Gebiets. 1013 unterwarf sich die Bevölkerung der F. B. dem dän. Kg. →Svein, und 1015 sind die fünf Städte zum letzten Mal gemeinsam erwähnt. Vielleicht waren alle fünf Städte schon im 10. Jh. Vororte ihrer eigenen shires; 1066 sind jedoch nur mehr vier solcher shires belegt, wobei das Gebiet von Stamford nun Lincolnshire zugeordnet war. Ein Hinweis auf die alte Organisation der F. B. ist auch die Tatsache, daß Derbyshire und Nottinghamshire im →Domesday Book als eng miteinander verbunden auftreten und bis zum 16. Jh. gemeinsam von einem →*sheriff* verwaltet wurden.

P. H. Sawyer

Q.: LIEBERMANN, Gesetze der Angelsachsen I, 228–233 – Lit.: P. STAFFORD, The East Midlands in the Early MA, 1985, 139–142.

Fixsterne. Nach ma. Auffassung waren die Fixsterne fest verbunden mit einer Fixsternsphäre, die auch »achte Sphäre« genannt wurde. Diese umschloß die sieben Sphären der →Planeten. Eine Abhandlung des →T̲ābit b. Qurra über die »Bewegung der achten Sphäre« ist nur in einer lat. Übersetzung erhalten. Dem →Almagest des Ptolemaios folgend, war der Sternhimmel in 48 Sternbilder mit 1025 individuell bezeichneten Sternen eingeteilt (→Sternbilder, →Tierkreis). Der Sternkatalog des Almagest, in der arab.-lat. Fassung, fand weite Verbreitung und wurde auch in der »Sūfī Latinus«-Tradition und in den »Alfonsinischen Tafeln« (→Tafeln, astronomische) verwendet. Außerdem

gab es, aus arab. Tradition, zahlreiche kleinere Sternverzeichnisse für die Verwendung auf dem →Astrolabium und anderen Instrumenten. Die Nomenklatur der Sterne war, infolge der arab. Einflüsse, stark von arab. Namen beherrscht, die ihrerseits meistens auf der griech. Terminologie bei Ptolemaios beruhten. B. L. van der Waerden

Lit.: P. KUNITZSCH, Arab. Sternnamen in Europa, 1959 – F. J. CARMODY, The Astronomical Works of Thabit b. Qurra, 1960 – P. KUNITZSCH, Typen von Sternverz. in astronom. Hss. des zehnten bis vierzehnten Jh., 1966 – DERS., Die arab. Herkunft von zwei Sternverz. in cod. Vat. gr. 1056, ZDMG 120, 1970, 281–287 – DERS., Peter Apian und Azophi: Arab. Sternbilder in Ingolstadt im frühen 16. Jh., SBA PPH, H. 3, 1986.

Flabellum → Fächer

Flachs. [1] *Flachspflanze:* F. ist ein einjähriges, 30 bis 120 cm hohes Kraut mit lanzettlängl. Blättern und himmelblauen oder weißen, selten rosafarbenen Blüten. Aus den Bastfasern des Stengels wird durch verschiedene, langwierige Arbeitsgänge der Hechelf. gewonnen, der zu F. garnen (→Leinen) versponnen wird. Die Langfasern sind ca. 40 bis 70 cm lang und haben eine graue bis gelbliche Farbe; sie werden durch Bleichen reinweiß. Kurzes, wirres Fasermaterial wird als Werg bezeichnet und als Dichtungsmaterial verwendet oder zu Werggarn versponnen. Aus den Kapseln werden Leinöl, Leinsamen oder gepreßte Leinkuchen gewonnen. Diese wurden bereits in der Antike in med. Traktaten als Heilmittel zur inneren und äußeren Anwendung empfohlen. Leinkuchen dienen auch als Viehfutter. Die aus F. garn gewebten Stoffe werden zu Tisch- und Leibwäsche oder zu liturgischen Gewändern weiterverarbeitet. Leinenkleidung galt bes. im Früh- und HochMA in den warmen Mittelmeerländern als Luxus.

[2] *Flachsanbau:* Er verlangt einen feuchten, nicht zu schweren Boden in Gebieten mit regelmäßigen Niederschlägen. Die Aussaat des F. samens beginnt im Frühjahr in sorgfältig vorbereiteten Ländereien. Die Ernte kann meist Mitte Juni bis Anfang Juli geschehen. Die F. ländereien waren bes. im Voralpenland, wenn sie nahe den Ortschaften im freien Feld lagen, dem üblichen agrarwirtschaftl. Fruchtwechsel entzogen (→Beunde) und bildeten große Sonderkulturflächen, die weithin das Landschaftsbild bestimmten. Kultivierung und Weiterverarbeitung des F. erforderten viele Arbeitskräfte. Bereits seit dem 3. Jt. v. Chr. in Mitteleuropa, Indien, Mesopotamien und Ägypten bekannt, überwog der F. anbau in der Antike bei genügend vorhandenen Arbeitskräften auf großen Feldern. Charakteristisch für das MA ist eher der weitverbreitete, gartenmäßige Anbau auf kleinen Flächen, meist als bäuerliches und ackerbürgerl.-kleinstädtisches Haus- und Nebengewerbe. – Die Anbauzone des F. durchzog ganz Nordeuropa von Irland/England bis nach Rußland. Bedeutende Anbaugebiete lagen im nordengl. Cumberland, Westmoreland, Durham, Lancashire, Yorkshire und Lincolnshire sowie in Essex und Nordwestwales. Sehr guter F. wurde in den Niederlanden in Holland, Seeland, in den östl. Niederlanden und den angrenzenden niederrhein. Gebieten, im heutigen Belgien im Maastal, Hennegau, Haspengau und im südl. Flandern und Brabant gezogen. Zu den frz. Anbaugebieten zählten die Bretagne, Normandie und bes. die Champagne. Unter den mitteleurop. Anbauzonen fallen Westfalen/Niedersachsen, Südwestdeutschland mit dem Bodenseegebiet, Oberösterreich ob der Enns, Sachsen, Böhmen und Schlesien auf. In Osteuropa wurde viel F. im Baltikum und in den angrenzenden russ. Gebieten gepflanzt. In Südeuropa verfügten nur Oberitalien und z. T. auch das nördl. Portugal über einen bemerkenswerten F. anbau.

[3] *Flachsgewerbe und -handel:* Während des Aufstiegs der städt. Wirtschaftszentren in Nordwesteuropa seit dem 12./13. Jh. verlagerte sich das ehemals überwiegend ländl. F.gewerbe in die Städte. Das Land lieferte nur noch den Rohstoff für das städt. Leinengewerbe. Der Rohstoffbezug konnte im späten MA in Form des Zunftkaufs oder auch des Verlags organisiert sein. Zeiten niedriger Getreidepreise (→Getreide) förderten die Ausdehnung des F.anbaus. Noch bis zum Ende des 15. Jh. importierten oberit. Kaufleute vereinzelt ägypt. F. nach Europa. Doch der Aufstieg der Bodenseestädte seit dem Anfang des 13. Jh. weist auf die frühe Bedeutung des einheim. F.gewerbes hin. In Flandern und im Hennegau breitete sich zur selben Zeit das ländl. F.gewerbe aus, gewann aber wohl erst am Ende des 14. Jh. wegen des zunehmenden Exports industrielle Strukturen. Die oberösterr. F.anbaugebiete versorgten bis ins 16. Jh. Ungarn; sie wurden dann aber selbst von der aufblühenden schles. F.industrie beliefert. Die westfäl./niedersächs. Gebiete bezogen bereits im späten MA über hansische Kaufleute F.samen aus dem Baltikum.

Ch. Reinicke

Lit.: E. Sabbe, De Belgische vlasnijverheid. I. De Zuidnederlandsche vlasnijverheid tot het verdrag van Utrecht (1713), 1943 [Neudr. 1975]– Th. Krüger, Spuren der F.verarbeitung in der Landschaft des linken Niederrheins, BJ 186, 1986, 523–533 – Weitere Lit.: →Leinen, →Textilien.

Flagellanten (Geißler, Flegler)

I. Italien – II. Gebiete nördlich der Alpen.

I. Italien: F., religiöse Bewegung des 13. Jh., die von Perugia ausging. Am 4. März 1260 ordnete der dortige Stadtrat auf Betreiben einiger Religiosen, insbes. des Raniero Fasani, »propter utilitatem devotionis« eine anfangs zweiwöchige, dann auf einen Monat ausgedehnte Arbeitsruhe in der Stadt und im Umland an.

Raniero, der in früheren Jahren verheiratet gewesen war, war offenbar ein Bußbruder und scheint die von ihm eingeführte öffentl. →Geißelung nicht in erster Linie als Nachvollzug der Passion Christi, sondern als →Buße für die Sünden der Welt verstanden zu haben. Die Bewegung verbreitete sich im Laufe des Jahres 1260 in ganz Mittelitalien, auch in Rom, und griff im NW bis Ligurien, im NO bis zur Mark Treviso und Venetien aus. Neueren Forschungsergebnissen zufolge ist das auslösende Moment der F.-Bewegung nicht in den Prophezeiungen →Joachims v. Fiore zu suchen (R. Manselli); man bestreitet auch, daß die it. F.den Ritus in weitere Teile Europas (Provence, Bayern) getragen haben. Nach der herrschenden Meinung (A. Frugoni) handelt es sich um ein allgemeines Phänomen einer kollektiven Bußgesinnung, dessen Ursachen in religiösen, polit., sozialen und wirtschaftl. Faktoren liegen, und das seinen adäquaten Ausdruck in Erscheinungsformen der Volksfrömmigkeit fand.

Häufig von Klerikern mit Kreuzen und Prozessionsfahnen begleitet, zogen die F. mit Geißeln in den Händen halbnackt oder mit über dem bloßen Oberkörper geöffneten Kleidern in die Kirchen, wo sie beteten, Bußgesänge anstimmten und Gottes Erbarmen erflehten. In Italien ist die F.-Bewegung Ausdruck einer »städtischen Religiosität« (A. Frugoni).

Als die Bewegung zum Stillstand gekommen war, strömten die F.in die Bruderschaften. Dieser Vorgang, die Wandlung der spontanen F.-Bewegung zu Bußbruderschaften (»Disciplinati«), erklärt den verschiedenen Verlauf der Bewegung auf der Apenninenhalbinsel und in den Ländern jenseits der Alpen. In den →Bruderschaften wurde die Geißelung zu einem zu bestimmten Zeiten auszu-

führenden Ritus (Kirchenfeste, Freitagabend, Sonntagmorgen etc.) und verlor ihren Charakter einer spontanen Bußübung. Genannt seien etwa die Büßer und F., die Mitte des 14. Jh. von Venturino da Bergamo angeführt wurden. Während der Pest von 1348 traten auch in Italien, wie im übrigen Europa, F.-Prozessionen auf, deren Spiritualität jedoch bes. Züge aufwies (Hoffnung auf Aufschub des Jüngsten Gerichts, Furcht vor unmittelbar bevorstehender ewiger Verdammnis).

E. Pásztor

Lit.: DIP IV, 60–72 [G. Cecchini] – A. Frugoni, Sui flagellanti del 1260, BISIAM 75, 1938, 211–237 [Nachdr. Ders., Incontri nel Medio Evo, 1979, 179–202] – AA.VV., Il movimento dei disciplinati nel settimo centenario dal suo inizio, 1962 [bes. Beitr. von R. Morghen, G. G. Meersemann, J. Leclercq]–R. Manselli, L'anno 1260 fu anno gioachimitico? (Il movimento . . .), 99–108.

II. Gebiete nördlich der Alpen: [1] *In den Jahren 1260–61:* Die F. (*flagellatores, cruciferi, paenitentes, li penant,* Flegler, Geißler; polemisch: *gens sine capite* [*azephala*]) traten analog zur it. F.-Bewegung (Abschnitt I) bereits 1260–61 auch im mittel- und westeurop. Bereich auf. Ein Zentrum außerhalb Italiens war die Provence (in Marseille wohl offizielle Billigung von seiten des Papstes). Von Friaul aus (Dez. 1260) erreichte die F.-Bewegung Kärnten und weite Teile Österreichs (Febr./März 1261) und fand in Bayern, Süddeutschland (bes. Straßburg), Schwaben und Franken sowie schließlich auch in Böhmen, Mähren, Ungarn, Schlesien, Sachsen und Polen Verbreitung. Die äußeren Formen werden in den zeitgenöss. Quellen ähnlich wie die der späteren F.-Bewegung von 1348–49 beschrieben. Häresieverdacht und Kirchenfeindlichkeit führten bald zu Verboten und Verfolgungen durch weltl. und geistl. Obrigkeiten (z. B. Polen, Bayern). Offenbar lösten sich i. J. 1261, nach nur wenigen Monaten, die letzten der z. T. wohl sehr zahlreichen Geißlerzüge auf (Straßburger Chronist: 1200 in der Stadt eintreffende Geißler, 1500 weitere Anhänger). 1296, wohl anläßlich einer schweren Hungersnot, tauchten erneut einzelne Geißlerzüge auf (z. B. Straßburg).

[2] *Während der Großen Pest:* Die von 1347 an sich über ganz Europa ausbreitende Pest (→Epidemien) bildete den Anlaß für das Neuauftreten der F. und ihre Ausbreitung in einem bisher nicht gekannten Ausmaß. Wohl von Ungarn oder von Österreich aus (erstes F.-Auftreten Sept. 1348 in der Steiermark belegt) erfaßte die F.-Bewegung in verschiedenen Zügen rasch das ganze Reichsgebiet (März–Juli 1349), Polen (April 1349), die Niederlande (Aug./Sept. 1349), Teile Nordfrankreichs bis nach Troyes (Sept./Okt. 1349), Südengland und London (Sept./Okt. 1349) und möglicherweise auch die Papstresidenz Avignon. Als Massenbewegung gegen den Pesttod (Geißlerlied Z.40: »Daz got daz grozze sterben wend«) gingen die Prozessionen der F. in der Regel der Ausbreitung der Pest voraus. Die allgemeine Angst, verbunden mit dem Glauben an eine Rettung verheißende aufrichtige Buße, brachte den F.scharen großen Zulauf aus allen Teilen der Bevölkerung, Männern und Frauen, Adligen, Bürgern und Bauern, Mönchen und Klerikern, wobei v. a. in den Niederlanden die Unterstützung durch den – auch hohen – Klerus beträchtlich gewesen sein dürfte. Die genaue Zusammensetzung, etwa nach Ober- und Unterschichten, läßt sich allerdings nicht quantifizieren. Dabei dürften Ansammlungen von über 1000 F. in oder vor einzelnen Städten (z. B. Tournai, Gent, Straßburg) keine Seltenheit gewesen sein. Die bes. für die Niederlande genannten Zahlen von über 100 000 oder 800 000 F. und Anhängern geben, auch wenn sie keine realen Größenordnungen widerspiegeln, eine Vorstellung von der Wirkung der F.

Einen festen institutionellen Rahmen der gesamten F. bewegung gab es nicht. Festgelegt war die Dauer des einzelnen Geißlerzuges, der entsprechend der Zahl der Lebensjahre Christi auf Erden 33,5 Tage betrug, sowie die Ordnung des Zuges und der Ablauf der Selbstgeißelung. Aus den Niederlanden erhaltene Statuten legten die Voraussetzungen für die Teilnahme (Teilnahmeerlaubnis der Ehefrau, Mindestausstattung von 4 d. pro Tag, Beichte), die Lebensbedingungen während der Dauer der Geißelfahrt (strenge Beschränkung bei allen körperl. Bedürfnissen, Keuschheit, Bettelverbot, Friedensgebot) und das Ritual fest. Die Leitung des einzelnen Zuges lag bei vier Meistern, denen unbedingter Gehorsam geschuldet wurde. Lange weiße Kapuzenmäntel mit an Brust und Rücken befestigten roten Kreuzen sowie Hüte, ebenfalls mit aufgenähten Kreuzen, bildeten zusammen mit der Geißel, in deren Enden Eisenstücke eingearbeitet waren, die vorgeschriebene Ausstattung. Einheitlich geregelt war auch die Ordnung des Zuges (Zweierreihen, von Fahnen- und Kerzenträgern begleitet) sowie der Verlauf der meist zweimaligen öffentl. Selbstgeißelung des bis zu den Hüften entblößten Oberkörpers (Geißelung bis aufs Blut, doch unter Vermeidung ernsthafter Verletzungen). Die Selbstgeißelung am Karfreitag sollte auch nach Beendigung des Zuges als lebenslange Verpflichtung bestehen bleiben. Der Geißelung ging eine ebenso öffentl. confessio und Absolution durch den Meister voraus, wobei bestimmte Vergehen durch entsprechende Zeichen und Körperhaltungen der auf dem Boden liegenden F. für die Außenstehenden erkennbar waren. Begleitet wurde die Zeremonie vom Gesang der Geißellieder (davon vier vollständig erhalten) und dem Verlesen eines angeblich in Jerusalem auf einer marmornen Tafel erschienenen →Himmelsbriefes mit Mahnung zu Buße, Sonntagsheiligung und Freitagsfasten. Die ausschließlich volkssprachl. Textverlesung und Predigt, die tätige Nächstenliebe (u. a. Bestattung von Pesttoten durch F.) und die Aufhebung gesellschaftl. Schranken (gegenseitige Anrede als Bruder) konnte nicht ohne nachhaltige Wirkung auf die Bevölkerung bleiben, wobei die Attraktivität der F. durch volkstüml. Vorstellungen (Glaube an wunderbare Heilkräfte des F.-Bluts) noch gesteigert wurde. Der fehlende institutionelle Zusammenhalt der F. führte zu sehr unterschiedl. Formen ihres Auftretens. Die ältere These von der allmähl. Radikalisierung der F. ist zugunsten unterschiedl. regionaler Entwicklungen aufzugeben (z. B. frühe Radikalisierung im fränk.-thür. Raum, weitgehende Akzeptanz selbst durch den Klerus in den Niederlanden). Von ihren Gegnern wurden die F. auch für die heftigen Judenverfolgungen während der Pestzeit verantwortlich gemacht. Doch ist ein ursächl. Zusammenhang zw. Geißelfahrt und Pogromen, trotz teilweiser Koinzidenz von F.-Zügen und Judenmord sowie einer Beteiligung von F. an mehreren Judenverfolgungen (Frankfurt, Mainz), nicht stringent nachweisbar. Weder die überlieferten Lieder noch die Predigten enthalten Anklagen gegen die Juden, abgesehen von einer ganz allgemeinen Verurteilung des Wuchers. Doch boten möglicherweise die Judenmorde einen geeigneten Vorwand zum Vorgehen gegen die F., deren Zulauf die Kirche nur mit Argwohn betrachten konnte, so daß in den Streitschriften gegen die F. und in der (z. T. sehr viel später verfaßten) Chronistik sich häufig dieser Vorwurf findet. Ein Gutachten der Pariser Universität (5. Okt. 1349) gegen die F. ging der am 20. Okt. 1349 von Papst Clemens VI. an alle Bf.e versandten Verbotsbulle gegen die F. voraus. Der Papst verurteilte darin die Häresien der F., die Mißachtung der päpstl. Schlüsselgewalt, den Mord an Juden und Christen und die Bereicherung am Gut des Klerus und der Laien. Auch an die Kg. e v. Frankreich, der den F. schon den Einzug nach Paris verwehrt hatte, und England richtete der Papst wenig später die Bitte, gegen die F. vorzugehen. Eines gewaltsamen Vorgehens seitens der Obrigkeit gegen die F. scheint es allerdings in großem Umfang nicht bedurft zu haben, wenn auch Verfolgungen und Hinrichtungen von F. vorkamen. Die sich ausbreitende Pest, der die F. selbst zum Opfer fielen, von der Kirche initiierte Bußprozessionen und das schon vorher vereinzelt praktizierte Schließen der Stadttore vor den F. führten noch 1349 fast ebenso plötzlich zur Auflösung der Bewegung, wie sie entstanden war. Lediglich in einzelnen Regionen, etwa in den Niederlanden oder im Kölner Raum, scheinen die F. noch weiterhin Unterstützung gefunden zu haben, so daß die Verbote in den folgenden Jahren gegen sie wieder erneuert werden mußten (z. B. Tournai 1351, Kölner Provinzialsynoden 1353 und 1357), wobei das erneute Wiederauftreten der Pest (Köln 1357) den Anlaß für diese Maßnahme geboten haben mag.

[3] *Nach der Großen Pest:* Die ständige Wiederkehr der Pest dürfte denn auch ein wichtiger Grund für ein erneutes Auftreten der F. in der 2. Hälfte des 14. und zu Beginn des 15. Jh. gewesen sein (z. B. 1400 Geißlerzüge und Pest in Flandern, Bewegung der →Kryptoflagellanten in Thüringen seit 1369). Bußprediger taten ein übriges, die Bewegung wiederzubeleben, so daß kirchl. Reaktionen nicht ausbleiben konnten. Auf dem Konstanzer Konzil verurteilte →Johannes Gerson 1417 die durch den Bußprediger Vicent→Ferrer unterstützten Flagellanten als Häretiker.

N. Bulst

Q.: Corpus documentorum inquisitionis haereticae pravitatis neerlandicae, ed. P. FREDERICQ, Bd. 1–3, 1889–1906 – U. BERLIÈRE, Trois traités inédits sur les flagellants de 1349, Rev Bén 25, 1908, 334–357 – A. COVILLE, Documents sur les flagellants, HLF 37, 1939, 390–411 – Jean Gerson, Œuvres complètes, Bd. 2, ed. P. GLORIEUX, 1960 – vgl. a. TRE VII, 168 – *Lit.:* DHGE XVII, 327–337 [G. ALBERIO] – Dict. de spiritualité V, 1964, 392–408 [P. BAILLY] – TRE VII, 162–169 [P. SEGL] – Verf.-Lex.² II, 1153–1157 [G. STEER, O. LADISCH-GRUBE] – E. G. FÖRSTEMANN, Die chr. Geißlergesellschaften, 1828 – R. HOENIGER, Der schwarze Tod in Dtl., 1882 – K. LECHNER, Die große Geißelfahrt des Jahres 1349, HJb 5, 1884, 437–462 – A. HÜBNER, Die dt. Geißellieder, 1931 – E. MEUTHEN, Geißelbrüder in Burtscheid (1400), Zs. des Aachener Geschichtsver. 74/75, 1962/63, 440–444 – G. SZÉKELY, Le mouvement des flagellants au XIVᵉ s. (Hérésies et Soc. dans l'Europe préindustrielle, hg. J. LE GOFF, 1968), 229–241 – M. ERBSTÖSSER, Sozialreligiöse Bewegungen im späten MA. Geißler, Freigeister, Waldenser im 14. Jh., 1970 – J. FEARNS, Die Geißlerbewegung 1348–1349, Atlas zur Kirchengesch., hg. H. JEDIN, 1970, 48 und 65 [Karte] – B. ZADDACH, Die Folgen des Schwarzen Todes (1347–51) für den Klerus Mitteleuropas, 1971 – R. KIECKHEFER, Radical Tendencies in the Flagellant Movement of the mid-fourteenth Century, The Journal of Medieval and Renaissance Stud. 4, 1974, 157–176 – E. DELARUELLE, La piété populaire au MA, 1975, 227–313, 315–327 – ST. JENKS, Die Prophezeiung von Ps.-Hildegard v. Bingen, Mainfrk. Jb. für Gesch. und Kunst 29, 1977, 9–38 – N. BULST, Der Schwarze Tod. Demograph., wirtschafts- und kulturgesch. Aspekte der Pestkatastrophe von 1347–52, Bilanz der neueren Forsch., Saeculum 30, 1979, 45–67 – F. GRAUS, Pest – Geißler – Judenmorde, 1987.

Flagge, ein leichtes Tuch, das v. a. durch Luftbewegung zum Flattern (sprachlicher Zusammenhang zu 'Flagge', älteres Dt. auch 'Flacke', engl. *flag,* ndl. *vlag*) gebracht wird.

Die Gesch. der F.n beginnt mit der Erfindung der Duplikatbanner, die sich von den →Fahnen bei gleichartigem Aussehen dadurch unterscheiden, daß sie normalerweise ohne formellen Aufwand durch ein im Aussehen gleiches Stück ersetzt werden können, also »vertretbare« Gegenstände sind. Die Duplikatbanner konnten daher zwanglos an mehreren Stellen aufgepflanzt oder, auf Schiffen, an einem Mast angebunden, bzw. moderner mittels einer Schnur (Leine) »gehißt« sein. Als F. dienten sie, zunächst hauptsächl. bei der →Schiffahrt, als Zeichen für die Macht, unter deren Schutz ein Schiff auf Fahrt ging. So sind die ma. F.n den Wappen der schutzbietenden Instanzen formal meist sehr nahe verwandt. Unter fremder F. zu fahren bedeutete, sich unter den Schutz einer Seemacht zu begeben. Vorläufer der seemänn. F.nführung sind flaggenähnliche bewegl. Bretter *(Flüger)* verschiedenster Gestaltung, bekannt auf wiking. Darstellungen (A. E. HERTEIG). Seekarten (→Karte) sind vielfach mit den F.n der zuständigen Potentaten illustriert. Erst seit dem 16. Jh. fand das F.nwesen weite Verbreitung, bedingt z. T. durch die Verkündung der Freiheit der Meere.

O. Neubecker

Bibliogr.: W. SMITH, The Bibliogr. of Flags of Foreign Nations, 1965 – *Lit.:* Libro del conoscimiento de todos los reynos y tierras . . ., 1877 [engl.: 1912] – H. PETERSEN, Et dansk Flag fra Unionstiden (Årbøger for nordisk Oldkyndighed og Historie, 1882) – R. SIEGEL, Die F., 1912 – H. HORSTMANN, Die Entstehung der Nationalf., Marine-Rundschau, 1932, 77–82 – O. NEUBECKER, Fahnen und F.n, 1939 – A. E. HERTEIG, Kongers havn og handels sete, 1970 – Vor- und Frühgesch. des europ. F.nwesens, die Rechtszeichen der europ. Schiffe im MA, 1971 – W. SMITH, Flags through the Ages and across the World, 1975, 358 [dt.: Die Zeichen der Menschen und Völker, übers. O. NEU-BECKER, 1975].

Flaithbertach mac Loingsig, † 765, 728–734 letzter Hochkönig der →Uí Néill aus dem Familienverband der →Cenél Conaill. Er versuchte, die Umklammerung durch die expandierenden →Cenél nEógain, die die Cenél Conaill an ihr Kerngebiet um Ailech (Gft. Donegal) band, zu durchbrechen. Nach Anfangserfolgen (Schlacht v. Mag Ítha, 733) unterlag F. in einer Seeschlacht vor der Bann-Mündung dem Cenél nEógain-Kg. →Áed Allán, der mit den →Dál Riada verbündet war. F. mußte abdanken und verbrachte den Rest seines Lebens zu Armagh 'in clericatu'.

D. Ó Cróinín

Lit.: F. J. BYRNE, Irish Kings and High-Kings, 1973, 114, 208, 247.

Flamboyant → Baukunst

Flamel, Nicolas → Nicolaus Flamel

Flamenca, prov. Roman aus der Mitte des 13. Jh.; am Anfang und am Ende nur fragmentarisch erhalten, umfaßt 8087 Octosyllabes (Achtsilber). Flamenca, die Tochter des Gf.en v. Nemours (oder Namur), wird von ihrem eifersüchtigen Ehemann Archimbautz de Bourbon in einen Turm eingesperrt, den sie nur zum Kirchgang verlassen darf. Guillems, ein jüngerer Sohn des Gf.en v. Nevers, verliebt sich aus der Ferne durch den Ruhm ihrer Schönheit in die Dame. Er gibt sich als Kleriker aus, ministriert bei der Messe und kann auf diese Weise F. einige Worte zuflüstern. F. verliebt sich in den Ritter-Kleriker, und der eifersüchtige Ehemann wird getäuscht und bestraft. Als Verfasser des Romans nennt sich im Vers 1732 Bernardet. Er läßt große beachtl. lit. Bildung erkennen, die auf den lat. Klassikern (Ovid) über die afrz. Erzählliteratur (»Tristan«, »Eneas«, →Chrétien de Troyes) bis zur okzitan. Dichtung erstreckt, auf die er ironisch und parodistisch zurückgreift.

L. Rossi

Ed.: P. MEYER, 1865, 1901² [mit frz. Übers.] – R. LAVAUD–R. NELLI (Les Troubadours, 1960 [mit frz. Übers.]) – M. J. HUBERT–M. E. PORTER, 1962 [mit engl. Übers.] – U. GSCHWIND, 1976 – *Lit.:* GRLMA IV [Bibliogr.] – A. LIMENTANI, L'eccezione narrativa. La Provenza medievale e l'arte del racconto, 1977 [Bibliogr.] – R. A. TAYLOR, La litt. occitane du MA, Bibliogr., 1977 – R. J. GRAVES, F.: Variations sur les thèmes de l'amour courtois, 1983 – H. SOLTERER, »Sermo« and »Juglar«: Language Games in F. (Spirit of the Court, ed. G. S. BURGESS, 1985), 330–338.

Flandern, Grafschaft
A. Allgemeine, politische, Verfassungs- und Institutionsgeschichte – B. Siedlung, Bevölkerung, ländliche und städtische Wirtschafts- und Sozialgeschichte – C. Kirchengeschichte und geistiges Leben

A. Allgemeine, politische, Verfassungs- und Institutionsgeschichte

I. Von den Anfängen bis zum späten 12. Jh. – II. Vom späten 12. Jh. bis zum frühen 16. Jh.

I. VON DEN ANFÄNGEN BIS ZUM SPÄTEN 12. JH.: [1] *Entstehung der Gft. Flandern (864–918):* Der Name 'F.' erscheint erstmals zu Anfang des 8. Jh. und bezeichnet einen pagus, der das Gebiet entlang der Küste zw. →Brügge und dem Fluß IJzer umfaßte; ein aus der Gegend von Laon stammender Gf., Balduin I. (†879), hatte diesen pagus wahrscheinl. schon 864, gemeinsam mit den pagi von Gent, Waas, Thérouanne, Aardenburg und vielleicht auch Mempisc (zw. IJzer und Leie), inne. Zu dieser Herrschaftsbildung trug wohl bei, daß Balduin Schwiegersohn Kg. →Karls des Kahlen war, da er dessen Tochter →Judith, Königinwitwe v. Wessex, 861 entführt und 863, nach Intervention von Papst Nikolaus I., geheiratet hatte.

Sein Sohn Balduin II. (†918) konnte nach dem großen Normanneneinfall von 879–885 den Gauen F. und Aardenburg, wo er de facto oder de jure die Macht ausübte, die pagi Mempisc, Gent, Waas und Kortrijk hinzufügen (vor 888/892). Unter Ausnutzung der Konflikte zw. Kg. →Odo und dem Karolinger →Karl dem Einfältigen eroberte Balduin II. von hier aus zw. 893 und 899 südwärts die Gegend von →Thérouanne und →Boulogne und stieß bis zur unteren Canche vor. Südostwärts scheiterte sein Vordringen am Widerstand Kg. Odos und dessen Vasallen →Heribert 'v. Vermandois', während nördl. von Valenciennes sein Gebiet durch die →Schelde, wo er vor 898 noch →Tournai erwarb, begrenzt wurde. In dieser Weise begründete Balduin II. den Territorialstaat F., der vom 10. Jh. an als Gft. oder Mgft. F. erscheint. Seine Macht stützte sich auf einen ausgedehnten Grundbesitz, den er vielfach den großen Abteien, denen er als →Laienabt vorstand, entfremdet hatte, weiterhin auf eine Reihe von →Burgen. Wegen seiner karol. Abstammung hoch angesehen, wurde Balduin II. zum Schwiegersohn →Alfreds d. Gr.

[2] *Konsolidierung und Ausbreitung nach Süden und Osten (918–1035):* Nach Balduins II. Tod (918) teilten seine beiden Söhne, →Arnulf I. und Adalulf, die Gft. untereinander, nach dem Tod des jüngeren Bruders (933) eignete sich Arnulf auch dessen Besitz an. An der entlang der Canche verlaufenden Südgrenze führte er einen jahrelangen erbitterten Kampf gegen den Hzg. der →Normandie, der 948 mit der Eroberung der Gft. →Ponthieu und der die Canche-Mündung beherrschenden Festung →Montreuil zugunsten Arnulfs beendet wurde. Im südöstl. Teil der Gft., wo Arnulf schon 931 →Douai und 932 →Arras mit der Abtei St-Vaast und dem →Artois erobert hatte, konnte Arnulf I. während der Kämpfe mit der Normandie die Grenze gegen →Vermandois sichern, indem er 934 ein Bündnis mit seinem Erbfeind, dem Gf.en v. Vermandois, schloß und dessen Tochter heiratete.

Nach Arnulfs Tod (965) geriet die junge Gft. in eine Krise, die zu einer territorialen Zersplitterung führte, und v. a. in den neu eroberten südl. Gebieten, in denen der gfl. Grundbesitz weniger ausgedehnt war und kleinere Gft.en (Boulogne, →Guines, →St-Pol) sowie adlige Herrschaften (Aubigny, Béthune, Lens, Lillers u. a.) größere Autonomie erlangten, dauernde Folgen hatte. Der Kg. v. Frankreich, →Lothar, dem Arnulf I. vor seinem Tod im Tausch gegen eine Ausbreitung der kgl. Macht im südl.

Teils F.s den Schutz seines Enkels Arnulf II. anvertraut hatte, konnte Arnulf II. zwar als Gf.en durchsetzen; nach dessen frühem Tod (988) mußte der Kg., nun →Hugo Capet, jedoch erneut eingreifen, um dessen minderjährigen Sohn Balduin IV. als Gf.en anerkennen zu lassen. Während der schwachen Regierung Arnulfs II. errichtete Ks. →Otto II. zur Sicherung der Westgrenze des Imperiums gegen den auch in Lothringen vordringenden Kg. v. Frankreich, entlang der Schelde die Marken →Valenciennes, →Ename und →Antwerpen (ab 973). Um dieser Bedrohung entgegenzuwirken, mußte der junge Gf. Balduin IV. zuerst die gfl. Macht im nördl. F. wiederherstellen, während er im Süden die territoriale Zersplitterung zu akzeptieren hatte. Seit 993 nahm er die Umgruppierung einiger alter Gaue in neue, größere Territorien, comitatus genannt, vor; diese bildeten die Grundlage für die dann von seinem Sohn →Balduin V. systematisch ausgebauten →Burggrafschaften. Um 1000 ging Balduin IV. zur Offensive in östl. Richtung über, womit er die traditionelle Expansion F.s in südl. Richtung zugunsten eines Bündnisses mit Frankreich und der Normandie aufgab. Nachdem sein Bestreben, die →Schelde zu beherrschen, militärisch gescheitert war, änderte er seine Strategie. Im Aufstand der lothr. Großen versicherte er den dt. Kg. seiner Neutralität und erhielt als Belohnung 1012 die seeländ. Inseln und 1015 Valenciennes zu Lehen. Gegen Ende seiner Regierung eroberte er auch die Burg Ename (der nördl. Teil der Gft. Ename konnte dagegen erst um 1050 einverleibt werden). Balduin IV. ist es gelungen, seine Herrschaft an beiden Ufern der Schelde über eine lange Strecke hin durchzusetzen. Damit verfügte er, neben seinem Grundbesitz, über eine andere, neuartige Machtgrundlage in Gestalt der Handelsniederlassungen, die sich seit dem 9. Jh. und erneut nach den Normanneneinfällen des 10. Jh. entlang der Schelde und in ihrem Einzugsbereich gebildet hatten (Gent, Ename, Tournai, Valenciennes; Brügge an der damaligen Küstenlinie; Douai und Arras an der Scarpe, einem Nebenfluß der Schelde; vgl. Abschnitt B.II).

[3] *Die großen Markgrafen (1035–1127):* Der langen Regierungszeit Balduins IV. (988–1035) folgte die gleichfalls lange und erfolgreiche Regierung Balduins V. (1035–67) mit ähnlichen polit. Zielsetzungen. Während der Vorbereitungsphase (1047) des Aufstandes der lothr. Großen gegen Ks. und Reichskirche blieb der Gf. v. F. neutral, was die Übertragung der Mark →Antwerpen als Lehen für seinen Sohn Balduin (VI.) zur Folge hatte. Dadurch beherrschte der Gf. v. F. fortan auch das rechte Scheldeufer über die ganze Flußlänge. Dieses vom Ks. zu Lehen gehende Gebiet, welches Seeland westlich der (heut. Ooster-) Schelde und das sog. Land v. Aalst sowie Ename umfaßte, hieß *Reichsflandern,* im Gegensatz zu *Kronflandern,* dem von Frankreich lehnsrührigen Gebiet w. der Schelde.

1047 schloß sich Balduin V. endlich doch dem Aufstand der lothr. Großen an; 1049 gliederte er die Gft. →Hennegau faktisch seinem Machtbereich ein. Die dynast. Auseinandersetzungen um Hennegau hatten einen jahrelangen Kampf mit Ks. →Heinrich III. zur Folge, der erst nach dessen Tod (1056), während der Regentschaft der Kgn. →Agnes, ein für Balduin V. erfolgreiches Ende fand. Auch im Innern der Gft. konsolidierte Balduin seine Macht. Territorial führte er die Einrichtung der Burggrafschaften (ndl. *kasselrijen*) weiter, beschränkte die Macht der Klostervögte (→Vogt) und förderte den →Gottesfrieden, während er die gfl. curia (mit Hofämtern usw.) zur zentralen Regierungs- und Verwaltungsinstitution ausbaute.

Als sein Sohn Balduin VI. (in Hennegau Balduin I.) bereits nach kurzer Regierung (1067–71) starb, übernahm der jüngere Sohn Balduins V., →Robert der Friese (1071–93), die Macht in F.; in der Schlacht v. Cassel schlug er 1071 die Witwe Balduins VI., Richildis v. Hennegau, und deren Sohn Arnulf III., der im Kampf fiel. Doch vermochte Richildis die Gft. Hennegau für ihren zweiten Sohn, Balduin II., zu bewahren. Robert der Friese (sein Beiname geht auf seine Ehe mit der Witwe des Gf.en →Floris I. v. Holland und Friesland zurück) bemühte sich, bei seinem Lehnsherrn, →Philipp I. v. Frankreich, Anerkennung als Gf. v. F. zu finden und unterstützte deshalb den frz. Kg. gegen das anglonorm. →England, das an der Südflanke F.s inzwischen eine größere Bedrohung darstellte als das durch den sog. →Investiturstreit geschwächte Imperium an der Ostflanke. Roberts Nachfolger Robert II. (1093–1111) und Balduin VII. (1111–19) blieben dieser Politik treu; beide fielen im Dienst ihres Lehnsherrn. War die flandr. Politik vorher von der frz.-dt. Rivalität um Lothringen bestimmt gewesen, so stand nun für mehrere Jahrhunderte der engl.-frz. Gegensatz im Vordergrund. Dennoch gerieten Robert I. und II. um die Herrschaft über Stadt und Bm. →Cambrai mit Heinrich IV. und V. in einen langdauernden Konflikt, der 1107 durch die ksl. Belehnung Roberts II. mit der Burggft. Cambrai beendet wurde. Der Investiturstreit machte sich auch in F. stark bemerkbar, in dessen Verlauf Robert II. die päpstl. Partei ergriff, unter Einfluß seiner Gemahlin →Clementia, Schwester des Papstes Calixt II., die eine wichtige Rolle in der Kirchenreformbewegung, u. a. zugunsten von→Cluny, spielte. Auch Roberts II. Teilnahme am 1. →Kreuzzug – der Gf. erhielt den Ehrennamen 'von Jerusalem'– kann in diesem Licht gesehen werden.

Die Beteiligung zahlreicher flandr. Ritter am Kreuzzug bot dem Gf.en andererseits die Möglichkeit, die Ritterschaft innenpolitisch stärker unter Kontrolle zu bringen und sich vermehrt auf die Städte zu stützen. Von dieser Politik zeugen die ersten Erwähnungen von Schöffenbänken (→Schöffen) in einigen fläm. Städten zu Anfang des 12. Jh. und die gfl. Förderungen von →Gottesfrieden und Marktfrieden (→Markt). Zugleich erfolgte eine Konsolidierung der Zentralgewalt, u. a. durch die Modernisierung der gfl. Domänenverwaltung und die Stärkung der Position des gfl. Kanzlers (→Kanzler, Kanzlei). Auch die Burggft.en wurden durch die Errichtung neuer Kastellaneien (*kasselrijen*) weiter ausgebaut.

[4] *Krise und Herrschaftsantritt der Elsässer Dynastie (1127/ 28–1191):* Unter Balduin VII. tritt als Ratgeber bereits dessen Neffe hervor, →Karl 'd. Gute', ein Sohn des Kg.s →Knut d. Hl. v. Dänemark und der Adela, Tochter des Gf.en Robert des Friesen. Nach der Ermordung seines Vaters Knut (1086) nach F. gekommen, wurde Karls wachsender Einfluß alsbald von Clementia bekämpft. Als sich Karl nach Balduins Tod zum Gf.en aufschwang (1119–27), versuchte Clementia, Wilhelm v. Ypern als Gegenkandidaten aufzubauen. Wilhelm v. Ypern war als Bastard der letzte Nachkomme Gf. Roberts im Mannesstamm und verband sich mit den Adligen im südl. F. sowie mit dem frz. Königtum. Karl seinerseits konnte jedoch durch sein Zusammengehen mit den Städten und durch einen Friedensschluß mit →Heinrich I. v. England (1120) die Macht behaupten. Nach Festigung seiner Position ging Karl gegen die Ritterschaft vor, insbes. gegen die im Burggrafen- und Kanzleramt mächtig gewordenen →Erembalde, eine Familie von unfreier Herkunft. Diese ermordeten den Gf.en am 2. März 1127 in St. Donatian zu Brügge, was zu einer Nachfolgekrise führte, da Karl kinderlos war. Der Versuch der Erembalde, Wilhelm v. Ypern erneut als Gf.en durchzusetzen, scheiterte am Wi-

derstand des Adels. Dieser unterstützte vielmehr den vom frz. Kg. favorisierten Bewerber, den anglonorm. Großen →Wilhelm Clito, einen Enkel →Wilhelms des Eroberers und Sohn von →Robert Courteheuse. Wie schon sein Vater war auch Wilhelm Clito mit Kg. Heinrich I. v. England, seinem Onkel, verfeindet. Brügge und andere Städte erkannten Wilhelm Clito am 5. April 1127 als Gf.en an, da er ihnen ausgedehnte Privilegien versprochen hatte. Diese Allianz zerfiel aber bereits nach einigen Monaten wieder, vornehmlich wegen der durch sie verletzten Englandinteressen der fläm. Städte; auch Teile des Adels, so die mächtigen Herren v. →Aalst, wandten sich, nicht zuletzt bedingt durch Zahlungen Heinrichs I., von Wilhelm Clito ab. Durch ein Bündnis zw. den Herren v. Aalst und der Stadt →Gent wurde der aus dem lothr. Herzogshaus stammende →Dietrich v. Elsaß, mütterlicherseits Enkel Roberts des Friesen und somit Neffe Karls des Guten, als Gf. ins Land geholt. Nach der Anerkennung Dietrichs durch Brügge (30. März 1128) und einem monatelangen Kampf, in dessen Verlauf Wilhelm Clito vor Aalst den Tod fand (28. Juli 1128), setzte sich Dietrich allgemein als Gf. durch.

Die lange Regierung Dietrichs v. Elsaß (1128–68) ist gekennzeichnet durch ein innenpolit. wie außenpolit. Gleichgewicht, das die Grundlage für eine große wirtschaftl. Blüte der Gft. bildete. Innenpolitisch erreichte Dietrich den Frieden zw. den Parteien, die sich während der Krise von 1127/28 bekämpft hatten. Außenpolitisch verfolgte er eine Neutralitätspolitik zw. dem Kg. v. Frankreich, seinem Lehnsherrn, und dem engl. Königshaus der →Plantagenêt, mit dem er durch seine 2. Gemahlin Sibylle v. Anjou (⚭ 1134), Tochter →Fulcos V. v. →Jerusalem, verwandt war. Diese Ehe, die dem Gf.en internationales Ansehen einbrachte, erklärt sein Interesse am Hl. Land. Anläßlich seiner insgesamt vier Jerusalemfahrten setzte er jeweils Regentschaften unter Leitung seiner Frau bzw. seines 2. Sohnes Philipp ein. Vor seinem dritten Zug regelte Dietrich die Heiratsangelegenheiten seiner Familie: 1156 wurde Philipp mit der →Erbtochter der Gft. →Vermandois, Elisabeth, verheiratet, während Elisabeths Bruder Radulf V. mit Philipps Schwester Margarete vermählt wurde. Alles dies weist darauf hin, daß Dietrich v. Elsaß 1157 einen dauerhaften Aufenthalt im Hl. Land anstrebte; dennoch kehrte er 1159 enttäuscht allein nach F. zurück, während seine Frau Sibylle im Kl. Bethanien verblieb (dort † 1165). Anläßlich der letzten Palästinareise (1164–66, zum Besuch seiner Gemahlin) trat der Gf. seinem Sohn Philipp endgültig die Regierung ab.

→Philipp v. Elsaß (1168–91), der schon 1163, durch frühen Tod seines Schwagers Radulf V., Gf. v. Vermandois geworden war, verdankte der umsichtigen Politik seines Vaters die Herrschaft über ein ausgedehntes Gebiet. Dieses umfaßte nicht nur die eigtl. Gft. F. mit Reichsflandern und der späteren Gft. →Artois, sondern im SO auch die →Picardie, mit den Gft.en →Amiens, →Vermandois und →Valois und die Burg →Cambrai. Philipp rangierte somit nahezu gleichberechtigt neben den mächtigsten Herrschern seiner Zeit, →Ludwig VII. v. Frankreich, →Heinrich II. v. England und Ks. →Friedrich I. Barbarossa. Mit ihnen wie mit Papst →Alexander III. unterhielt er, auch dank der Diplomatie seines Beraters und späteren Kanzlers →Robert v. Aire (1168–74), gute Beziehungen und trat in ihren Konflikten mehrfach als Schiedsrichter auf. Die Achillesferse der Regierung des Gf.en war jedoch die Kinderlosigkeit seiner Ehe mit Elisabeth v. Vermandois. Nach dem frühen Tod seiner jüngeren Brüder Matthäus (†1173) und Peter (†1176) blieb als Erbin nur seine

Schwester Margarete übrig, vermählt seit 1169 mit dem Gf.en von Hennegau, Balduin V., so daß aller Voraussicht nach ein Kind aus dieser Ehe die Erbfolge der Gft. F. antreten mußte und darüber hinaus beim Tod der Gfn. Elisabeth auch der Verlust des Vermandois drohte. Nach der 1174 erfolgten Ermordung seines Freundes und Kanzlers Robert v. Aire und dem Tod seines jüngsten Bruders Peter (†1176) änderte Philipp grundsätzlich seine Politik. Während er, bedingt durch die bitteren Erfahrungen seines Vaters, auf Ambitionen im Kgr. Jerusalem verzichtete, setzte er alles daran, in das enge frz. dynast. Beziehung zu dem jungen frz. Kg. →Philipp II. August, dessen Mentor er 1179 wurde, zu kommen. Er vermählte 1180 seine Nichte →Elisabeth (Isabelle), Tochter Balduins V. v. Hennegau, mit Philipp II. und versprach ihr im Falle des kinderlosen Todes den südlich gelegenen Teil F.s sowie Artois, d. h. ein Drittel seiner Länder. Die Weigerung Philipps v. Elsaß, nach dem Tod seiner Frau Elisabeth (26. März 1182) die Gft. Vermandois an deren Schwester Eleonore abzutreten, war jedoch für den frz. König der Anlaß, einen jahrelangen Kampf gegen den Gf.en v. F. zu eröffnen, den dieser durch den erniedrigenden Frieden von →Boves (Juli 1185) mit der Abtretung des Vermandois verlor. Im Sept. 1190 brach Philipp zum 3. →Kreuzzug auf (dort † Juni 1191 vor Akkon). Seine Witwe Mathilde, Schwester Kg. →Sanchos I. v. Portugal (⚭ 1184), führte die Regentschaft bis zur Machtübernahme Balduins V. v. Hennegau weiter.

Die Regierungen Dietrichs und Philipps v. Elsaß sind von außerordentl. Bedeutung für die Verfassungsgesch. F.s. Obwohl Dietrich seinen Thron den fläm. Städten verdankte, verhielt er sich v. a. den großen Städten gegenüber bei der Verleihung von Privilegien und in der Herrschaftspraxis eher zurückhaltend. Sein Sohn Philipp trat sogar noch strenger gegen sie auf: Die Statuten (→Küren), die er den Städten →Arras, →Gent, →Brügge, →Douai, →Lille und →Ypern auferlegte, haben die weitere Entwicklung ihrer Autonomie stark gehemmt. Andererseits förderte Philipp den wirtschaftl. Aufstieg dieser Städte, u. a. indem er bei den benachbarten Fs.en Zoll- und Jahrmarktprivilegien für sie erwirkte, während er insbes. die neugegr., meist kleineren Hafenstädte wie Gravelines, →Dünkirchen, Nieuwpoort, →Damme und Biervliet sehr begünstigte, u. a. durch Zollprivilegien. Demgegenüber drängten die beiden Gf.en die Macht des Adels weiter zurück. Den →Burggf.en wurde ein großer Teil ihrer Befugnisse entzogen durch Einsetzung von *baljuws* (→Bailli), die nicht gfl. Lehensträger, sondern besoldete Beamte eines neuen Typs darstellten und mit der Einführung eines modernisierten Straf- und Strafprozeßrechts beauftragt wurden. Viele große Lehen (Aalst, Hesdin, Lillers, Lens) kehrten in die Hand des Gf.en zurück, was die Zentralgewalt stärkte, die überdies durch die Modernisierung der gfl. Finanzverwaltung an Effizienz gewann.

A. Verhulst

II. Vom späten 12. Jh. bis zum frühen 16. Jh.: [1] *Haus Hennegau (1191–1278):* Nach Bekanntwerden des Todes Philipps v. Elsaß vermochte dessen Schwager und potentieller Nachfolger Balduin V., Gf. v. Hennegau, mit tatkräftiger Hilfe seines Kanzlers →Giselbert v. Mons die Macht in F. als →Balduin VIII. (1191–95) zu übernehmen (Vertrag v. Arras, Ende 1191). Eine drohende frz. Annexion konnte Balduin nur mit Mühe verhindern, indem er →Artois an den Kg. preisgab. Nach dem Tod der Gfn. Margarete (1194) und des Gf.en Balduin VIII. (1195) folgte Balduin IX. (VI.) seinen Eltern in F. bzw. Hennegau nach (1194/95–1205). Durch das Ausspielen der anglo-welf. Karte im Kampf zw. Franco-Ghibellinen und Anglo-Welfen konnte Balduin den Expansionsdrang des frz. Kg.s Philipp II. August eindämmen und ihm 1200 einen Vertrag aufnötigen, der den Verzicht auf Artois größtenteils wieder rückgängig machte. Noch größerer Ehrgeiz war dafür verantwortlich, daß sich Balduin IX. als Teilnehmer des 4. →Kreuzzugs zum ersten Ks. des →Lat. Ksr.es v. Konstantinopel erheben ließ (→Balduin I., Ks. v. Konstantinopel). Seit der Niederlage gegen den bulg. Zaren bei Adrianopel (14. April 1205) blieb Balduin verschollen.

Erneut drohte die Annexion F.s durch Frankreich. Der franz. Kg. bevorzugte jedoch eine indirekte Kontrolle, indem er die minderjährige Thronfolgerin Johanna (1205–44) mit →Ferrand v. Portugal (1212–33) verheiratete. Dieser lief jedoch alsbald zur anglo-welf. Partei über, nahm an der Schlacht v. →Bouvines (1214) teil und verblieb nach dieser Katastrophe in frz. Gefangenschaft; ihn befreite erst der 1226 von Gfn. Johanna sowie den fläm. Städten und Adligen akzeptierte Vertrag v. Melun, der die Unterwerfung unter Frankreich besiegelte und bis zum Ende des 13. Jh. die fläm. Politik bestimmen sollte. Nach Ferrands Tod heiratete Johanna 1237 abermals einen von Frankreich unterstützten Bewerber, Thomas v. Savoyen, den Onkel der Kgn. v. Frankreich, der die Bestimmungen von Melun loyal einhielt.

Der kinderlose Tod der Johanna brachte 1244 ihre Schwester Margarete auf den flandr.-hennegauischen Thron (1244–78). Eine Quelle für dynast. Konflikte bildeten ihre beiden Ehen, mit Burchard v. →Avesnes und Wilhelm v. →Dampierre, wobei die Erbansprüche ihrer Kinder aus 1. Ehe vom Ks. als rechtmäßig anerkannt wurden. Kennzeichnend für die damalige frz. Vormachtstellung war, daß hierüber 1246 ein Schiedsspruch von seiten Kg. →Ludwigs IX. gefällt wurde, der F. dem Haus Dampierre, Hennegau dem Haus Avesnes zusprach – eine Entscheidung, die das mächtigste Lehnsfürstentum Frankreichs erheblich schwächte. Das Haus Avesnes bekämpfte jedoch die Zuweisung Reichsflanderns an die Dampierre und verbündete sich mit →Wilhelm II. v. Holland, der zugleich röm. Kg. war, so daß die Gfn. v. F. sich genötigt sah, Frankreich anzurufen, um – nach einer Niederlage auf Walcheren – mit Hilfe des frz. Kg.s wenigstens einen ehrenvollen Frieden zu erlangen (1256). Da der Loskauf ihrer zwei gefangenen Söhne hohe Geldmittel von seiten der Städte erforderte, konnten sich diese ein größeres Mitspracherecht und wirtschaftl. Privilegien sichern. Bald darauf geriet die Gfn. jedoch in einen schweren Konflikt mit den Städten, da ihre ungeschickte Einforderung einer alten Schuld bei der engl. Monarchie einen engl.-fläm. Handelskrieg auslöste (1270–75), der den flandr. Wollimport (→Wolle) nachhaltig beeinträchtigte und mit einem für die Gfn. demütigenden Vergleich endete. Bis dahin war die polit. und feudale Abhängigkeit F.s von Frankreich im Land als relativ erträglich empfunden worden, da sie die für die flandr. Wirtschaft lebenswichtigen Beziehungen zu England noch nicht ernsthaft geschädigt hatte; nun war dieses Gleichgewicht aber empfindlich gestört.

Durch ihre Anlehnung an Frankreich geriet die Grafengewalt in einen Gegensatz zu der politisch und wirtschaftlich dominierenden städt. Bevölkerung. Der Machthunger der Städte war so groß, daß sie sich nicht mit einem genau limitierten konstitutionellen Statut abspeisen ließen, sondern vielmehr eine tatsächl. Partizipation an der Macht durchsetzten, in Form einer Art »Volksvertretung«, den scabini Flandriae (→Schöffen v. F.), in denen allerdings die großen, politisch und finanziell dominierenden Städte eine Monopolstellung besaßen. Nach 1191 entwickelte sich dieses Repräsentationsgremium von einem in Krisensituationen ad hoc zusammentretenden Verband zu einem festen Kollegium, das regelmäßig vom Grafen berufen wurde, sich aber auch spontan und selbständig versammelte.

Im 13. Jh. sanken die erbl., feudalen Hofämter zu Ehrentiteln herab, und ihre Funktionen wurden einer zentral gelenkten absetzbaren Beamtenschaft übertragen; 1271 erscheint dann ein allgemeiner Steuerbeamter, der die Verwaltung der gfl. Finanzen für Einnahmen und Ausgaben aktiv führte. Aus einer feudal-polit. Ratsversammlung entwickelte sich die Curia (→Rat, fsl.) zu einem Regierungs- und Verwaltungsgremium, Kernorgan des modernen Beamtenstaates; feudale Rechte und Befugnisse wurden abgeschafft; die traditionellen adligen pares mußten ihre Plätze mit geschulten Geistlichen und Beamten teilen.

[2] *Haus Dampierre (1278–1384):* Als →Guido (Gui) III. v. Dampierre (1278–1305) seiner Mutter nachfolgte, geriet sowohl die gfl. Politik gegenüber England als auch die innenpolit. Position der Grafengewalt in eine Krise. Diese verschärfte sich 1280 durch eine Reihe von städt. Aufständen, in denen die städt. Mittel- und Unterschichten gegen das Machtmonopol des dominierenden Patriziats kämpften, wobei insbes. die aufstrebende Schicht der Kaufleute, die von den Patrizierkreisen ausgeschlossen waren, ihre eigenen Forderungen anmeldete. Diese Gegensätze führten zur Parteibildung in F. Der Gf. schlug sich auf die Seite der mittleren und unteren Schichten, die ein Mitspracherecht in der Stadtregierung errangen. Die alten Patrizier gingen dagegen eine verhängnisvolle Allianz mit dem Kg. v. Frankreich ein. Aus sozialen Konflikten heraus entwickelten sich somit vornehmlich taktisch zu erklärende polit. Interessengemeinschaften (*Klauwards* und *Leliaerds*).

Seit dem Ende des 13. Jh. griff der ehrgeizige frz. Kg. →Philipp IV. der Schöne mit Nachdruck in die inneren Angelegenheiten F.s ein; gleichzeitig geriet er in einen scharfen Konflikt mit dem Kg. v. England. Dies bot Gf. Guido die einzigartige Gelegenheit, seinen 1297 dem Kg. v. Frankreich geleisteten Lehnseid auf den Kg. v. England zu übertragen, dadurch die Interessen der fläm. Textilproduktion zu sichern und den frz. Annexionsbestrebungen entgegenzutreten. Damit begann eine dramat. Auseinandersetzung, in deren Verlauf F. 1300 direkt der frz. Krone unterworfen und der Gf. in Paris gefangengesetzt wurde. Beides wurde ausschlaggebend für die Entfaltung eines antifranzösisch geprägten fläm. Eigenbewußtseins. Die schmachvolle Niederlage des frz. Heeres in der sog. »Goldsporenschlacht« von →Kortrijk (11. Juli 1302) setzte den frz. Annexionsplänen ein Ende und führte zur Freilassung des Gf.en. Jedoch mußte die Selbständigkeit in den Verträgen v. →Athis (1305) und →Péronne (1312) mit schweren Jahrestributen und der Abtretung des wallon. F. an Frankreich erkauft werden.

Guidos Nachfolger, →Robert v. Béthune (1305–22), setzte sich wiederholt über den Kompromiß von 1305 hinweg, was eine erneute frz. Intervention zur Folge hatte. Robert vermochte den Status des Gf.en v. F. als eines autonomen Territorialfürsten weitgehend wiederherzustellen; dieser war jedoch für den Rest des Jahrhunderts von einem doppelten Spannungsfeld abhängig, nämlich der Auseinandersetzung zw. England und Frankreich (→Hundertjähriger Krieg), in dem F. zur Sicherung seiner lebenswichtigen Wollimporte einen Kompromiß zu suchen hatte, und den zahlreichen Konflikten zw. dem Gf.en und den selbstbewußten fläm. Städten bzw. den sozialen Gruppen innerhalb dieser Städte.

Gf. →Ludwig v. →Nevers (1322–46) hat niemals in Harmonie mit seinen fläm. Untertanen gelebt; Aufstände der Brügger Stadtbevölkerung und der Bauern (1323–28) konnte er nur mit militär. Hilfe Frankreichs niederschlagen. 1338 mußte er sogar beim Kg. v. Frankreich Zuflucht suchen, nachdem er sich geweigert hatte, der engl. Koalition in den Niederlanden beizutreten, und der Kg. v. England daraufhin über den Wollexport nach F. ein →Embargo verhängte. Das städt. Condominium unter Jakob van →Artevelde, das 1338–45 als Vertreter – und zugleich Gegenspieler – des Gf.en fungierte, bekämpfte dessen Zentralisierungsbestrebungen und bekundete den Willen, den wirtschaftl. Interessen der Städte den Vorrang zu geben vor den feudalen Verpflichtungen des Gf.en.

Nach dem Tode Jakobs van Artevelde (1345) und Ludwigs v. Nevers (1346) gelang es dem neuen Grafen, →Ludwig v. Male (1346–84), mit den Städten Frieden zu schließen (1348). Im Hundertjährigen Krieg erstrebte er für F. eine neutrale Stellung, die er sogar in einem Handelsabkommen mit England (1368) vertraglich zu fixieren verstand. In geschickter Weise stellte er sowohl dem engl. wie dem frz. Kg. die Heirat mit seiner einzigen Tochter in Aussicht, um sie schließlich mit dem frz. Prinzen →Philipp dem Kühnen, der vom Kg. mit dem Hzm. →Burgund belehnt worden war, zu vermählen, nachdem Frankreich die Rückgabe des wallon. F. versprochen hatte. Dennoch konnte Ludwig einen neuen, offenen Konflikt mit →Gent nicht vermeiden. Der Aufstand in Gent (1379–85), geführt u. a. von Philipp van →Artevelde, Jakobs Sohn, aktualisierte dessen Programm; wiederum war ein fläm. »Stadtstaat« das übergreifende Ziel. Im Kampf mit den Genter Autonomiebestrebungen fand die unabhängige und einst so erfolgreiche internationale Politik Ludwigs v. Male ihr ruhmloses Ende. Auch er konnte nur mit frz. Hilfe den fläm. Aufstand niederschlagen (→West-Rozebeke, 1382). Erst nach seinem Tod (1384) vermochte sein Schwiegersohn Philipp der Kühne mit Gent den Frieden von Tournai (1385) zu schließen.

Wie im 13. Jh. blieb auch nun in der Repräsentativversammlung das Übergewicht der großen Städte, der →Leden ('Glieder'), bestehen. Sie bildeten in ihren jeweiligen Einflußgebieten, den Vierteln, ein Machtmonopol aus und errichteten während der Aufstände sogar eine autonome administrative Organisation.

In der zentralen Verwaltung nahm die Bürokratisierung zu. Im gfl. Rat wurde neben dem polit. Kollegium eine gesonderte finanzielle Kommission eingerichtet und v. a. eine jurist. Abteilung geschaffen (1323); diese, die audientia, war ein wichtiges Instrument der fsl. Zentralisierung, da sie beinahe die gesamte Niedergerichtsbarkeit in F. kontrollierte und als Appellationsinstanz fungierte. Seit Guido v. Dampierre wurden immer mehr universitär ausgebildete Juristen in den gfl. Rat aufgenommen, wenngleich auch der fläm. Niederadel und die Städte präsent blieben.

[3] *Haus Burgund (1384–1506):* Mit →Philipp dem Kühnen (1384–1404) wurde F. in Personalunion mit dem Hzm. →Burgund verbunden. Seine Einschaltung in die inneren Angelegenheiten des Hzm.s →Brabant (seit 1387), wo er 1404 seinen Bruder →Anton als Nachfolger durchzusetzen wußte, und seine gesamte Heiratspolitik zeugen bereits von der Absicht, in den Niederlanden und Burgund einen Territorialkomplex aufzubauen, der als vollausgebildeter Staat auf dem Niveau der europ. Großmächte stehen sollte, wobei wohl Konflikte der Fs.en

untereinander und nicht vorhersehbare dynast. Wechselfälle in den Niederlanden dieses Vorhaben begünstigt haben. Diese Politik des Hauses Valois-Burgund stand unter Philipp dem Kühnen noch nicht im Gegensatz zur allgemeinen frz. Politik, die Philipp als führendes Mitglied des für →Karl VI. amtierenden Kronrats 1380–88 und erneut ab 1392 wesentlich mitgestaltete. War dieser polit. Einfluß am Hofe für den Hzg. nicht zuletzt ein erprobtes Mittel, um seine Staatskasse zu füllen, so war auch seine Haltung gegenüber England durch einen gewissen Opportunismus bestimmt: Als frz. Fs. bekämpfte Philipp die englandfreundl. Gruppierungen in F., als Gf. v. F. gab er den fläm. Städten jedoch jede erdenkliche Unterstützung bei der Aushandlung eines eigenen fläm.-engl. Handelsabkommens, das 1407 formell geschlossen wurde.

Während Philipp seine gegensätzl. Interessen auf diplomat. Weise miteinander in Einklang zu bringen verstand und zumindest nach außen hin loyal die Interessen der frz. Krone wahrte, kollidierten bei seinem Sohn →Johann Ohnefurcht (1404–19) erstmals die Interessen an seinen burg. Ländern mit denjenigen der Krone Frankreichs. Der Bürgerkrieg zw. →Armagnacs und Bourguignons, bei dem Hzg. Johann bis zu seiner Ermordung 1419 die Führung der 'burg.' Partei innehatte, hatte für einen längeren Zeitraum die fast völlige Ausschaltung Frankreichs im polit. Kräftespiel Europas zur Folge.

Johanns Sohn, Hzg. →Philipp der Gute (1419–67), schlug sich nach der Ermordung seines Vaters rasch auf die Seite der Engländer (→Troyes, Vertrag v. 1420), was für die fläm. Städte wirtschaftlich von Vorteil war. Er vollendete die territoriale Expansionspolitik seines Großvaters, indem er seine Besitzungen um →Holland-Seeland (1428–33), →Namur (1429) und →Brabant (1430) erweiterte. Als sich 1433 eine Allianz zw. Ks. Siegmund, der die Expansion des Hzg.s im niederlothr. Reichsgebiet bekämpfte, und Frankreich bildete, hielt es Philipp für ratsam, das Bündnis mit England aufzukündigen (→Arras, Frieden von, 1435). Diese Umorientierung wurde begünstigt durch die Tatsache, daß F. angesichts der preiswerteren Wolle aus →Kastilien nun weniger als früher auf die engl. Wollieferungen angewiesen war, die Engländer ihrerseits aber für den Export ihrer Fertigtuche, die auf dem fläm. Markt als lästige Konkurrenz betrachtet wurden, ein Entgegenkommen der fläm.-burg. Obrigkeiten benötigten. Die städt. Aufstände (1436, 1450), politisch wie wirtschaftlich motiviert, provozierten militär. Repressionen, die die Selbständigkeit der Städte zunehmend einengten. Zweimal (1439, 1454) strebte Philipp für seinen Sohn →Karl den Kühnen im Interesse des Bündnisses mit Frankreich eine frz. Hochzeit an. Es ist bezeichnend für die unterschiedl. Orientierung von Vater und Sohn, daß Karl der Kühne (1467–77) aus eigenem Antrieb dagegen die engl. Prinzessin →Margarete v. York heiratete. Karls gesamte Regierung war von einem verbissenen Ringen mit dem frz. Kg. →Ludwig XI. bestimmt, was für seine fläm. Untertanen einen bis dahin nicht gekannten fiskal. Druck zur Folge hatte. Karls großes Ziel, durch Eroberung der Gebiete zw. seinen nördl. und südl. Ländern ein 'lotharing.' Mittelreich zu errichten, scheiterte mit der Schlacht v. →Nancy (1477), in der der Hzg. fiel.

In F. bestieg die einzige Tochter Karls, →Maria v. Burgund (1477–82), die ohne polit. Erfahrung war, den Thron. Außenpolitisch drohte eine Annexion durch das Frankreich Ludwigs XI.; innenpolitisch traten die bislang unterdrückten Widerstände gegen die zentralisierte Verwaltung und die kostspielige Expansionspolitik an die Oberfläche. Das löste in F. heftige Aufstände und Verfolgungen gegen burg. Beamte und Politiker aus. Maria machte starke Zugeständnisse durch Abschaffung einiger zentraler Institutionen und Wiederherstellung städtischer Privilegien. Um sich gegen äußere und innere Bedrohungen zu schützen, heiratete sie den →Habsburger →Maximilian I., der darin eine Möglichkeit sah, seine Hausmacht zu erweitern.

[4] *Der Übergang an das Haus Habsburg:* Nach dem plötzlichen Tod Marias übernahm Maximilian (1482–94) die Regierungsgeschäfte für seinen minderjährigen Sohn, Ehzg. →Philipp den Schönen. Wie schon Karl der Kühne erzürnte er seine fläm. Untertanen durch langwierige Kriege mit Frankreich, in deren Verlauf er →Artois und die Fgft. →Burgund einbüßte (1482). Die fläm. Städte, die seiner Zentralisierungs- und Hausmachtpolitik mißtrauten, übernahmen gemeinsam mit dem lokalen Adel in einem Regentschaftsrat die Macht und demütigten Maximilian durch Gefangensetzung in Brügge (1488). Dank seiner auswärtigen Machtmittel konnte er die Flamen 1492 schließlich in die Knie zwingen und den Städten ihre Autonomie weitgehend nehmen.

Mit dem Antritt der persönl. Regierung durch Philipp den Schönen (1494–1506) kam wieder ein einheim. Fs. zur Herrschaft, der auf die Sympathien der öffentl. Meinung zählen konnte, die, wie schon unter Philipp dem Guten, in der eigenen, landsässigen Dynastie die Garantie für einen autonomen Fortbestand der burg. Niederlande sah und eine günstige Entwicklung durch Frieden mit Frankreich und Freihandel mit England (Intercursus magnus, 1496) erwartete. Die Gefahr für den burg. »nationalen« Staat trat erst ein, als F. und die Niederlande durch Philipps unverhoffte Anwartschaft auf die span. Thronfolge zu bloßen Bestandteilen des entstehenden habsburg. Weltreichs Karls V. herabsanken.

[5] *Institutionelle Entwicklung in der burgundischen Zeit:* Der Wille der Hzg.e zur administrativen Zentralisierung zeigte sich bereits 1386 mit der Schaffung einer →Ratkammer und eines Rechnungshofes in F., die in bezug auf Rechtsprechung und Finanzen eine starke Kontrolle über die Städte ausübten, deren Autonomie zurückdrängten und auch den Einfluß der großen Städte auf die Rechtsprechung in den Kleinstädten und im ländl. Raum untergruben. Die gleiche Intention stand hinter dem Ausbau des den gesamten burg. Staat überwölbenden Beamtenapparates, des →Kanzlers und der allgemeinen Steuereinnehmer (→Steuer, -wesen), genauso wie hinter der Bildung eines Großen Rates, der als Appellationsgericht für die regionalen Oberhöfe diente, wie etwa der fläm. Ratkammer. Karl der Kühne baute den Großen Rat 1473 zu einem →Parlement mit Sitz in →Mecheln aus, mit der Absicht, die traditionelle Berufungsinstanz der flandr. Untertanen, das →Parlement v. →Paris, auszuschalten. Durch den Aufstand von 1477 wurden diese institutionellen Entwicklungen vielfach wieder auf den Stand des 14. Jh. zurückgeschraubt; allerdings ließ Philipp der Schöne das aufgehobene Parlement als Großen Rat v. Mecheln wiederaufleben.

Die wichtigsten polit. Gegenspieler der gfl./hzgl. Gewalt, die →*Leden van Vlaanderen,* sahen sich seit 1386 sporadisch mit der Konkurrenz eines durch den Fs.en besetzten ständ. Gremiums konfrontiert, den aus Adligen und Geistlichen bestehenden *Staten van Vlaanderen,* die allerdings selbst wiederholt auf Initiative der Leden gegen den Herzog auftraten. Karl der Kühne suchte als Gegengewicht v. a. den Einfluß der kleineren Städte und der ländl. Bezirke zu stärken. Trotz derartiger Bestrebungen spielten die großen Städte bei allen fiskal. und polit. Entschei-

dungen im gesamten 15. Jh. nach wie vor die entscheidende Rolle, in krit. Phasen gewannen sie sogar die alte Dominanz über ihre Viertel zurück. Der Zusammenschluß der einzelnen Provinzialstände zu den 1464 eingerichteten burg. Generalständen (*Staten-Generaal*), der im wesentl. der frz. Entwicklung entsprach (→*États provinciaux,* →*États généraux*), war eine wirkungsvolle Innovation für Fiskalität und Landesverteidigung; zugleich schuf sich die hzgl. Gewalt damit ein Instrument ihrer Vereinheitlichungspolitik.   W. Prevenier

B. Siedlung, Bevölkerung, ländliche und städtische Wirtschafts- und Sozialgeschichte
I. Landschaft, Siedlung und Bevölkerung – II. Ländliche Sozial- und Wirtschaftsgeschichte – III. Handels- und Gewerbetätigkeit.

I. LANDSCHAFT, SIEDLUNG UND BEVÖLKERUNG: [1] *Landschaft:* Physisch-geographisch sind im Gebiet der ma. Gft. F. drei Zonen, deren Besiedlung chronologisch verschieden verlief, zu unterscheiden: 1. Eine Sandlehm- und Lehmzone südl. der Linie Nieuwpoort–Gent und südl. der Schelde ostwärts von Gent; schon während der Römerzeit ziemlich dicht besiedelt, im FrühMA (7.–8. Jh.) v. a. südlich von Gent, entlang und zw. den Flüssen Leie, Schelde und Dender kolonisiert durch die→Franken, auch südl. der germ.-roman. Sprachgrenze (vgl. zahlreiche -*inga,* -*hem*-Namen); die Naturlandschaft, die sich während der spätröm. Zeit stark ausgedehnt hatte, bestand hier überwiegend aus Wäldern, die aber keine geschlossene Fläche mehr bildeten, mit Ausnahme einiger Forsten zw. Leie und Schelde. – 2. Eine Sandzone nördlich der oben genannten Linie, vom IJzer bei Diksmuide über das Gebiet nördlich von Gent bis zur Schelde bei Antwerpen; der wenig fruchtbare innerste Kern zw. Brügge, Gent und Diksmuide war durch Beweidung der ursprgl. Wälder bereits im 11.–12. Jh. mit Heide bedeckt und blieb auch nach der ma. Rodungsphase dünn besiedelt. – 3. Die Küstenebene und das heut. sog. »Polder«-Gebiet entlang der Nordsee, von Calais bis zur heut. Scheldemündung, durch mehrere Meerestransgressionen (seit 300 n. Chr.) bis 15 km tief ins Binnenland überflutet; vom 8. Jh. an entstanden hier Schwemmlandflächen (Groden), zuerst als Schafweiden genutzt, seit ca. 1000 bedeicht (→Deich- und Dammbau); das heut. Poldergebiet am südl. Ufer der erst seit dem Hoch- und SpätMA ein breites Flußbett bildenden Westerschelde bestand im FrühMA nahezu ausschließlich aus Niedermooren, die im 11.–14. Jh. zum Torfstich dienten, wodurch das Gebiet großenteils den spätma. Überflutungen zum Opfer fiel und erst seit dem 16. Jh. wieder bedeicht wurde.

[2] *Siedlung und Bevölkerung im HochMA:* Es gibt Hinweise für eine seit dem 7. Jh. einsetzende Bevölkerungszunahme in der Umgebung von→Gent, das sich frühzeitig, spätestens im 9. Jh., als Handelsort entwickelte, ebenso für Siedlungsverdichtung und verstärkte Rodungstätigkeit im 11. Jh., v. a. in östl. Richtung (Dendermonde, Aalst), aber auch in der Umgebung von→Ypern, das um 1100 eine rasche Stadtentwicklung verzeichnete. Im 11. Jh. wurde auch die Küstenzone entlang der Nordseeküste dichter besiedelt, und→Brügge stieg zur wichtigsten Hafenstadt F.s auf.

Im späten 11. und im 1. Viertel des 12. Jh. betrieben Gf., Adel und Kirche systematisch Urbarmachungen und gründeten Kolonistendörfer, südl., westl. und nördl. von Ypern sowie in der Umgebung von Gent. Es erfolgten auch Einpolderungen und Bedeichungen im Flußgebiet des Aa nördl. von St-Omer, an der IJzer, im Überschwemmungsgebiet des Zwin nördl. von Brügge sowie am südl. Ufer der Westerschelde; Initiatoren waren im 12.

Jh. wieder die Gf.en sowie große Abteien und Stifte, im 13. Jh. dann Bürger, Spitäler und Klöster der jüngeren Orden. Die Entwässerung dieser Gebiete wurde durch die Errichtung von territorial organisierten Entwässerungsverbänden (*wateringen*) gesichert, die in den neuen, zw. 1163 und 1183 gegr. Hafenstädten Schleusen errichteten (Gravelines, →Dünkirchen, Nieuwpoort, →Damme; s. →Deich- und Dammbau).

Um die Mitte des 13. Jh., als die große Rodungsphase des HochMA zu Ende ging, hatten die Städte ihre höchste Einwohnerzahl erreicht. Für neue Agrarsiedlung standen noch die sandigen Heideböden im inneren F. zur Verfügung; die nördl. Hälfte der Gft. mit den größten Städten war dichter besiedelt als die südliche.

[3] *Demographische Entwicklung im SpätMA:* Unterschiedl. demograph. Verhältnisse sind erkennbar im SpätMA, für das erstmals Zahlenangaben verfügbar sind. Kurz nach der Mitte des 15. Jh., angesichts eines schon über ein Jahrhundert anhaltenden Bevölkerungsrückgangs, hatte F. (einschließl. Wallonisch-F., dem Gebiet zw. Lille und Douai) ungefähr 735000 Einw. (= ca. 73 Einw./km²), während Artois mit Boulonnais ungefähr 210000 Einw. zählte (= ca. 35 Einw./km²).

Im nördl. Teil der Gft. lebten um die Mitte des 15. Jh. ungefähr 36% der Bevölkerung in Städten, im südl. Teil (Artois, Boulonnais) nur 20%. Die im nördl. F. gelegenen großen Städte der Gft. waren – neben Paris und Köln – auch die größten im Gebiet nördl. der Alpen; im 14. Jh., während des spätma. Bevölkerungsrückgangs, zählte Gent ungefähr 64000 Einw., Brügge 46000, Ypern 25000. Hingegen fehlten hier wegen des Übergewichts der Großstädte die größeren Mittelstädte von 10–20000 Einw., die stärker im südl. Teil der Gft. vertreten waren (Lille, Douai, St-Omer, Arras).

Die demograph. Entwicklung der Gft. F. im SpätMA ist wegen des Fehlens geeigneter Quellen, im Unterschied zu →Brabant und →Hennegau, zahlenmäßig schwer zu erfassen. Allerdings kann angenommen werden, daß abgesehen von zwei isolierten Hungersnöten des 12. Jh. (1125, 1196/97), die wohl durch zu schnelles Wachstum bedingt waren, erst seit der Mitte des 13. Jh. eine relative Überbevölkerung auftrat, dokumentiert durch sehr starke Zersplitterung der Landwirtschaftsbetriebe (s. u.) und hohe Verluste bei der ersten großen Hungersnot des SpätMA (1315–17), der in Ypern mindestens 10%, in Brügge 5% der Bevölkerung erlagen. Während die große Pestepidemie des →»Schwarzen Todes« (s. a. →Epidemien), die 1349 die Gft., insbes. den Südteil, erfaßte, geringere Bevölkerungsverluste verursachte als in anderen Gebieten Westeuropas, haben die nachfolgenden Pestzüge der 2. Hälfte des 14. Jh. und des frühen 15. Jh. starken Anteil am Bevölkerungsrückgang des SpätMA gehabt. Das genaue Ausmaß der demograph. Einbrüche ist für F. nicht bekannt, doch waren sie vielleicht größer als im benachbarten Hzm. →Brabant, wo für das gesamte 14.–15. Jh. ein Rückgang von ca. 25% angenommen wird.

II. LÄNDLICHE SOZIAL- UND WIRTSCHAFTSGESCHICHTE: Die in den zentralen Teilen des Karolingerreiches, d. h. zw. Seine und Rhein, weitverbreitete und von Kgtm. und Kirche im 9. Jh. geförderte sog. klass. Domanialverfassung (→Grundherrschaft) fand Eingang in größerem Umfang nur in den südl. und östl. Teilen der Gft., z. B. auf den Domänen der Benediktinerabtei →St-Bertin im Artois und im frz. F. sowie auf den südl. und östl. von →Gent vorwiegend in Sandlehm- und Lehmzonen gelegenen Domänen der Genter Benediktinerabteien St. Bavo und St. Peter. Außerhalb dieser Domänen und allgemein in der

weniger fruchtbaren und dünner besiedelten Nordhälfte bestanden bis ins 10. Jh. allenfalls zweigliedrige Domänen mit kleineren Ackerflächen als im Süden. Die Verbindung zw. Fronhof und Bauernkleinbetrieben, die im klass. Hofsystem auf den →Frondiensten der Bauern für den Herrenhof basiert, fehlte im Norden F.s fast ganz. Im Küstengebiet, das erst seit dem Ende des 10. Jh. allmählich für die eigtl. Landwirtschaft erschlossen wurde, treten selbst zweigliedrige Domänen nicht auf. Der Zerfall der klass. Domanialverfassung, der in ihrem gesamten westeurop. Verbreitungsgebiet im 10.–11. Jh. erfolgte, begann in F. bes. früh, schon im 10. Jh., auch bedingt durch die Normanneneinfälle der 2. Hälfte des 9. Jh. Die landwirtschaftl. Strukturen wandelten sich, teils durch Bildung neuer, aus der Zersplitterung der früheren Fronhöfe hervorgegangener Hauptbetriebe im Rahmen einer gelockerten Grundherrschaftsstruktur, teils durch Entstehung stärker selbständiger kleiner Landwirtschaftsbetriebe, die dem Herrenhof nur noch Zinszahlungen und gemessene Dienste leisteten. Während in den meisten Gebieten F.s der gfl. Grundbesitz das Übergewicht hatte und die Bevölkerung von alters her eine freiere Rechtsstellung genoß (v. a. in den Küstenzonen), konnte sich in einigen Regionen (Aalst, südl. Gebiete) die private Gerichtsherrschaft (*seigneurie banale*) von Adel oder Kirche stärker ausprägen, wodurch Bestrebungen dieser Herrschaften begünstigt wurden, die direkte Bewirtschaftung der Großbetriebe wiederherzustellen und die Untertanen zu neuartigen Diensten und Abgaben zu verpflichten. Dabei mußten die Grundherren oft die Machtposition der →Meier beseitigen. Dennoch reichten die Frondienste der Bauern für eine Bewirtschaftung meist nicht aus, so daß die Grundherren im 12. Jh. zunehmend zu einer dem engl. firma-System ähnl. Form von Leibpacht, die sich im 13. Jh. fast durchweg zur Zeitpacht hin entwickelte. Etwa von der Mitte des 13. Jh. an gingen auch in finanzielle Schwierigkeiten geratene kirchl. Grundbesitzer zur Verpachtung ihrer Großbetriebe über. Die Verpachtung einzelner Parzellen hingegen, die schon im 13. Jh. vereinzelt an der fläm. Küste belegt ist, verbreitete sich erst im 14.–15. Jh. Die in Erbleihe gehaltenen kleinen Bauernbetriebe entrichteten in den sandbödigen Rodungsgebieten Nordflanderns im 12.–13. Jh. meist einen pauschalen oder aufgrund der Anbaufläche bemessenen, relativ niedrigen Zins in Geld oder Hafer, während im fruchtbaren Süden und Osten der Gft., v. a. in den Rodungslandschaften, eine am Ertrag orientierte, oft die Hälfte der Ernte umfassende Getreideabgabe (frz. →*terrage,* ndl. *schoofland*) Verbreitung fand.

Bedingt durch den niedrigen Bodenzins und die gestiegenen Bodenpreise, entwickelte sich v. a. im Umland der großen fläm. Städte des Nordens die Weiterverzinsung – auch unter Beteiligung von Stadtbewohnern –, Hypothekisierung und stärkere Mobilität des Grundbesitzes, was unter dem Einfluß von Erbteilung und Bevölkerungszunahme zu einer ungemeinen Zersplitterung der mittleren und kleineren Bauernbetriebe führte (50 bis 75% lagen unter 3 ha).

Eine solche Entwicklung setzt eine Intensivierung und Spezialisierung der Landwirtschaft voraus, die tatsächlich seit Ende des 12. Jh. unter Einfluß der Kommerzialisierung der Landwirtschaft, ausgehend von den großen Städten, in vielen Gegenden F.s um sich griff. Dies wurde dadurch erleichtert, daß die →Dreifelderwirtschaft in F. nicht tief verwurzelt war. Sie hatte sich, nach gelegentl. Auftreten im 9. Jh., erst im 12. Jh. allgemeiner verbreitet, u. a. im Süden und Osten F.s, ohne deswegen aber – wie in ihrem nordfrz. Kerngebiet – stets mit ausgeprägtem →Flurzwang verbunden zu sein. Die ersten Abweichungen vom System der Dreifelderwirtschaft, die seit der Mitte des 13. Jh. u. a. in der Umgebung von Lille bezeugt sind, beziehen sich insbes. auf Futter- und Gewerbepflanzen, vornehmlich der →Färberei dienenden (z. B. →Waid), die in Sommersaat und auf der Brache von kleineren Bauern angebaut wurden. Besitzer und Pächter der Großbetriebe traten diesen Verstößen entschieden entgegen, da die strenge Befolgung der Brache im dreijährigen Fruchtwechselsystem sowie die Düngung mit Stallmist ihnen vielfach hohe Ernteerträge gewährleistete, in der Gegend von Lille bis zu 1:13 (um 2000 hl pro ha). In anderen Teilen F.s war der Agrarindex längst nicht so hoch; selbst in der Küstenebene wurden im Durchschnitt nur Erträge von 1:4 bis 1:6 oder 1:7 erreicht.

Es ist naheliegend, daß eine so fortgeschrittene Landwirtschaft, wie sie bes. in den verstädterten Gebieten F.s betrieben wurde, sozialgeschichtlich mit starker Freiheit der Landbevölkerung einherging (→Bauernfreiheit). Tatsächlich hat die sog. Freiheitsbewegung, die sich im 12. Jh. überall in Westeuropa gegen die Leibeigenschaft oder Hörigkeit, wie sie sich im 10.–11. Jh. aus der Gerichtsherrschaft heraus entwickelt hatte, richtete, F. frühzeitig, wohl schon seit Beginn des 12. Jh., erfaßt. Sie bildete sich u. a. in den Rodungsgebieten des nördl. F. und bes. in den Küstenzonen aus, wo ohnehin viele Bauern von alters her, u. a. durch das Fehlen der Domanialverfassung, ihre Freiheit behauptet hatten. Die Freiheitsbewegung verlief in F. als allmähl. Prozeß; anders als in manchen benachbarten Regionen wie im Hennegau gibt es in F. nur wenige Hinweise auf Freiheitsurkunden oder -statuten. Als frei galt nun derjenige, dessen persönl. Dienstleistungen und Abgaben bemessen waren. In Gebieten, in denen sich die Bemessung von Diensten und Abgaben nicht in breiterem Umfang durchsetzte, galt dagegen schließlich jeder als unfrei; so wurde z. B. im Land v. Aalst die Unfreiheit zum allgemeinen Rechtsstatus der Bevölkerung, der noch bis weit ins 15. Jh., mancherorts sogar noch länger, galt, während in den meisten Teilen der Gft. die Freiheitsbewegung schon gegen Ende des 13. Jh. vollendet war.

III. HANDELS- UND GEWERBETÄTIGKEIT: [1] *Handel:* Anders als das Maasgebiet beteiligte sich F. erst vom 9. Jh. an in größerem Maße am →Fernhandel, als dieser, teilweise bedingt durch die Wikingereinfälle, vom Delta der großen Ströme Rhein, Maas und Schelde abrückte und sich nach Süden, v. a. in das Scheldegebiet, verlagerte. Hier entwickelten sich im 9. Jh. Handelsniederlassungen in →Gent, →Tournai und →Valenciennes, im 10. Jh. auch an Scheldezuflüssen (Scarpe, Leie-Deûle), in →Arras, →Douai und →Lille, und an der Nordseeküste, in →Brügge und →St-Omer, während im 11. Jh. das binnenländ. →Ypern einen raschen, noch unerklärten Aufstieg erlebte. Alle genannten Städte sind älter als die auf Initiative des Gf.en in der 2. Hälfte des 11. Jh. entstandenen →Jahrmärkte in Mesen und Torhout, die keine Stadtbildung zur Folge hatten, jedoch in einen Zyklus zeitlich und geographisch eng aufeinander abgestimmter Jahrmärkte zu Lille, Ypern und Brügge einbezogen wurden.

Hauptsache des internationalen Handelsverkehrs in F. war die Verbindung zw. England und dem Rheinland. Seit dem Ende des 11. Jh. bildeten engl. →Wolle und Rheinwein (→Wein) hier die wichtigsten Handelsgüter. In den meisten der genannten fläm. Städte hatte sich im Laufe des 11. Jh. ein auf Export ausgerichtetes und engl. Wolle verarbeitendes Tuchgewerbe (→Textilverarbeitung) etabliert, dessen Anfänge vielleicht auf römerzeitl. techn.

Traditionen zurückgehen sowie auf die riesige einheim. Wollproduktion (Schafweiden auf den Groden, 9.–11. Jh.).

Der Fernhandel wurde bis ins 12. Jh. vornehmlich von Kaufleuten aus F. getragen und beherrscht. Sie schlossen sich in Kaufmannsverbänden (→Hanse) zusammen; Beispiele sind im 12. Jh. die Genter Hanse für den Rheinlandhandel und die Hanse von St-Omer für den Sommehandel, im 13. Jh. die fläm. Londoner Hanse, die verschiedene fläm. Hansen für den brit. Bereich vereinigte. Dieser sog. aktive Eigenhandel F.s stieß seit dem Ende des 12. Jh. auf wachsende Konkurrenz der einheim. Kaufleute aus denjenigen Gebieten, in denen die Flamen bis dahin Aktivhandel betrieben hatten. Dies gilt für die in Gent auftretenden Kaufleute aus →Köln sowie für die Norddt., die immer zahlreicher mit Korn, Holz, Eisen usw. in Brügge und seinem Vorhafen →Damme am →Zwin erschienen. Hier befand sich der Stapel für den von fläm. Kaufleuten importierten →Wein aus →Bordeaux und das →Baiensalz. Die Konzentration eines Großteils des internationalen Handels F.s in Brügge bereitete den Weg für die Rolle der Stadt als »Weltmarkt« seit dem Anfang des 14. Jh., als auch der flandr. Überlandhandel mit Tuch nach →Italien, der bis dahin auf den →Champagnemessen abgewickelt worden war, von direkten Galeerenfahrten aus →Genua und →Venedig nach Brügge abgelöst wurde. Der fläm. Aktivhandel mit →England litt dagegen seit dem späten 13. Jh. unter polit. Hemmnissen (→Abschnitt A), die sich mit dem →Hundertjährigen Krieg noch verstärkten. Dies beeinträchtigte nicht nur den Wollimport aus England, sondern führte auch zu einer Verdrängung der Flamen aus dem Englandhandel zugunsten von Italienern sowie Frachtfahrern aus →Holland, →Seeland und →Brabant.

Während die alten Handelszentren Gent und Ypern durch starke Entwicklung stärker den Charakter von Gewerbestädten annahmen und daher anfällig wurden für die Krise der spätma. Textilproduktion, verstand es Brügge, durch eine geschickte Politik des sog. Gästehandels (→Gast, Gästerecht), seine Stellung als Zentrum des sog. Passivhandels zu festigen. Brügge wurde dadurch zum »Weltmarkt« (R. HÄPKE), der die Verbindung zw. den Norddt. (→Hanse) einerseits und den Südeuropäern andererseits herstellte. Aus dieser Position wurde Brügge erst am Anfang des 16. Jh. durch das brabant. →Antwerpen verdrängt.

[2] *Gewerbe:* Die neue Textilverarbeitung, die sich in den Städten F.s während des 11. Jh. ausbildete, unterschied sich in mancher Hinsicht von der bis dahin v. a. in Frauenwerkstätten (→Gynecea) auf den großen Domänen betriebenen ländl. Tuchproduktion. Charakteristisch war der Übergang zu vorwiegend männl. Arbeitskräften, eine weit vorangetriebene Arbeitsteilung und der am Export orientierte Luxuscharakter der Produktion. Der Vorsprung des flandr. Tuchgewerbes beruhte auf der frühen (seit ca. 1100) Masseneinfuhr und -verarbeitung qualitativ hochstehender engl. →Wolle, die bis in die 2. Hälfte des 14. Jh. stets den Rohstoff für die feinsten flandr. Tuche bildete. Diese waren diversifiziert nach Sorten, die auf unterschiedl. Spezialbearbeitungen zurückgingen und von denen einige auf bestimmte Städte beschränkt blieben. Als die flandr. Tuchproduktion im Lauf des 14. Jh. durch den Hundertjährigen Krieg und die zunehmende Konkurrenz anderer Textilzentren in Schwierigkeiten geriet, versuchten die großen Textilstädte, v. a. Ypern und Gent, ihre Stellung durch strikte Anwendung der traditionellen Techniken und die Herstellung von exklusiven Stoffen zu behaupten, während südflandr. Städte wie Arras, Douai,

Lille und Tournai mit der Verarbeitung einheim. und kast. Wolle reagierten, aus der sie billigere und leichtere Wollstoffe herstellten, die durch Vermittlung der dt. Hanse in großen Mengen auf den neuen Absatzmärkten Nord- und Osteuropas verkauft wurden. Daneben entwickelte sich im 14. Jh. auch in einigen kleineren Städten des Leietals (Kortrijk, Wervik, Armentières) eine mit span. Wolle und neuen Techniken arbeitende Tuchproduktion, ausgerichtet v. a. auf den Export nach Italien und Spanien, während sich in zahlreichen Dörfern Westflanderns (um Ypern und →Veurne), v. a. in Hondschoote, im 15. und im 16. Jh. mit der sog. *sayetterie* eine vorindustrielle Massenproduktion, die u. a. in den Ostseeraum exportierte, ausprägte. In den am dichtesten bevölkerten ländl. Gebieten F.s fand auch das ländl. Woll- und Flachsgewerbe, trotz der Gegenmaßnahmen der großen Textilstädte, seit dem ausgehenden 13. Jh. größte Verbreitung und ermöglichte den zahlreichen Kleinbauern und Landarbeitern ein Einkommen, das die stark zersplitterte Landwirtschaft nicht mehr gewährleisten konnte.

[3] *Städtische Sozialgeschichte:* Unter den Einwohnern der flandr. Städte des 9.–11. Jh. haben die Kaufleute einen verhältnismäßig hohen Anteil gehabt. Die u. a. von H. PIRENNE vertretene Auffassung, diese seien reisende Abenteurer ohne festen Wohnsitz gewesen, ist heute aufgegeben. Die Fernhändler hatten vielmehr in der Bevölkerung der vorstädt. Niederlassung ihren Ursprung, was zum Teil ihren frühen Anteil am Besitz des Stadtareals erklärt. In Gent wurde dieser Besitz eines Stücks städt. Bodens (*erf* genannt) sogar äußeres Merkmal für die Zugehörigkeit zum städt. →Patriziat, dessen Mitglieder daher *erfachtige lieden* (viri hereditarii, 'Erbgesessene') genannt wurden. In Brügge war die Mitgliedschaft in der Londoner Hanse Bedingung für die Zugehörigkeit zum Patriziat, war hier wie in Gent einen rechtlich privilegierten, erbl. Status beinhaltete, so daß ein Patriziat als abgeschlossener Stand heranwuchs. Die Patrizier ahmten adlige Lebensformen nach, indem sie in der Stadt steinerne burgartige Häuser (*steen*) bauten, eigene Siegel führten, Lehen erwarben und Heiratsverbindungen mit dem eigtl. Adel eingingen. Die Mißbräuche (→Korruption), deren sich das Patriziat in der städt. Verwaltung, insbes. im Bereich der Finanzen, und als Arbeitgeber im Textilgewerbe schuldig machte, führten Ende des 13. Jh. zu Aufständen in den Städten und besiegelten letzten Endes seinen Untergang (Schlacht v. →Kortrijk, 1302).

Inwieweit die zum Patriziat gehörigen flandr. Händler, die am Fernhandel und bes. am Import engl. Wolle aktiv beteiligt waren, ursprünglich zugleich Tuchunternehmer waren, ist umstritten. Ende des 13. Jh. war diese Kumulation jedenfalls die Ausnahme und wurde auch als Ursache von Mißbräuchen abgelehnt. Doch waren die Kaufleute oft Arbeitgeber jener Handwerker, unter ihnen vielfach auch Frauen, welche die Wolle wuschen, kämmten und verspannen. Selbständig dagegen waren meist die →Weber sowie die spezialisierten Tuchgewerbe, mit Ausnahme der →Walker. Selbständige Unternehmer bildeten unter den Handwerkern eine in Zünften organisierte Oberschicht, die sich von den nichtselbständigen Arbeitern abhob. Auch für den örtl. Bedarf produzierende Gewerbe (→Bäcker, →Fleischer, →Bier und Brauwesen, →Metallverarbeitung) waren in →Zünften organisiert. Hinsichtlich der Entstehungszeit von Zünften gab es in F. anscheinend große Unterschiede von Stadt zu Stadt; im 13. Jh. versuchten die Magistrate mancherorts, die Bildung von Handwerkerzünften zu verhindern. Erst der Sieg der aus Handwerkern bestehenden Stadtmilizen bei

Kortrijk 1302 brachte die Anerkennung der Zünfte und ihre Teilnahme am Stadtregiment. Dies bedeutete keineswegs das Ende der sozialen Konflikte in den flandr. Städten, die nun auf anderer Ebene weitergingen, nämlich in Kämpfen zw. bestimmten Zünften (u. a. der Weber und Walker) oder zw. →Meistern und →Gesellen. Um die Mitte des 14. Jh. verstärkten sich die Konflikte innerhalb der Handwerkerschaft, bedingt durch die Einengung der Absatzmöglichkeiten des traditionellen Tuchgewerbes in den Großstädten und durch den Preisanstieg bei Lebensmitteln infolge der Münzmanipulationen der Gf.en, die sich angesichts der namentlich bei den Walkern genau festgelegten Löhne ungünstig auswirkten.　　　A. Verhulst

C. Kirchengeschichte und geistiges Leben

I. Kirchengeschichte – II. Geistiges Leben.

I. KIRCHENGESCHICHTE: Obwohl in F. keine Spuren des spätröm. Christentums erhalten sind, beruhte die Kirchenorganisation des späteren flandr. Raumes dennoch weiterhin auf der alten röm. Verwaltungseinteilung der nördl. →Gallia mit folgenden Bm.ern: →Thérouanne im Küstenbereich, westlich des IJzer; →Tournai (Noyon) zw. IJzer und Schelde; →Cambrai (Arras) östlich der Schelde, im südl. Teil der Gft.; →Utrecht im Mündungsgebiet der Schelde. Die von den Bischofssitzen ausgehenden Christianisierungsbestrebungen des 6. Jh. (hl. →Vedastus in Arras und hl. Eleutherius in Tournai) hatten nur geringe Wirkung. Ihr Scheitern führte mit dazu, daß die Bm.er Cambrai und Arras vereinigt wurden, ebenso die Bm.er Tournai und →Noyon, dessen Bischofsstadt Noyon aber recht weit von Tournai entfernt lag.

Das Christentum faßte erst seit dem 7. Jh. überall festen Fuß, aufgrund der monast., von der Gedankenwelt der →peregrinatio angeregten →Mission. Es waren südgall. Mönche (→Amandus, →Eligius), die, unterstützt von Kg. →Dagobert I. und von der Aristokratie, das Land durchzogen und mehrere Abteien als Missionszentren gründeten (St-Vaast in →Arras, →St-Amand, →St-Bertin bei St-Omer, St. Peter und St. Bavo in →Gent u. a.). Vermutlich wurde in diesen Kl. anfangs die sog. →Regula mixta befolgt, aber in den nächsten Jahrhunderten wurden die Mönche vielfach durch Kanoniker ersetzt. Trotz der materiellen Klosterreformen (u. a. Trennung in Mensa abbatialis und Mensa conventualis) in karol. Zeit (u. a. durch →Einhard in Gent) führte gerade das karol. →Eigenkirchenwesen zu einer tiefgreifenden Krise des monast. Lebens der jungen Gft.: Nach der Normanneninvasion wurde der Abteibesitz größtenteils von Laien und insbes. von den Gf.en v. F. usurpiert. Seit dem frühen 9. Jh. lebten vielfach →Kanoniker in den Abteien. Erst um die Mitte des 10. Jh. setzte auf Initiative des Gf.en →Arnulf I. und unter spiritueller Leitung →Gerhards v. Brogne eine durchgreifende Reform auf materieller und geistl. Ebene ein (Einführung der →Regula Benedicti; s. a. →Benediktiner), der noch weitere Reformen folgten, so die von →Richard v. St-Vanne (1004–46), welche in den flandr. Kl. so erfolgreiche Erneuerungen durchführte, daß die cluniazens. Reformbewegung (→Cluny, B. IV) hier erst spät und in nur begrenztem Umfang Fuß fassen konnte.

Vom Ende des 11. Jh. an ist die kirchl. Entwicklung von einer Stärkung der bfl. Macht gekennzeichnet. Gregorian. Reform und polit. Interessen der Grafengewalt führten zur Einrichtung von Arras (1094) und Tournai (1146) als selbständige Bm.er. Im Bm. Thérouanne wurden von Bf. Johann v. Waasten am Anfang des 12. Jh. Reformen im Sinne des Gregorianismus durchgeführt. Im Bm. Tournai fand im 13. Jh. eine grundlegende kirchl. Neuorganisation statt, geprägt von der starken Persönlichkeit des Bf.s

Stephan (1192–1203). Da 1378 sowohl Tournai als auch Cambrai unbesetzt waren, wurde F. mehr als andere Fsm. er durch das Gr. →Abendländ. Schisma beeinflußt (ztw. Doppelbesetzung von Tournai). Nachdem anfangs eine starke klementin. Oböbidenz die Oberhand gewonnen hatte, tendierte das Land seit ca. 1400 zu einer neutraleren Position.

Auf monast. Ebene läßt sich seit der 2. Hälfte des 11. Jh. ein Aufschwung feststellen. Neben der Gründung einer Reihe neuer Benediktinerabteien (→Ename, Mesen, Oudenburg u. a.) blühen auch Kathedral- und Stiftskapitel auf: Neben den älteren Kapiteln wie St. Donatian in →Brügge, dessen Propst seit 1089 das Amt des gfl. →Kanzlers innehatte, und Notre-Dame in Tournai, wurden Harelbeke, St. Pierre in Lille u. a. gegründet. Im ausgehenden 11. Jh. bildeten sich in F. zahlreiche Einsiedeleien.

Aus Einsiedeleien gingen mitunter dauerhafte Kl. hervor, etwa die →Dünenabtei, die rasch zisterziensisch wurde. Bereits ab 1132 (Gründung von Vaucelles) hatten sich nämlich die →Zisterzienser in F. niedergelassen. Ihrem Beispiel folgten die →Prämonstratenser. Seit beginnendem 13. Jh. ging diese monast. Blüteperiode allmählich zu Ende. Nur die Zisterzienserinnenklöster konnten sich behaupten, bedingt u. a. durch die Förderung der Gfn. Johanna v. Konstantinopel (1205–44). Aufgrund der raschen städt. Entwicklung konnten die Bettelorden sehr schnell Fuß fassen. Spätestens 1226 entstand das älteste →Franziskanerkloster (Gent), die Anwesenheit von →Dominikanern ist erstmals für 1224 belegt (Lille). Der städt. Bereich war auch der Nährboden für das Aufkommen der →Beginen und →Begarden; seit dem 13. Jh. hatten fast alle fläm. Städte wenigstens einen Beginenhof. Mit der Verbreitung der durch Gert →Groote geprägten →Devotio moderna bildete sich im 15. Jh., die im religiösen Leben und Bildungswesen der vorreformator. Zeit so einflußreiche Bewegung der →Brüder und Schwestern vom Gemeinsamen Leben auch in F. aus.

II. GEISTIGES LEBEN: Für das geistig-kulturelle Leben des niederländ. Raumes bildete F. neben dem Maasland und dem benachbarten Niederrheingebiet ein wichtiges Zentrum. Entsprechend der bis ins 12. Jh. vorwiegend kirchl. Prägung der Kultur entstanden die meisten lit. Werke in Abteien und Kapiteln; an Gattungen sind insbes. vertreten: die →Hagiographie, die →Historiographie mit →Annalen (z. B. →Annalen v. St-Bertin, Annales Blandinienses) und →Chroniken (z. B. das »Chronicon Centulense« des Hariulf; weitere Werke s. unter →Chronik, F; →Chroniken v. F.) sowie die geistl. und didakt. Lit. (z. B. mit den Werken des spätkarol. Dichters →Milo v. St-Amand). In den Kl. oder Stiften entstanden zahlreiche kostbar illustrierte Handschriften (z. B. Psalterium v. St-Omer, um 850; Liber Floridus des →Lambert v. St-Omer, um 1120).

Im späteren MA bildete sich in breiterem Umfang eine lit. Produktion außerhalb des kirchl. Bereiches aus, unter zunehmender Anwendung der Volkssprache, wobei die südl. und westl. Territorien F.s Anteil an der Entstehung der →Französischen Literatur hatten (lit. Förderung durch den Grafenhof, etwa unter Philipp v. Elsaß), während die nördl. und östl. Landesteile eine wichtige Rolle bei der Ausprägung der →Mittelniederländ. Sprache und Literatur spielten. Urkunden und Geschäftsschriftgut in frz. Sprache begegnen in F. seit dem Anfang des 13. Jh., in mndl. Sprache seit der Mitte des 13. Jh.

Die Ausbildung der Plastik stand stark unter frz., über →Tournai vermittelten Einfluß. Auch auf dem Gebiet der Baukunst hatte die seit 1140 in roman. Formen erbaute

Kathedrale v. Tournai eine Schlüsselstellung bei der Verbreitung des roman. Kirchenbaus im Scheldegebiet, in dem auch bedeutende roman. Profanbauten erhalten sind (Gravensteen in Gent, Wohnbauten – z. T. befestigt – in Gent und Tournai). Die Gotik drang über Arras (ab 1160) und Tournai ein, durch dessen Kathedralumbau die sog. »Scheldegotik« begründet wurde (St. Nikolaus, Gent; Liebfrauenkirche, Pamele). F. zählt zu den Gebieten mit dem reichsten Bestand an städt. Profanbauten der Gotik (Rathäuser, Tuchhallen, Belfriede, Patrizier- und Bürgerhäuser). – In der Malerei folgte F. zunächst den großen internationalen Stilrichtungen. Seit ca. 1400 bildete sich in der →Tafelmalerei ein fläm. Stil aus, von starkem Realismus und Farbenreichtum gekennzeichnet. Die Hauptvertreter dieser international führenden fläm. Malerei (Robert →Campin, die Brüder van →Eyck, →Rogier van der Weyden, Hugo van der →Goes u. v. a.) erfuhren Förderung durch das →Mäzenatentum des burg. Hofes und des Bürgertums der großen fläm. Städte. Die Maler der 2. Hälfte des 15. Jh. wie Hans →Memling und Gerard →David übernahmen bereits Elemente der neuen Renaissancekunst. – Fläm., zumeist in der burg. →Hofkapelle tätige Musiker haben durch die Ausbildung der Polyphonie einen entscheidenden Beitrag zur europ. Musikentwicklung geleistet.

G. Berings

Lit.: [übergreifend]: Algemene Geschiedenis der Nederlanden, I–III, 1949–51 [Beitr. von J. DHONDT, F. L. GANSHOF, H. VAN WERVEKE u. a.] [Bibliogr.] – Algemene Geschiedenis der Nederlanden (neue Ausg.), I–IV, 1980–82 [Beitr. von A. C. F. KOCH, D. BLOK, A. VERHULST, L. MILIS, L. F. GENICOT, TH. DE HEMPTINNE, J. MERTENS, W. PREVENIER, R. VAN UYTVEN, W. P. BLOCKMANS u. a.] [Bibliogr.] – [allg. zum SpätMA]: W. PREVENIER–W. P. BLOCKMANS, De Bourgondische Nederlanden (ndl., frz.), 1983; dt. Übers. 1987 [Bibliogr.] – [zu A]: J. JOHNEN, Philipp v. Elsaß..., Bull. Comm. Royale d'Hist., 79, 1910, 361–469• F. L. GANSHOF, La Flandre sous les premiers comtes, 1949³ – F. LOT–R. FAWTIER, Hist. des institutions françaises au m-â, I, 1957, 343–426 [F. L. GANSHOF] – H. SPROEMBERG, MA und demokrat. Geschichtsschreibung, 1971 – H. VAN WERVEKE, Een Vlaamse graaf van Europees formaat. Filips van de Elzas, 1976 – W. MOHR, Richilde v. Hennegau und Robert der Friese, RBPH 58, 1980, 777–796; 59, 1981, 265–291 – [zu B]: H. KELLENBENZ, Hb. d. europ. Sozial- u. Wirtschaftsgesch., II, 1980, 259–296 [A. VERHULST] – G. ESPINAS, La draperie dans la Flandre française au m-â, 1923 – G. DE POERCK, La draperie médiévale en Flandre et en Artois. Technique et terminologie, 3 Bde, 1951 – [zu C]: E. DE MOREAU, Hist. de l'église en Belgique, I–IV, 1945–49.

Flandre, Chroniques de → Chroniken v. Flandern; →Chronik, Abschn. F

Fland(r)in, Pierre, frz. Kleriker, † 23. Jan. 1381 in Avignon; gehörte zu jenen Kard. en, die durch die beiden Papstwahlen von 1378 das →Abendländ. Schisma verursachten. Als Doktor der Dekrete und Dekan v. Bayeux im Dienst →Ludwigs v. Anjou, 1369 an der Kurie →Gregors XI. in Avignon (auditor, referendarius), wurde F. viccecamerarius und am 28. Mai 1371 Kard. (tit. S. Eustachii). In der Folgezeit war er bis zur Rückkehr des Papstes nach Rom 1376 u. a. mit it. Angelegenheiten (→Visconti) beschäftigt. Nach dem Tod Gregors im März 1378 nahm F. am Konklave vom April teil, aus dem →Urban VI. hervorging; diesen verließ er mit seinen Standeskollegen, um im Sept. in →Fondi →Clemens VII. zu wählen, mit dessen Kurie F. wieder nach Avignon zurückkehrte. Zu diesen Vorgängen verfaßte er 1378/79 einen Traktat. F. gehörte zu einem Ausschuß, der am 5./6. Aug. – also vor Fondi – in Zagarolo bei Palestrina mit drei it. Kard. en verhandelte: er widersprach ihrer Auffassung, den Konflikt mit Urban durch ein Konzil zu entscheiden. Auch gegenüber dem Ebf. v. Toledo, Pedro Tenorio, äußerte sich F. in diesem Sinne.

W. Decker

Ed. von Traktat und Replik: F. BLIEMETZRIEDER, Literar. Polemik zu Beginn des Großen Abendländ. Schismas, 1910, 3–91 – *Lit.:* DBF XIII, 1473f. – DHGE XVII, 358f. – O. PŘEROVSKY, L'elezione di Urbano VI e l'insorgere dello scisma d'occidente, 1960 – B. GUILLEMAIN, La cour pontificale d'Avignon, 1962 – Genèse et débuts du Grand Schisme d'Occident, 1980 – G. ALBERIGO, Chiesa conciliare, 1981.

Flankhart, Stoffweste als Unterkleid zum Plattenharnisch (→Harnisch) mit Panzerbesatz unter den Achselhöhlen und an den Ärmeln.   O. Gamber

Lit.: Valencia de Don Juan, Bildinv. vom Jahre 1544 ... in der Armeria Real zu Madrid, JKS 11/2, 1890.

Flann Mainistrech, † 1056, ir. Autor, →fer léigind des Kl. →Monasterboice (Gft. Louth), aus einer Familie des erbl. Klerus stammend (Sohn: Echthigern, Abt v. Monasterboice, † 1067). F. ist – neben dem ihm nahestehenden Eochaid 'Eolach' (der Weise) Ua Céirín – ein Hauptvertreter der sog. »synthetic historians« des 11.–12. Jh., einer Gruppe kirchl. ir. Autoren, die, unter Verwendung heute z. T. verlorenen Materials, pseudohist. Werke mit stark fiktiven Zügen verfaßten. Das Grundgerüst der Werke F.s wird gebildet von versifizierten Listen früher, bei →Eusebios v. Kaisareia entlehnter Herrscher der allgemeinen Geschichte, denen er die Namen angeblich zeitgenöss. Kg.e Irlands hinzufügt. Zahlreiche seiner Schriften sind in das ps.-hist. große mittelir. Werk »Lebor Gabála« ('Buch der Invasionen') eingegangen.   D. Ó Cróinín

Lit.: R. THURNEYSEN, Die ir. Helden- und Königsage, 1921, 56f. – R. I. BEST – O. BERGIN, Lebor na hUidre, 1929.

Flann Sinna ('F. vom Shannon'), Hochkönig der →Uí Néill, * wohl 849, † 25. Mai 916. F. entstammte dem →Clann Cholmáin aus →Mide, einer der großen südl. Uí Néill-Dynastien, war Sohn von Máel Sechnaill († 862), wurde 877 Kg. v. Mide und 879 Oberkönig der Uí Néill. Bis 882 setzte er seine Oberherrschaft über →Leinster und seine Dominanz gegenüber den nördl. Uí Néill durch. Es folgte eine sechsjährige Friedenszeit; F.s Regiment ist Gegenstand von Preisdichtungen des →Máel Murn Othna († 887).

F.s Niederlage gegen die Norweger v. →Dublin i. J. 888 markierte einen Rückschlag. Eine erneute Friedensperiode endete mit den Kriegen gegen →Connacht, dessen Streitmacht er 897 besiegte und das sich 900 ihm förmlich unterwarf.

F. festigte seine Stellung dank eines durch Heiraten untermauerten Bündnisses mit der mächtigen, dem Clann Cholmáin aber traditionell feindlich gesonnenen Dynastie des nördl. →Brega, der anderen großen südl. Uí Néill-Sippe. Schwierigkeiten bereitete die Unterwerfung des Kg.s v. →Munster, →Cormac mac Cuilennáin, der 907 F.s Heer bei Mag Léna schlug; die Annalen aus Munster verzeichnen sogar eine angebl. Unterwerfung F.s gegenüber Cormac. 908 konnte F. jedoch mit Hilfskontingenten aus Connacht und Leinster seinen Gegner Cormac besiegen und töten (Schlacht v. Belach Mugna, heute Ballaghmoon nördl. Carlow).

In seiner langen Regierung sah sich F. wiederholt mit Empörungen von Familienmitgliedern, namentlich seiner Söhne (898, 904, 915), konfrontiert. Ausgezeichnet waren aber F.s Beziehungen zu den führenden Kl. seines Reiches. In →Clonmacnoise, wo er 909 eine Kirche erbaute, wird er auf einem Hochkreuz kommemoriert. Auch stiftete er einen Schrein für das →Book of Durrow.
                    P. Byrne

Lit.: F. J. BYRNE, Irish Kings and High-Kings, 1973, 91, 163f., 266 – D. Ó CORRÁIN, Ireland before the Normans, 1972, 113.

Flaochad, maiordomus (→Hausmeier) im Teilreich →Burgund 642, † 642; ◻ Dijon, St. Bénigne; ∞ Ragnoberta. Sein Bruder ist der neustr. Große Amalbert. Nach 16jähriger Vakanz wurde das Amt des maiordomus im Teilreich Burgund im Frühjahr 642 mit dem Franken F. wiederbesetzt. Er war darin der Nachfolger Warnachars und zugleich der letzte für Burgund überlieferte maiordomus. Nach seiner auf Betreiben der Königinwitwe →Nanthild erfolgten Wahl durch Bf.e und Teile der Großen Burgunds wurde F. durch Nanthild in Orléans selbst investiert. Die bes. Bindung an das neustr. Königshaus kam auch in der Verlobung mit Ragnoberta, der Nichte Nanthilds, zum Ausdruck. Besitz F.s ist im Gebiet von Bourges überliefert; die Kl. St. Cyran-en-Brenne und Méobecque (dép. Indre) wurden von Sigiram auf Eigengut F.s gegr. Die nur schwache Stellung F.s in Burgund zeigte sich in seinem Bemühen, sich abzusichern. Noch 642 garantierte er Amt und Stellung seines neustr. Amtskollegen →Erchinoald, wie dieser die des burg. maiordomus. Dieser verpflichtete sich darüber hinaus die burg. Großen, die ihn gewählt hatten, durch urkundl. Zusicherung ihrer Stellungen und Ämter. Gegen den neuen frk. maiordomus setzte 642 sofort der Widerstand des Burgunders →Willebad ein, des mächtigen im Gebiet von Lyon amtierenden →patricius Burgunds, als Reaktion gegen die neustr. Einflußnahme. Die Entscheidung in der Auseinandersetzung zw. beiden Amtsträgern – ein Privatkrieg zweier Großer – fiel im Sept. 642 bei Autun, wo Willebad starb. Auf dem Weg nach Norden erkrankte F. in Chalon-sur-Saone und starb wenig später. Mit der Schilderung der Ereignisse vom Mai bis Sept. 642 versiegt die Chronik →Fredegars.   H. Ebling

Q.: MGH SRM II (Fredegar 89, 90); IV (Vita Sigiramni 11, 12) – *Lit.:* E. EWIG, Spätantikes und frk. Gallien I, 1976, 193, 205f. – H. EBLING, Prosopographie der Amtsträger des Merowingerreiches von Chlothar II. bis Karl Martell, 1974, 150f. (Nr. CLXXIV).

Flaran, ehem. Abtei OCist in der Gascogne, Bm. Auch (dép. Gers), Tochterkloster von L'Escaledieu und →Morimond, 1151 gegr., gelegen am Ufer der Baïse am Platz der alten Kirche St-Jean de F., die von einem kleinen Adligen an die Abtei →Condom geschenkt wurde, von dieser aber wohl später an den Zisterzienserorden weiterveräußert wurde. F. besaß fünf →Grangien, deren erste, Le Hilhet, seit 1155 bestand. Der Bau der Kirche erfolgte ca. 1180–ca. 1210. Um die Mitte des 13. Jh. lebten mindestens 16 Mönche in F. Die Abtei gründete im *paréage* mit Gerald v. L'Isle, Gf. en v. →Armagnac, die →Bastide Valence-sur-Baïse. F. hatte sehr unter krieger. Auseinandersetzungen zu leiden (Albigenserkreuzzug, vor 1220; Hundertjähriger Krieg, 1397; Religionskriege, 1569). Die großen →Kommendataräbte Jean de Monlezun und Bernard de Vicmont unternahmen nach 1485 umfangreiche Wiederaufbauarbeiten. Die Kirche hat sich als eines der schönsten Zeugnisse zisterziens. Baukunst in Frankreich erhalten.
                    Ch. Higounet

Lit.: DHGE XVII, 368–371 – P. BENOUVILLE-PH. LAUZUN, L'abbaye de F. en Armagnac, 1890 – L'art cistercien, 1962, 259–265 [A. DIMIER].

Flarchheim, Schlacht bei (27. Jan. 1080). Angesichts des fortschreitenden Abfalls im Lager des Gegenkg.s →Rudolf v. Schwaben hoffte →Heinrich IV., der Anfang 1080 ein stattliches Heer aus Bayern, Franken, Schwaben und Böhmen gesammelt hatte, die Gegner des sal. Kgtm.s durch einen überraschenden Vorstoß nach →Sachsen zu winterl. Jahreszeit niederwerfen zu können. Rudolf zeigte sich jedoch wohlgerüstet und brachte den Vormarsch Heinrichs IV. in Thüringen zum Stehen. In dem gegen den Höhenzug des Hainich ansteigenden Gelände bei Flarchheim (südl. Mühlhausen) trafen am 27. Jan. 1080 beide Heere aufeinander. Im schützenden Dunkel eines

Schneesturms umging das kgl. Heer die Sachsen, wodurch deren Schlachtordnung umgekehrt wurde. In dem darauf beginnenden Kampf soll der auf seiten Heinrichs IV. streitende Böhmenhzg. →Vratislav II. die Königslanze Rudolfs errungen haben. Infolge der Überrumpelung und Plünderung des kgl. Lagers sah sich Heinrich IV. zum Rückzug genötigt. Obgleich Rudolf v. Schwaben mit seinem Heer das Schlachtfeld behauptete, was nach ma. Anschauung als Sieg gedeutet werden konnte, vermochte er den Abfall sächs. Großer, unter ihnen die beiden →Billunger Hermann und →Magnus sowie Mgf. →Ekbert v. Meißen, nicht aufzuhalten. Der Ausgang des dt. Thronstreits blieb somit weiterhin offen.   T. Struve

Q.: Bruno, De bello Saxonico c. 117 (MGH DMA 2, 109–111) – Berthold, Ann. 1080 (MGH SS 5, 324–325) – Lit.: G. Meyer v. Knonau, JDGH. IV. und V. 3, 1900 [Nachdr. 1965], 235–241; Exk. II, 639–643 [Angabe weiterer Q.] – Gebhardt⁹ I, 342 [K. Jordan] – W. v. Giesebrecht, Gesch. der dt. Kaiserzeit⁵, III, 486–489 – K.-G. Cram, Iudicium belli, AKG Beih. 5, 1955, 143–145, bes. 214 – Gesch. Thüringens II, 1 (Mitteldt. Forsch. 48/II,1, 1974), 15f. [H. Patze] – L. Fenske, Adelsopposition und kirchl. Reformbewegung im östl. Sachsen (Veröff. des Max-Planck-Inst. für Gesch. 47, 1977), 65f. – W. Giese, Der Stamm der Sachsen und das Reich, 1979, 170 – J. Vogel, Gregor VII. und Heinrich IV. nach Canossa (Arbeiten zur FrühMA-forsch. 9, 1983), 185f.

Flatey, Insel im westisländ. Breiðafjörður, auf der 1172 ein Augustinerkloster *(kanókasetr)* gegründet wurde. Der erste Abt war Ögmundr Kálfsson († 1188). Aus unbekannten Gründen wurde das Kl. bereits 1184 nach →Helgafell auf der südl. von F. gelegenen Halbinsel Snæfellsnes verlegt. Die große isländ. Hs. →Flateyarbók hat mit dem Kl. nichts zu tun.   H. Ehrhardt

Flateyarbók, umfangreichste altisl. Handschrift (Gl. kgl. Sml. 1005, I–II, fol.), benannt nach ihrem früheren Aufbewahrungsort. Sie wurde um 1390 von Pfarrer Jón Þórðarson und Magnús Þorhallsson, der sie auch illuminierte (→Buchmalerei A. XII), für den reichen Jón Hákonarson im nordisländ. Víðidalstunga (ca. 1350–vor 1416) angefertigt, kam im 15./16. Jh. auf die westisländ. Insel Flatey, 1656 über den isländ. Bf. Brynjólfur Sveinsson an den dän. Kg. Bis 1971 in der Kgl. Bibliothek in Kopenhagen, befindet sie sich seitdem wieder in Island, wo eine neue Ausgabe vorbereitet wird.

Die Sammelhs. ist der Versuch, die Gesch. der Kg.e v. →Norwegen, von →Olaf Tryggvason († 1000) bis →Hákon Hákonarson († 1262), aufgrund bereits existierender →Sagas zusammenzustellen, stark zentriert auf Olaf Tryggvason und →Olaf d. Hl. en. Den Schreibern standen mehrere Hss. zur Verfügung, aber sie fügten auch, über den ganzen Text verstreut, Isländersagas und kleinere Erzählungen *(þættir)* in die fortlaufende Darstellung ein. Im chronolog. Verlauf fehlte ursprgl. die Zeit von 1030–1177/84; diese Lücke versuchte ein Besitzer etwa 100 Jahre nach dem Entstehen auf 23 eingefügten Blättern durch die Magnus saga und die Haralds saga wenigstens teilweise zu schließen. Die Bewertung der F. ist unterschiedlich: Wird sie nach vorherrschender Meinung als rein mechan. Kompilationsarbeit angesehen, so ist sie jüngst unter vergleichenden Gesichtspunkten der Literarästhetik des MA betrachtet und ihr eine gewisse Homogenität zugeschrieben worden (C. Clover). →Altnordische Literatur III.   H. Uecker

Bibliogr.: H. Hermannsson (Islandica III, 1910, 10f.; XXVI, 1937, 1f.) – Ed.: G. Vigfusson – C. R. Unger, 3 Bde, 1860–68 – 4 Bde, 1944–45 [Einl. S. Nordal] – Corpus Codicum Islandorum I, 1930 [Faks.; Einl.: F. Jónsson] – Lit.: KL, Bd. IV, 1959, 412f. – K. Kålund, Kat. over de oldnorsk-islanske Håndskrifter i det store kgl. Bibliothek, 1900, 10–16 [Inhaltsang., Hs.-Beschr.] – J. Louis-Jensen, Den yngre del af F.

(Afmælisrit Jóns Helgasonar, 1969), 235–250 – Dies., Et forlæg til F.? (Opuscula IV [Bibliotheca Arnamagnæana 30], 1970), 141–158 – S. Karlsson, Um Vatnshyrnu (ebd., 279–303) – C. Clover, The Medieval Saga, 1982.

Flavacourt. 1. F., Guillaume I. de, Ebf. v. →Rouen 1278–1306, Sohn des Guillaume, Herrn v. Flavacourt bei Gisors im Vexin (dép. Eure), und der Michèle de Chambly. F. war Kanoniker in Rouen und Paris, Archidiakon des Rouennaiser Archidiakonats Petit-Caux (1266). Seine Wahl zum Ebf. wurde am 7. Mai 1278 durch Papst Nikolaus III. bestätigt. F. stand der Predigt der Bettelorden ablehnend gegenüber und untersagte speziell diejenige der Franziskaner 1286. 1281 war er am Kanonisationsprozeß Kg. →Ludwigs IX. beteiligt. Er trat als Bauherr und Förderer seiner Kathedrale hervor: 1280 Nordportal (sog. Portail des libraires), 1302 Marienkapelle; Stiftung der zehn Heiliggeistkapellaneien. 1289–97 trat F. dem Kg. Zehnten zur Verteidigung des Reiches ab.   M. Baudot

Q.: Bibl. Nat. Paris Cab. d'Hozier 141 – Reg. Nicolas III 49, 883 – Reg. Martin IV 85, 248, 409, 416 – Reg. Honorius IV 666 – Reg. Nicolas IV 998, 1007, 1634, 2114, 6316 – Lit.: DBF XIII, 1502 – A.-M. Carment-Lanfry, La cathédrale de Rouen, 1977, 33–35.

2. F., Guillaume II. de, Prälat und Staatsmann, Ebf. v. →Auch, später v. →Rouen, † 1. Mai 1359, Großneffe von 1; Schatzmeister des Kapitels v. Rouen; Kanoniker v. Noyon, Chartres, Bayeux und Paris; Lehrer des Zivilrechts; Kanzler des Gf.en der Marche, Karl, eines Sohnes von Kg. Philipp IV.; Großarchidiakon v. Rouen. 1292–1308 stand er wegen der Ausübung des Visitationsrechts in Konflikt mit der Abtei Le →Bec. 1319 Bf. v. →Viviers, verlieh er 1321 der Stadt Bourg-St-Andéol ein Statut *(charte de franchises).* 1322 Bf. v. →Carcassonne, wurde er im Aug. 1323 Ebf. v. Auch und belegte als solcher die Stadt Vic-Fezensac mit dem Interdikt (1333–36). 1337 stellte er Mißbräuche in seinem Suffraganbm. →Bazas ab. 1337–51 übte er das kgl. Amt des *lieutenant général* in der →Guyenne aus und schlichtete 1348–51 einen Konflikt zw. dem Bf. und den Konsuln v. →Condom; an den Friedensverhandlungen zw. Frankreich und England (1349–50) hatte er aktiven Anteil. Im Jan. 1357 auf den ebfl. Stuhl seiner Heimatstadt Rouen versetzt, stiftete er 1358 das Collège des Bons-Enfants.   M. Baudot

Q.: Reg. Boniface VIII 4431 – Reg. Jean XXII 827, 4498, 7185, 9727, 10815, 15598, 17989, 19054, 60191 – Reg. Benoit XII 367, 3075 – Reg. Clément VI 3959, 4315–18, 4136, 4426, 4445, 5073 – Lit.: DBF XIII, 1503 – A. Porée, Hist. de l'abbaye du Bec, 1901 [Nachdr. 1980], 35–54 – Bull. Soc. Hist. de Normandie 15, 1931, 37–41.

Flavian(os), 1. F., Bf. v. Antiochia, * frühes 4. Jh., † 404. Um 350 trat er mit →Diodoros v. Tarsus als führender nizän. Theologe in Antiochia auf. Von →Meletius zum Priester geweiht, wurde er 381 dessen Nachfolger. Er konnte das meletian. Schisma beenden und die kirchl. Einheit in Antiochia wiederherstellen. Er nahm →Johannes Chrysostomos in den antiochen. Klerus auf und förderte diesen einflußreichen Prediger und Seelsorger. Außer einer vollständigen Predigt sind nur Predigtfragmente erhalten.   K. S. Frank

Ed.: CPG II, 3430–3436 – Lit.: →Antiocheia – A. J. Festugière, Antioche paienne et chrétienne, 1959.

2. F., Bf. v. Konstantinopel, * spätes 4. Jh., † 449. Seit 446 Bf. der Reichshauptstadt, trat er 448 gegen monophysit. Kräfte auf und verurteilte den Archimandriten →Eutyches, der vom Alexandriner →Dioskoros unterstützt wurde. F. verband sich mit →Leo I. v. Rom, der an ihn die berühmte Epistola dogmatica ad Flavianum richtete (Tomus Leonis). Auf dem Konzil v. →Ephesos 449 wurde F.

abgesetzt. Auf dem Weg ins Exil ist er verstorben. − Mit seiner Abwehr des Monophysitismus gehört F. zu den Vorbereitern der dogmat. Formel v. →Chalkedon.

K. S. Frank

Ed.: CPG III, 5930–5938 – *Lit.*: A. GRILLMEIER – H. BACHT, Das Konzil v. Chalkedon I, 1951, 195–198 – A. GRILLMEIER, Jesus der Christus im Glauben der Kirche I, 1979.

Flavianus, Virius Nicomachus, * 334, † 394. 364/365 consularis Siciliae, 377 vicarius Africae, unter Gratian vermutl. wegen Unterstützung der →Donatisten in Ungnade gefallen, von Theodosius nicht zuletzt aufgrund seiner Gelehrsamkeit (er ist Gesprächsteilnehmer in den Saturnalia des →Macrobius) und lit. Fähigkeiten mit neuen Ämtern (quaestor sacri palatii, praefectus praetorio Italiae, Illyrici, Africae) betraut. Als einer der bedeutendsten Vertreter der stadtröm. heidn. Aristokratie (Korrespondenz mit →Symmachus) unterstützte er den Usurpator →Eugenius, der ihn für 394 zum Konsul ernannte. Unmittelbar vor der Schlacht am Frigidus (5./6. Sept. 394) beging er Selbstmord. Von seinen insgesamt verlorenen lit. Werken ist v. a. die Übersetzung der Apollonios-Vita des Philostrat sowie das Geschichtswerk »Annales« (bis zum Jahr 366) zu erwähnen. F. (oder eher Vettius Agorius →Praetextatus) gilt als Adressat des anonymen →Carmen adversus paganos.   J. Gruber

Lit.: KL. PAULY II, 567f. – PLRE I, 347–349 – RE VI, 2506–2511 – J.-P. CALLU (Mél. W. SESTON, 1974), 73–80 – J. J. O'DONNELL, Phoenix 32, 1978, 129–143 – J. FONTAINE, Rev. études lat. 57, 1979, 580–583 – L. MUSSO, Archeol. class. 31, 1979, 185–240 – D. VERA, Athenaeum 61, 1983, 24–64, 390–426.

Flavigny (F.-sur-Ozerain), Abtei OSB in Burgund (dép. Côte-d'Or), ♂ St. Peter und Praeiectus (St-Pierre et St-Prix), gegr. am 27. Mai 719 durch Abt Wideradus, wahrscheinlich Anhänger des Hausmeiers →Karl Martell. Von seinem Gründer reich ausgestattet (722), verfügte F. über ein aktives Skriptorium. Seine Äbte gehörten zum engsten Umkreis Kg. Pippins I.; F. zählte seit dem 8. Jh. zu den führenden frk. Königsabteien. Um 865 empfing die Abtei den Leichnam der Märtyrerin v. Alesia, der hl. Regina (Reine); dieser ruht in einer 878 von Papst Johannes VIII. geweihten Basilika.

887 wurde F. dem Bm. →Autun unterstellt, erlangte aber 990 seine Unabhängigkeit wieder. Die Blütezeit der Abtei im 11. Jh. gipfelte im Abbatiat →Hugos v. F., auf den ein Nekrolog, ein Katalog der Äbte und die Chronik v. F. zurückgehen. 1099 in Konflikt mit dem Bf. v. Autun geraten, wurde Hugo 1101 vertrieben. Im 12. Jh. folgten zahlreiche Kämpfe der Abtei mit den Bf.en v. Autun, den Hzg.en v. →Burgund und den Bewohnern des Ortes F. Durch drückende Schuldenlast wurde die Abtei zur Verpfändung ihrer wichtigsten Güter an den Hzg. sowie zur Freilassung der Bewohner aus der Klosterherrschaft genötigt (1236). Trotz der finanziellen Schwierigkeiten wurde im 12. Jh. ein roman. Kreuzgang, im 13. Jh. eine got. Kirche erbaut.

Nach einer kurzen Periode des Wiederaufblühens im letzten Drittel des 13. Jh. setzte ein allmähl. Verfall ein. Von den Engländern 1360 geplündert, war die Abtei in ständige Streitigkeiten mit den Bewohnern des Ortes, oft auch mit den Hzg.en v. Burgund, verwickelt.

F. wurde 1470 vorübergehend, 1530 dauernd zur →Kommende umgewandelt. Dem weiteren Niedergang im 16. und frühen 17. Jh. folgte im Zeichen der maurin. Reform seit 1644 ein Wiederaufstieg. Der Aufhebung während der Frz. Revolution folgte 1817 der Abbruch der Abteikirche. Erhalten blieben die berühmten karol. →Krypten.   J. Marilier

Bibliogr.: COTTINEAU, Rép. topo-bibliogr. des abbayes et prieurés I, 1935, 1149f. – *Q. und Lit.*: DHGE XVII, 400–405 [J. MARILIER] – Annales Flaviniacenses seu laudonenses, MGH SS III, 1835, 150–152 – Catalogus abbatum Flaviniacensium, ebd., VIII, 1848, 502f. – Hugonis Chronicon Flaviniacense seu virdunense, ebd. VIII, 288–502 – A. DE CHARMASSE, F. et les évêques d'Autun, Mém. de la soc. Éduenne 46, 1937 – G. CHÉVRIER, Déclin et renaissance du testament en droit bourguignon (Mém. de la Soc. pour l'hist. du droit des anciens pays bourguignons, comtois et romands 9, 1943), 5–42; 10, 1944–45, 69–115 – R. LOUIS – J. MARILIER, Les cryptes de l'église carolingienne de l'abbaye St-Pierre de F., Revue arch. de l'Est 10, 1959, 253–262 – J. MARILIER, Note sur la tradition textuelle des testaments de F., ebd. 23, 1962, 185–199 – E. HLAWITSCHKA, Textkritisches zur Series abbatum Flaviniacensium (Fschr. F. PETRI, 1970), 250–265 – J. MARILIER, Testamentum Wideradi coenobii flaviniacensis abbatis, ebd. 30, 1970–71, 57–72 – A. ANGENENDT, Monachi peregrini. Stud. zu Pirmin und den monast. Vorstellungen des frühen MA (MMS 6, 1972), passim – U. NONN, Merow. Testamente, ADipl 18, 1972, 33, 81f., 110–121 – J. MARILIER, Le scriptorium de l'abbaye de F. au VIIIe s., Annales de Bourgogne 55, 1983, 30–33 – J. SEMMLER, Die Aufrichtung der karol. Herrschaft im nördl. Burgund im 8. Jh. (Actes du Colloque Langres-Ellwangen…, 1985, 1986), 26f., 32–36 – CH. SAPIN, La Bourgogne préromane, 1986, 81–112.

Flavio, Biondo → Biondo, Flavio

Flavius Felix, spätantiker Epigrammatiker aus Nordafrika, verfaßte fünf Epigramme auf Kg. Thrasamund (496–523) als den Erbauer der Thermen in Aliana bei Karthago. Die Zwölfzeiler, überliefert im Cod. Salmasianus (→Anthologie B. I.), sind in Distichen (Nr. 201–203) und Hexametern (Nr. 204–205) abgefaßt. Das mit gleichem Autorennamen überlieferte Bittgedicht um ein Kirchenamt (Nr. 248) in 20 Distichen wird ebenfalls dem Epigrammatiker zugewiesen. Ihm gewidmet ist auch das anonyme Hexametergedicht »De resurrectione mortuorum« (CSEL 3, 3, 1871, 308–325).   R. Kurz

Ed.: F. BÜCHELER – A. RIESE, I 1894² (Nr. 210–214 und 254) – D. R. SHACKLETON BAILEY, Anthologia Latina I, 1982 (Nr. 201–205 und 248) – *Lit.*: RE VI, 2597f. – SCHANZ-HOSIUS IV, 2, 71–73 – L. MÜLLER, RhM 23, 1868, 94–96 (zu Nr. 205) – *Zum Carmen ad F. F.*: ALTANER-STUIBER 499 – S. ISETTA, Vetera Christianorum 20, 1983, 111–140.

Flechtbandornamentik *(entrelac, interlace)* ist vorderasiat. Ursprungs und seit dem 1. Jt. v. Chr. im Mittelmeerraum wie in Mitteleuropa beheimatet. Für das MA ist die spätröm. Kunst, vom Mosaik bis zur Toreutik, Grundlage ihrer Verbreitung bei den kelt. und germ. Völkern. Die formalen Möglichkeiten der F. ergeben sich aus variabler Führung eines ein- oder mehrstreifigen Bandes – gekurvt, einander übergreifend oder zopfartig verschlungen – zu mehr oder weniger engmaschigen Gebilden. Seit dem 5.–7. Jh. wird F. durch Brechungen, Knotungen und Verknüpfungen weiter bereichert und zu geometrisierten Flächenmustern entwickelt: geradlinig, spitzbogig, geknotet, gekreuzt, zu Kreisschlaufen verbunden (Rosetten), oft in Rechteck- und Kreisformen wechselnd, gleichmäßig oder in rhythm. Wechsel geordnet. Solcherart begegnet F. in den verschiedensten Kunstgattungen (Mosaik, Wandmalerei, Skulptur, Textil, Beinschnitzerei, Buchmalerei, Metallkunst, Leder usw.). Im mittelmeer. Bereich (Byzanz, langob. Italien) dringen frühzeitig auch pflanzl. Motive in sie ein, nördl. der Alpen wird Verbindung mit Tiermotiven (→Tierornamentik) bevorzugt. Bes. Aufmerksamkeit hat F. im kelt.-insularen Bereich gefunden, ihre Herleitung aus spant.-kopt. Umkreis fand unlängst Bestätigung im Glazier-Kodex (um 400), in Mustern wie Farbgestaltung.

Von Anfang an sind in der F. bedeutungshafte Momente enthalten: Magie des Bindens und Lösens, der Schwelle. Im ganzen FrühMA ist sie oft mit der Kreuzgestalt verbunden, mit Sonne/Mond, Lebensbaum, Raute (»Korbboden«), z. B. an Schranken im Kultraum. Verknüpfung von F. mit Tiermotiven im germ. Bereich (»Wurme« u. a.), mit apotropäisch-symbol. Hintergrund, dringt sogar in den Dekor liturg. Objekte ein. Eine Rolle spielt auch die Verbindung v. F. und Zahlenwerten (→Zahlensymbolik). Der überquellende formale Reichtum der F. im Früh-MA wird im hohen MA auf schlichtere Grundformen zurückgeführt, geht aber nie ganz verloren. V. H. Elbern

Lit.: RByz II, 556ff. [Lit.] – W. Holmqvist, Kunstprobleme der Merowingerzeit, 1939 – N. Åberg, The Occident and the Orient in the Art of the seventh Century, I–III, 1943–47 – Das erste Jahrtausend, hg. V. H. Elbern, 3 Bde, 1962–64, passim – H. Bober (Homage to a Bookman, 1967), 31ff. – E. Kitzinger, Kyriakon, 1970, 640ff.

Fleck, Konrad → Florisdichtung, Abschn. II

Flecken, in der Kommunalwissenschaft heute unübliche, im allgemeinen Sprachgebrauch seltene, häufig historisierende Bezeichnung für »Siedlungen zwischen →Dorf und →Stadt«. In diesem Sinn Quellenbegriff seit der 2. Hälfte des 13. Jh. im dt. Sprachraum, wenn auch in unterschiedlicher Dichte (UB Basel II, 146 zu 1274), zur Kennzeichnung städt. Kleinformen mit aus verschiedenen Gründen nicht voll entwickelter Wirtschaft und Verfassung (»Kümmerform«) bzw. mit vom Ortsherrn bewußt geminderten Rechten (→Minderstadt) oder gefreiter Dörfer mit einzelnen städt. Rechten: →Marktrecht (Marktflecken), Niedergericht (Fleckengerichtsbarkeit); im Preuß. Allg. Landrecht (II, §§ 176–178) Dörfer, deren Einwohner einzelne städt. Gewerbe betreiben durften. Wilhelm v. Lüneburg begann z. B. neben einer bestehenden Siedlung 1209 die Anlage von Bleckede, begabte die neue Stadt (»Löwenstadt«) mit dem Recht des von seinem Vater zerstörten →Bardowick; der Ausbau stockte (1248 Zoll, 1271 Burg im oppidum [1258] erwähnt; 1310 neues Stadtprivileg mit Lüneburger Stadtrecht [→Lüneburg], 14. Jh. einfache Befestigung, Markt, Rathaus, Bäcker, Schuhmacher; 1433 »Bleck to Bleckede« mit 56 Hausstätten; 16. Jh. »Vorstadt«-bildung; 1771 »Städtlein«; 1826 F.; 1929 wieder Stadt). Obwohl die F. bes. in Niederdeutschland verbreitet *(Bleek)* waren, bildeten sie doch einen Teil der im Zuge des Ausbaus der Territorien ganz Europa erfassenden spätma. Kleinstadtbildung: engl. →borough, frz. *bourg,* →bastides, →villes neuves, it. castelli, borghi franchi (→burgus, →borgo); Täler, Märkte (Bayern, Österreich), Freiheiten, →Hagen, Weichbilde/*Wikbolde* (Westfalen, Niedersachsen), Lischken (Ostpreußen) u. v. a. m. Die vielfältigen Bezeichnungen erschweren eine Typisierung der Siedlungsentwicklung nach Kümmerung, Erstarrung, Rückgang oder gezielter Minderung (»burgrecht gegebin und den fleg nu zu eynem wigbilde uzgesaczt, getirmet und gemacht haben« [1403 UB Dresden 110]). Im Einzelfall ist mit mehreren Kriterien zu prüfen, ob es sich um Neuanlage oder um Abschluß einer längeren »vorstädt. «Entwicklung handelt, ob – wie in vielen Fällen – die Stufe tatsächl. städt. Qualität erreicht wurde, oder welchen Rang die Siedlung zw. Dorf und Stadt einnimmt. Üblich ist die Begriffsfolge »Stadt – Kleinstadt – Kümmerform – Minderstadt; F.; Dorf«. Eine solche Stufung sollte die jeweils eigene und nicht eine allgemein niedere Qualität beachten. W. Ehbrecht

Lit.: Dt Rechtswb III, 568 – Hwb. Preuß.Verw. I, 1928³, 545f. – W. Gerlach, Über den Marktflecken- und Stadtbegriff im späteren MA und in neuerer Zeit (Fschr. G. Seeliger, 1920), 141–159 – H. Stoob, Forsch. zum Städtewesen in Europa I, 1970, 225ff., 305ff.

Fled Bricrenn ('Das Festmahl des Bricriu'), air. epische Erzählung aus dem 8. Jh., Prosa mit 'rhetorischen' Passa-

gen in metrisch gebundener Rede, dem →Ulster-Zyklus zugehörig, überliefert durch das →»Book of the Dun Cow« (ca. 1100; Hs. Leabhar na hUidhre, Royal Irish Academy ms 23 E 25 [Hs. LU]) sowie durch vier jüngere Textzeugen. Bricriu mit dem Beinamen »Nemthenga« ('Giftzunge'), der ein Fest für den Kg. Conchobar und seine Männer veranstaltet, reizt die drei vorzüglichsten Helden von Ulster, nämlich Lægaire, Conall und Cú Chulainn, zum Streit um den 'Heldenanteil' *(curadmír)* an der Mahlzeit (als keltischer Brauch erwähnt bei Poseidonios v. Apameia; s. Athenaios, »Deipnosophistai«, 4.40) und ihre Frauen zum Wortgefecht (§§ 1–28). Als Schiedsrichter werden Ailill und Medb, das Königspaar von Connacht, in Cruachan aufgesucht (§§ 42–62), doch ihre Entscheidung für Cú Chulainn, der sich vor den Rivalen ausgezeichnet hat, wird von diesen angefochten (§§ 72–74). Auch das Urteil des zaubermächtigen Cú Roi, vor dessen Stadt Cathair Con Roi sich Cú Chulainn erneut bewährt, wollen sie nicht anerkennen (§§ 79–90). So begibt sich Cú Roi, unkenntlich in furchterregender Mißgestalt und ausgerüstet mit einer Axt, selbst nach Emain Macha in Conchobars Halle »Cræbruad« ('Roter Zweig') und fordert die Anwesenden heraus zum 'Handeln um den Heldenvorrang' (»Cennach ind Ruanada«): er wird sich von einem Gegner, der sich verpflichtet, am Folgetag das gleiche zu erdulden, den Kopf abschlagen lassen. Viermal unterwirft sich der Unhold dieser Probe und verläßt jedesmal blutend und seinen Kopf mit sich tragend den Saal, doch die drei ersten Gegner (Muinremor, Lægaire, Conall) entziehen sich der Revanche; erst Cú Chulainn, der am vierten Abend zugegen ist, hat den Mut, dann auch selbst den Kopf auf den Block zu legen. Cú Roi verschont ihn. Der Streit um den 'Heldenanteil' ist damit entschieden (§§ 91–102). In der Hs. LU erscheinen die Abfolge und Logik der Ereignisse gestört durch den Versuch des 'Interpolators' H, einen verstümmelten »F. B. «-Text zu reparieren; insbesondere ist dabei das Motiv des Enthauptungsspiels (das u. a. in der »Crône« des →Heinrich von dem Türlin, v. a. aber in →»Sir Gawain and the Green Knight« wiederkehrt) in einer redundanten Episode verdoppelt (§§ 75–78). – Wohl als Ableger der »F. B. « entstanden ist die Erzählung »Fled Bricrenn ocus longes mac n-Duil Dermait« im »Yellow→Book of Lecan«. W. Steppe

Bibliogr.: R. I. Best, Bibliogr. of Irish Philol., 1913, 90f. – Ders., Bibliogr. of Irish Philol., 1942, Nr. 1118–1122 – Kindlers Literatur-Lex. III, 1967, 15f. – Q.: E. Windisch, Ir. Texte, 1880, 235–311 [Hss. LU, Eg] – F.B. ocus longes mac n-Duil Dermait: WH. Stokes – E. Windisch, Ir. Texte II.1, 1884, 164ff. – K. Meyer, RevCelt 14, 1893, 450–459 [Hs. Ed] – G. Henderson, F. Bricrend, 1899 – L. Ch. Stern, Zs. für celt. Philol. 4, 1903, 143–177 [Hs. L] – *Lit.:* R. Thurneysen, Die ir. Helden- und Königsage, 1921, 447–473 – A. Buchanan, The Irish Framework of Gawain and the Green Knight, PMLA 47, 1932, 315–338 – M. Dillon, Early Irish Lit., 1948, 18–24 – M. A. O'Brien, F.B. (Irish Sagas, hg. M. Dillon, 1959), 66–78 – P. Mac Cana, An Instance of Modified Narrative Repetition in F.B., Ériu 28, 1977, 168–172 – E. M. Slotkin, The Structure of F.B. before and after the Lebor na hUidre Interpolations, Ériu 29, 1978, 64–77.

Fledermaus (vespertilio), artenreiches Flattertier, trotz der den ma. Autoren bekannten Säugetiermerkmale wegen des Fliegens zusammen mit den Vögeln behandelt. Den Namen leitet Ambrosius (Exameron 5,24,87 vgl. Niederhuber), eine wichtige Quelle für das MA, vom Abendstern (vesper), Isidor (etym. 12,7,36 = Bartholomaeus Anglicus 12,38 u. a. m.) und Thomas v. Cantimpré (5,116 = Albertus Magnus, de animal. 23,142 nach der Formulierung des Liber rerum) von der abendl. Flugzeit ab. Bartholomaeus hält sie für blind, Alexander Neckam (de nat. rer. 2,153) diskutiert ihr Sehvermögen. Thomas und Albert erörtern die gewöhnl. Insektennahrung, letzterer auch ihren (vom Volksglauben behaupteten) Appetit auf hängende Speckseiten. Thomas erwähnt (nach dem Lib. rer.) den Winterschlaf und offenbar ein Experiment: Die ins sonnige Freie gebrachte F. flog nach dem Erwachen in ihre Höhle zurück. Albert beschreibt die F. aus eigener, aber lückenhafter Kenntnis (BALSS, 232 f.), hat jedoch wie seine Quelle Thomas die normale Ausbildung der hinteren Extremität und die damit ermöglichte gewöhnl. Aufhängung kopfüber nicht verstanden. Von der in der Antike häufigen volksmed. Verwendung von Körperteilen kennt man im MA nur eine Auswahl, v.a. das Blut (gegen Haarwuchs: Vinzenz v. Beauvais, Spec. nat. 16,146 nach Plin. 30,132; Thomas nach den lat. →Kyraniden, B. 2, ed. DELATTE, 121; Bartholomaeus nach Constantinus Africanus; zur Konzeption: Thomas nach Kyraniden), auch in Verbindung mit Disteln (gegen Schlangenbiß: Thomas = Albert nach Plin. 29,83), und das Schmalz (gegen üppige Brüste: Albert und Vinzenz nach Avicenna). Mag. Verwendung ist seltener (z. B. lebende F. gegen Gelbsucht: Hildegard v. Bingen, Physica 6,61).

Die F. ist Sinnbild für starke Liebe (wegen Zusammenhalts der in Traubenform schlafenden Tiere: Ambrosius), für die dem Ird. verhafteten Menschen (wegen erdnahen Fluges: Hraban. M., de univ. 8,6 nach Hesych, in Lev. 3,11) und (wegen der nächtl. Lebensweise) für Gespenster (Papias s. v.) und den Teufel (syr. Physiologus, ed. PETERS, cap. 45).   Ch. Hünemörder

Q.: s. einzelne Autoren; ferner: E. PETERS, Der gr. Physiologus und seine oriental. Übers., 1898 [Neudr. 1976] – Ambrosius, Exameron, übers. J. E. NIEDERHUBER, 1914 (BKV) – Hildegard v. Bingen, Naturkunde, übers. und erl. P. RIETHE, 1959 – Lit.: H. BALSS, Albertus Magnus als Biologe, 1947 (Große Naturforscher I).

Fleisch, Fleischer

I. Hygienische Vorschriften und Fleischbeschau – II. Berufsstand der Fleischer – III. Markt- und Gewerbeordnungen – IV. Spezialisierung und Abgrenzung von verwandten Gewerben – V. Soziale Stellung der Fleischer – VI. Fleischerei im Judentum.

I. HYGIENISCHE VORSCHRIFTEN UND FLEISCHBESCHAU: Im MA war bekannt, daß Fleisch mit für den Menschen u. U. lebensgefährl. Krankheiten und Parasiten behaftet sein kann: prakt. ausnahmslos forderten die Fleischerordnungen für Fleisch, das zum öffentl. Verkauf bestimmt war, eine Beschau durch vereidigte Prüfer, oft in der doppelten Form einer Beschau der lebenden Schlachttiere und des frisch geschlachteten Fleischs. Nur ganz gesunde Tiere durften geschlachtet werden. Oft war schon der Kauf von Schlachtvieh aus viehseuchenbedrohten Orten verboten. Rinder wurden bes. daraufhin untersucht, ob sie »koghesch« (lungen- oder tuberkulosekrank?) waren, Schweine auf »Finnigkeit« (Trichinose). Zwar durfte trichinöses Schweinefleisch überall verkauft werden, mußte aber unübersehbar als solches gekennzeichnet sein.

Bei Schweinen wurde meist zunächst die Zunge, nach dem Schlachten das Fleisch daraufhin untersucht, ob das Tier »finnig« (trichinös) war. In Osnabrück hieß daher der Fleischbeschauer »Vynnenkyker«, in Lille »Eswardeur du baston du pourchel« (nach dem Stock, mit dem er die Zunge hochhob). In Lübeck konnte der Käufer eines Schweins, das sich als finnig erwies, dessen Rücknahme und die Erstattung des Kaufpreises verlangen. Zur Gewißheit über ihren Gesundheitszustand mußten Kälber bei der Schlachtung mindestens vier Wochen alt sein.

Fleisch als ein leichtverderbliches Lebensmittel durfte in frischem Zustand nur kurzzeitig zum Verkauf angeboten werden. Die üblichste Regelung war es, daß im Sommerhalbjahr (meist von Anfang Mai bis Ende Sept.) frisches

Fleisch nur einen Tag, im Winterhalbjahr zwei Tage feilgehalten werden durfte, bevor es durch Einsalzen haltbar zu machen war (→Konservierung). In manchen Städten, z. B. Hamburg, waren die Vorschriften noch strenger. Auch das Wässern und das, wie es in der Frankfurter Ordnung heißt, »Aufblasen« von Fleisch war untersagt. Wie das Schlachten wurde der Verkauf des Fleisches überwacht, um die Einhaltung der sanitären Vorschriften und der Wettbewerbsregeln zu gewährleisten; dazu wurde meist eine aus Ratsherren und Fleischermeistern zusammengesetzte Kommission bestellt. Zur Vermeidung der Verunreinigung der Straßen mit Blut und Schlachtabfällen und zur Erleichterung der Schlachtkontrollen, bei denen vielfach schon die Verkaufspreise festgesetzt wurden, waren die Fleischer (F.) in den meisten Städten verpflichtet, die städt. Schlachthäuser (nd. oft »Küterhaus«, obdt. »Metzig«) zu benutzen, wenn das Fleisch zum öffentl. Verkauf bestimmt war. Allerdings hatten, wie es die Danziger Ordnung anzeigt, die meisten F. auch eigene Schlachträume, in denen sie zur Deckung des Eigenbedarfs und im Kundenauftrag schlachten konnten.

II. BERUFSSTAND DER FLEISCHER: Die F. (Beinhauer, Fleischhacker, -hauer, -menger, Schlachter; nd. meist Knochenhauer, obdt. meist Metzger, Metzler; lat. carnifex, macellarius) waren, um als spezialisiertes →Handwerk bestehen zu können, mehr als andere Gewerbe abhängig vom Vorhandensein einer städt., auf die Marktversorgung mit Lebensmitteln angewiesenen Bevölkerung (→Ernährung, A). Mit dem Städtewesen ist das F.handwerk im HochMA rasch aufgeblüht; im SpätMA dürfte es zunftmäßig organisierte F. nahezu in allen europ. Städten gegeben haben. Nach den Zunftordnungen der F., die zu den am frühesten und häufigsten überlieferten und zu den ausführlichsten ma. Gewerbeordnungen gehören, war das eigtl. Betätigungsfeld der F. der Detailverkauf von frischem Fleisch, daneben auch von Pökel- oder Dörrfleisch der wichtigsten Schlachttiere →Rind, →Schwein, →Schaf und →Ziege. Herstellung und Verkauf von Wurst, Pasteten und Fertiggerichten sowie der Verkauf von Wild und Geflügel wurde – bes. in großen Städten – meist anderen Spezialgewerben überlassen. Obwohl jeder städt. Haushalt im MA zur Deckung des Eigenbedarfs schlachten durfte, war die Zahl der für den Markt arbeitenden Zunftfleischer im SpätMA relativ groß (z. B. arbeiteten in Lüneburg im 15. Jh. 20–30 selbständige F. gleichzeitig).

III. MARKT- UND GEWERBEORDNUNGEN: Normalerweise durften die F. Schlachtvieh nur auf den Viehmärkten ihrer Heimatstädte einkaufen; Lübeck gestattete immerhin den Einkauf auf mehreren anderen schlesw.-holst. Viehmärkten. Streng untersagt war überall der Einkauf von Vieh auf dem Trieb. Dieses Verbot ist wohl im Zusammenhang mit den auffällig häufigen Mahnungen gegen den Kauf geraubten Viehs zu sehen. Auch der Re-Export lebenden Viehs war den F.n praktisch überall verboten. Bürgern, die zur Deckung des eigenen Fleischbedarfs Vieh einkauften, wurde meist das Vorkaufsrecht gegenüber den F.n eingeräumt.

Die Verkaufsstände der F., meist Fleischbank, -schrange oder -scharre (lat. macellum) genannt, waren im Interesse einer leichteren Überwachung wohl überall an bestimmten Plätzen konzentriert. Sie waren meist im Besitz der Stadträte, die sie an die F. verpachteten und mancherorts zum Ausgleich des Wettbewerbs regelmäßig neu verlosten, so jährl. in Lübeck, vierteljährl. in Berlin. Die Tendenz ging im SpätMA dahin, jedem F. nur eine Bank zu verpachten, doch zeigen die Lüneburger Quellen, daß je nach den örtl. Gegebenheiten noch im 15. Jh. bis zu drei Bänke in einer Hand sein konnten. Hin und wieder geäußerten religiösen Bedenken gegen den Fleischverkauf an Freitagen und Sonntagen begegneten die F. mit dem Hinweis, daß niemand zum Einkauf an diesen Tagen gezwungen sei. Beginn und Ende der Verkaufszeiten wurden meist durch Glockenschlag angezeigt, doch durften fast überall die F. auch außerhalb der Verkaufszeiten, jedoch nur an ihrer Bank, an gute Kunden verkaufen. In manchen Städten waren auswärtige F., wenn auch zu schlechteren Bedingungen, zum Verkauf zugelassen, in anderen war der Frischfleischimport generell untersagt. Im SpätMA setzte sich immer mehr die Regel durch, Fleisch nur nach dem Gewicht zu verkaufen, doch zeigt das Lüneburger Beispiel, daß zumindest in einigen Städten die F. den Verkauf nach ungewogenen Portionen bevorzugten und dem vom Rat verordneten Verkauf nach Gewicht zähen Widerstand entgegensetzten. Nach den meisten F.ordnungen sollten allerdings Köpfe, Füße und bestimmte Bratenstücke immer ungewogen verkauft werden.

Während bes. in Nordwestdeutschland die F. nur das Fleisch eines Tieres auf einmal anbieten sollten, wurde es anderswo den F.n überlassen, wieviel und welche Sorten Fleisch sie gleichzeitig anbieten wollten. In Wien war im 14. Jh. den F.n sogar der Verkauf von frischem Fisch erlaubt. Abhängig von der saisonalen Folge von Aufzucht und Mast der Schlachttiere durften bestimmte Rindfleischsorten und Lamm nur zu bestimmten Jahreszeiten angeboten werden.

Überall setzten die Stadträte die Fleischpreise fest. Es kann generell festgestellt werden, daß immer und überall fettes Fleisch bessere Preise erzielte als mageres. Die meisten F. oder F.zünfte besaßen daher Weiden vor den Städten, um dort Vieh mästen zu können. Aus Straßburg und anderen Orten ist bekannt, daß städt. F. im Umland eigene Viehzuchten betrieben. Eine Mast vor der Schlachtung war v. a. bei den Rindern notwendig, die aus weit entfernten Aufzuchtgebieten wie Jütland oder Ungarn stammten (→Viehzucht, -handel).

Wie üblich, befassen sich die Zunftordnungen auch mit der Verhinderung von Betrug und Preistreiberei durch die F.; bestimmte Betrugspraktiken waren anscheinend in ganz Europa verbreitet. Andererseits fehlten selten Bestimmungen zum Schutz des Handwerks. So durften Bürger und Gäste meist nur en gros mit Fleisch handeln, wodurch sie weitgehend auf Dörr- und Pökelfleisch beschränkt wurden. Beides gehörte allerdings nach hans. Quellen zu den gängigen Fernhandelsgütern. Bürger, die sich selbst mit Fleisch versorgten, durften höchstens zu viert gemeinsam ein Tier kaufen. Allerdings gestatteten einige südt. Städte allen Bürgern den pfund- oder stückweisen Fleischverkauf auf einer besonderen Bank. Auffällig selten ist in den F.ordnungen von Lehrzeiten oder vom Meisterstück die Rede, häufiger von den auch bei anderen Zünften üblichen Festmählern bei der Meisterwerdung, die bei den F.n oft recht üppig ausfielen und in Frankfurt a. M. den Besuch der ganzen Zunft in einem Badehaus einschlossen. Seit dem 15. Jh. finden sich häufig Bestimmungen, die einige Bevölkerungskreise, insbesondere die Söhne von Schäfern und Hirten, von der Aufnahme in die Zunft ausschlossen. Die Lehrzeit betrug wohl meist drei Jahre, nach der Hamburger Ordnung u. U. weniger. Das Meisterstück bestand in Dortmund im fachgerechten Schlachten und Zerlegen eines Rinds. Witwen durften anscheinend überall das Geschäft ihres Mannes unbegrenzt weiterführen, wenn sie einen geeigneten Gesellen

einstellten. Die geschworenen Zunftmeister, die Schlachtung und Verkauf überwachten, wurden durch die Überlassung der bestgelegenen Bänke oder ähnliche Vergünstigungen entschädigt. Untersagt wird den F.n in zahlreichen Ordnungen, Fleisch von Kollegen zum Weiterverkauf zu kaufen oder untereinander Geld zum Ankauf von Vieh zu leihen.

IV. SPEZIALISIERUNG UND ABGRENZUNG VON VERWANDTEN GEWERBEN: In vielen norddt. Städten schlachteten die F. normalerweise nicht selber, sondern überließen das Töten und Ausnehmen der Tiere im Schlachthof den Kütern (fartores), die als Bezahlung für diese Arbeit die Innereien zur Weiterverarbeitung zu Wurst oder zum Weiterverkauf erhielten. Ihre wichtigsten Abnehmer waren dabei die Garbrater (Garbereiter, -küchner, assatores), die an ihren oft vor oder in großen Gasthöfen gelegenen Ständen warme Imbisse und Wurst anboten, denen jedoch der Verkauf rohen Fleisches untersagt war. Alle Kölner F. waren jeweils auf eine Sorte Frischfleisch (Rind, Schwein, Schaf) beschränkt; zusätzl. gab es die Speckschneider mit einem Monopol auf Schinken und Speck. Seit 1458 waren in Hamburg die Hausschlachter als besonderes Handwerk organisiert, die für Bürger in deren Häusern, für Gäste in den Wirtshäusern, für den eigenen Bedarf selbstverständl. im eigenen Haus schlachten, aber kein Fleisch verkaufen durften. 1538 vereinigten sie sich mit den Köchen, die als freie Unternehmer auf die Ausrichtung von Festessen spezialisiert waren. Auch in it. und frz. Quellen sind die Berufe, nicht immer besondere Zünfte, der Garküchner, Kuttel- und Wurstverkäufer bezeugt. In Paris sind seit 1476 neben den *bouchers,* die alle Arten rohen Fleischs verkauften, die auf gebratenes und gekochtes Fleisch, v. a. vom Schwein, spezialisierten *charcutiers* bezeugt. Schon im 14. Jh. gab es dort die *cuisiniers-traiteurs,* die Wurst und Geflügel anboten, während die *rôtisseurs* als Sondergewerbe erst im 16. Jh. entstanden.

V. SOZIALE STELLUNG DER FLEISCHER: Die F. gehörten meist zu den angesehensten Handwerkszünften. In Florenz galten sie z. B. als die vornehmste der »arti minori«, in Hildesheim gehörten sie zu den fünf »alten« Ämtern der Stadt, in Lüneburg waren sie neben den in den Hansestädten zur bürgerl. Oberschicht zählenden Wandschneidern die einzigen, die ihre Marktstände vom Rat zu Mannlehen erhielten und nicht, wie die übrigen Handwerke, pachteten. In Hamburg hatten sie einen eigenen Altar in der ältesten Pfarrkirche der Stadt. Die F. galten als wohlhabendes Gewerbe. Steuerlisten und ähnliche Quellen aus den verschiedensten Gegenden zeigen allerdings, daß sie selten sehr weit über dem Durchschnittsvermögen aller Handwerker lagen. Wirklicher Reichtum konnte von den F.n, wie von den meisten anderen Handwerkern im MA, nur über den →Handel erworben werden. Obwohl die meisten F.ordnungen offensichtl. bemüht waren, die F. vom Großhandel auszuschließen, deuten zahlreiche Bestimmungen an, daß es zumindest einigen F.n nicht allzu schwer gefallen sein dürfte, in den Groß- und →Fernhandel mit Vieh und Fleisch einzusteigen. Auch die Vereinigung der *beccai* und *macellai,* der Viehgroßhändler und der Fleischverkäufer en détail, in einer Florentiner Zunft deutet auf eine gewisse Affinität der F. zum Handel hin.

Schließlich sei erwähnt, daß die F. häufig zu den polit. unruhigen Zünften gehörten; in mehreren Fällen führten F. oder F.zünfte Aufstände gegen die Stadträte an (vgl. z. B. die Knochenhaueraufstände von 1380/84 in →Lübeck).   H.-P. Baum

Q. und Lit.: →Handwerk – G. SCHMOLLER, Die hist. Entwicklung des Fleischkonsums sowie der Vieh- und Fleischpreise in Dtl., Zs. für die ges. Staatswiss. 27, 1871, 284–362 – G. ADLER, Die Fleisch-Teuerungspolitik der dt. Städte beim Ausgang des MA, 1893 – C. L. SACHS, Metzgergewerbe und Fleischversorgung der Reichsstadt Nürnberg bis zum Ende des 30jährigen Krieges, Mitt. des Vereins für die Gesch. Nürnbergs 24, 1922, 1–260 – F. LERNER, Ein Jt. dt. F.handwerk (Lebendiges F.handwerk, 1975), 9–36.

Zum Fleischverbrauch in Byzanz → Ernährung, B. II; s. a. → Eparchenbuch.

VI. FLEISCHEREI IM JUDENTUM: In allen Städten mit größeren jüd. Gemeinden gab es Schächter, die nach den rituellen Vorschriften der jüd. Religion schlachteten. Während sie in Nürnberg und Würzburg von den christl. F.n und potentiellen christl. Kunden von Anfang an abgesondert waren und auch keinen Zutritt zu den städt. Schlachthäusern hatten, konnten sie in Frankfurt a. M. und wohl auch in Berlin bis etwa 1400 die städt. Schlachthäuser gemeinsam mit ihren christl. Kollegen benutzen und durften in Berlin, wenn auch nur in sehr großen Portionen, Fleisch an Christen verkaufen. Beim Vieheinkauf unterlagen sie denselben Vorschriften wie die christl. Fleischer.   H.-P. Baum

Die bibl. Unterscheidung zw. reinen und unreinen Tieren war auch für das ma. Judentum voll verbindlich, sie erlaubte nur den Verzehr von Wiederkäuern mit vollständig gespaltenen Hufen (d. h. bei den Haustieren: Rindern, Schafen, Ziegen). Bei Geflügel galten – ohne systemat. Unterteilung in erlaubte und verbotene Tiere – Hühner, Enten, Gänse und Tauben als genußtauglich. Das Tier mußte nach talmud. Regeln von einem eigens in der Gemeinde dafür angestellten Schächter geschlachtet werden. Der Schächter durchtrennte mit einem Messer, das weder Zacken noch Scharten aufweisen durfte, auf eine genau vorgeschriebene Weise die Halsgefäße des Tieres, das auf der Stelle verblutete. Das Fleisch eines Tiers war genußuntauglich, wenn beim Schächtschnitt ein Kunstfehler unterlief oder sich bei der anschließenden Prüfung der Innereien schadhafte Anwachsungen an den Lungenlappen herausstellten; in solchen Fällen kam nur noch Weiterverkauf an Nichtjuden in Frage. Waren die Innereien in Ordnung, trennte der Schächter die zum Genuß nicht tauglichen Fettbestandteile und eine Reihe nicht ausgebluteter Adern aus dem Fleisch heraus. Ebenso entfernte er in Anlehnung an die Vorschrift von Gen 32, 25ff. einen bestimmten Muskel am Hüftgelenk des Schlachttieres.

Das handwerkl. Geschick und die erhebl. veterinärmed. Kenntnisse, die dem Schächter abverlangt wurden, sicherten ihm innerhalb der jüd. Gemeinschaft sein gesellschaftl. Ansehen. Von christl. Metzgern geschlachtetes Fleisch war – auch bei Beachtung der jüd. Vorschriften – für Juden grundsätzlich genußuntauglich.

H.-G. von Mutius

Lit.: I. LEVINGER, Mazon kascher min ha-chai, 1978 – S. P. DE VRIES, Jüd. Riten und Symbole, 1982², 147ff.

Fleischmann, Albrecht, v. Eggolsheim (bei → Bamberg), † 1444, Protonotar (ehrenhalber) der Kg.e → Ruprecht 1401/02 und → Sigmund 1411, Gesandter beider Kg.e in ratsähnl. Stellung. Magister der Univ. → Prag, seit 1396 als Pfarrer von St. Sebald in → Nürnberg weitbekannter und bes. einflußreicher Geistlicher der führenden königsnahen Reichsstadt. Auf der Reise nach → Konstanz suchte ihn Joh. → Hus 1414 auf. Besitzer einer ansehnlichen Bibliothek mit erhaltenem Katalog, Autor von teilweise in Nachschrift überlieferten Predigten.   P. Moraw

Lit.: Verf.-Lex.² II, 748f. – P. RUF, Ma. Bibliothekskat. III, 1932, 680ff. – P. MORAW, Kanzlei und Kanzleipersonal Kg. Ruprechts, ADipl 15, 1969, 501ff.

Flémalle, Meister v. → Campin, Robert

Flensburg, Stadt im ehem. Hzm. → Schleswig, im innersten Winkel der F.er Förde, am Knotenpunkt zw. dem → Heerweg und den Wegen von Angeln nach Westschleswig gelegen. Älteste Kirche ist St. Johannis (Ende 12. Jh.) im SO, die Stadtentwicklung erfolgte jedoch westl. der Förde (St. Nikolai, 1322 erwähnt; St. Marien, ab 1284 erbaut). F. wird 1240 erstmals erwähnt, das Franziskanerkl. St. Katharinen wurde spätestens 1263 gegr. Um die Mitte des 13. Jh. muß eine Kernsiedlung bei der Straßenkreuzung im Nikolaiviertel bestanden haben, von wo aus die Stadt entlang der Landstraße nach N expandierte. Nikolai- und Mariengemeinden wurden um die Mitte des 14. Jh. mit einer Stadtmauer umgeben, die vorstädt. Johannes- und Gertrudengemeinden (letztere 1332: Nordenkirche) dagegen nur mit Palisaden befestigt. Westl. der Norderstraße wurde ab 1411 auf dem Marienberg eine Festung, die spätere Duburg, errichtet; eine ältere Burg ist nicht sicher zu lokalisieren. Nördl. des Johannisviertels lag das Leprosorium St. Jørgensgård (1280 erwähnt); das Hl.-Geist-Haus (Spital) wird 1325 erwähnt, ist aber wohl älter; die Hl.-Geist-Kirche entstand ab 1386. Das F.er Stadtrecht, abgeleitet vom → Schleswiger Recht, wurde 1284 kodifiziert und im gleichen Jahr vom Hzg. mit wenigen Änderungen bestätigt. F. hatte schon damals einen Rat. Gegen Ende des 15. Jh. bildete sich der Bürgerausschuß der 24 *Mænd.* Vertreter des Stadtherrn war ursprgl. der Vogt (*Byfoged*), seit dem 15. Jh. der Amtmann, während der Vogt weiterhin die Gerichtsbarkeit ausübte. F. war Ende des 14. Jh. Münzstätte; die Stadt war mehrfach verpfändet (1326–75 an den Gf.en v. → Holstein, 1411–16 an den Kg. v. → Dänemark, 1470–87 an adlige Gläubiger Kg. Christians I.). Der Krieg, in dem der Kg. v. Dänemark von F. aus das Hzm. Schleswig als heimgefallenes Lehen einzuziehen versuchte (1411–31), endete 1431 mit der Eroberung der Stadt durch Gf. → Adolf VIII. v. Holstein, bestätigt 1435 im Frieden v. → Vordingborg. Seit 1460 unterstand F. dem Kg. v. Dänemark in seiner Eigenschaft als Hzg. v. Schleswig (→ Ripen, Vertrag v.).

F. hatte 1436 ca. 1300 Einw. (ohne Geistliche); bedeutende dt. Einwanderung erfolgte 1385–1435. Im Zeitraum 1436–ca. 1500 dürften ca. 25–33% der Bürger Deutsche, 16–17% Friesen, die übrigen Dänen gewesen sein. In der Friedensperiode nach 1431 beteiligte sich F. aktiv am Handel zw. Skandinavien und dem west- und südeurop. Bereich (Ochsen, Pferde, Tuche). Der weite regionale Einzugsbereich reichte von der schleswigschen Nordseeküste bis nach Alsen. Es bestanden zahlreiche Gilden und Zünfte. Städt. Schulen befanden sich bei St. Marien (nach 1431) und St. Nikolai (1480 erwähnt).   Th. Riis

Q.: Diplomatarium Flensborgense, ed. H. C. P. SEJDELIN, I–II, 1865–73 – Danmarks Gilde- og Lavsskraaer i Middelalderen, ed. C. NYROP, I–II, 1895–1904 – Danmarks gamle Købstadlovgivning, ed. E. KROMAN, I, 1951; V, 1961 – *Bibliogr. und Lit.:* Schr. der Gesellschaft für Flensburger Stadtgeschichte (SFSt), Iff., 1928ff. – CH. VOIGT, Bibliogr. zur Gesch. und Beschreibung der Stadt F. (SFSt 3), 1937 – Bibliogr. zur Städtegesch. Dtl., hg. E. KEYSER, 1969 – Flensborg Bys Hist. I, 1953 – S. ELLEHØJ, Flensborg-købmanden T. PETERSEN (Fschr. A. FRIIS, 1963) – F. Gesch. einer Grenzstadt (SFSt 17), 1966 [Nachdr. 1983] – F. 700 Jahre Stadt – eine Fschr. I (SFSt 36,1), 1984 [Lit.].

Fleta, engl. Rechtsbuch in lat. Sprache, verfaßt während der Regierung Kg. Eduards I., vollendet bald nach 1290; Autor unbekannt (wohl nicht, wie früher vermutet, Mattheus de Scaccario/Matthew Cheker). Der Name geht auf den – nichtidentifizierten – Entstehungsort 'fleet' zurück (wobei allerdings Sir E. COKES Annahme einer Entstehung im Londoner Fleet-Gefängnis ausscheidet). Die F. basiert weithin auf dem »Tractatus de legibus . . .« des

→Henricus de Bracton und kann gleichsam als Kommentar zu diesem Werk beschrieben werden. Dabei ist F. keine bloße Kompilation, sondern strebt vielmehr nach einer Aktualisierung Bractons, durch Anfügung neuen Materials, bes. unter Einbeziehung neuer Rechtsvorstellungen, aktueller Rechtsfälle und der kgl. Gesetzgebung (insbes. derjenigen Eduards I.). Die F. ist daher ein wichtiger Quellentext für das Studium des Common Law (→Engl. Recht).

Das Werk, von dem nur eine einzige ma. Hs. überkommen ist (London, Brit. Libr. Cott. Julius B VIII), wurde 1647 gedruckt, mit einem Komm. von John Selden; 1685 erschien eine verbesserte Neuauflage. 1735 gab ein Anonymus (identifiziert mit Thomas Clarke) eine unvollst. Ausgabe heraus; David Hoüard publizierte 1786 eine verstümmelte Version der F. als Bd. III seiner »Traités sur les coûtumes anglo-normandes«. R. van Caenegem

Ed. und Lit.: J. Selden, Ad Fletam Dissertatio, ed. und übers. D. Ogg, 1925–H. G. Richardson–G. O. Sayles, 3 Bde (Selden Soc., 1955–84) [mit Einf., engl. Übers.]– T. F. T. Plucknett, A Concise Hist. of the Common Law, 1956⁵, 265–Ders., Early English Legal Lit., 1958, 78.

Fleury-Saint-Benoît-sur-Loire (Floriacum, monasterium Floriacense), Abtei OSB (dép. Loiret, arr. Orléans). I. Abtei – II. Bibliothek und Skriptorium.

I. ABTEI: F. wurde um 650 (um 630?) von Abt Leodebod v. St-Aignan d'Orléans am rechten Loireufer unter Zusammenschluß mit einer benachbarten Mönchsgemeinschaft als Peterskloster gegründet. Seinen eigtl. Aufschwung erfuhr es durch den Erwerb der – in ihrer Echtheit umstrittenen – Gebeine des hl. →Benedikt v. Nursia in der 2. Hälfte des Jahrhunderts. Unter dem Benediktpatrozinium entwickelte sich F. schnell zu einem bedeutenden Wallfahrtsort, zumal es gelang, spätere Rückerstattungsbemühungen der Mönche v. →Monte Cassino bzw. Zweifel an der Authentizität der Reliquien abzuwehren. Umfängl. Schenkungen bewirkten raschen Wohlstand. Den Ausbau zu einem geistigen Zentrum verdankt F. seinem Abt →Theodulf, Bf. v. Orléans (798–818).

Von Wikingern in der 2. Hälfte des 9. Jh. und zu Beginn des 10. Jh. (925) geplündert und zerstört, bedurfte die Wiedereinführung regelgemäßen Lebens eines Anstoßes von außen. Auf Veranlassung seines Abtes, des Gf.en Elisiardus (Elisiernus), wurde Abt →Odo v. Cluny (vor dem 9. Jan. 938) geholt, der mit Erfolg F. reformierte. Vom Papst erwirkte er ein Privileg (938; mit Reformlizenz und Recht auf freie Abtwahl), das F. allein dem Kg. unterstellte. Wichtig für den Erfolg war die ebenfalls erhaltene Austrittserlaubnis für die mit den Neuerungen unzufriedenen Mönche. Eine cluniazens. Formung F.s war allerdings mit dieser Reform nicht verbunden, selbst wenn der Nachfolger im Abbatiat, Archambald, ebenfalls aus Cluny kam. In der Folgezeit wurde F. für etwa ein Jahrhundert zu einem eigenständigen Reformzentrum mit Verbindungen nach Frankreich, England und ins Reichsgebiet. Ein erster Reformauftrag kam vom Bf. v. →Toul, der sich bei dem Bemühen um die Reform seines Eigenklosters St-Evre in Toul auch nach F. wandte. Über den Iroschotten →Cadroë liefen weitere Verbindungslinien nach Lothringen (→Lothr. Reform). Zu nennen ist auch Theoderich v. Amorbach, der nach seinem Weggang aus F. nach Deutschland (1002) die Bräuche, die er in F. kennengelernt hatte, als nachahmenswertes Beispiel für vollendetes Mönchtum aufzeichnete und propagierte. In Frankreich wurden u. a. die Abteien St-Rémi de →Reims (945), Homblières (948), St-Florent de →Saumur (um 950), St-Basle (952), St-Père de →Chartres (954), Mont-St-Quentin (um 956), St-Vincent de →Laon (961), St-

Mesmin de →Micy (973), St-Thierry de →Reims (vor 974), La →Réole (um 977), St-Pierre-le-Vif de →Sens, St-Michel en Thiérache (nach 986), →Redon (um 990), und →St-Gildas (nach 1008) von F. aus reformiert. Männer wie Oda, der spätere Bf. v. →Canterbury, und sein Neffe →Oswald, der spätere Bf. v. Worcester und Ebf. v. York, von denen wichtige Reformanstöße in England ausgingen, hielten sich als Mönche in F. auf. Anregungen aus F. gingen auch in die um 972 auf einer Synode zu Winchester beschlossene →Regularis Concordia ein (s. a. →Benediktiner, B. VI). →Abbo (988–1004), der bedeutendste Abt v. F., verbrachte vor seinem Amtsantritt zwei Jahre in der engl. Abtei →Ramsey. Ihm verdankt F. seine zu dieser Zeit nur mit Cluny vergleichbare außergewöhnl. Rechtsstellung. In Auseinandersetzung mit seinem Diözesan, dem Bf. v. →Orléans, bemühte sich Abbo um eine stärkere Unabhängigkeit von F. und erlangte von Papst Gregor V. 997 ein Privileg mit dem Primat über die Klöster Galliens, dem Ausschluß des Ordinarius von allen Weihehandlungen im Kl. ohne Zustimmung des Abtes, der Aufhebung der alleinigen Jurisdiktionsgewalt des Diözesans über Abt und Kl. sowie dem Verbot, das Kl. mit dem Interdikt zu belegen. Die um diese Zeit erreichte Zahl von 300 Mönchen dürfte in F. einen seither nie mehr erreichten Höhepunkt darstellen. Unter dem Abbatiat von Abbos Nachfolger, →Gauzlin (1004–30, ab 1012 [?] auch Ebf. v. Bourges), erfolgte der Wiederaufbau der Abtei nach einem vernichtenden Brand (1026). Auf Gauzlins einflußreiche Beziehungen ist ein weiterer wirtschaftl. Ausbau der Abtei und der Erwerb zusätzlicher Zellen zurückzuführen. Im Unterschied zu Cluny wurde hierbei die Dekanatsverfassung bis 1121 beibehalten. Fortgesetzt wurde auch die historiograph. Tradition von F.; zu nennen sind an erster Stelle die Werke von →Aimoin und →Andreas v. F., die Biographien der Äbte Abbo bzw. Gauzlin.

Zwar ging in der Folgezeit F.s Ausstrahlung als Reformzentrum zurück, doch bewahrte es auch im späten 11./12. Jh. seine Stellung als wirtschaftlich und geistig (→Hugo v. F.) florierende Abtei, v. a. dank der Gunst der ersten kapet. Kg.e (Grablege von Philipp I., † 1108). Kirche und Krypta (in ihr die Reliquientumba) gehen in ihrem roman. Baubestand auf diese Zeit zurück. Mit der Einsetzung des Abtes Macarius (1144/45–61), eines ehemaligen Mönchs v. Cluny, geriet F. erneut unter cluniazens. Einfluß. Ein eigtl. Niedergang scheint im 13. Jh. eingesetzt zu haben, obwohl nach außen die bedeutende Stellung des Abtes v. F., dem 1238 von Papst Gregor IX. das persönl. Recht, Mitra und Ring zu tragen, verliehen wurde (1241 erweitert auf seine Nachfolger), erhalten blieb. Die Zahl der Mönche ging zurück. Am Ende des 13. Jh. reichten die Ressourcen nur noch für 45 Mönche in F. Die Kriegswirren des 14. und 15. Jh. blieben auch für F. nicht ohne Folgen. 1486 trat mit Kard. Jean de la Trémoille der erste →Kommendatarabt an die Spitze der Abtei.

N. Bulst

Q.: Vgl. Ed. und Q. unter →Abbo, →Aimoin, →Andreas, →Hugo – Miracula sancti Benedicti, ed. E. de Certain (SHF, 1858)–Recueil des chartes de l'abbaye St-Benoît-sur-Loire, ed. M. Prou–A. Vidier, 1–2, 1900–37–Consuetudines Floriacenses saec. tertii decimi, ed. A. Davril (CCMIX, 1976)–Consuetudinum saeculi X/XI/XII, Monumenta, ed. K. Hallinger (CCM VII, 1, 3, 4, 1984–86)–A. Vidier, L'historiographie à St-Benoît-sur-Loire et les miracles de St-Benoît, 1965–*Lit.:* DACL V, 1709–60 [H. Leclercq]–DHGE XVII, 441–476 [J. Laporte]–DIP III, 73–76 [L. Donnat]–LThK²IV, 167 [St. Hilpisch]–L. H. Cottineau, Rép. topo-bibliogr. des abbayes et prieurés II, 2610–2613 – E. Sackur, Die Cluniazenser, 1–2, 1892–94 – G. Chenesseau, L'abbaye de F., 1931 – K. Hallinger, Gorze-Kluny, 1–2, 1950 – J. Wollasch, Kgtm., Adel und Klöster im Berry während des 10. Jh.

(Neue Forsch. über Cluny und die Cluniazenser, ed. G. Tellenbach, 1959), 17–166–R.-H. Bautier, Le monastère et les églises de F. sous les abbatiats d'Abbon, de Gauzlin et d'Arnaud (988–1032), Mém. de la Soc. nat. des antiqu. de France, 9ᵉ sér., IV, 1969, 71–154 – Études ligériennes d'hist. et d'archéologie médiévales, ed. R. Louis, 1975–J. Laporte, Vues sur l'hist. de l'abbaye de F. aux VIIᵉ et VIIIᵉ s., Studia Monastica 21, 1979, 109–142–J.-M. Berland, Les prieurés normands de l'abbaye de F. aux XIᵉ et XIIᵉ s., Actes du 105ᵉ congr. nat. des soc. sav. 2, 1984, 107–124 – M. Mostert, The Political Theology of Abbo of F., 1987.

II. Bibliothek und Skriptorium: Innerhalb der Geistesgesch. von F. ist die Blütezeit von ca. 800–1150. Die ältesten überlieferten Hss., die meist nur fragmentarisch erhalten sind, wurden anscheinend aus Italien importiert. Die Arbeit des Skriptoriums begann am Ende des 8. Jh. Versuche, eine eigene Schriftart zu entwickeln, unterlagen dem Einfluß der→karol. Minuskel, und die meisten der in F. geschriebenen Hss. des 9. und 10. Jh. lassen sich schwerlich unterscheiden von Hss. benachbarter Klöster. Die Bibliothek, bes. bedeutend für die Überlieferung der klass. Lit., hatte ihren Höhepunkt unter →Abbo (940/945–1004) und seinen Schülern. Die Beziehungen F.s zu anderen geistigen Zentren kann man anhand der Hss. genau verfolgen; so ist die Arbeit engl. Schreiber und Buchmaler in F. nachweisbar. Seit dem 12. Jh. hatte die Bibliothek nur noch regionale Bedeutung.   M. Mostert

Lit.: M. Mostert, The Library of F. A Provisional List of Mss., 1987 [Lit.].

Fliege → Insekten

Flindrich (wohl von nd. *Flinnerk* 'Schmetterling'), spätma. ostfries. Silbermünze, in der Lit. häufig fälschl. mit dem →Krummsteert des 15. Jh. gleichgesetzt; er wurde tatsächl. erst 1564 in Ostfriesland als Silbermünze zu 3 Stübern eingeführt und war nach dem Vorbild der Groninger Flabbe gestaltet.   P. Berghaus

Lit.: A. Kappelhoff, Die Münzen Ostfrieslands, 1982, 71.

Flodoard v. Reims, * 893/894, † 28. März 966, Kanoniker, Priester und Archivar der Kathedrale v. Reims, wohl auch Lehrer dort, aus einer um Reims ansässigen Familie. Im Gefolge der Ebf.e nahm er mehrfach an Feldzügen und Reisen teil (Burgund, Normandie, Trier). Durch seine offenbar einflußreiche Stellung im Kathedralklerus und sein Ansehen über die Bistumsgrenzen hinaus wurde er auch in die polit. Konflikte der Zeit gezogen, in die um Reims zentrierten Kämpfe um die Königsherrschaft und den jahrzehntelangen Reimser Bistumsstreit, in dem er in dem Bemühen, zw. den Parteien Rechtspositionen zu wahren, mehrfach in Bedrängnis geriet. Polit. Aufträge führten ihn 936/937 nach Rom (Wahlanzeige Ludwigs IV.) und 951 nach Aachen zu Otto I.; an den Synoden der Jahre 947/948 (Mouzon, Verdun, Ingelheim) nahm er als Vertrauter Ebf. Artolds teil. 965 verzichtete er auf eine praelatura, wohl die Würde eines Praepositus, zugunsten eines gleichnamigen Neffen. Nachrichten über den Eintritt in ein Kloster, die Abtwürde und Wahl zum Bf. v. Noyon und weitere biograph. Details stammen aus gefälschten Dokumenten des Juristen Cl. Despretz (Anfang des 17. Jh.).

Von 919–966 führte F. in der Tradition der frk. Reichsannalistik knappe, aber präzise und zuverlässige annalist. Aufzeichnungen, die für die Kenntnis der spätkarol. Gesch. Frankreichs von größter Bedeutung sind. In den vier Büchern seiner »Historia Remensis ecclesiae« übernahm er Programm und Darstellungsmethode der Kirchengesch. des →Eusebius(-Rufinus) und verfolgte die Gesch. der Reimser Kirche entlang der Reihe ihrer Bf.e von den Anfängen bis zum Jahre 948, gestützt auf die

Schätze des Reimser Archivs, dessen Urkunden, Briefe und Akten er teils in Regesten zusammenfaßte, teils genauer referierte oder zitierte; das 3. Buch ist allein Ebf. Hinkmar gewidmet, das 4. mit der größtenteils selbsterlebten Zeit wiederholt weitgehend die Darstellung seiner Annalen und nuanciert sie. Daneben schuf F. die umfangreichste Dichtung des 10. Jh. (»De triumphis Christi«: 19 Bücher mit 19939 Versen in drei Teilen über die Triumphe in Palästina, Antiochia und Italien), in der er in farbiger poetischer Sprache und doch genau seinen Quellen folgend aus zahlreichen kirchengesch. und hagiograph. Werken und Briefen ein Epos über die Taten der Bf.e, Märtyrer, Mönche und hl. Frauen der apostol. Zeit bis in seine Gegenwart (936/939) gestaltete, mit Jerusalem, Antiochia und Rom, den Stätten des Wirkens des Apostels Petrus, als Zentren. Eine Dichtung über Marienwunder in der Kathedrale ging verloren; protokollartige Aufzeichnungen über Visionen eines Mädchens Flothilde, die mit den Annalen zusammen überliefert sind, dürften ebenfalls von F. stammen.   P. Chr. Jacobsen

Ed.: Ph. Lauer, Les annales de F., 1906 (CTSEH 39) – Hist. Remensis ecclesiae, MGH SS XIII, 405–599 (frz. Übers. M. Lejeune, 1854, Neudr. RMA 37–41, 1981–85) – Opuscula metrica: MPL 135, 491–886 – *Lit.:* W. Goffart, F. and the Frankish polyptichs, Speculum 47, 1972, 373–394 – H. Zimmermann, Zu F.s Historiographie und Regestentechnik (Fschr. H. Beumann, 1977), 200–214–P. Chr. Jacobsen, F. v. Reims – Sein Leben und seine Dichtung »De triumphis Christi«, 1978 (Mlat. Stud. und Texte X) [Lit.] – Ders., Die Titel princeps und domnus bei F. v. Reims, Mlat. Jb. 13, 1978, 50–72 – M. Bless-Grabher, Cassian v. Imola, 1978, 82f. – B. Schneidmüller, Karol. Tradition und frühes frz. Kgtm., 1979, 49–60 – J. Sainsaulieu, F., premier chroniqueur des Hongrois, Mél. d'hist. rémoise, 1979, 21–30 (Travaux de l'Académie Nat. de Reims, 158) – F. Châtillon, La double sincérité de Flodoard, RMA 36, 1980, 89–94 – H. Silvestre, RevBén 91, 1981, 169f. Anm. 1 [neues Exzerpt aus den »Triumphi«, 10. Jh.]–F. Heinzer, DA 38, 1982, 551–554 [neues Frgm. der »Hist.«, s.XI] – E. Karpf, Herrscherlegitimation und Reichsbegriff in der otton. Geschichtsschreibung des 10. Jh.s, 1985, 94–98.

Floh → Insekten; →Pest

Floire et Blancheflore → Florisdichtung

Flokkr, anord. Bezeichnung für skald. Preisgedichte (→Skaldendichtung), die im Gegensatz zur→Drápa nicht durch Kehrverse (→*stef*) strukturiert und im allgemeinen wohl auch kürzer waren. Sie bestanden lediglich aus einer »Gruppe, Schar« (dies die eigtl. Bedeutung des Wortes) von Strophen. In seiner hier vorliegenden Verwendung ist f. seit ca. 1000 belegt (Rekstefia 34⁴). In den Ausgaben der Skaldendichtung läuft etwa ein Dutzend Gedichte bzw. Fragmente, alle im anspruchsvollen Versmaß des →Dróttkvætt, als -flokkr (z. B. Eiríksflokkr, Tryggvaflokkr, Valþiófsflokkr), doch sind diese Namen nicht sämtlich alt. Obwohl der F. durchaus als würdige Form des Fürstenpreises anerkannt war, wurde eine Drápa eindeutig höher bewertet. Die »Knytlinga saga« berichtet sogar davon, Kg. Knut habe sich durch einen F. beleidigt gefühlt und den Skalden gezwungen, ihn zu einer Drápa umzugestalten und zu erweitern.   G. Kreutzer

Lit.: KL, s. v. Flokkr [H. Lie]–E. Sievers, Altgerm. Metrik, 1893, 95 – E. Brate, Fornnordisk metrik, 1898, 58 – Danakonunga sǫgur, 1982, 125 – B. Fidjestøl, Det norrøne fyrstediktet, 1982, 183 – Hans Kuhn, Das Dróttkvætt, 1983, 209.

Flor, Roger (Ritxard) de, * um 1260/68, ermordet 30. April 1305 bei Adrianopel, einer der Anführer der →Katal. Kompagnie; Sohn eines ehem. Falkners Ks. Friedrichs II. (Namensform: Blume) und einer Bürgerstochter aus Brindisi, der nach dem frühen Tod des Vaters (✗ 1268 bei →Tagliacozzo) und Verlust des Familienvermögens eine abenteuerl. Jugend im Dienst des →Templerordens verbrachte, als Flottenkommandant, wegen Unregelmäßigkeiten angeklagt (Streit um Beute), dem Orden den Rücken kehrte und über Genua und Neapel um 1300 nach Sizilien gelangte, wo er sich →Friedrich III. anschloß, diesem das →Homagium leistete und als dessen Vizeadmiral auch Piraterie betrieb. Nach dem Frieden v. →Caltabellotta (31. Aug. 1302) wegen der von den Templern beim Papst anhängigen Klagen unbequem geworden, trat er in Verhandlungen mit dem byz. Ks. →Andronikos II. Palaiologos ein und führte die Söldner der Katal. Kompagnie nach Osten. Seine Bedingungen wurden erfüllt: Er erhielt den Titel eines Megas dux verliehen und die ksl. Prinzessin Maria, Tochter Ivans III. Asen (→Aseniden) und Nichte des Andronikos, zur Gemahlin, woraufhin er sich gemäß einem Bericht des Berengar d'→Entença »Miguel Paleólogo Comeno, yerno y megaduque del imperio de los romeos« nannte (Zurita, Anales, ed. CANELLAS LÓPEZ, Bd. III, 16). Nach großen Erfolgen im Kampf gegen die Türken, dem Rückruf durch Andronikos II. (Aug. 1304) und der daraufhin vollzogenen Besetzung v. Gallipoli durch die Katalanen verschlechterte sich das Verhältnis zu den Byzantinern zunehmend. Die Forderung, ein Kgtm. Anatolien zu erhalten, unter Einschluß aller Inseln der Romania (Jan. 1305), sowie der Plan, daraus ein festes, auf lehnrechtl. Bindung beruhendes Herrschaftsgebiet zu formen, zogen die Verleihung der Caesar-Würde (→Caesar II) als Ehrentitel (Muntaner, Crònica, Cap. CCXII, ed. SOLDEVILA, 855: »cèsar de l'emperi«; Investitur am 10. April 1305) und des Amtes eines weitgehend unabhängigen ksl. Gouverneurs von Kleinasien (στρατηγὸς αὐτοκράτωρ) nach sich. Die daraus abgeleitete Bedrohung seiner eigenen Stellung veranlaßte →Michael IX., Sohn des Andronikos II., den Rivalen umbringen zu lassen. Roger de F.s stetiges Bestreben, rücksichtslos Beute zu machen und Reichtümer zu erwerben, lassen ihn als »Prototyp des Kriegsunternehmers« (SABLONIER) erscheinen. Die Rache, die die Katalanen nach seinem gewaltsamen Tod nahmen, wurde in Thrakien sprichwörtlich. R. de F. hinterließ einen nachgeborenen Sohn, Rogeró de F.   L. Vones

Q.: Nicophori Gregorae Byzantina Historia I, ed. L. SCHOPEN, 1829 – Georgii Pachymeres De Andronico Palaeologo, ed. I. BEKKER, 1835 – H. FINKE, Acta Aragonensia II, 1908, 680–686, Nr. 431 [Nachdr. 1968] – A. RUBIÓ I LLUCH, Diplomatari de l'Orient Català (1302–1409), 1947 – Les Quatre Grans Cròniques, ed. F. SOLDEVILA, 1971 – DÖLGER, Reg. 2246, 2249, 2252, 2258, 2263, 2268, 2273, 2277 – Lit.: Gran Enciclopèdia Catalana VII, 1974, 520 [M. MERCÈ COSTA] – A. RUBIÓ I LLUCH, Paquimeres y Muntaner, Memóries de la secció històrico-arqueològica del Institut d'Estudis Catalans I, 1927 – DERS., Nuevos aspectos de R. d. F. en la Hist. de Paquimeres, Boletín de la Real Academia de Buenas Letras de Barcelona 14, 1929–30, 40–47 – R. GUILLAND, Le Drongaire de la flotte, le Grand Drongaire de la flotte, le Mégaduc (Recherches sur les institutions byz. I, 1967), 535–562 – R. SABLONIER, Krieg und Kriegertum in der Crònica des Ramon Muntaner, 1971, bes. 62–64 – A. E. LAIOU, Constantinople and the Latins. The Foreign Policy of Andronicus II (1282–1328), 1972, 131ff., 141ff.

Flor(a) (Fleur) v. Beaulieu, hl. Mystikerin, * in Maurs (?), † 1347 in Beaulieu b. Cahors, aus vornehmer Familie stammend, trat mit 14 Jahren in das zum Hospital von B. gehörige Kl. der Malteserinnen ein, wo sie ein von Ekstasen, Schauungen und Prophezeiungen erfülltes Leben führte. Ihre Visionen (über die Passion, das Paradies u. a.), die im Einklang mit dem liturg. Jahr stehen, waren oft Frucht intensiver Meditationen über die entsprechenden Heilsthemen.   P. Dinzelbacher

Q.: Vida e miracles de sancta Flor, hg. C. BRUNEL, AnalBoll 64, 1946, 5–49 – Lit.: Bibl.SS V, 929f. – DHGE XVII, 438 – Vies des saints X, 128–132 – C. LACARRIERE, Vie de Ste Flore ou Fleur, 1871².

Flore und Blancheflur → Florisdichtung

Floreffe, AbteiOPraem nahe Namur an der Sambre (heut. Belgien), dritte Abtei des Ordens und erste, die im Gebiet des Reiches gegründet wurde. Sie wurde bereits durch den Ordensgründer, den hl. →Norbert, ins Leben gerufen; dieser erhielt am 27. Nov. 1121 eine Schenkung des Gf.en v. →Namur, die eine Wiederherstellung der alten Villa der Pippiniden zu F. ermöglichte; bereits am 25. Jan. 1122 erfolgte die Ansiedlung der ersten Konventualen, die wohl aus Prémontré kamen. Der Grundriß der ersten, roman. Kirche (Chor und Querschiff 1165–90, Schiff 1225–50) ist kürzlich durch Grabungen rekonstruiert worden. F. baute im 12. und 13. Jh. einen reichen Besitz auf.

Während des ersten Jh. ihres Bestehens erwarb die Abtei über 25 bis dahin grundherrl. Pfarrkirchen, die von den Bf. en v. Lüttich mit →Exemtion gegenüber dem jeweiligen Archidiakon ausgestattet wurden.

Auf dem Gebiet der caritas engagierte sich F. durch die Gründung von etwa zehn Hospizen, zumeist im Sambre- und Maastal sowie im Kempenland gelegen. Ebenso tat sich F. durch zahlreiche Tochtergründungen hervor: Fünfzehn Abteien und Priorate für Männer wie Frauen hingen seit dem 12. Jh. von F. ab; sie lagen v. a. im Maastal, in Brabant und im Rheinland. Die ca. 20(?) von F. errichteten curtes (→Grangie) wurden seit dem Ende des 13. Jh. zunehmend an Zeitpächter ausgetan unter teilweiser Parzellierung.

Die lange angenommene Existenz eines sehr aktiven Skriptoriums ist durch neuere Forschungen widerlegt worden. Die Bibliothek wurde vielmehr vorwiegend durch Ankäufe bestückt (u. a. Bibel von F., ein Meisterwerk der maasländ. Kunst der Mitte des 12. Jh.). Ebensowenig sind die in F. erhaltenen Goldschmiedearbeiten des 13. Jh. in der Abtei selbst entstanden. Die nicht sehr reiche lit. Produktion der Abtei umfaßt »Annales Floreffienses« (12.–14. Jh.), eine Reimchronik des späten 14. Jh. sowie aus derselben Zeit Psalmen- und Evangelienkommentare des Priors Peter v. Herenthals.   G. Despy

Lit.: Eine neuere Gesamtdarst. fehlt trotz guter Quellenlage – DHGE XVII, 520–533 [P. JACQUET, Bibliogr.] – Floreffe. 850 ans d'hist., 1973 – G. DESPY, Cîteaux et Prémontré devant l'économie de profit aux XII° et XIII°s. (Problèmes d'hist. du christianisme V, 1975), 58–80 – W. M. GRAUWEN, Norbert et les débuts de F., AnalPraem 50, 1975, 5–23 – R. LAURENT, Les sceaux de l'abbaye et des abbés de F., Misc. archivistica, n°9, 1975 – A. C. FRAEYS DE VEUBEKE, Les mss. de l'abbaye de F., Arch. et Bibl. Belg. 48, 1977, 601–616 – L. GENICOT, Une paroisse namuroise à la fin du m-â.: Floreffe, RHE 80, 1985, 669–731.

Florennes, St-Jean-Baptiste de, Abtei OSB (heut. Belgien, Prov. Namur), im ehem. Bereich der Diöz. →Lüttich. Das zu Beginn des 11. Jh. gegr. Kl. war ursprgl. ein Säkular-Kanonikerstift. 1010/11 setzte ein Mitglied der Familie der Herren v. Florennes, →Gerhard, späterer Bf. v. →Cambrai, anstelle der Kanoniker Benediktiner ein. Die neue Abtei wurde an die Kirche v. Lüttich übertragen (1015?) und 1026 geweiht. Die Umwandlung des Stifts F. in eine Abtei OSB war durch die monast. Reformbestrebungen →Richards v. St. Vanne und Kg. →Heinrichs II. geprägt; sie hatte die Installierung eines eigenen, den Benediktinern unterstellten Kanonikerstiftes in der Kirche St. Gangolf (St-Gengulphe) zu F. zur Folge. Zunächst führte Richard von St. Vanne den Abtsstab in F., 1018 löste ihn Werricus (Werry) ab. Nach dessen Tod (vor 1028/29) wurde Gonzo (Gonzon, † 1069 [?]), der Bruder des Bf.s →Wazo v. Lüttich, als Abt eingesetzt. Während des 11. Jh. erlebte F. einen beachtl. Aufstieg. Bedeutende Äbte waren Gérard v. Orchimont (um 1130, 1234 heiliggesprochen) und Guibert-Martin (1188–93), der 1177–79 Sekretär der →Hildegard v. Bingen gewesen war. Gegen Ende des 13. Jh. geriet die Abtei in eine finanzielle Krise und mußte einen Teil ihrer Güter veräußern. Nachdem F. 1408 von den Truppen des Gf.en Wilhelm v. Holland-Hennegau geplündert worden war, bemühten sich Mönche aus der Abtei St. Jakob zu Lüttich um den Wiederaufbau. Unter Abt Thomas v. Limburg (1458–86) erfolgte die Erneuerung der monast. Disziplin. 1796 wurde die Abtei aufgehoben. J.-L. Kupper

Q. und Lit.: DHGE XVII, 574–582 [Lit.] – LThK² IV, 170 – U. BERLIÈRE, Monasticon belge I, 1890–97, 5–14, 153–158 – L. H. COTTINEAU, Rép. topo-bibliogr. des abbayes et prieurés I, 1939, 1161 – J. BOVESSE, Inventaire général sommaire des Archives ecclésiastiques de la province de Namur, 1962, 208–211 – J. P. DEVROEY, Le diplôme de l'empereur Conrad II pour l'abbaye de F. (1033), Francia 12, 1984, 725–732 – A. DIERKENS, Abbayes et Chapitres entre Sambre et Meuse (VIIᵉ–XIᵉ s.), 1985, 260–279 [Lit.].

Florenser (Floriazenser), von →Joachim v. Fiore Ende des 12. Jh. zwecks Reform des Zisterzienserordens gegr. Mönchsorden. – Da das zisterziens. Mönchtum im Laufe des 12. Jh. eine radikale Wandlung erfahren hatte und ursprgl. monast. Ziele infolge des wachsenden Reichtums und der Tätigkeit einzelner Ordensmänner für Papsttum und Kirche stärker in den Hintergrund getreten waren, erkannte Joachim, Abt der Zisterze v. Corazzo (Kalabrien), die Notwendigkeit, zu der Spiritualität des Cîteaux der Ursprungsjahre zurückzukehren. Er verließ seinen Orden – das zisterziens. Generalkapitel bezeichnete ihn daher als entlaufenen Mönch – und widmete sich im Sila-Gebirge der vita contemplativa. Von seinem ersten Kl., S. Giovanni in Fiore, nahm seine Gründung den Namen 'Florenser-Orden' an. Der Orden, von Cölestin III. 1196 bestätigt, verbreitete sich hauptsächlich in Italien und bestand bis in die 2. Hälfte des 16. Jh. Er genoß die Unterstützung der Päpste und der Staufer in Sizilien (v. a. →Heinrichs VI. und Friedrichs II.), während die Angevinen ihm kaum Beachtung schenkten, und besaß mehrere Kl. im Regno, aber auch in Latium und in der Toskana. Zu den bekanntesten gehören – neben S. Giovanni in Fiore – S. Angelo am Monte Mirteto bei Ninfa und S. Maria della Gloria bei Anagni (beide Latium). Die Mönche lebten fern von den Siedlungen, leisteten Feldarbeit und widmeten sich dem Gebet und der Kontemplation. Das florens. Mönchtum steht in keinem Zusammenhang mit dem monast. Ideal Joachims v. Fiore, dessen Verwirklichung er für das Dritte Zeitalter – das Zeitalter des Hl. Geistes – erhoffte. Auch die Verbreitung der Lehren des Abts und des pseudojoachimit. Gedankengutes erfolgte nicht im florens. Einflußgebiet; gegenteilige Hypothesen (REEVES, WESSLEY) stützen sich nur darauf, daß Joachim den F.-Orden begründete. E. Pásztor

Lit.: DHGE XVII, 515–520 – DIP IV, 79–82 [F. CARAFFA; Bibliogr.] – G. PENCO, Storia del monachesimo in Italia, 1983², 248–252.

Florentina (Codex Florentinus) → Corpus iuris civilis

Florentius (Florence) **v. Worcester** OSB, † 1118, früher als Verfasser des Anfangsteiles (bis 1118) einer in →Worcester entstandenen Universalchronik (»Chronicon ex chronicis«) betrachtet. Die neuere Forschung neigt dazu, das gesamte Werk dem Mönch Johannes v. Worcester (ca. 1124–40) zuzuschreiben. Dieser verwertete vielleicht von F. gesammeltes Material. Es wird auch die These vertreten, der einleitende Teil bis 1016/17 sei ursprgl. im Kl. →Ramsey kompiliert worden (C. HART). – Die annalist. Anordnung des Stoffes folgt dem Vorbild der Ags. →Chronik, doch wurden auch sonstige Schriften wie die Chronik (»De temporibus«) und die engl. Kirchengeschichte des →Beda Venerabilis, die Weltchronik des →Marianus Scotus und →Eadmers »Historia Novorum« benützt. Die Chronik v. Worcester enthält neben Ereigniserzählung auch ags. Königsgenealogien und Bischofslisten. Die Hs. »Corpus Christi College, Oxford, MS 157«, wohl teilweise Autograph des Johannes v. Worcester, läßt Schlüsse auf die Arbeitsweise des Chronisten zu, der das Werk mit dem Tode Kg. Heinrichs I. beenden wollte, später den Abschnitt 1128–30 revidierte und die Aufzeichnungen bis 1140 weiterführte. Die Chronik bietet von 1121 an selbständige Nachrichten zur Zeitgeschichte auf Reichs- und Lokalebene, daneben auch Anekdoten und Wunderberichte. Es geht dem Autor um Anknüpfung an die ags. Vergangenheit und um Sicherung der Rechtsposition von Worcester. Die Chronik wurde von anderen historiograph. Zentren wie →Abingdon, →Gloucester, →Bury St. Edmunds, →Peterborough und →Durham übernommen und fortgesetzt. Eine Kurzfassung (»Chronicula«) geht wohl ebenfalls auf Johannes v. Worcester zurück; hier sind Totenklagen auf die Kg.e →Eduard d. Bekenner und →Harald II. und auf Bf. →Wulfstan II. eingeschoben. K. Schnith

Ed.: Chronicon ex chronicis, hg. B. THORPE, 2 Bde, 1848–49 [unvollständig]. Krit. Neuausg. von R. R. DARLINGTON–P. McGURK zu erwarten. – The Chronicle of John of Worcester, hg. J. R. H. WEAVER, 1908 [Partien von 1118–40] – *Lit.:* Repfont IV, 472f. – R. R. DARLINGTON, The Vita Wulfstani of William of Malmesbury, 1928, XI–XVIII – V. H. GALBRAITH, Historical Research in Medieval England, 1951–A.-D. v. DEN BRINCKEN, Stud. zur lat. Weltchronistik bis in das Zeitalter Ottos v. Freising, 1957, 173ff. – WATTENBACH-HOLTZMANN-SCHMALE 3, 1971, 991 – A. GRANSDEN, Historical Writing in England I, 1974, bes. 143ff. – V. I. J. FLINT, The Date of the Chronicle of 'Florence' of Worcester, RevBén 86, 1976, 115–119 – E. A. McINTYRE, Early-twelfth-century Worcester Cathedral Priory, Oxford thesis 1978 – M. BRETT, John of Worcester and his Contemporaries (The Writing of Hist. in the MA, Essays R. W. SOUTHERN, 1981), 101ff. – R. R. DARLINGTON–P. McGURK, The Chronicon ex chronicis of 'Florence' of Worcester and its Use for English Hist. before 1066, Anglo-Norman Stud. 5, hg. R. A. BROWN, 1983, 185–196 – C. HART, The early Section of the Worcester Chronicle, Journ. Med. Hist. 9, 1983, 251ff.

Florenz, it. Stadt (Toskana).

A. Allgemeine Stadtgeschichte – B. Wirtschaftliche und demographische Entwicklung

A. Allgemeine Stadtgeschichte

I. Ursprünge – II. Frühmittelalter und Anfänge der Kommune bis zum 12. Jh. – III. Guelfen und Ghibellinen; das Regiment des Primo Popolo – IV. Übergang vom »Stadtstaat« zum »Territorialstaat«; Signorie der Medici – V. Universität.

I. URSPRÜNGE: Die röm. Kolonie Florentia (Tribus Scaptia) hatte eine Mauer von rund 1800 m Länge, die eine Fläche von ca. 20 ha umschloß (Mittelpunkt: heutige Piazza della Repubblica, mit Kreuzung von cardo maximus und decumanus). Ihre Anlage am rechten Arnoufer diente der Überwachung der Furt und später der Brücke an der Via Cassia, die Rom mit den Apenninenpässen und Bononia (Bologna) sowie den anderen Zentren der →Emilia verband. Ende des 2. Jh. zählte die Stadt wohl bereits 10000 Einw. Unmittelbar außerhalb des ersten Mauerrings befanden sich Thermen, Theater, Amphitheater und Flußhafen. Bereits im 2. Jh. sind christl. Ansätze in der Stadt erkennbar; die ersten Christen gehörten anscheinend oriental. Gemeinden an (wie z. B. die aus Palästina stammende Felicitas [Kultstätte zusammen mit einem frühen christl. Friedhof unmittelbar südlich von dem späteren Ponte Vecchio]; gleiches gilt für Miniatus [Grabstätte in S. Miniato al Monte]). F. war mit Sicherheit zumindest seit dem 2. Jahrzehnt des 4. Jh. Bischofssitz (erster belegter Bf. Felix; 393 Bf. Zenobius vom hl. Ambrosius geweiht, erste Kathedrale S. Lorenzo).

II. Frühmittelalter und Anfänge der Kommune bis zum 12. Jh.: Aus Spätantike und FrühMA sind nur wenige Nachrichten erhalten; neuere archäolog. Grabungen lassen in gewissem Ausmaß präzisere Aussagen über die Anlage der Stadt zu. 405 siegte hier →Stilicho über den Ostgoten Radagaisus. Im 6. Jh. nahm die Stadt nach dem Zeugnis Prokops die Truppen des →Justinus beim Kampf gegen →Totila auf (Stadtsage über eine Zerstörung durch Totila und Wiederaufbau durch Karl d. Gr. ohne echten Kern). Es gilt als gesichert, daß in byz. Zeit die Stadtmauern im Nordsektor ständig zurückverlegt wurden und sich nicht nur deutl. von der Basilika S. Lorenzo an der Via Cassia entfernten, sondern auch von dem damaligen sakralen Zentrum der Stadt (heute Standort von Baptisterium und Kathedrale S. Maria del Fiore, des Nachfolgerbaus von S. Reparata).

Während der langob. und frk. Herrschaft stand ein →comes an der Spitze der Stadt. Aus dem 6.–9. Jh. ist nur weniges aus der Stadtgesch. bekannt: Weihnachten 786 Aufenthalt Karls d. Gr.; Errichtung einer Klerikerschule (constitutio von 825). Abgesehen von diesem Einfluß der karol. Reform wurde die Stadt zur gleichen Zeit im S wesentl. erweitert, so daß sie sich schließlich fast bis zum rechten Arnoufer erstreckte.

Die eigentl. Blütezeit von F. begann in der 2. Hälfte des 10. Jh., als die Ottonen den Bf.en die Immunität verliehen und Schenkungen machten, und die Mgf.en v. Tuszien, v.a. die →Canossa, die Stadt förderten. Die durch Schenkungen des weitblickenden Mgf.en Hugo (Ugo) und seiner Mutter Willa ermöglichte Gründung (978?) der florent. Badia (Abtei OSB ♂ S. Maria) steht am Anfang einer Periode neuer Prosperität und regen städt. Lebens. Im ersten Viertel des 11. Jh. wurde die Abtei OSB S. Miniato al Monte begründet. Der Bau des Baptisteriums wurde unter dem bedeutenden Bf. Gerhard (später Nikolaus II., 1058–61) begonnen. Die Florentiner beteiligten sich intensiv an den religiösen Auseinandersetzungen; gegen den simonist. Bf. erhob sich eine starke patarin. Bewegung (→Pataria), die nicht nur von Papst Alexander II. und →Petrus Damiani unterstützt, sondern auch von den toskan. Mönchsorden, die aus der sog. Reformbewegung des 11. Jh. erwachsen waren (→Vallombrosaner, →Camaldulenser, →Johannes Gualbertus), getragen wurde. Möglicherweise hat jedoch die florent. Haltung zugunsten der Gfn. →Mathilde v. Tuszien und der Kirchenreform und die Abkehr von Ks. Heinrich IV. die Entstehung autonomer Institutionen des Stadtregiments (die sich hingegen in prokaiserl. Städten wie Lucca und Pisa früh entwickelten) verzögert. Dies gilt jedoch nur für die Institutionen; was die städt. Strukturen betrifft, wurden in den Jahrzehnten um 1100 infolge des starken demograph. und wirtschaftl. Wachstums die Grundlagen für die spätere Kommune von F. gelegt, deren Gründung zw. 1115 (Tod der Gfn. Mathilde) und 1138 (erster Konsulnbeleg) erfolgte. In jenen Jahren konnte sich demnach in F. eine adlige Führungsschicht formieren, die – anscheinend weitgehend unabhängig von dem in anderen Städten wirksamen bfl. Einfluß – das öffentl. Leben der Stadt organisierte. Nähere Einzelheiten über diese frühe städt. Aristokratie, in der neben grundherrl. Familien aus dem Comitatus offenbar auch bereits durch Handel und Gewerbe reich gewordene →boni homines fungierten, sind nicht bekannt. Ebenso wie die Einwohner von Lucca, Pisa, Pistoia und Siena begannen die Florentiner in dieser Zeit ihren Einflußbereich auf das Umland auszudehnen: In verschiedenen Feldzügen unterwarfen sie Burgen und Nachbargemeinden, um die Verbindungsstraßen nach F.

freizuhalten: 1119 Eroberung von Monte Cascioli, 1123–25 Krieg gegen →Fiesole und Zerstörung der Nachbarstadt, 1129 im Bündnis mit Volterra Kampf gegen →Siena, 1143–53 kriegerische Auseinandersetzungen mit den großen Feudalherren der NO-Toskana, den →Guidi, sowie mit den →Alberti, die im W der Stadt, am Mittellauf des Arno begütert waren. Eine Folge dieser Kämpfe war ein demograph. Aufschwung der Stadt: Adlige aus dem Contado wurden gezwungen, zumindest einige Monate im Jahr stadtsässig zu werden (»cives selvatichi«); daneben erfolgte ein Zuzug von Armen, v.a. aber von Leuten der ländl. »Mittelschicht«, die ihren Landbesitz beibehielten. Der in den 1170er Jahren begonnene Mauerring, der nicht nur ein weitaus größeres als das ursprgl. röm. Areal einschloß (ca. 97 ha), sondern auch einen Großteil des bislang außerhalb der Mauern gelegenen Siedlungsgebietes, umfaßte schließlich alle vorstädt. Siedlungen (→borghi), die sich in unmittelbarer Nachbarschaft der Mauern, in erster Linie bei den Toren, gebildet hatten.

F. verfolgte Friedrich I. Barbarossa gegenüber eine neutrale Politik. Es vermied, dem Ks. ausdrückl. den Treueeid zu leisten, setzte ihm jedoch auch keinen wesentl. Widerstand entgegen. Das Bündnis mit Pisa (1171) gewährleistete den Ausbau der Handelspolitik und ermöglichte gleichzeitig ein gutes, aber nicht zu enges Verhältnis zum Ks. 1187 bestätigte ein Diplom Heinrichs VI. als Kg. v. Italien, der Stadt das Recht zur Selbstverwaltung, das sie de facto seit Jahrzehnten ausübte. 1197 nahm F. als treibende Kraft an der toskan. Liga teil. Kurz nach dem Tod Ks. Heinrichs erkannten die Stadt und die Feudalherren der Region gegenseitig ihre Jurisdiktionsrechte an und verpflichteten sich, den status quo gegenüber jeder äußeren Macht zu verteidigen. Dieses Abkommen von 1197 darf als Endpunkt der ersten Entwicklungsphase der Kommune angesehen werden; es leitete die zweite Phase ein, die durch innerstädt. Faktionskämpfe und durch den Kampf um die Hegemonie in der Region gekennzeichnet ist.

III. Guelfen und Ghibellinen; das Regiment des Primo Popolo: 1193 wurde das konsularische Regime durch das Podestariat abgelöst (erster Podestà: Gherardo Caponsacchi). Schon vorher hatten sich erste Machtkämpfe innerhalb der großen Adelskonsorterien abgezeichnet, der »societates turrium«, deren Macht sich auf die hohen, befestigten Geschlechtertürme in der Stadt stützte.

Die bereits Ende des 12. Jh. zutage tretende Rivalität zw. zwei gegensätzl. adligen Gruppierungen fand 1215 ihren dramat. Höhepunkt in der Ermordung des Buondelmonte de →Buondelmonti; daraus erwuchsen die auch in ferner Zukunft bedeutsamen »klassischen« Parteiungen der →Guelfen und →Ghibellinen. Die Auseinandersetzungen zw. den Staufern und dem Papsttum und die komplexen Beziehungen zw. dem Papsttum und den antistauf. Anjou, die jedoch in vieler Hinsicht die Italienpolitik →Friedrichs II. und seines Sohnes →Manfred fortsetzten, prägten die Florentiner Stadtgeschichte von 1215 bis etwa in die Anfangsjahre des 14. Jh.: Hatte bis dahin die alte Aristokratie der milites dominiert, so trat als neues Element nun eine polit. und wirtschaftl. bedeutende bürgerl. Schicht hervor. Die großen florent. Kaufleute hatten sich 1182 zu einer Korporation (Arte) zusammengeschlossen, Ausgangspunkt für eine Reihe verschiedener spezialisierter Korporationen: Arte di →Calimala (Importeure von Naturwolle und Veredler ausländ. Tuche), Arte della Lana (Wolle), Arte del Cambio (Geldwechsler), Arte di Por Santa Maria (Seidengewerbe und Handel) und Arte dei Pellicciai e Vaiai (Kürschnerei und Fehgerberei); auch die

freien Berufe bildeten derartige Verbände (Arte dei Giudi-
ci e Notai [Richter und Notare] und Arte dei Medici e
Speziali [Ärzte und Apotheker]).

Diese wirtschaftl. vielseitige und aktive neue bürgerl.
Schicht gründete Großwerkstätten, in denen Arbeitskräfte aus dem Umland tätig waren. In wenigen Jahren
wurde F. zur bedeutendsten Handelsstadt und zu einer der
führenden Gewerbestädte des Abendlandes. Die Angehörigen dieser neuen Schicht werden in den zeitgenöss.
Quellen vorerst aufgrund ihrer militär. Funktion als »Pedites« bezeichnet; in kurzer Zeit formierte sich diese Gruppe als eigener polit. Faktor neben (und im Gegensatz zu)
den Milites und nahm teilweise aktiv an deren Machtkämpfen teil, verfolgte jedoch mittels der Arti eine autonome polit. Linie; sie strebte in zunehmendem Maße nach
Beteiligung am Stadtregiment und nach einer Gesetzgebung, die die soziale und wirtschaftl. Entwicklung der
Stadt stärker förderte. Einerseits betrachteten die Adligen
mit Argwohn das Wachsen dieses neuen polit. Macht-
faktors (der in seiner Gesamtheit nun *Popolo* genannt
werden kann), andererseits strebten viele Angehörige des
Popolo nach Aufstieg in die Schicht der Milites. Das
Ansehen der Aristokraten stützte sich auf Geblüt und
militär. Ruhm, die Stärke der Popolanen war das Geld, das
in der Wirtschaft des 13. Jh. eine zusehends wichtigere
Rolle einnahm. Bei allem Antagonismus der beiden Gruppen gab es jedoch auch Heiratsverbindungen und Bildung
von Consorterien. Seit etwa der Mitte des 13. Jh. entsprechen die Begriffe Milites und Pedites nicht mehr den
tatsächl. Verhältnissen im sozialen Gefüge. Jetzt steht
einer aus der Verschmelzung des alten Adels und einiger
herausragender Popolanen-Familien hervorgegangenen
Schicht von »Großen« (*Grandi*), »Mächtigen« (*Potenti*)
oder Magnaten (*Magnati*), die nach adlig-krieger. Standes-
ethos lebt, aber auch im Handel und Geldwechsel, d. h.
→Bankwesen, tätig ist, eine den restlichen Teil der Stadtbevölkerung umfassende Schicht von Popolanen (*Popolani*) gegenüber. An deren Spitze erscheint eine breite, aktive
Führungsgruppe, die im Kern aus den in den Arti di
Calimala, del Cambio und della Lana zusammengeschlossenen Bankiers und Kaufleuten besteht, um die sich in
mehr oder weniger abhängiger Stellung die Zünfte der
freien Berufe und der Handwerker gruppieren. Guelfentum und Ghibellinentum, nunmehr ihres eigentl. Inhalts
beraubte Schlagwörter, dienen noch auf lange Zeit zur
Unterscheidung der um die Macht kämpfenden Faktionen
und geben den Auseinandersetzungen, die sich gleichzeitig in der Toskana und in ganz Italien abspielen, eine
zumindest formale Klammer. Beteiligte sich der Popolo
zwar insgesamt nicht an den alten Parteikämpfen zw. den
Magnatengruppen, die den traditionellen Zwist zw. Guelfen und Ghibellinen übernommen hatten, so kam es in F.
aus verschiedenen Ursachen (in erster Linie die Haltung
der Kirche in den letzten Jahrzehnten vor der Jahrhundertmitte) zu einer immer ausgeprägteren guelf. Parteinahme.
Nach einer zweijährigen Periode (1248–50), in welcher der
ghibellin. Adel die Oberhand hatte und →Friedrich v.
Antiochia, der illegitime Sohn Friedrichs II., ein diktator.
Stadtregiment führte, wurde 1250 ein Stadtregiment errichtet, in dem die Popolanen die führende Rolle
spielten. Sichtbares Zeichen dieses Erstarkens der Popolanen war die Einsetzung eines neuen Amtsträgers, des
→*Capitano del Popolo*, dem zwei Ratsgremien zur Seite
standen. Neben dem »commune militum« der Magnaten
und ihrem Oberhaupt, dem Podestà, bildete sich auf diese
Weise eine »parallele Kommune« popolanen Zuschnitts,
die die Interessen der Handwerker und Gewerbetreiben-

den und v. a. der großen Bankiers und Kaufleute vertreten
sollte, von welchen die »popolane Revolution« ausging.
Symbol ihrer Macht und ihres Erfolgs war der neue
florent. →Goldgulden, der »Florin« (*fiorino*, 24 Karat, 3,56
gr), der noch im ganzen 15. Jh. zusammen mit dem ven.
→Dukaten eine Grundwährung des Fernhandels bilden
sollte. Das unmittelbare Hauptziel des Regiments des
Primo Popolo bestand darin, der führenden Kaufmannsschicht größtmögl. Entfaltungsmöglichkeit zu bieten:
deshalb wurden die 50er Jahre des 13. Jh. von Kämpfen
gegen die toskan. Handelskonkurrenten gekennzeichnet,
in erster Linie →Pisa und →Siena, die beide auf ghibellin.
Seite standen.

Diese aktive Phase der Stadtgeschichte, während der in
F. neue Brücken und Bauwerke errichtet wurden (z. B.
Palazzo del Popolo, heute →Bargello) und die Niederlas-
sungen der Bettelorden entstanden (S. Maria Novella OP,
S. Croce OMin, SS. Annunziata, Serviten; S. Spirito,
Augustinereremiten), fand ihr vorläufiges Ende mit der
Schlacht v. →Montaperti (1260), in der die guelf.-florent.
Streitkräfte den ghibellin.-sienes. Verbänden, die von den
dt. Truppen Kg. →Manfreds verstärkt wurden, unterla-
gen. Auf diese Niederlage folgte in F. eine harte Regierung
ghibellin., auf Vergeltung bedachter Magnaten; Pläne, die
Stadt dem Erdboden gleichzumachen, wurden jedoch
infolge des Widerstandes einiger florent. ghibellin. Consorterien unter Farinata degli →Uberti fallengelassen.

Die ghibellin. Vorherrschaft in F. überdauerte jedoch
Manfreds Niederlage und Tod (1266) in der Schlacht von
→Benevent nicht: die guelf. Magnaten kehrten aus dem
Exil zurück und nahmen – nach einem Episode bleibenden
»Koalitionsversuch« – den Kampf gegen ihre ghibellin.
Gegner wieder auf. Die in den Jahren 1260–66 aufgelösten
popolanen Organisationen erstanden neu und nahmen
ihre alte Position ein, was im wesentl. einer Unterstützung
der guelf. Kommune und ihrer Politik der Allianz mit der
Kurie und →Karl I. v. Anjou, Kg. v. Neapel, gleichkam
und den florent. Bankiers eine beträchtl. Erweiterung
ihrer Geschäfte ermöglichte.

Der 1280 von Kard. Latino vermittelte Friedensschluß
führte zwar einen temporären Ausgleich zw. den Magna-
tenfaktionen herbei, ein erneuter Ausbruch der Kämpfe
veranlaßte jedoch die Popolanen, den Magnaten das Stadtregiment zu entziehen und eine Neuorganisation durchzuführen, die stärker den eigenen wirtschaftl. Interessen
entsprach. So entstand der *Comune delle Arti* (Juni 1282), an
dessen Spitze sechs aus den *Arti Maggiori* und den einzelnen
Stadtteilen (*Sestieri*) gewählte Prioren standen, die von
einem →*Gonfaloniere* (›Bannerträger‹) geführt wurden;
Ausdruck der neuen Autonomie des Popolo gegenüber
den Magnaten auch auf dem Gebiet der milit. Organisation, die bisher die Stärke der beritten kämpfenden Magnaten gewesen war. In dieser Zeit wurden große Bauvor-
haben begonnen, die dem neuen Selbstverständnis des
Popolo entsprachen (dritter Mauerring 1333/34 [umfaßte
nach F. SZNURA einschl. des Oltrarno ca. 400 ha], Neubau
des Doms, S. Croce, Palazzo Vecchio). Dem Versuch der
guelf. Magnaten, nach dem Sieg über die ghibellin. Einwohner v. →Arezzo in der Schlacht von Campaldino
(1289) sich neuerlich der Herrschaft über die Stadt zu
bemächtigen, begegneten 1293 die von dem reichen Kaufmann Giano della Bella angeführten Popolanen mit den
Ordinamenti di Giustizia (die 1295 revidiert und teilweise
gemäßigt wurden); in diesen Ordnungen wurde festgelegt, daß die Mitglieder der dort definierten Magnatenfamilien nicht mehr den städt. Ratsgremien angehören,
noch hohe kommunale Ämter bekleiden durften.

Der erbitterte Widerstand der Magnaten gegenüber dieser neuen Entwicklung wurde von Papst Bonifatius VIII. und von Karl II. v. Anjou, Kg. v. Neapel, unterstützt. Diese Parteinahme erklärt sich daraus, daß sich unter den florent. Magnatenfamilien einige der wichtigsten Bankiers der Kurie befanden.

Das florent. Guelfentum spaltete sich gegen Ende des 13. Jh. in zwei Faktionen: die »Weißen« (*Bianchi*), die eine Versöhnung mit den ghibellin. Mitbürgern befürworteten, eine Politik der Öffnung gegenüber den Popolanen betrieben und eine vorsichtig distanzierte Haltung gegenüber der dynam. Politik des Papstes einnahmen, und die »Schwarzen« (*Neri*), der die unbeugsamsten Magnaten angehörten und die zumindest in ihrem extremen Flügel, dessen Sprachrohr Corso →Donati war, Strafmaßnahmen der Magnaten an den Popolanen anstrebten.

Das Auftreten des vom Papst als Paciarius (Friedensvermittler) entsandten →Karl v. Valois, des Bruders Kg. – Philipps IV. v. Frankreich, führte ab Nov. 1301 zu einer Wende: Die Vertreibung der weißen Guelfen (unter ihnen →Dante) brachte die Partei der Schwarzen in einer Atmosphäre wachsender Aggression an die Macht; die exilierten Weißen versuchten allerdings, im Bunde mit Resten toskan. Ghibellinen in die Stadt zurückzukehren. Der führende schwarze Guelfe Corso →Donati strebte eine →Signorie nach oberit. Vorbild an und näherte sich deshalb den von Uguccione →della Faggiola neu formierten toskan. Ghibellinen. Obwohl Donati scheiterte (1308), führte die Furcht vor einem neuen Staatsstreich zu einer Allianz zw. den Popolanen und den schwarzguelf. Magnaten, die fast das ganze 14. Jh. in F. regierten. Diese Regierungskoalition leistete Ks. →Heinrich VII. erfolgreich Widerstand, als dieser zw. Sept. und Okt. 1312 die Stadt belagerte, und setzte sich an die Spitze des toskan. Guelfentums, das sich auf den Kg. v. Neapel stützte und gegen die Ghibellinen kämpfte, die, geführt von Uguccione della Faggiola und Castruccio →Castracani, wieder erstarkt waren und F. schwere Niederlagen zufügten (1315 bei Montecatini, 1325 bei →Altopascio), was die florent. Führungsschicht, aus Angst um ihre Stellung, immer stärker in die Arme der ersten guelf. Macht Italiens, des angevin. Kg.s v. Neapel trieb. Diese militär. Niederlagen wurden begleitet von den ersten Anzeichen einer sozialen und wirtschaftl. Krise. 1325–28 unterstellte sich F. daher der »Balia« →Karls v. Kalabrien, des Sohnes von Robert v. Anjou. Sept. 1342–Juli 1343 sollte eine Signorie unter Gautier VI. v. →Brienne die Gefahr sozialer Unruhen von seiten der unteren Schichten (kleine Kaufleute und Handwerker) eindämmen; diese hatten im Zeichen eines wirtschaftl.-sozialen Aufstiegs eigene Korporationen (arti minori) gebildet und forderten Beteiligung am Stadtregiment. Die Krise des →Bankwesens, die auch Firmen wie →Bardi, →Peruzzi und →Acciaiuoli betraf, sowie die Kämpfe um Verstärkung der florent. Kontrolle über das Umland führten zu einer Ausweitung der Führungsschicht, in die nun auch der »popolo medio« und sogar der »popolo magro« Eingang fanden (d. h. die kleinen Handwerker und Gewerbetreibenden im Gegensatz zum »popolo grasso«, den Bankiers und Unternehmern).

Ein eindrucksvolles Résumé der kulturellen Leistungen, die im F. des frühen Trecento entstanden – es sei nur an →Dante, →Cavalcanti, →Giotto, →Arnolfo di Cambio erinnert –, gibt G. →Villani in seiner zeitgenöss. Chronik.

IV. ÜBERGANG VOM »STADTSTAAT« ZUM »TERRITORIALSTAAT«; SIGNORIE DER MEDICI: Nachdem F. 1331 →Prato sowie im späten 14. und zu Beginn des 15. Jh. →Pistoia, →Arezzo, →Cortona und andere kleinere Zentren in der Toskana unterworfen hatte, versuchte es sein Territorium auszudehnen: im N und NO auf die Apenninenpässe der Emilia und der Romagna hin, im W in Richtung auf die Küste des Tyrrhen. Meeres und Pisa, um eine Seemacht zu werden; im S war die Expansion auf Siena gerichtet. Diese nicht immer erfolgreiche Expansionspolitik (so blieben →Lucca und →Siena autonom) war Teil eines ehrgeizigen Programms, das auch die Gründung befestigter Städte (→»Terrenuove«) einschloß, führte jedoch zu Konflikten mit den päpstl. Vikaren (Krieg der »Otto Santi« 1375) sowie mit dem gleichfalls expandierenden →Mailand der →Visconti (1385 Liga v. Florenz, Pisa, Lucca, Bologna, Siena und Perugia gegen Giangaleazzo Visconti). Schwere Belastungen durch kostspielige und bedrohl. Söldnerkompagnien führten zu einer neuen Krise, die unmittelbar in den →Ciompi-Aufstand (1378) einmündete. In den nachfolgenden vier Jahren wurde das Stadtregiment von F. von den Arti Minori ausgeübt, während die alten Familien des Popolo grasso und der Magnaten ihre traditionelle Vertretung in der Magistratur »di parte guelfa« fanden.

1382 kam es jedoch zu einer Restauration des Regiments der »Arti maggiori«, das von einer städt. Oligarchie unter Führung u.a. der →Albizzi, →Alberti, Da Uzzano und Capponi, ausgeübt wurde; die großen Familien (z. B. Ricci und Alberti), die sich der Anhängerschaft der unteren Schichten bedient hatten, wurden allmählich ausgeschaltet. In der Außenpolitik wurde die Unterwerfung von Pisa erreicht (1406) und dem Hegemoniestreben →Ladislaus', Kg.s v. Neapel, erfolgreich Widerstand (1409–10; 1413–14) geleistet. Als das mit Venedig verbündete F. im Krieg gegen Mailand bei Zagonara eine schwere Niederlage erlitt (1424) und zudem die von den Albizzi beherrschte Regierung bei der Unterwerfung von Lucca versagte, brachte die allgemeine Unzufriedenheit schließlich den Hauptgegner der Albizzi an die Macht, Cosimo (»il Vecchio«) de' →Medici, der die Unterstützung eines Teils der Oligarchie und großer Teile der unteren Schichten genoß. Nach Venedig verbannt, kehrte er 1434 nach F. zurück und übte bis zu seinem Tode 1464 eine persönl. Herrschaft aus. Er übernahm jedoch nur selten öffentl. Ämter, sondern kontrollierte die Wahllisten, damit das Stadtregiment stets von seinen Anhängern ausgeübt wurde. Für die Außenpolitik war von Bedeutung, daß er das traditionelle Bündnis mit Venedig aufgab und eine Allianz mit Mailand anstrebte. Cosimo gründete eine Art von Dynastie, der nur der formelle Fürsten-Titel fehlte, und die neben ihrer polit. Rolle durch die Förderung der Künste und Wissenschaften große geistesgesch. Bedeutung erlangte (→Humanismus und Renaissance).

Cosimos Enkel, Lorenzo »il Magnifico« (der Prächtige), † 1492, vermochte durch geschickte Diplomatie seine Familie an der Regierung zu halten und das Gleichgewicht zw. den it. Mächten zu bewahren: dank ihm und seiner Bündnispolitik mit Mailand und Neapel konnte der Kriegszustand in Italien beendet werden und eine Periode des »Gleichgewichts« eintreten, während im Innern wegen der schlechten Finanzpolitik und harter Unterdrückungsmaßnahmen die Unzufriedenheit mit dem Medici-Regime wuchs. Die Gelegenheit, die Medici-Herrschaft abzuschaffen, fand sich 1494, bedingt u.a. durch die Zustimmung Pieros, Lorenzos Sohn, zu demütigenden Bedingungen, die Karl VIII. v. Frankreich auf seinem Neapelfeldzug F. auferlegte. Nach der Vertreibung der Medici wurde die Stadt für kurze Zeit wieder oligarch. Republik, die jedoch 1494–98 von Girolamo →Savonarola OP beherrscht wurde. Sein Popolanenregiment nahm rasch diktator. Züge an. Der problemreichen oligarch. Republik setzte im Laufe des 16. Jh. die Rückkehr der Medici ein Ende, die diesmal als Signoren eingesetzt wurden und später als (Groß)Hzg. e regierten. F. Cardini

Zur kulturellen Blüte von F. im Trecento und Quattrocento →Alberti, L. B.; →Angelico, Fra; →Arnolfo di Cambio; →Boccaccio; →Botticelli; →Brunelleschi; →Chrysoloras, Manuel; →Compagni; →Dante; →Della Robbia; →Dolce stil nuovo; →Donatello; →Gaddi; →Ghiberti; →Ghirlandaio; →Giotto; →Gozzoli; →Humanismus und Renaissance; →Lippi, Filippo und Filippino; →Masaccio; →Nanni di Banco; →Medici; →Michelozzo; →Petrarca; →Salutati; →Uccello; →Verrochio; →Villani.

Lit.: R. DAVIDSOHN, Geschichte v. F., 1896ff. – G. PIERACCINI, La stirpe dei Medici di Cafaggiolo, 1924 – N. OTTOKAR, Il comune di Firenze alla fine del Duecento, 1926 – G. SALVEMINI, Magnati e popolani in Firenze dal 1280 al 1292, 1960² – M. LOPES PEGNA, Firenze dalle origini al medioevo, 1962 – E. CONTI, La formazione della struttura agraria moderna nel contado fiorentino, 3 Bde, 1965–66 – B. STAHL, Adel und Volk im Florentiner Dugento, Studi it. 8, 1965 – N. RUBINSTEIN, The Government of Florence under the Medici (1432–1494), 1966 – M. BECKER, Florence in transition, 1967–68 – M. MALLET, The florentine galleys in the fifteenth c., 1967 – Y. RÉNOUARD, Hist. de Florence, 1967 – N. RUBINSTEIN, Florentine stud., 1968 – A. TENENTI, Firenze dal Comune a Lorenzo il Magnifico, 1972 – G. FANELLI, Firenze, Architettura e città, 2 Bde, 1973 – G. PAMPALONI, Firenze al tempo di Dante, 1973 – P. HERDE, Polit. Verhaltensweisen der Florentiner Oligarchie 1382–1402 (Fschr. SCHLESINGER 1973), 156–249 – F. SZNURA, L'espansione urbana di Firenze nel Dugento, 1975 – G. A. BRUCKER, The Civic World of Early Renaissance Florence, 1977 – D. HERLIHY-C. KLAPISCH-ZUBER, Les Toscans et leurs familles, 1978 – S. RAVEGGI-M. TARASSI-D. MEDICI-D. PARENTI, Ghibellini, guelfie popolo grasso, 1978 – W. RAITH, F. vor der Renaissance. Der Weg einer Stadt aus dem MA, 1979 – C. BEC, Cultura e società nella Firenze della Rinascenza, 1980 – R. A. GOLDTHWAITE, The Building of Renaissance Florence, 1980 – R. TREXLER, Public Life in Renaissance Florence, 1980 – G. GUIDI, Il governo della città-repubblica di Firenze del primo Quattrocento, 3 Bde, 1981 – J. M. NAJEMY, Corporatism and Consensus in Florentine Electoral Politics 1280–1400, 1982 – G. A. BRUCKER, Firenze 1138–1737. L'impero del fiorino, 1983 – A. PANELLA, Storia di Firenze, 1984 – C. L. LANSING, Nobility in a Medieval Commune: The Florentine Magnates 1260–1300, 1987.

V. UNIVERSITÄT: Am 29. Aug. 1348 wurde von der Florentiner Signoria die Errichtung eines studium generale mit zivilem und kanon. Recht, Medizin, Philosophie und anderen Wissenschaften gebilligt und am 31. Mai 1349 von →Clemens VI. anerkannt. Die Organisation folgte im großen und ganzen →Bologna. Die Leitung der Univ., insbes. die Ausstattung und Besetzung der Lehrstühle, lag in den Händen eines von der Signoria bestellten achtköpfigen Gremiums. Diese gesellschaftl. Einbindung erlaubte zwar Neuerungen, wie die Errichtung eines Lehrstuhls für →Dante-Studien, den als erster →Boccaccio 1373/74 innehatte, die Gastprofessur für Leontius Pilatus, der 1360 Homer im Original behandelte, die auf Betreiben des humanist. Staatskanzlers →Salutati erfolgte Berufung von Manuel →Chrysoloras 1396, der den Griechischstudien in Florenz und Italien einen großen Aufschwung gab. Doch wirkten sich die inneren und äußeren polit. Verhältnisse in stark schwankenden Auffassungen über den Nutzen einer eigenen Univ. und entsprechend fluktuierenden finanziellen Zuwendungen aus und verhinderten den Ausbau zu einer erstrangigen Univ., so daß →Lorenzo de' Medici sie 1472 in der erfolgreicheren Univ. →Pisa aufgehen ließ. W. Rüegg

Lit.: RASHDALL II, 47–51 – G. A. BRUCKER, Florence and its univ. 1348–1434 (Action and Conviction in Early Modern Europe, Essays in Mem. of E. H. HARBISON, 1969), 220–236 [Bibliogr.]. – A. F. VERDE, Lo Studio Fiorentino 1473–1503. Ricerche e Documenti, 3 Bde, 1973–77 – C. PIANA, La Facoltà teologica dell'Univ. di Firenze nel Quattro- e Cinquecento, 1977 – E. SPAGNESI, Utiliter Edoceri. Atti ined. degli Ufficiali dello Studio Fiorentino (1391–96), 1979 – G. A. BRUCKER, A Civic Debate on Florentine Higher Education, Renaissance Quarterly 34, 1981, 517–533.

B. Wirtschaftliche und demographische Entwicklung

I. Wirtschaftliche Entwicklung – II. Demographische Entwicklung.

I. WIRTSCHAFTLICHE ENTWICKLUNG: Wie viele andere Städte des toskan. Binnenlands verdankt F. sein Wachstum in erster Linie der Entwicklung des →Fernhandels und der Kontrolle der wichtigsten Verkehrswege. Doch abgesehen von seiner bes. geograph. Lage, beruht die wirtschaftl. Blüte von F. auf starker, von ihm selbst geförderter Mobilität der Bevölkerung, die durch einen bis zum Ende des 13. Jh. nicht unterbrochenen Urbanisierungsprozeß stetig anwuchs. Die Tätigkeit florent. Kaufleute in ganz Europa und im Mittelmeerraum trug stärker zum Wachstum der Florentiner Wirtschaft bei als die Ressourcen, über welche die Stadt selbst verfügte. Seit den ersten Jahrzehnten des 12. Jh., für toskan. Verhältnisse also spät, spielten florent. Kaufleute im transapennin. und transalpinen Handel eine bedeutende Rolle (zuerst in Norditalien und Frankreich, später in Lothringen, Flandern, England, Irland, Süddeutschland sowie Mittel- und Osteuropa). Schwerpunkt war der Tuchhandel (→Calimala, Arte di; →Textilien), bald traten jedoch auch andere Waren hinzu, und die florent. Kaufleute gewannen in Rom und Süditalien sowie in Nordafrika und der →Levante neue Märkte (wo sie wie die anderen Toskaner traditionell den »Pisanern« zugerechnet wurden). Innerhalb weniger Jahrzehnte traten neben dem Handel auch Handwerk und Gewerbe hervor (basierend auf dem Import von Rohmaterial), v. a. erlebte jedoch das →Bank- und →Finanzwesen einen großen Aufschwung: Die Florentiner spielten gemeinsam mit den anderen »Lombarden« eine Hauptrolle auf den →Champagnemessen und in der Hoffinanz sowie im öffentl. und privaten Kreditwesen Westeuropas. Bis in die ersten Jahrzehnte des 13. Jh. unterschied sich die wirtschaftl. Entwicklung in F. nicht wesentlich von derjenigen der anderen bedeutenden toskan. Binnenstädte; für den Aufschwung der Stadt im regionalen Bereich und bald auch in ganz Italien wurde jedoch die enge Beziehung zur Finanzpolitik der →Kurie grundlegend (v. a. unter der Anjou-Herrschaft in Süditalien, das eines der wichtigsten Ziele der »kolonialen« Expansionsbestrebungen von F. darstellte). In diesem Bereich verdrängten die Florentiner (bereits vor der Prägung des Florin 1252) allmählich die Konkurrenten aus anderen Städten und erhielten de facto das Verwaltungsmonopol der an die Kurie gezahlten Gelder. Die durch Handel und v. a. Finanzoperationen von den großen Kaufmanns- und Bankiersfamilien wie Franzesi, →Frescobaldi, Pulci, Scali, →Bardi, →Peruzzi, →Acciaiuoli, →Bonaccorsi usw., aber auch von unzähligen kleineren Firmen erzielten Gewinne wurden zum Großteil wieder in städt. Gewerbebetriebe investiert. Alle diese Faktoren trugen in dem inzwischen sehr dicht bevölkerten F. zu einer Produktionserhöhung und Spezialisierung in Handwerk und Gewerbe bei. Dies galt v. a. für die Woll- und Tuchbranche, von der ein Viertel bis ein Drittel der Bevölkerung lebte.

Zu Anfang des 14. Jh. zeigte F. bereits Züge einer Gewerbestadt (wofür u. a. die heftigen sozialen Konflikte wie der →Ciompi-Aufstand von 1378 symptomatisch sind) und besaß eine sehr fortschrittl. Organisation und Finanzverwaltung (→Kataster). Die Stadt befand sich nunmehr auf dem Höhepunkt ihrer wirtschaftl. Entwicklung und spielte im Bankwesen, in Handel und Gewerbe nicht nur in Italien, sondern auch in weiten Bereichen

Europas eine führende Rolle. Der Aufschwung der Stadt hatte wichtige Veränderungen im Contado, der Teile des toskan. Hügellandes umfaßte, mit sich gebracht (Erfordernisse der Nahrungsmittelversorgung; große Investitionen der Unternehmer). Seit der Mitte des 13. Jh. fand daher eine Veränderung der Grundbesitzverhältnisse statt, gefolgt von Rationalisierungsmaßnahmen in der Landwirtschaft zur Ertragssteigerung. Der Höhepunkt dieser Entwicklung war d. Form der →Halbpacht (*Mezzadria*). Expansion von Handel und Bankwesen, Entwicklung der Gewerbebetriebe und Rationalisierung der Landwirtschaft waren die Grundlagen für die Vormachtstellung von F. in der Toskana, die sich im Laufe des 14. Jh. trotz der schweren demograph. und ökonom. Krisen in der Mitte des Jahrhunderts (vgl. →Epidemien, →Pest) konsolidierte. Die Bildung eines Territorialstaats unter der Führung von F. war im Grunde das Resultat einer wirtschaftl. Vorherrschaft, die sich zusehends verfestigte, da die aus den Kaufmannsschichten stammende Oligarchie die Interessen der unterworfenen Städte und Territorien den eigenen Bedürfnissen unterordnete.

Durch das Unternehmertum der Kaufleute und Bankiers (z. B. Francesco →Datini; →Fini), die Florentiner Handelsniederlassungen und Bankfilialen im Ausland (wie etwa die Kompagnien der →Medici, →Pazzi, Salviati und →Strozzi), die Woll- und Tuchproduktion, die Entwicklung der Bautätigkeit, die zentrale Rolle von F. im Geldhandel, die Erträge aus der Landwirtschaft, den Kapitalfluß aus den vom florent. Staat unterworfenen Gebieten in die Hauptstadt, florierte auch im 15. Jh. die Wirtschaft der Stadt, allerdings verhärteten sich dabei die sozialen Strukturen, der Reichtum konzentrierte sich zusehends in den Händen einiger weniger.

II. DEMOGRAPHISCHE ENTWICKLUNG: Bevölkerungszahl und Umfang des Bevölkerungswachstums in den ersten Jahrhunderten nach dem Jahr 1000 lassen sich nur schwer schätzen: Ein Näherungswert ergibt sich durch die vierfache Vergrößerung des Stadtareals zw. dem Bau des ersten ma. Mauerrings und dem Bau des dritten Berings (1333/34 fertiggestellt). 1338 zählte F. (Villani zufolge) 90 000 Einw., nach heutigen Berechnungen (HERLIHY-KLAPISCH) geht man von 120 000 Einw. bei schätzungsweise 25 000 Feuerstellen aus. Es ist daher anzunehmen, daß die Stadt etwa um die Mitte des 13. Jh. bereits ca. 50 000 Einw. hatte, ihre Bevölkerungszahl Anfang des 14. Jh. verdoppelte und damit im Vergleich zum Ende des 12. Jh. die vier- oder fünffache Bevölkerungszahl erreichte. Dieses starke Bevölkerungswachstum steht vermutlich im Zusammenhang mit dem Zuzug, der nicht nur die Stadt, sondern auch den florent. →Contado betraf.

Seit der Epidemie des Jahres 1340 und v. a. infolge der Pest von 1348 ist ein starker Bevölkerungsverlust festzustellen. Erst in den letzten Jahrzehnten des 14. Jh. erreichte die Stadt wieder etwa 60 000 Einw. Die verschiedenen Seuchenzüge im frühen 15. Jh. führten erneut zum Bevölkerungsrückgang, der Kataster von 1427, erstmals mit statist. verläßl. Angaben, zählte 38 000 Einw., die in ca. 9800 Haushalten lebten, bei einem statist. Mittelwert von 3,80 Personen pro Feuerstelle.

Das Verhältnis der männl. zur weibl. Bevölkerung betrug 117 zu 100. Bei dem Altersaufbau machten die Lebensjahre 0–14 38,7% aus, die Lebensjahre 15–64 54,5% und über 65 Jahre 6,8%. Die Einkommens- und Vermögensverhältnisse waren äußerst ungleich: 14% der Haushalte hatten kein Vermögen, während 1% (etwa 100 Familien) über mehr als ein Viertel des Gesamtvermögens der Stadt verfügte.

Das Vermögen der 3000 Reichsten übertraf dasjenige der 57 000 Familien des florent. Territoriums. Auch andere Zahlenangaben bestätigen das bereits recht »moderne« Erscheinungsbild der wirtschaftl. und sozialen Struktur des florent. Territorialstaats: Mehr als ein Viertel der Bevölkerung der Stadt F. und des Contado lebte in F. selbst, dies waren 14% der Gesamtbevölkerung des Territorialstaats (die ca. 264 000 Einw. betrug). Die Bevölkerungszahl von F. übertraf diejenige der anderen neun wichtigsten Städte des florent. Territorialstaats. 1427 verlief das Bevölkerungswachstum nur sehr langsam, erst 1552 wurden erneut 60 000 Einw. erreicht.

M. Luzzati

Lit.: A. DOREN, It. Wirtschaftsgesch., 1934 – F. MELIS, Tracce di una storia economica di Firenze e della Toscana in generale dal 1252 al 1550, hg. B. DINI, 1967² – R. DE ROOVER, Il banco Medici dalle origini al declino, 1970 – P. MALANIMA, La formazione di una regione economica: la Toscana nei secoli XIII–XVI (Società e Storia 20, 1983), 229–269 – A. G. CARMICHAEL, Plague and the Poor in Renaissance Florence, 1986 – M. LUZZATI, Firenze e la Toscana nel Medioevo. Seicento anni per la costruzione di uno Stato, 1986 [Lit.].

Florenz, Konzil v. → Ferrara–Florenz

Flores (auctorum; philosophorum) → Florilegien

Flores grammatice → Ludolfus de Lucohe

Flores rhetorici (bzw. flores), ein ma. Ausdruck (flores auch schon in der Antike) für Stilmittel, Figuren, ist weniger häufig und terminolog. nicht so fest und präzis wie →Colores rhetorici. Die Lehnübersetzung 'Stilblüten' mit peiorativer Bedeutung (wie 'Floskeln' für 'flosculi') impliziert Kritik an übertriebenem rhetor. ornatus.

F. Quadlbauer

Flores temporum, eine unter Autorennamen wie Martinus oder Hermannus Minorita überlieferte, im schwäb. Raum entstandene franziskan. Chronik vom Weltanfang bis 1290/94 (→Chronik). Das Werk liegt in zwei Fassungen vor. Als Hauptquelle dient die Chronik →Martins v. Troppau. Die F. t. ordnen den Stoff synchronist. nach Papst- und Kaiserreihen. Ziel des Werkes ist, ein chronolog. Gerüst zu bieten, in das die Lebensdaten der Heiligen eingeordnet werden können. Exempla, Mirabilia und Anekdoten lockern das Schema auf. Fakten aus der Profangeschichte werden berücksichtigt, um die Verdienste der Heiligen hervortreten zu lassen. Das Kompendium will Material für Prediger bereitstellen. Die vielschichtige Überlieferung wirft für die Textherstellung schwierige Probleme auf. Im 14. und 15. Jh. wurde eine Reihe von Fortsetzungen verfaßt, u. a. von 1292–98; bis 1345/49; von 1352–1421, Johannes Fistenport in Speyer zugeschrieben; von 1423–75; von 1353–1441, Autor ist Johann Spies. Die F. t. beeinflußten intensiv die süddt. Geschichtsschreibung des ausgehenden MA, etwa →Johann v. Winterthur, →Andreas v. Regensburg und die »Gmünder Chronik«. Heinrich →Steinhöwel übersetzte Auszüge ins Deutsche.

K. Schnith

Ed.: J. G. Eccard (Corpus historicum Medii Aevi…, Bd. I, Leipzig 1723), 1551–1640 – J. G. Meuschen, Hermanni Gygantis F. t., Leiden 1743 – O. HOLDER-EGGER, MGH SS XXIV, 1879, 232–250 [Auszug vom 8. Jh. an] – *Lit.:* Repfont IV, 474f. – Verf.-Lex.² II, 753–758 [P. JOHANEK; weitere Lit.] – O. Lorenz, Dtl.s Geschichtsq. im MA, Bd. I, 1886³, 62–67 – F. BAETHGEN, Franziskan. Stud., HZ 131, 1925, 435f. – H. GRUNDMANN, Geschichtsschreibung im MA, 1965, 68f. – G. MELVILLE, Zur Flores-Metaphorik in der ma. Geschichtsschreibung, HJb 90, 1970, 75f. – J. RIEDMANN, Die Fortsetzung der F. t. durch Johann Spies…, SB Wien 266/4, 1970 – A.-D. v. DEN BRINCKEN, Zu Herkunft und Gestalt der Martins-Chroniken, DA 37, 1981, 694ff. – DIES., Inter spinas principum terrenorum, Aspetti della letteratura lat. nel sec. XIII, hg. CL. LEONARDI, 1986, 77ff. – DIES., Anniversarist. und chronikal. Geschichtsschreibung in den »F.t.« (um 1292) (Geschichtsschreibung und Geschichtsbewußtsein im späten MA, hg. H. PATZE, 1987), 195ff.

Florette, frz. Silbermünze zu 20 →*Deniers Tournois,* 1417–22 im Namen des Kg.s und auch des Dauphins bei zunehmender Verschlechterung (ursprgl. →Feingehalt: 2,4 g, bald darauf nur noch 0,5 g) geprägt. Das Münzbild zeigt auf der Vorderseite: Drei Lilien unter einer Krone, auf der Rückseite: Lilienkreuz.   P. Berghaus
Lit.: F. v. SCHROETTER, Wb. der Münzkunde, 1930, 197f. [A. SUHLE] – J. LAFAURIE, Les monnaies des rois de France, Hugues Capet à Louis XII, 1951, 68ff.

Floretus. [1] *Liber F.:* Anonymes moral. Lehrgedicht, wohl aus dem 14. Jh., in (ursprgl.) 1160 meist leonin. Hexametern, das bis übers MA hinaus als Schullektüre sehr verbreitet war (→Auctores). Der Name kennzeichnet den F. als Blütenlese; diese steht hinsichtl. der Sprachkunst in den übernommenen und verarbeiteten Teilen auf unterschiedlichem, in den originalen auf sehr bescheidenem Niveau. Der F. behandelt in sechs Abschnitten den Glauben, die Gebote, die Sakramente, die Sünden, dann bes. umfängl. die Tugenden und Sitten, schließlich den Tod und die letzten Dinge. Das Werk wurde Bernhard v. Clairvaux, Bonaventura, Johannes v. Garlandia und einem Papst Clemens fälschl. zugeschrieben. Eine Reihe der Drucke enthält einen Kommentar angebl. des Johannes →Gerson.
[2] *F.,* ein Wb. theol. Begriffe (Rosarium theologiae), und »Floretum«, eine Slg. wikleffit. Sentenzen.   G. Bernt
Ed.: zu [1]: Liber F., hg. Á. ORBÁN, 1979 [nach 1 Hs. des 15. Jh. und 2 Inkunabeln; enthält auch den Komm. der Hs.] – *Lit.:* Á. ORBÁN [s. Ed.] – Verf.-Lex.² V, s. v. »Liber F.« [wichtigste Darstellung] – R. BULTOT, StM, 3a Ser. 8, 1967, 798–800 – WALTHER 11943, mit Nachtr. MJb 7, 304; 8, 297; 9, 333 – *zu [2]:* M. W. BLOOMFIELD – B. G. GUYOT u. a., Incipits of Latin Works on the Virtues and Vices, 1100–1500 A.D., 1979, Nr. 0107 und 0108.

Florian, Hl. und Märtyrer (Fest 4. Mai), röm. Verwaltungsbeamter, der als Christ i. J. 304 bei Lorch (→Lauriacum) in der Enns ertränkt wurde. Legende in zwei Fassungen aus dem 8./9. Jh. überliefert. Wesentl. Teile davon stammen aus der Passio des Bf.s Irenäus in Sirmium/Save. Doch wird ein älterer Kern dieser F.-Legende in seiner Aussage durch das Mart. Hieron. bestätigt. Kultzentrum ist das im 8. Jh. erwähnte →St. Florian (Oberösterreich), ubi martyr F. corpore requiescit. Heute Grab dort unbekannt. Kult seit dem MA sehr verbreitet in Österreich, Bayern bis Südtirol und Böhmen. Reliquien i. J. 1184 nach Krakau übertragen (angebl. von Rom, doch dort hist. nicht nachweisbar). 1185 Altar im Dom von Krakau, 1220 Kirche in Kleparz b. Krakau, 1267 F.-Kloster Koprzywnica b. Sandomir (als Kultzentren) usw. Seit dem 14. Jh. verbreitet sich der Kult auch in Großpolen. In Ungarn ca. 50 Kultbelege seit 1460. Im MA war F. einer der drei poln. Nationalheiligen. Im SpätMA Schutzpatron gegen Wassergefahr, seit 16. Jh. gegen Feuer.
In Italien wird ein F. unsicherer Zuweisung (in Bologna wohl Absplitterung vom Kult des F. vom 4. Mai) mehrfach als Kirchenpatron erwähnt. Dargestellt im MA meist als Ritter, ab der Renaissance als röm. Soldat; Attribute: Lanze, Banner, Mühlstein (Hinweis auf das Martyrium), Wassergefäß über brennendem Haus.   M. Zender
Q.: AASS Mai I, 466–472 – MGSS rer Mer 3, 65 – 71; 7, 802–805 – B. KRUSCH, Der hl. F. und sein Stift, NA 28, 1903, 567–610 – W. NEUMÜLLER, Der hl. F. und seine »Passio«, Mitt. des Oberösterr. Landesarchiv 10, 1971, 1–35 – ADV NF, 1959, Kte 12; Erl. I, 180–183 – *Lit.:* LCI VI, 250–254 – A. ROITINGER, Die Verehrung des hl. F. im heut. Österreich während des MA [masch. Diss. Wien 1915] – S. BÁLINT, Unnepi Kalendarium I, 1977, 351–356 – J. PETERSOHN, Der

südl. Ostseeraum im kirchl.-polit. Kräftespiel des Reiches, Polens und Dänemarks vom 10. bis 13. Jh., 1979, 427–435 – L. WALCZY, Die Verehrung des hl. F. in Polen, JbV NF 4, 1981, 185–192.

Floridan et Elvide. Die älteste lat. Novelle eines frz. Humanisten wird von →Nicolas de Clamanges erzählt: Elvides (nur Akk. Elvidem) und Floridamus lieben sich, doch soll das Mädchen mit einem reichen, alten Mann verheiratet werden. Die Liebenden fliehen und finden Unterschlupf in einer Herberge. Vier betrunkene Bauern fordern das Mädchen heraus. F. kämpft und wird getötet. E. begeht Selbstmord, bevor sie geschändet wird. Die Geschichte spielt in Frankreich und soll gut verbürgt und neueren Datums sein. Am Schluß beweist Clamanges, daß E.s Tugend weit über derjenigen der Lukrezia steht. Mit dieser »Moral« zielt der frz. Humanist wohl gegen die von seinem it. Zeitgenossen Salutati gepriesene Tugend der alten Römerin. Die Chronologie würde diese Vermutung stützen, ist doch die älteste Hs. (Paris, BN lat. 16403) um 1410 entstanden.
Vor 1456 übersetzt Rasse de Brunhamel den lat. Text ins Frz. Diese Übers. wird in den Hss. und in den alten Drucken im Anschluß an den »Petit Jean de Saintré« von →Antoine de La Sale tradiert, meistens in einer gerafften und möglicherweise von La Sale selbst überarbeiteten Form. Brunhamels Version bildet die Vorlage der 98. Novelle der →»Cent Nouvelles nouvelles«: Hier fehlen die Namen und der Vergleich mit Lukrezia. Diese Novelle findet sich wieder im »Grand Parangon des Nouvelles Nouvelles« von Nicolas de Troyes (1536) und in den »Ducento novelle« von Malespini (1609). Mündl. Tradition ist anzunehmen für die 31. Novelle bei →Masuccio (Ed. princeps 1476), der nur das Gerüst beibehält, die Protagonisten Loisi und Martina nennt und die Handlung zur Zeit der Jeanne d'Arc in Nancy spielen läßt.
M.-R. Jung
Ed.: H. P. CLIVE, 1959 [Lat. und Frz.] – *Lit.:* A. COVILLE, Recherches sur quelques écrivains du XIVe et du XVe s., 1935, 208–244 – J. J. FLEMING, The rustic fête in F., Romance Notes 7, 1965, 68–70.

Florilegien (s. a. →Anthologie, →Katenen)
A. Begriff – B. Exemplarischer Überblick
A. Begriff
Florilegium (Blütenlese) als Wort wohl erst neuzeitl., im MA meist flores, excerpta o. ä., bezeichnet eine nach nichtlit. Prinzipien geordnete Zusammenstellung ausgewählter, nicht zusammenhängender Textstücke meist verschiedener Autoren, zuweilen eines einzigen, im originalen Wortlaut.
B. Exemplarischer Überblick
I. Literarisch-philosophisch-theologische Florilegien – II. Kanonistische Florilegien.

I. LITERARISCH-PHILOSOPHISCH-THEOLOGISCHE FLORILE-GIEN: [1] *Mittellateinische Literatur:* →Eugippius (6. Jh.) will mit seinen »Excerpta ex operibus sancti Augustini« besseren Zugang zu den Werken Augustins geben. →Isidor v. Sevilla stellt in seinen »Sententiae« Sätze aus den Schriften der Kirchenväter zu theol. Fragestellungen zusammen – was das Werk als Vorstufe der frühscholast. Sentenzensammlungen erscheinen ließ; ob solche als F. zu bezeichnen sind, ist allerdings fraglich. Nächst Eugipp schreibt →Defensor v. Ligugé im 7. Jh. mit seinem »Liber scintillarum« ein Florilegium, das mit allein 360 erhaltenen Hss. von keinem anderen übertroffen sein dürfte und als Muster eines ma. Florilegium gelten kann. Im karol. Zeitalter gewähren Hss. aus der Bibliothek des →Florus v. Lyon, die für die Exzerpierung aufbereitet sind, Einblick in die Herstellung von F.; von ihm stammen z. B. Collectanea in epistolas Pauli, die aus unverbundenen Augustinus-Zitaten bestehen. Kollektaneen sind auch von →Sedulius Scottus, die dieser zum persönl. Gebrauch anlegte, und →Heiric v. Auxerre erhalten, in denen in weitem Umfang profanantike Lit. berücksichtigt ist, ebenso in der Exzerptsammlung des Presbyters →Hadoard v. Corbie, der allerdings den profanen Aspekt der zitierten Quellen durch einen christl. zu ersetzen sucht. Diese drei Autoren berücksichtigen alle die sog. →Dicta philosophorum und eröffnen die Reihe ma. F. aus profanantiker Lit., die oft, bes. im späteren MA, der moral. Unterweisung dienen. Ein Florileg aus Freising (10. Jh.) bietet verschiedene Proben aus röm. Dichtung (darunter Tibull); manche dieser F. sind von überlieferungsgeschichtl. Wert.

Zahlreiche Sammelhss. enthalten Exzerpte: →Walahfrid Strabos Vademecum (St. Gallen, Stiftsbibl. 877), manche Schulbücher, etwa ein Florilegium aus Hieronymus-Briefen im Anhang zum Formelbuch des Notker Balbulus (Wien, ÖNB, lat. 1609), eine rhein. Sammelhs. des 11. Jh. (Bonn, UB S 218), die auch Proben aus röm. Lit. enthält, oder des →Lambertus v. St-Omer »Liber floridus«, der in mehreren Hss. überliefert ist.

Für den Grammatikunterricht wurden sog. prosod. F. erstellt, die sich von den anderen F. als Typ klar abheben; ein opus prosodiacum stammt von →Micon v. St. Riquier, manche andere sind anonym, wie die »Exempla diversorum auctorum« (erhalten in einer Hs. des 9. Jh.), das Florilegium im Clm 2623 (13. Jh.) oder das im Clm 4643 (13. Jh.), in denen die Prosodie einzelner Wörter durch einzelne aus dem Kontext gelöste Verse vorgeführt wird (zu ihrer Entwicklung s. J. LEONHARDT, Dimensio syllabarum [im Dr.]); bes. die jüngeren F. können als Vorläufer der »Gradus ad Parnassum« angesehen werden.

Vom 12. Jh. an nimmt die Zahl der erhaltenen F. zu; das Florilegium als durch sein Ordnungsprinzip bestimmtes Hilfsbuch steht in dem allgemeinen Bemühen um Ordnung und Systematisierung, die das Zeitalter der Scholastik kennzeichnen.

In den meisten F. sind verschiedene Autoren berücksichtigt. F. profanantiker Literatur aus dem 12. Jh. übertreffen alle früheren ihrer Art an Umfang: Das F. Gallicum ist nach Autoren geordnet, enthält Dichtung und Prosa, wobei einzelne Exzerpte mit bestimmten, den sachl. oder ethischen Gehalt erläuternden Rubriken versehen sind; das nach dem erhaltenen Widmungsexemplar benannte F. Angelicum enthält vornehmlich Prosatexte; diese F. erfahren im 13. und 14. Jh. eine beträchtl. Verbreitung und werden zuweilen umgearbeitet, anders geordnet (systematisch) oder um ma. Texte erweitert. Das F. Angelicum wurde von →Giraldus Cambrensis verwendet, das F. Gallicum vom Autor des →Moralium dogma philosophorum und von →Vinzenz v. Beauvais, der selbst seinem Speculum historiale einige F.n aus röm. Autoren einverleibte; die Erforschung der F.-Rezeption steht erst in den Anfängen.

Bes. seit dem 12. Jh. wurde es üblich, christl. Ethik anhand heidn. Beispieltexte zu erläutern, wie etwa im sog. F. morale Oxoniense (1 Hs.). Weite Verbreitung erlangte ein philos. Florilegium, die »auctoritates Aristotelis«, das Merksätze aus verschiedenen Schriften Aristoteles' und einiger anderer Schriftsteller bietet. – Christl. und profanantike Literatur sind in vielen F. in gleicher Weise herangezogen: →Wilhelm v. Malmesbury beginnt in seinem »Poliistor deflorationum« (nur in wenigen Hss. überliefert) mit Auszügen aus römischen, denen er solche aus patrist. Autoren anschließt; die Gegenüberstellung von Auszügen aus sancti und poetae et philosophi ist in den folgenden Jahrhunderten verbreitet, bes. in moral. F.: im Florile-

gium aus dem Jahr 1329 in der Hs. Verona, Bibl. Capit. CLXVIII(155), im »Compendium moralium notabilium« des →Jeremias de Montagnone, im »Liber de documentis antiquorum« des →Bartholomaeus de S. Concordio, der den »Manipulus florum« benutzt, oder in solchen wie den »Auctoritates sanctorum philosophorumque et poetarum« eines Erbo (14. Jh., KAEPPELI Nr. 1054); im Kaishaimer F. (Clm 7977, 13. Jh.) schließen sich einem umfängl. patrist. Florilegium moralisch gedeutete 'proverbia philosophorum', in Prosa und Dichtung geteilt, aus röm. Literatur an. Manche Auszüge aus profanantiker Lit. nimmt der Kompilator des sog. Heiligenkreuzer F. (13. Jh.) nicht wegen ihres lehrhaften Gehalts, sondern, was als Eigenart gelten kann, wegen ihrer dichter. Schönheit auf.

Viele F. stellen die patrist. Lit. in den Vordergrund, ohne die moralphilos. verstandenen Autoren des Altertums wie Seneca oder Cicero zu vernachlässigen: Mit über 180 erhaltenen Hss. dürfte der »Manipulus florum« (Ende des 13. Jh.) des →Thomas de Hibernia (alte Zeugnisse sprechen von Vorarbeiten des Johannes Gallensis) mit Defensors »Liber scintillarum« eines der wirkungsreichsten F. des MA sein; unter alphabet. geordneten Schlagworten stehen in ungefähr chronolog. Reihenfolge Exzerpte aus Kirchenvätern, denen meist einige profanantike folgen. Unter anderem sind im Manipulus zwei wenig verbreitete F. herangezogen worden, die »Flores paradysi« und der »Liber exceptionum« des Wilhelm v. Montague; der Manipulus selbst war wiederum Quelle für viele andere F. (s. ROUSE, Preachers, 197ff.): z. B. für das »Lumen anime« in der Fassung des Gottfried v. Vorau, dessen dritten Teil ein alphabet. geordnetes Florilegium bildet, für das »Floretum« (»Liber floreti«), gleichfalls alphabet. nach Schlagworten aufgebaut, für die erweiterte Fassung eines theol. Florilegiums des 13. Jh., des »Liber pharetre« bzw. der »Pharetra« (von der »Pharetra fidei catholicae« zu scheiden), die 1472 unter dem Titel »Pharetra doctorum et philosophorum« gedruckt wurde; ferner etwa für das »trivium praedicabilium« und den »tripartitus moralium« des →Konrad v. Halberstadt OP (14. Jh.), dessen F. in mehrere Bücher unterteilt sind. Mehrgliedrige F. wie die Konrads oder die verschiedenen Fassungen des »Lumen anime« haben in dem sog. F. Duacense, das Ende des 12. Jh. entstand, einen Vorläufer; das Florilegium ist nicht vollständig erhalten, in der Vorrede erklärt der Kompilator die Anlage des ganzen: ein erster Band solle die Auszüge aus Augustin, der zweite die aus dem AT und NT, ein dritter aus Kirchenvätern und der vierte aus profanantiken Autoren enthalten; in der Vorrede einer anderen Hs. wird diese Konzeption um med. und jurist. Bücher ergänzt. Als 'flores' werden im MA auch Auszüge aus Werken eines einzigen Autors bezeichnet; derartige F. liegen z. B. in dem F. aus Seneca im Clm 3843 (13. Jh.), in einem knappen Macrobius-F., in der zwei Teile geteilten sog. »Anthologia Valerio-Gelliana« und den »Flores Bernhardi« des Wilhelm v. Montague vor. Ein Florilegium aus den Briefen des Symmachus ist eher als Epitome anzusehen; die Milleloquia des →Bartholomaeus, Bf. v. Urbino (zu Augustinus und Ambrosius), nehmen hingegen eine Mittelstellung zw. F., Registern und Konkordanzen ein; sie werden seit dem 13. Jh. zu wichtigen Texten verschiedener Disziplinen erstellt: zu der Bibel, zu Aristoteles' ethischen und naturwissenschaftl. Werken (Johannes de Fayt OP, Petrus Storch), oft als →Tabulae bezeichnet, zu Kirchenvätern u. a.

Auch über ma. Dichtungen werden F. angelegt: die großen ma. Epen wie der »Anticlaudian«, »Thobias«, »Architrenius«, die »Alexandreis« und des Ioseph Iscanus

»Ilias« sind in manchen F.-Hss. des 13. und 14. Jh. ausgeschrieben (z. B. Bern 688, s. MUNARI, Nr. 16, dort weitere Hss.); um die Wende zum 16. Jh. sammelt ein Mönch aus Clairvaux Auszüge aus ma. und humanist. Dichtungen (Paris, Bibl. St. Geneviève 3196; siehe P. G. SCHMIDT, Fschr. B. BISCHOFF, 1971, 364); Spruchhaftes aus ma. Dichtung bevorzugt der Kompilator des F. Treverense (14. Jh.); manche Sammlungen von Proverbia (→Spruchdichtung) werden als F. bezeichnet (F. Gottingense, F. von St-Omer). Ein nach Autoren aus antiker und ma. Literatur geordnetes großes Florilegium entstand gegen Ende des 14. Jh.; nur in einer einzigen Hs. (Göttingen, philol. 130; siehe F. MUNARI, Nr. 38) unter dem Titel »Poletychon« überliefert, ist es als »Flores poetarum« mehrfach in der Inkunabelzeit gedruckt worden.

Im Zeitalter des Renaissance-Humanismus sind F. weiterhin beliebt, wenn sich auch ihre Art ändert: →Albrecht v. Eybs« Margarita poetica« liefert, wie im Titel ausgedrückt, Musterstücke für den Schriftsteller und Dichter; außerdem wird die neue humanist. Literatur ausgeschrieben, wie etwa in Jakob →Wimpfelings »Adolescentia«. Neben dem ästhet. Anspruch der Humanisten bleibt indes der moralische unvermindert bestehen. Die ma. mehrgliedrigen F. finden in denen des Dominicus Nannus Mirabellius und des Joseph Lang (16. Jh.) eine Weiterentwicklung. E. Rauner

Lit.: DSAM V, 435–475 – RAC VII, 1131–60 – Medioevo lat. (autori), s. v. – M. W. BLOOMFIELD u. a., Incipits of Latin Works on the Virtues and Vices, 1100–1500 A.D., 1979 (s. Register) – Mathei Vindocinensis opera, ed. F. MUNARI, I, 1977 (Register) – BRUNHÖLZL I (Register) – R. H. – M. A. ROUSE, Preachers, sermons and florilegia. Stud. on the 'Manipulus florum' of Thomas of Ireland, 1979 – B. MUNK OLSEN, Les classiques latins dans les f. médiévaux antérieurs au XIIIᵉ s., RHT 9, 1979, 47–121; 10, 1980, 115–164 – Les genres litt. dans les sources théol. et philos. médiévales, hg. R. BULTOT, 1982, bes. 151–192 [Beitr. von J. HAMESSE, B. MUNK OLSEN, M. A./R. ROUSE] – B. MUNK OLSEN, L'étude des auteurs classiques lat. aux XIᵉ et XIIᵉ s., I–II, 1982–85 [bes. II, 837–877; mit Bibl.].

[2] *Byzantinische und slavische Literaturen:* Als Gattung der Gebrauchsliteratur werden unter F. jene themat. oder alphabet. geordneten Sammlungen von Kurztexten verstanden, die in der Regel einem bestimmten Autor zugeschrieben und im Umfang des gegebenen Kurztextes nicht auch selbständig überliefert sind. Oft bleibt der Kompilator des Florilegium anonym und fügt zu den Exzerpten nichts hinzu; somit unterscheiden sich F. etwa von dem *Πανδέκτης τῆς ἁγίας γραφῆς* des Mönches Antiochos der Sabaslaura (7. Jh.), der *Βιβλιοϑήκη* des Patriarchen Photios (9. Jh.) oder der *Ἑρμηνεῖαι τῶν ἐντολῶν τοῦ κυρίου* des Nikon vom Schwarzen Berge (11. Jh.). Auf der Tradition der antiken Philosophie fußend, verfaßte Johannes Stobaios im 5. Jh. eine →Anthologie aus etwa 500 griech. Autoren (*Ἐκλογῶν ἀποφϑεγμάτων ὑποϑήκων βιβλία τέσσαρα*), die als Protreptikos für seinen Sohn den Reichtum vorchristl. griech. Denkens und Dichtens nach Sachkapiteln vermitteln sollte. Den heidn. F. hat im 8. Jh. Johannes Damaskenos eine aus der Bibel und den Kirchenschriftstellern zusammengezogene Spruchsammlung (*Ἱερὰ παράλληλα*, CPG 8056) in drei Teilen (alphabet. und themat. in Gegensatzpaaren) gegenübergestellt. Aus den zwei ursprgl. getrennten Strängen der Überlieferung der heidn. und christl. F. vermischt, entstand im 9. Jh. die erste sakroprofane Kompilation *Κεφάλαια ϑεολογικὰ ἤτοι ἐκλογαί* (Loci communes: CPG 7718), die zu Unrecht Maximos Homologetes zugeschrieben wird und in Gliederung und Aufbau an die *Ἐκλογαί* des Stobaios sowie an die Sacra parallela erinnert. Aus dem 9. Jh. stammt auch die alphabet. angeordnete Sentenzensammlung sakropro-

fanen Inhalts (*Γνῶμαι*) des Ioannes Georgides. Große Verbreitung, bes. in Rußland ab dem 13. Jh., erlangte die Sammlung ethisch-religiöser Lesefrüchte aus der Hl. Schrift und den Vätern, vornehml. aus dem 3. Buch der Sacra parallela und den Loci communes zusammengetragen, die unter dem Namen *Μέλισσα* (slavisch »bŭčelapčela«) auf den Asketiker Antonios im 12. Jh. zurückgeht. In der byz. Spätzeit werden F. mit gattungsfremden Zusätzen angereichert, die dann zu den Miszellanhandschriften führten.

F. wurden ab dem Beginn des *slavischen Schrifttums* zum Zwecke der kirchl. Erziehung übersetzt; vgl. die altruss. Izborniki von 1073 und 1076 (mit den Patriarch Gennadios I. zugeschriebenen Centenaria), die auf altbulg. Vorlagen zurückgehen. Parallel zu den *Ἀπανϑίσματα* des Theodoros Daphnopates (10. Jh.), einer Sammlung in Eklogenform aus den Homilien des Johannes Chrysostomos, wurde in Bulgarien ab dem 10. Jh. eine chrysostom. Exzerptensammlung unter dem Namen Zlatostruj übersetzt, deren griech. Vorlage noch nicht festgestellt werden konnte. Neben einer altslav. Übersetzung der *Γνῶμαι μονόστιχοι* des Menandros wurde diese Sentenzensammlung in Rußland im 14. Jh. im christl. Sinn umgearbeitet. Zur Gattung der F. zählen auch die Paterika als alphabet. oder themat. angeordnete Sentenzensammlung, deren slav. Überlieferung vielleicht z. T. auf die kyrillomethodian. Zeit zurückgeht. Ch. Hannick

Ed. und Lit.: DSAM V, 475–512 [M. RICHARD; Nachdr. DERS., Opera minora I, 1976] – RAC VII, 1131–1160 – TRE XI, 215–219 – V. JAGIĆ, Die Menandersentenzen in der akslav. Übers., SAWPh 126/7, 1892 – M. N. SPERANSKIJ, Perevodnye sborniki izrečenij v slavjano-russkoj pis'mennosti, 1904 [Teilnachdr. in: Serb. und bulg. F. (Pčele), hg. D. TSCHIŽEWSKIJ, Slav. Propyläen 28, 1970] – W. SCHMID – O. STÄHLIN, Gesch. der griech. Lit., II/2, 1961⁶, 1085ff. – Melissa. Ein byz. Florilegium griech. und altruss. Nachdr. der Ausg. von V. SEMENOV, hg. D. TSCHIŽEWSKIJ, Slav. Propyläen 7, 1968 – D. DRAGOJLOVIĆ, Filozofske antologije i florilegiji u srpskoj književnosti, Književna istorija 9/34, 1976, 199–247 – G. PODSKALSKY, Christentum und theol. Lit. in der Kiever Rus', 1982, 70 – R. MARTI, Gattung F. (Gattungsprobleme der älteren slav. Lit. [Berliner Fachtagung 1981], 1984), 121–145 – T. V. Čertorickaja et alii, Čet'i sborniki Drevnej Rusi, TODRL 39, 1985, 236–277 – P. ODORICO, Il prato e l'ape. Il sapere sentenzioso del monaco Giovanni, Wiener byz. Stud. 17, 1986 – W. VEDER, Über erbaul. Kompilationen, die altruss. Literati zugeschrieben werden (Sprache und Lit. Altrußlands [Studia slavica et baltica 8], hg. G. BIRKFELLNER, 1987), 241–244.

[3] *Romanische Literaturen:* In den roman. Sprachen lautet der Terminus it. *florilegio,* span. *florilegio,* frz. *florilège,* alles Entlehnungen aus dem wohl erst neulat. florilegium (Lehnübersetzung aus dem gr. *ἀνϑολογία*). Die roman. Termini tauchen verhältnismäßig spät auf, it. florilegio im 17. Jh., frz. florilège 1704 (Trévoux). Das in Italien im 16. Jh. erscheinende, gleichbedeutende *spicilegio* (Tasso) bleibt ungebräuchlich. Der Terminus florilegio, florilège steht in Konkurrenz mit der älteren Entlehnung aus dem Griech.: frz. *anthologie* (16. Jh.), it. *antologia* (17. Jh.). Bezeichnet werden damit Auswahlen (dt. Blütenlesen) von Gedichten verschiedener Autoren oder Textstellen aus bekannten lit. Werken, aber auch von Lehrsprüchen, Sentenzen, ja auch von Gebeten (im It. unter dem Titel »Fiore di pietà«). Derartige Sammlungen, Auslesen führen gewöhnl. nicht den Titel florilegio/florilège; in früher Zeit erscheint im Titel allenfalls, aber nicht immer, der Ausdruck *fiore, fleur* (d. h. Blüte, Auslese). So bei den ältesten it. F., bei denen es sich zunächst um moral. belehrende Traktate handelt, aber auch um Redelehren, wie sie seit dem frühen MA aus antiken Autoren zum Unterricht in Grammatik und Prosodie verfaßt wurden. In Italien wurde um die Mitte des 13. Jh. eine Auswahl aus der Rhetorik

»Ad Herennium« verfaßt unter dem Titel »Fiore di rettorica«. Ende des 13. Jh. stellte Fra Guidotto da Siena musterhafte Reden und Ansprachen für Gesandte, Notare zusammen unter dem Titel »Flore de parlare«; ebenfalls vom Ende des 13. Jh. stammt eine Sammlung moral. belehrender Erzählungen und Sinnsprüche: »Fiore di virtù«. Francesco da Barberino (ca. 1264–1348) veröffentlichte eine Novellensammlung: »Fiori di novelle« (Flores novellarum), sowie eine erste Anthologie prov. Troubadourlieder: »Flores dictorum nobilium provincialium«, die verloren gegangen sind. Im 14. Jh. wurde in Bologna eine Sammlung von Ratschlägen und Sentenzen redigiert: »Fiore e vita di filosofi ed altri savi imperatori«. Um 1325 verfaßte Armanno da Bologna in belehrender Absicht eine von ihm »Fiorita d'Italia« genannte Zusammenstellung von Vers- und Prosaerzählungen. Mitte 14. Jh. stellte der Karmeliter Guido da Pisa Sagen und Geschichten über Latium zusammen unter dem Titel »Fiore d'Italia«.

In Spanien entstand im 13. Jh. eine Auslese aus Seneca und anderen Philosophen, »Flores de Filosofia«.

Erst in der Renaissance kommen die lit.-ästhet. ausgerichteten Sammlungen von Gedichten auf. Vorbild wurde die von Johannes Laskaris veröffentlichte griech. →Anthologie des Maximos Planudes (Florenz 1494). Diesem Beispiel folgend gab L. Torrentino eine Sammlung neulat. Dichter heraus: »Carmina quinque illustrium poetarum« (Florenz 1549, 1552²), die v. a. in Frankreich begeisterte Aufnahme und Nachahmung fand. Große Mode wurden Sammlungen zeitgenöss. Dichtung durch die von dem ven. Drucker Gabriel Giolito de Ferrari Mitte des 16. Jh. veranstalteten und weit verbreiteten Anthologien, denen eine Flut von derartigen F. folgte, in deren Titel die Bezeichnung »fiore« nur noch selten auftaucht.

In Frankreich erscheinen Sammlungen zeitgenöss. Gedichte zunächst unter der Bezeichnung *fleurs;* Mitte des 16. Jh. tritt die Bezeichnung *recueil* an die Stelle, wird aber erst im 17. Jh. vorherrschend: die erfolgreiche Anthologie »La fleur de toutes joyeusetez«, Paris 1530² ging auf in »Recueil de tout soulas et plaisir«, 1552. Es werden auch Sammlungen nach Gattungen veranstaltet (Sonette, Rondeaux, Epigramme, Rätsel) sowie zum Andenken an Persönlichkeiten (Heinrich IV., Jeanne d'Arc), ferner von satir. oder erot. Gedichten.   W. Th. Elwert

Bibliogr.: F. Lachèvre, Bibliogr. des recueils collectifs de poésies publiés de 1597–1700, 1901–05.

II. Kanonistische Florilegien: Im Bereich der kirchl. Rechtssammlungen ist Florilegium noch kein fester Begriff. Gewöhnlich bezeichnet man als F. kleinere, diverses Quellenmaterial vereinigende Sammlungen (»Dossiers«) zu ganz bestimmten Fragen oder zur Ergänzung bereits bestehender Sammlungen, wie sie seit dem 9. Jh. in Mode kamen. Damit verwandt sind jene Zitatreihen kanonistischer Belege, die sich als Begründungen bisweilen in hist. oder sonstigen Abhandlungen finden, etwa im »Liber Beraldi«→Gregors v. Catino. Im weitesten Sinne könnte man jede der sog. »systematischen« Sammlungen als F. bezeichnen, denn sie enthalten in sachlicher Anordnung Auszüge aus unterschiedl. Quellengruppen (Konzile, Papstbriefe, Kirchenväter usw.). Eine Sonderform bilden die Exzerptsammlungen im engeren Sinne: Auszüge aus dem röm. Recht (Excerpta Bobbiensia) oder aus größeren Sammlungen (Ps.-Remedius v. Chur), ggf. um Auszüge aus anderen Sammlungen erweitert (72-Kapitelsammlung des Vallicell. T. XVIII).   Th. Kölzer

Lit.: F. Maassen, Gesch. der Q. und der Lit. des canon. Rechts im Abendlande, 1870, 798ff. – Fournier-Le Bras I, 114ff. – A. Wilmart, L'Admonitio de Jonas au roi Pépin et le florilège canonique, RevBén

45, 1933, 214–233 – R. E. Reynolds, A Florilegium on the Ecclesiastical Grades in Clm 19414, Harvard Theological Review 63, 1970, 235–259 – G. Fransen, Les collections canoniques (TS 10, 1973) – H. Mordek, Kirchenrecht und Reform im Frankenreich, 1975 – R. McKitterick, The Frankish Church and the Carolingian Reforms 789–895, 1977, 155ff. – Th. Kölzer, Collectio canonum Regesto Farfensi inserta (MIC B5, 1982), 108ff.

Floris, seit F. I. († 1061) einer der Leitnamen im Haus der Gf.en v. →Holland; Motivation dieser Namengebung bislang ungeklärt.

1. F. III., Gf. v. Holland, † 1. Aug. 1190 in Antiochia als Teilnehmer des 3.→Kreuzzugs; ∞ 1162 Ada, Schwester des Kg.s v. →Schottland. F. III. war ein getreuer Anhänger Ks. →Friedrichs I., der ihm die wichtigen Zölle zu Geervliet an der Rhein- und Maasmündung gewährte (1179) und ihm den Titel eines →Reichsfs.en verlieh (1177). Während F.' III. Regierung begann der Streit mit →Flandern um→Seeland; F. mußte 1167 im Vertrag von Brügge die fläm. Lehnshoheit für dieses Gebiet anerkennen.

2. F. V., Gf. v. Holland, * 1254, † 27. Juni 1296 in Muiderberg, Sohn des Gf.en→Wilhelm II. und der Elisabeth v. Braunschweig, ∞ ca. 1270 Beatrix v. →Dampierre. Nach dem Tode Wilhelms II. (1256) stand er ab 1258 unter Vormundschaft; Vormünder: zunächst sein Onkel Floris, bis 1263 seine Tante Aleidis v. →Avesnes, schließlich, auf Drängen des Adels, Gf. Otto II. v. →Geldern. Seit 1266 volljährig, blieb trotz seiner Ehe mit einer Dampierre der Einfluß des konkurrierenden Hauses Avesnes zunächst übermächtig. 1272 mißlang F. ein Feldzug gegen die Westfriesen (→Friesen, Friesland), wodurch ein Aufstand im Kennemerland, der bald den ganzen N der Gft. erfaßte, ausgelöst wurde (1274); ihm schlossen sich auch die Zünfte von →Utrecht an, die den Elekten Johann v. Nassau vertrieben. F. konnte den Aufstand durch ein Neutralitätsabkommen mit den Utrechtern sowie den Erlaß eines maßvollen Landrechts für das Kennemerland beenden. 1277 brach F. plötzlich mit den Avesnes und näherte sich →Flandern an. Dies ermöglichte ihm eine Konzentration auf die Expansion im Bm. Utrecht, wo er von dem verschuldeten Johann v. Nassau 1279 das gesamte Niederstift (= Prov. Utrecht) als Pfand erlangte. Damit konnte er sich auch der Güter und Rechte der großen Utrechter Lehnsleute Gijsbrecht v. Amstel und Herman v. Woerden bemächtigen. Im N unterwarf F. 1287/88 in einem großen Feldzug die Westfriesen, denen er ein Landrecht nach dem Vorbild des Kennemer Rechts von 1274 verlieh. Erneut brach der Streit mit dem Gf.en v. Flandern, →Gui de Dampierre, um Seeland aus, in dessen Verlauf Gui seinen Gegner F. durch seeländ. Adlige vorübergehend gefangennehmen ließ. Erst die große Politik, der engl.-frz. Gegensatz, brachte jedoch die Entscheidung: Hier hatte F. – trotz engl. Ablehnung seines schott. Thronanspruchs (1292) – lange Jahre als wichtigster Bündnispartner seines Schwagers Kg. →Eduards I. agiert (1294 Vermittlung des Bündnisses zw. Eduard I. und dem dt. Kg. →Adolf v. Nassau), trat aber 1296, bedingt durch die Hinwendung des Gf.en v. Flandern zur engl. Partei und die Verlegung des engl. Wollstapels von →Dordrecht nach Brabant, unerwartet zur frz. Seite über. Daraufhin wurde F. auf Anstiftung Eduards I. von unzufriedenen Adligen, unter ihnen G. v. Amstel und H. v. Woerden, heimtückisch gefangengenommen und, als Bauern spontan die Befreiung des populären Gf.en versuchten, ermordet.

Lit.: F. W. N. Hugenholz, F. V., 1966.   D. P. Blok

Florisdichtung

A. Inhalt und Verbreitung des Stoffes – B. Exemplarischer Überblick

A. Inhalt und Verbreitung des Stoffes

Die Geschichte der beiden jungen Liebenden Floire und Blancheflor, die am gleichen Tag geboren sind und ihre Liebe gegen alle Widerstände und trotz ihrer verschiedenen Religionen verwirklichen, ist ein Archetypus der höf. Erzählliteratur, der die ma. Leser in ganz Europa fasziniert hat: Der Stoff ist in Frankreich, Deutschland, Skandinavien, den Niederlanden, England, Italien, Spanien, Griechenland bekannt, es gibt sogar eine tschechische und eine jidd. Version.

In der ältesten Redaktion beginnt die Erzählung mit einem »epischen« Prolog: In Santiago de Compostela überfällt der »ungläubige« Kg. von Spanien die christl. Pilger, um sie zu berauben. Die junge Frau eines im Kampf gefallenen frz. Adligen wird der Kgn. als Dienerin gegeben. Beide Frauen kommen am gleichen Tag nieder, die Heidin gebiert einen Sohn, die Christin eine Tochter. Die jungen Leute wachsen zusammen auf und verlieben sich ineinander, werden jedoch vom Königspaar getrennt. F. wird zum Studium nach Montoro (Andalusien) geschickt, B. kommt als Sklavin in den Harem des Emirs v. Babylonien. Mit Hilfe des Haremswächters gelingt es F., zu B. vorzudringen. Die Liebenden werden jedoch entdeckt und sollen mit dem Tode büßen. F. rührt die Richter mit der Erzählung der Leiden, die er und B. erdulden mußten. Der Emir selbst verheiratet die beiden. Ihre künftige Tochter Berte wird die Mutter Karls d. Gr. sein.   L. Rossi

B. Exemplarischer Überblick

I. Romanische Literaturen – II. Deutsche Literatur – III. Englische Literatur – IV. Mittelniederländische Literatur – V. Byzantinische Literatur – VI. Skandinavische Literaturen.

I. ROMANISCHE LITERATUREN: Die gesamte europäische Verbreitung geht auf eine um die Mitte des 12. Jh. vermutl. im Loiretal entstandene frz. Verserzählung zurück. Erhalten sind zwei frz. Versionen sowie eine Romanze, welche Floires Rückkehr von Montoro besingt. Zur Rekonstruktion des Archetyps von Version I, die in mehreren Hss. vorliegt, können die anorw. Saga, der schwed. Florus und die me. Bearbeitung beigezogen werden. Version II (Ende 12. Jh.; eine Hs.) hat ihrerseits Hss. der Version I beeinflußt. Version I ist klerikal (von der Kritik wenig glücklich als »aristokratisch« bezeichnet), Version II martialisch (»volkstümlich«). Die Struktur der Erzählung ist wohl aus dem Arab. entlehnt (LECLANCHE, Contribution 1980), während die Durchführung von einem Kleriker stammt, der sein Schulwissen ausbreitet. Die Datierung des Archetypus ist umstritten (1150–60), doch ist der Text sicher älter als der erste Artusroman und gehört zu den nicht psychologisierenden Schicksalsromanen »byzantin.« Zuschnitts (→Apollonius v. Tyrus).

Der anonyme Cantare »Fiorio e Biancofiore«, der um 1340 von einem toskan. Schreiber niedergeschrieben wurde, scheint aus Norditalien zu stammen. Zur gleichen Zeit schrieb G. →Boccaccio seinen »Filocolo«, eine originale Neufassung des traditionellen Stoffs von F. und B., in die autobiograph. Elemente (Erfahrungen am angevin. Hof in Neapel) eingeflossen sind. Zu den divergierenden Meinungen über die wechselseitigen Beziehungen zw. diesen Texten vgl. A. BALDUINO.

Anfang des 16. Jh. wurde die Erzählung auch in Spanien rezipiert: »La historia de los enamorados Flores y Blancoflor rey y reyna de España y emperadores de Roma« (Alcalá de Henares 1512).   L. Rossi

II. DEUTSCHE LITERATUR: [1] Übertragungen des afrz. Floris-Romans: Der afrz. F.-Roman (Version I) wurde dreimal ins Dt. übertragen:

a) Trierer Floyris: Die Übertragung erfolgte um 1160/70 durch einen anonymen Autor, wohl einen Kleriker, im niederrhein.-maasländischen Raum, dem wichtigsten Kontaktraum für die frz.-dt. Kulturrezeption. Da der afrz. Roman in die Karls-Genealogie (→Karl d. Gr.) eingebettet ist, könnte er im Zusammenhang mit der Heiligsprechung 1165 aktuell geworden sein. Die Gönnerin (mutmaßlich) ist wohl in den gleichen Kreisen zu suchen wie die Auftraggeber/innen von den »limburgischen« Werken →Heinrichs v. Veldeke. Das Interesse an der Minnehandlung im Zusammenhang mit dem Fehlen des abenteuerlich-heroischen Elements spricht für weibl. Gönnerschaft. Die Minne wird nicht, wie in der höf. Epik, als gesellschaftsbildendes und -deutendes Moment, sondern als schematisch-sentimentale Gefühlshaltung aufgefaßt. Sprachlich erreicht das Werk nicht das Niveau Veldekes in Behandlung des Metrums und Reims. Von der einzigen (hessischen?) Handschrift, die außerdem noch die Ägidius- und Silvesterlegende enthielt, sind nur Bruchstücke mit 368, z. T. verstümmelten Versen erhalten.

b) Flore und Blanscheflur des Konrad Fleck: Dieser in zwei Hss. des 15. und Fragmenten von zwei Hss. des 13. Jh. erhaltene Text wird durch die Erwähnung bei →Rudolf v. Ems (»Willehalm von Orleans« v.2219ff., »Alexander« v.3239ff.) für Konrad Fleck bezeugt, er selbst verschweigt seinen Namen aus top. Bescheidenheit. Er will das Werk eines nicht identifizierten frz. Autors 'Ruopreht von Orlent' (v.142ff.) bearbeitet haben, seine Quelle war eine der Fassungen der altfrz. Version I, die er durch psycholog. Motivierungen, Exkurse und Beschreibungen erweitert hat, u. a. Beschreibung des mechan. Bildwerks auf dem Scheingrab der Blanscheflur, in Übernahme eines bes. in der afrz. Lit. beliebten Themas (Liebeskammer im »Roman de Troie«, Statuensaal im »Tristan« des Thomas). Stilistisch lehnt sich Fleck an →Hartmann v. Aue an, von →Gottfrieds »Tristan« ist er trotz der räuml. Nähe (Elsaß?) nicht beeinflußt, so daß der übliche Ansatz »um 1220« vielleicht etwas zu spät liegt. Flecks Thema ist die richtige und die falsche Liebe, erstere im Titelpaar, letztere im Amiral verkörpert, wobei sowohl die Bereitschaft zu Treue und Leid wie der Verzicht auf vorehel. sexuellen Vollzug zur wahren, edlen Liebe gehören.

Flecks Roman wurde im 15. Jh. in einer stark gekürzten Prosaversion in die Hs. Zürich Car C 28 (v. J. 1474) aufgenommen, die noch weitere Prosaauflösungen hochma. Versepen enthält (u. a. »Willehalm« und »Georg«) und wohl das gezielte Interesse eines stadtbürgerl. Auftraggebers spiegelt.

c) Flors inde Blanzeflors: Wohl in der 1. Hälfte des 13. Jh. erfolgte im gleichen Raum, vielleicht etwas weiter südlich, eine neue Übertragung der Version idyllique (aristocratique) in ribuar. Mundart; von ihr sind nur 15 Streifen einer Pergamenths. des 13. Jh. erhalten. Diese Version wurde in der 1. Hälfte des 14. Jh. von einem Westfalen ins Mnd. übertragen und dabei noch einmal gekürzt (1500 Verse gegen 3000 des afrz. Romans), drei Hss. und zwei Fragmente überliefern den Text (»Flos vnde Blankeflos«). Es handelt sich um anspruchslose, schlicht erzählte Unterhaltungsliteratur.

[2] Übertragung von Florio und Bianceffora: Die auf die afrz. Version II zurückgehende Fassung Giovanni →Boccaccios (»Filocolo«, 1339) wurde von einem anonymen Bearbeiter in eine um Schilderungen und Reden gekürzte Version in dt. Prosa übertragen und erschien erstmals 1499 in Metz (Kaspar Hochfeder) im Druck, wurde dreimal selbständig wieder aufgelegt und in Sebastian Feyerabends »Buch der Liebe« (erstmals Frankfurt a. M. 1578) aufgenommen. Diese Prosafassung war die Quelle für

Hans →Sachsens »Comedi von Florio mit der Bianceffora« von 1551. Zwei (drei?) Ausgaben des 17. und 18. Jh.
bieten den Text in jidd. Prosa.   V. Mertens

III. ENGLISCHE LITERATUR: Um 1250 wurde »Floris and
Bla(u)nchefl(o)ur« aus dem Afrz. ins Me. übertragen. Die
me. Bearbeitung ist eine der ältesten me. →Romanzen; sie
ist in vier-(und drei)hebigen Reimpaaren abgefaßt. Als
Vorlage diente die ältere, sog. »aristokratische« Version;
gegenüber ihrer afrz. Vorlage ist die me. Version aber
stark verkürzt, wobei v. a. die beschreibenden Passagen
gerafft wurden. Die ursprgl. me. Bearbeitung ist jedoch
nicht erhalten, sondern nur vier spätere Fassungen, deren
älteste allerdings ins späte 13. Jh. zurückreichen. Ihre Länge ist sehr unterschiedl.: die umfangreichste umfaßt 1083
Verse, die nächstlange nur 861 Verse. Diese und andere
Unterschiede deuten darauf hin, daß die Überlieferung
des me. »Floris and Blaunchefleur« zum Teil mündlich
geschah – der Anfang des Textes fehlt jedoch in allen Hss.
Manche Herausgeber haben versucht, aus den erhaltenen
Hss. eine längere Fassung zu rekonstruieren, z. B. zählt A.
B. TAYLORS Edition 1311 Verse. Der literar. Wert der me.
Version wird heute oft nicht bes. hoch eingestuft; für die
Popularität von »Floris and Blaunchefleur« im ma. Eng-
land zeugen dagegen sowohl die vier Hss. als auch eine
Anspielung in der aus dem späteren 14. Jh. stammenden
Romanze »Emaré« (Zle. 146).   H. Sauer

IV. MITTELNIEDERLÄNDISCHE LITERATUR: »Floris ende
Blancefloer«, mndl. Bearbeitung des afrz. Florisromans
(Version I), in 3973 paarreimenden Versen erhalten. Vollständig nur überliefert in einer Sammelhs. (UB Leiden, Nr
191, Fol. 33–58) aus dem 14. Jh., sonst in einigen Fragmenten. Der Autor nennt sich im Prolog Diederic van
Assenede. Möglicherweise war er als Beamter ('clerc') für
den fläm. Grafenhof tätig. Das Gedicht dürfte um die
Mitte des 13. Jh. entstanden sein. Diederics Beziehung zur
frz. Hs.-Tradition bleibt ungeklärt; REINHOLDS Stemma
erweist sich als überholt. Der Autor rationalisiert die
Handlung der Vorlage, indem er Unglaubwürdigkeiten
(z. B. Floris' Namengebung nach einem christl. Feiertag)
glättet. Die mndl. Rezeption stellt sich in den Zusammenhang mit der Humanisierung des Rittertums um 1250
(kluges Auftreten des Helden statt Waffengewalt). Die
Moslimwelt trägt christl. Züge (Bf. in Babylon!). So kann
Kritik an arab. Despotismus zur Selbstreflexion der westl.
Feudalherrschaft beitragen. Der Versroman wurde im
SpätMA zur Vorlage einer Prosabearbeitung.
                                                  J. H. Winkelman

V. BYZANTINISCHE LITERATUR: Der Roman »Phlorios
und Platzia Phlore« (in rund 1800 reimlosen, polit. Versen) gehört zu einer Gruppe byz. Dichtungen, die unter
westl. Einflüssen entstanden sind. Die Namen der Protagonisten erinnern bereits an das abendländ. Volksbuch von
Floire et Blancheflor, dessen it. Bearbeitungen im 14. Jh.
geschaffen wurden; der griech. Text ist eine Übersetzung
aus dem Italienischen. Dafür sprechen Italianismen und
wörtl. Entsprechungen. Unterschiede sind dadurch zu
erklären, daß der griech. Bearbeiter rhetor. und moral.
Erweiterungen anbrachte und wohl auch it. Texte verarbeitete, die nicht völlig mit den erhaltenen übereinstimmen. Einzelne Motive mögen aus dem Orient stammen.
Die Einwirkung des it. Textes auf den byz. Raum ist nicht
ganz leicht datierbar; it. Herrschaftsbezirke auf der Peloponnes im 14. Jh. – etwa der →Acciaiuoli – dürften das
Milieu gewesen sein, in dem der Stoff rezipiert wurde. Der
Übersetzer war sicher Grieche; der katholisierende Schluß
des Gedichtes mag aus Rücksichtnahme auf den Katholizismus der it. Herren und des it. Originals zu erklären sein.

Hss. sind Add. Ms. 8241 der British Library, London
(15. Jh.) und Cod. theol. gr. 244 der ÖNB, Wien (16. Jh.).
                                                  O. Mazal

VI. SKANDINAVISCHE LITERATUREN: Der F.-Stoff ist im
N zunächst in einer norw. Prosaübertragung des frz.
Versromans »Floire et Blanchefleur« (aristokrat. Version)
überliefert. Diese wohl aufgrund einheimischer Literatur-
traditionen in Prosa abgefaßte Version (»Flóres saga ok
Blankiflúr«) ist im Rahmen des Übersetzungsprogramms
kontinentaler höf. Lit. auf Anregung des norw. Königshofes möglicherweise um 1250 entstanden (→Riddarasö-
gur). Der anonyme Bearbeiter folgt im großen und ganzen
seiner frz. Vorlage, lediglich am Schluß gewinnt Flóres
seine und Blankiflúrs Freiheit nicht durch Redekunst, sondern ritterl. Zweikampf. Weitere kleinere Abweichungen
gehen wohl zurück auf die isländ. Abschriften, in denen
– abgesehen von einem norw. Fragm. – d. norw. Prosaroman allein überliefert ist (AM 489,4°; AM 575a,4°).

Die norw. Prosafassung diente vermutlich als Vorlage
für den schwed. Versroman »Flores och Blanzeflor«, der
zusammen mit den anderen sog. →Eufemiavisor zw. 1302
und 1312 am norw. Hof in schwed. Knittelversen gedichtet wurde. Das schwed. Versepos erfuhr Übertragungen
ins Dän. und war in frühen Drucken verbreitet. Die
spätma. isländ. →Rímur-Literatur bringt lediglich Zitate
aus dem F.-Stoff.   H. Ehrhardt

Ed. und Lit.: zu [I]: EM, s. v. Floire et Blancheflor [wichtigste europ.
Versionen; Lit.] – GRLMA IV – Kindlers Lit.-Lex. – J.-L. LECLANCHE,
Contribution à l'étude de la transmission des plus anciennes œuvres
romanesques françaises. Un cas privilégié: Floire et Blancheflor, 1980
[Ed. aller frz. Hss.; Stemma sämtlicher nicht frz. Versionen; Lit.] – Le
Conte de Floire et Blancheflor, ed. J.-L. LECLANCHE, 1980 – Floire et
Blancheflor. Seconde version, ed. M. M. PELAN, 1975 – Cantari del
Trecento, hg. A. BALDUINO, 1970 – *zu [II]: Ed.:* W. GOLTHER, Tristan
und Isolde. Flore und Blancheflur, 2 (Dt. National-Litteratur III, IV,
2), o. J., 235–470 – S. WAETZOLD, Flors unde Blankeflors (Niederdt.
Denkmäler 3), 1880 – A. BACHMANN – S. SINGER, Volksbücher aus
einer Züricher Hs. des 15. Jh. (Stuttgarter Lit. Verein 185), 1889, 3–114
– H. SCHAFSTADT, Die Mülheimer Bruchstücke von Flors unde Blanze-
flors, Abh. zum Jahrb. des Gymn. und der Realschule Mühlheim, 1906
– O. DECKER, Flos vnde Blankeflos, 1913 – G. DE SMET – M. GYSSELING,
Die Trierer Floyris-Bruchstücke, Studia Germanica Gandensia 9,
1967, 157–196 – *Lit.:* Verf.-Lex.² II, 744–747, 760–764, 759f. – H.
HERZOG, Die beiden Sagenkreise von Flore und Blanceflur, Germania
29, 1884, 137–228 – L. ERNST, Flore und Blancheflur, Studie zur
vergleichenden Lit.wiss. (Q. und Forsch. 118), 1912 – J. REINHOLD,
Floire und Blancheflor-Probleme, I: Das Verhältnis der ältesten germ.
Versionen zueinander und zu der version aristocratique, der
ZRPh 42, 1922, 686–703 – E. SCHAD, Konrad Flecks 'Flore und
Blanscheflor'. Ein Vergleich mit den Zeitgenossen und mit dem mnd.
Gedicht 'Flos und Blanscheflos' [Diss. masch. Marburg 1941] – G. DE
SMET, Der Trierer Floyris und seine frz. Q. (Fschr. L. WOLFF, 1962),
203–216 – *zu [III]: Bibliogr.:* RENWICK-ORTON, 420f. – NCBEL I, 451f.
– ManualME 1.1, 1967, 145f., 299–301 [Nr. 96] – *Ed.:* J. R. LUMBY – G.
H. McKNIGHT, King Horn, Floris and Blaunchflour . . ., EETS 14,
1901² – A. B. TAYLOR, Floris and Blauncheflur, 1927 – D. B. SANDS,
ME Verse Romances, 1966, 279–309 – F. C. DE VRIES, Floris and
Blauncheflour [Diss. Utrecht 1966] – *Lit.:* L. A. HIBBARD, Mediaeval
Romance in England, 1924, 184–194 [Repr. 1963] – R. M. WILSON,
Early ME Lit., 1968³, 226–229 – G. GUDDAT-FIGGE, Cat. of MSS
Containing ME Romances, 1976 – *zu [IV]: Ed.:* P. LEENDERTZ, 1912 –
J. J. MAK, 1974³ – [Prosabearb.:] G. J. BOEKENOOGEN, 1903 – *Lit.:* J.
REINHOLD, Floire et Bl., 1970² – K. RUH, Höf. Epik I, 1977², 57 – J. H.
WINKELMAN, Died. v. Assenede en zijn Oudfranse bron, NTg 77, 1984,
219–231 – *zu [V]: Ed.:* D. C. HESSELING, Verhandelingen Koninkl.
Akademie v. Wetenschappen, Amsterdam, Afdeel. Letterkunde n.s.
17,4, 1917 – E. KRIARAS, Βασικὴ Βιβλιοθήκη 2, 1955, 141–177 – *Lit.:* O.
MAZAL, Der griech. und byz. Roman . . ., JÖBG 4, 1965, 83–124 – *zu
[VI]: Ed.:* Flóres saga ok Blankiflúr, ed. E. Kölbing (Altnord. Sagabibl. 5, 1896) – Eufemiavisorna, ed. V. JANSSON, 1945 – *Lit.:* KL IV,
426–429 [V. JANSSON; E. F. HALVORSEN; Lit.] – K. SCHIER, Sagalit.,
1970 – Neues Hb. der Lit.wiss. 8, 1978, 501ff. [G. W. WEBER].

Florus im Mittelalter. L. (P.?) Annaeus Florus, der aus Nord-Afrika stammende, zu Anfang des 2. Jh. wirkende Verfasser eines Abrisses der röm. Geschichte (»Epitome bellorum omnium annorum DCC«), in dem die Epochen der polit. Geschichte zu den Abschnitten des menschl. Lebens in Beziehung gesetzt werden, wurde von der spätantiken Geschichtsschreibung (z. B. Ammianus Marcellinus, Augustinus, Orosius, Jordanes) des öfteren als Quelle benützt und war anscheinend recht gut bekannt. Nach Jordanes (Mitte 6. Jh.) verlieren sich zunächst die Spuren direkter Kenntnis des Werkes. In karol. Zeit setzt die uns faßbare hs. Überlieferung zunächst noch recht dünn ein. Sie ist gespalten in eine Fassung von vier Büchern (Heidelberg, Pal. lat. 894, 1. Hälfte 9. Jh. aus Lorsch) und eine solche in zwei Büchern (Bamberg, Class. 31 [früher E. III. 22], eher Anfang 10. Jh. aus Oberitalien als 9. Jh.), worin sich auch eine geogr. Verteilung spiegelt. Benützung ist zunächst selten (vielleicht nur bei →Frechulf, sicher nicht bei →Einhard). Sie ist auch für die Folgezeit, in der seit 11./12. Jh. die Hss. deutlich an Zahl und Verbreitung zunehmen, öfter angenommen und behauptet als nachgewiesen worden. F., der v. a. durch anekdotenartige Begebenheiten die Kenntnis der Antike im MA bereicherte, war, wie es scheint, nur bes. belesenen Autoren von der Art eines →Johannes v. Salisbury bekannt. Die neuerlich stark zunehmende Verbreitung des Werkes im späten MA v. a. auf dem Kontinent zeigt zum Teil bereits humanist. Gepräge. Durch it. Humanisten wurden auch neue Zuschreibungen der Epitome vorgenommen, die sich später wieder als irrig erwiesen: an den älteren Seneca durch Coluccio Salutati, an Julius Florus durch Domenico di Bandino. – Der vielleicht von demselben F. herrührende Dialog »Virgilius orator an poeta« ist vermutl. nur in einer fragmentar. Zustand ins MA gelangt und so in einer einzigen Hs., die später Nikolaus v. Kues gehörte (Brüssel 10677, jetzt 212, 12. Jh.), bewahrt worden. Entdeckt durch Th. Oehler, Ed. pr. durch F. Ritschl (1842).

F. Brunhölzl

Ed. und Lit.: Manitius I–III [Register] – Flori opera, ed. H. Malcovati, 1937; ed. P. Jal, Coll. Budé, 1967 (die praefationes) – R. Sabbadini, Le scoperte dei codici latini e greci ne' s. XIV e XV, I–III, 1905/14 – P. K. Marschall (Texts and Transmission – A survey of the latin classics, hg. L. D. Reynolds, 1983), 164ff.

Florus v. Lyon, theol. Schriftsteller und Dichter, Diakon, † um 860, wurde von Kindheit an in der Lyoner Kirche unterrichtet, der er dann sein Leben lang eifrig diente. Seine großenteils von aktuellen Auseinandersetzungen geprägten, oft polem. Schriften zeigen seine streng traditionalist. Haltung; alles, was er als Neuerung ansah, war ihm ein Greuel.

In einem Traktat über die Bischofswahlen forderte er deren Freiheit vom Einfluß des Herrschers; als kanonist. Kompilator und Kommentator setzte er sich – unter Berufung auf kirchl. und auf röm. Recht – für die Unabhängigkeit des Klerus von der weltl. Gerichtsbarkeit ein. Den Liturgiker →Amalarius, der 835 die Verwaltung des Bm.s Lyon übernommen hatte und dort seiner allegor. und symbol. Liturgieauffassung Geltung verschaffen wollte, bekämpfte F. mit drei Opuscula adversus Amalarium und erreichte die Absetzung des Gegners. Mit Schärfe wandte er sich auch gegen →Johannes Scottus (Eriugena), dessen selbständige, nicht von Bibel- und Väterstellen ausgehende Argumentation im Prädestinationsstreit ihn erzürnte. – In seinen exeget. Schriften und in einer Meßerklärung stellte F. patrist. Exzerpte zusammen. Ferner stammt von ihm ein hist. Martyrologium. Zu seinem poetischen Werk gehören hagiographische und Bibeldichtungen, ein »Epigramma« in 197 Hexametern für ein Homiliar, die sog. »Querela de divisione imperii«, Tituli und Briefgedichte.

J. Prelog

Ed.: MPL 119, 9ff.; 121, 985–1134 – MGH PP II, 507–566; IV/3, 930–931 – MGH Epp. V, 267–273, 340–343 – MGH Conc. II/2, 768–782 – Ed. pratique des martyrologes de Bède, de l'anonyme lyonnais et de Florus, hg. J. Dubois – G. Renaud, 1976 – *Lit.*: Brunhölzl I, 427–437, 566 [Lit.] – DHGE 17, 648–654 – RBMA 2, 309–312; 9, 3–4 – Repfont 4, 475–478 – P.-I. Fransen, Description de la collection hiéronymienne de F. de L. sur l'Apôtre, RevBén 94, 1984, 195–228.

Flößerei (Fletzerei, frz. *Flottage en trains*) bezeichnet den Transport von gebundenem Holz auf dem Wasser zum Unterschied vom Schwemmen einzelner Stämme (→Trift). Die Bedeutung der F. als Vorstufe der Hochseeschiffahrt ist trotz der Aussage röm. Autoren (Plinius) und interessanter Experimente (Kon Tiki, Ra) umstritten. Die Bibel (»Tempelbau des Kg.s Salomon«) und Caesar (»De bello Gallico«) bezeugen F. in vorchristl. Zeit. Nach dem Ende der röm. Herrschaft (Votivtafeln, Flöße in Straßburg) liegen für das FrühMA nur vereinzelte Nachrichten vor (Transport der Leiche des hl. →Emmeram auf der Isar um 715). Die ältesten Privilegien, die Kl. den Holztransport zu Wasser gestatten (St. Gallen für den Bodensee 890, Raitenhaslach auf der Salzach 1206), unterscheiden noch nicht zw. F. und Trift. Erst mit dem Aufblühen von →Bergbau und Städtewesen im 13. Jh. ist eine intensive F. in ganz Deutschland gesichert (Rhein bei Koblenz 1209, Isar 1228, Mulde bei Zwickau 1275, Drau in Kärnten 1280). Das größte Volumen erreichte die ma. F. dort, wo Holz zum Betrieb von Sud- und Hüttenwerken und als Bauholz für große Städte benötigt wurde: Auf dem Inn seit dem 13. Jh. für Innsbruck und die Saline Hall, auf der Isar für München und auf dem Lech für Augsburg. Auf Enns (Ladstattordnung für den Kasten von Weyer 1466) und Steyr gab es eine intensive F. im Dienste der Eisenverarbeitung und des Eisentransports (→Eisen). Mit der Rhône-F. wurden nicht nur Genf und Lyon, sondern im 14. Jh. auch der päpstl. Hof in Avignon versorgt.

Flöße wurden unbeladen zum Transport von Nutzholz, mit einer Ladung (Oblast, Fassung) zum Warentransport, zum Transport von Geschützen und Kriegsmaterial (Inn, Isar, Donau) und auch zur Personenbeförderung eingesetzt. Schon um 1450 gab es auf der Isar ab Mittenwald Personenfahrten zu festgesetzten Preisen, die bis nach Wien führten. An Volumen übertraf die F. im Flußsystem der Donau, wo auf den Nebenflüssen im Oberlauf (Lech-Wertach, Regen, Isar, Inn-Salzach, Traun-Ager-Alm, Enns-Steyr) sowie im Mittel- und Unterlauf (Waag, Drau, Save-Drina, Alt, Sereth-Bistrica) geflößt wurde, den Rhein mit seinen Nebenflüssen und alle anderen Flüsse Mitteleuropas. Über Seen (Bodensee, Finnische Seenplatte) wurden Flöße gerudert, gezogen, gesegelt oder am Ufer entlang gestakt.

Als wichtigste Typen sind Flöße aus ganzen Stämmen (Blochflöße) und Flöße aus Brettern (Dielen-, Dillen-, Ladenflöße) zu unterscheiden. Die Stämme wurden durch Querhölzer (Aufhölzer) mit Weiden beweglich verbunden, die Steuerung erfolgte durch Ruder, die an beiden Enden im Bereich der Wegspangen angebracht waren. An den Seiten waren Streiftannen (Wandtannen) zum Schutz befestigt. Beim Holz überwog das Nadelholz gegenüber dem Laubholz, schwere Hölzer wie Eichen konnten nur in Verbindung mit Nadelholz geflößt werden. Die Größe schwankte von Einmannflößen (Iller, Ladenkar auf der Steyr) bis zu riesigen Flößen und Floßzügen, die nach der Einmündung der Nebenflüsse an Donau (Pester Floß) und

Rhein (bis 500 m Länge) zusammengestellt oder -gebunden wurden. Schiffahrtshindernisse wurden teils durch künstl. Gerinne (Traunfall bei Gmunden) flößbar gemacht, teils zu Land umfahren (Rheinfall, Perte du Rhône). Holzrechen und Wehre mußten geeignete Durchlässe (Floßgassen, Floßfahrten) aufweisen. F. war auf den großen Flüssen frei und galt nur in einzelnen Territorien als →Regal. Als hinderlich erwiesen sich das Recht der →Grundruhr und die zahlreichen Flußmauten. Größere Städte erließen Ordnungen für F. und Ladeplätze (München 1511) und untersagten zur Sicherung der eigenen Versorgung die F. stromabwärts. Seit dem SpätMA schlossen sich die Flößer zu Zünften, Zechen und Wasserrotten zusammen (München 14. Jh., Füssen, Rauhenlechsberger Rott, Mittenwald, Tölz, Lenggries, Wels, Kehl, Wien um 1500, Pforzheim, Rhäzüns 1490 etc.), wie es bereits in röm. Zeit für Genf bezeugt ist. Den Bauern wurde die F. untersagt. – Vgl. auch →Holz, -handel.

H. Dopsch

Lit.: HRG I, 1139ff. [H. KELLENBENZ; Lit.] – F. BROGLE, Die F. der oberrhein. Gebiete Laufenburg-Basel. Vom Jura zum Schwarzwald 27, 1952 – E. NEWEKLOWSKY, Die Schiffahrt und F. im Raume der oberen Donau I, 1952; III, 1964 – H. HEROLD, Rechtsgesch. aus der F. (Fschr. K. S. BADER, 1965), 191–220 – H. GROSSMANN, F. und Holzhandel aus den Schweizer Bergen bis zum Ende des 19. Jh., 1972 – F. LESKOSCHEK, Schiffahrt und F. auf der Drau, Zs. des Hist. Vereins für Steiermark 63, 1972, 115–152 – G. FALK, Vom Floß zum Schiff, Dt. Schiffahrtsarchiv 3, 1980, 7–14.

Flotte

A. Spätantike, Byzantinisches Reich, arabisch-islamischer Bereich – B. Westliches Europa

A. Spätantike, Byzantinisches Reich, arabisch-islamischer Bereich

I. Spätantike – II. Byzantinisches Reich – III. Arabisch-islamischer Bereich.

I. SPÄTANTIKE: Die stehende Kriegsf. der Kaiserzeit wurde wie das stehende Landheer von Augustus geschaffen; ihr Schwerpunkt lag im Westen (classes Misenatium, mit ztw. Detachement in Fréjus/Forum Iulii, und Ravennatium). Schon im 1. Jh. entstanden aber mit den classes Alexandrina (späteres permanentes Detachement: classis nova Libyca), Syriaca, Pontica und Britannica Regionalf.n, zu denen auch die Flußf.n der classes Germanica, Pannonica und Moesica kamen; diese waren von praefecti sexagenarii bzw. centenarii kommandiert, während die Reichsf.n in Ravenna und Misenum von →ducenarii befehligt wurden. Entgegen dem äußeren Anschein existierten die F.n auch während der Reichskrise des 3. Jh. Unter Diokletian betrug die Bemannung der Kriegsf. bereits wieder 45 562 Mann (Joh. Lyd. Mens. 1,27). Der Usurpator Carausius errichtete sein britann. Sonderreich u. a. mit einer Kriegsf., und Constantius Chlorus konnte ihn mit demselben Instrument besiegen. Auch der Aufstieg Konstantins d. Gr. erfolgte teilweise aufgrund von F.noperationen, so gegen Maxentius; und mit Licinius fand 324 eine Seeschlacht am Hellespont statt (die allerdings verdächtig ähnlich wie die von Salamis geschildert wird), deren Kontingente Licinius aus den regulären F.n des Ostens bestritt (Zos. 2,22–24). Auch in den Kämpfen des 4. Jh. (so unter Julian) spielten Kriegsf.n eine Rolle. Die →Notitia dignitatum kennt für den Westen Präfekten der misen., ravennat. und venet. F. (in →Aquileia) sowie detaillierte Kommandostrukturen für Schiffsf.n in Gallien und auf der Donau (Not. dig. occ. 42,4.7.11.17,20–23.43 u. a.), macht aber keine Angabe für den Rhein (wohl nur fehlendes Blatt) und den Osten (hierfür das für die Not. dig. selten verwandte laterculum minus einschlägig; vgl. aber C. Th. 7, 17,1; 10,23,1). Das 5. Jh. sieht nach Stilicho den Niedergang der F. im Westen, wodurch es Geiserich möglich wurde, 455 mit der vandal. (wohl nur aus Transportschiffen bestehenden) F. ungehindert Rom zu erreichen. Im Osten bestand die Kriegsf. weiter (C. Th. 7, 17, 1; C.J. 1,27,2,1) und wurde gelegentl. gegen die Vandalen eingesetzt. Für Justinians Eroberungen im Westen war ihre Rolle konstitutiv.

W. Schuller

Lit.: RE III, 2632–2649 – KL. PAULY I, 1200f. – CH. G. STARR, The Roman Imperial Navy 31 B.C. – A.D.324, 1941 [Nachdr. 1975] – D. KIENAST, Unters. zu der Kriegsf.n der röm. Kaiserzeit, 1966 – J. ROUGÉ, La marine dans l'Antiquité, 1975 – M. REDDÉ, Mare nostrum. Les infrastructures, le dispositif et l'hist. de la marine sous l'empire Romain, 1986.

II. BYZANTINISCHES REICH: Die F. im Byz. Reich umfaßte die Kriegsf. und die Handelsf. sowie die Fischereiflottillen; sie unterstanden verschiedenen Kommandogewalten und bestanden aus ganz unterschiedl. Schiffstypen (→Schiff, -bau, -stypen). In der Kriegsf. herrschten die langen und schnellen Dromones-Chelandia (δρόμωνες, χελάνδια) vor, in der Handelsf. die raschen, geräumigen Kumbaria (κουμβάρια), in der Fischerei die kleineren Typen von Barken (σανδάλια, ἀρκλία). Bei F.noperationen kamen Schiffe aller drei Gattungen zum Einsatz; neben den Kriegsschiffen die Handelsschiffe zum Transport von Truppen und Nachschub (z. B. sind spezielle Schiffe für den Pferdetransport, die Hippagoga [ἱππαγωγά], belegt) sowie die Fischerboote für den Fähr- und Binnenverkehr. Die folgenden Ausführungen konzentrieren sich auf die Kriegsf.; sie allein unterstand unmittelbar der ksl. Zentralgewalt, während die zivile Schiffahrt unter der Leitung der Naukleroi (ναύκληροι), der Schiffahrtsunternehmer, stand.

Die byz. Kriegsf. wurde in ihrer Gesamtheit als ksl. F. (βασιλικὸν πλόϊμον/πλώϊμον) bezeichnet, war aber in zwei Kommandobereiche geteilt: 1. die in Konstantinopel stationierte F., die als ksl. F. im engeren Sinne galt (sie umfaßte auch das persönl. Schiff des Ks.s); 2. die in den einzelnen Reichsteilen stationierten F.n, die in der Frühzeit als Karabisianoi (Καραβισιάνοι, von κάραβος 'Schiff') bezeichnet wurden und im 7. Jh. in die Themenorganisation (→Byz. Reich, Abschnitt A.III) eingegliedert wurden.

Die Gesch. der byz. F. ist eng verbunden mit den militär.-strateg. Erfordernissen und Zielen der byz. Politik in der jeweiligen Periode. Die Kontrolle der Küsten des – östl. – Mittelmeeres und seiner Nebenmeere (Meerengen, Schwarzes und Azov'sches Meer) sowie der Verbindungen in das weiträumige Binnenland, das bis zum frühen 7. Jh. noch große Gebiete in drei Kontinenten (Afrika, Asien, Europa) umfaßte, machte den Einsatz schneller Schiffe erforderlich, insbes. des Dromon, dessen Name (von 'Kurs, Lauf') bereits auf schnelle Einsatzfähigkeit hindeutet. Es wurden verschiedene, nach Größe und Bauart variierende Abarten des Dromon entwickelt, so das charakterist. Chelandion. Hierbei handelte es sich um Hochseeschiffe, die wohl in der Tradition der antiken Trieren (Triremen) stehen und als Vorläufer der Galeere gelten können. Ebenso verfügte Byzanz aber über Wachtschiffe, die Patrouillen zur Sicherung der Küstenschiffahrt in einem nach geograph. bzw. militär.-administrativen Gesichtspunkten abgesteckten Küstenabschnitt durchführten.

Die Kriegsschiffe vom Typ des Dromon-Chelandion – sie wurden entsprechend der Größe in Pamphyloi und Ousiai (πάμφυλοι, οὐσίαι) eingeteilt – bildeten neben Schiffen von geringerer Bedeutung wie den κέλητες und den σακτοῦραι die Einheiten der ksl. F. in Byzanz wie in den Provinzen. Alle diese Schiffe wurden unter Aufsicht spezialisierter Ingenieure (ἐξαρτισταί, κατεργοκτίσται, ναυπηγοί) in Arsenalen (νεώρια, ἐξάρτυσεις) gebaut, diese befanden sich in Konstantinopel sowie in den großen F.nhäfen an den Dardanellen (Lampsakos), am Bosporus (Hieron), am Kanal v. Otranto (Dyrrhachion), auf Samos, Rhodos, Zypern, Kreta sowie – in der früheren Zeit – auch auf Sardinien (Cagliari) und Sizilien. Neben den genannten strategisch wichtigen F.nstützpunkten sind als bedeutende F.nhäfen zu nennen: Thessalonike und Korinth, Smyrna und Trapezunt sowie – als größte F.nbasis in den Provinzen – Attaleia, Hauptstadt des Themas Kibyrrhaioton, dessen F. gemeinsam mit der Kykladen-F. eine Art »force de frappe« bildete.

Die in der Hauptstadt stationierte F. wurde v. a. bei großen Seeoperationen entsandt, wobei man die übliche Lebensdauer der schnellen Schiffe mit 20 Jahren ansetzte; sie waren mit der Geheimwaffe des →Griech. Feuers und allen sonstigen Kriegsmaschinen (Rammbock, Schildkröte usw.) ausgerüstet und mit hölzernen Kastellen (ξυλόκαστρα) bewehrt. Nach den Vorrichtungen (σίφωνες) zur Aussendung des Griech. Feuers hießen diese Schiffe Siphonophoroi (σιφωνοφόροι) oder Kakkabopyrphoroi (κακκαβοπυρφόροι). Der Oberbefehl lag beim Drungarios plôimou (δρουγγάριος πλοΐμου), später beim Megas dux (μέγας δούξ; →Dux); die Mannschaften bestanden aus Berufsseeleuten, sowohl Byzantinern als auch Fremden, unter denen Leute aus der Rus' und →Waräger sowie →Mardaïten bes. Ruf genossen. Üblicherweise kontrollierte die F. v. Konstantinopel die Schiffahrt im Marmarameer, das navigations- und zollmäßig gleichsam einen weiten Vorhafen der Hauptstadt bildete. Bes. Stellenwert hatte jedoch der Einsatz dieser Eliteflotte bei großen Seeexpeditionen, zunächst gegen die Araber, die vor dem Aufstieg der it. Seestädte eine gewisse Konkurrenz zur byz. Mittelmeerherrschaft bildeten, seit dem 11. Jh. dann gegen Normannen und Kreuzfahrer, bis im späten 14. Jh. der endgültige Verfall der byz. F.nmacht einsetzte. Die Interessen der Reichspolitik erforderten Operationen in Afrika (Alexandria, Karthago) und Italien, wo Byzanz in der Zeit seiner Thalassokratie größere F.n im →Exarchat v. Ravenna sowie in Sizilien unterhielt und auch später noch, v. a. im Zuge der Restauration der F.nmacht unter dem makedon. Kaiserhaus, die kalabr. Küsten mit den Haupthäfen Bari und Brindisi beherrschte.

Die wichtigsten provinzialen F.nverbände waren stationiert in folgenden Marinethemen: Kibyrrhaioton bzw. Aigaion Pelagos (Kykladen/Dodekanes) und Samos; im 9. Jh. trat Kephallenia (Ion. Meer) hinzu. Auch die großen Inseln (Zypern, Kreta) profitierten von der Präsenz byz. F.neinheiten, die überhaupt in nahezu allen Küstenregionen des Reiches stationiert waren. Die Marinethemen wurden – wie die anderen Themen auch – jeweils von einem →Strategen als Oberhaupt der militär. wie der zivilen Verwaltung geleitet. Ihm unterstellt waren die Drungarioi der Themen (→Drungarios), die nicht mit dem konstantinopolitan. Drungarios, dem höchsten Würdenträger der hauptstädt. F., verwechselt werden dürfen, ferner u. a. die Turmarchai (τουρμάρχαι), die als Marineoffiziere größere oder kleinere Untereinheiten der jeweiligen F. befehligten, während die Besatzungen der einzelnen Schiffe dem Befehl des Protokarabos (πρωτοκάραβος, Erster Steuermann, Schiffsführer) unterstanden. Der Strateg und seine Verwaltung (mit →Chartularios und →Protonotarios) waren befaßt mit der Rekrutierung der Seesoldaten, die nach Steueraufkommen und Landbesitz zwar unter den Berittenen, aber über den Fußtruppen rangierten; sie sicherten im übrigen die Steuern und Abga-

ben der gesamten seemännisch tätigen Bevölkerung, die für Unterhalt der F.n, Schiffbau und -ausrüstung bestimmt waren (wichtigste Steuerart: κατεργοκτισία 'Schiffbau[abgabe]').

Neben den Aufgaben der lokalen Küstenwacht nahmen die F.nverbände der Themen im Bedarfsfall auch an den großen F.nexpeditionen des Byz. Reiches teil; die Rückeroberung von Kreta (961) ist dank des Berichtes des schriftstellernden Ks.s Konstantin VII. Porphyrogennetos, der in diesem Zusammenhang Angaben zur F.nstärke macht, das bestbekannte Beispiel. Als Sammelpunkte (Aplekta [ἄπληκτα]) für derartige Operationen dienten günstige Ankerplätze mit Wasser- und Holzressourcen und Vorrichtungen für Schiffsreparaturen oder Neubauten; hierfür kamen neben den schon genannten F.nstandorten auch die großen Handelshäfen in Frage (Ephesos, Smyrna, Thessalonike, Korinth, Monembasia), ebenso die Etappenplätze auf dem Seeweg nach Konstantinopel, etwa Lemmos in der nördl. Ägäis, Chios und Mytilene vor der kleinasiat. Küste, Euboia und die Sporaden an der griech. Küstenroute sowie Naxos und andere Kykladeninseln, die den Seeweg nach Konstantinopel sowie die Route zw. Griechenland und Kleinasien beherrschten. Diese großen Wasserwege des östl. Mittelmeeres wurden zu Piratenrevieren, sobald Byzanz oder seine Konkurrenten – in der Frühzeit die Araber, im SpätMA die Venezianer und Pisaner – nicht mehr in der Lage zur Aufrechterhaltung der »pax maritima« waren. Eine solche Situation trat ein, als im Gefolge der Kreuzzüge in den einstmals byz. Gewässern immer häufiger Korsarenverbände operierten. Von diesen chaot. Verhältnissen haben die vordringenden Türken schon lange vor 1453 profitiert.

H. Ahrweiler

Lit.: H. Antoniadis-Bibicou, Recherches sur les douanes à Byzance, 1963 (Cah. des Annales, 20) – H. Ahrweiler, Byzance et la mer. La marine de guerre, la politique et les institutions maritimes de Byzance aux VIIe-XVe s., 1966 – E. Eickhoff, Seekrieg und Seepolitik zw. Islam und Abendland. Das Mittelmeer unter byz. und arab. Hegemonie (650–1040), 1966 – H. Ahrweiler, Les ports byz. (VIIe–XIe s.), Sett. cent. it. 25, 1978 – R.-J. Lilie, Handel und Politik zw. dem byz. Reich und den it. Kommunen Venedig, Pisa und Genua in der Epoche der Komnenen und der Angeloi (1081–1204), 1984, bes. 613–643.

III. Arabisch-islamischer Bereich: Kriegsf.n haben im Bereich arab.-islamischer Herrschaftsgebilde bis ins 15. Jh., deren Ausrichtung vornehml. kontinental war, keine durchgehende Tradition als feste Bestandteile der jeweiligen militär. Formationen; ihre Erstellung und Ausrüstung war im wesentlichen bedarfsorientiert. Das frühe Kalifat (Mitte 7. bis Mitte 9. Jh.) unterhielt Kriegsschiffe in syr. und ägypt. Häfen (Akkon, Tyrus, Tarsus; Alexandria, Rosette, Damiette) zur Unterstützung der von Landstreitkräften getragenen Auseinandersetzung mit Byzanz; Angriffsziele waren – mit wechselndem, kaum einmal bleibendem Erfolg – u. a. Zypern (649, 655), Sizilien (652, 666/667), Rhodos (672/673), Kreta (674) und schließlich zweimal – zur Unterstützung der Landstreitkräfte und bekanntlich ohne Erfolg – →Konstantinopel selbst (673 ff. und 716–718). Von einiger historischer Bedeutung waren im 9. Jh. die krieger. See-Expeditionen der vom Kalifat bereits faktisch unabhängigen →Aǧlabiden: Seit 827 wurde mit Hilfe ihrer F.n in den folgenden Jahrzehnten fast ganz →Sizilien muslimisch-arab.; von S aus konnten sich Muslime in unterit. Küstenstädten etablieren. Die direkten Erben der Aǧlabiden, die ismailit.-schiitischen →Fāṭimiden, setzten deren F.n-Tradition – wenn auch nicht schwerpunktmäßig und mit geringerem Erfolg – im 10./ 11. Jh. fort, auch nachdem sich in der 2. Hälfte des 10. Jh. das Zentrum ihrer Herrschaft nach Ägypten (verbunden mit der Kontrolle über Syrien/Palästina) verlagert hatte. Sie unterhielten Werften in mehreren Städten Ägyptens, ein eigener →dīwān für die F. wurde geschaffen. Ihre F. scheint vorwiegend dem Schutz der Küsten gedient zu haben; sie war aber den im Verlauf der →Kreuzzüge aus Europa kommenden F.n soweit unterlegen, daß die Fāṭimiden in der 1. Hälfte des 12. Jh. nahezu alle Küstenstädte in Syrien/Palästina verloren. Für die Nachfolge-Dynastien der Fāṭimiden in Ägypten und Syrien/Palästina, die →Ayyūbiden und →Mamlūken, hat der Seekrieg kaum noch Bedeutung gehabt: →Saladins im Zusammenhang mit dem 3. →Kreuzzug eigens erstellte F. (1189–91) wurde vor Akkon vernichtet; aus der Zeit der Mamlūken, deren krieger. Elite den Kampf auf Schiffen als unter ihrer Würde betrachtet zu haben scheint, sind als F.n-Unternehmungen allenfalls die – zeitlich weit auseinanderliegenden – See-Expeditionen des →Baibars nach Zypern (1270, ohne Erfolg) und des Barsbāy nach Zypern und Rhodos (1424–26, 1443) zu erwähnen. Eine Besonderheit stellte das sog. »Piraten-, Korsarentum« dar, das von denen, die es mit ihren schlagkräftigen F.n betrieben (eine Vielzahl von autonom agierenden Personengruppen), durchaus als islamrechtl. legitim betrachtet wurde und alles andere als anarch. war.

Der Einstieg in F.n-Bau und -Ausrüstung wurde den muslim. Arabern nur durch Kollaboration mit ehemaligen Untertanen der Byzantiner möglich (vgl. im Arab. grundlegende naut. Termini aus dem Griech.). Aus der Anfangszeit scheint auch die später noch charakterist. institutionelle Einheit »Werft/Marine-Einheiten/Marine-Verwaltung« in den F.n-Häfen zu stammen. Ob die Unterlegenheit muslim.-arabischer F.n gegenüber europ. u. a. auch mit dem Rohstoffmangel (Holz, Eisen) zusammenhängt, wäre noch zu überprüfen.   A. Noth

Lit.: EI², Suppl., 119ff., [s. v. Baḥriyya]; I, 945 bff. [s. v. Baḥriyya] – W. Hoenerbach, Araber und Mittelmeer ... (Zeki Velidi Togan'a Armağan, 1955), 379ff. – E. Eickhoff, Seekrieg und Seepolitik zw. Islam und Abendland ..., 1966.

B. Westliches Europa

I. Allgemein. Westliches Europa – II. Frankreich – III. England – IV. Nordeuropa, hansischer Bereich – V. Südialien – VI. Italienische Seemächte – VII. Iberische Halbinsel.

I. Allgemein. Westliches Europa: Der Begriff der F. hat doppelte Bedeutung. Zum einen bezeichnet er eine bloße Ansammlung von Schiffen, zum anderen die institutionelle Seestreitmacht eines organisierten Staatswesens. Im ersten Fall kann eine F. aufgrund einer privaten Initiative zwecks Handel, Personentransport, Fischerei oder Seeräuberei gebildet werden, im zweiten Fall dient eine F. (*marine militaire*, Kriegsmarine, *Navy* usw.) den militär. Zielen und Interessen eines Staates. F.n des erstgenannten Typs sind z. B. im früheren MA die F.n der Friesen (→Friesenhandel) und der skand. →Wikinger oder →Normannen, im späteren MA die gascogn. Weinkonvois, die hans. F.n (→Baienfahrt), die biskayischen Wollf.n (→Biskaya), die ven. *mude*, die genues. Geleitzüge, die nordeurop. Heringsflottillen (→Fisch, -fang), nicht zu vergessen die Piratenf.n, z. B. →Vitalienbrüder der Hansezeit.

Die Institution der militär. F.n, deren Aufbau und Einsatz aus dem polit. Willen zur Seeherrschaft (dominium maris der Venezianer, *seapower* in der NZ) resultiert, hat sich im westl. Europa seit dem 11.–12. Jh. entwickelt, im Zusammenhang mit der Bildung der ma. Staaten. Zwei Traditionen wurden hierbei bes. wirksam: im Norden diejenige der Verteidigung gegen die Wikingerangriffe, wie sie sich etwa in England →Alfreds d. Gr. (871–899) manifestiert hatte; im Mittelmeerraum das Vorbild der byz. F.ntradition (→Abschnitt A. II). In beiden Bereichen entsprach die Ausbildung von F.n jeweiligen polit. Bedürfnissen und Interessen, die sich isoliert voneinander, gleichzeitig oder nacheinander ausprägten und den Wandlungen und Wechselfällen der polit. Konjunktur folgten. In Ermangelung einer Typologie seien hier einige Grundzüge exemplarisch dargelegt:

Ein eigenständiges Phänomen bildet das dän.-engl. Reich →Knuts d. Gr. (1014–35), basierend auf seiner F.nmacht, die im Zeichen eines lebhaften Eroberungs- und Expansionsdrangs stand. Von Eroberungsbestrebungen waren auch die Züge der Normannen geprägt (Eroberung von Unteritalien und nachfolgend →Sizilien im 11. Jh.; England-Invasion →Wilhelms des Eroberers, 1066, von dessen F. wir durch den Bildteppich v. →Bayeux eingehende Kenntnis haben). Die F.nexpeditionen der Normannen waren stärker auf Territorialgewinne als auf Beherrschung der Meere ausgerichtet, wenn auch die siz. Normannenherrscher an die Seeherrschaftsbestrebungen der Byzantiner und Araber anknüpften.

Die ersten Kriegsf.n im eigtl. Sinne wurden von den auf Sicherung ihrer Handelswege bedachten it. Seestädten ausgerüstet. →Venedig, →Genua und →Pisa erkannten die traditionellen Aufgaben jeder Marine: Schutz der Vaterstadt, maritime Überwachung, Sicherung des Handels und – in Ausweitung dieser Zielsetzungen – Eroberung von Stützpunkten und Etappenorten, womit die Grundlage für einen weiträumigen, aber stärker auf punktuellen Stützpunkten beruhenden Herrschaftsbereich geschaffen wurde. Die it. Seerepubliken traten dabei in die Fußstapfen ihrer byz. Lehrmeister, deren Vorbild sie ihren Bedürfnissen anpaßten. Die Kreuzzugsf.n gehörten dagegen einem anderen Typ an, gemäß der Besonderheit ihrer Aufgaben (Transport von Kreuzfahrertruppen über weite Strecken, Versorgung der weit entfernten Kriegsschauplätze mit Nachschub, z. T. auch militär. Hilfs- und Entsatzaktionen) und v. a. wegen ihrer – bei vorherrschendem ven. und genues. Einfluß – internationalen Zusammensetzung. Im Gegenzug erfolgte der Aufbau der F. des →Johanniterordens nach dem Vorbild der F.n der europ. Monarchien.

Die F.n der Iber. Halbinsel wurden durch die →Reconquista geprägt. Seit dem frühen 12. Jh. wurden in Katalonien und Galicien F.nverbände aufgestellt, die aufgrund des Fortschreitens der Reconquista seit dem 13. Jh. ausgebaut wurden, mit Valencia, Sevilla und Lissabon als Haupthäfen. Ihre Funktion bestand auch in der Sicherung der Seegebiete, insbes. der Straße v. Gibraltar, gegen sarazen. Korsaren. Auch hier bildeten sich neben den direkt dem Befehl der Monarchie unterstehenden Seestreitkräften die F.n der geistl. Ritterorden aus, insbes. der Sta.-Maria-Orden sowie der →Christusorden unter seinem Großmeister →Heinrich dem Seefahrer.

Zahlreiche von ihrer geograph. Lage her maritim ausgerichtete Länder empfanden erst im späten MA das Bedürfnis, stehende F.n zu schaffen; dies gilt für Portugal, das Hzm. Bretagne und selbst für die großen Monarchien England und Frankreich, die paradoxerweise durch Probleme ihrer kontinentalen Politik auf die Notwendigkeit eines F.naufbaus hingelenkt wurden. Das →Angevin. Reich der →Plantagenêt, dessen Lebensader gleichsam Kanal und Atlantik, mit den breton. Gewässern, bildete, bedurfte einer F. zur Kontrolle der langgestreckten Küsten und der Seewege, v. a. nach →Aquitanien, ebenso für die Nachschubversorgung der engl. Monarchie bei ihren Versuchen zur Eroberung der frz. Krone; erst das letztendl. Scheitern dieser Pläne im →Hundertjährigen Krieg erlaubte England die Konzentration auf die Schaffung einer stehenden F.nmacht zur Sicherung seiner insularen Unabhängigkeit. Auf der festländ. Seite des Kanals schuf sich das frz. Kgtm., trotz seiner starken Gebundenheit an die kontinentale Politik, eine F., die die Küstenverteidigung garantieren sollte, den Krieg gegebenenfalls an die Küsten des Feindes zu tragen hatte und auch bei auswärtigen Unternehmungen (Italienpolitik) eingesetzt werden konnte. Die F.n entwickelten sich in Westeuropa also aufgrund polit. Bedürfnisse und wirtschaftl. Interessen, die eng mit dem Streben nach Erweiterung oder Sicherung der polit. Macht verbunden waren.

Modalitäten und Entwicklungsprozeß der F.n des MA weisen Analogien auf. Die Versorgung mit den Grundstoffen der F.nausrüstung (Holz, Eisen, Teer, Segeltuch) bildete ein ständiges und kostspieliges Problem (s. a. →Schiff, -bau, -stypen). Lange Zeit wurden die gleichen Schiffstypen für die Handels- wie für die Kriegsmarine verwendet. Seit dem 12. Jh. verfügte der Kg. v. England über ein F.naufgebot, dessen Kern die →Cinque Ports bildeten, das aber – entsprechend üblicher Gepflogenheit – für die Dauer eines F.neinsatzes von weiteren, durch Aushebung oder Soldvertrag rekrutierten Schiffskontingenten ergänzt wurde. Die Einrichtung stehender F.n führte zur Schaffung von permanent, d. h. auch in Friedenszeiten betriebenen Werften; ihre Nachfrage nach Bauholz trug in nicht unbeträchtl. Maße zu einer Regelung der Forstnutzung bei. Das →Arsenal v. Venedig zählte neben den Arsenalen von Pisa und Genua zu den ältesten dieser staatl. Schiffswerften; 1104 gegr., wurde es im 15. Jh. im Hinblick auf den →Türkenkrieg ausgebaut. Messina, dessen Arsenal unter den norm., stauf. und angevin. Herrschern florierte, stand in byz. und arab. Tradition. Im Bereich der Iber. Halbinsel wurden im 13. Jh. die Arsenale v. Barcelona, Palma de Mallorca, Valencia, Sevilla und Lissabon ausgebaut; daneben benutzten die Kg.e v. Kastilien für ihre F.n die Werften der kantabr. Küste. Ebenfalls im 13. Jh. errichteten die Kg.e v. Frankreich ein Arsenal bei Narbonne sowie das berühmte Arsenal →Clos des Galées zu Rouen. England verfügte über einen Ankerplatz nahe dem Tower.

Die Produktion dieser staatl. Arsenale unterschied sich von den privaten Schiffswerften nur insofern, als hier mit Vorliebe Schiffstypen gebaut oder repariert wurden, die sich wegen ihrer Leichtigkeit und schnellen Manövrierfähigkeit als Kriegsschiffe eigneten, wobei der Kriegsflottenbau in wesentl. der allgemeinen Entwicklung von Schiffsbau und Nautik folgte. Die – manchmal unklare – Terminologie präsentiert neben der Galeere eine Vielzahl weiterer Schiffstypen (→Schiff). Die Konstruktion von kraweel gebauten Schiffen war wegen der Einsparung von Holz, bei leichterer Bauart und z. T. schnellerer Manövrierfähigkeit, eine wichtige Innovation, ebenso die Einführung von Zwei- oder Dreimasten mit gemischtem Takelwerk (viereckige und lat. Segel) und das axiale Ruder. Auch die Seebücher und →Karten (Portulanen) sowie die Anwendung des Geleitzugs begünstigten die Mobilität der F.n bei einem Maximum an Sicherheit. Eigene Techniken der Seekriegsführung entwickelten sich nur langsam; vorherrschend blieb der Nahkampf von Bord zu Bord, ähnlich der Kampftechnik zu Lande. Erst am Ende des MA wurden Kampfhandlungen aus größerer Entfernung möglich, bedingt durch den Einsatz von →Geschützen, die zunächst mobil auf dem Deck standen, später vor den Ladeklappen fest installiert waren. In jedem Fall erforderte der Seekrieg nicht nur bei Kapitän und Mannschaften eine bes. Ausbildung, sondern auch auf seiten der

militär. Führung takt. und strateg. Überlegungen, die auch in einigen Abhandlungen zum Ausdruck kommen.

Eine wichtige Neuerung war die Übertragung des allgemeinen und obersten F.nbefehls an einen leitenden Funktionsträger, den Admiral, und das seinen Weisungen unterstehende Amt der Admiralität. Von arab. Ursprung, bezeichnete der Admiralstitel zunächst jeden Träger eines F.nkommandos, im mittleren und späten 12. Jh. in Sizilien (→Admiratus) und Genua, im frühen 13. Jh. in Mallorca und Frankreich, zw. 1250 und 1300 dann auch in der Provence, den span. Monarchien, England und Guyenne. Das am Althergebrachten festhaltende Venedig bezeichnete dagegen noch bis ins 16. Jh. den F.nbefehlshaber als Generalkommissar zur See, während unter 'Admiral' dort der für die Arbeitsorganisation des Arsenals verantwortl. techn. Berater, der dem Leitungsgremium des Arsenals zugeordnet war, verstanden wurde. Venedig antizipierte somit in gewisser Weise einen weiteren Begriffsinhalt des Admiralstitels, wie er v. a. in Frankreich seit dem 14. Jh. zum Tragen kam: Der →Amiral de France, hoher Würdenträger der Krone, besaß die oberste Gerichtsbarkeit über Küsten und Meer. Das F.nwesen des MA entwickelte somit komplexe Institutions- und Organisationsstrukturen, bei denen die militär. und die administrative Komponente miteinander verschmolzen.   M. Mollat

Lit.: Nouveau Glossaire Nautique (de Jal), hg. M. MOLLAT, Bd. A–F, 1970–86 – L. R. MÉNAGER, Amiratus – Ἀμηρᾶς. L'Émirat et les origines de l'Amirauté (XIᵉ–XIIᵉ s.), 1960 – F. C. LANE, Navires et Constructeurs à Venise pendant la Renaissance, 1963 – Sett. cent. it. 15, 2 Bde, 1968; 25, 2 Bde, 1978 – A. R. LEWIS – T. J. RUNYAN, European Naval and Maritime Hist. 300–1500, 1985.

II. FRANKREICH: Die F. entstand im Kgr. Frankreich im 13. Jh. mit der Ausdehnung der kapet. →Krondomäne auf Normandie (Rouen), Aunis und Saintonge (La Rochelle) sowie Languedoc (Aigues-Mortes, Narbonne). Ihre Entwicklung war zunächst gekennzeichnet durch Improvisation, später durch verstärkte Ansätze zu einer festeren institutionellen Struktur.

Erste Initiativen gingen von Kg. Philipp II. August aus, dessen Sohn Ludwig (VIII.) über ausreichende Schiffskontingente verfügte, um Johann Ohneland den Besitz Englands streitig zu machen (1213–17). Ludwig d. Hl. gründete nach 1241 →Aigues-Mortes als Stützpunkt für seine Kreuzzugs- und Mittelmeerpolitik, kaufte Schiffe in Genua und ließ auch im Bereich des Kanals Schiffe bauen. Der →Aragón-Kreuzzug seines Sohnes Philipp III. stützte sich u. a. auf mit genues. Hilfe in Narbonne gebaute Galeeren. Doch erst Philipp IV. der Schöne gab den eigtl. Anstoß zum Ausbau der F., wobei er, ohne die Mittelmeerpolitik zu vernachlässigen, das Schwergewicht auf das Kanalgebiet legte. So pachtete er Schiffe bei Aragonesen und Hansen und ließ am Mittelmeer Galeeren bauen, die der Genuese Benedetto Zaccaria nach Harfleur (Normandie) überführte. 1294 gründete er in Rouen das große kgl. Arsenal →Clos des Galées; die Rekrutierung erfolgte zumeist durch Aushebung, die Finanzierung durch eine spezielle Steuer (sog. obole de la mer). Die frz. Geschwader beunruhigten 1297–98 die Engländer durch Plänkeleien und errangen 1304 bei Zierikzee ihren ersten Seesieg. Diesem Beispiel folgend, schuf Philipp VI., anstelle ursprgl. F.nplanung für einen Kreuzzug (von Marseille aus), mit hohen Kosten eine für den engl.-fläm. Kriegsschauplatz bestimmte Seestreitmacht, die aber trotz ihrer zahlenmäßigen Überlegenheit 1340 bei →Sluis vernichtet wurde.

Erst unter Karl V. konnte die neu konstituierte F. ihre Aufgaben (Küstenwacht, Abwehr engl. Invasionen, Zerstreuung feindl. F.nverbände, Lancierung von Gegenangriffen) wieder erfüllen. Genues. Galeeren unter Ambrosio Boccanegra sowie eine kast. F., die 1372 siegreich bei →La Rochelle kämpfte, schnitten England die Verbindung mit Aquitanien ab. Eine kgl. *Ordonnance* von 1373 institutionalisierte die Admiralität und schuf damit bis ins 17. Jh. gültige Grundlagen (→Admiral); Clos des Galées wurde wiederhergestellt und ausgebaut. Der Admiral Jean de →Vienne verfügte über ausreichende Ressourcen, um 1373 die Küsten Englands und selbst Schottlands anzugreifen und jede feindl. Landung in Frankreich zu unterbinden. Karl VI. zog 1385–86 in Flandern über 1000 Schiffe für eine – nicht zustandegekommene – Englandinvasion zusammen, quasi ein Vorspiel von Napoleons Lager bei Boulogne 1803. Im Zuge der innerfrz. Wirren (→Armagnacs et Bourguignons) stagnierte das F.nwesen auf lange Zeit; isolierte Korsarenaktionen herrschten nun vor. Die Landung des Kg.s v. England, Heinrich V., an der Seinemündung (1415) fand nur geringen Widerstand von seiten verbündeter kast. F.nverbände. Dennoch gab die frz. Monarchie den Anspruch auf Präsenz zur See nicht auf; um 1440 wird in der →Heroldsdichtung »Débat des Héraut d'armes de France et d'Angleterre« zwar das maritime Desinteresse der frz. Kgtm.s und Adels beklagt, ein engl. Seeherrschaftsanspruch aber abgelehnt: »Könige der See seid ihr (Engländer) mitnichten.«

Auf lange Sicht wollte der frz. Kg. dem F.nbau der großen Lehnsfürsten, der Hzg.e v. Bretagne und Burgund, nicht tatenlos zusehen. Ludwig XI. überhöhte den F.ndienst durch Stiftung des →Michaelsordens mit der stolzen Devise »Immensi tremor oceani«. Auch das militär. Denken und die Traktatliteratur vernachlässigten nicht mehr die Seekriegführung. In Abhebung von seinem glücklosen Vorgänger Hue →Quiéret, dem Verlierer von Sluis, formulierte der Admiral Ludwigs XI., Jean de →Bueil, in seinem militär. Erziehungsroman »Jouvencel« die Qualitäten eines guten Schiffs- und F.nkommandos. Die Italienkriege begünstigten Experimente mit neuartigen kraweel gebauten und durch Kanonen bestückten Schiffstypen, die die Verbindung zw. der Provence und Neapel sicherten. Frankreich verfügte von Anzahl und Tonnage her über die größere F.nstärke in den beiden Sektoren, die Antoine de Conflans bereits als 'Levante'- und 'Ponente-F.' bezeichnete. 1517 erfolgte die Gründung von Le Havre, bezeichnenderweise ein Werk des Großvaters von Kard. Richelieu.   M. Mollat

Lit.: CH. DE LA RONCIÈRE, Hist. de la Marine française, I, II, III, 1909, 1914, 1923 – PH. CONTAMINE, Guerre, État et Société à la fin du MA, 1972 – M. MOLLAT, Philippe-Auguste et la mer (Actes du Colloque Philippe-Auguste, hg. R.-H. BAUTIER, 1980) – M. MOLLAT, La vie quotidienne des gens de mer en Atlantique (IXᵉ–XVIᵉ s.), 1983 – s. a. Q. und Lit. zu →Clos des Galées.

III. ENGLAND: Eine stehende F. bestand im ma. England nicht; im Bedarfsfall setzte die engl. Monarchie Seestreitkräfte aus verschiedenen Bereichen ein. Bes. Bedeutung hatten hierbei die eigenen Schiffe des Kg.s, die *King's ships*, die jedoch im »Privatbesitz« der jeweiligen Herrscher standen und nicht etwa als »staatl.« Flottenkontingent betrachtet werden können. Wenn auch häufig im Krieg eingesetzt, bestand die Hauptfunktion dieser Schiffe, die ein Symbol der kgl. Herrscherstellung waren, in der Beförderung des Kg.s, seiner Familie und seines Hofstaats (vgl. →Blanche-nef) oder sonstiger Passagiere, daneben wurden sie auch zum Warentransport (z. B. Wein, Kohle) verwendet und unterschieden sich insofern nicht grundsätzl. von den Schiffen, die im Besitz anderer Mitglieder der Aristokratie waren.

Die Stärke dieser kgl. F. schwankte entsprechend den militär.-polit. Aktivitäten, Bedürfnissen und finanziellen Möglichkeiten des jeweiligen Monarchen. Bedingt durch den Krieg mit Frankreich (→Hundertjähriger Krieg), stieg die Zahl der kgl. Schiffe um die Mitte des 14. Jh. und erneut unter →Heinrich V. auf ca. 40 an, während es in anderen Perioden (so unter→Richard II. oder um die Mitte des 15. Jh.) gar keine oder nur wenige kgl. Schiffe gab. Mit dem siegreichen Abschluß der Frankreichzüge Heinrichs V. fand auch der Seekrieg im Kanal sein fakt. Ende; die Regierung hatte nicht die finanziellen Mittel zur Aufrechterhaltung einer nicht unmittelbar benötigten F. Die internen dynast. Kämpfe der sog. →Rosenkriege und die andersgerichtete polit. Orientierung der Nachfolger Heinrichs V. verhinderten bis in die 80er Jahre des 15. Jh. einen Neuaufbau der kgl. F.

Die F.norganisation der kgl. Schiffe war schwach ausgeprägt: seit den 30er Jahren des 14. Jh. unterstand sie einem Verwalter niederen Ranges (*clerk* oder *keeper*); ein zentraler Ankerplatz mit Arsenal, wie ihn Frankreich im →Clos des Galées zu Rouen besaß, fehlte. Der Ausrüstungsbedarf der Schiffe wurde üblicherweise im Tower zu London gelagert, in dessen Nähe die Schiffe oft ankerten, daher die Bezeichnung 'ships of the tower'.

Auch auf ihrem Höhepunkt war die kgl. F. zumeist nicht allein in der Lage, größere militär. Operationen durchzuführen. Waren F.npatrouillen oder größere Truppentransporte nötig, mußten private Schiffe, v. a. Handelsschiffe, aufgeboten oder angeworben werden (vgl. →Cinque ports). Die erfolgreichen Seeschlachten und die maritimen Unternehmungen des 14. und 15. Jh. unter Eduard III. und Heinrich V. wären ohne angeworbene Kontingente nicht denkbar gewesen. Es ist in der Forschung die Ansicht geäußert worden, daß Heinrich IV. die Seeräubereien seiner Untertanen kanalisierte, indem er sie im – irregulären – Korsaren- und Kaperkrieg gegen äußere Gegner einsetzte. Wenn auch unbekannt bleibt, wie verbreitet diese Praxis war, enthüllt sie doch eine Schwäche des engl. F.nwesens des SpätMA: Die engl. Seeleute, die Piratenaktionen gegen engl. Schiffe verübten, standen häufig im Dienst der Krone. Dies schwächte die Möglichkeiten – und auch den Willen – der Krone, ihre Untertanen wirksam gegen Seeraub zu schützen.

Allgemein war die militär. Durchschlagskraft der spätma. engl. F.n begrenzt. Sie konnten zwar fallweise Invasionsflotten vernichten (→Sluis, 1340) und den unbehinderten Übergang engl. Truppen über den Kanal sichern (Seesiege Heinrichs V. 1416, 1417), doch waren erfolgreiche F.neinsätze weder allein kriegsentscheidend noch vermochten sie die engl. Küsten auf Dauer wirksam vor Plünderungen zu schützen.   J. Friel

Lit.: The Hundred Years War, hg. K. FOWLER, 1971, 96–121 [C. F. RICHMOND] – S. ROSE, The Navy of the Lancastrian Kings, 1982 – A. R. LEWIS – T. J. RUNYAN, European Naval and Maritime Hist. 300–1500, 1985.

IV. NORDEUROPA, HANSISCHER BEREICH: Im skand. Nordeuropa haben militär. F.n u. F.naufgebote eine lange Tradition (→Wikinger). Im Dänemark, Schweden und Norwegen des HochMA sicherten staatl. Organisationen (→Leding) im Bedarfsfall die F.naufstellung durch Aufgebot und Mannschaftsaufstellung aufgrund regionaler Verwaltungseinteilung. Im 12. und 13. Jh. fand ein Übergang statt zu mehr oder minder regelmäßig erhobenen jährl. Steuern als Ablösung der ursprgl. persönlichen Leistung der wehrpflichtigen Bevölkerung.

In Norddeutschland wurde Schiffahrt fast ausschließlich von den Küsten- und Hansestädten betrieben (→Hanse), die nur im äußersten Notfall und bei wirtschaftl. und finanzieller Vertretbarkeit militär. F.n aufstellten und ausrüsteten. Landesherrschaften bedienten sich im Falle einer Notwendigkeit vorhandener landstädt. Schiffe oder mieteten fremde an (z. B. Hzg.e v. Mecklenburg 1386 zur Entsetzung und Versorgung →Stockholms).

Eine eigene, einer F. gemäße Seekriegstechnik war im SpätMA kaum entwickelt. Handelsschiffe wurden zu schwimmenden Festungen umgebaut, und man kämpfte von Schiff zu Schiff mit dem Ziel der Eroberung. Bewaffnung und Kampfart unterschieden sich nicht vom Kampf an Land.

Hatten die Wikinger mit ihren leichten und schnellen Langschiffen im Gegensatz zu den schwereren und breiteren Handelsschiffen noch über spezielle Kriegsschiffe verfügt, die in F.n fuhren, so geht diese Differenzierung mit der Schwerpunktverlagerung von Seefahrt und Seehandel im 13. Jh. nach Norddeutschland verloren.

Die von den Hansestädten benutzten stabilen und hochbordigen →Koggen, seit dem 14./15. Jh. auch die z. T. mehrmastigen u. größeren Holken, wurden durch Aufbau von Vorder- und Achterkastell und Einrichtung von Mastkörben schnell in Kriegsschiffe verwandelt; zusätzlich konnten →Bliden und Kanonen (→Geschütze) montiert werden. Gegenüber den Handelsschiffen wurde die kämpfende Besatzung auf das Fünffache erhöht. Mit dem Aufstieg Dänemarks zur Großmacht im Ostseegebiet zu Beginn des 14. Jh. unter Kg. →Erich VI. (Erik Menved) wurde auch die dän. F. ausgebaut (1304 neue F.nsteuer; größere Schiffe von 50 Last [= ca. 100 t] Tragfähigkeit; hohe Aufbauten, die das Entern feindlicher Schiffe erleichterten; gleichzeitig neue Taktik durch gefechtseinleitenden Fernbeschuß des Gegners mit Armbrüsten). Sie stellte bald einen rasch zu mobilisierenden und wirksamen Machtfaktor dar.

Die Hansestädte rüsteten größere F.n im Krieg der →Kölner Konföderation gegen Kg. →Waldemar IV. Atterdag v. Dänemark 1367/68 aus, gegen eine entsprechend aufgestellte dän. F. Seit 1385 erschienen die →Vitalienbrüder mit F.n, zunächst als legitimierte mecklenburg. Kaperer gegen Schweden und Dänemark, dann als Seeräuber. Auf Jahrzehnte verselbständigten sie sich in Nord- und Ostsee und wurden gelegentl. auch in den polit. Auseinandersetzungen in Norddeutschland und Skandinavien von den Parteien als Söldnerf.n benutzt. Die bis in die 30er Jahre des 15. Jh. zur Bekämpfung der Vitalienbrüder eingesetzten hans. F.naufgebote wurden selten als F.n bezeichnet, sondern meist als Friedeschiffe, Orlogschiffe, »were in de zee«, »naves defensores«, »coggones mare pacificantes«, Auslieger etc. Der Begriff F. wurde von der Hanse fast ausschließlich für die bewaffnete Konvoifahrt von Handelsschiffen in Krisenzeiten benutzt.

Aufstellung und Ausrüstung ständiger F.n erfolgten in den skand. Kgr.en erst im 16. Jh., in den Hansestädten gar nicht.   J. Goetze

Lit.: P. Heinsius, Das Schiff der hans. Frühzeit, 1956, 1986² – C. Schaffalitzky de Muckadell, Håndbog i Nordens Søkrigshistorie, 1911 – W. Vogel, Gesch. der dt. Seeschiffahrt, 1915 – E. Hornbog, Kampen om Östersjön, 1945 – A. E. Christensen, Danmark, Norden og Østersøn, 1976.

V. Süditalien: Die südit. Normannen begannen erst mit dem Aufbau einer eigenen F., als sie sich entschlossen hatten, die Insel Sizilien der muslim. Herrschaft zu entreißen. Von wesentl. Bedeutung hierfür war die Einnahme Messinas (1061), das über eine Werft und über im Schiffbau erfahrene Handwerker verfügte. Im Kampf gegen Byzanz wurden Schiffe erstmals 1067 bei der Belagerung

Baris eingesetzt, von dem Aufbau einer einheitl. norm. Flottenorganisation kann aber erst nach der Einigung Süditaliens unter dem Kgtm. Rogers II. (1130) die Rede sein. Von Bedeutung, v.a. für die spätere Entwicklung, war die allmählich sich herausbildende Zuständigkeit eines obersten Flottenkommandanten. Das Admiralat (→Admiratus) nahm hier seinen Anfang, war aber erst am Ende der norm. Herrschaft fest mit der Marine verbunden. Die Gemeinden in Küstennähe wurden zur kontingentierten Bereitstellung erfahrener Besatzungen verpflichtet. *Comiti*, deren Würde zunächst erblich war, trugen in ihren Bezirken die Verantwortung für die Unterhaltung der Galeeren und wohl auch für die Aushebung der Mannschaften. Auch die ritterl. Vasallen mußten bei Bedarf ihrer Verpflichtung zur Heerfahrt auf See nachkommen. Die Krone handhabte die für den Schiffbau wichtigen Wald- und Holzrechte sehr restriktiv und monopolisierte das Brennen des Pechs.

Seit seiner Rückkehr nach Süditalien (1220) betrieb Friedrich II. eine planvolle F.npolitik, d. konsequent an das norm. Erbe anknüpfte. Sein bes. Augenmerk galt v.a. vier Punkten: der Wiederherstellung der wirtschaftl. und materiellen Grundlagen der F.; der Verbesserung bestehender und der Schaffung neuer Marineinfrastrukturen; dem Schiffbau; der Reorganisation und Durchgestaltung der Befehlshierarchie. Vorrangig belebte er die Abgaben und Verpflichtungen wieder, die traditionell v.a. die Bevölkerung der Küstenstädte zu leisten hatte: Die *marinaria* umfaßte die Gestellung von Seeleuten oder erforderte finanzielle Ablösung; das ebenfalls finanziell ablösbare *ius lignaminum* verpflichtete die Gemeinden zum Herbeischaffen von Schiffbauholz. Die Infrastrukturmaßnahmen bezogen sich v.a. auf Ausbau und Neueinrichtungen von Werftanlagen zur Durchführung ehrgeiziger Schiffbau- und Rüstprogramme. Die Personalstruktur der F. wurde neugestaltet. Das Amt des Admirals wurde 1239 neu bestimmt. Vizeadmirale ernannte nicht der Ks., sondern nach Bedarf der Admiral. Vieles deutet darauf hin, daß bereits Friedrich eine Untergliederung der Küsten in Bezirke vornahm, an deren Spitze je ein *prothontinus* das Stationskommando führte, der in seinem Abschnitt die Aufsicht über die Schiffsrüstungen und über das Flottenpersonal hatte. Auch das bereits unter den Normannen bekannte Amt des *comitus* erhielt unter dem Ks. eine neue Gestalt. Mit zunehmender geldl. Ablösung der Verpflichtung zum Schiffbau wurden die *comiti* zu regelrechten »Marineoffizieren«, die beim Ausheben der Mannschaften und beim Seeklarmachen der Schiffe ein Stations- und an Bord ein Seekommando hatten. Unter Konrad IV., v.a. aber unter Manfred, verfolgte man den eingeschlagenen Weg weiter, wobei die Verfügungen Friedrichs allenfalls in Einzelpunkten modifiziert wurden. Neu und vermutl. auf Konrad IV. zurückzuführen ist das Amt des *magister prothontinus*, das ganze Marineregionen – so z. B. Sizilien und Kalabrien – beaufsichtigte. Zw. den *comiti* und den Mannschaften läßt sich als Befehlsgeber nun auch der *nauclerius* belegen.

Wesentl. Neuerungen brachte erst Karl I. v. Anjou (1266). Zwar gründete er seine Flottenorganisation auf die norm.-stauf. Fundamente, war jedoch wegen seiner gegen Byzanz gerichteten Politik ständig bestrebt, durch Neuerungen die Effizienz der Marine zu steigern. Dem Amt des Admirals nahm er gleich zu Beginn seiner Regierung einen Großteil der vormaligen Selbständigkeit. Konnte man bis 1277 unter den Vizeadmiralen lediglich Seeoffiziere verstehen, die vom Kg. mit der Erledigung von Sondermissionen betraut waren, so bezeichnete der

Titel danach jene Offiziere, die die Anfang 1278 geschaffenen Marinebezirke (Terra Laboris et Principatus; Sicilia et Calabria; Apulia et Aprutium a flumine Tronto usque Cotronum) leiteten und dort für alle Angelegenheiten der Flottenverwaltung zuständig waren. Auch unterstanden ihnen die Arsenale und Werften. Hier übernahmen sie die Funktionen der früheren *magistri tarsianatuum*. Nach dem Ausbruch des Krieges der Sizil. Vesper (1282) wurden ihnen mit nicht immer klar abgegrenzten Kompetenzen Kapitane an die Seite gestellt. Ende 1283 schließlich trat an ihre Stelle der für die Gesamtmarine zuständige *viceamiratus regni Sicilie*, unter dessen Befehlsebene die *prothontini* wirkten, die nun nachweisl. in fast jeder größeren Hafenstadt des Kgr.es postiert waren. An Land hatten die *prothontini* in ihrem Bezirk, der auch mehrere Städte umfassen konnte, dieselben Zuständigkeiten wie der vorgesetzte Vizeadmiral. Zudem nahmen sie aber auch Seekommandos wahr. Sie wurden unterstützt von den *comiti*, von denen es jeweils mehrere in den Hafenstädten gab. In kleineren Orten war anstatt eines *prothontinus* ein *comitus* für die Flottenbelange zuständig. Ihre Hauptaufgabe bestand indes im seemänn. Führen der kampfmäßig gerüsteten Kriegsschiffe, auf denen sie jeweils zu zweit Dienst taten. Die Verantwortung für die Durchführung der einem Schiff oder einem Verband übertragenen Mission lag hingegen in den Händen des eigens ernannten *capitaneus* oder *prepositus*. Auch waren auf allen Großschiffen vier *nauclerii* postiert. Bei den Mannschaften führte man nun eine sehr strikte Trennung zw. den Matrosen (*marinarii*) und den Seesoldaten (*supersalientes*) durch. Erstere mußten nach wie vor von den Küstengemeinden gestellt werden. Größte Aufmerksamkeit widmete der Anjou der Verbesserung der Infrastruktur (Errichtung neuer Arsenale, Ausbau der Hafenanlagen) und dem Bau neuer Schiffe.

Unter ihm hatte die Flottenorganisation im wesentlichen ihren organisator. Abschluß gefunden. Auch auf der Insel Sizilien, wo ab 1282 aragones. Kg.e herrschten, behielt man sie im großen und ganzen bei.

Während der Thronstreitigkeiten und inneren Wirren, die im 14. Jh. sowohl das Kgr. Neapel als auch das aragones. Sizilien erschütterten, büßte die Marine in beiden Teilen viel von ihrer vormaligen Leistungsfähigkeit ein.

J. Göbbels

Lit.: L. CADIER, Essai sur l'administration du Royaume de Sicile sous Charles Ier et Charles II d'Anjou, 1891 – C. MANFRONI, Storia della marina it., 2 Bde, 1897–1902 – W. COHN, Die Gesch. der norm.-sizil. F. unter der Regierung Rogers I. und Rogers II. (1060–1154), 1910 [Nachdr. 1978] – DERS., Die Gesch. der sizil. F. unter der Regierung Konrads IV. und Manfreds (1250–1266), 1920 [Nachdr. 1978] – DERS., Die Gesch. der sizil. F. unter der Regierung Friedrichs II. (1197–1250), 1926 [Nachdr. 1978] – DERS., Storia della flotta siciliana sotto il governo di Carlo I d'Angiò, ASSO 25, 1929/30, 351 ff.; 27, 1931, 175 ff.; 28, 1932, 26 ff.; 29, 1933, 15 ff., 185 ff.; 30, 1934, 80 ff. – R. CADDEO, Storia marittima dell'Italia I, 1942 – L.-R. MENAGER, Amiratus – Amiras. L'Emirat et les origines de l'Amirauté, XIe-XIIIe s., 1960 – C. TRASSELLI, L'Amirauté de Sicile (XIV–XVIIIe s.), RHES 47, 1969, 193 ff. – J. GÖBBELS, Das Militärwesen im Kgr. Sizilien zur Zeit Karls V. v. Anjou (1265–1285), 1984.

VI. ITALIENISCHE SEEMÄCHTE: Als eine der ersten europ. Seemächte schuf →Venedig eine zahlenmäßig geringe, aus schnellen und wendigen kleinen Galeeren gebildete stehende Kriegsflotte. Diese wurde im Notfall durch Privatleuten gehörige Segelschiffe verstärkt. Die ohne bes. Adaptation für militär. Zwecke verwendbar waren, da sie auch im Handelsverkehr Waffen und Männer zur Verteidigung gegen Piratenangriffe mit sich führten. Hauptgegner in den Kämpfen um die Vormachtstellung zur See war seit Mitte des 13. Jh. →Genua, in stärkerem Maße noch als

→Pisa. Nach einer durch starke sarazen. Bedrohung charakterisierten Bündnisperiode sah sich Pisa ab 1119 in einen nicht zu schlichtenden Konflikt mit der tyrrhen. Rivalin verwickelt und unterlag nach zahlreichen Geschwaderschlachten und Einzeltreffen schließlich 1284 bei Meloria mit 65 Galeeren und 11 Galeonen gegen die 93 genues. Galeeren und 8 *panfili*.

Zur Zeit des zweiten Krieges gegen Genua liefen in Venedig auch Galeeren größeren Ausmaßes vom Stapel, die nach dem Frieden von 1299 wegen ihrer Sicherheit und Ladekapazität in der kommerziellen Linienschiffahrt für den Transport wertvoller Waren eingesetzt wurden. Die große Galeere ist das originellste Produkt der ven. Werften und mit den in der Folge vorgenommenen Perfektionierungen sicherlich das leistungsfähigste Schiff der ma. Welt. Gewöhnlich hatte Venedig rund 10 leichtere Einheiten als Polizeikräfte in der Adria im Einsatz, und bis zur Schlacht v. Negroponte (1470) waren F.n von mehr als 30 Galeeren Ausnahmen. Zw. 20 und 24 zählte die von den Genuesen bei Pola besiegte F. unter Vettor →Pisani und höchstens 32 diejenige, die 1432, wiederum gegen Genua, gerüstet wurde.

Genua unterhielt mit Sicherheit seit 1340 kontinuierl. eine kleine F. von 3 Galeeren »ad custodiam maris in exercitu«, doch – das gilt auch für die vorangehende Epoche – muß zur Bewertung seines Seepotentials berücksichtigt werden, daß hier zw. öffentl. Gestion und privatem Unternehmertum nicht scharf unterschieden werden kann. Wenn erforderlich, wurden vorübergehende Verbote von Handelsreisen proklamiert und die so zur Verfügung stehenden Schiffe mobilisiert. Außerdem vertraute man sich in hohem Maße der Kriegführung durch Korsaren an, deren Aktionen als legales Instrument des öffentl. Krieges galten und – von Privatleuten mit eigenen Schiffen durchgeführt – wirkungsvoll und zweifellos ökonomischer waren, was hinreichend erklärt, wie es möglich war, die endlosen Konflikte mit Pisa, Venedig und den Katalanen durchzustehen. Nur für bestimmte Expeditionen von großer Bedeutung wurden spezielle F.n ansehnlicher Konsistenz aufgeboten, die aus kleinen Galeeren und *bastarde* bestanden, die oft von mit Kriegsmaschinen beladenen Segelschiffen massiven Ausmaßes flankiert wurden. Im 15. Jahrhundert besaß Genua keine stehende F., sondern ließ zu Beginn jeder Kampagne 6 bis 12 Galeeren bauen.

In Venedig war für die Bildung einer großen stehenden F. die Entwicklung der türk. Seemacht – mittlerweile die am stärksten zu fürchtende Rivalin – ausschlaggebend. Gegen Ende des 15. Jh. hielt man in bestimmten Jahren zw. 70 und 100 Galeeren bereit, doch 1499 in der Schlacht bei Zonchio, in der reicher Gebrauch von Kanonen gemacht wurde (was in Zukunft die Taktik der Seeschlachten verändern sollte), konnte Venedig nicht mehr als 44 kleine Galeeren, integriert mit 12 großen Galeeren *da mercato* und weiteren 57 Handelsschiffen, aufstellen, von denen sich aber herausstellte, daß sie der Situation nicht gewachsen waren. Damit verlor Venedig die seit Ende des →Chioggiakrieges (1381) aufrechterhaltene Suprematie zur See und wandte sich imponierenden Schiffsbauprogrammen zu, die das Arsenal während des ganzen 16. Jh. beschäftigten.

U. Tucci

Lit.: C. MANFRONI, Storia della marina it. dalle invasioni barbariche... alla battaglia di Lepanto, 1897–1902 – F.-C. LANE, Navires et Constructeurs à Venise pendant la Renaissance, 1963 – R. BASTARD DE PÉRÉ, Navires méditerranéens du temps de Saint Louis, RHES, 1972, 327–356 – G. G. MUSSO, Navigazione e commercio genovese con il Levante..., 1975 – J.-H. PRIOR, Naval Architecture of Crusader Transport Ships, Mariner's Mirror 70, 1984, 171–219, 275–292.

VII. Iberische Halbinsel: [1] *Aragón:* Ungeachtet der Debatte um das spätma., auf Seehandel und Seekriegführung gegründete aragones.-katal. Mittelmeerimperium fehlt es an systemat. Untersuchungen – Raimund Berengar III., Gf. v. Barcelona, scheint 1113 als erster Fs. auf der Iber. Halbinsel eine F. für den Kreuzzug ausgerüstet zu haben. In der Folgezeit nahmen auf kgl. Anweisung immer wieder von städt. Kaufleuten und Munizipien bereitgestellte F.neinheiten an →Reconquista-Unternehmungen teil oder übten Aufgaben des Küstenschutzes aus. Seit dem 13. Jh. gab es in der aragones. Monarchie das Amt eines Admirals (ammiratus-*almirall*), später auch Vizeadmirale für die Teilreiche, und in Barcelona kgl. Marinearsenale (Reste spätma. Baulichkeiten erhalten) bzw. Werften zu Bau und Ausrüstung kgl. Kriegsgaleeren, doch hatten angeworbene oder zwangsrekrutierte Schiffe zahlenmäßig das Übergewicht. It. Einfluß in der aragones.-katal. Marine ist unübersehbar. Mit den 1340 von Peter IV. erlassenen »Capitols del rei en Pere sobre los fets e actes maritims«, die dem »Llibre del Consolat dels fets maritims« beigefügt wurden, und den 1354 erlassenen »Ordinacions« für die Kriegsmarine verfügte Aragón schon früh über eine umfangreiche Marinegesetzgebung. Die Heranziehung privater Kauffahrer für die aragones. Seekriegsführung läßt die Bedeutung der im späteren 13. und 14. Jh. in den katal.-valencian.-mallorquin. Küstenstädten entstehenden Handelskonsulate (→Konsulat) mit ihren weit im Mittelmeerraum verstreuten Ablegern für die aragon. Flottenpolitik erkennen.

[2] *Kastilien:* Die kast. Marine entwickelte sich im 11. und 12. Jh. aus Fischfangaktivitäten kleinerer Orte an der kantabr. Küste unter dem Schutz bedeutender Klöster und der Bf.e v. →Santiago de Compostela. Bereits im 13. Jh. bestand in Santander, Laredo, Castro Urdiales, Vicente de la Barquera, S. Sebastián u. a. (s. a. →Biskaya, →Bask. Provinzen) eine rege Handels- und Fischereitätigkeit, die bis in den Nordseeraum reichte (1296: Hermandad de las Marismas). 1248 organisierte Ferdinand III. aus diesen Kräften eine F., unter Befehl des Burgalesen Ramón Bonifaz, die erfolgreich bei der Eroberung →Sevillas eingesetzt wurde. Alfons X. führte diese Ansätze weiter, indem er das Amt eines Admirals (auch *Adelantado mayor de la mar, Almirante de Castilla*) ca. 1260 einrichtete. Schon 1255 hatte Alfons Marineordonnanzen erlassen und in Sevilla mit dem Bau von kgl. Marinearsenalen begonnen. 1273 begründete er den kurzlebigen Ritterorden Sta. María de España für die Seekriegsführung wohl im Zusammenhang mit der aragones.-kast. Expansionspolitik gegenüber dem Magrib. Die kast. Krone unterhielt fortan eine kleine kgl. Flotte, im Bedarfsfall ergänzt durch angeworbene Schiffe, sowie eine Marineverwaltung (*almirantazgo*) mit folgenden Hauptaufgaben: Kontrolle der kgl. F. und der Arsenale, Küstenschutz und Korsarenbekämpfung, Einziehung bes. Steuern usw. Seit 1405 lag das Admiralsamt in erbl. Besitz der Familie →Enríquez. Die in der Plünderung engl. Küstenstädte im späteren 14. Jh. (→Hundertjähriger Krieg) gipfelnden Seekriegsaktivitäten der kast. Krone wurden z. T. mit Segelschiffen, überwiegend aber mit Galeeren ausgeführt, auch die kast. F. war durch it. Einfluß geprägt. 1492 begründete die Krone in den Abmachungen mit→Kolumbus ein »Admiralat des Ozean. Meeres«, das nur im Rahmen der überseeischen →Expansion kurzfristige Bedeutung erlangte.

[3] *Portugal:* Seefahrt und Flottenunternehmungen spielten in der Geschichte Portugals eine wichtige Rolle schon zur Zeit seiner Entstehung als unabhängiges Königreich. Alfons I. v. Portugal eroberte 1147→Lissabon mit

Hilfe von ca. 200 Schiffen aus Nordeuropa, die auf dem Weg zum 2. →Kreuzzug waren; verschiedene Quellen aus der 2. Hälfte des 12. Jh. beschreiben Porto und Lissabon als wichtige, mit Nordsee- und Mittelmeerraum gleichermaßen in Verbindung stehende Seehandels- und Fischfangzentren. Die Krone förderte bereits an der Wende vom 12. zum 13. Jh. den Seehandel durch zahlreiche Privilegien, in denen im 1. Jahrzehnt des 13. Jh. bereits ein *alcaide dos navios* ('Befehlshaber der Schiffe') begegnet. Parallel dazu läßt sich die Niederlassung ptg. Seehändler in England und Frankreich beobachten. Mindestens seit 1237 besaß der Kg. v. Portugal eigene Marinearsenale. Gleichzeitig begann die Krone, auch auf eigene Rechnung Fernhandel zu betreiben, und begründete damit eine bis in die Neuzeit reichende Tradition. Die kgl. Marine diente seither militärischen wie kommerziellen Zwecken. Kg. →Dinis (1279–1325) förderte diese Aktivitäten nachhaltig: Neben der Verstärkung der Rolle Portugals im Handel zw. Mittelmeer- und Nordseeraum war mit der Gründung des →Christusordens bereits ein »überseeischer« Bezug gegeben. Unter Dinis begegnet auch erstmals der Hinweis auf einen Admiral *(almirante)* i. J. 1288; zehn Jahre später ist Zivil- und Kriminaljurisdiktion für dieses leitende Flottenamt belegt. Etwa 1307 läßt sich das Amt des *Almirante Mor* ('Großadmiral') nachweisen, das durch Kontrakt vom 1. Febr. 1317 an den Genuesen Manuel →Pessagno (Pessanha) übergeht, der dem Kg. gemeinsam mit 20 weiteren genues. Seefahrtsexperten dienen soll. Bis zur Regierungszeit Alfons V. blieb das Amt in den Händen der Familie Pessanha, doch begegnet bereits im letzten Drittel des 14. Jh. das Amt eines *Capitão-mor*, das sich als fallweise vom Kg. besetztes Oberkommando neben dem Erbamt des Admiralats entwickelte. Unter Alfons V. findet sich eine Zweiteilung des Admiralats mit einem jeweils für die Nord- bzw. Südhälfte des Landes zuständigen Amtsinhaber. 1502 verlieh Kg. Manuel II. dem Seefahrer Vasco da →Gama den Titel eines *Almirante do mar da India* ('Admirals des Ind. Ozeans').   H. Pietschmann

Bibliogr. und allg. Lit.: Ensayo de Bibliografía Marítima Española, hg. Inst. Nacional del Libro Espanol, 1943 – L. García de Valdeavellano, Curso de las instituciones españolas, 1970² – F. Pérez-Embid-F. Morales Padrón, Bibliogr. de Hist. Marítima (1932–62), 1970 – Bibliogr. de l'Hist. des Grandes Routes Maritimes, hg. Fundação C. Gulbenkian, III, 1972 – *zu [1]:* A. de Capmany y de Montpalau, Memorias hist. sobre la marina, comercio y artes de la antigua ciudad de Barcelona, 3 Bde, 1792 [Neudr. 1961]– J. N. Hillgarth, The Problem of a Catalan Mediterranean Empire 1229–1327, EHR, Suppl. 8, 1975– J. Lalinde Abadía, La Corona de Aragón en el Mediterráneo Medieval (1229–1479), 1979 – *zu [2]:* C. Fernández Duro, La marina de Castilla desde su orígen y pugna con la de Inglaterra hasta la refundición en la armada española, 1893 – F. Pérez-Embid, El almirantazgo de Castilla hasta las capitulaciones de Santa Fe, 1944– Ders., Los descubrimientos en el Atlantico y la rivalidad castellano-portuguesa hasta el tratado de Tordesillas, 1948 – A. Ballesteros Beretta, La marina cántabra y Juan de la Cosa, 1954 – F. Pérez-Embid, Estudios de hist. marítima, hg. F. Morales Padrón, 1979– J. M. López Piñero, El arte de navegar en la España del Renacimiento, 1986 – *zu [3]:* A. Lopes da Costa e Almeida, Rep. Remissivo da legislação da Marinha e do Ultramar (1317–1856), 1856– T. de Morais, Hist. da Marinha Portuguesa, 1940 – V. Magalhães-Godinho, L'Économie de l'Empire Portugais aux XVᵉ et XVIᵉ s., 1969 – W. Diffie-G. Winius, Foundations of the Portuguese Empire, 1415-1580 (Europe and the World in the Age of Expansion, hg. B. C. Shafer, I, 1977).

Flot(t)e. 1. F., Guillaume, frz. Staatsmann, Sohn von 2, * um 1280, † frühestens 1362, Kanzler (→chancelier) v. Frankreich, kgl. Rat (→conseil royal), Herr v. Ravel; ⚭ 1. Alis de Mello, Sohn: Pierre, gen. Floton de Ravel, Amiral (3. F.); 2. 1341 Jeanne d'Amboise, Witwe des Geoffroy v. Mortagne, Vicomte d'Aunay und des Gaucher de Thomas, Seigneur de Tiffauges. – Mit seinen Talenten als Diplomat und Unterhändler diente F. sechs frz. Kg.en. Zunächst für die kirchl. Laufbahn bestimmt, trat er nach dem Tode des Vaters in den Königsdienst ein. Noch unter Philipp IV. Richter an den →*Requêtes de Languedoc,* wurde er alsdann Rat am →*Parlement.* Ludwig X., Philipp V. und Karl IV. betrauten ihn mit zahlreichen Missionen (Friedensschluß zw. Savoyen und Dauphiné, flandr. Angelegenheiten, Beziehungen zu England). Nachdem sich die Gnadensonne in den ersten Regierungsjahren Philipps VI. verfinstert hatte, strahlte sie für F. ab 1335 um so heller. Als eine Art »premier ministre« (R. CAZELLES) amtierte F. nicht nur als *seigneur des comptes* und *chevalier ès lois,* sondern 1338–48 auch als *chancelier.* Seine Regierungsämter hinderten ihn nicht, bei mehreren Feldzügen seine Tapferkeit zu zeigen (1339, 1344, 1345, 1346). Großen Anteil hatte er an der Erwerbung des →Dauphiné und der Annexion v. →Montpellier durch Philipp VI. Auch nach dem Rücktritt vom Kanzleramt (1348) blieb F. eine einflußreiche Persönlichkeit und überlebte politisch alle Krisen der Regierung →Johanns des Guten. F. ist letztmals 1361 und 1362 im Rat bezeugt.   Ph. Contamine

Lit.: R. CAZELLES, La société politique et la crise de la royauté sous Philippe de Valois, 1958 – R.-H. BAUTIER, Recherches sur la chancellerie royale au temps de Philippe VI, BEC 122, 1964, 89–176; 123, 1965, 313–459 – R. CAZELLES, Société politique, noblesse et couronne sous Jean le Bon et Charles V, 1982.

2. F., Pierre, frz. Staatsmann, ✗ 11. Juli 1302 bei →Kortrijk, kgl. →Siegelbewahrer, →*chevalier le roi,* Herr v. Ravel. F. war einer der großen →Legisten Kg. →Philipps IV. des Schönen, dem er mit Energie, Beredsamkeit, Rücksichtslosigkeit und Härte diente, insbes. im Kampf für die Stärkung der kgl. Gewalt gegen Papsttum und äußere Gegner (Kg. – Hzg. v. →Aquitanien/England, Gf. und Städte in →Flandern). F. entstammte einer Adelsfamilie des Dauphiné, verschwägert mit auvergnat. Adel, studierte Recht in →Montpellier und stand 1283–89 im Dienst des Dauphin Humbert I. Wohl auf Empfehlung des Gilles Aicelin, späteren Ebf.s v. Narbonne, übernahm ihn Philipp IV., der ihm die auvergnat. Herrschaft Ravel (dép. Puy-de-Dôme, arr. Clermont-Ferrand, cant. Vertaizon) übertrug und ihn, obwohl er nur ein einfacher Laie war, 1298 zu seinem Siegelbewahrer ernannte, als welcher F. bis zu seinem Tode fungierte. 1301 löste F.s Vorgehen gegen den Bf. v. Pamiers, →Bernard Saisset, die heftigsten Gegenreaktionen →Bonifatius' VIII. aus, der in seiner ungemeine Empörung auslösenden Bulle →»Ausculta fili« den Siegelbewahrer als Häresiarchen und Werkzeug Satans, »am Leibe einäugig und im Geiste blind«, brandmarkte. Im Gegenzug redigierte F. für die Vertreter der frz. Kirche eine polemisch überspitzte Kurzfassung der Bulle (»Deum time«), gipfelnd in der angebl. Behauptung des Papstes gegenüber dem Kg.: »Wisse denn, daß Du Uns in allen Dingen, geistlichen wie weltlichen, untertan bist.« – Als kgl. Beauftragter im aufständ. →Flandern entging F. zwar der Mette v. →Brügge, fiel jedoch als Ritter in der Goldsporenschlacht v. →Kortrijk.   Ph. Contamine

Lit.: R. BÉCHON, P. F., chancelier de France, 1891 – F. J. PEGUES, The Lawyers of the Last Capetians, 1962 – J. FAVIER, Philippe le Bel, 1978 – J. R. STRAYER, The Reign of Philip the Fair, 1980.

3. F., Pierre, gen. 'Floton de Ravel', frz. Admiral der Zeit des →Hundertjährigen Krieges, † 1356; Ritter, Herr v. Escolle, Sohn von 1 und Alis de Mello; ⚭ Marguerite de Châtillon. F. wurde mehr seiner Herkunft als seiner Verdienste wegen zum *Amiral de la mer* ernannt (1345). Er erlangte zwar von Carlo →Grimaldi 32 Galeeren, die langsam via La Rochelle nach Harfleur manövriert wur-

den, doch konnte er mit ihnen die Überfahrt des engl. Heeres, das dann bei →Crécy siegte, nicht verhindern. Ebensowenig gelang ihm der Entsatz des von den Engländern belagerten →Calais, nach dessen Kapitulation F. zurücktreten mußte (Okt. 1347). Er war danach →*Prévôt des maréchaux* der Guyenne.   M. Mollat

Q.: BN Paris, P.O. 2467 [doss. Revel], Clairambault, 48, p. 3585; n. acq.fr. 9241, f° 48–86 – *Lit.:* P. ANSELME, Hist. Généal., 1726–39, VII, 752 – NICOLAS, Hist. Royal Navy II, 85 – CH. DE LA RONCIÈRE, Hist. de la Marine française, II, 1909, 471–494 – A. MERLIN-CHAZELAS, DOC. relatifs au Clos des Galées, 1977–78, I, n° 421, 425, 441, 462, 574; II, n° XXXII – R. CAZELLES, Société polit., noblesse et couronne sous Jean le Bon et Charles V, 1982, 254.

Flower and the Leaf, The → Assembly of Ladies

Fluch, – formeln. Mit dem Aggressionsventil des Fluchens (mhd. *vluochen,* lat. maledicere) soll – zeitl. unbegrenzt – Unheil über einen anderen Menschen, ein Lebewesen oder, bei der Selbstverfluchung etwa im →Eid, auch über die Person des Schwörenden gebracht werden. Als Rechtsmittel steht der F. in direkter Nachbarschaft von →Bann und →Eid, als Abwehr von Not, Krankheit und fremder Willkür in der Nähe von →Beschwörung, →Segen und →Gebet; als Mittel der negativen Beeinflussung ist er Teil des Schadenzaubers. Der Glaube an die Wirksamkeit des F.s als eines ausgesprochenen oder niedergeschriebenen Wunsches beruht auf der Überzeugung von der mag. Kraft des Wortes.

Hierin hat sich die Fluchpraxis des Abendlandes von den Vorstellungen des AT und NT entfernt, ohne sich völlig von diesen gelöst zu haben. Das AT hatte den F. der Ordnung und Ausführung Gottes unterstellt, der gemäß der deuteronom. Theologie im F. u.a. seinen Zorn über den Bruch des Bundes äußerte (Jer 11, 3). Das NT verwirft den F. (Lk 6, 28), zeigt jedoch andererseits Anklänge an atl. Praktiken, etwa bei der Selbstverfluchung der →Juden während des Prozesses Christi (Mt 27, 25).

Vom F. als individueller Tat ist der ritualisierte F. als Rechtsakt zu trennen. Die Synode v. Elvira (303), die Konzile v. Nicaea (325) und Laodicaea (357) schrieben die Verfluchung Andersdenkender fest (→Anathem, →Bann, →Exkommunikation). Diese Praxis wurde von fundamentaler Bedeutung für das ma. Verhältnis zu religiösen Randgruppen (→Katharer, →Juden), ferner für das sich im MA konkretisierende Hexenbild, den Hexenwahn und für die Institutionalisierung der Inquisition.

Wurde hier der F. mit theol.-dogmat. Begründungen ritualisiert und damit auch als polit. Machtinstrument verwandt, bildete er in der individuellen Handhabung einen Ausdruck der Wortmagie. Er zielt z. B. auf den Schutz von hl. Orten, insbes. von Gräbern, vor Zerstörung (z. B. Fluchformeln auf Runenschriften, Björketorpstein) oder etwa von Büchern (»Bücherflüche«).

Populäre Beschwörungen gegen Krankheitsverursacher, Schädlinge usw. manifestieren die enge Verwandtschaft von Segen und Gebet mit dem F., jedoch auch die in der prakt. Anwendung nicht immer bewußte Unterordnung des F.s unter die Autorität Gottes oder eines Hl.en.

Außerhalb des religiös-liturg. Vollzugs (→Exorzismus) kann der F. zum – bereits in der Antike in großem Umfang bekannten – Schadenzauber geraten. Mit dem Pontifikat Papst Johannes XXII. (1316–34) begann eine Welle von Zauberprozessen wegen angebl. Anfertigung von Figuren unter dämon. Mithilfe, mit denen das jeweilige Opfer verflucht wurde (→Bildzauber). Eine spezielle Form solchen Schadenzaubers stellten die Fluchmessen (→Messe) dar, die trotz Verbots (17. Synode v. Toledo, 694) offenbar weiterhin gebräuchlich waren (z. B. Verbot von Totenmessen für Lebende, damit diese »citius moriantur«, Konzil v. Trier 1227).

Als bes. wirksam sah der populäre Glaube die auf dem Totenbett ausgestoßenen F.e (und Segen) an, die über viele Generationen hinweg wirksam bleiben konnten. F.e, ihre Verursachung und ihre Folgen sind ein verbreitetes Thema der ma. Exempel-Lit. (z. B. Johannes Bromyard, Summa predicantium, Erstdr. 1474; vgl. auch F. C. TUBACH, Index Exemplorum, 1981, s.v. »curse«). Wichtiges Wort- und Strukturingrediens von Fluchformeln sind die verballhornten Namen Gottes, der Sakramente, des Teufels sowie von Hl.en (»daß dich sankt Antoni ankomme«: Anwünschung von Gürtelrose). Im F. wie in der Einstellung zum Fluchen steht somit auch eine wichtige Quelle zur Erfassung hist. Einstellungen und Umwelterfahrungen zur Verfügung.　　　　　　　　Ch. Daxelmüller

Lit.: EM IV, 1315–1328 – HWDA II, 1636–1652 – LThK² IV, 182–183 – J. GRIMM, Dt. Mythologie, 1875–77⁴, II, 1026–1027 – J. SHARMAN, A Cursory History of Swearing, 1884 – E. STEMPLINGER, Antiker Aberglaube in modernen Ausstrahlungen, 1922 – S. MOWINCKEL, Segen und F. in Israels Kult und Psalmendichtung, 1924 – L. JACOBSEN, Forbandelsesformularer i nordiske runeindskrifter (Kungl. Vitterhets Hist. och Antikvitets Akademiens Handlingar 39, 4), 1935 – L. A. VEIT, Volksfrommes Brauchtum und Kirche im dt. MA, 1936, 74 – J. SCHARBERT, Solidarität in Segen und F. im AT und seiner Umwelt, 1958 – A. MONTAGU, The Anatomy of Swearing, 1967 – E. BARTSCH, Die Sachbeschwörungen der röm. Liturgie, 1967, 322 [lat. 417] – H. CH. BRICHTO, The Problem of »Curse« in the Hebrew Bible, 1968 – W. SCHOTTROFF, Der altisrael. Fluchspruch, 1969 – Å. STRÖM – H. BIEZAIS, Germ. und Balt. Religion, 1975, 257 – Maledicta. The Internat. Journal of Verbal Aggression, hg. R. AMAN, 1977 ff. – D. HARMENING, Superstitio, 1979, 222–223 – G. HENNINGSEN, The Witches' Advocate, 1980, 99–102.

Flug. **I.** **F.,** von der Pulverkammer im Durchmesser abgesetzter Vorderteil einer → Steinbüchse zur Aufnahme der Kugel.　　　　　　　　E. Gabriel

Lit.: V. SCHMIDTCHEN, Bombarden, Befestigungen, Büchsenmeister, 1977.

2. F. → Heraldik

Flugblatt → Einblattdruck

Flügeltartsche, im 15. und 16. Jh. in Ungarn getragene Schildart mit asymmetrischer, nach oben weisender Spitze, die den Nacken des Reiters vor Säbelhieben schützen sollte. Die Spitze war häufig durch einen → Federbusch verziert.　　　　　　　　O. Gamber

Lit.: W. BOEHEIM, Hb. der Waffenkunde, 1890, 182 – J. KALMAR, Regi Magyar fegyverek, 1971, 308 ff.

Flur, -form, -system. Die Flurform (F.) bezeichnet die Grundrißgestalt des besitzrechtl. Liniengefüges einer Flur (= Gesamtheit der agrar. Nutzflächen einer Siedlung ohne Wald). Sie wird bestimmt durch die Anordnung der Besitzparzellen (= Flurstücke, Katasterparzellen). Aus dieser so definierten F. bleiben größere, extensiv genutzte Allmendeflächen (→ Allmende) ausgeschlossen, da sie nicht parzelliert sind, auch wenn sie nur von einer Siedlung genutzt werden. Der Terminus Flursystem (engl. *field-system*) wird mehrdeutig verwandt und kann v. a. bezeichnen: 1. Die F.; 2. das Bodennutzungssystem im Sinne von Rotation o. ä. (z. B. → Dreifelderwirtschaft); 3. die Art der Produktion; 4. besitzrechtl. Verhältnisse (z. B. Guts-, Pachtland, bäuerl. Eigenland).

Die dt. F.enforschung hatte, ausgehend von der Erkenntnis, daß sich F.n nicht isoliert, sondern nur im Zusammenhang mit Siedlungen, gesellschaftl. Verhältnissen, Agrarverfassung und weiteren geogr., hist. und landwirtschaftl. Tatbeständen erforschen lassen, in manchen Studien (von ca. 1920–50) Orts- und F.en unter dem Oberbegriff der Siedlungsform zusammengefaßt. Diese Konzeption wird nicht aufrechterhalten, da die dahinterstehende Auffassung von der regelhaften Vergesellschaftung bestimmter Orts- und F.en (z. B. Weiler mit Blockflur) widerlegt ist.

Die Parzellen als kleinste Elemente der Flur besitzen die Form eines großen oder kleinen, regelmäßigen oder unregelmäßigen Blocks oder Streifens. Dieser kann schmal, breit, lang oder kurz sein. Blöcke und Streifen können sich zu Parzellenverbänden zusammenschließen (Blockverband, Streifenverband, Gewann). Mehrere von ihnen bilden einen größeren Flurbezirk, der in den Quellen die regionalen Bezeichnungen »Feld« (z. B. Mühlenfeld), »Ösch« oder »Zelge« trägt. Weitere formenindizierende Merkmale sind: Gemenge- (Streulage) oder Einödlage (= Flächenarrondierung) der Parzellen, fehlender oder vorhandener Hofanschluß, regelloses oder regelmäßiges Gefüge. Alle Typenbezeichnungen für die nz. wie ma. F.en sind aus Rückschlüssen von den ältesten Katasterkarten (zumeist aus dem 19. Jh., seltener aus dem 18. Jh.) abgeleitet worden. Sie sind Ausgangspunkt und wichtigste Grundlage für die Forschung. Ein Problem morpholog. Fluranalyse sind ihre Indizienketten; daher sollte diese Methode in den größeren Rahmen weiterer Verfahren eingefügt werden. Es sind daher wechselseitig miteinander zu verbinden: die Rückschreibung mit Auswertung aller relevanten Arten schriftlicher Quellen (Urkk., Urbare, Lagerbücher, Güter-, Feld- und Katasterbeschreibungen, Akten über frühere Landesvermessungen und Flurregulierungen), topograph.-genet. Formenanalyse, Untersuchungen topograph. und zeitl. Gliederung des Flurnamenbestandes, frühere Zehntverhältnisse, alte → Maße, Korrespondenzmethode mit Hofstammbäumen, Analyse von Luftbildern, Bodenkarten und älteren Bonitierungen. Regional kommen dazu weitere landschaftsbezogene Verfahren, wie im ndl.-nw.-dt. Raum die Untersuchung von Plaggenböden (= Eschböden; → Esch). Zur Identifikation ma. F.en kann die Erforschung von Relikt- und Wüstungsfluren (→ Wüstung) unter Dauergrünland (England) oder unter Wald (Deutschland) nur bedingt Hilfen leisten, weil sich selbst bei optimaler Erhaltung von Relikten ma. Fluren in Gestalt von Wölbäckern (früher Hochäcker) und Stufenrainen (früher Hochraine) mit Eindeutigkeit nur Betriebsparzellen, nicht jedoch die früheren Besitzparzellen ermitteln lassen; deren Identifikation wäre aber eine Voraussetzung für eine sichere Zuordnung. Gleiches gilt für die in manchen Landschaften (z. B. Schwedens, Irlands) verbreiteten → Einfriedungen als Reste älterer, teilweise ma. Fluren, da sie ebenfalls entweder Grenzen früherer Besitz- oder Wirtschaftsflächen oder beides sein können. Die Zuverlässigkeit im Erschließen ma. F.en variiert je nach Alter und Veränderlichkeit der Fluren. Sie war für manche Typen, wie die Gewannflur, bereits im MA erheblich und hatte unter veränderten Rahmenbedingungen in der NZ noch zugenommen. Daß sich hinter den zahlreichen Formenunterschieden der älteren Fluren oft nur wenige Grundformen, jedoch in unterschiedl. Entwicklungsstadien verbergen, haben jüngere Untersuchungen gezeigt. Daher sind typengenet. Modelle von Formenreihen entwickelt worden. Auf die Aus- und Neubildung wirken u. a. folgende Faktoren ein: Besitz- und Erbrecht, Bevölkerungszahl und -dynamik, Wüstungsvorgänge mit und ohne nachfolgende(r) Neusiedlung, Regulierungen verschiedensten Grades. Einen wesentl. Fortschritt bei der Suche nach allgemeinen Gestaltungsprinzipien brachte die Hypothese, daß in idealtypischer Sicht ein kollektiver, unter grundherrlicher Lenkung erfolgter Landesausbau zu Regelformen, ein Flurausbau einer Bauerngruppe ohne größere obrigkeitl. Beeinflussung zu unregelmäßigen Formen führe.

In →England, wo die Einhegungen (→enclosures) bereits im 16. und 17. Jh. einen erheblichen Umfang erreichten, ist es bis auf einzelne Gebiete, in denen alte Strukturen lange erhalten blieben, schwierig, ma. F.en zu ermitteln, während diese sich im östl. Mitteleuropa wesentlich länger und besser erhielten. Regional waren auch dort durch ma. und frühnz. Wüstungsvorgänge (z. B. in Ostpreußen) und anschließenden Wiederaufbau sowie durch die ausgedehnte Bildung von Rittergütern die ma. F.en erheblich verändert worden. Ähnliches gilt für Skandinavien, wo es bes. in Dänemark seit dem 16. Jh., in Schweden im 18. Jh. und in der ersten Hälfte des 19. Jh. zu einem weitgehenden Verschwinden der ma. F.en gekommen war.

Nach gegenwärtigem Forschungsstand ist mit folgenden ma. Grundformen zu rechnen: [1] *Blockflur:* Sie besteht aus mehr oder weniger rechteckigen oder anders begrenzten kompakten Parzellen (Blöcken), von denen jeweils nur einer einem Besitzer gehört. Die Blockeinöde mit Hofanschluß ist in kleinen Höfegruppen (= Weiler) an der Schwelle des MA als F. verbreitet gewesen. Mit wachsender Bevölkerungszahl, Teilung und Neuanlage von Parzellen und Höfen kam es zur Bildung von Blockgemengefluren. In ihnen besitzt jeder Bauer mehrere Blöcke, die durcheinander liegen. Mit Blockgemengefluren ist bereits für die Karolingerzeit, namentlich in den altbesiedelten Landschaften zu rechnen.

[2] *Gewannflur:* Durch streifenförmige Aufteilung der Blöcke haben sich daraus kleingliedrige Gewannfluren gebildet. Sie sind für die späte Karolingerzeit regional nicht auszuschließen, da für diese örtlich zahlreiche und kleine Parzellen in Gemengelage, regional eine Dreifelderwirtschaft und größere Dörfer mit mehreren hundert Einwohnern nachweisbar sind. Auch die brit. Forschung datiert neuerdings die Entstehung und Ausbreitung des »Midland System«, das der Gewannflur mit Zelgenwirtschaft entspricht, bereits in die ags. Zeit (ca. 8.–10. Jh.) zurück. Der Prozeß der weiteren Ausformung der Gewannflur durch streifenförmige Teilung von Blöcken und schließlich durch Längsteilung von Streifen hat sich durch die späteren Jahrhunderte des MA, in Mitteleuropa bis weit in die NZ hinein, fortgesetzt. – Große Blöcke der Höfe von weltl. und kirchl. Großgrundherrschaften werden in der Karolingerzeit und den folgenden Jahrhunderten teils separat, teils im Gemenge mit bäuerl. Parzellen gelegen haben.

[3] *Streifenflur:* Mit der sog. frk. Staatskolonisation der Karolingerzeit werden von einzelnen Autoren (H.-J. Nitz, A. Krenzlin) regelmäßige Langstreifenfluren mit planvoll gestalteten Siedlungen verknüpft.

Der hochma. Landesausbau in den Marsch- und Moorgebieten sowie in den Waldländern westl. der Elbe war bei Neuanlagen von Fluren v. a. mit Regelformen verbunden (→Kolonisation und Landesausbau). Weiteste Verbreitung, wenn auch mit manchen regionalen Varianten, fand als Grundtyp die planmäßig angelegte Reihensiedlung mit gereihten Breitstreifen. Dazu rechnen die Marsch- und Moorhufenfluren. Die Kultivierung ndl. Moore mit gereihten Breitstreifen (Standardmaß 720 × 30 Ruten) beginnt bald nach 1000; für das 11. Jh. lassen sich solche Formen in den Moorgebieten westl. der Weser nachweisen, wo sie als Aufstreckfluren bekannt sind (aufstrecken = 'Parzellen unter Beibehaltung ihrer Breite ins Moor verlängern'). In die gleiche Zeit, vielleicht schon ins 8./9. Jh., fällt auch die Anlage von Frühformen der Waldhu-

fen (z. B. im Odenwald), die sich ebenfalls als Variante der Breitstreifen ansprechen lassen. Ihre Hochform, die mit größeren Reihensiedlungen verbunden war, erreichten die Waldhufen jedoch erst im 12./13. Jh. Dem 13. Jh. gehören regelmäßige Plangewannfluren der Frankenalb, dem 14. Jh. ähnliche F.en Mittelschwabens an.

Die größten und geschlossensten Verbreitungsgebiete erreichen hochma. Planformen östl. von Elbe und Saale, weil dort der hochma. Landesausbau weite Gebiete annähernd zur gleichen Zeit mit ausgereiften Formen erfaßte (große Plangewannfluren mit Untertypen auf den Grundmoränenplatten des Tieflandes, aber auch in Mähren; Hagenhufen [teilweise radial gereiht] von Mecklenburg und Pommern; große Waldhufenfluren der Mittelgebirge [z. B. im Böhmischen Randgebirge; Slowakei, Polen]).

Wenn hochma. Regelformen im westl. Europa stark zurücktreten, sind dafür maßgebend: 1. eine bereits früh erreichte hohe Siedlungsdichte, die wenig Raum für Neuanlagen übrigließ; 2. das Fortbestehen älterer Formen in Randgebieten (z. B. in Cornwall, Devon, Wales, Schottland, Irland). Als im östl. Mitteleuropa noch viele regelhafte Primärf.en angelegt wurden, kam es in Skandinavien bereits zur ersten geometrischen Regelung älterer Fluren nach der gegen 1250 einsetzenden Sonnenteilung (→*solskifte*; →Dorf, C). Da zahlreiche Fluren voll von dieser Regelung erfaßt wurden, andere nur gering und viele Fluren ohne Regelung blieben, hat auch Schweden gegen Ende des MA differenzierte F.en erhalten.   H. Jäger

Lit.: B. Benthien, Die hist. F.en des sw. Mecklenburg, 1960 – Flur und F.en, hg. H. Uhlig – C. Lienau, 1967 – Stud. of Field Systems in the British Isles, hg. A. R. H. Baker – R. A. Butlin, 1973 – Hist.-genet. Siedlungsforsch., hg. H.-J. Nitz, 1974 – M. Born, Geographie der ländl. Siedlungen, 1977 – F. Schwind, Beobachtungen zur inneren Struktur des Dorfes in karol. Zeit (Das Dorf der Eisenzeit und des frühen MA, hg. H. Jankuhn, R. Schützeichel, F. Schwind, 1977), 444–493 – A. Krenzlin, Die Aussage der Flurkarten zu den F.en des MA (Unters. zur eisenzeitl. und frühma. Flur in Mitteleuropa und ihrer Nutzung, hg. H. Beck, D. Denecke, H. Jankuhn, 1979), 376–409 – A. Dodgshon, The Origins of Brit. Field Systems, 1980 – E. Porsmose, Den regulerede Landsby, I–III, 1981 – The Origins of OpenField Agriculture, hg. T. Rowley, 1981 [bes. H. S. A. Fox–D. Hooke] – D. Hall, Medieval Fields, 1982 – A. Krenzlin, Die Siedlungsformen der Provinz Brandenburg, 1983 – Villages, Fields, and Frontiers, hg. B. K. Roberts – R. E. Glasscock, 1983 – Siedlungsforsch. II, 1984 [bes. M. Müller-Wille, H.-J. Nitz, H. van der Linden, G. S. Borger, E. Wassermann, R. Krämer] – W. Rösener, Bauern im MA, 1985 – H. Jäger, Entwicklungsprobleme europ. Kulturlandschaften, 1987 [Lit.].

Flurzwang. Er war bes. in altbesiedelten Dörfern ausgeprägt, auf jenem Teil der Feldflur, der im Rahmen der →Dreifelderwirtschaft bebaut wurde und für den infolge der Gemengelage der Acker- und Wiesenstücke strenge Anbauvorschriften erlassen werden mußten. Der Beginn der Saat, der Ernte und der anderen landwirtschaftl. Arbeiten wurde in der Regel durch Gemeindebeschluß festgesetzt. Jeder Dorfbewohner, der Anteil an der Feldflur besaß, mußte sich hauptsächlich aus zwei Gründen an die Gemeindebeschlüsse und an die vorgegebene Flurordnung halten: Zum einen weil die Zufahrt zu den Feldflächen vielfach über die angrenzenden Grundstücke führte, zum anderen weil die abgeernteten Äcker und die abgemähten Wiesen den nutzungsberechtigten Bauern zur gemeinsamen Viehweide geöffnet werden mußten. Während der Bebauungszeit selbst war der Bereich der Getreidefelder »gebannt«, d. h. sie durften dann nur noch von den Inhabern der berechtigten Hofstätten genutzt und betreten werden. Verstöße gegen die Flurordnung wurden in der Regel mit bestimmten Sanktionen geahndet, wobei insbes. die Zahlung von Bußgeldern weit verbreitet war.   W. Rösener

Lit.: K. S. BADER, Stud. zur Rechtsgesch. des ma. Dorfes I, 1957, 42ff. – G. DUBY, L'économie rurale et la vie des campagnes dans l'Occident médiéval I, 1962, 172ff. – R. FOSSIER, La terre et les hommes en Picardie, 1968, 331f. – H. JÄGER, Bodennutzungssysteme (Feldsysteme) der Frühzeit (Unters. zur eisenzeitl. und frühma. Flur in Mitteleuropa und ihrer Nutzung, AAG 116, 1980), 197ff.

Föderaten. In seiner nie ganz verlorengegangenen Grundbedeutung bezeichnet der Begriff Staaten, in der Kaiserzeit und Spätantike meist Volksstämme an den Grenzen der röm. Provinzen, mit denen Rom einen Vertrag (foedus) geschlossen hat. Als zwischenstaatl. Abmachung implizierte dieser die Anerkennung von Souveränität und Siedlungsraum der F. sowie den Verzicht auf feindl. Akte. Darüber hinaus konnte er durch Einzelbestimmungen, welche die F. mehr oder minder eng an Rom banden, ausgestaltet werden. Häufig zahlte Rom Geld oder lieferte Nahrungssubsidien. Umgekehrt mußten die F. im Bündnisfall Rom militärisch unterstützen. Zusätzlich sollten die F.staaten als Puffer röm. Gebiet vor Feindinvasionen abschirmen.

Als der Hunnensturm die Wanderung germ. Stämme auslöste, änderte sich am F.system nur de facto Wesentliches: Die landlos gewordenen Stämme wurden jetzt von Rom unter Abschluß eines foedus auf Provinzialgebiet (erstmals 382 Goten in Thrakien durch →Theodosius I.) angesiedelt und dafür zu Waffenhilfe verpflichtet. Hatten die F. im 4. Jh. v. a. die limitanei unterstützt, so brachte es die veränderte Lage mit sich, daß sie nun primär als Kampfeinheiten zum Einsatz gelangten und im Westen zunehmend das reguläre Feldheer der →comitatenses ersetzten.

Das Faktum, daß die föderierten Stämme v. a. als Truppen in Erscheinung traten, erklärt, daß auch (z. T. private) Söldnerverbände, die keine ethn. Einheit bildeten, analog zu ihnen behandelt werden wollten und daß der Begriff der F. sich auf sie ausweitete (vgl. schon Olympiodor Frgm. 7, Frgm. Hist. graec. 4 p. 59). Damit ist die Ausprägung des terminus technicus F. (φοιδέρατοι) für reguläre Einheiten der Armee im 6. Jh., in denen auch Römer dienten, vorbereitet (die F. im ursprgl. Sinn hießen militärtechnisch nun σύμμαχοι, Bundesgenossen). In diesen Kontingenten konnten neben Barbaren, die numerisch immer überwogen, auch Römer dienen. Es waren Freiwillige, reguläre Soldaten, von röm. Offizieren (optiones = Zahlmeister) im Feld befehligt. – Vgl. die zeitgenöss. Definitionsversuche bei: Prokop. bell. Vand. I, 11, 3; bell. Got. 4, 5, 13.

M. Clauss

Lit.: RE VI, 2817f. – TH. MOMMSEN, Das röm. Militärwesen seit Diocletian, Hermes 24, 1889, 195–279 (Ges. Schr. 6, 1910, 206–299) – R. GROSSE, Röm. Militärgesch., 1920 – H. HORN, Foederati, 1930 – J. GAUDEMET, Modalités d'établissement des fédérés barbares de Gratien et de Theodose (Mél. W. SESTON, 1974), 143–160 – R. GÜNTHER, Germ. Laeten, F. und Gentilen im n. und nö. Gallien in der Spätantike (Römer und Germanen in Mitteleuropa, hg. H. GRÜNERT, 1975), 225–239 – P. A. BARCELÓ, Roms auswärtige Beziehungen unter der Constantin. Dynastie (306–363), 1981, 146–161 – J. F. HALDON, Byz. Praetorians, 1984, 95–118.

Fodrum. Das mlat. Wort fodrum, foderum, fotrum findet sich erstmals in dem gefälschten Diplom Karls d. Gr. für Aquileia: D KdGr Nr. 174 (792 Aug. 4). Der auf das F. bezügl. Passus ist überarbeitet, doch dürfte fodrum ursprgl. sein. Das Wort, von afrk. *fodar*, meint 'Futter', insbes. 'Pferdefutter', und diese Bedeutung behielt es im gesamten Frankenreich bis in das 10., nördl. der Alpen auch noch im 11.–12. Jh., bei. Ein wichtiger Bedeutungswandel trat in Italien ein, wo f. seit otton. Zeit im Sinne von servitium als gastungsrechtl. Abgabe an den Kg. gebraucht wird, wenn dieser in Italien weilt. Es handelt sich zunächst zweifellos um eine Naturalabgabe an den Herrscher und dessen (Heeres-)Gefolge, die auch noch im 11. Jh. überwiegend in Naturalien, seit dem 12. Jh. jedoch fast ausschließl. in Geld zu entrichten war. Zur Leistung dieses fodrum regale oder regis innerhalb des »Regnum Italiae« (einschließl. des Kirchenstaats) waren die Bf.e und Äbte, Mgf.en und Gf.en, insbes. aber auch die it. Kommunen verpflichtet, die ihrerseits die Abgabe auf ihre Hintersassen und Bürger umlegten (Subkollektionsrecht). Zur Einziehung des F. pflegte der Kg. bes. missi oder nuntii specialiter ad hoc deputati zu ernennen, die das F. jedoch nicht von den einzelnen Pflichtigen, sondern direkt von den »Zwischengewalten« (Bf.e, Gf.en usw.) erhoben. Befreiungen vom F. sind sehr selten und betreffen meist nur untergeordnete Gewalten; eher schon ist der Kg. in einer Zeit überwiegender Geldwirtschaft bereit, seine Forderung auf eine bestimmte Summe zu begrenzen; im übrigen behält sich der Ks. das F. in stauf. Zeit meist mit →Salvationsklauseln vor wie salva in omnibus imperiali nostra iustitia ac fodro, salvo regali fodro oder – gleichbedeutend – salvo in omnibus iure imperiali o. ä.; häufig nimmt der Ks. gerade das F. von allgemeinen Befreiungen aus mit Exceptionsformeln wie z. B. fodrum nemini persolvatur nisi nobis vel certo misso nostro ad hoc destinato. Bei den Kämpfen Friedrichs I. Barbarossa mit der →Lombardischen Liga wurde mehrfach der Versuch unternommen, die Zahlung des F. allein auf den Romzug causa suscipiende corone zu beschränken, doch erreichte der Ks. im Konstanzer Frieden 1183 schließlich doch wieder die Verpflichtung zum fodrum consuetum et regale, qui solent et debent et quando solent et debent. Das F. war die mit Abstand wichtigste finanzielle Einnahmequelle des Ks.s in Italien; schwache und nur in Ansätzen erkennbare Versuche, aus dem F. regale eine feste jährl. Reichssteuer zu machen, endeten mit dem Tode Heinrichs VI. 1197. Die Erhebungsmodi des F. sind sehr variabel: grundsätzl. eine Reallast, kann es daneben oder auch zugleich als Herdsteuer (focaticum, per foculare), als Zugtiersteuer (boateria, per par boum) oder gar als Vermögenssteuer (collecta per libram) erhoben werden. In mehreren it. Kommunen wird F. der Name der direkten Stadtsteuer schlechthin, die häufig als collecta, datio u. ä. bezeichnet wird. Neben diesem kommunalen F. gibt es auch ein älteres bfl. und gfl. F., die, von POST unglücklich unter dem Begriff »Privatfodrum« zusammengefaßt, nicht mit dem F. regale verwechselt werden dürfen, wie dies in der Lit. gelegentl. geschieht.

C. Brühl

Lit.: B. POST, Über das F., 1880 – C. BRÜHL, Das frk. F., ZRGGerm Abt 76, 1959, 53–81 – A. HAVERKAMP, Die Regalien-, Schutz- und Steuerpolitik in Italien unter Friedrich Barbarossa bis zur Entstehung des Lombardenbundes, ZBLG 29, 1966, 3–156, bes. 60ff. – BRÜHL, Fodrum, bes. 534ff., 659ff. – A. HAVERKAMP, Herrschaftsformen der Frühstaufer in Italien, 2 Teile, 1970, bes. 669ff. – C. BRÜHL, Diplomat. Misz. zur Gesch. des 9. und 10. Jh. I (Aus MA und Diplomatik, 1988), 794–800.

Fogarasch (rumän. Făgăraş, ung. Fogaras), Burg und Marktflecken in →Siebenbürgen, Vorort des Distrikts F. (1222: terra Blacorum, 1291: possessio Fogros, 1369: ducatus F.); bedeutender Fundort byz. Münzen aus d. J. 1088–1143. Die im 14. Jh. anstelle einer älteren Erdbefestigung erbaute und später erweiterte Burg war im 15.–16. Jh. im Rahmen der Türkenabwehr Siebenbürgens von strateg. Bedeutung. Der Überlieferung nach waren Rumänen aus F., angeführt von Radu Negru, an der Gründung des Fsm.s →Valachei beteiligt. Burg und Distrikt gehörten vom 14. Jh. an bis 1462 als ung. Lehen den valach. →Woiwoden, anschließend zeitweise der Sächs. Nationsuniversität.   K. Gündisch

Q.: UB zur Gesch. der Dt. in Siebenbürgen, 1–6, 1892ff. – Lit.: L. SZÁDECZKY, Fogarasi történeti emlékek, Erdélyi Múzeum 1892, 617–635 – D. PRODAN, Bojaren und »vecini« des Landes F., 1967 – R. POPESCU, Aspecte ale dezvoltării tîrgului şi oraşului F. în epoca feudală, Cumidava 3, 1969, 133–142.

Fógartach mac Néill, Kg. der →Uí Néill, † 724, ▢ Clonard. F. entstammte den →Síl nÁedo Sláine aus dem südl. Zweig der Uí Néill, errang die Königswürde der Uí Néill 710, nach dem Tode von Congal Cendmagair. 714 wurde er jedoch vertrieben, wohl von →Murchad mac Diarmata aus dem konkurrierenden →Clann Cholmáin. Nachdem F.s Bruder Murchad 715 getötet hatte, konnte F. 716 wieder die Herrschaft übernehmen. Zw. 717 und 722 verlor er jedoch seine Königswürde erneut, diesmal an →Fergal mac Máele Dúin. Nach dessen Tod wieder Kg., wurde F. 724 erschlagen.   P. Byrne

Q.: Annals of Ulster, a. 714, 715, 716, 724; Annals of Tigernach, a. 715 (Zs. für celt. Philologie 3, 466, 40; 13, 382, 40; 20, 227, 40).

Foggia, it. Stadt, heutiger Hauptort der →Capitanata (Apulien), etwa 8 km von den Ruinen des im 7. Jh. untergegangenen röm. Municipium Arpi entfernt. Die erste Keimzelle der Stadt um die sog. Taberna del Gufo an einem Kreuzungspunkt der Verkehrswege zw. Abruzzen und Apulien nahm seit der Mitte des 11. Jh. einen beachtl. Aufschwung (1062 einer lokalen Überlieferung zufolge Auffindung eines Madonnenbildes, der sog. »Icona vetere«). Aus der in zeitgenöss. Urkk. begegnenden Ortsbezeichnung Sancta Maria de Fovea oder de Fogia (Graben, Senke) leitet sich der Name F. her. Obwohl die Normannen das Castrum F. förderten, wurde der bereits 314 bezeugte Bischofssitz v. Arpi (Bf. Pardus) nicht nach F. übertragen. Die Stadt gehörte (bis 1855) zur Diöz. →Troia, was zu wiederholten Auseinandersetzungen in Jurisdiktionsfragen führte. Die erste Generation der norm. Eroberer bedachte die Kirche S. Maria, die von Robert Guiscard um 1080 begonnen und 1172 durch Kg. Wilhelm II. fertiggestellt wurde, mit reichen Schenkungen. Roger Borsa erklärte sie zur Palastkapelle und unterstellte sie 1089 der Basilika S. Nicola in Bari. Der fehlgeschlagene Versuch Kg. →Tankreds, bei Clemens III. die Anerkennung F.s als eigenes Bm. zu erreichen, führte zu schweren Spannungen, schließlich zum päpstl. Bann, weswegen die Stadt 1203 an Friedrich II. appellierte. Innozenz III. bestätigte jedoch die Unterstellung F.s unter das Bm. Troia. Friedrich II. wählte F. als ksl. Residenz, stattete es mit zahlreichen Privilegien aus und ließ viele Gebäude sowie 1222 das Kastell errichten, von dem jedoch nur mehr Reste erhalten sind. Seine prunkvolle Hofhaltung in F. wurde von zeitgenöss. Chronisten getadelt. Nach einem Aufstandsversuch (1230) wurde auf Befehl des Ks.s ein Teil der Befestigungen geschleift. 1240 hielt Friedrich II. einen großen Hoftag in F. ab, um Steuern und Kollekten neu zu ordnen. Nach dessen Tod rebellierte F. gegen →Manfred, der deshalb die Mauern niederreißen ließ. Im Febr. 1251 hielt Konrad IV. in F. einen Hoftag ab, um Maßnahmen zur Neuorganisation des Kgr.s durchzuführen. Wie alle Städte Süditaliens war auch F. in die Auseinandersetzung zw. dem Papsttum und den letzten Staufern verwickelt. Nach seiner Krönung in Palermo 1252 hielt Manfred in F. einen allgemeinen Hoftag ab, 1262 öffnete die Stadt jedoch ihre Tore den päpstl. Trup-

pen und wurde dann erneut vom Kg. unterworfen. Nach der Schlacht v. →Benevent richtete Karl I. v. Anjou in F. den Verwaltungssitz der Kronländereien (Massarien) ein. Beim Italienzug Konradins rebellierte die Stadt gegen die Anjou, wurde aber rasch wiedererobert. 1272 hielt Karl I. zur Reorganisation des Kgr.es einen allgemeinen Hoftag in F. ab. In der Folge residierte er dort (bis zu seinem Tod am 7. Jan. 1285). Die Anjouherrscher errichteten zahlreiche Gebäude und verliehen der Stadt viele Privilegien, so daß F. die bedeutendste Stadt der Capitanata wurde und 1347 einen von Clemens VI. ratifizierten Kompromiß mit Troia erreichte, in dem der Kollegiatkirche S. Maria bes. Privilegien zuerkannt wurden. Ebenso wie die anderen apul. Städte wurde F. von der konfliktreichen Ablösung der Herrschaft der Anjou durch die Aragón betroffen. 1443 richtete Alfons I. die »Dohana menae pecudum« in F. ein, welche die Transhumanz (→Weidewirtschaft) regelte. In der Folge wurde die Stadt auch Sitz des gleichnamigen Gerichtshofs. Nach der Einnahme Otrantos durch die Türken hielt Ferdinand I. 1480 ein Parlamentum generale in F. ab, um die Verteidigung der Adriaküsten zu organisieren. Nach dem Vertrag von Granada wurden F. und die ganze Capitanata wegen ihres großen Reichstums zum Zankapfel zw. Franzosen und Spaniern. 1503 fiel F. an →Ferdinand d. Kath. Die zwanzig Jahre später wieder aufflackernden Kämpfe vernichteten die blühende Wirtschaft der Stadt, die jedoch weiterhin ihren Status als kgl. Domäne behielt. Um 1400 besaß F. etwa 4500 Einw. (908 Feuerstellen), der innerste Kern umfaßte eine Fläche von 4,5 ha.   P. De Leo

Lit.: DHGE XVII, 701–713 – IP IX, 217–222 – F. UGHELLI, Italia Sacra I, 1324–1348 – F. VILLANI, La nuova Arpi, 1876 – DERS., F. al tempo degli Hohenstaufen e degli Angioini, 1894 – M. DI GIOIA, La diocesi di F., 1955 – DERS., Monumenta Ecclesiae S. Mariae de Fogia, 1961.

Fogliani, Signorenfamilie in →Reggio Emilia, benannt nach der Villa Fogliano (ehemals Curtis der Witwe eines Gf.en Suppo im 9. Jh., dann im Besitz der Bm.er Parma und Reggio) oder nach einer gleichnamigen Villa bei Sassuolo. Während des Investiturstreits gewannen die F. an Bedeutung: Geschickt zw. Kirche und Ksm. lavierend, beschafften sie sich Privilegien und Konzessionen und gewannen Landbesitz und Burgen. Nach der Konstitution der Kommune in Reggio traten sie als Führer der Guelfen auf. *Guido* leistete 1196 der Kommune den Treueschwur, wurde stadtsässig und übte das Konsulamt aus. Er gründete die Kirche und das Hospital S. Antonio. Mit Innozenz III. verwandt, leitete er die Eingliederung der früheren Mathild. Güter in das Territorium von Reggio ein. Die F. behielten ihre Vorrangstellung in der Kommune Reggio, bis die Stadt an verschiedene Signorien fiel (Della Scala, Gonzaga, Visconti), denen sie sich vergeblich entgegenstellten. Der Niedergang der Familie, die jedoch weiterhin bedeutende Kriegsleute stellte, setzte bereits im 15. Jh. ein.   S. Polica

Lit.: A. BALLETTI, Storia di Reggio nell'Emilia, 1925 – AA.VV. Reggio Emilia, vicende e protagonisti, 1970.

Foillan, hl. (Fuilanus, Foillanus, Foilnanus, frz. Feuillien, Pholien), ir. Mönch und Missionar, tätig in der späteren Picardie/Wallonien, † 31. Okt., um 655. Aus vornehmer Familie, Bruder von →Fursa und Ultan, wurde F. zum Abt des von Fursa gegr. Kl. Cnobheresburg (vielleicht →Burgh Castle, Suffolk) ernannt, als Fursa selbst zu weiterer →peregrinatio nach Gallien aufbrach. Der Bruder war bereits verstorben (ca. 649/650), als F. und seine Gefährten wegen der Plünderung ihres Kl. durch den heidn. Kg. v. →Mercien, →Penda, ebenfalls den Weg ins Frankenreich nahmen. Hier erfreuten sie sich einer kurzzeitigen Förderung durch den neustr. und burg. Hausmeier→Erchinoald, der bei Péronne um die Reliquien des hl. Fursa ein Kl. gegründet hatte. Später zogen sie weiter zum Kl. →Nivelles, wo sie Aufnahme fanden bei der hl. Ita, der Witwe→Pippins d. Ä., und ihren Kindern, der hl. →Gertrude und dem austr. Hausmeier→Grimoald. Von diesen wurde F. als Abt ihrer Neugründung Fosses an der Bebrona, einem Sambre-Nebenfluß, eingesetzt. Er hielt weiterhin Kontakt mit dem »Mutterkloster« Nivelles, wo er an einem 30. Okt. (655?) die Vigil des Quintinusfestes feierte, jedoch auf dem Rückweg mit drei Gefährten im Forst v. Seneffe von Räubern enthauptet wurde. Die in den Abzugsgraben eines Schweinestalles geworfenen Leichname wurden in großer Prozession nach Nivelles überführt und schließlich in→St-Maur-des-Fosses beigesetzt. Als Nachfolger F.s wurde wahrscheinl. sein Bruder Ultan eingesetzt. – Hauptquelle ist das zeitgenöss. kurze »Additamentum Nivialense de Fuilano« (MGH SRM 4, 449–451), das im 11.–12. Jh. durch weitere Berichte (Vitae und Mirakelbuch: BHL 3070–3078) beträchtlich erweitert wurde. Der Kult des 'Märtyrers' F. verbreitete sich bes. in Wallonien und in der Diöz. Cambrai, ist aber auch im Rheinland (Aachen) belegt. Die – späteren – Bildzeugnisse stellen F. als Bf. dar, was aber ganz unsicher bleibt.

                        M. van Uytfanghe

Lit.: L. van der Essen, Étude critique et litt. sur les Vitae des saints mérovingiens de l'ancienne Belgique, 1907, 149–169 – Ders., Études d'hagiographie médiévale, V: Les biographies de saint Foillan, 1907 – L. Gougaud, Les saints irlandais hors d'Irlande, 1936, 98–102 – Vies des saints X, 1952, 1009–1012 – P. Grosjean, Notes d'hagiographie celtique, AnalBoll 75, 1957, 373–420 – G. Wymans, Les circonstances de la mort de saint Feuillien, Annales du Cercle archéologique et folklorique de La Louvière et du Centre I, 1962–63, 107–121 – A. Dierkens, Abbayes et Chapitres entre Sambre et Meuse (VIIᵉ–XIᵉ s.), 1985, 70–75, passim (Beih. Francia 14).

Foix, Stadt und ehem. Gft. in Südfrankreich, nordöstl. Pyrenäenraum (dép. Ariège).

I. Grafschaft und Grafenfamilie – II. Stadt.

I. Grafschaft und Grafenfamilie: F. unterstand von der Mitte des 10. Jh. bis kurz nach 1002 der Grafenfamilie v. →Carcassonne und fiel dann an eine jüngere Linie, die ihre Herrschaft zunächst wohl gemeinschaftlich mit der Stammdynastie ausübte und sich erst gegen Ende des 11. Jh. aus den vielfach unklaren Besitzverhältnissen zu lösen vermochte, unter Abwehr der Ansprüche der Gf.en v. →Cerdaña (Cerdagne) auf das Hochland v. F. Bis zum späten 11. Jh. bildete sich auch im wesentl. der territoriale Umfang der Gft. aus, zu der noch die terre de Mirepoix, unter formaler Oberhoheit der Gf.en v. →Toulouse, hinzukam. Im 12. Jh. schlossen sich die Gf.en v. F. den Bündnissystemen im Pyrenäenraum an, wobei sie meist die Partei der Gf.en v. →Barcelona, selten diejenige der konkurrierenden Gf.en v. Toulouse ergriffen.

Im 13. Jh. hatte die Gft. unter dem Albigenserkreuzzug (→Albigenser II) zu leiden (Verlust von Mirepoix). Die Äbte v. →Pamiers waren bestrebt, die gfl. Stadthoheit abzustreifen. 1242–45 brachen Konflikte mit Toulouse aus, in deren Verlauf Vasallen der Gf.en v. Foix in direkte Lehnsbeziehungen zum Gf.en v. Toulouse traten. Während der Verfolgungen der →Inquisition waren die gebirgigen Gegenden der Gft. mit ihrem katharerfreundl. Adel ein Zufluchtsort für Ketzer. Nach 1249 versuchten wiederholt kgl. frz. Kronbeamte aus dem→Languedoc, in die Verhältnisse der Gft. F. juristisch einzugreifen. Doch waren die Gf.en v. F., trotz ihrer Verstrickung in die Häresie und ihrer militär. Rolle in den Albigenserkriegen, die einzige große languedoz. Familie, die diese Periode überstand. Die Burg F. wurde niemals erobert; die wich-

tigste Stadt der Gft., Pamiers, blieb den Gf.en erhalten; die Inquisition vermochte die Stellung der Gf.en nicht ernstlich zu erschüttern; auch die frz. Kronbeamten konnten kaum ihren Einfluß durchsetzen, zumal schließlich das Kgtm. selbst den Übergriffen der eigenen unteren Beamten wehrte und dem Land fiskal. und jurist. Privilegien einräumte. Die Gf.en festigten ihre Position, u. a. indem sie im bedrohten Pyrenäenvorland →Bastiden gründeten, mit ihren Vasallen →Paréage-Verträge schlossen, den Städten Privilegien gewährten und lange Zeit das Hochland als eine Art von Allod hielten, für das sie erst 1277 den Lehnseid leisteten. Ihre Eroberungstätigkeit in →Katalonien führte dort zur Schaffung einer gfl. Domäne; 1290 erwarb der Gf. v. F. durch Heirat die Vizgft. →Béarn. Gf. Roger Bernhard III. (1265–1302) erreichte trotz militär. Rückschläge, daß sowohl Frankreich als auch Aragón ihn als Partner von Gewicht anerkannten, den man sich durch gute Bündnisbedingungen zu verpflichten trachtete.

Nach der dynast. Vereinigung mit Béarn profitierte die Gft. F. von der Macht ihrer großen Grafenfamilie, die, ztw. auf dem Königsthron von →Navarra, stets an erster Stelle den Grafentitel v. F. führte. Die F.-Béarn verlagerten zwar ihren Schwerpunkt stärker in den westl. Pyrenäenraum, erlangten aber beim frz. Kgtm., das auf ihre dynast. Belange Rücksicht nehmen mußte, umfangreiche fiskal. und militär. Privilegien für die Gft. F., bauten, insbes. unter →Gaston Fébus (1343–91), ein gut organisiertes Gerichts- und Verwaltungswesen auf und hielten das Land durch geschickte Diplomatie aus dem →Hundertjährigen Krieg heraus. Die Entfernung von den großen Residenzen des Béarn förderte eine gewisse Selbständigkeit der Gft. F.

Das Territorium der Gft. F. lehnte sich eng an die Verbindungsstraße zw. dem nördl. Pyrenäenvorland und der Iber. Halbinsel an; an dieser Paßstraße lagen auch die größten Ortschaften. Die Wirtschaft war schon im MA durch Wald- und Gebirgsweide sowie durch Eisenbergbau und -verhüttung geprägt. Aufgrund der hist. Gegebenheiten erfuhr das Land eine außergewöhnlich reiche Ausstattung mit Privilegien: die 21 erhaltenen, v. a. aus dem 13. Jh. stammenden Hss. der Rechte der Gft. bezeugen eine allgemeine Justizausübung durch →Konsuln, freizügige Nutzungsrechte und Befreiung von der→leuda. Eine allgemeine →Coutume wurde für die Gft. nicht erlassen; doch traten die →États (Provinzialstände) seit ihrem erstmaligen Zusammentreten (1391, 1398) als Garanten und Hüter der Privilegien der Gft. auf.

II. Stadt: Die Stadt F. (lat. Fuxum) hatte als Ausgangspunkt zum einen die Abtei OSB St. Volusianus (St-Volusien), erstmals belegt 849, ca. 1104 von Regularkanonikern reformiert, zum anderen die um 1000 in markanter Schutzlage errichtete gfl. Burg. Städt. Leben tritt seit dem 12. Jh. auf. Das Verhältnis zw. Gf. und Abtei wurde 1168 durch einen →Paréage-Vertrag geregelt, verschob sich in der Folgezeit aber zugunsten der gfl. Gewalt. Die städt. Privilegien (1168 gewährt, 1245 und 1290 aufgezeichnet) wurden durch die Gf.en und ihre Verbündeten (1265: Geleitprivileg für Aragón) fortlaufend erweitert, v. a. wegen der Treue der Stadt zu ihrem gfl. Stadtherrn. Im 14. Jh. ein florierender Marktort mit Ackerbürger- und Handwerkerbevölkerung, erlebte F. in der Folgezeit einen langsamen Niedergang. Stärker der Verteidigung seiner Sonderrechte als wirtschaftl. Initiativen zugewandt und daher weniger dynamisch als die Nachbarstadt →Pamiers, beruhte F.' Bedeutung v. a. auf der gfl. Residenz, während die Gerichts- und Verwaltungsbehörden nur bis zur Mitte des 15. Jh. in F. verblieben.

                        C. Pailhes

Q.: Arch. dép. d'Ariège 09, 64: sér. E; Arch. comm. de la ville de Foix – *Lit.*: *zu [I]*: CH. BAUDON DE MONY, Relations politiques des comtes de F. avec la Catalogne, 1896 – s. a. Lit. zu →Béarn, →Navarra – *zu [II]*: G. DE LLOBET, F. médiéval, 1976.

Foix. 1. F., Pierre de d. Ä., OFM, frz. Kleriker, * 1388, † 13. Dez. 1464 in Avignon; 4. Sohn des Gf. en Archambaud. Sein Aufstieg ist mit dem →Abendländ. Schisma verbunden: 1409 Bf. v. Lescar durch Alexander V., 1410 »administrator perpetuus« derselben Diöz. durch →Benedikt XIII., 1413 Kard. (tit. S. Stefani in Celio monte) durch →Johannes XXIII., seit 1416 auf dem Konzil v. →Konstanz; Teilnahme an der Wahl →Martins V., der ihn mit der Legation zu →Alfons V. zur endgültigen Beilegung des Schismas (→Clemens VIII.) betraute. 1431 Kard. bf. v. Albano durch →Eugen IV., schickte ihn dieser im Konflikt mit dem Konzil v. →Basel zur Wahrung der kurialen Interessen nach Avignon. Dort nahm F. seit 1433 Residenz und unterstützte die Kandidatur der Stadt als Ort des geplanten Unionskonzils (→Kirchenunion). Nach dem Bruch zw. Papst und Konzil besuchte er weder Basel noch das seit 1438 in →Ferrara und dann in Florenz tagende Konzil, sondern verteidigte den →Comtat Venaissin gegen Annexionsbestrebungen Kg. →Ludwigs XI.

W. Decker

Q. und Lit.: DBF XIV, 200f. – DHGE XVII, 735f. – F. BARON, Le Cardinal P. d. F., le Vieux (1386–1464) et ses légations, 1920 – K. A. FINK, Martin V. und Aragón (Hist. Stud. 40, 1938) – V. A. ÁLVAREZ PALENZUELA, Extinción del Cisma de Occidente. La legatión del cardenal Pedro de F. en Aragón (1425–30), 1977 – W. DECKER, Die Politik der Kard. e auf dem Basler Konzil (bis zum Herbst 1434), AHC 9, 1977, 112–153, 315–400 – H. MÜLLER, Die Franzosen und das Basler Konzil, 1987.

2. F., Pierre de d. J., frz. Kleriker, * 7. Febr. 1449 in Pau, † 14. Juli/10. Aug. 1490 in Rom. Stärker als bei dem gleichnamigen Großonkel (→1.F.) war seine kirchl. Karriere vom polit. Einfluß der Familie geprägt: Durch die Eltern Gaston und Eleonore, den Bruder Jean und die Schwestern den Regenten v. Frankreich, Aragón, Navarra, Armagnac und der Bretagne verbunden, wurde der Protonotar nach dem Rechtsstudium in Toulouse, Pavia und Ferrara Bf. / Administrator v. Aire, Vannes, Bayonne, Palermo und Malta, 1476 durch Sixtus IV. Kard. (tit. Ss. Cosmae et Damiani, 1485 S. Sixti). Ein – angestrebtes – frz. oder span. Ebm. erlangte er aber nicht; ebenso scheiterte der Versuch, in Frankreich eine ähnlich mächtige Stellung einzunehmen wie in Navarra. 1488 erfolgte die Übersiedlung an die Kurie, im selben Jahr die Legation nach Neapel; den Italienzug Karls VIII. hat F. nicht mehr erlebt. W. Decker

Q. und Lit.: DBF XIV, 208f. – DHGE XVII, 736 – E. LABEYRIE, Étude hist. sur la vie du Cardinal de F., 1874 – B. CHEVALIER – PH. CONTAMINE, La France de la fin du XVᵉ s., 1985.

Folcuin. 1. F., hl. (Fest 14. Dez.), Bf. v. →Thérouanne 816–855, † 15. Dez. 855 auf einer Firmungs- und Visitationsreise in Esquelbecq-sur-l'Yser, ☐ St-Bertin; Enkel →Karl Martells als Sohn des Martell-Sohnes Hieronymus, wurde F. 816 zum Nachfolger des Bf.s Erkenbod gewählt, von Ludwig d. Fr. bestätigt und 817 vom Bf. v. →Ebo, wohl von →Ebo, geweiht. Ludwig dem Fr. bewahrte F., wie es scheint, stets die Loyalität. An Konzilien nahm er mit einiger Regelmäßigkeit teil: Ingelheim 840 (Restitution Ebf. Ebos v. Reims), Paris 846/847, Quierzy 849, Soissons 853. 853 übertrug ihm →Karl d. Kahle eines der 12 westfrk. →missatica, das sich offenbar großenteils mit seinem Diözesansprengel deckte.

Mit der Abtei St-Bertin eng verbunden, führte F. 843 die Reliquien des hl. Audomarus, die Abt Hugo nach St-Quentin überbringen wollte, nach Sithiu (→St-Bertin,

→St-Omer) zurück. (Die Urkunden über die enge Anbindung des Kanonikerstiftes St-Omer an die Benediktinerabtei St-Bertin von angeblich 839 sind Fälschungen.) Ebf. →Hinkmar v. Reims bat F. um Reliquien für die Neuweihe des Hauptaltars der Reimser Kathedrale. Angesichts der Normannengefahr ließ F. die Reliquien der hll. Bertinus und Winnocus in Sicherheit bringen.

Nach seinem Tode setzte Hinkmar v. Reims alle seine Verbindungen ein, damit der Nachfolger aus ordnungsgemäßer Wahl in Thérouanne hervorgehe und nicht, wie es Karl d. Kahle anscheinend schon zu Lebzeiten F.s versucht hatte, kraft kgl. Ernennung bestimmt werde.

Am 16. Nov. 928 fand die Elevation der Gebeine F.s, 1181 eine weitere Translation statt. Die frühesten lit. Zeugnisse seines Kultes stellen die Werke seines Verwandten, des Abtes F. v. Lobbes (→Folcuin 2), dar. G. Berings

Q.: *Vita*: MGH SS XV, ed. O. HOLGER-EGGER, 424–430 – *Lit.*: DHGE XVII, 750f. [E. BROUETTE] – H. VAN WERVEKE, Het bisdom Terwaan, 1924, passim.

2. F., Abt v. →Lobbes, aus karol. Geschlecht, * um 935 in Lotharingien, † 16. Sept. 990. F. wurde am 22. Nov. 948 als →Oblatus in die Abtei →St-Bertin aufgenommen. Nach dem Tode des Abtes v. Lobbes, Aletrannus (Alétran), wurde F. von Bf. →Ebrachar v. Lüttich zum Abt dieser großen Abtei designiert; er empfing am 25. Dez. 965 von Bf. Ingrannus (Ingram) v. Cambrai die Abtsweihe. Mit Energie verteidigte F. die Rechte und Besitzungen seiner Abtei; er kann – gemeinsam mit seinem Nachfolger →Heriger – als Initiator des Wiederaufstiegs von Lobbes gelten. 970–972 kam er in Konflikt mit →Rather v. Verona, ehem. Mönch von Lobbes, der das Abbatiat beanspruchte; F. wurde genötigt, Rather ztw. das Abtswürde abzutreten und Lobbes zu verlassen. – F. ist der Autor der »Gesta abbatum Sithiensium« (um 960), einer 970–984 abgefaßten »Vita Folcuini episcopi Morinensis« (→Folcuin 1) sowie der »Gesta abbatum Lobiensium« (abgeschlossen 975–990), die sein bedeutendstes Werk sind. Die »Miracula Ursmari Lobiensis« stellen im wesentl. einen von F. redigierten Auszug aus den vorgenannten Gesta dar. J.-L. Kupper

Lit.: Repfont IV, 480 – S. BALAU, Les sources de l'hist. de Liège au m. â. Étude critique, 1903, 102–114 – WATTENBACH-HOLTZMANN-SCHMALE I, 1967, 109–110, 136–139 – Ind. Scriptorum Operumque Latino-Belgicorum Medii Aevi, hg. L. GENICOT–P. TOMBEUR, I, 1973, 95–97, 137–139, 167–169 – A. DIERKENS, La production hagiographique à Lobbes au Xᵉ s., RevBén 93, 1983, 251–259 – DERS., Abbayes et Chapitres entre Sambre et Meuse (VIIᵉ–XIᵉ s.), 1985, 120–124, 131.

Foleville, Jean de, *prévôt de Paris* 1389–1401, † zw. 21. Mai 1410 und 4. Jan. 1413, ∞ 2. Ysabel de Beauvoir, gen. Roarde (fälschlich: 'Isabelle de Rambure'); Herr v. Folleville (dép. Somme, cant. Ailly-sur-Noye) und Gaulencourt (dép. Somme, cant. Sains, comm. Dompmartinsur-Noye), Ritter, entstammte einer pikard. Adelsfamilie. Er fungierte lange Zeit als Rat *(conseiller)* am →Parlement de Paris (1366, 1385) und wurde vom Kg. mit mehreren polit. und diplomat. Missionen betraut (1381, 1386–87 Gesandtschaften an Kg. →Johann I. v. →Kastilien). 1389 erhielt er von den →Marmousets, denen er nahestand, das wichtige, aber schwierige Amt des →prévôt de Paris (Installation am 23. Jan. im Parlement, am 25. Jan. im →Châtelet de Paris). Trotz widriger Umstände verstand er es, sich bis zum 6. Juni 1401 in diesem Amt zu halten. Dann wurde er zum *conseiller maître* an der →Chambre des comptes ernannt (1401, 1410). Testamente: 3. Febr. 1404, 17. Nov. 1409, 16. März 1410 (Kodizill).

J.-M. Roger

Q. [ungedr.]: Arch. nat., P 48, Nr. viiiᶜ xii bis, viiiᶜ xix; X¹ᵃ 1474, 229; X¹ᵃ 9807, 15 v°, 99 r°–102 v°; Y 1, 2 v° – Bibl. nat., P.o. 1178, doss.

26737–26738; coll. Clairambault 48, Nr. 100–103; coll. Moreau 1161, 363 rº–382 vº – [gedr.]: L. DOUËT-D'ARCQ, Choix de pièces inédites relatives au règne de Charles VI, 2 Bde, 1863–64 – A. TUETEY, Testaments enregistrés au Parlement de Paris sous le règne de Charles VI, 1880 – G. DEMAY, Inv. des sceaux de la coll. Clairambault à la Bibl. nat., I, 1885, 389, Nr. 3671–3672 – *Lit.:* DBF XIV, 240f., Nr. 5 – J.-H. GAILLARD, Le Châtelet de Paris sous l'administration de J. de F. École nat. des chartes, Positions de thèses . . . 1883, 59–60 – DERS., Essai de biographie de J. de F., BEC 69, 1908, 369–404 – E. MAUGIS, Hist. du Parlement de Paris . . ., III, 1916, 28, 38 – H. JASSEMIN, La Chambre des comptes de Paris . . ., 1933 – G. DUPONT-FERRIER, Gallia regia IV, 1954, 306f., Nr. 16480 – F. AUTRAND, Naissance d'un grand corps de l'État. Les gens du Parlement de Paris (1345–1454), 1981.

Folgen, Reifen eines beweglich zusammengesetzten Harnischteils. Die Verbindung dieser Reifen konnte durch in Schlitzen gleitende Nieten oder durch innen eingenietete Lederstreifen erfolgen, als sog. »eisernes« oder »ledernes →Geschübe«. Das Prinzip der beweglich verbundenen F. war bereits vor dem MA bekannt, wurde aber erst in Europa im SpätMA wiederentdeckt.   O. Gamber

Folgóre da San Gimignano, toskan. Dichter, * 2. Hälfte des 13. Jh., † zw. 1317 und 1332, eigtl. Name Giacomo, seinen Beinamen F. (»Glanz«) erwarb er vermutlich wegen seiner dichter. Begabung. Er verfaßte drei Sonettenzyklen: über die Wochentage (»Semana«-Zyklus, gewidmet Carlo di Messer Guerra Cavicciuoli, verfaßt um 1308), über die Monate (»Mesi«-Zyklus, gewidmet Niccolò di Nigi, verfaßt um 1309) und über die Einkleidung eines Ritters (»Pel cavaliere«, unvollständig), daneben sind Sonette polit. Inhalts sowie Gedichte von zweifelhafter Echtheit erhalten. Seine Sonette schildern nach dem Vorbild der prov. Gattung des »plazer« das glanzvolle Leben der vornehmen Gesellschaft von S. Gimignano, Jagdfreuden und Gastmähler, mit einer Raffiniertheit, die sich in den →Monatsdarstellungen wiederfindet. Seine polit. Dichtungen spiegeln den Moment wider, als die Guelfen (denen F. angehörte) sich Uguccione →della Faggi(u)ola beugen mußten (1313–1317).

Einen Gegenpol zu F.s aristokrat. Lebensfreude bildet der toskan. Spielmann *Cenne (Bencivenni) da la Chitarra* aus Arezzo (wirkte 1322–36). Als Antwort auf F.s Sonette stellt Cenne der von F. geschilderten vornehmen Gesellschaft die Armen gegenüber, denen jeder Tag und jeder Monat Mühsal bringt. Weniger begabt als F. steht Cenne in der Tradition der realist. toskan. Dichtung im »niederen Stil«, ohne selbst große Originalität aufzuweisen.

Verschieden verteilt, sind F.s und Cennes Dichtungen in fünf Hss. überliefert, wobei F.s Werk größere Verbreitung genoß. Benvenuto da Imola bezieht in seinem Kommentar zur »Divina Commedia« Dantes »verschwenderische Gesellschaft« ('brigata spendereccia', Inf. XXIX 124–132) auf die von F. geschilderte Gesellschaft und erwähnt auch Cennes Erwiderung. Benvenutos irrige Gleichsetzung hinterließ ihre Spuren in der Hs.-Überlieferung (Florenz, Bibl. naz., Mgl VII, 1066).

A. Vitale-Brovarone

Ed. und Lit.: M. MARTI, Il »sogno« di F. e la realtà di F. (Cultura e stile nei poeti giocosi del tempo di Dante, 1954) – G. CARAVAGGI, F. da S. G., 1960 – G. CONTINI, Poeti del Duecento II, 1960, 403–434, 886–889 – G. CARAVAGGI, F. da S. G., Sonetti, 1965.

Foligno, it. Stadt und Bm (Umbrien). Das unbefestigte röm. Munizipium Fulginia an der Via Flaminia bei S. Maria in Campis fiel vermutl. nach dem 5. Jh. wüst. Im FrühMA ist etwa 3 km von S. Maria in Campis auf dem Colle S. Valentino (später Colle di Civitavecchia) oberhalb der Kreuzung der beiden Linien der Via Flaminia (Forum Flaminii) eine Civitas belegt, in der ein Bf. residierte. Im 10. Jh. entstand neben einer Nekropole (Grab-

stätte [3. Jh.?] des Märtyrers Felicianus, Bf. v. Forum Flaminii) am Zusammenfluß von Topino und Menotre das Castrum S. Feliciani, um das sich zu Beginn des 11. Jh. die Civitas S. Feliciani, das ma. Fulginia-F. entwickelte, das die Restbevölkerung von Campi, S. Valentino und Forum Flaminii aufnahm. Diese Abfolge verschiedener Besiedlungsstufen spiegelt sich in zwei hagiograph. Legenden (BHL 1622, 2846) und den »Statuti del popolo« (rub. 169, 262). Symbol des neuen Gemeinwesens war die Kathedrale (♂ S. Feliciano, Stifterinschrift 1133; eingeweiht anläßlich des »Generale concilium« von 1141). Mit der Bulle »Si religiosorum« (1183 Juni 10) Innozenz' II. wurden die Grenzen der Diözese festgelegt (von Friedrich I. Barbarossa 1177 und 1184 [Echtheit der Urkunden zweifelhaft] und Otto IV. 1209 bestätigt). Mit Ausnahme des im MA zu Spoleto gehörigen Spello entsprechen sie den heutigen. Es folgte eine Periode krieger. Auseinandersetzungen mit den Nachbarstädten: 1200 mit →Spoleto, danach mit dem propäpstl. →Perugia, mit dem F. nach dem Verlust seiner Führungsstellung über die umbr. prokaiserl. Städte 1254 einen demütigenden Frieden schließen mußte. Kurz danach setzte Perugia die Kaufmannsfamilie →Trinci, die bis 1439 das Stadtregiment innehaben sollte, für 10 Jahre in F. ein. Infolge seiner Lage an wichtigen Verbindungswegen gewann F. Ende des 13. Jh. seine Rolle als bedeutender Warenumschlagplatz zw. Adria und Tyrrhen. Meer zurück. Im 2. Krieg gegen Perugia (1282–83) erfolgreich, unterlag F. im dritten (1287–89), so daß es in der Folge für längere Zeit in wirtschaftl. wie in polit. Hinsicht von der Nachbarstadt abhing. 1367 erhielt der päpstl. Vikar Trincia Trinci die Signorie über F. Unter Nicolò (1415–21) und v. a. Corrado Trinci (1421–39) erlebte F. eine polit. Blütezeit und beherrschte Montefalco, Nocera U., Bevagna, Trevi und andere umbr. Städte und Burgen. Innere Zwistigkeiten führten zum Niedergang der Familie Trinci, so daß 1439 das päpstl. Heer unter Kard. →Vitelleschi F. besetzte und es dem →Kirchenstaat eingliederte.

Infolge seiner zentralen Stellung kreuzten sich in F. verschiedene religiöse und künstler. Einflüsse. Franziskaner, Augustinereremiten, Serviten und Dominikaner hatten sich seit der zweiten Hälfte des 13. Jh. in F. niedergelassen. Bereits Ende des 13. Jh. war F. ein bedeutendes Zentrum der Bußbewegung (sel. →Angela v. F., † 1309, sel. Franziskaner-Tertiar und Rekluse Pietro Crisci, † 1323). Ende des 14., Anfang des 15. Jh. entstanden in F. einige Franziskanische Observanzen, die den Schutz der Trinci genossen und sich später in Italien und Europa verbreiteten (u. a. die Observanzen des sel. Paoluccio Trinci [1373 approbiert] und der sel. Angelina da Montegiove [1403 approbiert]).

Unter der Signorie der Trinci erlebte F. seit der Mitte des 14. Jh. auch eine hohe kulturelle Blüte: Berufung berühmter Humanisten wie Francesco da Fiano und Federico →Frezzi; bedeutende Malerschule (Hauptvertreter Niccolò di Liberatore gen. l'Alunno, Pierantonio di Andrea alias Mezastra bzw. de Mezastri); rege Bautätigkeit (vgl. Schilderung der Stadt in der Chronik des Lodovico Morgante 1421); 1470 entstand in F. eine der frühesten Druckereien Italiens (Emiliano Orfini; 1472 Erstdr. der »Divina Commedia«). F. hatte im 15. Jh. rund 2200/2300 Einw. bei einer Fläche innerhalb des Berings von ca. 3 ha. Die Stadt war zu dieser Zeit in 17 'societates' geteilt.

M. Sensi

Q. und Lit.: M. FALOCI PULIGNANI, I priori della cattedrale, memorie, 1914 – DERS., Fragmenta Fulginatis historiae, MURATORI² XXVI/II, 1933 – P. SCARPELLINI, Giovanni di Corraduccio, 1976 – M. SENSI,

Nuovi documenti per Niccolò di Liberatore detto l'Alunno, Paragone/ arte 389, 1982, 77–107 – Ders., Vita di pietà e vita civile di un altopiano tra Umbria e Marche (secc. XI–XVI), 1984 – Ders., Le osservanze francescane nell'Italia centrale (secc. XIV–XV), 1985 – L. Sensi, Fulginia: appunti di topografia storica, Bull. Foligno, VIII, 1984, 463–492 – Ders., La raccolta archeol. della cattedrale di F., ebd. IX, 1985, 305–325.

Foliot, Gilbert OSB, Bf. v. Hereford, Bf. v. London, * um 1105/10, † 18. Febr. 1187; Sproß einer anglonorm. Adelsfamilie; nach theol. und jurist. Studien (in Exeter? auf dem Kontinent?) Mönch in →Cluny, zunächst dort und dann in Abbeville Prior, 1139 Abt v. St. Peter in Gloucester. Während der »Anarchie« war er Anhänger der Ksn. →Mathilde. 1148 wurde er Bf. v. Hereford. Bei der Besetzung des Erzstuhls v. →Canterbury 1162 war F. offenbar Gegenkandidat →Thomas Beckets. 1163 erreichte Kg. →Heinrich II. bei Papst Alexander III. die Translation F.s auf den Bischofsstuhl v. →London. F. weigerte sich, dem Ebf. v. Canterbury den üblichen Oboedienzeid zu leisten, weil er dies schon als Bf. v. Hereford getan habe, und suchte dem Bm. London Metropolitanrang zu verschaffen. Im jahrelangen Streit zw. Heinrich II. und Becket fiel F. als Bf. v. London und auch seines persönl. Ansehens wegen die Rolle eines Sprechers der »königstreuen« Bf.e zu, doch war er selbst kein Vertreter ultraroyalistischer Anschauungen. Als Becket ins Exil ging, übernahm F. de facto die Leitung der engl. Kirche. Er appellierte mehrfach an den Papst, gegen Becket gerichtl. vorzugehen, und wurde 1169 und nochmals 1170 von diesem exkommuniziert. Nach der zweiten Verhängung des Bannes eilte F. zusammen mit anderen Bf.en an den Hof Heinrichs II. in der Normandie, um sich über Becket zu beschweren. Seine Gegner schrieben ihm brennenden Ehrgeiz als Motiv des Handelns zu und lasteten ihm eine Mitschuld an der Ermordung Beckets an. Trotz seiner Verwicklung in die Politik des Zeitalters erwarb sich F. als kluger Administrator beträchtliche Verdienste um den Ausbau der Diözesanverwaltungen von Hereford und London. Er wirkte auch als Prediger, galt als Kenner des röm. und kanon. Rechts und wurde mehrfach als päpstl. iudex delegatus tätig. Sein mönchisch-strenger Lebenswandel wird gerühmt. Die zahlreichen Briefe F.s sind Sachproblemen gewidmet und lassen nur in geringem Maß Rückschlüsse auf seine Persönlichkeit zu.   K. Schnith

Ed.: The Letters and Charters of G. F., hg. A. Morey – C. N. L. Brooke, 1967 – Zu einer ihm zugeschriebenen Expositio in Cantica Canticorum: RBMA II, 343 – *Lit.:* DNB XIX, 358ff. – Oxf. Dict. Chr. Church, 1974², 521 – D. Knowles, The Episcopal Colleagues of Archbishop Thomas Becket, 1951 – A. L. Poole (Oxford Hist. of England III, 1955²), bes. 203f., 214 – A. Morey – C. N. L. Brooke, G. F. and his Letters, 1965 – F. Barlow, Thomas Becket, 1986.

Folkevise (pl. folkeviser), dän. Übersetzung des Herderschen Begriffs →'Volkslied'. Der Terminus bezieht sich auf alle anonymen Lieder (von verschiedenartiger Gattung), die nicht in authent. Urform, sondern nur in Varianten vorliegen und in →mündl. Tradition entstanden sind. Aus ma. Quellen sind v. a. die lyr. Lieder (Liebeslieder, religiöse und polit. Lieder, oft. dt. Vorbildern nachgedichtet) bekannt. U. a. aufgrund des Titels von S. Grundtvigs dän. Liederedition von 1853ff. (s. u. Ed.) wird der Terminus 'F.' jedoch in erster Linie verwendet für die Gruppe erzählender Lieder, heute üblicherweise als →'Ballade' bezeichnet. Diese auf ma. Ursprünge zurückgehende, aber nahezu ausschließl. in nachma. Quellen erhaltene Gattung war noch im 16. Jh., z. T. auch später, produktiv. Die überaus reichhaltige skand. Balladendichtung umfaßt ca. 840 Liedtypen und ist in allen skand. Sprachen (dän., norw., isländ., fär., schwed.; Beispiele in

schwed. Sprache auch aus Finnland) belegt. Die Tradition der F.r ist bis ins 20. Jh. lebendig geblieben (s. a. →Färöische Balladen).

In Nachfolge von Grundtvig wird gewöhnlich eine Unterteilung nach stoffl. Kriterien getroffen: *Kæmpeviser* (Heldenballaden über germ./nordgerm. Helden); *Trylleviser* (naturmyth. Balladen, Zauberballaden); *Legendviser* (legendar. Balladen); *Historiske Viser* (hist. Balladen mit meist skand. Stoffen); *Skæmteviser* (Scherzballaden) und *Ridderviser* (Ritterballaden), die umfangreichste Gruppe. Formal beschränken sich die F.r auf zwei- bis vierzeilige Strophen mit Refrain. Trotz großer Ähnlichkeiten mit den engl., insbes. den schott. Balladen, wird der Ursprung der F.r doch in den frz. →chansons de toiles und verwandten Liedtypen zu suchen sein, wenn auch mit einer gewissen Orientierung in älterer nord. Dichtung.

In der älteren Forschung wurde Entstehung bereits im 12. Jh. angenommen, in jüngerer Zeit dagegen erst im späten 13. Jh. Aufgrund des bewahrten Quellenmaterials betrachtete man zunächst Dänemark als Ursprungsland und nahm eine Vermittlung durch dän. Studenten in Paris an. Die Frage ist jedoch, ob die F.r nicht zu der höf., vornehmlich frz. beeinflußten Literaturströmung gehören, die sich bes. am norw. Hof des 13. Jh. geltend machte, mit starken Impulsen auf die schwed. Versdichtung des beginnenden 14. Jh. Die F.r können durchaus im gemeinnord. Milieu dieser Zeit, auch unter dän. Mitwirkung, entstanden sein. Ansonsten kam Dänemark wohl erst um 1480, teilweise unter dt. Einfluß, mit höf. Literaturströmungen in Berührung. Eine hier noch im 16. Jh. zu beobachtende »seconde chevalerie« förderte das Interesse an bereits bestehenden Balladen und inspirierte zur Neudichtung im alten Stil (u. a. sog. »Romanballaden«, die zu den ältesten Balladendrucken in Flugblattform zählen).   B. R. Jonsson

Bibliogr.: O. Holzapfel, Bibliogr. zur ma. skand. Volksballade, 1975 – *Ed.:* Danmarks gamle Folkeviser, ed. S. Grundtvig u. a., 1–12, 1853–1976 – Finlands svenska folkdiktning V:1: Den äldre folkvisan, ed. O. Andersson, 1934 – Corpus Carminum Faeroensium, ed. Ch. Matras–N. Djurhuus, 1–6, 1941–75 – Íslenzk Fornkvæði, ed. J. Helgason, 1–8, 1962–81 – Norske mellomalderballadar, ed. Å. Gjøystein Blom, 1, 1982 [Lit.] – Sveriges Medeltida Ballader, ed. Svenskt Visarkiv, 1–2, 1983–86 – *Lit.:* E. Dal, Nordisk folkeviseforskning siden 1800, 1956 – K.-I. Hildemann, Medeltid på vers, 1958 – Svensk balladtradition 1, 1967 – K. Liestøl, Den norrøne arven, 1970 – B. R. Jonsson u. a., The Types of the Scandinavian Medieval Ballad, 1978 – Neues Hb. der Lit.wiss. 8, 1978, 331 [E. E. Metzner] – O. Holzapfel, Det balladeske, 1980 [engl. Zus.fass.] – V. Ólason, The Traditional Ballads of Iceland, 1982 – K.-I. Hildeman, Tillbaka till balladen, 1985 – I. Piø, Nye veje til Folkevisen, 1985.

Folkland, in seiner Bedeutung umstrittener Begriff der ags. Rechts- und Sozialgeschichte. Nach älterer, neuerdings erneut vorgetragener Forschungsmeinung bezeichnet 'F.' den 'ager publicus' bzw. Landbesitz, den die Kg.e Kriegsleuten auf Widerruf verliehen; die orthodoxe Auffassung sieht im F. dagegen einen erblich-allodialen Besitz, aufgrund des 'Volksrechts' (folk-law). Wichtig ist zu bemerken, daß das Rechtswort nur viermal belegt ist: 1. in der Wassingwell Charter von 858, die einen Landaustausch festhält (P. Sawyer, Anglo-Saxon Charters . . ., 1968, 328); 2. im Testament des Ealdorman Alfred von 871–888 (P. Sawyer, ebd., 1508); 3. in den Gesetzen →Eduards d. Ä. von 899–924 (Liebermann, Gesetze 140f.); 4. in einem erst kürzlich entdeckten Zusatz zum Gesetzbuch der Kg.e →Alfred d. Gr. und →Ine, überliefert in einer Abschrift des 16. Jh., in dem die Verwirkung des Besitzes (ausdrücklich heißt es hier: »bookland oder f.«) von Ehebrechern verfügt wird. Neben der Seltenheit der Belege ist auffällig, daß in allen vier Quellen der Begriff 'f.' in engem Bezug zum Rechtswort *bocland/ bookland* (→*boc*) gebraucht wird: 'F.' ist demnach offenbar alles, was nicht 'bookland' ist. Aufgrund dieser Interpretation kann der Begriff 'f.' entweder für ein verliehenes Gut oder aber für ein erbl. Allod stehen, in den Gesetzestexten bezeichnet er wohl beide Besitzarten.   P. Wormald

Q. und Lit.: LIEBERMANN, Gesetze II, 403 – STENTON³, 309–313 – P. VINOGRADOFF, F., EHR 8, 1893, 1–17 – R. FLOWER, The Text of the Burghal Hidage, London Medieval Stud. 1, 1937, 60–64 – E. JOHN, F. revisited (Orbis Britanniae, 1966), 64–127 – H. VOLLRATH, Königsgedanke und Kgtm. bei den Angelsachsen, 1971, 192–225.

Folkmar (Poppo), Bf. v. →Utrecht 976–990, † 10. Dez. 990, Sohn des sächs. Gf.en Adalbero, zunächst Kanzler →Ottos II., der ihn zum Bf. erhob. Förderer der Reichspolitik, wurde ihm 977 die Bewachung →Heinrichs des Zänkers anvertraut. Nach dem Tode Ottos II. ließ F. Heinrich frei und schloß sich ihm an.   D. P. Blok

Lit.: R. R. POST, Kerkgeschiedenis van Nederland in de Middeleeuwen I, 1957, 66f.

Folkunger, in der modernen schwed. Historiographie allgemein gebräuchl., aber irrige Bezeichnung der 1250–1364 ('Folkungerzeit') in →Schweden regierenden Königsdynastie. Tatsächlich wurde in den ma. Quellen (schwed. Annalen, →Erikskrönikan u. a.) mit dem Namen 'F.' ein im südschwed. Mälargebiet beheimatetes Häuptlingsgeschlecht bezeichnet, benannt wohl nach dem Stammvater Folke Jarl (*den tjocke* 'der Dicke'), ✕ 1210. Als eines der landschaftsgebundenen Häuptlingsgeschlechter, die sich in ihrer Stellung von den Ambitionen eines reichsumfassenden Kgtm.s bedroht sahen, beteiligten sich diese F. wiederholt in wechselnden Allianzen an den Machtkämpfen des 13. Jh. um den schwed. Thron. So standen sie auch im Gegensatz zu →Birger Jarl und Kg. →Magnus Ladulås. Ihre Rolle ist in der Forschung im einzelnen umstritten; nach 1280 sind sie nicht mehr erwähnt.

Der schwed. Geschichtsschreiber Olaus Petri übertrug im 16. Jh. aufgrund heute verlorener genealog. Aufzeichnungen und vermutlich durch falsche genealog. Verknüpfungen den Namen dieser F. auf die schwed. Königsdynastie, die auf den großen ostgöt. Adligen und Reichsregenten *Birger Jarl* († 1266) zurückgeht. Zu dieser sog. 'F.-Dynastie' gehören zunächst die »Birgersöhne« *Waldemar* (1250–75) und →*Magnus Birgersson »Ladulås«* ('Scheunenschloß', 1275–90), dessen Sohn *Birger Magnusson* (1298–1318) (zw. 1290 und 1298 Birgers Vormundschaftsregierung unter Torgils Knutsson) und Birgers Brüder *Erich (Erik)* und *Waldemar,* die Hzg.e v. Södermanland, resp. Finnland. Zw. den drei Brüdern kam es zu langwierigen Thronstreitigkeiten und zu einer Reichsteilung. Hzg. Erik heiratete die norw. Thronerbin Ingeborg. 1317 tötete Birger seine Brüder und gewann die Alleinherrschaft zurück. Sein minderjähriger Sohn *Magnus* wurde von den Anhängern der Hzg.e getötet. Hzg. Eriks minderjähriger Sohn →Magnus Eriksson (1319–64) wurde 1319 von den Reichsständen zum Kg. gewählt, nachdem er als *Magnus VIII. Eriksson* durch Erbfolge auch Kg. v. Norwegen geworden war (1319–50). Er war somit der erste norwe.-schwed. Unionskönig. Sein Sohn *Erik XII. Magnusson* war 1356–59 Mitregent in Schweden. Um sich die dän. Unterstützung gegen die aufständ. schwed. Landschaftsaristokratie zu sichern, verlobte er seinen 2. Sohn *Håkon* (der im Alter von drei Jahren als *Håkon VI. Magnusson* 1355–80 Kg. v. Norwegen wurde, und von 1362–64 Mitregent in Schweden war) mit →Margareta, der Tochter des Dänenkg.s →Waldemar Atterdag. Auf-

grund der Gebietsverluste während des dän.-schwed. Krieges (1361–70) verlor Magnus Eriksson 1364 den Thron. Der Adel wählte 1363 →Albrecht v. Mecklenburg zum Kg. v. Schweden. Mit *Olof,* von 1380–87 (minderjähriger) Kg. v. Norwegen, dem Sohn der Unionskönigin Margareta und Håkon Magnussons erlosch die über Magnus Ladulås führende Linie des 'F.geschlechts'.

Die Politik der F. zielte auf die Durchsetzung eines zentralen, erbl. Kgtm.s nach kontinentalen Vorbildern ab. Hierzu diente die verstärkt einsetzende kgl. →Gesetzgebung, von Birger Jarls →Eidschwurgesetzgebung bis zu →Magnus Erikssons Landslag. Neben der alten Landschaftsaristokratie, die oft im Gegensatz zu den F.n stand, entstand ein ritterl. Dienstadel als neue Gesellschaftsschicht. Damit erlosch auch die Bedeutung des herkömml. Volksaufgebots (→Leding, Ledung), das nach und nach durch ein modernes Ritterheer und ein Burgensystem nach kontinentalem Vorbild ersetzt wurde. Zusammen mit einer Anzahl von Regalrechten und einem ausgedehnten Königsgut bedeutete dies eine Konsolidierung des Kgtm.s auf Kosten der alten autonomen Landschaftsverfassung. Eine aktive Heiratspolitik mit den anderen nord. Königshäusern und norddt. Fürstenhäusern leitete in Skandinavien das Zeitalter der Unionen und der auswärtigen Regenten ein. Hierbei spielte auch die →Hanse eine bedeutende Rolle. S. a. →Schweden.   H. Ehrhardt

Lit.: ST. CARLSSON–J. ROSÉN, Svensk Historia I, 1962, 108ff. – W. DUFNER, Gesch. Schwedens, 1967, 34ff. – s. a. Lit. zu →Schweden.

Follis → Währung

Folquet (F. v. Marseille, auch: Foulque), Troubadour, später Zisterzienser und Bf. v. →Toulouse, † 25. Dez. 1232.

[1] *Leben und kirchenpolitische Tätigkeit:* Reicher Bürger aus Marseille, machte sich F. zunächst als Troubadour einen Namen. 1195 trat er jedoch in die AbteiSOCist Thoronet (Diöz. Fréjus) ein, deren Abt er 1199 wurde. Im Dez. 1205 erfolgte seine Wahl zum Bf. v. Toulouse, das durch das Auftreten der →Albigenser in eine äußerst krit. Situation geraten war; die Einsetzung F.s ging auf den Wunsch des die Ketzer bekämpfenden Legaten Pierre de →Castelnau zurück. F.s Episkopat stand ganz im Zeichen des Albigenserkreuzzugs. Als erbitterter Gegner der Häretiker wurde er aus seiner Bischofsstadt vertrieben. Er lebte im Exil, ohne seine Haltung zu revidieren. Die Niederlage und Demütigung des Gf.en v. Toulouse, →Raimund VII. (1229), bedeutete für F. einen Triumph.   Y. Dossat

[2] *Literarische Tätigkeit:* F. werden 27 Dichtungen (Canzonen und Sirventes) zugeschrieben. Seine Liebesdichtung stammt v. a. aus seiner Jugendzeit und umfaßt *bonas* und *malas chansons* (Frauenlob oder -tadel). In reiferen Jahren bevorzugte F. offenbar moral. und religiöse Themen. Ein *poeta doctus,* knüpfte er bewußt an die große Troubadourtradition an (→Guiraut de Borneil, →Bertran de Born, →Bernart de Ventadorn) und verwob in seine Canzonen Sentenzen, die er aus Florilegien (Cicero, Seneca) oder direkt aus seiner Kenntnis klass. Autoren bezog (Ovid).   L. Rossi

Lit.: zu [1]: S. STROŃSKI, Le troubadour F. de Marseille, 1910 – Cah. de Fanjeaux 4, 234–239; 21, 151–168 – DHGE XVII, 777–780 – E. GRIFFE, Le Languedoc cathare de 1190 à 1210, 246–249 – *zu [2]:* STROŃSKI, s. o. – B. STAEBLEIN, Zur Stilistik der Troubadourmelodien, Acta Musicologia 38, 1966, 27–46 – M. PICONE, Paradiso IX: Dante, Folchetto e la diaspora trobadorica, MR VIII, 1981–83, 47–89.

Folquin → Volkwin

Folter. Eine eindeutige Begriffsbestimmung der F. bereitet Schwierigkeiten, da mit diesem Wort (vom lat. *pole-*

drus ['Fohlen'], einem F. gerät der Römer) und den häufig synonym verwendeten Worten »Tortur(a)« (von torquere ‹quälen›), »tormenta«, »Marter«, »peinliche Frage« unterschiedl. Handlungen bezeichnet wurden, die nur darin übereinstimmten, daß sie einem Menschen (körperl.) Schmerzen zufügten und in der Regel auf Anordnung der Behörde erfolgten. F. konnte deshalb →Strafe (oder Strafverschärfung) oder Züchtigungsmittel sein; sie konnte auch im Beweisverfahren eingesetzt werden, um von Verdächtigen, aber auch Zeugen eine Aussage oder von bereits Überführten die Angabe der Mittäter oder des Verstecks der Beute zu erzwingen. In dieser (letzten) Gestalt fand sich die F. im röm. Verfahren. Durch die Germanen und die Kirche erfuhr diese F. wesentliche Einschränkungen. Zwar nahmen die Germanen in ihre Volksrechte die F. gegen Sklaven auf, sahen darin aber – vom westgot. Recht abgesehen – ein Beweismittel analog dem →Gottesurteil; dem eigtl. germ. Prozeß blieb die F. fern. Die Kirche war der F. nicht geneigt, weil sie dem göttl. Gesetz fremd war. →Augustinus (354–430) verwarf sie entschieden, →Gregor I. (540–604) wies auf die Unzuverlässigkeit der F. hin, die Synode v. Auxerre (585) verbot – bei grundsätzlicher Duldung im weltl. Prozeß – jede Teilnahme und schon die bloße Anwesenheit des Klerus (bei der Sanktion der Irregularität). In den →Responsa ad Consulta Bulgarorum (866) stellte →Nikolaus I. die F. als nach weltl. und göttl. Gesetzen gleich unerlaubt dar. Auch in der Praxis der →Gerichte scheint die F. um diese Zeit abgekommen zu sein. Ihr erneutes Auftauchen setzte im 13. Jh. ein. Grund dafür war ein neues Selbstverständnis des Menschen und – daraus folgend – ein neues Rechts- und Staatsverständnis, das sich in mehreren Formen durchsetzte. Zunächst begann der Stadtbürger, die Sache des Rechts und der staatl. Ordnung, auch sein Leben und die Geschichte überhaupt in die Hand zu nehmen und nicht mehr auf das erbetene Eingreifen Gottes zu warten, sondern mit Gottvertrauen auf die eigene Aktivität zu setzen. In den Stadtrechten der oberit. Kommunen (1228 Verona, später auch Vercelli, Parma, Viterbo) wurde im Kampf der Obrigkeit gegen Räuber und Mörder wieder auf die F. zurückgegriffen, wobei die römischrechtl. Vorschriften des crimen laesae maiestatis – die die F. zuließen – herangezogen wurden. Die Constitutiones Augustales Friedrichs II. (1231) erlaubten die Anwendung der F. gegenüber eines Kapitalverbrechens verdächtigen Personen niederer Herkunft. Auch dt. Quellen des 13. Jh. ist zu entnehmen, daß gegen das gefährl. und überhandnehmende Gesindel der →landschädl. Leute zu Zwang (Hungernlassen, Haft, Pranger-Schlagen, Prügel) gegriffen wurde, um Aussagen zu erpressen. Auch das sich zum System entfaltende und wissenschaftl. bearbeitete kanon. Recht zog für die nun als Aufgabe der geistl. und weltl. Autorität betrachtete Verfolgung der Ketzer als der gefährl. Feinde der universalen Ordnung die römischrechtl. Bestimmungen des crimen laesae maiestatis (divinae) heran. Verfahrensrechtlich wurde der Akkusationsprozeß ergänzt, schließlich ersetzt durch den Inquisitionsprozeß (→Inquisition), in dem die Obrigkeit (die kirchl. Inquisitionsbehörde, bald auch die weltl. Behörden) von Amts wegen und ohne Anklage Verdächtigen und Gerüchten nachzugehen und deren Wahrheit auszuforschen hatte. 1252 hielt →Innozenz IV. in der Bulle »Ad extirpanda« die nordit. Städte an, die beschuldigten Ketzer der F. zu unterwerfen; 1254 wurde dies auf ganz Italien ausgeweitet. Alexander IV. (1259) und Clemens IV. (1265) bestätigten dies, ersterer gestattete 1256 den Klerikern, sich gegenseitig von der Irregularität zu absolvieren. Dabei

bestand die F. im übrigen vielfach nur in Fasten und schlechtem Gefängnis, seltener auch in Bank, brennenden Kohlen und Wippgalgen. Sie wurde auch v. a. eingesetzt, um den überführten Ketzer zur Angabe weiterer Gesinnungsgenossen zu bringen. Freilich lag die Anwendung von Gewalt gegenüber dem Christen, der trotz guten Zuredens und des Einsatzes der Sakramente bei seiner Ketzerei blieb, nahe: die Selbstpeinigung in den Klöstern war bekanntes Mittel der Brechung des Verstocktseins in Sünde und der Öffnung gegenüber der Wahrheit. Anzumerken ist, daß ein geständiger und reuiger Ketzer nur zu Bußwerken verurteilt wurde, die F. also immer dazu diente, die weltl. Strafe des Verbrennens abzuwenden (und ein verirrtes Schaf wieder in den Schoß der Kirche zurückzuführen). Die alten Zweifel gegenüber der Zuverlässigkeit der F. führten weiters dazu, daß ihrer Anwendung enge rechtl. Voraussetzungen gegeben und Grenzen gezogen wurden. – Es liegt auf der Hand, daß diese Praxis in kirchl. und weltl. Ketzerprozessen und die dahinterstehende Lehre – wie sie 1275 auch in Deutschland im kirchl. Bereich zu finden ist – Einfluß auf das weltl. Verfahren überhaupt hatte, ja haben mußte, wenn man bedenkt, daß mit dem Wegfall der Gottesurteile – die dem modernen aktiven Denken als Versuchung Gottes erschienen und die daher ab 1200 verboten wurden – im Akkusationsverfahren ein Beweisloch entstand, das nur durch ein neues Beweisrecht in der Form der Bindung der Urteiler an übereinstimmende Aussagen von zwei Zeugen oder an ein Geständnis zu füllen war. Diese neue Bedeutung des Geständnisses mußte die Neigung zur F. erhöhen, und zwar nun im eigtl., spezif. Sinne: als Verfahren, durch Zwangandrohung und -zufügung einen hinreichend Verdächtigen zu einem Gestehen der Tat zu bringen. Im weltl. Bereich ist die Anwendung der F. in Augsburg 1321, Straßburg 1323 nachweisbar, in anderen Bischofsstädten (Speyer, Köln, Regensburg) bald darauf. Die →Goldene Bulle Karls IV. (1356) gestattete gegen Majestätsverbrecher und deren Diener die F.; Wenzel erlaubte den Reichsstädten bei Landfriedensbruch die Anwendung der Daumenschrauben. Auch das polizeistrafrechtl. Verfahren gegen die landschädlichen Leute beruhte auf Privilegien zur F., die hier freilich ohne rechtl. Grenzen im Vorverfahren angewendet wurde und das Geständnis häufig nur als formale Urteilsvoraussetzung produzierte. Als die F. zunehmend Eingang in das Verfahren gegen Bürger fand, griff man 1498 (Wormser Reformation), 1507 (Bambergina) und 1532 (Constitutio Criminalis Carolina) auf die im kanon. Recht entwickelten Voraussetzungen und Grenzen zurück.

W. Schild

Lit.: H. FEHR, Gottesurteil und F. (Fschr. G. STAMMLER, 1926), 231ff. – M. MORSCHEL, Der Kampf um die Abschaffung der F. [Diss. Gießen 1926] – E. SCHMIDT, Inquisitionsprozeß und Rezeption, 1940 – W. ULLMANN, Reflections on Medieval Torture, JR 56, 1944, 123ff. – W. SCHÜNKE, Die F. im dt. Strafverfahren des 13. bis 16. Jh. [Diss. Münster 1952] – R. LIEBERWIRTH, Einleitung zu: Ch. Thomasius, Über die F., 1960 – W. EBNER, Christian Thomasius und die Abschaffung der F., Ius commune IV, 1972, 73ff. – H. HOLZHAUER, Rechtsgesch. der F. (F. Stellungnahmen, Analysen, Vorschläge zu ihrer Abschaffung, 1976), 107ff. – J. H. LANGBEIN, Torture and the Law of Proof, 1977 – M. RUTHVEN, Torture, 1978 – G. KLEINHEYER, Zur Rolle des Geständnisses im Strafverfahren des späten MA und der frühen NZ (Gedächtnisschr. H. CONRAD, 1979), 367ff. – R. PLÖGER, Die Mitwirkungspflichten des Beschuldigten im dt. Strafverfahren, 1982 – F. MERZBACHER, F. (Justiz in alter Zeit, 1984²), 241ff. – W. TRUSEN, Strafprozeß und Rezeption (Strafrecht, Strafprozeß u. Rezeption, hg. P. LANDAU-CH. SCHROEDER, 1984), 29ff. – W. SCHILD, Der »entliche Rechtstag« als das Theater des Rechts (ebd.), 119ff. – J. FRIED, Wille, Freiwilligkeit u. Geständnis um 1300, HJb 105, 1985, 388ff. – W. SCHILD (Stadt. Wandel, Kat. 1985), 131ff., 950ff. – DERS., Alte Gerichtsbarkt., 1985², 158ff.

Folz, Hans, einer der vielseitigsten und produktivsten Dichter des dt. MA, * um 1435/40 in Worms, † Jan. 1513 in Nürnberg. F., seit 1459 Nürnberger Bürger, übte den Beruf eines → Barbiers und Meisters der Wundarzneikunst (→ Chirurgie) aus. Spätestens seit etwa 1470 entfaltete er daneben im Rahmen der Gattungstraditionen der Nürnberger Handwerkerdichtung des 15. Jh. (vgl. → Rosenplüt, Hans) eine ausgebreitete Tätigkeit als Autor von Reimpaarsprüchen (Schwankmären, geistl. Erzählungen, weltlich-didakt. Reden u. a.), → Fastnachtspielen und Meisterliedern (17 eigene Töne; → Meistersang). 1479–88 betrieb er außerdem eine Druck-Offizin, in der er fast nur eigene Werke druckte. H. Brunner

Ed.: A. v. KELLER, Fastnachtspiele aus dem 15. Jh., 4 Bde, 1853–58 – A. L. MAYER, Die Meisterlieder des H.F., 1908 – H. FISCHER, H.F. Die Reimpaarsprüche (MTU I), 1961 – *Lit.:* Verf.-Lex.² II, 769–793 [J. JANOTA] – F. SCHANZE, Meisterl. Liedkunst zw. Heinrich v. Mügeln und Hans Sachs (MTU 82/83), 1983/84 – H. BRUNNER–B. WACHINGER, Rep. der Sangsprüche und Meisterlieder des 12. bis 18. Jh., 3, 1986, 280–317.

Fondaco. [1] *Zum Begriff:* Das it. Wort 'F.' (lat. fonticum, fundigum, fondadrum, genues. *fundigo,* ven. *fondego,* katal. *fontéch, alfondex,* frz. *fondigue, fondègue*) verkörpert im MA einen für die mittelmeer. Welt typischen Begriff und wurde auch in die weitere roman. Sprachwelt übernommen. Die Wanderung des Worts aus dem Arab. (*funduq,* Plural: *fanādiq*) ins It. ist umstritten: Zugrunde liegt das griech. πανδόχειον ('Herberge'); als fundax ('Getreidespeicher') wurde es im byz. Herrschaftsbereich aus dem Arab. entlehnt, und es wurde vermutet (R. S. LOPEZ), daß it. F. nicht direkt aus dem Arab., sondern über die Vermittlung des Byz. entstanden ist.

[2] *Im arabischen Bereich:* Nach der Jahrtausendwende wurde es in der arab. beherrschten Welt üblich, Fremde nur in solchen Häfen landen zu lassen, wo es fanādiq gab. In seiner Anlage entspricht der funduq dem → ḫan (khan, pers., 'Haus'). Das Schema ist ein rechteckiger Innenhof mit umliegenden Kammern und einem großen Mitteltor. Eine weitere ursprgl. pers. Entsprechung ist das *kārwānsarāy.* Das Wort 'funduq' wurde dann vorwiegend in Nordafrika verwendet. Im allgemeinen von religiösen Institutionen verwaltet, wurden die fanādiq, soweit sie sich in einer Stadt befanden, von Armen benutzt. Nur die oberen Räume dienten Wohnzwecken, die unteren wurden als Warenlager verwendet. Zu beachten ist der Unterschied zum *sūq* und zur *qaisāriyya,* die keine Übernachtungsmöglichkeiten boten, wobei der sūq mehr als Ladenstraße, die qaisāriyya als Ansammlung von überdachten Gängen zu betrachten ist (ähnlich dem Basar). Im spätma. Ägypten war die Funktion des funduq in Kairo und Alexandrien identisch mit der von sūq und qaisāriyya, wobei der Großhandel beim funduq im Vordergrund stand, bes. bei den fanādiq der fremden Kaufleute (S. Y. LABIB). Im christl. Spanien lebte die Tradition des funduq in der Bezeichnung alfándega, alfóndiga, alhóndiga weiter, wobei der Herbergscharakter verlorenging. Manche dieser Anlagen dienten der Kontrolle des Handels und der Zollerhebung.

[3] *Mittelmeerraum:* In Italien war zunächst das für die Pilger gedachte Xenodochium Herberge des Fernhändlers (→ Gasthaus). Während der Kreuzzugszeit setzten sich die Bezeichnungen 'fundicum, fundachum, fondachum, fondaco' durch, wobei die Grenzen gegenüber dem hospitium und dem albergo zunächst noch fließend waren. Die Einrichtung des F. ist belegt für: Amalfi (1085: Schenkung eines fundicum durch die Witwe Roberts Guiscard an Monte Cassino), Pisa (fondachum, hospitium loco fonda-

chi; dort sind fondachi von Florenz, Siena und S. Gimignano belegt); ferner für Genua, Venedig (am berühmtesten ist der → F. dei Tedeschi), Triest, Parma, Ragusa, Unteritalien und Sizilien.

Seit der Expansion des it. Handels im Laufe des 12. und 13. Jh. rivalisierten im westl. Mittelmeer bes. Pisaner und Genuesen bei der Errichtung von fondachi miteinander, aber auch Venezianer erscheinen (Tunis), während die Kaufleute von Marseille sich fondachi in den Häfen des Garb sicherten. In der Levante reicht die Institution bis Syrien und Kleinarmenien. Zuweilen fügt sich der F. in einen größeren Komplex ein, wobei dann zumeist die ganze Gebäudegruppe mit Kirche, Verwaltungsgebäude, Warenlager, Läden, Übernachtungsmöglichkeiten, Backeinrichtung und Bad als F. bezeichnet wurde.

Die Rechte, auf die sich die Einrichtung des F. stützte, wurden durch bes. Verträge mit dem gastgebenden Herrscher festgelegt. Die Fremden lebten in ihrem F. nach eigenem Recht. Die Oberaufsicht hatte, wie das Beispiel Pisa zeigt, ein von den Behörden der Heimatstadt ernannter und kontrollierter consul missus mit Gerichts- und Polizeigewalt. In den Niederlassungen der Pisaner in Ägypten (bes. Alexandria, Damiette) teilte er seine Vollmachten mit einem von der Kolonie gewählten consul electus. Außerdem ist von einem fundacarius ('Verwalter') die Rede, der den Betrieb von Bordellen und Kneipen sowie z. T. den Weinhandel zu unterbinden hatte. Die Marseiller Ordnung im Institut von 1229, die sich auf die Häfen des Garb bezieht, erwähnt u. a. einen von Marseille bestellten fundacarius und seinen scriptor. In jedem F. mußte sich ein Backofen befinden. Dirnen, Schweinehaltung und Weinausschank an Nichtchristen waren mit Rücksicht auf die Muslime verboten. Allerdings bestand ein magazenum zum Weinverkauf an Muslime. Waren mußten mit amtlichen Gewichten gewogen werden. Warenhandel war den Bürgern von Marseille vorbehalten. Für Friedrich II. ist bezeichnend, daß er in den siz.-unterit. Häfen mit Überseehandel staatl. fondachi als Zollämter mit Waagen und Herbergen einrichten ließ (so in Messina vier, Syrakus zwei).

Trotz der erschwerten polit. Verhältnisse seit der Mamlukenherrschaft konnten sich in Alexandria v. a. die Venezianer, Genuesen und Katalanen ihren F. erhalten. So fand der Pilger → Bernhard v. Breidenbach 1483 dort zwei venez., einen genues. und einen katal. F. vor. Der von Marseille wird 1365, der F. der Pisaner trotz des Niedergangs des pisan. Handels noch 1422 erwähnt.

H. Kellenbenz

Lit.: EI², 454f.; s. v. funduḳ [R. LE TOURNEAU] – HRG I, 1152–1154 [K.-H. ALLMENDINGER] – W. HEYD, Gesch. des Levantehandels im MA, 2 Bde, 1879 [frz. 1959] – A. SCHAUBE, Handelsgesch. der roman. Völker des Mittelmeergebiets, bis zum Ende der Kreuzzüge, 1906 – S. Y. LABIB, Handelsgesch. Ägyptens im SpätMA (1171–1517), 1965 – R. S. LOPEZ, L'importanza del mondo islamico nella vita economica europea (L'Occidente e l'Islam nell'alto medioevo, Sett. cent. it. XII, t. I, 1965) – G. B. PELLEGRINI, L'elemento arabo nelle lingue neolatine con particolare riguardo all'Italia (ebd. t. 2) [vgl. Bemerkungen von R. S. LOPEZ dazu] – G. NAGEL, Das ma. Kaufhaus und seine Stellung in der Stadt, 1971 – K.-H. ALLMENDINGER, Pisa und Ägypten im hohen MA, VSWG Beih. 54, 1973 – F. C. LANE, Venice, A Maritime Republic, 1973 – Die Konstitutionen Friedrichs II. von Hohenstaufen für sein Kgr. Sizilien, hg. H. CONRAD, TH. V. D. LIECK-BUYKEN, W. WAGNER, 1973 – CL. CARRÈRE, Handel in de Middeleeuwen in het Middellandse zeegebied, 1975 – E. ASHTOR, Levant Trade in the Later MA, 1983 – TH. SZABÓ, Xenodochia, Hospitäler und Herbergen – kirchl. und kommerzielle Gastung im ma. Italien (Schr. des Hist. Kollegs, Kolloquien 3: Gastfreundschaft, Taverne und Gasthaus im MA, 1983), 61–92.

Fondaco dei Tedeschi (ven. *Fondego de Todeschi,* »Dt. Haus«), Handelsniederlassung der dt. Kaufleute in → Venedig, wo der Staat schon früh die Beherbergung Fremder in eigens dazu bestimmten Häusern übernahm, auch mit dem Ziel einer Kontrolle der Kaufleute und ihrer Geschäfte, ähnlich wie es bei den μίτατα in Konstantinopel der Fall war (R. S. LOPEZ). Ein am Canal Grande bei der Rialtobrücke gelegener →Fondaco, der 1222/1225 entstand, wurde den dt. Kaufleuten als Wohn-, Lager- und Kaufhaus überlassen. Die Errichtung einer staatl. Aufsichtsbehörde von zwei visdomini (1231) diente dem Einbau in den politisch-wirtschaftl. Organismus der Republik. 1266 erfuhr die Maklerorganisation des Fondaco eine strenge Regelung, und zwei Jahre später wurde die Zahl der visdomini auf drei erhöht. Eine Vorstellung vom Umfang der Geschäfte vermittelt die Zahl der Makler, die 1314 von 20 auf 30 erhöht wurde, und auch diese Zahl wurde überschritten. Der transalpine Handel, der den dt. Kaufleuten überlassen blieb, entwickelte sich so günstig, daß Paolo→Morosini 1472 den jährl. Umsatz des Fondaco mit einer Mio Dukaten angeben konnte. Stand dieser mit seinen 56 Kammern zunächst allen Deutschen offen, so sicherten sich schließlich die Oberdeutschen eine gewisse Monopolstellung. Dabei wurde die zunächst dominierende Regensburger Tischgenossenschaft von den Nürnbergern und diese schließlich von den Augsburgern überflügelt.

Nach einer ersten Feuersbrunst 1338 brannte der Fondaco 1505 erneut ab, wurde aber wieder aufgebaut und konnte 1508 bezogen werden. Die Anlage war nahezu quadratisch, mit fünfbogiger Loggia zum Canal Grande und einem von drei Obergeschossen gesäumten Innenhof. 1557 wurden die »Kapitularien« des Hauses in einer Sammlung zusammengefaßt, die, vom Senat genehmigt, der »Nazione« der dt. Kaufleute einen günstigen Sonderstatus im frühnz. Venedig einräumte. Bis 1805 blieb der Fondaco die Handelszentrale der dt. Kaufleute in Venedig.

H. Kellenbenz

Lit.: H. SIMONSFELD, Der F. dei T. in Venedig und die dt.-ven. Handelsbeziehungen, 2 Bde, 1887–G. FRHR. V. PÖLNITZ, Das Dt. Haus in Venedig (DERS., Fugger und Medici, Dt. Kaufleute und Handwerker in Italien, 1942) – PH. BRAUNSTEIN, Wirtschaftl. Beziehungen zw. Nürnberg und Italien im SpätMA (Beitr. zur Wirtschaftsgesch. Nürnbergs I, 1967) – H. KELLENBENZ, Handelsbräuche des 16. Jh., Das Meder'sche Handelsbuch und die Welser'schen Nachträge (Dt. Handelsakten des MA und der NZ XIV, 1974) – K. E. LUPPRIAN, Zur Entstehung des F. dei T. in Venedig (Grundwiss. und Gesch., Fschr. P. ACHT, 1976) [Münchener Hist. Stud. Abt. Gesch. Hilfswiss. 15] – DERS., II f. dei T. e la sua funzione di controllo del commercio tedesco a Venezia (Centro Tedesco di Studi Veneziani, Quaderni 6, 1978).

Fondi, it. Stadt (Prov. Latina, Latium) in der Ebene am Fuß der Monti Aurunci, etwa 10 km vom Golf v. Gaeta entfernt, Hzm. Gft., Bm. Das antike Fundi (Gründung der Aurunker?) erhielt 188 v. Chr. das volle Bürgerrecht (Tribus Aemilia) und war in der ganzen röm. Kaiserzeit bedeutend. Die Stadt war Teil des byz. Dukats v. Rom und erlitt durch langobard. Streifzüge 592 starke Bevölkerungsverluste. Unter den Karolingern der Oberherrschaft der Kirche unterstellt, 846 von den Sarazenen niedergebrannt, wurde sie um 874 von Papst Johannes VIII. zusammen mit dem Gebiet zw. Monte delle Fate und Monte Crispo dem Hypatoi von Gaeta, Docibilis I. und seinem Sohn Johannes, geschenkt (Schenkung von Johannes X. 915 bestätigt). Den Herzogstitel trug als erster Marinus, der Sohn Docibilis' II. Nach Pietro (Konsul 1138), Sohn des Leo aus der 992 abgetrennten Linie von F. der Herzogsdynastie v. Gaeta, ging die Stadt an Goffredo dell'Aquila über, Gf. v. Sessa Aurunca 1132, Herr v. Itri 1135, der den Grafentitel von F. erhielt († 1148 oder 1149). Die Familie Dell'Aquila hatte F. mit kurzen Unterbrechungen bis 1297

inne, als die Stadt durch die Heirat der Tochter Riccardos IV., Giovanna, mit Roffredo III. →Caetani zusammen mit dem Grafentitel an die Familie Caetani überging. Nach dem Tod von Onorato I. →Caetani (1400), der die Kard.e, die den Gegenpapst Clemens VII. wählten (1378), in F. aufgenommen hatte, fiel die Stadt an die Linie seines Bruders Giacomo (→1. Caetani). 1497 wurde sie von →Friedrich v. Aragón Prospero Colonna übertragen.

F. war seit dem 6. Jh. Bm. Die Kathedrale S. Maria (später S. Pietro) im W wurde vor 1072 erbaut, vielleicht an der Stelle der Kirche, die →Paulinus v. Nola 403 über einer Basilika errichtete. Das auf die Römer zurückgehende rechtwinklige Straßensystem der von der Via Appia durchquerten Stadt wurde durch die Sanierungsmaßnahmen, die Roffredo Caetani 1319 unternahm (Trockenlegung von Wasserläufen, Pflasterung, Verstärkung des 1550 m langen antiken Mauerrings), nicht wesentlich verändert. 1447 hatte F. dem Feuerstättenverzeichnis zufolge 478 Feuerstellen, also etwa 2150 Einwohner; die Fläche innerhalb des Berings betrug ca. 16 ha; zu F.s wirtschaftl. Prosperität trugen seine Lage an den Grenzen des Kgr.s Neapel und als Straßenknotenpunkt bei sowie die Ressourcen aus dem gleichnamigen See und dem umliegenden Wald (Salto). C. Vultaggio

Q.: Statuti della città di F. del 1474, hg. E. AMANTE, 1872–G. CAETANI, Reg. chartarum. Regesto delle pergamene dell'archivio Caetani, I–VI, 1922–32 – G. MOLIN, La popolazione del regno di Napoli a metà quattrocento, 1979 – Lit.: B. AMANTE – R. BIANCHI, Memorie storiche e statutarie del ducato, della contea e dell'episcopato di F. in Campania, 1903.

Fondulo, Gabrino, Signore v. Cremona → Cremona

Fonsado (ptg. *fossado,* vulg. lat. fossato, *foso,* von lat. fossatum 'Graben, Grenze, Kastell') bezeichnete seit dem 9. Jh. in Kastilien, León, Navarra und Aragón ebenso wie der synonyme Begriff *Hueste* (katal. host, aragon. *huest* und *hoste*; wahrscheinlich von Frankreich nach Aragón eingedrungen) im Unterschied zum defensiven →Apellido den offensiven Heereszug der →*caballeros* und *peones* gegen arab. Gebiet, aber auch das Heeresaufgebot, das zu diesem Zweck im Auftrag des Kg.s gesammelt wurde *(fossato de rege),* als bewegl. Kontingent einer Region zur kgl. →Mesnada stieß und vom Kg. selbst oder einem mächtigen Adligen angeführt wurde. Das unerlaubte Fernbleiben vom F. wurde mit einer Geldstrafe, der *Fonsadera* (fossataria, ptg. *fossadeira),* belegt, die sich schließlich zu einer Abgabe für die Befreiung vom Wehrdienst wandelte und seit dem 13. Jh. zu den traditionellen →*pechos* der Krone gehören sollte. L. Vones

Lit.: DHP II, 285f. – A. PALOMEQUE TORRES, Contribución al estudio del ejército en los estados de la Reconquista, AHDE 15, 1944, 205–351 – C. PESCADOR, La caballería popular en León y Castilla, CHE 35–36, 1962, 56–201; 37–38, 1963, 88–198 – W.-D. LANGE, Philol. Stud. zur Latinität westhispan. Privaturkk. des 9.–12. Jh., 1966, 218f. – J. F. POWERS, The Origins and Development of Municipal Military Service in the Leonese and Castilian Reconquest, Traditio 26, 1970, 91–111 – L. GARCÍA DE VALDEAVELLANO, Curso de Hist. de las Instituciones españolas, 1975⁴ – J. F. POWERS (The Worlds of Alfonso the Learned and James the Conqueror, hg. R. I. BURNS, 1985), 95–129.

Fonseca

1. F., Al(f)onso de, Ebf. v. →Sevilla, * 1418 in Toro, † 18. Mai 1473 in Coca, Sohn des Juan Alfonso de Ulloa und der Beatriz de F. aus der gleichnamigen galic. Adelsfam., war zuerst Archidiakon v. Sanles in der Kirche v. Santiago de Compostela, wurde 1445 zum Bf. v. →Ávila erhoben, aufgrund seiner engen Beziehungen zum Infanten v. Kastilien→Heinrich (IV.) und Kg. →Johann II. Sein gleich gutes Verhältnis zu Alvaro de →Luna und Juan →Pacheco, die er 1448 zu einer Übereinkunft zu bringen

verstand, förderte ebenfalls seinen Aufstieg. Seit 1453 Ebf.
v. Sevilla, tauschte er 1460 mit seinem zum Ebf. v. →Sant-
iago erhobenen Neffen Alonso (2.) den Erzstuhl, um die
galic. Erzdiözese Compostela den Händen des Intrusen
Luis Osorio, Sohn des Pedro Alvarez Osorio, Gf. v.
→Trastámara (1445–61), zu entreißen. 1463 hatte er
Schwierigkeiten, sein Ebm. Sevilla wieder zu übernehmen und wurde tief in die kast. Wirren hineingezogen,
zumal er als einflußreicher Anhänger des Prätendenten
Alfons XII. 1465 an der 'Farce von Ávila' teilnahm (→Ka-
stilien). Nach Alfons' Tod wandte er sich wieder der kgl.
Partei zu und hatte 1468 Anteil an der Übereinkunft zu
→Toros de Guisando. Seine ihm von Johann II. geschenkten Besitzungen Coca und Alaejos baute er aus und vererbte sie als →Mayorazgo seinem gleichnamigen Bruder und
damit seinem Geschlecht. – Zu seinem Haushalt gehörte
der Humanist Antonio de →Nebrija.

2. F., Al(f)onso de, Neffe von 1, Ebf. v. →Santiago de
Compostela, * in Salamanca, † 12. März 1512 in Santiago,
▭ ebd., Sta. Ursula (von ihm gegr.). Nach Studien in
Salamanca und Italien (dort Erwerb des Dr. legum) wurde
er Dekan der Kathedrale v. Sevilla. Gegen den Widerstand
der →Osorio (s. unter 1) vermochte er den Erzstuhl v.
Santiago zwar formell zu erlangen (3. Dez. 1460 in Rom
päpstl. Präkonisation auf Fürsprache Kg. Heinrichs IV.),
doch mußte er es seinem Onkel überlassen, die Composte-
staller Erzdiöz. auch politisch in den Griff zu bekommen; statt dessen administrierte er bis 1464 im Tausch das
Sevillaner Ebm. seines Onkels. F.s beharrl. Rekupera-
tionspolitik gegenüber dem Adel – unter seinen Gegnern
fanden sich neben den →Osorio auch die →Moscoso und
→Sotomayor – war trotz seiner fünf Jahre dauernden
Vertreibung letztlich erfolgreich. Unter der Regierung
von Isabella d. Kath. wurde er als Vorsitzender des→Con-
sejo Real (1481) und Reichsverweser (1491) gebunden, so
daß in Galicien keine neuen Konfrontationen aufkamen. –
Gemeinsam mit der Adligen María de Ulloa, Herrin v.
Cambados, hatte er einen Sohn gleichen Namens (3), für
den er 1506/07 die Übertragung des Ebm.s Santiago
erwirkte, während er für sich selbst das Patriarchat v.
Alexandria erstrebte.

3. F., Al(f)onso de, Sohn von 2, * um 1476, † 11. Febr.
1534, am 4. Aug. 1507 durch Julius II. zum Ebf. v. Santiago erhoben (aufgrund von Bitten seines Vaters bei Kg.
Ferdinand d. Kath.), seit 31. Dez. 1523 Ebf. v. Toledo,
gehörte wie sein Vater dem Consejo Real an, pflegte
Kontakte zu Humanisten und stiftete Colegios (♂ Jakobus
Alphaeus und Hieronymus) zu Santiago sowie den Colegio Mayor de Santiago el Cebedeo (del Arzobispo) zu
Salamanca. Von seiner Geliebten Juana Pimentel hatte er
einen Sohn. 　　　　　　　　　　　　　　　　　L. Vones

Lit.: [übergreifend]: EUBEL, Hierarchia cath. II, 148, 183 [mit Irrtümern]
– A. LÓPEZ FERREIRO, Hist. de la Iglesia de Santiago, Bd. VII, 1904,
241–314; VIII, 1905, 7–82 – S. PORTELA PAZOS, Galicia en tiempo de los
F.s, 1957 – J. GARCÍA ORO, La nobleza gallega en la Baja Edad Media,
1981 – *zu [1. F.]: Q.:* Fernando del Pulgar, Claros Varones de Castilla,
ed. R. B. TATE, 1985, 138–140; außerdem fast alle zeitgenöss. Chroniken – *Lit.:* M. I. DEL VAL VALDIVIESO, Isabel la Católica, Princesa
(1468–74), 1974 – DIES., Los bandos nobiliarios durante el reinado de
Enrique IV, Hispania 35, 1975, 249–293 – L. SUÁREZ FERNÁNDEZ,
Nobleza y Monarquía, 1975² – J. GARCÍA ORO, Galicia en la Baja Edad
Media. Iglesia, Señorío y Nobleza, 1977 – W. D. PHILIPS JR., Enrique
IV and the Crisis of Fifteenth-Century Castile, 1978 – *zu [2. F. und
3. F.]:* DHEE II, 949f. [A. SÁEZ] – A. LÓPEZ FERREIRO, Fueros munici-
pales de Santiago y de su tierra, 1895 [Nachdr. 1975] – E. LEIRÓS, D.
Enrique IV y el Arzobispado de Santiago, Boletín de la Real Academia
Gallega 27, 1956, 183–236 – J. M. PITA ANDRADE, Cuadernos de
Estudios Gallegos 13, 1958, 173–194; 14, 1959, 209–232 – J. GARCÍA

ORO, Diego de Muros III y la cultura gallega del siglo XV, 1976 – DERS.,
Galicia en la Baja Edad Media. Iglesia, Señorío y Nobleza, 1977.

Fontaines, Pierre de, frz. Jurist, † vor 1267. Wohl
jüngerer Sohn einer Kleinadelsfamilie aus der Gegend von
St-Quentin im Vermandois (N-Frankreich), studierte er
Recht (in →Orléans?) und war dann freiberuflich als Jurist
tätig (zw. 1236 und 1253). Vielleicht stand er ztw. im
Dienst der Gfn. v. Artois, Mahaut (Mathilde). 1252 als
Mitglied einer Parlementssitzung in Pontoise belegt, gehörte er fortan der kgl. Verwaltung an. 1253 →Bailli im
Vermandois, ist er seit 1255 regelmäßig in der Umgebung
des Kg.s belegt, bei den *plaids de la porte* (einer vereinfachten Verfahrensweise vor dem Kg.) wie als *maître* am
→Parlement. 1257 ist er als →*chevalier le roi* bezeugt; 1259
leistete er Ludwig IX. d. Hl.en für die lig. Lehnseid für ein
Rentenlehen, ist aber seit 1261 nicht mehr belegt. Verehelicht mit Agnès de Blérancourt, einer reichen Erbin aus
gutem Adel, kann F. als ein charakterist. Vertreter der
homines novi am Hofe Ludwigs d. Hl.en gelten, die aus
nordfrz. Kleinadel stammten, durch Studien des gelehrten
Rechts aufstiegen und die Gerichts- und Verwaltungsgre-
mien einer sich in Begriffen des Rechts und v. a. der Justiz
artikulierenden Monarchie beherrschten. 1254/58 verfaßte F. ein frz. Prozeßhandbuch zum Gebrauch der mit Laien
besetzten Gerichtshöfe, den sog. »Conseil à un ami«, der
sich stark beeinflußt zeigt von den Ordines judiciarii und
in breitem Umfang Digesten und Codex Iustinianus
(→Corpus iuris) benutzt, vielleicht schon mit Hilfe der
inzwischen aufgekommenen Übersetzungen. F.' Werk,
das in keiner Weise als ein Coutumier des Vermandois
angesehen werden kann, hat vielmehr grundlegende Bedeutung, nicht zuletzt, weil sich an ihm zum ersten Mal das
Verhältnis von Gewohnheitsrecht (→*coutume*) und Gemeinrecht studieren läßt. Die nähere Erforschung des
Werks und seiner Quellen wird allerdings durch das Fehlen einer modernen krit. Ed. entscheidend behindert.
Etwa 15 Handschriften, eine Übersetzung ins Mndl.
(14. Jh.) und Einflüsse auf den »Coutumier d'Artois«
(Ende des 13. Jh.) wie auf die »Coutumes de Beauvaisis«
(1283) des →Philippe de Remi Beaumanoir zeigen den
Erfolg des »Conseil«, der an Bedeutung mit dem ungleich
berühmteren Werk Beaumanoirs verglichen werden
muß. →Rezeption, →Legisten. 　　　　　　G. Giordanengo

Ed.: Le Conseil de P. de F., ed. A.-J. MARNIER, 1846 [unzureichend] – P.
PETOT, P. de F. et le droit romain (Mél. G. LE BRAS, 1965, 2), 955–964 –
Lit.: Q. GRIFFITHS, New Men among the Lay Conselors of Saint Louis'
Parlement, MSt 32, 1970, 234–272 – DERS., Les origines et la carrière
de P. de F., RHDFE, 1970, 544–567.

Fonte Avellana (S. Croce di), it. Eremitenkl., Abtei und
Kongregation (Marken), um 1000 wahrscheinl. als Niederlassung des von →Romuald v. Camaldoli begründeten
Eremitenordens am Abhang des Monte Catria (an der
Grenze der Diöz. Gubbio, zw. Cagli und Sassoferrato)
entstanden. In der Forschung war lange Zeit der darauf
bezügl. Passus der »Vita beati Romualdi« des Petrus Damiani »Aliquando autem vir sanctus non longe mansit a
Catria« (ed. G. TABACCO, c. 19; MPL 144, 972 A) kontrovers. Aus der primär zum Lobpreis des »Dei famulus
Romualdus« geschriebenen Vita lassen sich jedoch
schwerlich topograph. genaue Beschreibungen und eine
exakte Aufzählung der romualdin. Gründungen gewinnen. Jedenfalls orientierte sich F. A. am Modell des romualdin. Eremitentums, so daß Romuald nicht nur für die
früheste avellanit. Kommunität, sondern auch für die
monast. Tradition der folgenden Jahrhunderte von
grundlegender Bedeutung ist. Für die spirituelle und auch
materielle Entwicklung (cf. SINATTI D'AMICO) des Ere-

mus von F. A. war jedoch v. a. das Wirken von →Petrus Damiani entscheidend, der 1035 eintrat und gegen Ende 1043 zum Prior ernannt wurde. Zweifellos geht auf seinen Einfluß auch die Begründung der reichen Bibliothek des Eremus zurück; vgl. Daminanis Aufzählung einiger Hss. patrist. und frühma. Autoren in Op. XIV (MPL 145, 334 C–D; ed. Reindel, n.18, 177–178). Petrus Damiani ist auch die Redaktion der sog. Consuetudines von F. A. zu verdanken (Op. XIV, MPL 145, 327–336; Op. XV, MPL 145, 335–364).

F. A. übte großen Einfluß auf die Gebiete in seiner Umgebung aus: zahlreiche Mönche von F. A. wurden Bf.e v. Gubbio (z. B. Rodulfus, † 1062, Johannes v. Lodi, †1105). →Ubaldus († 1160), Bf. v. Gubbio, verbrachte einige Zeit in F. A. »causa quietis«. Unter den als Hl.en verehrten avellanit. Mönchen sind ferner →Dominicus Loricatus, Ranierius, Ebf. v. Split und Märtyrer († 1180), und Albertinus, Prior v. F. A. († 1294), zu nennen. Möglicherweise kannte Dante F. A. aus eigener Anschauung (Par. 21, 109–111). 1325 in eine Abtei umgewandelt, wurde F. A. 1392→Kommende, womit sein Niedergang eingeleitet wurde. 1569 hob Papst Pius V. die avellanit. Kongregation auf und unterstellte die Abtei und einige Tochtergründungen den Camaldulensern. Mit→Camaldoli war F. A. bereits vorher durch Gebetsverbrüderung etc. verbunden.

Die Kongregation von F. A. verbreitete sich v. a. in Umbrien, den Marken und der Romagna, eines ihrer wesentl. Kennzeichen war das weitgehende Fehlen jurisdiktioneller Bindungen. Unter den wichtigsten Tochtergründungen von F. A. sind zu erwähnen: der Eremus Gamugno (bei Faenza), das Kl. Acereta, das Kl. S. Bartolomeo in Camporeggiano (Gubbio) und das Kl. S. Maria fuori Porta in Faenza.   G. Fornasari

Q.: IP IV, 92–97 – Carte di F. A., hg. C. Pierucci – A. Polverari, I: 975–1139, praef. A. Pratesi (Thesaurus ecclesiarum Italiae IX, 1, 1972; II, 1140–1202, ebd. IX, 2, 1977) – Vita beati Romualdi, ed. G. Tabacco, 1957 [Nachdr., 1982 (Fonti 94)] – 1. Vita quinque fratrum eremitarum [seu] Vita vel Passio Benedicti et Iohannis sociorumque suorum auctore Brunone Querfurtensi. 2. Epistola Brunonis ad Henricum regem (MPH, ser. nova, t. IV, fasc. 3, ed. H. Karwasińska, 1973) – Lit.: DHGE XVII, 888–891 – DIP IV, 124–126 – Enc. Catt. V, 1497–1498 – G. Tabacco, La vita di S. Bononio di Rotberto monaco e l'abate Guido Grandi (1671–1742), 1954 – O. Capitani, San Pier Damiani e l'istituto eremitico (L'eremitismo in Occidente . . ., 1965), 122–163 – G. Tabacco, Romualdo di Ravenna e gli inizi dell'eremitismo camaldolese (ebd. 73–119) – Ders., Romualdo di Ravenna, 1968, 1–20 – G. Lucchesi, Per una vita di San Pier Damiani. Componenti cronologiche e topografiche, San Pier Damiano nel IX centenario della morte (1072–1972), I, 1972, 13–179; II, ebd., 13–160 – C. Pierucci, La più antica storia di F. A., Benedictina 20, 1973, 121–139 – F. Dolbeau, La vita di Sant'Ubaldo, vescovo di Gubbio, attribuita a Giordano di Città di Castello, Boll. Dep. di storia patria Umbria 74, 1977, 81–116 – M. Palma, Da Nonantola a F. A. A proposito di dodici ms. e di un »domnus Damianus«, Scrittura e civiltà 2, 1978, 221–230 – AA.VV., Aspetti e problemi del monachesimo nelle Marche, I–II, 1982 [G. Picasso, Monachesimo nella Marca nell'Alto Medio Evo, 27–38 – C. Pierucci, La riforma romualdino-camaldolese nelle Marche, 39–59] – Atti dei Convegni del »Centro di Studi Avellaniti«, I–IX, 1977–85, 1986, bes. II (Beitr. v. F. Sinatti d'Amico, G. Picasso; III (Beitr. v. F. Sinatti d'Amico; V (Beitr. v. C. Pierucci, E. Spagnesi, P. Palazzini) – Convegno internaz. ... Nel segno del santo protettore. Ubaldo vescovo, taumaturgo, santo, Gubbio, 15–19 Dez. 1986 [Atti im Dr.] – s. a. →Petrus Damiani, →Collectio Avellana, →Romuald, →Camaldoli.

Fontenay, ehem. Abtei OCist in Burgund (Diöz. Autun, dép. Côte d'Or), 'zweite Tochter von→Clairvaux', gegr. am 29. Okt. 1119 am Ort Chastelun, wo ein Eremit Martin auf ihm von der Abtei →Molesme übertragenen Grund lebte. Der hl. →Bernhard v. Clairvaux erhielt von

seinem Verwandten Rainald (Rainard) v. Montbard die benachbarten Ländereien und betraute seinen Onkel Gottfried v. La Roche(-Vanneau), den nachmaligen Bf. v. Langres, mit der Abtswürde, die er später seinem Neffen Wilhelm v. Épiry (um 1132–54) übertrug. Die Abtei wurde 1130 an ihren heut. Standort verlegt. Der Bf. v. Norwich, Everardus, der sich 1139 nach F. zurückgezogen hatte, finanzierte den bedeutenden roman. Kirchenbau, der am 21. Sept. 1147 durch Eugen III. geweiht wurde. F. wurde zur Grablege mehrerer burg. Adelsfamilien; im 14. Jh. fanden die Gemahlin, der Sohn und die Enkelin Hzg. Odos IV. hier ihre Grabstätte. Die Abtei gründete zw. 1131 und 1140 drei Tochterklöster (Les Écharlis, Septfons, Chézery); später wurde ihr das Frauenkl. Marcilly unterstellt.

F. besaß zahlreiche Ländereien und Weinberge in den Tälern der Brenne und des Armançon bis in das Auxerrois und das Bergland des Morvan. Es unterhielt Höfe in Dijon, Tonnerre, Auxerre, Autun, Montbard und Beaune (dieser wurde, nachdem er an Hzg. Hugo IV. verkauft worden war, im 14. Jh. zur Kartause). Der Hof in Montbard diente den Mönchen 1419 während des →Hundertjährigen Krieges als Zufluchtsort, da ihre Abtei – trotz 1358 errichteter Befestigung – keinen Schutz bot. F. war eine Wirtschaftsmacht im Hzm. Burgund: Seine →Grangien trugen zur Erschließung der burg. Hochplateaus bei, wobei die Grangie Novillemons 1271 einem Dorf, Villeneuve-aux-Convers, Platz machte; andere wurden nach den Kriegszerstörungen des SpätMA in Pachthöfe umgewandelt. Die Abtei erzeugte große Mengen feiner Wollstoffe; bezeichnenderweise befand sich die Wollwaage von Dijon im dortigen Hof v. F. Neue Forschungen haben auch die bedeutende Eisenproduktion der Abtei beleuchtet. Das Eisen wurde an Ort und Stelle bearbeitet und gelangte so in den Handel.   J. Richard

Q.: Arch. dép. Côte d'Or, Rép. numérique 15 H [masch.] – Lit.: DHGE XVII, 902–905 – J. B. Corbolin, Monographie de l'abbaye de F., 1882 – L. Bégule, L'abbaye de F. et l'architecture cistercienne, 1912 – L'abbaye de F., 1984⁶ – L'art cistercien (La nuit des temps 16, 1962) [M.-A. Dimier].

Fontenelle, St-Wandrille de, große Abtei OSB in der Normandie (Diöz. Rouen, dép. Seine-Maritime), nw. von Rouen, in einem Seitental rechts der Seine gelegen; 649/650 (?) in einem Waldgebiet des Fiscus →Jumièges, den der neustr. Hausmeier →Erchinoald aufgelassen hatte, vom austras. Adligen →Wandregisil(us) v. Verdun († 668) auf Initiative des Bf.s →Audoenus v. Rouen fundiert (eingehender Bericht in der Vita des Gründers, den »Gesta abbatum« [833–840] sowie in einer zweiten Vita [um 850]). Wandregisils Neffe Godo besorgte aus Rom Reliquien und Bücher für die Konventskirche St. Peter, die Coemeterialbasilika St. Paul und die Laurentius-Kirche. Oratorien der hll. Martin und Amantius v. Rodez bezeugen das Zusammenwirken der in F. dominierenden monast. Bewegung v. →Luxeuil mit altgall. Kräften. Anders als →Rebais erhielt F. vom Bf. v. Rouen nur das Privileg der 'kleinen Freiheit': Die bfl. Jurisdiktion wurde aufgehoben, Weiherechte und Abtseinsetzung blieben dem Bf. vorbehalten. Die ersten Nachfolger des Gründers stammten aus dem Konvent und avancierten als Angehörige des Pariser Hofadels auf Bischofsstühle, Lantbert nach Lyon, →Ansbert nach Rouen. Der Mönch Erembert wurde Bf. v. Toulouse; ein anderer Mönch, Ermenland, gründete das Kl. Indre auf einer Loireinsel. Begünstigt durch Schenkungen der Merowinger entstanden Nebenkl. und Zellen: Montreuil-sur-Mer, die Nonnenkl. →Fécamp und 'Logium', Douzère (Rhone), Belcinac (durch den brit. Einsiedler Condedus). Indre und Douzère erhielten ihre Äbte aus F. Ebf. →Wulframnus v. Sens starb in F. als Mönch im Ruf der Heiligkeit (Translation 704).

Nach der Vertreibung Ansberts war F. dem Einfluß und der Personalpolitik der pippinid. Hausmeier (→Arnulfinger) geöffnet, deren von außen eingesetzte Äbte, insbes. →Hugo, Neffe Karls Martell und Bf. v. Rouen, Bayeux und Paris, die anstößige Ämterhäufung durch tatkräftigen Erwerb von Grundbesitz aufwogen. Bainus, zuvor Bf. v. →Thérouanne, wurde 704 das von Pippin II. gestiftete Fleury-en-Vexin übertragen. Die 731 eingeräumte Immunität schützte F. nicht vor Säkularisation des Klostergutes durch Karl Martell und 'tyrannische' Äbte (Teutsind v. St-Martin/Tours; Weltkleriker Wido; Bf. Raganfrid v. Rouen). Erst Pippin III. griff auf Äbte aus dem eigenen Konvent zurück, auf den hochverdienten Wando (2. Abbatiat) und dessen Propst Austrulf, dem 751 der Schutz des Kl. bestätigt wurde. Der Merowinger Theuderich lebte seit 754 zwangstonsuriert in F. Der Nachlässigkeit des aus Tours berufenen Witlaic wird der allmähl. Übergang zum kanon. Ordo und Illiteratheit fast aller Mönche zugeschrieben (trotz der berühmten Bücherschenkungen Wandos und Witlaics). 787 führte Karl d. Gr. eine schriftl. Inventur der durch Entfremdungen geschmälerten Besitzes durch. Statt des Hofkapellans Witbold übernahm Bf. Gervold die Leitung: Eine Klosterschule wurde eingerichtet, die Viten der hll. Lantbert, Ansbert, Condedus, Erembert und Wulfram um 800 verfaßt; in St-Saturnin wirkte der Kalligraph und Komputist Harduin. Unter dem Übergangsabt →Einhard (816–823) wurde die monast. Lebensführung erneuert; Abt Benedikt v. St-Maur-des-Fosses setzte die strikte Befolgung der Regula Benedicti durch. Weitere Reformmönche brachte 823 Abt →Ansegis aus Luxeuil mit. Aus der Tätigkeit dieses bedeutenden Repräsentanten der karol. Hofkreises in F. sind Schatz- und Bücherschenkungen sowie Baumaßnahmen hervorzuheben. Nach 833 ließ Abt Fulco die »Gesta abbatum Fontanellensium« aufzeichnen, die wichtigste Quelle zur Klostergeschichte.

852 setzten die Normannen dem klösterl. Leben in F. ein Ende; der Konvent flüchtete sich mit den Reliquien des Patrons nach Blangy, Chartres, Boulogne. Um 900 war die Mönchsgemeinschaft aufgelöst. 944 ließ →Arnulf I., Gf. v. Flandern, die Reliquien der hll. Wandregisil, Ansbert und Wulfram in die Abtei St. Peter (Blandinum) bei →Gent transferieren. Genter Mönche aus der Reformgruppe →Gerhards v. Brogne bildeten in F. einen Konvent (961 Abt Mainard I.), der wiederum Kl. →Mont-St-Michel reformierte. Wie andere alte Abteien genoß auch F. die Unterstützung der norm. Hzg.e →Richard I. und II. Das um die Jahrtausendwende verfallene F. wurde um 1008 nochmals erneuert, nicht von →Wilhelm v. Volpiano, sondern von Abt Gerhard v. Crépy (in der Prägung →Fleurys). Zwar wurde der Gesamtbesitz 1025 gesichert, aber ohne Bestätigung der karol. Immunitätsprivilegien. F. war durch Abt Gradulf an den Neugründungen La-Trinité-du-Mont (Rouen) und St-Pierre-sur-Dive beteiligt (1030/46). Im Konflikt mit Hzg. →Wilhelm (dem Eroberer), der F. seinem Hauskloster Fécamp unterstellen wollte, erhielt F. von dort 1062 Abt Gerbert, 1089 Lanfranc aus Le Bec, den Neffen des berühmten →Lanfranc. 1142 und 1146 erwirkte der später als Hl. verehrte Abt Walter päpstl. Güterbestätigungen. 1153 restituierte der Ebf. v. Rouen das Priorat St-Saens.

In den Auseinandersetzungen des späten 12. Jh. zw. dem engl. und frz. Kgtm. stand F. je nach Parteinahme seiner Äbte auf wechselnder Seite. Versuche der Äbte bis 1240, die Gewohnheiten in F. zu reformieren, scheiterten am Widerstand der Mönche; dagegen gelang 1240 die Exemtion von F. gegenüber der Diöz. Rouen. 1248 brannte die Abteikirche nieder und wurde durch einen got. Neubau ersetzt (Bauten teilweise als Ruine erhalten). Der Reichtum der Abtei, beruhend auf Geld- und Getreiderenten, dauerte bis zum Beginn des →Hundertjährigen Krieges (Crécy 1346); in dessen Schlußphase flüchtete sich der Konvent nach Rouen (1418–44). Erst unter dem Abbatiat des Jean de Brametot (†1483) ließen sich klösterl. Disziplin und Wirtschaftskraft wiederherstellen. 1483 wurde F. durch Ludwig XI. einem →Kommendatarabt untergeordnet. 1631 Beitritt zur Mauriner-Kongregation, 1791 aufgehoben, 1893 von Ligué aus neuerlich durch Benediktiner besiedelt.   E. Freise

Q.: Viten, hagiograph. Q.: MGH SRM 5, 1–24, ed. B. KRUSCH; 606–710, ed. W. LEVISON – MartHier (AASS Nov. II, 1), 1–156 – AASS Jul. 5, 281–290 – Inventio et Miracula s. Vulfranni, ed. J. LAPORTE (Mél. Soc. hist. Normandie 14, 1938), 7–87 – N. HUYGHEBAERT, Une translation de reliques à Gand en 944, 1978 – Kapitularienslg. des Ansegis: MGH Cap. I, 394–450, ed. A. BORETIUS – Gesta, Chronistik: Gesta sanctorum patrum (abbatum) F., ed. F. LOHIER – J. LAPORTE, 1936 – Ann. F. priores (= Chronicon Fontanellense), ed. J. LAPORTE (Mél. Soc. hist. Normandie 15, 1951, 63–91) – vgl. a. Repfont IV, 727; III, 335 f.; I, 280 – Urkk.: F. LOT, Études critiques sur l'abbaye de St-W., 1913, 21–191 – Cart.: vgl. H. STEIN, Bibliogr. générale des cart. françaises ..., 1907, 3604–3608 – Lit.: DHGE XVII, 915–953 [J. LAPORTE; Lit.] – W. LEVISON, Zu den Gesta abbatum F., RevBén 46, 1934, 241–264 – PH. GRIERSON, Abbot Fulco and the Date of the Gesta ..., EHR 55, 1940, 275–284 – WATTENBACH-LEVISON-LÖWE I, 138 f.; III, 343 ff.; V, 585 f.; Beih. Die Rechtsquellen, ed. R. BUCHNER, 1953, 48 f. – G. NORTIER-MARCHAND, Les bibl. médiévales des abbayes bénédictines de Normandie, RevMab 48, 1958, 165–175 – F. PRINZ, Frühes Mönchtum im Frankenreich, 1965, 127 ff., 191 ff., 312 ff. – H. VAN WERVEKE, St-W. et St-Pierre de Gand (IXᵉ et Xᵉ s.) (Misc. Mediaevalia J. F. NIERMEYER, 1967), 79–92 – N. BULST, Unters. zu den Klosterreformen Wilhelms v. Dijon (962–1031), 1973, 167 f., 178 ff. – J. SEMMLER, Episcopi potestas und karol. Klosterpolitik (Mönchtum, Episkopat und Adel zur Gründungszeit des Kl. Reichenau, 1974), 305–395, bes. 305 ff. – E. EWIG (Spätantikes und frk. Gallien, 1976/79), I, 227 ff., 300 f.; 2, 168 f., 202, 301 f., 326, 473 – F. J. FELTEN, Äbte und Laienäbte im Frankenreich, 1980, 15 ff., 112 ff., 121 ff. – J. FONTAINE, La culture carolingienne dans les abbayes normandes: L'exemple de St-W. (Aspects du monachisme en Normandie, 1982, 31–54) – s. a. Ed., Q. und Lit. zu einzelnen Äbten mit eigenem Stichwort (→Wandregisil, →Ansegis usw.).

Fontenoy (Fontanetum), Dorf in Burgund (dép. Yonne), im Puisaye südl. Auxerre, am 25. Juni 841 Schauplatz der Entscheidungsschlacht zw. den drei Brüdern Ks. →Lothar sowie Kg. →Ludwig d. Dt. und Kg. →Karl d. K. um den Besitz →ihrer Reichsteile nach dem Tod ihres Vaters, Ks. →Ludwigs d. Fr. Die Schlacht ist gut bezeugt durch die Teilnehmer →Nithart (Hist. II 10; auf seiten Karls d. K.) und Angilbert (Planctus, auf seiten Lothars) sowie durch →Rudolf v. Fulda (Ann. Fuld. a. 841; zugunsten Ludwigs). – Lothar war auf dem Weg von Aachen nach Aquitanien, um sich mit den Truppen →Pippins II. zu vereinigen; Ludwig zog von Alemannien in Richtung Francia, Karl kam ihm von Attigny entgegen. Wohl unter Ausnutzung taktischer Vorteile führten die Kg.e einen verlustreichen Überraschungsangriff am frühen Morgen mit sicher einigen tausend Reitern. Das Blutbad bedurfte der Rechtfertigung – von seiten der Sieger Karl und Ludwig als Gottesurteil zur Selbstbehauptung gegen die »monarchia« Lothars, von seiten der Besiegten als unter Bruch von Verträgen erzwungenes Gemetzel. Eine unmittelbare Wirkung der Schlacht mit ihrer Dezimierung des frk. Adels fehlt. Die Gefolgschaft blieb jeweils erhalten, obwohl die Kriegsziele fragwürdig wurden: War statt des Kampfes gegen Verwandte, Landsleute und Mitchristen nicht Schutz des Landes gegen die Wikinger notwendig? Für ein Jahrhundert wurde das »Kaisertum« bedeutungslos. Späteren Historikern (Widukind, Res Sax. I 28; Frutolf; Otto v. Freising, Chron. V, 35) galt im Bruderzwist die Schlacht als blutiger Höhepunkt, der unmittelbar zur Reichsteilung v. →Verdun 843 führte. →Franken, -reich.

L. Weinrich

Lit.: JDG L. d. Dt. I, 153–162 [E. Dümmler] – Repfont II, 240f. – Verf.-Lex.² I, 356–358 – F. Pietzcker, Die Schlacht bei F., ZRGGermAbt 81, 1961, 318–340 – C. Pellet, Anno DCCCXLI Fontanetum, Bull. Assoc. Ét. Vieux Toucy, 1971, 14–50.

Fontevrault (Fontevrau[l]d), Abtei in Westfrankreich, Anjou (cant./arr. Saumur, dép. Maine-et-Loire), Haupt einer monast. Kongregation (ordo). Die Gesch. F.s im MA ist reich an Widersprüchen, bedingt durch die Einzigartigkeit seines Stifters, des charismat. Wanderpredigers →Robert v. Arbrissel, dem nachgesagt wurde, er habe die Begegnung mit der fleischl. Versuchung gesucht, um sie desto besser überwinden zu können.

F. ging hervor aus der heterogenen männl. und weibl. Anhängerschaft, die sich um Robert scharte, und der durch ein Konzil in Poitiers (Nov. 1100) ein fester Aufenthaltsort auferlegt wurde. Schon vor Roberts Tod († 25. Febr. 1116) hatte sich F. von dem ursprgl. Ideal einer egalitären, außerhalb hergebrachter Normen lebenden Gemeinschaft wegentwickelt und feste Organisationsformen ausgebildet. Für das traditionell, jedoch nicht ganz zu Recht als →Doppelkloster angesehene F. ist bereits 1103/04 eine Priorin belegt; mit der Einsetzung einer Äbtissin, Petronilla v. Chemillé, am 28. Okt. 1115 manifestiert sich die – ursprgl. nicht beabsichtigte – völlige Unterordnung aller weibl. wie männl. Religiosen, Priester wie Laien, unter die Schwestern, wobei sich die Nonnen adliger Herkunft den größten Einfluß zu sichern wußten. Durch ständigen Zulauf vergrößert, bildete F. rasch erste Filiationen aus (ca. 15 Priorate, vornehmlich im regionalen Umkreis: Poitou, Touraine, Berry); der Besitz nahm durch eine Reihe von Schenkungen beträchtlich zu.

Tatsächlich hat der starke Druck, der auf Robert v. Arbrissel lastete – etwa von seiten des Abtes Gottfried v. Vendôme als eines charakterist. Vertreters benediktin. Mönchtums –, dazu geführt, daß der Stifter der Gemeinschaft von seiner Gründung und ihrem Erfolg gleichsam überrollt wurde. Die stürm. Dynamik, mit der sich F. entwickelte, hielt an während des gesamten 12. Jh., der ersten großen Epoche des Ordens vor dem 17. Jh. Nach →Suger v. St-Denis umfaßte der Orden v. F. um 1150 insgesamt 4000–5000 weibl. Religiosen; am Ende des 12. Jh. zählte er mehr als 100 Priorate, die sich von der Picardie (Sommetal) bis ins Pyrenäenvorland, vom Poitou bis zum Roannais erstreckten und selbst Spanien sowie England erfaßten (vgl. den heut. Ortsnamen Nuneaton in Warwickshire). Starke Förderung erfuhr F. v. a. durch das Haus →Plantagenêt (s. a. →Angers, Anjou), insbes. durch Gf. Fulco V. (1110–28), den späteren Kg. v. Jerusalem, dessen Tochter Mathilde 1149–55 der Abtei als 2. Äbt. vorstand. Kg. Heinrich II. v. England ließ sich 1189 in F. bestatten wie auch sein Sohn Richard Löwenherz (1199) und seine Gemahlin Eleonore (1204); die Abtei wurde damit zu einer der bedeutendsten dynast. →Grablegen des ma. Europa.

F. hütete sich wohlweislich, die Erinnerung an seinen nonkonformist. Gründer zu pflegen. Die Bestattung Roberts im Chor, dem abgeschlossensten Klausurbezirk – abweichend von seinem Wunsch, auf dem Friedhof beigesetzt zu werden – verhinderte die Ausbildung eines öffentl. Kults, wodurch Roberts Andenken für Jahrhunderte nahezu in Vergessenheit geriet. Genossen die Schwestern wegen ihrer Frömmigkeit hohe Verehrung (unter ihnen befand sich eine Visionärin, Angelucia, 1155–88), so schwächte sich die strenge Askese doch bald ab. Bereits Petronilla v. Chemillé war nicht zuletzt durch ihr Besitzstreben in einen Streit mit dem Bf. v. →Angers, Ulger, geraten (1140–48). Die seit 1115 durchgesetzte Vorherrschaft der Schwestern über die Brüder – sie hießen bezeichnenderweise stets fratres, nie monachi oder gar canonici – provozierte letztere zu wiederholter Aufsässigkeit, die in period. Abständen ein Einschreiten der Päpste hervorrief. Die Aussätzigen und Reuerinnen, zwei Personengruppen, denen sich Robert bes. zugewandt hatte, lebten in bes. Abschließung und hatten anscheinend im Kapitel keine Stimme. Trotz seiner Originalität war F. in den Augen seiner aristokrat. weibl. Mitglieder im wesentl. ein Frauenorden – eine Sehweise, die von den Päpsten geteilt wurde, wie die zahlreichen Privilegien zeigen, die stets ausschließlich an die Äbtissinnen und weibl. Religiosen adressiert sind.

Durch das Vordringen der →Kapetinger drohte das von den gegner. Plantagenêt geförderte F., mit seinen Besitzungen in Aquitanien und England, in Schwierigkeiten zu geraten, doch verstand es der Orden stets, mit beiden Seiten ausgezeichnete Beziehungen zu unterhalten. So wurden in F. die Herzen der Plantagenêt-Kg.e Johann Ohneland und Heinrich III. bestattet; Alix v. Bretagne, die 1228–1244 als 11. Äbt. fungierte, war am engl. Hofe erzogen worden, und die 16. Äbt., Eleonore v. Bretagne (1304–42), stammte gar von jenseits des Kanals. Andererseits empfing F. aber auch Gunstbeweise des Kapetingers Philipp II. August (1189: Erlaß des Saladinszehnten), der mit Äbtissinnen des frühen 13. Jh. verwandt war (Neffe von Marie v. Champagne, 1207–08; Vetter von Alix v. Bourbon, 1208–10, und Alix v. Blois, 1210–18).

Hatte F. 1246–47 noch 500 Schwestern gezählt, so war ihre Anzahl 1297 auf 360 gesunken, in welchem Jahr Papst Bonifatius VIII. sie angesichts der geschwächten Besitzgrundlage auf 300 beschränkte. Große Abteigüter mußten damals veräußert werden. Auch brachen im späten 13. Jh., während der Amtszeiten von Johanna v. Dreux (1265–76) und Isabella v. Avoir (1276–84), erneute Widersetzlichkeiten der männl. Abteiinsassen aus. Zu den inneren Schwierigkeiten traten im 14. Jh. und 15. Jh. Probleme aufgrund der allgemein krisenhaften polit. und konjunkturellen Entwicklung hinzu. Zwar blieb die Abtei unzerstört, doch litten das Umland und zahlreiche Priorate unter dem →Hundertjährigen Krieg. Nach dem Vorbild der Brüder bestritten nun auch Schwestern die Autorität der Äbt.; es kam zu strittigen Wahlen: Nach dem Tod der Isabella v. Valois (1342–49), der Nichte Kg. Philipps IV., obsiegte die Nachfolgerin Tiphaine v. Chambon (1349–53) nur über ihre Mitbewerberinnen, indem sie die Kerze, deren Brenndauer die Länge des Disputs bestimmen sollte, auslöschte. Marie v. Harcourt (1431–51) sah sich gar mit einer Gegenäbtissin, Margarete v. Montmorency (1431–34), konfrontiert, die aber von der Kurie nicht anerkannt wurde.

Angesichts dieser Krise ist es erstaunlich, daß der Orden v. F. der erste war, der sich selbst zu reformieren wußte. Die Initiative lag bei den Äbtissinnen Maria v. Bretagne (1457–77) und →Anna v. Orléans (1477–91), der Tochter des fsl. Dichters →Charles d'Orléans und Schwester des späteren Kg.s →Ludwig XII. Das Reformwerk mußte gegen starken Widerstand durchgesetzt werden und erreichte zunächst nur einige Priorate, wurde 1479 von Sixtus IV. jedoch für den ganzen Orden als verbindlich erklärt. Trotz neuer Krisen während der Religionskriege des 16. Jh. wurde die Reform fortgeführt, wobei die 1491–1670 regierenden großen Äbtissinnen aus dem Hause Bourbon (erstmals: Renée, 1491–1534) eine neue Blüte der Kongregation einleiteten. – 1790 aufgehoben, bildet F. mit seiner fünf Kuppeln umfassenden Kirche, in ihr die erhaltenen Liegefiguren der Plantagenêt-Grabmäler, und seinen Klostergebäuden (12.–18. Jh.) eines der kostbarsten monast. Ensembles Frankreichs.   J.-M. Bienvenu

Lit.: DHGE II, 158–165 [C. PORT] – DIP IV, 127ff. [G. OURY] – J.-M. BIENVENU, Aux origines d'un ordre religieux: Robert d'Arbrissel et la fondation de F. (1101) (Actes du Ve Congr. de la Soc. des historiens médiévistes de l'enseignement supérieur public..., 1975), 119–143 – J. DE VIGUERIE, La Réforme de F. de la fin du XVe s. à la fin des guerres de religion, RHEF, 1979 – J.-M. BIENVENU, Les premiers temps de F. (1101–89) [Thèse de Doctorat d'État masch., Paris, Sorbonne, 1980] – CCMéd 29, 1986 [Beitr. v.: J.-M. BIENVENU, 15–28; M. CHIBNALL, 41–48; R. GAUSSIN, 83–94] – s. a. Lit. zu →Robert v. Arbrissel.

Fontfroide, ehem. Kl. bei Narbonne (Dép. Aude), gegr. um 1093 im Wald des Vizegf.en Aymeric v. Narbonne; ursprgl. OSB, schloß sich F. über Grandselve 1144 dem OCist an und blühte in der Folge rasch auf. Vom Papst mit der Bekämpfung der →Katharer betraut (der 1209 ermordete Legat Pierre de →Castelnau war Mönch von F.), profitierte das Kl. von der großen Umverteilung der Güter nach 1229. Große Landkäufe – 1211 wurde auch das Benediktinerkl. Montlaurès erworben – zeugen von der Wirtschaftskraft wie die vorzüglich erhaltenen Gebäude (Kirche, Kapitelsaal Ende 12. Jh., Kreuzgang u. a. Ende 13./Anfang 14. Jh.). 1149/53 gründete F. auf Bitte des Gf.en →Raimund-Berengar IV. v. Barcelona auf neu erobertem Gebiet bei Tortosa das Kl. →Poblet, das als Grablege der Kg.e v. Aragón zu einer der bedeutendsten Abteien Spaniens wurde, doch kam es trotz großen Reichtums nicht zu einer nennenswerten Filiationsbildung. Zu Beginn des 14. Jh., als die bekanntesten Äbte Arnaud Novelli (1297–1311, † als Vizekanzler der Kurie und Kard. 1317, □ in F.) und sein Neffe Jacques Fournier (1311–17, 1334–42 Papst →Benedikt XII.) dem Kl. vorstanden, bewirtschaftete es mindestens 24 →Grangien und umfangreichen städt. Besitz, doch deutet sich bereits die Krise an (Höhepunkt: 2. Hälfte 15. Jh., Kommende: 1476).   F. J. Felten

Q.: Insbes. Urk.Inventare der 1594 geteilten mensae abbatialis und conventualis, Bibl. Munic. Narbonne ms. 259, AD Aude H 211 – *Lit.:* DHGE XVII, 972–977 [M. A. DIMIER] – E. CAUVET, Étude hist. sur F., 1875 – F. GRÈZES-RUEFF, L'abbaye de F. et son domaine foncier, AM 89, 1977, 253–280 – Cah. de Fanjeaux 21, 1986 [Les Cisterciens de Languedoc, XIIIe–XIVe s.].

Fontgombault (Fontgombaud; lat. Fons Gumbaldi), frz. Abtei OSB, zur Diöz. Bourges gehörig (dép. Indre, arr. Le Blanc, cant. Tournon), der Jungfrau Maria und dem hl. Julian geweiht. 1091 gründete der Wanderprediger Pierre de L'Étoile (Petrus de Stella), ein Gefährte des →Bernhard v. Tiron, nahe der Einsiedelei des Eremiten Gumbaldus im Zuge der monast.-eremit. Reformbewegung des 11. Jh. (→Benediktiner, B.II, III) ein dem hl. Julian (dem Apostel der Landschaft Maine) geweihtes Oratorium. Der Zustrom von Mönchen machte noch unter Abt Pierre den Bau eines Kl. erforderlich (Chorweihe der Abteikirche 1141). Durch bedeutende Schenkungen waren F. in der Folgezeit ca. 30 Priorate in Berry, Poitou, Touraine, Orléanais und Maine unterstellt. Papst Eugen III. bestätigte 1145 die Besitzungen des Kl. Nicht zuletzt dank der Protektion der Hzg.e v. Aquitanien, der Gf.en v. Poitiers und ab 1271 der Kg.e v. Frankreich ging F. aus allen besitzrechtl. Auseinandersetzungen mit den Feudalherren der umliegenden Landschaften und auch kirchl. Institutio-

nen (z. B. Maillezais) unbeschadet hervor. Von den Engländern im →Hundertjährigen Krieg 1356 zerstört, wurde die Abtei im 14. und 15. Jh. befestigt. Nach einer letzten Blüte am Ende des 17. Jh. wurde F. 1741 an die Lazariner übergeben. – Die Abteikirche (12./13. Jh.) weist Einflüsse von →Fleury auf.   H. Ehrhardt

Lit.: DHGE XVII, 977 [Lit.] – H. COTTINEAU, Répertoire Topo-Bibliogr. des Abbayes et Prieurés I, 1939, 1189f. – PH. SCHMITZ, Gesch. des Benediktinerordens II, 1948, 224–236.

Foppa, Vincenzo, lombard. Maler, * 1427/30 Brescia, † 1515/16 Brescia. Die künstler. Anfänge F.s sind noch vom internationalen weichen Stil geprägt (»Madonna und musizierende Engel«, Settignano), doch bereits sein erstes signiertes und datiertes Werk, »Die drei Kreuze« (1456, Bergamo), zeigt die Einwirkung der Paduaner Frührenaissance, die ihm die toskan. Neuerungen vermittelt. Seit 1456/58 in Pavia ansässig, schuf er Fresken an den von Filarete für Francesco →Sforza errichteten Gebäuden; erhalten ist die Ausmalung der einheitl. konzipierten Grabkapelle des Pigello Portinari († 1468) an Sant'Eustorgio in Mailand. Als führender lombard. Meister gesucht, erstreckt sich seine Wirkung und Tätigkeit von Brescia und Bergamo (Polyptichon aus S. Maria delle Grazie, um 1476, jetzt Mailand) bis nach Ligurien (Polyptichon in Savona um 1490). Neben Madonnenbildern entstehen, von Mantegna, später auch von Bramante und Leonardo beeinflußt, Darstellungen der Sebastiansmarter (Mailand, Brera um 1486/89 bzw. Castello) und, bereits an der Schwelle zur Hochrenaissance, die Spätwerke (»Anbetung der Könige« London, »Verkündigung« Slg. Borromeo, Prozessionsfahne von Orzinuovi in Brescia, um 1514). Eine silbergraue Lichthaltigkeit und ein sparsam harmon. Kolorit zeichnen seinen monumentalen, verhalten lyr. Stil aus.   Ch. Klemm

Lit.: C. J. FFOULKES – R. MAIOCCHI, V. F. of Brescia, Founder of the Lombard School, his Life and Work, 1909 – F. WITTGENS, V. F., o. J. [ca. 1948] – A. GITLIN BERNSTEIN, Science and Eschatology in the Portinari Chapel, Arte Lombarda LX 1981, 33–40 – G. SCOTTI, Alcune ipotesi di lettura per gli affreschi della Cappella Portinari alla luce degli scritti di S. Antonio vescovo di Firenze, Arte Lombarda LXIV, 1983, 65–78.

Forage → Steuerwesen

Forans (*Foráneos; homines forenses, hòmens de fora*), kleinbäuerl. Landbevölkerung auf →Mallorca, bestand teils aus abgabepflichtigen Bauern auf zur Nutznießung überlassenem Grund, teils aus kleinen Grundbesitzern, erlebte im Gegensatz zu dem stadtsässig gewordenen begüterten Grundherren (*ciutadans*) seit dem 14. Jh. einen beständigen sozialen und wirtschaftl. Abstieg, bedingt durch Steuerdruck (Zahlung von *foros*), Verschlechterung der klimat. Verhältnisse (Dürre) und Kargheit vieler Böden. Nach sozialen Protesten und Unruhen seit dem beginnenden 14. Jh. (Syndikatsbildung, Forderungen nach Aufhebung der administrativ-fiskal. Hoheit der Stadt, gerechterer Steuerverteilung und größerer Teilhabe am *Gran Consell General*) brach Mitte des 15. Jh. – vielleicht in Absprache mit den aufständ. *Payeses de* →*Remensa* des katal. Festlands – eine umfassende Erhebung aus, der nur wenige bessergestellte Bauern, die *recatxats,* fernblieben. 1450–52 beherrschten die F. unter ihren Anführern (Simó Ballester, Jaume Nicolau, Esteve Font, Bartomeu Morer) die Insel und versuchten dreimal vergeblich, Palma einzunehmen, bevor sie von einem it. Söldnerheer (*saccomanni*) unter Führung des Francesc d'→Erill, Vizekg.s v. Sardinien, bei Inca (31. Aug. 1452) vernichtend geschlagen wurden. Das nachfolgende Strafgericht, das bis 1457 den Stadt-Land-Konflikt erstickte, umfaßte neben Hinrichtungen die Auferlegung hoher Finanzlasten (Abtrag der Schulden, Bezahlung der Hälfte der Söldnerkosten, Entschädigungen für *ciutadans* und *recatxats,* Strafe von 150 000 Pfd. u. a.), was zu Entvölkerung und wirtschaftl. Ruin der einst blühenden Insel beitrug.   L. Vones

Lit.: J. M. Quadrado, Forenses y ciudadanos, 1895 – A. Santamaría, Alfonso el Magnánimo y el levantamiento foráneo de Mallorca (Estudios sobre Alfonso el Magnánimo, 1960), 63–138 – Hist. de Mallorca, hg. J. Mascaró Pasarius, Bd. III, 1970 – Hist. de España y América, social y económica, hg. J. Vicens Vives, Bd. II, 1972², 233ff. [S. Sobrequés] – A. Santamaría, La deuda pública en la parte foránea de Mallorca, al finalizar el siglo XV, Anuario de Estudios Medievales 8, 1972–73, 257–304 – J. M. Salrach – E. Duran, Hist. dels països catalans. Dels orígens a 1714, Bd. II, 1982² – P. Cateura Bennàsser, Política y finanzas del reino de Mallorca bajo Pedro IV de Aragón, 1982 – Ders., Sociedad, jerarquía y poder en la Mallorca medieval, 1984 – L. Vones, Zur Diskussion um die wirtschaftl. und gesellschaftl. Auswirkungen der sog. 'Krise des SpätMA' in den Ländern der Krone Aragón (Europa 1400. Die Krise des SpätMA, hg. F. Seibt – W. Eberhard, 1984), 267–283.

Forbin, Palamède de, Herr v. Soliers, 1481–83 Gouverneur des →Dauphiné und der →Provence, † Febr. 1508 in Aix-en-Provence; ∞ 28. Jan. 1454 Jeanne de Castillon, sechs Kinder, darunter eine später mit dem Großseneschall der Provence, Raymond de Glandève, verheiratete Tochter. – F., der einer namhaften Kaufmannsfamilie aus Marseille entstammte, war Präsident der *Chambre des Comptes* zu Aix und einflußreicher Berater des Kg.s →René, später dann Karls III., des letzten Gf.en v. Provence; diesem erteilte er 1481, seine Gft. dem Kg. v. Frankreich, →Ludwig XI., zu vererben. Von Ludwig XI. am 29. Dez. 1481 zum Gouverneur v. Dauphiné und Provence ernannt, wurde er 1482 mit einer Gesandtschaft zu Ks. →Maximilian I. betraut, fiel 1483, nach Ludwigs Tod, jedoch in Ungnade.   V. Chomel

Lit.: P. Anselme, Hist. généal. ... III, 1726–34, 33 – DBF XIV, 424f. – R. Busquet, Hist. des institutions de Provence de 1482 à 1790, 1920, 12f., 347 – Dupont-Ferrier, Gallia regia II, n. 7844; V, n° 18165 – G. Arnaud d'Agnel, Politique des rois de France en Provence I, 1914, 255f. – E. Baratier, Hist. de Provence, 1969, 219–221 – Ch. Maurel, Structures familiales et solidarités lignagères à Marseille au XVᵉ siècle: autour de l'ascension sociale des Forbin, Annales 41, 1986, 657–681.

Forcalquier, Gft., Grafenfamilie in Südfrankreich. Im Gebiet zw. dem →Comtat Venaissin, das den Gf.en v. →Toulouse, zugleich Mgf.en v. Provence, unterstand, und der Gft. →Provence, die, begrenzt durch Alpen, Durance und Rhône, zu den Besitzungen des Hauses →Barcelona gehörte, stieg im Laufe des 12. Jh. eine aus dem Pyrenäenraum stammende Grafenfamilie auf, die von den Alpengipfeln der Region um Embrun bis in das voralpine Hügelland des Lubéron ein Territorium aufbaute, dessen Zusammensetzung auf den ersten Blick zufällig und disparat wirkt. In ihrer größten Ausdehnung umfaßte die Gft. F. ganz oder teilweise die Diöz. →Embrun, →Gap, →Sisteron und →Apt und erreichte im Norden den Grenzsaum des →Briançonnais, wobei sie Champsaur und Gapençais einschloß, während sie im Süden bis zum rechten Ufer der Durance reichte; das Durancetal, einer der Hauptverkehrswege der südl. Alpen, bildete die wichtigste Verbindungslinie der gfl. Besitzungen.

Die Vorstellung von einer Gft. F. tritt nicht vor den ersten Jahren des 12. Jh. auf. In einer Urkunde vom Jan. 1111 tritt erstmals der Titel einer 'Gfn. v. F.' auf; er wird geführt von Alix, Tochter des Wilhelm Bertrand, Gf.en v. Provence, und Witwe des Ermengol, Gf.en v. →Urgel, den Alix 1076/80 geheiratet hatte. Alix gab nach Okt. 1129 ihren Titel 'Gfn. v. Avignon' durchgängig zugunsten einer Benennung nach F. auf. Nach ihrem Tod († 1144/51)

führten ihre beiden Enkel Guigo und Bertrand den Grafentitel v. F. Ein ksl. Mandat vom 21. Dez. 1174 zugunsten Wilhelms II., Gf.en v. F., bestätigt das selbständige Hervortreten der Gft. Dennoch mußte Gf. Wilhelm II. – nach langem Widerstand – im Sept. 1178 dem Gf.en v. Provence und Kg. v. Aragón, →Alfons II., den Vasalleneid leisten. Wilhelms II. Tod am 7. Okt. 1209 markiert auch das eigtl. Ende der Gft. Aus Wilhelms II. Ehe mit Margarete v. Bourbon ging nur eine Tochter hervor, Garsende, die Raynier de Sabran, ein Mitglied dieser bedeutenden Adelsfamilie aus der Diöz. Uzès, heiratete, ihrerseits aber wieder nur Töchter hatte: Garsende II. (∞ Alfons II., Gf. v. Provence) und Béatrix de Claustral (∞ André, Dauphin des Viennois). Das Ende der Gft. F. sollte die Beziehungen zw. dem →Dauphiné und der Gft. Provence tiefgreifend beeinflussen.

Über die innere Entwicklung der Gft. ist wegen Quellenarmut wenig bekannt. Der Ort F., der wohl wegen seiner starken Burg zum Vorort der Gft. wurde, war ein wichtiges geistl. Zentrum (Kapitel St-Mary und drei weitere Pfarrkirchen). 1149 übertrug Gf. Guigo seine Sommerresidenz, Manosque, an die Johanniter. Schließlich verlieh 1177 Gf. Wilhelm II. den Bürgern v. →Embrun, das er in *pariage* gemeinsam mit dem Ebf. innehatte, in Abstimmung mit diesem das erste städt. Privileg.   V. Chomel

Lit.: J. Columbi, De rebus gestis episcoporum Sistaricensium libri IV (Manuacensis opuscula varia), Lyon 1668 – DBF XIV, 424f. [R. de Amat] – G. de Manteyer, La Provence du Iᵉʳ au XIIᵉ s. Études d'hist. et de géographie politique, 2 Bde, 1908 – G. de Tournadre, Hist. du comté de F. (XIIᵉ s.), o. J. [1930] – N. Didier, Les églises de Sisteron et de F. du XIᵉ s. à la Révolution. Le problème de la »concathédralité«, 1954.

Forcellius → Dallán Forgaill

Forchheim, Stadt in Franken, am rechten Regnitzufer in Höhe der Wiesenteinmündung (Bayern, Reg.-Bez. Oberfranken).

I. Pfalz und Königsgutsbezirk – II. Stadt – III. Reichsversammlungen.

I. Pfalz und Königsgutsbezirk: Der Name F. (aus ahd. *forha* 'Föhre' und dem Suffix -heim) weist auf frk. Gründung hin. Erstmals 805 im →Diedenhofener Kapitular Karls d. Gr. erwähnt, dürfte die Errichtung eines Königshofes bereits um die Mitte des 8. Jh. erfolgt sein. Ein im 6. Jh. am linken Regnitzufer an der Stelle der heut. Burker Kirche errichteter frk. Stützpunkt wurde dagegen später aufgegeben. Spätestens in der 1. Hälfte des 9. Jh. erfolgte auf dem etwas erhöhten Gelände des Königshofes die Errichtung eines palatium (→Palast/Pfalz), welches an der Stelle des späteren bfl. Schlosses zu lokalisieren ist. Die hochma. Marienkapelle dürfte Nachfolgerin der Pfalzkapelle sein. Die verkehrsgünstige Lage an der die Regnitz/Rezat-Furche nutzenden N-S-Straße im frk.-bayer. Grenzgebiet und die Nähe zum slav. Siedlungsraum (sog. →Regnitzslaven) begünstigte eine frühe Entwicklung zum Handels- und Stapelplatz wie zum militär. Etappenort. Unter den ostfrk. Herrschern wurde F. zur häufig aufgesuchten Reisepfalz auf dem Wege von Bayern nach Franken.

F. bildete den Mittelpunkt eines umfangreichen Wirtschaftskomplexes, dessen Fronhöfe sich vom Regnitztal bis in den Jura erstreckten. Zur Deckung des gesteigerten Bedarfs der Pfalz scheinen F. die Krongutsbezirke Erlangen und Eggolsheim unterstellt worden zu sein. →Heinrich II. übertrug 1007 das predium F. nebst 14 zum Königsgutskomplex gehörenden Orten dem von ihm gegründeten Bm. →Bamberg (DDH.II. 169f.; Bayer. Gesch. Atlas, Kt. 16c). Im Zuge der von →Heinrich III.

betriebenen Reorganisation des Reichsgutes an der mittleren Pegnitz (→Nürnberg) wurde F. der Bamberger Kirche wieder entrissen und der Verwaltung des Reichsministerialen →Otnand anvertraut. 1062 erfolgte die Restitution (DH. IV.88). F. verblieb bis zur Säkularisierung 1802/03 beim Hochstift Bamberg. Die Gft. im umliegenden Radenzgau gelangte erst nach dem Aussterben der →Andechs-Meranier (1248) in den vollen Besitz der Bamberger Kirche.   T. Struve

II. STADT: Die neben Bamberg zweitwichtigste Stadt des Hochstifts verdankt ihre Entwicklung der beim Königshof entstandenen Siedlung und einer frühen Marktgründung. Das Patrozinium der Pfarrkirche (St. Martin, 1354–1803 auch Kollegiatstift) weist in frühe Zeit zurück. Im 13. Jh. wird der Prozeß der Stadtwerdung abgeschlossen (civitas-Beleg zu 1310, um 1280 sigillum comunitatis civium in Vorche). Der um 1300 vorhandene Steinbering umschloß eine Fläche von ca. 18 ha, hinzu kamen noch im MA drei Vorstädte. Nach 1552 entstand bei gleichzeitiger Erweiterung ein bastionärer Festungsring. Unter Bf. Lamprecht v. Brünn (1374–99) entstand das bfl. Schloß. Damals dürfte die Einwohnerzahl ca. 1500 betragen haben.   F. B. Fahlbusch

III. REICHSVERSAMMLUNGEN: 872 und 874 beriet →Ludwig d. Dt. hier mit seinen Söhnen über die Nachfolge im Reich und in Italien. Im Frieden von F. (874) mit →Svatopluk v. Mähren konnte wenigstens nominell die Oberhoheit des Reiches gewahrt werden. Gingen die Aufenthalte unter →Ludwig d. J. zurück, so fanden unter →Arnulf »v. Kärnten« drei Reichsversammlungen (889, 890, 896) statt, ebenso nach dessen Tod die Wahl und Krönung seines Sohnes, →Ludwigs des Kindes (4. Febr. 900), der ebenfalls wiederholt nach F. kam. 903 wurde hier der Streit zw. den aufstrebenden →Konradinern und den →Babenbergern geschlichtet. Als mit Ludwigs Tod die ostfrk. Karolinger im Mannesstamm erloschen waren, erhoben die Vertreter der vier ostfrk. Stämme Anfang Nov. 911 in F. den Frankenherzog →Konrad zum neuen König. Wohl dessen eingedenk wurde F. z. Z. des →Investiturstreites noch einmal Schauplatz einer Wahl: Am 15. März 1077 wurde hier der Schwabenhzg. →Rudolf v. Rheinfelden von nur wenigen Anhängern der antisal. Partei mit Billigung der päpstl. Legaten zum Gegenkönig erhoben. Durch den von Rudolf geleisteten Verzicht auf das Erbrecht wurde dem Prinzip der freien Wahl der Weg bereitet (→Königswahl).   T. Struve

Lit.: zu [I und II]: Hist. Stätten Dtl. 7, 1965², 201–203 [I. BOG]–DtStb 5,1, 1971, 205–207 [M. SCHLEIFER] – E. FRHR. v. GUTTENBERG, Die Territorienbildung am Obermain (Ber. des Hist. Vereins Bamberg 79, 1926), bes. 3ff., 86f., 114ff. – F. SCHNELBÖGL, Zur Siedlungsgesch. des Raumes Erlangen-F.-Gräfenberg, JbffL 14, 1954, 141–151 – I. BOG, F. (HAB 1,5, 1955), bes. 10–14 – H. WEIGEL, Der karol. Pfalzort F. (725–918), JbffL 19, 1959, 135–170– K. HAUCK, Pontius Pilatus aus F., ebd., 171–192, bes. 184ff.–K. KUPFER, F., Gesch. einer alten frk. Stadt, 1960, bes. 34ff.– T. BREUER, Stadt- und Ldkr. F. [Kurzinventar], 1961 [Bayer. Kunstdenkmale 12] – E. FRHR. v. GUTTENBERG, Die Reg. der Bf.e und des Domkapitels v. Bamberg, 1963, Nr. 38f., 321, 334, 336– A. GAUERT, Zur Struktur und Topographie der Königspfalzen (Dt. Königspfalzen 2, Veröff. des Max-Planck-Inst. für Gesch. 11/2, 1965), bes. 27–29 – E. FRHR. v. GUTTENBERG – A. WENDEHORST, Das Bm. Bamberg (GS II/1b, 1966), 103–105 [Lit.] – G. STREICH, Burg und Kirche während des dt. MA (VuF Sonderbd. 29/1, 1984), 285–zu[III]: E. DÜMMLER, Gesch. des ostfrk. Reiches, 1–3, 1887–88² [Nachdr. 1960] – BÖHMER-MÜHLBACHER, RI ²1, 1908 [ber. Neudr. 1960] – G. MEYER v. KNONAU, JDGH. IV. und H. V. 3, 1900 [Nachdr. 1965], 1–8 mit Exkurs I, 627–638 – W. SCHLESINGER, Die Wahl Rudolfs v. Schwaben zum Gegenkönig 1077 in F. (VuF 17, 1973), 61–85.

Fordun, John, schott. Chronist, † ca. 1387; stammte wohl aus Fordun in Kincardineshire und war Altarist an der Kathedrale v. Aberdeen. Über Lebensumstände und Persönlichkeit F.s ist sonst wenig bekannt; anscheinend unternahm er weite Reisen, um für sein Geschichtswerk in Klosterbibliotheken Chroniken zu studieren. F. nahm als erster eine vollständige Darstellung der Geschichte →Schottlands in Angriff. Er schrieb fünf Bücher einer »Chronica Gentis Scotorum«, die bis 1153 reicht. Offensichtlich beabsichtigte er eine Fortführung des Werks bis in die eigene Zeit, doch brachte er für 1153–1385 lediglich die skizzenhaften und weniger informationsreichen »Gesta Annalia« zustande. Für die Zeit von 1200 bis zur eigenen Gegenwart verwendete F. vielfach heute verlorenes, zumeist wohl wertvolles Quellenmaterial. Die Darstellung der frühen Epochen der pikt. und schott. Geschichte ist dagegen stärker mit Erdichtungen und Vermutungen durchsetzt, während F. hier wichtige erzählende Quellen (so die ir. Annalen) nicht zur Kenntnis nimmt. Trotz dieser Schwächen war F.s Werk substantiell genug, um die Grundlage für das vollständigere und sorgfältiger ausgearbeitete »Scotichronicon« des Walter Bower, Abt v. Inchcolm im Firth of Forth, zu bilden. →Chronik, H.   G. W. S. Barrow

Ed.: Johannis de Fordun, Chronica Gentis Scotorum, ed. W. F. SKENE (The Historians of Scotland, 1871) – Lit.: M. O. ANDERSON, Kings and Kingship in Early Scotland, 1980².

Forest Charter → Forst, Abschn. II

Forestier, Guillaume, OSB, norm. Chronist, Mönch der Abtei Mont-Ste-Catherine bei Rouen, lebte im frühen 14. Jh. (belegt ca. 1304–11). Er war aus dem Kl. St-Wandrille (→Fontenelle) auf den Mont-Ste-Catherine gekommen und verfaßte dort eine sehr kurze lat. Verschronik, in der er die vierzehn Äbte seines Kl. behandelt. Er berichtet insbes. über die Leistungen der Äbte für die materielle Lage des Mont-Ste-Catherine, wobei er die wirtschaftlich erfolgreichen Äbte aufs höchste preist, allzustrenge Äbte dagegen geißelt. Auch ist er der Verfasser eines frz. Gedichts, das die Teuerung während der Hungersnot von 1304 zum Thema hat.   P. Bourgain

Ed.: MABILLON, Annales ord. s. Ben., V, 630–633 – A. CHÉRUEL, Normanniae nova chronica, 1850, 39–42 – Rec. des hist. de la France 23, 1876, 410–415 [unvollst.] – Lit.: MOLINIER II, n° 1160 – HLF 27, 1875, 136–140 [B. HAURÉAU] – Repfont V, 305.

Forez, frz. Gft. im Massif central, westl. von Lyon, entspricht teilweise dem heut. dép. Loire. Das F., benannt nach der röm. Villa Forum Segusianorum (Feurs), entstand durch die Aufgliederung der alten Großgrafschaft v. →Lyon. Auf dem Hintergrund der herrschaftl. Zersplitterung des 10. Jh. gelang es einer mächtigen Familie des pagus forensis, den Artaud (Artalden), den Grafentitel zu usurpieren (um 970). Die Artaud konkurrierten territorialpolitisch mit dem Ebf. v. Lyon, wobei sich im Zeitalter des →Investiturstreites der Ebf. an den Ks. anlehnte, während der Gf. seine Position durch Errichtung von Burgen (Montbrison) und die Bindung an den Kg. v. Frankreich (Lehnseid 1167) konsolidierte. Ein 1173 geschlossener Vertrag teilte endgültig die Gft. Lyon; die Grafengewalt wurde dabei territorial auf die Loireebene um Montbrison fixiert. Ein neuer Konkurrent erwuchs den Gf.en in F. in den Herren v. Beaujeu (Konflikte: 1189–1222; →Beaujolais). Die Gft. F. wurde 1230 endgültig konstituiert. Die Machtstellung der Gf.en beruhte wesentlich auf Einkünften, höher als diejenigen ihrer Vasallen, auf einem Netz von gfl. →Kastellaneien und auf der Kontrolle über die Burgen der kleineren Adligen.

Die Gf.en (zu nennen insbes.: Gui II., 1202–41; Jean I., 1278–1333) beteiligten sich aktiv an den Kreuzzügen und spielten am Hof der Kapetinger eine wachsende Rolle. In ihrer Gft. errichteten sie ein immer stärker ausgebautes Fiskal- und Ämterwesen, zumeist in Nachahmung des kapet. Vorbildes (z. B. *Chambre des Comptes*, 1317). Bei den Burgen entwickelten sich kleine Städte, die mit Privilegien (→Chartes de franchises) ausgestattet wurden.

Im →Hundertjährigen Krieg war das F. zweimal den Beutezügen von Söldnern ausgesetzt (1357–91, 1435–45). Im 14. Jh. wurde die Gft. der Ländermasse des Hauses →Bourbon einverleibt; diese Entwicklung wird markiert durch Heiratsverbindungen (Gui VII. ∞ Jeanne v. Bourbon, 1318; Anne Dauphine ∞ Louis II. v. Bourbon, 1368) und Erbverträge (1368–1402), wobei sich auch das Kgtm. einschaltete.

Die Hzg.e v. Bourbon nutzten die vorhandene administrative Struktur, um das F. dem Zugriff der kgl. Gewalt soweit als möglich zu entziehen und zugleich die Zentralisierung voranzutreiben; seit 1373 unterstand das F. direkt dem →Parlement, ohne die Zwischeninstanz eines kgl. →Bailli; die Chambre des Comptes des F. war dem bourbon. Rechnungshof zu →Moulins unterstellt.

Im Laufe des 15. Jh. eingetretene Wandlungen in der Ausrichtung des Handelsverkehrs führten zum Aufstieg der Städte Roanne und St-Étienne auf Kosten des alten Zentrums Montbrison. G. Fournier

Lit.: J. M. de la Mure, Hist. universelle, civile et ecclésiastique du pays de F., 1674 – Ders., Hist. des ducs de Bourbon et des comtes de F., hg. 1860–68 – E. Fournial, Recherches sur les comtes de Lyon aux IXe et Xe s. Le M–A, 1952, 221–252 – Ders., La souveraineté en Lyonnais au Xe s., ebd., 1956, 413–452 – F. Lot–R. Fawtier, Hist. des institutions françaises au m-â, I, 1957, 289–317 [E. Perroy] – E. Perroy, Les châteaux du Roannais du IIe au XIIIe s., CCMéd, 1966, 13–27 – E. Fournial, Les villes et l'économie d'échanges en F. aux XIIIe et XIVe s., 1967 – Hist. de Lyon et du Lyonnais, hg. A. Latreille, 1975 [R. Fedou].

Forlì, it. Stadt und Bm. (Emilia Romagna). Vor 190 v. Chr. gegr., um 80 v. Chr. Municipium, war Forum Livii eines der bedeutendsten Handelszentren an der Via Aemilia und Mittelpunkt des Ager Liviensis und der umliegenden Apenninentäler. Durch frühzeitige Ausdehnung ihres Einflußbereichs gegen N bis zu den ravennat. Sümpfen hin gewann die Stadt in der Ebene Ersatz für die im Hügelgebiet infolge polit.-administrativer Neuordnungen verlorenen Gebiete. Einen Reflex dieser Entwicklung stellt wohl die eigentüml. Territorialstruktur der Diöz. F. im MA dar, die zum Unterschied von den Nachbardiöz. →Faenza und Forlimpopoli kaum gegen den Apenninenrücken zu ausgriff, sondern sich in Richtung Ravenna ausdehnte. Bereits in augusteischer Zeit zeigte sich der Einfluß Ravennas und des Hafens Classe durch Ansiedlung von Seeleuten und Soldaten häufig östl. Herkunft im Gebiet von F. Höchstwahrscheinl. bildeten diese Bevölkerungsgruppen das soziale Fundament für das ma. F. und sein Territorium. Das wohl im 4./5. Jh. entstandene Bm. F. wurde bald Suffragan von →Ravenna. Die lokale Tradition, daß Mercurialis der erste Bf. gewesen sei, wird durch die Quellen nicht erhärtet; erster sicher belegter Bf. ist Crescens (649). Mercurialis (ebenso wie Gratus, Marcellus und Valerianus) war nur ein bes. bedeutender Hl. der lokalen hagiograph. Tradition. Ihm wurde spätestens im 9. Jh. die Abtei OSB S. Mercuriale geweiht, die sich neben und zum Teil im Widerstreit mit der Ecclesia Maior S. Croce (seit dem 10. Jh.) zu einem bedeutenden religiösen Zentrum entwickelte. F. und sein Territorium, von den Karolingern im 8. Jh. formell dem Hl. Stuhl restituiert, geriet de facto in zunehmendem Maße unter die polit. Oberherrschaft des ravennat. Ebm.s, dem 999 Otto III. die Herrschaftsrechte über den Comitatus von F. übertrug (bestätigt von allen dt. Ks.n bis

zum Ende der Stauferdynastie). Damit fand F.s kurze autonome Periode unter einheimischen Gf.en (v. a. Bf. Uberto I. [ca. 955–ca. 998]) ein Ende. Selbst als Kommune konnte die Stadt nie wieder eine derartige Autonomie erlangen; das erste Zeugnis der Konsulnherrschaft (1138) fällt mit einer Art »Satellitenvertrag« mit Ravenna zusammen, in dem F. dessen prokaiserl. Haltung und gegen Faenza und Bologna gerichtete Politik voll übernahm. Das Erstarken eines städt. Selbstbewußtseins in der Folgezeit, für das u. a. die Neublüte des Kults der hl. Stadtpatrone Mercurialis und Valerianus Ende des 12. Jh. kennzeichnend ist, sowie der Aufschwung des städt. Lebens im allg. (beispielhaft die Einführung der vallombrosian. Reform in S. Mercuriale mit Umbau der Abtei und Errichtung des Glockenturms) führten in der späteren kommunalen und signorilen Periode zu einer verstärkten polit. und wirtschaftl. Präsenz der Forlivesen in der Romagna: Nunmehr aus der Abhängigkeit von Ravenna gelöst, nahm F. unter Guido, Gf. v. →Montefeltro, »Capitano di guerra e del popolo« (1274–1283), eine entschieden antipäpstl. Haltung ein, die sich unter der Signorie der →Ordelaffi (seit 1314) noch verstärkte (Francesco O. setzte dem Kardinallegaten →Albornoz erbitterten Widerstand entgegen). In der Folgezeit wurden die Ordelaffi jedoch päpstl. Vikare und verloren allmähl. ihre bedeutende Stellung. Unter der Signorie der Riario-Sforza (Caterina →Sforza [1481–1500]) und unter Cesare Borgia (1501–03) gewann das Papsttum in zunehmendem Maße die Oberherrschaft über F. und sein Territorium zurück; Julius II. gliederte F. 1504 definitiv dem Kirchenstaat ein. A. Vasina

Lit.: DHGE, s. v. F. [A. Vasina] – A. Vasina, F. nel Medioevo, Studi Romagnoli XXIII, 1972, 13–33 – Ders., F. nel Medioevo: società e cultura (F. società e cultura, 1975), 51–82.

Form/Materie

I. Antike Voraussetzungen; Patristik und Scholastik; Arabische Philosophie – II. Jüdische Philosophie.

I. Antike Voraussetzungen; Patristik und Scholastik; Arabische Philosophie: F./M. (εἶδος, μορφή, forma – ὕλη, materia), terminolog. erst seit Aristoteles festgelegte Begriffe, als Problemfeld implizit auch früher Gegenstand philos. Nachdenkens. Bei *Platon* konkretisiert sich – wesentl. in der Auseinandersetzung mit der Lehre des Parmenides – diese Fragestellung in dem Verhältnis von wahrhaft Seiendem – dem Reich der unveränderl. Ideen – zu dem Gebiet des Werdens und Vergehens, wo Sein immer nur partiell, in der Form der Teilhabe konstituiert ist (vgl. H. Meinhardt, Teilhabe bei Platon, 1968).

Zwar stellt sich für Platon nicht die Frage nach dem 'Woraus' alles veränderliche und endliche Dasein bestimmt wird – hat es doch seine Begründung in den Ideen (der F.) –, wohl aber nach dem 'Worin' sich dieses Werden manifestiert (Tim. 50d). So ordnet er im Timaios den beiden Gattungen des Seienden und des Werdens eine 'dritte Gattung' des 'Raumes' zu (Tim. 52a), die allem Ort gewährt, was Entstehung hat (Tim. 52b), selbst aber unsichtbar, gestaltlos (Tim. 51a) und stets gleich ist (Tim. 50b). Sie ist der 'Prägestoff' (Tim. 50c), die Aufnehmende, gleichsam 'Amme allen Werdens' (Tim. 49a). Aus Platons vorsichtigen, vielfach bildhaften Äußerungen zu dem, was bei ihm das Problem der M. beschreibt – so spricht er in diesem Zusammenhang von einem Sehen, wie wir es in unserem Traumleben haben (Tim. 52b) – wird deutlich, daß sein Denken mehr in der geistigen Herkunft des Seins lebt als sich mit der konkreten Stofflichkeit des jeweiligen Einzelseins auseinanderzusetzen; so ist auch diese dritte Gattung des Raumes zwar allem Werden zugrunde liegend, damit sich dieses verwirklichen kann (Tim. 52b), selbst aber nur einem 'unechten Denken' zugänglich und kaum faßbar (a.a.O.).

Aristoteles steht zwar in seiner Letztbegründung Platon sehr nahe, aber ihn beschäftigen zunächst die konkreten Vorgänge des Werdens, der Veränderung, der Bewegung; erst aus einer Analyse der hieraus gewonnenen Prinzipien kommt er zu allgemeinen, unveränderl. Begriffen des Wesens, der F. Dabei ergibt sich für ihn der Ansatz für einen neuen Realitätsbegriff, der in seiner weiter ausgebildeten und modifizierten Konsequenz bis in unsere Zeit hinein wirksam ist: real ist zunächst das konkret erscheinende Einzelding. Dieser Ausgangspunkt führt notwendig zu einer eingehenden Auseinandersetzung mit dem Problem der M. (ὕλη), das eine zentrale Bedeutung in der aristotel. Physik und Metaphysik gewinnt, ihm steht als notwendiges Korrelat der Begriff der F. gegenüber. – In der Physik (I, 2 und 3ff.) löst Aristoteles die Aporie, die sich aus der Bestreitung der Realität des Werdens durch die eleat. Philosophie ergibt (da es entweder aus einem Seienden oder aus einem Nichtseienden erfolgen müsse; was aber sei, das werde nicht, wo dagegen nichts sei, könne auch nichts entstehen), durch eine Distinktion: Jedes Werden vollzieht sich in der Gegensätzlichkeit von Seiendem und Nichtseiendem unter der Voraussetzung eines Mittleren, Beharrenden, an dem beides in gleicher Weise vereinigt ist. Dieses Zugrundeliegende (ὑποκείμενον) nennt Aristoteles ὕλη, Phys. I, 7. 190a/b. Die Materie als etwas, woraus etwas wird, ist noch nicht dieses konkrete Sein – daher ein Nichtseiendes, aber zugleich Voraussetzung des Werdens, das konkrete Sein erst ermöglichend –, also ist sie der Möglichkeit nach Seiendes. Mithin unterscheidet er drei dem Werden zugrunde liegende Prinzipien: *Materie, Beraubung* (στέρησις, Privation) [der Zustand von etwas, was noch nicht oder nur unvollkommen geformt ist (Aristoteles differenziert hier: Beraubung liegt nicht nur da vor, wo es jeder F. mangelt, sondern auch dort, wo die F. nicht vollkommen verwirklicht ist, d. h. in der konkreten Realität, da ist sie selbst eine 'Art' F. [Phys. II, 1. 193b]; sie ist aber nicht bloße Möglichkeit, sondern auch Wirklichkeit [Met. XII. 5. 1071a]). Aristoteles wirft den Platonikern vor, diese Unterscheidung nicht gesehen und M. und Beraubung als eines behandelt zu haben (Phys. I. 9, 192a)] und *Form* als das, worauf jede Veränderung zielt; F. und M. verhalten sich also wie Wirklichkeit zu Möglichkeit (ἐνέργεια, δύναμις – etwa Met. IX. 6, 1048b). Jedes der Veränderung unterliegende Seiende ist ein aus F. und M. Zusammengesetztes. Da F. und M. keine selbständige Existenz im Sinne eines Einzeldinges haben, ergibt sich die Problematik hinsichtl. ihrer Bestimmung als οὐσία (von Aristoteles im Sinne von substantia und essentia gebraucht). Letztlich besteht ein Primat der F. gegenüber dem Zusammengesetzten – wenngleich sie auch nicht außer diesem existiert –, da sie sein Wesen konstituiert (Met. VII. 7, 1032b). Da im Bereich des Seienden der sublunaren Welt alles aus F. und M. zusammengesetzt ist, erklärt sich Werden und Veränderung durch die jeweilige andere F., die mit dem stoffl. Substrat ein bestimmtes Einzelding konstituiert. F. und M. sind unentstanden und unvergänglich (Met. XII. 3, 1069b). Den vier Arten der Bewegung entsprechen ebensoviele der M., wobei die erste Art (des substantialen Werdens und Vergehens) im besonderen und eigtl. Sinn M. ist, sie schließt das Vorhandensein der akzidentellen M. mit ein, nicht aber umgekehrt: die Himmelskörper, ungeworden und unvergänglich, unterliegen nur der Ortsbewegung (Met. VIII. 4, 1044b). 'Erst-M.' (πρώτη ὕλη materia prima) ist das ursprgl. Substrat dessen, was nicht weiter zu bestimmen

ist (Met. IX. 7, 1049a) – im Gegensatz zur 'Letzt-M.' (ἐσχάτη ὕλη), der unmittelbaren Vorstufe des bestimmten Einzeldings (diese Bestimmungen sind umkehrbar, je nachdem vom Einzelding oder der M. ausgegangen wird). Wie sich die sinnlich sichtbare Welt im ewigen Kreislauf aus der M. bildet, so ist das Göttliche reine F. (Met. XII. 6, 1071b, 1072a) ohne jede M.

Im *Neuplatonismus* wird die Frage nach F. und M. im Rahmen der Lehre eines stufenweisen Hervorgehens (→Emanation) aus dem Einen erneut bedeutsam. Bei *Plotin* erscheinen ἕν und ὕλη jeweils als Grenzwerte (nicht im Sinne eines metaphys. Dualismus, den er gegenüber gnost.-manichäischen Auffassungen entschieden ablehnt), die aber, obgleich ihre Gegensätzlichkeit in der Einheit einer metaphys. Kontinuität aufgehoben ist, ebenso den Gedanken einer Seinsteilhabe ausschließen (etwa En. III 6, 11; 14). Die M. als das Nichtseiende (μὴ ὄν), als Privation (En. II 4, 14–15), das absolut Form- und Grenzlose (En. III 6, 7), Letzte (ἔσχατον), Dunkle (En. II, 4, 5), ist dem Denken nur auf dem Wege der Negation zugänglich, sie ist 'ein flüchtiges Spiel' (En. III 6, 7), entzieht sich jeder Bestimmung. In dieser »Nichthaftigkeit« ist sie aber Bedingung der Möglichkeit – nicht selbst δύναμις, da sie nichts hervorbringt (En. III 6, 7) – des abbildhaft Seienden und dergestalt auch vom Göttlichen erleuchtet (En. II 9, 3). Plotin relativiert diese Aussage jedoch wieder, indem er betont, daß die M. in ihrer Eigentlichkeit dadurch nicht affiziert wird, sie verharrt in ihrer negativen Bestimmung, und so ist ihre Teilhabe am Sein eine »uneigentliche« Teilhabe, keine wesenhafte (En. III 6, 14). Jeder F. bar, hat die M. auch nicht teil am Guten (denn eben dies bedingt ja das Wesen der F.). Sie ist das schlechthin Böse (κακόν), das seinen Grund hat in einem völligen 'Mangel' an 'Tugend, Schönheit, Kraft, Form, Wiebeschaffenheit' (En. II 4, 16; vgl. auch En. I 8, 5), ihr 'Sein ist das Nichtsein' (a.a.O.). – Analog seiner die Welt konstituierenden Hypostasen des intelligiblen Bereichs spricht Plotin auch von einer intelligiblen M. (etwa En. II 4, 4). Während die ird. M. der steten Veränderung unterliegt, 'da eine F. die andere hinausdrängt' und immer nur als einzelnes erscheint, ist die intelligible M. 'alles zugleich', 'stets dieselbe und hat stets gleiche Gestalt' (En. II 4, 3). Die Verschiedenheit dieser beiden M.n ist begründet durch ihre verschiedene Bezogenheit zum εἶδος: im intelligiblen Bereich wird die M. durch die vollkommenen F. wahrhaft durchgestaltet, im sensiblen dagegen ist die Gestalt schon selbst 'Abbild' und daher ist auch das Zugrundeliegende, die M., Abbild (En. II 4, 5). Plotins äußerst differenzierten, oft widersprüchl. erscheinenden Aussagen zu dem Problem von F. und M. lassen die vielfältigen mögl. Interpretationsansätze verstehen, die eine weitere begriffsgesch. Entwicklung prägten.

Für die *Patristik* und christl. Scholastik entfaltet sich die Bestimmung von F. und M. auf dem Hintergrund dieser von Platon, Aristoteles und dem Neuplatonismus geleisteten Vorgaben, wobei die jüd.-arab. Aristotelesrezeption in ihrem oftmals neuplaton. Gewand ein weiteres Moment von Metamorphose und Amalgamierung der Originaltexte hereinträgt. Entscheidender Ausgangspunkt und Wegweiser für das christl. MA ist dabei – trotz divergierender Interpretationen – die christl. Schöpfungstheologie.

In Auslegung des ersten Verses der Genesis spricht →*Augustinus* von der 'ungeformten M. – materia informis', welche bestimmt ist 'die F. von Himmel und Erde aufzunehmen' (De Gen. ad litt. Lib. imp. IV, 14). Auch er unterscheidet intelligible und körperl. formbare M. Zwar geht die M. der F. dem Ursprung, nicht aber der Zeit nach voraus (De Gen. ad litt. I, 15, 29), beide sind simultan geschaffen (a.a.O.). Dieses durch einen göttl. Willensakt »Geschaffensein« der M. ist bei aller Übernahme ihrer traditionellen Bestimmungen, deren sich Augustinus auch durchaus bewußt ist (vgl. Contra Faust. XX, 14), letztlich die Voraussetzung dafür, daß sie bei aller Defizienz 'gut' sein muß (Contra advers. leg. 1. VIII, 11). – Der Primat der F. ergibt sich für Augustinus aus 'der F. alles geformten – forma omnium formatorum' (Sermo 117. II, 3) im Wort Gottes, die, unvergänglich und unentstanden, Grund für alle entstehenden und vergehenden F.en ist (De div. quaest. 83, qu. 46, 2). In der körperl. F.werdung, die der M. bedarf, unterscheidet er zwei Bereiche: zum einen treten die F.en gleich endgültig in Erscheinung, wie etwa bei den Elementen, dem Firmament, der menschl. Seele, während sie sich im Bereich des Lebendigen als Keimkräfte (rationes seminales od. causales) erst im Laufe einer Entwicklung herauskristallisieren.

Die lat. Übersetzung und Kommentierung des platon. Timaios durch →C(h)alcidius (4. Jh.) war eine der wichtigsten Quellen schöpfungstheol. und naturphilos. Spekulationen bis weit in das 12. Jh., dort bes. der Schule von →Chartres. Nach C(h)alcidius ist die M.(silva) ewig und ursprungslos (Plat. lat. IV. ed. J. H. WASZINK, 307), von passiver Natur, und wird nur durch die verschiedenen F.en, die sie in sich aufnimmt, verändert und geprägt (a.a.O., 273). Die Ideen des schaffenden Gottes (opifex deus) sind die 'Vorbilder' – exempla – der in der M. erzeugten natürl. F. der Dinge (a.a.O., 306). C(h)alcidius unterscheidet also zw. einer ersten F. (species), welche Idee ist und einer zweiten, welche in der M. erzeugt, der Veränderung unterliegt.

→Boethius, von einer Übereinstimmung der platon. und aristotel. Philosophie überzeugt, weiß aus christl. Weltsicht alles Geschehen von den F.en im Geiste Gottes bestimmt. Für ihn gilt: 'alles Sein ist von der F. her' (De Trin. II, MPL 64, 1250) und Gott ist das 'Sein selbst' oder Gott ist die F. Die göttl. Substanz ist F. ohne M., ist darum Eines und ist was sie ist (a.a.O.). In Paraphrase zur Weltschöpfung im 'Timaios' beschreibt er das Urbild-Abbildverhältnis zw. Schöpfer und Geschöpflichem (De cons. Phil. III, 9); bedingt daher, sind die F.en in den Körpern nicht im eigtl. Sinne F.en, sondern 'Abbilder – imagines' (De Trin., a.a.O.).

→Johannes (Scottus) Eriugena behandelt das Problem von F. und M. auf der Grundlage christl.-neuplaton. Philosophierens. Dabei setzte er die Frage nach der M. nächst der nach Gott für die höchste an (De div. nat. I, 56). So ist die 'ungeformte, unendliche, sinnlich nicht wahrnehmbare M., ebenso wie Gott, auf keine Weise zu definieren, sondern nur mit dem Geistesauge der Vernunft zu erkennen' (a.a.O.). Gott ist nämlich, da unendlich und gestaltlos, von niemand geformt, selbst die F. von allem (forma omnium) – die M. in ähnl. Weise gestaltlos und unendlich, für sich selbst ohne F., nur formbar, muß aber von andersher geformt und gestaltet werden (a.a.O.). Diese zunächst paradoxe Beziehung wird von Eriugena aufgehoben und reflektiert: 'Nur aus dem Gegenteil verstehen wir diese Ähnlichkeit der Allursache aus welcher und in welcher, durch welche und für welche alles ist, und der formlosen Ursache selber, der M., die dazu geschaffen ist, daß das, was die Sinne von sich aus nicht erreichen können, in ihr gleichsam auf sinnliche Weise erscheint' (a.a.O.). Die M. ist ewig, aber nicht gleichewig dem göttl. Geist, in diesem, aus dem 'Nichts' geschaffen und zählt unter die anfängl. Ursachen (primordiales causae). Diese, schon in den

Schriften des Dionysios Areopagites (→Dionysius, hl.) deutlich hervortretende Aufwertung der M. wird dann im weiteren zu einem wesentl. Bestandteil der anagog. Weltsicht des MA. – Bei den F.en unterscheidet Eriugena zw. substantialen F.en und qualitativen F.en (a.a.O. I, 52). Jede Einzelart wird durch die Teilhabe an der wesenhaften F. gestaltet, sie aber 'ist eine in allem, und alles in einer, und wird weder in der Vielfalt vervielfältigt, noch im Zerfallenen vermindert' (a.a.O. III, 27). Die qualitative F. bewirkt, verbunden mit der M., den Körper. Sie ist immer 'verschieden und veränderlich und in zufällige Unterschiede zerstreut' (a.a.O.). Die Vielfalt der sichtbaren F. innerhalb ein und derselben substantialen F. 'tritt von außen hinzu' (a.a.O.).

In der →Schule v. Chartres verbanden sich einerseits religiöse, kosmolog., naturwiss. Spekulationen mit einer durch C(h)alcidius tradierten 'Timaiosexegese'. Eine andere Grundlage bildete aristotel. Gedankengut, welches durch die Vermittlung des Boethius, aber auch in der Adaptation durch den antiken Neuplatonismus präsent war. Bewußt wurde diese aristotel. Tradition die Rolle der Logik innerhalb des Kanons der artes liberales gepflegt. Die Übertragung bis dahin nicht bekannter Teile des Organons (1. Hälfte 12. Jh.) führte auch hier zu einer Erweiterung des Begriffshorizontes. – So verwundert es nicht, daß die begriffl. Fixierung von F. und M. bei den Vertretern der Schule v. Chartres nicht einheitlich ist. Während →Wilhelm v. Conches, in bewußter Abgrenzung zur herrschenden Auffassung der Zeit, die Urmaterie als bereits in F. der vier Elemente bestehende Stoffteilchen, also als etwas schon Geordnetes und Geformtes, beschreibt, durch deren Verbindung und Trennung er das Werden und Vergehen der sinnl. Dinge erklärt (Philosophia I, 21), ist sie bei →Bernhardus Silvestris in seiner poet. Abhandlung »De mundi universitate« die 'massa confusionis' (II. 1. v.49), eine rauhe, ungeformte, ständig mit sich selbst im Kampf liegende Stoffmasse, ein Chaos (II. 2, v.1). Sie ist als 'Brutstätte' oder 'Gebärmutter' (II. 1, v.5 und I. 2, v.48) die Grundlage zur Aufnahme der im göttl. Geist den Dingen F. gebenden Ideen. Gegenüber dieser zwar negativ, aber doch qualitativ gefaßten Bestimmung der M. bei Bernhard, findet sich bei →Gilbertus Porretanus die Auffassung einer absolut form- und qualitätslosen Urmaterie (Comment. in Boetium, MPL 64), die nur gedankl. durch Abstraktion der sie prägenden F. erfaßt werden kann. →Thierry von Chartres beschreibt einerseits in christl. platon. Tradition die materia prima als 'receptaculum omnium' (De sex dierum operibus, ed. JANSEN, 107*), als 'una informis materia' (a.a.O.), von Gott geschaffen und durch ihn erst die F. empfangend, beschreibt dann aber in seinem Kommentar zu Boethius 'De Trin.' das Verhältnis von F. und M. im aristotel. Sinn von →Akt und Potenz (Librum hunc, ed. JANSEN, 11*). M. als reine Potenz wird erst durch die Aktualität der F. bestimmt und verwirklicht. Ist auch die göttl. F. die F. aller Dinge (a.a.O., 16*), wird damit dennoch nicht der Unterschied zw. Schöpfer und Geschöpf negiert: das Göttliche 'materialisiert' sich nicht (a.a.O.), da Gott notwendig unveränderlich und ewig ist, ist er »actus sine possibilitate«, während die F. in der M. der »actus cum possibilitate« ist (a.a.O., 17*). Eben diese 'possibilia' sind verantwortl. für die Vielheit der F., wo sich das, was in der Einfachheit der göttl. F. eingefaltet (complicat) ist, in der Veränderbarkeit der M. entfaltet (explicat) (vgl. a.a.O.). Die mit der M. das reale Einzelding konstituierenden F.en sind daher 'imagines' oder 'repraesentationes' der wahren F. in Gott.

Die Rezeption der metaphys. und naturphilos. Schriften eines zumeist neuplaton. verstandenen Aristoteles durch arab. und jüd. Philosophen gab den Anlaß zu einer erweiterten Auseinandersetzung mit dem Denken christl. Tradition, in deren Rahmen auch die Diskussion um das Problem von F. und M. nicht ausgeschlossen sein konnte. – Bei →*Avicenna* (Ibn Sīnā) entsteht die Welt aus einer notwendigen, ewigen Emanation; der 'dator formarum' schafft die F. und prägt sie, ohne selbst M. zu sein, dieser ein. Als erste, den Körper als Körper begründende F. nimmt Avicenna eine 'forma corporeitatis' (Suff. I, cap. II. Opera, 1508, Nachdr. 1961, fol. 14r) an, die als allgemeine Körperform die M. bestimmt; erst dieser körperl. Substanz folgt die Aktualisierung in der Vielheit. M. (Hyle) und F. sind als notwendige Konstituenzien Prinzipien des Körpers. Die M. hat kein aktuelles Sein, kann nicht per se (ohne die F.) existieren (vgl. a.a.O.). Sie ist ewig, ungeschaffen und Grund für die Verschiedenheit von Individuen einer Art oder Wesensform.

Avicebron (Salomo ibn →Gabirol; s. Abschnitt II), dessen 'Fons vitae' Mitte des 12. Jh. von →Dominicus Gundissalinus ins Lat. übersetzt wurde, war im 13. Jh. der verbreitetsten Autoren. Durch seine neuplaton. gefärbte Emanationslehre entsprach er vertrauten Denkformen, stieß aber in seiner Auffassung von einer Universalmaterie schon bei Albertus Magnus und dann bes. bei Thomas v. Aquin auf entschiedenen Widerspruch. Seine Auffassung eines universellen Hylemorphismus sowie seine Lehre von der F. als Licht beeinflußten nachhaltig das Denken im 13. Jh.

Folgen Avicenna und Avicebron mehr einer neuplaton. Aristotelesrezeption, so tritt in →*Averroes* (Ibn Rušd) ein »Anwalt« des Aristoteles auf, durch den die Lehrinhalte der Pariser Univ. im 13. Jh. entscheidend mitgeprägt wurden. In krit. Auseinandersetzung mit der Lehre seiner Vorgänger und deren ihm fremden metaphys. Kontingenzdenken geht er, ähnlich wie Aristoteles, zunächst von dem Werden, der Veränderung aus, bei der er eine substantiale und eine akzidentelle unterscheidet (transmutatio substantialis et accidentalis – Sermo de subst. orb. I. Opera, Venedig 1562–74, Nachdr. 1962, 9, fol. 3v); beiden gemeinsam ist ein Subjekt als 'Träger', wobei dieses hinsichtl. der substantialen Veränderung (im Gegensatz zur akzidentellen) noch keine aktualisierte Wesensf. hat, vielmehr der Potenz nach alle Wesensf.en erst aufnehmen kann. Dieses Subjekt, dessen Wesen in eben solcher Potentialität liegt, ist die materia prima. Sie kann aber jeweils nur durch eine Wesensf. zum konkreten Seienden aktualisiert werden, da es unmöglich ist, daß ein Subjekt mehr als eine F. hat (a.a.O. I. fol. 3v). In diesem Zusammenhang kritisiert Averroes die Annahme Avicennas einer die M. zur Substanz formierenden allgemeinen forma corporalis, da ein Körper in Wirklichkeit immer artlich bestimmt sei (Epitom. in Met. II. Opera 8, fol. 374r). Er setzt dagegen seine Lehre von den 'unbestimmten Dimensionen – dimensiones non terminatae', die in der M. potentiell bleiben und erst ihre Begrenzung in einem konkret sinnlichen, durch dessen M. bestimmten Einzelding finden (vgl. a.a.O. fol. 373v). Zu kontroversen Diskussionen führte v. a. sein →Monopsychismus und, damit verbunden, die Ablehnung einer persönl. Unsterblichkeit.

→*Bonaventura* vertritt den Gedanken eines universellen Hylemorphismus unter der Voraussetzung einer freien und willentl. Schöpfung in der Zeit. In der Substanz jedes geschaffenen endlichen Seienden ist als Akt sowohl die Wirklichkeit der F. – dieser verdankt das Individuum, daß es ein 'etwas' ist – als auch die, diese aufnehmende und ihr Stabilität gebende Möglichkeit der M. vorhanden –, durch

sie ist das Einzelwesen als ein 'dieses' innerhalb von Raum und Zeit (vgl. II Sent. 3, p. 1, a. 1, q. 3) bestimmt. Die M. an sich ist einfach, nicht als aktuelle Einheit, sondern als eine potentielle im Hingeordnetsein auf die F. 'Die M. an sich betrachtet ist weder geistig noch körperlich und darum verhält sich das aus der Wesenheit der M. folgende Fassungsvermögen gegen die F. – mag es eine geistige oder körperliche sein – indifferent' (a.a.O. 3, p. 1, a. 1. q. 2. ad 3). Zwar ist die M. – wie bei Aristoteles – die Möglichkeit und unerläßl. Vorbedingung von Vielheit, nicht aber deren Ursache. Sie kann daher ebensowenig allein Individuationsprinzip sein wie die F. – denn etwas unterscheidet sich nicht innerhalb der gleichen Art durch eine individuelle F., wäre dies der Fall, müßte es als Individuum definierbar sein, was aber unmöglich ist (vgl. 3, p. 1, a. 2, q. 3 concl.). Vielmehr beruht die Substanz eines jeden individuellen Seienden auf einem unteilbaren sich »gegenseitig zu eigen machen« der beiden Prinzipien F. und M. (vgl. 3, p. 1, a. 2, q. 2 concl.) So ist auch 'keine F. . . . individuell, es sei denn wegen ihrer Verbindung mit der M.' (3, p. 1, a. 2, q. 3 ad obi. 1–3). Diese Voraussetzung bedingt, daß auch der Geistwesen aus F. und M. bestehen (3, p. 1, a. 1, q. 1 concl. 2). Ebenso ist auch die menschl. Seele eine vollendete Substanz, der Engelssubstanz vergleichbar, mit F. und M. ausgestattet, eben dies ist der Garant dafür, daß sie für sich bestehen kann und individuell unsterblich ist.

Bei →*Thomas v. Aquin* sind F. und M. unselbständige Prinzipien im Hinblick auf die durch sie erst konstituierte körperl. Substanz (Trin 5,4, DECKER, 193), wobei die materia prima als reine Potenz jedem substantialen Werden zugrunde liegt, welches durch die jeweilige F. erst seine artgemäße Bestimmtheit erhält. Da diese aber 'allgemein' ist (S. theol. I, 7, 1), ist das Prinzip der quantitativen Unterscheidung innerhalb einer Art die M. (Spirit. Creat. 1, 19). Als Individuationsprinzip gilt Thomas die materia signata, die, obgleich qualitativ noch unbestimmt, schon quantitative Dimensionen aufweist (De ente 2); als principium individuationis, auf das jeweils Konkrete hingeordnet, bedarf sie der F., 'da die M. kein Sein hat, außer durch die F.' (De ente 7). Innerhalb des endlich Seienden verhalten sich F. und M. wie →Akt und Potenz. Aus diesem Abhängigkeitsverhältnis ergibt sich eine deutl. Priorität der F.: da der Akt früher ist als die Potenz, braucht auch die M. das 'Früher' der F., und daher ist die F. »mehr« als die M. (In Met. 7, 2, 1278). Die übergreifende Bestimmung sowohl im sensiblen als auch im intelligiblen Bereich ist das Sein (S. theol. I, 3,4). Als geschaffenes und Aktualität Verleihendes Sein (esse creatum) ist es vom esse divinum unterschieden, an ihm partizipiert im Endlichen auch die M., denn sie ist 'mitgeschaffen' (S. theol. I, 45,4). Neben den körperl., an die M. gebundenen F., bestehen die F.en der reinen Geister und der Seelen. Sie sind dem ersten Prinzip am nächsten und bestehen in sich ohne M. (De ente 5), jedes Individuum bildet dort seine eigene Art (De ente 4). Obgleich hier die von Avicebron behauptete und von Bonaventura aufgegriffene Lehre eines Hylemorphismus der Geistwesen abgelehnt wird, besteht doch für die intelligentia und die anima eine ontische Differenz, da sie aus F. und Sein zusammengesetzt, nicht reiner Akt, sondern noch mit Potenzialität durchsetzt sind. Durch das 'esse receptum a Deo' werden pantheist. Ansätze, wonach Gott als forma universalis oder als materia universalis in den Dingen ist (→Amalrikaner, →David v. Dinant), ausgeschlossen. – Die Seele ist F. des Leibes, sie bildet mit ihm erst ein substantielles, zur Erkenntnis fähiges Eines. Alles sinnhaft Wahrgenommene ist verwirklichte Idee, die Idee ist in dem Wahrgenommenen; die »formae« der Dinge sind 'nichts anderes als das Siegel göttlichen Wissens' (Quaest. disp. de ver. 2, 1 ad 6).

Es waren u. a. v. a. die Lehre von der Einheit der substantialen F., die Bestimmung der Geistwesen als reine F., die Annahme der M. als Individuationsprinzip, die Bindung der intellektuellen Erkenntnis an die Sinneswahrnehmung, die Möglichkeit einer ewigen Weltschöpfung und das Universalienproblem, welche heftigen Widerspruch und kontrovers geführte Diskussionen hervorriefen.

Wenn →Johannes Duns Scotus einerseits die 'haecceitas' (Diesheit) als eine eigene F. des Individuellen bestimmt, F. für ihn aber aktuell seiend das ist, was außerhalb seiner Ursache ist (Op. oxon. II, 12, 1, n. 15), er andererseits die hylemorphist. Struktur des entstehenden und veränderl. Seienden dahin bestimmt, daß das dem der F. korrespondierende Prinzip der M. kein Nichts, auch nicht einfach reine Potenz sein kann, sondern, da von Gott geschaffen, als aktuell seiend bestimmt werden müsse (a. a. O. 12, 1, n. 11), so wird deutlich, wie sich bei ihm die Auffassung von F. und M. als »greifbare« Bestimmungen bei der Konstituierung des Individuellen als einer positiven Entität verdichten.

Bei →Wilhelm v. Ockham führt die Ablehnung realer Universalien zur Annahme einer singulären F., die 'ausgedehnt ist und auseinanderstehende Teile hat' (S. in 1. Phys. I, 15). Die M. ist ebenfalls ausgedehnt, aktuell existierend und in den verschiedenen Körpern von demselben Wesen (eiusdem rationis, II Sent. q. 22, BCDL), sie ist die Potenz zu allen substantialen F.en.

→Nikolaus v. Kues steht in seiner Auffassung von F. und M. in der Tradition des Neuplatonismus und der Schule v. Chartres, deutet jedoch deren Begrifflichkeit in einigem um und setzte sie, dem eigenen philos. Ansatz entsprechend, in weitere Beziehungen. Sein Denken »vom Einen« her, das daraus folgende Verständnis von Welt als einem Urbild-Abbildverhältnis, als der Übergang von der 'F. zum Formbaren', vom 'Einfachen zum Zusammengesetzten, Allgemeinen zum Besonderen, von der Liebe zum Geliebten' (vgl. De coniect., I, 10 h 44 n), wobei die Vielheit der erscheinenden F. notwendig immer auf ihre Formursächlichkeit 'zurückgedacht' wird, lassen die geistigen Wurzeln seines Philosophierens unschwer erkennen. In diesem Zusammenhang steht u. a. auch seine Erläuterung der Figur P, wo das Verhältnis von Einheit und Andersheit als lumen formale und materia gefaßt wird (a. a. O.). Wenn Gott als 'forma formarum' (De docta ign. II, 2 n. 103), die einzige und einfachste Weisheit Gottes als 'wahrstes und wirklichstes Urbild aller formbaren F.' (De sap. I. h. n. 25), Ursache des vielheitl. Unterschiedenen, das 'Eine selbst Ursache von allem' ist (De fil. dei, VI, h, n. 84), so ist dies zunächst christl. verstandenes Teilhabedenken platon.-neuplaton. Herkunft. Das Problem von Einheit und Vielheit, F. und M. hinsichtlich der M. scheint allerdings bei Nikolaus nicht die Begründungsschwierigkeiten seiner Vorgänger hervorzurufen: nüchtern stellt er fest, 'daß alles, was wirklich sein soll... etwas voraussetzt, ohne das es nicht ist' (Comp. VII, h, n. 19). Weil es jeder F. entbehrt, kann es nur dann erkannt werden, wenn es geformt wird. 'Es hat keinen Namen. Dennoch wird es Hyle, Materie, Chaos, Möglichkeit oder Werdenkönnen oder Zugrundeliegendes und noch anderes genannt' (a. a. O.). Die 'Hyle' gehört nicht zur Natur irgendeiner F. und ist nicht deren Prinzip, sondern Prinzip ist der Formgeber – formator – (a. a. O. n. 20). Nikolaus weist damit keineswegs die hylemorphist. Auffassung von F. und M. als ontolog. seinskonstitutive Prinzipien zurück, nur will

er sie nicht als letztursächlich gelten lassen. So hält er Aristoteles vor, alles in 'Wirklichkeit und Möglichkeit' aufgelöst (De ven. sap. 9, h, n. 24) und dabei nicht die Verursachung durch das Werden-Können (posse fieri) beachtet zu haben (a. a. O. 26), daher konnte er auch das Wesenwas, nach dem er stets fragte, nicht finden (a. a. O. 12 n. 31). Ihn selbst aber führt die welthafte Erfahrung (ratio) schließlich zu der vernunfthaften Einsicht (intellectus) einer alles begründenden Wirkursächlichkeit, da die verschiedenen Seienden nichts anderes sind als Weisen des »Können-Selbst« (posse ipsum – De apice theor. h, n. 9). Es kann also kein anderes Prinzip geben, 'sei es das der F. oder der M. als das Können-Selbst' (a. a. O. 27). So findet sich bei Nikolaus v. Kues das Problem von F. und M. aufgehoben in dem Gedanken einer →coincidentia oppositorum, der, ohne die Gesetze der Logik innerhalb der Welt zu negieren, bei ihrer vernunfthaften Erkenntnis schon immer mitgedacht werden muß.   U. Mörschel

II. JÜDISCHE PHILOSOPHIE: Die aristotel. Lehre von F. und M., vermittelt durch neuplaton. Gedankengut über islam. Philosophen, wurde vom Judentum auch auf geistige Wesenheiten angewendet. In der »Fons vitae« des Salomo ibn →Gabirol (Avicebron, ca. 1022/5–1050/8) konstituieren 'materia universalis' (eine an sich existierende Substanz, aufnahmefähig für Verschiedenheit, der Zahl nach eine) und 'forma universalis' (Substanz, das Wesen aller F. konstituierend) alle endl. Dinge und begründen deren Gemeinsamkeit: Substanz schlechthin zu sein, was ihnen von der ersten Substanz her zukommt. Die Einzelsubstanzen (Geister, Himmelskörper, sublunare Welt) sind aus je verschiedenen M.en und F.en zusammengesetzt, die aufgrund göttl. Willens aus von Gott geschaffener M. und F. emanieren, wobei je nach Aspekt die F. als mit Gottes Willen verbundene Individuation oder die M. als allem zugrundeliegendes Substrat vorgeordnet ist. Die schon aus antiken jüd. Texten bekannte, hier noch vage Tendenz zur Annahme einer Ur-Materie wird bei Josef ben Jakob ibn Zaddik (gest. 1149) u. a. deutlicher und v. a. in der späten →Kabbala offenbar. →Abraham (ibn ben David Daud) (gest. 1180) setzte sich als einer der ersten beim Bemühen um die Widerspruchslosigkeit von Offenbarungsinhalt und Philosophie mit dem »authentischen« Aristoteles auseinander und führte wie nach ihm – bei wachsender Aristoteles-Kenntnis – Mose ben Maimon (→Maimonides) (1135–1204) M. und F. als nicht unabhängig voneinander existierend auf die aus den vier Elementen zusammengesetzten Dinge zurück – eine uneingeschränkte Übernahme aristotel. Gedankenguts für die sublunare, geschaffene Welt. Die Übernahme der aristotel. Definition der Seele als F. des Körpers durch Mose ben Maimon u. a., d. h. das Verneinen ihrer vom Körper unabhängigen Existenz und die Bindung ihrer Unsterblichkeit an den erworbenen Intellekt führte nach heftigen Auseinandersetzungen zur traditionellen, mit (neu)platon. Elementen versehenen Auffassung von der den leibl. Tod überdauernden Unsterblichkeit der Seele.   R. P. Schmitz

Lit.: zu [I]: HWP II, s. v. [L. OEING-HANHOFF] – CL. BAEUMKER, Das Problem der M. in der gr. Philos., 1890 – DERS., Witelo, ein Philosoph und Naturforscher des XIII. Jh., 1908 – A. SCHNEIDER, Die abendländ. Spekulation des 12. Jh. in ihrem Verhältnis zur aristotel. und jüd.-arab. Philos., 1915 – Der Komm. des Clarenbaldus v. Arras zu Boethius De Trin., ed. W. JANSEN, 1926 – L. OEING HANHOFF, Ens et unum convertuntur, 1953 – N. HARTMANN, Zur Lehre vom Eidos bei Platon und Aristoteles (Kleinere Schr. II, 1957), 129–164 – E. GILSON, Die Philos. des Hl. Bonaventura, 1960 – A. D. SERTILLANGES, Der Hl. Thomas v. Aquin, 1964 – E. BEHLER, Die Ewigkeit der Welt. Problemgesch. Unters. zu den Kontroversen um Weltanfang und Weltunendlichkeit im MA, 1965 – H. R. SCHLETTE, Das Eine und das Andere.

Stud. zur Problematik des Negativen in der Metaphysik Plotins, 1966–
J. PIEPER, Kreatürlichkeit (Thomas v. Aquin 1274/1974, hg. L. OEING-
HANHOFF, 1974), 47–71 – H. MEINHARDT, MFCG 13, 1978, 105–116 – J.
STALLMACH, Der »Zusammenfall der Gegensätze« und der unendl.
Gott (Nikolaus v. Kues, hg. K. JACOBI, 1979), 56–73 – zu [II]: S.
HOROVITZ, Die Stellung des Aristoteles bei den Juden des MA, 1911 –
H. GREIVE, Stud. zum jüd. Neuplatonismus. Die Religionsphilosophie
des Abrahm ibn Ezra, 1971 – J. DIENSTAG, Stud. in Maimonides and St.
Thomas Aquinas, 1975 [Bibliogr.].

Formaldistinktion/Realdistinktion.
Die Lehre von
der F. wurde im MA u. a. von der →Franziskanerschule
entwickelt: →Bonaventura, Petrus Johannis →Olivi,
→Matthäus v. Acquasparta, →Alexander Bonini v. Alessandria, bes. →Johannes Duns Scotus. Dieser nahm hier
auch Ideen des →Heinrich v. Gent auf, der selbst Gedankengut →Avicennas weiterentwickelte und sie Intentionaldistinktion nannte. Das Wesen dieser Distinktion [D.]
(distinctio formalis, d. intentionalis) liegt in der Mitte zw.
der R. (d. realis) und der mentalen oder gedankl. Distinktion (d. mentalis, d. rationis tantum). Eine R. besteht zw.
allem, was physisch getrennt ist, oder zumindest durch die
göttl. Allmacht getrennt werden kann. Eine mentale D.
besteht zw. rein gedankl. Dingen, z. B. einer Definition
und dem Definierten (homo-animal rationale). Eine F.-
oder Intentionaldistinktion besteht zw. Formalitäten in
der gleichen Wirklichkeit (formalitates, die von Natur aus verschieden sind). Diese drei Distinktionen haben
auch im modernen Denken nachgewirkt, u. a. bei Des-
cartes und Spinoza.   R. Macken

Lit.: M. J. GRAJEWSKI, The Formal Distinction of Duns Scotus, 1944 –
R. MACKEN, Les diverses applications de la distinction intentionnelle
chez Henri de Gand, Misc. Mediaevalia 13, 1981, 769–776.

Formariage
(forismaritagium 'Ausheirat'), im →Frz.
Recht Beschränkung bei ungenoßsamer →Ehe bzw. die
für Erlaubnis einer solchen Ehe dem Herrn gezahlte Abgabe. Da die Kirche auch dem Unfreien die Rechtsfähigkeit
zuerkannt hatte, durfte er folglich eine rechtsgültige Ehe
eingehen. Als Reaktion auf die Besorgnisse von Laien
schrieb das Konzil v. Châlons 813 jedoch die Heiratserlaubnis des Herrn insbes. dann vor, wenn unfreie Personen eine Ehe mit einer Person außerhalb einer →Grund-
herrschaft oder mit einer freien Person (→Freie, Freiheit)
schließen wollten. Diese beiden Möglichkeiten wurden
von den Grund- und Leibherrn gefürchtet, denn sie konnten zum Rückgang der ihnen untertänigen Familien und
damit zum Verlust an Einnahmen führen. Unter dem
Einfluß von Papst Alexander III. (Decretales V. 9.1) ließ
das kanon. Recht die überkommene Rechtsvorschrift aber
fallen, obwohl die Lehrmeinung geteilt war, wobei Ivo v.
Chartres (Ep. 121, 242) und Gratian (D. II. 29.2.8) die
traditionelle Auffassung verteidigten.

Die Vorschriften des weltl. Rechts über f. blieben stets
streng; hatten unfreie Eheleute nicht die mit einer Abgabe
verbundene Heiratserlaubnis eingeholt, waren sie mit
dem Einzug ihres gesamten Vermögens zu bestrafen.
Angesichts der Gefahr von Ehen unter Verwandten
(→Blutschande) schlossen Herren untereinander Verträge
über die gegenseitige Heirat ihrer Grundhörigen ab. Gewöhnlich ein Kennzeichen der unfreien Bevölkerung, gab
es Heiratsbeschränkungen mancherorts auch für Freie
(Senlis, Soissons). – Zu entsprechenden Rechten im A.
Bereich. →Bedemund.   D. Anex-Cabanis

Lit.: P. PETOT, Licence de mariage et f. des serfs dans les coutumes du
m.â., Annales d'hist. du droit de Poznań II, 1949.

Formbach
I. Grafenfamilie – II. Abtei.

I. GRAFENFAMILIE: F., Gf.en v., bedeutendes Adelsgeschlecht mit Herrschafts- und Besitzschwerpunkten im

östl. →Bayern, der bayer. Ostmark (→Österreich) und
→Steiermark, aber auch in →Sachsen-Thüringen. Die
frühe Genealogie ist trotz der Arbeiten von TROTTER und
TYROLLER erst unzureichend erforscht. Deutliche verwandtschaftl. Beziehungen bestanden in Bayern zu den
→Luitpoldingern, →Ebersbergern, →Babonen (Papo-
nen), →Wels-Lambachern, in Sachsen zu den →Wetti-
nern, Seeburg-Käfernburgern und →Brunonen. Ab Mitte
des 11. Jh. werden in Bayern drei »Linien« faßbar: *Form-
bach-Neuburger, Viechtensteiner* und *Windberg-Ratelberger*.
Die F.-Neuburger (Ekberte), an die ein Teil des Erbes der
Wels-Lambacher übergegangen war, hatten die Gft. im
Künzi(n)ggau (Niederbayern, rechts der Donau, zw. Isar
und Vils) inne. Sie starben mit Ekbert III. 1158 aus, ihr
Erbe fiel u. a. an die →Andechser und →Otakare. Der
Viechtensteiner Besitz ging durch Heirat an die Hallgrafen
v. Wasserburg über. Den Windberg-Ratelbergern, die
sich in Sachsen nach der Winzenburg nannten, gelang der
Aufstieg in den Reichsfürstenstand. Hermann I. v. Wind-
berg-Winzenburg († 1122) war verheiratet mit Hedwig v.
Krain-Istrien, der Nichte des Ulrich II. v. Weimar-→Or-
lamünde († 1112), über die das Weimarer Erbe in Sachsen-
Thüringen an ihren Sohn Hermann II. v. Winzenburg
überging. Formbach. Ahnen hatte auch Ks. Lothar von
Süpplingenburg, dessen Mutter Hedwig aus der Verbindung der Friedrich von F. mit Gertrud v. Haldensleben
stammte. Die F.er gründeten die Klöster F. und Suben und
waren Vögte von St. Nikola bei →Passau und →Gött-
weig.

Q.: MGH SS 24, 76f. – UB des Landes ob der Enns I, 619–782 –
MonBoica 4, 3–212 – *Lit.:* F. JUNGMANN-STADLER, Hedwig v. Wind-
berg, ZBLG 46, 1983, 235–300 [Lit.].

II. ABTEI: F. (heute: Vornbach), Abtei OSB im Bm.
Passau (Krs. Passau), ♂ Mariä Himmelfahrt. Wohl als
Kollegiatstift um 1040 von der Formbacherin Himiltrud
gegr., 1094 durch Ekbert I. und Ulrich v. Windberg-
Ratelberg reich dotiert und in ein Benediktinerkl. umge-
wandelt (Verlegung der Stammburg F. nach Neuburg am
Inn). Zum Gründungsgut gehörte u. a. die antiqua cella
Gloggnitz in Niederösterreich mit Markt und Münze.
Erster Abt Berenger 1094–1108/13 (?), ihm folgte Wirnto,
vorher Mönch in Göttweig und Prior in Garsten, Abt in
F. bis ca. 1127. Beiden widmete →Gerho(c)h v. Reichers-
berg eine Biographie. 1136 Schutzprivileg Ks. Lothars v.
Süpplingenburg, 1139 päpstl. Privileg. Nach einer Ver-
fallsperiode im 13. Jh. erfolgte unter bedeutenden Äbten
im 14.–15. Jh. ein Wiederaufstieg. 1451 Einführung der
→Melker Reform auf Betreiben von Nikolaus v. Kues.
Wichtige Nachrichten über die Abtei enthält die bayer.
Chronik des bedeutenden Abtes und Humanisten Ange-
lus Rumpler (1501–13). F. war Grablege für mehrere F.er
Gf.en; Stiftergräber erhalten.   F. Jungmann-Stadler

Lit.: Die Kunstdenkmäler Bayerns, Niederbayern, Bd. 4, 1920, 237
[Q., ält. Lit.] – GP I, 185 – Alte Kl. in Passau und Umgebung, hg. J.
OSWALD, 1954², 167–185 [M. HEUWIESER].

Formel, -sammlungen, -bücher
A. Lateinisches Mittelalter – B. Byzantinischer Bereich
A. Lateinisches Mittelalter
I. Definition – II. Päpstliche Kanzlei – III. Frühmittelalter – IV.
Ottonisch-salische und staufische Reichskanzlei – V. Reichskanzlei
(13.–15. Jh.).

I. DEFINITION: Forma (lat.; 'Formel') bedeutet im engeren
Sprachgebrauch der päpstl. Kurie, aber auch in der zeitgenöss. Kanonistik den durch Kanzleigebrauch oder Rechtspraxis für alle gleichartigen Fälle festgelegten Wortlaut
eines Urk.textes, aus dem das rechtskräftige Schriftstück
durch Einsetzung von Namen, Ortsangaben und Datie-

rung angefertigt wird, im weiteren Gebrauch den Wortlaut von Urkk. und Briefen, die als Muster dienten (auch 'formula'). Von den als vorbildlich aufgefaßten F.n wurden für den praktischen Gebrauch der Kanzlei oder einzelner Stilisten Sammlungen angefertigt, die ungeordnet oder geordnet sein konnten; für sie wurde die Bezeichnung 'formularium' (lat.; 'Formelsammlung') benutzt, sofern nicht besondere Namen verwendet wurden. In der wissenschaftl. Terminologie sollte man also von 'Formeln' (engl. *form – letter*; frz. *formule*; it. *formula*) und 'Formelsammlungen' = 'Formularien' (engl. *formulary*; frz. *formulaire*; it. *formulario*) sprechen, nicht von 'Formular' = 'Formel' und 'Formularsammlung'.

II. PÄPSTLICHE KANZLEI: F.bücher als Kanzleibehelfe scheint es ebenso wie→Register schon sehr früh (4./5. Jh.) in der Papstkanzlei gegeben zu haben, worauf immer wieder verwandte F.n oder F.teile in den Papsturkk. hinweisen. Kard. →Deusdedit entnahm mehrere Stücke seiner Kanonessammlung (1086/87) einem »Liber Romanorum pontificum, qui dicitur (appellatur, vocatur) Diurnus«. Diese Bezeichnung übertrugen bereits die älteren Editoren Holstenius und Garnier, sodann die neueren wie SICKEL auf eine päpstl. F.sammlung (»Liber Diurnus«) von 110 bzw. 117 Stücken, die in drei Hss. erhalten ist, von denen aber keine aus dem Umkreis der päpstl. Kurie oder aus Rom stammt (nach B. BISCHOFF ist die älteste, im Vatikan. Archiv aufbewahrte in Oberitalien, vielleicht Verona, im 1. Viertel des 9. Jh. entstanden; der Ambrosianus wurde im 2. Viertel des 9. Jh. von in Südwestdeutschland ausgebildeten Schreibern, die Hs. Egmont wohl im 4. Viertel des 9. Jh. in Oberitalien geschrieben). Die Hss. sind also kein F.buch der päpstl. Kanzlei, enthalten aber F.gut, das sich in verschiedenem Umfang, aber niemals umfassend (in höchstens 6–15% der Fälle) in päpstl. Privilegien des 6.–11. Jh. findet (L. SANTIFALLER). Möglicherweise wurden für diese Sammlung verlorene F.bücher der Kanzlei benutzt; sie wird als Lehrbuch für den Kurialstil oder als kirchenrechtl. Sammlung (C. L. MOHLBERG, L. SANTIFALLER) angesehen, doch bleibt das fraglich. Neben den →Briefsammlungen (im 13. Jh. v. a. die unter den Namen des →Thomas v. Capua, Marinus v. Eboli, Richard v. Pofi, Berard v. Neapel u. a. laufenden Sammlungen), die zumeist stilistisch anspruchsvollere Muster von Papstbriefen enthalten, bei denen der juristische Inhalt hinter der Stilistik zurücktritt, finden sich dann erst wieder im 13. Jh. F.sammlungen der Papstkanzlei. So enthält der um 1230 entstandene und später oft umgearbeitete (so noch 1380 durch→Dietrich v. Nieheim) »Liber Provincialis« (»Liber Cancellarie Apostolice«) im Anschluß an den Bistumskatalog eine F.sammlung von Papsturkk., darunter feierl. Privilegien (daneben Eide und Kanzleiordnungen). Weiter gibt es für die durch die→Audientia litterarum contradictarum gehenden Justizbriefe und einfachen Gnadensachen seit→Gregor IX. (vermutlich bereits seit →Innozenz III.) F.bücher, die ca. 1301–03 unter→Bonifatius VIII. durch die Vulgataredaktion des »Formularium audientie litterarum contradictarum« abgelöst wurden, die bis zu Beginn des 16. Jh. in Gebrauch blieb. Daneben finden sich aus dem Bereich der Papstkanzlei F.bücher für Suppliken, so der 1226/27 entstandene »Libellus de formis petitionum secundum cursum Romane curie« (ed. R. v. HECKEL), sowie für vom Auditor litterarum contradictarum auszustellende Urkk. (→cautiones, littere conventionales, Beglaubigungen für Prokuratoren), so das F.buch des Auditor litterarum contradictarum und späteren Kard.s →Gerhard v. Parma von 1277 (ed. P. HERDE) (ein späteres Beispiel aus dem 14. Jh. ist Vat. lat. 3986). Auch

die an der Kurie tätigen öffentlichen Notare besaßen F.bücher (vgl. G. BARRACLOUGH). Diverses F.material aus dem Bereich der Papstkanzlei findet sich zudem in juristischen Werken wie Marinus Filomarinus (v. Eboli) »Super revocatoriis« und »De confirmationibus« (1245–51) (ed. P. HERDE) oder im »Speculum iudiciale« des Guillelmus →Duranti (ca. 1272/76; zweite Redaktion ca. 1289/91). Mandatsklauseln von Papsturkk. sind erhalten in den »Optime conclusiones super revocatoriis et aliis multis, secundum quod cancellaria utitur« (Mitte 13. Jh.). Die F.bücher der Papstkanzlei des 14. und 15. Jh. sind außer dem »Formularium audientie« und dem »Liber cancellarie« noch nicht systemat. erforscht; bekanntgemacht wurden ein F.buch aus der Zeit→Eugens IV. und→Nikolaus' V. (H. DIENER) und ein F.buch für →Breven aus dem Pontifikat→Julius' II. (TH. FRENZ).   P. Herde

III. FRÜHMITTELALTER: Während aus *Italien* mit seinem wohlorganisierten →Notariatswesen keine F.sammlung bekannt ist, sorgten in den germ. Reichen, bes. im Frankenreich, Kirchen und Kl. für das Abschreiben der F.n; literar. Überlieferung hat ihren Schwerpunkt im 9. und 10. Jh. Für die in den germ. Reichen entstandenen Sammlungen ist der Einfluß röm. Tradition anzunehmen, wenn auch von röm. F.sammlungen selbst nur spärliche Reste erhalten sind. Aus dem *Ostgotenreich* sind die Variae→Cassiodors (ed. TH. MOMMSEN, MGH AA 12) zu nennen. Stärker das materielle Recht, vorwiegend das Privatrecht, spiegeln die *westgotischen Formeln* wider, die wohl in Córdoba z. Z. Kg. →Sisebuts (612–621) entstanden sind (ed. K. ZEUMER, 572–595).

Die älteste Sammlung im *Frankenreich* bilden die 60 Formulae Andecavenses aus →Angers (ed. K. ZEUMER, 1–25), die aufgrund einer nicht getilgten Datierung (4. Jahr Childeberts = Ch. II.) an das Ende des 6. Jh. zu setzen sind. Sie weisen eine auffallende Mischung röm. und germ. Elemente auf, sowohl im Stil (grammat. nicht mehr korrekter spätröm. Notariatsstil mit eingesprengten germ. und gall. Wörtern) als auch im rechtl. Inhalt (röm. Rechtsinstitute neben germ. rechtl. Gerichtsvorgängen).

Die umfangreichste und inhaltl. bedeutendste frk. Sammlung stellen die nach ihrem Verfasser benannten *Marculfi Formulae* dar (ed. K. ZEUMER, 32–127; A. UDDHOLM). Dieser stellt sich in einem Prolog als über 70jähriger Mönch Marculf vor, der sein Werk einem Bf. Landerich widmet. Diese erfreulich konkrete Angabe schafft mehr Probleme als Lösungen und läßt die Forschung bis heute streiten, da Landerich v. Paris (ca. 650–656) wie Landerich v. Meaux (Ende 7./Anfang 8. Jh.) in Frage kommen und zusätzlich in einer Hs. der Name Landerich durch Aeglidulf (nicht identifiziert) ersetzt wird. Inhaltlich lassen sich als Anhaltspunkte für die Datierung heranziehen: Anspielungen auf polit. Verhältnisse zw. 630 und 640, sprachl. Besonderheiten der Zeit nach 688 (Untersuchung der Pertinenzf.n durch A. UDDHOLM) und die erste gesicherte Benutzung in einer Urk. →Theuderichs IV. von 721. Neuere Untersuchungen von A. UDDHOLM (mehr philol.) und I. HEIDRICH (mehr hist.) sprechen sich übereinstimmend für eine Entstehungszeit gegen Ende des 7. Jh. aus. Nach seinen eigenen Worten hat Marculf das Werk zu Unterrichtszwecken (»ad exercenda initia puerorum«) verfaßt. Sein weiter jurist. Horizont und seine systemat. Arbeitsweise (übersichtl. Einteilung mit Indices, planmäßige Tilgung der Namen, Kürzung gängiger F.n) lassen ihn kaum als »nur ein geplagtes Schulmeisterlein« (B. KRUSCH) erscheinen.

Die Sammlung enthält im ersten Teil 40 Königsurkk. (cartae regales), im zweiten 52 Privaturkk. (cartae pagenses). Hinzu kommen in einigen Hss. ergänzende Stücke aus der ausgehenden Merowingerzeit (Supplementum formularum Marculfi, ed. K. ZEUMER, 107–109; A. UDD-HOLM, 332–347) und weitere Zusätze (Additamenta e codicibus Marculfi, ed. K. ZEUMER, 110–112; A. UDDHOLM, 348–361). Z. Z. Karls d. Gr. (vor 800) wurde die Sammlung umgearbeitet und ergänzt (Formulae Marculfinae aevi Karolini, ed. K. ZEUMER, 113–127). Marculfs Werk »bereichert unsere Kenntnis von Recht und Verwaltung der späteren Merowingerzeit erheblich« (R. BUCHNER). Insbes. das erste Buch ergänzt eine sehr breite Palette den geringen Bestand erhaltener merow. Königsurkk. und erweist Marculf als profunden Kenner der damaligen Rechtsverhältnisse, der vielleicht sogar – nach öfter in der Forschung geäußerter Vermutung – vor seinem Klosterleben im Dienst der kgl. Kanzlei gestanden hat. Marculfs zweites Buch mit seinem reichen Querschnitt durch die Privaturkk. (allerdings unter Verzicht auf die →notitiae) bietet eine wichtige Q. für das frk. Gewohnheitsrecht. Seit 731/732 ist die Benutzung gesichert; bei der Untersuchung formaler Verwandtschaften und Abhängigkeiten (H. ZATSCHEK, W. JOHN, I. HEIDRICH) bleibt aber der Forschung noch viel zu tun.

Das hohe Ansehen Marculfs zeigt sich auch daran, daß seine Sammlung eine Reihe späterer F.sammlungen beeinflußt hat, so z. T. die aus dem salischen Gebiet stammenden Sammlungen (nach den Herausgebern genannt: Formulae Bignonianae, Merkelianae, Lindenbrogianae, ed. K. ZEUMER, 227–284). Aus dem westfrk. Raum sind – noch unbeeinflußt von Marculf – fragmentarische Sammlungen des 8. Jh. überliefert aus Bourges (Formulae Bituricenses, ed. K. ZEUMER, 166–181), aus der Pariser Gegend (?) (Formulae Pithoei, nach dem Herausgeber benannt, ed. K. ZEUMER, 596–598; erw. Ed. v. POUPARDIN, BEC 69, 1908, 643ff.) und aus der Auvergne (Formulae Arvernenses, ed. K. ZEUMER, 26–31), während die der Mitte des 8. Jh. zugerechnete Sammlung aus Tours bereits Marculf ausschreibt; sie enthält nur Privaturkk. (Formulae Turonicae, ed. K. ZEUMER, 128–165). Die wohl wenig spätere umfangreiche Sammlung aus dem burg. →Flavigny kombiniert Marculf und die Turonicae, ergänzt durch eigene Klosterurkk. (Formulae Flaviniacenses, ed. K. ZEUMER, 469–492). Auch die z. T. der Frühzeit Karls d. Gr., z. T. der Zeit Ludwigs d. Frommen angehörenden F.n aus Sens weisen Marculf-Benutzung auf (Formulae Senonenses recentiores, ed. K. ZEUMER, 182–226).

Für den *alemannischen Raum* stammt die älteste Sammlung (spätes 8. Jh.) aus dem elsässischen Kl. →Murbach (Formulae Morbacenses, ed. K. ZEUMER, 329–337). Ebenfalls noch dem 8. Jh. gehören die Reichenauer F.n an, die z. T. Marculf benutzen und im 9. Jh. mit Reichenauer Stücken erweitert wurden (Formulae Augienses, ed. K. ZEUMER, 339–377). *Bayerische Formelsammlungen* sind erst aus dem 9. Jh. überliefert, so aus Salzburg (Formulae Salzburgenses, ed. K. ZEUMER, 438–455) und aus St. Emmeram/Regensburg (Formulae codicis S. Emmerani fragmenta, ed. K. ZEUMER, 461–468).

Im Gegensatz zu den bisher vorgestellten, als private Arbeiten entstandenen Sammlungen besitzen wir mit den Formulae imperiales (ed. K. ZEUMER, 285–328) eine aus der Kanzlei Ludwigs d. Frommen selbst hervorgegangene Sammlung von 55 F.n, die unsere Kenntnis von den karol. Kaiserurkk. erheblich erweitern.

In der späteren Karolingerzeit nimmt die Zahl der F.sammlungen ab; hervorzuheben ist das sog. F.buch Salomons v. Konstanz, das als Werk →Notkers Balbulus gilt (Coll. Sangal., ed. K. ZEUMER, 390ff.).   U. Nonn

IV. OTTONISCH-SALISCHE UND STAUFISCHE REICHSKANZLEI: Für die Kanzlei der Ottonen und Salier sind wir auf Vermutungen und die Auswertung von Indizien angewiesen, da F.sammlungen aus dem 10. und 11. Jh., die in der Reichskanzlei entstanden oder benutzt worden wären, nicht vorliegen. Die gegenüber der Blütezeit der karol. Kanzlei gewandelten Verhältnisse machen es auch sehr unwahrscheinl., daß es umfangreiche Formularbehelfe gegeben hat. Die besondere Rolle der Vorurkk. und die individuellen Dictamina der Kanzleikräfte bestimmten den Wortlaut der Texte im Rahmen fester Traditionen. Die Produkte it. Notare sowie kanzleifremde Ausfertigungen heben sich vielfach deutlich ab. Als Hilfen kann man ältere, in der Kanzlei vorhandene Urkk., Konzepte und Abschriften vermuten, v. a. aber private Aufzeichnungen einzelner Kräfte, die sie wohl auch an Kollegen und Nachfolger weitergaben. Aufgrund gleichförmigen Diktats über längere Zeiträume hin sind kleine F.sammlungen für besondere Erfordernisse – Freilassungen, Ernennung von Königsboten, Marktprivilegien und it. Muntbriefe – denkbar. Ein von zwei Notaren erarbeitetes und von mehreren Kräften benütztes Formular in Diplomen für norddt. Bm.er wurde für die Kanzlei Heinrichs IV. postuliert. F. HAUSMANN versuchte in Weiterführung der Arbeiten von H. HIRSCH und H. ZATSCHEK für die frühstauf. Kanzlei einen aus 33 Arengenformeln bestehenden Behelf zu rekonstruieren, von denen 17 Texten im →Codex Udalrici entsprechen. Den Kern sah er in einer Sammlung, die der letzte Notar Heinrichs V. namens Heinrich (Philippus B), der mit dem Bamberger Domkustos Udalrich in Verbindung stand, angelegt und zw. 1121 und 1123 sowie 1129 angewendet hat. Die von der die salische Tradition weiterführenden Kanzlei Konrads III. übernommene und erweiterte Sammlung sei allerdings erst nach dem 2. Kreuzzug in größerem Umfang benutzt worden. Die eingehenden Vorstudien zur Edition der Urkk. Friedrich Barbarossas mahnen zur Vorsicht. Es steht außer Zweifel, daß nach minimalem Vorkommen in den Urkk. Konrads III. F.gut des Codex Udalrici zw. 1156 und 1158 sowie 1163 und 1165 Anwendung fand, doch wird man ihn kaum als offiziellen Kanzleibehelf oder als Lehrbuch für die Gesamtheit der Notare bezeichnen können. Vielmehr zeigt die Art der Benützung deutlich den personalisierten Arbeitsbetrieb der Kanzlei ohne strenge bürokrat. Ordnung. Der Notar Arnold H (Albert), der schon unter Konrad III. eine F. des Codex Udalrici ausgeschrieben hatte, zog ihn ab 1156 schlagartig heran, ihm folgten hierin zwei von ihm stark beeinflußte jüngere Kollegen, während der aus Würzburg stammende spätere Protonotar Wortwin als letzter in dieser persönl. Traditionsreihe stand. Der vielfach sehr freie Umgang mit den nur in sehr geringer Anzahl öfter gebrauchten F.n läßt vermuten, daß zunehmend aus dem Gedächtnis gearbeitet wurde. Doch gibt es Anzeichen dafür, daß eine schriftl. Sammlung, wie immer sie ausgesehen haben mag, zum unverbindlichen Gebrauch vorlag. Dieses Diktatgut des Codex Udalrici wurde nur in Deutschland benutzt, auf den Italienzügen entsprachen die Wendungen nicht der beabsichtigten verbalen Entfaltung ksl. Majestät. Auch für die Folgezeit – Regierung Heinrichs VI., Philipps v. Schwaben, Ottos IV., Heinrichs (VII.) und der Gegenkönige Heinrich Raspe und Wilhelm v. Holland – ist die Verwendung von Formularbehelfen nicht exakt nachweisbar. Die Notare dürften – vielleicht abgesehen von festen F.n für seltenere Rechtsgeschäfte – kaum die Hilfe von Sammlungen in Anspruch genommen haben. Die vielfache Übereinstimmung der Texte erklärt sich wohl

nach wie vor aus den Querverbindungen der Kanzleikräfte untereinander und der ausgedehnten Benützung von
Vorurkk. Dies gilt auch für die »deutsche« Zeit Friedrichs
II. (1212–20) – mit Ausnahme der aus dem Süden stammenden Notare. Für diese sowie die in siz.-norm. Tradition stehende wohlorganisierte und bürohaft arbeitende
Kanzlei des Ks.s nach seiner Rückkehr nach Italien (1220)
wurde von G. LADNER aus den Texten ein Behelf rekonstruiert, der F.n sowohl für ganze Urkk. als auch nur für
Arengen enthält. Eine derartige kanzleiinterne Sammlung
von Akten stellte übrigens wohl den Grundstock zu der
unter dem Namen →Petrus de Vinea überlieferten
Sammlung von Briefen und Urkk. dar. Friderizianische
Behelfe wurden offensichtl. von den Söhnen des Ks.s,
Konrad IV. und Manfred, weiter benutzt. Reflexe finden
sich noch in den Ausfertigungen der Anjou und der siz.
Aragonesen.   W. Koch

V. REICHSKANZLEI (13.–15. Jh.): Mit der steigenden
Zahl der →Beurkundungen seit dem 13. Jh. und der zunehmenden Verbreitung der ars dictandi (→ars dictaminis) ist auch in der Reichskanzlei nach dem →Interregnum
eine Zunahme im Anlegen und im Gebrauch von F.samm-
lungen zu beobachten. Sie beinhalten Abschriften von
Urkk., →Konzepten oder Briefen und dienten zunächst
den Kanzleibeamten als persönliche Behelfe. Aus solchen
Hilfsbüchern wurden in der Folge oftmals außerhalb der
Kanzlei weitere kompiliert; so berichtet etwa die reichhal-
tigste dt. Sammlung des frühen 14. Jh., die zahlreiche
Urkk. Rudolfs I. enthält, der »Formularius de modo
prosandi« aus dem Zisterzienserkloster Baumgartenberg
in Oberösterreich, daß das Material »formulariis ... ex-
cerptas« zusammengetragen worden ist. Der persönl.
Charakter der F.sammlungen bewirkte, daß nicht allein
Erzeugnisse der Reichskanzlei Aufnahme fanden; die fernere Auswertung führte ebenso wie spätere Redaktionen
zu Ergänzungen und Erweiterungen oft lokalen Zuschnitts. Aus den kgl. Kanzleien Rudolfs I. und Albrechts
I. sind mehrere F.sammlungen hervorgegangen, unter
welchen die sog. »Summa curiae regis« hervorzuheben ist;
einige kgl. Notare – →Andreas v. Rode, Gottfried oder
Konrad v. Diessenhofen – können namentlich mit der
Ausarbeitung von F.sammlungen in Verbindung gebracht werden. Aufgrund der Überlieferung sind über
F.sammlungen in der Kanzlei Heinrichs VII. keine näheren Aussagen zu treffen; aus der Zeit Ludwigs d. Bayern ist
das Fragment einer F.sammlung erhalten. Eine Blüte
erfuhren die F.sammlungen unter Karl IV. Die zahlenmä-
ßige Zunahme von Urkk. stets wiederkehrenden Inhalts
(Präbendenverleihungen, Notarsernennungen, Legiti-
mierungen usw.) hatte zur Folge, daß mit Hilfe feststehen-
der F.n eine Vereinfachung des Arbeitsablaufs erreicht
wurde, indem in solchen Fällen ohne eigene Konzepte
sogleich Reinschriften hergestellt werden konnten. Bei
den Registereintragungen hingegen verzichtete man nach
Möglichkeit auf formelhafte Passagen und begnügte sich
mit Hinweisen wie »secundum formam, ut in forma
communi« u. ä. Das spricht aber auch gegen die ältere
Auffassung, daß die F.sammlungen schon früh aus den
→Registern geschöpft hätten und daher aus ihrem Vorhandensein auf jenes von Registerbüchern geschlossen
werden könne. Im 15. Jh. dürften allerdings fallweise
tatsächl. die Reichsregister selbst als F.sammlungen herangezogen worden sein. Ähnliches scheint für die Benutzung von Konzepten zu gelten, die seit dem 14. Jh. vereinzelt erhalten geblieben, jedoch erst aus dem späten 15. Jh.
in Form geordneter Sammlungen überliefert sind. Dem
Kreis der Kanzlei Karls IV. sind mehrere F.sammlungen

zuzuweisen, die offenbar nebeneinander verwendet wurden, so daß man nicht von der Vorstellung einer »amtlichen« F.sammlung ausgehen darf. Hier ist v. a. die »Summa cancellariae« oder »Cancellaria Caroli IV.« des →Jo-
hann v. Neumarkt zu nennen, Bf. v. Olmütz und langjäh-
riger Kanzler, die allerdings vom Inhalt her eher als private
Sammlung aufzufassen ist. Es erscheint daher fraglich, ob
er durch seine F.sammlung einen einheitlichen, humanist.
beeinflußten Kanzleistil bewirken konnte, wie im Hinblick auf sein literarisches Gesamtwerk vermutet wurde;
man wird vielmehr an ein allgemeines Verändern der
Formen und des »stylus der cantzley« seit der Mitte des
14. Jh. zu denken haben. Von Johann stammt auch eine
»Cancellaria officii Olomucensis« für sein Bm. Umfangreicher ist der »Collectarius perpetuarum formarum« des
Johannes v. Gelnhausen, der als Registrator unter Karl IV.
tätig war, seine Sammlung allerdings erst später ausarbei-
tete und dem Habsburger Albrecht III. widmete. Mitunter
entstanden F.sammlungen in der Kanzlei, die jedoch von
außen angeregt wurden, wie ein Beispiel aus der Ära Kg.
Wenzels beweist. Die für die Zeit der Luxemburger behauptete Ansicht, man müßte bei F.sammlungen zw.
solchen der Reichskanzlei und der böhm. trennen – eine
»Summa cancellarie regis Bohemie«, unter Wenzel entstanden, schien das zu belegen –, ist nicht zutreffend. Als
Zeugnis für die Blütezeit im Gebrauch der F.sammlungen
im 14. Jh. kann gelten, daß gerade die lux. Sammlungen
oft mehrfache Redaktionen und größere geogr. Verbreitung gefunden haben, wobei für letzteres auch die Beziehungen der Herrscherfamilie zu den Habsburgern eine
Rolle gespielt haben dürften. Im 15. Jh. ist hingegen ein
Rückgang zu beobachten. Die F.n der kgl. Urkk. waren
bereits in hohem Maß starr und festgelegt; es kann daher
zw. der Benutzung von F.sammlungen und der Heranziehung von Vorurkk. oder – bes. seit Kg. Sigmund – von
Empfängerkonzepten, die selbst vielfach auf Vorurkk.
beruhen, häufig kaum noch unterschieden werden; es ist
allerdings darauf hinzuweisen, daß auf diesem Gebiet
zweifellos ein Forschungsdefizit besteht. Ungeachtet der
zunehmenden Generalisierung des Kanzleistils konnte
sich jedoch kein Einheitsformular herausbilden, da die
unterschiedlichen Rechtsverhältnisse der Empfängerkrei-
se, die berücksichtigt werden mußten, dies weitgehend
ausschlossen. Die Kanzleiordnungen seit dem ausgehenden 15. Jh. nahmen auf die F.sammlungen selbst nicht
mehr Bezug, schärften aber den Notaren die Benutzung
des überkommenen Formulars nach dem Kanzleibrauch
ein.   P. Csendes

Lit.: zu [I] und [II]: BRESSLAU II, 241 ff., 264ff., – DACL IX, 1, 243–344
– NCE V, 1027f. – F. KALTENBRUNNER, Röm. Stud., III: Die Briefslg.
des Berard v. Neapel, MIÖG 7, 1886, 21ff., 213ff. – TH. E. v. SICKEL,
Prolegomena zum Liber Diurnus I–II, SAW.PH 117, 1889, 7.,
13. Abh. – DERS., Liber Diurnus Romanorum pontificum, 1889
[Nachdr. einschließl. der Prolegomena 1966] – R. v. HECKEL, Das
päpstl. und sicil. Registerwesen, AU 1, 1908, 371ff. – E. BATZER, Zur
Kenntnis der Formularsammlung des Richard v. Pofi, 1910 – R.
SCHILLMANN, Die Formularsammlung des Marinus v. Eboli 1, 1929 –
G. BARRACLOUGH, Public Notaries and the Papal Curia: A Calendar
and Study of a Formularium notariorum curie from the Early Years of
the Fourteenth Century, 1934 – DERS., Formulare für Suppliken aus der
ersten Hälfte des 13. Jh., AKKR 115, 1935, 435ff. – H. BÖRSTING, Das
Provinciale Romanum mit bes. Berücksichtigung seiner hs. Überliefe-
rung, 1937 – C. L. MOHLBERG, Neue Erörterungen zum »Liber Diur-
nus«, I: Der sog. »Liber Diurnus Romanorum pontificum« und das
sog. »Sacramentarium Leonianum«, ThRev 38, 1939, 297ff. – W. M.
PEITZ, Liber Diurnus. Fides Romana. Das vorephesin. Symbol der
Papstkanzlei, 1939 – R. BUCHNER, Die Rechtsquellen (WATTENBACH-
LEVISON-LÖWE, Beih., 1953), 55ff. – H. M. SCHALLER, Die Kanzlei
Friedrichs II. Ihr Personal und ihr Sprachstil, ADipl 3, 1957, 207ff.; 4,

1958, 264ff. – H. Diener, Ein Formularbuch aus der Kanzlei der Päpste Eugen IV. und Nikolaus V., QFIAB 42/43, 1962/63, 370ff. – P. Herde, Marinus von Eboli: »Super revocatoriis« und »De confirmationibus«. Zwei Abh. des Vizekanzlers Innocenz' IV. über das päpstl. Urkk. wesen, ebd., 119ff. [separat 1964] – B. Bischoff (Karl d. Große, Das geistige Leben, 1965), 250 – P. Herde, Papal Formularies for Letters of Justice (13th–16th Centuries): Their Development and Significance for Medieval Canon Law, Proceedings of the Second Internat. Congr. of Medieval Canon Law, 1965, 321ff. – H. M. Schaller, Stud. zur Briefslg. des Kard.s Thomas v. Capua, DA 21, 1965, 371ff. – P. Herde, Beitr. zum päpstl. Kanzlei- und Urkk. wesen im 13. Jh., 1967² – Ders., Ein F. buch Gerhards v. Parma mit Urkk. des Auditor litterarum contradictarum aus dem Jahre 1277, ADipl 13, 1967, 225ff. – Ders., Audientia litterarum contradictarum, 2 Bde, 1970, bes. 1, 8ff. – Th. Frenz, Armarium XXXIX vol. 11 im Vatikan. Archiv. Ein F. buch für Breven aus der Zeit Julius' II. (Röm. Kurie. Kirchl. Finanzen. Vatikan. Archiv. Stud. zu Ehren von H. Hoberg, hg. E. Gatz, 1, 1979), 197ff. – L. Santifaller, Liber Diurnus, Stud. und Forsch., 1979 – Th. Frenz, Die Kanzlei der Päpste der Hochrenaissance (1471–1527), 1986, 58, 168 – Ders., Papsturkk. des MA und der NZ, 1986, 40f. – zu [III]: Ed.: K. Zeumer, 1882/86 (MGH Formulae) – A. Uddholm, Marculfi Formularum libri duo, 1962 [mit frz. Übers.] – Lit.: Bresslau II, 229ff. – HRG I, 1157–1163; III, 270–274 [Lit.] – B. Krusch, Ursprung und Text von Marculfs F. sammlung, NGG Phil.-hist. Kl., 1916, 234–274 – L. Levillain, Le formulaire de Marculf et la critique moderne, BEC 84, 1923, 21–91 – H. Zatschek, Die Benützung der Formulae Marculfi und anderer F. sammlungen in den Privaturkk. des 8. bis 10. Jh., MIÖG 42, 1927, 165–267 – W. John, Formale Beziehungen der privaten Schenkungsurkk. Italiens und des Frankenreichs und die Wirksamkeit der F.n, AU 14, 1936, 1–104 – R. Buchner (Wattenbach-Levison-Löwe, Beih., 1953), 49–55 [Lit.] – A. Uddholm, Formulae Marculfi, Études sur la langue et le style, 1954 – F. Beyerle, Das F.-Schulbuch Marculfs (Fschr. Th. Mayer II, 1955), 365–389 – A. Uddholm, Les traits dialectaux de la langue des actes mérovingiennes et le formulaire de Marculf, ALMA, 1955, 47ff. – I. Heidrich, Titulatur und Urkk. der arnulf. Hausmeier, ADipl 11/12, 1965/66, 171–195 – U. Nonn, Merow. Testamente, ADipl 18, 1972, 110–121 – zu [IV]: Q. und Lit.: MGH DD – W. Erben, Das Privileg Friedrichs I. für das Hzm. Österreich, 1902, 5–35 – E. Stengel, Diplomatik der dt. Immunitätsprivilegien vom 9. bis zum Ende des 11. Jh.s, 1910, 265ff. – H. Hussl, Stud. über F. benützung in der Kanzlei der Karolinger, Ottonen und Salier, 1913 – H. Hirsch, Die Urkk. Konrads III. in der Zeit seines it. Gegenkönigtums, MIÖG 41, 1926, 8off. – H. Zatschek, Über Formularbehelfe in der Kanzlei der älteren Staufer, ebd., 93–107 – G. Ladner, Formularbehelfe in der Kanzlei Ks. Friedrichs II. und die »Briefe des Petrus de Vinea«, MIÖG Ergbd. 12, 1933, 92–195 – P. Zinsmaier, Unters. zu den Urkk. Ks. Friedrichs II. 1212–1220, ZGO 97, 1949, 369ff. – F. Hausmann, Formularbehelfe der frühen Stauferkanzlei, Unters. über deren Herkunft, Verwendung und Verhältnis zur Urkk. sammlung des Codex Udalrici, MIÖG 58, 1950, 68–96 – P. Zinsmaier, Stud. zu den Urkk. Heinrichs (VII.) und Konrads IV., ZGO 100, 1952, 452ff., 468ff. – H. M. Schaller, Zur Entstehung der sog. Briefsammlung des Petrus de Vinea, DA 12, 1956, 118 – J. Riedmann, Stud. über das Reichskanzlei unter Friedrich Barbarossa in den Jahren 1156 bis 1166, 2. T., MIÖG 76, 1968, 96ff. – P. Zinsmaier, Die Urkk. Philipps v. Schwaben und Ottos IV. (1198–1212), 1969, 140 – Ders., Die Reichskanzlei unter Friedrich II., VuF 16, 1974, 138 – O. H. Becker, Ksm., dt. Königswahl und Legitimitätsprinzip in der Auffassung der späteren Staufer und ihres Umkreises, 1975, 88–124 – D. Hägermann, Stud. zum Urkk. wesen Wilhelms v. Holland, ADipl, Beih. 2, 1977, 322ff. – P. Johanek, Zur Gesch. der Reichskanzlei unter Friedrich Barbarossa, MIÖG 86, 1978, 40ff. – D. Hägermann, Stud. zum Urkk. wesen Kg. Heinrich Raspes (1246/47), DA 36, 1980, 543f. – W. Koch, Zu Sprache, Stil und Arbeitstechnik in den Diplomen Friedrichs Barbarossas, MIÖG 88, 1980, 51ff. – P. Csendes, Die Kanzlei Ks. Heinrichs VI., Denkschr. d. Österr. Akad. der Wiss. 151, 1981, 138 – Th. Kölzer, Die siz. Kanzlei von Ksn. Konstanze bis Kg. Manfred (1195–1266), DA 40, 1984, 546f. – zu [V]: De Boor-Newald IV/1, 406ff. – Bresslau I, 640ff.; II, 271ff. – Lhotsky, Quellenkunde, 80ff. – L. Rockinger, Über F. bücher vom 13.–15. Jh. als rechtsgesch. Q., 1855 – P. Schweizer, Ueber das sog. Formelbuch Albrechts I., MIÖG 2, 1881, 223ff. – Th. Lindner, Das Urkk. wesen Karls IV. und seiner Nachfolger, 1882, 148ff. – S. Herzberg-Fränkel, Gesch. der dt. Reichskanzlei 1246–1308, MIÖG Ergbd. 1, 1885, 291ff. – J. Kretzsch-mar, Die Formularbücher aus der Kanzlei Rudolfs v. Habsburg, 1889–

G. Seeliger, Die Registerführung am dt. Königshof bis 1493, MIÖG Ergbd. 3, 1890/94, 241ff. – H. Otto, Zu den Formularbüchern aus der Kanzlei Rudolfs v. Habsburg, NA 27, 1901, 217ff. – L. Gross, Die Gesch. der dt. Reichshofkanzlei von 1559 bis 1806, 1933, 100 – H. Koller, Das Reichsregister Kg. Albrechts II., Mitt. des Österr. Staatsarchivs, Ergbd. 4, 1955 – P. Moraw, Kanzlei und Kanzleipersonal Kg. Ruprechts, ADipl 15, 1969, 428ff. [Lit.] – I. Hlaváček, Das Urkk.- und Kanzleiwesen des böhm. und röm. Kg.s Wenzel (IV.) 1376–1419 (MGH Schr. 23, 1970), 370ff. – H. Bansa, Zum Problem des Zusammenhangs von Formular und Registereintrag. Beobachtungen aus der Kanzlei Ludwigs d. Bayern, DA 29, 1973, 529ff.

B. Byzantinischer Bereich

Die Erforschung des byz. F. wesens und der Formularien ist nach längerer Stagnation erst jüngst wieder deutlich aktiviert worden, doch bleiben wegen unzureichender Aufarbeitung mancher Materialien verschiedene Zusammenhänge einstweilen hypothetisch.

Formulare gab es einerseits als Muster für Schreiber zur Anfertigung von Urkk., zur Führung von Protokollen usw., andererseits als Anleitung zur Durchführung bestimmter Handlungen im privaten Rechtsverkehr und öffentl. Leben. Die relativ gute, oft sogar ausgezeichnete stilist. Schulung der Mehrheit der Notare und erst recht der Konzeptgeber der Urkk. durch eine gediegene rhetor. Ausbildung verhinderte aber eine bloße Imitation von Vorlagen, forderte vielmehr eine jeweils neue Modifizierung und Verfeinerung auch immer wiederkehrender Klischees heraus.

Aus frühbyz. Zeit blieben viele Papyri erhalten, die in den weiteren Umkreis von Formularen gehören. Dabei dürfte es sich aber eher um Konzepte zu konkreten Schriftstücken handeln, die ebenfalls Blankettworte (ὁ δεῖνα, τόδε καὶ τόδε) aufweisen, vielleicht gelegentlich auch um Stilübungen ohne realen Hintergrund. Wenn F. sammlungen für die Frühzeit auch nicht zu belegen sind, dürfen wir sie aber doch indirekt erschließen, nicht zuletzt aufgrund der relativen Einheitlichkeit des F. schatzes im Urkk. material des Gesamtreiches, bes. ab dem 6. Jh.

Dort, wo erhaltene Formulare bzw. F. sammlungen genauer datiert werden können, stammen sie zumeist aus der Spätzeit, ab dem 13. Jh. Die Bandbreite der Formulare reicht von Notariatsakten (Kaufverträge, zivilrechtl. Übereinkommen, Bestätigungen usw.) bis zu so anspruchsvollen Produkten wie den Prooimien (Einleitung) von Kaiserurkk. (incl. der Novellen). Abgesehen von der Aufgabe, in den Inhalt der Urkk. einzuführen, wurden solche Prooimien gern voll in den Dienst der Kaiserideologie gestellt. Es blieb der Rest dreier einschlägiger F. sammlungen erhalten (die Hss. stammen aus der Zeit zw. 1250 und 1300), aber gerade bei den Prooimien bemühten sich die konzipierenden Beamten, die alten Phrasen und Schlagwörter im Dienste der Kaiseridee mit möglichst kunstvollen stilist. Neuschöpfungen und Variationen darzubieten, so daß eine wörtliche Übernahme der Formulare nicht in Frage kam. Gelegentlich leisteten hier auch führende Stilisten (Demetrios→Kydones, Theodoros→Metochites, Michael→Psellos), ja sogar manche Ks. (Justinian I., Leon VI., Konstantin VII.) einen Beitrag. Die stilist. Überlegenheit der byz. Kaiserkanzlei über die westl. ist unverkennbar.

Eine beachtl. Menge von Urkk. ist uns im Patriarchatsregister von Konstantinopel (14. Jh.) greifbar. Abgesehen von den Prooimien finden sich hier größere Partien mit formelhaften, klischeeartigen Texten, die sich nur in Details unterscheiden (Epidosios-Urkk., Exarchen-Urkk., Eideserklärungen der eigenen Orthodoxie). Stereotype F.n mit geringen Modifikationen finden sich ferner z. B.

bei Anrede- und Grußworten sowie bei den Schlußwendungen der Briefe, bei der Einführung hochstehender Persönlichkeiten in den Kontext der Urkk., bei der Einleitung der Dispositio und beim Eschatokoll.

Überhaupt reichte das Formelhafte bis tief in den byz. Alltag. Besonders stark trat es im ksl. Zeremoniell (→Herrscherzeremoniell), bei den Akklamationen der →Demen und auch in der Behandlung ausländischer Fs.en und Gesandten zutage.   W. Seibt

Q.: Novellen, XLVII 1 – Constantinus Porphyrogennitus, De cerimoniis, z. B. 680–692 – G. A. RHALLES – M. POTLES, Σύνταγμα τ. θείων κ. ἱερῶν κανόνων V, 1855, 541–589 – K. N. SATHAS, Μεσαιωνικὴ βιβλιοθήκη VI, 1877, 607–653 – G. FERRARI, Due formule notarili cipriote inedite (Studi i. o. di B. BRUGI, 1910) – DERS., Formulari notarili inediti, BISI 33, 1912, 41–128 – H. HUNGER, Prooimion, 1964, 218–245 – R. BROWNING, Notes on Byz. Prooimia, 1966, 16–31 – I. ŠEVČENKO, On the Preface to a Praktikon by Alyates, JÖBG 17, 1968, 70–72 – D. SIMON, Ein spätbyz. Kaufformular (Flores legum H. J. SCHELTEMA oblati, 1971), 157–159 – G. WEISS, Kitantza: Zwei spätbyz. Dialysisformulare (Fontes Minores I, 1976), 176–181 – D. SIMON – SP. TROIANOS, Dreizehn Geschäftsformulare (Fontes Min. II, 1977), 267–295 – M. V. STRAZZERI, Drei Formulare aus dem Hb. eines Provinzbm.s (Fontes Min. III, 1979), 323–327 – L. BURGMANN, Die Novellen der Ksn. Eirene (Fontes Min. IV, 1981), 24f., 33 – Lit.: HUNGER, Profane Lit. I, 70ff.; II, 396f., 475 [P. E. PIELER] – G. FERRARI, I documenti greci medioevali di diritto privato dell'Italia meridionale, 1910 – E. v. DRUFFEL, Papyrolog. Stud. zum byz. Urkk.wesen im Anschluß an P. Heidelberg 311, 1915, 1970² – H. ZILLIACUS, Unters. zu den abstrakten Anredeformen und Höflichkeitstiteln im Griech., 1949 – H. J. WOLFF, Der Urkk.stil Ägyptens im Lichte der Funde von Nessana und Dura, Rev. int. des droits de l'antiquité 8, 1961, 115ff. – H. HUNGER, Prooimion, 1964 – DERS., Aspekte der griech. Rhetorik von Gorgias bis zum Untergang von Byzanz, SAW.PH 277,3, 1972 – O. MAZAL, Die Prooimien der byz. Patriarchenurkk., 1974 – H. HUNGER, Zum Stil und zur Sprache des Patriarchatsregisters von Konstantinopel (Stud. zum Patriarchatsregister von Konstantinopel I, 1981), 11ff.

Formigny, Ort in der westl. Normandie (dép. Calvados, arr. Bayeux, cant. Trévières), am 15. April 1450 Schauplatz einer Schlacht zw. dem Heer →Karls VII., Kg. v. Frankreich, geführt von Jean, Gf. v. Clermont, sowie dem Connétable →Arthur de Richemont, und dem engl. Expeditionskorps unter Sir Thomas Kyriel, das einen Monat zuvor in Cherbourg gelandet war, um den besiegten, in Caen eingeschlossenen Hzg. John v. Somerset, den Lieutenant Kg. →Heinrichs VI., zu entsetzen. Die Schlacht endete mit dem Sieg Frankreichs; ein zeitgenöss. offizieller frz. Bericht gibt die engl. Verluste mit 3774 Toten und 1200–1400 Gefangenen an. Mit dem Sieg von F. begann die letzte Phase der Rückeroberung der →Normandie, die mit der Kapitulation v. Cherbourg am 12. Aug. 1450 endete.   Ph. Contamine

Lit.: C. JORET, La bataille de F. d'après les documents contemporains, 1903 – J. LAIR, Essai hist. et topographique sur la bataille de F., 1903 – F. CALLU-TURIAF, Nouveaux documents sur la bataille de F., BEC 124, 1966, 273–280.

Formosus, Papst seit 3. Okt. 891, * ca. 816, † 4. April 896, ▭ Rom, St. Peter. Schon als Bf. v. Porto (864–876) trat F. als fähiger, ehrgeiziger Helfer der päpstl. Regierung auf. 864 von Papst Nikolaus I. zur Bulgarenmission entsandt, scheiterte die von F. und dem bulg. Fs.en →Boris I. geplante Erhebung zum Ebf. v. Bulgarien. Weitere Aufgaben übernahm F. im Auftrag von Papst →Hadrian II., u. a. als Legat in Konstantinopel sowie bei den Verhandlungen in Trient (Mai 872 zw. Kg. Ludwig d. Dt. und Ksn. Angilberga). Papst Johannes VIII., bei dessen Erhebung F. vielleicht Konkurrent war (A. LAPÔTRE), exkommunizierte F. am 19. April 876 wegen einer angebl. Verschwörung gegen Ks. und Papst. Das Urteil, dem sich F. durch Flucht ins westfrk. Reich entzog, wurde auf den Synoden v. Ponthion (Juli 876) und Troyes (Aug. 878) erneuert.

883/884 von Marinus I. in sein Bm. wiedereingesetzt, wurde F. 891 (gegen das Translationsverbot) selbst Papst und wohl erstmals nach einem neuen Ritus geweiht (N. GUSSONE). In den verschiedensten kirchl. Streitigkeiten (photian. Schisma in Byzanz, Auseinandersetzung zw. den westfrk. Kg.en →Odo und →Karl d. Einfältigen; Streit zw. Hamburg und Köln um das Bm. Bremen [→Hamburg-Bremen]) erwies sich F. als Schlichter. In Italien wurde sein Verhältnis zu den Spoletinern nach der Kaiserkrönung →Widos und dessen Sohnes →Lambert (30. April 892, mit Abschluß eines Pactum) zunehmend problematisch. Um sich der spoletin. Bedrohung zu erwehren (nicht aus »Germanophilie«), wandte sich F. zweimal an den dt. Kg. →Arnulf, den er im Febr. 896 kurz vor seinem Tod zum Ks. krönte. Unsicher bleibt, ob die Spoletiner Lambert und →Ageltrude aus »Rache« den 2. Nachfolger des F., →Stephan VI., zur Abhaltung der in der Geschichte einmaligen Leichensynode drängten oder an ihr teilnahmen. Stephan ließ den Leichnam des F. 897 exhumieren und postum verurteilen, weil F. das Translationsverbot und die von Johannes VIII. verhängte Exkommunikation mißachtet sowie seinen in Troyes (878) geleisteten Eid, nie wieder nach geistl. Ämtern zu streben, gebrochen habe. Die von F. gespendeten Weihen erklärte man für nichtig. Papst Theodor II. ließ später den in den Tiber geworfenen, aber wiederaufgefundenen Leichnam beisetzen und widerrief (Dez. 897) ebenso wie Johannes IX. (Konzil v. Ravenna, 898) das Urteil der »Leichensynode«. Über die bis in den Pontifikat Johannes' X. (914–928) andauernden Streitigkeiten (bes. über die Gültigkeit der formosian. Ordinationen) berichten die Apologeten des F.: Auxilius v. Neapel, →Eugenius Vulgarius sowie die anonyme »Invectiva in Romam«, die gegenüber den Kritikern die Rechtmäßigkeit des »frommen und gelehrten« Papstes hervorheben.   K. Herbers

Q.: GP – PU – IP – JAFFÉ² I, 435–439; II, 746 – LP II, 227 – MGH Epp. Karol. VII, 366–370 – E. DÜMMLER, Auxilius und Vulgarius, 1866 – DERS., Gesta Berengarii, 1871, 137–154 – Lit.: DHGE XVII, 1093f. [Lit.] – DThC VI, 594–600 – HKG III/1, 176f. [Lit.] – LThK² IV, 214f. – G. DOMENICI, Il papa F., La civiltà cattolica 75, 1924, I, 106–120, 518–536; II, 121–135 – I. DUJČEV, Uno studio inedito di Mons. G. G. Campini sul papa F., ASRSP 59, 1936, 137–177 [Nachdr.: DERS., Medioevo Bizantino-Slavo I, Storia e letteratura 102, 1965, 149–181, 548–551] – G. ARNALDI, Papa F. e gli imperatori della casa di Spoleto, Annali Fac. di Lettere Napoli 1, 1951, 85–104 – H. ZIMMERMANN, Papstabsetzungen des MA, 1968, 49–73 – A. LAPÔTRE, Études sur la papauté au IXᵉ s., aus dem Nachlaß hg. A. VAUCHEZ, 2 Bde, 1978 [Nachdr.] – N. GUSSONE, Thron und Inthronisation des Papstes, 1978, 200–213 – P. DROULERS, A propos du pape F. du P. (A. Lapôtre, AHP 19, 1981), 327–332 – F. RUBEWEJANGA, Les ordinations du pape F., Revue africaine de théologie 6, 1982, 5–27, 177–188 – M. BACCHIEGA, Papa F., 1983 [unkrit.] – G. B. LADNER, Die Papstbildnisse des Altertums und des MA III, 1984, 35f.

Formula Hormisdae → Hormisdas

Formular, liturg. F. (von lat. formularium, ʻmodellhaft, typenmäßig') bezeichnet bereits sehr früh (→Formel) Modelle beispielhafter Urkundentexte. Die christl. Liturgie, die in der Frühzeit – aus dem Judentum überkommene Formeln ausgenommen – zunächst frei improvisiert, übernimmt den Inhalt des Begriffs spätestens im 9. Jh. und zwar nach einer Periode von Paradigmata, d. h. von generellen, mehr oder weniger offiziellen Gebetsmodellen. Für den beispielhaften Ablauf der Gottesdienstfeier in Messe und Stundengebet an Ferial- und Festtagen verbindet das F. – anfangs äußerlich, seit dem 11. Jh. organisch – zu lesende, zu sprechende und zu singende Texte aus Vorläufern (Sakramentar, Antiphonarium missae, Lektionar; Psalterium, Antiphonarium chori, Hymnar, Sermonar oder Homiliar, Responsoriale, Kollektar) zu einer Einheit mit oder ohne Musiknotation.   D. v. Huebner

Lit.: DACL V, 2, 1899–1948 [H. LECLERCQ] – A. BAUMSTARK, Vom gesch. Werden der Liturgie, Ecclesia orans 10, 1923 – F. CABROL, Initiatives individuelles dans la liturgie et le magistère de l'église (Les questions liturgiques et paroissiales 12, 1927, 129–162 – A. BAUM-STARK, Liturgie comparée, 1953³.

Formularbehelfe, -sammlungen → Formel, -sammlungen

Fornaldarsögur ('Vorzeitgeschichten'), ca. 40 altisländ. phantast., heroische oder myth. Unterhaltungsromane, vom 15.–18. Jh. in isländ. Hss. überliefert. Sie spielen in der nord. Vorzeit (bis ca. 850 n. Chr.), die sie aus spätma. romantisierender Perspektive rekonstruieren, wobei sie geographisch oft über den Norden hinaus nach Kontinentaleuropa, Rußland, Byzanz und in den Mittelmeerraum ausgreifen, indem sie ihre Protagonisten, etwa den auch in Kg. →Alfreds ae. Orosius-Übersetzung erwähnten Norweger Ohthere alias Örvar-Oddr (→Entdeckungsfahrten, skand.), z. B. eine den frühma. Welthorizont der Wikingerzüge umspannende Biographie absolvieren lassen (»Örvar-Odds saga«). Trotz (oder gerade wegen) ihres fiktiven Charakters reflektieren sie ein stereotypes Wikinger-Ethos und -milieu und dürften sie, was Handlungsstruktur und die in ihnen bewahrten Heldensagenstoffgerüste (etwa die Sage vom Dänenkg. Hrólfr Kraki, der im 6. Jh. lebte, und den auch der ae. →»Beowulf« nennt) und Reflexe von Mythen betrifft, die mitunter nur hier erhalten sind oder gelegentlich verblüffend genau mit anord. myth. oder heroischer Dichtung (→Edda) oder lat. historiograph. Aufbereitungen der nord. Heldensage (→Gesta Danorum des Saxo Grammaticus, um 1200) übereinstimmen, als Gattung früheste altisländ. Erzählprosa darstellen, die in mündl. Form wesentlich älter als die realist. Familienromane (Íslendinga sǫgur, die im 13. Jh. entstanden und überliefert sind, ist, worauf wohl auch der Bericht von der Hochzeit v. Reykjahólar i. J. 1119 deutet (in der Sturlunga saga), auf der F. zur Unterhaltung der Gäste vorgetragen worden sein sollen.   G. W. Weber

Lit.: KL III, 128–136 [K. SCHIER] – K. SCHIER, Sagalit., 1970, 72–91 – P. BUCHHOLZ, Vorzeitkunde (Skand. Stud. 13, 1980) – P. HALLBERG, Some Aspects of the F. as a Corpus, ANF 97, 1982, 1–35 – P. FOOTE, Sagnaskemtan: Reykjahólar 1119 (DERS., Aurvandilstá. Norse Stud. 1984), 65–83 – T. M. ANDERSSON (Structure and Meaning in Old Norse lit., hg. J. LINDOW u. a., 1986), 347–377 – R. SIMEK (Sagnaskemmtun. Stud. H. PÁLSSON, hg. R. SIMEK, 1986), 247–275 – ST. MITCHELL, The Old Icelandic Legendary Sagas [ersch. 1988].

Fornovo di Taro (frz. Fornoue), Ort im nördl. Italien (Emilia, Prov. Parma), am 6. Juli 1495 Schauplatz einer Schlacht zw. dem frz. Heer, geführt von Kg. →Karl VIII., und den zumeist aus Venezianern bestehenden Truppen der Lombard. Liga, befehligt vom Generalkapitän Francisco →Gonzaga, Mgf. v. Mantua, der versuchte, dem von der Eroberung des Kgr.es →Neapel nach Frankreich ziehenden Karl VIII. den Paß zu verlegen. Trotz zahlenmäßiger Unterlegenheit besiegten die Franzosen die undisziplinierten it. Streitkräfte, v. a. dank der Tapferkeit des Kg.s und geschickten Manövrierens.   Ph. Contamine

Lit.: Y. LABANDE-MAILFERT, Charles VIII et son milieu, 1975, 379–414 – L. L. GHIRARDINI, La battaglia di F., 1981 – C. DE FREDE, L'impresa di Napoli di Carlo VIII°, commento ai primi due libri della Storia d'Italia del Guicciardini, 1982 – Y. LABANDE-MAILFERT, Charles VIII, 1986, 329–364.

Fornyrðislag, anord. Bezeichnung des neben dem →Ljóðaháttr wichtigsten eddischen Versmaßes. Das F. setzt mit seinen durch Stabreim (→Alliteration) verbundenen Paaren von zweihebigen Halbversen die germ. Langzeilendichtung fort. Es fand für epische Stoffe aus Mythos

und Heldensage Verwendung und begegnet bereits auf Runensteinen der frühen Wikingerzeit, u. a. auf dem Rökstein (→Rök). Letztlich als Folge der Lautveränderungen der nord. Sprache vom 6. bis zum 8. Jh. (Silbenverfall, Kontraktionen) hebt sich das F. vom germ. Langvers durch eine Verminderung der Senkungs- und Anverssilben ab, wobei sich eine zunehmende Tendenz zu Viersilbigkeit und alternierendem Rhythmus abzeichnet (so schon in der →Vǫluspá, ca. 1000). Wahrscheinl. unter dem Einfluß von Ljóðaháttr und →Skaldendichtung bildete sich auch im F. eine Gliederung in Strophen heraus, die in ihrer Länge zunächst stark schwankten, später aber regelmäßig vier Langzeilen umfaßten, die sich meist wie beim →Dróttkvætt in zwei Halbstrophen gliederten. Die Bezeichnung F. begegnet zum erstenmal in →Snorri Sturlusons →Háttatal. Nahe verwandt mit dem F. ist der →Málaháttr.   G. Kreutzer

Lit.: E. SIEVERS, Altgerm. Metrik, 1893 – E. BRATE, Fornnordisk metrik, 1898 – H. PIPPING, Bidrag till Eddametriken, 1903 – M. KRISTENSEN, Idg. Forsch. 16, 1904, 23–26 – G. NECKEL, Beitr. zur Eddaforsch., 1908 – W. VAN DEN ENT, Het fornyrðislag, 1924 – B. SJÖROS, Meter och stil i fornyrðislag (Festskrift tillägnad H. PIPPING, 1924), 487–501 – A. HEUSLER, Dt. Versgesch. I, 1925 – J. HELGASON (Nordisk Kultur, VIII B, 1952), 9ff. – K. v. SEE, Germ. Verskunst, 1967, 56–60.

Forst
I. Allgemein. Mittel-, Westeuropa und Italien–II. England, Irland und Wales – III. Iberische Halbinsel.

I. ALLGEMEIN. MITTEL-, WESTEUROPA UND ITALIEN: [1] *Allgemein. Frankenreich:* Das Wort 'Forst', wortgeschichtlich mit First zusammenhängend, bezeichnet einen umgrenzten Raum. Die Wortgeschichte deckt sich mit dem Ergebnis der Verfassungsgeschichte, die unter diesem, seit dem ausgehenden 6. Jh. begegnenden Begriff frk. Königsurkk. einen nicht unbedingt auf den →Wald bezogenen Rechtsbezirk versteht: die Rechtsgestalt, mit der das Kgtm. eine umgrenzte Fläche aus dem Ödland, dem »Unland«, das weitgehend vom Wald geprägt war, für sich beanspruchte. In dieser Definition war F. als frk. Eigentümlichkeit im gesamten karol. Herrschaftsgebiet verbreitet, findet sich in dieser Gestalt dagegen nicht in den späteren Kolonisationsgebieten. Aufschlußreich ist die Weisung an die Königsboten 819, genauestens Schutz und Hege der Königsf.en zu überprüfen. Zugleich sollte die Anlage neuer F.en ohne kgl. Befehl untersagt sein. Dahinter standen aber den Reklamation von Königsrechten offenbar Schwierigkeiten, die sich in der Realität aus der Definition von Unland als herrenlosem, vom Kg. beanspruchbaren Gebiet und dem durch Bevölkerungswachstum erweiterten Nutzungsanspruch der Menschen ergaben.

Das F.recht wurde durch den F.bann, das Verbot fremder Nutzungen, geschützt (→Bann). In dem spätma. Sprichwort »Furcht hütet den Forst« ist diese mit Strafen arbeitende Banngewalt charakterisiert, die ein über Nutzungsberechtigungen hinausgehendes, auf eine Fläche bezogenes Waldeigentum entstehen ließ. Die dadurch erforderte Organisation beschreibt das →»Capitulare de villis« ergänzend zu den bruchstückhaften Nachrichten der Urkunden. Die zunächst unfreien Förster waren in der Zeit Kalrs d. Gr. noch nicht einem magister forestariorum unterstellt, bildeten also keine eigene »Forstbehörde«. Die iudices beaufsichtigten die F.en, leiteten die Rodungen (→Kolonisation und Landesausbau) und überwachten die Schweinemast (→Viehhaltung); denn seit der Zeit Karls d. Gr. gehörte der F. zu einem Königshof, zu einer Pfalz. Folgen dieses Verhältnisses (der Wald war zur Versorgung des reisenden Kgtm.s unentbehrlich) sind selbst noch nach dem Verfall der Pfalzenverfassung bis ins SpätMA hinein sichtbar. Nach und nach zeigte sich in der F.organisation stärkere Dezentralisierung, womit sich die Vergabe von F.en an weltl. und geistl. Große ankündigte.

[2] *Hoch- und SpätMA:* Die schon in frk. Zeit einsetzenden Schenkungen kgl. F.en führten in Deutschland dazu, daß seit dem HochMA nur noch Trümmer des einst riesigen kgl. Waldbesitzes erhalten blieben, während in Frankreich im 13. Jh. trotz aller auch hier erkennbaren Feudalisierung der F.en eine kgl. F.politik durch Philipp II. August und Ludwig IX. d. Hl.en hohe Einnahmen aus der Waldwirtschaft erzielen und eine zentralisierte F.verfassung aufbauen konnte, die zugleich verbesserte Forsttechnik durchsetzte (→Eaux et forêts). Zur vom hzgl. F.recht geprägten norm. Entwicklung →Normandie.

In otton.-sal. Zeit bildeten die Königsf.en den Kern d. materiellen Ausstattung der Reichskirchen. Dabei wurden F.bann und Wildbann (bannus ferinus, feras forestare) gleichgesetzt. Schon in frk. Zeit, in der die Jagdverbote in den Kapitularien breiten Raum eingenommen hatten, war dieses Verbot des freien Tierfanges zugunsten des Privilegierten angebahnt worden. Die Gleichsetzung von Forstherrschaft und Wildbann ist angesichts der eher geringen wirtschaftl. Bedeutung des Wildes auffällig. Über das Herrenrecht der Hohen Jagd (→Jagdwesen) hinausweisend enthielt der Wildbann, der über bäuerl. Nutzungsrechte hinweg eine Fläche als Herrschaftsbereich definierte, einen Anspruchscharakter für die Zukunft. Der Inhaber des Wildbanns entschied über die Erweiterung der Waldnutzungen, v.a. aber über den Siedlungsbau, der in der hochma. Rodungsphase auf Kosten der Waldflächen gehen mußte. In dieser Hinsicht ist F.hoheit eine der wesentlichen Grundlagen der späteren →Landeshoheit geworden, F.grenzen markierten oft Herrschaftsgrenzen.

Der F.bann betraf auch, seit dem HochMA erkennbar, die in den gebannten Wäldern wohnenden Menschen, die inforestarii (Eingeforsteten); Siedler mit Weiderechten, Zeidler (→Bienen, I) usw. Sie hatten Abgaben zu leisten – u.a. Hafergült, weil Hafer auf frischgerodeten Brandflächen (→Brandwirtschaft) besser als andere Getreidearten gedieh; ihre Holzrechte wurden genauestens beschränkt. Handel mit Holz war ihnen verwehrt. Zu beobachten ist, daß diese Eingeforsteten im Zuge des Siedlungsausbaues auf ehemaligem Waldboden ein besseres Recht bewahrt haben als die späteren Zuzügler.

Während der spätma. Verrechtlichung gewann die Spaltung von bäuerl. Nutzungsrechten (v.a. an den Waldsäumen) und F.hoheit Konturen. So stand in den großen F.en südl. von München in den F.wiesen des durchlichteten Waldes die Grasnutzung den Bauern, die Holznutzung dem Hzg. zu.

Die ursprgl. unfreien Förster erscheinen im HochMA in privilegierter Funktion. Sie waren mit Diensthufen (mansi forestarii iuris) ausgestattet und hatten, wie etwa die 12 Förster im Büdinger Wald oder die 21 Förster im Spessart, neben den F.rechten ihrer F.hube Bezüge von den Eingeforsteten für Holzanweisungen und Mastrecht. Neben der Überwachung des Wildbannes waren sie – vor dem Ausbau eigener hochadliger Jagdorganisation im SpätMA – mit Jagddiensten belastet (u.a. Hundehaltung, Stellung von Jagdpferden).

Die höheren F.aufgaben (officium foresti u.ä.) hatten die Tendenz, nach dem Lehenrecht vergeben zu werden, und unterlagen wie dieses dem Prozeß der Erblichkeit. So konnte das F.meister-Amt namenbildend werden: Adolf v. Nassau überträgt 1293 das F.amt den Waldstromern (→Stromer), die ihren Namen zufolge schon seit Genera-

tionen dieses Amt versehen haben müssen, als Lehen. Im Sebalder Wald hatte bereits 1273 der Burggf. v. Nürnberg das F.amt mit dem Recht, die F.meister einzusetzen, als Reichslehen erhalten. Im Laufe des späten MA wurden auch die unter dem F.meister stehenden unteren F.ämter erblich. Der Erbförster war Besitzer einer – teilbaren – Forsthube, die eigtl. F.polizei nahmen Knechte wahr.

Die rechtl. Konturen des Begriffs 'F.' verwischten sich im späten MA. In dem Maße, in dem mit der Wirtschaftsentwicklung einhergehend die →Waldnutzung immer wichtiger wurde, mußten auch Waldschutzmaßnahmen ergriffen werden, die in F.- und Gemeindewald die gleiche Zielrichtung hatten. 'F.' gewann einen allgemeineren Inhalt, der auf F.kultur ohne klare Abgrenzung zur Waldkultur abhob, aber den Gegensatz zu dem der Natur überlassenen Wald zumindest implizierte. Die sog. F.ordnungen, deren früheste Ansätze das elsäss. Stift →Maursmünster 1144 entwickelt hatte, betrafen auch Wälder, die im älteren Wortsinne keine F.en waren. Mit der spätma. Verallgemeinerung des F.begriffs über seine ursprgl. flächenhaft begrenzte, fiskal. Rechtsgestalt hinaus beanspruchten die Landesherren eine Oberherrschaft über alle Wälder in ihrem Gebiet. Ob im »Privilegium maius« Hzg. →Rudolfs IV. v. Österreich die Lehensherrschaft über alle Wälder beansprucht wurde oder ob in welf. Gebieten der Landesherr als »Oberster Erbe« bei den Waldmärkern galt: Die Tendenz, die zu den landesherrl. F.ordnungen des 16. Jh. als Ausdruck der Territorialgewalt führte, ist unverkennbar.

[3] *Italien:* Das it. F.recht, das sich anders als dasjenige nördl. der Alpen entwickelte, ist in der Frühzeit charakterisiert durch das Weiterleben antiker Traditionen und durch neue Formen infolge der Herrschaftsüberlagerung. Im langobard. Reich wurde der altröm. Ausdruck 'communia' bzw. 'communalia' auch für jene Wälder angewandt, die in großer Zahl neben den kgl. Wäldern (oft mit germ. Wortstamm *gahagia* genannt) bestanden. Wälder und Weiden hatten in röm. Zeit ebenso wie Seen und Lagunen zu den loca publica gehört, die, mehreren Nachbarn (vicini) als Eigentum zugewiesen, also in Gemeindebesitz übergegangen, schon in röm. Zeit zu den loca communia zählten. (Die grundherrschaftl. Organisation brachte nichts Neues; Wälder unterlagen wie Gewässer und Weiden der gemeinsamen Nutzung der Grundholden.) Die oberit. Civitates haben diese gewachsenen Rechte über die frk. und die otton.-sal. Zeit hinaus bewahrt. Wenn im 11. Jh. die Wälder, die von den Bürgern zu Mailand, Cremona, Pavia und Piacenza genutzt wurden, in bfl. Hand waren, so verdankten die Bf.e dies nicht wie nördl. der Alpen einem kgl. Privileg, sondern ihrer Stellung als Führer der autonomen Stadtgemeinde.

Die Normannen brachten die heim. F.gesetzgebung (→Normandie) mit in den it. Süden, wo das Vokabular der griech. Umgangssprache die neuen Termini einfach transliterierte. Die foresta ist Teil des kgl. demanium; der Kg. allein vergibt – bis ausgangs des 12. Jh. noch recht selten – Nutzungsrechte als Privileg (Weide/Eichelmast, Holzung). Darüber wachten die kgl. F.beamten (forestarii, magistri forestarii), die das Amt oft innerhalb der Familie vererbten. Ende des 13. Jh. befand sich der ehemals kgl. F. in Sizilien bereits fest in den Händen des Adels, wobei das Fehlen einer zentralen Aufsicht und Pflege fortan den Raubbau förderte.

Im klassischen Land des Stadtstaates ist der nördlich der Alpen zu beobachtende Zusammenhang von städt. Waldschutz und Waldnutzung nur in Ansätzen erkennbar. Die einschlägigen Maßnahmen waren gering an Zahl und ohne dauernden Erfolg. Venedig, das nach der Eroberung der terra ferma nur das unbebaute Land als Herrschaftsrecht beanspruchte, hat – entgegen der weit verbreiteten Vorstellung eines venezian. »Raubbaus« – in diesem 15. Jh. eine rationale F.politik zur Sicherung des eigenen Schiffbaues zumindest in Ansätzen betrieben (u. a. Verbot des Verkaufs von Gemeindewaldungen). – S. a. →Waldnutzung und Holzhandel, →Jagdwesen.   E. Schubert

Lit.: HRG I, 1168–1180 [H. RUBNER] – A. DI BERENGER, Saggio storico della legislazione veneta forestale dal secolo VII al XIX, 1863 [Neudr. 1977] – KRETSCHMAYR, Venedig II, 1920, 451 – H. KASPERS, Comitatus nemoris, 1957, bes. 231ff. – R. KIESS, Die Rolle der F.en im Aufbau des württemberg. Territoriums bis in das 16. Jh., 1958 – K. BOSL, Pfalzen und F.en (Dt. Königspfalzen I, 1963) – K. MANTEL, Forstgesch. Beitr., 1965 – H. RUBNER, Unters. zur Forstverfassung des ma. Frankreichs, 1965 – CH. HIGOUNET, Les forêts de l'Europe occidentale du Vᵉ au XIᵉ s., Sett cent. it. 13, 1966, 343ff. – H.-P. LACHMANN, Unters. zur Verfassungsgesch. des Burgwaldes im MA, 1967 – K. MANTEL, Dt. Forstl. Bibliogr. 1560–1965, 2 Bde, 1967–70 – V. v. FALKENHAUSEN, La foresta nella Sicilia normanna (La cultura materiale in Sicilia, 1980), 73–82 – La vie de la forêt normande à la fin du MA. Le Coutumier d'Hector de Chartres, ed. A. ROQUELET, 1984 – K. HASEL, Forstgesch., 1986 – s. a. Lit. zu →Wald, -nutzung.

II. ENGLAND, IRLAND UND WALES: [1] *England:* Im ma. England bezeichnet der Begriff 'F.' eine rechtlich eigenständige Einheit, und zwar das der →Jagd vorbehaltene Land, das unter eigenem F.recht *(forest law)* stand und von bes. Beamten verwaltet wurde. Der F. schloß auch Siedlungen und urbares Land ein und erfaßte auch Gebiete, die privaten Eigentümern gehörten. Dieser F.-Begriff im engeren jurist. Sinn wurde von den anglonorm. Kg.en eingeführt; Wilhelm I. konstituierte den sog. 'Neuen F.' *(New Forest)*; Wilhelm II. und Heinrich I. erweiterten das dem F.recht unterliegende Areal. Die Ausdehnung des engl. Königsf.es erreichte im späten 12. Jh. ihren Höhepunkt. 1199 standen Teile von 33 der 39 engl. Gft.en tatsächlich unter F.recht, das das jagdbare Wild und seinen Lebensraum schützen sollte. Verringerungen des F.areals wurden 1215, 1217, 1297, 1300 und 1327 verfügt, wodurch sich bereits der Verfall des Königsf.es im späteren 14. und 15. Jh. ankündigte. Die F.ämter sanken dabei zu Sinekuren ab, und die F.gesetze kamen zunehmend außer Gebrauch.

Auf dem Höhepunkt ihrer Entwicklung wurden die F.en durch eine Reihe von Gerichtshöfen, die auf lokaler Ebene tagten, verwaltet. Am häufigsten findet sich ein Beschlagnahmegericht *(court of attachment)*, das alle sechs Wochen zusammentrat und über weniger schwere Fälle von Waldfrevel richtete, während schwerere Holzdiebstähle, Jagdfrevel u. a. dem nächsten *forest→eyre* vorgelegt werden mußten. Der *swainmote court* ('Hutgericht') trat ursprgl. dreimal im Jahr zusammen, um über Fälle der Weidenutzung und Streitigkeiten um die Mast im F. *(agistment* und *pannage)* zu richten. Die F.beschau oder -enquête wurde, zumindest theoretisch, alle drei Jahre vorgenommen und hatte die Feststellung und Prüfung aller für die Krone einträgl. Möglichkeiten der →Waldnutzung zum Ziel, z. B. Rodungen *(assarts)* und das damit verbundene Problem eigenmächtigen Eindringens *(purprestures)*, außerdem Schmiede- und Hüttenbetriebe, Kohlenmeiler, Honiggewinnung (→Bienen, Abschnitt I) usw. Die höchste Instanz für alle F.fragen war das allmächtige, aber unregelmäßig tagende *forest eyre.*

Die Leitung der F.verwaltung wurde von F.richtern bzw. -verwaltern *(justices, keepers)* ausgeübt, die die Oberaufsicht über einen bestimmten F.sprengel führten. Unter Heinrich II. bestanden vier solcher Sprengel, mit je einem Richter; im allgemeinen gab es aber nur zwei Verwal-

tungssprengel, je einen nördl. und südl. des Trent, mit je einem Richter – die seit 1239 durchgängig übliche F.einteilung. Die jeweiligen F.en wurden von F.meistern mit unterschiedlichen Titeln verwaltet, denen wiederum Förster unterstanden, die – in kgl. oder privatem Auftrag – ihr Amt bisweilen auf erbl. Grundlage innehatten. An speziellen F.beamten sind zu nennen: die *verderers* und *regarders*, die ein Verbindungsglied zw. den attachment courts und den eyres darstellten, sowie die *agisters*, die mit der Waldweide (Hute) befaßt waren.

Die Anfänge dieses F.systems, das sich im 12. und frühen 13. Jh. herausbildete, sind in Heinrichs II. Assisa de Foresta (1184) belegt. Detailliertere Bestimmungen finden sich in der *Charter of the Forest* (1217). In der Charter wird die Strenge des F.rechts gemildert, die Todesstrafe auf Jagdfrevel für abgeschafft erklärt, und neueingeforstete Gebiete werden dem F.recht wieder entzogen, was die Rodung und Binnenkolonisation (→Kolonisation und Landesausbau) begünstigte. Da das F.recht starke Eingriffe in das persönl. Leben und die Besitzrechte der im F. ansässigen Bevölkerung (für die jedoch gleichzeitig das Common law galt) beinhaltete, lieferte es im 13. Jh. noch ständig Konfliktstoff, was u. a. zum Ausdruck kommt in den Bestätigungen der Charter (1297, 1300), die gewöhnlich gleichzeitig mit denjenigen der →Magna Carta erfolgten.   H. M. Jewell

Lit.: N. NEILSON, The Forests (The English Government at Work, 1327–36, Bd. I, hg. J. F. WILLARD – W. A. MORRIS, 1940) – C. R. YOUNG, The Royal Forests of Medieval England, 1979.

[2] *Irland und Wales:* Im ir. Recht bestand kein bes. F.recht des Kg.s oder anderer Personen und Institutionen. – Im walis. Recht gibt es einige geringfügige Hinweise auf bes. F.rechte, die aber wohl auf Einflüsse des engl. Rechts zurückgehen. Offenbar war im Wales der kelt. Zeit die →Jagd des Kg.s bzw. Fs.en privilegiert, nicht aber sein F. Nach der Eroberung unter Eduard I. wurde das kgl. F.recht eingeführt, über das die Waliser ständige Klage führten mit der Begründung, daß es kein Bestandteil des traditionellen walis. Rechtes sei.   T. M. Charles-Edwards

Q. und Lit.: D. JENKINS, The Law of Hywel Dda: Law Texts from Medieval Wales, 1986, 21–23, 184–187 – R. R. DAVIES, Conquest, Coexistence and Change: Wales 1063–1415, 1987, 431f.

III. IBERISCHE HALBINSEL: Der F. (altkast. Bezeichnung: *monte*) zählte nach span. Recht im MA zu den →Regalien, und der Kg. hatte über seine Nutzung zu bestimmen. Viele F.en waren immer im Besitz des Kg.s (→*Realengos*) und wurden direkt von der Krone verwaltet, die Nutzungsrechte aber wurden häufig von den Königen an Kl. oder einzelne Personen bzw. Gemeinschaften ausgetan, wobei das Weiderecht entweder nur für eine gewisse Stückzahl Vieh gewährt oder unbegrenzt zugestanden wurde. Gelegentlich trat die Krone die Forstnutzung gegen Zahlung eines montaticum oder *montazgo* zeitweilig ab. Zudem gewährte sie während der Periode der Wiederbesiedlung (→*Repoblación*) vom 10.–14. Jh. laufend den ländl. oder städt. →*concejos* Forst- und Weiderechte zur gemeinsamen *(comunal)* oder in einigen Fällen auch eingeschränkten (→*coto, dehesa)* Nutzung durch alle Bewohner, je nach Festsetzung in den Königsurkk. oder in den lokalen Gesetzgebung (→*fueros, ordenanzas)*. Die Nutzung des Gemeindeforstes *(montes concejiles)* führte zu vielen Rechtsstreitigkeiten: Eine Möglichkeit, diese zu vermeiden, bot sich in der seit dem 13. Jh. häufigen Bildung von →*hermandades* zw. den einzelnen Concejos zur gemeinsamen Nutzung von F. und Weide. Einige wie die *Asocio de Ávila* und die *Hermandad von Sevilla und Carmona* umfaßten ausgedehnte Gebiete. In den Dörfern, die der Gerichtsbarkeit eines weltl. Herrn unterstanden, wurde der F. häufig in einen kommunalen Bereich und einen *coto* des Herrn aufgeteilt; es kam aber auch vor, daß sich der Herr einen Großteil der Forstnutzung vorbehielt. In einigen Regionen, wie in der Estremadura oder Neukastilien, war sogar die Mehrzahl der F.en und Weiden für die ausschließl. Nutzung durch den Herrn *(dehesas)* bestimmt, der die Weiderechte entweder an durchziehende Viehherden oder an solche aus der eigenen Gegend verpachtete. Forstnutzung und Erhaltung waren immer geschützt: Die örtliche Gesetzgebung regelte Nutzungsrechte und Verfügung (Weide, Brenn- und Nutzholz, Holzkohle, Jagd, Honig, Wachs, Beerenlese). Als im Laufe der Zeit vorsätzl. Brandstiftung zur Gewinnung neuen Weidelandes immer häufiger vorkam, wurden die Strafen dafür verschärft. Zudem erließ auch die Krone zw. 1258 und 1351 Gesetze dagegen: Auf vorsätzl. Brandstiftung und auf das Fällen von Eichen oder Nadelhölzern für den Hausbrand stand die Todesstrafe. 1496 und 1518 wurden allgemeine Verordnungen zur Wiederaufforstung erlassen: sie waren über Jahrhunderte mit wechselndem Erfolg gültig.

M. A. Ladero Quesada

Lit.: R. GIBERT, Antiguo régimen español de montes y caza (La acción administrativa en materia de montes y caza, 1970), 9–57 – C. CARLÉ, El bosque en la Edad Media (Asturias-León-Castilla), CHE 59/60, 1976, 297–374 – R. BAUER MANDERSCHEID, Los montes de España en la hist., 1980 – D. E. VASSBERG, La venta de tierras baldías: el comunitarismo agrario y la Corona de Castilla durante el siglo XVI, 1983.

Fortebraccio, Andrea, gen. Braccio da Montone, it. Condottiere, Sohn des Oddo, * 1368 in Perugia, † 1424, entstammte einer adligen Familie. Er lebte lange Zeit im Exil und strebte immer danach, seine Heimatstadt zu erobern, um dort eine Signorie zu errichten. Er kämpfte unter Alberigo da Barbiano, wurde jedoch erst in reiferem Alter Condottiere mit einer eigenen Söldnerkompagnie. 1407 zum Signore v. Roccacontrada gewählt, verfügte er damit endlich über einen Stützpunkt für Truppenanwerbung und militär. Operationen. 1414 zum Generalkapitän des Kirchenstaates ernannt, trat er in direkte Konfrontation mit Muzio Attendolo→Sforza, dem Befehlshaber des neapolitan. Heers. Mit den Mitteln, die ihm sein Amt bot, eroberte er →Perugia und die umbr. Städte (Sieg bei S. Egidio über Carlo Malatesta). Nachdem er sich auf diese Weise eine Herrschaft geschaffen hatte, wirkte er als Kunstmäzen und förderte Unternehmungen, die dem öffentl. Gemeinwohl dienten, ohne dabei die militär. Aspekte zu vernachlässigen (u. a. Kanalbau zum Trasimenosee). 1424 bei L'Aquila von den päpstl. und neapolitan. Truppen geschlagen, erlag er in der Gefangenschaft seinen Verwundungen. Seinen Ruhm verdankt er einer bes. Kampftaktik, die der sog. Scuola Braccesca (im Gegensatz zur Scuola Sforzesca seines Antagonisten Sforza) den Namen gab. B. unterteilte sein Heer in von Hauptleuten geführte Kampfeinheiten, die er nacheinander einsetzte, so daß er stets über frische Reservetruppen verfügte. Diese Taktik wurde im ganzen 15. Jh. nachgeahmt.

T. Zambarbieri

Lit.: Enc It VII, 649f. – Enc-biogr. e bibliogr. it. 1936, s. 19, I, 403f. – G. A. Campano, De vita et gestis Braccii, MURATORI² XIX, IV – G. CANESTRINI, Documenti per servire alla storia della milizia it. dal secolo XIII al XVI, ASI XV, 1851, LXXV–LXXVII – E. RICOTTI, Storia delle compagnie di ventura in Italia, 1893², II, 173–197 – W. BLOCK, Die Condottieri. Stud. über die sog. »unblutigen Schlachten«, 1913², 32–59 – M. MALLETT, Mercenaries and their Masters, 1974, 69–75.

Fortescue, Sir John, engl. Jurist und Verfassungsrechtler, * um 1394, † 1476/79.

[1] *Leben:* Seine jurist. Ausbildung erhielt F. im Lincoln's Inn (→Inns of Court), dem er schon vor 1420

angehörte (1413/14?), und dessen gubernator er dann zw. 1425 und 1429 dreimal war. Im Verlauf seiner Karriere bekleidete er zahlreiche wichtige Ämter, u. a. war er mehrmals *justice of the peace* und Parlamentsabgeordneter. 1430 wurde er →*serjeant-at-law,* 1442 *Chief Justice of the* →*King's Bench.* F. hatte seine Karriere unter Kg. →Heinrich VI. gemacht und war Anhänger des Hauses →Lancaster. Als 1461 Kg. →Eduard IV. und damit das Haus →York die Macht übernahm (→England, E; →Rosenkriege), ging er mit der abgesetzten Königsfamilie ins Exil. 1471 wurde er in der Schlacht v. →Tewkesbury gefangen. Eduard IV. begnadigte ihn jedoch; im Zusammenhang damit widerrief F. seine bisherige Position.

[2] *Werke:* F.s bekannteste Schriften entstanden im Exil. Sie beschreiben die engl. »Verfassung«, d. h. das Rechts- und Regierungssystem, sind gleichzeitig aber auch polit. Propaganda, weil sie den Thronanspruch des Hauses Lancaster unterstützen sollen. Im lat. »De natura legis naturae« (ca. 1461–63) vergleicht F. Naturrecht und gesetztes Recht. Im ebenfalls lat. »De laudibus legum Angliae« (ca. 1470) vergleicht er u. a. engl. und frz. Recht (zugunsten des ersteren); bekannt ist auch seine Analogie des Staates mit dem menschl. Körper. »On the Governance of the Kingdom of England« (ca. 1471/73) ist das erste auf Englisch geschriebene Buch über die engl. Verfassung. Wie schon früher unterscheidet F. darin zw. absoluter und konstitutioneller Monarchie. Er plädiert für letztere, aber gleichzeitig auch für eine starke Königsgewalt, v. a. gegenüber dem Adel. Den Widerruf seiner bisherigen polit. Haltung und die Hinwendung zum Haus York vollzieht er in »A Declaration upon Certain Writings« (1471/73).
→Engl. Recht, II, 2 und 3. H. Sauer

Bibliogr.: NCBEL I, 666f., 803, 2275 – *Ed.:* The Works of Sir John F., ed. T. [FORTESCUE] LORD CLERMONT, 2 Bde, 1869 – Sir John F., The Governance of England, ed. C. PLUMMER, 1885 – De laudibus legum Angliae, ed. S. B. CHRIMES, 1942 [mit engl. Übers.] – *Lit.:* Dict. of the MA V, 1985, 143–145 [D. S. BERKOWITZ] – DNB VII, 1908, 482–485 – S. B. CHRIMES, English Constitutional Ideas in the 15th Century, 1936 – E. F. JACOB, The Fifteenth Century (The Oxford Hist. of England, VI, 1961), 309–316 – B. WILKINSON, Constitutional Hist. of England in the Fifteenth Century, 1964 – P. E. GILL, Politics and Propaganda in Fifteenth-Century England: The Polemical Writings of Sir John F., Speculum 46, 1971, 333–347 – G. DOSE, Adel und Gemeinwesen..., 1977, 125–135 – K. KLUXEN, Engl. Verfassungsgesch.: MA, 1987.

Fortuath, 'auswärtiger Stamm' (später auch: echtarthuath), air. Rechtswort, bezeichnet eine *tuath* (Gentilkönigreich), die nicht unmittelbar von Mitgliedern der herrschenden lokalen Dynastie regiert wird. Ursprgl. war 'f.' eine Bezeichnung für mächtige, inzwischen aber von anderen Stammesverbänden unterworfene Stämme, die nicht in die Schemata der genealog. Autoren des MA einbezogen worden waren. Die f.a genossen manchmal den Status privilegierter Stämme, abgehoben von den tributpflichtigen *aithechthuatha.* Die mehrfach geäußerte Hypothese, daß die f.a zum Teil Reste der vorkelt. Bevölkerung Irlands darstellten, läßt sich – trotz einiger schwacher linguist. Hinweise – historisch nicht schlüssig belegen. F.a finden sich verstreut über das ganze Land: So werden z. B. die Grecraige im 7. Jh. als »senchineoil crích Maine« ('die alten Völker der →Uí Maine') bezeichnet. F.a wie die Múscraige in →Munster und die →Fothairt und Loígis in →Leinster hatten noch in der hist. Periode nicht unerhebl. Machtpositionen inne, während die Cenél Maic Ercae noch im 9.–10. Jh. als mächtigster Stamm in →Connacht galten, ohne aber ein Oberkönigtum auszuüben. Auch andere dieser F.a in Connacht, z. B. die Gailinga und Luigni, dürften bedeutender gewesen sein, als die dürftigen Quellen erkennen lassen. D. Ó Cróinín

Lit.: E. MAC NEILL, Celtic Ireland, 1921, 59 – F. J. BYRNE, Irish Kings and High-Kings, 1973, 131f., 232f., 236f.

Fortuna

I. Der Begriff 'Fortuna' im Mittelalter – II. Fortuna im religiös-literarisch-historischen Kontext.

I. DER BEGRIFF 'FORTUNA' IM MITTELALTER: Die Vielfalt des klass. Begriffs F. wird im MA übernommen und erweitert. In der Verwendung des Begriffs kann man drei Hauptformen unterscheiden.

1. F. als Symbol des unbeständigen Glücks, bei dem sie als Bringerin des Götterwillens (Fors, Fortuna, auch wohl Fatum genannt) oder als selbständige Göttin aufgefaßt wird. In Nachahmung Ciceros wird sie auch mit Felicitas gleichgesetzt, die jedoch das angeborene, bleibende Glück personifiziert.

2. F. als Instrument der Providentia Dei, die ihr Rad dreht und damit das ird. Glück der Menschen ändert, ohne Einfluß darauf zu haben, was Gott für ewig vorbestimmt hat.

3. F. als Bestandteil des Charismas, das einem Fs. en oder einem Volk eigen ist.

II. FORTUNA IM RELIGIÖS-LITERARISCH-HISTORISCHEN KONTEXT: Der Glaube an F., eine der meist verehrten Gottheiten der Spätantike, wurde von den Kirchenvätern (z. B. Tertullian, Lactantius) bekämpft. Civ. Dei IV, 18 leugnet Augustinus ihr Bestehen. In dieser Tradition schreiben u. a. auch Isidor v. Sevilla, Hrabanus Maurus und Thietmar v. Merseburg und hielten dadurch die Kenntnis von der Glücksgöttin wach. Das späte MA und die Renaissance greifen dieses Bild der selbständigen Göttin wieder auf und stellen den Wechselfällen des Glücks die menschl. Virtus entgegen, v. a. löste die große Pest eine an Augustin und Boethius anknüpfende Diskussion über das Verhältnis der Vorsehung Gottes und des heidnisch als fatum oder fortuna interpretierten Schicksals zum freien Willen des Menschen aus.

Die von Boethius »De Consolatione Philosophiae« entlehnte Vorstellung von F. mit dem Glücksrad als Vollzieherin des göttl. Willens, ist im MA die gewöhnlichste, da »De Consolatione« zu den verbreitetsten Büchern gehörte und häufig kommentiert und in christl. Sinne interpretiert wurde (→Boethius). Trotzdem bleibt der Begriff ein philosophisch/theol. Stein des Anstoßes. Da Boethius Fortuna dem Bereich des Irdischen und Zeitlichen zuschreibt, kann sie auch als das Agens der Geschichte aufgefaßt werden. Das Rad als Symbol des Veränderlichen ist seit dem 12. Jh. in der Literatur und der Geschichtsschreibung sehr populär. Man findet es u. a. in der Vita Heinrici IV imperatoris, Otto v. Freisings Chronik, bei Froissart, Langland, Chaucer, Sebastian Brant, Hans Sachs, Christine de Pisan, Guillaume de Machaut, Dante, Petrarca und Boccaccio.

Ganz getrennt von dem von Boethius geprägten Fortunabegriff steht F. als Bestandteil des Charismas, das einem Fürsten oder einem Volk eigen ist. Dieser Begriff geht auf die Fortuna augusta, Fortuna populi romani und die Fortuna Caesaris zurück, letztere aus »De bello civili« des Lucanus bekannt, dort jedoch negativ gemeint, aber seit dem 10. Jh. als Felicitas »glossiert« und dadurch positiv interpretiert. Mit Fortuna Caesaris augusta oder caesarea (Ks. Friedrich II.) wird dann auch das angeborene oder durch Herrschertugenden wie virtus, constantia und magnanimitas erworbene oder bestätigte Glück bezeichnet. In der dynast. Geschichtsschreibung (Suger v. St-Denis, Widukind v. Corvey, Regino v. Prüm) tritt dieses Bild häufig auf. Namentlich in den Gesta Friderici Ottos v. Freising wird das Glück der Staufer deutlich in Friedrich Barbarossa gesehen und dem Unglück der Salier gegenübergestellt.

Über die Renaissance kann der Gedanke von F. als charismat. Eigenschaft bis in das 18. Jh. belegt werden. – Zur Ikonographie→Personifikationen.   A. Miltenburg

Lit.: RE VII, 11–39 [W. F. OTTO] – A. DOREN, F. im MA und in der Renaissance, Vortr. der Bibl. Warburg, I, 1922–23, 17–144 – H. R. PATCH, The Goddess Fortuna in Medieval Lit., 1927 – H. HAEFELE, Fortuna Heinrici IV imperatoris. Unters. zur Lebensbeschreibung des dritten Saliers, 1954 – W. RÜEGG, Entstehung, Quellen und Ziel von Salutatis »De fato et fortuna«, Rinascimento, V, 1954, 143–190 – (DERS., Anstöße, Aufsätze und Vorträge zur dialog. Lebensform, 1973, 57–90) – F. TAEGER, Charisma, Stud. zur Gesch. des antiken Herrscherkultes, I–II, 1957–60 – H. WOLFRAM, F. in ma. Stammesgeschichten. MIÖG 72, 1964, 1–35 – F. P. PICKERING, Lit. und darstellende Kunst im MA, 1966.

Fortunatus, einer der interessantesten und bedeutendsten Prosaromane aus der Frühzeit der Gattung (→Roman), 1509 anonym in Augsburg erschienen. Ob sein Schöpfer ein Augsburger Bürger, evtl. der im Kolophon als Herausgeber begegnende Apotheker Johannes Heybler, war, ist ungeklärt. Der Roman war höchst erfolgreich, bis 1692 haben sich heute noch 21 Drucke nachweisen lassen; Übersetzungen in fast alle Literatursprachen Europas im 16. und 17. Jh. bezeugen hohes Leserinteresse. Die Forschung beschäftigt sich seit GÖRRES (1807) mit dem Text (→Volksbuch) und ist inzwischen zu extremen Deutungspositionen vorgedrungen, die zw. 'Märchen' und 'polit.-ökonom. Traktat' angesiedelt sind. Der Roman exemplifiziert überzeugend die Universallehre von der Gefährlichkeit der 'Macht Geld' für den Menschen im Zeitalter des →Frühkapitalismus und plädiert für bürgerlich-moral. Vorstellungen von 'Vernunft' und 'Weisheit' als Leitschienen der Lebensgestaltung. Die aspektweisende Vor- und Nachbemerkung des Textes lassen erkennen, daß es dem Autor nicht darauf ankam, eine 'Geschichte' zu erzählen, sondern daß er ein didakt. Speculum konstituierte, in dem die Leser die Gefährlichkeit des neuen irdischen Movens 'Geld' erkennen sollten. In sukzessiver Reihung wird dazu eine Fülle von Episoden und Motiven verschiedenster lit. Provenienz aufgeboten, um in nüchterner Montage vielgestaltige Argumentation vorzuführen. Der Autor scheint von stupender Belesenheit gewesen zu sein; die Forschung entdeckt immer wieder neue Quellenbezüge in seiner Argumentation. Die Struktur basiert auf dem traditionellen dreigliedrigen Familienroman: Großvater, Vater, Söhne – hier der verarmte Ritter Theodorus, der in die Fremde aufbrechende und zu Ansehen, Familie und Reichtum gelangende Sohn F., der im Höhepunkt seines kapitalist. Erfolges stirbt, ohne daß er mit seinem Vermögen dem Tod Einhalt gebieten kann, und schließlich dessen Söhne Andolosia und Ampedo, die beide am Reichtum zugrunde gehen. Alle drei Generationen sind unterschiedl. Figurationen für Nutzen und Nachteil des Geldwesens für die Gesellschaft. Die Exempelhaftigkeit des Romans, die weder ein realist. Zeitbild (trotz der Reisen) noch überhaupt eine einheitlich konzipierte Welt aufkommen läßt, zeigt sich bes. in der Verwendung der sog. Märchenmotive des Geldsäckels, den F. von der Jungfrau Fortuna im Walde statt 'Vernunft' und 'Weisheit' wählt, und des dem Soldan listig geraubten Wunschhütleins, das ihm ständige Ubiquität ermöglicht. Die Erzählstruktur und die im Sinne der rhetor. Argumentation angewandte lit. Montagetechnik stehen völlig im Dienst des 'fabula docet'. So wird der Roman in der Gestalt des F. zu einem progressiven lit. Ausdrucksmittel, das in bes. Maße den didakt.-sozialen Konzeptionen der Zeit zu entsprechen vermag.   H.-G. Roloff

Ed. und Lit.: F. Studienausg. nach der Editio Princeps von 1509. Mit Materialien zum Verständnis des Textes hg. H.-G. ROLOFF, 1981 [Bibliogr.: J. JUNGMAYR] – H.-J. BACHORSKI, Geld und soziale Identität im 'F.', 1983 – W. HAUBRICHS, Glück und Ratio in 'F.', Lili 13, H. 50, 1983 – W. RAITZ, F., 1984.

Forum

I. Allgemein – II. Kirchenrecht – III. Siedlungs- und Städtegeschichte.

I. ALLGEMEIN: Neben der Bedeutung als »Marktplatz« (vgl. Abschnitt III) bezeichnet F. auch den Gerichtsort oder das →Gericht. In übertragener Bedeutung meint F. das Unterworfensein unter eine bestimmte Gerichtsbarkeit bzw. die Zuständigkeit eines Gerichtsherrn für eine Rechtssache. Der Sprachgebrauch der Antike unterschied u. a. ein f. delicti commissi (Begehungsort des →Deliktes) und ein f. rei sitae (Ort, an dem sich das Streitobjekt befindet), während bei zivilrechtl. Klagen der Wohnsitz des Beklagten die allgemeine örtl. Zuständigkeit bestimmte (»actor rei forum sequitur«). Viele Grundsätze des röm. Rechts über den Gerichtsstand sind bereits im frühen MA in den Volksrechten und den →Kapitularien rezipiert worden, ohne daß allerdings der Terminus F. verwendet wurde. Eine wissenschaftl. Lehre über den Gerichtsstand wurde zuerst im kirchl. Bereich entwickelt (Kommentierung der Titel »De foro competenti«: X 2.2; VI 2.2; Clem. 2.2). Hier wurde die Abgrenzungsfunktion des Begriffs in den Vordergrund gestellt, indem man zw. f. ecclesiasticum und f. saeculare bzw. f. mixtum unterschied. Innerhalb des kirchl. Bereiches grenzte man das f. internum (auch f. poenitentiae oder confessionis) von f. externum ab (vgl. Abschnitt II).   H.-J. Becker

II. KIRCHENRECHT: [1] *Römisch-rechtliche Voraussetzungen:* Von seinem Ursprung im röm. Recht her teilt der kanon. Fachbegriff F. dessen Voraussetzungen, d. h. aus einem zunächst ortsgebundenen Gericht entsteht das Recht der Parteien auf einen bestimmten Gerichtsstand und seine Geltendmachung (praescriptio fori), wobei die Zuständigkeit sich nach den Beziehungen der Personen richtet: »actor rei forum sequitur«. Die Aufspaltung der magistratischen Kompetenzen führte jedoch im nachklass. Recht zu einer Mehrzahl von Fora, wobei deren Zuständigkeitsbestimmung, nicht zuletzt unter dem Einfluß einer hoheitl. verstandenen iurisdictio, häufiger mit iudex competens und seltener durch F. bezeichnet wurde. Daß fortan der rechtl. F.-Begriff »bedeutungslos« war, weil er »das staatl. Schicksal Westroms geteilt« hat (B. FRIES), ist angesichts des Fortbestands der röm. Rechts u. a. als Klerikerrecht, v. a. im System »de statuto personarum«, nicht sicher (→privilegium fori).

[2] *Allgemeiner F.-Begriff in der mittelalterlichen Kanonistik:* Hatte sich der F.-Begriff an der Nahtstelle zw. germ. und röm. Recht in Norditalien nach der Jahrtausendwende im weltl. Bereich zur Lösung rechtl. Kollisionsprobleme zw. den lombard. Stadtstaaten bewährt (vgl. die Gerichtsstandsbestimmungen der Staatsverträge), so übernahm er unter dem Einfluß der Schule v. →Bologna eine Mittlerfunktion zw. →Legisten und →Kanonisten. In Anlehnung an sermo 355 des →Augustinus gebraucht →Gratian als Unterscheidung von weltl. und kirchl. Recht »ius fori – ius poli« (C. 17 q.4 c.43), wobei die Aufnahme alter Texte in C. 11 q.1 den F.-Begriff in seiner allgemeinen Bedeutung im Dekretalenrecht beheimaten half. Im Falle der Statutenkollision galt die lex fori. Die im HochMA ausgeweiteten Zuständigkeiten kirchl. Gerichte machten jedoch eine Übernahme materiellen weltl. Rechts als leges canonizatae erforderlich. Der Gedanke der →aequitas ließ deshalb später die lex fori nur noch als formelles Verfahrensrecht gelten, während das materielle Recht Sachent-

scheidungen suchte. Anstelle der →Distinktion: »ius fori – ius poli« tritt am Ausgang des 12. Jh. die Unterscheidung von f. ecclesiasticum und f. saeculare.

[3] *Spezieller F.-Begriff in der mittelalterlichen Kanonistik:* Eine spezielle Bedeutung nimmt F. bei →Robert de Courçon als f. poenitentiale ein, womit im Unterschied zum arcanum propitiationis Dei das Wirken der Kirche im öffentl. und privaten Bußverfahren umschrieben wird. →Wilhelm v. Auxerre gebraucht für den gleichen Sachverhalt f. ecclesiae. Die Trennung von Sündenvergebung und Deliktabbüßung führte in der Folge zur Unterscheidung von Buß- und Gerichtswesen, wofür →Wilhelm v. Auvergne f. iudiciale vom f. poenitentiale unterschied. Um dem Rechtsbereich den des Gewissens gegenüberzustellen, bedient sich →Thomas v. Aquin im 4. Buch des Sentenzenkommentars (dist. 17, 18) der Begriffe f. iudiciale, f. contentiosum, f. iudicii, f. exterius, f. exterioris iudicii, f. publicum exterioris iudicii einerseits und f. poenitentiale, f. poenitentiae, f. conscientiae andererseits, wobei er in der ethischen Fragestellung nach der Gewissensverpflichtung menschl. Gesetze (S.th.q.96 a.4) dem Begriffspaar »f. conscientiae – f. exterius« den Vorzug zu geben scheint. Aus f. exterius wurde bald f. externum, während der Gegenbegriff f. internum und seine bis heute übliche Gliederung in f. internum sacramentale und f. internum extrasacramentale erst nachtridentin. Ursprungs ist.   W. Schulz

III. SIEDLUNGS- UND STÄDTEGESCHICHTE: F. und die davon abgeleiteten Bezeichnungen '(civis) forensis, ius fori, villa fori, ecclesia forensis' u. a. sind zentrale Quellenbegriffe der Siedlungs- und Städtegeschichte. Der vieldeutige Begriff 'F.' umfaßt v. a. folgende Bereiche: 1. F. bezeichnet das Phänomen des geregelten Warenumschlags im allgemeinen und die privilegierte Institution des An- und Verkaufs im besonderen. – 2. F. benennt den topograph. Ort dieses Warenumschlags außer- und innerhalb fester Siedlungen. – 3. In wenigen Urkk. wird F. synonym mit mercatus verwendet als Bezeichnung für den kgl. privilegierten Fernhandelsmarkt v. a. der otton.-sal. Epoche (im Rahmen der Zoll-, Münz- und Marktprivilegien). – 4. Seine spezif. Bedeutung im Rahmen der Städteforschung erhält F. als Bezeichnung einer vom Landesherrn initiierten und mit dem ius fori begabten Gründungssiedlung und/oder des dort konstituierten Rechts- und Siedlungsverbandes. Fora dieser Art können auf einem abgesteckten Areal innerhalb bestehender Siedlungseinheiten oder aus »wilder Wurzel« errichtet werden. Sie werden später vielfach zusammen mit anderen stadtbildenden Einheiten (Fernhändlersiedlung, →Burg, Domimmunität [→Immunität] u. a.) zur ummauerten Stadt zusammengeschlossen. Bekannte (in Detailfragen noch immer umstrittene) Fora sind →Radolfzell (1100), →Freiburg/Br. (»1120«), →Innsbruck jenseits des Inns (nach 1188), die Hamburger Neustadt sub iure fori (1189; →Hamburg), das Novum f. Chambe (→Cham, 1210) oder das schles. Novum F. Neumarkt (1235), dessen Recht auf mehr als 500 Orte übertragen wurde. Darüber hinaus entwickeln sich auf dem Gebiet späterer Städte viele weitere Fora ohne konstituierenden Rechtsakt. Im Ebm. →Magdeburg erhalten zahlreiche Siedlungen schon im 12. Jh. das ius fori, durch das die forenses z. T. mit mercatores, z. T. mit coloni zusammengeschlossen werden; viele dieser villa fori, f. oder civitas genannten Orte tragen stadtähnl. Charakter oder entwickeln sich zu Städten (Jüterbog, Löbnitz). – Grundelemente des ius fori sind das ius emendi et vendendi (d. h. die Nahmarktfunktion), freie Erbleihe, ein herausgehobener Gerichtsstand und z. T. Ansätze zur Korporationsbildung (coniuratores fori in Freiburg/Br. »1120«; Burding bzw. Burmal); vgl. →Stadt. – 5. Da weder jedes F. als spätere Stadt konzipiert wurde, noch alle potentiellen Stadtanlagen über den Status des F. hinausgelangen konnten, blieb die Bezeichnung F., villa fori o. ä. an vielen Siedlungen (v. a. in Brandenburg, Böhmen, Mähren, Österreich) haften, die später im allgemeinen als 'Markt' angesprochen oder ausdrücklich bestätigt wurden; vgl. →Markt. – 6. Gelegentlich ist F. die lat. Entsprechung für Weichbild(recht) *(wicbelethe)*, so 1182 in →Lübeck oder 1181 in Obernkirchen (→Weichbild). – S. a.→fuero.   B.-U. Hergemöller

Lit.: zu [I]: Lex. der Antike II, 603f. [D. MEDICUS] – LThK² IV, 224f. [B. FRIES] – R. SOHM, Die frk. Reichs- und Gerichtsverfassung, 1871, 297ff. – J. W. PLANCK, Das dt. Gerichtsverfahren im MA II, 1879, 51ff. – J. B. SÄGMÜLLER, Lehrbuch des kath. Kirchenrechts II, 1914³, 320ff. – *zu [II]:* K. NEUMEYER, Die gemeinrechtl. Entwicklung des internat. Privat- und Strafrechts bis Bartolus. Erstes Stück: Die Geltung der Stammesrechte in Italien, 1901; Zweites Stück: Die gemeinrechtl. Entwicklung bis zur Mitte des 13. Jh., 1916 – E. GÖLLER, Papsttum und Bußgewalt in spätröm. und frühma. Zeit, RQ 39, 1931, 71–267 – B. FRIES, F. in der Rechtssprache, 1963 [Lit.] – *zu [III]:* HRG III, 330–337 [E. ENNEN; Lit.] – W. SCHLESINGER, F., Villa fori, Ius fori (Fschr. K. STEINBACH, 1960), 406–440 [Nachdr.: Altständ. Bürgertum I, hg. H. STOOB; WdF 352, 1978, 304–345] – H. PLANITZ, Die dt. Stadt im MA 1980⁵, 82, 89, 100, 232 – K. BOSL, Alt(en)stadt und Neustadt als Typen in Bayern (Fschr. H. STOOB, 1984), 158–181.

Fos, Ort in Südfrankreich, am gleichnamigen Golf, westl. von Marseille (dép. Bouches-du-Rhône). [1] *Zollstätte, Handelsort:* In röm. Zeit war F. eine kleinere Ortschaft, jedoch wohl mit bedeutendem Hafen; namengebend war die Fossa Mariana, ein am Ende des 2. Jh. v. Chr. gebauter Kanal. Im 7. und im beginnenden 8. Jh. ist für F. die Existenz einer Zollstätte und dadurch der Fortbestand des Handels mit Orientwaren belegt (→Frankenreich, Wirtschafts- und Sozialgesch.). In der Karolingerzeit bestand in F. selbst keine Zollstelle mehr, doch wurde am Étang du Lion, nahe Marignane, weiterhin ein Zoll erhoben. Im 11. Jh. befand sich der Zoll in Martigues. Der antike Verkehrsweg – und damit auch der Zoll von F. – waren aufgegeben worden.

[2] *Abtei OSB St. Gervais:* Zu Beginn des 10. Jh. bestand eine Kapelle St. Gervasius, die 923 vom Ebf. v. →Arles an den Bf. v. →Marseille übertragen wurde, fünfzig Jahre später jedoch in den Besitz der Kirche v. Arles zurückkehrte. 982 erwirkte der Priester Patio vom Ebf. das Recht, dort gemeinsam mit einigen Mitbrüdern nach der Regula S. Benedicti zu leben. An der Finanzierung des 982 als Abtei konstituierten Monasteriums beteiligte sich neben dem Ebf. die Adelsfamilie der Herren v. F. Bedingt durch den Verfall der monast. Disziplin, trat 1081 der Ebf. v. Aix, Rostang de F., im Einklang mit den Erben der Herren .v. F., seine Rechte an →Hugo, Abt v. →Cluny, ab. 1150 wurde das Kl. vom Ebf. v. Arles an →Petrus Venerabilis, Abt v. Cluny, übergeben. Wegen des Verfalls der Abtei erteilte Innozenz III. 1199 dem Ebf. v. Arles die Erlaubnis zur Reform. Zw. 1204 und 1225 erfolgte, unter Schwierigkeiten, der erneute Anschluß der Abtei an die ebfl. Gewalt, nun aber als Kollegiatstift. Der Sitz des Stifts wurde zweimal verlegt (Kirche Notre-Dame, dann St-Sauveur). Seit 1433 war St-Gervais nur noch ein einfaches Priorat.   L. Stouff

Q. und Lit.: DHGE XVII, 1195f. – Encyclopédie dép. XV, 1933, 246–250 – GChrNov, 100, 131, 132, 218, 277, 280, 308f., 342f. – Les chartes anciennes de l'abbaye de S.-G. de F. (923–1227), ed. C. BLANCARD (Rep. des travaux de la Soc. de Statistique de Marseille 37, 1878), 201–230 – M. CONSTANTIN, Les paroisses du diocèse d'Aix, II, 1898, 431–444 – F.-L. GANSHOF, Notes sur les ports de Provence du VIIIᵉ au Xᵉ s., RH 183, 1938, 28–37 – H. GAY, u. a., Hist. de F., 1977.

Foscari, ven. Adelsfamilie, stammte aus Mestre, bereits 8. Jh. urkundl. erwähnt. 982 verlegte sie ihren Wohnsitz nach Venedig. Einige ihrer Mitglieder hatten von 1207 bis 1276 zusammen mit der Familie Navagero die Signorie über die Insel →Lemnos inne. Im Nov. 1329 wurde *Nicolò* F. von Cangrande I. →della Scala, Signore v. Padua, zum Ritter geschlagen. Am 30. April 1331 bestätigte ihm in Parma Johann v. Luxemburg, Kg. v. Böhmen, den Grafentitel; der Kg. ernannte ihn auch zum Rat, Sekretär und Familiar und verlieh ihm die villae Noventa und San Bruson (Padua) und Zellarino (Treviso). *Francesco,* der Onkel des berühmten gleichnamigen Dogen, erhielt bei seiner Heirat mit Sterina, der Tochter des Despoten v. →Arta, Johannes Bua Spatas, neben 11000 Hyperpyra die Burg Dragomisto zur Mitgift (1386). Die Burg und ihr Territorium wurden später von Carlo I. →Tocco besetzt; die F. versuchten vergebl. ihren Besitzanspruch auf diese Gebiete sowie auf →Lepanto (aufgrund des Despotats ihres nahen Verwandten Paolos Spatas) durchzusetzen. Nach dem Tode des berühmten Dogen *Francesco* F. (1457) spielte die Familie im polit. Leben von Venedig nur mehr eine zweitrangige Rolle.   P. Preto

Lit.: V. LAZZARINI, I Foscari conti e signori feudali, 1895 – G. GIORNO – V. LAZZARINI, Matrimoni di N. H. e N. D. Foscari, 1795–1808, 1898 – A. DA MOSTO, I dogi di Venezia nella vita pubblica e privata, 1977².

F., Francesco, ven. Doge, * 1373, † 31. Okt. 1457, durchlief eine schnelle, polit. Karriere: Haupt der Quarantia (Rat der 40) 1401, Avogadore di Comun 1404, Haupt des →Consiglio dei Dieci 1405 und 1413, Mitglied des Kollegium der Savi alla Guerra 1412, Gesandtschaften nach →Parma zu Ottobono Terzi, zu Ks. Sigmund und zu dem türk. Sultan Meḥmed II. sowie zum Konzil v. →Konstanz. Ein glänzender Redner, voll Entschlußkraft und Ehrgeiz, gewann F. rasch polit. Einfluß und stellte sich an die Spitze der Partei, die auf die Weiterführung der Expansionspolitik in der Terraferma drängte, die wachsenden finanziellen und militär. Einsatz erforderte. Nach dem Tod des Dogen Tommaso →Mocenigo wurde F. am 15. April 1423 (gegen Pietro Loredan) zum Dogen gewählt. In den 34 Jahren seines Dogats führte Venedig fast ständig Krieg: gegen →Mailand (unter Filippo Maria →Visconti, Francesco →Sforza und der kurzlebigen →Ambrosianischen Republik), gegen →Florenz und gegen die Türken. Unter der Führung berühmter Condottieri wie Francesco →Bussone da Carmagnola errang Venedig bedeutende Siege, erweiterte seine Territorialherrschaft in Oberitalien, schob seine Grenzen von der Adda zum Isonzo vor und annektierte auch →Ravenna. F. sorgte für Ausbau und Verschönerung der Stadt, ließ den Dogenpalast fertigstellen und neue Paläste errichten (u. a. Ausbau des Fondaco dei Turchi). Die Expansionspolitik, die nicht in erster Linie auf F.s Initiative und auf ein von ihm entworfenes polit. Programm zurückging, sondern die er als Exponent des »Volkswillens« (R. CESSI) vertrat, mündete letztendlich in die Niederlage gegen Mailand. Im Mai 1454 unterzeichnete Venedig den Frieden von →Lodi und mußte anschließend – ein Jahr nach der Eroberung Konstantinopels durch die Türken – sich dem Projekt einer it. Liga anschließen. Überdruß an der zu lange betriebenen Interventionspolitik, Auseinandersetzungen mit mächtigen rivalisierenden Familien und das unselige Treiben seines Sohnes Jacopo, der dreimal wegen Korruption, Mordes und Verrates verurteilt wurde, führten dazu, daß F. innerhalb der Führungsschicht an Ansehen verlor und in Isolation geriet. Am 22. Okt. 1457 durch den Consiglio dei Dieci zum Abdanken gezwungen, starb er wenige Tage danach.   P. Preto

Lit.: R. SENGER, Hist.-Krit. Stud., Die beiden F., 1878 – E. VECCHIATO, I F. e i Loredan, 1898 – V. MARCHESI, Il più illustre doge veneziano, Riv. letteraria IX, 1937 – A. DA MOSTO, I dogi di Venezia nella vita pubblica e privata, 1977², 162–174, 565–566 [Lit.] – R. CESSI, Storia della Repubblica di Venezia, 1981², 362–401.

Fossa Carolina, Kanalbauprojekt →Karls d. Gr. Die Reichsannalen erwähnen zu 793 den Aufenthalt Karls d. Gr. an der Baustelle für einen Altmühl und Rednitz verbindenden →Kanal; nach den sog. »Einhardsannalen« hat Karl dieses Werk mit großer Mannschaft selbst begonnen, das jedoch abgebrochen wurde, als bei Dauerregen die Aufschüttungen ständig im sumpfigen Untergrund versanken.

An der schmalsten Stelle zw. den Flußsystemen von →Rhein (Schwäb. Rezat) und →Donau (Altmühl) nördl. Treuchtlingen zieht vom Nordrand des Dorfes Graben ein 30 m breiter, im Süden Wasser führender Sohlgraben, beidseits von Wällen begleitet, zur Wasserscheide, biegt dann nach Osten ab und verflacht, ohne bei 1300 m obertägig erhaltener Länge die Rezat zu erreichen. Nur die gute Erhaltung des wohl als Kette torloser Stauweiher mit Schleppstrecken geplanten »Kanals« könnte der allgemein anerkannten Identifizierung dieses Denkmals mit der hist. bezeugten F.C. widersprechen, doch scheint der Graben nach neuen, noch nicht durch Grabungen gesicherten Beobachtungen nur Teil eines Systems von Kunstbauten zu sein. Dazu zählen ein begradigter Rezatlauf und ein für die Wasserhaltung unerläßlicher Stau (Altmühl bei Bubenheim?). Vielleicht überschritt gerade der Staudamm die Möglichkeit des FrühMA und führte zum Scheitern des vermutlich wegen der Avarenkriege (→Avaren I) begonnenen Vorhabens. W. Sage

Lit.: H. H. HOFMANN, Ks. Karls Kanalbau, 1969 – J. RÖDER, Fossatum magnum – Der Kanal Karls d. Gr., Jahresber. Bayer. Bodendenkmalpfl. 15/16, 1974/75, 121–130 – K. GOLDMANN, Das Altmühl-Damm-Projekt: Die F.C., Acta Praehist. et Archaeol. 16/17, 1984/85, 215–218.

Fossalta, Entscheidungsschlacht (1249) zw. dem ghibellin. →Modena und dem guelf. →Bologna während der ghibellin.-guelf. Auseinandersetzungen unter Friedrich II. Im Mai 1249 begann Bologna die Offensive; das Gros der Streitkräfte wartete jenseits am Fluß Panaro ab, bis die Vorhut am anderen Ufer das notwendige Holz zur Wiederherstellung einer Brücke beschafft hatte. →Enz(i)o, ein natürl. Sohn Friedrichs II., griff mit Truppen aus Cremona und Modena, verstärkt durch Deutsche, die Vorhut der Bolognesen an, denen ihre Hauptmacht zu Hilfe kam, so daß die Kaiserlichen am 26. Mai bei dem modenes. Dorf F. geschlagen wurden. Enzo, 400 Ritter und 1200 Fußsoldaten wurden gefangengenommen. Damit war auch die endgültige Niederlage Modenas gegen Bologna besiegelt. A. Menniti Ippolito

Lit.: G. TIRABOSCHI, Memorie storiche Modenesi, 1793, 70 – L. FRATI, La prigionia del re Enzo a Bologna, 1902, passim.

Fossanova, it. Kl. OCist bei Priverno im südl. Latium in der pontin. Ebene, trägt seinen Namen nach dem von dem Kl. gezogenen großen neuen Entwässerungsgraben, durch den die sumpfige und wegen Malariagefahr unbewohnte Landschaft soweit erschlossen wurde, daß sie landwirtschaftl. genutzt werden konnte. Noch heute ist die isolierte Lage der Abtei (ca. 10 km nö. der auf Terracina zulaufenden Via Appia gelegen) gut zu erkennen. Sie geht auf ein älteres Kl. OSB (♂ Hl. Stephan) zurück. I. J. 1135, also im Gründungsjahr von Chiaravalle bei →Mailand, das als die älteste it. Zisterze gilt, fand durch Innozenz II. die Umwandlung in ein Kl. OCist statt (Hauptpatronin hl. Maria). Mutterkloster war →Hautecombe in Savoyen,

seinerseits eine direkte Tochter von →Clairvaux. Von der Filiation F.s seien als wichtigste Zuordnungen oder Gründungen erwähnt: die vom hl. →Bruno 1097 gegr. Kartause S. Stefano del Bosco in Kalabrien, die älteste Grablege des Hl.en; Ferraria am Fluß Volturno (nördl. von Capua) sowie das erst spät an F. gekommene Valvisciolo (Niederlassung der Templer, ca. 25 km nördl. von F.). Von S. Stefano del Bosco und Ferraria aus wurden insgesamt weitere fünf Filialkll. zw. 1185 und 1247 gegründet.

Das 12. und 13. Jh. war in der Geschichte von F. die große Zeit. Der erste Vorsteher des Kl., Gerard, erlangte 1170 die Abtswürde von Clairvaux. Angehörige des Kl. wurden in dieser Zeit Bf.e und Kard.e. Neben →Casamari hat F. auch in der stauf. Politik immer eine wichtige Rolle gespielt. Diese Verbundenheit brachte Heinrich VI. beispielsweise darin zum Ausdruck, daß er dem Kl. (zw. 1194 und 1197) für die Bekleidung der Brüder eine jährl. Rente von 200 Goldtarenen aus dem Baiulat von Gaeta anwies. In dieser Zeit trat F. auch in anderer Hinsicht hervor. Das gilt – wie generell für die Zisterzienser – bezüglich der Agrartechnik und wohl auch handwerklicher Fertigkeiten, zeitweilig auch für das Studium der Artes. Bes. deutlich sichtbar ist jedoch der architekton.-baugeschichtl. Einfluß, den das Kl. in seiner Landschaft ausgeübt hat (Baubeginn der Kirche, vermutl. von Mönchen aus Clairvaux, zw. 1173 und 1187; Konsekration am 19. Juni 1208 durch Papst Innozenz III.). Klosterkirche und Klosteranlage dienten als Vorbild für viele Bauten bzw. Stilelemente im südl. Latium (u. a.: Terracina, Sezze, Priverno, Sermoneta, Valvisciolo, bes. Casamari; s. a. →Zisterzienserbaukunst).

Spätestens seit der Mitte des 14. Jh. ist eine rückläufige Entwicklung zu beobachten. 1373 beauftragte Gregor XI. den Abt von San Lorenzo al Verano, die im Niedergang befindl. Abtei zu visitieren und zu reformieren. Mitte des 15. Jh. wurde F. in eine Kommende umgewandelt. Seit 1936 wird F., das 1950 Pfarrkirche wurde, von Franziskaner-Konventualen betreut. – F. ist Sterbeort von →Thomas v. Aquin (1274). K. Schulz

Lit.: DHGE XVII, 1208–1212 – DIP IV, 159f. – IP II, 125–127 – L. JANAUSCHEK, Originum Cisterciensium…, t. I, 1877, 37f. – G. PACCASASSI, Monografia del Monumento Nazionale di F. presso Piperno, 1882 – M. CASSONI, La Badia di F. presso Piperno, Rivista storica benedittina 5, 1910, 578–596; 6, 1911, 71–87 – A. SERAFINI, L'Abbazia di F. e le origini dell' architettura gotica nel Lazio (S. Tommaso d'Aquino O.P., Misc. storico-artistica, 1924), 223–292 – H. HAHN, Die frühe Kirchenbaukunst der Zisterzienser I, 1957, 174ff. – Monasticon Italiae, I: Roma e Lazio, hg. F. CARAFFA, 1981, 159f. – A. BIANCHINI, L'Abbazia di F., 1981² [Klosterführer].

Fosse Way (956: strata publica de Fosse, Bezeichnung 'F. W.' erst seit dem 15. Jh. belegt), eine der sechs bedeutendsten Straßen des ma. England, verlief von Devon in nordöstl. Richtung bis Lincoln, wo sie mit der Ermine Street zusammentraf. Der F. W. entstand in der frühesten Phase der röm. Besetzung Britanniens; in ags. Zeit war an vielen Stellen ein wichtiger Ansatzpunkt für die Besiedlung. Schon im 12. Jh. gehörten F. W. und Ermine Street zu den vier Straßen, die dem Königsfrieden unterlagen. D. A. Bullough

Q. und Lit.: LIEBERMANN, Gesetze, I, 510 – I. D. MARGARY, Roman Roads in Britain, 1967 – F. M. STENTON, Preparatory to Anglo-Saxon England, 1970, 234ff.

Fosses → St-Maur-des-Fosses

Fossombrone, it. Stadt (Marken) am Fluß Metauro, 37 km s.ö. von Pesaro. Das röm. Municipium Forum Sempronii wurde wahrscheinl. Ende des 3. Jh. infolge der Predigttätigkeit des Bf.s v. Foligno, Felicianus, christianisiert. Seit dem 4. Jh. Bischofssitz. 538 fand bei F. (Gola del Furlo) eine Schlacht zw. Byzantinern und Goten statt. Nach dem Ende der byz.-got. Kriege bildete F. einen Teil der sog. Pentapolis annonaria (zusammen mit Urbino, Jesi, Cagli und Gubbio). Wegen seiner Lage an der Via Flaminia mehrmals Ziel von Langobardeneinfällen, gehörte F. wahrscheinl. zu den Gebieten, die Pippin und Karl d. Gr. dem Papst schenkten (1001 Bestätigung durch Otto III.). Im 12. und 13. Jh. mußte die Stadt sich gegen die häufigen Angriffe der Nachbarstadt →Fano verteidigen. Urkundl. Belege für die kommunalen Institutionen stammen erst aus dem 13. Jh. Zu dieser Zeit wurde die Kommune von einem Podestà regiert. 1210 fiel F. formal an Azzo VI. Este, dem Otto IV. die Mark →Ancona übertragen hatte. 1255 stellte sich F. unter den Schutz →Alexanders IV., wies den päpstl. Schutz jedoch 1277–78 bei einem Konflikt mit dem Papsttum zurück. Ende des 13. Jh. war F. jedoch von neuem unter päpstl. Kontrolle. Die Signorie der →Malatesta (1304) wurde vom Papsttum erst 1355 anerkannt, nachdem sich F. Kard. →Albornoz unterworfen hatte und von diesem zusammen mit dem Apostol. Vikariat an die Malatesta übertragen worden war. 1445 verkaufte Galeazzo Malatesta F. an Federico di →Montefeltro, der sich den Besitz der Stadt erst endgültig 1447 sicherte (Sieg über Sigismondo Malatesta, der auf F. Ansprüche erhob, und Verleihung des Apostol. Vikariats durch Nikolaus V.).

Die Stadtfläche, die im 13. Jh. aus einer befestigten Zitadelle und einem darunterliegenden Burgus bestand, sowie die Einwohnerzahl im 13./14. Jh. (einschließl. des Umlands rund 5000) sind aus den Constitutiones Aegidianae (1357) zu erschließen, die F. zu den »civitates magnae« der Mark Ancona rechnen, so wie z. B. Fabriano, dessen Stadtkern im 13. Jh. rund 21 ha betrug. Im 14. und 15. Jh. florierte in F. die Seidenindustrie, daneben auch die Wolle- und Papiererzeugung. Unter den wichtigsten ma. Kirchen und Bauwerken sind zu nennen: die Kathedrale S. Maurenzio (eine ehemalige Abtei OSB), S. Agostino (13.–14. Jh.), Corte Alta (Herzogsresidenz, Bau aus dem 13. Jh., der von Federico di Montefeltro restauriert und ausgebaut wurde), Bischofspalast (15. Jh.) und die Reste der Burg der Malatesta. S. Cosentino

Lit.: A. VERNARECCI, F. dai tempi antichissimi ai nostri, 2 Bde, 1903–14 [Nachdr. 1968] – E. SGREGGIA–G. CECCARELLI, Il fondo »Card. Passionei« nella Bibl. di F., Studia Picena 40, 1973, 23–54 – AAVV, F. nel ducato di Federico: segni di un epoca e di una cultura, 1982.

Fosterage, Rechtsinstitut in Irland und Wales, weitverbreitet von der Frühzeit über das ganze MA hin bis etwa Ende des 16. Jh., wird in einem eigenen air. Rechtstraktat, »Cain Íarraith« (ca. 700), behandelt und ist auch in hagiograph. Quellen reich belegt. F., das eine ausgeprägte kelt. Sonderform der in vielen Teilen des ma. Europa üblichen →Erziehung von Kindern und Jugendlichen außerhalb des eigenen Familienverbandes bildet, beinhaltete, daß ein leibl. Vater seinen Sohn oder seine Tochter in sehr frühem Alter der familiären Obhut von sog. *foster-parents* anvertraute, bei denen ein Mädchen bis zur Pubertät, ein Knabe manchmal noch darüber hinaus verblieb. Die foster-parents eines Kindes wurden manchmal auch gewechselt, um die Zahl der familiären Bindungen, auf die das Kind bzw. sein Vater zählen konnte, zu erhöhen. Väter waren in der Regel stärker darauf bedacht, Söhne in f. zu geben, da die Zahlung oder Gegenleistung *(íarrath)* bei diesen niedriger angesetzt wurde als bei Töchtern. Auch das ir. Mönchtum kannte eine Form des f., wobei die speziellen Schüler eines Abtes die Stellung von alumni hatten; so war Baíthéne, der dem hl. Columba als Abt v. Iona nachfolgte, dessen

alumnus gewesen. F. hatte Bedeutung als Bindeglied zw. verschiedenen Zweigen eines Sippenverbandes bzw. zwischen verschiedenen Sippen; es besaß insofern eine ähnl. Funktion wie die →Ehe. Die Bedeutung des f. in Wales wird v. a. durch lit. und historiograph. Zeugnisse (u. a. Giraldus Cambrensis) beleuchtet, während die rechtsgeschichtl. Überlieferung eine geringere Dichte als in Irland aufweist. T. M. Charles-Edwards

Lit.: J. E. LLOYD, Hist. of Wales, 1939³, I, 310; II, 549f. – F. KERLOUEGAN, Essai sur la mise en nourriture dans les pays celtiques d'après le témoignage des textes hagiographiques latins, ECelt 12, 1968–71, 101–146.

Fothairt, in Irland verstreut lebende Volksgruppe der frühhist. Zeit (→Fortuath), im FrühMA im wesentl. nur noch in →Leinster nachweisbar (Ortsnamen), v. a. in der Gegend um das Kl. →Kildare, dessen Gründerin, die große ir. Hl. →Brigida († um 525), die berühmteste Angehörige der F. war. Die F. waren wohl noch im 7. Jh. einflußreich (Heirat des aufstrebenden Kg.s der Uí Dúnlainge, Fáelán mac Colmáin, † 666, mit einer Frau der F.-Dynastie, zwecks Expansion in das nördl. Gebiet von Kildare). Noch bis zum Ende des 8. Jh. treten Kg.e der F., u. a. als Gegner der →Uí Néill, auf. Eine in den ir. Genealogien behauptete Verwandtschaft mit den Déisi könnte historisch begründet sein; auch haben die Beziehungen zur hl. Brigida zur Hypothese einer prähist. Verwandtschaft mit den Brigantes, aufgrund etymolog. Herleitungen (Brigantes, wortverwandt zu Brigida), geführt.

D. Ó Cróinín

Lit.: E. MAC NEILL, Celtic Ireland, 1921, 93 – F. J. BYRNE, Irish Kings and High-Kings, 1973, 45, 61, 131, 147, 154f., 157.

Fouage → Herdsteuer; →Steuerwesen

Fougères, Stadt und Zentrum einer Herrschaft (Baronie) in der nö. Bretagne (dép. Ille-et-Vilaine), auf beherrschender Anhöhe über dem Nançon gelegen, gehört zu einer Gruppe von Städten der franko-bret. »Marken«, die, stets im Schutz einer Burg gelegen, seit Ende des 11. Jh./Anfang des 12. Jh. auftreten.

[1] *Herrschaft:* Die ausgedehnte Baronie von F., gegliedert in drei →Kastellaneien, umfaßte nicht weniger als 57 Pfarreien und unterstand nacheinander vier großen Familien: Erste Herren v. F. waren die Nachkommen eines Mainus (Main, Méen), der im frühen 11. Jh. als Neffe des »Ebf.s« v. →Dol auftritt. Zu dieser Familie zählte Auffredus (Auffroy), der um 1024 die älteste Burg und ein erstes Surburbium, die Keimzelle der späteren Stadt, errichten ließ. Bedeutendster Vertreter der Familie im 12. Jh. war Raoul II., der sich 1166 gegen →Heinrich II. Plantagenêt, Kg. v. England, auflehnte. – Dieser ersten Familie folgte durch Heirat das große aquitan. Haus →Lusignan (1256–1307). Durch Konfiskation setzte sich Kg. →Philipp IV. dann in den Besitz der Herrschaft; über seinen Sohn Karl (IV.) kam F. an die von den →Valois abstammenden →Alençon (1328–1428). – Schließlich wurde F. von →Johann V., Hzg. der →Bretagne, gekauft und fiel damit an das Haus →Montfort.

[2] *Stadt:* Die früh befestigte Stadt, die mehrfach belagert wurde (1166, 1230, 1373 u. ö.), bewahrt große Partien ihrer Mauern, ebenso die am unteren Ende der Befestigung gelegene mächtige Burg, ehemals mit Donjon. Mit ca. 4000 Einwohnern (nach dem *livre-rentier,* einem Grundbesitzverzeichnis von 1516) zählte F. zu den führenden *bonnes villes,* den hzgl. Städten. Sie verfügte über die Kirchen St-Léonard (1380 teilweise neuerrichtet) und St-Sulpice (extra muros, Bau im Flamboyantstil des 15.–16. Jh.), mehrere Kapellen, ein Hospital St-Nicolas, ein im 11.

Jh. gegr. Priorat Ste-Trinité (abhängig von →Marmoutiers) sowie eine Niederlassung der Augustiner, St-Pierre de Rillé (gegr. 1143), Kern einer eigenen vorstädt. Siedlung. An Profanbauten sind der Belfried mit Uhrturm (1492 neuerrichtet) und die Hallen zu nennen. Der Wohlstand der Stadt beruhte auf einem großen Vieh- und Getreidemarkt, zwei Jahrmärkten, Handwerkstätigkeit (Gerberei, Tuch- und Leineweberei) und bürgerl. Unternehmertum.

Die günstige wirtschaftl. Lage wurde im 15. Jh. zeitweilig beeinträchtigt durch militär. Interventionen (1448 Plünderung durch im engl. Diensten stehenden François de →Surienne; 1488 Belagerung durch frz. Truppen unter Louis de La →Trémoille) sowie durch Pestepidemien. J.-P. Leguay

Lit.: R. CINTRÉ, in: Pays de F., 1979–81 – J. P. LEGUAY, Un réseau urbain au MA, les villes du duché de Bretagne aux XIVᵉ et XVᵉ s., 1981 [Lit.].

Fouilloy, Robert de, Kleriker des Kg.s v. Frankreich (→Clerc du roi) unter Philipp IV. und seinen Söhnen, Bf. v. →Amiens (1308–21), †20. März 1321. Kgl. Klerikerseit mindestens 1304, wurde er 1307 sowie im Febr. 1308 (Krönung Kg. →Eduards II.) nach England entsandt. Eduard II. verlieh ihm das Patronat der Stiftskirche v. →Abbeville. F. besaß außerdem Kanonikate in Amiens, Noyon, Tournai und Lille, die er jedoch nach seiner Wahl zum Bf. v. Amiens (12. Sept. 1308) aufgab. In der Folgezeit war er weiterhin mit der Englandpolitik befaßt: Nachdem er als →*enquêteur* in den Jahren 1310 und 1311 die Ausführung der Friedensverträge mit England überwacht hatte, nahm er am »procès de Périgueux«, einem Versuch der gütlichen Beilegung anglo-frz. Grenzzwischenfälle, teil. 1313 wirkte er als *commissaire* in der Marche und im Angoumois. Er war Kleriker des →Parlement, für das er mehrere Untersuchungen durchführte (1299 über St-Denis, 1304 über Abbeville, 1305 über Beauvais). Noch am 15. März 1319 ist er als Mitglied des Parlement bezeugt. Am 20. März 1319 wurde er beauftragt, mit den Adligen der Normandie zu verhandeln, am 5. Juni 1320 erließ er ein Urteil zur Einstellung der Verfolgung von des Mordes angeklagten Klerikern. Bereits im Dez. 1313 ließ F. etwa zwanzig Urkunden zugunsten →Karls v. Valois und seiner Ansprüche auf den byz. Thron ausfertigen; Unterzeichner dieser Urkunden war der kgl. Notar Guy Cointet. E. Lalou

Q. und Lit.: Dokumentation für Gallia regia Philippica [R. FAWTIER-R. H. BAUTIER] (Arch. nat., Paris).

Fountains Abbey, St. Mary, ehem. reichste engl. Abtei OCist, in Yorkshire, sw. von Ripon im Tal des Skell gelegen, gegr. am 27. Dez. 1132 auf Initiative des Ebf.s Thurstan v. York aus dreizehn Benediktinern aus der St. Mary's Abbey in →York, die unter dem Einfluß der ersten zisterziens. Gründung in England, →Rievaulx, ihren Konvent verließen. Nach der Gründungsgeschichte (narratio) des Mönchs Serlo sollen die Mönche an diesem »unbewohnten und weltabgeschiedenen Ort« zunächst beinahe Hungers gestorben sein. Doch gelangte die Gründung unter der schützenden Hand →Bernhards von Clairvaux und des Kapitels v. York so rasch zu Wohlstand, daß sie innerhalb von zwei Jahrzehnten acht Tochterklöster gründete und zu einem der reichsten Grundbesitzer in Yorkshire wurde. Sind die Spuren der beiden ältesten Kirchenbauten kürzlich durch Ausgrabungen freigelegt worden, so bilden die Ruinen der Gebäude des späten 12. und 13. Jh. den wohl besterhaltenen monast. Baukomplex in England. Wie andere Zisterzienserabteien hatte auch F. unter den wirtschaftl. Folgen der Pestkatastrophe des

14. Jh. zu leiden; doch zählte es während der Amtszeit seines letzten großen Abtes, Marmaduke Huby (1495–1526), bereits wieder mehr als 30 Mönche und hatte Jahreseinkünfte von über 1000 £. Am 26. Nov. 1539 wurde F. an die Krone abgetreten und aufgehoben. R. B. Dobson

Q.: Memorials of the A. of St. Mary of F., ed. J. R. WALBRAN, Surtees Soc., 42, 67, 1863–78 – The F. A. Lease Book, Yorkshire Archaeological Soc., ed. D. J. H. MICHELMORE, RS, 140, 1981 – *Lit.:* W. H. ST. JOHN HOPE, F. A., Yorkshire Archaeological Soc. 15, 1900 – D. KNOWLES, The Monastic Order in England, 1940 – D. NICHOLL, Thurstan, Archbishop of York (1114–1140), 1964 – D. BAKER, The Foundation of F. A., Northern Hist., 4, 1969 – DERS., The Genesis of Cistercian Chronicles: the Foundation Hist. of F. A. II, AnalCist 31, 1975 – Cistercian Art and Architecture in the British Isles, ed. C. NORTON–D. PARK, 1986.

Fouquet, Jean, frz. Buch- und Tafelmaler, * um 1420 in Tours, nachweisbar in Rom vor dem Tode Eugens IV. (1447) und in Tours bis 1478, dort Juli 1481 als tot bezeichnet. Vasari bezeugt F.s verlorenes Bildnis Eugens IV. (heute als Vorläufer von Raffaels Porträt Leos X. mit zwei Kard. [Florenz, Uffizien] angesehen). Die moderne Bestimmung von F.s Œuvre geht aus von Robertets Eintrag in einer für den Hzg. v. Berry geschriebenen, 1465 von F. vollendeten Hs. der Antiquités judaïques (Paris B.N., r. 247) sowie von einem Medaillon mit F.s Selbstbildnis in einer der Antike entlehnten, mit Schwarz und Gold arbeitenden Emailtechnik (Paris, Louvre). Von hier aus lassen sich zwei Aufträge des kgl. Schatzmeisters Étienne→Chevalier (wohl um 1455) als Hauptwerke F.s ermitteln: ein Stundenbuchfragment (40 Blätter in Chantilly, Mus. Condé) und das sog. Diptychon v. Melun mit Madonna (Antwerpen, Mus. voor Schone Kunsten) und Stifter mit Hl. Stephanus (Berlin, SMpK), zu dem auch das Selbstbildnis und ein zerstörtes Medaillon (ehem. Berlin) als Rahmenschmuck gehörten.

F. stand als Hofmaler von Karl VII. und Ludwig XI. in hohem Ansehen und wurde auch von Vertretern der it. Renaissance geschätzt (zahlreiche Erwähnungen in Dokumenten und in der frühen Kunstlit.). Trotz der ungewohnt guten Quellenlage sind wichtige Stationen ungeklärt: Seine frühesten gesicherten Werke zeigen ihn bereits in intensiver Auseinandersetzung mit Malerei der it. Frührenaissance; v. a. mit Fra →Angelico bzw. nach O. PÄCHTS Zuschreibung des Wiener Bildnisses des Narren Gonella in fruchtbarer Nachfolge der van →Eyck. Statt einer bisher angenommenen Lehrzeit im Bedford-Atelier in Paris sind F.s Ursprünge vermutl. im Loiretal zu suchen, v. a. im Atelier des →Jouvenel-Meisters, dessen Œuvre früher als Jugendwerk F.s galt. In diesem wohl in Nantes ansässigen Atelier hätte F. mit der älteren Pariser Tradition v. a. des Boucicaut-Meisters vertraut werden können. Strittig sind auch Verlauf und Dauer der Italienreise, während der F.s verlorenes Papstporträt entstand. 1448 ist der Kauf seines Hauses in Tours belegt. Weiterhin kontrovers ist der Anteil eigenhändiger Arbeiten im stilist. F. zugehörenden Œuvre; Einigkeit über vor der Italienreise entstandene Arbeiten besteht nicht. Im Kern seines anerkannten Œuvres (große Bildnistafeln im Louvre, Diptychon v. Melun, monumentale Pietà von Nouans und Miniaturen des Stundenbuchs des Étienne Chevalier, Antiquités judaïques und Münchner Boccaccio) erweist sich F. als einer der größten Maler an der Schwelle zur Frührenaissance. In seinen perspektiv. Konstruktionen und der geschickten Lichtführung ebenso wie in seiner antiquar. Genauigkeit bei hist. Darstellungen übertrifft F. sogar viele it. Zeitgenossen. Seine Kunst bietet die glücklichste Synthese aus Bildvorstellungen und Maldisziplin, die der großen frz. Tradition verpflichtet ist, mit Anregungen andl. Malerei und der florentin. Frührenaissance. Zugleich vertritt F. einen n. der Alpen seltenen Typ des sich sowohl gegenüber dem Hof wie der Stadt emanzipierenden Künstlers; mit ihm setzt die Reihe der großen Italienfahrer ein.　　　　　　　　　　　　　　　　　E. König

Lit.: P. DURRIEU, Les Antiquités judaiques et le peintre J. F., 1908 – C. SCHAEFER, Recherches sur l'iconologie et la stylistique de l'art de J. F., 1972 – O. PÄCHT, Die Autorschaft des Gonella-Bildnisses, JKS 70, 1974, 39–88 – N. REYNAUD, J. F. (Mus. du Louvre, Les dossiers du dép. des peintures 22, 1981) – E. KÖNIG, Frz. Buchmalerei um 1450. Der Jouvenelmaler, der Maler des Genfer Boccaccio und die Anfänge J. F.s, 1982 – J. H. MARROW, Miniatures inéd. de J. F.: Les Heures de Simon de Varie, Rev. de l'art 67, 1985, 3–28.

Fournier, Jacques → Benedikt XII.

Foy, poème de Sainte → Fides, hl.

Fra Angelico → Angelico

Fracht (portorium, vectura, *voiture*), Ladung, die einem Fuhrmann (auriga, vectuarius) oder Schiffer für den gewerbl. Transport anvertraut wird; unter F.kosten versteht man den Preis für den Versand der Ware, die meist nach Zentnern, Schiffspfunden oder Lasten berechnet wird. Darüber wird vom Absender des Gutes ein F.brief *(lettre de voiture)* ausgestellt, der den F.führer über Gut, Gewicht und Empfänger unterrichtet. Die Langsamkeit (bedingt durch schlechte Straßen) und geringe Leistungsfähigkeit des Transportwesens (→Transportmittel), seiner Unregelmäßigkeit und hohen Kosten wegen, ziehen dem Machbaren lange Zeit enge Grenzen. Der früheste Nachweis einer relativ hoch organisierten Zusammenarbeit zw. Spediteuren und Kaufleuten findet sich am Ende des 12. Jh.: Die beiden Wirtschaftszonen, Italien und die Niederlande, treffen sich im zweimonatigen Turnus auf den →Champagnemessen und den Messen der Brie. Als Transportmittel dienen, der Alpenübergänge (→Alpenpässe) wegen, ausschließlich Lasttiere. Die Benutzung zweirädriger Karren, von der südfrz. Küste aus, ist der weit seltenere Fall. Besondere Kontrakte regeln das Verhältnis des Kaufmanns zu den vectuarii, jeder Eigentümer einer Anzahl von Lasttieren. Der vectuarius verspricht, die nach Art und Quantum genau bezeichneten Waren zu einem bestimmten Meßtermin abzuliefern, sie unterwegs zu bewachen und alles zu erfüllen, wozu die vectuarii den Kaufleuten gegenüber verpflichtet sind. Alle unterwegs anfallenden Spesen, einschließlich der →Zölle, trägt der vectuarius, der den F.preis in der Regel vorab zu erhalten pflegt; i. J. 1248 werden für den Transport von Marseille nach Bar-sur-Aube bzw. Provins durchschnittl. 4 livres vian (im Minimum 3 1/2, im Maximum 4 1/2) für die Last (carica) oder den Ballen (trosellus) gezahlt; die Miete eines Packpferdes kostet i. J. 1191 pro Tag einen halben solidus. Das Interesse der rechtzeitigen Lieferung wird gelegentl. durch die Festsetzung einer besonderen Buße von 2 livres vian gewahrt, in anderen Fällen verspricht der vectuarius ausdrückl. Ersatz von Schäden und Kosten, die dem Kaufmann aus verspäteter Lieferung erwachsen können. Diese Verpflichtung scheint dem Fuhrmann allgemein zu obliegen, es sei denn, höhere Gewalt verhindert die Erfüllung des Vertrages. Transportorganisationen bilden spätestens seit 1300 eine typische Verkehrsform des Alpengebietes. Die Spedition über die Pässe besorgen entweder Rodfuhrleute oder Stracksäumer. An den einzelnen Rastorten entstehen Genossenschaften, die mit Saumtieren einen bestimmten Streckenabschnitt bedienen. Das Einzugsgebiet des N-S-Handels erfaßt die aus N und O, aus dem Hansegebiet (→Hanse), der Karpatenregion und Rußland

in Nürnberg zusammenströmenden Waren und erstreckt sich über das schwäb. Gebiet, die Bodenseegegend und die ganze Ostschweiz. Die zentrale Lage →Genuas ermöglicht die Ausfuhr dt. Waren in alle Länder des Mittelmeerraumes. Trotz der niedrigen Kosten und Erträge kommt der Transport teuer – durchschnittl. auf zehn Prozent des F.wertes, wobei die F.kosten zu Lande meist höher liegen als per Schiff. Allerdings schwankt dieser Durchschnitt je nach Land und Zeitpunkt. So staffeln sich die F.kosten für Tuchtransporte von den Niederlanden nach Florenz in den Jahren 1320/21 von 11,7% bis 20,34% des Wertes dieser leichten und ausgesprochen teuren Ware. Über den Safranhandel von Aquila nach Florenz bzw. Mailand in den Jahren 1478/79 gibt die erhaltene Rechnung Auskunft: Die Nebenkosten betragen zw. 9% und 10% des reinen Warenpreises. Weniger kostbare Güter legen im allgemeinen keine größeren Entfernungen zurück. Die Italiener entwickeln vom HochMA an im Noleggio (→Nolo) ein differenziertes Tarifsystem für die F.kosten. Die Welthandelszentren →Brügge und →Antwerpen verflechten die oberdt. Wirtschaftszentren nicht nur in handelstechn. Hinsicht, auch die F.routen ändern sich: Das erste ptg. Gewürzschiff legt 1501 in Antwerpen an. Das gesamte Transportwesen stützt sich auf das Relaissystem der →Gasthöfe. Den N-S-Verkehr durch Deutschland bestreitet ein interlokales F.fuhrgewerbe (→Fuhrwesen). Darüber hinaus entstehen Fuhrmannsorte, deren Einwohner Vorspanndienste leisten, im Nahverkehr F.en befördern und Routen im Fernverkehr bedienen. Die Fuhrleute aus Frammersbach sind spätestens seit 1454 ein wichtiges Bindeglied zw. den ndl., mittel- und obdt. Wirtschaftszentren. Jost Ammann bildet 1577 den »auriga flammerspachensis« als Holzschnitt ab. Zu diesem Zeitpunkt halten Kaufleute und Buchhalter die Anlage eines speziellen »Fuhrlohnbuches« zwecks genauer Ermittlung der F.kosten, zur Entlastung des Kassenbuches, schon längst für zweckmäßig. Neudörfer (ADB 23, 481ff.) gibt 1548 eine Anleitung zur Einrichtung eines solchen Buches.　　　　　　　　　　　　　　　　　P. Moser

Lit.: R. LOPEZ, The Evolution of Land Transport in the MA, PP 9, 1956, 17–29 – A. LEIGHTON, Transport and Communication in early medieval Europe AD 500–1100, 1972 – N. OHLER, Reisen im MA, 1986 – →Fuhrwesen.

Fraktur, zu Beginn des 16. Jh. auftretende Bastarda-Druckschrift, deren bes. Eigenart »der fließende Übergang von Haarstrich zum Schattenstrich an den Biegungen der Grund- und Begleitlinien« ist (P. ZAHN). Die Großbuchstaben haben Schnörkelverzierung, etliche beginnen mit einem »Elefantenrüssel«. Die Kleinbuchstaben haben dagegen ausgesprochen got. Charakter (Brechungen und Quadrangeln). Das daraus resultierende Spannungsverhältnis ist charakterist. für die Schrift, die über Jahrhunderte hin für deutschsprachige Texte bevorzugt verwendet wurde. Frühestes Vorkommen: in den von Ks. Maximilian I. veranlaßten Drucken, die J. Schönsperger 1513/17 in Augsburg herstellte (»Gebetbuch-Schrift«, »Theuerdank-Schrift«). Seit 1525 in Nürnberg bei H. Andreä (»Dürer-F.«) und J. Petreius nachweisbar. Die F. wurde wohl nicht eigens für den Ks. entworfen; sie ist vielmehr vorher schon in der ksl. und der böhm. Kanzlei geschrieben worden und war auch den süddt. Schreibmeistern vertraut.　　　　　　S. Corsten

Lit.: E. CROUS – J. KIRCHNER, Die got. Schriftarten, 1970², 45f.; Taf. 44–58 – P. ZAHN, Nürnberger kalligraph. F. 1493-1513 (Grundwiss. und Gesch., 1976), 295–304 [Forschungsber.].

Frälse (aschwed. *frælsi*, adän. *frælsæ*, anorw. *frelsi*), Begriff der skand. Rechts- und Verfassungsgeschichte, bedeutet in der altskand. Rechtslit. 'Freiheit' im Gegensatz zu Knechtschaft, meist aber Freiheit von obrigkeitl., in der Regel kgl., Ansprüchen. Mit F. bezeichnete man zunehmend diejenige Gruppe in der Gesellschaft, die von bestimmten Leistungen an die Krone (Beherbergung, Abgaben von Eigen- und Lehngut, Bußen, Ledungssteuern [→Ledung]) befreit waren. Eine solche Freiheit galt im *Schweden* des ausgehenden 13. Jh. v. a. für die Güter der Krone und der Bf.e (einschließlich der dazugehörigen Pacht- und Meierhöfe), der alten und bäuerl. Landschaftsaristokratie sowie des kgl. Dienstadels (→Hird). Früheste Quelle für diese umfassenden Privilegien ist das »Statut v. Alsnö« (Schweden, erlassen wohl um 1280 von Kg. Magnus Birgersson). Als Gegenleistung für ihre Steuerprivilegien hatte die sog. F. Heerfolge mit Streitroß, Harnisch und qualifizierten Waffen zu leisten. Diese vom Vorbild des kontinentaleurop. →Lehnswesens und →Rittertums beeinflußte Entwicklung des 13. Jh. ist eng verbunden mit der Entstehung eines auf das Kgtm. verpflichteten Lehnsadels und feudalen Ritterheeres, bestehend aus Mitgliedern der alten Landschaftsaristokratie wie des neuen Dienstadels. Dieses trat zunehmend an die Stelle des alten bäuerl. Aufgebots, des →Ledung, dessen Aufwendungen in eine Steuer umgewandelt wurden. Trotz der Erneuerung eines Teils der Privilegien des Alsnöstatuts im Statut v. →Skara (1335) trat das Kgtm. im 14. Jh. verstärkt der zunehmenden Umwandlung von steuerpflichtigem Land in F.land durch Adlige und Ritter entgegen (kategor. Verbot im Reichsrecht Magnus Erikssons, Mitte 14. Jh.). Außerdem versuchte die Krone, durch Adelsbriefe *(Frälsebrev)* das Anwachsen der Adels- und Ritterschicht zu regulieren.

In *Dänemark* hatte der Adel in der 2. Hälfte des 13. Jh. eine ähnlich weitgehende Befreiung von Leistungen an die Krone erreicht wie in Schweden. Auch hier wurde rittermäßige Heerfolge mit Befreiung von der Ledungssteuer entlohnt, in der Regel unter Einschluß der Pacht- und Meierhöfe. In *Norwegen* führte die Umwandlung des Kriegsledungs in einen Steuerledung sowie die Entstehung eines adligen Ritterheeres jedoch nicht zu einer umfassenden Freistellung des Adelsgutes von der Ledungssteuer. Befreit wurden allein der Haupthof (also nicht auch die dazugehörigen Pacht- und Hintersassengüter) und maximal drei Personen. →Adel, Abschnitt J.

H. Ehrhardt

Lit.: KL IV, 670–695 [J. ROSÉN; Lit.] – S. CARLSSON – J. ROSÉN, Svensk Historia I, 1962³, 144ff. – K. HELLE, Norge blir en stat 1130–1319, 1974, 190ff., 200ff.

Franc, frz. Goldmünze des 14. Jh. Der seit 1360 geprägte F. *d'or à cheval* (3,89 g) zeigt den Kg. zu Pferde mit gezücktem Schwert, auf der Rückseite ein Blumenkreuz im Vierpaß. Der 1365 eingeführte F. *d'or à pied* (3,83 g) zeigt den stehenden Kg. in einem got. Architekturrahmen, auf der Rückseite ein Blumenkreuz und vier Kronen im Spitzdreipaß. Als Rechnungsmünze wurde der F. u. a. in Lothringen bis zum Ende des MA verwendet.

P. Berghaus

Lit.: F. v. SCHROETTER, Wb. der Münzkunde, 1930, 201–203 [F. v. SCHROETTER] – J. LAFAURIE, Les monnaies des rois de France, Hugues Capet à Louis XII, 1951, 68ff.

Franc-fief → Acquêts

Franche-Comté → Burgund, Freigft. (5. B.)

Franchises → Chartes de franchises

Francia

I. Der Francia-Begriff von der Spätantike bis in die spätkarolingische Zeit – II. Entwicklung im westfränkisch-französischen Bereich – III. Entwicklung im ostfränkisch-deutschen Bereich.

I. DER FRANCIA-BEGRIFF VON DER SPÄTANTIKE BIS IN DIE SPÄTKAROLINGISCHE ZEIT: F. bezeichnet im FrühMA sowohl das Siedlungs- als auch das Herrschaftsgebiet der Franken (→Franken, -reich); der enge Konnex von Personenverband und Land wird bereits in den spätantiken Quellen deutlich. In der →Tabula Peutingeriana heißen die Chamaven *elpranci,* das Land am rechten Rheinufer wird als F. bezeichnet. Dieser Landesname begegnet auch auf einer Münze, geprägt auf siegreiche Feldzüge Ks. Konstantins zu Beginn des 4. Jh. Röm. Quellen bezeichnen mit F. das zunächst rechtsrhein. Siedlungsgebiet eines Verbandes von Stämmen, die gerade im Begriff stehen, in einem größeren Ganzen aufzugehen. Mit der frk. Expansion (3.–5. Jh.) wird auch die Bezeichnung auf weitere Gebiete ausgedehnt und meint seit dem 6. Jh. das Land rechts und links des Rheins bis etwa zur →Loire, der Grenze zu →Aquitanien. Damit erfolgt eine Überlagerung der auf Caesar beruhenden geograph. Terminologie (→Rhein als Grenze von →Gallien und →Germanien). Durch die teilweise Verdrängung überkommener durch neue polit. Bezeichnungen lassen sich die neuen Herrschaftsbildungen im Gefolge der großen Wanderungs-, Landnahme- und Reichsbildungsprozesse beschreiben (Entstehung von Begriffen wie F., Burgundia, Langobardia, Gothia, Alemannia usw.). Im Begriff 'F.' ist seit dem 6. Jh. eine folgenreiche Spannung angelegt, die sich durch das ganze MA hinzog. Zum einen bezeichnet F. nämlich das Siedlungsgebiet der Franken, v. a. das Land zw. Rhein und Loire, zum anderen aber auch den über den Stamm hinausgreifenden Herrschaftsraum des frk. Kg.s, also das vom frk. Reichsvolk geprägte, gleichwohl ethnisch vielfältige Großreich der →Merowinger und →Karolinger; dafür wird die Benennung 'regnum Francorum' geläufig, außerhalb der Kanzlei begegnen aber auch 'regnum Franciae' oder 'rex Franciae'. Nur aus dieser unterschiedl. Verwendung wird der Sprachgebrauch etwa →Gregors v. Tours verständlich, der die F. einerseits von der Auvergne (enger Wortgebrauch), andererseits auch von Spanien (weiter Wortgebrauch) trennt. Hierin findet sich die Gleichsetzung der antiken Gallia und der merow. F. angelegt, und die karol. Kanzlei erweiterte die Bezeichnung auf das gesamte nordalpine Herrschaftsgebiet der Franken, wenn sie 'F.' und 'Italia' unterscheidet.

Seit dem 6./7. Jh. läßt sich für das frk. Siedlungsgebiet die Unterteilung der F. in Austria (→Austrien) und Neustria (→Neustrien) nachweisen. Dadurch wird der F.-Begriff ztw. ersetzt, später treten Austria und Neustria der F. zur Seite. In der Wortgeschichte von Austria spiegelt sich auch der frk. Ausgriff in das rechtsrhein. Gebiet bis zum Oberlauf des Mains, das Land wird zum Bestandteil der F. Die enge Beziehung von F., Franken und frk. Kgtm. bestimmte den terminolog. Wandel im 9. Jh., der durch die karol. Reichsteilungen in Gang kam. Während die Teilungspläne Karls d. Gr. und Ludwigs d. Fr. von 806 und 817 im Falle der Herrschaftsfolge des ältesten Sohnes die Einheit des frk. Siedlungsgebiets garantierten, führten die Teilungsversuche der Spätphase Ludwigs d. Fr. wie die endgültige Einigung im Vertrag v. →Verdun 843 zur Aufteilung dieser engeren F. in drei Nachfolgereiche. Schon seit 833 hatte Ludwig d. Dt. seine Urkunden »in orientali F.« datiert und damit den Grund für den späteren Reichsnamen Ostfranken (→Ostfrk. Reich) gelegt; auch in diesem Teilreich meinte F. sowohl das frk. Siedlungsgebiet im Rhein-Main-Raum als auch das gesamte regnum. Am deutlichsten läßt sich zunächst die Kontinuität des F.-Namens im Mittelreich Lothars I. nach 843 und schließlich im 855 entstandenen Teilreich Lothars II. verfolgen, das nur frk. Siedlungsgebiet umfaßte (→Lotharingien). Hier hielt sich der bereits unter Karl d. Gr. als Bezeichnung des Landes um Maas und Mosel auftretende Name 'F. media'.

Eine ausschließl. Adaption des F.-Namens auf das →westfrk. Reich, wie sie spätestens seit dem Ende des 9. Jh. zu beobachten ist, läßt sich nach der Teilung von 843 nicht gleich konstatieren. Die Abgrenzung von F. und Lothringen in der Kanzlei Karls d. K. nach 875 unterstreicht freilich den Anspruch in Westfranken auf die ungebrochene Kontinuität frk. Siedlung. Erst seit der Herrschaft des Robertiners Odo (888–898) beschränkte sich das westfrk. Kgtm. ausschließlich auf den Westen des ehem. Großreiches. Die unterschiedl. Inanspruchnahme des F.-Begriffs und damit auch der lebendigen frk. Tradition durch die Kg.e der spätkarol. Epoche zeigt sich im Kanzleigebrauch: Die Kanzlei Karls d. Dicken hatte die 'orientalis F.' Ludwigs d. Dt. zunächst durch F. ersetzt und dann von Italien und Gallien unterschieden. Im Herrschaftsbereich des röm.-dt. Kgtm.s sollte F. künftig v. a. von Italienern zur Bezeichnung des nordalpinen Herrschaftsbereichs benutzt werden. Seit dem späten 9. Jh. dokumentieren historiograph. Quellen, daß ostfrk. Autoren 'F.' für das eigene regnum und für den Westen 'Gallia' benutzen, während westfrk. Verfasser ihr Reich als F. von Germanien abgrenzen. Die Benutzung des F.-Begriffs, vermischt mit antiken geograph. Bezeichnungen, hebt den eigenen polit. Standort hervor und wird durch Zusätze vielfach noch verdeutlicht (orientalis, occidentalis, media, antiqua, nova, superior, inferior, Teutonica, Germania, Latina, Romana, Gallicana).

II. ENTWICKLUNG IM WESTFRÄNKISCH-FRANZÖSISCHEN BEREICH: Das frühe Ende der lothr. Reichseinheit, die Krise des spätkarol. Kgtm.s wie auch die Verlagerung der polit. Schwerpunkte im ostfrk. Reich nach 919 führen im frühen 10. Jh. zur Festigung der politisch-geograph. Terminologie mit weitreichenden Folgen. Die gemeinsame Partizipation des west- und ostfrk. Kgtm.s an der frk. Tradition wurde letztmals im →Bonner Vertrag von 921 durch die westfrk. Kanzlei akzeptiert (falls die überlieferte Fassung echt ist). Die entscheidende Einengung des F.-Begriffs im Westen fand in der Zeit Karls III. statt, in der nordfrz. Historiographie wie in der kgl. Kanzlei, die nach der Eroberung Lothringens 911 im Titel 'rex Francorum' auf frühkarol. Vorbilder zurückgriff. Mochte ursprgl. noch der Anspruch auf Herrschaft über alle Franken impliziert sein, führte der Umbau der Reichsverfassung zur Regionalisierung der F. auf den Raum zw. Loire und Rhein, nach dem Verlust Lothringens 925 schließlich zw. Loire und Maas. Erst zusammen mit anderen Regionen und deren nichtfrk. Bevölkerung bildete die F. das westfrk.-frz. Reich der späten Karolinger und später der →Kapetinger, die hier freilich den Schwerpunkt ihrer Königsherrschaft besaßen. Ähnlich wie in anderen Regionen läßt sich im 10. Jh. dort der Aufstieg einer führenden Adelsfamilie zum Dukat beobachten, gipfelnd in der Anerkennung Hugos d. Ä. durch Kg. Ludwig IV. 936, ein Markstein auf dem Weg zum Kgtm., das die Robertiner-Kapetinger 888–898, 922–923 und ununterbrochen ab 987 innehatten. Die Quellen des 10. Jh. grenzen diese neue F. von Aquitanien, Burgund, Lothringen und von der Normandie ab, spätere Zeugnisse von Flandern und der Champagne. Wesentl. Katalysator in diesem begriffl. Konzentrationsprozeß auf das Land zw. Oise, Maas und Loire war das Kgtm. Zwar konnte man auch auf ältere gall. Bezüge des neuen Reiches zurückgreifen (etwa Richer v. Reims Ende des 10. Jh.), das gleichsam offizielle Bewußtsein im Umkreis des Kgtm.s bezog die Geschichte der →Trojaner und Franken auf den eigenen polit. Verband mit seinem Schwerpunkt im N Frankreichs, wo sich auch der Verdichtungsraum kgl. Politik befand.

Wie im merow. und ostfrk. Reich läßt sich auch in Westfranken/Frankreich die Spannung im F.-Namen zur Bezeichnung des Siedlungsgebiets zw. Oise, Maas und Loire wie als Reichsnamen verfolgen. Freilich diente F. zunächst nicht als Reichsname und wurde klar in ihrer geograph. Ausdehnung vom 'regnum Francorum' oder – seit dem 12. Jh. zunehmend – vom 'regnum Franciae' unterschieden. Die langsame Durchsetzung der kapet. Monarchie zunächst in der F., seit Philipp II. August auch im gesamten Legitimationsbereich des Kgtm.s führte nicht zu einer geograph. Ausdehnung des F.-Begriffs, sondern zur genaueren Präzisierung einer lehnrechtl. Terminologie (→regnum, →corona), die das Reich wie die Summe kgl. Herrschaft beschreiben half. F. meint auch im SpätMA in aller Regel das Gebiet der weiteren →Ile-de-France und nur ganz selten – in terminolog. Abschleifung des Begriffs in administrativen Zusammenhängen – das ganze Reich der kapet. Kg.e.

Der traditionellen Verhaftung an überkommenen Vorstellungen und Rechtsansprüchen ist auch die Beibehaltung der Intitulatio 'rex Francorum' in der kapet. Kanzlei zuzuschreiben, auch wenn auf die F. bezogene Herrscher- und Reichsbezeichnungen seit dem 12. Jh. immer stärker benutzt wurden. Erst das Vordringen der Volkssprache seit der Mitte des 13. Jh. brachte in der Kanzlei mit der Intitulatio 'roys de France' eine Wandlung, die auf der allgemein verbindlich gewordenen Vorstellung eines bes. Ranges der F. in der Welt und in Gottes Heilsplan aufbauen konnte, wie sie im Gefolge der Kreuzzüge und der Auseinandersetzung von Kaiser- und Papsttum wie auch in Literatur und Wissenschaft ausgebildet wurde.

III. ENTWICKLUNG IM OSTFRÄNKISCH-DEUTSCHEN BEREICH: Die Bedeutung des westfrk.-frz. Kgtm.s als Bewahrer frk. Traditionen für die Begriffsentwicklung von F. wird durch die Geschichte des Namens in Ostfranken/Dtl. unterstrichen. Hier wurden sowohl Lothringen als auch das alte frk. Siedlungsgebiet an Rhein und Main als F. bezeichnet, seit dem 11. Jh. tritt für Mainfranken die präzisierende Bezeichnung Franconia hinzu (→Franken, Landsch.). Nur in den ersten Jahrzehnten der liudolfing. Herrschaft konnte das Begriffspaar 'Francia et Saxonia' den gesamten Reichsverband bezeichnen, sowohl in der Kanzlei als auch in der Historiographie. Der Rückgriff auf frk. Bezüge, der von einer nichtfrk. Dynastie wesentlich verhaltener als im W mit seiner homogenen frk. Führungsschicht betrieben werden konnte, ging in der Folge in den röm. Traditionen auf, und erst im 12. Jh. wurde die Stellung des stauf. Reiches zur karol. F. von →Otto v. Freising wieder bedacht. Die Unterscheidung von 'imperium Romanorum' und 'regnum Francorum' war aber längst vollzogen im Sinne der Abgrenzung von röm.-dt. Reich und Frankreich. Trotz gelehrter Auslassungen im SpätMA wie auch im Humanismus blieb der F.-Name auf den Westen des ehem. karol. Großreiches beschränkt und entwickelte sich hier in der volkssprachl. Form 'France' zum Reichs- und Landesnamen.

B. Schneidmüller

Lit.: HEG I, 731–783 [K. F. WERNER] – B. GUENÉE, Du nom de France et des différents pays auqel il fut appliqué, Annuaire hist. 13, 1849, 152–168 – A. LONGNON, L'Ile-de-France, Mém. de la soc. de l'hist. de Paris et de l'Ile-de-France I, 1875, 1–43 – F. VIGENER, Bezeichnungen für Volk und Land der Deutschen vom 10. bis zum 13. Jh., 1901 – M. BLOCH, L'Ile-de-France, Revue de synthèse 25, 1912, 209–223, 310–339 – G. KURTH, F. et Francus (DERS., Études Franques I, 1919), 67–137 – W. MOHR, Die begriffl. Absonderung des ostfrk. Gebietes in westfrk. Quellen des 9. und 10. Jh., ALMA 24, 1954, 19–41 – L.

BOEHM, Gedanken zum Frankreichbewußtsein im frühen 12. Jh., HJb 74, 1955, 681–687 – W. MOHR, Von der F. Orientalis zum Regnum Teutonicum, ALMA 27, 1957, 27–52 – M. LUGGE, Gallia und Francia im MA ..., 1960 – C. T. WOOD, Regnum Francie: A Problem in Capetian Administrative Usage, Traditio 23, 1967, 117–147 – H. WOLFRAM, Intitulatio I–II, 1967–73 – W. KIENAST, Der Herzogstitel in Frankreich und Dtl. (9. bis 12. Jh.), 1968 – DERS., Stud. über die frz. Volksstämme des FrühMA, 1968 – H. BADER, Von der »Francia« zur »Ile-de-France«. Ein Beitr. zur Gesch. v. afrz. France, Franceis, franceis [Diss. Zürich 1969] – P. CLASSEN, Karl d. Gr. und die Thronfolge im Frankenreich (Fschr. H. HEIMPEL 3, 1972), 109–134 – W. EGGERT, Das ostfrk.-dt. Reich in der Auffassung seiner Zeitgenossen, 1973 – U. PENNDORF, Das Problem der »Reichseinheitsidee« nach der Teilung von Verdun (843), 1974 – W. KIENAST, Dtl. und Frankreich in der Kaiserzeit, 1–3, 1974–75² – E. EWIG, Beobachtungen zur polit.-geogr. Terminologie des frk. Großreiches und der Teilreiche des 9. Jh. (DERS., Spätantikes und frk. Gallien 1, 1976), 323–361 – B. SCHNEIDMÜLLER, Karol. Tradition und frühes frz. Kgtm., 1979 – DERS., Frz. Sonderbewußtsein in der polit.-geogr. Terminologie des 10. Jh. (Nationes 4, hg. H. BEUMANN, 1983), 49–91 – W. EGGERT – B. PÄTZOLD, Wir-Gefühl und regnum Saxonum bei frühma. Geschichtsschreibern, 1984 – W.-D. HEIM, Romanen und Germanen in Charlemagnes Reich, 1984 – C. BEAUNE, Naissance de la nation France, 1985 – J. EHLERS, Die Anfänge der frz. Geschichte, HZ 240, 1985, 1–44 – B. SCHNEIDMÜLLER, Nomen patriae. Die Entstehung Frankreichs in der polit.-geogr. Terminologie (10.–13. Jh.), 1987 – DERS., Herrscher über Land oder Leute? Der kapet. Herrschertitel in der Zeit Philipps II. August und seiner Nachfolger (1180–1270) (Intitulatio III, hg. H. WOLFRAM, 1988).

Franciscus (s. a. →Franziskus)

1. F. de Bacona (Francesc Bacó) OCarm, scholast. Theologe, * um 1300 in Gerona (?), † 1372 in Camprodon Ripollés (?), Mönch des Konvents in Peralada (Prov. Gerona), studierte (ca. 1347) in Paris Theologie und lehrte dort zw. 1357 und 1365, verfaßte 1364/65 den (unveröffentlichten) Sentenzenkommentar (vgl. RBMA Sent. n. 216) und später ein (noch nicht aufgefundenes) Repertorium praedicantium, das Kirchenvätertexte systematisch alphabet. sammelte. Ehrentitel: Doctor sublimis. Er vertrat den nominalist. Wissenschaftsbegriff und bestritt die Möglichkeit der metaphys. Gewißheit; seine Lehre schwankt zw. Willensprimat und Intellektualismus. 1366 wurde er Generalprokurator des Ordens, 1369 und 1372 Provinzial seiner Heimat Katalonien.

A. Pladevall

Lit.: Gran Enc. Catalana II, 813 [A. M. MUNDÓ] – B. XIBERTA, De scriptoribus scholasticis s. XIV ex ordine Carmelitano, 1931.

2. F. Eiximenis →Eiximenis, Francesc

3. F. (Francischus) v. Ferrara, it. Scholastiker um 1350. F. lehrte an der Univ. Padua, wo er am 10. Dez. 1352 auf Verlangen von Studenten seinen Traktat »Questio de proportionibus motuum« beendete. In seiner Schrift schließt sich F. an den »Tractatus de proportionibus« von →Thomas Bradwardine an und trug so zusammen mit →Giovanni di Casali zur Verbreitung der Bradwardineschen Lehre in Italien bei.

E. Neuenschwander

Lit.: M. CLAGETT, The Science of Mechanics in the MA, 1959, 495–503 – DERS., Francesco of Ferrara's »Questio de proportionibus motuum«, Annali dell' istituto e museo di storia della scienza di Firenze 3, 1978, 3–63.

4. F. de Marchia OFM (della Marca, F. Rossi; F. Rubei; F. Rubeus; F. de Pignano, de Apiniano, de Esculo; Asculanus), * um 1290, † nach 1344, aus Appignano, Diöz. Ascoli; Scotist, »Doctor succinctus« oder »praefulgidus«. Nach der Erklärung der 4 Sentenzenbücher 1319/20 in Paris wurde er Mag. theol., um 1324 Lektor in Avignon, 1327–32 Provinzial der Mark Ancona. Im theoret. Armutsstreit (→Armut; →Bettelorden) unterschrieb er auf Seiten der Franziskanerspiritualen 1322 die Erklärung des Generalkapitels v. Perugia und 1328 die Appellation des Ordensgenerals →Michael v. Cesena an Johannes XXII.

Mit →Wilhelm v. Ockham, Michael v. Cesena und →Bonagratia v. Bergamo entfloh er 1328 an den Hof Ludwigs IV. des Bayern nach München; 1329 aus dem Orden ausgeschlossen, fiel er 1341 in die Hände der Inquisition in Italien und versöhnte sich 1344 mit Clemens VI. (Petru Rogerii). Gegen Johannes XXII. nahm er Stellung zum Streit um die »Visio beatifica« (→Anschauung Gottes). In der Naturphilosophie vertrat er als erster die Impetuslehre; er kritisierte die Lehre Wilhelms v. Ockham von der Quantität und die Finalkausalität im Verständnis des Petrus Aureoli. Mit →Johannes Duns Scotus lehrte er die sündelose Empfängnis Marias und übernahm in der Gnadenlehre dessen Begriff der »acceptatio«. Überdies behauptete er eine Art Evidenz der Glaubenswahrheiten.

Werke: (weitgehend ungedruckt): In Sent. (2 Redaktionen); Quodlibet (P. GLORIEUX, La littér. quodl. II, 1935. 88); Mt-Kommentar (verschollen); Metaphysikkommentar (ungedr.); Improbatio contra libellum Domin Johannis (sc. Papae) qui incipit »Quia vir reprobus« (zum theoret. Armutsstreit); Traktat zum Visio-Streit (Auszug in A. MAIER, Ausgehendes MA, III).

H. Roßmann

Lit.: Catholicisme VIII, 413f. – DHGE XVIII, 726f. – DThC XII 1204–1249 – ECatt V, 1593f. – LThK IV, 240f. – NCE VI, 32 – A MAIER, Stud. zur Naturphilos. der Spätscholastik, I–V, 1943–51 – F STEGMÜLLER, Rep. comm. in Sent., 1947, nr. 237–239 – A. EMMEN, FS 39, 1957, 99–217 – M. CLAGETT, The Science of Mechanics in the MA 1959 – J.-P. BONNEFOY, Le ven. J. D. Scot. Docteur de l'Immaculée Conception, 1960 – K. BOSL (Der Mönch im Wappen, 1960), 97–129 – W. DETTLOFF, Die Entwicklung der Akzeptations- und Verdienstlehre von Duns Scotus bis Luther, 1963 – A. MAIER, Ausgehendes MA, I–III. 1967–77 [passim] – CH. H. LOHR, Antonianum 46, 1971, 486–488.

5. F. v. Meyronnes OFM (F. de Mayronis, F. de Maironis), * um 1288 in Meyronnes (Dép. des Basses-Alpes), † etwa 1327/28 in Piacenza, ☐ S. Francesco ebd. »Doctor illuminatus«, »doctor acutus«, »magister abstractionum«. F. entstammte einer prov. Adelsfamilie mit Verbindungen zum Hause Anjou und trat wahrscheinl. zu Digne in den Franziskanerorden ein. Er war Schüler des →Johannes Duns Scotus in Paris, Lektor an Ordensstudien und las 1320/21 als Bacc. in Paris über die Sentenzen, beteiligte sich an Disputationen (so mit dem gleichzeitig lesenden Petrus Rogerii OSB, nachmals →Clemens VI.) und hielt zahlreiche Predigten. Nach dem 24. Mai 1323 wurde er dort durch Vermittlung Johannes' XXII. und auf Anregung Kg. Roberts v. Anjou v. Neapel vorzeitig zum Mag. theol. befördert. Im Frühjahr 1324 übersiedelte er an die Kurie in Avignon, wo er als Prediger und Gutachter wirkte und wurde Provinzialminister der Provence. Im theoret. Armutsstreit der →Franziskaner (→Armut; →Bettelorden) tendierte er zur strengeren Richtung, hielt sich aber im Gunst des Papstes, dessen Primat und geistl. und weltl. Oberherrschaft (auch über den Ks.) er in mehreren Schriften verteidigte. Auch trat er für das päpstl. Lehenkgtm. Roberts v. Anjou ein. Im Anschluß an Johannes Duns Scotus verteidigte er die Immaculatalehre, vertrat die absolute Prädestination Christi und Mariens und lehrte mit ihm die →Formaldistinktion und die Univozität des Seins (bis hin zu den »perfectiones simpliciter«). Seine subtilen Darlegungen über das »esse quidditativum« (das Sein der reinen Wesenheiten) im Sinne →Avicennas nahmen Gedankengänge der »reinen Phänomenologie« (E. HUSSERL) vorweg. Sein reiches Predigtschrifttum belegt seine geistige Verwandtschaft auch mit →Bonaventura. Dargestellt von Benozzo →Gozzoli in S. Francesco in Montefalco (Umbrien).

Werke: (nur teilweise gedruckt): Kommentare zu den Sentenzen (in mehreren Redaktionen, darunter der »Conflatus« = I Sent. der Pariser Vorlesung; mit den drei anderen Büchern und dem letzten Quodlibet gedr. Venedig 1520, Nachdr. Frankfurt/M. 1966), zu Aristoteles und Porphyrius, zu Augustinus und Ps.-Dionysius, zu kirchl. Lehrtexten, ferner Quaestiones disputatae, Quaestiones quodlibetales, kirchenpolit. und asket. Traktate usf., Sermones de tempore und Sermones de Sanctis (teilw. in alten Ed. vorliegend).   H. Roßmann

Ed. und Lit.: F. Stegmüller, Rep. Comm. in Sent. − J. B. Schneyer, Rep. der lat. Sermones des MA II, 1970 − B. Roth, FSt 22, 1934 − Ders., F. v. M. Sein Leben, seine Werke, seine Lehre vom Formalunterschied in Gott, 1936 [Bibliogr.] − Ders., Kirchengesch. Stud. (Festg. M. Bihl, 1941), 114−144 − P. de Lapparent, L'oeuvre politique de F. de M., AHDL 15−17, 1940−42, 5−151 [mit Ed.] − dazu F. Baethgen, DA 15, 1959, 103−136 [mit Ed.] − J. Jurić, Studi franc. 51, 1954, 224−263 [mit Ed.] − Ders., ebd. 53, 1956, 3−54 [mit Ed.] − J. Barbet, François de M. − Pierre Roger, Disputatio (1320−1321), 1961 [mit Ed.] − P. Vignaux, Études d'hist. litt. et doctrinale, 1962, 517−544 − A. A. Maurer (Studia C. Balić, 1971), 203−225 − Ders., MSt 33, 1971, 201−227 − H. Roßmann, Die Sentenzenkomm. des F. v. M., FSt 53, 1971, 129−227 − Ders., ebd. 54, 1972, 1−76 − Ders., Die Hierarchie der Welt. Gestalt und System des F. v. M. mit bes. Berücksichtigung seiner Schöpfungslehre, 1972 [Bibliogr.] − L. Cova, Medioevo 2, 1976, 363−377.

6. F. Zabarella (de Zabarellis), einer der berühmtesten Kanonisten seiner Zeit; * 10. Aug. 1360 in Padua, † 26. Sept. 1417 in Konstanz, ◻ in Florenz; Studium in →Bologna, Lehrtätigkeit dann in Florenz (1385−90) und Padua (1390−1410). Außerdem stand er im diplomat. Dienst von Padua bzw. nach dessen Unterwerfung von Venedig und war Gesandter beim Konzil v. →Pisa. Obwohl er keine höhere Weihe empfangen hatte, wurde er von Johannes XXIII. 1410 zum Bf. v. Florenz und 1411 zum Kard. ernannt (daher auch: Cardinalis Florentinus). Im Auftrag Johannes' XXIII. verhandelte er mit Kg. →Sigmund über das geplante Konzil und wurde im Konzil v. →Konstanz eine der führenden Persönlichkeiten, bes. in der causa unionis; u. a. war er (Mit-)Verfasser des Dekrets »Haec Sancta«.

Werke: Seine Hauptwerke sind das sehr umfangreiche »Comment(ari)um in libros quinque decretalium« und die die gesamte entsprechende kanonist. Literatur verarbeitende »Lectura« zu den →Clementinae. Unter seinen weiteren Arbeiten ragt der aus Gutachten entstandene »Tractatus de schismate« hervor, in dem er einen gemäßigten →Konziliarismus vertrat; daher wurde dieses Werk später auf den Index der verbotenen Bücher gesetzt.   H. Zapp

Q.: Commentarium in quinque libros decretalium (1396−1404), Venedig 1502 u. ö. [vgl. zu den Ed. St. Kuttner, BMCL 16, 1986, 97−101] − Lectura super Clementinis (1402), Rom 1477 u. ö. − Tractatus de schismate (1403−1408), Venedig 1502 u. ö. − Consilia, Pescia 1490 u. ö. − Repetitiones, Venedig 1587 − Quaestiones und weitere Traktate (vgl. L. Hain, Rep. bibliographicum, Stuttgart und Paris 1826−38, 16250−16262) − *Lit.:* DDC V, 901 − H. Hurter, Nomenclator literarius theologiae catholicae II, 1906, 766−769 − LThK² X, 1295f. − NCE XIV, 1101 − Schulte II, 283−285 − Wetzer und Weltes Kirchenlex., XII, 1845−1850 − Th. E. Morrisey, The Decree »Haec Sancta« und Card. Z., AHC 10, 1978, 145−176 [ältere Lit.] − Ders., Card. F.Z. (1360−1417) as a Canonist and the Crisis of His Age: Schism and the Council of Constance, ZKG 96, 1985, 196−208 [Lit.].

Francke, Meister, Maler, tätig in Hamburg um 1410−40. Die wenigen, vereinzelten Akten, so zu einem verlorenen Dreifaltigkeits-Altar für die Schwarzhäupter in Reval (1429−36) und zu zwei Tafeln ehem. im Dom zu Münster i. W., machen wahrscheinlich, daß F. Mönch im Kl. St. Johann OP in Hamburg war und engere Beziehungen − familiärer Art oder durch den Orden − nach Zutphen hatte. Der Barbara-Altar, vermutl. um 1410−15 für die Kathedrale in Turku (Åbo) entstanden und aus Nykyrko nach Helsinki gelangt, zeugt in der pointierten Erzählweise und vielen Einzelheiten von genauer Kenntnis moder-

ner Pariser Buchmalerei und burg. Tafelbilder. Nach dem kleinen »Schmerzensmann« (Leipzig) schuf F. ab 1424 für die Kapelle der Englandfahrer in St. Johannis einen großen Wandelaltar (die inneren Flügel mit vier Passionsszenen, »Geburt«, »Anbetung der Könige«, zwei Bilder aus der Legende des hl. Thomas Becket und ein Fragment der zentralen Tafel mit den trauernden Frauen unter dem Kreuz erhalten; Hamburg, Kunsthalle). Der späte, große »Schmerzensmann« (Hamburg) deutet auf Kontakt mit der neueren niederländ. Malerei der Generation van →Eycks. − M. F., ein erstrangiger, mit den neuen realist. Tendenzen bekannter Künstler, ordnete diesen doch die ältere hierat. Bildauffassung vor und strebte nach einer Vertiefung der devotionalen Ausdruckswerte.   Ch. Klemm

Lit.: B. Martens, M. F., 1929 − M. F. und die Kunst um 1400, Ausst. Kat. Hamburg 1969.

Franckforter (Frankfurter; Theologia Deutsch), anonym überlieferter, von Martin Luther ohne Titel- und Verfasserangabe aufgefundener Traktat, den er erstmals 1516 fragmentar. und 1518 vollständig als »eyn deutsch Theologia« veröffentlichte (WA I 152f., 375−379). In einer Hs. aus der Abtei OCist Bronnbach ist das Werk als »F.« überliefert. Bereits im ältesten bislang bekannten Gesamttext (Hs. Eger, 1465) wird der Autor im wohl erst später angefügten Prolog als Custos des Deutschherrenhauses zu Frankfurt (Sachsenhausen) vorgestellt. Eindeutige Identifizierung des Verfassers und exakte Datierung sind noch ungeklärt. Als mutmaßl. Autor kamen die urkundl. 1359 erwähnte Heinrich v. Bergen (K. Wessendorft), aber auch Johann (Lagenator) v. Frankfurt, eigtl. J. Lägeler, Prof. theol. in Heidelberg (ca. 1380−1440) ins Gespräch (R. Haubst). Sprachl. Untersuchungen zufolge entstand das Werk noch am Ende des 14. Jh. (W. v. Hinten). Die theol. Beziehungen zu Meister →Eckhart, →Tauler und zur Deutschen →Mystik sind unverkennbar. In 53 Kapiteln, deren Zählung in der hs. Tradierung schwankt, wird − im scholast. Frage-Antwort-Schema − die Gottesfreundschaft begründet. Sie realisiert sich in der radikalen Abkehr von der »Natur, dem Ich und dem Meinen« sowie in der liebenden Heimkehr zum Vater-Gott, der als das »vollkommenen Gut« den Gottesfreund auf den Weg in die Nachfolge Christi »zieht« (Kap. 53). Dabei werden die genuin neuplaton. Ideale der Selbstüberschreitung und Vergöttlichung aufgegriffen und so in der Praxis der Gottesfreundschaft konkretisiert, daß die gnadenhafte Geburt des neuen Menschen in Christus nicht in angespannter Intellektualität, sondern in prakt. Spiritualität erstrebt und ersehnt wird. Die vornehml. mit M. Luther verbundene Wirkungsgeschichte des F.s reicht bis in die Gegenwart hinein (vgl. G. Baring, Bibliogr. der Ausg. der »Theologia Deutsch« [1516−1961]. Ein Beitr. zur Lutherbibliogr., 1963).   M. Gerwing

Ed.: W. v. Hinten, Der F., 1982 (MTU 78) − A. M. Haas (nhd. Übers., Einl.), 1980 (Christl. Meister 7) − *Lit.:* Verf.-Lex.² II, 802−808 [W. v. Hinten] − K. Wessendorft, Ist der Verf. der Theologia Deutsch gefunden?, Evangel. Theol. NF 11, 1956, 188−192 − R. Haubst, Welcher F. schrieb ›Theologia Deutsch‹?, ThPh 48, 1973, 218−239.

Franco

1. F. v. Köln, Musiktheoretiker, vielleicht auch Komponist, 13. Jh., genauere Lebensdaten unbekannt. In einer der 8 Hss., die den ihm zugeschriebenen Traktat »Ars cantus mensurabilis« überliefern, wird F. als päpstl. Kapellan und preceptor des Johanniterordens in Köln bezeichnet. In einer anderen Quelle wird als Verfasser des obengen. Traktats ein sonst nirgends erwähnter F. v. Paris bezeichnet; er ist mit F. v. K. höchstwahrscheinl. identisch. − Die

»Ars cantus mensurabilis« (1250/1280; von →Hieronymus de Moravia wird der Traktat statt F. einem Johannes v. Burgund zugeschrieben) ist unter den Abhandlungen aus der Frühzeit der →Mensuralmusik (über weitere: →Ars antiqua) die bedeutendste und einflußreichste. Ihr Gegenstand ist die musikal. Notation. Die wesentl. Neuerung besteht darin, daß die relative Dauer der Einzeltöne nicht mehr, wie in der →Modalnotation bisher, aus dem Kontext des Notationsbildes erschlossen werden muß, sondern am einzelnen Notenzeichen direkt abgelesen werden kann; dieses Prinzip ist in den folgenden Jahrhunderten zwar weiter entfaltet, grundsätzl. aber nicht überholt worden.   R. Bockholdt

Ed.: CSM 18 (ed. G. REANEY–A. GILLES), 1974 [ältere Ed. dadurch überholt] – *Lit.:* NEW GROVE [Lit.] – W. APEL, Die Notation der polyphonen Musik, 1970–H. H. EGGEBRECHT, F. A. GALLO, M. HAAS, K.-J. SACHS, Die ma. Lehre von der Mehrstimmigkeit (Gesch. der Musiktheorie, hg. F. ZAMINER, 5, 1984).

2. F. v. Lüttich, mathemat. Schriftsteller, † um 1083. 1066 übernahm er die Leitung der Domschule in Lüttich. Er schrieb Traktate über den Computus (→Komputistik) und über die Kugel (vgl. SARTON). Sein bekanntestes Werk ist eine Abhandlung über die Quadratur des Kreises in sechs Büchern. →Sigebert v. Gembloux berichtet in seiner Chronik zu 1047, daß die genannte Schrift dem Ebf. Hermann v. Köln gewidmet ist, so daß damit eine Entstehungszeit vor 1050 anzunehmen ist.   A. J. E. M. Smeur

Ed.: M. FOLKERTS- A. J. E. M. SMEUR, A Treatise on the Squaring of the Circle by F. of Liège, AIHS 26, 1976, 59–105, 225–253 [nach allen vier bisher bekannten Hss.; Hinweise auf ältere Ed. und Lit.] – *Lit.:* BNB I, 62f. [A. J. E. M. SMEUR] – SARTON I, 757f. – J. E. HOFMANN, Zum Winkelstreit der rhein. Scholastiker in der 1. Hälfte des 11. Jh., AAB, Nr. 8, 1942, 3–19 – M. FOLKERTS, Isis 63, 1972, 272–274.

3. F. v. Meschede, Scholaster des Stiftes Meschede a. d. Ruhr (»Altercatio« Str. 3 und 336), nach chron. Brem. Henr. Wolteri (ed. H. MEIBOM, Rer. Germ. Scr. II, 1688, 65), Kanzler des Ebf.s Burchard Grelle (1327–1344). Erhalten sind die Dichtungen: 1. »Altercatio de utroque Iohanne Baptista et Evangelista«, Papst Johannes XXII gewidmet (Str. 1–5, 331–337), am 6. Juli 1330 vollendet (Str. 338/339), 339 trochäische gereimte (aabccb) Strophen (zur Überlieferung WALTHER, Streitgedicht, 130). Das Werk zählt zu den jurist. Schuldisputationen. Bei F. treten zwei Parteien auf, die in einer Gerichtsverhandlung auf der Grundlage des kanon. Rechts über den Vorrang der beiden Johannes streiten. Quelle ist →Caesarius v. Heisterbach, mirac. 8,51.

2. »Carmen Magistrale. De beata Maria Virgine«, nach einigen Hss. als »Aurea fabrica« zitiert (SCHRÖDER, 125; vgl. »Die goldene Schmiede« des →Konrad v. Würzburg). Marienlob, gegliedert in 13 Abschnitte, mit kunstvollen Strophenformen und reicher Typologie, wohl wie 1. 1330 entstanden (zur Überlieferung WALTHER, Nr. 8730). Die Stropheninitialen I,2-X,9 ergeben das Akrostichon: Franco scolaster Meschedensis servitor alme virginis marie hvmilis et devotus ista collegit et ea domino Iohanni pape XXII misit. Formale Nähe zu volkssprachigen Mariendichtungen (z.B. »Rheinisches Marienlob«).   B. Gansweidt

Ed.: Altercatio ..., AnalHym 29, 205–232 – Carmen Magistrale, AnalHym 29, 185–204 – *Lit.:* Verf.-Lex.² II, 829–834 [K. GÄRTNER] – J. EVELT, Ueber den Scholaster F. v. M., ZVGA 23, 1863, 295–310 – G. M. DREVES, Ein Jahrtausend lat. Hymnendichtung I, 1909, 399–402 – H. WALTHER, Das Streitgedicht in der lat. Lit. des MA, 1920 (Q. und Unters. zur lat. Phil. des MA 5), 129–134 [Nachdr. 1984] – E. SCHRÖDER, F. v. M. und seine 'Aurea fabrica', GGN 1927, 119–129 – DERS., ZDA 64, 1927, 266.

4. F. v. Polen, Astronom, lediglich bekannt als Verfasser eines Traktats, datiert vom 2. Juli 1284, der die Beschreibung des →Turquetum zum Gegenstand hat. Ob F. oder →Bernhard v. Verdun (49. B) der Erfinder dieses astron. Instruments war, ist nicht feststellbar. – A. BIRKENMAJER hat eine Randnotiz in einer Hs. entdeckt, in der einem gewissen Franco zwei Kanones der toledan. Tafeln (→Astronomie VI, →Tafeln, astronom. und math.) zugeschrieben werden; es besteht hier wohl Identität mit F. v. Polen.   E. Poulle

Lit.: A. BIRKENMAJER, Études d'hist. des sciences en Pologne (Studia Copernicana 4, 1972), 437–468 – F. S. PEDERSEN, Canones Azarchelis, Cah. de l'Inst. du m. â. grec et latin, 54, 1986, 129–218.

François → Franz

Francplegium (von plegium liberale; 'Zehntschaft'), Verfahren zur Aufrechterhaltung der öffentl. Ordnung. Unter den norm. Kg.en wurden zwei voneinander unabhängige ags. Institutionen im sog. »*frankpledge*-System« vereinigt, indem sie der unterworfenen ags. Bevölkerung eine gemeinschaftl. Verantwortung bei der Verfolgung von Verbrechen auferlegten. In den Gesetzestexten des 10. Jh. erschien die »Zehntschaft« (engl. *tithing*) als eine Untereinheit der →Hundertschaft *(hundred),* die bestimmte rechtspfleger.-administrative Funktionen hatte. Kg. Knut d. Gr. machte die Mitgliedschaft darin für alle freien Männer verbindlich (II Cnut,20). Daß die Freunde eines Angeklagten Pfand und Bürgschaften für dessen Erscheinen vor Gericht bereitstellten, war ebenfalls eine ags. Praxis. Die »Leges Henrici Primi« von ca. 1118 (Kap. 8,2) berichten zum ersten Mal von einem Erlaß, daß jedermann über 12 Jahre, der die Rechte eines freien Mannes beanspruchte, die Mitgliedschaft in »einer Zehntschaft oder plegium liberale« nachweisen mußte (der 2. Terminus in nachfolgenden jurist. Abhandlungen = francplegium). Eine der vornehml. Aufgaben des Sheriffs bestand in der Gewährleistung einer ordnungsgemäßen Arbeit der Zehntschaften, indem er zweimal jährl. zu diesem Zweck die Hundertschaftsgerichte inspizierte. Die feudalen Grundherren waren indessen die Hauptbegünstigten dieser durch das F. ausgeübten disziplinar. Gewalt. Häufig besaßen sie die Hundertschaftsgerichtsbarkeit in ihren Herrschaften; jenes begehrte Privileg trug die Bezeichnung *view of frankpledge.* In den nördl. und westl. Gft.en, wo sich die Zehntschaften niemals etabliert hatten, mußten die Grundherren andere Wege der Rechtspflege suchen durch sog. *serjeants of the peace.* Im 14. Jh. verlor das F. seine Bedeutung durch örtl. →*constables,* die von →*justices of peace* der Gft. überwacht wurden. Es behielt jedoch noch längere Zeit in den Grundherrschaften Bedeutung, und »Zehntschaftsvorsteher« *(tithingmen)* und »Hauptbürgen« *(chief pledges)* erschienen weiterhin in grundherrl. Gerichtsakten.   A. Harding

Lit.: LIEBERMANN, Gesetze I, 175f., 322f., 511, 554 – W. A. MORRIS, The Frankpledge System, 1910 – D. A. CROWLEY, The later hist. of frankpledge (Bull. of the Inst. of Hist. Research XLVIII, 1975).

Francs-Archers → Heerwesen

Frangipani, stadtröm. Adelsgeschlecht mit Blütezeit im 12. Jh. Die genealog. Abkunft wird auf die nichtadlige röm. Familie der de Imperatore zurückgeführt, von der im frühen 11. Jh. einzelne Mitglieder die Bezeichnung 'Fragapanem' o. ä. als Beinamen führten. Im Laufe des 11. Jh. sind die F. mehrmals als Parteigänger der Reformpäpste belegt. In der Folgezeit bemühten sie sich, die Vorherrschaft in →Rom zu erringen, und traten immer dann bes. in Erscheinung, wenn dort die großen Konflikte zw. Papsttum und Kaisertum ausgetragen wurden. In der ersten Hälfte des 12. Jh. waren sie in den ausgehenden

→Investiturstreit und in die innerkirchl. Auseinandersetzungen zw. Altgregorianern und der Partei des Kard.s →Haimerich verstrickt, wobei *Cencio* und *Leone* F. an den Papstwahlen von 1118, 1124 und 1130 einen gewissen Anteil hatten und zeitweise auch die Sache Ks. →Heinrichs V. vertraten. Immer standen die F. dabei in einem schroffen Interessengegensatz zur Familie der →Pierleoni. Im Verlauf des Schismas nach 1159 erwiesen sich die F. als die wichtigsten Anhänger →Alexanders III. gegen Ks. →Friedrich Barbarossa und dessen Gegenpapst →Viktor IV. Während dieser Zeit erlebten sie den Höhepunkt ihrer Macht, was sich auch durch weitreichende diplomat. Kontakte und durch die Eheverbindung von *Ottone F. d. Ä.* mit einer byz. Prinzessin dokumentiert. 1186 kam es mit dem durch *Ottone F. d. J.* vollzogenen Wechsel zur Partei Kg. →Heinrichs VI. zum Bruch in der bis dahin meist auf das Papsttum ausgerichteten polit. Linie der Familie. Noch in der Zeit nach 1239 standen die F. im Konflikt zw. →Gregor IX. und →Friedrich II. auf der Seite des Ks.s und mußten dabei 1244 die Zerstörung ihres wichtigsten Platzes in Rom, der Torre Cartolaria, und dessen Übergang an die rivalisierenden →Annibaldi hinnehmen. Spätestens für diesen Zeitpunkt wird eine starke Einbuße an polit. Einfluß in der Stadt offenkundig. Später traten sie wieder in Gegensatz zu den →Staufern, was schließlich dazu führte, daß *Giovanni* F. 1268 den nach der Schlacht v. →Tagliacozzo nach Torre Astura geflohenen →Konradin an →Karl v. Anjou auslieferte. Danach trat die polit. Wirksamkeit der F. weitgehend zurück.

Grundlage der Autorität der F. war ihre Stellung in Rom und Latium. Das Zentrum ihrer ausgedehnten Besitzungen in der Stadt selbst lag im Umkreis der Ruinen des Forum Romanum, zw. Palatin und Kolosseum, wo alle drei Zweige der Familie, die *F. de Cartolaria*, die *F. de Septemsoliis* und die *F. de Gradellis*, ihre festen Plätze hatten. In dieser Region lag auch das »Hausstift« der Familie, die Kirche S. Maria Nova. Nach Zerstörung ihrer Türme durch den *Capitano del popolo* Brancaleone di →Andalò (1257) und Ks. →Ludwig den Bayern (1328) scheint die Familie ihren Schwerpunkt innerhalb der Stadt nach Trastevere verlagert zu haben. Seit dem Ende des 12. Jh. benutzten die F., wie andere Familien der Stadt auch, den Senat, das Führungsorgan der stadtröm. Kommune, als Instrument ihrer Familienpolitik. Die Kontakte der *Iacoba de Semptemsoliis* zu →Franziskus v. Assisi geben Hinweise auf mögliche Beziehungen der Familie zum frühen Franziskanertum.

Noch wenig untersucht sind die ausgedehnten Besitzungen der F. im südl. Latium und im N des Kgr.s →Sizilien mit ihren Zentren Terracina, Torre Astura und Sezze. Sie kamen z. T. als Ausgleich für das Engagement für Papst oder Ks. in den Besitz der Familie, mit denen die F. auf diese Weise auch über das Lehnsrecht verbunden waren.   M. Thumser

Lit.: DHGE XVIII, 997ff. – ECatt V, 1696f. – EncIt XVI, 23f. – LThK² IV, 252ff. – F. Sabatini, La famiglia e le torri dei F. in Roma, 1907 – F. Ehrle SJ, Die F. und der Untergang des Archivs und der Bibl. der Päpste am Anfang des 13. Jh. (Mél. offerts à É. Chatelain, 1910), 448–485 – P. Fedele, Sull'origine dei F., ASRSP 23, 1910, 493–506 – G. Falco, I comuni della Campagna e della Marittima nel medio evo, ASRSP 42, 1919, 598ff. – É. D'Alençon, Frère Jacqueline, 1927² – H.-W. Klewitz, Das Ende des Reformpapsttums, DA 3, 1939, 371–412 – P. Brezzi, Roma e l'impero medioevale (774–1252) (Storia di Roma 10, 1947), passim – J. Petersohn, Ks., Papst und praefectura Urbis zw. Alexander III. und Innocenz III., QFIAB 60, 1980, 157–188.

Franken, Frankenreich

A. Archäologie – B. Allgemeine und politische Geschichte. Verfassungs- und Institutionsgeschichte – C. Kirchengeschichte und -verfassung – D. Wirtschafts- und Bevölkerungsgeschichte – E. Geschichte der Juden im Frankenreich

A. Archäologie

I. Siedlungswesen – II. Bestattungssitten – III. Tracht und Bewaffnung – IV. Zur Sozialstruktur – V. Zur Ethnographie – VI. Zu Geistesleben und Kunst.

Die archäolog. Quellen zur Gesch. der F. und des F.es bestehen für die Zeit vom 4.–8. Jh. in weit überwiegendem Maße aus Grabfunden (Grabbeigaben). Siedlungsfunde (Behausungsspuren und Reste des materiellen Siedlungsinventars) sind demgegenüber selten und gewinnen erst für die karol. Zeit (8.–9. Jh.) größere Bedeutung. Ihrer Natur entsprechend können die archäolog. Quellen nur zu ihnen angemessenen Themen sinnvoll befragt werden. Dies sind im vorliegenden Fall im wesentlichen die folgenden:

I. Siedlungswesen: In der Rheinzone trat infolge der frk. Landnahme im ländl. Bereich ein völliger Bruch gegenüber dem röm. Siedlungswesen ein. Statt der röm. Landsiedlungen vom Typ »vicus« oder →»villa« entstanden an anderer Stelle frk. Gehöfte, die ihren Platz in der Nähe eines reichlichen natürl. Wasservorkommens wählten (Bach, Quelle). Alle Bauten wurden in Abkehr von röm. Gepflogenheiten in Holzbauweise errichtet (z. B. Gladbach). Es handelt sich einmal um ebenerdige, in Pfostenbauweise errichtete Häuser, die v. a. als Wohnbauten und Scheunen dienten. Von Ställen ist nichts bekannt. Daneben gab es halb in die Erde eingetiefte Grubenhütten als Werkräume und Vorratskeller. Selbst Kirchen wurden in Pfostenbauweise errichtet. Die Siedlung erfaßte in der Regel nur anbaugünstige Gebiete, also Tal- und Beckenlagen, unter Aussparung der Mittelgebirgslandschaften. Dieses Siedlungsmuster hat sich im Zuge der frk. Eroberungen weit nach W in den nordgall. Raum ausgebreitet (z. B. Brebières); das Ausmaß des Fortlebens röm. Siedlungstraditionen ist noch zu ermitteln. – Für den Bereich des städt. Siedlungswesens gilt generell, daß die spätröm. Städte und Kastellorte mit ihren festen Mauerringen auch im frühen MA weiterbestanden, zwar mit baulichen Veränderungen, aber unter Wahrung ihrer zentralörtl. Funktion. Im rechtsrhein. Gebiet wurden solche Funktionen seit spätmerow. Zeit von befestigten Höhensiedlungen wahrgenommen (z. B. →Christenberg, →Büraburg), die ab der 2. Hälfte des 7. Jh. die Epoche des karol. Burgenbaus einleiteten. Hinzu kamen die →Pfalzen, die Zwecke eines Wirtschaftshofes, einer Residenz und einer Befestigung miteinander verbanden (archäolog. untersucht bes. →Aachen, →Frankfurt a. M. und →Ingelheim). – Als ein Aspekt archäolog. Siedlungsforschung kann die Beschäftigung mit der frühma. →Keramik gelten, der weithin die Rolle eines chronolog. Leitfossils zukommt. Die v. a. in Form von Grabbeigaben überlieferte Keramik der Merowingerzeit setzt in Technik und Formenkanon röm. Traditionen in breiter Front fort. Die Keramik der karol. Zeit, bes. →Badorfer und →Pingsdorfer Ware, ist bei guten techn. Eigenschaften einförmiger in Form und Verzierung.

II. Bestattungssitten: Charakteristisch für den Beisetzungsbrauch der F. im FrühMA ist der über mehrere Generationen hinweg belegte, insofern ständig anwachsende sog. Reihengräberfriedhof (→Grab, -formen). Die Toten wurden unverbrannt und nach O ausgerichtet beerdigt, durchweg in ihrer im Leben getragenen Tracht und mit weiteren Beigaben versehen. Dieser Brauch hat sich unter Einfluß der spätröm. Grabsitten in einem längeren, bereits im 4. Jh. einsetzenden Prozeß herausgebildet; in N-Gallien im röm. Heer dienende frk. Söldner hatten wesentl. Anteil an seiner Entwicklung. Vom späten 5. Jh. an konnte die sog. Reihengräbersitte allgemeine Gültigkeit beanspruchen, ohne uniform zu sein. Bes. im O und N des frk. Stammesgebietes lassen sich immer wieder und vermehrt in der jüngeren Merowingerzeit Besonderheiten des Grabbrauches beobachten: Pferde- und andere Tierbestattungen, Brandbestattungen, Abweichungen von der kanon. Ostung der Gräber. Überall wurden einzelne Gräber durch bes. aufwendige Grabbauten hervorgehoben: große holzverkleidete Grabkammern, Grabhügel, Kreisgräben, hölzerne Bauten über dem Grab. Im ehemals röm. Gebiet westl. des Rheins lebten antike Beisetzungsbräuche weiter bzw. wieder auf, so die Beisetzung »ad sanctos« in oder bei einer Kirche oder die Verwendung von Sarkophagen und Grabsteinen, z. T. mit lat. Inschriften. Im Laufe des 7. Jh. unterlag die Reihengräbersitte einem fortschreitenden Auflösungsprozeß; die Beigabensitte wurde schrittweise, im W beginnend, aufgegeben; schließlich wurde der Reihengräberfriedhof überhaupt verlassen, meist wohl zugunsten einer Sepultur bei einer Kirche.

III. TRACHT UND BEWAFFNUNG: Dank der ausgiebig geübten Beigabensitte verfügen wir über ein recht deutliches Bild vom äußeren Habitus der F. Dabei lassen sich für Männer und Frauen zeitbedingte Moden ebenso wie regionaltyp. Eigenarten beobachten. So zeigt die Bewaffnung der frühen Merowingerzeit ein breites Spektrum mit zweischneidigem Langschwert (Spatha), einschneidigem Kurzschwert (Sax), Lanze, dem pilumartigen Ango, Pfeil und Bogen sowie verschiedene Formen von Streitäxten, darunter die Franziska genannte Wurfaxt. Hinzu kommen Defensivwaffen wie Schild, Helm und Panzer. Ango und Franziska, ferner die selten belegte hellebardenartige Glefe sind, nach ihrem Verbreitungsbild zu urteilen, typisch frk. Waffen und dürften als frk. Innovationen ihren Teil zu den Kriegserfolgen der F. beigetragen haben. In der jüngeren Merowingerzeit trat der nun recht schwer gewordene Sax stärker in den Vordergrund. Im Übergang zu karol. Zeit nahm er die Form eines schlanken Reitersäbels an, wohl im Zusammenhang mit einer verstärkten Bedeutung des Reiterkampfes. In der Frauentracht läßt sich der allmähliche Wechsel von der herkömmlichen germ. Mehrfibeltracht mit zwei Fibelpaaren zur Einfibeltracht nach mediterran-röm. Art beobachten. Auch anhand von Ohrringen, Fingerringen und Nadeln lassen sich mediterrane Einflüsse auf die frk. Frauentracht nachweisen. Weitgehend unberührt von solchen blieb ein am Gürtel getragenes Gehänge, das zwar mediterrane Elemente (z. B. runde durchbrochene Bronzezierscheiben) aufnahm, seinen ursprgl. Amulettcharakter aber offensichtl. stets bewahrte.

IV. ZUR SOZIALSTRUKTUR: Ein Reihengräberfeld, insofern es einen Personenverband (Siedlungsgemeinschaft) repräsentiert, kann in der unterschiedl. Anlage der Gräber und ihrer stark differenzierenden Ausstattung mit Beigaben etwas von der Sozialstruktur der betreffenden Gemeinschaft widerspiegeln. V. a. die Häupter der (Siedlungs-) Gemeinschaften heben sich oft deutlich ab. Fast auf jedem Reihengräberfeld finden sich Gräber, die sich durch Beigabenreichtum bzw. aufwendigen Grabbau von der Masse der übrigen abheben und demzufolge der jeweiligen Führungsgruppe zugeschrieben werden müssen. Miteinander verglichen, dürften die Angehörigen solcher Eliten auf durchaus unterschiedl. sozialem Niveau angesiedelt gewesen sein. Unter den solcherart hervorgehobenen Gräbern finden wir an der Spitze die von Angehörigen des merow. Königshauses, das → Childerichgrab und das Grab der Kgn. → Arnegundis, vermutlich auch die Gräber der beiden unter dem Kölner Dom beigesetzten Personen.

Die zahlreichen anderen im Laufe der Zeit bekannt und berühmt gewordenen →»Fürstengräber« erreichen nicht das Ausstattungsniveau der kgl. Bestattungen; die Gräber der Gruppe Flonheim-Gültlingen, das sog. Fürstengrab v. Krefeld-Gellep, das Grab des Herren v. Morken oder die Bestattungen der Krieger v. Lavoye und Mézières – vermutl. also Bestattungen von Vertretern einer Personengruppe, die in den Schriftquellen als »nobiles« oder »maiores natu« erscheint. – Kombiniert man die archäolog. Feststellungen über Größe und Belegungsdauer eines Reihengräberfeldes mit den am Skelettmaterial mit den Methoden der Anthropologie zu erhebenden Daten, so lassen sich weitergehende Angaben zur Demographie machen (z. B. Frénouville).

V. ZUR ETHNOGRAPHIE: Manche Eigenarten im äußeren Habitus der F., bestimmte Waffenformen und Trachteigentümlichkeiten, scheinen ethnisch signifikant gewesen zu sein, was auch zeitgenöss. Schriftquellen bestätigen. Dabei fällt eine Unterscheidung innerhalb des germ. Milieus, also etwa eine Abgrenzung von F. und →Alamannen, schwerer als die Kontrastierung mit der roman. Bevölkerung. Denn diese hat, wo immer sie im nachantiken Europa mit germ. Gruppen zusammenlebte, niemals den Brauch der Waffenbeigabe und der Mehrfibeltracht übernommen. Anhand dieser Kriterien lassen sich im frk. Stammesgebiet rein roman., womöglich auch gemischte (roman.-frk.) Gräberfelder nachweisen, was Rückschlüsse auf die Siedlungsverhältnisse erlaubt. Im überörtl. Rahmen läßt sich anhand des Vorkommens von Waffen- und Mehrfibelbeigabe auch das frk. Siedlungsgebiet – etwa bis zu Seine – ungefähr abgrenzen. In der frz. Forschung wird freilich die ethnische Signifikanz der gen. Erscheinungen stark eingeschränkt beurteilt und werden die daraus abgeleiteten Folgerungen energisch bestritten.

VI. ZU GEISTESLEBEN UND KUNST: Mit christl. Symbolen oder Bildmotiven geschmückte Kleinfunde, namentlich Schmuck und Trachtzubehör, deuten auf die Ausbreitung christl. Gedankengutes auch im Alltagsleben hin. Bes. in der jüngeren Merowingerzeit (7. Jh.) häufen sich Funde dieser Art. Entsprechende Zeugnisse des Heidentums sind daneben außerordentl. selten. Aus archäolog. Quellen stammen ferner auch die weitaus meisten Zeugnisse frk. Kunstübung des frühen MA. Wie die Funde aus dem Childerichgrab zeigen, haben sich die F. donauländ. Anregungen zu eigen gemacht und den polychromen Stil für Cloisonné-Arbeiten übernommen. Das Vorbild frk. Cloisonné-Arbeiten hat bis nach Skandinavien gewirkt. Auch an Ausbildung und Weiterentwicklung der germ. Tierornamentik haben die F. aktiven Anteil genommen.

H. Ament

Lit.: [allg.]: H. AMENT, Archäologie des Merowingerreiches. Lit.ber. 1971–80 (Ber. der Röm.-Germ. Kommission 51–52, 1970–71; ebd. 61, 1980), 1972–81 – P. PÉRIN, La datation des tombes mérov. Hist. - Méthode-Applications (Hautes Études Médiév. et Modernes 39, 1980) – Die Germanen. Gesch. und Kultur der germ. Stämme in Mitteleuropa II, 1983, bes. 379–442 – P. PÉRIN – L.-CH. FEFFER, Les Francs, 2 Bde 1987 – zu [I]: HOOPS² IV, 98–103 [Büraburg]; 179–197 [Burg, Frühgesch. Burgen]; 497–501 [Christenberg] – L. HUSSONG, H. MYLIUS, K H. WAGNER, Die frk. Siedlung bei Gladbach, Kr. Neuwied (Germania 22, 1938), 180–190 – K. BÖHNER, Die frk. Altertümer des Trierer Landes (Germ. Denkmäler. Völkerwanderungszeit B 1, 1958) – R. v. USLAR, Stud. zu frühgesch. Befestigungen zw. Nordsee und Alpen (Beih. BJ 11, 1964) – H. HINZ, Die karol. Keramik in Mitteleuropa (Karl d. Gr. III, 1965), 262–287 – W. SAGE, Zur Unters. karol. Pfalzen in Dtl. (ebd.), 323–335 – DERS., Frühma. Holzbau (ebd.), 573–590 – G. P. FEHRING, Die Stellung des frühma. Holzkirchenbaues in der Architekturgesch., Jb. RGZM 14, 1967, 179–197 – P. DEMOLON, Le village mérov. de Brebières (Mém. Comm. Dép. Mon. Hist. Pas-de-Calais 14, 1, 1972) – U. WENGENROTH-WEIMANN, Die Grabungen an der

Kg.spfalz zu Nieder-Ingelheim 1960–70 (Beitr. Ingelheimer Gesch. 23, 1973) – U. FISCHER, Altstadtgrabung Frankfurt a. M. (Ausgrabungen in Dtl. 1950–75. Monogr. RGZM 1, 2, 1975), 426–436 – H. AMENT, Die frk. Grabfunde aus Mayen und der Pellenz (Germ. Denkmäler. Völkerwanderungszeit B 9, 1976) – E. ENNEN–W. JANSSEN, Dt. Agrargesch. 1979, 106–144 – AQVAE GRANNI, Beitr. zur Archäologie von Aachen (Rhein. Ausgrabungen 22, 1982) – zu [II]: J. WERNER, Zur Entstehung der Reihengräberzivilisation (Archaeol. Geographica 1, 1950), 23–32 [Nachdr. mit Nachtrag: Siedlung, Sprache und Bevölkerungsstruktur in F. 1973, 285–325] – H. ROOSENS, Quelques particularités des cimetières mérov. du Nord de la Belgique (Archaeol. Belgica 108, 1968) – M. MÜLLER-WILLE, Pferdegrab und Pferdopfer im frühen MA (Ber. Rijksdienst Oudheidkund. Bodemonderzoek 20–21, 1970–71), 119–248 – W. BOPPERT, Die frühchr. Inschriften des Mittelrheingebietes, 1971 – P. PÉRIN, Les caractères généraux des nécropoles mérov. de la Champagne du Nord et de Paris (Septentrion 3, 1973), 23–36 – H. W. BÖHME, Germ. Grabfunde des 4. bis 5. Jh. zw. unterer Elbe und Loire (Münchner Beitr. zur Vor- und Frühgesch. 19, 1974) – H. AMENT, Merow. Grabhügel (Nationes 2, 1975), 63–93 – J. MERTENS, Tombes mérov. et églises chr. (Archaeol. Belgica 187, 1976) – G. WAND, Beobachtungen zu Bestattungssitten auf frühgesch. Gräberfeldern Westfalens (Stud. Sachsenforsch. 3, 1983), 249–314 – zu [III]: D. RENNER, Die durchbrochenen Zierscheiben der Merowingerzeit (Kat. RGZM 18, 1970) – J. WERNER, Bewaffnung und Waffenbeigabe in der Merowingerzeit (Siedlung, Sprache und Bevölkerungsstruktur im F., 1973), 326–338 – S. v. SCHNURBEIN, Zum Ango (Fschr. J. WERNER, 1974), 411–433 – G. ZELLER, Zum Wandel der Frauentracht vom 6. zum 7. Jh. in Austrasien (Fschr. J. WERNER, 1974), 381–385 – M. SCHULZE, Einflüsse byz. Prunkgewänder auf die frk. Frauentracht, ArchKbl 6, 1976, 149–161 – J. MÖLLER, Zur Funktion der Nadel in der frk.-alam. Frauentracht, Jb. RGZM 23–24, 1976–77, 14–53 – W. HÜBENER, Waffennormen und Bewaffnungstypen der frühen Merowingerzeit (Fundber. Baden-Württ. 3, 1977), 510–527 – M. SCHULZE, Eine merow. Glefe…, ArchKbl 6, 1979, 345–353 – B. DÜBNER-MANTHEY, Kleingeräte am Gürtelgehänge als Bestandteil eines charakterist. Elements der weibl. Tracht (Frauen in der Gesch. VII, 1986), 88–124 – zu [IV]: A. FRANCE-LANORD – M. FLEURY, Das Grab der Arnegundis in St-Denis (Germania 40, 1962), 341–359 – O. DOPPELFELD – R. PIRLING, Frk. Fs.en im Rheinland. Die Gräber aus dem Kölner Dom, von Krefeld-Gellep und Morken (Schr. Rhein. Landesmus. Bonn 2, 1966) – H. AMENT, Frk. Adelsgräber von Flonheim in Rheinhessen (Germ. Denkmäler. Völkerwanderungszeit B 5, 1970) – P. PÉRIN, Trois tombes de »chefs« du début de la période mérov.: Les sépultures … de Mézières (Bull. Soc. Archéol. Champenoise 65, 1972), 3–70 – R. JOFFROY, Le cimetière de Lavoye, 1974 – F. DUMAS, Le tombeau de Childéric, co. J. [ca. 1975] – CH. PILET, La Nécropole de Frénouville (Brit. Archeol. Reports, Internat. Ser. 83, 1980) – H. STEUER, Frühgesch. Sozialstrukturen in Mitteleuropa (AAG, Phil.-Hist. Kl. 128, 1982) – L'inhumation privilégiée du IV⁰ au VIII s. en occident, hg. Y. DUVAL – J. CH. PICARD (Colloque Créteil 1984), 1986 – zu [V]: H. AMENT, Fränken und Romanen im Merowingerreich als archäolog. Forsch.problem, BJ 178, 1978, 377–394 – DERS., Das Gräberfeld von Dieuesur-Meuse, ein Bestattungsplatz von F. und Romanen (Acta Praehist. et Archaeol. 7–8, 1976–77, 1978), 301–311 – P. PÉRIN, A propos de publ. récentes concernant le peuplement en Gaule à l'époque mérov.: la »question franque« (ArchM 11, 1981), 125–145 – zu [VI]: Hoops² IV, 585–595 [Christentum der Bekehrungszeit], 599–603 – G. P. FEHRING, Missions- und Kirchenwesen in archäolog. Sicht (Gesch.wiss. und Archäologie, hg. H. JANKUHN–R. WENSKUS, VuF 22, 1979), 547–591 – M. SCHULZE, Die F. (H. ROTH, Kunst der Völkerwanderungszeit, PKG, Suppl. IV, 1979), 269–289 – P. PÉRIN, Neuere archäolog. Forsch. in Frankreich über die Anfänge der Christianisierung (C. AHRENS, Frühe Holzkirchen im nördl. Europa. Veröff. Helms-Mus. 39, 1981), 229–246 – H. ROTH, Kunst und Handwerk im frühen MA, 1987.

B. Allgemeine und politische Geschichte. Verfassungs- und Institutionsgeschichte

I. Fränkische Frühzeit, Merowingerzeit – II. Karolingerzeit.

I. FRÄNKISCHE FRÜHZEIT, MEROWINGERZEIT: [1] *Frühgeschichte und Stammesbildung:* a) *Erstes Auftreten und erste Ansiedlung frk. Gruppen auf röm. Boden:* Der Name 'F.' wird erstmals beim Vordringen v. Germanen gegen den Rhein bald nach der Mitte des 3. Jh. genannt. Der – in seiner Deutung schwierige – Name knüpft nach neuerem Forschungsstand an die Begriffe 'mutig, kühn, ungestüm,

frech' an, während die Synonymsetzung Franke-Freier wohl erst sekundär, nach der Etablierung der frk. Herrschaft im N Galliens, erfolgte. Wichtige Grundlage der frühen frk. Geschichte war in der röm. Kaiserzeit die Existenz einer Reihe germ. Völkerschaften im Bereich des niedergerm. →Limes. Diese konnten ihre Unabhängigkeit bewahren und bildeten ein polit. Gemeinsamkeitsbewußtsein aus, gefestigt durch ehel. Verbindungen der Herzogs- bzw. Königsfamilien. Konkret wurden so in röm. Quellen seit dem 3. Jh. Kleinstämme der Istwäonengruppe, Chamaven, Brukterer (Chatten?), Chattuarier und die ursprgl. ingwäon. Amsivarier unter der Bezeichnung 'F.' zusammengefaßt. Gleichzeitig mit den →Alamannen griffen diese Kleinstämme von ihren Wohngebieten am Nieder- und Mittelrhein her im 3. Viertel des 3. Jh. auf rechtsrhein. 'Civitates' über (Tubanten; Usipier; Chasuarier und wohl auch Tenkterer). In der Forschung ist kontrovers, ob auch diese in Klientelverhältnissen zum röm. Reich stehenden Gruppen den F. zuzurechnen sind, doch spricht manches dafür. Das Fortbestehen der Namen der Einzelstämme neben der gemeinsamen Bezeichnung 'F.', das Fehlen einer einheitl. monarch. Verfaßtheit bis zum Ende des 5. Jh. und die auch schon für die Frühzeit erschließbare Unterschiedlichkeit der Stammesrechte deuten den langsamen Vorgang der Konzentration und Vereinigung an, so daß die Forschung für die Frühzeit nicht einen einheitlich organisierten Stammesverband annimmt, sondern Termini wie 'Stammesschwarm' (WENSKUS), allenfalls noch solche wie 'Stammesbund' (ZÖLLNER) verwendet.

Seit der Mitte des 3. Jh. gingen F. offensiv gegen das röm. Reich vor, nach Ausweis der Münzdepotfunde insbes. gegen den belg.-moselländ. Raum (275: Maasgebiet, Einnahme v. Trier). Frk. Piraten bedrohten weite Teile der nordgall. und südostbrit. Küstengebiete. Ende der 80er Jahre drangen frk. Verbände in das Bataverland an der unteren Maas, andere an der Rheinlinie auf Reichsgebiet vor. Auf diese Vorstöße reagierten röm. Ks. und Usurpatoren (Postumus, Probus, Carausius) mit Aufnahme in das Heer und Einsatz gegen innere Gegner. Die röm. Politik gegenüber den F. wurde seit dem letzten Jahrzehnt des 3. Jh. aktiver (Vertragsschluß des siegreichen Ks.s Maximinian mit dem frk. Kg. Gennobaudes, Ansiedlung frk. Gruppen um Trier; nach dem Sieg des Constantius Chlorus 294/295 Ansiedlung gefangener F. als Laeten in Nordgallien). Unter Konstantin d. Gr. scheint den Römern noch einmal eine Stabilisierung der Rheingrenze gelungen zu sein. Im wesentl. verlautet nichts mehr über frk. Vorstöße bis zur Mitte des 4. Jh. in den Quellen. Eine entscheidende Zäsur brachte die von Konstantin inaugurierte Politik der Integration frk. Stammeskontingente in das röm. Heer. Dem korrespondieren neueste archäolog. Forschungsergebnisse, nach denen ab der Mitte des 4. Jh. mit einem starken Einsickern frk.-barbar. Volkselemente in den galloröm. Raum zu rechnen ist. In Zusammenhang mit der Erhebung der Usurpatoren Magnentius und Silvanus gegen Ks. Constantius kam es ab 350 wieder zu gewaltigen Germaneninvasionen, in deren Verlauf die n. Rheinlinie zusammenbrach (Fall von →Köln, Spätherbst 355). Eine Wende trat erst mit der Entsendung des Caesars Julian nach Gallien Ende 355 ein. Er bereinigte bis 358 in mehreren Zügen die Lage am Niederrhein, dabei scheint er frk. Gruppen in einigen linksrhein. Gebieten belassen zu haben.

Weiterem germ. Druck weichend, zog die Teilgruppe der Salier von der Batáverinsel in die weiträumigen Siedlungsgebiete von Toxandrien (etwa den heut. Prov.en N-

Brabant/Niederlande und Antwerpen/Belgien entsprechend). Julian unterwarf sie, beließ sie aber in ihrem Siedlungsraum. Neuerdings ist die Form ihrer rechtl. Zuordnung in der Forsch. umstritten (Historiker: dediticii – Archäologen: foederati). Wesentlich ist, daß im Gegensatz zu den bisherigen lokalen Ansiedlungen sich damit erstmals ein ganzer Teilstamm im röm. Gallien festsetzen konnte. Wichtig für die innere Struktur der F. ist, daß mit diesen Vorgängen zwei sich klar voneinander abhebende Gruppen sichtbar werden, die Verbände, denen ihr bedeutendster Teilstamm, die Salier, den Namen gab, und die rhein. F., welche die anfangs erwähnten Kleinstämme umfaßten. Bedingt durch die Assimilationspolitik Konstantins und Julians begegnen jetzt germ. Führer im röm. Heer (rheinfrk. Kg. Mallobaudes, der als comes domesticorum röm. Heere gegen die Alamannen führte). Ende der 80er Jahre kam es jedoch wieder zu großen frk. Einbrüchen (Limesdurchbruch der frk. duces Gennobaudes, Markomer und Sunno, Verwüstung der Kölner Gegend). Nach wirksamem Gegenschlag regelten die magistri militum Arbogast und →Stilicho (396) das Verhältnis zu den F. um Köln in Bündnisverträgen. Wegen der immens gewordenen Germanengefahr verlegte die röm. Regierung nun die Präfektur von Trier nach Arles.

Als mit dem Übergang der →Vandalen, →Alanen und →Sueben über Mainz (406–407) ein neues Kapitel in den Beziehungen zw. Romania und Germania eröffnet wurde, stellten sich am Main siedelnde, offenbar in Vertragsbindungen einbezogene F. den Invasoren entgegen. Damals wurde die reguläre Grenzverteidigung im N der Germania I und in der Germania II von den Römern aufgegeben, doch verlor die Rheingrenze ihre Bedeutung noch nicht völlig. In der Folgezeit bedienten sich nach eingespieltem Muster auch die Usurpatoren Konstantin (III.) und Jovinus der Hilfe ganzer F.verbände. Diese Vorgänge können zu einem engeren Zusammenschluß der ö. des Mittelrheins wohnenden F.gruppen beigetragen haben. Zusammen mit den F. um Köln und am Niederrhein werden sie heute als 'rhein.' F.' bezeichnet, was richtiger ist als die frühere Benennung 'Ripuarier'.

Viel spricht dafür, daß drei Vorstöße gegen Trier (410–420), das noch militär. Bedeutung behalten hatte, von am Mittelrhein (Lahn, Neckar) wohnenden F. ausging. Eine vierte Verwüstung der Stadt (428/435) könnte durch niederrhein. F. erfolgt sein. Eine Prüfung der schwierigen Quellenlage ergibt, daß der röm. magister militum →Aëtius diese F. nach ihrer Unterwerfung als dediticii am Niederrhein siedeln ließ. – Aëtius gab Mitte der 30er Jahre dem röm.-germ. Verhältnis neue Grundlagen. Weitere Ausgriffe der sal. Gruppe (Maasbecken) dämmte er wieder ein, die Beziehungen zu den F. am Niederrhein hat er wohl jetzt auf der Basis des foedus (→Foederaten) neu geordnet. Die sal. F. entfalteten um diese Zeit große expansive Kraft. Mitte der 40er Jahre stieß der Teilverband unter dem hist. kaum faßbaren Kg. →Chlodio/Chlojo in den N der Belgica II (Cambrai, Tournai, Arras) vor. Nach Ausweis der archäolog. Zeugnisse wurde ihm die Ansiedlung um →Tournai gestattet. Spätestens zu dieser Zeit wurden diese F. als röm. Foederaten anerkannt. Auch kann man von dieser Zeit an von einer deutl. Absonderung der Salfranken sprechen. Aufgrund der Zeugnisse des Geschichtsschreibers →Priskos und des Dichters →Sidonius Apollinaris lassen sich für die Zeit um 450 vier Gruppen von F. erkennen: die Chlojo-F., die foederierten F. am Niederrhein, weiterhin zwei Gruppen ö. des Rheins, einmal am Neckar siedelnde F., dann etwas n. davon die Teilgruppe der Brukterer.

Aus den gen. Quellen sind auch annäherungsweise die Geschehnisse nach der Ermordung des Aëtius (454) und des Ks.s Valentinian III. (455), als die F. in ihrer Gesamtheit den Rhein überquerten, zu rekonstruieren. Eindeutig gingen die territorialen Ausgriffe nun von den rhein. Gruppen aus. Die neue Interpretation eines der beiden Zeugnisse läßt deutlich werden, daß die erwähnten F. aus dem Gebiet des mittleren/oberen Rheins nun in die Germania I vorstießen, dabei Ende der 50er Jahre Mainz nahmen und Trier ztw. belagerten. Anscheinend parallel dazu haben die F. am Niederrhein Köln, das sie schon zw. 440 und 450 besetzt hatten, definitiv genommen. Diese Kölner F. erlangten nun faktisch polit. Selbständigkeit: 469 erscheinen sie in dynast. Beziehungen zu den Burgunden (→Burgunder). – In einer ersten Eroberung scheinen die Kölner F. die mittelrhein. Teilgruppen unterworfen zu haben, so daß ihre Grenze zu den Alamannen ab den 80er Jahren zw. Mainz und Worms verlief. Damit waren die Anfänge jenes polit. Gebildes gelegt, das bei dem →Geographus Ravennas als Francia Rinensis erscheint. Um Trier als Kristallisationspunkt behauptete sich in den 60er und 70er Jahren eine römisch geprägte Herrschaft unter dem romanisierten F. →Arbogast, dessen Gebiet allerdings schon stark von F. durchsetzt war. Mitte der 80er Jahre erweiterten die Kölner F. ihre Machtsphäre in den Bereich der Mosel, nahmen Trier, dann Toul und damit wohl die ganze ehemalige Belgica I. Im W grenzten sie vor Besançon und Langres an die Alamannen, die ihrerseits Nachbarn der Salfranken waren.

Diese sal. F. begründeten das frk. Reich, wesentl. Schritte dazu taten sie nach 455. Spätestens jetzt besetzten sie mit Cambrai und Arras das Land bis zur Somme. Als Verbündeter des magister militum →Aegidius kämpfte Kg. Childerich gegen die aufstrebende Macht der →Westgoten an der Loire (463). Beträchtl. war wohl auch sein Anteil an der Errichtung einer Machtbasis des Aegidius in N-Gallien, die ihm Widerstand gegen →Ricimer, den nun beherrschenden Mann der Zentralgewalt, erlaubte. Auch im Abwehrkampf der Römer unter comes Paulus halfen die Salfranken das Vordringen der Westgoten über die Loire und nach Orléans zu verhindern (469). Die oft diskutierte Frage, ob →Childerich noch Foederat des weström. Reiches war, erweist sich angesichts der unabhängigen Machtstellung des frk. Kg.s als ein akadem. Problem der jurist. Nomenklatur. Die von →Gregor v. Tours behauptete ztw. Absetzung Childerichs zugunsten des Heermeisters Aegidius als 'rex' wird im überwiegenden Teil der Forschung angezweifelt. Angriffe Childerichs in der 1. Hälfte der 70er Jahre gegen kleinere germ. Reichsbildungen im belg.-ndl. Küstengebiet wurden von den Westgoten zum Stillstand gebracht. Die große Auseinandersetzung zw. Salfranken und Westgoten folgte erst unter Childerichs Sohn Chlodwig, der dem Vater 482 als Teilkg. v. Tournai folgte.

b) *Stammesbildung, Siedlung, Verfassung, Sozialverhältnisse:* Wie dargelegt, wurde der frk. Stammesschwarm von verschiedenen Kleinstämmen der Istwäonengruppe gebildet. Die Zusammenfassung dieser Stämme unter dem Begriff 'F.' erfolgte von außen und im Zuge einer langsamen Entwicklung. Explizite Zeugnisse für die foederative Struktur und den Landesnamen 'Francia' liegen aus dem beginnenden 4. Jh. vor. Noch bis ins späte 5. Jh. erscheinen die taciteischen Kleinstämme als Glieder des frk. Volkes, doch im letzten Drittel des Jh. verschwinden sie aus den Quellen. Selbst der Name der Salier ist nur noch in der Bezeichnung des ältesten frk. Volksrechts erhalten. Der Grund für diesen Wandel liegt wohl darin, daß Regionalverbände an die Stelle der Kleinstämme getreten waren, wobei die Civitates N- und O-Galliens den Rahmen für die Kleinreiche boten. – Die namentl. in Stammessagen begegnenden Verbindungen mit verschiedenen Herkunftsbereichen (Hugen; Sugambrer; →Trojaner; Pannonien) sind größtenteils spätere Reprojizierungen und gehören zu der auch anderwärts zu beobachtenden Eigentümlichkeit gentilen Selbstverständnisses, die eigene Frühgesch. in die universale Gesch. durch gelehrte Kombinationen einzufügen.

Von jeher im Zentrum der wissenschaftl. Diskussion, an der auch zahlreiche Komplementärdisziplinen der Gesch. (Archäologie, Epigraphik, Sprachwissenschaft, Namenkunde, Siedlungskunde, Patrozinienkunde) beteiligt waren, standen die grundlegenden Probleme der frk. Landnahme und Siedlung in Gallien. Drei Hauptpositionen sind in der Diskussion erkennbar: Nach der älteren (KURTH, GAMILLSCHEG) ist die germ.-roman. Sprachgrenze die maßgebende frk. Siedlungsgrenze. Demgegenüber formulierten STEINBACH und PETRI die These, daß ein großräumiger Sprach- und Kulturausgleich im Frankenreich (F.) stattgefunden habe und die Sprachgrenze eine Ausgleichslinie aus spätfrk. Zeit darstelle. Abgelöst sind diese Positionen durch die neuere Debatte über Art und Umfang der germ.-roman. Symbiose in F. – Die klass. Eroberungstheorie, nach der der von den F. ausgehende Druck zu einem nicht genau rekonstruierbaren Zeitpunkt zu einem intensivierten Eindringen in den nordgall. Raum führte, ist neuestens durch die auf geographisch breit gestreutem archäolog. Fundmaterial fußenden Ergebnisse von BÖHME präzisiert und korrigiert worden. Danach ist mit einem mehr oder weniger breiten Einsickern von Germanen ab der Mitte des 4. Jh. und im 5. Jh. zu rechnen. Zunächst seien diese Gruppen als dediticii und laeti von der röm. Gewalt angesiedelt worden. Wie die Mehrheit der Archäologen deutet BÖHME einen großen Teil. Gräber schon ab dem 4. Jh. als Foederatengräber. Es ist sehr fraglich, ob diese weitgehende Folgerung aufrechtzuerhalten ist. Vielleicht sollte besser von Vorstufen des Foederatentums gesprochen werden.

Die Ablösung der taciteischen Kleinstämme durch die an den civitates orientierten Regionalverbände ist als eine wesentl. Stufe zu polit. Konzentration zu sehen. Diese hat auch entscheidende Begleitumstände und Konsequenzen verfassungsmäßiger Art. Offenbar entwickelte sich eine Vielzahl von Kg.en, die über die Regionalverbände der civitates herrschten. Aporien über die Genese des Kgtm.s bei den F. gibt es nicht erst für die neuere Forschung, sie haben bereits Gregor v. Tours zu einem breiten verfassungsgeschichtl. Exkurs veranlaßt. Die Entstehung des merow. Kg.sgeschlechts erklärt Gregor damit, die F. hätten sich nach Erreichen des linksrhein. Gebiets nach civitates und pagi 'reges criniti' gesetzt. Vielleicht steht dahinter der Aufstieg der bei Tacitus genannten 'principes' und 'nobiles' zu Heer- und Erbkg.en. Jedenfalls beobachtet Gregor wohl den relevanten Zug der Entwicklung, wenn er auf den Wandel in der Terminologie bei seinen spätantiken Gewährsleuten bes. Gewicht legt. Die Entwicklung ist danach gekennzeichnet durch die Abfolge 'duces – regales/ reguli – reges'. Nach oben ausgewerteten Quellenzeugnissen hatten die am Mittelrhein siedelnden F. um 450 bereits die Institution des Kgtm.s. Die foederierten F. am Niederrhein unterstanden zu dieser Zeit noch duces (→dux), vielleicht in einigen Fällen Gau- oder Civitaskönigen. Jedenfalls ist monarch. Verfaßtheit zwanzig Jahre später bei den Kölner F. eindeutig bezeugt. Zur Zeit Chlodwigs begegnen hier die Kg.e Sigibert der Lahme und Chlode-

rich. Möglicherweise führten diese Kg.e das röm. Sprengelkommandanten- und Prov.statthaltertum fort und herrschten über mehrere Teilverbände. Gregor v. Tours nennt außer diesen Kg.en noch drei weitere mit Namen und als Sitze Tournai und Cambrai. Es scheint, als habe sich die Monarchie bei den Saliern ab der Mitte des 5. Jh. ausgeprägt. Von den verschiedenen merow. Familienverbänden hat sich das Teilkgtm. von Tournai mit Chlodwig durchgesetzt.

Problematisch sind Aussagen über die ständ. Gliederung in der frk. Frühzeit. Unbestritten gab es wohl schon die in der Lex Salica bezeugte Dreiteilung in Freie (ingenui, Franci), Halbfreie (liti, leti, lidi) und Knechte (servi). Unbezweifelbar hat es bereits eine starke soziale Differenzierung gegeben. Trotz der Annahmen vieler Archäologen und Historiker muß es fraglich bleiben, ob es einen alten Volks- oder Geblütsadel gegeben hat. Klar erkennbar ist, daß die Königsnähe der kgl. Gefolgschaft zur rechtl. Heraushebung führte.

[2] *Merowingerzeit:* Indem →Chlodwig die verschiedenen frk. Kleinreiche unter der Herrschaft der sal. F. zusammenfaßte und die Relikte röm. Macht im N Galliens beseitigte, legte er wesentl. Grundlagen für das Einheitsreich der Merowinger. Von der zuerst geschaffenen Machtsphäre zw. Rhein und Loire aus leitete er die Expansion in den S Galliens ein. Damit und namentl. auch mit seiner polit. relevanten Konversion zum Katholizismus ist er zum Begründer des großfrk. Reiches geworden. Seine Nachfolger setzten die Ausdehnung nach S fort, gleichzeitig erweiterten sie mit ersten Gewinnen im rechtsrhein. Germanien das F. erheblich. Vordergründig ist das Ende des 6. Jh. durch die Bürgerkriege zw. verschiedenen Reichsteilen geprägt. Dahinter stehen aber entscheidende Prozesse und Entwicklungen: die Ablösung der Reichsteile durch die Teilreiche →Austrien/Austrasien, →Neustrien und →Burgund und der folgenreiche Aufstieg des frk. →Adels. Nach der Zäsur von 613 gab es wie z. Z. Chlodwigs wieder ein Einheitskgtm. Es konnte noch wirksam regieren, doch war seine Machtstellung eingeschränkt. Auch ging der Außenbesitz schon deutlich zurück. Die Kämpfe heftig miteinander ringender Adelsgruppen endeten 687 mit dem Sieg der →Arnulfinger/ Pippiniden, der Vorläufer der →Karolinger. Von da an waren sie die beherrschende Kraft im F., die merow. Dynastie führte nur mehr ein Schattendasein. – Als deutlich voneinander abgehobene Phasen in der polit. Gesch. der Merowingerzeit ergeben sich: die Zeit der Gründung, Konsolidierung und ersten Krisen des Reiches bis zum neustr. Einheitskgtm. (482–613) sowie die Zeitspanne von 613 bis 687, die durch die neue Einheitsmonarchie, den Niedergang des Kgtm.s und die Kämpfe des Adels geprägt ist.

a) *Begründung, Konsolidierung und Rückgang des frk. Reiches:* Chlodwig folgte 482 seinem Vater als salfrk. Teilkg. v. Tournai nach, wobei aus Gregor v. Tours und späteren Quellen hervorzugehen scheint, daß seine Herrschaft auf frk. Geblütsrecht beruhte. Gegenüber dieser gentilen Herrschaftsgrundlage tritt seine von der roman. Führungsschicht (→Remigius v. Reims) betonte röm. Provinzstatthalterschaft der Belgica II zurück. Bald wandelte sich die Partnerschaft mit den röm. Machtträgern in Nordgallien in krieger. Auseinandersetzung: Ermutigt wohl durch den Tod des Westgotenkönigs →Eurich (484), zerschlug er 486/487 das Reich des →Syagrius, des Sohnes von Aegidius. Chlodwig beseitigte mit seinem Sieg, der ihn zum unmittelbaren Nachbarn der Westgoten und Alamannen werden ließ, die Reste röm. Herrschaft und bekam die Gefolgsleute (→bucellarii) des Besiegten und reiche Fiskalgüter in die Hand.

In planmäßigem Ausbau organisierte er die Herrschaft im eroberten Land (an der Seine und zw. Seine und Loire). Die Frage, in welchem staatsrechtl. Rahmen die frk. Machtexpansion erfolgte, kann als abgetan gelten. Der Merowinger kümmerte sich nicht um das Imperium, der Ausbau des sal. Kgtm.s ist das verfassungsgesch. Bedeutungsvolle der Vorgänge.

Ein Jahrzehnt nach Chlodwigs Regierungsantritt trat das frk. regnum in den Kreis der germ.-roman. Großreiche ein. Zunächst in das Bündnissystem des Kg.s der →Ostgoten, →Theoderich, eingebunden, wandte sich Chlodwig bald gegen enge Bündnispartner Theoderichs: die Westgoten und die Burgunden (496–500). Auch die nach einem Sieg über die Alamannen 498 oder 499 vollzogenen Konversion zum kath. Christentum macht eine polit. Option des frk. Kg.s deutlich, in deren Konsequenz Chlodwig 507 den Westgotenkg. →Alarich II., einen Schwiegersohn Theoderichs, besiegte und damit ganz →Aquitanien seiner Herrschaft hinzufügte. Die Stellung Chlodwigs als mächtigster Herrscher in Gallien kommt sinnfällig zum Ausdruck in der Ehrung durch die Gesandten des Ks.s→Anastasios I. mit Verleihung des Ehrenkonsulats und des akklamator. Zeremoniells (Tours 508), die den Kg. der F. neben Theoderich stellte. Doch konnte das ostgot. Heer den F. zunächst den Zugang zum Mittelmeer (Provence, Septimanien) versperren. In den letzten Jahren seiner Regierung betrieb Chlodwig vorrangig die innere Konsolidierung seines Reiches. Auch vervollständigte er seine Herrschaftssphäre durch die Beseitigung des rheinfrk. Königshauses in Köln und – wenn nicht schon 486/487 – durch die Inbesitznahme verbliebener Herrschaftsbereiche sal. Kleinkg.e in Nordgallien.

In Anwendung des germ. Teilungsprinzips wurde das F. nach Chlodwigs Tod 511 unter seine vier Söhne Theuderich I., Chlodomer, Childebert I. und Chlothar I. geteilt. In Reichsteile, die an den Städten Reims, Orléans, Paris und Soissons als sedes regiae orientiert waren, aufgegliedert, blieb das F. staatsrechtl. eine Einheit. Jeder der Teilkg.e war rex Francorum und erhielt einen Anteil an der →Francia, dem frk. Kernland zw. Rhein und Loire, dazu einen gesonderten Anteil an →Aquitanien. Beim Tod Chlodomers 524 wurden seine Söhne bei der Teilung übergangen, kraft Anwachsungsrechts folgten ihm zwei seiner Brüder. Wesentl. Verschiebungen in der Reichsstruktur brachte die zweite frk. Expansion. Im rechtsrhein. Germanien gelangte 531 →Thüringen in frk. Abhängigkeit. Im S konnte der ostgot. Einfluß erhebl. eingeschränkt werden: 534 erlag das burg. Reich (→Burgunder) dem wiederholten Angriff der Merowinger; 536 sah sich der ostgot. Kg. Witigis gezwungen, den F. die Provence und ehemals alam. Gebiete zu zedieren. Theudebert I. v. Reims (533–547) war in den beiden Generationen nach Chlodwig der bedeutendste Herrscher. In weitgreifender Politik verfolgte er die Eroberung Italiens, in seiner herrscherl. Präsentation und in seiner Wendung gegen Byzanz zeigte er imperiale Aspirationen (s. a. →Byz. Reich, F. I). Zu seiner Herrschaft über Alamannien fügte er die rätischen und große Teile der norischen Prov.en sowie Oberitalien. Durch dynast. Zufall war das frk. Reich kurzzeitig unter Chlodwigs jüngstem Sohn Chlothar I. wiedervereinigt (558–561).

Mutatis mutandis wurde nun wie 511 verfahren, so daß wieder eine Aufgliederung in die Reichsteile Paris, Orléans, Reims und Soissons erfolgte, die an die erbberechtigten Söhne Charibert, Gunthram, Sigibert I. und Chilpe-

rich I. fielen. Nach dem frühen Tod Chariberts 567 setzte sich die für die künftige Struktur des Gesamtreichs bestimmende Dreiteilung durch. Im Verlauf der und im Anschluß an die Bürgerkriege, die vorrangig zw. Sigibert I. († 575) und Chilperich I. († 584) geführt wurden, kam es nach dem Tod der beiden jeweils de facto zu adligen Regentschaften in ihren Reichsteilen. Als Senior der Familie konnte Gunthram durch die Vormundschaft über seine Neffen Childebert II. (Reims) und Chlothar II. (Soissons) nun einen Vorrang geltend machen und durchsetzen. Primär war seine Politik auf eine enge Verbindung mit Reims gerichtet. Die Einsetzung Childeberts II. zu seinem Erben und der 586 mit Sigiberts Witwe Brunichild geschlossene Vertrag v. →Andelot, der noch einmal auf Eindämmung des Adels zielte, veranschaulichen dies. In den Bürgerkriegen hatte sich die Dreiteilung verfestigt, aus den Reichsteilen wurden nun Teilreiche, und es bildete sich eine Ländertrias aus. Austrien/Austrasien, das Ostland an Rhein und Maas, ging in seinen Grundlagen auf den 511 konstituierten Reichsteil Reims zurück, die Residenz wurde von Reims nach Metz verlegt, Neustrien, mit dem Zentrum Paris, entstand aus der Verbindung der Reichsteile Soissons und Paris (567), Burgund aus derjenigen von Orléans mit dem früheren Burgunderreich, das Gunthram 561 zugefallen war. Hier wurde die Hauptstadt von Orléans nach Chalon-s.-Saône verlegt. In dieser Zeit wurde endgültig auf außenpolit. Aktivitäten verzichtet und wurden vorgeschobene Positionen aufgegeben (Italien).

Als 593 beim Tod Gunthrams Childebert II. vereinbarungsgemäß auch die Regierung Burgunds übernahm und die austras. Linie damit das erdrückende Übergewicht erhielt, schien eine entscheidende Voraussetzung für die Wiederherstellung der Herrschaftseinheit und die Eindämmung der Aristokratie gegeben. Doch blieb die Union Austrasien-Burgund wegen des frühen Todes von Childebert II. († 596) Episode. Die beiden Teilreiche kamen an Childeberts Söhne Theudebert II. und Theuderich II. Als Vormund ihrer beiden Enkel versuchte die Kgn. Brunichild die Durchsetzung eines anachronist. gewordenen Programms, die Macht der Monarchie zu stärken und die des Adels zu bändigen. Schließlich scheiterte sie an den burg. und den austras. Großen. Unter Arnulf v. Metz und Pippin d. Ä., den Stammvätern der Karolinger, riefen die letzteren den Neustrier Chlothar II. herbei, um sich ihm zu unterstellen.

Das neu errichtete Einheitskgtm. unter Chlothar II. (613–629) und seinem Sohn Dagobert I. (629–638/639) kam noch zu wirksamer Regierung, ohne jedoch eine Wiederherstellung der kgl. Machtfülle zu erreichen. In Anknüpfung an Chlodwig wurde Paris Reichsresidenz, dessen eigtl. Aufstieg mit Dagobert begann. Noch mehr als bisher wurden außenpolit. Vorposten zurückgenommen. Die Machtkonstellation und die Verfassungssituation im Reich werden durch das bedeutsame →Edictum Chlotharii (614) erhellt. Zwar konnten der Krone wichtige Befugnisse (Bf.seinsetzung) erhalten werden, doch war die Einführung des Indigenatsprinzips bei der Gf.enstellung eine klare Konzession an die Großen. Folgerichtig gestand der Kg. den Teilreichen eigene →Hausmeier zu. In deutl. Gegensatz zu der Politik der 70er und 80er Jahre nahm Austrasien – 623 wurde hier Dagobert I. als Unterkg. eingesetzt – eigenes Profil an, Neustrien und Burgund auf der anderen Seite wuchsen immer stärker zusammen. Beim Tod Chlothars II. war es dem Einfluß frankoburg. Großer zu verdanken, daß Dagobert I. im Gesamtreich nachfolgen konnte. Die scheinbar marginale Maß-

nahme, dem jüngeren Bruder Charibert ein Unterkgr.
Toulouse einzurichten, läßt offenbar eine neue Reichs-
konzeption erkennen, bei der erstmals von dem Grundsatz
abgewichen wurde, daß jeder Merowinger ein rex Francorum sein und über einen Anteil an der Francia verfügen
müsse. Das Unterkgr. Aquitanien erwies sich – zunächst –
als kurzlebiges Gebilde, anders verhielt es sich bei dem
Unterkgr. Austrasien, das Dagobert unter Berücksichtigung einheim. Autonomiewünsche und außenpolit. Notwendigkeiten 633 für seinen Sohn Sigibert III. einrichtete.
Als bald darauf ein zweiter Sohn, Chlodwig II., geboren
wurde, traf Dagobert I. auf Drängen der Neustrier eine
Erbverfügung im Sinn des alten Teilungsprinzips: Austrasien wurde für Sigibert III., Neustrien und Frankoburgund für Chlodwig II. vorgesehen.

Die neuen Kg.e führten keine eigene Regierung mehr,
sondern waren völlig von ihren Hausmeiern abhängig. In
Austrasien ließ Pippins d. Ä. Sohn Grimoald, der wie sein
Vater Hausmeier war, seinen Sohn von dem zunächst
söhnelosen Sigibert III. adoptieren. Nach dem Tod des
Kg.s (656) griff →Grimoald nach d. höchsten polit.
Macht. Doch scheiterte er nach wenigen Jahren, der pippinid. Mannesstamm erlosch mit ihm, die Arnulfinger wur-
den Erben der pippinid. Hausgüter. In Neustrien-Burgund versuchte die energische Kgn. →Balthild nach dem
Vorbild Brunichilds und Dagoberts I., Elemente einer
zentralen Monarchie durchzusetzen; der von ihr herange-
zogene Hausmeier →Ebroin betrieb eine schroff gegen die
Aristokratie gerichtete neustroburg. Einheitspolitik. In
einer nach der Ausschaltung Balthilds (um 665) bald einsetzenden völligen Anarchie waren die Kg.e nur noch
Schachfiguren, zumal der Versuch →Childerichs II., sich
gegen Gewährung einer Freiheitscharta (673) im Gesamtreich durchzusetzen, scheiterte. Die eigtl. Handelnden
waren Ebroin und der Arnulfinger Pippin d. M. Nachdem
Ebroin 680/681 einem Mordanschlag zum Opfer gefallen
war, konnte sich Pippin endgültig durchsetzen. Nach
seinem Sieg über die Neustrier bei →Tertry (687) gewann
er mit Kg. Theuderich III. faktisch die Herrschaft über das
ganze F.

b) *Reichsstruktur; Institutionen und Administration; soziale
Gliederung:* Im ersten Abschnitt der Beziehungen zw. F.
und Romanen grundgelegte Faktoren wurden in der Merowingerzeit voll ausgeprägt. Das Zusammenwirken zw.
frk. Kg. und einheim. Oberschicht, dem roman. →Sena-
torenadel, wurde zum bestimmenden Strukturelement.
Doch hatte sich das F. über den ethn. Dualismus hinaus
durch seine Gebietserweiterungen zu einem Vielvölker-
staat gewandelt, zu dem außer dem frk. Reichsvolk und
den Romani die germ. Großgentes der Alamannen, Thüringer und Burgunden gehörten. Eine feste Sprachgrenze
hatte sich noch nicht ausgebildet. Zw. den vorwiegend
germ. (rechts des Rheins) und roman. (Rätien, Gebiete s.
der Loire) bestimmten Bereichen gab es eine breite Mi-
schungszone zw. Rhein und Loire. In diesem Raum befindet sich das Siedlungsgebiet der F. Diese hatten sich
kompakt zwar nur im N und O niedergelassen, doch ging
schon früh der Name 'Francia' auf dieses Gebiet über.
Polit. Kernland im 6. Jh. war das dieser Zone vorgelagerte
Gebiet, hier befanden sich die sedes regiae, die Ausgangspunkte der Reichsteile. Offenbar sollte damit die ideelle
und rechtl. Bindung der Königsherrschaft an die Francia
dokumentiert und die Verwirklichung einer solchen Konzeption in einer Samtherrschaft (Brüdergemeinschaft) des
merow. Hauses ermöglicht werden. Die Vorstellungen,
das Reich gehöre dem merow. Haus, lassen sich im ganzen
6. Jh. verfolgen. Doch am Ende dieses Jh. erfolgte die

Herausbildung der Teilreiche aus den Reichsteilen. Da
durch die Teilungspraxis die schon lange bestehende Son-
derung eines Galliens n. der Loire von dem S noch akzentuiert worden war, hatten zwei, in der Praxis alle drei
Teilreiche ihren Schwerpunkt im N. – Zur Rechtsentwicklung →Fränkisches Recht, ferner die Beiträge zu
einzelnen Rechten (Leges) der frk. (z. B. →Lex Salica) wie
der roman. (z. B. →Lex Romana Burgundionum) Reichsbevölkerung.

Unter den Institutionen war das Kgtm. der zentrale
Faktor. Die überkommene heidn. Herrschaftssymbolik
wurde auch nach der Übernahme des Christentums nicht
aufgegeben (Schilderhebung, feierl. Thronbesteigung
und Umfahrt im Reich bei Herrschaftsantritt). Verbunden ist mit diesen Vorstellungskreisen das Königsheil. Mit
diesem ist auch das Prinzip der Reichsteilung in Verbindung gebracht worden, das unter rechtsgesch. Gesichtspunkt als Ausfluß des Geblütsrechts gesehen wird. Innerhalb der Teilreiche sind sowohl das Recht der Sohnesfolge
(Repräsentations-, Eintrittsrecht) als auch das der Brüdergemeinschaft (Anwachsungsrecht) praktiziert worden.
Es wurde schon erwähnt, daß seit dem Beginn des 7. Jh.
Tendenzen zur Brechung des Teilungsgrundsatzes festzustellen sind. Bei Balthild, Ebroin und den Arnulfingern
sind sie fortgeführt worden. – Grundlage der kgl. Herrschaft war der →Bann (Friedens-, Verwaltungs-, Verord-
nungsbann). Hohe Bedeutung hatten in diesem Zusammenhang der Königsfrieden (→Frieden), der eo ipso für
bestimmte Personen und Gemeinschaften bestand, sowie
der auf →Kommendation beruhende →Königsschutz.
Strukturelle Unterschiede konnte das Kgtm. nicht ausgleichen. In Austrasien behauptete sich das →Märzfeld
(→Maifeld) mit eigenen rechtl. und polit. Kompetenzen,
in Neustrien und Burgund wurde es durch die Großenver-
sammlung (→placitum) ersetzt. Die von den →civitates
ausgehenden autonomen Bischofsherrschaften (→Bi-
schof, →Bischofssitz) wurden, ausgehend von spätantiken Vorformen, in der späten Merowingerzeit zu einer
mit der Königsherrschaft konkurrierenden Verfassungsinstitution, so daß – überspitzt – von einem paratakt.
Herrschaftsgefüge im Reich (PRINZ) gesprochen wurde.
Im Bereich der Zentralverwaltung wirkten zunächst röm.
Taditionen fort. Im 6. Jh. hatten einflußreiche röm. Minister faktisch die Stellung von magistri officiorum inne, in
Frankoburgund sind sie bis zu Gunthram als zentrale
→patricii nachweisbar. Nach röm. Muster war die von
den →Referendaren geleitete →Kanzlei organisiert, die
Königsurkunde knüpfte formal an das spätantike Kaiserreskript an. Vorsteher des kgl. Hauses war der ebenfalls in
der spätröm. Tradition stehende Maiordomus (→Haus-
meier). Bei der Transformation von Hausherrschaft in
Reichsherrschaft wurde der Hausmeier ab 600 zum mächtigsten Mann im Staat. Der Aufstieg in die Kg.snähe ist
klar zu verfolgen, bei den Arnulfingern findet er seinen
Niederschlag in Titulatur und Urkk. – In der Lokalverwaltung blieben in der Provence und in Rätien zunächst
die röm. Institutionen intakt. Traditionell ist in der Forschung die Unterscheidung zw. süd- und westgall. Civi-
taszone mit dem →comes civitatis an der Spitze und der
nord- und ostgall. Paguszone (→pagus). Auch wenn nach
neueren Detailuntersuchungen stärker differenziert werden muß, kann wohl am Gesamtbefund festgehalten werden. Bisweilen waren mehrere civitates oder pagi zu einem
Dukat zusammengefaßt. Die Kompetenzbereiche von comites und duces sind kaum zu unterscheiden. In der
Paguszone begegnen neben den comites noch grafiones
und centenarii. Ursprgl. wohl lokaler militär. Befehlsha-

ber, nahm der grafio die Ausführung der im Thing (→Ding) vom *thunginus* gefällten Entscheidung in die Hand und erlangte ab Ende des 7. Jh. eine comes-gleiche Stellung. Abzuheben von den Dukaten (→Dux, Dukat) des F.s sind die als militär. Statthalterschaften organisierten großen rechtsrhein. Stammesgebiete der Alamannen, Bayern und Thüringer. Die Auffassung, die Gft.sverfassung sei schon im 6. Jh. in die rechtsrhein. Gebiete übertragen worden (SCHULZE), stößt auf verbreitete Skepsis (s. a. →Graf, -schaft).

Im Sozialwesen haben sich wieder im S die antiken Strukturen (Senatorenadel mit Großgrundbesitz, possessores mit mittlerem Besitz, bäuerl. Kolonen; Stadtkultur) ungebrochen gehalten. Zur Frage eines frk. »Uradels« ist die rechtl. Situation zu berücksichtigen. Die Lex Salica kennt als Normaltyp des vollberechtigten F. den Freien (liber; ingenuus) und kein bes. Adelswergeld. Dies mag die Wirklichkeit in den ersten Generationen des Merowingerreichs spiegeln. Doch durch die sich namentl. in der Heraushebung des Kg.sdienstes (→Antrustionen; →convivae regis) abzeichnende Mobilität ist es vielleicht schon Ende des 6. Jh. zu einer klarer faßbaren frk. Adelsschicht gekommen. Im 7.Jh. jedenfalls waren germ.-frk. und roman. Aristokraten zu einer einheitl. Oberschicht verschmolzen. Ihr galten die Konzessionen des Kgtm.s. Wichtig sind die Verbindungen des Kgtm.s und des Adels zur entscheidende Impulse vermittelnden Kraft des irofrk. Mönchtums. Daß Gruppen der Bevölkerung durch ein bes. Muntverhältnis zum Kg. Königsfreie waren, war lange herrschende Lehre, wird aber immer stärker abgelehnt. Unter der Schicht der Freien erscheinen in der ständ. Gliederung die in [1] b angeführten Schichten. Die aus spätröm. Formen der →Grundherrschaft erwachsene merow. →Immunität wurde eine wesentl. Basis des neuen Adels. Hoch zu veranschlagen ist die Bedeutung, die der gesellungsrechtl. →Schwurfreundschaft zukam.

[3] *Ausblick:* 687 hat sich als Zäsur in der Gesch. des F.s erwiesen. Als Hausmeier bestimmten die Arnulfinger/Pippiniden die Politik, hielten das Auseinanderfallen des Reiches auf, wehrten die arab. Bedrohung ab und fügten den S Galliens (wieder) voll dem F. ein. Mit der Zerschlagung der Bf.sstaaten beseitigten sie Elemente eines paratakt. Herrschaftsgefüges. Erste Ansätze des Feudalwesens prägten sich aus. Das ags. Benediktinertum trat an die Stelle der Irofranken (→Angelsächs. Mission). An diesem hist. Ort ist die große Kirchenreform (Willibrord, Bonifatius) und ihr Werk, die romverbundene frk. Landeskirche, zu sehen. Mit der Verbindung von Adel, Kl. und →Eigenkirchen wurden spezif. ma. Strukturelemente sichtbar. Im Verhältnis der Hausmeier zum Kgtm. zeigten sich ebenfalls in die Zukunft weisende Veränderungen. Die Hausmeier machten den Teilungen des Reiches unter mehrere Kg.e ein Ende. Doch bot sich die wiederhergestellte Einheit nur noch fiktiv im Kgtm. dar. 737 ließ Karl Martell den Thron schon unbesetzt. Aus polit. Opportunität setzten seine Söhne 743 noch einmal einen Merowinger ein. Mit der schließlichen Ablösung des merowingischen Königtums 751 durch Pippin den Jüngeren wurde legalisiert, was seit 687 Wirklichkeit war: Aufstieg, Macht und Herrschaft der neuen Dynastie der Karolinger.

H. H. Anton

II. KAROLINGERZEIT: [1] *Die Zeit des Übergangs:* Der Übergang von den Merowingern zu den Karolingern geht über die Bedeutung eines Dynastiewechsels weit hinaus: er führt zur Erneuerung des F.s, die seine Erweiterung zum großfrk. Reich nach sich zieht, in dem Europa zum erstenmal Gestalt gewinnt. Er leitet damit politisch, religiös, sozial und kulturell eine neue Epoche der Weltgeschichte ein.

Der Übergang wurde vorbereitet durch den Aufstieg des karol. Hauses aus dem Maas-Mosel-Gebiet, das mit Arnulf v. Metz und Pippin d. Ä. an die Spitze des austras. Adels trat. Arnulf und Pippin (d. Ä.) bilden die Spitzenahnen der später →Karolinger genannten →Arnulfinger bzw. Pippiniden, die durch die Heirat von Arnulfs Sohn Ansegisel und Pippins Tochter Begga die Macht des Hauses begründeten. Als Führer des austras. Adels versuchten sie im Kampf gegen die zentralist. Bestrebungen der Kgn. →Brunichild die Eigenmacht des Adels zu behaupten: Es geht v.a. auf sie zurück, daß Brunichilds erfolgreicher Rivale, Kg. →Chlothar II. v. Neustrien, sich die Anerkennung im Gesamtreich durch das →Edictum Chlotarii v. 614 erkaufen mußte, in dem er die Rechte der lokalen Gewalten bekräftigte. Seitdem stieg die Macht der Karolinger ständig an. Ansegisels und Beggas Sohn →Pippin II., d. Mittlere, der sich »dux Austrasiorum« und »princeps Francorum« nannte, setzte sich mit seinem Sieg bei →Tertry (687) über den neustr. Hausmeier im Gesamtreich durch, in dem er »singularem obtinuit principatum« (Ann. Mett.). 689 besiegte er den Friesenhzg. →Radbod in Wijk bei Duurstede u. erweiterte damit den frk. Machtbereich bis zum Niederrhein. Er verlor aber auch den Westen nicht aus dem Blick und konnte seine Autorität im gesamten Reichsgebiet verstärken.

Da seine legitimen Söhne bereits vor ihm gestorben waren, brach bei seinem Tod i. J. 714 eine schwere Krise aus (Aufstand der Neustrier im Bunde mit Friesen und Sachsen), die überraschend durch Pippins Findelsohn Karl beendet wurde, der den von Pippin eingeschlagenen Weg als sein Erbe fortsetzte. Mit ihm tritt zum ersten Mal der Name 'Karl' in den →Genealogien des nach ihm als 'Karolinger' bezeichneten Geschlechts auf. Karls große Stunde schlug, als die bedrängten Aquitanier und Neustrier ihn gegen einen neuen übermächtigen Feind zu Hilfe riefen: die von Spanien her vordringenden →Araber. Sein Sieg bei →Poitiers (Okt. 732), der die Araber zur Umkehr zwang, gehört zu den Ereignissen von weltgeschichtl. Rang: Er brachte ihm mit dem Beinamen Martell ('der Hammer') über der Scheinherrschaft des Merowingerkg.s die tatsächl. Herrschaft im Frankenreich ein und sicherte endgültig den Aufstieg der Karolinger.

Der Aufstieg wurde durch zwei Maßnahmen von grundlegender Bedeutung vorangetrieben. Die eine bezog sich auf die polit. und sozialen, die andere auf die kirchl. Verhältnisse. Bereits unter Karl Martell zeichnen sich die Anfänge des →Lehnswesens ab. Gegenüber dem Königsgefolgschaft der →Antrustionen waren der Adel und an seiner Spitze die Karolinger bemüht, sich mit Hilfe der aus der Unfreiheit aufsteigenden Vasallität eigene Klientelschaften zu bilden. Indem sie die Vasallität mit dem Treuegedanken verbanden und sie auf diese Weise in ein gegenseitiges Treueverhältnis verwandelten, hoben sie die Vasallität über die Sphäre der Unfreiheit hinaus und sicherten sich in ihr eine wachsende Anhängerschaft, die sie mit Lehen ausstatteten. Und da die Karolinger als Hausmeier dabei auch auf Königsgut und Kirchengut zurückgreifen konnten, gewannen sie einen wesentl. Vorsprung vor den übrigen Adelsherrschaften. Von bes. Bedeutung war dabei der Rückgriff auf Kirchengut, das nach Kirchenrecht unveräußerbar war, weshalb es nur als Leihe (→beneficium) ausgegeben werden konnte. Die Belehnung erfolgte formal auf kgl. Anweisung unter dem Rechtstitel der 'precaria verbo regis' (→Prekarie). Diese zukunftweisende Praxis, die jedoch auf eine Säkularisierung des Kirchenguts hinauslief und daher von kirchl. Seite z. T. verurteilt wurde, ermöglichte es Karl und seinen Nachfolgern, Kriegerschaft und Adel mit Lehen auszustatten und sie damit zugleich an sich zu binden. Vasallität und Lehnrecht wurden seitdem zu einem Mittel staatl. Integration, das für das ganze MA bestimmend blieb.

Neben den Kriegern gewann Karl M. wichtige neue Helfer in den ags. Missionaren (→Angelsächs. Mission). an ihrer Spitze →Willibrord und →Bonifatius, zu denen sich aus dem westgot. Spanien →Pirmin hinzugesellte. Sie setzten ihr Werk unter Karls Nachfolgern, Karlmann und Pippin, fort – mit dem Ergebnis der Christianisierung Germaniens und dessen innerer Angleichung an das F. (vgl. C. 2). Und ein weiteres wichtiges Faktum: Sie vermittelten den Karolingern die Verbindung mit dem Papsttum in Rom.

[2] *Aufstieg zum Königtum und Bund mit dem Papsttum:* Seit 737, dem Tod Theuderichs IV., hatte Karl Martell ohne Kg., aber im Namen des verstorbenen Kg.s regiert, nach der Formel Papst Gregors III. als »vice regulus«. Die Erinnerung an den gescheiterten Staatsstreich Grimoalds v. 656 mochte ihn davon abhalten, selbst nach der Krone zu greifen, doch teilte er das Reich vor seinem Tod (741) unter seinen Söhnen Karlmann und Pippin (III., d. J.) auf. Empörung erst ihres Halbbruders Grifo, dann der Bayern, Alamannen und Aquitanier, die sie gemeinsam niederwarfen, offenbarten, daß sie der kgl. Autorität bedurften, um den widerspenstigen Adel im Zaum zu halten. Zu diesem Zweck setzten sie 743 in dem Merowinger Childerich III. einen neuen Kg. ein. Sein Kgtm. gab ihrer eigenen Herrschaft die notwendige Festigkeit. Sie ermöglichte ihnen als ihre bedeutendste gemeinsame Leistung die Neuorganisation der fränk. Reichskirche, die sie mit Hilfe der ags. Missionare und insbes. ihres Vorstreiters Bonifatius durchführten (vgl. C. 3). Bei diesen Bestrebungen traten zunehmend F. neben die Angelsachsen, auch stellten sich Widerstände von seiten des frk. Adels ein, und zw. den karol. Brüdern zeigten sich Zeichen aufkeimender Rivalität. Nach dem Rückzug Karlmanns ins Kl. auf dem Monte Soracte konnte Pippin, nun Hausmeier im gesamten Reich, die Früchte der gemeinsamen Bemühungen ernten.

Da Pippin die Kirche wie den Adel auf seiner Seite wußte, wagte er 751 den Griff nach dem Königtum. Voraussetzung dafür war die Absetzung der Merowinger. Für sie versicherte er sich auf einer Volksversammlung der Zustimmung des Volkes. Um den fehlenden erbrechtl. Anspruch auszugleichen, holte Pippin die Unterstützung des durch die Wirksamkeit der ags. Missionare in seiner Autorität außerordentl. gestärkten Papsttums ein. Er ließ bei Papst →Zacharias anfragen, ob es gut sei, daß bei den F. ein Kg. ohne Macht regiere oder nicht – worauf der Papst in Form eines päpstl. Weistums antwortete, daß es besser sei, jener heiße Kg., der die Macht habe, als jener, der ohne kgl. Macht sei (Ann. regni Franc. ad 749). Und mit der augustin. Begründung »damit die Ordnung nicht gestört werde«, befahl er (iussit) kraft päpstl. Autorität, daß Pippin Kg. werde. Gemäß dieser päpstl. Weisung wurde Pippin wohl noch Ende 751 auf einer Reichsversammlung in →Soissons »secundum morem Francorum« zum Kg. gewählt und anschließend als erster frk. Kg. von frk. Bf.en gesalbt (→Salbung). Die Neuerung war bedeutungsvoll: Ihr Sinn lag darin, den Mangel des fehlenden kgl. Gebläts auszugleichen, indem sie den Kg. nach alttestamentar. Vorbild eine kirchlich-sakrale Legitimation verlieh. Sie hob ihn als »Gesalbten des Herrn« über die Schar der Laien

empor und wies ihn als »Kg. von Gottes Gnaden« aus. Damit war das →Gottesgnadentum (F. KERN) begründet, das die weitere Gesch. des Kgtm.s bestimmte.

Es ist bedeutsam, daß der ersten Salbung durch die frk. Bf.e bald (754) eine zweite folgte, und zwar durch den Papst. Der von den Langobarden bedrängte Nachfolger des Zacharias, →Stephan II., wandte sich, da byz. Hilfe ausblieb, an Kg. Pippin, der ihn nach Verhandlungen durch frk. Unterhändler in Rom in das F. einlud. In der Pfalz →Ponthion schlossen Kg. und Papst am 6. Jan. 754 →Schwurfreundschaft mit der doppelten Folge, daß Pippin dem Papst die Restitution der von den Langobarden besetzten, vormals byz. Gebiete zusagte (14. April 754 in Quierzy), während der Papst anschließend in →St-Denis eine erneute Salbung vornahm (→Clausula de unctione Pippini), in die er auch Pippins Söhne einbezog und die Großen verpflichtete, nie einen Kg. aus einem anderen Geschlecht zu wählen. D. h., daß das Gottesgnadentum, dem die Vorstellung des Kgtm.s als eines von Gott verliehenen Amtes zugrunde lag, sich mit dem alten Geblütsgedanken verband, eine Verbindung, die für das karol. Kgtm. charakterist. bleibt. Die Folge wird sein, daß die Karolinger trotz der Verchristlichung des Kgtm.s am alten Prinzip der Herrschaftsteilung festhalten werden. – Das karol. Bündnis mit dem Papsttum war noch in anderer Hinsicht folgenreich: Es führte mit der Einlösung des Restitutionsversprechens Pippins nach zwei Italienzügen (754 und 756) zur Unterwerfung des Langobardenreiches und zur Begründung des →Kirchenstaates, als dessen Rechtsgrundlage die in diesem Zusammenhang wahrscheinl. Pippin vorgelegte berühmte Fälschung der →»Konstantinischen Schenkung« diente.

Angeregt durch seine Verbindung mit Rom gab Pippin den Anstoß zur Liturgiereform im F. (→Liturgie); er knüpfte auch bereits Verbindungen zu Byzanz und zum Islam und sicherte schließlich mit der endgültigen Unterwerfung Aquitaniens dessen Zugehörigkeit zum F. Vor seinem Tod (24. Sept. 768) teilte er sein Reich unter seine beiden Söhne Karl und Karlmann auf.

[3] *Erweiterung des Frankenreichs durch Karl d. Gr. und Erneuerung des Kaisertums:* Nach kurzer gemeinsamer, doch wenig einträchtiger Regierung mit seinem Bruder Karlmann, dessen Tod (4. Dez. 771) dem Reich den Bruderkrieg ersparte, setzte Karl d. Gr. mit der Herrschaftsübernahme im Gesamtreich sogleich das Werk seines Vaters in Italien fort. Da der Langobardenkg. Desiderius seine Expansionspolitik erneut aufgenommen hatte, setzte Karl ihn auf seinem 1. Italienzug (773/774) kurzerhand ab, machte sich selbst zum Kg. der Langobarden und erneuerte auf einem Zwischenbesuch in Rom das Schenkungsversprechen seines Vaters von Quierzy. Seitdem nannte er sich »rex Francorum et Langobardorum atque patricius Romanorum«. Wie der Titel zeigt, wollte er als Kg. der F. und Langobarden zugleich Schutzherr der röm. Kirche sein (→Patricius Romanorum). Er hat dies 781 durch eine erneute Bestätigung der Pippinischen Schenkung verstärkt zum Ausdruck gebracht und seinen Sohn Pippin noch eigens zum Unterkg. von Italien ernannt. Angehörige des Reichsadels halfen ihm bei der herrschaftl. Erfassung des Landes, wobei ihm das Lehnrecht dank der Bindungen, die es ermöglichte, wirkungsvolle Hilfe leistete. Während er noch mit der Regelung der it. Verhältnisse beschäftigt war, schaltete er sich, von dort zu Hilfe gerufen, in Spanien ein: i. J. 778 unternahm er einen Feldzug gegen den Omayyadenemir ʿAbdarrāḥmān I. v. →Córdoba, der jedoch, da die erwartete Unterstützung im Land ausblieb, bereits vor Zaragoza abgebrochen wur-

de. Auf dem Rückzug fiel der Führer der frk. Nachhut, Mgf. →Hruodland von der bret. Mark, den die Sage als Paladin Karls verherrlicht hat (→Rolandslied). Es ist charakterist. für Karl d. Gr., daß er das einmal gefaßte Ziel der frk. Machtausweitung gleichwohl nicht mehr aus dem Auge verlor und in der Folgezeit von Aquitanien aus die frk. Grenzverteidigung ausbaute (→Katalonien).

»Den langwierigsten, grausamsten und anstrengendsten aller Kriege« hat Karl jedoch nach den Worten Einhards gegen die benachbarten →Sachsen geführt. Er hat – mit Unterbrechungen – über 33 Jahre gewährt und die tiefgreifendsten und folgenreichsten Wirkungen im F. ausgelöst. Als er 772 mit einem Feldzug, der zur Eroberung der →Eresburg führte, begann, glich dieser noch den Strafexpeditionen, wie sie seit Karl Martell üblich waren. Bald zeichnet sich jedoch eine deutl. Verschärfung ab. Nachdem die Sachsen während des Italienaufenthalts des Kg.s die frk. Eroberungen rückgängig gemacht hatten, stieß Karl 775, diesmal von Düren aus, erneut gegen die sog. Weserfestung vor und warf die sächs. Gaue bis nach Engern nieder – mit dem Ergebnis, daß das alte Spiel sich wiederholte, wobei die Kämpfe immer härter wurden, allmählich aber auch weiterreichende Ziele zu erkennen sind. Seit 776 wird deutlich, daß es um die Unterwerfung und Christianisierung des ganzen Stammes und um seine Eingliederung in das Frankenreich ging. Der Reichstag v. →Paderborn von 777, der erste Reichstag auf sächs. Boden, setzte bereits die Zugehörigkeit der Sachsen zum F. und zum christl. Glauben voraus: sie mußten sich durch Eide zur Treue zum frk. Kg. und zu Christus verpflichten; ihr Land wurde in kirchl. Missionssprengel eingeteilt. Doch stellte sich heraus, daß zunächst wohl Teile des sächs. Adels, noch längst aber nicht der Großteil des Volkes gewonnen war. Dessen Widerstand nahm vielmehr zu, als der 777 erstenmal erwähnte westfäl. Adlige →Widukind an seine Spitze trat. Daran änderte auch wenig, daß Karl 782 auf dem Reichstag von →Lippspringe sächs. Adlige als Gf.en einsetzte. Im Gegenteil: als im gleichen Jahr der frk. Heerbann, den ein sächs. Aufgebot verstärken sollte, gegen die aufständ. Slaven ausrückte, rief Widukind die Sachsen erneut zum Aufstand auf. Statt den Franken zu helfen, überfielen sie ihr Heer am →Süntel aus dem Hinterhalt. Der Aufstand wurde niedergeschlagen. Und während Widukind fliehen konnte, ließ Karl die Empörer, deren er habhaft werden konnte, seine erbarmungslose Rache spüren: Nach dem Bericht der Ann.regni Franc. verfielen 4500 aufständ. Sachsen auf seinen Befehl bei →Verden a. d. Aller dem Blutgericht. Die folgenden erbitterten Kämpfe sind bestimmt durch die →»Capitulatio de partibus Saxoniae« (782), die jegliche Empörung gegen die Reichsgewalt und den Abfall vom Christentum unter die härtesten Strafen stellte. In diesen Kämpfen setzte sich die frk. Übermacht immer stärker durch – was zugleich als Überlegenheit des Christengottes über die heidn. Götter gedeutet wurde. Angesichts dieser Situation gab Widukind i. J. 785 den Kampf auf und empfing mit seinem Waffengefährten →Abbio in der Pfalz Attigny die Taufe. Karl ging daran, sich dem Ausbau der kirchl. Organisation der Christianisierung Sachsens zu widmen. Aber die Gegensätze waren so tief, daß sie nach siebenjähriger Ruhe 792 erneut in einem, allerdings auf die nordelb. Sachsen begrenzten Aufstand zum Ausbruch kamen. Karl reagierte in der letzten Kampfphase in doppelter Weise, indem er einerseits mit gewohnter Härte zurückschlug und den Druck durch Massendeportationen noch verschärfte, andererseits aber unter dem Einfluß →Alkuins die harten Bestimmungen der »Capitulatio« durch das mildere →»Capitulare Saxonicum« von 792 ersetzte. Inzwischen war eine neue Generation herangewachsen, die von den ewigen Kämpfen nichts mehr wissen wollte. So klang der Krieg nach einer Dauer von 33 Jahren mit dem bedeutungsvollen Ergebnis aus, daß die Sachsen nach den Worten Einhards, »den christl. Glauben annahmen und mit den Franken ein Volk wurden« – was der Sachse →Widukind v. Corvey später mit der Formel bekräftigte, daß Sachsen und Franken »gleichsam ein Volk aus dem christl. Glauben« geworden seien (I, 15). Die Formel darf als eine gültige Bestätigung dafür gelten, daß Karls Bemühungen um Sachsen ein voller Erfolg beschieden war: noch zu seinen Lebzeiten war offenkundig, daß die Eingliederung Sachsens in das Reich kirchl. und polit. in der Tat gelungen war.

Noch während der Sachsenkriege, neben denen die Züge nach Italien und Spanien einhergingen, hat Karl auch in Bayern klare Verhältnisse geschaffen und v.a. die Avarengefahr im SO aus der Welt geschafft. In Bayern mußte der →Agilolfinger →Tassilo III. den Versuch, sich der frk. Abhängigkeit zu entziehen, 788 mit seiner Absetzung bezahlen. Bayern wurde anschließend durch die Einführung der frk. Grafschaftsverfassung voll in das Reich integriert. Die Veränderung in Bayern tangierte auch dessen östl. Nachbarn, die →Avaren, die plötzlich in den unmittelbaren Einflußbereich des mächtigen F.s gekommen waren. Hatte Tassilo noch mit ihnen paktiert, so stieß Karl im Gegenschlag gegen ihre Einfälle in mehreren Feldzügen (791, 795) bis in das Zentrum ihres Reiches in der Pußta-Ebene vor und zerstörte ihre Ringe, in denen er staunenerregende Schätze erbeutete (→Avarenschatz). Damit war die Entscheidung gefallen; erneute Empörungen führten 811 zu einem letzten Feldzug Karls, den das Reich der Avaren nicht überlebte. Sein Gebiet wurde den Kirchen von →Salzburg, →Passau und →Aquileia zur Mission anvertraut und politisch als avar. Mark organisiert. Mit ihr, die die Vorstufe der späteren Ostmark (→Österreich) bildete, griff das großfrk. Reich bis zur Raab und zum Plattensee aus.

Das F. war in der Tat ein Großreich geworden, dessen Erweiterung mit der Ausbreitung des Christentums Hand in Hand gegangen war. Karl hatte sich nicht nur als patricius Romanorum, sondern als Schutzherr der gesamten westl. Christenheit bewährt. Wenn Alkuin seine Herrschaft schon seit 795 als »Imperium Christianum« hervorhob, so brachte er damit zum Ausdruck, daß sein Reich mehr als ein →regnum, eben ein →imperium war, das zudem mit der (westl.) Christenheit in Deckung stand. Er sprach damit offenbar die Auffassung des Hofkreises aus, die auch der Papst geteilt zu haben scheint, nachdem Byzanz der röm. Kirche schon seit langem nicht mehr den notwendigen Schutz gewährte. Als →Leo III. 799 von röm. Gegnern überfallen wurde, suchte er deshalb den Frankenkg. in Paderborn auf, um seine Hilfe zu erbitten. Karl gewährte ihm einen feierl. Empfang, ließ ihn dann nach Rom zurückgeleiten und zog im folgenden Jahr selbst in die Hl. Stadt, um an Ort und Stelle seines Amtes als patricius Romanorum zu walten. Am 23. Dez. 800 trat der Papst vor das Gericht und leistete einen Reinigungseid. Bevor man daraufhin seinen Angreifern den Prozeß machte, feierte man das Weihnachtsfest. Dabei setzte der Papst während der Christmette Karl die Kaiserkrone auf, während das anwesende röm. Volk dem Kaiser durch feierl. Zuruf akklamierte und die Geistlichkeit die Laudes sang (→Krönung). Mit dieser »Anerkennung Karls d. Gr. als Kaiser« (SCHRAMM) war das ma. →Kaisertum begründet: Karl hatte zu der die Könige überragenden Macht, die er schon längst gewonnen hatte, das nomen imperatoris, die ksl. Würde, hinzugewonnen.

Nach dem Bericht Einhards soll Karl d. Gr. sich über die Kaiserkrönung unwillig geäußert haben: Er wäre der Messe ferngeblieben, wenn ihm die Absicht des Papstes bekannt gewesen wäre. Diese Äußerung ist, wie wir heute wissen, nicht wörtlich zu nehmen, denn Karl wurde zweifellos nicht ahnungslos vor vollendete Tatsachen gestellt. Auch das kunstvolle Zeremoniell muß vorher eingeübt worden sein. Seine Reserve kann sich daher nicht gegen die Krönung, sondern nur gegen ihre Form gerichtet haben, wobei ihm möglicherweise die führende Rolle des Papstes und die Mitwirkung der Römer nicht behagten; denn nicht sie, sondern die F. stellten in seinen Augen das eigtl. Reichsvolk dar. Auch die Rücksicht auf Byzanz hat zweifellos eine Rolle gespielt. Wie wichtig ihm diese Fragen waren, läßt die Sorgfalt bei der Wahl seines neuen, auffallend komplizierten Titels erkennen, der nach dem Vorbild ravennat. Urkk. gewählt war: »Karolus serenissimus augustus a Deo coronatus magnus et pacificus imperator Romanum gubernans imperium qui et per misericordiam Dei rex Francorum et Langobardorum«. Der Titel hebt deutlich drei Grundelemente der neuen Würde hervor: er betont ihre Gottunmittelbarkeit (a Deo coronatus), vermeidet mit Bedacht die Bezeichnung »röm. Kaiser« und wählt stattdessen die Umschreibung »Kaiser, der das röm. Reich regiert«, und behält schließlich bewußt den alten Königstitel bei: ein Hinweis auf die Machtgrundlagen, auf denen die neue Würde beruht. Die Formulierung hat sich in der Tat als geeignet erwiesen, mit Byzanz, das das Ksm. für sich in Anspruch nahm, zu einer Einigung zu gelangen, die auf der Anerkennung des westl. neben dem östl. Kaisertum beruhte.

Karl wollte, gleichberechtigt mit Byzanz, der Ks. des Westens sein, dessen Herr er schon vor der Kaiserkrönung war und den er in dem Maße, wie er ihn in seine Herrschaft einbezogen, auch für das Christentum gewonnen hatte. In der Folgezeit betont er mit dem frk. bes. den christl. Charakter seines Reiches. In seinen Erlassen wird immer häufiger vom ʻimperium christianum' und vom ʻimperator christianissimus' gesprochen. Sein Hof, in den letzten Jahren im wesentl. in →Aachen lokalisiert, war nicht nur politisch, sondern auch geistig der Mittelpunkt seines Reichs, das jetzt mit Europa identisch war.

[4] *Hof- und Reichsverwaltung; der Hof als geistiges Zentrum:* Die Konzentration auf die Pfalz in Aachen mit ihrer einzigartigen Marienkapelle, dem stolzesten Denkmal Karls, hat dem Ausklang seiner Herrschaft ihren bes. Glanz verliehen. Sie war freilich rein faktischer, nicht grundsätzlicher Natur. De iure blieben alle Pfalzen (→Palast, Pfalz) potentielle Heimstätten des Kg.s und seines Hofes, der aus einem wechselnden Personenkreis bestand. Seinen Kern bilden die alten germ. Hausämter, von denen das Amt des Hausmeiers jetzt allerdings aus einsichtigen Gründen verschwand, während Marschall, Kämmerer, Truchseß und Schenk bleibende Geltung erhielten (→Hof, -ämter). Ihre Aufgaben wurden vom Hof auf das Reich ausgedehnt, so daß die Reichsverwaltung als verlängerte Hofverwaltung erscheint. Ihre Organisation hat Karls Vetter →Adalhard in seiner verlorenen, aber von →Hinkmar v. Reims benutzten Schrift »De ordine palatii« beschrieben, in der nachdrücklich die Verbindung von Hof- und Reichsverwaltung sowie die Zweiteilung in einen weltl. und einen geistl. Teil hervorgehoben werden; von ihnen sind die geistl. Ämter bes. charakteristisch, da sie die Vergeistlichung der schriftl. Verwaltung anzeigen, die mit dem Übergang der Herrschaft von den Merowingern

zu den Karolingern Hand in Hand ging. An ihrer Spitze steht seit Pippin der oberste Kapellan (später Erzkapellan), das Haupt der →Hofkapelle, die auch die →Kanzlei unter der Leitung des Kanzlers umschließt. Der geistl. Kanzler löst den weltl. →Referendarius der Merowingerzeit ab, ist verantwortlich für das Beurkundungsgeschäft, für das ihm in der Regel mehrere, ebenfalls geistl. →Notare zur Hand gehen, wird aber, ebenso wie der oberste Kapellan, auch für polit. Aufgaben herangezogen. Beide stellen nicht anders als die Inhaber der weltl. Hofämter Verbindungsglieder zu den Großen in den verschiedenen Regionen dar.

Für die Lokalverwaltung ist kennzeichnend, daß die Karolinger die Grafschaftsverfassung im ganzen Reich durchzusetzen suchten (→Graf, -schaft). Man wird daran festhalten dürfen, daß diese unter den Merowingern i.w. auf den W, wo sie sich an die röm. →civitas anschloß, beschränkt geblieben war und ihre Ausbreitung im O, wo sie sich an den →pagus anlehnte, im großen und ganzen den Karolingern zuzuschreiben ist. Dabei bleibt zu berücksichtigen, daß die Grafschaftsverfassung der Absicht nach zwar das ganze Reich erfassen sollte, daß sie es in Wirklichkeit aber nicht als ein »lückenloses Netz direkt aneinander grenzender Grafschaften« (MITTEIS) überzogen hat, sondern ein System von Schwerpunkten bildete, von denen aus der Graf (comes) seine Macht als Königsrichter und Wahrer der Interessen des Kgtm.s ausdehnte. Fähigere Inhaber des Grafenamtes setzten sich in der Regel in der ganzen Gft., gelegentl. sogar in mehreren Gft.en durch, schwächere mußten sich mit einem Teil begnügen. So blieben oft machtfreie Zwischenräume übrig, die dem Adel Gelegenheit zur Bildung eigener, immuner Herrschaften (→Immunität) boten.

Damit die Gft.en ihre Funktion im Sinne des Kgtm.s erfüllten, war es nötig, daß sie dem Kg. und seinem Hof verbunden blieben. Dieser Verbindung diente neben den Hof- und Reichsversammlungen (→placitum) die bes. Institution der sog. Königsboten (→missi dominici), deren Anfänge bereits auf die Merowinger zurückgehen, die aber erst Karl d. Gr. zu einer ständigen Einrichtung ausgebaut hat. Er hat 802 das Reich in feste →missatica eingeteilt und jeweils einen geistl. und einen weltl. Großen beauftragt, ihren Sprengel zu bereisen, um hier nach den eigens für sie erteilten Instruktionen der →Capitula missorum die Durchführung der ksl. Beschlüsse zu überwachen und dem Ks. darüber Bericht zu erstatten. So liefen am Hof alle Fäden aus dem Reich zusammen, um im beständigen Wechsel den Kontakt zw. Hof und Herrschaft zu erneuern.

Es gehört zur Besonderheit des Hofes Karls d. Gr., daß er nicht nur der Mittelpunkt von Macht und Herrschaft, sondern auch das geistige Zentrum des Reiches und damit des werdenden Europa war. Wenn wir bereits unter Kg. Pippin von einer Hofschule hören, so wuchs sie unter Karl d. Gr. in neue Dimensionen hinein. Wesentlich dafür ist, daß Karl die führenden Gelehrten seiner Zeit um sich versammelte, an ihrer Spitze, seit 786, den großen Angelsachsen →Alkuin, neben dem aus Italien die Lehrer →Petrus v. Pisa und →Paulinus, bald auch der Langobarde →Paulus Diaconus, der Ire →Dungal, der Westgote →Theodulf u.a. eine intensive Wirksamkeit entfalteten. Ihre Herkunft zeigt an, daß man am Karlshof das christl. und das antike Bildungserbe überall dort aufsuchte, wo es noch lebendig war: nicht nur in Südgallien, sondern v.a. in Irland und England, Italien und Spanien, um es im F. zu konzentrieren. Der sammelnden Gelehrsamkeit der Hofgelehrten und der von ihnen angeleiteten Schüler verdanken wir fast alle antiken Texte, die uns überkommen sind – dies v. a. deshalb, weil Karl den frk. Klöstern zur Pflicht machte, diese Texte abzuschreiben. Zur Sammlung kamen eigene Leistungen hinzu: In den frk. Skriptorien entsteht die karol. →Minuskel als Grundform der ma. Schrift. Wie die Schrift, so wird auch die lat. Sprache gereinigt; die Texte werden emendiert, so der Bibeltext durch Alkuin und Theodulf u. a. Das Ergebnis dieser Bemühungen, an denen Karl d. Gr. selbst intensiven Anteil nahm und die schon bald durch Franken wie →Angilbert, →Adalhard und →Einhard wesentlich gefördert wurden, findet seinen Niederschlag in einer neuen Blüte der Bildung, die von der Theologie und Liturgie über die Geschichtsschreibung bis hin zur Dichtung reicht. Wir fassen alle diese Leistungen unter dem Begriff der →Bildungsreform Karls d. Gr. oder auch der karol. Renaissance zusammen. Das Wesentliche daran ist, daß diese Kenntnisse nicht auf den Hof beschränkt blieben, sondern die Texte auf Anweisung Karls den Klöstern und Stiftskirchen als Muster zum Kopieren, zur Aufbewahrung und zur weiteren Pflege übersandt wurden, so daß sie im ganzen Reich Verbreitung fanden. Tatsächl. bilden sie den Fundus, aus dem sich die geistige Bildung des werdenden Europa speist.

[5] *Reichseinheit und Reichsteilungen 814–843:* Nach seiner Kaiserkrönung hatte Karl d. Gr. mit bes. Nachdruck den christl. Charakter seines Imperiums betont. Aus ihm leitete er höhere Pflichten für den Herrscher wie für die Untertanen ab, denen er 802 einen neuen allgemeinen Eid abforderte, der dem Vasalleneid entsprach. Er verstärkte seinen Anspruch auf Gleichrangigkeit seines Reiches mit Byzanz, den er 812 vertraglich sichern konnte – ein Faktum, das ihm so wichtig wie die Kaiserkrönung war; denn die Anerkennung durch Byzanz dokumentierte ebenso den Rang wie die Einheit des ksl. Imperiums, das als 'imperium occidentale' neben das 'imperium orientale' trat. Kein Zweifel, daß ihm an der Einheit des Reiches gelegen war. Dem widerspricht nur scheinbar, daß Karl, als er 806 eine →divisio regnorum unter seinen drei Söhnen anordnete, das Ksm. unberücksichtigt ließ; denn die Söhne wurden zunächst nur als Kg.e behandelt, und da nach germ. Auffassung nicht der einzelne Kg., sondern das Kg.shaus regierte, blieben sie im corpus fratrum vereint. Die Verfügung über das Ksm. wurde offenbar nur zurückgestellt. Die Teilung wurde jedoch nicht realisiert, da seit 811 nur noch Karls jüngster Sohn Ludwig (d. Fr.) am Leben war, der als einziger Erbe nun auch Ksm. und Kgtm. wieder vereinigen konnte. So wurde er 813 zum Mitregenten erhoben. Auf Anweisung Karls setzte er sich in der Marienkapelle in Aachen selbst die Kaiserkrone auf. Obwohl damit beim Tode Karls (814) die Nachfolge geregelt war, trat mit dem Herrscherwechsel sogleich eine veränderte Atmosphäre ein: Am Hof zogen neue Berater und strenge Sitten ein; Maßstäbe der kirchl. Reform gewannen die Oberhand; sie kündigen eine Wandlung im Verhältnis von Reich und Kirche an, deren Einfluß zuzunehmen beginnt. V. a. kirchl. Interessen bewogen Ludwig bereits 817 zum Erlaß einer neuen Thronfolgeordnung, der sog. →ordinatio imperii, in der es letztlich um die Stärkung des Einheitsprinzips gegenüber dem Teilungsgedanken ging: die 'unitas imperii' sollte der 'unitas ecclesiae' entsprechen. Dementsprechend sollte die Kaiserwürde ungeteilt auf den ältesten Sohn Lothar übergehen; dessen beide jüngeren Brüder sollten sub seniore fratre Teilreiche erhalten, und zwar Pippin in Aquitanien, Ludwig in Bayern. Lothar wurde sofort zum Mitkaiser erhoben. Ihm sollte das alleinige Recht zustehen, das Reich

nach außen zu vertreten. Damit schien das Einheitsprinzip gesichert, das Reich auf einer guten Bahn zu sein. Im Innern setzt eine neue Reformgesetzgebung mit einer Flut von Gesetzen ein, die aber bald wieder abflaute. Im Äußeren kündigten sich von mehreren Seiten Gefahren durch neue Feinde, v. a. die →Normannen, an, auf die Ludwig mit unverkennbarer Schwäche reagierte. So breitete sich selbst unter seinen Anhängern allmählich Unzufriedenheit aus.

Die Wende trat ein, als der Ks. 829 auf Veranlassung seiner 2. Gemahlin, der Welfin →Judith, die ordinatio imperii von 817 selbst umstieß, um seinem nachgeborenen Sohn Karl (d. Kahlen) auf Kosten von dessen älteren Brüdern und ohne deren Zustimmung einen eigenen Reichsteil zuzuweisen. Die Verfügung löste die Empörung der betroffenen Kaisersöhne aus, an deren Spitze Lothar trat. Die folgenden Kämpfe führten mit mehrfach wechselnder Kombination 833 zur tiefen Demütigung Ludwigs in der sog. Kirchenbuße in →Soissons, die seine Herrschaftsunfähigkeit demonstrieren sollte und zunächst auch Lothar an seine Stelle treten ließ. Ludwig gab den Kampf jedoch nicht auf, wechselte aber sein Ziel, das fortan allein darauf gerichtet war, Karl an der Herrschaft zu beteiligen, so daß der alte Ks. statt für die Einheit des Reiches zuletzt für seine Teilung kämpfte. Nach Ludwigs d. Fr. Tod (840) trat Lothar zwar sofort für die Erhaltung der Reichseinheit ein, stieß aber auf das Mißtrauen seiner Brüder Ludwig und Karl (Pippin war bereits 838 verstorben). Bei dem Versuch, ihre Anerkennung zu erzwingen, wurde er 841 bei →Fontenoy geschlagen. Seine Niederlage zeigt, daß der Einheitsgedanke an der Rivalität der Ks.söhne im Grunde bereits gescheitert war. Ludwig und Karl verstärkten anschließend ihr Bündnis gegen den Ks. durch die →Straßburger Eide (842), die die beginnende nationale Absonderung von Osten und Westen dokumentieren. Bezeichnend dabei ist, daß Ludwig »d. Dt.« in afrz., Karl. d. K. in ahd. Sprache schwor, damit die Gefolgsleute der Brüder sie jeweils verstehen konnten.

Die Bruderkämpfe fanden ihren vorläufigen Abschluß nicht durch einen weiteren Waffengang, sondern dank der Einschaltung des Adels, der in den Kämpfen zunehmend an Gewicht gewonnen hatte, durch den Vertrag v. →Verdun von 843. Vorbereitet durch eine Descriptio regni, brachte der Vertrag die rechtsgültige Teilung des F.s in drei Teilreiche: ein West- und Ostreich sowie ein Mittelreich, das dem Ks. vorbehalten blieb. Es zog sich als zentrale Achse von der Nordseeküste bis zum Golf v. Gaëta in S-Italien und umschloß mit Aachen und Rom den Rheinlauf, die Alpenpässe und die Lombardei. Das erweiterte Westreich erhielt Karl d. K., das ebenfalls erweiterte Ostreich Ludwig d. Dt. Obwohl man an der Idee der Reichseinheit noch festhielt, waren die neuen Reiche jetzt praktisch gleichberechtigt und auf sich gestellt. Der Ks. besaß zwar einen höheren Rang, aber keine Obergewalt über die Brüder mehr. Immerhin: sie gehörten der gleichen Familie an, und die sog. Frankentage, auf denen sie sich in den nächsten Jahrzehnten zu gemeinsamen Beschlüssen trafen, konnten als eine freilich nur lose Klammer wirken. Tatsächlich setzte sich mehr und mehr die Eigenmacht der neuen Reiche durch.

[6] *Die Auflösung des karolingischen Imperiums:* Der Vertrag v. Verdun war unter maßgebl. Beteiligung der frk. Großen zustandegekommen. Ihr Gewicht war während der Bruderkämpfe so sehr gewachsen, daß sie dem Ks. und den Kg.en als gleichgewichtige Partner gegenübertraten. Im Westreich zwangen die →fideles Kg. Karl sogar noch i. J. 843 in →Coulaines zu einem bes. Vertrag über die

echtl. Grundlagen seiner Herrschaft. Der Vertrag lief
darauf hinaus, daß der Kg. das Recht der fideles auf
Mitwirkung bei der Ausübung seiner Herrschaft anerkennen mußte. Dementsprechend hat er auch auf den »Fran-
kentagen« von ihnen wiederholt als Mitträgern seiner
Herrschaft gesprochen. Tatsächlich nahmen sie im Westreich eine wesentlich stärkere Stellung ein als in den beiden
anderen Reichen, wenn freilich auch deren Herrscher mit
der wachsenden Macht ihrer Großen zu rechnen hatten.
Am günstigsten gestaltete sich die Situation zunächst noch
für Lothar I., da die Kaiserkrone die Anhänger der Ein-
heitspartei auf seine Seite zog. Doch war er glücklos im
Kampf gegen Sarazenen (827 Besetzung v. Sizilien, 841
Einnahme v. Bari) und Normannen. Selbst im Innern
blieb er tatenlos. Als verhängnisvoll erwies sich seine 855
kurz vor seinem Tod getroffene Entscheidung, das Mittelreich unter seine drei Söhne zu teilen und selbst die Herrschaft niederzulegen. Von seinen Söhnen erhielt der älteste, Ludwig II., bereits 850 zum Mitkaiser gekrönt, →Ita-
lien, der jüngste, Karl, die Provence mit dem südl. →Bur-
gund, Lothar II. das nach ihm als →Lotharingien bezeichnete Gebiet an Maas, Mosel und Niederrhein.

Mit dieser Teilung von 855 war der Traum vom Mittelreich als Klammer des Gesamtreichs ausgeträumt: Das
Ksm. war in den S abgewandert. Nördl. der Alpen spielte
es keine Rolle mehr. Hinkmar v. Reims sprach mit Recht
vom »imperator Italiae nominatus« (Ann. Bert. a. 864).
Die Beschränkung des Ksm.s auf Italien zeigt symptomatisch an, wie rapid der Auflösungsprozeß des F.s jetzt vor
sich ging. Er spiegelt sich am deutlichsten im weiteren
Verfall des Mittelreiches. Als Karl v. d. Provence 863
kinderlos starb, teilten sich seine Brüder Ludwig II. und
Lothar II. zwar in sein Erbteil, doch fiel die Stärkung für
keinen mehr ins Gewicht. Ludwig II. verzehrte sich im
Kampf gegen die Sarazenen. Lothar II., im Grunde allein
darauf bedacht, seine Ehescheidung durchzusetzen, rief
gegen sich den mächtigen Papst →Nikolaus I. auf den
Plan, der ihn in seine Grenzen wies. So war das Ende des
restl. Mittelreichs 'Lotharingien' vorauszusehen: zw.
West- und Ostreich gelegen, sollte es zum Streitobjekt
beider werden.

In der Tat hatten die beiden Außenreiche, das Westreich
Karls d. K. und das Ostreich Ludwigs d. Dt., seit der
Abwanderung des Ksm.s in den S das Gesetz des Handelns
im alten Reichsgebiet an sich gezogen. Zwar waren beide
von starken äußeren Feinden bedrängt, insbes. von Normannen im Westen und Slaven (→Böhmen, →Mähren)
im Osten. Aber obwohl ihre Abwehr eine Daueraufgabe
blieb und obwohl der Adel die Bedrängnis der Kg.e
nutzte, seine eigene Position zu stärken, konnten sowohl
Karl d. K. wie auch Ludwig d. Dt. die kgl. Stellung
festigen, zumal die Kirche treu zu ihnen hielt. Ihre Unterstützung kam v.a. Karl d. K. zugute, dem dank der Hilfe
des Ebfs. →Hinkmar v. Reims, des bedeutendsten Kir-
chenmannes seiner Zeit, durch die Sakralisierung der
Krone eine Stärkung der Kg.sgewalt gelang, die ein gewisses Gegengewicht gegen deren Schwächung durch die
Großen bildete. An seinem Hof, an dem u.a. der Ire
→Johannes Eriugena wirkte, nahm er die Bildungsbestrebungen seines Großvaters Karls d. Gr. wieder auf, dessen
Vorbild er auch in seinen Urkunden beschwor. Auch wie
Ludwig d. Dt. zehrte von seinem Erbe. Und wie Karl d. K.
in Hinkmar v. Reims, so hatte er in →Hrabanus Maurus,
den er 847 zum Ebf. v. Mainz erhoben hatte, den einflußreichsten Kirchenfürsten seines Reichs auf seiner Seite, der
als ehem. Schüler Alkuins ebenfalls noch in gesamtfrk.
Zusammenhängen dachte. Die alten Verbindungen wirk-

ten auf beiden Seiten nach. So veranlaßten i. J. 858 Schwierigkeiten Karls auf Einladung mehrerer westfrk. Großer
Ludwig d. Dt. zu einem Einfall in das Westreich, der aber
nicht zuletzt durch die Einschaltung Hinkmars scheiterte.
Als Lothar II. 869 ohne rechtmäßige Erben starb, kam Karl
d. K. dem erkrankten Ludwig d. Dt. zuvor und nahm
seinerseits Lotharingien in Besitz, wurde aber von Ludwig
nach dessen Genesung im Vertrag v. →Meerssen (870) zur
Teilung des regnum Lotharii (entlang der Maas-Mosel-
Linie) und zur Herausgabe der östl. Hälfte gezwungen.
Dafür gewann Karl nach dem Tode Ks. Ludwigs II. (†875)
den Wettlauf um die Kaiserkrone, die er im Dez. 875 auf
Einladung Papst Johannes' VIII. aus dessen Händen empfing. Ludwig d. Dt. sann auf Abhilfe, starb aber bereits im
folgenden Jahr, nachdem er sein Reich wieder in der
üblichen Weise unter seine drei Söhne geteilt hatte. Sie
setzten den Widerstand ihres Vaters gegen den Ks. fort.
Als dieser den Tod Ludwigs d. Dt. zum Anlaß nahm, sich
des Ostreichs zu bemächtigen, warf Ludwig III. (d. J.) ihn
in den W zurück (Schlacht bei →Andernach, 876). Auch in
Italien, wo Karlmann, der älteste Sohn Ludwigs d. Dt.,
ihm die Herrschaft streitig zu machen suchte, hatte Karl
wenig Glück. Selbst in seinem eigenen Reich war seine
Stellung gegenüber der Aristokratie durch die Kaiserkrone kaum gestärkt. Als er 877 zu einem zweiten Italienzug
rüstete, konnte er die Großen dafür nur gewinnen, indem
er ihnen die Erblichkeit der Lehen zugestand. Das berühmte Kapitular v. →Quierzy v. 877, das dies dokumentiert, zeigt damit die fortschreitende Feudalisierung des
Westreichs an, ein Prozeß, in dem es den übrigen Reichen
freilich nur voranging (→Lehnswesen). Auf dem gleichen
Italienzug ist Karl d. K. noch i. J. 877 gestorben. Der frühe
Tod seines Nachfolgers Ludwig d. Stammlers bot dem
ostfrk. Ludwig III. Gelegenheit, in den Verträgen v.
→Verdun (879) und →Ribémont (880) den in Meerssen an
das Westreich gekommenen Teil Lothringens zum Ostreich zu schlagen, so daß fortan ganz Lothringen zum
Ostreich gehörte.

Zw. beiden Reichen pendelten die Gewichte der Macht
hin und her. Beide kristallisierten sich seit 843 mehr und
mehr als Haupterben des großfrk. Reiches heraus. Während sie bereits feste Gestalt gewannen, trat noch einmal
eine unerwartete Wendung ein, verursacht durch dynast.
Zufall. Da von den Söhnen Ludwigs d. Dt. Karlmann und
Ludwig III. früh starben, vereinigte der jüngste Karl III.,
der Dicke, erst das ostfränk. Reich wieder in seiner Hand,
und da um die gleiche Zeit auch die westfrk. Linie der
Karolinger (bis auf den unmündigen Karl d. Einfältigen)
erlosch, bot der westfrk. Adel Karl III. auch die Krone des
Westreiches an, nachdem Papst Johannes VIII. ihn 881
obendrein zum Ks. erhoben hatte. Auf diese Weise war
gleichsam durch ihn das großfränk. Reich wiederhergestellt und wie einst unter Karl d. Gr. Reich und Kaisertum
wieder zur Deckung gebracht. Aber Karl III. war alles
andere als ein zweiter Karl d. Gr. Seine Herrschaft ist
gerade dadurch gekennzeichnet, daß in ihr die Verbindungen zu den karol. Einrichtungen abrissen. So ist symptomatisch, daß das letzte westfrk. Kapitular aus d. J. 884
stammt. Die schriftl. Verwaltung schrumpfte allgemein
auf ein Minimum zusammen. Die Untätigkeit des Ks.s
verband sich mit der Erblichkeit der großen Ämter und
bewirkte, daß der Adel immer stärker als das bestimmende Element des Reiches in Erscheinung trat. Der Ks. war
nicht mehr in der Lage, ihn an sich zu binden. Und da er
bes. im W und S auch kein rechtes Verhältnis zur Kirche
gewann, hatte damit der Gedanke an die Reichseinheit
seine alten Stützen verloren.

In dieser Lage gab den Ausschlag, daß der Ks. sich als unfähig erwies, das Reich gegen die wachsende Bedrohung durch die Normannen zu schützen. Seit sie 881 in Elsloo a. d. Maas einen festen Stützpunkt gewonnen hatten, suchten sie v.a. Lothringen in immer neuen Beutezügen heim. Der hilflose Versuch des Ks.s, ihren Abzug durch Geldzahlungen zu erkaufen, löste 882 eine erste Empörung aus. Als Karl III. dann 886 vor Paris, das Gf. →Odo aus dem Haus der →Robertiner tapfer verteidigt hatte, erneut der Entscheidung durch die Waffen auswich und den Abzug der Normannen wiederum durch hohe Geldzahlungen erkaufte und ihnen sogar Winterquartiere in Burgund anbot, kündigte der empörte Adel den Gehorsam auf: Karl III. wurde im Nov. 887 abgesetzt, und sofort wurde deutlich, wie weit die innere Auflösung des Großreichs bereits fortgeschritten war. Mit der Absetzung des Ks.s, die Arnulf »v. Kärnten« an der Spitze des ostfrk. Adels bewirkt hatte, zerbrach das Großreich der Karolinger endgültig; es löste sich in seine Teile auf. Es waren fünf Königreiche, die an seine Stelle traten, wobei wesentl. ist, daß jetzt – mit Ausnahme Arnulfs v. Kärnten – nicht mehr Mitglieder des karol. Herrscherhauses, sondern hohe Adlige, Angehörige der sog. Reichsaristokratie, an die Spitze der einzelnen Kgtm.er traten: allen voran 887 der Karolinger Arnulf in Ostfranken, dann 888 Gf. Odo v. Paris in Westfranken, der Welfe Rudolf in Hochburgund, neben ihm (bereits seit 879) Gf. Boso v. Vienne in Niederburgund; in Italien setzte sich unter den beiden frk. Rivalen Berengar v. Friaul gegen Wido v. Spoleto durch.

So bilden die Jahre 887 und 888 einen Schluß- und Wendepunkt: das karol. Großreich gehört endgültig der Vergangenheit an. Die neuen Reiche, die aus ihm hervorgehen, werden z. T. von kurzer Dauer sein. Es ist gewiß kein Zufall, daß den beiden Reichen unter ihnen, die am stärksten aus einem Erbe zehren, die Zukunft gehören sollte, nämlich Westfranken als Vorstufe →Frankreichs und Ostfranken als Vorstufe zum Reich der Deutschen (→Deutschland).   J. Fleckenstein

Lit.: [allg. und übergreifend]: Hoops² – Gebhardt I, 1970⁹, 92–215 [H. Löwe]; 694–742 [K. Bosl]–Dt. Gesch. im Überblick, hg. P. Rassow–Th. Schieffer, 1973³, 1–101 [G. Walser; E. Ewig]–H. Zimmermann, Das MA I, 1975–HEG I, 1976, 107–157 [Th. Schieffer]; 250–266, 396–433 [E. Ewig]; 518–632 [Th. Schieffer]–R. Schneider, Das F., 1982 (Oldenbourg-Grdr. der Gesch. 5) [Lit.]–Neue Dt. Gesch. I, 1985 [F. Prinz].

zu [I]: [allg. und übergreifende Werke zur frk. Frühzeit und Merowingerzeit]: W. Levison, Aus rhein. und frk. Frühzeit. Ausgew. Aufsätze, 1948 – K. F. Stroheker, Der senator. Adel im spätantiken Gallien, 1948 [Nachdr. 1970] – E. Zöllner, Gesch. der Franken bis zur Mitte des 6. Jh., 1970 – E. Ewig, Spätantikes und frk. Gallien. Ges. Schr. (1952–1973), 2 Bde, 1976/79 (Beih. der Francia 3) – F. Beisel, Stud. zu den frk.-röm. Beziehungen. Von ihren Anfängen bis zum Ausgang des 6. Jh., 1987 (Wiss. Schr. im Wiss. Verlag Dr. Schulz-Kirchner, R. 9, Gesch.wiss. Beitr. 105) – *zu [1]:* E. Gamillscheg, Romania Germanica. Sprach- und Siedlungsgesch. der Germanen auf dem Boden des alten Römerreiches, 3 Bde, 1934–36 (GgermPhil 11) [Nachdr. 1970]– W. J. de Boone, De Franken. Van hun eerste optreden tot de dood van Childerik, 1954–R. Wenskus, Stammesbildung und Verfassung. Das Werden der frühma. gentes, 1961 [Nachdr. 1977]–Hauptprobleme der Siedlung, Sprache und Kultur des F.s, hg. F. Irsigler, RhVjbll 35, 1971, 1–106 – Siedlung, Sprache und Bevölkerungsstruktur im F., hg. F. Petri, 1973 (WdF 49) – F. Wagner, Die polit. Bedeutung des Childerich-Grabfundes von 1653, 1973 – H. W. Böhme, Germ. Grabfunde des 4. bis 5. Jh. zw. unterer Elbe und Loire. Stud. zur Chronologie und Bevölkerungsgesch., 2 Bde, 1974 (Münchner Beitr. zur Vor- und Frühgesch. 19) – E. Ewig, Probleme der frk. Frühgesch. in den Rheinlanden (Hist. Forsch. für W. Schlesinger, hg. H. Beumann, 1974), 47–74 – F. Petri, Die frk. Landnahme und die Entstehung der germ.-roman. Sprachgrenze in der interdisziplinären Diskussion, 1977 (Erträge der Forsch. 70) [Lit.] – H. von Petrikovits, Altertum (Rhein.

Gesch., hg. F. Petri – G. Droege, I, 1, 1978) – E. Demougeot, La formation de l'Europe et les invasions barbares II, 2 Bde, 1979 (Collection hist.) – Von der Spätantike zum frühen MA. Aktuelle Probleme in hist. und archäolog. Sicht, hg. J. Werner – E. Ewig, 1979 (VuF 25) – Gallien in der Spätantike. Von Ks. Constantin zum Frankenkg. Childerich, hg. vom Röm.-Germ. Zentralmuseum, 1980 – H. H. Anton, Trier im Übergang von der röm. zur frk. Herrschaft, Francia 12, 1984/85, 1–52 – *zu [2]:* RE Suppl. XIII, 139–174 [A. Lippold] – HRG III, 496–509 [H. H. Anton] – E. Ewig, Die frk. Teilungen und Teilreiche (511–613), AAMz 9, 1952, 651–715 [Nachdr.: Ders., Spätantikes und frk. Gallien I, 114–171] – Ders., Die frk. Teilreiche im 7. Jh. (613–714), TZ 22, 1953, 85–144 [Nachdr. ebd., 172–230] – W. H. Fritze, Die frk. Schwurfreundschaft der Merowingerzeit. Ihr Wesen und ihre polit. Funktion, ZRGGermAbt 71, 1954, 74–125 – R. Sprandel, Dux und comes in der Merowingerzeit, ebd. 74, 1957, 41–84 – Ders., Der merov. Adel und die Gebiete ö. des Rheins, 1957 (Forsch. zur oberrhein. Landesgesch. 5) – E. Ewig, Volkstum und Volksbewußtsein im F. des 7. Jh., Sett. cent. it. 5/2, 1958, 587–648 [Nachdr.: Ders., Spätantikes und frk. Gallien I, 231–273] – H. Büttner, Die Alpenpolitik der F. im 6. und 7. Jh., HJb 79, 1960, 62–88 – D. Claude, Unters. zum frühfrk. Comitat, ZRGGermAbt 81, 1964, 1–79 – R. Wenskus, Bem. zum thunginus der Lex Salica (Fschr. P. E. Schramm, hg. P. Classen – P. Scheibert, I, 1964, 217–236 [Nachdr.: Ders., Ausgew. Aufsätze (Festgabe, hg. H. Patze, 1986), 65–84] – E. Ewig, Descriptio Franciae (Braunfels, KdG I), 143–177 [Nachdr.: Ders., Spätantikes und frk. Gallien I, 274–322] – F. Graus, Volk, Herrscher und Hl. im Reich der Merowinger. Stud. zur Hagiographie der Merowingerzeit, 1965 – I. Heidrich, Titulatur und Urkk. der arnulfing. Hausmeier, ADipl 11/12, 1965/66, 71–279 – Intitulatio I. Lat. Kg.s- und Fs.titel bis zum Ende des 8. Jh., hg. H. Wolfram, 1967 (MIÖG-Ergbd. 21) – F. Irsigler, Unters. zur Gesch. des frühfrk. Adels, 1969 (Rhein. Archiv 70) – K.-H. Haar, Stud. zur Entstehungs- und Entwicklungsgesch. des frk. maior domus-Amts, 1970 – R. Schneider, Kg.swahl und Kg.serhebung im FrühMA. Unters. zur Herrschaftsnachfolge bei den Langobarden und Merowingern, 1972 (Monogr. zur Gesch. des MA 3) – F. Prinz, Die bfl. Stadtherrschaft im F. vom 5. bis zum 7. Jh., HZ 217, 1973, 1–35 [erg. Nachdr.: Bf.s- und Kathedralstädte des MA und der frühen NZ, hg. F. Petri, 1976 (Städteforsch. R. A, 1), 1–26] – H. K. Schulze, Die Gft.sverfassung der Karolingerzeit in den Gebieten ö. des Rheins, 1973 (Schr. zur Verfassungsgesch. 19) – H. Ebling, Prosopographie der Amtsträger des Merowingerreiches von Chlothar II. (613) bis Karl Martell (741), 1974 (Beih. der Francia 2) – E. Ewig, Stud. zur merow. Dynastie, FMASt 8, 1974, 15–59 – H. K. Schulze, Rodungsfreiheit und Kg.sfreiheit. Zur Genesis und Kritik neuerer verfassungsgesch. Theorien, HZ 219, 1974, 529–550 – K. Selle-Hosbach, Prosopographie merow. Amtsträger in der Zeit von 511–613, 1974 – H. Grahn-Hoek, Die frk. Oberschicht im 6. Jh. Stud. zu ihrer rechtl. und polit. Stellung, 1976 (VuF-Sonderband 21) – M. Heinzelmann, Bf.sherrschaft in Gallien. Zur Kontinuität röm. Führungsschichten vom 4. bis zum 7. Jh. Soziale, prosopograph. und bildungsgesch. Aspekte, 1976 (Beih. der Francia 5) – P. Classen, Ks.reskript und Kg.surk. Diplomat. Stud. zum Problem der Kontinuität zw. Altertum und MA, 1977² – H. K. Schulze, Reichsaristokratie, Stammesadel und frk. Freiheit. Neuere Forsch. zur frühma. Sozialgesch., HZ 227, 1978, 353–373 – C. Schott, Der Stand der Leges-Forsch., FMASt 13, 1979, 29–55 – E. Ewig, Frühes MA (Rhein. Gesch., hg. F. Petri – G. Droege, I, 2, 1980) – Ders., Überlegungen zu den merow. und karol. Teilungen, Sett. cent. it. 27, 1981, 225–253 – K. Schreiner, Adel oder Oberschicht? Bem. zur sozialen Schichtung der frk. Ges. im 6. Jh., VSWG 68, 1981, 225–231 – H. H. Anton, Verfassungsgesch. Kontinuität und Wandlungen von der Spätantike zum hohen MA: Das Beispiel Trier, Francia 14, 1986/87, 1–25 – Ders., Trier im frühen MA, 1987 (Q. und Forsch. aus dem Gebiet der Gesch. NF 9).

zu [II]: [allg. und übergreifende Werke zur Karolingerzeit]: E. Mühlbacher, Dt. Gesch. unter den Karolingern, 1896 – Hist. générale, hg. G. Glotz, I, 1928–35, 1940–41 [F. Lot, Ch. Pfister, F. L. Ganshof] – Ch. Dawson, The Making of Europe, 1932 [dt.: Die Gestaltung des Abendlandes, 1950²] – H. Pirenne, Mahomet et Charlemagne, 1937 [dt.: Geburt des Abendlandes, 1941²; Mahomet und Karl d. Gr., 1963] – H. Fichtenau, Das Karol. Imperium, 1949 – J. M. Wallace-Hadrill, The Barbarian West 400–1000, 1952 – L. Genicot, Les Lignes de faîte du m. â., 1961³ [dt.: Das MA, Gesch. und Vermächtnis, 1957] – Hist. Mundi 5, 1956, 393–450 [G. Tellenbach] – Hb. der dt. Gesch., hg. A. O. Meyer – L. Just, I, 1957, 39–90 [E. Steinbach] – H. Dannenbauer, Die Entstehung Europas 2, 1962, 179–316 – Braun-

FELS, KdG – K. HAUCK, Von einer spätantiken Randkultur zum karol. Europa, FMASt 1, 1967, 3–93 – J. FLECKENSTEIN, Grundlagen und Beginn der dt. Gesch., 1974 – P. RICHÉ, Les Carolingiens, 1983 [dt.: 1957] – *zu [1]:* H. E. BONNELL, Die Anfänge des karol. Hauses, JDG, 1866 – F. KERN, Gottesgnadentum und Widerstandsrecht im früheren MA, 1914, 1954² – H. MITTEIS, Lehnrecht und Staatsgewalt, 1933 – W. LEVISON, England and the Continent in the Eigth Century, 1946 – TH. SCHIEFFER, Ags. und Franken (AAMz, 1950) – O. BRUNNER, »Feudalismus« (ebd., 1958) – R. BOUTRUCHE, Seigneurie et féodalité 1, 1959 – O. G. OEXLE, Die Karolinger und die Stadt des hl. Arnulf, FMASt 1, 1967, 250–364 – M. BLOCH, La société féodale, 2 Bde, 1968⁵ [dt.: 1982] – F. L. GANSHOF, Qu'est-ce que la féodalité?, 1968⁴ [dt.: 1975] – E. HLAWITSCHKA, Stud. zur Genealogie und Gesch. der Merowinger und der frühen Karolinger, RhVjbll 43, 1979, 1–99 – M. WERNER, Der Lütticher Raum in frühkarol. Zeit (Veröff. des MPIGesch. 62, 1980) – *zu [2]:* E. CASPAR, Das Papsttum unter frk. Herrschaft, ZKG 54, 1935 [Nachdr. 1956] – E. MÜLLER, Die Anfänge der Kg.ssalbung im MA, HJb 58, 1938 – H. BÜTTNER, Aus den Anfängen des Abendländ. Staatsgedankens. Die Königserhebung Pippins, HJb 71, 1952 – J. FLECKENSTEIN, Fulrad v. St-Denis und der frk. Ausgriff in den süddt. Raum, 1957 (Forsch. zur oberrhein. Landesgesch. 4) – H. FUHRMANN, Konstantin. Schenkung und abendländ. Ksm., DA 22, 1966 – W. H. FRITZE, Papst und Frankenkg. (VuF, Sonderbd. 10, 1973) – P. RICHÉ, Le Renouveau culturel à la cour de Pépin III., Francia 2, 1974 – J. SEMMLER, Zur pippin.-karol. Sukzessionskrise 714–723, DA 33, 1977, 1–36 – W. AFFELDT, Unters. zur Königserhebung Pippins, FMASt 14, 1980, 95–187 – *zu [3]:* K. HELDMANN, Das Ksm. Karls d. Gr., 1928 – A. KLEINCLAUSZ, Charlemagne, 1934 [Nachdr. 1977] – F. STEINBACH – F. PETRI, Zur Grundlegung der europ. Einheit durch die Franken, 1939 – W. OHNSORGE, Das Zweikaiserproblem im frühen MA, 1947 – F. L. GANSHOF, La fin du règne de Charlemagne. Une Décomposition, ZSchG 28, 1948, 433–452 – DERS., The imperial Coronation of Charlemagne, 1949 – P. E. SCHRAMM, Die Anerkennung Karls d. Gr. als Ks., HZ 172, 1952 – DERS., Herrschaftszeichen und Staatssymbolik, 3 Bde, 1954–56 – J. DÉER, Die Vorrechte des Ks.s in Rom (772–800), Schweiz. Beitr. zur Allg. Gesch. 15, 1957 – H. BEUMANN, Nomen imperatoris, HZ 185, 1958, 515–549 – E. KANTOROWICZ, Laudes regiae, 1958² – E. HLAWITSCHKA, Franken, Alemannen, Bayern und Burgunder in Oberitalien (774–962), 1960 – R. FOLZ, Le couronnement impérial de Charlemagne, 1964 – BRAUNFELS, KdG – D. A. BULLOUGH, The Age of Charlemagne, 1965 [dt. 1966] – G. TESSIER, Charlemagne, 1967 – J. BOUSSARD, Charlemagne et son temps, 1968 – L. HALPHEN, Charlemagne et l'empire carolingien, 1968² – K. HAUCK, Paderborn, das Zentrum von Karls Sachsenmission (Fschr. G. TELLENBACH, 1968), 92–146 – Die Eingliederung der Sachsen in das F., hg. W. LAMMERS, 1970 (WdF 185) – K. SCHMID, Zur Ablösung der Langobardenherrschaft durch die Franken, QFIAB 51, 1972, 1–36 – H. LÖWE, Eine Kölner Notiz zum Ksm. Karls d. Gr., RhVjbll 14, 1979 – *zu [4]:* V. KRAUSE, Gesch. des Institutes der missi dominici, 1890 – P. SCHUBERT, Die Reichshofämter und ihre Inhaber bis um die Wende des 12. Jh., MIÖG 34, 1913 – E. PATZELT, Die karol. Renaissance, 1924 – J. FLECKENSTEIN, Die Bildungsreform Karls d. Gr. als Verwirklichung der norma rectitudinis, 1953 – DERS., Die Hofkapelle der dt. Kg.e, 1: Die karol. Hofkapelle, 1959 (MGH Schr. 16) – L. WALLACH, Alcuin und Charlemagne, 1959 – M. MITTERAUER, Karol. Mgf.en im SO, 1963 – BRAUNFELS, KdG I, II [J. FLECKENSTEIN, F. L. GANSHOF; W. v. D. STEINEN, B. BISCHOFF] – K. BOSL, Franken um 800, 1969² – S. MÄHL, Quadriga virtutum, 1969 – D. ILLMER, Formen der Erziehung und Wissensvermittlung im frühen MA, 1971 – F. PRINZ, Klerus und Krieg im frühen MA, 1971 [Monographien zur Gesch. des MA] – P. RICHÉ, La vie quotidienne dans l'empire Carolingien, 1973 [dt.: Die Welt der Karolinger, 1981] – H. K. SCHULZE, Die Grafschaftsverfassung der Karolinger in den Gebieten östl. des Rheins, 1973 – K. F. WERNER, Missus, marchio, comes (Beih. der Francia 9, 1980), 191–239 – *zu [5]:* Der Vertrag v. Verdun, hg. TH. MAYER, 1943 – F. L. GANSHOF, Der Vertrag v. Verdun 843, DA 12, 1956, 313–330 – TH. SCHIEFFER, Die Krise des karol. Imperiums (Fschr. G. KALLEN, 1957), 1–15 – W. SCHLESINGER, Ksm. und Reichsteilung. Zur divisio regnorum von 806 (Fschr. F. HARTUNG, 1958), 9–51 – J. SEMMLER, Reichsidee und kirchl. Gesetzgebung Ludwigs d. Fr., ZKG 71, 1960 – P. CLASSEN, Die Verträge v. Verdun u. v. Coulaines 843 als polit. Grundlagen des westfrk. Reiches, HZ 196, 1963, 1–35 – J. T. ROSENTHAL, The public assembly in the time of Louis the Pious, Traditio 20, 1964, 25–40 – BRÜHL, Fodrum – P. CLASSEN, Karl d. Gr. und die Thronfolge im F. (Fschr. H. HEIMPEL 3, 1973), 109–134 – G. TELLENBACH, Die geistigen

und polit. Grundlagen der karol. Thronfolge, FMASt 13, 1979, 184–302 – *zu [6]:* E. DÜMMLER, Gesch. des Ostfrk. Reiches, 3 Bde 1887–88² – R. PARISOT, Le royaume de Lorraine sous les Carolingiens (843–923), 1899 – W. VOGEL, Die Normannen und das frk. Reich, 1906 – G. TELLENBACH, Kgtm. und Stämme in der Werdezeit des Dt. Reiches, 1939 – G. FASOLI, I Re d'Italia, 1949 – Hist. générale, hg. G. GLOTZ, MA I, 1949 [F. LOT, F. L. GANSHOF] – P. ZUMTHOR, Charles le Chauve, 1957 [Neudr. 1982] – BRAUNFELS, KdG [W. SCHLESINGER] – G. TABACCO, I liberi del re nell'Italia carolingia e postcarolingia, 1966 – H. KELLER, Zur Struktur der Königsherrschaft im karol. und nachkarol. Italien, QFIAB 47, 1967, 123–223 – W. STÖRMER, Früher Adel, 2 Bde, 1973 – J. DEVISSE, Hincmar archevêque de Reims (845–882), 3 Bde, 1975–76 – Hrabanus Maurus, Lehrer, Abt und Bischof, hg. R. KOTTJE – H. ZIMMERMANN (AAMz, 1982) – s. a. die Lit. zu einzelnen Herrschern und Persönlichkeiten (z. B. →Karl d. Gr., →Hinkmar), Regionen, Bistümern und Institutionen (z. B. →Sachsen, →Mainz, →Heerwesen u. a.).

C. Kirchengeschichte und -verfassung
I. Merowingerzeit – II. Karolingerzeit.

I. MEROWINGERZEIT: [1] *Christianisierung:* Die Franken kamen im 4./5. Jh. als Heiden ins nördl. Gallien und bewirkten dort zunächst schwere Beeinträchtigungen des kirchl. Lebens, die sich vielerorts im Abbruch der bfl. Kontinuität, in der Verlegung von Bischofssitzen oder im archäolog. nachgewiesenen Verfall von spätröm. Kirchenbauten zeigen. Die Taufe →Chlodwigs (498/499) bezeichnet den Beginn der Hinwendung zum Christentum, das im Unterschied zu den anderen germ. Großstämmen sogleich in der kath. Form angenommen wurde; seine Ausbreitung vollzog sich seither mit Rückhalt am Kgtm. auf dem Weg über die frk. Oberschicht und ging in der westl. →Francia, wo sie eine religiöse Anpassung an die galloröm. Bevölkerungsmehrheit bedeutete, zügiger vonstatten als weiter östl., wo der neue Glaube von antiken Kastellorten aus nur allmähl. ins Umland vordrang. Auf Schwierigkeiten weisen merow. Synoden durch Beschlüsse gegen Naturkulte, Zauberei und Magie hin, doch war für →Gregor v. Tours am Ende des 6. Jh. die allgemeine Kirchenzugehörigkeit bereits selbstverständlich. Bis 614 konnten auch alle Bischofssitze am Rhein wiederbesetzt werden, und die →Lex Ribuaria des frühen 7. Jh. bezeugt mit ihren erhöhten Wergeldsätzen für Priester und Bf.e die erreichte soziale Geltung der Kirche.

[2] *Merowingische Landeskirche:* Die gall. Kirche, die Chlodwig vorfand und in sein Herrschaftsgefüge zu integrieren begann, war als Teil der antiken röm. Reichskirche von deren Verfassungsnormen geprägt. Die Amtsgewalt konzentrierte sich bei den →Bischöfen, die in nahezu jeder →Civitas residierten (→Bischofsstadt) und v. a. in den roman. Gebieten Mittel- und Südgalliens zu maßgebl. Einfluß in polit. und wirtschaftl. Hinsicht gelangt waren. Ihre Zuordnung zu →Kirchenprovinzen wie auch ihr Kontakt mit dem Papsttum lockerten sich im Laufe des 6. Jh., nicht zuletzt wegen der Teilungen und inneren Erschütterungen unter den Merowingern. Stattdessen formierte sich der Episkopat seit 511 (→Orléans), wohl nach westgot. Vorbild, in Reichs- und später Teilreichssynoden, die auf Initiative der Kg.e zustande kamen und in ihrem Aktionsradius von deren Macht abhingen. Die legislative Leistung dieser Partikularsynoden ist über hist. und (schon seit ca. 600) systemat. Sammlungen in das allgemeine ma. Kirchenrecht eingegangen.

Die bestimmende Rolle des Kgtm.s zeigt sich auch in der Gesetzgebung, die in geistl. Belange eingriff, und bes. der Einsetzung von Bf.en, bei der sich die Herrscher in unterschiedl. Formen vielfach das entscheidende Wort sicherten, ohne das kanon. Wahlgebot grundsätzl. anzutasten. Mit beträchtl. Schenkungen aus Fiskalgut (→fiscus) ausgestattet, kamen die Bf.e als Berater und Helfer, gelegentl. auch als Kritiker der Kg.e zu hohem öffentl. Ansehen und bildeten oft ein loyales Gegengewicht zu den Herrschaftsansprüchen des Adels. Dessen Domäne wurde jedoch zunehmend das kirchl. Leben auf dem Lande, das gemäß den Bedingungen der →Grundherrschaft von laikalen→Eigenkirchen geprägt wurde; dies führte zur Auflösung der antiken Vermögenseinheit des Bm.s (→Kirchengut), sicherte aber fürs erste die geistl. Versorgung der Landbevölkerung.

An den theol. Auseinandersetzungen der Zeit (→Dreikapitelstreit, →Monotheletismus) nahm die merow. Kirche keinen aktiven Anteil. Ihr geistiges Profil bestimmten eher naive Frömmigkeitsformen wie Heiligenverehrung, Reliquienkult und Dämonenfurcht, worin viel heidn. Erbe weiterwirkte. Von größter Bedeutung war der Fortbestand des altgall. →Mönchtums, das sich bald schon der nachdrückl. Förderung durch frk. Kg.e und Große erfreute und mit seinem viel bewunderten asket. Ernst vom häufig brutalen und zügellosen Lebensstil der sozialen Führungsschicht abstach. Die geistl. Aufsicht der Bf.e, die nicht selten selbst aus Kl. hervorgingen, blieb bei den Mönchen lange unbestritten und wurde erst zum Problem, als seit Ende des 6. Jh. ir. Klostergründer auftraten (→Columban), die ihre heimatl. Leitbilder mitbrachten und bes. in den germ. geprägten Zonen des F.es eine eigenständige monast. Kultur schufen. Von ihnen ging ein erneuernder Impuls aus (→Luxeuil), der sich auch missionar. auswirkte, obgleich die Iren selbst kaum in der Heidenbekehrung tätig waren.

[3] *Anfänge des rechtsrheinischen Christentums:* Nach der Konsolidierung der Kirche im merow. Gallien verstärkte sich im 7. Jh. die christl. Expansion nach N und O. Während im Bereich von Maas und Schelde Missionare wie→Amandus und→Audomarus wirkten, fiel die Glaubensverbreitung östl. des Rheins primär namenlosen Kräften aus den linksrhein. Bischofssitzen von Köln bis Straßburg (einschl. Triers) zu, die damit zugleich die Voraussetzungen der ma. Bistumsgrenzen schufen. Christlich waren auch die von den Franken unterworfenen bzw. eingesetzten Hzg.e der →Thüringer, →Alamannen und →Bayern sowie in Mainfranken, in deren Machtbereich sich die Spur mancher, meist aus Innergallien gekommener Glaubensboten und Wanderbischöfe erhalten hat (→Landolin, →Fridolin, →Emmeram, →Kilian). Zu Bistumsgründungen kam es in merow. Zeit allein in →Konstanz und →Augsburg (um 630?), während das kirchl. Leben in den übrigen Landstrichen allenfalls rudimentär organisiert gewesen sein dürfte.

[4] *Niedergang unter den späten Merowingern:* Parallel zum Autoritätsverfall des Kgtm.s geriet auch die frk. Kirche seit der Mitte des 7. Jh. in eine schwere Krise. Die Verbindung zum Papsttum erlosch völlig, und im Innern verstrickte sich der Episkopat immer tiefer in die Rivalitäten der Teilreiche und Adelsgruppen. Die widerstreitenden Einflüsse auf Bischofserhebungen brachten es mit sich, daß Bm.er doppelt besetzt wurden, lange vakant blieben oder mehrfach in einer Hand vereint wurden. Darüber verfiel vollends das Gefüge der Kirchenprovinzen, und auch die synodale Tätigkeit kam prakt. zum Erliegen. Das Kirchengut erlitt empfindl. Einbußen, und der Zusammenhalt der Diözesen drohte zu zerbrechen.

II. KAROLINGERZEIT: [1] *Fortgang und Abschluß der Germanenmission:* Einen beträchtl. Zuwachs erfuhr die frk. Kirche im 8. Jh. durch die →Ags. Mission, die neben dem Rückhalt an der karol. Reichsgewalt stets auch die Beauftragung durch das Papsttum suchte. Während →Willi-

brord im Zuge der Kämpfe →Pippins d. Mittleren und →Karl Martells zum Apostel der→Friesen wurde und den Bischofssitz →Utrecht begründete, wirkte sein Landsmann →Bonifatius in Hessen und Thüringen, wo bereits die frk. Hoheit bestand und weniger die elementare Mission als die Regulierung und Vertiefung des kirchl. Lebens vonnöten war. Nachdem er 739 die Diözesanordnung →Bayerns geschaffen hatte, erreichte er unter den Hausmeiern →Karlmann und →Pippin d. Jüngeren auch die Einrichtung von Bischofssitzen in →Büraburg und →Erfurt (die freilich noch zu seinen Lebzeiten im Mainzer Sprengel aufgingen) sowie in →Würzburg und mittelbar in →Eichstätt. Durch die Gründung von Kl., bes. →Echternach und →Fulda, wurde überdies der ags. Kultureinfluß langfristig gesichert.

Die Christianisierung der →Sachsen, die bereits den Angelsachsen als Fernziel vorgeschwebt hatte, kam wirksam erst mit dem Eroberungskrieg→Karls d. Gr. seit etwa 775 in Gang und wurde ein Gemeinschaftswerk verschiedener Kräfte der frk. Kirche. Nach raschen Anfangserfolgen gab es schwere Rückschläge, die nur mit militär. Gewalt und staatl. Zwangsmitteln (→Capitulatio de partibus Saxoniae) zu überwinden waren, bis bald nach 800 der Widerstand erlosch und eine dauerhafte Kirchenorganisation möglich wurde, die noch unter Karl zur Entstehung der Bischofssitze Bremen (s. u. →Hamburg-Bremen), →Verden, →Osnabrück, →Münster, →Minden und →Paderborn, unter →Ludwig d. Fr. zu der von →Hildesheim, →Halberstadt und Hamburg (s. u. →Hamburg-Bremen) führte.

[2] *Karolingische Kirchenreform und Reichskirche:* Der Anstoß zur Erneuerung im Sinne der kanon. Ordnung, der von den romverbundenen ags. Missionaren ausging, wirkte auch auf die frk. Kirche insgesamt zurück und führte nach 741, beginnend mit dem →Concilium Germanicum, zu einer Reihe von austr. und neustr. Reformsynoden unter der Ägide des Bonifatius, deren Beschlüsse von den Hausmeiern als→Kapitularien verkündet wurden. Sie bilden den Auftakt einer generationenlangen Neugestaltung des frk. Kirchenwesens, die in der Königszeit Pippins hauptsächl. von→Chrodegang v. Metz geleitet und unter Karl d. Gr. durch weitere Synoden sowie davon unabhängigen kgl. Anordnungen (→Admonitio generalis, u. a.) fortgeführt wurde. Ihren Höhepunkt erreichte sie in den ersten Jahren Ludwigs d. Fr.

Die Ziele der karol. Kirchenreform, die ganz wesentl. das Erscheinungsbild der ma. Kirche überhaupt prägen sollte, betrafen die Rückkehr zu geschlossenen bfl. Amtssprengeln (gegen →Kloster- und Wanderbischöfe) und zur Metropolitanverfassung (bis 814 verwirklicht), die regelmäßige Abhaltung von Synoden, die Restitution des entfremdeten Kirchengutes (z. T. durch Einführung des →Zehnten abgegolten), eine Neuordnung der →Liturgie sowie allgemein die Lebensführung von Geistlichen (Jagd- und Waffenverbot, →Zölibat) und Laien (→Ehe, →Aberglaube). Wachsender Nachdruck wurde auf die Unterscheidung von Mönchen, für die allein die→Regula S. Benedicti gelten sollte (→Benedikt v. Aniane), und →Kanonikern (→Institutiones Aquisgranenses) gelegt.

Einen wesentl. Impuls empfing diese Reform aus dem theokrat. Herrschaftsverständnis der seit 751 gesalbten, von geistl. Beratern (→Hofkapelle) umgebenen und mit dem→Papsttum polit. verbündeten Karolinger, die in der Sorge um die gedeihl. Entwicklung der frk. Kirche einen verpflichtenden göttl. Auftrag sahen. Ihr Übergewicht, das sich unter Karl als erstem Ks. zu einer Art Staatskirchentum steigerte, kam in der Initiative zu Synoden und

Kapitularien, bei Bischofserhebungen, in der wirtschaftl. und militär. Nutzung von Kirchengut, gelegentl. sogar in dogmat. Fragen zum Ausdruck und ließ dem päpstl. Jurisdiktionsanspruch fakt. keinen Raum. Gleichwohl war als Erbe der Angelsachsen die Verehrung für den hl. Petrus und die röm. Kirche groß, was in vielen Reformfragen die Tendenz förderte, tatsächl. oder vermeintl. röm. Normen für das gesamte F. verbindl. zu machen (liturg. und kirchenrechtl. Bücher, Benediktregel) und Entgegenstehendes zu verwerfen (z. B. →Bußbücher). Der egalisierende Effekt, der sich nach Ausweis der Textüberlieferung in Grenzen hielt, bestand materiell eher in einem großräumigen Ausgleich zw. den verschiedenen Teilen des Abendlandes als in einer allgemeinen Ausrichtung auf Rom, um umgekehrt zentrale Anliegen der karol. Kirchenreform seit →Eugen II. Eingang fanden.

Der inneren Festigung der frk. Kirche und ihrer Verflechtung mit der Reichspolitik entsprach es, daß sie seit dem späten 8. Jh. bei günstiger Konstellation auch missionar. über die frk. Grenzen hinauszuwirken suchte. Im SO wurden im Gegenstoß zu den →Avaren die →Karantanen in die christl. Welt einbezogen und die Bekehrung der →Kroaten sowie →Böhmens und →Mährens angebahnt; im N begann durch →Ebo und →Ansgar die Glaubenspredigt in →Dänemark und →Schweden.

[3] *Theologie und geistiges Leben:* In dem Maße, wie das karol. Reich mit dem ganzen Abendland deckungsgleich wurde, war seine Kirche auch zur Klärung dogmat. Streitfragen herausgefordert, die zunächst von außen aufgeworfen wurden. Im Ikonoklasmus (→Bilderstreit) der Byzantiner überspielten Karl und seine Hoftheologen (→Libri Carolini) den Papst mit der ablehnenden Stellungnahme zum II. Konzil v. →Nicaea (787), die 794 in →Frankfurt im Namen der lat. Kirche abgegeben wurde; und auch den östl. Einspruch gegen das →Filioque im →Credo wies eine Aachener Synode (809) zurück, die damit dauerhaft die westl. Haltung in dieser Frage fixierte. Für die Überwindung des in Spanien entstandenen →Adoptianismus gab ebenfalls die von →Alkuin repräsentierte frk. Reichskirche den Ausschlag.

In ihrer eigenen Produktion schlossen sich die Theologen der karol. Zeit durchweg eng an die lat. Patristik an und suchten durch kompilator. Schriften deren Erschließung und Weitergabe zu erleichtern. Der kompendienhafte Zug vieler Werke entsprach den Bedürfnissen der Schulen, die allenthalben entstanden und die Basis der →Karolingischen Renaissance bildeten (→Bildungsreform Karls d. Gr.). Ihre primäre Aufgabe war die Hebung der geistl. Bildung auf allen Ebenen, d. h. bei den Laien, denen die christl. Grundtexte auch in volkssprachigen Übertragungen vermittelt wurden, bei den einfachen Klerikern, für die ein Minimum an Kenntnissen und Bücherbesitz festgelegt wurde, wie auch beim theol. Nachwuchs, der sich bes. in den Kl. mit rasch wachsenden Bibliotheken fand. Aus der dadurch ermöglichten vertieften Beschäftigung mit der Tradition ergaben sich erst allmähl. theol. Probleme, die auch zu inneren Kontroversen in der frk. Kirche führten. Zu nennen sind der erste Streit um das →Abendmahl, in dessen Zentrum →Paschasius Radbertus und →Ratramnus v. Corbie standen, sowie die Auseinandersetzungen um die Lehre →Gottschalks v. Orbais zum Problem der →Prädestination. Noch weit darüber hinaus weist die spekulative, sogar von griech. Quellen genährte Theologie des →Johannes Scottus Eriugena.

[4] *Königtum, Episkopat und Papsttum in der späten Karolingerzeit:* Seit der Zeit Ludwigs d. Fr. begannen sich die Gewichte zw. der Monarchie und dem frk. Episkopat zu

verschieben, bedingt durch den persönl. Autoritätsverfall des Ks.s und seiner rivalisierenden Nachfolger, aber auch als innere Konsequenz der karol. Kirchenreform selbst, die mit dem kanon. Recht der Spätantike auch das Ideal hierarch. Autonomie verbreitet hatte. Im ersten Rückgriff der Pariser Synode von 829 auf die gelasian. →Zweigewaltenlehre kündigte sich eine Entwicklung an, mit der sich die Bf.e fortan im öffentl. Leben stärker zur Geltung brachten; sie erkannten Bewahrung und Ausbau des Reformwerks als eigene Aufgabe und beanspruchten gegenüber den Herrschern ein Mahn- und Aufsichtsrecht der geistl. Hirten, das auch in den →Fürstenspiegeln des 9. Jh. zum Ausdruck kam. Die relative Verselbständigung des Episkopats, die freilich den theokrat. Königsgedanken und die übergreifende Einheit der Ecclesia nicht berührte, schritt im westfrk. Reich weiter voran als im ostfrk. und gipfelte gedankl. in den späten Jahren →Hinkmars v. Reims (Synode v. Fismes 881).

Auch das Papsttum fand unter den veränderten Bedingungen neue Entfaltungsmöglichkeiten und konnte als einzige Institution von universaler Geltung hervortreten. →Nikolaus I. formulierte in seinen Briefen weitreichende Ansprüche auf Jurisdiktion über die gesamte Kirche und bekam im Ehestreit →Lothars II. Gelegenheit, ein sichtbares Exempel päpstl. Strafgewalt zu statuieren, nicht allein gegenüber diesem Kg., sondern auch den ihm gefügigen Ebf.en v. Köln und Trier, mit deren Maßregelung der Papst zugleich seine Hoheit über die sehr selbstbewußt gewordenen frk. Metropoliten unterstrich. Ganz grundsätzl. wurde dieser Konflikt mit Hinkmar ausgetragen, der schließlich am Zusammenspiel Roms mit seinen eigenen Suffraganen scheiterte (→Pseudoisidor), während umgekehrt Versuche fehlschlugen, oberhalb der Metropoliten die Mittelinstanz eines päpstl. Vikars zu etablieren (→Drogo v. Metz, →Ansegis v. Sens).

Die endgültige Auflösung des frk. Großreiches (887/ 888) war begleitet von schweren Verheerungen, die gerade die kirchl. Institutionen verhängnisvoll trafen. Gleichzeitig fiel auch das Papsttum, einer wirksamen polit. Stütze beraubt, wieder in it. Verstrickungen zurück. Die Einbußen wurden erst im 10. Jh. allmähl. überwunden, und manches, was in der karol. Zeit nicht mehr zur Vollendung kam, blieb der Kirchenreform des 11. Jh. überlassen.   R. Schieffer

Lit.: [allg.]: BRUNHÖLZL I – DHGE XVIII, 13–32 [A. d'HAENENS] – HKG II, 2, 95–179 [E. EWIG]; 213–309 [H. J. VOGT, K. BAUS]; III, 1, 3–30; 62–196 [E. EWIG] – K. VOIGT, Staat und Kirche von Konstantin d. Gr. bis zum Ende der Karolingerzeit, 1936 – C. DE CLERCQ, La législation religieuse franque, 2 Bde, 1936/58 – H. BÜTTNER, Mission und Kirchenorganisation des F.es bis zum Tode Karls d. Gr. (BRAUNFELS, KdG I, 1965), 454–487 – E. EWIG, Spätantikes und frk. Gallien. Ges. Schr. (1952–73), 2 Bde (Beih. der Francia 3, 1976/79) – P. RICHÉ, Les écoles et l'enseignement dans l'Occident chrétien de la fin du Ve s. au milieu du XIe s., 1979 – Die Iren und Europa im früheren MA, hg. H. LÖWE, 2 Bde, 1982 – J. M. WALLACE-HADRILL, The Frankish Church, 1983 – A. ANGENENDT, Ks.herrschaft und Kg.staufe. Ks., Kg.e und Päpste als geistl. Patrone in der abendländ. Missionsgesch. (Arbeiten zur FrühMAforsch. 15, 1984) – *zu [I]:* HOOPS² IV, 501–557 [K. SCHÄFERDIEK, W. HAUBRICHS, R. HARTMANN]; 585–595 [H. ROTH] – TRE XI, 330–335 [K. SCHÄFERDIEK] – F. PRINZ, Frühes Mönchtum im F., 1965 – DERS., Die bfl. Stadtherrschaft im F. vom 5. bis zum 7. Jh., HZ 217, 1974, 1–35 – H. MORDEK, Kirchenrecht und Reform im F. (Beitr. zur Gesch. und Q.kunde des MA, hg. H. FUHRMANN, I, 1975) – M. HEINZELMANN, Bf.sherrschaft in Gallien (Beih. der Francia 5, 1976) – E. EWIG – K. SCHÄFERDIEK, Chr. Expansion im Merowingerreich (Kirchengesch. als Missionsgesch. II, 1, hg. K. SCHÄFERDIEK, 1978), 116–145 – G. SCHEIBELREITER, Der Bf. in merow. Zeit (VIÖG 27, 1983) – O. PONTAL, Die Synoden im Merowingerreich (dt. I. SCHRÖDER), 1986 [Konziliengesch.: Reihe A, Darstellungen] – *zu [II]:* K. F.

MORRISON, The Two Kingdoms. Ecclesiology in Carolingian Political Thought, 1964 – R. KOTTJE, Einheit und Vielfalt des kirchl. Lebens in der Karolingerzeit, ZKG 76, 1965, 323–342 – H. H. ANTON, Fürstenspiegel und Herrscherethos in der Karolingerzeit, BHF 32, 1968 – H. MORDEK, Kirchenrechtl. Autoritäten im FrühMA (VuF 23, 1977), 237–255 – F. KEMPF, Primatiale und episkopal-synodale Struktur der Kirche vor der gregorian. Reform, AHP 16, 1978, 27–66 – H. H. ANTON, Zum polit. Konzept karol. Synoden und zur karol. Brüdergemeinschaft, HJb 99, 1979, 55–132 – F. J. FELTEN, Äbte und Laienäbte im F. Stud. zum Verhältnis von Staat und Kirche im frühen MA (Monogr. zur Gesch. des MA 20, 1980) – J. SEMMLER, Mönche und Kanoniker im F.e Pippins III. und Karls d. Gr. (Unters. zu Kl. und Stift, hg. Max-Planck-Institut für Gesch., 1980), 78–111 – H. FUHRMANN, Das Papsttum und das kirchl. Leben in F., Sett. cent. it. 27, 1981, 419–456 – W. HARTMANN, Der rechtl. Zustand der Kirchen auf dem Lande: Die Eigenkirche in der frk. Gesetzgebung des 7. bis 9. Jh., ebd. 28, 1982, 397–444 – J. SEMMLER, Zehntgebot und Pfarrtermination in karol. Zeit (Fschr. F. KEMPF, hg. H. MORDEK, 1983), 33–44 – G. HAENDLER, Die lat. Kirche im Zeitalter der Karolinger (Kirchengesch. in Einzeldarstellungen I, 7, 1985).

D. Wirtschafts- und Bevölkerungsgeschichte

I. Bevölkerung – II. Besiedlung – III. Landwirtschaft – IV. Gewerbliche Tätigkeit – V. Handel.

I. BEVÖLKERUNG: Es ist nahezu ausgeschlossen, einige auch nur annähernde Zahlen über Umfang und Dichte der Bevölkerung des sich permanent ausdehnenden F.s anzugeben. Der demograph. Zuwachs durch die Völkerwanderung kann als Gegengewicht zum Bevölkerungsrückgang der späten Kaiserzeit nicht sehr hoch veranschlagt werden (5%). Andererseits darf der Niedergang der spätantiken Städte, in deren Mauern sich die germ. Kg.e und Befehlshaber niederließen, nicht überschätzt werden. Nach mehreren Hungersnöten in der 1. Hälfte des 6. Jh. und einer großen Pestepidemie (→Epidemien) in der 2. Hälfte des 6. und 1. Hälfte des 7. Jh., die v.a. im Mittelmeergebiet große Bevölkerungsverluste verursachte, ist von der 2. Hälfte des 7. Jh. an mit einer kontinuierl. Bevölkerungszunahme zu rechnen, die zw. 750 und 850 sehr stark gewesen sein dürfte, v.a. in den Kerngebieten des F.s. Hier haben Berechnungen aufgrund von →Polyptychen des 9. Jh. aus der Umgebung von Paris und aus NW-Frankreich Dichten von 39 bzw. 34 Bewohner pro km² ergeben, die aber vielleicht zu hoch angesetzt sind. Jedenfalls war die Bevölkerungsdichte in den meisten Reichsteilen weitaus geringer.

II. BESIEDLUNG: Wichtigste Grundvoraussetzung der Besiedlung war der Waldlandschaftscharakter weiter Teile Westeuropas, bes. ausgeprägt in den rechtsrhein. Gebieten des F.s (s. hierzu im einzelnen →Deutschland, Abschnitt F). Hier traten nur am Alpenrand, auf der schwäb.-bayer. Hochebene sowie in den Tälern von Rhein, Neckar und Main größere Lichtungen auf. In Gallien drang der Wald sogar in die Verdichtungsräume des römerzeitl. Ackerbaus, während Kohlenwald, Ardennen, Eifel und Der noch große geschlossene Waldzonen bildeten. Im dichtbesiedelten Pariser Becken verzeichnet das Polyptychon v. →St-Germain-des-Prés (vor 829) noch 17000 ha Wald gegenüber 40000 ha bebautem Land.

Seit dem 7. und 8. Jh. wurden von Abteien wie von Laien Urbarmachungen unternommen (→ Kolonisation und Landesausbau), die in der Karolingerzeit die rechtsrhein. Gebiete erfaßten, v.a. Thüringen, Franken, Hessen, Bayern und das spätere Österreich (→Dorf, →Bauer).

Über Flur- und Feldformen (→Flur, -formen, -systeme) liegen Forschungsergebnisse nur in begrenztem Umfang vor. Zw. Seine und Rhein traten in der Karolingerzeit häufig ausgedehnte, aus Großblöcken bestehende culturae auf, die bes. als Salland und oft in dreijährigem →Fruchtwechsel genutzt wurden, im Rahmen der großen, meist

geistl. →Grundherrschaften. Dennoch überwogen Blockfluren, die in den dichtbesiedelten Gebieten Nordfrankreichs, der südl. Niederlande und SW-Deutschlands im 8.–9. Jh. durch lokale Urbarmachungen aus eher streifenförmigen Parzellen zu größeren Einheiten (Gewannen) zusammenwuchsen. Zugleich verdichteten sich seit dem 9. Jh. zahlreiche Streu- und Kleinsiedlungen zu Dörfern, unter Wüstwerden eines Teils der kleineren Siedlungen, deren Fluren in das Ackerland der neuentstehenden dörfl. Strukturen einbezogen wurden.

III. LANDWIRTSCHAFT: Wenig ist bekannt über die kleineren und mittleren selbständigen Bauernstellen, die, in der Merowingerzeit wohl noch häufiger, in der Karolingerzeit abnahmen. Doch wird ihr Anteil an der Gesamtzahl der agrar. Betriebe noch für das 9.–10. Jh. auf 60% geschätzt. Im 9. Jh. basierte die frk. Staatsorganisation, v.a. das →Heerwesen, noch in beträchtl. Umfang auf diesen Bauernstellen, bewirtschaftet zumeist von Freien (→Freiheit, Freie), die die ältere Forschung als Gemeinfreie betrachtete. Diese Freien verfügten zur Bodenbestellung in der Regel über einige →Sklaven oder Halbfreie. Nutzungsrechte, v.a. am →Wald, waren für sie besonders wichtig, u. a. als →Weide (wohl frühe Ansätze zur Bildung von →Allmenden).

Sie produzierten nicht nur für den Eigenbedarf, sondern in gewissem Umfang auch für den Markt. Im 8.–9. Jh. wurden diese kleineren Betriebe aber zunehmend von ihren Besitzern oder Nutznießern an kirchl. Institutionen geschenkt; dies führte zur Einverleibung in die geistl. und adligen Grundherrschaften, oft unter dem Druck des Grundherren und gegen den Willen des frk. Königtums. Diese Entwicklung, die so sehr zur Ausbildung und Verbreitung der →Grundherrschaft beitrug, ist nicht nur durch die zunehmende Macht von Kirche und Aristokratie zu erklären, sondern auch durch die erbrechtl. bedingte und vom Bevölkerungszuwachs verursachte Zersplitterung dieser Betriebe. Zugleich änderte sich die Sozialstruktur der Grundherrschaft, in der die Zahl der Freien und Halbfreien bald die der urspgl. Sklaven und Leibeigenen, die sich wirtschaftlich übrigens der ersteren Kategorie annäherten, übertraf (→Freilassung). Daß diesen Freien und Halbfreien →Abgaben und v.a. →Frondienste auferlegt werden konnten, wenn auch leichterer Art als den Unfreien und Leibeigenen, läßt sich nicht nur verfassungsgeschichtl. erklären aufgrund der Anwendung des →Banns auf kgl. und kirchl. Güter und durch den Rückgang der Sklaverei und der Verringerung der Zahl der Leibeigenen (mancipia), sondern auch wirtschaftshistorisch durch starken Bevölkerungsdruck und Landhunger. Eine Bestätigung dieser Hypothese scheint die Tatsache zu sein, daß in Mitteldeutschland und Bayern, wo die Leibeigenen in der Karolingerzeit noch sehr zahlreich waren, die freien Leiheinhaber in einem Grundherrschaftsverband nur selten zu Frondiensten verpflichtet wurden.

Die karol. Grundherrschaft war – entgegen der Annahme älterer Historiker (PIRENNE, BLOCH) – keine nach außen hin abgeschlossene, selbstgenügsame Wirtschaftseinheit. Viele villae waren auf ein bestimmtes Produkt spezialisiert (Wein im Rheintal, im Seinebecken und im nordöstl. Frankreich; Öl im Umkreis der oberit. Seen; Salz in der Umgebung von Metz, Comacchio und Voltera; Wolle in den fläm. und holl. Küstengebieten usw.). Dies ließ ein Transportwesen über oft weite Strecken entstehen, nicht nur von der Domäne zum festen Sitz eines kirchl. Großgrundbesitzers (St-Germain-des-Prés, Corbie), sondern ebenfalls vom Produktionszentrum zu näher oder weiter entfernten Märkten; dieses Transport- und

Marktwesen erfaßte nicht nur die oben genannten Spezialprodukte, sondern auch Massengüter wie Getreide (Prüm, Corbie). Solche Waren wurden meist auf dem Salland produziert oder, im Falle gewerbl. Produkte, für den Herrn des Sallandes hergestellt und vom Herrenhof aus verkauft.

Aber auch die bäuerl. Betriebe verkauften den Überschuß, der nach Eigenverbrauch und Abgabenleistung übrig blieb, auf den im 9.–10. Jh. immer zahlreicher auftretenden Wochenmärkten. Sowohl die Großgrundbesitzer als auch die Bauern verfügten demzufolge über Geld, das für den Kauf fremder Luxusgüter oder aber lebensnotwendiger Waren (z. B. Saatgut, Eisenwaren, Haus- und Erntegeräte) verwendet wurde. Flüssige Geldmittel dienten bei den Bauern allerdings zu einem guten Teil zur Leistung der →Abgaben an den Herrn; dies gilt v. a. für Gebiete mit entwickelterer Geldwirtschaft (Italien, z. T. Lotharingien), während bes. im rechtsrhein. Gebiet vielfach noch Naturalzinse vorherrschten.

Der Handel mit landwirtschaftl. Produkten war in der Karolingerzeit im Westen des F.s offenbar sehr ausgedehnt, was durch die Getreidespekulation während der Hungersnöte um 800, die wir anhand der Preisfestsetzungen Karls d. Gr. kennen, belegt wird. Andererseits zeigen gerade diese Ernährungskrisen die Verletzlichkeit einer Agrarwirtschaft durch Mißernten, große jährl. Schwankungen der Getreideproduktion und durch regional ungleiche Besiedlung, wobei einige Zentrallandschaften des F.s wohl überbevölkert waren. Das Verhältnis von Aussaat und Ernte für Getreide kann – bei sehr kontroverser Interpretation, bedingt durch mangelnde Zahlenangaben – im 9. Jh. nicht höher als mit 1:2, mancherorts vielleicht mit 1:3 bewertet werden.

Dieser niedrige Agrarindex ist Folge einer wenig entwickelten Agrartechnik: Fruchtwechselsysteme fanden erst langsam im 8.–9. Jh. Anwendung, z. B. der dreijährige Fruchtwechsel v. a. auf dem Salland der kirchl. Domänen in den Kerngebieten des F.s; →Düngung war wegen des Mangels an Großvieh ebenfalls auf das Salland von Großgrundbesitzern beschränkt, während längere Brachezeiten anderswo die Produktion verringerten. →Akker- und →Erntegeräte waren in vielen Gegenden recht primitiv, überwiegend aus Holz gefertigt und daher wenig dauerhaft, wobei von Tieren gezogene Arbeitsgeräte wie Pflüge, Karren usw. auf Salländereien und größere Bauernbetriebe beschränkt blieben. Diese wiederum leisteten als →Frondienste vielfach carropera (Spanndienste) anstelle der manopera (Handdienste), die von den kleineren, schlechter ausgestatteten Bauernbetrieben zu erbringen waren.

IV. GEWERBLICHE TÄTIGKEIT: Die Aussagen über gewerbl. Produktion stützen sich wegen der nur spärlichen Schriftzeugnisse vorwiegend auf archäolog. Forschungsergebnisse. Beide Quellengattungen zeigen diese v. a. als ländl. Tätigkeit im Verband der Grundherrschaft, obwohl einerseits hauswirtschaftlich gebundenes Gewerbe zur Eigenversorgung, vielleicht sogar als Subsistenzhandwerk vorkam, andererseits Belege für merowingerzeitl. Gewerbezweige (z. B. Töpferöfen) sich bevorzugt in frk. Siedlungen finden, die sich an röm. Städte oder Castra anlehnten (z. B. Trier, Bonn, Huy). Aber auch noch in der Karolingerzeit, in der die Gewerbe offensichtl. stärker im grundherrschaftl. Verband und somit auf dem Lande organisiert wurden, bestand gewerbl. Produktion, z. B. von Eisen und Textilien, auch noch in oder bei frühstädt. Siedlungen (z. B. Dorestad, Domburg).

Überdies hat die Archäologie im F. große ländl. Gewerbebezirke festgestellt, deren Produktion sich vom Haushandwerk durch Qualität, Massencharakter, geogr. weiten Absatz und Qualifikation ihrer Hersteller unterscheidet (JANSSEN). Ländl. Großproduktion dieses Stils umfaßte etwa die Glasherstellung (→Glas), Eisengewinnung und -verarbeitung (→Eisen) und die Töpferei (→Keramik); diese Wirtschaftszweige sind archäolog. nachgewiesen, entweder in den ländl. Siedlungen selbst, so für Eisen (Sauerland, Eifel), Töpferei (Rhein. Schiefergebirge, Niedersachsen, Hessen, Mayen), oder in geschlossenen Gewerbebezirken außerhalb der ländl. Siedlungszonen, oft in Wäldern oder Berglandschaften (z. B. Glasproduktion).

Dieses Großgewerbe wurde von einer beruflich und sozial differenzierten Bevölkerung betrieben. Viele Glasprodukte, v. a. Trichtergläser aus dem Rheinland, wurden über →Dorestad und →Haithabu bis nach Schweden (→Birka) exportiert und sind dort als Grabbeigaben zahlreich festgestellt worden. Denselben Weg nahmen die keram. Erzeugnisse, v. a. aus der Gegend von Köln (→Badorfer und Pingsdorfer Keramik). Produkte des Eisengewerbes waren v. a. Waffen, insbes. kostbare und teure damaszierte Schwerter aus dem Gebiet nördl. von Köln; sie wurden v. a. in Skandinavien gefunden, wo sie im 9. und 10. Jh auch nachgeahmt wurden.

Die Herstellung von Wolltüchern und Leinwand fand ebenfalls oft in bes., den Fronhöfen der Domänen angegliederten Frauenwerkstätten (genitium, →Gynäceum) statt. Ein Spitzenerzeugnis der Weberei des F.s waren die farbigen 'pallia fresonica'; es bleibt umstritten, ob auch sie aus Gynäceen des fries.-niederländ. Küstengebiets stammen. Leder (wichtig v. a. zur Ausrüstung des Heeres mit Schuhen, Schilden, Wehrgehenken, Gürteln) wurde von spezialisierten abhängigen Handwerkern in eigenen Werkstätten, oft auf fisci oder bei Burgen, verarbeitet.

V. HANDEL: Das F. kannte den Import von Luxusgütern, oft exotischer Herkunft (Öl, Gewürze, oriental. Gewebe, Papyrus usw.), die in der Merowingerzeit bis zum Ende des 7. Jh. u. a. über die Häfen der Provence, insbes. →Marseille und →Fos, durch das Rhône-Saône-Tal nach Norden verschickt wurden, in der Karolingerzeit dagegen bevorzugt aus Italien über die Alpenpässe hereinkamen und über den Rhein oft bis nach Skandinavien und England exportiert wurden (u. a. auch Bronzegefäße koptischer Fabrikation). Quantitativ weitaus bedeutender war der Handel mit Massengütern für den täglichen Bedarf (v. a. Wein, Getreide, Salz). Beide Handelskategorien lagen z. T. in den Händen von Berufshändlern: Syrern im 6. Jh., Friesen im 8.–9. Jh. (→Friesenhandel), »Hofhändlern« und →Juden im 9. Jh. usw. Daneben gab es noch Gelegenheitshändler, z. B. Beauftragte von Abteien und Bm.ern, deren Warenhandel, seit dem späten Merowingerzeit privilegiert, im 9. Jh. den Höhepunkt erreichte.

Der Binnenhandel mit Nahrungsmitteln konzentrierte sich auf die lokalen ländl. Wochenmärkten, deren Zahl sich in der Karolingerzeit, nicht zuletzt auf Initiative des Kgtm.s, stark vergrößerte. Andere ländl. oder städt. Märkte hatten eine regionale, einige sogar, z. B. an den östl. Grenzen des F.s und am Fuß der Alpenpässe, eine überregionale Funktion. Hier wurden Sklaven, Pferde und Salz verhandelt. Unter den wenigen von der öffentl. Gewalt vor dem 9. Jh. geschaffenen oder begünstigten Märkten nimmt die Messe v. →St-Denis, die 629–639 von Dagobert I. der Abtei übertragen wurde, durch ihren internationalen Charakter einen bes. Platz ein. Sie wurde v. a. von Engländern und Friesen besucht, besonders zum Einkauf von Wein.

Im übrigen konzentrierte sich der »Außenhandel« im NW des F.s v.a. in einigen Fluß- und Seehäfen an den Grenzen, bes. an der unteren Seine und Somme (→Rouen, →Amiens), an Kanal- und Nordseeküste (→Quentovic, →Domburg) und in deren Hinterland, an Niederrhein (→Dorestad), Maas (→Dinant, →Huy, →Maastricht) und Schelde (→Antwerpen, →Gent, →Tournai, →Valenciennes). Die meisten dieser Handelsplätze dienten auch der Erhebung wichtiger Zölle, von denen große Kirchen und Abteien sowie privilegierte Händler, die sich oft an diesen Plätzen aufhielten, befreit waren. Im Übergang von Merowingerzeit und Karolingerzeit fand eine räuml. Schwerpunktverlagerung des Handels statt, vom S und SW (Provence, Aquitanien) nach dem N und O.

Seit Mitte des 7. Jh. erfuhr der Handel auf Rhein, Maas und später auch Schelde einen starken Aufschwung, was einerseits auf das wachsende Gewicht der Nord- und Ostseeländer (England, Skandinavien) zurückzuführen ist, andererseits aber auch zusammenhängt mit dem Aufstieg der Regionen an Niederrhein, Maas und Schelde zu Kerngebieten des Karolingerreiches sowie mit der zunehmenden Rolle des karoling. Kgtm.s für die Förderung des Handels.   A. Verhulst

Lit.: R. LATOUCHE, Les origines de l'économie occidentale, 1956¹, 1971² – A. DOPSCH, Wirtschaftsentwicklung der Karolingerzeit, 2 Bde, 1962³ – R. DE BOCK-DOEHAERD, Le haut m-â occidental (Nouv. Clio 14), 1971 [Neuausg. 1978] – D. ELLMERS, Frühma. Handelsschiffahrt in Mittel- und Nordeuropa, 1972 – G. DUBY, Guerriers et paysans, 1973 [dt. Übers., 1983] – F. L. GANSHOF, Das frk. Reich (Hdb. der europ. Wirtschafts- und Sozialgesch., hg. H. KELLENBENZ, 2, 1980), 151–205 [Lit.] – W. BLEIBER, Naturalwirtschaft und Geld-Ware-Beziehungen zw. Somme und Loire während des 7. Jh., 1981 – Unters. zu Handel und Verkehr der vor- und frühgesch. Zeit in Mittel- und Nordeuropa, I–IV (AAG. Phil.-Hist. Kl. III, 1985–86).

E. Geschichte der Juden im Frankenreich
Die Aussagen über die Geschichte der Juden im F. sind durch eine überaus ungünstige Quellenlage geprägt: Die Quellen sind quantitativ spärlich, regional wie gattungsmäßig ungleich verteilt, setzen bisweilen über Jahrhunderte hinweg ganz aus und fehlen im hebräisch-innerjüd. Bereich bisher völlig. Ein geschichtl. Gesamtbild ist auf dieser Grundlage nicht zu zeichnen, nur Einzelaspekte lassen sich beschreiben; die Gefahr haltloser Spekulation ist groß, und die Forschung ist ihr in jüngerer Zeit in bedenklichem Maße erlegen (ZUCKERMAN, BACHRACH). – Die jüd. Siedlungen sind auf den südfrz. Raum konzentriert (Aquitanien, Languedoc, Provence); dort ist Siedlungskontinuität seit spätantiker Zeit zu belegen oder doch mit guten Gründen zu vermuten. Im Kernland, der sog. Francia, ist jüd. Siedlungskontinuität hingegen nur im gleichen Maße erschließbar wie der Fortbestand vorfränkischer Bevölkerung im allgemeinen. Demgemäß wird man für Köln, wo Juden für 321 bzw. 331 erstmals nördlich der Alpen bezeugt sind, kontinuierliche Siedlung verneinen müssen (das nächste sichere Zeugnis stammt vom Anfang des 11. Jh.), während man für die jüd. Gemeinden in den wichtigen Handels- wie Verwaltungszentren Nordfrankreichs (z. B. Nantes, Orléans, Paris) antiken Ursprung offenlassen darf; im ostrhein. Gebiet setzen die Zeugnisse über die Bildung jüdischer Gemeinden erst in nachkarol. Zeit ein. Beruflich waren die Juden des F.s vorwiegend im Handel tätig, und zwar v.a. im internationalen Fernhandel mit Sklaven und Luxusgütern als Vermittler zw. den slaw. Ländern und den islam. Reichen des Mittelmeerraumes (Ibn Ḥordāḏbeh). In den alten Siedlungszentren Südfrankreichs und Burgunds, namentlich um Narbonne, Agde, Marseille, Vienne, Lyon, Mâcon, sind Juden auch in anderen Berufen zu belegen: als

Ärzte, im Schiffstransport, Weinanbau und -handel, allgemein in der Landwirtschaft. Man kann davon ausgehen, daß sich in diesen Gebieten (von religionsgesetzl. bedingten Unterschieden abgesehen) Juden in Auftreten und Beruf nicht wesentlich von ihren christl. Nachbarn kelto-roman. Ursprungs unterschieden, mit denen sie wohl auch rechtlich gleichgestellt waren. Bes. Privilegierungen sind erst aus der Zeit Ludwigs d. Fr. überliefert; sie betreffen allein die im Königsschutz stehenden Hoflieferanten. Das Verhältnis der Juden zu ihrer christl. Umwelt muß als zwiespältig beurteilt werden: Verfolgungen durch die Kg.e Chilperich I. (582) und Dagobert (629) sowie die Bf.e Ferreolus v. Uzès (553) und Avitus I. v. →Clermont (576), die Invektiven →Agobards v. Lyon (816–840) und seines Nachfolgers Amulo (841–852), schließlich die Akte judenfeindl. Gesetzgebung der Synoden v. Agde (506), Epao/Burgund (517), Orléans (533, 538), Clermont (535), Mâcon (581/583) und dann wieder von Meaux-Paris (845/846) lassen ein nicht zu unterschätzendes Maß der Gefährdung erkennen. Doch die Berichte darüber sind zu vereinzelt, um als Indikatoren allgemeinerer antijüd. Strömungen gelten zu können, zumal bei der Synodalgesetzgebung Vorschriften zur Unterbindung von Formen der 'Kohabitation' zw. Juden und Christen dominieren, was gutnachbarl. Beziehungen voraussetzt. In diese Richtung weist auch die generell judenfreundl. Gesetzgebung der Karolinger, die schon ins Legendäre reichende Wertschätzung, die ihnen Karl d. Gr. und insbesondere Ludwig d. Fr. entgegenbrachten, die Vertrauensstellung des Juden Priscus am Hofe Chilperichs I., nicht zuletzt die Konversion eines Hochadligen der Palastkapelle (Bodo-Eleazar). Das alles läßt auf ein beachtl. Sozialprestige der Juden im F. schließen, das zu der nachkarol. Entwicklung scharf kontrastiert.   A. Patschovsky

Lit.: S. KATZ, The Jews in the Visigothic and Frankish Kingdoms of Spain and Gaul, 1937 – B. BLUMENKRANZ, Juifs et chrétiens dans le monde occidental, 430–1096, 1960 – DERS., Les Premières implantations de Juifs en France: du Iᵉʳ au début du Vᵉ s. Compt. rend. Acad. des Inscript. et Bell.-Lett. 1969, 162–174 – A. J. ZUCKERMAN, A Jewish princedom in feudal France, 768–900, 1972 [dazu: W. HARTMANN, DA 29, 1973, 284f.; J. SEMMLER, HZ 217, 1973, 664–667] – B. S. BACHRACH, Early medieval Jewish policy in Western Europe, 1977 [dazu: G. KISCH, HZ 228, 1979, 149–152; G. I. LANGMUIR, Speculum 54, 1979, 104–107] – H. LIEBESCHÜTZ, Synagoge und Ecclesia, 1983, 42–94.

Franken, Landschaft

A. Name und historische Geographie – B. Früh- und Hochmittelalter – C. Spätmittelalter – D. Wirtschaft – E. Geistiges Leben

A. Name und historische Geographie
Während man heute mit F. politisch die drei nordbayer. Regierungsbezirke bezeichnet, wurde seit der Merowingerzeit unter 'Francia' das Herrschaftsgebiet der Franken, insbes. ihr Kernraum, verstanden (→Francia, →Franken, -reich). Die Benennung 'Ostfranken' (Francia Orientalis o. ä.) galt sowohl für das Ostreich →Ludwigs d. Dt. und seiner Nachfolger (→Ostfrk. Reich) als auch, und dies in zunehmendem Maße, für die östlich des Rheins gelegenen Teile des Reiches mit dem Main als Achse, die nicht zu einem →Stammeshzm. gehörten. Der Zusatz 'Ost'- bzw. 'Orientalis' verschwindet im 11. Jh. Das lat. nun meist als 'Franconia' bezeichnete Gebiet hatte nur teilweise natürl. Grenzen, war mundartl. stark differenziert und zerfiel im Laufe des MA in mittlere, kleine und kleinste polit. Einheiten. Die drei sog. frk. Bm.er (→Würzburg, →Eichstätt, →Bamberg) erstreckten sich z. T. weit über die Landfriedensbezirke des 14. und 15. Jh und den im Zusammenhang mit der Reichsreform Maximilians I. (1500) entstandenen

Frk. Reichskreis hinaus, das Ebm. →Mainz dagegen reichte bis fast vor die Tore Würzburgs.

B. Früh- und Hochmittelalter

Um 500 gehörten die Mainlande zum thür. Großreich (→Thüringen). Als dieses ein Opfer der Eroberungspolitik der Söhne →Chlodwigs I. geworden war (Schlacht a. d. Unstrut 531), drangen die Franken nach Osten vor und überschichteten in mehreren Wellen die ethnisch nicht sicher bestimmbare Vorbevölkerung beiderseits des Mains. Fehlen auch sichere Erkenntnisse über die Neuorganisation des ehem. Thüringerreiches, so scheinen doch zwei Hzm. an seine Stelle getreten zu sein: eines nördl. des Thüringer Waldes mit →Erfurt, das andere für Mainfranken mit →Würzburg als Zentrum, wo die aus dem Westen gekommenen →Hedene regierten. Waren diese auch sicher getauft, so gilt als der eigtl. Glaubensbote Mainfrankens der ir. Wanderbf. →Kilian, der um das Jahr 689 seiner Lehre wegen in Würzburg ermordet wurde. Nach dem Untergang d. heden. Herzogshauses (um 720?) wurde sein Herrschaftsraum unmittelbar in das Frankenreich einbezogen.

Im Zusammenwirken mit der Staatsgewalt gründete →Bonifatius 742 das Bm. Würzburg, das von den Herrschern so reich ausgestattet und privilegiert wurde, daß es auch selbst Kristallisationskern herrschaftl. Gewalt werden konnte. Im Osten reichte das neue Bm. zunächst bis zur Regnitzfurche, deren von Bamberg über→Forchheim bis →Fürth reichende Kette von Martinskirchen auch die östl. Außenposition des Reiches bildete. Südl. davon entstand, wohl auf der Grundlage eines bonifatian. Kl., das Bm. →Eichstätt. Die Großen Ostfrankens, unter welchen die Mattonen herausragten, überzogen das Land – mit Ausnahme der erst im Siedlungsausbau begriffenen östl. Randgegenden – mit einem dichten Netz von Kl., auch Eigenkirchen, welche später in die Pfarreiorganisation integriert wurden. Nach dem Tod →Burchards v. Würzburg, →Willibalds v. Eichstätt und der anderen Mitarbeiter des Bonifatius, deren Positionen von Ostfranken eingenommen wurden, ging die eigtl. Missionsepoche zu Ende. Für die Unterwerfung und Christianisierung →Sachsens durch Karl d. Gr. spielte Ostfranken strategisch und missionarisch eine bedeutende Rolle.

Um die Vorherrschaft in F. kämpften um die Wende vom 9. zum 10. Jh. die mächtigen Geschlechter der (älteren) →Babenberger (Popponen) im Osten mit den rheinfrk. →Konradinern im Westen. Die sog. Babenberger Fehde aber führte nicht zur Ausbildung eines frk. Hzm. s. Einer der siegreichen Konradiner, →Konrad d. J. (I.), wurde am 10. Nov. 911 in Forchheim zum Kg. gewählt. Nach dessen Tod suchte sein (mehrfach als 'dux' bezeichneter) Bruder →Eberhard eine herzogsähnliche Stellung zu behaupten, fand aber bei einer Empörung gegen Otto d. Gr. 939 den Tod. Die Babenberger spielten fortan eine bedeutende, aber keine beherrschende Rolle mehr in F. Dieses blieb Basis des Kgtm.s, dessen wichtigste Garanten die Bf.e waren. Nicht nur Grundbesitz, Wildbanne und Gft.en gelangten durch kgl. Schenkungen an die Kirchen, sie wurden auch gestärkt durch Königsschutz und Immunität. Freilich blieb das Kirchengut in einer Art Obereigentum des Reiches und wurde vom Kg. genutzt. Dies gilt auch für das 1007 von Kg. →Heinrich II. nach Zertrümmerung des Machtkomplexes der Mgf.en v. →Schweinfurt (wohl Deszendenten der älteren Babenberger) gegründete Bm. →Bamberg. Das nach der Ausstattung Bambergs im Rangau und Nordgau verbliebene Reichsgut faßte Kg. →Heinrich III. um den neuen Mittelpunkt →Nürnberg zusammen.

Für die→otton.-sal. Reichskirche hatten die frk. Bm. er herausragende Bedeutung. Nicht wenige Bf. e der drei frk. Bm.er stammten aus Kanzlei und Kapelle des Kg.s und wirkten als kgl. Berater (s. im einzelnen →Würzburg, →Bamberg, →Eichstätt).

Während des Investiturstreites wird Ostf. Schauplatz heftiger Kämpfe. Für Heinrich IV. ist sein Besitz, der die Vereinigung seiner sächs. mit seinen oberdt. Gegnern verhindert, von entscheidender Bedeutung. Der Würzburger Bf. →Adalbero ist ein entschiedener Anhänger Gregors VII.; die Bf.e v. Bamberg und Eichstätt, auch – soweit man sieht – die meisten Äbte, halten dagegen an der alten, von Heinrich IV. vertretenen Ordnung fest. Die Gegenkönige werden in Franken gewählt: →Rudolf v. Rheinfelden 1077 in →Forchheim, →Hermann v. Salm 1081 in →Ochsenfurt. Während des Investiturstreites erstarkte der Adel, allen voran die→Henneberger, die nach der Mitte des 11. Jh. als Grafen im Grabfeldgau hervortraten und als Helfer Heinrichs IV. Bgf.en, dann auch Vögte des Hochstifts Würzburg wurden.

Eine herzogsähnliche Stellung hatten die Bf.e v. Würzburg nach dem Zeugnis →Adams v. Bremen (III, 46) schon im 11. Jh. ausbilden können. Doch haben die bereits weit gediehenen Ansätze die Zeit des Investiturstreites nicht ohne Schaden überstanden. Bf. →Erlung suchte an diese Traditionen wieder anzuknüpfen. Heinrich V. entzog ihm nach einem Parteiwechsel 1116 den ostfrk. Dukat und verlieh ihn seinem stauf. Neffen Konrad (→Konrad III.), gab ihn aber nach seiner Aussöhnung mit Erlung 1119 wieder zurück. Auch Bf. →Embricho führte auf Münzen den Titel 'dux'. Mit der Rückerstattung des ostfrk. Dukats an Würzburg haben die Staufer ihre Position in F. nicht aufgegeben. Mainfranken (Kirchenlehen) und Nürnberg bildeten zusammen mit ihren Besitzungen in Schwaben, Rheinfranken u. dem →Egerland den Rückhalt ihrer Herrschaft. 1168 bestätigte Friedrich Barbarossa dem Würzburger Bf. die hzgl. Gewalt, als deren wichtigste Ausprägungen die hohe Gerichtsbarkeit und das Gericht über Eigen und Lehen genannt werden, im Bm. und Hzm. Würzburg, nicht im Hzm. Ostf., wie Würzburg es mit Hilfe von Falsifikaten beanspruchte. Andererseits nahm Barbarossa die frk. Bm.er, bes. Würzburg, bis an die Grenze ihrer Leistungsfähigkeit (Hofhaltung, Truppenhilfe) in Anspruch. Auf die Besetzung der drei Bf.s-sitze übten die Staufer kaum geringeren Einfluß aus als früher die sächs. und sal. Kaiser.

C. Spätmittelalter

I. Franken und das Reich – II. Die Landesherrschaft.

I. FRANKEN UND DAS REICH: In den Auseinandersetzungen Ludwigs des Bayern, der zahlreiche Städte im Reich durch Privilegierungen an sich band, mit der röm. Kurie stand F. mit Ausnahme Würzburgs fest in seinem Lager. Bei Beginn des wittelsbach.-lux. Thronstreites verließ auch Bamberg die wittelsbach. Partei und schloß sich Karl IV. an, der nach Ludwigs d. B. Tod ganz F. gewinnen konnte, das er bei seinen Aufenthalten im Reich auffallend bevorzugte. Die als zukunftsweisend gedachte Bestimmung der →Goldenen Bulle (1356), daß jeder künftige Herrscher seinen ersten Reichstag in Nürnberg abzuhalten habe, wurde später selten beachtet. Karls IV. Landbrücke von →Prag nach →Frankfurt, welche das polit. Gefüge F.s kurzfristig veränderte, verfiel bald nach seinem Tode. Das Kgtm., das danach nicht mehr neben den Landesherren auftrat, blieb v.a. in →Nürnberg präsent, wo seit 1424 die →Reichsinsignien aufbewahrt und jährlich gewiesen wurden (→Heiltumsweisung). Doch waren es im späten MA nicht nur die geistl. Staaten und die Reichsstädte, welche das Kgtm. stützten und von diesem stabilisiert wurden; Angehörige der Häuser →Hohenzollern, Henneberg, →Wertheim, →Hohenlohe, →Pappenheim, →Oettingen, →Seinsheim (-Schwarzenberg) haben nach dem Interregnum im Königsdienst eine wichtige Rolle gespielt.

II. DIE LANDESHERRSCHAFT: [1] *Allgemein:* Sie hatte in F. ihre Grundlagen teils in der Adelsherrschaft, teils in der weltl. Gewalt der Bf.e, die ihrerseits in der Ausstattung der Bm.er und der →Immunität begründet war, schließlich in der Kg.sherrschaft über die Reichsgutbezirke, auf denen, soweit sie nicht an die Kirche (bes. den Dt. Orden) und den Adel gelangten, die Reichsstädte erwuchsen, deren Magistrate ebenfalls Landesherrschaft ausübten. Die späte Stauferzeit hatte allenthalben zu einer »Verstaatlichung« und Konzentration der Gerichtsbarkeit geführt, die im Verein mit dem Erwerb von →Vogteien (welche jedoch auch in benachbarten Räumen verschiedene Kompetenzen zum Inhalt haben konnten), mit Städtegründungen, Burgenbau und Burgöffnungsrechten, vielfach auch durch Ausbildung einer →Ministerialität, die jedoch nicht auf Dauer integriert werden konnte, schließl. kirchl. Hoheitsrechten, Landesherrschaft begründete. Diese entbehrte jedoch überall in F. der einheitl. Intensität und der geschlossenen Fläche. Während die kirchl. Grenzen von der Gründung des Bm.s Bamberg an linear waren und bis zum Ende des MA unverändert blieben, herrschten bei den Territorien mannigfache Überschneidungen und Überschichtungen. Das Phänomen des »territorium non clausum« bildet bis zum Ende des Alten Reiches ein Charakteristikum F.s.

Der Dualismus Bischof–Domkapitel und das Scheitern des Versuchs mehrerer Städte, sich in Anlehnung an den Kg. als polit. Machtfaktoren zu etablieren, haben in Würzburg die Ansätze zu einer landständ. Organisation, die in Bamberg und in den Markgraftümern weiterentwickelt wurden, im späten MA nicht mehr zur Ausbildung gelangen lassen.

[2] *Geistliche Territorien:* Die geistl. Staaten, etwa seit Mitte des 12. Jh. entvogtet, wurden nicht durch Teilungen geschwächt wie die dynast., aber oft durch Rivalitäten in den Domkapiteln (→Kapitel), die auch von außen hereingetragen wurden, und Doppelwahlen, auch durch päpstl. →Provisionen, die ebenfalls zu Schismen führen konnten, erschüttert; die polit. Handlungsfreiheit der Bf.e war durch →Wahlkapitulationen und ztw. auch durch Konflikte mit der Bürgerschaft ihrer Residenzstädte eingeschränkt.

Mainz drang unter den Ebf.en aus d. Hause →Eppstein im Kampf gegen die Gf.en v. →Rieneck bis an den Ostrand des Spessarts vor. Würzburg hatte nach Umfang und Stabilität einen Vorsprung in der Territorialbildung. Dieser wurde durch die Ermordung Bf. →Konrads v. Querfurt (1202) durch Angehörige der →Ministerialität, deren polit. Interessen mit denen des Landesherrn unvereinbar waren, nur kurz unterbrochen. Schon durch die Bf.e aus dem Hause Lobdeburg und Berthold II. v. Sternberg wurde bei fast ständigen Konflikten mit der Stadt der Vorsprung noch ausgebaut. →Fulda reichte von Norden her tief ins würzburg. Kernland. →Eichstätt konnte mit dem Erwerb u.a. von Abenberg und Spalt sein Oberes Stift arrondieren, 1305 die Gf.en v. Hirschberg beerben. Bamberg hatte im meran. Erbfolgestreit nur bescheidene größere Gewinne beim Aussterben der Schlüsselberger (1347) gemacht, doch wurden seinen Ausdehnungsversuchen von den Zollern enge Grenzen gesetzt. Der →Dt. Orden trat mit dem Erwerb von Ellingen (1216), →Mergentheim (1219) und zahlreichem Streubesitz um Nürn-

berg, am mittleren Neckar, an Tauber und Untermain, erst spät in die Reihe der geistl. Staaten ein.

Das Areal der geistl. Territorien einerseits und das der dynast. und der Reichsstädte andererseits stand etwa im Verhältnis 1:1.

[3] *Dynastische Territorien:* Mit dem Aussterben der Hzg.e v. →Andechs-Meranien (1248) gingen die Ansätze zu einer einheitl. Raumordnung unter. Der Aufstieg der Zollern, die aus der meran. Erbmasse zunächst nur →Bayreuth gewinnen konnten, begründete auf Dauer den Dualismus zw. dem Hochstift Bamberg und dem Fsm. →Kulmbach (-Bayreuth). Bayreuth, →Cadolzburg und das 1285 vom Reich zu Lehen empfangene Wunsiedel bildeten die Ausgangspunkte erfolgreicher zollernscher Territorialpolitik in F. (zu dieser im einzelnen →Hohenzollern). Die zollernschen Hausgesetze von 1372, 1385 und 1473 verfügten, daß die frk. Länder der Zollern nicht in mehr als zwei Linien geteilt werden durften. Die Belehnung →Friedrichs I. (VI.) mit der Kurmark →Brandenburg (1415) verschaffte den Zollern auch im Gefüge F.s eine stärkere Position, obwohl ihre frk. Länder, mit Brandenburg nur zeitweise (1415–37, 1469–86) in einer Hand vereinigt, für die Zollern zunächst die gewichtigeren Herrschaftsbereiche waren. Um die Mitte des 15. Jh. strebte →Albrecht Achilles, der zunächst nur Mgf. v. →Ansbach war, die Vorherrschaft in ganz F. an. Gegen ihn, der sich Hzg. v. F. nennen ließ, nahm der Bf. v. Würzburg 1446 regelmäßig den dux-Titel in die Intitulation seiner Urkk. auf. Gegen Nürnberg und Heideck brach der Mgf. den sog. 1. →Markgrafenkrieg vom Zaun. Den Angegriffenen kamen fast alle frk. Fs.en, Städte und Ritter zu Hilfe. Im »Pfaffensteuerstreit« v.a. mit dem Würzburger Bf. →Rudolf v. Scherenberg beanspruchte und behauptete Albrecht Achilles ein weitgehendes Kirchenregiment mit dem offensichtl., doch unerreichten Ziel eines mgfl. Landesbistums.

In stauf. Zeit hatte auch der Aufstieg der Herren bzw. Gf.en v. Pappenheim, v. Heideck, v. →Wertheim, v. Oettingen, v. Hohenlohe, v. Rieneck u.a. begonnen. Während die Pappenheim der sal., die Hohenlohe der stauf. Ministerialität entstammten, sind die anderen z.T. wohl Deszendenten frühfrk. Familien wie die Gf.en v. →Castell, die möglicherweise auf die Mattonen der Karolingerzeit zurückgehen. Seit dem 13. Jh. konnten die meisten ihre mehr oder weniger verdichteten Herrschaftsbereiche nur mit Mühe und unter Verlusten behaupten. Herrschaftsteilung und erfolgreiche Territorienbildung mächtigerer Nachbarn beschleunigten ihre Schwächung. Vom Niedergang der Hohenlohe profitierten Würzburg und die Burggf.en v. Nürnberg, vom Niedergang Castells Würzburg. Den Hennebergern gelang zwar noch 1305 durch Kauf der Herrschaft Mainberg der Vorstoß an den Main und 1310 die Gleichstellung mit den Reichsfürsten. Mit dem Tod Bertholds VII. (1340) begann ihr Machtverfall und ihr Rückzug in den thür. Raum. Mit dem Erwerb →Coburgs und des östl. Teils der »Neuen Herrschaft« von den Hennebergern traten 1353 die Wettiner am Nordostrand F.s in Erscheinung und suchten fortan Einfluß zu nehmen.

[4] *Ritterschaft:* Die frk. Ritterschaft, hervorgegangen im wesentl. aus der →Ministerialität von Hochstiften und gfl. Geschlechtern, kann v.a. in den Grenzsäumen zw. den Territorien kleine Herrschaften aufbauen (Adelslandschaften). Sie steigt durch zunächst lockere Zusammenschlüsse im 14. Jh. durch vom Ks. privilegierte Korporationsbildung im 16. Jh. mit Ausnahme der vogtländ. zur Reichsritterschaft auf. Ihr Einfluß beruht z.T. auf dem

Fürstendienst, v.a. aber darauf, daß sich die drei frk. Domkapitel mit wenigen Ausnahmen aus ihren nachgeborenen Söhnen rekrutierten; dementsprechend entstammen fast alle frk. Bf. e des späten MA der Ritterschaft. Um die Wende vom 15. zum 16. Jh. organisiert sie sich in sechs Kantonen (Odenwald, Gebürg, Rhön-Werra, Steigerwald, Altmühl, Baunach) als reichsfrei unmittelbare *Ritterschaft Landes zu F.*

[5] *Städte:* Die meisten Städte, welche in ihrer Dichte die spätma. Kulturlandschaft F.s prägten, entstanden seit dem 13. Jh. Die Landstädte, oft an eine Burg angelehnt, übernahmen Funktionen der Herrschaftssicherung, Verwaltung und Wirtschaft. Mit der Entstehung der urbanen Siedlungslandschaft, die F. von Bayern unterscheidet, sanken ältere Zentren (Urpfarreien, →Pfarrei) in ihrer Bedeutung ab, was dazu führte, daß neue Städte lange von alten dörfl. Pfarreien abhängig blieben (so am Untermain Miltenberg und Wertheim, im Würzburgischen Karlstadt, Ochsenfurt, Dettelbach, Neustadt a. d. Saale, in Oberfranken →Bayreuth und →Kulmbach, sodann die Reichsstädte →Rothenburg o. T. und →Nürnberg).

Neben den geistl. und dynast. Territorien beginnen seit dem Interregnum die auf Reichsgutkomplexen erwachsenen →Reichsstädte deutlichere Konturen anzunehmen. Deren regierende Ratsgeschlechter konnten in Auseinandersetzung mit benachbarten Landesherren und gestützt auf ein entwickelteres Steuer- und Wehrwesen, Nürnberg auch mit Hilfe von Öffnungsrechten, Hoheitsrechte entwickeln oder erwerben, die sie oft genug durch Selbstauslösung aus der Pfandschaft sicherten. →Rothenburg o. T., dann auch Nürnberg, konnten größere Territorien aufbauen, die Landgebiete von →Schweinfurt und Windsheim blieben dagegen eng begrenzt, Weißenburg besaß kein Territorium. Anderen Städten gelang der Aufstieg nicht oder sie gingen der Reichsfreiheit wieder verlustig. Bünd. Zusammenschlüsse und Stadtrechtsfamilien ließen über F. hinausreichende polit. und rechtl. Beziehungen entstehen. Im 13. und 14. Jh. kämpften die Zünfte, meist erfolgreich, um Beteiligung am Stadtregiment (Ausnahme: Nürnberg).

D. Wirtschaft

Verschiedenheit der Agrarlandschaften einerseits, durch Realteilung bedingte Zersplitterung der Betriebseinheiten andererseits bestimmten die Produktion landwirtschaftlicher Erzeugnisse. Das Leiherecht war günstig; Leibeigenschaft ist im 14. Jh. mehrfach belegt, brachte aber offensichtl. keine einschneidende Belastung. – In Mainfranken ist seit 777 Weinbau, der immer weiter ausgedehnt wurde, Weinexport bis England und Dänemark für das späte 12. Jh. bezeugt. Aus salzhaltigen Quellen im Gebiet der frk. Saale wurde schon in karol. Zeit in Salinen Salz gewonnen. In den Tallandschaften wurden alle Getreidearten angebaut, in den höheren Lagen nur noch Roggen, im Bamberger sowie im Nürnberger Umland auch Gemüse. Würzburg blieb bis Ende des MA regionaler Verteilermarkt; es wurde von Bamberg, dem Umschlagplatz bes. für Erzeugnisse der Waldwirtschaft, übertroffen. Schon im 12. Jh. setzt der Aufstieg →Nürnbergs als Wirtschaftsmetropole ein. Ihre Bedeutung beruhte auf dem Transit- und eigenem Fernhandel, der durch ein System wechselseitiger Zollprivilegien, später auch durch ein wohlfunktionierendes Nachrichtenübermittlungssystem abgesichert war, sodann auf Produktion und Export von Metallwaren, auch auf der Herstellung und Veredelung von Textilerzeugnissen. Der Fall Konstantinopels (1453) und die Entdeckung Amerikas (1492) haben den Zentralitätsverlust Nürnbergs im Welthandel eingeleitet.

E. Geistiges Leben

Schriftlichkeit, Religion und formale Bildung wurden durch die ir. (→Kilian) und ags. Mission vermittelt. Kontinuierl. geistiges Leben entwickelte sich an den Bischofssitzen und in einigen Kl. Im FrühMA blieb der Einfluß des ebenfalls ags. geprägten Kl. →Fulda auf das geistige Leben tiefgreifend. Echo und Zulauf hatte in der Zeit der Ottonen und frühen Salier die Würzburger Domschule, die aber im 11. Jh. von den Domschulen in →Bamberg (→Anno II. v. Köln, →Meinhard, →Gunther, →Ezzo, →Codex Udalrici) und Eichstätt (→Gundekar II., →Anonymus Haserensis), dann auch vom Kl. Michelsberg (→Bamberg, III) übertroffen wurde. In der Zeit des Investiturstreites treten Bf. →Erlung als wahrscheinl. Verfasser der »Vita Heinrici IV. imp.«, →Frutolf v. Michelsberg und Abt →Ekkehard v. Aura als Verfasser einer bedeutenden Weltchronik hervor, die in einigen frk. Kl. fortgesetzt wurde. Kanonisation und Verehrung der drei Bamberger Hl.en (Ks. →Heinrich II., →Kunigunde, Bf. →Otto I.) gaben Anlaß zu zahlreichen liturg. und hagiograph. Aufzeichnungen. Im 12. Jh. zogen auch Kleriker aus F. an die hohen Schulen Frankreichs und Italiens; Bf. →Eberhard II. v. Bamberg und Propst →Folkmar v. Triefenstein griffen in die christolog. Auseinandersetzungen ein, doch blieb es allgemein bei der Rezeption. Ein Zentrum lat. und dt. Literatur wird im 12. und 13. Jh. das Stift Neumünster in Würzburg (Heinrich der Poet). →Michael de Leone, Scholaster des Stiftes, sammelte lit., hist., theol. und jurist. Texte. Als Epiker, Lieder- und Spruchdichter gingen in die Literaturgesch. ein →Wolfram v. Eschenbach, der →Winsbecke, Wirnt v. Gräfenberg, →Otto v. Botenlauben, →Süßkind v. Trimberg, →Konrad v. Würzburg, der König vom Odenwald u.a. Um 1300 wirkte in Bamberg der lit. rührige Schulmeister →Hugo v. Trimberg, wenig später in Eichstätt der theol. Schriftsteller Bf. →Philipp v. Rathsamhausen und der Chronist →Heinrich Taube v. Selbach, im 14. Jh. in Würzburg der Herrschaftstheoretiker→Lupold v. Bebenburg und der Theologe Hermann v. Schildesche. In →Heilsbronn schrieb um 1320 »der eigentliche Dichter der fränk. Mystik« (J. NADLER), der sog. Mönch v. Heilsbronn. Zentren der Mystik waren im 14. Jh. die Frauenklöster St. Katharina in Nürnberg und das v.a. durch Christine →Ebner und Adelheid →Langmann bekannte Kl. →Engelthal im Nürnberger Landgebiet. Seit dem 14. Jh. behauptet Nürnberg die erste Stelle in der Chronistik F.s (U. →Stromer, E. →Tucher, S. Meisterlin) und bei Sachliteratur, seit dem 15. Jh. blüht der →Meistersang. Da es außer der kurzlebigen ersten Würzburger Universität in F. keine Hochschulen gab, zogen die Studierenden meist nach →Heidelberg und→Erfurt, dann auch nach →Leipzig und →Ingolstadt (Bm. Eichstätt), aber auch in entferntere Studienorte. Als Zentren des Humanismus, dessen in F. beheimatete Vertreter im ganzen Reich in vorderster Reihe stehen (G. →Heimburg, J. →Regiomontanus, K. →Celtis, J. Cuspinian), ragen die Reichsstadt Nürnberg und die Bischofsstädte, unter ihnen bes. →Eichstätt, hervor.   A. Wendehorst

Bibliogr.: M. GÜNTHER, Unterfr. Bibliogr., Mainfrk. Jb. für Gesch. und Kunst 15, 1963 ff. – Frk. Bibliogr. Schrifttumsnachweise ... bis zum Jahre 1945, hg. G. PFEIFFER, 4 Bde, 1965–78 – Q.: MonBoica 37–50, 60 – Wirtemb. UB, 11 Bde, 1849–1913 – Mon. Zollerana II–VIII, 1856–90 – Hohenloh. UB, 3 Bde, 1899–1912 – Reg. sive Rer. Boic. Autographa, 13 Bde und Regbd., 1822–54, 1927 – GS Bamberg 1–2; Würzburg 1–3 – GP, III,3, 1935 [Nachdr. 1960] – weitere UB: →Castell, →Henneberg, →Nürnberg, →Wertheim – *Lit.: [allg.]:* Veröff. der Ges. für frk. Gesch. (13 Reihen), 1906 ff. – JbffL, 1935 ff. – Schriften des (Zentral-)Inst. für frk. Landeskunde (und allg. Regionalforsch.), 1950 ff. – HAB, Teil F., 1951 ff. – F. STEIN, Gesch. F.s, 2 Bde,

1885/86 [Neudr. 1966] – Franken, hg. C. SCHERZER, I, 1962², II, 1959 – Hist. Ortsnamenbuch von Bayern, Mittelf., 1963 ff.; Oberf., 1962 ff.; Unterf., 1963 ff. – GEBHARDT II, 1970⁹, 630–635 – SPINDLER, III – O. MEYER u.a., Oberf. im HochMA, 1973 – G. ZIMMERMANN, F., Gesch. Bayerns (Gesch. der dt. Länder – Territorien-Ploetz), 1975, 44–88 – Oberf. im SpätMA und zu Beginn der Neuzeit, hg. E. ROTH, 1979 – zu [A]: H. SCHREIBMÜLLER, F. in Gesch. und Namenwelt, 1954 – H. WEIGEL, Epochen der Gesch. F.s, Mainfrk. Jb. 5, 1963, 1–30 – H. STEGER, Sprachraumbildung und Landesgesch. im östl. F., 1968 – H. H. HOFMANN, Grenzen und Kernräume in F., 1969, 23–50 – A. WENDEHORST, Gesch. F.s. Bem. zu Raum und Periodisierung (Festg. M. SPINDLER I, 1984), 235–245 – zu [B]: B. SCHMEIDLER, F. und das Dt. Reich im MA, 1930 – G. ZIMMERMANN, Vergebl. Ansätze zu Stammes- und Territorienbildung in F., JbffL 33, 1963, 379–408 – W. SCHLESINGER, Die Franken östl. des mittleren Rheins, HJL 15, 1965, 1–22 – PATZE-SCHLESINGER, I – K. BOSL, F. um 800, 1969² – WENSKUS, Stammesbildung, bes. 512–541 – E. ZÖLLNER, Gesch. der Franken, 1970 – A. FRIESE, Stud. zur Herrschaftsgesch. des frk. Adels, 1979 – zu [C. I]: P. MORAW, F. als königsnahe Landschaft im späten MA, BDLG 112, 1976, 123–138 – zu [C. II]: E. v. GUTTENBERG, Die Territorienbildung am Obermain, 79. Ber. des Hist. Ver. Bamberg, 1927 – A. SCHWAMMBERGER, Die Erwerbspolitik der Bgf. en v. Nürnberg in F. ⟨bis 1361⟩, 1932 – N. HÖBELHEINRICH, Die »neun Städte« des Mainzer Oberstifts, 1939 – W. ENGEL, Würzburg und Hohenlohe, 1949 – G. PFEIFFER, Stud. zur Gesch. der frk. Reichsritterschaft, JbffL 22, 1962, 173–280 – F. SCHNELBÖGL, Die frk. Reichsstädte, ZBLG 31, 1968, 421–474 – DtStb V, 1, 1971 – H. H. HOFMANN, Territorienbildung in F. im 14. Jh. (VuF 14, 1971), 255–300 – G. PFEIFFER, Die kgl. Landfriedenseinungen in F. (ebd.), 229–253 – E. HENNING, Die Entwicklung der Landesherrschaft zw. dem nördl. Thüringer Wald und dem südl. Maingebiet am Beispiel der Gft. Henneberg, Mainfrk. Jb. 24, 1972, 1–36 – W. STÖRMER, Die Gründung von Kleinstädten als Mittel herrschaftl. Territorialaufbaues, gezeigt an frk. Beispielen, ZBLG 36, 1973, 563–585 – → Nürnberg, → Reichsstädte, → Rothenburg, → Schweinfurt, → Weißenburg i. B. – zu [D]: Urbare und Wirtschaftsordnungen des Domstifts zu Bamberg 1, bearb. E. v. GUTTENBERG, 1969 – → Nürnberg – zu [E]: J. NADLER, Literaturgesch. des Dt. Volkes I, 1939⁴, 60–64, 84–95, 178–183, 287–291, 310–321 – Frk. Klassiker, hg. W. BUHL, 1971.

Frankenspiegel → Kaiserrecht

Frankfurt am Main, ma. Königspfalz; Stadt in Hessen, in einer Talenge des Mains, die von den Ausläufern des Berger Horstes im N und dem Sachsenhäuser Berg im S gebildet wird, gelegen.

I. Siedlung, Verkehrslage, Name – II. Königspfalz und Reichsgut – III. Stadt.

I. SIEDLUNG, VERKEHRSLAGE, NAME: Ausgangspunkt der Siedlung war der hochwasserfreie, von drei Seiten von Wasserläufen bzw. Sumpfgebieten geschützte Domhügel, der schon vorgeschichtl. Siedlungsspuren aufweist. Aus der Römerzeit wurden Überreste von Militärbauten des 1. Jh. und späterer zivil genutzter Gebäude aufgedeckt. Seit der Völkerwanderungszeit ist für den Domhügel Siedlungskontinuität (Alamannen?, Franken) zu erschließen. F. besitzt eine verkehrsgünstige Mittelpunktlage, da hier mehrere frühe Straßen zusammentrafen und der Main schon im MA eine wichtige Verkehrsader bildete.

Die Deutung des 794 erstmals gen. Namens (Franconofurd u. ä., Francorum vadus) ist unzweifelhaft: »Furt der Franken«. Der Name betont einen frk. Herrschaftsanspruch am Ort gegenüber einer nichtfrk. Bevölkerung und dürfte nach der frk. Landnahme und vor der vollständigen Frankisierung des unteren Maingebiets entstanden sein (→ Franken, -reich).

II. KÖNIGSPFALZ UND REICHSGUT: Im Früh- und HochMA wird die Geschichte F.s weitgehend durch das Kgtm. bestimmt. Der ungewöhnlich lange Aufenthalt Karls d. Gr. i. J. 794 bildet den Auftakt für etwa 300 Königsbesuche bis zum Jahre 1378 (→ F., Reichssynoden v.; → F., Reichstage v.). Unterkunft für Karl und sein Gefolge

sowie Raum für die Regierungshandlungen gewährte wahrscheinl. der kgl. Wirtschaftshof, denn der Bau einer Königspfalz (mit Saalbau von 26,5 m × 12 m) ist erst für Ludwig den Frommen bezeugt. Sie lag westl. der späteren Pfalzkapelle, die von Ludwig d. Dt. errichtet wurde (852 Weihe; Salvatorpatrozinium) und nach dem Vorbild Aachens ein Kanonikerstift erhielt. Für Ludwig d. Dt. werden mehr als 30 Aufenthalte in F. gezählt, das unter ihm zusammen mit → Regensburg zum Vorort des ostfrk. Reiches wurde und fast Residenzcharakter erhielt. Die Karolinger hielten in F. zahlreiche Hoftage und Reichsversammlungen ab, jagten aber auch häufig in dem großen Reichsforst Dreieich. Unter den Ottonen behielt F. diese Bedeutung. Zahlreiche Weihnachtsfeiern zeigen an, daß sich die Pfalzanlage in gutem Zustand befunden haben muß. Um so einschneidender ist der Abbruch während der Salierzeit. Der drast. Rückgang der Aufenthalte ging offenbar mit einem Verfall (Brand?) der Pfalzgebäude einher, denn das Pfalzgelände wurde im 12. Jh. von der entstehenden Stadt überbaut.

Die Stauferzeit brachte in jeder Beziehung einen Neuanfang. Unter Konrad III. setzten die Königsaufenthalte, darunter mehrere Hoftage, programmat. wieder ein. F. blieb durch die ganze Stauferzeit und darüber hinaus für die Herrscher ein wichtiger Aufenthaltsort im Rhein-Main-Gebiet. Das wird unterstrichen durch den Bau einer neuen Königspfalz bzw. Reichsburg, des Saalhofs, noch im 12. Jh. an der Mainfront, also in einer Randlage zur Stadt. Zugleich tritt in den Urkk. eine starke, in der Umgebung ansässige, auf F. orientierte Reichsministerialität entgegen. Gleichzeitig erfolgte der offenbar vom Kgtm. geförderte Aufstieg F.s zur Stadt.

Die genannten Maßnahmen und Entwicklungen fügen sich in die Politik der Staufer ein, in der → Wetterau, zu der F. damals gehörte, eine starke Machtstellung als Gegengewicht gegen die aufstrebenden Territorialherrschaften, v. a. das Erzstift → Mainz, aufzubauen.

Die starke Beanspruchung der F.er Pfalz durch das Kgtm. setzte eine ausreichende wirtschaftl. Grundlage voraus. Diese wurde gebildet durch das im Rhein-Main-Gebiet reichl. vorhandene, in seinem Grundbestand in die Merowingerzeit zurückreichende Reichsgut. Aufschluß über dessen Verteilung und Organisation gibt das zw. 830 und 850 entstandene sog. Lorscher Reichsurbar. Danach befand sich in F. der Mittelpunkt eines größeren Reichsgutbezirks (→ Reichsgut). Aus den im Reichsurbar verzeichneten Ländereien ist in F. ein großer Wirtschaftshof zu erschließen, von dem mehrere Nebenhöfe und zahlreiche Bauernstellen (Hufen) abhängig waren. Der F.er Königshof betrieb, z. T. mit Hilfe der Fronarbeit der Hufeninhaber, Eigenwirtschaft und war zugleich Sammelstelle für die Erträge der Nebenhöfe und der Abgaben der abhängigen Bauern. Der Königshof dürfte jedoch nicht in der Lage gewesen sein, die Versorgung des Kg.s und seines Gefolges bei einem Aufenthalt in F. allein zu gewährleisten.

Da der große Reichsforst Dreieich ebenfalls vom F.er Königshof aus verwaltet wurde, kam dem Ort bereits in karol. Zeit eine Mittelpunktfunktion für ein größeres Umland zu. Königshof und Reichsgutbezirk unterstanden kgl. Verwaltern (actores), von denen die beiden namentlich bekannten aus bedeutenden Adelsfamilien stammten.

Der F.er Reichsgutbezirk wird noch in dem wohl um die Mitte des 12. Jh. entstandenen sog. → Tafelgüterverzeichnis aufgeführt, in dem F. mit drei Servitien veranschlagt wurde. Etwa ein Jh. später ist die Verpflichtung gegenüber dem Kgtm. von Naturalien in Geld umgewandelt und auf die Stadt übergegangen. F. zahlte jetzt mit 250 Mark Jahressteuer den höchsten Betrag aller im sog. →Reichssteuerverzeichnis von 1241 aufgeführten Städte.

III. STADT: [1] *Verfassung; Stadtrecht:* Bestimmend für die F.er Stadtverfassung im MA war die uneingeschränkte Stadtherrschaft des Kg.s. Nach der Abschaffung der Reichsvogtei (→ Vogtei) durch Friedrich II. um 1220 war der seit 1184/85 bezeugte Schultheiß der oberste kgl. Amtsträger in der Stadt. Die Schultheißen, die vom Kg. eingesetzt wurden und abberufen werden konnten, entstammten zunächst meist der Reichsministerialität (→ Ministeriale). Sie saßen dem Stadtgericht vor und leiteten die Verwaltung der Stadt. Das städt. Schöffengericht war zugleich Reichsgericht und wurde im SpätMA zum Oberhof für die Gerichte zahlreicher Städte und Ortschaften. Als Urteilsfinder des F.er Gerichts fungierten bürgerl. Schöffen, doch ist im 13. Jh. eine Mitwirkung ritterlich lebender Reichsministerialen an der Gerichtstätigkeit zu erkennen.

Aus dem Schöffenkolleg entwickelte sich als Organ der Stadtgemeinde ein Rat, der erstmals 1266 erwähnt wird und 1311 eine festere Form erhielt. Seit diesem Jahr amtierten zwei jährl. wechselnde, vom Rat bestellte Bürgermeister. Rat und Bürgermeister übernahmen die Führung der Verwaltungsgeschäfte und beschränkten die Funktion des Schultheißen weitgehend auf die Gerichtsbarkeit. In der Ratsverfassung dokumentiert sich der Selbstverwaltungsanspruch der Stadtgemeinde und die damit verbundene Emanzipation der Bürgerschaft von dem kgl. Stadtherrn. Der Rat, in dem die patriz. Oberschicht ein starkes Übergewicht besaß, gliederte sich seit 1328 in drei »Bänke«: in die erste Bank der Schöffen, die zweite der Jungherren und die dritte der Handwerker. In der Mitte des 14. Jh. wurde F. von starken Bürgerunruhen erschüttert, in denen die Zünfte und die Gemeinde (der nicht zu Patriziern und Zünften gehörige Teil der Bürgerschaft) um eine stärkere Beteiligung am Stadtregiment kämpften. Trotz anfängl. Erfolge wurde die Stadtverfassung weder auf Dauer verändert noch ein grundlegender Wandel in der personellen Besetzung der städt. Führungsgremien herbeigeführt. Eine Gefährdung für das unmittelbare Verhältnis der Stadt zum Kg. ergab sich durch die mehrmalige Verpfändung des Schultheißenamtes, u. a. an die Herren v. →Hanau, bis sich F. i. J. 1372 selbst in den Pfandbesitz des Schultheißenamtes bringen konnte.

Eine umfassende Rechtsverleihung hat F. weder von Friedrich I. noch seinen Nachfolgern erhalten. Erst durch eine Mitteilung des F.er Rechts für Weilburg i. J. 1297 besitzen wir eine Aufzeichnung des damals geltenden Stadtrechts. Dennoch ist F. das Haupt einer großen Stadtrechtsfamilie geworden. Auch im Bund der wetterauischen Reichsstädte (1285–1364 mit Unterbrechungen) und in der mittelrhein. Landfriedensorganisation (→Landfrieden) nahm es eine führende Position ein. Herausragende Bedeutung für die Reichsverfassung erhielt F. als Wahlort der dt. Kg.e. Erstmals wurde 1152 mit Friedrich I. ein Kg. in F. gewählt, seit dem 12. Jh. fanden die Wahlen mit wenigen Ausnahmen hier statt, und 1356 wurde F. in der →Goldenen Bulle auch reichsrechtl. zum Wahlort bestimmt.

[2] *Handels- und Messeplatz; Gewerbe:* Verfassungsentwicklung, polit. Geltung und wirtschaftl. Aufstieg F.s stehen in engem Zusammenhang. Wahrscheinlich gab es schon in vorstädt. Zeit in Anlehnung an Pfalz, Stift und Königshof einen Markt, zu dem wohl schon früh eine Siedlung gehörte. Als Zollstätte wird F. 1074 gen. Zoll-

freiheit für F.er Kaufleute ist erstmals zu 1184 in Worms bezeugt. In F. geprägte Münzen kennen wir etwa von 1170 an, urkundl. ist die Münzschmiede 1194 bezeugt.

Der Wandel von der Marktsiedlung zur Stadt vollzog sich hauptsächl. in der 2. Hälfte des 12. Jh. Fundamente des Aufstiegs waren der von F.er Kaufleuten betriebene →Fernhandel und die zunehmende Bedeutung F.s als Handels- und Messeplatz (→ Messe). Um 1160 wird die F.er Messe erstmals erwähnt, 1180 waren Rechte und Freiheiten F.er Kaufleute Vorbild für die Privilegierung →Wetzlars, 1240 sicherte Ks. Friedrich II. den Besuchern der F.er Messe seinen bes. Schutz zu. 1330 erlaubte Ks. Ludwig d. Bayer der Stadt F. die Abhaltung eines zweiten, vierzehntägigen Marktes. F. besaß nun eine Frühjahrs- und eine Herbstmesse, deren Termine mit den →Friedberger Messen abgestimmt waren; es hatte vom Niedergang der →Champagnemessen zu Anfang des 14. Jh. profitiert und gehörte dank seiner Mittelpunktlage bald zu den führenden Wirtschaftsplätzen des Reiches. Die wichtigsten Handelswaren (→Wein, Heringe, →Pelze, →Wachs, →Pferde, →Vieh, Wolle, →Waid, Metallwaren, Luxusgüter aus dem Mittelmeerraum und dem Orient) weisen auf die weiträumige Vermittlerfunktion F.s hin. Eine bes. Rolle spielte der Tuchhandel, wobei neben den qualitätvollen und teuren Wollstoffen aus England, Flandern und anderen nordwesteurop. Gebieten v. a. der Verkauf der Tuche mittlerer und einfacher Qualität des großen mittelrhein.-hess. Tuchbezirks ins Gewicht fiel. Dabei stand der F.er Absatzmarkt den Webern direkt offen.

Auch als Zahlungstermine gewannen die F.er Messen Bedeutung. Nach der Erfindung des →Buchdrucks eröffnete sich mit dem Buchhandel ein neuer Schwerpunkt. Seit dem 16. Jh. mußte F. durch die Konkurrenz der Leipziger Messe Einbußen hinnehmen.

Die F.er Handwerke waren um die Mitte des 14. Jh. in 14 Zünften organisiert. Von ihnen arbeiteten allein die Wollweber in nennenswertem Umfang für den Export. Diese Tuchweberei stand im 14. Jh. in voller Blüte, verlor aber danach viel von ihrer Bedeutung.

[3] *Kirchliche Institutionen:* Während der Salierzeit bewahrte neben dem Königshof v. a. die Pfalzkapelle St. Salvator mit dem Kanonikerstift die Bindung F.s an das Kgtm. Die aus ihr hervorgegangene Bartholomäuskirche (Dom; Patrozinienwechsel im 13. Jh.) war bis zur Mitte des 15. Jh. die einzige Pfarrkirche der Stadt. In der 1. Hälfte des 13. Jh. erfolgte eine Reihe von Kapellengründungen und Ordensniederlassungen sowie geistl. Stiftungen (u. a. nach 1219 am Kornmarkt die Maria und Georg geweihte Kapelle, die spätere Leonhardskirche; Dominikaner und Weiße Frauen, dann Karmeliter, Franziskaner, Antoniter). Weitere Kapellen und Stifte, z. T. von F.er Bürgerfamilien gegr. und dotiert, ein Hl.-Geist-Hospital sowie zahlreiche Stadthöfe auswärtiger Kl. bildeten ein starkes Element innerhalb der Stadt. Aus einer Hospitalgründung des Reichsministerialen Kuno v. Münzenberg in Sachsenhausen (Vorstadt südl. des Mains) entstand seit etwa 1220 die F.er Deutschordenskommende. Um 1450 wurden die Peterskirche in der Neustadt und die Dreikönigskirche in Sachsenhausen zu Pfarrkirchen erhoben.

[4] *Topographische und demographische Entwicklung:* Eine Ummauerung der Pfalzsiedlung auf dem Domhügel ist archäolog. nachgewiesen; sie reicht offenbar nicht in die Karolingerzeit zurück, dürfte aber am Ende des 10. Jh. vorhanden gewesen sein. Die Stadtanlage bildete sich während der Stauferzeit aus; sie hatte ihren Siedlungsschwerpunkt auf dem Domhügel und lehnte sich in einem unregelmäßigen Oval im S an den Main an. Die im

1. Drittel des 13. Jh. fertiggestellte Stadtmauer faßte eine Fläche von ca. 40 ha ein. Das stauferzeitl. Straßennetz weist regelhafte, auf planmäßige Anlage hindeutende Elemente auf. Die steinerne Mainbrücke wird erstmals 1222 erwähnt. Sie erhöhte die Verkehrsbedeutung F.s und verband die Stadt mit der Vorstadt Sachsenhausen, in der mehrere Reichsministerialenfamilien ihren Sitz hatten.

Die Entwicklung F.s zur Stadt spiegelt sich auch in der Terminologie (von 794 an villa, daneben im 9. und 10. Jh. palatium, curtis, urbs regalis, 994 castellum, seit 1140 oppidum, 1173 municipium, vom 13. Jh. an civitas; so schon einmal 1018 bei Thietmar v. Merseburg).

1333 erlaubte Ks. Ludwig d. Bayer die Erweiterung der Stadt auf die dreifache Fläche und den Bau einer neuen Stadtbefestigung. Damit wurde die inzwischen an mehreren Stellen über die stauf. Mauer hinausgewachsene vorstadtartige Bebauung geschützt, und es wurden die Raumbedürfnisse weit über das MA hinaus befriedigt. Zahlreiche Kaufmanns- und Patrizierfamilien zogen jetzt aus der Altstadt in die Neustadt und errichteten dort großzügige Wohnsitze. Auch die Tuchindustrie fand in der Neustadt genügend Raum (Rahmhöfe). Im SpätMA wurde die Bauweise stark von den Bedürfnissen des Messehandels bestimmt. Dessen Zentrum war der Markt zw. Bartholomäuskirche und Römerberg, an dem sich seit 1405 das Rathaus (Römer) befand. Daneben gab es weitere Märkte (Kornmarkt; Roßmarkt; Zeil, ursprgl. Viehmarkt; Weckmarkt). Die Messe breitete sich über weite Teile der Stadt aus. Viele Patrizier- und Bürgerhäuser besaßen im Erdgeschoß Verkaufsgewölbe und Lagerräume und wurden zur Messezeit an auswärtige Kaufleute und Weberzünfte vermietet.

In die Bevölkerung der frühen Stadt dürften die vom Königshof abhängigen Leute und die Bewohner der vorstädt. Marktsiedlung aufgenommen worden sein. Dazu kamen Zuwanderer aus der Umgebung und aus größerer Entfernung sowie Angehörige von Reichsministerialenfamilien. Noch in der 1. Hälfte des 13. Jh. waren viele Bürger persönl. vom Kg. abhängig. Seit 1311 sind Bürgerbücher erhalten, die das weite Einzugsgebiet der F.er Bevölkerung, v. a. nach W und N, dokumentieren. Besonders nach der Erweiterung von 1333 gab es starken Zuzug, wobei Bauhandwerker überwogen. Aus einem Einw. verzeichnis von 1387 läßt sich die Zahl der Stadtbewohner auf etwa 9600 schätzen.

Zur F.er Bevölkerung gehörten auch →Juden (s. a. →Deutschland, Abschnitt I). Sie wurden zweimal in grausamen Pogromen nahezu vollständig ausgerottet (1241, 1349). Vor der ersten »Judenschlacht« lebten etwa 200 jüd. Personen in F. Sie waren noch nicht von den Christen getrennt, wohnten jedoch vorwiegend im Bereich zw. Bartholomäuskirche und Main. In diesem bevorzugten Wohngebiet erfolgte nach 1260 und 1360 eine allmähl. Wiederansiedlung. Erst 1462 wurden die Juden, v. a. auf Betreiben der kirchl. Obrigkeit, in ein Ghetto östl. der ehemaligen Staufermauer umgesiedelt.   F. Schwind

Q.: J. F. BÖHMER, Urkk.buch der Reichsstadt F., 794–1400, 1836–J. F. BÖHMER–F. LAU, Urkk.buch der Reichsstadt F., 2 Bde, 1901–05 – A. WOLF, Die Gesetze der Stadt F. im MA, 1969; Beih.: Gesetzgebung und Stadtverfassung, 1968 – Lit.: Archiv für F.s Gesch. und Kunst, 1ff., 1839ff. [Bibliogr.] – J. G. BATTONN, Oertl. Beschreibung der Stadt F., hg. L. H. EULER, 1–7, 1861–75 – K. BÜCHER, Die Bevölkerung von F. im 14. und 15. Jh., I, 1886 – E. WOLFF, Der Kaiserdom in F., 1892 – Die Baudenkmäler in F., 1: Kirchenbauten, 1896; 2: Weltl. Bauten, bearb. E. WOLFF–R. JUNG, 1898; 3: Privatbauten, bearb. R. JUNG–J. HÜLSEN, 1914–A. DIETZ, F.er Handelsgesch. I, 1910 [Neudr. 1970]–F. BOTHE, Gesch. der Stadt F., 1913² – I. KRACAUER, Gesch. der Juden in F. (1150–1824), I, 1925–W. KOPPE, Die Hanse und F. im 14. Jh., HGBll

71, 1952, 30–49 – F. SCHUNDER, Das Reichsschultheißenamt in F. bis 1372, Archiv für F.s Gesch. und Kunst 42, 1954, 7–99–H. MEINERT, F., Hess. Städtebuch, hg. E. KEYSER (DtStb IV, 1, 1957), 122–156 – H. AMMANN, Der hess. Raum in der ma. Wirtschaft, Hess. Jb. für Landesgesch. 8, 1958, 37–70–M. SCHALLES-FISCHER, Pfalz und Fiskus F., 1969 – F. IRSIGLER, Köln, die F.er Messen und die Handelsbeziehungen mit Oberdtl. im 15. Jh. (Köln, das Reich und Europa, 1971), 341–429 – F. SCHWIND, Die Landvogtei in der Wetterau, 1972 – Gesch. Atlas von Hessen, Karte 34A: F. vom frühen MA bis zur Mitte des 17. Jh., bearb. F. SCHWIND–M. SCHALLES-FISCHER, dazu Text- und Erläuterungsbd., 1984, 232–241 – E. ORTH, F. (Die dt. Königspfalzen, 1: Hessen, 1985/86), 131ff.

Frankfurt, Hoftage, Reichstage von. Der Aufenthalt Karls des Gr. 794 steht am Beginn der über Jahrhunderte fortdauernden Bedeutung →Frankfurts im Königsitinerar und seiner hauptstädt. Funktion als zentral gelegener Tagungsort, deren Entwicklung mehrere bedeutende Synoden mitbegründeten (→F., Reichssynoden v.). Dank der Initiative und Mitwirkung der Herrscher war der Übergang von der Synode zur Hofversammlung fließend. Seine Stellung als »principalis sedes orientalis regni« begründete F. während der Regierungszeit Ludwigs d. Dt. und Ludwigs d. J., so daß es →Aachen auch in seinem Rang als Hoftagsort ebenbürtig wurde. Der Wandel der geopolit. Konstellation in der sächs. und sal. Kaiserzeit ließ die Stadt vorübergehend in den Hintergrund treten. Unter Lothar III. fehlt es zum ersten und einzigen Mal im Herrscheritinerar. Die stauf. Hoftage setzten 1140 und 1142 ein (Verhandlungen über die Situation in Sachsen – Friedensschluß) und erlebten im Zeitalter Friedrichs II. einen Höhepunkt. Es sei nur auf die curia generalis im April/Mai 1220 verwiesen, auf der er Vorbereitungen für den Rom- und Kreuzzug traf, die →»Confoederatio cum principibus ecclesiasticis« verfügte und die Sohneswahl durchsetzte. Aber auch die dezidierten Gegner der Staufer erkannten F. als traditionsreiche und zentral gelegene Stätte kgl. Hofversammlungen an (bes. →Otto IV., 1208; Wilhelm v. Holland, 1252). Seit →Rudolf v. Habsburg beriefen die spätma. Herrscher wiederholt Hoftage nach F., das auch dann seine Stellung behauptete, als spätestens im 14. Jh. mit →Nürnberg eine reichsstädt. »Residenz«-Bedeutung als Tagungsort gewann, der für Luxemburger und Wittelsbacher gleichermaßen günstig gelegen war. Eine Häufung hochpolit. Hofversammlungen erlebte F. unter Ludwig d. Bayern (Dez. 1331/Jan. 1332; Juni/Juli 1337; Aug. 1338; März 1339; Sept. 1340; Aug./Sept. 1344). Auch Karl IV. und Wenzel veranstalteten hier je zwei Hoftage (Aug./Sept. 1366; Jan./Febr. 1368; Febr./März 1379; Dez. 1397/Jan. 1398). Daß F. in der →Goldenen Bulle (1356) als rechtmäßiger Ort der Königswahl bestimmt wurde, ist u. a. in der Nähe der vier rhein. Kfsm.er begründet. Diese verfassungsgeogr. Konstellation hatte starke Wirkung auf den Charakter der F.er Tage, wie bes. die zahlreichen Königslosen Tage unter Wenzel, Ruprecht und Siegmund zeigen, die funktional in die unmittelbare Vorgeschichte des Reichstags gehören. Die Verankerung des Kgtm.s im Südosten des Reiches (seit 1438) bedeutete ungeachtet einzelner wichtiger Tage (z. B. 1489) eine tiefe Zäsur, deren Konsequenz allerspätestens die Wahl →Regensburgs zum Ort des immerwährenden Reichstages bewußt machte.   Th. Martin

Lit.: G. BECKMANN, Das ma. Frankfurt a. M. als Schauplatz von Reichs- und Wahltagen (Archiv für Frankfurts Gesch. und Kunst III, 2, 1889), 1–140 – →Frankfurt.

Frankfurt, Reichssynoden v. [1] *Reichsversammlung und große Synode v. 794:* Sie tagte im Juni 794 in der Königspfalz in →Frankfurt; auf ihr waren Bf.e aus allen Teilen des Reiches anwesend. Unter Vorsitz Karls d. Gr. und im

Beisein zweier päpstl. Legaten berieten die Bf.e über dogmat. Fragen (→Adoptianismus, →Bilderstreit), über Fragen der Reichs- und Kirchenpolitik sowie über die Reform von Reich und Kirche. Die Beschlüsse wurden in einem Kapitular zusammengestellt, das 56 Kapitel umfaßt, von denen die ersten zehn und die beiden letzten Kapitel den Charakter eines Ergebnisprotokolls haben, während cc. 11–54 fast ausschließlich in knappster Form Bestimmungen wiederaufnehmen, die zwei Kapitularien des Jahres 789 (sog. »Admonitio generalis« und »Edictum duplex legationis«) bereits verkündet hatten. Nach der Überlieferung der Beschlüsse zu urteilen, war ihre Wirkung nicht gerade groß: Das Kapitular ist nur in zwei Hss. erhalten, und die Briefe, die die frk. und die it. Bf.e sowie Karl selbst wegen des Adoptianismus verfaßt haben, sind nur in einer Hs. vollständig überliefert. Auf dem Konzil erscheint Karl d. Gr. deutlich als Herr der westl. Kirche.

[2] *Weitere wichtige Konzilien in Frankfurt in den folgenden Jahrhunderten:* 892 wurde über den Streit zw. den Ebm. →Köln und →Hamburg-Bremen verhandelt (vgl. MGH Epp. VII, 366ff.). – Die Synode von 1001 (2. Augusthälfte) befaßte sich mit dem Streit zw. Ebf. →Willigis v. Mainz und Bf. →Bernward v. Hildesheim um die Abtei →Gandersheim. – Auf der großen Synode von 1007 (Anfang Nov.; 8 Ebf.e und 28 Bf.e) erfolgte die Gründung des Bm.s →Bamberg. – Ende Sept. 1027 erörterten unter Vorsitz Ebf. →Aribos v. Mainz 23 Ebf.e und Bf.e u. a. nochmals den Gandersheimer Streit. – 1069 verbot der päpstl. Legat →Petrus Damiani Kg. →Heinrich IV. die Scheidung von seiner Gattin Bertha v. Turin. – Nach der Ermordung des Ebf.s v. Mainz durch Mainzer Bürger wurden diese 1161 wegen parricidium exkommunizert; außerdem wurde Propst →Christian v. Merseburg zum neuen Ebf. v. Mainz gewählt. – 1234 hielt Kg. →Heinrich (VII.) einen Hoftag ab, um sich mit der Situation der Ketzerbekämpfung im Reich nach der Ermordung des Inquisitors →Konrad v. Marburg zu befassen. →Frankfurt, Hof- und Reichstage v.   W. Hartmann

Lit.: [allg.]: DHGE XVIII, s. v. [S. ANTON] – E. ORTH, Frankfurt (Die dt. Kg.spfalzen, 1: Hessen, 1985/86), 178ff., 326ff., 334ff. – *[Synode v. 794]:* HEFELE-LECLERCQ 3, 2, 1910, 1045–1060 – HAUCK II, 1912, 311ff. – W. V. D. STEINEN, Entstehungsgesch. der Libri Carolini, QFIAB 21, 1929/30, 72ff. – H. BARION, Der kirchenrechtl. Charakter des Konzils v. Frankfurt 794, ZRGKanAbt 19, 1930, 139ff. – C. DE CLERCQ, La législation religieuse franque de Clovis à Charlemagne (507–814), 1936, 184ff. – F. L. GANSHOF, Observations sur la synode de Francfort 794 (Misc. hist. i. h. A. DE MEYER, 1, 1946), 306ff. – G. HAENDLER, Epochen karol. Theologie, 1958, 36ff. – L. WALLACH, Alcuin and Charlemagne, Stud. in Carolingian Hist. and Lit., 1959, 147ff. – W. HEIL, Alkuinstud., 1: Zur Chronologie und Bedeutung des Adoptianismusstreites, 1970 – *[Synoden des 10. und 11.Jh.]:* M. BOYE, Die Synoden Dtl. und Reichsitaliens von 922–1059. Eine kirchenverfassungsgesch. Unters., ZRGKanAbt 18, 1929, 131–284 – *[Hoftag v. 1234]:* A. PATSCHOVSKY, Zur Ketzerverfolgung Konrads v. Marburg, DA 37, 1981, 687f.

Frankfurt a.d. Oder, Stadt an der mittleren Oder. Der Piastenherzog →Heinrich I. v. →Schlesien (1202–38) gründete hier in günstiger Paßlage eine dt. Kaufmannssiedlung mit Nikolaikirche. Nach Teilung des Landes →Lebus zw. dem Erzstift Magdeburg und den Askaniern begabte Mgf. →Johann I. v. Brandenburg die noch unfertige Marktsiedlung 1253 mit Stadtrechten nach Berliner Vorbild. Markt und Marienkirche der Stadt knüpfen direkt an den älteren Ort an. Die Aufsiedlung des innerhalb der um 1300 nachweisbaren Mauer ca. 36 ha umfassenden Areals erfolgte erst später.

Die Gründungsurkunde und ein zwei Tage später folgendes, nicht gefälschtes Privileg (12. und 14. Juli 1253)

statteten F. mit Hufenland aus und bedachten es mit einer Reihe von Rechten. Eine dabei angekündigte weitere Gründung (Zliwitz) auf dem rechten Oderufer unterblieb.

In günstiger Verkehrslage, im Schnittpunkt des Nord-Süd- und West-Ost-Handels, gefördert durch Brückenbau, Zoll- und Niederlagsrecht, erlebte die Stadt einen schnellen Aufschwung (Rathaus, Nikolai- und Marienkirche). Die Stadt verfügte über ein Franziskanerkl., drei Spitäler sowie eine Kartause (in den Weinbergen südl. der Stadt). Seit dem frühen 14. Jh. stellten Kaufleute und Gewandschneider das Stadtregiment. Umfangreicher bürgerl. Lehnsbesitz im Umland ist bezeugt. Den Höhepunkt seiner wirtschaftl. Bedeutung erreichte F. im 14. Jh. Im Bemühen →Karls IV. um den Erwerb der Mark →Brandenburg stand F. stets auf der gegner. Seite der Wittelsbacher, die es reich privilegierten. Die Luxemburger bestätigten diese Vorrechte weitgehend. Neben dem Recht der freien Oderschiffahrt durfte F. drei Jahrmärkte abhalten, aus denen sich am Ende des 16. Jh. die F.er Messen entwickelten. Allerdings waren →Stettin, →Berlin und →Danzig ernste Konkurrenten der überregionalen Handelsfunktion F.s. In Konkurrenz zu →Wittenberg wurde 1506 (Privilegien 1498 und 1500) die Univ. (Schwerpunkte: Theologie, Medizin und Jura) eröffnet. Diese umfaßte ca. 1000 Studenten, während die Stadt insgesamt etwa 5000 Einw. zählte.   W. Ribbe

Lit.: H. KRABBO, Die Stadtgründungen der Mgf.en Johann I. und Otto III. v. Brandenburg 1220–1267, AU 4, 1912, 273–290 – R. SCHÖNEBECK, Die wirtschaftl. Entwicklung von F., 1250–1450 [Diss. masch. Hamburg 1925] – K. RIESNER, Die Verkehrsstraßen der Stadt F. [Diss. Berlin 1926] – W. KEHN, Der Handel im Oderraum im 13. und 14.Jh. (Veröff. der Hist. Komm. v. Pommern VI 16), 1968, 119–153 – E. W. HUTH, Die Entstehung und Entwicklung der Stadt F. und ihr Kulturbild vom 13. bis zum frühen 17. Jh. auf Grund archäolog. Befunde, 1975 – E. BOHM, Das Land Lebus und seine Vogteien westl. der Oder (13.–15. Jh.), JGMODtl 25, 1976, 41–81 – E. MÜLLER-MERTENS, Gründung und Entwicklung der Stadt F. a.d.O., Frankfurter Beitr. z. Gesch. 1, 1976 – W. SCHICH, Stadtwerdung im Raum zw. Elbe und Oder … (Germania Slavica I, hg. W. H. FRITZE, 1980), 191–238, 230–235 – F. WEICHERT, Die Oder-Univ. F. und ihre Reformbestimmungen aus dem 16.Jh. … (Jb. für Berlin-Brandenburg. KG 55, 1985), 113–156.

Fränkische Reichsannalen → Reichsannalen

Fränkisches Recht sind die frk. Stammesrechte des frühen MA: die Lex Salica (507/511), die Lex Ribuaria (7. Jh.) und die Lex Chamavorum (frühes 9. Jh.) (→Leges). Sie setzen sich typischerweise aus volksrechtl. Gewohnheiten und merow. Königskonstitutionen zusammen. Die karol. Zeit steuert rechtsergänzende →Kapitularien bei. Die ältere, rigide Unterscheidung von Volks- und Amtsrecht wird heute nicht mehr gelehrt. Rechtsvorstellungen der röm. Spätantike wirken (z. B. im Urkunden- und Formularwesen, aber auch hinsichtl. der Erscheinung der Rechtsaufzeichnung als solcher) früh ein. Dasselbe gilt von christl. Gedankengut (z. B. →Huld, →Gnade, Aufgaben des Kgtm.s). Weder Leges noch sonstige Normierungen sind auf Vollständigkeit des Rechts hin angelegt. Es hat also jedenfalls neben ihnen in weitem Umfang schriftloses Recht existiert. Das Ausmaß, in dem die Leges selbst als Schriftrecht effektiv geworden sind, d. h. Rechtsprechung und Rechtsbewußtsein bestimmt haben, wird zumeist gering eingeschätzt. Andererseits muß nicht bezweifelt werden, daß die Leges grundsätzl. das Recht ihrer Zeit widerspiegeln. Besser scheint es um die Effektivität der Kapitularien bestellt.

Als charakterist. für das F.R. gelten →Investitur und Auflassung, der Wettvertrag (fides facta), das Familienstammgut (terra salica), die ehegüterrechtl. Errungenschaftsgemeinschaft, die Schöffenverfassung (→Schöffe). Das F.R. denkt stark genossenschaftl.-gewaltenteilend, ist zentralist. Staatsbildung wenig zugeneigt. Die Aufteilung des Erbes unter allen Söhnen und die weitgehende Autonomie von Verbänden (Gruppen) sind hier zu nennen. Der Trennung von Rechtsfindung und Rechtsgebot im →Ding entspricht ein gewaltenteilendes Verständnis des Rechts. Ein Adelsstand existiert nicht. Maßgeblich ist die Unterscheidung von→Freiheit und Unfreiheit. Amts- und Sozialhierarchien sind zwar bekannt, doch steht dem die genossenschaftl. Organisation der jeweiligen Lebenskreise und Entscheidungsebenen nicht entgegen.

F.R., insbes. salisches Recht, hat das Recht der in den Verband des Frankenreiches einbezogenen germ. Völker (sog. »dt. Stämmme«) ebenso wie das der frk. Nachfolgestaaten geprägt. Es hat mit einigen seiner Einrichtungen auch darüber hinaus gewirkt, so z. B. mit der Organisation des kgl. Hofes. Auf F.R. geht das europ. →Lehnswesen zurück. Aus dem frk. Rügeverfahren wurde die norm.-ags. Jury entwickelt. F.R. hat stark auf das Recht der früh- und hochma. Kirche, desgleichen im Zusammenhang mit der Unterwerfung der →Langobarden auf Italien eingewirkt, ohne allerdings die Grundlage der antik-röm. Rechtskultur auflösen zu können.

F.R. ist auch das Recht der ma. Landschaft→Franken. Den Leges kam seit dem 11. Jh. keine unmittelbare Bedeutung mehr zu. Es setzte sich vielmehr Rechtsbrauch nach frk. Art durch. Gelegentl. gibt es in grenznahen Gebieten Hinweise auf den Gebrauch bayer. Rechts. Im SpätMA wurden auch →Schwabenspiegel und →Sachsenspiegel benutzt, während das um 1340 in der Nähe von Frankfurt a. M. entstandene Kleine→Kaiserrecht, der sog. Frankenspiegel, zwar überwiegend F.R. enthält, seine besondere Bedeutung für das Rechtsleben Frankens jedoch nicht zu erweisen ist. Aufgrund dieser Anhaltspunkte wie auch der polit. Entwicklung und der geogr. Mittellage der Landschaft steht fest, daß sich ein einheitliches, gemeines F.R. nicht ausgebildet hat. Neben den Landesbräuchen stehen je besondere Dorfgewohnheiten.

F.R. spielt ferner in einigen engeren Zusammenhängen eine Rolle. So lebte der dt. Kg. stets nach F.R. (Sachsenspiegel III 54 § 4; Schwabenspiegel GENGLER, 103), mußte auf frk. Erde gewählt, gekrönt und gerichtet werden. Das Recht des Königsgutes war F.R. – Auch außerhalb des frk. Stammesbodens, insbes. in Hessen und Thüringen, haben Städte und Dörfer auf Königsland ihr Recht als F.R. bezeichnet. – F.R. spielt im Rahmen der dt. →Ostsiedlung eine Rolle, z. B. in mehreren Gegenden Schlesiens, wobei der Begriff nicht mehr eine Gesamtordnung bezeichnet, sondern speziell das Ehegüterrecht und das Familienerbrecht meint. J. Weitzel

Lit.: HRG I, 922–939 [H. PETER, s. v. Engl. Recht], 1208–1210 [G. DOLEZALEK]; II, 1915f., 1923–1927, 1949–1962 [R. SCHMIDT-WIEGAND, s. v. Lex Francorum Chamavorum, Lex Ribuaria, Lex Salica]– H. BRUNNER, Die Entstehung der Schwurgerichte, 1871 – R. SOHM, Frk. Recht und röm. Recht, ZRGGermAbt 1, 1880, 1–84– R. SCHRÖDER, Die Franken und ihr Recht, ZRGGermAbt 2, 1881, 1–82 – H. BRUNNER, Forsch. zur Gesch. des dt. und frz. Rechts, Ges. Aufs., 1894 – H. E. FEINE, Von der weltgesch. Bedeutung des germ. Rechts, 1926– TH. GOERLITZ, Das fläm. und das frk. Recht in Schlesien und ihr Widerstand gegen das sächs. Recht, ZRGGermAbt 57, 1937, 138–181– H. LIERMANN, Zur ma. Rechtsgesch. Frankens, Archiv für Frk. Landesforsch. 5, 1939, 1–17– H. MITTEIS, Die germ. Grundlagen des frz. Rechts, ZRGGermAbt 63, 1943, 136–213 – F. MERZBACHER, Iudicium Provinciale Ducatus Franconiae, 1956– D. MUNZEL, Die Innsbrucker Hs. des Kleinen Kaiserrechts, 1974–J. WEITZEL, Dinggenossenschaft und Recht, 1985.

Frankohorion → Fruška Gora

Franko-italienische Literatur. Eine Reihe von Hss. (zum Großteil in der Bibl. Marciana, Venedig) bezeugen, daß sich im 13. und 14. Jh. im lombard. Raum eine Literatur entwickelt hatte, die bes. linguist. Charakteristiken aufweist. Die wichtigsten dieser Codices bieten so gut wie ausschließl. Epen des Karlszyklus (u. a. Chanson de Roland; Chanson d'Aspremont; Chanson d'Aliscans; Gui de Nanteuil, »Fouque de Candie«); einige enthalten mehr oder weniger getreue Abschriften frz. Texte (Cod. V, VI, VII; VIII, X, XIX, XX). Daneben finden sich vollkommen eigenständige Dichtungen: »L'Entrée d'Espagne« in dem mit hervorragenden Miniaturen ausgestatteten Cod. XXI, und »Prise de Pampelune« (Cod. V), ein kurz vor der Mitte des 14. Jh. entstandenes Werk des Nicolò da Verona, der auch das Epos »Pharsale« (nach den »Pharsalia« des Lucan) und eine »Passion« verfaßt hat. Vermutl. aus einem kurzen Motiv einer frz. Vorlage entwickeln der Verfasser der »Entrée« und Nicolò da Verona mit bemerkenswerter Erfindungsgabe krieger. Episoden und Abenteuerreihen, in denen sich epische und Romanelemente verbinden, die für das spätere it. »Poema cavalleresco« Bedeutung erhalten sollten; die gen. Dichtungen weisen eine genaue Kenntnis der frz. Sprache und Kompositionstechnik auf und sind für ein höf. Publikum bestimmt, v. a. die Werke des Nicolò da Verona, der dies selbst ausspricht. Die bes. Aufmerksamkeit der Forschung galt seit dem vorigen Jh. dem Cod. XIII, einer umfangreichen akephalen Sammelhs., die sieben Dichtungen enthält, die z. T. von frz. Vorlagen abhängen, z. T. jedoch eigenständige Beiträge des Kompilators darstellen: »Bueve de Hanstone«, Bearbeitung des gleichnamigen frz. Epos (Anfang nicht erhalten, →Buovo d'Antona); »Berta da li pè grandi«, dem frz. Epos des →Adenet le Roi »Berte aus grans piés« verpflichtet (→Bertha); »Karleto« (Jugend Karls d. Gr.); »Berta e Milon« (Liebe Bertas, der Stiefschwester Karls d. Gr. und des jungen Milon und ihre Verfolgung durch den Ks.). Ihr Sohn Roland stiftet im »Rolandin« Frieden zw. Berta und ihrem Bruder Karl. »Ogier li Danois« (Rebellion des Uggeri gegen seinen Kg. Karl) und schließlich »Macaire« (Komplott des Hauses Maganza gegen die frk. Kgn.). Für »Berta e Milon« und »Rolandin« sind keine frz. Vorlagen bekannt. Die anderen Texte sind mehr oder weniger freie Nachdichtungen früherer frz. Epen. Einige Modifizierungen sind anscheinend im Hinblick auf zeitgenöss. Ereignisse für das it. Publikum eingeführt (nach H. KRAUSS versteckte Anspielung auf→Ezzelino da Romano im »Ogier«). Abgesehen von diesen Elementen stellen die Texte des Cod. Marciano XIII im wesentl. Episoden aus dem Leben der frk. Königshauses dar; der romanhafte Tonfall unterscheidet sie von den Heldenepen und nimmt stärker auf ein vorwiegend bürgerl. Publikum Rücksicht, das sich für das Privatleben hochgestellter Persönlichkeiten interessiert, an realist. Alltagsschilderungen Gefallen findet und sich an der – in den Texten häufigen – Schilderung körperl. Entstellungen belustigt.

Der Cod. Marc. XIII ist die kurz vor der Mitte des 14. Jh. entstandene Abschrift eines verlorenen Originals, das nur wenige Jahre früher entstanden sein dürfte (P. RAJNA). Die zahlreichen, liebenswürdig-naiven Miniaturen, mit denen der Codex geschmückt ist, bieten eine Datierungshilfe.

Neben den gen. Hss. der Bibl. Marciana mit Texten aus der Karlsgeste sind weitere Werke zu nennen, die z. T. in anderen Bibliotheken bewahrt sind und nichts mit dem Karlszyklus zu tun haben, sondern antike Stoffe bearbeiten: z. B. der »Roman d'Hector et Hercule«, überliefert in verschiedenen Hss. it. Provenienz, oder die bereits gen.

»Pharsale« des Nicolò da Verona, der nach eigener Angabe noch andere – nicht erhaltene – Werke verfaßt hat. Der
Cod. lang. mediceo-palat. XCIII., Florenz, und ein Faszi-
kel des Capitulararchivs der Kathedrale v. Udine überliefern Fragmente des →Bovo d'Antona, die eine Rekonstruktion der in der akephalen Redaktion des Marc. XIII
fehlenden Episoden ermöglichen. Ebenfalls außerhalb des
Karlszyklus – dessen Vorbildern es jedoch folgt – steht das
1358 entstandene Versepos →»Attila« des Nicolò da Caso-
la (Bibl. Estense, Modena). Die Fortwirkung des in Frankreich durch den →»Roman de Renart« repräsentierten
Tierepos bezeugen im Bereich der F.-i.L. zwei Redaktionen des »Rainardo e Lesengrino« (Oxford; Udine Bibl.
Arcivescovile). Interessant ist auch das franko-it. Versepos »Ugo d'Alvernia«, das in drei Codices erhalten
ist: Berlin (B), Turin (T), Padua (P). T weist nicht die
sprachl. Charakteristiken der franko-it. Texte auf, sondern ist stark italienisiert, obwohl er mit B eng verwandt
ist, der (ebenso wie P) wichtige ven. Spracheigentümlich-
keiten zeigt, die dem Frz. aufgepfropft sind. Einen der
ältesten in N-Italien entstandenen frz. Texte, das kurze
Versepos »Antéchrist« (ca. Mitte des 13. Jh. anzusetzen)
bietet Ms. 3645 der Bibl. de l'Arsenal, Paris.

Alle bis jetzt gen. Texte (bei denen es sich um die
bedeutendsten Werke der f.-i. L. handelt) sind in Versen
abgefaßt, deren Versmaß häufig starke Schwankungen
aufweist (ausgenommen die »Entrée« und die Werke des
Nicolò da Verona, die auch in dieser Hinsicht größere
Eleganz und bessere Beherrschung der Technik zeigen).

Unter den Prosawerken sind hervorzuheben: »Aquilon
de Baviere«, ein von Raffaele Marmora zw. 1379 und 1407
verfaßter Prosaroman, der am Ende der f.-i. L. steht. Das
interessante Werk ist keinen direkten Vorbildern verpflichtet, zeigt jedoch, daß sein Autor eine umfassende
Kenntnis der in Italien verbreiteten Karlssagen besaß und
stellt eine wertvolle Quelle für diese dar.

Die Datierung der erhaltenen Texte ist in der Forschung
kontrovers. Vermutl. verdankten sie ihr Entstehen der
Beliebtheit der frz. Lit. in Italien seit dem 12. Jh., wofür
auch Werke der bildenden Künste Zeugnis ablegen. Es ist
zu unterscheiden zwischen a) einfacher Abschrift frz. Texte, b) Bearbeitungen und Nachdichtungen (Beispiel: Cod.
Marc. XIII), c) eigenständigen Werken, die ein Motiv
einer frz. Vorlage originell weiterentwickeln (»Entrée«,
»Prise de Pampelune« etc.) oder sogar vollkommen frei
von jedweder Abhängigkeit von einer frz. Vorlage sind
(»Attila«). Diese Dreiteilung gilt allerdings nicht im Hinblick auf die Abfassungszeit. Viele Texte – Bearbeitungen
oder Originalwerke – sind in die erste Hälfte des 14. Jh. zu
setzen. Die hybride Sprache, ein mehr oder weniger ver-
wildertes Frz. mit ven. und it. Elementen, welche die
Bezeichnung franko-venetische oder, wie man heute vor-
zieht, f.-i. Lit. rechtfertigt, läßt zw. den einzelnen Texten
keine Unterschiede erkennen, die auf verschiedene Abfas-
sungszeiten schließen lassen könnten. Die bestehenden
Unterschiede beziehen sich ausschließl. auf bessere oder
schlechtere Französischkenntnisse der Autoren und auch
die Absicht, bestimmte Aspekte herauszuarbeiten, die den
Erfolg des Werkes fördern konnten. Wenn überhaupt, so
läßt sich ein Unterschied auf kultureller Ebene zw. mehr
oder weniger gebildeten und fähigen Spielleuten (Cod.
Marc. XIII) und den eleganteren Dichtern wie etwa dem
Autor der »Entrée« und Nicolò da Verona feststellen. Alle
wirkten jedoch in dem gleichen Zeitraum, d. h. zwischen
dem Ende des 13. und etwa der Mitte des 14. Jh. Bei der
Nachahmung, Bearbeitung und Schaffung neuer Werke
verwendeten die Autoren die Sprache ihrer Vorbilder,
d. h. das Frz., bzw. wollten dies tun. Das Problem der
hybriden Sprache der franko-it. Texte wurde in der Forschung stark diskutiert (vgl. HOLTHUS, 1979).

Die Spielleute, mochten sie auch eine gewisse Genialität
besitzen, wie der Kompilator der Sammelhs. Marc. XIII,
gefielen sich auch darin, die frz. Sprache bewußt zu rade-
brechen, v. a. in Reimen, um ihr Publikum zum Lachen zu
bringen (vgl. Brief des Lovato de →Lovati an Ardighino
[Bellino] →Bissolo).

Die f.-i. L. in den überlieferten Texten ist ein interessantes Zeugnis einer Epoche, in der das Interesse für die frz.
epische Lit. in Italien so lebendig war, daß man sich nachzuahmen versuchte und daß verschiedene soziale Schichten
sich von ihr angezogen fühlten; dies gilt gleichermaßen für
die vornehme Gesellschaft wie für das einfache Volk.
Zusammen mit den toskan. →Cantari, die vielleicht von
ihr abhängen, bildet sie das Verbindungsglied zu dem
wenig später entstandenen it. »Poema epico-cavalleresco«
eines →Pulci, →Boiardo, Ariosto, die durch viele Fäden
mit ihr verbunden sind.   C. Cremonesi

Ed.: Nicolò da Verona, Prise de Pampelune, hg. A. MUSSAFIA, Altfrz.
Gedichte aus ven. Hss., 1864 – Ders., Pharsale, hg. H. WAHLE, 1888 –
Ders., Passion, hg. C. CASTELLANI, Atti del Reale Ist. Veneto di
Scienze, Lettere ed Arti, ser. 7, 5, 1892–93 – Huon d'Auvergne,
verschiedene Teil-Ed., 1908–27, vgl. HOLTHUS, 1985 – Chanson de
Roland, hg. G. GASCA-QUEIRAZZA, 1954 – Gui de Nanteuil, hg. J. R.
McCORMACK, 1970 – Hector et Hercule, hg. J. PALERMO, 1972 –
Chanson d'Aspremont, hg. A. DE MANDACH, Naissance et développe-
ment de la chanson de geste en Europe, III, 1975 – Chanson de Roland,
hg. G. ROBERTSON-MELLOR, 1980 – Raffaele da Verona, Aquilon de
Bavière, hg. P. WUNDERLI, 1982 – Ogier le Danois, hg. L. K. Z.
MORGAN [Diss. Yale Univ. 1983] – Bataille d'Aliscans, hg. G. HOLT-
HUS, 1985 – A. ROSELLINI, La »Geste Francor« di Venezia. Ed.
integrale del Cod. XIII del Fondo francese della Marciana, 1986
(Bibliogr. von 1740–1980 mit Angabe der Ed.) – vgl. auch →Attila,
→Andrea da Barberino, →Buovo d'Antona, →Entrée d'Espagne,
→Nicolò da Verona – Lit.: A. VISCARDI, Letteratura franco-it., 1941 –
A. RONCAGLIA, La lett. franco-veneta (E. CECCHI – N. SAPEGNO, Storia
della lett. it., II: Il Trecento, 1965) – H. KRAUSS, Ezzelino da Romano –
Maximo Çudé. Hist. Realität und ep. Strukturzwang in der franko-it.
»Chevalerie Ogier«, Cultura Neolatina 30, 1970, 223–249 – N. B.
CROMEY, L'Entrée d'Espagne [Diss. Univ. Wisconsin 1974] – G.
HOLTHUS, Zur franko-it. Sprache und Lit. Forschungsber. 1959–1964,
ZRPh 91, 1975, 491–533 – Storia della cultura veneta, I und II, hg. G.
ARNALDI – M. PASTORE-STOCCHI, 1976 – A. ROSELLINI, Il cosidetto
franco-veneto, Filologia moderna 2, 1977, 219–303 – G. HOLTHUS, Ist
das Franko-It. eine Sprache oder ein Dialekt?, Beitr. zur roman. Lit.,
hg. K. BALDINGER, 1977, 79–97 – DERS., Lexikal. Unters. zur Interfe-
renz: die franko-it. »Entrée d'Espagne«, 1979 [Bibliogr.] – H. KRAUSS,
Epica feudale e pubblico borghese. Per la storia poetica di Carlomagno
in Italia, 1980 – R. SPECHT, Recherches sur Nicolas de Vérone. Contribution à l'étude de la litt. franco-it. du quatorzième s., 1982 – Essor et
fortune de la chanson de geste dans l'Europe et l'Orient latin. Actes du
IXᵉ congrès internat. de la Société Rencesvals (1982), 1984, 654–807 –
A. LIMENTANI, Presenza di Virgilio e tracce d'epica latina nei poemi
franco-it.?, Lectures médiévales de Virgile. Actes du colloque organisé
par l'École française de Rome (1982), 1985, 285–311.

Frankopani (Frangipani, ung. Frangepán), kroat. Adelsfamilie, hervorgegangen aus der Familie der comites von
→Krk (Veglia), unter dem Namen der F. erst seit 1430
(s. u.). Erster bekannter comes der dalmat. Insel Krk ist
Duymus († 1162/63). Abhängig von Venedig, bemühten
sich die comites im 12. Jh. um Durchsetzung gegenüber
der Kommune der civitas Krk. Nach Ansicht von N.
KLAIĆ und der älteren Forschung stammte Duymus aus
einem der slav. castella auf Krk und wurde bei Errichtung
der ven. Herrschaft über die Insel 1118 oder bald danach
wegen seiner venedigfreundl. Haltung als comes über die
ganze Insel, sowohl castella als auch civitas Krk, eingesetzt. L. MARGETIĆ zufolge betraute bereits der Kg. v.

→Kroatien, →Dmitar Zvonimir (1075–89), mutmaßlich aus der Gegend um Split stammende Vorfahren von Duymus mit der Verwaltung der Insel und der gegenüberliegenden Festlandgebiete. Seit dem Ende des 12. Jh. traten Angehörige der Familie in den Dienst des seit um 1100 auch über Kroatien herrschenden Kg.s v. →Ungarn. Abhängig von der Bewertung der 1193 einsetzenden Privilegien hinsichtl. ihrer Echtheit bestehen verschiedene Ansichten, ab wann die Familie auch Besitzungen auf dem kroat. Festland – v. a. die Burg Modruš und die Landschaft Vinodol – erwarb: schon im 11. Jh. (L. Margetić), 1193 (V. Klaić), erst Mitte des 13. Jh. (N. Klaić). Die doppelte Vasallität gegenüber Stephanskrone und Dogen fand ihr Ende im Frieden von →Zadar 1358, als Krk wie alle anderen ven. Besitzungen an der Adriaostküste an den Kg. v. Ungarn, Ludwig v. Anjou, fiel. Im 14. Jh. konnte die Familie, gestützt auf ein gutes Verhältnis zur ung. Krone, ihren Besitz erhebl. erweitern. Seit 1392 lag das Amt des →Banus v. Kroatien häufig in Händen von Familienangehörigen. Nikolaus IV., der allen Familienbesitz ztw. einte und 1426–32 auch die Banuswürde innehatte, erlangte 1430 unter Berufung auf angebl. Abstammung der Familie von den stadtröm. →Frangipani vom Papst die Anerkennung des Rechtes auf deren Wappen und Namen. I. J. 1480 vermachte der letzte Angehörige des damals über Krk regierenden Zweiges der F. die Insel an Venedig. Zuerst das Vorgehen von Kg. Matthias Corvinus (1459–90), der unter Ausnutzung von Streitigkeiten innerhalb der F. diesen einzelne Besitzungen abnahm, dann die Angriffe der Türken ließen die Macht der F. weitgehend zerbrechen. Einzelne Angehörige der immer kleineren Familie spielen in der kroat. Geschichte der frühen NZ eine wichtige Rolle, v. a. Christoph v. Brinje (1482–1527). Der letzte F., Franz Christoph v. Tržac, wurde 1671 wegen Rebellion gegen Ks. Leopold I. hingerichtet.

L. Steindorff

Q.: Cod. dipl. comitum de Frangipanibus (1133–1527), ed. L. Thallóczy – S. Barabás, 1–2, 1910–13 (MHH I. 35, 38) – Lit.: EJug² IV, 1986, 256–258 – BLGS I, 522–524 – Isenburg IV, 1957, Taf. 100, 101a – V. Klaić, Krčki knezovi Frankapani. Knjiga 1. Od najstarijih vremena do gubitka otoka Krka (od god. 1118. do god. 1480.), 1901 – N. Klaić, Kako i kada su krčki knezovi stekli Modruš i Vinodol, Vjesnik historijskog arhiva Rijeka i Pazin 16, 1971, 129–168 – Dies., Povijest Hrvata u razvijenom srednjem vijeku, 1976 – L. Margetić, Iz vinodolske prošlosti. Pravni izvori i rasprave, 1980 – L. Steindorff, Die dalmatin. Städte im 12. Jh., 1984.

Frankpledge → Francplegium

Frankreich

A. Allgemeine und politische Geschichte – B. Kirchengeschichte und -verfassung, Verhältnis zum Papsttum – C. Siedlungs-, Wirtschafts- und Sozialgeschichte – D. Geschichte der Juden in Frankreich

A. Allgemeine und politische Geschichte

I. Von den Robertinern zu den Kapetingern (10. Jh.) – II. Das feudale Frankreich (Ende des 10.–Mitte 12. Jh.) – III. Das Königtum der frühen Kapetinger (987–1137) – IV. Ausbau der Königswalt und Auseinandersetzung zwischen Kapetingern und Plantagenêt (1137–Mitte des 13. Jh.) – V. Die Zeit der kapetingischen und französischen Suprematie (Mitte des 13. Jh.–Mitte des 14. Jh.) – VI. Die Krisenperiode (Mitte des 14. Jh.–Mitte des 15. Jh.) – VII. Wiederaufbau und Expansion (1461–98) – VIII. Die französische Monarchie des späten 15. Jh. im Spiegel der Zeitgenossen.

I. Von den Robertinern zu den Kapetingern (10. Jh.): Um die Mitte des 10. Jh. war das regnum der Francia occidentalis (→Francia), hervorgegangen aus dem Vertrag v. →Verdun (843), zum gefestigten Herrschaftsgefüge geworden. Niemand stellte seine Einheit und Unteilbarkeit in Frage oder strebte nach einer grundsätzl. Ände-

rung seines Herrschaftsbereichs, zumal die zweite Invasionswelle allmählich verebbte. Neben dem übergeordneten Begriff des Kgtm.s traten jedoch im Innern andere, mi dem Kgtm. konkurrierende herrschaftl. Bildungen hervor; diese beruhten auf einer Gft. bzw. einer Gruppe von Grafschaftsrechten (→Graf, -schaft). Manche Träger solcher Grafschaftsrechte erreichten für die in ihrer Hand vereinigten Herrschaftskomplexe die Anerkennung als 'regnum' von seiten des Kgtm.s; andere bemühten sich, ausgehend von ihrem angebl. Allodialbesitz an einer Gft. um Ausdehnung ihrer Herrschaftsgewalt über weitere Gft.en. Dabei war das karol. Grafschaftsgefüge bereits durch eine teilweise Umstrukturierung, die zur Herausbildung herrschaftl. Zentren mit weitaus begrenzterem Radius gefürt hatten, verändert worden. Die Herren, die die Verfügungsgewalt über diese Herrschaftseinheiten und -untereinheiten hatten, begannen sich als erbl. Dynastien zu konstituieren und im Innern ihrer Herrschaftsbereiche eine königsähnl. Stellung auszuüben (s. a. →Fürst, Fürstentum).

943 erkannte der Karolinger Ludwig IV. Ultramarinus (936–954) im Zuge eines Ausgleichs mit dem mächtigsten Herrn der westl. Francia, →Hugo d. Gr., Sohn von →Robert I., diesen als 'dux Francorum' an. Der Chronist →Flodoard spricht in diesem Zusammenhang von einer kgl. Übertragung des 'ducatus Franciae', d. h. der Herrschaft über den größten Teil der nördl. Francia occidentalis, an Hugo. Nach Ludwigs Tod (954) kam das regnum Francorum mit Zustimmung der weltl. und kirchl. Großen an dessen zwölfjährigen Sohn Lothar, der 956 den Herrschaftsbereich des übermächtigen Hugo durch den Dukat über die beiden anderen Bestandteile des westfrk. Kgtm.s, die regna →Burgund und →Aquitanien, noch vergrößerte. Besitzungen und Titel fielen nach dem noch 956 erfolgten Tod Hugos d. Gr. an dessen Sohn →Hugo (Capet); dieser besaß als dux Francorum eine Anzahl von Gft.en im Land zw. Seine und Loire, darunter →Paris und →Orléans, sowie als Laienabt mehrere Abteien und die Verfügungsgewalt über eine Reihe von Bm.ern, die er mit seinen →fideles besetzte.

Lothar seinerseits geriet in seiner prekären Lage unter den beherrschenden Einfluß der →Ottonen; 966 heiratete er die Stieftochter Ks. Ottos I., 969 kam das Ebm. →Reims an den Lothringer →Adalbero, der als namhafter Vertreter des otton. Reichsepiskopats (→Reichskirchensystem) den Weg zu Kirchenreform und Wiederherstellung des Friedens nur in der Suprematie des otton. Kaisertums auch über den Westen sah. Um sich von der otton. Vormachtstellung wieder zu befreien, zog Lothar gegen das Imperium (978 Plünderung von Aachen); der Gegenfeldzug Ottos II. gipfelte in der Belagerung von Paris, das von Hugo Capet jedoch gehalten wurde. 985 folgte ein neuer erfolgloser Kriegszug Lothars, diesmal gegen Otto III., wohl zur Abwendung des definitiven Verlusts von →Lothringen. Auf dieses letzte militär. Unternehmen des Karolingers reagierte Ebf. Adalbero v. Reims, indem er gemeinsam mit seinem Domscholaster →Gerbert v. Aurillac die Verdrängung Lothars und letztendlich der westfrk. Karolinger zugunsten von Hugo Capet betrieb. Ein Brief Gerberts an mehrere lothr. Große ruft auf zum Bündnis mit Hugo, dem wahren Herrn der Francia, während der Karolinger nur dem Namen nach herrsche. Eine Entwicklung, vergleichbar der einstigen Ausschaltung der Merowinger durch die Karolinger, bahnte sich an.

Nach dem Tod Lothars (986) und der kurzen Regierung seines Sohnes Ludwig V. (†987, ohne Leibeserben) gelang es Adalbero, die westfrk. Großen für die Thronfolge

Hugos zu gewinnen, wohingegen der in der Francia occidentalis wenig angesehene Hzg. →Karl v. Niederlothringen, der Onkel Ludwigs V. von väterl. Seite, seine Thronkandidatur nicht durchzusetzen vermochte. Nach Hugos Wahl durch eine Versammlung der weltl. und kirchl. Großen zu Senlis fand am 3. Juli 987 die Krönung zu Noyon statt. Dem karol. Vorbild folgend, ließ Hugo bereits am Weihnachtstag desselben Jahres seinen einzigen Sohn →Robert (II.) zum Mitregenten krönen.

Dieser Ansatz zur Bildung einer neuen Dynastie kam allerdings durch die Rivalität Hzg. Karls in Gefahr. Karl eroberte Laon, sodann Reims, unterstützt von dessen neuem Ebf., dem Karolinger →Arnulf. Karls ernsthafte Chance, seine bedrängten Gegner Hugo und Robert – sie heißen in einer zeitgenöss. Quelle bezeichnenderweise 'interreges' – zu überwinden, scheiterte, als er durch eine Intrige Bf. →Adalberos v. Laon in dessen Gewalt geriet. Ausgeliefert an Hugo, starb Karl in der Haft zu Orléans (†992). Ein erneutes gegner. Bündnis, unter führender Beteiligung Odos I. aus der konkurrierenden Familie der →Blois, sollte Karls Sohn 993 an die Macht bringen, schlug aber gleichfalls fehl. Selbst die Gegner fanden sich damit ab, daß sich die →Kapetinger als »troisième race« der franko-frz. Geschichte dauerhaft auf dem Thron einrichteten.

II. DAS FEUDALE FRANKREICH (ENDE DES 10. JH.–MITTE 12. JH.): Während dieser ganzen Periode vollzieht sich ein guter Teil der polit. und militär. Geschichte F.s auf lokaler Ebene; im Brennpunkt stehen die örtl. und regionalen Herrschaftsträger, die Herren (*sires, seigneurs*) oder Burgherren (*châtelains;* →Kastellan, →Adel). Diese potentes oder *riches hommes* übernahmen – auf rechtl. Grundlage oder durch bloße Usurpation – einen Teil der öffentl. Herrschaftsgewalt, insbes. viele kgl. Vorrechte (→Regalien) und übten in ihrem Bereich weithin selbständig Herrschaft über Land und Leute aus (Rechtsprechung; Einforderung von militär. und wirtschaftl. Diensten, Abgaben und Steuern von verschiedenartigem Charakter). Stützpunkt und Machtsymbol zugleich war der Besitz einer oder mehrerer →Burgen. Auch auf kirchl. Gebiet strebten sie nach Unterordnung der Abteien und sonstigen in ihrem Herrschaftsbereich befindl. geistl. Institutionen (→Eigenkirche). Zur Sicherung ihrer →potestas standen ihnen Dienstleute (ministeriales, milites) zur Verfügung. Durch eine möglichst effektive feudale Familienpolitik waren sie bestrebt, ihre Herrschaft zu sichern und auszubauen. Eines ihrer Hauptziele lag in der Behauptung der eigenen Selbständigkeit gegen die höheren weltl. Mächte (Fs., Kg.), aber auch kirchl. Gewalten. Wenn auch jeder dieser *sires* oder *châtelains* selbständig für sich handelte, so kam doch in Gefahrensituationen eine gewisse Solidarität zum Tragen. Die Kirche war ihrerseits bemüht, den Usurpationen und Übergriffen von seiten dieser feudalen Machtträger entgegenzuwirken, sie bediente sich hierbei zunächst der →Gottesfriedensbewegung, initiierte sodann die Kreuzzugsbewegung (→Kreuzzüge; →Clermont, Konzil v.) und propagierte das Ritterideal (→*chevalier,* →Rittertum).

Neben der Vielzahl dieser kleinen und mittleren feudalen Familien, die reiche Spuren etwa in der Toponymik (z. B. Montfort – l'Amaury, L'Isle-Adam, La Ferté-Milon, Nogent-le-Rotrou) wie in der architekton. Überresten ihrer meist auf einen →Donjon zentrierten Burgen hinterlassen haben, bestanden jedoch größere und fester gefügte Territorialherrschaften, die nicht zuletzt auf einem »Landesbewußtsein« (man könnte z. T. fast sagen: »Nationalbewußtsein«) ihrer Bewohner beruhten. Es

handelte sich um die großen →Fürstentümer, konstituiert z. T. als Gft.en (Anjou/ →Angers; →Flandern) oder als Gruppe von Gft.en (Hzm.er →Normandie, →Aquitanien). Diese Fsm.er, die von eigenen Dynastien regiert wurden, waren in der Regel unteilbar; so erbte etwa im Anjou nur ein einziger der Söhne die Gft. Nachdem diese Fsm.er im 11. Jh. vielfach Krisen durchlebt hatten, bedingt durch die Stärkung der kleineren feudalen Gewalten, erfolgte seit dem 12. Jh. – mancherorts auch schon früher – ein Wiederaufstieg der fsl. Gewalt. Ein Beispiel für einen zeitlich parallelen Prozeß der Desintegration wie der Rekonstitution bietet das Hzm. →Burgund. Momente der Desintegration waren hier: Unterstellung der Bf.e unter kgl. statt hzgl. Autorität; wachsende Selbständigkeit der alten Benediktinerabteien (jedoch unter Bewahrung der hzgl. →garde); Bildung neuer Abteien (v. a. Zisterzienser) am Rande der Feudalordnung; Auflösung des alten hierarchisch gegliederten Systems der Karolingerzeit zugunsten neuer Elemente, verkörpert v. a. durch die Kastellane; vielfältige »horizontale« Lehnsbindungen, wenn auch wegen der Bedeutung der Allodien noch kein echtes Feudalsystem. Als Elemente der Rekonstitution scheinen dagegen auf: Ansätze zur Erweiterung der hzgl. Domäne; Geltendmachung der militär. Befehlsgewalt der Hzg.e aufgrund des ducatus-Konzepts; Durchsetzung der hzgl. Lehnshoheit über alle Burgen. Die de facto-Selbständigkeit der Gewalten an der Peripherie (Gf.en v. →Tonnerre, →Nevers, →Mâcon, →Chalon-sur-Saône) nötigte den Hzg. zur Konzentration auf sein Kerngebiet (Bereiche von →Dijon, →Beaune, →Autun), auf das er seit 1140/50 im wesentl. beschränkt blieb.

Die großen territorialen Fsm.er waren um die Mitte des 12. Jh.s: 1. Hzm. →*Normandie,* ursprünglich hervorgegangen aus der Installierung und Ansiedlung skand. →Normannen durch die westfrk. Karolinger des frühen 10. Jh.; die Normannenhzg.e hatten v. a. seit dem frühen 11. Jh. die Chance zum planmäßigen Ausbau ihrer Herrschaft weitsichtig genutzt und auch frühzeitig eine planvolle monast.-kirchl. Politik betrieben; sie bewahrten die Regalienrechte (Forst, Münze, Kriegführung, Befestigungsrecht); die von weltl., stärker noch von geistl. Herren unterhaltene eigene Verwaltung unterlag der Kontrolle der Hzg.e, die eine lokale Verwaltung (seit ca. 1020 vicecomites als hzgl. ministri) errichteten. Seit dem frühen 11. Jh. wurde die Normandie als ducatus bezeichnet, manchmal sogar als regnum. Nach der norm. Eroberung der Gft. →Maine (1063) und insbes. des Kgr.es →England (1066) durch →Wilhelm 'den Eroberer' (1035–87) unterstand der große anglonorm. Territorialbesitz – mit Ausnahme nur weniger Jahre – bis 1204 einer einzigen Dynastie. Die Territorien beiderseits des Kanals wurden vom Kg.-Hzg. und seinen Helfern im wesentl. nach den gleichen Prinzipien regiert (s. z. B. →Échiquier, →Exchequer), die weltl. und geistl. Großen hatten zumeist sowohl festländ. als auch insulare Besitzungen, der kulturelle Austausch war eng. – 2. Gft. *Anjou* (→Angers/Anjou), deren Zusammenhalt unter den Gf.en →Fulco (Foulque) Nerra (987–1040) und →Godfredus (Geoffroi) Martel (1040–60) begründet wurde; Eroberungs- und Heiratspolitik führten zum Anfall von Touraine, Vendômois, Saintonge. Nach dynast.-polit. Krise infolge des erbenlosen Todes von Geoffroi Martel begann der machtvolle Wiederaufstieg in der 1. Hälfte des 12. Jh.s, der in der engl. Thronfolge der angevin. Grafenfamilie (1154) kulminierte (→Plantagenêt, →Angevin. Reich). – 3. *Blois-Champagne:* Seit 1025 regierte eine Grafendynastie über →Blois und Chartres, Meaux und Troyes (→Champagne). Im

Unterschied zu Mâconnais oder Picardie entwickelte sich in der Champagne aus den Gft.en nicht ein weitgehend unabhängiges und isoliertes Kastellaneiwesen, sondern, unter der festen Hand der Grafendynastie, der Typ eines weiträumigen Fsm.s (M. Bur). Das sich frühzeitig ausprägende Lehnswesen der Champagne stärkte die Stellung des Gf.en, der seine Herrschaftsgewalt (ditio) auf früh ausgebildete Formen der Lokalverwaltung (prévôts) sowie Autorität über die kirchl. Institutionen stützen konnte. Mit →Tedbald (Thibaud) II. (1102/25–52) tritt dann die gfl. Wirtschaftspolitik mit den das gesamte europ. Handelsleben beherrschenden →Champagnemessen hervor. – 4. Gft. →Flandern, wo sich, auf engerem geograph. Raum als in der benachbarten Normandie, der wirtschaftl. Aufstieg und die sozialen Wandlungen bes. markant ausprägen. V. a. seit 1030–40 schuf sich der Gf. mit den fläm. →Burggrafschaften ein Instrument des Machtausbaus, zunächst auf militär. Gebiet, später zunehmend auf jurisdiktionell-administrativem. Mit der Begründung einer zentralen Verwaltung (insbes. Finanzen, Notariatswesen) verliehen die Gf.en ihrem sprachlich differenzierten Fsm. eine einheitl. Form; der gfl. Frieden hatte allgemeine Geltung und das gfl. Gericht fungierte als zentrales Tribunal. Die strateg. und wirtschaftsgeograph. Schlüsselposition zw. F., England und Deutschland förderte die polit. Eigenentwicklung Flanderns, die ihren ersten Höhepunkt mit →Dietrich (1128–68) und →Philipp v. Elsaß (1168–91) erreichte. – Demgegenüber zeigen die großen Fsm.er des Südens (→Aquitanien, →Toulouse, →Auvergne) sowie die →Bretagne erst geringe Ansätze zu einer Zentralisierung.

III. Das Königtum der frühen Kapetinger (987–1137): Die ersten Kapetinger (Hugo Capet, 987–996; Robert II., 987/996–1031; Heinrich I., 1027/31–1060; Philipp I., 1059/60–1108; Ludwig VI., 1101/08–37) profitierten zweifellos vom allgemeinen Ansehen ihres officium, der legitimen kgl. Gewalt, die sie nach kirchl. Auffassung durch göttl. Gnade (→Gottesgnadentum) und entsprechend den Herrschertugenden der Gerechtigkeit und Milde (→Fürstenspiegel) ausüben sollten. Der Kg., der sich durch feierl. Eid zum Schutz der Kirche und ihrer Privilegien verpflichtete, empfing nicht nur die →Festkrönung (in der Regel zu →Reims durch den Ebf., →Krönung), sondern – wie ein Bf. – auch die →Salbung mit dem hl. Chrisam sowie im Zug der →Weihe (sacre) die →Insignien seiner Herrschaft: Krone, Schwert, Ring, Zepter und Stab (virga). Der Kg. war somit Träger einer geweihten aura (→Sakralität), durch die seine Autorität weit über die Sphäre aller anderen Fs.en hinausgehoben war. Hinzuzufügen ist, daß der zweite Kapetinger, Robert II. 'der Fromme', zu Lebzeiten und nach seinem Tode hochverehrt wurde. Man schrieb ihm die Gabe der Wunderheilung zu. Hatte er diese an seine Nachfolger vererbt? Jedenfalls standen Philipp I. und Ludwig VI. im Ruf, die →Skrofeln heilen zu können.

Die Macht der Kg.e v. F. beruhte – neben diesen ideellen Grundlagen – in noch stärkerem Maße auf ihrer Fürstenherrschaft, die eine Region mit starker und frühzeitiger wirtschaftl. und demograph. Dynamik umfaßte und deren Zentrum →Paris, die größte und berühmteste Stadt des Kgr.es und des ganzen westeurop. Raumes, bildete. Kern der kgl. Herrschaftsgebietes war die →Krondomäne, mit einer Anhäufung verschiedenster Besitzungen, Rechte und Einkünfte, darüber hinaus eine Reihe von Gft.en, Vizegft.en und Kastellaneien, deren Herren als Vasallen und Gefolgsleute (fideles) eng auf den Kg. verpflichtet waren. Die frühen Kapetinger konnten im kirchl.

Bereich auf die moral. und materielle Hilfe zahlreicher Abteien (u. a. →St-Denis, →St-Germain-des-Prés, →St-Maur-des-Fossés, →Fleury/St-Benoît-sur-Loire) zählen, ebenso auf die Ebm.er →Reims, →Sens, →Bourges, →Tours und 20–25 Bm.er. Kein Fs. im Kgr. F. verfügte über eine vergleichbare geistl. Herrschaftsgrundlage.

In knapp anderthalb Jahrhunderten vergrößerten die ersten kapet. Kg.e ihre Domäne in einigem Umfang (Gft.en →Melun, →Sens, →Dreux, →Gâtinais, Vizgft. →Bourges, →Vexin français); dafür wurde das Hzm. Burgund unter Heinrich I. an dessen jüngeren Bruder Robert übertragen. Wichtiger noch als die Ausdehnung der Krondomäne war jedoch das wechselvolle Ringen der Kapetinger um die Konsolidierung ihrer Herrschaft im Innern. Nach entscheidendem Durchbruch im frühen 12. Jh., unter →Ludwig VI., war dieses Ziel um 1140 so gut wie vollständig erreicht.

Was das Kgr. in seiner Gesamtheit betraf, so änderten sich seine Grenzen in dieser Periode so gut wie gar nicht; die Versuche einer frz. Rückeroberung →Lothringens, unter Robert II. und Heinrich I., scheiterten. Frappierend ist, daß der Normannenhzg. nach der Eroberung Englands die Normandie nicht formell aus dem Verband des Kgr.es F. auszugliedern versuchte und sich mit dem – gewohnheitsmäßigen – Verzicht auf den Lehnseid gegenüber dem Kg. begnügte.

Eine Leitvorstellung des kapet. Kgtm.s war die – zunächst ideelle – Auffassung der Zugehörigkeit des gesamten Kgr.es zum kgl. Lehnsbereich (mouvance féodale), was grundsätzlich das Bestehen senioraler Allodien ausschloß und eine unmittelbare oder mittelbare Feudalabhängigkeit aller Herren vom Kg. begründete. Unter dieser Grundvoraussetzung fehlte den feudalen Machtträgern jedweden Ranges – nicht nur das Recht, gegen den Kg. vorzugehen, sie mußten ihm vielmehr Hof- und Heerfahrt (→consilium et auxilium) leisten. Faktisch bildeten sich gleichwohl Koalitionen von Fs.en und Herren, die auch gegen den Kg. gerichtet sein konnten; dieser war aber gewöhnlich in der Lage, Verbündete im Kgr. zu finden. Fast ohne Ausnahme waren die Helfer der Kapetinger von der 2. Hälfte des 11. Jh. bis in die 1. Hälfte des 12. Jh. Vasallen bescheideneren Ranges: Gf.en, Vizgf.en, Kastellane, Ritter, die aus der kgl. Domäne stammten, während die geistl. und weltl. Großen den Königshof gewöhnlich nur bei hohen zeremoniellen Anlässen besuchten. Die weltl. Fs.en standen dennoch mit dem kapet. Kgtm. in Verbindung, v. a. durch die Leistung des Lehnseides, im übrigen waren die Beziehungen aber noch von relativer Gleichheit geprägt.

Dabei steht außer Frage, daß bereits die frühen Kapetinger in die inneren Angelegenheiten der Fsm.er eingriffen (etwa durch – allerdings erfolglose – Schiedssprüche bei dynast. Krisen). Verstärkt setzte sich die Auffassung durch, daß selbst die größten Fs.en (wie der Gf. v. Flandern) unter allen Umständen die dem Kg. geschuldete Treue zu wahren hätten. Der Ratgeber Ludwigs VI., →Suger v. St-Denis (um 1080–1151), formulierte schließlich die These von der Lehnssuprematie des Kg.s v. F.: »Kg. Ludwig stand stets über dem Kg. v. England und Hzg. der Normandie wie über seinem Lehnsmann«. Und derselbe Suger läßt den Hzg. v. Aquitanien zu Kg. Ludwig sagen: »Da der Gf. v. Auvergne von mir die Auvergne zu Lehen trägt, so wie ich sie von Euch trage, so bin ich als mir, ihn, wenn Ihr es befehlt, an Eurem Hof erscheinen zu lassen«. Suger transformiert in seinen Schriften die Krone (→corona) in ein abstraktes Symbol, dem Barone und Prälaten Treue schulden. Diese polit. Ideen kulminieren

in der Ordonnanz v. Soissons (1155), die einen zehnjähri-
gen Frieden für das gesamte Kgr. und insbes. für Kirchen,
Bauern und Kaufleute festlegte. Dieser »Königsfriede«
wurde von mehreren Laienfürsten (Hzg. v. Burgund,
Gf.en v. Flandern, Champagne, Nevers, Soissons) und
kirchl. Großen (Ebf.e v. Sens und Reims nebst Suffraganen) beschworen. Auch die Kreuznahme Kg. Ludwigs
VII. (Weihnachten 1145), die erste eines Kg.s in der
westl. Christenheit, hatte zukunftsweisende Bedeutung
(→Kreuzzug, Zweiter). War Ludwigs VII. Großvater
Philipp I. noch dem Konzil v. →Clermont ferngeblieben
und gar wegen Konkubinats exkommuniziert worden, so
stellte sich der Kg. v. F. nun an die Spitze der mächtigsten
polit.-religiösen Bewegung der Zeit. Dem war bereits ein
längeres Zusammengehen mit dem Reformpapsttum, das
dem Kg. mehr und mehr die allseits führende Rolle im
Kgr. zuerkannte, vorangegangen; dies wird an Sugers
Bericht über den Empfang Papst Paschalis' II. in St-Denis
durch Philipp I. und seinen Sohn Ludwig (1107) deutlich.
Bereits Robert II. und Heinrich I. hatten sich stets bemüht,
ihre Gleichrangigkeit mit dem Ks. zu betonen, dokumentiert etwa durch Begegnungen über dem Grenzfluß
→Maas zur feierl. Erörterung der großen Angelegenheiten der Christenheit. Die Regierung Philipps I. war hierbei
jedoch ein empfindl. Rückschlag gewesen. 1124, angesichts der drohenden Invasion Ks. →Heinrichs V. im Streit
um den engl. Thron, vereinigte Ludwig VI. jedoch die
Großen des Kgr.es und erhob vom Altar des hl. →Diony-
sius zu →St-Denis die rote →Oriflamme, die fortan als
karol. Symbol gelten sollte – nachdrückliche Manifestation der Eintracht F.s in Frontstellung gegen den fremden
Angreifer.

IV. Ausbau der Königsgewalt und Auseinandersetzung zwischen Kapetingern und Plantagenêt
(1137–Mitte des 13. Jh.): Auf Initiative des Hzg.s →Wil-
helm X. v. →Aquitanien wurde kurz vor dessen Tod
(† April 1137) die Heirat zw. seiner Tochter →Eleonore
und dem künftigen Kg. →Ludwig (VII.) (1137–80) ausgehandelt und rasch verwirklicht. In Gegenwart der
großen Barone Aquitaniens ehelichte Ludwig die reiche
Erbin schon wenige Wochen darauf und setzte ihr die
Königskrone aufs Haupt (Bericht Sugers). Wie u. a. das
Siegel Ludwigs VII. ausweist, kann es sich bei dieser
Verbindung wohl nur um eine Personalunion gehandelt
haben. Aquitanien war damals noch längst kein einheitlich
strukturiertes Territorialfürstentum. Die Wahl Wilhelms
X. ist in diesem Zusammenhang bezeichnend, als Ausdruck des Bestrebens, den weiträumigen Territorien einen engeren Zusammenhalt unter dem Dach des Kgtm.s
zu geben. Der präsumtive Sohn aus der Verbindung war
als Erbe sowohl in den väterl. (u. a. Compiègne, Paris,
Melun, Sens, Dreux, Orléans, Bourges) als auch in den
mütterl. (Poitiers, Bordeaux) Besitzungen vorgesehen.
Unter dem Einfluß seiner Gattin bemühte sich Ludwig
nachdrücklich um eine Stärkung seiner Herzogsgewalt in
Aquitanien, wo er sich in fünfzehn Jahren fünfmal aufhielt
(1138, 1141, 1145, 1146, 1152). Bereits Ludwig VII. –
nicht erst Heinrich II. Plantagenêt! – war in seiner Aqui-
tanienpolitik energisch, oft brutal auf »Territorialisierung« und »Zentralisierung« bedacht; zumindest in Umrissen zeigt sich hier unter seiner Regierung ein neuer Typ
von Herrschaftsbeziehungen, die nicht mehr allein auf der
lockeren Basis von Konsens, Herkommen und Klientelen
beruhten, sondern auf der Superiorität des Fs.en und
seiner Fähigkeit, die Gesamtheit des Fsm.s seinem Befehl
unterzuordnen (A. Debord).
Doch verfehlten die Kapetinger diese Chance: Bereits

vorhandene oder neue Mißhelligkeiten zw. Ludwig und
Eleonore kamen zum Ausbruch durch die – nur von den
kirchl. Kreisen einhellig begrüßte – Kreuzzugsteilnahme
des Kg.s. 1152 verstieß Ludwig VII. seine Gemahlin,
offiziell wegen zu naher Verwandtschaft, tatsächlich wohl
wegen ihres skandalösen Lebenswandels und des Ausblei-
bens männl. Nachkommen. Damit erhielt Eleonore aber
die Verfügungsgewalt über ihre Besitzungen zurück.
Währenddessen fand das anglonorm. Kgr. aus der dynast.-polit. Krise, in der es sich seit der →Blanche-nef-
Katastrophe (1120) befand, allmählich heraus (→England
A. VI, VII). Hatte sich in England zunächst →Stephan v.
Blois durchsetzen können, so vermochte sich sein Konkurrent, Geoffroi Plantagenêt, Gf. v. Anjou und Gatte der
Ksn. →Mathilde, der →Normandie zu bemächtigen. Der
Sohn von Geoffroi und Mathilde, →Heinrich (II.), trat
1151 mit Unterstützung Ludwigs VII. in Anjou wie Normandie das väterl. Erbe an (Lehnshuldigung für Normandie); der frz. Kg. betrachtete es wohl als vorteilhaft, daß
nun beiderseits des Kanals zwei Herren regierten. Das
Einvernehmen endete jedoch, als Heinrich, gegen den
Willen des frz. Kg.s, 1152 Eleonore heiratete. Im folgenden Jahr landete der Plantagenêt in England, zwang Stephan, ihn als Nachfolger zu akzeptieren, und trat nach
dessen Tod 1154 die Nachfolge an. Damit war unter
Heinrich II. energ. Herrschaft ein weiträumiger Territorialverband entstanden (sog. →Angevin. Reich), dem neben England, Normandie und Aquitanien auch Bretagne,
Auvergne, Marche und Berry angehörten; selbst nach
Toulouse streckte Heinrich II. seine Hand aus (im Gegenzug Besetzung der Stadt durch Ludwig VII., 1158).
Doch wurde dem frz. Kg. in seiner 3. Ehe (∞→Adela v.
Champagne) endlich der ersehnte Thronerbe geboren,
→Philipp (II.) Augustus. Ludwig gewann die Unterstützung des Papstes →Alexander III. (1163 Verleihung der
→Goldenen Rose) und bot dem von Heinrich II. verfolgten Ebf. →Thomas Becket Zuflucht; als erster frz. Kg.
wird Ludwig, bei →Johann v. Salisbury, als →rex christianissimus bezeichnet. Der frz. Kg. profitierte in seiner
gegen Heinrich II. gerichteten Politik in gewissem Umfang auch von der Verstrickung seines Gegners in den
Mord an Becket (1170); weiterhin versuchte Ludwig –
allerdings weitgehend erfolglos – die Empörung der engl.
Königssöhne für sich auszunutzen (1173). Vor Gebiets-
verlusten an England konnte sich Ludwig 1177 (Friede v.
Nonancourt) erneut durch die Intervention Alexanders
III. retten. Trotz der ungleichen Kräfteverhältnisse (die
finanziellen und militär. Ressourcen Heinrichs II. waren,
zumindest theoretisch, fünf-sechsmal höher als diejenigen
Ludwigs VII.) dürften drei Faktoren die Position des
Kapetingers begünstigt haben: 1. die Lehnsabhängigkeit
Heinrichs II., der selbst keine Ansprüche auf den frz.
Thron erhob; 2. die starke Aufsplitterung des Angevin.
Reiches in Einzelterritorien, trotz aller Territorialisie-
rungsbestrebungen namentlich in Heinrichs letzten Regierungsjahren; 3. die v. a. nach dem Tode Heinrichs II.
zutagetretenden Probleme, die die Einheit der Plantage-
nêt-Herrschaft weiter schwächten.
Auf den einfachen und frommen Kg. Ludwig VII.
folgte sein Sohn, der bis zum Zynismus intelligente,
scharfblickende und skrupellose Philipp II. (1180–1223),
den spätere Jahrhunderte 'den Eroberer' (Conquérant)
nannten, die Zeitgenossen jedoch mit dem imperialen
Beinamen 'Augustus' belegten. Viele Anzeichen sprechen
dafür, daß sich Philipp II., anders als seine selbstgenügsa-
men Vorfahren, bereits am Vorbild →Karls d. Gr. orientierte. Während der Regierungszeit Philipps II. intensi-

vierte sich bezeichnenderweise auch die »internationale« Ausstrahlung frz. Kultureinflüsse, die – mit z. T. anderen Akzenten – bereits im 12. Jh., v. a. über die großen →Champagnemessen, ihre Wirksamkeit entfaltet hatten (s. a. →Französische Literatur, →Gotik). Philipps polit. Erfolge wurden begünstigt durch glückl. Umstände, polit. Fehler seiner Gegner, konstitutionelle Schwächen im Herrschaftsgefüge der Plantagenêt, jedoch auch durch die vorherrschende Mentalität, die dem Kg., als oberstem Herrn der Feudalklasse, in seinem Kgr. die legitime Ausnutzung des Feudalrechts zubilligte. Philipp II. profitierte somit von der Transformation der polit. Ideen und Mentalitäten, die sich seit dem 12. Jh. vollzogen hatte; die Feudalen akzeptierten in ihrer Mehrheit, daß die Lehen derjenigen Vasallen, die nicht im Einklang mit ihren Pflichten und ihrem Status gehandelt hatten, vom Kg. konfisziert wurden.

Die Heirat Philipps mit →Isabella v. Hennegau (Sohn: Ludwig VIII.) trug ihm die Gft. →Artois ein. 1186 erlangte er →Amiens und Amiénois. Dieser Anfall großer Teile der →Picardie bildet eine fundamentale Etappe in der Gesch. des Kapetingerhauses (R. Fossier); das frz. Kgtm. konnte dank des reichen pikard. Wirtschaftsaufkommens (u. a. Getreideanbau, Transithandel) und nicht zuletzt dank des Reservoirs an Menschen, die mit Kriegs- und Verwaltungswesen vertraut waren, eine Politik verfolgen, deren Dimensionen den frühen Kapetingern noch fremd gewesen waren.

Schon kurz vor dem Tode Heinrichs II. erreichte Philipp II. die Rückgabe eines Teils des Berry und die Anerkennung seiner Souveränität über die Auvergne. Der engl. Thronerbe Richard I. Löwenherz, ein Ritter voll unbezähmbaren Tatendranges, leistete dem frz. Kg. für Normandie, Maine, Anjou, Touraine, Poitou und Aquitanien den Lehnseid. Nach anfänglich gemeinsamen Vorbereitungen des 3. →Kreuzzugs brach Philipp II. mit Richard und nutzte dessen Gefangenschaft in Deutschland (1192–94) aus, um die wichtige Festung Gisors einzunehmen. Sein Plan einer Eroberung von Normandie und England scheiterte an der Rückkehr Richards, der dem Kapetinger zahlreiche Eroberungen wieder entriß und mit dem Bau von →Château-Gaillard seine finanziellen und militär. Möglichkeiten glanzvoll unter Beweis stellte. 1198 mußte Philipp das Vexin français abtreten.

Im folgenden Jahr ermöglichte Richards rascher Tod dem Kapetinger jedoch eine erneute Offensive zur Eroberung von Normandie und Maine. Ein Versuch Philipps, die dynast. Rivalitäten im engl. Königshaus durch Belehnung des jungen →Arthur, eines zukurzgekommenen Plantagenêts-Sprosses, mit Bretagne und Normandie auszunutzen, schlug vorerst fehl; Richards Bruder Johann »Ohneland« erreichte die Anerkennung seiner Thronfolge in England wie in der Normandie. Im Vertrag v. →Goulet (1200) gab Philipp sein Ziel einer Eroberung der engl. Festlandsbesitzungen vorerst auf, wohingegen Johann hohe Zahlungen (20 000 *Mark Sterling* = ca. 26 000 *livres tournois*) leistete und dem Kapetinger den Lehnseid schwor, unter Abtretung des Gebiets v. →Évreux, eines Teils des Vexin normand und des Berry.

Eine neue Auseinandersetzung wurde ausgelöst mit der Anrufung Philipps II. als Oberlehnsherrn durch den aquitan. Großen Hugo v. →Lusignan, den Gf. en v. der Marche; dieser sah sich geschädigt durch die Rücknahme des Verlöbnisses von seiten der Erbtochter v. →Angoulême, Isabella, die es vorgezogen hatte, der Bewerbung Kg. Johanns Folge zu leisten. Da Johann auf mehrfache Ladung nicht vor dem Kg. v. Frankreich erschien, ließ ihn Philipp

durch den Hof v. Frankreich zum Verlust aller derzeitigen und einstigen Lehnsgüter verurteilen (Bericht bei →Radulf v. Coggeshale). Es ist frappierend zu sehen, wie Papst Innozenz III. in einem Brief an Kg. Johann vollständig die frz. Lesart dieser Vorgänge übernimmt und den Plantagenêt als treubrüchigen homo ligius behandelt.

In dem 1202 ausbrechenden Krieg plante Philipp II., sich selbst die Normandie vorzubehalten, die anderen zu erobernden Lehen dagegen seinem Schützling Arthur zu übertragen. Dieser wurde aber geschlagen und wohl von Johann ermordet (1203 oder später). Auf Dauer vermochte sich Johann jedoch nicht zu behaupten, da er keine hinreichende Unterstützung bei den Baronen und Feodalen seiner Länder fand. Nach der frz. Eroberung der Normandie (Belagerung von Château-Gaillard 1203–04), des Maine, des Anjou und der Touraine brachte ein Waffenstillstand 1206 eine Atempause. Philipp II. rüstete zum Schutz der norm. Küste eine Flotte aus und begann eine planmäßige Festungsbaukampagne, die auch Verteidigungsmaßnahmen für Paris einschloß. Parallel dazu vollzogen sich intensive diplomat. Aktivitäten, die – erstmals in der europäischen Gesch. – zur Entstehung zweier großer Bündnissysteme führten. Um den Maßnahmen des Kg.s gegen die engl. Kirche Einhalt zu gebieten, verhängte Papst →Innozenz III. den →Interdikt und drohte zeitweilig mit einem Kreuzzug, als dessen Führer Philipp II. fungieren sollte. Fühlte sich dieser schon als Herr von England, so durchkreuzte Johann diesen Plan, einerseits durch rasche vasallit. Unterwerfung unter den Papst, andererseits durch Bildung eines starken Bündnisses mit dem Grafenpaar v. →Flandern, →Ferrand v. Portugal und →Johanna, sowie mit seinem welf. Neffen →Otto IV., der den Besitz des dt. Kgtm.s gegen den →Staufer →Friedrich (II.) verteidigte. Diese Koalition ging – nach einer ersten Niederlage bei La →Roche-au-Moine (2. Juli 1214) – in der großen Entscheidungsschlacht v. →Bouvines (27. Juli 1214) zugrunde. Bouvines sicherte die Hegemonie der Kapetinger in F. und im ganzen Okzident.

Konnte in der Folgezeit der Plan einer engl. Thronfolge Ludwigs (VIII.) auch nicht verwirklicht werden, so sah sich die kapet. Monarchie nunmehr doch im Besitz dreier großer Territorialherrschaften: des angestammten Pariser Fsm.s (der 'France' im engeren Sinne) und der neuerworbenen Fsm.er Normandie und Anjou. Unter Ludwig VIII. (1223–26) begann das weitere Ausgreifen auf das Poitou. Die Rückeroberungsversuche Heinrichs III. v. England (1230, 1242) blieben, auch angesichts der innerengl. Bürgerkriege, schwach. Heinrich III. verstand sich, auch unter dem Druck seiner Barone, 1259 zum Frieden v. →Paris, in dem er von Ludwig IX. d. Hl. zwar mehrere Gebiete in Limousin, Quercy und Périgord erhielt, dafür aber Normandie, Maine, Anjou, Touraine und Poitou formell preisgab und wieder die Stellung eines lig. Lehnsmanns für alle verbleibenden festländ. Besitzungen akzeptierte. Nach →Joinville begründete Ludwig d. Hl., konfrontiert mit der Kritik seiner Räte an den weitreichenden frz. Gebietsabtretungen, das Vertragswerk mit der Wiedergewinnung der Lehnshoheit über England, verbunden mit Friedenssicherung und dynast. Versöhnung.

Bereits mit Philipp II. war die Leitvorstellung, daß der Kg. v. Frankreich nie Vasall oder sonstiger Untergebener eines anderen zeitl. Herrschers sein könne, hervorgetreten. Trotz dieses sich verstärkenden Souveränitätsgedankens kann die Gesch. des frz. Raums in dieser Periode noch keineswegs mit derjenigen der kapet. Dynastie gleichgesetzt werden. So läßt sich mit Erstaunen konstatieren, daß die vom frz. Kg. bekundete Ablehnung des von Innozenz

III. durchgeführten vierten→Kreuzzugs zahlreiche seiner Großen nicht an einer Teilnahme hinderte (z. B. Gf.en v. Champagne, Blois, Flandern). Ähnlich gestaltete sich die Lage bei der Vorbereitung des Albigenserkreuzzugs (→Albigenser, II): Trotz eindringlicher Appelle des Papstes ließ sich Philipp II. nicht herbei, die Führung zu übernehmen, so daß dieses große Kreuzzugsunternehmen zwar innerhalb des Kgr.es stattfand, aber ohne Beteiligung des Kg.s.

Die Abstinenz Philipps II. beruhte zudem nach den Worten Ludwigs VIII., des Sohnes, auf einer bewußten Scheu Philipps II., sich in die Albigenserfrage einzuschalten. Erst 1226 setzte die kgl. Intervention ein, die zur Einverleibung des östl. Teils der Gft. →Toulouse durch das Kgtm. führte. Mit der Annexion dieses Gebietes, das in den→Sénéchausséen v. →Beaucaire und→Carcassonne organisiert wurde, schob sich die Krondomäne erstmals in den Mittelmeerraum vor.

V. DIE ZEIT DER KAPETINGISCHEN UND FRANZÖSISCHEN SUPREMATIE (MITTE DES 13. JH.–MITTE DES 14. JH.): Insgesamt blieb die Stellung der kapet. Monarchie bis zu den ersten großen Einbrüchen des →Hundertjährigen Kriegs im wesentl. unangefochten, wenn auch einige polit. Krisen zu verzeichnen sind. Eine solche brach erstmals aus nach Ludwigs VIII. frühem Tod, während der Regentschaft der ehrgeizigen Königinmutter→Blanca (Blanche) v. Kastilien, unter der sich eine – recht heterogene – Koalition großer Feodaler bildete. Ihre Hauptziele waren: Einsetzung eines genehmeren Vormunds für Ludwig IX. (unter starker Vorliebe für den Onkel, →Philippe Hurepel), Erringung von Vorteilen (nach Joinville: Lehen), letztendlich Unterordnung der Monarchie unter die Verfügungsgewalt der großen Barone und Herren. Die Ablehnung der Regierungsgewalt der Königinmutter stützte sich bereits auf zwei später oft wiederholte Argumente: Blanca sei eine Frau und eine Fremde. Trotz Unterstützung durch Heinrich III. unterlag diese Fronde nicht zuletzt dank Blancas Rückhalt bei Städten (Paris) und Kirche. Stabile polit. Verhältnisse kehrten wieder ein, so daß Ludwig IX. d. Hl. (1226–70) die Finanzmittel für seinen ersten Kreuzzug sichern und F. für sechs Jahre verlassen konnte, ohne daß sich Unruhen im Lande regten. Gleiches gilt für seinen zweiten, allerdings weniger populären Kreuzzug. Die anschließende Thronfolge Philipps III. d. Kühnen (1270–85) vollzog sich gleichfalls ohne größere Probleme, obwohl Ludwig außer Landes verstorben war. Philipp III. schrieb als neuer Kg. an die bereits von Ludwig d. Hl. eingesetzten Stellvertreter, →Matthäus v. Vendôme, Abt v. St-Denis, und Simon v. →Clermont, u. forderte sie auf, Sorge für die Verteidigung aller Grenzen des Kgr.es zu tragen – eine der frühesten Manifestationen der Auffassung, daß der gesamte Raum des Kgr.es F. dem Schutz des Kg.s und seiner Helfer unterstehe. Starke Unzufriedenheit erregten z. T. die Fiskalpolitik, die Belastungen durch Kriege und die zunehmenden Eingriffe des Kgtm.s in Justiz und Verwaltung unter Philipp IV. dem Schönen (1285–1314), insbes. bei der Geistlichkeit, den Bürgern der *bonnes villes* (kgl. Städte), und auch beim Adel (Barone, Herren, Rittern). Diese v. a. in den Provinzen schon länger schwelende Mißstimmung entlud sich nach Philipps IV. Tod bei der Thronbesteigung Ludwigs X. 'le Hutin' (1314–16) in regionalen Unruhen, die von einigen Fs.en begünstigt wurden und das Kgtm. zum Erlaß zahlreicher Privilegien für einzelne Provinzen nötigten (z. B. →*Chartes aux Champenois*). Gerieten viele dieser Freiheitsurkunden bald in Vergessenheit, so blieb doch z. B. die *Charte aux Normands* bis zum Ende des Ancien Régime in

Geltung. Auf längere Sicht mußte die Monarchie von derartigen polit. Meinungsäußerungen durchaus Notiz nehmen, zumal auch die formelle Konsultation mit den Kräften des Kgr.es, die in irgendeiner Form Autorität ausübten bzw. finanzielle Beiträge leisteten, häufiger wurde – eine Etappe auf dem Weg zu den »trois États« (→États). Ein Vergleich der Entwicklung in F. mit derjenigen im Nachbarland England zeigt jedoch, wie wenig bei alledem die Grundlagen der frz. Monarchie im 13. und frühen 14. Jh. in Frage gestellt worden sind. Allerdings trat nun auch die Erbfolgefrage in den Vordergrund, ohne in dieser Periode schon ernstere Probleme aufzuwerfen: Seit dem 11. Jh. war der Thron stets an den ältesten Sohn des regierenden Kg.s gefallen. Alle Kg.e, bis hin zu Philipp II., hatten, nicht zuletzt als Vorsorgemaßnahme, den ältesten Sohn schon zu ihren Lebzeiten zum (Mit-)König erheben lassen, wenn auch oft recht spät und nicht ohne Reserve. Nach Philipp II. kam diese Mitherrschaft als eine überflüssige Maßnahme außer Gebrauch; die Regierung des neuen Kg.s begann nun ohne Verzögerung mit dem Todestag des Vorgängers, nicht erst mit der Königsweihe. Doch fiel die Krone 1316, nach dem Tode Ludwigs X., der keinen Sohn hinterließ, an den Bruder, den ehrgeizigen und tatkräftigen Philipp V. 'le Long' (1316–22), der die Ansprüche seiner – vierjährigen – Nichte Johanna ausschaltete; gegen sie sprach ihr Geschlecht, ihr zartes Alter und der Verdacht illegitimer Geburt. Die Machtübernahme durch Philipp V., die von der überwältigenden Mehrheit der Großen akzeptiert und ratifiziert wurde, bedeutete somit den Ausschluß der Töchter von der Krone F.s. Der gleiche Vorgang wiederholte sich nach dem Tode Philipps V., diesmal zugunsten des letzten Sohnes von Philipp IV. dem Schönen, Karl IV. (1322–28); dieser hinterließ gleichfalls keine Söhne, und die Krone fiel an seinen leibl. Vetter →Philipp (VI.) v. Valois (1328–50) (zum Verwandtschaftsverhältnis s. im einzelnen →Valois, Haus). Die Ansprüche des Kg.s v. England, Eduard III., der ein Enkel Philipps IV. über seine Mutter Isabella war, blieben unberücksichtigt, wohl weil er bereits ein Kgr. besaß und als Ausländer galt. Eduard fand sich unter Protesten zunächst mit dieser Thronfolgeregelung ab und leistete für seinen Festlandbesitz dem Valois sogar den lig. Lehnseid (1331). In F. regte sich gegen die Machtübernahme durch die Valois hier und da Widerstand, stärker als bei der Thronfolge Philipps V. (so etwa in einer Quelle, die Philipp VI. nicht als »roi droiturier«, sondern als »roi de côté« bezeichnet); doch erst nach den frz. Niederlagen im Hundertjährigen Krieg kam es zu größeren Protesten.

Die stabile kapet. Herrschaft, in verstärktem Maße auf dem dynast. Prinzip beruhend, drückte sich in einem ganzen Komplex tradierter religiös-polit. Vorstellungen aus, die sich zunehmend festigten: Seit dem 13. Jh. verbreitete sich die Legende von der hl. Ampulle mit dem Blut Christi, ebenso die Symbolik der →Lilie, so daß bereits vor dem 14. Jh. die Auffassung vom himml. Ursprung des Lilienemblems formuliert wurde. Der glanzvolle und komplexe Weg der erstmals unter Ludwig VI. auftretenden →Oriflamme, des Banners des hl. →Dionysius (St-Denis), führte von Bouvines über die großen Feldzüge und Schlachten des 13.–14. Jh. bis nach Crécy. Reich sind auch die Zeugnisse für die kgl. →Skrofelheilung. Großen Teilen der zeitgenöss. europ. Öffentlichkeit galt der Kg. v. F. nicht nur als bedeutendster Herrscher der Christenheit – mächtiger selbst als der Ks. –, sondern aufgrund bes. göttl. Auftrags auch als der angesehenste. Dieser »erwählte« Kg. herrschte auch über ein »erwähltes« Volk. In F. artikulierte sich in der Tat ein starkes

Nationalbewußtsein, abgeleitet vom kapet. Dynastiebewußtsein (→Nation).

In dieser Hinsicht markiert die Regierung Philipps IV. des Schönen einen Höhepunkt, charakterisiert durch die machtvolle Entfaltung der nationalen Einheit unter dem Impuls des Kg.s und als Reaktion auf Krisen und Spannungen. Die dabei deutlich werdende Übersteigerung der Rolle des Kg.s nahm ihren Ausgang von der Verehrung des 1297 kanonisierten Ludwigs IX., des Kg.s der Mönche, Laienbrüder und Geistlichen. Die starke posthume Idealisierung ließ Ludwig d. Hl., mindestens das gesamte MA hindurch, als Verkörperung aller Herrschertugenden erscheinen: Feind aller Tyrannei, Recht und Herkommen treu ergeben, aber mit fester Hand Gerechtigkeit für jedermann übend. Die Nachkommen aus seinem »Geblüt« ('le sang de saint Louis') rückten zunehmend in eine sakrale Sphäre.

Die Größe und weite Streuung der Krondomäne und das allseitige Ansehen des Kg.s ließen in d. polit. Realität allerdings nicht sogleich auch eine allseitige herrscherl. Verantwortung oder Lenkungsgewalt des Kgtm.s entstehen. Mindestens bis zum 2. Viertel des 14. Jh. und vielfach weit darüber hinaus blieben die überkommenen feudalen Herrschafts- und Amtsträger (seigneurs mit hoher Gerichtsbarkeit, Kastellane, Gf.en usw.) in ihren Bereichen die eigtl. Inhaber der kgl. Prärogativen; die alten Herrschaftseinheiten der Seigneurien, Kastellaneien, Gft.en waren – ohne eigtl. staatl. Charakter – Zellen polit. Entscheidungsgewalt, deren Träger sich beharrlich gegen das Vordringen der kgl. (oder fsl.) Beamten zur Wehr setzten. Die Königsgewalt war in zahlreichen Fällen auf Verhandlungen mit der Schicht der feudalen Machtträger – auf individueller oder gar kollektiver Basis – angewiesen, um deren finanzielle oder militär. Unterstützung zu erhalten. So mußte der Kg. bei der Erhebung einer neuen Steuer nicht selten einem Baron Teile des Steueraufkommens überlassen, damit die kgl. Amtsträger bei dessen Untertanen überhaupt die Steuereinziehung durchführen konnten. Die Unruhen von 1315 artikulierten nicht zuletzt die Unzufriedenheit des frz. Baronagiums, dessen Selbstverständnis zutiefst von der Auffassung durchdrungen war, wie sie →Philippe de Remy Beaumanoir formuliert hatte: »Ein Baron ist Souverän in seiner Baronie.« Derselbe Beaumanoir hatte allerdings auch hinzugefügt: »Der Kg. ist Souverän über alle und besitzt aufgrund seines Rechts die allgemeine Oberhoheit (→garde) über sein ganzes Kgr.« Somit könne der Kg. bindende Rechtsweisungen (établissements) um des →Gemeinwohls (commun profit) willen nach eigenem Gutdünken erlassen.

Die unmittelbare kgl. Autorität, schon gegenüber Baronen und Herren schwer durchsetzbar, erfaßte kaum die großen Lehnsherrschaften und -fürstentümer. Hier konnten die kgl. Kommissäre und Beamten weder Steuern erheben noch die Bewohner unmittelbar zum Kriegsdienst aufbieten, nicht einmal bei Kriegen zur Verteidigung des Kgr.es (pro defensione regni, nach der seit Philipp IV. gebräuchl. Formel). Generell hatte der Kg. von seinen großen Vasallen keine Finanzbeiträge zu erwarten; auch die mit dem Ehrentitel →Pair du royaume ausgezeichneten Großen brachten nur einen mäßigen Fixbetrag auf; die Zahlung militär. Subsidien beruhte auf Freiwilligkeit. Allerdings leisteten die meisten Großen dem Kg. gern Heeresdienst, wobei sie manchmal die von ihnen für den kgl. Heerbann (ost) gestellten Truppen selbst entlohnten, meist jedoch die Bezahlung der kgl. Kasse überließen. Zu Beginn des Hundertjährigen Krieges konnte sich Philipp VI. auf diese Weise 1339 und 1340 der

militär. Dienste seiner meisten großen Vasallen versichern. Trotz der oben genannten Einschränkungen standen von der Mitte des 13. Jh. bis zur Mitte des 14. Jh. alle großen Kronvasallen, mit nur geringen Ausnahmen, politisch im Bannkreis des Kgtm.s; d. h. Hzg.e und Gf.en erschienen oft am Königshof, der Kg. konnte bei ernsthaften Konflikten in der Regel erfolgreich intervenieren, und die Untertanen selbst der großen Lehnsfs.en appellierten an das kgl. Gericht. Erwähnenswert ist, daß eines der größten Fsm.er, die Gft. →Champagne, durch Heirat 1284/85 (gemeinsam mit →Navarra) an die Krondomäne fiel.

Seit dem späten 13. Jh. sah sich das frz. Kgtm. verstärkt mit den Unabhängigkeitsbestrebungen des Hzm.s →Guyenne und der Gft. →Flandern konfrontiert. Im Falle der Guyenne war dies in der traditionellen Verbundenheit des Landes mit der engl. Monarchie begründet, im Falle Flanderns in den polit.-sozialen Entwicklungen der fläm. Städte. Das frz. Kgtm. versuchte mit verschiedenen militär. und diplomat. Aktionen, die Bewohner dieser Territorien wieder seiner Botmäßigkeit zu unterwerfen, ohne diesem Ziel bei Ausbruch des →Hundertjährigen Krieges, der maßgebl. durch diese offenen Konflikte mitausgelöst wurde, schon nahegekommen zu sein.

Der Vergrößerung der Krondomäne stand in dieser Zeit eine gegenläufige Entwicklung gegenüber, die zu ihrer teilweisen Aufteilung führte: die Vergabe territorialer →Apanagen an die jüngeren Königssöhne und deren Nachkommen (dagegen wurden Töchter mit einem →Wittum, zumeist in Geld, abgefunden). Mit der Verleihung von Apanagen (das Wort selbst begegnet erst spät, in einer Urk. Ludwigs X. von 1316) verband sich das Ziel, die jüngeren Söhne durch entsprechende Güterausstattung von Rivalitäten um die Krone fernzuhalten. Je kinderreicher ein Kg., desto größer war die Gefahr einer Besitzzerstückelung. So vergab Ludwig VIII. so bedeutende Territorien wie Poitou, Anjou und Maine sowie Artois als Apanagen. Doch wurden mehrfach Verfügungen zur Beschränkung des Apanagenwesens getroffen, so daß es zw. 1328 (Philipp VI.) und der 2. Hälfte des 14. Jh. nur mehr wenige Apanagen gab (Artois, Alençon, Chartres, Évreux, Marche, Bourbon, Angoulême, Mortain). Die kgl. Interventionsmöglichkeiten waren in den Apanagen größer als in den eigtl. Lehnsfürstentümern (seit Philipp IV. förml. Bestimmung über kgl. Souveränität und Ausübung der höchsten Gerichtsbarkeit: superioritas et resortum). Wollte der Kg. jedoch seine allgemeinen Rechtsvorschriften in den Apanagen beachtet wissen, so sah er sich zu Konsultationen mit ihren Inhabern genötigt; immer häufiger wurden daher Beschlüsse durch ausgiebige Beratung mit »Brüdern, Onkeln, Leuten aus seinem (dem kgl.) Geschlecht und vielen anderen Prälaten und Baronen« gefaßt. Die Apanageninhaber, stolz auf ihre Zugehörigkeit zur kgl. Familie, dem späteren 'Haus Frankreich', kopierten in ihren Herrschaften die Verwaltungsinstitutionen der Krondomäne, wobei oft dieselben Beamten im Dienst der Prinzen wie des Kg.s zu finden sind; Beaumanoirs Karriere bietet hierfür ein gutes Beispiel. Bis zur Mitte des 14. Jh. bildeten die Apanagen noch keineswegs eine Gefahr für die kgl. Autorität; nur zwei Prinzen (→Philippe Hurepel und →Robert v. Artois) machten ihre Apanagen zum Stützpunkt für Aufstände. Die Apanagen boten – auch als Symbol der Familieneintracht – nach der Auffassung der Zeitgenossen im grundsätzlich unteilbaren Kgr. F. offenbar die beste Lösung für die Frage der prinzl. Besitzausstattung, wobei diese Praxis z. T. auch in den regionalen Lehnsherrschaften nachge-

ahmt wurde und sich auch außerhalb F.s ähnliche Rechtsinstitute finden (z. B. →*infantazgo,* →Mutschierung). Allerdings mochten sich die ehrgeizigsten unter den Prinzen
von Geblüt nicht mit der so ehrenvollen wie subalternen
Stellung eines Apanageninhabers begnügen; das zeigen
die Beispiele →Karls v. Anjou, der seine Hand nach Sizilien und Jerusalem ausstreckte, und →Karls v. Valois, des
Bruders Philipps IV., der Aragón, Byzanz und das Imperium beanspruchte.

Institutionell war das kapet. Kgtm. des 13.–14. Jh. bestrebt, in den verschiedensten Bereichen Verwaltungsein-
richtungen zu schaffen, auszugestalten oder umzuwandeln: auf der Ebene der Zentralverwaltung v. a. die Kanzlei (→Chancellerie), das →Parlement und die →Chambre
des comptes (s. a. →Finanzwesen, B. III); auf regionaler
Ebene →Bailliage und →Sénéchaussée. Andererseits rief
Philipp IV. in größerem Umfang Beratungen mit bedeutenden Persönlichkeiten des Kgr.es, Klerikern wie Laien,
ins Leben (1302–03, 1308, 1314). Hierbei handelte es sich
nicht um echte Verhandlungen zwecks Beschlußfassung,
sondern um die demonstrative Artikulation eines Konsen-
ses in meist brisanten polit. Fragen, v. a. im Kampf gegen
Papst →Bonifatius VIII. und im Prozeß gegen die
→Templer. Unter dem Sohn Philipps IV. hatten die zahlreich abgehaltenen Versammlungen (1317, 1318, 1320,
1321 u. a.) eine andere Funktion: Das Kgtm., nun nicht
mehr in der Pose des absoluten Herrschers, forderte von
den Versammelten die Zustimmung der Erhebung neuer
Steuern, handelte sich aber mehrfach Zurückweisungen
ein. Doch sollte die eigtl. Rolle der →États (généraux) erst
in der Krisenzeit unter Philipp VI. und v. a. Johann II.
beginnen.

Folgende Herrschaftsziele hatte die kapet. Monarchie in
den Jahren um 1320–40 erreicht: 1. Anerkennung der kgl.
Justiz im gesamten Kgr. *(ressort du Parlement);* 2. enge
Überwachung der außerhalb der Krondomäne gelegenen
Gebiete durch die kgl. Baillis und Seneschälle; 3. Durchsetzung der kgl. Besteuerung in 2/3 bzw. 5/7 des Kgr.es (=
ca. 320000 km²), nach dem berühmten →Feuerstätten-
verzeichnis von »États des feux« von 1326–28; dieser kgl.
Steuerpflicht entzogen sich nur mehr die Apanagen (ca.
27000 km²) und die Lehnsfürstentümer (ca. 83000 km²:
Hzm.er Bretagne, Guyenne, Burgund; Gft.en Flandern,
Blois, Nevers, Bar); 4. Stärkung der kgl. Militärmacht;
nach den Rechnungen des Aufgebots von 1340, des sog.
»ost de Bouvines«, stellten Apanagen und auch Lehnsfürstentümer (Burgund, Foix, Armagnac, Flandern, selbst
Bretagne) größere Kontingente.

Das Ansehen der kapet. Monarchie und Dynastie
wuchs in der gesamten Christenheit um so mehr, als in
Deutschland mit dem Scheitern der Staufer seit ca. 1250
ein länger dauernder Verfall der Reichsgewalt einsetzte
und England von periodisch auftretenden inneren Auseinandersetzungen, wie sie in F. in diesem Ausmaß unbekannt blieben, erschüttert wurde. Gleichwohl war die
äußere Politik der Kapetinger keineswegs durchgängig
erfolgreich; die beiden kostspieligen Kreuzzüge Ludwigs
IX. und die Ambitionen der Anjou in →Aragón und
→Sizilien erwiesen sich als Fehlschläge. Doch wurde das
Kgr. →Navarra 1284–1328 de facto an F. angeschlossen,
und auch nach 1328 gehörte der im Kgr. F. begüterte Kg.
v. Navarra zur unmittelbaren Umgebung Philipps VI.
Die Stoßrichtung des kapet. Expansionsdrucks richtete
sich jedoch v. a. nach Osten: Die an der Reichsgrenze
gelegene→Champagne war bereits 1284/85 an F. gekommen; die Bf.e v. →Metz und →Lüttich gehörten zur
Klientel des Kg.s v. F., und auch der Hzg. v. →Lothringen

und der Gf. v. →Bar orientierten sich politisch zunehmend
nach Paris, ebenso – indirekt – der Gf. v. Burgund (→Bur-
gund, Fgft.) über den Hzg. v. Burgund. Unter Philipp IV.
und seinen Nachfolgern etablierte sich die kgl.-frz. Macht
– z. T. in Konkurrenz zu den Gf.en v. →Savoyen – zunehmend im Bereich des alten Arelat (Lyon; 1307 Pariage-
Vertrag über Bm. und Gft. Viviers, 1314 Lehnshuldigung
des Gf.en v. Valence und Die); diese Politik fand mit der
Erwerbung des →Dauphiné (1344–47) und der Übertragung des →Reichsvikariats durch Karl IV. (1378) ihren
Höhepunkt (s. a. →Dauphin). Darüber hinaus sind zw.
1270–1328 insgesamt vier frz. Vorstöße zur Erlangung der
Kaiserkrone für Mitglieder der kapet. Dynastie zu verzeichnen; obwohl von frz. Seite mit nur geringem Nachdruck verfolgt, erregten diese Projekte in Deutschland
starke Gegnerschaft. Insgesamt können das Kgr. F. und
seine Dynastie für die Zeit um 1340 als bedeutendste
monarch. Herrschaft des westl.-lat. Europa gelten.

VI. Die Krisenperiode (Mitte des 14. Jh.–Mitte des
15. Jahrhunderts): Auf den Aufstieg der kapet. Monarchie im frühen 14. Jh. folgte eine Periode von etwas mehr
als einem Jahrhundert, in der die schon seit langem eingeleiteten institutionellen Zielsetzungen weiterverfolgt
wurden. Diese zielten im wesentl. ab auf eine umfassende
Kontrolle des gesamten Raums des Kgr.es und aller seiner
Bewohner, gleich welchen Standes, durch die *officiers* der
Krone und damit auf den Auf- und Ausbau eines auf
administrativ-bürokrat. Grundlagen beruhenden monarch. Staates, der seine Anfänge unter Philipp II. August
erlebt hatte und unter Philipp IV. und seinen Söhnen
ausgeprägtere Konturen gewonnen hatte. Ein wichtiges
Moment war hierbei die verstärkte Dienstbarmachung
des hohen Säkular- und Regularklerus, des kleinen und
großen Adels und der *bonnes villes*. Die inneren Konsoli-
dierungsmaßnahmen wurden begleitet von einer Außenpolitik, die dem Kgr. F. seinen hervorragenden Platz in der
Christenheit sichern sollte. All diese Bestrebungen sahen
sich jedoch konfrontiert mit einer Krise, durch die F. –
mehr noch als seine Nachbarn – erschüttert wurde. Sie
äußerte sich in einem geradezu katastrophalen demograph. Rückgang, verbunden mit wirtschaftl. Verfall und
– bes. in der 2. Hälfte des 14. Jh. – heftigen sozialen Unruhen. Diese Gesamtsituation nötigte die frz. Monarchie,
die ihren traditionellen Herrschaftsausbau fortführen
wollte und zu reagieren hatte auf geradezu existenzgefähr-
dende polit. Entwicklungen, ihr militär. und diplomat.
Potential in massiver Weise zu vergrößern. Dies führte zu
immer stärkerer fiskal. Inanspruchnahme der Einkommen der Untertanen. Der wachsende Druck, dem die
abnehmende und verarmende Bevölkerung ausgesetzt
war, erzeugte starke polit.-soziale Spannungen, aus denen
die Monarchie aber schließlich siegreich hervorging. Sie
setzte die Einrichtung einer »außerordentl.« Fiskalität
durch, die das geringe Aufkommen des herkömmlichen
»domanialen« Steuer- und Abgabenwesens zumindest zu
kompensieren vermochte.

Seit 1337 und verstärkt seit 1340 erhob Eduard III. v.
England dynast. Ansprüche auf den frz. Thron und behandelte Philipp VI. v. Valois als Usurpator. Nicht klar ist,
wieweit dieser Thronanspruch anfangs nur ein Druckmittel des Plantagenêt zur Erlangung eines vergrößerten
Hzm.s Guyenne zu voller Souveränität war. Doch kann
die Politik Eduards III., der für dieses Vorgehen in England breite Unterstützung fand, auch von Beginn an von
weitergehenden Intentionen geleitet worden sein. Philipp
VI. war zwar redlich um die Aufstellung von Heeren in
beachtl. Truppenstärke bemüht und erlegte zu diesem

Zweck seinen Untertanen eine als drückend empfundene Steuer auf, doch erlitt er fast ausschließlich militär. Niederlagen (→Sluis, 1340; →Crécy, 1346). Zudem brach 1342 der Erbfolgekrieg im Hzm. →Bretagne aus, in dem der Schützling Philipps, →Karl v. Blois, dem Protégé Eduards, →Johann v. Montfort, nach langen Kämpfen unterlag. War der Krieg bei Philipps Tod 1350 auch noch unentschieden, so hatten sich die Engländer mit dem 1347 eingenommenen→Calais doch einen kontinentalen Brükkenkopf verschaffen können. Die Mißerfolge Philipps VI. hatten in F. zu tiefgreifender polit. Unzufriedenheit geführt; die Regierungs- und Verwaltungsmaschinerie wurde von zahlreichen Untertanen in Frage gestellt.

Die Regierung Kg. Johanns II. (1350–64) trug alles dazu bei, die Situation noch dramatisch zu verschärfen. Neben neuen Rückschlägen im breton. Krieg sorgte nun auch die Gegnerschaft zw. dem Kg. und seinem Schwiegersohn, →Karl II. 'dem Bösen', Kg. v. Navarra und Gf.en v. →Évreux, für Konfliktstoff. Ein Zweifrontenkrieg des frz. Kgtm.s gegen Engländer und Navarresen setzte ein, wobei unklar bleibt, ob Karl der Böse seinerseits unmittelbar nach der frz. Krone strebte oder lediglich seinen Lehnsbesitz vergrößern wollte. Teile des Adels (vornehmlich der Normandie), des Klerus und der kgl. Städte gingen zur navarresisch geführten Opposition über, während die États von Langue d'oïl und Langue d'oc 1355 eine grundlegende Reform der kgl. Regierung forderten. Der Reformgedanke wurde zur beherrschenden Losung des Tages. 1356 geriet Johann II. bei →Poitiers in die Gefangenschaft des engl. Feldherrn →Eduard, Prince of Wales ('der Schwarze Prinz'). Es folgten vier Jahre polit., militär. und sozialer Wirren.

Die Regentschaft wurde dem ältesten Sohn des Kg.s, Karl (V.), Hzg. v. Normandie, übertragen. 1357 erfolgte ein neuer Reformvorstoß, von seiten der Repräsentanten der drei ständisch verfaßten Gruppen des Kgr.es (Klerus, Adel, Bürgertum der kgl. Städte), der insbes. eine Kontrolle der monarch. Institutionen vorsah. Es schien sich eine ähnl. polit.-soziale Entwicklung wie in England anzubahnen. 1358 brach in den Agrargebieten nördlich und westlich von Paris der Bauernaufstand der sog. Jacques (→Jacquerie) aus. In der Hauptstadt stellte sich Étienne →Marcel, als →prévôt des marchands Oberhaupt des Pariser Stadtregiments, an die Spitze der Bewegung, die die Monarchie zum Dialog mit ihren Untertanen zwingen wollte. Doch wurde die Jacquerie von den um das Banner Karls v. Navarra gescharten Edelleuten niedergeworfen, während Étienne Marcel bald darauf ermordet wurde. Damit bekam Karl, der als Regent zum Bollwerk der sozialen Ordnung und zur Personifikation des Kampfes gegen die Anglo-Navarresen geworden war, die Situation wieder in den Griff. Die neue Offensive (1359–60) gegen Eduard III. führte allerdings nicht zum gewünschten Erfolg. Der Friede v. →Brétigny-Calais (1360) erbrachte gegen schweres Lösegeld zwar die Freilassung Johanns II., kostete F. aber umfangreiche Gebietsabtretungen, die das Kgr. um ein gutes Drittel schrumpfen ließen. Dafür ließ der Kg. v. England seine Ansprüche auf den frz. Thron fallen. Diese Beendigung der Kriegshandlungen mit England hatte für Johann II. offenbar definitiven Charakter, wie die ernsthaften Kreuzzugsvorbereitungen nach seiner Befreiung zeigen.

Nach Johanns II. Tod nahm sein Sohn Karl V. (1364–80) eine durchgreifende Änderung dieser Politik vor, gekennzeichnet durch das Wiederaufrollen des Konflikts mit England und die Revision des Friedens v. Brétigny-Calais. Karl unternahm starke polit. und propagandist. An-

strengungen, um dem frz. Kgtm. den verlorenen Glanz wiederzugeben, wobei er auf seine fügsamen Untertanen zählen konnte, die die hohen Kosten für die Rückeroberungsarmee bereitwillig trugen. Der Kg. hatte wie sein Vorgänger die Unterstützung des Papsttums, das einer Vereinigung der beiden größten Kgr.e Europas in der Hand einer einzigen Dynastie ablehnend gegenüberstand. Wesentlich war, daß Karls V. Regierung über ein besser ausgerüstetes Militär und tüchtige Heerführer (unter ihnen Bertrand →Du Guesclin) verfügte; die Franzosen waren in den langen Jahren der Kämpfe mit England kriegserfahren geworden. Die frz. Kampftaktik war auf längerfristige Operationen ausgerichtet: Man ließ die engl. Reiterzüge (chevauchées) ins Leere laufen, vermied offene Feldschlachten, außer bei starker Überlegenheit, und bemühte sich in zähem Belagerungs- und Kleinkrieg um die Rückeroberung der englisch besetzten Gebiete. Klarer als zuvor trat nun die Vorstellung hervor, daß der Kg. v. F. keine Gebiete aus der Krondomäne abtreten könne und dürfe; diese Unveräußerlichkeitsklausel wurde zum Bestandteil der feierl. Gelübde bei der Königsweihe. Zwar wurde im Hinblick auf Verhandlungen mit der engl. Gegenpartei die Vergabe von Lehen, soweit es das Wohl des Landes erforderte, zugestanden, jedoch nur unter Wahrung der Ehre (honor) der frz. Krone, d. h. unter Beibehaltung von Lehnshoheit, Gerichtshoheit und Souveränität.

1364 konnte die navarres. Gefahr durch den Sieg v. →Cocherel erst einmal gebannt werden. In der Bretagne allerdings mußte Karl V. den erfolgreichen proengl. Prätendenten Johann IV. v. Montfort nach dessen entscheidendem Sieg bei Auray (1365) als Hzg. anerkennen. Dafür gewann im Thronstreit von →Kastilien der profrz. →Heinrich (IV.) v. Trastamara nach wechselvollen Kämpfen die Oberhand (1369); dies trug F. für lange Zeit die wertvolle Flottenhilfe Kastiliens ein (→Flotte, B. VII.). Parallel dazu unterstützte Karl V. die Eheallianz seines Bruders →Philipp des Kühnen, der infolge des Aussterbens des älteren burg. Herzogshauses Hzg. v. →Burgund geworden war, mit der Erbtochter →Margarete v. Flandern. Damit wurde das v. a. aus wirtschaftspolit. Gründen zur engl. Seite neigende Flandern, wenn auch nur auf der Ebene seines Fs.en, wieder dem Machtbereich der frz. Monarchie einverleibt. In Aquitanien rechnete das Kgtm. dagegen auf die Unterstützung zahlreicher Untertanen, die, des Steuerdrucks der anglogascogn. Regierung unter dem Schwarzen Prinzen müde, eine Vereinigung mit F. wünschten. Unter diesen Voraussetzungen wurde 1369 der Krieg gegen England wiederaufgenommen, auf kgl. Initiative, aber mit Approbation des Parlement als der höchsten Instanz des Reiches.

Nach wechselvollem Kriegsverlauf wurden in Brügge langwierige Friedensverhandlungen geführt (1375–77), die aber kein greifbares Ergebnis brachten. Karls V. Versuch, die Bretagne zu erobern, schlug fehl (1379). Umstritten blieb seine Entscheidung, 1378 den Gegenpapst →Clemens VII. gegen →Urban VI. anzuerkennen und damit die Christenheit in das Gr. →Abendländ. Schisma zu verstricken. Die drückenden Steuern, die v. a. von den Städten, weniger von den – vielfach verarmten und entvölkerten – Agrargebieten aufgebracht werden mußten, sorgten am Ende der Regierung Karls V. für wachsende Unzufriedenheit. Dennoch bleibt die weitgehende Verdrängung der auf fünf Brückenköpfe (Calais, Cherbourg, Brest, Bordeaux, Bayonne) zurückgeworfenen Engländer das Verdienst Karls V. Daß dabei kein entscheidender, symbolträchtiger Sieg erfochten werden konnte, blieb für beide Parteien eine schwere psycholog. Hypothek. Die Engländer betrachteten sich nicht als geschlagen, sondern als hinterlistig aus ihrem wohlerworbenen Besitzstand gedrängt. Die Kriegsbereitschaft blieb auf beiden Seiten erhalten.

Die Regierung Karls VI. (1380–1422) begann wegen des zarten Alters des Kg.s mit einer gemeinschaftl. Regentschaft seiner Onkel: →Ludwig, des Hzg.s v. Anjou; →Johann, des Hzg.s v. Berry; →Philipp d. Kühnen, des Hzg.s v. Burgund. Der Hzg. v. Anjou schied aber wegen seiner Sizilienpolitik bald aus dieser Trias aus. 1382 zerschlug eine Reihe von städt. Aufständen (so die →Maillotins oder Maillets in Paris) das seit ca. 1360 errichtete Fiskalsystem weitgehend. Im gleichen Jahr erhoben sich die Flamen gegen den Kg. v. F. und gegen ihren Gf.en →Ludwig v. Maele. Dank des Siegs bei →West-Rozebeke konnte das Kgtm. seine Macht in Paris wie in Flandern wiederherstellen. 1384 folgte Philipp der Kühne seinem Schwiegervater in Flandern nach; seine Besitzungen umfaßten nun Hzm. und Fgft. Burgund sowie Nevers im Süden, Flandern und Artois im Norden. England war unter Richard II. (1377–99) in eine defensive Lage geraten. Erstmals seit Beginn des Hundertjährigen Kriegs erwog F. daher ernsthaft eine Landung in England von Sluis aus, blies das Unternehmen aber im letzten Augenblick ab (1386).

Der Antritt der persönl. Regierung durch Karl VI. (1388) gab zu Hoffnungen Anlaß: Man erwartete von den tatkräftig erscheinenden jungen Kg., als dessen Ratgeber die brillanten →»Marmousets« fungierten, eine Mobilisierung der frz. Energien zur Zerschlagung der letzten engl. Bastionen sowie eine weitgespannte Eroberungspolitik (Imperium, Italien). Der an der Erziehung des jungen Kg.s beteiligte Philippe de →Mézières hoffte auf ein gemeinsam mit Richard II. durchgeführtes Kreuzzugsunternehmen gegen die →Türken. Beide Monarchen bemühten sich in der Tat um eine Versöhnung. Blieb ein echter Friedensvertrag auch aus (wegen Ablehnung von Gebietsabtretungen zu voller Souveränität durch die frz. Diplomatie), so wurden doch seit 1389 längere Waffenstillstandsperioden vereinbart, begünstigt durch die Heirat Richards II. mit einer Tochter Karls VI. (1396).

Doch die frz. Monarchie funktionierte auf Dauer nur, wenn ein regierungsfähiger Herrscher an ihrer Spitze stand. Bei Karl VI. traten aber seit 1392 in Abständen Wahnsinnsanfälle auf, so daß er schließlich zum bloßen Phantom kgl. Macht herabsank. Lag eine Entthronung auch außerhalb des den Zeitgenossen Vorstellbaren, so setzten in der kgl. Familie doch verstärkte Machtkämpfe und Rivalitäten ein. Diese Streitigkeiten konzentrierten sich weniger auf die Kgn. →Isabella v. Bayern als einerseits auf den Bruder des Kg.s, →Ludwig v. Orléans, andererseits den Onkel des Kg.s, Philipp den Kühnen, sowie dessen Sohn und Nachfolger Hzg. →Johann 'Ohnefurcht'. Hauptsächl. polit. Ziele der Kontrahenten waren die Vorherrschaft über Paris und über das hier konzentrierte Räderwerk der staatl. Verwaltung, ganz allgemein die Aneignung von öffentl. Einkünften und der Auf- und Ausbau von Territorien im Kgr. F. wie außerhalb. Der Hzg. v. Burgund konnte aufgrund der geopolit. Situation seines Hzm.s den Plan der Errichtung eines Sonderreiches zw. F. und dem Imperium vorantreiben; seit Beginn des 15. Jh. verstand er es, zugleich die Geschicke F.s in seinem Sinne mitzubestimmen und parallel dazu seine selbständige Fürstenmacht in seinen fläm.-nordfrz. Besitzungen auszubauen. Vorgeblich in gemeinsamer Anstrengung um das Wohl und die *réformation* des Kgr.es F. bemüht, waren die Hzg.e v. Burgund und Orléans tatsächlich

uneins in einer Reihe wichtiger polit. Fragen wie der Beendigung des Schismas, der Regierungsform des Kgr.es F., den Beziehungen zu England usw. Der offene Bürgerkrieg brach 1407 aus mit der Ermordung Ludwigs v. Orléans auf Anstiftung Hzg. Johanns. Die öffentl. Meinung in Paris stand auf seiten der Bourguignons (Burgunder); von Hzg. Johann zumindest toleriert, breiteten sich soziale Unruhen aus (→Caboche, Simon), bis hin zu einem Versuch allgemeiner staatl. Reform (sog. →Ordonnance cabochienne, 1413). Doch die Orléanisten, bekannt auch als 'Armagnacs' (wegen der polit. und militär. wichtigen Rolle →Bernhards v. Armagnac, des Schwiegervaters des jungen Karl v. Orléans), vertrieben die Burgunder ab 1411 aus Paris und übernahmen wieder die Kontrolle über den Kg. und seine Angehörigen (→Armagnacs et Bourguignons).

Die Spaltung F.s in zwei Lager erregte die Expansionsgelüste des jungen Kg.s v. England, Heinrich V. (1413–22) aus dem Hause →Lancaster. Sein Bestreben richtete sich auf Rückgewinnung der souveränen Herrschaft über die ihm im Frieden v. Brétigny-Calais zugesprochenen Gebiete sowie auf die Normandie und die anderen ehem. Besitzungen des Hauses Plantagenêt. Da über derart weitgehende Forderungen Verhandlungen nicht möglich waren, kam es rasch zum Kampf, der 1415 durch die vernichtende frz. Niederlage von →Agincourt (Azincourt) entschieden wurde. Ab 1417 eroberte Heinrich V. planmäßig die Normandie mit ihrer Hauptstadt Rouen. Die Bourguignons rückten wieder in Paris ein und bemächtigten sich der Person des Kg.s. Annäherungsversuche zw. Armagnacs und Bourguignons endeten abrupt mit dem trag. Ende Hzg. Johanns, der 1419 bei der Begegnung v. →Montereau vor den Augen des Dauphins →Karl (VII.) und zumindest mit seiner stillschweigenden Billigung ermordet wurde. Der junge Hzg. v. Burgund, →Philipp der Gute (1420–67), nahm nun, nach reiflicher Überlegung, im (Vor)vertrag v. →Troyes (1420) die neuen engl. Bedingungen an: Regentschaft und Heirat Heinrichs V. mit einer Tochter Karls VI., spätere Thronfolge des engl. Kg.s in F., unter Wahrung der Rechte, Identität und Integrität F.s. Mit dieser Personalunion als »paix finale« sollte ein Schlußstrich unter die bald hundertjährigen Konflikte gezogen werden. Der von den Franzosen zu beschwörende Vertrag sollte einerseits von den drei États des Kgr.es F., andererseits vom engl. Parlament approbiert werden.

Gegen dieses in Troyes ausgehandelte Projekt stellte sich der Dauphin Karl, der sich ebenfalls zum Regenten erklärt hatte, ebenso die ihn anerkennende Mehrzahl der Prinzen von Geblüt und auch die Mehrheit der Franzosen. Der Mittel- und Südfrankreich kontrollierende Dauphin schuf als Konkurrenz zu der angloburg. Pariser Zentralverwaltung eine in →Bourges und →Poitiers etablierte Behördenorganisation. 1422 starb Heinrich V., bald darauf auch Karl VI. Zwei Kg.e konkurrierten nun in F.: der erst zweijährige Heinrich VI., für den in F. der Statthalter →Johann, Hzg. v. Bedford, regierte, und Karl VII. (1422–61). Die Hoffnungen der Engländer auf Expansion ihrer Herrschaft in F. wurden zerstört durch den Siegeszug der →Jeanne d'Arc, die das engl. Heer an der Einnahme von →Orléans hinderte und Karl VII. 1429 zur Königsweihe nach Reims führte. 1435 erfolgte im Vertrag v. →Arras die Versöhnung zw. Karl VII. und Philipp dem Guten, der von der Lehnshuldigung für seine Territorien entbunden wurde. Damit war der Hzg. v. Burgund zum weithin unabhängigen Fs.en geworden, der mit seinen zumeist durch Heirat oder Erbschaft angehäuften großen und reichen Länderkomplexen, den *pays de par deça* (niederländ.-nordfrz. Territorien) und *pays de par dela* (burg. Stammlande), eine mächtige Stellung einnahm. Nachdem Karl VII. 1436 die Herrschaft über Paris und die Île-de-France zurückerlangt hatte, gelang 1449–50 die Rückeroberung der →Normandie, 1451–53 die Eroberung der →Guyenne. Calais blieb die einzige engl. Festlandbastion. Kein Vertrag besiegelte je diesen neuen Besitzstand; die Engländer lebten aber nach den Niederlagen v. →Formigny (1450) und Castillon (1453) in dem Bewußtsein, den Krieg um ihren frz. Besitz verloren zu haben. Psychologisch gesehen, war ihre Antriebsfeder zerbrochen.

Mehrere Faktoren erklären den dauerhaften Sieg der Valois über die Plantagenêt/Lancaster: 1. die Überlegenheit F.s an Menschen und finanziellen Ressourcen, außer in den Jahren 1420–40; 2. die tiefe Verwurzelung der Idee der frz. Unteilbarkeit im Denken der frz. Öffentlichkeit, die einen dauerhaften Kompromiß zw. frz. und engl. Königshaus in Hinblick auf den Besitz frz. Gebiete ausschloß; 3. die Ablehnung der Kg.e v. England als Fremde, ein elementarer Ausdruck des Nationalbewußtseins der Franzosen, die das Haus Valois unerachtet der Schwäche mancher seiner Kg.e als die »natürl.« Dynastie F.s betrachteten.

Die Maschinerie der frz. Monarchie wurde zunehmend perfektioniert, nicht zuletzt als Antwort auf eine Reihe krit. Situationen. Mit seinen →Notaren und →Sekretären schuf sich das Kgtm. ein zentrales, geschultes Beamtenpersonal, das kontinuierlich die Kroninteressen wahrnahm (→Beamtenwesen, A. IV). Es steigerte sich das Ansehen des →Parlement. Eine Finanzbürokratie mit der →Chambre des comptes als Zentralbehörde bildete sich aus (→Finanzwesen, B. III); offenbar verfügte die frz. Monarchie um 1450 über das wirksamste und bestorganisierte Fiskalsystem Europas. Neben den →Baillis und →Seneschällen wurden in der Regionalverwaltung die Ämter der →capitaines généraux, →lieutenants généraux und →gouverneurs als – v. a. militär. – Vertreter des Kg.s geschaffen. Schließlich wurde durch eine Reihe von Ordonnanzen der Jahre 1445–49 das →Heerwesen reformiert und damit eine beeindruckende kgl. Militärmacht begründet. Zahlreiche Franzosen befürworteten eine starke Monarchie als Schutzschild gegen die feudalen Sondergewalten innerhalb F.s sowie außenpolitisch gegen den Ks. und die anderen Kg.e der Christenheit. Diese Grundhaltung erleichterte Kg. Karl VII. die Zurückdrängung feudaler Aufstandsbewegungen (z. B. der →Praguerie 1440–41) sowie die Einrichtung einer ständigen Besteuerung und eines stehenden Heeres, unter Ausschaltung der →États généraux, die seit 1439 für fast 30 Jahre nicht mehr einberufen wurden. Eine absolute Stellung erreichte der Kg. allerdings nicht, denn er hatte bei wichtigen Entscheidungen dem Herkommen zu folgen und den Rat der bedeutendsten Persönlichkeiten des Kgr.es einzuholen und sah sich zudem durch Interessengruppen wie auch durch schwerfällige Verwaltungsabläufe in seinen Handlungsmöglichkeiten eingeengt; rechtlich gesehen hatte er freilich die letzte Entscheidung, trotz aller Einspruchsrechte der Großen, des Parlement (→Remonstranz), der Chambre des comptes und der Repräsentanten der Gallikan. Kirche. Der Dialog des Kg.s mit seinen Untertanen hatte keinen kollektiven und verbindlich geregelten Charakter, sondern beschränkte sich auf das Spiel wechselseitiger Einflußnahmen und individueller Verhandlungen, zentriert auf den Königshof als Schauplatz des übergeordneten polit. Geschehens. Dank der glücklich gemeisterten Krise hatte die frz. Monarchie somit einen gänzlich anderen Weg als die engl. eingeschlagen; die Wurzeln des Absolutismus des Ancien Régime liegen in den letzten zwei Jahrhunderten des MA. Schon Karl V. und schließlich Karl VII. (in seiner Spätzeit) begründeten eine Regierungsweise, in der die kgl. Autorität, fast unbeschränkt durch konstitutionelle Gegengewichte, allenfalls noch durch die menschl. Trägheit gehemmt werden konnte. Die Formel »Der Kg. ist Ks. in seinem Kgr.« wird im 15. Jh. oft verwandt; der Kg. beginnt in dieser Zeit, Entscheidungen mit seinem »bon plaisir« zu begründen. Auch die →Intitulatio spiegelt diese Entwicklung wider: Zu Beginn des 15. Jh. heißt die Kgn. Isabella v. Bayern bei →Christine de Pisan »notre digne majesté«; etwas später belegt Jean →Jouvenel Kg. Karl VII. mit dem Titel »Majesté impériale«. Karl VII. und Ludwig XI. lassen sich als »Sa majesté« titulieren.

Im Innern des Kgr.es integrierten sich die feudalen Fürstenhäuser nun zunehmend in das monarch. System, mit Ausnahme nur der Hzg.e v. →Bretagne und →Burgund, die in wachsendem Maße als Oberhäupter nahezu unabhängiger Staaten auftraten. In der Außenpolitik lockerten sich die einstmals engeren Beziehungen zur Iber. Halbinsel. Karl VII. enthielt sich einer Förderung der Kreuzzugsbewegung; demgegenüber trat der Hzg. v. Burgund für das von den Päpsten inspirierte Wiederaufleben des Kreuzzugsgedankens (→Türkenkrieg) ein. In Italien unterstützte Karl VII. die weitgespannten Sizilien-Pläne seines Schwagers →René v. Anjou nur zögernd. Die staatskirchl.-gallikan. Tendenzen (→Gallikanismus, →Pragmatique Sanction von 1438) führten zu einer reservierten Haltung des Papsttums. Die Politik gegenüber dem Imperium und insbes. gegenüber den Fs.en und Städten an der Ostgrenze F.s war nicht allzu aktiv, abgesehen von einer stärkeren Integration des Dauphiné (durch den dorthin geflohenen Dauphin Ludwig [XI.]) und einer zeitweiligen Wiederaufnahme einer Expansionspolitik (1444–45 Zug gegen Metz). Das Hauptproblem lag im Verhältnis zw. F. und dem Hzm. Burgund, doch sollte dies erst mit der nächsten Herrschergeneration, Ludwig XI. und Karl dem Kühnen, virulent werden.

VII. WIEDERAUFBAU UND EXPANSION (1461–98): Wegen seines Zynismus, seiner Entschlossenheit, seiner Doppelzüngigkeit, Verschlagenheit und Härte bis hin zur Grausamkeit war Ludwig XI. eine außergewöhnl. Herrscherpersönlichkeit; Zeitgenossen wie Nachfahren haben in ihm einen Tyrannen in der Art mancher it. Renaissancefürsten gesehen. Trotz der Unterschiede im Regierungsstil steht Ludwigs Politik in der Tradition seines Vaters, auch für ihn spielten Einigungs-, Zentralisierungs- und Integrationsbestrebungen, doch stärker verbunden mit expansiven Momenten, die wichtigste Rolle: »un Dieu, un roi, une loi, une foi« (Pierre Gringoire). Ludwig schuf sich viele Feinde durch seine Menschenverachtung, seine Negierung von Rechtstraditionen und seine auf grundlegende soziale Veränderungen abzielenden Maßnahmen (z. B. Besteuerung von adligem Besitz und Handelswaren). Doch erst 1465 vereinigten sich seine Gegner in der →Ligue du Bien public; ihr Programm war: Absetzung des Kg.s zugunsten seines Bruders →Charles de France, Wiederherstellung der autonomen Stellung von Fs.en und Großen, Kontrolle der Monarchie (über den Umweg einer Wiederbelebung der →États généraux und eines →Conseil royal, dessen Zusammensetzung nicht ausschließlich vom kgl. Willen abhing), Verteilung von Pensionen, Ehrenämtern und hohen militär. Kommandos unter die führenden Ligisten. Die Frondeure, deren Spiritus rector der burg. Erbprinz →Karl ('der Kühne'), Gf. v.

Charolais, war, erreichten nur bedingt ihre Ziele, da die militär. Auseinandersetzung mit der unentschiedenen Schlacht v. →Montlhéry und dem Widerstand des von den Ligisten belagerten Paris kein eindeutiges Ergebnis erbrachte. Ein Kompromiß wurde ausgehandelt, durch den allerdings das gesamte Nordfrankreich (Normandie nunmehr als Apanage für Charles de France, Bretagne unter →Franz II., Flandern unter Philipp dem Guten) dem kgl. Zugriff verlorenging.

Ludwig XI., der sich auf einen Teil der Städte stützen konnte, vermochte zwar durch Gunstbeweise und Verhandlungsgeschick die Koalition aufzuweichen (u. a. Apanagentausch seines Bruders Charles: Hzm. Normandie gegen Hzm. Guyenne), doch wurde mit dem Tod Philipps des Guten (1467) die frz.-burg. Konfrontation unvermeidlich. Der Kg. fürchtete eine Umklammerung durch ein burg.-engl.-breton. Bündnis. Doch waren England und Bretagne durchaus nicht bereit, sich vorbehaltlos auf ein solches Abenteuer einzulassen. Karl der Kühne (1467–77) war auch nicht so sehr an einem unmittelbaren Sieg über F. als an dessen Neutralisierung interessiert; dies sollte ihm die völlige Unabhängigkeit und die Umwandlung seines heterogenen Länderkomplexes in ein erbl. und unteilbares Kgr. ermöglichen. 1470–75 folgten eine Reihe einzelner frz.-burg. Kriegshandlungen, beiderseits unter großem Material- und Menschenaufwand, doch ohne entscheidende Resultate. 1473 schlug ein Versuch Karls des Kühnen fehl, in den →Trierer Verhandlungen mit Ks. →Friedrich III. die Königskrone zu erlangen; 1475 konnte Ludwig XI. eine engl. Invasion durch Geldzahlungen zum Stillstand bringen (→Picquigny, Vertrag v.). Ein neunjähriger Waffenstillstand mit Burgund wurde geschlossen. Ludwig XI. konnte dadurch bei den weiteren Kämpfen Hzg. Karls mit seinen Kontrahenten im Reich gleichsam in die Rolle eines Zuschauers schlüpfen, den Gang der Dinge allerdings durch Zahlungen an die Feinde Burgunds beeinflussen. Nach Karls Tod vor →Nancy (1477) war Ludwig bestrebt, die Krise des burg. Staates nach Kräften zu nutzen und sich der burg. Ländermasse zumindest teilweise zu bemächtigen. Nach mit großem Truppenaufgebot durchgeführten, aber nicht immer erfolgreichen Feldzügen (Schlacht v. →Guinegatte 1479) wurde ein Vertrag geschlossen zw. Ludwig XI. und →Maximilian v. Habsburg, dem Witwer der Erbtochter Karls, →Maria v. Burgund: Der frz. Kg. blieb im Besitz des Hzms. Burgund und der sog. →Sommestädte, aufgrund der Eigenschaft dieser Territorien als Apanagen mit Heimfallrecht; →Margarete, die Tochter Maximilians und Marias, sollte am frz. Königshof erzogen werden und den Dauphin →Karl (VIII.) heiraten; als Mitgift wurden die Gft.en Artois, Burgund, Mâcon und Auxerre, die Herrschaft Salins sowie die Kastellanei Bar-sur-Seine eingesetzt; diese Besitzungen sollten unter kgl. frz. Verwaltung stehen. An der Südgrenze des Kgr.es erklärte Ludwig XI. die aragones. Gft.en →Roussillon und →Cerdaña (Cerdagne) für annektiert; ferner schlug Ludwig nach dem Tode →Karls v. Maine (1481), des Neffen und Nachfolgers Renés v. Anjou († 1480), nicht nur das zum Bereich des Kgr.es gehörige Hzm. Anjou und die Gft.en Maine und Mortain zur Krondomäne, sondern auch das jenseits der Rhône gelegene, rechtlich zum Imperium gehörige Gft. →Provence. Auch war er bestrebt, das Hzm. →Bar zumindest teilweise einzuverleiben, womit der Radius der frz. Expansionspolitik unter Ludwig XI. im wesentl. beschrieben wäre. Manche dieser Annexionen, die z. T. unter grober Verletzung des bestehenden Rechts und der Gefühle der betroffenen Bevölkerung durchgeführt wur-

den, blieben gefährdet, zumal sie nur mit größten militär. Anstrengungen und Kosten gehalten werden konnten.

Dem lange erwarteten und von vielen ersehnten Tod Ludwigs XI. (1483) folgte eine Periode der Regentschaft, ausgeübt von dem bourbon. Herzogspaar →Anna und →Peter v. Beaujeu, Schwester bzw. Schwager des minderjährigen Kg.s Karl VIII. (1483–98). Eine polit. Krise trat ein, die sich in der Einberufung der →États généraux von 1484 konkretisierte. Hier waren erstmals alle – auch die neugewonnenen – Provinzen, mit Ausnahme der Bretagne, repräsentiert. Ein Teil der Ständevertreter setzte unter dem Einfluß des Hzg.s Ludwig v. Orléans (späterer Ludwig XII.) eine Reihe von Reformen zugunsten von Kirche, Adel und *commun* ('Gemeinem Mann') durch; ihre Hauptforderung richtete sich jedoch auf regelmäßige Tagung der États alle zwei Jahre und Umwandlung des Conseil royal in ein repräsentatives, die polit. Kräfte des Kgr.es widerspiegelndes Gremium. Da neben ständ. Gegensätzen verstärkt auch regionale Rivalitäten auftraten, konnten die Beaujeu nach dem Versprechen einer fühlbaren Senkung der →*taille* jedoch die Auflösung der États durchsetzen.

Die *Guerre folle,* eine schwächere Neuauflage der Guerre du Bien public, bot dem frz. Kgtm. den Anlaß, die →Bretagne, das letzte selbständige Fsm., militärisch in die Knie zu zwingen (Schlacht v. St-Aubin-du-Cormier und Vertrag v. →Verger, 1488). Der bald darauf eingetretene Tod Hzg. Franz' II. löste europ. Verwicklungen um die Heirat der Erbtochter, Hzgn. →Anna, aus, die Karl VIII. auf meisterhafte Weise zu lösen verstand, indem er die Bretagne durch die eigene Vermählung mit Anna dem Kgr. einverleibte (1491).

Nachdem Karl VIII., »jeune et plein de son vouloir« (Ph. de Commynes), 1492 die persönl. Regierung übernommen hatte, widmete er sich seinem Hauptziel, der Italienexpedition, für die er durch drei Verträge (Étaples, Barcelona, Senlis) diplomatisch das Terrain vorbereitete: Er verzichtete auf Roussillon und Cerdagne, zahlte an Heinrich VII. v. England die Summe von 745 000 *écus d'or* und erstattete Philipp dem Schönen, dem Sohn Maximilians und Marias, Charolais, Artois und Fgft. Burgund zurück.

Karls VIII. Italienfeldzug zeigt, daß der Kg. während seiner langen Abwesenheit keine inneren Unruhen befürchtete, die monarch. Gewalt also als konsolidiert gelten konnte. Das gewaltige Projekt, das wohl nicht nur auf die Eroberung des Kgr.es Sizilien, sondern im zweiten Zug auch auf die Befreiung Konstantinopels gerichtet war, wurde von einem Teil des Adels und der öffentl. Meinung begrüßt, dagegen von manchen Kronräten als Chimäre und Abkehr von der väterl. Politik kritisiert. Nach der Eroberung v. →Neapel (1494) zog Karl wieder nach F. und besiegte auf dem Rückweg bei →Fornovo die venezian. Liga (1495). Ende 1496 war das Kgr. Sizilien jedoch bereits wieder verlorengegangen. Der Italienfeldzug hatte sich als totales Fiasko erwiesen, was aber offenbar nicht ins allgemeine Bewußtsein eindrang, denn Karls Nachfolger Ludwig XII. versuchte erneut die Eroberung Neapels und zudem des Hzm.s →Mailand.

VIII. DIE FRANZÖSISCHE MONARCHIE DES SPÄTEN 15. JH. IM SPIEGEL DER ZEITGENOSSEN: Am Ende des 15. Jh. wurde das Kgr. F. von zeitgenöss. Beobachtern, etwa dem Venezianer →Contarini oder dem Florentiner Machiavelli, als die erste Macht in der Christenheit betrachtet, wobei F.s Weiträumigkeit und Bevölkerungszahl (die nur geschätzt werden konnte), sein – insbes. agrar. – Wohlstand und die machtvolle Stellung seines Kg.s für dieses positive

Bild ausschlaggebend waren. F.s Größe dokumentierte sich den Zeitgenossen durch: Glanz und Menschenaufwand des Königshofs; Autorität und Ansehen der kgl. Justiz (Parlements); botmäßige Haltung der Großen; Höhe und Regelmäßigkeit der Fiskaleinkünfte und deren nahezu automatisch erfolgende Anpassung an die Kosten (Budgetpolitik); Bereitschaft der Franzosen zur Übernahme öffentl. Ämter; starke Militärmacht; Kontrolle des Kgtm.s über die drei auf die Monarchie verpflichteten Stände (Adel, Klerus und Bürgertum); Stabilität der Erbfolgeregelungen (durch das während der Konflikte mit dem Kg. v. England zu einer Art Grundgesetz gewordene →sal. Gesetz, das zum Gegenstand einer eigenen Traktatliteratur wurde).

Zweifellos war eine solche Sehweise allzu optimistisch. Das prachtvolle Gebäude der frz. Monarchie konnte keineswegs als krisenfest gelten, und die Franzosen waren längst nicht einhellig mit ihm zufrieden, wie erneute Reformansätze am Ende der Regierung Karls VIII. deutlich machen. Der in der Theorie fast unumschränkte Wille des Kg.s wurde tatsächlich oftmals durch Rücksichtnahmen auf widerstreitende Interessen paralysiert. So existierte eine kgl. Wirtschaftspolitik trotz einiger schwacher Ansätze (etwa hinsichtlich der Messestandorte) so gut wie gar nicht, und F. war – im Unterschied zu England – kein einheitl. Wirtschaftsraum geworden. F. bewahrte – Zeichen seiner Stärke oder Schwäche? – tiefverwurzelte regionale Divergenzen (unterschiedl. →États provinciaux und →Coutumes, variierende →Maße und Gewichte, trotz aller Reformversuche des Kgtm.s von Philipp V. bis zu Ludwig XI.). Partikularismen und Sonderrechte bewiesen gerade angesichts der vordringenden monarch. Institutionen ihre Vitalität.

Die unterschiedl. Beurteilung des frz. Herrschaftsmodells wird anhand der Aussagen zeitgenöss. polit. Schriftsteller deutlich, wobei sich folgende Hauptsehweisen ergeben: 1. für einige kritische Betrachter (den Engländer Sir John →Fortescue, den von Ludwig XI. verfolgten Thomas→Basin) war das frz. Regierungssystem gleichbedeutend mit Tyrannei bzw. auf dem Wege dahin; 2. andere Beobachter (insbes. Philippe de→Commynes, zum Zeitpunkt der Abfassung seiner Memoiren) meinten, daß die quasi konstitutionelle Einführung von États généraux (nach engl. Vorbild) zwangsläufig zur Stärkung der kgl. Macht und nicht zu ihrer Kontrolle führen würde; 3. andere Autoren (Claude de Seyssel) hielten das frz. Herrschaftssystem dann für das beste, wenn die »puissance absolue des rois« eine Beschränkung durch die drei Organe der Kirche, Rechtsprechung und öffentl. Wohlfahrt ('Polizei') erfahre, ebenso aber auch durch ein gewisses Recht der freien Rede, das die Franzosen selbst vor ihrem Kg. haben sollten; 4. die dem Königsdienst nahestehenden Autoren (z. B. Robert de Balsac, 1492) rühmten dagegen vorbehaltlos die frz. Monarchie als für jeden klarblickenden Herrscher schlechthin vorbildlich und schrieben ihr universelle Geltung zu. Ph. Contamine

Bibliogr.: Bibliogr. annuelle de l'hist. de France, hg. CNRS, 1953ff. – *Literaturber.*: K. F. WERNER, Lit. ber. über frz. Gesch. des MA (1952/54–60) (HZ, Sonderh. 1, 1962) – J. EHLERS, F. im MA. Von der Merowingerzeit bis zum Tode Ludwigs IX. (1961–79) (HZ, Sonderh. 11, 1982) – Vgl. künftig zum SpätMA: H. MÜLLER (HZ, Sonderh.) [in Vorber.] – *Lit.: [allg. Lit. mit reichen bibliogr. Angaben]*: J.-P. POLY – E. BOURNAZEL, La mutation féodale, Xᵉ–XIIᵉ s., 1980 – J. DUNBABIN, France in the Making 843–1180, 1985 – B. GUENÉE, State and Rulers in Late Medieval Europe, 1985 – H. OLLAND, La France de la fin du MA: l'État et la nation (bilan de recherches récentes), Médiévales 10 (printemps 1986), 81–102 – J.-L. HAROUEL, J. BARBEY, É. BOURNAZEL, J. THIBAUT-PAYEN, Hist. des inst. de l'époque franque à la Révolution,

1987 – HEG I, 1976, 731–783 [K. F. WERNER]; II, 1987, 682–777 [R. FOLZ]; III, 1971, bes. 714–745 [A. BOURDE] – *[übergreifende Lit.]*: F. OLIVIER-MARTIN, Études sur les régences, I: Les régences et la majorité des rois sous les Capétiens directs et les premiers Valois (1060–1375), 1931 – R. FAWTIER, Les Capétiens et la France, 1942 – L. MIROT, Manuel de géographie hist. de la France, I: L'unité française, 1947² – J. DE PANGE, Le roi très chrétien, 1949 – M. DAVID, Le serment du sacre du IXᵉ au XVᵉ s., 1951 – J. LAFAURIE, Les monnaies des rois de France, I: De Hugues Capet à Louis XII, 1951 – M. DAVID, La souveraineté et les limites juridiques du pouvoir monarchique du IXᵉ au XVᵉ s., 1954 – F. LOT – R. FAWTIER, Hist. des institutions françaises au MA, I: Inst. seigneuriales, 1957; II: Inst. royales, 1958; III: Inst. ecclésiastiques, 1962 – P. E. SCHRAMM, Der Kg. v. F., 2 Bde, 1960² – R. E. GIESEY, The Juristic Basis of Dynastic Right to the French Throne, 1961 – D. M. BELL, L'idéal éthique de la royauté en France au MA, 1962 – G. TESSIER, Diplomatique royale française, 1962 – BRÜHL, Fodrum, 1968 – J.-F. LEMARIGNIER, La France médiévale. Inst. et société, 1970 – J. R. STRAYER, On the Medieval Origins of the Modern State, 1970 – CH. PETIT-DUTAILLIS, La monarchie féodale en France et en Angleterre (Xᵉ–XIIIᵉ s.) 1971 [Neuausg. mit erg. Bibliogr. von J.-PH. GENET] – La France et les Français, hg. M. FRANÇOIS, 1972 – G. DEVAILLY, Le Berry du Xᵉ s. au milieu du XIIIᵉ. Étude politique, religieuse, sociale et économique, 1973 – W. KIENAST, Dtl. und F. in der Kaiserzeit (900–1270). Weltkaiser und Einzelkönige, 3 Bde, 1974–75 – BRÜHL, Palatium – A. ERLANDE-BRANDENBURG, Le roi est mort. Étude sur les funérailles, les sépultures et les tombeaux des rois de France jusqu'à la fin du XIIIᵉ s., 1975 – H. SCHEIDGEN, Die frz. Thronfolge (987–1500). Der Ausschluß der Frauen und das sal. Gesetz, 1976 – E. M. HALLAM, Capetian France 987–1328, 1980 – B. GUENÉE, Politique et hist. du MA, recueil d'articles ... (1956–81), 1981 – A. W. LEWIS, Royal Succession in Capetian France. Stud. on familial order and the State, 1981 – J.-P. LEGUAY-H. MARTIN, Fastes et malheurs de la Bretagne ducale 1213–1532, 1982 – M. BLOCH, Les rois thaumaturges. Étude sur le caractère surnaturel attribué à la puissance royale, particulièrement en France et en Angleterre [Neuausg. 1983; Lit., Vorwort von J. LE GOFF] – T. ROULEY, The Norman Heritage, 1066–1200, 1983 – R. FOLZ, Les saints rois du MA en Occident (VIᵉ–XIIIᵉ s.), 1984 – R. A. JACKSON, Vive le Roi! A Hist. of the French Coronation from Charles V to Charles X, 1984 – J. LE PATOUREL, Feudal Empires. Norman Plantagenet, 1984 – Culture et idéologie dans la genèse de l'État moderne, 1985 – Le sacre des rois, Paris, 1985 – Prosopographie et genèse de l'État moderne, hg. F. AUTRAND, 1986 – État et Église dans la genèse de l'État moderne, 1986 – Les lieux de mémoire, hg. P. NORA, II: La nation, 3 Bde, 1986 – Genèse de l'État moderne, prélèvement et distribution, 1987 – A. CHÉDEVILLE–N. Y. TONNERRE, La Bretagne Féodale (XIᵉ–XIIIᵉ s.), 1987 – *zu [I–III]*: W. M. NEWMAN, The Kings, the Court and the Royal Power in France in the Eleventh Cent., 1929 – W. A. NEWMAN, Le domaine royal sous les premiers Capétiens (987–1180), 1937 – J.-F. LEMARIGNIER, Le gouvernement royal aux premiers temps capétiens (987–1108), 1965 – M. GARAUD, Les châtelains de Poitou et l'avènement du régime féodal, XIᵉ et XIIᵉ s., 1967 – W. KIENAST, Der Herzogstitel in F. und Dtl. (9.–12. Jh.), 1968 – O. GUILLOT, Le comte d'Anjou et son entourage au XIᵉ, 2 Bde, 1972 – J. BOUSSARD, Paris de la fin du siège de 885–886 à la mort de Philippe auguste, 1976 – J. LE PATOUREL, The Norman Empire, 1976 – K. U. JÄSCHKE, Die Anglonormannen, 1981 – D. BATES, Normandy before 1066, 1982 – E. JAMES, The Origins of France from Clovis to the Capetians, 500–1000, 1982 – A. DEBORD, La société laïque dans les pays de la Charente, Xᵉ–XIIᵉ s., 1984 – L. THEIS, L'avènement d'Hugues Capet, 1984 – K. F. WERNER, Vom Frankenreich zur Entfaltung Dtl. und F. (Ges. Aufs.), 1984 – C. LAURANSON-ROSAZ, L'Auvergne et ses marges (Velay, Gévaudan) du VIIIᵉ au XIᵉ s. La fin du monde antique?, 1987 – Y. SASSIER, Hugues Capet, naissance d'une dynastie, 1987 – *zu [IV]*: W. L. WARREN, King John, 1961 – M. PACAUT, Louis VII et son royaume, 1964 – J. R. STRAYER, The Albigensian Crusades, 1971 – G. DUBY, 27 juillet 1214. Le dimanche de Bouvines, 1973 – W. L. WARREN, Henry I, 1973 – É. BOURNAZEL, Le gouvernement capétien au XIIᵉ s. (1108–1180). Structures sociales et mutations institutionelles, 1975 – J. SUMPTION, The Albigensian Crusade, 1978 – La France de Philippe Auguste: le temps des mutations, hg. R.-H. BAUTIER, 1982 – J. GILLINGHAM, The Angevin Empire, 1984 – Y a-t-il une civilisation du monde plantagenêt?, CCMéd 29, 1986 – J. W. BALDWIN, The Government of Philip Augustus: Foundations of French Royal Power in the MA, 1986 – *zu [V]*: J. R. STRAYER–C. H. TAYLOR, Stud. in Early French Taxation, 1938 – R. FAWTIER, L'Europe occidentale de 1270 à 1328, 1940 – L.

BUISSON, Kg. Ludwig IX. d. Hl. und das Recht, 1954 – F. J. PEGUES, The Lawyers of the last Capetians, 1962 – T. N. BISSON, Assemblies and Representation in Languedoc in the 13th Cent., 1964 – CH. T. WOOD, The French Apanages and the Capetian Monarchy, 1224–1328, 1966 – M. W. LELANGE, Saint Louis, 1968 – Le siècle de saint Louis, 1970 – J. R. STRAYER, Les gens de justice en Languedoc sous Philippe le Bel, 1970 – R. CAZELLES, Paris de la fin du règne de Philippe-Auguste à la mort de Charles V, 1223–1380, 1972 – Septième centenaire de la mort de saint Louis, hg. L. CAROLUS-BARRÉ, 1976 – J. FAVIER, Philippe le Bel, 1978 – W. C. JORDAN, Louis IX and the Challenge of the Crusade. A Study in Rulership, 1979 – J. R. STRAYER, The Reign of Philip the Fair, 1980 – J. RICHARD, St. Louis roi d'une France féodale, soutien de la Terre sainte, 1983 – G. SIVÉRY, St. Louis et son siècle, 1983 – zu [VI]: J. CALMETTE–E. DÉPREZ, La France et l'Angleterre en conflit, 1937 – É. PERROY, La guerre de Cent ans, 1945 – R. CAZELLES, La société politique et la crise de la royauté sous Philippe de Valois, 1958 – M. NORDBERG, Les ducs et la royauté. Études sur la rivalité des ducs d'Orléans et de Bourgogne 1392–1407, 1964 – M. REY, Les finances royales sous Charles VI. Les causes du déficit, 1388–1413, 1965 – DERS., Le domaine du roi et les finances extraordinaires sous Charles VI, 1388–1413, 1965 – F. LEHOUX, Jean de France, duc de Berri, sa vie, son action politique, 4 Bde, 1966–68 – J. FAVIER, Finance et fiscalité au bas MA, 1971 – The Hundred Years War, hg. K. A. FOWLER, 1971 – J. B. HENNEMAN, Royal Taxation in XIVth cent. France, I, II, 1971–76 – PH. CONTAMINE, Guerre, État et société à la fin du MA. Études sur les armées des rois de France, 1337–1494, 1972 – J. J. N. PALMER, England, France and Christendom (1377–1399), 1972 – F. AUTRAND, Pouvoir et société en France XIVe–XVe s., 1974 – J. FAVIER, Paris au XVe s., 1380–1500, 1974 – A. LEGUAI, La guerre de Cent ans, 1974 – M. VALE, Charles VII, 1974 – PH. CONTAMINE, L'oriflamme de St-Denis aux XIVe et XVe s., Étude de symbolique religieuse et royale, 1975 – P. S. LEWIS, La France de la fin du MA, la soc. politique, 1977 – M. MOLLAT, Genèse médiévale de la France moderne, XIVe–XVe s., 1977 – A. DEMURGER, Guerre civile et changement de personnel administratif dans le royaume de France de 1400 à 1418: l'exemple des baillis et sénéchaux, 1979 – J. FAVIER, La guerre de Cent ans, 1980 – F. AUTRAND, Naissance d'un grand corps de l'État. Les gens du Parlement de Paris, 1345–1454, 1981 – PH. CONTAMINE, La France aux XIVe et XVe s. Hommes, mentalités, guerre et paix, 1981 – S. H. CUTTLER, The Law of Treason and Treason Trials in later Medieval France, 1981 – The Crown and local Communities in England and France in the Fifteenth Century, hg. J. R. L. HIGHFIELD–R. JEFFS, 1981 – J. KRYNEN, Idéal du prince et pouvoir royal en France à la fin du MA (1380–1440), étude de la litt. politique du temps, 1981 – R. CAZELLES, Société politique, noblesse et couronne sous Jean le Bon et Charles V., 1982 – B. CHEVALIER, Les bonnes villes de France du XIVe au XVIe s., 1982 – C. T. ALLMAND, Lancastrian Normandy (1415–1453). The Hist. of a Medieval occupation, 1983 – J. BARBEY, La fonction royale. Essence et légitimité d'après les Tractatus de Jean de Terrevermeille, 1983 – PH. CONTAMINE, La guerre de Cent ans, 1984[4] – G. R. LITTLE, The Parlement of Poitiers. War, Government and Politics in France 1418–1436, 1984 – H. A. MISKIMIN, Money and Power in Fifteenth Century France, 1984 – J. QUILLET, Charles V, 1984 – Europa 1400. Die Krise des SpätMA, hg. F. SEIBT–W. EBERHARD, 1984 – C. BEAUNE, Naissance de la nation France, 1985 – R. CAZELLES, Étienne Marcel, champion de l'unité française, 1985 – P. S. LEWIS, Essays in later medieval French Hist., 1985 – F. AUTRAND, Charles VI, la folie du roi, 1986 – R. C. FAMIGLIETTI, Royal Intrigue. Crisis at the Court of Charles VI, 1392–1420, 1986 – Das spätma. Kgtm. im europ. Vergleich, hg. R. SCHNEIDER, 1987 – B. GUENÉE, Entre l'église et l'État. Quatre vies de prélats français à la fin du MA, 1987 – zu [VII–VIII]: J. CALMETTE–E. DÉPREZ, Les premières grandes puissances, 1939 – A. VIALA, Le parlement de Toulouse et l'administration royale laïque (1420–1525), 2 Bde, 1953 – J. R. MAJOR, Representative Inst. in Renaissance France, 1421–1559, 1960 – K. BITTMANN, Ludwig XI. und Karl d. Kühne. Die Memoiren des Ph. de Commynes als hist. Q., 2 Bde, 1964–70 – H. GILLES, Les États de Languedoc au XVe, 1965 – Y. LABANDE-MAILFERT, Charles VIII et son milieu (1470–98). La jeunesse au pouvoir, 1975 – P.-R. GAUSSIN, Louis XI, un roi entre deux mondes, 1976 – P. M. KENDALL, Louis XI, »…L'universelle araigne…«, 1976 – M. HARSGOR, Recherches sur le 2 personnel du Conseil du roi sous Charles VIII et Louis XII (1483–1515), 4 Bde, 1980 – La France de la fin du XVe s., renouveau et apogée. Économie, pouvoirs, arts, culture et conscience nationales, hg. B. CHEVALIER–PH. CONTAMINE, 1985 – Y. LABANDE-MAILFERT, Charles VIII, le vouloir et la destinée, 1986 – Europa 1500. Integrationsprozesse im Widerstreit: Staaten, Regionen,

Personen-Verbände, Christenheit, hg. F. SEIBT–W. EBERHARD, 1987 – s. a. Lit. unter den einzelnen Herrschern, Fürstentümern und Landschaften (z. B. →Burgund, →Champagne, →Flandern usw.) sowie Städten (z. B. →Paris, →Tours usw.).

B. Kirchengeschichte und -verfassung, Verhältnis zum Papsttum

I. Karolingische Grundlagen – II. Kirche und Lehnswesen – III. Kirchenorganisation – IV. Verhältnis des Königtums zu Kirche und Papsttum – V. Schisma und Konzilien – VI. Kirchenrecht – VII. Bildungswesen – VIII. Theologie, Spiritualität, religiöse Lebensformen.

I. KAROLINGISCHE GRUNDLAGEN: Die seit der Karolingerzeit (→Frankenreich) hauptsächl. vom Episkopat bestimmte Kirchenverfassung (Diözesaneinteilung, starke Stellung des Ebf.s, Bedeutung der Provinzialsynoden, Ähnlichkeit von Bf.s- und Kg.ssalbung, ausschließl. Bezug der bfl. Weihe- und Jurisdiktionsgewalt auf die eigene Diöz., Zuständigkeit der Domkapitel für Verwaltung und liturg. Gebet) blieb in dieser Form weitgehend erhalten; da →Hinkmar v. Reims sie entscheidend mitgeprägt hatte, lag hier zugleich der Ursprung des bes. Vorrechts des Ebm.s →Reims während des MA bis hin zum Krönungsrecht. Auf der den Bf.en nachgeordneten Ebene (Archidiakonate, Dekanate, Pfarreien) war die Organisation noch wenig entwickelt und nahm erst im Laufe des 10. und 11. Jh. Gestalt an. Die monast. Reformen →Benedikts v. Aniane hatten die Bf.e durch Bezug der Kl. auf die Diöz. weiter gestärkt; →Gerhard v. Brogne stand noch ganz in dieser älteren Tradition, der erst →Cluny entgegentrat. Weitgehend gültig blieben die seit →Chrodegang v. Metz und den →Institutiones Aquisgranenses formulierten Kanonikerregeln für die Kathedral- und Stiftskirchen. Auch die Systematik der Güterausstattung (Gebäude und Kirchenschatz, Landbesitz und Herrschaftsrechte, Zehntrecht) und ihr Schutz durch den weltl. Arm sind karol. und wurden durch Überarbeitung älterer und Anlage neuer Besitzverzeichnisse im 10. Jh. gesichert (St-Bertin, St-Remi/Reims); die Güteraufteilung zw. Bf. und Domkapitel, Abt und Konvent sowie das Präbendenwesen entstanden ebenso wie das Prinzip der Immunität im Karolingerreich. Das kirchl. Bildungswesen hatte mit den Reformen Karls d. Gr. solche Impulse erhalten, daß die damals gesetzten Maßstäbe weiter wirken konnten, v. a. durch die bestehenden Skriptorien und Bibliotheken.

II. KIRCHE UND LEHNSWESEN: →Lehnswesen und Lehnsgesellschaft bestimmten die früh- und hochma. frz. Kirche insofern, als zw. geistl. Auftrag und materiellem Besitz eines kirchl. Amtsträgers nicht klar unterschieden wurde, so daß Eigenkirchenherren (→Eigenkirche) in vasallit. Formen investierten und Besetzungen nach polit.-dynast. Gesichtspunkten vorgenommen wurden. Das spirituelle Leben litt unter Verhältnissen, die mitunter zur Bildung förml. Priester- und Bf.sdynastien führten (Synoden v. 1063 [Rouen] und 1074 [Paris] lehnten Zölibateinführung für Priester ab). Andererseits war die Verflechtung von Amtskirche und Laienwelt nie wieder so eng. Auf frz. Boden manifestierte sich im →Gottesfrieden und in der Treuga Dei; beide Erscheinungen enthüllen zugleich das Versagen der monarch. Gewalt vor den Aufgaben der Friedenssicherung; Bf.e organisierten Sacramenta pacis (Le Puy 994, Beauvais 1023), Friedensmilizen (Bourges 1038) und Friedensgerichte (Le Puy ab 1036). Auf dem Konzil v. →Clermont (1095) machte Papst →Urban II. diese frz. Initiativen zur Angelegenheit der Gesamtkirche, Bf. →Ivo v. Chartres setzte sich für die Durchführung ein.

Schwäche des Kgtm.s blieb bis in die 2. Hälfte des 12. Jh. Hauptmerkmal einer Systemkrise, die den Episkopat großenteils unter Einfluß von Regionalgewalten brachte, deren Vogtei- und Eigenkirchenrechte wirksame Mittel kleinteiliger polit. Herrschaft wurden. Die oft wenig geeigneten Amtsinhaber weckten das Streben vieler Reformkl. nach →Exemtion von der Jurisdiktion des Diözesanbf.s. Stadien dieses Prozesses zeigt der seit 990 ausgetragene Konflikt zw. →Abbo v. Fleury und Bf. →Arnulf v. Orléans; →Cluny erreichte die Bindung von Klöstern an seinen entstehenden Verband und an den Papst und damit eine durch Bf. →Adalbero v. Laon im »Carmen ad Rotbertum regem« beklagte Umgestaltung der Kirchenverfassung. Zunehmend gelang der Kirche die Kontrolle des Adels durch Regulierung der Heiratsbräuche (→Ehe, B, C) und durch Einfluß auf Vollzug letztwilliger Bestimmungen (→Testament); ihre Rolle im Wirtschaftsleben erreichte im 12. Jh. durch die Finanzkraft der →Zisterzienser und →Templer, durch die großen Kathedralbauten (→Kathedrale, →Gotik), durch Prägung ökonom. Ordnungsvorstellungen (Zinsverbot; Bestimmungen gegen →Wucher, 1268 von Ludwig IX. übernommen) und durch die seit den 80er Jahren des 12. Jh. von Provinzialsynoden ausgehende Bedrückung der Juden einen neuen Höhepunkt.

III. KIRCHENORGANISATION: Im 13. Jh. bestanden 77 Bm.er, gegliedert in die neun Kirchenprov. →Reims, →Sens, →Rouen, →Tours, →Bordeaux, →Auch, →Narbonne, →Narbonne, →Bourges, →Lyon, wobei die Diöz.n Cambrai und Lyon ganz bzw. zum größten Teil im Bereich der ksl. Hoheit lagen. →Dol beanspruchte seit dem 9. Jh. ebfl. Rang über sechs Diöz.n der →Bretagne, wurde aber darin von Tours nie anerkannt und 1199 als Ebm. endgültig aufgehoben. 1297 errichtete →Bonifatius VIII. die Diöz. Pamiers durch Ausgliederung aus der Diöz. Toulouse; 1317 erhob Johannes XXII. →Toulouse zum Ebm. und gründete 16 neue Bm.er in den Prov.en Bourges, Narbonne, Toulouse und Bordeaux. Territoriale Gewinne der Krone unterstellten ihr im 14. Jh. die Diöz. Lyon, die Prov. Vienne, außer Genf und St-Jean-de-Maurienne, sowie die Diöz. St-Paul-Trois-Châteaux der Prov. Arles. Lyon beanspruchte den Primat über Rouen, Tours und Sens, Sens seinerseits den Primat über ganz Gallien und wurde von den Kg.en bestärkt, da Lyon zum Imperium gehörte; Bourges behauptete den Primat über Aquitanien und hatte kgl. Unterstützung, seit Bordeaux den →Plantagenêt gehörte (1152/54).

Die Bm.sgrenzen lagen nicht überall fest, auch gab es Enklaven und Überschreitung polit. Grenzen (Reims, Lyon ins Reich, Narbonne nach Katalonien, das mit der Bildung der Krone →Aragón aus dem frz. Einflußbereich geriet). Sehr unterschiedl. war die Größe der Bm.er. Das Kathedralkapitel (→Kapitel) wählte seit dem 10. Jh. häufig aus dem Kreis der →Archidiakone des Sprengels, wobei oft die Voten weniger Kanoniker bestimmend waren. Laien sollten nicht anwesend sein; der Kg. erteilte die licentia eligendi und bestätigte das Wahlergebnis, verzichtete aber seit dem Konzil v. Clermont (1095) bei der Investitur auf das Homagium und begnügte sich mit dem Treueid. Die kgl. Rechte waren auch sonst beschränkt: Ludwig VII. investierte Ebf.e und Bf.e der Kirchenprov.en Reims (außer Cambrai) und Sens (außer Troyes und Nevers); den Ebf. v. Tours; in der Prov. Bourges den Ebf. und die Bf.e v. Clermont, Le Puy, Mende; alle Bf.e der Prov. Lyon, d. h. insgesamt vier Ebf.e und 26 Bf.e. Kg. Heinrich II. v. England investierte Ebf.e und Bf.e der Prov.en Rouen und Bordeaux; die Bf.e der Prov. Tours (außer dem Ebf. und den Bf.en v. St-Brieuc, Tréguier, St-Pol) und Auch (außer Lectoure,

Bazas, Aire, Dax, Bayonne); in der Prov. Bourges den Bf. v. Limoges, d. h. insgesamt zwei Ebf.e und 25 Bf.e. Fürstliche Gewalten (Gf.en v. Champagne, v. Toulouse u. a.) verfügten über die übrigen Sitze; seit →Alexander III. schränkten päpstl. Exspektanzen die Wahl zunehmend ein; unter →Benedikt XII. (1334-42) wurden von 58 Bf.swahlen nur neun frei abgehalten.

Päpstliche Eingriffe schmälerten auch die Rechte der Ebf.e; Karl VII. stellte sie in der →Pragmatique Sanction v. Bourges (1438) nur nominell wieder her. Ursprgl. hatte der Ebf. ein Prüfungsrecht des gesamten Wahlvorgangs; er bestätigte und weihte den Elekten (→Electus, 1), visitierte (→Visitation) und disziplinierte seine Suffragane, leitete von ihm einberufene Provinzialsynoden und war Berufungsinstanz gegen bfl. Gerichtsentscheidungen. Seit dem 14. Jh. aber wurde meist an den Papst, im 15. Jh. an die kgl. Gerichtsbarkeit appelliert. Die bfl. Jurisdiktion bezog sich auf kirchl. Gesetzgebung, Strafgewalt, Abgaben des Klerus, Kirchenvisitation, Einberufung und Leitung der Diözesansynoden, Weihe von Priestern, Äbten und Äbt.nen, von Kirchen und Altären. Weltl. Rechte ergaben sich aus der Herrschaft über Land und Leute: Gericht, Münzrecht, Abgaben, militär. Aufgebot; in N-F. (Reims, Noyon u. a.) und Burgund (Langres) Lehnshoheit über Gft.en. Herrschaft über die →Bischofsstadt mußte oft mit Gf.en (Nantes, Chartres) oder Vgf.en (Béziers) geteilt werden. Bei der Verwaltung seiner Diöz. wurde der Bf. von Helfern unterstützt, bis zum Ende des 13. Jh. v. a. vom →Archidiakon bzw. vom Dompropst, seither ersetzt durch →Offizial für die Gerichtsbarkeit und →Generalvikar und Weihbf. für die übrigen Geschäfte. Hinsichtlich des Benefizialwesens (→Beneficium) waren für F. die um 1095 durch →Ivo v. Chartres in seinem Dekret formulierten Grundsätze folgenreich, die einen Mittelweg zw. Reformforderungen und päpstl. Allgewalt hielten. War die Collation des Beneficium grundsätzl. Sache des Bf.s, so mußte bei Kanonikaten das Wahlrecht der Kapitel, bei Präbenden und Pfarreien das Präsentationsrecht der Patrone beachtet werden.

Kl. standen seit dem 12. Jh. vielfach außerhalb der bfl. Jurisdiktion, aber kgl. oder fsl. Ansprüche auf Genehmigung und Bestätigung von Abtswahlen banden sie an die weltl. Gewalt. Das seit Cluny enge Bündnis des Reformmönchtums mit dem Adel setzte sich durch →Zisterzienser und →Prämonstratenser in modifizierter Form fort und verlieh F. sein bes. Ansehen in der Christenheit; das Handeln Ludwigs VII. und der Zisterzienser im alexandrin. Schisma (→Alexander III.) war ein wichtiger Schritt zur Eigenständigkeit der westl. Nationalstaaten gegenüber dem Imperium. Der Chorherrenreform v. →Prémontré entsprach die vom kgl. Stift St-Victor/→Paris ausgehende Kongregationsbildung nach zisterziens. Muster; schon früher hatten Neugründungen die bestehende Kirchenorganisation vor Integrationsprobleme gestellt: 1084 Anfänge der →Kartäuser im Dauphiné (→Bruno d. Kartäuser), 1101 Errichtung von →Fontevrault durch →Robert v. Arbrissel, 1124 Orden v. →Grandmont. Deren Elan erlahmte rasch und wurde von den →Bettelorden vollends aufgezehrt, unter denen die 1215 in →Toulouse gegründete Gemeinschaft der →Dominikaner durch Predigt und Studium bes. Bedeutung für die frz. Kirchengeschichte erlangte (→Albigenser). Der frz. Säkularklerus lebte in zahlreichen neu verschieden gearteten Kollegiatstiften, deren Insassen von den Stiftern für viele Verwaltungsdienste eingesetzt wurden. Ihre Verfassung entsprach formal weitgehend der der Kathedralkirchen; seit dem Konzil v. Bourges (1226) war in jeder frz. Stiftskirche eine Präbende dem Papst zur Besetzung vorbehalten. Die Kanonikerreformen des 12. Jh. erfaßten nur einen Bruchteil der Stifte; die Residenzpflicht beschränkte sich auf sechs Monate des Jahres; seit dem Ende des 13. Jh. nahmen Pfründenhäufung und Zahl der nicht residierenden Kanoniker stark zu. Deshalb eingesetzte Vikare versahen oft auch Pfarrdienste. Die →Pfarrorganisation wurde im 12. und 13. Jh. voll ausgebildet und hat in dieser Form bis ins 18. Jh. bestanden. Seit dem 13. Jh. gelang vielerorts die Befreiung vom Patronat, obwohl große regionale Unterschiede generalisierende Aussagen verbieten.

IV. VERHÄLTNIS DES KÖNIGTUMS ZU KIRCHE UND PAPSTTUM: Die von jeher betonte, im 12. Jh. stark systematisierte religiöse Begründung und zielstrebige Erhöhung des Kgtm.s ließ den frz. Herrscher seit dem 13. Jh. als →»rex christianissimus« einen ideellen Vorrang in der Christenheit behaupten. Diese »religion royale« bereitete als nationales Element die spätere frz. Großmachtstellung vor und erleichterte die Durchsetzung monarch. Prärogative gegen konkurrierende Fs.en und das Papsttum. Seit dem 10. Jh. beanspruchte der Ebf. v. Reims das alleinige Krönungsrecht (Erhalt 1054, 1089 päpstl. Bestätigung, seit 1129 fakt. Besitz). Ebf. Hinkmar v. Reims verarbeitete 877/878 in seiner »Vita Remigii« die ältere Legende vom himml. Öl, das eine Taube zur Taufe →Chlodwigs gebracht habe; 1131 wurde seine Verwendung bei der Königssalbung behauptet, aber erst 1223 machte sich der Hof diese Version zu eigen. Damit erhielt der frz. Kg. unter den europ. Monarchen eine Sonderstellung, die durch den Glauben an seine Fähigkeit zur →Skrofelheilung am Krönungstag und durch die allein ihm zustehende Kommunion unter beiderlei Gestalt befestigt wurde. Die seit merow. Zeit (u. a. →Dagobert I.) als Königsgrablege (→Grablege) dienende Abtei →St-Denis (→Dionysius), durch Abt →Suger Zentrum einer lange Zeit höchst wirksamen Reichshistoriographie (»Grandes →Chroniques de France«, →Chronik, Abschnitt E) mit ausgeprägter Pflege der karol. Tradition, war 1107 Schauplatz des in lehnrechtl. Formen geschlossenen Bundes Kg. Philipps I. und des Thronfolgers Ludwig (VI.) mit →Paschalis II., 1124 Ausgangspunkt des Reichskrieges gegen Ks. Heinrich V.

Aus der Schutzverpflichtung des Kg.s ergab sich sein dominium über die Kirche, das er freilich seit der späten Karolingerzeit mit Dynasten oder gar Lokalgewalten teilen mußte. Deren oft willkürl. Herrschaft förderte bei Kl. und Stiften die Tendenz, sich dem Kg. zu unterstellen, so daß die Voraussetzungen für eine Expansion der Krongewalt günstig waren. Philipp II. konnte erstmals eine allgemeine, von fsl. Gewalten unbeschränkte kgl. Schutzherrschaft (→garde) über die gesamte frz. Kirche anstreben und dafür Abgaben verlangen, mit denen er in päpstl. Befugnisse eingriff. In den von ihm beherrschten Bm.ern stand dem Kg. das →Regalienrecht zu, wobei örtlich zw. Vakanzgefällen und Collation von Benefizien unterschieden werden muß; Philipp II. verzichtete gegen große Abstandssummen in Arras, Langres, Auxerre, Nevers, Mâcon auf seine entsprechenden Befugnisse, im übrigen aber behauptete er ein Recht, das auch Philipp IV. in seiner Auseinandersetzung mit dem Papsttum energ. verteidigte. Bei den →Apanagen wurde es niemals übertragen, mitunter sogar formell ausgeschlossen. Im 14. Jh. war der Hzg. der →Bretagne einziger Inhaber des Regalienrechts neben dem Kg. Das kgl. →Spolienrecht dagegen wurde im Laufe des 13. Jh. allmählich aufgegeben, päpstl. Ansprüche wehrten Karl VI. und seine Nachfolger seit 1385 ab. Durch Teilungsverträge (→pariages) haben die Kg.e seit Philipp IV. Anteile an den weltl. Herrschafts- und Verwaltungsrechten bes. der Bf.e erworben und ihnen damit allmähl. ihre öffentl. Hoheitsrechte genommen. Bei der Besetzung kirchl. Ämter (→Amt, kirchl.) haben die Päpste seit dem Ende des 12. Jh. →Reservationen beansprucht und seit der Mitte des 13. Jh. immer mehr Exspektanzen gebührenpflichtig verliehen, so daß die Rechte des Kg.s und anderer provisionsberechtigter Gewalten ausgehöhlt, die Einnahmen der Kurie dagegen erhebl. gesteigert wurden (→Annaten). Bereits Ludwig IX. wandte sich 1247 gegen diese Ansprüche des Papsttums über die frz. Kirche und den daraus folgenden Abfluß frz. Geldes und Edelmetalls nach Italien. Obwohl →Clemens IV. 1265 in der Bulle »Licet ecclesiarum« zum ersten Mal einen grundsätzl. Anspruch auf Reservationen verkündet hatte, gingen die Päpste pragmat. vor; erst als Philipp IV. die staatl. Eigenständigkeit der frz. Monarchie konsequent zur Geltung brachte und dabei mit →Bonifatius VIII. zusammenstieß, kam es zum Konflikt, der am Ende zur staatl. Herrschaft über die frz. Kirche führen sollte: 1294 belegte Philipp IV. den frz. Klerus mit einer Sondersteuer, worauf Bonifatius VIII. in seiner Dekretale →»Clericis laicos« (1296) die päpstl. Vorrechte betonte und in den Bullen →»Ausculta fili« (1301) und →»Unam sanctam« (1302) systemat. begründete. Für Philipp IV. vertrat der Legist und Großsiegelbewahrer Wilhelm v. →Nogaret den kgl. Anspruch auf Unterwerfung aller nichtmonarch. Gewalt in seinem Reich, klagte am Papst auf einer Ständeversammlung wegen →Simonie an, verlangte seine Aburteilung durch ein Konzil und kam der Verkündigung des Interdikts durch den Überfall auf Bonifatius VIII. in Anagni (1303) zuvor. Mit seiner Stärkung der konziliaren Theorie hatte Philipp IV. die wohl schwerste institutionelle Bedrohung des Papsttums vorbereitet, das bisher nur ekklesiolog.-theoret. Kritik ausgesetzt gewesen war. 1310 formulierte Wilhelm v. Nogaret den Grundsatz, daß sämtl. frz. Kirchen als kgl. Gründungen »sine medio vel mediante« zu betrachten seien, weshalb Schutz und Herrschaft ausschließlich dem Krone zukämen. Mit dem Prozeß gegen die Templer (1307–1312/14) stärkte Philipp IV. die Souveränität der Krone nach innen und verschaffte ihr erhebl. Besitzungen. Die Ausgleichspolitik →Clemens' V. nahm dem Konflikt mit der Kurie seine Schärfe, mit der Übersiedlung des Papstes nach →Avignon (1309) begann die bis 1377 während »Babylonische Gefangenschaft« der Kirche, in deren Verlauf u. a. die personelle Zusammensetzung der Kurie weitgehend frz. (v. a. südfrz.) wurde (zum avignones. Papsttum →Kurie, röm. [in Avignon]). In Avignon konnte der kuriale Fiskalismus gegen die Opposition der →Bettelorden und eines großen Teils des Klerus immer wirksamer ausgestaltet werden, weil er Rückhalt beim frz. Kgtm. fand, das aus den Einnahmen so lange Nutzen ziehen konnte, bis das Avignoneser Papsttum seit dem Großen →Abendländ. Schisma fast alle außerfrz. Einnahmequellen verlor und dem Land hauptsächl. Kosten verursachte. Die F. aus dem Krieg mit England erwachsenden finanziellen Lasten wurden durch Beteiligung an den päpstl. Einnahmen gemildert, auch arbeitete die Diplomatie der Kurie (→Gesandtschaftswesen) zugunsten des frz. Kg.s. Diese Umstände erklären eine im europ. Vergleich überproportional starke Stellung der päpstl. Zentralverwaltung in F.; unter →Benedikt XII. waren Collationen durch päpstl. Provisionen dort fünfmal häufiger als in England. Das Parlement wachte freilich über die ausgedehnten kgl. Rechte auf Collation von Benefizien pleno iure, d. h. ohne Mitwirkung kirchl. Instanzen, so daß ein »gallicanisme parlementaire« (G. MOLLAT) entstand, der die im 15. Jh. voll ausgebildete Königsherrschaft über die frz. Kirche vorbereitete. Persönl. Kriegsdienst hoher Kleriker blieb auch im Hundertjährigen Krieg bedeutend. Königl. Amtsträger bemächtigten sich vielerorts der grundherrl. Patronatsrechte in kirchl. Hand und führten sie der Krongewalt zu. Appellationen an die Kurie wurden zunehmend erschwert; 1395 erklärte der Hof alle Patronatsprozesse zu Kronangelegenheiten. Der für →Karl V. zusammengestellte »Songe du vergier« versammelte alle Argumente zugunsten kgl. Herrschaft auch über die Kirche; die in der Salbung symbol. ausgedrückte Gottunmittelbarkeit des frz. Kg.s fand von der Mitte des 14. Jh. an eine immer klarere theoret. Formulierung.

V. SCHISMA UND KONZILIEN: 1378 erklärten die frz. Kard.e die Erhebung des Ebf.s v. Bari als Papst →Urban VI. für ungültig und wählten den Kard. Robert v. Genf (→Clemens VII.), der von Karl V. anerkannt und auch von Hzg. →Ludwig v. Anjou unterstützt wurde (→Anjou, Dynastie). Clemens VII., seit 1381 in Avignon, bemühte sich um den Sieg über seinen röm. Konkurrenten durch polit. und militär. Druck (via facti); die Empfehlung der Univ. Paris an seinen Nachfolger →Benedikt XIII., durch Rücktritt den Weg zur Neuwahl freizumachen (via cessionis), setzten die Hzg.e v. Burgund und v. Berry im Regentschaftsrat durch; Karl VI. verließ im Juli 1398 die Oboedienz Benedikts XIII. Dessen Anhänger erreichten zwar 1403 seine erneute Anerkennung durch die kgl. Regierung, aber die Ermordung des Hzg.s v. Orléans (1407) führte abermals zur Wendung: Der frz. Hof unterstützte fortan den vom Konzil zu →Pisa 1409 gewählten →Alexander V.

Mit dem Kampf gegen die zentrale Papstgewalt verknüpften sich unterschiedl. Erwartungen: Der frz. Klerus hoffte im Sinne des →Konziliarismus auf Zurücktreten der kurialen Gesetzgebung zugunsten eines Synodalrechts, während Kg. und Parlement ihre eigene Machtvollkommenheit an die Stelle der päpstl. setzen wollten. Der Kanonist Jean →Petit und der Abt des Kl. Mont-St-Michel, Pierre Le Roy, fügten 1398 und 1407 beide Tendenzen argumentativ zusammen, worin mit Recht der Ursprung des →Gallikanismus gesehen wird (V. MARTIN). Die schwierige Lage des Kgtm.s verhinderte freilich zunächst eine zielstrebige Auswertung der neugeschaffenen Rechtsüberzeugung, aber die Kompetenzen des Parlement wurden durch die Wirren des Schismas erheblich gestärkt, weil Rechtsstreitigkeiten bis hinunter zur Pfarrei (Begräbnis- und Stolgebührenrecht) nur noch von ihm wirksam geschlichtet werden konnten. Bisher dem Papst unterstellte Kl. (Cluny) und Orden (Bettelorden) konnten interne Konflikte ebenfalls nur noch vor den kgl. Gerichten klären und schwächten damit ihre Stellung.

Unabhängigkeit des frz. Kg.s vom Papst wurde als Kernforderung des Gallikanismus in die Praxis umgesetzt. Bereits Anfang 1407 hatte eine frz. Synode die gallikan. Freiheiten formuliert und die Aufhebung aller päpstl. Provisions- und Abgabenrechte verlangt; eine entsprechende Ordonnanz des Kg.s wurde 1408 durch das Pariser Parlement registriert und damit zum Reichsgesetz erhoben, die Erfüllung freilich durch die Kriegsereignisse zunächst verhindert. Im Verlauf der mit diesen Entscheidungen einhergehenden Auseinandersetzungen konnte die Univ. Paris ihre antipäpstl. Autorität festigen und argumentierte verstärkt im Sinne der konziliaren Theorie. Diese vertraten auf dem →Konstanzer Konzil (1414–18) des Kg.s Gesandte Pierre d'→Ailly und →Jean Gerson, auf dem →Basler Konzil (1431–49) Kard. Louis →Aleman, Ebf. v. →Arles, und →Thomas de Courcelles. Bereits

1418, 1426 hatten Konkordate die frz. Kirchenverfassung bekräftigt; eine Nationalsynode prüfte 1438 in Bourges die bis dahin ergangenen Basler Konzilsdekrete und änderte sie im Sinne des Kg.s ab, so daß Karl VII. sie als kgl. Ordonnanz publizieren konnte (→Pragmatique Sanction). Päpstl. Exspektanzen unterblieben fortan (nur 1461–73 hatte Ludwig XI. die Pragmatique Sanction vorübergehend aufgehoben); Graduierte der Univ. wurden künftig bevorzugt mit kirchl. Ämtern bedacht und besetzten ztw. 80% der verfügbaren Stellen. Die Domkapitel verloren jetzt vollends ihr Recht zur Bischofswahl, da der Kg. seinen Personalvorschlag als bindend betrachtete und in der Regel auch durchsetzte. Regionale Schismen zw. Kandidaten mehrerer für die gleiche Stelle oder Präbende Provisionsberechtigter (Krone, Fakultäten, Fürsten, Päpste) wurden oft durch Gewaltanwendung der Parteien entschieden. In der Folgezeit haben sich die Päpste wiederholt und vergebl. um Aufhebung der Pragmatique Sanction v. Bourges bemüht; sie behielten das Recht auf Ernennung der Bf.e und Äbte, waren aber auf den Kandidaten des Kg.s festgelegt. 1472 schloß Ludwig XI. mit →Sixtus IV. das Konkordat v. Amboise zur dauerhaften Regelung des Verhältnisses von Staat und Kirche in F., aber das Parlement behauptete die Pragmatique Sanction bis 1516 als alleiniges Reichsgrundgesetz in Kirchenfragen.

VI. KIRCHENRECHT: Nachdem die Kirchenrechtssammlung der →Ps.-Isidor. Dekretalen durch die Kirchenreform großes Ansehen erhalten hatte, schuf Bf. →Ivo v. Chartres um 1094/96 mit seinen Kanonessammlungen vielbenutzte Rechtshandbücher, bis das →Decretum Gratiani sie seit der zweiten Hälfte des 12. Jh. zunehmend verdrängte. Die kirchl. Gesetzgebung durch Päpste und Konzilien der nachgratian. Zeit (→Extravagantes) wurde in →Dekretalensammlungen mehrfach zusammengefaßt (→Corpus iuris canonici). Zur Zeit der →Dekretisten und →Dekretalisten blühte neben der Rechtsschule von →Bologna eine frz. Schule mit Zentrum in Paris und starker Ausstrahlung, bes. nach Köln (rhein. Schule), aber auch bis Kärnten; sehr eng war sie mit der anglo-norm. Schule verbunden. Ihre Glossenapparate und Summen zum Dekret, meist anonym, fanden zwar weniger Verbreitung als die der Schule v. Bologna, dürften ihnen aber in nichts nachstehen. Als Gründer der frz. Schule gilt Stephan, seit 1192 Bf. v. Tournai, der in Bologna studierte und dessen Dekretsumme (wohl 1166) der Bologneser Schule zugerechnet wird. Kanonisten lehrten seit dem 13. Jh. ständig in Avignon, Langres, Montpellier, Orléans, Paris, Poitiers, Toulouse und haben mit ihrer Prüfung päpstl. Ansprüche eine dialekt.-hist. Kritik bestehender Rechtsüberlieferungen geliefert, in der F. während des SpätMA führend geblieben ist.

Stärkere Rationalität (Beweisgang, Ablehnung des gerichtl. Zweikampfes) und größere Rechtssicherheit (Berufungsmöglichkeit an Bf., Ebf., Papst) brachten der kirchl. Rechtspflege in F. zunächst ein gegenüber den weltl. Gerichten höheres Ansehen; erst mit der wachsenden Autorität der kgl. Gerichtsbarkeit änderte sich dieses Verhältnis, so daß kirchl. Kompetenzen immer mehr beschnitten werden konnten. Seit Anfang des 13. Jh. waren alle Fragen des Lehnrechts, seit dem 14. Jh. auch das gesamte Sachenrecht dem weltl. Arm übertragen.

VII. BILDUNGSWESEN: Bis in den Anfang des 12. Jh. ruhten Bildung und Wissenschaft auf den →Kloster- und →Domschulen mit ihrem aus →Artes liberales, Bibel- und Rechtsstudien bestehenden Programm. Die ursprgl. unangefochtene Oberaufsicht der Bf.e über das →Erziehungs- und Bildungswesen wurde allmählich dadurch ausgehöhlt, daß die Päpste seit →Alexander III. auf großzügige Vergabe der Licentia docendi drangen. Damit förderten sie zugleich das Wirken freier Magister, die zwar noch in Kathedral- oder Stiftsgebäuden lehrten, dort aber nicht mehr bepfründet waren, sondern vom Unterrichtsgeld ihrer Schüler lebten. Auf diese Weise ergaben sich vielfältige neue Impulse für berühmte Schulorte wie →Chartres, →Laon, →Orléans, →Paris, →Reims; die »Renaissance des 12. Jh.« (CH. H. HASKINS) ist im wesentl. von F. ausgegangen und beruhte auf Lehrern wie →Abaelard, →Anselm v. Laon, →Gilbert v. Poitiers, →Johannes v. Salisbury, →Petrus Cantor, →Petrus Comestor, →Petrus Lombardus, →Petrus v. Poitiers, →Radulfus Ardens, Stephen →Langton, →Thierry (Theodorich) v. Chartres, →Wilhelm v. Conches. Die scholast. Methode, mitbegründet durch Anselm v. Laon, die Aufwertung der →Dialektik und die Rezeption der Schriften des →Aristoteles haben ihren Ausgangspunkt in F. Um 1200 setzte in Paris mit päpstl. Unterstützung gegen den Ortsbf. die Korporationsbildung der Magister ein als unmittelbare Vorstufe zur Univ. (→Paris, Univ.), für die der päpstl. Legat →Robert de Courçon 1215 erste Statuten erließ; mit der Bulle »Parens scientiarum« erteilte Papst→Gregor IX. 1231 das grundlegende Privileg. Weitere Univ. entstanden in →Angers (1229/1337), →Bordeaux (1441), →Caen (1432/37), →Cahors (1332), →Montpellier (1289), →Orléans (1309), →Poitiers (1432), →Toulouse (1229/33); gescheitert ist der Gründungsversuch →Bonifatius' VIII. in →Pamiers (1295).

VIII. THEOLOGIE, SPIRITUALITÄT, RELIGIÖSE LEBENSFORMEN: Wesentliche Impulse für das kirchl. und geistl. Leben sind seit dem 10. Jh. von F. ausgegangen: Die Reformen v. →Cluny, dessen enge Bindung an Rom die päpstl. Kirchenreform des 11. Jh. vorbereiten half, sowie die benediktin. Kongregationszentren →St-Victor/→Marseille und →La Chaise-Dieu/Diöz. Clermont (1043) haben das Profil des ma. Mönchtums geformt, auch die seit der Mitte des 11. Jh. einsetzende Differenzierung des Ordenswesens hat mit La Grande →Chartreuse (um 1084), →Cîteaux (1098), →Fontevrault (1100/01), →Grandmont (vor 1124) in F. begonnen und einen ersten Höhepunkt erreicht. Das Scheitern der →Zisterzienser im Kampf gegen den Katharismus führte zur Ordensgründung des →Dominikus in Toulouse (1216/17; →Bettelorden, →Dominikaner). Der monast. Erneuerung folgte die Kanonikerreform mit ihren Zentren →St-Ruf/Avignon (1038/39), →Arrouaise/ Diöz. Arras (1090), →St-Victor/Paris (1113). Die mit der Spiritualisierung des Ordenslebens einhergehende innere Christianisierung hatte kultivierende Wirkung auf den Waffendienst; →Rittertum und Kreuzzugsbewegung erlebten in F. ihre frühe Blüte, noch bevor die Kg.e sich ihrer annahmen. Ludwig VII., Philipp II. und Ludwig IX. haben →Kreuzzüge ins Hl. Land angeführt; Ludwig VIII. freilich nutzte den Kreuzzugsgedanken polit. zur Eroberung des Midi im Kampf gegen die →Albigenser, Philipp III. pervertierte ihn vollends im Krieg gegen →Aragón. Kreuzzugsgeist und Ideal einer Militia Christi führten zur Gründung des →Templerordens. Seit Beginn des 12. Jh. wirkte die Laienfrömmigkeit im Rahmen der sich ausbreitenden Stadtkultur immer stärker, manifest in →Ablaß und →Pilgerwesen, aber auch in häret. Predigern (→Peter v. Bruis) und Bewegungen (Katharer, Albigenser), die von der 1232 den Dominikanern übertragenen →Inquisition bekämpft wurden.

· Die Theologie hatte durch den von →Berengar v. Tours um 1040 ausgelösten Abendmahlsstreit (→Abendmahl) Anstöße zu krit. Auseinandersetzungen mit den Lehren der Kirchenväter bekommen; Vernunftbezug des Glaubens suchte →Anselm v. Canterbury. Das bedeutete den Schritt von der →Patristik zur →Scholastik, die Begründung der Theologie als Wissenschaft. Im Gegensatz dazu wirkten →Bernhard v. Clairvaux, →Hugo v. St-Victor, →Philipp v. Harvengt u. a. im Sinne einer exegetischmyst., an der Hl. Schrift orientierten →Spiritualität, aber seit dem 13. Jh. dominierte die Pariser Universitätstheologie, durch Lehrer aus den Bettelorden (→Albertus Magnus, →Thomas v. Aquin, →Aegidius Romanus, →Bonaventura, →Johannes Duns Scotus) auf ihren Höhepunkt geführt, um die Mitte des 14. Jh. an der →Via moderna ausgerichtet (→Johannes Buridanus). Kritik an der um 1400 eingetretenen, durch die Schrecken des →Hundertjährigen Krieges bes. stark empfundenen akadem.-institutionellen Erstarrung zugunsten myst. Frömmigkeit kam u. a. von →Jean Gerson, der auf dem Konstanzer Konzil für die →Devotio moderna eintrat – eine Antwort auf die spätma. Krise der abendländ. Christenheit.

J. Ehlers

Bibliogr.: MOLINIER [Q.] – Bibliogr. annuelle de l'hist. de France, 1953ff. – J. EHLERS, F. im MA, HZ-Sonderh. 11, 1982, 158–199 – Q. und *Lit.:* AASS – DHGE XII, 353–405 [CH. DEREINE, s. v. Chanoines] – GChr – GChrNov – HEFELE – HELYOT – MANSI – P. FOURNIER, Les officialités au MA, 1880 – H. DENIFLE, Die Entstehung der Univ. des MA bis 1400, 1885 – M. FOURNIER, Les statuts et privilèges des univ. françaises, 4 Bde, 1890–94 – P. IMBART DE LA TOUR, Les élections épiscopales dans l'Église de France du IXᵉ au XIIᵉ s., 1890 – P. FÉRET, La Faculté de théologie de Paris . . . au MA, 3 Bde, 1894–96 – N. VALOIS, La France et le Grand schisme d'Occident, 4 Bde, 1896–1904 – R. SCHOLZ, Die Publizistik zur Zeit Philipps des Schönen und Bonifaz VIII., 1903 – CH. SAMARAN – G. MOLLAT, La fiscalité pontificale en France au XIVᵉ s., 1905 – HEFELE-LECLERCQ – B. MONOD, Essai sur les rapports de Pascal II avec Philippe Iᵉʳ, 1907 – GRABMANN, Scholastik – R. HOLTZMANN, Frz. Verfassungsgesch., 1910 – E. LESNE, Hist. de la propriété ecclésiastique en France, 6 Bde, 1910–43 – A. BAUMHAUER, Philipp der Schöne und Bonifaz VIII., 1920 – GRABMANN, Geistesleben – J. RIVIÈRE, Le problème de l'Église et de l'État au temps de Philippe le Bel, 1926 – CH. H. HASKINS, The Renaissance of the Twelfth Century, 1927 – U. BERLIÈRE, L'Ordre monastique des origines au XXᵉ s., 1928⁴ – GLORIEUX, Rép. – G. PARÉ, A. BRUNET, P. TREMBLAY, La renaissance du XIIᵉ s., 1933 – HE – WULF – G. DIGARD, Philippe le Bel et le St-Siège, 2 Bde, 1936 – RASHDALL – V. MARTIN, Les origines du Gallicanisme, 2 Bde, 1939 – CH. POULET, Hist. de l'Église de France, 3 Bde, 1946–49² – GHELLINCK, Patristique – LANDGRAF, Einführung – F. OLIVIER-MARTIN, Hist. du droit français, 1948 – G. COHEN, Hist. de la chevalerie en France, 1949 – GILSON-BÖHNER – A. BECKER, Stud. zum Investiturproblem in F., 1955 – GILSON, Hist. – Hist. du droit et des institutions de l'Église en Occident, hg. G. LE BRAS, 1955ff. – P. COUSIN, Précis de l'hist. monastique, 1956 – G. DE LAGARDE, La naissance de l'esprit laïque au déclin du MA, 5 Bde, 1956–63³ – M.-D. CHENU, La théologie au douzième siècle, 1957 – DERS., La théologie comme science au XIIIᵉᵐᵉ s., 1957³ – A. LATREILLE, E. DELARUELLE, J.-R. PALANQUE, Hist. du Catholicisme en France, 1957 – M. PACAUT, La théocratie, 1957 – DERS., Louis VII et les élections épiscopales dans le royaume de France, 1957 – L. GENICOT, La spiritualité médiévale, 1958 – CH. GIROUD, L'Ordre des chanoines réguliers de St-Augustin, 1961 – H. GRUNDMANN, Religiöse Bewegungen im MA, 1961² – W. JANSSEN, Die päpstl. Legaten in F. vom Schisma Anaklets II. bis zum Tode Coelestins III., 1961 – R. W. EMERY, The Friars in Mediev. France, 1962 – Hist. des institutions françaises au MA, hg. F. LOT – R. FAWTIER, 3, 1962 – P. SALMON, L'abbé dans la tradition monastique, 1962 – A. COMBERS, La théologie mystique de Gerson, 2 Bde, 1963–64 – J. LECLERCQ, Wiss. und Gottverlangen, 1963 – P. ADAM, La vie paroissiale en France au XIVᵉ s., 1964 – HALLER – H. OBERMANN, Spätscholastik und Reformation 1: Der Herbst der ma. Theol., 1965 – J. FAVIER, Les finances pontificales à l'époque du Grand Schisme d'Occident, 1966 – St-Dominique en Languedoc, 1966 – W. S. STODDARD, Monastery and Cathedral in France, 1966 – H. GRUNDMANN, Ketzergesch. des MA: Die Kirche in ihrer Gesch., Bd. 2, Lf. G, 1967² – G. LADNER, Theol. und Politik vor dem Investiturstreit, 1968² – G. LEFF, Paris and Oxford Univ. in the Thirteenth and Fourteenth Centuries, 1968 – D. E. LUSCOMBE, The School of Peter Abelard, 1969 – CH. THOUZELLIER,

Hérésie et hérétiques, 1969– P. UND M.-L. BIVER, Abbayes, monastères et couvents de Paris, 1970 – T. MANTEUFFEL, Naissance d'une hérésie, 1970–J. W. BALDWIN, The Scholastic Culture of the MA, 1971 – F. RAPP, L'Église et la vie religieuse en Occident à la fin du MA, 1971 – J. R. STRAYER, The Albigensian Crusade, 1971 – W. M. NEWMAN, Le personnel de la cathédrale d'Amiens (1066–1306), 1972 – Paix de Dieu et guerre sainte en Languedoc au XIIIᵉ s. (Cah. de Fanjeaux 1, 1972)–N. BULST, Unters. zu den Klosterreformen Wilhelms v. Dijon, 1973 –J. EHLERS, Hugo v. St. Viktor, 1973–J. VERGER, Les univ. au MA, 1973 – J. WOLLASCH, Mönchtum des MA zw. Kirche und Welt, 1973 – Hist. des diocèses de France, 1974ff. – É. MAGNOU-NORTIER, La société laïque et l'Église dans la province ecclésiastique de Narbonne . . . de la fin du VIIIᵉ à la fin du XIᵉ s., 1974– P. CHAUNU, Le temps des réformes (1250–1550), 1975 – A. B. COBBAN, The Medieval Univ., 1975 – J. LONGÈRE, Oeuvres oratoires de maîtres parisiens au XIIᵉ s., 2 Bde, 1975 – Pierre Abélard, Pierre le Vénérable, hg. R. LOUIS u. a., 1975 – G. SMITH, The Univ. of Toulouse in the MA, 1975 – A. VAUCHEZ, La spiritualité du MA occidental, 1975 – J.-L. GAZZANIGA, L'Église du Midi à la fin du règne de Charles VII, 1976–Die Auseinandersetzungen an d. Pariser Univ. im XIII. Jh., hg. A. ZIMMERMANN, 1976 – R. SOMERVILLE, Pope Alexander III and the Council of Tours, 1977 – G. DUBY, Medieval Marriage, 1978 – M. GIBSON, Lanfranc of Bec, 1978 – É. MALE, Religious Art in France, 2 Bde, 1978–84– C. B. BOUCHARD, Spirituality and Administration. The Role of the Bishop in Twelfth-Century Auxerre, 1979– W. CH. JORDAN, Louis IX and the Challenge of the Crusade, 1979–É. DELARUELLE, L'idée de croisade au MA, 1980– Genèse et début du Grand Schisme d'Occident, 1980 – E. LE ROY LADURIE, Montaillou, 1976 [dt. 1980] – L. MIROT, Manuel de géographie hist. de la France, 1980–Abélard en son temps, hg. J. JOLIVET, 1981 – Bernard Gui et son monde (Cah. de Fanjeaux 16, 1981) – Die Renaissance der Wiss. im 12. Jh., hg. P. WEIMAR, 1981 – G. DUBY, Le chevalier, la femme et le prêtre . . ., 1981 [dt. 1985] – R. KAISER, Bf.sherrschaft zw. Kgtm. und Fs.enmacht, 1981 – Aspects du monachisme en Normandie, hg. L. MUSSET, 1982 – Renaissance and Renewal in the Twelfth Century, hg. R. L. BENSON – G. CONSTABLE, 1982 – Y. DOSSAT, Église et hérésie en France au XIIIᵉ s., 1982 – J. DUBOIS, Hist. monastique en France au XIIᵉ s., 1982– L. KOLMER, Ad capiendas vulpes. Die Ketzerbekämpfung in Südf. in der ersten Hälfte des 13. Jh. und die Ausbildung des Inquisitionsverfahrens, 1982 – D. LOHRMANN, Kirchengut im nördl. F., 1983–M. PARISSE, Les nonnes au MA, 1983 – B. SMALLEY, The Study of the Bible in the MA, 1983³ – H. E. MAYER, Gesch. der Kreuzzüge, 1985⁶ – B. GUENÉE, Entre l'Église et l'État. Quatre vies de prélats français à la fin du MA, 1987–vgl. auch die Lit. zu: →Frankenreich, →Benediktiner, →Cluny, →St-Denis, →Gottesfrieden, →Zisterzienser, →Prémontre, →Prämonstratenser, →Dominikus, →Dominikaner, →Franziskaner, →Katharer, →Albigenser, →Templer, →Kreuzzüge, →Kurie, röm. (in Avignon), →Kanon. Recht u. a.

C. Siedlungs-, Wirtschafts- und Sozialgeschichte

I. Klima und Siedlung – II. Bevölkerung – III. Landwirtschaft – IV. Grundherrschaft, bäuerliche Bevölkerung und Adel – V. Städtewesen – VI. Geld, Handel und Gewerbe – VII. Sozialunruhen – VIII. Überwindung der Krise und wirtschaftlicher und sozialer Wandel im 15. Jh.

I. KLIMA UND SIEDLUNG: Das überwiegend bewaldete Gebiet des heut. F. kennt um das Jahr 1000 durch seine große Ausdehnung und die an drei Seiten das Land begrenzenden Meere zwar große Unterschiede seines Binnenklimas, doch dürfte insgesamt ein für Ackerkulturen und Viehzucht günstiges warmes und nicht durch zu hohe Niederschläge belastetes Klima vorgeherrscht haben. Dadurch waren i. a. gute Voraussetzungen für eine landwirtschaftl. Blüte gegeben. Die ab dem 11. Jh. sich verstärkenden Niederschlagsmengen und das gleichzeitige langsame Absinken der Temperaturen blieb zunächst noch ohne tiefgreifende Auswirkungen auf die Landwirtschaft und erlaubte z. B. noch lukrativen Weinanbau in der Normandie. Landesausbau durch Rodung (→Kolonisation und Landesausbau) besonders zw. 1050 und 1250 (vgl. z. B. die Namen typischer Rodungsdörfer im Wald von Rambouillet sw. von Paris: Les Essarts-le-Roi, Les Essartons [von exarare], Le Long du Bois) oder Trockenlegungen (bes. des Marais Poitevin: Kanalbau ab 1217 durch fünf

Benediktinerabteien; →Deich- und Dammbau III, 2) schufen den bis in die Zeit der Industrialisierung nur unbedeutend veränderten Zustand des ländl. F. Deutl. Strukturunterschiede weisen die dörfl. Siedlungsformen auf, für die im N des Landes weite, offene, aneinandergrenzende Feldfluren charakteristisch sind, während der Süden kleine, immer wieder durch *garrigues* (Heideflächen) unterbrochene Anbauflächen aufweist. Eine merkliche Verschlechterung dürfte um 1300 eingetreten sein und v. a. zur Aufgabe der infolge des Bevölkerungsdrucks in Randgebieten erschlossenen unfruchtbaren Böden geführt haben (etwa in Massif Central, Alpen und Pyrenäen). Produktionsrückgang (u. a. bei der Salzerzeugung), Mißernten und Hungersnöte waren die Folge. Die generelle Abkühlung des Klimas im 14. und in der 1. Hälfte des 15. Jh. mit häufigen extrem kalten Wintern dürfte neben Krieg und Epidemien nicht unbeträchtl. zum Rückgang der Bevölkerung beigetragen haben. Vollständige und dauerhafte Auflassungen von Dörfern sind allerdings, abgesehen von Extremlagen, nicht die Regel, da die alten dörfl. Siedlungskerne mit ihren fruchtbaren Anbauflächen noch am ehesten Gewähr für eine Subsistenzsicherung boten. Dies erklärt auch die verhältnismäßig große Stabilität des das ganze Land überziehenden Netzes von →Pfarreien (s. a. →Agrarkrise, →Wüstung).

II. BEVÖLKERUNG: Aus dem Jahr 1328, zwei Jahrzehnte vor der Großen Pest, stammt die einzige ma. Gesamtzählung F.s, bei der die Herdstellen (→Feuerstättenverzeichnis) in allen Pfarrgemeinden der frz. Krondomäne gezählt wurden (ca. 320000 km² mit 23 671 Pfarreien), jedoch ohne Einbeziehung der Apanagen und großen Lehnsfürstentümer (ca. 110000 km² mit ca. 7300 Pfarreien). In den Pfarreien wurden 2 469 987 besteuerbare Herdstellen gezählt. Versucht man von diesen Zahlen eine Hochrechnung auf das gesamte Gebiet des Kgr.es unter Einschluß der nicht gezählten Gebiete, so ergibt sich eine Gesamtzahl von ca. 3 200 000 Herdstellen, bzw. 14 400 000 Einw. (bei Zugrundelegen des Koeffizienten 4,5 pro Herdstelle). Für das Gebiet des heut. F. wäre mithin eine Einwohnerzahl von ca. 20 Mill. anzunehmen. Die Verteilung der Bevölkerung auf das gesamte Territorium ist sehr ungleich. Relativ dünn besiedelten Gebieten (z. B. Berry und Poitou mit jeweils über 15 000 km² und ca. 120 000 bzw. 112 000 Herdstellen) steht die Prévôté und Vicomté von Paris mit nur 5000 km², aber ca. 117 000 Herdstellen gegenüber. Selbst unter Abzug der auf über 200 000 Einw. geschätzten Pariser Bevölkerung (die Schätzung auf ca. 80 000 Einw. erscheint dagegen weniger wahrscheinl.) ergibt sich hier eine Besiedlungsdichte, die mit 14,12 Herdstellen pro km² fast doppelt so hoch ist wie der Landesdurchschnitt (7,7). Abgesehen vom Pariser Becken mit einem sehr hohen Anteil städt. Bevölkerung (Prévôté und Vicomté von Paris ca. 1 : 1) lebten im übrigen F. zwischen 90 und 95% der Bevölkerung auf dem Land. Nur wenige Städte haben mehr als 20000 Einw. (Amiens, Arras, Avignon, Bordeaux, Lyon, Narbonne, Rouen, Toulouse, Tours) bzw. mehr als 10000 Einw. (Albi, Angers, Arles, Béziers, Bourges, Calais, Clermont, Douai, Lille, Marseille, Montpellier, Orléans, Perpignan, Poitiers, Reims).

Ungleich schwieriger faßbar ist die Bevölkerungsentwicklung zw. dem 11. und 13. Jh. Unzweifelhaft ist ein genereller Bevölkerungsanstieg zw. 1050 und 1250, wobei in einigen Gebieten der Höhepunkt der Bevölkerungsentwicklung schon vor 1300 überschritten gewesen sein dürfte. Die Folge dieses Bevölkerungsdrucks waren z. B. in SW-F. eine Fülle von Städtegründungen (→bastides) im 13./14. Jh. Insgesamt dürfte zw. 1000 und 1300 beinahe eine Verdoppelung der Gesamtbevölkerung eingetreten sein. Bei starken regionalen Schwankungen im einzelnen ist ein nach einer ersten Stagnations- bzw. z. T. auch leichten Niedergangsphase zw. 1300 und 1350 mit dem Schwarzen Tod in der Mitte des Jahrhunderts und den auf ihn folgenden Pestepidemien (→Epidemien) ein erhebl. Bevölkerungsrückgang eingetreten. Noch verstärkt durch die Auswirkungen des →Hundertjährigen Krieges betrugen die Bevölkerungsverluste bis zum Ende des Jahrhunderts z. T. mehr als 50% (z. B. in der Normandie). Einer kurzfristigen Erholungsphase in den ersten Dezennien des 15. Jh. folgten weitere Bevölkerungsverluste bis in die Mitte des Jahrhunderts, wodurch die Bevölkerung z. T. auf ein Drittel im Vergleich zum Höchststand zurückging. Das Ende des Jahrhunderts war von einem Wiederanstieg gekennzeichnet, mit dem allerdings noch nicht der ma. Höchststand erreicht wurde.

Generell und beinahe überall anzutreffen ist ein hoher Grad an Mobilität, die weder auf bestimmte Schichten noch auf Träger bestimmter Berufe beschränkt blieb. Abzugsbewegungen aus Gebieten mit knappen Ressourcen oder tendenziellem Bevölkerungsüberschuß lassen sich etwa aus der Auvergne, dem Limousin, Rouergue, Massif Central u. der Bretagne erkennen. Demgegenüber zeichnen sich Zuzugsbewegungen etwa ins Quercy oder größere Städte (z. B. Poitiers, Périgueux) ab. Noch weitgehend unerforscht sind die sozialen Folgen hoher Mobilität. Eine Untersuchung des Heiratsverhaltens in Bordeaux erbrachte beispielsweise mit 14,4% Heiraten zw. Einheimischen und Eingewanderten zw. 1450 und 1550 einen relativ niedrigen Grad der Akzeptanz Auswärtiger. Bes. die Städte waren in hohem Maße auf Zuwanderung angewiesen, da sie aus eigener Kraft nicht in der Lage waren, ihren Bevölkerungsstand zu halten. Die durch hohe innerstädt. Sterblichkeit bedingte Fluktuation der städt. Bevölkerung konnte in einer Langzeituntersuchung für Périgueux nachgewiesen werden: Von 4493 genannten Familien, die sich im 14. und 15. Jh. in den Quellen finden, sind nur 162 (3,6%) über zwei Jahrhunderte hinweg nachweisbar. Die Zuzugsmuster der Städte im S unterscheiden sich von denen im N durch ihr weiteres Einzugsgebiet. Einer generellen Kindersterblichkeit, die eine niedrige durchschnittl. Lebenserwartung zur Folge hatte, steht eine sehr viel höhere durchschnittl. Lebenserwartung der Erwachsenen gegenüber, so daß 50- und 60jährige häufig belegt sind. Die für Toulouse ermittelte geringe Zahl von nur 2,4 überlebenden Kindern pro Erblasser (zw. 1350 und 1450) liegt in Montpellier unter zwei Kindern pro Familie. Für Lyon ließ sich ein 1,6 Kindern für das letzte Drittel des 15. Jh. ein Anstieg auf 4,2 Kinder ermitteln. Die Untersuchung für Lyon ergab auch einen Unterschied zw. Adel und Bürgern: 34,4% kinderlosen Adligen standen 51% kinderlose Nichtadlige gegenüber. Die Auswirkungen einer hohen Geburtenrate mit Geburtenintervallen von einem Jahr bis zu 30 Monaten (nachweisbar etwa in Reims, im Cambrésis, im Limousin und Burgund) wurden durch die hohe Kindersterblichkeit von bis zu 70% auch in Normaljahren aufgehoben. Wie weit Einzelergebnisse etwa zur längeren Lebenszeit von Frauen oder frühem Heiratsalter von Mann und Frau, wie sie für Hörige der Abtei Clairvaux zw. 1367 und 1464 ermittelt wurden, als repräsentativ gelten können, bedarf noch weiterer Forschung.

III. LANDWIRTSCHAFT: Mit dem Ende der Einfälle von Wikingern und Sarazenen in der 2. Hälfte des 10. Jh. erfolgte ein wirtschaftl. Aufschwung. Wesentl. Voraussetzungen für eine wirtschaftl. Konsolidierung sind das Er-

starken des kapet. Königtums, die Ausbildung der großen Territorien und schließlich die Sicherung des Friedens durch die →Gottesfriedensbewegung. Das benediktin. Reformmönchtum, von dem im 10. und 11. Jh. wesentl. Impulse zur Erneuerung des geistigen und geistl. Lebens ausgingen (s. a. →Cluny), dem auch eine wichtige Funktion beim Ausbau der Landesherrschaft zukam, wirkte auf wirtschaftl. Sektor nicht innovativ. Dies blieb den neuen Orden, in erster Linie den →Zisterziensern, vorbehalten. Allerdings bleibt unsere Wahrnehmung der Rodungstätigkeit, der Bodennutzung und -erträge der überwiegend kleindörfl. Siedlungsgemeinschaften sowie des Straßennetzes aufgrund der schlechten Überlieferung zunächst noch sehr unscharf und gewinnt erst ab dem letzten Viertel des 11. Jh. deutlichere Konturen. Überregionaler Handel, der die isolierten Dörfer verbindet, ist noch kaum entwickelt. Nahrungsmittel und Gerätschaften werden im wesentl. zur ausreichenden Bedarfsdeckung selbst produziert und hergestellt. Große Hungerkatastrophen (z. B. 1031–33, 1044) sind selten und scheinen Wirtschafts- und Sozialentwicklung nicht nachhaltig gestört zu haben. Ab dem Ende des 11. Jh. beginnen weithin Agrartechniken sich durchzusetzen, die zu höheren Erträgen führen. Dabei dürfte es sich weniger um eigtl. Innovationen als um die generelle Verbreitung und Anwendung von schon vorher bekannten Techniken gehandelt haben (DUBY). Äußerl. Zeichen des Wandels ist der Masseneinsatz von Wassermühlen im 11. Jh. und Windmühlen ab 1150 im S wie im N (→Mühle). Die Folgen waren die Freisetzung von Arbeitskraft, da man auf das zeitaufwendige Mahlen mit Hand nun verzichten konnte, außerdem ein Wandel in der →Ernährung, da Brotgetreide jetzt gegenüber anderen Getreidearten zunehmend an Bedeutung gewann. Schließlich dienten die Mühlen aber auch als Ölpressen, zum Bierbrauen und zum Walken bei der Stoffproduktion, wodurch auch der Handel Impulse erhielt. Entscheidend schließlich für den Fortschritt in der bäuerl. Wirtschaft war der vermehrte Einsatz von →Eisen bei der Werkzeugherstellung ab der Mitte des 11. Jh. Überall in den Dörfern, in geistl. und weltl. Grundherrschaften wurden Schmieden mit spezialisierten Fachleuten eingerichtet. Hinzu kam das Beschlagen der →Pferde sowie die dem Pferd adäquate Kummetanspannung, was zusammen mit dem zunehmend häufiger eingesetzten eisernen Kehrpflug sowohl die Nutzung auch schwererer Böden ermöglichte und generell durch die bessere Belüftung zu höheren Erträgen führte. Ertragsteigerungen und bessere Ausnutzung der Böden wurden zudem durch eine regelmäßig auf drei Jahre verteilten →Fruchtwechsel erzielt, was sowohl gegenüber der vorher vorherrschenden oft ungeregelten Fruchtfolge bzw. der Zweifelderwirtschaft einen deutlichen Fortschritt darstellte. Allerdings setzte sich diese neue Technik nur sehr langsam durch und fand wohl im N, v. a. im Pariser Becken, erst im 13. Jh. allgemeine Verbreitung, während der S wegen der Trockenheit häufig die weniger ertragreiche, aber für schlechte Böden geeignetere Zweifelderwirtschaft beibehielt. Allerdings sind weiterhin große Unterschiede festzustellen, so daß es nicht möglich ist, eine klare Scheidelinie nach Zwei- bzw. Dreifelderwirtschaft zwischen S und N zu ziehen. Die infolge erhöhter Produktion stark verbesserten Subsistenzbedingungen begünstigten ein Bevölkerungswachstum, das zur Urbarmachung immer neuen Landes zwang. Die Folge war ein Zurückdrängen von Wald, Brachland und Wasser in einem bisher nicht gekannten Ausmaß, das erst mit dem Bevölkerungsrückgang des 14. Jh. zum Stillstand kam. Hauptertragszweige sind →Getreidebau, v. a. der gegenüber dem Roggen sich mehr und mehr durchsetzende Weizenanbau, sowie der →Weinanbau, der bis zum Temperaturrückgang im 14. Jh. im ganzen Land betrieben wurde.

IV. GRUNDHERRSCHAFT, BÄUERLICHE BEVÖLKERUNG UND ADEL: Die Bewirtschaftung der ausgedehnten geistl. und weltl. →Grundherrschaften erfolgte zum einen durch den Einsatz von unfreien servi, zum anderen durch Verpachtung des Landes an freie →Bauern oder Hörige, die, mit gewissen Freiheiten ausgestattet, aus der unmittelbaren Verfügungsgewalt ihrer Herren entlassen waren und selbständig ihren Lebensunterhalt erarbeiten mußten. Den großflächigen Grundherrschaften standen die kleinen freien Bauernstellen gegenüber, deren Größe allerdings erhebl. Unterschiede aufweist. Da der kleinbäuerl. Allodialbesitz (→Eigen, bäuerl.) häufig nicht zur Subsistenzsicherung ausreichte, waren diese Bauern gezwungen, Lohnarbeit anzunehmen. Relativ deutl. Unterschiede sind bei der Organisation von Grundherrschaften und bäuerl. Siedlungsgemeinschaften zw. dem N und dem S F.s feststellbar. So weist der N generell ein sehr viel geschlosseneres System von Grundherrschaften auf, das den Bauern wenig Freiräume gewährte. Im Unterschied zum S finden sich dort größere Dorfgemeinschaften (→Dorf A II, 2; III, 2), die auch koordiniertes Handeln bei der Feldbestellung ermöglichten, sich aber auch in Bauernaufständen um die Jahrtausendwende, etwa in der Normandie und in der Bretagne, manifestierten. Für den Süden fehlen vergleichbare Zeugnisse bäuerl. Unzufriedenheit. Gegen Ende des 11. Jh. verschwand die →Sklaverei (s. a. →Freilassung). An ihre Stelle trat ein Abhängigkeitsverhältnis, das auch den Unfreien Rechte einräumte und dem Herren Pflichten auferlegte. Insgesamt verlief die Entwicklung des bäuerl. Status sehr unterschiedlich. Während im N F.s (z. B. Normandie, Picardie) die Bauern überwiegend frei waren bzw. sich hatten freikaufen können, war im S, im Languedoc und im Poitou, aber auch in der Champagne und im Berry bäuerl. Unfreiheit die Regel. Die letzten Freilassungen auf der Krondomäne erfolgten zu Anfang des 14. Jh.

Aus der Schicht der Grundherren entstand im selben Zeitraum allmählich der ritterl. →Adel (miles; →chevalier), häufig in Abhängigkeit von einer festen →Burg (castrum) und von einem châtelain (→Kastellan). Das dem miles allein vorbehaltene Waffentragen, Pferd und Ausrüstung zur Kriegführung (→Heerwesen, →Waffen, -recht) erforderten allerdings Mittel, die der ererbte Besitz nach wiederholten Erbgängen häufig nicht mehr zu erwirtschaften in der Lage war. Die Plazierung von jüngeren Söhnen in Kl. oder in geistl. Karrieren oder Formen des Zusammenlebens wie die frérêche (z. B. in Burgund; →Hausgemeinschaften), die die jüngeren Söhne zwar vom Erbe ausschloß, ihnen aber das Leben auf dem Familienbesitz garantierte, waren Versuche, dem sozialen und ökonom. Druck zu begegnen. Die Kreuzzugsbewegung fand hier eine aufnahmebereite Anhängerschaft (s. a. →Kreuzzug). Früher als in Deutschland vollzog sich trotz starker zeitl. Binnendifferenzierungen schon ab dem 11. Jh. die Annäherung der Ritterschaft an den alten Adel, was zur Herausbildung eines erbl. Adels als eigenem abgeschlossenen Stand führte. Dieser Prozeß dürfte gegen Ende des 13./ Beginn des 14. Jh. im wesentl. abgeschlossen sein.

V. STÄDTEWESEN: Der Urbanisierungsprozeß nahm seinen Ausgangspunkt von als →burgus, →suburbium oder →portus bezeichneten Ansiedlungen bei alten Städten (civitates), die häufig allerdings ihren städt. Charakter schon eingebüßt hatten, sowie Kl. oder befestigten Herrensitzen. Handelsmöglichkeiten, aber auch andere Ver-

dienstquellen sowie der gebotene Schutz waren wichtige Anreize für die in der Landwirtschaft keinen ausreichenden Lebensunterhalt findende Bevölkerung. Zum anderen ist der Urbanisierungsprozeß als Folge des wirtschaftl. Aufschwungs zu verstehen, da den Städten eine wesentl. Rolle als Umschlagplatz zukam. Allerdings überwiegt zu Anfang noch stark der agrar. Charakter dieser Städte, die sich zumeist in völliger Abhängigkeit ihrer Stadtherren befanden. Erstes sichtbares Zeichen beginnender städt. Unabhängigkeit und ihrer Herauslösung aus dem umliegenden flachen Land ist v. a. ab der Mitte des 12. Jh. die Errichtung von Stadtmauern. Das sich in der Stadt herausbildende wirtschaftl. Gefälle blieb nicht ohne soziale Konsequenzen. Die reich gewordenen Kaufleute, durch Schwurgemeinschaften miteinander verbunden, etablierten sich neben dem Stadtadel als städt. Führungsschicht. Die in der Stadt noch fortdauernde rechtl. und z. T. persönl. Abhängigkeit führte im 10. Jh. zu Erhebungen gegen die Stadtherren (z. B. Le Mans 1070, Cambrai 1076), die im 11. Jh. noch verstärkt fortdauerten, wobei allerdings im S der städt. Emanzipationsprozeß weniger gewaltsam verlief. In →Stadtrechten (charte de commune und →charte de franchises; s. a. →Kommune, →Bürgertum II, III), die die Städte infolge ihrer Befreiungsbemühungen v. a. gegen hohe Geldzahlungen hatten durchsetzen können, gelang es, weitgehende Unabhängigkeit zu erringen. Diese Unabhängigkeit bestand allerdings nicht uneingeschränkt, sondern fand ihre Grenzen in fortbestehenden Herrenrechten (z. T. Blutgerichtsbarkeit im S) oder weitreichenden Rechten des Kgtm.s gegenüber den Städten der Krondomäne. Soweit es nicht die eigenen Städte betraf, unterstützte das Kgtm. allerdings diesen Prozeß, der die Städte bzw. das Stadtbürgertum zu wichtigen Verbündeten gegen die mächtigen Lehnsfürsten machte. Auch hier sind wesentliche N-S-Unterschiede festzuhalten: Träger der im S verbreiteten Konsulatsverfassung war der Stadtadel, während im N das Bürgertum häufig mit der Kaufmannschaft an der Spitze dominierte. Relativ unberührt von der kommunalen Bewegung blieb das mittlere F. Einen Sonderfall stellt die Bretagne dar, wo die Städte erst 150–200 Jahre später vergleichbare Freiheitsrechte von ihren Hzg.en erhielten. Zur Stadtrechtsentwicklung im anglo-frz. W-F. →Établissements de Rouen.

Wichtige Bestandteile der neuen städt. Rechte waren die →Freiheit der Bürger und der neu in die Stadt Kommenden nach Jahr und Tag, die Befreiung von grundherrschaftl. Lasten, eigene Finanzmittel durch Besteuerung der Bürger, Versammlungsfreiheit zur Wahrung der polit. Rechte sowie eigene Verwaltungs- und Rechtsprechungsorgane. Diese Rechte schufen jedoch auch Belastungen, so daß z. B. Städte wie Sens (1318) oder Compiègne (1319) es vorzogen, sich unter Verzicht auf die städt. Freiheitsrechte erneut dem Kg. zu unterstellen.

VI. GELD, HANDEL UND GEWERBE: Entscheidend für den wirtschaftl. Aufschwung des 12. und 13. Jh., als dessen sichtbarste Zeichen die mächtigen got. Kathedralen angesehen werden können, war die Entwicklung von internationalem Handel und hochwertiger Gewerbeproduktion. Voraussetzung dazu war ein funktionierendes Verkehrsnetz aus Land- und Wasserwegen. Bei →Philippe de Beaumanoir (1283) findet sich die Beschreibung des frz. Straßensystems, das fünf Kategorien von Wegen enthält, die sich je nach Breite und Befestigung unterscheiden: vom einfachen Fuß- und Reitweg bis hin zur kgl. Straße mit 12 m Breite. Trotz einer mögl. Anlehnung dieser Klassifizierung an die Antike bleibt doch festzuhalten, daß auf den Unterhalt der Verkehrswege große Geldmittel (v. a. aus

Wege- und Brückenzöllen) verwandt wurden, so daß das im wesentl. intakte Kommunikationsnetz erst in den Wirren des Hundertjährigen Krieges nachhaltig in Mitleidenschaft gezogen wurde. Zentraler Umschlagplatz für Waren und Geldgeschäfte in Westeuropa waren ab der Mitte des 12. Jh. sechs große, von den Gf.en der →Champagne nachhaltig geförderte →Champagnemessen. Über it. Kaufleute wurden aus d. Orient Luxuswaren eingeführt, aus Flandern kamen d. Erzeugnisse der →Textilproduktion. Die Gründe für den relativ schnellen Verfall der Messen, wobei um 1260 der Warenverkehr, nach 1320 der Geldverkehr trotz intensiver Bemühungen des seit 1328 die Champagne beherrschenden Kgtm.s zum Erliegen kamen, sind umstritten. Von Bedeutung dürfte jedoch mit Sicherheit die dominierende Stellung von Paris gewesen sein, das als Residenz und Universitätsstadt sowie durch sein Handels- und Gewerbepotential (Produktion von Luxusgütern, Bautätigkeit) sich zu einem bedeutenden Wirtschaftszentrum F.s entwickelt hatte. Hinzu kam die starke Nutzung der Seewege für den Handel, was Städten wie Marseille, Montpellier (mit dem Hafen Port Bouc), Aigues Mortes, Bordeaux, La Rochelle, Rouen und Calais zu Bedeutung und Wohlstand verhalf.

Hinderlich für den wesentl. auf Geldbasis abgewickelten Warenverkehr war die Menge des konkurrierenden Geldes. Um 1100 wurde in ungefähr 300 Münzstätten in F. Geld geprägt (→Münzwesen). Ein erster wirksamer Reformversuch, der v. a. auch durch die Zirkulation des vielen schlechten Geldes veranlaßt wurde, ging von Ludwig IX. aus, der nach 1266 einen Silbergroschen (→gros) im Wert von 12. d. t. prägen ließ. Von großer Bedeutung war außerdem seine Rückkehr zum Bimetallismus durch Prägung eines →Écu d'or im Werte von 10 s. t., selbst wenn im Gegensatz zum gros, der sich schnell durchsetzte, dem Écu kein unmittelbarer Erfolg beschieden war. Ein weiterer wichtiger Schritt zur Stabilisierung der Geldwirtschaft war das Umlaufverbot für fremdes Geld in der kgl. Domäne sowie das ausschließl. Gültigkeitsgebot kgl. Geldes in den Territorien ohne eigene lehnsherrl. Münzprägung. Das konsequente Bemühen um Erzielung einer dominierenden Stellung des kgl. Geldes wurde um so intensiver betrieben, als aus der Münzprägung dem Kgtm. erhebliche Gewinne zuflossen (s. a. →Finanzwesen). Gleichwohl gab es um 1315 noch etwa 30 weitere Münzherren. V. a. die von König Philipp IV. dem Schönen für seine Kriegführung benötigten Geldmittel (s. a. →Kreditwesen) hatten starke inflatäre Tendenzen zur Folge. Die finanzielle Belastung durch die Kriegführung des Hundertjährigen Krieges stellte das frz. Kgtm. vor kaum lösbare Finanzierungsprobleme. Die von Kg. Johann II. zunehmend praktizierte Politik des schwachen Geldes zog das gesamte Wirtschaftsleben in Mitleidenschaft. Der ständig schwankende Geldwert belastete alle Geldgeschäfte. Die aus der Geldentwertung in Verbindung mit wachsendem Steuerdruck entstehende Verschlechterung der ökonom. Lage führte zu Aufständen (z. B. 1314) und Widerstand von seiten der ständ. Vertretungen, die sich am umfänglichsten in den Reformbemühungen der in dichter Folge abgehaltenen Generalständeversammlungen (→États généraux) von 1355–58 niederschlugen. Zentrale Forderungen waren Kontrolle der neu bewilligten Steuern durch ständisch-paritätisch zusammengesetzte Kommissionen. Der 3. Stand, seit den ersten Generalständen von 1302 v. a. vertreten durch das städt. Bürgertum, versuchte hier wie auch auf späteren Ständeversammlungen, mehr polit. Mitsprache bei den ihn unmittelbar betreffenden wirtschaftl. und sozialen Fragen durchzusetzen. Doch gelang

es zumeist nicht, die dem Kgtm. unter dem Druck der unmittelbaren Sachzwänge und Krisen abgerungenen Zugeständnisse auch langfristig zu wahren. Dies gilt auch für wiederholte Anstrengungen zur Stabilisierung des Geldwertes durch Festlegung des Münzfußes. Die inflatäre Geldentwicklung blieb auch nicht ohne Auswirkungen auf die Grundherren. Da die ihnen zustehenden Naturalabgaben und Dienstleistungen häufig in Geldzahlungen umgewandelt worden waren, bedeutete die permanente Geldentwertung »eine Krise der seigneurialen Einkünfte« (M. BLOCH); denn die entsprechenden vertragl. Regelungen legten fixe Geldzahlungen fest. Diese Entwicklung wurde durch den Bevölkerungsrückgang weiter verschärft. Dem dadurch steigenden Bedarf an Lohnarbeit stand nun ein schrumpfendes Angebot an Arbeitskraft entgegen, was bes. in der Zeit des Schwarzen Todes zu dirigist. Maßnahmen mit Arbeitszwang, Geld- und Lohnfestschreibung und gesteuerter Verteilung von Arbeitskraft führte, die allerdings nur in begrenzter Weise wirksam waren (Ordonnanz Johanns II. vom 30. Jan. 1351). Verarmung von Teilen des Adels war die Folge.

VII. SOZIALUNRUHEN: Die Niederlage des frz. Heeres bei →Poitiers am 19. Sept. 1356 und die Gefangenschaft des Kg.s in England bildeten den Hintergrund des wohl bedeutendsten ma. städt. Sozialunruhen Frankreichs, des Aufstandes der Pariser Bevölkerung unter dem Tuchhändler und →prévot des marchands, Étienne →Marcel. Die Radikalisierung der Pariser Bevölkerung setzte ein, nachdem die vom Dauphin, Karl (V.), den Generalständen zugestandenen Reformen hinsichtl. Geld- und Steuerfragen sowie des Vorgehens gegen mißliebige Amtsträger nicht verwirklicht worden waren. Da die meisten Angehörigen des Adels und des Klerus dem Reformprogramm des 3. Standes, das diesem eine weitgehende polit. Mitsprache ermöglicht hätte, ihre Unterstützung versagten, suchte Étienne Marcel das Bündnis mit dem Kg. v. Navarra, Karl dem Bösen, das allerdings zur weiteren Isolierung der Bewegung im Land beitragen mußte. Der 22. Febr. 1358 markiert mit dem gewaltsamen Eindringen der Anhänger Étienne Marcels in den Königspalast den Beginn des offenen Aufstandes. Erst die innerstädt. Opposition, von der Marcel am 31. Juli 1358 ermordet wurde, beendete diesen Kampf um mehr Mitsprache und Freiheit. Von gemessen an ihren Intentionen sehr weitreichenden Reformideen getragen, war noch ein späterer Pariser Aufstand, der im Zuge des Bürgerkriegs zw. →Armagnacs und Bourguignons ausbrach: Die Realisierung des in diesem Zusammenhang erarbeiteten Reformprogramms der sog. →Ordonnance Cabochienne (1413) hätte einen tiefgreifenden gesellschaftl. Wandel bewirken können.

Beinahe gleichzeitig, aber ohne direkten Zusammenhang mit den Pariser Ereignissen von 1358, brach im Pariser Becken am 28. Mai 1358 die →Jacquerie, der einzige bedeutende frz. Bauernaufstand des MA aus, der gleichsam als Indikator für das soziale Klima angesehen werden kann. Sie erfaßte sehr schnell das gesamte Pariser Becken sowie Teile der Picardie, der Champagne und der Normandie, endete aber schon knapp 14 Tage später mit der Vernichtung der Jacques durch das Heer des Kg.s v. Navarra (10. Juni 1358), der blutige Repressionsmaßnahmen folgten. Die tieferliegende Ursache des Zusammenschlusses der Bauern und ihrer Übergriffe auf Leben und Besitz des Adels, die »commotion des non nobles contre les nobles«, war aber v. a. die mit der dem Adel angelasteten Niederlage von Poitiers noch tiefer gewordene Kluft zw. der wirtschaftl. erstarkten, aber so gut wie rechtlosen Bauernschaft und einer adligen Führungsschicht, für die erhebliche Leistungen – jetzt noch um Beiträge zum Burgenbau und Lösegeldzahlungen erhöht – erbracht werden mußten, ohne daß sie als Gegenleistung Schutz gewährte. Ein deutl. Anzeichen für die tiefen gesellschaftl. Spannungen sind auch die bei der Niederschlagung der Jacquerie sich findenden Formen extremer Gewaltanwendung, die sich aber auch anderswo (z. B. bei den Aufständen der →Tuchins 1356–84 und ihrer Bekämpfung bzw. Niederschlagung im S-F.) feststellen lassen. Steuerfragen, Einzugsmodalitäten bzw. Neueinführungen von Steuern waren ab dem 13. Jh. immer wieder Anlaß zu heftigen, oft blutigen sozialen Konflikten, die entweder zw. den städt. Oberschichten einerseits, Mittel- und Unterschichten andererseits ausgetragen wurden (z. B. Évreux 1244, Paris 1250, Arras 1252, Pontoise 1267, Provins und Paris 1279) oder sich direkt gegen das Kgtm. bzw. seine Amtsträger richteten (z. B. →Maillotins in Paris, Harelle in Rouen 1382). Bes. die Regierungszeit Ludwigs XI. war durch eine Reihe von städt. Steueraufständen geprägt.

VIII. ÜBERWINDUNG DER KRISE UND WIRTSCHAFTLICHER UND SOZIALER WANDEL IM 15. JH.: Das Ende des Hundertjährigen Krieges sowie das wiedereinsetzende Bevölkerungswachstum waren wichtige Voraussetzungen für das Gelingen der von Ludwig XI. systematisch betriebenen Städtepolitik. Ihr Ziel war nicht zuletzt die Stärkung der gesamten Wirtschaft des Landes, so daß die Städte wohl ihren Verlust an Autonomie durch ökonom. Wachstum kompensiert sahen. Durch Organisation und Reglementierung der Arbeitsbedingungen wurden Verbesserungen von Produktion und Produktivität erreicht bzw. einzelne Produktionszweige (z. B. die Tuchherstellung) speziell gefördert. Ausländ. Technologien wurden eingeführt, z. B. die →Seidenindustrie aus Italien oder der →Buchdruck aus Dtl., der Bergbau intensiviert, Manufakturen (z. B. in Paris die der Gobelins) gegründet. Der Handel wurde durch eine aktive Flottenpolitik (Galeeren Ludwigs XI.) unterstützt (→Flotte B II), der allerdings langfristig kein Erfolg beschieden war, zumal auch damals wichtige Häfen versandeten und aufgegeben werden mußten (z. B. Narbonne, Aigues Mortes). Als ein exemplar. Vertreter des mit dem Kgtm. eng zusammenarbeitenden großen Handelsbürgertums kann bereits in der 1. Hälfte des 15. Jh. Jacques →Coeur gelten. Neben den expansiven Tendenzen dieser Wirtschaftspolitik sind jedoch auch unverkennbar defensive, die Wirtschaft bremsende Maßnahmen feststellbar (z. B. das Exportverbot von wertvollen Metallen oder das Fernhalten von Fremden aus bestimmten Handelsaktivitäten). Auch im sozialen Bereich ist im 15. Jh. ein langsamer Wandel feststellbar. Professionalisierung und Studium schufen soziale Aufstiegsmöglichkeiten für das städt. Bürgertum in einem vorher nicht gekannten Maße. Kgl. Dienst bot die Chance zum Erwerb von Reichtum und Adel: Allerdings wurde die soziale Kluft im 3. Stand durch das Studium nicht beseitigt, sondern eher noch vertieft, da die ohnehin besser Gestellten sich auf diese Weise zusätzl. Vorteile zur Sicherung ihrer Position verschaffen konnten. Selbst wenn über adelnden Ämtererwerb oder über adlige Lebensformen ein allmählicher Aufstieg in den Adel ein häufig vom – über Handel und Gewerbe – reich gewordenen Bürgertum erstrebtes Ziel war, so ist doch gegen Ende des Jh. auch in zunehmendem Maße die Herausbildung eines neuen Selbstverständnisses im 3. Stand erkennbar. Das in kgl. Dienst aufgestiegene Bürgertum begann sich selbst als 3. Stand, mithin als eigtl. staatstragender Stand, zu verstehen. Ohne polit. Rechte verblieben weithin die Bauern. Selbst bei der

flächendeckend das ganze Land erfassenden Einberufung zu den Generalständen von 1484 blieb ihre Beteiligung sogar bei der Auswahl der Repräsentanten auf wenige Ausnahmen beschränkt, die im Einklang mit dem über das ganze Mittelalter sich hinziehenden Nord-Süd-Gefälle nicht zufällig im N F.s zu finden sind.   N. Bulst

Q.: Les sources de l'hist. économique et sociale du m. â., hg. R.-H. BAUTIER – J. SORNAY, Bde 1ff., 1968ff. – Lit.: [allg. und epochenübergreifende Lit.]: P. VIDAL DE LA BLACHE, Tableau de la géographie de la France, 1903 [Nachdr. 1979] – H. SÉE, Hist. économique de la France 1, 1948 – Les Routes de France depuis les origines jusqu'à nos jours, 1959 – G. DUBY, L'économie rurale et la vie des campagnes dans l'occident médiéval (France, Angleterre, Empire IXᵉ–XVᵉ s.), 2 Bde, 1962 – G. DUBY – R. MANDROU, Hist. de la civilisation française, m. â.–XVIᵉ s., 1968 – M. BLOCH, Les caractères originaux de l'hist. rurale française, 2 Bde, 1968³ – Les structures sociales de l'Aquitaine, du Languedoc et de l'Espagne au premier âge féodal, 1969 – M. MOLLAT – PH. WOLFF, Ongles bleus, Jacques et Ciompi. Les révolutions populaires en Europe aux XIVᵉ et XVᵉ s., 1970 – PH. ARIÈS, L'enfant et la vie familiale sous l'ancien régime, 1975 – Hist. de la France rurale, hg. G. DUBY – A. WALLON, 2 Bde, 1975 – N. BIRABEN, Les hommes et la peste en France et dans les pays européens et méditerranéens, 2 Bde, 1975 – Actes du 100ᵉ congrès national des sociétés savantes [1975], 1, 1977, 137–192 [Beitr. von: J. SCHNEIDER zur Stadtgesch.; R. FOSSIER und CH. HIGOUNET zur Agrargesch.] – Hist. économique et sociale de la France, I, 1–2 (1450–1660), hg. E. LE ROY LADURIE – M. MORINEAU, 1977 – J. DELUMEAU, La peur en Occid., 1978 [dt.: 1985] – M. MOLLAT, Les pauvres au m. â., 1978 [dt.: 1984] – Hb. der europ. Wirtschafts- und Sozialgesch., hg. H. KELLENBENZ; II, hg. J. A. VAN HOUTTE, 1980, 297–326 [J. FAVIER] – Hist. de la France urbaine, 2: La ville médiévale hg. J. LE GOFF, 1980 – B. TÖPFER, F., ein hist. Abriß I, 1980⁴ – Villacurtis-grangia. Landwirtschaft zw. Loire und Rhein von der Römerzeit zum HochMA, hg. W. JANSSEN – D. LOHRMANN, 1983 (Beih. der Francia, 11) – Mines, carrières et métallurgie dans la France médiévale, hg. P. BENOIT – PH. BRAUNSTEIN, 1983 – Hist. de la population française, hg. J. DUPÂQUIER, I, 1988 – [zu einzelnen Problemen, Fragekomplexen und Perioden]: H. DENIFLE, La guerre de cent ans et la désolation des églises, monastères et hôpitaux en France, 2 Bde, 1897–99 – F. LOT, L'état des paroisses et des feux de 1328, BEC 90, 1929, 51–107, 256–315 – A. DÉLÉAGE, La vie rurale en Bourgogne jusqu'au début du XIᵉ s., 2 Bde, 1941 – R. BOUTRUCHE, La crise d'une société. Seigneurs et paysans du Bordelais pendant la Guerre de Cent Ans, 1947 (1963) – Hist. du commerce de Marseille, 3 Bde, 1949–51 – M. MOLLAT, Le commerce maritime normand à la fin du m. â. Étude d'hist. économique et sociale, 1952 – G. DUBY, La société aux XIᵉ et XIIᵉ s. dans la région mâconnaise, 1953 (1971) – PH. WOLFF, Commerces et marchands de Toulouse (vers 1350–vers 1450), 1954 – G. SICARD, Le métayage dans le Midi toulousain à la fin du m. â., 1957 – A. GOURON, La réglementation des métiers en Languedoc au m. â., 1958 – E. ENGELMANN, Zur städt. Volksbewegung in S-F. Kommunefreiheit und Gesellschaft. Arles 1200–1250, 1959 – J. GUÉRIN, La vie rurale en Sologne aux XIVᵉ et XVᵉ s., 1960 – E. BARATIER, La démographie provençale du XIIIᵉ au XVIᵉ s., 1961 – G. FOURNIER, Le peuplement rural en Basse Auvergne durant le haut m. â., 1962 – B. GEREMEK, Le salariat dans l'artisanat parisien aux XIIIᵉ–XVᵉ s., 1962 – B. GUENÉE, Tribunaux et gens de justice dans le bailliage de Senlis à la fin du m. â. (vers 1380–vers 1550), 1963 – G. FOURQUIN, Les campagnes de la région parisienne de la fin du m. â., 1964 – R. FÉDOU, Les hommes de loi lyonnais à la fin du m. â. Étude sur les origines de la classe de robe, 1964 – P.-A. FÉVRIER, Le développement urbain en Provence de l'époque romaine à la fin du XIVᵉ s. (Archéologie et Hist. urbaine), 1964 – G. T. BEECH, A Rural Society in Medieval France: The Gâtine of Poitou in the 11ᵗʰ and 12ᵗʰ Cent., 1964 – M. BLOCH, Seigneurie française et manoir anglais, 1967² – E. FOURNIAL, Les villes et l'économie d'échange en Forez aux XIIIᵉ et XIVᵉ s., 1967 – J. BERNARD, Navires et gens de mer à Bordeaux (vers 1400–vers 1550), 3 Bde, 1968 – R. FOSSIER, La terre et les hommes en Picardie jusqu'à la fin du XIIIᵉ s., 2 Bde, 1968 – M. BORDEAUX, Aspects économiques de la vie de l'Église aux XIVᵉ et XVᵉ s., 1969 – CH. PETIT-DUTAILLIS, Les communes françaises, 1970² – L. STOUFF, Ravitaillement et alimentation en Provence aux XIVᵉ et XVᵉ s., 1970 – F. PIPONNIER, Costume et vie sociale. La cour d'Anjou, XIVᵉ–XVᵉ s., 1970 – J. LAFON, Les époux bordelais (1450–1550). Régimes matrimoniaux et mutations sociales, 1972 – J. LAURENT, Un monde rural en Bretagne au XVᵉ s. La Quévaise, 1972 – E. PERROY, La terre et les paysans en France aux XIIe et XIIIe s., 1973 – A. Chédeville, Chartres et ses campagnes (XIe–XIIIe s.), 1973 – G. de Valous, Le patriciat lyonnais aux XIIIe et XIVe s., 1973 – M.-Th. Lorcin, Les campagnes de la région lyonnaise aux XIVe et XVe s., 1974 – E. Le Roy Ladurie, Montaillou, village occitan de 1294 à 1324, 1975 [dt.: 1980] – Paysages et villages neufs du m.â. Recueil d'articles, hg. Ch. Higou-net, 1975 – G. Bois, Crise du féodalisme. Économie rurale et démogra-phie en Normandie orientale du début du XIVe s. au milieu du XVIe s., 1976 – B. Geremek, Les marginaux parisiens aux XIVe et XVe s., 1976 – H. D. Clout, Themes in the Hist. Geography of France, 1977 – G. Sivéry, Structures agraires et vie rurale dans le Hainaut à la fin du m.â., 2 Bde, 1977–80 – G. Fournier, Le château dans la France médiévale. Essai de sociologie monumentale, 1978 – J. Lartigaut, Les campagnes du Quercy après la guerre de cent ans (vers 1440–vers 1500), 1978 – A. Higounet-Nadal, Périgueux aux XIVe et XVe s. Étude de démogra-phie historique, 1978 – P. Desportes, Reims et les Rémois aux XIIIe et XIVe s., 1979 – P. Charbonnier, Une autre France. La seigneurie rurale en Basse Auvergne du XIVe au XVIe s., 1–2, 1980 – H. Neveux, Vie et déclin d'une structure économique: les grains du Cambrésis, fin du XIVe–début du XVIIe s., 1980 – M.-Th. Lorcin, Vivre et mourir en Lyonnais à la fin du m.â., 1981 – G. Duby, Le chevalier, la femme et le prêtre. Le mariage dans la France féodale, 1981 [dt.: 1985] – P. Toulgouat, Voisinage et solidarité dans l'Europe du m.â. »lou besi de Gascogne«, 1981 – M. Parisse, Noblesse et chevalerie en Lorraine médiévale. Les familles nobles du XIe au XIIIe s., 1982 – A. Rigaudière, St-Flour, ville d'Auvergne au bas m.â. Étude d'hist. administrative et financière, 1–2, 1982 – R. Fossier, Enfance de l'Europe. Aspects économiques et sociaux, 2 Bde, 1982 – M. Le Mené, Les campagnes angevines à la fin du m.â. (1350–1530). Étude économique, 1982 – H. Millet, Les chanoines du chapitre cathédral de Laon 1272–1412, 1982 – G. Sivéry, L'économie du royaume de France au siècle de St-Louis (vers 1180–vers 1315), 1984 – D. Barthélemy, Les deux âges de la seigneurie banale. Pouvoir et société dans la terre des sires de Coucy (milieu XIe–milieu XIIIe s.), 1984 – L. Stouff, Arles à la fin du m.â., 1986 – J. Kerhervé, L'état breton aux XIVe et XVe s. Les ducs, l'argent et les hommes, 1987 – C. Billot, Chartres à la fin du m.â., 1987 – N. Coulet, Aix-en-Provence, espace et relations d'une capitale (milieu XIVe – milieu XVe s.), 2 Bde, 1987 – R. Germain, Les campagnes bourbonnaises à la fin du m.â. (1370–1530), 1987 – weitere Lit. s. Abschnitt A, bes.: Cazelles (1958, 1972) – Rey (1965) – Leguai (1969) – Henneman (1971) – Contamine (1972) – Devailly (1973) – Bourna-zel (1975) – Chevalier (1975) – Contamine (1981) – Autrand (1981) – Chevalier (1982) – Dunbabin (1985) – Ehlers (1987) – HEG (1987) – s. a. die Lit. zu den einzelnen Städten, Landschaften und wichtigen Sachbegriffen (z. B. →Paris, →Champagne, →Champagnemessen, →Bauer, -ntum, →Finanzwesen u. a.).

D. Geschichte der Juden in Frankreich

I. Allgemeine Geschichte – II. Wichtigste wirtschaftliche Tätigkeits-bereiche – III. Rechtsstellung – IV. Inneres Leben.

I. Allgemeine Geschichte: Während der hoch- und spät-ma. Periode (zum FrühMA→Frankenreich, E.) bestanden auf dem Boden des heutigen F. insgesamt (jedoch nicht gleichzeitig) über 500 größere jüd. Gemeinden, wobei mangels Vorarbeiten längst nicht für alle Gebiete F.s genauere Angaben zur Größenordnung und Chronologie vorliegen. Für die Zeit um 1000 läßt sich ein Bestand von ca. 20 bedeutenden Gemeinden feststellen, fünf davon im Mittelmeergebiet (Marseille, Arles, Nîmes, Narbonne, Carcassonne) und vier in den Tälern von Rhône und Saône (Vienne, Lyon, Mâcon – mit nachgewiesener jüd. Sied-lung in den umliegenden Dörfern – und Chalon-sur-Saône). Eine blutige Judenverfolgung zw. 1007 und 1012 kann mit Recht als erstes Vorzeichen der »Entstehung des Kreuzzugsgedankens« (C. Erdmann) gewertet werden. Vereinzelt bereits im 11., allgemein dann im 12. Jh. voll-zog sich die Abwanderung der Juden in die Städte; von dieser Zeit an fanden nur noch wenige Gemeindeneugrün-dungen statt, meist in oder benachbart der →Krondomä-ne; eine Gemeinde entstand in →Montpellier.

Unmittelbares Vorspiel des 1. →Kreuzzuges war eine Judenverfolgung im norm. Rouen am 26. Jan. 1096, mit zahlreichen Morden und Zwangstaufen. Dennoch ver-zeichnet die Normandie, bedingt durch die relativ juden-freundl. Haltung mehrerer Hzg.e (bes. Wilhelm d. Ro-ten), im 12. Jh. eine Zunahme ihrer jüd. Bevölkerung. Derselbe Vorgang wiederholte sich in der Krondomäne. Die vergleichsweise günstige Entwicklung wurde unter-brochen durch die Judenverfolgung in Blois (1171), bei der in der den Gf.en v. Blois-Champagne gehörenden Stadt über 30 Juden verbrannt wurden; diese Verfolgung löste im Judentum nachhaltige Trauer aus. Nach großangeleg-ten Konfiskationen (1181) ließ Kg. Philipp II. August 1182 erstmals die Juden ausweisen. 1198 gestattete er ihnen die Rückkehr, mit gleichzeitigem Erlaß von Vorschriften für ihre Kreditgeschäfte, von denen der kgl. Schatz so sehr profitierte. Doch nur ein Teil der Verbannten machte von dieser Rückkehrmöglichkeit Gebrauch; wir beobachten im 13. Jh. keine neuen Gemeindegründungen im Bereich der Krondomäne, wohl aber in den umliegenden Territo-rien (Provence: 11, Elsaß: 5, Freigft. Burgund und Dau-phiné: je 4, Languedoc: 3). Die Eroberung großer Teile des anglonorm. Westfrankreich (ab 1204) brachte Gebiete mit ansehnl. jüd. Bevölkerungsteilen (Normandie, Anjou, Poitou) an die frz. Krone; doch auch aus ihnen wanderten die dort ansässigen Juden vielfach in die obengen. Länder ab. In westfrz. Provinzen und wohl auch in der Bretagne kam es 1236 zu einer blutigen Judenverfolgung durch vorgebl. Kreuzfahrer (2500 Getötete nach Papst Gregor IX., 3000 nach der späten Quelle des »Shebet Yehuda«). Anders als im Westen gestaltete sich die Lage der Juden im Languedoc, das seit dem Albigenserkreuzzug (→Albigen-ser) in mehreren Etappen bis 1271 dem Kronbesitz einver-leibt wurde; der Widerstand gegen die vordringende kgl. Zentralgewalt beeinflußte auch das Verhältnis zu den dort ansässigen Juden.

Die spontane Abwanderung von Juden in die Städte wurde durch die kgl. Gesetzgebung noch forciert: 1276 untersagte Philipp III. den Juden, auf dem Lande zu leben. Den in den Städten auftretenden Wohnproblemen sollte durch Ansiedlung in Zwangsquartieren abgeholfen wer-den (nach einer – nicht erhaltenen – Ordonnanz Philipps IV., 1294). Im späten 13. Jh. dürfte die Gesamtzahl der jüd. Bevölkerung im Kgr. F. um die 100000 betragen haben.

1306 erließ Philipp IV. einen allgemeinen Ausweis-ungsbefehl. Ihres Vermögens großenteils beraubt, fan-den die vertriebenen Juden dennoch Aufnahme in Henne-gau, Lothringen, Elsaß und im weiteren dt. Bereich, Fgft. Burgund, Dauphiné, Savoyen, Provence sowie in den span. Ländern. Aus der Bretagne waren die Juden schon 1239/40 ausgewiesen worden, aus den engl. Festlandbesit-zungen im Zuge der anti-jüd. Politik Kg. Eduards I. (→England, J) seit 1289, aus dem Poitou seit 1291.

1315 erfolgte in F. eine Rückkehrbewilligung auf – mindestens – zwölf Jahre, der allerdings nur noch wenige Juden folgten. Doch wurde unter dem Druck der antijüd. Ausschreitungen (1320: sozialreligiöse Bewegung der →Pastorellen, 1321: Gerüchte über gemeinsame Ver-schwörung der Juden und →Aussätzigen) den Juden zu-nächst eine schwere kollektive Geldbuße auferlegt, so-dann 1323–24 die erneute Ausweisung verhängt. Wäh-rend der großen →Epidemie des Schwarzen Todes (1348–49) waren die Juden in denjenigen Territorien, in denen sie noch leben durften (Fgft. Burgund, Savoyen, Provence), blutigen Verfolgungen im Gefolge der Pest-welle ausgesetzt (während etwa im Elsaß diese Angriffe dem Schwarzen Tod vorausgingen). Verschont blieben die Juden lediglich im zur Krone Aragón gehörigen Rous-sillon sowie in Avignon und Comtat Venaissin, hier dank der Schutzmaßnahmen Papst →Clemens' VI.

Als Regent für Kg. Johann II. erlaubte der Dauphin Karl (V.) 1359 die zunächst auf 20 Jahre befristete Rückkehr der Juden. Wegen der hohen bei der Einreise zu erlegenden Summe blieb der Zustrom gering. Nach einem Aufenthalt von 36 Jahren, in dessen Verlauf auch die antijüd. Unruhen der →Maillotins (1380, 1382) fallen, mußten die Juden das Kgr. F. 1395 wieder verlassen, diesmal ohne Schmälerung oder Konfiskation ihrer Habe. – Aus dem Hzm. Lothringen wurden die Juden 1470 ausgewiesen. – Im 1349 an F. gekommenen Dauphiné blieben die Juden, aufgrund der vom Kg. bestätigten Privilegien der Provinz, zwar unbehelligt, wanderten aber bis zum Ende des 15. Jh. allmählich freiwillig ab, ebenso im Hzm. Savoyen, wo Anfang des 16. Jh. die letzte Gemeinde, Chambéry, erlosch. Im aragonesisch beherrschten Roussillon erfolgte die Vertreibung der Juden 1493. – In der Gft. Provence bestanden zunächst über 60 jüd. Gemeinden mit weiter Streuung; doch setzte hier schon vor der Großen Pest die Konzentration des jüd. Lebens in den größeren Städten ein (1341 in Aix bereits 1205 Gemeindemitglieder). Blieb nach der Erwerbung der Provence durch die Krone F. (1481) die rechtl. Lage der Juden zunächst unverändert, so übten doch judenfeindl. Unruhen, getragen primär von ländl. Saisonarbeitern, dann auch von Stadtbewohnern, darunter selbst Ordenspriestern, einen starken Druck auf die Obrigkeit aus, so daß 1498 der – bis 1501 durchgeführte – Ausweisungsbefehl erfolgte.

II. Wichtigste wirtschaftliche Tätigkeitsbereiche: [1] *Weizen- und Viehhandel:* Auf diesem Gebiet waren die Juden namentlich im südfrz. Bereich (Provence, Comtat Venaissin, Languedoc) tätig. Das reiche Notariatsmaterial zeigt die Verbindung dieser Handelsgeschäfte mit der Gewährung von Kleinkrediten an ärmere Landwirte, die ihre Ernte verpfändeten. Somit lag die Kommerzialisierung der Agrarerträge vielfach in den Händen der Juden. Da die jüd. Kreditgeber für ihre Tätigkeit selbst Kapital benötigten, begegnen sie vielfach auch als Schuldner, zumeist von Christen. (Dagegen treten Kreditvereinbarungen unter Juden, die es vermutl. häufig gab, in den Quellen nur selten auf, da sie nicht von christl. Notaren beglaubigt wurden.) – Im Elsaß wandten sich die Juden seit dem 14. Jh., nach der Vertreibung aus den Städten, dem Viehhandel zu.

[2] *Trödel:* Neben dem Hausieren (v. a. Elsaß, auch Provence) bildete der Altkleiderverkauf, v. a. an ärmere Bevölkerungsschichten, nahezu ein jüd. Monopol. Dieser Kleidertrödel, der in Zeiten von Epidemien von den städt. Obrigkeiten untersagt wurde, mag einen Anlaß zur antijüd. Beschuldigung der Seuchenverbreitung geboten haben.

[3] *Kreditwesen:* →Petrus Venerabilis, der Abt v. Cluny, nennt in seiner Schrift gegen die Juden um die Mitte des 12. Jh. noch nicht den Wucher als Quelle des »übel erworbenen jüd. Reichtums«. Juden sind in F. im Geldverleih unmittelbar erst seit dem Ende des 12. Jh. bezeugt, doch legen Hinweise in der →Responsenliteratur nahe, daß sie wohl schon seit dem 11. Jh. Geldgeschäfte mit Christen betrieben haben dürften. Die Krone schöpfte einen beträchtl. Anteil des Zinsgewinns ab (Gebühr für das zur Beglaubigung dienende Siegel, 1204–23). Ludwig IX. plante 1230 das Verbot des jüd. Geldverleihs, der noch einzutreibenden Außenständen ließ er ein Drittel konfiszieren. Außerhalb des Kgr.es ging aber das jüd. Darlehensgeschäft weiter. Ludwig X. nannte als Begründung für die Rückkehrerlaubnis der Juden 1315 die »Entrüstung des Volkes« (wohl über mangelnde Kreditmöglichkeiten); tatsächlich kehrten aber wegen der hohen

Einreisegebühr nur kapitalkräftige Juden nach F. zurück, die an kurzfristigen Kleinkrediten für breitere Bevölkerungsschichten kein Interesse haben konnten.

[4] *Maklerwesen:* Aufgrund der Quellen (u. a. Amtseide auch der jüd. Makler in Südfrankreich) läßt sich erkennen, daß Juden am Maklergewerbe stets einen höheren Anteil hatten als Christen.

[5] *Ärzte:* Die Zahl der jüd. Ärzte war proportional insgesamt weitaus höher als die ihrer christl. Kollegen; der durch das kanon. Recht verfügte Ausschluß jüd. Ärzte von der Behandlung christl. Patienten dürfte also nur wenig Beachtung gefunden haben. Darauf deutet auch die gerade in Seuchenzeiten häufig belegte, schlechter bezahlte Tätigkeit jüd. Ärzte in städt. Diensten hin.

III. Rechtsstellung: Hier bildete für konkurrierende Herrschaftsgewalten (etwa: Kgtm./Lehnsfs.en) die Gerichtshoheit über Juden ein Problem. 1190 griff Kg. Philipp II. August brutal in einen Rechtsstreit der von ihm 1182 verbannten, nun außerhalb seiner Domäne in Braysur-Seine lebenden Juden ein, indem er sie überfallen und verbrennen ließ. Hiermit machte er deutlich, daß auch landesverwiesene Juden weiterhin seinem kgl. Gericht unterstanden. Im späten 12./frühen 13. Jh. wurden ca. 20 Verträge zw. dem Kgtm. und frz. Lehnsfs.en bzw. von einzelnen Lehnsfs.en untereinander über die wechselseitige rechtl. Behandlung von jüd. Untertanen geschlossen, so 1198, fast gleichzeitig mit der Rückberufung der frz. Juden, ein Abkommen zw. dem Kg. und dem Gf.en v. →Champagne, das eine wechselseitige Garantieerklärung für den unbehinderten Durchzug der Juden beinhaltete. Anderthalb Jahrhunderte später, bei der erneuten Rückkehrerlaubnis für die Juden (1359), wurde dann kein rechtl. Unterschied mehr zw. den Juden des Kg.s und denen einzelner Fs.en und Herren gemacht.

Von den städt. →Chartes de franchises waren die Juden ausgeschlossen; offenbar sollte ihre Abhängigkeit von Kg. oder Fs.en erhalten bleiben (Belege aus der Fgft. Burgund; im Elsaß dagegen vielerorts städt. Bürgerrecht der Juden). Die anläßlich der Eroberung der Normandie (1204) erlassene kgl. Weisung, nach der die Juden am Verlassen des Kgr.es gehindert werden sollten, ist ein Ausdruck des Bestrebens der frz. Monarchie, ihre Vorrangstellung zu stärken, wofür Probleme der rechtl. Behandlung der Juden stets ein geeigneter Vorwand waren. Dies wird auch deutlich im Ausweisungsbefehl von 1306, der ersten kgl. Ordonnanz, zu deren Beachtung auch diejenigen Fs.en, die sie nicht gebilligt hatten, verpflichtet wurden.

Die ersten gesetzl. Eingriffe in den jüd. Geldverleih datieren vom Beginn des 12. Jh. Nach dem von der Kirche empfohlenen Zinserlaß für Kreuzfahrer (→Kreuzzug, -fahrer) kam es zur öffentl. Überwachung des Zinsfußes und der Rückzahlungsbedingungen. 1240 erfolgte dann die erste gesetzl. Intervention in das innerjüd. Leben: die Kontrolle von jüd. Büchern in Hinblick auf angebl. antichristl. Inhalte. Älter sind Verbote für Juden, an christl. Feiertagen zu arbeiten; ihre Bewegungsfreiheit in der Oster- wie Fastenzeit wurde vielfach als Verhöhnung der Christenheit angesehen. Demgegenüber sind aus der Provence relativ günstige Rechtsvorschriften überliefert (Marseiller Kommunalstatuten des 14. Jh. gestehen den Juden z. B. zu, die vorgeschriebenen öffentl. Arbeiten wie Straßenreinigung vor dem Haus am Freitag statt am Samstag zu verrichten), womit andererseits aber ein Verlust der internen jüd. Polizeigerichtsbarkeit verbunden war (Verhandlung von Synagogenstreit durch den öffentl. christl. Richter). Das spätröm. Verbot des Synagogenneubaus

war im FrühMA obsolet geworden, trotz mancher Proteste (zuerst →Agobard v. Lyon, 839). Nach entsprechenden, so gut wie wirkungslos gebliebenen päpstl. Vorstö-
ßen (seit 1179) untersagte erstmals der frz. Prinz→Alfons
v. Poitiers 1254 den Neubau von Synagogen. Derartige
Verbote fanden in anderen Gebieten (Provence, Elsaß)
offenbar nur geringe Beachtung. Die Jagd auf den →Tal-
mud, seit 1240 zunächst den Dominikanern und Minoriten anvertraut, kam danach in die Hände der→Inquisition,
der auch die Verfolgung getaufter, der →Apostasie ver-
dächtiger Juden oblag.

IV. INNERES LEBEN: Grundeinheit des jüd. Lebens war
die lokale Gemeinde; Zusammenschlüsse auf territorialer
Ebene gingen dagegen stets auf fiskal. bedingte Zwangs-
maßnahmen hoher Behörden zurück. Über das Gemeindeleben unterrichten die sehr ausführl. Statuten aus Avignon und dem Comtat Venaissin. Synoden mit Vertretern
aus mehreren Provinzen kennen wir mindestens seit dem
11. Jh. V. a. in Notsituationen – wie der Verfolgung in
Blois (1171) – arbeiteten benachbarte Gemeinden aufs
engste zusammen. Ein solches Zusammenwirken wird
dokumentiert durch die Entsendung einer gemeinsamen
Gesandtschaft der intellektuell so bedeutenden südfrz.
Gemeinden zur röm. Kurie, kurz vor dem IV. Laterankonzil, 1215.

Die jüd. Friedhöfe waren für mehrere Gemeinden bestimmt, ebenso die Synagogen, solange ein Großteil der
Juden verstreut in ländl. Gegenden lebte (z. B. in Burgund
zentrale »Maisons du Sabbat« für mehrere Dörfer). In den
größeren Gemeinden bestanden zahlreiche Bruderschaften mit karitativen, sozialen, erzieher. und religiösen Zielsetzungen.

Noch am Anfang unserer Periode finden wir den meist-
verbreiteten jüd. Autor aus Frankreich, →Raschi; die von
ihm und seinen Nachfolgern verfaßten Bibel- und Tal-
mudkommentare sind höchst bedeutende Zeugnisse auch
für die altfrz. Sprachentwicklung. Die nord- und südfrz.
Gelehrten widmeten sich der Bibel- und Talmud-
Exegese, der Erteilung zahlloser →Responsen zu Problemen des jüd. Alltagslebens, der theol. Kontroverse mit
dem Christentum und der liturg. Dichtung. In Südfrankreich, das wie Spanien dem mediterranen jüd. Kulturbereich angehörte, war das geistige Leben dagegen gekennzeichnet von hebr. Sprachstudien (Grammatik und Linguistik), Philosophie, exakten Wissenschaften und Medizin;
die lebhafte Übersetzertätigkeit hat der christl. Umwelt
die Kenntnis der arab. und damit indirekt der antiken
griech. Philosophie vermittelt (→Aristoteles). Aber die
originelle und wirkungsmächtigste Schöpfung des südfrz.
Judentums war gewiß die in myst. Zirkeln entstandene
Bewegung der→Kabbala.   B. Blumenkranz

Bibliogr.: B. BLUMENKRANZ, Bibliogr. des Juifs en France, 1974–DERS.,
Auteurs juifs en France médiévale, 1975 – Lit.: A. BEUGNOT, Les Juifs
d'Occident . . . en France . . ., 1824 – J. BEDARRIDE, Les Juifs en France
. . ., 1867 – H. GROSS, Gallia Judaica . . ., 1897 [Neudr. 1969] – J.
ARONIUS, A. DRESDNER u. a., Reg. zur Gesch. der Juden im frk. —
Reiche . . ., 1902 [Neudr. 1970]–R. ANCHEL, Les Juifs de France, 1946–
M. CATANE, Des Croisades à nos jours, 1956–BARON, 3–8 und Index—
Late Middle Ages . . ., 9–12, 1965–67–G. LANGMUIR, Judaei nostri . . .,
Traditio 16, 1960, 203–239–B. BLUMENKRANZ, Juifs et chrétiens dans le
monde occidental (430–1096), 1960 – Archives juives, 1965ff. – S.
GRAYZEL, The Church and the Jews in the XIIIth Century, 1966²– B.
BLUMENKRANZ, Le Juif médiéval au miroir de l'art chrétien, 1966 –
DERS., Hist. des Juifs en France, 1972 – R. CHAZAN, Medieval Jewry in
Northern France, 1973 – B. BLUMENKRANZ–M.-H. VICAIRE, Juifs et
judaisme de Languedoc, 1977 – B. BLUMENKRANZ, Juifs et chrétiens:
patristique et m.-â., 1977–DERS., Art et archéologie des Juifs en France
médiévale, 1980 – G. NAHON, Inscriptions hébr. et juives en France

médiévale, 1986–D. M. FRIEDENBERG, Medieval Jewish Seals . . ., 1987
– B. BLUMENKRANZ, Franco-Judaica, écrits dispersés [im Dr.].

Franks Casket → Kästchen v. Anzon

Franz (s. a. →Franciscus, Franziskus)

1. **F.** (François) **I.**, Hzg. v. →Bretagne, 1442–50, * 14. Mai
1414 in Vannes, † 18. Juli 1450 in Nantes; ältester Sohn von
Hzg.→Johann V. und Johanna v. Frankreich; ∞ 1. Yolande
v. Anjou; 2. Isabella (Ysabeau) v. Schottland, 2 Töchter:
Marguerite, Marie. – Die Zeitgenossen rühmen die
Schönheit des Hzg.s, seine Vorliebe für höf. Feste und
Turniere sowie seine Ritterlichkeit und seinen krieger.
Charakter; neuere Historiker sehen in ihm dagegen die
anachronist. Gestalt eines großen Feudalherren, der, ohne
bedeutende persönl. Fähigkeiten, vorbehaltlos die frz.
Sache gegen die Engländer verfocht und dem insbes. die
Ermordung seines pro-engl. Bruders Gilles angelastet
wurde.

Die Wirklichkeit ist komplexer. F.' Regierung ist geprägt durch eine Periode des Friedens und relativen Wohlstands vor den Auseinandersetzungen mit Frankreich;
getrübt allerdings bereits durch Kriegswirren (an der Peripherie) und eine Verstärkung des auf der Landbevölkerung lastenden Steuerdrucks. F. förderte das Rittertum
(Stiftung des Ährenordens/ Ordre de l'Épi), aber auch Städtewesen und Handel, der jedoch bereits Krisensymptome
zeigte. Bemühungen um eine Universitätsgründung für
→Nantes blieben erfolglos. An das konkurrierende Haus
Penthièvre wurde eine Annäherung vollzogen (1448).

Im Unterschied zu seinem Vater setzte F. im rechten
Augenblick auf die frz. Karte, brach nach dem engl.
Überfall auf →Fougères (1449) mit England und unter-
stützte fortan in loyaler Weise→Karl VII., der seinerseits
in kluger Mäßigung bereits im März 1445 zu Chinon auf
den ligischen Lehnseid des Hzg.s verzichtet hatte. Als
Gefolgsmann Frankreichs beteiligte sich F. in der letzten
Phase des Hundertjährigen Krieges an der Rückeroberung
des →Cotentin. – Nach F.' Tod wurden seine Töchter in
Anwendung des Vertrags v. Guérande zugunsten des
Bruders des Verstorbenen, →Peter (II.), ausgeschlossen.
        J. P. Leguay

Lit.: R. KERVILER, Rép. gén. de bio-bibliogr. bretonne, 1901 – A. LE
MOYNE DE LA BORDERIE– B. POCQUET, Hist. de Bretagne, 1906–J. P.
LEGUAY – H. MARTIN, Fastes et malheurs de la Bretagne ducale,
1213–1532, 1982.

2. **F.** (François) **II.** (F. v. Étampes), Hzg. v. →Bretagne
1458–88, * 23. Juni 1435 in Étampes, † 9. Sept. 1488 in
Couëron bei Nantes, Sohn von Richard v. Bretagne und
Margarete v. Orléans, Enkel von Hzg. Johann V., kam F.
nach dem Tode seines ohne legitime Nachkommen verstorbenen Onkels Arthur III. (→3. Arthur) auf den bret.
Thron. Der neue Hzg., »am Hof v. Frankreich gesäugt«,
wie Ludwig XI. später boshaft bemerken sollte, kannte die
Bretagne und ihre Bewohner wenig. Eine hohe und edle
Erscheinung (so der Chronist P. Le Baud), war sein
Charakter von Frivolität und Sprunghaftigkeit gekennzeichnet; dem überlegenen Machiavellismus Kg. →Lud-
wigs XI. vermochte Hzg. F. keineswegs Paroli zu bieten.
Stark stand er unter dem Einfluß von intriganten Günstlingen, insbes. der Maîtresse en titre Antoinette de
Maignelais, des Kanzlers Guillaume Chauvin, eines Vertreters hochadliger Interessen, sowie des Generalschatz-
meisters Pierre →Landais, der das bret. Handelsbürgertum repräsentierte.

Eine Periode reicher, aber trügerischer Prachtentfaltung setzte ein, zentriert auf das Residenzschloß in →Nan-
tes, mit dessen Bau begonnen wurde. Auf dem Hintergrund scheinbaren Wohlstands erfolgten Reformen des

Rechts- und Finanzwesens sowie der Regierung und Zentralverwaltung *(Conseil ducal)*; eingeführt wurde die regelmäßige Tagung der États de Bretagne (→États), später des →Parlement (1486); 1460 wurde die Univ. Nantes gegründet. Diese innenpolit. Maßnahmen sowie eine rege diplomat. Aktivität (wechselnde, zumeist antikgl. Bündnisse mit anderen frz. Fs.en, insbes. mit →Burgund) begründeten eine – illusorische – Unabhängigkeit der Bretagne und beflügelten eine »nationale« Strömung, die von Pierre Landais gefördert wurde.

Die Konflikte mit dem frz. Kgtm., das bestrebt war, den Hzg. v. Bretagne zum einfachen Vasallen zu degradieren, mündeten mehrfach in offenen Krieg ein (1465: →Guerre du Bien Public, 1467–68, 1471–73 u.ö.). Die Zeit arbeitete gegen die Bretagne. Die drohende frz. Annexion, die nach der Niederlage des verbündeten Burgund (1477) stärker ins Blickfeld des Kg.s rückte, wurde durch den Tod Ludwigs XI. (1483) zwar vereitelt; doch war die Bretagne wirtschaftlich längst erschöpft. Der Handel verfiel seit ca. 1475; der – weitaus wichtigere – agrar. Sektor litt unter exzessivem Steuerdruck, Epidemien und ungünstigen Klimabedingungen. Polit. Divergenzen und Rivalitäten führten 1477 zum Sturz von Guillaume Chauvin, 1485 zur Ausschaltung des Hauptgünstlings Pierre Landais.

Der letzte Krieg mit dem frz. Kgtm., unter→Karl VIII., traf ein ausgeblutetes Land. Das bret. Heer, hastig ausgehoben, schlecht bewaffnet und geführt, unterlag am 28. Juli 1488 bei St-Aubin du Cormier. Der Hzg., durch den Vertrag v. →Verger zutiefst gedemütigt, starb wenige Tage später und hinterließ seiner Tochter Anna (→ 8. Anna) ein schweres Erbe. J. P. Leguay

Lit.: s. Lit. zu→Franz I. – weiterhin: A. Dupuy, Hist. de la réunion de la Bretagne à la France, 2 Bde, 1880 – B. A. Pocquet du Haut-Jussé, Une idée politique de Louis XI: La sujétion éclipse la vassalité, RH 226, 1961, 383–398 – J. Choffel, Le dernier duc de Bretagne, François II, 1977.

3. F. v. Assisi → Franziskus, hl.

4. F. (Franziskus) **v. Prag**, Chronist, 1334 Prediger im Prager Dom, Pönitentiar und Kaplan des letzten Prager Bf.s Johann IV., † nach 1355. Die 1. Rezension seiner Prager (bzw. Böhm.) Chronik, entstanden zu Beginn der 40er Jahre, umfaßt die Zeit von Wenzel I. bis 1342. Die 2., Karl IV. noch vor seiner Kaiserkrönung dedizierte Rezension führt bis zum Beginn der 50er Jahre. In den älteren Teilen bloße Kompilation bekannter Werke, bringt sie doch interessante zeitgeschichtl. Einzelheiten, auch für Länder außerhalb Böhmens. I. Hlaváček

Ed.: Font.rerBohem 4, 1884, 337–456 – Lit.: Repfont IV, 550 – J. Zachová, Die Chronik des F. v. P. Inhaltl. und stilist. Analyse, 1974 [Lit.] – M. Bláhová, Kroniky Doby Karla IV., 1978 [tschech. Übers., Komm. und Werkanalyse 58–122, 564–567, 588].

Franzesi, Musciatto de' → Mouche

Franzien, Hzm. → Francia

Franziska. 1. F. v. Amboise, sel. →Karmelitinnen.

2. F. v. Rom (Francesca Romana), hl., * 1384 in Rom, † 9. März 1440 ebd., ▭ ebd. S. Maria Nova (nach F.s Kanonisation S. Francesca Romana); F. gehörte als Tochter des Paolo Bussa (Konservator v. Rom 1395) jener Schicht von Grundbesitzern, Kaufleuten und Notaren an, die im Laufe des 14. Jh. in der Stadt Einfluß gewonnen hatte, jedoch durch die Rückkehr des Papstes von Avignon 1377 rasch an polit. Gewicht verlor. Etwa mit 12 Jahren wurde F. entgegen ihrem Wunsch, sich Gott zu weihen, mit dem ebenfalls wohlhabenden Lorenzo de' Ponziani verheiratet. Von ihren drei Kindern erreichte nur Battista das Erwachsenenalter. F. und ihre Schwägerin

Vannozza widmeten sich der Krankenpflege, besuchten häufig die röm. Hauptkirchen und strebten danach, in ihrem eigenen Haus eine Form der Laienaskese zu verwirklichen. F. zeichnete sich jedoch durch ein glühenderes Verlangen nach Abtötung aus (Fasten, Tragen des Cilicium, Verzicht auf Bequemlichkeit und Luxus) sowie durch eine karitative Aktivität, die sie nicht selten in Konflikt mit der Familie ihres Gatten brachte. Durch ihre Geschicklichkeit, Krankheiten, v. a. Frauenleiden zu heilen, galt F. bereits zu Lebzeiten als Wundertäterin. Ihre von ihrem Beichtvater Giovanni Mattiotti gesammelten Visionen enthalten eine Fülle von lehrhaften Elementen und stehen vorwiegend mit den Hauptfesten des Kirchenjahres in Zusammenhang; ihr Höhepunkt ist eine Vision der Hölle und des Fegfeuers, die im Aufbau Dante ganz fern steht, jedoch den Abscheu der hl. F. vor den häufigsten Lastern und Sünden ihrer Zeit (Gewalttätigkeit, Betrug, Eitelkeit, Wollust) wirkungsvoll zum Ausdruck bringt. 1425 gründete sie in einem noch heute bestehenden Haus (Tor de' Specchi) eine mit dem Olivetanerkl. S. Maria Nova am Forum Romanum verbundene Frauengemeinschaft, die sich v. a. der Pflege der Kranken und der Armenfürsorge in den städt. Spitälern oder zu Hause widmete, trat aber selbst erst nach dem Tod ihres Mannes, 1436, dort ein. Obwohl sie zu Lebzeiten im Ruf der Heiligkeit stand, wie die zahlreichen Wunder während ihrer Bestattung beweisen, führten die noch im MA durchgeführten drei Prozesse 1440, 1443 und 1451–53 nicht zur Heiligsprechung: sie erfolgte erst 1608 während der großen Kanonisationswelle im Zuge der Gegenreform. G. Barone

Q. und Lit.: DIP IV, 169ff. [Lit.] – AASS, Martii, II, 92–176 – M. Armellini, Vita di S. Francesca Romana, scritta nell'idioma volgare di Roma del secolo XV, 1882 – M. Pelaez, Visioni di s. Francesca Romana, testo romanesco del secolo XV riveduto sul codice originale, ASRSP 14, 1891, 365–409; 15, 1892, 251–273 – Bibl. SS V, 1011–1028 – I processi inediti per Francesca Bussa dei Ponziani (Santa Francesca Romana) 1440–1453, hg. T. Lugano, 1945 – Una santa tutta romana. Saggi e ricerche nel VI Centenario della nascita di Francesca Bussa dei Ponziani (1384–1984), 1984 [Lit.].

Franziskaner

A. Allgemeine Struktur des Ordens (Entstehung, Verfassung, Ordensleben) und seine Geschichte in Italien – B. Verbreitung in den übrigen Ländern Europas – C. Franziskanerliturgie

A. Allgemeine Struktur des Ordens (Entstehung, Verfassung, Ordensleben) und seine Geschichte in Italien

I. Die Anfänge – II. Struktur und Verfassung – III. Das Ordensleben – IV. Entwicklung und Verbreitung in Italien – V. Spiritualenbewegung; Observanten und Konventualen.

I. Die Anfänge: Der urspgl. Charakter der franziskan. Bruderschaft sowie die Chronologie und die Umstände ihrer Entwicklung zu einem religiösen Orden im Vergleich zu den tatsächl. Intentionen des hl. →Franziskus v. Assisi sind ein häufig behandeltes und kontroverses Thema der Forschung. Einige Daten dürfen jedoch als gesichert gelten. Um Franziskus, der zw. 1206 und 1208 in seiner Lebensführung in zunehmendem Maße die evangel. Ideale entdeckte, bildete sich spontan eine kleine Gruppe, die in strenger Armut, Demut und Gehorsam und dem Willen, dem Nächsten zu dienen, lebte. Die ersten Brüder bezeichneten sich generell als »Viri Poenitentiales« aus Assisi (»Anon. Perusinus«, »Legenda trium sociorum«). Das erste Auftreten des Namens »Fratres Minores« und seine Verwendung in der von Innozenz III. 1209/10 nur mündl. approbierten Protoregula lassen sich nicht sicher nachweisen. Diese Bezeichnung, die in Italien auch häufig auf Kommunitäten angewandt wurde, die mit der Gruppe um Franziskus keine feste Verbindung hatten, tragen die F. in den frühesten schriftl. Quellen seit →Jacobus v. Vitry (1216) und den ersten offiziellen Schriftstücken, mit denen die röm. Kurie den Prälaten die Rechtgläubigkeit der »Vita et religio minorum fratrum« garantierte (»Cum dilecti filii«, 11. Juni 1219) und der Kommunität die erste kanon. Reglementierung gab, die traditionell für einen religiösen Orden vorgesehen war (»Cum secundum consilium«, 22. Sept. 1220). 1221 entstand die erste erhaltene schriftl. Fassung der Regel, in die der Text der ursprgl. »Forma vitae« von 1209 Eingang fand, der in den folgenden Jahren erweitert und neugegliedert wurde (»Regula non bullata«). Die überarbeitete endgültige Fassung wurde am 29. Nov. 1223 in die Bulle »Solet annuere« aufgenommen, mit der Honorius III. offiziell und schriftl. die Regel der Minderbrüder approbierte (»Regula bullata«).

II. STRUKTUR UND VERFASSUNG: Die erste franziskan. Kommunität trug die Züge einer spontan um die charismat. Persönlichkeit des hl. Franziskus entstandenen Gruppe. Sie bestand unterschiedslos aus Klerikern und Laien und war nach den handwerkl. Fähigkeiten eines jeden Mitglieds und der Arbeit, die der einzelne verrichtete, strukturiert (vgl. »Regula non bullata«, cap. VII, sowie die Organisation der von Franziskus selbst ausgesandten Gruppen von Brüdern).

[1] *Die Kapitel:* In Generalversammlungen arbeitete man die Einzelheiten der Organisation aus und überprüfte sie an den evangel. Idealen der Armut, Minoritas und Brüderlichkeit. Zuerst fanden sie zweimal im Jahr statt (»Anonymus Perusinus«, »Legenda trium sociorum«), 1216 spricht Jacobus v. Vitry von jährlichen, 1220 von »semel aut bis in anno« stattfindenden Versammlungen. Der »Regula non bullata« (cap. XVIII) zufolge fanden jährl. zwei nun offiziell »Kapitel« gen. Versammlungen statt: an St. Michael (29. Sept.) das Provinzialkapitel, zu Pfingsten das Generalkapitel, auf dem sich alle drei Jahre die Provinzialminister aus den Gebieten jenseits der Alpen und der nordeurop. Inselwelt sowie den Kreuzfahrerstaaten jedes Jahr die Provinzialminister aus Italien versammelten. Cap. VIII der »Regula bullata« stellt die Einberufung des Generalkapitels dem Generalminister und diejenige der Provinzialkapitel den Provinzialministern anheim, ein deutl. Zeichen für die inzwischen stattgefundene Hierarchisierung und Zentralisierung der Struktur der Bruderschaft, wofür auch die Beschränkung der Teilnahme an den Generalkapiteln auf die Minister symptomatisch ist (Jordanus v. Giano zufolge 1221 letztes Generalkapitel aller Brüder).

[2] *Ausarbeitung der Ordensgesetzgebung:* Die 1216 durch Jacobus v. Vitry bezeugte legislative Tätigkeit der jährl. Versammlungen wurde auch nach der offiziellen Approbation der Regel durch die Ausarbeitung der »Constitutiones« fortgesetzt, eines Corpus offizieller, allgemein gültiger Normen, die die Aussagen der Regel spezifizieren und den veränderten organisator. Erfordernissen des Ordens anpaßten und damit den fortschreitenden Wandel der Bruderschaft in einen klerikalisierten Orden, der auch Charakteristika des traditionellen Mönchtums aufwies, sanktionierten. Die ersten bedeutenden Konstitutionen wurden 1239 auf dem Generalkapitel ausgearbeitet, auf dem Frater →Elias v. Cortona als Generalminister abgesetzt wurde und das ohne Umschweife den klerikalen Charakter des Ordens definierte. Mit anderen, auf den folgenden Kapiteln erlassenen Bestimmungen vereinigt, wurden diese Konstitutionen von →Bonaventura zu einem Corpus zusammengestellt, komplettiert und von dem Generalkapitel in Narbonne 1260 promulgiert (sog.

»Constitutiones Narbonenses«). Sie bildeten die Grundlage für Bearbeitungen und Modifizierungen durch die folgenden Generalkapitel. Provinzial- und Generalkapitel erließen ferner im Bedarfsfalle bes. »Statuten«.

[3] *Hierarchische Struktur:* Parallel zum numerischen Anwachsen und den strukturellen und organisator. Veränderungen innerhalb der Gruppe der Fratres Minores bildete sich eine innere Hierarchie heraus. Ursprgl. waren die Beziehungen der Fratres von den Normen gegenseitigen Dienstes geregelt, Titel einer hierarch. Ordnung waren nicht vorgesehen (»Regula non bullata«, cap. V und VI). Die erste, wohl auf das Generalkapitel von 1217 zurückgehende hierarch. Strukturierung diente der Koordination der nunmehr in einem Großteil Italiens verzweigten Gruppe und der Lösung der Probleme, die aus der Verbreitung in den Gebieten jenseits der Alpen und jenseits der Meere resultierten. Jede Gruppe von Brüdern, die in einem festgelegten Gebiet Italiens wirkte oder jenseits der Alpen oder übers Meer entsandt wurde, sollte von Ministri geleitet werden, die als Träger der Verantwortung für noch locker gefügte Gruppen von Brüdern figurierten (»ministri fratrum«), wobei »Verantwortung« als »servitium« im eigtl. Sinne des Wortes verstanden wurde. Der Prozeß der Ausbildung der hierarch. Amts des Ministers als Verantwortungsträger für die Brüder in einem bestimmten Territorium (»Provincia«) erscheint bei der Abfassung der »Regula bullata« abgeschlossen (»ministri provinciales«, cap. VII, passim). Ein neues hierarch. Element wurde mit der Figur des »Custos« (Kustode) eingebracht, der für ein kleineres Gebiet innerhalb der Provinz (»Custodia«) verantwortlich war. Jordanus v. Giano bezeugt dieses Ordensamt 1223 für Deutschland. Der »Guardian«, der für die Brüder in den einzelnen franziskan. Niederlassungen die Verantwortung trägt, wird in zwei Briefen des hl. Franziskus (an einen Minister und an den ganzen Orden) und von Jordanus v. Giano für die Jahre 1223/24 erwähnt. An die Stelle der horizontalen Beziehungsstruktur der Bruderschaft trat allmählich die vertikale Hierarchie von Abhängigkeiten: An der Spitze stand der Generalminister, der die Provinzialminister erwählte. Er kontrollierte diese und die ihnen unterstehenden Brüder mittels Visitatoren (seit dem Generalat des Johannes Parens [Giovanni Parenti] 1227–32). Seine Autorität war z. T. durch das Generalkapitel beschränkt, das periodisch, aber nach Gutdünken des Generalministers selbst, einberufen wurde. Die Risiken, die eine derartige Ordensleitung mit sich brachte, traten unter dem Generalat des Elias v. Cortona zutage. Nach seiner Absetzung 1239 schränkte man die Regierungsgewalt des Generalministers durch Spezifizierung der Kompetenzen der Generalkapitel (legislator. Tätigkeit) und Provinzialkapitel (Wahl der Provinzialminister) ein.

[4] *Der Kardinalprotektor:* Einen Garant für die direkte Abhängigkeit vom päpstl. Stuhl bildete der Kard. protektor, dessen Einsetzung (in der Person Hugolins, Kard. bf. v. Ostia) Franziskus selbst laut Jordanus v. Giano nach seiner Rückkehr aus dem Orient 1220 von Honorius III. erwirkte. Die Einführung dieses Amtes, das jurisdiktionelle Funktionen wahrnahm, trat in Erscheinung während der Krise, in die die Bruderschaft unter den beiden Vikaren Matthäus v. Narni und Gregorius v. Neapel geraten war, welche die it. Kommunitäten während des Aufenthalts des hl. Franziskus im Vorderen Orient leiteten. Die eigtl. Gründe, die Spontaneität und die Konsequenzen der Initiative des hl. Franziskus sowie die Rolle, die Kard. Hugolin bei den folgenden Verfassungsänderungen des Ordens spielte, die anscheinend nicht immer mit Franzis-

kus' Intentionen übereinstimmten, werden in der Forschung kontrovers diskutiert.

III. Das Ordensleben: Armut als radikaler Verzicht auf
jedes, auch gemeinschaftl. Eigentum verstanden, ist das
Hauptkennzeichen der Lebensführung der ersten franziskan. Kommunität. Die Befolgung dieses Ideals wurde für
die spätere Institutionalisierung des Ordens zum Problem
(→Bettelorden).

[1] *Die Frühzeit der Bruderschaft:* Die Niederlassungen
der ersten Brüder und die Arbeiten, mit denen sie ihren
Unterhalt bestritten, folgten keinem festen Plan, sondern
waren eher zufallsbedingt; ihr Zusammenschluß gründete
stärker auf dem gemeinsamen Ideal der Evangeliennach-
folge als auf dem Zusammenwohnen und dem strengen
Rhythmus des Lebens in der Kommunität. Ein Postulant
hatte die volle Zugehörigkeit zu der Bruderschaft erreicht,
sobald er als Zeichen seiner Entscheidung »vivere secundum formam sancti Evangelii« auf sein Besitztum (möglichst zugunsten der Armen) verzichtet hatte (»Regula non
bullata«, cap. I., »Testamentum«). Die Fortsetzung der
eigenen, mehr oder weniger berufsmäßigen Arbeit war
zugelassen, ja sogar vorgesehen, sofern sie nicht mit der
Verpflichtung zur Armut in Konflikt geriet oder bei der
Ausübung von Herrschaftsfunktionen das Minoritasge-
bot verletzte (»Regula non bullata«, cap. VII). Bescheidenen manuellen Tätigkeiten und der Pflege der Aussätzigen
wurde der Vorzug gegeben. Der Bettel wurde nur als
zusätzl. Mittel, den Lebensunterhalt zu bestreiten, angesehen (»Regula non bullata«, cap. IX, »cum necesse fuerit«,
»Testamentum«, »quando non detur nobis praetium laboris«). Allen Brüdern war die Predigttätigkeit – verstanden
als schlichte, gelegentl. Mahnung zur Buße – gestattet
(»Regula non bullata«, cap. XVII, XXI). Das päpstl.
Schreiben »Cum secundum consilium« (22. Sept. 1220)
erlegte den Fratres Minores strengere Normen für Zusammenhalt und innere Struktur der Bruderschaft auf und sah
graduelle, dem kanon. Recht entsprechende Stufen der
Zugehörigkeit vor: Novizen mit einjähriger Probezeit
(Noviziat) und Professen, die sich durch ein unwiderrufl.
Gelübde verpflichtet hatten. Die Profeß beinhaltete auch
die enge Abhängigkeit von der Ordenshierarchie und
schloß demzufolge mittels der den Oberen gegebenen
einschränkenden Gewalt aus, daß nicht kontrollierbare
und de facto nicht kontrollierte parallele Entwicklungen
auf die Brüder von außen her Einfluß nähmen.

[2] *Predigttätigkeit:* In zunehmendem Maße entwickelte
sich die Predigt zu einem eigenen Amt, das nur nach
Prüfung und Ernennung durch den Generalminister ausgeübt werden konnte (»Regula non bullata«, cap. 17,
»Reg. bullata«, cap. 9). Nach Jordanus v. Giano gab es
1221 bereits auf verschiedene Sprachen spezialisierte Prediger (»latinum, lombardicum, teutonicum«). Ihr Ansehen innerhalb der Bruderschaft wuchs zusehends, wodurch sich der Klerikalisierungsprozeß verschärfte. Die
Annahme der kirchenrechtl. Stellung und Aufgaben der
Kleriker als wichtigste Funktion des Ordens (gefördert
durch zahlreiche päpstl. Privilegien) brachte in der Folge
nicht selten heftige Auseinandersetzungen mit dem Weltklerus mit sich. Nach der Absetzung des Elias v. Cortona
führte der Klerikalisierungsprozeß zunehmend zur Ab-
drängung des Laienelements als Randerscheinung der
Kommunität bis zum völligen Ausschluß; an die Stelle der
Handarbeit als Hauptmittel der Existenzsicherung trat
allmählich der Bettel (Queste) in seinen verschiedenen
Formen.

[3] *Konventbildung und Niederlassung in den Städten:* An
die Stelle der ursprgl. lockeren Formen der Niederlassung

– meist verbunden mit der Pflege von Aussätzigen oder
der Arbeit bei dritten Personen oder zeitweise eremit.
Lebensweise – traten feste Häuser, die ausschließl. den
Brüdern vorbehalten waren. Diese Konvente wurden u. a.
in den großen, aber auch in bedeutenden kleineren Städten
gegründet und beherbergten z. T. zahlenstarke Kommunitäten.

[4] *Funktion der Konvente:* Im Vordergrund des Kon-
ventslebens – zu dem auch die festen Gebetszeiten der
monast. Tradition und Arbeiten im Konventsbereich
zählten – standen die Aufgaben der außerpfarreil. »Cura
animarum« wie Predigt, Beichthören, geistl. Seelenführung; daneben wurden die Fratres auch von den Städten
oder den kirchl. und weltl. lokalen und zentralen Autoritäten mit wichtigen Missionen betraut. Die Konvente wurden auf diese Weise sowohl in religiöser wie in polit.
Hinsicht zu Mittelpunkten des städt. Lebens, zu Ver-
sammlungsorten für die Bürgerschaft, zu Studienzentren,
die auch dem Diözesanklerus (für Pisa durch Bf. Federico
Visconti bezeugt) und den Laien, v. a. in den Universitäts-
städten, offenstanden.

IV. Entwicklung und Verbreitung in Italien: [1] *Die
Anfänge:* Den frühen Biographen zufolge zogen die ersten
Gefährten des Franziskus v. Assisi bereits vor der mündl.
Approbation der »Forma vitae« durch Innozenz III. mehrmals in die Nachbarregionen von Umbrien, insbes. in die
Mark Ancona. Einige Jahre hindurch konzentrierte sich
die franziskan. Bewegung auf Umbrien, wo die für die
Kommunität bedeutenden Stätten lagen (Rivotorto, Portiuncula). Es stellte auch bis 1211/12 das ausschließl. Einzugsgebiet der Brüder dar. Bereits 1216 bezeugt Jacobus v.
Vitry die dauernde Präsenz von Mitbrüdern in den verschiedenen Regionen Mittel-, N- und S-Italiens. Niederlassungen sind seit 1219/21 urkundl. bezeugt.

[2] *Ausbreitung und Organisation in Italien:* Die erste
summarische territoriale Zusammenfassung der it. Niederlassungen (wahrscheinl. in 6 Prov.en 1217) wurde mit
ihrer ständig wachsenden Zahl differenziert und ausgebaut (in den Ordensstatistiken seit den 60er Jahren des 13.
Jh. 14 Prov.en). Um die Mitte des 13. Jh. entsprach die
Verteilung der Niederlassungen der Minoriten der Dichte
der Groß- und Mittelstädte N- und Mittelitaliens und der
zahlreichen, bedeutenden kleineren Zentren in Umbrien,
den Marken und in den Abruzzen. Analog der geringeren
Zahl städt. Zentren in Süditalien waren die minorit. Niederlassungen in diesen Gebieten relativ dünn gesät. Zudem bildete der Kampf zw. Friedrich II. und dem Papsttum, v. a. in den letzten zehn bis fünfzehn Regierungsjahren des Staufers, ein beträchtl. Hemmnis für die Ausbreitung der franziskan. Bewegung in Süditalien. Erst die
kräftige Förderung durch die angiovin. Herrscher in den
letzten Jahrzehnten des 13. Jh. ließ neue Franziskaner-
Niederlassungen im Regno entstehen. Ende des 13. und in
den ersten Jahrzehnten des 14. Jh. erhielten die franziskan.
Niederlassungen in Umbrien vermutl. infolge einer stärkeren Hinwendung zu Franziskusverehrung und aufgrund einiger ordensinterner Vorgänge starken Zuwachs:
Diese »provincia s. Francisci« umfaßte 1282 fünf Kustodien mit 55 Niederlassungen, in den 30er Jahren des 14. Jh.
neun Kustodien mit 70 Niederlassungen, zu denen bis zum
Ende des 14. Jh. noch weitere sieben Häuser traten. In den
anderen Regionen Italiens blieben die Zahl der Niederlassungen (rund 500 Häuser in ganz Italien) und ihre geograph. Verteilung bis ins 15. Jh. identisch mit den in den
Jahrzehnten um die Mitte des 13. Jh. erreichten Werten.

[3] *Städtisches Leben. Probleme der Eingliederung:* Die
Dynamik der franziskan. Kommunitäten in den it. Städ-

ten ist nicht nur in berühmten Studienzentren (wie Bologna, Florenz, wo Petrus Johannis →Olivi lehrte, Padua sowie Neapel, Perugia, Siena) faßbar, Ordenshochschulen (»Studia«) sind von der »Cronica« des →Salimbene v. Parma auch für die Franziskanerkonvente von Cremona, Genua, Parma, Ferrara, Modena, Reggio Emilia, Lucca, Rom und Rieti bezeugt. Einer derartigen Dynamik entsprach auch die geradezu fieberhafte Bautätigkeit (vielfacher Um- und Neubau von Kirchen und Konventen) in der 2. Hälfte des 13. Jh. Die Ordensleitung, v. a. unter →Johannes v. Parma (1247–57) und →Bonaventura v. Bagnorea (1257–74), versuchte, dieser Tendenz entgegen zu steuern. Aber derartige sporad. Gegenwirkungen blieben ohne großen Erfolg. Die Entwicklung der Stadtklöster und ihre stürm. Dynamik führten zu teilweise heftigen Reaktionen des Weltklerus und anderer Religiosen, trafen bisweilen auch auf Widerstand von seiten der Laien und führten Spaltungen innerhalb des Ordens herbei. Bes. starke Gegenbewegungen im Ordensinneren traten in der Mark Ancona auf, wo bereits in den 40er Jahren des 13. Jh. harte Maßnahmen des damaligen Provinzials, des späteren Generalministers →Crescentius v. Iesi gegen die »Zelanti« bezeugt sind. Die Mark Ancona wurde dann zur Wiege der Spiritualen-Bewegung.   L. Pellegrini

V. SPIRITUALENBEWEGUNG; OBSERVANTEN UND KONVENTUALEN: Die radikale Umbildung der ursprgl. vorwiegend von Laien getragenen Bruderschaft in einen klerikalisierten Orden, der im universitären Lehrbetrieb eingebunden war und im Bereich der Inquisition wichtige Aufgaben wahrnahm, kam nicht nur äußerlich, im Verhältnis zur kirchl. Hierarchie, den weltl. Machtträgern und der Gesellschaft im allgemeinen zum Ausdruck, sondern hatte auch Auswirkungen im Inneren des Ordens. Die Mehrheit der Fratres trug die neue Entwicklung mit und ging in zunehmendem Maße gegen die Mitbrüder vor, die das Beispiel des hl. Franziskus für verpflichtend hielten, die sog. Spiritualen. Dies zeigte sich auf mehreren Ebenen: →Bonaventuras »Legenda maior«, 1266 als offizielle Biographie des hl. Franziskus anerkannt, verdrängte die älteren Lebensbeschreibungen, darunter die beiden »Vite« des →Thomas v. Celano; der Gründer wurde mythisiert (»alter Christus«, »Engel des sechsten Siegels«), was implizierte, daß eine echte »Imitatio« in der Realität des Ordenslebens nicht nachvollziehbar schien. Die Spiritualen wurden vielfach verfolgt und zur Flucht gezwungen (z. B. in die Levante oder in Eremitorien). Episode blieb die Vereinigung einer von →Angelus Clarenus geleiteten kleinen Gruppe zu einem neuen Orden durch →Coelestin V., »Pauperes heremitae domini Coelestini«, die nach der Regel von 1223 lebten und das Testament des hl. Franziskus als verpflichtend ansahen, jedoch direkt dem Papst, nicht den Minoriten, unterstanden (→Coelestiner, 2.).

Das Konzil v. Vienne (1311) gestattete den Spiritualen, getrennt von den Brüdern der Kommunität in eigenen Konventen zu leben, verschärfte jedoch dadurch die Spaltung innerhalb des Ordens. Unter Johannes XXII. verfielen die Spiritualen der Inquisition, was für einige von ihnen den Feuertod bedeutete. 1317 wurden sie exkommuniziert (Sancta Romana). 1323 erklärte der Papst mit der Bulle »Cum inter nonnullos« die Lehre, daß Christus und die Apostel in völliger Besitzlosigkeit gelebt hätten, als häretisch und entzog damit der Konzeption der Armut als Grundlage – was nunmehr den gesamten Orden, auch die Kommunität, betraf. Der den Spiritualen ursprgl. feindlich gegenüberstehende Generalminister →Michael v. Cesena war gezwungen, aus Avignon zu fliehen und in

München bei →Ludwig dem Bayern zusammen mit →Bonagratia v. Bergamo und →Wilhelm v. Ockham Schutz zu suchen. Der franziskan. Armutsstreit wurde auf diese Weise zu einem kirchenpolit. Problem, das durch die Wahl des Petrus v. Corbara zum Gegenpapst (→Nikolaus V.) sogar zum Schisma führte. Für den Franziskanerorden folgte eine schwierige Phase: einerseits trugen eine Reihe von Konstitutionen (Perpignan 1331, »Redemptor noster« Benedikts XII., Cahors 1337; Rundschreiben des Generalministers Farinier 1349, Generalkapitel v. Assisi 1354) zu einem immer weiteren Abrücken von seiner charakterist. forma vitae, Armut und Predigt, bei und konsolidierten ihn als monast. Orden mit eigener Liturgie; andererseits zeigte sich immer stärker die Notwendigkeit einer allgemeinen Reform, die die Observanz der Regel wieder zur Grundlage machen sollte.

Die Observantenbewegung nahm 1368 – nach einem fehlgeschlagenen Versuch des Gentile v. Spoleto – durch den Laienbruder Paoluccio →Trinci († 1398) im Eremitorium Brugliano bei Foligno ihren Anfang. In ihr verbindet sich eremit. Armut mit der absoluten Treue zu den authent. Idealen des hl. →Franziskus. Sie nahm auch einen Teil der →Fraticelli auf, der in die Observanz des Ordens zurückkehren wollte. Bereits unter P. Trinci selbst und unter seinem Nachfolger Giovanni (Johannes) v. Stroncone breitete sich die Observantenbewegung rasch aus. Auch →Bernardinus v. Siena, →Johannes v. Capestrano, →Jacobus de Marchia (Giacomo della Marca) und Albertus de Sarteano schlossen sich ihr an. Zu der ursprgl. minorit. Schlichtheit und relativen Wissenschaftsferne trat in der Folge eine stärkere Hinwendung zu den (theol.) Studien; Schwerpunkt blieben jedoch die pauperist. Ausrichtung und die Konzentration auf Volkspredigt und Seelenführung. Obwohl Martin V. die Entscheidungen Johannes' XXII. im Armutsstreit widerrufen hatte (Constitutiones Martinianae), waren nicht alle Mitglieder des Ordens (die sog. Konventualen) bereit, sich der Reformbewegung der Observanten anzuschließen. Durch päpstl. Erlaubnis besaßen die Observanten seit 1438 eigene Generalvikare (erster Träger dieses neuen Amts war Bernardinus v. Siena). 1446 verlieh Eugen IV. den Observanten die Autonomie und teilte sie in eine cismontane (= italienische) und eine ultramontane Familie. Diese päpstl. Maßnahme stieß in den Reihen der Konventualen auf heftigen Widerstand und leitete eine Krise innerhalb des Franziskanerordens ein, die auch das Papsttum involvierte, das jedoch – mit Ausnahme Calixtus' III., der eine Kompromißpolitik betrieb – weitgehend für die Observanten Partei nahm. 1517 (Bulle »Ite et vos«) erfolgte durch Leo X. die endgültige Trennung von Konventualen und Observanten. – s. a. →Fraticelli.   E. Pásztor

Q. und Lit.: Q. zu [I]: Bullarium Franc. Romanorum Pontificum, ed. J. H. Sbaralea, 1759–68 – Analecta Franciscana, I–XII, Quaracchi 1855–1983 – L. LEMMENS, Testimonia minora saeculi XIII de S. Francisco Assisiensi, Quaracchi 1901 – W. R. THOMPSON, Check List of Papal Letters relating to the Orders of St. Francis. Innocent III – Alexander IV, AFrH 64, 1971, 367–580 – Lit.: [allg.]: H. HOLZAPFEL, Manuale Historiae Ordinis Fratrum Minorum, 1909 – F. DE SESSAVALLE, Hist. générale de l'Ordre de St. François, 1935–37 – R. M. HUBER, A documented Hist. of the Franciscan Order, 1944 – J. MOORMAN, A Hist. of Franciscan Order from its Origins to the Year 1517, 1968 – L. IRIARTE, Storia del Francescanesimo [bearb. und revid. it. Ed.], 1982 – zu den »Opuscula« und den frühen Viten →Franziskus v. Assisi – Lit.: zu [I]: P. MANDONNET, Les origines de l'Ordre de Poenitentia, 1898 – G. DE PARIS, Hist. de la fondation et de l'évolution de l'Ordre des frères mineurs au XIIIᵉ s., 1928 [Nachdr. 1982] – W. GOETZ, Die ursprgl. Ideale des hl. Franz v. Assisi (Italien im MA, 1942) – K. ESSER, Anfänge und ursprgl. Zielsetzungen des Ordens der Minderbrüder,

1966 (Studia et docum. Franciscana 4) – St. da Campagnola, Le origini francescane come problema storiografico, 1979 – Q. *zu [II]:* F. Ehrle, Die ältesten Redaktionen der Generalkonstitutionen des Franziskanerordens, ALKGMA 6, 1892, 1–138–Seraphicae legislationis textus originales, Quaracchi 1896 – A. G. Little, Definitiones capitulorum generalium ordinis fratrum minorum 1260–1282, AFrH 7, 1914, 676–682–M. Bihl, Statuta generalia Ordinis edita in Capitulis generalibus celebratis Narbonae an. 1260, Assisi an. 1279 atque Parisiis an. 1292 (ed. critica), AFrM 34, 1941, 13–36, 37–94, 284–337 – *Lit. zu [II]:* A. G. Little, The Constitution of provincial Chapters in the Minorite Order (Essays in Medieval. Hist., pres. Th. F. Tout, 1920), 249–267 – D. Mandic, De legislatione antiqua Ordinis Minorum I, 1924 – B. da Siena, Il card. Protettore negli Istituti religiosi, specialmente negli Ordini francescani, 1940 – E. Wagner, Hist. Constitutionum generalium Ordinis Fratrum Minorum, 1954 – R. Brooke, Early Franciscan Government, Elias to Bonaventure, 1959–B. Coltener, De juribus ministri provincialis in Ordine Fratrum Minorum usque ad annum 1517 [Diss. Rom 1961] (Studi e Testi francescani 18)–R. A. Iara, De custodis officio in Ordine Fratrum Minorum usque ad annum 1517, 1965 (Studi e Testi francescani 30)–M. A. Neukirchen, De Capitulo generali in primo Ordine seraphico, 1965–W. R. Thompson, The earliest Cardinal-Protectors of the Franciscan Order. A Study in administrative Hist. 1210–1261, Stud. in Medieval and Renaissance Hist. 9, 1972, 17–80 – *Lit. zu [III]:* B. Mathis, Die Privilegien des F.ordens bis zum Konzil v. Vienne (1311), 1927 – M. Brlek, De evolutione iuridica studiorum in Ordine Minorum ad annum 1517, 1942–L. di Fonzo, Studi, studenti e maestri nell'Ordine dei Franciscani conventuali dal 1223 al 1517, Misc. Franc. 44, 1944, 167–195 – M. D. Lambert, Franciscan Poverty..., 1961–L. Casutt, Bettel und Arbeit nach dem hl. Franziskus v. Assisi, CF 37, 1967, 229–249 – L. Landini, The Causes of the Clericalisation of the Order of Friars Minor (1209–1260) in the Light of early Franciscan Sources, 1968 – La povertà del sec. XII e Francesco d'Assisi. Atti del II Conv. internaz. Assisi 17–19 ott. 1974, 1975 (Soc. Internaz. di Studi Franc.) – Le scuole degli Ordini Mendicanti (sec. XIII–XIV), Todi 11–14 ott. 1976, 1978 (Conv. del Centro di Studi sulla Spiritualità Medievale XVII) – Francesco d'Assisi e il Francescanesimo dal 1216 al 1226, Atti del IV Conv. Internaz. Assisi 15–17 ott. 1976, 1977 – *Lit. zu [IV]:* Ch. M. de la Roncière, L'influence des Franciscains dans la campagne de Florence au XIVᵉ s. (1280–1360), MEFRM 87, 1975, 27–103 – Les Ordres mendiants et la ville en Italie centrale (v. 1320–v. 1350), ebd. 89, 1977–Il Francescanesimo in Lombardia. Storia e arte, 1983 – Minoritismo e centri veneti nel Duecento, a c.d. G. Cracco, 1983 – L. Pellegrini, Insediamenti francescani nell'Italia del Duecento, 1984 (Studi e ricerche, NS)–*Lit. zu [V]:* AA. VV., Il rinnovamento della Chiesa: L'Osservanza, 1985 [Lit.] – R. Manselli, Spirituali e Beghini in Provenza, 1959 – C. Schmitt, Un Pape réformateur et un défenseur de l'unité de l'Église: Bénoît XII et l'Ordre des Frères Mineurs, 1959 – Weitere Lit.: →Franziskus; →Bernardinus v. Siena; →Bonaventura; →Jacobus v. Vitry;→Jordanus v. Giano; →Salimbene; →Thomas v. Eccleston; →Fraticelli.

B. Verbreitung in den übrigen Ländern Europas

I. Frankreich–II. Iberische Halbinsel–III. Deutschland und Flandern–IV. England und Wales–V. Schottland und Irland–VI. Skandinavien–VII. Polen – VIII. Böhmen – IX. Ungarn – X. Südosteuropa und asiatische Missionsgebiete – XI. Östlicher Mittelmeerraum.

I. Frankreich: [1] *Anfänge und Ausbreitung:* Die Tätigkeit der ersten F., die durch den hl. Franziskus, der selbst wohl 1217 in Frankreich predigen wollte, entsandt wurden, blieb ergebnislos. 1219 erhielten Bruder Pacificus und seine Gefährten die Erlaubnis zur Niederlassung in Paris. Damit begann die rasche Ausbreitung der F. im Pariser Becken, aber auch im Gebiet südl. der Loire, wo eine andere franziskan. Gruppe unter Leitung des hl. →Antonius v. Padua predigte. Zw. 1220 und 1534 wurden im Kgr. Frankreich 358 F.konvente gegr., wobei die F. den ersten Platz unter den vier großen →Bettelorden einnahmen, die 1451 insgesamt über 609 Häuser verfügten.

Die Etappen dieser franziskan. Durchdringung des Kgr.es Frankreich sind recht gut belegt, wobei – wie auf anderen Gebieten – sich Unterschiede zw. der nord- und südfrz. Entwicklung ergaben. Dies zeigte sich auch in der 1217 durchgeführten Einrichtung zweier Ordensprovin-zen: Francia für die Gebiete nördl. der Loire und Provincia für die provençal.-burg. und die südfrz. Gebiete. Im N wurden zw. 1224 und 1503 153 Konvente gegr., im S zw. 1220 und 1535 205 Konvente. Im N und im S stagnierten im 14. und frühen 15. Jh., bedingt durch die inneren Gegensätze im Orden, die Neugründungen (nur 8 im N, 12 im S). Es folgte im ausgehenden MA nochmals eine Periode starken Ausbaus (63 Neugründungen im N, 52 im S), die weitgehend auf die Observantenbewegung zurückzuführen ist.

Die räuml. Verteilung der Konvente bildete sich in sechs Phasen aus, die jeweils durch eine eigene Stoßrichtung gekennzeichnet waren: 1. Bis 1235: 33 Gründungen in N-Frankreich, 16 in S-Frankreich, im wesentl. im zentralen Pariser Becken und seinen Nachbarregionen (Reims, Troyes usw.) sowie in einem weiträumigen Bereich von Aix-en-Provence und Narbonne bis Bordeaux und La Rochelle. – 2. 1236–50/54: 58 Gründungen, v.a. in den Gebieten der Krondomäne westl. des Pariser Beckens, in der Gft. Provence, im Rhônetal und in den südl. frz. Alpen. – 3. 1266–1302: 59 Gründungen, v.a. in der Languedoc, im unteren Aquitanien sowie in den bisher noch nicht von den F.n erfaßten Gebieten N-Frankreichs. – 4. 1332–1466: 44 Gründungen im N, in einer von Boulogne bis Dôle reichenden Zone, sowie in W-Frankreich (Vendée, Bretagne); 1312–1499: 50 Gründungen im S (Provence, zentrales und südwestl. Aquitan. Becken, nördl. frz. Alpen, Frgft. Burgund). – 5. 1468–1503: 27 Gründungen in einem durch die Mitte der frz. Landschaften verlaufenden Gebietsstreifen, vom breton. Finistère bis nach Lothringen. – 6. 1500–34: 14 Neugründungen in den oben genannten Gebieten des S. – Neben dieser räuml. Ausbreitung dürfen die religiösen Motivationen und Aspekte nicht übersehen werden: Die F. waren als Verkünder des Evangeliums und Friedensbringer willkommen; ihre Niederlassungen wurden gefördert von Bf.en (z. B. in: Valenciennes um 1219; Quimper 1233), städt. Notablen, aber auch von den mittleren und unteren Schichten der städt. Bevölkerung, die die F. vielfach spontan unterstützten.

Institutionell wurde durch das Generalkapitel von 1239 die ursprgl. Einteilung in die beiden Prov.en Francia und Provincia modifiziert; es traten nun die Prov.en Touraine, Aquitanien und Burgund hinzu. Der Bestand der in Kustodien eingeteilten Provinzen gestaltete sich im einzelnen folgendermaßen: 1. Aquitanien hatte 1343 63 Konvente, die sich auf 9 Kustodien verteilten. Ein Observantenvikariat entwicklete sich im aquitan. Bereich unter dem Einfluß des 1388 gegr. Konvents v. Mirebeau (Poitou); es umfaßte 1506 17 Konvente, davon sieben der →Colettaner. – 2. Touraine besaß 1343 35 Konvente in 5 Kustodien. Die Observanten hatten hier seit dem Ende des 14. Jh. starken Einfluß (Mirebeau 1388, Laval 1396, Bressuire 1404). Das 1415 eingerichtete Observantenvikariat umfaßte 1517, als sich die Observanten institutionell verselbständigten, 24 Konvente. Auch in der Bretagne bestand eine Kustodie der Observanten, 1484 zum Vikariat erhoben. Die Observanten der Bretagne wählten ihre Niederlassungen nicht selten in Wald- und Heidegebieten, auf kleinen Inseln in der Nähe lebhafter Hafenplätze (z. B. Ile de Cézembre vor St-Malo), die ihnen günstige Bedingungen für Predigt und Almosenbettelei boten. – 3. Burgund hatte 6 Kustodien mit 38 Konventen. Diese Provinz war durch starken Einfluß der Colettaner geprägt (vgl. auch →Coletta v. Corbie). Die Reformkonvente der Colettaner verblieben im Provinzialverband, ohne sich den Observanten anzuschließen, die sich in Burgund erst um 1450 als

Vikariat organisierten und 1496 ca. 10 Häuser zählten, von denen einige in ländlichen, von den Konventualen bislang vernachlässigten Gegenden lagen, um dort das kirchl. Leben auf dem Lande zu intensivieren.

[2] *Innere Auseinandersetzungen:* Der sog. Armutsstreit (→Bettelorden) war in Frankreich bes. heftig und hatte tiefgreifende Auswirkungen. Dabei ging es um die Frage, ob der F.orden sich mit einfachen Einsiedeleien begnügen oder Studienkonvente zur Predigtausbildung der Fratres errichten sollte. In den Konstitutionen v. Narbonne (1260) wurde unter dem Einfluß →Bonaventuras die zweite Lösung als verbindlich angesehen, gegen den erbitterten Widerstand der im S hervortretenden Spiritualen (vgl. →Abschnitt A. V), zu deren Wortführern u.a. Petrus Iohannis →Olivi (1284–98) und Bernard →Délicieux (1280–1330) gehörten. Die Spiritualen wurden von der Dynastie der siz. →Anjou protegiert, geschätzt aber auch von den Notabeln und verehrt vom Volk. Eine öffentl. betriebene Spaltung führte zur Exkommunikation durch Iohannes XXII. Der Protest der Spiritualen gegen eine erneute Milderung des Armutsgebots (1317) wurde zum Anlaß genommen, um sie vor die Inquisition zu ziehen. Die Auseinandersetzungen um die Armut Christi sprengte in den folgenden Jahren zeitweilig die Einheit des F.ordens, insbes. im Streit um die Bulle »Cum inter nonnullos« (1323). Trotz der Verfolgung durch die Inquisition setzten die F.-Spiritualen ihren Widerstand bis 1330 fort. Im Bannkreis der Spiritualen stehende Beginengemeinschaften (→Beginen) erlitten seit ca. 1315–17 ebenfalls heftige Verfolgungen, wobei sich →Bernardus Guidonis als bes. eifriger Inquisitor hervortat.

Am Ende des 14. Jh. übernahm die Observantenbewegung Teile des Ideenguts sowohl der Spiritualen als auch des →Ubertino v. Casale. Das Observantentum fand infolgedessen rascheste Verbreitung. 1415 führten 200 frz. Observanten auf dem Konzil von →Konstanz heftige Klage gegen die Konventualen und erreichten die Gewährung einer gewissen Autonomie. Nach kurzzeitiger Beruhigung flammten um 1430 die Streitigkeiten mit noch größerer Heftigkeit auf. 1446 erlaubte die Bulle Eugens IV. die Bildung zweier Kongregationen, die einem gemeinsamen Magister generalis unterstellt wurden. Doch wurde der Konflikt erst mit der definitiven Trennung zw. Observanten und Konventualen (1517) beendet. Einer der glühendsten Verfechter der Observanz war der Prediger Olivier Maillard (ca. 1430–1502), der zwar in Rouen die Reform durchsetzen konnte (Febr. 1502), in Paris damit aber scheiterte. Die Observanten konnten mit ihrer kompromißlosen Einhaltung des Armutsgebots wesentlich zur Wiederherstellung des Ansehens der F. beitragen, das seit dem 13. Jh. stark gelitten hatte. Kritisiert wurden v.a. unangebrachte Bettelei, Müßiggang und gelehrter Hochmut. Doch artikulierte sich in Frankreich nie eine so starke Feindschaft gegen die F. wie im England des 14. Jh.

[3] *Pastorale Tätgkeit:* Die F. waren ztw. an der Inquisicion beteiligt, doch nie in einem den →Dominikanern vergleichbaren Ausmaß. Im 13. Jh. war ihnen die Inquisitionstätigkeit in SO-Frankreich anvertraut; im 14.–15. Jh. verfolgten sie die →Waldenser in der Dauphiné, in den Südalpen und auf Korsika. Ihre Hauptaufgabe war jedoch die Predigt. Urspgl. begnügten sich die Minoriten mit der Ermahnung der Gläubigen zur Buße; seit 1230 wurden die theol. pastoralen Kenntnisse der franziskan. Prediger im Rahmen jeder Provinz überprüft. Bonaventura forderte von ihnen folgende Eigenschaften: Alter von mindestens 30 Jahren, gute Gesundheit, Beredsamkeit und ein ausreichendes Wissen, das an den dominikan. Vor-

bild eingerichteten Franziskanerschulen bzw. an den Universitäten zu erwerben war. Die franziskan. Prediger verbreiteten sich bald im ganzen Kgr. sehr zahlreich. Von folgenden 34 frz. bzw. in Frankreich tätigen F.n sind uns Schriften oder Predigtnachschriften überliefert: →Antonius v. Padua, der 1225–27 in Frankreich predigte; Jean de La Rochelle, gerühmt als maximus praedicator; Bonaventura, von dem mehr als 700 Predigten überliefert sind; →Eudes Rigaud († 1275), Ratgeber Ludwigs d. Hl. und Ebf. v. Rouen, der auf seinen ausgedehnten Visitationsreisen zahlreiche Predigten hielt; Guibert v. Tournai (ca. 1200–1284), der u.a. 90 Sermones ad status verfaßte; Bertrandus de Turre (de la Tour; † 1332), Provinzial v. Aquitanien, der mehr als 1000 durch das Kirchenjahr, bes. die Fastenzeit bestimmte Predigten verfertigte (→Fastenpredigten). Seit der 2. Hälfte des 14. Jh. ist das Wirken zahlreicher franziskan. Prediger durch Chronikberichte und durch die in städt. Rechnungen belegten Vergütungen bes. gut bezeugt. Markante Persönlichkeiten waren: Guillaume Gousseaume (ca. 1390–ca. 1459), eine Art Volkstribun; Bruder Didier, Wanderprophet und Wundertäter (1455); Olivier Maillard, der in einem weiten Bereich, von Toulouse bis Brügge, wirkte; Jean Bourgeois, der in Savoyen und Burgund F.konvente gründete oder reformierte und seit 1492 Beichtvater (→*Confesseur du roi*) und Prediger Kg. Karls VIII. war.   H. Martin

Q. und Lit.: J. SBARALEA u. a., Bullarium Franciscanum, Rom 1759–1908 – K. EUBEL, Bullarii Franciscani Epitome, 1908 – H. LEMAITRE, Géographie hist. des établissements de l'Ordre de S. F. en Aquitaine, du XIII° au XIX° s., Revue d'Hist. Franciscaine 3, 1926, 510–574 – DERS., ... en Bourgogne..., Revue d'Hist. Franciscaine 4, 1927, 445–514 – DERS., ... en Touraine..., Revue d'Hist. Franciscaine 6, 1929, 298–353 – H. LIPPENS, S. Jean de Capistran en mission aux États bourguignons, 1442–1443, AFrH 35, 1942, 113–132, 254–295 – R. EMERY, The Friars in Medieval France, 1962 – J. LE GOFF, État de l'enquête sur ordres mendiants et urbanisation dans la France médiévale, Annales E.S.C. 25, 1970, 924–946 – P. PÉANO, Documents sur les Observants de Provence, AFrH 3–4, 1970, 319–351 – DERS., Les chroniques et les débuts de la réforme des Recollets dans la province de Provence, Archive of Franciscane Hist. 65, 1972, 157–224 – J. LE GOFF, France du Nord et France du Midi dans l'implantation des ordres mendiants au XIII° s., Cah. de Fanjeaux 8, 1973, 133–140 – H. MARTIN, Les ordres mendiants en Bretagne (v. 1230–v. 1530), 1975 – J. LE GOFF, Le dossier des Mendiants, 1274, Année Charnière, Coll. Internat. CNRS, 1977, 211–222 – B. CHEVALIER, Olivier Maillard et la réforme des Cordeliers (1482–1502), RHEF 65, 1979, 25–40 – R. MANSELLI, Bernard Gui face aux Spirituels, Cah. de Fanjeaux 16, 1981, 265 – J. LONGÈRE, La prédication médiévale, 1983 – J. BATANY, L'image des Franciscains dans les »revues d'états« du XIII° au XVI° s. (Franciscanisme et Société Française), RHEF 70, 1984 – J.-L. BIGET, Autour de Bernard Délicieux, ebd., 1984 – A. GUERREAU, Observations stat. sur les créations de couvents franciscains en France, XIII°–XV° s., ebd., 1984 – J. THEUROT, Dôle et le renouveau franciscain au XV° s., Annales de l'Est 3, 1985, 139–150 – P. PÉANO, Les ministres provinciaux de la primitive province de Provence, AFrH 79, 1986, 3–77.

II. IBERISCHE HALBINSEL: [1] *Ausbreitung:* Franziskus v. Assisi war 1213/14 länger als ein Jahr in Spanien, unternahm eine Pilgerfahrt nach Santiago de Compostela, bevor er wegen einer Erkrankung nach Italien zurückkehren mußte, ohne seinen Plan, vor den Mauren in Andalusien zu predigen und nach Marokko überzusetzen, verwirklichen zu können. Die Geschichtsschreiber späterer Zeit haben ihm bzw. seinen ersten Schülern (wie →Egidius und Bernhard v. Quintavalle) ohne hinreichende Belege viele der span. Gründungen zugeschrieben. Auch die heutige Forschung konnte angesichts fehlender Dokumente diese Frage nicht klären. Es steht jedoch fest, daß 1217 bei der Aufteilung des Ordens in Prov.en eine span. Prov. unter →Juan Parente errichtet wurde, der bis zu seiner Ernennung zum Generalminister 1227 an ihrer Spitze stand, und

1219 bereits franziskan. Häuser existierten. 1232 erfolgte die Aufteilung in die drei Prov. en Santiago, Aragón (mit Katalonien und Navarra) und Kastilien, von denen Ende des 14. Jh. die erste und die dritte je acht Kustodien und die zweite sieben zählten, mit jeweils 42, 44 und 37 Konventen.

Diese erste Expansion des Ordens fiel mit dem endgültigen Vordringen der →Reconquista nach Andalusien, Valencia, Mallorca und Murcia zusammen, da die F. als Feldkapelläne die Heere begleiteten und sich sogleich in den rechristianisierten Gebieten einrichteten. So wurden 1250 der Astronom Pedro Gallego erster Bf. v. Cartagena und 1267 Juan Martínez Bf. v. Cádiz. 1219 gab es in Portugal (zur Prov. Santiago gehörig) schon die Ordenshäuser von Guimarães, Alenquer, Lissabon und Coimbra. →Antonius v. Padua trat 1220 bei den F.n in St. Antonius zu Olivares nahe Coimbra ein. Bemerkenswert ist auch die vor 1231 erfolgte Gründung des Konvents der Virgen de la Hoz in der Schlucht des Duratón. Die F. genossen das Vertrauen der Kg.e und erhielten polit. bedeutsame Funktionen übertragen: Heinrich III. v. Kastilien nahm die Kordel der F. in sein Wappen auf, Martin I. v. Aragón ernannte sie zu ständigen Beichtvätern der kgl. Familie (→Confesor real). Fernando v. Illescas war während des →Abendländ. Schismas der Abgesandte Kastiliens. In Valencia konnten die F. durch ihren Einfluß auf Teile der Handwerkerschaft diese von den städt. Aufständen des 14. Jh. abhalten. Im Bereich der Fürsorge sind v. a. die »arcas de limosnas« hervorzuheben (ähnlich den ebenfalls von F.n eingerichteten Monti di Pietà in Italien), die Papst Eugen IV. 1432 auf Bitten Johanns II. approbierte und die der Gf. v. Haro, Pedro Fernández de Velasco, in neun Pfarreien seiner Herrschaft einführte, unter der Aufsicht des Konventoberen von S. María de Briviesca.

[2] *Wirken:* Die F. leisteten einen entscheidenden Beitrag zum geistigen Leben, so Juan→Gil de Zamora (†nach 1318), Sekretär und Mitarbeiter Alfons' X.; Francesc→Eixemenis (um 1340–1409); Gonzalo de→Balboa aus Lugo, Scholastiker und Lehrer von →Johannes Duns Scotus in Paris, der von 1304 bis zu seinem Tode 1313 der erste span. Ordensgeneral war; Ramón Llull (→Raimundus Lullus), der dem Dritten Orden angehörte. Zu den Hauptinitiatoren der Observantenbewegung, die Ende des 14. Jh. entstand, zählten Francesc Eixemenis, Gründer von S. Spiritus del Desierto nahe bei Sahagún; Pedro de Villacreces († 1422 Peñafiel), Gründer der Franziskanereremiten in Kastilien (S. María de la Salceda, La Aguilera, Composta und El Abrojo); dessen Schüler, der Hl. Pedro Regalado aus Valladolid (1390–1456), der in La Aguilera gestorben war (als Patron der Stierkämpfer einer der populärsten Hl. Spaniens); Juan de la Puebla aus Alcocer (1453–95), in der Extremadura, Westandalusien und v. a. in Hornachuelos, einer span. Enklave der it. Reformbewegung, tätig; Juan de Guadalupe (1450–1506) und der Laienbruder Pedro de Bobadilla y Melgar, die beide der »observantia strictissima« der Kapuziner angehörten, wegen der es im Kgr. Granada und in der Extremadura zu vielen Auseinandersetzungen kam. Zu Beginn des 16. Jh. wurden die Observanten von Kard. →Cisneros geeint und vereinheitlicht.

A. Linage Conde

Q. und Lit.: Pedro de Salazar, Crónica de la provincia de Castilla, Madrid 1612–J.-A. Herrera, Crónica de la provincia de Aragón, 3 Bde, Zaragoza 1703–05–Jacobo de Castro, Arbol cronológico de la provincia de Santiago, Salamanca 1722, Santiago 1727–A. López, El viaje de S. Francisco a España, Archivo Ibero-americano 1, 1914, 13–45, 257–269–Ders., La provincia de España de los frailes menores, 1915–G. Rubio, La custodia franciscana de Sevilla, 1953–55–P. Sanahuja, Hist. de la provincia seráfica de Cataluña, 1959–Hist. de la Iglesia e España II/2, 1982, 130ff. [A. Linage Conde; Lit.]– *zu den Reformen in 14. Jh.:* M. Bandin, Los orígenes de la observancia en la provincia d Santiago, Archivo Ibero-americano 33, 1930, 337–373, 527–559; 17 1957, 17–173.

III. Deutschland und Flandern: [1] *Verwaltungsorga nisation:* Bereits vor der schriftl. päpstl. Approbation de F. regel entsandte der Gründer ca. 1217 nach der Konstituierung einer rudimentären Verwaltungsorganisation de Gemeinschaft und der Schaffung von provinciae F. i außerit. Länder, u. a. nach Deutschland. Nach dem Scheitern einer ersten Missionsunternehmung unter Leitung des Johannes v. Penna 1217 unternahm →Caesarius v Speyer 1221 als dt. Provinzial mit 26 Kleriker- und Laienbrüdern einen erneuten, nunmehr erfolgreichen Versuch einer Realisierung der franziskan. Vita im Missionsbereich Teutonia. Aufgrund ihrer beispielhaften Lebensweise fanden die F. bald die Förderung von Klerikern und Bürgern, die bei der Gründung von loca in kommunalen Räumen halfen. Die rasch wachsende Zahl von Niederlassungen machte 1230 eine Teilung der Teutonia in die Prov. Rhenana (den W und SW umfassend) und die Saxonia (mi nördl. und östl. Prov. bereichen) notwendig. Die weiter Expansion erforderte nach 1239 oder 1246 eine erneut Teilung der Rhenana in die Prov. Argentina bzw. Coloni und der (alten) Saxonia in die (neue) Saxonia, Dacia (mi den skand. Ländern) und Bohemia. Später wurde auch eine eigene Prov. Austria geschaffen. Diese Prov. einteilung blieb ebenso bis ins 16. Jh. erhalten wie die Untergliederungen in Kustodien. Die Limitierung der Prov. orientierte sich weitgehend an sprachl. Grenzen, so daß nur di fläm.-sprachl. Bereiche Flanderns zur Colonia, die übrigen zur Francia gehörten. Fundationshäufungen lasser sich für die Colonia 1221–50, für Saxonia und Argentin 1221–70 bzw. –1290 feststellen. 1300 verfügten die Saxonia über ca. 80 Konvente, die Argentina über ca. 54, di Colonia über ca. 45, während im folgenden Jahrhunder ein Rückgang der Konventzahl zu konstatieren ist.

[2] *Ordensentwicklung:* Maßgebl. Einfluß auf die Entwicklung des Gesamtordens konnten Mitglieder der dt. Prov. im 13./14. Jh. nur selten nehmen, da sich u. a. die Repressionsmaßnahmen der Staufer und später die gerin ge Förderung durch die dt. Zentralgewalt negativ auswirkten. Eine Ausnahme stellten die Aktionen dt. F. um Jordan v. Giano dar, die 1239 für den Sturz des Generalmi nisters →Elias v. Assisi (Cortona) kämpften, und die Wirksamkeit reformer. F. um →Michael v. Cesena im »theoret. Armutsstreit« (→Bettelorden). Vom Münchner Hof Ks. Ludwigs d. Bayern kämpften einzelne Reformer wie →Wilhelm v. Ockham, →Bonagratia v. Bergamo, Heinrich v. Thalheim gegen die »laxen« Armutsanschauungen der Konventualen und Papst Johannes XXII., ohne die mehrheitl. Stellungnahme der köln. und sächs. F. für Johannes ändern zu können. Auch während des →Abendländ. Schismas unterstellten sich die dt. Prov. zumeist der röm. Oboedienz. Auf die seit Mitte des 13. Jh. von Italien ausgehenden Ordensreformbewegungen mit den Forderungen nach genauer Regelbeachtung, strenger Armutspraxis etc. reagierten die dt. F. nur langsam. Nachdem 1415 das →Konstanzer Konzil den Observanten den Aufbau einer eigenen Verwaltungsorganisation sowie die Wahl ihrer General- und Prov. vikare konzediert hatte, kam es zuerst 1421 in der sächs. Prov., danach in der Argentina und zuletzt in der köln. Prov. zur Einführung der Observanz. Um deren Durchsetzung bemühten sich Johannes →Brugmann, →Dietrich Kolde, Ludwig Hennig und →Johannes v. Capestrano. Erfolgte die

Observanzeinführung in der köln. Prov. zumeist durch Konventneugründungen, so konnten die Reformer in der sächs. Prov. bis 1498 nicht nur 11 Niederlassungen zur Observanzannahme veranlassen, sondern auch bis 1517 25 neue Konvente gründen. Die Konventualen zeigten sich ihrerseits reformwillig in den sächs. und obdt. Prov.en durch die Annahme der Martinianischen Konstitutionen. 1517 erfolgte die organisator. Trennung der Konventualen von den Observanten mit der Einrichtung eigener Observantenprovinzen, die in der Folgezeit weiter geteilt wurden.

[3] *Wirken:* Dem Ordensauftrag entsprechend konzentrierten sich die dt. F. in ihrem Wirken auf pastorale Aktivitäten, wobei Prediger wie →Berthold v. Regensburg, →Konrad v. Sachsen, Johannes v. Minden, Johannes v. Werden u. a. mit ihren sermones Berühmtheit erlangten. Auf Befehl zahlreicher Päpste wurden franziskan. Prediger auch beim Kampf des Papsttums gegen das stauf. Ksm., bei der Häretikerrepression, der Durchführung von Kreuzzügen und der Heidenmission eingesetzt. Hinzu kamen päpstl. Sonderaufträge, wie der Einzug von Steuern etc., wogegen sich jedoch ordensinterner Widerstand regte. Zugleich widmeten sich die F. der Armen- und Krankenfürsorge, bei deren Ausübung bes. die dt. Fratres während der Pest aufgrund der selbstaufopfernden Haltung schwere Verluste hinnehmen mußten und ganze Konvente – wie etwa in Magdeburg – vernichtet wurden. Infolge ihrer pastoralen Tätigkeit gewannen die F. hohes Ansehen und besetzten zahlreiche Bischofsstühle; zugleich gerieten die F. seit dem 13. Jh. in schwere Konflikte mit den Säkularklerikern, deren Kritik an der franziskan. Armutspraxis bis zur Einführung der Observanz oft von der Bürgerschaft unterstützt wurde und sogar vereinzelt zur Vertreibung der F. aus dt. Städten führte.

[4] *Studiensystem und Historiographie:* Auch in den dt. Provinzen erhielten die F. die notwendige philos. und theol. Ausbildung an ordenseigenen Lehranstalten. Seit der Einsetzung des Simon Anglicus in Magdeburg zum ersten Theologie-Lektor für die Teutonia (1228) entwickelte sich nach dem Vorbild des Dominikanerordens ein hierarch. strukturiertes Studiensystem, ohne daß die Provinz aber ein ähnlich angesehenes Generalstudium erlangen konnte, wie es etwa in →Paris oder →Oxford bestand. Dennoch wirkten einzelne franziskan. (und dominikan.) Lehranstalten als Keimzellen für die Entstehung säkularer Universitäten (→Köln, →Erfurt). Infolge des Mangels an bedeutenden Generalstudien und einflußreichen theol. Universitätslehrern konnten die dt. F.prov.en nur geringen Anteil an den theol. Entwicklungen im Orden erlangen. Dennoch besaßen auch die dt. Provinzen seit dem 13. Jh. ein reges geistiges Leben, das wichtige Impulse von myst. Denkern erhielt und von Theologen wie →David v. Augsburg, →Lamprecht v. Regensburg, →Konrad v. Sachsen u. a. bestimmt wurde. Nach einer Periode des Niederganges und der Stagnation führten dann myst. Autoren wie →Otto v. Passau, →Thomas Murner, Marquard v. Lindau und Predigtschriftsteller wie Johannes Brugmann, Dietrich Kolde, Johannes Kannemann im 15. Jh. eine neue Blütezeit herbei.

Ähnlich wichtig ist die Historiographie dt. F. seit dem 13. Jh., die nicht nur grundlegende Lebensbeschreibungen von Franziskus verfaßten (→Julian v. Speyer), sondern auch maßgebl. Einfluß auf die Entwicklung der franziskanischen Universalgeschichtsschreibung nahmen (→Albert v. Stade, anonymer Verfasser von →Flores temporum, »Chron. universalis Erphordensis« u. a.). Hinzu kam eine Geschichtsschreibung auf Provinzebene

(Jordanus v. Giano), die zunehmend durch Darstellungen zur Konvents- und Stadtgesch. ergänzt wurde (→Detmar v. Lübeck). Diese historiograph. Traditionen wurden bis ins 15. Jh. gewahrt und wirkten auf die Entwicklung der Historiographie in Deutschland auch außerhalb des F.ordens (→Mathias Döring, Nicolaus Glaßberger u. a.).

D. Berg

Lit.: zu [1–3]: V. GREIDERER, Germania Franc., I–II, Innsbruck 1777–81 – A. KOCH, Die frühesten Niederlassungen der Minoriten im Rheingebiet, 1881 – K. EUBEL, Gesch. der obdt. (Straßburg.) Minoritenprov., 1886 – L. LEMMENS, Niedersächs. F.klöster im MA, 1896 – P. SCHLAGER, Beitr. zur Gesch. der Kölner F.ordensprov. im MA, 1904 – K. EUBEL, Gesch. der Kölner Minoriten Ordensprov., 1906 – G. RANT, Die F. der österr. Prov. und ihre Kl., 1908 – Beitr. zur Gesch. der Sächs. F.prov. von H. KREUZE, ed. P. SCHLAGER, Iff., 1908ff. – H. HOLZAPFEL, Hb. der Gesch. des F.ordens, 1909 [Register] – P. SCHLAGER, Gesch. der Kölner F.ordensprov. während der Reformzeitalters, 1909 – A. SCHÄFER, Die Orden des hl. Franz in Württemberg bis zum Ausgang Ludwigs d. Bayern, 1910 – L. LEMMENS, Die F.kustodie Livland und Preußen, 1912 – F. DOELLE, Die Observanzbewegung in der sächs. F.prov. (Mittel- und Ostdtl.) bis zum Generalkapitel v. Parma 1529 (Reformgesch. Stud. und Texte 30–31, 1918) – A. BÜRGLER, Der Franziskus-Orden in der Schweiz, 1926 – F. JANSEN, Verz. von Kl. des F.ordens in der Rheinprov., FSt 13, 1926, 5–32 – W. KULLMANN, Die Sächs. F.prov., 1927 – W. SCHOENGEN, Die Kl. des Ersten Ordens vom hl. Franz im Kgr. der Niederlande, FSt 14, 1927, 1ff. – M. HEIMBUCHER, Die Orden und Kongregationen der Kath. Kirche I, 1933, 693ff. – M. SCHOENGEN, Monast. Batavum I, 1941 – G. E. FRIESS, Gesch. der österr. Ordensprov., 1951 – Bavaria Franc. Ant. Iff., 1954ff. – Alemania Franc. Ant. Iff., 1956ff. – M. BRUSSELAERS, Bijdrage tot de geschiedenis van de Franciskaanse 'Custodia Brabantiae', Franciscana 14, 1959, 69–109; 15, 1960, 29–59 – L. HARDICK, Ostwestfalen im Plangefüge der Sächs. F.prov., WZ 110, 1960, 305–328 – A. HOUBAERT, Minderbroederskloosters in de zuidelijke Nederlanden, Franciscana 26ff., 1971ff. – Exempla monast. F. in Westfalen, 1976 – J. B. FREED, The Friars and German Society in the 13th Century, Medieval Acad. America Pub. 86, 1977 – Helvetia Sacra V/1, 1978 – 750 jaar Minderbroeders in Nederland I, 1978 – Gesch. in Gestalten, hg. L. THIER – N. HARTMANN, 1979 – N. HECKER, Bettelorden und Bürgertum, Europ. Hochschulschr. XXIII/146, 1980 – D. BERG, Die F. in Westfalen (Monast. Westfalen, 1982), 143–163 – 800 Jahre Franz v. Assisi (Kat. des NÖ Landesmus. NF 122, 1982), 169ff., 200ff., 270ff., 289ff. – B. NEIDINGER, Mendikanten zw. Ordensideal und städt. Realität, Berliner Hist. Stud. 5, 1982 – Francesco d'Assisi nella storia, hg. S. GIEBEN, 1983, 275ff. – J. R. H. MOORMAN, Medieval Franciscan Houses, Franciscan Inst. Pub. NS 4, 1983, s. v. – *zu [4]:* H. FELDER, Gesch. der wiss. Stud. im F.orden bis zur Mitte des 13. Jh., 1904 – L. WADDING, Script. Ord. Min., Bibl. hist.-biblio. 11, 1906 – H. SBARALEA, Suppl. ad Script. trium Ord. S. Franciesci a Waddingo descriptos, I–III, ebd. 2–4, 1921–36 – B. DE TROEYER, Bio-bibliograph. Franciscana neerlandica ante saec. XVI, Iff., 1974ff. – D. BERG, Armut und Wiss. (Gesch. und Gesellschaft 15, 1977), 114ff., 141f. – Le scuole degli ordini mend. (sec. XIII–XIV), Conv. Centro Studi Spirit. Med. 17, 1978 – D. BERG, Stud. zur Gesch. und Historiographie der F. im fläm. und niederdt. Raum im 13. und beginnenden 14. Jh., FSt 65, 1983, 114–155.

IV. ENGLAND UND WALES: Die F. kamen 1224 nach England. Ihre ersten Gründungen erfolgten in bedeutenderen kirchl., geistigen und wirtschaftl. Zentren, in Oxford, London, Canterbury und Northampton. Der Orden siedelte sich in den größeren Städten an. Die Ausbreitung wurde durch die Förderung Kg. Heinrichs III. und den spontanen Zuspruch der Bürger begünstigt. 1234 gab es mindestens 24 Konvente. Der Franziskaner Thomas v. Eccleston, Chronist der Prov., gibt die Zahl der Konvente für 1256 mit 49 an (einschließl. der schott. Kl.) und die Zahl der Fratres mit 1242. Auf dem Höhepunkt dürfte die Zahl der Konvente in England und Wales auf 60 angestiegen sein. Es gab sieben Kustodien. In Wales wurden drei Konvente im 13. Jh. gegr.: in Cardiff, Carmarthen und Llanfaes in Anglesey, ein seltenes Beispiel für eine Gründung im ländl. Breich, die auf den walis. Fs.en →Llywelyn ab Iorwerth zurückgeht.

Thomas v. Eccleston preist die ersten F. wegen ihrer Strenge und ihres Eifers. Die Prov. hatte anfänglich gute Provinziale. Agnellus v. Pisa (1224–36) stellte einen hohen Anspruch an Armut und Gelehrsamkeit. Er berief→Robert Grosseteste zum ersten Lehrer der →Franziskanerschule in→Oxford. Albert v. Pisa (1236–39) und Haimo v. Faversham (1239–40) wurden beide Generalminister. William v. Nottingham (1240–54) schuf in der gesamten Prov. ein Netz von Lektoraten. Unter seiner Leitung wandte sich die Prov. gegen die lockernden Bestimmungen der »Quanto studiosius«. Die Bauten der F. waren zunächst sehr einfach, so band Albert v. Pisa darauf, in Southampton ein Kl. zu zerstören, weil es aus Stein errichtet war. Die F. zogen zahlreiche engl. Gelehrte an. Nach dem Weggang von der Pariser Univ. (1229) und bedingt durch das hohe Ansehen des Robert Grossesteste, wurde die Franziskanerschule in Oxford für ein Jahrhundert eines der führenden geistigen Zentren Englands und Europas, verbunden mit Namen wie →Thomas v. York, →Roger Bacon, John →Pecham, →Johannes Duns Scotus, →Wilhelm v. Ockham. John of Wales, der 6. Lektor, erfüllte die franziskan. Verpflichtung zu gemeinverständl. Verbreitung theol. Wissens durch seine erfolgreichen Kompilationen für Priester und Klerus. Die Franziskanerschule von Oxford entsandte regelmäßig Lehrer an die Schule v. →Cambridge, die das Ansehen der dortigen Univ. hoben. Die Blütezeit franziskan. Baukunst war in England die Zeit von ca. 1270–1320; 34 Ordenshäuser wurden erweitert oder wieder aufgebaut, die Greyfriars in London erhielten den größten franziskan. Kirchenbau in England.

Seit dem späten 13. Jh. beachteten die F. das Armutsgebot weniger streng, und manche Mißbräuche fanden Eingang. Es entstand eine gegen die Mendikanten gerichtete Literatur; ihre Wortführer waren Richard→FitzRalph und John →Wyclif. Wiederholt brachen Konflikte mit den Säkularkollegien in Oxford und Cambridge aus. Dennoch waren die F. weiterhin als Prediger und Beichtväter gefragt, und sie sorgten für die weite Verbreitung von gelehrtem Schrifttum. Die Unterstützung der Bürger für die F. zeigte sich in umfangreicher Schenkungstätigkeit des 14. Jh. (z. B. in York, London, Coventry). Noch 1508 beschlossen Bürgermeister und Rat von London einen jährl. Besuch des großen Franziskanerkl. Greyfriars am St.-Franziskus-Tag.

Die Observantenreform wurde von den Kg.en eingeführt. Eduard IV. gründete einen Observantenkonvent mit fremder Hilfe 1484 in Greenwich. Auf Betreiben Heinrichs VII. traten die Konvente v. Canterbury, Newcastle und Southampton 1498 zu den Observanten über. Observantenkonvente wurden in Richmond (um 1500) und Newark (1507) gegr. Unter Heinrich VIII. wurden die Observanten wegen ihres Widerstands gegen dessen Ehescheidung mit schweren Strafen belegt und 1534 aufgelöst. Von den damals verbliebenen ca. 140 Mönchen starben 32, z. T. infolge harter Haft bei den Konventualen. Alle restl. Franziskanerkonvente wurden 1538/39 aufgelöst. M. D. Lambert

Q. und Lit.: A. G. LITTLE, The Greyfriars in Oxford (Oxford Hist. Society 20, 1892) – C. L. KINGSFORD, The Greyfriars of London (British Society for Franciscan Stud. 6, 1915) – A. G. LITTLE, Stud. in English Franciscan Hist., 1917 – C. L. KINGSFORD, Additional Material for the Hist. of the Greyfriars, London, CF II, 61–149 (British Society for Franciscan Stud. 10, hg. C. L. KINGSFORD, 1922) – A. G. LITTLE, The Introduction of the Observant Friars into England (Proceedings of the British Academy 10, 1923), 455–471 – D. E. SHARP, Franciscan Philosophy at Oxford in the 13th Century (British Society for Franciscan Stud. 16, 1930) – A. R. MARTIN, Franciscan Architecture in England (ebd. 18, 1937) – A. G. LITTLE, 'The Franciscan School at Oxford' in Franciscan Papers, Lists and Documents, 1943 – Fratris Thomae vulgo dicti de Eccleston Tractatus de Adventu Minorum in Angliam, ed. A. G. LITTLE, 1951 – J. R. H. MOORMAN, The Greyfriars in Cambridge, 1952 – D. KNOWLES – R. N. HADCOCK, Medieval Religious Houses in England and Wales, 1971².

V. SCHOTTLAND UND IRLAND: [1] *Schottland:* Das älteste F.kl. in Schottland wurde um 1231 in Berwick gegr., durch die Förderung von Kg. →Alexander II. 1324 gab es sechs Kl., Mitte des 15. Jh. war mit acht Kl. der Höchststand erreicht. Die schott. F. waren zunächst der engl. Ordensprov. (Kustodie v. Newcastle) integriert. Nach vergebl. Versuchen, eine schott. Prov. zu errichten, wurde 1296 ein Kompromiß erreicht. Die schott. F. sollten ein eigenes Vikariat innerhalb der engl. Prov. bilden, die jedoch das Bestätigungsrecht der Wahl des Generalvikars behielt. Die Errichtung einer eigenen schott. Prov. erfolgte dann im Zuge des →Abendländ. Schismas, in dem England und Schottland verschiedene Päpste anerkannten.

Die Observanten kamen um 1463 nach Schottland und verfügten am Ende des 15. Jh. über neun Kl. im Kgr. Während der Reformation wurden die schott. F.kl. zeitweise Zielscheibe von Unruhen. Alle Kl. wurden 1559/60 aufgehoben.

[2] *Irland:* Die F. dürften Irland 1224 erreicht haben, noch zu Lebzeiten des hl. Franziskus. 1231/32 wurde Richard of Ingworth, ein engl. Mönch, nach Irland entsandt, um eine franziskan. Provinz einzurichten. Im frühen 14. Jh. gab es 30 Konvente. Die Zahl der Kustodien schwankte zw. vier und fünf, da die ir. und angloir. Ordenshäuser jeweils getrennt versorgt werden mußten. Diese strenge Trennung nach Nationalitäten verschwand erst im 15. Jh. In der 2. Hälfte des 15. Jh. übernahmen die Observanten die Mehrzahl der Kl. und gründeten neue. Einzigartig in Irland war die reiche Entwicklung der Regularkonvente des 3. Ordens im 15. und 16. Jh. Unter der Leitung von F.n des 1. Ordens, in Kongregationen zusammengeschlossen, verfügten diese Konvente über eigene Kirchen und Priester. Sie ergänzten Irlands unzureichende Diözesan- und Pfarreiorganisation, indem sie sich in der seelsorgerl. und erzieher. Arbeit betätigten. Nach 1538 ging die Aufhebung der Kl. durch die engl. Regierung langsam voran, im W überdauerten einige Kl. bis in das 17. Jh. Die F. setzten ihre Tätigkeit in Irland auch nach der Schließung ihrer Kl. noch fort. H. P. King

Lit.: W. MOIR BRYCE, The Scottish Greyfriars, 1909 – F. B. FITZMAURICE – A. G. LITTLE, Materials for the Hist. of the Franciscan Province of Ireland, British Society of Franciscan Stud. 9, 1920 – A. G. LITTLE, The Vicariate of Scotland (Franciscan Papers, Lists and Documents, 1943) – A. GWYNN – R. N. HADCOCK, Medieval Religious Houses: Ireland, 1970 – I. B. COWAN – D. F. EASSON, Medieval Religious Houses: Scotland, 1976 – J. R. H. MOORMAN, Medieval Franciscan Houses, 1983.

VI. SKANDINAVIEN: [1] *Ausbreitung:* Die ersten F. kamen aus Deutschland, sie wurden von dem Provinzial der Prov. Saxonia, dem späteren Mongolenmissionar →Giovanni (Johannes) di Pian del Carpine, entsandt. Die ersten Konvente wurden 1232 in →Ripen (Ribe) und 1233 im gotländ. →Visby gegr. In den ersten zehn Jahren entstanden in Dänemark 11 Konvente und in Schweden drei, um 1240 wurde die Ordensprov. Dacia errichtet, um 1300 war die Zahl der F.konvente insgesamt bereits auf 34 angewachsen. Im 14. Jh. setzte eine Stagnation ein, dann folgten erneut Gründungen von Ordenshäusern, deren Zahl um 1500 48 erreicht hatte (davon 26 in Dänemark, 6 in Norwegen, 13 in Schweden und 3 im heut. Finnland). Die Prov. Dacia war in acht Kustodien unterteilt. Ab 1264 wurden Provinzialkapitel jährlich, nach 1400 seltener abgehalten. Die beiden ersten Provinzialminister waren Deutsche, dann folgten immer Skandinavier, was auf eine rasche Assimilierung des Ordens hindeutet.

[2] *Armut:* Das Armutsideal der F. konnte in dünn besiedelten Gebieten Skandinaviens mit relativ geringen Erträgen nur teilweise beachtet werden, da die F. nicht allein durch Almosen versorgt werden konnten. Auch mußten die Klosterbauten dem Klima entsprechend errichtet werden. Zu vielen Ordenshäusern gehörten deshalb Gärten, aber ebenso Wirtschaftshöfe. Gegen diese »konventuale« Deutung der F. regel formierte sich ab 1469 eine Observantenbewegung, die sich aber nur im fruchtbaren Dänemark, nicht jedoch in den nördl. Teilen Skandinaviens durchsetzen konnte. Die Folge war der Zerfall der Prov. Dacia mit der Teilung des Ordens 1517 in eine Observantenprov. in Dänemark und eine Konventualenprov. in den übrigen skand. Ländern.

[3] *Studiensystem:* Vorbereitung auf die Priesterweihe und Unterricht der Novizen erfolgten durch die Lektoren. Studien wurden im Ausland betrieben, zunächst in Paris, dann an norddt. Univ. 1340 wurde ein »Studium generale« der Prov. für Roskilde geplant, aber erst 1438 in Lund eingerichtet, ohne jemals größere Bedeutung zu erlangen. Die Klosterbibl. spiegelten das Bildungsniveau wider (Restbestände heute in Uppsala und Flensburg). Im Bereich der Geschichtsschreibung sind u. a. die sog. »Jütländische Chronik« und die »Visbychronik«, Werke anonymer F., zu nennen (→Chronik, J). Peder Olsen (um 1510–40) verfaßte Beiträge zur Gesch. der F. in Dänemark, bes. der dän. Observantenbewegung, sowie zur nationalen Geschichtsschreibung.

[4] *Wirken und Förderung:* Die Grundlage für die pastorale Tätigkeit der F. bildeten auch in Skandinavien die päpstl. Privilegien. Von Kg. und Adel erfuhren die F. eine bes. Förderung, so stiftete die Gfn. Ingerd v. Reginstein die ersten vier F.klöster auf Seeland und 1258 in Roskilde das erste Klarissenkl.; in Norwegen und Schweden waren gegen Ende des 13. Jh. die Kg.e→Magnus Lagabøter und →Magnus Ladulås eifrige Förderer des Ordens. Im 15. Jh. erfuhren die Observanten eine bes. Unterstützung von den Kg.en v. Dänemark. Bürger und Bauern spendeten Almosen für den Lebensunterhalt der F. Unter den Säkularklerikern waren die Schriften der→F.schule, bes.→Bonaventuras, verbreitet.

Alle skand. F.klöster wurden infolge der von den Kg.en geförderten luther. Reformation 1527–42 aufgehoben.

J. Nybo Rasmussen

Lit.: J. LINDBÆK, De danske franciskanerklostre, 1914 – E. HOFFMANN, Der Kampf des F.s Lütke Naamensen gegen die Reformation in Flensburg, ZSHG 101, 1976 – J. NYBO RASMUSSEN, Broder Peder Olsen, 1976 – DERS., Broder Jakob den Danske, 1986.

VII. POLEN: Die ersten F. ließen sich um 1238/39 in Breslau und Krakau nieder. 1239 kristallisierte sich die poln.-böhm. Ordensprov. aus der Prov. Saxonia heraus. Rasch entstanden Ordenshäuser in den bedeutendsten Städten, v. a. in Schlesien. Die F. wurden bes. von den Piastenfürsten gefördert, zahlreiche Fsn.en und Prinzessinnen traten in die Klarissenkonvente ein. Zw. 1262 und 1272 kam es zu einer Krise in der poln.-böhm. Prov., in deren Folge bedeutende niederschles. und pommersche Kl. sich der Saxonia anschlossen. Von 1272 an bis zum Beginn des 15. Jh. lag der Schwerpunkt der böhm.-poln. Provinz in Böhmen (vgl. Abschnitt VIII); aber die F. in Klein- und Großpolen unterhielten auch gute Beziehungen zu den Herrschern des im 14. Jh. erneuerten poln. Kgr.es, innerhalb dessen Grenzen es zu Beginn des 15. Jh. 17 Konvente gab. Zur Prov. gehörten auch fünf ober-

schles. Konvente. Eine bedeutende Rolle spielten die F. bei der Festigung des Katholizismus in den russ. Ländern und seit 1386 auch in Litauen, wo zahlreiche Konvente entstanden. 1517 erfolgte die Trennung der Prov. in eine böhm. und eine poln.

Das Wirken des →Johannes v. Capestrano in Krakau 1453/54 führte zu einer raschen Ausbreitung der Observantenbewegung. Er nahm etwa 130 Kandidaten auf, zum größten Teil aus der Univ. Krakau. Der Konvent des hl. Bernhard in Krakau wurde zum Ausgangspunkt für die Bewegung, wobei die Bezeichnung »Bernhardiner« (→Zisterzienser) in Polen immer die F.-Observanten umfaßte. Das poln. Provinzvikariat der Bernhardiner entstand 1467 durch Auflösung des großen Vikariats, das die Prov.en Austria, Bohemia und Polonia einbezog. Vor 1520 bestanden 26 Konvente, die in den wichtigsten Städten lagen; eine bes. Rolle spielten die großen Konvente in Krakau, Posen und Wilna und später auch in Lemberg und Warschau. Die Prov. zählte ungefähr 700, v. a. aus Städten und kleineren Orten stammende Fratres. Bedeutende Bernhardiner waren Ładysław aus Gielniowo in Warschau, Szymon aus Lipnica in Krakau und Jan aus Dukla in Krakau. 1530 trennten sich die litauischen Ordenshäuser der Prov. für einige Jahrzehnte als eigenes Vikariat ab.

Die F., die die religiöse Kultur des poln. MA stark beeinflußten, wirkten auch auf das poln. Schrifttum, so in Texten über das Leben Christi und Mariae (z. B. die sog. »Rozmyslania Przemyskie« oder das »Leben Christi« des Balthasar Opec).

J. Kłoczowski

Lit.: K. KANTAK, Bernardyni polscy 1, 1933 – DERS., Franciszkanie polscy 1, 1937 – Zakony franciszkańskie w Polsce I, 1, 2, hg. J. KŁOCZOWSKI, 1979 [I, 2 im Dr.] – J. KŁOCZOWSKI, Die Minderbrüder im Polen des MA (800 Jahre Franz v. Assisi, Kat. des NÖ Landesmus. NF 122, 1982), 318–331 – DERS., L'Observance en Europe centrale orientale au XVᵉ s. (Il Rinnovamento del Francescanesimo. l'Osservanza, Atti del' XI Convegno Internaz., Assisi 20–21–22 Ottobre 1983, 1985), 169–191 [Lit.] (= Hist. religieuse de la Pologne, hg. J. KŁOCZOWSKI, 1986).

VIII. BÖHMEN: Die F. kamen am Ende des 1. Drittels des 13. Jh. nach Böhmen. Die Přemyslidenherrscher begünstigten zwar ihre Ausbreitung, aber die größte Förderung erfuhren sie durch die Bürger in den Städten. Bereits 1239 wurde gemeinsam mit den poln. Konventen eine selbständige böhm.-poln. Prov. errichtet (vgl. Abschnitt VII), die am Ende des 13. Jh. in sieben Kustodien aufgeteilt war und 40 Ordenshäuser umfaßte.

Bedeutende böhm. F. waren: der Tscheche Stephan, der 1245–47 →Giovanni (Johannes) di Pian del Carpine auf seiner Missionsreise zu den Mongolen begleitete, und Peter Odranec aus dem Prager St. Jakobskl., Begleiter →Bertholds v. Regensburg und 1341 Lektor des Prager Generalstudiums. Es gab aber auch Auseinandersetzungen zw. den poln. und böhm. Fratres sowie Konflikte mit dem Pfarrklerus, der sich durch die Tätigkeit der F. im Jurisdiktionsbereich und bei den Einkünften beeinträchtigt fühlte.

Die →Hussiten fügten dem F.orden schwere Schäden zu, nur im Grenzgebiet Böhmens blieben einige Kl. unversehrt. Die meisten Fratres flohen und kehrten erst nach 1436 zurück.

J. Kadlec

Q. und Lit.: C. Biernacki, Speculum Minorum, Cracoviae 1688 – S. Wrbczanský, Nucleus Minoriticus, Pragae 1746 – F. HÝBL, Počátky Minoritů v Čechách a na Moravě, Český časopis historický 2, 1896, 335–345 – KL. MINAŘÍK, Dějiny klášterů františkánských v Čechách a na Moravě, Serafínské květy 9, 1909; 10–11, 1911–12 – V. NOVOTNÝ, České dějiny I/3, 1928, 930–938.

IX. UNGARN: Nach der Überlieferung sollen zu den Schülern des hl. Franziskus bereits Ungarn gehört haben, so Abraham Magyar. Unter dem Provinzial →Giovanni (Johannes) di Pian del Carpine siedelten sich aus Deutschland kommende Fratres in Ungarn an. Die F. wurden in Ungarn v. a. von Mitgliedern der kgl. Familie gefördert. Die Gründung der ersten Ordenshäuser erfolgte in den Donauuferstädten; das erste Kl. entstand in Esztergom (Gran), der Königsresidenz. Bereits 1232 wurde eine selbständige ung. Prov. errichtet, die Provincia Strigoniensis, 1523 in »Prov. S. Mariae Hungariae« umbenannt, die bis heute besteht.

Die F. konzentrierten sich nicht nur auf pastorale Tätigkeiten, sondern betrieben auch Mission bei den in Ungarn angesiedelten →Kumanen sowie den →Tataren und den orthodoxen Völkern des Balkans. Das Vordringen des Islams und der Türken beendete jedoch diese Missionstätigkeit. Zum Zeitpunkt der türk. Eroberung Ungarns im 16. Jh. bestanden zwei Prov.en mit ca. 2000 Fratres, die Prov. S. Mariae Hungariae und die Prov. Sanctissimi Salvatoris Hungariae, die voneinander nicht abgetrennt waren. Beide Prov.en verfügten über Ordenshäuser in den größeren Städten. Am Anfang des 17. Jh. gab es infolge der Türkenherrschaft nur noch 5 Kl., u. a. in Gyöngyös und Szeged.　　　　　　　　　　J. Borovi

Q. und Lit.: F. Urbán, Hist. seu Compendiosa Descriptio Provinciae Hungariae OMSP Francisci . . ., Cassoviae 1759 – F. Seraphinus, OFM Scriptores Ord.Min. S.P. Francisci . . ., 1879 – Gy. P. Szabó, Frerencrendiek a magyar történelemben, 1921 – J. Karácsonyi, Szent Ferenc rendjének története Magyarországon 1711-ig., I–II, 1923 – Gy. Balanyi, Anima Franciscana, 1930.

X. Südosteuropa und asiatische Missionsgebiete: [1] SO-Europa: Zwar stand die F.mission im Hl. Land nicht in direktem Zusammenhang mit den Kreuzzügen, war mit deren Ablauf jedoch in gewissem Sinn, auch indirekt, verbunden. So finden sich in den letzten Jahren des 13. Jh. F.konvente in Nikosia, Famagusta, Limassol, Paphos auf Zypern, wohin sich Lateiner aus Akkon geflüchtet hatten. Im →Lateinischen Kaiserreich (erster Bela franziskan. Präsenz in Konstantinopel 1220) verstärkte sich der Einfluß der F. in zunehmendem Maße: Sie griffen in die Diskussion um die Kirchenunion ein, fungierten als päpstl. Legaten oder sammelten für den Unterhalt der lat. Kirchen. Bereits 1247 ist ein F.konvent in Theben (Böotien) belegt; auch in Konstantinopel selbst besaßen sie Niederlassungen: Im byz. Kl. Christos Akaleptos, wahrscheinl. in jener Zeit in ihrem Besitz, wurde eine der ältesten Abbildungen des hl. Franziskus, ein Fresko aus der Mitte des 13. Jh. gefunden. Trotz der Flucht des lat. Patriarchen und der anderen Prälaten nach der byz. Rückeroberung aus Konstantinopel blieben die F. in der Stadt. Andere F.konvente sind während des ganzen MA in Frangomonastri, außerhalb von Athen, in Koron(e), Clarentia, Adravida, Patras, Nauplia, Negroponte und Chios belegt. In diesen Orten bestanden auch jeweils Gemeinden lat. Christen.

Auch in Serbien, Bosnien, Bulgarien, Albanien sind seit 1240 bis zu der muslim. Eroberung F.missionen bezeugt.

[2] Asienmission: Die Mission hat ihren Ursprung in den aus Minderbrüdern bestehenden Gesandtschaften, die die Päpste angesichts der Mongolengefahr für Osteuropa nach Asien sandten, um die Absichten des Großchans zu sondieren. Zu erwähnen ist die Gesandtschaft des Bruders →Giovanni di Pian del Carpine (Johannes de Plano Carpini), der mit 2 Gefährten 1246 nach Quara Qorum (→Karakorum) gelangte. Ihm folgten in der 2. Hälfte des 13. und im 14. Jh. die Missionen des →Giovanni da Montecorvino, →Giovanni da Marignolli, →Odoricus v. Pordenone, die so erfolgreich waren, daß 1307 Papst Clemens V. in

Peking eine lat. Erzdiözese (Cathay) mit einem F. als Ebf. einrichtete. Im ganzen 14. Jh. sind Missionen der F. in den asiat. Chanaten, in die das Reich der Nachfolger→Dschingis Chāns aufgeteilt war, belegt: so z. B. im Fernen Osten (Peking, Zaiton = Tschüantschau), in Mittelasien oder in Gebieten, in denen ven. oder genues. Kolonien bestanden (Krim, Trapezunt).

1318 teilte Johannes XXII. mit der Bulle »Redemptor noster« den asiat. Kontinent als Missionsgebiet zw. F.n und Dominikanern auf, wobei den F.n Cathay zugesprochen wurde. Diese Aufteilung wurde jedoch nicht streng befolgt. Die missionar. Expansion kam zu Beginn des 15. Jh. zum Stillstand, nachdem die mongol. Tradition größerer religiöser Toleranz, als sie später von den Türken geübt wurde, endgültig zum Erliegen gekommen war.

　　　　　　　　　　　　　　　　　　　　G. Fedalto

Lit.: Sinica Franciscana, ed. A. Van den Wyngaert, 7 Bde, 1929–65 – R. L. Wolff, The Lat. Empire of Constantinople and the Franciscans, Traditio II, 1944, 213–237 (Stud. in the Lat. Empire VII) – M. Roncaglia, Les Frères Mineurs et l'église grecque orthodoxe au XIIIᵉ s. (1231–1274), 1954 – G. Matteucci, La Missione francescana di Costantinopoli, 2 Bde, 1971–75.

XI. Östlicher Mittelmeerraum: In der sog. Protoregula von 1209/10 war vielleicht bereits ein Hinweis enthalten auf »Brüder, die aus göttlicher Eingebung unter die Sarazenen oder unter andere Ungläubige gehen wollen« (vgl. »Regula non bullata«, cap. 16, »Regula bullata«, cap. 12). Nach zwei fehlgeschlagenen Versuchen, nach Syrien und Marokko aufzubrechen, erteilte Franziskus 1215 →Egidius v. Assisi und einem Gefährten die Erlaubnis, sich in das Hl. Land zu begeben. Auf dem Generalkapitel vom 14. Mai 1217 wurden die Prov.en mit ihren Ministern eingerichtet und die Minderbrüder »in fast alle« Länder der Welt gesandt, →Elias v. Cortona zum Provinzialminister »ultra mare« bestellt und mit einigen Mitbrüdern in diesen Wirkungsbereich geschickt. Die große Ausdehnung dieser Prov. (von Syrien und Ägypten bis zum gesamten →Lateinischen Kaiserreich) erforderte 1263 eine Aufteilung in die Prov.en Syria (Terra Sancta) und Romania (Graecia).

Nach dem 2. Generalkapitel (26. Mai 1219) brach Franziskus mit 12 Gefährten in das Hl. Land auf (Akkon, Ägypten, vermutl. Jerusalem). In der Folge ist die Präsenz der F. in zunehmendem Maße quellenmäßig belegt. Zw. 1263 und 1270 werden 19 Konvente in der in drei Kustodien unterteilten Prov. Syria genannt, 1282 sind jedoch nur 8 belegt. Um 1300 werden 23 Konvente der F. und 2 der Klarissen aufgeführt. Die Zahlen schwanken auch im 14. und 15. Jh.: 1385 werden im Hl. Land 12 Männerkonvente und 2 Klarissenkonvente genannt, 1400 neun. Im 13. Jh. befanden sich Konvente in Jerusalem (Berg Sion, Hl. Grab), Jaffa, Saffet (Galiläa), Akkon, Tyrus, Nazareth, Beirut, Antiochia, Monsniger (Antiochia), Sis (Kilikien), Damiette, Tripolis (Syrien) und Aleppo.

Nach dem Abzug der Kreuzfahrer erfuhren die F. unter muslim. Herrschaft neben Verfolgungen und Schwierigkeiten aller Art auch Schutz und Förderung, nicht zuletzt auch durch westl. Herrscher, die für sie Grundstücke erwarben und Konvente errichteten.　　　　　G. Fedalto

Lit.: DHGE XVIII, 878–893 – G. Golubovich, Bibl. bio-bibliogr. della Terra Santa e dell'Oriente francescano I, Quaracchi 1906 – O. Van der Vat, Die Anfänge der F.missionen und ihre Weiterentwicklung im nahen Orient und in den mohammedan. Ländern während des 13. Jh., 1934 – M. Roncaglia, Storia della provincia di Terra Santa, I: I Francescani in Oriente durante le crociate (sec. XIII), 1954 – G. Fedalto, La chiesa lat. in Oriente I, 1981², 193–202.

C. Franziskanerliturgie

In der »Regula bullata« von 1223 wurden die Kleriker des

Ordens verpflichtet, das Offizium zu beten »secundum ordinem sanctae romanae ecclesiae«. Hiermit war – wie aus der dann folgenden Entwicklung deutlich wird – die Liturgie der Kurie gemeint, die sich bes. im 12. Jh. in der engsten Umgebung des Papstes entwickelt hatte und am Ende der Regierung von Innozenz III. kodifiziert worden war: »Ordo romanae ecclesiae curiae quem consuevimus observare tempore Innocentii III et aliorum pontificum«. Schon im ersten Dezennium des 13. Jh. scheint das Offizium in dieser Form auch außerhalb der Kurie in Gebrauch gewesen zu sein (Assisi; in dem von Innozenz III. gegr. Orden de S. Spiritu in Sassia). Außerdem ist es sehr wahrscheinlich, daß unter Honorius III. das Missale herausgegeben wurde. Weil für die F. die Beschaffung geeigneter Bücher ein großes Problem darstellte, wurde, wohl in Assisi, ein Skriptorium errichtet, wo Modellbücher sowohl des Breviers als auch des Missale nach der letzten Revision der Kurienliturgie unter Honorius III. hergestellt wurden. Diese Modellbücher (VAN DIJK: »Regula-Bücher«) wurden auf dem Generalkapitel von 1230 über die Prov. en zur weiteren Abschrift verteilt; sie waren noch als Chorbücher mit Neumenschrift nach mittelit. Brauch (nota romana) ausgeführt, so daß für die Brüder in den nördl. Ländern die Neumen unlesbar und die Rubriken – trotz versuchter Anpassung – schwer verständlich waren. Daher entschied Haymo v. Faversham, der 4. Generalminister (ca. 1180–1244), die Bücher neu zu redigieren. An erster Stelle redigierte er einen in zahlreichen Hss. und Drucken überlieferten Ordo Missae für die Privat- und einfachen (ferialen) Konventsmessen (»Indutus planeta sacerdos«, veröffentlicht in Bologna, Gen. Kap. 1243). Seine Brevier- und Missalerevision hat die Form eines sehr konsequent aufgebauten Ordinariums, d. h. alle Texte sind nur mit ihrem Incipit angegeben, und die grundlegend revidierten Rubriken sind eingefügt. Anhand eines solchen Ordinariums konnten alte Bücher korrigiert und mit Hilfe eines alten Exemplars (für die Texte) neue geschrieben werden. Ein Vergleich dieser »Ordines« mit den späteren Ausgaben des röm. Missale zeigt überdeutlich, welch entscheidenden Einfluß diese Revision auf die röm. Liturgie bis zum Vaticanum II ausgeübt hat. Ein Zeremoniale für die F. nach einer kurialen Vorlage wurde nach Haymos Tod (1244) als ein Torso veröffentlicht (Ordinationes) und später von den Augustiner-Eremiten, zusammen mit einem Tonale (ca. 1280), in einer vollständigen Fassung für ihren Orden herausgegeben (ed. P. C. LANGEVELD, 1960). Ebenfalls nach Haymos Tod sind auch die Editiones »typicae« von Graduale (1251) und Antiphonale (Datum unbekannt) fertiggestellt worden. Die neu redigierte Kurienliturgie wurde schon um 1270 von Papst Nikolaus III. in den stadtröm. Kirchen eingeführt und von vielen Orden (Ordo S. Spiritus, Antoniter, Serviten, Augustiner-Eremiten usw.) übernommen. Viele Bm.er, bes. in Italien und Frankreich, folgten ab dem 14. Jh. gleichfalls dieser Liturgie. An gedruckten Missalien sind bis 1570 mehr als 320 verschiedene Ausgaben bekannt. Bei der Herstellung der röm. Liturgiebücher wurden vielfach F. als Redaktoren herangezogen (G. MENTH, vgl. Lit.). Als typ. Eigengut sind die Reimoffizien auf Franziskus und Antonius v. Padua anzusehen, die →Julian v. Speyer um 1230/31 komponiert hat. In diesem Genre bilden sie einen Höhepunkt.   L. Brinkhoff.

Ed. und Lit.: S. J. P. VAN DIJK – J. H. WALTER, The Origins of the modern Roman Liturgy. The Liturgy of the Papal Court and the Franciscan Order in the 13th Cent., 1960 – S. VAN DIJK, The Sources of the modern Roman Liturgy, 1963 – DERS., The Ordinal of the Papal Court from Inn. III to Bon. VIII and related Documents, 1975 (Spicilegium Frib., 22) – J. H. WALKER, Necrologium S. J. P. VAN DIJK (1909–71), AFrH 64, 1971, 591–597 [Bibliogr.] – G. MENTH, FS 20, 1933, 89–129; 21, 1934, 208–231; 23, 1936, 59–104 – V. GAMBOSO, Giuliano da Spira. Officio ritmico (S. Antonio) e Vita secunda, 1985.

Franziskanerinnen. [1] *Franziskus v. Assisi und die Frauen:* Abgesehen von der Widmung des sog. »Briefes an alle Gläubigen«, beschäftigen sich nur einige kurze Stellen in den beiden Regeln mit den Frauen. Franziskus empfiehlt dabei seinen Fratres ein sehr vorsichtiges und respektvolles, keineswegs jedoch misogynes Betragen gegenüber dem weibl. Geschlecht. So werden die Fratres in der »Regula non bullata« (cap. 12) aufgefordert, sich »a malo visu et frequentia mulierum« zu hüten; im gleichen Passus der Regula wird jedoch bestimmt, daß Fratres, die Priester sind, »honeste« mit Frauen sprechen, ihnen die Beichte abnehmen und geistl. Rat erteilen können. Das einzige, Frauen betreffende Verbot der »Regula non bullata« bezieht sich darauf, daß kein Frater sie in die Brüdergemeinde aufnehmen dürfe (ebd.). Es lag offenbar nicht in Franziskus' Absicht, einen gemischten Orden nach dem Vorbild von →Prémontré ins Leben zu rufen oder sich der Gründung, Reform oder Seelsorge von Frauengemeinschaften zu widmen, wie es zu gleicher Zeit der hl. →Dominikus tat. U. a. scheint dies durch die Bestimmungen der »Regula bullata« (cap. 11) belegt: »Praecipio firmiter fratribus universis ne habeant suspecta consortia vel consilia mulierum et ne ingrediantur monasteria monacharum, praeter quibus a Sede Apostolica concessa est licentia specialis«. Franziskus selbst problematisierte anscheinend jedoch nie den Umgang mit Frauen, den sein Wanderleben mit sich brachte. Seine Haltung gegenüber dem anderen Geschlecht zeigt eine geistige Freiheit, die in jener Zeit nicht ihresgleichen hat. Unter den zahlreichen Begegnungen mit Frauen, die in den Legenden des 13. Jh. geschildert werden, seien nur einige erwähnt: Prassede, eine röm. Einsiedlerin, die nach vierzigjährigem Gebetsleben als Rekluse in der Stadt von Franziskus die Erlaubnis erwirkte, den Habit der Minoriten anzulegen; Jacopa de' Settesoli, aus der Familie →Frangipani (von Franziskus »Frate Jacopa« genannt), und schließlich →Clara (Chiara) v. Assisi, die unter Franziskus' geistl. Leitung eine in tiefster Armut noch ohne Regel lebende Frauengemeinschaft in San Damiano gründete.

[2] *Die Gemeinschaft von San Damiano:* 1215 befahl das IV. Laterankonzil allen religiösen Gemeinschaften, eine der bereits approbierten Regeln anzunehmen. In San Damiano wählte man vermutl. die Benediktinerregel, und Clara wurde von Franziskus aufgefordert, den Äbtissinnentitel anzunehmen. Um den ursprgl. Charakter ihrer Lebensform zu bewahren, erwirkte Clara von Innozenz III. das sog. »Privilegium paupertatis«, das der Gemeinschaft von San Damiano die völlige Armut und das Angewiesensein auf die Barmherzigkeit anderer Menschen und damit auch die enge Verbindung mit der gesamten franziskan. Bewegung garantierte: Ohne das Wanderleben der Fratres mitvollziehen zu können, teilten die Frauen im wesentl. ihre radikale Bettel-Armut.

[3] *Der »Ordo pauperum dominarum inclusarum«:* Die Gemeinschaft von San Damiano bildete im spirituellen Leben der mittel- und nordit. Städte der ersten Hälfte des 13. Jh. keine Ausnahme. In wachsender Zahl suchten Frauen neue religiöse Lebensformen, die über die traditionellen Grenzen des benediktin. geprägten Mönchtums hinausgingen: Büßerinnen, Oblatinnen, die bei Kirchen lebten, Reklusen, »mulieres religiosae«, die in ihren Häusern in asket. Ehelosigkeit lebten. Einige dieser Frauen, die ein Leben in Gemeinschaft führen wollten, wandten sich

um 1217 an den päpstl. Legaten in der Toskana, Kard. Hugolin v. Ostia (→Gregor IX.), der die neuen religiösen Gemeinschaften in Florenz, Siena, Lucca, Perugia u. a. Zentren, mit Billigung Honorius' III. dem Schutz des Hl. Stuhls unterstellte, für ihre räuml. Unterbringung und angemessenen Unterhalt sorgte und auf der Basis der »Regula Benedicti« für sie Konstitutionen verfaßte, wobei er die strenge, ewige Klausur einführte. Mit Franziskus v. Assisi in brüderl. Freundschaft verbunden und der kleinen Kommunität von San Damiano persönlich sehr gewogen, vereinigte Hugolin als Papst Gregor IX. alle religiösen Frauengemeinschaften, die in jenen Jahren in Italien entstanden waren, zu einer Kongregation, bestimmte San Damiano zum Mittelpunkt des neuen Ordens und gab allen diesen »mulieres religiosae« einen gemeinsamen Visitator. Mit der Rolle, die der Papst dieser Kommunität zugedacht hatte, wollten sich jedoch zwei Charakteristika von San Damiano nur schlecht vertragen: die strenge Armut und die Bindung an die Fratres minores. Claras Heiligsprechungsprozeß und ihre Legende lassen erkennen, daß sie gegenüber dem Papst energisch für die völlige Armut und für die autonome Wahl der Fratres eintrat, denen sie die spirituelle Seelenführung in ihrem Kl. anvertrauen wollte. Ihrem Drängen wurde in einer zweiten Fassung des »Privilegium paupertatis« nachgegeben, das die Lebensform der Sorores von San Damiano endgültig sanktionierte.

[4] *Frauen und franziskanische Predigt; der »Zweite« und der »Dritte Orden«:* Die Zahl der Frauen, die von der franziskan. Bewegung erfaßt wurden, beschränkte sich nicht nur auf die, mehr oder weniger eng mit San Damiano verbundenen Kommunitäten der Pauperes Dominae Reclusae. Viele Büßerinnen standen direkt oder indirekt unter dem Einfluß franziskan. Spiritualität (u. a. Filippa Mareri [† 1236], Umiliana de 'Cerchi [† 1246], →Rosa v. Viterbo [† 1252] sowie in der Generation nach Clara v. Assisi Margherita →Colonna [1284], →Margherita v. Cortona, Margherita v. Città di Castello, →Angela v. Foligno). Die soziale Herkunft dieser Frauen reicht vom Adel bis zu unteren Schichten. Auch die Art und Weise, in der die Frauen das von den Franziskanern propagierte Frömmigkeitsideal nachlebten, variiert. Neben den neuen Konventskirchen, die gewöhnl. in den expandierenden Vierteln der Stadt außerhalb der Mauern lagen, entstanden eine Reihe von Laienverbänden, Bruderschaften und Oratorien, in denen die Frauen große Bedeutung hatten. Die Grenzen zw. Ordensleben und laikalem Leben erscheinen vielfach sehr unscharf: Zu einem bestimmten Zeitpunkt versuchten verschiedene Frauen, nach franziskan. Vorbild ein Wanderleben zu führen und wohl auch zu predigen. Gegen diese »Cordulatae« oder »Minoretae« schritt Gregor IX. energisch ein und verbot derartige Lebensformen.

Außerhalb Italiens fand die franziskan. Predigt v. a. in den Kreisen des Adels fruchtbare Aufnahme. Nicht zufällig wurde →Elisabeth v. Thüringen sehr bald als eine dem franziskan. Umkreis nahestehende Hl. betrachtet. →Agnes v. Böhmen, Tochter Přemysl Ottokars I., errichtete in Prag nach dem Vorbild und in engem Kontakt mit der Kommunität der hl. Clara ein Kloster.

Um den bis dahin noch nicht gesicherten rechtl. Status des sog. Zweiten Ordens zu ordnen, erließ der Nachfolger Gregors IX., Innozenz IV., eine eigene Regel für alle Frauenkommunitäten, in der die Verbindung mit dem Orden der Minderbrüder bestätigt wurde. Sie enthielt jedoch keinen Hinweis auf die freiwillig gewählte strenge Armut. Aus diesem Grund verfaßte Clara selbst – als erste Frau in der Kirchengeschichte – eine eigene Regel, die v. a.

auf der »Regula bullata« der Fratres minores beruhte. Die päpstl. Bestätigung der Regel der hl. Clara beendete jedoch nicht die komplexe jurid. Situation des in Hinkunft »Ordo sanctae Clarae« gen. Ordens (→Klarissen). Für die Kommunität von →Longchamps, in der die sel. Isabella, Schwester Ludwigs IX., lebte, wurde ein anderer Text verfaßt. Um diese Differenzen zu beenden, promulgierte Papst Urban IV. 1263 eine eigene Regel. Das Ergebnis war jedoch, daß eine Zeitlang einige Kommunitäten nach der Regel Hugolins, andere nach der Innozenz' IV. und wieder andere nach der Claras oder Urbans IV. lebten. Das franziskan. Ideal hörte jedoch nie auf, als religiöses Ferment zu wirken, das häufig bei Frauen auf fruchtbaren Boden fiel. Diese neuen religiösen Lebensformen fanden v. a. im Dritten Orden (→Tertiarier) Aufnahme und kanon. Legitimierung (Regel in der Bulle »Supra montem« Nikolaus' IV. 1289 bestätigt). Die vielen franziskan. inspirierten neuzeitl. Frauenkongregationen erwuchsen fast alle aus diesem spirituellen Traditionsstrang.   M. Bartoli

Lit.: DIP II, 1116–1131 [I. Omaechevarria] – AA. VV., Santa Chiara d'Assisi. Studi e cronaca del VII centenario, 1253–1953, 1954 – I. Omaechevarria, Escritos de Santa Clara, 1970 – Ch. A. Lainati, La cloture de S. te Claire et des premières clarisses, Laurentianum 14, 1972, 223–250 – I. Omaechevarria, Las clarissas a traves de los siglos, 1972 – Ch. A. Lainati, La regola francescana e il Second'Ordine, Vita Minorum 44, 1973, 227–249 – Ders., Scritti e fonti biografiche di Chiara d'Assisi, Fonti Francescane, II, 1977, 2213–2240 – Soc. Internaz. de Studi Francescani, Movimento religioso femminile e francescanesimo nel sec. XIII (Atti del VII conv. Assisi 11–13 ott. 1979), 1980 – A. Vauchez, La sainteté en Occident aux derniers siècles du Moyen Age, 1981 – Il movimento religioso femminile in Umbria nei secoli XIII–XIV (Atti del conv. di Città di Castello 27–29 ott. 1982), 1984 – M. Bartoli, Francescanesimo e mondo femminile nel XIII secolo (Francesco d'Assisi e il francescanesimo nella società del XIII e XIV secolo (Atti del conv. di Roma dic. 1982), 1985 – J. Nemec, Agnese di Boemia. La vita. Il culto. La »leggenda«, 1987 – s. a. →Clara v. Assisi und die einzelnen gen. Hl.n.

Franziskanerschule

I. Allgemein – II. Die ältere Franziskanerschule – III. Die mittlere Franziskanerschule – IV. Die jüngere Fanziskanerschule.

I. Allgemein: Die F., geprägt v. a. vom Augustinismus und von franziskan. Geistigkeit, die sich als wesensverwandt zusammengefunden hatten, zeigt ein vielfältiges Erscheinungsbild. Gemeinsame Züge erhielt sie von →Alexander v. Hales und →Bonaventura her, doch kam es zunächst nicht zur Ausbildung einer förmlichen, ordensintern verbindl. Ordensdoktrin. Erst mit der frühen Scotusschule, als die Lehrüberzeugungen des →Johannes Duns Scotus entfaltet und v. a. verteidigt wurden, entstand als Ordensdoktrin der Scotismus, dem sich fortan die meisten Franziskanertheologen anschlossen. In den »Constitutiones Alexandrinae« (1501) wurde verlangt, an den Generalstudien der Franziskaner sollten bei den dreijährigen Vorlesungen über die Sentenzen des Petrus Lombardus die Quaestionen des Johannes Duns Scotus herangezogen werden, oder, je nach Vereinbarung mit den Hörern, auch eines anderen, wie des Alexander v. Hales, Bonaventuras, des Franziskus v. Meyronnes oder des Richard v. Mediavilla. Der Generalminister Franciscus Lychetus befahl 1520 hingegen, die Ordenslektoren sollten das Opus Oxoniense des Scotus erklären. Im späten 15. und frühen 16. Jh. wurden eigene Lehrstühle für den Scotismus errichtet (Alcalá, Paris, Oxford, Cambridge, Padua, Toulouse, Krakau, Coimbra, Salamanca). 1593 erklärte das Generalkapitel v. Valladolid die Scotuslehre zur Ordensdoktrin.

Der hl. →Franziskus v. Assisi anerkannte in späterer Zeit die Notwendigkeit des theol. Studiums für die evangel. Predigt (vgl. die Hochschätzung der Gottesgelehrten im Testament, c. 3). Mit→Antonius v. Padua († 1231), der von Franziskus zum ersten Lehrer der Theologie in seinem Orden (Konvent Bologna) berufen wurde, zog der Augustinismus in das Denken der F. ein. Bei den Franziskanern wurden die →Artes, die aristotel. Logik (zunächst die »Logica Vetus«) und die »Naturalia« des Aristoteles zuerst an den Hausstudien und Provinzstudien gepflegt. Nur bes. begabte Lehrmeister und Studenten durften an die bald zahlreichen Generalstudien ziehen, die des öfteren (zuweilen nach langen Auseinandersetzungen) den→Universitäten inkorporiert waren. Die bedeutendsten und einflußreichsten Generalstudien der Franziskaner waren diejenigen an den in der Theologie führenden Univ. Oxford und Paris, davon Oxford an erster Stelle.

In Oxford errichteten die Franziskaner bereits 1229 ein eigenes Studium, an welchem der Weltgeistliche→Robert Grosseteste von 1229–35 als erster Lektor wirkte. In Paris trat 1236 der Weltgeistliche →Alexander v. Hales dem Franziskanerorden bei, dem er so den ersten Lehrstuhl an der Univ. Paris verschaffte. Er glossierte als einer der ersten die Sentenzenbücher des→Petrus Lombardus. Mit seiner »Summa Halensis« liefert er den bedeutendsten franziskan. Beitrag zu der Literaturgattung der Summen und die größte Summe der Scholastik überhaupt.

Einen weiteren Höhepunkt erreichte die F. mit dem »Doctor seraphicus«→Bonaventura († 1274), der als bedeutendster Schüler des Alexander v. Hales in Paris studiert hatte und diesem 1243/44 in den Orden nachgefolgt war. Als General und »zweiter Ordensgründer« konnte Bonaventura den wissenschaftl. Studien, zumal der Theologie, auch gegen Widerstände im eigenen Orden einen festen Platz sichern. Mit seinem Sentenzenkomm. (einem der frühesten in seinem Orden und überhaupt), den Quaestiones disputatae, mit seinen theol. (zumal dem Breviloquium als einer kleinen theol. Summe) und asket.-myst. Opuscula, den Ordensschriften und Predigten wurde er beispielgebend für seinen Orden, obgleich er keine eigentl. Schule begründet hat. Zum Schrifttum der Franziskaner gehörten überhaupt nicht bloß systemat. Schriften, sondern ebensosehr Bibelkomm. (über die franziskan. Bibelerklärung→Bibel, Abschnitt B.I [2]d,e), Homilien und systemat. Predigten, asket. (und myst.) Schriften u. ä. Das Schrifttum dieser Art war weit reicher als man gemeinhin annimmt. In der Richtung seines vom Platonismus und Augustinismus geprägten Denkens verbleibend, werden bei Bonaventura alle Wissenschaften auf die Theologie zurückgeführt (De reductione artium ad theologiam); die Schöpfung wird zum Erkenntnisweg zu Gott (Itinerarium mentis in Deum; Collationes in Hexaemeron): christl. Symbolismus. Für seine hierarch. Weltsicht nimmt Bonaventura das von der platon. Philosophie herrührende, im Neuplatonismus der griech. Kirchenväter, bes. bei Ps.-Dionysios (→Dionysius, hl., Abschnitt B) formulierte Prinzip des »bonum diffusivum sui« auf, das in den Gedanken vom »Kreislauf der (ekstatischen) Liebe zum Guten« (Dionys., De div. nom.) einmündet. Christus ist für Bonaventura Mittler und Mitte: er ist die Mitte der Welt, die Mitte der Hl. Schrift, die Mitte der theol. Erkenntnis usf. (Christozentrik); der hl. Franziskus ist für ihn der alter Christus. Die Hinwendung der Franziskanertheologie zum Konkreten und zum Individuellen, zur Freiheit und zugleich zur Einfügung in das größere Ganze, ist bei ihm voll ausgeprägt. Letztl. mündet die trinitar. gesehene Welt ein in die Tiefen des trinitar. Gottes, aus dem sie kommt und in den sie zurückströmt.

II. DIE ÄLTERE FRANZISKANERSCHULE: [1] Die Oxforder F.

wurde geprägt durch→Robert Grosseteste, der Augustinus folgte, aber auch aristotel. Schriften übersetzte und kommentierte, außerdem die Schriften des Ps.-Dionysios und des →Johannes Damaskenos übertrug. Er gab der Oxforder Schule die Hinwendung zur Bibel und zur mathemat. und physikal. Forschung mit. Zur Oxforder F. gehören:→Adam v. Marsh († 1259), als Mag. art. Franziskaner geworden (1232/33), Verfasser einer wichtigen Briefsammlung, sein Schüler und dritter Nachfolger →Thomas v. York († 1260), der um 1245 sein Sapientiale (erstes philos. Hb. der Hochscholastik) verfaßte, →Richard (Rufus) v. Cornwall († nach 1259), wohl Verfasser des ältesten Sentenzenkomm. der Oxforder F., und →Bartholomaeus Anglicus († nach 1250), von dem eine (nach 1235 vollendete) weitverbreitete Enzyklopädie »De proprietatibus rerum« stammt.

[2] Zur Pariser F., begründet durch →Alexander v. Hales, gehören:→Johannes de Rupella (J. de la Rochelle, † 1245), der 1238–45 den zweiten Pariser Lehrstuhl seines Ordens innehatte und an der Summa Halensis mitarbeitete, Odo Rigaldi († 1275; →Eudes Rigaud), der 1243–45 wahrscheinl. in Paris über die Sentenzen las und von 1245–48 Nachfolger des Johannes v. Rupella war, Wilhelm v. Melitona (Middleton; † 1257/60), der 1248 Magister war und im Auftrag von Alexander IV. mit Mitbrüdern die »Summa theologica« des Alexander v. Hales vollendete, und Bonaventura (1217/18–1274), der unter Alexander v. Hales 1236–42 in Paris studierte, als Bacc. sententiarum 1250–52 die Sentenzen erklärte und 1257 auf Geheiß Alexanders IV. (ebenso wie gleichzeitig Thomas v. Aquin OP) Mag. reg. des Pariser Franziskanerstudiums wurde. – Schüler des Robert Grosseteste und des Adam v. Marsh war der sehr kritische, vielen empir. Wissensgebieten zugewandte Polyhistor →Roger Bacon († nach 1292; Mag. art. in Paris, dort 1257 Franziskaner), der in Paris und auch Oxford seine Studien betrieb und im Orden als Außenseiter behandelt wurde.

III. DIE MITTLERE FRANZISKANERSCHULE: Der mittleren F. (zw. Bonaventura und Johannes Duns Scotus), die sich v. a. in der Erkenntnislehre auch Aristoteles zuwandte, gehörten an: →Eustachius v. Arras († 1291), Schüler Bonaventuras und des →Guibert v. Tournai († 1288), 1263–66 Mag. reg. in Paris, sein Nachfolger (1266) Walter v. Brügge (um 1225–1307), dem 1269–71 →Johannes Peckham (um 1230–92) folgte, der 1272–75 in Oxford dozierte. Er war ein schroffer Gegner des Aristotelikers Thomas v. Aquin und vertrat streng den Augustinismus. Ferner zählen zur mittleren F. in Paris: →Wilhelm de la Mare († nach 1282), 1274–75 Mag. reg. und Autor von Correctorien gegen Thomas v. Aquin; der bedeutendste Bonaventuraschüler →Matthaeus v. Acquasparta, Verfasser hervorragender Quaestiones disputatae, 1278–79 Mag. reg. in Paris; →Petrus v. Falco, der nach 1277 als Mag. reg. lehrte, Wilhelm v. Falgar († 1297/98), 1280–82 Mag. reg., und Bartholomaeus v. Bologna († nach 1294). Eine vermittelnde Stellung zw. Augustinismus und Aristotelismus nahm →Richard v. Mediavilla (Doctor Solidus; † 1302/08) ein, der um 1280/81 über die Sentenzen las und 1284–87 Mag. reg. war. Ein eigenständiger Denker war Petrus Johannis →Olivi († 1298), der in Paris studierte und als Führer der Spiritualen mit Neigungen zum Joachimismus in seinem Orden sehr umstritten war. Sein Anhänger Petrus de Trabibus in Florenz faßte Ende des 13. Jh. seine Lehre zusammen. Der Spiritualenrichtung gehörte auch der Arzt u. Laientheologe →Arnald v. Villanova († 1310) an. An der Schwelle zur neuen Richtung des Scotismus stand Gonsalvus Hispanus (→Balbao y

Valcarcel). Weiter sind zu nennen: →Vitalis de Furno (1312 Kard., †um 1327), ein Hauptgegner Olivis, →Alexander Bonini v. Alessandria (†1314), 1307–08 Mag. reg. und Amtsnachfolger (nicht Schüler) des J. D. Scotus; Richard v. Conington (†1310) verteidigte seinerseits die Lehre→Heinrichs v. Gent; Nikolaus v. Ockham, Sententiarier um 1282 in Oxford; Roger v. Marston (†um 1303) zunächst in Cambridge, dann 1282–84 als Mag. reg. in Oxford, und →Wilhelm v. Ware (* 1255/60), der wie manche anderen Theologen mehrmals über die Sentenzen las, wohl auch in Paris. Er beeinflußte J. D. Scotus, war möglicherweise sogar sein Lehrer. Der vielseitige, katal. schreibende →Raimundus Lull(us) (1232–1316), Franziskanertertiar, entwickelte in seinen vielen Schriften eine ausgedehnte wiss. Kombinationskunst.

IV. DIE JÜNGERE FRANZISKANERSCHULE: Ihr Haupt war der »Doctor subtilis« →Johannes Duns Scotus (†1308 in Köln). Mit dem traditionellen Augustinismus verband er auch aristotel. Elemente und ließ sich von der Metaphysik →Avicennas beeinflussen. Er begründete ein philos.-theol. System mit für dasselbe kennzeichnenden Unterscheidungslehren (z. B. Seinsunivozität und Formalunterschied, absolute Prädestination Christi und Immaculatalehre).

Einige zeitgenöss. Franziskanerlehrer waren nicht Scotisten:→Petrus Aureoli (1321 Ebf. v. Aix-en-Provence; †1322), Konzeptualist und Kritiker des Scotus, →Wilhelm v. Ockham (†1347), bekannt durch seine kirchenpolit. Streitschriften, als Logiker Hauptvertreter des →Nominalismus und damit auch Gegner des Scotus und seiner Schule, Walter v. Chatton (†um 1344), ein Gegner Wilhelms v. Ockham, der 1322–23 in Oxford die Sentenzen erklärte, →Adam Wodham (†1358), ein Schüler Wilhelms v. Ockham in Oxford, und der engl. Nominalist Richard Brinkel (Sentenzenkomm. um 1350). Durch Gabriel →Biel (†1495) wurde später Martin Luther von der »Occamica secta« geprägt. Zu den Scotisten zählen weiters nicht, trotz der Kenntnis seiner Lehre:→Alexander Bonini v. Allessandria (†1314), Wilhelm v. Nottingham, seit 1312 Mag. in Oxford (†1336), und Robert Cowton, 1309–11 Sentenziarier in Oxford.

Von den Vertretern der frühen Scotusschule waren einige von größerer Bedeutung und stärkerem Einfluß. Sie brachten die in den verschiedenen Schriften des Scotus verstreuten Lehranschauungen in eine für Schulzwecke geeignetere Form. Sie systematisierten dessen Philosophie und Theologie und verteidigten sie, zumal gegen die Lehrrichtung der sich annähernd gleichzeitig bildenden Thomistenschule. In einzelnen Lehrpunkten haben die Scotisten die Lehre ihres Meisters weiterentwickelt, andererseits zuweilen nicht genügend verstanden, sie verkürzt oder auf andere Weise abgeändert. In einer Zeit voranschreitenden Interesses an naturphilos. Fragen trugen manche Scotisten dazu bei, die nz. Naturwiss. vorzubereiten.

Den Auftakt zum Scotismus gab der Weltgeistl. →Heinrich v. Harclay (†1317 in Avignon), der sich in seinem Sentenzenkomm. (1308) weitgehend Scotus (dessen Reportatio Cantabrigiensis in I Sent.) anschloß und Lehrmeinungen des Thomas v. Aquin bekämpfte. Zu den unmittelbaren Scotusanhängern zählen Hugo v. Novocastro (wohl Neufchâteau in Lothringen), der vermutl. vor 1312/13 in Paris über die Sentenzen las und 1320 dort als Mag. theol. erwähnt wird (Hugos Bild und Name befanden sich unter denen der 14 scotustreuen Lehrer am alten Scotusgrab in Köln), ferner als Lieblingsschüler und treuer Anhänger des Scotus Johannes de Bassolis (†1347), der

um 1313 in Reims die Sentenzen erklärte, und der Bearbeiter der Scotuswerke Antonius Andreas (†um 1320; ein »Scotellus«). →Franziskus v. Meyronnes (†etwa 1327/28), »Doctor illuminatus«, als streng hierarch. Denker zugleich auch Bonaventura verpflichtet, vertrat mit Scotus die Seinsunivozität und den Formalunterschied, die absolute Prädestination Christi und Mariens und, weit systematischer als jener, die Immaculatalehre; in der Theorie von den schlechthinnigen Vollkommenheiten und den »Formalitäten« (Sinngehalten) überbot er Scotus. Er galt als »acerrimus sectae Scoticae propugnator«. →Wilhelm v. Vaurouillon (†1463) ist ebenso von ihm beeinflußt wie etliche Mitglieder der Erfurter Barfüßerschule (15. Jh.) und verschiedene Volksprediger des 15. Jh.

Frühe bedeutende Scotisten waren: →Wilhelm v. Alnwick (†1333 in Avignon), Pariser Schüler des Scotus, der um 1314 in Paris die Sentenzen erklärte und später in Oxford und Montpellier dozierte; Petrus Thomae (†um 1337) OFM Conv. aus Galizien, um 1316–22 Lektor in Barcelona; →Franziskus v. Marchia (†nach 1344); Johannes v. Reading, Scotusschüler und Gegner Wilhelms v. Ockham, der zw. 1319 und 1323 in Oxford über die Sentenzen las; Landulfus Caracciolo (†1351 als Ebf. v. Neapel), dessen Sentenzenkomm. vermutl. kurz nach 1320 entstand, und Anfredus Gonteri, zw. 1302 und 1307 Schüler des Scotus in Paris, 1322 Sententiarier in Barcelona und 1325 in Paris; Geraldus Odonis aus Lothringen (†1349), 1326 Bacc. in Paris, später Mag. theol., der außer seinem Sentenzenkomm. einen Komm. zur aristotel. Ethik verfaßte, und der Katalane Wilhelm de Rubione, dessen Sentenzenkomm. vor 1333 entstand. Scotisten des 14. Jh. waren ferner: Petrus de Aquila (†1361), ein »Scotellus«, der seinen Sentenzenkomm. 1334 vollendete, Nicolaus Bonetus (1342 Bf. v. Malta, †1343 oder 1360), ein unmittelbarer Scotusschüler, Mag. theol. in Paris, der einen Sentenzenkomm., einen Metaphysikkomm. und »Formalitates doctrinae Scot« schrieb; Johannes v. Rodington (†1348), ein Oxforder Sententiarier und Mag. (1340). Dieser war von dem Ockhamschüler →Adam Wodham beeinflußt. Eigenständige Scotisten waren→Johannes de Ripa, der um 1350 in Paris lehrte und einen ausführlichen, didakt. aufgebauten Komm. zu den ersten drei Sentenzenbüchern hinterlassen hat, und dessen Schüler Franziskus v. Perugia d. J., der um 1365 in Paris die Sentenzen erklärte (ebd. 1368 Mag. theol.; 1370 Mag. reg.).

In der 2. Hälfte des 14. Jh. lehrten die Scotisten Andreas de Novocastro (Neufchâteau in Lothringen) und Petrus v. Candia (→Alexander V.), der 1380 in Paris über die Sentenzen las und sich bes. an Johannes de Ripa anschloß. Scotisten waren auch die Weltkleriker →Walter Burleigh (†nach 1343), der Aristoteleskomm. und naturphilos. Schriften hinterließ, und →Thomas Bradwardine (†1349 als Ebf. v. Canterbury), der in seiner theol. Summe »De causa Dei adversus Pelagium« determinist. Ansichten vortrug.

Die Scotisten des 15. Jh. sind v. a. Scotuskommentatoren: →Wilhelm v. Vaurouillon (†1463) OFM Conv. in Paris, der bedeutendste Verteidiger des Scotismus im 15. Jh., der wieder einen vollständigen Sentenzenkommentar hinterließ; Nicolaus d'Orbellis (†1472/75), der in einem prägnanten Sentenzenkomm. das in zahlreichen Auflagen gedruckte klass. Handbuch der Franziskanertheologie seiner Zeit verfaßte und auch zur Logik sowie ein Kompendium zur Mathematik, Physik und Metaphysik schrieb; Stephan Brulefer (†um 1497), ein Schüler des Wilhelm v. Vaurouillon in Paris, der einen kurzgefaßten und klaren Sentenzenkomm. und »Formalitates de doctrinae Scoti« hinterließ, und Pelbart v. Temesvar († 1504), Verfasser eines Sentenzenkomm. (und eines mariolog. Handbuchs, Stellarium coronae BMV), der innerhalb der 4 Bücher alphabet. geordnet ist, eine Art theol. Reallexikon. In Deutschland hielt den Scotismus die Erfurter F. unter der Leitung des Johannes Bremer (1429 Dr. theol., 1442 Regens) hoch. Zu dieser Schule gehören u. a. Christian v. Borxleben (→ 3. Christian) und Christian v. Hiddestorf (→ 4. Christian). Johannes v. Köln OFM Conv. (wohl noch 1. Hälfte des 15. Jh.) erarbeitete aus den Werken des Scotus eine nach Stichworten alphabet. geordnete Sammlung von 430 Quaestionen (gedr. 1476/77). Nicolaus Denyse aus der Normandie († 1509), gefeierter Prediger, verfaßte als Eklektiker ein dogmat. Kompendium (Resolutio theologorum). Streng an Scotus schließt sich in seinen Sentenzenkomm. an Paulus Scriptoris aus Württemberg († 1505), Schüler des Stephan Brulefer. Petrus Tartaretus († zw. 1509 und 1513), ein Weltpriester, 1490 Rektor der Univ. Paris, verfaßte Schriften zur Logik und Komm. zu den Hauptschriften des Aristoteles. Vor 1506 kommentierte er am Franziskanerstudium in Paris sehr gründlich die »Ordinatio« und das »Quodlibet« des Scotus. Ein hervorragender Kenner der Scotuswerke war ferner Franciscus Lychetus aus Brescia (1518 Ordensgeneral; † 1520 in Budapest); dessen Sentenzenkomm. in die von Lucas Wadding († 1657) besorgte Ausgabe der Werke des Scotus aufgenommen wurde. Gratian v. Brescia OFMConv. († 1505) war nach 1488 Prof. der scotist. Theologie an der Univ. Padua und Antonio Trombetta OFM Conv. aus Padua (1436–1517) 1469 Lektor der Metaphysik am Ordensstudium in Padua, 1476 dann Prof. auf dem scotist. Lehrstuhl der Metaphysik an der Univ. Padua. Die lange Reihe der Scotuskommentatoren reicht bis ins 18. Jh. H. Roßmann

Lit.: [allg.]: EFil² II, 1499–1501 – LThK² IV, 285–288 – NCE VI, 36–38 – TRE XI, 397–401 – Sacramentum Mundi, Theol. Lex. für die Praxis II, 1968, 60–65 – UEBERWEG II – HE XIII – GILSON-BÖHNER-GILSON, Hist. – J. CHEVALIER, Hist. de la pensée II, 1956 – F. C. COPLESTON, Gesch. der Philos. im MA, 1976 – F. VAN STEENBERGHEN, Die Philos. im 13. Jh., 1977 – GRABMANN, Theol. – G. A. BRIE, Bibliogr. philosophica 1934–45, 2 Bde., 1950/54 – TOTOK II [Bibliogr.] – E. FRASCADORE-H. OOMS, Bibliogr. delle Bibliografie Francescane, AFrH 57, 1964; 58, 1965; 60, 1967; separat Quaracchi 1967 – F. STEGMÜLLER, Rep. Commentariorum in Sententias Petri Lombardi, 2 Bde, 1947 (dazu: V. DOUCET, AFrH 47, 1954) – RBMA, 1950 ff – HKG III/2 – H. FELDER, Gesch. der wiss. Stud. im Franziskanerorden bis um die Mitte des 13. Jh., 1904 – D. BERG, Armut und Wiss., Beitr. zur Gesch. des Studienwesens der Bettelorden im 13. Jh., 1977 – W. DETTLOFF, Franziskanertheologie (Hb. theol. Grundbegriffe, hg. H. FRIES, I, 1962, 387–392) – weitere Lit. →Franziskaner – *zu [II]:* B. VOGT, Der Ursprung und die Entwicklung der F., FSt 9, 1922, 137–157 – E. LONGPRÉ, L'École franciscaine, La France francisc. 6, 1923, 108–134 – A. G. LITTLE, The Franciscan School at Oxford in the XIIIᵗʰ Cent., AFrH 19, 1926, 803–874 – D. E. SHARP, Franciscan Philos. at Oxford in the XIIIᵗʰ C., 1930 – J. LECHNER, Beitr. zum ma. Franziskanerschrifttum vornehml. der Oxforder Schule, FSt 19, 1932, 99–127 – A. G. LITTLE-F. PELSTER, Oxford Theology and Theologians, C.A.D. 1282–1302, 1934 – GLORIEUX, Rép. – P. GLORIEUX, D'Alexandre de Halès à Pierre Auriol. La suite des maîtres franciscaines de Paris au XIIIᵉ s., AFrH 26, 1933, 257–281 – L. MEIER, Die Erforsch. der ma. dt. Franziskanerscholastik, FSt 18, 1931, 109–150 – É. LONGPRÉ, S. Augustin et la Pensée franciscaine, La France francisc. 15, 1932, 1–76 – A.-M. HAMELIN, L'École franciscaine de ses débuts jusqu' à l'occamisme, Anal. Med. Namurc. 12, 1961 – HADRIANUS A KRIZOVLJAN, Primordia scholae franciscaine, La France francisc. 15, 1932, 1–76 – A.-M. HAMELIN, B. HUGHES, Franciscans and Mathematics, AFrH 76, 1983, 98–128; 77, 1984, 3–66 – s. a. Lit. zu →Alexander v. Hales, ferner TRE II, 245–248 – G. LIPTAI, Die allg. Sakramentslehre des A. v.H. [Diss. Wien 1945] – E. GÖSSMANN, Metaphysik und Heilsgesch. (Summa Halensis), 1964 – V. MARCOLINO, Das AT in der Heilsgesch. (nach A.v.H.), 1970 – s. a.

Lit zu →Bonaventura, ferner: TRE VII, 48–55 – R. SILIĆ, Christus und die Kirche (nach B.), 1938 – H. BERRESHEIM, Christus als Haupt (nach B.), 1939 – J. G. BOUGEROL, Introduction à l'étude de S. Bonaventure, 1961 – A. EPPING, Bonaventuras Stellung in der F., WuW 26, 1963, 65–87 – *zu [III]:* U. KÖPF, Die Anfänge der theol. Wissenschaftstheorie im 13. Jh., 1974 – ST. M. MARRONE, Matthew of Acquasparta, Henry of Ghent and Augustinian Epistemology after Bonaventure, FSt 65, 1983, 252–290 – s. a. Lit. zu →Johannes Duns Scotus – *zu [IV]:* F. EHRLE, Der Sentenzenkomm. Peters v. Candia, 1925 – H. SCHWAMM, Das göttl. Vorherwissen bei Duns Scotus und seinen ersten Anhängern, 1934 – B. ROTH, Franz v. Mayronis, 1936 – E. WEGERICH, Bio-bibliogr. Notizen über Franziskanerlehrer des 15. Jh., FSt 29, 1942, 150–197 – A. MAIER, Stud. zur Naturphilos. der Spätscholastik, I–V, 1943–51 – L. MEIER, Die Barfüßerschule zu Erfurt, 1958 – W. DETTLOFF, Die Entwicklung der Akzeptations- und Verdienstlehre von Duns Scotus bis Luther, 1963 [Lit.] – H. ROßMANN, Die Hierarchie der Welt (Franz v. Meyronnes), 1972 [Lit.] – A. MAIER, Ausgehendes MA, I–III, 1967–77 – s. a. →Wilhelm v. Ockham und die anderen gen. Autoren.

Franziskanertertiaren → Tertiaren

Franziskus. 1. F. v. Assisi, hl. (Festtag: 4. Okt.), Gründer des Ordens der →Franziskaner, * 1181 (1182) in Assisi, † 3. Okt. 1226 bei S. Maria degli Angeli (Portiuncula), ▢ 4. Okt. 1226 in S. Giorgio, Assisi, 25. Mai 1230 Translation nach S. Francesco, Assisi, 16. Juli 1228 heiliggesprochen.

I. Vita und Schriften – II. Literarisch – III. Ikonographie.

I. VITA UND SCHRIFTEN: [1] *Leben und Wirken:* Als Sohn des Tuchhändlers Pietro di Bernardone und seiner Gattin Giovanna (Pica) geboren, auf den Namen Giovanni getauft, erhielt er nach der Rückkehr seines Vaters von einer Frankreichreise den Namen Francesco. Vom Vater in das Provençal. eingeführt, erlernte F. in der Schule v. S. Giorgio das Lesen und Schreiben als Voraussetzung für die Ausübung des Fernhandels. Er nahm an der lebensfrohen Gesellschaft seiner Alters- und Standesgenossen teil und versuchte, sich durch aristokrat. Manieren den polit. und sozial an Bedeutung verlierenden Maiores bzw. →Boni homines anzupassen. Nach einjähriger Gefangenschaft in →Perugia (Schlacht bei Collestrada gegen Assisi, Nov. 1202) brach er 1204 (1205) nach Apulien auf, um sich im Heer Walters (Gautiers III.) v. →Brienne den Ritterschlag zu verdienen, kehrte jedoch schon von Spoleto aus wieder nach Assisi zurück. Damit begann ein »Bekehrungsprozeß«, der über Buße, Zurückgezogenheit, Aussätzigenpflege, Wiederherstellung verfallener Kirchen und Schenkungen an die Armen Anfang 1206 in Gegenwart Bf. Guidos II. v. Assisi zur freiwilligen Enterbung und zur Lösung aus der bisherigen Umwelt führte. Am 24. Febr. 1208 erlangte F. bei der Lektüre der Tagesperikope Mt 10, 5 ff. letzte Klarheit über seine Berufung zu einem Leben nach dem Evangelium.

Gemeinsam mit den sich ihm anschließenden Brüdern, u. a. Petrus Catanii, Bernhard v. Quintavalle und →Egidius v. Assisi, erhielt er im Frühjahr 1209 (1210) in Rom auf Vermittlung Bf. Guidos v. Assisi und Kard. Johannes' v. St. Paul von Innozenz III. die mündl. Anerkennung für eine am Evangelium ausgerichtete gemeinsame Lebensform (Protoregula). Von Rivotorto und Portiuncula aus forderten F. und seine Brüder die Gläubigen zur Buße auf. Im Frühjahr 1212 schloß sich ihnen →Clara v. Assisi an. 1219 brach F. nach Ägypten auf, nachdem er schon 1211 bzw. 1213/14 vergebl. versucht hatte, den Muslimen in Syrien und Marokko den Glauben zu verkünden. Erfolglos bemühte er sich, vor →Damietta den Sultan al-Malik al Kāmil zu bekehren und damit auf friedl. Weise die Ziele der →Kreuzzüge zu erreichen. Enttäuscht und von Malaria sowie Ägypt. Augenkrankheit befallen, sah er sich nach der Rückkehr Spannungen unter seinen Brüdern gegenüber, die vor der Entscheidung standen, sich dem traditionellen Ordenswesen anzupassen oder als locker organisierte Bruderschaft dem ursprgl. Ideal zu entsprechen, d. h. in Besitz- und Heimatlosigkeit Christus und seinen Jüngern zu folgen. F. verzichtete 1220/21 zugunsten der von ihm als Vikare eingesetzten Petrus Catanii bzw. →Elias v. Cortona (v. Assisi) auf die direkte Leitung des Ordens und veranlaßte Honorius III., den Kard. Hugolin v. Ostia (→Gregor IX.) als Ordensprotektor zu bestellen. Seit ca. 1215 war es auf mehreren Kapiteln, u. a. dem Mattenkapitel von 1219, unter seiner Mitarbeit zur Abfassung einer Regel (Regula non bullata) gekommen. Erst nach wiederholter Überarbeitung wurde sie am 29. Nov. 1223 von Honorius III. bestätigt (Regula bullata; →Franziskaner). Der stark unter seinen Krankheiten leidende F. wirkte danach nur noch gelegentl. auf den Orden ein, um angesichts der mit seiner Institutionalisierung, Expansion und Klerikalisierung verbundenen Konsequenzen die ursprgl. Intentionen in Erinnerung zu rufen. Seine verstärkte Hinwendung zu einer vom Gedanken der Nachfolge des leidenden Christus bestimmten Askese erreichte ihren Höhepunkt in der Stigmatisation, die er am 14. Sept. 1224 auf La Verna erlebte. Nach einer anstrengenden Predigtreise verschlimmerte sich im Frühjahr 1225 sein Zustand so, daß auch schmerzhafte ärztl. Eingriffe keine Besserung mehr bringen konnten. Seine letzte, in fast völliger Blindheit verbrachte Leidenszeit (u. a. Entstehung von »Sonnengesang« und Testamente) ging auf bewegende Weise in einer Hütte bei der Portiuncula (heut. Cappella del Transito in S. Maria degli Angeli) zu Ende.

[2] *Schriften:* F., der von sich sagte, er sei »ignorans et idiota«, aber dennoch über eine bemerkenswert große literar. (Latein) und theol. Bildung verfügte, hat mehrere kleinere, seit L. Wadding (1623) als »Opuscula« bezeichnete Schriften verfaßt. Soweit sie nicht – wie die Protoregula und Briefe an Hugolin und Clara – verloren gegangen sind, handelt es sich bei ihnen um die beiden gen. Regeln, die Lebensform für Clara, die Regel für Eremitorien, die Testamente, Briefe an die Brüder Leo und Antonius, an den ganzen Orden, seine Kustoden und Minister, an den Klerus, die Gläubigen und die Lenker der Völker sowie Ermahnungen und Lobpreisungen, von denen der sog. »Sonnengesang« die bekannteste ist. Neben diesen von BOEHMER, GOETZ, LEMMENS, ESSER als original bezeichneten Schriften (von F. allein oder mit Hilfe gelehrter Brüder verfaßt bzw. geschrieben) gibt es eine Reihe von Schriften (VORREUX, ESSER), die nachweisl. nicht direkt auf F. zurückgehen, ihrem Stil und Inhalt nach jedoch als franziskan. bezeichnet werden können. Vgl. auch Abschnitt II.

[3] *Franziskusbiographien des MA:* Neben den »Opuscula«, der urkundl. Überlieferung und den Zeugnissen der zeitgenöss. Chronisten (»Testimonia minora«) ist die Ordenshistoriographie die wichtigste Quelle für F. und die Anfänge seines Ordens. Neben den offiziösen Viten und dem Mirakelbericht von →Thomas v. Celano (1. Cel., 2. Cel., 3. Cel.), →Julians v. Speyer »Officium« und →Bonaventuras »Legenda Maior«, von denen zahlreiche jüngere Viten und Legenden abhängen, stehen die nur teilweise von Thomas v. Celano und Bonaventura berücksichtigten Aufzeichnungen der ersten Brüder, die in mehreren, kompliziert voneinander abhängigen biograph. Schriften (»Anonymus Perusinus«, »Legenda Perusina«, »Legenda trium Sociorum«, »Speculum perfectionis« und »Actus B. Francisci«) ihren Niederschlag gefunden haben. Auf sie gehen z. T. die weitverbreiteten →Fioretti und die

weniger für den hist. F. als vielmehr für die spätere Franziskusdeutung aufschlußreichen Traktate »De conformitate vitae b. Francisci ad vitam Domini Jesu« des →Bartholomaeus v. Pisa und »Arbor vitae crucifixae Jesu« des →Ubertino da Casale zurück.

[4] *Persönlichkeit, Bedeutung, Beurteilung:* F., dessen Aussehen Thomas v. Celano (1. Cel. 83) beschreibt, verfügte über hohe intellektuelle Begabung, große Sensibilität und starke Ausdruckskraft in Gestus und Sprache. Freudige Hinwendung zu Mensch und Schöpfung sowie demütige Anerkennung geistl. Autorität verbanden sich mit gelegentl. zu Starrsinn neigender Willenskraft. Dies machte ihn zu einem homo religiosus par excellence und zu einer charismat. Persönlichkeit, verschaffte ihm auch das Vertrauen Innozenz' III., als er sich 1208/09 entschloß, mit seinen Gefährten in Armut, Heimatlosigkeit, vorbildhaftem Leben und Verkündigung die Forderungen des NT auf eine Weise zu befolgen, die zwar in der Tradition der Urkirche und der Reformbewegungen des HochMA stand, z. T. aber auch mit der Praxis häret. Gruppen wie der →Waldenser und →Katharer übereinstimmte. Es ist, vom kirchengesch. Standpunkt her gesehen, sein Verdienst, dieses Vertrauen nicht enttäuscht, sondern um den Preis oft schmerzl. Kompromisse die zw. Rechtgläubigkeit und Ketzerei schwankende hochma. Armutsbewegung (→Armut, II) in die Kirche integriert und die infolge geistiger, polit., sozialer und ökonom. Veränderungen drohende Entfremdung zw. Hierarchie und Volk durch die Schaffung einer neuen, bis heute lebendigen religiösen Kultur verhindert zu haben. Über Persönlichkeit und Bedeutung des F. gab es bereits im 13. und 14. Jh. gegensätzl. Auffassungen. Während ihn die mit Thomas v. Celano einsetzende, in der 1266 als maßgeblich erklärten »Legenda Maior« Bonaventuras ihren Höhepunkt erreichende Ordenshistoriographie als vorbildl. Asketen, Ordensgründer und Hl.n in der Kirche darstellt, sehen die auf die inoffizielle Überlieferung zurückgreifenden →F.-Spiritualen und →Fraticellen unter dem Einfluß der Bibelexegese des →Joachim v. Fiore in ihm in erster Linie den »Alter Christus« und »Engel des 6. Siegels«, den sie ihrer Meinung nach vom wahren Evangelium abweichenden Kirche als Gegenbild vorhalten. Die sich zw. diesen Polen bewegende Franziskusdeutung des SpätMA erhielt durch die Gelehrten des 17. und 18. Jh., v. a. aber durch die Geschichtsschreibung des 19. Jh. neue Akzente. GÖRRES, v. HASE, THODE, SABATIER u. a. bezeichneten F. als »Troubadour Gottes«, »Personification des christl. Geistes«, »Sozialrevolutionär«, »Vorläufer der Renaissance« und tragisch am Widerstand der Hierarchie gescheitertes »religiöses Genie«. Die neuere Forschung (ESSER, DESBONNETS, MANSELLI u. a.) teilt weitgehend die Auffassung von W. GOETZ, daß F. der Kirche stets treu geblieben und die »Richtung seiner Gründung eine ordensmäßige« gewesen sei.

K. Elm

Bibliogr.: H. J. OOMS – E. FRASCADORE, Bibliogr. delle bibliogr. francescane, 1967 – Bibliogr. Franciscana a cura dell'Ist. St. OFMCap. I–XIX, 1970 sq. – Vgl. auch: Bibl. SS V, 1964, 1052–1150 – DHGE XVIII, 683–698 – DIP IV, 513–527 – TRE V, 299–307 und die laufenden Periodika des Ordens. – *Ed. und Lit.:* zu *[1]:* K. v. HASE, F. v. A. Ein Heiligenbild, 1856 – P. SABATIER, Vie de S. F. d'A., 1893 – L. ZARNCKE, Der Anteil Kard. Ugolinos an der Ausbildung der drei Orden des hl. F., 1930 – E. GRAU, Die ersten Brüder des hl. F., FSt 40, 1958, 132–144–A. FORTINI, Nova vita di S. F., I–IV, 1959 – O. SCHMUCKI, De S. F. stigmatum susceptione, CF 33, 1963; 34, 1964 – DERS., De infirmitatibus S. F., Misc. M. de Pobladura, 1964, 99–129 – K.-V. SELGE, F. v. A. und die röm. Kurie, ZThK 67, 1970, 129–161 – Assisi al tempo di S. F., Atti del V Convegno Soc. Int. St. Franc., 1978 – O. SCHMUCKI, »Ignorans sum et idiota«. Das Ausmaß der schul. Bildung des Hl. F. v.

A. (Festg. L. G. Spätling, 1977) – G. Wendelborn, F. v. A., 1977 – R. Manselli, F. d'A., 1980 [dt. 1984] – G. Ruf, Das Grab des hl. F., 1981 – L. di Fonzo, Per la cronologia di S. F. Gli anni 1182–1212, Misc. Franc. 82, 1982, 1–115 – G. Basetti-Sani, L'Islam e F. d'A., 1984 – C. Frugoni, La giovinezza di F. nelle fonti, StM 25, 1984, 115–146 – *zu [2]:* K. Esser, La tradition manuscrite des Opuscula de St F. d'A., 1972 – Ders., Stud. zu den Opuscula des hl. F. v. A., 1973 – Ders., Die Opuscula des F. v. A. (Textkrit. Ausg.), 1976 [dt.: L. Hardick – E. Grau, 1984⁸] – *Ergänzung zur Ed.:* Boccali, CF 48, 1978, 5–29 – O. Schmucki, Fidelis 68, 1981, 17–30 – *zur neueren Lit. neben Hardick und Grau:* L. Pellegrini, F. e i suoi scritti, RSCI 36, 1982, 310–331 – *zu [3]:* L. Lemmens, Testimonia min. saec. XIII. de S. F., 1926 – Legendae S. F. A. saec. XIII, Anal. Franc. X, 1926–41 – Th. Desbonnets, Legenda trium sociorum, AFrH 67, 1974 – M. Bigaroni, Compilatio Ass. degli Scritti di fr. Leone e compagni su F. d'A., 1975 – Ders., Speculum perfectionis, 1983 – Dt. Übers. der meisten Schr. in der Reihe: Franzisk. Q.schr., 1951ff. – *zum Verhältnis der Q.:* La »Questione francescana dal Sabatier ad oggi«. Atti del I Convegno. Soc. Int. Studi Franc., 1974 – R. Manselli, »Nos qui cum eo fuimus«. Contributo alla questione franc., 1980 – *zu [4]: Persönlichkeit-Spiritualität-Zielsetzung:* W. Goetz, Die ursprgl. Ideale des hl. F. v. A., HVj 6, 1903 – H. Tilemann, Stud. zur Individualität des F. v. A., 1914 – H. Felder, Die Ideale des hl. F., 1924 – R. Koper, Das Weltverständnis des hl. F. v. A., 1959 – S. Verhey, Der Mensch unter der Herrschaft Gottes, 1960 – E. Longpré, F. d'A. et son expérience spirituelle, 1966 [auch: DSAM V, 1268–1307] – O. Schmucki, Das Leiden Christi im Leben des hl. F. v. A., 1968 – J. Schlauri, S. F. et la Bible. Essai bibl. de sa spiritualité évangélique, CF 46, 1970, 365–432 – K. Elm, F. und Dominikus. Antriebskräfte und Wirkungen zweier Ordensstifter, Saeculum 23, 1972, 127–148 – D. v. Lapanski, Perfectio evangelica, 1974 – E. R. Daniel, The Franciscan Concept of Mission, 1975 – W. Egger, F. v. A. Das Evangelium als Alternative, 1981 – L. Lehmann, Tiefe und Weite. Der universale Grundzug in den Gebeten des F. v. A., 1984 – *Bedeutung:* H. Grundmann, Religiöse Bewegungen des MA, 1932 – A. Gemelli, Il francescanesimo, 1936 [dt. 1952] – M. Maccarone, Riforma e sviluppo della vita religiosa con Innocenzo III, RSCI 16, 1962, 27–72 – H. Roggen, Die Lebensform des hl. F. in ihrem Verhältnis zur feudalen und bürgerl. Gesellschaft Italiens, FSt 46, 1964, 1–57, 287–321 – J. Vignaud, S. F. d'A. et son message pour le monde, 1970 – K. Esser, Der hl. F. und die religiösen Bewegungen seiner Zeit (S. F. nella ricerca storica . . ., 1971), 95–123 – B. M. Bolton, Tradition and Temerity. Papal Attitudes to Deviants (Schisme, Heresy and Religious Protest, 1972), 79–92 – A. Rotzetter, Die Funktion der franziskan. Bewegung in der Kirche, 1977 – A. Rotzetter, W. Ch. van Dijk, Th. Matura, F. v. A. Ein Anfang und was davon bleibt, 1982² – 800 Jahre F. v. A., Ausstellungskat. Krems-Stein, 1982 – F., il Francescanesimo e la cultura della nuova Europa, hg. J. Baldelli – A. M. Romanini, 1986 – *Beurteilung:* S. F. nella ricerca storica . . . Convegni del Centro di Studi sulla Spiritualità Medievale XI, 1971 – S. da Campagnola, F. d'A. nei suoi scritti e nelle sue biografie del sec. XIII–XIV, 1977 – F. d'A. nella storia I–II. Atti del primo (secondo) Convegno di studi per l'VIII cent. della nascità di S. F. 1981, 1982 – L'immagine di F. nella storiografia dall'Umanesimo all'Ottocento. Atti del IX Convegno. Soc. Int. Stud. Franc., 1983.

II. Literarisch: Der sog. »Sonnengesang« (in der ältesten Hs. cod. 338, Bibl. com. Assisi, 13./14. Jh., »Laudes creaturarum«) dürfte 1224–26 im Kl. San Damiano bei Assisi entstanden sein. In dem Gedicht, das aus 33 verschieden langen Zeilen in rhythm. Prosa besteht, die je zwei oder drei mit einander assonieren, seltener reimen, ahmt F. die Versikel der Psalmendichtung und der ma. lat. Reimprosa nach. Aufgrund seiner Ausbildung schrieb er ohnehin Latein. Von seinem lat. Lobgesang »Laudes creatoris« ist nur ein Bruchstück erhalten. Die Auffassung, auch der S. sei ursprgl. lat. abgefaßt gewesen und erst von den Gefährten des Hl.n ins It. übersetzt worden, ist endgültig widerlegt. Die Sprache des S.s trägt die Züge der umbr. Dialekte westl. des Tibers: auslautendes -u; anlautendes j-: iorno; »confano« statt »confanno«; »messor« für umbr. »mezzure«; kein Umlaut von betonten -e- und -o-; keine toskan. Diphthonge (-ie-, -uo-); sie ist jedoch in der Schreibung, z. T. der Lautung, in der Wortgestalt und der Wortwahl von Lat. mitgeprägt. Der etwa gleichzeitig mit den frühesten Minneliedern der Sizilianer, aber unabhängig von ihnen entstandene »Cantico« steht außerhalb der Bewegung, aus der die it. Kunstlyrik erwächst. Literar. bleibt er ohne Nachfolge. Allenfalls kann er als ein frühes, aber isoliertes Beispiel der umbr. →Laudendichtung angesehen werden. Seine Überlieferung in nur acht verstreuten Hss., wobei keine davon höf. Lyrik oder Lauden enthält, besagt, daß der S. nicht über einen engen Kreis hinaus bekannt wurde. Erst die Philologie des 19. Jh. hat dem Gedicht zu einem späten Ruhm verholfen. Sicher nicht als »Gedicht« gemeint, sondern als Hymnus für den Vortrag durch die Gläubigen, stellt der S. die erste große dichter. Leistung in it. Sprache dar.

Seine Deutung ist in neuerer Zeit lange umstritten gewesen. Nach L. F. Benedetto, L. Russo und N. Sapegno ruft der Hl. die Geschöpfe Gottes auf, mit ihm in das Lob des Schöpfers einzustimmen (Vorbild: Gesang der drei Jünglinge im Feuerofen [Daniel III, 52–90], Ps 148). Die Auslegung hängt von der Bedeutung ab, die man dem »cum« in der 5. Zeile und dem »per« in den nachfolgenden Zeilen gibt. Die traditionelle und heute wieder als die richtige erkannte Auffassung (Lazzeri, Contini) deutet »cum« als »mitsamt« (d. h. Gott mitsamt seinen Geschöpfen) und nachfolgendes »per« jeweils als »wegen«, »für«; man sieht also im S. keine Aufforderung an die Geschöpfe, sondern erkennt sie als den Grund für das Lob. Der Genitiv in »Laudes creaturarum« ist als objektiv zu verstehen, nicht als 'Lobgesang der Geschöpfe', sondern als 'Lobpreisung der Geschöpfe'.   W. Th. Elwert

Ed. und Lit.: Ed. pr. Fra Bartolommeo da Pisa, Conformitates, 1510 – L. Wadding, Opuscula S. Francisci cum commentariis, Antwerpen 1623 – L. F. Benedetto, Il Cantico di Frate Sole, 1941 – E. Monaci, Crestomazia it. dei primi secoli, 1955⁵ [Grundlage cod. 338, Assisi] – G. Lazzeri, Antologia dei primi secoli della lett. it., 1942 [mit Diskussion zur Deutung des Textes] – V. Branca, Il »Cantico di Frate Sole«. Studio delle fonti e testo critico, 1950 – G. Contini, Poeti del Duecento I, 1960 – C. Gennaro, Francesco d'Assisi, 1982 – D. Barsotti, La preghiera di San Francesco, 1984 – A. Oxilia, Il Cantico di Frate Sole, 1984.

III. Ikonographie: Bald nach dem Tod des hl. F. und etwa gleichzeitig mit dessen frühestem lit. Porträt (Thomas v. Celano I, 83) kommt es auch zu den ersten bildl. Darstellungen des Hl., zunächst Einzeldarstellungen, die bis zu einem gewissen Grade Porträtcharakter zeigen. Das früheste erhaltene Beispiel, das 1228 entstandene Fresko in der Cappella di S. Gregorio im Sacro Speco in →Subiaco, ist ein Wandbild, das an einen Besuch des Hl. in Subiaco erinnert. Doch sind von 1228 an auch Altarretabel, die den Hl. als ganze Figur und mit seinen Wundmalen wiedergeben und ihn häufig von Szenen aus seinem Leben begleitet zeigen, nachweisbar. Die früheste, nur in einem Stich aus dem 17. Jh. überlieferte Pala dieser Art ist die von S. Miniato al Tedesco, die das Datum 1228 trug. Um 1250/60 ist das stattlichste Werk dieser Gruppe, die Pala in der Bardikapelle von S. Croce (Florenz) entstanden. – Seit der Mitte des 13. Jh. wird die Franziskusvita zum bevorzugten Gegenstand der Wandmalerei in Franziskanerkirchen (Konstantinopel, Kalenderhane Camii, um 1250/60; Assisi, S. Francesco, Unterkirche, um 1260). Der bedeutendste dieser Monumentalzyklen ist die vom frühen Giotto und seiner Werkstatt um 1300 geschaffene, 28 Szenen umfassende »Franziskuslegende« in der Oberkirche von S. Francesco in Assisi, die zum Vorbild für zahlreiche spätere F.-Zyklen wurde (Rieti, S. Francesco; Pistoia, S. Francesco; Todi, S. Fortunato; Florenz, S. Croce, Bardikapelle). – s. a. →Cimabue.   J. Poeschke

Lit.: LCI VI, 266–315 – H. Thode, Franz v. Assisi, 1885 – B. Kleinschmidt, St. F. in Kunst und Legende, 1926⁵ – H. Hager, Die Anfänge des it. Altarbildes, 1962 – G. Ladner, Das älteste Bild des hl. F. v. Assisi (Fschr. P. E. Schramm, I, 1964), 449–460 – D. Blume, Wandmalerei als Ordenspropaganda, 1983 – J. Poeschke, Die Kirche S. Francesco in Assisi und ihre Wandmalereien, 1985.

2. F. v. Paola (Paula), hl. (Festtag: 2. April), * 27. März 1438 (1416) in Paola (Kalabrien), † 2. April 1507 in Plessis-lès-Tours; Kanonisation 1. Mai 1519.

Francesco d'Alessio trat mit dreizehn Jahren als Oblat in den Franziskanerkonventualenkonvent S. Marco Argentano (Cosenza) ein, wie das die betagten Eltern vor seiner Geburt gelobt hatten. Er ließ schon früh asket. Neigungen erkennen und begann nach zweijährigem Klosteraufenthalt und einer Pilgerreise nach Rom und Assisi entsprechend dem Vorbild der Wüstenväter ein autonomes Eremitenleben. Als Asket und Wundertäter berühmt, wurde er 1482 nach Frankreich gerufen, um dem schwerkranken Kg. Ludwig XI. geistl. Beistand zu leisten. Er behielt auch am Hofe seinen bisherigen Lebensstil bei (homo herbarius) und vermochte nicht zuletzt deswegen friedenvermittelnd zu wirken und im Sinne von Kirche und Papsttum (Sixtus IV.) Einfluß auf Ludwig XI. und Karl VIII. auszuüben. Aus der Societas pauperum heremitarum, die sich bereits in Kalabrien (Cosenza) um ihn gebildet hatte, ging mit bfl. (1470) und päpstl. Billigung (1474) der durch strenge Buß- und Fastenpraxis charakterisierte Orden der →Minimen (Paulaner) hervor. K. Elm

Q.: Vita S. F de P... scripta ab anonymo, ed. G. Perrimezzi, 1707 – I codici autografi dei processi... per la Canonizzazione, 1964 – Lit.: DIP IV, 527–530 – Bibl. SS 5, 1965, 1163–82 – Boll. Uff. dell'Ord. dei Minimi 1ff., 1955ff. [Lit.] – E. Russo, Bibliogr. di S.F. die P., 1957/67 – R. Fiot, J. Bourdichon et S.F., 1961 – G. M. Roberti, S.F. di P., Storia della sua vita, 1963² – A. M. Garuzzi, Origini dell'Ordine dei Minimi, 1967 – G. Vezin, S.F., fondateur des Minimes, et la France, 1972 – San Francesco di Paola. Chiesa e società del suo tempo, 1984.

Franziskusmeister, nach der Franziskustafel in S. Maria degli Angeli in Assisi benannter Maler, der um 1260/70 in Umbrien tätig war. Der Name »Meister des Franziskus« geht auf H. Thode (1885) zurück. Außer der gen. Franziskustafel schrieb Thode ihm das 1272 dat. Tafelkreuz in Perugia (Galleria Naz.), eine Franziskustafel ebd. und die Franziskusszenen im Langhaus der Unterkirche von S. Francesco in Assisi zu – nicht hingegen die den letzteren gegenüberstehenden Szenen aus der Passion Christi, die heute als das eigtl. Hauptwerk des F. gelten und um 1260 datiert werden. – Nur zum Teil noch der in der 1. Hälfte des 13. Jh. vorherrschenden »maniera greca« verpflichtet, zeigt der F., der offensichtl. dem Figurenstil des Bildhauers Nicola →Pisano einiges verdankte, mancherlei neuartige, »moderne« Züge. V. a. die erzähler. Vielfalt seiner szen. Darstellungen und der mit großer Unmittelbarkeit an den Betrachter gerichtete seel. Ausdruck seiner Figuren überraschen. Von ganz ungewöhnl. Lebhaftigkeit und Motivvielfalt ist auch die gemalte Ornamentik in der Unterkirche von Assisi. Weder in der älteren it. noch in der byz. Malerei gibt es dazu Vergleichbares. Eher zeigt sich darin – wie auch in der für Italien neuartigen, strikten Architekturbezogenheit des Dekorationssystems der Unterkirche – ein Einfluß der nord. Gotik, der auch ansonsten für die frühe maler. Ausstattung der Grabeskirche des hl. Franziskus von größter Bedeutung war. J. Poeschke

Lit.: H. Thode, Franz v. Assisi und die Anfänge der Kunst der Renaissance in Italien, 1885 – J. Cannon, Dating the frescoes by the Maestro di S. Francesco, The Burlington Magazine 124, 1982, 65–69 – S. Romano, Le storie parallele di Assisi: il Maestro di S. Francesco, Storia dell'arte 44, 1982, 63–81 – J. Poeschke, Die Kirche S. Francesco in Assisi und ihre Wandmalereien, 1985.

Französische Literatur

I. Anfänge (bis Mitte 12. Jh.) – II. Zweite Hälfte des 12. Jh. – III. 13. Jahrhundert – IV. Mittelfranzösische Literatur.

I. Anfänge (bis Mitte 12. Jh.): Im Gegensatz zu Deutschland (→Althochdeutsche Literatur und Sprache; →Deutsche Literatur) oder zu England (→Altenglische Literatur; →Englische Literatur) sind in Frankreich nur sehr wenige volkssprachl. Literaturdenkmäler aus der Zeit vor dem 12. Jh. erhalten. Die einzigen Zeugen einer lit. volkssprachl. Klosterkultur sind die→Eulaliasequenz (um 880), die frz.-prov. Passion und das Leodegarlied aus dem 10. Jh., aus dem 11. Jh. das →Alexiuslied, die prov. »Chanson de Sainte Foi« (→Fides, hl.) sowie der →»Sponsus«, ein halbliturg. Drama in lat. und frz. Versen. Diese inhaltl. auf lat. Vorlagen zurückgehenden Texte wurden alle gesungen und benutzen, mit Ausnahme des in Laissen abgefaßten prov. Fides-Liedes, die stroph. Form. Eine Tradition begründen sie nicht. Die volkssprachl. Hagiographie verwendet auch später verschiedene lit. Formen und läßt sich somit nur nach inhaltl. Kriterien als Gattung definieren.

Im Gegensatz zur Klosterkultur hat aber die Laienkultur, unabhängig von lat. Vorlagen, eine traditionsbildende lit. Form geschaffen, die →Chanson de geste, deren älteste Zeugen, das →Rolandslied, →»Gormond et Isembart« und die »Chanson de Guillaume« (→Wilhelmsepen), in welcher Form auch immer, noch ins 11. Jh. gehören. Deren formale Technik spiegelt sich in den Laissen des Fides-Liedes und im epischen Zehnsilber des Alexiusliedes wieder. Die Chansons de geste sind ideolog. feudal besetzt und legen, meistens exemplifiziert an der karol. Epoche, Muster zur Gegenwartsbewältigung vor. Die Besonderheit der afrz. Epik (→Epos, Abschnitt II) liegt in ihrem Bezug zur Geschichte. Nicht von ungefähr wird die Form der Chanson de geste auch von der ältesten volkssprachl. »Geschichtsschreibung« übernommen, den Liedern vom ersten Kreuzzug (→Kreuzzugsdichtung), »Chanson d'Antioche«, »Les Chétifs«, »La Conquête de Jérusalem«, die allerdings nur in den Zyklen um →Gottfried v. Bouillon aus dem Ende des 12. Jh. auf uns gekommen sind. Bedeutsam ist auch, daß das älteste Zeugnis laikaler höf. Kultur, die Alexanderdichtung des Albéric de Pisançon (um 1130) ebenfalls die Form der Chansons de geste übernimmt. Alle späteren Alexanderdichtungen in Versen haben diese Form bewahrt (→Alexander d. Gr., Abschnitt B. V). Alexander d. Gr. ist der erste »profane« Held, dessen Geschichte als Vita erzählt wird.

Bis zur Mitte des 12. Jh. haben sich drei Literaturlandschaften herausgebildet: Der Süden, wo die laikale höf. Lyrik entsteht (→Provenzal. Lit.), der Norden, mit seiner epischen Tradition, und England (→Anglonormannische Lit.), wo keine literar. Schwerpunkte auszumachen sind; es läßt sich höchstens negativ feststellen, daß Lyrik und Chanson de geste in der anglonorm. Lit. fast vollständig fehlen.

II. Zweite Hälfte des 12. Jh.: Der erstaunl. Neueinsatz und die überreiche Produktion, die für viele Lit. Modellcharakter haben wird, lassen sich nicht befriedigend erklären; man kann allenfalls die günstigen Rahmenbedingungen aufzählen: relativer Friede, ökonom. und demograph. Aufschwung, vorausgehende Blüte der lat. höf. Literatur. So gut wie innerhalb einer einzigen Generation entstehen die neuen lit. Gattungen: Abenteuerroman, hist. Roman, Artusroman (→Artus), Kurzerzählungen, Lais, der →Roman de Renart, die →Fabliaux, neue Theaterformen (Jean →Bodel). Zentren der höf. Kultur sind die Höfe von →Blois und →Champagne, der Hof der →Plantagenêt owie kleinere Zentren, v. a. im N Frankreichs bis hin nach Flandern. Über das lit. Mäzenatentum sind wir in den meisten Fällen nur durch Andeutungen unterrichtet. Sicher übertrieben ist die von der älteren Kritik berühmten Frauen wie →Eleonore v. Aquitanien (4. E.) oder deren Tochter Marie de Champagne (→Marie de France) zugewiesene Mäzenatenrolle. Unbestritten ist der Beitrag des Hofes→Heinrichs II. Die frz. Kg.e hingegen waren keine Förderer der höf. Lit. Der in Paris enstandene Traktat über und gegen die höf. Liebe des →Andreas Capellanus zeigt die iron. Distanz, mit welcher der Lit.betrieb in den »Provinzen« von der »Hauptstadt« aus verfolgt wurde. Zur Lit. an den Höfen gehören auch bedeutsame lat. Werke, deren Bezüge zur frz. Lit. allerdings noch kaum untersucht worden sind.

[1] *Erzählende Literatur:* Vereinfachend lassen sich drei Grundmuster erkennen, von denen die beiden ersten vor allem lat. Vorlagen, das dritte mündl. tradierte kelt. Stoffe verarbeiten. Das erste Grundmuster liefert der Apolloniusroman (→Apollonius v. Tyrus), von dessen ältester Fassung (1150–60) nur ein Fragment erhalten ist. Das Schema dieses »byz.« Romans ist einfach: Gewinnung einer Braut und Familiengründung – Familientrennung mit vielen Abenteuern – glückl. Wiedervereinigung. Die Romanfiguren machen keine innere Entwicklung durch, sie sind entweder gut oder schlecht, und am Ende sind sie so wie sie es von Anbeginn waren. Die Abenteuer betreffen nur den äußeren Raum, die räuml. Trennung. Gleich aufgebaut ist auch »Floire et Blancheflor« (→Florisdichtung), dessen älteste Fassung wohl kurz nach dem Apolloniusroman entstanden ist, jedoch auf oriental., wohl mündl. Quellen beruht.

Ein zweites Grundmuster liefert die Geschichte, zunächst in England, mit →Gaimar, dann mit →Wace (1155), dessen »Brut« eine vom Heilsgeschehen losgelöste, auf Troja zurückgehende Geschichte einer »Nation« erzählt. Auf dem Festland werden antike Stoffe bearbeitet, die nur sehr lose mit der »Nation« verknüpft sind und demnach auch z. T. europ. Ausstrahlung erhalten werden: Thebenroman, →Aeneasroman, der Trojaroman (→Troadichtung) des →Benoît de Sainte-Maure berichten exemplarisch von großen Katastrophen der »Weltgeschichte«. Der Rückgriff auf vorchristl. Stoffe gestattet es den Autoren, die heilsgesch. Kategorien auszublenden; die Romanfiguren erscheinen als Damen und Ritter der Feudalgesellschaft und sind nur oberflächlich antikisiert, da die Vorstellung der →»translatio« keinen Bruch mit der Vergangenheit zuläßt. Das höf. Benehmen der Figuren, bes. im Bereich der Liebe, vermag nicht darüber hinwegzutäuschen, daß die Katastrophen den menschl. Leidenschaften zuzuschreiben sind. In Frankreich sind schon die ersten Romanschriftsteller Moralisten. Bedeutsam sind die Frauengestalten, die, v. a. im Trojaroman, facettenreich dargestellt sind. In der höf. Lyrik hat die Frau so gut wie keine Stimme; im »antiken Roman« hingegen ist sie außerordentlich präsent.

Ganz anders ist das dritte Grundmuster, dasjenige des von →Chrétien de Troyes in den sechziger Jahren des 12. Jh. geschaffenen Artusromans (→Artus). Dessen Held ist eine sich in Schuld verstrickende Einzelfigur, die durch stufenartig angeordnete Aventüren zum Bewußtsein ihrer Aufgaben in Ehe und Gesellschaft gelangt. Im Gegensatz zu Apollonius v. Tyrus, wo auch die Abenteuer beliebig erweitert werden könnten, erlebt der Artusheld eine Entwicklung, die jedoch selten explizit gemacht wird, sondern aus den Zeichen (Rede, Gestus, Art der Aventüre) erschlossen werden muß. Das für die europ. Lit. Wesentli-

che liegt im Moment der Suche *(queste)*, die sich nun nicht mehr nur im äußeren Raum bewegt, sondern, etwa im →Graal, sich in beinah unerreichbares Ziel setzt. Im Unterschied zu den ersten Artusromanen Chrétiens, in denen die Sühne für die Schuld an Liebe und Gesellschaft zu einem innerweltl. »happy end« führt, ist Perceval im Graalroman von Anfang an schuldig, bevor die Liebesthematik auftritt. Ob Chrétien damit die Sendung des Rittertums nur noch in heilsgesch. Perspektive zu sehen vermochte, bleibt in der Forschung umstritten, da der »Conte du Graal« unvollendet geblieben ist. Noch im 12. Jh. gibt hingegen →Robert de Boron der Graalsgeschichte eine spiritualist. Wendung.

Das innerweltl. Thema des Verhältnisses von Liebe, Ehe und Gesellschaft erfährt im Tristanroman, dessen älteste, nicht erhaltene Fassung noch vor Chrétien anzusetzen ist (→Tristan), eine völlig andere Behandlung: Die Liebe findet nicht mehr in der Kultur (am Hof), sondern nur in der Natur (im Wald) Erfüllung; sie ist eine zerstörer. Macht, deren Irrationalität in der Chiffre des Liebestrankes ihren Ausdruck findet. Schuldfragen stellen sich nur sekundär. Tristan ist ein Skandal. Er ist der Antipode der von den meisten →Troubadours und →Trouvères vertretenen Ideologie der →fin'amors, in der die Liebe auf Wahl beruht, sowie der »Eheromane« Chrétiens, »Erec« und »Yvain«; im »Cligès« versucht Chrétien sogar, den neuen Tristan-Mythos ironisch aufzuheben.

Die Autoren der übrigen Versromane des 12. Jh. haben keine Maßstäbe gesetzt, sind jedoch, in Abwandlung bekannter Muster, eigene Wege gegangen, etwa →Gautier d'Arras mit dem hagiograph. »Eracle« und mit »Ille et Galeron«, der anonyme Autor des themat. interessanten »Partonopeus de Blois«, →Renaut de Beaujeu mit dem »Bel Inconnu«, einer genialen Abwandlung des Themas »Liebe und Gesellschaft«, →Hue de Rotelande mit den abenteuerreichen »Ipomedon« und »Protheselaus« oder der Anonymus des →»Athis und Prophilias«, eines pseudo-antiken Freundschaftsromans.

Die ersten Kurzerzählungen sind Adaptationen trag. Liebesgeschichten aus Ovids Metamorphosen (→Ovid, Philomena). Auch Chrétien de Troyes hat sich in diesem Genre versucht. Diese ovid. »Novellen« bleiben nicht ohne Einfluß auf die zeitgenöss. Lit., doch wirken sie nicht gattungsbildend. Der erzählende →Lai hingegen ist eine autonome lit. Gattung, für welche →Marie de France, die erste frz. Dichterin, richtungweisend wird.

Alle diese Werke entstehen in einem Zeitraum von etwa 40 Jahren; viele von ihnen haben Modellcharakter. Die sog. Blüte der höf. lit. Kultur ist allerdings von kurzer Dauer, insofern wenigstens als die Romane ernsthafte Muster zur Konfliktlösung anbieten. Die meisten Bearbeitungen antiker Texte enden tragisch, und die Verbindlichkeit der Artusepik ist eine Episode. Es bleibt die Flucht ins unverbindl. Abenteuergeschehen und in den Traum vom schönen Leben. Und noch im ausgehenden 12. Jh. entstehen Gegenbilder: Die ersten →Renart-Branchen, wo etwa im Hoftag der Kriegsberuf der bellatores und die Ideologie der →fin'amors ins Lächerliche gezogen und damit die Illusion einer harmon. feudalen Ordnung zerstört wird; die ersten →Fabliaux, Entwürfe einer nicht-sublimen Welt, die ihre Würze nur vor dem Hintergrund der »hohen« Literatur erhalten und, mindestens zum Teil, auch für das Publikum am Hof bestimmt sind, welches sich eben nicht immer höfisch verhält. Auch die Lais werden noch im 12. Jh. parodiert, ebenfalls für ein höf. Publikum.

Die→Chansons de geste, die in der ersten Jahrhundert-

hälfte als »épopée vivante« bes. im Wilhelmszyklus einige
Meisterwerke hervorgebracht haben, treten in der 2. Hälfte des 12. Jh. in eine nicht minder produktive Phase, in der
die traditionellen Stoffe, z. T. von namhaften Autoren,
überarbeitet oder in Zyklen vervollständigt werden.
Wohl als Reaktion auf die höf. Romane wird nun die
Liebesthematik vermehrt berücksichtigt. Es ergibt sich
eine Art Arbeitsteilung: Im friedl. Frankreich können
nachgeborene Söhne nur durch Heirat mit begüterten
Erbtöchtern zu einem Lehen gelangen – dies die Lösung
des höf. Romans –, oder aber durch Eroberung »heidnischer« Territorien – dies die Lösung der Chansons de
geste, wo den schönen Sarazeninnen, im Unterschied zu
ihren frz. christl. Gefährtinnen, jede Freiheit in der Artikulation, in Wort und Tat, ihrer heiml. Wünsche gestattet ist.
Die christl. Heirat am Ende ist von untergeordneter Bedeutung.

[2] *Lyrik:* Die →Trouvères stammen v. a. aus dem N:
Artois, Flandern, Picardie und aus der Champagne; die
meisten sind im 12. Jh. adliger Herkunft. Im höf. Liebes-
lied lehnen sie sich eng an die →Canso der →Troubadours
an. Da viele dieser Lieder ein intertextuelles Gewebe
bilden, welches z. T. auch prov. Texte mit einschließt,
muß angenommen werden, daß das höf. Publikum über
eine beträchtl. lit. Kompetenz verfügte. Im Unterschied
zu den Troubadours pflegen die nordfrz. Dichter vermehrt außerhöf. Gattungen wie →Rotruenge, →Pastou-
relle, →Romanzen, Tanzlieder (→Carole, →Chansons de
danse). Ob diese Gattungen auch vorhöfisch waren, läßt
sich nicht ausmachen, da Hss. erst vom 13. Jh. an erhalten
sind. Das älteste datierbare frz. Lied ist ein Aufruf zum
2. Kreuzzug (1146). Die ersten lyr. →Lais entstehen noch
im 12. Jh., während Motetten mit frz. Texten vor dem
13. Jh. nicht nachzuweisen sind.

III. 13. JAHRHUNDERT: Die meisten der im 12. Jh. entstandenen lit. Gattungen werden im 13. Jh. weiterge-
pflegt, doch sind schon im 1. Drittel des 13. Jh. tiefgreifende Veränderungen festzustellen, die eine rein gattungsspe-
zif. Klassifizierung der Texte unangemessen erscheinen
lassen. Der Wandel hängt mit der Veränderung des Feudalwesens zusammen, der zunehmenden Zentralisierung
der polit. Macht und mit der nun auch kulturell sich
niederschlagenden Bedeutung der Städte. Höf. Lit. gibt es
weiterhin (immer noch unter Ausschluß des kgl. Hofes);
die Imitation des Hochadels durch das reiche Bürgertum
garantiert auch die Pflege höf. Lit. formen im städt. Milieu.

Neu ist die nun einsetzende Verschriftlichung: Die zum
Vortrag bestimmten Texte der vorangegangenen Periode
werden in Sammelhss. für ein sich langsam bildendes
Leserpublikum zusammengestellt; ab 2. Hälfte 13. Jh.
sind die Hss. z. T. auch illustriert (→Buchmalerei, Abschnitt XIV, XV). Die Sammlungen sind oft nach Gattungen zusammengestellt: Lyrik, mit oder ohne Musiknoten
(→Chansonnier), Zyklen von Chansons de geste, höf.
Romane, antike Romane, religiöse oder moralische Lit.,
Fabliaux; oft aber sind die Auswahlkriterien nicht offensichtlich. Diese heterogenen Sammelhss. wurden von der
Forschung vernachlässigt, obwohl sie der »histoire des
mentalités« wertvolle Einsichten vermitteln könnten.

Das 13. Jh. ist das erste frankophone Jh., auch im europ.
Rahmen (→Franko-it. Lit.). Die Prosa beginnt ihren Siegeszug. Die frz. Sprache wird vermehrt in nicht lit. Texten
verwendet, im Recht (→Assisen v. Jerusalem, →Coutu-
me, →Philippe de Rémi Beaumanoir), in der Geschichtsschreibung (→Fait des Romains, →Histoire ancienne,
z. T. mit Prosabearbeitungen der antiken Versromane des

12. Jh., →Robert de Clari, Geoffroi de →Villehardouin
zahlreiche Chroniques d'outremer, Grandes →Chroni-
ques de France), im enzyklopäd. Schrifttum weltl. und
geistl. Zuschnitts (Brunetto→Latini; →Miroir du monde
→Somme le roi von Laurent OP, 1279, →Enzyklopädie)
Die populär-geograph. Enzyklopädie →Image du monde
von Gossouin v. Metz ist allerdings noch in Versen geschrieben.

Im 1. Drittel des 13. Jh. entstehen umfangreiche Prosa-
romane: »Perceval«, »Perlesvaus« (→Parzival), »Lancelot«, »Merlin«, »Tristan«, »Guiron le Courtois«. Es handelt sich in der Regel um Neuschöpfungen und nicht um
Prosaumsetzungen von Versromanen. Ihr Thema ist die
Artuswelt, die entweder apokalypt. untergeht (Lancelot-
Graal) oder aber, im Rückgriff auf die Vätergeneration der
Ritter der arthur. Tafelrunde, die eschatolog. Dimension
der »chevalerie celestielle« zugunsten eines innerweltl.
Rittertums preisgibt (Guiron Le Courtois, →Rusticiano
da Pisa). Der Versroman, der durch die angebl. der Wahrheit näher stehende Prosaform zu einer anspruchsloser
Unterhaltungslit. abzusinken droht (vgl. GRLMA IV
v. a. C. III: Romans d'aventure et d'amour), erfährt im
»Guillaume de Dole« des Jean Renart eine grundlegende
Neuorientierung: Die Einfügung lyr. Texte (»farcitures
lyriques«) in eine Erzählung, die auf Feen, Zwerge, Riesen, Zauberquellen, Löwen, Drachen u. ä. verzichtet, gibt
der Lyrik, dazu auch dem Fest und dem Turnier, einer
»realen« Sitz im Leben und liefert damit ein Verhaltensmuster, das bis ins SpätMA relevant bleiben sollte. Jean
Renart findet einen ersten Nachahmer in →Gerbert de
Montreuil und seinem «Roman de la Violette«. In derer
Nachfolge sind viele Verserzählungen mit »farciture lyrique« entstanden. – Als Besonderheit pflegen die anglonorm. Versromane Themen aus grauer oder jüngster
Vorzeit: Waldef, →Gui de Warewic, Fouke Fitz Waryn.

Die Chansons de geste bleiben weiterhin lebendig
meistens sind sie noch anonym (→Doon de Mayence,
→Doon de Nanteuil, →Enfances Renier), doch treten jetzt
auch namentl. bekannte Autoren in Erscheinung, etwa
→Bertrand de Bar-sur-Aube oder →Adenet le Roi.

Neu ist im 13. Jh. das allegor. Gedicht (→Allegorie,
Abschnitt V. 2), in dem das Individuum, welches in der
höf. Lyrik nur punktuell, gleichsam statisch in Erscheinung tritt, sich nun erzählt, sich in Raum und Zeit einfügt.
Die in späteren Jahrhunderten so verbreitete Ich-Erzäh-
lung beginnt mit den Allegorien des 13. Jh.

Neu ist, daß die volkssprachl. Dichtung am intellektuellen und polit. Geschehen an der Univ. Paris teilnimmt
(→Rutebeuf, →Jean de Meun). Neu ist die nicht gesungene
Spielmannsdichtung der Städte (→Dit). Das →Fabliau
blüht v. a. in der 1. Hälfte des 13. Jh. Die →Art(s) d'aimer
erleben eine wahre Blüte; die meisten dieser Texte sind
jedoch nicht höfisch, sondern städtisch. In der Stadt tritt
zum ersten Mal der Dichter auf, der in den verschiedensten
lit. Gattungen zu Hause ist (z. B. in →Arras Jean →Bodel
in Paris →Rutebeuf und →Jean de Meun).

Die anonymen Prosaromane und der von Jean de Meun
fortgeführte Rosenroman (→Roman de la Rose) sind regelrechte »Summen« und dürfen als Symbole des 13. Jh.
angesehen werden. Verschlungen, mäanderhaft, in lang-
fädiger Prosa sich vortastend, das Heil vor dem Sturz
findend oder auf das Heil zugunsten held. Tat verzichtend
die Prosaromane; dem gegenüber Jean de Meun, ungeheuer belesen, dialekt. versiert, sprachgewandt, unerreichter
Drahtzieher seiner Personifikationen – ein Intellektueller,
der unter der Chiffre des goldenen Zeitalters, d. h. unter
Ausklammerung des Sündenfalls, immer wieder die Pro-

bleme der Macht in Gesellschaft und Ehe sowie das Verhältnis von Vernunft und Natur zur Libido diskutiert, und der die von Guillaume de Lorris so schön begonnene queste in einen banalen Koitus münden läßt. Die Ich-Figur des Rosenromans ist alles andere als ein Erlöser, weder für sich noch für eine Menschengruppe; der Erzähler hingegen weist einen Weg für den Menschen schlechthin, d. h. für das Individuum – und dies alles ironisch-jovial verbrämt.

Auch der zutiefst diesseitige Roman de →Renart wandelt sich im 13. Jh. zur Allegorie: Bei →Philippe de Novare, der um 1230 die Auseinandersetzungen zw. →Guelfen und Ghibellinen als Tierfabel darstellt; im »Couronnement Renart« (1263–70?), einer aus feudaler Perspektive geschriebenen Satire auf das flandr. Geldpatriziat, das mit den Bettelorden zusammenarbeitet; bei Jacquemart →Giélée, der in »Renart le Nouvel« (1289) von christl. Warte aus in Renart die Verkörperung des Lasters schlechthin sieht.

Der weitgehende Einzug des »esprit laïque« in die frz. Lit. hat die geistl. Lit. nicht verdrängt. Sie nimmt allerdings z. T. situationsbedingt neue Formen an. Der Eintritt ins Kl. bietet z. B. dem Trouvère →Guiot de Provins in seiner Bible (1206) Gelegenheit, eine glänzende Satire auf das Saeculum zu schreiben. Satir. ist auch die »Bible« (1215–20) des adligen →Hugues de Berzé, der von Guiot die Kritik an den Mönchsorden übernimmt. Der Mönch Barthélemy (→Reclus de Molliens) erweist sich als sprachgewaltiger Satiriker in »Carité« (um 1224) und »Miserere« (um 1230); der Eintritt ins Kl. St-Germain-des-Prés ist für Huon de Méry der Anlaß, in seinem »Tournoiement Antechrist« (1235–37) in einer komplexen Allegorie Zeitgeschichte, Artuslit., Tugend und Laster, →Antichrist, Welt und Jenseits von der Warte des reuigen Büßers aus darzustellen. Die lit. bedeutendste Figur (Marienlob) ist hingegen der adlige Mönch →Gautier de Coinci († 1236). Die religiöse Lit. ist im ganzen 13. Jh. durch liturg. Texte und durch andere, kleinere Gattungen (→Contes dévots, →Heiligenleben) gut vertreten; auch die Bibel wird, ganz oder teilweise, mehrmals übersetzt oder paraphrasiert (→Bibelübersetzungen, Abschnitt XIV), doch gehören die lit. wichtigsten Werke religiösen Zuschnitts mit Ausnahme der »Somme le roi« alle dem 1. Drittel des Jh. an. Das 13. Jh. ist lit. nicht das »Jahrhundert des Saint-Louis« (→Ludwig IX.), da die Hauptwerke, mit Ausnahmen, vor oder nach seiner Regierungszeit (1226–70) entstanden sind.

IV. MITTELFRANZÖSISCHE LITERATUR: Für das ausgehende MA hat sich keine verbindl. Bezeichnung durchsetzen können. Der Zeitabschnitt ist sowohl 'Herbst des Mittelalters' wie 'Frühling der Neuzeit', je nach Perspektive und nach Wertungskriterien. Der hier verwendete neutrale Begriff übernimmt die in der Sprachgeschichte (→Französische Sprache) geläufige Bezeichnung 'Mittelfranzösisch', meint damit allerdings nicht nur die Sprachform, sondern deutet an, daß die Lit. dieser Epoche sich in wesentl. Punkten von der afrz. Lit. abhebt.

Bis etwa zur Mitte des 14. Jh. ist die lit. Landschaft noch offen: In Paris, Zentrum für Kunst und Buchproduktion, manifestierte sich die kgl. Kanzlei zum ersten Mal lit. im →Fauvel; als 'ménestrel' (höf. Berufsdichter) wirkt im Hennegau Jean de Condé, in Blois →Watriquet de Couvin; im Umkreis des nordfrz. Adels erlebt die Alexandersage eine späte Blüte (→Alexander d. Gr., Abschnitt B. V, →Jacques de Longuyon; →Brisebarre; →Jean de le Mote, →Voeux du Héron); in der Abtei Châalis entstehen die allegor. Dichtungen des →Guillaume de Deguilevilles;

von einem anonymen Mönch stammt der einflußreiche »Ovide moralisé« (→Ovid), in England verfaßt →Nicole Bozon seine zahlreichen moral. Werke, während in N-Italien die franko-it. Lit. noch bedeutsame epische Texte hervorbringt (→Entrée d'Espagne, →Nicolò da Verona).

Geschlossener ist das Bild von der Mitte des 14. Jh. bis etwa 1420. Drei Schwerpunkte lassen sich ausmachen:

1. *Übersetzungen* klass. und ma. lat. Texte: Gegen 30 Namen von Übersetzern sind bekannt (Pierre →Bersuire: Livius); viele übertragen im Auftrag des Kg.s →Karl V. v. a. staatspolit., hist. und religiöse Texte (Nicolas →Oresme: →Aristoteles, Abschnitt C. I; Raoul de Presles: Augustin, Bibel; Jean →Golein; Jacques →Bauchant). Es entsteht die erste fsl. Bibliothek mit vielen volkssprachl. Texten. →Übersetzungsliteratur.

2. *Aristokrat. Versdichtung:* Mit →Guillaume de Machaut, gefolgt von Jean →Froissart und →Oton de Grandson, beginnt eine völlig neue Literarisierung der höf. Dichtung. U. a. wird der →Dit nobilitiert und mit lyr. Gedichten durchsetzt, die nun ihren 'Sitz in der Dichtung' haben. Die Form der Lyrik verfestigt sich ('formes fixes'): →Chant royal, →Ballade, →Rondeau, →Virelai; häufig tritt sie als →Gelegenheitsdichtung auf (Neujahr, Valentinstag, 1. Mai, respektive Kommentar zum Tagesgeschehen aus ganz persönl. Perspektive bei Eustache →Deschamps) oder findet einen festen Platz im höf. Fest (→Cour amoureuse de Charles VI); beliebt sind Zyklen von 50 oder 100 Balladen (John →Gower, Livre des →Cent Ballades, →Christine de Pisan). Die bürgerl. →Puys der nordfrz. Städte verwenden die gleichen 'formes fixes'.

3. An der Wende vom 14. zum 15. Jh. ist *Paris* ein lit. und intellektuelles *Zentrum*, an dem der Hochadel nur z. T. partizipiert (→Bibliothek, Abschnitt A. I. 4). Zu nennen sind die ersten Humanisten, etwa →Jean de Montreuil, die Gebrüder →Col, →Nicolas de Clamanges, dann Theologen wie →Johannes Gerson, Pierre d'→Ailly, Jacques Legrand (Jacobus Magni), Jean →Courtecuisse; Übersetzer wie →Simon de Hesdin und Laurent de Premierfait (Boccaccio: De casibus und Decameron, aus dem Lat.), der Arzt Evrart de Conty, Übersetzer und Kommentator frz. Texte (→Echecs amoureux); auch Boccaccios →Griseldis wird übersetzt und sogar dramatisiert. Paris ist der Schauplatz des ersten lit. Disputs um einen volkssprachl. Text, den Rosenroman; beteiligt sind Humanisten, Theologen und die Dichterin Christine de Pisan, welche die Angelegenheit vor den kgl. Hof bringt. Diese vielfältigen lit. Aktivitäten finden ein abruptes Ende durch das Kriegsgeschehen: Dezimierung des frz. Adels bei Azincourt (1415 →Agincourt), Massaker in Paris und Einzug des Hzg.s v. Burgund (1415 →Armagnacs et Bourguignons). In den nächsten zehn Jahren reduziert sich die frz. Lit. praktisch auf Alain →Chartier, der, nach Christine de Pisan, aber mit europ. Resonanz, die Verlogenheit des höf. Liebhabers aufzeigt und fast als einziger lit. Werke von Rang zum →Hundertjährigen Krieg verfaßt. Das Kriegselend wird natürl. in den Chroniken beschrieben, dann auch von Jean →Jouvenel (Juvénal) des Ursins oder, im Rückblick, im Ritterspiegel des Jean de →Bueil; gemessen an der gesamten lit. Produktion der Epoche bleibt es jedoch lit. marginal. Indirekt hat es allerdings auf die zahlreichen Dichtungen zum Thema des Todes eingewirkt (→Contemptus mundi, Abschnitt B. II; →Totentanz).

Mit dem Abflauen der Kriegswirren in den dreißiger Jahren nimmt die lit. Tätigkeit wieder zu. Der wichtigste Autor dieser Jahre ist Martin →Le Franc, als lat. Schriftsteller kaum beachtet, als frz. Autor noch nicht gebührend gewürdigt: Er sei hier auch stellvertretend für die vielen Autoren genannt, die im 14. und 15. Jh. sowohl lat. wie frz. schreiben, und für die eine Gesamtwürdigung immer noch ein Desiderat bleibt.

In der 2. Hälfte des 15. Jh. diversifiziert sich das lit. Geschehen außerordentlich. Die Buchproduktion, die um 1400 einen Höhepunkt erreicht hat, dann während einer Generation stagniert, erlebt eine neue Blüte; ab 1470 (→Fichet) wird Paris zu einem europ. Zentrum des →Buchdrucks; bis weit ins 16. Jh. werden aber auch noch Hss. produziert. Ab 1450 werden wieder klass. Autoren übersetzt, die gr. allerdings nach den lat. Übers. der it. Humanisten. Der lat.-frz. Hellenismus des 15. Jh. ist noch nicht erforscht.

Die Fürstenhöfe werden zu lit. Zentren: Blois mit →Charles d'Orléans; Anjou-Provence mit →René d'Anjou; Burgund mit →Philipp dem Guten und →Karl dem Kühnen. Wie in Kunst und Musik gibt es auch in der Lit. einen burg.-ndl. Stil (→3. Burgund, Abschnitt D). Die Reihe der Chronisten aus N-Frankreich (→Froissart, →Monstrelet, →Escouchy) wird mit Georges →Chastellain, Jean →Molinet und Olivier de →La Marche fortgesetzt (→Chronik E.), die alle auch als Dichter tätig sind (→Rhétoriqueurs). Erst in neuerer Zeit sind die burg. Dichter Michault →Taillevent (Ed. E. DESCHAUX, 1975) und Pierre Michault (Ed. B. FOLKART, 1980) gewürdigt worden. Inwieweit die Schreiber des Hzg.s Philipp selber redaktionell tätig waren, ist umstritten: David Aubert hat wahrscheinl. einen »Renaut de Montauban« und die »Conquestes de Charlemagne« selbst redigiert; der →Perceforest, eine wahre Summe der Ritterromane (14. Jh.), ist nur dank Auberts Kopien erhalten geblieben. Sicher ist, daß Jean Miélot, ein anderer Schreiber des Hzg.s, eine reiche Tätigkeit als Übersetzer entfaltet hat (nur Hss.). Am burg. Hof entsteht auch die erste als solche bezeichnete frz. Novellensammlung (→Cent Nouvelles nouvelles). Der letzte Vertreter der burg. Lit. ist J. →Lemaire de Belges.

Einzelne bedeutende Schriftsteller haben sich an mehr als einem Hof aufgehalten, etwa →Antoine de La Sale oder Pierre →Chastellain; ihre Werke sind in ihrer Vielfalt nicht regional-, sondern zeittypisch. Gerade in einem zeittyp. Bereich, den Dichtungen zum Todesthema, das bei →Villon 1461 seinen vollkommensten Ausdruck findet, kommt es, gleichzeitig mit Villon, in der Umgebung des frz. Kg.s zu einer Innovation, die dann von den burg. Dichtern übernommen wird. Mit Simon →Gréban wandelt sich nämlich die Totenklage zum großen allegor. Preisgedicht auf den Ruhm des Verstorbenen: 1461 für Kg. Karl VII. (die zahlreichen lat. Klagen auf den Tod des Kg.s sind traditionell) und 1466 für Jacques Milet, womit zum ersten Mal einem frz. Dichter die gleiche Ehrung zuteil wird wie dem Kg. Die Hofdichtung hat sich endgültig gewandelt.

Im städt. Milieu vollzieht sich die größte Innovation im Bereich des Theaters (→Drama, Abschnitt II; →Confrérie). Die →Mysterienspiele, z. T. auch die →Mirakel, werden im 15. Jh. zu einem umfassenden, totalen Schauspiel, zu einer Selbstdarstellung der Bürgerschaft, dem Fest oder →Turnier des Adels ebenbürtig. Über weite Strecken sind die Texte auch von lit. Rang (→Eustache Mercadé, Arnoul →Gréban, Jean →Michel). In der 2. Hälfte des 15. Jh. erlebt auch das profane Theater eine wahre Blüte (→Farces, →Sotties, →Moralités). Nicht zu Unrecht hat man in →»Pathelin« die erste frz. Komödie gesehen; dieser Text war so 'klassisch', d. h. gattungsbildend, daß er im 16. Jh. ins Lat. übersetzt wurde. Der Adel

zeigte kein Interesse am Sprechtheater und begnügte sich mit gemimten dramat. Darstellungen. Einzig Jacques →Milet schrieb für die kgl. Familie 1450–52 ein Trojaspiel, das er selbst als Tragödie bezeichnet, obschon er sich formal an die Technik der Mysterienspiele anlehnt.

Eine von der Kritik vernachlässigte Erscheinung ist die immer noch erstaunl. Vitalität der Chansons de geste, deren Blüte 'eigentlich' im HochMA liegen sollte. Von den gegen hundert überlieferten Chansons de geste stammen aber 24 aus dem 14. und dem beginnenden 15. Jh. (Bearbeitungen und Neuschöpfungen, in Alexandrinern), und ein Drittel aller Chansons de geste Hss. sind im 15. Jh. geschrieben worden. In dieser Zeit sind auch noch 'chanteurs de geste' belegt. Leider wissen wir nichts über den 'Sitz im Leben' dieser Chansons. Für ein Leserpublikum wurden im 15. Jh. zahlreiche Chansons de geste in Prosa umgesetzt und auch meistens gedruckt, mit Neuauflagen bis weit ins 16. Jh. Zusammen mit dem mittelfrz. Prosaroman →Perceforest, dem Versroman »Meliador« von →Froissart, der Prosa- und Versfassung des Melusineromans (→Melusine) bilden die mittelfrz. Chansons de geste, in Vers oder Prosa, eine Fundgrube für Motive der Volkslit. Eine umfassende Darstellung dazu fehlt, doch kann jetzt schon gesagt werden, daß auch der Adel an der Bewahrung und Verbreitung dieser Lit. beteiligt war, ähnlich wie beim Volkslied, das im 15. Jh. eher in für die Aristokratie angelegten Hss. erscheint.   M.-R. Jung

Bibliogr.: G. DOUTREPONT, Les mises en prose des épopées et des romans chevaleresques du XIVe au XVIe s., 1939 [Neudr. 1969] – R. BOSSUAT, Manuel bibliogr. de la litt. fr. du MA, 1951, Suppl. 1955, 1961, 1986 – B. WOLEDGE, Bibliogr. des romans et nouvelles en prose fr. antérieurs à 1500, 1954, Suppl. 1975 – B. WOLEDGE – H. P. CLIVE, Rép. des plus anciens textes en prose fr., 1964 – W. W. KIBLER, Bibliogr. of Fourteenth and Fifteenth c. French Epics, Olifant 11, 1986, 23–50 – *Lit.*: DLFMA – GRMLA – GromPhil II, 1; NF: Gesch. der mittelfrz. Lit., bearb. v. S. HOFER, 2 Bde, 1933–37 – R. LEVY, Chronologie approximative de la litt. fr. du m.â., 1957 – DERS., The Determination of Chronology in OF Lit., RJ 10, 1959, 30–52 – J. CH. PAYEN, Le m.â., I: Des origines à 1300, 1970 – D. POIRION, Le m.â., II: 1300–1480, 1971 – Y. GIRAUD – M.-R. JUNG, La Renaissance I, 1480–1548, 1972 [mit Dict. des auteurs et des oeuvres; Bibliogr.] – Neues Hb. der Literaturwiss., hg. K. v. SEE (Bd. 7: Europ. HochMA, hg. H. KRAUSS, 1981; Bd. 8: Europ. SpätMA, hg. W. ERZGRÄBER, 1978) – Précis de litt. fr. du MA, hg. D. POIRION, 1983 – E. KÖHLER, Vorlesungen zur Gesch. der Frz. Lit., MA, 2 Bde, 1985 – *zu den Eigennamen*: L. F. FLUTRE, Table des noms propres ... figurant dans les romans du m.â., 1962 – A. MOISAN, Rép. des noms propres ... cités dans les chansons de geste fr. et les œuvres étrangères dérivées, 1986.

Französische Sprache, roman. Sprache, die sich typolog. in zwei sehr unterschiedl. organisierten Systemen darstellt: Altfrz. und Mittelfrz. gegenüber Neufrz. Die Grenze bildet das 17. Jh. mit dem Auftreten der klass. Frz. Die Periodisierung des Mfrz. wird nicht einheitl. gehandhabt. Es gibt gute Gründe, das 14./15. Jh. vom 16. Jh. zu trennen, zumal sich hier der Einfluß des Humanismus stark geltend macht (Problem der Relatinisierung). Der typolog. Wandel bzw. die Umstrukturierung zum Neufrz., die sich über mehrere Jahrhunderte hinzieht, betrifft so gut wie alle Kategorien der Grammatik. Die Beschreibungs- und v. a. die Erklärungsansätze sind methodolog. jedoch sehr unterschiedlich: rein systemorientiert in der modernen Linguistik (z. B.: Verschwinden der Zweikasusdeklination, Markierung der Person beim Verb, Verhalten des *e-muet* bei der Grammatikalisierung der Paradigmen); außerlinguistisch bezogen in der traditionellen Linguistik (z. B.: Einfluß des Hundertjährigen Krieges, 1337–53, Ende der Religionskriege, 1598).

Das Afrz. ist wie das →Altprov. eine ma. Schriftsprache, und es ist im Gegensatz zum Neufrz. noch in demselben Sinn eine lat. Sprache wie →Italienisch und die Sprachen der Iber. Halbinsel (sog. Romania continua). Dies erklärt die bekannte Erscheinung, wonach die roman. Sprachen des MA zumal im lit. Bereich sich gegenseitig durchdringen können (Lyrik des HochMA; Übersetzungskanones des SpätMA: Marco Polo, Boccaccio). Mit der Herausbildung der Nationalsprachen im 16. Jh. entfällt diese Möglichkeit des Romanischen, und zwar definitiv.

Trotzdem unterscheidet sich das Afrz. von den gen. Sprachen bereits in einigen charakterist. Punkten: starke Reduktion des Wortkörpers im Verhältnis zu demjenigen der entsprechenden lat. Etyma; Doppelung des betonten Vokalismus (offene vs. geschlossene Silbe) und weitgehende Veränderung der Tonvokale in offener Silbe (Diphthongierung); Nasalierung der Vokale vor nasaler Konsonanz (und zwar in der Weise, daß beide Laute noch gesprochen wurden, z. B. *fĩn*); lat. *C + ᵃ> ch* (sprich *tsch-*), z. B. in *cane(m) > chien*. Die Morphologie des Afrz. war noch maßgebl. von phonolog. Bedingungen bestimmt. Die Grundwortstellung ließ alle 6 mögl. Kombinationen zu: SVO, SOV, OSV (selten), VSO, VOS, OVS. Die Regulierung erfolgte über die Zweikasusdeklination. Es gab Inversion nach Adverb (wie heute noch im Dt.: der Gast kommt heute vs. heute kommt der Gast). Diese Inversion nach dem sog. Gesetz von TOBLER-MUSSAFIA ist für alle ma. Sprachen der Romania ausgesprochen typisch. Ihr Verschwinden markiert den Übergang von der älteren zur jeweils neueren Sprachform.

Entscheidend für den Strukturwandel war innerhalb des Mfrz. die obligator. Setzung des Subjektpronomens beim Verb. Dies verstärkte die Tendenz des Neufrz. zur Serialisierung der Grundstellung nach SVO. Damit löste sich das Frz. aus dem traditionellen Verband der roman. Sprachen.

Das Frz., das 1066 mit →Wilhelm dem Eroberer nach England gebracht wurde, hatte nordfrz. Mundarten zur Grundlage, zunächst das Norm., dann auch das Pikard. Noch im 12. Jh. war England sprachlich und kulturell dem Festland stark verbunden (→Anglonorm. Literatur). In der Folge bildeten sich im Anglofrz. Besonderheiten heraus, die auf dem Festland nicht nachweisbar sind. So entspricht afrz. *lancier* »lancer« das pik. *lanchier*, anglonorm. *launchier*, woraus engl. *launch* (wo die frz. Nasalierung durch den Einschub eines Gleitlauts umgangen wird). Im 13. Jh. gibt es eine für die zahlreichen insulären Texte typ. Graphie. Gegen die Mitte des 14. Jh. hört die Vorherrschaft des Frz. in England auf. Um 1300 entstanden dort die ersten Schreibhilfen für Frz. (z. B. die »Orthographia gallica«).

Zu einem nicht leicht zu bestimmenden Zeitpunkt übernahm die Mundart der Ile-de-France, d. h. das Französische, gegenüber den anderen Schriftdialekten eine normative Funktion. Als Grenze gilt zeitlich das →Alexiuslied oder der Oxforder Roland (Anfang 12. Jh.). Das Französische selbst tritt demgegenüber eher spät in Erscheinung (z. B. mit Garnier de Pont-Sainte-Maxence, 1174).

Aufgrund ihrer dialektalen Lagerung lassen sich in der afrz. Lit. Traditionen der Schriftsprachenbildung aufzeigen, deren Charakterisierung auch chronolog. und kulturgesch. relevant ist. Im 12. Jh. bedient sich die höf. Gesellschaft des frz. SW und Englands einer literarisierten Koiné auf franko-norm. Basis. In diesem Rahmen gelangte die nordfrz. Dichtung zum ersten Mal zu europ. Geltung (Rolandslied, Tristan, Marie de France, Romane (→Französ. Literatur). Mit dem Werk von →Chrétien de Troyes, genauer mit den Generationen unmittelbar vor

und nach 1200, identifiziert sich andererseits eine frankochampagn. Koiné. Gegenüber diesen beiden Traditionen und auch gegenüber dem Französischen selbst nimmt das Pikard. eine Sonderstellung ein, die den Zeitgenossen offensichtl. bewußt war (vgl. →Conon de Béthune). Im 13. Jh. brachte ihm die Blüte der nordfrz. Städte während längerer Zeit eine deutl. Überlegenheit. Als Vehikel der bürgerl. Lit. (→Fabliaux, Theater) diente eine Koiné franko-pikard. Prägung. Philolog. ist in dem hier vorgebrachten Zusammenhang allerdings zu beachten, daß die literaturgesch. Chronologie mit der Überlieferungsgesch. in der altfrz. Periode noch nicht übereinstimmt. Die Überlieferungs- und Kommunikationssituation ändert sich radikal mit dem Buchdruck.

Die Diskrepanz zw. der linguist. verfügbaren Dokumentation und der literaturgesch. Datierung kommt dadurch zustande, daß die Hss. jünger sind als die Werke, die sie tradieren. Die moralische – und noch nicht humanist. – Einstellung der ma. Kopisten gegenüber der Fassung ihrer Vorlage(n), gestattete auch Eingriffe in die Sprachform. Die LACHMANN'sche Textkritik (entgegen BEDIER) war mit diesem Problem ebenfalls befaßt. Doch wurde die Standardisierung in den roman. Sprachen nie so weit vorangetrieben wie z. B. im Mhd.

Ein gewisses Korrektiv zu dieser Sprachsituation liefert linguist. das Studium der Urkunden (frz. *chartes*). Die erhaltenen Originale machen es möglich, zumindest eine Geographie der Schreibgewohnheiten zu erstellen, die interpretierbar sind. Die ersten uns bekannten afrz. Urkk. wurden 1197 in Tournai und 1204 in Douai abgefaßt, während das Gros der Dokumentation nicht vor der Mitte des 13. Jh. einsetzt; in der kgl. Kanzlei treten nichtlat. verfaßte Urkk. nicht vor 1254 auf. Dem ursprgl. freieren redaktionellen Stil folgt ab ca. 1270 ein mehr formelhafter, so daß mit diesem Datum eine gewisse Begrenzung gegeben ist. Die in den Urkk. jeweils gewählte sprachl. Form nennt man Skripta.

Diese Angaben beziehen sich auf den N Frankreichs. Der frz. O und SO traten in diesem Zusammenhang und auch in der Dichtung nie bes. hervor. Dabei ist zu beachten, daß Teile des SO (mit Lyon) und der Westschweiz linguist. nicht eigtl. zum Frz. gehören (sog. Frankoprov.).

Nach dem Gesagten fallen auch die ältesten frz. Texte nicht eigtl. in den Bereich des Frz. Es handelt sich um regionale (z. T. monast.) Initiativen, deren sprachl. Norm noch vorfranzisch ist. Es sind dies die →Straßburger Eide von 842, deren *romana lingua* noch der Tradition der vorkarol. Skripten verpflichtet ist, die Passion von Clermont-Ferrand (gegen Ende 10. Jh.) aus dem frz. SW, der →Sponsus (in provenzalisierter Fassung, Ende 11. Jh.); ferner aus dem frz. N und NO die →Eulaliasequenz (um 881), das Jonasfragment (1. Hälfte 10. Jh.) und das Leodegarleben (2. Hälfte 10. Jh.).

Entscheidend für die Sprachsituation des Frz. war die →Karol. Renaissance. Linguist. war das Anliegen dieser Bewegung, das Lat. (zumal der Liturgie) nicht mehr »romanisch«, sondern nach den »Buchstaben« (*litterae*) zu lesen. Dieses Anliegen wurde in den übrigen Bereichen des Roman. erst Jahrhunderte später in die Tat umgesetzt. Wer damals nach den »Buchstaben« lesen konnte, waren keine Romanen, sondern die ir. Mönche (vgl. Alkuin, »De orthographia«, ca. 789). Auf diese Weise wurde im Frz. die traditionelle Diglossiesituation aufgehoben, und es entstand ein Bilinguismus zwischen Latein und Frz. Aus diesem Grunde konnte das Frz. – im Gegensatz zu anderen roman. Sprachen – ohne große Schwierigkeiten und sogar im Verhältnis zum Latein bald alle Funktionen einer Sprache übernehmen, auch die z. B. der divulgativen Umsetzung von Fachlit. (13. Jh.: Enzyklopädien, Übers. wie Jean de Meun; 16. Jh.: Wissenschaften, z. B. Medizin bei Ambroise Paré).

Das Frz. erfüllte als internationale Kultur- und Verkehrssprache eine bedeutende Funktion. Landläufig charakterisiert als *delitable* (lat. delectabilis bei Dante, Vulg. el. I.x.2), war das Afrz. bei den Staufern in Italien, am Hofe Alfons' des Weisen in Spanien und v. a. im Orient, d. h. in der Levante sowie in den it. Hafenstädten bekannt. In diesem Rahmen sind nun offenbar drei Varianten von Frz. zu unterscheiden. Erstens: Dichtung. Bes. merkwürdig sind die zumeist epischen Werke der →Franko-it. Literatur. Zweitens: schulbuchmäßig gelerntes Frz. etwa bei Martin da →Canal und Brunetto →Latini. Drittens: umgangssprachlich basiertes interferierendes Frz., z. B. bei Marco →Polo und →Rusticello da Pisa. Diese Sprachsituation belegt nochmals die typolog. Durchlässigkeit, von der oben die Rede war und die für die roman. Sprachen des MA charakteristisch ist.   G. Ineichen

Bibliogr. und Lit.: Roman. Bibliogr. (Suppl. der ZRPh) – F. BRUNOT, Hist. de la langue française I, 1966 – R. WRIGHT, Late Latin and early Romance in Spain and Carolingian France, 1982 – C. MARCHELLO-NIZIA, Hist. de la langue française aux XIVᵉ et XVᵉ s., 1979 – P. RICKARD, La langue française au seizième s., 1968 – G. ECKERT, Sprachtypus und Gesch.: Unters. zum typolog. Wandel des Frz., 1986 – *Grammatik:* M. POPE, 1934 [incl. Anglonorm.] – G. INEICHEN, 1985 – *Syntax:* L. FOULET, 1958³ – P. MÉNARD, Afrz., 1976; Mfrz., 1980 – C.T. GOSSEN, Frz. Skriptastudien, 1967 – *Wb.er: Afrz.:* F. GODEFROY, 1881–1902 – A. TOBLER – E. LOMMATZSCH, 1925ff. – *Etym. Wb.:* W. VON WARTBURG, 1927ff. – *16. Jh.:* E. HUGUET, 1925ff.

Französisches Recht

I. Allgemeine Grundlagen – II. Die Rolle des Königtums – III. Grundzüge der Rechtsentwicklung in N- und S-Frankreich – IV. Gewohnheitsrechtsfamilien.

I. ALLGEMEINE GRUNDLAGEN: Das alte f. R. ist das Ergebnis einer langen geschichtl. Entwicklung (s. a. →Frankenreich, →Fränkisches Recht; →Frankreich). Die Gesellschaft des Früh- und HochMA, die sich in Gallien im Gefolge des Niedergangs des röm. Reiches und der germ. Invasionen ausprägte, wurde von Rechtsvorschriften beherrscht, die ihre Entstehung dem röm. Vermächtnis wie dem germ. Einfluß verdanken. Was die Institutionen betrifft, so erwies sich, abgesehen von dem Streit zw. Germanisten und Romanisten im 19. Jh., das Überleben der röm. Strukturen insofern als schwierig, als die Invasoren ihre Macht auf personale Bindungen, nicht aber auf einen abstrakten Staatsbegriff stützten; die Idee der res publica war mehr oder weniger aufgegeben. Das germanisch geprägte →Lehnrecht bildete sich im Frankenreich in einem längeren Entwicklungsprozeß aus, es verband in seiner klass. Entfaltung den Kg. als obersten Lehnsherrn mit sämtlichen höheren und niederen Vasallen. Wurde die oberste Befehls- und Rechtsprechungsgewalt von den Karolingern, insbes. von Karl d. Gr., im Sinne herrscherl. Selbstverständnisses wahrgenommen, so unterlag sie in der späten Karolingerzeit in starkem Maße der Usurpation von seiten regionaler Herrschaftsträger (Gf.en, Vizgf.en, Kastellane), die mehrere oder sämtliche Elemente der »öffentl.« Gewalt in ihrer Hand vereinigten (s. a. →potestas, →Bann). Während das Recht der röm. Welt auf die Rolle des Individuums zentriert war, bildeten im Früh- und HochMA Personengruppen, insbes. die →Familie und die in die →Grundherrschaft eingebundene bäuerl. Gemeinschaft (→Bauerntum), wesentl. Grundelemente der Gesellschaft und der Rechtsentwicklung. Angesichts verbreiteter Unsicherheit und starken herrschaftl. Drucks gewann der Schutzgedanke eine verstärkte Bedeutung;

einzelne Gruppen und Gemeinschaften versuchten Privilegien und Zugeständnisse zu erreichen.

II. DIE ROLLE DES KÖNIGTUMS: Das kapet. Kgtm. war bestrebt, seine Autorität wiederherzustellen und suchte hierbei frühzeitig auch das Bündnis mit Kirchenreform und Papsttum (→Gottesfriede, →Kreuzzug). Seit →Suger (1154) wird die →corona zum Symbol kgl. Herrschaftsrechtes. Nach dem Vorbild des Ks.s verwendete auch der Kg. v. Frankreich das wiederentdeckte →röm. Recht zur Rechtfertigung seines expansiven Vorgehens gegenüber Lehnsträgern und Territorialherren (s. a. →Frankreich, A. III, IV). Das Lehnrecht wurde je nach polit. Gelegenheit zur Anwendung gebracht (Einziehung des Hzm.s Normandie, Unterwerfung der Gft. Toulouse) oder aber für ungültig erklärt. Im Zuge der Wiederherstellung der kgl. →Souveränität entwickelte sich die Doktrin, daß der Kg. v. Frankreich niemandem Huldigung leiste; die Formel der →Legisten, die den Kg. zum »Ks. in seinem Kgr.« erklärte, stärkte seine Unabhängigkeit gegenüber Papst und Ks. wie seinen Vorrang vor den Großen des Kgr.es. Das Kgtm. »verdoppelte« die grundherrl. Gerichte, schuf ein Netz von kgl. Gerichtshöfen und Behörden, die er bald hierarchisch gliederte, und zwar durch die Möglichkeit der Berufung (→Appellation II) bis hinauf in das →Parlement v. Paris, das einzige unabhängige Gericht bis ins 15. Jh. In der gleichen vorsichtigen Weise stellte der Kg. seine gesetzgeber. Gewalt wieder her. Dabei folgte er den Autoren des Gewohnheitsrechts wie Beaumanoir (→Philippe de Rémi), die verlangten, daß der Kg. stets das Gemeinwohl ('commun pourfit') respektiere. Die Anerkennung des göttl. Ursprungs seiner Herrschaft sollte das Werk vollenden. Vorbereitet durch den Autor des →»Songe du Vergier« und Claude de Seyssel wurde von Jean Bodin (16. Jh.) in den »Six livres de la République« die abstrakte Theorie der Souveränität formuliert.

Im Gegensatz zu den röm. Ksn., die auf allen Rechtsgebieten Gesetze erließen, übte der Kg. v. Frankreich nur auf den Gebieten des öffentl. Rechts und des Verbandsrechts seine Kompetenz aus (s. a. →Ordonnanz). Er überließ das Familienrecht – von Privatrecht kann man nicht sprechen, da der Begriff praktisch vergessen ist – jedenfalls ganz dem regional unterschiedl. Gewohnheitsrecht.

III. GRUNDZÜGE DER RECHTSENTWICKLUNG IN N- UND S-FRANKREICH: Frankreich teilt sich in zwei Gebiete: Nördl. der Loire ist der Einfluß des germ. Rechts für das Gewohnheitsrecht (→Coutume) beherrschend. Es betont die Zusammengehörigkeit der Familie, die Gütergemeinschaft, das kollektive Eigentum. Der S lebt ebenfalls nach Gewohnheitsrecht, aber Gewohnheitsrecht aus einem anderen Geist: Die Erinnerung an röm. Regelungen ist lebendiger geblieben, und viele Vorschriften lehnen sich an sie an. So überleben trotz eines gewissen Verfalls das Dotalsystem oder auch die Vergabungen von Todes wegen, die sich mit dem Testament verbinden. Aber, genau wie im N, gibt es am Ende des 1. Jt. keinen Rechtsunterricht mehr, und die jurist. Terminologie ist ungenau. Mit dem Wiederaufleben des gelehrten Rechts im 12. Jh. wird der Unterschied zw. den beiden Rechtsgebieten größer; der S knüpft wieder an die röm. Tradition an, bes. im Ehe- und Erbrecht, trotz großer gewohnheitsrechtl. Hindernisse wie der ehel. Gütergemeinschaft oder dem Ausschluß ausgesteuerter Töchter von der Erbfolge. Der Kg. mißtraut dem röm. Recht, auch wenn er es anwendet, da es das Recht seines ksl. Rivalen ist. Philipp August läßt durch Papst Honorius III. (Bulle »Super specula«) 1219 den Unterricht in Paris verbieten, während Philipp IV. ihn nur unter dem Titel »Coutume« (Ordonnanz v. 1312) duldet.

Es handelt sich aber keineswegs um fremdes, sondern um wirklich einheim. Recht, mit der gleichen Verbindlichkeit wie das Gewohnheitsrecht im N. Es herrscht also Einheit in der Vielfalt. Die Grenze zw. den Ländern des Gewohnheitsrechts *(coutume)* und des geschriebenen Rechts *(droit écrit)* liegt auf einer gedachten Linie, die von Oléron quer durch die Auvergne bis zum Genfer See führt, und das Burgund teilt. Sie entspricht in etwa der Sprachgrenze zw. dem Frz. und dem Occitanischen.

Die Überlegenheit des röm. Rechts nötigt den N, die →Coutumes genauer zu definieren und zu präzisieren, die sich sonst gegenüber dem gelehrten Recht nicht hätten behaupten können. Wenn auch der Kg. die Coutume grundsätzl. beachtet, gestehen die Rechtsgelehrten ihm doch zu, sich über sie hinwegzusetzen und sie sogar abzuändern, wenn sie ihm schlecht erscheint. Die Coutume hat eine beachtl. Durchsetzungskraft, verfügt aber gleichzeitig über eine gewisse Biegsamkeit und ist relativ anpassungsfähig. Jede neue Anwendung einer Regel in einem Rechtsstreit kann mit kleinen Änderungen verbunden sein; so schafft der Richter Recht und begnügt sich nicht damit, es nur auszulegen.

IV. GEWOHNHEITSRECHTSFAMILIEN: Die Untersuchung der zahlreichen ma. Coutumes zeigt das Bestehen mehrerer Gewohnheitsrechtsfamilien mit klaren Unterschieden. So herrscht in den Rechten der *Picardie* und *Walloniens* der Gedanke der Gütergemeinschaft vor. Die Verbindung der Eheleute und ihrer Kinder schafft eine Vermögensmasse, bei deren Vererbung es kein Eintritts- oder Repräsentationsrecht der Nachkommen vorverstorbener Kinder des Erblassers gibt. Hat der Erblasser Nachkommen aus mehreren Ehen, wird eine Teilung 'nach dem Bett' vorgenommen (→Erbrecht, B.V.). Es handelt sich gesellschaftlich um ein nichtadliges, also bürgerl.-bäuerl. Modell. In der *Normandie* dagegen, und ganz allgemein in den Coutumes *Westfrankreichs*, überwiegt das Feudalrecht. Es besteht eine Verbindung zw. Lehen und Gerichtsbarkeit, und es gilt zwecks Sicherstellung der Interessen des Lehensherrn, das Recht des ältesten Sohnes *(droit d'aînesse)* unter erbrechtl. Zurücksetzung der jüngeren Söhne und der Töchter. Die Repräsentation kann unbegrenzt zugelassen werden, denn das Vermögen muß stets dem Familienstamm erhalten bleiben. Die ehel. Gütergemeinschaft verblaßt vor der Macht der Abstammung. In *Flandern* begünstigt das Gewicht der Städte und des Bürgertums das Entstehen eines dem Lehensgedanken fernerstehenden Rechts. Es fördert die Gleichheit, wenn es auch die Teilung nach dem Bett vorsieht. Die Regel »paterna paternis, materna maternis« soll der unbegrenzten Repräsentation entgegenwirken. Durch die »Regel des gleichen Grades« *(pareil degré)* werden der Deszendent vor dem Aszendenten, sowie Vetter und Kusine vor Onkel und Tante bevorzugt. Das in der *Pariser Region* geltende Recht verwirklicht eine Art Synthese. Trotz der Kontrolle des Kg.s muß der Lehensgedanke dem Gedanken der Gütergemeinschaft weichen: Das Familienvermögen ist durch Pflichtteils- und Retraktsrechte der Verwandten geschützt, soweit es sich um Stammgut und nicht um Errungenschaft handelt. Die südl. und östl. Teile der Gebiete des Gewohnheitsrechts sind weniger einheitl., und man findet widersprüchl. Strömungen. Ganz allgemein ist in den Quellen das Recht, das die Verhältnisse der Mächtigen regelt, am besten überliefert. Die in Erscheinung tretenden Widerstände sind wohl auf das Bauerntum beschränkt, wo das Leben in der Gemeinschaft zu einer Rechtspraxis führt, die die Gruppeninteressen wahrt, und zwar auch in den Gebieten, in denen sonst die Erbfolge nach Stämmen vor-

herrscht. Man darf aber nicht vergessen, daß das gelehrte Recht, auch wenn es nicht als Vorbild in Anspruch genommen wird, entscheidende Akzente gesetzt hat, auch nördl. der Loire. Einziger Gegenstand des akadem. Rechtsunterrichts, prägt es alle Juristen, die mehr oder weniger bewußt darauf zurückgreifen, wenn es gilt, eine Lücke im Gewohnheitsrecht zu schließen oder mangelnde Kenntnis desselben zu verschleiern. Wenn der S manche Traditionen gewohnheitsrechtl. festhält, macht der N Anleihen beim röm. Recht, manchmal durch Vermittlung des kanon. Rechts, so auf dem Gebiet des Gerichtsverfahrens und im Vertragsrecht. Die Ausbreitung des Handels führt zu immer feiner ausgearbeiteten Regelungen und zur Übernahme einer großen Zahl röm. Rechtsvorschriften, die, im Gegensatz zum Formalismus des traditionellen Gewohnheitsrechts, dem Willen größere Bedeutung zumessen.

Am Ende des MA haben sich einige allgemeine Grundzüge dieses vielgestaltigen Rechts herausgebildet. Dies trägt mit zu dem Entschluß des Kg.s bei, die Rechtsgewohnheiten offiziell niederschreiben zu lassen und so die teilweise bedeutenden älteren privaten Aufzeichnungen zu systematisieren (Ordonnanz v. Montilz-lès-Tours, 1454; *lettres patentes* Karls VIII., 1497). Damit wird die Grundlage geschaffen für die Vereinheitlichung des F.R.s durch die Lehre im 18. Jh. und durch die Gesetzgebung Napoleons mit dem Code civil von 1804.

D. Anex-Cabanis

Lit.: E. MEYNIAL, Remarques sur les traits originaux de l'ancien droit français, TRG 4, 1923, 401–421 – L. HALPHEN, La place de la Royauté dans le système féodal, RH 172, 1933, 249–256 – F. OLIVIER-MARTIN, Hist. du droit français…, 1951² – F. LOT–R. FAWTIER, Hist. des institutions Françaises au MA, 2 Bde, 1957–58 – G. LAPOINTE, Hist. des institutions et des faits sociaux, 1963 – COING, Hdb. I, bes. 276–282, 423–428, 633–666 [N. HORN, G. GUDIAN, A. WOLF] – P. OURLIAC, 1210–1220. La naissance du droit français (Studi ARNALDO BISCARDI 1982), 489ff. – P. OURLIAC–J. L. GAZZANIGA, Hist. du droit privé de l'an mil au Code civil, 1985 – s. a. Lit. zu →Coutume.

Fraterherren → Brüder (und Schwestern) vom gemeinsamen Leben

Fraternitas Romana, Zusammenschluß der Weltgeistlichen aller Kirchen der Stadt→Rom zum Schutze gemeinsamer Interessen und zum Erwerb neuer Rechte, erstmals inschriftl. 984 als Gebetsbruderschaft (→Bruderschaft) erwähnt. Im 11. Jh. wuchs sie zu einer Organisation heran, die alle röm. Kirchen umfaßte. Im 12. Jh. war der Aufgabenbereich infolge von päpstl. Privilegien und kraft erworbener Rechte festgelegt. Ihre Vorsteher, die Rektoren, übten wichtige öffentl. Funktionen in der päpstl. Verwaltung und der kirchl. Gerichtsbarkeit aus; dazu gehörten die Überwachung und Regelung des Gottesdienstes in den stadtröm. Kirchen, die Leitung kirchl. Begräbnisse und religiöser Prozessionen, die Verteilung der Priester auf die Kirchen und die Durchführung päpstl. Dekrete bezüglich des Klerus. Zunehmend unterstand ihnen auch die Gerichtsbarkeit, die anfangs nur bei Streitigkeiten zw. Klerikern zur Geltung kam. Für den gesamten Stadtklerus übernahmen die Rektoren die Interessenvertretung (bes. wirtschaftlich). Die Beteiligung an der →Papstwahl, die erfolgte, bis das Kardinalskollegium allein diese Funktion übernahm, wirkte sich bes. beim Schisma von 1159 mit der Parteinahme für →Viktor IV. aus. Die Organisation der F.R. mit einer Einteilung der stadtröm. Kirchen in drei Gruppen geht aus einer Auflistung im Turiner Katalog (zw. 1313 und 1339) und im Katalog von Nicola Signorilli (um 1425) hervor. Aus jedem der drei Bezirke, denen die Kirchen SS. XII Apostolorum, SS. Cosmae et Damiani und S. Thomae in capite molarum vorstanden, wurden jeweils vier Kleriker aus verschiedenen Kirchen zu Rektoren der Fraternitas gewählt (Brief Papst →Johannes' XXII. vom 5. Juni 1325 betraf Wahl, Amtszeit und Gerichtsbefugnisse der Rektoren). Die zwölf Rektoren leiteten zu dieser Zeit insgesamt 414 Kirchen und 785 Weltgeistliche. Im 14. Jh. übernahm die F.R. die Oberaufsicht und die Verwaltung der röm. Universität in öffentl. und finanziellen Angelegenheiten sowie die Berufung der Dozenten in Zusammenarbeit mit dem päpstl. Vikar. Der allmähliche Niedergang der F.R. wurde eingeleitet mit Beschränkungen, die Johannes XXII. der Macht der Rektoren bezüglich der Gerichtsbarkeit und anderer Zuständigkeitsbereiche auferlegte. Im 15. und 16. Jh. verringerte sich zunehmend der Einfluß der Fraternitas Romana. I. Baumgärtner

Q.: WATTERICH II, 475–479 – P. F. KEHR, Regesta Pontificum Romanorum, IP I, 1906, 8–14 – CH. HÜLSEN, Le chiese di Roma nel medio evo, 1927, 26–49 [Nachdr. 1975] – M. ANDRIEU, Le pontifical romain au MA, Bd. II (StT 87, 1940), 505–513 – B. SCHIMMELPFENNIG, Die Zeremonienbücher der röm. Kirche im MA, 1973, 367–370 – Lit.: M. ARMELLINI, Le chiese di Roma, 1887, 24–41 – G. FERRI, La R. F., ASRSP 26, 1903, 453–466 – A. DE BOÜARD, Le régime politique et les institutions de Rome au MA (1252–1347), 1920, 187–198 – H. DIENER, Johannes Cavallini. Der Verf. der Polistoria De Virtutibus et dotibus Romanorum (Storiografia e Storia, Studi i. o. E. DUPRÈ THESEIDER, 1974), 154–156.

Fraticelli (Fratizellen), Bezeichnung für die Franziskanerspiritualen (→Franziskaner), die auch nach der Bulle »Sancta Romana« Johannes' XXII (1317) an ihrer Position festhielten. Wie die vielschichtige Franziskanerspiritualenbewegung verschiedene Formen ausprägte, so sind auch innerhalb der F. verschiedene Gruppierungen festzustellen (Clarener, Michaelisten oder Cesenisten, »fraticelli de opinione« usw.), die alle einen gemeinsamen Nenner aufweisen: sie hielten – trotz veränderter hist. Situation – treu an dem von →Franziskus gegebenen Beispiel fest und lebten entsprechend den Geboten des Evangeliums in der Nachfolge Christi, für dessen vollkommene Armut in seinem Erdenleben sie eintraten. Sie stützten sich auf das Testament des hl. Franziskus, der u. a. eine Glossierung der Regel verboten hatte. Im Umkreis der F. entstand ca. 1326 die erste Ordensgeschichte »Historia septem tribulationum« des →Angelus Clarenus. Einige F. sahen →Philipp v. Mallorca als ihr geistiges Oberhaupt an. Nach ständiger Verfolgung durch die Inquisitoren (u. a. des →Johannes v. Capestrano) fällt das endgültige Verschwinden der F. mit der Ausbreitung der Observantenbewegung zusammen. E. Pásztor

Lit.: DIP IV, 807–821 [C. SCHMITT; reiche Lit.].

Fratres B. Mariae Matris Christi (Fratres de Pica, de Monte (Valle) Viridi, frères des Pics), schon im MA mit den →Karmelitern und →Serviten verwechselte Angehörige eines in der Mitte des 13 Jh. in Südfrankreich entstandenen →Bettelordens, der seit 1257 mit Zustimmung Papst Alexanders IV. die →Augustinusregel befolgte. Die F. breiteten sich von Marseille (S. Maria de Areno) über Frankreich bis nach Italien, Spanien, England, die heut. Niederlande (Zierickzee) und die Schweiz (Solothurn) aus. Wie die →Sackbrüder und andere nach 1215 entstandene kleinere Bettelorden fielen sie dem Aufhebungsbeschluß des II. Lyoner Konzils zum Opfer. Die Konvente der F. kamen an andere Orden, in Paris übernahmen die →Wilhelmiten das Haus der F., die dort als Blancs-Manteaux bezeichnet wurden. K. Elm

Lit.: R. W. EMERY, The Friars of the Blessed Mary and the Pied Friars, Speculum 24, 1949, 228–238 – DERS., The Second Council of Lyons and the Mendicant Orders, CathHR 39, 1953/54, 257–271 – F. A. DAL

PINO, I Frati Servi di S. Maria dalle Origini all'approvazione (ca. 1233–1304), 1972, I, 2, 672–680 – M. DE FONTETTE, Les Mendiants supprimés au 2me Concile de Lyon (1274), Frères Sachets et Frères des Pics (Les mendiants en pays d'Oc au XIIIe s., Cah. de Fanjeaux 8, 1976), 193–215.

Frau

A.–C. Lateinischer Westen (A. Theologie, Philosophie und Hagiographie – B. Recht – C. Die Frau in der mittelalterlichen Gesellschaft) – D. Byzantinisches Reich, südost- und osteuropäischer Bereich – E. Arabisch-islamischer Bereich

A.–C. Lateinischer Westen:
A. Theologie, Philosophie und Hagiographie
I. Theologisch-philosophisch – II. Weibliche Heiligkeit.

I. THEOLOGISCH-PHILOSOPHISCH: Obwohl im ma. Frauenbild in der von Männern vertretenen Schulwissenschaft dem einer patriarchal. Kultur entspricht, ist doch im Christentum nie bezweifelt worden, daß die F. wie der Mann »capax Dei« sei und als solche erlösungsfähig. Gegenüber anderen Weltreligionen und gnost.-manichäischen Sekten des MA, die in irgendeiner Form mit dem eschatolog. »Mannwerden« der Frau rechnen, ist der Widerstand der Scholastik gegen die Herabsetzung der F. in religiös-spiritueller Hinsicht bemerkenswert. Die F. bleibt im Eschaton F. (Augustinus, De civ. Dei 22,17.18; Thomas v. Aquin, C.Gent. 4,88. Comp. theol. 157; Bonaventura IV Sent. d. 44,p.1 dub.2).

Allein auf der Ebene der Geschlechtersymbolik finden derartige Lehren einen Niederschlag, sofern seit der Väterzeit (v. a.) die virgo als eine ihr Geschlecht übersteigende, dem vir und seiner virtus ähnl. Person angesehen wird. Gegen solche »Vermännlichungsversuche« der jungfräul. lebenden und dadurch der ehel. Hierarchie entgehenden F. finden sich aber in der Frauenmystik Absetzungsbestrebungen, so bei →Hildegard v. Bingen, die der Jungfrau den bes. Glanz der Weiblichkeit zuspricht und in der eben geschaffenen →Eva das Vorbild der Jungfräulichkeit sieht, wobei aber zugleich die Solidarität zw. den virgines und den matres betont wird.

Ma. Theologen und Philosophen, die nicht primär dem höher und niedriger einstufenden Hierarchieschema entsprechend das Menschsein von Mann und F. beschreiben, bedienen sich gern des Paradoxes von Stärke in der Schwachheit, indem sie gemäß 1 Kor 1,27 den Gegensatz von naturhaft begründeter Schwäche und gnadenhaft ermöglichter Stärke bei der F. herausarbeiten (vgl. bes. Abaelards Briefe an Heloise). Eine positive Theologie der F. beruht im MA immer auf diesem Denkschema.

Die im natürl. Bereich größere Wertschätzung des Mannes und geringere der F. geht im antik-ma. Denken von der phys. Basis aus. Naturphilos. und zeitbedingt-unvollkommene biolog. Anschauungen werden auf die anthropolog.-charakterolog. Ebene übertragen und vielfach bleiben solche aus falschen Voraussetzungen gezogenen Konsequenzen noch lange im Umlauf, nachdem die ersteren aufgegeben worden waren. Hatte Aristoteles dem Mann in seinem Körper einen Vorrang der beiden »höheren« Elemente Luft und Feuer und infolgedessen Aktivität und Superiorität, der F. jedoch einen Vorrang der beiden »niederen« Elemente und infolgedessen Inferiorität, Passivität und größere Abhängigkeit vom Mann als umgekehrt zugeschrieben, so führten derartige Spekulationen im 12. Jh. zur Lehre von der unvollkommeneren Elementenmischung im Leib der Frau (Wilhelm v. Conches) und in der Hochscholastik zur Anwendung des hylemorphist. Schemas auf das Geschlechterverhältnis: bei der Zeugung (männl. Same = Formprinzip, weibl. Uterusblut = mater. Prinzip) und bei der Einstufung von

Fähigkeiten und Qualitäten als »stärker« im Mann und »schwächer« in der Frau.

Die weibl. Gegenkonzeption, wiederum bei Hildegard v. Bingen bes. deutlich (im Mann überwiegen Feuer und Erde, also das »höchste« und das »niedrigste« Element, in der F. Luft und Wasser, also die beiden mittleren), die eine Komplementarität und strenge Gegenseitigkeit in der Abhängigkeit der Geschlechter voneinander beinhaltet, wurde von der zeitgenöss. Scholastik nicht rezipiert, obwohl sie dem Selbstverständnis ma. F.en entsprach. Dies zeigen z. B. die von F.en verfaßten Frauenviten (Schwesternbücher) im Gegensatz zu den von Männern verfaßten. Auch bei öffentl. Wirksamkeit von F.en unter dem Anspruch des (bibl. bezeugten) weibl. Prophetentums beharrte die Schultheologie in Anbetracht von 1 Kor 14,34. 1 Tim 2,9ff darauf, daß F.en nur im privaten Rahmen ihr prophet. Amt ausüben dürften.

Die zunehmende naturphilos. Interpretation der Schöpfungs- und Heilsordnung hat das Verständnis der F. im MA nachhaltig bestimmt. →Thomas v. Aquin (s. th. I q. 92 a. 1 ad 2) spricht infolgedessen von einer doppelten subiectio, einer als Sündenfolge aufgetretenen servilen, die auf Gen 3,16 bezogen ist, und einer natürlichen, vor dem Sündenfall anzunehmenden, welche die F. dem Mann aufgrund von dessen rationaler Überlegenheit auf eine für sie nicht leidvolle Weise untergeordnet hätte. Dieser Einbruch von Naturphilosophie vor- und außerchristl. Prägung hat jedoch theol. Folgen, sofern im Denken der Zeit ihre Unterordnung die F. weniger gottähnl. macht als den Mann.

Zwar ist nur die natürl. Gottebenbildlichkeit nach Geschlechtern gestuft gedacht (vgl. →Eva), während in der gnadenhaften die Geschlechterdifferenz unerheblich ist (sekundäre Deutung von Gal 3, 28), aber gerade dies hat Folgen für die Theologie des ordo, und zwar mehr in der thomas. als in der franziskan. Richtung. Bei dem (immerhin nicht unterdrückten) Problem F. und kirchl. Amt fragt Thomas, ob ein »Defekt der Natur« wie Weiblichkeit am Empfang des Weihesakramentes hindere und antwortet, daß selbst bei Ausführung der Weihehandlung an einer F. keine Wirkung zustande komme, weil das weibl. Geschlecht wegen seines status subiectionis keine eminentia gradus darstellen könne. Die Gegenmeinung von der Unerlaubtheit, aber nicht Wirkungslosigkeit erwähnt er nicht (In IV sent. dist. 25 q. 2 a. 1). →Bonaventura ist zwar auch von der Unerlaubtheit, Frauen zu weihen, überzeugt, »sed utrum possint, dubium est« (In IV sent. dist. 25 a. 2 q. 1). Dies beruht möglicherweise auf größerer Reserve der Franziskaner gegenüber der Anwendung aristotel. Begriffspaare wie aktiv-passiv, Akt-Potenz, Form-Materie auf das Geschlechterverhältnis. E. Gössmann

Lit.: H. LIEBESCHÜTZ, Kosmolog. Motive in der Bildungswelt der Frühscholastik (Vorträge der Bibl. Warburg 1923–24, hg. F. SAXL, 1926) – E. TH. HEALY, Woman according to St. Bonaventure, 1956 – E. GÖSSMANN, Metaphysik und Heilsgesch., 1964, 215–229 – DIES., Anthropologie und soziale Stellung der F. nach Summen und Sentenzenkomm. des 13. Jh., Misc. Mediaevalia 12/1, 1979, 281–297 – P. ALLEN, The Concept of Woman, 1985 – E. GÖSSMANN, Ipsa enim quasi domus sapientiae (M. SCHMIDT – D. R. BAUER, Eine Höhe, über die nichts geht. Spezielle Glaubenserfahrung in der Frauenmystik?, 1986), 1–18 – vgl. →Eva.

II. WEIBLICHE HEILIGKEIT: Die Kanonisierung und Wertung von F.en als Hl.en ist unter den Vorzeichen der abwertenden Haltung zu sehen, die das Christentum seit der Spätantike der Geschlechtlichkeit, insbes. derjenigen der F., entgegengebracht hat. So baut die Einschätzung der F. wie die Konzeption weibl. Heiligkeit während des gesamten MA auf dem Gleichnis der 100-, 60- und 30fa-

chen Frucht (Mt 13,8 und Mk 4,8) auf, das seit Ambrosius (De virg. 1,9,60), Hieronymus (Comment. in ev. Mt 2) und Augustin (De s. virg. 44,45) auf die Gruppen Jungfrauen, Witwen, Eheleute angewandt wurde; ein zweites, oft paralleles Deutungsschema kennt die Dreiergruppe Märtyrer(innnen)-Jungfrauen-Witwen (Hieronymus, Ep. 49,3). Es ist festzuhalten, daß Jungfrauen und Witwen seit der Frühzeit jeweils einen eigenen christl. Stand (ordo) darstellen, der mit seinem Gelöbnis und seiner Weihe als Gegenstück zu den männl. Asketen und Mönchen zu sehen ist. Bei der Zusammenstellung weibl. Hl.r folgt die offizielle kirchl. Dokumentation den oben erwähnten Gruppen: im 5./6. Jh. erscheinen als Gruppe Märtyrerinnen, zusammen mit der Jungfrau →Maria (z. B. S. Apollinare Nuovo, Ravenna), spätestens seit dem 8. Jh. gruppieren die häufigen Litaneien der Liturgie (vgl. auch Allerheiligenlitanei): Apostel, Märtyrer (und -innen), Bekenner, dann aber Jungfrauen und sonstige sanctae oder viduae (Witwen). Seit der gleichen Zeit werden auch Lebensbeschreibungen weibl. Hl.r in hagiograph. Sammelhss. (→hagiographische Handschriften) zusammengefaßt (Passionale virginum). Gruppierungen weibl. Hl.r sind in den Herrscherlaúdes (Laudes gallicanae) ebenfalls spätestens seit dem 8. Jh. entstanden: die Anrufung der Schutzhl.n für die Kgn. nennt regelmäßig weibl. Hl.; für die kgl. Nachkommenschaft werden Märtyrer und weibl. Hl. angerufen. In dem frk. Krönungsordo für die Kgn. (um 900) werden die bibl. Hl.n Iudith, Sarah, Rebekka, Lea und Rachel zusammen mit Maria genannt. Die Hagiographie hat neben den gen. Typen weibl. Hl.r auch den der Büßerin (→Afra, →Pelagia) entwickelt, dessen hohe Wertung sich an die theol. Auslegung von Zach. 6,2–4 anschließt. Alle anderen Typen weibl. Hl.r, wie der der hl. Kgn. oder der hl. Äbt., beruhen mehr oder weniger auf den beiden oben erwähnten Auslegungen des Fruchtgleichnisses mit ihrer hohen Wertung der Jungfräulichkeit. M. Heinzelmann

Lit.: DACL VIII, 2, 1898–1910 (Laudes gallicanae) – LThK² I, 348f. (Allerheiligenlitanei) – RAC VIII, 197–269 (F.) – M. COENS, Anciennes litanies des saints, AnalBoll 54, 1936, 5–37; 55, 1937, 49–69; 59, 1941, 272–298; 62, 1944, 126–168; 75, 1957, 5–16 – E. H. KANTOROWICZ, Laudes regiae, 1946, 13–64 – R. ELZE, Die Herrscherlaudes im MA, ZRGKanAbt 40, 1954, 219 – M. BERNARDS, Speculum virginum. Geistigkeit und Seelenleben der F. im HochMA, 1955 – Die Ordines für Weihe und Krönung des Ks.s und der Ksn., hg. R. ELZE, MGH Fontes (in us.schol.) IX, 1960, XXX–XXXII und 7f. – F. GRAUS, Volk, Herrscher und Hl.r im Reich der Merowinger, 1965, 117f. – G. PHILIPPART, Les légendiers lat. et autres ms. hagiographiques (mise à jour de fasc. 24–25 de la Typologie des Sources du MA Occidental), 1985, 20f.

B. Recht

I. Römisches Recht – II. Kanonisches Recht – III.–VIII. Rechte einzelner Länder (III. Germanisches und deutsches Recht – IV. Italien – V. England – VI. Irland und Wales – VII. Skandinavien – VIII. Ostmitteleuropa).

I. RÖMISCHES RECHT: Nach dem röm. Recht der Spätantike hat die F. in bezug auf ihre Person und ihr Vermögen im wesentl. dieselbe Rechtsstellung wie der Mann; benachteiligt ist sie in bezug auf ihre Kinder und im öffentl. Leben: Schon als Haustochter kann die F. genauso wie der Haussohn ein peculium haben, und sie kann durch emancipatio aus der väterl. Gewalt entlassen werden. Andernfalls wird sie beim Tode des Hausvaters rechtl. selbständig (sui iuris) und beerbt ihn gleichberechtigt (→Familie, B. I). Als Person sui iuris verwaltet sie ihr Vermögen selbst und verfügt frei darüber, sowohl unter Lebenden als auch von Todes wegen (→Testament). Die Vormundschaft über erwachsene F.en (tutela mulierum, Geschlechtsvormundschaft) ist seit dem Anfang des 4. Jh. verschwunden. F. en gelten aber wie Soldaten und Bauern als rechtsunerfahren und werden in Irrtumsfällen, v. a. bei Rechtsirrtum, geschützt. Deshalb ist es ihnen auch verboten, sich im Interesse Dritter zu verpflichten, z. B. durch Bürgschaft, Schuldübernahme oder Aufnahme von Darlehen (Interzessionsgeschäfte). Bei Eingehung der Ehe ist die F. grundsätzl. frei, doch braucht sie bis zur Vollendung des 25. Lebensjahres die Zustimmung ihrer Familie. Witwen und geschiedene Frauen dürfen binnen einer Wartefrist von (zuletzt) einem Jahr nicht wieder heiraten. Die Ehe bringt für die F. keine bes. Rechtspflichten mit sich; an der Vermögensverwaltung ändert sich nichts. Jedoch verwaltet und nutzt der Ehemann dasjenige F. engut, das ihm als dos gegeben wird, solange die Ehe besteht; das gilt auch von der Eheschenkung, durch die der Mann das F. engut vermehrt. Die F. kann die Ehe genauso scheiden wie der Mann, doch sind die Fälle, in denen ihr das ohne (harte) Rechtsnachteile möglich ist, enger begrenzt als beim Manne (→ Ehe, B. I.). → Ehebruch wird nur bestraft, wenn von der F. begangen, allerdings an beiden Beteiligten.

An der väterl. Gewalt über die ehel. Kinder hat die Mutter keinen Anteil, folglich auch nicht an der Verwaltung und Nutzung des Vermögens (bona adventicia) der Kinder; auch bei deren Beerbung ist sie benachteiligt. Außerehel. Kinder stehen überhaupt nicht unter einer elterl. Gewalt. Es bestehen aber verschiedene Pietätspflichten der Kinder gegenüber beiden Eltern. Der verwitweten Mutter kann die Vormundschaft über ihre Kinder übertragen werden, solange sie nicht wieder heiratet. Ausnahmsweise hat man eine Adoption durch F. en zugelassen.

F. en können nicht für andere Personen vor Gericht auftreten. Öffentl. Ämter sind ihnen nicht zugänglich, ebensowenig wie der Militärdienst. Das hat einzelne Ks., z. B. Justinian I., nicht daran gehindert, ihre Gemahlinnen offiziell an der Regierung des Reichs zu beteiligen.

Lit.: M. KASER, Das röm. Privatrecht, 1971–75².   P. Weimar

II. KANONISCHES RECHT: Die Stellung der F. hat im kanon. Recht des MA eine Entwicklung erfahren, die eng mit der sozio-kulturellen Situation verknüpft war. Sie hat zu einer weiteren Verschlechterung ihrer Rechtsstellung, bes. im Ämter- und Liturgierecht geführt [1]. Demgegenüber bot das kanon. Recht der F. auch die Möglichkeit, ihre sozial inferiore Stellung zu verbessern, als Ehefrau (mulier; → Ehe) [2]; → Witwe (vidua) und gottgeweihte Jungfrau (monacha, monialis, virgo, abbatissa, praelatissa) [3]. Das Kirchenrecht steht in dieser Zeit noch inmitten der Theologie. Eine zentrale Stellung nimmt das in der 2. Hälfte des 12. Jh. rezipierte → Decretum Gratiani (um 1140) ein. Für das Eherecht sind z. B. aber auch → Burchard v. Worms und → Ivo v. Chartres oder die → Bußbücher von Bedeutung. Gratians Belegstellen sind bes. Texte der Kirchenväter: Augustinus, Hieronymus und Ambrosius (oft eigtl. → Ambrosiaster). Das röm. Recht, Paulus und die Pastoralbriefe (1 Kor 11; Eph 5, 21ff.; 1 Tim 2, 14–15) runden sein Bild von der F. ab: Unterworfenheit. Der Mann ist das Haupt der F., sie ist der Leib des Mannes (C. 33 q. 5 d. p. c. 11). Die F. wurde in der Person → Evas als erste verführt (C. 15 q. 3 pr.). Dahinter steht ein im Rabbinismus gebräuchliches, buchstäbliches Verständnis der jahwistischen Schöpfungserzählung (RAMING, 51). Gratian beeinflußte nicht nur die nachfolgenden Kanonistengenerationen (→ Dekretisten, → Dekretalisten, Kanonistenpäpste), sondern auch die Theologen, z. B. → Petrus Lombardus und → Thomas v. Aquin. Die Rechtsquellen spiegeln aber nicht immer das Rechtsleben wider. Die F.

war oft besser gestellt, als diese vermuten lassen (so z. B. die laufende Einschärfung von Rechtsvorschriften oder die Stellung der Äbt. nen [VAN DER MEER]). Ferner sind die den älteren Quellen bekannten Diakonissen und die Begriffe episcopa und presbytera oder presbyterissa zu nennen. Auch → Prostitution und → Empfängnisverhütung waren Gegenstand ma. kanonist. Diskussion.

[1] Vom Heiligungs-(Liturgie), Lehr- und Leitungsdienst wurde die F. fast völlig ausgeschlossen. Dazu zählen die vielen rechtl. Unfähigkeiten: Ausschluß von der Weihe(gewalt) und damit Ausschluß von Diakonat, Presbyterat und Episkopat; Verweigerung der Ausübung von Jurisdiktionsgewalt (Ausnahme: bestimmte Äbt. nen); Verbot, die Beichte zu hören; Verbot, kirchl. Sanktionen zu verhängen; prinzipielle Unfähigkeit, die Aufgaben des Richters und Arbiters auszuüben (C. 15 q. 3 pr.); Verbot, eine Kriminalanklage zu erheben (mit Ausnahmen); die F. darf nicht Zeugin sein (C. 33 q. 5. c. 17; Glosse: gilt nur für Kriminalfälle, bes. von Klerikern); Verbot, die hl. Gefäße und Altartücher zu berühren und den Altar zu inzensieren (D. 23 c. 25); das Lehrverbot; Verbot des Zutritts zum Altarraum und des Altardienstes (X 3. 2. 1).

[2] Beim Eheabschluß wird die Gleichheit von Mann und F. durch die Betonung des Konsensprinzips garantiert (Nikolaus I., Ivo v. Chartres, Gratian C. 27 q. 2 c. 1, Alexander III.). Die Zustimmung des Vaters (der Mutter) zur Eheschließung ist zu deren Gültigkeit nicht erforderl. (vgl. auch das impedimentum raptus). Gleiche Rechte zw. Mann und F. bestehen in der Ehe allerdings nur im Bereich des Intimverhältnisses. Ein Partner kann nicht ohne Zustimmung des anderen das Gelübde der Enthaltsamkeit ablegen (Ivo v. Chartres; C. 33 q. 5; X 3. 32. 1). Prakt. Erwägungen haben hier eine Änderung gebracht (Innozenz III., X 3. 34. 8, 9): Der Mann kann auch ohne Einwilligung der F. geloben, einen Kreuzzug zu unternehmen. Die Gründe für eine Trennung der Ehe sind bei Mann und F. gleich (Unauflösbarkeit der Ehe!). Während der Ehe teilt die F. Stand und Wohnsitz des Ehegatten, auch wenn eine Freie einen Unfreien heiratet. Der Mann ist aber das Haupt der → Familie.

[3] Der Eintritt in ein Kl. bedeutet für die F. die Möglichkeit, geistige und kulturelle Autonomie zu erreichen, für einige sogar, Lehr- und Jurisdiktionsgewalt auszuüben (z. B. Äbt. nen v. Essen, Fontevrault, Göss, Goleto, Las Huelgas, Quedlinburg). Letztere tragen Stab und Mitra, verleihen Benefizien, üben die Autorität in → Doppelklöstern aus, haben eine fast bfl. Jurisdiktion (ohne Weihegewalt). Die praelatissa kann, wenn sie volle geistl. und weltl. iurisdictio hat, einen vicarius temporalis bestellen (S. R. Rota, Decisiones ant., De off. ord., Dec. I al. 259). Eine besondere, allerdings nicht eindeutig und konstante Rolle spielten im 12. und 13. Jh. die → Praemonstratenser (Doppelklöster) und → Zisterzienser (Frauenzisterzen) für die Frauengemeinschaften. Als eigener Stand zw. Laien und Ordensleuten und damit als Semireligiosen galten in der Kanonistik des 13. Jh. die frommen F. en (sorores, svestriones, mulieres devotae etc.; → Beginen).   R. Puza

Lit.: K. H. SCHÄFER, Die Kanonissenstifter in dt. MA, Kirchenrechtl. Abh. 43/44, 1907 [Nachdr. 1965] – F. GILLMANN, Weibl. Kleriker nach dem Urteil der Frühscholastik, AKKR 93, 1913, 239ff. – H. v. BORSINGER, Rechtsstellung der F. in der kath. Kirche, 1930 – R. METZ, Le statut de la femme en droit canonique médiéval, RecJean Bodin 12, 1962, 59ff. – H. VAN DER MEER, Priestertum der F., Quaestiones disputatae 42, 1969 – I. RAMING, Der Ausschluß der F. vom priesterl. Amt, 1973 – J. A. BRUNDAGE, Prostitution in the Medieval Canon Law, Signs. Journ. of Women in Culture and Society, 1976, Bd. I, no. 4, 825ff. – DERS., The Crusader's Wife: A Canonistic Quandary, SG XII, 1967, 425ff. – J. G. GOMAN, The Ordination of Women: The Bible and the

Fathers [Diss. Ann Arbor 1976, 162ff.; Ma. byz. Kirchenrecht] – K. Elm, Die F. in Ordenswesen, Semireligiosentum und Häresie des 12. und 13. Jh., Internat. kath. Zs. Communio 11, 1982, 360ff. – A. Valerio, Die F. in der »Societas Christiana« vom 10. bis zum 12. Jh. (Theologie der Gegenwart 28, 1985), 98ff. – G. Duby, Ritter, F. und Priester. Die Ehe im feudalen Frankreich, 1986².

III.–VIII. Rechte einzelner Länder:

III. Germanisches und deutsches Recht: Die F. hatte nach germ. und älterem dt. Recht eine völlig andere und erheblich schwächere Rechtsstellung als der Mann. Sie war in früher Zeit von der Teilnahme am Rechtsverkehr nahezu ausgeschlossen, auch später in ihren rechtl. Handlungsmöglichkeiten sehr eingeschränkt und grundsätzl. der personenrechtl. Gewalt von männlichen Verwandten oder Ehemann unterworfen (→Munt), die sich aber wesentlich von der Herrschaftsgewalt über eine →Unfreie unterschied und keineswegs rechtl. schrankenlos und zudem mit der Teilhabe der F. am rechtl.-sozialen Status ihres Gewalthabers verbunden war. Innerhalb der patriarchal. Sozialstruktur sicherte sie die F. gegen Übergriffe Dritter. Weder stand daher die F. außerhalb des Rechts noch in einem sachenrechtsähnlichen Verhältnis (unzutreffend insofern Rietschel, Hoops¹, 500f.). Eine F. ohne hinreichende verwandtschaftl. Bindung konnte in früher Zeit unter Königsmunt stehen.

Insbes. kennzeichneten die Rechtsstellung der F. regelmäßig die Weisungs- und nach den frühma. Stammesrechten zumeist die Strafgewalt ihres Gewalthabers, die fehlende Prozeßfähigkeit und die Einstandspflicht des Gewalthabers gegenüber Dritten. In das »öffentliche« Strafrecht wurde die F. erst im Verlauf des MA einbezogen (noch näherer Erforschung bedürftig). Von gerichtl. Funktionen und öffentl. Ämtern war sie ausgeschlossen. Jedoch konnte der Gewalthaber nicht beliebig über sie verfügen. Insbes. waren ihm die Tötung und einschneidende Statusveränderungen – wie Verstoßung – schon nach frühma. Recht allenfalls in Ausnahmefällen gestattet. Weitere Rechtsschranken ergaben sich für Verwandte als Gewalthaber beispielsweise aus dem Inzest-Verbot (→Blutschande), für den Ehemann aus seiner vertragl. Bindung an die Verwandten der F. bei der Eheschließung. Ungerechtfertigte grobe Mißhandlung der Ehefrau bildete so einen Fehdegrund (→Fehde) für deren Verwandte. – Die F. konnte auch selbst Vermögen haben und war im allgemeinen erbfähig. Nach heutigem Forschungsstand dürfte jedenfalls das frühma. →Erbrecht die F. im allgemeinen nicht ausgeschlossen haben, sondern wies als vorherrschenden Grundzug lediglich den Vorrang der Söhne vor den Töchtern auf. Insbes. in Hinblick auf die Witwenversorgung glich das ehel. Güterrecht die Defizite des Erbrechts für die F. z. T. aus. Allerdings fehlte der F. zumeist die Verfügungsbefugnis über ihr Vermögen (Ausnahmen im Verlauf des MA zunehmend). Auch die Verwaltungsbefugnis stand regelmäßig dem Gewalthaber zu (weithin anders jedoch bei →Witwen). – In weitem Umfang war die Rechtsstellung der F. abhängig vom Familienstand: Die personenrechtl. Gewalt des Vaters über die unverheiratete Tochter (→Familie, B. VI) umfaßte bis in das hohe MA auch das Verheiratungsrecht (zumeist an Zustimmung der Tochter gebunden). Die Ehefrau blieb unter der Munt ihrer Verwandten, sofern diese nicht der Ehemann erlangte (→Ehe, B. VI). Einzelne F.en, insbes. Kgn.en und Adlige, konnten eine einflußreiche Stellung erlangen; eigenständig war häufig die Witwe, z. T. über Vermögensverwaltung und -nutzung hinaus auch bei ihrer Wiederverheiratung und in der Entscheidungsgewalt über die Kinder.

Im einzelnen unterschied sich die Rechtsstellung der F. schon im frühen MA bei den einzelnen Stämmen und Sozialgruppen erheblich. Im dt. Recht des hohen und – stärker eingeschränkt – des späten MA erhielten sich die Grundzüge des frühma. Rechts zum großen Teil, verbanden sich jedoch mit christl.-kirchl. Anschauungen. So schwächte sich nicht nur der Umfang einzelner personenrechtl. Befugnisse unter dem Einfluß des christl. Personenverständnisses ab, sondern es wandelte sich die Stellung der F. in der Ehe und bei der Eheschließung tiefgreifend durch das Verständnis der Ehe als wechselseitige Treuebeziehung und die Einführung des Konsensprinzips (vgl. Abschnitt B. II). – In der städt. Gesellschaft verbesserte sich sodann die Rechtsstellung der F. in einigen, bes. Handwerk und Handel betreffenden Bereichen (vgl. hierzu Abschnitt C. und →Frauenzunft). R. Schulze

Q. und Lit.: Hoops¹ I, 499–502 – Hoops² VI, 480–500 – C. Bücher, Die F.enfrage im MA, 1882 – K. Weinhold, Die dt. F.en im MA, 2 Bde, 1897³ – R. Bartsch, Die Rechtsstellung der F. als Gattin und Mutter, 1903 – M. Weber, Ehefrau und Mutter in der Rechtsentwicklung, 1907 – H. Fehr, Die Rechtsstellung der F. und der Kinder in den Weistümern, 1912 – H. Thieme, Die Rechtsstellung der F. in Dtl., RecJean Bodin 12/2, 1962 – H. H. Kaminsky, Die F. in Recht und Gesellschaft des MA (F.en in der Gesch. I, hg. A. Kuhn – G. Schneider, 1979) [Bibliogr.] – K. Kroeschell, Söhne und Töchter im germ. Erbrecht (Stud. zu den germ. Volksrechten, Gedächtnisschr. W. Ebel, hg. G. Landwehr, 1982) – E. Ennen, F.en im MA, 1987³ – vgl. Lit. zu Abschnitt C.

IV. Italien: Im Langobardenreich unterstanden die Germaninnen lange Zeit der Munt des Vaters, des Ehemannes oder anderer bzw. der Königsmunt; sie waren nicht voll geschäftsfähig und von der Erbfolge ausgeschlossen, auch bei der Eheschließung hatten sie keine Entscheidungsfreiheit, sondern die Verheiratung erfolgte durch Raub oder Kauf von seiten des Ehemannes. Später besserte sich die Rechtsstellung der langob. F.: Eine gewisse Geschäftsfähigkeit wurde ihr zuerkannt, zu deren freier Ausübung jedoch immer der Beistand eines Mannes notwendig war. F.en, die nach röm. Recht (s. Abschnitt B. I) lebten, besaßen dagegen sowohl im Langobardenreich als auch in den roman. Regionen eine umfassende Geschäftsfähigkeit. Lehnsrechte wurden der F. erst in späterer Zeit zuerkannt. Das →Rittertum setzte es sich zur Aufgabe, die F., die als schwaches, schutzbedürftiges Wesen galt, zu verteidigen. Im 12. Jh. wurde im gelehrten Recht und im Statutarrecht der Kommunen die Stellung der F. einschränkend definiert. Einen Rückschritt im Vergleich zur vorhergehenden Zeit brachte das 15. Jh.: die dynast. Konzeption der →Familie schloß die F. von der Erbfolge aus und zwang sie zu Verzichtserklärungen. Bei der Eheschließung oder dem Eintritt in ein Kl. mußte sie sich mit einer Mitgift begnügen, die nicht immer angemessen ausfiel. In Geschäften bedurfte sie weiterhin des Beistandes eines Verwandten, eines Vogtes (advocatus) bzw. des Ehemannes. G. Vismara

Lit.: E. Besta, Le persone nella storia del diritto it., 1931 – M. Roberti, Svolgimento storico del diritto privato in Italia, 1935.

V. England: Der Rechtsstatus der F. ist ein äußerst komplexes Problem, das bisher nur z. T. untersucht worden ist. F.en hatten eine benachteiligte Stellung, weil sie nicht persönl. den lehnsrechtl. geregelten Heerfolgedienst leisten konnten, auch nicht zu öffentl. Ämtern und dem Parlament zugelassen waren, nicht zu den *tithings groups* gehörten und in keiner Jury fungieren konnten, außer in der *jury of matrons* ('Jury verheirateter F.en'), die die Schwangerschaft einer Witwe festzustellen hatte. Verheiratete F.en wurden auch bei kirchl. Gerichtshöfen herangezogen, die über die Impotenz eines Mannes entschieden.

F.en konnten nicht als »außerhalb des Rechts« (»friedlos«) erklärt werden, weil sie sich niemals »innerhalb des Rechts« befunden hatten. Dennoch hatten F.en Rechte und Verantwortlichkeit gegenüber dem Recht.

F.en konnten Land besitzen, bei den meisten Erblehen waren aber Männer die bevorzugten Erben. Es waren die Ehemänner landbesitzender F.en, die Huldigungs- und Treueid leisteten und die Kontrolle über das Land hatten. Die F. konnte verbindliche Abmachungen zu Lebzeiten ihres Ehegatten nicht aufheben, hatte aber das Recht, sie nach seinem Tode auf dem Klageweg wieder rückgängig zu machen. Ohne ihre Ehegatten konnten F.en keine Schulden machen, verklagt werden oder selbst eine Klage anstrengen, es sei denn, sie betrieben Handel. Nach dem Gesetz durften F.en keine →Fahrhabe besitzen oder etwas testamentar. vermachen, aber da beides durchaus vorkam, dürfte sich die Praxis häufig von der Rechtsnorm unterschieden haben. Trotz mancherlei Einschränkungen spielten die F.en eine aktive Rolle in weltl. Geschäften, bes. in ihrer Eigenschaft als Grundbesitzerinnen.

In der ags. Gesellschaft, dem Ursprung des Handelsprivilegs der *femme sole,* scheinen F.en einen höheren Status innegehabt zu haben als in späterer Zeit. Trotz Gültigkeit der *mund* (Vormundschaft) hatten die Witwen wohl doch das Schutzrecht gegenüber dem Erben. Die Einführung der Kriegerlehen i. J. 1066 beinhaltete, daß der Lehnsherr, und nicht die Mutter, die Schutzgewalt über den Erben besaß (→Vormundschaft). Witwen von Pächtern auf Königsgut hatten eine Ablösegebühr zu zahlen, wenn sie sich nach ihrem Willen wiederverheiraten wollten. F.en konnten Lehnsgüter erben, wobei sie mit ihren Töchtern zu gleichen Teilen eingesetzt wurden. Witwen hatten Wittumsrechte *(dower),* deren Ausmaß und Bedingungen je nach Art des Lehens schwankten. – Die Privilegien der Handel treibenden F.en waren begrenzt. Aus Gründen der Steuerumgehung wurden im späten 13. und im 14. Jh. Gemeinschaftsvermögen von Eheleuten gebildet. Zusammen mit dem Wittum und dem Erbe führte das zu einer recht starken Stellung der Witwe, häufig zum Nachteil der volljährigen Söhne. Dies mag zu einer Verschiebung hin zum →Nießbrauch *(uses)* und zu einem allmählichen Abbau des Wittums zugunsten des →Leibgedinges *(jointure)* geführt haben. Solche Veränderungen hatten einen Statusverfall der F.en besitzender Schichten zur Folge, der bis ins 19. Jh. anhielt.   S. Sheridan Walker

Q. und Lit.: Borough Customs, hg. M. BATESON (Selden Soc. 18, 1904), 185f., 220–230, 277, 285 – G. A. HOLMES, The Estates of the Higher Nobility in Fourteenth-Century England, 1957 – J. H. BAKER, An Introduction to English Legal Hist., 1979, 227, 371, 395–400 – The Women of England, hg. B. KANNER, 1979 – S. F. C. MILSOM, Inheritance by Women in the Twelfth and Early Thirteenth Centuries (On the Laws and Customs of England, hg. M. S. ARNOLD u. a., 1981), 68–89 – Of the Gift of her Husband: English Dower and its Consequences in the Year 1200 (Women of the Medieval World, hg. J. KIRCHNER–S. WEMPLE, 1985), 215–255 – J. BENNETT, Women in the Medieval English Countryside, 1986 – J. S. LOENGARD, Legal Hist. and the Medieval Englishwoman: A Fragmented View, Law and Hist. Review 4, 1986, 161–178 – →Familie.

VI. IRLAND UND WALES: Eine den heutigen Begriffen der F. oder Ehefrau vergleichbare Vorstellung bestand im ir. und walis. MA nicht. Das ir. Wort *ben* und das walis. *gwraig* bezeichnen zwar oft die F. in Gegenüberstellung zum Mann, ebenso aber die F. in Abhebung von der virgo intacta (Jungfrau). Dieser Sprachgebrauch ist bes. verbreitet in den walis. Quellen, in denen Jungfräulichkeit vor der Ehe stärker betont wird als in den ir. Quellen (so in der walis. Erzählung »Math fab Mathonwy«). In Irland wird die Unterscheidung zw. einer *ben* ('Frau') und einer *ingen*

('Tochter, Mädchen, junge Frau') zwar auch aufgrund der Jungfräulichkeit getroffen, im Unterschied zu Wales wird jedoch auch nach dem Lebensalter unterschieden. Die sexuelle Unberührtheit unterscheidet im Ir. dagegen die *der* ('Tochter, Jungfrau') von der *ainder* (wörtlich: 'Nicht-Jungfrau'). Eine ben oder gwraig muß keine bestehende Bindung zu einem Mann haben; auch eine Witwe wird als ben oder gwraig bezeichnet. Der Wechsel vom Status einer der oder morwyn zu dem einer ainder erfolgte – dies gilt u.a. für Wales – nicht primär aufgrund einer rechtl.-sozialen Bindung an einen Mann (Verlöbnis, Heirat), sondern aufgrund der Aufnahme tatsächl. sexueller Beziehungen. Im Lebenslauf des Mannes bildete das Eingehen einer sexuellen Beziehung dagegen keinen vergleichbaren Einschnitt für seine rechtl.-soziale Stellung. Weder im ma. Irischen noch im ma. Walisischen gab es feststehende Bezeichnungen, die eine F. in ihrer Eigenschaft als »Ehefrau« eines bestimmten Mannes kennzeichneten; Bezeichnungen wie *ben Áedo* (ir. 'F. des Áedo') oder *gwraig Madog* (walis. 'F. des Madog') drückten lediglich aus, daß die betreffende F. in einer fortdauernden sexuellen Beziehung zu einem bestimmten Mann stand, sagten aber über den rechtl. Charakter dieser Beziehungen nichts aus. (Gleiches galt umgekehrt für die Beziehung eines Mannes zu einer F.). Dies heißt aber nicht, daß der Status dieser Beziehung nicht von sozialem Belang war. Doch bestand in Irland wie in Wales die Tendenz, verschiedene Kategorien von Beziehungen, abgestuft nach ihrem sozialen Rang, zu unterscheiden (→Ehe, B. IX). Eine klare Abgrenzung zw. 'Ehefrau' und 'Konkubine' war somit in Irland und Wales zumindest im früheren MA unbekannt. Erst im 13. Jh. treten unter kirchl. Einfluß Bezeichnungen auf wie *gwraig briod* und *gwr priod,* die in ihrem Begriffsinhalt in etwa 'Ehefrau' oder 'Ehemann' entsprechen. Doch noch im 14. Jh. wurde der lat. Begriff 'virgo desponsata' im Walis. mit *gwyry briod* wiedergegeben – ein Zeichen, daß diese Wandlungen in nur begrenztem Maße Eingang gefunden hatten.   T. M. Charles-Edwards

Lit.: R. THURNEYSEN, Ir. Recht, AAB, 1931, I: Díre – R. THURNEYSEN u.a., Stud. in Early Irish Law, 1936 – K. SIMMS, The Legal Position of Irishwomen in the Later MA, Irish Jurist, NS 10, 1975, 96–111 – Women in Irish Society: The Hist. Dimension, hg. M. MAC CURTAIN–D. Ó. CORRÁIN, 1978 – The Welsh Law of Women, hg. D. JENKINS–M. E. OWEN, 1980 – Marriage in Ireland, hg. A. COSGROVE, 1985.

VII. SKANDINAVIEN: In historiograph. Werken und Gesetzestexten nahm die F. eher eine untergeordnete Stellung ein, außer in ihrer Eigenschaft als Ehefrau; als solche erlangte sie ein gewisses Maß an Selbständigkeit. Anders stellt sich das Bild in der zeitgenöss. Praxis dar, so wie sie etwa in Runeninschriften oder Diplomen überliefert ist. Eine große Anzahl von skand. Runensteinen wurde auf Initiative von F.en errichtet und bezeugt Erbrecht und Eigentum der F. im 10. und 11. Jh. In den Diplomen (bewahrt seit dem 12. Jh.) finden sich viele testamentar. Verfügungen von F.en, die als bedeutende Stifterinnen bei Schenkungen an Kirchen und Kl. erscheinen. Da in den isländ. Familiensagas (→Saga) eine Vielzahl tatkräftiger F.en auftreten, hat man behauptet, die skand. F.en hätten in heidn. Zeit eine freiere und selbständigere Stellung innegehabt als in christlicher. Doch ist es fraglich, ob die Frauenschilderungen in diesen Sagas ein getreues Bild der wikingerzeitl. Wirklichkeit wiedergeben. Zum einen sind die dargestellten F.en nicht sonderlich repräsentativ, sie gehören meist den höchsten Gesellschaftsschichten an oder sind auf andere Weise Ausnahmeerscheinungen. Zum anderen sind die Schilderungen durch das literar. Genre geprägt, durch literar. Einflüsse und von den Intentionen einer bestimmten Propaganda. Berücksichtigt man diese Aspekte, so erscheint die verbreitete Auffassung nicht mehr haltbar, die Idealfigur der aktiven und willensstarken »Schildmaid« sei im heidn. Skandinavien maßgebend gewesen. Es spricht alles dafür, daß die von einigen Autoren beschriebenen krieger. Jungfrauen nichts anderes als eine literar. Schöpfung waren: Es sind die auf die nord. Frühzeit übertragenen Entlehnungen der antiken Amazonenvorstellung. Diese »Schildmaiden« erscheinen bei →Saxo Grammaticus (der die meisten Beispiele liefert) keineswegs als Idealfrauen, sondern gelten als wild und gefährlich, als Bedrohung der Gesellschaftsordnung.

Die wirkliche Stellung der F. variierte je nach Gesellschaftsschicht und Stand, aber auch in den verschiedenen Regionen Skandinaviens waren die Verhältnisse unterschiedlich: In den Küstengebieten, wo die Männer häufig auf See waren, hatten F.en mehr rechtl. Eigenständigkeit und einen größeren Aktionsradius als in rein landwirtschaftl. geprägten Gebieten. Aus den ma. Gesetzen geht hervor, daß es nicht nur große Unterschiede zw. den einzelnen Ländern, sondern auch innerhalb eines Landes gab. Ein Beispiel dafür sind die Bestimmungen über das →Erbrecht (B. II) der F.: Nach isländ. und norw. Recht war die F. nicht erbberechtigt, solange ihre Brüder noch am Leben waren, nach dän. Recht erbte die Schwester immer die Hälfte gegenüber dem Bruder, und in den schwed. Gesetzen sind beide Prinzipien vertreten – das erstere im Älteren Westgötenrecht, im →Dalalagh und im →Gutalagh, das letztere in allen übrigen Rechtsbüchern. Groß sind auch die Unterschiede bei der Bewegungsfreiheit der F.: In Island wurden unverheiratete F.en mit 20 Jahren mündig, in Norwegen bereits mit 15, sie hatten volle Verfügungsgewalt über ihr Eigentum. In Dänemark und Schweden gab es eine Mündigkeit der F. nicht, die verheiratete F. hatte jedoch ein Dispositionsrecht über ihr Eigentum und konnte darüber bei einer Wiederverheiratung bestimmen. Auf Island hatte die F. sogar in der Ehe die Kontrolle über ihr Eigentum, während im übrigen Norden die Rechte der verheirateten F. äußerst eingeschränkt waren. In den Städten genossen die F.en einen größeren persönl. Spielraum, insbesondere, wenn sie in Handel und Handwerk tätig waren. B. Sawyer

Lit.: R. Heller, Die lit. Darstellung der F. in den Isländersagas, 1958 – B. Strand, Kvinnor och män i Gesta Danorum, 1980 – Dies., Women in Gesta Danorum. Saxo Grammaticus. A Medieval Author Between Norse and Latin Culture, 1981, 135–167 – Förändringar i kvinnors villkor under medeltiden, hg. S. Adalsteinsdóttir – H. Þorláksson, 1983 – Kvinnans ekonomiska ställning under nordisk medeltid, hg. H. Gunneng – B. Strand, 1983 – Kvinnearbeid i Norden fra vikingtiden til reformasjonen, hg. R. Andersen u. a., 1985 – J. M. Jochens, The Medieval Icelandic Heroine: Fact or Fiction?, Viator 17, 1986, 35–50 – B. Sawyer, Sköldmön och madonnan – kyskhet som ett hot mot samhällsordningen, Kvinnovetenskaplig Tidskrift 2, 1986, 3–14.

VIII. Ostmitteleuropa: Über die F. in vorchristl. Zeit ist wenig bekannt. Bis zum Anfang des 12. Jh. wurde aus wirtschaftl. Gründen ein Teil der Mädchen nach der Geburt getötet. Nach den heidn. Bräuchen im Piastenstaat →Mieszkos I. († ca. 992) bedeutete der Besitz von Töchtern für den Vater Reichtum, da die F.en bei der Heirat gekauft wurden. Unverheirateten F.en wurde sexuelle Freiheit zugebilligt, Ehefrauen wurden dagegen bei Ehebruch mit dem Tode bestraft. Herrscher lebten in Polygamie. Nach Quellenberichten töteten sich Witwen beim Begräbnis ihres Gatten selbst. Unfruchtbarkeit war ein Grund für die Ehescheidung. In Polen und Böhmen gibt es Hinweise auf ein weibl. Asylrecht. Große Bedeutung haben in den Premysliden- und Piastenlegenden die jungfräul. Herrscherinnen (Libuše, Wanda).

Im Laufe des 13. Jh. erhielten adlige F.en ein Anrecht auf das Erbe ihrer Eltern. Als Erbteil wurde allgemein die →Mitgift (dos) betrachtet (hauptsächlich Geld und Aussteuer). Gab es keine Söhne, so beerbten die Töchter den Vater. Diese zunehmenden Rechte der adligen F.en führten zu einer strengeren Kontrolle bei der Auswahl der Ehegatten durch die Eltern. Verheiratete adlige F.en, bes. Witwen, waren in der Gesellschaft sehr angesehen, da sie die Kinder betreuten und das Vermögen des Mannes verwalteten. Bis zum Ende des 15. Jh. hatten sie in Polen volle Prozeßfähigkeit.

Bei Tötung oder Verletzung einer F. mußte in Polen bis zur Mitte des 15. Jh. eine bes. Abgabe (poena pepli reginalis, poln. *Ruschytza*) an die Kgn. entrichtet werden. Auf dem Lande erhielt bei Heirat der Grundherr eine Abgabe (virginale, viduale, cunagium), vergleichbar west- und mitteleurop. Abgabentypen (z. B. →*formariage*, →Bedemund). Unverheiratete F.en konnten in Kl. eintreten, im SpätMA lebten adlige, unverheiratete F.en bei ihren Brüdern oder wirtschafteten, häufig zusammen mit ihren Schwestern, auf dem ihnen zugeteilten Erbgut. Eine bedeutende Rolle spielten F.en im →Hussitentum, wo sie aktiv an Disputationen und Kämpfen teilnahmen.

M. Koczerska

Lit.: W. Abraham, Zawarcie małżeństwa w pierwotnym prawie polskim, 1925 – B. Lesiński, Stanowisko kobiety w polskim prawie ziemskim do połowy XV w., 1956 – S. Roman, Stanowisko majątkowe wdowy w średniowiecznym prawie polskim, Czasopismo Prawno-Historyczne 5, 1959, 80–108 – Ders., Le statut de la femme dans l'Europe orientale (Pologne et Russie) au MA et aux temps modernes, RecJean Bodin 12, 1962), 389–404 – A. Gieysztor, La femme dans la civilisation des peuples slaves (Hist. mondiale de la femme III, 1967), 45–76 – M. Koczerska, Rodzina szlachecka w Polsce późnego średniowiecza, 1975 – A. Gieysztor, La femme dans les civilisations des Xᵉ–XIIIᵉ s.: la femme en Europe orientale, CCMéd 20, 1977, n° 2–3, 99–110 – J. Klassen, Women and Religious Reform in Late Medieval Bohemia, Renaissance and Reformation 5, 1981, 203–221.

C. Die Frau in der mittelalterlichen Gesellschaft

I. Die Frau in der adligen Gesellschaft – II. Die höfische Dame – III. Die Frau in der städtischen Gesellschaft – IV. Die Frau in der bäuerlichen Gesellschaft.

I. Die Frau in der adligen Gesellschaft: Die F.en des Adels waren im MA zweifellos besser gestellt als die übrigen F.en. Sie konnten Anteil an der Herrschaftsausübung erlangen. Diese Teilhabe war jedoch im Verlauf des MA einem Wandel unterlegen.

Aus der 2. Hälfte des 6. Jh. stammen die ersten Belege über Besitz und Herrschaft der frk. Kgn.en bzw. für gemeinsame Besitz- und Herrschaftsausübung von Kg. und Kgn. Seit →Brunichild († 613) setzte sich eine weibl. Regentschaft durch, erbberechtigt war aber nur der Mannesstamm. Eine stärkere polit. Stellung der Kgn.en wird erst erkennbar bei den F.en Ludwigs d. Fr. In den Jahren der sog. karol. Renaissance wird auch der spätantikechristl. »consors-regni«-Gedanke erneuert: →Angilberga, F. Ludwigs II., wird als erste ma. Herrscherin »consors imperii nostri« (RI I, Nr. 1236) genannt. Bis Mitte 10. Jh. bleibt die Anwendung der »consors«-Formel auf Reichsitalien beschränkt. Im Westfrankenreich zeigen die Krönungen eine zunehmende Bedeutung der Kgn. an, während für das ostfrk. Reich aus dieser Zeit entsprechende Quellen fehlen. Im dt. Reich der Ottonenzeit vollzog sich ein bemerkenswerter Aufstieg des Adels- wie der Herrscherf.en: 962 wird →Adelheid, 2. F. Ottos I., als »consors regni« (MGH DO.I. 238) bezeichnet; die Formel findet damit Eingang in den dt. Kanzleigebrauch. 972 wird →Theophanu, F. Ottos II., in das »consortium imperii« (MGH DO.II.21) aufgenommen. Nach Ottos II. Tod

(983) wird sie Regentin für den unmündigen Otto III. In der 1.Hälfte der sal. Zeit hat die »consors«-Formel allgemeine Gültigkeit erlangt. →Agnes, F. Heinrichs III., führte nach dessen Tod (1056) die Regentschaft für Heinrich IV. Nach 1075 nehmen die »consors«-Belege ab. Richenza, F. Lothars v. Süpplingenburg (1125–37), war die letzte bedeutende »consors regni« der dt. Reichsgeschichte. Während der Stauferzeit wurde die polit. Stellung der Kgn.en immer bedeutungsloser, eine Ausnahme war →Beatrix v. Burgund, 2. F. Ks. Friedrich Barbarossas. Regentschaften fanden im Reich nicht mehr statt. Eine selbständigere Stellung vermochte die Kgn. nur noch in ihrem Hausbesitz oder in ihrem Wittum einzunehmen.

Adlige F.en konnten – obwohl der →Munt des Mannes oder der Familie unterstellt – frei über ihren Eigenbesitz (→Erbe, →Mitgift, Güterübertragungen des Mannes), wozu im allgemeinen Grundbesitz gehörte, verfügen. Spätestens seit dem 8. Jh. verwalteten F.en ihre Güter auch selbst. Im 10. Jh. sammelten F.en ganz selbstverständl. Grundbesitz, übertrugen und veräußerten ihn. Rechtl. und wirtschaftl. Wirkungsmöglichkeiten der adligen F.en wurden v.a. in Zeiten krieger. Aktivitäten aufgrund der damit verbundenen Abwesenheit des Mannes gestärkt. Als →Witwe war ihre Stellung jedoch oft unsicher.

Die Vorstellung des »consortium regni« drang auch in die Welt der adligen Güter- und Herrschaftsgemeinschaften ein. Seit Ende 10. Jh. mehren sich die Königsurkk., in denen Schenkungen zu privatem Eigen auf die F.en der Beschenkten ausgedehnt werden. Ähnliches gilt auch für die Vogteien. Die Lehnsfähigkeit der F.en drang seit dem Ende des 11. Jh. von Westen nach Osten vor und traf dort zusammen mit der Allodifikation der Lehen.

Zur Versorgung der unverheirateten bzw. verwitweten adligen F.en standen Klöster und Stifte bereit, im allgemeinen mit reichem Grundbesitz ausgestattete Herrschaftszentren. Während des ganzen MA gingen viele Klostergründungen auf wohlhabende adlige F.en zurück. Kl. und Stifte boten den F.en des Adels die Möglichkeit zur Entfaltung künstlerischer, literarischer und wissenschaftl. Fähigkeiten. Als Vorsteherin eines Kl. oder als Äbt. übten sie geistl. und weltl. Herrschaftsrechte aus (vgl. Abschnitt B. II). Vgl. auch: →Kloster, →Stift, →Benediktiner, -innen.   M. Wensky

II. DIE HÖFISCHE DAME: In der Lyrik und Epik des HochMA erscheint ein neues F.bild, das erstaunlich positiv wirkt und die Vorzüge der F. betont. Von den Dichtern als Inbegriff von Schönheit und Vollkommenheit gepriesen, übt die F. demnach eine erzieher. Wirkung auf ihre gesellschaftl. Umgebung aus und vermittelt den Rittern hohe Werte (→Höfische Dichtung, →Minne). Dieses höfische F.enbild war aber dichter. Fiktion, die keinesfalls mit der realen Position der F. in der höfisch-ritterl. Gesellschaft übereinstimmte. Als Dame stand die F. zwar im Mittelpunkt der höfischen Gesellschaft, doch spielte sie im wesentl. nur eine repräsentative Rolle mit geringen Chancen zur Selbstbestimmung und Entfaltung eigener Kräfte. Die ständig am Hof weilende Dame wurde zudem von den wirtschaftl. und herrschaftl. Funktionen, die adlige F.en auf Gutshöfen und Burgen ausübten, getrennt und auf die abgesonderte Lebenswelt des Hofes eingeschränkt. Die wichtigsten Hofämter und Funktionsstellen an den Fürstenhöfen befanden sich aber in der Hand von Männern, und nur gelegentl. konnten einzelne F.en als Herrscherinnen zu einer einflußreichen Machtstellung gelangen, wie z. B. die Kgn. →Eleonore v. Aquitanien († 1204). Das wichtigste Hofamt, das hervorragenden Hofdamen offenstand, war das der Hofmeisterin (magistra curiae);

diese führte die Aufsicht über alle F.en am Hof und befaßte sich insbes. mit der Erziehung der adligen Mädchen in vornehmer höfischer Sitte. Die ideelle Hochschätzung der F. in der höfisch-ritterl. Gesellschaft führte so insgesamt nicht zu ihrer sozialen und rechtl. Emanzipation.
                                                     W. Rösener

III. DIE FRAU IN DER STÄDTISCHEN GESELLSCHAFT: Die Ausbildung einer städt. Wirtschaftsordnung, die Entstehung der Stadtgemeinde und eines Stadtbürgertums einheitl. Rechts brachte auch für die F. neue rechtl. und wirtschaftl. Möglichkeiten. F.en war es möglich, selbständig das Bürgerrecht (→Bürger) zu erwerben, mancherorts notwendige Voraussetzung, um Handel und Gewerbe nachgehen zu können. In welchem Ausmaß F.en Bürgerrecht erwarben, zeigen die erhaltenen Bürgeraufnahmebücher einiger Städte. Den frühesten Hinweis auf einen selbständigen Handelserwerb von F.en bietet das älteste Straßburger Stadtrecht von ca. 1130. Seit dem 13. Jh. mehren sich dann die Belege für kaufmänn. und gewerbl. Aktivitäten von F.en sowohl in den großen Handelsstädten als auch in vielen kleineren Orten. Die Geschäftsfähigkeit der Kauffrau, die sich auch auf Verschuldens- und Konkursfähigkeit erstreckte, hob sich von derjenigen der übrigen F.en ab. Sie war im lübischen Recht seit der ersten Hälfte des 13. Jh. kodifiziert, ging danach in den lübisch-hans. Rechtskreis ein und war seit dem späten 13. Jh. auch in vielen anderen Stadtrechten verankert. V.a. im 14. und 15. Jh. sind F.en in vielen Handelsberufen und -sparten sowie in Handwerken nachzuweisen, nach derzeitigem Forschungsstand jedoch sowohl quantitativ als auch qualitativ von Ort zu Ort in unterschiedl. Maße.

Die weibl. Erwerbstätigkeit ist dabei nicht mehr mit dem von K. Bücher als Begründung formulierten sog. F.enüberschuß des MA zu erklären, sondern vielmehr nur – eben weil so unterschiedl. ausgeprägt – auf dem Hintergrund der jeweiligen lokalen bzw. regionalen polit., sozialen und ökonom. Verhältnisse. Die immer wieder diskutierte Frage, ob es im MA überhaupt einen F.enüberschuß gegeben hat, ist ebenfalls nur bezogen auf den jeweiligen Ort zu untersuchen und zu beantworten. Krämerei und Hökerei, dabei hauptsächl. auf dem lokalen Markt, waren die kaufmänn. Gewerbe, in denen selbständig erwerbstätige F.en im SpätMA allerorten bes. häufig anzutreffen waren. F.en beteiligten sich auch aktiv und passiv an →Handelsgesellschaften, wie Beispiele aus dem hans. und mitteldt. Raum, aus Oberdeutschland und Köln zeigen. F.en, die auf weite Handelsreisen gingen, sind im SpätMA zwar bezeugt, es dürfte sich aber um Ausnahmen handeln, wie überhaupt F.en im Groß- und →Fernhandel als selbständige Kauffrauen selten tätig waren. Wohl vertraten F.en häufig die als Kaufleute abwesenden Ehemänner in vielen Handelsgeschäften am Heimatort bzw. führten die Rechnungsbücher. F.en sind in den sog. Stützberufen des Handels (z. B. als Messehelferinnen in Frankfurt a. M.) und in halbamtl. städt. Funktionen (Zöllnerinnen an den Stadttoren, Unterkäuferinnen, Pfandleiherinnen, unter letzteren gelegentl. jüd. F.en) v.a. in größeren Städten des SpätMA bezeugt (Köln, Lübeck, Nürnberg). Witwen führten die Handelsgeschäfte der Männer weiter, jedoch in vielen Fällen in geringerem Umfang.

Aus der Vielzahl der mitunter nur mit einzelnen Vertreterinnen genannten F.enberufe verdienen noch die Ärztinnen Erwähnung (→Arzt, IV), die es seit dem späten 13.Jh. in vielen Städten gab. F.en werden aus diesem Beruf verdrängt, als sich dafür akadem. Ausbildung durchsetzt, während die Hebamme (→Schwangerschaft und Geburt) ein traditioneller F.enberuf bleibt. Bademägde (-stüberinnen) sind ebenfalls aus zahlreichen spätma. Städten bekannt (→Bader).

Die in der Lit., ausgehend von K. BÜCHER, oft wiederholte Auffassung, F.en seien im MA grundsätzl. von keinem Gewerbe ausgeschlossen gewesen, für das ihre Kräfte ausgereicht hätten, Mädchen hätten wie Jungen häufig ein Handwerk erlernt, F.en hätten in vielen Zünften eine den Männern gleichberechtigte Stellung gehabt, muß mit einiger Berechtigung angezweifelt werden. Unbestritten ist, daß F.en im SpätMA in vielen Städten im zünftigen wie unzünftigen →Handwerk gearbeitet haben, als Hilfskräfte, als Mägde, als mithelfende Ehef.en, jedoch wohl nur selten als selbständige Meisterinnen. Die Erwähnung von F.en in Zunftstatuten besagt nichts über deren reale Anteile am Handwerk; diese sind in den einzelnen Zünften sehr unterschiedl. gewesen bzw. oft nur schwer zu fassen. Dazu fehlen noch weitgehend detaillierte Untersuchungen. Allgemein ist F.enarbeit, selbständige wie unselbständige, in den Nahrungsmittelgewerben, auf dem Textilsektor und in Luxusgewerben am weitesten verbreitet gewesen.

Zur wirtschaftl. Stellung der F.en in den →Zünften gehörte das Witwenrecht in seinen verschiedenen Ausprägungen. Das Töchterrecht, worunter der erleichterte Zunftzugang für Meistertöchter und deren Ehemänner zu verstehen ist, war ebenfalls unterschiedl. geregelt. Witwen- und Töchterrecht wurden im Laufe des Schließungsprozesses vieler Zünfte seit dem späten 15. bzw. im 16. Jh. zunehmend wichtiger. Eine bes. Erscheinung waren die →F.enzünfte im Köln des SpätMA.

So uneinheitl. und vielschichtig wie die wirtschaftl. Stellung der F.en in der spätma. Stadtgesellschaft war die soziale. F.en aller sozialen Schichten waren erwerbstätig, vielfach aus wirtschaftl. Notwendigkeit. »Die F. übte den Beruf, den sie vor der Eheschließung gehabt hatte, als verheiratete F. weiter aus« (E. MASCHKE). Schwierig war die soziale Lage lohnabhängiger F.en. Nach dem Zeugnis städt. Steuerlisten waren F.en – ob ledig oder verwitwet – in den Unterschichten überrepräsentiert; es sind jedoch auch F.en – meistens Witwen – mit großen Vermögen in Renten-, Haus- und Grundbesitz nachweisbar.

Die Möglichkeit, ein gottgeweihtes Leben zu führen und in einer geistl. Gemeinschaft versorgt zu sein, bot sich alleinstehenden F.en v.a. in den Städten mit dem Aufkommen der →Bettelorden und der Gründung von Beginenkonventen (→Beginen). M. Wensky

IV. DIE FRAU IN DER BÄUERLICHEN GESELLSCHAFT: Die große Mehrheit der F.en lebte im MA im agrar. Bereich, da selbst im SpätMA noch mehr als drei Viertel der Bevölkerung auf dem Lande wohnten und sich von der eigenen Landwirtschaft ernährten. Die mindere Rechtsstellung der Bäuerin gegenüber ihrem Mann zeigte sich v.a. darin, daß sie unter seiner →Munt stand; der Ehemann fungierte als Hausherr und verwaltete auch das Vermögen, das die F. in die Ehe eingebracht hatte. Aufgrund seiner Muntgewalt und der darin verankerten Gehorsamspflicht besaß der Mann ein Züchtigungsrecht gegenüber seiner F. sowie seinen Kindern. Der schwangeren F. wurde nach Aussage der Weistümer eine Reihe von Vorteilen eingeräumt, wie z.B. das Recht, ungehindert Baumobst zu pflücken und für den Eigenbedarf Fische zu fangen. Die Härte der bäuerl. Existenz wirkte sich im MA nicht zuletzt auf die Lebenssituation der Bäuerin aus. Infolge ihrer frühen Verheiratung war die Zahl der Geburten oft hoch; Krankheit und mangelnde Hygiene verursachten jedoch eine hohe Säuglings- und Kindersterblichkeit, so daß sich die Zahl der überlebenden Kinder in Grenzen hielt.

Aussagen zur geschlechtsspezif. Arbeitsteilung im bäuerl. Bereich lassen sich anhand von Quellenangaben zu unterschiedl. Frondiensten und von Arbeitsdarstellungen in Monatsbildern und Buchillustrationen vornehmen. Zum Tätigkeitsbereich der F. gehörte v.a. die Binnenwirtschaft in Haus und Garten, während die Männer eher Tätigkeiten ausübten, die außerhalb des Hauses lagen und eine stärkere Körperkraft erforderten, wie Pflug- und Waldarbeiten. Auch wenn derartige Arbeitsunterschiede zu erkennen sind, läßt sich die Rolle der F. doch keineswegs auf den Begriff der Hausfrau und Mutter reduzieren. Neben ihren häusl. Tätigkeiten war die F. jedenfalls bei vielen Arbeiten zugegen, die in der Feldwirtschaft und bei der Viehzucht anfielen. Die Arbeitsbereiche von Männern und F.en waren im Rahmen der bäuerl. Familienwirtschaft zudem eng miteinander verflochten und zeigten fließende Übergänge und Wandlungen. Solange das Getreide noch in der Regel mit der Sichel gemäht wurde, war daran auch die F. stark beteiligt. Erst als sich seit dem SpätMA allmählich die Sense als neues Arbeitsgerät ausbreitete, wurde das Getreidemähen zur typischen Männerarbeit. Neben ihrer Beteiligung an der Feldwirtschaft hatte die F. v.a. eine Fülle von Tätigkeiten in Haus und Hof zu erledigen, wie die Weiterverarbeitung von Getreide zu Mehl und Fladen, das Brotbacken und Bierbrauen, die Viehfütterung und die Herstellung von Butter und Käse. Die F.en leisteten außerdem Frondienste auf den Herrenhöfen oder verdingten sich als Mägde und Lohnarbeiterinnen auf den Höfen der Grundherren und größeren Bauern. Einen Schwerpunkt der F.enarbeit bildete ferner die Textil- und Kleidungsherstellung. Der F. fiel dabei nicht nur das Spinnen und Weben von Wolle und Leinen zu, sondern auch die Gewinnung der Rohstoffe und die Herstellung von fertigen Gewändern. In d. frühma. Fronhofwirtschaft waren unfreie Mägde in den →Gynäceen der Grundherren mit d. Textilprod. beschäftigt. W. Rösener

Lit.: zu [I]: TH. VOGELSANG, Die F. als Herrscherin im hohen MA, 1954 – S. KONECNY, Die F.en des karol. Königshauses, 1976 – E. ENNEN, F.en im MA, 1984, 1987³ – P. KETSCH, F.en im MA II, 1984 [S. 421–426: weitere bibliogr. Nachweise] – K. J. LEYSER, Herrschaft und Konflikt, 1984 – zu [II]: G. DUBY, Ritter, F. und Priester, 1985 – R. SCHNELL, Causa amoris. Liebeskonzeption und Liebesdarstellung in der ma. Lit., 1985 – J. BUMKE, Höf. Kultur, 1986 – zu [III]: Q. und Lit.: K. BÜCHER, Die F.enfrage im MA, 1882, 1910² – G. K. SCHMELZEISEN, Die Rechtsstellung der F. in der dt. Stadtwirtschaft, 1935 – J. BARCHEWITZ, Von der Wirtschaftstätigkeit der F. im vorgesch. Zeit bis zur Entfaltung der Stadtwirtschaft, 1937 – E. MASCHKE, Die Unterschichten der ma. Städte Dtl. (Gesellschaftl. Unterschichten in den südwestdt. Städten, hg. E. MASCHKE-J. SYDOW, 1967), 1–74 – E. ENNEN, Die F. in der ma. Stadtgesellschaft Europas, HGBll 98, 1980, 1–22 – B. HÄNDLER-LACHMANN, Die Berufstätigkeit der F. in den dt. Städten des SpätMA und der beginnenden NZ, HJL 30, 1980, 131–175 – E. MASCHKE, Die Familie in der dt. Stadt des späten MA, 1980 – M. WENSKY, Die Stellung der F. in der stadtköln. Wirtschaft im SpätMA, 1980 – K. WESOLY, Der weibl. Bevölkerungsanteil in spätma. und frühnz. Städten und die Betätigung von F.en im zünftigen Handwerk, ZGO 128, 1980, 69–117 – E. ENNEN, Die F. im MA, Kurtrier. Jb. 21, 1981, 70–93 – S. SHAHAR, Die F. im MA, 1981 – P. KETSCH, F.en im MA, Q. und Materialien, 2 Bde, 1983–84 [Bibliogr.] – E. ENNEN, F.en im MA, 1984, 1987³ [Bibliogr.] – M. WENSKY, Die F. in Handel und Gewerbe vom MA bis zur frühen NZ (Die F. in der dt. Wirtschaft, hg. H. POHL, Zs. für Unternehmensgesch. Beih. 35, 1985), 30–44 – F.en und spätma. Alltag, hg. H. KÜHNEL, 1986 – zu [IV]: R. H. HILTON, The English Peasantry in the later MA, 1975, 95 ff. – U. BENTZIEN, Bauernarbeit im Feudalismus, 1980 – C. OPITZ, F.enalltag im MA, 1985 – W. RÖSENER, Bauern im MA, 1985, 1987³, 191 ff. – J. M. BENNETT, Women in the Medieval English Countryside, 1987.

D. Byzantinisches Reich, südost- und osteuropäischer Bereich

I. Byzantinisches Reich – II. Südosteuropäischer Bereich – III. Altrußland.

I. Byzantinisches Reich: Die Stellung der F. in der byz. Gesellschaft war durch das Recht definiert und von der weltl. wie der kirchl. Ideologie geprägt; das tatsächl. Leben der F.en unterschied sich jedoch häufig von den jurist. und theol. Regeln und Vorstellungen und erfuhr mit den allgemeinen gesellschaftl. Wandlungen im Verlauf der byz. Epoche ebenfalls Veränderungen.

[1] *Rechtsstellung:* Das byz. Recht sah für die F.en eine Reihe von jurist. Einschränkungen wie von Schutzbestimmungen vor. Die hauptsächl. Einschränkungen betrafen das öffentl. Leben: F.en durften keine öffentl. Regierungs- und Verwaltungsfunktion ausüben, nicht als Zeugen vor Gericht auftreten (außer in Fällen, in denen ein Mann keine Kenntnis des Sachverhaltes aus erster Hand haben konnte), sich nicht als Richter, Anwälte oder Bankiers betätigen. Angesichts der Wichtigkeit der öffentl. Verwaltung im Byz. Reich schränkte der Ausschluß der F.en aus dem Beamtenwesen – wie auch aus der geistl. Hierarchie und aus dem Militär – die Rolle der F.en im öffentl. Leben empfindlich ein, zumindest doch juristisch und theoretisch. Das byz. Recht kannte daneben auch einige Einschränkungen der F. vor Gericht: Im allgemeinen konnten F.en jurist. nur in eigener Sache oder im Interesse enger Verwandter handeln; das Recht, für eine dritte Person jurist. einzutreten, war stark beschnitten, und auch dies trug dazu bei, die Rolle der F. auf den privaten Bereich zu begrenzen.

Die wichtigste Schutzbestimmung speziell zugunsten von F.en vor Gericht war die Vorschrift, daß eine F. – unter bestimmten Voraussetzungen – wegen Unkenntnis der Gesetze straffrei bleiben konnte, während das Recht bei jedem männl. 'Römer' (d. h. Byzantiner) Gesetzeskenntnis grundsätzl. voraussetzte. F.en durften nicht ins Gefängnis geworfen, sondern sollten stattdessen in Nonnenkl. eingewiesen werden.

Während die röm.-byz. Gesetzgebung das Auftreten der F. im öffentl. Leben beschnitt, betrachtete sie deren Rolle vorwiegend unter familiärem Gesichtspunkt; der Codex Iustinianus und die gesamte nachfolgende byz. Gesetzgebung befaßten sich im Hinblick auf die F. in erster Linie mit den jurist. Fragen der →Ehe, der →Familie und der Mitgift (Dos) als wirtschaftl. Grundlagen der Familie. Das byz. Recht schützte die F. innerhalb der Familie, und in diesem Bereich verfügte sie über ihre wichtigsten Rechte. Schon die ksl. Gesetzgebung seit Augustus hatte die Institution der Ehe unter staatl. Schutz gestellt; die zunehmende Stärkung der Rechtsstellung der Ehefrau in der Kernfamilie trat in byz. Zeit als neues Element hinzu, das in der »Ecloga« seinen klaren Ausdruck fand. In diesem Gesetzbuch wurde die Heirat als unauflösl. Verbindung zw. Mann und F. – und zwar nicht nur personell, sondern auch vermögensrechtl. – deklariert. Die Basis des Vermögens der ehel. Gemeinschaft, die Mitgift, war vor allen Gläubigern des Ehemanns, auch vor den Forderungen des Fiskus, geschützt. Unter der makedon. Dynastie wurde zwar, im Einklang mit der Gesetzgebung, den bereits vor der Eheschließung entstandenen Steuerschulden Vorrang gegenüber der Mitgift eingeräumt; doch fand die privilegierte Stellung der Dos in der Gesetzesauslegung in der Regel Unterstützung. Im 8. Jh. verlieh die »Ecloga« der F. volle Verfügungsgewalt über das Familienvermögen (einschließl. ihrer Mitgift) nach dem Tode ihres Mannes, solange sie sich nicht wiederverheiratete und bis zur Mündigkeit der Kinder. Durch denselben Codex wurden andere Rechte der F. innerhalb der Familie gestärkt: Die Kinder hatten nicht nur dem Vater, sondern auch der Mutter zu gehorchen; zum Abschluß einer Verlobung oder Heirat war die Zustimmung beider Elternteile erforderlich. Weiterhin erlaubte eine Novelle Leons VI. auch einer kinderlosen F. die Adoption von Kindern.

Das Recht anerkannte nicht nur die Rechte der F. innerhalb der Familie, sondern auch ihr Recht auf Heirat. Die »Ecloga« gestand einer F., die in Gemeinschaft mit einem Mann gelebt und ihm Kinder geboren hatte, die gleichen Rechte zu wie einer verheirateten F. Eine F., die nicht durch ihren Vater verheiratet worden war und die das 25. Lebensjahr überschritten hatte, durfte wegen des Eingehens eines →Konkubinats nicht enterbt werden. Der →Ehebruch der F. war zwar ein Scheidungsgrund (derjenige des Mannes nicht), doch wurde die F. gegen falsche Beschuldigungen des Ehebruchs geschützt; in einem solchen Fall hatte der Gatte, wenn es zur Scheidung kam, seiner fälschl. der Untreue bezichtigten F. eine Entschädigung zu zahlen.

Verlieh die Gesetzgebung der F. die wichtigsten Rechte innerhalb des Ehe- und Familienlebens, so definierten die normativen Quellen ebenfalls die Rolle der F. in erster Linie als die einer Hausfrau und Mutter. →Psellos' Leichenrede auf seine Mutter vermittelt uns das Idealbild einer vollkommenen F. und verleiht dabei einer Vorstellung Ausdruck, die sich während der gesamten byz. Epoche kaum wandelte: Psellos' Mutter wird dargestellt als tatkräftige Hausfrau, die aber ihrem Gatten nie offen widersprach, aktiv den Haushalt beaufsichtigte, selten das Haus verließ und als Mutter kontinuierlich über das Wohl ihrer Kinder, insbes. ihres Sohnes, wachte. Die Position der Kirche gegenüber dieser positiven Vorstellung von Mutterschaft und Hausfrauentum war weitaus komplexer. In frühchristl. Zeit hatte die Kirche das Ideal der →Jungfräulichkeit stark betont; Wiederverheiratungen waren zwar erlaubt, aber doch verpönt (dies auch im zivilen byz. Recht; ihr Ziel war lediglich die Bewahrung des Vermögens für die Kinder aus erster Ehe). Seit dem 10. Jh. akzeptierte die byz. Kirche jedoch den Ehestand als würdige und verdienstvolle Stellung einer F., wie sich an Viten weibl. Heiliger ablesen läßt.

[2] *Stellung in Gesellschaft, Wirtschaft und Alltagsleben:* Die Wirklichkeit des sozialen und Alltagslebens d. byz. F.en entsprach vielfach, aber längst nicht in allen Dingen den rechtl. und ideolog. Vorstellungen. F.en hatten, wie schon dargelegt, keine öffentl. Funktionen inne. Einzige Ausnahme bildete die Ksn., deren Stellung nicht durch das Recht definiert war; das Gesetz legte lediglich fest: »Der Ks. verleiht der Augusta seine eigenen Privilegien« (insbes. das Privileg, selbst nicht dem Gesetz unterworfen zu sein). Byz. Ksn.en konnten die Regierungsgewalt ausüben, entweder als Regentinnen für minderjährige Söhne oder in eigenem Namen (z. B. Irene, Zoë und Theodora) und mehrere Ksn.en wie auch andere Aristokratinnen haben eine sehr bedeutende Rolle in der Reichsgeschichte gespielt (z. B. Anna Dalassena, die Mutter Alexios' I.; Anna v. Savoyen, die Frau Andronikos' III.; Theodora Kantakuzena, die Mutter Johannes' VI.). Diese herausragende Stellung wurde ihnen allerdings ermöglicht zum einen durch die Macht, die ihre soziale Klasse repräsentierte, zum anderen durch ihre persönl. Fähigkeiten, aber nicht durch irgendeinen Wandel oder eine Neuinterpretation der Rechtsauffassung. Es sei bemerkt, daß die beherrschende Stellung, die die Aristokratie seit dem späten 11. Jh. einnahm, auch zur wachsenden Bedeutung der aristokrat. F.en im polit. Leben wie in der Ges. allg. führte.

Der wichtigste Aspekt der realen Lebensbedingungen der byz. F., der in den normativen Quellen nicht erörtert wird, sind die wirtschaftl. Tätigkeiten. Eine byz. F. konnte Vermögen in erbl. Besitz oder als Mitgift innehaben. Im letzteren Fall hatte sie – zu Lebzeiten ihres Mannes – nur das Eigentumsrecht, während der Nießbrauch dem Mann zustand; seine Verfügung über die Dos unterlag aber bestimmten Beschränkungen, da von ihm grundsätzl. erwartet wurde, daß die Mitgift ungeschmälert erhalten blieb. Nach dem Tod des Gatten ging die Dos in die Verfügungsgewalt der F. über. Dies hatte zur Folge, daß byz. Witwen über Kapital verfügten, das sie in Handels- oder Handwerksunternehmungen investieren konnten; Beispiele hiefür sind aus Quellen des 14. und 15. Jh. belegt (nur für diese späte Periode existiert ausreichend detailliertes Quellenmaterial zu diesem Phänomen).

Ohne Zweifel waren F. en der Aristokratie in der Verwaltung von Familiengütern durchaus versiert; möglicherweise hat – wie es Nikephoros Chumnos nahelegt – gerade die förml. Ausschließung der F. en von den öffentl. Ämtern zu einer Art Arbeitsteilung in den Aristokratenfamilien geführt, bei der die männl. Mitglieder einer Familie zivile und militär. Funktionen einnahmen, während sich die weibl. auf die wirtschaftl. Aktivitäten konzentrierten. Die →Typika von Nonnenklöstern belegen, daß aristokrat. F. en in der Regel die Familiengüter verwalteten, bestimmte Frauenpersönlichkeiten – wie z. B. die Ksn. Theodora, F. des Theophilos, wie Anna Dalassena oder Theodora Kantakuzena – waren für ihre mit List und Wendigkeit durchgeführten Transaktionen bekannt.

F. en der städt. Mittel- und Unterschichten übten wichtige wirtschaftl. Aktivitäten aus, insbes. im Detailhandel und in Textilproduktion und -handel. Schon im 4. Jh. bezeichnet Johannes Chrysostomos F. en als die erfolgreichsten Tuchhändler in Konstantinopel. Die aktive Rolle von F. en im Kleinhandel mit Nahrungsmitteln und Tuchen wird auch durch die Dichtungen des Ptochoprodromos (12. Jh.), die Reiseberichte des Ibn Baṭṭūṭa (14. Jh.) sowie durch erhaltene Wirtschaftsquellen aus dem 14. und 15. Jh. belegt. Was die Frage nach dem Anteil byz. F. en an der Produktion betrifft, so muß sie prinzipiell im Zusammenhang mit der Frage der häusl. Produktion gesehen werden, deren Stellenwert für die byz. Wirtschaft noch eingehender untersucht werden muß.

Auf einem wichtigen Sektor, nämlich der Textilverarbeitung, gingen die wirtschaftl. Aktivitäten der F. en jedoch über den häusl. Bedarf hinaus, und auch die Produktion selbst vollzog sich mitunter außerhalb des Haushalts. Spinnen und Weben wurden seit der Antike als angemessene Beschäftigung für eine ehrsame F. betrachtet – soweit für den häusl. Bedarf gearbeitet wurde. Die F. en in Byzanz produzierten jedoch, mindestens seit dem 10. Jh., auch für den Markt. Im →Eparchenbuch (10. Jh.) erscheinen F. en als Mitglieder der Korporation der Rohseidehersteller (→Seide); F. en gehörten vielleicht auch zu jener Gruppe von Seidenhändlern, die nicht korporativ zusammengeschlossen waren, vom Staat aber dennoch als Gruppe anerkannt wurden. Dieses Phänomen hängt zweifellos mit dem allgemeinen Aufschwung von Handel und Gewerbe, der sich in mehreren Schüben im Verlauf des 10. und 11. Jh. vollzog, zusammen; so sind F. en auch als Teilnehmer an den städt. Unruhen in →Konstantinopel (1042) bezeugt. Auch die Frauenkl. dürften eine gewisse Rolle bei der Textilproduktion für den Markt gespielt haben, wie einige Typika (so dasjenige von Irene Chumnaina für den Konvent des Christos Philanthropos) nahelegen.

Hinsichtl. der Beteiligung von F. en an anderen Arten wirtschaftl. Aktivitäten klafft zw. dem 6. und dem 12. Jh. in den Quellen eine Lücke. In der Frühzeit sind F. en als Ärztinnen, Hebammen, Lehrerinnen, Malerinnen, Schankwirtinnen und Reeder belegt. Vom 12. Jh. an finden wir erneut Ärztinnen (so im Hospital des Pantokrator-Kl.), Kleinhändlerinnen, Schankwirtinnen und Hebammen. Die Funktion der byz. Bäuerinnen im agrar. Produktionsprozeß läßt sich dagegen nicht genau bestimmen.

Der wachsende Anteil der F. en an der städt. Wirtschaft vom 11. Jh. an verläuft parallel mit einer stärkeren Hinwendung von F. en zu intellektuellen Aktivitäten. Dies gilt vornehmlich für die F. en der Aristokratie, von denen zahlreiche vom späten 11. Jh. bis ins ausgehende 14. Jh. eine gute Bildung erhielten und sich als Autorinnen oder aber als Mäzeninnen betätigten. Anna Komnena ist das bekannteste, doch keineswegs einzige Beispiel. Auch die Sebastokratorissa Irene im 12. Jh., Irene Chumnaina, Theodora Komnena Raulaina und Eudoxia Palaiologina im 14. Jh. waren F. en von hoher Bildung und mit aktiver geistiger Tätigkeit.

Die Beteiligung von F. en am polit., wirtschaftl. und intellektuellen Leben, die mit der wachsenden Rolle der Aristokratie und dem zunehmend städt. Charakter der byz. Gesellschaft seit dem 11. Jh. in engem Zusammenhang steht, führte auch zu einer bestimmten Wandlung in der Haltung gegenüber der F. Zwar zeichnete sich die byz. Gesellschaft durch einen ausgeprägten Konservativismus aus und neigte daher zur Tradierung alter, überkommener Klischeevorstellungen – etwa daß die F. ins Haus gehöre und sich stets ruhig und zurückhaltend zu verhalten habe; darüber hinaus wurde die byz. Gesellschaft auch in der späteren Periode im wesentl. von Männern dominiert. Dennoch wandelten sich die ursprgl. Einstellungen der Byzantiner, der Männer wie der F. en, in einem gewissen Maße. Insbes. wurde Bildung nun als weibl. Tugend gewertet, wie die Schriften des Michael Psellos, insbes. die Leichenrede auf seine Tochter, zeigen. Gelegentl. finden wir in der byz. Literatur die Feststellung, daß Männer und F. en gleich geschaffen seien und daß daher die Unterschiede, die das Recht bei der Behandlung der beiden Geschlechter mache, ungerechtfertigt seien. In der Zeit nach dem späten 11. Jh. läßt sich außerdem in den Quellen ein auffälliges Fehlen der bis dahin gängigen Vorstellung, daß F. en an das Haus gebunden und vom Kontakt mit Männern auszuschließen seien, feststellen. So wandelte sich die Ideologie bis zu einem gewissen Grade; keine Änderung erfuhr jedoch bei den byz. Männern und F. en die Vorstellung von der hohen Bedeutung der F. für die Fortpflanzung; hieraus resultierte, daß die wichtigste und am meisten geschützte Position der F. nach wie vor innerhalb der Familie lag.   A. E. Laiou

Lit.: J. Grosdidier de Matons, La femme dans l'empire byz. (Hist. mondiale de la femme III, 1967), 11–43 – J. Beauchamp, La situation juridique de la femme à Byzance, CCMéd 20, 1977, 145–176 – A. E. Laiou, The Role of Women in Byz. Society. JÖB 31/1, 1981, 233–260 – J. Herrin, In Search of Byz. Women: Three Avenues of Approach (Images of Women in Antiquity, 1983).

II. Südosteuropäischer Bereich: Quellenbelege über die slav. F. in Südosteuropa, insbes. auf den Balkanhalbinsel, sind selten und nur inkohärenten Charakter. Die ersten Nachrichten stammen aus dem Anfang des 9. Jh. Im Nordostteil der Halbinsel waren die F. en im FrühMA in der Regel noch heidnisch, rechtlos und dem Mann unterstellt; byz. Chronisten zufolge jedoch kämpften sie im 9. Jh wie in der Zeit der Landnahme im 7. Jh. gemeinsam mit den Männern bewaffnet gegen die Byzantiner. Mit der

Christianisierung (→Mission) änderte sich die Stellung der F. bis zu einem gewissen Grad. Auf lat. Inschriften der von Byzanz beeinflußten Ostküste der Adria erscheint die Frau unter Nennung ihres Namens neben ihrem Mann (coniux) als Stifterin von Kirchen schon im 9. Jh. Im 10. Jh. wird die Kgn. der Kroaten, Helena, als »uxor Mihaeli regi materque Stefani regis« bezeichnet; ihr Epitaph nennt sie entsprechend dem von den Kroaten angenommenen justinian. Recht »mater pupillorum tutorque viduarum«. Die →»Responsa ad consulta Bulgarorum« Papst Nikolaus' I. bringen mittelbar einige Angaben über die Stellung der F. wie auch über das Verhältnis zw. Mann und Frau im neuchristianisierten Bulgarien, wo Polygamie keine außergewöhnl. Erscheinung war (→Ehe, D. III). Die F. war rechtlos und konnte zum Eintritt ins Kl. gezwungen werden. Die slav. Rechtskompilation »Zakon sudnyj ljudem«, die z. T. unter byz. und westl. Einfluß steht, enthält einige Bestimmungen zum Eherecht und sieht bei Mißhandlung von Ehefrau, Nonne oder Sklavin entsprechende Strafen vor. Außer in Bosnien, wo die Ehe in den Bereich des Gewohnheitsrechtes fiel, unterlag sie den Normen des Kirchenrechtes (Nomokanon kormčija, erste Redaktionen 13. Jh.), das gemäß der christl. Lehre Bestimmungen zum Schutz der F. enthielt. Die im 13. und 14. Jh. für die Kl. Žiča, Banjska und Dečani ausgestellten Chrysobulle serb. Herrscher verfügen auch Eingriffe der weltl. Gewalt in die Ehebeziehungen. Die Urkk. verbieten den Untertanen, Vlachinnen zu ehelichen (→Vlachen); F.en dürfen keine →Häretiker heiraten. Den in Urkk. enthaltenen Vorschriften über die Besitzverhältnisse der Ehegatten zufolge konnte eine F. bei Verlassen ihres Mannes mit gleich hoher Geldbuße belegt werden wie ein Mann, der seine F. verließ. Wie hieraus folgt, konnte die F. über eigenes Vermögen verfügen, das sehr wahrscheinl. aus der Mitgift stammte. Ansonsten war die F. der Disziplinargewalt des Mannes unterstellt. Das Gesetzbuch des Zaren Stefan Dušan (1349, 1354) schreibt kirchl. Eheschließung vor; es enthält nur zwei indirekte Hinweise auf die Rechtsstellung der F. in der Ehe: Es gesteht der F. bei der Verfügung über das Familienvermögen Gleichberechtigung mit Mann und Sohn zu (Art. 46); aber wie die erwähnten Chrysobulle betont es die abhängige und untergeordnete Stellung der F., denn sie darf nicht ohne Ehemann vor Gericht gerufen werden (Art. 104); eine Witwe braucht vor Gericht einen Rechtsvertreter (Art. 73). Nach einem Chrysobull aus dem 14. Jh. durfte die Witwe bei Minderjährigkeit des Sohnes über den gesamten Besitz des Mannes verfügen. Das Statut von Novo Brdo (Anfang 15. Jh.) erlaubte in dieser Stadt nur Witwen die Führung eines Gemüseladens zur Sicherung ihres Unterhalts.

Die Stellung der F.en unterschied sich nach der Zugehörigkeit zu einer der beiden gesellschaftl. Kategorien: Grundherrinnen und städt. F.en waren frei, während die F.en von Hörigen schollenpflichtig waren. Zur tägl. Arbeit der F. gehörten – neben der Teilnahme an Feldarbeiten – Brotbacken und Verarbeitung von Wolle und Flachs. Das Gesetzbuch des Stefan Dušan befreite in Art. 64 arme Spinnerinnen von Abgaben an den Eigner des Bodens. Zahlreiche Angaben über die soziale und rechtl. Lage der F. und ihre wirtschaftl. Betätigung bieten Quellen aus den Archiven von →Ragusa/Dubrovnik (ab 13. Jh.) und anderen dalmat. Städten, wo die F.en einen wichtigen Anteil am Wirtschaftsleben hatten (Bäckerei, Weberei, Weinausschank, aber auch Verkaufs- und Pachttransaktionen), während unfreie Frauen (ancillae) zumeist in Haushalten dienten (→Hausgesinde), oft von ihren Herren miß-

braucht; außerehel. Beziehungen und Prostitution waren hier eine verbreitete Erscheinung. Die Quellen aus Dubrovnik liefern auch Material zur Bestimmung der sozialen Stellung der Vlachinnen.

Am polit. und intellektuellen Leben der Gesellschaft in den slav. Balkanländern waren nur Frauen aus den Herrscherhäusern – manchmal als selbständige Herrscherinnen oder Regentinnen – und Grundherrinnen beteiligt. Schriftl., archäolog. und ikonograph. Belege (Porträts von Kirchenstifterinnen) bestätigen vielfach ihren Reichtum. Verwitwet meist als Nonnen eingekleidet, lebten adlige Damen doch weiter am Hof. Einen bemerkenswerten Platz nimmt hier im späten 13. Jh. Helena v. Anjou, die F. des serb. Kg.s Uroš I., ein. Aktiv am polit. Leben beteiligt, organisierte sie an ihrem Hof eine Art Schule, in der die Töchter armer Eltern in den typ. »Frauenarbeiten« unterrichtet wurden. Auf intellektuellem Gebiet traten u. a. hervor die Nonne und Dichterin Jefimija, Witwe des Despoten Uglješa († 1371), sowie Jelena Balšić († 1443), Tochter des Fs.en Lazar († 1389) und Herrin v. Zeta, nicht nur eine erfolgreiche Diplomatin und Politikerin, sondern auch – wie einige F.en der byz. Gesellschaft – lebhaft an theol. Fragen interessiert.   I. Nikolajević

Lit.: I. Dujčev, Slavjano-bolgarskie drevnosti IX-go veka (Slavia Orthodoxa. Collected Stud. in the Hist. of the Slavic MA, 1970), 24–34, 78–86 – D. Dinić-Knežević, Položaj žena u Dubrovniku u XIII i XIV veku, 1974 – Dj. Petrović, Dubrovačke arhivske vesti o društvenom položaju žena kod srednje vekovnih Vlaha, Istorijski časopis 32, 1985, 5–25 – I. Nikolajević, Daily Life of Women in Medieval Serbia (Frau und spätma. Alltag, 1986), 429–438 – Die Stellung der F. auf dem Balkan, hg. N. Reiter, 1987.

III. ALTRUSSLAND: Die traditionelle Vorstellung, daß in einer patriarchal. altruss. Gesellschaft unter dem Einfluß der christl. Lehre die F. immer mehr ihre relativen Freiheitsrechte eingebüßt und – zumindest in der Oberschicht – sich im engeren häusl. Bereich seit dem 14. Jh. in die Abgeschiedenheit der Frauengemächer in den Obergeschossen zurückgezogen habe, wird von neueren Forschungen in Zweifel gezogen. Sie wird der in den privatrechtl. Normen abgesicherten Rolle, die die F. aller Stände als Ehegattin und Mutter, als Leiterin des Haushaltes und als Geschäftspartnerin spielten, zu wenig gerecht. Wohl war ihr in einem aus dem byz.-mediterranen Kulturkreis ererbten männerbezogenen gesellschaftl. Denken eine herausragende eigenständige Stellung im öffentl. Leben versagt und nur ein untergeordneter Aufgabenbereich zugedacht, doch die alltägl. Verpflichtungen sicherten ihr nicht unbedeutende Vorrechte. Zumal als Witwe befand sie sich in einem privilegierten Rechtsstatus, der den europäischen Vergleich nicht zu scheuen brauchte.

Die gesellschaftl. Rolle der F. war in üblicher Weise durch den Hausstand des Mannes bestimmt. Die Strafbestimmungen des altruss. Rechtes sahen bei Kapitalverbrechen Sippenhaft von Frau und Kindern vor (Prostrannaja Pravda russkaja, Art. 7). Totschlagdelikte wurden ohne Rücksicht auf das Geschlecht des Opfers in gleicher Weise geahndet; wurde allerdings auf eine Mitschuld der F. erkannt, halbierte sich das Wergeld (Art. 88). Eigentumsrechte der F. werden erstmals im Griechenvertrag von 911/912 erwähnt. Als Nachlaßverwalterin fiel ihr die Vormundschaft über die Kinder zu. Sie schloß in der Kiever Zeit innerhalb der Fürstendynastie auch die Regentschaft für unmündige Söhne (Fsn. →Ol'ga, 945–962) ein. Als Mitgift in eine Ehe eingebrachter Besitz blieb in der vollen Verfügung der Frau. Besitzungen des Adels wurden an Töchter vererbt, wenn Söhne fehlten (Prostrannaja Pravda russkaja, Art. 91 u. a.).

Auf der fsl. Ebene verbanden sich mit weibl. Besitzrechten weitgehende Verwaltungsbefugnisse, die erst mit den vom Moskauer Fürstenhaus ausgehenden Zentralisierungsbestrebungen seit dem 16. Jh. eingeengt wurden. Die F. der Kaufleute und städt. Handwerker im ma. Novgorod waren in vollem Umfang in die familiäre Wirtschafts- und Haftungsgemeinschaft einbezogen. Im bäuerl. Milieu, zu dem die verfügbaren Quellen kaum Aussagen enthalten, war der F. schon durch ihre unentbehrl. Arbeitsleistung im Haus und auf dem Felde eine starke Stellung zugewiesen. Sie setzte der rechtl. nahezu unbeschränkten Gewalt des Familienoberhauptes innerhalb der häusl. Lebensgemeinschaft Grenzen.

In allen Gesellschaftsschichten waren die Töchter in ihrer persönl. Lebensführung von der väterl. Fürsorge abhängig, die sich auch auf die Wahl des Ehepartners erstreckte. Gegen Mißbräuche boten kirchl. Ermahnungen und Dekrete (u.a. gegen Kinderheiraten vor dem 12. Lebensjahr) in der Praxis nur einen unzureichenden Schutz. In ihrem Kampf gegen Bigamie und Konkubinat ergriff die Kirche wohl Partei für die F., benachteiligte sie aber bei den für Ehescheidungen vorgesehenen Regelungen. In den orthodoxen Traditionen Altrußlands lebte eine frauenfeindl. Grundstimmung fort, obwohl in den westl. Reiseberichten des 16. und 17. Jh. sicher ein zu düsteres Bild von der tatsächl. Lage der F. in der russ. Gesellschaft gezeichnet wird. E. Hösch

Lit.: C. Claus, Die Stellung der russ. F. von der Einführung des Christentums bei den Russen bis zu den Reformen Peters d. Gr., 1959 – B. A. Romanov, Ljudi i nravy drevnej Rusi. Istoriko-bytovye očerki XI–XIII vv., 1966² – S. J. McNally, From Public Person to Private Prisoner: The changing Place of Women in medieval Russia [Diss. State Univ. of New York, Binghamton 1976] – M. G. Rabinovič, Očerki étnografii russkogo feodal' nogo goroda. Gorožane, ich obščestvennyj i domašnyj byt., 1978 – E. R. Levin, The Role and Status of Women in medieval Novgorod [Diss. Indiana Univ. 1983] – N. L. Puškareva–E. Levina, Ženščina v srednevekovom Novgorode XI–XV vv. (Vestnik Mosk. universiteta, Istorija Nr. 3, 1983), 78–89 – Russian Hist. 10, 2, 1983 [Beitr. v. H. W. Dewey, A. M. Kleimola, R. Hellie, N. Sh. Kollmann, E. Levin, S. Levy] – P. V. Snesarevskij, Otnošenie k ženščine v pamjatnikach pís'mennosti russkogo srednevekov'ja (XI–XV vv.), Istoriografičeskie i istoričeskie problemy russkoj kul'tury, 1983, 29–46 – C. Goehrke, Die Witwe im alten Rußland, Forsch. zur osteurop. Geschichte 38, 1986, 64–96 [Bibliogr.] – N. L. Puškaveva, Immuščestvennye prava ženščin na Rusi (X–XV vv.), JstZap 114, 1986, 180–224 [Bibliogr.].

E. Arabisch-islamischer Bereich

Durch den Islam ist die Stellung der F. in Arabien im Vergleich mit den vorislam. Verhältnissen in mancher Hinsicht verbessert worden (→Familie, F; →Ehe, F; →Polygamie). Doch verblieb es dabei, daß »die Männer (eine Stufe) über den F. en stehen« (vgl. Koran IV, 34 und I, 228). Aber die weit verbreitete Ansicht, daß die F. nach islam. Lehre keine Seele habe, ist falsch. F. en haben grundsätzl. auch die gleichen religiösen Rechte und Pflichten wie Männer und sind voll geschäftsfähig. Allerdings werden einer F. weniger Urteilskraft und Geschäftsgewandtheit zugetraut als einem Mann. So bedarf eine Jungfrau bei ihrer Verheiratung zur Wahrnehmung ihrer Interessen eines Ehemuntes (walī) – ein Amt, das von ihrem Vater und hilfsweise von einem nahen männl. Verwandten ausgeübt wird. Das Recht des Ehemannes, seine F. einseitig und ohne Angabe von Gründen zu verstoßen (ṭalāq), wird damit gerechtfertigt, daß nur dem Mann eine objektive Entscheidung über die Ehe möglich sei. Die Zeugenaussage eines Mannes kann nur durch das Zeugnis von zwei F. en ersetzt werden (vgl. Koran II, 282). Bei Abfall vom Islam (radd/ridda, irtidād; →Apostasie IV) sollen F. en – im Unterschied zu den von Todesstrafe bedrohten männl. Apostaten – bis zu ihrer Rückbesinnung nur gefangengesetzt werden. Auch der Wert einer F. wird geringer eingeschätzt als der eines Mannes. Im Fall einer vorsätzl. Tötung oder Körperverletzung führt der strikte Grundsatz der Wiedervergeltung (qiṣāṣ), Gleiches nur mit Gleichem zu vergelten, zum Ausschluß der Blutrache an einer Person des anderen Geschlechts; denn Mann und F. sind nicht gleichwertig (vgl. Koran II, 178). Das Blutgeld (diya) für eine getötete F. beträgt nur die Hälfte der Sühne für einen männl. Muslim.

Durch den Koran sind zwar den weibl. Verwandten, die vorher von der Erbfolge ausgeschlossen waren, bestimmte Erbquoten (farḍ) zugesprochen. Aber grundsätzlich erben F. en nur halb so viel wie entsprechende männl. Verwandte, da diese ja z. B. auch höhere Unterhaltspflichten zu erfüllen hätten (→Erbrecht, C).

Grundsätzlich ist die F. auf die Besorgung der häusl. Geschäfte beschränkt, wozu im Wohnbereich der F. (→Harem, ḥarīm 'unverletzl., geheiligter Ort') auch die tatsächl. Betreuung (ḥaḍāna) der Kinder bis zu einem bestimmten Alter gehört. Ohne Erlaubnis ihres Mannes darf die Ehefrau weder das Haus verlassen noch eine Arbeit aufnehmen. Dem Mann obliegen die Geschäfte in der Außenwelt, die Vertretung der Familie, insbes. der Kinder (wilāya 'elterliche Sorge'), gegenüber Dritten und der Erwerb des Lebensunterhaltes.

Vor Fremden hat die F. ihre Reize zu verbergen. F. en sollen ihre Augen niederschlagen und ihren Schmuck nicht offen zeigen (vgl. Koran XXXIII, 59 und XXIV, 31). Die sog. Verschleierung (→Schleier) ist im Koran nicht ausdrückl. vorgeschrieben und in den verschiedenen Bevölkerungsschichten von Land zu Land unterschiedl. gehandhabt worden. Beim Gebet in der Moschee versammeln sich die F. en hinter den Männern, damit die Beter nicht abgelenkt werden. K. Dilger

Lit.: Th. W. Juynboll, Hb. des islam. Gesetzes, 1910, 181ff. – O. Pesle, La femme musulmane dans le droit, la religion et les mœurs, 1946 – P. Antes, Ethik und Politik im Islam, 1982, 57ff.

Zur F. im Judentum →Ehe, E; →Familie, E.

Frauen am Grabe. Die ntl. Erzählung (Mt 28, 1–8), ein Engel habe den Stein vom Grab Christi gewälzt, die Wächter seien erschreckt zu Boden gestürzt, und der Engel habe zwei Frauen die Auferstehung verkündet, ist der erste mittelbare Hinweis auf die nicht im NT, sondern erst im apokryphen Petrus-Ev. (um 200) und späteren Quellen unmittelbar beschriebene →Auferstehung Christi (Mk 16, 1–8: drei F. a. G., die den Leichnam salben wollten; Lk 24, 1–8: zwei Männer in leuchtenden Gewändern, mehrere F. a. G., drei davon namentl. genannt; die Wächter nur Mt 28, 4 erwähnt). Diesem lit. Sachverhalt entspricht es, daß auch in der frühchristl. Kunst das zentrale Glaubensereignis des Christentums (vgl. 1 Kor 15, 14) nur mittelbar durch Symbole und begleitende Ereignisse verbildlicht wurde, v. a. durch die Szene der F. a. G. Die Darstellung des Engels mit zwei oder drei F. a. G., die auch Gefäße tragen können (Mk 16, 1; z. B. Rabbula-Ev., Palästinens. Pilgerampullen), war für mehrere Jahrhunderte das eigtl. Auferstehungsbild. Die frühesten erhaltenen Darstellungen sind allerdings z. T. problematisch: z. B. fehlt im Taufraum in Dura Europos (2. Drittel 3. Jh.) der Engel, die Frauen tragen außer Gefäßen auch Fackeln, das Grab ist im Unterschied zu sonstigen frühchristl. Beispielen als Sarkophag, nicht als Grabbau gegeben (erst im MA sitzt der Engel meist auf einem Sarkophag); das »Trivulzio«-Elfenbein (Mailand, Castello Sforzesco, um 400) enthält Anklänge an die Szene des Chairete (Erscheinung

Christi vor den Frauen, Mt 28,9f.); das Elfenbeinkästchen in London (frühes 5. Jh.) zeigt nur F.a.G. und Wächter. Seit dem 6. Jh. wird eine der Frauen bisweilen durch Nimbus als Maria bezeichnet (z. B. Rabbula-Ev.). Die Szene der F.a.G. begegnet auch in der ö. Kunst bis ins MA; doch wurde seit dem frühen 8. Jh. (Staurothek Fieschi Morgan, New York) die als Anastasis (Auferstehung) bezeichnete →Höllenfahrt (Hadesfahrt) Christi das eigtl. Oster- und Auferstehungsbild der byz. Kunst. Im W lebte das Bild der F.a.G. auch nach dem Aufkommen von Darstellungen des dem Grabe entsteigenden Christus in der Buchmalerei und später auch monumentalen Kunst (zur Entwicklung vgl. →Auferstehung Christi) weiter, meist mit drei Frauen (nach Mk). Es wurde häufig neben das Auferstehungsbild gesetzt, auch im Nebeneinander von Auferstehung und Höllenfahrt Christi und F.a.G. (z. B. Heilig-Grab-Nische Soest, Hohnekirche). So verlor die Szene im SpätMA an Bedeutung und wurde oft zu einer narrativen Beifügung zum Bild des Auferstehenden. Interessant für den Bedeutungsverlust seit dem späten 12. Jh. der Verzicht auf die bereits begonnene Szene der F.a.G. beim Klosterneuburger Altar.   J. Engemann

Lit.: LCI I, 201–217; II, 54–62, 322–331 – A. GRABAR, La fresque des Saintes femmes au tombeau à Doura, CahArch 8, 1956, 9–26 – K. WEITZMANN, Eine vorikonoklast. Ikone des Sinai mit der Darstellung des Chairete (Tortulae, hg. W. N. SCHUMACHER, 1966), 317–325 – C. DAVIS-WEYER, Die ältesten Darstellungen der Hadesfahrt Christi. Das Evangelium Nikodemi und ein Mosaik der Zenokapelle (Roma e l'età Carolinga, Atti Giornate di studio, 1976), 183–194 – H. BUSCHHAUSEN, Der Verduner Altar, 1980, 98 – G. SCHILLER, Ikonographie der chr. Kunst III, 1986², 18–31.

Frauenbach (Baia Mare) → Neustadt/Marmarosch

Frauenchiemsee → Chiemsee

Frauenheilkunde

I. Lateinischer Westen; antike und arab. Voraussetzungen – II. Byzantinisches Reich.

I. LATEINISCHER WESTEN; ANTIKE UND ARAB. VORAUSSETZUNGEN: Die ma. F. basiert im wesentl. auf antiker, durch Rezeption arab. Gynäkologie bereicherter Überlieferung und erfuhr lediglich Modifikationen (wiss. Begründung der Gynäkologie und Geburtshilfe auf morpholog. Basis erst seit dem 16. Jh.).

[1] *Anatomie und Physiologie des weibl. Organismus* beruhen auf der hippokrat.-galen. Medizin. Spätantike Traditionen werden weitergetragen in der »Gynaecia« des Vindician (Ende 4. Jh., Sammlung anatom.-physiolog. und embryolog.-gynäkolog. Lehren antiker Autoren). Hinzu kommen Erfahrungen der Klostermedizin (v. a. weibl. Vertreter). In der Heilkunde (»Causae et curae«) der Äbt. →Hildegard v. Bingen (1098–1179) erhielten Zeugung und Empfängnis, Schwangerschaft und Geburt über die physiolog. Description hinaus eine eschatolog. Bedeutung, insofern sich Physiologie und Pathologie der Generationsvorgänge zw. dem Verlust der ersten Schöpfung (constitutio) und der Wiedergewinnung des neuen Lebens (restitutio) abspielen. Die Frau ist dabei nicht nur Garant der natürl. Fruchtbarkeit, sondern auch die latente Spur aller Heilsgeschichte. Menstruation und Konzeption werden mit physiolog. Vorgängen im Gesamtorganismus in Verbindung gebracht. Vererbungsvorgänge werden in gleicher Weise beachtet wie die Beseelung des Foetus. Der Geburtsakt wird in Analogie zur kosm. Katastrophe beim Sündenfall gesehen, das Austreten der Frucht als »exitus« bezeichnet. Während der Gravidität und bei Austritt der Geburt sollen keine Medikamente verabreicht werden. Der Säugling bedarf einer möglichst kontinuierl. Stillung und Hegung.

Mit der Rezeption und Assimilation der griech.-arab. Medizin fließen seit der Mitte des 12. Jh. neue Kenntnisse ins Abendland. In seinem »Paradies der Weisheit« hatte schon ᶜAl.-b. Rabban aṭ-Ṭabarī Entstehung des Foetus, Ursachen der Pollution und Menstruation, Krankheiten der Gebärmutter sowie Störungen bei der Entbindung behandelt. Probleme von Zeugung, Schwangerschaft, Vererbung und Entwicklung werden vom 10. bis 13. Jh. in zahlreichen Abhandlungen diskutiert (WEISSER, 1983), v. a. Begattungsakt, Qualität des Samens, Implantation des Keimes, Probleme der Mehrlingsschwangerschaft, fetale Entwicklung, Austreibung der Frucht sowie Geburtsvorgang. Sexualhygiene und prakt. Geburtshilfe werden konkret behandelt. In seiner »Chirurgia« beschreibt →Abulcasis ausführl. den natürl. Geburtsablauf wie auch die Hilfen bei der Entbindung. Abulcasis läßt Untersuchungen bei Frauenleiden gewöhnl. von einer Hebamme (unter Anleitung und gelegentl. Assistenz eines erfahrenen Arztes) durchführen.

Als ein vielseitiges Modell embryolog. Problematik erweist sich die Theorie vom siebenkammerigen Uterus. Intersexualität und Hermaphroditismus ließen sich damit gleicherweise erklären wie die Gestaltbildung des Keimlings oder die gekreuzt-geschlechtl. Vererbung. Die ma. Bildüberlieferung hat den mehrzelligen Uterus vielfach variiert. Erst der Zuwachs an anatom. Wissen – so bei Berengario da Carpi (1524) – konnte die Theorie ad absurdum führen.

[2] *Erkrankungen der Frau:* Die Klassiker der arab. Medizin (→Serapion, aṭ-Ṭabarī, →Rhazes, →Avicenna, →Abulcasis) beschäftigen sich durchweg auch mit gynäkolog. Fragen. Aus der antiken Temperamentenlehre erklärt Avicenna im »Canon« alle patholog. Entgleisungen der biolog. Systeme, was am Beispiel der Sexualleiden exemplifiziert wird (lib. II, fen XX, tract. I, cap. 10). Beim Geschlechtsverkehr entleert sich eine Substanz aus der Nahrung des letzten Digestionsgrades, wodurch der Koitus mit einer gewissen substantiellen Schwächung einhergeht. Mit Avicenna vergleicht →Arnald v. Villanova den männl. Samen mit einem Teig, den weibl. mit der Hefe, wobei eine kleine Menge Hefe genügt, um die große Masse des Teiges zur Gärung zu bringen. An Frauenleiden beschreibt Arnaldus eingehend die Amenorrhoe, die profuse Menstruation, die Sterilität, Entzündungen und Vorfall der Gebärmutter sowie verschiedene Tumoren. In der Tradition von Galen und Avicenna stehen die 20 Bücher »De natura rerum« des →Thomas v. Cantimpré OP (1204–80). Hier findet sich erstmals eine geschlossene F. und Geburtshilfe. Breite Aufnahme fand in dieser Übersicht auch das im 6. Jh. nach soran. Vorbild entstandene Hebammenlehrbuch des Muscio. →Bartholomaeus Anglicus OMin behandelt in »De proprietatibus rerum« ausführl. Physiologie und Pathologie der Geburt, den konstitutionellen Unterschied zw. Mann und Frau, verschiedene gynäkolog. Erkrankungen, die Aufzucht des Säuglings und – in einem eigenen Kapitel – den Hebammenstand.

In seinen »Proverbia« wendet sich →Albertus Magnus der bes. Rolle der Frau in der Heilsgesch. zu, was im »Liber de mulieri forti« exemplifiziert wird. Neben geistl. Interpretationen wurden die Funktionen der Samenaufnahme, die Reifung des Foeten im Uterus, Geburt und Stillgeschäft behandelt (Proverb. XXI, 30–31; Opera, Vol. 28, Paris 1893, 5ff.). Das dem Albertus fälschl. zugeschriebene Werk »De secretis mulierum« (vermutl. Ende des 13. Jh.; seit Mitte des 14. Jh. zahlreiche kommentierte Fassungen, 47 Inkunabeln, zahlreiche Übers. bis ins

19. Jh.) behandelt Zeugung und Entwicklung, Geburt und Mißgeburten, Stillgeschäft und Aufzucht.

[3] *Heilmaßnahmen bei Frauenleiden:* Eine frühe lehrbuchhafte Zusammenfassung der Frauenkrankheiten und ihrer Behandlung findet sich in dem einer »Trotula« zugeschriebenen Traktat »De passionibus mulierum«, in Wahrheit eine anonyme Sammelschrift antiker und frühma. Überlieferung mit Einflüssen des →Constantinus Africanus. Im Vordergrund stehen geburtshilfl., kinderheilkundl., auch androlog. Probleme. Ferner sind beschrieben und mit Behandlungsvorschriften versehen: Pathologie der Menstruation (Therapie: Aderlaß, Bäder, Vaginalduschen, Diät), Dysmenorrhoe, ferner Lageveränderungen der Gebärmutter mit manueller Reposition bei Prolaps, Entzündungen des Genitalapparats (Abszesse), Pruritus vulvae. Im »Trotula«-Traktat wird erstmals die Dammnaht bei komplettem Dammriß empfohlen. Erwähnt wird auch der bereits bei Soranus empfohlene Dammschutz.

Die prakt. F. lag seit ältesten Zeiten in weibl. Händen. Auch im arab. und lat. MA bilden die Hebammen einen eigenen Stand, der oft nicht von ärztl. Aufgaben abzugrenzen ist. Gleichwohl sind auch im MA frühzeitig schon Ärzte zur gynäkolog. Diagnostik wie zur Geburtshilfe hinzugezogen worden. Mit der Verstädterung wurden die Hebammen zunehmend öffentl. Kontrolle unterstellt (Hebammenordnungen) und eidlich verpflichtet. Mit dem 15. und 16. Jh. werden sie zu Gehilfinnen des Arztes; die Geburtshilfe spezialisiert sich zu einer Disziplin der Frauen- und Kinderheilkunde; die Verabfolgung von Arzneimitteln geht auf den Apothekerstand über.

[4] *Operative Maßnahmen in Gynäkologie und Geburtshilfe:* Innerhalb der operativen Fächer spielte die Geburtshilfe eine bes. Rolle. So wendet Abulcasis zur Förderung der Geburt die Hängelage an; er beschreibt nach antiken Autoren Schlingen zur Extraktion des Kindes sowie zahlreiche neuartige geburtshilfl. Instrumente (u. a. Zange mit gekreuzten Löffeln). Karzinomoperationen empfiehlt Abulcasis nur im Frühstadium an leicht zugängl. Stellen. Ende des 13. Jh. kommt es zu einem raschen Einbau der operativen Gynäkologie in die wissenschaftl. fundierte Wundarzneikunst; einen Höhepunkt und klass. Abschluß bildet die »Chirurgia magna« des →Guy de Chauliac.

[5] *Hygiene der Frau:* In der prakt. Lebensführung richtet sich die Frau durchweg nach der klass. Lebensordnung der »sex res non naturales«, die lediglich geschlechtsspezif. modifiziert werden. Da die Frau ihrer Säftekonstellation nach feuchter und wärmer als der Mann ist, hat sie alles zu vermeiden, was diese Qualitäten vermehrt und einen möglichen Ausgleich in der Wärme und Trockenheit zu suchen. Dem hatte die Frauenkleidung zu entsprechen. Unter den diätet. Lebensmustern wird die Bedeutung des Badens bes. herausgestellt. Neben Ernährung und Schlaf sollte v. a. das Purgieren der gesunden Lebensführung dienen, wobei der Menstruationszyklus zu berücksichtigen war. Neben einer allgemeinen Hygiene in der Schwangerschaft wird auf die Gefahren der Jungfräulichkeit und der sexuellen Abstinenz hingewiesen.

Zur Hygiene der Frau müssen neben rein med. oder kosmet. Aspekten auch die erot. und ästhet. gezählt werden, die für die Rolle der Frau in der Gesellschaft als entscheidend galten. Eine eigene Literaturgattung dient der »schönheit der frawen« (vgl. Cod. Guelf. 16. 17 Aug. 4°). Physiologie, Pathologie und Hygiene erscheinen im späten MA in zahlreichen volkssprachl. Ausgaben, unter denen herausragen: das »Frauenbüchlein« des Ortolff v. Bayerland (Ulm 1495), »Der Frauen Rosengarten« von

Eucharius Rößlin (Köln 1512; Straßburg 1513), des Ps.-Albertus »Buch der heimligkeiten der weiber« (Straßburg 1519) oder auch das anonyme »Ehestandsartzneybuch« (Erfurt 1534). Unter späteren Zusammenfassungen sei erwähnt des Walter Hermann Ryff »Frawen Rosengarten« (Frankfurt 1545) mit dem bezeichnenden Untertitel: »Von vilfaltigen sorglichen zufällen und gebrechen der Mütter und Kinder«. S. a. →Schwangerschaft und Geburt.

H. Schipperges

Lit.: B. BLOCH, Die gesch. Grundlagen der Embryologie bei Harvey, Nova Acta Leopoldina 82, 1904 – J. ILBERG, Die Überl. der Gynäkologie des Soranos v. Ephesos, 1910 – CH. FERCKEL, Die Gynäkologie des Thomas v. Brabant, 1912 – TH. RENNAU, Die Gynäkologie des Arnold v. Villanova, 1912 – H. R. SPITZNER, Die salernitan. Gynäkologie und Geburtshilfe unter dem Namen der »Trotula«, 1919 – C. O. ROSENTHAL, Zur geburtshilfl.-gynäkolog. Betätigung des Mannes bis zum Ausgang des 16. Jh., 1923 – A. S. SCHAIEN, Die geburtshilfl.-gynäkolog. Kapitel aus der Chirurgie des Abulkasim, 1937 – A. SIGGEL, Gynäkologie, Embryologie und Frauenhygiene aus dem »Paradies der Weisheit über die Medizin« des Abū Ḥasan ʿAlī b. Sahl Rabban aṭ-Ṭabarī, QStGNM 8, 1941, 216–272 – M. KOSS, Die F. der Hildegard v. Bingen (1098–1179), 1942 – W. SCHÖNFELD, Frauen in der abendländ. Heilkunde, 1947 – M.-L. PORTMANN, Die Darstellung der Frau in der Geschichtsschreibung des frühen MA, 1958 – P. DIEPGEN, Frau und F. in der Kultur des MA, 1963 – U. WEISSER, Zeugung, Vererbung und pränatale Entwicklung in der Medizin des arab.-islam. MA, 1983 – R. REISERT, Der siebenkammerige Uterus. Stud. zur ma. Wirkungsgesch. und Entfaltung eines embryolog. Gebärmuttermodells, 1986 – Frauen in der Gesch. VII, hg. W. AFFELDT–A. KUHN, 1986 [Beitr. von: G. BAADER, A. KAMMAIER-LEBEL] – G. KEIL, Die Frau als Ärztin und Patientin in der med. Fachprosa des dt. MA (Frau und spätma. Alltag, 1986), 157–211.

II. BYZANTINISCHES REICH: [1] *Allgemeines:* Die byz. Schulmedizin zeigt sich den Lehren der Hippokratiker, des Galen und (hier speziell) des Soranus verhaftet. Zum einen werden ihre Werke selbst in Auswahl überliefert, zum anderen exzerpiert man sie (sekundär) für mehr oder minder neue, mit Magie und Aberglaube angereicherte Opera. Inwieweit nun dieses Wissen den im Alltag mit der Behandlung befaßten fachkundigen Frauen (μαῖα, ἰάτραινα) eigen und zugängl. war und sie ihrerseits Erfahrungen in die diesbezügl. Praxis einbrachten, bleibt uns durch das männl. beherrschte Schrifttum verborgen. Die religiös geprägte Einstellung zur potentiellen Sündhaftigkeit des weibl. Körpers hat gewiß gerade in der F. hemmend gewirkt. Auf dem Gebiet der Anatomie ist so in Byzanz keinerlei Fortschritt erkennbar, typ. weibl. Merkmale werden bezeichnenderweise in der bildl. Kunst ab dem 7. Jh. zunehmend negiert.

[2] *Quellen:* Oreibasios, dessen Sammelwerk Ἰατρικαὶ Συναγωγαί (ed. RAEDER) nur fragmentar. erhalten ist, hat dort an verschiedenen Stellen Gynäkolog.-Geburtskundliches niedergelegt – Auszüge davon finden sich in Σύνοψις IX bzw. den Εὐπόριστα IV –, während bei Aetios v. Amida (6. Jh.) das ganze inhaltsreiche Buch 16 (ed. ZERBOS) seines Gesamtwerkes dieser Thematik gewidmet ist. Wahrscheinl. nach dem 6. Jh. hat eine →Metrodora (ἡ μήτρα = Gebärmutter, daher ein Spitzname?) gelebt, die eine pharmakaorientierte Schrift Περὶ τῶν γυναικείων παθῶν τῆς μήτρας (ed. KUZES) zusammenstellte. →Paulos v. Ägina verteilt seine Ausführungen zur F. auf Buch 1, 3 und 6 der Ἐπιτομὴ ἰατρική (ed. HEIBERG).

Die mittelbyz. Zeit ist durch einen qualitativ-quantitativen Materialrückgang gekennzeichnet, wie beispielsweise Leon Iatrosophistes' Σύνοψις ἰατρική (ed. ERMERINS, hier 198–203) belegt. Instrumentenlisten (zwei davon ed. BLIQUEZ) lassen immerhin eine fortbestehende gynäkolog. Chirurgie denkbar erscheinen. Eine allgemeine Niveauverbesserung tritt erst mit →Johannes Zacharias Aktuarios, Θεραπευτικὴ μέθοδος (ed. teilw. IDELER) ein. Fragen der Zeugung und Embryologie fanden in Byzanz stets Interesse, was die Schrift des Johannes Lydos Περὶ μηνῶν (ed. WÜNSCH), Kapitel der Διδασκαλία παντοδαπή (ed. WESTERINK) des →Michael Psellos, die Schrift Περὶ κυουσῶν καὶ βρεφῶν θεραπείας eines →Damnastes und mehrere anonyme Traktate (ed. KRUMBACHER) dokumentieren. Gemeinhin angewandte Medizin widerspiegelt sich in (meist unzureichend edierten) Iatrosophia und Rezeptuarien. Manche Heiligenviten, bes. die Mirakelsammlungen der Anargyroi, gewähren uns ebenfalls anhand von Einzelfällen Einblicke in die frauenheilkundl. Realität.

[3] *Pathologie, Therapie, Behandlungsorte:* Bes. Bedeutung haben entsprechend der antiken Humoraltheorie in der byz. F. Menstruationsanomalien, welche in Verkehrung der Kausalität des öfteren als Ursachen anderer Leiden (»Metritis«) betrachtet wurden. Der konservativen Therapie dienten Aderlaß, Bäder, Kataplasmen (etwa bei Mastitis), Zäpfchen und Vulva-Eingießungen mit entzündungshemmenden, adstringierenden oder schmerzlindernden (opiathaltigen) Substanzen pflanzl. oder tier. Herkunft. Manuelle Reponierung mit nachfolgender Tamponade sollte den Uterusvorfall beheben. Karzinome der Gebärmutter galten als unheilbar, ebenso Brustkrebs, bei dem allerdings Ausschneidung versucht wurde. Operativ behandelte man zumindest in frühbyz. Zeit Warzen und Polypen der Genitalien, Hypertrophie der Klitoris, Abszesse und Atresie des äußeren Muttermundes, wobei ein Scheidenspekulum zur Hilfe genommen wurde. – Die Betreuung der Kranken erfolgte in Byzanz überwiegend zu Hause. Seit dem 4. Jh. gemäß dem Gebot der christl. Nächstenliebe entstandene karitative Einrichtungen und Heilzentren nahmen zwar auch leidende Frauen auf, spezialisiert auf F. waren aber nur die von Patriarch Johannes III. Eleemon v. Alexandreia (reg. 612–619) gegründeten Wöchnerinnenheime (AnalBoll 45 [1927] 22). Das Typikon des Pantokrator-Kl. zu Konstantinopel (11. Jh.) sah zwar für das dortige →Krankenhaus eine Frauenstation mit 12 Betten und mehrheitl. weibl. Personal vor, der gleich große Xenon des Lips-Kl. (13. Jh.) war überhaupt Patientinnen vorbehalten, doch in beiden Anstalten lag wohl als Absicht nicht primär Fachorientierung, sondern Geschlechtertrennung zugrunde.

[4] *Schwangerschaft, Geburt:* Sowohl med. als auch rechtl. wurde der Beginn der Gebärfähigkeit zw. dem 12. und 14. Lebensjahr, das Ende ca. mit dem 50. Lebensjahr angesetzt. Zur Empfängnis bestens geeignet erachteten die Ärzte die ersten Tage nach der Menstruation, was ungewollt kontrazeptiv wirkte. Sterilität wurde in erster Linie auf ein Ungleichgewicht der Körpersäfte zurückgeführt und diätetisch, weiters mit Räucherungen und diversen Placebos behandelt. Nach einer Konzeption reiften angebl. männl. Nachkommen in der rechten, weibl. in der linken κοιλία der Gebärmutter heran. Übelkeit und sonderbare Appetitgelüste der Frau während der ersten Schwangerschaftsmonate (κίσσα) sollten in mangelnder Nahrungsverwertung seitens der Frucht begründet sein. Der Geburtsakt vollzog sich liegend oder auf dem Gebärstuhl. Von der normalen Kopf- und Fußlage abweichende Foetuspositionen (und Gliedervorfall) versuchte man durch intrauterines Wenden von der Scheide aus zu korrigieren. Mißlang dies, blieb die zerstückelnde Embryotomie, sofern die Konstitution der Frau es zu gestatten schien.

[5] *Empfängnisverhütung, Abtreibung:* Berichte von Historikern (v. a. Prokop, Anekdota 9,19; 17,16), Rechts-

texte (z. B. Ecloga 17,36; Basiliken 60,22,4; MM I 548–549), Bußbücher (ed. MORINUS, PITRA), patrist. Quellen (Johannes Chrysostomos, In Ep. ad Rom. 24,4) bezeugen durch die Jahrhunderte das, abgesehen von mag. Tun, effektive Praktizieren von →Abtreibung und eigtl. →Empfängnisverhütung mittels »Scheidenpessaren« und durch Tränke. Obgleich von den Fachschriften grundsätzl. erkannt (vgl. Aëtios von Amida XVI 16–18), war gerade bei den »mensesfördernden« Mitteln die Abgrenzung problematisch. Das Juristendiktum »Partus nondum editus homo non recte fuisse dicitur« (Dig. 35, 2, 9, 1) und sogar kirchenintern unterschiedl. Auffassungen über den Zeitpunkt der Beseelung des Foetus begünstigten indirekt diese Art Grauzone.   E. Kislinger

Lit.: [allg.]: P. DIEPGEN, Die F. der Alten Welt (Hb. der Gynäkologie XII 1,1, 1937) – DERS., Zur F. im byz. Kulturkreis des MA (Akad. wiss. Lit. Mainz, Abh. geist. soz. Kl. 1950, Nr. 1), 3–14 – *zur Fachlit.:* I. BLOCH, Byz. Medizin (M. NEUBERGER – J. PAGEL, Hb. Gesch. Med. I, 1902), 492–568 – HUNGER, Profane Lit. II, 287–320 – A. M. IERACI BIO, Testi medici di uso strumentale, JÖB 32/3, 1982, 33–43 – *zu Einzelfragen:* Ph. Kukules, Βυζαντινῶν βίος καὶ πολιτισμός IV, 1951, 21–27 – H. GRAPE-ALBERS, Spätantike Bilder aus der Welt des Arztes, 1977, v. a. 80–86 – R. VOLK, Gesundheitswesen und Wohltätigkeit im Spiegel der byz. Klostertypika (Misc. Byz. Monac. 28, 1983) – L. J. BLIQUEZ, Two Lists of Greek Surgical Instruments and the State of Surgery in Byz. Times, DOP 38, 1984, 187–204 – H. HUTTER, Das Bild der Frau in der byz. Kunst (Fschr. H. HUNGER, 1984), 163–170 – C. CUPANE – E. KISLINGER, Bem. zur Abtreibung in Byzanz, JÖB 35, 1985, 21–49 – W. FINK, »Geburtshilfe« in Byzanz, JÖB 36, 1986, 27–37 – M. J. HARSTAD, Saints, Drugs, and Surgery Byz. Therapeutics for Breast Diseases, Pharmacy in History 28, 1986, 175–180.

Frauenlob → Heinrich v. Meißen

Frauenzunft, im →Köln des SpätMA eine, abgesehen vom Pariser Seidengewerbe (→Seide) des späten 13. Jh., einmalige Erscheinung in der westeurop. Wirtschaftsgeschichte. Hier kam es in den hochspezialisierten Textilgewerben, in denen es nach heut. Forschungsstand den höchsten Anteil von Frauenarbeit (→Frau, C) gegeben hat, zur Ausbildung von reinen F.en (Garnmacherinnen, Goldspinnerinnen, Seidmacherinnen, Seidspinnerinnen).

[1] *Garnmacherinnen:* Sie erhielten 1397 ihren Zunftbrief (Organisation als Zunft wohl schon früher), der neben techn. Vorschriften für die Garnbereitung eine Lehrzeit von 4 Jahren vorschrieb, die Führung eines Lehrtöchterbuches und eine Qualitätsprüfung nach der Lehrzeit für die selbständige Gewerbeausübung verfügte. Nach dem Tod der Frau durfte der Witwer mit Hilfe des Gesindes das Gewerbe weiter ausüben (»Witwerrecht«).

[2] *Goldspinnerinnen:* Sie vereinigten sich im Laufe des 14. Jh. mit dem Teil der Goldschläger, der für sie notwendige Vorarbeiten verrichtete, zu einer Zunft. Gemeinsam erhielten sie 1397 einen Amtsbrief, wonach Zunftzwang galt. Außerdem wurde geregelt: Aufnahme in die Zunft, vierjährige Lehrzeit, die Beschäftigung von Personal, die Verarbeitung der kostbaren Rohstoffe. Den Zunftvorstand bildeten je zwei männl. und weibl. Amtsmeister. Das soziale Ansehen dieser F. war hoch.

[3] *Seidmacherinnen und Seidspinnerinnen:* Dieses wichtigste Kölner Frauengewerbe organisierte sich 1437 als Zunft, 1456 trennte sich das Hilfsgewerbe der Seidspinnerinnen mit eigenem Zunftbrief ab (weitere Zunft- und Transfixbriefe bis 1506). Organisation: Jede Hauptseidmacherin durfte 4 Lehrtöchter zuzügl. eigene Kinder gleichzeitig ausbilden (Lehrzeit bis 1469 3, ab 1470 4 Jahre); die Lehrtöchter wurden zwecks Kontrolle der Lehrzeit in ein Amtsbuch eingetragen (ab 1437 geführt). Zw. 1437 und 1504 gab es 116 Hauptseidmacherinnen mit einem Gewerbebetrieb und 765 Lehrtöchtern. Den Zunftvor-

stand bildeten je zwei jährl. zu wählende Zunftmeisterinnen und -meister, wobei als letztere nur Ehemänner von zugelassenen Seidmacherinnen in Frage kamen. Mann und Frau durften nicht gleichzeitig amtieren. Die meisten selbständigen Seidmacherinnen waren mit Kaufleuten verheiratet, die im Groß- und Fernhandel tätig waren, so daß es vielfach zu einer wirtschaftl. vorteilhaften Vereinigung von Rohstoffbeschaffung, Produktion und Absatz in sog. Familienbetrieben kam. In der zweiten Hälfte des 15. Jh. entwickelten sich im Seidamt auch zunftinterne Verlagsformen, wobei Frauen als Verleger auftraten. Die selbständige Gewerbeausübung war offensichtl. nur wirtschaftl. besser gestellten Frauen möglich (überwiegend aus der kaufmänn. bzw. städt. Mittel- bis Oberschicht). Die Seidspinnerinnen, die im Lohnwerk für die Seidmacherinnen arbeiteten, mußten ebenfalls eine Lehre durchlaufen und strenge Vorschriften für die Seidenbereitung beachten. Wegen der Höhe der Spinnlöhne kam es im 15. Jh. wiederholt zu Streitigkeiten mit den Seidmacherinnen. Das von Frauen geführte Seidamt war um 1500 wohl das bedeutendste Kölner Exportgewerbe.   M. Wensky

Lit.: M. Wensky, Die Stellung der Frau in der stadtköln. Wirtschaft im SpätMA, 1980.

Frau Welt, eine allegor. Gestalt, die liter. und bildl. die Schönheit und Vergänglichkeit des Irdischen veranschaulicht. Sie soll zur Buße mahnen, den Sinn auf Gott und das Heil ausrichten. Es gibt diverse Belege seit Ende des 12. Jh. im gesamten MA und darüber hinaus in produktiver Rezeption bis ins 20. Jh.

In der F.-W.-Gestalt sind verschiedene Vorstellungen aufgegangen: Antike und bibl. Vergänglichkeitstopik haben seit der Patristik zu einem ambivalenten Verhältnis gegenüber der Welt geführt als bewunderungswürdige Schöpfung Gottes und gefährl. Sündenwerk des Teufels. Im 12. Jh. werden Personifizierung des mundus-Begriffs und Kontamination mit dem princeps huius mundi (Fürst der Welt), dem Verführer bzw. →Teufel, erkennbar. In der dt. Lit. findet ein Genuswechsel statt (dt. Femininum 'diu welt' gegenüber dem lat. Maskulinum 'mundus'), dadurch gefördert, daß Weiblichkeit von der ersten Frau →Eva an als Inkarnation von Sündhaftigkeit und Verführung galt und daß in der höf. Lit. andere Personifikationen (Frau Minne, Frau Aventiure, Frau Mâze) begegnen.

F. W. ist von vorn schön anzusehen, doch im Rücken von Würmern, Kröten und Schlangen zerfressen. Diese Allegorie bot die Möglichkeit, das in der höf. Lit. allgemein artikulierte laikale Selbstbewußtsein in einer kirchl. Wertordnung aufzufangen, ohne zur Weltverachtung aufzufordern. Bei →Walther v.d. Vogelweide tauchen die Bezeichnung und Doppelgesichtigkeit zuerst auf in einer Dienstaufkündigung des alternden Sängers; →Hartmann v. Aue kannte bereits die lachende Verführerin; →Neidhart entwirft ein drastisches Bild einer Hure, andere Lyriker (→Hugo v. Montfort, →Oswald v. Wolkenstein, Michael →Beheim) sind ihnen gefolgt. Paradigmat. wurde die Verserzählung →Konrads v. Würzburg »Der Welt Lohn« Ende 13. Jh. Die etwa gleichzeitige Plastik der F. W. am Wormser Dom mit einem Ritter zu ihren Füßen entspricht der Erzählung genau und demonstriert ihrerseits den Genuswechsel gegenüber den doppelseitigen Verführergestalten am Straßburger und Baseler Münster (2. Hälfte 13. Jh.).

Im SpätMA tritt an die Stelle der schönen weibl. Gestalt in Wort und Bild öfter ein menschl.-tier. Fantasiewesen als F. W., das z. B. mit Kopf und Armen einer Frau, Pfauenkrone, Fledermausflügeln, Vogel- und Drachenkopfklauen die Hauptsünden allegorisiert und die Ambivalenz von Attraktivität und Gefährlichkeit verloren hat. – →Vanitas.   U. Schulze

Lit.: W. Stammler, F. W. (Freiburger Universitätsreden NF 23), 1959.

Fraxinetum ('mit Eschen bestandenes Areal'); arab. Faraḫša/inīt), arab. Stützpunkt des 9.–10. Jh. an der prov. Mittelmeerküste. Nachdem die muslim. Expansion auf dem Festland zum Stillstand gebracht worden war, verlagerte sie sich im 9. Jh. auf das Meer. Bevorzugtes Ziel muslim. →Razzien waren die Küsten Liguriens und der Provence. 888/889 wurde F. (Saracenorum) besetzt. Die spärlichen (insgesamt fünf) Erwähnungen in den arab. Quellen schildern die Hauptniederlassung als Insel von ca. 60 km Ausdehnung mit einem hohen unbesteigbaren Berg (ǧabal al-qilāl), wahrscheinl. zu identifizieren mit dem Massif des Maures zw. Hyères und →Fréjus (dép. Var). Zentrum der Ansiedlungen war wohl La Garde-Freinet (nahe St-Tropez). Von hier aus kontrollierten die Sarazenen Provence, Westalpen und Ligurien (Vorstöße u. a.: 930 nach Grenoble, 939 nach St. Gallen, abgewehrt; 960 zum Gr. St. Bernhard; angebl. weitergehende Streifzüge [Engadin] dagegen unhistorisch). Hervorzuheben ist der »private«, nichtstaatl. Charakter der Piraterie, die sich in den Rahmen der wiederauflebenden sarazen. Seeräuberei im westl. Mittelmeer einfügt und auch im Zusammenhang mit der zunehmenden »Entstädterung« an den hispan. und septiman. Mittelmeerküsten steht. Die Ausbildung eines Netzes arab. Stützpunkte in Provence, südl. Piemont und Ligurien wurde begünstigt durch die anarch. Tendenzen nach dem Tod des letzten Karolingers in der Provence (879). Die Erstarkung des Emirats/Kalifats v. →Córdoba brachte F. unter córdobes. Kontrolle: 940 erhält der qāʾid v. Faraḫšanīt Anweisung aus Córdoba, die Christen in der Provence zu verschonen (wohl im Zusammenhang mit diplomat. Aktivitäten Córdobas gegenüber Barcelona und Ks. Otto I.). Aus Córdoba kam keine Unterstützung, als – wohl im Herbst 972 – ein burg.-prov. Heer mit Hilfe einer byz. Flottenblockade die arab. Stützpunkte eroberte, wobei die überlebenden Sarazenen versklavt wurden. Die archäolog. und toponomast. Hinterlassenschaft ist äußerst dürftig; doch macht die Erforschung einiger sarazen. Wracks, bes. im Seegebiet vor Cannes, begonnen (Keramik, Holzbearbeitungsgeräte). Die wirtschaftl. Bedeutung von F. für die Muslime lag v. a. im Sklavenhandel und in der Holzgewinnung für den Flottenbau. Die muslim. Invasion mit ihrer teilweisen Zerstörung des monast.-kirchl. Lebens und des daraus folgenden Verfalls der lat. Kultur könnte mittelbar zur frühzeitigen Herausbildung des →Altprovenzalischen als Literatursprache, die Schwächung der Feudalstruktur zum Aufstieg einer neuen Schicht wohlhabender Bürger beigetragen haben.   H.-R. Singer

Q.: Ibn Ḥayyān, Crónica del califa ʿAbdarraḥmān III (al-Muqtabis V), übers. Mª. J. Viguera – F. Corriente, 1981, 308/342 – V. Minorsky, Ḥudūd al-ʿālam, 1970², 59, 191f. [führt die anderen arab. Q. auf] – Lit.: B. Luppi, I saraceni in Provenza in Liguria e nelle Alpi occidentali, 1952, 1973² [mit lat. Q.] – J. Lacam, Les Sarrasins dans le haut m-â. français. Hist. et Archéologie, 1965 [dazu: P. A. Février, Revue d'Hist. et de Civilisation du Maghreb 2, 1967, 105–107] – E. Hirsch, Sarazenomanie und Namenforsch. (Beitr. zur Namenforsch. V, 1970), 409–414 – P. Guichard, Animation maritime et développement urbain ... au Xᵉ s. (Occident et Orient au Xᵉ s. 1979), 187–207 – P. Senac, Musulmans et Sarrasins dans le Sud de la Gaule du VIIIᵉ au XIᵉ s., 1980 [Lit.].

Frechulf, Bf. v. →Lisieux (spätestens seit 823 bis vor 853), danach vielleicht Bf. v. Saintes bis 864; Herkunft unbekannt, möglicherweise aus Oberdeutschland (Name!), Schüler von Ludwigs d. Fr. Kanzler Helisachar und vor

Antritt seines Bf. samtes am ksl. Hof tätig (822 missus, 824 Gesandter Ludwigs in Rom wegen des Bilderstreits). Auf Anregung Helisachars und für diesen begann F. noch am Hof eine Gesch. von Adam bis Christi Geburt in sieben Büchern, die sehr umfangreiches Quellenmaterial verwertete und als Gliederungsprinzip auch die Weltreiche Daniels verwendete, die er durch→translatio miteinander verband. Erst Jahre später schrieb er in fünf Büchern eine zweite Chronik von Christi Geburt bis Gregor d. Gr., die er vor 830 der Ksn. Judith zur Erziehung Karls d. K. widmete. Diesem dedizierte er übrigens auch ein von ihm durchgesehenes Exemplar des →Vegetius' »Epitoma rei militaris«. Beide Chroniken wurden erst nachträgl. zu dem einen Werk vereint, als das es heute überliefert ist. Es ist die erste ma. wissenschaftl. Weltchronik von Bedeutung und Wirkung bis zum HochMA, die auch in der ausdrückl. Anwendung der Bibelexegese auf die Geschichtsschreibung, wobei sich F. wörtlich auf→Hrabans Genesiskommentar bezieht, traditionsbildend wurde. Die früher vertretene und zuletzt von H. Loewe verteidigte Ansicht, F. habe das Weiterbestehen des Röm. Reiches nach der Begründung des frk. und langob. Kgtm.s geleugnet, ist gegenstandslos, da F. von 'Kaisern bis auf den heutigen Tag' spricht.   F.-J. Schmale

Ed.: MPL 106, 917–1258 – Widmungsbriefe und -verse: MGH Epp. 5, 1899, 317–320, 391 f.; 618 f., MGH PP 2, 1884, 669 – *Lit.:* E. GRUNAUER, De fontibus historiae Frechulphi episcopi Lixoviensis [Diss. Winterthur 1864] – B. SCHELLE, F. v. L. [Diss. masch. München 1952] – WATTENBACH-LEVISON-LOEWE, 350–352 – W. GOEZ, Translatio imperii, 1958, 58–62 – F. BRUNHÖLZL I, 396–399, 564.

Freckenhorst, Kl. und Stift, 4 km südl. Warendorf am Fernweg Dortmund-Osnabrück gelegen, Bm. Münster. Das 860/861 erstmals sicher genannte monasterium 'Frikkenhurst' wurde spätestens 856 von dem Edelherrn Everword aus der Sippe der Ekbertiner gegründet. Er errichtete auch ein dem Kl. (Patron Bonifatius) vorangehendes, dem hl. Petrus geweihtes Oratorium. Dessen baulicher Nachfolger ist als erste Pfarrkirche des Klosterortes, der im 14. Jh. eine minderstädt. Entwicklung erfuhr, zu betrachten. Ein Brand vernichtete 1116 wohl die urkundl. Unterlagen der frühen Klostergeschichte. Sicher bezeugt ist nur die Translation von Reliquien aus dem südfrz. Raum unter Bf. Liutbert 860/861, die Regelung der F. er Dienstmannenrechte durch Bf. Erpho 1085 und dessen Aufenthalt in F. 1090, um das Präbendenwesen zum Vorteil des Konvents neu zu ordnen. Damit ist die Entstehung der *F. er Heberolle*, eines wichtigen as. Sprachdenkmals, in Verbindung zu setzen. Nach dem Brand von 1116 wurden Kirche und Kl. neu errichtet und 1129 geweiht (fünftürmige Basilika mit Westwerk und Ostkrypta, bedeutender roman. →Taufstein mit Leben-Jesu-Darstellungen). 1142 ist erstmals ein Edelvogt sicher bezeugt. Die Auseinandersetzungen zw. der Äbt. und einem seiner Nachfolger, →Bernhard zur Lippe, fügten dem Kl. großen Schaden zu und wurden erst 1193 von Bf. Hermann beendet. 1240 nahm das Kl. die Augustinerregel an, 1495 erfolgte die Umwandlung in ein freiweltl. Stift. Im 16. Jh. öffnete sich das Stift reformator. Einflüssen, konnte aber im 17. Jh. wieder der kath. Konfession zugeführt werden. 1811/12 erfolgte die Aufhebung.   G. Ruppert

Lit.: DHGE XVIII, 1138–1142 [W. KOHL] – W. DIEKAMP, Die Gründungslegende und die angebl. Stiftungsurk. des Kl. F., Forsch. zur dt. Gesch. 24, 1884, 629–653 – J. SCHWIETERS, Das Kl. F. und seine Äbt.nen, 1903 – A. HENZE, Der Taufstein in F., Münster 3, 1950, 20–28 – H. THÜMMLER, Ein roman. Königshaupt aus F., Röm. Forsch. der Bibl. Hertziana 16, 1961, 97–103 – U. LOBBEDEY, Zur archäol. Erforsch. westfäl. Frauenkl. des 9. Jhs., FMASt 4, 1970, 320–340 – W. KOHL, Das (freiweltl.) Damenstift F. (GS NF 10. 3. 1975) – DERS., Die

Anfänge des Stifts F., Warendorfer Schr. 6/7, 1977, 69–84 – Kirche und Stift F., Jubiläumsschrift…, 1978 – W. LAUR, F. und der Gott Frico. Germ. Heiligtümer im Spiegel der Ortsnamen und Ortssagen, BN NF 21, 1986, 308–316 – [*zur F. er Heberolle*]: Verf.-Lex.² II, 885–887 [R. SCHMIDT-WIEGAND; Lit.].

Freculfus → Frechulf

Fredegar (Fredegar-Chronik). Nach der reichhaltigen Geschichtsschreibung des 6. Jh. (→Gregor v. Tours bis 591) ist für das insgesamt dunkle 7. Jh. unsere Hauptquelle die Chronik des sog. F., dessen Name erst im 16. Jh. in einer hs. Notiz begegnet; aus der gleichen Zeit stammt auch die Autorenbezeichnung 'scholasticus' (neben »Oudarius«, wohl Lesefehler aus »Udacius« für Hydatius). Für die anonyme Chronik hat sich bis heute der Name 'F.' durchgesetzt.

Das Werk ist angelegt als Weltchronik mit einem Abriß der Weltgesch. seit der Schöpfung, will aber gleichzeitig die Gesch. der 'gens Francorum' darstellen. Für die ältere Zeit bis 584 schreibt F. im wesentl. 5 Chroniken aus: den Liber Generationis des →Hippolyt, →Isidor, →Hieronymus, →Hydatius (Bücher I–II) und am ausführlichsten →Gregor v. Tours (III). Auf dieser Grundlage folgt dann als »chronica sexta« die Gesch. seiner eigenen Zeit bis 642 (IV), worin er die »acta regum et bella gentium quae gesserunt, legendo simul et audiendo, etiam et videndo« aufzeichnen will (Prolog IV). Der Ruhm des frk. Volkes steht im Mittelpunkt (erstmals die trojan. Herkunftssage, →Trojaner), ohne daß Kritik an merow. Kg.en fehlt; antibyz. und antigot. Einstellung wird deutlich. Trotz christl. Grundhaltung sind Bibelzitate spärlich.

Das in völlig verwildertem Lat. geschriebene Werk ist in 38 Hss. erhalten, deren älteste (Ende 7./Anfang 8. Jh., wohl aus Metz) vom Editor KRUSCH als maßgeblich herangezogen wurde, obwohl sie nur eine schlechte Abschrift darstellt, von der die gesamte übrige Überlieferung unabhängig ist (HELLMANN, WALLACE-HADRILL).

Bis heute umstritten ist die Verfasserfrage: KRUSCHS These von 3 Verfassern (ein Burgunder A bis 613, ein Burgunder B bis 642, ein austr. Bearbeiter C um 658) erlangte trotz Widerspruch durch die frz. Forschung fast kanon. Geltung (WATTENBACH-LEVISON); erst jüngere Arbeiten (GOFFART, ERIKSON, KUSTERNIG) haben mit triftigen Argumenten wieder für einen einzigen – wohl aus Burgund stammenden, später in Metz (hs. Überlieferung) lebenden – Autor votiert, der um 658/660 schrieb.

Das abrupt endende letzte Kapitel und Andeutungen auf spätere Ereignisse weisen auf ein unvollendetes Werk hin. Mehr als die Hälfte der erhaltenen Hss. enthalten 3 Fortsetzungen: eine 1. bis 736, eine 2. bis zur Kg.serhebung Pippins 751, eine 3. bis zur Erhebung Karls d. Gr. und Karlmanns 768. Dabei diente die (bis 736 fortgesetzte) austr. Rezension B des →Liber hist. Fr. als Vorlage. Die Fortsetzungen wurden unter der »auctoritas« eines Halbbruders Karl Martells, des Gf.en →Childebrand, und dessen Sohn →Nibelung verfaßt (c. 34). Das erklärt die stark prokarol. Haltung. Zeigen schon die letzten Kap. des IV. Buches deutl. Sympathie für →Grimoald, so stellen die Forts. geradezu »eine Familienchronik des karol. Hauses« dar (LEVISON), deren gut unterrichtete Verfasser dem Hause peinl. Dinge schlicht unterschlugen (»Staatsstreich« Grimoalds; Schwierigkeiten mit→Grifo).

U. Nonn

Ed. und Lit.: B. KRUSCH, 1888 (MGH SRM II) – J. M. WALLACE-HADRILL, The Fourth Book of the Chronicle of F. with its Continuations, 1960 – H. WOLFRAM – A. KUSTERNIG, 1982 (Ausg. Q; IVa) [mit Einl., Bibliogr.] – WATTENBACH-LEVISON-LÖWE I, 109–112; II, 161 f. – Repfont IV, 553–556 [Bibliogr.].

Fredegund, frk. Kgn., † 596/597, ▱ St. Vincent (St-Germain-des-Prés). Wohl unfreier Herkunft (»ex familia infima«, Liber hist. Fr. 31), wurde F. die Geliebte Kg. →Chilperichs I., der um ihretwillen seine 1. Gemahlin Audovera verließ. Der Kg. wollte aber seinem Bruder →Sigibert I., der ca. 566 die westgot. Königstochter →Brunichild geheiratet hatte, nicht nachstehen und ehelichte ca. 567 deren Schwester Galswinth, ließ sie aber wenig später ermorden, um nun die Geliebte endgültig zur Frau zu nehmen. Diese Ehetragödie führte zur Todfeindschaft der beiden Kgn.en und zum erbitterten Bruderkrieg. Schon 584 Witwe mit einem drei Monate alten Sohn →Chlothar (II.), spielte F. eine zunehmend führende Rolle im neustr. Teilreich und kämpfte bis zu ihrem Tod für die Anerkennung Chlothars – mit allen Mitteln: die gesammelten Schandtaten der »inimica Dei atque hominum« hat Gregor v. Tours ausführl. beschrieben.   U. Nonn

Q.: Gregor v. Tours, Hist. Fr. IX–X passim (MGH SRM I²)–Fredegar III passim; IV, 3, 17 (MGH SRM II) – Liber hist. Fr. 31–37 (MGH SRM II) – Lit.: E. Ewig, Die frk. Teilungen und Teilreiche (511–613), 1953, 683–690–Ders., Spätantikes und frk. Gallien I, 1976, 142–148–Ders., Stud. zur merow. Dynastie, FMASt 8, 1974, 40–45.

Frédol, Berengar, d. Ä., Kard. und Kanonist, *ca. 1250 in La Vérune (Hérault), † 11. Juni 1323 in Avignon, ▱ Kathedrale v. Béziers; lehrte kanon. Recht in Montpellier und Paris, 1294 Bf. v. →Béziers, wo zwei seiner Neffen später seine Nachfolger wurden; 1305 Kard. Priester v. St. Nereus und St. Achilles, 1309 Kard.bf. v. Frascati und Großpönitentiar. Er war v. a. ein Mann der polit.-diplomat. Praxis, übernahm Aufträge sowohl für Philipp d. Schönen als für Clemens V., dessen Vertrauensmann er war. Seine Rolle im Templerprozeß (→Templer) von 1307 ist umstritten. Ein Gutachten zu dem mit der Bulle »Cum inter nonnullos« (1323, Extrav. Jo. XXII 14.4) entschiedenen Armutsstreit hat F. Tocco herausgegeben. B.s wichtigste kanonist. Leistung war die Mitarbeit bei der Redaktion des »Liber Sextus« (→Corpus iuris canonici, IV). Weiter schrieb er ein »Liber de excommunicatione« (1301–03) und drei Repertorien: ein Inventarium (1300) zu Gratians Dekret, dem »Liber Extra«, dem Apparat von Innozenz IV., dem »Liber Sextus«, ein Inventarium zum »Speculum« des Guillelmus →Duranti und den »Oculus copiosae« oder »Elucidarius« zur »Summa Aurea« des Hostiensis. Seine »Summa de poenitentia« ist nur eine Bearbeitung der Summa des Paulus Ungarus OP und eines weiterhin unbekannten Traktats »De peccato«. Ob das ziemlich verbreitete Werk mit dem Incipit »In primis debet sacerdos interrogare« ihm zugeschrieben werden darf, ist zweifelhaft.   H. van de Wouw

Ed.: E. Vernay, Le Liber de excommunicacione du cardinal B.F., 1912 – F. Tocco, La questione della povertà nel s. XIV, 1910, 143–152–Lit.: Catholicisme IV, 1577f.– DBF XIV, 1160f.–DDC V, 905–907–HLF XXXIV, 62–178–LThK² IV, 313–NCE VI, 88–Schulte II, 180–182, 531f. – Van Hove, 645 [Ind.]–A. Teetaert, La Summa de poenitentia: Quoniam circa confessiones du card. B.F. Senior (Misc. moralia in hon. eximii domini A. Janssen, I, 1948), 567–600–A. M. Stickler, Hist. iuris canonici latini I, 1950, 259–A. García y García, Traditio 21, 1965, 513 – A. Gouron, Les premiers canonistes de l'École Montpelliéraine (Mél. J. Dauvillier, 1979), 363.

Free Alms (frankalmoin, pure alms, aumône, elemosyna libera, 'freies Almosen'), ein an geistl. Institutionen übertragener Landbesitz, der in der Regel eine Schenkung an Gott (bzw. den oder die hl. Patrone der betreffenden kirchl. Einrichtung) darstellte und folglich frei von feudalen Diensten und Abgaben war. Üblicherweise diente die beschenkte kirchl. Gemeinschaft dem Stifter und seinen Nachkommen durch das Gebet. F. A. konnten nur von kirchl. Institutionen, nicht aber von Klerikern gehalten

werden. Doch waren Bf.e, Äbte und Prioren in aller Regel im Besitz von Lehen, auf denen feudale Dienste und Abgaben lasteten. In England wie in Frankreich waren jedoch auch bei F. A. dem Lehnsherrn des Stifters die betreffenden feudalen Dienste und Abgaben zu leisten; der Stifter konnte eine Befreiung nur für die eigenen feudalen Forderungen, nicht jedoch für diejenigen seines Herrn aussprechen. Er blieb für die Erbringung dieser Leistungen verantwortlich, es sei denn, daß sein Herr auf diese verzichtete. In Frankreich und Schottland unterstanden Freie Almosen der kirchl. Jurisdiktion. In England wurde nur in den Jahren nach 1160 die kirchl. Gerichtsbarkeit über F. A. anerkannt; seit 1200 übten die kgl. Gerichtshöfe die Jurisdiktion über alle Besitzstreitigkeiten um F. A. aus.
          B. Lyon

Lit.: F. W. Maitland, The Hist. of English Law I, 1898² – E. G. Kimball, Tenure in Frank Almoign and Secular Services, EHR 43, 1928, 341–353 – A. W. Douglas, Tenure in elemosina: Origins and Establishment in Twelfth-Century England, AJLH 24, 1980.

Freehold (lat. liberum tenementum), ein engl. Terminus, der zunächst eine negative Bedeutung beinhaltet: Als F. bezeichnet man Land, das nicht als Hintersassengut oder als Prekarie, nicht für einen begrenzten Zeitraum und nicht im Rahmen einer vormundschaftl. Verwaltung in Besitz gehalten wurde. Es erlangte eine positivere Bedeutung, als im 12. Jh. in England Rechtsmittel zum Schutz des F. geschaffen wurden. Unter diesen prozessualen Rechtsmitteln fanden sich solche, die mit Hilfe eines *writ of right* und eines *writ praecipe* (→writ) angestrengt werden konnten. Die eminent wichtige Rolle des F. ergab sich mit der Entwicklung des *novel disseisin*-Verfahrens (→Eigentum, A. VII; →Engl. Recht, II). Landbesitz wurde als »F.« betrachtet, wenn es durch ein Geschworenenurteil im novel disseisin-Verfahren geschützt war. Die →Magna Carta von 1215 (Kap. 39; Charter 1217, Kap. 35) sicherte zu, daß Inhaber eines F. sich nur auf eine Klage um Land einzulassen brauchten, wenn eine schriftl. Aufforderung des Kg.s an das entsprechende Gericht, in dieser Sache tätig zu werden, vorlag (royal writ). Der Schutz des F. gehörte zu den Eingriffen, die sich die Königsgerichte unter Heinrich II. gegenüber der Rechtsprechung der Lehnsgerichte erlaubten. →Henricus de Bracton (fol. 207) stellte fest: »Es ist ausgemacht, daß dies ein freies Eigentum ist (free tenement), was jemand für sich und seine Erben in Händen hält, als Lehnsgut oder als ererbtes Gut, oder nur als Lehen, für sich selbst und seine Erben.« Nach Sutherland bedeutete die Beschränkung des novel disseisin-Verfahrens auf Inhaber eines F., daß zwei ganz verschiedene Gruppen, die nicht auf einem F. saßen, vom novel disseisin-Verfahren ungeschützt blieben: die Hörigen auf der einen Seite, die Pfandhalter, Pächter auf Zeit, Verwalter von Mündelgut auf der anderen Seite. In den 80er Jahren des 13. Jh. beginnt sukzessive das novel disseisin-Verfahren, auch Inhaber von Kaufland als Pfandhalter auf Lebenszeit für einen anderen (per autrui vie) zu schützen, und die Verpfändung nach dem Common Law sah eine Rückgabe des Pfandes vor, wenn der Gepfändete als Inhaber eines F. behandelt werden mußte. Lehensland konnte nicht testamentar. weitergegeben werden, aber Inhaber eines F. konnten ihren Grundbesitz verschenken und verkaufen. Es bestand ein gewisser Widerspruch zw. den Bestimmungen im Kap. 1 des »Statute of Westminster« II (1285), das eine begrenzte Verfügungsgewalt bei Landbesitz einführte, und der Veräußerungsfreiheit, die im »Statute of Quia Emptores« (1289–90) enthalten ist. Die Gesetzesbestimmungen über das F. sind Teil des komplizierten engl. Liegenschaftsrechts. Der Schutz des

F. wurde in der Magna Carta von 1297 (Kap. 29) mit den Freiheitsrechten einer freien Person verbunden: »Kein freier Mann soll gefangengenommen, eingesperrt oder seines freien Eigentums entäußert werden . . ., es sei denn durch das gesetzliche Urteil seiner Standesgenossen oder durch Landrecht.« Im Statut von 1354 wurde dann Personen »jeglichen Standes und jeglicher Stellung« ein ordentl. Gerichtsverfahren garantiert.   S. Sheridan Walker

Q. und Lit.: Statutes of the Realm I, 1810, bes. 11, 24, 29, 33, 106, 117, 321, 345 – Royal Writs in England from the Conquest to Glanvill, ed. R. C. van Caenegem, Selden Society 77, 1958–59, bes. 206–255 – M. T. Clanchy, Magna Carta, Clause Thirty-four, EHR 79, 1964, 542–547 – J. C. Holt, Magna Carta, 1965 – The Treatise of the Laws and Customs of the Realm of England commonly called Glanvill, ed. G. D. G. Hall, 1965 – A. W. B. Simpson, An Introduction to the Hist. of the Land Law, 1972 [s. v. Ind.] – D. W. Sutherland, The Assize of Novel Disseisin, 1973 [s. v. Ind.] – S. F. C. Milsom, The Legal Framework of English Feudalism, 1976 [s. v. Ind.] – Bracton, On the Laws and Customs of England, ed. S. E. Thorne, III, 1977 – R. C. Palmer, The Origins of Property in England, Law and Hist. Review 3, 1985, 1–50.

Freiamt v. Brügge → Brugse Vrije

Freiberg, Stadt in →Sachsen, im östl. →Erzgebirge.

I. Entstehung und Topographie – II. Wirtschaft – III. Verfassung – IV. Kirchen und Klöster.

I. Entstehung und Topographie: Mgf. →Otto v. →Meißen nahm nach der Entdeckung von Silbererz in Christiansdorf (1168) einen Teil seiner Schenkung von 800 Waldhufen an das Kl. Altzella (1162) zurück. Bergleute aus dem Raum um →Goslar legten die »Sächsstadt« (civitas Saxonum) an, die, bisher auf dem Gelände von Christiansdorf (mit Jakobikirche) vermutet, neuerdings mit guten Gründen in den Bereich der ehem. Donatskirche gewiesen wird. Der Mgf. errichtete um 1175 eine Burg, bei der als Burgmannensiedlung ein Burglehen entstand (mit um 1180 erbauter Marienkirche). Um 1181 entstand auf regelmäßigem Grundriß eine wahrscheinl. befestigte Kaufleutesiedlung mit Nikolaikirche, um 1215 erfolgte der Abschluß der mehrstufigen Stadtentstehung durch Anlage einer Neustadt (um Obermarkt und Petrikirche); Christiansdorf, Burglehen und Kaufmannssiedlung wurden durch eine ca. 46 ha umfassende Ummauerung in die 1218 F. genannte, topograph. einheitl. Stadt einbezogen, während die extra muros verbleibende Bergleutesiedlung zur bloßen Vorstadt herabsank.

II. Wirtschaft: Der →Silberbergbau beherrschte von Beginn an die städt. Wirtschaft. Mit der Entdeckung der F.er Silbererze wurde Dtl. zum Hauptsilberlieferanten Europas. F. trat in Fernhandelsbeziehungen ein (1265 nach Troyes [→Champagnemessen] und Siena, Ende des 13. Jh. in den Hanseraum, im späteren MA auch verstärkt nach Oberdtl.). 1263 wurde der 14tägige Jakobimarkt bestätigt, 1318 das F.er Stapelrecht für alle aus der Mark Meißen nach Böhmen gehenden Waren bekräftigt. Das Statut der Kramerinnung stammt von 1283, das der Gewandschneider von um 1300. Die mgfl. Münze hatte ihren Sitz in F., das bis zum Ende des MA Bankzentrum der Mgft. Meißen war. Zu Beginn des 14. Jh. erreichte die Silberproduktion ihren Höhepunkt. Da der Bergbau jetzt in größere Tiefe vordringen mußte, reichten die Kräfte der selbständig arbeitenden Eigenlehner und der genossenschaftl. organisierten →Gewerken nicht mehr aus, so daß Kaufmannskapital einzufließen begann. Im 15. Jh. erfuhr auch der F.er Bergbau eine Krise, die erst um 1470 überwunden war. Unterdessen hatte sich die Wirtschaft der Stadt, die Ende des 15. Jh. mehr als 5000 Einw. zählte, in vielseitiger Weise entwickelt, v. a. im Bereich des Metallgewerbes (Gießhütte der Hilliger).

III. Verfassung: Dem 1223 als advocatus genannten Vertreter des Mgf.en stand die Bürgergemeinde gegenüber, die im Zuge der Neustadtgründung um 1215 einen 1227 24, am Ende des 13. Jh. 12 Mitglieder umfassenden Rat ausbildete, der bereits die Niedergerichtsbarkeit innehatte. Nach Verdrängung des stadtherrl. Vogts trat 1294 ein Bürgermeister an seine Spitze, landesherrl. Steuern wurden abgelöst und die Bürger von allen Zoll- und Geleitsabgaben in der Mgft. befreit. Berggemeinde und Bürger (montani et burgenses) bildeten eine rechtl. Einheit, ebenso Stadtverfassung und Bergbauordnung (Bannmeilenrecht von 1266, Vorherrschaft des städt. Rates in allen Bergbaufragen, →Goslar), und das Stadtgericht handhabte die auf alle Bergwerksanlagen ausgedehnte Berggerichtsbarkeit. Der Rat war den landesherrl. Bergmeistern übergeordnet; diese mußten seit 1300 in der Stadt ansässige Bürger sein und entstammen im 14./15. Jh. durchweg den vornehmen Bürgerfamilien. So schuf F. ein für die Mgft. Meißen geltendes Landesbergrecht, das in anderen europ. Bergbaugebieten als vorbildlich übernommen wurde (→Bergrecht, →Bergstadt). Die Ratswahlordnung von 1307 verband Kooptierung und mögliche Neuzuwahl, so daß neben Vertretern der führenden Geschlechter stets auch Innungsmeister und Bergbauunternehmer im Rat saßen. Von der meißn. Ministerialität nahestehenden oder aus ihr hervorgegangenen Ratsgeschlechtern des 13. Jh. erwarben mehrere im späten MA grundherrl. Besitz und gingen schließlich ganz im grundherrl. Adel auf. Aus einer Altarbruderschaft an der Marienkirche entstand in der 2. Hälfte des 14. Jh. die Knappschaft als Zusammenschluß aller am Bergbau Beteiligten, die sich bald zur berufsständ. Organisation mit Verbindung im gesamten erzgebirg. Bergbaugebiet entwickelte.

IV. Kirchen und Klöster: Außer den fünf gen. Kirchen (1225 ausdrückl. als Pfarrkirchen erwähnt) erhielt F. um 1223 ein Franziskanerkl., vor 1243 ein Dominikanerkl., aus dem der um 1250 geborene Philosoph und Mystiker →Dietrich v. F. hervorging, und vor 1248 ein Kl. der Magdalenerinnen. 1480 wurde an der Marienkirche (Dom) ein Kollegiatsstift errichtet, dem alle F.er Kirchen inkorporiert wurden. Das W-Portal des Doms (Goldene Pforte, um 1230) zählt – mit der gleichzeitigen Triumphkreuzgruppe – zu den bedeutendsten Zeugnissen der Spätromanik in Sachsen. Eine städt. Schule ist seit 1260 nachweisbar.   K. Blaschke

Lit.: UB der Stadt F., hg. H. Ermisch, 3 Bde, 1883–91 – G. Benseler, Gesch. F.s und seines Bergbaus, 1853² – R. Kötzschke, Mgf. Dietrich v. Meißen als Förderer des Städtebaus, NASG 45, 1924, 7–46 – J. Langer, Heimatkundl. Streifzüge durch Fluren und Orte des Erzgebirges, 1931 – W. Herrmann, Der Zeitpunkt der Entdeckung der F.er Silbererze, F.er Forschungshefte D 2, 1953, 7–22 – H. Löscher, Die Anfänge der erzgebirg. Knappschaft, ZRGKanAbt 71, 1954, 223–238 – M. Unger, Stadtgemeinde und Bergwesen F.s im MA, 1963 – H. Magirius, Der F.er Dom, 1972 – K. Blaschke, F. (Dt. Städteatlas, Lfg. 2), 1979 – H. Douffet – A. Gühne, Die Entwicklung des F.er Stadtgrundrisses im 12. und 13. Jh., Schriftenreihe Stadt- und Bergbaumuseum F., 4, 1982 – Gesch. der Bergstadt F., hg. H.-H. Kasper – E. Wächtler, 1986.

Freiburg im Breisgau, Stadt in der südl. Oberrheinebene (Baden-Württ.), am Ausgang der Dreisam aus der Vorbergzone des Schwarzwalds, unterhalb des Schloßbergs auf einer angeschwemmten Kies-Sand-Terrasse errichtet.

I. Stadtwerdung und Stadtrecht – II. Topographische und demographische Entwicklung – III. Wirtschaft, Sozialstruktur und Stadtherrschaft – IV. Universität.

I. Stadtwerdung und Stadtrecht: F. ist von der Stadtgeschichtsforschung als Paradefall einer hochma. »Gründungsstadt« mit dem ältesten dt. →Stadtrecht eines weltl. Stadtherrn für seine Bürger angesehen worden. Indessen erkennt die neuere Forschung unter Berücksichtigung auch der Stadtkern-Archäologie immer deutlicher F.s vorstädt. Periode. Wahrscheinl. schließt die Gründung der Hzg.e v. →Zähringen im 11./12. Jh. an die ältere Siedlung Wiehre und an die Martinskirche samt Herrenhof an. Der unregelmäßige Verlauf der alten 'Salzstraße' und die Ministerialensiedlung (burgus) im Bereich der Burg (auf dem Schloßberg?) lassen auf einen wohl schon im 11. Jh. gewerbe- und handelsorientierten Platz schließen (möglicherweise schon 'F.' gen.). Kann somit unter Hzg. →Berthold II. der Beginn der civitas F. angenommen werden (Marbacher Annalen, 1091), so erreichte die Stadtwerdung ihr entscheidendes Stadium sicher in der von Hzg. →Bertholds III. Bruder →Konrad auf seinem Eigengut i. J. 1120 vorgenommenen Marktgründung (forum): Kaufleute wurden herbeigerufen, denen areae als freies Eigentum zugewiesen und Schutz sowie Befreiung von Zöllen und Steuern aufgrund einer eidl. Vereinbarung (→coniuratio) von Konrad zugesichert wurden, während die burgenses u. a. die freie Verfügung über ihren Besitz und das Recht der Pfarrer- und Vogtwahl erhielten.

Diese aus dem sog. »Tennenbacher Text« durch den Vergleich mit anderen zähring. Stadtrechten erschlossenen Bestimmungen werden als Inhalt der sog. *Freiburger Handfeste* betrachtet, die bezügl. ihrer schriftl. Form, ihrer Datierung und ihres genauen Umfangs umstritten ist. Als Hzg. →Berthold IV. der im Rektorat Burgund um 1157 gegr., ebenfalls →Freiburg (im Üchtland) gen. Stadt alle Rechte F.s im Breisgau gewährte, setzte dies den Anfang zur »F.er Stadtrechtsfamilie«. Stadtrechtsbestätigungen und -ergänzungen unter den Hzg.en Berthold IV. und →Berthold V. führten wohl dazu, daß in der bürgerl. Rechtszusammenstellung, dem sog. *Freiburger Stadtrodel* der Zeit um 1218, Berthold und nicht Konrad als Gründer der Stadt betrachtet wurde. Unter Berthold V. wurde mit dem Bau des bedeutenden F.er Münsters begonnen (Fertigstellung des spätgot. Chorhaupts zu Beginn des 16. Jh.).

II. TOPOGRAPHISCHE UND DEMOGRAPHISCHE ENTWICKLUNG: Von 'castrum', 'vicus', 'ospicium' und 'aecclesia' ist im Bericht über den Aufenthalt→Bernhards v. Clairvaux anläßlich des Aufrufs zum 2. Kreuzzug 1146 in F. die Rede. Die Bebauungsfläche dieser mit Graben, Ringmauer und vier Toren umgebenen Siedlung – Reste der Stadtmauer und des Oberen wie des Norsinger (jetzt des Martinsbzw. des Schwaben-)Tors sind noch erhalten – umfaßte 28,3 ha. Im 13. Jh. entstanden mehrere Vorstädte: Neuburg im N, erstmals 1252 erwähnt, war die älteste und größte; im W lagen die lockerer bebaute Prediger-Vorstadt und die Lehener-Vorstadt; im S befand sich die am dichtesten besiedelte Schneckenvorstadt (nach einem Wirtshaus »Schnecke« gen.). Sie war mit der Fischer- und Gerberau eine ausgesprochene Handwerkersiedlung entlang des Mühlbachs und somit für die wirtschaftl. Entwicklung die wichtigste Erweiterung der Stadt. Wie die übrigen Vorstädte wurde sie noch im 13. Jh. mit einer Ringmauer samt zugehörigem Tor umgeben und erhielt 1303 F.er Recht. Während die Fläche der Stadt im 14. Jh. ca. 73 ha erreichte, stieg die Zahl der Einw. mit ungefähr 9000 auf ihren ma. Höchststand, sank aber bis zum Ende des 15. Jh. um ein Drittel. Um etwa die gleiche Quote nahm die Häuserzahl bis zum Jahr 1554 ab, die einmal ca. 1500/1600 (Altstadt 1070, Neuburg 250/300, Schneckenvorstadt 166, Lehener-Vorstadt 30) betragen hatte. Der durch grassierende Seuchen und wirtschaftl. Niedergang verursachte Rückgang setzte der ma. Blütezeit der Stadt ein Ende.

III. WIRTSCHAFT, SOZIALSTRUKTUR UND STADTHERRSCHAFT: F.s Reichtum war wohl wesentl. vom Silberbergbau (→Silber) im Schwarzwald, vom Fernhandel und von einem vielseitigen Gewerbewesen heraufgeführt worden. Das aus ehemals zähring. Ministerialenfamilien und aus erfolgreichen Kaufmannsgeschlechtern aufgestiegene Patriziat übte im Rat, der auf die Marktgeschworenen (coniuratores fori) der Handfeste und die 24 consules (samt →Schultheiß) des Stadtrodels zurückgeht, zunächst den größten Einfluß aus, wurde aber seit dem 14. Jh. durch die Zünfte abgelöst. Deren Zahl war 1388 auf 18 festgelegt worden. Große Bedeutung kam auch dem Klerus wie dem Religiosentum und seinen zahlreichen Institutionen zu. Vom hohen MA an hatten über ein Dutzend geistl. Orden und Kongregationen (Franziskaner, Dominikaner, Augustiner-Eremiten, Antoniter, Wilhelmiten, Augustiner-Chorherren, Kartäuser, Johanniter und Deutschherren, dazu Franziskanerinnen, Dominikanerinnen und Augustinerinnen) ihre Niederlassungen und auch die umliegenden Kl. (etwa St. Peter, St. Blasien oder Tennenbach) ihre Höfe in der Stadt. Das zw. dem Münsterplatz und der Großen Gaß gelegene Hl.-Geist-Spital, das v. a. durch Stiftungen großen Besitz erwarb, fand seine Ergänzung im Armenspital, im Leprosen-(Gutleut)-Haus, im Blatternhaus, im Pesthaus, in der Elendenherberge, im Findelhaus.

Die Stadtherrschaft übten nach dem Aussterben der Zähringer (1218) die Gf.en v. F. aus. Von der 2. Hälfte des 13. Jh. an gerieten sie in schwere Konflikte mit ihrer Stadt. In einem regelrechten Krieg zerstörten 1366 die F.er die gfl. Burg auf dem Schloßberg, erlitten jedoch ein Jahr darauf in der Schlacht bei Endingen eine Niederlage. Die Auseinandersetzung mit dem Gf.en Egon III. endete 1368 mit dem Loskauf der Stadt von den Gf.en und der Annahme der österr. Herrschaft. Schwere Verluste mußte dann der F.er Stadtadel im Dienst des Hzg.s →Leopold III. v. Habsburg 1386 in der Schlacht v. →Sempach hinnehmen. Zahlreiche Ausbürger und beachtl. Ansätze zur Territoriumsbildung wie auch die Universitätsgründung durch Hzg. Albrecht VI. i. J. 1457 und die Einberufung eines Reichstages durch Maximilian I. 1498 charakterisieren die Stellung F.s unter den Habsburgern als vorderösterr. Stadt. In ihr waren um und nach 1500 bedeutende Gelehrte und Künstler (etwa Jakob Villinger, Jakob Mennel, Konrad Stürtzel, Gregor Reisch, Ulrich Zasius, Hans Baldung Grien, →Erasmus v. Rotterdam) tätig.   K. Schmid

IV. UNIVERSITÄT: Entstand als zweite Univ.-Stiftung der Habsburger Erzhzg.e nach →Wien. Die Bulle Calixts III. vom 20. April 1455 bezieht sich auf eine Supplik Albrechts VI.; der Fundationsbrief (21. Sept. 1457 »Albertina«) artikuliert durch Mitnennung Friedrichs III. und Siegmunds v. Tirol den Gesamtanspruch der Dynastie. Friedrichs III. Interesse an der Gründung war wohl mitbedingt durch das gespannte Verhältnis zur Univ. Wien während des Konzils v. →Basel und der Konkordatsverhandlungen 1447/78. Die Dotationsbestätigung Sixtus' IV. vom 8. Nov. 1477 und das Privileg Maximilians I. vom 13. April 1492 vollendeten das Gründungswerk. Erster ernannter Rektor war der Mediziner Matthäus Hummel, Kanzler der Bf. v. Basel (bestellt vom päpstl. bevollmächtigten Konservator, dem Bf. v. Konstanz).

Die Ausstattung beruhte vornehml. auf Inkorporation von Pfarrpfründen (1457, 1468) und Subventionen der Stadt F., die daraus jedoch keine dauerhaften Kontrollrechte ableiten konnte. Bedeutende fsl. und privat gestiftete Kollegien waren u. a. »Alte Burse« mit 2 Häusern für die via moderna (»zum Pfauen«) und die 1487 gleichberechtigte via antiqua (»zum Adler«) sowie das Collegium Sapientiae (1497). Im Einzugsgebiet bald eingeengt durch die Univ. Basel (1460), Ingolstadt (1472) und Tübingen (1477), zählte die Univ. F. (anfangs mit 3 Professoren für Theologie, Kanonistik und Medizin, 4 Mag. der Artes) nach Frequenz (meist unter 300 Studenten) zu den kleineren Hochschulen, überflügelte dennoch zeitweise →Erfurt und →Heidelberg. Im Zeichen des Humanismus erlebte sie eine erste Blüte dank berühmter Lehrer wie u. a. des Poeten J. Locher gen. Philomosus, der Philosophen G. Reisch und H. Glarean, der Theologen →J. Geiler von Kaysersberg und Th. Murner, des Juristen U. Zasius, der den mos gallicus nach Deutschland vermittelte. Die Reformationsära konsolidierte den kath. Charakter der Univ. L. Boehm

Q. und Lit.: zu [I]–[III]: Johann Sattler, Chronik der Stadt F. i. Br. [Unveränd. Nachdr. der 1698 v. Johann Schilter hg. Ausg., bearb. R. FEGER, 1979] – H. SCHREIBER, UB der Stadt F. i. Br., 2 Bde, 1828/29-DERS., Gesch. der Stadt F. i. Br., 4 Bde, 1857/58 – Die Urkk. des Hl.-Geist-Spitals zu F. i. Br., bearb. A. POINSIGNON (Veröff. aus dem Archiv der Stadt F. i. Br. 1, 1890) – Gesch. Ortsbeschreibung der Stadt F. i. Br. 1, bearb. A. POINSIGNON, 1898; 2, bearb. H. FLAMM, 1903 (Veröff. aus dem Archiv der Stadt F. i. Br. 2, 4) [Neudr. 1978] – P. P. ALBERT, Die Geschichtsschreibung der Stadt F. i. Br. in alter und neuer Zeit, ZGO 55, 1901, 493–578 – U. STUTZ, Das Münster zu F. i. Br. im Lichte rechtsgesch. Betrachtung, 1901 – H. FLAMM, Der wirtschaftl. Niedergang F.s i. Br. und die Lage des städt. Grundeigentums im 14. und 15. Jh. (Volkswirtschaftl. Abh. der bad. Hochschulen 8, Ergbd. 3, 1905) – F. BEYERLE, Unters. zur Gesch. des älteren Stadtrechts von F. i. Br. und Villingen im Schwarzwald (Deutschrechtl. Beitr. 5.1, 1910) – P. P. ALBERT, 800 Jahre F. i. Br. 1120–1920, 1920 – G. v. BELOW, Zur Deutung des ältesten F.er Stadtrechts, Zs. des F.er Gesch.vereins 36, 1920, 1–30 – J. BASTIAN, Der F.er Oberhof (Veröff. des Alem. Inst. F. i. Br. 2, 1934) – F.er UB, bearb. F. HEFELE, 1–3, 1938/57 – F. i. Br., Stadtkreis und Landkreis, Amtl. Kreisbeschreibung 1.2, hg. Statist. Landesamt Baden-Württ., 1965, 819–1156 [Lit.] – W. SCHLESINGER, Das älteste F.er Stadtrecht, ZRGGermAbt83, 1966, 63–116 – H. NEHLSEN, Cives et milites de Friburg. Ein Beitr. zur Gesch. des ältesten F.er Patriziats, Schau-ins-Land 84/85, 1966/67, 79–124 – B. SCHWINEKÖPER, Beobachtungen zum Problem der »Zähringerstädte«, ebd., 49–78 – H. NEHLSEN, Die F.er Familie Snewlin (Veröff. aus dem Archiv der Stadt F. i. Br. 9, 1967) – W. LEISER, 'Sie dienen auch jetzt noch, aber fremden Göttern'. Der F.er Herrschaftswechsel 1368 (Veröff. des Alem. Inst. 25, 1968) – B. SCHWINEKÖPER, Die Vorstädte von F. i. Br. während des MA (Stadterweiterung und Vorstadt, Veröff. der Komm. für gesch. LK in Baden-Württemberg B 51, 1969), 39–58 – F. im MA. Vortr. zum Stadtjubiläum 1970 (Veröff. des Alem. Inst. 29, 1970) – Kunstepochen der Stadt F. Ausst. zur 850-Jahrfeier im Augustinermuseum, 1970 – ST. W. ROWAN, The Guilds of F. i. Br. in the later MA as social and political Entities [Diss. masch. Cambridge, Mass. 1970] – B. DIESTELKAMP, Gibt es eine F.er Gründungsurk. aus d. J. 1120?, 1973 – F. THIELE, Die F.er Stadtschreiber im MA (Veröff. aus dem Archiv der Stadt F. i. Br. 13, 1973) – B. SCHWINEKÖPER, Hist. Plan der Stadt F. i. Br. (Veröff. aus dem Archiv der Stadt F. i. Br. 14, 1975) – H. SCHADEK, Neue Beitr. zum ältesten F.er Stadtrecht, ZGO 127, 1979, 391–396 – E. ADAM, Das F.er Münster, 1981³ – J. DIEL, Die Tiefkeller im Bereich Oberlinden, Zeugnisse der baul. Entwicklung F.s im 12. und 13. Jh. (Stadt und Gesch. Neue Reihe des Stadtarchivs F. i. Br., H.2, 1981) – U. KNEFELKAMP, Das Gesundheits- und Fürsorgewesen der Stadt F. i. Br. im MA (Veröff. aus dem Archiv der Stadt F. i. Br. 17, 1981) – M. BLATTMANN, Zwei vergessene Paragraphen der F.er Gründungsurk. ?, Schau-ins-Land 101, 1982, 27–45 – H. KELLER, Über den Charakter F.s in der Frühzeit der Stadt (Fschr. B. SCHWINEKÖPER, 1982), 249–282 – K. KROESCHELL, Ius omnium mercatorum, precipue autem Coloniensium (ebd.), 283–290 – B. DIESTELKAMP, Die F.er Gründungsurk. von 1120. Zum Stand der Diskussion, Alem. Jb. 1979/80, ersch. 1983, 1–20 – J. WOLLASCH, Anmerk. zur Gemeinschaft des Heiliggeistspitals F. i. Br. (Civitatum Communitas. Fschr. H. STOOB, Städteforsch. A 21, 2, 1984), 606–621 – H. KELLER, Die Zähringer und die Entwicklung F.s zur Stadt (Die Zähringer.

Eine Tradition und ihre Erforschung, Veröff. zur Zähringer-Ausst. 1, 1986), 17–29 [Lit.] – Die Zähringer. Anstoß und Wirkung, hg. H. SCHADEK–K. SCHMID (Veröff. zur Zähringer-Ausst. 2, 1986) – T. SCOTT, F. and the Breisgau, 1986 – DERS., Die F.er Enquête von 1476 (Veröff. aus dem Archiv der Stadt F. i. Br. 20, 1986) – M. BLATTMANN, Die F.er Stadtrechte zur Zeit der Zähringer [Diss. Freiburg i. Br. 1988] – zu [IV]: Die Matrikel der Univ. F. i. Br. von 1460 bis 1656, bearb. und hg. F. SCHAUB, 2 Bde, 1907/10 – P. P. ALBERT, Gründung und Gründer der Univ. F. i. Br. Eine quellenmäßige Unters., Zs. des F.er Geschichtsvereins 37, 1923, 19–62 – Beitr. zur F.er Wiss.- und Univ.s.-gesch., hg. J. VINCKE, 1952ff. – C. BAUER, Die wirtschaftl. Ausstattung der F.er Univ. in ihrer Gründungsperiode (Fschr. a.a.O., H. 22, 1960, 9–64 – J. KÖHLER, Die Univ. zw. Landesherr und Bf., 1980 – D. MERTENS, Die Anfänge der Univ. F., ZGO 131, 1983, 289–308 – H. BORGOLTE, Die Rolle des Stifters bei der Gründung ma. Univ., erörtert am Beispiel F.s und Basels, Basler Zs. für Gesch. und Altertumskunde 85, 1985, 85–119.

Freiburg im Üchtland (Fribor 1162, Friburch, Fryburg, frz. Fribourg), Stadt an der Saane, 629 m ü. M. (heut. Hauptstadt des schweiz. Kantons F.).

[1] *Stadtentwicklung und Stadtrecht:* F. wurde 1157 von Hzg. →Berthold IV. v. Zähringen auf Allod der Cluniazenser von →Payerne und vermutl. der Herren v. Villars gegr., fiel 1218 erbweise an Gf. Ulrich III. v. Kyburg und 1277 nach Abwehr der Expansionsgelüste Savoyens an die Habsburger, nachdem Kg. →Rudolf v. Habsburg die Stadt schon 1275 unter seinen und des Reiches Schutz genommen und ihr Gerichtsprivilegien erteilt hatte. Im 13./14. Jh. gab es eine rege Bündnispolitik der Stadt (1245 Bündnis mit Murten, 1248 Bern, 1293 Ludwig v. Savoyen, 1295 Bern/Solothurn, 1293 Laupen, im 14. Jh. mit Biel, Murten, Payerne, Gf. v. Aarberg); seit dem 14. Jh. wurden Territorien außerhalb der Stadt erworben. 1452–77 war F. unter savoy. Herrschaft, seit 1477 reichsunmittelbar, worauf der Ausbau der Landesherrschaft erfolgte; 1481 Aufnahme in die schweiz. →Eidgenossenschaft.

Die am 28. Juni 1249 von Hartmann d. Ä. und d. J. v. Kyburg gewährte Handfeste mit 119 Artikeln geht wohl z. T. auf aus der Zeit Bertholds IV. stammendes Recht zurück und ist zähring. und waadtländ.-savoy. beeinflußt (drei frz. Übersetzungen im 15. Jh.). Der Vennerbrief vom 24. Juni 1404, in Kraft bis 1798, regelte den Wahlmodus für die Behörden. Der Schultheiß, bis 1477 Vertreter des Stadtherrn, wurde von den Bürgern gewählt. Neben dem Kleinen Rat mit 24 bestand ein Großer Rat mit 200 Mitgliedern, zw. die sich seit 1347 der Rat der 60 als Wahlkollegium für die beiden Räte einschob. Drei, seit 1406 vier Venner waren ursprgl. militär. Führer der Stadtquartiere und übernahmen seit 1347 auch zivile Aufgaben. Oberster militär. Führer war der Schultheiß. Die Stadt war militär. in drei, seit dem 15. Jh. in vier Banner eingeteilt, die sich bis in ihre Territorien hinein verlängerten. Die aus den Zünften hervorgegangenen Reisgesellschaften stellten die Aufgebote ins Feld. Am 28. Aug. 1408 erließ die Stadt eine Militärordnung. Seit der 2. Hälfte des 14. Jh. gab es auch Bürgermeister mit Polizeigewalt. 1304 wird erstmals ein (1418–26 neu erbautes) Gerichtshaus erwähnt. Im 14./15. Jh. urkundeten in F. verschiedene Notare, deren Register seit 1356 erhalten sind (reiche Q. der Rechts- und Wirtschaftsgesch., die größte solcher Sammlungen in der Schweiz). Papst Martin V. (1418, 1422) und Ks. Siegmund (1422) verliehen der Stadt das ab 1435 ausgeübte Münzrecht. Vorher bediente sich F. der Münzen des Bf.s v. →Lausanne, 1494 übernahm es das Berner Münzsystem.

[2] *Topographie und Wirtschaft:* Von den Stadtbefestigungen des 13.—15. Jh., die mit den Stadterweiterungen

laufend vergrößert wurden, sind 14 Türme, ein großes Bollwerk und ca. 2 km Ringmauer erhalten, meist als Schalenmauer. Das burgum in guter Schutzlage auf einem von den Steilufern abgeschirmten Plateau zeigt zähring. Schema. Die Lage in der Saaneschleife erforderte im 13. und 14. Jh. den Bau mehrerer Holzbrücken (ca. 1250 Bern-Brücke, ca. 1275 Mittlere Brücke, 13. Jh. St. Johann-Brücke), die spätestens 1353 gedeckt und meist zweiseitig bewehrt wurden. An der ab F. schiffbaren Saane, wo die günstige Furt in der Au wohl seit vorgeschichtl. Zeit benutzt wurde, wird bereits zu Beginn des 13. Jh. der Hafen (Portus) erwähnt.

F. hatte im 14. Jh. 4000–5000 Einw., seit Mitte des 15. Jh. über 5000, die 1445 ein Steuervermögen von 700 000 Gulden besaßen, wobei 16 Familien mehr als jeweils 5000 Gulden ihr eigen nannten. Eine blühende Wolltuchweberei und Gerberei arbeiteten für den Export und belieferten, z. T. über die →Genfer Messen, alle Nachbarschaften, Spanien, Oberitalien und die Niederlande. Seit dem 14. Jh. erließ die Stadt zahlreiche Verfügungen für die Tuchmacherei, die seit 1420 jährlich über 10 000 Stück Tuch herstellte, wodurch F. zu einem international bedeutenden Tuchplatz wurde. Auch Sicheln und Sensen der F.er Sensenschmiede wurden ausgeführt. Neben dem Wochenmarkt gab es im Mai und Sept. Jahrmärkte von lokalem Rang. Zünfte und Bruderschaften hatten, abgesehen von einer Kaufleutegruppe, weniger polit. als militär. und soziale Bedeutung (Weberspital). Die wirtschaftl. Blüte dauerte von ca. 1350–1450.

[3] *Kirchliche Institutionen:* F. gehörte zum Bm. Lausanne (nach dem Kartular der Lausanner Kathedrale, 1228, Sitz eines der neun Dekanate der Diöz.). Der heutige Bau der Stadtkirche St. Nikolaus (1177 gen., 1182 geweiht) wurde 1283 begonnen und 1490 vollendet. Im 13. Jh. ließen sich Johanniter (1228), Augustiner-Chorherren (seit 1228 bezeugtes Hospiz), Franziskaner (2. Hälfte 13. Jh., Kirche 1281) und Zisterzienserinnen (1255 Kl. Magerau, 1261/62 Anschluß an den Orden) in F. nieder; seit 1299 sind mehrere Gemeinschaften von Beginen bezeugt. Im 15. Jh. wurden verschiedene Kapellen errichtet.

Seit dem 13. Jh. führten in F. die Johanniter (um 1224), die Augustiner-Chorherren (erstmals 1228) und die Burger (gegr. vor 1250) je ein Spital. Das von der Bürgerschaft gegr. Spital war mit der Liebfrauenkirche verbunden, die in der 2. Hälfte des 12. Jh. gebaut wurde. Dazu kam Ende des 14. Jh. das von der Weberzunft errichtete Weberspital. In Bürglen (Bourguillon) existierte schon vor 1252 (bis 1838) ein Leprosorium, das nach einem Brand Ende des 15. Jh. neu aufgebaut wurde, ebenso ein weiteres an der Straßengabelung Bern/Tafers im Schönberg im 13. Jh.

An der dt.-roman. Sprachgrenze gelegen, wurde F. jahrhundertelang durch das Aufeinandertreffen und Ineinandergreifen zweier Kulturen geprägt. Dt. und frz. Einflüsse sind auch in Kunst und Kultur feststellbar.

L. Carlen

Bibliogr.: Bibliogr. des Kantons F., 1982, 100 ff. – *Q. und Lit.:* Ed. der »Handfeste«: J. R. SCHNELL, 1812; R. WERRO 1839; E. T. GAUPP, 1852; M. V. STÜRLER, 1877; E. LEHR, 1880; R. ZEHNTBAUER, 1906; E. F. J. MÜLLER-BÜCHI, 1956; P. LADNER [in Vorber.] – F. HEINEMANN, Gesch. des Schul- und Bildungslebens im alten F. bis zum 17. Jh., F.er Geschichtsbl. 2, 1895, 1–146 – B. BENZ, Die Gerichtsverfassung von F. von der Mitte des 13. bis Ende des 15. Jh., 1897 – J. ZEMP, Die Kunst der Stadt F. im MA, F.er Geschichtsbl. 10, 1903, 182–236 – F. E. WELTI, Beitr. zur Gesch. des ältesten Stadtrechts von F., 1908 – G. CASTELLA, Hist. du canton de Fribourg, 1922 – P. DE ZURICH, Les origines de Fribourg et le quartier du Bourg aux XVᵉ et XVIᵉ s., 1924 – H. AMMANN, Ma. Wirtschaft im Alltag. Q. zur Gesch. von Gewerbe, Industrie und Handel des 14. und 15. Jh. aus den Notariatsregistern von F., 1942–54 – H. GUTZWILLER, Die Zünfte in F. 1460–1650, 1949 – M. STRUB, Les monuments d'art et d'hist. du canton de Fribourg. La ville de Fribourg, 3 Bde, 1956–64 – Fribourg-F. 1157–1481, 1957 – A. GENOUD, Les remparts de Fribourg au MA, 1960 – H. SCHÖPFER, Kunstführer Stadt F., 1979 – Gesch. des Kantons F., 2 Bde, 1981 – U. PORTMANN, Bürgerschaft im ma. F. Sozialtopograph. Auswertungen. Zum 1. Bürgerbuch 1341–1416, 1984.

Freidank, mhd. Dichter des 1. Drittels des 13. Jh., wohl hauptsächl. im Elsaß tätig, nach übereinstimmender hs. Überlieferung Verfasser der von ihm selbst so bezeichneten »Bescheidenheit« (B.). Nachrichten über F.s Lebensumstände sind spärlich. Das Kapitel »Von Akers« (Akkon) in der »B.« erlaubt den sicheren Schluß einer Teilnahme F.s am Kreuzzug Friedrichs II. (1228/29). Zeitlich dazu stimmen zwei Erwähnungen F.s bei Rudolf v. Ems (Alex. 3235, Willeh. 2206), die Nachricht des Todes eines »Fridancus magister« in den Kaisheimer Annalen zu 1233 sowie eine umdatierte Erwähnung (»Frydanckus vagus fecit rithmos Theutonicos gratiosos«) in der nach 1295 aufgezeichneten Schrift »De rebus Alsaticis ineuntis saeculi XIII.«

Die »B.« ist – im Unterschied zur gesamten lyr. Spruchdichtung – der überlieferten Form nach eine künstlerisch anspruchslose Reihung zwei- und vierzeiliger, mitunter längerer Reimsprüche, deren Anordnung in den verschiedenen Hss. schwankt. Das Prinzip thematischer Kapitelbildung ist jedoch für die langen Spruchketten »Von liegenne unde triegenne«, »Von der zungen«, »Von Rôme«, »Von dem jungesten tage« mit wechselnder Bestandsfestigkeit auch für die religiös-theol. Abhandlungen eindeutig bezeugt. Danach konstituieren zwei Bauelemente den Werktypus der »B.«: 1. Sprüche, die als selbständige Sinneinheiten in verschiedene textuelle oder situative Zusammenhänge eintreten können, und 2. die Verkettung solcher Sprüche zu themat. Kapiteln, die ihrerseits selbständige Textabschnitte bilden und in variabler Auswahl zu unterschiedl. Vortragsfolgen zusammengestellt werden konnten.

Die sich inhaltl. im weiten Rahmen der →Spruchdichtung bewegende »B.« hat teil am Allgemeingut aus bibl., patrist. und frühscholast. Tradition, aus schulgebräuchl. Florilegien, Sprichwort- und Fabelsammlungen. Sie enthält – neben den religiösen Sprüchen – solche über den Menschen, bes. über die Glaubensunterschiede und sozial geprägte Eigenschaften oder Verhaltensweisen; Laster und Tugenden; die zentralen Güterwerte des Besitzes, des gesellschaftl. Ansehens und der Klugheit. Aus dem Gegensatz der letzteren zur Torheit wird eine Art Grundlegung praktischer Sittlichkeit entwickelt, was den Werktitel »B.« – im Sinne von sittl. Urteilsfähigkeit (lat. discretio) – bestätigt.

Trotz der anspruchslosen Form und der inhaltl. Allgemeinheit der »B.« ist die Identität von Werktypus und Autor stets deutlich empfunden worden, weil F. es vermocht hat, die Vielfalt seiner Aussagen in eine einheitl. Perspektive zu fassen. Alles wird geprägt von dem klar ausgesprochenen Willen, anderen durch Lehre, die christl. Glauben und nüchternes Weltwissen verbindet, nützlich zu sein und sich von diesem Ziel weder durch höchste Autoritäten noch durch Rücksicht auf persönl. Vor- oder Nachteile abbringen zu lassen. Die bei Spruchdichtern üblichen Lohnforderungen fehlen, ebenso jegliche Bezugnahme auf einen Gönner. Dazu paßt, daß F.s Lehre in keiner Weise an spezifisch höf. Normen orientiert ist, sondern im Gegenteil die feudaladlige Herrschaftsrealität schneidender Kritik unterzieht. Man hat den Eindruck, als richte er sich an ein neues Publikum, das an der höf. Kultur keinen Anteil hat, jedoch im Begriff steht, eine von dieser unabhängige kulturelle und ethische Selbstvergewisserung zu suchen, in der christl. Frömmigkeit, eine ständisch neutralere Weltsicht und das Nachdenken über die sittl. Rechtfertigung der Sozialbeziehungen sowie der Herrschaftsausübung dominieren. Ein solches Publikum kann zu F.s Zeit nur in den Städten vermutet werden. Dorthin weist auch die unmittelbar einsetzende und bis tief ins 16. Jh. reichende breite Wirkung der »B.«.   G. Eifler

Ed. und Übers.: Vridankes »B.« v. W. Grimm, 1834 – Fridankes »B.«, hg. H. E. BEZZENBERGER, 1872 [Nachdr. 1962] – F.s »B.« Auswahl mhd. – nhd., übertr. und hg. W. SPIEWOK, 1985 – *Lit.:* Verf.-Lex.² II, s.v. – H. PAUL, Über die ursprgl. Anordnung von F.s »B.«, SBA PPH, 1899, II, 167–294 – S. SINGER, Sprichwörter des MA II, 1946, 153–187; III, 1947, 7–119 – F. NEUMANN, F.s Herkunft und Schaffenszeit, ZDA 89, 1959, 213–241 – W. SPIEWOK, F., Weimarer Beitr. 11, 1965, 212–242 – G. EIFLER, Die ethischen Anschauungen in F.s »B.«, 1969 – B. JÄGER, »Durch reimen gute lere geben«. Unters. zu Überlieferung und Rezeption F.s im SpätMA, 1978 – W. HARMS, Die Tiere in den Sprüchen und Sentenzen F.s, Sett. cent. it. XXXI, 1985, 1003–1030.

Freie Städte. Die zuerst unter Ks. Ludwig d. Bayern belegte, herkömmlicherweise von der Verfassungsgeschichtsschreibung benutzte Bezeichnung »Freie Städte/Freistädte« zur Unterscheidung der Gruppe Basel, Straßburg, Speyer, Worms, Mainz, Köln und Regensburg von den Königs- bzw. Reichsstädten war in ihrer inhaltl. Füllung bereits den Zeitgenossen des ausgehenden 15. Jh. unscharf und vieldeutig. Je nach verwandten Definitionskriterien werden zu den Freistädten weiter Bremen, Hamburg, Besançon, Metz, Toul, Verdun und Cambrai gerechnet (G. LANDWEHR, E. SCHUBERT). Teilweise wird der Begriff auch auf verfassungsrechtl. Sonderformen, bes. des nd. Raumes angewandt (Magdeburg, Erfurt, Braunschweig, Lüneburg u. a.), ohne daß die Versuche, unterschiedlichste, gewachsene Beziehungsmuster zw. Kg., Reich, ehemaligen, teilweise konkurrierenden (Regensburg) Stadtherren und Städten und daraus folgende, verschiedenartigste Ausprägungen städtischer Freiheiten und politischer Handlungsräume in eine verfassungsrechtl. Definition zu pressen, bisher erfolgreich waren. Man kann nicht von einem exakt definierten, zeitlosen Typ der Freien Stadt ausgehen, sondern sollte diesen lediglich begrenzt leistungsfähigen Begriff nur mit Vorbehalt (G. MÖNCKE) oder heuristisch als Idealtyp (P.-J. HEINIG) verwenden, mit einer entsprechenden Betonung des »Anspruchs- und Programmcharakters« (G. SCHMIDT).

Die Zusammenfassung der freien und der kgl. Städte seitens der Reichskanzlei im 15. Jh., die unterschiedslose Inanspruchnahme beider Gruppen für Reichsleistungen (Matrikelwesen) und allgemein die Verdichtung der Reichsverfassung (P. MORAW) führten im 16. Jh. zu der beide Gruppen umfassenden Bezeichnung »Freie Reichsstädte«, obwohl sie sich ursprgl. in wesentl. Punkten unterschieden und eine verschiedene verfassungsgeschichtl. Entwicklung durchlaufen hatten. Während sich die kgl. Städte dem Kg. als ihrem Stadtherrn gegenüber sahen, unterstanden die späteren Freistädte einer bfl. Stadtherrschaft, aus der sie sich im Regelfall bis zum Ende des 13. Jh. überwiegend befreien konnten, bei einer gleichzeitigen Orientierung auf Kg. und Reich, ohne daß der Kg. an die Stelle des Bf.s trat. Dieser Prozeß ist weder einheitlich begründet noch genau zu datieren (P.-J. HEINIG). Die Freistädte zahlten nicht die üblichen Jahressteuern, unterlagen nicht der Verpfändbarkeit seitens des Kg.s, waren mit Ausnahme der Romfahrt und des Heidenkampfes nicht zum Kriegsdienst verpflichtet, leisteten teilweise dem Kg. keine Huldigung und kannten mit

Ausnahme Basels keinen →Reichsvogt. Diese Kriterien treffen allerdings teilweise auch auf andere, nicht zu den Freistädten gerechnete Städte zu (A. M. EHRENTRAUT, 1902; G. MÖNCKE). Den Freistädten war gegenüber den Reichsstädten zwar ein größerer polit. Freiraum gegeben, sie mußten aber umgekehrt ihre jeweils unterschiedl. ausgeformte unabhängige Stellung zw. Kg. und ehemaligem Stadtherrn immer aufs neue legitimieren und behaupten. Auf den kgl. Tagen und Reichstagen traten sie zusammen mit den Reichsstädten neben Kfs.en und Fs.en auf. – →Huldigung, →Reichsmatrikel, →Reichsstandschaft, →Reichsstädte, →Reichstag, →Deutschland, Abschnitt E.   F. B. Fahlbusch

Lit.: HRG I, 1221–1224 [G. LANDWEHR; mit älterer Lit.] – J. SYDOW, Zur verfassungsgesch. Stellung von Reichsstadt, freier Stadt und Territorialstadt im 13. und 14. Jh. (Les Libertés Urbaines et Rurales du XIᵉ au XIVᵉ s. Coll. internat. 1966, Actes, 1968), 281–309 – G. MÖNCKE, Zur Problematik des Terminus »Freie Stadt« im 14. und 15. Jh. (Bischofs- und Kathedralstädte des MA und der frühen NZ, hg. F. PETRI, 1976), 84–94 – P. MORAW, Reichsstadt, Reich und Kgtm. im späten MA, ZHF 6, 1979, 385–424 – E. SCHUBERT, Kg. und Reich..., 1979, bes. 291ff. – F. B. FAHLBUSCH, Städte und Kgtm. im frühen 15. Jh...., 1983, 223–228 – P.-J. HEINIG, Reichsstädte, Freie Städte und Kgtm. 1389–1450..., 1983, bes. 48–54 – H. GOLLWITZER, Bemerkungen über Reichsstädte und Reichspolitik auf der Wende vom 15. zum 16. Jh. (Fschr. H. STOOB, 1984), 488–516 – G. SCHMIDT, Der Städtetag in der Reichsverfassung..., 1984, bes. 80ff.

Freigelassene → Freilassung

Freigrafschaft Burgund → Burgund (5. B.)

Freiheit, Freie.

I. Rechtsgeschichtlich – II. Philosophisch und theologisch.

I. RECHTSGESCHICHTLICH: Die Freiheit (F.) gehört seit langem zu den zentralen, aber auch kontroversen Themen der Geschichtsschreibung. Angesichts der eminenten Funktion des F.sbegriffs in der modernen Verfassungsentwicklung wird dabei das deutliche Durchscheinen zeitgebundener Leitbilder verständlich. Die Literatur ist nahezu unübersehbar. Die Diskussion bewegt sich vornehmlich zu Fragestellungen der Genese, der Kontinuität und Metamorphose sowie zu Inhalt und Formen des F.sbegriffs. Als erstrebenswertes Ideal trifft sich die F. mit dem Gleichheitsbegriff. Eine gewisse, immer wieder zu Konflikten führende Zweispurigkeit zieht sich insofern durch die Geschichte, als seit der Stoa die F. als Postulat der Ethik anerkannt ist, während andererseits eine Beseitigung der Unfreiheit als Element der Gesellschaftsorganisation kaum als in die Praxis umsetzbar erschien. Dieser Widerspruch äußert sich entweder in Kritik an der Unfreiheit wie z. B. im →Sachsenspiegel und in der →Reformatio Sigismundi, oder er wurde durch Spiritualisierung des F.sbegriffs aufgelöst und damit aus dem realen Gesellschaftsgefüge eliminiert.

Etymolog. geht »frei« auf die gleiche Wurzel wie →»Friede« und »Freund« zurück, woraus sich ein Bedeutungsursprung im Sinne von 'geliebt', 'geschont', 'geschützt' erkennen läßt. »Frei« ist also zunächst ein Begriff des häuslich-verwandtschaftl. Bereichs, der sich durch Analogisierungen auf einen immer größeren Adressatenkreis erweitert hat. Seit dem 4. Jh. ist »frei« als Entsprechung zu lat. »liber/ingenuus« nachzuweisen. Seitdem gehört die römischrechtl. Dichotomie »liber/servus« zur Tradition des abendländ. Denkens.

Die ältere Lehre sah in den germ. Freien die wirtschaftl. autarke, persönl. unabhängige und rechtl. gleiche Schicht der gemeinen Landeigentümer (Gemeinfreie), die durch genossenschaftl. Zusammenschlüsse zum Träger größerer Organisationen wie der Markgenossenschaft und des

staates geworden sind. Diese Lehre von den Gemeinfreien
wurde seit den Dreißigerjahren dieses Jahrhunderts nachhaltig erschüttert und durch die Lehre von den →Königs-
freien ersetzt, wonach der Freie als Gewaltunterworfener
definiert wird, der Königsland bebaute und in kgl. Aufgebot stand. Inzwischen hat auch diese Lehre scharfe Kritik
erfahren, die sich in der Ablehnung einer einseitigen Homogenität des F.sbildes der alten wie der neueren Lehre
einig ist. Vieles weist darauf hin, daß der F.sbegriff ein
Produkt der germ. Ethnogenese und einer Akkulturation
darstellt und seine Formung durch die röm. Begrifflichkeit erfahren hat. Damit wird gegenüber der Einseitigkeit
früherer Lehren eine Offenheit erzielt, die dem Einheits-
begriff des »liber/ingenuus« – oft unterteilt in minores,
mediocres, optimates, so z. B. die →Lex Burgundionum –
der germ. Stammesrechte wie der Vielgestaltigkeit der
Urkundenbefunde gerecht wird. Obwohl sich die F. stets
als Abgrenzung zur Unfreiheit verstand, bildeten sich
doch schon früh Zwischenpositionen der Minderf. oder
Halbf. aus, entwicklungsträchtige Bewegungsräume für
sozialen Aufstieg oder Abstieg.

Die Kontinuität des F.sbegriffs vom FrühMA zum
HochMA gehört zu den viel erörterten Problemen. Dabei
ist zu berücksichtigen, daß sich mit der Herausbildung der
hochma. Ständegesellschaft Umstrukturierungen ergaben, in deren Verlauf auch die alten Kategorien »frei/
unfrei« ihre Zuweisungsgehalte stark veränderten. Verstand sich der Adel grundsätzl. als Inhaber der Altf., so
verwischten sich schon nach unten hin die Konturen durch
Aufstieg der →Ministerialen und durch Abstieg der Edelfreien in die Ministerialität. Die umstrittene Qualifizierung der Schöffenbarfreien des Sachsenspiegels hat hier
ihren Ort.

Eine eigene Form der F. bildete sich mit der Entwicklung der Städte und ihrer Lebensformen heraus. Seit dem
12. Jh. hoben sich die Städte und ihre Einwohner immer
deutlicher vom Land dadurch ab, daß sie sich aus dem
Geflecht der grund- und leibherrlichen Beziehungen her-
auslösten und daß sich ein aus privaten und öffentl. Rechten gebündelter spezif. Status der städt. F. herausbildete.
Die ursprgl. nur als Zuordnungskriterium verstandene
Maxime →»Stadtluft macht frei«, die auch den unfreien
Neuzuziehenden nach Jahr und Tag in den Genuß dieser F.
setzte, wurde Bestandteil des →Stadtrechts.

Weitaus schwieriger ist es demgegenüber, den F.sbe-
griff auf dem Lande auf einen ähnlichen – notwendigerweise stets vereinfachenden – Nenner zu bringen. Zwar
besteht kein Mangel an quellenmäßig belegten »Freien«
und »F.en« auf dem Lande, jedoch erschwert deren konkrete Ausgestaltung die Einordnung in zusammenführen-
de Kategorien. Soviel läßt sich zunächst feststellen, daß es
ein altfreies →Bauerntum, wenn überhaupt, dann nur in
geringem Maße gegeben hat. Dagegen wurde die Binnen-
und Ostsiedlung (→Landesausbau und Kolonisation)
durch vielfältige rechtl. Vorzugsstellungen begünstigt, so
daß der F.sbegriff eine Neubelebung erfuhr (sog. Neufrei-
heit oder Rodungsfreiheit).

F. wird weitgehend als soziale Besserstellung verstanden, wie überhaupt F. die dt. Entsprechung für »Privileg«
ist. In diesem Sinne können dann auch ältere Besitzstände,
die mit meist genossenschaftl. Anrechten ausgestattet
sind, gegenüber jüngeren Positionen als F. und deren
Träger als »Freie«, »freie Gotteshausleute« u. ä. bezeichnet werden. F. ist stets das Attribut bestimmter sozialer
und lokaler Gruppen, die sich damit aus ihrem Umfeld
oder von anderen Gruppen abheben. Entsprechend bleibt
der F.sbegriff relativ und ist inhaltl. für jede Gruppe nur

konkret zu bestimmen. Daraus erklärt sich auch das breite
begriffl. Spektrum und das weitüberdeckende Wortfeld.
F. steht also in einem jeweils zu ermittelnden Beziehungs-
geflecht, das sich aus der Sicht der Berechtigten vom F.
gewährenden einerseits bis zu den damit Benachteiligten
andererseits erstreckt.

Eine enge Verbindung läßt sich zw. bestimmten Gruppierungen von Freien und der →Gerichtsbarkeit feststellen. Unter Bezeichnungen wie Freigft., Freigericht, Freiamt, Freivogtei u. ä. werden Gebiete oder Personenverbände angesprochen, die über eine eigene Gerichts- oder
Selbstverwaltungsorganisation verfügen. Westfäl. Besonderheiten sind die Ausdrücke Freistuhl und Freiding
für das Gf.en- und Landgericht (in Strafsachen Femgericht; →Feme), dem der Freigf. vorsitzt und in dem die
landbesitzenden Freischöffen als Urteiler fungieren. Alter, Inhalt und Ausmaß der Eigenständigkeit der gen.
Freizonen können wieder ganz verschieden ausgestaltet
sein. Die Forschung steht hier vor zahlreichen ungelösten
oder doch kontrovers diskutierten Problemen, die meist
im Zusammenhang mit der Fragestellung nach Ursprung,
Status und Entwicklung der jeweiligen Freienverbände
stehen. S. a. →Immunität, →Libertas (Ecclesiae).

C. Schott

Lit.: BRUNNER, DRG I, 130–150, 342–368–HRG I, 1216 f. [H. H. HOF-
MANN]; 1224 f. [A. ERLER]; 1225 f. [D. WILLOWEIT]; 1228 f. [G. DIL-
CHER]; 1246 f. [G. BUCHDA]; 1248 f. [G. BUCHDA]; 1513 f. [G. DILCHER]
– Gesch. Grundbegriffe II, 425–542 [W. CONZE, CH. MEIER, J. BLEIK-
KEN, G. MAY, CH. DIPPER, H. GÜNTHER, D. KLIPPEL] – RÖSSLER-
FRANZ, 295 f. [K. BOSL] – WAITZ I,IV, V, Kiel 1844, 1861, 1874 –
G. CARO, Beitr. zur älteren dt. Wirtschafts- und Verfassungsgesch.,
1905 – DERS., Neue Beitr. zur dt. Wirtschafts- und Verfassungsgesch.,
1911 – A. DOPSCH, Die Wirtschaftsentwicklung der Karolingerzeit
vornehmlich in Dtl., 1. T., 1912 – G. NECKEL, Adel und Gefolgschaft,
PBB (Halle) 41, 1916, 403 ff. – A. DOPSCH, Verfassungs- und Wirt-
schaftsgesch. des MA, 1928 – H. FEHR, Zur Lehre vom ma. F.sbegriff,
insbes. im Bereiche der Marken, MIÖG 47, 1933, 290–294 – R. v.
KELLER, F.sgarantien für Person und Eigentum im MA, Deutschrechtl.
Beitr. 14, 1933 – K. WELLER, Die freien Bauern in Schwaben, ZRG
GermAbt 54, 1934, 178–226 – K. S. BADER, Das Freiamt im Breisgau
und die freien Bauern am oberrhein. Beitr. zur oberrhein. Rechts- und
Verfassungsgesch. II, 1936 – TH. MAYER, Die Entstehung des »moder-
nen« Staates im MA und die freien Bauern, ZRGGermAbt 57, 1937,
210–288 – E. OTTO, Adel und F. im dt. Staat des FrühMA, 1937 –
R. BORGMANN, Die Freigft.en und Freigerichte im MA, BDLG 84,
1938, 17–48 – DERS., Der freie Bauer und das Freigut im dt. Recht des
MA, ebd., 188–213 – TH. MAYER, Die Ausbildung der Grundlagen des
modernen dt. Staates im hohen MA, HZ 159, 1939, 457–487 – H. REN-
NEFAHRT, Die F. der Landleute im Berner Oberland, Berner Zs. für
Gesch. und Heimatkunde, Beih. I, 1939 – A. WAAS, Die alte dt. F., 1939
– K. S. BADER, Das Problem der freien Bauern im MA, Zs. für schweiz.
Recht, NF 59, 1940, 140–153 – DERS., Bauernrecht und Bauernfreiheit
im späteren MA, HJb 61, 1941, 51–87 [Nachdr.: Schr. zur Rechtsgesch.
1984] – TH. MAYER, Adel und Bauern im dt. Staat des MA, 1942 – O.
BRUNNER, Land und Herrschaft, 1939, 1965⁵ – TH. MAYER, Kgtm. und
Gemeinfreiheit im frühen MA, DA 6, 1943, 329–362 – H. MITTEIS,
Formen der Adelsherrschaft im MA (Fschr. F. SCHULZ II, 1951),
226–258 – O. BRUNNER, Die F.srechte in der altständ. Ges. (Fschr. TH.
MAYER I, 1954), 293–303 – H. DANNENBAUER, Die Freien im karol.
Heer (ebd. I, 1954), 49–64 – TH. MAYER, Bem. und Nachtr. zum
Problem der freien Bauern, Zs. für württ. Landesgesch. 13, 1954,
46–70 – K. BOSL, Die alte dt. F., gesch. Grundlagen des modernen dt.
Staates (Unser Geschichtsbild 2, 1955) – Das Problem der F. in der dt.
und schweiz. Gesch., Mainauvortr. 1953 (VuF 2, 1955) – H. GRUND-
MANN, F. als religiöses, polit. und persönl. Postulat im MA, HZ 183,
1957, 23–53 – H. DANNENBAUER, Königsfreie und Ministerialen,
Grundlagen der ma. Welt, 1958, 329–353 – Das Problem der F. im
europ. Denken von der Antike bis zur Gegenwart, hg. H. FREYER, H.
GRUNDMANN, K. v. RAUMER, H. SCHÄFER, 1958 – F. WERNLI, Die
Gemeinfreien des FrühMA (Stud. zur ma. Verfassungsgesch., 1960) –
G. BAAKEN, Kgtm., Burgen und Königsfreie (VuF 6, 1961), 9–95 –
E. W. BÖCKENFÖRDE, Die dt. verfassungsgesch. Forsch. im 19. Jh.,

Schr. zur Verfassungsgesch. 1, 1961 – F. Lütge, Das Problem der F. in der frühen dt. Agrarverfassung (Stud. zur Sozial- und Wirtschaftsgesch., 1963) – E. Müller-Mertens, Karl d. Gr., Ludwig d. Fr. und die Freien, 1963 – R. Sprandel, Grundherrl. Adel, rechtsständ. F. und Königszins, DA 19, 1963, 1–29 – K. Bosl, Frühformen der Ges. im ma. Europa, 1964 – W. Schlesinger, Die Entstehung der Landesherrschaft, 1964 – H. Krause, Die liberi der lex Baiuvariorum (Fschr. M. Spindler, 1969), 41–73 – H. Hunke, Germ. F. im Verständnis der dt. Rechts- und Verfassungsgesch. [Diss. Göttingen 1972] – H. K. Schulze, Rodungsfreiheit und Königsfreiheit, HZ 219, 1974, 529–550 – J. Schmitt, Unters. zu den Liberi Homines der Karolingerzeit, 1977 – G. Köbler, Die Freien (liberi, ingenui) im alem. Recht, Beitr. zum frühalem. Recht, 1978, 38–50 – C. Schott, Freigelassene und Minderfreie in den alem. Rechtsquellen, Beitr. zum frühalem. Recht, 1978, 51–72 – G. v. Olberg, Freie, Nachbarn, Gefolgsleute, 1983 – A. Ignor, Über das allg. Rechtsdenken Eikes v. Repgow, 1984 – C. Schott, F. und Libertas. Zur Genese eines Begriffs, ZRGGermAbt 104, 1987.

II. Philosophisch und theologisch: Das F.sproblem wird im MA aus theol. Gründen philos. reflektiert. Äußerl. vorgegeben sind a) die einschlägigen Aussprüche und Lehren der Kirchenväter (auctoritates); b) die ebenfalls als auctoritates herausfordernden, wenn auch nicht bindenden Lehren der antiken Philosophen; c) die Verurteilung der These Abaelards (?): »Liberum arbitrium (l.a.) per se sufficiat ad aliquod bonum«, durch das Konzil v. Sens 1140 (Denzinger-Schönmetzer, 725); d) die Benutzung (seit etwa 1225) der »Sentenzen« des →Petrus Lombardus im theol. Ausbildungsbetrieb; e) die Verurteilungen der Averroisten durch den Pariser Bf. Stephan Tempier 1270 und 1277. Sachl. Nötigungen sind a) die Aufgabe, einen F.sbegriff zu entwickeln, der die F. zur Sünde nicht als Wesenselement von F. überhaupt enthält, mithin auch auf Gott, Jesus Christus, die Engel, die Seligen anwendbar ist; b) die theol. Notwendigkeit, dem Menschen ohne die göttl. Gnade die Befähigung zum heilsbedeutsamen (»verdienstlichen«) Handeln abzusprechen; c) die F. des Willens im Akt der Wahl nicht an einen nötigenden Spruch der prakt. Vernunft zu binden.

Beginnend mit →Anselm v. Canterbury, betont die Frühscholastik aufgrund der theol. Vorgaben einhellig, das Ziel des l.a. sei die Rechtheit des Wollens und Handelns, und diese sei nur in der Kraft der göttl. Gnade zu erreichen, wobei aber die F. keineswegs aufgehoben werde. Vor diesem theol. Hintergrund melden sich zunehmend die philos.-psycholog. Fragen an. Die schon gen., Abaelard zugeschriebene These rückt das Verhältnis von Vernunft und Willen in den Mittelpunkt der Diskussion, zumal jener gleichzeitig die Definition des l.a. durch Boëthius, dieses sei »liberum de voluntate iudicium«, als »Definition der Philosophen« neu zur Diskussion stellt. Diese und noch weitere umgehende Wesensbestimmungen des freien Willens führen bei →Robert v. Melun (Mitte des 12. Jh.) bereits zu einer umfängl. zusammenhängenden Darstellung des F.sproblems nach all seinen psycholog. Aspekten – wobei Robert den Primat der Vernunft (ratio) betont. Von da an entwickelt sich für knapp 100 Jahre eine lebhafte Diskussion unter den immer wieder aufeinander aufbauenden und sich voneinander abgrenzenden Magistri, in der hinsichtl. der wechselseitigen Beeinflussung von Vernunft und Willen alle log. möglichen Kombinationen durchgespielt werden. →Thomas v. Aquin bündelt diese Diskussion, indem er ihre Ergebnisse einfügt in eine von der aristotel. Philosophie bestimmte Psychologie der Wahl und zugleich in eine vom Neuplatonismus geprägte Metaphysik des Guten. Er versteht unter l.a. das überlegte Willensvermögen in der Hinordnung auf die Wahl der Mittel zum Ziel – das Ziel selbst unterliegt nicht dem l.a. (S. theol. I 83,3.4; I–II 8,2; 13,3; Quaest. disp. 6 de malo). Damit weitet sich die psycholog. Eng-

führung des F.sproblems zur Frage nach der metaphys Wurzel der F. Der Geistwille ist deshalb frei, weil kei partikuläres Gut das transzendentale Willensobjekt, da allumfassende Gute (bonum universale) ausfüllt, das for mal identisch ist mit dem äußersten Seinkönnen = Glück seligkeit (beatitudo). Dieses unterliegt aufgrund des na türl. Verlangens (→desiderium naturale) des geschaffene Geistes keiner Wahl, weil niemand *nicht* »glückselig« wer den will. Jedes partikuläre Ziel unterliegt dem l.a., inso fern es selbst wieder Mittel zur beatitudo ist. Damit be gründet Thomas die F. ganz im Objekt des Willens selbst Der Wille bestimmt sich kraft seiner Grundneigung zun Guten in einem ihn nicht nötigenden Wechselspiel mit de von ihm selbst in Gang gesetzten Überlegung (consilium der Vernunft zur Wahl, indem er frei seinen Akt von einen der in der Überlegung auftauchenden partikulären Hand lungsangebote »spezifizieren« läßt und das Ergebnis »aus führt« (exercitium im Unterschied zur specificatio). Ab hängigkeit – von der Quelle seines Seins als universale Neigung – und F. – durch Entschränkung gegenüber aller nur partikulären Gütern – liegen im Geistwillen ineinan der und bedingen einander. Dabei kommt unmittelbar de theol. Zusammenhang in Sicht. Denn Quelle der Grund neigung des Willens zum Guten ist Gott, denn der Willen in creatio continua erschafft und ihn insoweit *bindet*; zugleich begründet er dessen F., indem er ihn *nur* zu seinem trans zendentalen Objekt mit Notwendigkeit hinneigt. Sünd ist darum sinnentfremdeter Selbstvollzug, absurde Weg bewegung der F. von ihrer Quelle, so daß F. zur Sünde zwar ein Zeichen, sachlich aber ein Mangel (defectus) geschöpfl. F. ist.

Die Philosophie und Theologie der Folgezeit, begin nend mit →Johannes Duns Scotus, betont die absolut Ungebundenheit des Willens noch stärker gegen jed Tendenz, den freien Akt doch noch an den Akt der Ver nunft als bloße Mit- oder Teilursache zu binden. »Nihil aliud a voluntate potest esse causa totalis volitionis in voluntate« (Scotus, Additio magna. Ed. Balič, 1929, 299). →Wilhelm v. Ockham vertritt erstmals die These, die F. sei nur durch Innenerfahrung gewiß, aber nicht durch ein Vernunftargument zu beweisen, schon gar nicht die F. Gottes. Auch kann der Mensch, selbst der Sünder, aus eigener Kraft, ohne Gnade, einen Akt der Liebe zu Gott vollbringen, den Gott ungenötigt, aber verläßlich (de potentia ordinata) mit dem Geschenk seiner Gnade beant wortet.

Gegen diese, von der Theologie des Nominalismus übernommene und durch humanist. Auffassungen ver stärkte Auffassung reagiert Martin Luther schon früh mit der Gegenthese vom versklavten Willen (servum arbi trium). Theol. und exeget. ist er dabei im Recht und zudem im (unerkannten) Einklang mit der Hochschola stik, betrachtet dabei aber in den zusätzlichen philos. Argumenten fast zwangsläufig die menschl. F. in *Konkur renz* zu Gottes Wirken und kann so die Unfreiheit des Willens direkt aus der Vorsehung Gottes ableiten. Das Trienter Konzil gibt ihm sachlich hinsichtl. der Ohnmacht der gnadenlosen F. gegenüber Gott recht, verteidigt aber mit der Tradition die Rede von der menschl. F. und provoziert damit für die Folgezeit neue intensive Diskus sionen um deren theol. und philos. Bewertung.

O. H. Pesch

Lit.: HWPh II, 1083–1088 [O. H. Pesch] – J. Auer, Die menschl. Willensf. im Lehrsystem des Thomas v. Aquin und des Johannes Duns Scotus, 1938 – E. Gilson, Le thomisme. Introduction à la philos. de saint Thomas d'Aquin, 1948[6], 332–348 – Landgraf, Dogmenge schichte – O. Lottin, La preuve de la liberté humaine chez saint Thomas d'Aquin, RThAM 23, 1956, 323–330 – L. Oeing-Hanhoff,

Zur thomist. F.-Lehre, Schol 31, 1956, 161–181 – O. LOTTIN, Psychologie et Morale aux 12e et 13e s. I, 1957², 11–389 – PH. BOEHNER, Collected articles on Ockham, 1958, 420–441 – E. GILSON, Johannes Duns Scotus. Einf. in die Grundgedanken seiner Lehre, 1959, 595–624 – G. P. KLUBERTANZ, The root of freedom in St. Thomas' later works, Gregorianum 42, 1961, 701–724 – W. HÖRES, Der Wille als reine Vollkommenheit nach Duns Scotus, 1962 – O. H. PESCH, Freiheitsbegriff und F.lehre bei Thomas v. Aquin und Luther, Cath(M) 17, 1963, 197–244 – L. LEAHY, Dynamisme volontaire et jugement libre. Le sens du libre arbitre chez quelques commentateurs thomistes de la Renaissance, 1963 – H. VORSTER, Das F.sverständnis bei Thomas v. Aquin und Martin Luther, 1965 – H. J. MCSORLEY, Luthers Lehre vom unfreien Willen nach seiner Hauptschrift De servo arbitrio im Licht der bibl. und kirchl. Tradition, 1967 – Atti del Congr. Internaz. (Roma-Napoli 17/24 aprile 1974) Tommaso d'Aquino nel suo settimo centenario, 1975–78, V, 368–372 [G. VAN RIET]; VII, 45–55 [A. VERGOTE]; 425–435 [A. SCHURR] – Humanismus und Reformation. Martin Luther und Erasmus v. Rotterdam in den Konflikten ihrer Zeit, hg. O. H. PESCH, 1986 – E. SCHOCKENHOFF, Bonum hominis. Die anthropolog. und theol. Grundlagen der Tugendethik des Thomas v. Aquin, 1987, 129–171.

Freiherr → Baron; →Herr; →Heerschild

Freijahr, -jahre, Zeitraum der Befreiung von an sich geschuldeten Abgaben oder Leistungen aufgrund der persönl. Verhältnisse des einzelnen Leistungspflichtigen, im MA oft auch neu angesiedelter Gemeinden in Stadt und Land, später z. B. von der Heranziehung zur Einquartierung von Militär bei neu eingerichteten Haushalten oder erst seit kurzem zugezogenen, noch durch die Investitionen in Gebäude und/oder Gewerbebetrieb belasteten Stadtbürgern. Der Zeitraum konnte nach Anlaß, Zeitumständen und Leistungsfähigkeit der befreienden Institution bzw. Körperschaft zw. einem und meist nicht mehr als sechs Jahren variieren, auch in Kriegszeiten entfallen. Er wurde als Mittel der Zuwanderergewinnung oder allgemein einer Peuplierungspolitik (z. B. bei innerer →Kolonisation) eingesetzt. In selteneren Fällen kann der Begriff auch für zeitl. begrenzte Steuerbefreiungen für ganze Städte oder Verwaltungseinheiten durch den Landesherrn angewandt werden, die bewilligt werden konnten, wenn z. B. die Bürgerschaft durch eine →Brandkatastrophe schwer geschädigt worden oder durch den Bau der →Befestigung (Abschnitt V) schon über Gebühr belastet war.   H.-K. Junk
Bibliogr. und Lit.: HRG I, 1240–1242 – Bürgerbuch der Stadt Lippe/Lippstadt ..., hg. E. THURMANN, 1983 – Bibliogr. zur dt. hist. Städteforsch., hg. B. SCHRÖDER (Städteforsch. B 1, 1986).

Freilassung (manumissio). [1] *Im 5.–7. Jahrhundert:* Die ersten Jahrhunderte des MA waren offenbar für Verknechtung und Versklavung (→Sklaverei) weitaus günstiger als für F.en. Ist Freiheitsverlust infolge der ständigen Kriege und des wirtschaftl. Verfalls sowie auch als Strafmaßnahme in allen völkerwanderungszeitl. Reichen des Westens häufig belegt, so treten demgegenüber F.en in nur begrenztem Umfang auf, inspiriert hauptsächlich durch die Kirche, die die F. unter die Werke der →Barmherzigkeit einreihte und die 'manumissio in ecclesia' propagierte, ein Ritual, das der F. nahezu sakramentalen Charakter verlieh. Die Heiligenviten (z. B. hll. Eligius, Eparchius, Tillo) sind voll von Erzählungen über Loskauf und Gefangenenbefreiungen. Diese kirchl. Initiativen dürfen aber nicht überschätzt werden. Allein schon die Vorstellung, die Gefangenenbefreiung stelle einen Akt der Heiligkeit dar, läßt Zweifel an der Häufigkeit derartiger Handlungen zu. Außerdem wird deutlich, daß die Kirche sich im allgemeinen hütete, auf den eigenen Gütern F.en durchzuführen; zahlreiche Konzilien (Sevilla I, 590; Mérida, 666; Toledo IV, 633; Toledo IX, 655; Clichy, 625;

Reims, 627/630 u.a.) verboten die F. von Sklaven auf Kirchengütern vielmehr ausdrücklich, da sie das patrimonium Dei schädige und der Klerus die Arbeit der Sklaven zur Versorgung der Armen benötige. In S-Europa (so etwa in Südgallien) blieben im übrigen stets bestimmte Grundsätze des röm. Rechts, die die Zahl der Freigelassenen eines Herrn beschränkten, in Geltung (augusteische Lex Fufia Caninia).

Außer religiösen Motiven mögen jedoch auch staatl.-militär. Gesichtspunkte zu F.en geführt haben: Einige Herrscher des späten 7. Jh. und frühen 8. Jh. (der Westgotenkg. Egica, der frk. Hausmeier Karl Martell) dürften wegen Schwierigkeiten bei der Rekrutierung von Kriegern Sklaven der kgl. Fiskalgüter freigelassen haben, um sie zum Heeresdienst heranziehen zu können; einen Reflex dieser Praxis bildet vielleicht die Abgabe des hostilitium, zu der noch im 9. Jh. bestimmte Gruppen von liberti verpflichtet waren.

Dennoch blieben bis zur Mitte des 8. Jh. Freigelassene eine zahlenmäßig relativ geringe Bevölkerungsgruppe, deren Freiheit zudem durch starke Diskriminierungen eingeschränkt war: Die liberti standen auch weiterhin unter dem Patronat ihrer Herren, denen sie das obsequium (Gehorsam, verbunden mit bestimmten Diensten und Abgaben) schuldeten, und konnten bei unehrerbietigem Verhalten wieder verknechtet werden. Auch waren sie rechtl. den Freien zumeist nicht gleichgestellt; mehrere Germanenrechte (Lex Ribuaria, Lex Wisigothorum) sehen für erschlagene Freigelassene ein um die Hälfte geringeres Wergeld vor als für Freie. Die vielerorts harten Lebensbedingungen der Freigelassenen waren wohl für einige Gruppen Anlaß zu Aufständen (Asturien, ca. 770).

[2] *Im 8.–10. Jahrhundert:* Erst mit dem – schwer zu datierenden – Einsetzen der agrar. Expansion wurde die F. zu einem Massenphänomen (vgl. z. B. die grundlegenden Forschungen von P. TOUBERT über Latium). Die Bedingungen der ersten Urbarmachungen hatten zur Folge, daß die Herren zahlreiche Sklaven aus ihren →familiae zwecks Ansiedlung auf Rodungsland freiließen, dies um so lieber, als Freigelassene sich zur Leistung schwererer Dienste und Abgaben bereitfanden als anzusiedelnde Freie. Nach P. TOUBERT war es ein »kleines ländl. Proletariat«, das auf dem Wege der manumissio mobilisiert wurde, um die zur Erschließung von Ausbaugebieten (etwa in der östl. Sabina) notwendige Rodungsarbeit zu leisten. Die agrarwirtschaftl. Expansion war mit der Aufrechterhaltung eines auf Sklavenarbeit beruhenden Systems ganz unvereinbar, denn sie setzte eine große Mobilität der Arbeitskräfte voraus, die häufig weit entfernt von den Zentren der jeweiligen Grundherrschaft eingesetzt werden mußten. Damit war impliziert, daß die Initiative zum größten Teil beim Besteller des Bodens lag, der schwer zu kontrollieren war, da er auf Pachtland saß, das mit der curtis (so weit ihre Organisation überhaupt noch bestand) nur noch locker verbunden war. Dies alles machte eine Aufhebung der unfreien Arbeitskraft notwendig, die im wesentlichen nur auf dem Wege der F. erfolgen konnte.

Die F.sbewegung aus ökonom. Gründen, deren große Bedeutung bereits von M. BLOCH erkannt wurde, nahm ihren Anfang wohl in der 2. Hälfte des 8. Jh. und setzte sich in der 1. Hälfte des 9. Jh. fort, vielfach ausgehend von Grenz- und Ausbauregionen (z. B. mittlerer Apennin, Katalonien). In der Folgezeit weitete sich diese Bewegung aus, so daß die ländl. Sklaverei in der 2. Hälfte des 10. Jh. in den meisten Gebieten Westeuropas verschwand. – →Kolonisation und Landesausbau; →Sklave, Sklaverei (dort auch Hinweise zu Rechtsbestimmungen).   P. Bonnassie

Lit.: BRUNNER, DRG I, 142ff., 359ff. – HRG I, 1242 [R. SCHEYHING] – CH. VERLINDEN, L'esclavage dans l'Europe médiévale, 2 Bde, 1955–77 – M. BLOCH, Comment et pourquoi finit l'esclavage antique?, Annales, 1947, 30–43, 161–170 [abgedr. in: DERS., Mél. hist. I, 1963, 261–285] – P. TOUBERT, L'Italie rurale aux VIIe–IXe. s., Sett. cent. it. 20, 1972 (1973), 95–132 – DERS., Les structures du Latium médiéval, 2 Bde, 1973 – D. CLAUDE, Freedmen in the Visigothic Kingdom (Visigothic Spain. New Approaches, hg. E. JAMES, 1980), 162–163 – S. SATO, Être affranchi du Haut M-A …, Bull. de la Fac. de Droit et des Sciences économiques de l'Université d'Aïchi (Japon), 104, mars 1984, 1–20 – P. BONNASSIE, Survie et extinction du régime esclavagiste dans l'Occident du Haut M-A (IVe–XIe s.), CCMéd 28, 1985, 307–343.

Freimarkt → Markt

Freimeister, Name der Handwerker, die mit einer speziellen Ratskonzession ein Gewerbe betrieben, ohne aber der einschlägigen Zunft anzugehören, entweder weil die Zünfte sie ablehnten oder weil sie selbst kein Interesse an einem Beitritt zur Zunft hatten. Beides konnte die verschiedensten Ursachen haben. Darüber hinaus waren manche Stadträte bestrebt, Handwerker ansässig zu machen, die bis dahin in der Stadt unbekannte Gewerbe ausübten oder neuartige Fertigungsprozesse beherrschten; häufig wurden F. auch konzessioniert, um die ansässigen Zünfte, die gegen die Gewerbepolitik oder die Preisfestsetzungen der Stadträte opponierten, unter Druck zu setzen. In größeren Zahlen sind die F. erst seit dem ausgehenden 15. Jh. bekannt, der Zeit also, in der die Zünfte verstärkt zu einer sozialen Abschließung und der Begrenzung ihrer Mitgliedsstärke übergingen. Quellen und Literatur trennen die F. nicht immer eindeutig von →Bönhasen und Störern.   H.-P. Baum

Q. und Lit.: →Handwerk

Freising, Bm. und Stadt in Oberbayern, an der Isar.
I. Bistum – II. Stadt.

I. BISTUM: [1] *Früh- und HochMA:* F. (lat. Frigisinga, Frisinga 'Siedlung eines Frigis'), seit ca. 700 agilolfing. Herzogspfalz (→Agilolfinger, →Bayern), in der unter dem Teilhzg. →Grimoald (715–725/728) und kurz unter Hzg. Hucbert (ca. 725–ca. 736) der hl. →Korbinian Missionstätigkeit ausübte.

Das Bm. F. wurde wie die anderen bayer. Bm. er 739 von →Bonifatius und Hzg. Odilo gegr. Bischofssitz wurde die bisherige Herzogspfalz auf dem Domberg. Über die ersten Bf. e wissen wir nur wenig. Aber seit dem tatkräftigen und gelehrten Bf. →Arbeo (764/765–783) tritt dann eine Bischofsreihe in Erscheinung, die das Bild F.s außerordentlich prägte. Ein einziger Adelsklan, die →Huosi, hat fast ein Jahrhundert lang durch Besetzung des Bischofsstuhls aus den eigenen Reihen das Bm. beherrscht und damit auch die Politik des Raumes bestimmt, mit teilweise recht positiven Akzenten. Der Wirkungsbereich des Bm.s F. war sowohl im Rahmen des agilolfing. Hzm.s als auch im Rahmen des ostfrk. Reichsteils stark binnenorientiert. Es greift in seiner Kernsubstanz nicht bis an die Reichsgrenzen aus. Das zeitgenöss. F.er Quellenmaterial zeigt eine auffallend dichte Konzentration des F.er Besitzes zw. Inn im Osten und Lechrain im Westen, als entfernten Besitz vor 788 lediglich noch das Eigenkl. →Innichen im Südtiroler Pustertal. Mit Anno (854–875), dem Nachfolger des Huosierbf.s →Erchanbert (835/836–854) und seinem Neffen Arnold (875–883) scheint eine neue Adelsfamilie auf dem F.er Bischofssitz zum Zuge gekommen zu sein. Erstmals im ausgehenden 9. Jh., anläßlich der Bischofserhebung des ehem. Notars und Kanzlers Kg. Karls III., Waldo (883–906), läßt sich die Beteiligung des Kg.s bei der Besetzung des F.er Stuhls nachweisen. Bezeichnenderweise ist Waldo der erste Bf. der Diöz., der nicht den großen Adelssippen des bayer. Raumes angehörte. Waldos Bruder →Salomo war Bf. v. Konstanz. Der gleichzeitige Bf. Waldo v. Chur war Neffe des F.er Bf.s.

Trotz der Binnenstruktur des Bm.s war Bf. Anno in den Konflikt der bayer. Bf.e mit dem Slavenapostel →Method verstrickt; in einem Papstbrief wird der Bf. als Hauptdrahtzieher der Kampagne gegen Method bezeichnet. Bes. Kg. →Arnulf stärkte F. im karantan. Raum nach dem Methodiusprozeß. Ein halbes Jahrhundert später setzte dann unter Bf. →Abraham (957–993) der F.er Vorstoß in den slav. Raum mit Bischofslack in →Krain ein, wiederum mit Hilfe des Kgtm.s. Ein Jahrhundert später wird Bf. Ellenhard von Ks. Heinrich IV. mit weiteren Besitzungen im Krainer Raum und in Istrien belohnt. Diese F.er Ausbreitung in den Südostalpenbereich führte zu kirchen- und territorialpolit. Spannungen mit →Salzburg u. →Aquileia.

Unter Bf. Abraham erwarb F. auch die Gft. Cadore sö. von Innichen, offensichtl. in jenem Augenblick, als Ks. Otto II. dringend Hilfe gegen den eigenwilligen Bayernhzg. →Heinrich den Zänker brauchte. Möglicherweise stand die Übertragung dieser Gft. an F. auch im Zeichen der Byzanzpolitik Ottos II., denn der Cadore-Weg führte in die byz. Einflußzone des Veneto.

Auch im Donauraum erhielt F. seit der Mitte des 9. Jh. eine Reihe wichtiger Besitzungen. Im 11. Jh. zeigt sich erneut enger Kontakt zwischen F. und dem Kg.: →Egilbert (1005–39), der 17. Bf. v. F., war Mitglied des Hofklerus und Kanzler Heinrichs II. für Deutschland und Italien. Seine Ernennung mußte gegen den Widerstand des F.er Domklerus durchgesetzt werden. Egilberts zweiter Nachfolger, →Ellenhard (1052/53–78), soll wiederum als familiaris des Kg.s ex aula imperatoris auf die Empfehlung Heinrichs III. 1053 zum Bf. gewählt worden sein. Im Investiturstreit war er denn auch treuer Parteigänger des Kg.s. Im 11. Jh. war also F. fest in der Hand des Kg.s.

Bf. →Otto I. v. F. (1138–58), Sohn Mgf. Leopolds III. v. Österreich und einer Tochter Ks. Heinrichs IV., einer der größten Geschichtsschreiber des MA, war ein eifriger Reformer der Diözese, gründete Prämonstratenserstifte und stellte eine Reihe von Kl. seiner Diözese wieder her. Unter seinen Nachfolgern Albert I. (1158–84) und Otto II. (1185–1220) entstand der – bestehende – spätroman. Dombau, im Innern im 18. Jh. barockisiert, doch bewahren das Portal und die bedeutende Krypta (in ihr der Steinsarg des hl. Korbinian) roman. Charakter.

Der harte Zugriff der Hochstiftsvögte (seit Mitte 11. Jh. Wittelsbacher) zwang die F.er Bf.e zur Stärkung ihrer Positionen.

[2] *Spätmittelalter:* Die im Bereich der kirchl. Organisation im 12. Jh. voll ausgebildete Archidiakonatsgliederung wurde in der Folgezeit zugunsten der Dekanate abgebaut (1315 4 statt 5 Archidiakonate, 18 Dekanate). Die erste Diözesanbeschreibung von 1315 nennt 233 Pfarreien, 544 Filialkirchen, 7 Kollegiatstifte und 14 Kl. (ohne Bettelorden). Um 1229 hatte der Hzg. v. Bayern eine solche Vormachtstellung gegenüber Bf. Gerald errungen, daß jener ihm die Bischofsstadt F. als Lehen übertragen mußte. Erst die Klage der bayer. Bf.e bei Kurie und Ks. verhinderte dies. F. konnte im 13. und frühen 14. Jh. nur ein sehr bescheidenes Hochstiftsterritorium aufbauen (Stadt F., Gft. Ismaning, Gft. →Werdenfels, Herrschaften Isen-Burgrain und Waldeck), eingezwängt von hzgl. Macht. Dazu kamen große, aber in der Regel territorial gebundene Grundherrschaften in Österreich, Tirol, Kärnten und Krain (hier die als nicht exterritoriales Landgericht organisierte Herrschaft Bischofslack/Škofja Loka, mit 1200 Hufen um 1300).

Da es den wittelsbach. Hzg.en nicht gelang, F. in ein Landesbm. umzuwandeln, versuchten sie zunehmend, eigene Parteigänger auf den F.er Bischofsstuhl zu bringen. 1377 konnte sich Johann, natürlicher Sohn Hzg. Stephans III., nicht gegen den von den Habsburgern geförderten Gegenkandidaten durchsetzen. Der zweite Versuch gelang nach Anfangsschwierigkeiten. Johann Grünwalder, ein ausgezeichneter Diplomat, Politiker und Reformer, natürlicher Sohn Hzg. Johanns II., war 1443–52 Bf. v. F.

Seit 1496 waren Pfälzer Wittelsbacher Administratoren, dann Bf.e v. F. 1492 konnte Hzg. Albrecht IV. v. Bayern-München durch päpstl. Unterstützung das hzgl. Kollegiatstift an der Frauenkirche in München errichten und diesem zwei reiche F.er Stifte übertragen. Erheblich war seit dem 15. Jh. auch der hzgl. Einfluß auf das F.er Niederkirchenwesen.

[3] *Skriptorium, Bibliothek, lit. Schaffen:* Unter Bf. Arbeo wird das Skriptorium des Domkl. faßbar, dessen Anfänge wohl noch in die Gründungszeit des Bm.s reichen. Er hat mit ags., bayer. und schwäb. Schreibern den Ruhm des F.er Skriptoriums begründet. Exeget. und homilet. Werke spielen in der Dombibliothek eine bes. Rolle. Durch die Schüler Arbeos gewann F. weitreichende Beziehungen, Arbeo selbst war oft Urkundenschreiber, als Bf. betätigte er sich als Hagiograph. In der frühen Karolingerzeit erreichte das F.er Skriptorium unter Bf. Hitto (811/12–836) einen erneuten Höhepunkt. Damals legte auch der bfl. Notar Cozroh den ersten F.er Traditionscodex an (→Traditionsbücher). Im 10. Jh., vornehml. unter Bf. Abraham, schlug sich die Slavenmissionierung auch im F.er Skriptorium nieder (s. a. →Freisinger Denkmäler). Seine lit. und geistigen Glanzpunkte erlebte F. zweifellos im 12. Jh. unter seinem berühmten Bf., Geschichtsschreiber und Geschichtsphilosophen Otto I. v. F. Unter Bf. Otto II. (1184–1220) begann Conrad Cacrista die erste F.er Bischofschronik.

Auch im SpätMA wurde die Bibliothek zielstrebig ausgebaut, nun mehr mit jurist., bes. kanonist. Werken. Bf. Sixtus v. Tannberg (1473–95) förderte als Verleger und Unternehmer den kirchl. Buchdruck. In diese Zeit fällt auch die Abfassung der F.er Bischofsgesch. des Veit →Arnpeck.

[4] *Klöster und Stifte:* Neben der im späten 8. Jh. erfolgten Erwerbung von Eigenkl. im weiteren bayer.-alpenländ. Raum (→Scharnitz-Schlehdorf, →Innichen) sind als Gründungen im nächsten Umkreis der Bischofsstadt insbes. zu nennen: das Kl. OSB →Weihenstephan, gelegen auf einem Hügel gegenüber dem Domberg, 1020 von Bf. Egilbert neugegr., auf der Grundlage eines älteren Stiftes (möglicherweise auf ein Oratorium des hl. Korbinian zurückgehend); das Andreasstift auf dem Domberg (gegr. 1062); das Prämonstratenserkl. St. Peter und Paul (Neustift) östl. der Stadt (gegr. 1142 durch Bf. Otto I.) u. a. Die Abtei OSB →Moosburg, nördl. von F., kam im späten 9. Jh. durch Kg. Arnulf an F.   W. Störmer

II. STADT: F. bildete im frühen MA einen wichtigen Isarübergang zw. →Augsburg und →Salzburg. 996 wurde den Bf.en von Otto III. das Münz- und Zollrecht sowie ein tägl. Markt verliehen. Sie bemühten sich intensiv um einen Ausbau des ihnen von Ludwig dem Kind geschenkten, isaraufwärts gelegenen Hofes (Ober-)Föhring (Brücke, Markt, Münze), doch durchkreuzte Hzg. →Heinrich der Löwe diese von Bf. Otto I. weiterverfolgten Pläne durch die Zerstörung Föhrings und die Verlegung des Marktes nach →München (1156/58, durch Schiedsspruch Friedrich Barbarossas vom 14. Juni 1158 zu Augsburg bestätigt).

Die Stadt F. blieb wirtschaftlich wenig bedeutend, bedingt durch ihre Lage inmitten großer Moorflächen (F.er, Erdinger Moos) sowie die Konkurrenz der Nachbarstädte München und →Landshut. Die wenigen Gewerbe lebten v. a. von der bfl. Hofhaltung und dem Fremdenverkehr bei Kirchenfesten. Das polit. Eigenleben war gering (Rat 1263 belegt; Stadtrechtsbuch 1328; 1330 Siegelführung bezeugt). Zu Beginn des 14. Jh. Spannungen mit dem bfl. Stadtherrn, danach Selbstverwaltung, in die der Bf. jedoch wiederholt eingriff. Das ummauerte Stadtareal betrug seit 1319 ca. 45 ha.   H. Stahleder

Lit.: A. AMMER, Der weltl. Grundbesitz des Hochstiftes F. (Wiss. Festg. zum zwölfhundertjährigen Jubiläum des hl. Korbinian, 1924), 299–336 – E. PITZER, Weltl. Regierung und Landeshoheit im Hochstift (= 22. Sammelbl. des hist. Ver. F. 1953) – H.-J. BUSLEY, Die Gesch. des F.er Domkapitels [Diss. masch., München 1956] – P. BLAZNIK, Das Hochstift F. und ...Lack, 1968 – K. HEFELE, Stud. zum hochma. Stadttypus der Bischofsstadt in Oberdeutschland (Augsburg, F., Konstanz, Regensburg [Diss. München 1970] – R. BRANDL-ZIEGERT, Die Sozialstruktur der bayer. Bischofs- und Residenzstädte Passau, F., Landshut und Ingolstadt (Die ma. Stadt in Bayern, hg. K. BOSL, ZBLG Beih. 6, 1974), 18–127 – H. STAHLEDER, Hochstift F. (= Hist. Atlas von Bayern, T. Altbayern 33, 1974) – G. GLAUCHE, Bm. F. (Ma. Bibliothekskat. Dtl. und der Schweiz, hg. B. BISCHOFF, 4, 1977), 600–868 – J. MASS, Das Bm. F. im MA, 1986.

Freisinger Denkmäler, erste um 1000 geschriebene Hs. in sloven. Sprache, enthält zwei Beichtformeln (I, III) und eine Exhortatio ad poenitentiam (II). →Freising, →Sloven. Sprache.   S. Vilfan

Lit.: V. VONDRÁK, Frisinké památky, 1896 – F. RAMOVŠ-M. KOS, Brižinski spomeniki, 1937 – F. er D., 1968 (Gesch., Kultur und Geisteswelt der Slowenen).

Freistadt, Stadt in Oberösterreich im Granithügelland des Mühlviertels in 560 m NN. Die in der ersten Hälfte des 13. Jh. planmäßig entstandene Stadt lag an einem wichtigen, bereits in der Jungsteinzeit begangenen Salz- und Eisenhandelsweg durch den Grenzwald zw. Böhmen und der Donau. Im 11. Jh. kommt es zu einer ersten Burganlage und zur Entstehung vorstädt. Siedlung, bes. des Salzhofes des Kl. Garsten, der auf eine Schenkung Konrads III. 1142 zurückgeht. Die ca. 1200–20 'libera civitas', um 1280 'Vreynstat' gen. Stadt war Mittelpunkt der Riedmark. 1354 ist der Rat, 1388 der Bürgermeister bezeugt; 1282 ist auch das Stadtsiegel belegt, Stadtordnungen sind seit der Mitte des 15. Jh. erhalten. Von Rudolf I. erhielt die Stadt 1277 ein →Stapelrecht, 1363 folgte das →Meilenrecht. In der Folgezeit wurde eine Monopolstellung im Böhmenhandel angestrebt. F.s Jahrmärkte erlangten im 15./16. Jh. überregionale Bedeutung, während neben dem Handel ansonsten nur lokal bedeutendes Textil- und Eisenhandwerk, im 16. Jh. auch ein blühendes Braugewerbe nennenswert sind. Die Hauptkirche der Hl. Katharina erlangte wohl um 1260 Pfarrrechte, die Spitalskirche ist 1311 vorhanden, St. Johann erstmals 1381 urkundl. bezeugt. Hinzu trat eine um 1435 belegte Hl. Geist-Kapelle. Der in der 2. Hälfte des 14. Jh. aufgeführte Steinbering umschloß 14,5 ha Fläche. Mitte des 16. Jh. besaß die Stadt ca. 1500 Einw. Gegenreformation und Verlust der Grenzstadtfunktion führten im 17. Jh. zu wirtschaftl. Stagnation.   G. Marckhgott

Lit.: Österr. Städtebuch I, 1968, 139–151 [mit Katasterplan] – J. STRNADT, Der Ursprung der landesfsl. Stadt F., MIÖG 33, 1902 – F. DICHTL, Die Stadt F. und ihre Bauwerke, 1955 – F. KAINDL, Der Kampf der Stadt F. um ihr Straßenvorrecht [Diss. Wien 1961] – H. KNITTLER, Städte und Märkte, 1973, 58 – H. JUNG, Die »Ordnungen« von F. (Forsch. zur Gesch. der Städte und Märkte Österreichs 1, 1978), 151–215.

Freistiftrecht. Die »Leihe zur freyen Stüfft« (iure precariae) bezeichnet innerhalb der bäuerl. Besitzrechte jenes
der Leihe auf begrenzte Zeit, auf ein, zwei oder mehrere,
selten aber über fünf Jahre. Dieses steht im rechtsstruktu-
rellen Gegensatz zu der von einem Grundherrn auf ein
oder mehrere Leben lang verliehenen dinglichen Berechti-
gungsform an fremder Sache, dem →Leibgeding (vitalitio) und dem auf beliebige Generationen vererbbaren
»Erbrecht« (→Emphyteusis). Von der theoret. Anlage her
konnte der Grundherr den Freistift-Bauer nach Ablauf der
vereinbarten Vertragsdauer zum jährl. Stift-Tag »abstif-
ten«, also kündigen.

Allerdings wurde von dieser relativ freien Kündigungs-
möglichkeit in dieser Rechtsfigur schon im HochMA
selten Gebrauch gemacht. Denn die wirtschaftl. Folgen
einer an sich möglichen regen Kündigungs- und Nachbe-
setzungspolitik treffen Bauer und Grundherrn gleichermaßen: der mit der Unsicherheit hinsichtlich einer längerfristigen Rentabilität wirtschaftende Bauer erschwert
durch seine Reaktion der Vernachlässigung in der Rekulti-
vierung, in der Pflege des Bodens, insbesondere in Zeiten
des Arbeitskräfteschwundes, die Weiterverleihbarkeit des
Bodens und schmälert hiermit die Einkommensmöglich-
keit des Grundherrn. Die Praxis des F.s korreliert daher
stark mit Wachstums- und Innovationszyklen.

Trotz der also faktisch erfolgten Tradition des F.s innerhalb einer Familie und dessen Entwicklung zu einem,
wenn auch der grundherrschaftl. Zustimmung bedürftigen, veräußerbaren und belastbaren Recht, beharrt die
→Grundherrschaft, insbes. die geistl., auf der Beibehaltung dieses »schlechteren« Besitzrechts. Immerhin bot es
im Falle der Besitzstandsänderung die Chance, »Anfahrts-
gelder«, *Anlait,* also Einweisungsabgaben einzuheben;
daneben bot es über informellen Druck doch die Möglichkeit zu einer verordneten Rotation der Bauern innerhalb
einer Grundherrschaft im Interesse der Bestbewirtschaf-
tung des vorhandenen Hofbestandes.   J. W. Pichler

Lit.: CH. BLÜMBLACHER, Tractatus de iure emphiteutico, vitalitio et
iure precariae, Salzburg, 1765³ – W. FRESACHER, Der Bauer in Kärnten,
II: Das F., 1952 – F. LÜTGE, Dt. Sozial- und Wirtschaftsgesch., 1960²-J.
PICHLER, Die ältere ländl. Salzburger Eigentumsordnung, 1979 –
DERS., Das geteilte Eigentum im ABGB, Zs. für Neuere Rechtsgesch.
8, 1986, 23ff.

Freizügigkeit, Recht des freien Zugs, gewährt die Möglichkeit freien Ziehens, d.h. Aufenthalt und Wohnsitz
dort zu nehmen, wo der Einzelne unter Mitnahme seiner
persönl. Habe (seines persönl. Eigentums) will. Maßgeb-
licher Gesichtspunkt der F. ist der Ortswechsel. F. bleibt
dem ma. Menschen, der in die →Grundherrschaft oder in
die Leibesherrschaft (→Leibeigenschaft, -herrschaft) eingebunden ist, grundsätzl. versagt. Die fehlende F. erweist
sich gerade als persönl. Merkmal seiner Abhängigkeit.
Die Schollengebundenen (glebae adscripti) dürfen nicht
wegziehen, können indes von ihrem Herrn mit dem
Grundstück an einen anderen übertragen werden. Die in
ihrer Rechtsstellung nicht immer unterscheidbaren
grund- oder leibesherrl. Abhängigen dürfen nur bei vor-
liegendem Konsens ihres Herrn einen Ortswechsel vornehmen.

Inwiefern Titel 80 der Lex Salica, »De migrantibus«,
herangezogen werden kann, mag fraglich erscheinen, da
die Aufnahme eines Fremden in den Hofverband geregelt
wird, die einstimmigen Konsens der bereits dort Wohnenden vorsieht (→Fremde, -nrecht). Eine eingeschränkte F.
kennen dagegen die →Hofrechte des 11. Jh. Überdies
vermögen die Herrschaften Wechselverträge miteinander
zu schließen, aufgrund derer die F. in den Grenzen der

Vereinbarung ermöglicht wird. Die Stadtrechtsentwicklung läßt erkennen, daß Hörige grundsätzl. in die Städte
ziehen können und nach →Jahr und Tag ihres Aufenthaltes
in der Stadt frei werden, falls sie nicht von ihrem Herrn
innerhalb dieses Zeitraumes zurückgefordert werden. Jedoch sieht c. 3 der →»Confoederatio cum principibus
ecclesiasticis« (1220) und c. 12 des →»Statutum in favorem
principum« (1231/32) ein Aufnahmeverbot von Hörigen
vor. Allerdings sollen Abzugswillige nicht am Wegzug
gehindert werden (Statutum, c. 23). Die Städte gehen in
der Folgezeit dazu über, für Wegziehende eine Nachsteuer
oder ein Abzugsgeld zu fordern. Dadurch beschränken sie
die F. Erst die Verfassungsgesch. der NZ hat die F.
gebracht.   P. Spieß

Lit.: DtRechtswb I, 347, 797 – HRG I, 1262, 1695 – R. v. KELLER,
Freiheitsgarantien für Person und Eigentum im MA (Deutschrechtl.
Beitr. 14, H. 1, 1933), 107ff. – W. MÜLLER, Entwicklung und Spätfor-
men der Leibeigenschaft am Beispiel der Heiratsbeschränkungen (VuF
Sbd. 14, 1974).

Fréjus, Stadt und Bm. in der östl. Provence (dép. Var).
[1] *Spätantike:* Als Etappenstation der Küstenstraße vermutl. von Caesar an der Mündung des Argens gegründet.
Augustus erweiterte die Hafenanlagen zu einer der wichtigsten Flottenbasen (→Flotte, Abschnitt A) des Imperiums und siedelte dort die Veteranen der VIII. Legion an
(Forum Iuli Octavanorum). Reste von Stadtmauern und
Toren, Theatern, Thermen, Wasserleitung bezeugen die
Bedeutung der Stadt in der Kaiserzeit bis in die Spätantike.
                                                  J. Gruber

[2] *Mittelalter:* Die Geschichte der Stadt im FrühMA
liegt weithin im dunkeln. Seit 374 sind Bf.e belegt, deren
Reihe aber bis ins 10. Jh. Lücken aufweist. Das Baptisterium und einige Teile des Kathedralnarthex könnten auf
das 5. Jh. zurückgehen. Am Ende des 10. Jh. erlangte Bf.
Riculf vom Gf.en v. →Provence die Übertragung der
Hälfte von Stadt und Hafen; er hatte in diesem Zusammen-
hang den Niedergang des Bm.s infolge von →Razzien der
Sarazenen geltend gemacht (s. a. →Fraxinetum). Im
11. Jh., in dem die erste Bauperiode der zweischiffigen
Kathedrale stattfand, erfolgte auch die Reorganisation des
Kapitels, Voraussetzung für institutionellen wie architek-
ton. Ausbau des Kathedralkomplexes im 12. Jh. In diesem
Jahrhundert wurde wohl auch die – ovale – Stadtmauer,
die ein Areal von 2,6 ha umschloß, errichtet. F. wurde zum
Standort bedeutender, von genues. Kaufleuten besuchter
Messen. Unter Gf. Raimund Berengar V. war F. Verwal-
tungssitz einer ausgedehnten, die Diöz. von F. umfassen-
den Baillie, an deren Spitze Romée de →Villeneuve stand.
Mit der um die Mitte des 13. Jh. erfolgten Verlegung des
Amtssitzes nach Draguignan verlor F. jedoch seine administrative Bedeutung. Dem entsprach auch die Verlagerung der großen provençal. Handelsroute, die nun – unter
Umgehung von Esterel und Argens-Tal – in ost-nord-
westl. Orientierung über Draguignan und Grasse verlief.
Die in F. erhobene →Gabelle, in die sich nach einer Quelle
von 1235 Gf. und Bf. teilten, kontrollierte zunächst den
gesamten Seehandel zw. Antibes und St. Tropez; durch
die Ausschreibung zahlreicher neuer Gabellen unter Karl
I. (1246–85) sank die Gabelle v. F. jedoch zu einer bloß
lokalen Steuer, die auf dem Salz aus Berre lag, herab.

Das Bm. war weiträumiger als die benachbarten Küsten-
diözesen. Der Bf. übte Herrschaft bzw. Conseniorat
über ca. zehn Dörfer aus; diese bildeten im N der Bischofsstadt ein geschlossenes Territorium, dessen Getreideproduktion den ertragreichsten Posten der bfl. Einkünfte
bildete. Die wenig bedeutende Stadt F., die 1315 mit
weniger als 1000 Einwohnern weit hinter Draguignan

zurückstand, erlebte im 15. Jh. offenbar einen neuen demograph. Aufschwung; 1471 rangierte F. auf dem
12. Platz der provenzal. Städte. In dieser günstigen Phase
des späten 15. Jh. wurde die Kathedrale mit neuen Kunst-
werken ausgeschmückt. F. behielt seine Schlüsselstellung
als Hafen für die Verschiffung des aus den südl. Alpen
herangeführten Weizens nach Ligurien; das Hinterland
diente im Rahmen der Transhumanz (→Weide, -wirt-
schaft) den Herden von der hohen Roya als Winterweide.
                                                    N. Coulet

Lit.: [1]: RE VII, 69f. – The Princeton Enc. of Classical Sites, hg. R.
STILLWELL u. a., 1976, 335f. [Lit.] – zu [2]: DHG 18, 1219–1240 –
GChrNov, Aix, 305–432 – P. A. FÉVRIER, La basse vallée de l'Argens.
Quelques aspects de la vie économique de la Provence orientale aux
XVᵉ et XVIᵉ s., PH, 1959, 38–61 – E. BARATIER, La démographie
provençale du XIIIᵉ au XVIᵉ s., 1961 – DERS., Enquête sur les droits et
revenus de Charles Ier, 1969 – P. A. FÉVRIER, F. (Forum Julii) et la basse
vallée de l'Argens, 1977² – J. THIRION, Alpes Romanes, 1980, 157–196 –
P. A. FÉVRIER, Le groupe épiscopal de F., 1981 – Topographie chrétienne des cités de la Gaule des origines au milieu du VIIIᵉ s., hg. N.
GAUTHIER – J. CH. PICARD, II, 1986, 43–47 – L. ROBION, F. Vᵉ–XXᵉ
siécle. Declins et renaissances, 1987, 1–71.

Fremde, -nrecht. Fremdenrecht gilt nicht für einheim.
→Juden und für →Sklaven. – Der (Reichs-)F. ist rechtlos,
kann aber als →Gast, als Muntling (→Munt) des Kg.s oder
eines sonstigen Herrn sowie als Teilnehmer an einem bes.
(z. B. Markt-)→Frieden Schutz finden. Es gilt für ihn nicht
Heimatrecht, sondern grundsätzl. das Recht des Gastgebers und/oder Schutzherrn (senior, patronus), beides modifiziert durch den Gaststatus. Mangels eines anderen
Schutzherrn tritt der (frk.) Kg. bzw. der Hzg. (in→Bayern
bis 788) als solcher subsidiär ein. Will der Ankömmling
(auf Dauer) in dem fremden Land leben, so muß er dessen
Recht annehmen, es sei denn, der Kg. gewähre ihm ein
anderes, sein heim. (→Edictus Rothari 367). Die Lex
Visigothorum XI,3,2 gesteht über See kommenden
Händlern ihr Heimatrecht zu. Für den unter →Königs-
schutz stehenden F.n galt ein entsprechend erhöhtes
→Wergeld. Es fiel wohl nur mangels präsenter Verwandtschaft des Erschlagenen dem Kg. bzw. Hzg. zu. Entsprechendes gilt für den Nachlaß des F.n. Für fremde →Kauf-
leute, Missionare (→Mission) und ähnlich relevante Personen ist der unmittelbare Königsschutz gelegentl. durch
ad personam ausgestellte Schutzbriefe bes. ausgestaltet.
    Innerhalb des frk. Reiches lebt der (Stammes-)F. nach
seinem Stammesrecht (Personalitätsprinzip; Lex Ribuaria
35,3–5), das er durch professio iuris anzeigen muß. Er
leistet auf seine Eid und Buße, unterliegt aber im
übrigen dem Prozeßrecht des Ortes. Die Lex Ribuaria 40
formuliert Wergeldsätze für Stammesfremde. Der allgemeine Friedensschutz (pax et defensio) für F. kommt am
stärksten in den Buß- und Konfiskationsdrohungen der
Lex Baiuvariorum IV,30–31 und in →Kapitularien der
Jahre 802–803 zum Ausdruck. Er gilt vornehmlich zwei
Gruppen: den →Pilgern, denen bescheidene Unterkunft
und Verpflegung nicht versagt werden darf, und den
Flüchtlingen, Heiden wie Christen, die im Reich Zuflucht
suchen. Wer sie in Unfreiheit zu bringen sucht, soll mit
dem Tode bestraft werden (MGH Cap. I n.33 c.27).
    Den sich in Gruppen ansiedelnden →hispani werden
Sonderrechte gewährt. Die Schärfe der angedrohten Strafen zeigt, daß der Königsschutz nicht immer effektiv war.
Gerade vereinzelt auftretende Flüchtlinge oder (ehemalige) →Geiseln mußten nach wie vor Verknechtung befürchten.
    Dem Orts- oder Gerichtsfremden sind mangels Eides-
helfer (→Eid) →Gottesurteil oder Elendeneid gestattet.
Als Zeuge in Streitigkeiten Gerichtsansässiger soll er nicht

fungieren. Gegen die zuziehenden F.n steht jedem Bewohner einer villa ein Einspruchsrecht zu, das durch kgl.
Privileg ausgeräumt werden kann (Pactus Legis Salicae
Tit. 14 § 4, Tit. 45). Der Gastgeber hat zumindest grundbe-
sitzlose F., die sich über längere Zeit in seinem Hause
aufhalten, vor Gericht zu stellen oder aber für ihre Untaten
einzustehen (Lex Ribuaria 35,1,2; MGH Cap. I, n. 146 c. 5).
Kapitularien des frühen 9. Jh. schreiben die Erfassung der
F.n nach Zahl, Herkunftsort, eigenem Namen und Namen ihrer seniores vor (MGH Cap. I, n.40 c.6, n.67 c.4).
    Im späteren MA ist der F. nicht mehr rechtlos, bedarf
folglich keines Schutzherrn, hat aber als Nicht-(Ge-
richts-)Eingesessener, als »utwendich man« (Sachsenspiegel III, 79,2), als Angehöriger eines anderen Rechtskreises
und Nichtbürger an all den Rechten, die sich aus der
Zugehörigkeit zu Gericht und Rechtskreis, zu Territorium und Stadt ergeben, keinen Anteil. Seine Stellung als
Rechtsverfolger wird durch das Prinzip des Beklagtenge-
richtsstandes geregelt. Er selbst sieht sich als Schuldner
dem →Arrestverfahren ausgesetzt. Viele Städte haben die
sich aus diesen Grundsätzen ergebenden Probleme in bi-
und multilateralen Verträgen zu mildern versucht. Für
Fremde gelten zunehmend territorial radizierte Normen,
z. B. städt. →Statuten. F. leben teils privilegiert, z. B. als
Siedler nach landfremdem, heimischen Recht, teils sind sie
als →Fahrende der Willkür der Behörden ausgeliefert. –
S. a. →Gast, -recht.   J. Weitzel

Lit.: Dt. Rechtsgesch. I², 1906, 399–402 [H. BRUNNER]; II², 1928,
37f. [H. BRUNNER – v. SCHWERIN] – HRG I, 1266–1270 [B. KOEHLER,
s.v. F.]; 1270–1272 [H. THIEME] – R. HIS, Das Strafrecht der dt. MA I,
1910, 363f. – F.-L. GANSHOF, L'étranger dans la monarchie franque
(L'Étranger [= RecJean Bodin X], 1958), 5–36 – H. THIEME, Die
Rechtsstellung der F.n in Dtl. vom 11. bis zum 18. Jh., ebd., 201–216 –
W. EBEL, Justizverträge niedersächs. Städte im MA, 1961 [DERS.,
Rechtsgesch. aus Niederdtl., 1978, 157–173].

Frenswegen → Windesheimer Kongregation

Frérèche → Hausgemeinschaften

Frescobaldi, florent. Kaufmanns- und Bankiersfamilie;
bereits in der ersten Hälfte des 13. Jh. in der Arte di
→Calimala bezeugt, spielte in der sog. »Primo Popolo-
Periode« (1250–1260; →Florenz) eine Rolle in der städt.
Politik. Den Höhepunkt ihres polit. Einflusses und ihrer
wirtschaftl. Blüte erreichten die F. in der 2. Hälfte des 13.
und Anfang des 14. Jh. Nachteilig erwies sich jedoch ihre
Hinwendung zu den Magnaten, die bes. von dem Bankier
Berto F. vertreten wurde, einem Opponenten der popularen Politik des Giano della Bella, durch dessen »Ordinamenti di Giustizia« (1293) die F. auf ein polit. Nebengeleise
geschoben wurden. Es schadete ihnen auch ihre Sympathie für die Anjou (in ihren Häusern in Florenz beherbergten sie 1273 Karl v. Anjou und 1301 Karl v. Valois), an der
sie noch festhielten, als der Papst und Florenz eine vorsich-
tigere Politik gegenüber der frz. Dynastie einschlugen. In
den letzten Jahrzehnten des 13. und an der Wende zum
14. Jh. spielten die F. in England und Frankreich eine
Pionierrolle in der Hochfinanz. 1311 hörte jedoch ihre
Kompanie in England auf zu bestehen. Von diesem Zeitpunkt an konnten die F. in der Politik und im Wirtschaftsleben von Florenz keine Spitzenposition mehr erreichen,
obwohl sie über das MA hinaus bis in die NZ eine gewisse
Bedeutung behielten. In der ersten Hälfte des 14. Jh. rieben
sie sich in Verschwörungen auf, die eine Restauration der
Magnaten zum Ziel hatten. *Stoldo,* Sohn des Leonardo,
wurde von dem Medici-Regime, das sich 1434 konsolidiert hatte, politisch ausgeschaltet; *Battista* wurde 1481
wegen einer Verschwörung gegen Lorenzo de' →Medici
hingerichtet. Unter den Mitgliedern der Familie sind fer-

ner zu erwähnen: der Dichter →*Dino* und *Leonardo,* Sohn des Niccolò, der einen Bericht über seine Reise nach Ägypten und in das Hl. Land (um 1385) verfaßte (»Viaggio in Terra Santa«), der wegen des Interesses des Autors für die geograph., sozialen und polit. Aspekte der besuchten Stätten Beachtung verdient. L. Pandimiglio

Q. und Lit.: D. Compagni, Cronaca, hg. I. DEL LUNGO, RIS², IX, 2–L. M. Mariani, Priorista fiorentino, Arch. di Stato di Firenze, Ms. 248–254 [uned.] – S. Ammirato, Istorie fiorentine, Firenze 1647 – A. GREGORINI, Le relazioni in lingua volgare dei viaggiatori it., Annali d. Regia Scuola normale superiore di Pisa, Filologia e Filosofia XI, 1906 – A. SAPORI, La crisi delle compagnie dei Bardi e dei Peruzzi, 1926 – D. KENT, The Rise of the Medici Faction in Florence 1426–1434, 1978 – S. RAVEGGI, M. TARASSI, D. MEDICI, P. PARENTI, Ghibellini, Guelfi e Popolo grasso, 1978.

F., Dino, it. Dichter, * nach 1271 in Florenz, † 1316, aus der florent. Familie von Kaufleuten (und Dichtern). Als Verfasser von fünf Canzonen und 16 Sonetten wird er gewöhnl. dem →Dolce stil novo zugeordnet, obwohl er eine eher isolierte Stellung einnimmt: weder ist er in Dantes »De vulgari eloquentia« genannt, noch sind von ihm Sonettenwechsel mit anderen Dichtern erhalten. Trotz der allgemeingehaltenen Widmung einiger Gedichte an seine »donna« fehlen bei F. die charakterist. Züge einer Dichtung, die sich an den engen Kreis derjenigen wendet, die Amors »Diktat« folgen. F. ist deutlich →Cavalcanti und →Dante verpflichtet. In seiner Dichtung kommen personifizierte geistige Kräfte wie Denken *(pensiero),* Sinn *(mente)* und Herz *(core)* zum Ausdruck, die angerufen sind, den Liebeskonflikt zu deuten, den das »Ich« erlebt. So erklärt sich die Bildwahl (Schläge, Pfeile, Schilde), die F.s Dichtung abstrakter und zugleich leidenschaftlicher erscheinen läßt als die Werke lit. verwandter Autoren. Bisweilen findet sich bei F. eine allegorisch-erzählende Haltung, die den Einfluß von Dantes »Inferno« vermuten läßt. Auf jede äußere Aktion wird verzichtet, das – rein psychische – Geschehen findet im Inneren des Ich statt. F. Bruni

Ed.: Poeti del Dolce stil nuovo, ed. M. MARTI, 1969, 353–419 – D.F., Canzoni e sonetti, ed. F. BRUGNOLO, 1984 – *Lit.:* D. DE ROBERTIS, Il »caso« F., Studi Urbinati 26, 1952, 31–63 – →Dolce stil novo.

Freskomalerei → Wandmalereitechnik

Freuden und Schmerzen Mariae → Maria, hl.

Freundschaft (philosophisch-theologisch). Die antike Freundschaftslehre kennt zwei Autoren, die wirkungsgeschichtl. bedeutsam werden, Aristoteles und Cicero. Aristoteles (Nik. Eth. 8; 9; Eud. Eth. 7,1–12; M. Moral. 2,11–17) nennt drei Gründe für F. Sie ergeben sich aus der unterschiedl. Ausrichtung von Liebe: F. aus Nutzen, Lust oder des Guten wegen. Die beiden ersten F.en sind wegen ihrer egoist. Gründe meist nur kurzlebig. Nur die des Guten oder der Tugend wegen eingegangenen F.en verdienen diesen Namen und bestehen langfristig.

Wirkungsgeschichtl. bedeutsamer wird →Cicero (Laelius sive de amicitia), weil er v. a. durch die Kirchenväter, speziell →Augustinus rezipiert wurde. Ciceros Definition »F. ist nämlich nichts anderes als die Übereinstimmung bei allen göttlichen und menschlichen Dingen in Wohlgefallen und Güte« (Laelius 47) wird in der lat. Theologie bis ins hohe MA zitiert. Augustinus kennt zwar die affektive Seite der F., doch greift er sehr früh (C. Acad. 3,6,13) auf den ciceronian. Begriff der consensio zurück und verlangt Übereinstimmung im Glauben als Bedingung wahrer F. Deshalb könne es F. zw. Heiden und Christen nicht geben. F. heißt nun Nächstenliebe zw. Christen. →Caesarius v. Arles bringt dies auf die Formel: amicitia consuetudinis (affektive Seite) – amicitia rationis (Nächstenliebe). Erste-

re »haben auch die Tiere« (sermo 385,3 MPL 38,1691 unter den sermones Augustins). Gegenüber der sinnlich affektiven F. zählt nur die »wahre F. im Herrn selbst« (Augustinus, ep.258 CSEL 57,609). Deshalb werden bestehende F.en aufgekündigt, wenn der gemeinsame Glaube fehlt, z. B. die zw. →Paulinus v. Nola und →Ausonius.

Diese ciceronian.-augustin. F.slehre wird ans MA vermittelt. →Bernhard v. Clairvaux lehnt sich an Ciceros F.sbild bis zur wörtl. Übernahme an (GILSON, 33ff.) und läßt den Nutzen der F. nachgeordnet sein.

→Aelred v. Rievaulx unterscheidet in »de spirituali amicitia« (CCL cont.Med. 1,287–350), Cicero folgend, drei Arten von F.: auf Leidenschaft gegründete, fleischliche, auf Nutzen gegründete sowie auf Liebe beruhende F. der Seele. Die Seele bewegt sich von der ird. Freude zur Liebe Christi. F. entsteht aus Tugend; Ähnlichkeit schafft F., wie in der Natur auch Ähnliches zueinander findet.

Die emotionale Tiefe der Schrift »de spirituali amicitia« zeigt die Spuren der Mystik, geht ein in die Gedanken der →Gottesfreundschaft, der →Gebetsbrüderschaften und wirkt bis ins 19. Jh. hinein.

→Thomas v. Aquin (S. th. I–II qu.26,4) unterscheidet eine Liebe des Begehrens und eine Liebe der F. Letztere sucht das Wohl des Freundes, ist also personale, auf Tiefe und Dauer angelegte Beziehung. Mit Aristoteles grenzt er diese F. ab von der nützlichen und lustvollen Beziehung. Die wohlwollende F.sliebe ist für Thomas auch eine F. des Menschen zu Gott. W. Geerlings

Lit.: DSAM I, 500–529 [G. VANSTEENBERGHE] – TRE XI, 590–599 [H. H. SCHREY] – E. GILSON, Die Mystik des hl. Bernhard v. Clairvaux, 1936 – P. FABRE, Saint Paulin de Nole et l'amitié chrétienne, 1949 – A. ILIEN, Wesen und Funktion der Liebe bei Thomas v. Aquin, 1975 – W. GEERLINGS, Das F.sideal Augustins, ThQ 161, 1981, 265–274.

Freundschaftssagen

I. Deutsche Literatur – II. Englische Literatur.

I. DEUTSCHE LITERATUR: In der roman. und lat. Lit. tritt das Thema der Männerfreundschaft v. a. in der Verserzählung →»Athis und Prophilias« und in den verschiedenen Versionen von →»Ami(s) et Amile« auf. Die Werke der dt. Literatur greifen bei ihrer Behandlung der Thematik auf diese und einige andere lat. und roman. Quellen zurück.

[1] *Der Athis-Prophilias-Typ* (Freundschaftsbeweis ist die Überlassung der Braut/Frau), mit folgenden Werken vertreten: a) westmitteldt. Übers. des frz. »Athis et Prophilias«, fragmentar. erhalten (→Athis und Prophilias, 2); b) Übers. von →Boccaccios Novelle »Titus und Gisippus« in der Decamerone-Übertragung von Heinrich →Schlüsselfelder (Arigo), Grundlage für die dramat. Bearbeitung durch Hans →Sachs 1546; c) Übertragung der »Hist. septem sapientium« (→Sieben Weise) aus dem Anhang der →»Gesta Romanorum« in Hans v. Bühels »Dycletianus Leben« von 1412 (v. 7255ff.) auf der Grundlage einer mhd. Prosa-Übersetzung (Heidelberg, Cpg 106); d) das Spiel von Martin Montanus (Straßburg o. J.) nach cap. 171 der »Gesta Romanorum« und die entsprechende Prosafassung in seinem »Wegkürzer«.

[2] *Der Amicus-Amelius-Typ* (doppelter Freundschaftsbeweis, als zweiter Opfer der Kinder für den aussätzigen Freund), mit folgenden Texten: a) Verslegende »Amicus und Amelius« aus dem 13. Jh. nach lat. Vorlage (ed. MONE), fragmentar. erhalten (76 vv.); b) →Konrads v. Würzburg höf. Roman »Engelhard« nach einer unbekannten lat. Quelle (vgl. v. 212) von 1260 (?) nur in einem Druck von 1573 überliefert; c) Kunz Kisteners Pilgerlegende »Die Jakobsbrüder« (Mitte 14. Jh.), bei Kenntnis des »Engelhard« auf Grundlage einer lat. (?) Quelle (vgl. v. 1194); daneben eine abweichende Straßburger Prosa (un-

vollst.; d) Andreas Kurzmanns Verslegende »Amicus und Amelius« (und ihre Prosifizierung) nach einer lat. Vorlage (ed. SCHÖNBACH); anonyme Prosalegenden, von Amicus und Amelius: im »Großen Seelentrost« und im Cgm (ed. REIFFENSTEIN); f) »Olivier und Artus«, von Wilhelm Ziely (Basel 1521) nach einem frz. Prosaroman (Lyon 1489), die Grundlage für die dramat. Fassung von Hans→Sachs von 1556.

[3] *Weitere Darstellungen:* Nicht eigentlich zur F. gehören die Ausformungen der Zwei-Brüder-Geschichte *Valentin und Namelos:* a) »Valentin und Namelos«, mnd. Versroman, 1. Hälfte 15. Jh. und eine fragmentarisch erhaltene md. Fassung, dazu eine Prosabearbeitung in Breslau Cod. fol. 304; Quelle ist eine nicht erhaltene frz. Dichtung (vgl. v. 530, 1654 u. ö.); b) »Valentin und Orso«, Prosaroman von Wilhelm Ziely (Basel 1521) nach einer frz. Prosa (Genf 1482), dramatisiert von Jakob Ayrer.

Freundschaftsthematik ist im spätmhd. Prosaroman nach dem Vorbild der frz. Chansons de geste relativ gängig (»Loher und Maller« der →Elisabeth v. Nassau-Saarbrücken, »Ritter Galmy« und »Gabriotto und Reinhard« von Jörg Wickram). Eine einheimische F. ist nicht zu erschließen und angesichts der Internationalität der Erzählfabeln auch unwahrscheinlich. In der dt. Heldensage spielt das Freundschaftsmotiv nur eine Nebenrolle (»Waltharius«, »Nibelungenlied«). Den jeweiligen frz. Vorbildern folgt die Gestaltung des Freundschaftsmotivs im »Rolandslied« des Pfaffen→Konrad (Freundschaft zw. Roland und Olivier) wie in der dt. Artusepik (Freundschaft →Gawains mit dem Titelhelden des jeweiligen Romans); parodiert wird die Waffenbrüderschaft im »Reinhart Fuchs« von →Heinrich dem Glîchezâre (Reinhart und Isengrin). Die bedeutende Gestaltung der Freundschaft im Prosa-Lancelot (Lancelot und Galahot) ist bis ins Detail dem frz. Vorbild (Lancelot-Graal-Zyklus) verpflichtet (→Lancelot).   V. Mertens

Ed.: →Athis and Prophilias – H. ROSENFELD, Eine neuentdeckte Amicus und Amelius-Verslegende des 13. Jh., PBB (Tübingen) 90, 1968, 43–56 – *A. Kurzmann:* A. E. SCHÖNBACH, Mitth. aus altdt. Hss., SAW. PH 88, 1877/78, 850–864 – *H. Schlüsselfelder:* Decamerone von Heinrich Steinhöwel (sic!), ed. A. v. KELLER, 1860 – *H. v. Bühel:* Dycletianus' Leben, ed. DERS. (Bibl. d. ges. dt. Nat. Lit. 22, 1841) – *Montanus:* J. BOLTE, M.M., Schwankbücher, 1899, 106–125 – *Kunz Kistener:* K. EULING, Die Jakobsbrüder von Kunz Kistener, 1899 – F. PFEIFFER, Altdt. Übungsbuch, 1866, 197–199 – *Valentin und Namelos:* ed. W. SEELMANN, 1884 – W. GRIMM, Die Sage von Athis und Prophilias, ZDA 12, 1865, 185–203 (Kl. Schr. III, 1883, 346–366) – s. a. die Ed. zu →Schlüsselfelder, Heinrich; →Sachs, Hans; →Konrad v. Würzburg – *Lit.:* EM V, 315–318 – F. J. MONE, Die Sage v. Amicus und Amelius, AKDV 4, 1835, 145–160 – R. KÖHLER, Die Legende von den beiden treuen Jakobsbrüdern, Germanistik 10, 1865, 447–455 – E. KÖLBING, Zur Überlieferung der Sage von Amicus und Amelius, PBB (Halle) 4, 1877, 270–314 – R. v. MUTH, Die F. im 'Engelhard' Konrads v. Würzburg, SAW. PH 91, 1878, 223ff. – MAC E. LEACH, Amis and Amiloun, 1937 – W. BAUERFELD, Die Sage von Amis und Amiles [Diss. Halle 1941] – J. A. ASHER, Amis et Amiles, 1952 – I. REIFFENSTEIN, Einl. zu Konrad v. Würzburg, Engelhard (ATB [Tübingen], 17, 1982), X–XXIV.

II. ENGLISCHE LITERATUR: In England fand bes. die Geschichte von »Amis and Amiloun« (→Ami[s] et Amile) weitere Verbreitung. Sie wurde nach einer anglo-norm. Version ca. Ende des 13. Jh. in zwölfzeilige Schweifreimstrophen übertragen und ist in vier Hss. überliefert. Die me. Fassung stellt bes. das Motiv der unverbrüchl. Freundschaft und der von den beiden Freunden zu bestehenden Proben heraus. Die später (ca. 1370–90) entstandene Romanze »Athelston« variiert das Freundschaftsmotiv durch Einführung von vier Blutsbrüdern, deren Bund durch Verrat eines der vier Freunde bedroht wird. Eine frz. Quelle ist wahrscheinl., aber nicht nachgewiesen. In deutlichem Zusammenhang mit »Amis and Amiloun«, zugleich beeinflußt von kelt. Sagen und vom Artuskreis (→Artus), steht die im 15. Jh. entstandene Versromanze »Eger and Grime«. Sie enthält das Motiv des Liebesstreits und des Waffentauschs für den Entscheidungskampf und bewahrt übernatürl. Elemente, die in »Amis and Amiloun« rationalisiert sind. →Romanzen.   D. Mehl

Bibliogr.: ManualME 1.I, 1967, Nr. 10, 100, 112–*Ed.:* J. R. CALDWELL, Eger and Grime, 1933–M. LEACH, Amis and Amiloun, EETS OS, 203, 1937–A. M. TROUNCE, Athelston, EETS OS, 224, 1951–*Lit.:* L. A. HIBBARD, Mediaeval Romance in England, 1924 [Nachdr. 1963]–M. van DUZEE, A Medieval Romance of Friendship: Eger and Grime, 1963 –D. MEHL, The ME Romances of the 13th and 14th Centuries, 1968– W. R. J. BARRON, English Medieval Romance, 1987.

Freyja (altnord. 'Frau', 'Herrin'), bedeutendste Göttin der altnord. Mythologie. Sie gehörte ursprgl. dem Göttergeschlecht der→Wanen an und war, da nach→Snorri Sturluson bei den Wanen die Geschwisterehe üblich war, wohl auch die Gattin ihres Bruders →Freyr. Nach der Verschmelzung der Wanen mit dem Göttergeschlecht der →Asen wurde ihr sekundär die spärlich belegte Götterfigur Oðr als Gatte zugeordnet. F., die Göttin der Schönheit, Liebe, Fruchtbarkeit und Zauberei, wohnt in der himml. Halle Folkwang, ihr Wagen wird von zwei Katzen gezogen, ihre Attribute sind das Falkengewand, der Eber (→Freyr), v. a. aber das kostbare Halsband 'Brísingamen'. Nach der →Ynglingasaga (Kap. 4) unterwies sie die Asen in der Zauberei. V. a. in der Lieder- und Prosaedda (→Edda), in der →Skaldendichtung, aber auch in der isländ. Prosaliteratur wird F. häufig erwähnt. Die einzigen – unsicheren – Hinweise auf einen Kult sind norw. und schwed. Ortsnamen.   H. Ehrhardt

Lit.: R. SIMEK, Lex. der germ. Mythologie, 1984, 105ff. [Lit.].

Freyr (altnord. 'Herr'), in der altnord. Mythologie der wichtigste Gott des Göttergeschlechts der →Wanen, das nach dem »Wanenkrieg« in dem Göttergeschlecht der →Asen aufging. Der altnord. mytholog. Überlieferung (→Altnord. Lit., →Edda, →Snorri Sturluson) zufolge handelt es sich um einen Gott der Fruchtbarkeit, des Wachstums, des Reichtums und des Friedens. Seine Schwester ist→Freyja, die nach wanischen Gepflogenheiten wohl auch seine Gattin war. Verheiratet ist er mit der Riesentochter Gerðr. Seine Werbung um sie und ihre Einwilligung – eine »Hl. Hochzeit«? – ist in den eddischen »Skírnismál« beschrieben. Seine Attribute sind neben dem Schiff v. a. der Eber, der als Fruchtbarkeitssymbol gilt und möglicherweise ein Signum des schwed. Königsgeschlechts der →Ynglinge war. Laut →Snorri Sturluson leiten die Ynglinge ihren Namen von »Yngvi (-Freyr)«, einem Beinamen des Gottes, ab (→Ynglingasaga, →Thjóðolfr ór Hvini). →Adam v. Bremen berichtet von einem »Tempel« in →Alt-Uppsala, in dem Bildnisse des Thor (→Donar), →Odins und eines phallischen 'Fricco' (damit ist vermutlich F. gemeint) verehrt worden seien. Die bes. in Ostschweden belegten Ortsnamen mit dem Element 'Freyr' gelten als Hinweis auf einen ausgeprägten F.-Kult in dieser Region. Erwähnungen des Gottes in norw. Königssagas und der isländ. Sagaliteratur bezeugen, daß F. auch außerhalb Schwedens eine bekannte Göttergestalt war.   H. Ehrhardt

Lit.: R. SIMEK, Lex. der germ. Mythologie, 1984, 107ff. [Lit.].

Frezzi, Federic(g)o OP, * um 1346 in Foligno, 1404 Bf. v. Foligno; nahm am Konzil von →Konstanz teil, wo er 1416 starb. Einziges erhaltenes Werk: umfangreiche

Nachahmung von Dantes »Divina Commedia« in vier
Büchern (Del regno d'Amore; Del regno di Satanasso; Del
regno dei vizi; Del regno delle virtù), die F. wahrscheinl.
mit einem lat. Titel versah, wie etwa »Liber de regnis«, der
später durch den Titel »Quadriregio« ersetzt wurde. Das
Werk ist Ugolino Trinci gewidmet; umfangreiche Partien
des Textes (I, xviii.) beziehen sich auf die Familie→Trinci,
die in→Foligno eine bedeutende Rolle spielte. Die Nachahmung Dantes zeigt sich, abgesehen vom Thema der
Jenseitsvision, insbes. in der Wahl des Metrums sowie in
einer Reihe von wörtl. Anklängen. Auch Einflüsse der
vorhergehenden allegor. Lit. sind sichtbar, in deren Tradition F. steht, ohne dabei jedoch als Neuerer gewirkt zu
haben. Aufgrund der zahlreich aufgenommenen mytholog. Elemente und einiger Klassikerzitate läßt sich F.s
Werk bereits als frühhumanistisch ansprechen. Der Text
erfuhr beachtl. Verbreitung (22 Hss. des 15. Jh. v. a. mittelit. Provenienz u. 11 Frühdr.   A. Vitale-Brovarone

Ed.: F.F., Il Quadriregio, hg. E. FILIPPINI, 1914 (Scrittori d'Italia) – *Lit.*:
Enc. dant., s. v. F., F. – B. GILARDI, Studi e ricerche intorno al
Quadriregio di F., 1911 – G. ROTONDI, F. F., la vita e l'opera, 1921 – E.
FILIPPINI, Studi frezziani, 1922 – V. ZABUGHIN, L'oltretomba classico
medievale nel Rinascimento, I, 1922 – G. CORBO, Osservazioni sul titolo originale del poema di F. F., Rassegna della Lett. It. 81,
1985, 444–451.

Friaul (Friuli), oberit. Region (zw. Livenza, Karn. Alpen,
Jul. Alpen und Timavo), deren Name von dem antiken
Forum Julii (heute→Cividale del Friuli) abgeleitet ist. Seit
dem 2. Jh. war das Gebiet den Invasionen der »Barbarenvölker« ausgesetzt, was neben den Bürgerkriegen des
röm. Imperiums zum Niedergang und schließlich zur
Zerstörung von →Aquileia (452) führte, als deren Folge
der Sitz der Provinzregierung von »Venetia et Histria« in
das befestigte Castrum Forum Julii verlegt wurde, das
offenbar den Rang einer civitas annahm (woher sich der
Name Cividale ableitet).

Nach dem Einfall der →Langobarden 568 in Italien
nahm einer ihrer→Exercitus Cividale, anscheinend ohne
eventuellen byz. Angriffen Widerstand zu leisten. An
seiner Spitze stand ein Neffe Kg. →Alboins, Gisulf, der
erste Dux v. F. Die von →Paulus Diaconus berichteten
Umstände der Errichtung des Dukats sind zum Teil legendär. Es steht jedoch fest, daß sich damals die ursprgl. nur
auf Angehörige des Langobardenvolkes bezogene Jurisdiktion der Führer oder Duces erstmals in einem territorialen Rahmen entfaltete. Obwohl die Duces von F. in
häufige Zusammenstöße mit den Byzantinern verwickelt
waren, bildete ihr Dukat einen Teil der das Kgr. begründenden und die Königsmacht konsolidierenden Societas
(584). Seit dem späten 7. Jh. standen die Hzg.e von F.
aufgrund ihrer Abkunft von der Sippe Alboins in erfolgreicher dynast. Konkurrenz mit den Lethingen, die die
kgl. Lanze führten.

Nach dem Tod Gisulfs II. (653) spielten verwandtschaftl. Kriterien für die Nachfolge der Hzg.e von F. keine
Rolle mehr, weil infolge der wachsenden Königsmacht
die Herzogswahl zunehmend zu einer reinen Formsache
wurde. Im 8. Jh. führte eine Familie aus dem von inneren
Kämpfen zerrissenen lokalen Adel zwei Generationen
lang den Dukat (Pemmo und seine Söhne Ratchis und
Aistulf, die beide Kg.e wurden). In dieser Zeit, die in vieler
Hinsicht den Höhepunkt des Dukats F. bedeutete, verlegte Bf. Callixtus – nicht ohne dabei auf Widerstand zu
stoßen – seinen Sitz von Cormons nach →Cividale und
nahm als Nachfolger von →Aquileia den Patriarchentitel
an. Nach der frk. Eroberung kam es im Dukat F. unter
Hzg. Rotcaus zum einzigen Rückeroberungsversuch der

Langobarden. Seine Niederlage und sein Tod (776) führten zum Untergang des langob. Adels von F., dessen
Mitglieder in Gebiete n. der Alpen deportiert wurden.
Durch die karol. Neuordnung wurde der Dukat F. als
Bollwerk gegen die →Avaren in eine Mark umgewandelt,
mußte jedoch bald noch furchtbareren Gegnern Widerstand leisten, den →Ungarn. Auf deren Streifzüge sind die
größten Umwandlungen in der Bevölkerungsstruktur
der Region zurückzuführen. Nach dem Ende des Regnum
italicum und der Herunterstufung des F. zu einer Gft. der
Mark Verona und infolge des Mißtrauens der Ottonen
und Salier gegenüber den lokalen Feudalherren erlebte die
Region eine der schwierigsten Perioden ihrer Geschichte,
die erst mit der Ernennung des Patriarchen Sigehard zum
Gf.en v. F. mit hzgl. Befugnissen (1077) endete. F. blieb
bis 1420 unter der Herrschaft des Patriarchats →Aquileia.
Autonomiebestrebungen der Feudatare und Kommunen
konnten sich daher nicht frei entfalten; dennoch ist Anfang
des 13. Jh. die Bildung eines friulan. Parlamentum offenbar abgeschlossen, dessen Ausschuß häufig neben dem
Patriarchen an der Regierung mitwirkte. Die friulan.
Gemeinden waren zudem die besten Verbündeten des
Patriarchen in den ständigen Kämpfen mit den Feudataren
des Umlands, deren Unterstützung Cividale jedoch Mitte
des 14. Jh. suchten, um den polit., wirtschaftl. und administrativen Aufstieg →Udines zu hemmen. Die Rivalität
zw. beiden Städten dauerte bis zum Ende der Patriarchats-
herrschaft an und beschleunigte deren Sturz. Nachdem
der Patriarchat 1382 Philipp v. Alençon († 1394) in Kommende übertragen worden war, verschärfte sich der Konflikt: Udine und die Savorgnan, die dort de facto die
Signorie ausübten, traten in offenen Gegensatz zu Philipp,
während Cividale, unterstützt von den da→Carrara, den
Signoren v. Padua, auf seine Seite traten. Kg. (Ks.)→Sieg-
mund versuchte, diese Kämpfe im F. für seine Pläne
auszunutzen und der Expansionspolitik Venedigs entgegenzutreten: Er besetzte das Gebiet und ließ einen seiner
Anhänger zum Patriarchen erheben. Der dadurch mit
Venedig und den Savorgnan entstehende Krieg endete mit
der Kapitulation von Cividale (1419) und der Eroberung
von Udine (1420). F. kam somit (bis 1797) unter ven.
Herrschaft, die bis Anfang des 16. Jh. innere Stabilität und
Sicherheit gewährleistete.   R. Cervani

Q. und Lit.: P. S. LEICHT, Breve storia del Friuli, 1923, 1970⁴ – DERS.,
Parlamento friulano I 2, 1925, 210–265 – P. PASCHINI, Storia del Friuli,
1923, 1981² – M. BROZZI, Il ducato del Friuli, 1976, 1981² – S. GASPARRI,
I duchi longobardi, 1978.

Friauler Spieß → Spetum

Friaulisch → Friulanisch

Fribourg → Freiburg im Üchtland

Fridegodus v. Canterbury, Hagiograph (Mitte des
10. Jh.), unterrichtete den späteren Yorker Ebf. →Os-
wald. Oswalds Onkel, Ebf. →Oda v. Canterbury, ließ
Reliquien, die er für die Gebeine des hl. →Wilfrith hielt,
nach Canterbury überführen und befahl F., das Leben des
Hl. in Versen zu schildern. Das »Breviloquium vitae beati
Wilfredi« in 1396 Hexametern mit einem Einleitungsbrief
Odas fußt auf der »Vita Wilfridi« aus dem 8. Jh. (BHL
8889). Die von →Wilhelm v. Malmesbury getadelte Vorliebe des Dichters für Gräzismen war vielleicht ein Grund
für die geringe Verbreitung des in drei glossierten ma.
Hss. erhaltenen Werks.   J. Prelog

Ed.: Frithegodi monachi breviloqium vitae beati Wilfredi . . ., hg. A
CAMPBELL, 1950 – *Lit.*: DHGE 19, 113f. – M. LAPIDGE, The hermeneu-
tic style in tenth-century Anglo-Latin lit., ASE 4, 1975, 67–111 – N
BROOKS, The Early Hist. of the Church of Canterbury, 1984, 228–231

Fridolin, hl. (Fest 6. März), Träger der merow. Mission im südalem. Raum. [1] *Hagiographische Überlieferung:* Über ihn unterrichtet nur unvollständig und z. T. unzuverlässig die in großem zeitl. Abstand von Balther v. Säckingen verfaßte Vita; ihn setzt die Forschung mit Bf. Balderich v. Speyer (970–986) gleich. Bereits die Behauptung von F.s ir. Herkunft gehört angesichts der frk. Namensform zur hagiograph. Topik. Eher stammt F. aus der Gegend von Poitiers, wo er Grab und Kirche des hl. →Hilarius wiederhergestellt haben soll. Auch die Zeitstellung von F.s Wirken ist ungewiß: Sieht man in dem von Balther erwähnten merow. Kg. Chlodwig den zweiten dieses Namens, hat F. um die Mitte des 7. Jh. gelebt. Vom Kg. unterstützt, soll F. den Hilariuskult an mehreren Orten entlang dem Rhein (Eller a. d. Mosel, Dillersmünster, Straßburg, Chur) begründet haben, wo später fast überall das Hilariuspatrozinium nachweisbar ist. Zuletzt hat sich F. auf der Rheininsel Säckingen niedergelassen und von dort aus den christl. Glauben verkündet. Noch zu F.s Lebzeiten oder an seinem Grab bildete sich eine religiöse Gemeinschaft; sie ist allerdings erst im 9. Jh. als kgl. Kanonissenstift →Säckingen bezeugt. Gleichfalls aus dem 9. Jh. stammen die ersten Spuren der F.verehrung, die sich über das Elsaß, Südbaden und die n. Schweiz erstreckt hat. F., Beschützer der Bauern, bes. des Viehs, ist Landespatron von →Glarus. Th. Zotz

[2] *Ikonographie:* Erhaltene Darstellungen seit dem 13. Jh., als »Benediktinerabt« oder Wandermönch mit Haken- bzw. Pilgerstab, Hut und Tasche, häufig begleitet vom toten Urso, den er als Zeugen seiner Landschenkung aus dem Grab vor Gericht holte; dies oft auch Einzelszene. Zyklen im ca. 1480 gedruckten F.sleben und auf Holzreliefs um 1500 im Münster zu Säckingen. Siegel, Wappen und Fahnen des Landes Glarus zeigen F.s Gestalt (Landesbanner um 1388, Mitte 15. Jh.). A. Reinle

Q.: Balther v. Säckingen, Vita Fridolini conf., MGH SRM 3, 350–369 – *Lit.: zu [1]:* Verf.-Lex.² I, 590f. [F. J. Worstbrock] – NDB V, 439 – Bibl.SS V, 1274–1278 – I. Müller, Poitiers – Säckingen – Glarus, SMBO 89, 1978, 346–378 – Ders., Balther v. Säckingen und seine Fridolinsvita, Freiburger Diözesan-Archiv 101, 1981, 20–65 – Helvetia Sacra III,I/1, 1986, 324–337 – *zu [2]:* LCI VI, 331–333 – A. Reinle, Zur Ikonographie des hl. F., Jb. d. Hist. Ver. d. Kt. Glarus 55, 1952, 222–245 – F. – der hl. Mann zw. Alpen und Rhein. Ein dt. Fridolinsleben, Basel 1480 (Faks.), hg. W. Irtenkauf, 1983.

Fridugisus (Fredegisus), Archidiakon, ags. Schüler→Alkuins, † 834; hielt sich am Hof Karls d. Gr. auf, wurde dann als Nachfolger seines Lehrers Abt von St-Martin in Tours. 819–832 war er Kanzleivorsteher →Ludwigs d. Fr., der ihm die Abtei →Sithiu verlieh; wohl in jener Zeit wurde in der Kanzlei die Sammlung »Formulae imperiales« angelegt.

Vom philos. und theol. Werk des F. besitzen wir nur die Schrift »De substantia nihili et tenebrarum«. Darin versucht er – von Alkuins Auffassung abweichend – die reale Existenz des Nichts zu beweisen; sie sei aus dem Vorhandensein des zugehörigen nomen finitum zu folgern. Der Finsternis schreibt er anhand einschlägiger Bibelstellen Sein, einen Ort und Körperhaftigkeit zu. Karl d. Gr. bat →Dungal um eine Stellungnahme zu diesen Thesen. – →Agobard v. Lyon polemisierte gegen F., von dem er in einem – heute verlorenen – Brieftraktat heftig angegriffen worden war; er warf dem Gegner u. a. vor, die Präexistenz der Seele anzunehmen. J. Prelog

Ed.: Fridugiso di Tours e il »De substantia...«, hg. C. Gennaro, 1963 – Lit.: DHGE XVIII, 1145–1147 [Lit.] – M. Mignucci, Tradizioni logiche e grammaticali in Fredegiso di Tours (Actas del V Congreso Internac. de Filosofía Medieval II, 1979), 1005–1015 – M. L. Colish, Carolingian debates over nihil and tenebrae, Speculum 59, 1984, 757–795.

Friedberg, Reichsburg, Stadt in Hessen, in der Wetterau. [1] *Reichsburg:* Der Name F. wird erstmals 1216 erwähnt, doch dürfte die Gründung des Doppelgebildes Reichsburg/Stadt als herausragender Stützpunkt der Territorialpolitik Friedrichs I. am ehesten in den 70er Jahren des 12. Jh. erfolgt sein. Die etwa 4 ha große Burganlage auf dem nach Westen, Norden und Osten steil abfallenden Burgberg liegt auf dem Platz eines röm. Kastells, nach Süden schließt die wohl etwas jüngere Stadt mit ihrer breiten Marktstraße an.

Die Reichsburg (→Burg C.I,2) F. war mit einer starken reichsministerial. Burgmannschaft (im 13. Jh. 20–30 ritterl. Mitglieder) besetzt, deren urspngl. strenge persönl. Residenzpflicht erst gegen Ende des 13. Jh. gelockert wurde. Der Burggraf war militär. Befehlshaber; als oberster kgl. Amtsträger in Burg und Stadt war er auch dem städt. Schultheißen übergeordnet und zugleich Vorsitzender des Burggerichts und des städt. Schöffengerichts. Die Zahl der Burgmannen stieg bis zum Anfang des 15. Jh. auf etwa 100 aus 50 Familien an. Die Burgmannschaft blieb stets als Korporation Träger der an der Burg haftenden Rechte und Pflichten. In der Leitung traten neben den Burggf.en zwei Baumeister und 12 Regimentsburgmannen. Im SpätMA verlor die Burg ihre militär. Bedeutung. In die Burgmannschaft aufgenommen wurde jetzt nur noch, wer Ritterbürtigkeit nachweisen konnte. Die Burg besaß seit der Mitte des 15. Jh. die Reichsstandschaft und erwarb ein eigenes kleines Territorium (bis 1806 reichsunmittelbar).

[2] *Stadt:* Die Stadt F. erlebte dank ihrer günstigen Verkehrslage einen schnellen Aufstieg. 1219 werden erstmals Bürger genannt, 1241 ist F. im Reichssteuerverzeichnis als letzte der wetterauischen Städte mit 120 Mark verzeichnet. Das städt. Schöffengericht erscheint seit 1245, Ratsleute (consules) sind seit 1266 bezeugt, die Ausbildung des Bürgermeisteramtes erfolgte in der ersten Hälfte des 13. Jh. Gravierend blieb jedoch die führende Position des Burggf.en und damit ein Übergewicht der Reichsburg gegenüber der Stadt. Daraus entstanden immer wieder Auseinandersetzungen (1275 Zerstörung der Burg durch die Bürger), die Kg. Albrecht i. J. 1306 durch einen Schiedsspruch vergeblich einzudämmen suchte. Er setzte fest, daß sechs Burgmannen in den Rat der Stadt aufgenommen werden mußten, und verstärkte damit noch die Vormachtstellung der Burg.

F.s wirtschaftl. Stellung beruhte auf seiner Tuchherstellung (hochwertige weiße Tuche), v. a. aber auf seinen beiden, seit 1332 vierzehntägigen Messen, deren Termine mit →Frankfurt abgestimmt waren und die einen guten Absatzmarkt für die Tuchproduktion mittel- und nordhess. Städte bildeten. Die polit. Geltung F.s war durch den Zusammenschluß der wetterauischen Reichsstädte gesichert. Die Blütezeit der Stadt war das 14. Jh.; an dessen Ende setzte mit den Niederlagen der Städtebünde gegen die Fs.en auch der Niedergang F.s ein. Die Messen gingen zugrunde, die Stadt geriet in Schulden und Pfandabhängigkeit. Nach der Mitte des 15. Jh. konnte die Reichsburg den Pfandbesitz der Stadt und damit die Stadtherrschaft erringen. Mitte des 14. Jh. umfaßte der Ende des 13. Jh. fertiggestellte Mauerbering ca. 20 ha und barg ca. 3000 Einw. F. Schwind

Q. und Lit.: Urkk.buch der Stadt F., I: 1216–1410, bearb. M. Foltz, 1904 – H. Menz, Burg und Stadt F. bis 1410 [Diss. Marburg 1909] – H. Ammann, Die F.er Messen, RhVjbll 15/16, 1950/51, 192–225 – H. Büttner, Die Anfänge der Stadt F. in der Wetterau, Wetterauer. Geschichtsbll. 1, 1952, 49–56 – A. Eckhardt, Burggraf, Gericht und Burgregiment im ma. F., ebd. 20, 1971, 17–81 – F. Schwind, Die Landvogtei in der Wetterau, 1972 – Th. Schilp, Die Reichsburg F. im MA, Wetterauer Geschichtsbll. 31, 1982.

Friede

I. Rechtsgeschichtlich – II. Theologisch.

I. RECHTSGESCHICHTLICH: Das Wort 'F.' ist etymolog. mit »Freund« verwandt und bezeichnet ursprgl. einen Zustand der Freundschaft, der Schonung, der Sicherheit. In den ma. Rechtsquellen erscheint F. als ein zentraler Begriff der Rechtsordnung, wobei seine Bedeutungsbreite sehr groß ist. Bei der Erfassung des Begriffs ist zu beachten, daß in den Quellen in der Regel der lat. Terminus »pax« verwandt wird: Die röm. Vorstellungen von der pax Romana, aber auch bibl.-christl. Inhalte färben bereits im frühen MA die Bedeutung des dt. Wortes 'F'.

In den Rechtsordnungen der germ. Stämme ist F. in erster Linie bezogen auf die →Familie und die →Sippe. Mit zunehmender Ausbildung der Herrschaftsformen fällt der F. auch in die Zuständigkeit der jeweils überragenden Herrschaftsmacht des →Hzg.s oder des →Kg.s: Neben dem Familienf.n wird der Volksf.n (insbes. der Heeresf.n) immer bedeutsamer. Da Recht und Frieden einander bedingen, muß der F. in der Regel erst herbeigeführt werden, um eine Rechtsgemeinschaft zu ermöglichen. Aus diesem Grund sind so viele Formen des F.ns anzutreffen, wie es Rechtsgemeinschaften gibt: Gerichts-, Ding-, und Heeresf., Haus- oder Burgf. (→Haus, →Burg), Dorf-, →Markt-, →Stadt- und →Landf. bezeichnen den erhöhten Schutz des jeweiligen Bereichs. In späterer Zeit wird die Zahl der Sonderf.n noch erweitert. Auch Orte, Arbeitsbereiche und Personen werden einbezogen, z. B. beim Akkerf.n, Pflugf.n, Kirchenf.n, F.n für Geistliche (→Klerus), F.n für →Juden usw. Alle diese F.nsformen können auf Vertrag beruhen (gelobter F., pax iurata) oder herrschaftl. angeordnet (gebotener F., pax ordinata) sein. Entgegen den früheren Anschauungen dürfte dem Moment der →Einung bei der F.nsstiftung die entscheidende Rolle zukommen. Die Summe der vielfältigen Sonderf.n bildet ein dichtes Netz, das sich – unvollkommen genug – einem allgemeinen F.n annähert.

In der ma. Staatstheorie wird die christl. Vorstellung vom F.n insbes. durch die Schriften des →Augustinus geprägt. Sein Verständnis der pax civilis als »ordinata imperandi obediendique concordia« bedeutet für Kg. und Ks., daß ihr Amt in erster Linie als Verpflichtung zur F.nswahrung verstanden wird: F. und Gerechtigkeit (pax et iustitia) gelten als die Fundamente des Staatswesens. Es wirkt wie ein Programm, wenn Friedrich I. an der Pfalz von Kaiserswerth die Worte einmeißeln läßt: »Iustitiam stabilire volens, ut undique pax sit.« Die Rechtsetzung und die Rechtsprechung des MA verstehen sich als F.nsverwirklichung. – Eine dauerhafte Konkretisierung dieser F.nsidee ist dem ma. Reich nicht gelungen. Auch die →Gottes- und Landfrieden haben es nicht vermocht, eine beständige F.nsordnung zu errichten. Die sich formierenden Territorialstaaten haben – gestützt auf das Reichsstrafrecht der »Constitutio Criminalis Carolina« (1532) – versucht, mit Mitteln des Strafrechts eine wirksamere Durchsetzung des F.ns zu erzwingen.   H.-J. Becker

Lit.: DtRechtswb III, 894–910 – Gesch. Grundbegriffe II, 1975, 543–591 [W. Janssen] – HRG I, 1275–1292 [E. Kaufmann] – TRE XI, 599–646 [H.-W. Gensichen, H. H. Schmid, W. Thiessen, G. Delling, W. Huber] – R. His, Gelobter und gebotener F.n im dt. MA, ZRGGermAbt 33, 1912, 139 ff. – Ders., Das Strafrecht des dt. MA I, 1920 [Nachdr. 1964], 1 ff., 215 ff., 245 ff. – H. Fuchs, Augustin und der antike F.nsgedanke, 1926 – R. Bonnard-Delamare, L'idée de paix à l'époque carolingienne, 1939 – O. Brunner, Land und Herrschaft, 1939, 1965⁵, 17 ff. – K. v. Raumer, Ewiger F., 1953 – H. J. Schlochauer, Die Idee des ewigen F.ns, 1953 – La paix, RecJean Bodin XIV, XV, 1961 – G. Åquist, F. und Eidschwur, 1968 – H. Conrad, Rechtsordnung und F.nsidee im MA und in der frühen NZ (Christl. F. und

Weltf., hg. A. Hollerbach – H. Maier, 1971), 9 ff. – Th. Körner, Iuramentum und frühe F.nsbewegung, 1977 – H. Hattenhauer, Pax et iustitia (Ber. der Jungius-Ges. der Wiss. I/3, 1983).

II. THEOLOGISCH: →Augustinus hat das theol., ethisch-spirituelle und sozialphil.-polit. Verständnis des F.ns im MA maßgebend bestimmt. In de civ. Dei XIX c.13 bestimmt er den F.n als »ordinata concordia« (ordnungsgemäßes Übereinssein) und »tranquillitas ordinis« (Friedsamkeit der Ordnung). Diese Bestimmungen gehen durch die scholast. Lit. (vgl. Thomas v. Aquin, S.th.IIᵃ IIᵃᵉ q.29). Augustins Theologie des F.ns ist aufs engste mit der Lehre von den zwei Reichen verbunden, die »civitas Dei« ist die Stadt und die Stätte des F.ns. Die jenseitige und himml. Bürgerschaft ist im Genuß des ewigen F.ns in der Anschauung Gottes, die diesseitige pilgernde Bürgerschaft lebt in den Anfechtungen der friedlosen Welt und muß in der Schöpfungs- und Heilsordnung nach dem F.n streben (in der unaufhebbaren Spannung von »frui« und »uti«, beseligender Genuß der ewigen Güter, rechter Gebrauch der irdischen). Die »Ambivalenz« von F.nsverständnis und F.nswerk kommt für Augustin in der Eucharistiefeier zur Entscheidung.

Im Anschluß an Augustin und die lat. Kirchenlehrer entwickelte die scholast. Theologie Wesen und Wirklichkeit des F.ns vom Begriff des →»Ordo« her: Die Hinordnung der Geschöpfe auf Gott und ihre mitmenschl. Zuordnung in Familie und Gesellschaft setzt voraus, daß das Geschöpf in seiner inneren Verfassung geordnet ist, und zwar nach dem Urbild des trinitar.-göttl. Lebens. Die vertikale Hinordnung auf Gott im inwendigen F.n trägt sich aus in der horizontalen Ordnung des F.ns untereinander. Die scholast. Theologen haben darum das ganze Augenmerk auf den inwendigen F.n des Einzelnen gerichtet.

In den Predigten und asket. Schriften der ma. Autoren wird der inwendige F.n in seinen verschiedenen Perspektiven beschrieben: F.n mit Gott, mit dem Nächsten, F.n im Fleische und im Geiste (→Bernhard v. Clairvaux), F.n in der Zeit, im Innern und in der Ewigkeit (→Petrus Cantor), F.n mit Gott, mit sich selbst und mit dem Nächsten (→Berthold v. Regensburg † 1272). In den myst. Traktaten werden Weg und Erfahrung des inwendigen F.ns beschrieben: F.n in der inwendigen Erhebung und Ekstase (→Bonaventura), in der Gelassenheit und lauteren Ruhe in Gott (Meister →Eckhart, Predigt 7,29, DW I, 116–124, II,73–89). F.n in der Anfechtung und Leiderfahrung (Imitatio Christi III c.12). Die myst. Theologie des F.ns nahm die neuplaton. Tradition des Ps. →Dionysius (6. Jh.) auf, welche die F.nsordnung der himml. Hierarchie auf die Kräfte der Seele bezog. Er beschrieb in De divinis nominibus c.11 und 13 den F.n als all-einend, einträchtig und gleichformend.

→Thomas v. Aquin verstand F.n als sittl. Tugend und ordnete diese der Liebe zu (S.th.IIᵃ IIᵃᵉ q.29 und q.37–42; Sünden gegen den F.n: Zwist, Zank, Entzweiung, Krieg, Streit, Aufruhr). Mit Aristoteles, Politik I c.2, 1254b verstand er F.n nach dem klass. Denkmodell der alle Kräfte der Seele und der Sinne regierenden und befreienden ratio (vgl. Thomas, In libros Politicorum expositio, lect.3).

→Rainerus v. Pisa († um 1348; Pantheologia II, fol. 113va–114vb) sammelte Sentenzen des Thomas zum Verständnis des F.ns: F.n ist alle Eintracht untereinander, die Selbstunterordnung unter die ratio, das Freisein von Selbstwiderspruch und Begierlichkeit. →Remigius de'Girolami v. Florenz († 1319), Schüler des Thomas, erörterte in der Abhandlung De bono pacis (hs. überliefert Florenz,

N C 4 940, fol.06–109r) den sozialen F.n. →Dante
Alighieri, Schüler des gen. Thomasschülers Remigius,
entwickelte in seiner Monarchia die Idee (»Utopie«) des
allgemeinen Weltf.ns in der Vorherrschaft der weltl. vor
der geistl. Gewalt.

Auch für den kgl. frz. Legisten Pierre →Dubois ist die
Herstellung eines allgemeinen F.ns ein Bestandteil seiner
Reformvorstellungen und Voraussetzung für die Wieder-
aufnahme des Heidenkampfes (→Utopie).

→Marsilius v. Padua begründete in seiner Streitschrift
Defensor pacis« (1324 abgeschlossen) die »civilis pax« als
Eintracht der bürgerl. Gemeinschaften (»civilitates«)
durch das Band bzw. Recht der menschl. Gesellschaft«
(ebd.I c.1 §4 ed. R. SCHOLZ 5). Der Vorrang des weltl.
Herrschers, der gesicherte Stand und Besitz der (bürgerl.
und kirchl.) Gemeinschaft sind die unabdingbaren Ele-
mente der F.nsordnung. In der Sicht des Marsilius ist der
It. Kg. Ludwig d. B. der »Friedensverteidiger«, Papst
Johannes XXII. aber der F.nsstörer. Kritiker dieses
F.nsbegriffes waren →Franziskus v. Meyronnes OM und
→Guido Vernani OP. In der Renaissance und im Humanismus wurde die Tradition der naturrechtl. Begründung
des F.ns wieder aufgenommen (vgl. →Erasmus v. Rotter-
dam, »Querela pacis«), ebenso in der span. Thomas-
Renaissance v. a. durch Franziskus v. Vitoria († 1546).

Augustins geschichtstheol. Verständnis des eschatolog.
F.ns (der Sabbatruhe Gottes am 7. Tag) wurde durch
→Gerhoch v. Reichersberg, →Rupert v. Deutz und v. a.
→Joachim v. Fiore heilszeitl. ausgelegt. Das 3. Zeitalter
des Geistes, dessen Anbruch er prophet. verkündete, ist
der Äon des universalen F.ns. In krit. Relecture dieser
Geschichtstheologie stellte Bonaventura OM in der Legenda maior →Franziskus als den »Engel des wahren
Friedens« vor, der auf dem Weg der Armut und Umkehr
den F.n stiftete. →Thomas v. Celano bezeichnet in seiner
Franziskusbiographie die franziskan. Bewegung als
F.nsbewegung (»pacis legatio«), die sich mit gleichgerich-
teten popularen Bewegungen verband (vgl. die sog. Hal-
eluja-Bewegung von 1233 in Norditalien). Bei den Spiritualen (Petrus Johannis→Olivi, Fra→Dolcino u. a.) verlagerten sich Botschaft und Praxis des F.ns (infolge der
internen Kontroversen des Ordens) hinein in apokalypt.
Erwartungen, außerhalb der Theologie gewinnen diese
Erwartungen messian.-polit. Charakter, die auch außerhalb des Ordens gepflegt und polit. gefärbt wurden (vgl.
→Petrus de Vinea Ep. 44 [Friedenskaiser]) oder →Cola di
Rienzo, der sich als Bruder und F.nsbringer bezeichnete.

L. Hödl

Lit.: DSAM XII, 56–73 – RAC VIII, 434–505 – TRE XI, 618–646 [F.V]
– F. WIESENTHAL, Die Wandlung des F.nsbegriffs von Augustin zu
Thomas v. Aquino [Diss. München 1949] – La eucaristia y la paz.
Sesiones de estudio I, 1952 (35. Internat. Eucharist. Kongr.) – J.
HECKEL, Marsilius v. Padua und Martin Luther. Ein Vergleich ihrer
Rechts- und Soziallehre, ZSRG KanAbt 44, 1958, 268–336 – S. ALVA-
EZ TURIENZO, Hacia la determinación de la idea augustiniana de paz,
Rev. Estud. polit. 112, 1960, 49–80 – H.-J. DIESNER, Kirche und Staat
im spätröm. Reich, 1964² – B. TÖPFER, Das kommende Reich des F.s.
Zur Entwicklung chiliast. Zukunftshoffnungen im HochMA, 1964 –
W. VOISÉ, Dante et sa vision de la paix mondiale, Rev. Synth. 91, 1970,
21–223 – J. LAUFS, Der F.nsgedanke bei Augustinus, 1973 (Hermes 27)
– T. RENNA, The Idea of Peace in the West 500-1500, Journal of
Medieval Hist. 6, 1980, 143–167 – D. BERG, Gesellschaftspolit. Implikationen der Vita minorum, insbes. des franziskan. F.sgedankens, im
13. Jh.: »Renovatio et Reformatio«, 1985, 181–194 [Lit. zum franziskan. F.nsgedanken].

Friedelehe → Ehe, Abschnitt B. VI, 1b

Friedenskaiser. Die Vorstellung von einem am Ende
aller Zeiten einen umfassenden Zustand des Friedens und

der Gerechtigkeit herbeiführenden End- oder Friedenskaiser führt auf die jüd.-hellenist. Erwartung eines gottge-
sandten Retters (Messias, Soter; →Messianismus) wie auf
die altröm. Weissagung von der Wiederkehr einer aurea
aetas zurück. Unter dem Einfluß der christl. →Eschatolo-
gie verdichtete sie sich zum Bilde einer dem Weltende
unmittelbar vorausgehenden Friedensperiode (→Chilias-
mus), in welcher die Menschen einträchtig die Segnungen
der Natur genießen würden. Nach Ausdehnung seiner
Herrschaft bis an die Grenzen der Welt und Bekehrung der
Heiden würde der (röm.) F. schließlich durch Niederlegen
von Krone und Szepter in Jerusalem der Herrschaft entsa-
gen und damit dem Schreckensregiment des →Antichrist
und dem darauf folgenden Weltgericht den Weg freige-
ben. Infolge einer Verlagerung der Auseinandersetzung
zw. den Mächten des Guten und des Bösen in die Gegenwart wurde die Gestalt des F.s – gleich der des Antichrist –
einer »Historisierung« (E. BERNHEIM) unterzogen. Dadurch wurde der Entstehung von Weissagungen unterschiedlichster Art Nahrung geboten, welche durch Einsetzen stets neuer Namen den sich verändernden Zeitumständen angepaßt werden konnten.

Dem MA wurde diese eschatolog.-apokalypt. Kaiservorstellung vor allem durch die bereits im 8. Jh. erfolgte
lat. Übersetzung der »Revelationes« des Ps. →Methodius,
den Antichrist-Traktat →Adsos von Montier-en-Der
(Mitte des 10. Jh.) sowie durch die allein in einer Überarbeitung aus der 1. Hälfte des 11. Jh. erhaltene »Tiburtini-
sche Sibylle« (→Sibyllin. Bücher) überliefert. In Dtl. kam
dem Namen 'Friedrich' aufgrund seiner Deutung als 'Friedensbringer' (vgl. Otto v. Freising, Chron. [MGH SRG,
1912] 2, Zeile 17–22) bes. Bedeutung zu. Nach dem Ende
der stauf. Herrschaft in Italien richteten sich die Hoffnungen auf die Wiederkehr →Friedrichs II. (→Kaisersage)
bzw. eines anderen Trägers dieses Namens. Im ausgehenden MA fiel dem F. immer mehr die Rolle eines Freundes
und Helfers des →gemeinen Mannes zu. Wie im byz.
Bereich wurde hierbei vielfach seine niedere Herkunft
hervorgehoben.

Bis zum Ende des 12. Jh. standen die Kaiserprophetien
vorwiegend im Dienste polit.-dynast. Interessen. Während in Frankreich unter Rückgriff auf die hier stets lebendig gebliebene Karlstradition der Fortbestand des karol.
Hauses propagiert wurde (Adso v. Montier-en-Der),
standen sie in Dtl. im Banne der stauf. Reichsideologie
(→»Ludus de Antichristo«). Durch →Benzo v. Alba wurde die Erwartung eines F.s mit dem Kreuzzugsgedanken
verbunden. Seit der Mitte des 13. Jh. erhielten die Kaiserprophetien zunehmend einen reformator. Akzent. Je nach
polit. Standort erschien der F. entweder als gottgesandter
Kirchenreiniger (stauf. Partei) oder – unter dem Einfluß
joachit. Anschauungen – als antichristl. Verfolger der
Kirche. Die besonders für den dt. Bereich charakterist.
Verbindung der Kritik an kirchl. Mißständen mit der
Forderung nach gesellschaftl. Veränderung gewann im
14. und 15. Jh. noch an Boden. Nach dem Tode →Fried-
richs III. (1493), dessen Person noch einmal Gegenstand
hochgespannter Erwartungen geworden war, verlagerte
sich das Interesse von den Prophetien auf die Ebene direkter Aktion.

In der Gestalt des F.s fanden die Hoffnungen und Sehn-
süchte des →gemeinen Mannes, die in der Realität keine
Aussicht auf Erfüllung hatten, ihren Niederschlag. Die
von einem F. erwartete neue Ordnung wurde als positive
Gegenwelt der als verbesserungsbedürftig befundenen
Wirklichkeit gegenübergestellt. Indem er hierbei weitgehend auf die Funktion eines »deus ex machina« beschränkt

blieb, fiel dem Volk lediglich eine passive Rolle zu. S. a.
→Reformatio Sigismundi. T. Struve

Lit.: J. J. I. v. DÖLLINGER, Der Weissagungsglaube und das Propheten-
tum in der christl. Zeit, Hist. Taschenbuch 1, 1871, 257–370 [auch in:
DERS., Kleinere Schriften, 1890, 451–557] – F. KAMPERS, Kaiserpro-
phetien und Kaisersagen im MA (Hist. Abh. 8, 1895) – E. BERNHEIM,
Ma. Zeitanschauungen in ihrem Einfluß auf Politik und Gesch.schrei-
bung 1, 1918, bes. 97ff. – C. ERDMANN, Endkaiserglaube und Kreuz-
zugsgedanke im 11. Jh., ZKG 51, 1932, 384–414 – N. COHN, The
Pursuit of the Millennium, 1957 [dt. Ausg.: E. Thorsch, 1961] – M.
REEVES, Joachimist Influences on the Idea of a Last World Emperor,
Traditio 17, 1961, 323–370 – B. TÖPFER, Das kommende Reich des
Friedens (Forsch. zur ma. Gesch. 11, 1964) – M. REEVES, Prophecy in
the Later MA, 1969 – H. M. SCHALLER, Endzeit-Erwartung und
Antichrist-Vorstellungen im 13. Jh. (Fschr. H. HEIMPEL 2. Veröff. des
Max-Planck-Inst. für Gesch. 36/2, 1972), 924–947 – R. E. LERNER,
Medieval Prophecy and Religious Dissent, PP 72, 1976, 3–24 – T.
STRUVE, Utopie und gesellschaftl. Wirklichkeit. Zur Bedeutung des
F.s im späten MA, HZ 225, 1977, 65–95 – B. McGINN, Visions of the
End, 1979 – R. E. LERNER, The Powers of Prophecy, 1983.

Friedhof

**A–B. Lateinischer Westen (A. Spätantike/Frühchristentum –
B. Mittelalter) – C. Byzantinischer Bereich – D. Judentum –
E. Arabisch-islamischer Bereich**

A–B Lateinischer Westen:
A. Spätantike/Frühchristentum
Frühchristl. Begräbnisplätze (Coemeterien, etwa seit dem
3. Jh. von nichtchristl. zu unterscheiden) lagen, antikem
Gesetz entsprechend, außerhalb der Ortschaften (→Be-
gräbnis), aus prakt. Gründen gewöhnl. zu seiten der Ausfallstraßen. Sie waren in der Regel überirdisch (sub divo)
und enthielten neben einfachen Erdgräbern (oft mit Platte
oder Stele für die→Grabinschrift) Ädikulen und Grabbauten (Mausoleen) für Erd-, Wand- und →Sarkophag-Be-
stattungen (→Grab, Grabformen). Gräber und Bauten
waren oft zur Straße hin ausgerichtet (z. B. Köln, St.
Severin), wenn auch Beisetzung mit Blick nach O belegt
ist. Anlagen zur Feier des Totengedächtnisses (→Mahl)
sind auf F.en gesichert, z. B. in Nordafrika. In Rom und
einigen anderen Städten erweiterte man seit dem frühen
3. Jh. solche F.e durch Anlage von Gräbern in unterird.
Gang- und Kammersystemen (→Katakomben); der Gedanke war an sich nicht neu, doch in solchem Ausmaß nie
zuvor durchgeführt. In Anlehnung an heidn. Bestattungs-
vereine entwickelten sich in der christl. Gemeinde Roms
im 3. Jh. neben den F.en als Ansammlung von Familien-
gräbern Gemeinde-Coemeterien (ältestes Beispiel: S. Cal-
listo an der Via Appia). F.e mit gemeinsamer Beisetzung
von Heiden und Christen wurden anschließend selten. In
einigen der röm. Umgangsbasiliken, die seit dem frühen
4. Jh. als Märtyrermemorien auf F.en und über Katakomben errichtet wurden, wurden schon bald nach ihrer Vollendung zahlreiche Gräber angelegt; auch andernorts, z. B.
in Nordafrika, gab es seit dem 4. Jh. F.skirchen mit zahlreichen Beisetzungen, oft mit Mosaik-Epitaphien. Die
antiken Regeln der Unverletzlichkeit von Grab und Grab-
bezirk galten zunächst weiter (die Zerstörung eines F.s mit
heidn. und christl. Gräbern und Mausoleen durch Konstantin für den Bau der röm. Peterskirche ist singulär) und
wurden erst unter dem Einfluß des Kultes der →Märtyrer
(→Begräbnis) und als Folge zunehmender Gefährdung
außerstädt. F.e aufgegeben. J. Engemann

Lit.: RAC III, 231–235 – P. TESTINI, Le catacombe e gli antichi cimiteri
cristiani in Roma, 1966 – N. DUVAL, La mosaïque funéraire dans l'art
paléochrétien, 1976 – P.-A. FÉVRIER, Le culte des morts dans les
communautés chrétiennes durant le IIIe s., Atti 9. Congr. Internaz.
Archeol. Crist. Roma 1975,1, 1978, 211–274 – H. BRANDENBURG,
Roms frühchristl. Basiliken des 4. Jh., 1979 – F. W. DEICHMANN, Einf.
in die christl. Archäologie, 1983, 46–67.

B. Mittelalter
I. Archäologie und Anthropologie – II. Städtischer und dörfliche
Friedhof – III. Volkskunde.

I. ARCHÄOLOGIE UND ANTHROPOLOGIE: [1] *Archäologie:* Di
christl. Überformung frühma. Reihengräberfelde
(→Grab, -formen) außerhalb der Siedlung und erst
christl. Bestattungsplätze bei Kirchen innerhalb der Sied
lung (ab 7. Jh.), deren Benutzung auch verordnet wir
(→Capitulatio de partibus Saxoniae), kennzeichnen ein
im fries.-sächs. Küstenraum auch bis um 1100 andauernd
Übergangsperiode. Die Herausbildung des christl. F.
führt schließlich zu funktionsgebundenen F.stypen, z
sozial abgehobenen Sepulturen (→Grablege) und Sonder
formen wie →Karner, Oss(u)arium, →Reliquiengrab
→Stiftergrab/Grabkirche mit sehr differenzierter Bestat
tungssitte. Zu unterscheiden sind: ummauerter Pfarr
kirchhof, Kirchenbestattungen, Seuchenf. (Leprösen-
Pestf.), Hospitalf. und Klosterf. Zahlreiche Ausgrabun
gen haben örtl., mehr ausschnitthafte Befunde erschlosse
und bisher weder zu regionalen Längsschnittuntersu
chungen noch zu einer allgemeinen Bestattungsgesch. de
MA geführt. Erkennbare, zeitlich wechselnde Haupt
merkmale erdgebundener Körperbestattung in W-O
Orientierung beziehen sich auf Sargform, Totenbehand
lung, Totenlage und Totenausstattung. In Gebrauch sin
die einfache Erdgrube, der Baumsarg (noch 9. Jh.), de
Kastensarg, daneben Steinschutz im Schädelbereich
(10. Jh.), im 10.–13. Jh. relativ vereinzelt der monolith
oder aus Bruchsteinen bzw. Backsteinen gemauerte, tra
pezförmige Sarkophag mit Apsidial- oder Rechteckkopf
nische, auch mit steinernem oder hölzernem Deckel. Da
neben kommen der Kastensarg mit giebelförmiger
Oberteil oder Bodenrost, v. a. Totenbrett und Leichen
tuch vor. Auf den F.en ist bisher nicht die in hochadliger
Sepulturen beobachtete Einbalsamierung, Teilebestat
tung oder Gebeinauskochung (more teutonico) festge
stellt worden. Als Totenlage ist allgemein Rückenlage m
Schädel im W kennzeichnend, ferner langgestreckte Ar
me, ab 13. Jh. horizontal-angewinkelte Unterarmlag
über der Brust. Wird nicht im Toten- oder Büßerhem
bestattet, sind vereinzelt in der Totenausstattung Klei
dungszubehör wie Gewandschließen (Scheibenfibeln i
9./10. Jh.), Ringschnallen im SpätMA, auch Ohrringe
Pilgerzeichen, Rosenkränze (Klosterf.) oder Scheren
Münzen anzutreffen – im Gegensatz zu allgemein reiche
Totenausstattungen mit Paramenten, Schmuck und In
signien (Grabrepliken) in hochadligen und hochklerikale
Sepulturen. Gruppierte mehrfache Grabgruben (Skelett
überschneidungen oder -überschichtungen erforder
feinanalyt. Grabungsmethoden in Zusammenarbeit m
dem Anthropologen. H. Röttin

[2] *Anthropologie:* Die Bestatteten eines F.s ergänzen a
eigenständige kulturhistor. Quelle den archäolog. Befun
bzw. hist. Kenntnisse. Im Einzelfall tragen forens. Detail
und patholog. Zustandsbilder zur Rekonstruktion de
Vita des Bestatteten (z. B. →St. Emmeram; →Clemens II
→Oswald v. Wolkenstein; Saliergräber) und zur Rekon
struktion von Bestattungsbrauch und Bedingungen de
Liegemilieus bei (z. B. →Lothar III.; Leichenbrände). Au
den Skelettserien der F.e erschließt die Anthropologi
Alters- und Geschlechtsaufbau der Einzugsbevölkerun
(Demographie), für die aus dem Früh- und HochM
kaum (→Polyptychen; →Domesday Book), im SpätM
nur begrenzte regionale Quellen vorliegen (→Kataster
Florenz; frz. Kirchenbücher; Schoßregister). Nachweis
bar sind biolog. Binnengliederungen der F.e nach Alters
gruppen (z. B. zunehmende Kinderbestattungen a

10. Jh., Konzentration der Kinder im Außenbereich des Kirchenchors im 12./13. Jh.), nach Geschlechtern (z. B. Männer südl., Frauen nördl. der Kirche) bzw. nach Alters- und Geschlechtergruppen (Frauen- und Kinderbestattungen bzw. wechselnde Geschlechterrelationen auf Klosterf.en). Der spezif. Funktionstyp des F.s (s. o.) spiegelt sich in der Totengemeinschaft des F.s häufig also nur bedingt wider. In Einzelfällen ist die differentielle Sterblichkeit innerhalb sozialer Schichten belegt. Bedingt v. a. durch eine zunehmende Kindersterblichkeit läßt sich als allgemeiner Trend aus den F.sbefunden vom Früh- zum HochMA eine Abnahme der mittleren Lebenserwartung von um 30 Jahre auf um 20 Jahre erkennen. Gleichzeitig sank die Lebenserwartung gegen den europ. N und O hin. Sie stieg offenbar erst im fortgeschrittenen SpätMA wieder auf über 30 Jahre. Die Körperhöhe lag vermutlich 8–10 cm unter dem heutigen Mittel. Angehörige der sozialen Oberschicht waren größer und hatten andere Körperproportionen als die Unterschicht, wobei lokale Abweichungen erheblich sein konnten (spätma. kleinwüchsiger süddt. Adel). Durch Spurenelementanalysen werden Ernährungsgewohnheiten und mentalitätsbedingte Verhaltensweisen faßbar (Beenden der Stillzeit nach maximal zwei Jahren im hochma. Schleswig). Für einzelne F.e besteht ein Zusammenhang zw. Grabachse und jahreszeitl. Sonnenstand, so daß die Sterbegipfel erschlossen werden können.
B. Herrmann

Lit.: N. G. Gejvall, Westerhus, 1960 – F. W. Rösing – I. Schwidetzky, Vergleichend-statist. Unters. zur Anthropologie des frühen MA, Homo 28, 1977, 65–115 – G. P. Fehring, Missions- und Kirchenwesen in archäolog. Sicht (Gesch.wiss. und Archäologie, VuF 22, 1979), 547ff. – F. W. Rösing – I. Schwidetzky, Vergleichend-statist. Unters. zur Anthropologie des HochMA, Homo 32, 1981, 211–251 – V. Møller-Christensen, Æbelholt Kl., 1982² – J. Schneider, D. Gutscher, H. Etter, J. Hanser, Der Münsterhof in Zürich (Schweizer Beitr. zur Kulturgesch. und Archäologie des MA 9, 10, 1982), 152ff. – I.-H. Baumgärtner, G. Boenisch, G. Bräuer, W. Erdmann, Unters. des Domkirchhofs zu Lübeck – ein archäolog.-anthropolog. Vorbericht..., Lübecker Schriften zur Archäologie und Kulturgesch., 1984, 57ff. – H. Rötting, Stadtarchäologie in Braunschweig, Forsch. der Denkmalpflege in Niedersachsen 3, 1985, 113ff. – I. Tkocz – N. Brøndum, Medieval Skeletons from Franciscan Cemetery in Svensborg, 1985 – G. Grupe, Multielementanalyse: Ein neuer Weg für die Paläodemographie. Materialien zur Bevölkerungswiss., Sonderh. 7, 1986 – W. Schlüter, Vorbericht über die Ausgrabungen auf dem Marktplatz der Stadt Osnabrück in den Jahren 1984/85, Osnabrücker Mitt. 91, 1986, 9ff. – Determinanten der Bevölkerungsentwicklung im MA, hg. B. Herrmann – R. Sprandel, 1987.

II. Städtischer und dörflicher Friedhof: [1]: *Städtischer Friedhof:* Im MA waren keine allgem. Vorschriften über die räuml. Lage und baul. Gestaltung des F.s bekannt. Der Glaube an die Gemeinschaft der Lebenden und Toten und an die Fürbitten der Hl.en sowie das seit dem 8. Jh. entwickelte System der territorialen Pfarrgemeinde führten jedoch zum Prinzip der dezentralen F.e an den →Pfarrkirchen. Die F.e umschlossen die Kirchen als ringförmige Gürtel, wurden jedoch u. U. auch auf freiem Areal gegenüber oder neben dem Gotteshaus angelegt. Nicht wenige Kirchen (z. B. in Südeuropa) verzichteten jedoch u. a. aus räuml. Gründen auf die Errichtung eigener F.e und beschränkten sich auf Bestattungen im Kircheninneren. Wichtige Ergänzungen für die ma. Kommunen stellten die F.e der exemten Bettelordenskl. (13. Jh.) und die oftmals sehr ausgedehnten F.e der Spitäler (→Bürgerspital, →Hospital, -wesen) und Leprosorien (→Aussatz) dar. Die im spätMA vereinzelt bezeugte Verlegung von (überfüllten) F.n vor die Stadt wird ab d. 16. Jh. zur Regel. Ab 1500 wurden viele ma. Spitalkirchen, aber auch ältere präurbane Pfarrkirchen vor d. Städten, zu F.skirchen umgewandelt.

Geächtete und Exkommunizierte wurden in ungeweihter Erde beigesetzt. Ungetaufte Kinder und Wöchnerinnen erhielten vielfach abgetrennte Areale, Fremde ('Elende') oft auch eigene kleine F.e. Hochstehende und herrschende Persönlichkeiten wurden meist im Kircheninneren beigesetzt (s. a. →Grablege).

Die F.e wurden durch Mauern, Zäune oder Hecken von der Profanwelt abgetrennt; fehlende F.store wurden oft durch Beinbrecher ersetzt. Die F.e wurden durch ein allgemeines großes Holz- oder Steinkreuz gekennzeichnet, während die Einzelgräber entweder schmucklos waren oder schlichte Holzkreuze trugen. Steinerne Grabplatten des frühen und hohen MA sind Einzelfunde. Im SpätMA treten vermehrt liegende Leichensteine auf (Johannes- und Rochusf. zu Nürnberg, ab 14. Jh.). Stehende Steinkreuze sind im Reichsgebiet im allgemeinen erst ab 1500 belegt. Vereinzelt sind Vorschriften für die Größe des F.s, die Parzellengröße oder die Belegfristen bekannt; Klagen über überfüllte F.e waren häufig. Zu den festen Bestandteilen des F.s zählen die Beinhäuser (Oss[u]aria, →Karner), die die Gebeine aus wiederbelegten Gräbern aufnehmen. Häufig sind F.skapellen (hl. →Michael) und steinerne Totenleuchten anzutreffen. Im SpätMA nehmen die Kalvarienberge, Kreuzweg- und Totentanzdarstellungen, Hl.-Grab-Kapellen und privaten Stifterkapellen zu. Gemeindebänke, Schuppen und Verkaufsbuden vervollständigen das belebte Bild des ma. F.s.

Der F. unterlag dem Eigentum und Recht der Kirche und zählte zu den Asylstätten (→Asyl). Die Bestimmungen über die Rechtswirkung von →Interdikt, Violation und Rekonzialiation von Kirchen wurden im allgemeinen auf die F.e übertragen. Die F.sweihe war bfl. Reservatrecht, wurde jedoch oft delegiert. Wegen der →Stolgebühren traten langwierige Konflikte zw. Pfarrern auf der einen, Stifts- und Kathedralkirchen, exemten Mendikanten und Gläubigen auf der anderen Seite auf. Bonifatius VIII. sprach den Pfarrern die kanon. Quart zu (→Begräbnis). Die Ausübung des Pfarrzwangs konnte bes. in Kolonisationsgebieten zu Konflikten mit der vorchristl. Bevölkerung führen (in Reval noch 1425 Streit zw. »armen Esten« und Dorfpfarrern um das Begräbnisrecht). Die geistl. Nutzung der F.e erstreckte sich u. a. auch auf Prozessionen (z. B. Palmsonntagsprozession), Trauungen, Predigten (wofür häufig Freikanzeln [F.skanzeln] errichtet wurden) und geistl. Schauspiele. Die weltl. Nutzungsmöglichkeiten wie Heumahd, Obsternte, Holz- und Weidewirtschaft standen grundsätzl. ebenfalls dem Pfarrer zu. Für die Gemeinde war der F. Versammlungs- und Gerichtsstätte. Nicht selten trafen sich auch innerstädt. Insurgenten zur konstituierenden Gruppenbildung und Schwureinung auf dem F. Volksfeste und ausgelassene Tänze werden bis ins SpätMA bezeugt und konnten auch durch zahlreiche kirchl. Verbote nicht ausgerottet werden.
B.-U. Hergemöller

[2] *Dörflicher Friedhof:* Die F.e lagen entweder – meist erhöht – im Dorfkern oder am Dorfrand. Isoliert gelegene F.e entwickelten sich v. a. als zentrale Begräbnisstätten in Gebieten mit vorherrschender Streusiedlung (Kärnten) oder als Gemeinschaftsf. für mehrere Siedlungen (Kirchberg/Hessen). V. a. in Gebieten mit ausgeprägter Gemeindebildung entwickelten die F.e verschiedene profane Funktionen wie: Gerichtsstätte, Versammlungsort für Kirchspielsberatungen oder Markt- und Festplatz. Außerdem dienten die F.e als Schutzort für die bäuerl. Bevölkerung, für Vieh und Getreide. Durch Verstärkung von F.smauern und Toren, Anlage von Wassergräben, Mauertürmen und Schießscharten konnten befestigte F.e

mit z. T. burgenähnl. Funktionen entstehen. Leutersdorf und Vachdorf zählten z. B. zu einer Reihe von Dörfern und Flecken, die Kg. Heinrich I. längs der Werra zum Schutz gegen die Ungarn befestigen ließ. – Hinsichtl. der weltl. Nutzungsrechte finden sich diverse Übereinkünfte zw. Pfarrern, Patronatsherren und Bauern. Gegen Geld- und Wachszinsabgaben (→Wachszins) durften die Bauern oft Vorratshäuschen und Schuppen errichten (Westfalen, Bayern). Urkundlich belegt sind auch Pfleghöfe oder Zehntscheunen, die meist der Lagerung des Getreide-zehnten dienten. A. Lömker

Lit.: HRG I, 129f. [K. S. KRAMER] – LThK² IV, 373–377 [B. OPFER-MANN] – H. GRÜN, Der dt. F. im 16. Jh., Hess. Bll. für VK, 1925, 64–97 – J. BALOGH, Tänze in Kirchen und auf F.en, Nd. Zs. für VK 6, 1928, 1–14 – H. DERWEIN, Gesch. des christl. F.s in Dtl., 1931 – W. V. ERFFA, Die Dorfkirche als Wehrbau. Mit Beispielen aus Württemberg (Dar-stellungen aus der württemberg. Gesch. 28, 1937) [unverändert-ter Nachdr.] – K. KAFKA, Wehrkirchen Kärntens, Bde 1/2, 1971/72 – F. SCHNELBÖGL, F.sverlegungen im 16. Jh., JbffL 34/35, 1975, 109–120 – L.-R. DELSALLE, Attitudes normandes devant la mort: Les cimetières rouennais aux XVᵉ et XVIᵉ s. (Hist. religieuse de la Normandie, hg. F. NEVEUX, 1981) – K. KOLB, Wehrkirchen in Europa, Beispiele aus allen Ländern Europas, 1983.

III. VOLKSKUNDE: Im Nebeneinander von alltägl. Le-benswelt und Ehrfurcht vor dem Toten stößt man auf eine eigenartige Divergenz innerhalb der Einstellung des ma. Menschen zum Tode. Als Begräbnisplatz war der F. Stätte des Totengedenkens und zugleich Rechtsbereich, der auf der Grundlage der Wiederauferstehungslehre und der theol.-naturwissenschaftl. Einstellung zum toten Körper die Unversehrtheit des →Grabes und des Leichnams ga-rantierte. Bereits im MA belegt ist der Brauch, Lichter auf den Gräbern anzuzünden; viele F.e besaßen eigene, zum Gebet für die Verstorbenen auffordernde Leuchten. Brautleute besuchten nach der Trauung das Grab der Eltern, die Gräber wurden mit Weihwasser besprengt, die Verwendung von Taufwasser zu diesem Zweck jedoch u. a. 1491 von der Bamberger Diözesansynode untersagt. Gräberbesuch und Lichterkult waren somit liturg.-rituel-ler Ausdruck der Gemeinschaft von Lebenden und Toten.

Dieser Achtung der Totensphäre stand andererseits die Beobachtung von Exhumierungen und des nur zu oft wenig respektvollen Umgangs mit Gebeinen und Lei-chenteilen gegenüber. Ähnlich scheinen sich die Furcht vor dem Tod und dem Toten und die auf den F.en stets sichtbare Gegenwärtigkeit von Tod und Leichnam zu widersprechen. Ängste bezogen sich dabei weniger auf die Konfrontation mit der Verwesung und die mit ihr verbun-dene hygien. Gefahr als vielmehr auf die Überzeugung vom Tod als Schlaf und auf den Glauben von den untoten Toten, was im Zusammenhang mit der ma. Armenseelen- und Fegefeuerlehre steht: Tote können, so z. B. Johannes Gobius in der »Scala coeli« (Ulm 1480 u. ö.), sich aus ihren Gräbern erheben, um denjenigen, die für sie gebetet hat-ten, zu helfen; sie können aber Frevler auch bestrafen. So wurde der F. nicht nur zum gesellschaftl. Treffpunkt (vgl. Abschnitt B.II), sondern auch zum unheiml. Ort. Ex-tremängste galten v. a. der Macht und Lebendigkeit der Toten, was sich sowohl in elitären wie in populären Ätiologien äußerte. In der Beweischarakter besitzenden Bahrprobe (stillicidium) sah man ebenso wie in den – infolge von Faulgasen – entstandenen Geräuschen in Grä-bern einen Beleg für die Lebensfunktion des Leichnams. Wegen der oft nur geringen Bestattungstiefe und der postmortalen Veränderung der Körperlage durch Verwe-sungsprozesse traten Leichenteile aus dem Erdreich heraus (Ursprung des Erzählmotivs der aus dem Grab herausra-genden Hände als Strafzeichen für Meineid oder mangeln-

de Ehrfurcht gegenüber den Eltern). Gerade die ma. Ex-empel-Lit. zeichnet sich durch einen relativ hohen Anteil solcher F.s- und Totenberichte aus. Hierzu trugen auch naturwissenschaftl.-dämonolog. Spekulationen der ge-bildeten Elite bei. F.serde und Leichenteile wurden als hochwertige und gesuchte Heilmittel (z. B. mummia) betrachtet. Laut→Berthold v. Regensburg († 1272) benö-tigte man Leichen zur Nekromantie. Schließlich aber sah man im F. als Ort der Verwesung einen bevorzugten Aufenthaltsort der Dämonen, die sich dort, so die ma. Diskussion um die Materialität der Geistwesen, aus Faul-stoffen ihren für die Menschen sichtbaren Körper bilde-ten. Vor dem Hintergrund dieses Glaubens wird auch die F.sweihe verständlich, die gemäß dem um 1286/91 ent-standenen »Rationale divinorum officiorum« des →Du-ranti v. Mende die Vertreibung der sich auf dem F. herum-treibenden unreinen Geister (immundorum spirituum ha-bitatio) bewirken solle; denn »die Körper der Gläubigen sollten ungestört bis zum Weltende ruhen« (I, 8, 26). Das mentale Erleben des ma. Menschen ist folgl. kein Problem des Aberglaubens, sondern sehr realer Hoffnungen und Ängste. Ch. Daxelmüller

Lit.: EM V, 346–358 – HWDA III, 86–99 – RGG II, 1141–1145 – L. C. F. GARMANN, De miraculis mortuorum, 1709 – A. E. SCHÖNBACH, Stud. zur Gesch. der altdt. Predigt. Zweites Stück: Zeugnisse Bertholds v. Regensburg zur VK, 1900, 25 – R. W. MUNCEY, A Hist. of the Consecration of Churches and Churchyards, 1930 – L. A. VEIT, Volksfrommes Brauchtum und Kirche im dt. MA, 1936, 183–209 – J. SCHWEIZER, Kirchhof und F., 1956 – G. WIEGELMANN, Der »lebende Leichnam« im Volksbrauch, ZVK 62, 1966, 161–183 – G. LINDAHL, Grav och rum, 1969 – P. ARIÈS, Gesch. des Todes, 1980, 43–120 – M. VOVELLE, La mort et l'occident de 1300 à nos jours, 1984.

C. Byzantinischer Bereich

Röm. Tradition und röm. Gebot, die Toten extra muros zu bestatten, sind nahezu ausnahmslos bis zum Ende der frühbyz. Zeit im ostmediterranen Raum beachtet worden (CTh 9, 17,6/Cod. Iust. 1,2,2). Die Bindung an Fernstra-ßen als Graballeen extra muros (z. B. Konstantinopel, Korykos in Kilikien) und die Ausprägung großer architek-ton. gestalteter Nekropolen verlieren sich bis zum Ende der frühbyz. Epoche. Röm. Begräbnisplätze, sowohl ge-baute Grabanlagen als auch Felskammern, werden weiter genutzt und okkupiert, auch beraubt; andererseits voll-zieht sich eine deutliche Entwicklung zum Einzelgrab in den F.sarealen. Nur F.e urbaner Zentren lassen zuweilen eine Reihenordnung erkennen. Im Vergleich zur röm. Welt nimmt die Zahl neugebauter Familiengrabanlagen (Hypogäen, Mausoleen, Arkosolgräber) erheblich ab. Die Anlage der F.e ist auch von örtl. und regionalen Traditionen geprägt (Beispiele: Konstantinopel, Anemu-rion und Korykos in Kilikien, Familiengräber in Syrien, Oase Khargeh/Ägypten). Zur Verhinderung des Grab-raubs scheint es F.swächter gegeben zu haben. In Konstan-tinopel war in der Nachbarschaft der Kirche Hag. Mokios ein eigener Fremdenf. (Xenotaphia) ausgewiesen. Die abnehmende Bedeutung der F.e (nicht des Grabes) geht mit der Verringerung des allgemeinen Bestattungsauf-wandes einher. Die Masse der Einzelbestattungen erfolgt in Schachtgräbern und Erdgruben mit Holzsärgen oder in Tüchern. Steinsarkophage (in Konstantinopel auch Blei-särge belegt) und Grabstelen mit Inschriften werden sel-ten. Damit ist schon gegen Ende der frühbyz. Zeit die traditionelle 'Totenstadt' kein prägendes Element mehr im Siedlungsgefüge. Seit dem 7. Jh. werden Kirchen und Kapellen neuer Nukleus für die Ausbildung von F.en. Dieser Entwicklung folgt auch die Gesetzgebung (Nov 53 durch Leon VI., 886–912), die die Bestattung intra muros nicht mehr untersagt. So ist in mittel- und spätbyz.

eit die Bindung von Kirche und umliegendem F. (ohne rkennbare Ordnung) – vorzugsweise im W der Kirche or dem Narthex – die Regel. Die gesellschaftl. Abstufung ritt jedoch deutlich zutage: Grablegen des Besitzadels mit Grüften oder Sarkophagen begegnen nun auch innerhalb es Kirchengebäudes, ein Ort, der bislang weitgehend em Kaiserhaus und dem Klerus vorbehalten war. Raum-ot zwingt auch zur Anlage von Ossuarien (z. B. in Kl. Katharinenkl. Sinai]).

Die Abnahme der Beigabensitte, Beraubung und die nfachen Bestattungsformen seit frühbyz. Zeit sind u. a. in Grund für die mangelnde archäolog. (und in ihrer olge anthropolog.) Erforschung byz. F. e.

H. Hellenkemper

it.: Eine Zus.fass. der verstreuten Lit. und Hinweise fehlt – J. KEIL – A. VILHELM, Denkmäler aus dem rauhen Kilikien, 1931, 102ff. – PH. OUKOULES, Byzantinon bios kai politismos IV, 1951, 185ff. – N. K. 1OUTSOPOULOS, Annuaire Faculté de Technologie Univ. Thessaloni-ue 5, 1971–72, 149ff. [mit Beitr. von M. A. POULIANOS] – W. MÜLLER-VIENER, Bildlex. zur Topographie Istanbuls, 1977, 219–222 – R. M. IARRISON, Excavations at Saraçhane in Istanbul, 1986, bes. 27ff., 74ff.

). Judentum

Der Übergang von der Bestattung in unterird. Grabanla-en (Katakomben) zu Einzelgräbern, die von oben ausge-oben werden, fällt in die Zeit der Spätantike. Doch sind us dieser frühen Zeit nur wenige Beispiele bekannt. – Seit lem frühen MA sind F. e sowohl aus dem sephard. als auch us dem aschkenas. Raum erhalten. Durch die Vertrei-ung der Juden aus Spanien 1492 ist dort seit dem MA kein . kontinuierl. genutzt und nur wenige sind als Gesamtan-age erhalten (Barcelona), wohl aber einzelne Grabsteine hne Grabzusammenhang. Der Unterschied zw. der se-hard. und aschkenas. Grabanlage besteht im Grabstein. Die Sitte der sephard. Juden, das Grab mit einer horizonta-en Platte zu bedecken. ist schon für das MA belegt (Spa-ien). Während damals die schmucklosen Steine nur eine iebr. Inschrift besaßen, weisen sie seit dem 17. Jh. einen eichen Dekor auf. – Die aschkenas. Juden dagegen mar-ieren das Grab mit einem vertikal aufgestellten Stein, in ler Regel an der Stelle des Kopfes des Toten, in Ausnah-nefällen am Fußende. Die Inschriftseite des Grabsteins veist nach Jerusalem (Ausnahmen vorhanden). Die Form ler ma. Grabsteine ist schlicht. Sie sind hochrechteckig oder oben abgerundet und besitzen keinen Dekor. Dieser ritt erst zögernd seit dem 14. Jh. (Blumen, Ranken) auf. Symbole werden erst seit dem späten 16. bzw. 17. Jh. verwendet. Wie im sephard. Raum sind die ma. Grabin-chriften grundsätzl. in hebr. Sprache abgefaßt (Die Ver-vendung der Landessprache ist neuzeitl.). Die Inschriften iennen den Namen des Verstorbenen, das Todesdatum, uweilen Eigenschaften des Verstorbenen und die Todes-irt, bes. bei Märtyrern. Des öfteren finden sich Zitate aus ler Bibel oder späteren traditionellen Literatur. – Der ilteste jüd. F. im aschkenas. Raum befindet sich in Worms, während die frühen Anlagen in Mainz, Speyer ind Köln aufgelassen wurden; von ihnen sind nur einzelne Steine erhalten.

Da nach jüd. Vorstellung die Ruhe des Toten unantast-bar ist, sind mehrere Bestattungen an gleicher Stelle nicht erlaubt. Nur in Prag (ab 1439) hat man aus Raumgründen mehrere Gräber übereinander angeordnet. Kohanim, also die Nachkommen der alten Tempelpriesteraristokratie, durften aus Gründen ritueller Reinheit den F. überhaupt nicht betreten, es sei denn bei der Beerdigung eines ganz eng Verwandten. Zu Fastentagen (→Fasten) waren Gebe-te an den Gräbern der Verstorbenen im MA weit verbrei-tet. Apostaten (→Apostasie), Selbstmörder (→Selbst-mord) und Personen mit liederl. Lebenswandel wurden abseits der übrigen jüd. Verstorbenen in besonderen F. secken beigesetzt.

H. Künzl

Lit.: G. COHEN, Der jüd. F., 1930 – E. ROTH, Zur Halachah des jüd. F.s, UDIM 4, 1973, 97–120; 5, 1974/75, 80–124.

E. Arabisch-islamischer Bereich

Der frühe Islam mied die aus heidn. Zeit stammenden Begräbnisorte und empfahl zuweilen die Zerstörung und Einebnung vorislam. Gräber. Aus diesem Grunde wählte der Prophet Mohammed den südöstl. von Medina gelege-nen Platz Baqīᶜ al-ġarqad als ersten muslim. F. Grundsätz-lich legte man F. e (arab. *maqbara*, pl. *maqābir*) außerhalb der Städte an oder zumindest doch in der weniger dicht besiedelten Peripherie. In früher Zeit begrub man die Toten vornehmer Klans und Familien in für sie vorbehal-tenen Parzellen und grenzte diese vom übrigen F.sgelände sichtbar ab. Ihre Namen erhielten F. e entweder durch ihre örtl. Lage – so der älteste islam. F. von Damaskus »am kleinen Tor« (*maqbara ʿinda Bāb aṣ-ṣaġīr*) – oder nach dort begrabenen Persönlichkeiten, wie der wichtigste Bagda-der F., der nach der Mutter Hārūn ar-Rašīds maqbarat Haizurān genannt wurde. Wichtig für die Entstehung großer F. e war vom 8. Jh. an die Sitte, sich »ad sanctos« (an Begräbnisorten von Märtyrern des Glaubens, für ihre Frömmigkeit bekannten »Muslimen«, aber auch von Ge-lehrten und weltl. Herrschern) beisetzen zu lassen. Um ihr Mausoleum gruppierten sich dabei mit der Zeit einfache Gräber ohne feste Ordnung. Diese bestanden üblicher-weise in einem Schachtgrab (arab. *ḍarīḥ*) oder einem Ni-schengrab (arab. *laḥd*), in dem der Leichnam durch eine seitlich des Schachts eingetiefte Nische von herabfallen-den Stein- und Erdbrocken geschützt wurde. An das Kopfende stellte man einen einfachen Feldstein oder einen mit Glaubensbekenntnis, Namen und Todesdatum be-schrifteten Grabstein auf. Unter dem für Schiiten wichtig-sten F. in Karbalā im Südiraq wurden zusätzlich katakom-benähnl. Gewölbe – im Islam sonst unüblich – zur Aufnah-me der Toten geschaffen, um so ein Begräbnis möglichst nahe am Mausoleum des Prophetenenkels Husain zu gewährleisten. F. e mit ihren Heiligengräbern wurden vom 11. Jh. an das Ziel regelrechter Pilgerfahrten, aber auch von muslim. und christl. Reisenden des hohen MA besucht, deren Beschreibungen ein ausführliches Bild mo-numentaler Totenstädte wie des Qarāfa-F.s in Kairo oder des Šāh-i Zinde in Samarqand zeichnen.

Th. Leisten

Q. und Lit.: EI² I, 957f. [A. J. WENSINCK – (A. S. BAZMEE ANSARI); s. v. Bakiᶜ al-Gharḳad]; VI, Fasc. 99–100, 122–128 [J. BURTON-PAGE; s. v. Maḳbara] – Ibn Jobair, Voyages, übers. und mit Anm. versehen M. GAUDEFROY-DEMOMBYNES, 1949, 134f. [Madīna] – J. GRÜTTER, Arab. Bestattungsbräuche in frühislam. Zeit (nach Ibn Saᶜd und Buḫārī), Der Islam 31, 1954, 147–173; 32, 1957, 79–104, 168–194, 182ff. – The Travels of Ibn Baṭṭūṭa, A. D. 1325–1354, übers. und ed. C. DEFRÉMERY – B. R. SANGUINETTI, 1958 [Repr. 1972]; I, 43 [al-Qāhira], 137 [Di-mašq], 255 [an-Naǧaf] – L. MASSIGNON, The Topography of Eleventh Century Baġdād: Materials and Notes, Arabica 6, 1959, 306–309 [Ind.] – G. MAKDISI, La cité des morts au Caire – Darb al-Aḥmar, Bull. de l'inst. franç. d'archéol. orientale LVII/19, 1958, 25–79.

Friedlosigkeit, rechtshist. Kunstwort für die →Acht. Ausgehend von skand. Quellen, hatte W. E. WILDA 1842 die Ansicht begründet, das frühe germ. Recht sei als umfassende Friedensordnung erschienen, und die Sank-tion gegen das Verbrechen als Friedensbruch habe deshalb in der F., der Ausstoßung des Täters, bestanden. In Wahr-heit tritt das Wort *friðlauss* ('friedlos') namentl. in Däne-mark und Schweden erst im HochMA auf und ist damit Ausdruck der neuen ma. Friedensidee (→Gottesfriede,

→Landfriede). Auch dt. Belege sind erst spät. In der neueren Forschung wird die Vorstellung von der germ. F. denn auch zumeist abgelehnt.   K. Kroeschell

Lit.: W. E. Wilda, Das Strafrecht der Germanen, 1842 – K. v. Amira, Germ. Recht, 1913³, 237 ff. – J. Goebel jr., Felony and Misdemeanor I, 1937 – K. v. See, An. Rechtswörter, Hermaea NF 16, 1964.

Friedrich

1. F. I. (F. Barbarossa), *Ks., dt. Kg.* aus dem Hause der →Staufer, * wohl nach 1122, † 10. Juni 1190 (im Fluß Saleph in Kleinasien ertrunken), ⊡ Eingeweide in Tarsus, »Fleisch« im Dom v. Antiochia, Gebeine in Tyrus. Eltern: Hzg. Friedrich II. v. Schwaben (37. F.) und die Herzogstochter→Judith (aus dem Hause der→Welfen); ∞ 1. Adela v. Vohburg (wohl seit 1149, Ehe kinderlos, 1153 aufgelöst), 2. →Beatrix v. Burgund, 10 Kinder, unter ihnen Hzg. →Friedrich V. v. Schwaben (39. F.); Ks. →Heinrich VI.; Pfgf. →Otto I. v. Burgund; Hzg. →Konrad v. Schwaben; Kg. →Philipp v. Schwaben. – Ztw. am Hof seines Onkels Konrad III. erzogen, übernahm F. 1146 als F. III. die schwäb. Herzogsgewalt für den erkrankten Vater und beteiligte sich am 2. →Kreuzzug. Am 5. März 1152 in Frankfurt zum Kg. gewählt, am 9. März 1152 in Aachen gekrönt. Er setzte zunächst die Politik seines Vorgängers fort, bes. das Bündnis mit dem Byz. Reich zur Eroberung des siz. Normannenreiches. Um dieses Zieles willen legte er 1153 im →Konstanzer Vertrag mit Papst Eugen III. die Bedingungen seiner Kaiserkrönung fest, erreichte die Annullierung seiner kinderlosen Ehe mit Adela v. Vohburg und betrieb die Rückgabe des bayer. Herzogtames an →Heinrich den Löwen. Die Kaiserkrönung fand am 18. Juni 1155 in Rom statt. Seine Begegnung mit Gesandten des byz. Ks.s bei Ancona (Ende Juli) machte das Bündnis mit Byzanz gegenstandslos. Während Byzanz im Alleingang das Normannenreich vergeblich zu vernichten suchte, arbeitete F. seit dem Jahreswechsel 1155/56 auf seine Heirat mit Beatrix, Erbin der Gft. →Burgund, hin; die Hochzeit fand am 10./17. Juni 1156 in Würzburg statt. Papst Hadrian IV. erkannte währenddessen in Benevent das Einheitsreich der Normannen und sein Königtum an. F. beschränkte Sept. 1156 in →Regensburg im »Privilegium minus« den →Babenberger →Heinrich Jasomirgott auf das zum Hzm. erhobene →Österreich.

Seit langem nicht mehr hatte sich ein Kaiser so oft in Italien aufgehalten; insgesamt fünf Italienfahrten unternahm F. bis 1178. Er bezwang 1158 →Mailand und ließ 1162 die Stadt sogar zerstören. Auf dem Reichstag v. →Roncaglia (1158) ließ er die ksl. →Regalien in Italien feststellen und ihre Respektierung erneuern. Sein Versuch, das 1159 ausgebrochene Papstschisma zugunsten Papst Viktors IV. zu bereinigen, scheiterte an der Unbeugsamkeit Papst Alexanders III. und an der Verweigerung der westeurop. Mächte. Die oberit. Städte leisteten durch den Zusammenschluß zunächst im →Veroneser Bund (1163/64) und dann im größeren →Lombardischen Städtebund (1168) steigenden Widerstand. Die Byzantiner konnten zwar aus Ancona vertrieben und Rom eingenommen werden, aber die Seuche vor Rom (1167), die das ksl. Heer dezimierte, machte alle Hoffnungen auf eine Vernichtung des Normannenreiches zunichte. Auch die Absicht, auf der 5. Italienfahrt (1174–78) den Städtebund zu beseitigen, erwies sich als undurchführbar (1175 Friede v. →Montebello). Im Frieden v. →Venedig söhnte sich F. 1177 mit Alexander III. aus und beendete die Kampfhandlungen mit Lombarden und Normannen. Der →Konstanzer Vertrag von 1183 regelte die ksl. Präsenz in Italien.

Schon 1168 hatte sich F. dem Ausbau eines quer durch Deutschland führenden stauf. Territorialgürtels stärker

gewidmet. Die Jahre 1175–81 brachten die Entmachtung Heinrichs des Löwen. Das →Mainzer Hoffest von 1184 war eine repräsentative Selbstdarstellung der stauf. Ritterkultur, leitete aber auch eine Intensivierung wechselvoller Beziehungen des Kaiserhofes mit dem Ausland ein. F. strebte ein gegen den Kg. v. →Frankreich gerichtetes Bündnis mit →Heinrich II. v. England an; es sollte die Heirat des Kaisersohnes Heinrich VI. mit →Konstanze, der eventuellen siz. Erbin, den Weg ebnen und Heinrich dem Löwen die Rückkehr aus dem Exil gestatten. Die Heirat Heinrichs VI. fand Jan. 1186 in Mailand statt, aber dessen vorzeitige Kaiserkrönung, die eine Vorbedingung für den Anspruch auf Sizilien als Bestandteil des Reiches war, blieb aus; Heinrich der Löwe konnte nach Sachsen heimkehren, doch das Bündnis mit England zerschlug sich, weil F. auf eine Eindämmung der köln. Herzogsgewalt (→Köln) nicht verzichten wollte. Die Opposition im NW des Reiches, mit dem Papsttum verbündet, nötigte F. zum Ortswechsel nach Deutschland; Heinrich VI. mußte den Vater fortan in Italien vertreten. Auch das Bündnis F.s mit dem Kg. v. Frankreich blieb durch Gegenzüge des Kölners wirkungslos. Dies wiederum bot F. eine Handhabe, die weitverzweigte Opposition 1188 zu unterdrücken. Auf dem →Mainzer »Hoftag Christi« von 1188 nahm er das Kreuz (→Kreuzzug, 3.) und führte 1189 das Kreuzfahrerheer, ohne persönlich das Hl. Land zu erreichen.

F.s Programm war die Wiederherstellung des Reiches in seiner alten Größe. Sie zielte auf eine Angliederung des norm. →Sizilien (ein schon von dem Karolinger Ludwig II. hergeleiteter und in der Zwischenzeit mehrfach wiederaufgenommener Anspruch), auf eine dauerhafte Präsenz des Reiches in →Burgund und v. a. in →Italien sowie auf eine Wiederbefestigung der kgl. Autorität in Deutschland. Die Mittel bestanden teils im Ausbau von Ansätzen, die von den Vorgängern entwickelt worden waren, teils in einer Angleichung an einen fortgeschrittenen Entwicklungsstand. In Fortsetzung der spätsal. →Zweischwertertheorie betrachtete auch F. die Zuordnung von →Imperium und Sacerdotium als ein gleichwertiges Nebeneinander, fand spätestens seit 1162 aber damit außerhalb des Reiches kein Echo mehr; auch das Argument, in Fortführung des antiken röm. Reiches die Stadt →Rom als Rechtsgrundlage seines Ksm.s besitzen zu müssen, mußte 1177 aufgegeben und durch die nur im Ansatz vorbereitete Idee eines heilsgeschichtlich fundierten Erbkaisertums ersetzt werden. Durch die Eroberungen Karls d. Gr. und Ottos I. einen Herrschaftsanspruch auf Italien zu besitzen, wurde erstmals klar ausgesprochen. Da die Lehnsbasis in Italien versagte, trat an ihre Stelle die Rechtsauffassung vom Besitz aller Herrschaftsfunktionen nur in der Hand des Ks.s und ihrer Ausübung lediglich in seinem Auftrag (Regalien), die auch 1183 trotz Milderung der zu leistenden Abgaben nicht preisgegeben wurde. In Deutschland suchte F. mit Erfolg auf der territorialpol. Ebene mit dem aufstrebenden Dynastenadel zu konkurrieren und die Auflösung stammeshzgl. Machtgebilde so zu steuern, daß sich adlige Machtgruppierungen gegeneinander ausspielen ließen, wo die territoriale Präsenz der Staufer unzureichend war. Als tragende Kräfte beim Territorialausbau erwiesen sich die →Ministerialen. Daneben spielte die Reaktivierung des →Lehnrechts eine zentrale Rolle, nicht zuletzt im Hinblick auf die Einbeziehung aller Hoheitsträger in einem vom Herrscher ausgehenden Auftrag, was auch der Vorstellung von einem stauf. Erbkönigtum zugute kam. Trotz aller erstaunlichen Durchsetzungskraft F.s zeigt sich hier aber am ehesten, daß gegensätzl. Meinungen von der Reichsverfassung nicht ausgetragen, son-

lern nur durch äußere Übermacht für kurze Zeit über-
leckt wurden. →Deutschland D. III.   O. Engels

Q.: MGH DD F. I., 3 Bde, ed. H. APPELT u. a., 1975ff. – Q. zur Gesch.
les Kreuzzugs F.s I., ed. A. CHROUST (MGH SRG NS 5, 1928) –
Chroniken und sonstige historiograph. Q.: zumeist ed. in MGH SS,
RG; s. auch insbes. →Otto v. Freising, →Rahewin sowie →Chronik
C. I, D. II – *Lit.*: H. SIMONSFELD, JDG F. I. (1152–58), 1908 [Neudr.
975] – H. KAUFFMANN, Die it. Politik Ks. F.s I. nach dem Frieden v.
Constanz (1183–1189), 1933 – P. LAMMA, Comneni e Staufer. Ricerche
ui rapporti tra Bisanzio e l'Occidente nel secolo XII, 2 Bde, 1955/57 –
G. BARRACLOUGH, F. B. und das 12. Jh. (DERS., Gesch. in einer sich
wandelnden Welt, 1957, 86–114) – H. WERLE, Stauf. Hausmachtpolitik
m Rhein im 12. Jh., ZGO 110, 1962, 241–370 – D. v. DER NAHMER, Die
Reichsverwaltung in Toscana unter Friedrich I. und Heinrich II. [Diss.
Freiburg/Br. 1965] – M. PACAUT, Frédéric Barbarousse 1967 [dt.:
969] – G. BAAKEN, Die Altersfolge der Söhne F. B.s und die Königser-
ebung Heinrichs VI., DA 24, 1968, 46–78 – G. DROEGE, Landrecht
und Lehnrecht im hohen MA, 1969 – P. MUNZ, Frederick Barbarossa.
A Study in Medieval Politics, 1969 – A. HAVERKAMP, Herrschaftsformen der Frühstaufer in Reichsitalien, 2 Bde, 1970/71 – Beitr. zur Gesch.
taliens im 12. Jh. (VuF, Sonderbd. 9, 1971) – O. ENGELS, Beitr. zur
Gesch. der Staufer im 12. Jh., DA 27, 1971, 373–456 – G. KOCH, Auf
lem Wege zum Sacrum Imperium. Stud. zur ideolog. Herrschaftsbe-
ründung der dt. Zentralgewalt im 11. und 12. Jh., 1972 – K. JORDAN,
Staufer und Kapetinger im 12. Jh., Francia 2, 1974, 136–151 – F. B., hg.
G. WOLF (WdF 390, 1975) – Staufer, passim – F. OPLL, Das Itinerar Ks.
F. B. (1152–90), 1978 – DERS., »Amator ecclesiarum«. Stud. zur
eligiösen Haltung F. B.s, MIÖG 88, 1980, 70–93 – O. ENGELS, Zur
Entmachtung Heinrichs des Löwen (Fschr. A. KRAUS, 1982, 45–59) –
Federico Barbarossa nel dibattito storiografico in Italia e in Germania,
g. R. MANSELLI–J. RIEDMANN, 1982 – O. ENGELS, Die Staufer, 1984³ –
DERS., Zum Konstanzer Vertrag v. 1153 (Fschr. A. BECKER, 1987,
235–258).

2. F. II., *Ks., dt. Kg., Kg. v. Sizilien und Jerusalem,*
* 26. Dez. 1194 in Iesi (Prov. Ancona), † 13. Dez. 1250 in
Castel Fiorentino bei Lucera (Prov. Foggia), ⌐ Palermo,
Dom; Eltern: Ks. →Heinrich VI. (†1197) und →Konstan-
ze (†1198), Tochter Kg. →Rogers II. v. Sizilien; ∞ 1. Kon-
stanze (†1222), Tochter Kg. →Alfons' II. v. Aragón, 2.
→Isabella Jolande (†1228), Tochter des Gf.en →Johann v.
Brienne, Kg. v. Jerusalem, 3. (später legitimiert) Mgfn.
Bianca Lancia d. J., 4. Isabella (†1241), Tochter Kg.
→Johanns v. England. Kinder: legitime: von 1.: →Hein-
ich (VII.) (†1242), dt. Kg.; von 2: Konrad IV. (†1254), dt.
Kg.; von 3: (später legitimiert) Manfred (†1266), Kg. v.
Sizilien; von 4.: Margarete (†1270), ∞→Albrecht d. Entar-
ete, Lgf. v. Thüringen; Carl-Otto (Heinrich) (†1253/54),
Statthalter im Kgr. Sizilien; illegitime: →Enzio (†1272),
Kg. v. Sardinien; Friedrich (v. Antiochien) (†1256) u. a.

. Leben und Regierung – II. Kultur im Umkreis Friedrichs II.

. LEBEN UND REGIERUNG: Von der Mutter anfangs Konstantin genannt, erhielt F. bei der Taufe mit F. Roger die
Namen seiner beiden Großväter und damit schicksalhaft
den Lebensweg zw. →Imperium und norm. Monarchie
vorgezeichnet. Konnte Heinrich VI. auch mit seinem
→Erbreichsplan nicht durchdringen, so erreichte er we-
nigstens die Wahl seines Sohnes zum Kg. durch die dt.
Fs.en (25. Dez. 1196). Zur Krönung kam es nicht mehr, da
les Ks.s Bruder →Philipp v. Schwaben auf dem Weg nach
Foligno, wo F. seine ersten Lebensjahre in Pflege ver-
brachte, in Folge der Wirren nach Heinrichs Tod nach
Deutschland allein zurückkehrte. Die Ksn. ließ F. nach
Palermo bringen, wo er am 17. Mai 1198 zum Kg. v.
Sizilien gekrönt wurde und dem dt. Einfluß weitestge-
nend entzogen werden sollte. Den Intentionen der päpstl.
Politik folgend, verzichtete sie de facto für ihren Sohn auf
lessen dt. Kgtm. Noch nicht vierjährig verlor F. auch die
Mutter. Testamentarisch hatte sie Papst →Innozenz III.
zum Vormund des jungen Kg.s und zum Verweser des siz.
Reiches eingesetzt und das Familienkolleg mit den Re-

gierungsaufgaben betraut, an dessen Spitze der Kanzler
→Walter v. Pagliara, Bf. v. Troia, stand, der nominell
schon unter Heinrich VI. dieses Amt bekleidet hatte. In
den Wirren der nächsten Jahre stritten verschiedene Gruppen – dt. und päpstl. Truppenführer und Legaten, einheim. Barone und siz. Sarazenen – um die Macht. 1201 fiel
Palermo samt dem Kg. in die Hand des im Auftrag
Philipps v. Schwaben agierenden Reichstruchsessen
→Markward v. Annweiler, nach dessen Tod (1202) in die
eines anderen Deutschen, des Wilhelm Capparone. Diese
für den jungen Kg. schwierigen Jahre, in denen er offenkundig auch materielle Not zu leiden hatte, prägten seinen
Charakter und bestimmten Mißtrauen, Härte und Skru-
pellosigkeit späterer Jahre, bewirkten aber auch seine
frühe Reife und intellektuelle Wachheit. Palermo als
Schmelztiegel der verschiedenen Kulturen war der Nährboden für seine vielseitige Bildung und mannigfachen
Interessen. 1208 wurde F. vierzehnjährig aus der Vormundschaft entlassen. 1209 heiratete er auf päpstl. Veranlassung Konstanze v. Aragón. In diesem Jahr unternahm
er auch energ. Anstrengungen zur Konsolidierung seiner
Herrschaft auf der Insel und konnte nach der Niederwerfung eines Adelsaufstandes Teile des entwendeten Kron-
gutes zurückgewinnen.

Eine grundlegende Wende trat ein, als Ks. →Otto IV.,
von aufständ. Baronen gerufen, in das Kgr. einfiel (Nov.
1210) und sich anschickte, F. zu vertreiben. Gegen den
stauf. Reichsideen aufgreifenden Welfen, gegen die Gefahr der so gefürchteten Umklammerung ließ der Papst
Otto IV. fallen und unterstützte antiwelf. Kreise im Reich,
die im Herbst 1211 in Nürnberg F. zum künftigen Ks.
wählten, was den Abzug des Welfen aus Italien zur Folge
hatte. Im März 1212 brach F. gegen den Rat seiner Gattin,
die er als Regentin im Kgr. eingesetzt hatte, und siz.
Großer mit nur geringer Begleitung nach Norden auf. Auf
päpstl. Wunsch hatte er noch zuvor seinen einjährigen
Sohn Heinrich zum Kg. v. Sizilien krönen lassen – zum
Zeichen, daß eine Vereinigung von Imperium und Regnum nicht geplant sei. In Rom wurde F. von Papst, Senat
und Volk ehrenvoll empfangen. Nach Leistung des
Lehnseides für Sizilien und der Erneuerung von Zugeständnissen an die Kurie zog das »chint von Pulle« – »Sohn
der Kirche«, wie der Papst, und »Pfaffenks.«, wie seine
Gegner ihn nannten – auf abenteuerl. Weg nach Deutschland weiter, wo er Stunden vor Otto IV. in Konstanz
eintraf (Sept. 1212). Die päpstl. Unterstützung, frz. Geld,
die stauf. Parteigänger in Schwaben und am Oberrhein,
die Hilfe der geistl. Fs.en und nicht zuletzt der Glanz des
stauf. Namens brachten ihn bald in den Besitz ganz Süd-
deutschlands. Am 5. Dez. 1212 wurde F. in Frankfurt
nochmals zum Kg. gewählt, am 9. Dez. mit nachgebildeten Insignien in Mainz gekrönt. In der Goldenen Bulle v.
→Eger (12. Juli 1213) wiederholte er mit fsl. Zustimmung
die Zugeständnisse an die Kirche, die Otto IV. 1209
gemacht hatte, und erfüllte die territorialen Forderungen
des Papstes in Mittelitalien. Die Entscheidung im dt.
Thronstreit fiel schließlich im Sieg →Philipps II. August v.
Frankreich über Otto IV. und seine engl. Verbündeten in
der Schlacht v. →Bouvines (27. Juni 1214). Am 25. Juli
1215 ließ sich F. nochmals in Aachen krönen und nahm das
Kreuz, offensichtl. auch deshalb, um die Kreuzzugsbewegung wieder stärker in die Zuständigkeit der Herrschers
zu ziehen. Entgegen früheren Versprechungen holte er
seinen Sohn Heinrich nach Deutschland, übertrug ihm das
Hzm. Schwaben sowie das Rektorat über Burgund und
ließ ihn im April 1220 zum dt. Kg. wählen. Als Preis
hierfür trat er den geistl. Reichsfs.en in der →»Confoede-

ratio cum principibus ecclesiasticis« wesentl. Rechte ab.

Nachdem F. seinen unmündigen Sohn unter der Oberaufsicht des Kölner Ebf.s →Engelbert v. Berg als seinen
Vertreter in Deutschland zurückgelassen hatte, brach er
im Aug. 1220 mit nur wenigen Truppen nach Italien auf.
Am 22. Nov. 1220 krönte ihn Papst →Honorius III. in
Rom zum Ks. F. bekräftigte die staatsrechtl. Trennung
Siziliens vom Reich, die Kurie hingegen fand sich mit der
tatsächl. Personalunion ab. Ein ksl. Edikt gegen die Ketzer
und weitere Verfügungen zugunsten der Kirche zeigen ein
damals weitgehend gutes Verhältnis zw. Ks. und Papst.
Mannigfache Maßnahmen in der Folgezeit galten dem
energ. Ausbau eines straffen zentralist. Herrschaftssy-
stems im Kgr. unter Zurückdrängung der feudalen Strukturen. Auf einem Hoftag in →Capua (Dez. 1220) wurde
ein Landfriede verkündet, die Beschlüsse (Assisen) ordneten u. a. die Überprüfung aller seit 1189 erfolgten Privilegierungen und Bestätigungen an. In harten Auseinandersetzungen brach F. die Macht der festländ. Barone und
schuf ein wohlorganisiertes Burgensystem. Die räuber.
Sarazenen des siz. Berglandes warf er 1222–24 in grausamen Kämpfen nieder und siedelte sie im apul. Lucera an,
wo sie dann bei freier Glaubensausübung als treue Untertanen des Ks.s lebten. Mit dem Bau einer Kriegs- und
Handelsflotte wurde begonnen und der wirtschaftl. Einfluß der Seemächte Pisa und Genua zurückgedrängt. Die
1224 von F. als erste abendländ. »Staatsuniversität« gegründete Hohe Schule zu →Neapel sollte loyale und v. a.
jurist. gebildete Beamte hervorbringen. Ausländische
Hochschulen durften nicht mehr besucht werden. Hatte
die Frage der Bischofseinsetzungen im Kgr. neuerlich zu
Unstimmigkeiten mit dem Papsttum geführt, so verstärkte sich das Mißtrauen, als F. 1226 die ksl. Rechte in
Oberitalien wieder zur Geltung bringen wollte. Da die
lombard. Städte ihren alten Bund erneuerten und den dt.
Fs.en den Zug nach Italien versperrten, konnte ein für
Ostern angesagter Hoftag in Cremona nicht stattfinden.
1226 bestätigte F. die Reichsfreiheit →Lübecks und schuf
mit der →Goldenen Bulle v. Rimini die rechtl. Voraussetzung für den Deutschordensstaat in Preußen (→Deutscher
Orden). Inzwischen drängte die Frage des aufgeschobe-
nen Kreuzzuges immer mehr. Er sollte nun unwiderruf-
lich 1227 beginnen. Bereits 1225 hatte die auf Vermittlung
Honorius' III. erfolgte Verehelichung mit Isabella v.
Brienne F. den Königstitel v. Jerusalem gebracht. Am
8. Sept. 1227 stach er zusammen mit Lgf. →Ludwig v.
Thüringen in See, mußte jedoch infolge einer Seuche, an
der der Lgf. starb und er selbst erkrankte, nach drei Tagen
umkehren. Der neue Papst →Gregor IX. nutzte die Gelegenheit, gegen den Staufer vorzugehen, und tat F. wegen
des »Versäumnisses« in den Bann, den er im Frühjahr 1228
erneuerte, da F. auch als Gebannter nicht abließ, die
Kreuzfahrt für den Sommer dieses Jahres vorzubereiten.
Als er im Hl. Land ankam, fand er – abgesehen vom Dt.
Orden – nur wenig Unterstützung von christl. Seite. In
Verhandlungen mit Sultan Al-Kāmil v. Ägypten erreichte
er jedoch ohne Schwertstreich die Abtretung von Jerusalem, Bethlehem, Nazareth und eines Küstenstreifens an
die Christen. Am 18. März 1229 setzte sich der gebannte
Ks. in der Grabeskirche selbst die Krone von Jerusalem
aufs Haupt. Nach Brindisi zurückgekehrt, konnte er rasch
Apulien, in das ein päpstl. Heer eingefallen war, zurückgewinnen. In langwierigen Friedensverhandlungen mit
Gregor IX. in S. Germano und Ceprano erreichte er durch
die Vermittlung des Hochmeisters des Dt. Ordens,
→Hermann v. Salza, und dt. Fs.en die Absolution, freilich
um den Preis kirchenpolit. Einbußen in Sizilien (1230).

Im Aug. 1231 publizierte F. als Gesetzgeber mit den
»Konstitutionen v. Melfi« die erste große staatl. Rechtskodifikation seit Justinian. Sie war Ausdruck seines Herr-
schaftsverständnisses, auf das hin der zentralist. Staat
orientiert war, und regelte die Verwaltung oft bis ins
private Leben hinein. Man hat in diesem →»Liber Augustalis« – wie in der monopolisierten Wirtschaft oder in der
ksl. Bautätigkeit – vielfach Züge eines »aufgeklärten Absolutismus« sehen wollen. Zunehmend wandte sich F.
nun wieder einer von imperialen Vorstellungen geprägten
Neuordnung des oberit. Städtewesens zu. Dies erforderte
eine behutsame Politik gegenüber dem Papsttum und den
dt. Fs.en. Der seit 1228 selbständig regierende Heinrich
(VII.) war mit seiner Politik in Gegensatz zu den Fs.en
geraten und suchte Unterstützung bei den aufstrebenden
Städten und den Reichsministerialen. Am 1. Mai 1231
mußte Heinrich jedoch in Worms im →»Statutum in
favorem principum« den weltl. Fs.en für die Ausbildung
ihrer Landeshoheit wesentl. Rechte verbriefen. Im Mai
1232 bestätigte F. zu Cividale das Statutum, nachdem er
auf einem Hoftag in Aquileja zu Ostern seinen Sohn unter
demütigenden Umständen zu einer fürstenfreundl. Politik verpflichtet hatte. Die polit. und persönl. Differenzen
zw. Vater und Sohn führten in der Folge sogar zu einem
Bündnis Heinrichs mit den Lombarden (Dez. 1234). F.
begab sich im Mai 1235 mit einem kleinen Heer nach
Deutschland. Heinrich unterwarf sich und starb nach
siebenjähriger Haft in Süditalien. 1235 – nach Verehelichung mit Isabella v. England – kam es auf dem Mainzer
Hoftag im August zur Aussöhnung mit den Welfen.
→Otto d. Kind, der Enkel Heinrichs d. Löwen, erhielt das
neugeschaffene Hzm. →Braunschweig-Lüneburg als Lehen. Der →Mainzer Reichslandfrieden, der auch in dt.
Sprache publiziert wurde, versuchte über eine verbesserte
Friedenssicherung hinaus die Verfassungsstruktur des
Reiches grundsätzl. zu ordnen, indem alle Rechte, wie
auch immer erworben, als vom Kgtm. verliehen gelten
sollten. Nach siz. Muster wurde ein Reichshofrichter
eingesetzt. Anfang Mai 1236 nahm F. an der Erhebung der
Gebeine der mit ihm verwandten hl. →Elisabeth in Marburg teil. Nach erfolgreichen Kämpfen in Oberitalien
stand er 1237 im Feld gegen den geächteten Hzg. →Fried-
rich II. v. Österreich, der seiner Länder verlustig erklärt
wurde, diese jedoch in veränderter polit. Lage bald wieder
in Besitz nehmen konnte. Die Auseinandersetzungen mit
den oberit. Städten führten am 27./28. Nov. 1237 zum
glänzenden Sieg bei →Cortenuova über die lombard.
Liga. F. wollte jedoch die volle Unterwerfung und lehnte
in Überschätzung seiner Mittel ein Friedensangebot
→Mailands ab. Gregor IX., der die Entschlossenheit des
Ks.s in Oberitalien und die Umklammerung des →Kir-
chenstaates fürchtete, belegte ihn unter fadenscheinigen
Vorwänden zum zweiten Mal mit dem Bann (20. März
1239). Der Endkampf zw. dem Ks. und dem Papsttum
setzte ein. Er wurde von beiden Seiten mit größtem
propagandist. Einsatz geführt, wobei F. für seine Anhänger geradezu messian. Züge annahm, während er in der
päpstl. Propaganda als Vorläufer des →Antichrist verteu-
felt wurde.

Auf die Verhängung des Bannes reagierte F. mit gewaltigen Rüstungen, wofür eine weitere Straffung der Verwaltung im Kgr. →Sizilien durch Ernennung je eines
Generalkapitäns und eines Großhofjustitiars im festländ.
Teil und auf der Insel die Voraussetzung schaffen sollte
(→Beamtenwesen, VI.). In Reichsitalien wurden zehn Vi-
kariate mit südit. Beamten an der Spitze eingerichtet,
denen der Kaisersohn Enzio als direkter ksl. Vertreter

vorstand. Die Bettelorden – vielfach im Dienst der päpstl. Propaganda – wurden vertrieben und die Überwachung der Bevölkerung verstärkt. Im Aug. 1239 zog F. die Mark Ancona und das Hzm. Spoleto an sich und rückte im nördl. Kirchenstaat ein. Als Gregor IX. für Ostern 1241 ein Konzil nach Rom berief, offensichtl. um die Absetzung des Ks.s zu betreiben, fing eine ksl.-pisan. Flotte mehr als 100 Konzilsteilnehmer ab, die nach Apulien gebracht wurden. Während F. Rom belagerte, verstarb Gregor IX. (22. Aug. 1241), worauf sich F. ins Kgr. zurückzog, um die Wahl eines neuen Papstes abzuwarten. Auf →Coelestin IV., dessen Pontifikat nur 17 Tage dauerte, folgte →Innozenz IV. Ende März 1244 schienen Verhandlungen mit dem Papst – nach den von diesem vorgegebenen Bedingungen – ein greifbares Ergebnis zu bringen. Die Aussöhnung scheiterte schließlich an der oberit. Frage. Dem Ks. schien die Unterwerfung der lombard. Rebellen unabdingbar, der Papst wollte die Städte nicht im Stich lassen. Nach einigen Scheinverhandlungen floh der Papst am 28. Juni 1244 über Genua nach Lyon, um sich der Macht des Ks.s zu entziehen, und berief für den 24. Juni 1245 ein allgemeines Konzil ein. Als der Ks. nach dem neuerlichen Verlust Jerusalems (Aug. 1244) einen letzten Versöhnungsversuch – ungewiß, ob ernst gemeint oder nur zum Zeitgewinn – mit dem Angebot eines dreijährigen Kreuzzuges, der Räumung des Kirchenstaates und einer päpstl. Schiedsrichterrolle in der Lombardei unternahm, erlangte er nochmals die Absolution (6. Mai 1245), die Innozenz IV. jedoch auf die Nachricht von Übergriffen im Kirchenstaat hin im Mißtrauen gegenüber der Unberechenbarkeit des Ks.s widerrief. Am 17. Juli 1245 verkündete der Papst trotz der Bemühungen der unter der Führung des Großhofrichters →Thaddeus v. Suessa stehenden ksl. Gesandtschaft die Absetzung F.s. Hatte dieser bisher gegen die Person des Papstes argumentiert, so wandte sich seine Propaganda nun gegen den korrupten Zustand der Kirche, die die Ideale der Armut und die Heiligkeit der Urkirche aufgegeben habe, und forderte die europ. Fs.en zur monarch. Solidarität auf. Innozenz ließ gegen F. den Kreuzzug predigen. Eine von päpstl. Seite angezettelte Verschwörung in Sizilien mit dem Plan eines Attentats auf den Ks. wurde im Juli 1246 grausam niedergeschlagen. Am 22. Mai 1246 wählte die kuriale Partei in Dtl. den Lgf.en →Heinrich Raspe v. Thüringen zum Gegenkg., nach dessen Tod den Gf.en →Wilhelm v. Holland (1247) – Maßnahmen, die jedoch keine wesentl. Beeinträchtigung der stauf. Position in Deutschland brachten. Vielmehr zog F. 1246 nach dem Tod des letzten Babenbergerhzg.s, Friedrichs II., Österreich und Steiermark als erledigte Reichslehen ein und ließ sie durch Generalkapitäne verwalten. Im Juni 1245 war auf dem Hoftag in Verona der Plan, die babenberg. Länder in ein Kgtm. umzuwandeln, gescheitert, da die unter päpstl. Einfluß stehende Nichte des letzten Babenbergers, Gertrud, sich weigerte, den gebannten Ks. zu heiraten. Im Mai 1247 brach F. von Cremona aus nach Lyon auf, um seine Sache persönlich zu vertreten und um danach weiter nach Deutschland zu ziehen. Der Abfall des strateg. wichtigen Parma vereitelte jedoch den Zug. Ein Ausfall der daraufhin monatelang eingeschlossenen Parmesen fügte dem Ks. eine empfindl. Niederlage zu. Das Jahr 1249 brachte die Gefangennahme seines Sohnes Enzio durch die Bolognesen und einen Giftmordversuch seines Arztes. Auch ließ er unter nicht näher bekannten Umständen seinen engsten Vertrauten, den Großhofrichter und Logotheten →Petrus de Vinea, als Verräter verhaften. Als sich 1250 das Blatt militär. zum Besseren zu wenden begann und F. nun endgültig den Zug

nach Lyon antreten wollte, verstarb er unerwartet an einer ruhrähnlichen Krankheit in Castel Fiorentino, bekleidet mit einer grauen Zisterzienserkutte, nachdem er aus der Hand seines langjährigen Vertrauten, Ebf. →Berard, Absolution und Sterbesakramente erhalten hatte.

Kaum ein ma. Ks. hat seine Zeit und die Nachwelt mehr in den Bann gezogen als F. Sein universelles Herrschaftsverständnis war gespeist aus der monarch. Idee des siz. Normannenreiches, seiner realen und ausbaufähigen Machtbasis, der ererbten stauf. Kaiseridee, der Gottesunmittelbarkeit des Davidkönigstums und zunehmend auch aus antik-heidn. Elementen – dies alles in einer Welt des institutionellen Höhepunktes der päpstl. Macht, der korporativen Freiheit der aufblühenden Städte und ihres wirtschaftl. Aufstiegs, der im Ausbau ihrer landesherrl. Stellung begriffenen dt. Feudalwelt, der sich konsolidierenden nationalstaatl. Monarchien, aber auch in einer Zeit brodelnder Formen neuer Frömmigkeit. In der Weltoffenheit Siziliens herangewachsen, stand F. den Künsten sowie den neuen Wissenschaften und Ideen seiner Zeit aufgeschlossen gegenüber und vermochte sie seinem Ksm. dienstbar zu machen. In einer Welt des Umbruchs verband er uralte traditionelle Herrschaftsvorstellungen in größter Übersteigerung mit zukunftsweisenden Ideen. Er war nicht der »erste moderne Mensch auf dem Thron« (J. BURCKHARDT); er blieb – mit hohem Intellekt und unerbittl. Konsequenz im Handeln ausgestattet – ein Mensch seiner Zeit, der freilich in der Lage war, manche Tendenzen der Zukunft zu erkennen, aufzugreifen und vorwegzunehmen. Alles dies in Verbindung mit seinem vielschichtigen und vielfach zwiespältigen Charakter schwingt in Bezeichnungen wie »mutator saeculi« oder »stupor mundi« mit. Sie drücken in gleicher Weise die Bewunderung wie auch die Angst seiner Zeitgenossen aus.   W. Koch

II. KULTUR IM UMKREIS FRIEDRICHS II.: Seit den zwanziger Jahren entfaltete sich am Hofe des Ks.s ein reiches kulturelles Leben, wie es im Abendland des 13. Jh. wohl einzigartig war. Viele Dichter, Künstler und Gelehrte waren daran beteiligt, aber Mittelpunkt und Anreger war gewiß der Ks. selbst. – Dichtung: Zu den Ruhmestiteln des Ks.s gehört, daß an seinem Hof die it. Dichtungssprache geschaffen worden ist. F. II. selbst dichtete im Volgare, mehrere seiner Söhne und zahlreiche Angehörige des Hofes verfaßten Canzonen und Sonette; z. T. auch lat. Gedichte (→Sizilianische Dichterschule). Diesem Literatenkreis entstammen auch die großartigen lat. Manifeste des Ks.s. – Kunst: Anregungen dürften ihm bes. die Architektur und die bildende Kunst zu verdanken haben; Bauten wie das Brückentor von Capua oder →Castel del Monte sind in ihrer Originalität kaum anders zu erklären. Der Ks. ließ auch antike Skulpturen sammeln und von seinen Bildhauern nachahmen. Die Augustalen und Kameen Süditaliens spiegeln die antikisierenden Neigungen, die Illustrationen des sog. Falkenbuchs den Wirklichkeitssinn des Ks.s wider. – Wissenschaft: F.II. besaß umfassende wiss. Kenntnisse und war erfüllt von ungewöhnl. Erkenntnisdrang. Davon zeugt v. a. sein Werk »De arte venandi cum avibus«, das sog. Falkenbuch, das aber nicht nur ein Lehrbuch der Falkenjagd, sondern auch der Vogelkunde überhaupt ist. In ihm betont der Ks. u. a., er wolle die Dinge, die sind, sichtbar machen so, wie sie sind, und stellt seine eigenen Beobachtungen über die traditionellen Autoritäten. Hierhin gehören auch die nicht immer glaubwürdigen Nachrichten über seine Experimente. Wissensdurst verraten auch die Fragen metaphys. Inhalts, die F.II. an verschiedene arab. Gelehrte schickte. Der Schwerpunkt seiner Interessen lag jedoch nicht auf Philosophie und Theologie, sondern auf den exakten Wiss. Mathematik, Astronomie, Physik, Chemie; ferner auf Human- und Veterinärmedizin, Zoologie und den Grenzwiss. Astrologie, Alchemie und Physiognomik. Das ist im einzelnen belegt durch »De arte venandi«, durch die von ihm veranlaßte Übersetzungslit. aus dem Griech. und Arab., darunter Werke des →Aristoteles (nebst ps.-aristotel. Schriften), des →Avicenna und des →Averroës sowie durch die Gelehrten in seinem Umkreis. Die bedeutendsten waren der Astrologe, Astronom, Mathematiker und Übersetzer →Michael Scotus, der ebenso vielseitige →Theodor v. Antiochia und der Mathematiker →Leonardo Fibonacci von Pisa. – Zwiespältig erscheint F. II. auch als Wissenschaftler. Teils steht er auf der Höhe seiner Zeit, teils vertritt er noch ältere, inzwischen überholte Theorien, und nüchterner Rationalismus steht neben dem Glauben an okkulte Kräfte. H. M. Schaller

Bibliogr.: Bibliogr. zur Gesch. Ks. F.s II. und der letzten Staufer, hg. C. A. WILLEMSEN, MGH Hilfsmittel 8, 1986 – Q. *und Lit.: zu [I]:* NDB V, 478ff. – Hist. diplomatica Friderici secundi . . ., hg. J.-L.-A. HUILLARD-BRÉHOLLES, 11 Bde, 1852–61; Einleitungsbd., 1859 – MGH Const. 2, hg. L. WEILAND, 1896 – RI V, 1–3, 1891–1901 [Nachdr. 1971]; V, 4: Nachtr. und Erg., P. ZINSMAIER, 1983 – E. KANTOROWICZ, Ks. F. II., 1927, 1980⁶; Ergbd. 1931, 1980² – W. E. HEUPEL, Der siz. Großhof unter Ks. F. II. (MGH Schr. 4, 1940) – H. M. SCHALLER, Die stauf. Hofkapelle im Kgr. Sizilien, DA 11, 1954/55, 463ff. – DERS., Die Kanzlei Ks. F.s II. Ihr Personal und ihr Sprachstil, ADipl 3, 1957, 207ff.; 4, 1958, 264ff. – Die Konstitutionen F.s II. v. Hohenstaufen für sein Kgr. Sizilien. Nach einer lat. Hs. des 13. Jh., hg., übers. H. CONRAD, T. V. D. LIECK-BUYKEN, W. WAGNER (Stud. und Q. zur Welt Ks. F.s II. 2, 1973) – N. KAMP, Kirche und Monarchie im stauf. Kgr. Sizilien, MMS 10/I, 1–4, 1973–82 – Probleme um F. II., hg. J. FLECKENSTEIN (VuF 16, 1974) – H. DILCHER, Die siz. Gesetzgebung Ks. F.s II. Q. der Constitutionen von Melfi und ihrer Novellen (Stud. und Q. zur Welt Ks. F.s II., 3, 1975) – G. FASOLI, Federico II e la Lega lombarda, Ann. Ist. stor. it.-germ. in Trento 2, 1976, 39ff. – Staufer I–V, 1977–79 – Stupor mundi. Zur Gesch. F.s II. v. Hohenstaufen, hg. G. WOLF, WdF 101, 1982² – O. ENGELS, Die Staufer, 1984³ – N. KAMP, Der Episkopat und die Monarchie im stauf. Kgr. Sizilien, QFIAB 64, 1984, 84ff. – TH. KÖLZER, Die siz. Kanzlei von Ksn. Konstanze bis Kg. Manfred (1195–1266), DA 40, 1984, 532ff. – W. LAMMERS, F. II. 1212–1250 (Kaisergestalten des MA, hg. H. BEUMANN, 1984), 199ff. – Potere, società e popolo nell'età sveva (Centro di studi normannosvevi; Atti delle seste giornate normanno-sveve, 1985) – R. NEUMANN, Parteibildungen im Kgr. Sizilien während der Unmündigkeit F.s II. (1198–1208) (Europ. Hochschulschr., R. III, Bd. 266, 1986) – Politica e cultura nell'Italia di Federico II, hg. S. GENSINI, 1986 [P. BREZZI, R. MANSELLI, G. FASOLI, E. VOLTMER, H. M. SCHALLER, E. MAZZARESE-FARDELLA, R. ELZE] – *zu [II]:* DSB V, 146–148 – CH. H. HASKINS, Stud. in the hist. of mediaeval science, 1924 – DERS., Stud. in mediaeval culture, 1929 – A. DE STEFANO, La cultura alla corte di Federico II imperatore, 1938, 1950² – C. A. WILLEMSEN, De arte venandi cum avibus: Ed., 2 Bde, 1942 [dt.: 2 Bde, 1964; Faks. ausg. und Komm. bd., 1969; Komm. zur lat. und dt. Ausg., 1970] – DERS., Ks. F.s II. Triumphtor zu Capua, 1953 – B. PANVINI, La scuola poetica siciliana, 1955 – DERS., Le rime della scuola siciliana, 2 Bde, 1962–64 – C. A. WILLEMSEN, Die Bauten der Hohenstaufen in Süditalien, 1968 – J. ZAHLTEN, Med. Vorstellungen im Falkenbuch Ks. F.s II., SudArch 54, 1970, 49–103 – DERS., Zur Abhängigkeit der naturwiss. Vorstellungen Ks. F.s II. von der Medizinschule zu Salerno, ebd. 173–210 – DERS., Die »Hippiatria« des Jordanus Ruffus, AKG 53, 1971, 20–52 – R. BAEHR, Die Siz. Dichterschule und Friedrich II. (Probleme um F. II., VuF 16, 1974), 93–107 – A. NITSCHKE, Federico II e gli scienziati del suo tempo, Atti del Convegno di studi su Federico II. Jesi, 1976, 107–127 – R. MANSELLI, La corte di Federico II e Michele Scoto (Convegno internaz. l'Averroismo in Italia, 1979), 63–80 – Federico II e l'arte del Duecento it., Atti della III sett. di studi di storia dell'arte medievale dell'Univ. di Roma, 2 Bde, 1980 – M. B. WELLAS, Griechisches aus dem Umkreis Ks. F.s II., 1983 – H. GÖTZE, Castel del Monte, 1984.

3. F. der Schöne (Beiname aus dem 16. Jh.), *dt. (Gegen)-Kg.*, Hzg. v. →Österreich aus dem Hause →Habsburg, *

1289, † 13. Jan. 1330 in Gutenstein (Niederösterr.), ▢ Kartause Mauerbach b. Wien (von ihm 1316 gestiftet) seit 1782 Wien, St. Stephan. Eltern: Kg. Albrecht I. und Elisabeth v. →Görz-Tirol. ∞ 1313 Isabella, Tochter Kg. Jakobs II. v. Aragón († 12. Juli 1330). Kinder: →Stammtafeln, Habsburger. – Seit Herbst 1306 führte F. die Verwaltung in Österreich, stand aber, wie später auch, unter dem Einfluß des jüngeren Bruders, Leopold I. Aspirationen auf die Krone →Böhmens scheiterten und wurden durch die →Luxemburger finanziell abgegolten. Ein Konflikt mit →Bayern führte zur Niederlage bei →Gammelsdorf (9. Nov. 1313). Am 19. Okt. 1314 wurde F. von vier Kfs.en in Sachsenhausen zum Kg. gewählt, am nächsten Tag sein bayer. Vetter →Ludwig am anderen Mainufer ebenfalls von vier Wählern. Da Papst Johannes XXII. (seit 1316) keinen der Konkurrenten als rechtmäßig anerkannte und sich Ludwig mehrmals der militär. Entscheidung entzog, bemühte sich F. um die Vergrößerung seiner Anhängerschaft und um diplomat. Unterstützung durch seinen Schwiegervater. Um Ludwig zuvorzukommen, griff F. in Italien ein, wobei er sich v. a. auf Robert v. Neapel stützte, dessen Sohn 1316 eine österr. Prinzessin heiratete. Er geriet schnell in einen Konflikt mit Cangrande →della Scala, gegen den er →Padua und →Treviso (dort 1318 Universitätsprivilegien durch F.) zu Hilfe kam. F. unterhielt aber auch Verbindungen zu →Ghibellinen wie Castruccio →Castracani, dem er das Reichsvikariat verlieh. Zur Entscheidungsschlacht zw. ihm und Ludwig kam es am 28. Sept. 1322 bei →Mühldorf, wo F. gefangengenommen wurde (Haftort: Burg Trausnitz, Opf.). Militär. und diplomat. Bemühungen Leopolds I. (Treffen mit dem frz. Kg. in Bar-sur-Aube 1324) blieben ergebnislos. Im März 1325 entließ Ludwig F. aus der Haft und schloß mit ihm am 5. Sept. 1325 in München den Vertrag, der ihm Mitkgtm. und gemeinsame Regierung zusicherte. Trotz diplomat. Bemühungen lehnte Johannes XXII. das Kgtm. F.s weiterhin ab. In seinen letzten Lebensjahren griff er nicht mehr in die Reichspolitik ein und zog sich nach Österreich zurück, wo →Wien mehr und mehr den Charakter einer Hauptstadt erhielt. W. Maleczek

Q.: Reg. Habsburgica III, bearb. L. GROSS, 1924 – *Lit.:* NDB V, 487 – G. TABACCO, La politica it. di Federico il Bello, ASI 108, 1950, 3–77 – A. LHOTSKY, Gesch. Österr. seit der Mitte des 13. Jh., 1967 – G. HÖDL und die Residenz Wien, Jb. des Vereins für Gesch. der Stadt Wien 26, 1970, 7–35 – H. D. HOMANN, Kurkolleg und Kgtm. im Thronstreit, 1974 – Die Zeit der frühen Habsburger (Ausst. Kat. Wiener Neustadt, 1979).

4. F. III., *Ks., röm.-dt. Kg.*, * 21. Sept. 1415 Innsbruck, † 19. Aug. 1493 Linz (Donau), ▢ Wien, St. Stephan, monumentales →Grabmal, unter Beteiligung von Niclaus →Gerhaert. Eltern: Erzhg. →Ernst v. Österreich und Cimburgis, Tochter Hzg. →Ziemowits v. Masowien; als Hzg. v. Österreich 2. Febr. 1440 zum röm.-dt. Kg. gewählt; 6. April 1440 Annahme der Wahl (und des Kg. stitels) in Wiener Neustadt; 17. Juni 1442 in Aachen zum Kg., 19. März 1452 in Rom zum Ks. gekrönt, Febr. 1459 zum ung. Kg. gewählt, führt seit 4. März 1459 den Titel Kg. v. Ungarn. ∞ →Eleonore, Tochter Kg. →Eduards v. Portugal, 1. Aug. 1451 durch Prokuration in Lissabon, persönl. am 16. März 1452 in Rom. Kinder: →Stammtafeln, Habsburger.

Seit 1424 (Tod des Vaters) unter Vormundschaft des Oheims Hzg. →Friedrich IV., übernahm F. 1435 die Herrschaft in den ihm zustehenden Hzm.ern Steyr, →Kärnten und →Krain. Schon bald entwickelte er hochfliegende Pläne einer imperialen Sonderstellung des »Hauses Österreich« (vgl. seine Devise → A E I O V). Entgegen den Familienverträgen, vermutl. gestützt auf das →Privilegium maius, sicherte er sich gegenüber seinem Bruder Hzg. →Albrecht VI. v. Österreich nach dem Tod Hzg. →Friedrichs IV. (24. Juni 1439) über dessen minderjährigen Sohn →Siegmund die Vormundschaft und die Herrschaft in →Tirol mit Nebenländern. Nach dem überraschenden Tod seines Vetters Kg. →Albrecht II. (27. Okt. 1439) verschaffte er sich die Vormundschaft über dessen Kinder und die Herrschaft in den Hzm.ern an der Donau, mußte aber dem Adel versprechen, die Schulden des Verstorbenen zu übernehmen. Da er die Nachfolge in Böhmen nicht anstrebte und nur die Ansprüche der Witwe Albrechts II., Elisabeth, für deren Kinder – ihr einziger Sohn→Ladislaus wurde erst einige Monate später geboren – in Ungarn unterstützte, blieb unklar, in welchem Ausmaß F. für die Gesamtschulden aufkommen sollte. Die daraus entstehenden Zwistigkeiten belasteten die Regierung F.s in Österreich durch Jahrzehnte. Dennoch wurde er zum röm.-dt. Kg. gewählt, suchte aber durch sein Zögern und die feierl. Annahme der Wahl zum Ausdruck zu bringen, daß für ihn nicht der Wille der Kurfs.en, sondern die eigene Entscheidung Voraussetzung für die kgl. Würde sei. Er brach mit lux. Traditionen, wie seine interesselosigkeit an Böhmen zeigt, griff aber nicht nur habsburg. Programme auf, sondern fühlte sich als »dritter Friedrich« auch den Staufern verbunden. Durch die Krönungsreise 1442 offenbarte er seine wichtigsten Anliegen. Er verbriefte in Aachen das Bündnis mit der Stadt→Zürich, mit deren Hilfe die 1415 an die→Eidgenossen verloren gegangenen Besitzungen zurückgewonnen werden sollten. Am 14. Aug. erließ er in Frankfurt die »Reformation Kaiser Friedrichs«, die das Rechtsleben verbessern sollte. Sein Auftreten im SW genügte, um in den folgenden Monaten einen Teil der verlorenen Herrschaften dem habsburg. Machtbereich wieder einzugliedern; für Zürich verliefen die bewaffneten Auseinandersetzungen unglücklich. F. suchte weitere Hilfe bei w. Mächten und in Frankreich, dessen Kg. die→Armagnaken gegen die Eidgenossen einsetzte (Alter →Zürichkrieg). Deren Widerstand zu→St. Jakob an der Birs bewog die Eindringlinge zwar zur Umkehr, sie verwüsteten aber das Umland.

Diese F. angelasteten Ausschreitungen gaben den Gegnern Auftrieb, die sich auch die Unterstützung Albrechts VI. sicherten. Schon 1443 verlangte der Tiroler Adel Auslieferung und eigenständige Regierung Siegmunds, auf dessen Vormundschaft F. dann 1446 verzichten mußte. Gleichzeitig verschärfte sich die Krise in den ö. Ländern des Habsburgers. Gewalttätige Söldnerführer und ung. Einfälle bedrängten die Bevölkerung. Die wirksame Organisation der Verteidigung scheiterte an der Gegenwehr des Adels und seiner Forderung nach Einsetzung des kleinen Ladislaus als Landesherrn (Wortführer Ulrich v. →Eytzing). F. begegnete seinen Schwierigkeiten auch mit umfassender europäischer Politik. Im Reich bemühte er sich um weitere Reformen, verschaffte dem Kammergericht Bedeutung, distanzierte sich vom Konzil v. →Basel und näherte sich Papst →Eugen IV.; 1448 schloß er mit Papst →Nikolaus V. das sog. →Wiener Konkordat, das der Kurie wieder größeren Einfluß auf die Kirche in Deutschland und Verfügungsgewalt über zahlreiche Pfründen zugestand. Wichtigste Gegenleistung war die Kaiserkrönung 1452, auch Anlaß für zahlreiche päpstl. Privilegien: F.s Einfluß auf die Kirche in den Erblanden wurde vermehrt und die Einrichtung neuer Bm.er ermöglicht (1461 Laibach; 1469 Schaffung von Bm.ern in Wien und Wiener Neustadt zugestanden). In Rom ehelichte F. auch Eleonore. Die Kontakte zu →Portugal scheinen in-

tensiviert worden zu sein. Denkbar ist, daß F. sich in irgendeiner Form an den Entdeckungsreisen beteiligen wollte.

Neuerl. Krisen in Österreich vereitelten eine ausgreifende Politik und zwangen F. zu defensiver Passivität. Er wurde 1462 in der Wiener Burg belagert und konnte sich seiner von Albrecht VI. angeführten Gegner nur mit Hilfe Kg. →Georgs v. Böhmen erwehren. Albrechts Tod 1463 brachte leichte Entspannung, die F. nutzte, um erneut in Böhmen und Ungarn einzugreifen, doch verschärfte er damit den Gegensatz zu diesen Ländern. Das Vordringen der →Osmanen brachte weitere Belastungen und verursachte heftige Kritik an der halbherzigen Abwehrorganisation F.s. Die Kämpfe fanden in der »Baumkircher Fehde« (1469–71) ihren Höhepunkt. In dieser gefährl. Situation und nach abermaligen Niederlagen verschaffte sich F. durch die überraschende Verhaftung und Hinrichtung →Baumkirchers (23. April 1471) in den Erblanden Respekt und verkündete zu Regensburg am 24. Juli einen für die spätere Reichsentwicklung grundlegenden Landfrieden. Gleichzeitig verstärkte er die Bindung zu →Karl d. Kühnen v. →Burgund, doch kam es bei persönl. Verhandlungen 1473 in→Trier zum Bruch. Als der Hzg. 1474 mit Waffengewalt Lande am Rhein seiner Herrschaft eingliedern wollte, trat ihm F. entgegen (→Neuß). Er war aber bereits 1475 zum Ausgleich bereit, als Karl abermals versprach, seine erbberechtigte Tochter→Maria mit→Maximilian, dem Sohn des Ks.s, zu vermählen. Nach dem frühen Tod Karls 1477 wurden diese Pläne verwirklicht, und mit Erfolg verteidigte Maximilian den größten Teil des burg. Erbes gegenüber frz. Ansprüchen. F. dürfte die einseitig nach Burgund orientierte Politik seines Sohnes nicht restlos gebilligt haben, betrieb aber dennoch dessen Wahl und Krönung 1486 zum röm.-dt. Kg.; in einem Reichskrieg gegen die Aufständischen in →Flandern befreite er ihn 1488 aus lebensgefährdender Gefangenschaft in →Brügge. Durch diese Konflikte gebunden, mußte F. Niederlagen im O hinnehmen, wo nach 1477 →Matthias Corvinus, Kg. v. Ungarn, beträchtl. Erfolge erzielte und 1485 Teile der österr. Lande besetzte, die F. allerdings nach dem Tod des Kg.s v. Ungarn wieder zurücknehmen konnte. Sein Verzicht auf Böhmen schien eine glückl. Entscheidung, während die nie aufgegebenen Ansprüche auf Ungarn Grundlage für den weiteren Aufstieg des Hauses Österreich im Donauraum wurden. Gescheitert war die Rückeroberung der Stammlande; dafür waren aber bedeutende Teile des burg. Erbes gewonnen worden, die zwar nur dank der Energie Maximilians behauptet werden konnten, deren Erwerbung jedoch F. eingeleitet hatte. So konnte F. am Ende seines Lebens auf eine eher erfolgreiche Regierung zurückblicken.

Der überdurchschnittl. gebildete, im Umgang mit Menschen aber wenig begabte Herrscher hatte klare Vorstellungen vom Wert der Erbmonarchie und von den Rechten des Regenten. F. nahm regen Anteil am Rechtsleben seiner Zeit und kümmerte sich um Gerichtsreformen und Modernisierung der Verwaltung. Doch wandte er Neuerungen kaum auf den Finanzbereich an, sondern hoffte eher, durch Förderung wichtiger Produktionen (z. B. Salzgewinnung) seine Einnahmen zu erhöhen. Große Erwartungen setzte er in techn. Entwicklungen, die er genau beobachtete und förderte, gleichzeitig aber möglichst geheim hielt. Dies leistete Gerüchten Vorschub, F. sei merkwürdigen und obskuren Vorstellungen verfallen. Gesichertes ist darüber nicht bekannt. Als Bauherr zeigte F. Geschmack und Verständnis für Qualität. Seine selbstverfaßten und mitunter eigenhändig niedergelegten Texte weisen ihn als gewandten Schreiber aus, lassen aber jede lit. Fähigkeit vermissen. Dem →Humanismus stand F. eher skeptisch gegenüber und verzichtete auf schriftl. Herrschaftspropaganda. Andererseits verschloß er sich dem fast modern anmutenden Nationalbewußtsein nicht, das von den siebziger Jahren an im dt. Westen immer wichtiger wurde. Dem Christentum seiner Zeit eng verbunden (Maßnahmen zugunsten des Altarsakraments), war er insbes. auf sorgfältige Vorbereitung seiner →Grablege bedacht. Obgleich F. zu Lebzeiten immer wieder kritisiert wurde, ist das eher negative Urteil des Enea Silvio Piccolomini (→Pius II.), das die These vom untätigen Ks. zur Folge hatte, in dieser personalisiert-moralisierenden Form unhaltbar geworden. Neuere Forschungen zeigen F. als mitunter sehr aktiven Regenten. Äußere Umstände, oft Folgen von Konflikten und Schulden seiner Vorgänger, dürften ihn zeitweise, am meisten in der Mitte seiner Regierungszeit, zur Hilflosigkeit verurteilt haben. H. Koller

Q.: J. CHMEL, Reg. chron.-dipl. Friderici IV., 1838–40–RTA 15, 1914; 16, 1928; 17, 1961/63; 22, 1973–RTA Mittl. R. 3, 1972/73: Reg. Ks. F.s III., hg. H. KOLLER, 1–4, 1982–86 – Jakob Unrest, Österr. Chronik, MGH SS NS 11 – Thomas Ebendorfer, Chronica Austriae, MGH SS WS 13 – Lit.: NDB V, 484 ff. – J. CHMEL, Gesch. Ks. Friedrichs IV., 2 Bde, 1840 – F. III., Ks. residenz Wiener Neustadt (Ausstellungskat.), 1966 – A. LHOTSKY, Aufsätze und Vorträge 2, 1971 – K. NEHRING, Matthias Corvinus, Ks. F. III. und das Reich, 1975 – P. M. LIPPBURGER, Über Ks. F. III., Jb. der Univ. Salzburg 1979–81, 1982, 127 ff. – Andreas Baumkircher und seine Zeit, hg. R. KROPF–W. MEYER, 1983 – P. F. KRAMML, Ks. F. III. und die Reichsstadt Konstanz, 1985 – H. KOLLER, Ks. F. III. und die Stadt Linz, Hist. Jb. der Stadt Linz, 1985, 269 ff. – P.-J. HEINIG, Zur Kanzleipraxis unter Ks. F. III., ADipl 31, 1985, 383 ff. – R. SCHMIDT, F. III. (1440–1493) (Ks. gestalten des MA, hg. H. BEUMANN, 1985²), 301 ff. – W. BAUM, Die Anfänge der Tiroler Adelsopposition gegen Ks. F. III., Schlern 59, 1985, 579 ff. – A. NIEDERSTÄTTER, Ks. F. III. und Lindau, 1986 – H. DIENER, Fridericus dux Austrie, RHMitt 28, 1986, 185 ff. – E. HERTLEIN, In Friderici imperatoris incolumitate salus imperii consistit, JKS 81, 1985 – B. RILL, F. III., 1987.

5. F. I., Hzg. v. Schleswig und Holstein, *Kg. v. Dänemark,* * 3. Sept. 1471, † 10. April 1533, Sohn Kg. →Christians I. v. Dänemark und der →Dorothea v. Brandenburg, ∞ 1. 10. April 1502 Anna v. Brandenburg; 2. 9. Okt. 1518 Sophia v. Pommern. Nach dem Tode seines Vaters wurde F. gemeinsam mit seinem älteren Bruder, Kg. Hans v. Dänemark (1481–1513), am 12. Dez. 1482 zum Hzg. beider Lande von Rat und Landtag erhoben. Am 10. Aug. 1490 erfolgte (gegen den →Ripener Vertrag v. 1460) eine Teilung der fsl. Ämter der Lande, während die Herrschaft über Ritterschaft und Prälaten (sowie beider Grundherrschaften) gemeinsam geführt wurde mit gemeinsamem Landesrat und Landtag. F. wies nach dem Tode seines Bruders Versuche von dessen Sohn Christian II. v. Dänemark (1513–23) zurück, seine Beteiligung an der Landesherrschaft einzuschränken. Im Krieg Christians mit Schweden und Lübeck blieben F. und die Hzm. er (nach Willen des Landtags) neutral (Bordesholmer Vertrag 13. Aug. 1522). Eine größere Gruppe dän. Reichsräte sagte sich dann von Christian los und rief F. als neuen Kg. (1523–33) nach Dänemark. Christian floh, und F. wurde auch alleiniger Landesherr der Hzm. er. Seinen Anhängern unter Adel und hoher Geistlichkeit stellte F. in Dänemark eine Wahlhandfeste, in den Hzm. ern das Privileg v. 1524 aus (Bestätigung der Urkk. von 1460, Gewährung wichtiger Zollfreiheiten und Rechte gegenüber abhängigen Bauern). Während der Auseinandersetzungen um die Reformation verhielt sich F. zurückhaltend. Auf den Landtagen der Hzm. er von 1525/26 zwang er Bf. e und Prälaten zu hohen Steuerleistungen. 1532 glückte es F., Christian II.

bei einem Rückkehrversuch zu schlagen und gefangenzunehmen. E. Hoffmann

Lit.: DBL VII, 225–230 – NDB V, 578–580 – Gesch. Schleswig-Holsteins, hg. O. KLOSE, IV, II, 1981 f., 307 ff. [E. HOFFMANN] – Danmarks hist. (Gyldendal), Bd. 2, 1, hg. A. E. CHRISTENSEN u. a., 1980, 255–305 – E. HOFFMANN, Der Landtag zu Kiel (1533)... (Fschr. K. D. ERDMANN, 1980), 557–576.

6. F. I. v. Aragón (Federico), *Kg. v. Neapel,* * 1451 oder 1452 in Neapel, † 9. Nov. 1504 in Tours. Eltern: →Ferdinand I., Isabella Chiaromonte, 1485 Fs. v. Tarent, von →Ferdinand II. v. Aragón am 5. Okt. 1496 zum Erben ernannt und von Alexander VI. am 7. Juni 1497 investiert, gekrönt am 10. Aug. 1497 in Capua. 1. ∞ 1479 Anna v. Savoyen, Tochter →Amadeus' IX.; 2. 1486 Isabella del Balzo. 1468–70 war F. Generalstatthalter in Apulien. 1474–76 hielt er sich in Burgund auf. 1478 kämpfte er bei Chianciano während des Krieges zw. Neapel und den Medici. Während der Zeit seiner ersten Ehe lebte er in Frankreich (1479–82). Im →Ferrara-Krieg kommandierte er die Flotte, siegte bei Lissa und erlitt bei Curzola (heute Corčula) eine Niederlage (Aug.–Okt. 1483). 1485 nach Salerno gesandt, um mit den Führern der Verschwörung der →Barone Frieden zu schließen, wurde er am 19. Nov. von diesen gefangengenommen, da er ihr Angebot, die Krone aus ihren Händen in Empfang zu nehmen, abgelehnt hatte. 1487 zum Großadmiral ernannt, erhielt er das Oberkommando über die Marine mit entsprechender Jurisdiktionsgewalt. 1494 versuchte er vergeblich in Portovenere den Einfall der Franzosen in Italien aufzuhalten. Nach dem Einzug Karls VIII. in Neapel besetzte F. Reggio C. Vor seinem Waffenstillstand mit Frankreich (24.–25. April 1497) zwang er Gaeta zur Kapitulation (Nov. 1496) und eroberte einige Gebiete (Sora, Comitat am Sangro) zurück. Kurz nach der Plünderung von Capua (24. Juli 1501) unterzeichnete er den Waffenstillstand v. Aversa, mit dem er die Teilung des Kgr.es zw. →Ferdinand dem Kath. und Ludwig XII. gemäß dem Vertrag v. Granada (11. Nov. 1500) akzeptierte. Im Mai 1502 verzichtete er in Blois auf seinen Thron und erhielt dafür die Gft. Maine.

In innenpolit. Hinsicht bedeutsam sind F.s Regelung des Münzwesens und des Stadtregiments von →Neapel (Sentenz vom 26. Juli 1498: Beilegung der Auseinandersetzungen zw. den Seggi der Adligen und dem Eletto des neapolitan. Stadtvolkes). C. Vultaggio

Lit.: L. VOLPICELLA, Federico d'Aragona e la fine del regno di Napoli nel 1501, 1908 – DERS., Note biografiche (Regis Ferdinandi primi Instructionum liber. (10 maggio 1486–10 maggio 1488), 1916, ad vocem, 234–241.

7. F. III. (II.) v. Aragón, *Kg. v. Sizilien* (Trinacria), * um 1272, † 25. Juni 1337, ⊏ Catania, Kathedrale. Eltern: Peter III. (II.), Kg. v. Aragón, Konstanze, Tochter Manfreds, Kg. v. Sizilien. ∞ 1303 Eleonore, Tochter Karls II. v. Anjou. Nachdem als Folge der →Sizilianischen Vesper sein Vater zum Kg. v. Sizilien akklamiert worden war, kam F. aus Aragón nach Sizilien (1283). Beim Tod seines Bruders Alfons III. (II.), Kg. v. Aragón, hätte er, entsprechend dessen Verfügungen, die Nachfolge seines Bruders Jakob (Jaime) II., der Kg. v. Aragón wurde, auf dem Thron v. Sizilien antreten sollen. Er fungierte jedoch nur als dessen Statthalter und Generalvikar (Ernennung am 12. Juli 1291 im Parlamentum v. Messina). F. erkannte den Verzicht Jakobs II. auf Sizilien (Friede v. Anagni 1295) nicht an und wurde am 15. Jan. 1296 vom Parlamentum v. Catania zum Kg. v. Sizilien ausgerufen (Krönung am 25. März in der Kath. v. Palermo). Um die stauf. Tradition fortzusetzen, nannte er sich Fredericus tercius, obwohl er der 2. siz. Kg. dieses Namens war. Unter der Führung Jakobs II. stellte sich ihm seit Sept. 1295 eine aragones.-angev. Koalition entgegen. Ihre Truppen besetzten Patti und Milazzo und belagerten Syrakus. Die Kampfhandlungen kulminierten am 4. Juli 1299 in der Seeschlacht bei Capo d'Orlando, in der F. verwundet wurde, sich der Gefangennahme jedoch mit Billigung seines Bruders durch die Flucht entziehen konnte. Im Juni 1300 erlitt seine Flotte in den Gewässern von Ponza durch den Admiral Roger →Lauria (Lluria, Loria) erneut eine Niederlage. 1302 wurde F. im Frieden von →Caltabellotta durch die Anjou und den Papst Sizilien als päpstl. Lehen auf Lebenszeit zugesprochen und ihm der neue Titel Kg. v. Trinacria verliehen.

F.s Förderung der Operationen der →Katalanischen Kompanie trugen 1312 seinem Zweitgeborenen Manfred(i) den Titel Hzg. v. Athen und Neopatria ein. Im gleichen Jahr schloß er ein Bündnis mit Ks. Heinrich VII., der ihn zum ksl. Admiral ernannte. Im Aug. 1313 fiel er in das angevin. Kgr. Sizilien ein, besetzte Reggio Calabria und nahm wieder den Titel Kg. v. Sizilien an. Trotz des Todes des Ks.s stieß er mit der Flotte nach Pisa vor, mußte aber wieder den Rückzug antreten, da Robert v. Anjou in seiner Abwesenheit die Küsten v. Sizilien verwüstete. Parallel zu den wiederaufflammenden Kämpfen liefen von Jakob II. vermittelte Friedensverhandlungen, die trotz ihrer langen Dauer ohne Ergebnis blieben. Am 18. April 1321 erhob F. seinen Erstgeborenen, Peter II., zum Mitregenten. Im März 1326 schloß er ein Bündnis mit Ludwig d. Bayern. Die von Peter II. kommandierte militär. Operation zur See, in deren Zuge man 1328 in Pisa zu dem Ks. stieß, war erneut ein Fehlschlag. F. starb 1337 auf dem Weg nach Catania. **S. Fodale**

Q. und Lit.: G. Zurita, Anales de la Corona de Aragón, Zaragoza 1610– F. Testa, De vita et rebus gestis Frederici II Siciliae regis, 1775 – R. Gregorio, Bibl. scriptorum qui res in Sicilia gestas sub Aragonum imperio retulere, 1791–92 – S. V. Bozzo, Note storiche siciliane del secolo XIV, 1882 – Acta Aragonensia, ed. H. Finke, 1908–22 – Codice diplomatico dei re aragonesi di Sicilia (1282–1355), ed. G. La Mantia, I, 1918 – F. Giunta, Aragonesi e Catalani nel Mediterraneo I, 1953 – A. De Stefano, Federico III d'Aragona re di Sicilia (1296–1337), 1956² – M. Amari, La guerra del Vespro siciliano, hg. F. Giunta, 1969 – Acta Siculo-Aragonensia, hg. F. Giunta u. a., 1972–78.

8. F. IV. (III.) v. Aragón, *Kg. v. Sizilien* (Trinacria). * 1342 in Catania, † 27. Juli 1377 in Messina, Eltern: Kg. Peter II., Elisabeth v. Kärnten. F. wurde 1355 nach dem Tod seines Bruders Ludwig König. Anfängl. unterstand er der Vormundschaft seiner Schwester Konstanze, nach ihrem Tod 1356 derjenigen seiner Schwester Eufemia. Im Hinblick auf seine polit. Qualitäten bzw. den Zustand seines Reiches wurde er der »Einfältige« oder der »Schwache« genannt (il Semplice, il Debole). 1355 erbte er von seinem Onkel väterlicherseits, Johann v. Aragón, auch das Hzm. Athen und Neopatria. 1357 besiegte er bei Aci die angev. Streitkräfte, die Palermo und Messina besetzt hatten und zwang sie, aus Sizilien abzuziehen. 1361 ∞ Konstanze, Tochter Peters III., Kg. v. Aragón, die ihm 1363 die Tochter Maria (spätere Gemahlin Martins d. J.) schenkte. Seine Autorität wurde durch die Fehden der übermächtigen Barone, mit denen er 1362 den Frieden v. Piazza schloß, stark geschwächt; er hatte auch →Johanna I. v. Anjou-Neapel gegen sich, die 1364 Messina zurückeroberte, und mußte den Ansprüchen seiner Schwester Eleonora, Kgn. v. Aragón, entgegentreten. Um diese Situation zu meistern, schloß er 1372 mit Neapel einen Frieden, der im folgenden Jahr von Papst Gregor XI. ratifiziert wurde und den seit der →Sizilianischen Vesper andauernden Krieg beendete. Er erreichte dabei die Aner-

kennung der Autonomie Siziliens als Kgr. Trinacria, das sowohl vom Papsttum als auch von dem neapolitan. Kgr. Sizilien abhing, sowie das Sukzessionsrecht für seine Tochter Maria, das jedoch von den aragones. Herrschern angefochten wurde. Der Friede v. Neapel wurde durch die Eheschließung des Kg.s mit der neapolitan. Adligen Antonia Del Balzo bekräftigt. Nach dem Tod der Kgn. (1375) wurden die Verhandlungen wegen der Eheschließung mit Antonia, Tochter des Bernabò →Visconti, fortgesetzt, die bereits zehn Jahre vorher begonnen worden waren, um die Italienpolitik Siziliens zu stärken und in einer Allianz mit Mailand, die auf dem gemeinsamen Nenner des Ghibellinentums basierte, für das Regno neue Verbündete zu finden. F. starb jedoch, bevor die neue Braut nach Sizilien gelangt war. **S. Fodale**

Lit.: F. Giunta, Aragonesi e Catalani nel Mediterraneo I, 1953.

9. F. d. Ä., *Mgf. zu Ansbach und Bayreuth* aus dem Hause der →Hohenzollern, * 2. Mai 1460, † 4. April 1536 in Ansbach; 2. Sohn von Kfs. →Albrecht Achilles, der ihm in der →Dispositio Achillea (1473) einen Anteil an den frk. Territorien der Hohenzollern vererbte. Regierte nach Antritt des Erbes (11. März 1486) in Franken zunächst gemeinsam mit dem Bruder Sigmund († 25. Febr. 1495), nach dessen Tod allein. Wegen schlechter Regierung und zunehmender Geistesverwirrung wurde F. am 25. März 1515 von zweien seiner Söhne, Casimir und Johann, im Einvernehmen mit den Ständen zur Abdankung gezwungen und bis zu seinem Tode in Gewahrsam gehalten. *Lit.:* ADB VII, 480.

10. F., *Hzg. v. Bayern (-Landshut),* * um 1339, † 4. Dez. 1393 Budweis, ⊡ Landshut, Kl. Seligenthal; ∞ 1. Anna, Tochter Gf. Bertholds VII. v. →Neuffen, 15. März 1360; 2. Magdalena, Tochter des Barnabò →Visconti, Signore v. →Mailand, 2. Sept. 1381. Nach dem Tode seines Vaters →Stephan II. (1375) regierte F. mit seinen Brüdern →Stephan III. und →Johann II. das Hzm. Bayern (ohne →Straubing). Schon 1374 erhielten er und Stephan III. die →Landvogtei in Oberschwaben und infolge der Beteiligung und erfolgreichen Vermittlung F.s im Krieg gegen den →Schwäb. Städtebund 1378 auch in Niederschwaben. Mit der Verpfändung dieser Landvogteien an Hzg. →Leopold III. v. Österreich provozierte Kg. →Wenzel 1379 den Bruch mit F. Durch Einlenken des Kg.s versöhnt, förderte F. in den folgenden Jahren als kgl. Rat Wenzels Politik in Süddtl. 1382 stieß F. bei seiner Parteinahme für den vertriebenen Propst Ulrich Wulp v. →Berchtesgaden auf den Widerstand Ebf. →Pilgrims v. Salzburg und der Habsburger; der Krieg wurde durch ein zehnjähriges Bündnis zw. Bayern, Österreich und Salzburg sowie ein Defensivbündnis der bayer. Hzg.e mit Leopold III. v. Österreich gegen die Städtebünde beigelegt. Trotz Spannungen zw. den schwäb. und rhein. Städten und dem →»Herrenbund« seit 1381 war, auch dank der Vermittlung F.s, ein Krieg vermieden worden. Doch die städtefreundl. Haltung des Kg.s ließ die Fs.en 1387 dessen Absetzung und die Königswahl F.s planen. Durch seine Offensive gegen die feindl. Allianz der Städte mit dem Ebf. v. Salzburg löste F. 1388 gegen sich und den Herrenbund den Reichskrieg aus, der mit der Auflösung der Städtebünde im →Egerer Reichslandfrieden 1389 endete. Zu dessen Wahrung setzte der Kg. einen Sechserausschuß ein, an dessen Spitze Kfs. →Ruprecht I. v. d. Pfalz und F. standen, seit 1390 F. allein. Bei der Landesteilung v. 1392 sicherte sich F. mit dem Landshuter Teil das wertvollste Gebiet Bayerns.

G. Schwertl

Lit.: S. v. Riezler, Gesch. Baierns III, 1889 [Neudr. 1964], 60–67, 91–172 – NDB V, 493 – Spindler II, 188 f., 209–217.

11. F. (Bedřich), *Hzg. v.→Böhmen* (1172–73, 1178–89) aus dem Hause der →Přemysliden, † 1189; ∞ Elisabeth, Tochter Gézas II. v. Ungarn; Sohn: Vratislav. – F. wurde als Nachfolger seines Vaters, Kg. →Vladislavs II., von diesem zum Hzg. eingesetzt (obwohl von böhm. Seite her ein theoret. Anspruch auf die Königswürde bestand), allerdings ohne vorausgehende Zustimmung des böhm. Adels und ohne Belehnung durch Ks. →Friedrich I. Dies lieferte den Vorwand zur Absetzung F.s durch den Ks. und der Anerkennung der Ansprüche →Soběslavs II. (1173–80), der aber bald in Konflikt mit dem böhm. Adel geriet. Die Unterstützung Ks. Friedrichs und großer Teile des böhm. Adels ermöglichten F., die Herzogswürde wiederzuerlangen (1178) und sie gegen Soběslav II. auch zu behaupten. F.s zweite Regierungszeit war von ständigen Machtkämpfen, v. a. mit Konrad Otto, dem Teilfürsten v. Znaim (→Mähren), erfüllt, wobei sich F. nur mühsam und mit fremder Hilfe behaupten konnte. Mehrfach versuchte der Ks., die Position des Böhmenherrschers weiter zu schwächen, so durch Erhebung Mährens zur »Markgrafschaft« und ihre Unterstellung unter das Reich 1182, was wegen des Sieges Přemysls, des Bruders von F., über Konrad Otto (Schlacht bei Lodenice, 1187) jedoch politisch folgenlos blieb. Eine weitere Maßnahme dieser Art war die Erhebung der Bf.e v. →Prag zu Reichsfs.en (1187). Diesen Versuchen blieb ein dauernder Erfolg versagt, um so mehr als Konrad Otto 1189 F.s Nachfolger wurde und dadurch die Einheit der Přemyslidenherrschaft bekräftigte.

In der böhm. Geschichtsschreibung wird die Regierungszeit Hzg. F.s als einer der Tiefpunkte der ma. »staatl.« Entwicklung Böhmens und als Periode des unmittelbaren Eingreifens des Reiches angesehen; daneben spielte aber auch die Stärkung des Einflusses des einheim. Adels eine entscheidende Rolle.   F. Graus

Lit.: V. Novotný, České dějiny I–2, 1913 – Z. Fiala, Přemyslovské Čechy, 1965, 120ff. – Bosl, Böhm. Länder, Bd. 1, 1967, 267–269 – W. H. Fritze, Corona regni Bohemiae (Ders., Frühzeit zw. Ostsee und Donau, Berliner Hist. Stud. 6, 1982), 209–296.

12. F. VI. (I.), Burggf. v. →Nürnberg und erster *Mgf. v. →Brandenburg* (seit 1417) aus dem Hause der →Hohenzollern, * um 1371, † 20. Sept. 1440 in Cadolzburg, ▢ →Heilsbronn; jüngerer Sohn von Friedrich V. v. Nürnberg und Elisabeth, der Tochter Mgf. Friedrichs II. v. →Meißen; ∞ Elisabeth, Tochter Hzg. →Friedrichs v. Bayern-Landshut; 4 Söhne (darunter →Friedrich II. v. Brandenburg, Kfs. →Albrecht Achilles), 6 Töchter. Bei der väterl. Erbteilung (1385) zw. F. und dem älteren Bruder Johann erhielt F. mit dem Land Franken den geringeren Teil des Zollernschen Territorialbesitzes (Ansbach, →Cadolzburg, Schwabach, Uffenheim, Crailsheim), bei gemeinsamer Verfügung der Brüder über die Burg →Nürnberg mit dem kgl. Landgericht (s. a. →Franken). Beide Brüder nahmen am Türkenfeldzug des mit ihnen verschwägerten Luxemburgers →Siegmund, des Kg.s v. Ungarn, teil (1396). Zunächst Anhänger von Kg. →Wenzel, beteiligte sich F. aber dann an dessen Absetzung (Oberlahnstein, 20. Aug. 1400) und wandte sich →Ruprecht v. der Pfalz zu, den er nach Italien begleitete (Niederlage des von F. geführten Heeres bei Brescia). Seit 1409 wieder im Dienst Siegmunds, betrieb F. entscheidend dessen Wahl zum dt. Kg. durch die widerrechtl., aber erfolgreiche Usurpierung der brandenburg. Kurstimme. Zum Dank erhielt F. zunächst die Landesverweserschaft über die Siegmund als Erbe zugefallene Mark Brandenburg (8. Juli 1411) und schließlich auf dem Konzil v. →Konstanz die brandenburg. Landesherrschaft selbst ein-

schließlich der Kurwürde (18. April 1417). Im Bündni mit der Kirche (Ebf. v. →Magdeburg) und den Städten versuchte F., den brandenburg. Adel niederzuwerfen Trotz einiger spektakulärer Siege erzielte er keinen bleibenden Erfolg, zumal das Problem der Rückführung de verpfändeten Burgen und Ämter nicht gelöst wurde. S ist Mgf. F. mit seinem Versuch, die Mark Brandenburg z befrieden, letztlich gescheitert. Er zog sich in die frk Kernlande der Zollern zurück, um bis zu seinem Tod ausschließlich Reichspolitik zu betreiben. Hatte v. a. F. dynast. Politik in →Polen zum Bruch mit Siegmund geführt, so söhnte er sich am 16. März 1426 in Wien mi dem Luxemburger aus, der ihn 1431 zum Führer de Reichsaufgebotes gegen die →Hussiten bestellte. Nach seiner militär. Niederlage war F. am Zustandekommer der →Basler Kompaktaten (1433–36) beteiligt, mit deren der Ks. (seit 1433) als Kg. v. →Böhmen anerkannt wurde. F.s Hoffnungen, Siegmunds Nachfolger als dt. Kg. zu werden, erfüllten sich nicht. Die borussische Geschichtsschreibung glaubte in F. (als Begründer der Hohenzollerndynastie) einen weitsichtigen Staatsmann zu erkennen Aber er war wohl eher »ein Mensch des Mittelalters als der neuen Zeit, die er heraufführen half... Ein Bahnbrecher, aber kein Vollender« (O. Hintze).   W. Ribbe

Lit.: J. v. Minutoli, F. I., Kfs. v. Brandenburg..., 1850 – A. F. Riedel, Zehn Jahre aus der Gesch. der Ahnherren des Preuß. Königshauses, 1851 – O. Hintze, Die Hohenzollern und ihr Werk, 1916 – J. Schultze, Die Mark Brandenburg, 3, 1963, 12–35 – W. Ribbe, Die Aufzeichnungen des Engelbert Wusterwitz..., 1973, passim – G. Heinrich, Gesch. Preußens. Staat und Dynastie, 1981, 40–44.

13. Friedrich II., 1437–70 *Mgf. v. →Brandenburg* aus dem Hause der →Hohenzollern, * 19. Nov. 1413 in Tangermünde (Altmark), † 10. Febr. 1471 in Neustadt an der Aisch, ▢ →Heilsbronn; Sohn von Friedrich I. (12. F.); ∞ Katharina, Tochter →Friedrichs I. v. Sachsen; zwei Töchter. F. wurde am poln. Königshof in Krakau erzogen. Mit der Unterwerfung der Doppelstadt →Berlin-Cölln und dem ersten Schloßbau an der Spree (1442–50) bestimmte er den Residenzstandort der Hohenzollern in Brandenburg. Seine konsequente Politik, die das adlige Fehdewesen weitgehend einschränkte und die geistl. Gerichtsbarkeit allmählich zurückdrängte sowie die Macht der Städte nach innen und außen begrenzte, legte den Grund für ein frühmodernes Staatswesen, dessen Territorium er durch den von Kg. Friedrichs III. 1444 sanktionierten Rückerwerb entfremdeter Gebiete (u. a. →Neumark) ständig erweiterte. Als frommer Christ gründete er den Schwanenorden, hielt seine schützende Hand über den Hl.-Blut-Wallfahrtsort →Wilsnack und pilgerte 1453 nach Jerusalem. Als Landesfürst schränkte F. andererseits die Kirchenfreiheit ein und erlangte von Papst Nikolaus V. 1447 das Nominationsrecht für die drei Landesbm.er Brandenburg, Havelberg und Lebus. Am 20. Jan. 1469 ließ er die Pfarrkirche im Cöllner Schloß zu einem Domstift mit neun Domherren erheben. Nach seiner Abdankung (Anfang 1470) zugunsten seines Bruders →Albrecht (Achilles) zog er sich nach Franken zurück.   W. Ribbe

Lit.: J. P. Gundling, Leben und Thaten F.s des Anderen, Churfürsten, 1725 – A. F. Riedel, Mgf. F. II., Märk. Forsch. 6, 194ff. – J. Schultze, Die Mark Brandenburg, 3, 1963, 48–106 – G. Heinrich, Gesch. Preußens. Staat und Dynastie, 1981, 44f.

14. F. Tuta (Tuto, »der Stammler«), *Mgf. v. Landsberg und v. Meißen* aus dem Hause der →Wettiner, * 1269, †16. August 1291 Meißen, ▢Kl. Weißenfels. Der Sohn des Mgf.en→Dietrich v. Landsberg (5. D.), ∞ 1287 Katharina v. Niederbayern, erbte von seinem Vater 1285 die Mark →Landsberg (um Leipzig), sein Großvater Mgf. →Heinrich d. Erlauchte hatte ihm die Niederlausitz überlassen, die Mgft. Meißen verwaltete er gemeinsam mit seinem Onkel →Albrecht, dessen Anteil er 1289 hinzuerwarb. Nach Fehden mit seinen Vettern→Friedrich (d. Freidigen) und →Diezmann und Abtretung der Niederlausitz an letzteren schloß er 1290 in Erfurt in Anwesenheit Kg. Rudolfs einen Vergleich mit Albrecht. Trotz seiner Jugend führte er in den schwierigen Auseinandersetzungen um das Erbe Heinrichs d. Erl. eine zielstrebige Territorialpolitik zur Wiedervereinigung der wettin. Länder, die mit seinem frühen, erbenlosen Tode jäh abbrach.   K. Blaschke

Lit.: NDB V, 519 – F. X. WEGELE, Friedrich der Freidige ... und die Wettiner seiner Zeit (1247–1325), 1870 – O. POSSE, Die Wettiner, 1897, 56 – PATZE-SCHLESINGER, II, 1.T., 55–57.

15. F. I. der Freidige, *Mgf. v. Meißen, Lgf. von Thüringen* aus dem Hause der→Wettiner, * 1257, † 16. Nov. 1323 Wartburg bei Eisenach, ☐ Kl. Reinhardsbrunn.

Der Sohn des Mgf.en und Lgf.en Albrecht und der Kaisertochter Margarethe war nach dem Tode seines Vetters→Konradin der letzte männl. Staufersproß, so daß die it. →Ghibellinen dem erst Zwölfjährigen die Thronkandidatur antrugen. Der schmerzhafte Abschied seiner verstoßenen Mutter 1270 mit dem nur sagenhaft überlieferten Biß in die Wange erklärt seinen zweiten Beinamen 'der Gebissene'. Noch bei Lebzeiten seines Vaters und seines Großvaters →Heinrich d. Erlauchten wurde F. an der Regierung der wettin. Lande beteiligt. 1281 erhielt er die Pfalzgft. Sachsen-Lauchstädt und bald darauf die Herrschaft über Teile der Mgft. →Meißen, die er nach dem Tode seines Vetters →Friedrich Tuta (14. F.) 1291 vollständig in Besitz nahm. Als der verschwenderisch lebende Vater 1294 die Lgft. an Kg. →Adolf verkauft und dieser die Mgft. Meißen als heimgefallenes Lehen eingezogen hatte, nahm F. den Kampf gegen den Kg. auf, mußte bis 1298 bei Verwandten seiner Frau Agnes von Görz-Tirol Asyl suchen, gewann aber Rückhalt an der Fürstenopposition. Nach seiner Rückkehr setzte er seinen Kampf, nun gegen den inzwischen gewählten Kg. →Albrecht, fort. Der Sieg F.s und seines Bruders →Diezmann in der Schlacht v. →Lucka 1307 gegen die Königlichen und der Tod Albrechts 1308 nahmen endgültig den Druck der Reichsgewalt von den wettin. Landen, in denen F. nach dem Tode des Bruders und dem Herrschaftsverzicht des Vaters 1307 allein regierte. In geschicktem Taktieren während der dt. Thronstreitigkeiten konnte er sodann seine Stellung festigen, so daß er als der zweite Begründer der wettin. Macht gilt. Während seines 1320 einsetzenden Siechtums führte seine zweite Gemahlin aus dem Hause Lobdeburg-Arnshaugk die Regentschaft.   K. Blaschke

Lit.: ADB VII, s.v. – NDB V, 518 – F. X. WEGELE, F. ... und die Wettiner seiner Zeit (1247–1325), 1870 – H. WAGENFÜHRER, F., 1936 – O. DOBENECKER, Ein Kaisertraum des Hauses Wettin (Fschr. A. TILLE, 1930), 17ff. – W. SCHLESINGER, Zur Gesch. der Landesherrschaft in den Marken Brandenburg und Meißen während des 14. Jh. (VuF 14, 1970), 101–126.

16. F. II. der Ernsthafte, *Mgf. von Meißen* aus dem Hause der→Wettiner, Lgf. v. →Thüringen, * (30. Nov.?) 1310 Gotha, † 18. Nov. 1349 Wartburg bei Eisenach, ☐ Kl. Alt-Zelle bei Nossen. Der Sohn aus 2. Ehe seines Vaters Mgf. →Friedrich I. (15.F.) wuchs unter Vormundschaft der Mutter, eines Gf.en v. Schwarzburg und eines Herrn Reuß v. Plauen auf. Seine 1328 geschlossene Ehe mit Mechthild v. Bayern führte ihn zur Partei Ks. →Ludwigs des Bayern, der ihm bedeutende Reichsrechte zum Ausbau seines Territoriums überließ. Die dagegen sich wehrenden Gf.en in Thüringen brachte er in der »Grafenfehde« 1342–46 stärker unter seine Botmäßigkeit, mit dem

Rückkauf der Mgft. →Landsberg und der Pfgf. →Sachsen sicherte er seinem Hause alten wettin. Besitz. Sogleich nach seinem Regierungsantritt setzte er die Kanzleiarbeit zur strafferen Handhabung seiner Herrschaft nach innen und außen ein. Nach dem Tode Ks. Ludwigs lehnte er die ihm angebotene Krone ab und schloß sich in richtiger Einschätzung der polit.-geograph. Lage seines Territoriums der böhm.-lux. Partei an. Seine Söhne und die Landstände legte er vor seinem frühen Tode auf die Bewahrung der Einheit des Landes fest.   K. Blaschke

Lit.: ADB VII, 520 – W. FÜßLEIN, Die Thüringer Grafenfehde 1342–46 (Fschr. O. DOBENECKER, 1929), 111ff. – W. SCHLESINGER, s.o. 15. F. – M. KOBUCH, Die Anfänge des meißn.-thür. landesherrl. Archivs. Beitr. zur Archivwiss. und Gesch.forsch., Schr. des Staatsarchivs Dresden 10, 1977, 120ff.

17. F. III. der Strenge, *Mgf. v. →Meißen, Lgf. v. →Thüringen* aus dem Hause der →Wettiner, * 14. Okt. 1332 in Dresden, † 26. Mai 1381, ☐ Kl. Alt-Zelle bei Nossen, Sohn von 16; nach dessen frühem Tode führte der junge F. die Vormundschaft für seine Brüder →Balthasar und Wilhelm bis 1368, bis 1371 regierten sie gemeinsam, bis 1377 in zweijährigem Wechsel je einer von ihnen. Gegen die gefährliche Nachbarschaft Karls IV., der den wettin. Besitz von mehreren Seiten umfaßte, war die Bewahrung der territorialen Einheit ein dringendes Gebot. Der Besitz konnte mit dem Erwerb der Pflege Coburg 1353, der Burggft. Leisnig 1365 und vogtländ. Orte und Herrschaftsrechte erweitert werden, auf die Erbverbrüderung mit Hessen 1373 erfolgte jedoch nicht der erwartete Erbfall. Die Kandidatur von F.s Bruder →Ludwig für den Mainzer Erzstuhl verwickelte ihn in den Mainzer Bistumsstreit 1373–81. Nach dem Tode Karls IV. entschlossen sich die regierenden drei Brüder unter Wahrung der Landeseinheit zu einer Teilung der Einkünfte (»Örterung«), wobei F. den osterländ. Teil erhielt. Nach seinem Tode ergab sich daraus die →Chemnitzer Teilung. Landesverwaltung und Kanzleitätigkeit erreichten unter ihm einen hohen Stand.   K. Blaschke

Lit.: ADB VII, s.v. – NDB V, 520 – H. AHRENS, Die Wettiner und Ks. Karl IV., 1895 – W. LIPPERT, H. BESCHORNER, Das Lehnbuch F.s ... 1349/50, 1903 – H. BESCHORNER, Registrum dominorum marchionum Missnensium ... 1378, 1933 – W. SCHLESINGER, s.o. 15.F.

18. F. II. v. Luxemburg, *Hzg. v. Niederlothringen,* 1046–65, † 28. Aug. 1065; ☐ Stablo, neben seiner 1.Gemahlin Gerberga; ⚭ 1. Gerberga, 2. Ida (später ⚭ Gf. III., Gf. v. Namur). Als jüngerer Bruder des Gf.en Heinrich II. v. →Luxemburg (1026–47) hatte er zunächst keine Aussicht auf eine hohe fsl. Machtstellung. Im Zuge des Konflikts zw. Kg. →Heinrich III. und →Gottfried dem Bärtigen setzte der Kg. jedoch nach dem Tode Hzg. →Gozelos († 1046) F. v. Luxemburg ein. Als Oberlothringer verfügte F. zunächst über nur geringe Herrschaftsrechte in Niederlothringen, insbes. die Vogteien über die Reichsabtei→Stablo (seit ca. 1030 dank der Unterstützung des Kg.s und des Abtes v. Stablo) und das Metzer Eigenkl. →St-Truiden (aufgrund der Verbindung mit seinem Bruder→Adalbero III., 1047–72, Bf. v. Metz). Urkk. F.s und zeitgenöss. Quellen über seine Regierung sind spärlich. Kurz vor F.s Tod bestimmte Heinrich IV. Gottfried den Bärtigen zu F.s Nachfolger; die Regierung des Luxemburgers in Niederlothringen blieb also Episode.   G. Despy

Q. und Lit.: H. RENN, Das erste Luxemburger Grafenhaus, 1941 – J. VANNERUS, La première dynastie luxembourgeoise, RBPH 25, 1947, 823–824 – W. KIENAST, Der Hzg.stitel in Frankreich und Dtl., 1968 – E. BOSHOF, Lothringen, Frankreich und das Reich in der Regierungszeit Heinrichs III., RhVjbll 42, 1978, 63–127 – M. PARISSE, Généalogie de la Maison d'Ardenne, Publ. Sect. Hist. Inst. Luxbg. 95, 1981, 32–42 – G. DESPY, Les actes des ducs de Basse-Lotharingie du XIᵉ s., ibid., 86–99,

112–113 – Lotharingien 880–1106, Alg. Geschied. Nederl. I, 1981, 342–344 [C. A. Linssen] – R. Petit, L'avouerie de l'abbaye de Stavelot du IXᵉ au XIIᵉ s., Publ. Sect. Hist. Inst. Luxbg. 98, 1984, 142–143.

19. F. III., *Burggf. v.* →*Nürnberg,* 1261–97, † 15. Aug. 1297, ☐ Heilsbronn; Sohn Burggf. Konrads I. (III.) von →Hohenzollern. Durch den Erwerb der Herrschaft Bayreuth, die ihm seine Heirat mit Elisabeth, Schwester des erbenlosen Hzg.s Otto II. (VIII.) v. →Meranien († 1248) und der Ausgang des meran. Erbfolgestreites eintrugen, begründete er den Aufstieg der Zollern am Obermain. Im Namen des Kurfs.en benachrichtigte er →Rudolf v. Habsburg über seine bevorstehende Wahl zum Kg., für die er geworben hatte; dieser belehnte ihn am 25. Okt. 1273 sogleich nach seiner Krönung mit der Bgft. Nürnberg. Der von der →Österr. Reimchronik als »*an witzen rîch*« und »*sinnerîch*« Gepriesene (MGH DC 5, 430, 511) bewährte sich als kgl. Ratgeber und auf mehreren Feldzügen.

A. Wendehorst

Q.: Mon. Zollerana II, 51–248; VIII, 96–105 – Nürnberger UB – *Lit.:* ADB VII, 570f. – NDB V, 522 – A. F. Riedel, Gesch. des Preuß. Königshauses 1, 1861, 115–177 – O. Redlich, Rudolf v. Habsburg, 1903 – H. Dannenbauer, Die Entstehung des Territoriums der Reichsstadt Nürnberg, 1928 – A. Schwammberger, Die Erwerbspolitik der Burggf.en v. Nürnberg in Franken, 1932, 21–48 – G. Pfeiffer, Comicia burcgraviae in Nurenberg, JbffL 11/12, 1953, 45–52.

20. F. IV., *Burggf. v.* →*Nürnberg,* 1300–32, * 1287, † 19. Mai 1332, ☐ Heilsbronn. Der jüngere Sohn Burggf. →Friedrichs III. gelangte 1300 nach dem Tod seines kinderlosen Bruders Johann I. zur Regierung. Das Vertrauen Kg. →Ludwigs d. B. verschaffte ihm hervorragenden polit. Einfluß. Er trug entscheidend bei zu dessen Sieg über →Friedrich d. Schönen nahe →Mühldorf (28. Sept. 1322), begleitete den Kg. 1327 auch auf dessen Romzug. Dieser belohnte seine Dienste mit Gütern, Rechten, auch Geld, mit dem F. eine planmäßige Erwerbspolitik betrieb. Deren wichtigster Erfolg war der Kauf der Stadt Ansbach mit Burg Dornberg von den Gf.en v. →Öttingen (1331).

A. Wendehorst

Q.: Mon. Zollerana II, 275–450; VIII, 107–122 – *Lit.:* ADB VII, 571–573 – NDB V, 522f. – A. F. Riedel, Gesch. des Preuß. Kg.shauses 1, 1861, 180–231 – A. Schwammberger, Die Erwerbspolitik der Burggf.en v. Nürnberg in Franken, 1932, 55–62 – F. Bock, Reichsidee und Nationalstaaten, 1943, 191, 217–219, 230f., 254 – A. Bayer, S. Gumberts Kl. und Stift in Ansbach, 1948, 102–108, 142–148.

21. F. I., *Hzg. v. Oberlothringen* 959–978, † 18. Mai 978, Sohn der Karolingerin Kunigunde, Brüder: →Adalbero I., Bf. v. →Metz; →Gauzlin, Gf. v. →Verdun; →Siegfried, Gf. v. →Luxemburg. F. heiratete (nach Verlöbnis 951) 954 Beatrix, die Tochter von →Hugo, der →Francia, und Schwester von →Hugo Capet; durch diese Heirat erhielt er die lothr. Güter der Königsabtei →St-Denis, zu denen auch die Abtei →St-Mihiel gehörte. An der Grenze von Francia und Imperium errichtete er die Burg Fains (dép. Meuse, arr. Bar-le-Duc), die er jedoch wieder schleifen lassen mußte; durch einen Besitztausch mit dem Bf. v. →Toul erwarb er anschließend →Bar (Barrum Ducis, Bar-le-Duc), wo er eine Burg als wichtigen Ansatzpunkt seiner Territorialherrschaft errichtete. 959 erlangte er von →Brun, dem Ebf. von Köln und zugleich dux v. Lotharingien, die Übertragung der hzgl. Gewalt in Oberlothringen. F. förderte die monast. Reform in →Moyenmoutier und →St-Dié. Er hinterließ zwei Kinder: →Dietrich I., Hzg.; →Adalbero II., Bf. v. Metz.

M. Parisse

Lit.: →Friedrich II. (23. F.).

22. F., *Hzg. von Oberlothringen,* † Mai 1026, Sohn von →Dietrich I., ∞ Mathilde v. Schwaben, Schwester der Ksn. →Gisela und Witwe von Konrad, Hzg. v. Kärnten. F. trug

schon seit 1019 gemeinsam mit seinem Vater den Herzogstitel. Nach dem Tode →Heinrichs II. gehörte er zu der von →Ernst, Hzg. v. Schwaben, geführten Gruppierung, die gegen →Konrad II. revoltierte. F. hinterließ drei Kinder: →Friedrich II. (23. F.), Hzg.; →Beatrix, Mutter der Gfn. →Mathilde; Sophie, Gfn. v. Bar.

M. Parisse

Lit.: →Friedrich II. (23. F.).

23. F. II., *Hzg. v. (Ober-)Lothringen,* † Mai 1033, Sohn von 22 und Mathilde v. Schwaben, folgte zw. 1027 und 1032 seinem Großvater →Dietrich I. nach. F.s II. Tod ermöglichte es Kg. →Konrad II., die beiden lothr. Hzm.er zugunsten von →Gozelo, 1033–44 Hzg. v. →Niederlothringen, neu zu ordnen.

M. Parisse

Lit.: R. Parisot, Les origines de la Hte-Lorraine et sa première maison ducale (959–1033), 1909 [dazu: A. Hofmeister, MIÖG, 1927, 496–508] – H. Renn, Das erste Luxemburger Grafenhaus (963–1136), 1941 – M. Parisse, Bar au XIᵉ s.: la comtesse Sophie et les origines de la ville (Journées d'Études Meusiennes, oct. 1975, Nancy 1976), 5–28 – G. Poull, La maison ducale de Bar, 1977, 11–34 – M. Parisse, Généal. de la maison d'Ardenne, Publ. Sect. Hist. G.-D. Lux. 25, 1981, 22, 31, 36.

24. F., *Hzg. v.* →Bitsch (Ferri; irrigerweise zumeist als Ferri I., Hzg. v. Lothringen, gezählt), † 7. April 1207, jüngerer Sohn von Hzg. →Matthäus I. (1139–76) und Bertha v. Schwaben (→Staufer), damit Neffe Ks. →Friedrichs I. Barbarossa. Mit Hilfe seiner Mutter gelang es F. seinem älteren Bruder, Hzg. →Simon II. (1176–1206), einen Teil des Hzm.s Oberlothringen zu entwinden (Mai 1179, Vertrag v. Ribémont); F. erhielt den deutschsprachigen Teil des Hzm.s zu Lehen, außerdem – im französischsprachigen Teil – die Herrschaften Ormes und Gerbéviller (sö. von Nancy). Er stand in engen Verbindungen mit seinen Vettern zweiten Grades, →Heinrich VI. und →Philipp v. Schwaben, die ihm die Führung des Herzogtitels gestatteten; seinerseits zählte F. während des dt. Thronstreits zu den Unterzeichnern an Innozenz III. zugunsten Philipps v. Schwaben (1198). Da sein Bruder Simon II. kinderlos blieb, ging das Hzm. Lothringen an F.s Sohn, Friedrich III., über, während F. selber als Hzg. v. Lothringen nicht zum Zuge kam. Bereits jung (1164) mit Ludmila, Tochter →Mieszkos, Kg.s v. Polen, vermählt, gingen 13 Kinder aus dieser Ehe hervor, darunter: Hzg. Friedrich III., Matthäus, Bf. v. Toul (1197–1208); zwei Töchter, die Äbt.nen v. →Remiremont wurden.

M. Parisse

Lit.: M. de Pange, Les Lorrains et la France, o. J., 159–173 – E. Duvernoy, Catal. actes ducs de Lorraine (1176–1213), Mém. Soc. Arch. Lorr. 1914, 127–194 – G. Poull, La maison ducale de Lorraine, 1968, cah. 1, 26–30 – M. Parisse, La noblesse lorraine, 1976, 727–729.

25. F. III. (Ferri II.), *Hzg. von Oberlothringen* 1206–13, † 8. Okt. 1213, Sohn von 24 und Ludmila v. Polen, trat in das polit. Leben ein durch seine um 1189 erfolgte Heirat mit Agnes v. →Bar, Tochter Thiébauts (Teobalds), des künftigen Gf.en v. Bar und Luxemburg. F. wurde von seinem kinderlosen Onkel, Hzg. →Simon II. v. Oberlothringen, als Erbe eingesetzt. F.s Schwiegervater, der einen Krieg zw. der Gft. Bar und dem Hzm. Oberlothringen siegreich bestanden hatte, nötigte F., sich seinen polit. Zielen zu unterwerfen: 1202 wurde ein Vertrag geschlossen, der – bei Antritt des lothr. Erbes – eine Abtretung der Gft. →Vaudémont und der Herrschaft Sorcy (dép. Meuse, arr. Commercy) an den Gf.en v. Bar und Luxemburg vorsah, was nach dem Tode Simons II. (1206) auch durchgeführt wurde. Hzg. F. widersetzte sich auf längere Sicht jedoch den Forderungen seines Schwiegervaters, insbes. indem er seinen Sohn und Erben Thiébaut mit der alleinigen Erbtochter des reichen Gf.en v. →Dagsburg verheiratete und in der Folgezeit außerdem Ks. →Friedrich II.

interstützte, dem er eine umfangreiche Summe lieh. F. hinterließ sechs Kinder, darunter die Hzg.e →Thiébaut I. (1213–20) und Matthäus II. (1220–51); Jakob, Bf. v. Metz (1239–60); Lauretta, Gfn. v. Saarbrücken.   M. Parisse

Lit.: E. DUVERNOY, Cat. des actes des ducs de Lorraine, Mém. Soc. Arch. Lorr. 1914, 195–214 – G. POULL, Maison ducale de Lorraine, 1968, 31–37 – M. PARISSE, La noblesse lorraine, 1976, passim.

26. F. IV. (Ferri III.), *Hzg. von Oberlothringen*

(251–1303, Sohn des Hzg.s Matthäus II. und der Katharina v. Limburg. F.s persönl. Regierung begann 1255. Er huldigte 1259 zu Toledo Kg. →Alfons X. v. Kastilien als erwähltem röm. Kg. (→Interregnum), stand dann mit Kg. →Rudolf v. Habsburg in guten Beziehungen, während das Verhältnis zu dem nachfolgenden dt. Kg. →Adolf v. Nassau weniger gut war, wohingegen F. die Beziehungen zu →Philipp IV., Kg. v. Frankreich, intensivierte. In seinem Hzm. verfolgte F. eine Politik der Verbreitung bzw. des Ausbaus von Freiheitsprivilegien (→*chartes de franchises*), im Zusammenwirken mit dem benachbarten Gf.en v. →Champagne, mit dem er verschwägert und verbündet war. Durch seine Vasallitätsbeziehungen zur Champagne (Nancy, Port, Lunéville u. a.) wurde er nach dem Übergang der Champagne an das frz. Königshaus zum frz. Kronvasallen (1300). F. stand in schweren Auseinandersetzungen mit dem Bm. →Metz, seinem mächtigsten Konkurrenten (Fehde 1272–74), sowie mit der Königsabtei →Remiremont, deren Vogtei er innehatte. Darüber hinaus versuchte er die alleinige Schutzherrschaft über das Bm. →Toul zu erringen. Er gliederte sein Hzm. in drei →Bailliages, zentriert auf jeweils einen Hauptsitz. Insbes. in seinem *bailliage d'Allemagne,* das den deutschsprachigen Teil seines Hzm.s umfaßte, betrieb er eine expansive Territorialpolitik in Richtung auf das Saartal, wobei er zahlreiche Herrschaften aufkaufte oder sich zu Lehen auftragen ließ. Aus seiner Ehe mit Margarete v. Champagne († 1306/07) gingen sechs Kinder hervor, darunter Friedrich (Ferri), Bf. v. Auxerre u. nachmals Bf. v. Orléans; →Thiébaut I., Hzg. 1303–12.   M. Parisse

Lit.: J. DE PANGE, Introd. au cat. des actes de Ferri III, 1905 – Cat des actes de Ferri III, 1930 – s.a. Lit. zu F. III.: POULL, 49–57; PARISSE.

27. F. V. (Ferri IV.), *Hzg. von Oberlothringen* 1312–29,

† 22. April 1329, ▢ Beaupré; Sohn v. Hzg. Thiébaut II. und Elisabeth (Isabella) v. Rumigny; ∞ Elisabeth (Isabella) v. Österreich, Tochter Kg. →Albrechts (→Habsburg); zwei Kinder, darunter Hzg. Raoul (Rudolf). 1312 huldigte F. dem Gf.en v. Champagne und Sohn des frz. Kg.s, Ludwig. 1313–15 führte F. eine Fehde gegen den Bf. v. →Metz und den Gf.en v. →Bar, 1324 nurmehr gegen den Bf. (sog. »Guerre des quatre seigneurs«). F. unterstützte im dt. Thronstreit den Habsburger →Friedrich den Schönen. 1328 nahm er auf frz. Seite am Krieg gegen →Flandern teil (Schlacht v. →Cassel).   M. Parisse

Lit.: J. BRIDOT, Cat. des actes de Ferri IV.... (Mém. dact. Arch. dép. Meurthe-Nancy et Moselle) – s. a. Lit. zu F. III.: POULL, 66–72.

28. F. II. d. Streitbare ('bellicosus', Beiname wohl aus

dem 13. Jh.), *Hzg. v.* →*Österreich und* →*Steiermark,* Herr v. →Krain, letzter Hzg. aus dem Hause der →Babenberger. * um 1210, ✗ 15. Juni 1246 in der Schlacht an der Leitha; ▢→Heiligenkreuz. Sohn Hzg. →Leopolds VI. (†1230) und Theodoras v. Byzanz. ∞ 1. (Sophia?) Laskaris; 2. Agnes v. Andechs-Meranien (geschieden 1243, † 1269). Zu Beginn seiner Regierung schlug F. einen Aufstand österr. Ministerialen nieder. Streitigkeiten mit Bayern und Böhmen sowie seine für Adel, Städte und Kirche drückende Herrschaft führten 1235 zur Klage vor Ks. Friedrich II. Der Hzg. wurde geächtet und von einem Reichsheer aus →Wien vertrieben, welches 1237 den Rang einer Reichs-

stadt erhielt. Nach Abzug des Ks.s konnte F. jedoch seine Länder allmählich zurückgewinnen. In diese Zeit fällt die erste Aufzeichnung des österr. →Landrechts. Schließlich erreichte der Hzg. vom Ks. sogar die Zusage, Österreich zum Kgr. zu erheben (Hoftag v. Verona, 1245), doch blieb dieses weitgediehene Projekt (Urkundenkonzept erhalten) im Zuge der Auseinandersetzung zw. Ks. und Papst unausgeführt. Seit der Besetzung ung. Grenzkomitate durch den Hzg. während des Mongoleneinfalls in →Ungarn 1241 häuften sich die militär. Konflikte mit dem Nachbarland, in deren Verlauf F. fiel. Der Tod des kinderlosen Hzg.s bedeutete ein jähes Ende des babenberg. Österreich. F. war ein begabter, doch maßloser Fürst, der unbeirrt den Ausbau der Landesherrschaft vorantrieb. An der Reichspolitik hatte er, obwohl Schwager Kg. Heinrichs (VII.), im Gegensatz zu seinem Vater kaum Anteil. Mit dem Wiener Hof F.s ist eine späte Blüte von Minnesang und Spruchdichtung verbunden (→Reinmar v. Zweter, →Neidhart, der →Tannhäuser, Pfeffel, Bruder →Wernher).   G. Scheibelreiter

Lit.: A. FICKER, Hzg. F. II., der letzte Babenberger, 1884 – G. JURITSCH, Gesch. der Babenberger und ihrer Länder, 1894, 517ff. – K. BRUNNER, Zum Prozeß gegen Hzg. F. II. v. 1236, MIÖG 78, 1970, 260ff. – H. DIENST, Die Schlacht a. d. Leitha 1246 (Militärhist. Schriftenreihe 19, 1971) – F. HAUSMANN, Ks. Friedrich II. und Österreich, VuF 16, 1974, 225ff. – K. LECHNER, Die Babenberger, 1976, 275ff. – H. FICHTENAU, Die Kanzlei der letzten Babenberger (DERS., Beiträge zur Mediävistik 2, 1977, 212ff.).

29. F. v. Baden-Österreich, * 1249, † 29. Okt. 1268 in

Neapel, Eltern: Mgf. Hermann VI. v. →Baden und Gertrud, Tochter des österr. Hzg.s →Heinrich »des Gottlosen«. Zusammen mit →Konradin, von dessen künftiger Königswürde er die Überwindung →Ottokars v. Böhmen erwartete, der ihm die mütterl. Erbansprüche auf →Österreich und Steiermark streitig machte, wurde er von →Karl v. Anjou nach der Schlacht v. →Tagliacozzo gefangengenommen und hingerichtet.   O. Engels

Lit.: F. GELDNER, Konradin. Das Opfer eines großen Traumes, 1970 – P. HERDE, Karl v. Anjou, 1979, 53, 62–65.

30. F. IV., *Hzg. v.* →*Österreich,* Gf. v. →Tirol, * 1382/

83, † 24. Juni 1439, ▢ Stift Stams. Sohn von: Hzg. Leopold III. und Viridis Visconti. ∞ 1. 1406 Elisabeth, Tochter Kg. Ruprechts († 1408); 2. 1410 Anna v. Braunschweig († 1432). Kinder: →Stammtafeln, Habsburger. Seit 1404 Landesfs. in den Vorlanden, seit 1406 in Tirol, konnte F. zwar die Appenzeller abwehren und seine Herrschaft gegenüber dem Bf. v. →Trient, Georg v. Liechtenstein, ausbauen, sich aber nur mit Mühe gegen Adelsbünde behaupten. Die Hilfe, die F. Johannes XXIII. 1415 bei dessen Flucht vom →Konstanzer Konzil gewährte, bewirkte die Verhängung der Reichsacht und infolgedessen den Verlust von Besitzungen (Aargau u. a.) an die Eidgenossen. Die Anhänglichkeit der Bevölkerung bewahrte ihm die Herrschaft in Tirol. In vielfältigen Kämpfen nahm F. den Adligen – Rottenburger, Starkenberger, Wolkensteiner u. a. – ihre polit. Macht, auf den Ständeversammlungen bildeten die Vertreter der Gerichte, d. h. vornehml. der Bauern, deren Landstandschaft fortan ein Merkmal der Tiroler Verfassung war, seit etwa 1420 ein Gegengewicht. Seine Einkünfte steigerte F. v. a. durch die Förderung des Silberbergbaus in Gossensaß und Schwaz. Zur Sicherung der linksrhein. Besitzungen gegen Ansprüche der Hzg.e v. →Burgund unterhielt F. seit 1430 laufend Beziehungen zu Frankreich.   W. Maleczek

Lit.: NDB V, 524 – W. MALECZEK, Österreich-Frankreich-Burgund, MIÖG 79, 1971, 109–155 – J. RIEDMANN (Gesch. des Landes Tirol I, 1985), 439ff.

31. F. I., der Siegreiche, *Pfgf. bei Rhein, Hzg. v. Bayern, Kfs. v. der Pfalz,* * 1. Aug. 1425 in Heidelberg als Sohn →Ludwigs III., † 12. Dez. 1476 ebd., ▢ ebd., Barfüßer-Kl. (jetzt in der Jesuitenkirche). Nach dem frühen Tode seines Bruders→Ludwig IV. (1449) übernahm F. die Vormundschaft über den erst einjährigen Kurprinzen →Philipp (d. Aufrichtigen). Mit Zustimmung von Philipps Mutter und einer Notabelnversammlung des Landes adoptierte er 1451/52 den Kurprinzen in der römisch-rechtl. Form der 'arrogatio' und leitete hieraus die Berechtigung ab, auf Lebenszeit die vollen Rechte als Kurfürst auszuüben. Als Gegenleistung vereinigte er sein persönl. Erbteil mit den pfälz. Kurlanden und verpflichtete sich, um die Nachfolge Philipps nicht zu gefährden, zur Ehelosigkeit. Die Neuregelung lag zwar im Interesse der Pfalz, war aber kaum mit der →Goldenen Bulle vereinbar, fand Widerspruch im eigenen Lande, bei benachbarten Mächten und v. a. bei Ks. →Friedrich III., der in reichs- und hausmachtpolit. Gegensätzen zu F. stand. Während es F. gelang, den Widerstand in der →Oberpfalz zu brechen (Blitzaktion gegen →Amberg 1454) und durch Verhandlungen, polit. Druck und militär. Operationen nach und nach die Zustimmung des Papstes und sämtl. Kfs.en zu erlangen, weigerte sich der Ks. beharrlich, die Rechtslage anzuerkennen. Die Erfolge F.s beruhten neben seiner militär. Begabung v. a. auf seiner Fähigkeit, das Wehrpotential und die Wirtschaftskraft des Landes zu mobilisieren und durch eine kluge Bündnispolitik, die sich als kontinuierl. Element auf ein enges Einvernehmen mit Hzg. →Ludwig (d. Reichen) v. Bayern-Landshut stützen konnte, abzusichern. In militär. Auseinandersetzungen mit den Nachbarn gelang es F. bald, sich territorialen Zugewinn zu sichern (1452 Einziehung der Gft. Lützelstein, 1455 Durchsetzung der Lehnshoheit über Veldenz). Auch gegenüber der ksl. Partei um Mgf. →Albrecht (Achilles) v. Zollern konnte sich F. an der Seite seiner Verbündeten behaupten. Im süddt. Fürstenkrieg (1460/61) zwang er den Ebf. v. Mainz, →Diet(h)er v. Isenburg, zum Übertritt auf seine Seite, zur Abtretung des Amtes Schauenburg und später auch zur Verpfändung der Mainzer Besitzungen an der Bergstraße. In der →Mainzer Stiftsfehde (1461–63) gelang ihm in der Schlacht v. Seckenheim (1462) die Gefangennahme seiner Gegner, Bf. Georg v. Metz, Mgf. Karl v. Baden und Gf. →Ulrich V. v. Württemberg, die er zu hohen Lösegeldzahlungen sowie zur Anerkennung der pfälz. Ansprüche veranlaßte. Konnte F. auch Dieter v. Isenburg nicht gegen den päpstl.-ksl. Kandidaten →Adolf v. Nassau im Ebm. Mainz durchsetzen, wurde er politisch durch die Wahl seines Bruders →Ruprecht zum Ebf. v. Köln entschädigt (1463). Auch im Weißenburger Krieg (1469/71) behielt F. gegenüber Ludwig v. Veldenz, der im ksl. Auftrag den Reichskrieg gegen ihn führte, die Oberhand. Auch ein Versuch des Ks.s, F. durch einen formellen Prozeß wegen Majestätsverbrechens (1474: Reichsacht) auszuschalten, blieb ohne fakt. Wirkung. Den außenpolit. Erfolgen F.s entsprachen zukunftsweisende Reform- und Verwaltungsmaßnahmen im Innern (Reform der Univ. →Heidelberg 1452, Errichtung des pfälz. Hofgerichts als Appellationsinstanz 1462 [?], Förderung des Humanismus an Hof und Univ.), so daß F. als einer der bedeutendsten Territorialherren seiner Zeit angesehen werden kann.

K.-F. Krieger

Lit.: NDB V, 526ff. – SPINDLER III, 2, 1292ff. [W. VOLKERT] – B. ROLF, Kurpfalz, SW-Dtl. und das Reich 1449–1476 [Diss. Heidelberg 1981] – K.-F. KRIEGER, Der Prozeß gegen Pfgf. F. auf dem Augsburger Reichstag ... 1474, ZHF 12, 1985, 257ff. – M. SCHAAB, Gesch. der Kurpfalz, 1, 1988, 174ff.

32. F. I. der Streitbare, *Kfs. v. →Sachsen* aus dem Hause der →Wettiner, * 11. April 1370 (Altenburg?), † 4. Jan. 1428 Altenburg, ▢ Meißen, Dom. F. erbte von seinem Vater Mgf. Friedrich III. v. Meißen, noch unter Vormundschaft seines Onkels Wilhelm I. stehend, das aus der →Chemnitzer Teilung hervorgegangene Osterland. Nach Wilhelms I. erbenlosem Tode 1407 fiel ihm und seinem Bruder Wilhelm II. 1410 die Mgft. →Meißen zu, auch war er jetzt Senior des Gesamthauses Wettin. Seine im Kindesalter verabredete Verlobung mit der Tochter Ks. Karls IV. wurde von Kg. Wenzel nicht eingelöst, 1402 heiratete F. Katharina v. Braunschweig-Calenberg. Nicht nur der Bruch des Verlöbnisses führte zu Mißhelligkeiten mit Böhmen. F. stellte sich auf die Seite von Wenzels Gegnern und wandte sich 1410 dem neugewählten Kg. →Siegmund zu. Dieser belehnte ihn 1417 auf dem Konzil v. →Konstanz mit seinen Reichslehen; die zunächst vorenthaltenen böhm. Lehen erhielt F. 1420 im Feldlager vor Prag, wohin er nach kurzer Verstimmung dem Kg., gegen die Hussiten unterstützend, gefolgt war. Siegmund übertrug F. als seinem getreuen Gefolgsmann 1423 gegen gewichtige Ansprüche anderer Bewerber das nach dem Tode des →Askaniers Albrechts III. erledigte Hzm. →Sachsen-Wittenberg, mit dem die Kurwürde verbunden war. Damit hatte F. eine für das Haus Wettin bedeutende Rangerhöhung und Erweiterung seiner Territorialmacht errungen. Nicht zuletzt wegen seiner Parteinahme für Siegmund wurden die meißn. Lande von Hussitenzügen verwüstet; das sächs. Ritterheer wurde 1426 vor Aussig vernichtet. Die im Jahre 1409 aus Prag auswandernden dt. Magister und Studenten nahm F. in →Leipzig auf und gründete für sie die neue Univ. Den werdenden Territorialstaat festigte er mit der Übernahme der Burggft. Meißen, nachdem der letzte Burggf. vor Aussig gefallen war.

K. Blaschke

Lit.: ADB VII, s. v. – NDB V, 567 – E. HINZE, Der Übergang der sächs. Kur auf die Wettiner [Diss. Halle 1906] – I. v. BROESIGKE, F., Mgf. v. Meißen und Kfs. v. Sachsen [Diss. Berlin 1938] – G. OPITZ, Urkundenwesen, Rat und Kanzlei F.s IV. (des Streitbaren), Mgf. v. Meißen und Kfs. v. Sachsen 1381–1428 [Diss. München 1938].

33. F. II. der Sanftmütige, *Kfs. v. →Sachsen* aus dem Hause d. →Wettiner, Sohn v. 28, * 22. Aug. 1412 Leipzig, † 7. Sept. 1464 Leipzig, ▢ Meißen, Dom. F. folgte 1428 seinem Vater nach, ⚭ 1431 Margarethe v. Österreich. 1438 besiegte er die →Hussiten vor Brüx. Nach Ks. Siegmunds Tode setzte er sich für die Wahl der ihm verwandten Habsburger →Albrecht II. und →Friedrich III. ein. Als 1440 mit Lgf. Friedrich d. Friedfertigen die thür. Linie der Wettiner ausstarb, war der gesamte wettin. Besitz wieder vereinigt, zunächst unter gemeinsamer Regierung F.s und seines Bruders Wilhelm III. Aus der 1445 vereinbarten Altenburger Teilung entstanden Zwistigkeiten, die im »Bruderkrieg« bis 1451 Land und Leute heimsuchten. Ein Nachspiel dieses Bruderkrieges war der sächs. →Prinzenraub, die Entführung der beiden Söhne des Kfs.en durch den Ritter Kunz v. Kaufungen (7.–8. Juli 1455). Nach der Zurückdrängung der ständ. Bewegung im Bruderkrieg widmete sich F. in verstärktem Maße der Neuordnung des Finanzwesens und der Lokalverwaltung. Das für Sachsen stets bestimmende Verhältnis zu →Böhmen stellte F. – trotz kirchl. Kritik – durch ein Abkommen mit dem »Ketzerkönig« →Georg v. Podiebrad auf eine feste Grundlage: Der Vertrag v. Eger (1459) brachte eine sächs.-böhm. Erbeinigung, regelte die beiderseitigen Besitzansprüche und bereitete die künftige Ehe von F.s Sohn Albrecht mit Georgs Tochter Sidonie (Zedena) vor.

K. Blaschke

Lit.: ADB VII, s. v. – NDB V, 568 – H. Koch, Der sächs. Bruderkrieg, 1909 – M. Naumann, Die wettin. Landesteilung von 1445, NASG 60, 1939, 171–213 – H.-St. Brather, Die Verwaltungsreformen am kursächs. Hofe im ausgehenden 15. Jh. (Fschr. H. O. Meisner, 1956), 254–287.

34. F. III. der Weise, *Kfs. v.* → *Sachsen* aus dem Hause der → Wettiner, * 17. Jan. 1463 Torgau, † 5. Mai 1525 Lochau b. Torgau, ⌑ Wittenberg, Schloßkirche; F. blieb nach dem Scheitern mehrerer »internationaler« Heiratsprojekte unverheiratet, 2 außerehel. Söhne (aus einer längeren Verbindung, vielleicht mit einer Anna Weller v. Molsdorf). F. folgte in der ernestin. Linie der Wettiner seinem Vater, dem sächs. Kfs. → Ernst, 1486 in der Regierung eines Territorialstaates, der infolge der unglückl. Leipziger Teilung ein zerrissenes Gebilde war und zu dem anderen Teilstaat, dem albertin. Hzm. Sachsen, in Spannungen stand. Gemeinsam mit seinem Bruder Johann, mit dem er stets einträchtig verbunden war, widmete er sich dem inneren Ausbau seines Staates (Errichtung einer Zentralkasse, 1492; Erlaß einer Ratsordnung, 1499). Der straffen Handhabung der Lokalverwaltung dienten seine häufigen Reisen durch das Land, die er von den Hauptorten des Hoflagers → Torgau und → Weimar aus unternahm. In einer Reihe von Räten meist adliger Abkunft standen ihm fähige Helfer zur Seite. Da die sächs. Univ. Leipzig 1485 an die Albertiner gefallen war, errichtete er 1502 in → Wittenberg eine neue. Bei der Erweiterung der territorialen Besitzungen und Herrschaftsrechte hatte er keine glückl. Hand. Es gelang ihm nicht einmal, die von seinen Vorgängern geschaffenen zukunftsträchtigen Ansätze erfolgreich weiterzuführen: die Bischofsstühle zu → Magdeburg und → Halberstadt entglitten seinem Hause 1513 ebenso wie die hess. Vormundschaft 1514 (→ Hessen), der Zugriff auf → Erfurt und die Reichsstädte → Mühlhausen und → Nordhausen und die Kandidatur seines Bruders → Ernst für den Mainzer Erzstuhl gelangen nicht. Seine Schwerfälligkeit, sein starkes Gefühl für Recht und Moral und seine von Grund aus friedliche Gesinnung hinderten ihn an scharfem Zufassen.

Seine Pflichten als einer der ranghöchsten Reichsfürsten nahm F. ernst. Etwa dreißigmal reiste er »ins Reich«, v. a. zu Reichstagen. Dem neuen Kg. → Maximilian diente er 1494–97 als Rat und folgte ihm dabei auf vielen Reisen. 1498 stand er an der Spitze des neuorganisierten kgl. → Hofrates als Statthalter, doch bewahrte er bei aller Treue eine selbständige Haltung, die ihn an der Seite → Bertholds v. Henneberg in die reichsständ. Opposition führte. Dennoch wurde er offenbar als Mann des Ausgleichs 1500 zum kgl. Statthalter beim Reichsregiment und 1507 zum Generalstatthalter des Reiches bestellt. Vor der 1519 anstehenden Königswahl legte er sich auf keinen Kandidaten fest und wies bei der Wahl Karls V. alle Bestechungsgelder zurück. Eine ihm selbst angetragene Kandidatur lehnte er ab. Der junge Karl wußte, was er dem alten, hochangesehenen Kfs.en zu verdanken hatte.

Bei F.s Verhältnis zu Luther müssen auch die durchaus noch »mittelalterlichen« Grundlagen seiner starken Frömmigkeit bedacht werden. Dazu gehört seine Pilgerfahrt ins Hl. Land 1493 ebenso wie seine Leidenschaft für die Anhäufung von → Reliquien, woraus in Wittenberg eine der größten Sammlungen seiner Zeit entstand. Gerade dieser Mann aber wurde zum entscheidenden Förderer Luthers und der Reformation, zwar nicht im Sinne tätiger Hilfe, sondern dadurch, daß er den Professor der von ihm gegründeten Univ. gewähren ließ. Dabei kam wohl seine hohe Meinung von der autonomen Wissenschaft zum Tragen, während er andererseits in einer Frühform landes-

herrl. Souveränitätsdenkens seinen Untertan gegen Ks. und Papst schützte.

F.s Hinwendung zum → Humanismus, die ihm seinen Beinamen eintrug, äußerte sich in einer allgemeinen Wertschätzung von Wissenschaften und Künsten, ohne daß er selbst schöpferisch tätig gewesen wäre. Er verstand lat. und frz., unterhielt enge Beziehungen zu bedeutenden Künstlern, im Briefwechsel war er mit führenden Geistern seiner Zeit verbunden, nicht zuletzt mit Luther, den er nur einmal auf dem Wormser Reichstag 1521 persönlich erlebt hat. F. erscheint als eine sympath. Gestalt mit vorwiegend guten Eigenschaften und als kultivierte Persönlichkeit. Ein weitblickender, energ. und erfolgreicher Politiker war er nicht, wohl aber eine menschlich ansprechende, vorbildlich und prägend wirkende Fürstenpersönlichkeit, ein fürsorglicher Bewahrer eines überkommenen Territorialstaates.   K. Blaschke

Lit.: ADB VII, 779–781 – NDB V, 568 – P. Kirn, F. und die Kirche, 1926 – K. Blaschke, Kfs. F. und die Luthersache (Der Reichstag zu Worms von 1521, hg. F. Reuther, 1971), 316–335 – H. Bornkamm, Luther und sein Landesherr F. d. W. (Ders., Luther – Gestalt und Wirkung. Ges. Aufsätze 1975 [Schr. des Vereins für Reformationsgesch. 188]), 33–38 – B. Stephan, Beitr. zu einer Biographie Kfs. F.s III. v. Sachsen, des Weisen (1463–1525) [Theol. Diss. masch. Leipzig 1980] – Ders., Kulturpolit. Maßnahmen des Kfs.en F. III., Luther-Jb. 49, 1982, 50–95 – I. Ludolphy, F., Kfs. v. Sachsen (1463–1525), 1984.

35. F. »v. Büren«, »Ahnherr der Staufer«, * um 1010/ 20, † um 1050/60, ⌑ Kl. → Lorch. Seine Lebensdaten wie Identifikation mit einem 1053 erwähnten Pfgf.en Friedrich und Inhaberschaft des Pfgf.enamtes in Schwaben sind erschlossen und hypothetisch; unsicher ist auch die Lage des Ortes → Büren. Für hohes Ansehen seiner Familie spricht seine Heirat mit der vornehmen Hildegard († 1094). In der älteren Lit. als Hildegard »v. Egisheim« bezeichnet, wird sie heute den Gf.en v. Egisheim-Mömpelgard (s. a. → Dagsburg) oder den Gf.en v. → Mömpelgard, → Bar und → Mousson zugeordnet. – → Staufer, → Schwaben.   H. Schwarzmaier

Lit.: E. Klebel, Zur Abstammung der Hohenstaufen, ZGO 102, 1954, 137ff. – H. Bühler, Schwäb. Pfgf.en, frühe Staufer und ihre Sippengenossen, Jb. des hist. Vereins Dillingen 77, 1975, 118ff. – Staufer III, 1977, 339f.

36. F. I., *Hzg. v.* → *Schwaben* aus dem Hause der → Staufer, Sohn von 35, * um 1050, † 1105, ⌑ Kl. → Lorch. An Ostern 1079 erhob Heinrich IV. den vorher in den Quellen nie erwähnten F., einen in Schwaben offenbar mächtigen Mann, in Regensburg zum Hzg. v. Schwaben und verlobte ihm mit seiner damals etwa siebenjährigen Tochter Agnes. Sein Vertrauen galt einem Parteigänger, der in Schwaben den Kampf gegen → Rudolf v. Rheinfelden und seinen Sohn Berthold zu führen hatte; seitdem blieb F. beharrlich auf der Seite des Schwiegervaters. Aus der 2. Ehe der Kaisertochter Agnes mit Mgf. → Leopold v. Österreich stammt der Chronist Bf. → Otto v. Freising, für den, da er 80 Jahre danach um das kinderlose Ende Heinrichs V. und die Ansprüche der Staufer auf das sal. Erbe wußte, der Belehnungsakt von 1079 ein Kernereignis des stauf. Hauses war.

In der Folge sieht man F. bei allen krieger. Unternehmungen Heinrichs IV. gegen die → Rheinfelder, → Welfen und → Zähringer, so 1080 bei → Flarchheim. Auch an den Kämpfen der folgenden Jahre gegen → Hermann v. Salm und seinen Anhang war F. beteiligt, insbes. gegen die Welfen im ö. Schwaben: Zerstörung der Burg Siebeneich a. d. Wertach 1083, Einnahme Augsburgs durch die Welfen 1084. F. verteidigte Würzburg 1086, im Aug. dieses Jahres erlitt er eine Niederlage bei Bleichfeld n. von Würz-

burg. Nach dem Tode des Gegenhzg.s Berthold v. Rheinfelden 1090 wurde →Berthold II. v. Zähringen zum Expo-
nenten der welf.-zähring. Partei, verzichtete jedoch 1098
auf das Hzm. Schwaben. F.s Bruder →Otto, seit 1082 Bf.
v. Straßburg, war in diesen Kämpfen sein zuverlässigster
Helfer; zusammen mit F. und seinem jüngeren Bruder
Konrad nahm er 1090 am Italienzug Heinrichs IV. gegen
Mgfn. →Mathilde v. Tuszien teil (seit 1089 ∞ Welf V.).
Während F.s Abwesenheit erlebte der Bürgerkrieg in
Schwaben einen neuen Höhepunkt. Die allmähl. zustan-
dekommende Aussöhnung der Welfen (Welf IV. 1096,
Welf V. und Heinrich d. Schw. 1098) mit dem Kg. brachte
eine Ruhepause. Seine letzten Jahre zeigen F. als Kloster-
stifter v. →Lorch, unterhalb des Hohenstaufen, das er 1102
dem hl. Petrus übergab; schon 1094 hatte seine Mutter
Hildegard mit ihren Söhnen die Kirche zum hl. Grab in
Schlettstatt der Abtei →Conques übertragen. Die Vogteirechte über die Kl., Grablegen seiner Familie, blieben
dieser erhalten. Im Kampf Heinrichs V. gegen seinen
Vater nahm F. die Partei des Ks.s, ohne jedoch einzugreifen.   H. Schwarzmaier

Lit.: NDB V, 588f. – C. F. STÄLIN, Wirtemberg. Gesch. 2, 1847, 227ff.
– JDGH. IV, 3, 1900, 194f. [G. MEYER V. KNONAU] – H. HEUERMANN,
Die Hausmachtpolitik der Staufer von Hzg. F. I. bis Kg. Konrad III.,
1939, 27ff. – K. WELLER, Gesch. des schwäb. Stammes, 1944, 246ff. –
O. ENGELS, Die Staufer, 1972, 7ff. – Staufer III, 346; V, 91ff. – H.
MAURER, Der Hzg. v. Schwaben, 1978, 218ff. – H. JAKOBS, Schwaben
und das Reich um 1079 (Die Staufer in Schwaben und Europa, 1980),
31ff. – K. SCHMID, De stirpe regia Waiblingensium, Gebetsgedenken
und adliges Selbstverständnis im MA, 1983, 454ff. – DERS., G. ALT-
HOFF, O. G. OEXLE, Staufer – Welfen – Zähringer, ZGO 134, 1986,
21ff.

37. F. II. (monoculus), *Hzg. v.* →*Schwaben* aus dem
Hause der →Staufer, Sohn von 36, * 1090, † 6. April 1147,
▭St. Walburg b. Hagenau. Als Hzg. hat F., beim Tode des
Vaters 15 Jahre alt, gemeinsam mit seinem jüngeren Bruder →Konrad die stauf. Politik in Schwaben und Franken
im Auftrag des Kg.s weitergeführt, an dessen Unternehmungen er beteiligt war; beim Italienzug 1116 ließ Heinrich V. die stauf. Brüder in Deutschland mit kgl. Vollmachten zurück. Insbes. im linksrhein. Gebiet des Elsaß
und der Pfalz hatte F. auf der Basis des sal. Besitzes und des
stauf. Hausguts eine Machtposition aufgebaut und durch
Burganlagen gesichert (Beiname: »Burgenbauer«). Auch
die Gründung →Hagenaus geht auf ihn zurück, und er war
an der Stiftung des Kl. →St. Walburg beteiligt, in dessen
Nähe auch die Kl. Königsbrück und Neuburg entstanden.
Nördl. davon, bei Kirchheimbolanden, wurde das Stift
Münsterdreisen restituiert, und auch das Prämonstratenserkl. Lochgarten (b. Mergentheim) geht auf F. zurück.
Seine um 1120 erfolgte Heirat mit →Judith, Tochter des
→Welfenhzg.s →Heinrich d. Schwarzen, bildete, so sieht
es →Otto v. Freising 30 Jahre später, den »Eckstein« der
Einheit von welf. und stauf. Haus. Da schon damals
abzusehen war, daß Heinrich V. kinderlos bleiben würde,
versicherte sich F. mit dieser Heirat der Unterstützung der
Welfen und betrieb nach Heinrichs Tod 1125 die Königswahl in der Gewißheit, Nachfolger des Saliers zu werden.
Seine Niederlage gegen →Lothar v. Süpplingenburg führte zu einem jahrelangen Krieg, wobei F.s Bruder Konrad
dazu ausersehen wurde, Lothar als Königskandidat entgegenzutreten. Die schließliche Unterwerfung der Staufer
1134 nach einer Kette glückloser Feldzüge brachte dem
Reich den Frieden, beließ jedoch den Staufern ihre Güter
und Rechte, was ihnen nach Lothars Tod (Dez. 1137) den
erneuten Kampf um das Kgtm. ermöglichte, in dem
Konrad III. gegen den Welfen →Heinrich d. Stolzen, den
Schwiegersohn Lothars, erfolgreich blieb. In den folgen-

den Jahren blieb F. ein treuer Gefolgsmann des Bruders. In
jahrzehntelangem Ringen und durch kluge Haus- und
Territorialpolitik hatte F. die Machtbasis behauptet und
sie für das spätere Kgtm. seines ältesten Sohnes →Friedrich
Barbarossa ausgebaut.   H. Schwarzmaier

Lit.: →Friedrich I.: STÄLIN 39ff.; HEUERMANN, 66ff.; WELLER, 284ff. -
NDB V, 589–J. DIETRICH, Hzg. F. II. v. Schwaben [Diss. Gießen 1943
ungedr.] – H. WERLE, Stauf. Hausmachtpolitik am Rhein im 12. Jh.,
ZGO 110, 1962, 241ff. – F. VOLLMER, Besitz der Staufer, HABW V, 4,
1977 – H. SCHWARZMAIER, Die Zeit der Staufer (Lit. ber.), BDLG 117,
1981, 525ff. – H. KELLER, Schwäb. Hzg.e als Thronbewerber, ZGO
131, 1983, 123ff.

38. F. IV. v. Rothenburg, *Hzg. v.* →*Schwaben* aus
dem Hause der →Staufer, * um 1144, † 19. Aug. 1167, ▭
→Ebrach; Eltern: Kg. Konrad III. und Gertrud v. Sulz-
bach. Nach dem Tod des Vaters wurde nicht der achtjähri-
ge F., sondern sein Vetter Friedrich Barbarossa zum dt.
Kg. gewählt, der auch das Hzm. Schwaben bis zur Volljährigkeit F.s weiter für ihn versah. F. fiel v. a. das stauf.
Hausgut in Franken einschließl. des Erbes der Gf.en v.
→Komburg zu; die Quellen bezeichnen ihn meist als 'dux
de Rothenburg'. F. gehörte schon als Jüngling dem Hofe
Barbarossas an; bezeugt ist seine Schwertleite in Würzburg 1157 und seine aktive Mitwirkung an den it. Kämpfen der folgenden Jahre. 1164 hat F., wohl gegen den
Willen des Ks.s, führend in die schwäb. Fehde des Pfgf.en
v. →Tübingen gegen die →Welfen eingegriffen, die den
stauf.-welf. Gegensatz erneut aufleben ließ. Barbarossa
hat den heftigen, ganz Schwaben in Mitleidenschaft ziehenden Streit auf dem Hoftag v. →Ulm 1166 zugunsten
der Welfen beendet, F. jedoch von Strafe verschont. Die
Malaria, die auf dem 4. Italienzug Barbarossas sowohl F.
als auch seinen Gegenspieler Welf VII. dahinraffte, hat
vielleicht ein Wiederaufbrechen der inneren Machtkämpfe in Schwaben verhindert. – Auf F. geht die Gründung
des Prämonstratenserkl. Schäftersheim (b. Weikersheim)
zurück.   H. Schwarzmaier

Lit.: NDB V, 590 – STÄLIN, Wirtemberg. Gesch. 3, 1856 [Neudr.
1975], 95ff. – K. WELLER – A. WELLER, Württ. Gesch. im südwestdt.
Raum, 1971[6], 298ff. – K. BOSL, Rothenburg im Stauferstaat, 1947 – K.
SCHMID, Gf. Rudolf v. Pfullendorf und Ks. Friedrich I., 1954, 159ff. –
H. SCHREIBMÜLLER, Hzg. F. IV. v. Schwaben und Rothenburg, ZBLG
18, 1955, 213ff. – s. a. Lit. zu →Friedrich I.

39. F. V. (Konrad), *Hzg. v.* →*Schwaben* aus dem Hause
der →Staufer, * Febr. 1167, † 20. Jan. 1191, ▭ Akkon.
3. Sohn Ks. Friedrichs I. Die gesicherte Tatsache, daß
Friedrich Barbarossa einen ältesten Sohn Friedrich (*
1164) hatte, den man mit unserem F. gleichsetzte, führte
in der älteren Lit. zu zahlreichen Spekulationen, weshalb
nicht der älteste, sondern der vermeintl. jüngere Sohn
Heinrichs VI. König und Erbe des Vaters wurde. Erst die
Erkenntnis, daß der ältere Friedrich um 1170 starb, worauf
der Drittgeborene Konrad den Staufernamen 'Friedrich'
erhielt und mit ihm das schwäb. Herzogsamt, brachte die
Lösung und zugleich Einblick in die Hausordnung Barbarossas. Die berühmte Miniatur der Fuldaer Hs. der
→Welfenchronik zeigt Barbarossa mit seinen erst ge-
nendl. Söhnen Kg. Heinrich und Hzg. F. Mit der Schwertleite beim →Mainzer Hoffest 1184 beginnt F.s polit.-
militär. Aktivität v. a. in Schwaben; auf dem 1189 beginnenden Kreuzzug übernimmt er nach dem Tode des Vaters die Führung des Kreuzheers, mit dessen Resten er im
Okt. 1190 Akkon erreichte. Bei der Belagerung der Stadt
erlag er einer Seuche und wurde im neugestifteten
Deutschordensspital in Akkon bestattet.
                             H. Schwarzmaier

it.: →Friedrich I.: STÄLIN, 106ff.; WELLER, 309ff.; ENGELS, 89f.; Staufer III, 13, 355 – NDB V, 590f. – G. BAAKEN, Die Altersfolge der Söhne Friedrich Barbarossas, DA 24, 1968, 46ff. – O. ENGELS, Beitr. zr Gesch. der Staufer im 12. Jh., DA 27, 1971, 399ff.

40. F. v. Stade, Ministeriale des *Gf.en v.* →*Stade* (westl. Hamburg, heut. Niedersachsen), † 13. April 1135; entstammte von mütterl. Seite einer Familie von Eigenleuten des Gf.en v. Stade, stieg – wie sein Bruder Ulrich – durch Verwaltungsdienst auf und wurde um 1095 vom Gf.en Luder Udo III. mit der Verwaltung der Gft. beauftragt. War ein Versuch Ulrichs, den unfreien Stand des →Ministerialen abzuschütteln, an einer Sentenz des Hofs Heinrichs IV. gescheitert, so konnte F. während der Minderjährigkeit Gf. Heinrichs IV. († 1128) in Konkurrenz zu →Lothar v. Süpplingenburg, gestützt auf Kg. →Heinrich V., seine Stellung ausbauen und den Kg. zur Einberufung eines Gerichtstages über seine Standeszugehörigkeit gewinnen (1111/12). Auf diesem von Mgf. Rudolf v. Stade und Hzg. Lothar gefangengenommen, wurde F. im Juni 1112 von Heinrich V. in Salzwedel befreit und lebte lange im Königshof im Exil, bis er – inzwischen Verbündeter Lothars – 1124/25 seine Stader Herrschaft zurückerhielt. Die Freiheit wurde ihm spätestens von Lothar nach dessen Königswahl (1125) verliehen. Wohl 1128 erfolgte – wahrscheinl. auf kgl. Initiative – die Belehnung mit der Gft. Stade unter deren Lehnsherrn, Ebf. Adalbero v. →Hamburg-Bremen. Eine in diesem Zusammenhang erwähnte Zahlung F.s an den Ebf. dürfte die Ablösung von Herrenrechten an seiner Person bezweckt haben. F. ist ein früher Fall der Verwaltung einer Gft. durch einen unfreien Dienstmann; Verwandte F.s sind im 12.–13. Jh. als Stader Ministerialen bezeugt. W. Petke

Q.: ALBERT V. STADE, Annales Stadenses, MGH SS 16, 1859, 320–323 – *Lit.:* R. G. HUCKE, Die Gf.en v. Stade (900–1144), 1956, 92ff., 104f. – A. E. HOFMEISTER, Besiedlung und Verfassung der Stader Elbmarschen im MA I, 1979, 190ff.

41. F. d. Friedfertige, Lgf. v. → *Thüringen*, * 30. Nov. 1384, †7. Mai 1440, ▭Reinhardsbrunn; Eltern: Lgf. →Balthasar und Margarethe, Burggfn. v. Nürnberg; ∞ 1407 Anna, Tochter Gf. Günters v. Schwarzburg-Blankenburg. In der Auseinandersetzung zw. seinen Vettern →Friedrich I. (IV.) und →Wilhelm II. und den auf seine Regierung bestimmenden Einfluß ausübenden Schwarzburgern blieb F. passiv. 1412 erzwangen die Vettern, die bei Kinderlosigkeit F.s den Ausschluß von der Erbfolge befürchteten, die Einsetzung eines neuen Rates und ihren Beirat in wichtigen Entscheidungen. Aus dem Erbe Mgf. →Wilhelms I. erhielt F. 1410 den östl. Teil der Mark →Meißen, dessen Verwaltung von Thüringen aus fast unmöglich war. Die Verteidigung gegen die →Hussiten überließ er denn auch weitgehend seinen Vettern. 1433 trat er ihnen den meißn. Landesteil für 15 000 rh. fl. ab. Über F.s negativer Beurteilung (Beiname auch: der Einfältige) wurde sein frühes Bemühen um die Klosterreform vergessen. Sein Nachfolger war sein Neffe →Wilhelm III., der seit 1437 bei F. an der thür. Hauptresidenz Weimar lebte. B. Streich

Lit.: Gesch. Thüringens, hg. H. PATZE-W. SCHLESINGER, II/1, 1973.

42. F. v. Wettin (v. Sachsen), *Hochmeister des* →*Dt. Ordens,* * 26. Okt. 1473 in Meißen, † 14. Dez. 1510 in Rochlitz (▭ Meißen). Sohn des Hzg.s →Albrecht des Beherzten v. Sachsen (18. A.) und der Zedena v. Böhmen. F. erlangte humanist. Bildung in Leipzig und Siena (Studium 1494/95). Dem geistl. Stand bestimmt, weilte er 1495–98 am Hof des Ebf.s v. →Mainz→Berthold v. Henneberg. In der Absicht, die polit. Bedeutung des Hauses→Wettin für

den Dt. Orden zu nutzen, hatte bereits der Hochmeister Johann v. Tiefen († 1497) auf die Hochmeisterwahl F.s hingewirkt. Der Eintritt F.s in den Orden und der Wahlakt erfolgten am 29. Sept. 1498. Die Programmatik der Wahl eines Fs.en wirkte sich für den Ordensstaat nach innen und außen aus. F. leitete intern durch vorsichtige Reformen die Säkularisation ein. Äußere Formen der Regierungsorganisation behielt er zwar bei, aber er reduzierte die Zahl der Ordensgebietiger und -brüder. Am Königsberger Hof umgab er sich mit weltl. Räten aus Sachsen, er erließ eine Hofordnung und schuf ein Hofgericht (»Quatember«). F. pflegte regen Austausch mit Humanisten, z. B. Erasmus Stella und Joh. v. Kitzscher. Mit den Ständen, insbes. mit dem Landadel, den er als persönl. Landesherr an seinen Hof zog, gelangte er zu einer besseren Verständigung als seine Amtsvorgänger.

F.s nicht nur dynast. Bindung, sondern auch seine gezielte polit. Hinwendung zum Reich (Teilnahme am Reichstag zu Worms) sollten der Wiederherstellung der verlorenen Bedeutung des Ordensstaates dienen, was auf eine durch Publizistik (»Denkschrift« v. 1501) flankierte Revision des Verhältnisses zum Kgr. →Polen hinauslief. F. erkannte den 2. →Thorner Frieden von 1466 nicht an und verweigerte dem Kg. v. Polen folgerichtig auch den Huldigungseid, ohne sich aber wie sein Nachfolger Albrecht v. Brandenburg-Ansbach auf einen Krieg mit dem Kg. v. Polen einzulassen (Kongreß in Posen 1510).

1507 verließ F. Preußen und lebte in seinen sächs. Erblanden, allerdings unter Beibehaltung des Hochmeisteramtes als einer Pfründe; dem Zug der Zeit folgend, geistl. Territorien und Ämter zu kumulieren, hatte er sich bereits 1505 um die Koadjutorwürde des Ebf.s v.→Magdeburg bemüht. Trotz der Einrichtung eines Regierungskollegiums führte der Bf. v. Pomesanien, Hiob v. Dobeneck, 1507–10 faktisch die Regierung in Preußen.

C. A. Lückerath

Q.: Scriptores rerum Prussicarum IV-VI, 1876–1968 – Acten der Ständetage Preußens, hg. M. TOEPPEN, 5, 1886 – Reg. Historicodiplomatica, hg. E. JOACHIM – W. HUBATSCH I, 2; II, 1948ff. – Akta stanów Prus królewskich, hg. K. GÓRSKI-M. BISKUP, I, 1961–74– *Lit.:* J. VOIGT, Gesch. Preußens, 9, 1839 – J. VOTA (O. KLOPP), Der Untergang des Ordensstaates Preußen, 1911, 25ff. – P. OBERLÄNDER, Hochmeister F. (bis 1501) [Diss. Berlin 1914] – K. FORSTREUTER, Die Hofordnungen der letzten Hochmeister in Preußen, Prussia 29, 1931, 223–231 – C. KROLLMANN, Polit. Gesch. des Dt. Ordens, 1931, 176ff. – W. POCIECHA, Geneza hołdu Pruskiego, 1937 – K. FORSTREUTER, Vom Ordensstaat zum Fsm., 1951 – B. SCHUMACHER, Gesch. Ost- und Westpreußens, 1959³, 138ff. – L. DRALLE, Der Staat des Dt. Ordens in Preußen nach dem II. Thorner Frieden [Diss. Frankfurt a. M. 1975] – H. BOOCKMANN, Der Dt. Orden, 1981, 215f. – M. BISKUP, Polska a zakon Krzyżacki w Prusach w początkach XVI wieku, 1983, 62ff., 609ff.

43. F. I., Ebf. v. Hamburg-Bremen seit 1104, † 29. Jan. 1123, ▭Bremen; unbekannter Herkunft. An der Reichspolitik nahm er im Gegensatz zu seinen Vorgängern →Adalbert und →Liemar wenig Anteil. Als Maßnahme von großer Tragweite erwies sich, daß er 'Holländer' im Kirchspiel Horn günstig ansiedelte (angeblich 1106, eher wohl um 1113), womit nicht nur die Marschenkolonisation, sondern eine allgemeine Siedlungswanderung nach Osten gefördert wurde. A. E. Hofmeister

Lit.: LThK² IV, 378 – NDB V, 503 – O. H. MAY, Reg. der Ebf.e v. Bremen I, 1937, 99–102 – K. REINECKE, Die Holländerurk. Ebf. F.s I.v. Hamburg-Bremen und die Kolonisation des Kirchspiels Horn, Brem. Jb. 52, 1972, 5–20 – J. J. MENZEL, Die schles. Lokationsurkk. des 13. Jh., 1977, 60–68 – A. E. HOFMEISTER, Besiedlung und Verfassung der Stader Elbmarschen im MA 2, 1981, 7 f., 77 ff., 158 – W. GOEZ, Das Ebm. Hamburg-Bremen im Investiturstreit, Jb. der Wittheit zu Bremen 27, 1983, 39, 43 ff. – GAMS 5, 2, 1984, 38 f.

44. F. I., *Ebf. v. Köln* 1100–31, * um 1075, † 25. Okt. 1131 Burg Wolkenburg, ◻Kl. Siegburg; Sohn Bertholds (I.) v. Schwarzenburg in Bayern, über seine Nichten mit den Gf.en v. →Saffenburg, →Champagne, →Nevers und →Berg verwandt; Großoheim der Kölner Ebf.e →Friedrich II. und Bruno III. (1191–93); Kanoniker in Bamberg und Speyer; nach Studien in Bamberg und Frankreich von Heinrich IV. zum Ebf. v. Köln erhoben. F. trat 1106 zu Heinrich V. über und geriet bald in Konflikt sowohl mit der Stadt →Köln als auch mit der Kurie, die ihn mehrfach suspendierte. Aus territorialpolit. Gründen wandte er sich 1114 von Heinrich V. ab, entfachte noch im gleichen Jahr den niederrhein. Aufstand gegen den Ks. und trat bei der Kg.swahl v. 1125 für den Gf.en Karl v. Flandern ein. Sein zeitweise gespanntes Verhältnis zu Lothar III. wurzelte jedoch im beiderseitigen Interesse an Westfalen, wo F. Ansätze für die Territorialherrschaft seiner Nachfolger schuf (→Köln, Ebm.). Er sicherte den S des Erzstifts (Burgen Rolandseck, Wolkenburg), dehnte trotz der sich anbahnenden Rivalität zw. den Häusern→Berg und→Are den Kölner Lehnshof aus, förderte zunächst die Kl. der Siegburger Reform (→Siegburg), später die neuen Orden (Gründung v. →Kamp 1123). Seine Freundschaft mit dem Abt Rupert v. Deutz, sein Vorgehen gegen den Ketzer →Tanchelm (1112), sowie zahlreiche Diözesan- und Provinzialsynoden zeugen von seinem geistl. Eifer.

Heinz Wolter

Q.: R. KNIPPING, Die Reg. der Ebf.e v. Köln im MA II, 1901, 1–286– Lit.: ADB VII, 535–538 – LThK² IV, 382f. – NDB V, 511 – E. WISPLINGHOFF, F. I., Ebf. v. Köln (1100–1131) [Diss. masch. Bonn 1951] – G. WUNDER, Die Verwandtschaft des Ebf.s F. I. v. Köln, AHVN 166, 1964, 25–54 – F. W. OEDIGER, Gesch. des Ebm.s Köln I, 1972², 131–140 – M. GROTEN, Priorenkolleg und Domkapitel v. Köln im Hohen MA, 1980, 62ff., 130ff. – GAMS V/1, 1982, 29–31 – M.-L. CRONE, Unters. zur Reichskirchenpolitik Lothars III. (1125–1137), 1982, 52–57 – R. SCHIEFFER (Rhein. Gesch. I,3, 1983), 142ff., 158ff., 178ff.

45. F. II., *Ebf. v. Köln* 1156–58, * um 1120, † 15. Dez. 1158 bei Pavia, ◻Kl. Altenberg; Sohn Gf. Adolfs (II.) v. →Berg, Neffe→Brunos II. v. Köln, Bruder Brunos III. v. Köln (1191–93), Oheim→Engelberts I. v. Berg; vermutl. 1135 Propst v. St. Georg in Köln, Ende 1150 (in zwiespältiger Wahl) Elekt v. Utrecht, mußte aber dem von Kg. Konrad III. unterstützten Propst Hermann v. St. Gereon in Köln weichen. Als das Kölner Domkapitel ihn kurz nach dem Tod des Ebf.s →Arnold II. zum Ebf. wählte, fand er die Zustimmung Ks. Friedrichs I., empfing im Jan. 1157 von Hadrian IV. die Weihe und eine Bestätigung seiner Privilegien. F. förderte gezielt seine eigene Familie und die ihr verbundenen Dynasten, während er in den Spannungen zw. Ks. und Papst treu zu Friedrich I. hielt (Teilnahme am 2. Italienzug). Seine Beurteilung seitens der Zeitgenossen blieb zwiespältig.　　　Heinz Wolter

Q.: R. KNIPPING, Die Reg. der Ebf.e v. Köln im MA II, 1901, 636–674– Lit.: F. W. OEDIGER, Gesch. des Ebm.s Köln I, 1972², 148f. – H. WOLTER, Ebf. F. II. v. Köln (1156–1158), JbKGV 46, 1975, 1–50 – M. GROTEN, Priorenkolleg und Domkapitel v. Köln im Hohen MA, 1980, 120f., 147f. u. ö. – TH. R. KRAUS, Die Entstehung der Landesherrschaft der Gf.en v. Berg bis zum Jahre 1225, 1980, 30f., 71ff. u. ö. – GAMS V/1, 1982, 35f.

46. F. III. v. Saarwerden, *Ebf. und Kfs. v.* →*Köln* 1370–1414, * wohl 1348, † 9. April 1414 in Poppelsdorf b. Bonn, ◻ im Dom zu Köln; ältester Sohn des Gf.en Johann II. v. →Saarwerden; Studium des kanon. Rechts in →Bologna 1368–70, 1368 wohl Propst des Kölner Stifts Mariengraden, 1370 Subdiakon und (evtl. schon 1368) Domherr in Köln.

F.s Bestimmung für den geistl. Stand und Werdegang förderte sein Großonkel, der Trierer Ebf. →Kuno v. Falkenstein. 1368 postulierte das Domkapitel F. für den ebfl. Stuhl; die Erhebung durch den Papst scheiterte am Einspruch Ks. Karls IV. Nach erneuter Postulation auf Betreiben Kunos v. Falkenstein und Verhandlungen in Avignon, bei denen F. sich zu erhebl. Zahlungen an die Kurie verpflichtete, verlieh ihm Urban V. im Dez. 1370 das Pallium (höhere Weihen bis Febr. 1371; Inthronisation im Kölner Dom 21. Juni 1372).

Das Verhältnis F.s zur päpstl. Kurie war in der Folge zunächst gespannt, da er seinen Zahlungsverpflichtungen nicht nachkam. Während des →Abendländ. Schismas bekannte F. sich nachdrückl. zur röm. Oboedienz. Urban V. ernannte ihn daraufhin zu seinem Legaten auf Lebenszeit für die Köln. Kirchenprovinz und erließ ihm 1380 seine Schulden. In der Reichspolitik brachten F. seine nach Amtsantritt guten Beziehungen zu Karl IV. (Wahl Wenzels zum dt. Kg. und Krönung durch F. in Aachen) neben Geldzahlungen umfangreiche Privilegien für sein Erzstift ein.

Als Territorialherr bemühte F. sich, die Ausbildung von Landeshoheit durch Sammlungs- und Abstützungspolitik voranzutreiben. Wichtige Erfolge erzielte er mit der Auslösung der Pfandschaft Rheinberg von Kleve 1372/73, dem Erwerb der Herrschaft Linn 1378/92, der Sicherung Zülpichs gegen Jülich und der Zurückweisung bergischer Forderungen. Entscheidend war, daß F. eine rasche Konsolidierung der bei seinem Amtsantritt noch durch die Politik →Engelberts III. v. der Mark und den Erwerb der Gft. →Arnsberg (1368) zerrütteten Finanzen des Erzstifts gelang. Sie wurde durch eine gezielte Amtspfandpolitik und mit Unterstützung Kunos v. Falkenstein erreicht. Gegenüber den Städten seines Territoriums war F. auf Erhaltung seiner Hoheitsrechte bedacht. In dem mit →Köln 1375–77 wegen des Eingriffs des Rates in die Gerichtsbarkeit der Schöffen ausgefochtenen Krieg konnte F. seinen Standpunkt nicht durchsetzen. Besser gelang ihm die Wahrung seiner Interessen in Neuss.

Im geistl. Bereich bemühte F. sich nachdrückl. um die Reform des Klerus. Seine erste Diözesansynode hielt er 1372 ab. 1399 visitierte er Geistlichkeit und Stifter Kölns und erließ neue Statuten. Die machtpolit. Rivalität mit →Kleve-Mark und →Berg führte auch zu Streit um die Rechte des geistl. Gerichts in diesen Territorien.

B. Neidiger

Q. und Lit.: Eine umfassende Biogr. fehlt. – S. PICOT, Kurköln. Territorialpolitik am Rhein unter F. v. Saarwerden (1370–1414) (Rhein. Archiv 99, 1977) – N. ANDERNACH, Die Reg. der Ebf.e v. Köln im MA, VIII–XII (Publ. der Ges. für Rhein. Geschichtskunde 21, 1981ff.) – L. TEWES, Finanzpraktiken Köln. Amtsverwaltung unter Ebf. F. v. Saarwerden (Gesch. in Köln 20, 1986), 7–29 – DERS., Die Köln. Amts- und Pfandpolitik im Rheinland und in Westfalen im 14. und 15. Jhs., 1986.

47. F., *Ebf. v.* →*Mainz* seit 937, † 25. Okt. 954; ◻Mainz, St. Alban. Aus unbekannter Familie stammend, wurde der Hildesheimer Domherr F. Ende Juni 937 von Kg. →Otto I. zum Ebf. v. Mainz ernannt. Weihe am 9. Juli. Von Papst →Leo VII. erlangte er die herkömml. Mainzer Vikariatsstellung in Germanien, die von Papst Marinus nach 942 auf Gallien ausgedehnt wurde. Aus ihr leitete F. einen Reform- und Missionsauftrag ab, der sich im Wirken im →Reimser Bistumsstreit, auf der →Ingelheimer Synode 948 sowie bei der Errichtung der Bm.er →Havelberg 947 und →Brandenburg 949 manifestierte und zu vorübergehender Rivalität zum Ebm. →Hamburg-Bremen führte.

Standen solche Aktivitäten im Einklang mit der Königspolitik, waren Trübungen im Verhältnis zu Otto I. zu Anfang und Ende der Amtszeit erheblich. Denn F. neigte mehr der hzgl. Auffassung der Reichsstruktur als den autokrat. geprägten Vorstellungen des Kg.s zu. Nach Ottos Machtprobe mit den →Konradinern, Verbündeten der Ebf.e v. Mainz seit Ende des 9. Jh., wurde F. 939/40 und 941 in Klosterhaft genommen, der Erzkapellanstitel ihm ztw. aberkannt. Nach einem Jahrzehnt loyalen Zusammenwirkens mit Otto I., der ihm trotz polit. Gegensätze hohe Achtung entgegenbrachte, suchte F. von 951 bis 954 zw. der Oppositionsgruppe um Hz. →Liudolf und dem Kg. zu vermitteln, mußte aber 953 an den Oberrhein fliehen und starb noch vor dem Ende der Aufstandsbewegung. Im Zuge jener Entwicklungen baute der Salier →Konrad der Rote seine Machtposition aus und gefährdete F.s Stellung in Mainz.

Bedacht auf die Wiederherstellung strenger Lebensführung im Benediktinerorden, möglicherweise entsprechend der →Gorzer Reform, zeigte F. in seiner persönl. Lebensführung (geistl. Übungen als Eremit noch in der Krise von 953) wie in seinem ebfl. Wirken eine starke seelsorgerl.-geistl. Prägung (u. a. Erlaß liturg. Vorschriften, Belebung des Synodalwesens, Erwägungen über das Verhältnis der Kirche zu den Juden, Gründung des Stifts St.-Peter/Mainz), konnte sich aber mit seiner Amtsauffassung nicht gegen den Kg. und seinen Bruder →Brun durchsetzen. A. Gerlich

Q.: Mainzer UB I, ed. M. Stimming, 1934, 118 Nr. 193; 122 Nr. 198 – Reg. zur Gesch. der Mainzer Ebf.e 1, bearb. J. F. Böhmer – C. Will, 1877, XXXII–XXXIV; 101–107 Nr. 1–35 – *Lit.:* Hauck 3, 1952[6], 34–40, 94, 105, 116, 208ff., 374ff. – H. Büttner, Die Mainzer Ebf.e F. und Wilhelm und das Papsttum des 10. Jh. (Fschr. J. Bärmann [Gesch. LK 3,1], 1966), 1–26, bes. 2–10 – J. Fleckenstein, Die Hofkapelle der dt. Kg.e, 2, 1966, 18, 22ff., 58, 139 – L. Falck, Mainz im frühen und hohen MA, 1972, 56–63, 73ff., 89, 112, 149 [Lit.].

48. F. v. Pernstein (bzw. Medlow) aus altmähr. Adelsgeschlecht, * ca. 1270, Studium in Bologna (?), † März 1341 in Avignon, OFM, spätestens seit 1303 Pönitentiar an der Kurie, seit 21. März 1304 Ebf. v. →Riga, 1305–1307, 1311/12, 1324/25 in Livland, sonst im Exil (pästl. Kurie, viel auf Reisen). Nach seiner Erhebung suchte F. den Hochmeister des →Dt. Ordens in Venedig zur Regelung der gegenseitigen Beziehungen auf, wie schon sein Vorgänger Isarnus de Fontiano (Ebf. 1300–02). Es kam sofort zum Konflikt mit dem livländ. Zweig des Dt. Ordens, als dieser →Dünamünde kaufte und damit die Zufahrt nach Riga beherrschte. F. verließ (vor 2. Juli) 1307 trotz Ausfuhrsperre Livland, ging nach Avignon und führte 1307 und erneut 1310 Klage gegen den Dt. Orden, doch dieser leugnete alle ihm zur Last gelegten Vergehen. Erst 1312 wurde der päpstl. Auditor Francesco di Moliano gemeinsam mit F. nach Livland entsandt und nahm ein umfangreiches Protokoll auf; da der Dt. Orden sich dem Verhör entzog, wurde er gebannt, aber sein Prokurator in Avignon erreichte die Aufhebung des Banns. Am 23. April 1316 verschwor sich der Orden mit Domkapitel und Stiftsvasallen in Segewold gegen F., gewann auch die Bf.e v. Ösel-Wiek, Dorpat und Reval dafür. Papst Johannes kassierte zunächst die Abmachungen von Segewold, bestätigte aber schon 1319 dem Dt. Orden die Erwerbung Dünamündes. F. blieb in Avignon, unterstützte die Versuche, →Gedimin v. Litauen zum röm. Christentum zu bekehren, entzog sich aber den Kämpfen in →Livland, aus dem er aber Einkünfte bezog. Sein umfangreicher Nachlaß (u. a. die verlorene 2. Dekade des Livius) ist bisher verschollen. M. Hellmann

Q.: Livländ. UB, I. Abt., Bd. III, V – L. Arbusow, Röm. Arbeitsbericht I–IV (AUL XVII, XX, Phil.-philos. series I, 3, II, 4, 1928–31/32) – Cod. dipl. Moraviae VI, nr. 451 – Reg. dipl. Bohemiae et Moraviae, III – *Lit.:* Eine Biogr. fehlt – J. Haller, Die Verschwörung von Segewold 1316, MittLiv 20, 1908, 125–168 [Lit.] – Das Zeugenverhör des Franciscus de Moliano, bearb. A. Seraphim, 1912 – K. Forstreuter, Ebf. F. v. Riga, ZOF 19, 1970, 652–665 [Lit.] – S. Novotny, F. v. P., Ebf. v. Riga, im Kampf mit dem Dt. Orden (Münster 1966, ungedr. Ms.).

49. F. v. Wangen, *Bf. v.* →*Trient,* am 9. Aug. 1207 gewählt, † 6. Nov. 1218 in Akkon während des 5. →Kreuzzuges; stammte aus edelfreiem, im oberen Vinschgau und im Bozner Raum begütertem Geschlecht der Herren v. Burgeis-Wangen. Im Hochstift festigte F. die bfl. Macht, indem er die Rechte der Kirche in einer umfangreichen Urkk. sammlung aufzeichnen ließ und die Abhängigkeit des Stiftsadels und der Bürger der Städte erneuerte. Er förderte den Silberbergbau am Monte Calisio durch eine Bergordnung, die älteste dieser Art in Europa (1208). In Trient wirkte er als großzügiger Bauherr. 1212 sorgte er für die sichere Reise Friedrichs II. durch Oberitalien nach Schwaben, wofür ihn der Kg. 1213 zum Reichslegaten und Reichsvikar ernannte. In den folgenden Jahren hielt er sich öfters in der Umgebung des Kg.s auf, nahm aber auch am IV. →Laterankonzil teil. W. Maleczek

Q.: Codex Wangianus, ed. R. Kink (Font. rer. Austr. II/5, 1852) – *Lit.:* I. Rogger, Monumenta liturgica ecclesiae Tridentinae, 1983, 74–78 – D. Hägermann – K. H. Ludwig, Europ. Montanwesen im HochMA, 1986.

50. F. v. Bitsch →Friedrich 24.

51. F. v. Braunschweig OFM(?), Häretiker, * in Braunschweig, † nach 1392. F. verbreitete in Hildesheim, Weißenburg i. E. und Speyer seine Lehren, wo er am 7. Mai 1392 zu ewigem Kerker bei Wasser und Brot verurteilt wurde. Er war wahrscheinl. Franziskaner, und seine Lehrmeinungen sind stark von chiliast. Vorstellungen beeinflußt. Dabei ergeben sich bes. Berührungspunkte mit dem frz. Franziskanerspiritualen →Johannes de Rupescissa († nach 1365). Nach F. wird am Ende der Zeiten ein »reparator« aus dem Orden der Minderbrüder kommen, den Antichrist töten und als Papst und Kaiser in einer Person ein tausendjähriges Reich des Friedens errichten. F. selbst, der mit seiner Lehre im hohen Speyrer Klerus einige Resonanz fand, betrachtete sich als Vorläufer dieser Person und nannte sich Johannes. N. Martin

Q.: Die Amtsbücher der Univ. Heidelberg, Reihe A: Die Rektorbücher der Univ. Heidelberg, I, 1986, 29–30 – *Lit.:* A. Patschovsky, Chiliasmus und Reform im ausgehenden MA (Ideologie und Herrschaft im MA, 1982), 481, 483.

52. F. v. Büren →Friedrich 35.

53. F. v. Hausen, mhd. Minnesänger, † 1190 auf dem 3. Kreuzzug in Philomelium (Anatolien), Sohn des am mittleren Rhein und unteren Neckar begüterten und am Hof Ks. Friedrichs I. auftauchenden Walther v. Hausen (Stammburg wohl: Rheinhausen bei Mannheim). Die für einen dt. Lyriker des 12. Jh. relativ zahlreichen Erwähnungen in Urkk. und Chroniken zw. 1171 und 1190 ergeben sich aus F.s gesellschaftl. Stellung, nicht aus seiner lit. Tätigkeit. F. gehörte zur stauf. Reichsministerialität (rechtl. ungeklärtes Verhältnis seines Standes gegenüber dem Status des Vaters als *homo liber*). Er begleitete Friedrich I. und Heinrich VI. nach Italien; bei Frankreichaufenthalten lernte er prov. und frz. Liebeslyrik kennen. F.s literaturgeschichtl. Bedeutung besteht in der Rezeption roman. Vorbilder, die er nach anfängl. Anknüpfung an den donauländ. Minnesang (→Kürenberger, →Dietmar v. Aist) zu einem eigenen Liedstil ausgestaltete, der in

Vers- und Strophenform sowie in der Neigung zu gedankl. Reflexion für die höf. Lyrik zukunftweisend
wurde.

F. nahm als erster den *amour courtois* im Sinne der *hohen
Minne* auf, nach deren Wesen er fragt und deren Wirkung
er als sinnenberaubend und unausweichl. für den Mann
darstellt. Ergebenheit gegenüber der Geliebten artikuliert
er in Vorstellungen von *dienest* (Dienst) und *stæte* (Zuverlässigkeit) analog zu den rechtl. Strukturen der Feudalgesellschaft, so daß man die Lieder nicht nur als Ausdruck
erotisch-emotionaler, sondern auch sozialer Beziehungs-
entwürfe gedeutet hat. Die Antinomie von Glücks- und
Leiderfahrung gehört wesenhaft zu der von F. besungenen
Minne, sie scheint begründet in der sich versagenden
Haltung der Frau, aber auch in der immer wieder beklagten räuml. Ferne; sie beruht auf einer durch die Liebe
vermittelten Existenzsteigerung und deren temporärer
Begrenzung. Minne wird im Einklang mit dem Wirken
Gottes verstanden, der die Qualitäten der geliebten Frau,
Schönheit und Güte, geschaffen hat. Unter den Forderungen der Kreuzzugsteilnahme reflektiert F. den Konflikt
zw. Gottes- und Frauenminne, der die Persönlichkeit zu
spalten droht; doch auf der Grundlage einer gradualisti-
schen Wertehierarchie stellt er Gott die Lösung anheim,
und damit bleibt letztlich die Entscheidung für Gott klar.
Den Anteil der Frau an der Kreuzzugsverpflichtung sieht
F. in der Bewahrung ihrer ethischen Integrität. F. hat den
Typ des Minne-Kreuzzugsliedes als erster dt. Lyriker
geprägt.

Die liedhafte Abgrenzung der rund 60 überlieferten
Strophen F.s ist nicht immer ganz sicher; prinzipiell zeichnet sich die inhaltl. Zusammengehörigkeit formgleicher
Strophen ab, die verschiedene Liedtypen (Werbelieder,
Klagelieder, Wechsel von Männer- und Frauenstrophen,
Kreuzzugslieder) bilden. Einige Lieder F.s lassen sich
sicher, andere mit Vorbehalt als Kontrafaktur roman.
Vorlagen erkennen, allerdings sind zu den dt. Texten
keine Melodien überliefert, die die musikal. Parallele erweisen könnten. F. hat Strophenstrukturen geschickt
adaptiert und die übernommenen Motive neu durchdacht,
so in dem vieldiskutierten Kreuzlied »Mîn herze und mîn
lîp, die wellent scheiden« nach →Conon de Béthune »Ahi
amors com dure departie«. Im Umkreis des stauf. Hofes
hat die Lyrik F.s anregend auf den Minnesang von Ks.
Heinrich VI., →Bernger v. Horheim, →Bligger v. Steinach, Ulrich v. Gutenburg und →Otto v. Botenlauben
gewirkt. →Minne, →Minnesang, →Kreuzzugsdichtung.

                                               U. Schulze

Bibliogr.: H. TERVOOREN, Bibliogr. zum Minnesang . . ., 1969, Nr.
493–521 – *Ed.:* Des Minnesangs Frühling, bearb. H. MOSER – H.
TERVOOREN, 1982³⁷ – F. v. H., Lieder, ed. G. SCHWEIKLE, 1984 [mit
Einl., nhd. Übers.] – *Lit.:* Verf.-Lex.² III, 935–947 [Lit.] – H. J.
RIECKENBERG, Leben und Stand des Minnesängers F. v. H., AK 43,
1961, 163–176 – H. DEUSER – K. RYBKA, Kreuzzugs- und Minnelyrik.
Interpretationen zu F. v. H. und Hartmann von Aue, Wirkendes Wort
21, 1971, 402–411 – U. MÜLLER, F. v. H. und der sumer v. Triere (MF
47,38), ZDPh 90, 1971, Sonderh., 107–115 – H. H. S. RÄKEL, Drei
Lieder zum dritten Kreuzzug, DVjs 47, 1973, 508–550 – A. HOLTORF,
F. v. H. und das Trierer Schisma von 1183–1189, RhVjbll 40, 1976,
72–102 – V. MERTENS, Der 'heiße Sommer' 1187 von Trier. Ein
weiterer Erklärungsversuch zu Hausens MF 47,38, ZDPh 95, 1976,
346–356 – H. BEKKER, F. v. H. Inquiries into his Poetry, 1977.

54. F. v. Landskron →Reformatio Sigismundi

55. F. Reiser →Reiser, Friedrich

Friedrich von Schwaben, nach 1314 verfaßter anonymer schwäb. Ritter- und Minneroman, 8068 Verse. – F.,
der Sohn des Hzg.s v. Schwaben, findet die in einen Hirsch

verwandelte Angelburg, scheitert aber bei ihrer Erlösung,
weil er die Bedingung, dreißig (keusche) Nächte im Jahr
bei ihr zu weilen, ohne sie zu sehen, nicht erfüllt (Typus des
Amor- und Psyche-Märchen). Durch F.s Versagen wird
A. als Taube zu einem fernen Brunnen verbannt. F. findet
nach 20 Jahren den Brunnen, entwendet der Taubenjung-
frau das Gewand und gewinnt sie damit zur Frau (vgl.
Schwanenfraumotiv). Während seiner entbehrungsrei-
chen Suche nach A. muß F. eine Zeitlang mit der Zwergenkönigin Jerome zusammenleben. A. stirbt nach neunjähriger Ehe, und F. heiratet die Zwergenkönigin. – In
einer älteren Fassung der Erzählung fehlt die Jerome-
Geschichte, der Held trägt dort ztw. den Namen Wieland,
was ebenso wie das Schwanenfraumotiv auf Zusammenhänge mit der →Wielandsage deutet. – Im mittelmäßig
erzählten »F. v. S.« fallen neben der Häufung von Motiven
und lit. Reminiszenzen v. a. die großen Zeitabschnitte und
der Tod der Heldin – Ausdruck für die Hinfälligkeit des
Lebens – ins Auge.   A. Ebenbauer

Ed.: M. H. JELLINEK (DTMA 1), 1904 – *Lit.:* Verf.-Lex.² II, 949–952 –
D. WELZ, Zeit als Formkategorie und Erzählproblem im »F. v. Sch.«,
ZDA 104, 1975, 157–169 – K. GÄRTNER, Zur Rezeption des Artusromans im SpätMA und den Erec-Entlehnungen im »F. v. S.« (Artusrittertum im späten MA, hg. F. WOLFZETTEL, 1984), 60–72.

Fries, wie das Gesims eine zumeist waagrechte, plastisch
vorstehende, dekorierte Steinreihe, die zw. Mauerabsätzen vermittelt und Wandflächen gliedert oder rahmt, auch
über Wandvorlagen verkröpft ist. Der F. kann auch aufgemalt oder reliefartig in die Mauerfläche eingetieft sein.
Auch kann er Gesimse, v. a. das Kranz-, Trauf- oder
Ortganggesims, begleiten. Der F. unterscheidet sich von
dem leistenartig profilierten Gesims durch die Ornamente, den Rapport (Wiederholbarkeit) von abstrakten und
vegetabilen Schmuckformen in gleichbleibendem Rhythmus (Ordnungsprinzip), wobei die Anwendung des Or-
naments auf einem Ornamentträger, hier der Steinleiste,
als Dekoration bezeichnet wird. Der Bogenf. ist in Abschnitten von mindestens zwei aufeinanderfolgenden Bogen zwischen Lisenen oder Pilaster gespannt oder verläuft
ohne Unterbrechung als Wandgliederung oder Abschluß
häufig unter Traufgesimsen oder der Giebellinie folgend
als steigender Bogenf. (ausgehend von der frühchristl.
und frühbyz. Ziegelarchitektur Oberitaliens, bes. Ravennas, und sich in frühma. und frühroman. Zeit wiederum in
Oberitalien, Venezien [Torcello] und Dalmatien ausbrei-
tend; stauf. Baukunst im Rheinland, Elsaß, Schwaben),
auch an Innenwänden. Außer dem am häufigsten vertretenen Rundbogen. gibt es viele Variationen wie den Spitz-
bogenf. (13. Jh.), den Kreuzbogenf. aus zwei sich über-
kreuzenden Bogenf.en (12./13. Jh.) und den Winkelf.
(12./13. Jh.), Treppen- (13. Jh.), Klammer- (13. Jh.) und
Kielbogenf. (15./16. Jh.). Der Bogenf. kommt in einfacher Form vor, aber auch in zwei oder mehr Schichten
übereinander, reich profiliert oder mit Dreipässen und
Ornamenten (2. Hälfte 12./Mitte 13. Jh. in Italien, Franken, Schwaben, Sachsen) gefüllt. Die Bogenfüße ruhen
häufig auf zumeist dekorierten Konsolen. Seit dem 10. Jh.
erscheint der Bogenf. in der abendländ. Baukunst und hält
sich bis ins 13. Jh., in der norddt. Backsteinarchitektur
auch länger.

Im Wehrbau dient er häufig zur Auskragung des Wehr-
ganges. Der von antiken Bauten beeinflußte Konsolenf.
aus Klötzchen, die ein Gesims tragen, findet sich in allen
der Antike nahen Schulen (Auvergne, Provence, Rheinland bis ins 13. Jh.). An norm. Bauten liegt er unter der
Traufe (Corbel Table).

Im 12. Jh. entwickeln sich nach Anfängen im 11. Jh.

zahlreiche andere F.ornamente: Klötzchen, Schachbrett, Flechtband, Mäander bzw. Laufender Hund, Rauten, Schuppen, Zickzack (auch Deutsches Band oder Zahnf., speziell im Backsteinbau), Zinnen, Kugel, Hundzahn (engl. Frühgotik), Stern, Diamant (seit Mitte 12. Jh.), Palmetten, Tudorblatt (engl. Gotik), Rosetten, Voluten, Schnecken, Spirale und viele andere F.dekorationen zumeist nach vegetabilen Vorbildern. An stauf. Kirchen des Rheinlandes findet sich zumeist unterhalb der Zwerggalerie der Plattenf. (gerahmte, eingetiefte Platten). In der Gotik werden die F.e vereinfacht und nur noch mit gereihten Blättern oder Knospen dekoriert, in der Spätgotik mit verschlungenen, laublosen Ästen (Astwerk). G. Binding

Im byz. Osten werden in der frühen Zeit naturgemäß die spätantiken F.formen weitergeführt, zunehmend auch mit anstuckiertem oder nur gemaltem Dekor. In mittel- und spätbyz. Zeit werden mit Vorliebe F.e aus über Eck gestellten Ziegeln verwendet. Dabei tritt der rote Ziegel in Wechsel mit hellerem Mörtel. Fischgrat, Mäander, sogar pseudo-kufische Ornamente nehmen zu. Die Palaiologenzeit bildet den Höhepunkt sowohl der polychromen Wirkung mit Einbeziehung von Marmor bzw. Kalkstein als auch der ornamentalen Vielfalt (Schachbrett-, Rauten-, Rosetten- und Mäandermuster, Ziegelmonogramme, kartige Inschriften aus Ziegel u. ä.), teilweise auch auf Putz oder Schlemme aufgemalt. M. St. Restle

Lit.: RDK I, 262–273; II, 106–131 – D. DEBES, Das Ornament, ein Schriftenverz., 1956 – M. BRAUN-REICHENBACHER, Das Ast- und Laubwerk. Entwicklung, Merkmale und Bedeutung einer spätgot. Ornamentform, 1966 – G. BINDING, Architekton. Formenlehre, 1987, 144–148.

Friesach, Stadt in Kärnten (Österr.). Den 860 von Kg. Ludwig d. Dt. geschenkten Hof F. baute das Ebm. →Salzburg zum Verwaltungsmittelpunkt seiner Besitzungen in →Kärnten aus: Vor 927 entstand die Kirche auf dem Petersberg, 1077 im Kampf gegen Heinrich IV. unter Ebf. →Gebhard die erste Burganlage, die nach 1122 von Ebf. Konrad I. zu einer bfl. Pfalz erweitert wurde (Bergfried mit Fresken). Gf. Wilhelm v. F. hatte nördl. davon aufgrund eines Diploms Ks. Heinrichs II. von 1016 einen Markt errichtet, der über seine Witwe →Hemma an das Bm. →Gurk kam. Ebf. Konrad erzwang im Kampf gegen Hzg. Engelbert v. Kärnten 1124 die Herausgabe und Verlegung des Gurker Marktes auf Salzburger Grund am Fuße des Petersberges. In Verbindung damit hat sich F. noch um die Mitte des 12. Jh. zur Stadt entwickelt. Nach einer Zeit der getrennten Verwaltung ging F. im späten 13. Jh. ganz in Salzburger Besitz über. Die von Ebf. Konrad errichtete Münzstätte (→Friesacher Pfennig) geht auf ein Privileg Ks. Ottos II. für Lieding im Gurktal 975 zurück. Bis zum Ende des 13. Jh. war F., seit 1215 als civitas bezeichnet, die größte Stadt Kärntens. Neben den Salzburger Behörden mit dem Vizedom an der Spitze gab es eine Vielzahl von Spitälern und Kl. (ältestes dt. Dominikanerkl. 1217). Die Historizität des F.er Turniers (1224, →Ulrich v. Lichtenstein; Frauendienst, ed. K. LACHMANN, 62–96, 1841) ist umstritten. Wirtschaftlich profitierte F. vom Silber- und Eisenbergbau der Umgebung und vom Italienhandel (Maut und Niederlagsrecht). Wiederholte Zerstörungen durch Kg. Přemysł Otakar II. 1275 und Hzg. Albrecht I. v. Habsburg 1289 und 1292 führten zum Niedergang. Ebf. Heinrich v. Salzburg verlieh F. 1339 ein Stadtrecht, 1458 erhielt der Stadtrichter den Blutbann. Die Einwohnerzahl lag um 1400 unter 2000; das ummauerte Areal betrug im MA ca. 26 ha. H. Dopsch

Lit.: K. ZECHNER, Die Rechte der Kärntner Städte im MA, 1938 – TH. ZEDROSSER, Die Stadt F. in Kärnten, 1953 – H. ZOTTER, Der Dominika-

nerkonvent zu F., Carinthia I, 160, 1970, 690–718 – A. OGRIS, Der Kampf des Bm.s Gurk um F., ebd. 161, 1971, 163–174 – DERS., Die Bürgerschaft der Kärntner Städte bis 1335, Das Kärntner Landesarchiv 4, 1974 – H. DOPSCH, Gesch. Salzburgs I/2, 1983, 958ff. [Lit.].

Friesacher Pfennig, ursprgl. von den Ebf.en v. Salzburg seit etwa 1125/30 in →Friesach (Kärnten) geprägte Silbermünze, die in ihrem Wert (1,225 g) dem →Kölner Pfennig angeglichen war. Der F. Pf. wurde zu einer der beliebtesten Münzsorten des 12./13. Jh.; er erlebte seine Blütezeit um 1200–40. Das Friesacher Vorbild der Salzburger Ebf.e wurde von anderen Münzherren in Kärnten und seinen Nachbarlandschaften nachgeahmt (Hzg.e v. Kärnten in Landstraß, St. Veit und Völkermarkt; Hzg.e v. Steiermark in Graz und Zeiring; Gf.en v. Görz in Lienz; Bf.e v. Gurk in Straßburg/Kärnten; Bf.e v. Bamberg in Villach und Griffen; Andechs-Meranier in Windischgrätz, Stein/Krain und Gutenwörth; Patriarchen v. Aquileia; Kg.e v. Ungarn). Das Umlaufsgebiet der F. Pf.e erstreckt sich von Bayern bis nach Ungarn, wo sie in den Münzfunden häufig zusammen mit Kölner Pfennigen auftreten.
P. Berghaus

Lit.: A. LUSCHIN V. EBENGREUTH, F. Pf.e, NumZ 55, 1922, 89–118; 56, 1923, 33–144 – E. BAUMGARTNER, Beitr. zum Friesacher Münzwesen, ebd. 72, 1947, 12–69 – DERS., Die Blütezeit der F. Pf.e, ebd. 73, 1949, 75–106; 78, 1959, 14–57; 79, 1961, 26–63 – E. NAU, Münzen der Stauferzeit (Die Zeit der Staufer I, 1977), 108–188, bes. 178–187.

Friesen, Friesland
A. Siedlungsgeschichte und Archäologie – B. Allgemeine und politische Geschichte

A. Siedlungsgeschichte und Archäologie
I. Siedlungsgebiete – II. Innere Gliederung – III. Lebensbedingungen – IV. Archäologie.

I. SIEDLUNGSGEBIETE: In röm. Zeit siedelte das westgerm. Volk der Friesen an den Mündungen von Rhein und Ems. Die Beibehaltung ihrer Wohngebiete bis ins MA ist ein Sonderfall gegenüber anderen germ. Völkern. Im 6.–8. Jh. erweiterte sich ihr Gebiet: a) durch Neusiedlung nach der Transgression Dünkirchen II bes. in den Marschen, b) durch Ausbreitung entlang der Küste nach Süden bis zur Sincfal (unweit Kadzand, nördl. v. Brügge) und nach Osten bis zur Weser. Die östl. Ausbreitung erfaßte auch große Teile der Geest (z. B. Auricher Land, große Teile von Östringen und Wangerland), die südwestl. auf ihrem Höhepunkt (7. Jh.) auch die späteren ndl. Provinzen Südholland und Utrecht und den Westen von Gelderland. Seit dem 8. Jh. wurden auch Wursten und die nordfries. Inseln besiedelt und noch später die Nordseeküste Schleswigs.

II. INNERE GLIEDERUNG: Die Lex Frisionum (802/803) kennt als Kernraum der Friesen das Gebiet zw. Vlie und Lauwers (= heut. ndl. Provinz Friesland); im O schließt sich F. zw. Lauwers und Weser, im W F. zw. Vlie und Sincfal an. Letzterer Landschaftsraum wurde als →Holland und →Seeland seit ca. 1100 nicht mehr zu F. gezählt und wird daher hier beiseite gelassen. Das engere F. zw. Vlie und Weser hat sich nie zu einer polit. Einheit entwickelt, doch bestand wohl schon früh ein fries. Gemeinschaftsgefühl, nicht nur aufgrund des gemeinsamen Stammesnamens (»... pagi..., ita ut diversis appellati nominibus unius tamen gentis proprietatem portendunt«, Willibald, Vita Bonifatii, c. 8) und der →Fries. Sprache, sondern auch infolge des seit dem 11. Jh. aufgezeichneten →Fries. Rechtes. Im fries. Kerngebiet bildete sich auch die Leitvorstellung von der →Fries. Freiheit aus.

Schon in vorfrk. Zeit war F. in von Gewässern und Mooren begrenzte Gebiete unterteilt. Die Namen dieser Landschaften haben häufig ein fries. Gepräge, so die am frühesten erwähnten Regionen Austrachia, Uuistrachia, insulas Frigionum (735, Cont. Fredeg. c. 17), später Oostergo und Westergo. Es ist anzunehmen, daß diesen wie auch anderen alten Raumnamen politisch-rechtl. Verbände entsprachen. So ist es erklärlich, daß aus ihnen vielfach die späteren Landesgemeinden (terrae) hervorgingen.

III. LEBENSBEDINGUNGEN: Die vom Binnenland abgetrennten fries. Gebiete waren in ihrem Landschaftscharakter geprägt vom Gegensatz zw. Geest und Marsch, die von zahlreichen Prielen und Flüssen durchzogen wurde sowie von ausgedehnten Mooren, die am Geestrand oder auf der Geest lagen. F. verfügte über wenig Ackerland, besaß aber ertragreiche Weideflächen. Das somit auf Getreideeinfuhren angewiesene Land exportierte selbst in großem Maße Viehzuchtprodukte. Die schon frühe Blüte von Viehzucht und Handel (→Friesenhandel) ging mit relativ dichter Besiedlung einher; diese war zunächst auf die Geest beschränkt und erfaßte sodann die Marschen, zuerst als Wurtensiedlung, seit dem Einsetzen des →Deich- und Dammbaus im 11. Jh. als flächenhafte Marschensiedlung.

D. P. Blok

IV. ARCHÄOLOGIE: Die materielle Kultur der Friesen ist gut zu erfassen, da ihr Siedelraum durch die Römer fest umschrieben ist. Das sandige Drenthe und die nördl. davon liegenden Marschen, von Mooren und Wasser zergliedert, boten unterschiedl., in der Zeit sich verändernde Siedlungsräume. Das Drenthe ist reich an Grabhügeln und Flachgräbern der Bronzezeit und Hallstattzeit. Ihre Inventare stehen in Verbindung mit dem Rheinland, Westfalen und Niedersachsen. Mit der Latènezeit entwickelte sich daraus die Kultur von Zeijen (Ruinen-Wommels), deren Endstufe, Keramik mit geometr. Mustern, als protofries. bezeichnet wird. Daraus entstand die ebenso regional begrenzte »Streepband«-Ware mit bauchigen Töpfen und Rillenbändern am Hals, die sich mit dem fries. Gebiet deckt. In »Ruinen-Wommels III« begann die Marschensiedlung, z. B. Ezinge, als Folge einer Umweltkatastrophe durch Sandverwehungen auf der Geest.

Während auf der Geest Gräber häufig, in der Marsch dagegen selten sind (z. B. Hoogebeintum), erscheinen dort Siedlungsfunde mit viel Keramik und Hausresten. Man siedelte bei steigendem Wasserspiegel in der Marsch ständig auf den gleichen, durch Abfall und Aufschüttung erhöhten Plätzen, den Wurten (ndl. Terpen; in Nordfriesland: Warften). Bei den Grabungen kamen die im Klei und Mist konservierten Hölzer der Häuser, viel Keramik, aber auch Gewebe und organ. Reste zum Vorschein. Typisch ist das kleine Dorf, bald kreisförmig (Rundwurt), bald langgestreckt (Langwurt). Einzelhöfe sind selten. Die zunächst gleichartigen Gehöfte differenzierten sich (Häuptlinge). In den Marschen herrschte das Weidebauernhaus vor (eine Wohnstallhalle mit Viehtür im Giebel), das bis zur Gegenwart, im MA nur sporad. belegt, weiterlebt. In der Merowingerzeit sind bei Keramik und Waffen frk. Einflüsse feststellbar. Rheinische Waren werden, v. a. in der Karolingerzeit, durch regen →Friesenhandel über Zentren wie →Dorestad in breiter Front nach Skandinavien und den Ostseeraum verteilt. Mit Tierprodukten und wahrscheinl. mit Tuchen waren die Friesen als Erzeuger beteiligt.

In der Röm. Kaiserzeit gehörte Nordfriesland zum sächs.-angl. Kreis, mit Einflüssen aus →Jütland. In der Völkerwanderungszeit gab es einen starken Bevölkerungsrückgang. Seit dem späten 7. Jh. wanderten neue Siedler (nach →Saxo Grammaticus aus dem S) ein. Eine erste Neubesiedlung erfolgte auf den Geestinseln Föhr, Amrum, Sylt und den Altteilen Eiderstedts und auch – wie jetzt nachgewiesen wurde – auf der Altmarsch am Westrand des »Strandes« (Pellworm, Hooge). Zunächst waren noch Flachsiedlungen möglich. Bei steigendem Wasser wurde eine Verfehnung des Moorlandes durch gegen die Geest vorrückende Siedler vorgenommen, auch auf dem Hochmoor, das sich als Kern unter Deich und Warft erhalten hat. Durch die künstl. Tieferlegung wurden aus den Deichbrüchen des 14. und 17. Jh. Katastrophen; die »Uthlande« versanken. Danach erfolgte wieder eine Eindeichung mit Warftenbau (Einzelwarft) und Nutzung des überschlickten Moores von der Geest aus.

Archäologisch tendiert das Material bei Keramik und Waffen ganz nach S. Beim Frauenschmuck finden sich auch skand. Elemente. Ein Zuzug aus Skandinavien darf wohl vereinzelt angenommen werden. Die Marschen, im Dialekt von den Inselfriesen geschieden, sind durch zahlreiche Keramik im Watt erst seit dem 11.–12. Jh. nachgewiesen. Offenbar gab es eine zweite, jüngere Siedlungswelle, deren rechtl. und verwaltungsmäßige Stellung wohl die Folge einer planmäßigen Kolonisation war, wohl mit nicht erhaltener »pactio«. Dafür sprechen auch die im S erworbenen Kenntnisse der Verfehnung und Wasserlösungen.

H. Hinz

B. Allgemeine und politische Geschichte

I. Früh- und Hochmittelalter – II. Spätmittelalter.

I. FRÜH- UND HOCHMITTELALTER: [1] *Fränkische Eroberung und Christianisierung:* Die uns bekannten fries. Fs.en Aldgisl (678) und →Radbod (Redbad, † 719) scheinen v. a. Heerkönige gewesen zu sein. Der Schwerpunkt ihrer Macht lag in SW-Friesland mit den um 650 von den Friesen eroberten Zentren →Utrecht und →Dorestad. Nach zeitweiliger Besetzung dieses Gebiets durch →Pippin II. um 695 folgte 719 unter →Karl Martell die endgültige Rückeroberung durch das →Frankenreich, der 734 die Unterwerfung Mittelf.s bis zur Lauwers folgte, Hand in Hand mit der Christianisierung unter der Leitung von →Willibrord und →Bonifatius. Die Eroberung des östl. F. war Nebeneffekt der →Sachsenkriege Karls d. Gr.; 794 wurde es endgültig dem Frankenreich einverleibt. Die Christianisierung war hier das Werk des Friesen →Liudger und des Angelsachsen →Willehad. Das Missionsgebiet des ersteren fiel an das Bm. →Münster, das des anderen an das Bm. Bremen (→Hamburg-Bremen).

814 gab Ludwig d. Fr. den Friesen das 'ius paternae hereditatis' zurück, das sie unter Karl wegen ihrer Treulosigkeit verloren hatten. Wahrscheinlich erfolgte zugleich die Einführung des Königszinses (huslotha). Diese Ereignisse wurden später zum Ausgangspunkt der Idee der →Fries. Freiheit. Die Normanneneinfälle der späten Karolingerzeit sind zeitgenössisch zwar nur dürftig belegt, haben aber tiefe Spuren in den Überlieferungen des Landes (Rechtsquellen des 11. Jh., spätere Sagen) hinterlassen.

[2] *Die Grafenzeit:* Zur Ausbildung einer einheim. Grafengewalt kam es nur in →Holland; F. östl. der Vlie wurde dagegen zum Objekt der Expansion auswärtiger Gewalten, zumeist aus dem angrenzenden sächs. Raum. 970 findet man Wichman v. →Hamaland als Gf. in einem Teil F.s, im 11. Jh. die →Billunger in Östringen, die Gf.en v. →Stade in Rüstringen, beide bald abgelöst von den Gf.en v. →Oldenburg. Die Gf.en v. →Werl übten Komitatsrechte in Emsgau und Fivelgo aus, seit ca. 1050 abgelöst von den →Brunonen, die bereits die Gft. in Mittelf. innehatten. Mit diesen weltl. Großen konkurrierend, verfolgten auch die Ebf.e v. →Hamburg-Bremen, namentlich unter →Adalbert, territorialpolit. Ziele in F. Im Kampf gegen die Brunonen →Ekbert II. v. Braunschweig verlieh Heinrich IV. Mittelf. dem Bf. v. →Utrecht. 1101 faßte der

Kg. die fries. Gft.en in einer Mark zusammen und übertrug diese →Heinrich v. Northeim, der jedoch im selben Jahre in Stavoren »a vulgaribus Fresonibus« getötet wurde.

Das 12. Jh. bietet ein Bild widerstreitender Interessen; so standen die alten Ansprüche der Bf.e v. Utrecht auf Mittelf. denjenigen der Erben der →Northeimer gegenüber. Kg. Heinrich V. übertrug einen Teil F.s an Heinrich v. →Zutphen (1107), während sein Nachfolger Lothar III. Mittelf. dem Gf.en v. Holland anvertraute. Die konkurrierenden Ansprüche des Gf.en v. Holland und des Bf.s v. Utrecht auf Mittelf. wurden 1165 von Friedrich I. durch Schaffung eines Kondominiums ausgeglichen. Im Emsgau versuchten die Gf.en v. →Ravensberg, in Östringen die Gf.en v. Oldenburg ihre Komitatsrechte zur Geltung zu bringen. In den meisten Gebieten F.s war jedoch die Grafengewalt, trotz mancher Restaurationsversuche, im Schwinden begriffen, was in der Abgeschlossenheit des Landes, v. a. aber in der wachsenden antiherrschaftl. Gesinnung der Friesen begründet war. Nicht ohne Grund findet die Idee der Fries. Freiheit seit dem 11./12. Jh. immer stärkeren Ausdruck in den Rechts- und Verfassungstexten.

[3] *Sozialstruktur:* Bei insgesamt dürftiger Quellenlage ist eine Schicht von nobiles, optimates oder divites, die zum Teil wohl an die nobiles der »Lex Frisionum« anknüpften, faßbar; sie erlangten jedoch keine feudale Machtposition. Grundherrschaftl. Züge sind später hie und da erkennbar. Die Geistlichkeit gewann im HochMA an Einfluß; seit ca. 1160 wurden von den Adelsfamilien eine Reihe von Kl. gegründet und ausgestattet (v. a. Abteien der Prämonstratenser, Zisterzienser, aber auch Benediktiner). Die Äbte, oft aus einheim. Adel stammend, waren häufig führende Persönlichkeiten des öffentl. Lebens, so bei →Deichbau und Entwässerungsmaßnahmen. Zahlenmäßig und sozial dominierten aber die freien Bauern, die durch ihren Grundbesitz Teilhaber und Hauptträger der Gerichtsgemeinde und des genossenschaftl. Lebens der Landesgemeinden waren. Handel und Geldwirtschaft stärkten ihre Stellung. Demgegenüber werden Unfreie nur gelegentlich erwähnt, doch bleibt ihre Stellung im dunkeln. D. P. Blok

II. SPÄTMITTELALTER: [1] *Die Zeit der Vorherrschaft der Landesgemeinden:* Die fries. Länder zw. Zuidersee und Wesermündung gliederten sich im SpätMA in eine Vielzahl autonomer Landesgemeinden. Zw. Ems und Jade traten jedoch nach der Mitte des 14. Jh. an ihre Stelle souveräne »Herrlichkeiten« einheimischer Dynasten, der sog. →Häuptlinge. Auswärtige Landesherren versuchten auch weiterhin, ihre reichsrechtl. Ansprüche gegenüber den Friesen durchzusetzen (westl. der Ems: Gf.en v. Holland, Bf.e v. Utrecht und Gf.en v. Geldern; östl.: Gf.en v. Kalvelage-Ravensberg [bis 1252/53] und Bf.e v. →Münster sowie Gf.en v. Oldenburg). Doch wußten sich die Friesen zu behaupten, indem sie jene Fs.en durch wechselnde Freund-Feind-Verhältnisse auf Distanz hielten. Wechselvoll gestalteten sich auch die Beziehungen zw. den Landesgemeinden wie später den Häuptlingen; schließlich kam noch der innere Widerstreit zwischen personal-herrschaftlichen und territorial-genossenschaftl. Kräften hinzu.

Die bäuerl. Landesgemeinden waren im einzelnen unterschiedl. organisiert. Die jährlich wechselnden Richter oder Konsuln – östl. der Ems in der Regel 16 mit einem Vorsitzenden als Sprecher – vertraten zusammen das Landesganze und bildeten das Landesgericht; jeweils vier von ihnen saßen im Landesviertel zu Gericht als erste Instanz.

Sie gehörten der Oberschicht an. Westl. der Lauwers gliederten sich Oster- und Westergo in *deele,* deren Richterkollegium ein *grietman* vorsaß; diese Grietmannen bildeten zusammen das jeweilige Gogericht. Östl. der Lauwers verlagerte sich die Rechtsprechung schließlich weitgehend auf die Bauerngerichte. Angesichts solcher dezentralen Strukturen blieb die Vision einer 'tota Frisia' Utopie: den wiederholten Versuchen einer Vereinigung der »fries. Seelande« im Landfriedensbund vom Upstalsboom mit eigenem Organ und Siegel war nur gelegentl. Erfolg beschieden. Zudem erlangten zunehmend die Großgrundbesitzer, die Kl. und Häuptlinge die Entscheidungsgewalt in den und über die Gemeinden.

Mit der Ausbildung der Landesgemeinden erreichten im 13. Jh. auch die Kirchenorganisation und die Binnenkolonisation ihre Grenzen. Die Absicherung der Marschengebiete fand in dem küstenparallelen Deichband, die Erschließung der Sietlandzone und des Hochmoorrandes in den Aufstrecksiedlungen und in einer Anzahl von Klostergründungen ihren Abschluß. Die zusätzl. Acker- und Weideflächen verringerten die Nachfrage nach Importgetreide und vermehrten das Angebot an Exportvieh, das zur Deckung des wachsenden Fleischbedarfs der großen Märkte W- und Mitteleuropas beitrug. Ein Zeugnis des Wohlstandes der fries. Gemeinden sind zahlreiche spätroman. Steinkirchen. Regionale Märkte bildeten die wirtschaftl. Zentren, die zwar bes. Statuten erhielten, den Status von regelrechten Städten aber infolge der restriktiven Haltung ihrer Landesgemeinden nicht erreichten. Infolge des Mangels an städt. Macht wie an landesherrl. Gewalt wurden die Kl. zur bedeutendsten wirtschaftl. und polit. Kraft in den fries. Ländern.

Zahlreiche innere und äußere Konflikte durchzogen das 13. Jh.; die heftigsten waren: die Auseinandersetzung der Drenther u. Groninger mit dem Bf. v. Utrecht in den späten 20er Jahren des 13. Jh.; der Streit um die Zugehörigkeit der Insel Rottum (vor 1230–ca. 1250); der Kampf der Reiderländer gegen die Vertreter der Gf.en v. Ravensberg auf der Fresenburg und in Emden, die versuchten, den Emshandel zu schützen; die Einnahme Groningens durch die Friesen der Ommelande (1251); der Sieg der westerlauwerschen Friesen über →Wilhelm v. Holland (1256); der letztlich erfolgreiche Widerstand der F. im Emsmündungsgebiet gegen die dortigen Herrschaftsansprüche des Bm.s Münster (1276). Die Landesgemeinden gingen aus diesen Kämpfen gestärkt hervor. Was schließlich diese Verfassung von der Genossenschaft zur Herrschaft hin veränderte, waren nicht äußere Eingriffe, sondern innere Gegensätze, die zur Ausbildung des Häuptlingswesens als einer eigenständigen Herrschaftsform führten, ob eingebunden in die Gemeindeorganisation oder diese durchbrechend und überlagernd.

[2] *Die Auseinandersetzungen zwischen Häuptlingsdynastien und Landesgemeinden:* Im Land zw. Ems und Jade entwickelten sich nach der Mitte des 14. Jh. zahlreiche auf Burgen gestützte Häuptlingsherrlichkeiten unterschiedlichen Zuschnitts: ein Prozeß, dessen Dynamik zu einem permanenten Konkurrenzkampf zw. den neuen Herren führte, in dem die kleinen sich durch wechselnde Parteinahme gegenüber den großen zu behaupten suchten. Unter diesen setzten die tom →Brok alles daran, vom Brokmer- und Auricher Land aus eine Landesherrschaft feudalen Stils zu begründen. Indem sie dazu Rückhalt bei den Gf.en v. Holland wie auch bei den Gf.en v. Geldern suchten, verbanden sie ihre Auseinandersetzungen östl. der Ems mit denen zw. den beiden Parteien der *Vetkoper* und *Schieringer.* Der Kampf mündete in einen den ganzen

fries. Küstenraum erfassenden großen Konflikt zw. Landesfreiheit und Landesherrschaft von innen wie außen ein, in den sich zudem noch die Hansestädte (→Hanse) einschalteten, um ihre Schiffahrt gegen Seeraub zu sichern, und Ks. Siegmund, um den in ihrer Freiheit bedrohten Friesen den Rücken zu stärken. Als nichts mehr die Expansion der tom Brok nach W aufzuhalten vermochte, riefen die Schieringer westl. der Lauwers Hzg. →Johann v. Bayern als Gf.en v. Holland zu Hilfe, der Ocko II. tom Brok 1420 in die Schranken verwies. Damit wurde eine Wende eingeleitet, die 1427 zu dessen Sturz führte, nachdem sich, von der neuen Freiheitsbewegung erfaßt, unter seinen Anhängern eine Opposition von Häuptlingen und Bauern gegen seinen Herrschaftsanspruch gebildet und alle hochfliegenden Pläne zunichte gemacht hatte.

Die Landesgemeinden formierten sich neu und bildeten in Ostfriesland 1430 einen Freiheitsbund unter Führung der →Cirksena. Mit Hilfe der Stadt→Hamburg gelang es ihnen, zunächst die letzten Gegner auszuschalten, sodann sie zu versöhnen und zuletzt im Einvernehmen mit den Landesgemeinden auf der Basis des fries. Rechts eine neue Landesherrschaft in *Ostfriesland* zu bilden, die Ulrich Cirksena 1464 durch Ks. Friedrich III. zur Reichsgft. erheben und so zusätzlich legitimieren ließ.

Westl. der Lauwers traten die Hzg. e v. →Burgund in die Ansprüche der Gf.en v. Holland ein. Aber sowohl Philipp der Gute, der 1447 und 1448 offenbar vergeblich über den Erwerb einer Königskrone v. Friesland mit Friedrich III. verhandelte, als auch sein Sohn Karl der Kühne, der – nach Verhandlungen von 1469 – den Friesen 1470 den Krieg erklärte und sich 1474 mit dem Gf.en v. Oldenburg zwecks Eroberung F.s verband, wurden durch auswärtige Angelegenheiten und wirtschaftl. Rücksichten an der Verwirklichung ihrer Eroberungspläne gehindert. Die Friesen wandten sich, als mit dem Tode Karls des Kühnen (1477) die Gefahr einer burg. Invasion gebannt war, wieder ihren internen Streitigkeiten zu. In dieser Lage kümmerten sich bes. die Städte um die Friedenswahrung. Im Falle von →Groningen wurde das Verhältnis zw. Stadt und Ommelanden in verschiedenen Verträgen geregelt. Im F. westl. der Lauwers beendete die sog. »sächsische Periode« (Erbstatthalterschaft Hzg. →Albrechts des Beherzten v. Sachsen seit 1498) die Fries. Freiheit. Erst die Habsburger vermochten schließlich im 16. Jh. mit Gewalt die Friesen westl. der Ems definitiv zu unterwerfen, denen gegenüber die junge ostfries. Gft. ihre endgültige Gestalt gewann.   H. van Lengen

Lit.: zu [A]: W. PLEYTE, Nederlandse Oudheden van de vroegste tijden tot Karel den Groten, 1882–1902– P. LAURIDSEN, Om Hovolt. Indvandring i Sønderjylland, HTD IV, 1893– P. C. J. A. BOELES, Friesland tot de elfde eeuw, 1927, 1951²– A. TODE, In Nordfriesland, Heimatbl. für die Kreise Husum und Südtondern, 1929– A. E. VAN GIFFEN, Der Warf von Ezinge, Germania 19, 1936, 40ff.– P. JØRGENSEN, Über die Herkunft der Nordfr., 1946– W. LA BAUME, Die Wikingerzeit auf den Nordfries. Inseln, Jb. des Nordfries. Ver. für Heimatkunde und Heimatliebe 29, 1952/53– H. HINZ, Zur Herkunft der Nordfr., ebd. 196ff.– E. DITTMER, Erdgeschichtliches aus den Kreisen Husum und Südtondern (H. HINZ, Vorgesch. des Nordfries. Festlandes, 1954)–H. T. WATERBOLK, Hauptzüge der eisenzeitl. Besiedlung der nördl. Niederlande, Offa 19, 1962, 9ff. – P. SCHMID, Die vor- und frühgesch. Grundlagen der Besiedlung Ostfrieslands (Ostf. im Schutze des Deiches I, 1969)– G. KOSSACK u. a., Zehn Jahre Siedlungsforsch. in Archsum, Sylt. Ber. der Röm.-Germ. Kommission 55, 1974, 261ff.– A. BANTELMANN, Die frühgesch. Marschensiedlung beim Elisenhof in Eiderstedt 1, 1975–5, 1985–O. H. HARSEMA, Drents boerenleven van de bronstijd tot de middeleeuwen, 1980–M. MÜLLER-WILLE, Besiedlung und jüngere Landschaftsgesch. (Pellworm, Hooge), ebd., 254ff.– H. T. WATERBOLK, Mobilität von Dorf, Ackerflur und Gräberfeld im

Drenthe der Latènezeit, Offa 39, 1982, 97ff. – *zu [B]:* B. H. SLICHER VAN BATH, The Economic and Social Conditions in the Frisian Districts from 900 to 1500, Afdeling Agrarische Geschiedenis, Bijdragen, Bd. 13, 1965 – N. E. ALGRA, Ein. Enkele rechtshist. aspecten van de grondeigendom in westerlauwers F., 1966– Geschiedenis van F., hg. J. J. KALMA, 1973 – H. SCHMIDT, Polit. Gesch. Ostf.s, 1975 – Hist. van Groningen, Stad en Land, hg. W. J. FORMSMA u. a., 1976– D. P. BLOK, De Franken in Nederland, 1979³– D. A. BERENTS, Het Sticht Utrecht, Gelre en F. 1423–82 (Algemene Geschiedenis der Nederlanden IV, 1980)– W. EHBRECHT, De Noordelijke Gewesten 1100–1423 (ebd. II, 1982)–s. a. Lit. zu→Friesenhandel, →Fries. Freiheit, →Fries. Recht, →Fries. Sprache.

Friesenhandel bezeichnet die von →Friesen getragene Handelstätigkeit, die im 8.–9. Jh. in den nördl. Grenzgebieten des →Frankenreichs sowie außerhalb des Reiches, v. a. in England und Skandinavien, den wichtigsten Teil des →Fernhandels bildete. Im fries. Siedlungsraum lagen wichtige Handelsplätze (→Emporia) wie →Dorestad, →Domburg, Medemblik, Witla, an denen sich die Handelsaktivität, teilweise unter kgl. Schutz, konzentrierte und an denen die Träger des F.s z. T. auch wohnten. Diese stadtartigen Siedlungen waren wahrscheinl. denjenigen ähnlich, die seit dem 8.–10. Jh. u. a. in Ostfriesland (z. B. →Emden) auf sog. Langwurten entstanden; sie hatten keinen rein agrar. Charakter (wie etwa die vorgesch. Wurt Feddersen Wierde), sondern umfaßten neben Händlern auch eine gewerbetreibende Bevölkerung. Dies weist auf den Prozeß einer Herauslösung von Handwerkern und Kaufleuten aus dem Verband der bäuerl. Bevölkerung hin, wodurch die Aktivität der Friesen als Händler von ihrer Tätigkeit als Schiffer, Handwerker oder Viehzüchter jedoch nicht immer deutlich abzugrenzen ist.

Fries. Handel ist erstmals im beginnenden 8. Jh. belegt und dürfte auch nicht viel älter sein; Friesen begegnen als Kaufleute vielfach in Verbindung mit oder im Gefolge von Angelsachsen, so 753 auf dem Jahrmarkt von →St-Denis. Dies ist vielleicht z. T. durch ethn. u. sprachl. Verwandtschaft bedingt. Auf ags. Verbindungen weisen auch die zahlreichen in Friesland gefundenen und dort gern nachgeprägten silbernen →Sceattas hin. Doch auch in andere Richtungen expandierte der F. im 8.–9. Jh.: zur Ostsee (→Haithabu) und bes. nach Schweden, wo sich in →Birka reichgewordene fries. Kaufleute ansiedelten. Durch schriftl. Quellen des 9. Jh. ist insbes. der fries. Rheinhandel belegt; ganze »Friesenkolonien« sind im ausgehenden 9. Jh. in Duisburg, Köln, Mainz und Worms nachgewiesen. Sie betrieben Handel mit Wein, den sie an Ober- und Mittelrhein (Elsaß, Worms, Mainz) aufkauften und nach England und Skandinavien exportierten. Scherben der von ihnen verwendeten Amphoren des Badorfer Typs (→Badorfer Keramik) wurden zahlreich in Dorestad, Haithabu und Birka gefunden. Mit dem F. verbunden sind auch die 'pallia Fresonica', hochwertige gefärbte Gewebe, die u. a. von Karl d. Gr. dem Kalifen Hārūn ar-Rašīd geschenkt wurden; doch bleibt umstritten, ob diese Stoffe im fries. Bereich produziert oder nur von fries. Kaufleuten gehandelt wurden. Die Normanneneinfälle der 2. Hälfte des 9. Jh. markieren zwar einen Einbruch (Verfall von Dorestad), doch wurde der F. von →Deventer, →Tiel, →Duisburg, →Köln, →Mainz und →Worms aus aufrechterhalten, allerdings mit Vernachlässigung von Skandinavien zugunsten Mitteldtl. s u. Osteuropas.   A. Verhulst

Lit.: B. ROHWER, Der fries. Handel im frühen MA, 1937– S. LEBECQ, Marchands et navigateurs frisons du haut mâ, 2 Bde, 1983 – A. VERHULST, Der frühma. Handel der Niederlande und der F. (Unters. zu Handel und Verkehr der vor- und frühgesch. Zeit in Mittel- und Nordeuropa, hg. K. DÜWEL – H. JANKUHN u. a., AAG Phil.-Hist. Kl 3, 1985), 381–391.

Friesische Freiheit. Freiheitsverlangen und Freiheitsbewußtsein der Friesen zw. Zuidersee und Weser kamen seit der Mitte des 11. Jh. in der Zurückweisung der Herrschaftsansprüche auswärtiger Gf. en und in der Aufzeichnung der gemeinfries. 17 Küren und 24 Landrechte (→Fries. Recht) zum Ausdruck und fanden nach der Mitte des 12. Jh. zunehmend in Gestalt vieler, auf ein verbindl. Landrecht bezogener autonomer Landesgemeinden ihre polit. Form (s. →Friesen, Friesland, B. II). Diese bäuerl. Gemeindebildung in den Frieslanden ist mit der bürgerl. in den Städten vergleichbar. Der Keim der F. F. waren die unmittelbare Königsherrschaft infolge der karol. Eroberung, aufgrund derer alle, die auf freiem Eigen saßen, einen Königszins zu zahlen hatten, und die Maßnahmen zur Normannenabwehr, die die Heerfolge auf F. beschränkten und eine Selbsthilfe begründeten, die dann im weiteren Küstenschutz durch →Deichbau permanent erhalten blieb. So stießen die Gf. en mit ihren überzogenen Forderungen hier auf eine Organisation von aus der Landesverteidigung zur Friedenswahrung entwickelten Verbänden, die selbst- und nicht fremdbestimmt zu handeln gewohnt und gewillt waren. Im Innern hemmte und hinderte die F. F. über zwei Jahrhunderte die Profilierung des Adels wie der Städte, so daß diese Kräfte nur beschränkt und erst verspätet zum Tragen kamen; sie mußten sich nun den die Landesgemeinden ablösenden Landesherren beugen.   H. van Lengen

Lit.: H. SCHMIDT, Stud. zur Gesch. der f. F. im MA, Jb. der Ges. für bildende Kunst und vaterländ. Altertümer zu Emden 43, 1963 – J. A. KOSSMANN-PUTTO, Bestuur en rechtspraak tussen Eems en Schelde ca. 1100–1400 (Algemene Geschiedenis der Nederlanden 3, 1982) – O. VRIES, Het Heilige Roomse Rijk en de Friese vrijheid, 1986 – s. a. →Friesen, Friesland.

Friesische Sprache und Literatur. [1] *Zur Sprachgeschichte:* Von wenigen kurzen Runeninschriften sowie Namen und einem Psalmenbruchstück (11.–12. Jh.) abgesehen, beginnt die Überlieferung des F.n erst gegen Ende des 13. Jh. Da aber die Sprache der altfries. Quellen, das *Altfriesische* (1300–1550), sehr konservativ ist, wird der chronolog. Unterschied zum Aengl./Asächs./Ahd. ausgeglichen und ist die Bezeichnung Altfriesisch (Afr.) berechtigt. Die Anfänge der Ausgliederung einer selbständigen fries. Sprache (Urfriesisch) aus dem nordseegerm. (oder ingwäonischen) Zweig des Westgerm. liegen im dunkeln, können aber aufgrund vergleichender, v. a. lauthist. Rekonstruktion spätestens im 7. Jh. angesetzt werden. Urfries. Charakteristika sind: germ. $au > \bar{a}$ (ae. $\bar{e}a$/ andl., as. $\bar{o}$, auch $\bar{a}$), germ. ai je nach Wort $> \bar{e}$ od. $\bar{a}$ (ae. $\bar{a}$, andl./as. $\bar{e}$), Brechung von e/i vor ch (*riucht* 'Recht'; ähnl. ae.), u- und w-Brechung von i (*niūgun* 'neun' / **siunga* 'singen'; auch ae. bzw. aonord.); »Tonerhöhung« in *tele* (engl. *tale* < ae. *talu*), *weter* 'Wasser' u. ä.; i-Umlaut im st. Partiz.: *tein* (< urfr. **tōgen* > -e-) 'gezogen', *bretzen/-k-* 'gebrochen', vgl. auch *epen* 'offen'; (= aschwed. *ypin*); Mz. der mask. a-St.: -ar (auch anord.); *hiū/hiā* ('sie'); **drūch* 'trocken', *fomna* 'Mädchen', **wiūke* 'Flügel' (»Wieche«). Noch vor der vollen Herausbildung des Urfries. spaltete sich im 8. Jh. durch Abwanderung (→Friesen A. I/IV; typisches Ortsnamenelement: *-hēm* »-heim« > *-um*) das Altinselnordfries. ab, vielfach unter alten Abweichungen in Lexik (z. B. **gārda* 'Garten': afries. *tūn*) und Lautentwicklung (z. B. **brīd* 'Braut', afries. *brēd*). Das rekonstruierte Altfestlandnordfries. (Besiedlung der nordfries. Marschen v. a. im 11. Jh.; typ. Ortsnamenelement *-bēle* »-büll« < Adän.) stimmt weitgehend zum emsfries. Zweig des Altostfries. (Hss. Groninger Ommelande, Emsgo, Brokmerland; Leitform: *tziur[e]ke* 'Kirche', sonst

tzer[e]ke). Beide altnordfries. Zweige gerieten früh unter adän. Einfluß v. a. der Lexik, z. B. **ǣld* 'Feuer' (altost/ westfries. *fiūr*), **knīf* ('Messer' (altost/westfries. *sax*, spätawfr. *mes* < Mnl.). Kennzeichen des archaischen weserfries. Zweiges des Altostfries. (Rüstringer Hss.; vgl. das ausgestorbene Wangerooger und Wurster F.): urfries. *ei* und gm. $\bar{e}^2 > \bar{\imath}$ (*dī* Tag/*Frīsa* Friese(n), sonst -ei- bzw. -ē-), musikal. Nebenakzent der 2. Silbe im Worttyp *skipu* 'Schiffe', *sumur* 'Sommer', *wetir* 'Wasser'; *si(ū)gun* 'sieben' (sonst < Mnd. altostfries. *sogen*, altnordfries. *soven*, altwestfries. *sowen*, -a-), aber rüstring. *reth* 'Rad' wohl as. Lehnwort (vgl. sonst altostfries./altfestl.-nordfries. *fiāl*, altwestfries. *thiāl* < **hwial*, engl. *wheel*). Die Entwicklung des Altwestfries. (westl. der Lauwers) geht, teilweise unter mnl. Einfluß, vielfach eigene Wege: urfries. *o* (< gm. *a* vor Nasal) gew. wieder > *a*; palatales $\bar{a}$ (> $\bar{\ae}$ > neuwestfries. *ea*), sonst velares $\bar{a}$ (> neuostfries./-nordfries. $\bar{o}$/*ua*, *ū*); $\bar{e}$ > *ié*, *ió* vor *l* + Kons. (*skield*, -io- 'Schuld'); $\bar{e}v > \bar{e}(u)w > jouw$ (**hjouwer* 'Hafer', *jownd* 'Abend'); Plural: *-an (-en)*, z. B. *dagan* 'Tage', *klā(tha)n* 'Kleider', *Frēsan* (so teilw. auch in den Groninger Ommelanden). – Die ausgeprägte Eigenart des Afr. ist das Ergebnis des zähen Festhaltens an und der konsequenten Weiterentwicklung des überkommenen »ingwäon.« Sprachtypus, während das gleichzeitige Mnd. und Mnl., typische großräumige Ausgleichssprachen, weitgehend frankonisiert oder »verdeutscht« sind. Gefördert hat jene isolationistische Entwicklung des Afr. außer geograph. und wirtschaftl. Faktoren sicherlich die polit.-rechtl. Sonderstellung der Friesen. Auf die Dauer war die Exklusivität des Afr. aber eher dazu angetan, seinen Untergang zu fördern, zuerst als Amts- und Schriftsprache, dann in weiten Gebieten auch als Umgangssprache, zuerst in N-Holland (hier wie in N-Friesland keine afr. Quellen), im 15./16. Jh. auch in den fries. Städten westl. der Lauwers, in den Groninger Ommelanden und weiten Teilen zw. Ems und Weser.

[2] *Literaturzeugnisse:* Die afr. Überlieferung besteht überwiegend aus Rechtscodices (→Fries. Recht) und Urkunden (1329–1547, über 1100 beinahe ausschließl. westl. der Lauwers). Die ältere Rechtsprosa ist vielfach stilisiert (Alliteration, Kenningar u. a.), vereinzelt poetisch-elegisch (3. Not des 2. Landrechts). Großen Raum nehmen die einmalig elaborierten allgemeinen bzw. regionalen Bußtaxen ein. Auch sagenhafte Stoffe finden Behandlung: »Kg. Karl und Redbad« verbunden mit der christl.-heidn. Sage von der Findung des Rechts; in den »Magnusküren« und einem längeren Gedicht steht die Erlangung der Freiheitsprivileg und des fries. Rechts im Mittelpunkt. Wiederholt werden die Hauptfeinde der Friesen erwähnt: die Sachsen, die »südl. gewaffneten« Ritter (Gf. en), die Wikinger, die Sturmfluten. Einzelne Texte sind geistl. Inhalts (Zehn Gebote; Eschatologie, nur in der 1. Rüstringer Hs.). Aus dem Spätaltwestfries. auch Chroniken, Hochzeitsreden (beide in mnl. gefärbter Sprache), »Reimsprüche« (Bogerman) und Briefe überliefert.   N. Århammar

Lit.: GgermPhil I, 1152–1464; II, 521–554 [TH. SIEBS] – Die Friesen, hg. C. BORCHLING–R. MUUS, 1931 – Philologia Frisica, 1956ff. – Encyclopedie van Friesland, 1958 – B. SJÖLIN, Einf. in das Fries., 1969 – Kurzer Grdr. der germ. Philol. bis 1500: 1, 1969, 190–210; 2, 1970, 164–185 [W. KROGMANN] – P. RAMAT, Das Friesische, 1976 – T. L. MARKEY, Frisian, 1981 – F. HOLTHAUSEN–D. HOFMANN, Altfries. Wb., 1985 – Die Friesen und ihre Sprache (Nachbarn 32, Kgl. Ndl. Botschaft, 1987).

Friesisches Recht. Das f. R. ist in der karol. Lex Frisionum und in zahlreichen hoch- und spätma. Rechtsaufzeichnungen überliefert.

[1] Die lat. verfaßte *Lex Frisionum* ist nur in dem Erstdruck J. B. Herolds (»Originum ac germanicarum antiquitatum libri«, Basel 1557) erhalten. Sie zerfällt in 22 Titel und eine in 12 Titel gegliederte »Additio sapientum« mit den Namen der sonst unbekannten Wlemar und Saxmund. Im Mittelpunkt steht das mittelfries. Recht aus dem Gebiet zw. Vlie und Lauwers. Vielleicht setzt sich die sowohl Konstitutionen (Satzungen) als auch Rechtsweisungen (Weistümer) enthaltende Lex aus mehreren Schichten zusammen, von denen eine durch die Verwendung der Lex Alamannorum gekennzeichnet ist (LFris XVII – Add. VIII). Geregelt sind v. a. die Delikte, bei denen die Kompositionen nur vereinzelt durch Ansätze peinlicher Strafen ergänzt sind. Hauptstand sind die Freien (liberi). Auffallend sind die verwirrenden Münzverhältnisse, einzelne heidn. Sätze (V, 1, Add. XI) sowie verschiedene Wiederholungen und Widersprüche. Vielleicht ist die Lex, von deren volkssprachigen Wörtern zahlreiche frk. zu sein scheinen, eine verhältnismäßig systemat. angelegte Vorarbeit für den Aachener Reichstag von 802/803.

[2] *Hoch- und spätmittelalterliche Rechtsaufzeichnungen:* Vielleicht noch aus dem 11. Jh. stammen dann die 17 Küren, das ältere Schulzenrecht, die allgemeinen Bußtaxen und das Westerlauwerssche Sendrecht. Überliefert sind sie und zahlreiche weitere Rechtstexte in 16 nach 1276 einsetzenden spätma. Hss. und einem Druck von 1485(?). Die Sprache ist überwiegend altfries., teilweise auch lat. (Hunsingoer Hss.) und später mnd. Von den gemeinfries. Satzungen mit privat- und strafrechtl. Regeln führen sich die 17 Küren (petitiones, electiones) auf ein angebliches Privileg Karls d. Gr. zurück. Die 24 Landrechte (constitutiones) enthalten Weistümer über das f. R. und die sieben Überküren *(urkera)* die Verfassung des Bundes von →Upstalsboom. Rechtsaufzeichnungen einzelner fries. Gemeinden und Landschaften sind etwa die Hunsingoer Küren (1252), der →Brokmerbrief (1300–1345) oder das Emsiger Pfennigschuldbuch (1300). Hinzu kommen zahlreiche Beliebungen der Nordfriesen (u. a. Siebenhardenbeliebung von 1426). Seit dem 13. Jh. lassen einzelne Quellen kirchl. gelehrten Einfluß erkennen (Rudolfsbuch 1. Hälfte 13. Jh., Jurisprudentia Frisica, Processus iudicii 14. Jh., Excerpta Legum 15. Jh.). Ergänzt werden die allgemeinen Bestimmungen durch rund 1300 Urkk. der Jahre 1329–1573, →Fries. Freiheit. G. Köbler

Lit.: HRG I, 1301 [H. SCHLOSSER]; II, 1916 [H. SIEMS; Lex Frisionum] – K. v. RICHTHOFEN, Fries. Rechtsq., 1840 [Neudr. 1960] – DERS., Altfries. Wb., 1840 [Neudr. 1961] – R. HIS, Das Strafrecht der Friesen, 1901 – Oudfriese Taal – en Rechtsbronnen, gegr. P. SIPMA, Iff., 1927ff. – G. BAESECKE, Die dt. Worte der germ. Gesetze, PBB (Halle) 59, 1935, 1ff. – W. EBEL, Das Ende des f. R.s in Ostfriesland, 1961 – W. J. BUMA-W. EBEL, Altfries. Rechtsq., Iff., 1963ff. – G. KÖBLER, Verz. der Übersetzungsgleichungen früher fries. Q., 1974 – H. SIEMS, Stud. zur Lex Frisionum, 1980 – P. GERBENZON, Apparaat voor de Studie van oudfries Recht, I: Literatur; II: Bronnen, 1981 – G. KÖBLER, Altfries.-nhd. und nhd.-altfries. Wb., 1983.

F(r)igulus, ir. Exeget, Verfasser eines Matthäus-Kommentars. Das Werk ist nur in Fragmenten bekannt aus der »Expositio libri comitis« des →Smaragdus v. St. Mihiel, der in der Vorrede (MPL 102, 13C) u. a. F. als Quelle nennt. B. Gansweidt

Ed.: MPL 102, 1119A–1122A – *Lit.*: B. BISCHOFF, Ma. Stud. I, 1966, 249–252 – F. RÄDLE, Stud. zu Smaragd v. St.-Mihiel, 1974 (Medium Aevum 29), 151–155 – BRUNHÖLZL I, 446 A. – J. F. KELLY, F.: An Hiberno-Latin Commentator on Matthew, RevBén 91, 1981, 363–373.

Frilinge, volkssprachige Entsprechung zu lat. liberi/ingenui. Der Begriff ist im 9. Jh. bei Nithard (Historiae IV 2)

neben dem der *edhelingui* (Adlige) und der *lazzi* (Laten, →Liten) zur Kennzeichnung der as. Sozialordnung überliefert (s. a. →Sachsen). Zwischen Adel und halbfreien Liten bilden die F. den Stand der keine herrschaftl. Funktionen ausübenden, persönl. →Freien, die bisweilen als abhängiges Gefolge eines Adligen auftreten. Über ihr Gewicht in der ständ. Hierarchie informieren die Texte der Leges Saxonum (→Leges), die für die meisten Bußgelder für nobiles, liberi und liti eine Staffelung von 4:2:1 zeigen, wogegen sich das Wergeld im Verhältnis von ca. 12:2:1 unterscheidet. Die Dominanz des Adels mag erst Folge der durch den frk. Eingriff begünstigten sozialen Veränderungen sein. Wohl in Reaktion darauf kämpften im →Stellinga-Aufstand (841/842) Freie und Liten um ihr altes Recht. Nach SKERHUTT haben sich bis zum 12. Jh. in Westfalen die Freien weitgehend durch Kommendation in direkte Abhängigkeit begeben, Reste des alten Standes lebten aber offenbar in den späteren »Grafschaftsfreien« weiter. E. Karpf

Lit.: H. SKERHUTT, Der Ständebegriff »frei« ... [Diss. masch. Hamburg 1953], 66ff. – G. LANDWEHR, Die Liten in den as. Rechtsq. (Gedächtnisschr. W. EBEL, 1982), 117ff. – Westf. Gesch. 1, 1983, 281ff., 316, 321ff. [E. FREISE] – G. v. OLBERG, Freie, Nachbarn und Gefolgsleute ..., 1983, 75f., 165ff.

Frithegodus → Fridegodus

Fritigern, Stammesführer der vor den →Hunnen aus Südrußland geflohenen →Westgoten. Durch Annahme des arian. Bekenntnisses gewann er die Unterstützung des röm. Ks.s →Valens im Kampf gegen →Athanarich. 376 zusammen mit dem größten Teil der Westgoten ins röm. Reich aufgenommen, führten Konflikte schon 378 zur Schlacht v. →Adrianopel, in der Valens fiel, doch konnte F. seinen großen Sieg nicht ausnutzen. Im Vertrag v. 382 zw. Theodosius I. und den Eindringlingen wird er nicht mehr genannt. R. Klein

Lit.: K. SCHÄFERDIEK, Zeit und Umstände des westgot. Übergangs zum Christentum, Historia 18, 1979, 90ff. – H. WOLFRAM, Gesch. der Goten, 1979, 76ff.

Fritsche Closener → Closener, Fritsche

Fritz, Jos, † um 1524, eine der markantesten Gestalten in der Aufstandsbewegung der spätma. bäuerl. Gesellschaft. Von den vier gesicherten Bundschuhaufständen (→Bundschuh) sind die letzten drei (1502, 1513, 1517) in hohem Maße von ihm geprägt. Wiewohl alle Erhebungen frühzeitig aufgedeckt wurden, konnte sich F. immer wieder dem Zugriff der Obrigkeiten entziehen. Die Biographie von J. F. ließ sich kaum erhellen: geb. in Untergrombach bei Bruchsal (um 1470?) als bfl.-speyer. Leibeigener, wird er Bauer, führt aber nach 1502 ein äußerst unstetes Leben, dessen Spuren sich 1524 verlieren. Daß F. als Werber, Organisator, Propagandist, Theoretiker (Programm 1513) und Praktiker (Hauptmann) Hervorragendes geleistet hat, kommt in den Urteilen von Historikern zum Ausdruck, die sein »organisatorisches Genie« (G. FRANZ) rühmen oder in ihm »die Verkörperung des Umsturzgedankens in der ländlichen Bevölkerung Südwestdeutschlands« (A. ROSENKRANZ) sehen. Wenn die Bundschuhprogrammatik, die in ihrer letzten Zuspitzung Herrschaft lediglich Ks. und Papst zugesteht und mit dem »göttlichen Recht« eine neue Legitimität fordert, F.s Werk sein sollte – was zu beweisen auf bislang unterschätzte method. Schwierigkeiten stößt –, dann gehörte er zweifellos unter die bedeutendsten Köpfe der spätma. →Reformatio-Debatte. P. Blickle

Q. und Lit.: A. ROSENKRANZ, Der Bundschuh, 2 Bde, 1927 – G. FRANZ, Der dt. Bauernkrieg, 1984¹².

Fritzlar, Kl. und Stift; Stadt in Nordhessen, im fruchtbaren F.-Waberner Becken hoch über dem Edertal.

[1] *Kloster und Stift:* 723/724, bei seiner zweiten Missionsreise zu den heidn. Hessen, fällte →Bonifatius in Geismar, in unmittelbarer Nähe der frk. →Büraburg und F.s, die Donareiche und erbaute aus ihrem Holz in F. (Frideslare, Fritislare) eine Peterskirche als Stützpunkt für die Mission. 732/733 wurde die Niederlassung in ein Kl. umgewandelt, die Holzkirche durch einen Steinbau ersetzt. Das Kl. wurde zur Ausbildungsstätte für die geistl. Helfer des Bonifatius und zum Ausgangspunkt der Missionsarbeit; es war bis zur Gründung →Fuldas (744) der unbestrittene geistige und religiöse Mittelpunkt Nordhessens. Beim Tode des Bonifatius ging das Kl., dessen Rechtsstatus dem einer Eigenkirche des Ebf.s glich, als privates Erbe an dessen Nachfolger auf dem Mainzer Bischofsstuhl, Lul, über. 774 wurde es mit Ausnahme der Kirche bei einem Sachseneinfall eingeäschert; die Mönche konnten sich und die Gebeine ihres ersten Abtes, des hl. →Wikbert, auf die Büraburg retten. Im Zuge der anschließenden Maßnahmen Karls d. Gr. gegen die sächs. Bedrohung Nordhessens wurde F. zw. 775 und 782 Reichskl.; dabei erhielt es offenbar umfangreichen Reichsbesitz, verlor aber die Reliquien des hl. Wikbert an das Kl. →Hersfeld.

Danach werden die Nachrichten über das Kl., das sich um 830 als »beneficium« in der Hand →Einhards befand, spärlicher. Dagegen wurde offenbar die kgl. Position in F. ausgebaut. 919 erfolgte hier die Erhebung des Sachsenhzg.s Heinrich zum Kg., woraus sich schließen läßt, daß es in F. wohl eine Königspfalz und einen kgl. Wirtschaftshof als Voraussetzung für eine große Versammlung gegeben haben muß, wenn auch Nachrichten über deren Alter und Lage fehlen. Weitere 14 Kg.saufenthalte von Otto I. bis Konrad III., dazu mehrere geplante Hof- und Fürstentage zeigen, daß F., auf dem Weg vom Rhein-Main-Gebiet nach Sachsen gelegen, für das Kgtm. der wichtigste Ort in Nordhessen war.

Zwei Ereignisse bestimmten die F.er Geschichte nachhaltig: Die Umwandlung des Kl. in ein Chorherrenstift, die 1005 vollzogen war, und der Übergang des Stifts und der übrigen kgl. Rechte an das Erzstift →Mainz. Dieser Besitzwechsel erfolgte in mehreren Schritten (Stift und Marktsiedlung früher als die Königspfalz); vor 1079 muß jedoch F. wieder vollständig unter kgl. Herrschaft gekommen sein, da es in diesem Jahr durch den Gegenkg. →Rudolf v. Rheinfelden fast ganz zerstört wurde. Seit Ende des 11. Jh. bildete F. für Mainz einen starken weltl. und kirchl. Stützpunkt im nördl. Hessen. Das Petersstift wurde unter Förderung des Ebf.e v. Mainz zur vornehmsten geistl. Institution Nordhessens (Bestand bis 1803). Der Propst, seit dem 13. Jh. meist ein Mainzer Domherr, war zugleich Archidiakon des Archidiakonats F. Der eigentliche Leiter des Stifts war der Dekan. Die Kanoniker entstammten adligen Familien und der Oberschicht des Bürgertums. Sie wohnten in den in der Stiftsimmunität gelegenen Domherrenkurien. Für 1453 sind 17 Chorherren, neun Domizellare, sechs Pfarrer, 34 Altaristen, zahlreiche Stiftsbedienstete (insgesamt etwa 120 Personen) verzeichnet. Die Kl.- bzw. Stiftskirche war durch das ganze MA hindurch Pfarrkirche für F. Der Domschatz und die zwar verstreute, aber in ihrem Bestand bekannte Bibliothek bezeugen ebenso wie die Stiftsschule den hohen kulturellen und auch geistigen Rang des Fritzlarer Stifts.

[2] *Stadt:* Schon vor dem Auftreten des Bonifatius bildete F. zusammen mit Büraburg und Geismar einen Siedlungsschwerpunkt in Nordhessen. Nach dem Rückgang dieser beiden Plätze bis zur Mitte des 9. Jh. gewann F. erhöhte Bedeutung. In Anlehnung an das Kl. bzw. Stift ist ein früher Markt durch F.er Nachprägungen →Kölner Pfennige für das erste Drittel des 11. Jh. gesichert, er wurde bereits damals von Fernkaufleuten besucht. Die Gründung einer Stadt erfolgte offenbar durch die Mainzer Ebf.e, nachdem F. an sie übergegangen war. Die planmäßige Stadtanlage (mit großem Marktplatz und regelhaftem Gassenverlauf) hatte ihre Voraussetzung in der Zerstörung von 1079. Der Wiederaufbau scheint seit Anfang des 12. Jh. recht schnell vonstatten gegangen zu sein, denn schon 1115 und 1118 fanden in F. eine Fürstenversammlung und eine große Synode statt. F. besaß jetzt zwei Siedlungselemente: die Siedlung um die Domimmunität mit Geistlichkeit und unfreier →familia des Stifts und die Stadtanlage mit ihren unabhängigeren Bewohnern. Spätestens im 13. Jh. ging die familia des Stifts in der Stadtbevölkerung auf.

Die Ausbildung der städt. Organe wird seit dem 13. Jh. erkennbar. Der stadtherrl. Schultheiß verdrängte den Vogt und trat an die Spitze von Gericht und Verwaltung. Schöffenkolleg und Rat waren weitgehend identisch (jährl. Wechsel von altem und neuem Rat mit je 12 lebenslängl. bestellten Mitgliedern) und wurden von den führenden Familien besetzt. In der 2. Hälfte des 13. Jh. traten zwei Bürgermeister an die Spitze des Rates, die Gemeinde erhielt eine Vertretung in dem sog. Gemeindewort, und zahlreiche neue Familien stiegen zur Ratsfähigkeit auf. Innerstädt. Auseinandersetzungen während des 14. Jh. ermöglichten weiteren Familien den Aufstieg; zeitweilig wurde die Zahl der Ratsleute durch Vertreter der Zünfte und der übrigen Bürgerschaft verdoppelt. Der Ebf. v. Mainz konnte als Stadtherr seinen Einfluß innerhalb der Stadt nicht nur durch die von ihm bestellten Amtsträger, sondern auch durch mainz., in F. sitzende Burgmannen geltend machen. Gute Verkehrslage und Mittelpunktfunktion für das F.-Waberner Becken begünstigten das wirtschaftl. Leben. Fernkaufleute und Tuchhändler spielten eine führende Rolle (seit dem 14. Jh. in der einflußreichen Michelsbruderschaft zusammengeschlossen). Die Handwerker produzierten über den innerstädt. Bedarf hinaus für Markt und Export. Unter den Zünften ragten Wollweber und Bäcker heraus. Der F.er Raum war ein wichtiges Waidanbaugebiet, F. ein bedeutender Getreidehandelsplatz. Unterschiedliche wirtschaftl. Interessen bildeten häufig die Ursache für Auseinandersetzungen zw. Bürgergemeinde und Stift.

F. war während des ganzen MA eine mainz. Stadt inmitten des landgfl. thür., später hess. Territoriums und wurde immer wieder von den territorialpolit. Auseinandersetzungen zw. Ebf.en und Lgf.en betroffen, die auch die äußere Gestalt F.s nachhaltig prägten: Einschließlich der unterhalb des Steilhangs zur Eder gelegenen Neustadt besaß F. eine ungewöhnl. starke, um 1360 auch mit ihren Erweiterungen fertiggestellte, 23 ha umfassende Mauer. Mitte des 15. Jh. wurde ein Bevölkerungsmaximum von ca. 2500–3000 Einw. erreicht.   F. Schwind

Q. und Lit.: K. E. DEMANDT, Der Besitz des F.er Petersstiftes im 13. Jh., Zs. des Ver. für hess. Gesch. und LK 61, 1936, 35–118 – DERS., Q. zur Rechtsgesch. der Stadt F. im MA, 1939 – W. SCHLESINGER, Städt. Frühformen zw. Rhein und Elbe (VuF 4, 1958), 297–362 – H. WUNDER, Die Wigberttradition in Hersfeld und F. [Diss. Erlangen-Nürnberg 1964] – F. im MA, hg. Magistrat der Stadt F., 1974 – F., bearb. H. STOOB (Dt. Städteatlas, 2. Lfg., 1979) – K. E. DEMANDT, Das Chorherrenstift St. Peter zu F., 1985 – M. GOCKEL, F. (Die dt. Königspfalzen, 1: Hessen, 1988).

Friulanisch, nordit. Dialekt (→Friaul). Die ersten Texte, die roman. Elemente mit friulan. Charakteristiken bieten, stammen aus dem Ende des 12. Jh., die frühesten lit. Texte sind in das späte 14. Jh. zu datieren: Zwei Balladen »Piruç myo doç inculurit« und »Biello dumlo di valor«. In lit. Hinsicht handelt es sich dabei um Nachahmungen höf. Lyrik, ihr linguist. Wert ist jedoch sehr groß, da sie zur Rekonstruktion der Phonologie, Morphologie und Syntax der Sprache dieser Periode beitragen. Abgesehen von der sehr verderbten Transkription, einer im ländl. Bereich angesiedelten volkstüml. Ballade mit erot. Hintersinn, dem sog. »Soneto furlan«, bestehen die ma. friulan. Texte zumeist aus Registern von Bruderschaften oder Haushaltsbüchern. Wichtig sind auch einige Übersetzungsübungen aus dem F.en ins Lat. und eine schmale lat. Grammatik, in der Eigenheiten des F. denen des Latein gegenübergestellt werden, alles aus dem 14. Jh.

Anhand der ma. friulan. Sprachzeugnisse läßt sich ein linguist. System rekonstruieren, das bereits die in den heutigen Dialekten auftretenden Phänomene aufweist: Die späteren Veränderungen bestehen aus phonetischen Vereinfachungen oder morphologischen Nivellierungen; nur in der Syntax kommt es – wie bei den anderen roman. Sprachen – zu einer erhebl. Neustrukturierung. Unter den phonolog. Erscheinungen sind, neben der Vereinfachung der Doppelkonsonanten und der Sonorisierung der intervokal. Konsonanten, der Wegfall der Endvokale (außer a) hervorzuheben, sowie die Palatalisierung der velaren Konsonanten vor a und komplexe Erscheinungen der Längung oder Diphtongisierung der betonten Vokale. Das interessanteste morpholog. Phänomen ist wohl die Bildung des Maskulinplurals in -i- oder in -s-, Rest einer bikasualen Flexion. Aus der Syntax des ma. F. ist jedoch ca. im 16. Jh. die ma. roman. Struktur verschwunden, wofür das sog. Tobler-Mussafia-Gesetz, nach dem die enklit. oder proklit. Pronomina nie an erster Satzstelle erscheinen können, ein Anzeichen ist. Das flektierte Verb konnte im ma. F. außerdem ohne ein ausgedrücktes Subjekt stehen, während im modernen F. das flektierte Verb immer ein Subjekt in Form eines proklit. (oder enklit.) Pronomens neben sich hat.   P. Benincà

Ed. und Lit.: Lex. d. Romanist. Linguistik II, III, s. v. Friaulisch [P. Benincà] – G. I. Ascoli, Saggi Ladini, Arch. Glottologico It. I, 1873 – V. Joppi, Testi inediti friulani dei secoli XIV al XIX (linguist. Komm. G. I. Ascoli), Arch. Glottologico It. IV, 1878, 185–356 – G. B. Pellegrini, Saggi sul ladino dolomitico e sul friulano, 1972 – G. Francescato – F. Salimbeni, Lingua, storia e società in Friuli, 1977².

Froben, Johannes, Druckerverleger, * 1460? in Hammelburg (Unterfranken), † 26. Okt. 1527 in Basel, wo er am 13. Nov. 1490 das Bürgerrecht erworben hatte und am 13. Mai 1492 der Safranzunft (→Safran) beigetreten war. Zusammen mit den ebenfalls aus Franken stammenden Druckern Johannes Petri und Johannes→Amerbach prägte er den Stil des →Basler Buchdrucks in der Übergangszeit zum Humanismus. Die Anfangsjahre standen noch im Zeichen der Tradition, die →Bibeldrucke dieser Zeit (so z. B. die Oktav-Bibel von 1491 = GW 4296, die vielbändigen kommentierten Ausg. von 1498 = GW 4284, 1501/02 und 1503/04) verraten jedoch großes techn. Können und Unternehmungsgeist. Unter dem Einfluß humanistischer Kreise, insbes. des →Erasmus v. Rotterdam (Bekanntschaft seit 1514) änderte F. sein Verlagsprogramm. Weltweite Bedeutung erlangte die von ihm verlegte griech.-lat. Parallelausg. des NT (März 1516; Neuausg.: 1519, 1522, 1527). F.s Werkstatt zeichnete sich durch einen überaus reichen Typenvorrat (alle wichtigen Formen in ungewöhnl. vielen Graden) aus, bedeutende Künstler

schufen für ihn Titelholzschnitte. Das emblemat. Signet, ein Caduceus ('Merkurstab') mit Taube, geht auf Hans Holbein d. J. zurück, von ihm existieren 35 Fassungen. Auf der Höhe seines Wirkens brachte F. jährlich an die 50 Ausg. heraus. Das Unternehmen fiel 1527 an den Sohn erster Ehe, Hieronymus (1501–63).   S. Corsten

Lit.: NDB V,637–640 – J. Benzing, Die Buchdrucker des 16. und 17. Jh. ..., 1982², 32 – F. Geldner, Die dt. Inkunabeldrucker I, 1968, 123f.

Frohse, Königshof, 15 km s. von →Magdeburg an der Elbe gelegen, Zentrum eines Burgwardbezirks, 936 (DOI. 1) erstmals als curtis, später auch als civitas erwähnt; bis 1010 sind 10–11 Herrscheraufenthalte belegbar. Hier versammelten sich nach dem Tode Ottos III. 1002 Ebf. →Giselher v. Magdeburg mit Suffraganen, Hzg. →Bernhard I., die Mgf.en Liuthar v. Walbeck, →Ekkehard I. v. Meißen, →Gero u. a. sächs. Fs.en, wobei Ekkehards Thronkandidatur an Liuthar scheiterte, der ihm mangelnde Idoneität vorwarf (»Num currui tuo quartam deesse non sentis rotam?«) und eine Vertagung der Entscheidung auf den Tag v. →Werla durchsetzte. 1012 kam F. durch Schenkung (DH II. 242) an das Ebm. Magdeburg, im 12./13. Jh. wurde der Siedlungsschwerpunkt wohl wegen des Ausbaus der Salzgewinnung ins nahe »Neu«-F. verlegt und dort ein ebfl. Amt errichtet.   E. Karpf

Lit.: D. Claude, Der Königshof F., BDLG 110, 1974, 29–42 – E. Hlawitschka, 'Merkst du nicht, daß dir das vierte Rad am Wagen fehlt?' Zur Thronkandidatur Ekkehards v. Meißen (1002) nach Thietmar, Chronicon IV c. 52 (Fschr. H. Löwe, 1978), 218–311.

Froissart, Jean, frz. Chronist und Dichter, * 1337 Valenciennes (Hennegau), † um 1404 Chimay. Entstammte einer Händlerfamilie; wurde 1361 v. Gönnern Philippa v. Hennegau, der Gattin Eduards III. v. England, empfohlen. Als Sekretär, Chronist und Hofpoet zahlreiche Reisen; 1365 Schottland, 1366 Brüssel, 1367 Aquitanien; im Gefolge→Eduards d. Schwarzen Prinzen in Dax, später in Savoyen, Mailand, Rom. Nach dem Tod Philippas 1369 am Hof→Wenzels v. Luxemburg. Weitere Gönner: Robert de Namur und Guy de Blois. Beginn der »Chroniques«; 1. Buch der Prosafassung für Robert de Namur 1373; Vorlage für die Zeit von 1325–69 ist die Chronik Jean le →Bels. Anfang der 70er Jahre erhält er die Pfarrei L'Estinnes im Hennegau (bis 1382) und 1383 die Stelle eines Kanonikus v. Chimay, die ihm sichere Einkünfte verschaffen. Lebenslange aristokrat. Protektion ermöglicht ihm häufiges Reisen im Dienste der »Chr.« 2. Buch 1377–1386; 3. Buch 1386–1390; 4. Buch 1390–1400. 1388 drei Monate bei Gaston de Foix in Orthez (Béarn); Vortrag seines »Meliador«; Gespräche mit »chevaliers« und »escuiers«, die in die »Chr.« eingehen. 1389 bei der »Entrée« Isabellas (Isabeaus) v. Bayern, Gattin Karls VI., in Paris; 1390 in Brügge, um sich bei ptg. Rittern über die Kriege auf der iber. Halbinsel zu informieren. 1392 wieder in Paris, wo er die Wirren um Karl VI. verfolgt und aufzeichnet. Infolge der Entspannung zw. Frankreich und England 1395 Reise an den Hof Richards II., dem er eine Sammlung seiner Dichtungen überreicht; hohes Salär vom Kg. Nach einiger Zeit Rückkehr und Fortsetzung der »Chr.«, die 1400 abrupt enden, nachdem F. sie ständig umgeschrieben und erweitert hatte. Die 3. Redaktion (Ms. Vatikan. Archiv) löst sich völlig von Jean le Bel. Die letzten Jahre F.s liegen im dunkeln. – Tapferkeit, Krieg und Liebe – diesen Aspekten ritterl.-aristokrat. Lebens gilt F.s Arbeit, die eng mit seiner Biographie verbunden ist. Unter dem Schutz feudalen und höf. Gönnertums findet er als Chronist und

Dichter einer krisengeschüttelten Ritterkultur im Hundertjährigen Krieg durch Kenntnis und Begabung seinen Platz im lokalen, territorialen und dynast. Milieu der Protagonisten. Er beherrscht die gängigen lit. Formen von *lais, ballades, pastourelles* u. a. über die allegor. Erzählung (»Paradis d'amour«, »L'espinette amoureuse« etc.) von Liebe, Jugend, Alter, Ehe, von Hoffen und Verzichten, eingebunden in die Wechselfälle polit. Lebens und durchsetzt mit autobiograph. Zügen (»Le joli buisson de Jonece«) bis hin zu seinem am Artus-Zyklus orientierten Ritterroman »Meliador«, in den Gedichte Wenzels v. Luxemburg eingefügt sind. Dienen und Dichten bilden die Einheit der lit. Existenz F.s, zu der auch die »Chroniques« gehören. Reisen, Besuche, Berichte sind Bedingungen seiner Geschichtsschreibung. Er nutzt das Entgelt für seine Dienste, wie er auch die Nähe zu seinen Gönnern nutzt. Als Begleiter und Beobachter ist er unterwegs zu Schauplätzen und Personen, die Zeugnis ablegen für das Thema seines Werkes: die Tapferkeit (Proece) des Rittertums, der Gegenwart und Nachwelt zur Kenntnis. Die Wahrheit der Geschichte verbürgen für F. die einzig wahrheitsfähigen Garanten, »vaillans hommes, chevaliers et esquiers«, die eigene Augenzeugenschaft als Beglaubigungstopos dieser Historiographie und die Texte der »anciens«. F. folgt einer unruhigen Welt, die ständigen Aktionismus verhaftet ist; entsprechend personalisiert und dialogisiert er Geschehen und Geschichte, deren Darstellung perspektivisch, durch das Verhältnis zum jeweiligen Mäzen mitbestimmt ist. Nicht rein panegyr. Geschichtsschreibung »von oben«, lassen die »Chr.« auch Ziel- und Sinnlosigkeit ritterl. Tuns erkennen, das oftmals nur scheinbar zweckgebunden, tatsächl. in der Dynamik normativen Rituals verläuft. Gleichwohl gehören F.s Sympathien dem Rittertum, das als Korrektiv einer diffusen Welt erscheint, und nicht den Aufständen der Bauern und der Stadtbevölkerung (→Jacquerie, Étienne →Marcel). F. schreibt die Geschichte der säkularen »proece« des 14. Jh. als Teil einer Geschichte der Tapferkeit, die seit den Tagen Chaldäas, Jerusalems, seit Persern und Medeern, seit Theseus, Hektor, Caesar und Karl d. Gr. bis in seine Zeit die Welt beherrscht; insofern sind die »Chr.« Weltgeschichte; sie illustrieren ein Abstractum, das in der Figur des Ritters zum handelnden Subjekt wird, welches Wirklichkeit und Projektion der Geschichte verkörpert. – S. a. →Hundertjähriger Krieg.   D. Hoeges

Ed.: Oeuvres compl., ed. Kervyn de Lettenhove, 28 Bde, 1867–77 [Neudr. 1967–73] – Chroniques, ed. A. Vérard [Wiegendruck], 4 Bde, 1495 – Chroniques de J. F., publ. pour la Soc. de l'Hist. de France, edd. S. Luce, G. Raynaud, L. und A. Mirot, 15 Bde, 1869–75 – Chroniques, Début du premier livre, ed. G. T. Diller, 1972 – The *Lyric Poems* of F., ed. R. McGregor jr., 1975 – *Einzelausg.*: L'espinet-e amoureuse, ed. A. Fourrier, 1963 – La prison amoureuse, ed. A. Fourrier, 1974 – Le joli buisson de Jonece, ed. A. Fourrier, 1975 – Ballades et rondeaux, ed. R. S. Baudouin, 1978 – »Dits« et »Debats«, ed. A. Fourrier, 1979 – Le paradis d'amour: l'orloge amoureus, ed. P. F. Dembowski, 1986 – Meliador, ed. A. Longnon, 3 Bde, 1895–99 – *Lit.:* K. de Lettenhove, F., Étude litt. sur le XIVe s., 2 Bde, 1857 – M. Darmsteter, F., 1894 – G. G. Coulton, F., The Chronicler of European Chivalry, 1930 – F. S. Shears, F., Chronicler and Poet, 1930 – J. Bastin, F. chroniqueur, romancier et poète, 1948² – J. F. Wilmotte, F. as a Poet, 1948 – D. Poirion, Le poète et le prince, 1965, 205–218 – Le Moyen Age II, 1971, 197–202 – J. Picoche, Le vocabulaire psychologique dans les Chroniques de F., I, 1976; II, 1984 – G. Jäger, Aspekte des Krieges und der Chevalerie im 14. Jh. in Frankreich. Unters. zu J. F.s »Chroniques«, 1981 – Froissart Historian, hg. J. J. N. Palmer, 1981 – C. Nouvet, La fragmentation du système poético-lyrique de F., 1981 – P. F. Dembowski, F. and his »Meliador«. Context, Craft and Sense, 1983 – G. T. Diller, Attitudes chevaleresques et réalités politiques chez F., 1984 – s. a. Lit. zu →Hundertjähriger Krieg.

Froment, Nicolas, frz. Maler, * um 1430/35 Uzès (Languedoc)?, † Avignon 1483/84. F. wird erstmals in dem Triptychon mit der Lazarus-Geschichte, das 1461 wohl in Brüssel für den päpstl. Legaten Francesco Coppini gemalt wurde und bereits 1462 nach Florenz (heute Uffizien) gelangte, faßbar. Altertüml. und provinzielle Elemente, die auf eine nordfrz. Herkunft deuten, verbinden sich mit der Tradition des →Rogier van der Weyden. Nach einem Aufenthalt in Uzès lebte F. als wohlhabender Wand-, Theater-, Dekorations- und Miniaturmaler in Avignon; erhalten haben sich nur das 1476 für René d'Anjou gemalte Triptychon mit der symbol. Darstellung der Madonna im brennenden Dornbusch (Aix, St-Sauveur) und Schulwerke.   Ch. Klemm

Lit.: L. Chamson, N.F. et l'école avignonnaise au XVe s., 1931 – L. H. Labande, Les primitifs français, Peintres et peintres-verriers de la Provence occidentale, 1932, 83ff. – G. Ring, La peinture française du XVe s., 1949, 226ff., Abb. 118ff. – M. L. Grayson, The Documentary Hist. of N.F., DissAb Internat. A XLII/6, 1981, 2337 – C. Sterling, N.F., peintre du nord de la France (Études d'art médiéval offertes à L. Grodecki, 1981), 325–342.

Frömmigkeit → Pietas, →Mystik, →Spiritualität

Fronbote, Gerichtsbote und Vollstreckungsbeamter, auch als *praeco*, Frone, Freifrone (bes. in Westfalen) und im Stadtrecht als →Büttel (budellus, *bodel, pedel* u. a.) bezeichnet. Die Aufgaben des F.n sind regional unterschiedlich. Im sächs. Landrecht gehörte er neben →Graf, →Schultheiß und →Schöffen zur ordnungsgemäßen Besetzung des →Gerichts. Ihm oblag neben Ankündigung der Gerichtsversammlung und Ladung der Parteien die Aufrechterhaltung des geordneten Sitzungsablaufs. Spezielle Pflichten ergaben sich aus der Förmlichkeit des ma. Prozeßverfahrens. Er fungierte innerhalb wie außerhalb der Gerichtssitzung als Urkundsperson, etwa zu Beweissicherungszwecken und bei Grundstücksübertragungen. Oft nahm er ersatzweise Aufgaben des Richters wahr, wenn dieser nicht erreichbar war. Wichtigste Aufgabe des F.n war die Vollstreckung richterlicher Urteile: Er pfändete Vermögensgegenstände, verwertete sie, besorgte die Beschlagnahme von Grundstücken (Fronung) und nahm Personen in Gewahrsam. Inwieweit ihm die Vollstreckung von Lebens- und Leibesstrafen oblag, ist nicht genau geklärt. Seine geachtete Stellung spiegelt sich im verdoppelten Wergeld, das bei Verletzung des F.n als Buße zu zahlen war. Im Stadtrecht war er späterhin mit Verwaltungsaufgaben betraut, die seiner ursprgl. gehobenen Stellung fremd waren und mit der Zeit seinen sozialen Abstieg einleiteten. In Westfalen fielen die Kompetenzen von F. und Schultheiß im Amt des Freifronen zusammen; deshalb war die Stellung des F.n hier am stärksten, während sie in den süddt. Gebieten schwächer ausgestaltet war.   V. Diedrich

Lit.: DtRechtswb III, 974ff. – HRG I, 1304f. [G. Buchda] – J. W. Planck, Das Dt. Gerichtsverfahren im MA, I, 1879, § 17 – C. Eckert, Der F. im MA nach dem Sachsenspiegel und den verwandten Rechtsquellen, 1897.

Frondienste

I. Begriff und rechtliche Grundlagen – II. Hauptformen der Frondienste vom 7. bis 11. Jh. – III. Die Entwicklung der Frondienste vom 12. bis 15. Jh.

I. Begriff und rechtliche Grundlagen: F. bezeichnen Arbeitsleistungen für unterschiedl. Herrschaftsträger; sie gehören im MA neben den Abgaben zu den Hauptpflichten der abhängigen bäuerl. Bevölkerung. Bezeichnung, Ausmaß, Dauer und Art der F. (servitia, opera servilia, manoperae, carroperae usw.) waren insbes. von den unterschiedl. Typen der →Grundherrschaft abhängig und

allgemein nach Epochen, Landschaften und Herrschaftsformen unterschiedl. ausgeprägt.

F. mußten im frühen MA in erster Linie der Grund- und
Leibherrschaft, später mehr der Gerichts- und Landesherrschaft geleistet werden. Die Unterscheidung zw. privatrechtl. und öffentl.-rechtl. F.n, die lange Zeit in der
rechtsgeschichtl. Lit. vorgenommen wurde, ist schwierig, da die Grenze zw. beiden Bereichen äußerst flüssig ist;
grund- und gerichtsherrl. Rechte durchdringen und über-
lagern sich zumindest bes. seit dem HochMA. Einerseits
gelang es den Grundherren, durch gerichtsherrl. Rechte
ihren Anspruch auf F. zu steigern, andererseits vermochten es die Gerichts- und Territorialherren im späten MA,
die Rechte der Grundherren zu beschneiden und F., die
früher den Grundherren zustanden, für ihre Zwecke einzusetzen. Art und Umfang der F., die den Grund- und
Leibherren geleistet werden mußten, waren je nach Herrschaftsstruktur und Agrarverfassung sehr verschieden; zu
F.n waren dabei neben unfreien und halbfreien Bauern-
gruppen auch freie Bauern verpflichtet, die grundherrl.
Zinsland bebauten. Der Bedarf des Grundherren an F.n
war umso größer, je umfangreicher die grundherrl. Eigenwirtschaft und je geringer die Zahl der Lohnarbeiter
war. Zu den F.n, welche die Gerichts- und Landesherren
im hohen und späten MA verlangten, waren in der Regel
alle bäuerl. Untertanen eines Gerichtsbezirks gleichermaßen verpflichtet.

II. HAUPTFORMEN DER FRONDIENSTE VOM 7. BIS 11. JH.:
Die F. sind bes. typisch für das frühma. Grundherrschafts-
system und sind ein Charakteristikum der Villikationsverfassung (→Villikation, villicatio), die bis zum 11./
12. Jh. hauptsächl. im kernfrk. Raum zw. Loire und
Rhein, aber auch in einigen Nachbargebieten die Agrar-
struktur prägte. In zeitl. Hinsicht lassen sich für diese
Epoche v.a. drei Arten von F.n unterscheiden: die unbe-
messenen F., die täglich oder unbeschränkt zu leisten
waren, F. an drei Tagen der Woche und schließlich solche
F., die hauptsächl. zweimal jährl., im Frühjahr und im
Herbst, verlangt wurden. Das tägl. servitium, das weder
inhaltl. noch zeitl. bemessen war, hatten in erster Linie die
unfreien Hausknechte und Tagewerker (servi cottidiani,
servi non casati) zu erbringen, die auf den Fronhöfen oder
in deren unmittelbarer Nähe ansässig waren. Mit der
zunehmenden Ansiedlung von Unfreien auf Bauernstellen verringerte sich die Zahl dieser v.a. im ostfrk. Raum
zahlreichen Bevölkerungsschicht im Laufe des 9. und
10. Jh., auch wurde die tägl. Fron allmählich gemildert.

Die wöchentl. Fron findet sich schon im 8. Jh. in der Lex
Baiuvariorum: die servi ecclesie haben demnach wöchentl. drei Tage für den Grundherrn zu arbeiten. In der
Karolingerzeit war die Drei- bzw. Zweitagefron weit
verbreitet, doch verschwand sie in Frankreich bereits im
10. Jh., während sie in Deutschland noch länger andauerte. Aber auch dort milderten sich ihre Bedingungen, so
daß sie im 12. Jh. häufig auf einen oder zwei Tage pro
Woche beschränkt war. In vielen Fällen wurde die wöchentl. Fron zudem in der Weise verringert, daß sie nicht
mehr das ganze Jahr hindurch, sondern nur in den Spitzen-
zeiten der Arbeitsbelastung verlangt wurde. In dieser
Form näherte sich die wöchentl. Fron bereits den F.n, die
in vielen Grundherrschaften halbjährl. während zweier
Wochen gefordert wurden, und zwar bes. im Mai und im
Herbst; im westfrk. Raum treten diese F. oft unter der
Bezeichnung noctes auf. Ursprgl. wurden diese F. offenbar bes. von den Freienhufen und von Hofstellen verlangt,
die weniger eng mit den Villikationen verflochten waren.
Anders als die bereits erwähnten F. konnten die noctes von

sehr unterschiedl. Dauer sein und die bäuerl. Arbeitskraf[t]
zw. zwei und zehn Wochen im Jahr beanspruchen. Ebenso
wie die noctes war in vielen Grundherrschaften des
kernfrk. Raumes eine weitere Fronart stark verbreitet: di[e]
corvada. Sie bestand aus Tagesdiensten, die mehrmals
jährl. während der Pflugzeiten von den Grundherren für
die Bearbeitung des Sallandes »erbeten« wurden.

Neben diesen zeitl. bestimmten F.n gab es andere, die
mehr zweckgebundene Leistungen darstellten und häufig
einen »Stückdienst«-Charakter besaßen. Dazu gehörten
an erster Stelle die Pflugdienste auf dem Herrenland: jeder
Hufenbauer mußte eine vorgeschriebene Zahl von Sall-
landstücken mit eigenen Arbeitsmitteln bestellen, der
Ertrag jedoch voll dem Grundherren abliefern (→ancin-
ga). Auch beim Weinbau gab es mancherorts eine der
Getreidewirtschaft vergleichbare Form der Bearbeitung
von Parzellen. Weitere F., die Stückdienst-Charakter besaßen, bezogen sich auf die Nutzung des Waldes.

Hinsichtl. ihrer Art und Zugehörigkeit zu bestimmten
Wirtschaftsbereichen lassen sich bes. drei Gruppen von
F.n unterscheiden: die landwirtschaftl. F., gewerbl. Tätigkeiten und Transportdienste. Zu den landwirtschaftl.
F.n zählten neben den genannten Pflugfronen wichtige
Feldarbeiten wie Düngen, Eggen, Säen, Ernten, Grasmä-
hen und Heuen. Dazu gesellten sich andere Tätigkeiten im
Herrenhaus, Garten und Feld wie das Dreschen des Getrei-
des oder das Bestellen der Hanf- und Flachsfelder. Zum
gewerbl. Wirtschaftsbereich gehörten F., die sich vorwiegend mit der Weiterverarbeitung von Rohprodukten beschäftigten, wie das Malzen von Getreide und die Bier-
und Brotzubereitung für den herrschaftl. Haushalt.
Hauptaufgabe der hörigen Frauen war die Weiterverarbeitung der vom →Fronhof gestellten pflanzl. und tierischen
Fasern (Flachs, Wolle): Garn spinnen, Woll- und Leinen-
tücher weben, Kleidungsstücke herstellen. Im Zusammenhang mit diesen handwerkl. Arbeiten stehen auch
period. oder von Fall zu Fall geforderte F. zur Instandset-
zung herrschaftl. Einrichtungen (Reparatur der Herrenhäuser und Wirtschaftsgebäude, Ausbessern von Zäunen,
Gräben und Wegen) oder etwa zum Burgenbau. Die
Transportarbeiten der Hörigen dienten v.a. der Weiterbe-
förderung (auch über weite Entfernungen) von grundherrl. Gütern mittels bäuerl. Wagengespanne und Lasttiere. Zu den Verkehrsfronen sind auch Botendienste,
Schifftransport und Stellung von Reitpferden für herrschaftl. Zwecke zu rechnen. Alle Arten von F.n verursachten Kosten für Nahrung, Wohnung und Arbeitsgerät, die
teils von den Grundherren, teils von den Bauern zu tragen
waren. Insbes. die Verpflegungskosten gingen mit der
Zeit immer mehr zu Lasten der Grundherren, die den
Frönern bei ihrer Arbeit ausreichend Unterhalt zu gewähren hatten (Fronkost).

III. DIE ENTWICKLUNG DER FRONDIENSTE VOM 12. BIS
15. JH.: Durch ihre Verflechtung mit dem klass. Grund-
herrschaftssystem waren die bäuerl. F. am intensivsten in
den zentralen Landschaften des Karolingerreiches entwikkelt. Weniger stark waren die Fronen dagegen – entsprechend der geringeren Ausprägung der Fronhofswirtschaft
– in Südfrankreich, in Italien und in den rechtsrhein.
Gebieten ausgebildet. Parallel zur Auflösung der Fronhof-
verfassung und zur Reduzierung der grundherrl. Eigenwirtschaft gingen die F. dann allmählich zurück und wurden durch Abgaben ersetzt. In Italien, wo der eigenbewirt-
schaftete Herrenhof schon in karol. Zeit nur eine geringe
Rolle gespielt hatte, setzte dieser Prozeß bereits im 10. Jh.
ein, während die Auflösung des Villikationssystems und
die Umwandlung der F. in Zinsleistungen in Frankreich,

Burgund und Deutschland v.a. im 11. bis 13. Jh. erfolgten. In England, wo eine den kontinentalen Verhältnissen
entsprechende klass. Grundherrschaft *(manorial system)*
noch im 13. Jh. in voller Blüte stand, fand eine Ablösung
der F. vielerorts erst im 14. Jh. statt. Im w. Deutschland
gingen die F. in Wechselbeziehung zur Auflösung der
Villikationsverfassung bes. im 12. und 13. Jh. stark zurück. Wo die F. den fronpflichtigen Bauern zu beschwer-
lich und den Grundherren zu ineffizient erschienen, ging
man planmäßig dazu über, F. durch Zinsleistungen abzu-
lösen (Frongeld, Frondienstgeld) und – falls erforderl. –
Fröner durch Lohnarbeiter zu ersetzen. Die Abneigung
der Bauern gegen die F. und die drohende Abwanderung
der Hörigen in die Städte verstärkten im HochMA den
Trend zur Ablösung der F. Mit der Reduzierung der
grundherrl. Eigenwirtschaft und der Verpachtung des
Sallandes verringerten sich zuerst bes. diejenigen F., die
auf den Herrenäckern zu erbringen waren. Die Ackerfro-
nen wurden dabei entweder in Abgaben aus der Bauern-
wirtschaft (Getreide, Flachs usw.) oder sogleich in Geld-
zinse umgewandelt; das gleiche Schicksal erlitten viele
andere F., die ebenfalls allmählich durch Geldzahlungen
ersetzt wurden.

Gegen Ende des 13. Jh. hatten sich die F. parallel zum
Zerfall des Villikationssystems und zum Übergang zur
Rentengrundherrschaft in den meisten Gebieten West-
deutschlands und Frankreichs bereits auf wenige Frontage
pro Jahr verringert; ihre rechtl. Basis war zudem in der
Regel von der Grundherrschaft zur Gerichts- und Landesherrschaft verlagert worden. In Ostdeutschland und in
den osteurop. Ländern setzte dagegen seit dem 14./15. Jh.
ein entgegengesetzter Prozeß ein: In vielen Gegenden, wo
die Ausdehnung der Gutswirtschaft (→Gutsherrschaft)
und die Verschmelzung von grund- und gerichtsherrl.
Rechten Hand in Hand gingen, intensivierten sich die F.
erneut und wurden zu einer schweren Belastung der bäuerl. Wirtschaft.   W. Rösener

Lit.: DtRechtswb 3, 966 ff. – HRG I, 1306 ff. [G. Theuerkauf]–
O. Siebeck, Der F. als Arbeitssystem, 1904 – Ch.-E. Perrin, Recher-
ches sur la seigneurie rurale en Lorraine d'après les plus anciens censiers
(IXᵉ–XIIᵉ s.), 1935, 641 ff. – A. Dopsch, Herrschaft und Bauer in der
dt. Kaiserzeit, 1939, 46 ff., 135 ff. – G. Duby, L'économie rurale et la
vie des campagnes dans l'Occident médiéval I, 1962, 104 ff. – O.
Brunner, Land und Herrschaft, 1965⁵, 240 ff. – F. L. Ganshof–A.
Verhulst, Medieval Agrarian Society in its Prime (The Cambridge
Economic Hist. of Europe I, hg. M. M. Postan, 1966²), 314 ff. –
F. Lütge, Gesch. der dt. Agrarverfassung, 1967² – E. Miller–J. Hat-
cher, Medieval England 1086–1348, 1978, 121 ff. – L. Kuchenbuch,
Bäuerl. Gesellschaft und Klosterherrschaft im 9. Jh., 1978, 124 ff. – W.
Rösener, Bauern im MA, 1985, 218 f.

Fronhof (mansus indominicatus, villa, curtis), bildete in
der »klass.« →Grundherrschaft (F.system, Villikationsverfassung) des FrühMA den Mittelpunkt einer Villika-
tion (F.verband). Zu einem F. gehörte neben den F.gebäu-
den v. a. das vom Grundherrn mit Hilfe von Hofknechten
und bäuerl. →Frondiensten in eigener Regie bebaute Salland (terra salica); dem F. war außerdem eine größere Zahl
selbständiger Bauernhufen (mansi; →Hufe) angegliedert,
deren Inhaber dem F. zu Abgaben und Frondiensten verpflichtet waren. Der F. wurde entweder vom Grundherrn
selbst bewohnt und bewirtschaftet oder von einer an die
grundherrlichen Weisungen gebundenen Person verwaltet. Die auf dem F. ansässigen Hofknechte und Tagewerker bildeten zusammen mit den abhängigen Hufenbauern
eine Hofgenossenschaft (→familia), die unter einem gemeinsamen →Hofrecht stand und regelmäßig zum Hofgericht zusammenkam. Neben den vielfältigen Formen der
Agrarwirtschaft war der F. auch ein Zentrum der gewerbl.

Produktion (F.handwerk; →Frankreich, D). Die Bewirtschaftung des F.s leistete der Verwalter, der in den
Quellen als →Meier (maior, villicus), →Keller (cellerarius)
oder →Schultheiß (scultetus) erscheint; er war in der Regel
auch mit der Einziehung der geschuldeten Natural- und
Geldzinsen und mit der Abhaltung des Hofgerichts beauftragt. Die zunehmenden Selbständigkeitsbestrebungen
der F.verwalter und ihre Unzuverlässigkeit haben im
HochMA wesentlich dazu beigetragen, daß das F.system
v. a. im 12. und 13. Jh. zerfiel: Die Grundherren lösten
vielfach ihre Villikationen auf, verpachteten das Salland
der F.e an bäuerl. Leihenehmer und ersetzten die Frondienste durch Geldzahlungen. Auch nach diesem Übergang zu einem vorherrschenden Zins- und Rentensystem
blieb der ehem. F. – er erscheint im SpätMA unter Bezeichnungen wie Meierhof, Kellhof, Schultenhof oder
Dinghof – häufig noch Sammelstelle für grundherrl. Abgaben und Sitz des Hofgerichts mit bestimmten Vorrechten und Pflichten.   W. Rösener

Lit.: HRG I, 1309 ff. – G. L. v. Maurer, Gesch. der Fronhöfe, der
Bauernhöfe und der Hofverfassung in Dtl., 4 Bde, 1862/63 – W.
Wittich, Die Grundherrschaft in NW-Dtl., 1896, 185 ff. – V. Ernst,
Die Entstehung des dt. Grundeigentums, 1926, 97 ff. – R. Kötzschke,
Salhof und Siedelhof im älteren dt. Agrarwesen, 1953 – Cambridge
Econ. Hist. of Europe I, 1966² [F. L. Ganshof – A. Verhulst] – Dt.
Agrargesch., III, 45 ff., 83 ff. [F. Lütge] – G. Fourquin, Hist. économ.
de l'Occident médiéval, 1979², 56 ff. – Villa – curtis – grangia. Land-
wirtschaft zw. Loire und Rhein von der Römerzeit zum HochMA
(Beih. der Francia 11, 1983) – W. Rösener, Bauern im MA, 1987³, 25 ff.
– s. a. Lit. zu →Grundherrschaft.

Fronleichnam, von der mhd. Übersetzung von Corpus
Domini abgeleitete Bezeichnung eines im 13. Jh. aufkommenden Festtages, der sich im 14. Jh. im ganzen Okzident
verbreitete. Die Anregung geht auf die Nonne Juliane v.
Lüttich zurück, die 1209 in Visionen auf das fehlende Fest
der bes. Verehrung des Altarsakramentes aufmerksam
wurde, davon 1229 dem Lütticher Prälaten Jakob Pantaleon berichtete, der 1261 als →Urban IV. Papst geworden, durch die Bulle »Transiturus de mundo« 1264 das
Fest mit Oktav, also den höchsten Festen gleichgestellt,
der ganzen Kirche vorschrieb, nachdem schon 1247 der
Lütticher Bf. Robert dies für seine Diöz. angeordnet und
1252 Kardinallegat →Hugo v. St. Cher für seinen dt.
Legationsbereich propagiert hatte. Motiv des Festes ist,
ganz im Kontext der zeitgenöss. Sakramentenfrömmig-
keit, nicht Feier und Empfang, sondern die anbetende
Verehrung des im Sakrament anwesenden Christus, die
am Stiftungstag des Sakramentes, dem Gründonnerstag,
wegen der bes. Liturgie der Kartage mit Büßerversöh-
nung, Ölweihe u. ä. nicht möglich war; der Festtag wurde
deshalb auf den ersten freien Donnerstag nach der Osterfeier, d. i. in den meisten Kirchen der Donnerstag nach der
Pfingstoktav (nach Dreifaltigkeitssonntag) festgelegt.
Freilich wurde der Befehl des Papstes (in seiner Art bis
dahin eine Neuerung: erstmals Festeinführung aus päpstl.
Vollmacht) offenkundig nicht rezipiert. Erneute Einschärfung durch Clemens V. auf dem Konz. v. Vienne
1311/12 blieb ohne bes. Nachhall; erst die Aufnahme
dieses Dekretes in das CorpIC (Dekretaliensammlung
unter Johannes XXII., 1317: in Clem. 3,16) zeitigt mehr
Erfolg. Dieser stellte sich offenkundig erst dann ein, als
sich mit dem Fest die rituelle Besonderheit der
Sakramentsprozession, entwickelt aus schon vorliegenden Prozessionselementen wie Heiltumsumgang, Ver-
sehgeleit u. a., verband, ohne daß über Ursprungsort und
-zeit dieses das Fest künftig prägenden Brauches Auskunft
gegeben werden kann (Köln, Gereonsstift, zw. 1264 und
1278). Wie die anderen hohen Feste bot auch F. Gelegen-

heit zu geistl. Spielen, die gern in die gesamte Welt- und Heilsgeschichte ausgreifen und das volksfromme Verständnis des Festes als ein Erinnern an das Heilsereignis im ganzen erkennen lassen (→Geistl. Spiel). – Für die liturg. Texte in Messe und Stundengebet wird (bes. für die Orationen, die Sequenz »Lauda Sion salvatorem« und den Hymnus »Pange lingua gloriosi«) mit guten Gründen die Verfasserschaft →Thomas' v. Aquin angenommen (zuletzt P. M. Gy). Doch gingen diesen Offizien schon andere voraus, die in Orden und einzelnen Diöz. noch über das 13. Jh. hinaus in Gebrauch blieben.→ Bolsena. A. Häußling

Bibliogr.: Studia eucharist. DCC[i] anni a condito Festo Ss. Corporis Christi 1246–1946, 1946, 415–450 – A. Häussling, Literaturber. zum F.fest, Jb. für VK, NF 9, 1986, 228–240 – *Ed. und Lit.:* P. Browe, Textus antiqui de festo Corporis Christi, 1934 (Opuscula et textus. Ser. liturgica 4) – Ders., Die Ausbreitung des F.festes, JLW 7, 1927, 83–103 – Ders., Die Verehrung der Eucharistie im MA, 1933 [Neudr. 1967] – A. Mitterwieser, Gesch. der F.sprozession in Bayern, hg. T. Gebhard, 1949[2] – Th. Schnitzler, Die erste F.sprozession. Datum und Charakter, Münchener theol. Zs. 24, 1973, 352–362 – P. M. Gy, L'office du Corpus Christi et s. Thomas d'Aquin, État d'une recherche, RSPhTh 64, 1980, 491–507 – F. Unterkircher, Eine alte F.smesse, ALW 29, 1987, 47–49 – s. a. →Geistliches Drama.

Frontale → Antependium

Frontinus im Mittelalter. Von den Werken des röm. Fachschriftstellers Sextus Iulius F. (ca. 30–104 n. Chr.) ist nur ein Teil erhalten, das übrige, darunter im Werk de re militari, schon in der Spätantike untergegangen. Die in der Zeit Domitians verfaßten »Stategemata« spielten in der späten Kaiserzeit eine wichtige Rolle (anonyme Ergänzung durch ein viertes Buch, sog. Ps.-Frontin; Benutzung durch Vegetius) und waren auch im MA nicht unbekannt. Die hs. Überlieferung wird für uns sichtbar im 9. Jh. und setzt sich durch alle Jahrhunderte kontinuierl. in einigen wenigen Exemplaren fort. Neben der Überlieferung des vollständigen Textes gab es wenigstens vereinzelt Florilegien, ebenfalls schon seit dem 9. Jh.: ein Zweig läßt sich mit Murbach verbinden (Gotha membr. I 101 9. Jh.); auch →Sedulius Scottus nahm Auszüge in seine Kollektaneen auf: Zusammenhang mit dem Murbacher Florileg bzw. dessen Vorlage wäre nicht ausgeschlossen. Benützung des Werkes ist relativ selten nachgewiesen; zuerst bei Paulus Diaconus (hist. Rom. 8), dann erst wieder im 12. Jh. bei →Johannes v. Salisbury; andere Autoren dieser Zeit wie →Petrus v. Blois, vermutl. auch →Hugo v. St. Victor in seiner Chronik, scheinen ihre Kenntnis aus zweiter Hand geschöpft zu haben. Im 14. und 15. Jh. waren die »Stategemata« unter humanist. Einfluß in Italien, Frankreich und Deutschland, zumeist verbunden mit anderen Kriegsschriftstellern, stark verbreitet (Ed. pr. Rom 1487).

Die im Altertum anscheinend wenig benutzte Schrift über die Wasserversorgung der Stadt Rom (»de aquis urbis Romae«) erscheint – vermutl. im frühen MA – in Hersfeld (Mitteilung eines Hersfelder Mönchs an Poggio, s. P. Lehmann, s. u.; die Hs. selbst ist verloren). Auf ein anderes Exemplar scheint die in der 1. Hälfte des 12. Jh. von →Petrus Diaconus in Monte Cassino hergestellte Abschrift (Monte Cassino 361) zurückzugehen, von der weitere Kenntnis im MA ist nicht festzustellen – die humanist. Hss. abstammen (ein knappes Dutzend). Ein Werk über die Feldmeßkunst ging vermutl. schon in der Spätantike verloren; es ist nicht einmal sicher, ob es dem Autor des Komm. des sog. Agennius (dem Ps.-Agennius 5. oder 6. Jh.) noch vorlag. Letzterer ist in einem Zweig der Überlieferung des Corpus der Feldmesser ins MA gelangt und an wenigen Städten, darunter Fulda (seit dem 9. Jh.?), bekannt gewesen, scheint indes keine Bedeutung

erlangt zu haben. Erstmals haben sich wieder Humanisten wie Johannes Sichart mit den Texten beschäftigt.

F. Brunhölz

Lit.: P. Lehmann, Johannes Sichardus und die von ihm benutzten Bibl. und Hss., 1912 [Register] – Manitius, I–III [Register] – Schanz-Hosius – M. D. Reeve – L. D. Reynolds (Texts and transmission. A Survey of the Lat. Classics, 1983), 166ff.

Fronto (frz. Front), hl. (Fest: 25. Okt.), erster (legendar.) Bf. v. →Périgueux. In seiner ältesten, im 8. Jh. entstandenen Vita (BHL 3182) erscheint F. als Jünger des Apostels Petrus und wird mehr als Eremit denn als Bf. geschildert. Der Verfasser dieser Vita hat eine hist. wertlose biograph. Kompilation mit einem wörtl. Plagiat aus einer Vita des hl. Fronto v. Nitria (BHL 3190) ungeschickt zusammengefügt. Ein Redaktor des ausgehenden 10. Jh. versuchte diesen Text durch Beseitigung einiger Widersprüche und die Hinzufügung eines abschließenden Wunders des Hl. er zu verbessern (unter dem Autorennamen 'Ps.-Gauzbertus' ed. M. Coens, s. u.). Bei dieser Bearbeitung handelt es sich wahrscheinl. um den Text, der – nach dem Bericht des →Ademar v. Chabannes – auf dem Konzil v. Limoges 1031 als eine von interessierter Stelle lancierte Fälschung angeprangert wurde. Im 11. Jh. führte ein Ps.-Sebaldus Elemente aus den Legenden des hl. →Martial v. Limoges und der hl. →Martha in die Vita des F. ein (BHL 3183); von dieser Fassung wurde bald darauf eine verkürzte Redaktion erstellt (BHL 3185). Die beiden markantesten Episoden dieser Viten des hl. F. behandeln die Erweckung seines verstorbenen Schülers Georg mit Hilfe des Stabes des hl. Petrus und die wunderbare Errettung F.s und seiner Gefährten vor dem Hungertod in der Wüste durch eine 70köpfige Kamelkarawane.

F. hat jedoch tatsächl. gelebt; nach der Überlieferung kam er in Lanquais (dép. Dordogne) zur Welt. Die erste Erwähnung seines Kultes findet sich beiläufig in der zeitgenöss. Vita des hl. Gaugericus (BHL 3286, cap. 11) Gaugericus macht in Périgueux Station, um am Grabe des hl. Bekenners F. zu beten (Anfang 7. Jh.). Die erste Nennung in einem Martyrologium erfolgte zu Beginn des 9. Jh. (anonymes Lyoner Mart.). Beglaubigungen (recognitiones) seiner Reliquien fanden 1261 (BHL 3188) und 1463 statt; diese wurden 1575 von Protestanten größtenteils vernichtet. J.-C. Poulin

Q.: La vie ancienne de s. Front de Périgueux, ed. M. Coens, AnalBoll 48, 1930, 324–360 – La 'Scriptura de sancto Fronto nova' attribuée au chorévêque Gauzbert, ed. Ders., AnalBoll 75, 1957, 340–365 – *Lit.:* DHGE XIX, 181f. – A. Vaccari, La leggenda di S. Frontonio, AnalBoll 67, 1949, 309–326 – L. Grillon, Réflexions sur l'invention du corps de s. Front en 1261, Bull. de la Soc. hist. et archéol. du Périgord 96, 1969, 90–93 – J.-C. Ignace, Réflexions sur la légende et le culte de s. Front, ebd. 106, 1979, 52–72.

Frosch → Lurche

Frostaþingslög (auch: Frostuþingslög), das Rechtsbuch des Frostadings, eines der vier norw. Lagdingbezirke (→Ding, Abschnitt II; →Norwegen) mit dem Kernbereich Tröndelag, d. h. die acht Bezirke (→fylke) um den Drontheimfjord (→Drontheim), und den angrenzenden Landschaften Nordmøre, Romsdal und Namdal. Die bewahrte Fassung der F. entstammt dem »Codex Resenianus«, entstanden zw. 1260 und 1269, und ging aus einer Rechtsrevision des Kg.s →Hákon Hákonarson (1217–63) hervor, dessen Landfriedensgesetze in der »Einleitung« zu den F. (dem jüngsten Teil des Textes) bereits reichseinheitlich gedacht waren. Der Text ist indessen, abgesehen von wenigen Fragmenten des 13. und 14. Jh., vollständig nur in jüngeren Abschriften (Papierhss.) dieses 1728 verbrannten Codex enthalten. Eine ältere Sammlung tröndi cher Gesetze trug möglicherweise den Namen »Grágás« (´Graugans`) und wird Kg. Magnus dem Guten (1035–47) ugeschrieben. Eine weitere Version geht, der →Sverris-aga zufolge, auf Ebf. →Eysteinn Erlendsson († 1188) unter dem Namen »Gullfjær« (´Goldfeder`) zurück, um-aßte aber wohl nur eine Revision des Christenrechts und les Dingrechts. Welche Teile der F. aus der »Grágás« hervorgegangen sind, läßt sich mit Bestimmtheit nicht sagen. Die F. waren Vorbild für das norw. Gesetzbuch für sland (»Járnsíða«, Ende 13. Jh.) und – zusammen mit dem vestnorw. →Gulaþingslög – für das Reichsrecht Magnús Hákonarsons (1274). Die F. galten zudem in den eigen-tändigen nordnorw. Lagdingbezirken Halogaland, Her-edalen und Jämtland (letzteres jetzt zu Schweden). Die für Norwegen untypische Einteilung des F.-Textes in 16 Teile (staði) ist möglicherweise von den kanon. Dekreta-ensammlungen beeinflußt.   H. Ehrhardt

Ed.: Norges gamle Love I, 1846 – dt. Übers.: R. Meissner, Germanen-rechte, 4, 1939 – Lit.: KL IV, 656–661 – K. Helle, Norge blir en stat 1130–1319, 1974, 224 ff. – P. Sveaas Andersen, Samlingen av Norge og kristningen av landet 800–1130, 1977, 21 und passim.

Frot(h)arius. **1. F.,** Ebf. v. →Bordeaux 858 (?) – 876, † 888. Sein Episkopat fällt in die Periode, in der Aquitanien am stärksten durch Normanneneinfälle beeinträchtigt wurde. F. war einer der Korrespondenten →Hinkmars, mit dem er Versrätsel austauschte. Offenbar erfreute sich F. der Gunst Ks. →Karls d. K. Zw. 860 und 867 nahm er an mehreren Regionalkonzilien teil; 868 empfing er die Abtei St. Hilaire de →Poitiers, vielleicht auch →Charroux; 872 gibte er das Bischofsamt in →Poitiers aus und erhielt 874 die Abtei St-Julien de →Brioude, was ihn in Konflikte mit dem Mgf.en Bernhard v. Gothien brachte. Schließlich erlangte er von Papst Johannes VIII. die Versetzung auf den ebfl. Stuhl von →Bourges, eine Maßnahme, die gegen die kanon. Regeln verstieß und auch die Opposition Hink-mars hervorrief, aber mit »Fürstengunst« durchgesetzt wurde; dies bedeutete die Flucht vor der Normannenge-fahr und die Aufgabe der Garonnegrenze durch die Fran-ken. F. hatte, angesichts erneuter Gegenaktionen Bern-hards v. Gothien, jedoch Schwierigkeiten, seine Civitas in Besitz zu nehmen.   Ch. Higounet

Q. und Lit.: Hincmar, Epist. 22, MPL 126, 132–163 – Annales Bertinia-ni, 876, MGH SRG 129 – Flodoard, Hist. Remensis ecclesiae, ed. Lejeune, II, 1854, 219 – L. Auzias, L'Aquitaine carolingienne, 1937, 305–309, 536–539, 377–381 – Ch. Higounet, Bordeaux pendant le haut MA (Hist. de Bordeaux II), 1963, 87 f.

2. F., Bf. v. →Toul, † 22. Mai(?) 848. F. erhielt seine Erziehung im Kl. →Gorze, war dort Mönch, anschließend Abt des Kl. St. Aper (Evre) vor Toul. Auf Veranlassung →Karls d. Gr. wurde er Bf. v. Toul, er wurde wahr-scheinl. in Karls letzter Regierungszeit (813, 22. März?) geweiht. Hauptquelle für F. ist die von und mit ihm geführte Korrespondenz (32 Briefe).

Innerhalb seiner Diözese waren Synodalwesen und Sor-ge um das Kirchengut vorrangige Tätigkeitsfelder. Zw. 825 und 830 erhielt die Kirche v. Toul von →Ludwig d. Fr. und →Lothar I. eine Bestätigung ihrer Immunität und deren Ausweitung (Ansatz gfl. Rechte). F. verwirklichte die Reformpolitik Ludwigs d. Fr. in seinem Bm.: er führte das Kanonikerinstitut ein und reorganisierte mit der Durchsetzung der →Regula Benedicti die Kl. St. Evre, →Senones und →Moyenmoutier.

F. ist markant in das sich herausbildende Reichskirchen-system der hochkarol. Zeit eingebunden. Deutlich wird dies durch seine Stellung im administrativen Gefüge seiner Kirchenprovinz →Trier, durch das servitium regis – in Heereszügen von 817 und 827, im Stellen der →Gastung

für Ludwig d. Fr. in der Pfalz →Gondreville und in der eigenen Tätigkeit als →missus dominicus.

Die persönl. Nähe zum karol. Haus ließ F. zum Seismo-graphen für dessen wechselndes Geschick werden: 818 übertrug ihm Ludwig d. Fr. die Überwachung dreier seiner Bastardstiefbrüder, darunter →Drogo (später Bf. v. Metz) und Hugo (später Abt v. St. Quentin, Lobbes und St. Omer). 829 war F. Teilnehmer der großen Reformsyn-ode v. Mainz. Anfang der dreißiger Jahre schwenkte er wohl vorsichtig auf die Seite Lothars, um 835 in Dieden-hofen und 840 in Ingelheim in der Zustimmung zur Abset-zung und Restitution von Ebf. →Ebo v. Reims den erneu-ten Kurswechsel zu Ludwig d. Fr. und dann wieder zu Lothar hin erkennen zu lassen.   H. H. Anton

Q.: Briefe: MGH Epp. V, 275–298 – Urkk. bei: A. Calmet, Hist. eccl. et civile de Lorraine I, 1745² [Neudr. 1973]; H. Omont (Notices et extraits des mss. 38, 1903), 354f. – Flodoard, Hist. Remensis ecclesiae, MGH SS XIII – Gesta episcoporum Tullensium, MGH SS VIII – Lit.: Ch. Pfister, L'évêque Frothaire de Toul, Annales de l'Est 4, 1890, 261–313 – K. Hampe, Zur Datierung der Briefe des Bf.s F. v. Toul, NA 21, 1895, 747–760 – Duchesne, FE 3, 65 – H. H. Anton, Trier im frühen MA, 1987 (Q. und Forsch. aus dem Gebiet der Gesch. NF 9).

Frottola (von afrz. flotte ´Schar, Menge`), Bezeichnung für eine im 14. Jh. aus der ballata (→Ballade) entwickelte volkstüml. it. Gedichtform mit achtsilbigen oder unregel-mäßigen Zeilen der Reimform xyyx (oder xyxy) als ripresa und der Strophe ab.ab. (mutazioni oder piedi) plus bx oder bccx (volta). Ende 15./Anfang 16. Jh. ist f. Sammelbegriff für pseudo-volkstüml. Vertonungen dieser und anderer Strophenformen wie oda, strambotto, sonetto, capitolo, can-zone, canto carnascialesco, lauda. Entstanden am Hof zu →Mantua aus dem improvisierenden solist. Gesangsvor-trag antiker und zeitgenöss. weltl. Dichtungen zu Instru-mentalbegleitung, gelten die gewollt kunstlosen f.e im akkord. drei- und vierstimmigen Satz mit melodieführen-der Oberstimme und tonal stützender Unterstimme in ihrer klar gegliederten Einfachheit und Vorliebe für ste-reotype, auch ironische oder bloß spieler. Texte als Ver-bindung zw. der it. Kunstmusik des 14. Jh. und dem Madrigal des 16. Jh. und tragen in ihren Nachfolgern villanella und villota bei zur Monodie um 1600. F.e-Kom-ponisten waren neben vielen Norditalienern (B. Trom-boncino, M. →Cara) auch Niederländer wie Josquin, A. Agricola, L. Compère.   H. Leuchtmann

Ed.: R. Schwarz, O. Petrucci: F.e Buch I und IV, 1935 [Nachdr. 1967] – A. Einstein, Canzoni sonetti strambotti et f.e, libro tertio, Smith College Music Archives IV, 1941 – B. Bailly de Surcy, Complete Original Ed. of Ottaviano Petrucci: F.e libro quinto 1505, 1974 – Lit.: Diz. enciclop. univers. d. musica e dei musicisti, 1983ff., s. v. – MGG, s. v. – New Grove, s. v. – Riemann, Sachteil, s. v. – W. Rubsamen, Literary sources of secular music in Italy (ca. 1500), 1943 [Nachdr. 1972] – A. Einstein, The It. Madrigal, 1949 [Nachdr. 1971], 34–115 – B. Disertori, La f. nella storia della musica, 1954 – G. Reese, Music in the Renaissance, 1954, 155–173 – J. Haar, Chanson and Madrigal 1480–1530, 1964 – K. Jeppesen, La f., III: F. und Volkslied, 1970 – W. Th. Elwert, It. Metrik, 1984, 143f.

Froumund, Mönch und Lehrer in →Tegernsee, * um 960, † zw. 1006 und 1012, vielleicht aus Schwaben stam-mend, trug entscheidenden Anteil am kulturellen Auf-schwung seines Kl. nach dem Niedergang in der Zeit der Ungarnzüge. Er stand in Beziehung zu St. Mang in →Füs-sen (MGH N I 85; 20. X.; Brief 6) und verbrachte, ver-mutl. bald nach 990, einige Zeit in St. Pantaleon in →Köln; er war einer der Mönche, die das verödete →Feuchtwan-gen wieder beleben sollten (zw. 993 und 995). Auch nach →Augsburg (Brief 17, 74) und →Regensburg, St. Emme-ram, hatte F. persönl. Verbindungen. Ein Grundzug sei-ner Persönlichkeit ist das stete Streben, seine Kenntnisse zu erweitern, Texte für das eigene Studium und für die Schule zugängl. zu machen. Von Köln brachte er u. a. die Kenntnis einiger Graeca mit. Das Bemühen um Texte ist auch aus seinen Briefen zu ersehen: er erwähnt Horaz, Statius, Persius, Juvenal, Ciceros Invektive gegen Sallust und Briefe, Boethius, Cassian. Die Hss., die er, oft zusammen mit seinen Schülern, schrieb, lassen ebenfalls seine vielseitigen Interessen erkennen (mehrere Werke des Boethius, Cassiodors Historia tripartita, Alkuin de dialectica, Haimo in Cantica Canticorum, die Carmina des Venantius Fortunatus, daneben Kommentare und Glossen zu diesen und anderen Texten, Notizen verschiedenster Art, wie Tierstimmen, Maße und Gewichte, Versfüße, eine Windtafel, Erklärungen zu einzelnen Worten und Dingen). Das eigene Werk F.s besteht in einer Sammlung seiner Briefe und Gedichte, von ihm, auch im Gedanken an sein Nachleben, selbst zusammengestellt. Die Briefe, die er im Namen verschiedener Personen verfaßte, geben Einblick in die Verhältnisse des Kl. (Beziehungen zum Herzogshaus, Wirtschaft, Rechtsstreitigkeiten, Glaskunst, Glockengießerei). Die etwas ungelenken und oft schwierigen Gedichte – Grüße, Bitten, Scherze, Invektiven, Aufschriften, Geistliches – lassen viel Persönliches erkennen, seine Sorge um die Schüler, Enttäuschungen, Ängste, aber auch derben Humor. Einer seiner Schüler war →Ellinger. Daß Tegernsee im 11. Jh. eines der bedeutendsten süddt. Zentren der Kalligraphie wurde, geht vermutl. auf die von F. gelegten Grundlagen zurück.

G. Bernt

Ed.: Die Tegernseer Briefslg. (F.), hg. K. Strecker, 1925, MGH Epp. sel. 3 – *Lit.*: Verf.-Lex.² II, s.v. – Chr. E. Eder, Die Schule des Kl. Tegernsee im frühen MA im Spiegel der Tegernseer Hss, SMGB 83, H. 1/2, 1972, und Münchener Beitr. zur Mediävistik und Renaissance-Forsch., Beih., 1972, 24–26, 36–51 – W. Berschin, Griech.-lat. MA, 1980, 47, 234 – H. Hoffmann, Buchkunst und Kgtm. im otton. und frühsal. Reich, Textbd., Tafelbd., 1986, MGH Schr. 30 I/II, 554 [Ind.] – G. Bernt, F. von Tegernsee (Christenleben im Wandel der Zeit, hg. G. Schwaiger, I, 1987), 49–55.

Frowin. 1. F. v. Engelberg →Engelberg

2. F. v. Krakau, Kanonikus, 1325–30 urkundl. als Propst zu St. Peter in Sandomir bezeugt. Verfasser des weitverbreiteten und oft kommentierten lat. Lehrgedichts »Antigameratus« (wohl vom altpoln. *gamrat*, d. h. lasterhaft, also 'Gegen die Zuchtlosigkeit'). Das ca. 430 Hexameter (»versus differentiales«) umfassende Gedicht, das wahrscheinl. dem Krakauer Bf. Johannes III. Grot (1328–1347) gewidmet ist, dürfte um 1340 verfaßt worden sein. Das Werk, das laut Prolog Moral- und Sittenlehre sowie Unterweisung in Bedeutung und Prosodie lat. Aequivoca sein will, gliedert sich in allgemeingültige Morallehren, Vorschriften für Kleidung, Haar- und Bartmode, in Didaxe der Geistlichkeit, der weltl. Fs.en und Richter, der Knechte, Hinweise für Eheleute, in eine Tischzucht, Kochvorschriften und Ratschläge für den Bauernstand. F. benutzt den »Facetus Cum nihil utilius«, die »Disticha Catonis«, die »Versus de differenciis« des Serlo v. Wilton sowie die Bibel.

Bereits 1346 wird der »Antigameratus« als Schulbuch von →Hugo Spechtshart v. Reutlingen empfohlen, ebenfalls in der »Candela rhetorice«, einem Briefsteller des Iglauer Anonymus (ca. 1403–1418). Das »Florilegium Treverense« (zusammengestellt nach der Mitte des 14. Jh.) zitiert 30 Verse des F. Während der Frühhumanist Niklas v. Wyle das Werk um 1450 noch neben Cicero stellt, verwirft es Heinrich Bebel (1513) mit anderen ma. Lehrbüchern. Anfang des 16. Jh. wurde der »Antigameratus« in Leipzig gedruckt (GW 2060). Drei bislang bekannt gewordene Reimpaar-Übersetzungen (Leipzig und

oberdt. Raum) zeigen, daß der »Antigameratus« ir 15. Jh. auch für die volkssprachige Didaxe eingesetzt wur de.

W. Maa

Lit.: Verf.-Lex.² II, 988–990 [zu den dort notierten 36 Hss. weite Textzeugen z. B. bei G. Kentenich, Beschreibendes Verz. der Hs der Stadtbibl. zu Trier 10, 1931, 34] – F. Brunhölzl, Florilegiu Treverense, MJb 1, 1964, 65–77, hier 75; MJb 3, 1966, 129–217, hier 1 – J. Wolny, M. Markowski, Z. Kuksewicz, Polonica w średnic wiecznych rękopisach bibl. Monachijskich, 1969, 42, 78–80, 12. 151–153 – G. Silagi, Aus der 'Forma discendi' des Hugo Spechtshart Reutlingen (Fschr. B. Bischoff, hg. J. Autenrieth–F. Brunhölz 1971), 417–434, hier 426, 433 – H. Butzmann, Kat. der Hzg. Augu Bibl. Wolfenbüttel 15, 1972, 383 – J. Stohlmann, Nachtr. zu Har Walther (II), MJb 8, 1973, 294 (Nr. 8454) – N. Henkel, Ma. Übers. la Schultexte ins Dt. (Poesie und Gebrauchslit. im dt. MA, hg. V. Hon mann–K. Ruh–B. Schnell–W. Wegstein, 1979), 164–179, hier 177 – S. Włodek, G. Zathey, M. Zwiercan, Katalog Łacińskich rękop sów średniowiecznych bibl. Jagiellónskiej I, 1980, 4.

Fruchtwechselwirtschaft. Die F. stellt ein intensive Bodennutzungssystem dar, bei dem in regelmäßiger Wechsel Getreide und Blattfrucht angebaut werden. Si gewährleistet eine gute Boden- und Düngerausnutzun und trägt wesentl. zur Steigerung der Agrarproduktio bei. Die F. im engeren Sinne gehört zu den neuere Feldsystemen, die sich – bedingt v.a. durch Dünger knappheit (→Düngung) – seit dem SpätMA und insbes. i der frühen NZ ausprägten. F. im weiteren Sinne wa bereits im röm. Reich bekannt, doch besitzt dieses antik Anbausystem keine Beziehung zu den Bodennutzung formen mit regelmäßigem Wechsel der Anbaufrucht, di sich im Hoch- und SpätMA ausbildeten und unter dene die →Dreifelderwirtschaft das bekannteste System dar stellt. Seit dem 13. Jh. breiteten sich in einigen hochent wickelten Landschaften verbesserte Felderwirtschafte mit eigtl. Fruchtwechsel aus, wobei insbes. das Brachlan mit Blattfrüchten in Gestalt von Gemüsen und →Futter pflanzen (Erbsen, Bohnen, Rüben, Wicken), Faserpflan zen (Flachs, Hanf) und Farbpflanzen (Krapp, Waid; →Far be, Abschnitt I) besät wurde. Diese wesentl. intensiviert Form der Ackernutzung erschien im 13./14. Jh. in star kommerzialisierten und urbanisierten Regionen wie i Oberitalien, der Normandie, den Niederlanden und an Niederrhein. Stellenweise führte der vermehrte Frucht wechsel sogar dazu, daß man die Äcker überhaupt nich mehr brachliegen ließ, wie man dies schon bei gut gedüng ten Gemüsegärten kannte. Insbes. in der Lombardei und i Flandern wurden die Brachfelder vielerorts mit Futterge wächsen und Handelspflanzen besät, die im Nahbereich großer Städte günstige Absatzchancen besaßen. Diese verbesserte Anbau- und Fruchtwechselsystem entwickel te sich in der Regel in Wechselbeziehung zu vermehrte Viehzucht, die genügend Dünger für die Felder bereitstell te. In Spanien und Süditalien wurden klimatisch bedingt Einschränkungen beim Fruchtwechsel teilweise durc künstl. →Bewässerung ausgeglichen. – S.a. →Flur, -form, -system.

W. Rösener

Lit.: B. H. Slicher van Bath, The Agrarian Hist. of Western Europe 500 A.D. – 1800 A.D., 1963 – G. Duby, L'économie rurale et la vie de campagnes dans l'Occident médiéval, 1–2, 1962 – B. Andreae, Be triebsformen in der Landwirtschaft, 1964 – A. Verhulst, Hist. du paysage rural en Flandre de l'époque romaine au XVIIIᵉ s., 1966 – V. Fumagalli, L'evoluzione dell'economia agraria e dei patti colonic dell'Alto al Basso Medioevo, StM 18, 2, 1977, 461 ff. – W. Abel, Gesch. der dt. Landwirtschaft, 1978³ – H. Jäger, Bodennutzungs systeme (Feldsysteme) der Frühzeit (Unters. zur eisenzeitl. und früh ma. Flur in Mitteleuropa und ihrer Nutzung, AAG 116, 1980), 197 ff. – A. Verhulst, L'intensification et la commercialisation de l'agriculture dans les Pays-Bas méridionaux au XIIIᵉ s. (Mél. J. J. Hoebanx, 1985), 89–100.

Fructuosus v. Braga, hl., † nicht nach 675, Sohn eines dux, mit einem westgot. Kg. verwandt. Nach dem Tod der Eltern empfing er die Tonsur und erhielt in der bfl. Schule von →Palencia Unterricht. Dann zog er sich in die Gegend des Bierzo (Prov. León) zurück, wo seine Familie begütert war. Dort und in Galicien gründete er mehrere Kl., als erstes Complendo w. von →Astorga. Im Verlauf einer Reise in die →Baetica entstanden drei Kl., darunter eines für Nonnen. 654/656 erlangte er die Würde eines Abtbf.s v. →Dumio, 656 bestimmte ihn das 10. Konzil v. Toledo zum Metropoliten v. →Braga. Weiterhin rief er monast. Gemeinschaften ins Leben, darunter eine in Montélios (zw. Braga und Dumio), wo er begraben wurde. Wohl aus jener Gegend stammt die zeitgenöss. Vita Fructuosi. 1102 raubte Bf. →Diego II. Gelmírez v. Santiago die F.reliquien.

F. war ein zum Eremitentum neigender Asket, dessen Haltung sich in seiner »Regula monachorum« für Compludo spiegelt. Die »Regula communis«, Gemeinschaftswerk von seinen Vorstellungen beeinflußter Äbte, zeigt einen Zusammenschluß von Kl. (monatl. Zusammenkünfte der Äbte eines Gebiets, gemeinsamer Klosterbf.). Modifizierte Vorschriften des F. galten noch nach Jahrhunderten in zahlreichen iber. Kl. Erhalten sind von F. auch ein Brief an →Braulio v. Zaragoza und einer an Kg. →Reccesvinth, anläßl. des 8. Konzils v. Toledo (653). J. Prelog

Q.: S. Leandro, S. Isidoro, S. Fructuoso: Reglas monásticas de la España visigoda..., ed. J. CAMPOS RUIZ, 1971, 127ff. – La Vida de S. Fructuoso de Braga, ed. M. C. DÍAZ Y DÍAZ, 1974 – Lit.: Repfont IV, 70–573 – DHGE XIX, 208–230 [Lit.] – J. ORLANDIS, Estudios sobre instituciones monásticas medievales, 1971 – L. A. GARCÍA MORENO, Prosopografía del reino visigodo de Toledo, 1974, 88f., 151–153.

Frueauf. 1. F., Rueland d. Ä., Salzburger Maler, * um 1440/45, † 1507 Passau. F. steht in der Tradition Conrad →Laibs in Salzburg, wo er 1470 bis 1480 u. a. in den Abteirechnungen von St. Peter genannt wird. Spätestens 1481 übersiedelte er nach Passau (monumentale Fresken im Scheiblingturm und im Rathaus). 1484 unterlag er in der Konkurrenz um den Altar in der Salzburger Liebfrauenkirche (Franziskanerkirche) Michael →Pacher. Während F.s frühe Produktion keine klaren Konturen erhält, ragt sein Hauptwerk, Altarflügel mit je vier Szenen aus dem Marienleben und der Passion, 1490/91 dat., durch die Verbindung moderner Expressivität und archaisierender Strenge hervor. Anzuschließen sind das Portrait eines jungen Mannes (gleichfalls Wien, österr. Galerie) und der große Schmerzensmann aus Piding (München). Ob das Monogramm »RF« auf dem Nürnberger Augustineraltar auf ihn, den Sohn oder einen anderen Meister zu beziehen ist, bleibt strittig. Ch. Klemm

2. F., Rueland d. J., * Salzburg um 1470/75, † 1545/47 in Passau, wo er seit 1497 Bürger war und eine Werkstatt betrieb. Als Sohn des älteren F. setzte F. d. J. die Salzburger Tradition fort, die bes. in seinem frühesten Werk, einer volkreichen »Kreuzigung im Gedränge« von 1496 zur Geltung kommt. Seine beiden Hauptwerke, Altarflügel von 1498/99 mit je 4 Szenen aus der Johannesgeschichte und der Passion und die 4 Tafeln eines Leopoldaltars von 1505 (sämtl. in Klosterneuburg), sind von einer lyr.-märchenhaften Stimmung erfüllt, die ihre Landschaften zu den unmittelbaren Vorstufen der »Donauschule« macht und noch die Romantiker fasziniert. Eine isolierte Tafel mit dem »Schleierwunder Leopolds« (ebda) scheint in Spätwerk F.s zu sein. Ch. Klemm

Lit.: L. BALDASS, Conrad Laib und die beiden R.F., 1946 – R.F.d.J., Ausstellungskat. Klosterneuburg 1961 – A. STANGE, R.F.d.J., 1971 – E.

M. HÖHLE, Stud. zum F.-Problem [Diss. Wien 1975] – DERS., Ein unbekanntes Christus-Bild R.F.s d. Älteren, WJKu XXXVI, 1983, 203–212.

Fruela. 1. F. I., Kg. v. →Asturien 757–768, Sohn und Nachfolger →Alfons' I., wird von astur. Chronisten als wilder und krieger. Herrscher beschrieben, der seinen Bruder Vimara eigenhändig umbrachte und wegen seiner Gewalttätigkeit 768 von Höflingen ermordet wurde. Er schlug ein muslim. Heer bei Pontuvio in Galicien. Aufstände der Basken und der Galicier warf er nieder. In Galicien wurden Besiedlungsmaßnahmen durchgeführt. Den Priesterzölibat schärfte F. mit harten Strafen ein. J. Prelog

Q.: Chroniques asturiennes, ed. Y. BONNAZ, 1987 – Lit.: C. SÁNCHEZ-ALBORNOZ, Orígenes de la nación española. Estudios críticos sobre la hist. del reino de Asturias II, 1974, 195–206, 277–307 – P. GARCÍA TORAÑO, Hist. de el reino de Asturias, 1986, 93–101.

2. F. II., Kg. v. →León seit 924, † 925, 4. Sohn →Alfons' III. v. Asturien, ∞ 1. Numilo Jimena, Tochter des Jimeno Garcés v. Pamplona, ∞ 2. Urraca aus der Fam. Banū Qāsi, soll sich 910 an einer Verschwörung seiner Brüder gegen den Vater beteiligt haben. Nach dem Tod seines Bruders →Ordoño II. (924) setzte er sich gegen dessen Söhne durch. Die Exiliierung des Bf.s Frunimius II. v. León wurde ihm von klerikalen Kreisen verübelt. J. Prelog

Q.: Sampiro, su crónica y la monarquía leonesa en el siglo X, ed. J. PÉREZ DE ÚRBEL, 1952 – J. RODRIGUEZ, Fruela II, rey de León, Archivos Leoneses 32, 1962 – M. R. GARCÍA ÁLVAREZ, Ordoño Adefonsiz, rey de Galicia de 910 a 914) Cuadernos de Estudios Gallegos 21, 1966, 5–41, 217–248.

Frühburgen, alamannische → Befestigungen A.III, 5

Frühkapitalismus. Unter F. verstehen manche in Entstehungsstufen oder in einer Abfolge von Wirtschaftssystemen oder Wirtschaftsstilen denkenden Gesellschaftstheorien diejenigen Formen des Kapitalismus, die vor dessen reiner Ausbildung als Industrie- oder Hochkapitalismus liegen. Da die inhaltl. und zeitl. Bestimmung des F. von den unterschiedl. Definitionen des Begriffs Kapital abhängt, hat sich eine herrschende Lehre über Wesen und Dauer des F. und dessen etwa ins MA fallende Anfänge nicht ausgebildet. Wichtige Interpretationen sind: 1. die marxist.: K. MARX sprach zwar bereits von dem naturwüchsigen Kapital des ma. Zunfthandwerkers, vom ma. Wucherkapital, vom Handels- oder Kaufmannskapital als der hist. ältesten freien Existenzweise des Kapitals und von dessen bes. rascher Akkumulation seit dem 16. Jh., aber genaue zeitl. Festlegungen finden sich bei ihm noch nicht. Heute versteht die marxist. Wirtschaftswiss. unter F. die im 16. Jh. beginnende erste Entwicklungsetappe der kapitalist. Wirtschaft, die sich im Schoße des Feudalismus auf der Grundlage der entwickelten einfachen Warenproduktion, des vorkapitalist. Handelskapitals und der Ausdehnung des inneren und äußeren Handels vorbereitet hatte und im Wege der ursprgl. Akkumulation von Wucher- und Händlergewinnen das Kapital als mit dem Klassengegensatz zur Arbeit behaftetes Produktionsverhältnis hervorbrachte. – 2. W. SOMBART verwandte als erster den Begriff des Wirtschaftssystems, der alle für die Wirtschaft eines Zeitalters wesentl. Züge zu einer Einheit zusammenfassen sollte. Er sprach auch von einem Zeitalter des F. und bestimmte es als den Zeitraum, in dem das kapitalist. Wirtschaftssystem zuerst neben älteren Wirtschaftssystemen auftrat und allmählich die alleinige Herrschaft erlangte; in diesem Zeitraum habe der kapitalist. Geist als Erwerbsprinzip (im Gegensatz zum Nahrungsprinzip) und den ökonom. Rationalismus hervorgebracht und, nach ersten Anfängen im 13. Jh., mit dem Ende des 15. Jh. so viele Menschen erfaßt, daß kapitalist. Umsatz, Betriebsorganisation und Geschäftstechnik als Massenerscheinungen erkennbar würden. Damit habe die erste Epoche des Kapitalismus begonnen, als dessen zweite Phase SOMBART den Merkantilismus betrachtete. Als ursprgl. Akkumulation bestimmte er die Ansammlung von Überschüssen der Grundrente, die Grundherren im Handel angelegt hätten. – 3. F. OPPENHEIMER suchte die Anfänge des Kapitalismus in den Umständen, die zur Getreideerzeugung in großem Stile für den Export führten (→Getreide) und in Ostmitteleuropa Ritter in Rittergutsbesitzer, im W wohlhabende Städter in Grundpächter und Agrarunternehmer verwandelten. Ihr Agrarkapitalismus habe die Entstehung eines Proletariats in den Städten verursacht und das von MARX beschriebene Kapitalverhältnis hervorgebracht, und zwar bereits seit dem 14. Jh.: OPPENHEIMER war der erste, der den Umbruch zur frühkapitalist. Entwicklung aus dem 16. Jh. auf die Mitte des 14. Jh. vorverlegte, wenn auch noch nicht mit der heute (→Agrarkrise) gültigen Begründung.

Bei diesem Stand der Forschung ist es untunlich, nach einer zeitl. Grenze zw. ma. und frühkapitalist. Wirtschaft zu suchen, sondern ratsam zu fragen, welche Erscheinungen des ma. Wirtschaftslebens bereits kapitalist. Züge tragen und daher als frühkapitalist. bezeichnet werden können. Folgende sechs *Formen der Kapitalanlage* lassen sich seit dem HochMA (bes. früh in Oberitalien und in Flandern), trotz vielfacher Überschneidungen und Personalunionen, unterscheiden:

[1] *Rentenkapital:* Der Gewinn, den der Bodeneigentümer als Grundrente (in Form von Grundzins, Pacht oder Miete) regelmäßig an sich zog, konnte durch Kauf und Verkauf realisiert werden, sei es, daß der Grundeigentümer das Grundstück unter Stundung der Kaufsumme veräußerte und so dem Käufer und Rentenschuldner einen unbaren Kredit gewährte, oder daß er sich vom Rentenkäufer (Kapitalanleger) einen Kredit in Bargeld oder Waren geben ließ. Für die Rentenschuld machte der Vertrag nicht den Schuldner persönlich, sondern das Grundstück dinglich haftbar. Bes. wenn und seit der Gesetzgeber den Vertragsparteien das Kündigungsrecht zuteilte, konnte das Rentengeschäft zum gesamtwirtschaftl. bedeutenden Kapitalgeschäft für langfristige Anlagen werden und einen auch überörtl. Kapitalmarkt mit meßbaren konjunkturellen Schwankungen ausbilden (s. a. →Rentenkauf).

[2] *Wucherkapital:* Die Kirche gebot den Begüterten, den Armen in ihrer Not →Kredite zinslos zu gewähren, und bedrohte die Wucher. Zinsnahme für solche Kredite mit Kirchenstrafen. Kreditnehmer waren in der Regel Bauern und Handwerker, aber auch Grundherren und kleine Fernhändler, die persönl. oder mit (mobilem) Pfand für ihre Schuld hafteten. Neben Italienern (→Lombarden) und →Kawertschen als christl. Wucherern betätigten sich insbes. die örtl. Wechsler und die →Juden als Pfandleiher und Wucherer. Im 13. Jh. arbeitete die Scholastik den Unterschied zw. verbotenem kurzfristigen, konsumtiven, durch übereignetes Pfand gesicherten Wucher. Darlehen und erlaubtem langfristigen, produktiven, durch zurückbehaltenes (Grund-)Pfand gesicherten Rentendarlehen heraus (s. a. →Montes pietatis).

[3] *Handelskapital:* Der ma. Fernhändler, der zw. weit voneinander entfernten Märkten pendelte, legte in der Regel Geld für ein Jahr in Waren an, bevor er nach deren Verkauf nebst Einkauf der Rückfracht und abermaligem Verkauf den Einsatz plus Gewinn zurückerhielt (→Fernhandel). Das Handelskapital hatte zunächst und an sich Warenform. Die Umschlagsfristen verlängerten sich,

wenn der Kaufmann die Ware im Rohzustand erwarb un[d] auf eigene Rechnung veredelte, indem er Handwerke[r] damit verlegte (→Verlag). Man lernte bald, das eigen[e] Kapital durch Aufnahme von Kommanditen (mit stille[r] Beteiligung des Kapitalgebers an Gewinn und Verlus[t] und Depositen (die zu verzinsen waren) zu vergrößern; di[e] Entwicklung ist an den Formen der →Handelsgesellscha[ft] abzulesen. War zw. zwei oder mehr Märkten die jeweilig[e] Handelsbilanz ausgeglichen, so konnte sich als Mittel zu[r] Aufnahme von Krediten für einzelne Phasen des pendeln[] den Fernhandels der →Wechsel entwickeln (→Bankwe[] sen). In den Geschäftsbüchern it. Handelskompanien, di[e] seit dem 13. Jh. in Konten aufgeteilt wurden, erschein[t] sehr früh das Kapitalkonto; bereits SOMBART hatte gese[] hen, daß der Begriff des Kapitals eine Schöpfung der ma[.] it. →Buchhaltung gewesen ist.

[4] *Bankkapital:* In Verbindung mit dem Warenhande[l] waren die Wechsel letztlich stets durch Waren oder leich[t] realisierbare Forderungen gedeckt. Nun scheint ma[n] spätestens seit dem 14. Jh. in Italien, Oberdeutschland un[d] Flandern damit begonnen zu haben, die Ausnutzung de[r] Währungsverhältnisse durch Wechselarbitrage und Devi[] senhandel vom Warenhandel loszulösen mit dem Ziel →Buchgeld zu schaffen und aus überörtl. Kursdifferenze[n] Gewinn zu ziehen. Der Entfaltung der Verdienstmöglich[] keiten im Bankgeschäft war nicht nur der wachsend[e] Umfang des kommerziellen Zahlungsverkehrs, sonder[n] auch der stark zunehmende kirchl. und staatl. Geldverke[hr] förderlich (Übermittlung von →Annaten, Servitien[,] →Taxgebühren, Kreuzzugssteuern, →Peterspfennige[r] an die päpstl. Kurie, von weltl. [Kriegs-]Steuern, z. B. de[r] →Hussitengelder, an Herrscher und Heerführer, de[r] →Gemeinen Pfennigs).

[5] *Finanzkapital:* Kg.e, Fs.en und z. T. Städte genosse[n] nur geringen Kredit, da sie die aufgenommenen Gelder i[n] der Regel für polit. und militär. Konsumzwecke einsetz[] ten. Um Anleihen zu fundieren, mußten sie →Regalie[n] und Ämter verpfänden (→Ämterkäuflichkeit) oder Mo[] nopole gewähren. Mit Behinderung des Handels konnte[n] die Mächtigen Städte und Kaufleute leicht zur Hergab[e] von Darlehen zwingen. Derartige Kredite, wenn sie in de[r] bloßen Hoffnung auf wirtschaftl. Vorteile gegeben wur[] den, sind von der polit. oder →Hochfinanz zu unterschei[] den, die vorliegt, wenn die kaufmänn. Geldgeber bewuß[t] auf die Verwendung der Gelder und die Politik der Fs.e[n] einwirkten und dafür mit Machtmitteln der Wirtscha[ft] ihrerseits Zwang ausübten (W. v. STROMER). Außerhal[b] Italiens (→Bardi) waren bes. die Nürnberger in diese[r] Weise tätig (ferner Tideman →Lemberg, Jacque[s] →Cœur). Die Hochfinanz führte seit dem Ende des 15. Jh[.] zu ungeheuren, bis dahin unbekannten Kapitalakkumula[] tionen, da die großen obdt. Handelshäuser (→Fugger[,] →Welser) das Finanzgeschäft mit den Habsburgern dazu[] benutzten, Zugang zur Montanindustrie und einträgl[.] Monopole zu gewinnen.

[6] *Anlagenkapital:* Die Produktionsmittel des Hand[] werkers konnten Kapitalwert annehmen, wenn sie beleih[] bar wurden. Dies war früh bei Brau- und Salzpfanne[n] (→Bier; →Salz, -handel) der Fall, doch bleibt unklar[,] inwieweit der Wert in dem Gerät oder in der öffentl[.] Betriebskonzession steckte. Seit Schließung der →Zünft[e] im 14. und 15. Jh., die den →Meistern kapitallose →Gesel[] len gegenübertreten ließ (Folge: seit Breslau 1329 di[e] ersten Streiks), erlangten alle Gewerbebetriebe einen Mo[] nopolwert, der über dem Wert der Produktionsmitte[l] gelegen haben dürfte. Zwar haben Handwerker häufi[g] Grundrenten verkauft, aber es bleibt offen, ob sie es tate[n]

im in Betriebsanlagen zu investieren. Wo Handwerker als Verleger von Mitmeistern auftraten, war dieser Verlag noch im 14. Jh. »anderen Geistes als alle etwa bereits als F. zu bezeichnenden Regungen« (H. AUBIN). Deutlich erkennbar ist der Kapitalwert von Produktionsanlagen erst da, wo Kaufleute in sie zu investieren begannen, so in der Reederei (→Partenreederei), in der Papierherstellung (→Papiermühle), im →Buchdruck, in der Agrarproduktion (wenn der Pächter das gesamte fixe und mobile Kapital [Bauwerke, Geräte, Viehstapel, Saatgut] stellte), v. a. aber in →Bergbau und →Hüttenwesen. Seit dem 14. Jh. waren die selbst arbeitenden Besitzer von Gruben und Hütten vielerorts nicht mehr in der Lage, die Betriebskosten (für Untertagebau, Wasserlösung, Pochwerke, Hochöfen, Saigerhütten) zu tragen; sie waren auf Fremdmittel angewiesen, die die Regalherren, zögernd dann auch die Metallkaufleute und andere Anleger, aufbrachten. Es bildeten sich zu diesem Zwecke Gesellschaften, die die Kapitalisten je nach der Höhe ihrer Einlagen am Gewinn beteiligten und von den Regalherren Vorkaufs- und Monopolrechte erwarben. 1477 taucht in →Freiberg für solche Bergwerksanteile der Ausdruck →Kuxe auf. Für den frühkapitalist. Charakter der Montanindustrie ist es auch kennzeichnend, daß hier, zum zweiten Male nach der Schaffung einer mittellosen Arbeiterschaft in der von Verlegern geleiteten Tuchindustrie (Streiks seit 1245 in→Douai;→Textil, -produktion, -handel), die neue soziale Schicht der vom Wochenlohn lebenden, besitzlosen Lohnarbeiter ins Leben trat, welcher Unternehmer gegenüberstanden, die die Lebens- und Produktionsmittel in Kapital verwandelt hatten (erste Streiks in der zweiten Hälfte des 15. Jh.;→Arbeit,→Streiks).   E. Pitz

Bibliogr.: DW⁹, 2955–2957; DW¹⁰ 37/427–454 – Lit.: Ökonom. Lex., 2 Bde, 1970–71² – K. MARX, Das Kapital, 3 Bde, 1867–95 – W. SOMBART, Der moderne Kapitalismus, 2: Das europ. Wirtschaftsleben im Zeitalter des F., 1916 – F. OPPENHEIMER, Abriß einer Sozial- und Wirtschaftsgesch. Europas, 3 Bde (System der Soziologie IV, 1929–35, 1964²) – A. MÜLLER-ARMACK, Genealogie der Wirtschaftsstile, 1940 [DERS., Religion und Wirtschaft, 1959, 46–244] – H. BECHTEL, Wirtschaftsgesch. Dtl., 3 Bde, 1951–56 – J. T. NOONAN, The Scholastic Analysis of Usury, 1957 – W. TRUSEN, Spätma. Jurisprudenz und Wirtschaftsethik, VSWG Beih. 43, 1961 – H. AUBIN, Formen und Verbreitung des Verlagswesens in der Altnürnberger Wirtschaft (Beitr. zur Wirtschaftsgesch. Nürnbergs, hg. Stadtarchiv Nürnberg, 1967) – W. v. STROMER, Obdt. Hochfinanz 1350–1450, T. I–III, VSWG Beih. 55–57, 1970 – K. FRITZE, E. MÜLLER-MERTENS, J. SCHILDHAUER, Hans. Stud., V: Zins – Profit – Ursprgl. Akkumulation, 1981 – M. v. BOETTICHER, »Nordwestdt. Grundherrschaft« zw. F. und Refeudalisierung, BDLG 122, 1986.

Frühmittelhochdeutsche Literatur → Deutsche Literatur

Frühstadt, slavische → Stadt, →gorod, →Bürger H. 1, →civitas III.

Frundsberg, Georg v., Söldnerunternehmer und Heerführer, * 24. Sept. 1473(?) in Mindelheim (Allgäu), † 20. Aug. 1828 ebd., aus Tiroler Adel, Sohn des Feldhauptmanns Ulrich v. F. (1425–1501), der seit 1467 als Stadtherr v. Mindelheim in Schwaben ansässig war. G. v. F. stand seit seiner Teilnahme am →Schwabenkrieg (1499) im Dienst →Maximilians I. Als ksl. Feldhauptmann Oberbefehlshaber der →Landsknechte, die er zu einer schlagkräftigen Truppe ausbildete. Wichtige Stationen seiner militär. Laufbahn waren: sein Sieg bei Vicenza (7. Okt. 1513) im Dienst der Liga v. Cambrai; die Befehligung der Fußtruppen des →Schwäb. Bundes gegen den geächteten Hzg. Ulrich v. Württemberg (1519); der ihm 1521 von Karl V. erteilte ksl. Oberbefehl gegen Frankreich (1521 erfolgloser Feldzug in der Picardie, 27. April 1522 Sieg bei →Bicocca; s. a. →Mailand, Hzm.); der Sieg bei Pavia (24. Febr. 1525) unter entscheidendem Anteil der von F. ausgerüsteten und geführten Landsknechttruppe.   U. Mattejiet

Lit.: ADB VIII, 154–159 – NDB VII, 670f. – E. RICHTER, F., 1968.

Fruška Gora, Gebirgszug im heut. Jugoslavien, südl. der Donau in Sirmien, dem fruchtbaren Gebiet um die große Römerstadt →Sirmium (heute Srem). Der Gebirgsname 'F. G.' wird ebenso wie seine Entsprechungen (griech. Gebietsname 'Frankohorion', Φραγγοχώριον, bei Niketas Choniates 17f., 92; lat. Francavilla) mit der Anwesenheit von Franken (slav. Frugi) in Sirmien in Zusammenhang gebracht, insbes. mit der frk. Verwaltung unter Karl d. Gr. im frühen 9. Jh. Im weiteren Verlauf des MA wurden hier wichtige Festungen errichtet, und es entstanden zahlreiche Kl., insgesamt um die 20, unter ihnen Krušedol und Hopovo. Diese im Stil der sog. Raška- und Morava-Schule errichteten Kl. erlebten ihre Blütezeit in der frühen NZ, insbes. als mit der Einwanderung der Serben in dieses Gebiet (1690, 1739) die ma. serb. Herrscherheiligen hier neue Kultzentren erhielten.

    J. Kalić/D. Medaković

Lit.: C. JIREČEK, Die Heerstraße von Belgrad nach Constantinopel und die Balkanpässe, 1877, 76 – DERS., Das chr. Element in der topograph. Nomenclatur der Balkanländer (SAW. PH 136, 1897), 94 – GY. GYÖRFFY, Das Güterverz. des griech. Kl. zu Szava-Szentdemeter (Sremska Mitrovica) aus dem 12. Jh., StSl Hung 5, 1–2, 1959, 12.

Frutolf, Mönch (und Prior?) des Kl. Michelsberg (→Bamberg), † 17. Jan. 1103, vielleicht bayer. Herkunft, in seinem Kl. als Schreiber von Codices zum Quadrivium, möglicherweise auch als Lehrer tätig. Die Zahl seiner Werke ist unsicher. Ein ihm gelegentl. zugeschriebener »Liber de divinis officiis«, Bamberg Liturg. 134 (Bamberg SB cod. E. V. 13), verwendet Q.n, die nur z. T. in Bamberger Bibl. vorhanden waren, und eine 'Fortolfi Rhythmimachia' (→Rhythmomachia) ist weder in Bamberg überliefert noch von der Hand F.s. Gesichert ist seine Autorschaft nur für eine Weltchronik und zwei musiktheoret. Werke.

[1] *Weltchronik:* Die Weltchronik (zwei Drittel im Autograph erhalten) reicht von der Schöpfung bis 1099 und zeichnet sich durch die große Zahl der verarbeiteten Q.n und die sorgfältige chronolog. Ordnung aus, die sich an der Gesch. der Weltreiche orientiert. Die grundsätzl. annalist. Anlage wird an weltgesch. wichtigen Punkten von größeren erzählenden Partien durchbrochen. Beachtl. ist die krit. Haltung, die Widersprüche der Überlieferung zu lösen oder zu erklären sucht und den hist. Charakter der Heldensage bezweifelt. Die Darstellung ist nüchtern distanziert und nimmt selbst zu den Ereignissen der eigenen Gegenwart kaum Stellung. Das namenlos überlieferte Werk (Autor 1895 v. BRESSLAU identifiziert) hat seine große Wirkung als weltgesch. Grundlage zahlreicher Werke allerdings erst in der Bearb. und Forts. →Ekkehards v. Aura erreicht.   F.-J. Schmale

[2] *Musiktheoretische Werke:* Das »Breviarium de musica« umfaßt in 17 Kap. die gesamte Musiklehre der Zeit (ohne Mehrstimmigkeit). Gegen Ende sind eine Reihe kleinerer Traktate und Merksprüche (auch anderer Autoren) zusammengestellt, darunter von F. selbst ein Kurztonar in Versen (mit Doppelnotation: Neumen und Buchstaben). Der in der Hauptquelle anschließende »Tonarius« ist mit rund dreieinhalbtausend Incipit verschiedener Officiums- und Meßgesänge der wohl umfangreichste→Tonar seiner Zeit.   H. Schmid

Ed.: zu [1]: G. WAITZ, MGH SS 6, 33–210 [als Werk Ekkehards] – F.-J. SCHMALE – I. SCHMALE-OTT, AusgQ 15, 1972, 48–121 [mit Einl. und dt. Übers. v. J. 1000 an] – DIES., MGH SS 33 [krit. Ausg., im Dr.] – zu

[2]: C. Vivell, SAW 182,2 – Lit.: MGG 16 – New Grove – Verf.-Lex.[2] II, 993–998 [F.-J. Schmale] – H. Bresslau, Bamberger Stud., NA 21, 1896, 139–234 – Wattenbach-Schmale II, 491–506; III, 189*, 144*, 194*f. – A. B. Mulder-Bakker, Vorstenschool, Vier geschiedschrijvers over Alexander an hun visie op het keizerschap (Proefschr. Groningen 1983), 35–110.

Fruttuaria, ehem. Abtei OSB in S. Benigno Canavese, (Diöz. Ivrea, Prov. Torino, Piemont), Ausgangspunkt einer bedeutenden Reform. Gegründet von → Wilhelm v. Dijon (Volpiano; Abt v. St-Bénigne, † 1031, aus einer piemontes. Grafenfamilie, die zu den Anhängern → Arduins, Mgf. v. Ivrea, zählte. Die Gründung wurde durch Schenkungen von Wilhelms Brüdern Nithard (der ebenso wie der vor der Schenkung verstorbene dritte Bruder Gottfried als Mönch in St-Bénigne eintrat) und Robert ermöglicht. Die 1015/16 von Wilhelm verfaßte Gründungsurkunde wurde 1022–25 von zahlreichen Bf.en, Äbten und Mönchen unterzeichnet. Der Name F. leitet sich von »fructus« (scil. ovium) ab. Die 1003 begonnene Abteikirche (☿ St. Maria, hl. Benignus) wurde 1006/07 im Beisein → Arduins v. Ivrea von vier Bf.en konsekriert. Das Privileg Arduins vom 28. Jan. 1005 »bietet ein Programm für die zukünftige Rechtsstellung des Klosters«: Exemtion, freie Abtwahl, Ausschluß simonist. Praktiken. Am 2. Dez. 1006 garantierte Johannes XVIII. F. »patrocinium« und »tuitio« des Hl. Stuhls, freie Abtwahl und freie Wahl des Bf.s, der die Weihe der Mönche vornehmen sollte. Weitere päpstl. und ksl. Privilegien (Benedikt VIII., Heinrich II. etc.) bestätigten im Lauf des 11. Jh. die rechtl. autonome Stellung der Abtei, die eine Gleichgewichtspolitik zw. Papsttum und Kaisertum betrieb.

F. genoß bereits in seinen Anfängen die Förderung hochgestellter Persönlichkeiten: Kg. Arduin starb dort 1015 als Büßer, auch Ksn. → Agnes hielt sich einige Zeit dort auf und erwirkte 1070 zusammen mit → Anno v. Köln bei Alexander II. die Bestätigung der »defensio apostolica« und seiner Besitzungen. Ein weiterer illustrer Gast der Abtei war → Petrus Damiani (vermutl. 1063).

Einem Diplom Konrads II. 1026 zufolge war der erste Abt des Kl. Johannes mit dem Beinamen »Homo Dei«, der noch zumindest bis 1039 die Kommunität leitete. Er ist der Verfasser eines früher dem hl. Bernhard zugeschriebenen »Liber de ordine vitae et morum institutione« (MPL 184, 559–584), der zur geistl. Leitung der jungen Religiosen dienen sollte.

Große Bedeutung für die Verbreitung der von F. ausgehenden monast. Reformbewegung erhielten seine Consuetudines, deren erste bekannte Fassung auf Abt Wibert (1080–90) zurückgeht, der Autor des nur fragmentar. überlieferten »Liber Ordinarius«, der mit anderen Quellen das Vorbild der »Consuetudines Fructuarienses-Sanblasianae« bildete (moderne Bezeichnung aufgrund der Traditionslinie F.-St. Blasien). Sie lassen sich in drei Teile einteilen: Ordo cottidianus, Ordo de festivitatibus, Ordo de oboedientiis. Sozialgeschichtl. interessant ist der starke Akzent, der auf der Armenfürsorge liegt. Die Consuetudines von F. sind zweifellos von St-Bénigne in Dijon und von Cluny, den Wirkungsstätten Wilhelms v. Dijon (Volpiano), in mehr oder weniger starkem Maß beeinflußt.

Verbreitung der Reform von F. in Italien: Bereits an dem Diplom Heinrichs IV. vom 23. Sept. 1069 läßt sich die rasche Verbreitung ablesen: F. hatte zu jener Zeit Priorate und Zellen in den Diöz. und Gft.en Ivrea, Turin, Vercelli, Novara, Mailand, Tessin, Tortona, Asti, Alba, Acqui, Albenga, Savona, Ferrara, Parma und Aosta. Allein in den Gebieten am Südrand der Alpen lassen sich 54 Niederlassungen zählen. Die ersten Benediktiner im Aostatal waren Mönche von F. (1032 Kirche S. Benigno in Aosta); neben Prioraten bei Locarno (12. Jh.) und in der Diöz. Mailand (13. Jh.) hatte F. auch Niederlassungen in Ligurien (Genua, Kl. S. Benigno di Capofaro (1121) u.a.); Ende des 11. Jh. folgten in der Lombardei u. a. die Kl. S. Gemolo in Valganna und S. Michele di Voltorre der Observanz von F., nach P. Zerbi auch – 1. Hälfte des 11. Jh. – S. Ambrogio, wahrscheinl. auch S. Dionigio in Mailand. Die Abhängigkeit von F. ist u. a. gesichert für S. Romano in Ferrara, S. Bartolomeo (Diöz. Bologna), S. Daniele in Venedig.

Verbreitung außerhalb Italiens: Außerhalb Italiens verbreitete sich die Reform v. F. v. a. in Deutschland. Zwei typ. Beispiele für den Übergang vom lothr. Ordo (ausgehend von St. Maximin/Trier und → Gorze bei Metz) zum cluniazens.-fruttuariens. Ordo bieten die Kl. St. Michael → Siegburg, und St. Pantaleon, → Köln (in beiden Fällen wurden die Gewohnheiten von F. von → Anno v. Köln eingeführt). Die Sigebert von St. Pantaleon (1120 23–1141) zugeschriebene Consuetudo Sigiberti enthält einen Teil der Consuetudines von F. Von Siegburg strahlte die Reform in andere Kl. aus, u. a. nach Grafschaft Saalfeld, Huisburg, Iburg, Sinsheim, Mondsee, Weltenburg, (München)gladbach, Brauweiler. Um 1072 wurden auf Veranlassung der Ksn. Agnes Mönche aus → St. Blasien nach F. gesandt, um die dort geltenden Gewohnheiten zu erfahren. Unter Abt Giselbert (1068–86) nahm St. Blasien den Ordo von F. an, die Reform verbreitete sich danach u. a. in den Kl. Wiblingen, Alpirsbach, Ochsenhausen, Muri, Göttweig, St. Afra/Augsburg, Formbach, Ellwangen, Lambach, Garsten, Lüneburg, Prüm, Nienburg. In Frankreich wurde die Abtei Notre-Dame v. Chalon durch Kg. Robert II. († 1031) F. unterstellt, was von Bf. Hugo v. Auxerre bestätigt wurde. Ein Mönch aus F., Suppo, wurde von Richard II., Hzg. der Normandie († 1026) zum Abt des Mont-Saint-Michel bestellt, dankte aber bald ab. Evident ist der Einfluß von Wilhelm v. Dijon (Volpiano) auf den liturg. Cursus von Mont-Saint-Michel. Das Offizium des hl. Märtyrers Benignus ist auch nur in den Brevieren der norm. und burg. Abteien belegt.

Die Quellenlage läßt keine eindeutige Aussage zu, in welchem Abhängigkeitsverhältnis die einzelnen Häuser zu F. standen; jedenfalls scheinen Unterschiede zu Cluny und seinen Filialkl. bestanden zu haben, gemeinsam war jedoch in vielen Fällen die Exemtion von der bfl. Jurisdiktion. Im 12. Jh. bestätigten die Päpste erneut die libertas von F. und seine ausschließl. Abhängigkeit vom Hl. Stuhl in der Ausübung der geistl. und weltl. Jurisdiktion, wie aus dem »Liber Censuum« (12. Jh.) der röm. Kirche hervorgeht, in dem F. als »abbatia sancti Petri«, d. h. »nullius dioeceseos« bezeichnet wird. Für die Wertschätzung von F. durch das Papsttum ist bezeichnend, daß noch 1224 Papst Honorius III. den Abt v. F. bei der Reform des Kl. S. Giusto in Susa mitbeteiligte. Als Abbatia nullius behielt F. auch im späteren MA der Diöz. von Ivrea gegenüber seine bedeutende Position. 1368 entrichtete F. als beneficium consistoriale 26 Pfund als Zehnt an die Kurie, hatte also größere Einkünfte als die Diöz. Ivrea, die mit ca. 200 Kirchen nur 25 Pfund Abgaben leistete.

Im 15. Jh. wurde F. in eine Kommende umgewandelt. Clemens VII. verlieh ca. 1525 dem Kommendatarabt Card. Bonifacio Ferrero das Münzrecht. 1803 wurde die Abtei aufgehoben (Bulle Pius' VII. »Gravissimis causis adducimur«). M.-A. Dell'Omo

Q.: Chronicon S. Benigni Divionensis, MPL 162, 755–866; ed. E. Bougaud–J. Garnier, Chronique de l'abbaye de Saint-Bénigne de Dijon suivie de la Chronique de Saint-Pierre de Bèze (Anal. Divionensia), 1875, 1–229 – Liber de ordine vitae et morum institutione, MPL 184, 559–584 – Chronicon abbatiae Fructuariensis, ed. G. Calligaris (Pubbl. della Scuola di Magistero della R. Univ. di Torino 5), 1889, 114–143 – Consuetudines Fructuarienses, ed. B. Albers, Consuetudines Monasticae, 4, 1911, 1–191 – IP, VI/2, 1914, 147–156 – N. Bulst, Unters. zu den Klosterreformen Wilhelms v. Dijon (962–1031) (Pariser Hist. Stud. 11), 1973, 220–248 – Ders., Rodulfus Glabers Vita domni Willelmi abbatis…, DA 30, 1974, 450–487 – Consuetudines Fructuarienses-Sanblasianae, ed. L. G. Spätling–P. Dinter, Corpus Consuet. Monastic., XII/1, 1985 – L. G. Spätling, Die Bedeutung der »Consuetudines Fructuarienses« für die Liturgiegesch. (Misc. A. Amore II, 1985), 9–18, s. a. → Wilhelm v. Dijon – Lit. [allg.]: LThK IV 439 – DIP IV, 982–983 – DHGE XIX, 108b–109, 246–251 – IP, VI/2, 147 – F. Gabotto, Un millennio di storia eporediese (356–1357), AA.VV., Eporediensia (Bibl. Società Stor. Subalp. 4), 1900, 1–251 – G. Constable, Monastic Thithes from their Origins to the Twelfth Century, 1964 – H. H. Kaminsky, Zur Gründung von F. durch den Abt Wilhelm v. Dijon, ZKG 77, 1966, 238–267 – Monasteri in alta Italia dopo le invasioni saracene e magiare (secc. X–XII) (Atti d. XXXIIe Congr. St. Subalp.), 1966 (Beitr. v. G. Penco, J. Leclercq, E. Ancilli, L. Tamburrini) – I. Vignono–G. Ravera, Il »Liber decimarum« della diocesi di Ivrea (1368–1370) (Thesaurus Ecclesiarum Italiae I, 2), 1970 – G. Penco, Il movimento di F. e la riforma gregoriana (Il monachesimo e la riforma ecclesiastica (1049–1122) (Atti d. IV Settim. della Mendola) 1971, 385–395 – J. Wollasch, Gemeinschaftsbewußtsein und soziale Leistung im MA, FMASt 9, 1975, 268–286 – Ders., Parenté noble et monachisme reformateur. Observations sur les »conversions« à la vie monastique au XIe et XIIe s., RH 264, 1980, 3–24 – L. Viola, L'abbazia di F. e il comune di San Benigno, 1981 – [Zur Verbreitung der Reform von F.]: G. Salvi, La badia di S. Benigno di Capofaro in Genova (1121–1200), Riv. Stor. Bened. 9, 1914, 109–131 – K. Hallinger, Gorze-Kluny, 2 Bde (StAns 22–25), 1950–1951 – C. Pecorella, Ricerche sul priorato di Voltorre, ASL ser. VIII^a 7, 1957, 289–316 – J. Semmler, Die Klosterreform v. Siegburg. Ihre Ausbreitung und ihr Reformprogramm im 11. und 12. Jh., Rhein. Arch. 53, 1959 – J. Wollasch, Muri und St. Blasien, DA 17, 1961, 420–446 – P. Zerbi, I monasteri cittadini in Lombardia, Monasteri in alta Italia (cf. Lit. allg.), 283–314 – A. M. Nada Patrone, I centri monastici nell'Italia occidentale. Repertorio per i secoli VII–XIII, Monasteri in alta Italia (cf. Lit. allg.), 633–794 – A. P. Frutaz, Le fonti per la storia della Valle d'Aosta (Thesaurus Ecclesiarum Italiae I, 1), 1966 – Millenaire monastique du Mont-Saint-Michel (Beitr. J. Laporte; R. le Roux), hg. J. Laporte – s. a. → Mont-St-Michel; → St. Blasien – K. Hallinger, Herkunft und Überlieferung des Consuetudo Sigiberti, ZRGKan Abt 56, 1970, 194–242 – Ders., Die Provenienz der Consuetudo Sigiberti. Ein Beitrag zur Osterfeierforschung (Fschr. H. De Boor, 1971), 155–176 – B. R. Comolli, La badia di S. Gemolo M. (La Valganna antica e moderna, 1971), 22–28 – C. Violante, L'arcivescovo Ariberto II (1018–1045) e il monastero di S. Ambrogio di Milano, Contributi dell'Ist. di storia mediev., II, 1972, 608–623 – L. Kern, Note pour servir à l'histoire des prieurés bénédictins de Quartino et de Giornico, Études d'hist. eccl. et de diplom. (Mém. et documents publ. par la Soc. d'hist. de la Suisse Romande 9), 1973, 23–28 – N. Bulst, Zu den Anfängen fruttuar. Consuetudines (Italia Benedettina 2), 1979 – A. Palestra, Fondazioni cluniacensi e fruttuariensi nella dioc. di Milano (Cluny in Lombardia) (Italia Benedettina 1, 1979), 267–296 – F. Ferretti, I monaci di F. nel Savonese (Atti e Mem. d. Soc. Savonese di Stor. Patr. n. s. 15, 1981), 23–33 – A. Franceschini, Istituzioni benedettine in dioc. di Ferrara, Studi monastici (Anal. Pomposiana 6), 1981, 7–73 – C. Piana, I monasteri maschili benedettini nella città e dioc. di Bologna nel medioevo, Ravennatensia 9, 1981, 272–331 – G. Mazzucco, Monasteri benedettini nella laguna veneziana (Itinerari di storia e arte 2, 1983) – Carte (Le) del monastero di San Benigno di Capodifaro (secc. XII–XV), hg. A. Rovere (Atti della Soc. Ligure di Storia Patria n. s. 23 fasc. 1), 1983 – M. Dell'Omo, L'abbazia medievale di F. e i centri della riforma fruttuariense, Monastica V. Scritti vari (Misc. cass. 52), 1985, 185–201.

Fuder (plaustrum, carra), Zähl-/Recheneinheit für Verpackungen flüssiger und fester Waren (nach Ohm/Tonnen/Pfund Schwer [= Schiff-Pfund brutto, d. h. mit Verpackung], etc.), Maß für Tragfähigkeit/Zugkraft/Belastbarkeit von Tier/Karre, auch für Erträge bestimmter Produktionseinheiten/-abschnitte (für → Salz, Heu etc.). In

Lüneburg wog das plaustrum Salz nur 181,44 kg, das F. als Tagesertrag seit dem späten MA bei gestiegener Produktion 952–1088 kg, das F. (= Faß; → Wein etc.) im 13./14. Jh. als Fuhr-Last (etwa 6 Pfund Schwer) 939 kg. Nach dem → Capitulare de villis entsprach die »carra nostra« 12 »modia de farina« oder an Wein 12 »modia ad nostrum modium«. Das Mainzer Domkapitel notierte im 14. Jh. die »carrata« zu 6 »amis« à 20 »quartalibus« nach einem »duale« von »duo picheria mensure Avinionensis«; zugleich wurden im Westen »seven Coelse eam voert voder gherekent« (1389). Stets war das F. eine exakt nach Volumen und/oder Gewicht der Teileinheiten bestimmte Größe: 6 Pfund Schwer (s. o.); 7 Ohm = 956,2 l; 6 Ohm = 960,0 l etc. Das ist u. a. der Bereich einer halben hans. (Schiffs-)Last.   H. Witthöft

Lit.: H. Witthöft, Umrisse einer hist. Metrologie zum Nutzen der wirtschafts- und sozialgesch. Forsch. (Veröff. des Max-Planck-Inst. für Gesch. 60/1, 2, 1979) – Ders., Münzfuß, Kleingewichte, pondus Caroli und die Grundlegung des nordeurop. Maß- und Gewichtswesens in frk. Zeit (Sachüberlieferung und Gesch. 1, 1984) – H. Ziegler, Überregionale Maßanpassungen in Nordeuropa – handelspolit. Reaktionen? (Metrolog. Strukturen und die Entwicklung der alten Maßsysteme, hg. H. Witthöft, J.-Cl. Hocquet, I. Kiss [Sachüberlieferung und Gesch. 4], 1988) – → Gewichte und → Maße.

Fuero

I. Kastilien und León – II. Portugal – III. Aragón und Valencia.

I. Kastilien und León: [1] *Zur Begriffsgeschichte:* Mit dem span. Rechtswort 'f.' wurde im früh- und hochma. Rechtssystem der Iber. Halbinsel (außer Katalonien) nicht nur die schriftlich fixierte Stadtordnung bezeichnet, sondern auch die Rechtsordnung als solche, in ihrer Gesamtheit wie unter Bezugnahme auf einen bestimmten Typus konkreter Rechtsnormen, die zwar gelegentl. schriftlich fixiert, meist aber nur gewohnheitsrechtlich tradiert wurden. 'F.' ist mittelbar abgeleitet von lat. forum ('Marktplatz', 'Gericht, -sstand'; → forum), über die lat. Form 'forus', die primär die Gerichtsversammlung bezeichnet. Infolge der bes. Situation, die in Spanien nach der muslim. Invasion bestand, hatten die aus der Westgotenzeit überkommenen, in den Widerstandszentren stattfindenden Gerichtsversammlungen bes. Stellenwert, so daß auf ihre Entscheidungen und die daraus abgeleiteten Rechtsnormen der Begriff 'forus' bzw. 'fuero' angewandt wurde, unter dem schließlich das geltende Recht zu verstehen ist.

[2] *Hauptgruppen von Fueros:* Die ersten schriftlich niedergelegten kast.-leones. F.s, die auf uns gekommen sind, umfassen nur einen kleinen Teil der Rechtsordnung, die ihren vorwiegend gewohnheitsrechtl. Charakter erst mit dem im 14. Jh. erfolgten Inkrafttreten der → »Siete Partidas« verlieren sollte. Insgesamt lassen sich folgende Hauptgruppen von F.s unterscheiden:

a) *Cartas de Privilegio* (Privilegien), in denen einer bestimmten Personengruppe oder einem Gebiet eine Sonderregelung gegenüber dem vorher gültigen Recht oder dem Recht benachbarter Gruppen zugestanden wird;

b) *Cartas de asentamiento rural* (Poblaciónsurkunden), in denen die dem jeweiligen Herrn zu leistenden persönl. Abgaben, in Naturalien oder Geld, geregelt wurden, gleichgültig, ob es sich dabei um den Kg., einen weltl. Großen oder einen kirchl. Würdenträger handelte;

c) *Fueros municipales* (Stadtrechte), Verfügungen, in denen die innere Ordnung von Dörfern oder ländl. Siedlungen, die zuvor Ansätze städt. Rechts- und Verfassungslebens gezeigt hatten, geregelt wurden.

[3] *Ansätze zu einer vereinheitlichenden Gesetzgebung:* Das Kgtm. war bestrebt, durch Erlaß von F.s die große Vielfalt der Rechtsbräuche und -gewohnheiten zumindest in Teil-

bereichen zu vereinheitlichen und entwickelte Ansätze zu einer →Gesetzgebung im eigtl. Sinne, z. T. unter Rückgriff auf ältere (westgot.) Rechtsüberlieferungen. Die wichtigsten als F. bezeichneten Rechtssammlungen waren: a) *Fuero de León:* 1017 verkündete der leones. Herrscher Alfons V. auf einem Hoftag zu León eine Reihe von Verordnungen, die in zwei Redaktionen (in Braga und Oviedo) erhalten sind. Hierbei betrafen die ersten 20 Artikel das ganze Land, die übrigen 28 hatten nur lokale Bedeutung. Später wurden sie von einigen anderen leones. Orten übernommen (Villavicencio, Pajares de Campos, Castrocalbón, Rabanal u. a.).

b) *Fuero Juzgo:* Im späteren MA entstanden unter dieser Bezeichnung verschiedene in der Vulgarsprache bearbeitete Fassungen des »Liber Iudiciorum« (→Lex Visigothorum), die sowohl von Ferdinand III. (1214–52) als auch von Alfons X. (1252–84) in den neueroberten Landschaften Andalusien und Levante als Stadtrechte erlassen wurden, mit der erklärten Absicht, die immense rechtl. Vielfalt einzudämmen.

c) *Fuero real:* Alfons X. gab wahrscheinlich zw. 1252 und 1255 den Auftrag zur Abfassung dieses aus vier Büchern bestehenden Textes, von nur lokaler Gültigkeit, der v. a. den →Concejos im Kastilien der →Merindades und der Estremadura mit dem erklärten Ziel gewährt wurde, das örtl. kast. Recht zu vereinheitlichen.

d) *Fuero Viejo de Castilla:* Er ist das Resultat verschiedener, von anonymen Rechtsgelehrten privat erarbeiteter Redaktionen (um 1248 unsystematisch, um 1356 systematisch zusammengetragen), in denen das kast. Landrecht kompiliert wurde. Die zweite Redaktion ist in fünf Bücher gegliedert. G. Martínez Díez

Lit.: COING, Hdb. I, 669–678 [A. WOLF] – HRG I, 1319–1328 – T. MUÑOZ Y ROMERO, Colección de F.s Municipales y Cartas pueblas, 1847 [Nachdr. 1978] – A. GARCÍA-GALLO. Textos de derecho territorial castellano, AHDE 13, 1936–41, 308–396 – DERS., El f. de León. Su historia, textos y redacciones, AHDE 39, 1969, 5–172 – G. MARTÍNEZ DÍEZ, El F. Real y el F. de Soria, AHDE 39, 1969, 545–562 – J. GARCÍA GONZÁLEZ, El f. viejo asistemático, AHDE 41, 1971, 767–784 – A. GARCÍA-GALLO, Los F.s de Toledo, AHDE 45, 1975, 341–488 – G. MARTÍNEZ DÍEZ, F.s locales en el territorio de la provincia de Santander, AHDE 48, 1978, 527–628 – A. IGLESIA FERREIRÓS, Alfonso X el Sabio y su obra legislativa: algunas reflexiones, AHDE 50, 1980, 531–561 – J. RODRÍGUEZ FERNÁNDEZ, Los Fueros del reino de León, 2 Bde, 1981 – A. IGLESIAS FERREIRÓS, F. Real y Espéculo, AHDE 52, 1982, 111–191 – G. MARTÍNEZ DÍEZ, F.s en el territorio de la provincia de Burgos, 1982 – DERS., Leyes de Alfonso X: F. Real, edición y análisis crít., 1988.

II. PORTUGAL: Wie in León und Kastilien, so gewährten auch die Gf.en und Kg.e v. Portugal F.s (ptg. Bezeichnung: *foro, foral*). Sie wurden Orten verliehen, die sich bereits vorher als Gemeinden organisiert hatten oder aber Neugründungen der Kg.e in entvölkerten oder grenznahen Gebieten darstellten. Für die F.-Verleihung waren entweder militär.-polit. (bis 1249) oder wirtschaftl. Gründe (Einkunftsverbesserung der Krone, Steigerung der kgl. Macht) maßgebend. Folgende F.s fanden als Prototypen Verwendung: der 1111 Coimbra verliehene F. (in der Estremadura und der Beira); der 1166 an Évora gegebene »F. v. Ávila« (im Alto Alentejo und in der Beira Baixa); der um 1160 Trancoso gewährte »F. v. Salamanca« (in der Beira Alta um den Alto Douro); der 1179 Lissabon verliehene »F. v. Santarém« (in der Estremadura, im Alentejo und dem Algarve), neben anderen F.s unbekannter Herkunft (in Trás-os-Montes). Nach Kg. Dinis (1279–1325) kam es nur noch selten zur Gewährung von F.s. Die bereits verliehenen F.s bestanden bis zur Reform Kg. Manuels (1502–20) fort und regelten die Beziehung zw. dem Kg. und den *Concelhos* (Stadträten). Die innere Struktur der

Concelhos indessen wurde vom Gewohnheitsrecht bestimmt, das manchmal in der Form von *foros longos* schriftlich niedergelegt worden war. Bekannt sind die im Gebiet von Riba Coa verbreiteten »F.s v. Ciudad Rodrigo«, die von Guarda und die im Alentejo geläufigen »F.s v. Santarém und Évora«. Alle sind undatiert, aber in Fassungen aus dem 13. Jh. auf uns gekommen.

Mehrere kast. F.s (s. Abschnitt I) waren auch in Portugal bekannt (F. Juzgo; vermutl. auch der F. Viejo de Castilla); um 1280 entstand eine ptg. Übers. des F. Real Alfons' X. Doch haben diese Texte keine den →»Siete Partidas« Alfons' X. vergleichbare Wirkung auf das ptg. Rechtsleben ausgeübt. J. Mattoso

Q.: Portugaliae monumenta historica, Leges et consuetudines, ed. A HERCULANO, 1856–68 – L. F. LINDLEY CINTRA, A linguagem dos foros de Castelo Rodrigo, 1959 – Afonso X. Foro real, ed. J. DE AZEVEDO FERREIRA, 2 Bde, 1987 – *Lit.:* COING, Hdb. I, 666–669 [A. WOLF] – T. DE SOUSA SOARES, Apontamentos para o estudo da origem das instituições municipais portuguesas, 1931 – M. P. MERÊA, Em torno da palavra 'forum', Revista Portuguesa de Filologia I, 1947, 485–594 – G. BRAGA DA CRUZ, O direito subsidiário da hist. do direito português, Revista Portuguesa de Hist. 14, 1974, 177–316 – N. ESPINOSA COMES DE SILVA, Hist. do Direito Português I, Fontes do Direito, 1985, 112–181.

III. ARAGÓN UND VALENCIA: [1] *Aragón:* In der Gft. und dem Kgr. Aragón umfaßt der Begriff 'f.' die Vorstellung von einer im Gegensatz zu einer allgemeinen Rechtsnorm stehenden Sonderregelung. Im 8.–13. Jh. verstand man unter der allgemeinen Norm, zu der ein F. im Widerspruch stand, jene Teile des westgot. »Liber Iudiciorum« (→Lex Visigothorum), die noch in Erinnerung waren, aber auch ältere F.s, die man für »schlechter« hielt (sog. *malos fueros*), und seit Ende des 12. Jh. das gemeine und kanon. Recht, auf das mit dem Ausdruck 'de iure' oder in der romanisierten Form 'derecho' oder 'dreyto' verwiesen wurde.

Der aragon. F. war zunächst für eine Dorf- oder Stadtgemeinde bestimmt und konnte seit Ende des 12. Jh. für ein bestimmtes Gebiet (*f. de la tierra*) oder auch im ganzen Kgr. (*f. de Aragón*) Gültigkeit erlangen. Ab 1247 wurde mit F. de Aragón jene Gesetzessammlung bezeichnet, die alle speziell Aragón betreffenden Verordnungen enthielt, und mit »F.«, die vom Kg. gemeinsam mit den Cortes erarbeiteten Verfügungen, analog zu den Bezeichnungen »ley« (Gesetz) oder *constitución* (Konstitution), wie sie in anderen Gebieten mit romanist. Rechtsterminologie üblich waren, das Ganze immer auf der Basis des Natur- oder Gewohnheitsrechts, wobei althergebrachtes örtl. Gewohnheitsrecht in jedem Falle einen »f.« brach.

Die lokalen F.s sind abgestimmt auf die Interessen einer bürgerl. Mittelschicht, des kriegführenden Adels und der Stadtgemeinden. Dem ersten Typus ist der F. v. Jaca zuzurechnen, der dieser 1063 von Sancho Ramírez zur Stadt erhobenen 'villa' verliehen wurde, um so »Franken« im Rahmen der →Repoblacion anzuziehen. Der einflußbereich dieses F.s erstreckte sich von den Pyrenäen, Navarra und der Küste von Guipúzcoa bis zur Pyrenäen-Nordseite ins Béarn. Zum zweiten Typus zählt der »F. v. Zaragoza«, der die Interessen der →Infanzones stärker als die der Bürger berücksichtigte. Der dritte Typus findet sich in der Grenzzone von Calatayud, Daroca und Teruel und diente zur Stärkung der Autonomie der einzelnen →Concejos in ihrem Verteidigungskampf gegen die Mauren.

Die »F. v. Aragón« sind die von Jakob I. in Auftrag gegebenen Rechtssammlungen für Aragón. Der Bf. v. Huesca und ehemalige Bologneser Scholast, →Vidal de Canellas, erarbeitete zwei Rechtskompilationen *(compilaciones dreytureras)*, in denen er sich des *dreyto*, des Gemeinrechts, wie eines Werkzeugs bediente. 1247 billigten die Cortes v. Huesca die kleinere von beiden (»menor«), während sich die »mayor« mit ihrem vorwiegend romanist. Charakter nicht durchsetzen konnte. Die approbierte Sammlung nahm 1283 Vertragscharakter an, als sie in das 8. Buch des »Privilegio General«, das der Adel und die Concejos König Peter III. abtrotzten, Aufnahme fand. Im Laufe des 14. und frühen 15. Jh. wuchs die Sammlung durch vier weitere Bücher (je eines für die vier während dieser Periode regierenden Kg.e) auf 12 Bücher an.

Andere Quellen, wie die »Actos de Corte« und die »Observancias«, ergänzen die F.s. Die F.s wurden nicht allzu oft ausgelegt. Unter der Bezeichnung »F.s de Sobrarbe« sind einige fiktive Verfügungen bekannt, die die Macht des Kg.s einschränken und die Stellung des →Justicia stärken sollten.

[2] *Valencia:* Im Kgr. Valencia waren die ursprgl. Stadtprivilegien als 'consuetudines' oder 'costum' bekannt, aber man sprach auch von 'forum Valentie' und von 'foros et consuetudines', obwohl 1241 der Terminus 'consuetudo' für die Verfassung der Stadt und der Terminus 'forum' für die des Reiches Verwendung fand.

Im Kgr. Valencia setzte sich für allgemeine, gemeinsam von Kg. und→Cortes getroffene Verfügungen der Begriff *fur,* die katal. Form von 'f.', durch. 1271 unterschied man zw. neuen und alten F.s *(furs nous* und *furs antichs),* wobei auch antonym die von Alfons IV. 1330 erlassenen als 'nuevos' bezeichnet wurden. 1482 wurde eine von Gabriel de Riucech erarbeitete, chronolog. geordnete Sammlung unter dem Titel »Furs e ordinacions de València« veröffentlicht. Ihr lag die zeitgenöss. redigierte roman. Version der 'fur nous' von Alfons IV. zu Grunde, alle weiteren bis Alfons V. verkündeten F. wurden einbezogen und durch das kleine Werk von Arnaldo Juan »Stil de la governació« wie auch einige Privilegien und Verordnungen ergänzt.

J. Lalinde Abadía

Lit.: COING, Hdb. I, 681–694 [A. WOLF]. – *zu [1]:* E. WOHLHAUPTER, Die localen F.s Aragóns und ihre Verbreitung (Fschr. E. HEYMANN, 1940), 108–128 – J. LALINDE ABADÍA, Los F. de Aragón, 1976 [mit Zusammenstellung der wichtigsten Ed. und Lit.] – A. PÉREZ MARTÍN, Introducción (»Fori Aragonum« vom Codex v. Huesca bis zur Reform Philipps II., 1979) 1–100 – *zu [2]:* M. GUAL CAMARENA, Estudio de la territorialidad de los F. de Valencia, EEMCA III, 1947–48, 262–289 – A. Mᴬ BARRERO, El Derecho romano en los »Furs« de Valencia de Jaime I, AHDE 41, 1971, 639–664.

Zum F. general de Navarra →Navarra, Recht

Fuetrer, Ulrich, bayer. Maler, Literat und Historiograph, * um 1430 in Landshut, † 1496 in München. In seiner Geburtsstadt zum Maler ausgebildet, ist er ab 1453 in München nachweisbar. Als Maler für das Kl. →Tegernsee sowie für die Stadt München und den dortigen Herzogshof tätig (Hauptwerk: Polyptychon »Kreuzigung Christi«, 1457, München, Alte Pinakothek), liegt F.s Bedeutung aber mehr im lit. Bereich. Als namhaftester Literat im Künstlerkreis um Hzg. →Albrecht IV. v. Oberbayern schuf er umfangreiche Dichtungen in der Nachfolge der hochma. Epik, insbes. →Wolframs. Neben seiner ersten Schöpfung, dem Prosaroman »Lanzelot« (später von ihm in ein Versepos von 39 000 Titurelstrophen umgearbeitet), ist v. a. sein lit. Hauptwerk zu nennen: das »Buch der Abenteuer« (41 500 V.), das überwiegend zw. 1473 und 1478 entstand und einen großen Zyklus von Abenteuerromanen bietet, in den die wichtigen Erzählkreise des hohen und späten MA eingearbeitet sind: die Grals- und Artusthematik, der Trojanerkrieg, Lohengrin, Merlin, Titurel, Wigoleis, Iban usw. Diese Stoffe, von denen einige nur hier überliefert sind, hat F. zu einer

sprachl.-stilist. Einheit verschmolzen. Zw. 1478 und 1481 schrieb er eine »Bayer. Chronik«, in der die Gesch. des Hzm.s bis 1479 in kompilator. Weise behandelt wird, ein frühes Zeugnis der unterhaltenden Geschichtsschreibung, das drei Fortsetzungen fand. Wie andere Teile des lit. Werkes gelangte F.s Chronik, trotz großer Beliebtheit im 15. Jh. und wiederholter Benutzung in den folgenden Jahrhunderten, erst in neuerer Zeit zum Druck. Die Schriften F.s sind bezeichnende Dokumente der historisierenden Ritterromantik, die im ausgehenden 15. Jh. auch das kulturelle Leben am Münchner Hof prägte. F. schließt die volksspracl. Literatur des MA in Bayern ab.

A. Schmid

Ed. und Lit.: U.F., Bayer. Chronik, ed. R. SPILLER, 1909 – ADB VIII, 271 – NDB V, 685f. – Verf.-Lex.² II, 999–1007 [Bibliogr.] – J.-M. MOEGLIN, Les ancêtres du prince. Propagande politique et naissance d'une hist. nat. en Bavière au MA, 1985, 172–195 u. ö. – P. STROHSCHNEIDER, Ritterroman. Versepik im ausgehenden MA, 1986, 293–298.

Fugger, bedeutende Kaufmannsfamilie aus →Augsburg. Sie erscheint erstmals 1367, als der Weber *Hans* F. aus dem Dorf Graben am Lechfeld sich mit einem ansehnl. Vermögen von 22 Pfund in Augsburg niederließ. Durch zwei Heiraten mit Töchtern von Webermeistern verstand er es, seinen wirtschaftl. und sozialen Aufstieg anzubahnen (1.⚭ Klara Widolf, 1370; 2. Elisabeth Gfattermann, 1381). Die 2. Ehe brachte ihm den Zutritt zum Zwölferausschuß ein; 1386 wurde er erster Zunftmeister der Weber, 1397 konnte er aus seinem bescheidenen Wohnsitz am Heiligkreuzstift in das stattl. »Haus zum Rohr« an die angesehene Reichsstraße übersiedeln. Gegen Ende seines Lebens belief sich sein städt. Vermögen, abgesehen vom Landbesitz (wohl inzwischen vergrößert), auf etwa 2000 Gulden, und sein Handwerksbetrieb hatte sich zum kaufmänn. Unternehmen ausgeweitet. Die Witwe wirtschaftete so gut, daß ihr Steuerbetrag 1417 höher als der der →Welser war. Nach ihrem Tod (1436) führten die Söhne *Andreas* († 1457/58) und *Jakob* (I.) († 1469), die das Goldschmiedehandwerk erlernt hatten, ihr Geschäft gemeinsam bis 1454 weiter.

Glänzender war zunächst die Laufbahn des Andreas (1454 Mitglied des Großen Rats, dann Steuereinnehmer, Leinwandbeschauer, 1457 Mitglied des Richterkollegiums). Sein Sohn *Jakob* erlangte für sich und seine drei Brüder 1462 von Ks. Friedrich III. einen Wappenbrief (goldene springende Rehhindin auf blauem Grund, künftig das Kennzeichen der Linie der F. 'vom Reh'). *Lukas* († 1494), der bedeutendste der Brüder, errichtete ein internationales Handelsnetz, von Mailand, Rom und Venedig bis Antwerpen, London und Wien. Gewagte Kreditgeschäfte, zuletzt mit dem Habsburger Maximilian, brachten allerdings finanzielle Schwierigkeiten, die 1499 zum Bankrott führten. Von diesem Schlag konnten sich die F. vom Reh nicht wieder erholen. Immerhin vertrat ihre Linie im 16. Jh. der Augsburger Goldschmied *Ulrich* F.; in Nürnberg war *Gastel* F. Faktor seines Verwandten *Anton* und wurde von Kg. Ferdinand in den Ritterstand erhoben.

Nüchterner, solider verfolgte Andreas' Bruder Jakob (I.) seinen Weg. Den Bankrott seines Schwiegervaters (Goldschmied Franz Bäsinger; 1444) konnte er überwinden, und 1467 erreichte er den 7. Platz unter den reichen Bürgern Augsburgs. Nach seinem Tod führten die Söhne *Ulrich* († 1510) und *Georg* († 1506) mit der Mutter das Unternehmen fort. Nach einem Kredit an Ks. Friedrich III. erlangten sie 1473 ein Wappen (zwei Lilien auf einem gold und blau gespaltenen Grund, künftig das Kennzeichen der Linie der F. 'von der Lilie'). Ihr Bruder *Markus* († 1478) wurde Kuriale in Rom und verstand es, der Familie kirchl. Zahlungsaufträge im weiten Raum nördl. der Alpen zuzuleiten.

Nach dem Tod des Bruders *Peter* (1473), der die wichtige Niederlassung in Nürnberg geleitet hatte, nahm die Familie *Jakob* (* 1459, † Ende 1525), den jüngsten der Brüder, der im Stift Herrieden die geistl. Laufbahn einschlagen sollte, 1478 in das Unternehmen auf. Unter Jakob 'dem Reichen' erreichte die Firma ihren weltgeschichtl. Höhepunkt. Er erlernte in Venedig die moderne it. Kaufmannstechnik und übernahm 1485 die Niederlassung in Innsbruck, die wegen des aufblühenden →Bergbaus in Tirol und der Schuldenwirtschaft des Hzg.s (zuletzt Ehzg.s) →Siegmund wachsende Bedeutung erlangte. Darlehen gegen →Silber und →Kupfer bildeten die Ausgangsbasis für die künftigen Finanzbeziehungen zu Siegmunds Erben und Nachfolger →Maximilian. Der enge Zusammenhalt unter den Brüdern wurde befestigt durch den 1. Gesellschaftsvertrag v. 1494 (später mehrfach erneuert). Zur gleichen Zeit wurde mit dem Bergbauspezialisten Johann →Thurzo der »Ungarische Handel« (→Ungarn) zur Ausbeute der slowak. Buntmetallvorkommen gegründet. Damit sicherte sich die Gesellschaft die Möglichkeit, der Konkurrenz der Händler mit Tiroler Kupfer zu begegnen. Die Depositen des Bf.s v. Brixen und späteren Kard.s Melchior v. Meckau (†1509) trugen zur erforderl. Kapitalausstattung bei, um den wachsenden Kreditwünschen Maximilians entgegenzukommen. Mit dem Eintritt in den schles. Goldbergbau (→Gold), der Errichtung einer Hüttenanlage im thür. Hohenkirchen und einer solchen in Fuggerau in Kärnten, wo das zum Saigern erforderl. Blei zur Verfügung stand, nahmen Metallgeschäft und sonstiger Warenhandel einen Aufschwung, der in ebenso glänzender Weise vom Bankgeschäft (→Bankwesen) begleitet wurde; die wichtigsten Kunden waren neben dem Haus Habsburg die Kurie und ihre Würdenträger nördl. der Alpen. Die Krise, die der Tod Meckaus mit sich brachte, wurde dank geschickter Schachzüge überwunden. Das größte Bankgeschäft Jakob F.s, der seit 1510 monarchisch bestimmender Leiter der →Firma war, wurde die Finanzierung der Wahl von Maximilians Enkel Karl (V.) zum röm. Kg. und Ks. 1519. Die letzte schwere Krise folgte für Jakob mit dem Bauernkrieg und dem nationalen Aufstand in Ungarn. Trotz der rationalen Einstellung zum Geschäft blieb diese Symbolfigur des Aufstiegs der oberdt. Wirtschaft zur Weltgeltung gläubiger Christ im spätma. Sinn, was am deutlichsten in seiner wohltätigen Stiftung der Fuggerei (→Augsburg) zum Ausdruck kam, und trotz der Würde eines ksl. Rats, des Grafendiploms und der Grundlegung des künftigen Herrschaftsbesitzes im Raum um Kirchberg blieb sein sozialer Standort der des Augsburger Bürgers.

Erbe des kinderlos gebliebenen Jakob wurde der Neffe *Anton* († 1560), der das Unternehmen ebenso monarchisch wie sein Onkel führte. Unter ihm erreichte das Vermögen 1546 (ca. 5 Mill. Gulden) den Höhepunkt und der Handel die größte Reichweite. Auch er kombinierte den Handel in Metallen und Luxuswaren mit dem großen Bankgeschäft. 1546 gab er den »Ungarischen Handel« auf, setzte aber zwei Jahre später mit dem »Tiroler und Kärntner Handel« einen neuen Schwerpunkt im Berggeschäft. Trotz der Verstrickung in verlustreiche finanzielle Verpflichtungen durch die anspruchsvolle Außenpolitik Karls V. und dann Philipps II. wurde der »Gemeine Handel« von den Erben fortgeführt. Inzwischen hatte sich die Familie entsprechend dem durch die Heiratspolitik des Hauses eingeleiteten Struktur- und Statuswandel mehr und mehr auf Aufgaben konzentriert, wie sie adliger Landbesitz und städt.

Patriziertum nahelegten. Mit ihrem Mäzenatentum nahmen die F. auch hier einen hervorragenden Platz ein.

In den populären Darstellungen wird die frühe Gesch der Familie F. gern als isolierter und deshalb in falsche Proportionen erscheinender Fall geschildert. Es beeinträchtigt ihre überragende hist. Rolle nicht, wenn man sie einbezogen sieht in den ebenso einmaligen Vorgang de Aufstiegs der oberdt. Wirtschaft im ausgehenden 15. und beginnenden 16. Jh. (günstige Verkehrslage an der Nordseite der Alpen, gewinnbringende Kombination de →Fernhandels mit dem Bunt- und Edelmetallgeschäft und mit der hohen Finanz, Ausweitung des habsbg. Herrschaftskomplexes nach Spanien und Übersee). Abgesehen von Nürnberg und anderen oberdt. Städten, gab es v. a. in Augsburg eine Reihe kraftvoller Unternehmerfamilien die an diesem Aufschwung teilhatten, aber die F. überflügelten sie alle. – S. a. →Frühkapitalismus.   H. Kellenben:

Lit.: [Auswahl]: R. EHRENBERG, Das Zeitalter der F., 2 Bde, 1896 1922², 1928 [engl.], 1955 [frz. mit erg. Lit.] – J. STRIEDER, Zur Genesi des modernen Kapitalismus. Forsch. zur Entstehung der großen bür gerl. Kapitalvermögen am Ausgang des MA und zu Beginn der NZ ..., 1903 – A. SCHULTE, Die F. in Rom 1495-1523, 1904 – M. JANSEN Die Anfänger des F. (bis 1494), 1907 – DERS., J. F. der Reiche, 1910 – TH. DÜVEL, Die Gütererwerbungen Jacob F.s des Reichen (1494-1525 und seine Standeserhöhungen, 1913 – L. SCHEUERMANN, Die F. i Montanindustrie in Tirol und Kärnten, 1929 – A. WEITNAUER, Ven Handel der F. Nach der Musterbuchhaltung des Matthäus Schwarz 1931 – G. FRHR. V. PÖLNITZ, Jakob F., 2 Bde, 1949/52 – N. LIEB, Die F und die Kunst im Zeitalter der Spätgotik und der frühen Renaissance 1952 – G. FRHR. V. PÖLNITZ, F. und Hanse, 1953 – P. LEHMANN, Ein Gesch. der alten F.bibl., 2 Bde, 1956/60 – L. SCHICK, Un grand homm des affaires au début du XVIᵉ s., Jacob F., 1957 – N. LIEB, Die F. und di Kunst im Zeitalter der hohen Renaissance, 1958 – G. FRHR. V. PÖLNITZ Anton F., 5 Bde (letzter Bd. mit H. KELLENBENZ), 1958/86 – DERS., Di F., 1960, 1970² – G. SIMNACHER, Die F.testamente des 16. Jh. I, 1960 R. CARANDE, Carlos V y sus banqueros III, 1967 – H. KELLENBENZ, Di F.sche Maestrazgopacht (1525-1542), 1967 – E. E. UNGER, Die F. in Hall in Tirol, 1967 – O. NÜBEL, Pompeius Occo, F.faktor in Amster dam, 1972 – G. NEBINGER – A. RIEBER, Genealogie des Hauses F. vo der Lilie I, 1978 – M. TIETZ-STRÖDEL, Die Fuggerei in Augsburg, Stud zur Entwicklung des sozialen Stiftungsbaus im 15. und 16. Jh., 1982

Fuhrwesen, -gewerbe, Beförderung von Personen ode Gütern mittels Fahrzeugen, vorwiegend gegen Bezahlung.

[1] *Antike:* Bereits der im Regelfall staatl. Agenda vor behaltene röm. Cursus publicus (→Post), den eine reiche Infrastruktur (Straßennetz, Stationen für den Pferde- ode Zugtierwechsel [mutationes] sowie für die Unterbrin gung von Personal, Tieren und Fahrzeugen [mansiones] kennzeichnet, diente zum Personen- (zumeist Magistrate oder Gütertransport (z. B. wertvolle Metalle, Truppen ausrüstung). Das Transportwesen basierte auf Requisi tion und Leistungen der Untertanen. Transportmitte waren in erster Linie das vierrädrige Gespann (angaria cursus clavularis) und der etwas leichtere vierrädrige Kar ren (raeda: cursus velox). Die ksl. Gesetzgebung des 4. un 5. Jh., die wiederholt die Pflicht der Anrainer zur Instand haltung der Straßen und Brücken betont, zeigt die Schwie rigkeiten, das Straßennetz funktionsfähig zu erhalten.

[2] *Mittelalter:* Ähnlich wie bei dem Cursus publicu kann auch bei den ma. Transportformen nicht eindeutig zw. Fuhren für Eigenbedarf und Fuhren für Dritte ode gewerbsmäßigen Fuhren unterschieden werden. Ende de 9. Jh. verfügte z. B. die Abtei →Prüm über ein dichte Netz von Verkehrsverbindungen zur Beförderung de grundherrschaftl. Erträge (v. a. Getreide und Wein) au dem Wasser- und Landweg (Römerstraßen oder einfache Pfade). Der Transport wurde entweder ausschließlich vor Zinspflichtigen besorgt oder die Güter wurden zuerst i

Eigenhöfe der Abtei gebracht und von dort aus durch dafür bestimmte Hörige oder Inhaber von Benefizien, die sich auf derartige Transporte bezogen, weiterbefördert. Der typ. Spanndienst (angaria; →Hand- und Spanndienst) bestand in einer halben Wagenlast (Zugtiere: 4 Ochsen) pro Hufe.

Die Konsolidierung des ma. Kgtm.s, der Aufstieg der Städte und des Bürgertums führten auch zu einer Entwicklung des Straßennetzes. Im 13. Jh. setzte sich, von W-Europa ausgehend, die technolog. Innovation der Kummetanspannung durch (z. B. Verdreifachung der Frachtkapazität für Salz), die zu einer stärkeren Verbreitung des Pferdefuhrwerks in Mitteleuropa führte. In der regulären Flußschiffahrt (→Binnenschiffahrt) stellten Überschwemmungen, Änderungen des Flußlaufs, bedingt durch die starke Abholzung, Hindernisse dar. Der Transport mit Saumtieren, der zur Zeit der →Champagnemessen seinen Höhepunkt erreichte, wurde im 14. Jh. allmählich durch Karren ersetzt, da gepflasterte →Straßen und →Brücken die neuralg. Punkte des Transports auf dem Landweg entschärften. Das führte zu einer Konkurrenz zw. Fuhrwerktransport und kombiniertem Transport zu Wasser und zu Lande, da hier die Umschlagkosten sehr hoch waren. In Flandern stellten Aire und St-Omer bereits zu Beginn des 11. Jh. durch den Bau von Straßen im Sumpfland Verkehrsverbindungen zum Hinterland her, die für Schwerpunktfuhrwerke geeignet waren. Um 1100 bauten Brügge und St-Omer Kanäle (→Kanalbau) zum Meer, die rasch auch für die Benutzung der Seeschiffe ausgebaut wurden. Ende des 15. Jh. betrug in dem Gebiet von St-Omer die Frachtkapazität bei Transport per Schiff und Transport zu Lande 20 : 1, das Verhältnis der Preise war 1 : 5, wobei die Geschwindigkeit der Lastschiffe und der Karren in etwa gleich war.

Der Anfang des 15. Jh. im Transport zur See auftretende Wandel im Tarifsystem des →Nolo, wobei nicht mehr das Gewicht der Ware allein, sondern auch ihr Wert eine Rolle spielte, fand in das F. auf dem Landweg Eingang (vgl. hierzu die Frachtbriefe des Datini-Archivs in Prato). Die gleichen Spediteure, die die Löschung der Ladung im Hafen übernahmen, waren auch für den Weitertransport der Fracht auf dem Wasserweg oder per Straße mittels Saumtieren oder Karren verantwortl., wobei sie die Fuhrleute fallweise von den üblichen Verkehrswegen anwarben und nach Bedarf anderswo einsetzten. Das Ergebnis waren verschiedene kombinierte Formen des Transports per Schiff und zu Lande (so z. B. von und nach Venedig).

Im Personentransport kommt es im SpätMA zu einer Neuerung. Öffentliche Maßnahmen in der 2. Hälfte des 15. Jh., vergleichbar dem Cursus publicus, dienten in Frankreich, England, unter den Habsburgern (Taxis) und im Hzm. Mailand ausschließlich dem staatlichen →Botenwesen. Erst im 16. Jh. entwickelte sich eine Infrastruktur von Poststationen, an denen die staatl. Kuriere im öffentl. oder privaten Auftrag (zur Beförderung von Korrespondenz, Geld, Paketen etc.) oder gewöhnl. Benutzer (einschließl. die zugelassenen Kuriere der jeweiligen »Nationen«) die Pferde wechseln konnten. So erwirkten z. B. 1331 die florentin. Kaufleute in Lyon, daß alle 12 Tage ein Kurier ihrer »Nation« von Rom »in poste« nach Lyon reiste, wofür 6–8 Tage benötigt wurden. 1442 brauchte ein Kurier, einer »Pratica di mercatura« zufolge, von Rom nach Florenz 5 bis 6 Tage. Natürlich blieb das alte Gewerbe des Fuhrmanns und Vermieters von Tieren »für eine Reise« oder »für einen Tag« erhalten. Mit dem Reisenden bzw. dem Benutzer wurde ein Vertrag über eine »locatio rei« abgeschlossen (zum Unterschied zum Warentrans-

port, wo es bei der Übergabe der Waren an den Fuhrmann einer »locatio operis« bedurfte). Für die Alpen sind als Besonderheit die Transportgenossenschaften von Talgemeinden zu erwähnen, die das Transportmonopol auf bestimmten Strecken, wo von ihnen die Wege unterhalten wurden, innehatten. →Gasthaus, →Geleit, →Fracht.

A. Serra

Lit.: E. E. Hudemann, Gesch. des röm. Postwesens während der Ks.zeit, 1875, 33–54, 114–119, 143–161 – A. Schulte, Gesch. des ma. Handels und Verkehrs zw. Westdtl. und Italien mit Ausschluß von Venedig, 1900, I, 502–510, 530f.; II, 8ff., 182ff. – R. G. Goodchild, Roads and Land Travel (A Hist. of Technology, 1956), 500–502– E. M. Jope, Vehicles and Harness (ebd., 1956), 547f. – F. Melis, I trasporti e le comunicazioni nel medioevo, 1961–75, 111–175 [Neudr. 1985] – J. F. Bergier, Le trafic a travers les Alpes et les liaisons transalpines du haut MA au XVII s. (Le Alpi e l'Europa – Atti del convegno di Milano, III, 1975), 48ff. – A. Derville, La première révolution des transports continentaux (c. 1000–c. 1300), Annales de Bretagne et des Pays de l'Ouest 85 (Actes du VIIᵉ Congrès des médiévistes de l'enseignement supérieur: Les transports au MA, 1978), 181–205 – J.-P. Devroey, Les services de transport à l'abbaye de Prüm au IXᵉ s., Revue du Nord 61, 1979, 543–569 – L. Pauli, Die Alpen in Frühzeit und MA, 1981², 240–257 – A. Serra, Ferrari e vetturini a Roma dal Rinascimento all'Ottocento, 1981, 68, 117–119–M. Dallmeier, Il casato principesco dei Thurn und Taxis e le poste in Europa (1490–1806) (Le Poste dei Tasso, un'impresa in Europa – Contributi in occasione della mostra di Bergamo, 1984), 1–31 – A. Serra, Corrieri e postieri sull'itinerario Venezia-Roma nel Cinquecento e dopo (ebd., 1984), 33–50 – H. Dubois, Techniques et coûts des transports terrestres en France aux XIVᵉ et XVᵉ s. (Atti della V Settimana di Studio di Prato: Trasporti e sviluppo economico – Secoli XIII-XVIII, 1986), 279–291 – T. Dunin-Wasowicz, Evoluzione della tecnologia dei trasporti nell'Europa Centrale del XIII sec. (ebd., 1986), 23–31 – U. Lindgren, Alpenübergänge von Bayern nach Italien 1500 bis 1850. Landkarten-Straßen-Verkehr (Kat. zur Ausstellung im Dt. Museum 15. Jan.– 15. März 1986), 1986, 167ff., 174f., 201–203 [Lit.].

Fuidir. Im frühma. Irland bilden f. und *bothach* ('Kätner') die beiden Kategorien der Halbfreien. Während die Stellung des *bothach* weithin ungeklärt bleibt, war der f. Gegenstand eines kurzen Rechtstraktats. Danach ist der f. im wesentl. ein freigeborener Mann, der aber zu einem Herrn im Verhältnis eines Hörigen steht, dessen erworbene soziale Stellung sich also im Widerspruch zu seiner angeborenen befindet. Nach dem übl. Gewohnheitsrecht wird ein solcher erworbener Status dann erblich, wenn er über drei–vier Generationen fortdauert. Vier Hauptursachen für den Abstieg eines Freien sind erkennbar: 1. wirtschaftl. Schwierigkeiten, Verarmung; 2. Loskauf von einem Todesurteil; 3. Exilierung; 4. Abstammung aus einer von der mütterl. Sippe nicht anerkannten Verbindung. In den Fällen von 1 und 2 ergibt sich eine unmittelbare Abhängigkeit von einem Herrn (der im Fall 2 der Loskäufer ist). Ähnlich liegen die Dinge in Fall 3 und 4: Der Verbannte (3) verfügt als Fremder nicht über eine einheim. Verwandtschaft, und er hat folglich kein Erbrecht; dies fehlt auch dem Sproß aus nicht anerkannter Ehe (4.). Der f. wird manchmal als untergeordnetes Mitglied der Familie seines Herrn (→Familie B.IX) betrachtet.

T. M. Charles-Edwards

Lit.: R. Thurneysen, Ir. Recht, AAB 1931, Teil II: Zu den unteren Ständen in Irland.

Fulbert, Bf. v. Chartres, * um 960 in Italien, möglicherweise in der Nähe Roms, † 10. April 1028 in Chartres, aus einfachen Verhältnissen stammend, war zunächst Schüler von →Gerbert (später Silvester II.) in Reims, kam dann nach Chartres, wo er seit 1004 das Amt des Kanzlers der Kirche innehatte und ebenda zwei Jahre später, im Nov. 1006, auf Betreiben des Kg.s Robert, seines ehemaligen Mitschülers aus Reims, den Bischofsstuhl bestieg. – F.s

Bedeutung liegt, neben seinem Ansehen als Erbauer der roman. Kathedrale, weniger in einem eigenständig wiss. Opus, als vielmehr in seiner Lehrtätigkeit – zählte doch die Kathedralschule v. →Chartres zu den berühmtesten ihrer Zeit. Seine zahlreichen Briefe und die Zeugnisse seiner Schüler, die ihn mit dem Namen eines Sokrates und Pythagoras in Verbindung brachten, geben Zeugnis seiner von tiefer Frömmigkeit und bedeutender philos.-theol. Gelehrsamkeit geprägten Persönlichkeit. In der Tradition platon.-neuplaton. Philosophierens stehend, ist er doch weit entfernt den kühnen Gedanken etwa eines Eriugena zu folgen, dagegen lassen z. B. seine Bezeichnung der Gottheit als »Überwesenheit« – superessentia« (Ep. II, MPL 141, 190B) eine enge Beziehung zu areopagit. Denken (→Dionysius) erkennen. – Bei den zu Anfang des 11. Jh. sich anbahnenden Auseinandersetzungen zw. Dialektikern und Antidialektikern betont er das Festhalten an der Autorität der Väter (Ep. III, MPL 141, 192D) und warnt vor einer Überschätzung der Dialektik hinsichtl. theol. Fragestellungen (Ep. V, MPL 141, 196C), denn die Tiefe der göttl. Geheimnisse enthüllen sich allein den Augen des Glaubens, nicht menschl. Wissenschaft (a.a.O., 190D). Die Annahme einer Beziehung hinsichtl. der Eucharistielehre von F. und seinem Schüler →Berengar v. Tours ist nicht haltbar: F. bekennt sich deutlich zu der Wesensverwandlung »Terrena materies . . . in Christi substantiam commutatur« (Ep. V, MPL 141, 203C).

U. Mörschel

Lit.: E. PFISTER, De Fulberti Carnotensis vita et operibus, 1885 – A. CLERVAL, Les écoles de Chartres au m.â., 1895 – GRABMANN – J. A. ENDERS, Stud. zur Gesch. der Frühscholastik, PhJb 25, 1912 – L. C. MACKINNEY, Bishop F. and Education at the School of Chartres, 1957 – →Chartres, Schule v.

Fulcher v. Chartres, Chronist des 1. →Kreuzzugs und der Frühzeit des Kgr.es →Jerusalem (→Chronik, L.I); * 1059, † 1127, wohl an der berühmten Kathedralschule v. →Chartres zum Priester ausgebildet, nahm 1095 mit Bf. →Ivo v. Chartres am Konzil v. →Clermont teil und entschloß sich zur Kreuznahme. Seit 1097 Kaplan →Balduins v. Boulogne (seit 1100 Kg. v. Jerusalem) und – wahrscheinlich bis zu seinem Tode – Kanoniker der Grabeskirche, wurde er möglicherweise 1114 vom Patriarchen Arnulf mit der augustin. Reform des Konvents betraut. F.s Nähe zum Königshaus und seine langjährige Verbundenheit mit dem Hl. Land machen seine in zwei Redaktionen überlieferte »Hist. Hierosolymitana« (drei hist. Gedichte wurden ihm fälschlich zugeschrieben) zu einer erstrangigen Quelle. F. zeigt sich als sorgfältiger, selbständig urteilender, insgesamt unparteiischer, den Ausgleich mit Byzanz und den oriental. Christen suchender, realist. Berichterstatter. Unter geistesgeschichtl. Aspekt ist ein christl., durch die Ideen der Schule v. Chartres geprägter Humanismus beachtenswert. F.s wachsender Glaube an ein berechtigtes Selbstbewußtsein des Menschen als des Mitgestalters der Geschichte im Verhältnis zu einem weniger als Herrscher denn als Freund empfundenen Gott fördert das Interesse an der Erforschung der Natur (Totes Meer, Nil) und ihrer Gesetzmäßigkeiten und stimmt zu einer Vorstellung von der Gesellschaft, die Leistung und Aufstiegschancen des einzelnen jenseits geburtsständischer Schranken akzentuiert, in dieser individualisierenden Sicht den Konflikt zw. 'regnum' und 'sacerdotium' entschärft und beide als gleichberechtigte Organismen innerhalb der Christianitas betrachtet. Die sprachl. Dimension seines Humanismus zeigt sich in guter Beherrschung der lat. Grammatik, breiter Kenntnis antiker Autoren und eingestreuten metr. Partien. Die

»Hist.« wurde bes. im 12. Jh. ausgiebig benutzt und z. T. heftig kritisiert (→Guibert v. Nogent, →Wilhelm v. Malmesbury), bis sie durch die Chronik →Wilhelms v. Tyrus als »Standardwerk« abgelöst wurde.

V. Epp

Ed.: H. HAGENMEYER, 1913 [krit. Ed., Einl., Komm.]; zur Benutzung F.s bei Wilhelm v. Tyrus vgl.: R. B. C. HUYGENS, Guillaume de Tyr, Chronique, 1986 (CChrCM 63, 63A) – Übers. [frz.]: GUIZOT, Coll. mém. hist. Fr. 24, 1825, 1–275 – [engl.]: F. R. RYAN – H. S. FINK, 1969 [Einl.] – *Lit.:* MANITIUS III, 428–430 – LThK² IV, 443f. – Repfont IV, 601 – CH. KOHLER, Un sermon commémoratif . . . attribué à Foucher de Ch., ROL 8, 1900/01, 158–164 – N. JORGA, Les narrateurs de la première Croisade, RHSE 5, 1928, 109–133 – D. C. MUNRO, A Crusader, Speculum 7, 1932, 319–335 – V. CRAMER, Die Hist. Hierosolymitana des F., Das Hl. Land 78, 1934, 75–80 – P. KNOCH, Stud. zu Albert v. Aachen, 1966 – V. EPP, F. v. Ch. Stud. zur Geschichtsschreibung des ersten Kreuzzuges [Diss. masch. Düsseldorf 1988].

Fulco

1. F., Gf. v. →Angers/Anjou (→Plantagenêt), Touraine und Maine (regierend 1109–28) und *Kg. v.* →*Jerusalem* (1131–43); * um 1090, † 10. Nov. 1143 durch Jagdunfall, ▭ Grabeskirche. Sohn →Fulcos IV., Gf.en v. Anjou, und dessen Gattin Bertrada v. Montfort (der späteren Konkubine →Philipps I. v. Frankreich). Als Gf. war er bestrebt, die gfl. Obergewalt über seine Vasallen zu behaupten bzw. wiederherzustellen. Er beteiligte sich, zunächst unter mehrfachem Parteiwechsel, an den zw. →Heinrich I. v. England und →Ludwig VI. v. Frankreich, um durch Vermählung seines Sohnes →Geoffroy Plantagenêt mit Heinrichs Tochter →Mathilde, der Witwe Ks. →Heinrichs V., schließlich auf die anglonorm. Seite überzutreten (1120). Bereits 1120 besuchte F. das Hl. Land und wurde zum Förderer des →Templerordens (Subsidiengewährung, Unterhalt zweier Templer im Hl. Land). Ende 1127 oder Anfang 1128 empfing der inzwischen verwitwete F. eine Gesandtschaft →Balduins II., Kg.s v. Jerusalem, der, ohne männl. Erben, ihm die Hand seiner Tochter →Melisende anbot, verbunden mit dem im Namen des Kg.s und der Großen erteilten Versprechen, daß er sich binnen fünfzig Tagen nach Eintreffen im Hl. Land mit Melisende vermählen könne und als Kg. eigenen Rechts, nicht bloß als Prinzgemahl regieren solle. Nach Übergabe der angevin. Regierung an Geoffroy brach F. 1128 nach Palästina auf, wo er Melisende kurz vor Pfingsten heiratete und als Mitgift →Akkon und →Tyrus empfing. 1129–31 half seinem Schwiegervater bei der Regierung. Balduin II. änderte auf dem Sterbebett sein früheres Abkommen mit F. jedoch dahingehend ab, daß – neben F. – nun auch Melisende sowie beider Sohn →Balduin (III.) die Königswürde empfangen sollten. Infolgedessen wurden F. und Melisende nach dem Tode Kg. Balduins II. (21. Aug. 1131) gemeinsam in der Grabeskirche gekrönt (14. Sept. 1131), ohne vorherige Wahl. Anschließend versuchte F., seine Gemahlin aus ihrer Machtstellung zu verdrängen, was zu den ersten Adelsrevolten im Kreuzfahrerkönigtum führte. Nach 1134 wurde F. schließlich gezwungen, seine Frau zur Mitregentin zu machen. Parallel zu diesen Auseinandersetzungen war F. 1131–33 mit den Angelegenheiten des Fsm.s →Antiochia als dessen Regent befaßt. Er nötigte seine Schwägerin Alice, die Fürstinwitwe von Antiochia, und deren Verbündete, die Fs.en v. →Tripoli und →Edessa, zur Anerkennung seiner Regentschaft und setzte die Heirat der Erbtochter Constance mit Raymond v. Poitiers durch. Während der nachfolgenden Phase seiner Regierung, insbes. in den Jahren 1134–39, war F.s Außenpolitik vom Kampf gegen das Vordringen Zengīs v. →Mosul (→Zengiden) bestimmt. Nach seinem Scheitern vor Ḥimṣ (1137) belagerte Zengī das zur Gft. Tripoli gehörige Montferrand (Bārīn) im oberen Orontestal. Das von F. geführte Entsatzheer wurde in Montferrand einge-schlossen; F. trat die Festung 1138, gegen freien Abzug, an Zengī ab. F.s zunächst erfolgreicher Versuch, eine große Koalition gegen Zengī zu bilden (1138), unter Beteiligung des Byz. Reiches sowie der Fsm.er Antiochia und Edessa, blieb wirkungslos, da Ks. →Johannes II. Komnenos rasch wieder aus dem Bündnis ausschied. Doch schloß der von Zengī bedrängte Wesir v. Damaskus mit dem Kgr. Jerusa-lem einen Beistandspakt; F. konnte Zengī die wichtige Festung Banyās, die Galiläa und Damaskus kontrollierte, entreißen. Die Tatsache, daß Zengī in den nächsten fünf Jahren durch innerirakische Auseinandersetzungen ge-bunden war, erleichterte F. die Sicherung der Südgrenze seines Kgr.es durch ein großangelegtes Festungsbaupro-gramm, mit dem F. in die Fußstapfen seiner angevin. Vorfahren trat.   S. Schein

Lit.: J. Chartrou, L'Anjou de 1109 à 1151, 1928 – J. Prawer, Hist. du Royaume Latin de Jérusalem I, 1969, 317–339 – H. E. Mayer, Stud. in the Hist. of Queen Melisende of Jerusalem, DOP 26, 1972 – Ders., Gesch. der Kreuzzüge, 1965, 1985⁶, 81–87.

2. F. Nerra, *Gf. v. →Angers/Anjou* 987–1040, †1040 auf dem Rückweg vom Hl. Land; Sohn von Gf. Goffredus (Geoffroi 'Grisegonelle'). F., ein Fs. von erstrangiger po-lit. Bedeutung, erreichte eine territoriale Ausdehnung seiner Gft. und eine Stärkung der Grafengewalt, gestützt auf den Bau zahlreicher →Burgen. Im Kampf mit den Gf.en v. →Blois um die Vorherrschaft in W-Frankreich besiegte er →Conan I., Gf. en v. →Rennes und wichtigen Parteigänger der Blois, bei Conquereuil (992), konnte aber dennoch die von seinem Vater ererbte Oberherr-schaft über die Gft. →Nantes nicht behaupten; als Kom-pensation annektierte er die Gft. Mauges, im SW des Anjou. Bereits bei seinem Regierungsantritt im Besitz von →Loches u. a. Burgen in der – von den Blois kontrollierten – Tourraine, bemächtigte er sich kurzzeitig sogar der Stadt →Tours (996–997). 1016 schlug er →Odo II. v. Blois bei Pontlevoy und eroberte 1026 dessen Burg →Saumur. Im N zwang er den Gf. en v. →Maine, Herbert 'Éveille-Chien', in seine Vasallität (1027–36); in →Vendôme gelang es ihm, sich als Vormund des jungen Gf. en Burchard zu etablieren. Im Süden unterhielt F. gute Beziehungen zu den Hzg. en v. →Aquitanien, von denen er →Loudun und →Mirebeau zu Lehen hielt und außerdem noch →Saintes empfing; seine Vasallentreue trieb ihn sogar zu einem Konflikt mit dem eigenen Sohn →Geoffroi (Goffredus) 'Martel', der sich ohne väterl. Konsens mit Agnes, der Witwe Wilhelms V. v. Aquitanien, vermählt hatte und eine eigene Politik trieb. F. stand in ausgezeichneten Be-ziehungen zu den →Kapetingern, deren definitive Macht-übernahme mit derjenigen F.s zeitlich koinzidierte; das gute Verhältnis wurde auch durch zwei Konflikte (997: Heirat Roberts d. Fr. mit Berta v. Blois; 1008: Verstrik-kung F.s in die Ermordung Hugos v. Beauvais, des Günst-lings Kg. Roberts) nicht ernsthaft getrübt. So hat F. 1032 Kg. Heinrich I. bei der Einnahme von →Sens unterstützt. Obwohl F. seine Gft. durchaus als selbständiger Fs. regier-te, nahm er gegenüber dem Kgtm. durchweg eine loyale Haltung ein, sowohl im Sinne der karol. 'fidelis'-Tradition als auch im Sinne der Vasalitätsauffassung der aufkom-menden Feudalmonarchie. Er unternahm drei Pilgerfahr-ten nach Jerusalem (1002/03, 1008, 1039/40) und veranlaß-te bedeutende Klostergründungen (→Beaulieu-lès-Lo-ches, 1007; St-Nicolas, 1020; La Charité in Angers, 1028); gleichwohl erscheint F. in Überlieferung und Sage als gewalttätige Fürstenpersönlichkeit.   J.-M. Bienvenu

Lit.: L. Halphen, Le comté d'Anjou au XIᵉ s., 1906 – O. Guillot, Le comté d'Anjou et son entourage au XIᵉ s., 2 Bde, 1972.

3. F. IV. 'le Réchin', *Gf. v. →Angers/Anjou* 1067–1109, Chronist; Neffe von Gf. →Geoffroi (Godfredus) Martel und seit 1060 Inhaber einer Teilherrschaft, geriet F. bald mit seinem Bruder Geoffroi III. 'le Barbu' in einen heftigen Kampf, in dessen Verlauf F. den Bruder absetzte (1067), besiegte (1068) und schließlich für 30 Jahre in Chinon einkerkerte. Auseinandersetzungen mit dem Hzg. v. Aquitanien (um den Besitz der →Saintonge), permanente Aufstände der Barone und verstärkte Interventionen des Kgtm.s (Annexion des →Gâtinais) wie des Hzg.s v. →Normandie (Einflußnahme auf die Gft. →Maine) mar-kieren eine Schwächung der angevin. Grafengewalt, die nicht zuletzt der polit. Unfähigkeit F.s, der sich überdies 1092 durch die Flucht seiner Gattin Bertrada v. Montfort zu Kg. →Philipp I. lächerlich machte, anzulasten ist.

Als gebildeter Fs. verfaßte F. eine berühmte, fragmen-tar. überkommene Chronik, die v. a. auf den mündl. Überlieferungen über seine Vorgänger beruht und als dynast. Chronik eines Adligen in dieser Zeit einzigartig ist. Auch geht auf F. die Anlage eines Kartulars, des sog. »Cartulaire Noire« der Kathedrale v. Angers, zurück, einer wichtigen Quelle für den demograph. Aufschwung, der sich während F.s Regierungszeit im Anjou vollzog.   J.-M. Bienvenu

Ed.: Chroniques des comtes d'Anjou des seigneurs d'Amboise, hg. L. Halphen–R. Poupardin, 1913, 232–238 – Lit.: Repfont IV, 602 – s. Lit. zu →Fulco Nerra [L. Halphen, O. Guillot].

4. F., *Ebf. v. →Reims*, 883–900, ermordet am 17. Juni 900. Verwandt mit den burg. Miloniden und den →Wido-nen-Lambertinern v. →Spoleto, erscheint F. zuerst am Hofe →Karls d. K., den er 875 oder 877 nach Italien begleitete. Zum Abt v. →St-Bertin erhoben, befestigte er diese Abtei gegen die →Normannen. Am 7. März 883 wurde er durch die Gunst von →Hugo Abbas zum Ebf. v. Reims erhoben.

Nach der Absetzung Ks. →Karls III. (887) und der Wahl →Odos (888) verhielt sich F. abwartend, ja opportuni-stisch. Zwar hielt er grundsätzlich zu den Karolingern, doch offenbar ohne klare Vorstellung, wie er ihrer Sache zum Sieg verhelfen sollte. Er verband sich mit →Wido v. Spoleto, von dem er bald darauf wieder abrückte, leistete Odo den Treueid, verhandelte mit →Arnulf 'v. Kärnten', führte bei der zweiten Krönung Odos in Reims den Vor-sitz und intervenierte im Bm. →Langres zugunsten seines Verwandten Tedbald gegen den Kandidaten des Kg.s und des Ebf.s Aurelian v. Lyon.

Erst 890 wird seine prokarol. Haltung mit der Unter-stützung des jungen →Ludwig v. Provence klar erkenn-bar. Vielleicht hat F. bereits damals zugunsten Ludwigs die Abfassung der »Visio Caroli« angeregt. Am 28. Jan. 893 weihte er →Karl III. in Reims zum Kg., mit der Billigung der Gf.en v. Vermandois und Artois sowie der Bf.e v. Soissons, Noyon, Thérouanne, Paris und Langres. Von nun an bemühte sich F., für den von ihm lancierten Karl III. die Unterstützung des ostfrk. Karolingers Arnulf zu gewinnen; dieser aber verhielt sich eher als neutraler Schiedsrichter zw. Karl und Odo, da er die Ansprüche Karls auf Lotharingien fürchtete. Auf der anderen Seite war F. bestrebt, die burg. Großen auf seine Seite zu ziehen; im Winter 895–896 brachte er zu Remiremont ein Treffen zw. Karl und Ks. →Lambert zustande. Ein Jahr später verbündete sich der von Odos Anhängern hart bedrängte Karl mit den heidn. Normannen, trotz drohender Ent-fremdung zu dem mächtigen Ebf. Odo übergab schließl. seinerseits den w. Teil der Reimser Kirchenprov. an Karl; nach Odos Tod (898) traten seine Anhänger zum Karolin-ger über. F. wurde zum →Erzkanzler erhoben.

Als Reaktion auf die Versuche des Gf.en Balduin II. v. →Flandern, seine Herrschaft nach S auszudehnen, entriß Karl ihm die Abtei St-Waast zu →Arras und übertrug sie F. Dieser widersetzte sich allen Forderungen einer Rückgabe; daraufhin ließ ihn Balduin II. ermorden.

Abgesehen von Eingriffen in den Rangstreit zw. Bremen und Hamburg (→Hamburg-Bremen, Ebm.), blieb F.s kirchl.-polit. Handeln im wesentl. auf Westfranken und das Ebm. Reims beschränkt: Er stellte sich den Ansprüchen der Ebf.e v. →Sens auf Königsweihe und ausschließl. Ausübung des Erzkanzleramts entgegen. Bei den Bischofswahlen in der Belgica II favorisierte F. die Karl III. genehmen Kandidaten. F. hielt drei Provinzialsynoden ab, schützte die Güter seiner Kirche und trat in einem Brief an Kg. →Alfred d. Gr. für den Priesterzölibat ein. In Reims schuf er die Grundlagen der späteren bfl. Stadtherrschaft, indem er zum Schutz vor den Normannen die Stadtmauern wiederherstellen ließ. Auch ließ er die beiden ersten bfl. Burgen, in Omont und →Épernay, erbauen. Zur Erneuerung der →Domschule berief er →Hucbald v. St-Amand und →Remigius v. Auxerre.   M. Bur

Q.: MGH SS. XIII, ed. HELLER-WAITZ, 557–573 [Flodoard] – MGH SS. in us. schol., 1909, ed. B. v. SIMSON [Ann. Xantenses, Ann. Vedastini] – I. SCHRÖDER, Die Westfrk. Synoden von 888 bis 987 und ihre Überlieferung, MGH, Hilfsmittel 3, 1980 – Lit.: M. CHAUME, Les origines du duché de Bourgogne I, 1925 – E. HLAWITSCHKA, Lothringen und das Reich (MGH Schr., 1968) – G. SCHNEIDER, Ebf. F. v. R. und das Frankenreich, 1973 – R. FOLZ, L'évêché de Langres dans les rivalités politiques de la fin du IXᵉ s. (Langres et ses évêques..., 1986), 119–130.

Fulcoius v. Beauvais (11. Jh.), Kleriker aus und in Beauvais und in Meaux, dichtete in meist gereimten Hexametern und Distichen Briefe, moral. Essays, Epitaphien, 5 Heiligenviten und eine dialog. Darstellung der Heilsgesch. als eine Art Bibelepos »De nuptiis Christi et ecclesiae«, gesammelt unter den Titeln »Uter (Utrum)« »Neuter« und »Uterque«. F. suchte Beziehungen zu den Großen seiner Zeit, bes. seinem Mäzen Manasses I. v. Reims (1069/70–80). In seinem Selbst- und Sendungsbewußtsein als Dichter zeigt sich F. als ein bedeutender Vorläufer der 'Renaissance des 12. Jh.'.   G. Bernt

Ed.: H. OMONT, Mél. J. HAVET, 1895, 211–235 [Epitaphien] – M. L. COLKER, Traditio 10, 1954, 191–273 [Epistulae] – CatcodhagParis 1, 240–264 [Vita s. Mauri] – AnalBoll 7, 1888, 143–163 [Vita s. Blandini] – Fulcoii Belvacensis utriusque... libri septem ed. M. I. J. ROUSSEAU, 1960 – Lit.: Repfont IV, 602–604 – Lettres des premiers Chartreux, Append. 3 (SC 88), 1988².

Fulcrannus (Fulcramnus, Fulcrandus), hl., Bf. v. →Lodève (Hérault) seit 949, † 13. Febr. 1006, ☐Lodève, Kathedrale, Michaelskapelle, aus einem im Lodévois begüterten Geschlecht, am 4. Febr. 949 von Ebf. Aimeric v. Narbonne zum Bf. geweiht, sorgte sehr für die Armen, war an vielen Kirchweihen im Languedoc beteiligt (St-Michel de Gaillac, ca. 971; Psalmodi, 1004; Cusset u. a.), richtete zwei Peterskl. wieder auf (Nant, Joncels), restaurierte die Genesiuskathedrale (Weihe: 6. Okt. 975 im Beisein des Ebf.s Aimeric v. Narbonne, der Bf.e Ricuinus v. Maguelonne und Deusdedit v. Rodez), führte die vita communis am Kathedralkapitel ein, stattete es mit eigenem Vermögen aus und gründete bzw. reformierte das Salvatorkl. neben der Bischofskirche. 994 nahm F. am Konzil v. →Le Puy teil (→Gottesfriedensbewegung) und machte als einer der ersten eine Pilgerreise an das Grab des hl. →Maiolus v. Cluny in →Souvigny. Die – in der Originalversion verlorene – Vita IIᵃ des Pierre de Millau (nach 1187) in der Fassung des →Bernardus Guidonis (1324/29) benutzt F.s Ansehen, um den Sieg des 'episcopatus' über den 'comitatus' in Lodève zu legitimieren; zahlreiche Züge dieser Vita

(u. a. angebl. Konflikte mit Gf.en v. Toulouse und anderen weltl. Großen, antijüd. Äußerungen des Bf.s, seine Romverbundenheit) erklären sich aus dem hist. Zusammenhang des endenden 12. Jh. Translation im 13. Jh. (Fest: Donnerstag vor Himmelfahrt), seit 13. Jh. Mitpatron der Kathedrale; lokaler Kult 1289 durch Papst Nikolaus IV. anerkannt; 1573 Zerstörung seines Grabes durch Calvinisten, seit 17. Jh. Hauptpatron der Kathedrale.
R. Kaiser

Q. und Lit.: AASS Febr. II, 711–718, 898–900 – BHL 3207 – Bibl. SS V, 1301f. – Catholicisme IV, 1666 – DBF XIV, 1435 – LThK² IV, 440 – NCE VI, 217 – E. MARTIN, Cart. de la ville de Lodève, 1900 – DERS., Hist. de Lodève II, 1900, 382–397 – H. VIDAL, La première Vie de St Fulcran, AM 76, 1965, 7–20 – E. MAGNOU-NORTIER, La société laïque et l'Église dans la province ecclésiastique de Narbonne, 1974, 324–327, 334f. – Un dioc. languedocien: Lodève St-Fulcran, 1975 – R. KAISER, Bischofsherrschaft zw. Kgtm. und Fürstenmacht, 1981, 323f. – F. DOLBEAU, Vie inédite de St Fulcran..., AnalBoll 100, 1982, 515–544 [Ed. der vor 1150 verfaßten Vita Iᵃ].

Fulda, Kl. und Stadt in Hessen, an der F., zw. Rhön und Vogelsberg.

I. Kloster; »Schule« und Bibliothek – II. Stadt.

I. KLOSTER; »SCHULE« UND BIBLIOTHEK: [1] *Kloster:* Nach sorgfältiger, um 742 einsetzender Vorbereitung durch →Bonifatius, dem der Hausmeier →Karlmann 743 die zur Diöz. →Würzburg gehörende »dos« in der Silva Buchonia übertragen hatte, erfolgte die Gründung des Kl. nach dem Zeugnis der »Vita Sturmi« am 12. März 744. Bonifatius verpflichtete die »in medio nationum predicationis nostrae« lebende kleine Mönchsgemeinschaft seines Schülers →Sturmi auf Regula Benedicti und asket. Leben (Brief 86). 751 erwirkte er dem Kl. von Papst Zacharias die Verleihung der Exemtion von der bfl. Amtsgewalt und seine Unterstellung unter die röm. Kirche. Bonifatius († 5. Juni 754) wurde Hauptpatron des Kl. (neben Salvator und Petrus). Während Sturmis Verbannung (763) unter dem dominium des →Lullus v. Mainz, wurde F. 765 Königskloster; Abtwahlrecht und Immunität, 774 von Karl d. Gr. verliehen, wurden wie der Königsschutz von späteren Herrschern bestätigt. Besitzzuweisungen der Karolinger (u. a. 766 Umstadt, 777 Hammelburg) und, seit 754 zunehmend, adliger Schenker legten den Grund zu F.s ausgedehntem Besitz, der im 9. Jh. von Friesland bis Italien reichte und später durch Tausch bes. auf Mitteldeutschland konzentriert wurde. Die Mönchsgemeinschaft von bald ansehnl. Größe (364 Mitglieder i. J. 781, 825/826 mehr als 600) war verteilt auf das Hauptkl. und verstreute Niederlassungen. Die schwierige Organisation sowie die Beanspruchung durch zahlreiche Aufgaben im Klosterbereich und im Königsdienst (→servitium regis) führten während des 8./9. Jh. zu häufigen Krisen, denen Äbte (→Eigil, →Hrabanus Maurus, Sigihart) und Konvent durch gemeinschaftsbezogene Maßnahmen zu steuern suchten. Dazu gehörten die Führung von »Totenannalen« (seit 779), bes. Formen des Totengedächtnisses, nach Vollendung der Ratger-Basilika der Bau der Michaelskirche auf dem Mönchsfriedhof (822) und Konventsaufzeichnungen in Verbindung mit Gebetsvereinbarungen. Während des 9. Jh. verselbständigten sich einige Niederlassungen (Nebenkl.). Der Konvent des Hauptkl. erlebte im 10. Jh. mehrere Phasen des Wachstums. Von den Zeugnissen für die F.er Liturgie sind bes. ein Brieffragment über die Meßfeier (Mitte 9. Jh.) und das »Sacramentarium Fuldense« (um 975) hervorzuheben.

F.s Reichtum und personelle Ressourcen waren die Basis für seinen Königsdienst. Unter den weitreichenden Beziehungen der Äbte und des Konvents erhielten die zum

Ebm. →Mainz ein bes. Gewicht (gemeinsame Bonifatius-tradition; sieben Mainzer Ebf. e aus F.). Gute Verbindungen zu den führenden Kräften des ostfrk. Reichs kennzeichnen F.s Standort an der Wende zum 10. Jh. Nach dem Tod Kg. Konrads I. (918, in F. bestattet) vollzog die Mönchsgemeinschaft bruchlos den Übergang zu den →Liudolfingern. Den drei Ottonen dienten die Äbte →Hadamar, →Hatto II., Werinheri und Hatto III. als unermüdl. Helfer ihrer Politik. Die bei den häufigen Romreisen erwirkten Privilegienbestätigungen und neuen Ehrenrechte (z. B. 969 Primatus sedendi) festigten die seit der Gründungszeit bestehenden bes. Beziehungen zum Papsttum. Durch die gewaltsame Einführung Poppos v. →Lorsch und Lorscher Mönche i. J. 1013 band Heinrich II. F. in seine Politik ein. Obwohl in der 1. Hälfte des 11. Jh. vom Kgtm. gefördert (1020 Benedikt VIII. und Heinrich II. in F.) und von tüchtigen Äbten (Richard v. Amorbach, Egbert) mit Beziehungen zu reformer. Kreisen geleitet, behielt F. weder seine herausragende reichspolit. Bedeutung noch wurde es ein erstrangiges Reformkloster. Unter Widerad mußte es den Verlust seines Ansehens (Goslarer Rangstreit 1062/63), Einbußen am Konventsgut und Zehntverluste hinnehmen; die monast. Disziplin verfiel (Ende der Totenannalen 1065). Die kostspielige Verpflichtung der Äbte zu Aufgebot und Hoffahrten, seit der frühen Stauferzeit auch die bes. Beanspruchung des Kl. für Herrscheraufenthalte, Leistungen an die Päpste und zunehmende Verlehnungen führten im 12. Jh. zum wirtschaftl. Ruin. Das monast. Leben nahm Schaden. Den Bemühungen Markwards I. (1150–65), die Lage des Kl. durch Aufzeichnung des Besitzes (»Codex Eberhardi«) und Rückgewinnung der von Lehnsträgern und Ministerialen entfremdeten Besitzungen zu bessern, war ein dauerhafter Erfolg nicht beschieden. Zu den dem Einfluß F.s entgleitenden Besitzungen gehörte das Gebiet im nördl. Odenwald, dessen Schutz die während des 12. Jh. errichtete Vogteiburg Breuberg gewährleisten sollte (später Herrschaft Breuberg). Das Territorium der Abtei, das seit 1220 infolge der →»Confoederatio cum principibus ecclesiasticis« Friedrichs II. als Reichsfürstentum gelten kann, umfaßte im 13. Jh. das Rhöngebiet um F. und einen sich nach S erstreckenden Landstreifen mit Brückenau und Hammelburg. Der Reichsdienst der Äbte sowie Auseinandersetzungen mit der Ritterschaft und den Herren benachbarter Territorien beanspruchten im SpätMA weiterhin die wirtschaftl. Kräfte F.s bis zu Verpfändungen und Verkauf von Stiftsbesitz. Nur vereinzelt gelang die Rückerwerbung. Das Stiftskapitel teilte das vom Abtsgut gesonderte Konventsgut in Pfründen auf. Es schränkte durch Wahlkapitulationen (Statuta, z. B. 1395) die Bewegungsfreiheit der Äbte ein. In verschiedenen Ansätzen suchten Konventualen, Konvent und Äbte im SpätMA dem Verfall der monast. Disziplin in F. und im Kl. innerhalb und außerhalb des Stiftsgebiets zu begegnen. In der Reformbewegung des 15. Jh. gewann die 1405/06 reformierte Propstei Neuenberg eine gewisse Bedeutung. Die Reformbemühungen (bes. des Abtes Johannes II. von Henneberg, 1472–1513) führten aber nicht zum Anschluß an die →Bursfelder Kongregation.

[2] »*Schule* « *und Bibliothek:* Die große Zahl von Priestermönchen, Scriptorium und Kanzlei setzen eine »Schule« voraus. Sie erreichte im 9. Jh. unter Hrabanus Maurus höchste Bedeutung im Karolingerreich (vgl. auch →Brun [Candidus], →Rudolf v. Fulda). Um 870/880 verfügten die fuldischen Nebenkl. über eigene »Schulen«. Als Restaurator der Schule im 11. Jh. gilt Abt Richard. 1054 bemühte sich Heinrich III. um einen Scholaster für F. Im

SpätMA war die Stiftsschule Ausbildungsstätte für den Ordensnachwuchs und den fuldischen Klerus.

Vier frühma. Bücherverzeichnisse informieren bruchstückhaft über Inhalt und Umfang der Bibliothek im 9. Jh. Erzeugnisse des Scriptoriums und Bücheraustausch vermehrten ihren Bestand. Von den ca. 929 durch (unvollständige) Bibliothekskataloge des 16. Jh. verzeichneten Hss. sind nur wenige erhalten. Zu Beginn des 17. Jh. ist der größte Teil der Bibliothek verschollen (enthielt u. a. bedeutende antike Texte).   M. Sandmann

Q. und Lit.: GP IV, 1978, 344–351 [H. JAKOBS] – Von der Klosterbibl. zur Landesbibl., hg. A. BRALL, 1978 – Die Kl. gemeinschaft von F. im früheren MA, hg. K. SCHMID, 1–3, 1978 – E. FREISE, Die Anfänge der Geschichtsschreibung im Kl. F. [Diss. Münster 1979] – M. RATHSACK, F.-forfalskningerne. En retshistorisk analyse af klostret F.s pavelige privilegier 751–ca. 1158, 1980 [dazu: H. JAKOBS, DA 37, 1981, 792–795] – Hrabanus Maurus, hg. R. KOTTJE – H. ZIMMERMANN, 1982 – J. LEINWEBER, Zur spätma. Kl. reform in F. – Eine F.er Reformgruppe? (Fschr. K. HALLINGER, 1982), 303–331 – M. SANDMANN, Die Äbte v. F. im Gedenken ihrer Mönchsgemeinschaft, FMASt 17, 1983, 393–444 – O. ELLGER, Die Michaelskirche zu F. als Zeugnis der Totensorge [Diss. Freiburg 1984] – U. HUSSONG, Stud. zur Gesch. der Reichsabtei F. bis zur Jahrtausendwende, ADipl 31, 1985, 1–225; 32, 1986, 129–304 – J. LEINWEBER, Der F.er Abtskat. des Apollo v. Vilbel, 1986 – H. CLAUSSEN, Eine Reliquiennische in der Krypta auf dem Petersberg bei F., FMASt 21, 1987, 245–273.

II. STADT: Die günstige Lage am Fernweg von Frankfurt nach Erfurt/Leipzig, Königsnähe des Kl. und Pilgerfahrten zum Bonifatiusgrab wirkten auf die neben dem Kl. bezirk entstehenden Ansiedlungen: Die nördl. gelegene Hinterburg ('Lange Brücke' 872) behielt grundherrschaftl.-agrar. Struktur, während sich im S entlang der Talstraße eine Gewerbesiedlung ausbildete, für die Heinrich II. 1019 dem Kl. Münz- und Marktrecht privilegierte (MGH D H II Nr. 413). Zoll, Rechtsbezirk und Einkünfte aus dem Markt gingen aus kgl. Gewalt zu Eigen des Abtes. Wahrscheinl. behielt der Kg. einen zw. Kl. bezirk und Marktsiedlung gelegenen Stützpunkt, an dem später die neue Abtsburg entstand. Der Kern der Marktsiedlung umfaßte den Markt »Unterm Hl. Kreuz« und eine Kirche (seit 970; spätestens 1049 Pfarrechte, Patrozinium: St. Blasius). Münzen mit »Fulda civitas« (1114) und der Vergleich mit anderen →Abtei-, Kl.- oder Stiftsstädten begründen eine spätsal. Etappe der Stadtbildung. Weitere Märkte entwickelten sich aus der Fernstraße (Dienstagsmarkt-Bonifatiusplatz, Gemüsemarkt, Sonnabendsmarkt-Buttermarkt). Abt Markward I. (1150–65) umwehrte die Stadt mit Mauer und Graben, im Zentrum siedelten Juden (Verfolgung 1237, 1349), hinter der Pfarrkirche 1237 Franziskaner, Rathaus 13. Jh. Vor dem Frankfurter- und dem Florentor entstanden Vorstädte mit Gasthäusern, außerhalb der Stadtmauer lagen die Spitäler (1272 Katharinen-Leprose, 1280 Hl. Geist-, 1319 Nikolaus-Spital). Die wohl überwiegend von Textilproduktion und Tuchhandel (Marienkapelle der Wollweber 1438, dann Severikirche) lebende Stadt (einzelne Zünfte um 1300) wurde von Schultheiß und Schöffenkolleg verwaltet, wobei die polit. führenden Familien im Verhältnis zum Stadtherrn (Untervogtamt), in Handels- und Heiratsbeziehung in enger Verbindung zum Patriziat von Frankfurt und Gelnhausen standen. Innerstädtisch waren die Abschichtung der übrigen Bürgerschaft, im Außenverhältnis eine Emanzipation von der Stadtherrschaft zu erwarten. Nachdem Abt Heinrich V. v. Weilnau (1288–1313) seine Machtposition in der Stadt verstärkt hatte (Neuenburg), belastete Heinrich VI. v. Hohenberg (1315–53) durch Reichs- und Territorialpolitik, durch Rechtsprechung und Erhöhung der →Bede das inner- und außerstädt. Konfliktfeld. 1331 lehnte sich die Bürgerschaft mit Unterstützung des Gf.en v. Ziegenhain (Schirmvogt des Kl.) auf, unterlag jedoch militär. und wurde mit der Reichsacht belegt (bis Dez. 1332). Der Mainzer Verweser →Balduin v. Trier vermittelte für die Bürger einen Schiedsspruch, der zwar für 10 Jahre die Ratsverfassung brachte (und damit auf innerstädt. Differenzen verweist), aber der Stadt erhebl. Kosten auflastete (Bußprozession der Bürger). Ein wohl deshalb ausgelöster zweiter Aufruhr (1332) fand mit Hilfe Ludwigs d. Bayern bald ein Ende. 1333 erneuerte der Abt das Marktrecht, endgültig wurde die Stadt Residenz des Abtes, der 1344 die Vogtei erwarb. Zu Ausgang des MA zählte die Stadt mit einem ca. 22 ha umfassenden Bering etwa 2000 Einw. Barocke Umgestaltung der Stadt im Zuge der kath. Erneuerung.

W. Ehbrecht

Lit.: K. MAURER, 1200 Jahre F. 744–1944, 1944 – H. BÜTTNER, Das Diplom Heinrichs III. von 1049 und die Anfänge der Stadt F., ADipl 4, 1958, 207–215 – H. MAUERSBERG, Die Wirtschaft und Gesellschaft F.s in neuerer Zeit, 1969 – H. KRATZ, Der F.er Bürgeraufstand von 1331 im Lichte der urkundl. Überlieferung (Fschr. W. HEINEMEYER, 1979), 571–580.

Fulford, Schlacht v., die erste von drei entscheidenden Schlachten i. J. 1066 (→Stamford Bridge, →Hastings), bei dem Ort F. am Fluß Ouse, ca. 3 km südl. von York. Am 20. Sept. trafen dort die einfallenden Streitkräfte des norw. Kg.s →Harald Hardrádi und des aus dem Exil zurückkehrenden ags. Earls →Tostig, denen zusammen 300 Schiffe zur Verfügung standen, auf die einheim. ags. Truppen der Brüder Edwin, Earl v. Mercia, und Morcar v. Northumbria und besiegten diese. Eine große Zahl der Angelsachsen wurde getötet oder gefangengenommen, und die Norweger konnten nach York vorrücken.

N. P. Brooks

Q. und Lit.: STENTON³, 589f. – W. KAPELLE, The Norman Conquest of the North, 1979, 103f. – The Anglo-Saxon Chronicle, übers. D. C. DOUGLAS – G. W. GREENAWAY, English Hist. Documents, II: 1042–1189, 1981², s. a. 1066.

Fulgentius. 1. F., Mönch und zu Beginn des 6. Jh. Bf. v. Ruspe (N-Afrika), verteidigte das Nicaenum gegen die arian. Vandalen; er entfaltete eine elementare Psychologie Jesu: seine menschl. Seele war es, die »an Weisheit und Gnade zunahm« (Luk 2,40). F. schreibt alle Theophanien und übernatürl. Wirkungen den drei göttl. Personen unterschiedslos zu; sowohl das »Vater Unser« als auch das Opfer der Kirche richten sich an die ganze Trinität. Er systematisiert die augustin. Gnadenlehre: die Schuld der Stammeltern wird durch Zeugung übertragen; der Wille ist zum Guten unfähig, die Gnade daher notwendig, aber ungeschuldet; Gottes Heilswille ist allgemein (1 Tim 2,4), weil er aus allen Nationen und Ständen Menschen erwählt. Das Werk »De fide« ist ein Vorläufer der ma. Sentenzen. Die Gleichsetzung mit 2. F. ist strittig.

H. J. Vogt

Ed.: CChr 91; 91A – *Lit.:* HKG II, 2, 291–300 [H. J. VOGT] – TRE XI, 723–727 [R. J. H. COLLINS] – C. MICAELLI, Augustinianum 25, 1985, 343–360.

2. F., Mythograph, schrieb in der 2. Hälfte des 5. Jh. z. Z. der Vandalenherrschaft in Afrika. Die ma. Gleichsetzung mit 1. F. seit dem 17. Jh. v. a. wegen der exzessiven allegorisierenden Interpretationsmethode bestritten, wird heute wieder erwogen. Erhalten sind: 1. »De aetatibus mundi et hominis«, abrißartige Darstellung hist. Epochen und der Bibel. In den geplanten 23 Kap. (überliefert 14) wird in der Reihe des Alphabets je ein Buchstabe gemieden (Leipogramm). 2. »Mitologiae«, 3 B. mit 50 Sagendarstellungen in symbol.-moral. Ausdeutung mit nachhaltigem Einfluß auf die ma. Mythographie, fortges.

von Johannes Ridewall (F. metaforalis). 3. »Expositio Virgilianae continentiae«, symbol. Aeneisdeutung mit pädagog. Absicht in Form eines Dialogs mit Vergil. 4. »Expositio sermonum antiquorum«, Erklärung von 62 seltenen Wörtern durch Zitate aus älteren Autoren. 5. Ein unter dem Namen des Bf.s überlieferter Komm. zur Thebais des Statius; die Methode entspricht der Aeneisdeutung.

J. Gruber

Ed.: R. HELM, 1898 – Virg. cont.: T. AGOZZINO, F. ZANLUCCHI, 1972 – Serm. ant.: U. PIZZANI, 1968 [Engl. Übers.: L. F. WHITBREAD, 1971] – *Lit.:* KL. PAULY II, 628 – RAC VIII, 632–661 – RE VII, 215–227 – G. RAUMER-HAFNER, Die Vergilinterpretation des F., MJb 13, 1978, 7–49 – S. LERER, Boethius and Dialogue, 1985, 56–69.

3. F. Ferrandus →Ferrandus

Fulgosius, Raphael, Doctor iuris utriusque, * 1367 in Piacenza, † 12. Sept. 1427 in Padua, an der Pest. F. studierte in Bologna bei →Bartholomaeus de Saliceto und in Pavia bei Christophorus de Castillione. Er lehrte, hauptsächl. Zivilrecht, in Pavia (1390–99), Piacenza (bis 1405/06), Siena (1407–08) und in Padua (1409–27). Im Winter 1414/15 nahm er am Konzil v. Konstanz teil. F. verfaßte Kommentare zum Digestum vetus und zum Codex, ferner →Consilien und Repetitiones.

P. Weimar

Ed.: In primam Pandectarum partem commentariorum … tomus primus (secundus), Lyon 1554 – In D. Iustiniani Codicem commentariorum tomus primus (secundus), Lyon 1547 – Consilia sive responsa … Raphaelis Cumani nempe et Fulgosii, Venedig 1575 – Opera buleutica sive controversiarum forensium et quaestionum practicarum … decades IV, Frankfurt a. M. 1613 – *Lit.:* Novissimo Digesto it. VII, 647 [BERRA] – SAVIGNY VI, 270–276 – A. BELLONI, Professori giuristi a Padova nel secolo XV, 1986, 306–311.

Fulko → Fulco

Fulrad, Abt von St-Denis und oberster →Kapellan Pippins d. J. und Karls d. Gr.; bezeugt seit 749, † 16. Juli 784, ▢ St-Denis; Sohn des Riculf und der Ermengard, mit reichen Besitzungen im Elsaß und v. a. im Maas-Mosel-Gebiet, in dem nach Ausweis seines Testamentes sein Erbbesitz lag: er entstammte demnach dem Adel des Maas-Mosel-Gebiets, aus dem auch die Karolinger hervorgegangen waren und stand in engen Beziehungen zu den mächtigen Familien der →Widonen und der Gründer des Kl. →Weißenburg, die auch unter den Schenkern seines Testaments begegnen. Er scheint schon früh an den Hof gekommen zu sein, wo er bezeichnenderweise nicht als Mönch, sondern stets als Presbyter erscheint. Bei seiner ersten Erwähnung 749 gehörte er bereits zu den engsten Vertrauten Pippins, der ihn zusammen mit Bf. →Burchard v. Würzburg mit der hochbedeutsamen Mission nach Rom betraute, die die Absetzung der Merowinger und die Königserhebung Pippins einleitete. 750 erhielt er, offenbar als Dank für diesen entscheidenden Dienst, die mächtige Königsabtei St-Denis. Als Pippin darauf 751 zum Kg. erhoben wurde, bestellte er seinen bewährten Helfer F. zu seinem obersten Kapellan, der »omnem clerum palatii sub cura et dispositione sua regebat« (Hinkmar nach Adalhard, »De ordine palatii«, cap.4). Seitdem verbindet er die Leitung der →Hofkapelle mit der des Kl. St-Denis (Titel: »cappellanus palacii nostri et abbas S. Dionysii«, D.Karol.1, nr.118). Papst Hadrian I. nennt ihn den »archipresbiter Franciae« (MGH SS 13, 436) und stellt ihn damit an die Spitze der frk. Geistlichkeit. Tatsächl. fungierte er als Mittelsmann zw. dem Kg. und den Geistlichen – nicht nur am Hof, sondern auch im Reich. 754 empfing er Papst Stephan II. anläßlich der Salbung Pippins in St-Denis. Er hat auch weiterhin die Verbindung zum Papsttum gepflegt und Pippin wie auch Karl d. Gr. darüber hinaus als Experte für Italien gedient.

Als Abt v. St-Denis machte er sich v. a. dadurch verdient, daß er viele dem Kl. verlorene Gebiete wieder zurück- und neue hinzugewann (DD Karol. 1, nr. 1, 6, 7, 8, 2, 23 u. ö.), die er dann ebenso wie seinen Eigenbesitz, den er erst in seinem Testament dem Kl. St-Denis vermachte, in den Dienst der karol. Herrschaft stellte. Bezeichnend dafür ist, daß ihre Ausweitung in das Elsaß und nach Alamannien Hand in Hand ging und daß die Neuerwerbungen in Kloster- und Zellengründungen gipfelten, die wiederum Ausstrahlungszentren der karol. Herrschaft wurden. Ausgangspunkt bildet die kgl. Schenkung des Kl. →St-Dié in den Vogesen; ihr folgten die Zellengründungen in Salonnes im Seillegau, St. Pilt, Leberau, darauf Herbrechtingen a. d. Brenz, →Esslingen, ferner die Adalungszelle im Hegau (wohl Hoppetenzell b. Stockach) und vielleicht auch →Schwäbisch-Gmünd, auf das St-Denis edenfalls Anspruch erhob. Es ist ein ganzes System von Zellengründungen, das der Festigung der karol. Herrschaft diente. Wie auch v. a. die →Dionysius- und Hippolytreliquien bezeugen, hat F. darüber hinaus auch Verbindungen von St-Denis zu bayer. Klöstern (St. Peter in →Salzburg, →Tegernsee, →Scharnitz-Schlehdorf und →Schäftlarn) angeknüpft. – →Alkuin und →Dungal haben ihn in Grabinschriften (MGH PP 1, 318, 404) verewigt.   J. Fleckenstein

Lit.: DHGE XIX, 383–385 [J. PYCKE] – D. M. Félibien, Hist. de St-Denis, 1706, s. v. – M. DUBRIEL, F., abbé de St-D., 1902 – M. TANGL, Das Testament F.s, NA 32, 1907, 167–212 – J. FLECKENSTEIN, F. v. St-D. und der frk. Ausgriff in den südtt. Raum (Forsch. zur Oberrhein. Landesgesch. 4, 1957), 9–39.

Fumigatio → Räuchermittel

Fund v. Freckleben → Schatzfunde

Fundament, unterhalb der Kellersohle oder bei Fehlen eines Kellers unter dem ebenerdigen Fußboden liegende Grundmauern, auf denen das aufgehende Mauerwerk ruht. Die Breite und Tiefe des F.s richtet sich nach der Belastung durch das Bauwerk und der Tragfähigkeit des Untergrundes. Die F.sohle sollte unter der Bodenfrostgrenze liegen, also etwa 60 cm tief reichen. Im MA hatten die Gebäude zumeist nur sehr gering eingetiefte F.e, teilweise auch ohne Mörtel in Lehm gebettet, in der Frühzeit auch unter Verwendung von Spolien; erst mit dem Aufkommen der Wölbung und der Erfahrung mit deren Schubwirkung wurden im Lauf des 12. Jh. die F.e tiefer und breiter; die Überleitung zum schmaleren aufgehenden Mauerwerk bildete seit dem 11./12. Jh. der Sockel mit abschließendem Sockelprofil. Got. Kathedralen sind in hervorragender Weise teilweise sehr tief bis in den tragfähigen Boden gegründet mit sehr sorgfältig aus mehr oder wenig behauenen Bruchsteinen, seltener Quadern, genauerten, abgetreppten F.en. In roman. F.en finden sich vereinzelt Holzanker, die mit der Zeit vergangen sind und somit die Tragfähigkeit verringern (Prämonstratenserkirche Ilbenstadt/Wetterau um 1140, Zisterzienserkirche Alzenburg b. Münzenberg/Wetterau um 1140/50, West-Bergfried der Burg Münzenberg um 1240, Mainzer Dom 1. Hälfte 12. Jh.), in feuchtem Boden auch auf Pfahlrostgründungen (Pfalz Gelnhausen 1160/70).   G. Binding

Funduq → Araber III, →Fondaco

Fünfbilderserie, halbschemat. Darstellung der fünf Systeme des menschl. Körpers in typ. Umrißfigur: Körper in Aufsicht, Arme und Beine abgespreizt; eingezeichnet: Knochen, Muskeln (lacerti), Arterien, Venen, Nerven. Seit 300 v. Chr. in Alexandria entwickelt. Ein 6. Bild, nach Herkunft und weiterer Überlieferung relativ selbständig (auch einige pers. Hss.), zeigt die Figur mit Kind in

utero. Aus weit verstreuten Texten (meist nach Galen) darf man drei weitere, nicht bildl. erhaltene Schemata annehmen: mit Bauchorganen (stomachus, hepar, venter), mit dem Gehirn (vermutl. mit Sinnesorganen und den drei »cellulae«), mit dem männl. Geschlechtsorgan (veretrum, vielleicht mit den Nieren). Neben jenen fünf »Systembildern« gab es außer diesen vier in Umrißfiguren eingetragenen Organdarstellungen noch einzelne Organschemata. Die antiken Abb. sind nur aus ma. Hss. rekonstruierbar, die nicht immer alle 5 Bilder zeigen, Überlieferung wohl über Konstantinopel. Ältestes Beispiel ist der Clm 13002 (1158), dann einige Hss. bis ins 15. Jh. (Kl. Scheyern/Obb., Dresden, Oxford, Basel, Schloß Raudnitz/Böhmen, Stockholm, Mailand und wohl noch andere).   M. Putscher

Lit.: K. SUDHOFF, Tradition und Naturbeobachtung in den Illustrationen med. Hss. und Frühdr. vornehml. des 15. Jh. (Stud. zur Gesch. der Medizin I, 1907) – E. BETHE, Buch und Bild im Altertum. Aus dem Nachlaß, hg. E. KIRSTEN, 1945 – L. WEITZMANN, Ancient Book Illumination, 1959 – R. HERRLINGER, Gesch. der Med. Abbildung, 1: Von der Antike bis um 1600, 1967, 10–13.

Fünfkirchen (Quinqueecclesiae, ung. Pécs), Stadt und Bm. in Ungarn im s. Transdanubien. Erstmals in einer auf 890 datierten, im 10. Jh. gefälschten Urk. als »Quinqueecclesiae« bezeugt, knüpft der Ort an die römerzeitl., durch die Teilung der Provinz →Pannonia inferior unter Diocletian zum Vorort der Provinz Valeria gewordene Stadt Sopianae (Sopianis) an, die im Schnittpunkt wichtiger Römerstraßen lag. Spätantike Grabbauten (bes. die zweite Freskenschicht der cella trichora) und eine Kirchenweihe (»quinque martyrum basilica«) durch den Salzburger Ebf. Liupram (836–859) im Herrschaftsgebiet des slav. Fs.en v. Pannonien, →Pribina, weisen trotz des Einbruchs im 5. Jh. auf eine gewisse Siedlungskontinuität hin. F. entstand auf dem Boden kleinerer Siedlungen. 1009 begründete →Stephan I. ein Bm. (♂ Petrus), dessen reiche Diözese den SO Transdanubiens umfaßte. Kathedrale und bfl. Wohnsitz bildeten zusammen mit dem »kleinen« Stift (♂ Johannes d. Täufer) das durch Wehrbauten von der Stadt getrennte castrum, dem ein Burggf., zugleich auch als comes der bfl. Praedialisten (Hintersassen), vorstand. Nach den Verwüstungen des Mongolensturms 1241 wurden die Sprengel der Bartholomaeus- und der Benedictipfarre mit Mauern umgeben, die den Bereich von ca. 80 ha (dünnbesiedelt) umfaßten (civitas). Ein bereits zu 1180 bezeugtes Spital und Ansiedlungen der Dominikaner und Franziskaner kennzeichnen die Bedeutung des Ortes. Im O entstand im Sprengel der schon 1157 bezeugten Allerheiligenpfarrei eine handwerkl. geprägte Vorstadt (dort Kl. der Augustiner-Eremiten 1309 und Dominikanerinnen 1464). Ende des 14. Jh. wurden ein (dt.) Karmelitenkl. (♂ Ladislaus) und ein zweites Spital errichtet. In der Anjou- und Sigmundzeit war F. eine der bedeutendsten Städte Ungarns mit regem Handel und einer kgl. Münzstätte. Die Bewohner (1181 hospites, 1297 cives) waren Ungarn, Wallonen (latini) und Deutsche. Sie unterstanden dem bfl. Amtsträger (1181 maior hospitum, 1290 villicus). Die zu 1424 belegten iudex und iurati deuten auf eine gering entwickelte Selbstverwaltung hin. Die Stiftsschule und das studium particulare der Dominikaner machten F. auch zu einem kulturellen Mittelpunkt. Sie waren Voraussetzung der von Bf. Wilhelm v. Koppenbach (oder W. v. Bergzabern) 1367 gegründeten Univ. (mit jurist. und artist. Fakultät), die bereits Ende des 14. Jh. wieder einging.   E. Fügedi

Lit.: D. DERCSÉNY, F. POGÁNY, Z. SZENTKIRÁLYI, Pécs, 1956 – D. SIMONYI, Pécs »Quinque ecclesie« nevének eredetéről, Antik tanulm 6,

1959 – T. Klaniczay, Megoldott és megoldatlan kérdések az elsó magyar egyetem körül, Irodalomtörténeti Közl 78, 1974 – F. Fülep, Sopianae. The Hist. of Pécs during the Roman Era and the Problem of the Continuity of the late Roman Population, 1985 [Bibliogr.].

Fürbitten, bibl. begr. (1 Tim 2,1–4) Gemeindegebet (oratio fidelium; auch communes preces, publica et communis oratio, orationes sollemnes, oratio universalis gen.), das seit altchr. Zeit in Messe und →Stundengebet nach der Entlassung der Katechumenen bzw. am Schluß des Wortgottesdienstes seinen Platz hat. Formal zu unterscheiden sind: die röm., vom Priester gesprochenen, orationes sollemnes, die für die Ostkirchen typ. Ektenie (→Liturgie) und die prosphonet. Form. Den Inhalt bildet eine Reihe von Bitten für die Kirche, öffentl. Amtsträger und Anliegen, Notleidende und Bedrängte, die Anliegen der Gemeinde selbst. In der röm. Liturgie verschwinden – im Unterschied zur ostkirchl. und zur gall. Liturgie – die F. seit dem 6. Jh. (außer am Karfreitag). Im gall.-frk. Liturgiebereich bildeten sich seit dem frühen MA Ersatzformen: »prières du prône«, »Bidding Prayers«, (gesungene) »Leisen« und das Allg. Gebet im Rahmen der Predigtannexe. H. B. Meyer

Lit.: J. A. Jungmann, Missarum sollemnia 1, 1962⁵, 614–628 [Lit.] – Liturgisch Woordenboek I, 89f.; II, 2292, 2843–2847 – J. M. Hanssens, Institutiones liturgicae de ritibus orientalibus 3, 1930, 234–236 – P. de Clerck, La »prière universelle« dans les liturgies lat. anciennes, LQF 62, 1977 – J.-B. Molin, L'»oratio communis fidelium« au MA en Occident du Xᵉ au XVᵉ s. (Misc. liturgica [Lercaro] 2, 1967), 313–468 – R. Cabié, L'Eucharistie (L'Église en prière 2, hg. A. G. Martimort, 1983), 86–92; 171–174 [Lit.].

Fürbitter → Intervenienten

Fürbug, der pers., griech. und byz. Kultur bekannter Brustschutz des Pferdes aus Metall, Leder oder Stoff. Der F. wurde am Reitsitz bzw. Sattel angehängt. Im ma. Europa erschien erst um 1200 – wohl unter oriental. Einfluß – ein F. aus Ringelgeflecht und zwar entweder allein oder als Teil eines vollständigen Roßpanzers. Um 1350 kam zusammen mit dem entstehenden →Plattenharnisch ein F. aus Leder oder Metall auf. Er hatte Halbmondform und war gewöhnl. aus drei Teilen zusammengesetzt. Als Vorderteil des →Roßharnisches erhielt er sich bis zum Beginn des 17. Jh. O. Gamber

Lit.: W. Boeheim, Hb. der Waffenkunde, 1890, 216f. – C. Blair, European Armour, 1958, 184.

Furia, Johannes, fingierter Autor eines kosmet. Lehrbriefs, der mit beredten Worten »sîner vriundinne, diu heiz Cleopatra«, ein seit der Antike belegtes Enthaarungsmittel empfiehlt. Dank der Rückbindung an die Autorität der (schon im FrühMA als gynäkolog. Fachschriftstellerin bemühten) →'Kleopatra' erlangte das Epilationsverfahren im →»Ornatus mulierum« des Hoch- und SpätMA weite Verbreitung. Entsprechend verzweigt erweisen sich Text- und Überlieferungsgeschichte des kleinen Briefs, der – ursprgl. Bestandteil des thür.-schles. →»Bartholomäus« – schon bald nach 1180 aus seiner kontextuellen Einbettung herausgelöst wurde und in unterschiedl. Fassungen sowie in wechselndem kompilator. Zusammenhang begegnet. G. Keil

Lit.: Verf.-Lex.² II, 1020f.

Fürkauf (Vorkauf) erscheint in den Quellen insbesondere als der zu künstlicher Verknappung und Verteuerung führende spekulative Vorwegkauf von Waren, bevor diese öffentl. angeboten werden. Gegen unerlaubten Gewinn (Wucher) aus F. und Aufkauf gerade im Bereich wichtiger Versorgungsgüter (→Getreide, →Wein, →Vieh, →Wolle, Garn u. a.) richteten sich zahlreiche allgemeine wie spezielle Verordnungen (auch literar. Kritik), von städt. Seite

vereinzelt im 13., verstärkt seit dem 14. Jh., z. T. gezielt gegen Zwischenhandel bestimmter Berufsgruppen (Existenz auch legaler »Fürkäufer«), häufiger bezogen auf bestimmte Meilenzonen. Die »Antimonopolbewegung« bes. gegen die großen Handelsgesellschaften förderte Kritik und Verbote des F.s bei Reichstagen und Gesetzgebung des 16. Jahrhunderts. R. Holbach

Lit.: H. Crebert, Künstl. Preissteigerung durch Für- und Aufkauf, 1916 – N. Heieck, Die Auseinandersetzungen über Handelsmonopole und F. auf den Nürnberger Reichstagen 1522–1524 [Diss. Nürnberg 1951] – F. Blaich, Die Reichsmonopolgesetzgebung im Zeitalter Karls V., 1967 – H. Hof, Wettbewerb im Zunftrecht, 1983.

Furnes → Veurne

Furs → Fuero

Fursa (ir. auch: Fursu; lat. Furseus; engl. Fursey, frz. Fursy), hl., Abt v. Lagny (dép. Seine-et-Marne), † 16. Jan 649/650 in Mézerolles (Picardie, dép. Somme) (nach einer überarbeiteten Vita des frühen 9. Jh.; BHL 3213, c. 14). Der Ire F. entstammte einer vornehmen (nach der obengen. Vita sogar kgl.) Familie. Seit seiner Kindheit war F. mit →Visionen begnadet, in denen er eine Jenseitsreise durch Himmel und Hölle, von Engeln geleitet, erlebte; der Bericht über seine Visionen beeinflußte, v. a. aufgrund der Kurzfassung in →Bedas Hist. eccl. (III, 19), die →Visionsdichtung des europ. MA (z. B. friz. Verfassung des 14. Jh., ed. Walberg). Nach der Gründung eines ersten Kl. floh F. vor dem Zustrom der Gläubigen auf eine Insel; anschließend begab er sich nach England (→peregrinatio), wo ihn Kg. →Sigeberht v. →Ostanglien aufnahm; F. gründete um 631/632 ein Kl. in einem castrum (Cnobheresburg, zu identifizieren vielleicht mit →Burgh Castle in Suffolk; Beda, s. o.; von ihm abhängig: BHL 3210, c. 36). Unter dem Agressionsdruck des heidn. Kg.s →Penda v. →Mercien begab sich F. 640/641 ins →Frankenreich, wo ihn →Chlodwig II. und sein Hausmeier →Erchinoald gut aufnahmen; dank der Stiftungen der letzteren konnte F. das Kl. Lagny-sur-Marne (Latiniacum) gründen. Nach F.s Tod erlangte Erchinoald den Leichnam, den er in der im Bau befindlichen Grabbasilika in Péronne (Picardie, dép. Somme) beisetzen ließ; Péronne entwickelte sich seitdem zu einem Zentrum der auf dem Kontinent wirkenden Iren. Vier Jahre später wurde F.s Leichnam feierlich in einer vom hl. →Eligius ausgeschmückten Tumba bestattet, in Anwesenheit des Bf.s Autbertus v. Cambrai. Bald nach dieser Elevatio entstand in Péronne die erste Vita (BHL 3209, 656/657); um 657 wurde sie durch einen Mönch von →Nivelles erweitert (Additamentum, BHL 3211: in dieser Form wurde sie 731 von Beda in seiner Kirchengesch. benutzt). Neben der obenerwähnten karol. Version (BHL 3113), in der F. der Plan einer Pilgerfahrt nach Rom zugeschrieben wird, besitzen wir eine Vita, die zw. den Beginn des 9. Jh. und dem Ende des 11. Jh. entstand (BHL 3214) sowie eine Redaktion mit Vorwort des Abtes Arnulf v. Lagny († 1106). 1256 wurde das Reliquiar in Gegenwart Kg. Ludwigs IX. erneuert; ein silberner Schrein des 14. Jh. ist in Gueschard (dép. Somme) erhalten. 1462 wurde die Vita im Zusammenhang mit den burg. Interessen am Sommegebiet für den Hzg. v. →Burgund von Jean Miélot ins Frz. übersetzt (uned.: Hs. Wien, ÖNB Ser. Nr. 2731). F. gelangte durch →Usuard († um 875) in die →Martyrologien, wo er neben seinem Todestag teilweise auch zum 9. Febr. (Translation) aufgeführt wird. J.-C. Poulin

Lit.: DHGE XIX, 476–483 [E. Brouette] – G. Durand, La châsse de St-Fursy à Gueschard, Bull. archéol. Comité des travaux hist. et scient. 8, 1890, 42–45 – G. Grützmacher, Die Viten des heiligen Furseus,

ZKG 18/2, 1898, 190–196 – J. F. KENNEY, The Sources for the Early Hist. of Ireland, I, 1929, 501ff. – E. WALBER, La »Vision de saint Foursi« in vers français du XIVᵉ s. (Mél. M. J. MELANDER, 1943), 203–221 – ABBÉ DESOBRY, Deux mss. péronnais du XVᵉ s., Bull. trim. Soc. Antiqu. Picardie, 1972–1, 276–300 [Ed. der Übers. von J. Miélot] – A. DIERKENS, Abbayes et Chapitres entre Sambre et Meuse (VIIᵉ–XIᵉ s.), 1985, 303–311 – P. O'RIAIN, Les Vies de saint Fursy: les sources irlandaises, Revue du Nord 69, 1986, 405–413.

Fürsorge → Armut und Armenfürsorge, →Krankheit, Krankenpflege

Fürspan → Fibel

Fürsprecher. Ein strenger Formalismus beherrschte im MA das Gerichtsverfahren. Die Parteien mußten bestimmte Formeln genau einhalten, wollten sie nicht aus formalen Gründen den Prozeß verlieren (sog. *vare, Prozeßgefahr*), »daz im werre mit vorsprechen, durch daz her sich nicht versume« (Sachsenspiegel Ldr. I 59 § 2). Sie wählten daher einen Vertreter im Wort als F., durch den sie, häufig auch Zeugen, aussagten und der den Parteien die Eidesformel (→Eid) vorsprach, während der Anwalt, der oft auch durch F. sprach, die Parteien in der Sache vertrat. In langobard. Q. erscheinen F. bereits im 11. Jh., in dt., frz. und engl. im 12. Jh. Zunächst wurde den Parteien geraten, einen F. zu nehmen, seit dem 15. Jh. wurden sie vielfach dazu gezwungen. Es gab Dinggenossen (→Ding) oder →Schöffen als F., seit dem 13. Jh., bes. in den Hansestädten, auch berufsmäßige, die gegen Honorar arbeiteten. Im 15. Jh. änderte sich ihre Funktion, sie wurden zum Beistand, seit dem 16. Jh. zu bevollmächtigten Prozeßvertretern. L. Carlen

Lit.: HRG I, 1333 – H. SIEGEL, Die Erholung und Wandelung im gerichtl. Verfahren, 1833 – DERS., Die Gefahr vor Gericht und im Rechtsgang, 1866 – H. BRUNNER, Wort und Form im afrz. Prozeß, 1868 – DERS., Die Zulässigkeit der Anwaltschaft im frz., norm. und engl. Rechte des MA, Zs. für vgl. Rechtswiss. I, 1878 – J. W. PLANCK, Das dt. Gerichtsverfahren im MA, 2 Bde, 1878/79 – A. WEISSLER, Gesch. der Rechtsanwaltschaft, 1905 – F. KÜBL, Gesch. der österr. Advokatur, 1925 – K. S. BADER, Vorsprecher und Anwalt in den fürstenberg. Gerichtsordnungen und verwandten Rechtsquellen, 1931 – A. DÜBI, Gesch. der bern. Anwaltschaft, 1955 – L. MÜLLER, Die Freiheit der Advokatur, 1972 – L. R. BERLANSTEIN, The Barristers of Toulouse in the Eighteenth Century, 1975 – J. GAUDRY, Hist. du barreau de Paris, 1977.

Fürst, Fürstentum

A. Begrifflichkeit, Typologie und Grundzüge – B. Frühmittelalter – C. Hochmittelalter 9.–12. Jh.): Spätes Frankenreich und fränkische Nachfolgestaaten – D. Italien

A. Begrifflichkeit, Typologie und Grundzüge

»F.«, ahd. *furisto*, mhd. *fürste*, 'der Vorderste, der Erste' (vgl. engl. *first*), entspricht weitgehend dem lat. princeps (in ahd. Glossen mit 'furisto' oder 'herosto' übersetzt). Princeps ist jeweils der erste in einer abgrenzbaren Gruppe (vgl. Petrus als princeps apostolorum). Im polit. Bereich besitzt der vielgebrauchte, aus der antiken wie aus der bibl. Tradition (mit fast 1000 Belegen) stammende Begriff zwei prägnante Bedeutungen, die zwei sich überlagernde, aber nicht kongruente Institutionen der ma. Verfassungsgesch. beschreiben: (1) im Plural die polit. Führungsschicht der Großen, (2) im Singular den Herrscher.

[1] Die *Reichsfürsten* (principes regni, auch optimates, proceres, primores, maiores natu): Principes waren schon in der röm. Antike die führenden Männer im Staat. In den ma. Reichen, deren Verfassung durch die Mitwirkung des Adels gekennzeichnet war, bildeten sie die Schicht des am Reichsregiment beteiligten weltl. und geistl. Adels. Privilegiert durch Adel, Besitz und Herrschaftsrechte, waren ihre bestimmenden Kennzeichen Reichsdienst und Teilhabe am Reich, ohne feste Abgrenzbarkeit dieses wech-

selnden Kreises. Soweit ein frühma. Staat ein Personenverband war, wurde er durch die F.n repräsentiert, die andererseits aber auch in Opposition zum Kg. treten konnten. Im Gegensatz zu den Geschichtsschreibern griff die kgl. Kanzlei den Begriff häufiger erst seit Heinrich IV. auf; seit Lothar III. begegnen 'principes' als eine von Ministerialen und Adligen gesondert ständ. Gruppe; in der Stauferzeit bildeten sie einen kleinen Kreis höchster Repräsentanten, die sich zu einem →Reichsfürstenstand formierten.

[2] *Der F. als Inhaber eines Prinzipats:* Princeps im Singular war zunächst allein der Herrscher, eine Bedeutung, die sich aus dem röm., von Augustus begründeten Prinzipat ableitete: Der antike 'princeps (civitatis)' hatte eine formal aus republikan. Elementen zusammengesetzte, faktisch aber auf dem imperium proconsulare, der tribunicia potestas und seiner auctoritas beruhende monarch. Gewalt inne (L. WICKERT). – In den frühma. Germanenreichen war zunächst nur der Kg. princeps; erst allmählich wurde der Begriff auch auf nichtkgl. Machthaber übertragen. Im Frankenreich sind ein sog. älteres Fsm. seit dem ausgehenden 7. und ein jüngeres Fsm. seit dem ausgehenden 9. Jh. zu unterscheiden, die jeweils im Zusammenhang mit der Auflösung des merow. bzw. karol. Reichs standen. Der 'princeps' war nun 'secundus a rege', aber erster unter den übrigen Adligen im Regnum; er bekleidete damit eine vizekgl. Stellung, die, in der Regel amtl. Ursprungs, in der Praxis aber vielfach souverän war.

F. und Fsm. sind moderne Ordnungsbegriffe, die sich auf die Verwendung des zeitgenöss. princeps-Begriffs berufen können; die fsl. Stellung drückte sich aber auch in anderen Begriffen (wie →dux/→Herzog), Rangbezeichnungen (wie illustrissimus) und Anzeichen von Kg.sgleichheit (wie in der Legitimationsformel der Urk.-Intitulatio) aus. Lediglich in einigen Gegenden Süditaliens (Capua, Benevent; s. Abschnitt D) wurde princeps zum festen Titel. F.ntitel spiegeln einen Anspruch wider, sie belegen aber nur bedingt die Ausbildung von Fsm.ern; weder der amtsrechtlich verstandene dux-Titel noch ein ethn. Zusatz belegen in sich schon die »volle F.engewalt« (so K. BRUNNER); entscheidend war vielmehr die tatsächl. Stellung

B. Frühmittelalter

I. Germanen – II. Frankenreich (Merowinger und frühe Karolinger).

I. GERMANEN: [1] *Römische Kaiserzeit:* Daß die Germanen bereits eine Führungsschicht kannten, aus der sich einzelne Große heraushoben, ist archäolog. an den Befestigungsanlagen und den sog. →Fürstengräbern erkennbar, deren aufwendige Grabkammern mit ungewöhnlicher Körperbestattung und reichen, vielfach aus römischer Importware bestehenden Beigaben auf eine hohe soziale Stellung deuten, ohne schon polit. Rechte zu beweisen. Hier belegen nun die Schriftquellen eine Schicht von 'principes' als Vorstehern der Gaue (Cäsar, Gall. 6,23); sie hielten Gericht, leiteten die Volksversammlung und berieten deren Beschlüsse vor (Tac. Germ. 11f.). Eine aus der Bezeichnung 'magistratus' und der Wahl durch die Volksversammlung ableitbare Amtsstellung ist unverkennbar, tritt in der heutigen Forschung aber hinter eine herrschaftl., auf Abgaben der Stammesgenossen beruhende Stellung kraft eigenen Rechts zurück. Dieser politisch-sozialen Führungsschicht entstammten auch die Gefolgsherren (→Gefolgschaft) und die von der Volksversammlung gewählten Heerführer, die sich in der Wanderungszeit zu Heerkg.en aufschwingen konnten. Während die Stämme im Osten meist von Kg.en beherrscht wurden, überwog im Westen die Prinzipatsverfassung (R. WENSKUS). Hier ähnelten noch die Kleinkg.e der sich in der jüngeren Kaiserzeit ausbildenden Großstämme in ihrer Stellung den alten ʿprincipesʾ. Bei den Sachsen blieb die Prinzipatsverfassung sogar bis zur frk. Eroberung im 8. Jh. intakt. Die principes – Bedas Begriff ʿsatrapaeʾ betont die amtl. Funktion – waren Vorsteher der Gaue und versammelten sich mit Abgeordneten der Stände jährlich in →Marklô an der Weser.

[2] *Völkerwanderungszeit:* In den auf röm. Boden gegründeten germ.en Kgr.en der Völkerwanderungszeit stand eine auf Grundbesitz, Patronats- und Gefolgschaftswesen germ. Führungsschicht dem roman. →Senatorenadel gegenüber. Möglichkeiten zur Herausbildung einer F.enschicht boten sich – in den einzelnen Reichen unterschiedlich – den Ratgebern und zivilen Amtsträgern (comites) am Hof und den militär. Heerführern (duces) in den Provinzen, die sich bei Westgoten und Franken bald zu zivilen Ämtern entwickelten. Bei den Vandalen ist eine Profilierung des Adels kaum erkennbar, während die ʿproceresʾ der Burgunder zumindest ein erhöhtes Wergeld genossen. Das langob. Italien wurde 574–584 allein durch regionale duces regiert, die auch nach der Wiedererrichtung des Kgtm.s Einfluß behielten. Im Westgotenreich sind duces seit dem Ende des 5. Jh. in den ehem. röm. Provinzen nachweisbar. In der Spätphase gelang hier einigen Familien eine auf Gefolgschaften und Ämtern beruhende Herrschaftsbildung.

II. FRANKENREICH (MEROWINGER UND FRÜHE KAROLINGER): Bis zum 7. Jh. kannten die Quellen hier nur einen princeps: den merow. Kg. Als erste Nichtkg.e nannten sich die karol. →Hausmeier Karlmann und Pippin, dem Vorbild erzählender Quellen und Formeln folgend, in Kapitularien von 742 und 744 ʿdux et princeps Francorumʾ. Indem Pippin bei seiner Kg.skrönung (751) den F.entitel ausdrücklich ablegte, schied er das Fsm. der Hausmeier deutlich vom Kgtm. Vorausgegangen war dieser Entwicklung, deren Ansatzpunkt in der Gliederung des Frankenreichs in die drei regna Neustrien, Burgund und Austr(as)ien zu sehen ist, der Aufbau einer machtvollen Stellung der Hausmeier im Verlauf des 7. Jh. Parallel dazu entwickelten sich in den Randprovinzen die ursprünglich vom Kg. über die eroberten Stämme eingesetzten Hzg.e zu faktisch selbständigen F.en (sog. ältere Fsm.er), die im 8. Jh. ebenfalls königsähnliche Titel annahmen: im Westen in →Aquitanien (Lupus, Eudo), im Osten in →Bayern (→Agilolfinger), →Alamannien und →Thüringen, zeitweise auch in →Friesland (→Radbod) und im Elsaß (→Etichonen). Nach der Wiedereingliederung dieser Randgebiete durch Pippin und Karl d. Gr. wurden die älteren F.engeschlechter beseitigt, während ihre Herrschaftsbereiche (regna) als Basis des karol. Verwaltungssystems erhalten blieben und bald als Unterkgr.e der Kg.ssöhne eine Rolle spielten.

C. Hochmittelalter (9.–12. Jh.): Spätes Frankenreich und fränkische Nachfolgestaaten

I. Allgemeines – II. Frankreich – III. Ostfränkisch-Deutsches Reich.

I. ALLGEMEINES: Das ma. Fsm. gilt heute nicht mehr als Ausdruck von Verfall und feudaler Anarchie, sondern als verfassungsmäßiges Ergebnis der Auflösung des ohne Zentralverwaltung nicht mehr regierbaren Frk. Großreichs zugunsten kleinerer Einheiten; der Prinzipat war die den wirtschaftl. und sozialen Grundlagen der Zeit entsprechende Verwaltungsform (DHONDT), die F.en waren polit. Partner der Mächte. Trotz Analogien in Herrschaftsraum und institutioneller Ausgestaltung knüpfte das im späteren 9. Jh. entstehende jüngere Fsm. nicht unmittelbar an das ältere an; die F.en entstammten aber durchweg dem

karol. Reichsadel (→Adel). Die wachsende Macht einzelner Familien, die durch eine sinkende Kg.smacht und die militär. Führung gegen Normannen, Ungarn, Slaven und Araber gefördert wurde, beruhte (a) auf persönl. Autorität, autonomen Herrschaftsrechten und lehnsrechtl. Bindung einer bedeutenden Vasallenschaft; (b) auf einer amtl. Stellung mit den daraus erwachsenen Rechten über Kirchen (→garde), Gerichtswesen, Landesverteidigung und Friedenssicherung, die früher als Usurpation kgl. Rechte gedeutet wurden: Die Entwicklung zum Fsm. führte stets über das Amt eines Gf.en, Mgf.en oder Hzg.s, das bald mit den Eigenrechten verschmolz.

Wichtige Kennzeichen fsl. Herrschaft waren die Mediatisierung der Untertanen vom Kg. und die allerdings noch wenig geschlossene territoriale Geltung. Der fsl. Herrschaftsbereich ergab sich zunächst aus punktuellen Einzelrechten mit deutlichen Schwerpunkten in bestimmten »Vororten« (MAURER) und Zentren regionaler Herrschaftsverdichtung. Darüber hinaus aber suchten die F.en von Anfang an den Rückhalt größerer Provinzen dank der Unterstützung durch Adel und Kirche sowie kgl. Amtsmandate. Die jüngere Forschung (WERNER, BRUNNER, GOETZ) ist von der älteren Ansicht, die das Grundsubstrat fürstl. Gewalten in ethnisch bestimmten Stammesprovinzen erblickte, weitgehend abgerückt, doch bleibt der Sachverhalt umstritten (vgl. KIENAST, STINGL, MAURER). Entscheidender waren die teilweise allerdings an Stammesprovinzen anknüpfenden karol. Teilkgr.e (regna), die sich zuerst zu Fsm.ern entwickelten (WERNER). Trotz weitgehender Bindung an vorhandene Verwaltungsstrukturen bewahrte das Fsm. jedoch seinen grundsätzlich offenen Charakter und schloß, wie die weitere Entwicklung zeigt, Grenzveränderungen, Abspaltungen und Neubildungen nicht aus, die, v. a. im Westen, schließlich zu einer völligen Umbildung der polit. Landschaft führten.

War das Wesen des Fsm.s einerseits durch eine vizekgl. Gewalt in einer Provinz bestimmt, so wurde sein eigtl. Charakter erst durch eine an Kg.sgleichheit grenzende Verselbständigung erreicht, die ihren Niederschlag in kg.sgleichen Titeln und Devotionsformeln, Münzprägung und anderen Hoheitszeichen fand. In dieser Hinsicht waren die Unterschiede zwischen den karol. Nachfolgestaaten geringer als früher angenommen, doch war die Bindung an den Kg. im Osten nach Verselbständigungsversuchen zu Beginn des 10. Jh. stärker als im Westen. Versuche, das Fsm. in ein gänzlich souveränes Kgtm. umzuwandeln (wie in weiten Teilen des Reichs im Jahre 888), waren nur ztw. in Italien (bis 951) und Burgund (bis 1033) von Erfolg gekrönt.

II. FRANKREICH: Im westfrk. Reich nahm die Ausbildung von Prinzipaten nach Anfängen in der Zeit Ludwigs d. Fr. (Bernhard v. →Septimanien) und einer Phase der Machthäufung unter Karl d. K. gegen Ende des 9. Jh., im Verlauf der Auseinandersetzungen zw. Karolingern und Kapetingern um das Kgtum., deutliche Konturen an. Fsm.er entstanden allmählich in den drei alten Regna →Aquitanien, →Neustrien (Robertiner) und →Burgund, das unter den Kapetingern zeitweise der Krondomäne angeschlossen wurde, wie auch in den ethnisch längst nicht mehr einheitlichen Randgebieten →Bretagne, Gascogne, Gothien/→Septimanien und (zuletzt) →Normandie (Normannen), den sieben Herzogtümern des westfrk. Reichs, sehr bald aber auch in anderen Gft.en wie →Flandern (Balduine), →Anjou (Fulconen), →Vermandois (Heriberte) und →Blois-Champagne (→Champagne). Um den Vorrang im Regnum (und um den Herzogstitel) stritten im 9. Jh. noch mächtige Geschlechter mit jeweils eigenen Herrschaftszentren (so in Aquitanien die 'Häuser' Auvergne, Toulouse und Poitou). Darin kündigte sich bereits die künftige Entwicklung an: Gf.en und Vizegf.en verselbständigten sich und leiteten eine Zerstückelung der großen Fsm.er ein, auf deren Boden durch Herrschaftsbildung und Kumulation von Gft.en die neuen Fsm.er der 'zweiten Phase' (10./11. Jh.) entstanden (in Neustrien: Anjou, Maine, Blois, Picardie). Geistl. Fsm.er (wie im Osten) gab es in Frankreich kaum; die Bm.er waren meist dem Patrimonium weltlicher Gewalten eingegliedert.

Die wachsende Souveränität der F.en beschränkte die tatsächl. Macht des formell anerkannten Kg.s immer mehr auf seine Krondomäne; außerhalb herrschten die F.en selbständig über Reichsgut, Steuerwesen und Kirche, ohne (wie im Osten) seine Vasallen zu werden (eine solche Entwicklung setzte erst im 12. Jh. ein). Ein »feudales Fsm.« war der frz. Prinzipat daher nur insofern, als vasallit. Bindungen adliger Familien eine wichtige Grundlage fürstl. Herrschaft bildeten. Bes. lose war die Bindung an den Kg. im Süden Frankreichs, dessen F.en sich seit dem Ende des 11. Jh. stärker an den Papst anlehnten. Wegweisend war der in den nordfrz. Fsm.ern entwickelte, dann auch vom Kgtm. übernommene Aufbau einer zentralen Hofverwaltung aus Hofämtern (→Amt), curia principis und einer Kanzlei sowie einer Regionalverwaltung mit fsl. Amtsträgern (praepositi/prévôts) mit Steuer-, Gerichts- und Militärrechten in den Gft.en. Die F.en waren Träger der großen geistigen Bewegungen des hohen MA (Kloster- und Kirchenreform, →Gottesfriedensbewegung, frühe →Kreuzzüge); ihre Höfe waren im 12./13. Jh. Zentren der »höf.« Kultur (Poitiers, Chartres, Troyes).

Trotz gemeinsamer Elemente waren Entstehungsdauer und Herrschaftsstruktur in den einzelnen Fsm.ern unterschiedlich: Im Norden schränkte die Nähe des Kg.s die fsl. Macht ein; lediglich in Flandern und in der Normandie vollzog sich eine zentralisierte Herrschaftsbildung. Insgesamt gesehen bildeten die Fsm.er die beherrschende Institution des frz. HochMA. Die F.en waren grundsätzlich »kg.sfähig« und vielfach mit dem frz. Kg.shaus verwandt (vgl. a. die Heirat des Ks.s Heinrich III. mit Agnes v. Poitou), und sie entwickelten kg.sähnliche Zeremonien bei der Krönung (HOFFMANN), formierten sich aber nicht als Gruppe zu einem Gegengewicht zum Kgtm. Der Kg. selbst war F., die Krondomäne (Franzien) ein Prinzipat. Erst seit dem 12. Jh. gelang es dem frz. ebenso wie dem engl. Kg. im sog. →»Angevinischen Reich«, der Krone auf dem Erbwege immer mehr Fsm.er, deren Struktur im wesentl. erhalten blieb, zu unterstellen. Die Prinzipate bildeten daher eine Basis noch für die zentral gelenkte frz. Monarchie der folgenden Jahrhunderte.

III. OSTFRÄNKISCH-DEUTSCHES REICH: [1] *Fürstentum:* Im Ostfrk. Reich gelang es in spätkarol. Zeit einzelnen Familien, gestützt auf eine beachtl. Eigenherrschaft, Kg.sdienst und Kg.snähe, im erfolgreichen Kampf gegen Konkurrenten, meist von den umkämpften Randgebieten (Marken) aus, die Vorherrschaft in einem der karol. Regna zu erringen, die sich, zumindest im Süden, an die alten Stammesprovinzen anlehnten (→Liutpoldinger in Bayern, →Liudolfinger in →Sachsen, →Hunfridinger in →Schwaben, →Konradiner in →Franken, Reginare in →Lothringen), während die persönl. Herrschaft dieser frühen F.en durchweg die Grenzen der Regna und Stammesgebiete überschritt. Es ist umstritten, ob, seit wann und in welchem Umfang sie Herrschaftsrechte über die gesamte Provinz ausgeübt haben, ob sie ihnen als den souveränen Führern des »Stammesadels« oder erst aus

einer vom Kg. verliehenen Amtsstellung unter den frühen Ottonen zugeflossen sind. Das Kinderkgtm. Ludwigs d. Kindes und die schwache Position Konrads I. förderten jedenfalls den Prozeß der Verselbständigung bis hin zu eigenen Kg.splänen einzelner F.en (Arnulf v. Bayern 919). Unter Heinrich I., der wie zuvor Konrad vom F.en zum ostfrk. Kg. aufstieg, erfolgte ein Ausgleich durch Anerkennung der Teilgewalten, die, v. a. im Süden des Reichs, wohl weitgehende Kompetenzen be- bzw. erhielten, aber die Oberhoheit des Kg.s anerkannten und als Hzg.e in die Reichsverfassung eingebaut wurden: Für Jahrhunderte wurden hier, anders als in Frankreich, Fsm. und Hzm. identisch (→Herzog, Herzogtum). Unter Otto I., der das Einsetzungsrecht in vollem Umfang wahrnahm und Verwandte und Landesfremde zu Hzg.en erhob, wurde die Amtsbindung noch verstärkt, wenngleich es immer wieder zu Aufständen kam. Neben den Hzm.ern, deren Fünfzahl sich im Laufe der Zeit erweiterte (Ober- und →Niederlothringen, Abtrennung der Marken →Kärnten, →Österreich und →Steiermark von →Bayern), entwikkelten sich die zunehmend mit weltl. Rechten ausgestatteten Reichskirchen zu geistl. Fsm.ern. Seit dem 12. Jh. errichteten einzelne Adelsgeschlechter eine hzg.sgleiche, fsl. Stellung (→Zähringer und →Welfen in Schwaben nach dem Aufstieg der →Staufer zum Hzm., →Ludowinger in Thüringen). Die alten Hzm.er lösten sich, endgültig mit dem Sturz Heinrichs d. Löwen (1180), auf zugunsten neuer Territorialstaaten (→Landesherrschaft), die die polit. Landschaft des SpätMA bestimmten und eine neue Phase der Gesch. des Fsm.s in Deutschland einleiteten.

[2] *Die Großen im Dt. Reich – Vom Reichsadel zum Reichsfürstenstand:* Durch die bevorzugte Heranziehung und Förderung einzelner Familien hob sich seit karol. Zeit eine von Kg. zu Kg. wechselnde Schicht fürstl. Großer (principes) aus dem Adel heraus. Dieser mit hohen Ämtern betraute und vielfach mit dem Kg.shaus verwandte, sog. karol. Reichsadel (TELLENBACH) stammte bevorzugt aus Lothringen, Burgund, dem Elsaß oder Alamannien und wurde in fremden Provinzen (Bayern, Italien) eingesetzt, wo er mit dem Stammesadel verschmolz. Eine feste Abgrenzung der F.en, die noch im dt. Reich keinen eigenen Stand bildeten, gelingt entgegen früheren Versuchen nicht; zum Kreis der geistl. (Erzbf.e, Bf.e, z. T. reichsunmittelbare Äbte) und weltl. F.en (Hzg.e und hzg.sgleiche Markgf.en und Gf.en) zählten aber nur die höchsten Amtsträger; im übrigen bestimmte sich die Zugehörigkeit durch die Teilhabe am Reich durch Waffenhilfe (auxilium), Rat (→consilium), Zustimmung (consensus) und öffentliche Funktionen. In den Parteiungen des Investiturstreits wuchsen Macht und Einfluß der – oft reformnahen – F.en an: Im Gebrauch der Reichskanzlei wich ihr seit Heinrich IV. häufig eingeholter Rat (consilium) unter Konrad III. ihrem Urteil (sententia) (H. KOLLER). Andererseits suchte der Kg. ihren Einfluß durch den verstärkten Einsatz von →Ministerialen zurückzudrängen. Erst in der Stauferzeit wurde man sich einer inneren Schichtung bewußt: 'maiores principes' traten nun an die Spitze der Zeugenlisten. Der entscheidende Wandel zu dem fest abgegrenzten (jüngeren) Reichsfürstenstand des SpätMA und der frühen NZ setzte gegen Ende des 12. Jh. ein; der Prozeß gegen →Heinrich d. Löwen (1180) enthielt bereits charakterist. Elemente der neuen Verfassung. Fortan zählten zu den Reichs-F.en nur noch unmittelbar vom Kg. belehnte Hzg.e und hzg.sgleiche Markgf.en, Landgf.en und Gf.en im Besitz eines Landes. Ihre Zahl belief sich im 13. Jh. auf etwa 90 geistl. und 20–30 weltl. Magnaten (→Reichsfürstenstand).

H.-W. Goetz

Lit.: [allg. und zu A]: J. FICKER, Vom Reichsf.enstande, Forsch. zur Gesch. der Reichsverfassung zunächst im 12. und 13. Jh., 1, 1861; 2, hg. P. PUNTSCHART, 1923 [Neudr. 1961] – F. SCHÖNHERR, Die Lehre v. Reichsf.enstande des MA [Diss. Leipzig 1914] – E. SCHRÖDER, 'Hzg.' und 'F.'. Über Aufkommen und Bedeutung zweier Rechtswörter, ZRGGermAbt 44, 1924, 1–29 – H. BEUMANN, Die sakrale Legitimierung des Herrschers im Denken der otton. Zeit, ZRGGermAbt 66, 1948, 1–45 (bes. 27ff.) – TH. MAYER, F.en und Staat. Stud. zur Verfassungsgesch. des dt. MA, 1950 – H. KOLLER, Die Bedeutung des Titels 'princeps' in der Reichskanzlei unter den Saliern und Staufern, MIÖG 68, 1960, 63–80 – G. KÖBLER, Amtsbezeichnungen in den frühma. Übersetzungsgleichungen, HJb 92, 1972, 334–357 – *zu [B]:* RE 22 (44), s.v. princeps, 1998–2296 [L. WICKERT] – R. WENSKUS, Stammesbildung und Verfassung. Das Werden der frühma. gentes, 1961 – H. WOLFRAM, Intitulatio I. Lat. Kg.s- und F.entitel bis zum Ende des 8. Jh. (MIÖG, Ergbd. 21), 1967 – H. WOLFRAM, The Shaping of the Early Medieval Principality as Type of non-royal Rulership, Viator 2, 1971, 33–51 – Intitulatio II. Lat. Herrscher- und F.entitel im 9. und 10. Jh., hg. DERS. (MIÖG, Ergbd. 24), 1973 – K. F. WERNER, Les principautés périphériques dans le monde franc du VIIIe s. (I problemi dell'Occidente nel sec. VIII, Sett. cent. it. 20, 1973), 483–514 [DERS., Structures politiques du monde franc, VIe–XIIe s., 1979] – M. ROUCHE, La crise de l'Europe au cours de la deuxième moitié du VIIe s. et la naissance des régionalismes, Annales 41, 1986, 347–360 – *zu [C. I, II]:* J. DHONDT, Études sur la naissance des principautés territoriales en France (IXe–Xe s.), 1948 – P. FEUCHÈRE, Essai sur l'évolution territoriale des principautés françaises (X^e–XIIIe s.), M–A 58, 1952, 85–117 – K. F. WERNER, Unters. zur Frühzeit des frz. Fsm.s (9.–10. Jh.), WaG 18, 1958, 256–289; 19, 1959, 146–193; 20, 1960, 87–119 – H. HOFFMANN, Frz. F.enweihen des HochMA, DA 18, 1962, 92–119 – F. VERCAUTEREN, La formation des principautés de Liège, Flandre, Brabant et Hainaut, IXe–XIe s. (L'Europe aux IXe–XIe s. Aux origines des états nationaux, 1968, 31–41) – K. F. WERNER, Kgtm. und Fsm. im frz. 12. Jh. (Probleme des 12. Jh., VuF 12, 1968), 177–225 – J.-F. LEMARIGNIER, La France médiévale: Institutions et société, 1970, 109ff. – Les principautés au MA, 1979 – J. FRIED, Der päpstl. Schutz für Laienf.en. Die polit. Gesch. des päpstl. Schutzprivilegs für Laien, 11.–13. Jh. (SAH.PH 1980,1) – E. M. HALLAM, The King and the Princes in the Eleventh Century France, BIHR 53, 1980, 143–156 – K. F. WERNER, La genèse des duchés en France et en Allemagne (Nascità dell'Europa ed Europa carolingia: un'equazione da verificare, Sett. cent. it. 27, 1981, 175–207) [DERS., Vom Frankenreich zur Entfaltung Dtl. und Frankreichs, 1984, 278–310] – M. BUR, Les principautés (La France médiévale, hg. J. FAVIER, 1983), 239–263 – *zu [C. III; vgl. auch zu A]:* E. E. STENGEL, Land- und lehnrechtl. Grundlagen des Reichsf.enstandes, ZRGGermAbt 66, 1948, 294–342 – H.-W. GOETZ, »Dux« und »Ducatus«. Begriffs- und verfassungsgesch. Unters. zur Entstehung des sog. »jüngeren« Stammeshzm.s an der Wende vom 9. zum 10. Jh., 1977 – H. MAURER, Der Hzg. v. Schwaben. Grundlagen, Wirkungen und Wesen seiner Herrschaft in otton., sal. und stauf. Zeit, 1978 – K. F. WERNER, Les duchés »nationaux« d'Allemagne au IXe et au Xe s. (Les Principautés au Moyen Age, 1979, 29–46) [DERS., Vom Frankenreich..., 311–328] – K. HEINEMEYER, BDLG 122, 1986, 1–39.

D. Italien

Die dem 9. Jh. eigentüml. Gewichtsverlagerung zur Aristokratie ist in Italien, dem »Gebiet weitestgehender Zersplitterung und Mannigfaltigkeit« (H. MITTEIS), das im frk. Reich immer eine Sonderstellung eingenommen hat, durch die Verbindung langob. (→Dux, →Herzog) und frk. Traditionen charakterisiert. Während die Regionalisierung in den mgfl. Mittelgewalten Nord- und Mittelitaliens (→Regnum Italiae) ausschließl. von Fs.familien frk. Herkunft (»Reichsadel«) getragen wurde, deren Hauptvertreter wie n. der Alpen die Königswürde erlangten (→Berengar v. Friaul, →Wido v. Spoleto), hat im südit. Grenzraum zw. Abendland und Orient genuin langob. Erbe unter Aufnahme byz. Traditionen und in bewußter Abgrenzung zum Frankenreich noch im 8. Jh. das Fsm. →Benevent hervorgebracht, von dem sich im 9. Jh. nach und nach die Teilfsm.er →Salerno und →Capua absplalteten. Unter vergleichenden verfassungsgesch. Gesichtspunkten ist daher die Entwicklung in S-Italien von bes. Interesse, während auf N- und Mittelitalien mit den

Mgft.en (Hzm.ern) →Friaul, →Turin, →Tuszien und →Spoleto, nebst Sonderformen wie dem ehemals byz. →Venedig und dem Herrschaftskomplex *(terra)* der Gfn. Mathilde v. Tuszien (Haus →Canossa), aber auch dem →Kirchenstaat als geistl. Fsm. par excellence hier nur verwiesen werden kann.

Bestimmend für die Entwicklung fakt. unabhängiger Fsm.er in S-Italien nach 774 war zunächst die Tatsache, daß die frk. Expansion (trotz einzelner Erfolge v. a. unter →Karl d. Gr. und →Ludwig II.) letztendlich an dem langob. Hzm. (Fsm.) →Benevent haltmachte, so daß S-Italien nicht in den Kreis der karol. Nachfolgestaaten eintrat. Hinzu kam, daß auch →Byzanz, das mit seinen Außenbastionen noch bis ins 11. Jh. in S-Italien vertreten blieb (Thema →Sizilien-Kalabrien, Stadtstaaten →Neapel, →Gaeta, →Amalfi, →Sorrent), S-Italien nicht polit. einigen konnte. Das geschickte Lavieren der langob. Fs.en zw. O und W in einem äußerst labilen Kräftefeld, das seit der Mitte des 9. Jh. durch das Auftreten der →Sarazenen noch komplizierter wurde (Emirat →Bari), war so lange Zeit von Erfolg gekrönt.

Schon Hzg. →Arichis II. v. Benevent, wie Hzg. →Tassilo III. v. Bayern (→Agilolfinger) ein Schwiegersohn des letzten langob. Kg.s →Desiderius und mit Tassilo in vieler Hinsicht vergleichbar, bekundete nach der Eroberung des langob. Reiches durch Karl d. Gr. 774 mit der Annahme des bis dahin in erster Linie für den langob. Kg. verwandten Titels *princeps* (nur in S-Italien wurde *princeps* in der Folgezeit Hauptbestandteil des F.entitels) seine Entschlossenheit, als Erbe des langob. Kgm.s mit quasi-kgl. Rang die Unabhängigkeit seiner *patria* und *gens Langobardorum* zu behaupten. Byz. und langob. Vorbilder bestimmten (schon vor 774) sein prunkvolles Hofzeremoniell (Salbung und Krönung sind zu vermuten, aber in der Forschung strittig) und die Repräsentationsbauten in Benevent (S. Sofia als »Reichsheiligtum«: P. DELOGU) und in →Salerno, das von ihm als zweiter Herrschaftssitz ausgebaut und um die Mitte des 9. Jh. ständige Residenz des gleichnamigen, von Benevent abgespaltenen Fsm.s wurde. Zu Beginn des 10. Jh. trat das 856 neu errichtete →Capua, bis dahin Sitz eines langob. →Gastalden, in den Kreis der langob. Prinzipate, die mit den Fs.en Atenolf I. v. Capua und Benevent († 910) und Waimar (Guaimar) II. v. Salerno († 946) zu einer halbwegs stabilen Territorialordnung fanden und unbeschadet ihrer zeitweiligen Anlehnung an das erneuerte Ksm. (966/967 Huldigung durch die Fs.en v. Benevent und Capua für Otto d. Gr.) ihre fakt. Unabhängigkeit wahren konnten.

Erst als sich in der ersten Hälfte des 11. Jh. norm. Pilger und Abenteurer in S-Italien festzusetzen begannen, ergab sich eine neue Konstellation, die mit päpstl. Unterstützung (Belehnung des Normannen →Richard v. Aversa 1059 mit dem Fsm. Capua durch Nikolaus II.) zur Eliminierung der langob. Fsm.er (zuletzt Salerno 1077) führte. Unter →Robert Guiscard, Hzg. v. →Apulien und →Kalabrien, und →Roger I., Gf. v. Sizilien, wie Richard päpstl. Lehnsleute, stießen norm. Fs.en erfolgreich in byz. (Einnahme Baris 1071) und arab. Gebiet vor (Eroberung →Palermos 1072), was schließl. zur Einigung ganz S-Italiens unter →Roger II. (Gf. v. →Sizilien, Hzg. v. Apulien und Kalabrien) führte, der 1130 mit Hilfe des Gegenpapstes →Anaklet II. die Königskrone erlangte. S. a. →Signoria.

H. Zielinski

Bibliogr.: Italien im MA. HZ Sonderh. 7, 1980 – *Lit.: [allg.]:* H. MITTEIS, Lehnrecht und Staatsgewalt, 1974², 385–415 – W. GOEZ, Grundzüge der Gesch. Italiens in MA und Renaissance, 1984², 47ff. – *N- und Mittelitalien:* A. HOFMEISTER, Mgfn. und Mgft.en im it. Kgr. in der Zeit von Karl d. Gr. bis auf Otto d. Gr., MIÖG Ergbd. 7, 1906, 215–435 – P. Delogu, Vescovi, conti e sovrani nella crisi del Regno Italico, Annali d. scuola spec. p. archivisti e bibliotecari d. Univ. di Roma 8, 1968, 3–72 – G. Sergi, Una grande circoscrizione del regno italico: la marca arduinica di Torino, StM 12, 1971, 637–712 – V. Fumagalli, Vescovi e conti nell'Emilia occidentale da Berengario I a Ottone I, StM 14, 1973, 137–204 – H. Keller, La marca di Tuscia fino all'anno mille (Atti del 5° Congr. internaz. di studi sull'alto medioevo, 1973), 117–140 – G. Tabacco, La storia politica e sociale. Dal tramonto dell'Impero alle prime formazioni di Stati regionali (Storia d'Italia 2, 1974), 5–274 – H. Keller, Adelsherrschaft und städt. Ges. in Oberitalien (9.–12. Jh.), 1979 – E. Hlawitschka, Die Widonen im Dukat v. Spoleto, QFIAB 63, 1983, 20–92 – R. Pauler, Das Regnum Italiae in otton. Zeit, 1982 – Süditalien: HEG I, 784–804 [H. Enzensberger] – R. Poupardin, Ét. sur l'histoire des principautés lombardes de l'Italie méridionale, 1907 – M. Schipa, Il mezzogiorno d'Italia anteriormente alla monarchia. Ducato di Napoli e principato di Salerno, 1923 – H. Belting, Studien z. beneventan. Hof im 8. Jh., DOP 16, 1962, 141–193 – N. Cilento, Le origini della signoria Capuana nella Longobardia minore, 1966 – F. Hirsch – M. Schipa, La Longobardia meridionale, hg. N. Acocella, 1968 – W. Deeters, Pro salvatione gentis nostrae. Ein Beitrag z. Gesch. des langob. Fsm.s v. Benevent, QFIAB 49, 1969, 387–394 – E. Garms-Cornides, Die langob. Fs.entitel 774–1077 (H. Wolfram, Intitulatio II [s. o. B]), 341–446 – H. H. Kaminsky, Zum Sinngehalt des Princeps-Titels Arichis' II. v. Benevent, FMASt 8, 1974, 81–92 – P. Delogu, Mito di una città meridionale (Salerno, secoli VIII–XI), 1977 – U. Schwarz, Amalfi im früheren MA (9.–11. Jh.), 1977 – Normannen: J. Deér, Papsttum und Normannen (Stud. u. Q. z. Welt Ks. Friedrichs II. 1, 1972) – P. Delogu, L'evoluzione politica dei normanni d'Italia fra poteri locali e potestà universali (Atti del Congr. Internaz. di Studi s. Sicilia normanna, 1973), 51–104 – Roberto il Guiscardo e il suo tempo, 1975 – Ruggero il Gran Conte e l'inizio dello Stato normanno, 1977 – H. Hoffmann, Langobarden, Normannen, Päpste. Zum Legitimitätsproblem in Unteritalien, QFIAB 58, 1978, 137–180.

Fürstenberg, Gf.en v., gehen im Mannesstamm auf die Gf.en v. →Urach zurück. Egino (IV.) v. Urach erbte durch seine Frau Agnes v. Zähringen den rechtsrhein. Besitz der →Zähringer (1218). Daher nannte sich sein Sohn Egino (V.) († um 1236) Gf. v. Freiburg. Aus der Erbteilung der beiden Söhne Eginos, Konrad und Heinrich (1244/50 vor 1245?), entstanden die Familien der Gf.en v. →Freiburg und von F., letztere mit Besitzschwerpunkten auf der →Baar und im Kinzigtal. Gf. *Heinrich* nannte sich nach seiner Burg F. ('fürderster Berg') oberhalb von Neuingen/Baar (erstmals belegt 1250). Zunächst in finanziellen Schwierigkeiten (Abtretungen der Rechte an der Gft. Urach an Württemberg, 1254), konnte er nach der Königswahl →Rudolfs v. Habsburg als dessen Vetter und Hofbeamter zu sicherer Position gelangen. 1283 erhielt er als persönl. Lehen die Gft. Baar, die seit Anfang des 14. Jh. dauernd an das Haus F. gelangte. Seine Söhne teilten in die Linien Baar und Haslach. Das Haus F. blieb im 14. und 15. Jh. auf eine regional gebundene Rolle beschränkt, wie bereits die von den →Habsburgern erzwungenen Abtretungen (1305 Bräunlingen, 1326 Villingen) deutlich machen.

Mit dem Erlöschen der Haslacher (1386) fiel deren Besitz größtenteils an *Heinrich IV.* († ca. 1408) aus der Baarer Linie. Unter seinen Söhnen erfolgten erneute Erbteilungen: *Heinrich V.* († 1441) begründete die Baarer Linie (weitere Abspaltung: Geisinger Linie), *Konrad* († vor 1419) eine Kinzigtaler Linie. Der größte Teil des Besitzes kam durch die Erbfälle von 1483 und 1490 an die Baarer zurück. Im späten 15./frühen 16. Jh. begann der eigtl. Aufstieg des Hauses, v. a. durch die im Dienst Ks. →Maximilians I. stehenden Brüder *Heinrich VII.* (✖ 1499 als ksl. Feldhauptmann bei →Dorneck) und *Wolfgang* († 1501). Die 1491 abgeschlossene und 1562/1576 erweiterte Erbeinigung zw. den verschiedenen Familienzweigen begründe-

te das agnat. Erbrecht der Familienzweige untereinander. Im 16.–17. Jh. Anfall großer Adelsherrschaften in SW-Deutschland (Gft. Heiligenberg; Helfenstein, Zimmern, Lupfen), nach 1744 Vereinigung des Familienbesitzes zum Fsm. F. (mediatisiert 1806). Die Familie lebt fort.　I. Eberl

Q.: Fürstenberg. UB I–VII, hg. S. Riezler – F. L. Baumann, 1877–91 – Mitt. aus dem Fürstenberg. Archive I–II, hg. F. L. Baumann – G. Tumbült, 1894–1902 – *Lit.:* S. Riezler, Gesch. des fsl. Hauses F. bis zum Jahre 1509, 1883 – G. Tumbült, Das Fsm. F., 1908 – W. Thoma, Die Kirchenpolitik der Gf.en v. F., 1963.

Fürstenfeld (Campus principis, seit 14. Jh.: C. principum), ehem. Abtei SOCist im westl. Oberbayern (Bm. Freising), war die bedeutendste Klosterstiftung der →Wittelsbacher in Altbayern im 13. Jh. 1258 übernahm Hzg. →Ludwig II. zur Sühne für die Hinrichtung seiner Gemahlin →Maria v. Brabant den Ausbau der nach der Tradition von einem Adligen namens Leonhard begonnenen Gründung Seldental (Vallis Salutis, heute Thal b. Bad Aibling). Das mit Mönchen aus Aldersbach besiedelte, 1261 an die Amper bei Olching und 1262/63 flußaufwärts an den endgültigen Standort bei dem Markt Bruck (heute Fürstenfeldbruck), dem Zentralort der hzgl. Ministerialenfamilie der Gegenpointer, verlegte Kl. wurde 1263 durch den Bf. v. Freising, Konrad II., und 1267 durch Papst Clemens IV. bestätigt. Mit dem Gründungsprivileg v. 1266 übertrug Ludwig II. d. Kl. die niedere Gerichtsbarkeit. Durch die darin zugleich erklärte hzgl. Schirmvogtei wurde F., das dritte wittelsbach. Hauskl. im W des Herrschaftsgebietes, beispielgebend für die Einbindung weiterer Kl. in die wittelsbach. Landeshoheit. Es war von Anfang an stark auf das Bm. Augsburg ausgerichtet, wo große Teile seines Besitzes (v. a. an Kirchen) lagen. Das durch Ludwig d. Bayern bes. geförderte Kl. unterstützte diesen seinerseits im Kampf um die dt. Königskrone. F.er Mönche hüteten die damals in München aufbewahrten Reichsinsignien. Die Einstellung F.s spiegelt die hier entstandene »Chronica de gestis principum« (ed. G. Leidinger, MGH SRG, 1918) wider. F. hatte Stadthöfe in Augsburg, Esslingen und München und nahm eine wichtige Stellung im Salzhandel ein. Die vor 1290 vollendete ursprgl. Basilika bestand bis zum Beginn des 18. Jh.; von der älteren Ausstattung sind u. a. das sog. Gründerkreuz (in F.) und Teile des Stiftergrabes von 1505/13 (München, Bayer. Nat. mus.) erhalten. Die schon zur Gründungsausstattung zählende Kapelle zu Inchenhofen baute F. zur führenden →Leonhardswallfahrt in Süddeutschland aus.　F. Machilek

Bibliogr.: E. Krausen, Die Kl. des Zisterzienserordens in Bayern, 1953, 40–43 – Q.: Monumenta Boica IX, 1767, 83–340 – *Lit.:* DHGE XIX, 314–317 [N. Backmund] – F. Machilek, Der Niederkirchenbesitz des Zisterzienserkl. F., Amperland 6, 1970, 21–25, 80–85, 111–116; 7, 1971, 133–136, 163–166, 183–189 [Lit.] – Wittelsbach und Bayern, Kat., hg. H. Glaser, I, 1, 1980 [Beitr. von W. Störmer, 139–150; C. List, 521–540] – K. Wollenberg, Die Entwicklung der Eigenwirtschaft des Zisterzienserkl. F. zw. 1263 und 1632 …, 1984 (Europ. Hochschulschr. 210) – Fschr. 725 Jahre F., hg. P. Pfister – K. Wollenberg, 1988 [Lit.].

Fürstengrab. [1] *Begriff und Definition:* In der frühma. Archäologie seit L. Lindenschmit (1911) gebräuchlich, wurde der Begriff »F.« seit den dreißiger Jahren in der deutschsprachigen Literatur häufiger verwandt (vgl. H. Zeiss, 1936; darauf fußend: F. Garscha, 1936; A. Rieth, 1937; P. Kessler, 1940; J. Werner, 1943). Die neuere Forschung orientiert sich an der Definition von J. Werner (1950), nach der unter Adels- oder F.ern »exzeptionell reiche Bestattungen« zu verstehen sind, die »der obersten Schicht der merow. Gesellschaft, dem Adel« angehören, wobei neben der Beigabenausstattung auch andere Elemente (Lage, Grabbau usw.) in die Betrachtung einbezogen werden (vgl. H. AMENT, 1970; F. STEIN, 1967; H. VIERCK, 1981; H. W. BÖHME); dagegen ging R. CHRISTLEIN (1975) bei der Beurteilung der Beigabenausstattung merow. Gräber nach einheitl. Kriterien vor, die er in vier Qualitätsgruppen (A–D) unterteilte. Nach G. KOSSACK (1974) sollte statt »F.« Prunkgrab gebraucht werden. Noch üblich ist »Adels- und F.« in der vor- und frühgesch. Archäologie.

[2] *Archäologisch erschlossene Grablegen:* Das →Childerichgrab gilt bis heute als kgl. Vorbild dynastischer und adliger Grablegen der Merowingerzeit betrachtet (zuletzt PÉRIN, 1987). Nach neuesten Grabungen (seit 1983) sind ihm wohl zahlreiche Pferdegräber zuzuordnen. Ähnlich reich ausgestattet sind gleichzeitige Gräber in Apahida (Siebenbürgen), Blučina (Mähren), Groß-Örner (Thüringen), Rüdern (Baden-Württ.) und Pouan (Dép. Aube), die allerdings nicht mit hist. überlieferten Personen verbunden werden können; sie zeigen Fundgut mit stark pontisch-danub. Einfluß, der schon bei einer Gruppe reich ausgestatteter Gräber des frühen und mittleren 5. Jh. im westl. und sw. Europa faßbar ist (Airan, Altlußheim, Beja, Hochfelden, Mundolsheim, Wolfsheim). Die Beigabe von goldenen Handgelenkringen läßt sich schon bei »F.ern« der jüngeren Kaiserzeit nachweisen, die als Bestattungen von reges und principes gedeutet werden (→Fürst).

Unter den Bestattungen von Mitgliedern der kgl. Familien des Merowingerreiches, die seit→Chlodwig I. († 511) Grabstätten in Kirchen anlegen ließen, sind nur sehr wenige archäolog. belegt, so das Frauen- und Knabengrab unter dem Kölner Dom (2. Drittel 6. Jh.) und das Grab der →Arnegundis in St-Denis (3. Drittel 6. Jh.; Zeitstellung neuerdings umstritten). Von den Gräbern merow. Kg.e aus der Zeit von Chlodwig I. bis→Childerich III. ist kein einziges bekannt; allerdings sind zwölf Orte mit Königsgrabkirchen hist. überliefert. Eine Reihe von reich ausgestatteten Gräbern im frk., thür. und alam. Gebiet wird mit Mitgliedern der Führungsschicht verbunden (in hist. Quellen unter verschiedenen Bezeichnungen genannt). Die archäolog. erschlossene Gruppe »Flonheim – Gültlingen« umfaßt Grablegen der Zeit von 470/490–530/540, die sich eng an das Childerichgrab anschließen: Prunkgräber in Kirchen des Gebietes zw. Loire und Rhein und auf Gräberfeldern wie Lavoye, Krefeld-Gellep, Planig, Flonheim (Kirche?), Rommersheim u. a. Beispiele aus der 2. Hälfte des 6. Jh. sind reich ausgestattete Grablegen auf den Friedhöfen von Orsoy, Fürstenberg, Zeuzleben, Klepsau und Basel-Bernerring. Aus der Zeit um 600 häufen sich Prunkbestattungen in Kirchen und auf Gräberfeldern innerhalb des alam. Bereiches (z. B. Hüfingen, Gammertingen, Giengen, Güttingen, Kirchheim unter Teck, Niederstotzingen, Zofingen), einige wenige gibt es im frk. Gebiet (Beckum, Beerlegem, Morken). Aus dem 7. Jh. ist die Gruppe reicher Gräber ebenfalls überwiegend im alam. Raum belegt (z. B. Bülach, Fridingen, Kirchheim/Ries, Schöftland), desgleichen im bajuwar. Gebiet (z. B. Aschheim, Regensburg-Harting, Staubing). Das Phänomen überdurchschnittlich reich ausgestatteter Gräber in oder bei Kirchen oder auf Friedhöfen (gesonderte oder separate Lage) läßt sich, bei allgemein abnehmender Sitte der Mitgabe von Grabgut, im alam.-bajuwar. Raum bis in die Zeit um 700 verfolgen.

Ebenso wie im Merowingerreich sind Prunkbestattungen des 5.–8. Jh. im ostgot., langob., avar., ags., skand. und finn.-balt. Gebiet überliefert. Die Sitte der Prunkbestattungen lebt in der Karolinger- und Wikingerzeit im nord- und nordwesteurop. sowie im west- und südslav. und magyar. Bereich fort.   M. Müller-Wille

Lit.: Viele Fundangaben finden sich in der zusammenfassenden Lit. – J. W. GRÖBBELS, Der Reihengräberfund v. Gammertingen, 1905 – L. LINDENSCHMIT, Die Altertümer unserer heidn. Vorzeit 5, 1911 – F. GARSCHA, Das völkerwanderungszeitl. F. v. Altlußheim, Germania 20, 1936, 191–198 – H. ZEISS, F. und Reihengräbersitte, Forsch. und Fortschritte 12, 1936, 302–303 – A. RIETH, Das alam. F. v. Gammertingen, Germanen-Erbe 2, 1937, 39–48 – P. KESSLER, F. v. Planig in Rheinhessen, Mainzer Zs. 35, 1940, 1–12 – J. WERNER, Der Fund v. Ittenheim, 1943 – J. WERNER, Das alam. F. v. Wittislingen, 1950 – DERS., Beitr. zur Archäologie des Attila-Reiches, 1956 – K. TIHELKA, Das F. v. Blučina, PamArch 54, 1963, 467–498 – B. SCHMIDT, Thür. Hochadelsgräber der Völkerwanderungszeit (Varia Archaeologica, Fschr. W. UNVERZAGT, 1964), 195–213 – O. DOPPELFELD–R. PIRLING, Frk. Fs.en im Rheinland, 1966 – P. PAULSEN, Alam. Adelsgräber v. Niederstotzingen, 1967 – F. STEIN, Adelsgräber des 8. Jh. in Dtl., 1967 – H. STEUER – M. LAST, Zur Interpretation der beigabenführenden Gräber des 8. Jh. im Gebiet rechts des Rheins, Nachr. aus Niedersachs. Urgesch. 38, 1969, 25–88 – H. AMENT, Adelsgräber v. Flonheim, 1970 – K. H. KRÜGER, Königsgrabkirchen der Franken, Angelsachsen und Langobarden bis zur Mitte des 8. Jh., 1971 – K. HOREDT–D. PROTASE, Das zweite F. von Apahida (Siebenbürgen), Germania 50, 1972, 174–220 – R. CHRISTLEIN, Besitzabstufungen der Merowingerzeit im Spiegel reicher Grabfunde aus West- und Süddtl., Jb. RGZM 20, 1973 (1975), 147–180 – G. KOSSACK, Prunkgräber. Bem. zu Eigenschaften und Aussagewert (Fschr. J. WERNER 1, 1974), 3–33 – H. VIERCK, Ein westfäl. 'Adelsgrab' des 8. Jh. n. Chr., Stud. zur Sachsenforsch. 2, 1981, 457–488 – M. KAZANSKI, Deux riches tombes de l'époque des grandes invasions au nord de la Gaule: Airan et Pouan, ArchMéd 12, 1982, 17–33 – M. MÜLLER-WILLE, Königsgrab und Königsgrabkirche, Ber. Röm.-Germ. Komm. 63, 1982, 349–412 – H. STEUER, Frühgesch. Sozialstrukturen in Mitteleuropa, 1982 – M. MÜLLER-WILLE, Royal and Aristocratic Graves in Central and Western Europe in the Merov. Period (Vendel Period Stud., hg. J. P. LAMM–H.-Å. NORDSTRÖM, 1983), 109–116 – H. STEUER, Die frühma. Gesellschaftsstruktur im Spiegel der Grabfunde (Hessen im FrühMA, hg. H. ROTH–E. WAMERS, 1984), 78–86 – L'inhumation privilégiée du IVe au VIIIe s. en Occident, hg. Y. DUVAL–J.-CH. PICARD (Actes du colloque de l'Univ. de Paris Val-de-Marne à Créteil, 1986) – P. PÉRIN–L.-CH. FEFFER, Les Francs, 1–2, 1987 – H. STEUER, Archäologie und Erforsch. der Sozialgesch. des 5.–8. Jh. Akten des 26. Dt. Rechtshistorikertages, 1987, 443–453 – H. W. BÖHME, Adelsgräber im Frankenreich [im Dr.].

Fürstengroschen, thür. Silbermünze zu acht Pfennigen, eingeführt 1393 von Lgf. →Balthasar v. Thüringen, geprägt bis 1440, später als schildiger Groschen oder Schildgroschen bezeichnet. Der Feingehalt betrug ca. 1,6 g. Das ursprgl. Münzbild (Löwe/Lilienkreuz) wurde später beidseitig durch den Landsberger Schild erweitert. Als →Meißner Groschen war der F. hauptsächl. in Mitteldeutschland verbreitet und wurde vielfach nachgeahmt. Der 1555 eingeführte F. zu 12 meißn. Pfennigen ist der Ausgangstyp für den Groschen der NZ.   P. Berghaus

Lit.: F. v. SCHROETTER, Wb. der Münzkunde, 1930, 209 [F. v. SCHROETTER] – G. KRUG, Die meißn.-sächs. Groschen 1338 bis 1500, 1974, 53, 63, 129ff.

Fürstenspiegel

A. Lateinisches Mittelalter – B. Volkssprachliche Literaturen – C. Byzantinischer Bereich und slavische Literaturen – D. Arabisch-islamisch-osmanischer Bereich

A. Lateinisches Mittelalter

I. Allgemeine Grundlagen; Frühmittelalter – II. Hoch- und Spätmittelalter.

I. ALLGEMEINE GRUNDLAGEN; FRÜHMITTELALTER: [1] *Allgemeine Grundlagen und spätantike Voraussetzungen:* Bei einem F. handelt es sich um ein in paränet. Absicht an einen Kg. oder Regenten gerichtetes Werk (selbständig oder als abgeschlossener Teil einer Sammlung). Die Paränese kann sich in direkten Ermahnungen zur Gestaltung der herrscherl. Ethik und Amtsführung, darüber hinaus in der auf die Person des Empfängers bezogenen Erörterung staats-

und gesellschaftstheoret. Zusammenhänge ausdrücken. Angesiedelt zw. Sein und Sollen im herrscherl. und polit. Bereich, sind F. entgegen unscharfen Begriffsbestimmungen in der Lit. (HADOT, BERGES) klar abzuheben von publizist., staatstheoret. und sozialphilosoph. Traktaten, mit denen sie die Reflexion von polit. →Ethik gemeinsam haben.

Aus der verschiedenen Verfaßtheit des »öffentlichen« Lebens resultieren die Unterschiede im Personenkreis der Empfänger und in der inhaltl. Prägung der Schriften. Im FrühMA waren nur Kg.e Empfänger von F.n; klar zu unterscheiden von den F.n sind die mit dem Ziel, eine eigene Laien(amts)ethik zu entwickeln, an exponierte weltl. Amtsträger gesandten Mahntraktate (Laienspiegel). Inhalt der F. dieser Phase ist die Darlegung der eth. Normen für Person und Amt des Herrschers. Doch finden sich auch schon Erörterungen zu den Grundlagen des Gemeinwesens und zum Gewaltenverhältnis.

Der Partikularisierung von Herrschaft in späterer Zeit entsprechend gibt es seit dem 13. Jh. sowohl F. für Monarchen als auch solche für territoriale und städt. Herrschaftsträger. Inhaltlich ist der durch grundsätzl. Reflexionen gekennzeichnete Gattungstyp nun der beherrschende.

Bei einer Betrachtung der hist. Grundlagen der Gattung gilt es vorweg zu beachten, daß es im oriental. und antiken Kulturkreis eine eigtl. F.tradition nur in geringem Maße gegeben hat (gegen HADOT) und von ihr auch keine entscheidenden Impulse auf die ma. Entwicklung ausgegangen sind.

Das Räsonnement der klass. griech. Theorie über den Staat als einen natürl. Organismus und über die Staatsverfassungen (→Platon; →Aristoteles; Polybios) gewann erst seit dem ausgehenden HochMA wieder an Aktualität. Zusammen mit anderen neuen Denkmodellen trat es damals in Verbindung und Kontrast zu jenem theokrat. Grundbestand ma. Denkens, der seinerseits aus einer langen Tradition erwachsen war.

Die konstitutiven Elemente dieser Tradition boten das AT mit seinen Herrscherexempla und kleinen fürstenspiegelartigen Partien (bes. Deut. 17, 14–20), die Anthropologie und das Herrscherideal der hellenist.-röm. Zeit in ihrer kynischen und stoischen Ausprägung (himml. Monarchie als Vorlage des ma. kosmolog. Exemplarismus; Auffassung vom Kg. als Abbild Gottes: νόμος ἔμψυχος–lex animata; Bindung des Kg.s an das selbst erlassene Gesetz; Urstands-, Gleichheitslehre der Stoa) und schließlich das NT mit einigen trotz allem eschatolog. Kontext seit dem 4. Jh. herrschaftslegitimierend gedeuteten Aussagen (bes. Paulus Röm 13: Kg. als minister Dei mit Schwertgewalt; 1. Petr 2, 13ff. u. ä.).

Jene Autoren des 4.–6. Jh., die von diesen Grundlagen her eine christl. Staatslehre gestaltet hatten (sog. →Ambrosiaster: Herrscher als imago und vice Dei; →Ambrosius: christl. Herrschertugenden; →Augustin, bes. De civ. Dei V, 24 mit Umakzentuierung des heidn. Imperator felix-Konzepts; →Gregor I.: Wendung der Urstandslehre ins Christliche, humilitas als Rector-Tugend), waren von größtem Einfluß auf die polit. Ethik und die F. des MA. Man sollte aber nicht übersehen, daß im späteren MA einige der skizzierten antiken Wertungen auch in ihrer ursprgl. Form neben der klass. antiken Theorie rezipiert wurden: bes. die stoischen Vorstellungen →Senecas (»De clementia« als F.) und →Plutarchs.

[2] *Ansätze im spanisch-westgotischen und irischen Frühmittelalter:* Doch ist zuvor auf einige Texte des span.-westgot. Raumes zu verweisen, die mit ihrer Synthese antik-stoischer und christl. Züge das MA nachhaltig beeinflußt

haben: die ganz auf den Kardinaltugenden fußende »Formula vitae honestae« des Bf.s →Martin v. Braga (früher Laienspiegel); →Isidor v. Sevilla mit seiner Summierung der etymolog.-eth. Deutung des Wortes 'rex', mit seiner Heraushebung von 'pietas' und 'iustitia' als den 'virtutes regiae' und mit der Bindung des Herrschers an das Recht; die westgot. Reichskonzilien, die 'moderamen' und 'utilitas publica' als Regierungsnorm und Staatszweck beschreiben.

Vielleicht gehört in den Zusammenhang etymologisierend-glossator. Lit. auch die Plutarch zugeschriebene »Institutio Traiani«, die im 12. Jh. begegnet und die mit schwacher christl. Verkleidung die antike Organologie des Staates bietet.

Eine interessante heidn.-christl. Synthese bieten auch die Isidor zugeschriebenen »Institutionum disciplinae«, ein theoret. Traktat mit Erziehungsgrundsätzen (körperl. Übungen; →artes liberales) für einen künftigen Regenten.

Auch weist diese Schrift Verbindungen zu dem sog. Ps.-Cyprian auf, einem im 7. Jh. in Irland entstandenen Traktat über die zwölf Hauptübel (→»De duodecim abusivis saeculi«). Die 9. abusio (rex iniquus) und die 6., fälschl. auch auf das Kgtm. bezogene (dominus sine virtute), hatten ein starkes Nachleben in MA und Neuzeit. Ausgehend von Isidors Definition des rex erscheint hier die 'iustitia' in mannigfacher Ausgestaltung als einzige Herrschertugend. Die mit ihr verbundenen positiven und negativen Folgen für die Herrschaft werden in einer der heim. F.- und Sentenzentradition entnommen myth. Bildhaftigkeit dargest., womit diese Texte bereits entscheidende Bestandteile der späteren F. aufweisen.

[3] *Fürstenspiegel im Frankenreich:* Texte, die auch formal als unmittelbare Vorläufer der F. gelten können, treten erst im merow. und frühkarol. Frankenreich des 6.–8. Jh. auf, im Zuge einer zunehmenden Verchristlichung des Königsgedankens. Zu nennen sind hier einige Mahnbriefe geistlicher Verfasser an frühma. Kg.e, die sich durch ein anderes Kolorit als die antiken und spätantiken Beispiele auszeichnen. Als frühe Zeugnisse sind zu nennen die Briefe der Bf.e →Remigius v. Reims (an Chlodwig) und →Aurelianus v. Arles (an Theudebert I.), das Mahnschreiben an einen Enkel →Chlothars I. (wohl Beginn 7. Jh.), Briefe des →Bonifatius an ags. Kg.e, schließlich vom Ende des 8. Jh. zwei Schreiben ags.-ir. Verfasser an Karl d. Gr., der nach einer Vorlage Gregors I. gestaltete Brief des Abtes Eanwulf und der in unserem Zusammenhang sehr relevante Brieftraktat von Cathwulf.

Gemeinsam sind diesen Texten das vorrangig paränet. Anliegen und die starke Bezogenheit auf die Amtsstellung des Adressaten. Als inhaltl. Elemente sind die atl. geprägte Exemplumgedanke, die Königstugendlehre mit 'iustitia' oder 'aequitas' und 'pietas' als entscheidenden 'virtutes', der für gute Herrschaft in Aussicht gestellte Lohn sowie im Anschluß an Röm 13 und Ambrosiaster die Vorstellungen vom Kg. als 'minister', 'imago' und 'vicarius Dei' zu nennen.

Der fließende Übergang zw. den Mahnschreiben und den F.n kommt bes. bei →Alkuin, der wie →Paulinus v. Aquileia auch einen Laienspiegel verfaßt hat, zum Ausdruck. An Alkuin kann die Spannung zw. Sein und Sollen klar demonstriert werden. Die Inhalte seiner aus atl., antiken, spätantik-christl. und insularen Traditionen gespeisten Herrschaftsethik sieht Alkuin in Karl d. Gr. vorbildlich realisiert, als Postulate formuliert er sie gegenüber ags. Kg.en und den Söhnen Karls d. Gr. in kunstvoll ausgestalteten 'litterae ammonitoriae' ('exhortatoriae'), gleichsam F.n in nuce.

Erster voll ausgearbeiteter karol. F. ist die »Via regia« des →Smaragdus v. St-Mihiel, geschrieben 811/814 für Ludwig d. Fr., damals Unterkg. v. Aquitanien. Von Struktur und Inhalt her lassen sich ihr weitere Texte des Verfassers (u. a. möglicherweise auch eine metr., mit dem oben erwähnten, etwas modifizierten Mahnschreiben des 7. Jh. kombinierte Fassung der »Via regia« für Pippin v. Aquitanien, 814/817–822) sowie die metr. Epistel des Ermoldus Nigellus an die Seite stellen (»aquitan. Fürstenspieglergruppe«).

Die »Via regia« ist mit ihren aretalog. Teilen einfach aufgebaut. Die Tugenden sind die allgemeinchristl., v. a. die monast., die als spezielle 'virtutes regiae' erwiesen werden sollen, wobei der Autor bezeichnenderweise ganze Kapitel aus seinen Mönchsschriften übernahm. Seine Hauptquelle ist die Bibel, das große Herrschervorbild →David. Das eher spärlich verwertete patrist. Material steht ganz im Dienst der allgemeinchristl. Tugendlehre. Für die christl. Staatsauffassung markante Aussagen (Augustin; Isidor; →Zweigewaltenlehre des →Gelasius) fehlen; nur die von Gregor I. christlich gedeutete stoische Urstandslehre übersetzt Smaragdus mit der Forderung nach →Freilassung der servi. Zu den bleibenden Leistungen des karol. Denkens hat Smaragdus v. a. durch die Charakterisierung des gesalbten Kg.s als 'vicarius Christi' in Abhebung von der älteren 'vicarius Dei'-Vorstellung und durch die Kennzeichnung des Herrschertums als eines von Gott verliehenen 'ministerium' (im Anschluß an Röm 13 und eine westgot. Vorstellung des 7. Jh.) beigetragen.

Einen gleichsam panegyr. F. bietet →Ermoldus Nigellus mit seiner 828 für den erwähnten Pippin II. verfaßten zweiten Elegie. Klar erkennbar ist der Anschluß an Smaragdus. Doch führt Ermoldus mit dem Rückgriff auf Isidor für die Beschreibung der theokrat. Grundlagen der Herrschaft, auf Ps.-Cyprian für die Herrschervorbilder und mit seiner Rezeption des antiken res publica-Begriffs über den Vorgänger hinaus.

Die Schrift »De institutione regia« des Bf.s →Jonas v. Orléans (831, für Kg. Pippin v. Aquitanien) ist aus inhaltl. Gründen in den Zusammenhang konziliarer und von →Konzilien beeinflußter F. zu stellen. Grundlage bildete die programmat. Formulierung der neuen Gedanken in den von Jonas redigierten Akten der Pariser Synode von 829. Ausgangspunkt ist hier die paulin. Vorstellung von der 'ecclesia' (Sozialgemeinschaft) als einem 'corpus', wesentl. neu die Scheidung in diesem Verband nach der Gewaltenlehre des Gelasius. Im zweiten Buch der Akten werden (nach Isidors Nomentheorie und dem atl. Kg.sgesetz) das Wesen des Kg.s und des Tyrannen bestimmt, sodann die Kg.stugenden nach Ps.-Cyprian, das klar von der Person abgehobene ministerium nach Isidor. Mit seinem Werk »De institutione regia«, in dem Jonas dieses konziliare Gedankengut verarbeitete, schuf er einen F. neuen Typs, der Grundsätzliches zu Gesellschaft und Gewaltenverhältnis sowie die spätantik-frühchristl. Staatslehre westl. Ausprägung bot und zum Vorläufer der meisten hoch- und spätma. F. wurde. Aus diesem »polit. Augustinismus« (→Ethik 1) formte die westfrk. Kirche bald eine Staatslehre, der es – mit schon ansatzhaft hierokrat. Tendenzen – um kirchl. Autonomie ging (prägnanteste Formulierungen: Synoden 881 Fismes, 909 Trosly). Doch zunächst bildete sich unter dem Einfluß der intensivierten Bildungsrenaissance ein neuer Zweig von Mahnschreiben und F. In drei Schreiben des Abtes →Lupus v. Ferrières und in Widmungsgedichten von Bibeln für Karl d. K. kommt dies klar zum Ausdruck: das Repertoire antiker und spätantiker Quellen ist beträchtl. erweitert

(Publilius Syrus, →Boethius, →Sallust, Valerius Maximus, →Epitome de Caesaribus), an die Seite Davids als Vorbild treten →Salomo, aber auch Trajan und Theodosius, das Weisheitspostulat wird in der christl. und heidn. Variante vorgetragen, Staatsziel ist die auf die res publica bezogene 'utilitas publica'.

Der in →Lüttich wirkende Ire →Sedulius Scottus zeigt in seinem F. für Kg. Lothar II. (858/859) »Liber de rectoribus christianis« ebenfalls eine starke Beeinflussung durch die lit. Kultur, doch fehlt die neue kirchl. Staatslehre; als 'vicarius Dei' ist der Kg. Herr über die Landeskirche. Dies sondert Sedulius von dem konziliaren Zweig und stellt ihn zu Lupus. Er formuliert, klar in der insularen Tradition (Ps.-Cyprian, Cathwulf, Alkuin, ir. Sentenzensammlungen) stehend, ein Korrelatverhältnis zw. Herrschertugend, segensreicher Natur und Wohl des Volkes. Die myth. Elemente stehen in pittoresker Verbindung mit der breit aufgenommenen spätantik-christl. Überlieferung (Res publica- und Amtsbegriff; neben David und Salomo →Konstantin, →Theodosius und ihre heidn. Vorläufer als Exempla).

Ebf. →Hinkmar v. Reims, polit. Berater Karls d. K. und seiner Erben und entscheidende Figur im Westfrankenreich, war wie kein anderer an der Formulierung des westfrk.-kirchl. Staatsgedankens beteiligt; F. im eigtl. Sinn sind seine Schriften für Karl d. K. (»De regis persona et regio ministerio«, 873), für Karls Enkel Karlmann (882) und (bedingt) für Karl III. Hinkmar nimmt alle Themen des Jahrhunderts auf: theokrat. Stellung des Kgtm.s, Kg.sethik, Nomentheorie, Amtskonzeption, Gewaltenfrage und Herrschertypologie. In den meisten Fragen setzt er die Tradition der konziliaren F. fort und steigert sie. In der Benutzung antiker und spätantiker Vorlagen ist er mit Lupus und Sedulius verwandt. Über sie hinaus greift er auf spätröm. Gesetze, für die Regelung der Herrschaftsnachfolge auf →Sueton zurück. Doch handelt es sich auch bei ihm hauptsächl. um formale Rezeption. Anders ist dies in seinem F. für Karl d. K. Ausgiebig verwertet er hier von Jonas gesammeltes Konzilsmaterial, um nach Augustin Ansätze zu einer Kriegslehre (→Bellum iustum) zu entwickeln.

II. HOCH- UND SPÄTMITTELALTER: [1] *Allgemeine Grundzüge:* Im hohen MA haben die herrschaftstheoret. und -theol. Auffassungen im Reich ihren Niederschlag in Geschichtsschreibung (→Historiographie und Geschichtsdenken) und Krönungsordines (→Ordo) gefunden. Die vicarius-Christi-Rolle des Herrschers und die Betonung der humilitas als Herrschertugend sind vertieft worden. Germ. Vorstellungen waren nicht in größerem Ausmaß wirksam (gegen BERGES); die Verbindung der neuen, zur Staatstheorie hin ausgeweiteten F. mit den karol. ist stärker als bisher angenommen.

Sowohl im FrühMA rezipierte als auch neu übernommene Auffassungen führten zu Wandlungen und setzten den Prozeß der Naturalisierung und Säkularisierung der Staatsauffassungen in Gang. Fast revolutionäre Folgen zeitigte hier die im 12. Jh. nachweisbare Organologie der sog. →»Institutio Traiani«. Mit der Durchsetzung des Aristotelismus (→Aristoteles, Aristotelismus) in den thomist. beeinflußten F.n wurde der Staat als Rechtsorganismus gesehen. Schon vorher hatten die F. eine neue Funktion und Ausrichtung durch ihre Indienstnahme für den »nationalen« Staat erhalten. Dies wurde nun noch verstärkt: Seit dem 13. Jh. wurden F. auch für Territorial- und Stadtherren abgefaßt.

Doch ist die Entwicklung nicht in eine Richtung verlaufen. Die dem eben genannten Prozeß entgegenstehende

Hierarchienlehre des Ps.-→Dionysius fand zw. 1150 und 1260 Aufnahme und Ausgestaltung. Es ist daher noch nicht von Säkularisierung, nur von Säkularisierungstendenzen zu sprechen.

[2] *Die Wandlungen des 12. Jahrhunderts:* Die ersten einschlägigen hochma. Texte behandeln eine eher traditionelle oder situationsgegebene Thematik: In seinem »Speculum regum« (1180–83) für Heinrich VI. bot →Gottfried v. Viterbo Translationstheorie und Ks.idee in mehr herrschaftslegitimierender als belehrender Intention, wobei gewagt Klingendes aus der Antike kaum innerlich anverwandelt ist. Das Werk »De principis instructione« des →Giraldus Cambrensis ist mehr persönl. motivierte Invektive gegen die immer stärker werdenden Höflinge als ein F.

Doch führt die später so mächtige Traditionslinie der neuen Ideen zeitl. hinter diese Erzeugnisse zurück auf →Johannes v. Salisbury mit seinem »Policraticus« von 1159. Zu Unrecht ist in diesem mit einer Morallehre verbundenen Gesellschaftstraktat ein F. gesehen worden (BERGES). Doch ist das inhaltl. Neue hier wesentl. für die entscheidende Weiterentwicklung der F. Die Behandlung eines bibl. Textes wie Deut. 17,14–20 zeigt die Nähe und auch die charakterist. Differenz zu den karol. Texten, doch weisen die Ideen vom Staat als natürl. Organismus, vom Kg. als 'caput corporis rei publicae' und die »weltl.« Offizienlehre in der Tradition →Ciceros, die noch neben traditioneller Organismuslehre, theokrat. Gottesgnadentum und hierokrat. Hierarchienlehre stehen, in die Zukunft.

[3] *Entfaltung des Fürstenspiegels in Frankreich und den anderen westeurop. Monarchien des 13. und 14. Jahrhunderts:* Die noch nicht zusammengeführten Stränge wurden ausgeformt im Zusammenhang mit verschiedenen Prozessen: mit weiterwirkender Tradition, Aristotelismus – Scholastik, Stände- und Ordensveränderung, Herausbildung des »nationalen« Staats.

Um 1200 gab →Helinand v. Froidmont in seinem F. »De regimine principum« im Auftrag Philipps II. August die neuen Lehren des Johannes weiter. Die F. traten damit in Verbindung mit dem ersten »Nationalstaat«, mit →Frankreich. In der einschlägigen Lit. dieser Zeit entwickelte ideolog. Elemente, das des →'rex christianissimus', des eth. und polit. Karlsideals (→Karl d. Gr.), der frk. →Freiheit, hat →Aegidius v. Paris in seinem metr. F. »Karolinus« für den frz. Thronfolger verwertet.

In engem Zusammenhang sind die um die sog. »polit. Akademie« Kg. Ludwigs IX. gruppierten Werke des Gilbert v. Tournai (»Eruditio regum et principum« von 1259) und die nur wenig jüngeren Pariser F. kompendien, →Vinzenz v. Beauvais (»De eruditione filiorum regalium« und »De morali principis instructione«) sowie die Komplettierung dieser fragmentar. gebliebenen polit. Enzyklopädie durch Ps.-→Thomas (»De eruditione principum«) zu sehen.

Gilberts auf Bitten Ludwigs IX. verfaßtes Werk – wohl nur in einem allgemeinen Sinn ein F. – bietet mit dem Rückgang auf das Kg.sgesetz des Deut., mit dem um Hierokratismus gesteigerten Hierarchiegedanken, mit der rex-imago-Dei-Lehre, der Gesellschaftskritik, der Gleichheitslehre und der Forderung nach absoluten Rechtsgarantien gleichsam Summe und Klimax des 9. (10.) Jh. grundgelegten westfrk.-kirchl. Staatsgedankens.

Die drei anderen Werke sind als Ergebnis prakt. Erfordernisse des Kg.s und des →Dominikanerordens und als theoret. Erörterung von Herrschaft und »Politik« ebenfalls F. Die bei Gilbert gen. westfrk.-frz. Denktradition

wird durch die magische Sakralisierung des Kgtm.s und die Verknüpfung des gegen den Feudalismus gewandten Gleichheitsmoments (→Sakralität) mit dem theokrat. Amtsgedanken noch gesteigert. Doch weisen die Pariser Texte mit ihrem differenzierenden Räsonnement über 'sapientia' und 'scientia' schon über Gilbert hinaus auf die →Scholastik.

Diese gibt wesentl. Impulse für die Weiterentwicklung des polit. Denkens und der F. als eines wichtigen Instruments von dessen Artikulation. Dabei beginnt die neue Denkmethode genau in dem Augenblick Wirkung zu erzielen, als in dem schwer zu klassifizierenden Werk des Johannes v. Limoges (1255–60) erstmals arab. Staatskunst (→»Secretum Secretorum«) aufscheint, auf die in der Folgezeit zahlreiche F. rekurrieren.

Gängige Themen wurden neben der Hierarchien- und Ständelehre →Naturrecht, →Lehnrecht, →Widerstandsrecht und →Tyrannenmord, Herrschaftsvertrag und Volkssouveränität (→Herrschaft). Wichtig werden bald auch Fragen der geistig-lit. Fürstenbildung und solche der prakt. Regierungsführung (Finanzen, Wirtschaft, Krieg). Paradigmatisch für diese intellektualist. Erziehungsf. sind die »Proverbia« des →Raimundus Lullus von 1296.

Die bedeutendsten F. der Scholastik unter dem Einfluß des lat. Aristotelismus sind die Traktate »De regimine principum« des →Thomas v. Aquin (um 1255) und das gleichnamige Werk seines Nachfolgers →Aegidius Romanus (1277–79), der meistverbreitete F. des MA überhaupt.

Bei Thomas finden sich Neuerungen, die die Ansätze Johannes' v. Salisbury weiterentwickeln. Nach der Definition des Menschen als eines 'animal sociale et politicum' wurde eine wesentl. Reduzierung des Konnexes zw. Kosmologie und Heilsgesch. möglich, und es konnte neben der weitergeltenden Universalität der christl. Respublica der Staat in seiner eigenen Finalität und als natürl. Gebilde gesehen werden (s. a. →bonum commune).

Die erwähnten Grundmaximen sind Thomas, Aegidius und →Engelbert v. Admont gemeinsam. Höchst wichtig ist die Verbindung, die die aristotel.-thomist. Staatsidee mit der Apologie des frz. Kgtm.s bei Aegidius Romanus gefunden hat. Wie der aus einer ganz anderen Tradition und aus ganz anderen Begründungen erwachsene anorw. »Konungs skuggsiá« (→Fürstenspiegel, B. IV) ist die Schrift des Aegidius zunächst als Gesellschaftsspiegel mit einer großen Summe zu Moral, Erziehung und Staat aus der aristotel. Ethik, Ökonomik und Politik konzipiert. Mit der Akzentuierung zum Königsspiegel (für den frz. Kronprinzen Philipp den Schönen) werden die säkularen Züge in Herrscherbild und Offizienlehre über Thomas hinaus gesteigert.

Um 1300 war der »nationale« Bezugsrahmen für die F. der natürliche: Auf einen rein frz. Empfängerkreis war der zu dieser Zeit entstandene anonyme »Liber de informacione principum« zugeschnitten, der nichts von neuer Philosophie enthielt.

Die Konzentration auf »Nationalstaaten« zeigt sich aber auch in Spanien und England. Hier sind neben den span. bzw. katal. schreibenden →Juan Manuel (1327–30) und Francesc →Eiximenis (1383) (→Fürstenspiegel, B. I) die lat. Spiegler →Alvarus Pelagius (1341–44) und Infant →Peter v. Aragón (1355–58) zu nennen, die die nationale Rolle des Kg.s und die theokrat. Ordnung betonen. Das dem Ebf. Simon Islip zugeschriebene »Speculum regis Edmundi II.« von 1344/45 war so sehr auf die konkrete engl. Situation bezogen, daß kaum noch von einem F. gesprochen werden kann.

[4] *Territorial-ständische Fürstenspiegel des Spätmittelalters:* Nachdem →Johann v. Viterbo bereits 1228 einen Podestàspiegel für Florenz verfaßt hatte, der übrigens die Ks.theorie in bemerkenswerter Form bot, entstanden seit der Wende des 13. zum 14. Jh. immer häufiger Spiegel für die Regenten kleinerer polit. Einheiten: →Engelbert v. Admont 1290/92, 1298: Österreich →Jean d'Anneux 1320–29: Hennegau; →Levold v. Northof 1357/58: Gft. Mark; →Johannes Caligator 1358: Brabant; Vikar Michael 1387: Bayern. Mehr oder weniger sind diese Werke schon vom Humanismus geprägt (s. 5).

Hervorzuheben ist →Philipp v. Leyden mit seinem ab 1355 für den Gf.en Wilhelm V. v. Holland geschriebenen Werk »De cura reipublicae et sorte principantis«. Röm. Rechtslehre und humanist. Bewegung konvergieren hier; das positive→röm. Recht wird zum Ziel und Angelpunkt, der Staat wird als Zweckgemeinschaft mit dem Ziel des Gemeinwohls (→bonum commune) bestimmt. In Verbindung dieser Denkhaltung mit den neueren Entwicklungen haben die →Stände hohe Bedeutung und der Souveränitätsgrundsatz wird auf die Regenten kleinerer territorialer Einheiten übertragen. Ganz deutlich ist hier das bei vielen vergleichbaren Traktaten des SpätMA erkennbare Strukturprinzip logisch entwickelt: Vorrangig geht es um Staats- und Ständelehre, die Fürstenethik ist nur Derivat davon. Das Werk ist von der Anlage her Gesellschaftstraktat, ein »F. vom staatsrechtl. Standpunkt« (BERGES).

Traktate zur Staatslehre, nicht eigentlich F. sind entgegen der Einordnung in der Forschung (BERGES, KLEINEKE) denn auch das vom frz. Humanismus gespeiste und eine Sozialreform im Sinn monarchischer und demokratischer Verfassung des alten Frankreich propagierende »Compendium morale rei publice« des →Raoul v. Presles (1361–64) sowie das ganz situationsgemäß auf England bezogene Werk »De officio regis« von John →Wyclif von 1379, das immerhin noch eine bibl.-evangel. Grundlehre für die Fs.en bietet. Dieselbe Beschränkung auf England eignet John →Fortescues hundert Jahre später verfaßtem Werk über die Gesetze Englands, das wieder eher ein F. ist.

[5] *Fürstenspiegel und Humanismus:* →Petrarca vereinigt in seiner Schrift über die ideale Staatsverwaltung (1383) verschiedene Gesichtspunkte: Gerichtet an Francesco da →Carrara, den Signore v. Padua, ist sie mit ihrer Panegyrik eher fiktive Belehrung. Aufgeboten wird das gesamte Repertoire der traditionellen F. In humanist. Gesinnung ist die Erneuerung im Geist→Roms die zentrale Idee. Der antik-säkulare Begriff von →Natur, den der Fs. in sich verwirklichen soll, und die damit gegebenen Nützlichkeitsgesichtspunkte weisen auf einen Naturalismus und Individualismus von einer für das MA ganz neuen Qualität. Einige der für die unter dem Einfluß des →Humanismus geschriebenen F. charakterist. Momente sind bei Petrarca vorhanden: Fehlen staatstheoret. Erörterungen, Vordringen des Pädagogischen, bes. Geltung der Antike und der Gesch. überhaupt als der präzeptor. Größen. Im Bannkreis der Renaissance wird das Ideal des 'princeps optimus' formuliert und kommt es zu utop. Gesellschaftsentwürfen (→Utopie). Eine neue Wertung des theoret. Wissens hat ein Fs.enerziehungsideal mit genau abgestuftem Inhalt und Plan (Beherrschung von Sprachen) zur Folge, wie es schon Juan Manuel entwarf. Der »Princeps litteratus« wird noch mehr als in den zuletzt behandelten Texten zum Ideal. Zugrunde liegen das humanist. Persönlichkeitsideal (virtus) und der Glaube an die Besserungsfähigkeit des Menschen. Während Jakob→Wimpfeling mit seiner »Agatharchia« 1498 einen eher traditionellen F.

schrieb, stehen für die skizzierte Richtung im 15. un frühen 16. Jh. Enea Silvio (→Pius II.), →Pontano, →Patri zi, →Budé, v. a. der mit seiner »Institutio principis chri stiani« (1516) die große Synthese von Klassischem un Christlichem bietende →Erasmus v. Rotterdam, der vo allen anderen geschätzt wurde. – Seine immense Wirkun fand →Machiavellis ebenfalls 1516 geschriebener F. »l principe« erst wesentlich später.

Der humanist. F. war Vorläufer des von der Reforma tion beeinflußten. Neben den F.n und den Polit. →Testa menten entfaltete sich breit eine jurist. Staatsliteratur. I Abhebung davon und von den staatstheoret. Traktate versinnbilden die F. mit ihrer Intention, die Kluft zw. Sei und Sollen zu schließen, elementare Erfahrungen un Wünsche des Menschen in der Gemeinschaft. – S. a. →Er ziehungs- und Bildungswesen, →Staat, →Soziallehre.

H. H. Anto

Lit.: [allg.]: TRE XI, 707–711 [B. SINGER] – E. H. KANTOROWICZ, Th King's two bodies. A Study in medieval political theology, 1957 – T STRUVE, Die Entwicklung der organolog. Staatsauffassung im MA 1978 (Monogr. zur Gesch. des MA 16) – W. ULLMANN, Principles c Government and Politics in the MA, 1978[4] – Ideologie und Herrscha im MA, hg. M. KERNER, 1982 (WdF 530) – W. ULLMANN, Poli Denken und polit. Organisation, 1982 (Propyläen Gesch. der Lit., 2 Die ma. Welt 600–1400), 11–38, 509 – *zu [I]:* RAC VII, 711–723 [I GAGÉ]; VIII, 555–632 [P. HADOT] – RE XXII, 2, 1998–2296 [L WICKERT; s. v. Princeps (civitatis)] – J. STRAUB, Vom Herrscherideali. Spätantike, 1939 [Neudr. 1964] (Forsch. zur Kirchen- und Geistes gesch. 18) – F. KERN, Gottesgnadentum und Widerstandsrecht im früheren MA, 1914 [1954²: hg. R. BUCHNER] – E. EWIG, Zum ch Kg.sgedanken im FrühMA (VuF 3, 1956), 7–73 – F. DVORNIK, Earl chr. and byz. political philosophy. Origins and background, 2 Bde 1966 (Dumbarton Oaks Stud. 9) – H. H. ANTON, F. und Herrscher ethos in der Karolingerzeit, 1968 (BHF 32) – P. M. ARCARI, Idee sentimenti politici dell'alto medioevo, 1968 (Univ. di Cagliari. Pubbl cazioni della facoltà di giurisprudenza, Ser. II, 1) – M. KERNER, Zu Entstehungsgesch. der Institutio Traiani, DA 32, 1976, 558–571 – H H. ANTON, Ksl. Selbstverständnis in der Religionsgesetzgebung de Spätantike und päpstl. Herrschaftsinterpretation im 5. Jh., ZKG 88 1977, 38–84 – O. EBERHARDT, Via regia. Der F. Smaragds v. St. Mihie und seine lit. Gattung, 1977 (MMS 28) – H. H. ANTON, Zum polit Konzept karol. Synoden und zur karol. Brüdergemeinschaft, HJb 99 1979, 55–132 – M. REYDELLET, La royauté dans la litt. lat. de Sidoin Apollinaire à Isidore de Séville, 1981 (Bibl. des Écoles française d'Athènes et de Rome 243) – N. STAUBACH, Das Herrscherbild Karl des Kahlen. Formen und Funktionen monarch. Repräsentation in früheren MA, T. 1 [Diss. Münster 1981] – H. H. ANTON, Ps.-Cyprian De duodecim abusivis saeculi und sein Einfluß auf den Kontinent insbes. auf die karol. F. (Die Iren und Europa im früheren MA, hg. H LÖWE, 2 Bde, 1982), 568–617 – N. STAUBACH, Germ. Kgtm. und lat Lit. vom fünften bis zum siebten Jh. Bem. zum Buch von Marc Rey dellet, La royauté dans la litt. lat. de Sidoine Apollinaire à Isidore de Séville, FMAST 17, 1983, 1–54 – *zu [II]:* J. RÖDER, Das Fs.bild in der ma. F.n auf frz. Boden [Diss. Münster 1932 (ersch. 1933)] – W KLEINEKE, Engl. F. vom Policraticus Johanns v. Salisbury bis zum Basilikon Doron Kg. Jakobs I., 1937 (Stud. zur engl. Philol. 90) – W BERGES, Die F. des hohen und späten MA, 1938 (MGH-Schr. 2 [Neudr. 1952] – E. H. KANTOROWICZ, Ks. Friedrich II. und da Kg.sbild des Hellenismus (Festg. K. REINHARDT, 1952), 169–193 – K D. NOTHDURFT, Stud. zum Einfluß Senecas auf die Philosophie und Theol. des zwölften Jh., 1963 (Stud. und Texte zur Geistesgesch. de MA 7) – L. BORNSCHEUER, Miseriae Regum. Unters. zum Krisen- und Todesgedanken in den herrschaftstheol. Vorstellungen der otton.-sal Zeit, 1968 (Arbeiten zur Frühma. forsch. 4) – E. HERRMANN, Der F. de Michael v. Prag, HJb 91, 1971, 22–45 – G. KOCH, Auf dem Wege zum Sacrum Imperium. Stud. zur ideolog. Herrschaftsbegründung der dt. Zentralgewalt im 11. und 12. Jh., 1972 (Forsch. zur ma. Gesch. 20) – H. KERNER, Johannes v. Salisbury und die log. Struktur seines Policraticus, 1977 – B. SINGER, Die F. in Dtl. im Zeitalter des Humanismus und der Reformation, 1981 (Humanist. Bibl. R.I: Abh. 34) – C. DOLCINI, I pensiero politico del basso medioevo. Antologia di saggi, 1983 (I mondo medievale. Studi di storia e storiografia 11) – The world of John of Salisbury, hg. M. WILKS, 1984 (Stud. in ChH, Subsidia 3) – S.

Tommaso d'Aquino, Scritti Politici, hg. L. A. Perotto (Studia Universitatis S. Thomae in Urbe 25, 1985) – s. a. die Lit. zu Autoren und Werken mit eigenem Stichwort, z. B. →Smaragdus v. St-Mihiel, →Johannes v. Salisbury u. a.

B. Volkssprachliche Literaturen

. Romanische Literaturen – II. Englische Literatur – III. Deutsche Literatur – IV. Skandinavische Literaturen – V. Irische und walisische Literatur.

. Romanische Literaturen: In der geogr. Verteilung der F. zeigt sich eine deutl. Konzentration auf die Iber. Halbinsel und Frankreich, worin sich ihre enge Bindung an größere territoriale Einheiten ausdrückt. Zugleich ist das Aufkommen vulgärsprachl. Vertreter der Gattungen um die Mitte des 13. Jh. offensichtl. mit der Entstehung eines an die Person des Herrschers geknüpften »Nationalbewußtseins« verbunden. Auffallend häufig sind die Werke von Herrschern selbst verfaßt oder figurieren zumindest unter ihrem Namen (→Jakob [Jaime] I. v. Aragón, →Ludwig d. Hl., →Alfons d. Weise, →Sancho IV., →Juan Manuel).

Im Vergleich zur gelehrt-systemat. Präsentation der lat. F. herrscht größere formale Vielfalt: Zwanglose Reihung kurzer Mahnungen in oralem Stil bei Ludwig d. Hl.; Kompilation von Sentenzen, Maximen, Sprichwörtern in Jakobs I. »Libre de saviesa« (1246); stark paränet. Ausprägung mit persönl. Aussprache an den Sohn in den »Castigos e documentos« Sanchos IV. (1292–93); Verknüpfung von Dialog und narrativer Struktur zur Vermeidung didakt. Trockenheit im »Libro de los estados« (1327–32) Juan Manuels; Versform im »Rimado de palacio« (1385) des →López de Ayala, der in Gebeten, exempelhaften Erzählungen, satir. Anklagen, Lehrhaftes mit persönl. Erfahrung vermittelt; fiktives Frage- und Antwortspiel zw. Karl VI. und Pierre Salmon in dessen »Demandes faites par le roi Charles VI.« (1409). Die formale Anpassung dient einer höheren Aktualitätsbezogenheit und Praxisorientierung, die von detaillierten Ratschlägen zur täglichen Lebensführung des Herrschers (Juan Manuel) über Mahnungen zum Münzwesen und Kritik an ungerechter Besteuerung (López de Ayala) bis zur Warnung vor rebellierenden Untertanen (→Christine de Pisan) reicht. Nicht theoret. Spekulationen über die beste Staatsform, sondern Stärkung der Monarchie, Aufrechterhaltung der Untertanentreue, ganz allgemein die Herrschaftspraxis stehen mehr und mehr im Zentrum der Überlegungen. Dennoch schreiben sich auch die roman. F. in eine bis in die heidn. und christl. Antike zurückreichende Tradition von Gesellschafts- und Herrschaftsvorstellungen ein, tradieren und unverwandeln Gedankengut aus Aristoteles, der Bibel, der patrist. Lit., der »Institutio Traiani«, arab. und ma. F. (→»Secretum secretorum«, →Johannes v. Salisbury, →Thomas v. Aquin, →Aegidius Romanus – fünf frz. Übers. –, →Marsilius v. Padua). Ganz im Rahmen der Tradition steht die Vorstellung vom Gesellschaftskörper, die, aus der »Institutio Traiani« stammend, über Johannes v. Salisbury vermittelt wird, während die paulin. Formel vom *corpus mysticum* erst im 14. Jh. auf die polit. Gemeinschaft übertragen wird (Castrojeriz, »Glosa castellana« [1344], Christine de Pisan, »Corps de policie« [1404–07]). Traditionell bleiben auch das Bild vom *rex pastor* und die Rolle des Herrschers als Rechtwahrers, die seine Funktionen des Armenschutzes und der ausgleichenden Gerechtigkeit unterstreichen. Im 13. Jh. kommt die Rolle des Gesetzgebers hinzu (→»Siete Partidas«), der für sein Territorium als *señor natural* alleiniges Gesetzgebungsrecht beansprucht. Tyrann. Machtmißbrauch verhindert allein die moral. Bindung des Herrschers an selbstgegebene Gesetze, auf die ihn die F. durch Tugendkataloge und sorgfältige Erzieherwahl verpflichten. Gehorsamspflicht der Untertanen besteht aber auch gegenüber dem Tyrannen (Christine de Pisan), ist doch nach allgemeiner Überzeugung der Herrscher als *vicarius Dei* von Gott eingesetzt. Diese Formel taucht in Spanien schon Mitte des 13. Jh. auf, bevor sie von Publizisten um →Philipp d. Schönen propagiert wird, während erst die Propagandisten Karls V. den Titel eines *roi très chrétien* exklusiv für den frz. Kg. beanspruchen, der als *lieutenant de Dieu* seine Gewalt ohne kirchl. Vermittlung aus der Königsweihe ableitet (z. B. im →»Songe du Vergier«; →Königtum). Neben die althergebrachten Herrschertugenden tritt im SpätMA die *prudence,* die notfalls bis zur Verstellung gehen darf. Das Ideal des *rex litteratus* hingegen kommt schon im 12. Jh. auf und wird danach von Alfons d. Weisen, →Ferdinand III. und Philipp d. Schönen verkörpert. Im frz. SpätMA werden für den Prinzen regelrechte Lektürelisten erstellt mit dem Hauptgewicht auf religiöser, moral., hist., polit. und militär. Lit., worin sich die Konzeption des Herrscheramtes gleichsam als Metier äußert. Diese zeigt sich auch in der Mahnung an den zukünftigen Herrscher, schon in jungen Jahren an den Sitzungen seines Rates teilzunehmen (Christine de Pisan). Den klugen Herrscher zeichnet schließlich sorgfältige Wahl seiner Berater aus, die bei gravierenden Entscheidungen oft besser urteilen können als ein Einzelner, gemäß der auf Aristoteles und das Röm. Recht zurückgehenden Formel »quod omnes tangit« (Alfons der Weise, Sancho IV., Castrojeriz, Eiximenis, López de Ayala). G. Berger

Ed.: →Alfons X., →Siete Partidas – P. Salmon, Les Demandes faites par le roi Charles VI, touchant son état et le gouvernement de sa personne, ed. G. A. Crapelet, 1823 – Ludwig IX., d. Hl., Les Enseignement de saint Louis, ed. E. van Moé, 1944 – F. Maillard, Les traductions du »De regimine principum« de Gilles de Rome, Positions des thèses, Éc. des Chartes, 1948 – s. a. →Jakob (Jaime) I., →Juan Manuel – P. López de Ayala, Libro de poemas o Rimado de palacio, ed. M. Garcia, 1978 – s. a. – Sancho IV. – Le Songe du Vergier, ed. M. Schnerb-Lièvre, 1982 – [Ghillebert de Lannoy], L'instruction d'ung jeune prince, ed. J. Conell, 1984 – *Lit.:* D. J. O'Connell, The Teachings and Instructions of Saint Louis, 1966 – J. A. Maravall, Estudios de hist. del pensamiento español, 1967 – J. Quillet, La philosophie politique du Songe du Vergier, 1977 – J. Krynen, Idéal du prince et pouvoir royal en France à la fin du MA, 1380–1440, 1981 – C. C. Willard, Christine de Pisan, 1984.

II. Englische Literatur: Bei den engl. F.n ist die Grenze zu den benachbarten Gattungen didaktischer Literatur oftmals kaum zu ziehen. Das Spektrum reicht von der traditionellen, mit prakt. Ratschlägen für Eduard, den Sohn Heinrichs VI. (→Eduard, 9.), durchsetzten »Active Policy of a Prince« (um 1470) George →Ashbys bis zu dem für →Jakob IV. v. Schottland bestimmten »Mirror of Wisdom« (1490), der fast ausschließlich die Grundlagen des christl. Glaubens behandelt. Bereits →Wulfstans »Institutes of Polity« (nach 1006) können sowohl als Ständeliteratur wie auch als Nachfolger der karol. F. betrachtet werden. →Hoccleves für den späteren Heinrich V. geschriebenes »Regement of Princes« (1411) besteht zu einem Drittel aus einem stark autobiograph. geprägten Dialog zw. Hoccleve und einem alten Bettler. Sein F. nennt als Quellen neben →Jacobus de Cessolis das →»Secretum Secretorum« und →Aegidius Romanus, dessen Werk auch separat in der (noch ungedr.) Übersetzung →Trevisas vorliegt, während unter den um 1400 einsetzenden Fassungen des »Secretum« die auf die polit. Situation in Irland zugeschnittene Version James Yonges (1422) erwähnt werden muß. Das »Secretum« hat auch auf das 7. Buch von →Gowers »Confessio Amantis« eingewirkt, in dem die ethischen, ökonom. und polit. Pflichten eines Kg.s bestimmt werden. Fürstenbelehrung ist auch sonst in größere Werke inkorporiert, wie etwa in →Lydgates »Fall of Princes« (2. Buch und Envoys). In der Tradition der von →Langland (»Piers Plowman«, Prolog und Passus II–IV) geprägten visionären Alliterationsdichtung stehen »Richard the Redeless« (1399) und →»Mum and the Sothsegger« (nach 1402) sowie die kurze Allegorie »The Crowned King« (1415). Dem Lollardentraktat »De regibus« liegt →Wyclifs F. zugrunde. Von den einschlägigen frz. Texten sind →Christine de Pisans »Corps de policie« und →Jacques Le Grands »Livre des bonnes meurs« (u. a. durch →Shirley und →Caxton) im 15. Jh. übersetzt worden.   K. Bitterling

Ed.: M. DAY – R. STEELE, Mum and the Sothsegger, EETS 199, 1936 – K. JOST, Die Institutes of Polity ..., 1959 – C. MACPHERSON – F. QUINN, The Meroure of Wysdome ... by Johannes de Irlandia, STS NS 19, 1926; 4th ser. 2, 1965 – D. BORNSTEIN, The ME Translation of Christine de Pisan's Livre du corps de policie, 1977 – J.-P. GENET, Four English Political Tracts of the Later MA, 1977 – *Lit.:* W. KLEINEKE, Engl. F. vom Policraticus Johanns v. Salisbury bis zum Basilikon Doron Kg. Jakobs I., 1937 – V. J. SCATTERGOOD, Politics and Poetry in the Fifteenth Century, 1971 – R. H. ROBBINS (ManualME 5, XIII, 1975), 1498ff., 1701ff. – R. F. GREEN, Poets and Princepleasers, 1980 – N. ORME, From Childhood to Chivalry, 1984.

III. DEUTSCHE LITERATUR: In dt. Sprache gibt es F. als selbständige Textsorte erst seit Mitte des 14. Jh. Vorher erscheinen im Rahmen epischer Dichtungen Erläuterungen und Auflistungen ethischer Qualitäten und Verpflichtungen, die der auszeichnenden Darstellung oder Belehrung von Herrschern dienen, z.B. im »Gregorius« →Hartmanns v. Aue und im »Parzival« →Wolframs v. Eschenbach. Häufig sind allgemeine, nicht auf Fürsten spezif. bezogene ritterl. Tugendkataloge, die auch in reiner Lehrdichtung wie dem →»Winsbecken« erörtert werden.

Ca. 100 Jahre nach der Entstehung des am stärksten verbreiteten ma. F., »De regimine principum« des →Aegidius Romanus, setzt dessen deutschsprachige Rezeption ein: fünf ma. dt. Übersetzungen sind bekannt. Abgesehen von zwei mnd. Versionen ist die bedeutendste das »Půch von ordnung des fürsten« aus dem Wiener Übersetzerkreis Hzg. Albrechts III. (1349/50–1395). Aus demselben stammt wohl auch »Der fürsten regel«, die für Wilhelm v. Österreich (1370–1406) verfaßt wurde. Diese ist neben selbständiger Überlieferung in eine umfangreiche dreiteilige F.kompilation eingefügt, die Mitte des 15. Jh. in Bayern wohl für Hzg. Ludwig IX. (1417–29) hergestellt wurde und den Charakter eines Erbauungsbuches besitzt. Im 15. Jh. wurden fürstenspiegelartige Regierungsanweisungen auch an städt. Regenten gerichtet, wohl als erstes »Eyn kurz ordenunge in gemeyne allen den die da regieren huß, dorffere oder stede« (Berlin mgf 548, 62ʳ); doch der auf fsl. Herrscher bezogene Typ wurde in verschiedenen Varianten weiter verbreitet. »Von der regeronge der stede« (Berlin mgq 1255) aus dem 15. Jh. verbindet eine Bearbeitung von Aristoteles' »Politika« mit genauen Anweisungen für einen kgl. Regenten. Nur ein Teil der Texte ist bisher ediert und kommentiert.   U. Schulze

Ed.: Aegidius Romanus, De regimine Principum [Übers. des Johannes v. Brakel]. Eine mnd. Version unters. und hg. A. MANTE, 1929 – [Mnd. Übers. nach Henri de Gauchi], hg. A. TILLE, Zs. für die gesamte Staatswiss. 57, 1901, 484–996 – J. V. MCMAHON, Das puech von der ordnung der fuersten. A Critical Texted. of Book I [Diss. masch. Univ. of Texas 1967; Teiled. der Wiener Übers.] – Eine bayr. F.kompilation des 15. Jh., ed. G. BRINKHAUS, 1978 (MTU 66) – *Lit.:* Verf.-Lex.² II, 1023–1030.

IV. SKANDINAVISCHE LITERATUREN: Aus dem ma. Skandinavien sind zwei F. überkommen. Der ältere ist der altnorw. »Konungs skuggsiá« (lat. »Speculum regale«), verfaßt zw. 1240 und 1263 (wohl um 1255), vermutlich von einem Geistlichen im Königsdienst. Er ist in mehreren norw. und isländ. Hss. überliefert; der älteste (norw.) Textzeuge stammt von 1275. – Das Werk, das in seiner vielfältigen Thematik nicht als reiner F. verstanden werden kann und auch keine Kenntnis der kontinentaleurop. F. offenbart, ist gestaltet als →Dialog, in dem ein Vater seinen Sohn im jeweils schickl. Verhalten eines Kaufmanns, eines Mitglieds des kgl. Gefolges (→*hird*) und schließlich des Kg.s selbst unterweist. Der Verfasser, der mit Hilfe von Geographie und Naturlehre (Darstellungen zur nord. Klimakunde, Fauna etc. im 1. Teil!) Einblick in die Welt vermitteln will, entfaltet seine Tugendlehre, von elementaren moral. Ratschlägen für den Kaufmann bis hin zur Behandlung der höchsten Weisheit als Ausgangspunkt aller Tugenden; diese bilden im 3. Teil den Gegenstand der Reflexionen über das rechte Verhalten des Kg.s.

Die polit. Theorie des »K.s.« beruht auf der Vorstellung vom Kg. als Stellvertreter Gottes auf Erden. Dieser im Vergleich zu kontinentaleurop. Monarchiekonzepten des 13. Jh. eher altertüml. Leitgedanke war geeignet, das polit. Programm des norw. Kgtm.s wirkungsvoll zu unterstützen. Bes. betont wird die kgl. Jurisdiktionsgewalt, deren Notwendigkeit durch alttestamentl. Exempla (v. a. Sündenfall) und die römischrechtl.-kanonist. Auffassung von der subjektiven Schuld untermauert wird; die Propagierung des Kg.s als gerechter, über den streitenden Parteien stehender Richter markiert einen Gegensatz zu den herkömmlichen Rechtsgewohnheiten der nord. Gesellschaften, die auf gewaltsamer oder friedl. Konfliktregelung zw. den Parteien beruhten. Mit Hilfe eines Gleichnisses bemüht sich der Verfasser, die katastrophalen Folgen der alten Ordnung aufzuzeigen und eine starke Königsgewalt als einzig möglichen Schutz gegen Chaos hinzustellen. Nicht nur Adel und Volk, sondern weitgehend auch die Kirche sollen dem Kgtm. unterworfen sein. Charakteristisch für den »K.s.« ist die enge Verbindung von Ideologie und praktischer Politik, wobei der Verfasser eine Theorie der Gesellschaft und öffentlicher Ordnung entwirft, die durchaus eigenständiges Profil zeigt. – Der »K.s.« wurde im frühen 14. Jh. vom Kompilator der →»Stjórn« herangezogen.

Das zweite Werk, das schwed. »Um styrilsi konunga ok höfdhinga«, erhalten nur in dem aus dem Jahre 1634 stammenden Ausgabe einer verlorenen Hs. des 15. Jh., ist wohl zw. 1280 und 1350 entstanden (übliche Datierung auf die 1330er oder 1340er Jahre). Sein Verfasser war vermutl. Geistlicher und von hoher Gelehrsamkeit. Der größte Teil des Textes ist eine Bearbeitung des F.s »De regimine principum« von →Aegidius Romanus, es wurden aber auch eine Reihe anderer kontinentaler Quellen benutzt. Der Verfasser nimmt einen dezidiert monarch. Standpunkt ein und verteidigt – im Gegensatz zu den herrschenden Verhältnissen in Schweden – die Erbmonarchie. Das Werk ist somit Zeugnis der monarch.! Ideologie im Umkreis des Kg.s Magnus Eriksson (1319–64), die später dann zu Konflikten mit dem Adel führte.   S. Bagge

Ed.: K.s, ed. L. HOLM-OLSEN, 1945 [Neudr. 1983] – En nyttigh bok om konunga styrilse och høfdinga, ed. L. MOBERG, 1964 – *Übers. des K.s.:* dt.: R. MEISSNER, 1944 – engl.: L. M. LARSON, 1917 [Neudr. 1973] – *Lit.:* R. SIMEK – H. PÁLSSON, Lex. der anord. Lit., 1987, 216 [Lit.] – W. BERGES, Die F. ..., 1938 – L. HOLM-OLSEN, Håndskriftene av K.s., 1952 – Stud. over K.s., hg. M. TVEITANE, 1971 – S. LINDROTH, Svensk lärdomshistoria I, 1975 – L. HOLM-OLSEN, The Prologue to the Kings Mirror: Did the author of the work write it? (Fschr. G. TURVILLE-PETRE, 1981), 223–241 – L. MOBERG, Konungastyrelsen. En filologisk undersökning, 1984 – S. BAGGE, The Political Thought of The King's Mirror, 1987 – DERS., The Formation of the State and Concepts of Society in 13th Century Norway (Continuity and Change. A Symposium, 1987).

V. IRISCHE UND WALISISCHE LITERATUR: [1] *Irland:* Die ir. F. des FrühMA haben ihre Wurzeln in vorchr. Zeit. Frühformen sind die – wohl bei der Herrschereinsetzung rezitierten – *tecosca,* Listen von meist zweizeiligen Sprüchen mit Verhaltensmaximen für den Kg. Da der ir. Sakralkg. der Frühzeit eine priesterähnl. Stellung hatte (»Vermittlung« zw. den Göttern und seinem Volk), war sein richtiges Verhalten verpflichtend und notwendig. Die Tatsache, daß in den erhaltenen tecosca großes Gewicht auf die Einhaltung des Rechts durch den Herrscher gelegt wird, braucht nicht zu bedeuten, daß der Verfasser oder Rezitator des Textes ein Rechtsgelehrter *(brithem)* war. Tecosca sind in sagenhaften Erzählungen (z. B. »Cath Airtig«) überliefert. – Der älteste ir. F. ist »Audacht Morainn« ('Vermächtnis [→edocht] des M.'), in der erhaltenen Fassung in ir. Sprache wohl um 700 niedergeschrieben, aber im Kern sicher älter. Nicht unähnlich im Ansatz ist der in lat. Sprache im 7. Jh. verfaßte Traktat →»De duodecim abusivis saeculi« des ir. Ps.-Cyprian, der in Kap. IX vom 'rex iniquus' handelt. Dieser auch in die Collectio Canonum →Hibernensis (XXV, 3) aufgenommene Text fand weite Verbreitung und trug zur Konzeption kontinentaler F. erheblich bei (→Abschnitt A.I). In spätantiker bzw. frühchristl. Tradition steht hingegen der F. des Iren →Sedulius Scottus, »Liber de rectoribus christianis«, in der Mitte des 9. Jh. im Frankenreich verfaßt.

[2] *Wales:* Der in lat. Sprache vor 1218 verfaßte F. des →Giraldus Cambrensis, »De principis instructione«, steht ganz in der lat.-kontinentalen Tradition seiner Zeit und ist zugleich eine polem. Abrechnung mit den engl. Herrschern aus dem Haus Plantagenêt, die den Autor nicht genügend gefördert hatten. M. Richter

Lit.: zu [1]: R. I. BEST, The Battle of Airtech, Ériu 8, 1916, 170–190 – R. THURNEYSEN, Morands F., Zs. für celt. Philologie 11, 1917, 56–106 – F. J. BYRNE, Irish Kings and High-Kings, 1973, 26, 62 – Audacht Morainn, hg. F. KELLY, 1976 – *zu [2]:* W. BERGES, Die F. …, 1938, 143–150.

C. Byzantinischer Bereich und slavische Literaturen

I. Byzantinischer Bereich – II. Slavische Literaturen.

I. BYZANTINISCHER BEREICH: Einen terminus technicus für F. gibt es in der griech.-byz. Lit. nicht, vielmehr weisen Texte dieser Gattung verschiedene Überschriften bzw. Titel auf. F. im Sinne einer Ermahnung (παραίνεσις), eines Rates, d. h. also mit dem schon von Isokrates (πρὸς Νικοκλέα 4–8) intendierten pädagog. Ziel, den wegen seiner Herausgehobenheit nicht mehr durch Kritik bildbaren, falschem Lob ausgesetzten Menschen (Herrscher oder Thronfolger) durch Lehrer, Weise oder andere nahestehende Menschen auf Fährnisse hinzuweisen und Ratschläge zu erteilen (dies im Gegensatz zur enkomiast. Lit.), sind in Wahrung der Kontinuität der Antike in der gesamten byz. Zeit bekannt. Die byz. F.-Lit. läßt sich in zwei Gruppen unterteilen, deren eine der gnomolog. Tradition verpflichtet ist (Isokrates πρὸς Δημόνικον, Sentenzensammlungen, Florilegien), während die zweite Gruppe die Ermahnungen bzw. Ratschläge in log. Zusammenhängen darstellt. Angesprochen werden in fast allen Texten beider Gruppen Themen, die schon in der antiken Lit. bekannt, in mehr oder weniger starker Betonung den christl.-byz. Charakter aufweisen, so das Verhältnis der Herrscher zu Gott, von ihm berufen, ihm verpflichtet

(antike Vorbilder christl. umgedeutet); durchgängig die Warnung vor Schmeichlern und falschen Freunden; zu den Kardinaltugenden (σοφία bzw. φρόνησις, δικαιοσύνη, ἀνδρεία, σωφροσύνη 'Weisheit, Gerechtigkeit, Tapferkeit, Mäßigung') kommen u. a. Geldverachtung, Wohltätigkeit, Selbstbeherrschung, Demut, Streben nach Bildung, Mahnung zum Frieden als eth. Topoi.

Die byz. F. im engeren Sinne kennzeichnen sich dadurch, daß sie sich an einen fsl. Adressaten wenden, zu dem der Autor häufig in einem persönl. Verhältnis steht (Lehrer–Schüler, auch Vater–Sohn). Bei dem größten Teil dieser echten F. wird auch auf aktuelle Probleme Bezug genommen. Als erster F. dieser Art gilt für die frühbyz. Zeit der des Bf.s Synesios v. Kyrene (Rede περὶ βασιλείας anläßl. eines Besuches in Konstantinopel 399 an den 22jährigen Ks. Arkadios), in der gleichsam ein polit. Programm entwickelt wird.

Anders als der log. aufgebaute Text des Synesios wurde die ἔκθεσις κεφαλαίων παραινετικῶν des →Agapetos in 72 Kapitel geteilt; eine Akrostichis weist Justinian I. als Adressaten aus. Als wichtigste Quelle dieses in der gnomolog. Tradition stehenden, auf ca. 532, kurz nach dem Nikaaufstand datierten F.s wurde das Briefcorpus des Isidorus v. Pelusium erkannt. Der F. des Agapetos fand als Übungsstück auch in zahlreichen Übersetzungen Verbreitung und Wirkung, bes. auch auf die russ. polit. Ideologie (ŠEVČENKO).

Das in Form eines Briefes abgefaßte Gnomologion des Patriarchen →Photios ist an den bulg. Khan Boris gerichtet, der kurz zuvor unter dem Namen Michael zum Christentum übergetreten war. Nach Behandlung dogmat. Fragen (Kap. 1–22) beinhaltet der Brief Verhaltensregeln an den neu getauften Herrscher des noch fast heidn. Volkes (Kap. 23–144). Der gelehrte Patriarch stützt sich auf Isokrates und Agapetos; seine Ratschläge beweisen Kenntnis der (auch innenpolit.) Probleme eines Volkes, das im Begriff ist, in die christl. Oikumene einzutreten: Kap. 91–94 über die Ehe, offensichtl. im Hinblick auf die bei den Bulgaren noch verbreitete Polygamie; Kap. 107 und 108 Warnung vor allzu voreiligen Neuerungen im Volksleben; Kap. 73 Rat, die primitive Wirtschaftsform der Bulgaren zu wahren. Der Brief des Photios war später einer der Vorlagen des Spaneas (s. u.).

Möglicherweise ist Photios (oder eine andere Persönlichkeit am Hofe) auch der Verfasser der in der Überlieferung Basileios I. zugeschriebenen κεφάλαια παραινετικά für den Thronfolger Leon VI. Eine Datierung der Schrift, die ebenfalls innerhalb der gnomolog. Tradition stehend aus Florilegiensammlungen schöpfte, auf das Jahr 800, ist durch die Akrostichis möglich: »Basileios in Christus Kaiser der Rhomäer an Leon, seinen geliebten Sohn und Mitkaiser«. Bes. Nachdruck wird auf Bildung gelegt; nur auf diese aufbauend könne Tugend erlangt werden; ebenso wird das gute Gewissen als Richtlinie allen Tun und Handelns betont.

Von bes. Bedeutung für die byz. Lit. ist die Mahnrede des →Kekaumenos (von den Erstherausgebern JERNSTEDT und WASSILIEWSKY λόγος νουθετητικὸς πρὸς βασιλέα betitelt), da der Autor, ein altgedienter Militär aus der Provinz, als über die Mißstände besorgter Zeitgenosse das Wort ergreift. Seine Mahnungen, vielleicht an den jungen Ks. Alexios I. Komnenos gerichtet, gehen zwar auch von den bekannten eth. Forderungen und Vorstellungen aus, die Mißstände werden jedoch ganz konkret beim Namen genannt und auf positive Beispiele (Ks. möge durch Autopsie Zustände in der Provinz kennenlernen, wie es die Ks. des 4. Jh. hielten) oder negative Beispiele (Sturz eines an sich guten Ks.s durch Intrigen der Höflinge und Verwandten) verwiesen; bes. scheinen ihm die Verhältnisse in Heer und v. a. Flotte sowie die Besetzung von hohen Ämtern mit Ausländern am Herzen zu liegen. Dieser von wahrer »Zivilcourage« zeugende F. ist »von unschätzbarem Wert für das Verständnis des lebendigen Byzanz« (BECK, Vademecum 18).

Bei der ca. 1088/89 für seinen Schüler Konstantinos Dukas, den Verlobten der Anna Komnene und vorübergehenden Thronfolger, verfaßten παιδεία βασιλική des →Theophylaktos v. Ochrid ist erst der 2. Teil der eigtl. F.; dem παραινετικόν geht im ersten Teil ein πανηγυρικόν auf den Adressaten (und dessen Mutter Maria) voran. Die 30 Kapitel enthalten einen Tugendkatalog mit Elementen der Kaiserideologie (Schlaflosigkeit = Sorge um Untertanen, Kap. 21). Um den Wert des Ksm.s als einzig richtiger Staatsform (πολιτεία) herauszustellen, definiert Theophylaktos das Wesen der Tyrannis, wobei er einleitend auf die 3 klass. Verfassungen und ihre jeweiligen Gegensätze eingeht und als Etymologie der βασιλεία als echter Herrschaftsform βάσις λαοῦ angibt (Kap. 6; s. u. Blemmydes). Bemerkenswert ist die Mahnung, seiner Mutter zu gehorchen. Das Gedicht »Die Musen« des Alexios I. Komnenos (?), seinem Sohn, dem zukünftigen Thronfolger Johannes II. gewidmet, soll wegen des paränet. Charakters hier angeführt werden.

Die ἀνδριὰς βασιλικός (der Ausdruck ἀνδριάς als Vorbild ist schon bei Synesios belegt) des Nikephoros →Blemmydes, deren Adressat sein Schüler Theodoros II. Laskaris ist, wurde bereits im 14. Jh. in Paraphrasen in die Schriftkoine umgegossen, da der rhetor. gelehrte Stil nicht mehr verstanden wurde. Blemmydes schöpft aus dem Fundus der bekannten Topoi; wenngleich der christl. Grundgedanke das Werk durchzieht, so verzichtet er keineswegs bei seinen die Realität betreffenden Anspielungen auf Beispiele aus der Mythologie.

Ebenfalls nicht nach der Art der Gnomologien, sondern als zusammenhängende Darstellung ist der Λόγος περὶ βασιλείας des Thomas Magistros verfaßt. Als Berater Andronikos' II., um etliches jünger als dieser, ist zumindest formal sein F. eher für dessen Sohn Konstantinos (Kap. 4) geschrieben, wenn auch gerade die angesprochenen Probleme unter der Regierung des Andronikos II. akut waren (Flotte, Seeräuber, Söldner, Auffindung von Schätzen). Hervorgehoben wird die Rolle des Erziehers und der des Lehrers gegenübergestellt. Der hohe Nutzen der Wissenschaft für die Allgemeinheit soll für den Ks. die Aufgabe der bes. Förderung durch deren Träger bedeuten. Fazit für den in der antiken Literatur bestens bewanderten Autor ist die Einheit von Philosoph und Herrscher.

Den letzten F. im engeren Sinn aus byz. Zeit stellen die ὑποθῆκαι βασιλικῆς ἀγωγῆς Manuels II. Palaiologos an seinen ältesten Sohn und Nachfolger Johannes VIII. dar. Die 100 Kapitel der wie Agapetos und Ps.-Basileios in der gnomolog. Tradition stehenden Schrift sind wie bei diesen durch eine Akrostichis verbunden. Inhaltl. wird hauptsächl. auf dem namentl. gen. Isokrates fußend, ein Tugendkatalog geboten; den Kardinaltugenden werden die Liebe und das rechte Maß hinzugefügt, wobei bei der breiten Ausarbeitung der Sentenzen theol. und kirchl. Argumentation bes. charakterist. für die Mahnschrift sind, ebenso wie das völlige Fehlen von zeitgebundenen Anspielungen, bis auf die Ratschläge zur Erhaltung der Gesundheit und geistigen Rekreation.

Von den gen. F.n im engeren Sinne unterscheiden sich einige in mehr oder weniger volkssprachl. Duktus erhaltene Schriften dadurch, daß sie entweder keinen Adressaten

kennen oder die ethischen Unterweisungen für das rechte Verhalten eines Herrschers allgemeinen, überzeitl. Charakter haben. Daher fehlt hier auch der Bezug zu zeitbedingten Problemen und zur polit. Realität. Dem eigtl. F. am nächsten steht das paränet. Gedicht, das unter dem Namen 'Spaneas' bekannt ist. Nicht nur, daß sich die Verhaltensvorschriften an eine (nicht genannte) Person richten (die zahlreichen Versionen zeigen, daß das Gedicht für verschiedene Gelegenheiten modifiziert wurde), auch durch die Benutzung einer bestimmten Florilegiensammlung, der sog. excerpta Parisina, läßt sich dieser F. in die gnomolog. Tradition einordnen. Anders verhält es sich bei dem mit dem Mittel der Fabel ermahnenden →Stephanites und Ichnelates, auf das arab. →»Kalīla wa-Dimna« und letztl. den F. →»Pañcatantra« zurückgehend, und bei der Erzählung von Syntipas, dem Philosophen, die ursprgl. aus dem Pahlavi stammt.

Fürstenspiegelartige Elemente finden sich u. a. freilich auch in der Sentenzensammlung des Antonios (»Melissa«), im →Barlaam oder im Epos →Digenis Akritas. Da das Verhalten des Fs.en Teil der Herrscherideologie ist, lassen sich Grundgedanken aus den F.n z. B. in der enkomiast. Lit., der Dichtung und im staatspolit. Schrifttum nachweisen. Doch fehlt hier der für die Gattung ausschlaggebende parainet. Ton und das pädagog. Ziel. Im Gegensatz zur westl. Tradition richteten sich die bekannten F. in Byzanz ausschließl. an den (künftigen) Ks., was einerseits ihre Anzahl erklärt, andererseits durch die selbstverständl. Ausrichtung auf die Kaiseridee ihre Thematik und eventuelle Wirkung bedingt.   G. Schmalzbauer

Q.: →Agapetos, →Kekaumenos, →Theophylaktos, →Blemmydes, Nikephoros, →Photios – C. LACOMBRADE, Le discours sur la royauté de Synésios de Cyrène à l'empereur Arcadios, 1951 [mit frz. Übers.] – R. FROHNE, Agapetus Diaconus. Unters. zu den Q. und zur Wirkungsgesch. des ersten byz. F.s [Diss. Tübingen 1985] – Basileios κεφάλαια παραινετικά, MPG 107, XXI–LVI – H.-G. BECK, Mahnrede an den Ks. (Vademecum des byz. Aristokraten. Byz. Geschichtsschreiber V, 1964²), 135–164 – P. MAAS, Die Musen des Ks.s Alexios I., BZ 22, 1913, 348–369 – H. HUNGER – I. ŠEVČENKO, Des Nikephoros Blemmydes Βασιλικὸς ἀνδριάς und dessen Metaphrase von Georgios Galesiotes und Georgios Oinaiotes, Wiener Byz. Stud. 18, 1986 – Thomas Magistros, Λόγος περὶ βασιλείας, MPG 145, 448–496 – W. BLUM, a.a.O., 99–145 [dt. Übers.] – Manuel II, ὑποθῆκαι βασιλῆς ἀγωγῆς, MPG 156, 320–384 – G. DANEZIS, Spaneas: Vorlage, Q., Versionen, Misc. Byz. Mon. 31, 1987 – Lit.: RAC VIII, 556–632 [P. HADOT] – HUNGER, Profane Lit., 157–165 – BECK, Volksliteratur, 105–108 – K. EMMINGER, Stud. zu den griech. F.n, II: Die spätma. Übers. der Demonica. 3–22 II. Βασιλείου κεφάλαια παραινετικά (Progr. des Kgl. Luitpold-Gymnasium in München für 1912–13, 1913) – I. DUJČEV, Au lendemain de la conversion du peuple bulgare. Mél. de science religieuse 8, 1951, 211–226 [Jetzt: Medioevo bizantino-Slavo I, 1965, 107–123] – B. LEIB, La παιδεία βασιλική de Theophylacte, archevêque de Bulgarie et sa contribution à l'hist. de la fin du XIᵉ s., REB 11, 1958, 197–214 – I. ŠEVČENKO, Agapetus East and West: The Fate of a Byz. »Mirror of Princes«, RESE 16, 1978, 3–42 – W. BLUM, Byz. F. Agapetos, Theophylakt v. Ochrid, Thomas Magister [übers. und erl.] (Bibl. der Griech. Lit. 14, 1981).

II. SLAVISCHE LITERATUREN: Mit der Übernahme des Christentums verbreiteten sich auch die byz. Kultur und Lit. bei den Slaven. Von den byz. F.n erfuhren die κεφάλαια παραινετικά des Diakon →Agapetos (6. Jh.) die größte Verbreitung. Da Auszüge daraus bereits im Izbornik von 1076 (f. 24ʳ–28ʳ, ed. V. S. GOLYŠENKO et alii) unter der Überschrift »Ermahnung an die Reichen« (Nakazanije bogatym) anonym erhalten sind, wird auf der Grundlage der Entstehung dieser altruss. Miszellanhs. angenommen, daß die Übersetzung in Bulgarien am Beginn des 10. Jh. angefertigt wurde. Weitere Auszüge aus den Kephalaia des Agapetos begegnen neben Exzerpten z. B. aus Dion

Chrysostomos in der altruss. »Pčela« (Melissa) cap. 9 *(O vlasti i o knjaženii)* sowie unter dem Namen des Johannes Chrysostomos in der sog. →Nestor-Chronik (Lavr.) s. a. 1174 (PSRL I 370) anläßl. der Ermordung des Fs.en Andrej Bogoljubskij. Die Kephalaia des Agapetos werden bei Iosif Volockij (1439–1515) sowie im Briefverkehr zw. Fs. Andrej Kurbskij und Zar Ivan IV. um die Mitte des 16. Jh. benutzt. Der vollständige Text der »Glavy poučitel'nye« liegt in Hss. des 15.–16. Jh. vor; eine neue Übersetzung ins Altruss. wurde im 16. Jh. angefertigt. Nicht später als im 15. Jh. entstand eine altruss. Übersetzung der *Κεφάλαια παραινετικά,* die dem byz. Ks. Basileios I. zugeschrieben werden. Wahrscheinl. am Ende des 14. Jh. bzw. zu Beginn des 15. Jh. wurde bei den Südslaven die Epistel des Patriarchen Photios an den bulg. Khan Boris ins Kirchenslav. übersetzt; diese Übertragung erlangte dann in Rußland ab dem 16. Jh. große Verbreitung. Ihre Überlieferung in Rußland steht mit den Kanzelreden des Grigorij Camblak in Verbindung.

Paränet. Charakter besitzt die Lobrede auf Vladimir d. Hl. *(Slovo o zakone i blagodati),* die der spätere Metropolit →Ilarion v. Kiev (1051–54) um 1049 an den Kiever Fs.en →Jaroslav Vladimirovič richtete. Als einziger F. im strengen Sinn des Wortes gilt im altruss. Schrifttum die Ermahnung *(Poučenie)* des Kiever Fs.en →Vladimir Monomach (1053–1125) an seine Kinder, die in der Laurentius-Abschrift der Nestor-Chronik unter dem Jahre 1096 eingeschoben wird. Vermerkt werden muß hier, daß Vladimir die Tochter Gida des engl. Kg.s Harald geehelicht hatte, des Verfassers einer ae. »Väterlichen Ermahnung«. Kurz nach 1113 richtete Metropolit →Nikifor I. v. Kiev einen Brief an →Vladimir II. Monomach, in dem er den Fs.en mit der Seele vergleicht, die den Körper regiert. Unter Benutzung der Sentenzen des Menander richtete Maksim Grek um die Mitte des 16. Jh. eine aus 27 Kapiteln bestehende Epistel *(Glavy poučitel'ny načal'stvujuščim pravovernomu)* an den Zaren Ivan IV.

Zur Zeit des böhm. Kg.s Wenzel IV. (1378–1419) verfaßte der Neffe des Prager Ebf.s Arnošt, Smil Flaška v. Pardubice († 1402) ein didakt.-allegor. Gedicht von 2126 Achtsilbern »Neuer Rat« *(Nová rada),* das ideologisch mit dem alttschech. Alexanderroman im Zusammenhang steht und das durch Jan Skála Dubravius in seiner Theriobulii (Nürnberg 1520) im Lat. nachgedichtet wurde. In dieser Tierfabel offenbart der Löwe unter 43 anderen Tieren das Idealbild des Herrschers.   Ch. Hannick

Ed.: J. WENZIG, Der neue Rat des Herrn Smil v. Pardubic, eine Tierfabel aus dem 14. Jh., 1855 – Sočinenija prepodobnogo Maksima Greka II, 1860, 157–184 – V. N. ZLATARSKI, Poslanie to na carigradskija patriarch Fotija do bŭlgarskija knjaz Borisa v slavjanski prevod (Bŭlg. Starini 5), 1917, 3–64 – V. VAL'DENBERG, Nastavlenie pisatelja VI v. Agapita v russkoj pis'mennosti, VV 24, 1926, 27–34 – J. DAŇHELKA, Nová rada (Památky staré literatury české 9), 1950 – Des Metropoliten Ilarion Lobrede auf Vladimir den Hl. und Glaubensbekenntnis, hg. L. MÜLLER (Slav. Studienb. 2), 1962 – Poučenie Vladimira Monomacha, ed. O. V. TVOROGOV – D. S. LICHAČEV (Pamjatniki literatury drevnej Rusi XI – načalo XII v., 1978), 392–413 – *Lit.:* T. ČYŽEVŚKA, Zu Vladimir Monomach und Kekaumenos, WslJb 2, 1952, 157–160 – I. ŠEVČENKO, A neglected Byz. source of Moscovite political ideology, Harvard Slavic Studies 2, 1954, 141–179 – DERS., On some sources of prince Svjatoslavs Izbornik of the year 1076 (Orbis scriptus [Fschr. D. TSCHIŽEWSKIJ, 1966]), 723–738 – A. I. IVANOV, Literaturnoe nasledie Maksima Greka, 1969, 147f. – L. MÜLLER, Die Exzerpte aus einer asket. Rede Basilius d. Gr. im »Poučenie« des Vladimir Monomach. Russia, mediaevalis I, 1973, 30–48 – Z. TICHÁ, Cesta starší české literatury, 1984, 105–108 – M. T. D'JAČOK, O meste i vremeni pervogo slavjanskogo perevoda »Nastavlenija« Agapita (Pamjatniki literatury i obščestvennoj mysli epochi feodalizma, red. E. K. ROMODANOSKAJA, 1985), 5–13 – D. S. LICHAČEV, Art. Vladimir Vs. Monomach (Pisateli i knižniki

XI–XVII vv.), TODRL 40, 1985, 57–60 – DERS., Vladimir Vs. Monomach (Slovar' knižnikov i knižnosti drevnej Rusi I, 1987), 98–102.

D. Arabisch-islamisch-osmanischer Bereich

I. Arabisch-islamischer Bereich – II. Osmanischer Bereich.

I. ARABISCH-ISLAMISCHER BEREICH: Die sehr reiche ma. arab.-islam. F.lit., zu der etwa auch einschlägige Abschnitte chronist. Werke gehören, beginnt mit dem Einsetzen der Reflexion über die mit der Expansion des islam. Reiches stürmisch gewachsenen Anforderungen an den Herrscher und seine Regierung unter dem Kalifat des Omayyaden Hišām (724–743); die Behandlung eines der islam. Überlieferung vorher unbekannten Themas durch Kanzleibeamte nichtarabischer Herkunft führte dabei in Form und Gehalt geradezu zwangsläufig zur Anlehnung an vorislam. Traditionen von Staatskunst und Weisheitslit. Von Anfang an überwogen im Islam die aus einem strikt hierarch. Gesellschaftssystem abgeleiteten und auf eine bisweilen fast prinzipienlos pragmat. Herrschaftssicherung abzielenden sasanidisch-pers. Überlieferungen den Einfluß hellenist., mehr oder minder popularisierter Philosophie und wurden erst seit dem 11. Jh. gründlicher islamisiert. Das immer lebhafte Interesse am Gegenstand wurde durch Übertragungen sowie Abfassung eigener Werke zum Anreger arab. sowie später, seit 10. bzw. 14. Jh., pers. und anatol.-türk. Prosalit. Zu den frühesten arab. Zeugen gehören Bearbeitungen zweier fremder Vorlagen, die jeweils zur Quelle vielgestaltiger Überlieferung in allen wichtigen islam. und europ. Sprachen des MA wurden. Die erste, unechte »Briefe Aristoteles' an Alexander« (s. →Alexander d. Gr. B.I, 2 u. ö.), die in hellenist. Rahmen viel Persisches enthalten, wurde zum Kern des →»Secretum secretorum«; ihr folgte in Ibn al-Muqaffaʿ's Übersetzung aus dem Pahlavi das meist »Kalīla wa-Dimna« gen. ind. →»Pañcatantra«.

           L. Richter-Bernburg

II. OSMANISCHER BEREICH: Das schon im 11. Jh. einsetzende türk. Interesse an F.n (»Kutadgu Bilig«, vgl. EI² V, 538f.) findet auch bei den kleinasiat. Türken und Osmanen seine Fortsetzung: Türk. Übersetzungen von »Kalīla und Dimna« (Teiled.: A. ZAJĄCZKOWSKI, Studja nad językiem staroosmańskim, 1934) und des »Kabusname« (E. BIRNBAUM, Mütercimi meçhul ilk Türkçe Kabusname, 1981) beginnen im 14. Jh. Aber erst im 16. Jh. (R. TSCHUDI, Das Asafname des Lutfi Pascha, 1910) hebt die lange Reihe der auf die aktuellen Verhältnisse bezügl. originalen osman. Vertreter dieser Gattung an.   A. Tietze

Lit.: EI² III, 883–885; IV, 503–506, 815; V, 538f. – Enc. Iranica I, 1985, 439–444, 445, 446f., 692; II, 1986, 11–22, 23f. – Kindlers Lit.-Lex. IV, 253–260, 263–266 – G. RICHTER, Stud. zur Gesch. des älteren arab. F.s (Leipziger semitist. Stud. NF 3, 1932) [Nachdr. 1978] – H. BUSSE, F. und Fürstenethik im Islam, Bustan 91, 1968, 12–19 – I. KHALIFEH-SOLTANI, Das Bild des idealen Herrschers, dargest. am Beispiel des Qābūs-Nāmé [Diss. Tübingen 1971] – A. K. S. LAMBTON, Islamic Mirrors for Princes, La Persia nel medioevo [Acc. Naz. dei Lincei, Anno CCCLXVIII. Quad. N. 160], 1971, 419–442 [Q. und Lit.] – M. GRIGNASCHI, Remarques sur la formation du Sirr al-ʾasrār, Pseudo-Aristotle – The Secret of Secrets, hg. W. F. RYAN – CH. B. SCHMITT, Warburg Inst. Surveys IX, 1982, 3–33 [Lit.] – J. D. LATHAM, The Beginnings of Arabic Prose Lit.: the epistolary genre, Arabic Lit. to the End of the Umayyad Period, hg. A. F. L. BEESTON u. a. (The Cambridge Hist. of Arabic Lit., 1983), 154–179 [Lit.] – H. SCHÖNIG, Das Sendschreiben des ʿAbdalhamīd b. Yaḥyā . . . an den Kronprinzen . . . (AAMz Orient. Komm. 38), 1985.

Fürstenwalde, Vertrag v. Im ksl. Heerlager zu F. (östl. von Berlin) verzichteten am 15. Aug. 1373 die Wittelsbacher Mgf. →Otto (der Faule) und sein Neffe Friedrich auf ihre Rechte an der Mark →Brandenburg zugunsten der Söhne Ks. Karls IV. Dieser verschrieb Mgf. Otto luxemburg. Besitzungen und Renten in der →Oberpfalz und überließ ihm die Erzkämmererwürde und das Kurrecht auf Lebenszeit († 1379). Die Hzg.e v. Bayern erhielten Entschädigungen im Wert von insgesamt 500.000 Gulden. Für Karl IV. bildete der mit beträchtl. Kosten verbundene Erwerb der Mark Brandenburg eine Grundlage seiner Territorial- und Wirtschaftspolitik, die eine Ausweitung seiner böhm. Machtposition nach Norden, möglichst bis an das Meer, zum Ziel hatte.   W. Ribbe

Q. und Lit.: A. F. RIEDEL, Cod. dipl. Brandenburgensis, 2. Hauptt. Bd. 3, 1–12 – DERS., Die Erwerbung der Mark Brandenburg..., 1858, 39ff. – N. MUFFAT, Über die Größe und Schicksale der Entschädigungen... (AAM, 1867) – J. SCHULTZE, Die Mark Brandenburg, Bd. 2, 1961, 141–160.

Fuß ('Basis, auf der etwas steht'), Grundlage für den Aufbau von Maßeinheiten, Ursprung in geometr. Bestimmungen und daraus abgeleiteten arithmet. Größen. Die volkstüml. Etymologie stellte den Bezug zum F. als Körperteil her; er wurde benutzt in Handwerk, Bau- und Feldvermessung mit 250–600 mm; Teilung nach Zoll/Daumen, Finger, Linien. Ein Winkelhaken im Bauwesen nach dem ägypt. Dreieck (Seitenverhältnis 3:4:5) hat als Basis die Gegenkathete von z. B. 4 »natürlichen« Handbreit (16 »natürliche« Finger à 18,553 mm) = »mathematischer« F. von 296,853 mm = ägypt.griech.röm. F. (pous); den Babyloniern bekannt und bis ins 19. Jh. mit gesetzlicher Geltung (Schweden, 1665); die Hypothenuse (20 Finger) = 371,066 mm = »natürliche« Elle (*dum-elne* des Sachsenspiegels, 13. Jh.); die Ankathete (12 Finger) = 222,640 mm *(spithame)*. Verbreitete Einheiten: 278,300 mm (15 Finger, Nürnberg pes minor) x10/9 = 309,222 mm (Nürnberg pes maior; Bandbreite 303,4–309,5 mm) und x7/6 = 324,683 mm (frz. *pied de roi*) – 315,406 mm (17 Finger, rheinländ. Fuß) x6/7 = 286,251 mm (Hamburg, Köln etc.) – 333,960 mm (18 Finger, pes Drusianus, karol. Fuß etc.). Längen gleicher Größe und Ursprungs traten unter verschiedenen Namen auf. Eine Bandbreite metrischer Äquivalente einzelner Einheiten war eine Folge arithmet. Lösungen von geometr. Operation in der Feldmessung (Ersetzen irrationaler Größen durch Relationen ganzer Zahlen als Näherungswerten).   H. Witthöft

Lit.: E. PFEIFFER, Die alten Längen- und Flächenmaße. Ihr Ursprung, geometr. Darstellung und arithmet. Werte (Sachüberlieferung und Gesch. 2/1, 2, 1986) – →Gewichte und →Maße.

Fußboden, -mosaik

I. Spätantike und frühes Christentum – II. Lateinisches Mittelalter – III. Byzantinischer Bereich.

I. SPÄTANTIKE UND FRÜHES CHRISTENTUM: Unter den aufwendigeren, aus der Antike an das MA weitergegebenen F. belägen spielte neben Böden aus gleichmäßigen Steinplatten oder aus unregelmäßig geschnittenen und zu Mustern zusammengesetzten Marmorstücken (Opus sectile) das aus ganz kleinen, annähernd würfelförmigen Steinchen (Tesserae) zusammengefügte Opus tessellatum eine bes. Rolle: es ermöglichte am besten die Wiedergabe von figürl. Motiven und Inschriften. Der moderne Name F.m. für das Tessellatum ist vom Opus musivum, dem →Mosaik an Wänden und Gewölben übernommen; im Preisedikt Diokletians (7,6) und im Cod. Theodos. (13,4,2) sind die Handwerker Tessellarius und Musivarius getrennt aufgeführt. Gegenüber dem Gebrauch von Glaswürfeln (z. T. mit Gold-, seltener Silberfolieneinlage) im Wandmosaik wurden für F.m.en fast ausschließl. die widerstandsfähigeren Steintesserae verwendet. Formal sind die frühesten erhaltenen christl. F.m.en (frühes 4. Jh.) von den gleichzeitigen nichtchristl. nicht unterschieden: Die in der röm. Kaiserzeit bes. beliebten Mosaiken aus ausschließl. schwarzen und weißen Steinchen traten hinter polychromen F.m.en zurück. Stilist. setzte im Laufe des 4. Jh. eine Entwicklung ein, in der Darstellungen mit größerer Tiefenräumlichkeit aufgegeben wurden und Teppichmuster, z. B. mit geometr. Motiven oder Rankenmedaillons, beliebt wurden, die den F. in seiner materiellen Existenz betonten; auch bei späteren figürl. Darstellungen blieb der flächige Charakter beibehalten. Für christl. Kultbauten ist die Abhängigkeit der Ikonographie vom Anbringungsort des F.m.s wichtig: Altarraum, Kirchenschiff, Schwellenmosaik (z. T. mit übelabwehrender Funktion: KITZINGER), Baptisterium u. a. Ein Edikt Theodosius' II. v. J. 427 (Cod. Iust. 1,8), das Zeichen Christi auf dem F. verbot, blieb wirkungslos (BRANDENBURG). Bes. wichtige Funde: Aquileia (nichtchristl. F.m.en, z. T. mit christl. Einfügungen, und christl. F.m.en); Piazza Armerina/Sizilien (Villa, F.m.en mit stilist. Beziehungen zu Nordafrika); Cyrenaica (Justinian, F.m.en); Misis/Mopsuhestia; Apameia; Antiochia; Istanbul (Palast-F.m.en); Israel/Jordanien (im 6. Jh. arbeiten in Palästina dieselben Werkstätten für christl. und jüd. Kultbauten; auch nach der arab. Eroberung noch bedeutende christl. F.m.en bis ins 9. Jh.: Umm Er-Rasas, 1985 ausgegr.   J. Engemann

Lit.: D. LEVI, Antioch Mosaic Pavements 1/2, 1947 – The Great Palace of the Byz. Emperors, 1st Report, 1947, and Report, 1958 – G. BRUSIN – P. L. ZOVATTO, Monumenti paleocristiani di Aquileia e di Grado, 1957 – L. BUDDE, Antike Mosaiken in Kilikien, I: Frühchr. Mosaiken in Misis Mopsuhestia, 1969 – H. BRANDENBURG, Christussymbole in frühchr. Bodenmosaiken, Röm. Q. 64, 1969, 74–138 – E. KITZINGER, The Threshold of the Holy Shrine, Kyriakon (Fschr. J. QUASTEN 2, 1970), 639–647 – M. AVI-YONAH, EncArcheolExcavHolyLand 1/4, 1975/78 – N. DUVAL, La mosaïque funéraire dans l'art paléochrétien 1976 – K. M. D. DUNBABIN, The Mosaics of Roman North Africa, 1978 – E. ALFÖLDI-ROSENBAUM – J. WARD-PERKINS, Justinian Mosaic Pavements in Cyrenaican Churches, 1980 – A. CARANDINI, A. RICCI, M. DE Vos, Filosofiana, The Villa of Piazza Armerina, 1982 – Byz. Mosaiken aus Jordanien, Ausstell.-Kat. 1986–88 [M. PICCIRILLO, J. BALTY].

II. LATEINISCHES MITTELALTER: Der F. eines Raumes besteht aus einer gegen Verschleiß und Abnutzung widerstandsfähigen Schicht; er ist häufig ein Teil der Raumgestaltung und muß im Zusammenhang von Decke und Wand gesehen werden; durch Farbe und Struktur kann er den Raumeindruck entscheidend beeinflussen, zumal in ma. Kirchen kein Gestühl und in Festsälen keine größeren Einrichtungen den F. in seiner Wirkung beeinträchtigten. Antike Erfindungen und Formmodelle blieben bis weit ins MA für den F. wirksam; nur schwer ist zu entscheiden, wie weit Nachleben, Rückgriffe, Neuerfindungen und Stilwandel für die ma. F.-Konstruktionen und F.-Dekorationen bestimmend waren.

Die Völkerwanderungszeit bedeutet auch im Bereich der Schmuckfußböden eine Zäsur. Im 7.–10. Jh. entstanden nur wenige Böden, die entweder einen erhebl. Qualitätsverlust in der Ausführung erkennen lassen (einige Reste von Stiftmosaikböden u. a. in Rom) oder wiederverwendete antike Böden sind (z. B. die Plattenmosaiken in der Aachener Pfalzkapelle, im Alten Kölner Dom, im Wormser Dom). Im 11. Jh. beginnt eine neue Blüte des Schmuckfußbodens, unter byz. Einfluß, ausgehend von Venedig und Montecassino.

Nach Material und Technik sind verschiedene F. zu unterscheiden: Einfacher *Trampel-F.* aus humosen Sanden oder aus gestampftem Lehm war im frühen Kirchenbau und bei bescheidenen Kirchen bis ins hohe MA verbreitet, im Profanbau durch das ganze MA üblich.

Holz-F. aus mehr oder weniger dicken Bohlen liegt im profanen Geschoßbau auf der Balkendecke, bereits im 10. Jh. für die eingetieften Fachwerkwohnhäuser der Burg Elten am Niederrhein nachgewiesen.

Schmuckfußböden: Stiftsmosaik aus verschiedenfarbigen Naturstein-, Ton- oder auch Glasstiften eng nebeneinander in Mörtel gedrückt, von den Römern und bes. bei frühchristl. Kirchen (Aquileia, Baptisterium von Marseille, St. Stephan in Chur) sowie in gröberer Form in röm. Kirchen (8./9. Jh.). Sie verbreiten sich von Venedig (11. Jh.) v. a. im 12. Jh. in die Lombardei, nach Apulien, ins Rheinland und nach Frankreich. In ihren figürl. Darstellungen sind v. a. Fabeltiere, Monster, atl., mytholog. und kosmolog. Szenen vertreten, die meist in strenge geometr. Schemata oder architekton. Rahmungen gestellt sind. Die Gliederung in mehrere verschieden geformte Felder mit Hilfe eines festgelegten geometr. Schemas gehört zu den Besonderheiten röm. Mosaikkunst und wurde von dort übernommen.

Ähnlich als *Kleinsteinmosaik* aus eng nebeneinander in Mörtel verlegten Kieselsteinen, durch verschiedene Materialien und Formen Muster bildend, häufig fischgrätartig, letzteres auch aus schmalen Backsteinen (Riemchenboden).

Plattenmosaik aus regelmäßigen Plättchen verschiedener Form und Größe auf einer Mörtelbettung zusammengesetzt, bis zum 11./12. Jh. aus Natursteinen (Marmor, Trachyt, Sandstein), auch mit wiederverwendeten röm. Hypokaust- und Dachziegeln; 13.–16. Jh. ausschließlich aus Tonfliesen, die verschiedenfarbig glasiert oder auch reliefiert waren. Schmuck-F. aus in Mustern verlegten verschiedenfarbigen Marmorplättchen (opus alexandrinum) finden sich in den ehem. röm. Gebieten häufiger als in anderen Gebieten; in der Aachener Pfalzkapelle gemischt mit rotem und grünem Porphyr, ebenso in Hochelten (um 970), Münstereifel (10. Jh.) und in St. Pantaleon in Köln (um 965/980), im byz.-it. F. häufiger. Im 12. Jh. kommen auch Kombinationen von Platten- und Stiftsmosaiken vor (St. Bertin in St-Omer um 1109, Xanten, St. Severin in Köln, Kölner Dom), während im 10./11. Jh. nur kleine Zwickel in Plattenmosaiken mit Stiftsmosaiken gefüllt wurden. Der Wormser Dom erhielt bis 1181 einen Belag aus großen roten Sandsteinplatten, in den ein mittlerer Musterstreifen mit kleinteiligem Plattenmosaik aus weißem und schwarzem Marmor eingelassen war. Tonfliesen treten seit dem späteren 12. Jh. n. der Alpen auf, entweder in Deutschland glatt und verschiedenfarbig (seit 2. Viertel 13. Jh. glasiert: Marienfeld, Arnstein, Rommersdorf, Wörschweiler, Hradist, Eberbach, v. a. in Zisterzienserkl.) oder ornamentiert, deren Musterung erhaben oder vertieft in den feuchten Ton gepreßt wurde, oder in Frankreich und England als inkrustierte Tonfliesen, bei denen die im roten Ton eingetieften Muster mit feinem hellem Ton gefüllt sind. Die ornamentierten Fliesen waren häufig nicht glasiert, während die inkrustierten Fliesen mit einer farblosen Glasur überzogen waren. In Italien kommen Tonfliesen erst im 15. Jh. auf. Die Tonfliesen wurden in Schachbrettmuster, Rosetten und Bordüren verlegt und dienten im 12./13. Jh. als reicher Schmuck-F., bes. in den rhein. Kirchen. Im 14./15. Jh. beginnt die Anfertigung von Majolikafliesen, deren Oberfläche bemalt ist, bes. in Spanien, Italien und Frankreich im 15./16. Jh. üblich.

Inkrustation, Einlegearbeit, bei der in einen festen Untergrund Linien oder ganze Figuren eingetieft werden, die mit verschiedenen Materialien ausgefüllt und abgeschliffen werden, so daß eine glatte Oberfläche entsteht. Entweder von Stein in Stein, bes. in röm. Zeit und im frühchristl. Italien sowie in Byzanz, im europ. MA selten (St. Severin in Köln 12. Jh.), von gefärbtem Kitt oder Blei in Stein, bes. in Frankreich 12./13. Jh. (St. Bertin in Omer 1109, Lyon,

Vienne, St-Denis), von hellem in dunklen Ton oder umgekehrt in Frankreich und England 13.–16. Jh., und schließlich von durch Holzkohle oder Ziegelmehl verschieden gefärbter Gipsmasse in einen Gipsestrich, im Harzgebiet Mitte 12. bis Mitte 13. Jh. (Helmstedt um 1150, Erfurt um 1160, Nienburg/Saale, Dom in Hildesheim 1153/62, Quedlinburg, Ilsenburg um 1200, Wiślica/Polen).

Cosmatenarbeit, eine Verbindung von Inkrustation und Plattenmosaik: große Natursteinplatten, zumeist Marmor, werden etwa 2 cm tief ausgearbeitet, wobei Stege stehenbleiben; in die vertieften Felder wird auf Mörtelbettung Plattenmosaik in verschiedenen Mustern eingesetzt, vermutl. im 9./10. Jh. in Byzanz entwickelt (Kl. Iviron/Athos kurz nach 976 dat.), aber auch in Frühformen in Italien im 8./9. Jh. nachweisbar (S. Prassede in Rom 9. Jh.). Bes. in Italien im 12./13. Jh. verbreitet (Pomposa b. Venedig 1026 dat., S. Marco in Venedig um 1070/80 sowie norm. Bauten in Unteritalien 12. Jh.) und bis ins 16. Jh. angewandt. Die Muster werden bestimmt von großen Natursteinscheiben in durch Bandgeflecht verbundenen Kreissystemen, dazu sehr kleinteilige Plattenmosaike verschiedener Musterung.   G. Binding/H. Kier

Lit.: M. HASAK, Einzelheiten des Kirchenbaues (Hb. der Architektur II, 4, 4, 1927²), 247–259 – E. S. EAMES, Medieval Tiles, A Handbook, 1968 – H. KIER, Der ma. Schmuckf., 1970 [Lit.]. – R. TITTIONI, Figuralverzierte Bodenfliesen aus dem Stift Heiligenkreuz, Niederösterreich, Anz. der phil.-hist. Kl. der Österr. Akad. der Wiss. 107, 1970, So. 5, 74–89 – H. KIER, Der F. des Alten Domes in Köln, Kölner Domblatt 33/34, 1971, 109–124 – G. SALIES, Unters. zu den geometr. Gliederungsschemata röm. Mosaiken, BJ 174, 1974, 1–178 – R. SCHMITZ-EHMKE, Das Kosmosbild von Oberpleis, Monumenta Annonis, Kat. Köln 1975, 120–123 – D. F. GLASS, Stud. on Cosmatesque pavements, B. A. R. Internat. Ser. 82, 1980 – R. WIHR, Fußböden, 1985 – G. BINDING, Architekton. Formenlehre, 1987, 178.

III. BYZANTINISCHER BEREICH: Bis gegen Ende des 6. Jh. stellte man in Byzanz hauptsächl. figürl. Mosaikfußböden her. Daneben entstanden jedoch auch Böden in opus sectile, welche geometr. und ornamentale Muster aufwiesen. Ab dem 7. Jh. setzte sich diese Technik zunehmend durch. Dabei wurden Platten, grundsätzl. aus Marmor- und anderen Steinarten so zugeschnitten und zusammengefügt, daß sich ein geometr., mitunter auch figürl. Dekor ergab. Man unterscheidet a) *Inkrustationstechnik:* zugeschnittene Platten werden in Vertiefungen aus andersfarbigem Material eingepaßt; b) *Mosaiktechnik:* zugeschnittene Platten werden in einem Mörtelbett zu Mustern geordnet. Charakterist. für mittel- und spätbyz. Schmuckböden ist die Unterteilung der vorgegebenen Bodenfläche in polychrome Kreise, Rechtecke und Quadrate, die untereinander durch ein oder mehrere geschwungene, meist monochrome schmale Marmorbänder verknüpft sind. In der Regel treten zusätzl. weitere rahmende Friese in opus sectile auf, die um die Platten und Marmorbänder herumgeführt sind (vgl. Katholika von Iviron, Chilandari/Athos). Auch die Kombination von opus sectile mit opus tesselatum (vielfarbige, würfelförmige Steinchen) bzw. Mosaiken ist häufig zu beobachten (H. Sophia, Nikäa; Kl. Sagmata, Boötien). Ornamente, aber auch figürl. Darstellungen in opus sectile füllen oft die inneren Zwickelzonen (Pantokratorkirche, Konstantinopel). Die im Zentrum der Böden eingelassenen runden Platten (Omphalia) hatten vielleicht die Funktion, den Standort der Anwesenden bei bes. Zeremonien zu fixieren.   Ch. Stephan

Lit.: S. EYICE, Two Mosaic Pavements from Bithynia, DOP 17, 1963, 373–383 – A. MEGAW, Notes on Recent Work of the Byz. Inst. in Istanbul, ebd., 335–340 – P. M. MYLONAS, Παρατηρήσεις στο καθολικό Χελανδαρίου, Αρχαιολογία 14, 1985, 66–82.

Füssen, Stadt im bayer. Schwaben, gelegen am Austritt des Lechs aus den Alpen am Brückenübergang der röm. via Claudia. Das in der →Notitia dignitatum genannte Kastell »Foetibus« ist hier anzusetzen, zumal 1955 im Schloßhof röm. Befestigungen des 4. Jh. freigelegt wurden. Um 745 gründete der hl. →Magnus aus →St. Gallen neben einem frk. Königshof eine Zelle, aus der die Abtei OSB St. Mang hervorging, neben der sich im 12. Jh. unter welf., im 13. Jh. unter stauf. Vogtei eine Stadt entwickelte, deren rechtl. Entfaltung vor 1300 abgeschlossen war. Vor 1338 ist der ca. 10 ha einschließende Mauerring entstanden, dessen Erweiterung um 1502 auch die ca. 5 ha große südöstl. Vorstadt einbezog. Heinrich VII. verpfändete 1313 die Vogtei an die Bf.e v. Augsburg, die in der Folge ihre Hoheit über Stadt und Stift behaupten konnten. Die wirtschaftl. Bedeutung der Stadt, die um 1500 ca. 1600–1700 Einw. zählte, beruhte v. a. auf dem Durchgangsverkehr von Italien nach →Augsburg und dem bes. im 15./16. Jh. blühenden Leinwandgewerbe. Die Besitzentwicklung der Abtei blieb bescheiden, ihrer zumeist theol. ausgerichteten Bibliothek kam wiss. Bedeutung zu (seit 1980 Bestandteil der UB Augsburg als Teil der ehem. fsl. Oettingen-Wallersteinschen Bibl.). F. R. Böck

Lit.: M. PETZET, Stadt und Landkrs. F. (Bayer. Kunstdenkmale VIII), 1960 – DtStb V,2, 1974, 209–212 – R. ETTELT, Gesch. der Stadt F., 1978³ – F. R. BÖCK, Die Bibl. des ehem. Benediktinerkl. St. Mang, Allgäuer Geschichtsfreund 85, 1985, 40–116 – Bibliogr. zur Hist. Dt. Städteforsch., T. 2 [Lit.; im Ersch.].

Fußkuß

I. Allgemeine Grundlagen – II. Der Fußkuß im Papstzeremoniell – III. Spätmittelalterliche Kritik – IV. Fußkuß und Fußwaschung in der Liturgie – V. Der Fußkuß in Recht und Herrscherzeremoniell des Westens.

I. ALLGEMEINE GRUNDLAGEN: Der F., eine symbol. Handlung, die Verehrung (reverentia), Versöhnung (reconciliatio), Gehorsam (oboedientia) und Unterwerfung (subiectio) zum Ausdruck bringt, zählt zu den epochenübergreifenden Formen des Herrscherkults. Als Bestandteil der Proskynese (adoratio), »in welcher v. a. 'zu Füßen fallen' und 'küssen' inbegriffen waren« (A. ALFÖLDI), bildete er bereits in vorchristl. Zeit (ägypt., pers. Reich) eine institutionalisierte Form der Huldigung gegenüber gottähnlich verehrten Herrschern. In Rom hat sich der F. als Folgeerscheinung der monarch. Verfassung eingebürgert. Diokletian machte die Proskynese zu einem verpflichtenden Begrüßungsritual. – Zur Weiterentwicklung im byz. Hofzeremoniell →Proskynesis.

II. DER FUSSKUSS IM PAPSTZEREMONIELL: Als vieldeutigen Gestus der Reverenz, der Huldigung und Untertänigkeit haben röm. Päpste den F. aus dem byz. Hofzeremoniell übernommen. In der Papstmesse begibt sich seit dem 7. Jh. der für die Evangelienlesung bestimmte Diakon nach der Epistel zum Thron des Papstes und küßt dessen Füße. In Weiheordines des 9. Jh. ist bezeugt, daß ein vom röm. Pontifex geweihter Bf. dem päpstl. Konsekrator am Ende des liturg. Weiheaktes den Fuß küßt. Derselbe Brauch ist seit dem 12. Jh. auch für Äbte und Äbtissinnen, Priester und Diakone bezeugt. Seit dem späteren MA mußten neu kreierte Kard. beim Empfang des Kard.shutes dem Papst den Fuß küssen.

Der F. zählte überdies seit dem frühen MA zum Ritual der Papstwahl und der Papstweihe. Papst Valentin ließ sich nach seiner Wahl und Thronsetzung i. J. 827 von seinen geistl. und weltl. Wählern die Füße küssen. Unter Leo IV. (847–855) wird der F., den Päpste von ihren Wählern erwarten und beanspruchen, bereits als »alter Brauch« ('mos anticus') bezeichnet. Papst Gregor X.

(1271–76) machte sich bestehende Gepflogenheiten zu eigen, als er in seinem Ordo für die Papstweihe festlegte, daß ein neugewählter Papst nach seiner Immantation und Thronsetzung alle Kardinalbf.e, Kard. priester und Kard.-diakone sowie andere anwesende Prälaten zuerst zum F. und dann zum Friedenskuß (auf den Mund) zulassen solle. Nach der Besitzergreifung des Lateranpalastes waren Prior, Kanoniker und »Amtsträger des Palastes« (officiales palatii) gehalten, dem Papst die Füße zu küssen, um danach zum Friedenskuß zugelassen zu werden.

Den F., den Päpste dem hohen und niederen Klerus zur Pflicht machten, erwarteten und erhielten sie auch von weltl. Großen, am frühesten von byz. Ks.n (Ks. Justinian I. gegenüber Papst Johannes I., 525; Ks. Justinian II. gegenüber Papst Konstantin, 711). Die frühesten Zeugnisse, die eindeutig belegen, daß weltl. Große des Westens die Füße des Papstes küßten, stammen aus dem 9. Jh. Seit dem beginnenden 12. Jh. mehren sich die urkundl. Zeugnisse, die den von weltl. Fs.en, Kg.en und Ks.n dem Papst geleisteten F. als Bestandteil eines obligaten Zeremoniells erscheinen lassen: Heinrich V. küßte beim Einzug zur Kaiserkrönung am 12. Febr. 1111 die Füße des auf der Plattform vor den Pforten von St. Peter wartenden Paschalis II. In →Sutri küßte Friedrich Barbarossa 1154 zwar die Füße des Papstes, wurde aber von diesem nicht eher zum Friedenskuß zugelassen, bis er den vom Papst geforderten →Marschall- und Stratordienst geleistet hatte. Nach der 1160 in Pavia erfolgten Wahl Viktors IV. zum Papst (bzw. Gegenpapst) küßten Ks., Bf.e und Prälaten als Zeichen der 'obediencia' und 'reverencia' die Füße des Papstes. Friedrich Barbarossa küßte 1177 vor S. Marco in Venedig die Füße Papst Alexanders III., nicht um Unterwerfung, sondern um Anerkennung und Versöhnung zum Ausdruck zu bringen. Kirchl. Geschichtsschreiber des 13. Jh. hingegen deuteten Barbarossas F. jedoch als kirchl. Triumphgestus.

Hoch- und spätma. →Krönungsordines normierten in St. Peter übliche Krönungsgewohnheiten, die zeichenhaft zum Ausdruck brachten, wie Papst und Kurie das Verhältnis zw. →'regnum' und →'sacerdotium' gesehen und definiert wissen wollten. Der zur Ks.krönung nach Rom gekommene dt. Kg. sollte, wenn er die Stufen von St. Peter hinausgestiegen war, mit »gebeugten Knien« den Fuß des Papstes (bzw. dessen mit einem Kreuz versehenen rechten Pontifikalschuh) küssen. Seit Anfang des 13. Jh. beanspruchte der Papst einen weiteren F. während der Krönungsmesse. Beim Krönungsakt von 1209 mußte →Otto IV. in vollem Ornat (also mit Krone, Zepter und Reichsapfel) dem Papst einen zweiten F. leisten. Ks. Friedrich III. weigerte sich dagegen 1468, den Fuß Papst Pauls II. zu küssen, um die »Majestät des Imperiums« zu wahren. Den letzten F. eines Ks.s leistete Karl V. 1530 bei seiner Ks.krönung in Bologna.

Die päpstl. Forderung des F.es wurde mit Verweisen auf bibl. Vorbilder gerechtfertigt (Ps 3,11: Aufforderung, Gott die Füße zu küssen; Lk 7,38; 45: F. der 'Maria Magdalena' gegenüber Jesus; Mt 28,9: Proskynese der Frauen gegenüber dem auferstandenen Christus; Apg 10,25: F. des Hauptmanns Cornelius gegenüber Petrus; angebl. F. der Hl.→Drei Könige bei ihrer Anbetung des Jesuskindes). Papst Gregor VII. beanspruchte es als ausschließl. Vorrecht des Papstes, sich von weltl. Fs.en die Füße küssen lassen zu dürfen (Dictatus Papae 9). Den exkommunizierten Hzg. →Guiscard v. Apulien wollte Gregor VII. nicht eher vom Bann lösen, bis er ihm durch einen F. gehuldigt hatte. In →Canossa demütigte sich Heinrich IV. »bis zu den Füßen« des Papstes, um vom Kirchenbann befreit zu werden.

Seit dem späteren MA begegnet d. F. als Topos in Briefen an d. Papst (»devota beatorum pedum oscula«).

III. SPÄTMITTELALTERLICHE KRITIK: In der joachit. Schmähschrift »Iuxta vaticinium Isaie« wird Ks. Friedrich II. beschuldigt, als »Verderber der Welt« den F. von Bf.en und Geistlichen zu fordern. In Antichristspielen (→Antichrist) des späten MA und der beginnenden NZ bezeugen Anhänger des falschen Messias diesem durch den F. ihren Willen zu ergebener Gefolgschaft. Wird der dem Papst geleistete F. – in antithet. Abhebung von der brüderl. Liebe ausdrückenden Fußwaschung Christi – bereits in der antipäpstl. Bildpropaganda der Hussiten angegriffen, so verurteilt ihn Luther als »endchristlich exempel«, das nicht der Heiligkeit wegen, sondern – in Umkehrung des Beispiels der Fußwaschung Christi – »der gewalt zueren« geschehe. In reformator. Flugschriften und -blättern wird der F. zu einer beliebten papstkrit. Bildformel.

IV. FUSSKUSS UND FUSSWASCHUNG IN DER LITURGIE: Nicht als Gestus der Untertänigkeit, sondern als Ausdrucksform christl. Bruderschaft diente der F. in der christl. Liturgie, wie sie in frühchristl. Zeit bei der →Taufe und während des ganzen MA am Abend des →Gründonnerstags gefeiert wurde. Beschränkt auf das Frühchristentum blieb der Taufritus, der einen Kuß des Bf.s auf einen Fuß (oder beide Füße) des Täuflings beinhaltete. Traditionsbildend wirkte dagegen jener F., den klösterl. Gemeinschaften seit dem Frühen MA mit der Fußwaschung am Gründonnerstag verknüpften. Das »Capitulare monasticum« (817) schrieb vor, daß am Gründonnerstag der Abt die »Füße der Brüder« wäscht und küßt. Nach dem Pontifikale des Guillelmus →Durantis sollte in der Bischofsmesse am Gründonnerstag der den Gottesdienst zelebrierende Bf. mit gebeugten Knien dreizehn Armen einen Fuß waschen, ihn abtrocknen und dann küssen. Der Bf. sollte die Hand des Armen küssen, wenn er diesem ein Almosen gab. In benediktin. »Consuetudines« hat sich der F., der beim »Armenauftrag« am Abend des Gründonnerstags Armen aus dem Laienvolk gegeben wird, bis ins ausgehende 15. Jh. als liturg. Gestus erhalten. Der Abt sollte jedem anwesenden Armen den rechten Fuß waschen, ihn abtrocknen und dann küssen, der Prior dasselbe am linken Fuß eines jeden Armen tun. Danach sollten alle Mönche vor den Armen die Knie beugen, deren rechten Fuß mit einem Kreuzeszeichen versehen und dann küssen.

→Bernhard v. Clairvaux (»De tribus osculis«) deutete den Kuß der Füße als Anfang bußfertiger Umkehr. Gott drücke nämlich seine beiden Füße, die Barmherzigkeit und Wahrheit bedeuten, in die Herzen derer, die sich zu ihm bekehren.

V. DER FUSSKUSS IN RECHT UND HERRSCHERZEREMONIELL DES WESTENS: Den Charakter einer rechtsbegründenden →Gebärde nahm der F. – im Gegensatz zum »osculum pacis et fidei« auf Mund oder Wange (→basaticum, →Kuß) – im ma. Rechts- und Lehnswesen nicht an; er ist nur vereinzelt belegt (1256 in Pisa bei der Investitur →Alfons' X. v. Kastilien mit kgl. und ksl. Rechten durch den ghibellin. Syndicus Bandinus Lancea). Der dt. Kaiserhof kannte – im Gegensatz zur regelmäßigen Anwendung in Byzanz – den F. nur als Unterwerfungsakt: Konsuln und Ritter v. →Mailand küßten 1182 die Füße Barbarossas. Richard Löwenherz soll, nach dem bildl. Zeugnis von →Petrus v. Ebulo, den Fuß des thronenden Heinrich VI. geküßt haben. – S. a. →Proskynesis, →Kuß.   K. Schreiner

Q. und Lit.: P. E. SCHRAMM, Das Herrscherbild in der Kunst des frühen MA (Vortr. der Bibl. Warburg, hg. F. SAXL, II. Vortr. 1922–23, I. Teil), 1924, 145–224 – J. HORST, Proskynein. Zur Anbetung im Urchristentum nach ihrer religionsgesch. Eigenart, 1932 – A. ALFÖLDI,

Die Ausgestaltung des monarch. Zeremoniells am röm. Kaiserhofe (Mitt. des Dt. Archäol. Inst. Röm. Abt. 49, 1934, 1–118 – O. TREITINGER, Die oström. Ks.- und Reichsidee nach ihrer Gestaltung im höf. Zeremoniell, 1938 – E. EICHMANN, Die Kaiserkrönung im Abendland I, 1942 – TH. OHM, Die Gebetsgebärden der Völker und das Christentum, 1948 – M. ANDRIEU, Les Ordines Romani du haut MA, T. 4, 1956 – R. ELZE, Die Ordines für die Weihe und Krönung des Ks.s und der Ksn. (Fontes iuris germanici antiqui in us.schol. 9⁵, 1960) – K.-A. WIRTH, Imperator pedes papae deosculatur (Fschr. HARALD KELLER, 1963), 175–221 – B. SCHIMMELPFENNIG, Die Zeremonienbücher der röm. Kurie im MA, 1973 – R. SUNTRUP, Die Bedeutung der liturg. Gebärden und Bewegungen in lat. und dt. Auslegungen des 9. bis 13. Jh. (MMS 37, 1978) – K. SCHREINER, Vom gesch. Ereignis zum hist. Exempel. Eine denkwürdige Begegnung zw. Ks. Friedrich Barbarossa und Papst Alexander III. in Venedig 1177 ... (Mittelalter-Rezeption, hg. P. WAPNEWSKI, 1986), 145–176.

Fußwaschung → Fußkuß IV; →Gründonnerstag

Fust, Johannes, Makler und Verleger, * um 1400, † 30. Okt. 1466 in Paris, befaßte sich mit Geldgeschäften; 1428–46 durch das Vertrauen seiner Mitbürger mehrfach mit dem Amt des →Fürsprechers bei Gericht betraut. F. ermöglichte um 1450 Johannes →Gutenberg durch ein Darlehen von 800 Gulden die Einrichtung einer Werkstatt. Zwei Jahre später begründete er mit diesem ein Gemeinschaftsunternehmen (»werk der bucher«) zur Herstellung der »Zweiundvierzigzeiligen Bibel« (→Bibeldruck) und verpflichtete sich, die laufenden Kosten durch eine jährl. Zahlung von 300 Gulden zu übernehmen. Nach Fertigstellung der Bibel kam es zu einem Zerwürfnis, schließlich zu einem Prozeß. F. betrieb in der Folgezeit die ihm verpfändete Bibeldruckerei zusammen mit Peter →Schöffer (∞ F.s Tochter nach 1466). Die Firma F. & Schöffer (seit 1462: Allianzsignet, dessen linker Schild das Zeichen F.s führt) brachte u. a. den »Mainzer Psalter« von 1457 und eine »Achtundvierzigzeilige Bibel« heraus, die zu den schönsten Büchern des 15. Jh. gehören. Das Urteil über F. hat im Laufe der Geschichte eigentüml. Wandlungen erfahren: Nach anfängl. Hochschätzung (16. Jh.) hielt die Gutenberg-Forschung des 19. Jh. F. für einen skrupellosen Geschäftsmann. Heute werden seine Verdienste um die Anfänge des gedruckten Buches unbefangen anerkannt (E. KÖNIG).   S. Corsten

Lit.: NDB V, 743f. – Der gegenwärtige Stand der Gutenberg-Forsch., hg. H. WIDMANN, 1972 – E. KÖNIG, Für J. F. (Ars impressoria. Festg. S. CORSTEN, 1986), 285–313.

Futterpflanzen dienen der Ernährung von (landwirtschaftl.) Nutztieren. Man unterscheidet dabei auf Ackerland angebaute Feld-F. (Hülsenfrüchte, Rüben, Kohl usw.) und auf Wiesen und Weiden wachsende Grünland-F. (verschiedene Süßgräser, Klee usw.). Die Produktion von F. auf Ackerland spielte schon seit dem HochMA in einigen intensiv bewirtschafteten Regionen Europas eine nicht unbedeutende Rolle. Der verstärkte Anbau von F. gab den Agrarproduzenten die Möglichkeit, zusätzl. Viehfutter zu beschaffen, den Viehbestand zu vergrößern und so mehr Dünger für die Felder zu gewinnen. Im Zuge der hochma. Bevölkerungszunahme und vermehrten Getreideanbaus waren die Äcker in vielen Gegenden auf Kosten der Weide- und Allmendeflächen ausgedehnt worden, so daß sich das prekäre Verhältnis von Acker- und Weideland zuungunsten der Futterflächen verschob. F. wurden im hohen und späten MA einerseits in Gärten (→Gartenbau), →Beunden und auf sonstigen Landstücken angebaut, die außerhalb der verzelgten Flur lagen und somit nicht dem allgemeinen Flurzwang unterstanden, andererseits auf dem Brachfeld der Ortsflur (→Dreifelderwirtschaft, →Fruchtwechselwirtschaft).

Im Zuge agrarwirtschaftl. Intensivierungsprozesse, bedingt durch die zunehmende Kommerzialisierung der Landwirtschaft im Umkreis größerer Städte, erfolgte planmäßiger Anbau v. F. im Brachfeld (13. Jh.: Lombardei, Toskana; spätes 13. Jh.: Flandern, Seeland, S-Holland).

Diese verbesserte Bodennutzung stand im niederländ. Bereich in Wechselbeziehung zur gesteigerten Viehzucht – insbes. Rindviehhaltung – in vielen Gebieten während des 13. und 14. Jh. Seit der Mitte des 13. Jh. ist die teilweise Bebauung der Brache mit F., bes. mit Wicke, auch am Niederrhein im Umkreis von Köln belegt. Oft zusammen mit Erbsen oder Hafer ausgesät, war sie wertvolles Grünfutter für Vieh und hauptsächl. Pferde. W. Rösener

Lit.: V. Fumagalli, L'evoluzione dell'economia agraria e dei patti colonici dall'Alto al Basso Medioevo, StM 18, 1977 – W. Abel, Gesch. der dt. Landwirtschaft, 1978³ – G. Schröder-Lembke, Die Einführung des Kleebaus in Dtl. vor dem Auftreten Schubarts von dem Kleefelde (Dies., Stud. zur Agrargesch., 1978), 133 ff. – F. Irsigler, Die Gestaltung der Kulturlandschaft am Niederrhein unter dem Einfluß städt. Wirtschaft (Wirtschaftsentwickl. u. Umweltbeeinflussung, hg. H. Kellenbenz, 1982), 173 ff. – Gesch. des dt. Gartenbaus, hg. G. Franz, 1984, 69ff. [D. Vogellehner] – A. Verhulst, L'intensification et la commercialisation de l'agriculture dans les Pays-Bas mérid. au XIIIᵉ s. (Mél. J.-J. Hoebanx, 1985), 89 ff.

Futuribilia, d. h. zufällige künftige Ereignisse oder Tatsachen (futura contingentia) müssen nach christl. Verständnis für Gott sicher und irrtumsfrei (certitudinaliter et infallibiliter) erkennbar sein, sollen die Gültigkeit der bibl. Prophetie und der eth. Sinn des Bittgebetes gewährleistet sein. Dazu müssen über die allgemeinen Aussagen zur →Allwissenheit Gottes hinaus die Fragen nach der Zeit und nach der Kontingenz (Freiheit) des Zukünftigen beantwortet werden. – Die Lösungen wurden in der wesenhaften Ewigkeit (Überzeitlichkeit) Gottes, die eine intuitive Zusammenschau des zeitl. Seinskontinuums (tota simul) sicherstellte, wie in der Feststellung gefunden, daß Gott als prima causa jede ird. Ordnung des Notwendigen wie des Zufälligen übersteigt und so wissend und wollend die Dinge trotz ihrer tatsächl. Bedingtheit in ihrer Kontingenz beläßt. Diese Erkenntnisweise nennt L. Molina († 1600) scientia media, die mutatis mutandis in der modernen dreiwertigen Logik (Rescher 63–115) wieder begegnet. J. Auer

Q. und Lit.: HWP II, 1150 – Aristoteles Periherm. I c 9; dazu Thomas Com. I lect. 14, QD de Ver. q 2 a 12, STh I q 14 a 13, Sent. Com. Dist 38 und 39 – J. Pohle – J. Gummersbach, Dogmatik I, 1951¹⁰, 290–317 [Lit.] – N. Rescher, Topics in philos. Logic, 1968.

Futuwwa (arab. ʾJugendlichkeit', türk. *fütüvvet*), der Inbegriff aller Tugenden des jungen Mannes; gesellschaftl. Leitbild bruderschaftl. Zusammenschlüsse, bes. der Handwerker, in den ma. Städten des islam. Vorderasiens. Das Ideal ist der geistig und körperlich tüchtige, freigebige und gastfreundl. junge Mann, der Solidarität mit seinesgleichen übt und für den Islam streitet *(gāzī, →ğihād); als* Prototyp gilt der 4. Kalif →ʿAlī ibn Abī Ṭālib. In Großstädten wie →Bagdad lassen sich Zusammenschlüsse der unteren sozialen Schichten zu bewaffneten Banden, die in Krisenzeiten als Ordnungsfaktor auftreten, als Vorstufen zur f.-Organisation seit dem 9. Jh. nachweisen. Der abbasid. Kalif an-Nāṣir (1180–1225) wollte seine geistige und polit. Autorität dadurch festigen, daß er den f.-Bünden ganz Vorderasiens eine einheitliche Organisation zu geben und sie unter seiner Führung zu einigen suchte. Nach der Eroberung Bagdads durch die Mongolen (1258) mündete die f. im Irak und Iran ins Derwischtum und in die →Zünfte ein; in Ägypten erlebt sie unter den Mamlūken ihre letzte Blüte. Eine Sonderform im seldschuk. Kleinasien ist das Achitum (→Aḫī), das bis in die osman. Zeit

eine wichtige Rolle als Organisationsform des städt. Handwerkertums spielt. Die rituellen Formen, bes. d. Initiation u. d. gemeinsamen Festmähler, sind Inhalt einer bes. Literaturgattung (pers. *futuwwat-nāmeh).* H. Halm

Lit.: A. Hartmann, An-Nāṣir li-Dīn Allāh (1180–1225). Politik, Religion, Kultur in der späten ʿAbbāsidenzeit, 1975 – F. Taeschner, Zünfte und Bruderschaften im Islam. Texte zur Gesch. der F., 1979.

Fylke (pl. *fylkir).* Im norw. Tröndelag (der Region um den Drontheimfjord [→Drontheim; →Frostaþingslög], im Westland (→Gulaþingslög), aber auch in den Landschaften um den Oslofjord (→Borgarþingslög) gehört das F. zu den Grundeinheiten einer regionalen rechtl.-administrativen Einteilung, die im Zusammenhang mit einer lokalen Dingorganisation (→Ding, II) steht. In der Regel sind in einem F. bäuerl. Siedlungsbezirke *(bygðar)* zusammengefaßt, die je nach den geogr. und polit. Gegebenheiten in Kommunikation standen und eine Rechtseinigung bilden konnten, deren Mittelpunkt das Ding des F. *(fylkesþing)* war. Erst im Laufe der Entwicklung sammelten sich mehrere *fylkir* um ein gemeinsames Allding, resp. Lagding (→Ding, II), im Tröndelag etwa waren es acht fylkir, die zum Einzugsbereich des Alldings (hier: des Eyradings) gehörten. In anderen Regionen Norwegens konnten andere Einteilungsprinzipien vorherrschen. Die Unterteilung des F. in »Drittel«, »Viertel«, »Achtel« unterlag ebenfalls regionalen Besonderheiten. In den norw. Landschaftsrechten des 12. und 13. Jh. haben diese Einteilungen eine starke Stellung im Rahmen der Ding- und Prozeßordnung. Im Tröndelag bildete sich beispielsweise der Instanzenzug Fylkesding – Zweifylkesding – Vierfylkesding – Achtfylkesding (= Lagding; →Frostaðingslög) heraus. Ob das F. eine rein bäuerl., auf die norw. Frühzeit zurückgehende Organisationsform war, ob seine Entstehung mit dem Schiffsgestellungssystem (→Ledung, Leding) oder mit der kgl. beeinflußten Lagdingstruktur bzw. kgl. Verwaltungsprinzipien zu tun hatte, sind umstrittene Probleme der norw. Historiographie. Die Organisation öffentl. Kirchen *(hǫfuðkirkjur)* lehnte sich an die vorgegebenen lokalen Einteilungen an (z. B. die *fylkeskirkja).* H. Ehrhardt

Lit.: KL IV, 39f. – P. Sveaas Andersen, Samlingen av Norge og kristningen av landet 800–1130, 1977, 58ff., 217ff., 252ff.

Fyrd → Heer, Heerwesen

Fyrkat, →Wikingerburg in O-Jütland, Dänemark, mit geometr. Grundriß wie drei andere zeitgenöss. dän. Burgen: →Aggersborg, Nonnebakken und →Trelleborg. Sie hatten alle einen kreisförmigen Ringwall und in den Himmelsrichtungen gelegene Tore, der Burghof war in vier gleichmäßige Teile aufgeteilt, jeder Teil mit großen krummwandigen Häusern im Quadrat bebaut. Die Baumaterialien sind Holz, Sode und Erde. Der Durchmesser des Burghofs beträgt auf F. 120 m. Außerhalb des Walles liegt das Gräberfeld mit etwa 30 Gräbern. F. ist um das Jahr 980 (dendrochonolog. und archäolog. datiert), d. h. am Ende der Regierungszeit des Kg.s →Harald Blauzahn, errichtet worden und war nur kurze Zeit in Funktion. Die Burgen sind in keinen schriftl. Q. erwähnt, Bauherr dürfte aber der Kg. gewesen sein. Die Burg F. hatte wohl hauptsächl. innenpolit. Bedeutung. Eines der 28,4 m langen Häuser wurde in natürl. Größe rekonstruiert. E. Roesdahl

Lit.: O. Olsen, H. Schmidt, E. Roesdahl, F. En jysk vikingeborg, I–II, 1977 – H. Schmidt, Trelleborghuset og Fyrkathuset, Nationalmuseets Arbejdsmark, 1981, 132–143 – H. Andersen, Ringborgens alder, Skalk, 1984, 2, 15 – H. Schmidt, Om bygningen af et vikingetidshus på F., Nationalmuseets Arbejdsmark, 1985, 48–59 – E. Roesdahl, The Danish Geometrical Viking Fortresses and their Context, Anglo-Norman Stud. IX, 1987.

G

Ǧaba. Osman. Bauern (→Bauer, -ntum, D. XV) waren zu Steuerzwecken in verschiedene Kategorien eingeteilt, unter denen die landlosen Unverheirateten (*ǧaba*, an manchen Orten *qara*) am geringsten besteuert wurden. Das Steuerreglement von Içel (Südanatolien, um 1528) erklärt, daß nur Unverheiratete, welche eine selbständige Erwerbsquelle besäßen, zu dieser Steuer herangezogen werden sollten, nicht aber diejenigen, welche noch von ihren Vätern unterhalten werden müßten. Die von ǧ./qara verlangte Steuer, mancherorts *resm-i caba bennak* (s. a. →bennak) genannt, betrug in Mardin (1518) die Hälfte des von landarmen Verheirateten verlangten Betrages. S. Faroqhi
Lit.: →Bennak

Gabalas, Manuel → Manuel Gabalas

Gabe (ahd. *gëba*) meint Vergabung wie Gegebenes und bedeutet 'Zuwendung', 'Veräußerung', 'Übergabe eines Gegenstandes' bis 'Hingabe der eigenen Person in die Leibeigenschaft'. Die G. war (anders als die röm. →Schenkung) grundsätzl. auf Gegenleistung ausgerichtet. Dies konnte sich auch in Auflagen ausdrücken. Von der Zweckbestimmung der G. hing es ab, ob sie dem Empfänger volles, vererbl. Eigen (→Eigentum, A.III) oder bloß ein unveräußerl. und unvererbl. Recht verschaffte.

Besondere, rechtl. mehr oder minder fest umrissene G.n waren mit der Eheschließung verknüpft. Aus ihrem Elternhaus wurde der Braut eine Aussteuer (→Mitgift) in die Ehe mitgegeben, der als G.n des Mannes →Wittum und →Morgengabe gegenüberstanden.

Wichtig waren im MA die Seelgaben an Gotteshäuser (donationes pro anima) mit der Aussicht auf himmlischen Lohn. Gemäß ihrer Zweckbestimmung (pro remedio animae) und den oft mit ihr verbundenen Auflagen (Seelmessen am Todestag des Gebers etc. →Seelgerät) waren sie gewöhnl. Vergabungen von Todes wegen (donationes mortis causa). Typ. Rechtsform war die Schenkung mit Nutzungsvorbehalt (donatio retento usufructu): Der Gläubige übertrug liegendes Gut einer kirchl. Anstalt und ließ es sich, meist gegen bescheidenen Zins, zurückverleihen. Daneben begegnet auch eine aufschiebend befristete, mit dem Tode des Gebers wirksame Schenkung (donatio post obitum), die dem Gotteshaus zunächst nur eine dingl. Anwartschaft vermittelte. Der Nutzungsvorbehalt beider erstreckte sich grundsätzl. auf die Lebenszeit des Gebers, mochte aber auch noch seine Angehörigen umfassen. Im Lauf des MA dehnte sich der Verwendungsbereich der Vergabungen von Todes wegen aus. Durch die Einfügung bes. Klauseln näherten sie sich erbrechtl. Verfügungen an (→Testament). H.-R. Hagemann
Lit.: DtRechtswb III, 1123ff. – HRG I, 271ff., 1364ff. – A. Heusler, Institutionen des dt. Privatrechts II, 1885/86, 370ff. – H. Brunner, Forsch. zur Gesch. des dt. und frz. Rechts, 1894, 1ff. – R. Hübner, Grundzüge des dt. Privatrechts, 1930⁵, 780ff.

Gabel. Die ma. G. erscheint in verschiedenen Materialien und Formen v. a. als Werkzeug im landwirtschaftl. und im häusl. Bereich. Im Hausgebrauch ist sie, jeweils zweizinkig, geläufiges Heiz- und Kochutensil oder Teil des vornehmen, festl. Tranchierbestecks, nicht aber alltägl. Eßgerät (→Besteck). Maßgebl. hierfür ist die kirchl. Diffamierung der zweizinkigen G. als Strafwerkzeug des Teufels. Obwohl bereits in der röm. Antike belegt, bleibt die Eß-G. im MA eine Randerscheinung: Sie wird im 11. Jh. von Byzanz aus am Hof des Dogen v. Venedig bekannt, verbreitet sich aber selbst im fsl. Milieu bis 1500 nur sehr zaghaft. Oberschichtl. Statusfunktion, Fertigung aus Edelmetall, geringe Stückzahl, zierl. Größe und eingeschränkte Funktion (meist für klebrige oder triefende Nachspeisen) sind ihre Kennzeichen. H. Hundsbichler
Lit.: H. Kühnel, Ziele der Erforsch. der Sachkultur des MA, Rotterdam Papers IV, 1982, 128 – Alltag im SpätMA, hg. Ders., 1986³, 212f. [H. Hundsbichler].

Gabelle (frz.; lat. und it.: gabella; Herkunft des Wortes umstritten; möglicher arab. Ursprung aus *al-qabala* ['Zins, Abgabe, Steuer'] oder aus ags. *gapol* [→*gafol, gafel*: 'Pacht, Tribut']; Weiterentwicklungen: im engl. Rechtssystem →*gavelkind*, im dt. *gaffel* [→Zunft, -wesen]), erscheint im 12./13. Jh. als Auswanderungsabgabe (gabella emigrationis) und Erbschaftssteuer (gabella hereditaria) für Fremde in Sizilien und im Reichsgebiet und bezeichnet in Italien die indirekten Steuern und Zollabgaben, fand als Verkaufs- und Transportsteuer für verschiedene Produkte wie Tuche, Wein, Fische etc. (*g. des draps, g. des vins, g. des poissons*) Verbreitung und entwickelte sich seit dem 13. Jh. schließlich zur Bezeichnung der Salzsteuer, die in vielen Ländern unter sehr vielfältigen Formen (z. B. direkt auf die Produktion der Saline oder als Ausfuhrzoll in Venedig, England, Kastilien und Aragón) erhoben wurde (→Salz, -handel).

In Frankreich, wo die *g. du sel* sich zu einer der bedeutendsten steuerl. Einkommensquellen für das frz. Kgtm. des Ancien Régime (sie wurde 1790 aufgehoben) entwickelte, liegen die Anfänge unter Kg. Ludwig d. Hl. und Kg. Philipp III. Die von Kg. Ludwig X. 1315 ergriffenen Maßnahmen zur Fixierung des Salzpreises waren in erster Linie gegen Preisspekulationen und zur Sicherung der Versorgung gedacht. Die Anfänge der Institutionalisierung der g. als Salzsteuer fallen in die Regierungszeit Kg. Philipps VI. Am 16. März 1341 und am 20. März 1343 wurde in zwei kgl. Ordonnanzen (eine vorausgegangene von 1331 zum selben Gegenstand ist verloren) unter weitgehender Aufhebung seigneurialer Rechte der Salzverkauf im ganzen Land monopolisiert und unter kgl. Verwaltung gestellt. Alles Salz sollte von eigens dazu bestellten kgl. Amtsträgern gegen Bezahlung eingezogen, in Salzspeichern (*greniers à sel*) gelagert und nur von dort von den *gabelliers* an den Handel und an Privatpersonen verkauft werden. Die bei Wiederverkauf für das Kgtm. eingezogene Steuer schwankte beträchtlich. Nicht nur die z. T. hohe Besteuerung, deren Ertrag zur Finanzierung des Krieges mit England (→Hundertjähriger Krieg) dienen sollte, sondern auch die Abnahmepflicht, die im folgenden eingeführt wurde (1372 in Dieppe 4× im Jahr für jede Familie), machte die g. zur verhaßtesten aller Steuern. War die g. von Philipp VI. wohl noch als zeitl. befristete Maßnahme gedacht gewesen und ihre Erhebung immer wieder unterbrochen bzw. z. T. mit Billigung der Stände erneut eingeführt worden, so erfolgte ihre eigtl. dauerhafte Einführung mit der Ordonnanz Kg. Karls V. vom 5. Dez. 1360, ausgelöst durch das für Kg. →Johann II. aufzubringende Lösegeld. Die Bindung der Steuer an den Preis (mit der ungemein hohen Rate von 20% des Verkaufspreises) erwies sich jedoch bald als wenig sinnvoll, so daß ab 1364 die Steuersumme von der abgegebenen Menge berechnet wurde: 1364 pro *muid* (ca. 2497 l. bzw. 2349 kg.) 24 *francs*, 1367 12 *francs*, 1383 20 *francs* usw. Auch regional waren die Unterschiede beträchtlich. Nicht alle

Gebiete waren denselben Steuerbelastungen ausgesetzt. Wesentlich geringer war z. B. die Besteuerung durch die g. in den salzproduzierenden Regionen wie z. B. im Languedoc, im Saintonge oder im Poitou. Gerichtsinstanz bei Verstößen gegen die g. durch Schmuggel, Privatverkauf usw. war der grenier à sel, an deren Spitze ein Präsident stand. Appellationsinstanz war die *cour des aides* in Paris. Die g. wurde immer wieder direkt oder mittelbar zum Auslöser von Steuerrevolten (z. B. zw. 1378 und 1383) und Gegenstand der dem Kg. auf Generalständen (→*états généraux*) vorgelegten *doléances* (z. B. 1380, 1413 und 1484; →*cahier de doléances*).   N. Bulst

Lit.: Dict. of the MA V, 336f. – HRG I, 1367f. – Du Cange IV, 3–5[s.v. gablum] – E. Meynial, Études sur la g. du sel avant le XVIIᵉ s. en France, TRG 3, 1922, 119–162 – G. Dupont-Ferrier, Études sur les institutions financières de la France à la fin du MA, 1–2, 1930–32 – J.-C. Hocquet, Le sel et le pouvoir – De l'An Mil à la Révolution française, 1985.

Ǧābir ibn Aflaḥ, Astronom und Mathematiker aus Sevilla, 1. Hälfte des 12. Jh. Sein Werk »Iṣlāḥ al-Maǧisṭī« (»Korrektur des Almagest«) stellt eine bedeutsame Kritik des →Almagest auf rein theoret. Ebene dar und geht von ptolemäischen Prämissen aus (nicht von aristotel. wie Ibn Rušd/→Averroes, al-→Biṭrūǧī/Alpetragius u. a.). So bemängelt er zum Beispiel, daß Ptolemäus seine Zweiteilung der Exzentrizitäten der Planeten nicht beweist und Merkur und Venus unter der Sonne ansiedelt, obwohl eine deutliche Parallaxe nicht nachzuweisen ist. Er beschreibt eine interessante Methode zur Feststellung der Exzentrizität und der Richtung der Apsidenlinie der oberen Planeten, die jedoch in der Praxis nur schwer anzuwenden ist. Auch beschreibt er zwei Instrumente zur Beobachtung der Sterne, die jedenfalls Vorläufer des →torquetum darstellen. Er trug dazu bei, daß die neue im Orient im 10. und 11. Jh. entwickelte Trigonometrie in Europa Verbreitung fand, wenn auch die vorgebrachten Lehrsätze im islam. Spanien schon im 11. Jh. von Ibn Muʿāḏ formuliert worden waren. Der »Iṣlāḥ« wurde des öfteren übersetzt: zweimal ins Hebräische und von →Gerhard v. Cremona ins Lat. und war in Europa (Copernicus hatte ihn aufmerksam studiert) und im Orient (→Maimonides und sein Schüler Joseph ben Yehūdah ben Shamʿūn führten ihn in Ägypten ein) seit dem 13. Jh. wohlbekannt.   J. Samsó

Lit.: DSB VII, 37–39 – R. P. Lorch, The Astronomy of J. i. A., Centaurus 19, 1975, 85–107 – Ders., The Astronomical Instruments of J. i. A. and the Torquetum, ebd. 20, 1976, 11–34 – H. Hugonnard-Roche, La théorie astronomique selon J. i. A. (Hist. of Oriental Astronomy. I.A.U. Colloquium 91, 1987), 207–208 – N. M. Swerdlow, J. i. A.'s Interesting Method for Finding the Eccentricities and Direction of the Apsidal Line of a Superior Planet (D. A. King-G. Saliba, »From Deferent to Equant« [Fschr. E. S. Kennedy, 1987]), 501–512.

Ǧābir-Corpus (Geber). Einem Ǧābir ibn Ḥaiyān (Ǧ.), der in der zweiten Hälfte des 8. Jh. gewirkt und als Schüler des Imam Ǧaʿfar aẓ-Ṣādiq einer hermet. Schule (→Corpus hermeticum) vorgestanden haben soll und seiner Schule wurde ein umfangreiches naturphilos.-alchemist. Werk (Corpus Ǧābirianum) zugeschrieben. Es handelt sich jedoch höchstwahrscheinl. um eine Personalisierung. Die Fülle der im Fihrist (987, Ibn al Nadīm) Ǧ. zugeschriebenen Texte läßt sich heute nur teilweise verifizieren. Verwechselt wird er mit dem Mathematiker Ǧ. (→Ǧābir ibn Aflaḥ). Zudem wurden Ǧ. eine Reihe alchem. Werke (lat., 13./14. Jh.; →Pseudo-Geber) untergeschoben. Holmyard, Berthelot und Kraus sowie Plessner u. a. haben in Biographie und Werkzuweisungen nach vielen früheren Spekulationen Erfolge aufzuweisen, auch daß aufgrund der Schulen-Autoren manches erst im 10. Jh. ent-

standen sein mag: Wissen und Terminologie der gr. Wiss. nach arab. Übers. (Ḥunain ibn Isḥāq) (gest. 874) lassen Datierungen zu, ebenso wie die theol. Fragestellungen. Die Sammelwerke – neben Monographien – tragen meist den Namen der Zahl ihrer Inhalte, wobei die Anordnung – gemäß bestimmter Zahlenverhältnisse oder nach den Inhalten, vier Elemente, vier Säfte u. a. – wohl geplant ist z. B. Buch der Siebzig, B. d. Einhundertzwölf, B. d. Fünfhundert. Kleinere Sammelwerke sind die zehn Zusatzbücher zu den »Siebzig«; zehn Bücher der »Korrekturen zu Lehren der (antiken) Naturphilosophien und Ärzte«; die »Siebzehn«; die »Zwanzig«; die 144 »Bücher des Maßes« (Ausgleich, Harmonie); die »Bücher über die sieben Metalle«. – Alchemie (in Theorie und Praxis) nimmt einen großen Raum ein, weniger als Einzelobjekt, als vielmehr verstreut in der Behandlung der Wiss., Philosophie, Sprache, Astrologie, Talismanwesen, Metaphysik, Kosmologie, Theologie und dazu Medizin, Agrikultur, Technologie. Alchemie ist Ǧ. ein Wissenschaftsfundament. Vorsokratiker, Plato, Aristoteles, auch Apollonius v. Tyana werden zitiert und zuweilen kritisch kommentiert. Ein um 820 verfaßtes »Geheimnis der Schöpfung« ist als kosmolog. alchemist. Komm. zur →»Tabula smaragdina« (→Alchemie) seither mit dieser verbunden. Von bemerkenswertem med. Wissen zeugt das »Buch der Gifte« (Faks. mit dt. Übers., ed. A. Siggel, 1958). Die Mehrzahl der Schriften ist noch unediert. In lat. Übers. finden sich nur »Liber septuaginta« und »Liber misericordiae«.

Ein Grundgedanke der Werke Ǧ.s ist das Maß aller Dinge, Harmonie, aber auch Abwägung und Verhältnis, welcher gemäß griech. Philosophie und Medizin (mit neuplaton. Ausweitungen) auch in theol. Sicht Ǧ.s Monismus (gegen den manichäischen Dualismus) aufzeigt. Zu alchem. Grundprinzipien, für ihn Schwefel, Quecksilber, Arsenik, zählt es sal ammoniacum hinzu, als *nušādir* wohl pers. Denkursprunges.

Weiteres zu Ǧ.s Theorien, insbes. Mathematik, Astrologie und den Einfluß auf die spätere →Picatrix (Ziel der Weisen) s. M. Plessner (1973). Die schon jetzt bezeugte Auswirkung Ǧ.s auf ma. Denkweise und Naturphilosophie wird sich mit der Bearbeitung des vorliegenden Hss.-Materials noch weiter erhärten. →Ps. Geber (latinus)
G. Jüttner

Ed. und Lit.: DSB VII, 39–43 [M. Plessner] – M. Berthelot. La chimie au Moyen Age, I, 1893, 320–350 – E. J. Holmyard, The works of Geber, 1928 – Ders., Alchemy, 1956 [Nachdr. 1968] – P. Kraus, Stud. zu Jābir H., Isis 15, 1931, 7,30 – Ullmann, Nat.
Vgl. →Alchemie

Gabirol, Salomo ben Jehuda ibn (Avicebron), hebr. Dichter und neuplaton. Philosoph im muslim. Spanien, geb. ca. 1020, gest. 1057/58. Das philosoph. Hauptwerk des bedeutendsten jüd. Neuplatonikers ist die arab. verfaßte »Lebensquelle«, die jedoch nur in lat. Übersetzung vollständig vorliegt. Hauptthema seiner Philosophie sind Materie und Form. Hierbei ist Materie das die Form Tragende und als universale Materie die Einheit alles materiellen Seins. Das Sein des Besonderen hingegen bewirkt die Form, deren höchste geschaffene Einheit die universale Form, die Form des Intellekts ist (→Form/ Materie II). Körperlichkeit erhält die sinnl. nicht wahrnehmbare Materie erst durch die Form der Körperlichkeit, durch die Vereinigung von Materie und Form. Unterste Stufe der intelligiblen Welt ist die ungeformte unkörperl. Materie, deren zunehmende Materialisierung in gleicher Weise Formalisierung ist. Allen Seinsstufen liegt die gleiche Struktur zugrunde, die von der Seinshierarchie des

Dualismus 'Geist-Körper' her begriffen wird: Absteigend wird die Stufenfolge als 'Entgeistigung', aufsteigend als 'Entkörperlichung' verstanden. Selbst das oberste Sein – Gott – hat diese Seinsstruktur: Wesen (Materie) und Eigenschaft (Form). Der Übergang vom Unendlichen zum Endlichen wird durch den Willen vollzogen, der als Wesen Gottes unendlich, endlich nach dem, was er handelnd bewirkt, ist. Von Gabirols religiöser Dichtung – seine →Pijjutim haben Eingang in die sephard. Liturgie gefunden – ist v. a. sein größeres Werk, die »Königskrone (Kätär Malkut)«, philosoph. bedeutsam. In Form eines Lobpreises Gottes wird der hierarch. Aufbau der Schöpfung geschildert: Der Beschreibung der Grundelemente Erde, Wasser, Luft und Feuer – der irdisch-materiellen Welt – folgt die Darlegung der Sphärenwelt und ihres Verhältnisses bzw. das der sie beherrschenden Himmelskörper zur irdischen Welt, v. a. zum Menschen. Den zehn Sphären gehören Mond, Merkur, Venus, Sonne, Mars, Jupiter, Saturn, die Fixsterne (Tierkreis), die Umgebungssphäre und die Verstandes- oder Vernunftsphäre an. Beeinflussen die Gestirne unterschiedl. Menschengruppen, so unterliegen alle Menschen und »unteren« Geschöpfe der Fixsternsphäre. G. schreibt in der »Königskrone«: »Der Kraft der Sternbilder entströmt die Kraft aller unteren Geschöpfe« (XXI, 14f.). Dennoch sind die Gestirne in ihrer Wirksamkeit dem Willen des Schöpfers unterworfen. Zentraler Gedanke ist der Aufstieg als Prozeß wachsender Erkenntnis aus der ird. Welt durch die Sphären zu Gott – eine individuelle Erlösung, die sich als Rückkehr von den Enden zu den Anfängen vollzieht: »Dies sind nur die Säume deiner Wege, wie mächtig sind erst ihre Anfänge, denn sie bedeuten Leben für jene, die sie finden« (XXXII, 11–13). Der Körper, von Gott geschaffen und durch die Seele auf eine höhere Stufe gehoben, birgt die Seele und wird von ihr bewahrt und geadelt, doch zu ihrer eigtl. Bestimmung gelangt die Seele erst, wenn sie sich im Tod von ihm trennt und so aus der Verbannung in die ird. Welt zu ihrer erlösenden Heimkehr befreit wird. →Neuplatonismus.   R. P. Schmitz

Lit.: H. GREIVE, Stud. zum jüd. Neuplatonismus, 1975 – J. MAIER, Die »Königskrone« des S. b. J. i. G., Judaica 18, 1962, 1–55 – Schire haqodesch², 2 Bde, hg. D. JARDEN, 1986.

Gabráin, Kg. des kelt. Reiches Dál Riada in Schottland, † 558, begründete den dynast. Zweig der Cenél nGabráin. →Dál Riada.

Gabriel. Der neben →Michael bedeutendste Erzengel (→Engel) erscheint als Gottesbote in den ntl. Erzählungen der Verkündigung an Zacharias (Lk 1, 11–20) und der →Verkündigung an Maria.   J. Engemann

Lit.: LCI II, 74–77; IV, 422–437.

Gabriel

1. G. Radomir (Gavril R.), *960(?), † 1015, Sohn des Zaren Samuel und dessen Frau Agathe, Tochter des Magnaten Johannes Chryselios v. Durazzo, zuerst verheiratet mit einer ungar. Prinzessin, später mit einer Sklavin aus Larissa. Während der Herrschaft von Samuel hatte er in dessen Reich eine wichtige Stellung inne; seine Residenz befand sich in Bitola. Wahrscheinlich nahm er teil an der Schlacht an der Trajanspforte (Aug. 986); er kämpfte neben seinem Vater in der Schlacht am Spercheios (996) und im Belasica-Gebirge (Klidion) 1014. Nach Samuels Tod im Oktober 1014 erbte G. die Herrschaft in dessen Reich; doch schon im August oder September 1015 ermordete ihn Johannes Vladislav, Sohn von Samuels Bruder Aron. Dabei hatte Samuel bei der Vernichtung von Arons Familie 976 gerade aufgrund der Fürsprache von G.

Johannes Vladislavs Leben geschont. Den Miracula sancti Demetrii III zufolge erschlug der hl. Demetrius G. wegen dessen grausamer und tyrann. Herrschaft.   B. Ferjančić

Lit.: ZLATARSKI, Istorija, I, 2, 709ff., 850–853 – Vizantijski izvori za istoriju Jugoslavije III, 1966, 46–48, 107–117 – Istorija na Bålgarija, III, 1981, 410–418.

2. G. Biel → Biel, Gabriel

3. G. Hieromonachos, byz. Melograph und Gesangsmeister, Domestikos im Kl. Ton Xanthopulon in Konstantinopel in der 1. Hälfte des 15. Jh. Neben einigen Vertonungen von Stichera und Psalmversen sowie Kratemata im kalophon. Stil (z. T. erhalten im Cod. Athous Xerop. 383, 2. Hälfte 15. Jh.) verfaßte G. noch vor Manuel →Chrysaphes, dessen Blütezeit 1440–63 anzusetzen ist, einen Traktat über den Kirchengesang Περὶ τῶν ἐν τῇ ψαλτικῇ σημαδίων καὶ φωνῶν καὶ τῆς τούτων ἐτυμολογίας (so in der ältesten erhaltenen Hs. Cod. Athous Dionysiu 570 Ende 15. Jh.), der eine geschlossene Abhandlung der Theorie des byz. Kirchengesangs für die Komponisten und für den »vollkommenen« Sänger mit deutlichen aristotel. Bezügen bietet.   Ch. Hannick

Ed.: G. H., Abh. über den Kirchengesang, hg. CH. HANNICK-G. WOLFRAM (Corpus scriptorum de Re Musica I), 1985 – *Lit.:* PLP II, 1977, Nr. 3428 – CH. HANNICK (HUNGER, Profane Lit. II), 204 ff.

4. G. (Gavrilo) v. Lesnovo, neben Prochor v. Pčinja (Prohor Pčinjski) und Joachim v. Sarandapor (Joakim Osogovski) der bedeutendste südslav. Anachoret des 11.–12. Jh. Seine älteste erhaltene Vita ist die 1330 im Kl. →Lesnovo geschriebene Prologvita bulgarischer Rezension. Ihr zufolge gründete G. das Kl. in Lesnovo und starb dort nach einem Leben als Einsiedler in den Bergen. Seine im Kl. bewahrten wundertätigen Gebeine wurden später nach Tărnovo überführt. Die jüngeren Viten beschreiben Leben und Wunder von G. ähnlich, nur mit mehr Ausschmückungen; erhalten sind auch volkstüml. Überlieferungen. Unter den 1346–1349 entstandenen Fresken der Erzengelkirche in Lesnovo befinden sich auch Darstellungen G.s (Sterbeszene).   M. Gligorijević-Maksimović

Lit.: I. IVANOV, Severna Makedonija, Sofia, 1906, 95–105 – V. MARKOVIĆ, Pravoslavno monaštvo i manastiri u srednjovekovnoj Srbiji, Sremski Karlovci 1920, 27–31 – V. J. DJURIĆ, Vizantijske freske u Jugoslaviji, 1974, 65, 212–213.

Gace Brulé, * um 1159, † nach 1212, kleinadliger →Trouvère aus der →Champagne, auch am Hof der Gfn. →Marie de France tätig. Gegen 70 Gedichte sind erhalten, meistens mit den Melodien, darunter das älteste frz. *jeu-parti,* in welchem mit Geoffroy →Plantagenêt, dem Gf.en der →Bretagne, die liebeskasuist. Frage »Wechsel oder Treue« erörtert wird (→Streitgedicht). G. B. vertritt die Ideologie des treuen Ausharrens bis zum »Tod«. Seine Liebesdichtung steht nicht nur inhaltl., sondern auch formal im Dialog mit den →Trobadors, v.a. mit →Bernart de Ventadorn, und mit den Trouvères, etwa dem Kastellan v. →Coucy, →Blondel de Nesle, Gillés de Viés-Maisons, Gautier de Dargies. Zusammen mit denjenigen des Kastellans v. Coucy bilden die Lieder des G. B. den wichtigsten Ort der dichter. Konvergenz um die →fin'amors. Die oft verschlüsselten intertextuellen Bezüge sind erst in letzter Zeit teilweise aufgedeckt worden. Sie bezeugen eine hohe Kompetenz sowohl der Dichter wie auch des höf. Publikums.   M.-R. Jung

Ed.: G. HUET, 1902 [Nachdr. 1968] – H. PETERSEN DYGGVE, 1951 – S. N. ROSENBERG, S. DANON, H. VAN DER WERF, 1985 [mit Melodien] – *Lit.:* MGG – NEW GROVE – P. BÜRGER, Zur ästhet. Wertung ma. Dichtung. 'Les oiseillons de mon païs' von G. B., DVjs 45, 1971, 24–34 – R. W. LINKER, A Bibliogr. of Old French Lyrics, 1979 – G. LAVIS-M. STASSE, Les chansons de G. B. Concordances et index, 1979 –

G. Zaganelli, Aimer sofrir joïr, 1982 – E. Baumgartner, Remarques sur la poésie de G. B., RLR 88, 1984, 1–13 – M.-R. Jung, A propos de la poésie lyrique courtoise d'oc et d'oïl, Studi francesi e provenzali 84/85, hg. M.-R. Jung-G. Tavani (Romanica vulgaria Quaderni 8/9), 1986, 5–36.

Gaddi. 1. G., Agnolo, um 1350–96, Sohn des 2. G., einer der Hauptmeister der florent. Malerei des ausgehenden Trecento, 1369 erstmals erwähnt. Wichtigste Werke: Freskenzyklen im Chor von S. Croce in Florenz (um 1380) und in der Cappella della Sacra Cintola im Dom v. Prato (1392–95) sowie mehrere Altarbilder (u. a. in Berlin, Staatl. Mus.; Florenz, frühere Slg. Contini Bonacossi; Washington, Nat. Gallery).   J. Poeschke
Lit.: R. Salvini, L'arte di A.G., 1936 – B. Cole, A.G., 1977.

2. G., Taddeo, um 1300–66, Florentiner Maler, Sohn des von Vasari als Maler und Mosaizisten gerühmten Gaddo G. und bedeutendster Schüler →Giottos, dessen Werkstatt er nach Cennino Cennini 24 Jahre lang angehört haben soll. Weitläufige Szenerien, genrehafte Motive und neuartige naturalist. Lichteffekte kennzeichnen seine Fresken in der Baroncelli-Kapelle in S. Croce, Florenz (ca. 1332–34), und im Refektorium ebda. (ca. 1335–40). Weitere Hauptwerke sind die zum ehem. Sakristeischrank von S. Croce gehörigen 28 Täfelchen mit Szenen aus dem Leben Christi und des hl. Franziskus (heute in Florenz, Accademia; Berlin, Staatl. Mus.; München, Alte Pinakothek), das Triptychon in Berlin, Staatl. Mus. (1334) und das Polyptychon in Florenz, Uffizien (1355).   J. Poeschke
Lit.: P. P. Donati, T.G., 1966 – A. Ladis, T.G., 1982.

Gadem → Buden

Gaden → Apotheke

Gaeta (Caieta), it. Stadt (heute s. Latium, Prov. Latina), Bm. und Dukat. Der seit der Antike bekannte, auf einer Landzunge im Tyrrhen. Meer gelegene Hafenplatz wurde erst nach dem Vordringen der Langobarden bis zur kampan. Küste im 6. und 7. Jh. als Zufluchtsort der roman. Bevölkerung Zentrum einer eigenständigen polit. Herrschaft mit einer in der Nachfolge des wiederholt zerstörten Formia aufgenommenen administrativen und kirchl. Tradition. Die von ihrem Hinterland anfangs abgeschnittene, auf die Seeverbindungen angewiesene städt. Siedlung löste sich als Enklave des byz. Reiches zw. dem päpstl. Patrimonium und den sich noch ausdehnenden langob. Herrschaftsgebieten seit dem späten 8. Jh. aus der Provinzialgewalt des Statthalters v. Sizilien, im 9. Jh. auch aus der polit. Zuordnung zum Dukat v. →Neapel und erreichte damit unter der nominell fortbestehenden Souveränität des byz. Reiches eine fast vollständige polit. Autonomie. Lokale Funktionen der in der Reichstradition weitergeführten Verwaltung und die damit verbundenen Titel legitimierten im Bunde mit Rechten am kirchl. Patrimonium der näheren Umgebung, rasch wachsendem eigenen Grundbesitz, dazu auch militär. oder polit. Erfolgen in der Sarazenenabwehr eine sich im 9. Jh. festigende Alleinherrschaft einheim. Geschlechter. Seit Docibilis I. (867–906) war diese seinen Nachkommen vorbehalten. Die Herrscher nannten sich im 9. Jh. Hypati, seit 944 dann wie die vergleichbar aufgestiegenen neuen Herrscher von →Amalfi und →Neapel duces (Dogen).

Um Docibilis von einem Bündnis mit den Sarazenen abzuhalten, verlieh ihm Johannes VIII. 882 →Fondi und Traetto (heute Minturno). Der Dukat gewann damit das ihm zur Sicherung seiner Autonomie noch fehlende küstennahe Hinterland. Eine dauerhafte territoriale Garantie für die neuen Grenzen gewährte erst das Bündnis zur Vertreibung der Sarazenen aus ihrem Stützpunkt an der Garigliano-Mündung mit der Anerkennung der Schenkung durch Papst Johannes X., den griech. Ks. und die fsl. Nachbarn (915).

Im Dukat waren die polit. Führung und die militär. Befehlsgewalt des Hzg.s unbestritten. Der Bf. v. G., der seinen Sitz in Formia aufgegeben hatte (Translation des Bistumshl.en Erasmus nach G.), gehörte selbst häufiger zur Herzogsfamilie.

Die von Docibilis I. begründete Dogendynastie lösten 1032 die langob. Fs.en v. →Capua, 1040 der Normanne Rainulf v. Aversa († 1044) als Lehnsmann des Fs.en v. →Salerno ab; ihnen folgten Hzg.e langob. Herkunft, dann, seit der Dukat um 1065 ein Lehen des norm. Fürstenhauses Capua wurde, in häufigem Wechsel norm. Adlige. Nach Richard II. (1121–um 1139) aus dem Haus Capua-Carinola zog →Roger II. den Dukat für die Krone ein und verlieh G. um 1140 den Rang einer kgl. Stadt.

Innerhalb der sich festigenden polit. Ordnung erweiterte sich die zunächst kleine grundbesitzende Oberschicht seit dem 9. Jh. um neue, zumeist handeltreibende Gruppen, die eigene Schiffe unterhielten, aber auch ein lokales Handwerk förderten. Als Umschlagstation für den Verkehr zw. Rom und Neapel, als Anlaufstelle für den Warenverkehr von und nach Montecassino und Capua gewann G. eine neue wirtschaftl. Basis städt. Lebens. G.ner Kaufleute begegnen im 10. und 11. Jh. in Konstantinopel und Tunis, in Pisa und Genua. In Verträgen zw. Neapel und G. nahm der wechselseitige Schutz des Handels breiten Raum ein (1029, 1129). Die Dominanz einer wirtschaftl. erfolgreichen, kaufmänn. orientierten Oberschicht führte schon im frühen 11. Jh. zu einer deutl. erkennbaren Mitwirkung des Stadtvolkes (populus maior, mediocris et minor) an der Herrschaftsausübung des Hzg.s. Von den boni homines, die seit der Mitte des 11. Jh. im Gericht auftraten und an polit. Verhandlungen und Vertragsabschlüssen mitwirkten, führte in der polit. Aufgabenstellung und in der sozialen Zusammensetzung ein unmittelbarer Weg zu dem Vierer-Kollegium der Konsuln, das 1123 eine Änderung der städt. Münzprägung durch den Hzg. erzwang. Das bereits damals als Kommune verstandene städt. Gemeinwesen besaß seit dem zweiten Viertel des 12. Jh. eine ausgebildete Verfassung und in den Konsuln und dem engeren Rat der sapientes viri auch gewählte Organe mit Befugnissen vom Verkehr mit auswärtigen Städten und adligen Herrschaften bis zur Rechtsprechung, vom Schutz des Handels bis zur eigenen Münzprägung.

Nach der Einziehung des Dukats behauptete sich die städt. Selbstverwaltung durch gewählte Konsuln, durch ein großes Privileg Kg. →Tankreds 1191 in ihren Rechten gestärkt, bis zu den Reformen Friedrichs II. im dritten Jahrzehnt des 13. Jh. Nach dem Abfall G.s in der Reichskrise von 1228–29 mit vierjährigem konsular. Regime unter päpstl. Oberherrschaft endete nach der erneuten Unterwerfung G.s 1233 die konsulare Tradition.

Nach dem Verlust der polit. Autonomie war G. mit seinem von den ersten Anjou-Kg.en wieder aufgebauten Kastell und seinem Hafen in den polit. Auseinandersetzungen um das Kgr. als »Schlüssel zu Neapel« wiederholt Schauplatz meist vergebl. Belagerungen. Obwohl es als Handelsplatz eine gewisse Bedeutung wahren konnte, geriet es wirtschaftl. mehr und mehr in den Schatten Neapels (der von den angiovin. Kg.en gewählten neuen Hauptstadt des Kgr.es Neapel). Die Zahl der zur Steuer veranlagten städt. Feuerstellen (1320: ca. 1030) wuchs zw. dem 14. und dem 16. Jh. nicht mehr.   N. Kamp

Q. und Lit.: IP VIII, 80–92 – G. B. Federici, Degli antichi duchi e consoli o ipati della città di G., 1791 – C. Minieri Riccio, Repertorio delle pergamene della univ. o comune di G., 1884 – Cod. diplomaticus Cajetanus, I–III, 2, 1887–1960 – P. FEDELE, Il ducato di G. all'inizio della conquista normanna, Arch. stor. per le province napoletane 29, 1904, 50–113 – M. MERORES, G. im frühen MA, 1911 – F. SCHUPFER, G. e il suo territorio. Studi sul diritto privato gaetano, Atti della R. Accademia dei Lincei, Serie V, Mem. della cl. di Scienze morali, storiche e filologiche 15, 1915, 3–180 – O. VEHSE, Das Bündnis gegen die Sarazenen vom Jahre 915, QFIAB 19, 1927, 181–204 – N. KAMP, Kirche und Monarchie im stauf. Kgr. Sizilien I, 1, 1973, 81–87.

Ǧaʿfer Čelebi, Tāǧī-zāde, osman. Staatsmann, Dichter und Briefstilist *(münšī).* Geb. in Amasya, war er zunächst →Medrese-Lehrer, dann →*nišānǧī* unter →Bāyezīd II. und Selīm I., als welcher er den letzteren auf seinem Çaldiran-Feldzug 1514 begleitete, um auf dem Rückweg dann zum →*qāžī-ʿasker* von Anatolien ernannt zu werden. Zurück in Istanbul, wurde er der Aufwiegelung der →Janitscharen zum Aufruhr bezichtigt und am 18. Aug. 1515 hingerichtet. Erhalten sind sein →Dīwān, das originelle *mesnevī* »Heves-nāme«, »Maḥrūse-i İstanbul Feth-nāmesi« in eleganter Prosa, ganz wenige Briefe und »Enīsü l-ʿĀrifīn« (Übers. aus dem Pers.).   E. Ambros

Lit.: İ. E. ERÜNSAL, The Life and Works of Tâcî-zâde Caʿfer Çelebi 1983 (Istanbul Üniversitesi Edebiyat Fakültesi Yayınları 3103) [mit Ed. seines Dīwān].

Gaffel → Zunftwesen; →Gabelle

Gafol *(gavel,* gablum; vgl. →gabella, gabulum), ags. Rechtswort bezeichnet: 1. eine an den Kg. zu zahlende Abgabe für Grundbesitz; 2. einen Zins, der – in Geld oder Naturalien – an einen sonstigen Grundherrn zu entrichten war. Als das Geld zur üblichen Form der Abgabe an den Kg. wurde, trat die zweite Wortbedeutung stärker in den Vordergrund. G. wurde entrichtet von den größeren Bauern, den *geneats* (verbunden mit Reiterdienst), aber auch von den kleineren, stärker der Grundhörigkeit unterworfenen Landbesitzern, den *geburs.* Im →Domesday Book werden gablatores in zahlreichen Gft.en erwähnt; auch Stadtbürger mußten für ihren Grundbesitz das gablum entrichten. In der Zeit nach der norm. Eroberung wurde die überwiegende Leistung von Geldzins, statt von Frondiensten, zum Kennzeichen des freien Bauern. – Zur Sonderform in Kent: →gavelkind.   A. Harding

Lit.: LIEBERMANN, Gesetze I, 445f.; II, 85, 264 – F. W. MAITLAND, Domesday Book and Beyond, 1897, 70, 85, 247, 384 – F. POLLOCK– F. W. MAITLAND, The Hist. of English Law I, 1898², 186, 366; II, 261, 271–273 – F. E. HARMER, Anglo-Saxon Writs, 1952, 159, 286, 439f.

Gafori (Gaf(f)urio, Gaffurius), **Franchino,** it. Theoretiker und Komponist, * 14. Jan. 1451 in Lodi, † 25. Juni 1522 in Mailand, empfing 1474 die Priesterweihe, diente am Dom seiner Heimatstadt als Sänger, studierte bei J. →Bonadies und wirkte, nach Stationen als Lehrer, Musiker und Komponist in Mantua, Verona, Genua, Neapel, Lodi und Bergamo, ab Jan. 1483 bis zu seinem Tod als Kapellmeister am Dom zu Mailand. Hist. bedeutsam sind seine gedruckten und ungedruckten Traktate durch die umfassende Kentnnis der zeitgenöss. Musik und ihrer in der Antike verwurzelten theoret. Grundlagen, wobei sich G.s Sinn für Tradition und Neuerungen die Waage halten. Ebenso verbinden seine Kompositionen – v. a. Messen und Motetten – altgebrachte ndl. Satzkunst mit modernem it. Klangsinn.   H. Leuchtmann

Ed. und Lit.: MGG, s. v. – NEW GROVE, s. v. – C. V. PALISCA, Humanism in It. Renaissance Musical Thought, 1985, passim.

Gagausen, ein in der Dobrudža (heute auch n. davon und bes. in →Bessarabien, der Sowjetrepublik Moldavia) als ethn. Minderheit lebendes Volk, das eine dem Türkei-Türkischen nahestehende Türksprache spricht. Von allen anderen Türkvölkern unterscheiden sich die G. durch ihr

griech.-orth. Bekenntnis, was zu Spekulationen hinsichtl. ihrer Herkunft geführt hat. Manche Forscher sehen in ihnen Reste eines türk. Stammes, der, zur Zeit des Byz. Reiches von Norden in die Dobrudža eingewandert, christianisiert wurde, also etwa der Protobulgaren (7. Jh.) oder der Pečenegen (11. Jh.), während andere aus linguist. Gründen an eine Einwanderung kleinasiat. Türken (13. Jh.) denken. Da weder der erst seit Ende des 19. Jh. auftauchende Volksname sicher gedeutet ist noch auch hist. Angaben eindeutig mit den G. verknüpft werden können, muß dieses vielumstrittene Rätsel als noch ungelöst betrachtet werden.   A. Tietze

Lit.: P. MUTAFČIEV, Die angebl. Einwanderung von Seldschuk-Türken in die Dobrudscha im XIII. Jh., 1943 – P. WITTEK, YazïǰïoghluʿAlî on the Christian Turks of the Dobruja, BSOAS XIV, 3, 1952, 639–668 – C. CAHEN, Points de doute sur les Gagaouzes (Stud. turcologica mem. A. BOMBACI, 1982), 89f.

Gaguin, Robert, Pariser Trinitarier, Historiograph und Humanist, * 1433, † 22. Mai 1501. Von den Trinitariern im Artois erzogen und 1457 nach Paris zur Beendigung seiner Studien geschickt, durchlief F. als Schüler →Fichets eine Karriere als Universitätsprofessor der Rhetorik und des kanon. Rechts sowie als Verwaltungsmann und Reformer seines Ordens, dessen General er 1473 wurde. Daneben war er mit mehreren – nur wenig erfolgreichen – Gesandtschaften befaßt. Leidenschaftl. für die Erneuerung des Lat. eintretend, unterstützte er Fichet 1470 an der Sorbonne bei der Errichtung der ersten Pariser Druckerei (→Buchdruck B.IV) und war nach seinem Lehrer der führende Kopf des Pariser Humanismus und die Hauptstütze der durchreisenden ausländ. Humanistenfreunde wie →Erasmus, →Pico u. a. G. forderte die Aufgabe der ma. Kompendien und Bildungsinhalte, propagierte eine stärker spirituelle und gefühlsbetonte Theologie anstelle der scholast.-rationalen Auffassungen und bemühte sich um eine christl. geprägte Konzeption der klass. Studien, womit er einen Ausgleich zw. den Strömungen des it. und des ndl. Humanismus anstrebte. Sein Wirken als Anreger und Förderer, dem er sich im Kontakt mit den großen Humanistenpersönlichkeiten der Zeit widmete, überragt die Bedeutung des eigenen Werkes. Unter seinen Schriften sind neben Übers. (Caesar, Livius) ein Traktat zur Metrik zu nennen, mehrere Abhandlungen über die Unbefleckte Empfängnis, zahlreiche Briefe und Reden sowie eine polit. Streitschrift in frz. Sprache. Sie alle übertrifft an Verbreitung G.s überaus erfolgreiches »Compendium« (s. a. →Chronik E.III), die erste Darstellung der Geschichte Frankreichs aus humanist. Sicht, verfaßt in einer zugleich krit. und rhetor. Grundhaltung.   P. Bourgain

Ed.: Compendium super Francorum gestis, Paris 1498, 1501 u. a. – R. G. epistolae et orationes, ed. L. THUASNE, 1903 – R. G. poète et défenseur de l'Immaculée conception, ed. J. DILENGE, 1960 – *Lit.:* MOLINIER V, 4668 – L. THUASNE, op. cit., 4–168 – F. SIMONE, R. G. ed il suo cenacolo umanistico, Aevum 13, 1939, 410–430 – DSAM VI, 64–69 – M. SCHMIDT-CHAZAN, Hist. et sentiment national chez R. G. (Le métier d'historien au m. â., hg. B. GUENÉE, 1977), 233–300 – D. CECCHETTI, Il primo umanesimo francese, 1987.

Ǧahwariden, muslim. Notabelnfamilie im →Córdoba der beginnenden Taifenzeit (→Mulūk aṭ-ṭawāʾif). Die Ǧ. waren unter *Abū Ḥazm Ǧahwar b.M.b.Ǧ.* maßgebl. daran beteiligt, daß der »Rat der Ältesten« im Dez. 1031 das →Kalifat der →Omayyaden für erloschen erklärte und eine oligarch. Stadt-Republik (etwa das Gebiet der heut. Provinz Córdoba) installierte, an deren Spitze ein Senat von der Art der bei den Berbern üblichen *ǧamāʿa* (ʿStammesrat') stand, ein deutlicher institutioneller Rückschritt. Abū Ḥazms Sohn *Abu l-Walīd Muḥ. ar-Rašīd* führte – nach dem Vorbild des Vaters – ebenfalls ein wohlwollendes

Regiment, delegierte die tatsächl. Machtausübung aber seinem Wesir Ibn ar-Raqqāᵓ. Sein jüngerer Sohn ᶜAbdalmalik ließ Ibn ar-Raqqāᵓ 1058 ermorden und machte sich allgemein verhaßt. Als sich 1069 der →Afṭaside v. →Badajoz Córdobas bemächtigen wollte, rief man die →ᶜAbbādiden v. Sevilla zu Hilfe, die Stadt und Land okkupierten und ᶜAbdalmalik und seinen betagten Vater verbannten. Die Regierung der Ǧ. ist im allgemeinen zu wohlwollend beurteilt worden; wiewohl das Geistesleben unter ihnen blühte (z. B. →Ibn Zaidūn, →Ibn Ḥazm), wurden mißliebige Persönlichkeiten eingekerkert oder verbannt.

H.-R. Singer

Lit.: EI²II, 389 – KH. SOUFI, Los Banū Ŷahwar en Córdoba, 1031–1070, 1968 [cf. P. CHALMETA, Bol. Asoc. Esp. Orientalistas VII, 1971, 265f.].

Gaimar, Geffrei, anglonorm. Chronist, Autor einer »Estoire des Bretuns« (verloren) und einer »Estoire des Engleis« in 6500 achtsilbigen Versen. Die erhaltene Chronik geht vom legendär. →Cerdic bis zum Tod →Wilhelms II. Rufus i. J. 1100. Sie wurde zw. 1135 und 1138 für Konstanze, Frau des Ralph Fitz-Gilbert in Lincolnshire geschrieben und enthält u. a. die Geschichte des Dänen →Havelok. Stellenweise ist sie schon eindeutig höfisch gefärbt. G. ist der erste volkssprachl. Chronist, der die Geschichte einer »Nation« erzählt. Der Epilog der »Estoire des Engleis« zeigt, daß G. in der verlorenen »Estoire des Bretuns«, für die er →Geoffrey (Galfrid) v. Monmouth benutzt, die →Trojanersage ausführlich dargestellt haben muß und damit als erster, vor →Benoît de Sainte-Maure, auf →Dares Phrygius zurückgegriffen hat. Der Verlust der »Estoire des Bretuns« erklärt sich mit dem Erfolg des »Brut« von →Wace, der in allen vier Hss. der »Estoire des Engleis« gleich nach der Chronik G.s aufgeschrieben worden ist. →Anglonormann. Lit.

M.-R. Jung

Ed.: A. BELL, L'Estoire des Engleis, ANT 14–16, 1960 [Nachdr. 1971] – Havelok, ed. G. v. SMITHERS, 1987 – Lit.: DLFMA – Repfont – GRLMA XI – J. S. P. TATLOCK, The Legendary Hist. of Britain, 1950 [Nachdr. 1974] – A. R. PRESS, The precocious courtesy of G.G., Court and Poet. Selected proceedings of the third Congress of the internat. Courtly Lit. Society (1980), hg. G. S. BURGESS, 1981, 267–276.

Gainas, got. Heerführer. Nach raschem Aufstieg verhalf er mit seinen Hilfstruppen 394 →Theodosius I. zum Sieg über →Eugenius. In den O durch →Arcadius zurückberufen, kämpfte er unter →Stilicho gegen →Alarich I., war als comes rei militaris führend am Sturz des Präfekten →Rufinus beteiligt und wurde schließlich magister utriusque militiae. 400 wurde er vom Ks. mit einem starken Heer mit der Niederwerfung der Revolte des Goten Tribigild in Phrygien beauftragt, aber infolge eines Mißerfolgs des geheimen Einvernehmens mit diesem beschuldigt. Dadurch kompromittiert und beunruhigt durch den verstärkten Einfluß der antigerm. Partei, erhob er sich und besetzte Konstantinopel, mußte aber die Hauptstadt v. a. auf Betreiben des Bf.s →Johannes Chrysostomos bald wieder verlassen. Von dem kaisertreuen Fravitta bedrängt, wurde er im Dez. 400 beim Versuch, über die Donau in seine Heimat zu entkommen, von einem hunn. Heer besiegt und erschlagen.

R. Klein

Lit.: KL. PAULY II, 660 – RE VII, 486f. – H. WOLFRAM, Gesch. der Goten. Von den Anfängen bis zur Mitte des 6. Jh., 1979, 175–178 – G. ALBERT, Goten in Konstantinopel. Unters. zur oström. Gesch. um das Jahr 400 n. Chr., 1984, 103ff.

Gaius, röm. Jurist, schrieb u. a. um 161 n. Chr. »Institutiones« (ᵓUnterweisungenᵓ) in vier »commentarii« (ᵓAbschnittenᵓ), ein Kurzlehrbuch des röm. Rechts, das in der Spätantike sehr beliebt war. Die Schrift war Vorbild und Hauptquelle der Institutionen Justinians (533, →Corpus iuris civilis, I [3]), und der Ks. nennt den Verfasser – als seinen illyr. Landsmann (?) – liebevoll »Gaius noster«. Als G. Augustodunensis bezeichnet man Fragmente eines Kommentars zu den Institutiones des G. aus dem 5. Jh. in einem Palimpsest der Bibl. municipale in Autun. Wohl in der 2. Hälfte des 5. Jh. entstand in Gallien eine kürzende, insbes. das Aktionen-Recht (→Actio) des 4. Abschnitts weglassende Bearbeitung der Institutiones, die als »Liber Gaii« in die →Lex Romana Visigothorum (506) aufgenommen wurde (sog. Gai Epitome oder westgot. G.) und mit dieser im früheren MA v. a. in Gallien verbreitet und bearbeitet wurde. So gelangten Teile des Textes, erneut bearbeitet, Anfang des 8. Jh. auch in die →Lex Romana Curiensis. Nur der westgot. G. war bekannt, bis der Historiker B. G. Niebuhr 1816 den größten Teil des allenfalls leicht überarbeiteten Originals in einem Palimpsest-Codex aus dem 5. Jh. in der Bibl. capitolare in Verona entdeckte. Durch weitere Textfunde konnte die Schrift seither fast vollständig rekonstruiert werden.   P. Weimar

Ed.: M. DAVID – H. L. W. NELSON, Gai institutionum commentarii IV, 1954ff. [mit philol. Komm., unvoll.] – M. DAVID, Gai institutiones. Ed. minor, 1964² – F. DE ZULUETA, The Institutes of Gaius, 1946–53 [mit engl. Übers.] – L. HUCHTHAUSEN, Röm. Recht, 1975², 9–224 [dt. Übers.] – Lit.: M. CONRAT (COHN), Die Entstehung des westgot. G., 1905 [Neudr. 1967] – G. G. ARCHI, L'Epitome Gai, 1937 – W. KUNKEL, Herkunft und soziale Stellung der röm. Juristen, 1967², 186ff. – A. M. HONORÉ, G., 1962 – J. GAUDEMET, Le Bréviaire d'Alaric et les Epitome (IRMAe I, 2b aaß), 1965, 34s. – G. DULCKEIT, F. SCHWARZ, W. WALDSTEIN, Röm. Rechtsgesch., 1981⁷, 235–238 – H. L. W. NELSON – M. DAVID, Überlieferung, Aufbau und Stil von Gai Institutiones, 1981.

Ǧalāluddīn-i Rūmī → Rūmī

Galata, vorstädt. Viertel von →Konstantinopel am gegenüberliegenden Ufer des Goldenen Horns.

I. Byzantinische und genuesische Zeit – II. Frühe osmanische Zeit.

I. BYZANTINISCHE UND GENUESISCHE ZEIT: Die Vorstadt heißt in den byz. Quellen zunächst Sykai (ᵓFeigenbäumeᵓ) oder Justinianai, erst seit dem 9. Jh. begegnet der Name ᵓG.ᵓ (unsichere Etymologie, von ᵓGalater, Kelteᵓ?). Unter Konstantin ummauert, bildete die Viertel im 5. Jh. den 13. Stadtbezirk von Konstantinopel. 528 ließ Justinian die Mauern wiederherstellen und die Kirche H. Irene erbauen. Tiberios I. (578–582) errichtete ein kastellion am Ausgang des Goldenen Horns, der seit dem beginnenden 8. Jh. mit einer Sperrkette geschlossen war. G. hatte Thermen, drei Kl., acht Kirchen und ein Arsenal (Exartysis). Es beherbergte im 12. Jh. eine blühende jüd. Gemeinde mit 2000 Rabbaniten und 500–600 Karäern (nach →Benjamin v. Tudela, § 23).

Im Juli 1203 besetzten die Kreuzfahrer (→Kreuzzug, Vierter) das Nordufer des Goldenen Horns, bemächtigten sich der Festung und sprengten die Kette. Der Besitz von G. erleichterte ihnen die Eroberung Konstantinopels. Durch den Vertrag v. →Nymphaion (1261) übertrug Michael VIII. Palaiologos den Genuesen (→Genua) einen Teil des Stadtviertels, dessen Befestigungen geschleift wurden. G. wurde unter dem das jenseitige Ufer des Goldenen Horns bezeichnenden Namen Pera (πέραν) zur genues. Kolonie von Konstantinopel ausgebaut. 1296 verwüstete die ven. Flotte das immer noch von Mauern entblößte G. Im Mai 1303 übertrug Ks. Andronikos II. den Genuesen ein vergrößertes Viertel, das von der Exartysis bis zur Festung G. reichte. Im folgenden Jahr gestattete der Ks. seinen genues. Verbündeten zwar, ihre Niederlassung zu sichern, doch nicht, Mauern zu errichten. Nach einem Stadtbrand 1315 ließ der Podestà Montano de Marini einen neuen Kommunalpalast und eine Mauer an der Nordgrenze der Stadt erbauen. Vor 1324 entstand auch ein Mauerzug zur Seeseite hin. Gegen den Widerstand Andronikos' II. errichteten die Genuesen Festungstürme auf den Höhen von G., die jedoch 1339 von den Byzantinern geschleift wurden. Im Verlauf des byz. Bürgerkriegs (1348–49) annektierten die Genuesen weitere Gebiete im Umland, insbes. die Hügelkuppe, auf der sie den beherrschenden Christusturm (auch: G.-Turm) erbauten. 1352 gestand ihnen Johannes Kantakuzenos ein abermals erweitertes Stadtareal zu vollem Eigen zu.

Nach 1350 wurden die beiden vorwiegend von Byzantinern bewohnten Vorstädte Spiga (im W) und Lagirio (im O) einverleibt. Sie wurden zw. 1387 und 1404 mit erst 1435 vollendeten, fast 37 ha umschließenden Mauern umgeben. Die Zeichnungen im »Liber Insularum« des →Buondelmonti zeigen vier gesondert ummauerte Stadtviertel; die zentrale Kolonie war somit von den Vorstädten getrennt. Die mit einem Graben umgebenen und mit kegelförmigen Türmen bewehrten Mauern hatten einen Durchmesser von insgesamt ca. 30 m und waren von nur wenigen Toren durchbrochen; der Christusturm bildete die zentrale Anlage des Festungssystems v. G. Brennpunkte des städt. Lebens waren der Palast des Podestà, die logia, das Haus der *Massaria* (kommunaler Schatz), zahlreiche Kirchen (u. a. Kathedrale S. Michele, Dominikanerkirche S. Paolo) sowie die Landeplätze (scalae) am Goldenen Horn. Nach 1453 behielten die Genuesen v. G. zwar ihre Privilegien, doch wurde ein Teil ihrer Festungsanlagen zerstört.   M. Balard

II. FRÜHE OSMANISCHE ZEIT: Von der Kapitulation G.s bis zum Tode →Bāyezīds II. (1512) erlebte die Vorstadt einschneidende Veränderungen in ihrem phys. Habitus, ihrer Bevölkerungszusammensetzung und ihrem verwaltungsrechtl. Status. Die Befestigungen hatten bald ihre Bedeutung eingebüßt. Im W entstand das Marine-Arsenal, im O die große Kanonengießerei *(Tophāne)*; die Weinberge im N bildeten eine bevorzugte Wohnlage; die genues. Piazza wurde mit dem *Bedesten* überbaut. Aus Spanien geflüchteten Muslimen wurde die Kirche S. Paolo (Arap câmiᶜi) um 1475/78 zugewiesen. Als eines von drei Vorstadt-*Kāḍīlıks* hatte das in christl., jüd. und muslim. Wohnviertel eingeteilte G. bald alle Elemente von Selbstverwaltung verloren. Neben bedeutenden Moschee-Neugründungen des 16. Jh. *extra muros* wurden durch Implantierung von muslim. Gebetshäusern christl. Nachbarschaften verdrängt. Die wenigen sog. »Genuesenhäuser« haben sich als Bauten der späten Neuzeit erwiesen. Die bedeutendste islam. Institution ist der 1505/06 gegründete Konvent der Mevlevī-Bruderschaft (Galata Mevleviḫānesi).   K. Kreiser

Lit.: EI², s. v. Gihalaṭa [C. J. HEYWOOD] – J. SAUVAGET, Notes sur la colonie génoise de Péra, Syria, 1934, 252–269 – A.-M. SCHNEIDER – M. NOMIDIS, G. Topograph.-archäolog. Plan, 1944 – R. JANIN, Constantinople byz., 1964², 251–253, 457–458, 466–467 – DERS., La géographie ecclésiastique de l'Empire byz., I, 3: Les églises et les monastères, 1969², 584–593 – S. EYICE, G. ve kulesi, 1969 – W. MÜLLER-WIENER, Bildlex. zur Topographie Istanbuls, 1977, 320–322 – M. BALARD, La Romanie génoise (XIIᵉ–début du XVᵉ s.), 2 Bde, 1978, Bd. 1, 184–198 – DERS., Les Italiens à Byzance, 1987, 9–78 – S. DÜLL, Byzanz in G. Zur Rezeption byz. Ornamente auf genues. Denkmälern des 14. Jh. (RHMitt 29, 1987).

Galbert v. Brügge, Beamter (notarius) der Gf.en v. →Flandern in der 1. Hälfte des 12. Jh., Verfasser des berühmten Berichts über die Ermordung →Karls des Guten. G., über dessen Leben nur wenige, lückenhafte Angaben vorliegen, stammte wahrscheinl. aus Brügge, wurde wohl an einer fläm. Kathedral- oder Kapitelschule zum clericus ausgebildet und studierte vielleicht anschließend in der Kathedralschule v. →Laon. Er gehörte dem eng mit

der gfl. →Kanzlei verbundenen Klerus von St. Donatian zu →Brügge an. Sein Weihegrad und seine Stellung innerhalb des Kapitels sind allerdings nicht eindeutig zu klären. G. wirkte in der gfl. Kanzlei wohl schon unter Robert II. und Balduin VII., ist als notarius sicher belegt unter Karl dem Guten (1119–27) und Wilhelm Clito (1127–28) und setzte seine Tätigkeit wohl noch in den ersten Regierungsjahren Dietrichs v. Elsaß (1128–68) fort. – Sein Bericht über die Ermordung des Gf.en Karl († 2. März 1127) und die anschließenden Unruhen entstand als →Tagebuch, das G. unmittelbar nach dem Mord zu führen begann, wobei er seine Aufzeichnungen auf Wachstafeln notierte und später, nur noch wenig überarbeitet auf Pergamentblättern kopierte. Damit enstand ein für das 12. Jh. ganz außergewöhnl. Quellenzeugnis von größter Unmittelbarkeit und Ereignisnähe, reich an präziser und detaillierter Information. Aus G.s Text spricht nicht nur der ausgezeichnete Informationsstand des Autors, sondern dieser erscheint auch als Mann von Bildung, Intelligenz und scharfer Beobachtungsgabe, der er häufig einen Schuß Ironie beimischt. Das Autograph ist verloren, ebenso alle ma. Abschriften; wir besitzen G.s Werk in drei frühneuzeitl. Kopien; zwei aus dem 16. Jh. (Arras, Paris), eine aus dem 17. Jh. (von Brügger Herkunft). →Bertulf, →Erembalde.   M. Ryckaert

Ed.: MGH SS XII, 561–619, ed. KÖPKE – De multro ..., ed. H. PIRENNE, 1891 [Einl.] – *Übers. und Lit.:* engl.: J. B. Ross, 1960, 1967 [Einl.]; ndl.: A. DEMYTTENAERE; frz.: J. GENGOUX, beide ed. R. C. VAN CAENEGEM, 1978 [Einl.] – BNB VIII, 392–394 – H. SPROEMBERG, G. v. B., Persönlichkeit und Werk (DERS., MA und demokrat. Gesch.sschreibung; Forsch. zur MA Gesch. 18, 1971), 239–277 – R. C. VAN CAENEGEM, G. van Brügge en het recht, 1978 (Med. Kon. Academie Wetensch. van België, Kl. der Letteren, XL/1).

Galeazzo (di) Santa Sofia (Galeatius, Galeateus de Sancta Sophia), Mitglied einer berühmten Ärztefamilie aus Padua, † 1427 ebd. an der Pest, 1389 Mag. med. in Padua, zw. 1398 und 1405 in Wien, soll hier die erste Lehr-Sektion durchgeführt haben, Leibarzt Albrechts IV., Hzg. v. Österreich. G.s Werk über die Simplicia zeugt von eigenständiger Beobachtung. Ferner werden ihm ein Fiebertraktat, eine Anweisung für Seekranke und eine Pestschrift zugeschrieben. Ein Rhazes-Kommentar hat wohl G.s Onkel Marsilio und Bruder Bartolomeo zu Mitautoren.   H. H. Lauer

Q.: Onomasticon de simplicibus ...: Mss. bei THORNDIKE-KIBRE 10; andere Mss., 245, 348, 644, 1110 – *Ed.:* Tractatus de febribus, Venedig 1514, Lyon 1517 – Opus medicinae practicae ... in nonum tractatum libri Rhasis ad regem Almansorem ... Hagenau 1533 – Consilium ... cuidam domino ituro per mare: L. SENFELDER, G. a Sancta Sophias angebl. Traktat über die Seekrankheit, Wien. klin. Rundschau 1898, 674f. – Consilium tempore pestilenciae: K. SUDHOFF, Pestschriften aus den ersten 150 Jahren nach der Epidemie des »schwarzen Todes« 1348, V., SudArch 6, 1913, 313–379, 357–361 – *Lit.:* BLA 5, 17f. – A. W. E. TH. HENSCHEL, Biograph.-litterar. Notizen, berühmte Wundärzte und Aerzte des XIII. und XIV. Jh. betreffend, Janus NF 2, 1853, 375–425, 423f. – SARTON 3, 1193 – L. SENFELDER, Oeffentl. Gesundheitspflege und Heilkunde (Gesch. der Stadt Wien 2, 1904), 1055f., 1059f.

Galeere → Schiff, -stypen

Galen im MA. [1] *Allgemeines:* Galenos aus Pergamon (129–199), in Rom tätiger griech. Arzt, med. Autor und zeitweilig Leibarzt Ks. Mark Aurels, galt während des ganzen MA als unangefochtene med. und naturphilos. Autorität. Erst in der späteren Scholastik und dann zunehmend mit der Renaissance wurde seine Autorität angezweifelt, wobei die Kritik sich schon in der arab. Scholastik v. a. gegen die philos. Schriften und nur vereinzelt gegen die med. Lehrmeinungen richtet. Gleichwohl kann

die Wirkungsgeschichte des Galenismus kaum überschätzt werden. Die Schriften des G. wurden bis zum
Beginn des 19. Jh. an europ. Univ. tradiert und kommentiert. Die Bedeutung eines solchen Kontinuums kann nur
angemessen beurteilt werden, wenn man die Rolle berücksichtigt, die das »Corpus Galenianum« im islam.
Kulturkreis gespielt hat. G.s autobibliograph. Schriften
(KÜHN, XIX, 8–48; XIX, 49–61; I, 407 ss.) lagen den
frühen arab. Übersetzern in mehreren Fassungen vor und
wurden häufig kompiliert und – so von Ḥunain b. Isḥāq –
kommentiert. Der Traktat des Qusṭā b. Lūqā »Über die
Reihenfolge der Lektüre der Bücher des Galen« kann als
ein »Leitfaden zum Studium der med. Lit.« (ULLMANN,
37) aufgefaßt werden.

[2] *Übersetzungen:* In Byzanz erstellten die Kompilatoren →Oreibaseios, Aëtius v. Amida, Paulus Aegineta
Exzerpte und Zusammenfassungen der galen. Werke;
→Alexander v. Tralles wurde von dem »wunderbaren,
göttl. G.« aufs stärkste beeinflußt, kritisierte seinen Lehrmeister allerdings gelegentlich in Detailfragen.

Ein Teil der galen. Tradition erreichte das lat. Früh- und
HochMA durch wohl in Ravenna angefertigte Übers. der
Werke von Oreibaseios und Alexander v. Tralles. Mit
Ausnahme von G.s Traktat »Ad Glauconem de medendi
methodo« enthält der vorsalernitan. Codex ledigl. Pseudepigrapha. Zu einem frühen Zeitpunkt wurde G.s »Ars
medica« oder »Tegni« aus dem Griech. ins Lat. übersetzt;
der Griechisch-Übersetzer →Burgundio v. Pisa (†1193)
rühmte ihre Zuverlässigkeit. Burgundio selbst übersetzte
mehrere galen. Schriften, u. a. Puls- und Fiebertraktate
sowie »De interioribus« (= »De locis affectis«) und »De
elementis«. Andere frühe Übersetzungen stammen von
→Petrus v. Abano und→Wilhelm v. Moerbeke. Während
die griech. hs. Überlieferung der Werke des G. erst mit
dem 15. Jh. einsetzte, war das lat. MA überwiegend auf
arab. Fassungen angewiesen, die seit dem ausgehenden
11. Jh. in mehreren Rezeptionswellen die abendländ.
Schulen erreichten. Hierbei kann →Constantinus Africanus als der erste Interpret des lat. Galenismus gewertet
werden. In seinem »Liber megatechni« beruft er sich
durchgehend auf G.s therapeut. Methode und preist ihn
als Exponenten und Muster der klass. Heilkunde (Opera
Ysaac, f. 189va). In seiner Schrift »De coitu« wird G. als
»medicorum optimus« bezeichnet. In dieser ersten Rezep-
tionswelle dominieren zweifellos die griech. Autoritäten,
deren souveräner Exponent G. war. Deutlicheres Profil
gewinnt der Galenismus in der Übersetzerschule v. Toledo, so bei→Marcus v. Toledo und v. a. bei →Gerhard v.
Cremona. Erwähnt seien der »Liber de elementis Galieni«, der »Liber de ingenio sanitatis Galieni« (= Methodus
medendi; KÜHN X, 1–1021) sowie ein »Liber de criticis
diebus«. Auch die »Chirurgia Albucasis« in der Übers. des
Gerhard fußt durchgehend auf der »scientia anatomiae, ut
illam tradidit Galenus« (Ed. CHANNING, 1778, I, 3). Aus
der Wirkungsgesch. im ganzen wären jene Schriften hervorzuheben, die in griech. Version verlorengingen und
nur noch in arab. Übers. vorliegen. Hierzu gehören etwa
eine Streitschrift zw. Vertretern der empir. und dogmat.
Medizinschule, die Schrift »Über die medizinischen Namen«, ein Traktat »Über die Prüfung des Arztes«, v. a.
aber anatom. Grundschriften, die in griech. Fassung nur
teilweise überliefert wurden (vgl. KÜHN II, 215–731), so
die Abhandlung »Über die Verschiedenheit der homoio-
meren Körperteile« (ULLMANN, 51–53). – Den Weg in den
universitären Lehrbetrieb fanden die »Ars parva« (= Mi-
crotegni), die »Ars magna« (= Megategni), Teile der
»Hygieina« (KÜHN VI, 1–452) und der Diätetik (KÜHN VI,

453–748), weite Bereiche der Heilmittellehre sowie v. a.
Teile der →Articella, so die »Isagoge Iohannitii«, de
»Liber prognosticorum« sowie das »Regimen acutorum
morborum«, jeweils mit Komm. des G. Die aus den
Arab. tradierten »Opera Galeni« wurden unangefochter
assimiliert und fanden Eingang auch in die offizielle Schul
literatur. Als Beispiel sei ein Statut für die Medizinschule
v. Montpellier (1308) erwähnt, wo die »Galenica« deutl
vor →Avicenna, →Rhazes und →Hippokrates rangieren
Erst im 16. Jh. vermochte man deutlicher zw. dem »ech
ten« Galen griech. Provenienz und dem arabisierten Gale
nismus lat. Scholastik zu unterscheiden.

[3] *Kommentare:* Ein frühes Beispiel für einen G.-Kom
mentar im Westen war der alexandrin. Komm. zu »D
sectis«, verfaßt von dem rätselhaften Johannes Alexandri-
nus (ca. 490–565). Ein Mailänder Codex (Ambrosiana G
108 inf.) enthält ravennat. Komm. zu vier galen. Schrif
ten. In Salerno entstanden in der 2. Hälfte des 12. Jh
wichtige Komm. zur »Articella«. Repräsentative G.
Kommentatoren waren Pietro →Torrigiano de Torrigia
ni, →Gentile da Foligno, →Jacopo da Forlì und Ug
→Benzi, alle wohl beeinflußt von Taddeo →Alderott
(s. a. THORNDIKE-KIBRE). Als Versöhnung der galen. Me
dizin mit dem herrschenden →Aristotelismus kann de
»Consiliator« des Petrus v. Abano angesehen werden
Bezeichnend bleibt die Formel, die →Mesuë in seiner
Aphorismen fand: »Ubi Galenus et Aristoteles concor-
dant, est, ubi autem non, difficile verum invenitur«. -
→Arabismus, →Avicenna.   H. Schipperges/R. J. Durling

Ed. und Lit.: KL. PAULY II, 674f. – RE VII/1, 578–591 – Constantinu
Africanus (Opera omnia Ysaac, Lyon 1515) – Isagoge sive introducti
Iohannitii in artem parvam Galeni de medicina speculatica, Straßburg
1534 – Opera Galeni, ed. C. G. KÜHN, I–XX, 1821–33 – H. DIELS, Di
Hss. der antiken Ärzte, I–II Theil, AAB 1905–06; Erster Nachtrag
ebd., 1907–08 [dazu: R. J. DURLING, Traditio 23, 1967, 461–476; 37
1981, 373–381] – M. STEINSCHNEIDER, Die europ. Übers. aus den
Arab. bis Mitte des 17. Jh., 1906 – A. BECCARIA, I codici di medicina de
periodo presalernitano (Secoli IX, X, XI), 1956 – THORNDIKE-KIBRE –
H. SCHIPPERGES, Die Assimilation der arab. Medizin durch das lat. MA
1964 – M. ULLMANN, Die Medizin im Islam, 1970 – L. GARCÍA
BALLESTER, Galeno, 1972 – O. TEMKIN, Galenism, 1973 – G. BAADER
G. im ma. Abendland (V. NUTTON, Problems and prospects, 1981)
221f. – P.-O. KRISTELLER, Studi sulla Scuola medica salernitana, 1982–
P.-G. OTTOSSON, Scholastic medicine and philosophy, 1982–AA.VV
La diffusione delle scienze islamiche nel medio evo europeo, hg. Accad
Naz. dei Lincei, 1987.

Galeone → Schiff, -stypen

Galeran de Requesens →Requesens, Galeran de

Galerie, langgestreckter, gedeckter und einseitig offene
Gang als Laufgang an einer Fassade, auch als Zierform
(→Zwergg., →Königsg., →Triforium, Blendg.), als offene Haus- und Laufgänge, u. a. im alpenländ. Blockbau
bei ma. Wehrbauten als Wehrgang, schließlich ein langgestreckter, einseitig belichteter Vorraum als Verbindung
mehrerer repräsentativer Räume in ma. Palastbauter
(stauf. Pfalzen und Burgen seit 1160, z. B. Gelnhausen
Wartburg), in Frankreich seit dem 14. Jh. mit Fensterr
verschlossen, bes. in nachma. Schlössern, u. a. zur Aufhängung von Bildern.   G. Binding

Galerius, röm. Ks. Um 250 in der Nähe von Serdika
geboren, wurde G. nach raschem militär. Aufstieg 293
von→Diokletian zum Schwiegersohn und →Caesar erhoben, mit der Aufgabe, die gefährdeten Donauprovinzen
gegen die Sarmaten und Syrien gegen die Perser zu schützen. Aufgrund seiner Erfolge (Sieg bei Nisibis 297) wurde
er nach der Abdankung Diokletians und→Maximians 305
neuer →Augustus des östl. Reiches (mit →Maximinus
Daia als Caesar). In langwierigen Auseinandersetzungen,

n deren Verlauf sich G. gegen die von der Nachfolge ausgeschlossenen Kaisersöhne →Konstantin d. Gr. und →Maxentius nicht entscheidend durchsetzen konnte, mußte er die langsame Aushöhlung des tetrarch. Regierungssystems erleben. Nach Laktanz (mort. pers. 10, 5) soll er Diokletian wesentl. zu dessen hartem Vorgehen gegen die Christen beeinflußt haben (anders Euseb. hist. eccl. 8, 4). Er führte die Verfolgung auch nach dessen Abdankung in aller Schärfe weiter, erließ aber auf dem Sterbebett (†Mai 311) das berühmte Toleranzedikt v. Serdika, wodurch das Christentum erstmals in seiner Geschichte zu einer religio licita wurde (Lact. mort. pers. 34, Euseb. hist. eccl. 8, 17). An die Erfolge des Ks.s gegen die Perser erinnert der Galeriusbogen in Saloniki. R. Klein

Lit.: KL. PAULY III, 1108–1110 – RAC VIII, 786–796 – RE XIV, 2516–2528 – J. MOLTHAGEN, Der röm. Staat und die Christen im 2. und 3. Jh., 1975², 111ff. – F. KOLB, Diocletian und die Erste Tetrarchie, 1987, 68ff.

Galfred v. Monmouth → Geoffrey v. Monmouth

Galfredus de Meldis → Meldis, Galfredus de

Galfridus. 1. G. Hardeley → Hardeley, Galfridus

2. G. de Vino Salvo (Geoffroi de Vinsauf), engl. (? aus dem normann. Vinsauf) Rhetoriker um 1200. Viele Details der Biographie, der Lokalisierung und Datierung sind ungelöst (identisch mit →Gaufridus [Bononiensis]?); Hinweise gibt G. selbst in der »Poetria nova« (P.n.), die durch Widmungen und Apostrophierungen (vielleicht in entstehungsgesch. Phasen) vermutl. zunächst mit Heinrich VI., dann mit Kg. Richard I. Löwenherz († 1199), Innozenz III. († 1216) und einem hochgestellten Wilhelm verknüpft ist. Die »P.n.« ist eine Rhetorik, Stil- und Figurenlehre (nach Horaz und Cicero, De inventione) mit vielen Exempla und lit. Anspielungen (wie auf das Schneekind V. 713ff. oder De tribus sociis V. 1888ff.) und eigenen Mustern (descriptiones V. 554ff. und im Documentum F. 271ff.). Außer der »P.n.« scheint als ihre Prosaauflösung ein »Documentum de modo et arte dictandi et versificandi« und eine »Summa de coloribus rhetoricis« (Verweisung im Documentum F. 303) für G. gesichert. Die Q. der Traktate sind noch nicht untersucht; die metr. Rhetorik (nach FARAL 2116 Hexameter) ist in vielen Hss. (gegen 100?) überliefert, kommentiert und nach Horaz (ars poetica als Poetria vetus) als hochma. Poetria nova geschätzt worden. R. Düchting

Ed.: E. FARAL, Les arts poétiques du XIIᵉ et du XIIIᵉ s., 1924, 194–262 (P. n.), 263–320 (De modo et arte dictandi et versificandi) und 321–327 (Colores rhetorici) – Übers. (engl.): P. n.: M. F. NIMS, 1967, J. BALTZELL KOPP, Three ma. rhetorical arts, hg. J. J. MURPHY, 1971, 27–108; lat.-engl. E. GALLO, 1971; Documentum: R. P. PARR, 1968 (Ma. philosophical texts in translation 17) – *Lit.:* FARAL 15–33 – MANITIUS III, 751–756 – J. J. MURPHY, Rhetoric in the MA, 1974, bes. 170ff. – E. GALLO, The Poetria nova of Geoffrey of Vinsauf (Ma. eloquence hg. J. J. MURPHY, 1978) 68–84 – P. KLOPSCH, Einf. in die Dichtungslehren des lat. MA, 1980, bes. 127ff.

Galgen, ahd. *galgo* (nach idg. *ghalg* für Stange), Instrument der →Todesstrafe des →Unehrlichkeit begründenden Hängens, v. a. für männl. Diebe (in erschwerten Fällen); als Zeichen (städt.) Hochgerichtsbarkeit (→Gericht, Gerichtbarkeit) zur Machtdemonstration und Abschreckung weithin sichtbar auf G.bergen neben Verkehrswegen aufgestellt. Als G. konnte ein Baumast dienen, doch wurden bald unterschiedl. Formen erfunden (Gabelg., T-förmiger G., Knieg., zwei- bis vierstempeliger G., mehrstöckige G.-Häuser zur gleichzeitigen Hinrichtung mehrerer Täter). Besondere G.formen waren der Viertelsg., an dem Leichenstücke aufgehängt wurden,

und der Wippg. als Strafinstrument des Wippens v. a. von Soldaten. Das G.zeichen wurde häufig als →Brandmarkung des Gesichtes überführter Diebe (→Diebstahl, C.III) verwendet.

Die Ausgestaltung des öffentl. Hängens war von abergläub. Vorstellungen umgeben (Verbot, die Leichen abzunehmen, Raben als G.vögel, der G.platz als Tanzort der Hexen, das Reißen des Strickes als Grund der Freilassung usw.). Dies führte zu ambivalenter Einschätzung des G.s, der einerseits mit Abscheu betrachtet, andererseits mit ehrfürchtiger Scheu begehrt wurde: G.strick und Teile des G.holzes galten als zauberkräftig. Manche sehen in diesen Vorstellungen Überreste der altgerm. Hängezeremonie. W. Schild

Lit.: HRG I, 1375–1378 – HWDA III, 258ff. – F. ZOEPFL, G.richtfest, Dt. Gaue 51, 1959, 16ff. – CH. HELFER, Formen und Funktionen des G.-platzes am unteren Mittelrhein, Bonner Gesch.bll. 18, 1964, 16ff. – R. STEGBAUER, Der Dieb dem G. [Diss. Erlangen-Nürnberg 1964] – D. MARSCHALL, De laqueo rupto, 1968 – E. MOSER-RATH, G.humor wörtl. genommen (Fschr. R. WILDHABER, 1972), 432ff. – W. SCHILD, Alte Gerichtsbarkeit, 1985², 197ff.

Galič → Halič-Volhynien

Galicien, Kgr. im NW der Iber. Halbinsel. Der Name 'G.' bezeichnete im MA das aus der röm. 'Provincia Gallaeciae' in den zuletzt von Diokletian festgesetzten Grenzen hervorgegangene 'Regnum Galleciae', einen sich damals bis an den Duero und die Meseta Central erstreckenden geograph. Raum, der einen wesentl. Teil des ehem. Siedlungsgebietes der antiken Kallaiker (Callaici, καλλαικοί) bildete. Das neue ma. Herrschaftsgebilde zeichnete sich seit 411 ab, als die Besetzung dieses Raumes durch die →Sueben dauerhaften Charakter annahm. Das aus der Vereinigung vieler einheim., als *castros* konzipierter Streusiedlungen hervorgegangene Kgr. durchlief zwei Phasen: die erste (429–465) war gekennzeichnet durch krieger. Einfälle; eine zweite (461–559) dagegen durch größere Stabilität, wobei um 500 Christianisierung und innere Gliederung erreicht wurden, mit bemerkenswerter Effizienz in institutioneller und kultureller Hinsicht (Ebm. →Braga, Bischofssitze, Klöster und Skriptorien).

Von 585 bis 711 stand G. unter der Herrschaft der →Westgoten, wobei es zu einer polit. Einigung und Konsolidierung der Provinzialstruktur kam, in der Kirche und Adel dominierten. Bedeutende kirchl. Persönlichkeiten dieser Zeit sind die Geschichtsschreiber →Orosius und →Hydatius wie auch →Martin und →Fructuosus v. Braga, die das monast. Leben und die Auseinandersetzungen der Konzilien v. →Braga stark beeinflußt haben.

In der Zeit nach der arab. Invasion wahrte G. dank seiner geograph. Abgeschlossenheit und seiner Lage abseits der maur. Ansiedlungen seine Einheit. Aus dem Süden setzte eine bedeutende Immigration von einzelnen und Gruppen ein, die sich an strategisch wichtigen Punkten niederließen, Kirchen gründeten und wirtschaftl. Ausbau (insbes. Viehzucht) betrieben. War das kirchl. Leben weiterhin auf die Metropole Braga zentriert, so setzte sich in polit. Hinsicht die Grafengewalt (→Graf) durch, in der die eigenständigen Rechte der Geschlechter des galic. Adels aufgingen. Diese erste Feudalisierung führte in der Bevölkerung zu einer wirtschaftl. und sozialen Abhängigkeit und fand ihren Ausdruck in »regionalistischem« Verhalten, das sich gegen die vordringende Macht der asturischleones. Monarchie (→León) und gegen ihre Absicht, den überall praktizierten Neogotizismus auf gesetzgeber. Ebene zu vereinheitlichen, richtete.

Jedoch führte dieser »Separatismus« nicht zum Bruch oder gar zur Unabhängigkeit, da die Kirche dem leones.

Kgtm. zur Legitimierung verhalf und der Jakobskult zu einer christl. Sinngebung und einigenden Stärke beitrug. Im Laufe des 11.–13. Jh. verkleinerte sich das Kgr. G. auf seine heute bekannten Grenzen, da die Gft. →Portugal Unabhängigkeit erlangte. Es war Teil der Krone→Kastilien, die sich aus mehreren kleineren Reichen und Regionen zusammensetzte und sich zunehmend auf→Estremadura und Andalusien ausdehnte. Die Entwicklung G.s war stark von demograph. Expansion bestimmt: intensive Bodennutzung nach dem Vorbild zisterziens. Agrarwirtschaft, vermehrte Gründung größerer Ansiedlungen vom Typus 'civitas' und Vorstadt *(villanueva)*, stärkere Spezialisierung der Produktion und Bildung städt. Handelszentren. In der in verschiedene Stände (Kirche, Adel, Landbevölkerung) gegliederten Gesellschaft bildete sich eine Machthierarchie aus, in der die Bf.ssitze, an erster Stelle→Santiago de Compostela, und andere kirchl. Institutionen (Kapitel, Stifte und Kl.) die Oberhand gewannen, während der unabhängige, oft gewalttätig agierende Laienadel durch fortwährende Aufsplitterung seiner Besitzungen einen Niedergang erlebte und die vom Grundherrn abhängige Landbevölkerung vielfach in die neuen städt. Zentren abwanderte.

Die Führung übten das Kgtm. und die ortsansässigen Gf.en im Einverständnis mit den Ebf.en v. Compostela aus, die, im Besitz des Wallfahrtsorts und der dazugehörigen 'Tierra de Santiago', als einzige konkrete Entscheidungsgewalt besaßen. Die verschiedenen polit. Tendenzen, die entweder stärker zentralist. oder regionalist. Züge trugen, wechselten sich ab; sie hatten eine Reihe von Aufständen oder Unabhängigkeitsbestrebungen (v. a. Portugal 1095) zur Folge. Es entstand ein Spiel wechselnder polit. Bindungen und Einflüsse, das sich den Gegebenheiten immer aufs neue anpaßte.

Das wichtigste Ereignis dieser Zeit war die Herausbildung der Metropolitangewalt von→Santiago de Compostela, am Rande der bereits existierenden Kirchenprovinz v. Braga, mit neuen oder im Zuge der→Reconquista wiedererrichteten Suffraganbm.ern und ausgestattet mit einem großräumigen Herrschaftsbereich, der Compostela zum Mittelpunkt und zur Achse des Lebens in G. machte. Dank des Jakobsgrabes und des großen Pilgerwegs *(Camino)* war G. mit der gesamteurop. Entwicklung eng verbunden (→Pilgerwesen). Es wurde ins Netz des cluniazens. Verbandes einbezogen (→Cluny B.II), von den →Zisterziensern in großem Umfang kolonisiert und unterhielt rege Beziehungen mit dem Papsttum. Die Kirche v. Santiago konnte auf Grund ihrer Verfaßtheit und ihrer wirtschaftl. Potenz ein eigenes Machtsystem aufbauen: Vergabe kleinerer Herrschaften an Gruppen abhängiger Ritter; Anlage eines Schatzes zur gelegentl. Stützung des leones. Kgtm.s; Aufstellung disziplinar. Richtlinien auf Provinzialsynoden und in Synodalbeschlüssen; Ausbau eines kleinen Netzes von Häfen entlang der Küste, die, meist aus den Händen des Kgtm.s übernommen, von den Ebf.en mit Stadtrecht ausgestattet wurden; Ausbildung einer Gruppe von Klerikern, um den Bedarf des Kg.s hofes an Kanzlei- und Gerichtspersonal decken zu können. Auch im 13. Jh. hielten die Ebf.e v. Compostela an ihrer Hegemonie über die galic. Städte und Herrschaften fest und zwangen das kast. Kgtm., sie gewähren zu lassen.

Das sozial relativ stabile und auf kirchl. und städt. Gebiet dynam. G. entwickelte im 12. und namentlich im 13. Jh. intensive kulturelle Aktivitäten, wesentlich getragen von der Compostellaner Kirche mit ihren Klerikern, Notaren und Bibliotheken. Es entstanden kanon. Sammlungen, historiograph. Werke wie die→Historia Compo-

stellana, liturg. und erbauliche Sammlungen wie der→Liber Sancti Jacobi und der Codex Calixtinus. Die Compostellaner Kirche trug im 13. Jh. stark zur Konsolidierung der neuen Univ. →Salamanca bei. – Im 13. Jh. setzte sich die Vulgärsprache, das *Gallego,* als Literatursprache von überregionalem Rang durch. Die ausdrucksmächtige galic. Lyrik nahm unter →Alfons X. höfische Züge an (→Galicisch-portugiesische Sprache und Literatur).

Seit dem 12. Jh. war G. von einem Netz von Städten und Ortschaften überzogen, die die Kg.e Ferdinand II. (1157–88), Alfons IX. (1188–1230) und Alfons X. (1252–84) als strateg. Punkte einer Verwaltungsreorganisation angelegt hatten. Sie gingen jedoch später an adlige und kirchl. Würdenträger über. Die Städte Compostela, →Mondoñedo, →Lugo, →Orense und →Tuy waren dagegen sämtlich Bischofsstädte. Die Dynamik der urbanen Entwicklung kam im 14. und 15. Jh. aufgrund der Kontrolle durch den Bf., der Einmischung des Adels und der Besteuerung durch den Kg. stärker zum Erliegen.

Im 14. und 15. Jh. erfolgte ein empfindlicher Rückgang der Stabilität. Neben wiederkehrenden Pestepidemien führten v. a. die krieger. Auseinandersetzungen zw. den Ständen und die Konflikte innerhalb der städt. und ländl. Gemeinschaften oft zu anarch. Zuständen. Im Zeichen der adelsfreundl. Politik Heinrichs II. (1369–79) und seiner Dynastie etablierte sich als neue Adelsgeneration der sog. →Caballero-Adel, der auf der Suche nach Herrschaften und Einkünften gewaltsam kirchl. und monast. Besitzungen, aber auch das Marktrecht der Städte antastete. Heftige Konflikte brachen 1418, 1434 und namentlich 1466–70 aus, als einander befehdende Adelsligen und städt. Einungen *(hermandades urbanas)* das Land für ein Jahrzehnt in bürgerkriegsartige Wirren stürzten.

Unter der Regierung der Kath. Kg.e wurde der soziale Friede durch einen repressiv geführten Feldzug gegen die Adelgruppierungen und Banden in den Jahren 1475–80 wiederhergestellt, nachfolgend die Reorganisation der Stadtverwaltungen und Jurisdiktionsorgane im Sinne einer monarch. Zentralisierung durchgesetzt (Amt des *Gobernador del Reino,* dem Soldaten oder Zünfte zur Seite standen; *Audiencia* als höchster Gerichtshof). Fortan stand G. fest auf seiten des Kgtm.s und beteiligte sich tatkräftig an den Unternehmungen der span. Monarchie in Europa und Westindien. J. García Oro

Lit.: RE III, 1356–1359 – M. R. García Alvarez, Las Diócesis Galaico-Portuguesas y la política de Almanzor, Bracara Augusta 21, 1967, 38–54 – Ders., Galicia al filo del año mil, Compostellanum 16, 1971, 425–465 – Ders., Galicia y los gallegos en la Alta Edad Media, 2 Bde, 1975 – E. Portela, La región del obispado de Tuy en los siglos XII–XV, 1976 – C. Torres, El Reino de los suevos, 1977 – J. García Oro, La nobleza gallega en la baja Edad Media, 1981 – A. Tranoy, La Galice Romaine, 1981 – J. García Oro, Galicia en los siglos XIV y XV, 2 Bde, 1987.

Galicisch-portugiesische Sprache und Literatur. Die Randlage des an der atlant. NW-Küste der Iber. Halbinsel gelegenen →Galicien prägt die hist. Entwicklung von Sprache und Kultur in der Region. Die Romanisierung des seit dem 7. Jh. v. Chr. von Kelten besiedelten Gebietes erfolgte verhältnismäßig spät. Neben dem kelt. bzw. keltiber. Substrat ist das germ. Adstrat für die sprachl. Entwicklung (Orts- und Personennamen) in diesem Gebiet bedeutsam. Ausschlaggebend für die Differenzierung zw. dem alten G.-P. und dem Ptg. sind polit. Kräftebewegungen im frühen MA (→Portugal). Galicien wurde jedoch nicht in das neu entstehende und sich sprachl. wie polit. südwärts ausdehnende Staatsgebilde Portugal eingebunden. Es entwickelt sich im Gefolge des Jakobuskules (seit dem 9. Jh.) und der europ. Wallfahrt nach →Santiago de Compostela zu einem bedeutenden kulturellen und kirchl. Zentrum. Im Zuge der Ausbreitung des G.-P. nach Süden (1064 Eroberung von Coimbra, 1147 Einnahme von Lissabon, das 1256 Hauptstadt des Landes wurde) stößt es auf ein aus dem Vulgärlatein der röm. Zeit entstandenes Romanisch, über das wenig bekannt ist. Das Ptg. ist aus dem alten G.-P. hervorgegangen und wurde mit der Unabhängigkeit Portugals zu einer Nationalsprache, das G.e hingegen nicht. Der polit.-soziale Niedergang Galiciens im SpätMA wirkte sich auf den zeitweilig hohen europ. Rang des alten G. als Literatursprache verhängnisvoll aus. Das Land verlor seit Ende des 15. Jh. immer mehr an Bedeutung. Die Bewohner erfuhren als lit. Typen in der span. Lit. und im Sprichwort eine negative Wertung. Ihre Sprache galt als bäurischer Dialekt. Das alte G.-P., das als Ausdrucksmittel feiner Kunstpoesie in Kastilien von höf. Dichtern bis ins 15. Jh. verwendet wurde, verfiel gerade in jener Epoche in Bedeutungslosigkeit, da sich sowohl die ptg. als auch die kast. (span.) Nationallit. mit dem Aufstieg Portugals und Spaniens zu modernen europ. Groß- und Kolonialmächten konstituierten. Fast 400 Jahre lang diente das G. nur noch der mündl. Verständigung unter dem niederen Volk (Bauern, Matrosen, Fischer, wandernde Landarbeiter, Dienstboten) und als Armeleutedialekt.

Die ma. g.-p. Lyrik ist im wesentl. in 3 Sammelhss. überliefert; dem sog. Cancioneiro da Ajuda (spätes 13. Jh., mit 16 Miniaturen); dem umfangreichen Cancioneiro Colocci-Brancuti (Bibl. Nacional, Lissabon), einer an der Wende zum 16. Jh. im Auftrag des Humanisten Angelo Colocci († 1549) gefertigten Abschrift (1878 in der Bibliothek des Gf.en Brancuti aufgefunden), sowie dem Cancioneiro da Vaticana (cod. Vat. 4803, einer ebenfalls it. Abschrift einer früheren, verlorenen Zusammenstellung mit Zusätzen und Anmerkungen Coloccis (Ende 15.-frühes 16. Jh.). Die 420 religiösen Lieder →Alfons' X. des Weisen (→Cantigas de Santa Maria) sind in 4 Hss. erhalten, die Prachths. im Escorial (T.j.1) enthält Miniaturen und Musiknotationen. Das heute bekannte Gesamtcorpus umfaßt mit etwa 3000 Kompositionen von rund 280 Dichtern (Königen, Adligen, 'Bürgerlichen') mehr als die Überlieferung der prov., altit. oder afrz. Troubadourlyrik. Die Dichter – soweit namentlich bekannt – stammen keineswegs nur aus Galicien, sondern auch aus Kastilien-León bzw. sogar von jenseits der Pyrenäen. Ihre Sprache ist archaisierend und konventionell, eine Art lit. Koine, die nicht unbedingt den Sprachstand einer bestimmten Region wiedergibt. Weder dialektale noch orthograph. Merkmale geben verläßl. Anhalt für die Herkunftsbestimmung der Dichter.

Sowohl formal als auch thematisch lassen sich drei Gattungen unterscheiden: 1. die Cantigas de amor, das der prov. cansó entsprechende höf. Minnelied als Huldigung oder Klage an die geliebte Dame nach strengem Baumuster mit formalisierter Sprache. Die Cantigas de Santa María von Alfons X. bilden eine eigene, metrisch sehr vielseitige, mit Prolog und Epilog versehene Gedichtsammlung mit Marienlob und Marienwundererzählungen, die zum Vortrag mit Musik- und Gesangsbegleitung bestimmt waren. 2. Cantigas de amigo (Liebesklagen einer Frau, an den Mann gerichtet); ähnl. Frauenlieder sind auch in der prov. Lyrik belegt. Sie gehören zu den schönsten Zeugnissen ma. Dichtung in Europa. In ihnen spiegelt sich sowohl das volkstüml. Leben als auch gefühlvolle psycholog. Innenschau mit dem Ausdruck der Sehnsucht (soidade) und lyrisch verfeinertes Naturverständnis. Die musi-

kal. Begleitung ist nur bei wenigen Tanzliedern erhalten, die mit ihrem Refrain und der parallelist. Bauweise Wechselchöre voraussetzen. 3. Cantigas de escarnio e maldizer, Schimpf- und Spottlieder, die sprachlich, aber auch durch ihre hist., polit., gesellschaftl. und zeitsatir. Bezüge bemerkenswert sind. Sie entsprechen dem prov. sirventés, beruhen aber weitgehend auf einheimischen, volkstüml.-burlesken Überlieferungen.

Die Frage nach dem Ursprung der g.-p. Dichtung hat lange philol. Auseinandersetzungen hervorgerufen. Die Entwicklung in Galicien beruht zweifellos auf einer früher ausgeprägten, mündl., einheim. und volkstüml. Dichtung. In die g. Volksdichtung, die sich später selbständig entwickelt hat, fließen Elemente der Cancioneiro-Lyrik ein. Das Modell der prov. Lyrik ist einflußreich, aber nicht allein ausschlaggebend für die Entfaltung der höf. Dichtung. Die Verbindung von höf. und volkstüml. Dichtung ist das Werk von Spielleuten und Troubadours, die sowohl am Hof, auf Herrensitzen, als auch vor einem breiten Publikum vortrugen. Santiago de Compostela war schon seit dem 9. Jh. ein Zentrum lat. Kultur (liturg. Hymnik, lat. Dichtung). Die in die Cancioneiros aufgenommenen Gedichte stammen aus der Zeit vor 1350. Ihre glänzendste Entfaltung findet die ma. g. Dichtung unter Kg. Alfons X. sowie unter Kg. →Dinis I. v. Portugal (1279–1325), der auch selbst schrieb. Zw. 1350 und 1450 liegt eine Übergangszeit, in der zunächst noch das G. vorherrscht, bevor sich dann das Kast. als Sprache der Kunstdichtung in den →Cancioneros des 15. Jh. durchsetzt (Cancionero de Baena, Cancionero de Lope de Stúñiga, Cancionero General de Hernando del Castillo). Die bekanntesten g. Poeten der Spätzeit sind Macías, »der Verliebte«, und Juan Rodríguez del Padrón (oder de la Cámara), der auch für die Entwicklung des sentimentalen Romans Bedeutung hat. Es ist bezeichnend, daß beide kast. schreiben.

Auf dem Gebiet der Prosa gibt es keine Einheit zw. dem G. und Ptg. wie in der Lyrik. Das ptg. geistl. und weltl. Prosaschrifttum nimmt einen eigenen bedeutenden Aufschwung in Verbindung mit dem Hof (Historiographie) bzw. mit Kl. →Alcobaça. In Galicien entstehen dagegen v. a. Übersetzungen (Codex Calixtinus, Siete Partidas, Crónica Troyana, Teile der General Estoria und der Crónica General Alfons X., Legenda Aurea des Jacobus de Voragine). Galicien fehlt das höf. Zentrum. Die g. Sprache wird lediglich in Privaturkk. gelegentl. verwendet. Umstritten bleibt, ob die früheste Fassung des »Amadís de Gaula« dem Galicier Vasco de Lobeira zuzuschreiben ist. Möglicherweise entstand sowohl die »Demanda do Santo Graal« als auch der »José d'Arimatia« in Galicien. Spuren deuten ferner auf einen »Merlin«, von dem nur ein Fragment »Livro de Tristán« erhalten ist. Von ep. und dramat. Dichtung sind keine Dokumente bekannt.

D. Briesemeister

Lit.: →Portugiesisch – GRLMA VI – S. Pellegrini-G. Marroni, Nuovo repertorio bibliografico della prima lirica galego portoghese 1814–1977, 1981 (Ausg. u. Sekundärlit.) – J. Filgueira Valverde, Sobre lírica medieval gallega y sus perduraciones, 1977–J. M. d'Heur, Troubadours d'oc et troubadours galiciens-portugais. Recherches sur quelques échanges dans la litt. de l'Europe au MA, 1973 – F. Jensen, The earliest Portuguese lyrics, 1978 – P. Manero Sorolla, Los géneros de la lírica galaico-portuguesa medieval en el Arte de Trovar del Cancionero da Biblioteca Nacional de Lisboa, Anuario de Filología 1975, 411–420 – F. Nodar Manso, La narratividad de la poesía galaicoportuguesa, 1985 – G. Tavani, A poesia lírica galego-portuguesa, 1986.

Galiläa → Atrium

Galíndez de Carvajal, Lorenzo, kast. Geschichtsschreiber, Jurist (Dr. leg. 1503) und Politiker, * 23. Dez.

1472 in Plasencia, † Anfang 1528 ebd.; als außerehel., durch die Kath. Kg.e legitimierter Sohn des hohen Geistlichen Diego González de Carvajal und einer Adligen Abkömmling der großen Adelsfamilien →Carvajal und Galíndez de Cáceres; ∞ Beatriz Dávila, Tochter des Herrn v. Las Navas. Nach Studium und Lehrtätigkeit an der Univ. →Salamanca seit 1499 Auditor an der Chancillería v. Valladolid, seit 1502 als Mitglied von →Consejo real und Kammer Vertrauter der Kath. Kg.e und Karls V. Er war mit der ordnenden Sichtung und Kompilierung der kast. Rechtsüberlieferung betraut, hatte 1525–27 das Amt eines *Correo Mayor de las Indias* inne, war Ritter des →Calatrava-Ordens und *Regidor* v. Teneriffa, Plasencia und Sagunt. Sein Werk umfaßt Rechtsaufzeichnungen (zumeist noch unediert), genealog. Aufzeichnungen, die »Anales breves de los Reyes Católicos« (1523) sowie Denkschriften für Karl V., die wichtige Nachrichten enthalten. Sein Hauptbeitrag zur kast. Geschichtsschreibung besteht in krit. Anmerkungen zu historiograph. Werken des 15. Jh., v. a. aber in der Vollendung der Kompilation der Chronik Heinrichs IV., so daß er als erster Schöpfer einer »Historia de Castilla« bezeichnet werden kann (TORRES FONTES, 25). L. Vones

Ed. und Lit.: Coll. doc. inéd. Hist. España I, 123–127; XVIII, 227–241 – B. SÁNCHEZ ALONSO, Hist. de la historiogr. española I, 1941, 302–306 – J. TORRES FONTES, Estudio sobre la »Crónica de Enrique IV« del Dr. G., 1946 [grundlegend; Ang. zu Hss., Dr., Ed., 67–460] – A. RODRIGUEZ MONINO, El »Memorial de los Carvajales« del Dr. D., Rev. de Estudios Extremenos 7, 1951, 655–692 [nur Ed.].

Galindo. 1. G. Aznar I., Gf. v. →Aragón ca. 833–ca. 864, Sohn des Gf. en Aznar Galindo I. ∞ Guldregut, verheiratete seinen Sohn Aznar Galindo II. mit Onneca, der Tochter des Kg.s García Iñiguez v. Pamplona, und unterstellte seine Gft., die er mit frk. Hilfe von →García el Malo zurückgewonnen hatte, dem Schutz bzw. der tutela des Kg.s v. →Pamplona, ohne seine Unabhängigkeit und das Nachfolgerecht seiner eigenen Familie aufzugeben. Unter seiner Herrschaft lagen die Zentralgebiete der Gft. →Aragón im oberen Ebrotal. Obwohl er sich des dauernden Drucks der →wālīs v. →Huesca erwehren mußte, konnte er seine Machtzone bis Canfranc ausdehnen. L. Vones

Lit.: J. Mᴬ. LACARRA, Hist. política del reino de Navarra I, 1972 – DERS., Aragón en el pasado, 1972 – A. UBIETO ARTETA, Trabajos de investigación I, 1972.

2. G. Aznar II., Gf. v. →Aragón ca. 893–ca. 922, Sohn des Gf. en Aznar Galindo II. und der Onneca, ∞ 1. Acibella, Tochter des Gf. en García Sánchez von der Gascogne, ∞ 2. Sancha, Tochter des García Jiménez, Witwe des Iñigo, Sohn des Kg.s Fortún v. →Pamplona, und Schwester des Kg.s Sancho Garcés von Pamplona (905–925). Aus der 1. Ehe gingen außer einer Tochter Toda, die vor Sept. 916 mit Gf. Bernhard Unifred v. →Ribagorza verheiratet wurde und diesem das Gebiet von →Sobrarbe als Mitgift mitbrachte, zwei Söhne – Redemtus, der Bf. wurde, und Miro – hervor; aus der 2. Ehe stammten eine Tochter Andregoto, die wiederum mit ihrem Vetter García Sánchez, Kg. v. Pamplona (925–970; Sohn des Sancho Garcés) die Ehe schloß, und eine Tochter Belasquita (∞ Iñigo López de Estigi). G.s Schwester Sancha war die Gemahlin von Muḥammad aṭ-Ṭawīl, dem →wālī von →Huesca. Unter G. wurde die Gft. Aragón, in der das Nachfolgerecht infolge des vorzeitigen Todes der Söhne auf Andregoto übergegangen waren, dem Kgr. Pamplona inkorporiert, so daß der Gf. seine Herrschaft nur noch unter der Oberhoheit des pamplones. Kg.s ausüben konnte, dafür aber die Integrität der bedrohten Gebiete wahrte. Die weitreichenden Heiratsverbindungen sicherten seinen polit. Einfluß. L. Vones

Lit.: J. Mᴬ. LACARRA, Textos navarros del Códice de Roda, EEMCA 1945, 232, 244 – F. GALTIER MARTÍ, Ribagorza, condado independiente, 1981 – s. a. die Lit. zu 1.

Gälisch → Keltische Sprachen

Galizien → Halič-Volhynien

Galla Placidia, weström. Ksn., Tochter Theodosius d. Gr., geb. um 390, nach dem frühen Tod der Eltern von Serena, der Gattin des Heermeisters →Stilicho, erzogen. Als →Alarich (I.) 410 Rom eingenommen hatte, mußte sie mit dem got. Heer als Geisel nach Süditalien, Südfrankreich und Spanien ziehen. In Narbo heiratete sie 414 nicht ohne Zustimmung ihres ksl. Bruders →Honorius den römerfreundl. Gotenkönig →Athaulf. Als dieser ein Jahr später ermordet wurde, kehrte sie nach Ravenna zurück, wo sie auf Geheiß des Bruders dem Heermeister und Mitregenten →Constantius III. vermählt wurde; ihm gebar sie die Kinder →Valentinian (III.) und →Honoria. Nach einem erzwungenen Aufenthalt in Konstantinopel (infolge des frühen Todes ihres Gatten) regierte sie ab 420 als Augusta mit Klugheit und Umsicht das weström. Reich, unterstützt von den mächtigen Heermeistern →Bonifatius, →Felix und →Aetius. Als Valentinian regierungsfähig geworden war (437 Verheiratung mit →Eudoxia d. J.), zog sie sich nach Rom zurück, wo sie 450 starb und auch begraben wurde. Das hohe Ansehen verdankte sie bes. ihrer Frömmigkeit, die in zahlreichen Stiftungen sichtbar wird, und ihrem Gerechtigkeitssinn. Der sog. Sarkophag der G. P. in ihrem berühmten Grabmal von Ravenna gelangte wohl erst später an die heutige Stelle. R. Klein

Lit.: KL. PAULY IV, 876f. – RE XX, 1910–1931 – E. KORNEMANN, Große Frauen des Altertums, 1942, 314–354 – V. A. SIRAGO, G.P. e la trasformazione politica dell' occidente, 1961 – ST. I. OOST, G.P. Augusta. A Biographical Essay, 1968 – P. L. ZOVATTO, Il mausoleo di G.P., 1968 – W. SCHULLER, Frauen in der röm. Gesch., 1987, 104f.

Gallego, Fernando, span. Maler, * um 1440 in Salamanca (?), † nach 1507 ebd. Erstmals 1468 bei Arbeiten für die Kathedrale in Plasencia nachweisbar, signierte er mehrere Tafelbilder, darunter die »Pietà mit Stiftern« (Prado) und das Ildefonso-Retabel der Kathedrale v. Zamora (vor 1468); urkundl. gesichert sind Fresken mit mytholog. und astronom. Themen in der Univ. Salamanca (1479–93). Basis seines hart realist. Stils, der in Kastilien stark nachwirkte, sind die Werke van →Eycks, die ins Expressive gesteigert werden. Diese von nord. Graphik beförderte Tendenz führte sein Sohn (?) und Mitarbeiter Francisco weiter; für ihn ist der Katharinenaltar der alten Kathedrale in Salamanca gesichert. Ch. Klemm

Lit.: J. A. GAYA NUÑO, F.G., 1958 – J. L. GARCÍA SEBASTIÁN, F.G. y su taller en Salamanca, 1979 – J. M. CABRERA–M. C. GARRIDO, Dibujos subyacentes en las obras de F.G., Bol. del Museo del Prado, 1981, Nr. 4, 27–48 – E. YOUNG, F. and Francisco G., the »Tránsito Master« and the »Master GO«, Pantheon XXXIX, 1981, 129–132.

Gallien. Mit Gallia (ʼLand der Galliʼ; →Kelten) werden in vorchristl. Zeit neben dem seit etwa 400 v. Chr. keltisch besiedelten Gebiet in Oberitalien (G. cisalpina, G. togata) die spätere Prov. G. Narbonensis (→Septimanien, →Provence) sowie die noch nicht in das röm. Imperium eingegliederten Gebiete des freien G. (G. comata) bezeichnet. Die Narbonensis (→Narbonne) wurde 125–118 als Verbindung nach Spanien eingerichtet, während die Cisalpina als Provinz bis 41 v. Chr. bestand und bei der Neuordnung Italiens durch Augustus in die Regionen Aemilia (→Emilia), Liguria, Venetia et Istria (→Venetien, →Istrien) und Transpadana aufgeteilt wurde. Caesar eroberte 58–51 die Gebiete, die heute im wesentl. von Frankreich, Belgien,

Luxemburg, den linksrhein. dt. Landschaften und einem Teil der Niederlande eingenommen werden; Augustus teilte sie 27 v. Chr. in die drei Provinzen (tres Galliae) Lugdunensis (→Lyon), →Belgica und Aquitania (→Aquitanien), die durch zahlreiche Koloniegründungen intensiv romanisiert wurden. Der seit der Gründung →Marseilles (um 600 v. Chr.) v. a. im S bestehende griech. Einfluß (St-Blaise, Glanum, Olbia) dauert bis in die Kaiserzeit; noch im 4. Jh. sind Griechischkenntnisse unter den Gebildeten G.s verbreitet. Eine fast 200jährige Friedenszeit, nur gelegentl. im 1. Jh. durch lokale Empörungen unterbrochen, ging auch im 3. Jh. während das gall. Sonderreiches unter Postumus und Tetricus (258–273) andauerten. Das blühende Städtewesen (→Aix-en-Provence, →Arles, →Autun, →Avenches, →Bordeaux, →Bourges, →Lyon, →Marseille, →Narbonne, →Nîmes, →Orange, →Paris, →Reims, →Saintes, →Vienne u. a.) wurde erstmals empfindlich gestört, die Umwallungen wurden in der Folgezeit in der Regel verkleinert.

In der Neuordnung der Reichsverwaltung durch →Diokletian umfaßte die Dioecesis (→Diözese) Galliarum mit der Hauptstadt →Trier die neu geschaffenen Provinzen Lugdunensis I und II, Belgica I und II, Sequania, Alpes Graiae et Poeninae, die Dioecesis Viennensis mit der Hauptstadt →Vienne bestand aus den Septem provinciae Viennensis, Narbonensis I und II, Alpes maritimae, Aquitanica I und II und Novempopulana. Konstantin errichtete als übergeordnete Verwaltungseinheit die Praefectura (→Praefectus) Galliarum, welche die beiden gall. Diözesen sowie →Britannia und Hispania (→Spanien) umschloß. Die Verlagerung des polit. Schwerpunkts der westl. Reichshälfte nach G. befestigte dessen kulturelle Vormachtstellung, die sich vom 4. Jh. an in vielfältigen Zeugnissen der paganen und christl. Literatur (→Ausonius, →Avitus 2., →Cyprianus Gallus, →Gennadius, →Hilarius, →Johannes Cassianus, →Panegyrik, →Paulinus v. Nola, →Paulinus v. Périgueux, →Prosper Tiro, →Rutilius Namatianus, →Salvianus, →Sidonius Apollinaris, →Sulpicius Severus u. a.) sowie der bildenden Kunst (Sarkophagwerkstätten in Arles und Marseille) äußerte. Die Wirtschaft war geprägt von Wein- und Getreideanbau, Viehzucht, Textilgewerbe, Keramik, Metallverarbeitung und Glasherstellung.

Die fortwährende Bedrohung durch germ. Stämme zwang die Ks. →Julian und →Valentinian I. zur Sicherung der Rheingrenze; →Franken wurden in der Belgica II angesiedelt. Zu Abwehrkämpfen am Rhein war auch Arbogast (393) genötigt; 396 inspizierte →Stilicho die Rheingrenze. Die Verlegung der Präfektur von Trier nach Arles (um 400) leitete den Rückzug der röm. Präsenz aus G. ein. 406 überschritten →Alanen, →Sueben und →Vandalen bei Mainz den Rhein, im S folgten →Alamannen und Burgunden (→Burgunder); Trier wurde zw. 410 und 435 viermal von Franken verwüstet. →Konstantin III. konnte einen Teil der Eindringlinge besiegen, worauf Sueben und Vandalen plündernd nach Spanien abzogen, die Burgunden aber als Foederati südl. von Mainz angesiedelt wurden. 411 drangen die →Westgoten unter →Athaulf in die Narbonensis ein, besiegten den Usurpator →Iovinus und erhielten Gebiete im SW als Foederati zugewiesen (Reich v. →Toulouse 418–507). Mit ihrer Hilfe gelang es zwar wiederholt, Aufstände der Landbevölkerung zu unterdrücken, aber die westl. Aremorica erlangte nach dem Eindringen kelt. Bretonen (→Bretagne) zunehmend Selbständigkeit. In andauernden Abwehrkämpfen v. a. gegen Franken, Burgunder und →Hunnen sowie durch Umsied-

lung der schon niedergelassenen Alanen und Burgunden konnte →Aëtius noch bis zur Mitte des 5. Jh. die röm. Vormacht in G. halten, die aber nach seinem Tod (455) rasch zerfiel. Die Westgoten konnten nach dem Sturz des →Avitus († 456) ihre Gebiete bis zur Loire ausdehnen, nach dem Tod des →Maiorianus gelang ihnen der Zugang zum Mittelmeer (Eroberung von Narbonne 462). Die von →Syagrius im N der Loire seit 464 besetzten Gebiete um →Soissons wurden 486 von →Chlodwig erobert (→Franken, -reich; →Francia). Damit waren in ganz G. Germanenreiche etabliert, die, wenn auch eingeschränkt, gerade in G. ein Fortbestehen der antiken Kultur gewährleisteten und so eine Kontinuität von der Spätantike ins frühe MA sicherten.

Das Christentum breitete sich seit dem 2. Jh. aus (Verfolgungen in Lyon und Vienne); Bm.er entstanden zuerst im S und W. Trotz der Verfolgungen im 3. Jh. wurde die weitere Entwicklung kaum gestört (Gründung von →Ligugé um 360 durch →Martin v. Tours als erste Mönchsgemeinschaft Westeuropas; Bekämpfung des Arianismus durch Hilarius; →Arles, Bm. und Metropole; →Genf; →Grenoble; →Lérins; →Trier). Nach der Verlegung der Präfektur nach Arles konnte der dortige Bf. zeitweise eine Vormachtstellung erringen und die alte Rivalität mit Vienne für Arles entscheiden.   J. Gruber

Bibliogr., Forsch.- und Lit.ber.: REA [fortlaufende Bibliogr.] – Gallia, Fouilles et monuments archéologiques en France métropolitaine 1, 1943ff. mit Suppl. [Ber.] – Aufstieg und Niedergang der Röm. Welt II, 3 und 4, 1975 [diverse Beitr.] – Lit.: [übergreifende Slg. en und Hb.]: CIL XIII; Erg. in: Ber. der Röm.-Germ. Kommission des Dt. Archäolog. Instituts 17, 1927, 1–107, 198–231; 27, 1937, 51–134; 40, 1959, 120–229; 58, 1977, 447–604 [zu Inschr. und archäolog. Denkmälern] – E. Espérandieu u. a., Recueil général des bas-reliefs, statues et bustes de la Gaule romaine 1–16, 1907–81 – A. Grenier, Manuel d'archéologie gallo-romaine, 4 Bde, 1931–60 – H. Stern, Recueil général des mosaïques de la Gaule, 1957ff. – J.-P. Wuilleumier, Inscriptions Lat. des Trois Gaules, 1963 – Ch.-M. Ternes, Inscriptions antiques du Luxembourg, 1965 – E. Wilhelm, Pierres sculptées et inscriptions de l'époque romaine (in Luxembourg), 1974 – Recueil des inscriptions chrétiennes de la Gaule antérieures à la Renaissance carolingienne, 1975ff. – [Gesamt- und Einzeldarst.]: RAC VIII, 822–962 – RE VII, 610–666 – C. Jullian, Hist. de la Gaule, 8 Bde, 1920–26 – K. F. Stroheker, Der senator. Adel im spätantiken G., 1948 – O. Brogan, Roman Gaul, 1953 – N. Chadwick, Poetry and Letters in Early Christian Gaul, 1955 – P.-M. Duval, La vie quotidienne en Gaule romaine, 1955 – J.-J. Hatt, Hist. de la Gaule romaine (120 avant J.-C.–451 après J.-C.), 1959, 1970³ – E. Griffe, La Gaule chrétienne à l'époque romaine, 1964/66 – F. Benoît, Recherches sur l'hellénisation du Midi de la Gaule, 1965 – J.-P. Clébert, Provence antique, 2 Bde, 1966/70 – E. Demougeot, La formation de l'Europe et les invasions barbares, 2 Bde, 1969/79 – P.-M. Duval, La Gaule jusqu'au milieu du Vᵉ s., 1971 – Ch.-M. Ternes, Das röm. Luxemburg, 1973 – Brühl, Palatium 1 – H. Heinzelmann, Bischofsherrschaft in G. Zur Kontinuität röm. Führungsschichten vom 4.–7. Jh., 1976 – Hist. de la France rurale, hg. G. Duby, I, 1977 – L. Lerat, La Gaule romaine, 1977 – R. Chevallier, Röm. Provence, 1979 – P.-M. Duval, G., Leben und Kultur in röm. Zeit, 1979 – Hist. de la France urbaine, hg. G. Duby, I, 1980 – G. in der Spätantike, 1980 [Kat.] – N. Duval u. a., La topographie chrétienne des cités de la Gaule, 1980ff. – M. E. Mariën, Belgica Antiqua, 1980 – Les villes antiques de la France, 1982ff. – P. Galliou, L'Amorique romaine, 1983 – H. Heinen, Trier und das Trevererland in röm. Zeit, 1985 – E. M. Wightman, G. Belgica, 1985.

Gallikanische Liturgie → Liturgie

Gallikanismus, im 19. Jh. geprägter Begriff, der eine Vielzahl polit., theol., staats- und kirchenrechtl. Theorien und Praktiken, Traditionen und Tendenzen im →Frankreich des SpätMA und Ancien Régime umschreibt, die den Einfluß des Papstes auf die »ecclesia gallicana« – so der zeitgenöss. Terminus – im jurisdiktionell-administrativ-finanziellen Bereich unter Anerkennung des theol. Primats einzugrenzen suchten. Selbstverständnis und Ziele von kgl. und parlamentar., theol. und episkopalem G. differieren je nach Zeit und Interessenlage, es gibt mithin kein geschlossenes System und keine einheitl. Doktrin. Angeblich erste Manifestationen in karol. Zeit (→Agobard, →Hinkmar) und am Ende des 10. Jh. (Synode v. Verzy) lassen sich ebensowenig wie der Streit des frz. Säkularklerus mit den päpstl. privilegierten Bettelorden im 13. Jh. als G. charakterisieren. Konstitutiv ist vielmehr die Bindung der frz. Kirche an einen gegenüber Rom auf seine →Temporalienrechte bedachten Kg. Damit findet sie – bes. nach Ansicht späterer Gallikaner – wieder zur ursprgl. Freiheit der »ecclesia primitiva«; »libertas gallicana« heißt Rückkehr zu altem Kirchenrecht. So steht am Anfang des G. der wegen einer Sondersteuer für den frz. Klerus 1294 ausbrechende Konflikt →Philipps IV. des Schönen mit →Bonifatius VIII. über das kgl. Temporalienrecht. Schließlich setzte der Monarch gegen das einem polit. Augustinismus verpflichtete theokrat. Programm des Papstes den Anspruch auf alle frz. Kirchen als kgl. Gründungen »sine medio vel mediante« unter seiner Schutzherrschaft durch. Die von Klerus und Parlement unterstützte Zurückweisung päpstl. »plenitudo potestatis« wurde v. a. durch die von aristotel.-thomist. Denken und röm. Recht geprägten Legisten wie Pierre→Flot(t)e, Guillaume de→Plaisian(s), Pierre→Dubois und bes. Guillaume de→Nogaret getragen. Sie fand auf der Synode v. →Vincennes 1329 u. a. mit den von Pierre de→Cuignières vorgebrachten 66 Argumenten ihre Fortsetzung; auch die mit der Residenz in Avignon für das Papsttum verbundene Nähe zur Krone verdrängte die Problematik nur zeitweilig (vgl. den um 1375 in Karls V. Umgebung entstandenen »Songe du Vergier«). Ein Höhepunkt war erreicht, als mehrere Pariser Klerusversammlungen zw. 1395 und 1408 die Stellung Frankreichs im →Abendländ. Schisma definierten: Der zweimalige Entzug der Oboedienz gegenüber Benedikt XIII. bedeutete zugleich die Wiederherstellung früherer Immunitäten und Freiheiten der gallikan. Kirche. Zunächst auf kgl. Geheiß zur Beratung einberufen (conseil), begriffen sich die Zusammengekommenen bald als Repräsentanz der Kirche von Kgr. und Dauphiné, als Synode der gallikan. Kirche (concile). Die damals unter wesentl. frz. Beteiligung im Rückgriff auf kanonist. Traditionen ausgeformten, die Papstgewalt weiter beschränkenden konziliarist. Lehren kamen auf den Synoden v. →Pisa und →Konstanz und radikal auf dem von ihr dominierten Konzil v. →Basel zum Tragen. Die Übernahme seiner Dekrete in einer kgl. Interessen entsprechend modifizierten Form durch die →Pragmatique Sanction (PS) von 1438 markiert den Zusammenschluß wichtiger Elemente des G.: der nationalkirchl. Repräsentation, der Verbundenheit mit der allgemeinen Kirchenreform sowie deren Indienstnahme durch den Hof mit dem Ziel einer vom Kg. beherrschten Landeskirche. Die Freiheiten der »ecclesia gallicana« wurden seit Karl VII. vom staatskirchl. Gouvernementalismus stärker als durch päpstl. Interventionen eingeschränkt. Sein Sohn Ludwig XI. betrieb ein einträgl. Wechselspiel von staatskirchl. Maßnahmen, Konkordatsverhandlungen und Konzilsdrohungen (1461 vorübergehende Aufgabe der PS, 1472 Konkordat v. Amboise, 1475 Einführung des kgl. »Placet«), um im Einzelfall die pragmat. Politik des Vaters fortzusetzen. Ein vertragl. Zustand war erst mit dem Konkordat v. Bologna 1516 erreicht; ungeachtet der für Franz I. günstigen Bedingungen wurde an der PS von Parlement und Universität festgehalten, die sich auch in späteren Jhh. als Hort d. G. verstanden. Heribert Müller

Lit.: Catholicisme IV, 1731–1739 – DDC VI, 426–525 – DHGE XIX, 846f. – Dict. apologétique de la foi catholique ⁴II, 193–273 – DIP IV, 1016–1021 – DThC VI, 1096–1137 – LThK² IV, 499–503 – NCE VI, 262–267 – RGG³ II, 1194ff. – TRE XII, 17–21 – J. LECLER, Qu'est-ce que les libertés de l'Église gallicane?, RechSR 23, 1933, 385–410, 542–568; 24, 1934, 47–85 – G. DIGARD, Philippe le Bel et le St-Siège de 1285 à 1304, 2 Bde, 1936 [Nachdr. 1972] – V. MARTIN, Les origines du gallicanisme, 2 Bde, 1939 [Nachdr. 1978; mit älterer Lit. wie VALOIS, HALLER] – G. MOLLAT, Les origines du gallicanisme parlementaire aux XIVᵉ et XVᵉ s., RHE 43, 1948, 90–147 – J. GAUDEMET – G. MOLLAT (Hist. des institutions françaises au MA III, 1962), 324–469 – P. OURLIAC (Hist. de l'Église XIV/1, 1962), 329–368 – A.-G. MARTIMORT, Le gallicanisme, 1973 – P. S. LEWIS, La France à la fin du MA, 1977, 387–430 – P. OURLIAC, Études d'hist. du droit médiéval I, 1979, bes. 375–489 – H. MÜLLER, L'érudition gallicane et le concile de Bâle, Francia 9, 1981, 531–555 – H. MILLET, Du conseil au concile (1395–1408), Journal des Savants 1985, 137–159 – H. MÜLLER, Die Franzosen, Frankreich und das Basler Konzil (1431–1449), 2 Bde, 1988/89.

Gallipoli (Kallipolis, in falscher Ableitung von καλὴ πόλις 'schöne Stadt', seit dem 12. Jh. Καλλίου πόλις oder auch Καλλίου, türk. Gelibolu), Stadt und Bm. am n. Eingang in die →Dardanellen auf der europ. (thrak.) Seite. Zunächst nur Brückenkopf für das gegenüberliegende →Lampsakos, gewann G. seit der Erhebung von →Konstantinopel zur Hauptstadt des oström. Reiches an Bedeutung und wurde von Justinian I. stark befestigt. Ende 1204 von den Venezianern besetzt (→Kreuzzug, 4.), wurde G. 1235 von Ks. Johannes III. Vatatzes zurückerobert. 1304–07 Hauptquartier der →Katal. Kompagnie, die von hier aus Thrakien verheerte. Als wichtiger byz. Flottenstützpunkt fiel G. 1354 in die Hände der →Osmanen, die es 1366 an →Amadeus VI. v. Savoyen verloren, 1376 wiedergewannen. Sultan →Murâd I. machte G. zur wichtigsten osman. Flottenbasis (Überfuhr der osman. Truppen nach Europa). Trotz des ven. Seesiegs bei G. (1416) blieb G. bis 1515 stark befestigte osman. Flottenbasis (Hafenturm, achttürmige Zitadelle). F. Hild

Lit.: DHGE XI, 416f. – Kl. Pauly III, 82 – RE X, 1659f. – El² II, 1005–1010.

Gallóglaigh (ir., angloir. gallo[w]glass, 'fremde Krieger'), von den Hebriden stammende schwerbewaffnete Söldnertruppen, die seit der Mitte des 13. Jh. zunächst im Dienst von Kleinfürsten des nördl. und westl. Irland standen, im 15. und 16. Jh. dann in allen Teilen Irlands von ir. und angloir. Herren eingesetzt wurden. Ihre charakterist. Waffen waren die lange Streitaxt, die – wie der Spieß der Schweizer – einer Kavallerieattacke standhalten konnte, sowie das große Zweihänderschwert. Bis zur Mitte des 14. Jh. traten diese schott. Truppenverbände, die unter dem Befehl ihrer eigenen Anführer standen, für jeweils kurze Zeit in den Solddienst des Meistbietenden. Später erhielten ihre Befehlshaber in zahlreichen ir. Herrschaften Dauerpositionen als erbl. constables und traten in Heiratsverbindungen mit der gäl. Aristokratie ein. Im Kgr. Tír Conaill (dem heut. Donegal) stieg die G.-Familie der Mac Sweeney zu Herren über drei Baronien auf, für die sie eine festgesetzte Anzahl ausgerüsteter Fußsoldaten zu stellen hatte. In anderen Gegenden wurden die Anführer der G.-Truppen mit verstreutem Landbesitz und Einquartierungsrechten für ihre Leute entlohnt. Wohl wegen ihrer aristokrat. Anführer galten die G.-Verbände als loyal und diszipliniert, im Gegensatz zu den kerne, den einheim. leichtbewaffneten Kriegern. K. Simms

Lit.: G. A. HAYES-MCCOY, Scots Mercenary Forces in Ireland, 1937 – K. SIMMS, From Kings to Warlords, 1987, 116–128.

Galloway, Provinz, Earldom und Bm. in →Schottland, umfaßte im MA ein weiteres Gebiet, während es heute auf

die ehem. Gft.en Kirkcudbright und Wigtown eingegrenzt ist. Die Herrschaft (Lordship), das alte »Kgr.« G.,
umfaßte im W das Gebiet von →Carrick, im O das Tal des
Nith, das größtenteils später an die ehem. Gft. →Dumfries
kam. Die Grenzen des Bm.s G. (bzw. →Whithorn) entsprachen dagegen weitgehend dem heut. Verlauf. Der
Name 'G.' wurde bereits im MA von gäl. *gall ghàidheal*
('fremde Scoten') abgeleitet; er soll damit auf gälischspra-
chige Schotten/Iren, die inmitten einer ethnisch anders-
artigen, v. a. skand. Bevölkerung lebten, hindeuten.
Neuere sprachwiss. Kritik legt demgegenüber jedoch eine
brit. ('P-kelt.') Wurzel des Namens nahe. G. dürfte wohl
der Nachfolger des frühen christl. Kgr.es Rheged sein.
Von ca. 700 bis ins 9. Jh. dem ags. Kgr. →Northumbrien
unterworfen, wurde G. wahrscheinl. von einer ethnisch
gemischten gälischsprachigen Aristokratie, die teils von
den →Hebriden, teils aus Norwegen stammte, erobert.
Eine lokale Dynastie, die kgl. Rang beanspruchte, tritt im
12. Jh. auf; ihr wichtigster Repräsentant war Fergus
(† 1161), der sich zunächst den schott. Unterwerfungsver-
suchen widersetzte, sich aber schließlich Kg. →Malcolm
IV. unterwarf. Fergus teilte seine Herrschaft zw. seinen
beiden Söhnen. Der eine, Gilbert, war Ahnherr der Earls
of Carrick und damit der schott. Königsdynastie 'Bruce';
der andere, Uhtred, begründete die Familie der Lords of
G. Der Kg. v. Schottland, John →Balliol (1292–96), erbte
die Lordschaft G. von seiner Mutter Dervorguilla. – Zur
Gesch. des Earldom Carrick im späteren MA →Carrick.

Das Bm. G. verschwindet nach ca. 800 aus der Überlieferung. Es wurde um 1225 anscheinend wiederhergestellt
und blieb bis zur Mitte des 14. Jh. als einziges Bm. im
schott. Bereich dem Ebm. →York unterstellt, nach dem
12. Jh. aber nur mehr in nomineller Weise. 1492 kam G.
unter die Jurisdiktion des neuerrichteten Ebm.s →Glas-
gow. Bischofssitz war Whithorn; die Kathedrale war ein
– in Schottland einzigartig – prämonstratens. Kanoniker-
priorat.   G. W. S. Barrow

Q. und Lit.: A. O. ANDERSON, Early Sources of Scottish Hist., 1922–D.
E. R. WATT, Fasti Ecclesiae Scoticanae Medii Aevi, 1969–Transactions
of the Dumfries and G. Natural Hist. and Antiquarian Soc., passim.

Gallura, sard. Judikat (Kgr.), ärmster und am dünnsten
besiedelter der vier »Staaten«, in die →Sardinien seit Anfang des 10. Jh. geteilt war. Er wurde beherrscht von
einem Kg. (sard. *Judike*), seine Grenzen waren zum Schutz
seiner polit. und Handelsinteressen durch Burgen befestigt, er besaß ein Parlament (»corona de logu«), ein
Krongut (»rennu«), Gesetzbuch (»carta de logu«), Institutionen, zentrale und lokale Kanzleien, Siegel, Standarten
etc. Der »Staat« (»su logu«) umfaßte 11 Verwaltungsbe-
zirke (»curadorias«), seine Hauptstadt war anfangs die
»villa« Surake, später Terranova (heut. Olbia); er war
souverän (»non recognoscens superiorem«) und gehörte
nicht dem Monarchen, sondern dem Volk, das die Herrscher nach festgelegten genealog. und dynast. Regelungen
wählte und sie mit dem bannus-consensus verpflichtete.
In G. regierten mindestens fünf Generationen lang einheim. Herrscher aus den Familien Zori, Gunale, Spanu
und Lacon. 1207 begründete die Heirat der Erbtochter
Elena de Lacon mit dem Pisaner Lamberto Visconti
(† 1226) die Visconti-Dynastie von G., die de facto 1288
endete, als der letzte Judex Nino († 1298) in Pisa wegen der
von Dante besungenen Ugolino-Episode (→Della Ghe-
rardesca, Ugolino) in Ungnade fiel, nach Genua fliehen
mußte, und den saard. Judikat G. verlor, der ein übersee-
isches Territorium von Pisa wurde. Der nominelle Judex-
Titel ging auf die Visconti von Mailand über, die ihn »a
memoria« führten, bis ihn Filippo Maria 1447 testamenta-

risch →Alfons V. »il Magnaninimo«, Kg. v. Aragón,
vermachte, der bereits de facto Kg. des »Regnum Sardinie
et Corsicae« war.   E. Gessa

Lit.: E. BESTA, La Sardegna medioevale, 2 Bde, 1908–09 – A. SOLMI,
Studi storici sulle istituzioni della Sardegna nel Medio Evo, 1917–F. C.
CASULA, Giudicati e curatorie (Atlante della Sardegna), 1980 – DERS.,
La Storia della Sardegna da Mieszko I di Polonia a Ferdinando II
d'Aragona, 1985 – AA. VV. Genealogie medioevali di Sardegna, 1985.

Gallus. 1. G., hl. (Fest 16. Okt.), Begleiter des hl. →Co-
lumban und Zeuge des frühen Christentums im südalem.-
rät. Grenzraum, † um 650 in Arbon, ☐ in St. Gallen. Vita
in drei Fassungen überkommen: 1. bruchstückhaft, aus
dem späten 7. Jh. (nach BERSCHIN); 2. Bearb. durch →Wet-
ti um 820; 3. Bearb. durch →Walahfried Strabo um 833/
834. Danach gehörte G. zur Umgebung →Columbans
(† 615). G.' Herkunft (ir., frk., galloroman., alem.?) ist
strittig. In klareren Konturen erscheinen die Ereignisse im
Bodenseeraum: Über Tuggen und Arbon gelangten Columban und G. nach Bregenz, dessen Bevölkerung G.
vom heidn. (röm.?) Götzendienst zum Christentum zurückzuführen suchte. Anhaltende Schwierigkeiten gaben
zur Vertreibung der Glaubensboten durch den in Überlin-
gen residierenden alem. Hzg. Gunzo Anlaß; der erkrankte
G. wollte aber nicht mit Columban ziehen und wurde dafür mit dem Verbot, zu dessen Lebzeiten die Messe zu lesen, bestraft. G. ließ sich daraufhin an der oberen Steinach
als Einsiedler nieder. Auf dringendes Ersuchen des rät.
Priesters Johannes heilte er die dämonbesessene Tochter
Hzg. Gunzos. Die als Dank hierfür angebotene Konstanzer Bischofswürde (→Konstanz) lehnte er zugunsten des
Johannes ebenso ab wie die Abtsnachfolge in →Luxeuil.
G. wurde nach der verzerrenden Chronologie der Vita
kurz vor seinem Tod in Arbon vom sterbenden Columban
von seiner »Exkommunikation« befreit. An seinem Grab
in der Kirche von →St. Gallen (Klostergründung erst im
frühen 8. Jh. durch →Otmar) ereigneten sich zahlreiche
Wunder, so daß hier ein lokaler Kult mit Wallfahrt entstand; das G.-Patrozinium verbreitete sich rasch in der
deutschsprachigen Schweiz, in S-Dtl. u. im Elsaß. G.,
häufig mit einem →Bären dargestellt, ist Patron der Fie-
berkranken. – Dem Eremiten G. kommt vor dem Hintergrund der Vita das Verdienst zu, »die europäische Idee des
kolumbanischen Mönchtums in die alemannische Wirklichkeit übersetzt (zu haben)« (BORST). Allerdings sind in
der Forschung wichtige Fragen um seine Person (Identität
des Columbanschülers G. mit dem Eremiten an der Steinach) und um seine Stellung in der Geschichte des 7. Jh.
offen.   Th. Zotz

Q.: Vita Galli conf. triplex, MGH SRM 4, 229–337 – Lit.: Bibl. SS VI,
15–19 – LCI VI, 345–348 – LThK² IV, 507f. – NDB VI, 54 – K.-U.
JÄSCHKE, Kolumban v. Luxeuil und sein Wirken im alem. Raum, VuF
20, 1974, 77–130 – W. BERSCHIN, G. abbas vindicatus, HJb 95, 1975,
257–277 – H. KELLER, Frk. Herrschaft und alem. Hzm. im 6. und 7. Jh.,
ZGO 124, 1976, 1–30 – A. BORST, Mönche am Bodensee, 1978 –
Helvetia Sacra III, I/2, 1986, 1180–1188 – W. BERSCHIN, Biographie u.
Epochenstil im lat. MA II, 1988.

2. G. v. Prag (v. Strahov), böhm. Leibarzt →Karls IV.,
* Anfang des 14. Jh., stammte wahrscheinl. aus →König-
grätz, † nach 1378. 1346 als ebfl. Vikar im Königgrätzer
Kreis, trat in den Pestjahren 1349/50 als ksl. Leibarzt dem
greisen Meister Walther zur Seite und wurde bald auch als
ksl. Rat tätig: Auf seine Empfehlung hin ist angeblich die
Prager Neustadt (→Prag) gegründet worden. Für Kg.
→Wenzel setzte G. seine leibärztl. Tätigkeit fort.

Das hohe Ansehen des ksl. Arztes kommt in der Legende zum Ausdruck, die dem 'meister' ein bibl. Alter von
'124 jaren' zuerkannte, und gründet sich auf zahlreiche

Fachschriften (»Regimen sanitatis ad Carolum imperatorem«, »Tractatus urinarum«, »Aquavit-Rezept«, »Virtutes aquarum« [Gabriel v. Lebenstein], »Vaticinium de regno Bohemiae«, »Tractatus de apostematibus pestilentiae«, verschiedene Rezepttexte), die seuchenprophylakt. bzw. makrobiot. ausgerichtet sind, gelegentl. iatromathemat. Einschlag erkennen lassen und in deren Mittelpunkt der berühmte (durch Christian v. Prachatitz weitergeführte) 'Sendbrief' »Missum imperatori« von 1371 steht: Er verrät klin. Kenntnisse und diagnost. Scharfblick, war in vier Übers. des 14.–15. Jh. über ganz Deutschland verbreitet und hat auf dem Sektor osmischer Repellentien die spätma. Pestprophylaxe maßgebl. geprägt. G. Keil

Lit.: Verf.-Lex.² I, 1035f., 1222f.; II, 1065–1069 – H.-P. FRANKE, Der Pest-'Brief an die Frau von Plauen', Würzburger med. hist. Forsch. 9, 1977, 59 u. ö. – G. WERTHMANN-HAAS, Altdt. Übers. des Prager 'Sendbriefs' »Missum imperatori«, ebd. 27, 1983 – H. SEELIGER, Laudatio auf G. WERTHMANN-HAAS …, Würzburger med. hist. Mitt. 5, 1987, 359–361.

Gallus Anonymus (eigtl.: Anonymus, gen. Gallus), südfrz. Benediktiner, der seine lit. Ausbildung in gelehrten Kreisen von Le Mans, Poitiers und Orléans erhielt. Er kam nach 1100 über Ungarn nach Polen und wurde in die Kapelle →Bolesławs III. aufgenommen. Seine in drei Bücher aufgeteilte »Cronica et gesta ducum sive principum Polonorum« hat er nach 1100 begonnen und 1114/15 als formal nicht abgeschlossenes Werk beendet; sie ist im damals üblichen Stile der »gesta ducum« mit Cursus und Reimprosa geschrieben. Das 1. Buch beginnt mit Popiel, dem legendären Fs.en v. Gnesen, und Piast, dem Stammvater der Dynastie (→Piasten), und berichtet über die wichtigsten Taten der Herrscher bis zum Geburtsjahr von Bolesław III. (1085). Das 2. Buch umfaßt die letzten Regierungsjahre →Władysław Hermans († 1102) und die Zeit der gemeinsamen Regierung von Bolesław III. und dessen Stiefbruder Zbigniew bis zur Alleinherrschaft Bolesławs, während das 3. Buch den Heereszug der dt. Kg.s Heinrich V. nach Schlesien, die Blendung Zbigniews und die Sühne Bolesławs in Gnesen (1113) schildert. Da die Chronik am Hofe Würdenträgern vorgelesen und dabei auch zensuriert wurde, liegt die Vermutung nahe, daß ihre Fortsetzung auf Geheiß Bolesławs III. verhindert wurde. Obwohl das Werk nur Dynastengesch. vermittelt, ist es die wichtigste Quelle für die älteste Periode des poln. Staates. Als einzige überliefert sie ein Gesamtbild der damaligen Gesch. →Polens, darüber hinaus wichtige Nachrichten zur Gesch. Deutschlands. →Chronik, M.II. G. Labuda

Ed.: Galli Anonymi Cronicae, ed. K. MALECZYŃSKI, MPH NS II, 1952 – *Q. und Lit.:* Repfont III, 416f. – SłowStarSłow I, 33 [Lit.] – WATTENBACH–SCHMALE II, 812f.; III, 228–230.

Galmei, bergmänn. Sammelbezeichnung für ein bei der Messingherstellung wichtiges Zink-Oxydationserz, das als Verwitterungsprodukt der Zinkblende teils in karbonat. Form als Zinkspat (edler G. und Zinkblüte), teils in silikat. Form als Kieselzinkerz (Kieselg.) zumeist in unmittelbarer Nähe der Erdoberfläche auftritt. Neben diesen mineralen (bzw. fossilen) Varietäten bildet sich G. auch in Gestalt eines Zinkoxyd-Niederschlags (Ofenbruch oder Ofeng.) bei Arbeiten im Schmelzofen mit zink- oder galmeihaltigem Kupfer, aber auch mit Blei- und Eisenerzen. Beide Formen des G.s waren im MA von ihrer Natur her nicht bekannt; erstere hielt man für eine Erde, die das Kupfer goldgelb einfärbte und leichter bearbeitbar machte. Im Sprachgebrauch des MA war neben dem lat. cadmia der Terminus calamina, aber auch calamaris, calima, calimum etc. geläufig zur Bezeichnung des G.s. Die etymo-

log. Herkunft von cadmia sowie calamina ist umstritten. Das Wort G. ist jedenfalls über calamina entstanden und bezeichnete wohl zunächst nur den Ofenbruch.

Ein Erzabbau, zu dem auch G. gehörte, ist seit etwa 75 n. Chr. für Gressenich und Breinig bei Aachen mehr oder weniger kontinuierl. belegbar. Bereits um 150 n. Chr. entwickelte sich dort wie im Gebiet der Maas und in Antneé bei Dinant eine größere Messingfabrikation. Im 4. und 5. Jh. lassen sich Messingarbeiten im Gebiet von Sambre und Maas nachweisen. Seit dieser Zeit reichen die Quellen bis zum 9. Jh. nicht aus, um genauere Aussagen über die Messingherstellung und den G.abbau zu machen; letzterer scheint aber nicht ganz aufgegeben worden zu sein. Auch in Spanien wurde Zink/G. nachweislich im 8.–9. Jh. abgebaut. Unter Karl d. Gr. vollzog sich dann wohl ein gewisser Aufschwung des G.abbaus und der Messingherstellung im frk. Raum. Seit dem 10. Jh. wurde v. a. das Maastal zw. Verdun und Lüttich (bes. um Giret, in Condroz bei Dinant und südl. von Namur und Huy) für die Messingherstellung (→'Dinanderie') bedeutend. Im »Aachener Reich« wurde G. schon seit längerer Zeit abgebaut, wird aber erst 1344 in Rechnungen der Stadt Aachen erwähnt. Bes. der Altenberg (Vieille Montagne) bei Aachen-Moresnet mit seinen großen G.vorkommen von hoher Qualität und leichter Gewinnbarkeit wurde vom SpätMA bis ins 20. Jh. wichtig. Die steigende Nachfrage nach G. führte zu neuen G.gruben, etwa bei Pflach bzw. Reutte (Tirol), bei Bergisch-Gladbach, bei Iserlohn und Lemgo. Ob im MA bei Brilon (Westfalen), bei Jauken bzw. Villach (Tirol) und bei Wiesloch (am Odenwald) abgebaut wurde, ist ungewiß. Andere Vorkommen wie bei Chrzanow (Galizien) und bei Aronzo am oberen Piave wurden im MA abgebaut. G. wurde nach Braunschweig, Köln, Nürnberg sowie ins Maasgebiet und in die Niederlande gehandelt. H. Pohl

Lit.: R. A. PELTZER, Gesch. der Messingindustrie und der künstler. Arbeiten in Messing in den Ländern zw. Maas und Rhein von der Römerzeit bis zur Gegenwart, Zs. des Aachener Geschichtsvereins 29, 1908, 235–463 – M. YANS, Hist. économique du duché de Limbourg, 1936 – A. VOIGT, Gressenich und sein G. in der Gesch., BJ 155–156, 1955/56, 318–355 – A. JORIS, Probleme der ma. Metallindustrie im Maasgebiet, HGBll 87, 1969, 58–76 [Lit.] – R. STAHLSCHMIDT, Das Messinggewerbe im spätma. Nürnberg, Mitt. des Vereins für die Gesch. Nürnbergs 57, 1970, 124–149 [Bibliogr.] – s. a. →Kupfer, →Messing, →Dinanderie.

Galswinth(a) (Galsuenda, Gaileswintha), merow. Kgn., † ca. 567, Tochter des Westgotenkg.s →Athanagild, ältere Schwester der →Brunichild, die seit ca. 566 mit dem merow. Kg. →Sigebert I. vermählt war. Die zum Katholizismus übergetretene G. wurde ca. 567 mit Sigeberts Bruder, Kg. →Chilperich I., verheiratet. Dieser ließ sie bald nach der Hochzeit erdrosseln, um seine Geliebte →Fredegund zur Frau zu nehmen. Am Grabe der von Venantius Fortunatus gerühmten G. ereigneten sich Wundererscheinungen.

Lit.: →Chilperich I.

Gama, Vasco da, ptg. Seefahrer und Entdecker, * 1469 in Sines, † 24. Dez. 1524 in Cotchin (Malabarküste Vorderindien), 1538 nach Portugal überführt. →Manuel I. v. Portugal entsandte V. d. G. nach dem Bekanntwerden der Erfolge des →Kolumbus für die span. Doppelmonarchie in der Verfolgung alter ptg. Seefahrtstraditionen auf dem Wege um Afrika herum nach Süd- und Ostasien. Dabei konnte sich G. die Erfahrungen seiner Vorgänger Diogo →Cão und Bartolomeu →Dias zunutze machen. Er verließ Lissabons Hafen Restello am 8. Juli 1497 mit drei Schiffen und wählte einen weit in den Atlant. Ozean ausgreifenden, über die Kanar. und Kapverd. Inseln (→Atlant. Inseln) westwärts ausholenden Schiffskurs (erstmals bewußte Trennung der »Indien-Route« von der bishin geübten enganliegenden Küstenfahrt entlang den afrikan. Küsten). Nach Umfahrung des Kaps der Guten Hoffnung (22. Nov.) und Erreichung der von ihm so gen. »Terra Natalis« am 25. Dez. erkämpfte er mit seinen Schiffen von der am 10. Jan. 1498 entdeckten Delagoa-Bay in SO-Afrika aus gegen die schwer vom N her andrängenden Meeresströmungen die Weiterfahrt zur Mündung des Sambesi-Stromes, wo er die ersten arab. Schiffe traf, denen dann bei Moçambique die Begegnung mit den ersten Schiffen folgte, die aus Indien herüberkamen. Mit G.s naut. Großleistung, die Europas Schiffahrt um die Südspitze Afrikas herum erstmals in einen unmittelbaren Kontakt mit dem Ind. Ozean gebracht hatte, war Portugal freilich auch erstmals in jenen Konkurrenzbereich arab. Schiffahrt eingetreten, der von nun an bestimmend für die ptg. Pläne bleiben sollte. Über Mombassa und Malindi an der Küste Kenias fand dann mit einem christl.-arab. Lotsen (Ben Madjid), von einem SW-Monsun begünstigt, V. d. G.s Übersetzung des Ind. Ozeans statt (24. April– 20. Mai 1498; Landung bei der Handelsstadt Calicut [Khozikode]). Damit war die erste unmittelbare Berührung Europas mit Asien auf dem Seewege hergestellt. Nach dreimonatiger Rückfahrt wurde am 7. Jan. 1499 Malindi in Ostafrika getroffen, am 20. Febr. das »Kap« umsegelt und danach unter schweren Verlusten die ptg. Heimat erreicht.

1502 unternahm G. seine Reise mit einer großen Flotte zu rein kolonialist. Zwecken ein zweites Mal, 1524 als »Gf. v. Viduguera« (1503) und Vizekg. ein drittes Mal. Camões hat G.s entdeckungsgesch. Leistungen in den »Lusiaden« verherrlicht. In der Kartographie wurden durch G. die Formen Afrikas, zumal von der Südspitze aus und die Ostküste entlang, endgültig festgelegt.   G. Hamann

Lit.: F. HÜMMERICH, V. d. G. und die Entdeckung des Seewegs nach Ostindien, 1898 – D. PERES, História dos Descobrimentos Portugueses, 1960 – G. HAMANN, Der Eintritt der Südl. Hemisphäre in die Europ. Gesch. Die Erschließung des Afrikaweges nach Asien vom Zeitalter Heinrichs des Seefahrers bis zu V. d. G., SAW.PH 260, 1968 – DERS., Geograph. und naut. Planung und Methodik zu Beginn des Entdeckungszeitalters, Rete/Strukturgesch. der Naturwiss. I, H. 2, 1972, [Lit.].

Gambacorta, pisan. Familie unbekannter Herkunft; von späteren Geneaologen wird ihr fälschl. dt. Ursprung zugeschrieben. Wahrscheinl. ist sie Ende des 12. oder Anfang des 13. Jh. aus dem Contado nach Pisa zugewandert. Spätestens seit 1228 besitzen die G. das pisan. Bürgerrecht: ein *Bonaccorso G.* erscheint im Verzeichnis der 4000 Pisaner, die den Frieden mit Siena beschworen. Aus Urkk. der folgenden Jahrzehnte geht hervor, daß die G. als Kaufleute mit Sizilien, Neapel, Südfrankreich, Katalonien, Sardinien und Tunesien intensive Handelsbeziehungen pflegten. Ihr polit. Aufstieg zeichnete sich bereits in der 2. Hälfte des 13. Jh. mit *Bonaccorso* und *Gherardo* ab, den Söhnen des *Vernaccio,* die zw. 1280 und 1310 mehrmals unter den Anzianen und den Consules maris begegnen. Heinrich VII. residierte bei seinem ersten Aufenthalt in Pisa 1312 in ihrem Palast. In der gleichen Periode wurde Bonaccorso von der Kommune Pisa mit heiklen diplomat. Missionen betraut. Die polit. Bedeutung der G. nahm in der folgenden Generation weiter zu: v. a. Gherardos Sohn *Andrea* war seit 1330 einer der mächtigsten Politiker von Pisa, Hauptexponent einer Politik der freundschaftl. Annäherung an das konkurrierende→Florenz. Als die Signorenfamilie Donoratico 1347 erlosch, riß Andrea G. an die Spitze

der Faktion der Bergolini gegen den Widerstand der Faktion der Raspanti die Macht an sich und behielt sie bis zu seinem Tod (1354). Beim Einzug Ks. Karls IV. in Pisa (1355) verloren die G. infolge eines Aufstandes die führende Stellung in der Kommune. Drei Mitglieder der Familie wurden enthauptet, die übrigen exiliert. Erst 1369 konnten die G. nach Pisa zurückkehren, wo sie mit Unterstützung des Stadtvolkes von neuem ihre polit. Führungsrolle unter Andreas Sohn *Pietro* einnahmen, der von 1370 bis zum 21. Okt. 1392, wo er einer von Jacopo d'→Appiano angeführten Revolte zum Opfer fiel, die Signorie innehatte. Die überlebenden G. kehrten erst 1405–06 nach Pisa zurück, um an der Verteidigung der Stadt gegen Florenz teilzunehmen, und *Giovanni,* der Enkel Pietros, erhielt von neuem die Herrschaft über die Stadt, verkaufte sie jedoch am 9. Okt. 1406 an die Feinde.   O. Banti

Lit.: A. FABRONI, Pietro Gambacorti, Mem. istoriche di più uomini illustri pisani, 1790, I, 359–380 – P. LITTA, Celebri famiglie it., II, 1819 – P. SILVA, Il governo di Pietro G. e le sue relazioni col resto della Toscana e coi Visconti, 1911 – D. HERLIHY, Pisa in the Early Renaissance. A study of Urban Growth, 1958 – E. CRISTIANI, Nobiltà e Popolo nel Comune di Pisa dalle origini del Podestariato alla Signoria dei Donoratico, 1962 – O. BANTI, Iacopo D'Appiano. Economia soc. e politica del Comune di Pisa al suo tramonto (1392–1399), 1971.

Gambeson (frz. von dt. Wams), dick gepolstertes Kleidungsstück als Unterlage für das Panzerhemd (→Halsberg), das mindestens seit dem 12. Jh. nachweisbar, in der 2. Hälfte des 14. Jh. mit dem Aufkommen des Plattenharnisches (→Harnisch) aus der ritterl. Rüstung verschwindet. Der G. wurde vom ärmeren Fußvolk oft bis ins SpätMA als einziger Körperschutz getragen.   O. Gamber

Lit.: V. GAY, Glossaire Archéol. I, 1887.

Gammelsdorf, Schlacht v. Am 9. Nov. 1313 besiegte Hzg. Ludwig v. Oberbayern (→Ludwig der Bayer) unter geschickter Ausnutzung der nebligen Witterungsverhältnisse bei G. (westl. Landshut) ein zahlenmäßig weit überlegenes österr. Kontingent unter Führung→Friedrichs des Schönen. Der Sieg über die in mehrfacher Hinsicht überlegenen→Habsburger sicherte die ein Jahr zuvor übernommene Pflegschaft in Niederbayern und begründete Ludwigs Ansehen als Feldherr, das ihn in ganz Deutschland bekannt machte – nicht zuletzt bei den Kurfürsten. Der Entschluß zur militär. Auseinandersetzung mit →Österreich bezeichnete den Endpunkt einer entscheidenden polit. Umorientierung, die sich seit dem Ausgleich mit seinem Bruder Rudolf (12. Juni 1313) und dem Schirmvertrag mit Landshut (22. Juli 1313) abzeichnete. Der Sieg Ludwigs über die Habsburger, den er in der Schlacht v. →Mühldorf erneuern konnte, bedeutete für diese ein Glied in der Kette von Rückschlägen, die ihre Ambitionen auf das Kgtm. und territoriale Arrondierungen im Westen durchkreuzten.   Th. Martin

Q.: Reg. der Pfalzgf.en am Rhein I, hg. A. KOCH – J. WILLE, 1894, 109–122 – *Lit.:* A. LHOTSKY, Gesch. Österreichs II, 1, 1967, 221ff. – SPINDLER, II, 131–137 – G. BENKER, Ludwig der Bayer, 1980, 69–77.

Gandersheim, Kanonissenstift und Stadt im südl. Niedersachsen.

I. Kanonissenstift – II. Stadt.

I. KANONISSENSTIFT: Am Übergang zweier wichtiger W-O-Fernstraßen über die Gande an der Kreuzung mit der S-N Verbindung Mainz-Fulda-Hildesheim gelegen, ist G. das älteste Familienstift der →Liudolfinger, eine der ersten klösterl. Gründungen des sächs. Adels überhaupt. Die Stifter, Gf. Liudolf und Gfn. Oda, erhielten auf einer von Altfrid (später Bf. v. Hildesheim, 851–874) vermittelten und von Ludwig d. Dt. geförderten Pilgerfahrt nach Rom 845/846 von Papst Sergius II. die Reliquien der hll.

Päpste →Anastasius I. und →Innozenz I. Bf. Altfrid legte den Platz des Stiftes fest und verschob damit zugleich die Hildesheimer Diözesangrenze, was später den »Gandersheimer Streit« (987–1030) auslösen sollte (→Mainz, Ebm.; →Bernward, →Willigis, →Aribo, →Godehard). Die erste Kanonissengemeinschaft trat 852 unter Leitung der Liudolftochter Hathumod zusammen. Nach Altfrids Tod und der Heirat der Liudolftochter Liutgard mit Kg. Ludwig d. J. konnten die Söhne Hzg. Liudolfs, Brun und Otto, 877 ihr Familienstift dem Reich übertragen und Königsschutz, Immunität und die Garantie der Äbtissinnenwürde für die Töchter des Hauses erwirken (Hathumod, † 874, folgten ihre Schwestern Gerberga I. und Christina, dann Liutgard, Tochter Hzg. Ottos d. Erlauchten). Auch die Stifterin Oda († 913 im Alter von 107 Jahren) trat in G. ein.

Die reichsunmittelbare Stellung G.s blieb allerdings nicht unangefochten, da seine zusätzl. Ausstattung mit Eigengut Altfrids und Zehnten des Bm.s →Hildesheim zu eigenkirchenrechtl. Ansprüchen seiner Nachfolger auf den Stiftsbesitz führten. Erst Kg. Otto I. stellte durch eigene Schutzdiplome und mit Hilfe von Privilegien der Päpste Agapet II. (948) und Johannes XIII. (968) die Reichsunmittelbarkeit der Stiftung seines Urgroßvaters wieder her. G. galt als Muster für die Verfassung eines Reichsstifts des 10. und 11. Jh. Seine Glanzzeit war unter der Äbt. Gerberga II. (949–1001), Nichte Ottos d. Gr., unter der die Kanonisse und Dichterin →Hrotsvit wirkte und die älteste Tochter Ks. Ottos II., Sophia, 979 in G. aufgenommen wurde (von 1001–39 selbst Äbt.). Der Purpurrotulus der sog. Heiratsurk. der →Theophanu ist im G.er Archiv überliefert. Die umfangreichen Übertragungen von Kg.sgut, ja von Gft.srechten an G. auch in der krit. Zeit der sächs. Opposition und des →Investiturstreits dem Reich zu erhalten, gelang den sal. Herrschern nur dadurch, daß sie den G.er Äbtissinnenstuhl bis 1125 fast durchweg mit ksl. Prinzessinnen zu besetzen vermochten. Gegenüber den Reformbestrebungen der Bf.e v. Hildesheim konnte G. als einziges Kanonissenstift seine freiere Verfassungsform erhalten und war im 12. Jh., v. a. unter der Äbt. Adelheid IV., eine zuverlässige Stütze der stauf. Reichspolitik. Der ständigen Bedrohung seiner Autonomie seitens der Bf.e v. Hildesheim vermochte G. während des Thronstreits in einem denkwürdigen Kurienprozeß vor Innozenz III. mit der Erringung der vollen kirchenrechtl. →Exemtion zu entgehen. Die Sonderstellung des Stiftes wird auch in der nd. →Reimchronik hervorgehoben, die Eberhard v. G. als Notar der Äbt. Mechthild I. v. Wohldenberg zw. 1216–18 verfaßte. Doch gelang es G. nicht, gegenüber den welf. Hzg.en, die sich mit Burg und Amt in der Stadt G. festsetzten, ein eigenes Stiftsterritorium aufzubauen. Immerhin aber blieben der Reichsfürstinnenstand der Äbtissinnen und die Reichsunmittelbarkeit des Stiftes bis zuletzt erhalten (erst 1589 Einführung der Reformation). Das seitdem evangel. »freiweltl.-ksl.« hochadlige Damenstift wurde 1810 aufgehoben.

H. Goetting

II. Stadt: Eine frühe Kaufleutesiedlung um die Pfarrkirche St. Georg ist vermutl. älter als das Stift und die im Anschluß daran entstehende Marktsiedlung mit Mauritiuskirche, aus der sich, 990 mit einem Marktprivileg versehen, die Stadt G. entwickelte. Die städt. Rechtsgemeinde hat sich schrittweise über 1196 bis zum späten 13. Jh. ausgeprägt, gleichzeitig festigten die welf. Hzg.e ihren Einfluß in der Stadt, deren Amtssitz 1347 erstmals bezeugt ist (Hagen). Vor 1334 ist die ca. 12 ha umfassende Mauerbau vollendet, außerhalb dessen die Vorsiedlungen

bei der Pfarrkirche St. Georg und die Neustadt verblieben. Die Einw.zahl wird im 15. Jh. ca. 1000 betragen haben.

F. B. Fahlbusch

Lit.: zu [I]: H. GOETTING, Die Anfänge des Reichsstifts G., Braunschweig. Jb. 31, 1950, 5–51 – DERS., G. und Rom. Die Entwicklung der kirchenrechtl. Stellung des Reichsstifts G. und der große Exemtionsprozeß 1202–1208, Jb. der Ges. für niedersächs. KG 51, 1953, 36–71 – DERS., Das reichsunmittelbare Kanonissenstift G. (GS NF 7 1973) [Lit.] – DERS., Die Hildesheimer Bf.e von 815–1221 (GS NF 20, 1984) [»Gandersheimer Streit«] – DERS., Die beiden gefälschten Gründungsurkk. des Reichsstifts G. (Akten des MGH-Kongr. »Fälschungen im MA«, Bd. III, 1988) – zu [II]: G., bearb. P. J. MEIER, Niedersächs. Städteatlas, 1. Abt. 1926² [Katasterplan] – H. GOETTING, Die Anfänge der Stadt G. Wik, mercatus und forum als Stufen der frühstädt. Entwicklung, BDLG 89, 1952, 39–55 – K. KRONENBERG, Die Gestalt der Stadt G. Zu ihrer topograph. Entwicklung, Braunschweig. Jb. 43, 1962, 77–101.

Gandía, Hzm. (südl. von Valencia), das 1399 aus den Territorien geformt wurde, in deren Zentrum der Ort G. lag. Der Señorío von G. war 1323 von Jacob II. v. Aragón an den Infanten →Peter v. Aragón, Gf. v. →Ribagorza, gegeben und schließlich durch Martin I. v. Aragón dessen Sohn →Alfons (I.), Gf. v. Denia und Ribagorza, als Hzm. übertragen worden. Nach einem Erbstreit wurde Alfons' Sohn, Alfons (II.), 1412 Nachfolger im Hzm., von dem Teile an andere Mitglieder der Familie übergingen. Nachdem G. der Krone Aragón inkorporiert worden war, gelangte es 1433 an den Infanten Johann (→Johann II. v. Aragón, Kg.), der es wiederum seinem Sohn, dem *Príncipe* →Karl v. Viana, übertrug, bis es nach dessen Tod (1461) der aragon. Kgn. →Johanna (Enríquez) anheimfiel. Seit 1485 gehörte G. dem Pere Lluís de →Borja.

L. Vones

G., Alfons I., Hzg. v., 'el viejo' (in der Lit. auch: A. v. Aragón [und Foix], Marqués de Villena), aragones. Hochadliger, * 1332, † 5. Jan. 1412 in G., Sohn des Infanten →Peter v. Aragón und der Johanna v. →Foix; ∞ Violante Eiximenis v. →Arenós; drei Söhne (Jacob, Gf. v. Ribagorza; Alfons [II.], Gf. v. →Denia; Peter, Marqués v. Villena), war u. a. Gf. v. Denia (seit 1355) und →Ribagorza, seit 1399 Hzg. des neugeschaffenen Hzm.s Gandía. Neben dem Gf.en v. →Urgell mächtigster Potentat der Krone Aragón (Generalkapitän des Kgr.s Valencia, seit 1402 kgl. Statthalter in Aragón), gewann A. auch in Kastilien reiche Güter; 1366 übertrug ihm Kg. Heinrich II. v. Trastámara zum Dank für die Unterstützung im Bürgerkrieg den der Krone Aragón benachbarten Marquesado v. →Villena, den A. nach seiner Gefangennahme bei →Nájera (1367) allerdings teilweise zur Aufbringung des Lösegeldes veräußern mußte. Unter Kg. Johann II. und noch während der Minderjährigkeit Heinrichs III. hatte A. als Inhaber des neugeschaffenen Amtes eines →Condestable und als eines der führenden Mitglieder des Regentschaftsrates entscheidendes Gewicht in den polit. Angelegenheiten Kastiliens. Seine Entmachtung erfolgte schrittweise in den 90er Jahren (Beitritt zu einer von Heinrich III. gelenkten kast. →Hermandad, 22. Mai 1394; Verdrängung aus dem Territorium des Marquesado v. Villena, 1395–98). Kg. Martin I. v. Aragón entschädigte A. durch Einsetzung als Hzg. v. G. – die erste Herzogserhebung, die nicht einem Königssohn galt. 1410–12 aussichtsreichster Kandidat für den aragones. Thron, starb A. noch vor dem Schiedsspruch v. →Caspe. Sein Sohn Alfons (II.) 'v. Aragón und Arenós' folgte ihm in G. nach. A. ist in seiner überragenden Machtposition, die er sowohl in Aragón als auch in Kastilien aufzubauen verstand, als direkter polit. Vorläufer von →Ferdinand I. v. Antequera zu betrachten. L. Vones

Lit.: Diccionari Biogràfic dels Catalans I, 84–86 – Gran Enciclopèdia Catalana VII, 802 [mit Stammtafel] – L. SUAREZ FERNÁNDEZ, Hispania

12, 1952, 163–231; 323–400 – E. Mitre Fernández, Evolución de la nobleza en Castilla bajo Enrique III., 1968 – Ders., Señorío y frontera. El Marquesado de Villena de 1386–1402, Murgetana 30, 1969, 55–62 – S. Sobrequés Vidal, Els barons de Catalunya, 1970 – J. Torres Fontes, Los Condestables de Castilla..., AHDE 41, 1971, 64–66 – L. Suárez Fernández, Nobleza y monarquía, 1975 – D. Torres Sanz, La administración central castellana en la baja edad media, 1982.

Gandulphus v. Bologna, Kanonist und Theologe, lehrte in Bologna um 1160–70, † nach 1185. Als Theologe hinterließ er eine Sentenzensammlung in vier Büchern, beeinflußt v. a. von →Petrus Lombardus, auch von →Gratian und von der Bibelglosse des →Walahfrid Strabo, doch nicht ohne selbständige Auffassungen; ihrerseits von Einfluß auf den Sentenzenkommentar der Hs. Troyes 1206 und auf Petrus v. Poitiers. Wichtiger noch war er als Kanonist: er schrieb viele Glossen (keinen Apparat) zum →Decretum Gratiani, auch zur Summa des →Stephan v. Tournai sind Glossen von G. überliefert; →Huguccio und →Bernhard v. Pavia waren seine Schüler. Auch für die außerbolognes. →Dekretistik war er von großer Bedeutung, v. a. für die anglonorm. Schule. Die Sigle »G.« muß mit Vorsicht interpretiert werden.   H. van de Wouw

Ed.: J. de Walter, Magistri Gandulphi Bononiensis Sententiarum libri IV, 1924 – *Lit.:* DDC V, 933–935 – DTC VI, 1142–1150 – LThK² IV, 513 – Schulte I, 132 – Kuttner, 525 – J. de Ghellinck, Le mouvement théologique du XIIme s., 1948², 297–367 – R. Weigand, G. glossen zum Dekret Gratians, BMCL 7, 1977, 15–48 – BMCL 14, 1984, 30f.

Ganerben, Ganerbschaft. Der Rechtsbegriff 'G.' (Miterben) ist in den germ. Volksrechten *(geanerven, canerben)*, im →Sachsenspiegel und in der ma. Rechtspraxis *(ganerven, ganerben, coheredes, heredes accelerantes)* bezeugt. Man verstand hierunter im weiteren Sinn, ohne spezif. standesrechtl. Aussage, zur gesamten Hand an einer bereits angefallenen oder künftig anfallenden Erbschaft (→Erbrecht, B.I) beteiligte Personen. Als Ganerbschaften wurden fsl., bäuerl., seit dem 14. Jh. vereinzelt auch städt. Erbengemeinschaften bezeichnet. Im engeren techn. Sinne zählte man dazu jedoch ledigl. die Mitglieder einer ritterl. Gesamthandsgemeinschaft, die sich zunächst vorwiegend aus familienpolit. (Wahrung der Einheit des Familiengutes und damit verbundener Erb- und Standesrechte), später auch aus rein wirtschaftl. und besitzrechtl. Motiven zu einer zeitl. unbegrenzten Rechtsgemeinschaft zusammenschlossen. Sachl. Substrat derartiger Rechtsverhältnisse waren v. a. Burgen (G. burgen). Begr. wurde die Ganerbschaft regelmäßig durch einen förml. Vertrag ('Burgfrieden'; →Burg, C.I.3), der die Rechts- und Lebensverhältnisse auf der gemeinsam besessenen Burg meist umfassend regelte. Wenn auch die ursprgl. bestehende enge Lebensgemeinschaft auf der Burg durch Aufteilung der Nutzungen und Zuweisung besonderer Wohneinheiten an die einzelnen Mitglieder allmähl. gelockert wurde, blieb doch nach außen hin die Einheit des Gesamthandsverhältnisses gewahrt, was u. a. im Führen eines gemeinsamen Namens und Wappens zum Ausdruck kam. →Gesamthand.   K.-F. Krieger

Lit.: HRG I, 1380–1383 [ältere Lit.] – F. K. Alsdorf, Unters. zur Rechtsgestalt und Teilung dt. G. burgen, 1980.

Gans v. Putlitz, Edle (lat. auch: auca), Adelsgeschlecht der Mark →Brandenburg, Stammsitz 'Gänseburg' b. Pollitz (Altmark), gehörte vermutl. zu den kleineren »freien« Geschlechtern Ostsachsens, Joh. G. 1180 als 'baro' in der altmärk. Wische bezeugt. Die G. dürften im Gefolge des →Wendenkreuzzuges von 1147 weite Teile der Prignitz (die Gebiete Lenzen, Perleberg, Pritzwalk, Grabow, Wittenberge) in Besitz genommen haben. In Auseinandersetzung mit den brandenburg. Mgf. en aus dem Hause der

→Askanier, bes. nach dem Niedergang der dän. Machtstellung in Norddeutschland (→Dänemark C, D), erfolgte schrittweise der Übergang in die Landsässigkeit. Es verblieben u. a. Lehnrechte im Gebiet um Putlitz und Wittenberge. Erneuten Bedeutungszuwachs erlangten die G. in den Wirren des späten 14. und frühen 15. Jh., als Kaspar G., Erbmarschall der Prignitz, gemeinsam mit den Angehörigen der Familie v. Quitzow eine vom Landesherrn unabhängige Politik betrieb, bis er 1433 gezwungen war, →Friedrich v. Hohenzollern als Landverweser Huldigung zu leisten. Die G. blieben führendes Geschlecht der Prignitz.   F. Escher

Lit.: W. Luck, Die Prignitz und ihre Besitzverhältnisse vom 12. bis 15. Jh., 1917, 102–119 – J. Schultze, Der Wendenkreuzzug 1147 und die Adelsherrschaft in Prignitz und Rhingebiet, JGMODtl 2, 1953, 95–124 – Ders., Die Prignitz. Aus der Gesch. einer märk. Landschaft, 1956, 55–60, 116–120 – G. Heinrich, Die Gf. en v. Arnstein, 1961, 437–440.

Gänse → Hausgeflügel

Ganymed, Jüngling des griech. Mythos, der wegen seiner Schönheit durch den Adler des Zeus in den Olymp entführt wurde. Sinnbild antiker Knabenliebe; in der Renaissancekunst als Anlaß zur Aktdarstellung aufgenommen.   J. Engemann

Lit.: Kl. Pauly II, 695f. – RAC VIII, 1035–1048.

Gap, Stadt und Bm. in SO-Frankreich, Dauphiné.

I. Bistum – II. Stadt – III. Vicomté.

I. Bistum: Trotz gegenteiliger Auffassungen in der lokalen Forschung ist das Bm. G. erst seit dem späten 6. Jh. zu belegen, mit dem Episkopat des hl. Arigius (Arey, ca. 579–610), der die Wertschätzung Papst →Gregors d. Gr. genoß. Die sehr lückenhafte Bischofsliste – im 7. Jh. erscheint der Bf. Sagittarius nicht gerade im besten Licht; im beginnenden 8. Jh. ist Bf. Simphorianus urkundl. bezeugt – gibt über den Umfang und die kirchl. Verhältnisse der Diöz. vor der gregorian. Reform keinen Aufschluß. Papst Alexander II. (1061–73) setzte der →Simonie des Bf.s Ripert ein Ende. Riperts Nachfolger, der hl. Arnulfus (Arnoux), leitete die Neuordnung des kirchl. Lebens in der Diöz. ein, hierbei unterstützt vom Kathedralkapitel Notre-Dame sowie von den großen Benediktinerabteien →Novalesa, St-Victor de →Marseille, →L'Ile Barbe und →Cluny, die zahlreiche Priorate in der Diözese G. begründeten. Grundlegend für die weltl. Machtstellung der Bf. e waren: ein →Pariage über die Civitas G. und ihr Territorium, geschlossen am 7. April 1044 zw. Wilhelm Bertrand, Gf. en v. →Provence, und Bf. Rudolf; die Übertragung der →Regalien an den Bf. durch →Friedrich I. Barbarossa (1178, 1184, 1186). Die Diöz. G. verfügte trotz ihrer Größe am Ende des MA über nur 192 Pfarreien, mit weiträumigem Einzugsbereich (zahlreiche ländl. Filialkapellen).

Die wichtigsten hist. Vorgänge des 12. und 13. Jh. waren: die Ausbreitung der Häresie des →Petrus de Bruis in der 1. Hälfte des 12. Jh., die Gründung der Kartausen Durbon (1116) und Notre-Dame-de-Bertaud (1188, Frauenkl.), schwere Auseinandersetzungen zw. den Bewohnern der Stadt G. und den Bf. en, schließlich der erzwungene Eintritt des Bf.s Othon v. Grasse in die Vasallität →Karls II. v. Anjou, Gf. en v. Provence (1271–81) und die seit 1271 zunehmende Einschaltung der Dauphins (→Dauphiné) in Verwaltung und Jurisdiktion der Bf. e.

Die Zeit des 14.–15. Jh. war auch im Bm. G. eine Krisenperiode: Die großen →Epidemien ließen die Bevölkerung zw. 1339 und 1474 um 50–70% sinken. Die Konflikte zw. den Gf. en v. Provence und den Dauphins um den Besitz der an der Grenze der beiden Fsm.er gelegenen Stadt spitzten sich zu. Die beiden letzten ma. Bf.e, Gaucher v. Forcalquier (1442–84) und Gabriel v. Sclafanatis (1484–1527), leisteten zwar wie ihre Vorgänger dem Gf.en v. Provence den Lehnseid, sahen sich andererseits aber mit immer heftigeren Übergriffen von seiten der Beamten des Delphinats konfrontiert, die auch in mehreren Briefen Papst Innozenz' VIII. an Kg. Karl VIII. und seine Räte (21. Juli–20. Aug. 1485) zur Sprache kommen. Quellennachrichten über das religiöse Leben im Bm. G. sind demgegenüber spärlich.

II. STADT: G., in verkehrsgünstiger Lage am Fuß des Champsaur-Plateaus gelegen, war Station an der Straße, die – über den Mt. Genèvre und das Durance-Tal – das Tal v. Susa mit der Narbonensis verband. Über die Ursprünge der Stadt in röm. und frühma. Zeit ist wenig bekannt. Der 487 m lange spätantike Mauerzug, der ein Areal von knapp 2 ha einschloß, signalisiert eine kleine, wenig bedeutende Stadtsiedlung.

Im Laufe des MA gewann die Stadt dank des – sich im Zeitalter des avignones. Papsttums verstärkenden – transalpinen Paßverkehrs an Bedeutung. Im 13. Jh. waren wohl ca. 5000 Einw. vorhanden; danach sank die Zahl. Die Stadtgeschichte wurde nachhaltig von der Grenzlage zw. Provence und Dauphiné beeinflußt, wobei vor 1271 stärker die Gf.en der Provence, nach 1271 die Dauphins de Viennois (→Albon) dominierten. Verfügte G. im Verband der Gf.en v. Provence und Forcalquier seit dem Ende des 12. Jh. über ein →Konsulat, so wurde es nach 1271 infolge der Abtretung der Herrschaftsrechte an Béatrix v. Albon (→Dauphiné) zu einer Stadt mit →Syndikat herabgestuft, ohne eigenes Konsulargericht; seit dem *Pariage* vom 5. Sept. 1300 entsandte die Stadt sogar nur mehr temporär Delegierte an die beiden Consenioren, den Dauphin und den Bf.

Erst später erreichte die Stadt wieder eine günstigere verfassungsmäßige Position; die wesentl. Etappen bildeten hier die *Grande Charte*, die Bf. Jacques Artaud der Stadt verlieh (7. Mai 1378, 15. Mai 1383), sowie die städt. Verordnungen Ludwigs XI. (Febr. 1460, 10. März 1466). Unter Ludwig XII. schließlich wurde die Stadt der Krone unterstellt (Vereinbarung mit den →Notabeln von G. vom 8. Sept. 1511).

Die Stadt, deren im 13. Jh. erweiterter Bering ca. 15 ha umfaßte, war kirchlich in zwei Pfarreien geteilt, deren bedeutendere in der Kathedrale St-Aznonx etabliert war; die zweite Pfarrei, St-André, war für die Gebiete im N und O der Stadt zuständig.

III. VICOMTÉ: Unter den vizgfl. Familien, die in der Mgft. Provence im 11. Jh. auftreten, ist diejenige der Vicomtes v. G. eine der am schlechtesten erhellten. Dank des Kartulars von St-Victor de Marseille lassen sich jedoch einige Grundlinien erkennen: Um 1030 erscheint ein Isoard v. Mison, Spitzenahn einer Familie, von der mehrere Mitglieder sich in der vizgfl. Würde ablösen; dieser Titel wird 1045 zugunsten eines jüngeren Sohnes, Peter, bestätigt und geht 1050 an einen anderen Isoard über, der 1095, anläßlich des Aufbruchs zum Kreuzzug, die Gft. →Die erhält und in den Gft.en G. und →Embrun ausgedehnte Herrschaftsrechte ausübt. Gegen Ende des 11. Jh. verschwindet die Familie der Vizgf.en v. G. aus den Quellen.

V. Chomel

Lit.: zu [I]: DHGE fasc. 112, 1112–1136 – GChrNov I, 433–556; Instrumenta, 269–360 – Dom J. BESSE – Dom BEAUNIER, Abbayes et prieurés de l'ancienne France II, 1909 – E. CLOUZOT, Pouillés des provinces d'Aix, d'Arles et d'Embrun, 1923 – G. DE MANTEYER, Les Origines chrétiennes de la Ilème Narbonnaise …, 1924, passim – B.

BLIGNY, L'Église et les Ordres religieux dans le royaume de Bourgogne aux XIe et XIIe s., 1960 – R.-H. BAUTIER – J. SORNAY, Les sources de l'hist. économique et sociale du MA. Provence-Comtat Venaissin, Dauphiné…, II, 1968, 709–711 – P. J. GEARY, Aristocracy in Provence. The Rhône Basin at the Dawn of the Carolingian Age, 1985 – zu [II]: G. DE MANTEYER, Le nom et les deux premières enceintes de G., 1905 – P. VAILLANT, G. et les libertés gapençaises (1232–1349) …, Annales de l'Univ. de Grenoble, Sect. Lettres-Droit, XVIII, 1942, 173–261 – DERS., Les libertés des communautés dauphinoises …, 1951, 87–92, 465–470, 539–542 – Hist. de la ville de G., o. J. [1966] – P.-A. FÉVRIER, G. et les cités voisines à l'époque romaine, Bull. de la Soc. d'Étude des Htes-Alpes, 1974, 46–58 – zu [III]: J. ROMAN, Les comtes de G., Bull. de la Soc. d'Études des Htes-Alpes, II, 1883, 62–68 – G. DE MANTEYER, La Provence du Ier au XIIe s., 2 Bde, 1908 [s. v. Ind.].

Garbo, Dino del → Dino del Garbo

García

1. G., *Kg. v.* →*Galicien* 1065–71, Sohn Kg. Ferdinands I. v. Léon und der Sancha v. Léon; * um 1045, † 22. März 1090 als Gefangener. Er wurde unter Leitung von Bf. Cresconius an der Domschule von →Santiago de Compostela wahrscheinlich für den Priesterstand erzogen. 1063 wurde er kraft der testamentar. Verfügung seines Vaters von Bf. Cresconius in Compostela zum Kg. v. Galicien gesalbt. Seine schwache Regierung wurde ein Jahrzehnt lang von Adelsaufständen erschüttert. G. war an der Wiedererrichtung des Metropolitansitzes von →Braga beteiligt. Von seinem Bruder Kg. Sancho II. v. Kastilien 1071 vertrieben, flüchtete G. in das maur. Kgr. →Sevilla. 1073 versuchte er, sein Reich wiederzuerobern, wurde aber von seinem Bruder Alfons VI. gefangengenommen und in der Burg Luna eingekerkert. 1085–87 betrieb in Galicien eine legitimist. Gruppierung um den Compostellaner Bf. Diego Peláez und den Adligen Rodrigo Ovéquiz G.s Wiedereinsetzung und verhandelte sogar mit den Normannen. Doch behielt Alfons VI. die Oberhand. J. García Oro

Lit.: Gran Enciclopedia Gallega 15, 158–162 [Lit.].

2. G. I., *Kg. v. León* 910–914, * um 871, † 914 in Zamora, ältester Sohn Kg. Alfons' III. v. Asturien und seiner navarres. Gattin →Jimena, ∞ Mumadomna, Tochter des kast. Gf.en Nuño Fernández. Gemeinsam mit seinen Brüdern Ordoño II. und Fruela II. schloß er sich 910 einer Rebellion des Gf.en Nuño gegen seinen Vater an und vertrieb ihn. Bei der Aufteilung des Reiches erhielt er León als Kgr. und die kast. Gebiete, was einen gewissen Vorrang vor seinen Brüdern zum Ausdruck brachte. Er richtete in →León einen Königshof ein und entwickelte trotz seiner kurzen Regierungszeit beachtl. Aktivitäten beim Maurenkampf und bei der →Repoblación des Duerotals. L. Vones

Lit.: A. COTARELO VALLEDOR, Hist. crítica y documentada de la vida y acciones de Alfonso III el Magno, 1933 – J. PEREZ DE URBEL, Sampiro, su crónica y la monarquía leonesa en el siglo X, 1952 – J. RODRÍGUEZ, Ramiro II, rey de León, 1972 – C. SÁNCHEZ-ALBORNOZ, Orígenes de la nación española. El reino de Asturias, T. III, 1975, 953ff. – DERS., La sucesión al trono en los reinos de León y Castilla (Viejos y nuevos estudios sobre las instituciones medievales españolas, T. II, 1976²), 1105–1172, bes. 1159f. – P. GARCÍA TORAÑO, Hist. de el reino de Asturias, 1986, 310ff.

3. G. Sánchez I., *Kg. v. Pamplona-*→*Navarra* 934–970, * 919, † 22. Febr. 970, Sohn des Kg.s Sancho Garcés und der Toda Aznárez, ∞ 1. (nach 935) Andregoto Galíndez, eine Tochter des Gf.en →Galindo Aznár II. v. Aragón, ∞ 2. (um 943) Teresa, die aus León oder Kastilien stammte. G. trat nach dem Tod seines Vaters (10. Dez. 925) die Nachfolge im Kgtm. erst an, nachdem die Regierung seines Oheims Jimeno Garcés (925–29. Mai 931) durch dessen Tod ein Ende gefunden hatte, die Ansprüche eines weiteren Onkels auf Betreiben seiner Mutter durch das persönl. Eingreifen von Abdarrāhmān III., dem Kalifen v. Córdoba, abgewiesen worden waren und die Regentschaft fortan faktisch von Toda ausgeübt werden konnte (29. Mai 931 – Juli/Aug. 934). Während seiner langen Regierungszeit war er oft in Maurenkämpfe verwickelt, griff aber auch wiederholt in die leones. Thronwirren ein – seine Schwester Urraca war mit Ramiro II. verheiratet und Mutter von Sancho 'el Craso' – und trieb gleichzeitig eine wechselhafte Politik mit dem Gf.en → Fernán González v. Kastilien, der selbst wiederum G.s Tochter Urraca geheiratet hatte. Bei seinem Tod hinterließ G. das pamplones. Reich seinem ältesten Sohn Sancho Garcés II. Abarca, den er gemeinsam mit seiner ersten, schließlich wegen zu naher Verwandtschaft verstoßenen Gattin Andregoto gehabt und mit Urraca, einer Tochter des Fernán González, verheiratet hatte, übertrug aber einen Reichsteil seinem Sohn Ramiro (von Teresa), der dort das Kgr. und die Königsdynastie v. → Viguera begründete.   L. Vones

Lit.: J. Mᴬ. Lacarra, Textos navarros del Códice de Roda, EEMCA I, 1945, 232–237, 244, 255f. – A. Ubieto Arteta, Trabajos de investigación I, 1972 – J. Mᴬ. Lacarra, Hist. política del reino de Navarra I, 1972 – Ders., Hist. del reino de Navarra en la Edad Media, 1975.

4. G. (Sánchez) III. 'el de Nájera', *Kg. v. Pamplona-* → *Navarra* 1035–54, ✕ 1. Sept. 1054 bei Atapuerca, erstgeborener legitimer Sohn des Kg.s Sancho (Garcés) III. 'el Mayor' und seiner Gattin Mayor (Munia), ∞ (1038) Estefanía aus der Gf.enfamilie von Foix-Couserans-Bigorre, von der er vier Söhne, darunter seinen Nachfolger Sancho IV. 'el de Peñalén', und vier Töchter hatte; aus einer zweiten Verbindung stammte ein weiterer, illegitimer Sohn – der Infant Sancho, Großvater des späteren Kg.s García (Ramírez) 'el Restaurador' – und zwei Töchter. Bei der Reichsteilung nach dem Tod seines Vaters erhielt er das Kgr. Pamplona-Navarra, das nach den erzwungenen Zugeständnissen seines Bruders Ferdinand aus den bask. Provinzen, den Gebieten von Oca, Bureba und Altkastilien ('Castella Vetula') bis Trasmiera bestehen sollte. Seinen jüngeren Bruder Ferdinand, den Gf.en v. Kastilien, unterstützte er – gegen die erwähnten Gebietsabtretungen – in seiner Auseinandersetzung mit Kg. Vermudo III. v. León und verhalf ihm so nach der Entscheidungsschlacht v. Tamarón (1037) zum Kgtm. (→ Ferdinand I. v. León), während sein Verhältnis zu seinem Halbbruder Ramiro I. v. Aragón wegen Gebietsstreitigkeiten getrübt war, was zur Schlacht v. Tafalla (1043) mit der Niederlage des aragones. Kg.s führte, ohne daß eine Grenzverschiebung nach Westen zugunsten Aragóns (Biel, Luesia, Uncastillo, Sos) hätte verhindert werden können. Bei der Versöhnung der Brüder spielte Abt → Odilo v. Cluny eine wichtige Rolle, was durch die enge Verbindung des Reiches zur cluniazens. Reformbewegung zu erklären ist. Unter G. ging der navarres. Expansion in Richtung der Rioja. 1045 eroberte er → Calahorra, 1052 gründete er das Kl. Santa María la Real de → Nájera und versuchte, durch die Errichtung eines Bm.s Calahorra-Nájera und die Einsetzung eines Bf.s v. Altkastilien die altkast. Gebiete auch verwaltungsmäßig und kirchenpolit. den ursprgl. Diöz. (→ Valpuesta, → Burgos) und damit den Machteinflüssen Ferdinands I. v. León zu entziehen. Das Ringen der beiden Brüder um die Suprematie im christl. Norden endete schließlich mit der Schlacht v. Atapuerca, in der G. sein Leben verlor.   L. Vones

Lit.: A. Ubieto Arteta, Estudios en torno a la división del reino por Sancho el Mayor de Navarra, Príncipe de Viana 21, 1960, 5–56, 163–237 – J. Mᴬ. Lacarra, Hist. política del reino de Navarra I, 1972 – P. Segl, Königtum und Klosterreform in Spanien, 1974 – J. Mᴬ. Lacarra, Hist. del reino de Navarra en la Edad Media, 1975 – A. Durán Gudiol, Ramiro I de Aragón, 1978 – A. Ubieto Arteta, Hist. de Aragón. La formación territorial, 1981, 40ff.

5. G. (Ramírez) IV. 'el Restaurador', *Kg. v.* → *Navarra* (-*Pamplona*) 1134–50, † 21. Nov. 1150 in Lorca bei Estella. Als Sohn des Ramiro Sánchez, Herrn v. → Monzón (zw. 1104 und 1116), und der Christina, einer Tochter des → Cid, stammte er über seinen Großvater, den Infanten Sancho, von Kg. García (Ramírez) III. 'el de Nájera' ab; ∞ 1. Margarete v. Perche, Nichte Kg. Alfons' I. v. Aragón und des Gf.en Rotrou v. Perche, in dessen Namen er seit 1133 Tudela innehatte, nachdem er schon 1125 Monzón zurückerobert und später → Logroño (1130) und → Calatayud (1133) hinzugewonnen hatte; ∞ 2. (Juni 1144) → Urraca 'la Asturiana', eine illegitime Tochter Kg. Alfons' VII. v. Kastilien-León. Nach dem Tode Alfons I. v. Aragón (1134), der sein Reich testamentar. den Ritterorden hinterlassen hatte, wählte der navarres. Adel – in Ausübung seines Wahlrechts – G. als Abkömmling des alten pamplones. Kg.shauses zum Kg. In der Übereinkunft v. Vadoluengo (Jan. 1135) hatte Ramiro II. v. Aragón zwar die Machtübernahme durch G. geduldet und Grenzen abgesteckt, sich jedoch eine gewisse, allerdings nicht genauer definierte Oberhoheit vorbehalten. Als G. dann kurze Zeit später Lehnsmann Alfons' VII. v. Kastilien-León wurde und sich damit ausdrücklich in die Tradition der aragones. Kg.e stellte, die bis zu Peter I. ebenfalls → Pamplona zu Lehen genommen hatten, wurde die Loslösung Navarras von Aragón rechtlich abgesichert. Das Papsttum erkannte allerdings die Königsherrschaft G.s nicht an. Das gute Einvernehmen mit Alfons VII., an dessen Kaiserkrönung Kg. G. 1135 in León teilnahm, setzte sich fort und drückte sich in der stellvertretenden Verwaltung des Reiches von → Zaragoza aus, bis G. als einem Opfer des neuen Einvernehmens zw. Kastilien-León und Aragón-Katalonien im Sommer 1136 Zaragoza entzogen wurde. Im Vertrag v. Carrión sollte 1140 dann sogar eine letztlich nicht verwirklichte Aufteilung des Reiches beschlossen werden. Die Schaukelpolitik G.s, die ihn zeitweise an die Seite Portugals führte, hatte vorübergehend Erfolg (Blanca, Tochter G.s, ∞ Sancho [III.], den ältesten Sohn Alfons' VII.; G. selbst ∞ Urraca) und konnte bis zu seinem Tod den Bestand des Reiches gewährleisten. An der → Reconquista nahm er an der Seite Alfons' VII. teil (Baeza und Almería 1147), und gegen Ende seiner Regierung feierte er noch einen wichtigen diplomat. Erfolg, als er mit seinem schärfsten Rivalen, → Raimund Berengar IV., dem Gf.en v. Barcelona und 'princeps' v. Aragón, einen Friedensvertrag abschließen konnte (1. Juli 1149). Selbst als 1151 durch den Vertrag v. Tudején eine erneute Aufteilung des Kgr.es zw. Kastilien-León, Aragón und dem Reich v. → Nájera, das Sancho III. beherrschte, erfolgte, erwies sich der Reichsaufbau G.s unter seinem Sohn Sancho VI. als dauerhaft. Eine weitere Tochter aus seiner ersten Ehe heiratete den späteren Kg. → Wilhelm I. v. Sizilien, während die Infantin Sancha als Tochter aus 2. Ehe den Vizegf.en Gaston V. v. → Béarn heiratete.   L. Vones

Lit.: A. Ubieto Arteta, Navarra-Aragón y la idea imperial de Alfonso VII de Castilla, EEMCA 6, 1956, 41–82 – J. Mᴬ. Lacarra, Hist. política del reino de Navarra II, 1972 – F. J. Fernández Conde, La reina Urraca »La Asturiana«, Asturiensia Medievalia 2, 1975, 65–94 – J. Mᴬ. Lacarra, Hist. del reino de Navarra en la Edad Media, 1975 – H. Grassotti, Homenaje de G. R. a Alfonso VII. Dos documentos inéditos (Misc. de estudios sobre inst. castellano-leonesas, 1978), 311–322 – M. Recuero Astray, Alfonso VII, Emperador, 1979 – A. Ubieto Arteta, Hist. de Aragón. La formación territorial, 1981.

6. G. Ramírez, letzter *Kg. v.* → *Viguera* 991–vor 1030, Sohn des Kg.s Ramiro Garcés v. Viguera und Enkel des Kg.s García Sánchez I. v. Pamplona-Navarra (934–970), der seinem jüngeren Sohn Ramiro das Gebiet von Viguera

(Rioja) als Kg.sherrschaft hinterlassen hatte, ∞ Toda, mit der er zwei Töchter, Fronila und Toda (∞ Fortun Sánchez, Herr v. →Nájera) hatte; eine weitere Tochter war illegitim. L. Vones

Lit.: A. UBIETO ARTETA, Trabajos de investigación, I, 1972, 129ff.

7. G. 'el Malo', *Gf. v.* →*Aragón* sowie Gf. v. Bailo, 1. Hälfte des 9. Jh., Sohn des wahrscheinl. in der →Cerdaña beheimateten Galindo Belascotenes (in arab. Quellen deshalb 'Ibn Belaskūt' gen.) und der Fakilo, ∞ Matrona, Tochter des Gf.en Aznar Galindo v. Aragón. Er tötete seinen Schwager Céntulo, als er ihn beim Inzest ertappte, und verstieß anschließend seine Gattin. Seinem Schwiegervater entriß er mit Gewalt die noch dem Frankenreich zugeordnete Gft. und vermählte sich mit einer Tochter des ihm verbündeten →Iñigo Arista, des Kg.s v. Pamplona, wodurch er gemeinsam mit den Banū Qasī in eine antifrk. Pyrenäenallianz einbezogen wurde. Dennoch verlor er die Gft. um 833 wieder an Aznars Sohn, →Galindo Aznár I. Er hatte wahrscheinlich eine Tochter Quisilo, die Sancho Jiménez ein Mitglied des pamplones. Königshauses heiratete (A. UBIETO ARTETA). L. Vones

Lit.: J. Mᵃ. LACARRA, Textos navarros del Códice de Roda, EEMCA 1, 1945, 210–212, 240f. – CH. HIGOUNET, Les Aznar, une tentative de groupement des comtés gascons et pyrenées au IXᵉ s., AM, 1948, 5–14 – A. UBIETO ARTETA, Trabajos de investigación I, 1972 – J. Mᴬ. LACARRA, Hist. política del reino de Navarra I, 1972 – DERS., Hist. del reino de Navarra en la Edad Media, 1975 – C. SÁNCHEZ-ALBORNOZ, Vascos y Navarros en su primera historia, 1976 – A. BARBERO – M. VIGIL, La formación del feudalismo en la Península Ibérica, 1979², 349f.

8. G. (Garcí) Fernández, *Gf. v. Kastilien* 970–995, † 29. Juli 995 in Medinaceli, ▭ Córdoba (mozarab. Kirche de los Tres Santos), später überführt in das kast. Kl. S. Pedro de →Cardeña, Sohn und Nachfolger des Gf.en →Fernán González, ∞ Ava de Pallars, eine Tochter des Gf.en Raimund II. v. →Ribagorza. Nachdem er am 10. Juli 970 die Nachfolge in den Gft.en →Kastilien und Alava angetreten hatte, verfolgte er während der ersten Jahre im Verein mit den anderen Gft.en eine Politik des Ausgleichs gegenüber dem Kalifat v. →Córdoba, doch begann er 974 mit dem Angriff auf Deza (Soria) und S. Esteban de Gormaz eine neue Phase krieger. Auseinandersetzungen, die sich seit 977 durch die Vergeltungszüge →al-Manṣūrs und den Verlust der meisten Eroberungen sowie weiterer Festungen zuspitzte. Weitere Rückschläge brachten die Rebellion seines Sohnes →Sancho García (8. Juni 991) der leones. Adelsaufstand, der als Reaktion auf die Heirat seiner Tochter →Elvira García mit Kg. Vermudo II. ausbrach, und eine Verschwörung, unter Beteiligung der eigenen Gattin (994). Neben seinen militär. Erfolgen bemühte sich G. um die innere Konsolidierung der Gft.en, die sich z. B. in der Ausstellung des →Fuero v. Castrojeriz (8. März 974) und in der Schaffung des Infantado de →Covarrubias als Ausstattung für seine Tochter Urraca (978) äußerte. Seine Tochter Mayor, die Gattin Gf. Raimunds III. v. Pallars, beanspruchte den Gf.entitel von →Ribagorza (um 1009/1016–1025). Bei einem Scharmützel verwundet, starb G. in arab. Gefangenschaft. L. Vones

Lit.: J. M. RUÍZ ASENCIO, Rebeliones leonesas contra Vermudo II, Archivos Leoneses 45–46, 1969 – J. PÉREZ DE URBEL, El condado de Castilla, II, 1970, 327–459 – G. MARTÍNEZ DÍEZ, Alava Medieval, I, 1974, 75f. – J. RODRÍGUEZ MARQUINA, Las salinas de Castilla en el siglo X, y la genealogía de las familias condales (Homenaje a FR. J. PÉREZ DE URBEL I, 1976), 143–151 [Stammtafel] – G. MARTÍNEZ DÍEZ, Fueros locales en el territorio de la provincia de Burgos, 1982 – DERS. (Hist. de Burgos II, 1, 1986), 78–84.

9. G. Sánchez, *Gf. v.* →*Kastilien* 1017–29, * 1009, † 13. Mai 1029 in León (ermordet), ▭ Kl. S. Salvador de →Oña. Im Alter von sieben Jahren Nachfolger seines Vaters→Sancho García in den gfl. Herrschaften Kastilien, Asturias de Santillana und Alava (Febr. 1017), stand der 'Infant' unter der Tutela Kg. Sanchos III. 'el Mayor' v. Navarra und wurde 1029, als er eine Tochter Kg. Alfons' V. v. León heiraten sollte, durch ein Mitglied der Vela-Familie ermordet. Damit fiel die Gft. als Erbe auch rechtlich an den mit G.s älterer Schwester Mayor (Muniadonna) verheirateten Sancho III., der sie seinem zweitältesten Sohn Ferdinand, dem späteren Kg. Ferdinand I. v. León, übertrug. G.s jüngere Schwester Sancha war die Gemahlin des Gf.en→Berengar Raimund I. v. Barcelona. L. Vones

Lit.: R. MENÉNDEZ PIDAL, El »romanz del Infant García« y Sancho de Navarra antiemperador (Obras II, 1934), 31–98 – J. PÉREZ DE URBEL, El condado de Castilla, III, 1970, 145ff., 197ff. – G. MARTÍNEZ DÍEZ, Alava Medieval, I, 1974, 83–85 – DERS. (Hist. de Burgos II, 1, 1986), 92f.

10. G. Ordóñez, *Gf. und Herr v.* →*Calahorra und* →*Nájera* 1081–1108, ✗ 30. Mai 1108 in der Schlacht v. Uclés, Sohn des Ordoño Ordóñez, des →Alférez Ferdinands I. v. León, ∞ Urraca, eine Tochter des Kg.s García (Sánchez) III. 'el de Nájera'. Im »Cantar de Mio Cid« der große Widersacher des →Cid, taucht er zum erstenmal 1062 auf, um von 1067–70 Statthalter v. Pancorvo, 1073–74 Alférez Alfons' VI. v. Kastilien-León und anschließend Statthalter v. Nájera, Gf. v. Calahorra und Herr v. Grañón zu sein. Als Günstling Alfons' VI., der an vielen Kämpfen beteiligt war, war er Erzieher seines einzigen Sohnes Sancho, der ebenfalls bei Uclés fiel. L. Vones

Lit.: R. MENÉNDEZ PIDAL, La España del Cid, 2 Bde, 1969⁷ – J. Mᴬ. LACARRA, Hist. del reino de Navarra en la Edad Media, 1975.

11. G. Gudiel, Gonzalo, *Ebf. v.* →*Toledo,* Kard.bf. v. Albano,*vor 1250 in Toledo, † 11. Mai 1299 in Rom, ▭ Sta. Maria Maggiore. Als Sohn des Alcalden Pedro Juanes und seiner Gattin Teresa Juanes Pérez Ponce (so nun RIVERA RECIO, der früher als Elternpaar Gimén Gudiel und María Barroso angegeben hatte) entstammte er, der in den Quellen als Gundisalvus Petri (Gonzalo Pérez) erscheint, einer einflußreichen Familie mozarab. Ursprungs. Schon 1259 mit dem Mag.titel Kanoniker v. Toledo, dann Archidiakon v. Toledo (19. Aug. 1262) wurde er nach dem Studium des Zivilrechts und der Theologie Bf. v. Cuenca (22. Okt. 1273), von →Burgos (27. Sept. 1275) und schließlich Ebf. v. Toledo (3. Mai 1280), wodurch er zum Primas beider Spanien (erster Inhaber dieses Titels, seit dem 7. Jan. 1285) und zum Großkanzler v. Kastilien aufstieg. Als *Notario Mayor* v. Kastilien zählte er zu den getreuesten Anhängern Kg. Alfons' X. und seines Sohnes Sancho IV., den er in Toledo krönte. Hatten finanzielle Schwierigkeiten, die aus Schuldverschreibungen gegenüber it. Kaufleuten herrührten, zunächst die Inbesitznahme des Erzstuhls verzögert, so betrieb G. schließlich eine energ. Politik, die sich v. a. während der Minderjährigkeit Ferdinands IV. in Protesten auf den →Cortes und im Abschluß von →Hermandades äußerte (1295). Am 4. Dez. 1298 wurde er im Konsistorium von Papst Bonifaz VIII. zum Kard.bf. v. Albano erhoben. L. Vones

Lit.: DHEE II, 974f. [J. F. RIVERA RECIO] – DHGE XIX, 1191f. [DERS.,] – EUBEL² I, 12, 151, 200, 487 – F. FITA, Actas inéditas de siete concilios españoles . . ., 1882, 189–192 – M. GABROIS DE BALLESTEROS, Hist. del reinado de Sancho IV de Castilla, 3 Bde, 1922–28 – A. GONZÁLEZ PALENCIA, Los mozárabes de Toledo en los siglos XII y XIII, 3 Bde, 1928–30 – J. F. RIVERA RECIO, Los arzobispos de Toledo en la baja edad media, 1969, 67–69 – L. GARCÍA DE VALDEAVELLANO, Carta de Hermandad entre los concejos de la Extremadura castellana y el arzobispo de Toledo en 1295, RevPort 12, 1969, 57–76 – P. LINEHAN, The Spanish Church and the Papacy in the Thirteenth Century, 1971, passim – C. GONZÁLEZ MÍNGUEZ, Fernando IV de Castilla, 1976 – M. DEL MAR GARCÍA GUZMÁN, El adelantamiento de Cazorla en la Baja Edad Media, 1985, 51–53.

12. G. de Santa María, Alvar, kgl. Chronist unter Johann II. v. Kastilien, * um 1380, † 21. März 1460 in Burgos, ☐Kl. San Juan, Sohn des Juden Isḥaq Levi (Simeon) und der Maria († 1413), konvertierte um 1390 und gehörte als Bruder des →Paulus v. Burgos und Onkel des Burgenser Bf.s und Humanisten →Alfons v. Cartagena dem einflußreichen Konvertiten-Familienclan Cartagena-Maluenda-Santa María an. Er bekleidete u. a. die Würden eines →Regidor v. Burgos und eines Alcaiden de la Casa de la Moneda. Als kgl. Chronist verfaßte er die Crónica de Don Juan I', die als wichtiges historiograph. Zeugnis des 15. Jh. breite Wirkung erzielte. Seine Chronik war auch Grundlage für die entsprechenden Partien im Werk des →Galíndez de Carvajal u. a. Chronisten.

L. Vones

Ed.: J. DE MATA CARRIAZO Y ARROQUÍA, Crónica de Juan II de Castilla, 1982 [Ed. der frühen Passagen bis 1411] – Collección de documentos inéditos Hist. España XCIX–C, 1891, 79–495 bzw. 1–409 [bis 1434]– BAE LXVIII, 1877 [Nachdr. 1953] [vollständigere Ed., beruht für die Partien ab 1435 auf der »Crónica del Halconero de Juan II« und der »Refundición . . .«, beide ed. J. DE MATA CARRIAZO, 1946] – *Lit.:* Repfont IV, 635f. – F. CANTERA BURGOS, A.G. de Santa María . . ., 1952.

Garde. 1. G. →Leibwache

2. G. royale, frz. Verfassungsinstitution feudalen Ursprungs, umfaßt das Recht und die Pflicht des Inhabers, die seiner g. unterliegenden Kirchen und ihren Besitz zu schützen. Die Pflicht der g. hat primär der Kg., in Ausübung des bei der →Königsweihe im *serment du sacre* beschworenen Gelöbnisses der Friedenswahrung und des Kirchenschutzes. Andererseits basiert die g. aber auch auf dem Recht eines jeden Lehnsherrn *(seigneur),* sein dominium über eine Kirche geltend zu machen (s. a. Eigenkirchenwesen, →Munt, →Vogtei). In allen Fällen ist die g. des Kg.s *(garda generalis)* einen höheren rechtl. Stellenwert als die *garda specialis* eines Barons. Die g. r. erstreckt sich zunächst auf alle Kirchen der kgl. Domäne (→Krondomäne), deren »natürl. Herr« *(seigneur naturel)* der Kg. ist. Die Kathedralkirchen sind in die g. r. einbezogen in dem Maße der urprgl. Zugehörigkeit des jeweiligen Bm.s zum kgl. Patrimonium (s. a. →Frankreich B. III). Schließlich verfügen zahlreiche Kirchen über ausdrückl. kgl. Schutzprivilegien; diese stellen ein wichtiges Instrument der Ausbreitung der g. r. auf Kosten der *g. seigneuriale* dar.

Das Recht der g. beinhaltet sowohl Schutz als auch Jurisdiktionsgewalt und fiskal. Nutzung. Der Inhaber der g. konnte in die betreffenden kirchl. Institution und auf ihren Besitzungen stets dann eingreifen, wenn er sie durch äußere Bedrohung oder innere Konflikte gefährdet sah. Diese Interventionen konnten durch Waffengewalt oder aber Rechtsprechung erfolgen. Zahlreiche Urteile (→*arrêts)* des →Parlement belegen die Interventionen der kgl. Gewalt, die bei garda specialis in der Regel unmittelbar, bei garda generalis durch Mittelsmänner erfolgten und die weltl. Herren zur Beachtung der Rechte und des Besitzstandes der geistl. Institution nötigten. In diesem Sinne stellt die g. r. eine Art von kgl. Polizeigewalt gegenüber den kirchl. Besitzungen dar. Die auf den Besitzungen einer kirchl. Institution ansässigen Bewohner schuldeten dem jeweiligen Inhaber der g. Gehorsam und leisteten ihm den Treueid. War Gewalt gegen sie geübt worden, konnten sie »ratione gardae« die Jurisdiktion des Schutzherrn anrufen, damit dieser dem Friedensstörer eine Buße auferlegte, die zw. dem Schutzherrn und den Geschädigten geteilt wurde. Der Schutzherr war ebenfalls berechtigt, die seiner g. unterliegenden Burgen und Befestigungen der betreffenden Institution zu nutzen und – zur Begleichung seiner

Aufwendungen – entsprechende Abgaben zu erheben. Er besaß das gistum *(gîte,* →Gastung) und verwaltete bei Vakanz die Kirchengüter, die er sich aber nicht aneignen durfte. Die solcherart definierte g. bildete etwa für den Juristen →Loysel (Institutes coutumieres I, 1) eines der grundlegenden Bestandteile der kgl. Souveränitit: »Le roy est protecteur et gardien des églises de son royaume«.

A. Rigaudière

Lit.: N. DIDIER, La G. des églises au XIIIᵉ s., 1927 – F. LOT–R. FAWTIER, Hist. des institutions françaises au MA, T. III: Les institutions ecclésiastiques, 1962.

Garde-Freinet, La →Fraxinetum

Gardingi (kast. *gardingos;* Wort got. Ursprungs, der ebenso wie ingardja 'Hausgenosse' zu *gards* 'Haus, Hauswesen' gebildet wurde), kgl. Gefolgsmänner adliger Herkunft im Reich der →Westgoten, die der →aula regia angehörten und den →Antrustionen der Merowinger entsprachen. Der Begriff, der die ältere Bezeichnung 'fideles regis' ersetzt, aber dieselbe Institution beschreibt, tritt zuerst unter Kg. →Wamba (672–680) auf und wird auf eine »geschlossene Gruppe einflußreicher und bedeutender Personen, die über das Reich verstreut ihre Wohnsitze haben und an den Kg., mit dem sie in ständiger Verbindung stehen, durch eine bes. enge Treupflicht gefesselt sind« (KIENAST, 71), angewandt. Die vornehmste Aufgabe der g. war der Kriegsdienst. Aus ihrem Kreis wurden wahrscheinl. die comites und duces ausgewählt. Das Gardingat erlosch – in Parallele zum Antrustionat – mit dem Aussterben der westgot. Kg.sdynastie, ein Zeichen dafür, daß die astur. Herrscher keine verfassungsrechtl. Kontinuität bilden konnten.

L. Vones

Lit.: C. SÁNCHEZ-ALBORNOZ, En torno a los orígenes del feudalismo, I: Fideles y gardingos en la monarquía visigoda. Raíces del vasallaje y del beneficio hispanos, 1942, 1974² – H. GRASSOTTI, Las instituciones feudo-vassalláticas en León y Castilla, 2 Bde, 1969, bes. I, 27ff. – W. KIENAST, Gefolgswesen und Patrocinium im span. Westgotenreich, HZ 239, 1984, 23–75, bes. 67ff.

Gareth, Benedetto, humanist. Dichter, * 1450 in Barcelona, † 1514 (oder 1515) in Neapel. Kam 1467–68 nach Neapel, wo er in die Hofkreise und die Academia Pontaniana (unter dem Namen Chariteus) Eingang fand (→Akademie). 1486 wurde er Amtsträger der kgl. Kammer, 1495 Staatssekretär. Nach dem Italienzug Karls VIII. verbannt, 1501 bei der Invasion Ludwigs XII. in Rom, kehrte er unter Ferdinand d. Kath. endgültig nach Neapel zurück und erhielt neue Würden und Ehrungen. Sein volkssprachl. lit. Œuvre steht in der Tradition des aragones. Petrarkismus, dessen Auswüchse G. jedoch durch den Einfluß der lat. klass. Dichtung vermied. Neben dem Canzoniere »Endimione« (24 Sonette, 20 Canzonen, teils Liebesdichtung, teils hist.-enkomiast. Inhalts) sind in der Ausgabe seiner Werke von 1509 Canzonen, Kurzepen in Terzinen (Metamorphosi; Pascha), Gesänge in Terzinen und eine »Risposta contro li malevoli« enthalten. Der »Endimione« erfuhr zahlreiche redaktionelle Umarbeitungen, wie ein Vergleich des Codex De Marinis, der Erstausg. von 1506 und der Ausgabe von 1509 zeigt. Das soziale Umfeld des »Endimione« muß im höf. Leben und der engen Beziehung des Dichters zu seinem Publikum gesehen werden, dessen Erscheinungsbild sich entsprechend der hist. Situation, v. a. der Krise und dem Fall der aragones. Dynastie wandelte.

D. Coppini

Ed.: E. PERCOPO, 1892 – *Lit.:* M. SANTAGATA, La lirica aragonese, 1979, 296–341 – C. FANTI, L'elegia properziana nella lirica amorosa del Cariteo, Italianistica 14, 1985, 23–34.

Gargano, Vorgebirge der →Capitanata. In der Antike stark hellenisiert. Im MA umfaßte die im Kern apulischlangob. Bevölkerung des dünnbesiedelten G. auch slav. Kolonien und Familien byz. Amtsträger. Die Geschichte des G. ist v. a. mit der Grottenkirche zu Ehren des Erzengels →Michael verbunden, die nach der Legende Ende des 5. Jh. entstand (Erscheinung des Erzengels vor Gargano, einem Adligen aus Siponto, in einer Höhle des Berges). Erster gesicherter Beleg bei Paulus Diaconus (Hist. Lang. IV, 46), der von dem Sieg des Hzg.s Grimoald v. Benevent (647–662) über eine Schar von Griechen berichtet, die die Basilika des Hl. Michael plündern wollten. Die dem krieger. Erzengel zugeschriebenen Siege über die Slaven, die die Küsten bedrohten, erklären die Verbreitung des Michaelskultes durch die Langobarden und trugen zur Entstehung der Wallfahrten bei, die im MA aus allen Teilen Europas zum G. unternommen wurden. Die Wallfahrtsstätte wurde 875 durch Ks. Ludwig II. dem Bm. →Benevent unterstellt, nachdem das byzantinerfreundl. Bm. →Siponto aufgehoben worden war. Auf die Plünderung der Wallfahrtskirche durch Mofareg-ibn-Salem 869 folgten im 10. Jh. weitere Verwüstungen durch die Sarazenen. Die apul. Geschichtsschreibung des 12. Jh. bezeichnet den G. als Zentrum der gegen die byz. Verwaltung gerichteten Freiheitsbestrebungen der apul. Städte. →Meles v. Bari soll auf dem G. norm. Pilger aufgefordert haben, ihre Landsleute zur Eroberung von S-Italien anzuregen. Auf dem G. stellten sich der norm. Eroberung Hindernisse entgegen, da es immer wieder zu Autonomiebestrebungen kam. Seit dem 11. Jh. erfolgte ein Umstrukturierungsprozeß der Feudalbezirke, das Bm. Siponto wurde anfangs durch byz. Initiative, dann durch Benedikt IX. wiederhergestellt (1036–40), daraus erfolgte eine lange Kontroverse mit den Kanonikern der Michaelswallfahrtsstätte wegen der Wahl und Residenz der Bf.e. Die Kleinherrschaften Lesina, Devia, Cagnano, Ripalta, Vieste und Calena riefen die Autorität des byz. Basileus an, die norm. Gf.en v. G., wie Heinrich (Enricus) de Monte, führten Aufstände an, die erst 1128 beendet wurden, als Roger II. dem G. mit Monte S. Angelo und Siponto seiner Herrschaft unterwarf und einen Großteil des G. zum Krongut schlug. Der damals konstituierte Honor Montis sancti Angeli ist erstmals 1177 und noch unter Friedrich II. als Dotarium der Kgn. v. Sizilien bezeugt. Testamentar. vermachte Friedrich II. den Honor seinem Sohn →Manfred. Unter den Anjou-Durazzo erlebte der G. einen Niedergang, der nicht einmal durch die Erhebung von Monte S. Angelo zum Ebm. durch Bonifatius IX. (1400) aufgehalten werden konnte. Unter den Aragonesen wurde der G. nach der Schlacht bei Troia (1462) Schauplatz des Krieges, den →Ferdinand I. gegen die aufständ. Barone des Kgr.es führte. Auch die Wallfahrtsstätte wurde von den regulären Truppen geplündert. Für die geleistete Hilfe belehnte Ferdinand I. →Georg Kastriota Skanderbeg mit dem Honor; 1485 erhielt ihn Gonçalvo Fernandez de Cordoba (→Gran Capitan), dessen Erben das Feudum 1549 um 3000 Dukaten an die Genuesen Girolamo Grimaldi verkauften.   P. De Leo

Q. und Lit.: IP IX, 230–267 – P. F. PALUMBO, Honor Montis Sancti Angeli, ASP VI, 1953, 307–370 – Il Santuario di S. Michele sul G. dal VI al IX sec. Contrib. alla storia della Langobardia meridionale, Atti del Conv. tenuto a Monte Sant'Angelo il 9–10 dic. 1978, hg. C. CARLETTI-G. OTRANTO, 1980.

Gargilius Martialis, röm. Agrarschriftsteller des 3. Jh., dessen landwirtschaftl. Werk – seit dem 16. Jh. verschollen – starken med. Einschlag aufweist und entsprechend nicht nur nach →Columella, den →»Geoponika« und Diophanes gearbeitet ist, sondern darüber hinaus auf →Galen, →Dioskurides sowie v. a. auf Plinius d. Ä. zurückgeht. Im MA wurde es durch die kürzend-exzerpierende Bearbeitung von →Palladius, durch Versatzstücke bei →Isidor, insbes. aber durch den wirkungsmächtigen Auszug »Medicinae ex oleribus et pomis« bekannt, der von ähnl. Exzerpten begleitet – die »Medicina Plinii (bzw. deren »Physica Plinii« gen. Textstufen) speiste und durch →Odo v. Meung (»Macer Floridus«), Salerne Dioskurides-Bearbeiter sowie weitere Agrarschriftstelle ausgeschöpft wurde. Die gegenüber Plinius hohe Fachkompetenz des Autors führte dazu, daß auch landesspra chige Verfasser gezielt auf G. M. zurückgriffen, beispiels weise um 1200 der thür.-schles. Kompilator des »Älteren deutschen Macer«.   G. Kei

Lit.: RE VII, 760–762 – KL. PAULY II, 697 – Verf.-Lex.² V, 1111 – V ROSE, Plinii secundi quae fertur una cum G. M. medicina, 1875 – DERS. Anecdota graeca et graecolatina, I–II, 1864–70, hier II, 128ff. – M WELLMANN, Palladius und G. M., Hermes 43, 1908, 1–31 – J. SVEN NUNG, De auctoribus Palladii, Eranos 25, 1927, 123–178, 230–248.

Garibald. 1. G., langob. Kg. (671), Sohn Kg. →Grimoalds und einer namentl. unbekannten Tochter Kg. →Ariperts I. Nach dem Tod seines Vaters herrschte das Kind G. knapp drei Monate über die Langobarden. Dann verdrängte ihn der aus seinem frk. Exil zurückkehrende Kg. Perctarit vom Thron. Über G.s weiteres Schicksal ist nichts bekannt.   J. Jarnut

Lit.: HARTMANN, Gesch. Italiens 2/1, 255 – G. P. BOGNETTI, L'età longobarda 2, 1966, 344 – R. SCHNEIDER, Königswahl und Königserhebung im FrühMA, 1972, 45f. – P. DELOGU, Il regno longobardo (Storia d'Italia, hg. G. CALASSO, I, 1980), 96f. – H. FRÖHLICH, Stud. zur langob. Thronfolge [Diss. Tübingen 1980], 154f. – J. JARNUT, Gesch. der Langobarden, 1982, 61.

2. G., Hzg. der →Bayern, vor 555–ca. 591, aus dem Geschlecht der →Agilolfinger; unklar bleibt, ob vor ihm schon andere Agilolfinger den bayer. Dukat innehatten. G. heiratete um 555 Walderada, die Tochter des Kg.s der Langobarden Wacho (ca. 510–540). Sie war die Frau des frk. Kg.s →Chlothar I. gewesen, der sich wegen kirchl. Widerspruches jedoch von ihr trennte und sie nun »einem der Seinen«, eben dem Bayernhzg., zur Gemahlin gab. Diese Tatsache zeigt die Abhängigkeit G.s von Chlothar, aber auch seine Königsnähe. Die innenpolit. Schwierigkeiten des Merowingers boten G. bald Gelegenheit zu eigener, raffinierter Politik im Bunde mit den 568 in Italien eingerückten →Langobarden, mit denen ihn ein Interesse an der Brenner-Verona-Route verband. G. vermählte eine Tochter mit dem langob. Hzg. Ewin (Eoin) v. Trient, der etwa zur gleichen Zeit (575) von den Franken angegriffen wurde; hieran wird G.s Übertritt in das Lager der Frankengegner deutlich. Im Zuge einer erneuten antifrk. ʿKonspirationʾ mußten G.s Kinder 589 zu den Langobarden fliehen: G.s Tochter →Theudelinde heiratete, obwohl sie mit dem Merowinger Childebert verlobt war, den langob. Kg. →Authari; G.s Sohn Gundo(b)ald wurde Hzg. v. →Asti und Stammvater der agilolfing. Langobardenhg.e. Nach dem frk.-langob. Ausgleich von 591 verlor G. seinen Dukat, vielleicht auch das Leben. Sein Nachfolger-und wohl Sohn – →Tassilo I. band sich eng an die frk. Herrschaft.   W. Störmer

Lit.: H. ZEISS, Quellenslg. für die Gesch. des bair. Stammeshzm.s bis 750, Bayer. Vorgeschichtsfreund 7/8, 1928/29, 3–46 – E. ZÖLLNER, Die Herkunft der Agilolfinger, MIÖG 59, 1951, 245–264 – E. ZÖLLNER, Gesch. der Franken, 1970, 101f., 107f. – N. WAGNER, Zur Herkunft der Agilolfinger, ZBLG 41, 1978, 19–48 – SPINDLER I², 1981, 140ff. [K. REINDEL] – J. JARNUT, Agilolfingerstud., 1986 – H. WOLFRAM, Die Geburt Mitteleuropas, 1987, 91ff.

Garigliano, Schlacht am (915). Zw. 882 und 883 war am Fluß G. eine sarazen. Niederlassung entstanden, nachdem Docibilis v. →Gaeta Muslime vermutl. siz. Herkunft ins

Land gerufen hatte, um seinen Besitz gegen die Langobarden von Capua zu verteidigen. Von diesem befestigten Stützpunkt aus führten die Sarazenen ständige Raubzüge an der Küste des Tyrrhen. Meeres und in Mittelitalien. Als sie sich nach Niederlagen durch →Rieti, Nepi und →Sutri in ihr befestigtes Lager zurückziehen mußten, brachte Papst Johannes X. gegen sie ein Bündnis zustande, um sie »de tota Ytalia« zu vertreiben. An seine Seite traten Adalbert, Mgf. v. Tuszien, Alberich, Mgf. v. Spoleto, die Langobarden v. Benevent, Capua und Salerno, die Byzantiner von Apulien, Kalabrien, Neapel und Gaeta (letztere erhielten vom Papst dafür die Bestätigung der Schenkung von Traetto und →Fondi). Die zu Wasser und zu Lande geführte Entscheidungsschlacht im Aug. 915 führte zur völligen Vernichtung der sarazen. Streitkräfte.

A. Menniti Ippolito

Lit.: P. FEDELE, La battaglia del G. dell'anno 915 ed i monumenti che la ricordano, ASRSP 22, 1899, 181ff. – O. VEHSE, Das Bündnis gegen die Sarazenen vom Jahre 915, QFIAB 19, 1927, 181ff.

Garin lo Brun, prov. Troubadour des 12. Jh., laut seiner vida ein adliger Kastellan, von dem eine allegor. →Tenzone zw. Meysura und Leujairia und ein an die Dame gerichtetes →Ensenhamen in 649 paarweise gereimten Sechssilbern erhalten sind. Eine genaue Festlegung seiner Lebenszeit ist nicht möglich, von den beiden vorgeschlagenen Hypothesen (Blütezeit um 1170; Tod spätestens 1156) scheint die letztere die größere Wahrscheinlichkeit zu haben. In seinen Ensenhamen werden Ratschläge für Anstand und gute Sitte (angefangen von der Kleidung bis hin zur Empfehlung, wie man Gäste zu empfangen hat) gegeben, stets nach dem Kanon der höf. Ethik, deren Dekadenz der Dichter beklagt und von der er Vv. 421–466 eine Definition bringt. Das Ensenhamen kann als eines der ältesten in roman. Sprache erhaltenen Beispiele eines weit verbreiteten lit. Genus betrachtet werden. 128 Verse daraus werden im →Breviari d'Amor von Matfre →Ermengaud zitiert. Wie die den gleichen Bereich behandelnden späteren prov. Texte bildet G.s Text eine interessante, auf das Alltagsleben angewandte Konkretisierung der z. T. in der Lyrik der Troubadoure dargestellten Theorien.

G. E. Sansone

Ed.: C. APPEL, Revue lang. rom. 33, 1889, 404–432 [Tenzone] – G. E. SANSONE, Testi didattico-cortesi di Provenza, 1977, 41–107 [Ensenhamen; Lit.] – A. MONSON S. →Ensenhamen.

Gariopontus (Warimbod, Guarimpot), oberdt. (langobard.?) Arzt, 1040 als subdiaconus bezeugt, gehörte neben Ebf. →Alfanus I. zu den frühen 'medici' der Hochschule v. →Salerno. Als Gelehrter genoß er allgemein Anerkennung und erreichte, wie Petrus Damiani berichtet, ein hohes Alter. Unter seinem Namen ist eine »Fieberschrift« überliefert; weitreichende Wirkung erzielte G. jedoch durch seinen »Passionarius (Galieni)«, die Bearbeitung eines frühma. Corpus (»Aurelius und Aesculapius« sowie »Therapeutikà pròs Glaúkona« Galens), die den Verfasser als genialen Sprachmeister ausweist: Mit seiner Redaktion vorsalernitan. Schriftguts stellt sich der altdt. Arzt an den Anfang jener Entwicklung, die im Salerno des 11. Jh. zur Herausbildung der modernen med. Fachsprache führte. – Vom »Corpus Constantini« zurückgedrängt, vermochte sich der »Passionarius« als Handbuch der Materia medica bis ins 16. Jh. zu halten; Simon v. Genua griff um 1300 in der »Clavis sanationis« auf das Kompendium zurück.

G. Keil

Lit.: P. CAPPARONI, Magistri salernitani nondum cogniti, 1924, 14, 25 – K. SUDHOFF, Salerno, eine ma. Heil- und Lehrstätte am Tyrrhen. Meere, SudArch 21, 1929, 48–62 – P. O. KRISTELLER, The School of Salerno: its development and its contribution to the hist. of learning,

BHM 17, 1945, 138–194, hier 141 – G. BAADER, Die Entwicklung der med. Fachsprache im hohen und späten MA (Fachprosaforsch., hg. G. KEIL – P. ASSION, 1974), 88–123, hier 96f. – DERS., Die Schule v. Salerno, MedJourn 13, 1978, 124–145, hier 130f. – DERS., Hs. und Inkunabel in der Überl. der med. Lit. (Medizin im ma. Abendland, hg. G. BAADER – G. KEIL [WdF 363], 1982), 359–385, hier 364f. – D. GOLTZ, Ma. Pharmazie und Med., VIGGPharm NF 44, 1976, 50f.

Garlande, frz. Familie, bedeutend im späten 11.–13. Jh., stammten aus der Gegend von Lagny (östl. von Paris), stiegen in der 1. Hälfte des 12. Jh. als kgl. familiares (→curia regis, IV) zu dominierender polit. Machtstellung auf; Hauptvertreter waren die fünf Brüder Gilbert I. Payen, Anseau, Étienne, Guillaume und Gilbert II., Söhne des *Adam,* der Mundschenk (pincerna) Kg. Philipps I. und Neffe des kgl. buticularius (→*bouteiller*) Hugo war. Nachdem *Gilbert I.* 1099–1101 das große Amt des →Seneschalls bekleidet hatte, übte *Anseau* 1101–04 sowie vom Mai 1107 bis zu seinem Tode (1118 vor Le Puiset) seinerseits die Würde des Seneschalls (dapifer) aus; die Chronik v. Morigny nennt ihn wegen seiner ruhmreichen Kriegstaten 'vir magnificus'. *Guillaume* war von 1118 bis zu seinem Tode (1120) Seneschall; er befehligte das Heer Ludwigs VI. bei →Brémule (20. Aug. 1119). Weniger deutlich tritt *Gilbert II.* hervor, der im Aug. 1108, zu Beginn der Regierung Ludwigs VI., dann nochmals 1112–27 als Mundschenk fungierte. Die zentrale Figur unter den Brüdern war jedoch der mächtige Kanzler und Kapellan *Étienne* (s. u.).

Dank ihrer Machtstellung häuften die 'Garlandenses', wie →Suger sie verächtlich nannte, mit großer Schnelligkeit reiche Güter an; ihre Domänen lagen in ihrem Herkunftsgebiet um Lagny, in Brie und Aulnoy (Gournay, Livry), und umfaßten außerdem Grundbesitz in Paris, Senlis und selbst in Rochefort-en-Yvelines (vgl. die Toponyme 'Galande' bei Lagny und Paris sowie in Gonesse und Bagneux). Der Reichtum der Familie spiegelt sich in geistl. Schenkungen wider (u. a. Gründung der Kapelle St-Aignan zu Paris durch Étienne, um 1116; Ausstattung des als Grablege dienenden Priorats Gournay durch Étienne und Anseau). Die G., die trotz aller Wechselfälle drei der fünf großen Hofämter der frz. Krone über gut drei Jahrzehnte in ihrer Hand vereinigten, haben ihre Machtstellung mehr zum eigenen Profit als zum Wohl des Kgr.es benutzt.

G., **Étienne de,** frz. Staatsmann, * um 1070, † vor 1. Juni 1148; Weltgeistlicher, wurde dank starker kgl. Unterstützung zum Bf. v. Beauvais gewählt, mußte aber angesichts der Opposition →Ivos v. Chartres auf dieses Bm. verzichten (1101–04). Als kgl. Kapellan und Kanzler (seit 1106) verschaffte er sich reiche Pfründen: Archidiakonat bzw. Dekanat der Kirchen Notre-Dame de Paris (vor März 1108), Ste-Croix d'Orléans (Juli 1112), St-Samson, St-Aignan, St-Avit d'Orléans, Ste-Geneviève de Paris sowie Kanonikat in Étampes. Von Zeitgenossen als »privatissimus regis consiliarius« (Chronik v. Morigny) und »primus inter aulicos« (Hildebert v. Lavardin) bezeichnet, wurde É. vom Kg. mit wichtigen Missionen betraut, in den inneren (zahlreiche Urteile der →curia regis unter seinem Vorsitz) wie in den äußeren Angelegenheiten des Kgr.es. Schließlich erlangte É. als Nachfolger seines Bruders Guillaume noch das Amt des Seneschalls (1120), was →Bernhard v. Clairvaux zu heftiger Geißelung dieser Ämterhäufung veranlaßte. In den Jahren 1120–27 auf dem Gipfel seiner Macht (»consilio ejus tota Francia regebatur«, Chronik v. Morigny), verteidigte er 1122 →Abaelard und sorgte für die Wahl seines Vetters Heinrich (Henri Sanglier) zum Bf. v. Sens. É.s Nepotismus (u. a. sein Versuch, dem Gatten seiner Nichte, Amaury IV. v.

→Montfort, zum Amt des Seneschalls zu verhelfen) erbitterte seine Gegner, Kgn. Adelaïde und→Suger, und führte 1127 seinen Sturz (und den seines Bruders Gilbert II.) herbei. 1132 wieder in Gnaden als Kanzler eingesetzt, erlangte er seine alte Machtfülle jedoch nicht zurück. Schon bald nach Ludwigs VII. Regierungsantritt verließ er endgültig den Hof, um sich 1142 noch einmal für die Wahl seines Neffen Manasses, eines ständigen familiaris Kg. Ludwigs VII., zum Bf. v. Orléans zu verwenden.

J. Dufour

Lit.: A. LUCHAIRE, Louis VI le Gros. Annales de sa vie et son règne..., Paris, 1890 [Neudr. 1964] – J. DESPONT, Une famille seigneuriale aux XIIᵉ et XIIIᵉ s.: la famille de G. [Pos. des th. Éc. des Chartes, 1924, 67–71] – E. BOURNAZEL, he gouvernement capétien au XIIᵉ s...., 1975 – Abélard en son temps. Actes du colloque... (mai 1979), 1981.

Garn → Textilien

Garnerius. 1. G. (Werner) **v. Rochefort,** SOCist, * circa 1140, † nach 1225, Abt v. Auberive 1180 und Clairvaux 1186, Bf. v. Langres 1193 (G. Lingonensis), überwarf sich als solcher mit seinem Kapitel und kehrte 1199 nach Clairvaux zurück. →Alberich v. Trois-Fontaines bezeichnet ihn als fruchtbaren Schriftsteller, der »neue Bücher und Traktate« und »subtile Sermones« geschrieben habe (MG SS XXIII, 878, 16–18). Die hs. Überlieferung und Edition seiner Sermones (MPL 205,559–828) müssen noch krit. untersucht werden (vgl. J. B. SCHNEYER, Repertorium der lat. Sermones II, 120–123). Mit hoher Wahrscheinlichkeit werden ihm die beiden (hs. erhaltenen) Traktate »Isagogae theophaniarum symbolicae« und »De contrarietatibus in s. scriptura« zugeschrieben (Inhaltsangaben bei C. BAEUMKER) und die Streitschrift gegen die Amalrikaner »Tractatus contra Amaurianos«. Die unter dem Namen des →Hrabanus Maurus gedruckten »Allegoriae in universam s. Scripturam« (MPL 112,849–1088), ein bibl. Wörterbuch (→Distinctiones), stammen wohl nicht von G., sondern von →Adam v. Dryburgh (vgl. RBMA II,325) oder von →Garnerius v. St-Victor († 1170). L. Hödl

Lit.: DHG XIX, 1981, 1289–1292 [Lit.] – C. BAEUMKER, Contra Amaurianos. Ein anonymer, wahrscheinl. dem G. zugehöriger Traktat gegen die Amalrikaner aus dem Anfang des XIII. Jh., BGPHMA XXIV, 5–6, 1926 – J. C. DIDIER, G.d.R., sa vie et son oeuvre, Coll. OCist. ref. 17, 1955, 145–158 (Erg.– Cah.haut-marn.46, 1956, 164–196) – M.-D. CHENU (L'homme devant Dieu 1964), II, 129–135 – F. PALLESCHI, AnalPraem 40, 1964, 17–40, 206–232 – N. M. HARING, The liberal arts in the sermons of G., MSt 30, 1968, 47–77.

2. G. v. St-Victor, Subprior in St-Victor in Paris, † 1170, verf. ein 16 B. umfassendes Reallexikon aus den Schriften →Gregors d. Gr., »Gregorianum« genannt, für die Predigt und Schriftauslegung. Zu den Sermones des G. vgl. J. B. SCHNEYER, Repertorium der lat. Sermones. II, 1970, 123f.). G. wird auch als möglicher Verfasser des →Garnerius v. Rochefort OCist und →Adam v. Dryburgh zugeschriebenen Glossars zur hl. Schrift (ed. unter dem Namen des Hrabanus Maurus: MPL 112,849–1088) diskutiert (dagegen PH. DELHAYE). L. Hödl

Ed. und Lit.: MPL 193,23–462, vgl. F. STEGMÜLLER, Repertorium biblic. II, 1950, 325s., nr. 2365 – PH. DELHAYE, Le Microcosmos de Godefroy de St-Victor, 1951, 280f.

Garsias, Kanoniker in Toledo. Person in der satir. Translatio der Hl. Albinus (= Silber) und Rufinus (= Gold) nach Rom (»Garsuinis«); vielfach als Pseud. des (wohl eher frz.) Verfassers angesehen. Dieser karikiert eine Romreise des Ebf.s →Bernhard v. Toledo i. J. 1099 zur Erlangung der Legatenwürde für Aquitanien. Die geistreiche Satire imitiert den feierl.-erbaul. Stil hagiograph. und homilet. Texte und ist durchsetzt mit parodierenden Wendungen

aus der Bibel und Klassikern. In grotesk burlesken Dialogen und Trinkszenen treten Papst Urban II. und mehrere Kard.e unter ihren wirkl. Namen auf. Das Werk ist wohl bald nach 1099 entstanden. G. Bernt

Ed.: E. SACKUR in MGH L.d.L. 2, 425–435 [2 Red.] – Tractatus Garsiae, hg. R. M. THOMSON, 1973 [mit engl. Übers.] – *Lit.:* s. auch Ed. – Repfont IV, 639 – DHGE XIX, 1169 – MANITIUS III, 46 – WATTENBACH-SCHMALE III, 888f. – J. BENZINGER, Invectiva in Romam, 1968, 68–70.

Gart der Gesuntheit, eine der ältesten und zweifellos wirkmächtigste der illustrierten Kräuterbuch-Inkunabeln, zuerst 1485 bei Peter→Schöffer in Mainz erschienen, zeichnet sich durch gattungsprägende Initialstellung ebenso aus wie durch den Projektcharakter der Planung; inhaltl. auf eine unkrit. Aneinanderreihung der überlieferten Lehrmeinungen beschränkt, schließt der »G.« aber auch zugleich die Tradition der ma. Herbarienlit. ab. In 435 grob-alphabet. nach den lat. Namen angeordneten Kapiteln werden 382 Pflanzen, 25 tier. Drogen sowie 28 Mineralien beschrieben und durch 379 Holzschnitte illustriert; neben einem eingefügten (aus dem »Herbarius Moguntinus« übernommenen) Drogengruppen-Register und dem beschließenden Indikationenverzeichnis ist ferner ein kurzer Harntraktat enthalten. – Vorbereitet und in Auftrag gegeben durch→Bernhard v. Breidenbach, wurde der Text durch den Frankfurter Stadtarzt Johann Wonnecke von Kaub (Johannes Cuba) erstellt und durch den Utrechter Zeichner Erhard Rewich sowie mindestens zwei Formschneider bebildert. Den empfohlenen lat. Textvorlagen hat sich der Verfasser allerdings verschlossen, indem er unter Vertuschung der tatsächl. benutzten Lit. vorwiegend dt. Quellen des 12.–14. Jh. (→»Bartholomäus«, »Älterer deutscher Macer«, →Konrad von Megenberg, »Vlaamsche leringe van orinen« [→Aegidius Corboliensis; →Harntraktate]) kompilativ verarbeitete und in die Form des→»Circa instans« goß. Die Abbildungen sind entweder nach der Natur gezeichnet (»Codex Berleburg«) bzw. gerissen (Rewich) oder Miniatur-Vorlagen nachgestaltet (→»Secreta Salernitana«). – Die Ausstrahlung des »G.« ist ebenso vielschichtig wie weitreichend: Schon vor dem Erscheinen seiner Erstausg. beeinflußte das Werk den →»Herbarius Moguntinus«, sechs Jahre später wurde es von Jakob Meydenbach dem lat. →'Hortus sanitatis' zugrundegelegt und auch Eucharius →Rößlin d. Ä. nahm es sich 1508/13 für seinen »Rosengarten« zum typolog. Vorbild. Textgesch. decken sich die mehr als 60 Drucke (davon 15 Inkunabeln) unter Einschluß der Niederlande das gesamte dt. Sprachgebiet. Zu den prominenten Bearbeitern gehören neben Steffen Arndes (1492) und Johann Tallat v. Vochenburg (1497) auch Heinrich →Breyell (Hs. 1511) und Pfgf. Ludwig V. bei Rhein (Hs. 1508–1545). Von den Strängen der Drucküberlieferung ist die Groß-»G.«-Fassung von Johann Prüß (Straßburg 1507/09) am bedeutendsten, die in drei Textklassen zerfällt, Anteile des »Hortus sanitatis« eingliedert und durch Eucharius Rößlin d. J. (1533/35) sowie Adam Lonitzer (1557) überarbeitet wurde. G. Keil

Ed.: Faks. d. Erstdrucks: München 1924 und 1966 – *Lit.:* Verf.-Lex.² I, 1034f.; II, 1072–1092; III, 1017–1027; IV, 154–164; V, 1026f., 1110–1115 – A. C. KLEBS, A cat. of early herbals... L'art ancien, Bull. 12, 1925 – J. SCHUSTER, Secreta salernitana und G.d.G. (Ma. Hss., Fschr. H. DEGERING, 1926 [Neudr. 1973]), 203–237 – E. SHAFFER, The Garden of Health. An account of two herbals, the G.d.G. and the Hortus Sanitatis, 1957 – O. BESSLER, Prinzipien der Drogenkunde im MA. Aussage und Inhalt des Circa instans und Mainzer Gart [Habil. masch. Halle/S. 1959] – R. W. FUCHS, Die Mainzer Frühdr. mit Buchholzschnitten 1480–1500, Arch. Gesch. Buchwiss. 2, 1966, 1–129 – DERS., Nachwort zu: W. L. SCHREIBER, Die Kräuterbücher des XV.

d XVI. Jh. (1904/24), 1982, LXV–LXXIV – W.-D. MÜLLER-
HNCKE, »Deßhalben ich solichs an gefangen werck vnfolkomen
ß«. Das Herbar des 'Codex Berleburg' als eine Vorlage des 'G.d.G.',
AZ 117, 1977, 1663–1671 – G. KEIL, 'Gart', 'Herbarius', 'Hortus',
nm. zu den ältesten Kräuterbuch-Inkunabeln (»gelêrter der arzenîe,
ch apotêker« (Fschr. W. F. DAEMS [Würzburger med. Forsch. 24],
82), 589–635.

arten
. Westliches Europa – B. Byzantinisches Reich – C. Islamischer
ereich

. Westliches Europa

Zur Überlieferung in Fachliteratur, Dichtung und Bildender Kunst –
Agrar-, wirtschafts- und rechtsgeschichtliche Aspekte.

ZUR ÜBERLIEFERUNG IN FACHLITERATUR, DICHTUNG UND
ILDENDER KUNST: Die Dokumentation über den G. des
MA ist im allgemeinen spärlich. Wenn das Bild des ma.
.s vielfach nicht eindeutig ist, so auch deshalb, weil
Garten' und die damit stammesverwandten Wörter got.
rda 'Hürde' und got. *gards* 'Haus, Hof', anord. *gardr*
Zaun, Gehege, Hof usw. wie auch lat. hortus 'eingezäun-
r Ort, Garten', griech. χόρτος 'Hof, Gehege' die Grund-
edeutung 'Umzäunung, Eingefriedetes' haben und da-
nit nicht nur für den Garten i. e. S., d. h. den Hausgarten,
erwendet wurden. Anders als aus der Antike (z. B. Pom-
eji, Fishbourne/England) sind aus dem MA bis auf weni-
e Ausnahmen (z. B. Hull/England) keine archäolog. Re-
te erhalten, die Aufschlüsse über Anlage oder Pflanzenbe-
cand von G. geben könnten. Vergleichsweise spärlich
nd auch die normativen Quellen und Sachtexte (s. Ab-
chnitt II), die sich mit Nutz- oder Lustgärten befassen.
Die Mehrzahl der Quellen gehört Bereichen an, denen es
icht eigentlich um die sachl. Schilderung von G.anlagen
eht, sondern in denen G. als Folie dichterischer oder bild-
ünstlerischer Aussagen dienen: lyr. und epische fiktiona-
e Texte, Marienbilder, Liebesgartenteppiche, Hand-
chriftenillustrationen u. a. m. Diese in der Regel topi-
chen, allegor. oder symbol. G.darstellungen können we-
en des je eigenen Kunstcharakters der Zeugnisse nur mit
esonderer method. Vorsicht nach Aussagen über die
Realsituation ma. G. befragt werden.
Die Tradition der antiken Fachliteratur, die Fragen des
Gartenbaus behandelte (→Plinius d. Ä., →Columella
→Palladius u. a.), beeinflußte die Schriften gelehrter Kle-
iker des FrühMA, etwa →Isidor v. Sevilla. →Hrabanus
Maurus knüpft in »De rerum naturis« an Isidor an und
ührt damit eine Textgattung weiter, die bis hin zu →Kon-
ad v. Megenbergs »Buch der Natur« (um 1350), der
rsten Naturgeschichte in dt. Sprache, und der Kräuter-
uchlit. des 15.Jh. reicht (→Kräuterbücher). Außer Pflan-
en, die im wesentl. mit denen im »Capitulare de villis«
nd im St. Galler Klosterplan übereinstimmen, enthält
→Walahfrid Strabos bedeutender »Liber de cultura hor-
orum« aus der 1. Hälfte des 9.Jh.s, ebenfalls auf antiken
Quellen fußend, auch Anweisungen zu Bau und Anlage
ines G.s. Daneben ist das Kalendergedicht des →Wandal-
ert v. Prüm zu nennen. Das Bindeglied zw. den frühma.
Beschreibungen klösterl. Nutzgärten und den Schilde-
ungen von Lustgärten der höf. Gesellschaft ist das formal
n die älteren Schriften anschließende Werk des →Alber-
us Magnus »De vegetabilibus«, das auch ein Kapitel über
ie Anlage eines Lustgartens enthält (Lib. VII, I, 14: »De
lantatione viridariorum«). In dieser Anweisung werden
rstmals die bislang gänzlich gesonderten Typen 'Rasen-
nd Baumgarten' sowie 'Kräuter- und Blumengarten' als
Teile eines gemeinsamen G.s vereinigt. Albertus be-
chreibt darin jedoch kaum den real existierenden dt. G.
er Mitte des 13.Jh., sondern weist auf eine Entwicklung

voraus, die sich in Italien anbahnte und sich dann in
zahlreichen Schilderungen des 14.Jh. – etwa bei →Petrus
de Crescentiis, →Matthaeus Silvaticus und →Gualtherus,
aber auch in den Gartenschilderungen →Boccaccios –
niederschlug.
In der fiktionalen Lit. am häufigsten erwähnt ist der
Baumgarten *(boumgarten, wisgarten, hac, plân, velt; jarz,
vergier; orchard, pleasance):* offensichtl. ein Wiesenplatz mit
unterschiedlich dichtem Baumbestand und meist einem
Brunnen als Zentrum. Nach Aussage der lit. Zeugnisse
war er ein begeh- und bewohnbarer Ort, wohl kaum
direkt in oder bei einer Burg gelegen, an dem auch höf.
Spiele und Turniere stattfanden. Seine wesentl. Bestandteile – Gras, Bäume, Blumen, (Rasen-)Bänke, Bach,
Brunnen – verweisen auf das antike Ideallandschaftssche-
ma. Seltener als solche Lustgärten werden in den Dichtungen (z. B. im »Garel« des →Pleier) reine Nutzgärten
(Wurz-, Kräuter- oder Gemüsegärten) genannt (vgl. die
spätma. didakt. Gattung der Pelzbüchlein). Eine wichtige, meist allegor. verschlüsselte Rolle spielt in den epischen Texten jedoch der Rosengarten (→»Rosenroman«,
»Rosengarten zu Worms«, →»Laurin«). Detaillierte Informationen, gar exakte Hinweise auf real existierende Anlagen sind diesen lit. Zeugnissen (z. B. »Tristan«, »Iwein«,
»Floris und Blancheflor«, »Engelhard« des Konrad v.
Würzburg) aber kaum zu entnehmen; G. fungieren dort
vielmehr als Handlungsräume, als Orte von Minnebegeg-
nungen bzw. Turnieren, oder haben symbol. und allegor.
Bedeutung.
Vergleichbares gilt auch für die bildl. Darstellungen
ma. G., die sich den lit. Quellen an die Seite stellen.
Obschon ihnen häufiger detaillierte Hinweise auf Anlage
und Einrichtung der G. zu entnehmen sind (z. B. auf
Flechtwerk- und Staketenzäune, Mauern, Hecken, ver-
schließbare Tore und Pforten, Rasenbänke, Spaliere,
Baumreihen, Brunnen, Bäche, Wege und Beete) ist ihr
Zweck ebenfalls nicht die Abschilderung konkreter Verhältnisse. Ein umfangreicher Quellenbereich sind hier die
Illustrationen von Handschriften (zeitlich meist später als
die Texte selbst), ein anderer Tafelbilder und Textilien
vorwiegend allegor. Aussagecharakters: Minneteppiche
und Marienbilder. So wird z. B. der auf letzteren dargestellte Pflanzenbestand in erster Linie durch seinen mariolog. Symbolwert bestimmt; die Übertragbarkeit auf tatsächl. Pflanzungen und Anlagen ist deshalb nur unter
Berücksichtigung dieses Deutungszusammenhangs
möglich.   N. H. Ott

II. AGRAR-, WIRTSCHAFTS- UND RECHTSGESCHICHTLICHE
ASPEKTE: Früheste Angaben zu Landwirtschaft, G. und
Hof sind in Gesetzestexten und Urkk. zu finden. Die
ältesten Fassungen der salfrk. Gesetze (Pactus legis Salicae,
6.Jh.) nennen neben den für die Grundnahrungsmittelver-
sorgung notwendigen außerhalb der eigentl. Hausg. gelegenen Feldern mit Steckrüben, Erbsen, Linsen usw. auch
einen (Haus-)G. (ortus), der neben dem in diesem Zusammenhang nicht überlieferten Feingemüse (z. T. aus archäolog. Funden bekannt) offenbar v. a. dem Anbau von
→Obst diente und an Bäumen im wesentl. zunächst wohl
nur →Apfel- und →Birnbäume (pomarius, perarius) enthielt. Eine wichtige Rolle spielten dabei veredelte Obstbäume (pomarius domesticus), die wie auch die entsprechenden G. durch einen dem Hausfrieden verwandten
G.frieden bes. geschützt waren (Strafbestimmungen der
Lex Salica, 8.Jh.).
Häufig werden in Urkk. Kraut- und Kohlgärten genannt, als (allgemein) angebaute Pflanzen auch Kolben-
und Fenchelhirse, Flachs, Wal- und Haselnüsse, wobei

gerade hier eine Trennung in kultivierte und (nur) gesammelte Pflanzen ebenso schwierig ist wie die Unterscheidung zw. landwirtschaftl. genutzten Flächen, einschließl. der Weing., und den eigentlichen (Haus-)G. Dies gilt teilweise auch für die wichtigsten Dokumente des Feld- und G.baus des frühen MA: das →»Capitulare de villis« Karls d. Gr., die in derselben Hs. überlieferten →»Brevium exempla« sowie die Statuten d. Abtes→Adalhard v. Corbie. Aus diesen und anderen frühma. Quellen geht hervor, daß die wesentl. Kulturpflanzen der G. und Agrarflächen aus der Horti- und Agrikultur des antiken Mittelmeerraumes stammen, was fast unverändert bis zur Entdeckung der Neuen Welt gilt. Die administrativen Bemühungen des »Capitulare de villis« zur Verbesserung der Nahrungsmittelversorgung fanden entscheidende Unterstützung durch die Kl. und Mönche: zunächst die Benediktiner, dann die Zisterzienser, die ebenfalls an die gärtner. und agrar. Tradition der Spätantike anknüpften und einen geregelten G.bau in W- und M-Europa recht eigtl. erst eingeführt haben. Der Klosterplan von St. Gallen (um 820) ist das älteste bedeutende Dokument, das über eine G.anlage verläßliche, wohl als Vorbild wie als Abbild der G. des frühen MA aufzufassende Angaben bringt. Die Gliederung in Gemüsegarten (hortus) mit Feingemüse und Küchengewächsen, Kräuterg. (herbularius) mit Heilpflanzen und Baumg. mit Obstbäumen ist zumindest im dörfl.-bäuerl. Bereich bis ins 17. Jh. hinein nahezu unverändert geblieben. Von ähnlichem Aussehen dürften zunächst auch die Burgg. gewesen sein, wenn hier auch bald die Anlage als Lustg. (viridarium) nach der Vorstellung eines kleinen Paradiesg.s (→Paradies) mit schattenspendenden Bäumen, duftenden Blumen und Rasenflächen eine wichtige Rolle zu spielen begann (Albertus Magnus).

Im Rechtswesen tritt der (Haus-)Garten um die Gehöfte v. a. über den Begriff des Kleinzehnten oder Etterzehnten in Erscheinung, zu dessen Berechnung auch das im G. geerntete Obst und Gemüse herangezogen wurde. Während im bäuerl. Raum die Nutzung des G.s stets neben derjenigen der Agrarflächen gesehen werden muß, spielten G. im Bereich der Städte eine wichtige und v. a. eigenständige Rolle. Dies zeigt sich insbes. in der Vorstellung des Gärtners als eines Handwerkers (im ma. Sinn), wenn auch autonome Gärtnerzünfte erst spät in Erscheinung treten. So ist erstmals 1370 in Lübeck eine eigene Gärtnerzunft urkundl. nachgewiesen. Öfter sind dagegen die Gärtner mit verwandten Berufsgruppen, wie Obster und Menkeller, d. h. Händler, vereinigt (Basel 1264/1269) – eine sicher funktional zu verstehende Lösung im Hinblick auf die Marktbeschickung. Mit zunehmender Bevölkerungszahl in den Städten dürfte sich, zunächst zögernd, in deren Umfeld ein Kranz von G. entwickelt haben, die außer zur Nahrungsproduktion auch zur Erholung der Städter ihren Beitrag leisteten. S. a. →Obst- und Gemüseanbau,→Weinbau.   D. Vogellehner

Q. und Lit.: s. Ed. und Lit. zu →Capitulare de villis, →Brevium exempla, Statuten v. →Corbie, →Walafrid Strabo u. a. – R. v. FISCHER-BENZON, Altdt. G.flora, 1894 [Neudr. 1972] – M. L. GOTHEIN, Gesch. der G.kunst, 2 Bde, 1919² [Neudr. 1988] – F. CRISP, Medieval Gardens, 2 Bde, 1924 [Neudr. 1966] – FISCHER, 127–184 – D. HENNEBO – A. HOFMANN, Gesch. der dt. G.kunst, 3 Bde, 1962–65 – D. CLIFFORD, Gesch. der G.kunst, 1966 – K. S. BADER, Rechtsformen und Schichten der Liegenschaftsnutzung im ma. Dorf, 1973, 52–91 – D. HENNEBO, Entwicklung des Stadtgrüns von der Antike bis in die Zeit des Absolutismus, 1979² – T. MacLEAN, Medieval English Gardens, 1981 – I. MÜLLER, Kräuterg. im MA (Rausch und Realität. Drogen im Kulturvergleich, hg. G. VÖLGER, 1981), 374–378 – M. STOKSTAD–J. STANNARD, Gardens of the MA (Spencer Museum of Art. Univ. of Kansas),

1983 – Gesch. des dt. G.baues, hg. G. FRANZ, 1984 [Beitr. v. W. BUSCH, U. WILLERDING, D. VOGELLEHNER, K. KROESCHELL] – F. E. CRACKLE Medieval Gardens in Hull: Archeological Evidence, Garden Hist. 1 1986, 1–5 – WALTER JANSSEN, Ma. G.kultur. Nahrung und Rekreatio (Mensch und Umwelt im MA, hg. B. HERRMANN, 1986), 224–243 Medieval Gardens, hg. E. B. MacDOUGALL (Dumbarton Oaks Col on the Hist. of Landscape Architecture 9, 1986) – D. HENNEBO, G. de MA, neu hg. N. H. OTT–D. NEHRING, 1987².

B. Byzantinisches Reich

Anlagen dieser Art (κῆπος, παράδεισος, λειμῶν, περίβολος ιον/ι) dienten den Byzantinern zur Kultivierung vo Nutzpflanzen und als Orte der Erquickung bzw. Status symbole, wobei eine klare Trennung beider Funktione nicht die Regel war. Laut den Geoponika sollen sich G direkt bei den Wohnhäusern oder in ihrer Nähe befinder damit die Eigentümer ästhet. und sonstige Vorteile leich genießen konnten; zugleich ergab sich derart ein Schut gegen widrige Winde (Ioh. Geom., Progym. 2,7,8–1 3,11,22–27 LITTLEWOOD). Die enge Verbindung mit Bau ten widerspiegeln auch G. innerhalb von Kirchen- un Klosterbereichen, etwa bei der Muttergotteskirche τῆ Πηγῆς in Konstantinopel (Prok., De aed. I 3) oder dem vo →Konstantinos XI. Monomachos neuerrichteten Manga nenkomplex (Mich. Ps., Chron. VI 187). Μεσοκήπιο (Vita Bas. = Theoph Cont. V 329 BEKKER; Lib. u. Rhod. 2248, S 1312, 202–203 LAMBERT) ist heutigen begrünte Innenhöfen vergleichbar, hängende G. (κρεμαστὸς κῆπος Man. Chrys., Ep. 2 ad Ioh.Chrys. [PG 156, 56 A 7]) ware wohl auf Terrassen und Dächern situiert. – Hauptquell für unsere Kenntnisse über Form und Struktur byz. G sind die Liebesromane der Komnenen- und Palaiologen zeit, die – gattungsimmanenten Regeln und der μίμησι folgend – ein eher konventionelles, idealisiertes und letztl auf spätantike Vorlagen (Longos, Achilleus, Tatios, rhe tor. Übungen) zurückgehendes Bild zeichnen, ohne des halb ganz wirklichkeitsfremd zu sein. Der immer wieder kehrende Typus ist der eines G.s mit rechteckigem ode quadrat. Grundriß (nur bei Theod. Hyrtak., ed. J. F BOISSONADE, Anecdota Graeca III 60, ein kreisförmige G., σχῆμα σφενδόνης). Die Umfriedung bestand entwede aus Trockenmauern (αἱμασια) oder aus festgefügten Mar morblöcken (τεῖχος, θριγγός), allenfalls mit Mosaiken (?) Fresken oder Skulpturen dekoriert. Auf Reihen schatten spendender, immergrüner Zierbäume (Zypressen, Plata nen, Pappeln), häufig durch Kletterpflanzen (Efeu, Wein reben) umrankt und verbunden, wodurch Lauben ent standen, folgten Obstbäume, denen sich gegen die G.mit te Blumenparterres (πρασιαί) mit Narzissen, Veilchen Myrrhen, Lilien anschlossen. Das Zentrum bildete ei Wasserbecken oder Springbrunnen aus kostbarem Mate rial, mit Statuen, Säulen und mechan. Tieren (→Automat geschmückt. Von dort aus erfolgte die Bewässerung de Pflanzen durch Kanäle (εὔριπος, ληνός); ihrer Beschädi gung durch Baumwurzeln war durch entsprechend weite Abstände beim Setzen vorzubeugen (Armenopulos, Hexabiblos II 86). Um schnell und effizient (ksl.) G. entstehen zu lassen, verpflanzte man ganze fruchttragende Bäume und verlegte Rasenplatten (Mich. Ps., Chron. VI 174; auffallend ähnliche Anweisungen gibt im 12. Jh. →Albertus Magnus in »De vegetabilibus«). Im spätbyz. Schrifttum tritt die Beschreibung von G. zugunsten der darin liegenden Paläste und Bäder in den Hintergrund. Als bevorzugte Stätte des heiml. Liebesspiels wird der G. in der erot. Lit. zum Topos und symbolisiert häufig die Geliebte und überhaupt das Liebesglück. Diese Dimension des G.s unterstreicht der wiederholte Vergleich mit dem Garten Eden und dem homer. Phäaken-Land.

C. Cupane

Lit.: R. GUILLAND, Le palais de Théodore Métochite, REG 35, 1922, [5]-95 – M. L. GOTHEIN, Gesch. der G.kunst I [Diss. Jena 1926], [1]43–147 – O. SCHISSEL, Der byz. G. Seine Darstellung im gleichzeitigen Romane, SAW 221/2, 1942 – PH. KUKULES, Βυζαντινῶν βίος καὶ πολιτισμός IV, 1951, 315–317 – G. BRETT, The Automata of the Byz. »Throne of Solomon«, Speculum 29, 1954 – M. THOMPSON, Le jardin symbolique, 1960 – A. R. LITTLEWOOD, Romantic Paradises: The Role of the Garden in the Byz. Romances, Byz. Mod. Greek Stud. 5, 1979, [9]5–114 – D. HENNEBO, G. des MA, 1987², 117–132.

C. Islamischer Bereich

Für die Muslime des MA galt der G. (allgemein arab./ pers. *bustān/bāg*) als das ird. Abbild des vom Propheten Mohammed verheißenen Paradiesesg. (arab. *ǧanna/firdaus*). In diesem weilen die Gläubigen an kühlen Quellen und Wasserläufen im Schatten früchtetragender Bäume (Palme, Granatapfel) und in der Nähe von Weinstöcken und Bananenstauden (?) auf Ruhekissen liegend oder in Pavillons. Die koran. Schilderung dieses idealen G.s wurde als exemplar. für die Anlage und das Verständnis des islam. G.s bis in die NZ aufgefaßt. Gemäß dieser Vorgabe war der G. in den Ländern des Islam ursprgl. ein reiner Nutzg., in dem Gemüse und Obst gezogen wurden und der darüber hinaus durch seine Kühle Erquickung spendete. Der G. als Ornament und ohne produzierende Funktion, der reine Blumengarten (pers. *gulistān*) und Zypressenhain, begegnet in Anatolien, Persien und Indien – wohl unter Einfluß europ. Renaissance- und Barockg. – verstärkt erst seit dem 15./16. Jh. Als die Muslime im 7. Jh. aus den ariden Zonen der arab. Halbinsel auf das byz. syrien und das sāsānid. Persien übergriffen, trafen sie dort nicht nur auf die später literarisch vielgerühmten, an Flüssen gelegenen Baumg. von Damaskus und Ši'b Bawwān in Fars, sondern auch auf die künstlich angelegten Palastg. der Sāsāniden in Mesopotamien. Diese folgten dem Prinzip des *čahār bāg* (pers. vier G.), bei dem ein rechteckiges Grundstück von vier kreuzförmig angelegten, aus einem zentralen Bassin gespeisten Kanälen durchschnitten wurde. Jeder der vier dabei entstandenen Teile konnte in sich wiederum durch vier weitere, ebenfalls auf ein Zentralbassin orientierte Kanäle geteilt werden. Ein derart geometrisch angelegtes Gelände barg die Möglichkeit einer prinzipiell unbegrenzten Erweiterung, einfacher Terrassierung sowie einer unaufwendigen Bewässerung in sich. Von Muslimen angelegte G. dieser Art sind wahrscheinl. schon in den Mosaiken der Gr. Moschee in Damaskus abgebildet; archäolog. nachgewiesen wurden sie zu beiden Seiten des Palastes Ġausaq al-Ḫāqānī (9. Jh.) in Sāmarrā, der Residenz der 'Abbāsidenkalifen. Dort schlossen sich herrschaftl. Tier- und Jagdg. an Palastanlagen an (→Tiergarten). Von den nordafrikan. Residenzen der Aġlabiden (9. Jh.) und Fāṭimiden (10. Jh.) ist bekannt, daß sie inmitten ausgedehnter ummauerter Baumg. außerhalb der Städte angelegt waren. Umfangreiche Reservoirs und Zisternen, an deren Rändern Pavillons standen, empfingen damals ihr Wasser durch den wiederinstandgesetzten römischen Aquädukt v. Karthago. Bessere Stadthäuser besaßen G. im Innenhof (arab. *rauḍa*), wo gemauerte Kanäle Beete einfaßten und schattenspendende Bäume bewässerten. Aus dem Kairo des 11. Jh. wird berichtet, daß Wasser mit Hilfe eines Göpelwerkes (→Bewässerung) selbst auf das Dach eines siebenstöckigen Hauses zum dortigen Obst- und Blumengarten emporgehoben wurde. Im 14. Jh. beschreibt Ibn Lūyūn aus Granada in einem Lehrgedicht die Anlage eines Musterg.s: Obligatorisch sind Wasserlauf und Bassin mit einem Pavillon in der Mitte des G.s. Ausgesuchte Blumenbeete und Sträucher sollen dort das Auge des Betrachters erfreuen, während Obstbäume und Weinstöcke den ausgewogenen Hintergrund und die optische Rahmung bilden. An der höheren Schmalseite des offenbar terrassiert gedachten, rechteckigen Geländes soll die Wohnstätte errichtet werden, von der ein weiter Blick über den gesamten G. möglich ist. Nicht nur in Andalusien, sondern auch in Persien und Zentralasien verfuhr man ähnlich, als die Timuriden seit dem 14. Jh. Städte wie Šīrāz, Iṣfahān, Samarqand und Herāt mit Residenzg. umgaben, in denen sie zusammen mit ihrem Hofstaat in Zelten lebten. Pers. Miniaturen dieser Zeit geben darüber Aufschluß, wie die scheinbar geometrisierte und symmetr. gefaßte Natur durch bewußt informelles Pflanzenwachstum, üppige Blumenwiesen und verstreute Baumgruppen, ein ästhet. Gegengewicht erhält. Hinter dieser kunstvollen Landschaftsarchitektur des späten MA trat jedoch der ursprgl. Sinngehalt des islam. G.s nicht zurück: Immer häufiger dienten nun G. den Herrschern der frühen Osmanen, Timuriden und Moġuln v. Indien zur Aufnahme ihrer Grabmäler als symbol. Vorwegnahme des erhofften paradies. Aufenthaltsortes. Th. Leisten

Lit.: EI² I, 345ff. [G. MARÇAIS] – D. BRANDENBURG, Samarkand, 1972 – S. CROWE, SH. HAYWOOD, S. JELLICOE, G. PATTERSON, The Gardens of Mughul India, 1972 – The Islamic Garden, hg. R. ETTINGHAUSEN – E. DOUGALL, 1976 – D. N. WILBER, Persian Gardens and Garden Pavilions, 1979 – O. GRABAR, Die Alhambra, 1981 – G. FRANZ, Palast, Moschee und Wüstenschloß, 1984 – J. DICKIE, The Mughal Garden: Gateway to Paradise, Muqarnas 3, 1985, 128ff. – Y. TABBAA, Towards an Interpretation of the Use of Water in Islamic Courtyards and Courtyard Gardens, Journal of Garden Hist. VII, 3, 1987.

Gascogne, ehem. Hzm. in SW-Frankreich

I. Entstehung des Herzogtums Gascogne (6.–10. Jh.) – II. Wachstum und Zersplitterung (11.–13. Jh.) – III. Die spätmittelalterliche Krisenzeit. Letzte Versuche selbständiger Staatsbildungen (14.–15. Jh.).

I. ENTSTEHUNG DES HERZOGTUMS GASCOGNE (6.–10. JH.): Im letzten Viertel des 6. Jh. überschritten die Wascones, ein mit den →Basken verwandtes Volk, dessen Kerngebiet am Oberlauf des Ebro lag, die Pyrenäen und breiteten sich in der Novempopulania, dem südl. Teil →Aquitaniens, bis zur Garonne aus, in einem Gebiet mit ausgeprägten kelt.-iber.-roman. Traditionen, in dem sich germ. Siedlungs- und Herrschaftsstützpunkte nur schwach ausgebildet hatten. Erstmals 602, bei Ps.-Fredegar, als 'Wasconia' erwähnt, wurde durch die waskon. Invasion der alte ibero-roman. Grundcharakter des Landes reaktiviert, wobei die gascogn. Sprache, ein eigenständiger Zweig des Occitanischen (→Altprov. Sprache), zugleich die Ursprünglichkeit belegt und die Grenzen des waskon. Siedelraumes markiert. Die Unterbrechung der Bf.slisten weist auf eine Phase der Desorganisation hin, wobei die Merowinger nicht in der Lage waren, die Wasconen auf Dauer zu unterwerfen. Herrschaftlich-politisch tritt die G. seit 672 unter ihrem dux Lupus hervor, im Rahmen des sich zunehmend verselbständigenden →Aquitanien, um im 8. Jh. zw. die Fronten des islam. Spanien (→al-Andalus) und der erstarkenden Macht der Pippiniden/Karolinger zu geraten. Durch den Sieg des Hausmeiers →Karl Martell bei Poitiers (732) wurde die »sarazen.« Bedrohung ein Ende gesetzt; dies ermöglichte den Franken, die aquitan. Autonomie zu brechen. Bei Kg. Pippins Tod (768) war die Garonne die Grenzlinie zw. frk. Machtbereich und Wasconen, an deren Spitze wieder ein Hzg. namens Lupus stand. Die Einfügung der G. in die Herrschaftsstruktur des Karolingerreiches war nur unter großen Schwierigkeiten durchführbar. Zwar ist die Niederlage eines Heeres Karls d. Gr. bei →Roncevaux 778 in Gegenwart von Wasconen als Vorspiel eines Assimilationsprozesses gesehen worden, der sich auch in der Schaffung karol. Gft.en (→Fezensac) äußerte. Nach vorherrschender Auffassung wurde die

G. jedoch nach der Katastrophe v. Roncevaux, der 781 die Schaffung des karol. Regnum Aquitanien folgte, für das Frankenreich zu einer Art Niemandsland, das nur mit Mühe vom Gf.en v. →Toulouse überwacht werden konnte, bis Ludwig d. Fr. 816 einen Gf.en v. Bordeaux und Hzg. der Wasconen zur verstärkten Kontrolle dieser gascogn. Grenzzone einsetzte.

Die Aufstände von 789, 813, 816 und 824 werfen ein Schlaglicht auf den Entstehungsprozeß des unabhängigen dynast. Fsm.s der G. (s. a. →Fürst, -entum). Dieses nahm – inmitten anarch. Zustände – seit 836 Gestalt an in der Gft. Fezensac um Sancho Sanchez 'Mitarra'; die Wasconen sahen sich in den erbitterten Kampf zw. Karl d. K. und Pippin II. um die Beherrschung Aquitaniens verwickelt. Diese Wirren erleichterten den →Normannen ihre Plünderungen (von 840 bis zum Ende des 9. Jh.; vor 879 wurde der Metropolitansitz der Novempopulania von →Eauze nach →Auch verlegt. Um 900 tritt Garsia Sancius (Garsia Sanz) als Herr des größten Teils der G. auf; nur der östl. Teil stand unter Einfluß von Toulouse, und die Gft. →Bigorre im Pyrenäenvorland entwickelte ihre Selbständigkeit. Nach dem Tod des Garsia Sancius (920) wurden seine Besitzungen zw. den Söhnen geteilt; unter ihnen hatte Sancius Garsia als Gf. der sog. Groß-G., die von der mittleren Garonne bis zu den Pyrenäen reichte, den Vorrang, während seine Brüder die Gft.en →Astarac bzw. →Fezensac, aus der in der nächsten Generation die Gft. →Armagnac hervorging, erhielten. Dieses System brüderl. Herrschaft erlebte seinen Höhepunkt unter dem Sohn des Sancius Garsia, Wilhelm Sancho (977–999), der zahlreiche Abteien gründete und durch Einheirat in die Gft. →Bordeaux zum Hzg. der Gascogne wurde. Auch als Normannensieger (Schlacht bei Taller) wird er gerühmt. Nachdem Wilhelm Sanchos zweiter Sohn 1032 ohne Erben verstorben war, endete die Geschichte des gascogn. Fsm.s, dessen schlechte Quellenlage zu divergierenden Interpretationen Anlaß gegeben hat.

II. WACHSTUM UND ZERSPLITTERUNG (11.–13. JH.): Mit demograph.-sozialen Wachstumsprozessen und dem Aufstieg der milites in der Zeit nach 1000 löste sich die öffentl. Gewalt auch im Raum der G. in eine Vielzahl lokaler Gewalten auf, insbes. von Vizgf.en und Kastellanen. Die namhaftesten unter diesen adligen Herrschaftsträgern waren: die Vizgf.en v. Lavedan (in Bigorre); die Gf.en v. →Comminges und die Herren v. Isle-Jourdain (im Tolosaner Bereich; →Bertrand, hl.); die Herren v. →Albret und die Vizgf.en v. →Lomagne sowie die Vizgf.en v. →Béarn (in der Groß-G.). Die Binnenkolonisation des 11. Jh., die durch charakterist. Toponyme (Namensbestandteil *artigue*) belegt ist, entwickelte neue Formen des Grundbesitzes (→*casal*) und ließ – im Zuge adligen und kirchl.-monast. Landesausbaus – neue Siedlungstypen entstehen: →*burgi* bei Dynastenburgen, geistl. →*sauvetés* entlang der großen Pilgerroute nach →Santiago de Compostela. Die neuen Orden bildeten zahlreiche Filiationen aus. Maßgebl. von der Abtei →St-Sever ausgehend, blühte die roman. Kunst auf. Ihren Höhepunkt erlebte diese Ausbauphase im 13. Jh., mit dem blühenden Export der »Gascognerweine« (→Wein) nach England. Neben dem Ausbau der bestehenden städt. Zentren entstand eine Vielzahl von *castelnaux* (befestigte Burgorte) und ein Netz von →*bastides*. Die Gewährung städt. Freiheiten (mit *jurades* [→jurati] oder →Konsulat) wird durch eine Vielzahl von Statuten, oft in gascogn. Sprache abgefaßt, dokumentiert.

Das polit. Schicksal der G. wird durch drei Daten markiert: 1058, 1154, 1229. Die seit 1032 bestehende Nachfolgekrise endete 1058 mit der Machtübernahme des Hzg.s v. →Aquitanien (Poitou), Wilhelm VIII. (Gui Geoffroi), der seinen Konkurrenten, den Gf.en v. Armagnac, aus dem Felde schlug. Die Hzg.e v. Aquitanien konnten sich im Osten der G. jedoch nicht gegen den Einfluß der Gf.en v. Toulouse, im Süden (→Béarn) nicht gegen denjenigen →Aragóns behaupten. Nach dem Vorbild der Gf.en v. Armagnac-Fezensac verfolgten auch andere große gascogn. Adelsfamilien eine eigenständige Politik.

Nachdem das Hzm. G. aufgrund der ersten Ehe der poitevin. Erbtochter →Eleonore mit Kg. Ludwig VII 1137–52 in einer Art Personalunion mit dem Kgr. Frankreich vereinigt gewesen war, wurde es 1154 durch Eleonores 2. Heirat mit →Heinrich Plantagenêt, dem künftigen Kg. v. →England, zum Bestandteil des entstehenden →Angevin. Reiches. Nach dessen Besitzungen zu einem Großteil an Philipp II. August verlorengegangen waren (bis 1224), bildete die G. das Kernstück des engl. Kontinentalbesitzes, der daher in den Quellen gern als 'Vasconia' bezeichnet wird. Bis zum Ende der engl. Oberhoheit nahmen Gascogner und gascogn. Sprache einen bevorzugten Platz in der Verwaltung des Landes ein, so daß die Bezeichnung als 'engl. G.' fehlgeht. Aufgrund der langen Abwesenheit des Kg.s v. Frankreich konnte sogar die Frage nach der Allodialität der G. aufgeworfen werden. Doch richtete Frankreich im 13. Jh. vor den Toren der G. unübersehbar die Vorposten seiner Macht auf: Durch ihren Sieg im Kreuzzug gegen die →Albigenser erzwangen die Kapetinger, daß sie zu Erben der Gf.en v. Toulouse wurden (1229). Von nun an schalteten sich die frz. Kronbeamten beständig in die Angelegenheiten der kleineren Seigneurien ein; durch unablässige Appellationen an das Pariser Parlement – der Kg.-Hzg. unterstand in seinen Kontinentalbesitzungen formell der frz. Lehnshoheit (Vertrag v. Paris, 1258–59) – versuchte die frz. Krone, die engl. Position im SW zu untergraben. Die energ. Anstrengungen Eduards I. (1254–1307), d. engl. Festlandbesitz im alten Umfang zurückzugewinnen, schlugen fehl. Ein erster engl.-frz. Krieg endete mit der Konfiskation des Hzm.s durch Kg. Philipp IV. (1294–1303); eine zweite Konfiskation (1324–26) war bereits ein Vorspiel des →Hundertjährigen Krieges. Die meisten der gascogn. Seigneurien büßten ihre Selbständigkeit fast völlig ein oder fielen gar an die frz. Krone (Bigorre, 1324). Einige von ihnen erlebten aber im Zeichen erfolgreicher Gebietserwerbungen und einer geschickten Schaukelpolitik zw. der engl. und der frz. Monarchie einen neuen Aufstieg. Dies gilt für die Herren v. →Albret und insbes. für die beiden Kontrahenten →Armagnac und →Foix-Béarn.

III. DIE SPÄTMITTELALTERLICHE KRISENZEIT. LETZTE VERSUCHE SELBSTÄNDIGER STAATSBILDUNGEN (14.–15. JH.): In den Jahren um 1320 begann eine säkulare Depression, markiert durch sprunghaft ansteigende Sterblichkeit und verschärft durch die Verwüstungen des Krieges. Die G. wurde im doppelten Sinne Schauplatz eines hundertjährigen Krieges: Neben den engl.-frz. Konflikt, der das Land in zwei feindliche Zonen spaltete, trat seit 1290 der Kampf zw. den beiden Häusern Armagnac und Foix-Béarn um die regionale Vorherrschaft. Der von →Eduard, dem »Schwarzen Prinzen«, gebildete aquitan. Staat zerfiel 1368 nach den Appellationen gascogn. Herren an den Kg. v. Frankreich. Zw. 1370 und 1391 schuf →Gaston Fébus v. Foix-Béarn im Pyrenäenraum einen mächtigen Territorialverband. Schließlich versuchten die letzten Gf.en v. Armagnac im 15. Jh., die im SW erzwungene Suprematie des frz. Kgtm.s nochmals in Frage zu stellen. Doch machte die frz. Offensive gegen das Hzm. G., das dem Kg.-Hzg.

is zuletzt die Treue hielt, seit 1429 unaufhaltsame Fortschritte. Die engl. Position brach 1453 zusammen; zwanzig Jahre später wurde die Gft. Armagnac zerschlagen. Nur das Haus Foix-Béarn, 1484 mit dem Haus Albret vereinigt, blieb als eigenständige polit.-dynast. Gewalt erhalten.

Unter frz. Herrschaft, in einer Periode wiederkehrenden Wohlstands, war die G. in die beiden Jurisdiktionsbereiche der Parlements v. →Bordeaux und →Toulouse geteilt, was der Trennung in zwei verschiedene Rechtszonen entsprach (Pyrenäenraum mit Erbrecht des ältesten Sohnes, Garonnegebiet mit gleicher Erbteilung). Nur durch die gemeinsame Sprache erhielt sich ein gewisses Ausmaß an ethn. Identität, deren Wahrung durch eine polit. Einigung im MA nicht gelungen ist.   B. Cursente

Lit.: J. J. MONLEZUN, Hist. de la G., 6 Bde, 1847 – J. DE JAURGAIN, La Vasconie, 1898–1902 – F. LOT–R. FAWTIER, Hist. des institutions fr. au MA, I, 1957, 185–207 – M. BERESFORD, New Towns of the MA, 1967 – M. G. A. VALE, English Gascony (1399–1453), 1970 – Hist. de l'Aquitaine, hg. CH. HIGOUNET, II, III, 1971 – J. GARDELLES, Les châteaux du MA dans la France du Sud-Ouest, 1972 – J. POUMARÈDE, Les successions dans le Sud-Ouest de la France au MA, 1972 – J. P. TRABUT-CUSAC, L'Administration anglaise en G (...), de 1254 à 1307, 1972 – CH. HIGOUNET, Paysages et villages neufs du MA, 1975 – Hist. de la G. ..., g. M. BORDES, 1978 [B. CURSENTE; G. LOUBÈS] – B. CURSENTE, Les castelnaux de la G., 1980 – R. MUSSOT-GOULARD, Les princes de G. 768–1070), 1982 – J. CLEMENS, »La G. est née à Auch au XIIᵉ s.«, AM, 1986, 165–184.

Gascoigne. 1. G., Thomas, engl. Theologe, * 1403, † März 1458, ▢ Oxford, Kapelle des New College; 1427 zum Priester geweiht, verbrachte G. die meiste Zeit seines Lebens in →Oxford, wo er 1434 zum Dr. theol. promoviert wurde und bei mindestens zwei Anlässen als Kanzler der Univ. belegt ist. Hohes Ansehen genossen seine Predigten, in denen er die kirchl. Sakramentenlehre gegen die Parteigänger →Wyclifs verteidigte, aber auch kirchl. Mißstände schonungslos geißelte. Unter seinen Schriften ist das zw. 1434 und 1457 verfaßte »Dictionarium Theologicum« zu nennen, das durch Informationen über seinen Autor (insbes. sein übersteigertes Selbstbewußtsein) wie durch Nachrichten zu Zeitereignissen z. T. die Bahnen eines rein theol. Kompendiums verläßt. Ferner schrieb G. Viten der hll. →Hieronymus und →Birgitta v. Schweden; auch kann ihm mit einiger Wahrscheinlichkeit die Autorschaft des Erbauungsbuches »The Myroure of oure Ladye« (→»Mirror of Our Lady«) zugeschrieben werden. Die Bodleian Library und andere Bibliotheken Oxfords besitzen eine Reihe von Hss. mit Glossen von G.s Hand.   C. T. Allmand

Ed.: The Myroure of oure Ladye, ed. J. H. BLUNT, EETS, ES 19, 1873 – Loci e Libro Veritatum, ed. J. E. THOROLD ROGERS, 1881 – *Lit.*: DNB VII, 920–923.

2. G., William, engl. Richter, * 1350 (?), † 1419 (?), wurde im Nov. 1400 von Kg. Heinrich IV. zum Oberrichter *(chief justice)* des kgl. Gerichtshofes →King's Bench ernannt. 1405 zählte er zu den Richtern, die mit dem Hochverratsprozeß gegen eine Gruppe von Adligen, zu der auch der Ebf. v. York, Richard →Scrope, gehörte, befaßt waren. G. legte jedoch sein Amt nieder, da er es ablehnte, gegen einen Kirchenmann gerichtlich vorzugehen; dennoch konnte er seine Stellung bewahren. Eine spätere Überlieferung, die auch Shakespeare im 2. Teil seines »Heinrich IV.« aufnimmt, schreibt ihm einen Streit mit Prinz Heinrich (V.) zu. G. war ein wegen seiner Unparteilichkeit hochangesehener Richter.

Lit.: DNB VII, 924–926.   C. T. Allmand

Gasmulen (γασμοῦλοι, βασμοῦλοι; lat. gasmuli, frz. gasmulins), Bezeichnung für die Nachkommen aus Ehen zw. Griechen und Lateinern/Franken seit dem 12. Jh. und – verstärkt – nach dem Vierten →Kreuzzug. Das Wort leitet sich wohl von *gas* ('Knabe') und *mulus* ('Maultier') ab. Nach der Restauration des Byz. Reiches 1261 verpflanzte Michael VIII. viele G. von der Peloponnes nach Konstantinopel und setzte sie als Seesoldaten auf seinen Kriegsschiffen ein (wichtige Flottenabteilung: *Gasmoulikon,* das seinen bes. ethn. Charakter allerdings mehr und mehr verlor). Die von venezian. Vätern abstammenden *Veneti gasmuli,* die v. a. in Konstantinopel, Thessalonike, in der Morea und auf Kreta lebten, unterstanden rechtl. der Serenissima. Byz. Quellen zufolge vereinten die G. die Intelligenz und Kampfeslust der Griechen mit dem Mut und der Prahlsucht der Lateiner, während sie ein einziger westl. Quellenbericht als aufsässige und treulose Lügner und Trunkenbolde, die sich je nach Gelegenheit als Griechen oder Franken ausgaben, schmäht. Andere Quellen betonen demgegenüber wieder ihre stärkere Verbundenheit mit der griech. Heimat als mit dem Lateinertum. G. spielten eine wichtige Rolle in den Bürgerkriegen des 14. Jh., insbes. im Krieg gegen →Johannes Kantakuzenos und beim Aufstand der →Zeloten in Thessalonike, wo die G. gemeinsam mit den Seeleuten ein autonomes Stadtviertel bewohnten. Im 15. Jh. traten viele G., namentlich die aus →Gallipoli stammenden, in die Dienste der →Osmanen; die ersten großen türk. Flotten waren mit Abkömmlingen von G. bemannt.   D. M. Nicol

Lit.: H. AHRWEILER, Byzance et la Mer, 1966 – K. P. MATSCHKE, Fortschritt und Reaktion in Byzanz im 14. Jh., 1971 – D. JACOBY, Les Vénitiens naturalisés dans l'empire byz., TM 8, 1981, 207–235.

Gasparino Barzizza → Barzizza

Gassäniden, südarab. Stamm (al-Azd), der kurz vor 500 n. Chr. innerhalb der Grenzen des Röm. Limes angesiedelt wurde und 502/503 in ein Föderatenverhältnis mit dem →Byz. Reich trat. Sie nahmen das Christentum monophysit. Prägung (→Monophysiten) an und waren in den Kriegen mit den →Sāsāniden im 6. und Anfang des 7. Jh. trotz zeitweiliger Spannungen Partner der Byzantiner. Eine bes. Rolle spielten sie dabei in der Auseinandersetzung mit dem sāsānidentreuen arab. Stamm der Laḥmiden. Bedeutsam war ihr Beitrag zur Urbanisierung Syriens im 6. Jh. durch die Errichtung zahlreicher Bauten. Bei der Eroberung Syriens durch die Truppen des Kalifen Omar siedelten sie teils nach Anatolien, teils blieben sie als Christen in Syrien ansässig.   P. Schreiner

Lit.: EI², s.v. Ghassān – TH. NÖLDEKE, Die ghassanid. Fs. en aus dem Hause Gafna's, 1887 – I. SHANID, Byzantium and the Arabs in the Fourth Century, 1984.

Gast, -recht, -gericht. G. ist der (ins Haus) aufgenommene →Fremde. Eine allgemeine Rechtspflicht zur Aufnahme Fremder bestand bei germ. Völkerschaften nicht. Die Aufnahme verpflichtete den G.geber zum Schutze des G.es sowie zur Verantwortung seines Tuns gegenüber der (Gerichts-)Gemeinde. Die G.freundschaft (→G.haus) konnte üblicherweise für drei Tage in Anspruch genommen werden. – G. bezeichnet häufig denjenigen, der sich als dort nicht Wohnhafter in der ma. Stadt aufhält. G.recht in diesem Sinn sind folglich die Rechtsstellung der Fremden in der Stadt regelnden Normen, insbes. die Sätze der →Stadtrechte, die den G. anders behandeln als den →Einwohner/→Bürger. Dieses G.recht gilt als Produkt des Städtewesens, nicht als Milderung und Fortentwicklung des archaischen Fremdenrechts. Es gründet in den Gegebenheiten der ma. Stadt- und Gerichtsverfassung sowie im Autonomie- und Autarkiestreben der ma. Städte. Territoriales G.recht wurde im MA nur selten und ansatzweise formuliert.

G.e dürfen Grundstücke, die dem Stadtrecht unterliegen, meist nicht erwerben. Dasselbe gilt häufig für Rechte an solchen Liegenschaften. Eine Milderung bringt hier gelegentl. das Institut der →Salmannen (Treuhänder). Geht ein Grundstück an einen auswärtigen Erben, so muß dieser das Bürgerrecht erwerben oder die Liegenschaft an einen Bürger veräußern. Nur der erbenlose Nachlaß eines G.es fällt nach Jahr und Tag an die Stadt. G.e können im Stadtgericht nicht Urteiler sein, folgerichtig muß auch kein Bürger das Zeugnis eines G.es »über« sich erdulden. Im ausgehenden MA erfährt dies Einschränkungen. G.e unterliegen einer Fülle von Regelungen, die ihre wirtschaftende Tätigkeit zum Vorteil der Stadt und ihrer Bürger einengen, z. B. dem Verbot des Detailhandels und des Handels von G. zu Gast. Auch wirkte das Zunftrecht (→Zunft) entsprechend. Der G. wurde als Schuldner dem ob seiner Schuld flüchtigen Bürger gleichgestellt und konnte, wurde er in der Stadt angetroffen, jederzeit von seinem (angeblichen) Gläubiger in Personal- oder Sacharrest genommen werden. So zwang man ihn vor das ihm fremde Stadtgericht. Ausnahmen galten für die Zeit des Marktfriedens und für den Fall, daß freies →Geleit gewährt worden war. Um die aus der Arrestierung folgenden Nachteile in Grenzen zu halten, wurde dem G. auf Antrag noch am selben oder am folgenden Tag G.gericht gehalten. Es handelt sich um ein beschleunigtes Verfahren, meist vor dem Stadtgericht in vereinfachter Besetzung. Der G. konnte das G.gericht auch als Kläger gegen einen Bürger, ja selbst gegen einen anderen G. gebrauchen. J. Weitzel

Lit.: Hoops II, 122f. [K. Lehmann, s. v. G.erecht] – A. Schultze, G.erecht und G.gerichte in dt. Städten des MA, HZ 101, 1908, 473–528 – L. Hellmuth, G.freundschaft und G.recht bei den Germanen, SAW 440, 1984.

Gastalden, wichtigste Verwalter der Königsgüter und Vertreter des Kg.s im Langobardenreich. Ihre Institution wird auf die Zeit Kg. →Authars (584–590) zurückgeführt, als die Hzg.e in N-Italien einen Teil ihres Grundbesitzes an den Kg. abtraten, um die Königsmacht bei Gefahr einer frk. Invasion zu stärken. Die curtes, welche als Verwaltungszentren des neugebildeten Königsguts fungierten, wurden den vom Kg. ernannten und ihm unterstehenden G. übertragen. Möglicherweise wurde ein Verwalter mit ähnlichen Funktionen auch von den Hzg.en in den von ihnen eroberten wichtigsten Plätzen eingesetzt. Ältester urkundl. Beleg eines G. aus der Zeit Autharis (C.D.L. III/1/Nr. 4); von Hzg.en abhängige G. begegnen nur in den großen peripheren Dukaten →Spoleto und →Benevent.

Die kgl. G. spielten auch bei der Konsolidierung der langob. Königsmacht eine wichtige Rolle, da sich die Kg.e ihrer bedienten, um eine Kontrolle über die Macht der Hzg.e auszuüben. Der →Edictus Rothari (c. 23) weist den G. die Aufgabe zu, die langob. →Exercitales gegen Übergriffe ihrer Hzg.e zu verteidigen. Anscheinend betraute Kg. Agilulf (590–616) die G. anstelle der Hzg.e mit der Kontrolle über die von ihm zurückeroberten Städte der Emilia. Auch einige in späterer Zeit eroberte Städte der Toskana wurden von G. verwaltet.

In der langob. Gesetzgebung werden die G. sowohl den Actores (Verwaltern) als auch den Judices gleichgestellt. Ihre Hauptaufgabe lag in der Wahrnahme der wirtschaftl. Interessen und jurisdiktionellen Belange der curtes regiae, denen sie vorstanden. In dieser Funktion konnten sie in eigener Initiative Delikte, für die ein Bußgeld zugunsten des Kg.s vorgesehen war, verfolgen oder den Täter in die Curtis regia versklaven (Roth. 189, 221). Vielleicht hatten sie auch die militär. Befehlsgewalt über Gruppen von Exercitales inne (Roth. 24). Bei der Verwaltung von Städten übten die G. bereits zu Beginn des 7. Jh. ein Schutzfunktion der Interessen der Bürgerschaft aus. Im 8. Jh. führten G. bisweilen den Vorsitz bei Gerichtsversammlungen, waren dabei jedoch stets von anderen, höherrangigen Amtsträgern oder kgl. Beauftragten begleitet (C.D.L. I, Nr. 21; II, Nr. 163). Die G. konnten vom Kg. willkürl. abgesetzt werden; es gibt keinen Beleg für eine Erblichkeit ihrer Machtbefugnis. Die Gesetzgebung versuchte zu verhindern, daß sie sich in Ausübung ihres Amtes ungebührlich bereicherten (Roth. 375), einige G. häuften jedoch ein riesiges Vermögen an (C.D.L. I, Nr. 50). Das – den Gf. en unterstellte – Amt der G. überdauerte auch im karol. Regnum Italiae.

In den Dukaten Spoleto und Benevent, wo die G. nicht vom Kg., sondern von den Hzg.en ernannt wurden, verwalteten sie die wichtigsten Städte und gehörten der lokalen Adel an, bisweilen rekrutierten sie sich aus Mitgliedern der Herzogsfamilie selbst. P. Delogu

Lit.: C. G. Mor, Lo stato longobardo nel VII secolo (Sett. di Spoleto V 1969), I, 271–307 – S. Gasparri, Il ducato longobardo di Spoleto istituzioni, poteri, gruppi dominanti (= Atti del 9° congr. internaz. di studi sull'alto Medio Evo, 1983), 77–122.

Gastfreundschaft → Gasthaus

Gasthaus
A. Westliches Abendland – B. Byzantinisches Reich
A. Westliches Abendland

Besondere Häuser, wo →Fremde Nachtlager und z. T. auch Verpflegung erhalten konnten, gab es in der Antike in mannigfacher Form: Gästehäuser öffentlicher und privater Natur für die kostenlose oder entgeltl. Beherbergung von Fremden bei Heiligtümern, in Städten, bei Villenkomplexen und entlang wichtiger Fernstraßen (Xenones, Pandocheia, Mansiones, Tabernae usw.). Dazu kamen in der christl. Spätantike mit Kirchen und Kl. verbundene Gäste- und Armenhäuser (→Xenodochia). Sie verschwanden im W im FrühMA bis auf wenige Tabernae, selbständige Xenodochia, Hospize sowie Gästehäuser bei Kl., die sich in der Folge durch kgl. und andere Stiftungen langsam wieder vermehrten. Daneben war bis ins 12. Jh. die archaische Gastlichkeit (Gastfreundschaft) für Fremde weit verbreitet. In der Regel bestand sie aus der Gewährung der Unterkunft, doch nicht der Verpflegung, und führte zu einem engen gegenseitigen Schutzverhältnis zw. Gastgeber und →Gast. Die großzügige, ja gelegentlich verschwenderische Gastfreundschaft mit Verpflegung, Geschenken und Zurverfügungstellung einer Frau an den Gast (Gastprostitution) scheint sich auf vornehme, reiche Gastgeber sowie auf verkehrsarme Randgebiete beschränkt zu haben. Seit dem 11. Jh. aber wurden kirchl. Hospize im Zusammenhang mit der Kreuzzugsbewegung in Städten und entlang wichtiger Pilger- und Handelsstraßen sowie an Pässen in großer Zahl geschaffen. Ebenso kamen die mit ihnen verwandten weltl. Gemeinschafts- und Zwangsherbergen für Kaufleute auf (z. B. Kaufmannshöfe der →Hanse, in Osteuropa und an großen Messeplätzen, →Fondachi rund um das Mittelmeer). Zugleich vermehrten sich die Tavernen in Stadt und Land rasch. Die Gastfreundschaft begann sich allmählich aufzulösen, insbes. die mit ihr verbundene Pflicht der →Blutrache des Gastgebers für den Gast und das Erbrecht des Gastgebers am Gut des Gastes. Erste Spuren der Fremdenbeherbergung gegen Bezahlung, ja gewerbl. Beherbergung tauchen auf, z. B. an den Pilgerstraßen nach →Santiago de Compostela und ganz allgemein bei ortsansässigen Kaufleuten, die in ihrem Hause fremde Kaufleute und Geschäftsfreunde beherbergten. Erst in der zweiten Hälfte des 13. Jh. enstand im Zuge dieser Entwicklung in Südeuropa (Italien, Südfrankreich, Spanien), im 14. Jh. in Mittel- und im 15./16. Jh. in Nordeuropa der Typus des G.es im eigtl. Sinne: Es ist ein Haus mit öffentl. Charakter, das in der Regel durch ein G.schild oder ein ähnliches Zeichen kenntlich gemacht wird. Es hat das Recht und – soweit der verfügbare Raum ausreicht – auch die Pflicht, Fremde gegen Entgelt zu beherbergen (hospitium honestum, publicum; offenbare Herberge, offenbares G.). Es entstand zuerst in Städten, wo der Rat und v. a. die →Zünfte die bis dahin vorherrschende, mit Handel und Warenlagerung verbundene Gastlichkeit in Privathäusern bekämpften. Die Fremdengastlichkeit wurde auf die G.er im eigtl. Sinne, der Handel und die Warenlagerung aber auf Märkte und →Kaufhäuser beschränkt (z. B. Florenz, Lucca, Straßburg usw.). Die Fremden und ihr Handel sollten damit strenger als bisher kontrolliert und die von ihnen geschuldeten Abgaben (→Zölle, →Akzise) besser erfaßt werden. Der gleichzeitige Wandel der Handelstechnik (Aufkommen der Handelskorrespondenz [→Brief, F.] sowie Rückgang der Handelskarawanen und damit geringeres Bedürfnis nach persönlichen Kontakten zw. fremden und örtl. Kaufleuten) förderte diese Entwicklung genauso wie das zunehmende Bedürfnis nach Privatheit im Privathaushalt und die Verlagerung der bisher unter freiem Himmel, in Burgen, Kirchen und Privathäusern stattfindenden Herrschaftsgastungen (→Gastung), Gerichtssitzungen, Geiselschaften, Pfandaufbewahrungen, Asyle usw. in die G.er. Auf dem Lande machten die dörfl. Tavernen eine ähnliche Entwicklung durch, wenn sie auch dort meistens weiter eine Art Märkte unter einem Dach blieben.

Die G.er wurden in den Städten seit ihrem Aufkommen mit Schildern und häufig auch mit Namen bes. gekennzeichnet. Auf dem Lande kamen Schilder und Namen meist erst in der NZ auf. In diesen G.schildern verband sich das seit dem FrühMA oder noch früherer Zeit übliche Kennzeichnen von Tavernen mit grün belaubten Ästen, Kränzen und Reifen mit den seit dem 12./13. Jh. in Städten aufkommenden Hauswappen und -namen. Eine Verbindung zu den in röm. Zeit verbreiteten Tavernenzeichen und -namen scheint nicht bestanden zu haben. Für die G.schilder und -namen des MA wurden Wappen der zuständigen Grund-, Stadt- oder Landesherren, Heilige, die Reisenden und Pilgern nahestanden, wie →St. Jakob oder die drei Kg.e, dann Zeichen des Marktfriedens und die verschiedensten Fabelwesen, Tiere und Gegenstände gewählt, manchmal aber auch ein bloßes Schild. Nur ein Haus mit einem solchen Schild galt in Städten als Gasthaus. Solange ein Schild ausgehängt war, bestand die Pflicht, Gäste bis zur Grenze des Fassungsvermögens aufzunehmen.

In ihrer Gestalt entsprachen die G.er in der Regel normalen Bürger- und Bauernhäusern der betreffenden Gegend, vom einfachsten Haus mit einem einzigen Raum, wo Wirte, Gäste, Vieh sowie Reit- und Zugtiere sich aufhielten und verpflegten, bis zu vielteiligen, manchmal bes. als G.er gebauten Anlagen. Auch um einen rechteckigen Hof geschlossene Bauten mit Ställen und Lagern zu ebener Erde und Schlafkammern im Obergeschoß, ähnlich der →Karawanserei des Ostens, kamen vor. Seit dem 14. Jh. sind für Italien, Frankreich und England in vielen Städten neben zahlreichen einfachen auch beste G.er bekannt mit Ställen, Lagerkammern, Speise- und anderen Aufenthaltsräumen sowie verschließbaren Ein- und Zweibettzimmern mit Betten, Bettwäsche, Truhen, Tischen und Stühlen. Bis tief ins 16. Jh. blieb indessen in Deutschland neben sehr primitiven Unterkünften das G. mit einem Aufenthalts- und Speiseraum und einem großen Schlafraum mit Stroh oder Laubsäcken die Regel. Spanien und Polen waren bis in die NZ für ihre überaus primitiven Fremdenherbergen an den großen Überlandstraßen (in Spanien: *ventas*) bekannt, was u. a. mit dem Fortleben der herrschaftl. Zwangsgastung (Einquartierung) und der adligen Gastfreundschaft in Zusammenhang gebracht wird. Die Verpflegung in G.ern war in der Regel sehr einfach (Wein, Brot, Käse, allenfalls etwas Fleisch). Bessere Nahrung mußte mitgebracht und selbst zubereitet oder durch Vortrupps bestellt werden.

G.er mit zwei bis sechs Betten galten allgemein als klein, solche mit 15 bis 20 Betten als groß. Größere waren äußerst selten. Die Betten wurden in der Regel mit zwei und mehr Personen belegt. Um so größer war im 14./15. Jh. die Anzahl von G.ern: in Dörfern und Kleinstädten an Durchgangsstraßen bis etwa zehn, in Mittelstädten (bis 10 000 Einw.) oft 20 und mehr, in verkehrsreichen Großstädten wie Avignon (30–40 000) über 60, Straßburg (25 000) über 40, Florenz (über 50 000) über 100 und London (150 000) um 300. Die G.er lagen stets an oder nahe den die Städte durchziehenden Hauptstraßen, bei Stadttoren, an Schiffslandeplätzen oder am Markt, in Dörfern meist bei der Kirche oder beim Fronhof. Häufig wurden drei Rangstufen von G.ern unterschieden, solche für Leute zu Pferd, solche für Fuhrleute und Maultiertreiber und solche für Leute zu Fuß, oder sinngemäß Herrenwirte, Mittel- oder Karrenwirte und Kochwirte. Dementsprechend gab es unter den Wirten sowohl G.besitzer als auch -pächter und angestellte Geschäftsführer, Männer und Frauen aus allen sozialen Schichten von Adligen und reichen Kaufleuten über Handwerker, Fuhrleute bis zu Viehhirten, die alle das G. oft als Nebenberuf betrieben. Darunter waren häufig auch zugezogene Fremde, bei denen u. a. etwa ihre Landsleute abstiegen.

Entsprechend dem Charakter der G.er als öffentl. Fremdenunterkünfte, wo die Fremden auch mit Ortsansässigen zusammentrafen, galten für ihren Betrieb von Anfang an strenge obrigkeitl. Vorschriften: Gäste durften nicht angelockt, mußten aber freundlich aufgenommen und zu festgesetzten Preisen genügend verpflegt werden. Verdächtige Leute, Unehrliche usw. mußten abgewiesen werden. Waffentragen war im G. verboten, die Wirte hatten für Frieden und Ordnung zu sorgen, u. a. auch für die Einhaltung der meist auf acht bis zehn Uhr abends festgesetzten Schließung, und hafteten für Vergehen ihrer Gäste. Seit dem 15. Jh. verbreitete sich die Pflicht der Wirte, die Namen der Gäste täglich der Obrigkeit zu melden wie auch Delikte und verdächtige Reden anzuzeigen. So verband das spätma. G. die gewerbl. Fremdenbeherbergung unter öffentl. Kontrolle mit zahlreichen weiteren Funktionen.   H. C. Peyer

Lit.: H. C. PEYER, Von der Gastfreundschaft zum G. (Stud. zur Gastlichkeit im MA, MGH Schr. 31, 1987) [Q. und Lit.].

B. Byzantinisches Reich
I. Typen und Entwicklung – II. Ausstattung, Angebot und Öffnungszeiten – III. Sonderformen.

I. TYPEN UND ENTWICKLUNG: Öffentl. Gastlichkeit praktizierten im Byz. Reich zum einen auf kommerzieller Grundlage Wirtshaus (καπηλεῖον) und Fremdenherberge (πανδοχεῖον), zum anderen karitative christl. Einrichtungen. Die beiden erstgenannten Formen des G.es stehen in kontinuierl. Tradition römisch-antiker Betriebe, der von den städt. Unterschichten frequentierten Eß- und Trinklokale (caupona, popina, taberna) bzw. der Nachtquartie-re für Reisende (hospitium, stabulum, deversorium). We-gen des schlechten Rufs derartiger Lokale, die als Stätten der →Prostitution und →Kriminalität galten, und auf-grund der christl. Verpflichtung zur Obsorge um den Bruder in Not (vgl. z. B. Mt 25, 35f., 40) wurden seit dem frühen 4. Jh., dem Zeitpunkt der Einbindung der Kirche in das Staatsgefüge, Mischanstalten (mit regional unter-schiedl. Bezeichnungen) für Arme, Fremde, Kranke, Waisen und Alte errichtet. Regional gesehen bildeten Ägypten und Kleinasien (Gründung des hl. →Basileios d. Gr. in Caesarea) erste Schwerpunkte, ähnl. Häuser sind seit dem späten 4. Jh. (Briefe des hl. →Hieronymus) auch für den Westen bekannt. In einer formativen Periode bis ins 6. Jh. bildeten sich dann im byz. Orient Spezialtypen heraus. Dabei bezeichnet nunmehr Xenon (ξενών) mehr und mehr nebst νοσοκομεῖον das →Krankenhaus, →Xeno-doch(e)ion (ξενοδοχεῖον) die christl. Herberge. Teils Kl. angeschlossen, teils selbständige Stiftungen, unterstanden sie der Aufsicht des Ortsbf.s; umfassende gesetzl. Rege-lungen zu diesen →piae causae traf →Justinian. Der ko-stenlose Aufenthalt war im Xenodochion meist zeitlich begrenzt, mitunter an Geleitbriefe gebunden. Pilger machten einen Gutteil der Besucher aus. Selbst an den Wallfahrtsorten ist freilich ebenso wie in den großen Zentren und Häfen das Fortleben des kommerziellen G.es bezeugt. Michael →Psellos spricht für die Hauptstadt gar von Modelokalen (Orat. 16, ed. A. R. LITTLEWOOD, 1985). Auch Kleriker suchten trotz kanon. Verbote die καπηλεῖα auf. Schon aus der Nachfrage ergibt sich, daß hier keineswegs nur Außenseiter verkehrten, wie die 15 allein von Venezianern betriebenen Tavernen im Konstantinopel des 14. Jh. zeigen. Damals scheint sich der Begriff des Xenodochion etwas aus der kirchl. Sphäre gelöst zu haben; auch kommerzielle Unterkünfte konnten gemeint sein, vergleichbar dem neugriech. Wortge-brauch.

II. AUSSTATTUNG, ANGEBOT UND ÖFFNUNGSZEITEN: Da bisher so gut wie keine byz. G.er ergraben wurden, kann ihr Erscheinungsbild nur durch die spärlichen Schriftquel-len und in Analogie zu (spät)röm. Funden (Pompeji, Ostia, Sayala/Unternubien) erschlossen werden. Die Gaststuben verfügten wohl über einen Schanktisch sowie eine Feuerstelle, auf der u. a. Wasser zur Vermischung mit Wein erhitzt wurde. Die Gäste lagerten auf Bänken im Innern, aber auch auf dem Platz vor dem Lokal. Als Speiseangebot sind Brot, Käse, Suppen, Gerichte aus Hülsenfrüchten und Fleischspießchen belegt, als Getränk v. a. →Wein, der auch über die Gasse verkauft wurde (→Kleinhandel). Das φουσκάριον, eine Art Garküche, of-ferierte zum Trinken die φοῦσκα, mit Wasser verdünnten Essig (→Ernährung). Gesang, Tanz und wohl Würfelspiel dienten der Unterhaltung. Nächtlichen Ruhestörungen beugte die Sperrstunde um ca. 7 Uhr abends vor (→Epar-chenbuch XIX, 3). Eine Novelle des Ks.s Andronikos II. Palaiologos ordnete eine Wochenendruhe von der 9. Stun-de am Samstag bis zur nämlichen Zeit am Sonntag an (JGR I, 535). Die erhaltenen Reste von Pilgerherbergen in N-Afrika, N-Syrien und Ägypten (Abū Mena) lassen um einen Innenhof angelegte, mehrgeschossige Komplexe mit Schlafsälen und Stallungen erkennen; ein Bau des Ks.s Isaak II. Angelos in der Kaiserstadt war für 100 Männer samt Reittieren angelegt (Niketas Choniates 445, ed. I. A. VAN DIETEN, 1972).

III. SONDERFORMEN: Straßenstationen (mansio/σταθ-μός; mutatio/ἀλλαγή) des staatl. Agenda vorbehaltenen Cursus publicus (→Dromos) fungierten im frühen Byzanz

manchmal ebenfalls als beschränkt öffentl. Herbergen. Die Frage, inwieweit sie nach dem allmählichen Ver-schwinden der Gesamtorganisation als freie Gast- und Beherbergungsbetriebe fortbestanden haben, muß beim gegenwärtigen Forschungsstand offen bleiben. – Aus-länd. Kaufleute mußten während des Aufenthalts im mit-telbyz. Konstantinopel in einem μιτάτον (von lat. meta-tum) Quartier nehmen und ihre Waren anbieten. – Die griech. Bezeichnung πανδοχεῖον dürfte – über das Arab. - indirekt für den →Fondaco namengebend geworden sein.

E. Kislinger

Lit.: Eine umfassende Monogr. fehlt – RE IX A, 1487–1503; XVIII, 3 520–529; IV A, 1863–1871 – H. R. HAGEMANN, Die rechtl. Stellung de chr. Wohltätigkeitsanstalten in der ö. Reichshälfte, Revue Internat. des droits de l'antiquité III, 3, 1956, 265–283 – RAC XIV, 602–626 – T KLEBERG, Hôtels, restaurants et cabarets … (Bibl. Ekmaniana 61 1957) – A. PHILIPSBORN, Die Entwicklung des byz. Krankenhauswe sens, BZ 54, 1961, 338–365 – K. KROMER, Röm. Weinstuben in Sayala (DÖAW, phil.-hist. Kl. 95, 1967) – K. MENTZU-MEIMARE, Ἐπαρχικά εὐαγῆ ἱδρύματα μέχρι τοῦ τέλους τῆς εἰκονομαχίας, Byzantina 11, 1982 243–308 – E. KISLINGER, Ks. Julian und die (chr.) Xenodocheia (Fschr H. HUNGER, 1984), 171–184 – C. CUPANE – E. KISLINGER, Xenon und Xenodocheion im spätbyz. Roman, JÖB 36, 1986, 201–206 – E KISLINGER, Taverne, alberghi e filantropia ecclesiastica a Bisanzio (Att della Accad. delle Scienze di Torino, cl. di sc. mor., stor. e filolog. 120, 1986), 83–96.

Gaston (arab. Bağras, türk. Bagras), sehr große Festung (→Burg) in der südl. Türkei, beherrschte die Straße vom Belen-Paß nach Antiochia und damit auch den Verkehr von der Küste durch die Amanus-Bergkette nach →Sy-rien. Erstmals von den Muslimen im 8. Jh. befestigt, errichtete das Byz. Reich dort im 10. Jh. eine Garnison nach der frk. Eroberung des Landes (→Kreuzzüge) erhiel-ten die →Templer die Festung 1131 oder 1136–37 gemein-sam mit anderen Festungen der Amanus-Region. Die Templer machten G. zum Zentrum ihrer ersten Grenz-mark. Die Festung ergab sich 1188 dem Ayyūbidenherr-scher →Saladin. Bereits 1191 wurde es von →Leo II., dem Kg. des armen. Kilikien (→Armenien II), in Besitz ge-nommen. Erst 1216 kam G. wieder in die Hände der Templer. Die Festung wurde 1268, nach dem Fall von →Antiochia, aufgegeben, doch blieben die Templer noch bis 1299 durch die Burg Roche Guillaume im Gebiet von G. präsent. – Der größte Teil des Baubestandes von G. geht auf die Templer zurück.   J. S. C. Riley-Smith

Lit.: T. S. R. BOASE, The Cilician Kingdom of Armenia, 1978, 34–83 [A. W. LAWRENCE], 92–117 [J. S. C. RILEY-SMITH] – R. W. EDWARDS, Bağras and Armenian Cilicia: A Reassessment, Revue des études arméniennes NS 17, 1983, 415–455.

Gaston Fébus, Gf. v. →Foix und Vizgf. v. →Béarn seit 1343, * 30. April 1331, † 1. Aug. 1391; Sohn von Gaston II. v. Foix-Béarn, ∞ Agnès v. Navarra (→Évreux, Haus) Sohn: Gaston. Der weiträumige Territorialverband des Hauses Foix, der unter G.s Herrschaft stand, war durch den engl.-frz. Gegensatz (→Hundertjähriger Krieg) ge-fährdet, denn der eine Teil der Besitzungen war lehnsrüh-rig von Frankreich (Foix, Nébouzan, unteres Albigeois, Lautrec), der andere dagegen von England (Béarn, Mar-san, Gabardan). G. konnte durch seinen brillanten Sieg bei Launac über den konkurrierenden Gf.en v. →Armagnac (1362) seine Hegemonie im nördl. Pyrenäenraum sichern, durch die Verweigerung des Lehnseids für Béarn (1364) stellte er seine Souveränität gegenüber England her. In der Folgezeit bewahrte G. durch geschicktes Lavieren zw. der beiden großen Monarchien die Neutralität. Mit außerge-wöhnl. Mitteln verstand es G., seine Herrschaft und ihre finanziellen Grundlagen zu festigen: Er preßte den bei Launac gefangengenommenen Herren immense Lösegelder ab, ließ sich Friedens- und Waffenstillstandsabkommen teuer bezahlen, desgleichen Schutzprivilegien, errichtete eine rigide Domänenverwaltung und führte die →Herdsteuer *(fouage)* ein. Seine administrativen und militär. Maßnahmen, zu denen die Aufstellung eines schlagkräftigen Heeres und die Schaffung eines wirksamen Burgensystems gehörte, trugen ihm hohes Ansehen ein, so daß er in einer Zeit allgemeiner Destabilisierung als Garant von Sicherheit und Ordnung galt (Etablierung von Besatzungen in Toulousain, Soule, Bigorre). Durch Praktizierung des profitablen →Rentenlehens schwächte er die feudalen Strukturen seiner Nachbarn. In seinen Fsm.ern setzte er, ohne ernsthaften Widerstand der Bewohner, die von der Erhaltung des Friedens und dem Transithandel zw. Frankreich und Spanien profitierten, eine quasi absolute Regierungsweise durch. G. betrieb in ausgeprägter Weise höf. Repräsentation und lit. Mäzenatentum, die er auch polit. einsetzte; selbst hochgebildet, verfaßte er den »Livre de la Chasse« (→Jagdbücher) und den »Livre des Oraisons«. 1388 las ihm →Froissart seinen »Meliador« vor.

Durch ein – am ehesten psychoanalyt. zu interpretierendes – Verhalten gegenüber seiner Frau Agnès, beschwor G. die persönl. Tragödie herauf: Er verstieß Agnès in brutaler Weise und sandte sie an den Hof ihres Bruders, Kg. →Karls II. des Bösen v. Navarra. Nachdem G.s einziger ehel. Sohn, der zugunsten von Bastarden zurückgesetzt wurde, dem Vater, wohl auf Anstiftung des navarres. Hofes, mit Gift nach dem Leben getrachtet hatte, tötete ihn dieser im Jähzorn in den Verließen von Orthez (1380). Dynast. hinterließ G. ein schweres Erbe: 1390 vermachte er im Vertrag v. Toulouse dem Kg. v. Frankreich seine Besitzungen; diese von G. wohl nur als temporärer Schachzug gesehene Maßnahme brachte – durch den überraschenden Tod des Fs.en (1391) – den Nachfolger Mathieu de Castelbon in schwere Bedrängnis, aus der er sein Erbe nur dank der Unterstützung der États de Béarn und mit Hilfe des wohlgefüllten Schatzes in Orthez zu retten vermochte. C. Pailhes

Q. *[ungedr.]:* Arch. dép. des Pyrénées, sér. E – *Lit.:* DLFMA, s. v. – Repfont IV, 642 – P. Tucoo-Chala, G. F., un grand prince d'occident au XIVe s., 1976 – M. Thomas–F. Avril, G. F., Le Livre de la Chasse (Paris, Bibl. nat. Ms. fr. 616), 1976 [Faks., Komm.].

Gastung (Königsgastung). Mit G. (d. h. G.srecht) bezeichnet für das MA die Forschung den Anspruch des Kg.s auf Beherbergung und Beköstigung für sich und sein Gefolge durch Adel und Kirche. Ein kgl. G.srecht hat es in allen Kulturkreisen gegeben; die einseitige Herleitung der G. aus dem gr. oder aus dem röm. Rechtskreis (Cursus publicus), wie er in der älteren Forschung vertreten wurde, ist daher abzulehnen.

Die Leistungen im Rahmen der frk. Königsg. (→Servitium regis, in Frankreich: Gistum regis) waren nur ein Teil des umfassenderen Königsdienstes (Heerfahrt und Hoffahrt; Gebetspflicht), den der Kg. ursprgl. aus seiner Schutzherrschaft ableitete und der in den Quellen gleichfalls als Servitium regis begegnet. Das it. Fodrum regale (→Fodrum) war ursprgl. gleichfalls eine gastungsrechtl. Leistung, wurde aber bald außerordentl. Steuer.

Vielfältig wie die Bezeichnungen sind auch der Erhebungsmodus und die Art der Leistungen. Schon in frk. Zeit wurden neben dem Reichsgut (→Tafelgüter, →Pfalzen) auch die Bm.er und Königsabteien zur Leistung herangezogen. Diese Tendenz erreichte unter den Saliern im 11. Jh. ihren Höhepunkt. Die frz. Königsg. blieb stets auf die Krondomäne beschränkt und nur im 13. Jh. eine reine Geldleistung. Unter den Staufern kam den neuen

Stadtpfalzen steigende Bedeutung zu. Schwer abschätzbar ist die Verpflichtung des weltl. Adels zur Beherbergung des Königshofes; in der Praxis hat sie nur eine untergeordnete Rolle gespielt.

Fixierte Naturalleistungen waren in frk. Zeit sicherl. die Ausnahme und scheinen später v. a. von den Königsabteien gefordert worden zu sein, während der Anteil der Bm.er grundsätzl. unbemessen war. Befreiungen von der durchweg als lästig empfundenen G.spflicht sind selten, vor dem 11. Jh. überhaupt nicht zweifelsfrei nachweisbar. Die ursprgl. Naturalleistungen wurden in Italien bereits seit dem 11., n. der Alpen seit dem 12. Jh. mehr und mehr durch Geldzahlungen abgelöst. Seit dem Zusammenbruch des stauf. Pfalzennetzes im →Interregnum stützte sich die kgl. G.spolitik fast ausschließl. auf die aufblühenden Städte (Reichsstädte, süddt. Bischofsstädte). Gastungsrechtl. Leistungen wurden dabei mehr und mehr durch Formen direkter Besteuerung abgelöst. Im SpätMA hat die G. für die materiellen Grundlagen des Kgtm.s keine Rolle mehr gespielt. Die früher vertretene Auffassung, daß jedes nicht-kgl. G.srecht von der Königsg. abzuleiten sei, ist in dieser allgemeinen Form irrig. Einen unabhängigen Ursprung hat z. B. die geistl. procuratio canonica.–→Herberge, →Albergue, →conveth, →feorm, →Biathach, →Briugu, →Dám, →Esáin. C. Brühl

Lit.: HRG II, 1032–34 [Königsg.] – K. Lehmann, Abh. zur germ., insbes. nord. Rechtsgesch., I: Die G. der germ. Kg.e, 1888 – B. Heusinger, Servitium regis in der dt. Kaiserzeit, AU 8, 1923, 26–159 – E. J. Holmberg, Zur Gesch. des Cursus publicus [Diss. Uppsala 1933] – Brühl, Fodrum – Ders., Zur Gesch. der Procuratio canonica vornehml. im 11. und 12. Jh., Atti Mendola 1971, 1974, 419–431 – Th. M. Martin, Die Städtepolitik Rudolfs v. Habsburg, 1976, 173ff. – Ders., Die Pfalzen im 13. Jh. (Herrschaft und Stand, 1977), 277–301 – P. Rück, Die Churer Bischofsg. im HochMA, ADipl 23, 1977, 164–195 – W. Metz, Das Servitium regis, 1978 – Ders., Quellenstud. zum Servitium regis (900–1250), 3 T.e, ADipl 22, 24, 31, 1976, 1978, 1985 – s. a. →Fodrum.

Gâtinais, westfrz. Landschaft (heut. dép. Loiret, Seine-et-Marne und Essonne), bildete den Westteil der alten Diöz. v. →Sens, wobei die Ausdehnung des G. schwankte: Der 616 belegte Pagus Wastensis war weitaus kleiner als der spätere Archidiakonat des G. Der Pagus bildete wohl den Ausgangspunkt zur Bildung der Herrschaft v. Château-Landon, die zu Ende des 10. Jh./Anfang des 11. Jh. den Gf.en v. Anjou (→Angers) unterstand und bereits 1069, unter Kg. Philipp I., der Krondomäne eingegliedert wurde. Der Osten des Archidiakonats ist die Heimat des Hauses →Courtenay, das als jüngerer Zweig der Grafenfamilie v. Sens, zentriert zunächst auf die Burg Châteaurenard, dann auf die Burg Courtenay, zu einer der mächtigsten feudalen Dynastien des Kreuzzugszeitalters aufstieg (u. a. Besitz der Gft. →Edessa). Die Erbtochter des Hauses brachte 1150 ihren Besitz und Namen in die Ehe mit Peter, dem 6. Sohn Kg. Ludwigs VI., ein; mehrere ihrer Nachkommen waren lat. Ks. v. Konstantinopel. Dieses zweite Haus Courtenay errichtete im 13. Jh. den Burgort Montargis, der aber erst im 15.–16. Jh. zu städt. Blüte gelangte. Die Herrschaft der C. wurde erst unter den Valois mit der Krondomäne vereinigt. Das G., das während des →Hundertjährigen Krieges mehrfach verwüstet wurde, gehörte bis zum Regierungsantritt Ludwigs XII. (1498) zur Apanage der Hzg.e v. →Orléans. Bekannte Stätten des G. waren die Abtei→Ferrières, berühmt durch ihren großen Abt Servatus →Lupus v. Ferrières († um 862), und das Städtchen →Lorris, das von Ludwig VI. mit »coutumes« bewidmet wurde, die große Verbreitung fanden; Lorris ist die Heimat des Verfassers des ersten Teils des →Rosenromans, Guillaume de Lorris. G. Devailly

Lit.: Monuments religieux, civils et militaires du G., hg. MICHEL, 2 Bde, 1879 – J. DEVAUX, Origines gâtinaises, 1893 – G. FOURQUIN, Le domaine royal en G. d'après la prisée de 1332, 1963.

Gato, Juan Alvarez, * zw. 1433–50 in Madrid, †ca. 1510, Converso, Höfling im Gefolge der Kgn. Isabella v. Kastilien (1495), zeitweilig auch am Hof der Mendoza in Guadalajara und mit Ebf. Fray Hernando de →Talavera freundschaftl. verbunden. Als Dichter steht A.G. in der Tradition der →Cancionero-Lyrik des ausgehenden 15. Jh. mit ihrem formalen und sprachl. Raffinement. Er schrieb polit., satir. und moral.-allegor. Gedichte, außerdem sind Briefe von ihm erhalten. Die Zuschreibung einer »Breve suma de la santa vida del reverendisimo e bienaventurado fray Fernando de Talavera« ist nicht gesichert. Die Liebesgedichte *a lo divino* werden bedeutsam für die Weiterentwicklung der span. Lyrik des Siglo de Oro. Die weltl. Liebesgedichte bilden den größten Teil seiner lyr. Produktion.   D. Briesemeister

Ed. und Lit.: Obras completas, ed. J. ARTILES RODRÍGUEZ, 1928 – M. RUFFINI, Observaciones filológicas sobre la lengua poética de A.G., 1953 – F. MÁRQUEZ VILLANUEVA, Investigaciones sobre J.A.G., 1974.

Gattamelata → Erasmo da Narni

Gattilusi(o), seit dem 13. Jh. bedeutende genues. Kaufmannsfamilie konsularen Ranges (→Genua). Im späten 13. Jh. trat *Luchetto* G. (2.G.) als kommunaler Politiker auch außerhalb seiner Vaterstadt, ebenso als Dichter hervor. 1289–90 sind in →Caffa acht Angehörige der G. als aktive Handelsleute bezeugt. Im 14. Jh. trat *Oberto* G. als Vertreter seiner Kommune beim Kg. v. Tunis (1343) sowie in Genua als Hafenverwalter (1365) hervor. Die Inbesitznahme von Mytilene (Lesbos) durch *Francesco* G. (1.G.) i.J. 1355 verlieh den G. unter den lat. Herren in der Ägäis den ersten Rang; sie teilten sich in eine ältere *(G. v. Lesbos)* und eine jüngere Linie *(G. v. Aenos).*

[1] *Die G. v. Lesbos:* Nach Francescos Tod (1384) nahm sein einziger überlebender Sohn, Jacopo († 1403), den Namen *Francesco II.* an; er heiratete eine Tochter des Ks.s Johannes V. Palaiologos. Anfängl. von seinem Onkel *Niccolò* G., dem Herrn v. Aenos, unterstützt, regierte er seit 1387 allein. 1388 und 1391 beteiligte er sich an einer antitürk. Flottenliga und nahm auf Lesbos Überlebende der verlorenen Schlacht v. →Nikopolis auf. Die enge Bindung an das byz. Kaiserhaus – 1397 wurde Francesco II. zum Schwiegervater Johannes' VII. – wird auch durch Münzprägung und Wappen der G. (Kreuz mit vierfachem B, dem Monogramm der Palaiologen) dokumentiert. Francesco II. begleitete 1403 →Boucicaut bei seinen Orientfeldzügen. 1403 folgte sein älterer Sohn Jacopo († 1428; ∞ Valentina Doria) nach, bis 1408 unter Vormundschaft seines Großonkels Niccolò. Jacopo hatte, wie schon sein Vater, die großen Alaunminen v. Alt-Phokaia (→Alaun) als Pächter und Gouverneur im Besitz. Nach Jacopos erbenlosem Tod fiel Lesbos an den jüngeren Bruder Dorino I. († 30. Juni 1455), Herr v. Phokaia. Er ließ sich vom Ks. die Inseln Lemnos und Thasos übertragen, wurde aber von den →Osmanen zur Tributleistung gezwungen. Ihm folgte in Lesbos sein Sohn Domenico nach. Dieser wurde 1455 von →Meḥmed II. zu einer Verdoppelung des Tributs und zur Abtretung von Thasos genötigt. Der Sultan besetzte auch Alt-Phokaia und Lemnos, hier begünstigt durch einen Aufstand der Inselbevölkerung gegen das Regiment *Niccolòs II.,* des Bruders von Domenico. 1458 bemächtigte sich Niccolò II. durch Brudermord der Herrschaft über Lesbos, mußte aber 1462 vor den Türken kapitulieren und wurde in Konstantinopel, wohin er mit den Notabeln der Insel verschleppt worden war, erdrosselt.

[2] *Die G. v. Aenos:* Die jüngere Linie der G. etablierte ihre Herrschaft in der thrak. Hafenstadt Aenos (Enos) zw. 1376 und 1379. Niccolò (1376–1409), Bruder von Francesco I., hinterließ, in Ermangelung direkter männl. Nachkommen, die Herrschaft seinem Großneffen Palamede († 1455), einem Sohn Francescos II. Palamede erhielt von Basileus die Inseln Imbros und Samothrake zu Lehen. Mit seiner schlagkräftigen Flottille beteiligte er sich an den antitürk. Bündnissen und unterstützte die genues. Flottenunternehmungen. Auch er wurde jedoch zur Tributzahlung an die Pforte genötigt. Sein Sohn Dorino II. wurde 1455 im Zuge von Nachfolgestreitigkeiten beim Sultan denunziert und entfloh nach Genua, so daß Meḥmed II., in stillschweigendem Einvernehmen mit der Bevölkerung, zunächst Aenos, schließlich auch Imbros und Samothrake besetzen konnte.

Verbunden mit dem byz. Kaiserhaus, wurden die G. von ihren griech. Untertanen rasch akzeptiert. Sie förderten die genues. Interessen und waren Protagonisten des antitürk. Widerstandes, doch wurde ihre Herrschaft nach der Eroberung von Konstantinopel rasch von den Osmanen zerschlagen.   M. Balard

1. G., Francesco, † 6. Aug. 1384, kam als Pirat und Abenteurer 1354 auf die Insel →Tenedos und trug im byz. Thronstreit dem →Johannes V. Palaiologos seine Waffenhilfe gegen →Johannes VI. Kantakuzenos an. Nach Johannes' V. Einzug in die Hauptstadt verlieh er seinem Bundesgenossen F. die Insel →Lesbos (Mytilene), die dieser am 17. Juli 1355 in Besitz nahm. Er heiratete vor 1357 die Schwester des Ks.s, Irene-Maria, Witwe des Michael Asén (→Aseniden). In engem Bündnis mit Byzanz, bewog er Johannes V. zu Unionsverhandlungen mit der röm. Kurie. Größere Spannungen traten erst auf, als Johannes V. sich 1373 politisch den Türken annäherte. Stark profitierte F. von der progenues. Regierung Andronikos' IV.; so bemächtigte sich F. der thrak. Stadt Aenos, die seinem Bruder Niccolò anvertraut wurde. Bei alledem verzichtete er nie darauf, christl. Schiffe zu kapern und in seinem Inselreich den Regierungsstil der Venezianer zu kopieren. Nachdem F. und seine Söhne Andronikos und Domenico durch ein Erdbeben umgekommen waren, übernahm sein auf wunderbare Weise erretteter dritter Sohn, Jacopo, als Francesco II. die Herrschaft des Vaters, die bei den griech. Untertanen offenbar als ein Hort des Friedens und Wohlstandes galt, wie die Lobreden des Demetrios →Kydones bezeugen.   M. Balard

Lit.: F. W. HASLUCK, Monuments of the Gattelusi, Annual of the Brit. School at Athens 15, 1908–09 – W. MILLER, The G. of Lesbos 1355–1462 (Essays on the Lat. Orient, 1921) – P. SCHREINER, Die byz. Kleinchroniken, 3 Bde, 1975–79 [Ind.] – M. BALARD, La Romanie génoise I, 1978, 170–174 – G. LUNARDI, Le monete delle colonie genovesi, Atti della Soc. ligure di Storia patria XX 1, 1980, 241–276 – G. DENNIS, The short Chronicle of Lesbos 1355–1428 (Byzantium and the Franks 1350–1420, 1982) – A. ROCCATAGLIATA, Notai genovesi in Oltremare. Atti rogati a Pera e Mitilene 2, 1982 – A. LUTTRELL, John V's Daughters: a Palaiologan Puzzle, DOP 40, 1986, 103–112.

2. G., Luchetto, * 1. Viertel des 13. Jh. (wahrscheinl. zw. 1220 und 1230) in Genua, † zw. 1307 und 1336; Eltern: Giacomo G. und Alasina. Zumindest seit 1248 als Kaufmann tätig, spielte L. G. im öffentl. Leben seit 1262 eine bedeutende Rolle. Er hatte mehrere kommunale Ämter inne und wurde mit diplomat. Missionen betraut (z. B. 1266 Regelung der Position Genuas nach der Schlacht bei Benevent, Gesandtschaften zur Kurie). 1272 führte er als Podestà in Bologna militär. Unternehmungen gegen Venedig und agierte in den internen Auseinandersetzungen zw. →Geremei und →Lambertazzi. 1273 Capitano del Popolo in Lucca, 1301 Podestà in Cremona. L. verfaßte mehrere Dichtungen in prov. Sprache: eine fragmentar. Liebeskanzone (Datierung unsicher), ein →partimen mit Bonifacio →Calvo (nach 1266); von den vier ihm zugeschriebenen Sirventesen ist eine gesichert (1264–65), sie zeigt eine ausgewogene Position zw. Staufern und Anjou; zwei der anderen Sirventesen, deren Authentizität nicht feststeht, sind unmittelbar nach der Schlacht v. Benevent entstanden und an →Sordello gerichtet (»D'un sirventes m'es granz volontatz preza«, 1267–68; »A'n Rizart man que per obra d'aragna«), die dritte (um 1273) ist fragmentar. erhalten.   A. Vitale Brovarone

Ed. und Lit.: P.-C., 290 – R. A. TAYLOR, La litt. occitane du MA, Bibliogr. 1977 – L. G., liriche, ed. di M. BONI, 1957 – G. BERTONI, Trovatori d'Italia, 1915 – V. DE BARTHOLOMAEIS, Poesie provenzali storiche relative all'Italia, 1931 – A. BARBERO, Il mito angioino nella poesia it. e provenzale, 1982, 55f.

Gau (ahd. *gewi/gouwi*, zurückgeführt auf germ. **gawja*), mit der Bedeutung 'wasserreiche, fruchtbare Siedlungslandschaft' sprachl. Zeugnis für den Siedlungsvorgang der Raumerschließung, erscheint als Appellativum und bis zum Ende des 11. Jh. auch als Grundwort von Raumnamen (z. B. Rīngouwe); nhd. »G.« ist als wissenschaftssprachl. Neubildung seit dem 17. Jh. entstanden. Nachdem sich die Vorstellung einer »Gauverfassung«, d. h. einer lückenlosen germ. oder vorfrk. Landeseinteilung in G.e, in der neueren Forschung als unhaltbar erwiesen hat, herrscht große Unsicherheit, wo, wann und unter welchen Umständen die ihrem etymolog. Ursprung nach unpolit. Raumbezeichnung G. auch den Vorgang einer staatl. oder adligen Raumorganisation widerspiegeln könnte. Mit G.en zentraler Planung muß man aber in Gebieten der röm. Civitaseinteilung (z. B. am Mittelrhein) oder bei orientierenden G.namen (z. B. Nord- und Sundgau im →Elsaß) rechnen. Bes. umstritten blieb bis heute die Frage nach dem Verhältnis von G. und →Gft. (→comitatus). Sehr problemat. ist die Identifikation von lat. →pagus und germ. **gawja* und die Zusammenfassung der Namen auf *-gouwe* mit anderen Raumnamen, die in der »in pago«-Formel der Urkk. vorkommen (z. B. -land, -feld, -baar), zu »Gaunamen«.   M. Borgolte

Lit.: HOOPS II, 124–126 [S. RIETSCHEL] – HRG I, 1392–1403 [H. K. SCHULZE] – E. HAMM, Herzogs- und Königsgut, G. und Gft. im frühma. Baiern [Diss. masch. München 1949] – W. NIEMEYER, Der Pagus des frühen MA in Hessen, 1968 – M. VAN REY, Die Lütticher G.e Condroz und Ardennen im FrühMA, 1977 – U. NONN, Pagus und Comitatus in Niederlothringen, 1983 – M. BORGOLTE, Die Gesch. der Gf.engewalt im Elsaß von Dagobert I. bis Otto dem Großen, ZGO 131, 1983, 3–54 – K. HRUZA, Der Haisterg. (Veröff. des Stadtarchivs Bad Waldsee, 1986) – →comitatus [Lit.: S. KRÜGER, P. V. POLENZ, H. K. SCHULZE, M. BORGOLTE].

Gaube (Gaupe) → Dach

Gaucelm Faidit, Troubadour aus limousin. Kleinadel, ∞ 1165 eine *soudadeira,* Begleiterin und Sängerin seiner Lieder; nach 1203 verliert sich seine Spur. Die altprov. Biographie (→Vidas) zeichnet ein pittoreskes, romanhaftes Bild, das der Klasse seiner Dichtung nicht entspricht. Mit über 70 Gedichten ist sein Œuvre, nach demjenigen des →Guiraut de Borneilh, das umfangreichste und vielfältigste der Troubadourlit. Berühmt war sein *planh* (→Planctus) auf →Richard Löwenherz; singulär ist eine auf Frz. abgefaßte →Rotrouenge. Vorzügl. Kenner der »Klassiker«→Bernart de Ventadorn und →Raimbaut v. Orange, steht G. F. nicht nur in lit. Kontakt mit zahlreichen Troubadours seiner Generation, sondern auch mit nordfrz. Trouvères (→Gace Brulé). Er spielte eine wichtige Vermittlerrolle zw. Troubadours und Trouvères; 9 seiner Gedichte stehen auch in 2 frz. →Chansonniers. G. F. ist weit herumgereist (Bretagne, Paris, Spanien, Ungarn,

Konstantinopel, Palästina): Viele Zeitgenossen, meistens aus dem hohen Adel, werden in seinem Werk erwähnt. Eine Gesamtwürdigung steht noch aus.   M.-R. Jung

Ed.: Text: J. MOUZAT, 1965 – M. DE RIQUER, Los trovadores, 1975, 755–780 [Teil-Ed.] – *Musik:* I. FERNANDEZ DE LA CUESTA, Las cançons dels trobadors, 1979, 263–313 – H. VAN DER WERF, The extant Troubadour melodies, 1984, 109–151 – *Lit.:* A. MONTEVERDI, La successione delle poesie di G. F. nei canzonieri ordinati per autore, 1935 (DERS., Ricerche e interpretazioni mediolatine e romanze, 1970), 163–177 – J. BOUTIERE-A. H. SCHUTZ, Biographies des troubadours, 1964, 167–195 – J. MOUZAT, Du nouveau sur le troubadour G. F., Actes du VIe Congrès internat. de langue et litt. d'Oc 1970, 1971, 394–400 – J.-L. LEMAITRE, Le nécrologe de Solignac et les troubadours limousins, Romania 99, 1978, 225–229 – M. und M. RAUPACH, Französisierte Trobadorlyrik, 1979 – P. HOELZLE, Die Kreuzzüge in der okzitan. und dt. Lyrik des 12. Jh., 1980 – D. BILLY, Le Descort occitan, RLR 87, 1983, 1–28 – D. C. MARTIN, The Crusade Lyrics [Diss. Univ. Michigan, 1984] – M.-R. JUNG, A propos de la poésie lyrique courtoise d'oc et d'oïl, Studi francesi e provenzali 84/85, hg. M.-R. JUNG-G. TAVANI (Romanica vulgaria Quaderni 8/9), 1986, 5–36.

Gaudentius. 1. G., Bf. v. Brescia seit 390, † um 410. – Auskunft über sein Leben geben die Sermones 16 und 21. 405 intervenierte er mit anderen it. Bf.en zugunsten des →Johannes Chrysostomus in Konstantinopel. Die Mission blieb erfolglos. – Es sind 21 Predigten erhalten, die ohne große Originalität zeitgenöss. Theologie verkünden. Sie verraten eine gute Schulbildung, gediegene Kenntnis der Exegese und der Theologie und den engagierten Seelsorger.   K. S. Frank

Ed.: CSEL 68 – *Lit.:* ALTANER-STUIBER, § 95,9.

2. G. (tschech. Radim), 1. Ebf. v. →Gnesen, * 970, Todesdatum unsicher (1006/1012/1022), Sohn des böhm. Fs.en Slavnik (→Slavnikiden), Bruder des Prager Bf.s →Adalbert Vojtěch (15. A.), trat 989 mit ihm zusammen in das röm. Kl. OSB S. Bonifazio e Alessio auf dem Aventin ein, begleitete den Bruder auf seiner Missionsreise zu den Prussen (997) und wurde Zeuge seines Märtyrertodes und seiner Translation nach Gnesen. Wieder in Rom, förderte sein Bericht die Heiligsprechung Adalberts; er war die wichtigste Quelle für die Adalbert-Vita des Johannes Canaparius. G. schloß sich einer Delegation des poln. Fs.en →Bolesław I. an, die sich beim Papst und Ks. mit Erfolg um die Umwandlung des poln. Missionsbm.s in ein Ebm. für ganz Polen bemühte, und wird bereits vor der Konstituierung des Ebm.s im Dez. 999 in einer in Rom ausgestellten Urk. als archiepiscopus S. Adalberti aufgeführt. Vage bleibt die Nachricht, G. habe später Bolesław exkommuniziert. Die ihm zugeschriebene Verfasserschaft des Adalbert-Lobgedichtes »Quatuor immensi« (O. KRALÍK) entbehrt der Grundlage (D. TŘEŠTÍK).   G. Labuda

Q.: Thietmar v. Merseburg IV, 45, ed. R. HOLTZMANN, MGH SRG NS IX, 1935 – Galli Anonymi Cronicae I, 8, ed. K. MALECZYŃSKI, MPH NS II, 1952 – Vita I. S. Adalberti, auct. Johannis Canaparii, und Vita II, auct. S. Brunonis, ed. J. KARWASIŃSKA, MPH NS IV, 1–2, 1962–65 – *Lit.:* W. ABRAHAM, Organizacja Kościoła w Polsce, 1962³ – O. KRALÍK, Šest legend hléda autora, 1966 – D. TŘEŠTÍK, Radim, Kristian, vojtěšske legendy a textologie, ČČH 15, 1967, 691–704 – G. LABUDA, Studia nad poczatkami państwa polskiego II, 1987.

Gaufredus Malaterra OSB aus S. Evroul (Normandie), kam Ende des 11. Jh. nach S-Italien, zuerst in das Kl. SS. Trinità in Venosa, danach in die Kl. S. Eufemia und SS. Trinità in Mileto, schließlich nach Palermo an den HofGf. →Rogers I. v. Sizilien. In dessen Auftrag verfaßte er das Geschichtswerk »De rebus gestis Rogerii, Calabriae et Siciliae comitis et Roberti Guiscardi ducis, fratris eius« (4 Bücher), eine der wichtigsten Quellen zur norm. Eroberung S-Italiens. Die Schilderung setzt mit der Ankunft der Söhne →Tankreds v. Hauteville in S-Italien ein (um 1038) und reicht bis zum 5. Juli 1098 (Papst Urban II. beruft Gf.

Roger zum Apostol. Legaten in Sizilien). G. beendete sein Werk vor dem 22. Juni 1101. Da G. keine schriftl. Quellen benutzt, sondern sich auf mündl. Informationen der Protagonisten stützt, ist die Datierung der Ereignisse nicht immer exakt. Außerdem übergeht G. in apologet. Absicht bisweilen Mißerfolge der Brüder Hauteville mit Stillschweigen und referiert eindeutig ungenaue Daten, um zu zeigen, daß die Normannen einen Ratschluß Gottes in die Tat umsetzten. Dennoch ist die Darstellung der Fakten im großen und ganzen glaubwürdig. Die Auffindung neuer Textzeugen, die das bekannte Hss.-Stemma modifizieren, erfordert eine neue krit. Edition.   E. Cuozzo

Ed. und Lit.: Muratori² V, 1 – *Lit.:* G. Resta, Per il testo di M. e di altre cronache meridionali, Liceo-Ginnasio 'Tommaso Campanella', 1814–1964. Studi per il 150° anno [1964], 399–456.

Gaufridus oder Gaufredus (Bononiensis), der in Bologna studiert und einmal über seine Armut klagt, verfaßte dort zw. 1188 und 1190 eine Summa de arte dictandi. Das kleine Werk behandelt, bisweilen eigenwillig, Salutatio, Exordium, Narratio und Conclusio, ohne Musterbriefe, mehr rhetorisch und moralisierend als auf prakt. Zwecke ausgerichtet, mit Prologen zu den einzelnen Teilen und Epilog in Versen. G. ist vielleicht ident. mit →Galfridus de Vino Salvo.   H. M. Schaller

Q.: V. Licitra, La Summa de arte dictandi di Maestro Goffredo, StM 3. ser. 7, 1966, 864–913 – *Lit.:* F. J. Worstbrock, Zu Galfrids Summa de arte dictandi, DA 23, 1967, 549–552.

Gaukler → Spielleute und Gaukler

Gaunilo v. Marmoutier (bei Tours), OSB, gilt auf Grund einer hs. Notiz in der Überlieferung der Werke des →Anselm v. Canterbury als Kritiker seines »Gottesbeweises« im Proslogion (II–IV), der für den »insipiens« argumentierte und mit dem Beispiel von der im Ozean verschollenen denkbar schönsten Insel den Argumentationstypus gegen den sog. ontolog. Gottesbeweis schuf. Anselm replizierte umgehend auf die Frage: »Was antwortet einer für den Toren auf das Gesagte?« Frage und Antwort gehören zum Bestand des Proslogion (ed. F. S. Schmitt I, 125–129; 130–139).   L. Hödl

Lit.: J. Moreau, Pour ou contre l'insensé? Essai sur la preuve anselmienne (Bibl.hist.phil.), 1967 – J. Hopkins, Anselm's Debate with Gaunilo, AnalAnselm V, 1976, 25–53.

Gautier

1. G. d'Arras, Autor von zwei höf. Versromanen, ca. 1159–84 geschrieben für Tedbald V. und →Marie de Champagne, Gf. und Gfn. von →Blois, →Balduin V. oder VI., Gf. v. Flandern, und die Ksn. →Beatrix v. Burgund. Im »Eracle« erzählt G. d'A., im Gegensatz zu seinem Zeitgenossen →Chrétien de Troyes, die ganze Vita seines Helden, doch erscheint der hist. →Herakleios als legendäre, mit Zauberkräften begabte Figur (1. Teil), die →Chosroes II. das Wahre Kreuz entreißt (3. Teil). Im Mittelteil wird eine höf. Liebesgeschichte vorgeführt. G. d'A. spielt auf vielen Registern: Märchen und Hagiographie, epische Diktion, pikareske und schwankhafte Züge (→Fabliau) heben den Roman von der zeitgenöss. Lit. völlig ab, oder besser: in ihm konvergieren viele zeitgenöss. lit. Muster. »Eracle« lieferte Anfang des 13. Jh. Meister Otte die Vorlage für seinen »Eraclius«. – »Ille et Galeron« behandelt einen Liebeskasus. Ille verliert nach der Heirat ein Auge und verläßt deswegen seine Gattin Galeron. In Rom verliebt er sich in die Kaisertochter Ganor. Am Tag der Hochzeit erscheint Galeron; Ille folgt ihr in die Bretagne, doch Galeron verzichtet und geht ins Kl., so daß Ille, nach gebührenden Heldentaten, Ganor heiraten kann. Bedeutungsvoll ist die höf. Lösung des Liebeskasus, der nicht nur im »Eliduc« der →Marie de France, sondern auch im

kanonist. und röm. Eherecht diskutiert wurde (→Andreas Capellanus).   M.-R. Jung

Ed.: Ille et Galeron, hg. F. A. G. Cowper, 1956 – Eracle, hg. G. Raynaud de Lage, 1976 – *Lit.:* DLFMA – GRLMA IV – A. Fourrier, Le courant réaliste dans le roman courtois en France, 1960 – L. Renzi, Tradizione cortese e realismo in G. d'A., 1964 – R. Schnell, Von der kanonist. zur höf. Ehekasuistik. G. d'A. Ille et Galeron, ZRPh 98, 1982, 257–295 – P. Zumthor, L'écriture et la voix. Le Roman d'Eracle, The Craft of Fiction, hg. L. A. Arrathoon, 1984, 161–209 – E. Schulze-Busacker, Proverbes et expressions proverbiales dans la litt. narrative du MA fr., 1985 – E. Köhler, Vorlesungen zur Gesch. der frz. Lit., MA I, 1985 – N. J. Lacy, The form of G. d'A.'s Eracle, MP 83, 1985/86, 227–232.

2. G. de Coinci, * 1177 oder 1178 in Coinci (Dép. Aisne), † 1236, aus adliger Familie, 1193 Mönch im Kl. Saint-Médard, Soissons; 1214 Prior im Kl. Vic sur Aisne; 1233 Großprior v. Saint-Médard. Sein für die Marienfrömmigkeit des HochMA bezeichnendes, in Hss. weit verbreitetes Hauptwerk sind die afrz. »Miracles de Nostre Dame«, eine in über 30000 Versen nach der verlorenen lat. Vorlage der »Miracula Virginis« des Hugo Farsitus (†1143) ab 1218 komponierte zweiteilige Slg. von 58 Wundergeschichten zum Lob der Gottesmutter mit vielen aus Erzähllit. und Hagiographie bekannten Motiven, z. B. Theophiluslegende, sowie sprachl. pointierten, ständekrit. Szenen aus dem zeitgenöss. Leben. Der mit hohen kirchl. und weltl. Persönlichkeiten verkehrende »Spielmann Unserer Lieben Frau« schrieb außerdem mehrere Heiligenleben (u. a. der Hl. Christina), erbauliche Gedichte und eine afrz. Fassung des apokryphen Kindheit Jesu-Evangeliums.   D. Briesemeister

Ed. und Lit.: DLFMA – Repfont – Les miracles de Nostre Dame, ed. V. Frédéric Koenig, 4 Bde, 1955–70 – U. Ebel, Das altroman. Mirakel, 1965 – J. Montoya, Los prólogos de G., Estudios Románicos 2, 1979–80, 9–76 – G. de C., le texte du miracle, Sondernr., Médiévales 2, 1982 – H. Spanke, Stud. zur lat. und roman. Lyrik des MA, hg. U. Mölk, 1983 – M. Vianello Bonifacio, Temi e motivi nelle Chansons di C., StF 27, 1983, 458–470 – M. L. Arcangeli Marenzi, Forme di discorso medievale, 1984, 29–86 – A. Drzewicka, La fonction des emprunts à la poésie profane dans les chansons mariales de G., M-A 91, 1985, 33–51, 192–200 – P.-A. Sigal, L'homme et le miracle dans la France médiévale XIe–XIIe s., 1985 – P.-M. Spangenberg, Maria ist immer und überall, 1987.

3. G. de Dargiés, frz. Trouvère, * um 1165, † nach 1236, in wenigen Belegen nachweisbar zw. 1195 und 1236, aus dem Adel des Beauvaisis. (Dargiés ist ein Weiler im Dép. Oise.) Von G. sind ca. 20 vertonte Dichtungen erhalten: 2 tensons (→tensé, tenson), 3 →descorts (diejenigen G.s gelten als die ältesten ihrer Gattung) und v. a. →chansons courtoises (→Chanson), die sich durch geschickte, unschemat. Textgestalt und kraftvolle, weitausschwingende, rhythm. lebendige Melodik auszeichnen.   H. Leuchtmann

Ed.: Text: G. Huet, 1912 [Nachdr. 1968] – A. M. Raugei, 1981 – *Melodien:* H. van der Werf, Trouvères-Melodien I, 1977 – *Lit.:* MGG – New Grove – W. Bittinger, Stud. zur musikal. Textkritik des ma. Liedes, 1953 – R. W. Linker, A Bibliogr. of Old French Lyrics, 1979 – G. Zaganelli, aimer sofrir joïr, 1982.

4. G. d'Espinal, frz. Trouvère, * vor 1220(?), † vor Juli 1272(?). Bislang bleibt umstritten, ob der Dichtermusiker aus Epinal identisch ist mit dem gleichnamigen G. der angeführten Lebensdaten. Von den erhaltenen 23 Chansons G.s gelten 8 als zweifelhaft, weitere 3 sind nur als Text überliefert. G.s Dichtungen sind inhaltl. traditionell, überraschen aber formal durch lebendige Unregelmäßigkeiten. Ebenso unregelmäßig im Sinne rhythm. Modalität erscheint die nicht mensural überlieferte Rhythmik seiner Vertonungen, in denen Züge melod.-harmon. Besonderheiten auffallen.   H. Leuchtmann

Verke: vgl. New Grove – Ed. der Melodien liegen nicht vor – *Lit.:* New Grove, s. v. – U. Lindelöf – A. Wallensköld, Les chansons de ... d'Epinal (Mém. de la Société Néophilologique de Helsinki III, 1902), 205–319 – F. Gennrich, Grdr. einer Formenlehre des ma. ...iedes, 1932 – R. W. Linker, A Bibliogr. of Old French lyrics, 1979.

Gauzbert, benediktinischer Reformer in W-Frankreich, ✝ nach 1002. Mönch der Abtei St-Julien de →Tours, führ... G. dank seiner Verwandtschaft mit Odo I., Gf.en v. →Blois, und dessen Schwester Emma in mehreren westfrz. Abteien cluniazens. Gewohnheiten ein (→Cluny, Cluniazenser, A.II). Er gründete 987 das Priorat Maille...ais, dessen Abtswürde er anläßlich der Erhebung zur Abtei erhielt. In →Bourgueil fungierte er zunächst als Prior, seit 996 als Abt. 998 wurde er zum Abt v. St-Julien le Tours erhoben. Bald darauf wirkte er als Schlichter eines Streits zw. den eingesessenen Religiosen in →Marmoutier und den von Abt →Maiolus aus Cluny dorthin ...ntsandten Reformmönchen. Nachdem er →Abbo v. Fleury um seinen Rat in diesem Konflikt gebeten und daraufhin selbst die Abtswürde übernommen hatte, er...chloß er auch Marmoutier dem »ordo Cluniacensis«. 1002 wurde er zum Abt v. La Couture in Le →Mans erhoben und führte auch hier mit Mönchen aus St-Julien cluniazens. Gewohnheiten ein. G. etablierte zw. den von ihm reformierten Abteien keinerlei Bindungen. Sein Reformwerk trug keine originalen Züge, sondern propagier...e lediglich die cluniazens. Vorstellungen.   G. Devailly

Lit.: DHGE XX, 69 – G. M. Oury, La reconstruction monastique dans ...'Ouest: L'abbé G...., RevMab 54, 1964, 69–124 – Hist. religieuse de ...a Touraine, 1979, 55–57 [G. Devailly].

Gauzlin

1. G., Abt v. →Fleury seit 1004, Ebf. v. →Bourges seit 1012 (?), ✝ 8. März 1030 auf einer Visitationsreise in Châtillon-s.-Loire, ☐ Fleury. Über Person und Lebenswerk G.s berichtet detailliert die »Vita Gauzlini« des →Andreas v. Fleury (um 1042). – Von hoher Abkunft (aber wohl) nicht, wie →Ademar v. Chabannes ausführt, unehel. Sohn Hugo Capets), wurde G. in Fleury von Abt →Abbo erzogen, erhielt nach dessen Ermordung die Nachfolge und kumulierte dieses Amt ab 1012 (?) mit dem des Ebf.s v. Bourges. Beide Ämter behielt er bis zum Tode. In konsequentem Festhalten an der von Abbo erreichten Exemtion verweigerte er 1008 Bf. Fulco v. Orléans den Oboedienzeid. 1020 unterstützte er →Wilhelm v. Volpiano bei der Sicherung der Exemtion von →Fruttuaria. Bes. Bedeutung für Fleury hatte die von G. betriebene Besitzerweiterung (u. a. Rückgewinnung von entfremdeten Besitzrechten, z. T. durch Ausübung massiven Drucks). Sie hatte eine erhöhte Wirtschaftskraft der Abtei zur Folge, ablesbar an den für diese geldarme Zeit erstaunlich hohen flüssigen Geldmitteln. Diese ermöglichten G. reiche Bautätigkeit: So ließ er einen Turm bauen, nach den Worten seines Biographen als Beispiel für ganz Gallien; er führte nach dem Brand von 1026 den Wiederaufbau der Abtei durch und ließ auch die Kirche St-Pierre, den Ursprung der Abtei, ausbauen und mit einem bemerkenswerten Freskenzyklus ausschmücken. Zielstrebig betrieb er auch den Erwerb von Kirchen und Zellen (u. a. →Germigny-des-Près, Yèvre-le-Châtel, Perrecy-les-Forges, dort Ausbau der Basilika).

G. konnte die Übernahme des Ebm.s Bourges nur gegen heftigen Widerstand des Vizgf.en Gottfried und des Kathedralkapitels durchsetzen: Er reiste 1012 nach Rom und erreichte bei Benedikt VIII. ein Einsetzungsdekret mit Bannung des Vizgf.en (Inthronisation als Ebf.: 1. Dez. 1012[?]). Auf dem Konzil von Orléans (1022) sprach G. gegen die →Manichäer. Als Ratgeber diente er Kg. Robert

d. Fr., der bereits G.s Einsetzung als Abt gegen den Widerstand der Mönche durchgesetzt hatte. Groß ist der in der Vita genannte Kreis hoher Geistlicher und Adliger, mit denen G. in freundschaftl. Verbindung stand.   N. Bulst

Q.: → Andreas v. Fleury – *Lit.:* DBF XV, 869 – DHGE XX, 123–125 – s. Lit. zu →Fleury [R.-H. Bautier, 1969].

2. G., Erzkanzler, Bf. v. →Paris, ✝ 16. April 886, eine »Schlüsselfigur des westfrk. 9. Jh.« (K. F. Werner), war ein Sohn des Gf.en Rorico v. Le Mans und Halbbruder des Erzkanzlers →Ludwig, Abt v. St-Denis, gehörte also dem Haus der einflußreichen →Rorgoniden und dem Verwandtenkreis des Bf.s →Ebroin v. Poitiers an (→Ebalus 1.). 860 trat er, sogleich in herausragender Stellung (als 'regiae dignitatis cancellarius'), in die Kanzlei Karls d. K. ein und wurde nach dem Tod Ludwigs (867) Erzkanzler. Er gehörte zu den engsten Vertrauten und Beratern Karls d. K. und leitete zugleich die Abteien →Jumièges, →St-Amand und →St-Germain-des-Prés, seit 878 auch →St-Denis. In Auseinandersetzung mit seinem Gegner und Rivalen, dem →Welfen →Hugo Abbas, setzte G. im Vertrag v. Amiens (März 880) die Teilung des Westreichs unter Karlmann und Ludwig III. (✝ 882) durch, dessen Erzkanzler er wurde. In dieser polit. Situation und unter G.s Einwirkung entstand damals (in St-Amand oder am Hof) das ahd. →Ludwigslied, das die Herrschaft des jungen Kg.s und seinen Sieg über die Normannen bei →Saucourt (3. Aug. 881) feiert. Die Erhebung des →Robertiners →Odo zum Gf.en v. Paris (882) dürfte von ihm mit bewirkt sein. 884 wurde G. Bf. v. Paris und leitete mit Odo 885/886 die berühmte Verteidigung der Stadt gegen die →Normannen, während der er starb. Daß nach dem Tod Kg. Karls III. (888) Odo zum westfrk. König erhoben wurde, womit der Aufstieg der Robertiner-Kapetinger einsetzt, kann als ein Ergebnis des Wirkens G.s bezeichnet werden.   O. G. Oexle

Lit.: K. F. Werner, Bedeutende Adelsfamilien im Reich Karls d. Gr. (Braunfels, KdG I), 137ff. – O. G. Oexle, Bf. Ebroin v. Poitiers und seine Verwandten, FMASt 3, 1969, 197ff. – K. F. Werner, G. v. St-Denis und die westfrk. Reichsteilung von Amiens, DA 35, 1979, 395–462.

3. G., hl. (Fest 7. Sept.), Bf. v. →Toul (geweiht 17. März 922), ✝ 7. Sept. 962, ☐ Bouxières, Abteikirche. G., von adliger Herkunft – er trägt einen in der Grafenfamilie des Bassigny (nö. von Langres) häufigen Namen – und verwandt wohl mit Bf. Gauzlin (922–931) und anderen Bf.en v. →Langres, gehörte als Notar der Kanzlei Kg. Karls des Einfältigen an (als solcher belegt 3. Aug. 913 bis 4. März 922). Nach dem Tode des Bf.s Drogo wurde G. zum Bf. v. Toul erhoben. Obwohl vom westfrk. Kg. designiert, unterhielt er gute Beziehungen zum ostfrk.-dt. Kg., zu dessen Reichsverband Toul seit 925 gehörte. Mit großer Energie erweiterte G. den Besitzstand seiner Kirche, indem er Landbesitz aus gfl. Hand erwarb und vom Kg. die Übertragung von Abteien und Privilegien (Gf.en- und Zollrechte) erwirkte. Er nahm an den Synoden v. Verdun (947), Mouzon und Ingelheim (948) teil. Nachdrückl. förderte G. die monast. Reformbewegung (→Lothr. Reform): Er führte um 930/934 in St-Èvre de →Toul und die von ihm gegr. Abtei →Bouxières die Regula Benedicti ein, übernahm aus →Fleury die dortigen monast. Gewohnheiten, setzte in St-Èvre als Reformabt Erchembald, als Scholaster den später durch seinen Antichrist-Traktat so berühmt gewordenen →Adso ein und unterstützte die Reform der Abtei →Montier-en-Der (Äbte: Alberich, Adso) in enger Bindung an die Klosterreform in den Diöz. Metz und Verdun.   M. Parisse

Q.: CCM VII, 1, 1984, 343f. [K. HALLINGER] – MGH SS IV, 487 (Mirac. s. Bercharii); V, 40–41 (Ann. s. Benigni); VIII, 639–641 (Gesta episcop. Tull.) – PH. LAUER, Recueil des actes de Charles le Simple..., 1949, XXXVII–XLIII – *Lit.*: E. MARTIN, Hist. des dioc. de Toul, Nancy et St-Dié, I, 1900, 135–158 – J. CHOUX, Décadence..., RevBén 70, 1960, 204–233 – E. HLAWITSCHKA, Die Anfänge des Hauses Habsburg-Lothr., 1969, 30–42 – R.-H. BAUTIER, Les origines de l'abbaye de Bouxières..., 1987 [Einl.].

Gavelkind, Rechtsinstitut in →Kent. In dieser Gft. bestand noch nach 1066 die sog. »lex Kantiae«, ein Gewohnheitsrecht, das gegenüber dem Gewohnheitsrecht in anderen Gft.en eine Ausnahme darstellte. Zu ihr gehörte die einzigartige Besitzform des g., mit dem eine recht zahlreiche Gruppe der kent. Landbesitzer ausgestattet war. Sie hatten eine Abgabe *(→gafol)* für ihr Land zu leisten und galten als Freie, wurden jedoch weder als feudale Aristokraten noch als mit Frondiensten belastete Bauern betrachtet. Ein Statut Eduards I. (1272–1307) erkannte Besitzer, die ihr Land durch g. innehatten, als frei an. Der Ursprung dieses Rechtsinstituts ist unsicher, doch hängt er wohl zusammen mit dem in Kent früh einsetzenden wirtschaftl. Aufschwung und Landesausbau, der das grundherrl. System erschütterte und es Bauern ermöglichte, Frondienste in Geldzahlungen umzuwandeln.

B. Lyon

Q. und Lit.: C. SANDYS, Consuetudines Kanciae: A Hist. of G. and other Customs in Kent, 1851 – F. W. MAITLAND, The Hist. of English Law, 2 Bde, 1898² – N. NEILSON, Custom and the Common Law in Kent, Harvard Law Review 38, 1924, 482–498.

Gaveston, Piers, Earl of Cornwall, Günstling →Eduards II. (→England, D), † 19. Juni 1312; Sohn des gascogn. Ritters Arnaud v. G., kam gemeinsam mit diesem 1296 an den Hof v. England. Als Knappe trat er bald in ein enges, zweifellos homosexuell geprägtes Freundschaftsverhältnis zu dem Thronerben Eduard (II.) ein. Zu Beginn des Jahres 1307 vom Hof verbannt, wurde er jedoch nach Eduards II. Regierungsantritt (7. Juli 1307) zurückberufen und förmlich mit Ehren überhäuft (u. a. Earldom Cornwall, Heirat mit der Schwester des Earl of Gloucester). G.s anstößiges und provozierendes Gebaren bot den Hauptanlaß für die Konflikte zw. Kg. und Magnaten, obwohl der polit. unfähige Günstling – trotz seiner Ernennung zum Regenten während Eduards Frankreichaufenthalt (1308) – keine wirkliche Machtposition in der Regierung und Verwaltung des Kgr.es gewann. Sein sprunghafter und frivoler Charakter, den er mit seinem Kg. teilte, ließ ihn zwar ungefährlich erscheinen, machte ihn aber auch bes. verhaßt. 1308 von den Baronen nach Irland verbannt, kehrte er 1309 wieder zurück. Eduards unwandelbare Gunst gegenüber G. war einer der Hauptgründe für die Berufung der →Ordainers zur Reformierung des Kgr.es (1310). Nach Erlaß der Ordinances wurde G. erneut verbannt, kehrte jedoch bald nach England zurück (1311). Die von →Thomas, Earl of Lancaster, geführten Barone sammelten Truppen gegen ihn und nahmen ihn im Mai 1312 bei Scarborough gefangen. Die Earls of Lancaster und Warwick (→Beauchamp) ließen ihn – trotz Zusicherung freien Geleits – in der Nähe von Warwick hinrichten. G.s Tod sollte die Politik während der restl. Regierungszeit Eduards wesentlich bestimmen. Eduard II. hat den Mördern seines Favoriten nie verziehen; die Hinrichtung des Earl of Lancaster nach der Schlacht v. →Boroughbridge (1322) ist nicht zuletzt als später Racheakt des Kg.s zu verstehen.

J. R. Maddicott

Lit.: T. F. TOUT, The Place of the Reign of Edward II in English Hist., 1936² – H. JOHNSTONE, Edward of Carnarvon, 1946 – s. a. Lit. zu →Eduard II.

Gavi (Ligurien), Mgft. und Mgf.en. Die hist. Bedeutung der Mgft. G. liegt in ihrer geopolit. wichtigen zentraler Lage als Kreuzungspunkt von Verkehrswegen zw. Ligurien und Piemont begründet (polit.-militär. Kontrollfunktion und Zollstation). Aufgrund seiner Lage westl. der Flußlinie Piota-Stura-Orba-Bormida-Tanaro schließt man, daß das Feudum im 10. Jh. im Besitz eines Zweiges der Otbertiner war, obwohl 1172 die Mgf.en v. G. nach sal. Recht lebten. Anfang des 13. Jh. umfaßte das – im Vergleich zu seiner ursprgl. Ausdehnung bereits verkleinerte Feudum – das Gebiet von Bassignana und Pasturana bis Pozzolo del Groppo an der Staffora, und im S von Aimero bis Grondona am Spintibach. Seit 1121 führte die Expansionspolitik Genuas im sog. Oltregiogo zu einem Auflösungsprozeß: 1150 leisteten Albert v. G. und seine Söhne den Eid auf die genues. Compagna und verpflichteten sich zur Ausnahme der Angehörigen der Kommune Genua vom Wegezoll. Zur Zeit Friedrichs I. Barbarossa, der sich im Dez. 1185 in G. aufhielt, stieg der polit. Einfluß der Mgf.en wieder. Da sie jedoch bei Heinrich VI., der für seinen Sizilienzug die genues. Flotte benötigte, keine Unterstützung fanden, mußten sie 1191 die Burg und den Borgo an Genua abtreten und behielten nur die Grenzgebiete, von denen aus sie mit Hilfe von Tortona Störaktionen gegen die Verbindungswege zw. Ligurien und seinem Hinterland führten. Von Genua besiegt, wurden sie 1202 vertraglich gezwungen, die restl. Herrschaftsrechte auf G. gegen eine finanzielle Entschädigung abzutreten, die im alten genues. Comitatus angelegt werden mußte. G. wurde dem genues. Herrschaftsgebiet eingegliedert, die Mgf.en wurden stadtsässig und gingen in der Kaufmannsschicht auf.

G. Pistarino

Lit.: C. DESIMONI, Annali storici della città di G. e delle sue famiglie, 1896 – DERS., Documenti ed estratti di documenti per la storia di G., 1896 – G. PISTARINO, Alessandria nel mondo dei Comuni, StM III ser., XI. 1, 1970, 1–101 – Atti della Tavola rotonda tenutasi in G. Ligure in occasione del Millenario, 1974 – G. AIRALDI, G.: dal »locus« al »burgus«, Rassegna storica della Liguria I, 1974, 53–64 – R. PAVONI, La tradizione documentaria dell'accordo alessandrino-gaviese del 15 agosto 1172, Riv. di storia arte archeologia p. le prov. di Alessandria e Asti, LXXXIII–LXXXIV, 1974–75, 253–263 – DERS., Signorie feudali fra Genova e Tortona nei secoli XII e XIII (La storia dei Genovesi IV, 1984), 277–329 – Il Barbarossa e i suoi alleati liguri-piemontesi (Atti del Convegno stor. internaz., Gavi, 8 dic. 1985), 1987.

Gawain (Gawein, Gawan)

I. Französische Literatur – II. Deutsche Literatur – III. Englische Literatur.

I. FRANZÖSISCHE LITERATUR: G., in der →Artusepik Neffe Kg. Arthurs und führender Ritter der Tafelrunde. Ohne zur titelgebenden Hauptgestalt eines bestimmten Romans geworden zu sein, kann G., quantitativ gesehen, noch vor →Lancelot, Perceval (→Parzival) und →Tristan als am häufigsten auftretende Gestalt des Artuskreises gelten. Der Grund liegt nicht nur in der Tatsache, daß G. zu den am frühesten erscheinenden Artus-Helden zählt, sondern auch darin, daß seine Einfügung in eine Romanhandlung große kompositor. Vorteile bot. G., der einerseits selbst über keine einheitl. Sagen-»Biographie« verfügt, ist andererseits mit ausgeprägten, feststehenden Charakterzügen (Vorliebe für schöne Frauen, höf.-ritterl. Verhalten) ausgestattet; somit bildet er die ideale Folie für die Entfaltung einer Romanhandlung, in deren Verlauf der jeweilige Hauptheld in immer neuen Handlungsvarianten G. nachahmen oder gar übertreffen kann. Ältester afrz. Text, in dem G. auftritt, ist →Waces »Brut« (ca. 1155). Im Gegensatz zu seiner Hauptquelle, der »Hist. Regum Britanniae« des →Geoffrey v. Monmouth, verleiht Wace G. bereits die charakterist. Züge eines höf. Minnenritters wie eines errobten Kämpfers. →Chrétien de Troyes führt dann im Zuge seiner fünf großen Artusromane G. als tapferen wie höf. Ritter vor, artikuliert im Laufe seines Romanwerks aber wachsende Zweifel an der Gültigkeit der durch G. verkörperten Existenzform; dies findet seinen Ausdruck in zunehmender iron. Distanz zur G.gestalt, gipfelnd im »Perceval«. Hier kontrastiert G., der frivole, ruhmredige Ritter, scharf mit Perceval, dem stärker spirituellen Helden, der allein des →Grals gewürdigt wird. Chrétiens Behandlung war grundlegend für das widersprüchl. G.bild der späteren Autoren, die sich sämtl. mit seiner vorbildhaften Gestaltung der Figur auseinanderzusetzen hatten. Die epigonalen Chrétien-Nachfolger waren dabei bestrebt, die ironisch-burlesken Züge in Chrétiens Gestaltung noch zu übertrumpfen und zeigten G. mit Vorliebe in schlüpfrig-grotesken Situationen, in die er durch seine übersteigerte Neigung zum schönen Geschlecht gerät. Typ. Beispiele für diese Tradition sind die beiden Kurzepen »Le Chevalier à l'Epée« und »La Mule sans Frein« (ca. 1200), →Raoul de Houdencs »Meraugis de Portlesguez« (ca. 1215) und »La Vengeance Raguidel« (ca. 1220) sowie »Les Merveilles de Rigomer« (ca. 1265). Daneben gab es aber auch eine Tendenz, G.s held. Charakter wieder mehr zu betonen, so in: »L'Atre Périlleux« (ca. 1230) und »Le Chevalier aux deux Epées« (ca. 1230). Die verschiedenen Fortsetzungen des Chrétienschen »Perceval«, v. a. die erste Fortsetzung (Ps.-Wauchier, um 1200), nehmen beide Traditionsstränge auf und verarbeiten wohl auch ältere, mündl. überlieferte Elemente des G.stoffes. Die Kritik an G. als Repräsentanten der ruhmsüchtigen, dem Diesseits verfallenen Artuswelt nimmt eine eigene Dimension an in »Perlesvaus« (ca. 1200), in der sog. Vulgata – »Queste del Saint Graal« (ca. 1220), die einen bußfertigen G. vorführt, sowie im »Prosa-Tristan« und verwandten Texten (um 1230), in denen G. als von Wollust und Rachsucht beherrschter Bösewicht figuriert. Die Behandlung der G.figur richtet sich offensichtl. stark nach der Grundhaltung und -absicht des jeweiligen Autors: in der stärker religiösspirituell geprägten Gralsepik wird er daher – wie die anderen Vertreter weltverhafteten Artusrittertums – scharf kritisiert. Die sog. »Vulgata Version« zeigt insgesamt ganz unterschiedl. angelegte Gestaltungen der Figur: im »Lancelot« herrscht weitgehend die durch Chrétien begründete Tradition vor; in der »Queste« steht der reuevolle Sünder im Vordergrund; in »La Mort le roi Artu« dagegen die menschl. Schwächen behaftete, aber noble Gestalt eines trag. Helden. – In den anderen roman. Literaturen entspricht die G.gestalt derjenigen der Vulgata-»Queste« und dem »Prosa-Tristan«, da die it. und span. Artusromane der frz. Prosaüberlieferung folgen. Nur im früher anzusetzenden occitan. →»Jaufré« (ca. 1200?) steht das G.bild demjenigen der Epigonen Chrétiens nahe.

K. Busby

Bibliogr.: C. E. PICKFORD – R. LAST, The Arthurian Bibliogr., 2 Bde, 1981, 1983 – E. REISS, L. H. REISS, B. TAYLOR, Arthurian Legend and Lit.: an Annotated Bibliogr. I, 1984 – Ed.: s. u. →Artus, →Wace, →Chrétien de Troyes, →Raoul v. Houdenc, →Graal, →Tristan – W. FOERSTER – H. BREUER, Les Merveilles de Rigomer, 2 Bde, 1908–15 – K. WOLEDGE, L'Atre Périlleux, 1936 – R. C. JOHNSTON – D. D. R. OWEN, Two Old French Gauvain Romances, 1972 – Lit.: K. BUSBY, The Character of Gauvain in the Prose Tristan (Tristania, II, ii, 1977), 2–27 – DERS., Gauvain in Old French Lit., 1980 – K. BUSBY-B. SCHMOLKE-HASSELMANN, Der arthur. Verssroman von Chrestien bis Froissart, 1980 – Lancelot, Yvain et Gauvain, hg. J. RIBARD et alii, 1984 – K. BUSBY, ›Moseiner Galvain l'astrucz‹: le portrait de Gauvain dans le roman de Jaufré et quelques troubadours de l'époque (Studia Occitania in Memoriam P. REMY, hg. H.-E. KELLER, G. MERMIER, M. VUIJLSTEKE, 1986), II, 1–11.

II. DEUTSCHE LITERATUR: Die Darstellung G.s (Gawein) in der dt. Lit. steht in engem Bezug zu den frz. Artusromanen, die von dt. Autoren übertragen und umgestaltet worden sind. G. wird rezipiert als Typ des vollkommenen Ritters der Tafelrunde, dessen Qualitäten in Kampf und Frauendienst unumstritten feststehen. So erscheint er als Exponent der arthurischen Ritterwürde, ohne daß sein Aufstieg zur Vollkommenheit oder die Geschichte seiner Integration in die Gesellschaft erzählt werden.

Im »Iwein« →Hartmanns v. Aue bringt G. als Begleiter von Kg. Artus mit seiner Warnung vor dem Verliegen im begrenzten Lebenskreis den zweiten Aventiureweg des Helden in Gang. Im »Parzival« →Wolframs v. Eschenbach, der als Doppelroman konzipiert ist, trägt G. einen eigenen Handlungsteil. Seine ritterl. Abenteuer werden ergänzend und parallel auf Parzivals Weg bezogen und analog über eine Erlösungstat bis zu seiner Heirat mit Orgeluse geführt, doch ist er nicht von Schuld und Erwählung gezeichnet und bleibt vom Gralsbereich ausgeschlossen. Diese G.handlung eröffnet neben der religiös ausgerichteten Parzival-Geschichte eine politisch-gesellschaftl. Verständnisebene. Während G. in den späteren Artusromanen (Wirnt v. Grafenbergs »Wigalois«, →Strickers »Daniel vom blühenden Tal«, →Konrads v. Stoffeln »Gauriel«) als Verwandter und Kampfgegner anderer Helden zum Erweis von deren Artuswürdigkeit beiträgt, fungiert er in der »Crône« →Heinrichs v. dem Türlin, einer Kompilation der gesamten vorangehenden Artusliteratur, als Hauptgestalt. Er bewährt seine bekannte Vorbildlichkeit in immer neuen Abenteuersequenzen und gelangt auch zum Gral. Im »Prosa-Lancelot« (→Lancelot) bleibt G. nach einer Reihe von Abenteuern schließlich verteidigend gegen die Rebellen auf der Seite von Kg. Artus. Er stirbt aber vor dem Endkampf nach einem Sieg über Lancelot an seiner Verwundung. Auch darin repräsentiert er voll das in diesem Roman untergehende Rittertum, dessen Minne- und Kampfesethos durch die Ausrichtung auf die persönliche Buße abgelöst wird.

U. Schulze

Ed. und Lit.: K. RUH, Höf. Epik I, 1977²; II, 1980 [Lit.] – Ep. Stoffe des MA, hg. V. MERTENS–U. MÜLLER, 1984, 290–340 [V. MERTENS; Lit.] – s. a. die Ed. und Lit. unter den gen. Autoren und Werktiteln.

III. ENGLISCHE LITERATUR: In England erscheint G. am häufigsten von allen Artusrittern (→Artus) als Held einzelner →Romanzen, so in den bedeutendsten me. Romanze →»Sir Gawain and the Green Knight« (ca. Ende des 14. Jh.), wo er als vorbildlicher Ritter und Christ gezeichnet wird, dessen exemplar. Reinheit sich gerade darin erweist, daß er die eigene Fehlbarkeit erkennt. Auch in einer Reihe kürzerer, meist alliterierender Strophengedichte aus dem N und NW Englands (→Alliteration, C. IV) ist G. der herausragende Ritter der Tafelrunde und Verteidiger ihres Rufes, etwa in »The Awntyrs off Arthure at the Terne Watheline« (ca. 1375), »The Avowynge of King Arthur, Sir Gawan, Sir Kaye, and Sir Bawdewyn of Bretan« (ca. 1425) und »Golagrus and Gawain« (ca. 1500), die jeweils Einzelepisoden aus dem Kreis um Arthur behandeln. Ähnlich überlegen ist G. auch in den volkstümlicheren Schweifreimgedichten »Syre Gawene and the Carle of Carelyle« (ca. 1400) und »The Turke and Gowin« (ca. 1500). Weniger ernsthaft ist das Bild G.s in »The Weddynge of Sir Gawen and Dame Ragnell« (ca. 1450) und »The Jeaste of Syr Gawayne« (2. Hälfte des 15. Jh.). Dagegen wird in dem alliterierenden →»Morte Arthure« (ca. 1360) G. als tapferer und loyaler, aber auch unbeherrschter Ritter dargestellt, der Größe und Sündhaftigkeit Arthurs teilt und mit ihm untergeht. Ähnlich impulsiv und unversöhnl. ist der G. des strophischen »Le Morte Arthur« (ca. 1400), der Arthur bis zuletzt verteidigt und im Kampf gegen Mordred fällt. In→Malorys »Morte D'Arthur« (2. Hälfte des 15. Jh.) gehört G. zu den Rittern, denen wegen ihrer Sündhaftigkeit der Weg zum Gral verwehrt bleibt. D. Mehl

Bibliogr.: NCBEL I, 400–410 – ManualME 1.I, 1967, 53–70, 238–249 [Nr. 25–38] – Ed.: F. MADDEN, Syre Gawayne, 1839 – F. J. AMOURS, Scottish Alliterative Poems, STS 27, 1897 – J. D. BRUCE, Le Morte Arthur, EETS, ES 88, 1903 – J. R. R. TOLKIEN – E. V. GORDON, rev. N. DAVIS, Sir G. and the Green Knight, 1967 – E. VINAVER, The Works of Sir Thomas Malory, 3 Bde, 1967² – C. BROOKHOUSE, Sir Amadace and The Avowing of Arthur, Anglistica 15, 1968 – V. KRISHNA, The Alliterative 'Morte Arthure', 1976 – Lit.: K. H. GÖLLER, Kg. Arthur in der engl. Lit. des späten MA, Palaestra 238, 1963 – J. O. FICHTE, The Figure of Sir G. (The Alliterative Morte Arthure, hg. K. H. GÖLLER, 1981), 106–116 – H. BERGNER, G. und seine lit. Realisationen in der engl. Lit. des SpätMA (Artusrittertum im späten MA, hg. F. WOLFZETTEL, 1984), 3–15 – A. SCHOPF, Die Gestalt G.s bei Chrétien, Wolfram v. Eschenbach und in 'Sir G. and the Green Knight' (Spätma. Arthurlit., hg. K. H. GÖLLER, 1984), 85–104.

al-Ğazarī → al-Jazarī

Ġazavāt-nāme-i Sulṭān Murād. Als ältestes Werk dieser Art ist jetzt die wiederentdeckte Reimchronik des Za'īfī anzusehen. Unter diesem Titel sind ferner zwei anonyme türk. historiograph. Prosawerke zusammengefaßt: 1. eine Chronik der Ereignisse 1443–44; 2. die legendäre Biographie des Großwesirs →Maḥmūd Paša (hingerichtet 1474); beide Texte wurden vermutl. im 16. Jh. zusammengefügt. Teil 1, als ġazavāt-nāme (→Chronik, S. II) empfänglich für das Heldentum der Osmanen, bringt eigenständige Nachrichten über die Vorgeschichte der freiwilligen Abdankung Murāds II. zugunsten des zwölfjährigen Meḥmed II. und schildert die den Osmanen hieraus entstehende Gefahr, der sie dadurch Herr werden, daß der aus Anatolien zurückgerufene Murād bei →Varna einen entscheidenden Sieg über die verbündeten Christen erringt (Dez. 1444). Während Teil 1 nur in einer Hs. in Ankara vorliegt, ist Teil 2, der hier nur die Jugend Maḥmud Pašas (eines bekehrten Christen) enthält, in anderen Hss. vollständig überliefert. B. Flemming

Ed.: H. İNALCIK – M. OĞUZ, 1978 – Lit.: Â. ÇELEBİOĞLU, Zaĭfî'nin Gazavat-i Sultan Murad…, Türk Kültürü XX, 1982, 162–169.

Gazes, Theodoros, griech. Humanist und Aristoteliker, * um 1400 in Thessalonike, † 1475/76 in der ihm von →Bessarion zugewiesenen Pfründe S. Giovanni a Piro (Kampanien). Nach einem Aufenthalt in Konstantinopel ist G. seit den 40er Jahren in Italien bezeugt (Pavia, Mantua, als Professor und Rektor in Ferrara). Von Nikolaus V. zu Vorlesungs- und Übersetzertätigkeit nach Rom geholt, vertrat er als Unionsfreund im Kreise Bessarions die Interessen der griech. Humanisten (er war bes. mit J. →Argyropulos, F. →Filelfo und →Ciriaco d'Ancona befreundet). Bei der Auseinandersetzung über Platon und Aristoteles trat G. über Anregung Bessarions gegen →Gemistos Plethon für Aristoteles ein. Seine wichtigste philos. Schrift »Antirrhetikon« (ca. 1470) ist gegen die umfangreiche Kritik seines Freundes Argyropulos an einer These Bessarions gerichtet. In der vermutl. auf ein Vorlesungsms. zurückgehenden Schrift »De fato« wirkte G. wie überall im Sinne des Ausgleichs der beiden Parteien, wie er auch die christl. Dogmen mit Aristoteles zu harmonisieren versuchte. Die griech. Grammatik des G. (Erstdr. A. Manutius 1495, zuletzt Basel 1540) ist nach G. Choiroboskos, in der Syntax nach Michael →Synkellos und Maximos →Planudes gearbeitet. Erasmus bezeugte ausdrückl. die guten Lateinkenntnisse des G., der u. a. Aristoteles, Theophrast, Alexandros v. Aphrosidias und Johannes

Chrysostomos übersetzte und Cicero, De senectute sowie das Somnium Scipionis ins Griech. übertrug. G., der sich als Hellene fühlte, gebrauchte, wie schon vor ihm →Kinnamos, →Tzetzes und bes. →Pachymeres, die alten att. Monatsnamen. In seiner Schrift zu diesem Thema behandelte er das kontroversielle Problem der Zuweisung der griech. zu den röm. Monatsnamen und forderte (1470!) den Übergang von der Weltära der Byzantiner zur christl. Zeitrechnung. – Mit seinem Enkomion auf den Hund (Meḥmed II. gewidmet) übernahm G. ein Thema des Nikephoros Basilakes (12. Jh.), hielt sich aber vorwiegend an Xenophon; G. interessierte sich auch für die Herkunft der Türken. Aus dem Freudeskreis sind 14 Briefe des G. erhalten, der durch mehrere Cod. als Hss. besitzer und als Kopist bezeugt ist. H. Hunger

Ed.: Adversus Plethonem pro Aristotele, ed. L. MOHLER, Aus Bessarions Gelehrtenkreis, 1942, 153–158; Antirrhetikon, a. O. 207–235; De fato, a. O. 239–246; Solutiones [zu Schülerfragen über Aristoteles], a. O. 248–250; lat. Reden, a. O. 253–268; Beispiel e. Reden, a. O. 572–592 – Ilias und Batrachomyomachie [Paraphrasen], ed. N. THESEUS, 1811 – De mensibus, MPG 19, 1168–1216 – Laudatio canis, MPG 161, 985–997 – De origine Turcarum, MPG 161, 997–1005 – M. Tullii Ciceronis liber De senectute in Graecum translatus, ed. G. SALANITRO, 1987 – Lit.: DHGE XX, 185f. – LThK² IV, 535f. – J. IRMSCHER, Th. G. als griech. Patriot, La Parola del Passato 78, 1961, 161–173 – G. SALANITRO, Il codice zurighese e la versione greca di Teodoro Gaza del De senectute ciceroniano, Helikon 15–16, 1975–76, 319–350 – D. DONNET, Théodore de Gaza, Introd. à la grammaire, IV: à la recherche des sources byz., Byz. 49, 1979, 133–155 – Rep. der griech. Kopisten I, 1981, Nr. 128 – D. J. GEANAKOPLOS, Theodore Gaza, a Byz. Scholar of the Palaeologan »Renaissance« in the Italian Renaissance, Medievalia et Humanistica 12, 1984, 61–81.

Ġāzī ('Glaubenskämpfer'), auch Titel der ersten osman. Fs.en. Die G., zuerst frei herumziehende, später in Verbänden organisierte Krieger, haben in Mittelasien, dem Iran und Kleinasien eine lange vorosman. Tradition, die auch die Gründung kleiner, kurzlebiger Fsm.er einschließt (s. I. MELIKOFF, Ghâzî, EI² II, 1043ff.). In die islam. Gebiete, die an die christl. Staaten angrenzten, so auch in die entstehende, damals noch sehr kleine Herrschaft der →Osmanen, strömten von religiösem Eifer, Abenteuerlust oder Beutegier beseelte G. aus allen Teilen des türk. Kleinasiens und nahmen an den Feldzügen gegen Byzanz teil. Das von P. WITTEK entworfene Geschichtsbild, das eine beherrschende Rolle der G. in der Frühzeit des osman. Staates beinhaltete, blieb lange dominierend. Erst in jüngster Zeit wurde Kritik laut (R. LINDNER, R. C. JENNINGS). A. Tietze

Lit.: EI² II, 1043ff. [I. MELIKOFF] – P. WITTEK, The Rise of the Ottoman Empire, 1938 – R. LINDNER, Nomads and Ottomans in Medieval Anatolia, 1983 – R. C. JENNINGS, Some Thoughts on the Gazi-Thesis, WZKM 76, 1986, 151–161.

al-Ġazzālī, Abū Ḥāmīd Muḥammad b. Muḥammad aṭ-Ṭūsī (Algazel), herausragender religiöser Denker des →Islam, geb. 1058 in Ṭūs in Ḫorāsān (nordöstl. Persien), gest. 1111 ebd. G., dessen Lebensweg sich – in oft extremen Brüchen und Schwankungen – zw. den Polen einer erfolgreichen öffentl. Tätigkeit (insbes. als Lehrer an bedeutenden →Madrasen in Bagdad und Nēšāpūr) und dem meditativ-asket. Lebensform eines ṣūfi (→Mystik) bewegte, hat durch sein philosophiekritisches, jurist., theol. und myst. Werk das islam. Denken tief beeinflußt. Sein Hauptwerk, die »Iḥyā' 'ulūm ad-dīn« ('Wiederbelebung der religiösen Wissenschaften'), ist ein umfassender, in vier Hauptteile gegliederter Leitfaden für das Verhalten des gläubigen Muslim, mit dem Ziel religiöser Erneuerung. In seinem z. T. autobiograph.-bekenntnishaften Werk »al-Munqid min aḍ-ḍalāl« ('Erretter vom Irrtum') schildert G. die

uche nach Wahrheit. Starke Wirkung auch auf das abend-
ind. MA (über die Vermittlung des span. Kulturkreises)
atten seine Schriften über Philosophie und aristotel. Lo-
ik (→Syllogismus), die er auch auf die sunnit. Theologie
nd Jurisprudenz anzuwenden suchte. Im Europa des
2.–13. Jh. fand u. a. sein Traktat »Maqāsid al-falāsifa« in
Jbersetzungen Verbreitung. In ihm faßt G. die neuplato-
isch geprägte Philosophie der Denker →Al-Fārābī und
n Sīnā (→Avicenna) zusammen. Diesem Werk ließ G.
en Traktat »Tahāfut al-falāsifa« ('Inkohärenz der Philo-
ophen') folgen, in dem er die Begrenztheit philosoph.
rkenntnis gegenüber der göttl. Offenbarung darlegt.
Gegen G. richtete in der nächsten Generation Ibn Rušd
→Avicenna) sein Werk »Tahāfut at-tahāfut« ('Inkohä-
enz der Inkohärenz'), in dem er G.s Auffassungen Punkt
ir Punkt zu widerlegen sucht.

Ein Teil der G. zugeschriebenen Werke, namentlich
ine Reihe von Schriften aus dem Bereich der Mystik
Sufismus), sind in ihrer Echtheit umstritten. →Philoso-
hie, arab.; →Mystik.

Lit.: EI² II, 1038–1041 [W. MONTGOMERY WATT; Ed. und Lit.] –
exArab, 374f. [Hinw. auf Übers.] – M. SMITH, G. the Mystic, 1944–
. BOUYGES, Essai de chronologie des œuvres de G., ed. M. ALLARD,
959 – H. LAOUST, La politique de Gazālī, 1970 – H. LAZARUS-YATEH,
tud. in al-Ghazzali, 1975 – Ghazâlî, La raison et le miracle, 1987.

Gebäck (Backwerk), Speisen aus Teig, die entweder in
eißer Luft (Backofen) oder in heißem Fett (Pfanne, Blech,
Waffeleisen) gegart werden. Im ersten Fall unterscheidet
nan →Brot und Feinbäckerei. Im anderen Fall sprechen
lie Quellen mitunter von *pfannkuchen* (frixum, frictula),
elten oder *krapfen* (= G.e mit Farce). Der Teig (ahd. *teic*)
st ein verknetetes Gemenge aus gemahlenem Getreide
twa mit Fett, Ei, Milchprodukten, →Zucker/→Honig
der →Gewürzen bzw. mit Flüssigkeiten wie Wasser,
→Milch oder →Wein. Die G.e bestehen entweder nur aus
Teig oder haben Auflagen oder Einschlüsse aus Fleisch,
Geflügel, Fisch, Obst oder Südfrüchten (bes. Mandeln,
Feigen, Reis). Honig-G.e (= Lebkuchen, auch Pfefferku-
hen, engl. *gingerbread,* frz. *pain d'épice*) sind durch die
Kostbarkeit und Konzentration der enthaltenen Gewürze
harakterisiert. Durch künstl. Färbung, Bestreuen, »Be-
virken« (= Einhüllen), »Bestecken«, freihändige For-
nung (z. B. *wecken*), Verwendung eines Models oder
lurch den Backvorgang selbst (z. B. *strauben*) können G.e
lekorative bis künstler. Gestalt erhalten. Überlieferte
Modeln (die sich ikonograph. an der hohen Kunst orien-
ieren), Abbildungen und Kochrezepte aus dem SpätMA
ermitteln eine mannigfache Vielzahl von G.-Formen und
oft sprechenden) G.-Namen. Häufiger Sammelbegriff ist
ler Ausdruck *pachens* (= »Gebackenes«). Der Aufwand an
Dekor und Ingredienzen richtet sich nach der Höhe des
ozialen Milieus (z. B. Weizenmehl bzw. *semel* für *herren-
rot*) und ist meistens auch bestimmt durch einen großen
Anlaß aus dem Lebens- oder aus dem Jahreslauf (z. B.
Geburt, Taufe, Hochzeit, Besuch von Gästen bzw. Weihnachten, Neujahr, Fastnacht, Ostern, Kirchweihe, Fest-
age). Mit figürl. Brot-G. (Gebildbrot) ist die Vorstellung
einer Kraftkonzentration zugunsten des Empfängers ver-
ounden. Ein ganzes Bündel von religiösen (ursprgl. mitunter auch abergläub.) Funktionen bewirkt relativ lang-
ebige Formen, so daß manche G.e des MA sich formal bis
neute erhalten haben (Breze, Hasenohr, Pavesen).

H. Hundsbichler

Lit.: Kunstgesch. des Backwerks, hg. H. J. HANSEN, 1968 – E. HEPP,
Die Fachsprache der ma. Küche. Ein Lexikon (H. WISWE, Kulturgesch. der Kochkunst, 1970), →Bäcker, →Brot.

Gebälk. 1. der obere Teil einer antiken Säulenordnung,

bestehend aus Architrav, Fries und Kranzgesims. Von der
Antike wird das G., teilweise abgewandelt und vereinfacht, bei Kolonnaden angewandt (spätantike Basiliken
wie Alt-St. Peter) und in antikisierende Stilperioden übernommen, z. B. spätsal. Zeit (Speyer, Dom II 1080–nach
1106), sog. toskan. Protorenaissance (Pisa u. a., 12./
13. Jh.), burg., von Cluny abhängige Bauten (Autun,
Paray-le-Monial, 1. Hälfte 12. Jh.). 2. die Gesamtheit der
zu einer Decken- und Dachkonstruktion gehörenden Balken.

G. Binding

Gebärden und Gesten, Formen der Körpersprache, die
einem Bild oder einer plast. Darstellung neben anderem
(→Kleidung, Sachsymbole) Aussagekraft verleihen, aber
auch im tägl. Leben fakt. zur Wirkung kommen konnten
(Ablehnungsgestus im →Prozeß). Eingesetzt wurden der
ganze Körper (Kniefall) oder Teile. Die ma. G.sprache
beruhte vielfach auf nicht zu unterschätzenden spätantiken
Traditionen: Im Verfahren gegen Susanna (Dan 13) hält
sich das Auflegen der Hand bzw. der Schwurfinger als
Schuldvorwurf – aus dem jüd. Bereich stammend – von
der →Katakombenmalerei bis in die NZ. Gebärden (G.)
werden entweder nach dem Einfühlungsvermögen des
Künstlers eingesetzt (AMIRA: »subjektive G.«), oder man
stützt sich auf überlieferte feststehende Typen (AMIRA:
»objektive G.«: Schwurgestus, →Kommendation, Zah-
lenfingerg. im Handelsverkehr des Mittelmeerraums).
Manchmal geht man zwecks besserer Aussagekraft über
die natürl. körperl. Gegebenheiten hinaus (Person mit
Januskopf oder zwei Armpaaren als Ausdruck des Bezie-
hungsfeldes zu zwei Parteien). Auch Sachsymbole können
unterstützend hinzutreten (→Freilassung: Berührung des
Knieenden mit dem Stab). Nach dem sachl. Bezug ergeben sich unterschiedl. Gruppen, so etwa Gesprächs-,
Trauer-, religiöse G., Befehlsg., Rechtsg., Schand- und
Spottgebärden. Die G. können innere und äußere Vorgänge verdeutlichen: Trauer (Hand an der Wange und Neigen
des Kopfes), Besitzergreifen (Berühren oder Ergreifen des
Gegenstandes), Konsens (Handreichung), Unschuld
(Überkreuzen der Arme auf der Brust), Ablehnung (Erheben der Hände mit offenen Handflächen), mangelnde
Gesprächs- oder Handlungsbereitschaft (Halten der rechten mit der linken Hand), Befehle (erhobener Zeigefinger), Gewaltverhältnisse (Ergreifen von Körperteilen des
anderen, Setzen des Fußes auf den des anderen). –→Gesten
(kunstgesch.).

G. Kocher

Lit.: HRG I, 1411 [R. SCHMIDT-WIEGAND] – C. SITTL, Die G. der
Griechen und Römer, 1890 – K. v. AMIRA, Die Handg. in den Bilderhss. des Sachsenspiegels, 1905 – G. NEUMANN, Gesten und G. in der
griech. Kunst, 1965 – F. GARNIER, Le langage de l'image au MA,
signification et symbolique, 1981.

Ps. Geber (latinus), alchem. lat. Schriftencorpus (Spa-
nien/Italien) des 13./14. Jh., das als (Ps.-)G.-Corpus vom
→Gābir-Corpus zu trennen ist. Gleichwohl hat es durch
die Fülle alchem. Theorien und Techniken das späte MA
und die beginnende NZ stark beeinflußt. Es enthält: Summa perfectionis magisterii; Liber de investigatione perfectionis; Liber de inventione veritatis; Liber fornacum
(→Öfen); Testamentum Geberi. Vielfach hs. verbreitet,
werden seit 1529 die Werke in Auszügen, in Sammel- und
Einzelwerken gedruckt. – Ps. Geber gibt als alchem.
Prinzipien die Dualität Schwefel-Quecksilber an, im Gegensatz zu Ğābir (durch Paracelsus mit sal [Salz] ergänzt).

G. Jüttner

Ed. und Lit.: DSB VII, 39–43 [M. PLESSNER] – M. BERTHELOT, La chimie
au Moyen Age, I, 1893, 320–350 – E. J. HOLMYARD, The works of
Geber, 1928 – DERS., Alchemy, 1956 [Nachdr. 1968] – P. KRAUS, Stud.
zu Jâbir H., Isis 15, 1931, 7,30 – ULLMANN, Nat.

Gebet

A. Christentum – B. Judentum

A. Christentum

I. Biblische und patristische Tradition – II. Mittelalterliche lateinische Tradition – III. Ostkirchliche Tradition.

I. BIBLISCHE UND PATRISTISCHE TRADITION: Das G. ist im bibl. Verständnis ursprgl. und urtüml. Zeugnis des Glaubens an Gott, der Offenbarung seiner Gegenwart und Herrlichkeit. Die Gottesanrede im G. »Herr und Gott, Schöpfer Himmels und der Erde« gewinnt im 'abba'-Ruf Jesu (Mk 14,36) und der Gemeinde (Gal 4,6; Röm 8,15) ihre spezif. christl. Bedeutung. In den 7 Bitten des →Vaterunser (Mt 6,9–13) verlauten die großen Themen und Inhalte des christl. G.es: 1. Die Offenbarung der Herrlichkeit Gottes (Mt 11,25), der Machttaten und Wunder (Mk 7,34; Apg 9,40; 12,5; 28,8; Joh 11,41). Das G. ist ein Element der Epiphanie Gottes und der Vision (Lk 3,21; 9,28f.; Apg 10,2f. 9–11) und zugleich in der →Doxologie und Eucharistie Antwort auf die Offenbarung (Eph 1,15–20). 2. Das Kommen des Reiches, des Geistes Gottes, seiner Kraft und Gnade, seiner Weisheit und Erkenntnis (Lk 11,13; Apg 1,24; 4,31; 8,15). Das geistl. oder pneumat. G., »Psalmen, Hymnen und Lieder« (Eph 5,19; Kol 3,16; Apok 5,9; 14,3; 15,3), gehören zum urchristl. Gottesdienst und sind Geisterfahrung (Röm 8,23.26). 3. Die Fügung in Gottes Willen (Mk 14,36 [Jesu G. in Gethsemani]; Röm 1,10; Eph 1,9). Das gläubige, vertrauensvolle G. im Namen Jesu ist der Erhörung gewiß (Mk 11,24; Joh 14,13; 15,16; 16,23.26; Jak 5,16). 4. Die tägl. Sorgen und Anliegen (Mt 7,7; 21,22; Lk 11,1of.; Joh 14,13; 1 Joh 3,22; 5,14). Das gemeinsame G. ist ebenso wie die Fürbitte Zeugnis der brüderl. Gemeinschaft und Verantwortung (Mt 18,19). Der Apostel bittet für die Gemeinde (1 Thess 1,2; 3,10; Eph 3,14–16), wie auch die Gemeinde für den Apostel bittet (1 Thess 5,25; 2 Thess 3,1; Röm 15,30; Eph 6,18f.). Das G. für die Feinde und Verfolger hat Jesus zum Prüfstein der Jüngerschaft gemacht (Lk 23,34; Mt 5,44; Apg 7,60). 5. Sündenvergebung (Lk 18,13; 1 Joh 1,9; Apg 8,22; 5,16; Jak 5,15). Die enge Verbindung von Buß-G., Fasten und Almosen wird im Gleichnis vom Zöllner deutlich (Lk 18,10–14). 6. Versuchung und Anfechtung (Lk 22,40) und 7. Rettung und Erlösung (Mk 13,18; Mt 8,25).

Die Urkirche pflegte im Anschluß an die atl. und jüd. Überlieferung das Tagzeiten-G. wie die Apostel, die um die 6. und 9. Stunde in den Tempel gingen (Apg 10,9; 3,1). Paulus betete mit Silas zur Mitternacht (Apg 16,25). Tertullian, De or. c. 25 mahnt zum 3maligen G. am Tag; Athanasius, De virg. c. 13 (MPG 28,265) betete zu den Mahlzeiten, und →Basilius, Homilia 5 (MPG 31,244) begleitete alle tägl. Handlungen mit G. Athanasius (ebd. 276) kennt das nächtl. Psalmen-G., das mit dem Schuldbekenntnis auf den Knien verrichtet wurde. →Clemens v. Alexandria, Strom. VII c.7,35 verweist auf Ps 118, 164 (siebenmaliger Lobpreis Gottes am Tage). Mit dem G. verbindet Clemens v. Rom (ad Cor. II,16,4) Fasten und Almosen. In der Askese der Mönche wurde das G. mit immer mehr und angestrengteren G.sübungen versehen (Verneigungen, Kniebeugen, Kasteiungen). Alle Väter und Theologen teilen des Origenes, De or. (GCS 2,299) Sorge, recht zu beten und um das Rechte zu bitten, mit ausgebreiteten Händen und erhobenen Augen »die Augen des Geistes« auf Gott zu richten. Johannes →Cassianus lehrte das inwendige (mentale) G. (Coll. IX,9) und unterschied 4 Formen des G.es: das Buß-G., die Bitte (und Selbstdarbringung), die Fürbitte und die Danksagung. Er verbindet Lesung, G. und Betrachtung (»lectio, oratio, contemplatio«) zu einer lebendigen Einheit, innerhalb derer auch die »disputatio«, das geistl. Gespräch, ihre Ort hat (Coll. IX, c.2). Das vollkommene G. ist da immerwährende (vgl. 1 Thess 5,17), das meditative un myst. G., das in der Einigung mit Gott (»Gottesschau gipfelt (Coll. X c.7,293). Der Aufschwung zur mys Gotteinigung im G. ist ein fließender (vgl. →Johann Klimakos, Scala paradisi, gradus 28 [MPG 8 1129–1140]).

→Augustinus hat Form und Gestalt des G.es in der la Kirche und Theologie nachhaltig beeinflußt, v. a. dur das »autobiographische« G. in den Confessiones und Sol loquien, das er im Spiegel der Psalmen verstand (vgl. In P 30 enarr.n. 1, MPL 36,248), und das theol. G. (z. B. D Trin. XV, c.28), das er zum Weg des Erkennens macht In einem ausführl. Lehrbrief an die Witwe Proba (Ep. 13 handelt Augustin über das private geistl. G. während de Tages, das keine bestimmten G.sformeln braucht und da sich auch der kurzen Stoßgebete bedient, die Augustin vo den Wüstenmönchen her kannte (ebd. 61).

II. MITTELALTERLICHE LATEINISCHE TRADITION: In de ma. Tradition des monast. →Stundeng.s wurde die »ora tio« zusammen mit »lectio«, »meditatio« und »contem platio« sorgsam gepflegt (vgl. →Hrabanus Maurus OSB De pur. cordis [MPL 112,1282–1303], →Hugo v. St Victor, De modo orandi [MPL 176, 977–988], De medit [ed. R. BARON SC 155,44–59], →Richard v. St. Victor, D eruditione hominis interioris [MPL 196, 1229–1366], D praeparatione animi ad contemplationem [»Benjamin mi nor«] [ebd. 1–61]). Das *meditative* G. der geistl. Lehrer au der Großen Kartause, →Guigo d. Ä., Meditationes (ed SC 308), und →Guigo d. J., Ep. de vita contempl. (ed. SC 163,81–123), und der Zisterziensertheologen →Aelred v Rievaulx, De inst. inclus. (SC 76), und →Bernhard v Clairvaux, De consid. V, bildet in der Acht und Betrach tung das Heilsgeschehen in die eigene Innerlichkeit ein un erweckt es zu neuer Lebenskraft. Vgl. →Gottfried v Clairvaux, Declam. de colloquio Simonis cum Jesu (MPL 184,435–475), Arnold v. Bonneval OSB († nach 1156) Tractat. De VII verbis Domini in cruce (MPL 189 1677–1726). Das *autobiographische* G. des Abtes →Johan nes v. Fécamp, Conf. theol. (in später erweiterter Form i Ps.-Alcuin, Confessio fidei (MPL 10,1027–1098), is Zeugnis gläubigen Selbstverständnisses, und das *theologi sche* G. ist in den Dialogen und Meditationen des →Anseln v. Canterbury (vgl. Proslogion) Weg und Mittel de Erkennens. Das *prophetische und mystische* G. der geistl Frauen des MA (→Hildegard v. Bingen OSB, →Mecht hild v. Hackeborn OCist., →Gertrud v. Helfta OCist. →Birgitta v. Schweden, →Katharina v. Siena) ist Offen barung des Gottesgeheimnisses im geistl. Leben. Unte dem Einfluß der Rhetorik erörterte →Gunther v. Pairi OCist., De or., ieiun. et eleemos. (MPL 212,97–222) in 1 von 13 B. das G. nach dem Inventionsschema: quis, quid, quo, cui, quare et qualiter. Im Unterschied zur rhetor. »oratio« ist das G. »catholica oratio«. Auch →Petru Cantor, Summa de sacr. et an. cons. II, faßte unter G. im weiteren Sinn auch »disputatio« und »lectio« und jede gute Tat. Die Nähe zur Rhetorik brachte →Wilhelm v. Auver gne im Titel seines Traktates über das G. zum Ausdruck »De rhetorica divina sive ars oratoria eloquentiae divinae«. Im 14. und 15. Jh. fand dieser Traktat große Beachtung. Wilhelm sieht den Beter in der Rolle des geistl. Rhetors (in den »causae animarum«) und analysierte das G. in seinen Redeteilen (anfangen, berichten, bitten, bestärken, ab schwächen, beschließen). →Thomas behandelte S.th. II²II³ᵉ q.83 a.1–17 das G. als vorrangigen, geistig-religiösen Akt der →Gottesverehrung und analysierte dessen Wesen und Vollzug. →Rainer v. Pisa brachte in seiner Summa (Pantheologia, ed. 1487, fol. 95ra–97ra) zum Artikel G. wieder die rhetor. Inventionsschemata zur Geltung. →Franziskus v. Assisi lehrte seine Brüder das inständige und immerwährende G. der inwendigen Erhebung und Verzückung. Da die Laienbrüder nicht zum lat. Stundeng. gehalten waren, gewann für sie das mentale G. und Betrachten Bedeutung. →David v. Augsburg OFM lehrte »Die Sieben Staffeln des G.es«: das mündliche, andächtige, innigliche, lautere, trunkene, entzückende, beschauliche G. →Bonaventura unterwies die Schwestern (De perf. vitae, Op.omnia VIII, 107–127) und die Novizen (Regula novitiorum) im G., das er in den myst. Schriften (vgl. Itinerarium mentis in Deum c.1) im Anschluß an Ps.-Dionysius als »mater et origo sursumactionis« erklärte. Im Auftrieb des G.es erfaßt das sich verströmende Licht des Hl. Geistes unser G. und reißt es empor. Bonaventura baute das G. als Propädeutik auch in die Theologie ein. G. und Erkennen verschmelzen bei →Raimundus Lullus, Magnus liber contemplationis in Deum. Das ganze Werk besteht aus 10980 metaphys. formulierten Anrufungen Gottes, verteilt auf Jahr und Tag.

Die beiden Mendikantenorden förderten ebenso das monast. und liturg. wie auch das private G. Im Horologium sapientiae des →Heinrich Seuse wird der Beter in der Rolle des Schülers vom Lehrer der Weisheit in das G. eingeführt. →Marquard v. Lindau OFM zeigt im »Buch der Zehn Gebote« (1483) am Beispiel Marias, wie andächtig das G. sein soll, wie man sich darauf vorbereitet und wie man der Beschauung teilhaftig wird. Die überlieferten Grundstrukturen des G.es blieben auch im 14. und 15. Jh.: G. der Anfangenden, Fortschreitenden und Vollkommenen, Zusammenhang von liturg. (gemeinsamem) und privatem G., Einheit von geistl. Lesung, Meditation und G. Zunehmend bildeten sich aber neue Schwerpunkte: die geistl. Lesung konzentriert sich auf die Hl. Schrift; Gebet und Meditation dienen der Andacht (→Devotio moderna). →Johannes Gerson, De theol. mystica ordnete dem Dreischritt der Betrachtung (cogitatio-meditatio-contemplatio) die dreifache Andacht zu (cupido-devotio-dilectio), »oratio« wechselt mit »devotio« und »contritio«. Das im Bewußtsein der Heiligkeit Gottes und der Armut des Menschen andächtige G. macht Schule z. B. in der »Imitatio Christi« (3. Buch). Während in den Kreisen der →Gottesfreunde das andächtige G. ohne jeden Aufwand der wissenschaftl. Theologie gepflegt wurde, lehrte →Nikolaus v. Kues das inwendige G. mit aller begriffl.-theol. Anstrengung (vgl. De visione Dei, dt. Übers. PhB 219).

L. Hödl

Lit.: DSAM XIII, 2196–2347 [Lit.: 2256, 2270f., 2287f.] – DTC XIII, 169–244 – RAC VIII, 1134–1258; IX, 1–36 – TRE, XII, 31–71 – A. WILMART, Auteurs spirituels et textes dévots du MA lat., 1932 [Nachdr. 1971] – J. LECLERCQ, P. BONNES, Un maître de la vie spirituelle au XIe s.: Jean de Fécamp (ETHS 9), 1946 – F. X. HAIMERL, Ma. Frömmigkeit im Spiegel der G.buchlit. S-Dtl. (MThS H.4), 1952 – G. MISCH, Die Gesch. der Autobiographie, II–IV, 1955–67 – H. M. HERING, De oratione iuxta B. Humbertum de Romanis O.P., 1960 – J. LECLERCQ, F. VANDENBROUCKE, L. BOUYER, La spiritualité du MA, 1961 – H. BARRÉ, Prières anciennes de l'Occident à la Mère du Sauveur, 1963 – W. GODEL, Ir. Beten im frühen MA, ZKTh 85, 1963, 261–439 – J. LECLERCQ, Wiss. und Gottverlangen. Zur Mönchstheol. des MA, 1963 – J. SUDBRACK, Die geistl. Theol. des Johannes v. Kastl, I–II (Beitr. zur Gesch. des Alten Mönchtums und des Benediktinerordens 27), 1963 – R. MARIMON, De oratione iuxta S. Thomae doctrinam philosophica expositio, 1964 – K. RUH, Die sieben Staffeln des G.es (Kl. dt. Prosadenkmäler MA I), 1964 – W. SCHMIDT, Zur dt. Erbauungslit. des späten MA, 1964 – C. VAGAGGINI – G. PENCO u. a., La preghiera nella Bibbia e nella tradizione patristica e monastica, 1964 – La prière au MA. Litt. et civilisation (Senéfiance 10), Publicat. du CUERMA, 1981 – P. RÉZEAU, La prière aux saints en français à la fin du MA, Public. rom. franc. 163, 166, 1982/83 – G. ACHTEN, Das christl. G. im MA. Das christl. G.buch im MA, 1987², 7–44.

III. OSTKIRCHLICHE TRADITION: Das G. ist einerseits vom offiziellen Gottesdienst der Kirche, d. h. von eucharist. Liturgie und →Stundengebet, geprägt, andererseits durch die Praxis und Lehre der Väter und der Mystiker inspiriert; daher sein doppelter Charakter als Doxologie und Bitte (Fürbitte und Bußgebet). Vom kirchl. Stundeng. übernimmt auch der Laie seine Gebetsanregungen, aus dem reichen Schatz der Hymnen (Kanons) wie v. a. der Psalmen; aus der Liturgie den Kyrieruf der Ektenien, das Trishagion. Der Gebrauch der Volkssprache oder einer ihr nahestehenden Form hat sicher über Jahrhunderte entscheidend dazu beigetragen, daß der Osten keine Paraliturgie entwickelte, wie dies in der lat. Kirche geschehen mußte. Vom Mönchtum empfing die Kirche als ganze die Ordnung des G.es: die Heiligung des Tages durch bestimmte G.szeiten, von →Basilius im 4. Jh. (Reg.f.tr. 37,3–5, MPG 31, 1012–1016) wie von →Symeon v. Thessalonike im beginnenden 15. Jh. (de s.precatione c. 298f., MPG 155, 549–553) bezeugt. Eine anschaul. Unterweisung über das G. – Verpflichtung und Haltung – gibt →Symeon der Neue Theologe († 1022) speziell für Anfänger im geistl. Leben (Novizen) in der 26. Katechese (SC 113, 68–97). In Mönchskreisen entwickelte sich auch zuerst die Übung des »immerwährenden G.es«, übernommen dann von frommen Christen jeden Standes, in der Weise eines kurzen G.srufes um Hilfe und Rettung, Erbarmen und Vergebung, auch προσευχὴ μονολόγιστις genannt. Schon seit dem 5. Jh. (Diadochos v. Photike) gewinnen darin das Gedächtnis und der Name Jesu eine wesentl. Bedeutung. Doch erst seit dem 14. Jh. wird das sog. Jesusgebet – »Herr Jesus Christus, Sohn Gottes, erbarme dich meiner« – zu einer fest gefügten Formel und, verbunden mit einer bestimmten Körperhaltung, das charakterist. G. des →Hesychasmus palamit. Prägung. Ikonograph. sind Verständnis und Weise rechten Betens, darin Ehrfurcht und Vertrauen sich ausdrücken, am anschaulichsten in der Ikone der »Fürbitte« (→Deesis) über der »königlichen Pforte« des Ikonostase dargestellt.

H. M. Biedermann

Lit.: BECK, 364ff. – I. HAUSHERR, La méthode d'oraison hésychaste, OrChrA 9, 1927, 99–209 – DERS., Les grands courants de la spiritualité orientale, OrChrP 1, 1935, 114–138 – H. M. BIEDERMANN, Novizenunterweisung in Byzanz um die Jahrtausendwende, OKS 1, 1952, 16–31 – I. HAUSHERR, Noms de Christ et voies d'oraison, OrChrA 157, 1960 – La Prière des heures (La prière des Églises de rite byz. 1975), 15–90 – B. KRIVOCHÉINE, Dans la lumière du Christ. S. Syméon le Nouveau Théologien, 1980, 81–93 – A. AMMANN, Die Gottesschau im palamit. Hesychasmus, 1986³.

B. Judentum

In Kontinuität zur spätantiken Tradition waren im ma. Judentum das Schemaᶜ-Jisrael und das Schemone ᶜEsre die zentralen, im →Gottesdienst rezitierten Stammg.e. Das Schemaᶜ-Jisrael bestand aus den Bibeltexten Deuter. 6,4–9, 11,13–21 und Num. 15,37–41, die von mehreren Benediktionen umrahmt waren. Die erste Benediktion »Jotzer Or« preist Gott als Schöpfer von Licht und Finsternis sowie der Gestirne und schildert den Lobpreis der Engel; die zweite Benediktion »Ahaba Rabba« verkündet Gottes Liebe zu seinem erwählten Volk Israel, bittet um Einsicht in Gottes Gesetz und um die Heimkehr nach Palästina. Nach den sich anschließenden bibl. Abschnitten folgt die dritte Benediktion »Emet we-Jatzib«. Sie betont die ewige Gültigkeit von Gottes Wort und Königsherrschaft und rühmt ihn als Befreier des Volkes aus der ägypt. Knechtschaft. In der abendlichen Fassung des Schema^c-Jisrael wurden die Benediktionen leicht abgeändert und um eine vierte, nämlich »Haschkibenu« erweitert, die Gott um einen ruhigen Schlaf und um Schutz vor den Gefahren der Nacht bittet.

Das Schemone ^cEsre, zu dt. »Achtzehnbittengebet«, kursierte in einer 18teiligen palästinens. und einer 19teiligen babylon. Fassung, von denen sich die letztere auf Dauer als maßgebl. durchsetzte. Die ersten drei Benediktionen preisen Gott als Schöpfer des Alls und Gott der Erzväter (1), der in seiner Allmacht die Toten wiederbelebt (2) und in seiner Heiligkeit erhaben ist (3). Die 13 mittleren Benediktionen betreffen menschl. Bedürfnisse. Sie bitten um Einsicht und Erkenntnis (4), um die Herbeiführung bußfertigen Verhaltens (5), um Vergebung der Sünden (6), um die Erlösung Israels (7), um die Heilung der Kranken (8), um gesegnete Ernten (9), um die Sammlung der Zerstreuten (10), um die Erneuerung der altjüd. Gerichtsbarkeit (11), um den Untergang von Denunzianten, Ketzern und der israelfeindl. Mächte (12), um das Wohlergehen der Gerechten im Volk und der Proselyten (13), um die messian. Restauration Jerusalems (14), um das Kommen des david. Messias (15) und um Gebetserhörung (16). Die letzten Abschnitte handeln von der Wiederherstellung des Opferkultes (17), danken für Gottes ständige Hulderweise (18) und erflehen seinen Frieden (19).

Weiterhin ist auf das aramäische, in mehreren Fassungen verwendete Kaddisch hinzuweisen, das im →Gottesdienst verwendet, aber auch von Trauernden gesprochen wurde. Es heiligt den göttl. Namen und bittet um Herbeiführung von Gottes Königsherrschaft. Nicht vergessen sei der am Ende von Mahlzeiten gesprochene Speisesegen (Birkat ha-Mason), der Gott nicht nur für die empfangene Nahrung dankt, sondern auch für seine Heilstaten und die Thora, und um eine gnadenreiche Zukunft für Israel bittet.

Sonstige G.e wurden zu zahlreichen Anlässen gesprochen. Die ma. jüd. Theologie bewertete insbes. das im →Gottesdienst gesprochene G. sehr hoch; es galt nach der Tempelzerstörung als Opferersatz und half, die Sünden der Gemeinde zu sühnen.

Der Wortlaut der G.e war weit bis ins MA hinein fließend; seine Festlegung führte zu zahlreichen lokalbedingten Sonderfassungen.　　　　　H.-G. v. Mutius

Lit.: I. ELBOGEN, Der jüd. Gottesdienst in seiner gesch. Entwicklung, 1931³ – A. Z. IDELSOHN, Jewish Liturgy and its Development, 1972² – E. MUNK, Die Welt der G.e, 2 Bde, [Nachdr.?] 1975.

Zum islam. G. →Islam

Gebetbuch. [1] *Allgemein:* Zu unterscheiden sind G. für liturg. (→Brevier) und privates Beten. Ältestes und wichtigstes christl. G. ist der sowohl von Klerikern als von Laien benutzte →Psalter. Privat-G.er werden während und außerhalb des Gottesdienstes gebraucht. Als »Laienbrevier« bietet das G. zahlreiche Elemente des →Stundengebetes (u. a. Psalmen, Offizien) sowie Teile der Meßtexte. Zusätzl. Privatgebete verdrängen oder reduzieren die ursprgl. Elemente teils erheblich. Kennzeichen der G.geschichte sind Wandel und Bestand, ablesbar am Wechsel zw. Bevorzugung und Abkehr von Elementen aus dem Brevier. Die ursprgl. »reine« Form der Psalterien wird immer reichhaltiger und bunter; Sammlungen unterschiedl. Materials entstehen für verschiedenste Anliegen. Neben dem Latein setzt sich beim G. für Laien die Muttersprache durch. Wandel der G.er spiegelt Wandel der Frömmigkeit wider; die Frömmigkeit des MA ist jedoch

wegen des eingeschränkten Benutzer- und Leserkreises nur bedingt am G. abzulesen. Dem einfachen Beter waren die wertvollen (und teils lat.) G.er unzugänglich; auch setzten sie Lesefähigkeit voraus. G.-Typen: Psalterien (seit dem 8. Jh.); Libelli precum (9.–11. Jh.): zahlreiche und vielfältige Gebete, Hymnen, Offizien, Bußpsalmen; Stundenbücher (Livres d'heures, Horarien; 13.–16. Jh.) Offizien als Grundstock, Gebete, Andachten; Hortulus animae (Ende 15. Jh.). Im dt. sprachigen Raum Zurücktreten der Offizien zugunsten von Gebeten.　　　K. Küppers

[2] *Illustration:* Die Illustrierung des →Psalters als den bis ins hohe MA beliebtesten G.-Typ ist bereits für karol. Zeit mit umfangreichen Bildzyklen belegt (Utrecht-Ps. Stuttgarter Ps.), deren Motivwahl neben reinen Wortillustrationen weitere Bedeutungsschichten mit der Bildwiedergabe bestimmter im Text enthaltener Themen sowie außerhalb des Psalmentextes gezogener Bezüge, schließlich auch auf der Exegese beruhende Kompositionen erkennen läßt. Die vom Chorgebet bestimmte Achtteilung sowie anderen Kriterien folgende Einteilungen des Psalmengebets bewirkten eine künstler. gestaltete Hervorhebung bestimmter Psalmen mit ornamental geschmückter oder figürl. bzw. szen. gefüllten Initialen, die zwar seit der Pariser Bibelredaktion in der 1. Hälfte des 13. Jh. einem immer wieder aufgegriffenen Bildprogramm folgen doch gerade im dt. sprachigen sowie im ndl. Raum auch hiervon abweichende Themen illustrieren. Dem Text vorangestellte Miniaturenzyklen unterschiedl. Umfangs mit bisweilen alt- und neutestamentl. Szenen (Psalter Ludwigs des Hl., Paris, Bibl. Nat., Ms. lat. 10525) weisen auf die in den Psalmen angedeuteten heilsgesch. Ereignisse. Die Illustrierung der liturg. Achtteilung des Psalter wird in jenem Typ des →Breviers übernommen, in dem die Texte in der Gliederung nach ihrem Inhalt, d. h. die 150 Psalmen geschlossen, enthalten sind, wohingegen bei der für das Chorgebet eingerichteten gemischten Textfolge von Psalmen, Hymnen, Lesungen usw. der Festcharakter der einzelnen Tage im Ablauf des Jahres häufig mit Darstellungen ablesbar ist, die aus der Tradition liturg. Hss. wie etwa Evangelistaren (→Perikopenbuch), →Antiphonalien u. a. übernommen sind.

Zum Teil auf älteren Quellen fußend, ergänzen seit karol. Zeit individuell zusammengestellte Gebetssammlungen den Psalter. Diese innerhalb des weiter gefaßten Begriffs der Andachtsbücher im eigtl. Sinne mit G. zu benennenden Libelli precum betonen mit Darstellungen der Majestas Domini und des Betenden selbst Ausgangspunkt und Ziel der persönl. Andacht (G. Karls d. Kahlen, München, Residenz-Schatzkammer; G. Ottos III., Pommersfelden, Gf. v. Schönborn Schloßbibl., Hs., 347). Spätere G.er wie dasjenige der Hildegard v. Bingen (letztes Viertel des 12. Jh., München, Clm 935) enthalten oftmals umfangreiche christolog. Bildzyklen, die in der v. a. im dt. sprachigen Gebiet verbreiteten, vielfältiger G.ern des späten MA mit Darstellungen zu den angerufenen Hl.en sowie Ill. zu den verschiedenen, im Text angesprochenen Anliegen erweitert werden.

Die seit dem 14. Jh. so beliebten Stundenbücher enthalten innerhalb bestimmter von regionalen Eigenheiten und zeitbedingten Vorlieben, vom finanziellen Engagement der Auftraggeber wie auch von den spezif. Gewohnheiten und dem zur Verfügung stehenden Bildrepertoire der Ateliers abhängigen Normen, mehr oder weniger festgelegte Miniaturenzyklen. Während der Haupttext jedes Stundenbuchs, das Marienoffizium, zu Beginn der acht Gebetsstunden mit einer Ill., zuweilen auch mit einer zweiten, typolog. ergänzenden oder aus der Passionsfrömmigkeit erwachsenen Darstellung hervorgehoben werden kann, beschränkt sich die Bebilderung der anderen, kurzen Offizien häufig auf eine Eingangsminiatur, wie es ähnlich zu den Bußpsalmen und den Evangelienlesungen mit ihren Autorenbildern bzw. zu den Suffragien und Gebeten mit den Darstellungen der Angerufenen geschieht. Den Wunsch der Auftraggeber erfüllend, erscheinen typenhaft verallgemeinerte, bisweilen auch individualisierte Besitzerbilder meistens bei den Marien- oder ausgewählten Hl.engebeten. Die zu Beginn der Stundenbücher eingefügten Kalendarien werden mit unterschiedl. Aufwand mit Wiedergaben der Monatsbeschäftigungen, den Sternzeichen des Zodiakus und Ill. zum Festkalender geschmückt und bereichern, gleichsam im meditativen Erleben des Jahresablaufs, diese oftmals zu Bilderbüchern erweiterten, der privaten Andacht dienenden Luxusobjekte.   J. M. Plotzek

Lit.: LThK² IV, 551–553 [Lit.] – A. WILMART, Precum libelli quatuor aevi Karolini, 1940 – J. A. JUNGMANN, Chr. Beten in Wandel und Bestand, 1969 – G. ACHTEN, Das chr. G. im MA, 1987² – J. M. PLOTZEK, Andachtsbücher des MA aus Privatbesitz, 1987 [Lit.].

Gebetsruf → Muezzin

Gebetsverbrüderungen

stellten auf dem liturg. Gedenkwesen und auf dem Verbrüderungswesen beruhende Zusammenschlüsse dar. Lebender und verstorbener Mönche, Kleriker und Laien wurde bei liturg. Handlungen, insbes. beim Meßopfer, gedacht, wobei genau festgelegte liturg. und karitative Leistungen zu erbringen waren, während die Verbrüderung zw. Personen und Personengruppen eine Bindung bewirkte, die als vertragl. Vereinbarung ein rechtl. Verhältnis begründete. Die im früheren MA sich ausbreitenden G. wurden zwecks gegenseitiger Hilfe abgeschlossen und dienten dem festeren Zusammenschluß von geistl. und laikalen Personen und Gruppen. Im Zuge der Mission und der fortschreitenden Organisation der Kirche in den christianisierten Ländern bildeten sich regelrechte »Verbrüderungsbewegungen« aus, die zu sog. Gebetsbünden führten. An ihnen hatten Angelsachsen und Franken starken Anteil. Waren den G. der Angelsachsen universale Züge eigen, so lassen Beispiele wie die Gebetsbünde von →Attigny (762) oder →Dingolfing (770) erkennen, daß sie auch Zeugnisse polit. und herrschaftl. Integrationsbemühungen sein können. Die stark vom Mönchtum getragenen G. wurden v. a. in sog. »Gedenk-« oder »Verbrüderungsbüchern« (→Memorialüberlieferung) faßbar (Kronzeugnis: das Verbrüderungsbuch der →Reichenau). Ihre Verbreitung ist nicht nur auf das frühere MA beschränkt, wenngleich ihnen mehr und mehr Totenbücher (→Nekrologien) und Bruderschaftsbücher den Rang abgelaufen haben.
       K. Schmid

Lit.: A. EBNER, Die klösterl. Gebets-Verbrüderungen, 1890 – K. BEYERLE, Die Kultur der Abtei Reichenau, 1925, 291ff., 404ff., 1107ff. – G. TELLENBACH, Röm. und christl. Reichsgedanke in der Liturgie des frühen MA (SB Heidelberger Ak., Phil.-hist. Kl. 1934/35, 1) – L. KOEP, Das himml. Buch in Antike und Christentum (Theophania 8, 1952) – R. SCHNEIDER, Brüdergemeine und Schwurfreundschaft, Hist. Stud. 388, 1964 – B. BISCHOFF, Caritas-Lieder, Ma. Studien 2, 1967, 56–77 – K. SCHMID–J. WOLLASCH, Societas et Fraternitas, FMSt 9, 1975, 1–48 – O. G. OEXLE, Memoria und Memorialüberlieferung, FMSt 10, 1976, 70–95 – G. G. MEERSSEMAN, Ordo fraternitatis. Confraternite e pietà dei laici nel medioevo, 1977 – A. ANGENENDT, Missa Specialis, FMSt 17, 1983, 153–221 – K. SCHMID, Gebetsgedenken und adliges Selbstverständnis, 1983 – K. SCHMID–J. WOLLASCH, Memoria, MMS 48, 1984 – K. SCHMID, Bemerkungen über Synodalverbrüderungen der Karolingerzeit (Fschr. R. SCHMIDT-WIEGAND, 1986), 693–710 – Monast. Reformen im 9. und 10. Jh., hg. R. KOTTJE – H. MAURER (VuF 1988) [D. GEUENICH, K. SCHMID].

Gebhard

1. G. (II.), Bf. v. →Konstanz seit 979, † 27. Aug. 995 in Konstanz, ▢ Petershausen; Sohn des Gf.en Udalrich und der Dietburg, gehörte der alem. Hochadelsfamilie der sog. →Udalrichinger an. Schüler der Konstanzer Domschule und bereits von Bf. Konrad für das Bf.samt designiert, empfing er nach seiner Wahl 979 von Otto II. Ring und Stab und wurde durch Ebf. →Willigis v. Mainz und Bf. →Erchanbald v. Straßburg zum Bf. geweiht. Seine »Königsnähe« kommt darin zum Ausdruck, daß er als »familiarissimus« und »compater« Ottos II. sowie »nepos« der Hzgn. Hadwig v. Schwaben bezeichnet wird, in Konstanz 980 Otto II. und 988 und 994 Otto III. empfing, 981 am Romzug Ottos II. teilnahm, 998 zu den engsten Beratern der Ksn. →Theophanu gehörte und 990 in kgl. Auftrag die Bm.er →Padua und →Pavia verwaltete. 983 gründete er als bfl. Eigenkl. St. Gregor zu Petershausen (Kirche 993 geweiht), nachdem G. 989 anläßl. eines Romaufenthalts von Papst Johannes XV. ein Privileg für Petershausen und Reliquien des hl. Gregor mit nach Hause gebracht hatte. – Bf. Ulrich (II.) hat am 27. Aug. 1134 eine feierl. Elevation von G.s Gebeinen veranlaßt, die einer öffentl. Kanonisation gleichkam.   H. Maurer

Q. und Lit.: St. G., Bewahren und Bewähren (Fschr. zur St. G.-Tausendjahrfeier, 1949) – O. FEGER, Die Chronik des Kl. Petershausen, 1956 – H. MAURER, Konstanz als otton. Bf.ssitz (Veröff. des Max-Planck-Inst. für Gesch. 39, 1973), bes. 28ff., 64ff. – H.-G. WALTHER, Gründungsgesch. und Tradition im Kl. Petershausen vor Konstanz (Schr. des Vereins für Gesch. des Bodensees und seiner Umgebung 96, 1978), 31–67 – »St. G. und sein Kl. Petershausen« (Fschr. zur 1000. Wiederkehr der Inthronisation des Bf.s G. II. v. Konstanz, 1979), bes. 1–9, 11–34.

2. G. (III.), Bf. v. →Konstanz seit 1084, † 12. Nov. 1110, ▢ Priorat Reichenbach (?); Sohn des Zähringer Hzg.s →Berthold (I.) v. Kärnten und der Richwara, zunächst Propst in Xanten, dann Mönch in →Hirsau. Am 21. Dez. 1084 wählte ihn eine unter dem Vorsitz des päpstl. Legaten Odo v. Ostia in Konstanz tagende Synode zum Bf. Damit war das nach seiner Ausdehnung umfangreichste dt. Bm. in die Hand eines der verläßlichsten Vertreter der gregorian. Partei gelangt. 1089 von Papst →Urban II. zum Legaten in Deutschland ernannt, vermochte G., eine führende Rolle in der schwäb. Opposition gegen Heinrich IV. zu übernehmen und v. a. durch die Neubelebung des Instituts der Diözesansynoden Konstanz zu einem Mittelpunkt des Reformgedankens in Schwaben auszugestalten. Indessen gelang es 1103 dem Gegenbf. Arnold v. Heiligenberg, den inzwischen polit. Isolierten aus Konstanz zu vertreiben. Nachdem G. eine Einigung zw. Heinrich V. und dem Papst erzielt und im Auftrag →Paschalis' II. den jungen Kg. von der Exkommunikation losgesprochen hatte, wurde er 1105 von Heinrich V. nach Konstanz zurückgeführt und verkündete auf einer Diözesansynode einen Landfrieden. In →Ingelheim nahm er maßgebl. Einfluß darauf, daß Heinrich IV. die Absolution verweigert wurde. Er reiste 1106 als Gesandter Heinrichs V. zum Papst. Als er sich 1107 der Teilnahme an der Synode v. Troyes widersetzte, brachte ihm dies eine Rüge des Papstes ein. Das bedeutete das Ende seines Legatenamtes und seiner polit. Tätigkeit überhaupt.   H. Maurer

Q. und Lit.: C. HENKING, G. III., Bf. v. Constanz 1084–1110 [Diss. Zürich 1880] – H. MAURER, G. v. Konstanz (Die Zähringer. Veröff. zur Zähringer-Ausstellung II, 1986), 187f. – J. WOLLASCH, Mgf. Hermann und Bf. G. III. v. Konstanz. Die Zähringer und die Reform der Kirche (Die Zähringer in der Kirche des 11. und 12. Jh., hg. K. S. FRANK, 1987), 27–53.

3. G. III., Bf. v. →Regensburg 1036–60, † 2. Dez. 1060 ebd., ▢ Stift Öhringen (von ihm und seiner Mutter

Adelheid 1037 gegr.); G. entstammte dem frk. Edelfreien-geschlecht der→Hohenlohe und war über seine Mutter ein Stiefbruder Ks. Konrads II. sowie enger Verwandter Heinrichs III. Zu Bf. Gebhard I. v. Eichstätt, dem späteren Papst→Viktor II., stand er in einem nicht genau bestimm-baren Verwandtschaftsverhältnis. Die Einsetzung des aus Würzburg von Konrad II. auf den Regensburger Bischofs-sitz berufenen G. macht das Bestreben des sal. Kgtm.s deutlich, seinen Einfluß im Zentralraum um Regensburg zu behaupten. G., der auch als Bf. den Reichskriegen in Böhmen und Ungarn nicht fern blieb, nahm 1046 am Italienzug und an der Synode zu Pavia teil. 1050, als in →Bayern die Hzg.sgewalt nur wenig wirksam war, be-gann er einen Privatkrieg gegen die→Ungarn. Trotz sei-ner Königsnähe beteiligte sich G. an einer Verschwörung des Hzg.s→Welf gegen Heinrich III. (1055). Nach ihrer Aufdeckung kam er in Haft und wurde angeklagt. 1055/56 war er dann in einen Aufstand gegen den Bayernhzg. →Konrad verwickelt. Vom Wirken G.s in seiner Diöz. ist wenig bekannt. Er ging mit Härte gegen das frühere Domkloster St. Emmeram vor und mischte sich laufend in Besitzangelegenheiten ein. Diese Auseinandersetzungen, wegen derer ihn→Otloh v. St. Emmeram in der Hölle schmachten sah, wurden Ausgangspunkt des Dionysius-kultes (→Dionysius) in St. Emmeram. Der militär. und polit. sehr aktive, allerdings wenig geradlinige Bf. kann als bezeichnender Vertreter des otton.-sal. →Reichskir-chensystems gelten.   A. Schmid

Lit.: ADB VIII, 470–472 [H. Bresslau] – DHGE XX, 221–224 [P. Mai] – NDB VI, 115f. [K. Reindel] – K. Bosl, Bayer. Biographie, 1983, 241 [R. Reiser] – F. Janner, Gesch. der Bf.e v. Regensburg I, 1883, 477–547–J. Staber, Kirchengesch. des Bm.s Regensburg, 1966, 29f. – H. Zielinski, Der Reichsepiskopat in spätotton. und sal. Zeit (1002–1125), 1984, passim – K. Hausberger, Gesch. der Bf.e v. Regensburg I, 1988 – A. Schmid, »Auf glühendem Thron in der Hölle«. G., Otloh v. St. Emmeram und die Dionysiusfälschungen (Ratisbona sacra. Das Bm. Regensburg im MA [ersch. 1989]).

4. G., Ebf. v. →Salzburg seit 1060 (Inthronisation am 21. Juli durch →Adalbero v. Würzburg), * um 1025, † 15. Juni 1088 auf Hohenwerfen (a. d. Salzach), ⬜ Stifts-kirche Admont (Steiermark). Einem vornehmen schwäb. Geschlecht (Eltern: Chadolt und Azala) entstammend, wurde G. für die geistl. Laufbahn bestimmt und erhielt seine Ausbildung vermutl. in Salzburg, wo er am 4. März 1055 zum Priester geweiht wurde. Als Leiter der ksl. Kapelle (summus capellanus) nahm er unter Heinrich III. eine bedeutende Stellung ein. Wohl seit jener Zeit datiert seine Bekanntschaft mit Bf. Adalbero v. Würzburg und →Altmann (später Bf. v. Passau), denen er zeitlebens verbunden blieb. Auch nach dem Tod Heinrichs III. blieb G. dem sal. Haus treu ergeben. Von Sept. 1058 bis Dez. 1059 ist er als Leiter der dt. Kanzlei bezeugt. 1060 wurde ihm das wegen seiner Brückenfunktion nach Italien be-deutsame Ebm. Salzburg übertragen. Im Auftrag des dt. Hofes unternahm er im Winter 1062 eine Gesandtschafts-reise nach Konstantinopel. 1075 unterstützte er Heinrich IV. gegen die aufständ. →Sachsen. Der →Wormser Syn-ode (Jan. 1076) blieb er jedoch demonstrativ fern (→Inve-stiturstreit). Seither stand er auf der Seite der sich formie-renden fsl. Opposition. G. gehörte zu den Teilnehmern des Fürstentages zu →Tribur (Okt. 1076) und war an der Wahl →Rudolfs v. Schwaben zu →Forchheim (15. März 1077) beteiligt. Zum Schutze des Bm.s vor Übergriffen bayer. Anhänger des Kg.s ließ er feste Burgen in Salzburg, Werfen und Friesach errichten. Nachdem eine Einigung mit Heinrich IV. an der Unbeugsamkeit G.s gescheitert war, suchte G. im Herbst 1077 in Schwaben und darauf in

Sachsen Zuflucht. Als Wortführer der Sachsen trat G. be den Verhandlungen zu Kaufungen (1081) und →Gerstun gen-Berka (1085) auf. G.s Autorschaft an den sog. Sach senbriefen läßt sich jedoch nicht mit Sicherheit erweisen In Form eines an Bf. →Hermann v. Metz gerichteter Briefes (MGH L.d.L. I, 261–279) verteidigte er kompro mißlos den Standpunkt der Gregorianer. Nach neunjähri gem Exil gelang ihm erst im Sommer 1086 die Rückkehr i sein Bm., das inzwischen einem ksl. Gegenbf. (Berthol v. Moosburg) unterstellt worden war.

G., dem auch auf klg. Seite Achtung entgegengebrach wurde, war ein entschiedener Anhänger der kirchl. Re formbewegung und der wohl bedeutendste Parteigänge Gregors VII. in Deutschland. Im Zuge einer Reorganisa tion der Salzburger Kirche hob G. den Slavenzehnten au und errichtete 1072 mit päpstl. und kgl. Zustimmung ei bfl. Eigenbm. in →Gurk. Als Stützpunkt der monast Reform in seiner Diöz. erfolgte 1074 die Gründung des Kl →Admont im Ennstal.   T. Struve

Q.: Vita v. einem Admonter Mönch aus dem 12. Jh., MGH SS I 33–49; dazu: A. Lhotsky, Q.kunde zur ma. Gesch. Österreichs, 1963 214f. – AASS Jun. 6, 147–154 – W. Hauthaler– F. Martin, Salzbur ger UB 2, 1916, 160–180 – Lit.: DHGE XX, 224–227 – GP I, 17–19 Hauck III, passim – LThK² IV, 556 – Manitius III, 25f. – NDB VI, 11 – RI III, 2, Nr. 144, 196, 250, 273 – Wattenbach-Holtzmann-Schma le II, 559–562 – C. Mirbt, Die Publizistik im Zeitalter Gregors VII. 1894, 21–23 – W. Erben, Unters. zur Gesch. des Ebf.s G., Mitt. d Ges. für Salzburger LK 53, 1913, 1–38 – A. Fauser, Die Publizisten de Investiturstreites, 1935, 25–28 – W. Ohnsorge, Die Byzanzreise de Ebf.s G. v. Salzburg und das päpstl. Schisma i. J. 1062, HJb 75, 1956 153–166 [= Ders., Abendland und Byzanz, 1958, 342–363] – O.-H Kost, Das östl. Niedersachsen im Investiturstreit (Stud. zur Kirchen gesch. Niedersachsens 13, 1962), 111f., 102 [zur Verfasserschaft de Sachsenbriefe] – J. Fleckenstein, Die Hofkapelle der dt. Kg.e II (MGH Schr. 16/II, 1966), 240f., 259f. – W. Steinböck, Ebf. G. v. Salzburg (Veröff. des Hist. Inst. der Univ. Salzburg, 1972) – J. Fleckenstein Ebf. G. v. Salzburg als Repräsentant der Reichskirche und Gegner de Kg.s im Investiturstreit (Salzburg in der europ. Gesch. [Salzburge Dokumentationen 19, 1977]), 11–28 – H. Dopsch, Gesch. Salzburg I, 1981–84, 232–251, 1254ff. [Lit.].

Gebot → Dekalog, →Gesetz

Gebühren → Taxen

Geburt → Schwangerschaft und Geburt

Geburt Christi-Darstellungen. [1] *Frühchristentum:* I der w. Kunst des frühen 4. Jh. erscheinen als früheste Darstellungen der G. C. (Mt 1, 18–25; Lk 2, 1–7) Bilder des in Binden gewickelten Jesuskindes in einer trogartigen Krippe, meist mit Andeutung eines Stalles; zunächst mi Hinweisen auf die Anbetung der Hirten (Lk 2, 8–20), dann neben der Huldigung der Magier (→Drei Könige). Durch letztere kam es zur Beigabe von Maria zum Krippenbild während die Tiere Ochs und Esel (vgl. Jes 1–3; Hab 3,2) dieses von Anfang an begleiten, obwohl sie nicht im NT, sondern erst bei Kirchenvätern und im Ps-Mt-Evange-lium (→Apokryphen) erwähnt sind. Im 5. Jh. wird auch Joseph beigefügt. In der ö. Kunst finden sich seit dem 6. Jh. weitere Details: die Andeutung einer Höhle; die Ruhe der Gottesgebärerin auf einem Polster; ein Unterbau mit Bo-genöffnung unter der Krippe, der als Eingang zur Ge-burtsgrotte (Kötzsche-Breitenbruch, Engemann) oder (wegen der späteren Entwicklung) als Altar mit Fenestella (Weitzmann) gedeutet wird; die (nach Protoev. Jacob 19, 3–20, 4; Ps-Mt 13, 3–5) an der jungfräul. G. C. zweifeln-de Hebamme Salome mit verdorrter Hand; das an antike Darstellungen der Geburt des Dionysos, Achills oder Alexanders anknüpfende erste Bad des Jesuskindes (zuerst in Ägypten belegt). Im FrühMA werden solche nicht im Evangelientext erwähnte Beigaben zur G. C. auch im W bekannt (Rom, Castelseprio).   J. Engemann

[2] *Byzantinische Besonderheiten in der Periode nach dem Ikonoklasmus:* Die nachikonoklast. Epoche orientiert sich am frühbyz. Bildgut. Das Christuskind mit Krippenaltar in der Geburtshöhle und die Präsentation der Gottesmutter, meist auf dem Wochenlager, sind – gegeneinander abgewogen – die zentralen Bildelemente. Dogma und Liturgie fügen die bekannten Einzelszenen zu kanon. werdender Interpretation des Mysteriums. Erweiterungen folgen zumeist bildreichen Schilderungen liturg. Texte: Der Felsberg mit geöffneter Höhle verweist auf die Würde der Theotokos und das Kerygma von Inkarnation und Anastasis (Geburts- und Hadeshöhle). Dazu gehören weiter: Himmelssegment mit herausströmendem Licht, Engelanbetung und -chor, Bad durch die Ammen (zur Genreszene werdend und anstelle der ungläubigen Hebamme), Gestalt des alten Hirten als Bezug zum kleingläubigen Josef, schwarzer Widder in der Herde, herbeieilende Magier, oft auf Pferden und zusätzl. zur Magierhuldigung. In paläolog. Zeit finden sich kaum neue Eigenheiten (Zweig aus der Wurzel Jesse vor dem Lager der Theotokos), jedoch Vorstufen späterer Ausweitung durch Kindheitsgeschichten Jesu, liturg.-didakt. Kompositionen und abendländ. Bildformen.   G. Ristow

Lit.: G. SCHILLER, Ikonographie der chr. Kunst I, 1966, 69ff. – LCI II, 86–120 – RAC IV, 196–216 – RByzK II, 637–662 – J. ZIEGLER, Ochs und Esel an der Krippe, Münchner Theol. Zs. 3, 1952, 385–402 – G. AUST, Die Geburt Christi, 1953 – H. JURSCH, Das Weihnachtsbild, seine Entstehung und Entwicklung bis zur Renaissance, WZ, 1954–55, 4 – K. ONASCH, Das Weihnachtsfest im orth. Kirchenjahr, Liturgie und Ikonographie, 1958 – G. MILLET, Recherches sur l'Iconographie de l'Evangile 1960, 93ff. – G. RISTOW, Die G.C. in der frühchr. und byz.-ostkirchl. Kunst, 1963 – J. ENGEMANN, Palästinens. Pilgerampullen im F. J. Dölger-Institut in Bonn, JbAC 16, 1973, 5–27 – K. WEITZMANN, Loca Sancta and the Representational Arts of Palestine, DOP 28, 1974, 33–55 – G. RISTOW, Zur Ikonographie der Geburt Christi, Spätantike und frühes Christentum, Kat., 1983, 347–359.

[3] *Lateinisches Mittelalter:* Während das Sakramentar des Bf.s →Drogo v. Metz (2. Viertel des 9.Jh.; Paris, BN, Lat. 9428) mehrere Begebenheiten der G.sgeschichte (Salome, Ankunft der Hirten in Bethlehem, Bad des Kindes) in einer Initialminiatur vereinigt, konzentrieren andere Beispiele aus karol. Zeit das Geschehen auf das in einer meist altarähnl. Krippe liegende Kind mit Maria und Josef, Ochs und Esel sowie einer Palast- oder Stadtarchitektur, welch letztere auf die Geburtsstätte Christi hinweist (Harrach-Diptychon, Anfang 9.Jh.; Köln, Schnütgen-Mus.). Auch in otton.-frühroman. Zeit bleibt anstelle von Stall oder G.shöhle eine reiche Architekturwiedergabe bestimmend, vor oder in der die im Größenverhältnis dominierender dargestellte Gottesmutter nach byz. Bildtradition liegen (Hitda-Cod., Köln, 1. Viertel 11.Jh.; Darmstadt, Hess. Landes- und Hochschulbibl., Hs. 1640) oder aber zusammen mit Josef stehen kann (Miniaturmalerei der Reichenau [Codex Egberti, um 980; Trier, Univ.- und Stadtbibl., Hs. 24]); bisweilen wird Josef im Gespräch mit Maria dargestellt und auf diese Weise intensiver am Geschehen beteiligt (Evangelistar, Reichenau, 2. Viertel 11.Jh.; München, Clm 23 338). In roman. Zeit wird die Erscheinung des Gottessohnes in der Menschwerdung Christi durch den Segensgestus des groß dargestellten Kindes sichtbar gemacht (Evangeliar aus Helmarshausen, um 1140; Uppsala, Universitätsbibl., Ms. C 83), andererseits aber auch die natürl. Beziehung von Mutter und Kind zw. Maria und dem Jesusknaben stärker zum Ausdruck gebracht: Maria wendet sich, auf dem Lager liegend, dem Kind in der Krippe, das sie anschaut, zu und streckt die Hand nach ihm aus, eine Gebärde, deren Gefühlstiefe bis in got. Zeit mit dem Streicheln der Wange oder dem Umar-

men des Kindes verstärkt wird (Psalter, Niedersachsen, um 1235; Donaueschingen, Fsl. Fürstenberg. Hofbibl., Hs. 309); bes. in der it. Kunst ist das Motiv des Auf- oder Zudeckens des Kindes durch Maria beliebt (Bernardo Daddi, Altarpredella, 1332–34; Florenz, Accademia; eine Variante bei Giotto, Arena-Kapelle, Padua, 1305–07); die innige Verbundenheit von Mutter und Kind zeigt sich intensiver noch, wenn Maria den Jesusknaben aus der Krippe genommen hat, ihn im Arm hält und liebkost (Erfurter Meister, Altarflügel, 3. Viertel 14.Jh.; Erfurt, Städt. Mus.) oder ihn stillt (Evangelistar, Köln, um 1230; Brüssel, Bibl. Royale, Ms. 9222). Über das Genrehafte solcher Darstellungen hinaus vereinigt sich, nach den Schriften der Mystiker, bildhaft in der Umarmung die Seele des Gläubigen mit Christus, im Nähren des Kindes deuten sich Barmherzigkeit und Güte der Gottesmutter an, die als »Bringerin des Heils« und »Mutter des Lebens« verstanden wird.

Seit dem 9.Jh. Bildbelege für eine typolog. Erweiterung der G.sdarstellung. Das v. a. seit dem 12.Jh. verbreitete Anliegen, die Menschwerdung Christi als ein bereits im AT heilsgesch. vorbereitetes Geschehen zu belegen, führte zu Präfigurationen (z. T. auch für die Verkündigungsszene). Während auf dem Klosterneuburger Altar des →Nikolaus v. Verdun (1181) mit der Geburt Isaaks und Simsons zwei analoge Geschehnisse vor der Gesetzgebung und unter dem Gesetz des Alten Bundes der G.C. beigegeben sind, nehmen andere Bildrelationen auf das Wunder der jungfräul. G.C. sowie auf die Ergebenheit Mariens Bezug (brennender Dornbusch; Vlies Gideons, verschlossene Pforte, Stab Aarons). In den großen typolog. Bildfolgen des hohen MA, im →Speculum humanae salvationis, in der Rota in medio rotae, in der →Biblia pauperum und den →Concordantiae caritatis werden in Einzelszenen weitere Vorbilder hinzugezogen. Beliebt ist auch das ambivalent gedeutete Einhorn, das auf die Jungfräulichkeit Mariens wie auch aufgrund seiner Kraft auf Christus hinweist.

Während Josef bisweilen, indem er schlafend, mit geschlossenem Buch und herabfallendem Judenhut dargestellt ist (Einzelbl., Niedersachsen, um 1180; Cleveland/Ohio, Mus. of Art, J. H. Wade Fund No. 33, 445a), typolog. vergleichbare Motive zur Synagoge annehmen kann, widerfährt ihm andererseits doch seit der 2. Hälfte des 14.Jh., nicht zuletzt dank zeitgenöss. Schriftquellen, ein gesteigertes künstler. Interesse an genrehaften Verhaltensweisen. Er hilft bei der Zubereitung des Bades, bereitet die Speisen für Mutter und Kind, bläst das Feuer an oder trocknet die Windeln, die als Attribut der Menschwerdung bes. seit Bernhard v. Clairvaux (1090–1153) größere Bedeutung im Bild gewannen und u. a. in spätgot. Weihnachtsbildern mit dem Motiv der Josefshosen, mit denen das Kind bedeckt ist, variiert wurden.

Der Einfluß franziskan. Frömmigkeit seit dem 13.Jh. bewirkte eine Wandlung des Geburtsbildes, insofern – in der Nachfolge der Feier des Weihnachtsfestes durch Franziskus v. Assisi mit seinen Brüdern im Wald von Greccio – die andächtige Versenkung des einzelnen Gläubigen in das Geheimnis der Menschwerdung Christi auf das Verhalten von Maria und Josef übertragen wird und diese in Verehrung des Kindes Darstellung finden. Dieser sich fast in Ausschließlichkeit bis zum Ausgang des MA und darüber hinaus durchsetzende Anbetungstypus wird erweitert mit der Verehrung durch die Hirten, durch Engel und Hl.e oder auch Zeitgenossen (Auftraggeber) und entwickelt sich als Spiegel der subjektiven Kontemplation zum Andachtsbild. Schriften wie die Meditationen des Johannes de Caulibus aus dem beginnenden 14. Jh. oder die Visionen der hl. →Birgitta v. Schweden (1303–73) bereichern das Geburtsbild mit Motiven wie der sich an eine Säule lehnenden Gottesmutter oder des Bündels Stroh, auf dem das Kind liegt (Hans Holbein d. Ä., rechter Flügel des Kaisheimer Altars, 1502; München, Bayer. Staatsgemäldeslg.en) bzw. mit dem weißen Mantel und der Tunika Mariens, dem übernatürl. Licht, das von dem Jesuskind ausstrahlt oder auch mit Josef, der eine brennende Kerze hält (Pisaner Meister um 1400; Pisa, Mus. Civico). Die beliebter werdende Einbettung des Geschehens ins Dunkel der Nacht führt zu gefühlsbetont stimmungsvollen Kompositionen zw. realist. Vergegenwärtigung und im übernatürl. Lichteffekt wurzelnder Entrückung (Geertgen, um 1480–95; London, Nat. Gall.). J. M. Plotzek

Gebweiler, Katharina → Katharina Gebweiler

Gedik Aḥmed Paša, stammte wohl aus der →Knabenlese, nahm als →Beglerbegi v. Anadolu (1461–70), dann als Wesir an →Meḥmeds II. Feldzügen teil. Großwesir seit 1474, eroberte 1475 →Caffa (→Krim). 1477 ztw. in Ungnade, 1478 Großadmiral, 1480 Eroberung →Otrantos. 1481 unterstützte er →Bāyezīd II. gegen →Ǧem; am 18. Nov. 1482 hingerichtet. Ch. K. Neumann
Lit.: IA I, 193–199 – El² I, 293f.

Gedimin (litauisch Gediminas, poln. Gedymin), Gfs. v. Litauen, geb. um 1275, gest. Winter 1340/41, ☐ Wilna; entstammte einem fsl. Geschlecht aus →Aukštaiten, das erstmals mit G.s Vater Pukuwer (Pukuveras) faßbar ist. Der in den lat. Quellen stets als 'rex' bezeichnete G., der nach 1315 seinem älteren Bruder Witen (Vytenis) als Fs. nachfolgte, ist der eigtl. Schöpfer des Gfsm.s →Litauen und der Begründer der Gediminiden (→Jagiellonen).
Sofort nach G.s Regierungsantritt begannen Versuche seitens der durch Ebf. →Friedrich v. Riga gut informierten Avignoneser Kurie sowie Polens, G. für das röm. Christentum zu gewinnen (Brief Papst Johannes' XXII., 3. Febr. 1317). Während G.s zahlreiche Kinder später den orth. oder aber den röm.-kath. Glauben annahmen, blieb G. »Heide«, duldete und förderte aber die röm.-kath. wie die orth. Religionsausübung und Mission in einer bemerkenswert toleranten Haltung (»...et nos colimus Deum secundum ritum nostrum, et omnes habemus unum Deum«). Bei der von ihm zur ständigen Residenz ausgebauten Burg →Wilna (Vilnius) ließen sich dt. und russ. Kaufleute nieder und erbauten Kirchen. An seinem Hof erledigten russ. Djaken wie dt. Franziskaner und Dominikaner den Schriftverkehr mit Ost und West; Schriftsprache war – neben dem Lat. – eine altweißruss. Mundart auf kirchenslav. Grundlage, mit zahlreichen litauischen Fremdwörtern. Es gelang G. indes nicht, eine orth. Metropolie für sein Land zu erreichen, so daß die litau. Orthodoxen weiterhin Kiev (→Moskau) unterstanden.
Wie schon sein Vater und sein älterer Bruder sah sich auch G. seit 1316 mit fast jährl. »Litauerreisen« des →Dt. Ordens konfrontiert (→Preußenreise). Bei seinen Kämpfen gegen diese Angriffe, bei denen G. ztw. mit dem Kg. v. Polen verbündet war, wurden stets Erzstift und Stadt →Riga ausgenommen; 1322 wurde das Bündnis mit Riga erneuert. Am 2. Okt. 1322 schloß G. Frieden mit allen livländ. Bf.en, dem livländ. Dt. Orden und – wegen Estland – mit dem Kg. v. Dänemark. Im Mai 1323 richtete er Briefe an Dominikaner und Franziskaner, an eine Reihe von Ostseestädten und an Papst Johannes XXII., in denen er dt. Siedler in sein Land einlud und dem Papst – unter schweren Beschuldigungen gegen den Dt. Orden – seine Taufe in Aussicht stellte. Der Papst richtete am 1. Juni 1324

ein Antwortschreiben an G. und entsandte nach Rig Legaten mit Ebf. Friedrich an der Spitze, die in Wilm feststellen ließen, daß die Taufabsicht zwar von den Fran ziskanern und Dominikanern an G.s Hof erfunden woi den war, in G.s Land aber religiöse Duldung herrschte
Im livländ. Bürgerkrieg von 1329 (→Livland) griff e zugunsten von Riga ein, konnte aber nicht verhindern daß die Stadt sich am 30. März 1330 dem Dt. Orde unterwerfen und ihr Bündnis mit Litauen aufsagen mußte 1337 schenkte Ludwig d. B. Litauen dem Hochmeiste →Dietrich v. Altenburg, auf dem Pergament ohne prakt Auswirkung. G. konnte sein Land nicht nur behaupten sondern schloß am 1. Nov. 1338 sogar einen Handelsver trag ('Kaufmannsfrieden') mit dem livländ. Orden.
Seine Erfolge im Osten erweiterten die litauische Herr schaft; er konnte eine große Anzahl russ. Fsm.er seinen Macht- oder doch Einflußbereich eingliedern (→Smo lensk, →Kiev, →Pskov, →Novgorod, →Turov, →Pinsk →Tver; →Vitebsk durch Heirat seines Sohnes →Olger mit der dortigen Erbtochter), ohne daß es zu einer Kon frontation mit den →Tataren und dem aufsteigenden Gfsm. →Moskau kam. Als G. starb, war Litauen stärkst Macht im Osten Europas geworden. M. Hellmann
Q.: Livländ. UB II, VI – Preuß. UB I – SSrerPruss, I, II – A. THEINER Vetera Mon. Poloniae et Lithuaniae I, 1860–Pskovskie letopisi, vyp. 1941–K. HÖHLBAUM, Die jüngere livländ. Reimchronik des B. Hoene ke, 1872 – Gedimino laiškai/Poslanija Gedimina, ed. V. T. PAŠUTO I. V. ŠTAL', 1966– *Lit.:* Lietuvių Enciklopedija VII, 1956, 62–70 [Lit.]– H. PASZKIEWICZ, Jagiellonowie a Moskwa I, 1933 – DERS., The Origin of Russia, 1954 – K. FORSTREUTER, Die Bekehrung des Litauerkg.s G Eine Streitfrage, Jb. der Albertus-Univ. Königsberg 6, 1955, 142ff. – G. RHODE, Die Ostgrenze Polens I, 1955, 199ff.– J. OCHMAŃSKI, Hist Litwy, 1967, 46ff. – M. HELLMANN, Grundzüge der Gesch. Litauen ..., 1975², 20ff. – Z. IVINSKIS, Lietuvos istorija iki Vytauto Didžioje mirties, 1978, 225ff. [grundlegend; vollst. Lit.] – s. a. →Litauen.

Geertgen tot Sint Jans, ndl. Maler, * in Leiden, im letzten Drittel des 15. Jh. nur etwa ein Jahrzehnt tätig, starb bereits als 28jähriger, Schüler Ouwaters. Er lebte bei der Haarlemer Johannitern (daher der Beiname), für deren Kapelle er ein heute fragmentiertes Triptychon schur (rechter Flügel in Wien erhalten). Weitere Fakten sind nicht bekannt; auch der Umfang seines stilkrit. erschlosse nen Œuvres ist umstritten. Allgemein anerkannt werden neben dem Wiener Flügel 7 Gemälde. Stilist. von fläm. Malern und insbes. Hugo van der →Goes zwar beeinflußt, nimmt G. in der nacheyckischen Kunst einen eigenen Platz ein. Sowohl der Landschaftsmalerei (Hl. Johannes, Berlin) als auch dem Nachtbild (Geburt Christi, London) hat er wesentl. Anregungen gegeben und mit dem Gruppen porträt der Haarlemer Johanniter auf dem Wiener Flügel diese bes. Bildnisaufgabe begründet. Ikonograph. Neuerungen sowie die maler. Qualität weisen G. als führenden norddl. Maler im 15. Jh. aus. G. Unverfehrt
Lit.: M. J. FRIEDLÄNDER, Early Netherlandish Painting, 5, 1969 – A. CHÂTELET, Early Dutch Painting, 1981.

Gefängnis, *gevengnis,* lat. carcer, bezeichnet einerseits den passiven Akt des Gefangenwerdens, den Zustand des Gefangenseins – sowohl als Einkerkerung als auch als gelobte eidl. Bindung im Rahmen von →Fehde oder Krieg, von →Geisel- oder →Bürgschaft –, andererseits den Ort, an dem einem Menschen normalerweise gegen seinen Willen für kürzere oder längere Zeit von Rechts wegen die Freiheit seines Aufenthaltes genommen wurde.
Seit den frühen MA gab es den zwangsweisen Freiheitsentzug auf unbestimmte oder Lebenszeit, in der Regel gnadenhalber als Umwandlung einer →Todesstrafe. Seit dem 4. Jh. wurde auch gegen Mönche, Kleriker, dann auch Laien die Klosterhaft wegen Tötung, Häresie, Un-

zucht verhängt, die in Klosterkerkern, später in besonde-
ren G.sen verbüßt wurde zur Sühnung der Schuld des
Täters, weshalb die Vollzugsbedingungen äußerst hart
waren und die Haft in den Auswirkungen einer Leibesstra-
fe gleichkam; erst später fand auch der Besserungsgedanke
Eingang, und die eigtl. G.strafe als am Sozialisierungsge-
danken orientierte Maßnahme entwickelte sich erst in der
FrühNZ. Im weltl. Bereich v. a. der Stadtrechte wurde das
Einsperren in Turm, Verließ, Kerker, Stock als eigene
Strafart nur selten verhängt, z. B. wegen Bannbruchs
(→Bann) oder Ketzerei; manchmal in der Form der (zeitl.
oder lebenslangen) Einmauerung, auch als Hausarrest
(Haushaft). Daneben wurde auch der zahlungsunfähige
Schuldner eingesperrt, in der Regel auf Initiative des
privaten Gläubigers. Schließl. war das G. immer schon
und verstärkt seit dem Inquisitionsprozeß (→Inquisition)
Ort der Untersuchungs- oder Sicherungshaft, wo der
Verdächtige bis zur Verurteilung untergebracht war. –
S. a. →Kriegsgefangene.   W. Schild

Lit.: HRG I, 1238f. [s. v. Freiheitsstrafe] – G. BOHNE, Die Freiheitsstra-
fe in den it. Stadtrechten des 12.–16. Jh., I, II, 1922–25 – K. LEHMANN,
Die Entstehung der Freiheitsstrafe in den Kl. des hl. Pachomius,
ZRGKanAbt 37, 1951, 1ff. – H. BLESKEN, Ältere dt. G.namen,
ZRGGermAbt 80, 1963, 357ff. – M. FOUCAULT, Überwachen und
Strafen, 1977 – E. LAWN, »Gefangenschaft«, 1977 – W. SCHILD, Alte
Gerichtsbarkeit, 1985², 197ff. – K. LAUBENTHAL, Lebenslange Frei-
heitsstrafe, 1987.

Gefäß. [1] *Allgemein:* Grundsätzlich kann man während
des gesamten MA zw. Gebrauchs- und Repräsentations-
geräten differenzieren. Dies gilt auch für die verwendeten
G.e. Unterscheiden sie sich in ihrer funktionsabhängigen
Form nur wenig voneinander, so differieren sie in ihrer
Ausgestaltung und in der Wahl des Materials, soweit
dieses nicht funktionsbedingt ist. Gebrauchsg.e verzichten auf die meisten Formen eines aufwendigen Dekors; sie
besitzen nur produktionsbedingte Verzierungen oder
schlichte, entweder strukturbedingte (Maserung des Holzes, Grate, die beim Drehen der Töpferscheibe entstehen,
etc.) oder eigens angebrachte (geritzte, gestempelte, gemalte) Ornamente. Nach ihrer Erscheinungsform können
sie geometrisch oder stilisiert sein. Repräsentationsg.e
zeichnen sich durch die Bevorzugung kostbarer Materialien und durch die Verwendung reicher Ornament- und
Dekorformen aus.

Ausgangsprodukte zur Herstellung von G.en sind v. a.
Keramik, Holz, Metall und Glas. Wechselwirkungen lassen sich zw. verwendetem Material und entstehender
Form des G.es feststellen. Dies gilt bes. bei Holz und Glas.
Die mögl. Bearbeitungsformen des Holzes – schnitzen,
drechseln, böttchern – lassen bestimmte Gefäßformen
entstehen. Drechseln schafft runde, offene Formen, wie
Teller, Schalen, Dosen. Böttchern ermöglicht zylindr.
oder kon. Formen, wie Becher, Krüge, Eimer, Kannen,
Schüsseln etc. Die umlaufenden Reifen, die die Dauben
zusammenhalten, verleihen dem G. ein charakterist. Äußeres, dessen Merkmale sich bei Übertragung der Gefäß-
form in ein anderes Medium bisweilen erhalten haben. So
werden die Reifen etwa als Wülste bei Ton-, Metall- oder
Glasg.en nachgeahmt. Die Möglichkeiten, die das Blasen
des flüssigen Glases bietet, beeinflußten die Formen des
Glasg.es. Kugel und Tropfen sind die Ausgangsformen;
durch Ausziehen wird der Hals der Flasche gebildet, durch
Eindrücken der hochgezogene Boden, durch Aufschmel-
zen der Henkel geformt, durch Absprengen schließlich
Schale oder kugeliger Becher.

[2] *Überblick über die gebräuchlichsten G.formen des MA,*
ausgehend von einer zwar die Problematik der G.termino-

logie und G.typologie vereinfachenden, aber die Verständigung erleichternden Definition der fünf Grundformen
Schale, Topf, Flasche, Kanne und Krug (nach TH. DEXEL,
1986):

Schale: Drei Gruppen: 1. alle völlig flachen Schalen, wie
Teller, Platten und dgl. mehr; 2. am ehesten der Idealform
der Schale entsprechend (die Öffnung der Schale ist nur
unwesentl. kleiner als ihr größter Durchmesser, die Höhe
überschreitet nicht den Durchmesser): Schalen, Fußscha-
len, Henkelschalen, Grapen, die ein Bindeglied zum Topf
herstellen, Lavabos etc.; 3. die G.e sind höher als weit:
Becher, Kelch, Pokal, Eimer, Mörser, Dose und Büchse.

Topf: Bauchiges Gefäß, dessen Höhe etwa gleich der
Breite kommt; die Öffnung sollte nicht enger sein als die
Hälfte des größten Durchmessers. Der häufig mit Henkeln versehene Topf bildet zumeist einen Rand und einen
niedrigen Hals aus.

Flasche: Zum Unterschied vom Topf Ausbildung eines
engen Halses, der verschiedene Längen aufweisen kann.
Die Körperform ist bauchig, kugelig bis gestreckt.

Kanne: Kennzeichnend ist das Vorhandensein eines
Henkels; in der Körperform nähert sie sich entweder dem
Topf oder der Flasche. Die Kanne besitzt immer eine
Ausgußvorrichtung (Tülle, Rinne, Schnauze).

Krug: In der Form der Kanne gleichend, besitzt jedoch
keine Ausgießvorrichtung. Nach den Materialien gegliedert, lassen sich folgende Typen den einzelnen Gruppen
zuordnen:

Keramik: Albarello, Bartmannskrug, Bügeltopf, Bü-
gelkanne, Dreihenkelkrug, Jacobakanne, Kugelbauch-
krug, Kugeltopf, Plutzer, Trichterhalsbecher, Trichter-
halskrug, Tüllentopf, Vierpaßbecher, Vierpaßkanne, Zy-
linderhalskrug etc.

Holz: Daubenbecher, Daubenschale, Feldflasche,
Scheuer, Teller, Tragfaß etc.

Metall: Balusterkrug, Beckenwerkerschüssel, Drei-
beinkanne, Gefußte Kanne, Hansekrug, Hanseschüssel,
Lavabo, Tüllenkanne etc.

Glas: Fadenbecher, Fußbecher, Fußschale, Krautstrunk, Kuttrolf, Maigelein, Nuppenbecher, Pokal, Rip-
penbecher, Rippenflasche, Rippenkelch, Stangenglas,
etc.   E. Vavra

Lit.: W. DEXEL, Das Hausgerät Mitteleuropas, Wesen und Wandel der
Formen in 2 Jt., Dtl., Holland, Österreich, Schweiz, 1973² – A.-E.
THEUERKAUFF-LIEDERWALD, Die Formen der Messingkannen im 15.
und 16. Jh., Rotterdam Papers II, 1975, 177–196 – I. BAUER, Hafnerge-
schirr in Altbayern, 1976 – M. HASSE, Neues Hausgerät, neue Häuser,
neue Kleider – Eine Betrachtung der städt. Kultur im 13. und 14. Jh.,
ZAMA 7, 1979, 7–83 – TH. DEXEL, Gebrauchsgerätetypen, I: Das
Gebrauchsgerät Mitteleuropas von der röm. Zeit bis ins 19. Jh., 1980;
II: Das Gerät Mitteleuropas vom SpätMA bis ins 19. Jh., 1981 –
Aus dem Alltag der ma. Stadt, 1982/83 – H.-U. HAEDEKE, Zinn, 1983³
– TH. DEXEL, Gebrauchsglas. Gläser des Alltags vom SpätMA bis zum
beginnenden 20. Jh., 1983² – Aus dem Wirtshaus zum Wilden Mann.
Funde aus dem ma. Nürnberg, Kat. 1984 – Stadt im Wandel. Kunst und
Kultur des Bürgertums in N-Dtl. 1150–1650, Kat. 1985 – TH. DEXEL,
Die Formen des Gebrauchsgeräts, 1986 – s. a. →Becher; →Aqua-
manile.

Geffroy de Paris sind acht hist. →Dits (1314–1318) zugeschrieben. Zwei davon sind an Ludwig X. und Philipp V.
gerichtete Ratschläge; sie kritisieren, wie die »Chronique
métrique« (umfaßt die Jahre 1300–1316), die für Adel und
Kirche nachteilige Politik ihres Vaters, Philipp IV., und
teilen ihre konservative Haltung mit dem ebenfalls in der
Hs. Paris B.N.fr. 146 überlieferten Roman de →Fauvel. In
den Dits tritt G. als clerc (→Clerc du roi) auf; er dürfte der
kgl. Administration nahe gestanden haben. Ist der Stil der
Chronique dem der Dits verwandt, wird man hingegen

zögern, die mit »Gieffroy« signierten Dits »Des mais«, »Des patenostres«, den »Martyre de saint Baccus« (Paris B.N.fr. 24432) G. zuzuschreiben. J.-C. Mühlethaler

Ed.: A. Jubinal, Nouveau recueil de contes, 1839, 73ff., 181ff., 238ff., 25off. – W. H. Storer – Ch. A. Rochedieu, Six Hist. Poems of G., 1950 – A. Diverrès, La Chronique métrique attribuée à G., 1956 – *Lit.:* HLF 35, 324–347 – J.-C. Mühlethaler, Le poète face au pouvoir (D. Poirion, Milieux universitaires et mentalités urbaines), 1987.

Gefolgschaft, Neubildung im Rahmen der hist. Rechts- und Verfassungsauffassung des 18./19. Jh., wurde zunächst verwendet, um lat. →comitatus (Tacitus, Germania, cc. 13, 14) zu übersetzen. Man verstand darunter eine Kriegergemeinschaft freier, in diesem Bündnis genossenschaftl. lebender Germanen, die sich freiwillig durch →Eid (A.IV) zur →Treue verpflichteten und einem Gefolgsherrn unterordneten. Unter der Voraussetzung eines grundsätzl. gewandelten Verständnisses vom ma. Staatswesen, das jetzt als eher herrschaftl. strukturiert angesehen wurde, und unter dem Einfluß idealtypischer Modelle von »charismatischer Führung« gewann der G.sbegriff in der hist. Forsch. des späten 19. und beginnenden 20. Jh. zentrale Bedeutung. Diese »klassische Lehre« von der G. wurde in der gegenwärtigen Geschichtswiss. in ihren Grundfesten, z. B. der Auffassung von der Kontinuität der germ. G., von germ. Treue etc., erschüttert.

Die Anfänge der G. sind aus den Berichten Cäsars zu rekonstruieren (Bell.Gall.VI, 23): G., Anhängerschaft eines germ. Fs.en, ist hier ein »zeitl. befristeter Zweckverband« (H. K. Schulze) mit ausschließlich krieger. Ausrichtung, abgesichert durch eine Art Treueverhältnis. Die ausführl. Schilderung des Tacitus zeigt eine gewandelte G.sform: Die aus vornehmen, jungen Männern, zumeist des eigenen Stammes, bestehende Anhängerschaft leistete den Treueid nicht mehr nur für eine begrenzte Zeit, sondern lebte auch nach Beendigung der militär. Unternehmung im Hause des Herrn. G. verlieh den Anhängern Ansehen (dignitas); eine große Anhängerschaft mehrte umgekehrt das Prestige des Führers. Grundvoraussetzung für das Aufstellen einer G. war der Kriegsruhm des Anführers, vermutl. aber auch seine vornehme Herkunft und eine ausreichende materielle Grundlage. Die Gefolgsherren und ihre Leute bildeten eine gut bewaffnete, stets kampfbereite Elite innerhalb der insgesamt wehr- und waffenfähigen Freien. Die Gefolgsleute hatten vorrangig militär. Aufgaben, daneben begleiteten sie ihren Herrn zum →Ding. Während der Völkerwanderungszeit und nach dem Seßhaftwerden verstärkten sich die einzelnen Funktionen in unterschiedl. Weise. In ihrem Kampf gegen die Römer stützten sich die alem. Kleinkg.e v. a. auf ihre Gefolgsleute (4. Jh.). Das Auftreten bei der Dingversammlung führte bes. nach der Völkerwanderung zur Funktionsverlagerung. Die westgot. saiones waren neben den →buccellarii zunächst bewaffnete Berufskrieger, die von Privatleuten zum Schutze gehalten wurden. Sie entwickelten sich bis zum 7. Jh. immer mehr zu Hilfsbeamten des Richters und schließl. zu siegelführenden →Bütteln. Die buccellarii spätröm. Zeit waren überwiegend Germanen, wie das westgot. G.swesen selbst wohl germ. Ursprungs war, doch ist griech. und röm. Einfluß nicht auszuschließen. Langob. gasindius hatte als Freier (auch Freigelassener) durch seine Nähe zum Kg., →dux, →comes oder iudex ein höheres Sozialprestige als andere und war von anderen Kriegern (exercitales, *harimanni*) unterschieden. Ags. *gesiþ* benennt ebenfalls den Gefolgsmann: Seine soziale Stellung liegt unterhalb der des *cyninges þegn* und oberhalb der des *ceorl*. Neben der ags. Gesetzgebung enthält v. a. der →Beowulf Hinweise auf G. Eine Konti-

nuität des G.swesens bis ins HochMA läßt sich vielleich für Dänemark, Schweden und Norwegen annehmen, d. der N trotz kontinentaler und ags. Einflüsse erst sehr spä feudale Strukturen aufweist. Die frk. G. zeigt sich haupt- sächl. im Antrustionat (→Antrustio), in dem das frk. Kgtm. während der →Merowingerzeit gegenüber priva- ten Zweckverbänden (frk. *druht,* frankolat. dructis, 'be- waffneter Heimführungszug, Bande') ein G.smonopo durchsetzen konnte. Die →Vasallität, die im Frankenreich die G. ablöste, knüpfte z. T. an die G. an (Treue, Eid etc.) erwuchs aber trotz vieler Überschneidungen in anderem Maße aus dem Bereich der Hausgemeinschaft und wa von Anfang an auf Dienstleistung und Unterordnung ausgerichtet. G. v. Olberg

Lit.: HRG I, 1433 [K. Kroeschell] – A. K. Kristensen, Tacitus'germ G., 1983 – G. v. Olberg, Freie, Nachbarn und Gefolgsleute, 1983 – W. Kienast, Gefolgswesen und Patrocinium im span. Westgotenreich, HZ 239, 1984, 23–75 – H. K. Schulze, Grundstrukturen der Verfas- sung im MA I, 1985, 39–53 – F. Graus, Verfassungsgesch. des MA, HZ 243, 1986, 529–589.

Gegengifte → Antidota

Gegensiegel → Siegel

Gegenstempel (mnd. *Teken,* frz. *Contremarque,* engl. *countermark,* ndl. *klop*), vorwiegend im dt. Reich bes. von Städten im 14. und 15. Jh. auf fremden Münzen (bes. →Turnosen, →Prager und →Meißner Groschen, →Groots, →Witten, →Goldgulden) nachträgl. einge- schlagene Zeichen, meist in Form des Stadtwappens bzw. eines ähnl. Symbols (z. B. Erfurt = Rad, Göttingen = G, Soest = Schlüssel) oder einer Wertzahl. Die Bedeutung der G. für die Bewertung der betreffenden Münze ist meist unklar; häufig wurden auch minderwertige Münzen ge- gengestempelt. P. Berghaus

Lit.: H. Krusy, G. auf Münzen des MA, 1974.

Geheimbünde, -gesellschaften. Geheimbünde (G.) sind soziale Gruppen zur Verfolgung myst.-religiöser, polit. und anderer Zwecke, die auf einem System von Lehren, Ritualen und Symbolen basieren, das ausschließl. einem engeren Personenkreis erschlossen wird. Wenn- gleich gewisse Vereinigungen mit Geheimcharakter zuge- lassen waren (→Feme, →Bauhütte, →Inquisition), bezeu- gen die zahlreichen Verbote der coniurationes und conspi- rationes vom Capitulare v. Herstal (779) bis zur →»Golde- nen Bulle« (1356) eine grundsätzl. Ablehnung von G.n; der hist. Hintergrund dieser Verbote läßt sich allerdings nicht immer sicher nachweisen (→Bruderschaft, →coniu- ratio, →Gilde). Auch die Häretiker stellten G. dar, sofern sie in der Minderheit waren und/oder im Untergrund lebten (→Apostoliker, →Kryptoflagellanten). Ausge- prägte G. des SpätMA waren die Academiae in Florenz, Rom und Venedig (→Akademien). Die Academia Roma- na bediente sich z. B. antikisierender Geheimnamen, neo- paganer Kult- und Freundschaftsformen und geheimer Versammlungsorte (Katakomben). – Die Versuche nz. G., v. a. der Rosenkreuzer und Freimaurer, nahtlose Ver- bindungen zum MA herzustellen (→Templer), sind hist. nicht haltbar; dasselbe gilt für Theorien über geheime Frauenbünde. B.-U. Hergemöller

Lit.: G. Schuster, Geheime Gesellschaften, Verbindungen u. Orden I, 1906 – V. Zabughin, Giulio Pomponio Leto, 2 Bde, 1909/12 – H. Schick, Das ältere Rosenkreuzertum, 1942 – D. Kurze, Häresie und Minderheit im MA, HZ 229, 1979, 529–573 – P. Partner, The murdered Magicians, 1982 – Gilden und Zünfte, hg. B. Schwineköper (VuF XXIX, 1985) – H. Biedermann, Das verlorene Meisterwort, 1986.

Geheimschriften. [1] *Lateinischer Westen:* Von den seit der Antike zur Verschlüsselung von Klartexten v. a.

zwecks militär. und diplomat. Geheimhaltung entwickelten G. wurden dem FrühMA folgende Methoden vermittelt: Umkehrung von Sätzen, Worten oder Silben, Buch-
stabenvertauschung, Zahlensprache, Gebrauch von
Punkten bzw. der folgenden Konsonanten statt der Vokale. Im MA lassen sich sowohl method. als auch überlieferungsgesch. nichtdiplomat. und diplomat. G. unterscheiden. Über die Methoden der im nichtdiplomat. Bereich
(v. a. Schlußschriften von Büchern) gebrauchten G. (außer den gen.: Verwendung fremder Alphabete, willkürl.
Zeichenalphabete, seit dem SpätMA arab. Ziffern) gibt B.
BISCHOFF Auskunft. Nach dem 12. Jh. finden G. v. a. auch
für geheimwiss. Literatur Verwendung. Dagegen handelt
es sich bei den ornamentalen Zeichen auf künstler. Darstellungen des SpätMA kaum um G.

Im diplomat. Bereich setzt der Gebrauch von G., abgesehen von kryptograph. Elementen in den schon frühma.
Epistolae formatae, seit dem 14. Jh. zunächst an der päpstl.
Kurie und bald darauf in einzelnen →Kanzleien it. Stadtstaaten ein. Als Methode kamen v. a. das Worttauschver-
fahren (Ersetzen wichtiger Begriffe durch andere Worte:
Deckwortverfahren) sowie die Substitution von Wörtern
durch Buchstaben, Zahlen oder frei erfundene Zeichen zur
Anwendung, die mittels des Schlüssels (Nomenklator)
aufgelöst werden konnten. Wichtige Traktate liegen vor
von Gabriel de Lavinde (1375/83), Leon Battista →Alberti
(† 1472), Cicco→Simonetta (1474), Francesco Tranchedino (um 1474), →Johannes Trithemius (1500, 1508).

P. Ladner

Q. und Lit.: P.-M. PERRET, Les règles de Cicco Simonetta pour le
déchiffrement des écritures secrètes, BEC 51, 1890, 516–522 – A.
MEISTER, Die G. im Dienste der päpstl. Kurie, 1906 – F. BOCK, Die G. in
der Kanzlei Johannes' XXII., RQ 42, 1934, 279–303 – F. STIX, G.kunde
ls Hilfswiss., MIÖG Ergbd. 14, 1939, 453–459 – R. DEROLEZ, Runica
manuscripta, The English Tradition, 1954 – F. TRANCHEDINO, Diplomat. G., Cod. Vindob. 2398 der Österr. Nationalbibl., Einf. W.
HOFLECHNER, 1970 – B. BISCHOFF, Übersicht über die nichtdiplomat.
G. des MA, Ma. Stud. 3, 1981, 120–149.

[2] *Byzanz:* G. gab es in Ägypten bereits in hierogly-
phen Texten mit mystisch-religiösem Hintergrund; aus
dem christl. Ägypten sind verschiedene kopt. kryptische
Alphabete bekannt. Bei den gr. G. der Antike und des MA
lassen sich zwei Methoden der Chiffrierung unterscheiden. Bei der ersten, die meist in Invokationen oder Kolo-
phonen (Schlußschriften) auftritt, um Kopistennamen
oder Daten zu verschleiern, wurden die Buchstaben des
normalen Alphabets umgestellt. Korrespondierende
Buchstaben können dabei um 1, 2, 3, oder mehr Stellen
voneinander getrennt sein; oft beginnt die Umstellung
auch mit dem Anfang und Ende des Alphabets. Da die 24
gr. Buchstaben zugleich als Zahlen verstanden werden
können, wurde das Alphabet um die Zusatzzahlen Stig-
na, Koppa und Sampi erweitert und in 3 Teile zu je 9
Zeichen zerlegt. Innerhalb der Gruppen wurden dann die
Gleichsetzungen analog zur oben beschriebenen Methode
durchgeführt (d. h. Alpha – Theta usw., Jota – Koppa
usw.; Rho – Sampi usw.). Die zweite, in Hss. und im Zusammenhang mit mag. Texten verwendete Methode ersetzte das normale durch ein Phantasiealphabet, etwa aus
üblichen astrolog. oder alchemist. Zeichen und einzelnen
Normalbuchstaben.

Die Verwendung einzelner Symbolbuchstaben im
myst. Sinn ($\Delta E \Theta Y \Psi$) diente einem esoter. Zweck. Die in
Kirchen, bes. im Zusammenhang mit Kreuzen, auftreten-
den Buchstabenkumulationen (z. B. vierfaches Epsilon,
Rho oder Chi) haben zu Lösungsversuchen angeregt, die
auf dem Grundsatz suspendierender Kürzung (Anfangs-
buchstabe steht für ganzes Wort) beruhen.

H. Hunger

Lit.: V. GARDTHAUSEN, Gr. Paläographie II, 1913², 298–319 – J.
DORESSE, Cryptographie copte et cryptographie gr., Bull. de l'Inst.
d'Égypte 33, 1950–51, 215–228 – M. GUARDUCCI, Dal gioco letterale
alla crittografia mistica (Aufstieg und Niedergang der röm. Welt II, 16/
2, 1978), 1736–1773 – G. BALIĆ, Les croix à cryptogrammes, peintes
dans les églises serbes des XIIIᵉ et XIVᵉ s. (Mél. I. DUJČEV, 1979), 1–13.

Gehorsam, Unterordnung des eigenen Willens aufgrund
der Verpflichtung durch den, der dazu befugt ist. Die
sittl.-religiöse Tugend des G.s ist die gläubige Unterwerfung unter das göttl. Gesetz, die Gebote der Evangelien
und die Weisungen dessen, der jemanden in die Pflicht
nehmen kann. Solcherart Vorgesetzte sind im geistl. MA
→Abt und Äbtissin, Propst und Prälat, Prioren und -in-
nen. Im Mönchtum des Westens wurde nach der →Regula
Benedicti (oder einer anderen Ordensregel) der G. gegenüber dieser Regel und dem Ordensobern versprochen
(promissio-propositum, sponsio, professio); erst seit dem
13. Jh. ist von →Gelübde (votum) die Rede. Im Spanien
des 7. und der folgenden Jh. wurde dieser G. als 'pactum',
als Vertrag zw. dem Vorsteher und jedem Mitglied der
monast. Gemeinschaft (nach dem Modell zivilrechtl. Verträge des westgot. Rechts) vorgestellt. Im Frankenreich
bestätigte und präzisierte die karol. Gesetzgebung des
8.–9. Jh. diese überkommene Ordnung und ihre Verpflichtungen. Die →Kanonessammlungen sichern den G.
entsprechend dem Lehens- und Vasalleneid (→Lehnswe-
sen) im Feudalsystem. In seinem Traktat »De praecepto et
dispensatione« hat Bernhard v. Clairvaux (um 1140) auf
die inneren Grenzen der G.sverpflichtung gegenüber den
Geboten der geistl. Obern hingewiesen.

Für die →Bettelorden gehört der G. zu den →evangeli-
schen Räten und begründet mit Armut und Enthaltsamkeit die evangel. Vollkommenheit. Der G. ist für Thomas
v. Aquin (S.th.IIᵃ IIᵃᵉ q.186 a.8 ad 1) das Zeugnis der
Jüngerschaft in der Nachfolge Christi. Das Gelübde (votum) des G.s hat unter den drei Ordensgelübden den
Vorrang, weil die Hingabe des freien Willens das »Glanz-
opfer« des Menschen ist (ebd. a.8, 5). Über den Regel-G.
kam es zw. den Dominikaner- und Franziskanertheologen zu schweren Auseinandersetzungen (vgl. Thomas v.
Aquin ebd. a.9 im Correctorium fr. Thomae des Wilhelm
von La Mare, art. 74, →Korrektorienstreit). Das doppelte
Versprechen des hl. →Franziskus v. Assisi zum G. gegenüber dem Evangelium zum G. gegenüber dem Evangelium
und gegenüber Papst Honorius III. und seinen Nachfolgern brachte in den Regelerklärungen (z. B. des Petrus
Johannis Olivi, ed. D. FLOOD, 1972, 110, 116–122) das
Problem des kirchl. G.s zur Sprache: in der Spannung
von individualem und gemeinschaftl., dogmat. und hierarch. G.

J. Leclercq

Lit.: DIP VI, 494–528 – RAC Lfg. 67, 1974, 390–430 [zur frühchr.
Tradition: K. S. FRANK] – I. HERWEGEN, Das Paktum des hl. Fruktuosus
von Braga, 1907 – C. CAPELLE, Le voeu d'obéissance des origines au
XIIᵉ s., Ét. Juridique, 1959 – B. MADARIAGA, La obediencia según San
Buenaventura, Veridad y Vida 23, 1965, 373–436 – J. LECLERCQ, S.
Bernard dans l'hist. de l'obéissance monastique, Recueil d'études sur S.
Bernard, III, 1969, 267–295 – A. H. THOMAS, La profession religieuse
des dominicains, APraed 39, 1969, 5–52 – A. DE VOGÜE, Community
and Abbot in the Rule of Saint Benedict I, 1978, 179–251.

Geier → Greifvögel

Geiler v. Kaisersberg, Johannes, * 1445 in Schaffhausen, † 1510 in Straßburg, trat v. a. als volkstüml. Prediger
(»schmetternde Posaune des Straßburger Münsters«) hervor. Dort war eigens für ihn eine Predigerstelle geschaffen
worden, die er von seinem 33. Lebensjahr bis zu seinem
Tode innehatte. Pädagog. und rhetor. Fähigkeiten dispo-
nierten ihn in bes. Weise für diese Seelsorgeraufgabe, zu
deren Gunsten er seine Tätigkeit als Universitätslehrer (er

war 1476 Theologe und Rektor der Univ. →Freiburg) aufgab. Im städt. Leben →Straßburgs wurde er zu einer einflußreichen und integrativen Persönlichkeit.

G.s Predigten umfaßten ein breites Themenspektrum: grundlegende kirchl. Glaubenslehre, allegor.-myst. Kontemplation, Kirchen- und Gesellschaftskritik, moral. Belehrung. Ausgangsbasis und themat. Klammer zusammenhängender Predigtreihen war neben den gewohnten Stoffen der Bibel und der kirchl. Tradition auch weltl. Literatur, wie Sebastian →Brants »Narrenschiff«. G.s große Wirkung beruhte auf dem publikumbezogenen Aufbau seiner Predigten und dem metaphernreichen, oft drastischen Sprache. Er nahm Anschauung und Erfahrung der Hörer wie auch bekannte Sprichwörter auf, die er dann in traditioneller allegor. Weise auslegte und in Wort- und Bedeutungsassoziationen extensiv auszog.

G. läßt sich nicht auf einen ausgeprägten theol. Standpunkt festlegen; er hat in großer Belesenheit verschiedenste Vorstellungen aufgenommen, woraus eine Art »pastoraler Nominalismus« verbunden mit myst. Frömmigkeit resultiert. Am meisten ist er →Johannes Gerson verpflichtet, dessen Werke er zusammen mit Peter Schott und Jakob →Wimpfeling herausgegeben und von dem er mehrere Schriften übersetzt bzw. predigtmäßig verarbeitet hat (u. a. »Totenbüchlein«, Predigten vom »Berg des Schauens«, »Die güldene Regel geistl. Menschen«, »Doctor Keysersbergs Trostspiegel«, »Das irrige Schaf«). Abgesehen von diesen Texten und wenigen eigenen Schriften (lat. und dt. Briefen), die G. selbst herausgegeben hat, sind seine Hauptwerke, die Predigten, nur mit fremder Vermittlung publiziert worden, d. h. es handelt sich um Nachschriften der dt. gehaltenen Predigten und um Ausarbeitungen lat. Konzepte. Umstritten ist dabei insbes. die Zuverlässigkeit der Edition von Johannes Pauli (1515–20), der u. a. auch »doctor Keisersperg narrenschiff« (1520) herausbrachte.

Kirchenpolit. hat G. die Reformgedanken des 15. Jh. vertreten (auch darin an Gerson orientiert); er hat mit seiner Kritik Verbesserungen kirchl. Mißstände in Straßburg erreicht, Ks. Maximilian holte seinen Rat ein. Als Vorläufer der Reformation ist G. kaum anzusehen. Wenn seine Schriften auf den Index kamen, so war das Ergebnis nachträglicher Interpretation, nicht eigener Intention oder zeitgenöss. Wirkung.   U. Schulze

Ed. und Q.: Die ältesten Schr. G.s v. K., ed. L. DACHEUX, 1882 [Nachdr. 1965] – J. Wimpfeling–B. Rhenanus, Das Leben des J.G. v.K., ed. O. HERDING, 1970 – Lit.: DSAM VI, 174–179 [F. RAPP] – Verf.-Lex.² II, 1141–1152 [H. KRAUME; Ed., Lit.] – E. DOUGLASS, Justification in Late Medieval Preaching. A Study of J.G. of K., 1966 – H. KRAUME, Die Gerson-Übersetzungen G.s v. Kaysersberg…, 1980 (MTU 71).

Geisel. Der G. (nicht die G.) war Personalpfand. Die Geiselschaft oder Vergeiselung war Hingabe einer Person in die Gewalt eines Forderungsberechtigten bzw. Gläubigers zum Zwecke der Sicherung. Diese persönl. Sicherheit zählt zu den Archetypen des Rechts. Als Pfand war G. nicht Bürge und trat immer in den Gewahrsam des Gläubigers. Unterblieb am Verfallstag die Leistung des Pflichtigen, hielt sich der Gläubiger an den G., der immer ein freier Mann war. Als Verfallspfand war der G. im Falle der Nichterfüllung der Willkür des Gläubigers preisgegeben, der ihn verkaufen, mißhandeln oder töten konnte. Die reine Personalhaftung mit dem Leibe schloß eine persönl. Schuldverpflichtung (wie beim Bürgen) aus. Denn als Pfand schuldete der G. nicht; seine Personalhaftung war Sachhaftung. Wohl gehört die Geiselschaft zu den persönl. Sicherheiten, aber sie war dingl., nicht schuldrechtl. Na-

tur und somit keine →Bürgschaft (II) und ist also auch nicht ihre älteste Form. Die urtüml. Pfandhaftung einer Person (oder mehrerer) wurde sowohl zum Zwecke der Garantierung der Leistung eines Dritten (Drittg.) wie auch einer eigenen Leistungspflicht durch den Schuldner selber als Selbstvergeiselung bzw. Selbstgeiselschaft begründet; letztere Form dürfte bes. häufig gewesen sein. Als Drittg. kam etwa ein Verbündeter in Frage. Die sehr weit verbreitete Geiselschaft befand sich schon zur Zeit der germ. Volks- und Stammesrechte im Absterben. Im Verlaufe des FrühMA war der G. bis auf unbedeutende Reste verschwunden. Es ist anzunehmen, daß der Forderungsberechtigte den G. nach Fälligkeit der Schuld als Nutzpfand zur Arbeit herangezogen hat. – Im Gegensatz zum privaten Recht hat sich die Geiselschaft im Kriegs- und Völkerrecht zäh erhalten und spielte noch im SpätMA bei der Sicherung polit. Verträge eine Rolle. Aus dem G. entwickelte sich im 11./12. Jh. der Gisel bzw. die Gisel- oder Obstagialbürgschaft (→Einlager) als eine Grundform der ma. Bürgschaft.   P. Walliser

Lit.: A. LUTTERROTH, Der G. im Rechtsleben. Abh. aus dem Staats- und Verwaltungsrecht 36, 1922 – W. OGRIS, Die persönl. Sicherheiten im SpätMA, ZRGGermAbt 82, 1965, 140ff. – P. WALLISER, Das Bürgschaftsrecht in hist. Sicht, dargestellt im Zusammenhang mit d. Entwicklung d. Schuldrechts in d. schweiz. Kant. Waadt, Bern u. Solothurn bis zum 19. Jh., 1974, 39ff., 287ff. – DERS., Zur Entwicklung d. Schuldrechts u. d. persönl. Sicherheiten in w. schweiz. Rechten im MA (Berner Festg. z. Schweiz. Juristentag, 1979), 99–128.

Geiserich, Kg. d. →Vandalen 428–477, führte 429 80000 Vandalen über die Meerenge v. Gibraltar nach →Afrika, nach späteren Quellen von Bonifatius, dem comes Africae, zu Hilfe gerufen, aber wohl mehr vom Reichtum des Landes angezogen. Nach der Eroberung von Hippo, dessen Bf., der hl. →Augustinus, während der Belagerung verstarb, und einem Sieg über Bonifatius kam es 435 zu einem Foederatenvertrag (→Foederaten), in welchem den Eroberern Numidien sowie Teile von Mauretanien und der Provinz Africa Proconsularis überlassen wurden. Nach Plünderungszügen in Sizilien gewann G. 435 im Handstreich →Karthago mit der dort stationierten röm. Flotte. Ein neuer Vertrag mit Rom (443) erweiterte die Herrschaft des Kg.s bis Ostnumidien und Tripolitanien. Trotz dem Versprechen jährl. Tributzahlung und der Entsendung seines Sohns Hunerich als Geisel nach Rom bedeutet diese Abtretung die Anerkennung der vollen Souveränität eines germ. Herrschers auf röm. Reichsboden (Zählung nach Königsjahren, eigene Münzprägung). Nach dem Tode →Valentinians III. (455) und der vor dem Nachfolger gelösten Verlobung Hunerichs mit der Kaisertochter Eudokia nahmen die Vandalen →Rom ein. Papst →Leo d. Gr. konnte während der zweiwöchigen Plünderung lediglich Exzesse verhindern. Unter der reichen Beute befanden sich die Witwe Valentinians III., Eudoxia, und ihre beiden Töchter, von denen G. die ältere, Eudokia, um 462 mit Hunerich vermählte. In den folgenden Jahren sicherte sich G. die Balearen, Korsika, Sardinien und Sizilien, dagegen scheiterten mehrere röm. Flottenunternehmungen, um die Vandalen aus Afrika zu vertreiben. Als diese sogar die Küsten Illyriens und Griechenlands plünderten, erkannte auch der oström. Ks. →Leo den neuen Besitzstand in Afrika an (474). →Odoaker konnte lediglich gegen Tribute Sizilien zur Kornversorgung Roms zurückgewinnen. G.s Regierung war von scharfen Gegensätzen zw. dem Arianismus der Vandalen und dem kath. Bekenntnis der zahlreicheren röm. Bevölkerung N-Afrikas gekennzeichnet.   R. Klein

Lit.: KL. PAULY II, 717–719 – RE VII, 935–945 – C. COURTOIS, Les Vandales et l'Afrique, 1955 – H. J. DIESNER, Das Vandalenreich, 1966.

Geisli → Einarr Skúlason

Geißelung, Geschlagenwerden mit – im Gegensatz zum starren Stock – biegsamen Schlaginstrumenten, mit Peitschen, Riemen, Stricken und Ruten, wobei oft noch Spitzen aus Knochen, Holz oder Metall aufgesetzt bzw. eingeflochten sind. Bei allen Völkern der Antike war die G. im Gebrauch, so im Prozeß- und Strafwesen, aber teilweise auch in der Religion (Mysterienkulte). Die religiöse Bedeutung dürfte als harmlosere Form des Blutvergießens zu deuten sein. Für das Christentum wurde wichtig, daß der römischerseits geübten Kreuzigung eine G. vorausging, so auch bei Jesus. Die antike G. bzw. Auspeitschung wurde Element der ma. weltl. wie kirchl. Rechts (→Strafvollzug) und allmählich auch der →Askese. Als 'disciplina' bezeichnet, war sie Strafe für Mönche wie Kleriker, so beispielsweise bei Benedikt, drastischer noch bei Columban und für unenthaltsame Kleriker auch bei Bonifatius u. a. Die frühma. Bußbücher kannten die disciplina als Mittel der Bußverkürzung (Kommutation, Redemption). Seit dem 9. Jh. ließen sich Asketen freiwillig den Rücken auspeitschen; seit dem 11. Jh. nahmen sie selber die Geißel in die Hand, wobei die bis dahin verwendeten Ruten durch Riemen und Taue ersetzt wurden. Maßgebl. wurde →Petrus Damiani († 1072) für die Verbreitung der Selbstgeißelung, die von vielen hoch- und spätma. Asketen geübt wurde, ebenso in Orden und sogar bei den Mystikern (Seuse). In der durch die Pestwelle 1348 ausgelösten religiösen Erregung kam es zur massenhaften Selbstgeißelung (→Flagellanten).　　　A. Angenendt

Lit.: RAC IX, 461–490 [W. WALDSTEIN] – L. GOUGAUD, Dévotions et pratiques ascétiques du m. â. (Collection 'Pax' 21), 1925, 175–199 – L. v. HERTLING, Lehrbuch der asket. Theologie, 1930, 242f. – C. VOGEL, Composition légale et commutations dans le système de la pénitence tarifée, RDC 8, 1958, 289–318; 9, 1959, 1–38, 341–359 – A. VAUCHEZ, La sainteté en occident aux derniers s. du m.â., 1981 [Register] – A. ANGENENDT, Sühne durch Blut, FMASt 18, 1984, 437–467 – F. GRAUS, Pest-Geißler-Judenmorde. Das 14. Jh. als Krisenzeit, 1987.

Geißelung Christi → Passionsbilder

Geißler → Flagellanten

Geisteskrankheiten. In der ma. Heilkunde kann nicht von »G.« im modernen psychiatr. Verständnis gesprochen werden. Die seel. Störungen wurden als Ausfallserscheinungen im Sinne der klass. Säftelehre nach dem Topos der »affectus animi« im Rahmen der »res non naturales« behandelt. Irrenwesen und Irrenpflege im MA haben noch keine wissenschaftshistor. ausgerundete Darstellung gefunden.

[1] *Ätiologie, Symptomatologie und Diagnostik:* Der Formenreichtum der seel. Störungen manifestiert sich bereits in der sprachl. Verwurzelung. Ihrer etymolog. Provenienz nach weisen »Wahnsinn« oder »Wahnwitz« auf das ahd. »wan« = 'leer, fehlend' hin, seit dem 15. Jh. auch im Sinne von »des Verstandes ermangelnd« gebraucht. »Blödsinnig« leitet sich vom ahd. »blôdi« = 'schwächlich' ab. In den naturkundl. Schriften der →Hildegard v. Bingen (1098–1179) finden sich im lat. Text mhd. Benennungen wie: »hirnwüdig, wanwiczig, unsinnig, wudich« oder auch Krankheitsnamen wie: »vallendsucht, gezwang, crampho«. Der Begriff »Tor« leitet sich ab von ahd. »tusig«, ndt. »dösig«. Daß im MA auch die Epilepsie aus dem Eingreifen höherer Mächte gedeutet wurde, kann kaum bezweifelt werden (vgl. Begriffe wie »Anfall«, »Greifung«, wobei gleichsam ein böser Dämon den Körper anfällt). Ähnliches bedeuten Begriffe wie »die stürzende Seuch«, »der schlagende Jammer«, die »fallenden Siechtage« oder »die schwere Not«. Daß es sich auch hierbei um ein rein somat. Leiden handelt, bezeugt Mei-

ster Ortolff von Bayerland: »Kompt der vallendt siechtumb von kranckheit des hirnes«. Nach →Constantinus Africanus beruht die Epilepsie auf einer im Gehirn kreisenden (currens) Flüssigkeit; von einer »heiligen« (divina) Krankheit werde nur im Volke gesprochen.

[2] *»Melancolia« als Sammelbegriff für seelische Störungen:* Das theoret. Konzept der G. basiert auf dem Sammelbegriff der »melancolia«, die als »seelische« Grundstörung des labilen Fließgleichgewichts aufgefaßt wird, wobei ätiolog. die »schwarze Galle« im Vordergrund steht. In der Tradition der antiken Elementen- und Säftelehre wird der »humor melancolicus« zum allgemeinen Leitbegriff für seel. Störungen. Bereits →Beda Venerabilis weist ihn in »De mundi constitutione« der Erde und der herbstl. Reifezeit zu (MPL 90, 881 D). Bei →Hildegard v. Bingen wird »melancolia« über die somat. Säfteverstimmung hinaus zum Symbol für Krankheit überhaupt und zum Schicksal des heilsuchenden Menschen. Im ursprgl. Zustand (constitutio) leuchtete die schwarze Galle wie die Morgenröte; im jetzigen Verfall (destitutio) wird sie zum Symbol für die elementare Verdüsterung, für die leibl. Beschwernisse, das moral. Versagen wie auch die geistige Desintegrierung; im Endstand (restitutio) manifestiert sie sich wieder in ihrer ursprgl. lichtgrünen Lebendigkeit (viriditas). Im Rahmen der Säftekonstellation beschreibt Hildegard ein höchst differenziertes Spektrum seel. Entgleisungen, wobei den Zwischenschichten zw. normal und gestört (neutralitas) eine bes. Bedeutung beigemessen wird. Die Störungen – als Hirnleiden aufgefaßt (vgl. Causae et curae 89, 31) – wechseln zw. depressiver Verstimmung und manischer Ausgelassenheit; der Kranke erscheint geplagt von Wahnvorstellungen oder Verzweiflung mit suizidaler Gefährdung; beschrieben werden verschiedene Formen der Epilepsie (epilepsia).

Eine erste Systematik der seel. Störungen bietet um das Jahr 1080 →Constantinus Africanus. In seinem Traktat »De melancolia« faßt er die Überlieferung eines Jahrtausends griech.-arab. Medizin zusammen und wirkt über Spätscholastik und Humanismus hinaus bis in die Konzeptionen nz. Psychiatrie (nachgewiesene Quellen: Hippokrates, Rufus v. Ephesos; Autoritäten: Rhazes, Isḥāq b. ʿImrān). Innerhalb der Säftekomplexion steigt die »melancolia« vorzugsweise zum Gehirn, verwirrt den Verstand und verhindert, »das Gewohnte zu verstehen«; sie erzeugt vielmehr »die Einbildung von Unwirklichkeiten«, wobei sie »das Herz in Furcht« versetzt. Melancholie ist somit »der Glaube an ein Überfallenwerden durch irgendein nicht existierendes Übel«, also eine Wahnidee. Der Pathogenese entsprechen die somat. Ausfälle: Abmagerung, Schlaflosigkeit, Potenzstörungen, Geschmacksstörungen oder Geruchssensationen.

Constantinus unterscheidet zwei Hauptgruppen: die allgemeine Hypochondrie und die Kephalose, eine Erkrankung der Hirnsubstanz. Bei der »Hypochondria« steigt ein Überschuß der schwarzen Galle zum Magenmund und zum Herzen auf und erzeugt dort Niedergeschlagenheit, Furcht, Todesangst und Mißtrauen. Das Gehirn schließlich fängt den über den Magen hochsteigenden schwarzen Dunst auf; die vom Herzen gelieferten trüben »spiritus spirituales« andererseits werden in den Ventrikeln, den Kammern des Gehirns, gespeichert. Über das Ventrikelsystem wirkt die schwarze Galle auf die Vorstellungswelt ein. Wegen der unvermeidl. Schädigung des Stoffwechsels (virtus digestiva) wird die Hypochondrie zu einem chron. Leiden. Die zweite Form, die Erkrankung der Hirnsubstanz, äußert sich vorzugsweise in Schlaflosigkeit, Kopfschmerz, Flimmern vor den Augen mit unstetem Blick und Druck auf die Augenhöhlen. Damit einher gehen Nahrungsverweigerung aus Abscheu vor Speisen und soziale Entfremdung. Auch diese Störung der zwischenmenschl. Beziehungen wird somatisch interpretiert. Schon Galen hatte darauf hingewiesen, daß solche G. sich im Kopf konstituieren und daß die Vermögen der Seele eine Folge der Mischungen des Körpers seien. Mit dieser Systematik sind wesentl. Phänomene des Leidens erfaßt: die in den Vordergrund rückende Affektstörung (Trauer oder Angst), das Grübeln über unwichtige Dinge (»Verrücktheit«), die hinzutretenden depressiven Wahnbildungen und Imaginationen (heute dem schizophrenen Formenkreis zugeordnet), Trugwahrnehmungen (heute paranoisch zu deuten), andeutungsweise auch eine erbbiolog. Komponente.

Eine Systematik der seel. Störungen findet sich weiterhin bei →Petrus Hispanus, für den alle G. als Gehirnkrankheiten gelten, die er zu lokalisieren sucht, um sie dann gegen die eher reaktiven Gemütsleiden abzugrenzen. Differentialdiagnost. unterschieden werden eine ausgelassengereizte »Hunds-Manie« und die mit einem paradoxen Bewegungsdrang einhergehende »Wolfs-Manie«. Abgegrenzt wird der »stupor«, eine Wand des Schweigens, hinter der sich eine Welt an Grübeleien aufbaut. Bei seel. Störungen können nach Petrus Heilmittel nur dann anschlagen, wenn die innere Lebensweise geordnet ist. Empfohlen werden bestimmte Steine und Farben, etwa ein grünl. Anstrich für Krankenzimmer.

[3] *Therapeutische Maßnahmen:* Der Definition und Beschreibung seel. Störungen läßt Constantinus Africanus die Therapie folgen, zunächst von körperl. Kuren ausgehend, nach dem scholast. Grundsatz: daß der Körper zwar der Seele in ihren Aktionen folge, die Seele aber dem Körper in seinen Krankheiten. Entsprechend der verschiedenartigen Symptomatik der Melancolia müssen auch die Heilmittel verschieden sein. Eine grundlegende Therapie wird nur da kausal zu unterbauen sein, wo bei eindeutiger Diagnose eine Austreibung der »materia peccans« in Aussicht steht. In den meisten Fällen werde man palliativ vorgehen und sich mit jenen symptomat. Kuren begnügen müssen, welche die schwarze Galle zu regulieren vermögen. Die Therapie richtet sich demnach konsequent nach der Diagnose: Auch die wahnhaften Vorstellungen sind Ausdruck einer »melancolia«, die ihren Sitz im Gehirn, im Magen oder im Hypochondrium haben. Die krankhaften Säfte müssen daher ausgetrieben oder beruhigt werden. Im Vordergrund der Therapie steht die »diaita« als eine Kunst der Lebensführung. Falscher Argwohn und verstörte Vorstellungen erfordern sanftes und vernünftiges Zureden sowie eine Behandlung durch Bäder und Musik, durch Übungen und Salbungen oder auch durch Coitus. Als chirurg. Eingriff wird schließlich empfohlen, auf beiden Höhen des Genickes bis auf das Schädelbein zu brennen (Schocktherapie). Der Erfurter Codex Amplonianus 222 bringt eine solche »Cura curialis in frenesi« mit genauen Anweisungen an den Chirurgen.

[4] *Maßnahmen zur Irrenpflege:* Der sorgfältigen individuellen Betreuung der seel. Gestörten entsprechen die von humanitären Impulsen getragenen Maßnahmen zur öffentl. Irrenpflege. Als vorbildl. können hier das Fürsorgewesen und die Wohlfahrtspflege in der islam. Hochkultur gelten. Schon durch den Propheten Mohammed waren die Ärzte angehalten worden, sich mit den Geistesstörungen zu beschäftigen. Der Koran macht Unterhalt und Pflege zu einer Standespflicht (Sure 4, Vers 5). Bereits im 9. Jh. besaß die Stadt Bagdad das erste selbständige Irrenhaus. Nach seinem Vorbild wuchsen entlang der großen

Handelswegen und Pilgerstraßen die Spitäler bis weit nac Zentralasien hinein. Unruhige wurden in diesen Anstalte auch isoliert, je nach Zustand sogar gefesselt. Regelmäßi aber fand eine Kontrolle durch den *muḥtasib* statt, de Aufseher der Sitten und Märkte, der die sozial Angepaßte zu entlassen hatte. Unterbringung und Verpflegung wa ren in diesen Spitälern zum Teil üppig. Die diätet. Aus gangsbehandlung auf der Basis der Viersäftelehre wa streng individualisiert; es gab Musik, Tanz, Theater; Vor träge, Schachspiel, Schaukeltherapie, Wasserspiele un v. a. Bäder unterstützten den Heilplan. Frühe span. Quel len versichern uns, daß bereits, so in Valencia, eine bewuß te Arbeitstherapie geplant war, wo die Patienten durc handwerkl. Schulung und systemat. Umschulung reso zialisiert wurden. Zeugnisse aufkeimender Irrenpfleg lassen sich aber auch im Abendland sehr früh schon nach weisen. Fromme Stiftungen für Geisteskranke gab es un 1100 bereits in Metz. Zürich besaß Ende des 12. Jh. ei Spital, in das auch Irre aufgenommen wurden; Unruhig kamen in Einzelzellen *(toubhuslin)*. Ende des 13. Jh. öffne ten die Alexianer in Köln ihr Kl. der Pflege Geisteskran ker. 1305 wird in Uppsala ein »Haus zum Hl. Geist« fü Irre gegründet. 1326 eröffnete Elbing, 1352 Bergamo ei Irren-Asyl. Eine Krankenzelle (cista stolidorum) gab e unter öffentl. Fürsorge 1376 in Hamburg. Um 1410 erbau te Padua eine eigene Irrenanstalt (casa di maniaci). Nürn berg errichtete um 1470 ein »Narrenhäuslein« als bes Anstalt. Geisteskranke setzten im hohen Ausmaß ihren Leben durch Selbstmord ein Ende, zuweilen wurde be diesen, weil sie »nit sinnig sein gewesen« von rechtl Sanktionen Abstand genommen, galten doch Selbstmör der normalerweise als exkommuniziert und vom christl Begräbnis ausgeschlossen.   H. Schipperge

Q.: Isḥāq ibn ʿImrān, Maqāla fī l-mālīḫūliyā (Abh. über die Melancholie) und Constantini Africani libri duo De melancholia (Ed. K. GARBERS), 1977 – →Constantinus Africanus – Hildegardis Causae et curae ed. P. KAISER, 1903 – *Lit.:* E. A. WRIGHT, Medieval attitudes toward mental illness, BullHistMed 7, 1939, 352–356 – E. H. ACKERKNECHT, Kurze Gesch. der Psychiatrie, 1957 – W. LEIBBRAND – A. WETTLEY, De Wahnsinn, 1961 – H. SCHIPPERGES, Melancolia als ma. Sammelbegrif für Wahnvorstellungen, Studium Generale 20, 1967, 723–736 – F. G. ALEXANDER – S. T. SELESNICK, Gesch. der Psychiatrie, 1969 – H KÜHNEL, ». . . da erstach sich mit willn selber . . .«. Zum Selbstmord im SpätMA und in der frühen NZ (Sprache und Recht. Fschr. R SCHMIDT-WIEGAND, 1986), 483–486.

Geistliche, Geistlichkeit → Klerus, Kleriker

Geistliche Dichtung

I. Allgemeine Grundzüge – II. Mittellateinische Literatur – III. Deutsche Literatur – IV. Englische Literatur – V. Skandinavische Literatur – VI. Romanische Literaturen.

I. ALLGEMEINE GRUNDZÜGE: Mit Zehntausenden von g.n D.en entstand im MA eine überaus umfangreiche, sich im Laufe der Jahrhunderte wandelnde religiöse Lit. Bei großer Vielfalt sind eine Reihe gemeinsamer Züge festzuhalten: Der größte Teil der g.n D. entstand in Kl. und Stiften, zahlreiche weitere Werke im näheren oder weiteren Umfeld von Kathedralen; dieses monast.-kirchl. Milieu hat die g.D. stark geprägt. Verfasser g.r D.en waren z. T. spezialisierte »Berufsdichter«, die oft großen Ruhm erlangten; auch Autoren, die von Hause aus namhafte Prosaschriftsteller waren, versuchten sich als g. Dichter. Andererseits wurden zahlreiche g. D.en von unbekannt gebliebenen Verfassern geschrieben. Das Publikum, das angesprochen wurde, bestand zum einen aus Mönchen und Geistlichen, zum anderen aus dem christl. Laienpublikum in seiner Gesamtheit.

Die g.D. hatte zwei Hauptintentionen. Die erste war, das →Gebet in all seinen Formen dichterisch auszugestalen: als Lobpreisung Gottes, der Gottesmutter und der Hl. en z. T. mit Versifizierung der Heiligenleben; als →Fürbitte für die verstorbenen Gläubigen bzw. als Bittgebet bei bes. Anliegen; als Bekundung von Reue und Bußfertigkeit, verbunden mit Klagen über Sündhaftigkeit und Elend der menschl. Existenz. Die andere Zielsetzung war eine pastorale; sie umfaßte die Belehrung, Ermahnung, Erbauung und Tröstung der Seelen, die zu Gott geführt werden sollten. Doch auch in diesem Fall zeichnen sich die Texte der g. n D. fast immer durch einen kult. Charakter aus; eine strenge Unterscheidung zw. öffentl. Liturgie und privater Frömmigkeit bestand nicht. Das mit g. r D. verknüpfte Ziel konnte auch ein vorrangig pädagogisches sein (Schulung der Ausdrucksfähigkeit oder des Gedächtnisses der Zöglinge, Veranschaulichung von Glaubensgrundsätzen durch geeignete Exempla oder Merkverse usw.). Auch bes. Umstände, etwa große Zeitereignisse wie die Kreuzzüge oder der Schwarze Tod, aber auch Vorkommnisse im engeren kl. Bereich konnten Anlaß zur Entstehung g. r D. en geben; hierhin gehören etwa Gedichte auf Verstorbene (Epitaphia) oder Elegien in bedrängter Lage. Auch die satir. Geißelung von Mißständen oder Lastern, oft verbunden mit reformer. Zielsetzungen, fand ihren Raum in der g. n D. Entsprechend der Vielzahl von Motiven und Anlässen sind auch die Formen vielfältig: Tropen, Hymnen, Sequenzen, Prosatexte, Prosulae, Dialoge, Streitgedichte usw. Es entsteht eine Lit., die entweder – wenn an eine lit. gebildete Elite gerichtet – »gelehrten« Charakter annimmt oder – soweit für die Laien, das »Gottesvolk« in seiner Gesamtheit, bestimmt – »volkstüml.« Züge aufweist.

Die Umsetzung des ästhet. Bedürfnisses nach Artikulation der Gottesliebe in eine überreiche dichter. Produktion läßt sich nur aus der tiefgehenden Prägung der ma. Kultur durch die →Liturgie verstehen. Die Psalmen in ihrer Eigenschaft als poet. Gesänge bildeten – zusammen mit anderen Teilen des AT und NT und mit den aus der alten Kirche überkommenen Gesängen – die Grundlage für das spontane Entstehen hymn. Dichtung. Die Schulbildung nach dem Konzept der →artes liberales, unter bes. Betonung des Grammatikunterrichts, förderte die Bereitschaft und Fähigkeit, sich in Versen auszudrücken. Selbst bei Prosaautoren lesen sich lange Passagen wie poet. Hymnen, bes. wenn es sich um Gebetstexte handelt. Verlieh die Inspiration einem Autor die Möglichkeit zur freien Artikulation einer Idee, so wurde er andererseits durch seine Schulbildung an eine disziplinierte lit. Gestaltung, im Sinne der Orientierung an überlieferten gattungsmäßigen und metr. Mustern, gebunden, wobei das Symboldenken, das die ganze bibl., liturg. und patrist. Tradition umfaßte, der Realität eine andere Dimension erschloß.

J. Leclercq

Lit.: J. LECLERCQ, Wissenschaft und Gottverlangen, 1963, 260–279 – A. MICHEL, In hymnis et canticis. Culture et beauté dans l'hymnique chrétienne latine, 1976.

II. MITTELLATEINISCHE LITERATUR: Unter g. r D. sind hier Werke verstanden, in denen nach Absicht und Inhalt eine religiöse Komponente vorherrscht. »Gattung«, »Art« usw. bezeichnen Gruppen, die u. U. nach sehr verschiedenen Gesichtspunkten zusammengefaßt sind, nicht Teile eines gegliederten Systems.

[1] *Die Tradition der alten Gattungen:* Viele der im MA gebräuchl. Arten der g. n D. treten bereits in der christl. Spätantike hervor. *Die liturg. Dichtung:* Die lat. Liturgie ist durch Psalmen und Cantica reich an ursprgl. poet. Texten, ihre Prosa ist vielfach hymn. oder poet., nicht nur in Texten wie dem Gloria, sondern z. B. auch in manchen

→Antiphonen. Metr. Verse sind die →Hymnen des →Ambrosius; dessen Schöpfung blieb das MA hindurch überaus fruchtbar und bis in die NZ lebendig. Neben die metr. ambrosian. Hymnen trat bald eine entsprechende rhythm. Form, dann andere metr. und rhythm. Strophen. Aus dem 4. Jh. stammt der erste nichtmetr. und gereimte Hymnus (»Psalmus responsorius«, ed. R. ROCA-PUIG, Himne a la verge Maria, 1965). – *Nichtliturg. christl. Dichtungen* der Spätantike knüpfen zum Teil an ältere Gattungen an. Sie übernehmen deren Ausdrucks- und Darstellungsweisen und tragen bedeutend dazu bei, daß in der lat. Dichtersprache des MA der spätantike Gebrauch starken Einfluß ausübt. Ihre Verfasser treten zur profan-antiken Dichtung in häufig ausgesprochenen Gegensatz; sie rechtfertigen ihr Dichten mit der höheren Würde ihres Gegenstandes (→Iuvencus, auch spätere noch, z. B. Iohannes v. Fulda, MGH PP I 392, →Eupolemius). Die →Epik wendet sich in erster Linie bibl. Stoffen zu; so wie in den alten Epen die Mythen und ihre Gestalten gegenwärtig waren, so sind es jetzt die Gestalten des AT und NT (→Bibelepik). Im Falle des →Cento werden nur Vergil. Verse verwendet. →Prudentius versetzte die Handlung des Epos in die Ebene der →Allegorie; seine »Psychomachie« hat nicht nur auf Werke ähnl. Charakters wie den Eupolemius, sondern auch auf die Tugend- und Lasterdichtung und auf die allegor. Dichtung überhaupt großen Einfluß ausgeübt. An die Bibel, allerdings nicht in epischer Weise, schließt sich auch die metr. Psalmenparaphrase an; für sie bot →Paulinus v. Nola ein Muster, das bei →Beda und dann in der karol. Zeit nachwirkt. Die Heroen des Christentums werden Gegenstand einer hagiograph. Epik zunächst in den Märtyrerhymnen des Prudentius, der Vita s. Martini des →Paulinus v. Petricordia (Périgueux), später der des →Venantius Fortunatus. Hagiograph., oft panegyr. getönte Erzählung in Versen – sowohl metr. wie rhythm. – blüht das ganze MA hindurch. Manche dieser Werke erfuhren weite Verbreitung, die Vita s. Mariae Aegyptiacae des →Hildebert v. Lavardin z. B. wurde Schullektüre. Von →Sedulius angeregt entstehen Doppelfassungen in Prosa und in Versen (→Aldhelm, →Beda, →Alkuin, →Candidus, →Walther v. Speyer). Mitunter ist in einem Werk der Preis mehrerer Hl. er vereinigt (Aldhelm, »de virginitate«, Alkuin »de sanctis Euboricensis eccl.«). Die alten lyr. Formen nach der Art des Horaz, doch im Geist des christl. Hymnus, werden, als lit. Werk zu einem Buch vereinigt, von Prudentius mit Erfolg in die christl. Dichtung eingeführt. Seine, in verkürzter Auswahl auch in die Liturgie aufgenommenen Tagzeithymnen dienten in ihrer lit. Überlieferung dem MA als eines der Muster lyr. Strophenformen; doch griff ein Dichter wie →Metellus v. Tegernsee unmittelbar auf das horaz. Vorbild zurück. Die Formkunst der →Figurengedichte hat letztl. ein profanantikes Vorbild; sie wird nicht nur weltl. Herren, sondern auch Gott als Huldigung dargebracht. Der christl. Unterweisung des einfachen Volkes dienten Werke wie die akrostich. »Instructiones« des →Commodian (4. Jh.) und →Augustins »Psalmus contra partem Donati«. Beide Dichtungen verzichten auf die Form der klass. Metrik. Die didakt. Dichtung und die Memorialdichtung der späteren Jahrhunderte nimmt sich aller Arten geistl. Gegenstände an. Persönliches stellt Paulinus v. Pella (5. Jh.) in seinem autobiograph. Gedicht dar. Später verfaßt →Eugenius v. Toledo Carmina, die von eigenen körperl. und seel. Leiden sprechen und davon ausgehend auf die Hinfälligkeit alles Menschlichen hinüberweisen – ein im MA sehr häufig behandeltes Thema. Das Bußgedicht des MA hat einen Vorläufer im Lied des →Verecundus († 552). Die Inschriftendichtung der Spätantike wirkt durch mehrere frühma. Slg.en v. a. röm. Inschriften auf die ma. →Epitaphien und sonstigen →Tituli. →Prosper v. Aquitanien faßt Sentenzen Augustins in Distichen und schafft damit eine bes. Art des geistl. Epigramms, das auch sonst im MA gelegentl. gepflegt wird.

[2] *Im MA entstandene oder wieder aufgenommene Gattungen:* Der Fortbestand der bisher gen. spätantiken (wie auch ma.) Gattungen ist nicht in allen Fällen stetig; manche von ihnen treten in bestimmten Epochen zurück und leben wieder auf, z. T. unter Anknüpfung an entferntere Epochen oder unter Einflüssen aus anderen Gattungen. Am beständigsten dürfte die Tradition des Hymnus sein. Das frühe MA, bes. die vor- und frühkarol. Zeit des 8./9.Jh., bringt eine bemerkenswert reiche rhythm., meist vielstrophige und abecedar. g.D. hervor (s. MGH PP IV,2). Ihre Gegenstände sind Gestalten der Bibel, Christus, Hl.e, Feste, Ereignisse der Heilsgeschichte, moral.-asket. Belehrung und Mahnung; in einer Reihe persönl. Dichtungen werden wiederum die menschl. Schwäche und Sündhaftigkeit beklagt. Diese Haltung ist bes. eindringl. in den reich gereimten Rhythmen→Gottschalks des Sachsen und später bei →Petrus Damiani wiederzufinden. Sie drückt sich in den Beicht- und Bußgedichten (beim→Archipoeta in parodist. Art) einerseits, in den Versen über den→Contemptus mundi andererseits aus, schließlich auch in den im SpätMA verbreiteten »Vado mori«-Dichtungen (vgl. WALTHER, 1996⁵). – In der Karolingerzeit tritt die metr. Dichtung in den Vordergrund. Der jetzt blühende Austausch poet. Episteln gibt dem geistl. Zuspruch viel Raum. Die Eklogendichtung blüht wieder auf und wird in der →Ecloga Theoduli (10.Jh.) der christl. Belehrung dienstbar gemacht (→Warnerius, →Bukolik). Am Rande der Liturgie erwachsen aus Begehungen des Gründonnerstags die eigenartigen Caritas-Lieder (B. BISCHOFF, Ma. Stud. 2, 56–77). Mit den →Tropen und →Sequenzen entsteht eine neue Art liturg. Texte. Die Tropen sind gewöhnl. Prosa, manchmal aber auch rhythm., gereimte oder sogar metr. Gebilde. Aus Tropierungen der Offiziumsresponsorien erwächst die Verbeta. Die Sequenz ist die bedeutendste und folgenreichste Formschöpfung der ma. Dichtung. Aus der Liturgie erwächst auch das →geistl. Spiel (→Drama). Dagegen versteht →Hrotsvith ihr Drama als geistl. Gegenstück zu Terenz. Eine liturg. Gattung, die nach Anfängen im 10.Jh. v. a. vom 12.Jh. an zu reicher Entfaltung gelangt, ist das →Reimoffizium. – Blütezeit und SpätMA: Schon im 11. Jh. tritt eigenwillige und persönl. Gestaltung stärker hervor, etwa in den eindrucksstarken Hymnen des Petrus Damiani, der heiteren Leichtigkeit des Gedichts vom Einsiedler Johannes, das →Fulbert v. Chartres verfaßte, der freundl. Ironie des →Hermann v. Reichenau (Hermannus Contractus) in seinen Metren über die acht Laster. Die Vielgestalt der Blütezeit des 12.Jh. zeigt sich auch in der g.n D., die Höhe der Formbeherrschung etwa in dem virtuosen und zugleich gedankentiefen Rhythmus »Alpha et O« des Hildebert, den Sequenzen →Adams von St-Victor oder in →Bernhards v. Morlas virtuosen Trinini salientes. Im Bereich der kirchl. Musikübung entstehen →Conductus und →Motette. Die religiös-moral. Unterweisung bedient sich seit dem 12.Jh.in Metren und bes. in rhythm. Gedichten (→Walter v. Châtillon, →Philipp der Kanzler) immer öfter auch des Mittels der →Satire und mitunter auch der →Parodie. So wie diese gehören auch andere Gattungen je nach Gegenstand und Haltung der Werke der geistl. wie der weltl. Poesie an, etwa die →Vision, der →Planctus, der im geistl. Bereich mit den→Marienklagen

einen Höhepunkt seiner Entwicklung findet, das →Epithalamium, das →Lehrgedicht, die Formen des →Prosimetron, des →Streitgedichts, der Sequenz. – Im späteren MA tritt der Anteil des Persönlichen, Empfindungsmäßigen stärker hervor. Hierzu tragen offensichtl. die Franziskaner bei; so wird jetzt in tiefbewegten, überströmenden Gesängen eher das Mitleiden mit Christus und Maria, die innige Liebe zu Jesus, die Erbärmlichkeit des Menschen zum Gegenstand der Äußerungen, als etwa der Triumph des Herrn über die Macht des Todes. Für Formen der außerliturg. kirchl. und privaten Frömmigkeitsübung entstehen→Cantiones, Reimgebete, Rosarien und Psalterien, vielstrophige »Leselieder«, aus denen vielfach die neue Haltung spricht. Manche dieser Dichtungen gehen in eine andere Gattung über: →Stabat mater und →Dies irae werden zu Sequenzen. – Es findet sich kaum eine lit. bedeutende Gestalt, die nicht zur g.n D. beigetragen hat. Trotzdem ist die Menge des Anonymen, v. a. bei Hymnen und Sequenzen, noch viel größer als die der Dichtungen, deren Verfasser bekannt sind.   G. Bernt

Lit.: LThK²III, 354–365 – M. MANITIUS, Gesch. der christl.-lat. Poesie bis zur Mitte des 8. Jh., 1891 – G. GRÖBER, Übersicht über die lat. Litt. von der Mitte des VI. Jh. bis 1350 (GromPhil II,1), 1902 [Nachdr. o. J.] – MANITIUS – F. J. E. RABY, A Hist. of Christian Lat. Poetry…, 1927, 1953² – SZÖVÉRFFY, Annalen – P. DRONKE, Die Lyrik des MA, 1973, 21–69.

III. DEUTSCHE LITERATUR: Versteht man g. D. in weiterem Sinne als Lit., in der christl. religiöse Thematik dominiert, so ist ihr ein sehr großer Teil der ma. dt. Texte zuzurechnen. Bis in die 2. Hälfte des 12. Jh. hinein hat es kaum etwas anderes gegeben, und als neben den zunächst allein lit. tätigen Geistlichen auch Laien als Dichter hervortraten, haben sie weiterhin zu einem, wenn auch kleineren Teil, geistl. Themen, religiöse Stoffe und Motive in erzählenden und lyr. Werken behandelt. Seit dem 13. Jh. brach im Rahmen von Laienfrömmigkeitsbewegungen ein verstärktes Bedürfnis nach geistl. Lit. in der Volkssprache auf, das in verschiedener Weise befriedigt wurde. Entsprechend dieser breiten Dimension geistl. Lit. überhaupt sind die Textsorten, ihre Entstehungsrahmen und Bestimmungszwecke vielfältig und nur bedingt systematisierbar.

In karol. Zeit stand die volkssprachige lit. Tätigkeit ganz im Dienst missionar., katechet. und kirchenpolit. Bemühungen, das galt nicht nur für kirchl. Gebrauchstexte (Gebete, Glaubensbekenntnis, Beichtformeln, Benediktinerregel) und Bibelübersetzungen (→»Tatian«), sondern auch für Dichtungen in Versform wie Otfrids »Evangelienbuch« und den →»Heliand«, das →»Wessobrunner Gebet« und das →»Muspilli«, die die Schöpfung bzw. das Weltende behandeln, und für den Preis von Hl.en und christl. Helden, →»Georgslied« und →»Ludwigslied«. Diese im 9.Jh. eingeführten Themen (Bibelerzählung und Heilsgeschichte, insbes. Anfang und Ende der Welt, Exempelgestalten des Glaubens) kehren in der g. D. während des ganzen MA wieder, doch mit der sich wandelnden Frömmigkeit in einer sich etablierenden Kirche und mit wachsendem Selbstbewußtsein der Laien veränderte und differenzierte sich die Art der Darstellung.

Nach einer literaturlosen Zeit im dt. Bereich – abgesehen von →Notker Labeo – entfaltete sich seit der 2. Hälfte des 11. Jh. von neuem dt. g. D. Die ep. Gestaltung bibl. Geschichten greift auf das AT aus (vgl. »Wiener« und »Millstätter →Genesis und Exodus«, →»Vorauer Bücher Moses«). In dem hymn. →»Ezzolied« erreicht die Darstellung der Heilsgeschichte höchste Konzentration und Prägnanz. Das Ende des Lebens und das Ende der Welt

verden bes. in den Blick gerückt, verbunden mit dem
…ufruf zur Buße (»Alem. →Memento mori«, »Von des
…odes gehugde«), mit Vorstellungen vom Gericht (Frau
→Avas »Antichrist« und »Jüngstes Gericht«) und vom
…nseits (→»Himmel und Hölle«, »Das Himmelreich«
→»Himelriche«], »Vision des →Tundalus«). Heiligenle-
…enden zeigen insbes. das göttl. Wirken in der Weltge-
…chichte (→»Annolied«, eingefügte Legende der →»Kai-
…erchronik«). Marienverehrung und -frömmigkeit
→Maria, Mariendichtung) finden Ausdruck in Lyrik
…»Melker Marienlied«, »Arnsteiner Marienlied«, »Ma-
…iensequenz von Muri«) und Epik (Priester →Wernhers
…Marienleben«). Die auch in dt. Dichtung praktizierte
…Methode allegor. Bibel- und Naturdeutung (→»Himmli-
…ches Jerusalem«, →»Physiologus«) demonstriert einer-
…eits die christl. Durchdringung von Geschichte und Welt
…nd rückt zugleich in dem geschaffenen Bezugssystem das
…ergangene und Andersartige an die Gegenwart heran.
…nsgesamt zeichnen sich in der g.n D. des 11./12. Jh.
…unehmend Aneignung der Glaubensinhalte und Streben
…ach einem persönl. Weg zum Heil ab. Die Anreger und
…ezipienten der Werke sind nicht mehr nur in Klöstern,
…ondern auch an den Höfen adliger Herren zu finden.

Im 12./13. Jh. wirken diese Tendenzen weiter, und auch
…n der →höf. Dichtung ist die Ausrichtung auf das persönl.
…Heil präsent. Von der Kreuzzugsbewegung (→Kreuzzü-
…e) herausgeforderte Reflexionen über das Verhältnis von
…Christen und Heiden sowie über die Entscheidung zur
…Kreuzzugsteilnahme schlagen sich in Epik und Lyrik nie-
…der. Das →»Rolandslied« des Pfaffen Konrad sanktioniert
…den Heidenkrieg als direkten Weg in die ewige Seligkeit,
→Wolfram v. Eschenbach sieht dagegen im »Willehalm«
…uch die Heiden als Gottes Geschöpfe und sie zu töten als
…ünde. Eine Reihe von Kreuzzugsliedern propagiert im
…Kontext der Minnebindungen die religiösen Beweggrün-
…de offenbar gegen die polit. Funktionalisierung der Unter-
…ehmen auf der real-hist. Ebene. Beispielhaft bezeugt der
…Gregorius« →Hartmanns v. Aue das Interesse des Adels
…n religiöser Thematik. Weltzugewandtheit in ritterl. Le-
…ensformen und die unausweichl. Erfahrung von Schuld
…nd Gnade hat diese höf. Legende mit anderen Dichtun-
…gen der Zeit gemeinsam. Wichtig erscheint die Vorstel-
…ung, daß die Lit. nicht nur Belehrung und Lebensanwei-
…ung vermittelt, sondern daß ihre Produktion und Rezep-
…ion selbst schon Bußhandlung sein kann. Wie Wolfram
…nd Hartmann repräsentiert auch →Walther v. der Vogel-
…weide insbes. mit seinem »Marienleich« die Personal-
…nion von weltl. und religiösem Dichter, die im 13. Jh.
…nd darüber hinaus immer wieder begegnet (→Reinmar v.
…Zweter, →Konrad v. Würzburg, →Rudolf v. Ems,
→Heinrich v. Meißen, der →Mönch v. Salzburg, →Os-
…wald v. Wolkenstein u. a.).

Die →Mystik des 13./14. Jh. hat mit ihrer persönl.
…Gotteserfahrung und intensiven Selbstreflexion eine neue
…Form geistl. Prosalit. hervorgebracht, die sich durch in-
…naltl. Innovationen und sprachschöpfer. Qualitäten aus-
…zeichnet. Bestimmte Formen wie Offenbarungsbericht,
…Autobiographie, Brief und Traktat wurden bevorzugt,
…ohne daß sie einheitlich ausgefüllt sind, auch die Predigt in
…it. Fixierung mündl. Ansprache gehört dazu. →Mecht-
…nild v. Magdeburg hat ihre visionären Erfahrungen von
…Gottesnähe und -ferne im »Fließenden Licht der Gottheit«
…wechselnd in rhythm. bewegte, gebetshafte, erzählende,
…dialog. und belehrende Form gefaßt, die das Werk zu einer
…Dichtung sui generis macht. Neben der überwiegend
…eidenschaftl. emotionalen Frauenmystik steht die intel-
…ektuelle Gotteserfahrung des Meister →Eckhart und Jo-

hannes →Tauler, die sich in Traktat (bes. Meister Eckharts
»Buch der göttl. Tröstung«) und Predigt artikuliert, denen sie neue Gehalte gegeben haben mit dem Ziel, systemat. zum religiösen Leben und zur myst. Gotteserkenntnis hinzuführen. Heinrich Seuses lit. Äußerungen sind
heterogener. In dem »Büchlein der ewigen Weisheit« hat
er ein Erbauungsbuch geschaffen, das im SpätMA weit
verbreitet war, und auch der »Seuse«, eine später überarbeitete Kombination von spiritueller Selbstbetrachtung
und Biographie, ist im Grunde ein Andachtsbuch. Fiktiv
und erfahrungsbezogen sind die zahlreichen Viten myst.
Dominikanerinnen (Schwesternleben), die im Hintergrund und Wirkungskreis der großen Literaturleistungen
der Mystik stehen. Auf einer einfacheren lit. Ebene wurde
die myst. Frömmigkeit in einer Art »Devotionalpoesie«
jahrhundertelang popularisiert.

Die Tradition der Bibeldichtung des 12. Jh. setzt sich im
13./14. Jh. in einer ganzen Reihe von Werken fort, die
stärker apokryphe Stoffe, bes. das Marienleben aufnehmen und z. T. bildhaft und emotionsbetont ausgestalten
(»Kindheit Jesu« →Konrads v. Fußesbrunnen, »Himmelfahrt Mariae« →Konrads v. Heimesfurt, »Rhein. Marienlob«, »Die Erlösung«, »Gotes zuokunft« Heinrichs v.
Neustadt u. a.). Das im 14. Jh. stärker werdende Interesse
an einem nicht legendenhaft überformten, einfach übersetzten Bibeltext hat die Bibeldichtung nicht verdrängt.
Wie diese spiegelt die Legendendichtung in bes. Weise die
Facetten spätma. Frömmigkeit. Im »Väterbuch« und im
»Passional«, die beide aus dem Deutschordensbereich
wohl vom gleichen Verfasser stammen, wurde die Ende
des 13. Jh. in die →»Legenda aurea« einmündende lat. Legendentradition dt. rezipiert und in Versform übertragen.
Die Erzähltypen der einzelnen Legenden variieren in Umfang und genrehafter Ausmalung. Marienwundern gilt
bes. Interesse; neben frühen Eremiten und Märtyrern sind
auch neue Hl.e aufgenommen, wie Franziskus, Dominikus und Elisabeth v. Thüringen. Dt. Prosaauflösungen
beginnen im 14. Jh. und haben in »Der Heiligen Leben«
eine weitverbreitete, später gedruckte Fassung erhalten.

Geistl. Lieder gehören zum kirchl. Leben des MA, sie
hatten ihren Platz außerhalb der gottesdienstl. Liturgie bei
bes. Festen, im Rahmen der heilsgeschichtl. Spiele, in
religiösen Gemeinschaften und in der Schule. Seit Mitte
des 14. Jh. sind Sammlungen solcher Lieder in Verbindung mit bestimmten Dichternamen tradiert. 49 dem
Mönch v. Salzburg zugeordnete Stücke repräsentieren das
übliche Verfahren der Übertragung und Fortsetzung lat.
Hymnen und Sequenzen, das wie die Kontrafaktur weltl.
Lieder auch die umfangreichste geistl. Liedersammlung
von →Heinrich v. Laufenberg (1. Hälfte 15. Jh.) bestimmt. Ohne individuelle Merkmale sind die meisten
Lieder in volkstüml. Stilhaltung von einer emotionalen
Frömmigkeit getragen, v. a. auf Maria bezogen, außerdem auf Hl. und die Trinität, auf Weihnachten, die Passion
und Ostern. Neben diesem volksliedhaften Typ haben
Autoren wie →Hugo v. Monfort und Oswald v. Wolken-
stein persönl. geprägte geistl. Lieder für einen eher höf.
Aufführungsrahmen geschaffen.

Die geistl. Spiele als originäre Form des ma. Dramas
(→Drama, V; →Geistl. Spiel) haben die beiden ostinaten
Themen der g. n D., bibl. Geschichte und Heilsgeschichte,
mit Wort und Gesang szen. veranschaulicht. Im Zentrum
steht die Erlösungstat Christi zu Ostern und in der Passion, darüber hinaus entstanden Bilderreihen wichtiger
Stationen von der Schöpfung bis zum Jüngsten Gericht.
Klagemonologe und -dialoge Marias und Johannes' unter
dem Kreuz dienten der compassio. Eingefügte weltl. Sze-

nen mit Stände- und Sittenkritik setzten Kontraste zu feierl. zeremoniellen Teilen. Die Zeugnisse der dt. Spiele beginnen im 13. Jh. (»Osterspiel v. Muri«). Lat.-dt. Mischformen weisen über lat. Spiele auf einen Bezug zur liturg. Osterfeier. Daneben gab es offenbar auch eigenständige Ansätze für die seit dem 14. Jh. greifbaren Passionsspiele (»St. Galler Passionsspiel«, »Frankfurter Dirigierrolle«). Komplizierte Überlieferungszusammenhänge und Spieltraditionen zeigen in Hessen (»Alsfelder Passionsspiele« u. a.), Tirol (»Tiroler Passion«) und in der Schweiz (»Luzerner Spiele«) ein Anwachsen der Stücke für mehrtägige Aufführungen. Nach der Überlieferung zu urteilen, sind gegenüber den Passionsspielen, zu denen auch die heilsgeschichtl. orientierten Fronleichnamsspiele gehören, Marien- und Heiligenspiele Randerscheinungen geblieben.   U. Schulze

Ed.: s. jeweilige Einzelartikel sowie Verf.-Lex., Verf.-Lex.² – *Lit.*: DE BOOR–NEWALD, I–III–H. FROMM, Mariendichtung (MERKER–STAMMLER² II) – J. JANOTA, Stud. zu Funktion und Typus des dt. geistl. Liedes im MA, 1968–R. BERGMANN, Stud. zur Entstehung und Gesch. der dt. Passionsspiele des MA, 1970 [Lit.] – H. RUPP, Dt. religiöse D. des 11. und 12. Jh., 1971² – D. BRETT-EVANS, Von Hrotsvit bis Folz und Gengenbach, 2 Bde, 1975 [Lit.] – A. MASSER, Bibel- und Legendenepik des MA, 1976 – M. WEHRLI, Gesch. der dt. Lit., 1980 – J. HEINZLE, Gesch. der dt. Lit., 2,2: Wandlungen und Neuansätze im 13. Jh., 1984 [Lit.] – Ep. Stoffe des MA, hg. V. MERTENS–U. MÜLLER, 1984 [Beitr. v. D. KARTSCHOKE, U. WYSS, P. DINZELBACHER; Lit.] – G. VOLLMANN-PROFE, Gesch. der dt. Lit., 1,2: Wiederbeginn volksspr. Schriftlichkeit im hohen MA, 1986 [Lit.].

IV. ENGLISCHE LITERATUR: [1] *Altenglische Literatur:* In der engl. Lit. des MA nimmt die g. D. eine bedeutende, vom Umfang des Überlieferten her sogar eine vorherrschende Stellung ein. Wichtigste Stoffquellen sind: die bibl. Bücher, die Legenden der christl. Heiligen, ergänzt durch das exeget. Schrifttum und →Apokryphen (A. II. 3). Davon zeugen für die ae. Zeit in erster Linie die Bibel- und Legendenepen in allit. Langzeilen (→Bibeldichtung, IV; →Heiligenlegende). Aufgrund des Berichts in →Bedas Hist. eccl. (IV. 24) von der göttl. Inspiration des Dichters →Cædmon wurden in der älteren Forschung die Bibelepen der →Junius-Hs., →»Genesis (A, B)«, →»Exodus«, →»Daniel« und →»Christ and Satan«, fälschl. diesem zugeschrieben. Von Cædmon selbst dürfte dagegen ein kurzes Preislied auf die Schöpfung (»Cædmon's Hymn«) stammen. →»Genesis (B)« stammt wahrscheinl. aus dem 9. Jh., in das auch →Cynewulfs→»Juliana«, »The Fates of the Apostles«, →»Elene« und →»Christ (II)« gehören (z. T. im →Exeter-Buch, z. T. im →Vercelli-Buch überliefert; dort ferner z. B.: →»Andreas«, →»Guthlac«). Auch in der →Beowulf-Hs. findet sich ein Bibelepos, die →»Judith«. Typisch für diese Dichtungen ist ihre Nähe zum weltl. →Epos (D. III) in Stil und Gestaltungsweise (formelhafte Diktion, Idealisierung Christi und seiner Heiligen im Geist der Heldenepik), trotz ihrer inhaltl. Abhängigkeit vom lat. Schrifttum.

So wie die liturg. Bücher meist die Vermittler bibl. und hagiograph. Texte waren, so waren sie auch oft die Quellen für die geistl. Meditationsdichtung und die religiöse →Lyrik. Die Psalmen wurden in der ae. Zeit verschiedentl. glossiert und auch in Vers und Prosa übersetzt (Pariser →Psalter). In den Bereich der Meditationsdichtung gehört die Traumvision vom Kreuz (→»Dream of the Rood«); Elemente der geistl. Meditation finden sich auch in einer Reihe von →Elegien (V; »The Wanderer«, »The Seafarer« u. a.). Auch die christl.-allegor. Dichtung (→Allegorie, V. 3) ist in der ae. Zeit vertreten (bedeutendstes Denkmal: →»Phönix«). – Neben der Versdichtung ist auch eine umfangreiche geistl. Prosaliteratur in Ae. auf

uns gekommen. Hier sind insbes. die Evangelienübersetzungen (→Bibelübersetzungen, XII), die Übersetzunge erbaul. Werke durch Kg. →Alfred d. Gr. und seinen Kreis die Homilien und Heiligenlegenden →Ælfrics und d Predigten →Wulfstans zu nennen.

[2] *Mittelenglische Literatur:* Auch für die me. Zeit gehö ren die bibl. und liturg. Bücher zu den wichtigsten Quel len der geistl. Dichtung, v. a. was die zahlreichen me Versparaphrasen kanon. und apokrypher Bibeltexte be trifft (»Genesis and Exodus«, 13. Jh. [→»Genesis«, →»Ex odus«]; Stanzaic Life of Christ«, 14. Jh.; »The Harrowin of Hell«, 13. Jh. [→»Descensus Christi ad inferos«]) Dichtungen, die oft durch belehrende und moralisierend Passagen erweitert sind (z. B. →»Cursor Mundi«). In de Vershomilien und Homilienslg. en werden die Evangelie des Kirchenjahres im Sinne der ma. Bibelinterpretatio behandelt (z. B. →»Ormulum«, vor 1200). Neben Einzel legenden und Legendenslg. en (→»South English Legen dary«, »Scottish Legendary«, →Bokenhams »Lives o Saints«, 15. Jh.) überliefern auch die →Homilien für di Heiligenfeste Hagiographisches (z. B. →»Northern Homily Cycle«).

Eine bes. Stellung nimmt innerhalb der hagiograph. Dichtung die →Mariendichtung ein. Neben narrative Texten, in der Form von Marienleben (z. B. →Lydgate »Life of Our Lady«, 15. Jh.) und Marienmirakeln (»Ver non Miracles«, 14. Jh.; →Chaucers »Prioress' Tale« in de »Canterbury Tales«, 14. Jh.), ist aus der me. Zeit auch ein umfangreiche Marienlyrik überliefert. Religiöse Theme nehmen allg. einen breiten Raum im Corpus der me. Lyri ein. Teilweise haben die Bettelmönche, v. a. die →Franzis kaner, zur Ausbildung und Verbreitung der me. religiö sen Lyrik beigetragen, die von Beichtspiegelreimer (→Beichtformeln, III), moralisierenden Merkversen un Reimgebeten bis zur myst. Meditationslyrik eines Ri chard →Rolle (14. Jh.) reicht. Bei einer Reihe von Gedich ten ist auch die Musik erhalten, so v. a. bei den spätme →Carols.

Vergänglichkeitstopik, Warnung vor der Sünde un das Thema des →Memento mori charakterisieren ein Vielzahl von im einzelnen ganz unterschiedl. erbauliche Versdichtungen wie das frühme. →»Poema Morale« (12. Jh.), die →Streitgedichte von Seele und Leichnam (»Body and Soul«, 13./14. Jh.), den in der Form eine Exemplaslg. (→Exemplum, III) gestalteten Sündenkata log »Handlyng Synne« von Robert →Mannyng (1303), den →»Prick of Conscience« (14. Jh.); s. a. →»Contemp tus Mundi«, B. VI. Im weiteren Bereich der g. n D. sind eine Reihe von allegor. Dichtungen des sog. »Alliterative Revival« (→Alliteration, C. IV) im 14. Jh. angesiedel (»Cleanness«, »Patience«; →Pearl-Dichter), wobei aller dings diese Dichtungen – dies gilt insbes. von →Langlands →»Piers Plowman« – nicht auf die moralisierend-erbaul. Thematik begrenzt sind.

Auch im Me. gibt es eine umfangreiche geistl. Prosalit. die den vielfältigen Bereichen und Themen der religiöse Versdichtung entspricht: →Bibelübersetzung (→Wycliff, 14. Jh.), →Homilie und →Predigt, →Heiligenlegende (→Katherine-Group, ca. 1200; →Caxtons Übersetzung der →»Legenda Aurea«), Ermahnung zur Buße und zur Abkehr von der Sünde (→»Ayenbite of Inwyt«, 1340), myst. →Visionen (→»Cloud of Unknowing«, 14. Jh.; →Hiltons »Scale of Perfection«, 14. Jh.), monast. Regel al Erbauungsschrift (→»Ancrene Riwle«, ca. 1200). – Aus dem 14./15. Jh. ist schließlich eine beachtliche Anzahl von geistl. Dramen (→Drama, VI) erhalten. Die bibl. →My sterienspiele sind meist in Zyklen überliefert (→»Chester

Plays«, »Towneley Cycle«, →»York Plays«); daneben entstand im späten MA das »Morality Play« (→Moralitäten), in dem die Tugenden und Laster als allegor. Figuren auftreten (»Castle of Perseverance«, →»Everyman«). →Ae. Lit., →Me. Lit., →Engl. Lit.   K. Reichl

Bibliogr.: 1. ae.: OE Newsletter 1ff., 1967ff. – ASE 1ff., 1972ff. – CAMERON, OE Texts – S. B. GREENFIELD – F. C. ROBINSON, A Bibliogr. of Publ. on OE Lit., 1980 – *2. me.:* J. E. WELLS, A Manual of the Writings in ME 1050-1400, 1916ff. [9 Suppl.] – C. BROWN – R. H. ROBBINS, The Index of ME Verse, 1943 [Suppl.: R. H. ROBBINS – J. L. CUTLER, 1965] – ManualME – *Ed.:* s. o. die Bibliogr. sowie die Artikel zu den einzelnen Autoren bzw. Werken – *Lit.:* C. SCHAAR, Critical stud. in the Cynewulf Group, 1949 – M. W. BLOOMFIELD, The Seven Deadly Sins, 1952 – G. R. OWST, Lit. and Pulpit in Mediaeval England, 1961² – TH. WOLPERS, Die engl. Heiligenlegende des MA, 1964 – Continuations and Beginnings. Stud. in OE Lit., hg. E. G. STANLEY, 1966 – H. GNEUSS, Hymnar und Hymnen im engl. MA, 1968 – D. GRAY, Themes and Images in the Medieval English Religious Lyric, 1972 – R. WOOLF, The English Mystery Plays, 1972 – D. KARTSCHOKE, Bibeldichtung. Stud. zur Gesch. der epischen Bibelparaphrase von Iuvencus bis Otfrid von Weißenburg, 1975 – W. RIEHLE, The Middle English Mystics, 1981.

V. SKANDINAVISCHE LITERATUR: Nach Einführung des Christentums Ende des 10./Anfang des 11. Jh. steht in allen skand. Ländern die g. D. am Beginn der schriftl.-lit. Kultur und wirkte ohne Zweifel als Anregung, Vorbild und Übungsfeld für die später entstandenen (oder erst nach Einführung der lat. Schrift aufs Pergament gekommenen) einheim. Gattungen, insbes. für die umfangreiche isländ.-norw. Prosalit. (→Altnordische Literatur; →Saga). Die altüberlieferte, ihrem Ursprung nach heidn. →Skaldendichtung wandelte sich unter dem Einfluß der g. n D. zu einer eigenständigen westnord. geistl. Dichtung, der »einzig nennenswerten im Norden« (WEBER, 495).

Die Voraussetzungen für eine Rezeption geistl. kontinentaler Lit. waren in den einzelnen skand. Ländern unterschiedlich: In *Norwegen* und *Island* erfolgte schon bald nach der endgültigen Durchsetzung des Christentums Anfang des 11. Jh. zunächst unter Einfluß der ags. Mission und dann der →Benediktiner und →Augustiner die Rezeption der homilet., wiss.-hist. und didakt. Lit. des Kontinents, wobei man charakteristischerweise die lat. Vorlagen sogleich in die Volkssprache übersetzte, resp. lit. und sprachl. geschickte freiere Bearbeitungen dieser lat. Texte vornahm. So gehören zu den ältesten überlieferten isländ. Hss. (2. Hälfte des 12. Jh.) Übersetzungen der Evangelienpredigten und Dialoge Gregors d. Gr., Paraphrasen von Predigten (z. B. die sog. »Stabkirchenpredigt«), die auf Hrabanus Maurus und Honorius Augustodunensis zurückgehen, weiterhin Übersetzungen von Werken Alkuins, Bedas, Ps. Augustinus', Caesarius' v. Arles, Paulus Diaconus' u. a. Spätestens um 1200 liegen in Norwegen und Island Homilienbücher (→Predigt) vor, die bereits auf älteren Sammlungen aufbauen. Das verbreitete »Elucidarium« des Honorius Augustodunensis († 1137) wurde bereits Ende des 12. Jh. ins Isländ. übersetzt (→»Lucidarius«). Bes. wichtig für den isländ.-norw. Bereich ist die Legendenlit. (ca. 100 Stücke bis zur Reformation). Um 1030 entstanden in Norwegen die ersten Mirakelsammlungen über →Olaf d. Hl. (»Acta Sancti Olavi Regis et Martyris«, →Eysteinn Erlendsson) und damit setzt eine lange Reihe legendar. (und hist.) Bearbeitungen des Olafstoffes ein (»Óláfs saga hins helga«). Es folgen Übersetzungen von Legenden der hll. Placitus, Blasius, Matthäus (Mitte 12. Jh.). Dieses gesamte Corpus isländ.-norw. hagiograph. Lit. umfaßt nicht nur Heiligenleben aus der Frühzeit der Kirche, unter Einschluß der Kirchenväter (→»Heilagra manna sögur«), sondern auch einiger ags.

Hll. (→»Dunstanus saga«, →»Tómas saga erkibyskups«) und zahlreicher nord. Hll. und Bf.e (→Biskupa sögur), schließlich Legenden nach bibl. und apokryph. Stoffen, wie v. a. die Marien- und Apostellegenden (→Maria, Mariendichtung, →»Postola sögur«, →Descensus Christi ad inferos, Abschnitt 6; s. a. →Bibelübersetzungen, →Stjórn). Mit der Gestalt Olafs d. Hl. befaßt sich auch das erste Beispiel einer christl. →Skaldendichtung, das umfängl. Preislied »Geisli« des →Einarr Skúlason (ca. 1153) über die Wundertätigkeit des hl. Kg.s. Im Laufe des 13. Jh. entstehen eine Reihe anderer g.r D.en in einer von der komplizierten Regelpoetik des traditionellen skald. Stils gereinigten poet. Sprache, die damit zum Höhepunkt g.r D. im N gehören (→Harmsól, →Leiðarvísan, →Líknarbraut, →Lilja, →Plácítúsdrápa, →Sólarljóð).

In *Dänemark* und *Schweden* setzte ein (geistl.) Literaturbetrieb um einiges später ein als im norw.-isländ. Bereich: in Dänemark um 1100, in Schweden erst Anfang des 13. Jh. Es dominierte das Lat., volkssprachl. Ansätze erfolgten erst im Schweden des 14. Jh. unter ndt. Einfluß. Die g. D. ist hier insgesamt von den →Dominikanern und der dt. →Mystik geprägt. Während in Dänemark Legenden kontinentaler Hll. erst aus dem 14. Jh. überliefert sind, entsteht bereits um 1097 in Odense eine anonyme »Passio Sancti Canuti regis«. Aus der Feder des gelehrten dän. Bf.s Anders (→Andreas) Sunesens (1160–1228) stammt das die Schöpfungsgeschichte behandelnde Lehrgedicht »Hexaëmeron«. Der erste schwed. geistl. Autor ist der Dominikaner →Petrus de Dacia († 1285) mit seiner »Legenda et passio sanctae Christinae Virginis« über die Kölner Mystikerin Christina v. Stommelen. Als erster geistl. Dichter gilt der Offiziendichter →Brynolf Algotsson († 1317). Die wichtigsten Beispiele der volkssprachl. schwed. g.n D. sind die um 1300 entstandene Bearbeitung der »Legenda aurea« des →Jacobus de Voragine (»Fornsvenska Legendariet«) und die Übertragung der Fünf Bücher Moses' um 1330 (»Pentateukparafrasen«). Die dän. und schwed. →Seelentrost-Rezeption (»Siælinna thrøst«) und die schwed. Novellensammlung »Sju vise mästare« (Sieben weise Meister) sind wegen ihrer vornehml. erbaulichen Funktion nur am Rande der g.n D. zuzurechnen. Höhepunkt der g.n D. in Schweden sind die auch außerhalb Schwedens äußerst wirkungsreichen Offenbarungen (»Revelationes«) der Hl. →Birgitta v. Schweden, die man zunächst in Lat. niederschrieb, später aber ins Schwed. rücküberersetzte.   H. Ehrhardt

Lit.: P. LEHMANN, Skandinaviens Anteil an der lat. Lit. und Wiss. des MA, 1937 – G. TURVILLE-PETRE, Origins of Icelandic Lit., 1953 – W. LANGE, Stud. zur chr. Dichtung der Nordgermanen, 1958 – O. WIDDING – H. BEKKER-NIELSEN, Low German Influence on Late Icelandic Hagiography, Germanic Review 37, 1962 – DIES., The Lives of Saints in Old Norse Prose. A Handlist, MSt 25, 1963 – H. BEKKER-NIELSEN u. a., Norrøn Fortællekunst, 1965 – Neues Hb. der Lit. Wiss., Bd. 7, 1981, 535–574 [K. SCHIER; Lit.]; Bd. 8, 1978, 487–518 [G. W. WEBER; Lit.].

VI. ROMANISCHE LITERATUREN: Die g. D. des MA in den roman. Sprachen bildet innerhalb der gesamteurop. lit. Überlieferung einen riesigen Textbestand aus fast 7 Jahrhunderten, der in einzigartiger Weise sowohl die sprachl.-künstler. als auch die spirituelle, geistesgesch. Entwicklung der abendländ. Lit. in ihrer Geschlossenheit und Vielfalt spiegelt. Die Ausformung der roman. Sprachen ist von Anfang an auch eng mit Funktionen, Formen und Inhalten g.r D. verbunden, wie das älteste Zeugnis der frz. Lit., die Eulalia-Sequenz (→Eulalie), zeigt, die als 'Kirchenlied' auf der Tradition der lat. hagiograph. Hymnen- und Sequenzendichtung beruht. Die Verwendung der roman. Volkssprachen für die g.D. kennzeichnet einen entscheidenden Wandel im Sprachbewußtsein gegenüber dem Lat. der Kirche, der Bildungssprache, und der lingua romana rustica, wie es der Priester →Gonzalo de Berceo, einer der ersten namentl. bekannten kast. Dichter im frühen 13.Jh., ganz typisch ausdrückt: »Ich will ein Gedicht in der Volkssprache ('fer una prosa en roman paladin') machen, denn ich bin nicht so gelehrt ('letrado'), um lateinisch zu schreiben«. Die Entwicklung g.r D. ist in den roman. Ländern wesentl. nicht nur an Kleriker, sondern vielfach auch an bedeutende klösterl. Zentren, Orden oder Reformbewegungen geknüpft. Sie bleibt gebunden an Liturgie und Pastoral der Kirche (→Épitres farcies). Das ma. →geistliche Spiel hat sich, wenngleich regional unterschiedl. stark ausgeprägt, aus der Liturgie heraus entfaltet. Die enge Bindung an Kult und Glaubensverkündigung bedingt die Internationalisierung von Stoffen, Formen und Themen in der g.n D., die z. B. durch die europ. Wallfahrtswege (Rom, Santiago de Compostela) sowie durch die sprachgeograph. Situation im roman. Kulturraum (Austausch und Mischzonen) verstärkt wird. G.D. und Musik hängen eng miteinander zusammen (→Cantigas de Santa María, 1250/84). G.D. ist mit der Ausbildung einer spezif. Laienfrömmigkeit und mit dem Aufstieg des Laien in Kirche und Gesellschaft des MA verbunden. Sie bedient sich der vorhandenen, überlieferten Formen 'weltlicher' Dichtung und wendet sie vielfach »a lo divino« um. G.D. beansprucht Volkstümlichkeit, ist aber auch nicht selten bewußt gelehrt: Gonzalo de Berceo schreibt in der →cuaderna vía. Sie richtet sich, auch im sermo humilis, nach den rhetor. Schreibregeln und kunstvollen Bauformen. Als Mittel poetisch-sprachl. Darstellung kommt der →Allegorie grundlegende Bedeutung zu. Die Stoffe liefern neben der Bibel (→Bibeldichtung), die Hl. enlegende sowie die Glaubens- bzw. Morallehre. Sie stehen in Darstellung und Deutung in je nach Zeit und Land wechselnder Beziehung zu den großen Strömungen des religiösen Bewußtseins und Frömmigkeitslebens (z. B. mit der Marienverehrung und den Freude-, Klagen- und Schmerzgedichten, der Christusfrömmigkeit und Passionsandacht, der Mystik, Themen der Betrachtung, Todesdidaktik und Eschatologie). Die Formen sind international (etwa Gebete in Reimen, Lehrgedichte, katechet. Mnemotechnik, Streitgedichte, Visionen, Sprüche usw.). Eine wichtige Rolle spielt auch die Parodie g.r D. (burleske Testamente, Liebesklagen und -passionen, Liebesbegräbnisse, Gebete und Offizien). Belege dafür bietet in der span. Lit. etwa Juan Ruiz (Arcipreste de →Mita) im »Libro de buen amor« oder die →Cancionero-Lyrik des 15.Jh. G.D. in roman. Sprachen umfaßt nicht nur christl. Texte, sondern auch jüd. Hymnen und aus dem Hebr. übersetzte Lieder in frz. und it. Sprache (13.Jh.), z. T. in hebr. Buchstaben niedergeschrieben, sowie die einzigartige →Aljamiado-Literatur (u. a. Gebete, Loblieder auf Mohammed, Koranlehren).

In den einzelnen roman. Ländern sind geistl. Lyrik, Epik und Dramatik zeitl. und umfangmäßig unterschiedl. ausgeprägt und vertreten. Am Anfang der aprov. Dichtung steht das in Laissen geschriebene Lied der Hl. →Fides (1060–80). Ebenfalls noch aus dem 11.Jh. stammen drei Gebete aus St. Martial in Limoges (→Sponsus). Eine »Summa« aprov. g.r D. ist das →»Breviari d'Amor« von Matfre →Ermengaud (1288–90). Die g.D. in Italien hat mit dem Sonnengesang des hl. →Franziskus v. Assisi eine der größten Schöpfungen religiöser Poesie (nach dem Muster der lat. Sequenz) aufzuweisen. Die →Flagellanten und andere religiöse Gruppen schufen mit den →laude

spirituali eine umfangreiche, meist anonyme volkstüml Hymnendichtung, welche die lat. verdrängte. Ihr bedeutendster Vertreter ist der Franziskaner →Jacopone da Todi. Der ihm zugeschriebene lat. Hymnus →Stabat Mater ist vielfach übersetzt worden (beispielsweise 3 frz. Versionen im 14.Jh.). Mit der »Comedia« →Dante Alighieris besitzt die it. Dichtung ein poema sacro, das zu den gewaltigsten Zeugnissen der Weltlit. zählt.

Auf der Iber. Halbinsel bildet g.D. den Schwerpunkt der dichter. Produktion. Die 400 Lieder der →»Cantigas de Santa María« in galic. Sprache sind z. T. mit musikal. Notation und prachtvollen Miniaturen überliefert. Einen späten Versuch, die religiöse Dichtung und Musik in Portugal durch den Rückgriff auf die it. laude zu erneuern, unternahm André Dias (1435) mit seinen »Laudas e Cantigas spirituaes«, die für eine musikal.-szenische Darbietung gedacht waren. In Katalonien sind in der g.n D. des Ramon Llull (→Lullus) und Auzias →March Töne einer persönl. Gestaltung religiösen Fühlens und Erlebens wahrzunehmen.

Das umfangreichste Corpus g.r D. in der Romania ist aus Frankreich überliefert (auch in Dialekten, z. B. dem Anglo-Norm.); außerdem war das Frz. in der 2. Hälfte des 13.Jh. in N-Italien verbreitet (anonymes Antichrist-Gedicht aus Verona 1251). Das um 1050 entstandene, kunstvoll gebaute →Alexius-Lied hat eine lange Wirkungsgeschichte: es wird vielfach erweitert, umgearbeitet, nachgeahmt und sowohl in andere Gattungen als auch in mehrere roman. Sprachen übersetzt worden. Im 12.Jh. erfährt die g.D. einen außerordentl. Aufschwung in Lat. (s. Abschnitt II) und in der Volkssprache. Reimpredigten, Reimoffizien, Reimgebete stehen im Zusammenhang mit der intensiveren Laienmissionierung. Die hagiograph. Gedichte nehmen z. T. enormen Umfang und romanhaft-historisierenden Charakter an. Nach 1150 nimmt die Mariendichtung zu. Der lit. hervorragendste Autor ist→Gautier de Coinci. Die→Bibeldichtung (Versfassungen, Paraphrasen einzelner bibl. Bücher, zumal des AT, Passionsgeschichte) ist ebenfalls sehr umfangreich ausgebildet. Die geistl. Lehrdichtung dient der Katechese, Meditation, gelegentl. auch der Ständekritik. Die Didaktik triumphiert v. a. im 13.Jh. (»Lumiere as lais« von Pierre de Peckham, »Manuel des pechés«, vgl. Lucidarius; »Somme le roi« von Laurent OP; →Lehrhafte Literatur). Für geistl. Gedichte werden im 13.Jh. weltl. Formen (aube, sogar pastourelle) verwendet, das serventois dient dem Marienlob. Im 15.Jh. dagegen ist g.D. in Frankreich, mit Ausnahme der Lyrik der →Puys, weniger ausgeprägt. – S. a. →Bibeldichtung, →Hymnen, →Maria, Mariendichtung u. a.

                      D. Briesemeister

Bibliogr.: C. BRUNEL, Bibliogr. des mss. litt. en ancien provençal, 1935 [Neudr. 1973] – R. BOUSSUAT, Manuel bibliograph. de la litt. française du MA, 1951, ch. VII [auch in den Suppl.]. – *Lit.:* DCLI III, 532–544; IV, 590–598 – GRLMA VI – M. DARBORD, La poésie religieuse des rois catholiques à Philippe II, 1965 – G. PETROCCHI, La lett. religiosa (Storia della lett. it., 1965), 627–685 – G. GETTO, Lett. religiosa del Trecento, 1967 – P. DRONKE, Die Lyrik des MA, 1973 – J. FONTAINE, Naissance de la poésie dans l'Occident chrétien, 1981.

Geistliches Drama → Geistliches Spiel

Geistliches Lied → Geistliche Dichtung

Geistliches Spiel

(Geistl. Drama). [1] *Ursprung. Lateinische geistliche Spiele:* Als eine der Gattungen, die nicht an antike Traditionen anknüpfen, ist die g.S. eine urspgl. Schöpfung des MA. Sein Entstehen ist eng mit der Liturgie verbunden. Einen sehr alten dramat., aber wohl kaum zur Darstellung bestimmten Text von der Befreiung der Vorväter aus der Unterwelt (vielleicht schon im frühen 8.Jh.

n Lindisfarne entstanden) überliefert das Book of Cerne (Cambridge, U. L. Ll 1.10, Anfang des 9. Jh.).

Der folgenreichste Anstoß zur Ausbildung des g.n S. ing jedoch von dem Osterdialog »Quem quaeritis« aus, lessen Überlieferung und wohl auch Entstehung auf das o. Jh. zurückgehen. Der ursprgl. Platz in der Liturgie des Ostersonntags – entweder am Ende der Matutin vor dem Te Deum oder vor dem Introitus der ersten Messe – ebenso vie der ursprgl. Umfang und der Entstehungsort (Fleuy?, Italien?) sind noch Gegenstand der Diskussion. Der Dialog wurde früh um den Text der Sequenz »Victimae paschali« erweitert. Er blieb die allgemein verbreitete Form der österl. Feier der »Visitatio sepulchri« (Stufe I).

Vom 11. Jh. an finden sich Texte, deren Charakter an verschiedenen Stellen durch Reim und Versform verändert ist (Hexameter: Apt, Heidenheim, St. Gallen; hythm. Formen: Nonantola, Volterra, Silos). Vom frühen 12. Jh. an sind an einzelnen Orten Texte überliefert, aus denen die Beteiligung weiterer Personen hervorgeht: im bayer.-österr. Raum Petrus und Johannes im »Apostellauf« (Visitatio II, überliefert z. B. in Aquileia, Augsburg), im anglonorm. Raum anscheinend zur gleichen Zeit der Auferstandene selbst in der Begegnung mit Maria Magdalena (Visitatio III). Weitere Ausweitung erfahren die Texte durch Höllenfahrt und die Befreiung der Seelen und durch die Szene des Salbenkaufs. Erst seit dem Anfang des 13. Jh. und zunächst selten wurde die Passion dargestellt. In ihr fanden die z. T. älteren Marienklagen (→Mariendichtung, →Planctus) einen passenden Ort. In Analogie zum Osterspiel scheint das Weihnachtsspiel entstanden zu sein. Um einen Dialog zw. den Hirten und einer ungenannten Person gruppieren sich Partien, die auch selbständig erscheinen, an andern Orten dagegen zu großen Spielen zusammengefaßt sind (Klosterneuburg, Carmina Burana): das Prophetenspiel mit den atl. und heidn. Voraussagen der Geburt Christi, Hirten- und Magierspiel, Herodesspiel und Kindermord (ordo Rachelis), Flucht nach Ägypten.

Die Bereiche von Auferstehung und Geburt des Herrn werden bereits um die Wende zum 12. Jh. überschritten mit dem lat.-limousin. Spiel von den Klugen und törichten Jungfrauen und den ältesten Nikolausspielen. Im 12. Jh. wurden auch atl. und eschatolog. Themen dargestellt.

Die Aufnahme in die Sammlungen der Carmina Burana und der »Versus et ludi« des →Hilarius deutet darauf hin, daß g.e S. e auch unter dem Aspekt des poetisch-musikal. Werks verstanden werden konnten (→Hildegard v. Bingen).   G. Bernt

[2] *Verbreitung und Aufführungspraxis. Volkssprachliche geistliche Spiele:* In Ergänzung zu den zahlreich erhaltenen Texten (allein mehr als 1000 Zeugen der »Visitatio Sepulchri«) sind hunderte von Nachrichten über die Aufführungen g.r S. e überkommen; diese umfaßten auch mimischpossenhafte Darbietungen, lebende Bilder und Prozessionen in Kostümen. Unter verschiedenen Bezeichnungen (z. B. *ludus, ordo, mystère, passion, auto sacramental, sacra rappresentazione, lauda drammatica, cycle, miracle play*) behandelten diese g.n S. e die bibl. und hagiograph. Stoffülle in ihrer ganzen Breite, wobei die →Moralitäten, die zu den nicht-histor. Gattungen zu zählen sind (vgl. A. KNIGHT, Aspects of Genre, 1983), hier außer Betracht bleiben.

Die ältesten volkssprachl. S. e, alle bibl. Inhalts, entstammen dem 12. Jh.. Das anglonorm. »Jeu d’→Adam et Eve« und die »Seinte Resurrexion« verfügen über reichhaltige szen. Anweisungen; wobei sich beim »Jeu d’→Adam et Eve«, das sogar Sprechanweisungen für die

Schauspieler kennt, auffällige Ähnlichkeiten zu einem griech., lat. beeinflußten Passionsspiel aus dem Zypern des 12. Jh. ergeben. Demgegenüber besitzt das span. »Auto de los reyes magos« keine szen. Anweisungen. Die frühesten volkssprachl. →Mirakelspiele, →Bodels »Jeu de S. Nicolas« und →Rutebeufs »Théophile«, stammen aus dem 13. Jh., in dem sich auch die it. Spielform der *laude drammatiche* ausprägte; es handelt sich bei diesen um gesungene S. e im Volgare, die eng mit dem Ablauf des Kirchenjahres verbunden waren und von Geißelbruderschaften (*flagellanti*) dargeboten wurden (vgl. die erhaltenen Kostüm- und Requisitenverzeichnisse, z. B. aus Perugia).

Größte Blütezeit des volkssprachl. religiösen Dramas war das 14.-15. Jh., zu einem nicht geringen Teil beeinflußt von den sich ausbildenden Formen der »Volksfrömmigkeit« und von der Einführung des →Fronleichnamsfestes. In Frankreich stieg die Zahl der Städte, die g. S. e abhielten, nach dem Ende des Hundertjährigen Krieges um 1450 sprunghaft an. Mit Ausnahme Skandinaviens erfaßte das g. S. das gesamte Europa. Neben die Stoffe der Evangelien traten Motive aus Apokryphen, der Legenda aurea (→Jacobus de Voragine) und den Erbauungsschriften, z. B. den →»Meditationes« des Ps.-Bonaventura. Zahlreiche volkssprachl. S. e stellten das Leben Jesu in seiner Gesamtheit oder aber einzelne seiner Abschnitte in den Mittelpunkt, insbes. die Passion, die demgegenüber in lat. S. en selten behandelt wird; die längsten dieser g.n S. e stammen aus Frankreich, z. B. umfaßt Jean Michels »Passion« mit nicht weniger als 30 000 Versen lediglich die Geschehnisse von Christi Taufe bis zur Grablegung. Andere umfangreiche Texte sind das poln. »Spiel von der glorreichen Auferstehung« und das alttschech. Passionsspiel »Muke« (’Leiden’). Atl. Ereignisse, von der Schöpfungsgesch. und dem Sündenfall an, stehen am Beginn zahlreicher g.r S. e (→Mysterienspiele); manche, wie etwa die engl. Zyklen (→Chester Plays, →York Plays etc.), beziehen auch die Historien von Noah, Abraham, Moses usw. ein (z. B. »Passion de Semur«, das sog. »Zwanzigtägige Spiel v. Valenciennes«, »Luzerner Osterspiel« u. a.). Das Jüngste Gericht bildet nur in den engl. Zyklen den Abschluß des dramat. Geschehens; andere volksprachl. Spieltraditionen weisen dafür gelegentl. gesonderte S. e über den Jüngsten Tag auf (z. B. Florenz, Rouergue, Besançon, Rheinau). Das ndl. »Spel van de V vroede ende van de V dwaeze Maegden« wie auch der lat. »Sponsus« behandeln das Gleichnis von den klugen und törichten Jungfrauen, und stellen somit die verschiedenen Sünden, die von Christus, dem Bräutigam-Richter, verdammt werden, vor Augen. Teufel und Engel spielen im g.n S. eine wesentl. Rolle; und bis zum Ende des 15. Jh. haben sich zahlreiche allegor. Figuren eingebürgert, v. a. die Vier Töchter Gottes: Gnade, Gerechtigkeit, Wahrheit und Friede (nach Ps 84, v. 2), deren Gespräch über die Erlösung in Form einer himml. Gerichtssitzung oder Disputation nunmehr die Propheten- oder Sibyllenspiele, die sonst den Übergang vom alt- zum ntl. Geschehen gebildet hatten, ergänzen oder ablösen. In den meisten frz. S. en zeigen diese als Gericht über die Menschheit konzipierten Szenenfolgen jurist. Charakter, während in anderen Texten (z. B. »N-Town«-Cycle [sog. →»Ludus Coventriae«], »Passion de Semur«, ndl. »Osterspiel«, »Sündenfall«, »Passione di Revello«, »Mariken van Nieumeghen«) die ganze theol. Argumentation in einer einzigen großen Szene, in der sogar die hl. Dreifaltigkeit, die Engel sowie die Propheten in der Vorhölle auftreten können, zusammengefaßt ist. (Größtes Prophetenspiel im »Sündenfall« mit dem Auftreten von 16 Propheten und 10 Sibyllen.)

Heiligenspiele sind weniger häufig als bibl. S.e, doch sind auch sie in zahlreichen Beispielen, namentlich aus Frankreich und Italien, überkommen. Am häufigsten begegnen hier die Apostel und Maria Magdalena sowie einige Märtyrer, v. a. der hl. Georg; Nachrichten über Georgspiele sind aus England, den Niederlanden und Frankreich, Texte aus Deutschland, Spanien, Katalonien (zwei) und Italien (zwei) überliefert. In den Mirakelspielen wird das wunderbare Eingreifen von Hl.en, meist der Jungfrau Maria oder des hl. Nikolaus, in die Geschicke zeitgenöss. Familien behandelt; dieser Typ des g.n S.s sowie das eucharist. Spiel haben größere Gemeinsamkeiten mit dem fiktionalen Genre der Moralität.

Das g. S. ist wesentl. christozentrisch: die S.e behandeln in ihrer Mehrzahl das Leben und Wirken Christi; alttestamentl. Gestalten und Motive werden als Präfigurationen auf die Fleischwerdung bezogen, selbst wenn die atl. Erzählungen durchaus realistisch dramatisiert werden; Heiligenleben sind nach dem neutestamentl. Muster von Wirken, Wunder und Martyrium behandelt. Bibl. und hagiograph. Erzählmotive werden häufig mit Zügen der zeitgenöss. Realität ausgestattet, etwa wenn Herodes bei Mohammed schwört, die Hohenpriester als christl. Bf.e auftreten zu lassen, oder Maria Magdalena nachdrücklich ihrer Zofe befiehlt, ihr schönes Haar nach neuester Mode zu frisieren. Diese Genrebilder bürgerl. Lebens des MA werden flankiert zur Rechten von der lichten Harmonie der Himmelswelt, zur Linken von den Schauern, Feuergarben und unzüchtigen Späßen der Höllen- und Teufelswelt. Da die g.n S.e in erster Linie zur Aufführung bestimmt waren, enthalten zahlreiche Texte Regieanweisungen, manche sind als Abschriften von Spielleitern überkommen (z. B. Frankfurter Dirigierrolle, »Livre de Conduite« aus Mons), andere als Rollenbücher von Schauspielern (Shrewsbury-Fragmente, Mariä-Himmelfahrt-S. aus Valencia).

Um den Schauspielern das zur Entstehung von Theater elementar notwendige Publikum (R. SOUTHERN) zu schaffen, war eine Gruppe oder Gemeinschaft erforderlich; im Falle des ma. Dramas entstammte diese dem kirchl.-monast. oder aber dem städt. Bereich. Die frühen lat. S.e wurden geschrieben und gesungen von Angehörigen monast. Gemeinschaften, insbes. Benediktinern, für ihre Mitbrüder bzw. Mitschwestern, wobei die seit dem 12. Jh. zu beobachtende Einbeziehung volkssprachl. Hymnen nahelegt, daß auch ein Laienpublikum angesprochen wurde. In einigen Ländern, v. a. in Spanien, konnte die Kirche bis ins 16. Jh. die Kontrolle über das volkssprachl. Theater wahren (vgl. die Kathedralregister v. Toledo), abgesehen von der kleinen Anzahl der am Hof aufgeführten S.e. In Frankreich war Priestern die Mitwirkung an Aufführungen erlaubt, und die örtl. Kirche beteiligte sich auch an den Kosten. Im allgemeinen lag die Initiative zu den volkssprachl. S.en jedoch primär bei der städt. Gesellschaft; als Veranstalter betätigten sich entweder städt. Zünfte der Handwerker und Kaufleute (York, Chester, Towneley) oder religiöse Bruderschaften (z. B. in Rom die *Gonfalonieri di Santa Lucia* mit Passionsspielen im Kolosseum von 1460 bis 1540; in Luzern die *Bruderschaft der Bekrönung unseres lieben H.J.C.*; in Paris die *Confrérie de la Passion,* das erste europ. Theaterensemble mit eigenem Haus und kgl. Privileg). In den Niederlanden waren im wesentl. die *Rederijkerskamers* (→Rederijkers) für die Aufführung von Dramen verantwortlich (s. a. →puys). Wo keine organisierte Gruppe bestand, wurden als Schauspieler vielfach Leute aus der Stadtbevölkerung verpflichtet, wobei im Vertrag meist auch schon Geldbußen für ein

etwaiges Fehlen bei den Proben oder Aufführungen vorgesehen war (z. B. Valenciennes, Chelmsford). Als Schauspieler traten in der Regel nur Männer auf, wenngleich seit 1468 im frz. Sprachraum auch Frauen begegnen (z. B. Metz, Mons, Romans); in Florenz agierten vielfach Knabengruppen. Zwei Haupttypen der Bühnengestaltung waren im Gebrauch: prozessionale Karren- und Simultanbühne. Bei der ersteren Form erfolgte die Darstellung auf Karren, die von Pferden oder Menschenhand gezogen bzw. getragen wurden (Fronleichnamsspiele in York, Eger oder Zerbst; S.e am Tag Johannes d. Täufers in Florenz, das ndl. *Ommeganc* am Sonntag vor Pfingsten dem am Nachmittag Aufführungen am festen Spielort folgten, vgl. etwa die Grande Procession in Lille). Bei Aufführungen, die an einem festen Platz erfolgten, wurde entweder eine große Plattform mit Spielständen in Hausform, manchmal mit Beschilderung *(mansions, échafauds,* oder aber eine Anzahl kleinerer Gerüste mit einer allgemeinen Spielfläche *(platea)* errichtet. Quellen über derartige Aufführungen in Kirchenräumen sind aus Florenz, Modena und Mallorca überliefert; in Bozen und Donaueschingen haben sich entsprechende Pläne erhalten. Andernorts wurde auf öffentl. Stadtplätzen gespielt, wobei das Publikum dem Bühnengeschehen frontal gegenüberstand (Mons, Valenciennes), es seitlich flankierte (Luzern) oder ein Rund um die Spielfläche bildete (Rouen, Romans; Plan in den »Ordinalia« aus Cornwall). Manche Ensembles verfügten über eine effektvolle Bühnentechnik mit reichen Kostümen, Maschinen zum Heben und Senken (span. *araceli),* Falltüren, Puppen zur Darstellung von Leichnamen und Beleuchtungseffekten (vgl. die Entwürfe von Brunelleschi für Florentiner Aufführungen). Verträge zur Konstruktion dieser techn. Wunderwerke (im Frz. *secrets* genannt) sowie der Bühnenaufbauten und Zuschauertribünen sind erhalten. Eintrittsgelder sind nur aus Frankreich bekannt (vollst. Abrechnungen aus Mons und Romans). Bei den großen und berühmten S.en zählte die von weither zusammenströmende Zuschauerschaft nach Tausenden.

Die Absicht der g.n S.e war eine didaktische, jedoch nicht im einfachen Sinne einer Belehrung der »illiterati«. Ähnlich wie bei den ikonograph. Programmen der ma. Bauplastik oder Glasmalerei waren die theol. und allegor. Bezüge der g.n S.e komplex und vielfach esoterisch, wobei das rituell-liturg. Element auch bei den volkssprachl. S.en des SpätMA nie völlig verlorenging. Der Veranstalter der g.n S.e in Luzern bringt ihre Zielsetzung auf die Formel: »Zuo der Eere Gottes, Ufferbuwung dess Menschen und der Statt Lucern Lob.« S. a. →Drama mit eingehender Darstellung zur Textüberlieferung in den einzelnen Sprachen und Literaturen.   L. R. Muir

Bibliogr.: MEL 7, 1984, 725–27; 8, 1985, 681f. – *Lit.:* →Drama – E. DE COUSSEMAKER, Drames liturgiques du MA [Nachdr. 1964] – H. KINDERMANN, Theatergesch. Europas I, 1966² – R. WOOLF, The English Mystery Plays, 1972 – L. R. MUIR, Liturgy and Drama in the Anglo-Norman Adam, 1973 – G. WICKHAM, The Med. Theatre, 1974 – E. KONIGSON, L'espace théâtral ma., 1975 – L. R. MUIR, The Fall of Man in the Ma. Drama (Stud. in Ma. Culture X, 1977) – W. GREISENEGGER, Die Realität im religiösen Theater des MA, 1978 – HUNGER, Profane Lit. II, 145 und Anm. 152, 153 [zu den Verhältnissen im byz. Bereich] – W. TYDEMAN, The Theatre in the MA, 1978 – Medieval English Theatre (MeTh), 1979ff. – W. L. SMOLDEN, The Music of the Ma. Church Dramas, 1980 – Le théâtre au MA, hg. G. MULLER, 1981 – Drama in the MA, hg. C. DAVIDSON, 1982 – P. MEREDITH-J. TAILBY, The Staging of Religious drama, 1982 – Atti del IV coll. dell. SITM, 1985 – The Saint Play in Ma. Europe, hg. C. DAVIDSON, 1986 – B. NEUMANN, G. Schauspiel im Zeugnis der Zeit, 2 Bde, 1987 – L. R. MUIR, Byz. and E. European Drama (Cambridge World Guide to Theatre, 1988).

Gelasiana des 8. Jh. (Jung-Gelasiana) → Sakramentar

Gelasianische Zweigewaltenlehre → Zweigewalten-lehre, Gelasianische

Gelasios → Gelasius

Gelasius. 1. G. I., Papst seit 1. März 492, † 21. Nov. 496. Nach unsicherer Überlieferung des Liber Pontificalis Afrikaner, war G. im röm. Klerus aufgestiegen und bereits unter →Felix III. einer der führenden Köpfe der päpstl. Politik im →Akakianischen Schisma. Unter ostgot. Herrschaft (→Theoderich) vor dem Zugriff aus Byzanz sicher, beharrte er auch als Papst auf der Verdammung des inzwischen verstorbenen Akakios als Bedingung für eine kirchl. Einigung mit dem Osten und wies Kompromißangebote 494 in grundsätzl. Darlegungen an Ks. →Anastasios I. über die röm. Lehrautorität und die Autonomie der geistl. Strafgewalt zurück. Dies bewirkte unmittelbar nur eine Verhärtung der Fronten, sicherte G. aber bedeutenden Nachruhm als Klassiker der →Zweigewaltenlehre. Neben Bemühungen um eine Behauptung der röm. Observanz auf dem Balkan (Dardanien, Illyrien) sind aus dem Bereich der westl. Kirche vielfältige disziplinäre Einzelentscheidungen in Briefen nach Italien und Südgallien bekannt, unter denen die röm. Synode von 494 mit wichtigen Beschlüssen über Ausbildung und Versorgung des Klerus hervorragt.

Als theol. Schriftsteller hat sich G. in vier Traktaten mit dem →Monophysitismus und den ostkirchl. Problemen einer Zeit befaßt und in je einem weiteren gegen den →Pelagianismus und gegen den heidn. Brauch der Lupercalien Stellung genommen. Hinweise des Liber Pontificalis auf liturg. Schöpfungen G.' (Hymnen, Gebete u. ä.), die kaum sicher zu identifizieren sind, haben seit →Walahfrid Strabo dazu geführt, ihm die Anlage eines ganzen →Sakramentars zuzuschreiben, was heute allgemein aufgegeben ist. Unecht ist auch das sog. →Decretum Gelasianum. R. Schieffer

Q.: Jaffé I, 83–95; II, 736 – LP I, 94f., 255–257; III, 87 – CPL, Nr. 1667–1676 – *Werke:* MPL 59, 9–190; Suppl. III, 739–787 – A. Thiel, Epistolae Romanorum pontificum genuinae I, 1868, 285–613 – E. Schwartz, Publizist. Slg. en zum acacian. Schisma, AAM NF 10, 1934 – *Lit.:* DHGE XX, 283–294 – TRE XII, 273–276 – E. Caspar, Gesch. des Papsttums II, 1933, 44–81 – N. Ertl, Diktatoren frühma. Papstbriefe, AU 15, 1938, 61–66 – W. Ensslin, Auctoritas und Potestas. Zur Zweigewaltenlehre des Papstes G.I., HJb 74, 1955, 661–668 – B. Moreton, The Eight-Century Gelasian Sacramentary, 1976 – W. Ullmann, G.I. (492–496). Das Papsttum an der Wende der Spätantike zum MA, 1981.

2. G. II. (vorher Johannes v. Gaeta), Papst seit 24. Jan. 1118, † 29. Jan. 1119 in Cluny, ▢ ebd. Als Mönch von Montecassino (ca. 1060 Oblate) unter Abt Desiderius (→Viktor III.) u. a. von →Alberich erzogen, war er seit 1088 Kard. diakon und Kanzler der röm. Kirche; Verfasser von drei Heiligenleben. G. führte in der Kanzlei den »Cursus leoninus« ein (→Cursus). Aus unbekannten Gründen sofort nach der einstimmigen Wahl zum Papst von Cencius II. Frangipane eingekerkert, erhielt er erst am 10. März in Gaeta die notwendigen Weihen, kehrte kurz nach Rom zurück und floh im Sept. 1118 nach neuerlichen Angriffen der →Frangipani nach Frankreich, wo er bald starb. Wegen seiner Haltung in der Investiturfrage hatte Heinrich V. mit Hilfe der Frangipani →Gregor (VIII.) zum Gegenpapst erhoben. U.-R. Blumenthal

Lit.: HKG III, 1, 456f. [F. Kempf] – LThK² VI, 631 [O. Engels] – NCE² VI, s. v. [H. Bloch] – A. Brackmann, Drei Schreiben zur Gesch. G.' II., NA 37, 1911–12, 617ff. – R. Krohn, Der päpstl. Kanzler Johannes v. Gaeta (G. II.) [Diss. Marburg 1918] – O. Engels, Papst G. II. (Johannes v. Gaeta) als Hagiograph, QFIAB 35, 1955, 1ff. – D.

Lohrmann, Die Jugendwerke des Johannes v. Gaeta, QFIAB 47, 1967, 355ff. – Ders., Das Register Papst Johannes' VIII. (872–882), 1968 – H. E. J. Cowdrey, The Age of Abbot Desiderius, 1983.

Gelassenheit, Begriff aus der dt. Dominikanermystik vor dem philos. Hintergrund der auf Plotin zurückgehenden Lehre von der Einswerdung der Seele mit dem Einen durch Loslösung aus der Gebundenheit an die Vielheitswelt (Enn. I 2,4; I 6,8; V 3,17). – Meister →Eckharts in der Tradition des Neuplatonismus gründende Unterscheidung zw. dem reinen und einfachen Sein, dem »esse purum et simplex« einerseits und dem einzelhaften, vielheitl. Dies-und-das-Sein, dem »esse hoc et illud« andererseits, führt im Spirituellen zu der Forderung, sich von allen ird. Dingen und allem Ichhaften durch Überwindung des Eigenwillens zu trennen, um damit →Abgeschiedenheit und G. zu erreichen (DW V 282, 11–283,1). – Weit häufiger als Eckhart geht →Seuse auf das Thema der G. ein. Wer zur Vereinigung mit Gott gelangen will, der »sol im selb nah sin selbheit in tiefer gelassenheit entsinken« (Bihlmeyer, 23,9). Höchste Stufe der G. ist die Gottergebenheit selbst im Verlassensein von Gott: »Ein gelazenheit ob aller gelazenheit ist gelazen sin in gelazenheit« (a.a.O., 232,16f.). Die durch völlige G. erlangte »unio mystica« ist Vorwegnahme des ewigen Lebens im Himmel. Sie gleicht »der gelazenheit der seligen« (a.a.O., 337,9ff.). – Bei →Tauler hat G. mehrere Bedeutungen: Gleichmut (Vetter, 96,7), Ergebenheit in den Willen Gottes (15,10; 108,12ff.), Willenlosigkeit (348,30), Aufgabe des Ich (28,3: »gelassenheit din selbes«). K. Albert

Ed. und Lit.: K. Bihlmeyer, Heinrich Seuse. Dt. Schriften, 1907 – F. Vetter, Die Predigten Taulers, 1910 – J. Quint, Meister Eckhart. Die dt. Werke (DW), 1958ff. – L. Völker, ›G.‹. Zur Entstehung des Wortes in der Sprache Meister Eckharts und seiner Überlieferung bis Jacob Böhme (Fschr. W. Mahr, 1972), 281–312.

Geläut → Glocken

Gelbgießer, eine selten verwendete und erst um 1500 auftauchende alternative Bezeichnung für die im mnd. →Apengeter, seit etwa 1500 überwiegend Rotgießer gen. Messinggießer, die Hähne, Leuchter, Tiegel, Mörser, Ringe, Gürtelspangen und dgl. herstellten (→Messing). Obwohl es das Rot- bzw. G.handwerk in vielen Orten gab, war es bes. auf Braunschweig und Nürnberg konzentriert; die Produkte dieser Städte konkurrierten auf den mitteleurop. Märkten scharf. Wichtig war daneben die Konkurrenz zu den Beckenwerkern, die fast dieselbe Produktpalette anboten, ihre Erzeugnisse aber aus Kupferoder Messingblech durch kaltes Hämmern und Treiben verfertigten und deren Arbeiten als kunstvoller galten. H.-P. Baum

Q.: →Handwerk, Handwerker – *Lit.:* K. Hüseler, Das Amt der Hamburger Rotgießer, 1922 – F. Fuhse, Apengießer, Rotgießer und Grapengießer, Braunschweig. Magazin 29, 1923, 10–14 – W. Hömberg, Spätma. Bronzemörser aus Norddtl. (Aus dem Alltag der ma. Stadt. H. des Focke Museums 62, 1982), 147–155.

Gelbguß → Gelbgießer, →Gießerei, →Messing

Geldern, ehem. Fsm. im niederrhein.-niederländ. Bereich.

I. Familie – II. Grafschaft/Herzogtum.

I. Familie: Nach den Annales Rodenses gehen die Ursprünge der Familie der Gf. en v. G. auf zwei als »flamenses« bezeichnete Brüder zurück: Gerhard und Rutger, deren Herkunft umstritten ist (Flandern oder Moselraum). Sie erhielten zu Beginn des 11. Jh. vom Ks. (Heinrich II.?) Besitz und Lehen in Wassenberg und →Kleve. Unter der Familie des Gf.en Gerhard formte sich das spätere G. 1085 besitzt die Familie die Burg Wassenberg, seit 1096 wird das Geschlecht »de Gelre« tituliert. Der Verlust von Wassenberg durch Erbgang gab wohl den Anstoß zur Gründung der Burg G. Seit der Erbschaft der Gft. →Zutphen in den 1130er Jahren nannte sich die Familie Gf.en v. G. und Zutphen. Nach dem Aussterben dieses ersten geldr. Gf.enhauses (1371) kam G. über die weibl. Erblinie an den Junghzg. v. →Jülich. Als sich nach dem Aussterben der Jülicher Linie 1423 die Möglichkeit zu einem Großterritorium G., Jülich und →Berg unter dem berg. Gf.enhaus bot, widersetzten sich die geldr. Stände und wählten mit Arnold v. →Egmond ein Mitglied des geldr. Adels zum Hzg. Dieses dritte und letzte geldr. Gf.enhaus starb 1538 aus. Unter den Erbanwärtern setzte sich Ks. Karl V. durch (Vertrag v. Venlo, 1543).

II. GRAFSCHAFT/HERZOGTUM: Grundlage des Herrschaftsbereichs der ersten geldr. Gf.en waren z. T. auf Kölner Kirchenlehen beruhende hoheitsrechtl. Befugnisse beiderseits der Niers und gfl. Rechte in der Betuwe. Durch den Anfall von Zutphen und die Übertragung der Veluwe als Lehen von →Utrecht (1128) wurde das nördl. G. erheblich vergrößert. Der geldr. Machtbereich umfaßte Ende d. 12. Jh. weite Teile des Stromgebiets zw. Maas, Waal, Rhein und Yssel. Die geograph. Lage als ndl.-niederrhein. Zwischenterritorium bestimmte die künftige Politik G.s. Zur Entwicklung eines relativ geschlossenen Territoriums im 13. und 14. Jh. trugen bei: Erwerb von Pfalz, Stadt und Umgebung von →Nimwegen (1247), aktive Stadtgründungspolitik und Anschluß selbständiger domini an den geldr. Landesverband. Im limburg. Erbfolgestreit (1280–88) verzichteten die erbberechtigten geldr. Gf.en auf die Möglichkeit einer Ausdehnung nach S, verkauften ihre Erbrechte den Gf.en v. →Luxemburg, waren aber nicht gewillt, →Limburg kampflos in die Hände des mächtigen Nachbarn →Brabant fallen zu lassen. Die Schlacht v. →Worringen (1288) entschied diese Frage zugunsten von Brabant. Für G. hatte die Niederlage zwar keine territorialen, wohl aber finanzielle Konsequenzen. Die Gft. war längere Zeit an Flandern verpfändet.

Seit Ende des 13. Jh. wurde in G. eine für alle anderen rhein. Territorien vorbildl. Zentralverwaltung aufgebaut. Das Interesse des Reiches an einer starken Stellung im W führte 1339 zur Erhebung der Gft. zum Herzogtum. Hzg. Rainald II. (1326–43), mit Kg. Eduard III. v. England verschwägert, hinterließ zwei unmündige Söhne, deren Erbstreit, eingebettet in die Fehde zw. den geldr. Adelsfraktionen der Bronkhorst und Hekeren, erst 1361 endete, als sich Eduard, der jüngere Sohn, gegen seinen älteren Bruder durchsetzte. Mit dem Tode Eduards (✕ bei Baesweiler) und seines Bruders starb 1371 das erste geldr. Herzogshaus aus.

Die wiederaufflackernden Fraktionsfehden wurden durch den neuen Hzg. aus dem Hause Jülich, Wilhelm, bis 1377 gemeistert, und als er 1393 die Nachfolge in Jülich antrat, regierte er das mächtigste Territorium am Niederrhein. G. wurde damit stärker an den niederrhein.-westfäl. Raum gebunden; seine Beziehungen zu diesen Gebieten waren wesentl. enger als zu den westl.-niederländ. Territorien. Im 13. und 14. Jh. hatten dynast. Schwierigkeiten und landesherrl. Finanznöte zum Aufblühen der Stände geführt. Geldr. Ritterschaft und Städte – v. a. die vier Hauptstädte Nimwegen, Zutphen, Arnheim und →Roermond – gewannen entscheidendes Mitspracherecht nicht nur in Finanzfragen, sondern auch im polit. Bereich. 1418 schlossen die Stände quartierweise einen Bund mit dem Anspruch, das Land zu repräsentieren. Im

Falle des absehbar kinderlosen Todes Rainalds IV (1402–23) sollte das Territorium zusammengehalten un nur ein von der Mehrzahl der Ritterschaft, den Haupt und anderen Städten anerkannter Landesherr akzeptier werden. Mit der Durchsetzung dieses Beschlusses bei de Wahl von Rainalds Nachfolger, Arnold v. Egmond, hat sich der Ständestaat in G. endgültig etabliert. Er bewähr sich, als 1425 Kg. Siegmund Hzg. Adolf v. Jülich und Ber mit G. belehnte und 1431 die Reichsacht gegen Hzg Arnold v. Egmond und die geldr. Stände verhängte. Mi Hilfe Burgunds überstand Arnold diese Krise, geriet je doch immer tiefer in dessen Abhängigkeit. Als er sich 144 dem antiburg. Lager anschloß, suchte Burgund, seine am burg. Hofe erzogenen Sohn Adolf ans Ruder zu brin gen, was 1456 mit Willen der Stände gelang. Da aber Ado die antiburg. Politik seines Vaters fortsetzte, ließ ihn Ka d. Kühne gefangennehmen und verleibte G. 1473 seinen Machtbereich ein. Nach dem Zusammenbruch der burg Expansionspolitik 1477 gelang G. die Loslösung aus den burg.-habsburg. Erbe; nach kurzer Statthalterschaf durch Katharina v. Egmond erhielt es 1492 mit Adolf Sohn, Karl v. Egmond († 1538), nochmals wieder eine eigenen Herrscher. W. Herbor

Lit.: W. JAPPE ALBERTS, De Staten van Gelre en Zutphen tot 1459, 195 – DERS., De Staten van Gelre en Zutphen (1459–1492), 1956 – W. D VRIES, De opkomst van Zutphen, 1960 – F. PETRI–W. JAPPE ALBERTS Gemeinsame Probleme dt.-ndl. Landes- und Volksforsch., 1962–J.M VAN WINTER, Ministerialiteit en Ridderschap in Gelre van Zutphen 1962–W. JAPPE ALBERTS, Geschiedenis van Gelderland van de vroegst tijden tot het einde der middeleeuwen, 1966 – F. PETRI, Territorienbil dung und Territorialstaat des 14. Jh. im Nordwestraum (VuF 13, 197C – W. JANSSEN, Landesherrl. Verwaltung und landständ. Vertretung i den niederrhein. Territorien 1250–1350, AHVN 173, 1971, 85–122 Algemene Geschiedenis der Nederlanden, II–V, 1980–82–W. JANSSEN Die niederrhein. Territorien in der zweiten Hälfte des 14. Jh., RhVjb 44, 1980, 47–67–DERS., Niederrhein. Territorialbildung. Voraussel zungen, Wege, Probleme (Soziale und wirtschaftl. Bindungen im M. am Niederrhein, hg. E. ENNEN–K. FLINK, 1981)–ST. FRANKEWITZ, D geldr. Ämter G., Goch und Straelen im späten MA [Diss. Bonn 1985] W. NIKOLAY, Die Ausbildung der ständ. Verfassung in G. und Bra bant..., 1985 [dort ält. Q.: v. DOORNINCK, NIJHOFF, SLOET].

Geldrichter (iudex pecuniarum), in Ofen (→Buda un Pest) eine aus den Ratsherren oder Geschworenen von Stadtrichter eingesetzte, von der Steuer befreite Person die die Ordnung auf dem Markt sicherte, Marktgebühre eintrieb sowie in Streitfällen und bei Schuldforderunge bis zur Höhe von 40 Gulden richtete; der G. sorgte auch fü die Unterbringung vornehmer Gäste der Stadt. Bis 143 galt, daß der G. dt. Herkunft sein sollte. E. Füged
Lit.: Das Ofner Stadtrecht, ed. K. MOLLAY, 1959.

Geld Rolls, eine Gruppe von Verzeichnissen aus der Zei Kg. Wilhelms I. v. England (1066–87), in denen Geldab gaben für sechs engl. Gft.en belegt sind, wobei die tradi tionelle Bezeichnung 'G. R.' insofern irreführend ist, al die überlieferten Texte Codices darstellen und von eine früheren Existenz in Rollenform nichts bekannt ist. Die G R. sind nach →Hundertschaften gegliedert und belege den Gesamtbestand an Hufen für eine jede Gft. sowie der Bestand des steuerfreien Landes. Das Verzeichnis fü Northamptonshire (wohl vor 1083) ist in engl. Sprach abgefaßt und nennt die Zahl der Hufen mit Geldabgaben jedoch nicht deren Höhe. Die übrigen Verzeichnisse, ir lat. Sprache, begleiten das »Exeter Domesday« (→Do mesday Book) innerhalb des »Liber Exoniensis« und ver zeichnen die Geldzahlung mit einer Rate von 6 s. pro Huf (das Dreifache der üblichen Höhe) in Cornwall, Devon shire, Dorset, Somerset und Wiltshire. Es existieren dre ähnliche, aber nicht identische Versionen des Verzeichnisses für Wiltshire. Sie hängen möglicherweise mit einer Geldabgaben-Erhebung von 1084 zusammen, vielleicht aber auch mit einer sonst nicht bezeugten Erhebung, die etwa gleichzeitig mit der Erstellung des Domesday Book erfolgte. Auf jeden Fall wurden die Verzeichnisse dem Domesday Book mit zugrundegelegt. Aufgrund der G. R. ergibt sich, daß die meisten, wenn nicht alle Königsgüter sowie die Besitztümer der Kronvasallen steuerfrei waren. Der »Liber Exoniensis« zeigt, daß die Geldabgabe in Geldform gezahlt wurde; die Einziehung erfolgte in jeder Hundertschaft nach Hufen durch vier Kollektoren (fegadres, collectores oder congregatores).   P. H. Sawyer

Q. und Lit.: VCH Wiltshire I, 169–217–J. H. ROUND, Feudal England, 1895 – V. H. GALBRAITH, Date of the G. R. in Exon Domesday, EHR 65, 1950, 1–17 – J. F. A. MASON, The Date of the G. R., EHR 69, 1954, 283–289 – A. J. ROBERTSON, Anglo-Saxon Charters, 1956, 231–237, 481–490.

Geldwirtschaft. Der Begriff der G. steht im Gegensatz zu dem der →Naturalwirtschaft. Das christl. Abendland übernahm die G. als Erbe des röm. Reiches, wobei dessen naturalwirtschaftl. Aspekte nicht übersehen seien. Das sich nun herausbildende Feudalsystem hatte vornehmlich naturalwirtschaftl. Grundlagen. Die Abgaben der →Hintersassen an die Grundherren wurden in Naturalien entrichtet, nur →Strafen und →Bußen wurden in Geld festgesetzt. Der geldwirtschaftl. Verkehr stärkte sich mit der Bevölkerungszunahme seit der Wende zum 11. Jh., als zum Binnenausbau (→Kolonisation und Landesausbau) die dt. →Ostsiedlung hinzukam, die Stadtgründungen (→Stadt) sich häuften, in Oberitalien und nördl. der Alpen (bes. im Nordwesten) sich ein Exportgewerbe entfaltete, außerdem der mittelmeer. Handelsaustausch mit der →Levante sich intensivierte (→Kreuzzüge), und der Städtebund der →Hanse sein Handelssystem aufbaute, das den Ostseebereich, den Nordseeraum und den atlant. Küstensaum umfaßte.

Den wachsenden und sich verdichtenden Wirtschaftsströmen konnte die naturalwirtschaftl. Zahlungsweise immer weniger genügen. Andererseits erlangte das geld- und kreditwirtschaftl. Instrumentarium mit Hilfe der aufkommenden Schriftlichkeit immer größere Bedeutung. Das stellte entsprechende Anforderungen an das →Münzwesen und die zur Ausprägung benötigten Edelmetalle.

Seit der Karolingerzeit werden die Nachrichten über Geldgeschäfte zahlreicher. Eine bes. Neuerung war es, daß die Verpflichtungen der Hörigen in Geld festgesetzt wurden. Im Bereich der Ostsiedlung zeigte sich das Nebeneinander von Natural- und G. und der verstärkte Übergang zur letzteren bes. deutlich. Hier wurden seit der Wende zum 11. Jh. in den Dörfern von den in Geld festgesetzten und in Geld zu entrichtenden Zinsen (tributus) die in Anteilen des landwirtschaftl. Ertrags berechneten Zehnten (decima) unterschieden. Doch benützte man auch hier weiter Umrechnungsschlüssel von Geldforderungen in Naturalien und umgekehrt für den Fall des Rückkaufs. In den ostdt. Städten wurden die Grundzinsen schon ausschließlich in Geld vereinbart. Für den hansisch-nord. Bereich zeigte R. SPRANDEL, wie die »Monetisierung« von Agrar- und Herrschaftsbesitz seit der Mitte des 13. Jh. deutlicher erkennbar wird, was die Ausweitung des Pfandwesens entsprechend begünstigte.

Während die inflationären Tendenzen in den einseitig geprägten →Brakteaten am sichtbarsten zum Ausdruck kamen, fand man, zunächst im Mittelmeerraum, einen Ausweg in der Prägung größerer Münzen, wobei Venedig zu Beginn des 13. Jh. mit dem Grosso aus Silber voranging. Neue Bezugsquellen für →Gold in Afrika und Europa gaben mit der Prägung von Goldmünzen seit der Mitte des Jh. (zunächst in Genua, Florenz und Venedig) der Ausweitung der G. verstärkte Impulse.

Die wachsende Münzvielfalt im internat. Verkehr und das Erfordernis, fremde Sorten, die an einem bestimmten Platz wenig bekannt waren, in »Kurantgeld« zu wechseln, wie auch der Mißbrauch der Verwendung minderwertigen und falschen Geldes begünstigten das Aufkommen des Berufs des *Geldwechslers,* den man bereits im byz. und islam. Kulturkreis kannte. Im Zusammenhang damit entfaltete sich das →Bankwesen. Auch hier lieferten bereits bestehende Formen des byz. und islam. Bereichs Anregungen. Mit Hilfe des neuen Systems der doppelten →Buchhaltung erleichterten die Verwendung von Depositen und die Ausgestaltung des →Wechselbriefs den →Giroverkehr, womit gleichzeitig ein neuer Weg für den wachsenden Kreditbedarf gefunden wurde. Am frühesten erschienen solche Geldwechsler oder Bankiers in Genua, wo die Überlieferung bes. günstig ist, seit Ende des 12. Jh. Häufig kamen sie aus dem piemontesisch-lombard. und toskan. Binnenland. Ihre Spezialisierung erleichterte den Warenhändlern, denen sie auf ihren Zügen folgten, die Durchführung des Zahlungsverkehrs. Bevorzugte Plätze zur Abwicklung der Zahlungen waren die Jahrmärkte oder Messen mit ihren »Zahlwochen«, die nach Beendigung des Warengeschäfts anberaumt wurden, so im Handelsaustausch zw. dem Mittelmeer und dem transalpinen Bereich zunächst die →Champagnemessen.

Bei den großen Handelsgesellschaften, namentlich mediterraner Herkunft, verflochten sich Warengeschäft und Geldverkehr immer mehr. Sie entwickelten sich mit Hilfe des Depositos zu regelrechten Kreditinstituten. Wichtige Stützpunkte des internat. Zahlungsverkehrs wurden außerhalb der it. Handelszentren in Ostspanien →Barcelona und →Valencia, in Südfrankreich →Avignon, das während des →Abendländ. Schismas ein Zentrum der päpstl. Finanzverwaltung (→Kammer, apostol.) wurde, und in Nordwesteuropa →Brügge. Am Beispiel Brügges wird die Rolle der päpstl. Finanzen im Rahmen der internat. G. bes. deutlich. Die Abgaben an die Päpste jenseits der Alpen, v. a. in den Nord- und Ostseegebieten, wurden so im 14. Jh. von Kaufleuten in den Hansestädten erhoben. Den Ertrag setzten sie in Güter um und leiteten diese nach Brügge weiter.

Mit der Ausweitung der G. wurden die Formen des Kredits vielfältiger, ihre Anwendung häufiger, einerseits als Konsumtivkredit, der zur Befriedigung des Bedarfs an Gütern für den Lebensunterhalt, aber auch zur Beschaffung von Luxusgütern diente, andererseits als Produktivkredit, um erwerbswirtschaftl. Unternehmungen Sach- und Geldmittel zuzuführen. B. KUSKE hat betont, wie die Kreditwirtschaft des MA in großer Mannigfaltigkeit durch Verbrauchs- und Erwerbsrücksichten zugleich bedingt wurde, und auf die organ. Übergänge aus den früheren naturalwirtschaftl. betonten Perioden in das »geld- und kapitalwirtschaftliche Zeitalter« hingewiesen. Das Rentengeschäft, der städt. Abkömmling der ländl. →Rente, sei »ganz logisch in Anpassung an die neuen materiellen Möglichkeiten der Stadt aus naturalwirtschaftlichen Grundlagen entwickelt« worden. Er verwies auf die Berechtigungsanteile im agrar. Bereich, die Weide-, Fischerei-, Holz-, Wasser-, Mast-, Mühlen- und Bergwerksanteile, die teilbar und veräußerlich waren. Aus dem ländl. Genossenschaftsrecht wirkten sie in die Städte hinein, um schließlich auch städt. Einrichtungen zu werden.

Von den christl. Vorstellungen ausgehend, gab es seit

der spätröm. und byz. Gesetzgebung zahlreiche Anordnungen, die dazu dienten, namentlich die Bedürftigen vor zu hohen Zinsen von Seiten der Gläubiger zu schützen. Die Kirche selbst verbot ihren Dienern Geld zu verleihen, doch zeigt die ständige Wiederholung des Verbots in den Beschlüssen der Konzilien, daß es immer wieder übertreten wurde.

Solange Geld noch in geringem Umlauf war, gab man, nachweisbar seit dem 6. Jh., Darlehen gegen die Verpflichtung, ohne Entgelt Arbeit für den Geldgeber zu verrichten. I. J. 864 schränkte Karl d. Kahle die Laufzeit einer solchen Verpflichtung auf sieben Jahre ein. Doch überlebte diese Art des Zinsnehmens selten die Jahrtausendwende. Kirchl. Institutionen liehen mindestens seit dem 8. Jh. Geld auf die → »tote Hand« (= *mortgage* oder Nutzungspfand), d. h. als → Pfand für ein Darlehen wurde eine Immobilie eingesetzt mit der Bedingung, daß der Ertrag dieses Gutes nicht das zurückzuzahlende Kapital minderte. Das Wertverhältnis zw. Kapital und Pfand war so ungünstig, daß das Konzil v. Tours (1163) Darlehen auf »totes« Pfand als Wucher verurteilte. Statt dessen bürgerte sich eine bestimmte Beziehung der Nutzungen zur Schuldsumme, zunächst 10%, ein. Unter den geistl. Geldgebern ragen die → Templer hervor; ihnen machte Kg. Philipp d. Schöne v. Frankreich den Prozeß, um sich ihres Vermögens zu bemächtigen. Ähnlich wie den Templern fehlten jüd. Geldleihern rechtl. Handhaben, um sich zu wehren, und diese Tatsache benützten Schuldner bis hinauf zu den Fs.en, um sich von jüd. Schulden zu befreien (→ Juden, Judentum). Teilweise wurden diese Maßnahmen von den christl. Geldgebern unterstützt, um die jüd. Konkurrenz auszuschalten. Neben Adligen betätigten sich v. a. bürgerl. Kaufleute im Kreditgeschäft, am frühesten in den Zentren des Exportgewerbes und → Fernhandels, so in den Niederlanden in → Arras. Seit dem 13. Jh. gaben Städte in den Niederlanden und in Italien Rentenbriefe auf kleinere Beträge aus. Diese wurden eine bevorzugte Geldanlage für wohlhabende Bürger.

Der Rückgang des fläm. Exportgeschäftes begünstigte das Vorrücken der it. Fernhändler und Bankiers. Ihre auf ein expandierendes Exportgewerbe sich stützende positive Handelsbilanz gestattete es ihnen, seit dem 13. Jh. in wachsendem Maße den Kapitalmarkt nicht nur Italiens, sondern auch außerhalb zu versorgen, wobei der Finanzbedarf der Kurie und verschiedener Fürstenhöfe die Tendenz begünstigte. Zu den Familien aus Piacenza, anderen lombard. Städten sowie Siena traten solche aus Florenz. Nach dem Niedergang der schon erwähnten Champagnemessen wurde Brügge bevorzugter Finanzplatz. Wo Sienesen und Florentiner in Zahlungsschwierigkeiten gerieten, rückten Lucchesen, aber auch hans. Kaufleute nach. Nicht übersehen sei die Rolle der → »Kawertschen« aus Südfrankreich und der → »Lombarden«, die, zunächst vorwiegend Piemontesen aus Asti, Chieri und anderen kleinen Orten, ihre Geschäfte auf zahlreiche Plätze der Niederlande und Rheinlande ausweiteten und in Konkurrenz mit Oberdeutschen und Venezianern im Buntmetall- und Münzgeschäft bis Polen und Ungarn vordrangen.

Als ein Aspekt der spätma. Krise wird die abnehmende Versorgung mit Edelmetall und als deren Folge eine Kontraktion der geldwirtschaftl. Ströme hervorgehoben. Der um die Mitte des 15. Jh. einsetzende langfristige Aufwärtstrend verlieh der westl. G. neue Impulse. Bevölkerungsaufschwung, ein verändertes Konsumverhalten, die Ausweitung der territorial- und nationalstaatl. Aktivitäten, Erschließung neuer Märkte (bes. im Zusammenhang mit der überseeischen → Expansion) wie auch techn. → Inno-

vationen (v. a. im → Bergbau und der Verhüttung [→ Hüttenwesen]) wirkten dabei zusammen. Die Veränderungen kamen insbes. der oberdt. Wirtschaft zugute. Aus dem Kreis der oberdt. Fern- und Metallhändler, zunächst in → Nürnberg, dann verstärkt in → Augsburg, gingen die führenden Finanzleute der Epoche hervor. Auf it. Seite konnten am besten die Genuesen mit ihnen konkurrieren, zumal sie über ihre iber. Verbindungen sich gut in die überseeischen Edelmetallzuflüsse einschalten konnten.

Wenn sich die G. gegenüber der Naturalwirtschaft so sehr durchgesetzt hatte, so darf nicht übersehen werden, daß sich in weiten Teilen weiterhin naturalwirtschaftl. Gewohnheiten behaupteten, bes. auf dem Lande im Bereich der Grundherrschaft und an der nördl. und östl. Peripherie. – Eng verflochten mit der Ausbildung der G. war der Austausch auf dem → Markt.   H. Kellenbenz

Lit.: AUBIN-ZORN I, 109–132 – HRG III, 324–330 [R. SPRANDEL]; 510–517 [E. ENNEN]; 633–645 [H. KELLENBENZ] – W. SOMBART, Der moderne Kapitalismus, 2 Bde, 1921 – G. SCHMOLLER, Grdr. der allg. Volkswirtschaftslehre, 2 T.e, 1923² – B. KUSKE, Die Entstehung der Kreditwirtschaft und des Kapitalverkehrs (Kölner Vortr. 1, 1927) – R. HÄPKE, Die ökonom. Landschaft und die Gruppenstadt in der älteren Wirtschaftsgesch. (Aus Sozial- und Wirtschaftsgesch., Gedächtnisschr. G. v. BELOW, 1928) – A. DOPSCH, Naturalwirtschaft und G. in der Weltgesch., 1930 – W. CHRISTALLER, Die zentralen Orte in Südwestdtl., 1933 – F. RÖRIG, Die ma. Weltwirtschaft, Blüte und Ende einer Weltwirtschaftsperiode (Kieler Vortr. 40, 1933) – O. GÖNNENWEIN, Das Stapel- und Niederlagsrecht (Q. und Darstellungen zur hans. Gesch. NF 11, 1939) – R. DE ROOVER, Money, Banking and Credit in Medieval Bruges, 1948 – DERS., Monopoly Theory prior to Adam Smith, Quarterly Journal of Economics 65, 1951, 492–524 – La Foire, hg. J. GILISSEN, RecJean Bodin 5, 1953 – M. WEBER, Wirtschaftsgesch., 1958³ – J. A. SCHUMPETER, Gesch. der ökonom. Analyse, 2 Bde (Grdr. der Sozialwiss. 6/I und II, 1965) – F. LÜTGE, Dt. Sozial- und Wirtschaftsgesch., 1966³ – H. BECHTEL, Wirtschafts- und Sozialgesch. Dtl., 1967 – F. P. BRAUDEL – F. SPOONER, Prices in Europe from 1450 to 1750, hg. E. E. RICH – CH. WILSON (Cambridge Economic Hist. of Europe IV, 1967), 378–386 – J. DAY, The Great Bullion Famine in the Fifteenth C., PP 22, 1968, 1054–1066 – L. VEIT, Das liebe Geld, Zwei Jahrtausende Geld- und Münzgesch. (Bibl. des Germ. Nat.mus. Nürnberg zur dt. Kunst- und Kulturgesch. 30, 1969) – G. HATZ, Handel und Verkehr zw. dem Dt. Reich und Schweden . . ., 1971 – H. EICHHORN, Der Strukturwandel im Geldumlauf Frankens zw. 1437 und 1610 (VSWG, Beih. 58, 1973) – R. SPRANDEL, Das ma. Zahlungssystem nach hans.-nord. Q. des 13.–15. Jh., 1975 – F. BRAUDEL, Civilisation matérielle, économie et capitalisme, XVᵉ–XVIIIᵉ s., 3 Bde, 1979 – E. ENNEN, Die europ. Stadt des MA, 1979³ – Hb. der europ. Wirtschafts- und Sozialgesch. II, 1980 [J. A. van HOUTTE] – Münzprägung, Geldumlauf und Wechselkurse, hg. E. van CAUWENBERGHE – F. IRSIGLER (Trierer Hist. Forsch. 7, 1982) – Storia d'Italia, Annali I, Economia naturale, economia monetaria (a c. R. ROMANO – U. TUCCI, 1983) – Die Stadt, Gestalt und Wandel bis zum industriellen Zeitalter, hg. H. STOOB, I, 1985 – F. C. LANE – R. C. MUELLER, Money and Banking in Medieval and Renaissance Venice I, 1985 – H. KELLENBENZ, Wirtschaft und Gesellschaft Europas 1350–1650 (Hb. der europ. Wirtschafts- und Sozialgesch. III, 1986) – W. REICHERT, Oberit. Kaufleute und Montanunternehmer in Ostmitteleuropa während des 14. Jh. (Fschr. W. v. STROMER, hg. U. BESTMANN u. a., I, 1987), 269–356 – F. SEIBT, Von der Konsolidierung unserer Kultur zur Entfaltung Europas (HEG II, 1987).

Geleit erscheint erst im Mhd. meist in der Form *geleite* und hat seine frühma. Entsprechung im lat. conductus. Beide Begriffe meinen den Schutz für reisende Personen. Bereits in den frühen Verwendungen von conductus ist dieser Schutz häufig nicht Begleitung, sondern ein spezieller Rechtsfriede. Seine erste Erwähnung in karol. Urkk. findet sich in den Marktprivilegien; der Schutz gilt hier den anreisenden Kaufleuten. Im HochMA gibt es das G. als Königsrecht mit dem Zweck des Schirms der Reisenden auf den öffentl. Straßen. Das → Statutum in favorem principum von 1231 räumt allgemein den Fs.en das G. ein.

Das Geleitrecht hat sich im SpätMA zu einem der ausgesprochenen Merkmale der Landesherrschaft entwickelt. Stets aber war die Herkunft vom Kgtm. anerkannt. Wenn das Geleitregal auch zu den vornehmsten landesherrl. Rechten gehört, so besaßen es doch nicht alle Landesherren. Aufgrund kgl. Verleihung konnten benachbarte größere Fs.en das G. innerhalb kleinerer Herrschaften ausüben oder wenigstens auf den wichtigsten alten Straßen sich bewahren. Nach der Form unterscheidet man schriftl. und lebendiges G. Das schriftl., auch Taschengeleit, bestand in einem mitzuführenden Schutzbrief. Das personale G. konnte von einem einzelnen Geleitknecht oder -reiter und von ganzen Geleitmannschaften wahrgenommen werden. Der Personenkreis, der zur Annahme des G.s verpflichtet war, bringt eine weitere Einteilung. Vorma. ist das freie G. für Gesandte und Unterhändler, für Angeklagte und Zeugen vor Gericht. Für bes. schutzbedürftig galten im MA Pilger und Minderheiten wie Juden und Zigeuner. Anspruch auf ein Ehrengeleit hatten durchreisende Fs.en sowie fremde militär. Abteilungen. Das Heeresgeleit hatte jedoch zusätzl. die Aufgabe, das eigene Land vor Übergriffen zu schützen. Das Malefikantengeleit brachte Straftäter bzw. Verurteilte zum Gefängnis bzw. zur Richtstätte. Im Kaufmannsgeleit verband sich der Schutz kostbarer Vermögenswerte mit dem Bemühen, die Waren für fiskal. Einnahmen auch vor die richtigen Zollstätten zu bringen. Der Geleitherr war für Schäden aus Überfällen in seinem Gebiet haftbar. Das an öffentl. Straßen und schiffbare Flüsse gebundene Zolloder auch Messegeleit wurde ganz überwiegend durch größere, den Kaufmannszügen beigegebene Schutzmannschaften ausgeübt. Die Geleitgrenzen, wo unter bes. Zeremonien die Übergabe erfolgte, deckten sich nicht unbedingt immer mit den späteren Territorialgrenzen, zeigen aber eine starke Verwandtschaft zu Lgft.s- und Wildbanngrenzen. Das SpätMA kennt schon die Tendenz, Geleitausübung durch Verträge zw. den Landesherren zu rationalisieren. Man einigte sich häufig auf wechselseitige, die traditionellen Geleitgrenzen also überschreitendes G.   M. Schaab

Lit.: L. Fiesel, Zum früh- und hochma. G., ZRGGermAbt 41, 1920, 1–40 – Ders., Woher stammt das Zollgeleit?, VSWG 14, 1926, 385–412 – G. R. Wiederkehr, Das freie G. und seine Erscheinungsformen in der Eidgenossenschaft des SpätMA. Ein Beitr. zu Theorie und Gesch. eines Rechtsbegriffs, 1976 – M. Schaab, G. und Territorium in SWDtl., Zs. für württ. Landesgesch. 40, 1980, 398–417 – Ders., G.straßen um 1550, HABW X, 1, 1982.

Geleit (Irland) → snádud

Geliger → Roßharnisch

Gelimer → Vandalen

Gellert, hl. → Gerhard, hl.

Gellius (Aulus G.) im Mittelalter. Der röm. Schriftsteller des 2. Jh. n. Chr., im MA gewöhnlich (infolge irriger Zusammenziehung des Namens mit dem gekürzten praenomen) Agellius gen., Verfasser der »Noctes Atticae« (XX B.) ist in der Spätantike von Gelehrten vielfach benützt und zitiert worden. Ins MA sind nur wenige Exemplare gelangt: Reste eines offenbar vollständigen Exemplars des 4. Jh. liegen vor in dem später in Lorsch befindl. Palimpsest Vat. Pal. lat. 24; von einem – gegen die übliche Gewohnheit, den Text in Dekaden zu gliedern – das Werk in acht und zwölf B. teilenden Exemplar scheint die gesamte sonstige ma. Überlieferung ausgegangen zu sein, von der B. VIII bereits vor dem 9. Jh. verlorengegangen war. Nach einer Zeit völligen Schweigens über den Autor erscheint G. erstmals wieder im

Besitze → Einhards in Seligenstadt; von seinem (vermutl. nur die B. IX–XX enthaltenden) Exemplar ging der Text einmal nach Fulda (jetzt Leeuwarden 55), durch die Abschrift des → Lupus (Vat. Reg. lat. 597) nach Frankreich. Vom ersten Teil (B. I–VII) fehlt vorerst ein sicheres frühma. Zeugnis; Hss. hievon setzen erst seit dem 12. Jh. ein. Zu dieser Zeit nimmt auch die bisher insgesamt wenig häufige Kenntnis und Benützung des G. beträchtlich zu. Abgesehen von Grammatikerzitaten sind es v. a. Realien verschiedener Art, Nachrichten über einzelne Begebenheiten aus dem Altertum sowie anekdotenartige Geschichten, die man aus G. entnahm. Zu deren Verbreitung haben auch Florilegien (wie das Florilegium Gallicum) sowie natürlich jene Autoren der Spätantike, die den G. zitierten, beigetragen. Seit dem 13. Jh. nimmt die unmittelbare Benützung des Werkes ab. Die Einstellung gegenüber G. läßt indes keine Veränderung erkennen, auch nicht bei den Humanisten des 14. und 15. Jh., die ihm keine höhere Wertschätzung entgegengebracht zu haben scheinen als die Jahrhunderte vorher.   F. Brunhölzl

Lit.: Manitius I–III – Praef. der krit. Ed. v. C. Hosius, 1903 und P. K. Marschall, 1968 – P. Lehmann, Deutschland und die ma. Überlieferung der Antike, Zs. für Geistesgesch. 1, 1935, 65ff., 136ff. (Erforsch. des MA III, 1960, 149ff., hier bes. 165f.) – P. K. Marshall (Texts and transmission, ed. L. D. Reynolds, 1983), 176ff.

Gellone → St-Guilhem-le-Désert

Gelnhausen, Königspfalz, Stadt in Hessen. Die nova villa G. wurde 1170 an der wichtigen Kinzigstraße von Frankfurt über Fulda nach Thüringen auf ursprgl. mainz. Territorium von Ks. Friedrich Barbarossa gegr., der den Einw. weitgehende persönl. Rechte und Handelsfreiheiten im ganzen Reich verlieh. Geplant war offenbar von Anfang an die enge Verbindung einer Markt- und Fernhandelsstadt mit einer Königspfalz als kgl. Stützpunkt in der sö. → Wetterau im Rahmen der stauf. Territorialpolitik (→ Staufer). G. repräsentiert damit ähnlich wie → Hagenau, → Wimpfen u. a. den Typ der stauf. Pfalzstadt.

Die Stadt erlebte einen raschen Aufschwung. Bis zur Mitte des 13. Jh. sind die Stadtgemeinde und die Stadtverfassung voll ausgebildet; die Stadtherrschaft des Kg.s wird durch den von ihm eingesetzten Schultheißen ausgeübt. Das schnelle wirtschaftl. Wachstum der Stadt zeigt sich im sog. Reichssteuerverzeichnis von 1241, in dem G. mit einer Steuersumme von 200 Mark nach Frankfurt (250 Mark) zu den leistungsfähigsten Städten gehört. Der polit. und wirtschaftl. Bedeutung der stauf. Stadt entspricht ihre bauliche Ausgestaltung. Ihre Lage am Berghang ermöglichte ein eindrucksvolles Stadtbild mit der Marienkirche als städtebaulichem Gegenpol zur Königspfalz in der Kinzigniederung. Das Grundrißbild mit Unter- und Obermarkt als bestimmenden Elementen verrät eine großzügige Stadtplanung. Nach der Erweiterung des stauf. Mauerrings in der ersten Hälfte des 14. Jh. war das Stadtgebiet etwa 30 ha groß mit 3000–4000 Einw.

Die → Pfalz war wahrscheinl. 1180 zum großen Gelnhäuser Reichstag in wesentl. Teilen fertiggestellt. Insgesamt werden von Friedrich Barbarossa bis zu Kg. Konrad IV. 29 Königsaufenthalte gezählt, wobei die Regierungszeiten Friedrichs I. und Heinrichs VI. von bes. Bedeutung für G. waren. Während der Königsbesuche wurde die Stadt für die Versorgung und Unterbringung der kgl. Gefolges mit herangezogen; außerdem wird das Warenangebot des Marktes für den Königshof genutzt worden sein. Auch diese ökonom. Momente sprechen für eine einheitl. Konzeption von Pfalz und Stadt. Die Königspfalz erfüllte mit ihrer wehrhaften Bauweise zugleich die Funktion einer Reichsburg, ihr waren mehrere Burgmannen zugeordnet, und sie war zugleich Verwaltungsmittelpunkt des großen Reichsforstes Büdinger Wald.

Nach dem Ende der stauf. Herrscher ging die Bedeutung G.s zurück. Um 1320 war G. in der Steuerkraft schon weit hinter den übrigen wetterauischen Städten zurückgeblieben. G. blieb zwar mit den übrigen Wetterauer Reichsstädten verbunden und gehörte weiterhin zur Reichslandvogtei Wetterau, aber die Verpfändungen 1349 durch Karl IV. an die Gf.en v. →Schwarzburg und im 15. Jh. an →Kurpfalz und →Hanau lösten die direkte Bindung an das Reich.   F. Schwind

Lit.: A. Fuhs, G. Städtebaul. Unters., 1960 – G. Binding, Pfalz G. Eine Bauunters., 1965 – J. Ehlers, Zur Datierung der Pfalz G., HJL 18, 1968, 94–130 – K. Nothnagel, Stauf. Architektur in G. und Worms, bearb. F. Arens, 1971 – H. Keller, G. im Rahmen stauf. Stadtbaukunst (Gesch. und Verfassungsgefüge. Frankfurter Festg. für W. Schlesinger, 1973), 90–112 – G., bearb. H. Stoob (Dt. Städteatlas, 1. Lfg., 1973) – Der Reichstag von G. Ein Markstein in der dt. Gesch. 1180–1980, hg. H. Patze, 1981 [BDLG 117, 1981, 1–182].

Gelnhäuser Urkunde, ein für die dt. Verfassungsgesch. des HochMA sehr wichtiges Diplom, von Ks. Friedrich I. am 13. April 1180 in der Pfalz zu →Gelnhausen dem Ebf. v. →Köln, →Philipp v. Heinsberg, ausgestellt (MGH DF I Nr. 795). Es handelt sich um eine Ausfertigung der ksl. Kanzlei, in die köln. Vorstellungen (die Bezeichnung 'Westfalen und Engern' statt Sachsen) eingeflossen sind. Mit ihr wird die Schenkung des von Sachsen abgetrennten Hzm.s Westfalen (= Südwestfalen) an die Kölner Kirche und die Investitur ihres Ebf.s mit diesem Teil des früheren Gesamtherzogtums beurkundet. Die Narratio des Diploms berichtet in gedrängter, aber durchdacht formulierter Kürze über den Prozeß →Heinrichs d. Löwen und die Aberkennung seiner Reichslehen im Jan. 1180, um zu begründen, daß der Ks. rechtl. uneingeschränkt über das Reichslehen 'Sachsen' verfügen konnte. Ob Hzg. →Bernhard v. Anhalt (12.B.), »cui reliquam partem ducatus concessimus«, für seinen Teil ein gesondertes Diplom erhalten hat, muß offen bleiben. Jedenfalls stimmte er der gerichtl. Sentenz der Fs.en über die Teilung Sachsens gesondert zu (»accedente quoque publico consensu … Bernhardi«), was voraussetzt, daß er einen Anspruch auf die Nachfolge Heinrichs d. Löwen in ganz Sachsen gehabt haben muß. Somit trug die G.U. trotz Betonung der freien Verfügbarkeit des Ks.s dem Status quo Rechnung; die Kölner Kirche hatte Südwestfalen herrschaftl. längst durchdrungen und 1178 ihren Besitz der westfäl. (landrechtl. fundierten) Gografschaften (→Go) päpstlicherseits bestätigen lassen (JAFFÉ 13075).   O. Engels

Lit.: F. Güterbock, Die G.U. und der Prozeß Heinrichs des Löwen, 1920 – K. Heinemeyer, Der Prozeß Heinrichs d. Löwen (Der Reichstag v. Gelnhausen, hg. H. Patze, 1981), 1–60 – weitere Lit.: → Heinrich der Löwe (s. dort die Lit. zum Prozeß).

Gelöbnis *(gelüb(e)de, (ge)lövede)*, (feierl.) Versprechen, rechtsförml. Zusage, war im MA ein rechtl. Gefäß, das Verpflichtungen verschiedenster Art zu umschließen vermochte. Man gelobte Schuld- und Zinszahlung, Bürgschaftsleistung, →(Ge-)Währschaft, die Einhaltung einer Veräußerung, Eingehung der →Ehe, Leistung einer →Mitgift oder →Morgengabe, Erscheinen vor Gericht, Erbringung eines Beweises, Treue und Gehorsam, Erfüllung der Amtspflichten, Frieden, Urfehde etc.

Als Vorläufer der ma. G.se können das altfrk. Treueg. (fides facta) und sein Seitenstück, der Wettvertrag (v. a. die langob. wadiatio), betrachtet werden. Charakterist. für die altdt. Formalverträge war allerdings, daß der Treugelober bzw. Wadiant grundsätzl. selber die Rechtsfolge eines allfälligen Versprechensbruchs setzte, indem er sich

für diesen Fall zum voraus der Zugriffsmacht des Versprechensempfängers unterwarf. Für die ma. G.se gilt das wohl kaum mehr, die Folgen von G.brüchen sind nun für gewöhnl. in der normativen Rechtsordnung vorgegeben.

Die ma. G.se erscheinen in der Regel als Treueg.se, abgegeben »bei (mit) der Treue« des Gelobenden, »in guten Treuen« u. ä. Vollzogen mit »Hand und Mund«, wurde das gesprochene Wort von Gebärden begleitet: Der Gelobende reichte dem G.empfänger die Hand dar, oder die Beteiligten legten ihre Hände aneinander; nach sächs. Sitte erhob der Gelobende die Hand und streckte zugleich den Zeigefinger oder zwei Finger aus; gerichtl. G.se wurden etwa an den Gerichtsstab geleistet. Häufig wurde, zumal wenn ein Angehöriger niedrigen Standes einem Höhergestellten gelobte, das G. in Eidesform oder an Eides statt abgelegt (→Eid). Im SpätMA genügte offenbar auch ein schlichtes mündl. Versprechen, um eine rechtl. Verpflichtung zu erzeugen.

Die Auffassung, wonach es sich bei Treueg. und Versprechenseid nur um Haftungsgeschäfte gehandelt habe (Gierke), wurde aufgegeben. Wie schon die fides facta, begründeten die ma. G.se nicht bloß Haftung, sondern auch Verpflichtung. Der Gelobende versprach eine Leistung. Die Folgen der Nichterfüllung oder des Bruchs des G.ses bestimmten sich nach Art und Inhalt desselben. Vielfach kam es nur zu Leistungs- oder Schadenersatzklagen; bei manchen G.sen aber zog die Nichterfüllung besondere vertragl. oder strafrechtl. Sanktionen nach sich. So mochte der Bruch eines Treug.ses zum Verlust von Ehre und Recht des Treubrechers führen. Den Bruch eines beschworenen G.ses, zumal wenn es vor Gericht oder einer anderen Behörde abgegeben worden war, bestrafte man etwa als →Meineid. Der Bruch eines gelobten Friedens wurde mit einer zur Ahndung der verübten Missetat hinzutretenden, besonderen Friedensbruchstrafe belegt oder ließ als Qualifizierungsgrund die begangene Verwundung zum Totschlag, die Tötung zum Mord werden. Mit den weltl. Rechtsfolgen von G.bruch konkurrieren die kirchl.; für Eidbruch, später auch für Treubruch beanspruchte die Kirche die Zuständigkeit ihrer Gerichte.   H.-R. Hagemann

Lit.: DtRechtswb IV, 12f., 13ff., 20f. – HRG I, 866ff., 1490ff. – O. Gierke, Schuld und Haftung im älteren dt. Recht, 1910 – R. His, Strafrecht des dt. MA I, 1920, 245ff.; II, 1935, 14ff. – R. Hübner, Grundzüge des dt. Privatrechts, 1930⁵, 493f. [Lit.], 521ff., 632ff. – G. Lepointe–R. Monier, Les obligations en droit romain et dans l'ancien droit français, 1954, 447ff., 458ff. – H.-R. Hagemann, Fides facta und Wadiatio, ZRGGermAbt 83, 1966, 1ff. – H.-W. Strätz, Treu und Glauben I, 1974, 105ff.

Gelote, ma. Bezeichnung für Bleikugel →Lotbüchse

Gelübde (monastische), die im Angesicht Gottes eingegangene Verpflichtung des Religiosen, die →Evangelischen Räte in seinem ird. Leben für seine Person zu erfüllen. Ihre Dreizahl und ihre Stilisierung als Profeßformel setzen allerdings die vita coenobitica voraus. Sie wurden erst in den monast. Gemeinschaften vom beginnenden 9. Jh. (was Vorläufer des 8. Jh. nicht ausschließt), in eremitisch ausgerichteten Kommunitäten vom 10. Jh. an, bei den regulierten Kanonikern im 11. Jh. verbindlich und von den →Bettelorden institutionalisiert.   J. Semmler

Gemarkung → Stadtflur

Gematrie → Buchstabensymbolik, II

Gembloux (Gemblacum), Abtei OSB und Stadt im heut. Belgien (Prov. Namur).

[1] *Abtei:* Gegr. im 10. Jh. von Guibert, einem Angehörigen des Regionaladels. Die Anfänge der Abtei sind

chwer zu erhellen, denn fast alle Urkk. der Zeit vor 1000 ind →Fälschungen. Angesichts dieser unsicheren Quellenlage stehen sich im wesentl. zwei Auffassungen über die Anfänge v. G. gegenüber: Nach der einen Tradition wurde G. um 940, im Rahmen der Gorzer Reform (→Gorze) gegr., nach anderer, neuerer Auffassung dagegen um 975, ohne Beziehung zu Gorze. Auf jeden Fall durchlebte die Abtei in den letzten Jahren des 10. Jh. eine Krisenzeit: Rasch verlor sie ihre Güter in der Francia, im Rheinland und im unteren Maastal. Mag G. auch 983 durch eine Bulle Benedikts VIII. freie Abtwahl und Befreiung von temporaler Herrschaft des Bf.s bestätigt bekommen haben, so wurde das Kl. 988 durch Otto III. dennoch dem Bf. v. →Lüttich unterstellt.

Im 11. Jh., dem wichtigsten Zeitabschnitt in der Geschichte von G., erfolgte durch Abt Olbert (1012–48) der Bau einer Kirche (neuere Ausgrabungen) und die Begründung einer sehr reichen Bibliothek sowie eines aktiven Skriptoriums (noch unerforscht). Die 2. Hälfte des 11. Jh. war dominiert vom Wirken →Sigeberts (um 1030–1112), einer der bedeutendsten Chronisten des HochMA. Gleichzeitig erfolgte eine durchgreifende Reform der grundherrschaftl. Strukturen der Abtei, die auf die zunehmende Ablösung der Frondienste mit einer Reorganisation ihrer großen Agrarbetriebe reagierte.

Ein Nachhall dieser Blütezeit war im 12. Jh. die Propagierung der Verehrung des hl. Guibert (1110) und die Errichtung einer Neustadt, Mont St-Guibert, die sich aber als Fehlgründung erwies. Die Abtei geriet in einen allmähl. spirituellen Niedergang; der Gf. v. →Namur, der Hzg. v. →Brabant und der Fürstbf. v. →Lüttich versuchten ebenso wie die örtl. Vögte, die Abtei und ihre Besitzungen ihrem Herrschaftsbereich zu unterwerfen. Nach wechselvollen Auseinandersetzungen wurde G. mit den umliegenden Dörfern am Ende des 12. Jh. dem Hzm. Brabant einverleibt. Im 13. Jh. wurde der Abteibesitz stabilisiert und um G. konzentriert. 1434 von St. Jakob in →Lüttich reformiert, trat die Abtei 1505 der →Bursfelder Kongregation bei.

[2] *Stadt:* Neben der Abtei entstand im Laufe des 11. Jh. eine kleine städt. Siedlung (→Abteistadt), die um 1100 die charakterist. Züge städt. Wachstums entfaltete. Sie erlangte vor 1116 ein städt. Statut, blühte im Lauf des 12. Jh. weiter auf und wurde um 1175 befestigt (ummauertes Stadtareal: 7 ha). Die Zerstörung der Stadt durch den Gf.en v. Namur (1185) und die nachfolgende Annexion durch den Hzg. v. Brabant markieren einen Bruch in der Stadtentwicklung. Seit der Mitte des 13. Jh. stagnierend, war G. im 14. Jh. nur noch eine kleine Marktstadt (örtl. Getreide- und Viehhandel) mit kaum mehr als 1000 Einwohnern.   G. Despy

Lit.: zu [1]: J. ARRAS, De abdij van Gembloers vanaf haar stichting tot in het begin der XIIe eeuw, Bijdragen tot de geschiedenis Brabant 38, 1955, 31–54, 83–92 – P. ROSEN, Le domaine de l'abbaye de G. au bas m. â. [Diss. Bruxelles 1965] – J. TOUSSAINT, G. La ville, l'abbaye, 1977 – M. DE WAHA, Sigebert de G. faussaire? RBPH 55, 1977, 989–1036 – E. LINCK, Sozialer Wandel in kl. Grundherrschaften des 11. bis 13. Jh., 1979 – A. DIERKENS, Abbayes et chapitres entre Sambre et Meuse (VIIe–XIe s.), 1985 – zu [2]: P. BONENFANT, L'origine des villes brabançonnes et la route Bruges-Cologne, RBPH 31, 1953, 438–440 – G. DESPY, Les phénomènes urbains dans le Brabant wallon jusqu'aux environs de 1300 (Wavre 1222–1972, 1973), 35–40 [Lit.].

Gemeinde

1. G. [1] *Wort und Begriff:* Der quellensprachl. Befund für das dt. MA weist eine überquellende Fülle sprachl. Formen und Sinnvariationen um die Worte *gemein, mein, meynde, meinheit, gemeinde, allmende* u. ä. auf, innerhalb deren nur schwer die Ansätze und Ausprägungen eines

Begriffes von der Allgemeinheit und Abstraktheit dessen, was heute unter G. verstanden wird (s. u.), zu ermitteln ist. Andererseits bildet sich der Sache nach im Hoch- und SpätMA jener personale Verband mit örtl. Radizierung und Befugnissen der Selbstregelung aus, auf den der G.begriff sich bezieht. Dessen begriffl. Erfassung geht allerdings nicht ohne die lat. Urkk.sprache und das sich seit dem 12. Jh. entwickelnde gelehrte Recht vor sich, die einerseits das röm. Rechtswort »universitas« zu dem allgemeinsten Begriff für einen Personenverband entwickeln, andererseits den Begriff des commune vorfinden, der sich fast bedeutungsgleich mit g. u. ä. von der Nutzungsgemeinschaft (communia, communalia) zur Bezeichnung einer G.verfassung entwickelt und diese Stelle heute in den roman. Sprachen (it. *il comune,* frz. *la commune*) einnimmt. Es handelt sich also bei G. und →Kommune ledigl. um Parallelbegriffe der dt. und der lat.-roman. Sprachen, nicht um grundsätzl. verschiedene Sachinhalte; ein Lexikon des 19. Jh. definiert andererseits G. (= universitas) als »eine Societät oder Anzahl verschiedener vereinigter Personen, welche zum gemeinen Nutzen gemeinschaftl. Gesetze brauchen« und spannt dies, wie schon im ma. Glossatoren, von der Provinz über →Stadt, →Flecken, →Dorf bis zu →Collegium, →Gilde, →Zunft – schließt also die Gebietsbezogenheit nicht begriffsnotwendig mit ein.

[2] Die *Entstehung der Gemeinde* stellt ein wichtiges Sachproblem der MAforschung, v. a. der Stadtgesch. und der ländl. Verfassungsgesch. dar. Entsprechend unterscheidet man zw. der Entstehung der Stadtg. einerseits, der Land- oder Dorfg. andererseits. G.begriff wie Fragestellungen gehen aber von der modernen G.- bzw. Kommunalverfassung aus, wie sie sich seit dem 19. Jh. in Deutschland herausgebildet hat. In diesem Sinne ist die G. eine dem Staat eingegliederte Gebietskörperschaft mit dem Recht zur selbständigen und eigenverantwortl. Verwaltung ihrer örtl. Angelegenheiten. Es verbinden sich also die Elemente eines Personenverbandes (Körperschaft), dessen örtl. Radizierung (Gebiet) und ein bestimmter zu regelnder Aufgabenbereich. Im Gegensatz zur Vereinheitlichungstendenz der modernen Gesetzgebung beruht der hist. G.begriff aber auf der Unterschiedlichkeit jeweiliger Rechte und Freiheiten. Der Zugriff auf den hist. G.begriff wird nicht dadurch leichter, daß er auch für die Kirchengesch. eine wichtige Rolle spielt. – Auf diesen Grundlagen hat schließlich die moderne Soziologie einen fast überzeitl. G.begriff entwickelt und faßt das als eine der ersten und wichtigsten sozialen Grundformen von der Seßhaftwerdung der Menschheit bis in die Gegenwart auf.

[3] *Zur Erforschung der Gemeindebildung:* In der hist. Forschung ging, am deutlichsten etwa bei G. L. v. MAURER, die Erforschung der G.entstehung von angebl. Gebilden der germ. Zeit, v. a. der Markgenossenschaft, aus. Das hat v. a. die Erforschung der ländl. G.bildung lange überschattet. Einen fruchtbareren Ansatz bot die Genossenschaftstheorie O. v. GIERKES für die Stadtgemeinde. Er erkennt in der Zeit des 12. Jh. eine Emanzipation genossenschaftl. Formen, die in der Stadt schnell zur Bildung einer von der Vielheit der Genossen abgehobenen Körperschaft führt, die im Handeln durch Organe, Rechtsetzung, Verwaltungstätigkeit ein den modernen Staat vorwegnehmendes Gemeinwesen sei (→Genossenschaft). MAX WEBER fußt hierauf, wenn er in seinem grundlegenden Stadtkapitel den Verbandscharakter als Bürger. für den Typus der abendländ.-okzidentalen Stadt (im Gegensatz zur antiken und oriental.) als wesentlich erkennt. Diese

Sicht wurde von der modernen stadtgeschichtl. Forschung verfeinert und individualisiert, aber im ganzen bestätigt. Sie sieht die Stadtg. teils als →coniuratio gegen den Stadtherren, teils als vom gründenden Stadtherren initiierten Schwurverband (auch communio iurata), teils als auf sonstigen Wegen geeinten Verband der Stadtbevölkerung bzw. der Bürger im engeren Sinne im 12. Jh. entstehen, im 13. Jh. (v. a. durch die Ratsverfassung) institutionell ausgestaltet. Auch hier sind die Grundformen »Kommune-G.« und »Konsulat-Rat« in Nord- und Südeuropa gleich.

Die ländl. G.bildung erscheint dagegen als gestreckterer Prozeß langsamer Verdichtung und Institutionalisierung genossenschaftl. Beziehungen der Bauern – womit auch das Dorf als dichtestes ländl. Siedlungszentrum zum Konzentrationspunkt der G.bildung wird (und nicht eine nur als Gegenbegriff zur Stadtg. existierende Landg.). Hier hat K. S. BADER method. genau die Semantik der Quellensprache und die zugrundeliegenden hist. Prozesse geschieden und in Verbindung gesetzt, so daß wir hier v. a. für den südwestdt. Altsiedelraum ein differenziertes Bild eines langsam sich vollziehenden Vorganges haben, den die Zeit selbst nur tastend auf den Begriff brachte. Beachtung verlangt v. a. die dt. Ostsiedlung, in der – parallel zur Markt- und Stadtgründung – ein fertiges Modell eines Neusiedlerverbandes verwandt wird. Man wird also in Stadt und Land in ma. Formen der Vergesellschaftung die Elemente der modernen G.-Definition finden können – über die Vielheit der Genossen hinaus organisierter Personenverband, dessen Radizierung auf ein Gebiet und eine Regelungsgewalt (Kore, →Willkür, →Einung). Die moderne, sozial- und mentalitätsgesch. ausgerichtete Forschung verweist dahinter noch auf Grundstrukturen der ma. Vergemeinschaftung, die man einerseits mit dem quellennäßigen, bis ins FrühMA zurückweisenden Namen der →Gilde bezeichnen kann (O. G. OEXLE), andererseits mehr von der Schwelle zur NZ kommend mit dem Namen Kommunalismus kennzeichnet (P. BLICKLE).

G. Dilcher

Lit.: GRIMM, DWB V, 3220ff. – O. v. GIERKE, Das dt. Genossenschaftsrecht, 4 Bde, 1868–1913 – F. STEINBACH, Gesch. Grundlagen der kommunalen Selbstverwaltung in Dtl., 1932 – E. ENNEN, Frühgesch. der europ. Stadt, 1953, 1981³ – H. PLANITZ, Die dt. Stadt im MA, 1954, 1973³ – R. KÖNIG, Grundformen der Gesellschaft: Die G., 1958 – K. KROESCHELL, Weichbild, 1960 – M. WEBER, Wirtschaft und Gesellschaft. Stud.ausg., 1964, insbes. Kap. IX, 8. Abschnitt – Die Stadt als Lebensform, hg. R. KÖNIG, 1970 – Gesch. Grundbegriffe, hg. O. BRUNNER–W. CONZE, II, 1975, 726ff. – O. G. OEXLE, Die ma. Gilden: Ihre Selbstdeutung und ihr Beitr. zur Formung sozialer Strukturen, 1979 – H. WUNDER, Die bäuerl. G. in Dtl., 1979, 1986² – P. BLICKLE, Der Kommunalismus als Gestaltungsprinzip zw. MA und Moderne, 1982 – E. ENNEN, Die europ. Stadt des MA, 1987⁴ – → Dorf, A. III [dort in der Lit.: K. S. BADER, TH. MAYER, H. JANKUHN].

2. G. →Kirche

3. G., jüdische. Die jüd. G.n des MA waren als religiössoziale, polit.-kommunale Einheiten unterschiedl. organisiert: stark zentralist. in Mesopotamien unter dem Exilarchen (Reš Galuta), weitgehend autonom voneinander in der europ. Diaspora. Weitere Gemeindezentren bestanden in Palästina, Ägypten, Nordafrika und Spanien. Während in Mitteleuropa seit dem 12. Jh. für die Juden der Status der →'Kammerknechtschaft' galt, durch den sie mit Leib und Gut dem persönl. Schutz des Ks.s unterstanden, gehörten sie im islam. Bereich seit dem Beginn des 8. Jh. durch den sog. Omar-Vertrag zur Gruppe der *Ahl adh-dhimma,* in der ihnen persönl. Schutz und Autonomie gewährt wurde, allerdings bei unterschiedl. Anwendung. Verschiedene Einschränkungen im Alltag, Kopf- und Grundsteuer waren der Tribut an die Obrigkeit, ebenso in Europa. Das Gemeindeleben wurde von außen durch kollektive Steuerabgaben und Privilegien der jeweiligen Herrscher bestimmt. Innerhalb der G.n regelten jüd. Traditionen und Institutionen das Zusammenleben durch Religionsgesetz (→ *Halacha*) und gemeindeeigene Satzungen (*Taqqanot; → Taqqana*) mit lokal und regional gültigen Bräuchen (*Minhagim*) des Alltags, die in Aschkenasien z. T. auf losen Gemeindesynoden entstanden. Die Gemeinde entschied selbst über Niederlassungsrecht bzw. Bann (*Ḥerem ha-jišuv*) des einzelnen, meist aus ökonom. Gründen. Die Rechtsautonomie gegenüber anderen Gemeinden suchte sie durch den Gerichts-Bann (*Ḥerem bet din; →*Bann, C) zu wahren. Auch der nichtjüd. Kundenkreis der einzelnen Gemeindeglieder wurde bes. abgesichert (*Maʿarufija*). Zahl und Aufgabenbreite der Gemeindefunktionäre variierten je nach Gemeindegröße und Region, ebenso direktes und indirektes Wahlverfahren. An der Spitze der Gemeindeoligarchie stand ein Kollegium von Leitern (*Parnassim, Towim, Raschim,* in islam. Ländern *Muqaddim*), die sich in der Verantwortung für die Geschäftsführung der Gemeinde monatl. abwechselten. Weitere Ämter: Steuereinnehmer (*Gabbai ha-mas*), Vertrauensmann und Treuhänder, der v. a. im islam. Bereich hohes Ansehen genoß (*Ne'eman*), ritueller →Fleischer (*Šoḥet*), Vorsänger (*Ḥazzan, Šeliaḥ zibbur*), Synagogendiener (*Šammaš*) und Kopist (*Sofer*), der häufig auch als Kinderlehrer (*Melammed*) tätig war. Zuweilen vertrat ein Rechtsbeistand und Fürsprecher (*Štadlan*) die Interessen einer oder mehrerer G.n vor der nichtjüd. Obrigkeit. Von lebensprakt., religionsrechtl. Kompetenz und moral. Autorität als Gelehrter und Lehrer der Gemeinde war der *Raw,* dessen »Amt« im Laufe des MA genauer definiert, institutionalisiert und schließlich auch besoldet wurde, wie dies bei anderen Gemeindeämtern geschah. Er war vorwiegend als Richter (*Dajjan*) tätig und auch als Vorsteher von Gelehrtenakademien (*Ga'on*).   M. Illian

Lit.: L. FINKELSTEIN, Jewish Self-Government in the MA, 1964 – I. A. AGUS, Urban Civilization in pre-Crusade Europe, 1965 – I. EPSTEIN, Stud. in the Communal Life of the Jews of Spain, 1968² – S. D. GOITEIN, A Mediterranean Society II, 1971 – S. W. BARON, The Jewish Community, 1972–77² [Lit.] – G. KISCH, Forsch. zur Rechts- und Sozialgesch. der Juden in Dtl. während des MA, 1978² [Lit.].

Gemeindebauten, Teilgruppe der öffentl. Gebäude in Eigentum und Nutzung einer Orts- oder Sondergemeinde im Unterschied zu den Bauten in Herrschafts- oder Kircheneigentum. Zu den G. gehören in erster Linie Rathaus, Schreiberei, Münze; Marktgebäude wie Schranne, Tuch-, Fleischhalle, Schlachthaus, »theatrum« (im Sinne von »Versammlungshaus«), Waage; Vorratsgebäude (Salz-, Nahrungsmittel-, Brennstoff-, Ziegel-, Wollmagazine); Stadttore und -türme (überhaupt alle Befestigungsanlagen), Zeug-, Spritzen-, Wach-, Zollhäuser, Kerker, Bauhof; Zunft-, Gilde-, Amts-, Gesellschaftshäuser; Schulen, Hospitäler, Armenhäuser; Back-, Brunnen-, Malz-, Brau-, Badehäuser, Mühlen; Kombinationen der Nutzungsarten untereinander und mit sonstigen sind möglich. Mit wenigen Ausnahmen können die gen. Gebäude je nach den örtl. Verhältnissen auch in Herrschafts-, Kirchen- oder Privateigentum sein.   H.-K. Junk

Lit.: A. HAAS, Die Gebäude für kommunale Zwecke in den ma. Städten Dtl. [Diss. Freiburg i. Br. 1914] – K. GRUBER, Das dt. Rathaus, 1943 – K. JUNGHANS, Die öffentl. Gebäude im ma. dt. Stadtbild, 1956 – G. NAGEL, Das ma. Kaufhaus und seine Stellung in der Stadt, 1971 – H. STOOB, Dt. Städteatlas, 1973ff. – DERS., Bürgerl. G. in mitteleurop. Städten des 12./15. Jh. (Fschr. H. KELLENBENZ, 1978).

Gemeindeeigentum → Allmende

Gemeindeflur → Stadtflur

Gemeindeverfassung → Verfassung

Gemeiner Mann heißt bis ins 15. Jh. der im Schiedsverfahren bei Stimmengleichheit zugezogene Urteiler (→Landfrieden), doch offensichtl. findet am Ausgang des 15. Jh. ein bislang nicht erforschter Begriffswechsel statt. Von da an nämlich umfaßt G.M. die nicht-herrschaftsfähigen Bauern und Bürger, die allerdings im Rahmen ihrer Dorf- und Stadtgemeinde gewisse polit. Rechte wahrnehmen. Dieser bis ins 18./19. Jh. verwendete Begriff, der eine soziale und polit. Schicht bezeichnet, die sich abhebt einerseits von Adel und (hoher) Geistlichkeit, andererseits von »unterständ.« Schichten (Knechte, Mägde, Fahrende etc.) läßt andeutungsweise seine Herkunft aus der ma. Drei-Stände-Lehre erkennen, die unter »laboratores« Bauern und Bürger als einen Stand faßte. Mögliche Verwandtschaften mit engl. *commons* und frz. *tiers état* sind noch nicht erforscht. Der Bauernkrieg von 1525 wird neuerdings häufiger als »Revolution des G.M.« umschrieben.   P. Blickle

Lit.: A. LAUBE, Bem. zur These von der »Revolution des G.n M.«, ZfG 26, 1978, 607–614 – H. LUTZ, Wer war der g.M.?, 1979 – P. BLICKLE, Die Revolution von 1525, 1981² – DERS., Untertanen in der FrühNZ, VSWG 70, 1983, 483–522.

Gemeiner Nutzen → Soziallehre, →Bonum commune

Gemeiner Pfennig, kombinierte Kopf- und Vermögenssteuer, die Kg. Maximilian I. auf dem →Wormser Reichstag 1495 als Teil der sog. »Reformgesetze« (→Reichsreform) gegen den Widerstand der Stände durchsetzte (»Pfennig-Ordnung«, 7. Aug. 1495). Der G. P. ging vom Grundsatz aus, daß »jedermann«, Männer wie Frauen, ohne Unterschied der »wyrde, ordens, standes oder wesens ... nymand ausgeslossen«, ab dem 15. Lebensjahr steuerpflichtig sei, wobei mit zunehmendem Vermögen ein regressiver Steuerfuß mit 3 Vermögenssteuerklassen zur Anwendung kam; die Juden unterlagen einer Kopf- und Vermögenssteuer. Die G. P.-Ordnung wurde in einem allgemein formulierten Vertrag zw. Maximilian I. und den Reichsständen vereinbart. Der Reichsabschied von 1495 enthält ergänzende Festlegungen, wonach auch die Geistlichkeit, exemt oder nicht, heranzuziehen sei. Geltungsbereich war das ganze Hl. Röm. Reich (mit den habsbg. Niederlanden, Lothringen und den preuß. Deutschordensgebieten). Gegen den Willen des Kg.s wurde das Recht der Steuererhebung von den Ständen, die hinsichtl. der Steuerhöhe dem Kg. zwar entgegenkamen, das Verfügungsrecht über die Einnahmen aber ausdrückl. dem Reichstag vorbehielten, auf vier Jahre begrenzt.

Der G. P., bewußt als Volkssteuer angelegt, traf in ganz besonderem Maß die sog. »kleinen Mann«: Die Kopfsteuer erbrachte mehr als die Hälfte des Gesamtsteueraufkommens. Steuerbezirk war die Pfarrei, die Erhebung des G.n P.s oblag aber den Landesherren »uf ir costen«.

Nur zu einem kleinen Teil gelang es dem Kg., durch Anleihen auf den zu erhebenden G.n P. sofort Barmittel flüssig zu machen. Die Gelder gingen nur zögernd ein, und einige Fs.en, etwa die Hzg. e v. Bayern, aber auch die →Reichsritterschaft und die →Eidgenossen, verweigerten den G. P. rundweg. Der G. P., an sich ein Kompromiß zw. Kg. und Reichsständen, war polit. gesehen ein Fehlschlag.   P.-J. Schuler

Q.: RTA, Mittlere Reihe V, hg. H. ANGERMEIER, 1981, bes. 1/1, 468–590; 1/2, 1202–1258 – *Lit.:* H. WIESFLECKER, Ks. Maximilian I., 2, 1975, 249ff. – P. BLICKLE, G. P. und Obrigkeit, VSWG 63, 1976, 180ff. – E. ISENMANN, Reichsfinanzen und Reichssteuern im 15. Jh., ZHF 7, 1980, 1ff. – P.-J. SCHULER, Die Erhebungslisten des G.n P.s von

1496–1499 (Quantitative Methoden in der Wirtschafts- und Sozialgesch. der Vor-NZ, hg. F. IRSIGLER, 1978), 127ff. – DERS., Zum Problem des Steuerbewilligungsrechts der vorderöster. Landstände, Schauinsland 97, 1978, 39ff. – P. SCHMID, Der G. P. von 1495, 1988 [in Vorber.].

Gemeines Recht (Lehnübers. von 'ius commune', 12. Jh.) ist das in einem oder mehreren Staaten allgemein geltende Recht, im Gegensatz zum Sonderrecht für bestimmte Personen, Stände oder Gebietsteile. – Die Renaissance des im →Corpus iuris civilis aufgezeichneten röm. Rechts, welche von →Bologna (B. Die Rechtsschule) ausging, führte seit dem 12. Jh. nach und nach zu dessen Ausbreitung in ganz Süd-, Mittel- und Westeuropa. Vertieft durch die Lehren der →Glossatoren und →Kommentatoren, vermittelt durch die zahlreicher werdenden Rechtsschulen (→Universitäten) und durch die zunächst nur in Italien, dann auch in Frankreich und andernorts ausgebildeten →Juristen verbreitet, bildete das justinian. Zivilrecht neben dem maßgebl. von →Gratian und in den Sammlungen päpstl. →Dekretalen kodifizierten →kanon. Recht (→Corpus iuris canonici) und dem lombard. →Lehnrecht die Hauptmasse des gelehrten g. R.s, das als Katalysator auf die Formierung lokaler Rechte wirkte (Redaktion der →Coutumiers, Entstehung der →Rechtsbücher, Aufzeichnung der Stadt- und Landrechte). Seine Geltungskraft beruhte auf inneren Vorzügen, nicht hoheitl. Erlaß: »Non ratione imperii, sed imperio rationis.« Im Zusammenwirken mit den vielfältigen lokalen Rechten entstand jene im einzelnen nach Ort und Zeit wandelbare »Gemengelage«, als welche sich die ma. Rechtsordnung darstellt. Die Einflüsse lokaler Rechte und Gewohnheiten, die häufige Erteilung von Exemptionen und Privilegien sowie machtpolit. Entscheidungen verhinderten aber eine einheitl. Geltung, eine sog. Rezeption in complexu, der in den justinian. Rechtsbüchern enthaltenen Rechtssätze, zumal diese unter den gewandelten gesellschaftl. Verhältnissen des MA nicht direkt und ausnahmslos anwendbar sein konnten. Übernahme, Ergänzung, Anpassung oder Ablehnung der röm.-rechtl. Normen und Lehren wurden Gegenstand der theoret. und prakt. Juristenarbeit, deren gemeineurop. Grundlage allerdings die zivilrechtl. und kanon. Kodifikationen als gemeinsame Rechtsq. blieben. Ob das g. R. stets nur subsidiär galt oder das partikulare Recht ganz oder teilweise zurückdrängte, ist generell nicht zu entscheiden; immerhin ist unter »des Reichs gemeinen Rechten« nach der →Reichskammergerichtsordnung von 1495 das röm. und nicht etwa dt. Recht zu verstehen. (Zum Begriff des Common Law →Engl. Recht II.2.)   M. Schwaibold

Lit.: HRG I, 1506–1510 [H. THIEME] – DDC IV, 1495 [R. NAZ] – F. CALASSO, Introduzione al diritto comune, 1951 – IRMAE – H. MITTEIS–H. LIEBERICH, Dt. Privatrecht, 1981⁹, Kap. 3 – H. SCHLOSSER, Grundzüge der neueren Privatrechtsgesch., 1985⁵ – R. C. VAN CAENEGEM, Introduction hist. au droit privé, 1988, Nr. 29ff. – M. BELLOMO, L'Europa del diritto comune, 1988.

Gemeinschaftsmünzen, bereits Pfennige des 10./11. Jh., auf denen Kg. und geistl. Fs. (z. B. Ks. Konrad II., Ebf. →Pilgrim in Köln 1027–36) gemeinsam erscheinen. Seit dem 13. Jh. sind G. Ausdruck von zw. zwei oder mehreren Münzherren geschlossenen Verträgen (z. B. →Friesacher, Münzvereinigung 1240 am Bodensee, 1255 Vertrag Hamburg-Lübeck, ndl. G. des 13./14. Jh.). In den →Münzvereinen des 14./15. Jh. (Rhein., Schwäb., Wend.; Rappenmünzbund) erlebten die G. ihre volle Blüte. Es wurden gemeinsame Münzbilder festgelegt und nur die Wappen und Legenden dem betreffenden Münzherrn angepaßt.   P. Berghaus

Lit.: W. JESSE, Der Wend. Münzverein, 1967², 3–28 – F. v. SCHROETTER, Wb. der Münzkunde, 1930, 216f. [A. SUHLE].

Gemeinwohl → Bonum commune; →Soziallehre

Gemistos, Plethon Georgios → Plethon

Gemme → Kameo

Gemona, nordit. Stadt (Friaul), am linken Ufer des Tagliamento am Rande der Ausläufer der Alpen. Der vorröm. Name und zahlreiche Inschriftenfunde belegen, daß das Gebiet bereits in der Antike besiedelt war, beweisen aber nicht, daß das von Paulus Diaconus (H.L.IV, 37) im Zusammenhang mit dem Avareneinfall von 611 erwähnte »Castrum« – einzige frühma. Nachricht über G. – bereits auf so frühe Zeiten zurückgeht. – In den letzten beiden Jahrzehnten des 12. Jh. konstituierte sich G. als Kommune, stand aber in Rivalität mit dem aufblühenden→Venzone. 1184 richtete der Patriarch v. →Aquileia in G. einen Markt ein, der sich mühsam zu behaupten hatte, als der Paßhandel nach Krain über Venzone abgewickelt wurde, wo die Vizegf. en v. Friaul, die Mels, 1252 ebenfalls einen Markt installiert hatten. Wie die Entwicklung der Stadt und die beachtl. Präsenz toskan. Bankiers bezeugen, erlebte G. bis zur Mitte des 14. Jh. eine Blütezeit; in der Folge führte die Teilnahme an den Kämpfen in →Friaul zu seinem Niedergang. G.s Bestreben, den Verkehrsweg Interneppo-Bordano zu reaktivieren (1435), blieb erfolglos. Durch die Meliorierung des Umlands verlagerte G. seinen wirtschaftl. Schwerpunkt vom Handel auf die Landwirtschaft.   R. Cervani

Lit.: P. S. LEICHT, Breve storia del Friuli, 1923, 1970⁴ – C. G. MOR, Momenti di storia medioevale di G., 1965.

Gemot, Versammlung, v. a. Gerichtsversammlung, im ags. Bereich; →Angelsächsisches Recht, →witenagemot.

Gemse, zwar in der Antike von Plinius (n.h. 8,214; 11,124: rupicapra) v. a. durch die sichelförmig gekrümmten Hörner deutlich als Alpentier beschrieben (LEITNER, 213), wird sie im MA oft wie von Isidor (etym. 12,1,15), den Physiologus-Versionen und den naturkundl. Enzyklopädikern (z. B. Bartholomaeus Anglicus 18,21) als »caprea« mit →Antilope, Gazelle (demma, nach KELLER, 299 ident. mit G.), →Steinbock (ibex), →Reh (capreolus) oder verwilderten Ziegen (vgl. McCULLOCH, 120ff.) identifiziert bzw. verwechselt. Nur Albertus Magnus scheint die »capra montana silvestris« (= *gemeze:* de animalibus, 2,22; 12,222 + 229 vgl. 22,38) genauer zu kennen und übernimmt deshalb nicht den Kontext des Thomas v. Cantimpré (4,19 = Vinc. 18,32). Aus unbekannter Quelle beschreibt Thomas die ma. Jagdmethode des »Auswerfens« oder »Ausfällens« der als Speise geschätzten »capra silvestris«: Sie wird von dem Hund in ausweglose Felswände gejagt und mit der Lanze ins Tal hinabgestoßen. Tod nach Versteigen käme bei der G. (auf Futtersuche) ebenso wie beim Jäger vor.   Ch. Hünemörder

Q.: →Albertus Magnus – →Bartholomaeus Anglicus – Isidorus Hispalensis, Etymologiae, ed. W. M. LINDSAY, 2, 1911 – Thomas Cantimpratensis, Liber de natura rerum, T. 1: Text, ed. H. BOESE, 1973 – Vincentius Bellovacensis, Speculum naturale, 1624 [Neudr. 1964] – *Lit.:* O. KELLER, Die antike Tierwelt, 1, 1909 [Neudr. 1963] – F. McCULLOCH, Mediaeval Lat. and French Bestiaries, SRLL 33, 1960 – H. LEITNER, Zoolog. Terminologie beim Älteren Plinius, 1972.

Ğem Sultan (türk. Cem, im Abendland Zizim u. ä.), geb. 23. Dez. 1459, gest. 25. Mai 1495, ▭Bursa (seit 1499); 3. Sohn Sultan →Meḥmeds II.; 1469 Statthalter v. Kastamonu, 1474 v. Karaman (Residenz →Konya), 1473 Vertreter des Sultans in Edirne (→Adrianopel) bzw. Istanbul. Nach dem Tod Meḥmeds II. 1481 besetzte Ğ. →Bursa und

schlug eine Reichsteilung vor, kapitulierte aber in der Schlacht gegen→Bāyezīd (II.). Er floh ins mamlūk. Kairo, dann, nach einer Pilgerreise nach Mekka (1481/82) und einem vergebl. Versuch, Konya wiederzuerobern, nach Rhodos zu den Johannitern. Ğ.s Plan, mit Hilfe christl. Mächte den Thron zu gewinnen, scheiterte u. a. an Vertragsvereinbarungen des Johanniter-Großmeisters Pierre d'→Aubusson mit Bāyezīd, Ğ. gegen hohe jährl. Zahlungen in Gewahrsam zu halten; Kontaktversuche mit Feinden der Osmanen (Kg. e v. Frankreich und Ungarn, Mamlükensultan) wurden hintertrieben. Ğ.s Übergabe an den Papst (1489) änderte nichts an seinem Schicksal. Karl VIII. führte Ğ. nach der Eroberung Roms 1494 mit sich, er starb in Neapel, vermutl. an Gift.   C. P. Haase

Lit.: L. THUASNE, Djem-Sultan, 1892 – I. H. ERTAYLAN, Sultan Cem, 1951 – J. LEFORT, Documents gr. dans les archives de Topkapi Sarayi, Contribution à l'hist. de Cem Sultan, 1981.

Gemüse → Obst- und Gemüseanbau, -handel

Gencien, Pierre d. Ä., * 1244, † 1298, *écuyer* Kg. Philipps d. Schönen, Verfasser des »Tornoiement as dames de Paris«. Der nur in der Hs. Rom, Vat. Reg. 1522, fol. 160v–172v erhaltene Text, vielleicht ein Autograph oder zumindest aus der Zeit des Dichters stammend, ist ein 1794 paarweise gereimte Achtsilber umfassendes Kurzepos im Frz. der 2. Hälfte des 13. Jh. und richtet sich an ein bürgerl. Publikum. Etwa 90 Damen des Pariser Bürgertums (von der Forschung fast alle identifiziert) werden in einer Art »défilé« vorgestellt und führen einen Scheinkampf auf. Der Text steht in der Tradition des lit. Genus der Damenturniere (frz. und prov. Texte), die in Tanzunterhaltungen des Adels aufgeführt wurden. Obwohl die »Tournoiements« (wie das Werk des →Huon d'Oisi, vielleicht der Schöpfer dieses lit. Genus oder der berühmte »Carros« des Provenzalen →Raimbaut de Vaqueiras) im allgemeinen choreograph. Libretti für Aufführungen bei Hofe waren, in denen die im Text genannten Edeldamen fungierten, so erscheint die Dichtung des P.G. eher für die Vorträge der Mimen und Spielleute als für den Tanz bestimmt. Der Schauplatz der Handlung ist wie in anderen »Tournoiements« an die Ufer der Marne verlegt, wo vermutl. auch in der Realität Spiele stattfanden. Die Damenturniere scheinen Elemente der polit. Satire aufzuweisen, denn im allgemeinen sind diese Dichtungen am Vorabend von Kreuzzügen verfaßt, wie z. B. das »Tournoiment« des P. G., das 1269 kurz vor dem 8. Kreuzzug entstand.   A. Pulega

Ed.: M. PELAEZ, Le tornoiement as dames de Paris, poemetto in antico francese di P.G., Studi romanzi XIV, 1917, 5–68 – A. PULEGA, Ludi e spettacoli nel Medioevo, I: Tornei di Dame, 1970, 21–63 [Lit.] – *Lit.:* GRLMA VI – C.-V. LANGLOIS (Hist. Litt. de la France XXXV, 1921), 284–301 – F. MAILLARD, Note sur »Le Tornoiement as dames de Paris«, Romania 89, 1968, 539ff.

Genealogie. Ma. Auffassungen von G. leiteten sich aus mehreren Traditionssträngen her, die auf das je zeitgenöss. Bewußtsein von Herkunft und Verwandtschaft unterschiedl. eingewirkt haben. Die mlat. Bezeichnung 'genealogia' (g.) deckt daher ein breites Bedeutungsspektrum ab, das den Geschlechterverband verstorbener und lebender Personen nicht allein in der biolog. Abfolge der Generationen (Aszendenten, Deszendenten, Kollateralen), sondern mehr noch im sozialen Kontext spiegelt. Einbezogen ist zudem die tabellar., lit. und bildl. Registrierung in einer Vielzahl von eigenständigen Ausformungen, die in andere Überlieferungen integriert sein können. Im gentil geprägten FrühMA meint G. den familiären Geburtsstand (Lex Baiuvariorum I,8; II,4), nach dem die Höhe der Bußtaxen (→Buße) geregelt war, benso wie die agnat. Ahnenreihe (→Paulus Diaconus, Hist. Langobard. IV, 37), die namentl. gekennzeichnete Adelssippe (Lex Baiuvariorum III, 1; Lex Alamannorum 31) oder den ethnisch abgegrenzten Verwandtenclan (ae. *maegð*; R. Wenskus, RGA² I, 325f.; vgl. Paulus Diaconus I, 10). Konnex mit Grundbesitz ist in g. als familiärer Dorfgemeinschaft (Formulae, Coll. Patav. 5) oder Erbgütern (Tessier, 473) hergestellt. Karge Sukzessionslisten von Zeugungen stehen am Anfang der Aufzeichnungen oraler Tradition, so die Königsreihe der Langobarden →Edict. Rothari, Prolog) und die göttl. Spitzenahnen (Woden, Seaxnet) reklamierenden Führer ags. Gentes (s. a. →Euhemerismus). Die unter Theoderich fixierte →Amaler-G. beginnt mit einem Daker Gapt, der einen röm. Feldherrn besiegt haben soll. Ausufernde Namenreihen bieten bis in die frühe NZ ir. und walis. Corpora für Kg.e, Hl.e, Aristokraten; Derivate in St. Gallen sippen im 9. Jh. den Klosterheiligen an →Brigida und →Patrick an. Dagegen sind G.n, die das merow. Sakralkönigtum legitimieren, nicht aus der Frühzeit überliefert; Chlodio- oder Faramund-Listen sind an →Gregor v. Tours oder dem »Liber historiae Francorum« orientiert. Die älteste erhaltene Karolinger-G. (»Commemoratio g. Karoli imperatoris«) entstand 800/814 in Metz und führt (nach Vorbild der Metzer Bistumsgesch. des Paulus Diaconus) als Stammeltern Ansbert (aus galloröm. Senatorenadel) und die angebl. Merowingerin Blithild; in das Machwerk verwoben sind Namen aquitan. Heiliger. Vor 840 interpolierte man im Kl. →Fontenelle die Namen des hl. →Wandregisilus und seines Vaters in den Text – späterer »Ausgangspunkt für die G. der flandr. und brabant. Gf.enhäuser, die mit seiner Hilfe ihrem karol. Herkunftsbewußtsein Ausdruck verleihen konnten« (Oexle). Der Biographie Ludwigs d. Fr. stellte →Thegan die 'prosapia' des Metzer Bf.s Arnulf voran; die Kgn. Hildegard ist dort über ihre Mutter Imma auf den Alamannen-Hzg. Gottfried zurückgeführt. Eine Herzogs-G. der →Etichonen (Elsaß) in vier Generationen überliefert das Cartular des Iren-Kl. →Honau. Ansonsten ist der Adel des Frankenreichs im 8. und 9. Jh. in seinen genealog. Bezügen nur punktuell in Historiographie, Urkk. und Libri memoriales (→Memorialüberlieferung) – dort zumeist als cognat. Gruppen – erfaßt und durch subtile prosopograph. und 'genealog.-besitzgesch.' Methoden zu erschließen. G.n als Selbstzeugnisse des frühma. Adels sind nur ausnahmsweise erhalten; vgl. z. B. das »Manuale der →Dhuoda«, X, 5, in dem einem Sohn →Bernhards v. Septimanien das Gedenken an ausgewählte Tote der genealogia von der Mutter aufgetragen ist. Die fiktive Verbindung von Karolingern und Merowingern in der herrscherl. Selbstdeutung setzte sich erst im Laufe des 9. Jh. durch (→»Carmen de exordio gentis Francorum«, »G. regum Francorum«). Zur gleichen Zeit dehnte die ags. Historiographie aszendierend die Ahnenreihe der Kg.e über die Heiden Woden und Geata hinaus auf bibl. Vorfahren (Noah, Adam) aus (→Asser; →Chronik, Ags.); im 10. Jh. ist das Haus Wessex auf einen neuen, skand. Stammvater reduziert. Der Chronist Æthelweard zählt im Widmungsbrief an Mathilde v. Essen die gemeinsame Abstammung von Kg. →Alfred d. Gr. auf und beruft sich auf Heiratsverbindungen mit Ottonen, Robertinern und den Gf.en v. →Flandern – wie auch letztere cognat. Herkunft von Karls d. Kahlen Tochter Judith betonen. In Witgers G. »Arnulfi comitis« 959 ist die Gattung der reinen Generationen-Buchführung überwunden: An eine 921 in Compiègne gefertigte Karolinger-G. Karls d. Einfältigen, in der Ehefrauen und Konkubinen als Mütter von Nachkommen genannt sind, schließt

der flandr. Hausgeistliche – einer der wenigen namentl. bekannten Autoren von G.n unter vielen Anonymi – einen Panegyricus auf Herkunft und Taten Arnulfs an und endet mit der Aufforderung an alle Leser, für den Fortbestand der Dynastie bis in die 3. und 4. Generation zu beten. Anlaß für die liturg. genutzte Memorial- und Votiv-G. war die Heirat des Sohnes Balduin mit der Billungerin Mathilde. Von den Karolingern abgeleitete G.n zu verfassen, war 200 Jahre nach dem Tode Karls d. Gr. bereits eine Aufgabe für Komputisten: Bf. →Adalbold v. Utrecht berechnete – ohne Nachweis! – die Abstammung Heinrichs II. auf die 17. bzw. 16. Filiation (von Vater- und Mutterseite). Entsprechende Stemmata sind nicht erhalten, dafür aber eine Stammtafel (Clm. 29093, frühes 11. Jh.; Deszendenz →Arnulfs v. Metz), die über die Söhne Ludwigs d. Fr. die ausgestorbenen Agnaten der it., west- und ostfrk. Karolinger aufführt, zugleich Ksn. Kunigunde als Cognatin und Heinrich II. als Angehörigen der (nicht angesippten!) otton. Herrscherfamilie ausweist. Das Stemma diente wohl zur Stifter-Memoria in Bamberg. Die großen Familien im Reich leiteten sich um 1000 nach zeitgenöss. Aussage (Constantin, Vita Adalberonis II. ep. Mett., c. 16f.) von Heinrich I. her. Auf ihn bezog sich 1003 Adalberos 'Supputation' der Verwandtenehe des Saliers Konrad v. Kärnten und der Konradinerin Mathilde. Die während des 9. und 10. Jh. fortschreitende Verflechtung des mittel- und westeurop. →Adels führte – zumal das »impedimentum consanguinitatis« des kirchl. Eherechts von der 3. (Gregor I.) bis zur 7. Generation (Pseudo-Isidor u. a.) verschärft worden war – nach 1000 nachweisl. vermehrt zu kanon. anfechtbaren Nahehen (s. a. →Ehe, B. II). Grundlagen der kirchl. Definition waren die »arbores consanguinitatis« nach →Isidor, Etymologiae, IX, 28, und Justinian, Institutiones, III, 6 (→Corpus iuris civilis, Abschnitt I. 3), die im techn. Sinne ebenfalls als G.n angesehen und weit verbreitet waren. Als zusätzl. Beweismittel des im Sendhandbuch →Reginos v. Prüm und bei →Burchard v. Worms, Decretum, VII, 25f., geforderten Inquisitionsverfahrens de parentela dürften zweigliedrige Kurz-G.n angefertigt worden sein – wie im Falle Ottos v. Hammerstein (Tabula in einer Burchard-Hs. erhalten; →Hammersteiner Ehe). Begonnen sind dort – gemäß der »germ. Komputation«, die den engeren Erbenkreis ausläßt – die Filiationen mit den Namen der Enkel. Die kanon. Zählung von Parentelästen begreift dagegen die Sohn-Tochter-Generation mit ein; vgl. die ausführl. Gutachten des →Petrus Damiani, Briefe 19, 36. Namenfiguren dieser Art sind im 11. und 12. Jh. v. a. in briefl. Testimonien bezeugt, mit denen geplante Ehen verhindert oder bestehende Ehen getrennt werden sollten; s. bes. →Ivo v. Chartres, epp. 45, 129, 261. In der Regel sind hierbei allein die Personen mit gemeinsamem Stammvater (bzw. -mutter) aufgeführt, nicht deren Ehegatten; die gemeinsame G. der Gf.en v. Poitou und Genf (über die Ottonin →Gerberga 4:4) weist ausschließl. Frauen auf (Flodoard, Annales, éd. Ph. Lauer, 158f.). Kenntnisse über die →Cognatio der großen Familien waren bei den Zeitgenossen lückenhaft; wie die Mahnbriefe Siegfrieds v. Gorze anläßl. der Eheschließung →Heinrichs III. mit Agnes v. Poitou belegen; die Authentizität der genealog. Aussagen wurde zudem bestritten, von Abt Siegfried trotz Hinweis auf die Gesetze der Namenvererbung erfolglos verteidigt. Fortschreibung, Export und Archivierung von Stammtafeln war üblich; die nach Metzer Vorlagen gefertigten Gorzer G.n, die vier Nachehen und die Kinderlosigkeit mehrerer Linien ausweisen, sind im Prümer »Liber aureus«, aber auch in Stablo, Steinfeld und Echternach kopial als Herrscherg.n verwendet worden; zur Abstammung Heinrichs III. von Karolingern und Ottonen s. →Wipo, Gesta Chuonradi, c. 2,4; →Bern v. Reichenau, Brief 26. Auch die angevin. Stammtafeln (kompiliert in St-Aubin d'Angers 1070/90) unterlagen einem Funktionswandel: Ursprgl. Beweismittel gegen inzestuöse Ehen oder Eheprojekte, dienten sie nunmehr als Beleg für die Ebenbürtigkeit des Hauses Anjou (→Angers, Anjou) mit verwandten Nachbardynastien. Die Illustration historiograph. Kompendien mit ganzseitigen bzw. in den Text integrierten genealog. Stemmata (Karolinger, Ottonen) ist seit dem Ende des 11. Jh. verstärkt zu beobachten, so in den Weltchroniken des →Frutolf v. Michelsberg und →Ekkehard v. Aura; von dort aus gelangten sie in die Kölner Chronistik des 12. und 13. Jh. Die einfachen Medaillon-Schemata wurden ausgeschmückt zu Portrait-Stammbäumen, z. T. zur Haus-Figur umgestaltet. Diachrone Geschlechterbilder dieses Typus sind freilich auch in hagiograph. Kompendien (»Liber s. Pantaleonis«) zu finden und hier als →Memorialbilder aufzufassen. Als G.n im Kontext liturg. Memoria dürfen der Stader Fam.-Eintrag (→Stade) im Ragyndrudis-Codex (→Codices Bonifatiani 2), die »Tabula gentis Billingorum« (→Billunger) im Kapitels- und Hausbuch v. St. Michael (→Lüneburg), aber auch der Welfen-Stammbaum im Weingartener Necrolog (→Weingarten) und das Krönungsbild im Evangeliar Heinrichs d. Löwen (→Helmarshausen) gelten. In diesen Testimonien ist die Fürbitte für herausgehobene Mitglieder der Familie, Lebende wie Verstorbene, manifestiert. Autobiograph. G.n sind zunächst selten; s. →Lambert v. St-Omer, Liber floridus (f. 154r, Stemma von 4 Generationen, über 70 Personen); →Salimbene v. Parma, Cronica a. 1229, mit fünf Gründen für ratio genealogiae: Bitte einer Verwandten, die Namen der Vorfahren kennenzulernen; Gebetsgedenken; familiäre Selbstvergewisserung des Priesters; nützliche Mitteilungen; Reminiszenz an die Vergänglichkeit der Menschen. G.n von Unfreien sind bei der Registrierung von klösterl. Hörigenfamilien (St-Germain-des-Prés; R. POUPARDIN, Recueil des chartes, 1909, 317ff.) oder beim Eintritt von Familien in ein Dienstverhältnis (St. Emmeram, s. o.) aufgezeichnet worden.

Die textl. Fixierung und Ausweitung von G.n über Dynastenhäuser weitete sich zu Beginn des 12. Jh. merklich aus. Die familiäre Herkunft von Stiftern ist schon in den klösterl. Fundationsberichten (→Brauweiler, →Pegau, →Muri) und Traditionsbüchern (→Ebersberg, →Formbach) akzentuiert. Um 1120 wurden die karol. Ahnen der flandr. Gf.en bis zu den →Trojanern zurückverfolgt, während man in St-Bertin und St-Omer einen 'Aufsteiger' als Spitzenahnen führte. Reine Heirats- und Generationsregister wurden in Boulogne und Foigny (Abt Robert v. Foigny) aufgezeichnet, letztere mit dem Zweck, möglichst viele Adelsfamilien den →Kapetingern zuzuweisen. Die G.n von Anchin belegen karol. Abstammung der Elisabeth v. Hennegau, der die Scheidung vom frz. Kg. Philipp II. drohte (→Andreas v. Marchiennes, →»Reditus Regni Francorum ad stirpem Caroli«). Die »Genealogia Welforum«, in der noch bayer. Herkunft der Welfen behauptet wird, entstand anläßl. der Heiligsprechung Konrads v. Konstanz; die »Hist. Welforum« paßte die Hausgeschichte der Lokalisierung nach Schwaben an. Ansprüche Heinrichs d. Löwen auf das Stader Erbe waren der Grund für den Annalista Saxo (s. u. →Arnold, Abt v. Berge), zahlreiche Exkurse einzustreuen. Dynast. Rechtstitel aus Herkunft und Ehen ihrer Herren sicherten →Giselbert v. Mons und Balduin v. Avesnes sowie die Braban-

ter G.n ab. In jüngerer Zeit aufgestiegene Fs.en bemühten sich zumindest um Nachweis ihrer Abstammung vo[n] älteren Geschlechtern: →Levold v. Northof schloß d[i] Gf.en v. →Mark an die Hzg.e v. →Limburg an, →Her[r]mann v. Niederaltaich wertete die G. der →Wittelsbache[r] mit eingeheirateten welf. und böhm. Frauen auf. Währen[d] sich die askan. Sachsenhzg.e textl. und bildl. früh auf d[i]e Billunger zurückführen konnten, wurden die in →Schey[er]n erstellten Wittelsbacher G.n erst im 15. Jh. von d[e]r territorialen Geschichtsschreibung benutzt.

Zu den spätma. Erscheinungsformen von G. sind v. a[.] Bilder und Skulpturen (→Memorialbild) zu rechnen. D[ie] G. der →Kuenringer ist im Stiftungsbuch von →Zwet[tl] ausgeführt. In Kulträumen finden sich als Wandbilder un[d] auf Glasfenstern die Stammbäume der Luxemburge[r] (→Karlstein), der Habsburger (→Wien, Stephansdom Bartholomäuskapelle), der Babenberger (→Heiligen[-]kreuz), desgleichen Figurenzyklen der Wittelsbacher (S[t.] ligenthal, Landshut) und der Gf.en v. →Neuenbur[g] (Stiftskirche Neuenburg). Altar-Triptychen zeigen d[ie] Babenberger (→Klosterneuburg), aber auch das bürger[l.] Geschlecht der Pfäffinger. Bereits der Nürnberger Patr[i]zier Ulman →Stromer hat um 1400 ein »puechl von mei[nem] geslechet und von abenteuer« verfaßt; analist. Familien[-]aufzeichnungen sind in Fortsetzung seit 1386 im Tucher[-]schen Memorialbuch (→Tucher) belegt.

Genealog. Arbeiten seit dem späten 15. Jh. sind v. a. f[ür] Habsburger, Wittelsbacher, Brabanter untersucht Graph. Reihungen und textl. Komm. versuchen, Herr[-]schaftssukzession, Geblütskontinuität und sagenhaft[e] Stammesväter in Hauptsträngen darzustellen; die →Ge[-]nealogie Christi (→Petrus Pictaviensis) diente generell al[s] Modell für genealog. Werke. Im Umkreis der Burgunde[r] Philipps d. Guten (→Dynter, Edmond de) und Philipp[s] III. (»G. principum tungro-brabantinorum«; uned.) wur[-]de »Besitz von Herrschaft als eigtl. konstitutives Substra[t] einer Generationenkette« (MELVILLE) verstanden. An di[e] bayer. Chroniken des Hans →Ebran und Ulrich →Fuetre[r] sind die wittelsbacher G.n seit 1480 angelehnt; das Tablea[u] des Veit v. Ebersberg ist zeitgleich zum Erbfolgekrie[g] 1503–05 angefertigt worden. Die Genealogen von Maxi[-]milian I., Ladislaus Suntheim und bes. Jakob Menne[l] kompilierten im Auftrag einen umfängl. »Geburtsspie[-]gel« als Gesch. des Kaiserhauses. – S. a. →agnatio, →Ah[-]nenprobe, →Chronik, →cognatio, →Familie, →Gesta[,] →Heraldik, →Trojaner-Abstammung, →Verwandt[-]schaft, →Wappen. E. Freis[e]

Q.: zu Texten, Tafeln und Bildern →Repfont IV, 659–670, sowie d[ie] zit. Lit. gen. Werke von GÄDEKE, GENICOT, OEXLE, MELVILLE un[d] MOEGLIN – Bibliogr. und allg. Lit.: O. LORENZ, Lehrbuch der gesamm[-]ten wiss. G., 1898 – Peerage, 1–14 – A. HOFMEISTER, G. und Familien[-]forsch. als Hilfswiss. der Gesch., HVj 15, 1912, 457–492 – ThLL VI 1969 [M. LEUMANN] – E. BRANDENBURG, Die Nachkommen Karl[s] d. Gr., 1935 – DERS., Die Ahnen Augusts des Starken, 1937 – O. FORST DE BATTAGLIA, Wiss. G., 1948 – W. WEGENER, Genealog. Taf. zu[r] mitteleurop. Gesch., 1962/69 – S. O. BRENNER, Nachkommen Gorm[s] des Alten, 1965 – E. HLAWITSCHKA, Die Vorfahren Karls d. Gr[.] (BRAUNFELS, KdG I, 1965), 51–82 – K. F. WERNER, Die Nachkomme[n] Karls d. Gr. bis um das Jahr 1000 (ebd. 4, 1967), 403–482 – E. HEN[-]NING–W. RIBBE, Hb. der G., 1972 – L. GENICOT, Les généalogies (T[P] 15), 1975 – E. WARLOP, The Flemish Nobility, 1–4, 1975/76 – J. F[.] NIERMEYER, Mediae Latinitatis Lexicon minus, 1976, 465 – RAC IX 1145–1268 [W. SPEYER] – B. SOKOP, Stammtaf. europ. Herrscherhäu[-]ser, 1976 – S. RÖSCH, Caroli magni progenies I, 1977 – weitere Lit[.] DW I, 2051; 5,172; 6,247a – neuere Lit. [Auswahl]: K. F. WERNER, Andrea[s] v. Marchiennes und die Geschichtsschreibung v. Anchin und Mar[-]chiennes in der zweiten Hälfte des 12. Jh., DA 9, 1952, 402–463 – K[.] SISAM, Anglo-Saxon Royal Genealogies (Proceedings of the Britis[h] Academy 39, 1953), 288–348 – K. HAUCK, Lebensnormen und Kult[-] mythen in germ. Stammes- und Herrscherg.n, Saeculum 6, 1955, 186–223 – J. Wollasch, Eine adlige Familie des frühen MA, AK 39, 1957, 150–188 – K. F. Werner, Unters. zur Frühzeit des frz. Fsm.s, 9.–10. Jh., WaG 18, 1958, 256–289; 19, 1959, 146–193; 20, 1960, 87–119 – K. Schmid, Geblüt, Herrschaft, Geschlechterbewußtsein [Habil.-Schr.masch. Freiburg 1961] – H. Patze, Adel und Stifterchronik, BDLG 100, 1964, 8–81; 101, 1965, 67–128 – O. G. Oexle, Die Karolinger und die Stadt des hl. Arnulf, FMASt 1, 1967, 250–364 – K.-U. Jäschke, Die Karolingerg. aus Metz und Paulus Diaconus, RhVjbll 34, 1970, 190–218 – H. W. Klewitz, Ausgew. Aufs. zur Kirchen- und Geistesgesch. des MA, 1971, 89–118 – G. Duby, Hommes et structures du MA, 1973, 267–298 – L. Genicot, Études sur les principautés Lotharingiennes, 1975, bes. 217–306 – R. Wenskus, Zum Problem der Ansippung (Festg. O. Höfler, 1976), 645–660 – Famille et parenté dans l'occident médiéval, 1977 – A. W. Lewis, Dynastic Structures and Capetian Throne-right: The Views of Giles of Paris, Traditio 33, 1977, 225–252 – H. Thomas, Zur Kritik an der Ehe Heinrichs III. mit Agnes v. Poitou (Fschr. H. Beumann, 1977), 224–235 – H. Wolfram, Theogonie, Ethnogenese und ein kompromittierter Großvater im Stammbaum Theoderichs d. Gr. (Fschr. H. Beumann, 1977), 80–97 – B. Guenée, Les généalogies entre l'hist. et la politique, Annales 33, 1978, 450–477 – O. G. Oexle, Welf. und stauf. Hausüberl. in der Hs. Fulda D 11 aus Weingarten (Von der Klosterbibl. zur Landesbibl., 1978), 203–231 – D. N. Dumville, Kingship, Genealogies and Regnal Lists (Early Medieval Kingship, 1979), 72–104 – E. Hlawitschka, Stud. zur G. und Gesch. der Merowinger und der frühen Karolinger, RhVjbll 43, 1979, 1–99 – N. Wagner, Bem. zur Amalerg. (Beitr. zur Namenforsch. NF 14, 1979), 26–43 – N. Gädeke, Zeugnisse bildl. Darstellung der Nachkommenschaft Heinrichs I. [Diss. masch. Freiburg/Br. 1981] – H. Löwe, Ir. G. aus St. Gallen und ihr hist. Hintergrund (Tradition als hist. Kraft, 1982), 138–155 – J.-D. Müller, Gedechnus. Lit. und Hofgesellschaft um Maximilian I., 1982 – H. Schadt, Die Darstellungen des Arbores consanguinitatis und der Arbores affinitatis, 1982 – M. Bur, L'image de la parenté chez les comtes de Champagne, Annales 38, 1983, 1016–1039 – K. Schmid, Gebetsgedenken und adliges Selbstverständnis im MA, 1983 – O. G. Oexle, Memoria und Memorialbild (Memoria, 1984) – J.-M. Moeglin, Les Ancêtres du Prince – Propagande politique et naissance d'une hist. nat. en Bavière au MA (1180–1500), 1985 – D. Mertens, Die Habsburger als Nachfahren und als Vorfahren der Zähringer (Die Zähringer, 1986), 151–174 – Staufer – Welfen – Zähringer, Beitr. K. Schmid, G. Althoff, O. G. Oexle, H. Schwarzmaier, ZGO 134, 1986, 21–87 – G. Melville, Vorfahren und Vorgänger. Spätma. G. als dynast. Legitimation zur Herrschaft (Die Familie als sozialer und hist. Verband, 1987), 203–309 – B. Schneidmüller, Billunger – Welfen – Askanier, AK 69, 1987, 30–61 – G. Althoff, Genealog. und andere Fiktionen in ma. Historiographie (Fälschungen im MA 1, 1988), 417–441 – Ders., Stud. zur habsburg. Merowingersage, MIÖG 96, 1988, 33–54 – s.a. Lit. zu einzelnen Dynastien, Territorien sowie ma. genealog. Autoren.

Genealogie Christi, nach Mt 1, 1–17 (41 Generationen v. Abraham bis Jesus, kgl. Linie) und Lk 3, 23–38 (76 Generationen von Jesus bis Adam), anders als die →Wurzel Jesse nicht über Maria, sondern über Josef verlaufend, ist im MA häufig im Bild dargestellt worden. Zuerst ist es Buchmalerei in Evangelienhss, die am Beginn von Mt gelegentl. Bilder der Ahnen Christi zeigt, teils in stark verkürzter Version, teils in namenlosen Gruppen unter Führung bestimmter Gruppenahnen (Lorscher Cod. Aureus, A. 9. Jh.; byz. Evangeliare, 11. Jh., Paris BN gr. 74 und 64), teils in breiter Aufreihung mit Namensinschriften oder Attributen (ags. Evangeliar Boulogne Ms. 11, um 1000). Schon früh wird die Darstellungsform in Halbfigur beliebt. Von David ab sind die Ahnen meist mit Kronen ausgezeichnet. – Der enge Zusammenhang der G. Ch. mit dem göttl. Heilsplan und der Inkarnation führt vereinzelt zur Verbindung des Themas mit dem Joh-Prolog (Grimbald-Evangeliar, um 1020). Seit dem späten 11. Jh. werden längere, durch Vorfahren der Lk-Reihe erweiterte oder ganz auf ihr beruhende genealog. Zyklen beliebt (Krönungsevangeliar Kg. Wratislaws, 1086). – Seit dem 12. und 13. Jh. G.Ch. auch in der Monumentalkunst.

Lange Serien von Vorfahren-Büsten in Mosaik oder Malerei sind 1169 für die Geburtskirche von Bethlehem überliefert, in Monreale und Sigena (spätes 12. Jh.) erhalten. In Sigena sind Mt- und Lk-Reihe addiert; die engl. Künstler folgten darin der hochbedeutenden Ahnen-Serie der Obergadenfenster im ab 1174 erneuerten Chor der Kathedrale v. Canterbury, wo die ursprgl. auf Lk basierende, das kgl. Element zurückdrängende Reihe nachträgl. durch kgl. Vorfahren erweitert wurde. Im polit. Klima Frankreichs bevorzugt man dagegen Ahnenserien, die die kgl. Abkunft Christi nach Mt betonen, so z. B. in den Archivolten frühgot. frz. Kirchen, z. T. als erweiterte Wurzel Jesse (Senlis, Mantes, Laon), z. T. als einfache genealog. Reihe (Paris, Marienkrönungsportal). Die Gewändestatuen der Kg.sportale v. St-Denis und Chartres (mit Moses!) und die frühgot. frz. Kg.sgalerien sind hingegen nicht eindeutig als G.n Ch. zu definieren. – In der byz. Monumentalkunst sind Vorfahren-Serien bes. im Zusammenhang mit Marien-Programmen zu finden (z. B. Konstantinopel, Chora-Kirche, 14. Jh.). Die byz. Denkmäler stellen die Theophanie bes. heraus und basieren dabei auf liturg. Quellen (Synaxar des Sonntags vor Weihnachten; so noch Malerbuch vom Athos § 128ff.), auch dort, wo in der Buchmalerei Evangelientexte (Mt 1, 1–17 z. B. im Paris gr. 74 fol. 1ᵛ, 2ʳ und 2ᵛ) illustriert werden. U. Nilgen
Lit.: LCI IV, 549–558 [Lit.] – A. Heimann, J Warburg 28, 1965, 86–94 – S. Tsuji, DOP 29, 1975, 167–203, bes. 188ff., 197ff. – M. H. Caviness, The Early Stained Glass of Canterbury Cathedral, 1977, 107–111.

General e grande Estoria → Grande e general Estoria

Generalitat. Unter *Generalitats* bzw. *Drets del General* verstand man in Katalonien zum einen indirekte Zollsteuern bzw. Steuern auf Warenim- und export *Dret de les entrades y exides),* zum anderen eine direkte Besteuerung des Textilgewerbes bzw. die Siegelsteuer *(Dret de la bolla de plom e segell de cera).* Zusammen mit anderen Einkünften, wie verzinsbaren Krediten *(censales)* und der Safran-, Hanf- oder Schmucksteuer, wurden die Generalitats vom *General de Catalunya* und seinem ausführenden Organ, der *Diputació del General* (→Diputaciones del General), festgesetzt und eingezogen.

Mit General de Catalunya oder auch *Universitat de Catalunya* bezeichnet man die nationale Gemeinschaft aller Katalanen, die auf der 1347 unter Peter IV. v. Aragón in Barcelona abgehaltenen Versammlung in den *Cort* oder *Corts* aufging (→Cortes, III). Schon seit den Cortes v. Monzón 1288 besaßen die katal. Cortes ausführende Organe, die sich aber erst 1359 auf den Cortes v. Cervera als feste Institution etablierten. Die zunächst unterschiedl. Zusammensetzung dieses Organs der Ständeversammlung wurde schließlich 1413 auf den Cortes von Barcelona festgeschrieben: drei Ständevertreter *(Diputades, Diputats),* drei Auditoren in Steuerangelegenheiten *(Oidores de Cuentas, Oidors de comptes)* und zwei Anwälte. Nach weiteren Modifikationen 1433 und 1455 führten die Cortes v. Barcelona 1493 die Säckelwahl (→Wahl) zur Bestimmung der Ständevertreter und Auditoren ein. Mit dem Anwachsen des bürokrat. Apparats der G. kamen neue Ämter hinzu, wie das des *Exactor del General* (Steuererhebers), des *Defenedor dels Drets del General* bzw. *Generalitats* (Justitiar) und des *Rezeptor dels drets de la Casa de la Bolla* bzw. *Collidor* (Steuereinnehmer der Realsteuern). J. Lalinde Abadía
Lit.: →Diputaciones del General (vgl. dort: A. de la Torre, 1923; I. Rubió y Cambronero, 1950).

Generalkapitän → Reichsverwaltung (stauf.)

Generalkapitel → Kapitel

Generalvikar, der an der Seite und in Abhängigkeit vom Bf. stellvertretende Amtsträger (begegnet seit Beginn des 12. Jh.), dessen Kompetenz und Amtsbezeichnung örtl. und zeitl. aufgrund partikulärer Entwicklungen variieren: Procurator, Vicesgerens, Vicarius Episcopi in spiritualibus, Vicarius generalis et/vel Officialis, Vicarius in spiritualibus generalis Ecclesiae et officialis curiae (so seit dem 14. Jh. nördl. der Alpen). Gründe für die Ausbildung dieses bfl. Stellvertretungsamtes sind: Zunahme der Amtsgeschäfte und häufige Abwesenheit der Bf.e von ihren Diöz., Notwendigkeit jurist. Qualifikation der mit der geistl. →Gerichtsbarkeit betrauten Personen, Zurückdrängen der Macht der →Archidiakone. Bfl. →Reservationen und Spezialmandate bestimmen den Jurisdiktionsumfang. In Gerichtsordnungen wurde mancherorts der Zuständigkeitsbereich klar abgesteckt und im Fall der Trennung von Generalvikar und →Offizial fest umschrieben.   H. Paarhammer

Lit.: Coing, Hdb. I, 467ff. [W. Trusen] – DDC VII, 1499f. – F. L. Ferraris, Prompta Bibliotheca VII, 1766, 1127ff. – T. Friedle, Über den bfl. G., AKKR 15, 1866 – E. Fournier, Les officialités au MA, 1880 – J. Haring, Grundzüge des kath. Kirchenrechts, 1910 – U. Stutz, Geist des CIC, 1918, 279ff. – E. Fournier, Les origines du vicaire général, 1922 – E. Kienitz, G. und Offizial, 1931 – K. Mörsdorf, Rechtssprache des CIC, 1937 – W. Trusen, Anfänge des gelehrten Rechts in Dtl., 1962 – H. Paarhammer, Rechtsprechung und Verwaltung, 1977.

Genesios, Joseph, gilt als Verfasser einer byz. »Kaisergeschichte« (Βασιλεῖαι) für die Zeit von 813 bis 867. In der einzigen Hs. (Leipzig, Cod. 16,4; 12. Jh.) ist allerdings der Autorenname ausradiert und von späterer Hand 'Genesios' hinzugefügt. Ein Geschichtsschreiber Joseph Genesios wird im Vorwort des Geschichtswerkes des →Johannes Skylitzes genannt, und vieles spricht dafür, daß er mit dem Autor der Kaisergesch. identisch ist, der zum Kreis um →Konstantin VII. Porphyrogennetos, 905–959 (vgl. Proömium des Werkes), gehörte. Grundsätzl. hatte G. die Aufgabe, eine Lobschrift auf die makedon. Dynastie zu verfassen, die allerdings im Sinne der Auftraggeber weniger gelungen ist als andere gleichzeitige Werke (z. B. →Theophanes Continuatus), da sie verschiedentlich mehrere Versionen eines Ereignisses bringt und so einen objektiveren Charakter an den Tag legt. Die ältere Forschung betrachtete Theophanes Continuatus als Hauptquelle des G., doch kann es heute als sicher gelten, daß beide eine gemeinsame Quelle in der Form von (bisweilen parallelen) Exzerpten benutzten (J. N. Ljubarskij).
                    P. Schreiner

Ed.: Joseph Genesii regum libri quattuor, ed. A. Lesmueller-Werner-I. Thurn, 1978 – *Lit.:* Tusculum-Lex.³, 1982, 270f. – Hunger, Profane Lit. I, 351–354 – J. N. Ljubarskij, Theophanes Continuatus und G., Byzslav 48, 1987, 12–27.

Genesis, nz. Titel einer ae. Dichtung von 2936 alliterierenden Langzeilen, die in der →Junius-Hs. überliefert ist und im wesentl. den bibl. Stoff von Genesis 1–22,13 poetisch paraphrasiert. Der ae. Text besteht jedoch aus zwei ursprgl. verschiedenen Werken: »Genesis A« (»die ältere Genesis«) umfaßt die Verse 1–234 sowie 852–2936 und entstand möglicherweise im 8. Jh. In dieses Gedicht wurde später »Genesis B« (»die jüngere Genesis«, Verse 235–851) eingeschoben, die den (apokryphen) Sturz der Engel und den Sündenfall behandelt. »Genesis B« entstand wohl im Verlauf des 9. (oder im frühen 10.) Jh. und ist die ae. Teilübersetzung einer as. Genesisdichtung. Die Verse 1–26 (Fragment I) des as. Originals (1894 in der Bibl. des Vatikans gefunden) waren die Vorlage für die Verse 791–817 der ae. »Genesis B«, deren literar. Wert gewöhnl.

höher eingestuft wird als der von »Genesis A«. – Eine ae. Prosabearbeitung des Genesis-Stoffes durch →Ælfric findet sich im ae. »Heptateuch«; von den me. Bearbeitungen ist die me. Dichtung »Genesis and Exodus« (um 1250) zu nennen. →Genesisdichtung, dt.; →Bibeldichtung, IV →Geistl. Dichtung.   H. Sauer

Bibliogr.: ManualME, 2, IV, 1970, 381f., 535[1] – G. D. Caie, Bibliogr of Junius XI MS, 1979 – S. B. Greenfield – F. C. Robinson, A Bibliogr. of Publications on OE Lit., 1980, 228–233, 298 – *Ed.:* Sievers, Der Heliand und die genannte G., 1875 – F. Holthausen, Die ältere G., 1914 – ASPR I, 1–87 – S. J. Crawford, The OE Version of the Heptateuch..., EETS 160, 1922 – F. Klaeber, The Later G., 1931² – B J. Timmer, The Later G., 1954² – O. Arngart, The ME G. and Exodus, 1968 – A. N. Doane, Genesis A: A New Ed., 1978 – O. Behaghel – B. Taeger, Heliand und G., ATB 4, 1984⁹ – *Lit.:* D. G. Calder, M. J B. Allen u. a., Sources and Analogues of OE Poetry, I, 1976, 1–13 235; II, 1983, 1–20 – S. B. Greenfield – D. G. Calder, A New Critica Hist. of OE Lit., 1986, 84f., 207–212.

Genesisdichtung, dt. Das 1. Buch Mose mit den wichtigen Glaubensgrundlagen der göttl. Weltschöpfung, des Sündenfalls und der Vertreibung aus dem Paradies gehört zu den früh in der Volkssprache vermittelten bibl. Texten. Die Fragmente der »Altsächs. Genesis« (Vatican, Palat. lat. 1447) im Umfang von 337 vv. sind das Bruchstück einer umfassenderen Bearbeitung des AT, die laut der Heliand-Vorrede (→Heliand) von 'Ludouicus piissimus augustus' in Auftrag gegeben wurde, womit nicht Ludwig d. Fr., sondern Ludwig d. Dt. gemeint sein wird. Die Übertragung dürfte nach 850 (Fulda?) verfaßt worden sein; sie wurde ihrerseits die Vorlage einer ags. Übersetzung (sog. »Genesis B«; →Genesis, ae.).

Nach der Mitte des 11. Jh. (vor dem Wormser Konkordat von 1122 wegen der v. 287–290 erwähnten Laieninvestitur) entstand in Österreich eine gereimte G.-Paraphrase, die nur in zwei jüngeren Bearbeitungen (»Wiener Genesis« und »Millstätter Genesis«) erhalten ist und diese beiden frühma. Sammelhss. eröffnet; bestimmt war sie zum Vortrag von adligen Konversen (oder geistl. Frauen?). Das Werk modifiziert die bibl. Vorlage im Sinne einer Anpassung an die feudale Gesellschaft, hängt gelegentl. moral. Nutzanwendungen an, verzichtet aber auf allegor. Interpretationen. In die Einleitung integriert sind die Berichte von der Erschaffung der Engel, Luzifers Empörung und seinem Sturz; durch die Interpretation des Jakobssegens am Schluß auf die Erlösungstat Jesu ist der große heilsgesch. Rahmen hergestellt. Nur die Josephsgeschichte aus dieser Übersetzung ging in die »Vorauer Bücher Mosis« ein; der erste Teil (1290 vv.) wurde auf geringerem sprachl. Niveau neu übertragen (1130/40) und steht am Beginn der umfangreichen frühmhd. heilsgesch. Slg., der »Vorauer Hs.« (Vorau, Stiftsbibl. cod. 276). Die Darstellung ist deutlich knapper als die der »Wiener G.« (1299 vv. entsprechen 344 S) und eher explikativ, aber erzähler. reduziert; die narrativ bes. dankbare Josephsgeschichte ist wohl deshalb der älteren Dichtung entnommen.

Die »Mittelfränkische Reimbibel« (fragmentar. nach 1100), ein sprachl. und metr. archaisches Werk, stellte an den Beginn einer groß angelegten Kompilation aus Bibel und Legende vom Weltanfang bis zu den letzten Dingen eine G.-Übertragung. – Die erzähler. Darstellung tritt zurück im »Anegenge« (um 1180), das im ersten Teil auf Gen 1,1–9,25 fußt und die Heilsgesch. theol. abhandelt. In der volkssprachl. Predigt des 12. und 13. Jh. ist die G. relativ selten Grundlage, da sie nicht zu den gängigen Perikopen gehört. Weltschöpfung und Sündenfall werden in Weihnachtspredigten oder allgemeinen Sonntagspredigten (Priester Konrad 1,97, Y1) dargestellt, vom Para-

liesbaum wird in der Vorgeschichte der Kreuzesholz-
Legende berichtet (ebd. 41). Seit etwa 1300 wird in Ver-
bindung mit Gen 1 die lat. »Vita Adae et Evae« für dt.
Texte in Vers (→Lutwin, Adam und Eva) und Prosa
Adambücher) zur Vorlage für die Darstellung des Le-
bens der Stammeltern. Die Karlsruher Märenhs. Cod. 408
enthält fol. 116ʳ–120ʳ ein vierteiliges G.gedicht (581 vv.).
Die Schöpfungsgesch. eröffnet in der Regel die →Reim-
chroniken seit →Rudolf v. Ems und die Prosachroniken;
Quelle sind meist lat. Bearbeitungen des AT (z. B. Petrus
Comestor, Hist. scholastica). Im Dt. Orden entsteht An-
fang des 14. Jh. eine Fassung des AT in 6155 vv.: die
»Historien der alden E«. Auch die erzählenden →Histo-
rienbibeln des späten 14. und 15. Jh. beginnen, da sie den
Erzählstoff der Bibel meist vollständig darstellen, mit
einer freien Bearbeitung der G. nach lat. Bearbeitungen.
Seit Mitte des 14. Jh. wird im Rahmen der dt. →Bibelüber-
setzungen die G. direkt übertragen. – Zu G.en in anderen
Lit. →Genesis, ae.; →Bibeldichtung.   V. Mertens

Ed.: Heliand und G., ed. O. BEHAGHEL, bearb. W. MITZKA, 1965⁸
(ATB 4) – Die Altdt. G. nach der Wiener Hs., ed. V. DOLLMAYR, 1932
(ATB 31) – Millstätter G. und Exodus nach der Millstätter Hs., ed. J.
DIEMER, 2 Bde, 1882 – Dt. Gedichte des XI. und XII. Jh., aufgefunden
im regulierten Chorherrenstifte zu Vorau…, ed. J. DIEMER, 1849, 3–85
– P. PIPER, Das Gedicht von Joseph nach der Wiener und der Vorauer
Hs., ZDPh 20, 1888, 257–289, 430–474 – Die religiösen Dichtungen
des 11. und 12. Jh., ed. F. MAURER, I, 1964, 102–168 [Mittelfrk.
Reimbibel] – s. a. Ed. zu →Anegenge – *Lit.: [allg.]:* B. MURDOCH, The
Fall of Man in the Early Middle High German biblical Epic (GAG 58),
1972 – D. KARTSCHOKE, Bibeldichtung, 1975 – B. MURDOCH, G. and
Pseudo-G. in Late Medieval German Poetry, Medium aevum 40, 1977,
70–78 – *Altsächs. G.:* J. BELKIN–J. MEIER, Bibliogr. zu Otfried v.
Weißenburg und zur as. Bibeldichtung (Bibliogr. zur dt. Lit. des MA 7,
1975) [Lit. bis 1973] – Verf.-Lex.² I, 313–317 [B. TAEGER] – H.
SCHOTTMANN, Die Darstellung des Sündenfalls in der »A.G.«, Litwiss.
Jb. NF 13, 1972, 1–11 – Der Heliand, hg. J. EICHHOFF–I. RAUCH (WdF
321), 1973 [mit Beitr. von G. BAESECKE, D. HOFMANN, W. HAUBRICHS]
– U. SCHWAB, Ansätze zu einer Interpretation der as. G.dichtung,
Annali dell'Istituto Orient. di Napoli (Sez. Germ.), 17–20, 1974–77 –
H. POLLACK, Misz. zu Heliand und G., ZDPh 95, 1976, 100–102 [s.a.
Lit. zu →Heliand] – J. A. HUISMANN, Zwei weitere Verse der as. G.
Versuch einer Rekonstruktion, Amsterdamer Beitr. zur älteren Ger-
manistik 12, 1977, 1–8 – *Altdt. G.:* Verf.-Lex.² I, 279–284 [U. HENNIG]
– *Wiener und Millstätter G.:* A. WELLER, Die frühmhd. 'W.G.' nach Q.,
Übersetzungsart, Stil und Syntax, 1914 [Nachdr. 1967] – S. BEY-
SCHLAG, Die 'W.G.', Idee, Stoff, Form, SAW 220/3, 1942 – H. KUHN,
Gestalten und Lebenskräfte der frühmhd. Dichtung, 1953 [abgedr. in:
Ders., Dichtung und Welt im MA, 1969², 112–132] – R. GRUENTER,
Der paradisus in der 'W.G.', Euphorion 49, 1955, 122–144 – E. HEN-
SCHEL, Zur Heimat des Dichters der W.G., PBB (Halle) 77, 1955,
147–158 – M. TH. SÄNGER, Stud. zur Struktur der Wiener und Millstät-
ter G., 1964 – B. MURDOCH, The Garments of Paradise. A Note on the
'W. G.' and the Anegenge, Euphorion 61, 1967, 375–382 – R. WISBEY,
Vollständige Verskonkordanz der 'W.G.' I, 1967 – U. HENNIG, Un-
ters. zur frühmhd. Metrik am Beispiel der 'W.G.', 1968 – D. HENSING,
Zur Gestaltung der 'W.G.', 1972 – W. FREYTAG, Millstätter Genesis 7,
18. Eine verborgene Namensetymologie?, Seminar 12, 1976, 1–7 – M.
ZIPS, Göttl. Heilsplan und menschl. Handeln. Zum Verständnis der
W.G. (Österr. Lit. u. der Babenberger. Vortr. der Lilienfelder
Tagung, 1976, hg. A. EBENBAUER u. a., 1977), 297–318 – U. SCHWAB,
Zwei Abrahamszenen der frühmhd. G. (Die ma. Lit. in Kärnten, hg. P.
KRÄMER, 1981), 231–250 – O. MAZAL, Von der »W.G.« zur »M.G.«,
Beobachtungen zur spätantiken und ma. Bibelillustration, Biblos 33,
1984, 205–215 – E. EGERT, The Curse of the Serpent in the Middle High
German »Genesis« Poems, Amsterdamer Beitr. zur älteren Germani-
stik 29, 1986, 29–37 – J. ESSER, Die Schöpfungsgesch. in der »Altdt. G.«
[W.G. V. 1–231], Komm. und Interpretation, 1987 (GAG 455) – *zu
Vorauer Bücher Mosis:* W. BACHOFER, Der Wortschatz der »V. B. M.«.
Vorarb. zu einer Ausg. [Diss. Hamburg 1961] – DERS., Eine zweite Q.
des V. M. PBB (Tübingen) 84, 1962, 1/2, 123–141 – P. FANK, Die V.
Hs. Ihre Entstehung und ihr Schreiber, 1967 – D. A. WELLS, Der V.
»M.« und die Auslegung des himml. Jerusalem, ZDA 98, 1969, 29–39 –
DERS., The »V. M.« and »Balaam«. A Study of their Relationship to

Exegetical Tradition, 1970 – I. SCHRÖBLER, Ikonograph. Bem. zur
Komposition der V. B. M. und zu bildl. Darstellungen der Rolands-
sage, ZDA 100, 1971, 250–269 – Concordance to the Earely Middle
High German Biblial Epic (D. WELLS, The »V. B. M.«…, 1976).

Genesis-Illustration. G.darstellungen im jüd. Bereich
seit dem 3. Jh. nachweisbar (Dura Europos, Synagoge),
treten im frühchristl. Bereich zunächst in röm. Katakom-
benmalereien und in der frühchristl. Sarkophagskulptur
als vereinzelte Szenen auf. Ältester erhaltener Zyklus: S.
Maria Maggiore in Rom (432–440), Langhausmosaiken
(linke Hochwand: Gesch. Abrahams bis Jakobs, rechte
Wand: Gesch. Mosis und Josuas). Nur in Kopien des
17. Jh. überliefert ist der Wandmalereizyklus auf der Lang-
haussüdwand von S. Paolo f.l.m. in Rom, vermutl. trotz
späterer Erneuerungen in der Ikonographie (Schöpfung
bis Moses) auf die ursprgl. Ausstattung unter Leo I.
zurückgehend. Ein entsprechender Zyklus schmückte die
Langhausnordwand von Alt-St. Peter in Rom.

Frühe Belege für illustrierte G.zyklen in der christl.
Buchmalerei sind aus dem gr. O die Cotton-G. (London
BL Cotton Otho B IV), Ägypten, spätes 5. Jh., mit
ursprgl. über 300 in den Text eingesetzten Bildern, und die
Wiener G. (ÖNB theol. gr. 31), Konstantinopel oder
Syrien, 6. Jh., mit ursprgl. fast 400 am Fuß der Textseiten
und z. T. in 2 Bildzonen angeordneten Szenen rein erzähler. Charakters, aus denen WEITZMANN auf frühere christl.
und sogar jüd. G.-Hss. mit vielen in den Text eingesetzten
Einzelszenen schließt. Eine weitere wohl spätantik-östl.
Redaktion mit vielen Textillustrationen zu G. lebt in den
byz. →Oktateuchen des 11. und 12. Jh. weiter. Auf frühchristl. reich illustrierte G.-Hss. auch im lat. W weist das
Quedlinburger Itala-Frgm. (Berlin Staatsbibl. theol. lat.
fol. 485) des späten 4. Jh. hin (Ill. zu 1 Sam auf mehrszeni-
gen Bildseiten; ähnliches dürfte es auch für G. gegeben
haben. Die fortlaufende Textillustration tritt im W in den
ags. G.paraphrasen des sog. →Cædmon (Oxford BL Junius 11) um 1000 und des →Ælfric (London BL Cotton
Claud. B. IV) um 1040 erneut auf, dann im späten 12. Jh. in
der mhd. Millstätter G. (Klagenfurt, Landesarchiv cod. 6/
19), die der Redaktion der Cotton-G. angehört. Im direkten Rückgriff auf den Bildbestand der Cotton-G. entstehen im 13. Jh. die Vorhallenmosaiken von S. Marco in
Venedig. Varianten derselben Redaktion finden sich z. B.
auf den Elfenbeintafeln v. Salerno, 11. Jh., und in spätma.
Bilderbiben (s. u.) und Weltchroniken wie der Histoire
universelle (Wien ÖNB cod. 2576), nordit. 14. Jh.

Der im Übergang von der Spätantike zum FrühMA
deutl. Tendenz zur Zusammenfassung mehrerer Bibelbü-
cher oder der ganzen Bibel in einen Cod. paßt sich die
Illustration an: Statt zahlloser Einzelszenen im Text bevorzugt man zunehmend ganzseitige, wichtige Episoden
zusammenfassende Bilder mit oder ohne Zoneneintei-
lung. Für G. können dabei mehr als 15 Bildseiten (so
vermutl. ursprgl. im →Ashburnham-Pentateuch, 7. Jh.)
oder auch nur 1–2 Bildseiten reserviert sein. KÖHLER
postulierte einen auf Veranlassung Leos d. Gr. im 5. Jh.
hergestellten Pandekten mit einem mehrzonigen Titelbild
zu G. als Vorlage für die G.titelbilder der in Tours um 835/
845 hergestellten Bibeln (→Bibelill.). In den katal. Bibeln
des 11. Jh. aus Ripoll und Roda (Rom BV Vat. lat. 5729;
Paris BN lat. 6) nehmen die G.darstellungen bis zu 3
ähnlich wie in den karol. Bibeln gegliederte Bildseiten ein.
Auf eine spätantike Tradition ganzseitiger Titelbilder
scheint auch die byz. Bibel des Patrikios Leon (Rom BV
Reg.gr. 1), um 940, mit einem mehrzonigen Titelbild zu
G. hinzuweisen.

Die Beschränkung der Illustrationen zu G. in den Gesamtbibeln auf eine oder wenige meist vor den Textbeginn gesetzte Bildseiten (bzw. durch den der Monumental-kunst vorgegebenen Raum) zwingt zu einer Auswahl der Themen: Bevorzugt Gesch. Adams und Evas von ihrer Erschaffung bis zum Erdenleben (karol. Bibeln) und zu Kain und Abel (Hildesheimer Bronzetür, 1015) oder eine Auswahl von Szenen, bisweilen einschließl. der Gesch. Noes und der Patriarchen (z. B. S. Paolo f.l.m. und in den katal. Bibeln, wo überdies eine komplexe Darstellung der Erschaffung des Kosmos vor die Gesch. der Ureltern tritt). In den mittelit. Riesenbibeln des 11. und 12. Jh. (z. B. Palatina-Bibel und Pantheon-Bibel, Rom BV Palat.lat.3 und Vat.lat.12958) werden Bildelemente der Wandmale-reien v. S. Paolo f.l.m. (z. B. Schöpfer auf Sphaera thro-nend) zu einem mehrzonigen G.titelbild zusammengefügt (Trennung von Licht und Finsternis, Gesch. Adams und Evas bis zur Vertreibung aus dem Paradies). Gleichzeitig wird der röm. G.zyklus auch in der it. Monumentalmale-rei wieder aufgenommen.

Im Gegensatz zu dieser auch im späteren MA deutl. Tendenz, den Nachdruck der G.-I. auf die Geschichte der Ureltern und den Sündenfall als Voraussetzung der Heils-gesch. zu legen, steht das seit dem späten 11.Jh. sich abzeichnende neue Interesse an der Erschaffung des Kos-mos und seiner Teile, das sich in Bilderfolgen der einzel-nen Schöpfungstage (häufig Medaillons in der I-Initiale des G.beginns) manifestiert. Dabei ist der Schöpfer gele-gentl. in einem eigenen Bildfeld oder als überragende Figur seinen Tagewerken übergeordnet dargestellt (z. B. Bibel in Pommersfelden cod.333, westdt. vor 1078; Fla-vius Josephus, Antiquitates Judaicae, Paris BN lat.5047, nordfrz. 12.Jh.; Bibel, London Lambeth Palace ms.3, engl. um 1150). Häufiger tritt er aber bei jedem Schöp-fungstag aktiv auf (z. B. Bibel v. Montpellier, London BL Harley 4772, südfrz. um 1120; Bibel v. Parc, London BL Add.14788, Flandern 1148; Gumpert-Bibel, Erlangen cod.1, süddt. vor 1195). – Die enge Verknüpfung des Schöpfungszyklus mit der I-Initiale zum G.beginn be-wirkt, daß die Darstellungen auch in Texte übernommen werden, die mit einer Paraphrase oder dem Zitat des 1. G.verses beginnen (z.B. Flavius Josephus, »Antiquita-tes Judaicae«, oder Weltchroniken). Auch G.kommentare und naturwiss. Texte werden nun gern mit Schöpfungs-zyklen ausgestattet (z. B. Ambrosius, »Hexaemeron«, München BSt clm 14399, Regensburg-Prüfening um 1170; Bestiar in Aberdeen, engl. um 1200). Gelegentl. wird das Sechstagewerk in den Initial-Medaillons durch Hauptereignisse aus G. verdrängt, wie z. B. in einer Bibel des 12. Jh., St-Omer ms. 34.

Vom 12. Jh. an treten G.illustrationen bes. in England zunehmend in reinen Bildzyklen auf, die Psalter-Hss. vorangesetzt sind (z. B. Winchester-Ps., London BL Cot-ton Nero C IV; Canterbury-Ps., Paris BN lat.8846; Ps. in München BSt clm 835, engl. frühes 13.Jh.). Auch reine Bilderbibeln mit extensiven G.zyklen werden seit etwa 1200 beliebt (z. B. Pamplona-Bibeln in Amiens, Harburg und New York, nordspan. Ende 12.Jh.), die z. T. Bezie-hungen zur spätantiken Cotton-Redaktion aufweisen (z. B. Egerton-Bibel, London BL Egerton 1894, engl. 14.Jh.; Bilderbibel in Rovigo und London BL Add.15277, Padua Ende 14.Jh.). →Bible moralisée und →Biblia pauperum gehören ebenfalls in diesen Bereich. Generell nimmt im 13. und 14.Jh. die Praxis, den Beginn von Bibeln, Bibelpa-raphrasen, Weltchroniken und ähnlichen Hss. mit G.zy-klen zu illustrieren, stark zu. Auch die Monumentalskulp-tur und →Glasmalerei der Gotik hat extensive G.zyklen hervorgebracht.   U. Nilgen

Lit.: LCI, s.v. Schöpfer/Schöpfung, Adam und Eva, Abel und Kain, Noe, Abraham, Jakob, Joseph v. Ägypten – W. KÖHLER, Die karol. Miniaturen, I: Die Schule v. Tours 2, 1933 – J. ZAHLTEN, Creatio mundi, 1979 – W. CAHN, Die Bibel in der Romanik, 1982 – K. WEITZ-MANN–H. L. KESSLER, The Cotton Genesis, 1986.

Genf (lat. Genava, Geneva u. a., im 12.–17. Jh. Gebenna, frz. Genève), Stadt, Bm. und Gft. im alten Kgr. →Bur-gund, heute Republik und Kanton der Schweizer. Eidge-nossenschaft.

I. Stadt – II. Bistum – III. Grafschaft.

I. STADT: G. verdankt seine Bedeutung der günstigen strateg. und wirtschaftsgeograph. Situation am Aus-gangspunkt der großen Nord-Süd-Verbindung durch das Rhônetal; die Stadt liegt auf einem Hügel (nahe eine Brücke über die →Rhône, die hier den G.er See (Lacus Lemannus) verläßt. Seit der Antike ermöglichte der Hafen die Umladung der Güter vom Wasser- auf den Landweg, was wegen der Geländeverhältnisse (Perte du Rhône) zw. G. und Seyssel erforderlich war.

In der Römerzeit zunächst nur vicus, erhielt G. erhöhte Bedeutung erst nach den Alamanneneinfällen von 260 n. Chr., durch die der bisherige Civitas-Vorort Nyon (Noviodunum, Colonia Julia Equestris) zerstört worden war. Die Hügelkuppe in G. wurde mit einer Mauer, deren Baumaterialien z. T. aus den Ruinen von Nyon stammten, befestigt. Nach neuerer Auswertung der Ausgrabungs-gebnisse durch D. VAN BERCHEM ist die Erhebung der Stadt zur Civitas bereits für das letzte Viertel des 3.Jh. anzunehmen. Die Civitas G. unterstand der Provinzme-tropole →Vienne.

Die »engere« Mauer, die für sieben Jahrhunderte dem Stadtareal genügend Raum bieten sollte, schloß eine Flä-che von 5,5 ha ein; die Einwohnerzahl sank nach L. BINZ von ca. 2500 (Mitte des 3.Jh.) auf ca. 1100 (Mitte des 4.Jh.) ab. Am Ende des 4.Jh. bestand eine Kathedralgruppe mit Doppelkathedrale, Taufkirche sowie der Kirche St-Ger-main. Extra muros entstanden Nekropolkirchen, so im Hafenviertel (später ⚭ Ste-Marie-Madeleine) und am rech-ten Rhôneufer (spätere Pfarrkirche ⚭ St-Gervais). An den Flußufern, ebenfalls außerhalb der Mauern, lagen Müh-len, die 563 der bei Gregor v. Tours (Hist. Fr. IV 3.1) genannten Flutkatastrophe zum Opfer fielen.

443 wurden →Burgunder als röm. →Foederaten in der 'Sapaudia' angesiedelt; G. bildete in dieser frühen Zeit offenbar das Herrschaftszentrum des Burgunderreiches. Allmählich verlagerte sich dessen Schwerpunkt jedoch nach →Lyon, so daß G. am Ende des 5.Jh. nur noch als Residenz jüngerer Söhne der Königsfamilie Bedeutung hatte. Trotz des arian. Bekenntnisses der Burgunder (bis 515) wurden um 470–490 die Reliquien des hl. →Victor (Märtyrer der →Thebaischen Legion?) nach G. übertragen und in einer ihm geweihten Kirche, die von der kath. Burgunderprinzessin Sedeleuba extra muros gestiftet wurde, beigesetzt.

Während der Bruderkämpfe zw. →Godegisel und →Gundobad wurde G. 500/501 niedergebrannt. →Avitus v. Vienne erbat vor 514 für die Kathedrale Reliquien des Apostels Petrus. 534 fiel G. mit dem Burgunderreich an die Merowinger.

Nach Aufgabe G.s als kgl. Residenz konnte der Bf. seine Stadtherrschaft (→Bischofsstadt) festigen, dies v. a. in der Zeit des Kgr.es →Burgund (888–1032). Im Unterschied zu anderen burg. Bf.sstädten wie Lausanne, Sitten oder Tarentaise ließ sich der Bf. v. G. jedoch anscheinend nie ein Königsdiplom über die Ausübung der Grafschafts-rechte ausstellen. Waren die Bf.e im 10. und 11.Jh. dem Ausbau der gfl. Machtstellung nach kaum entgegengetreten, bemühten sie sich dagegen im 12. Jh. nachdrückl. um Absicherung ihrer jurisdiktionellen und herrschaftl. Gewalt über die Stadt G. Der Vertrag v. Seyssel (1124) zw. Bf. Humbertus v. Grammont und Gf. Aimon bestätigte dem Bf. die Stadtherrschaft, während der in Lehenspflicht des Bf.s genommene Gf. eine Residenz nahe der Stadt (Château du Bourg-de-Four) sowie das Recht zur Vollstreckung von Urteilen behielt. Trotz mancher Versuche, dieses Kräfteverhältnis zu revidieren, konnten die Bf.e ihre Selbständigkeit bis zu den savoy. Eingriffen des 14. und 15. Jh. wahren.

Das 11.–13. Jh. war eine Zeit starker wirtschaftl. und demograph. Expansion: Die Stadt dehnte sich in nördl. und bes. in westl. Richtung aus; seit ca. 1250 schloß eine neue Mauer den Bourg-de-Four, der sich zu einem bedeutenden Handelszentrum (ältester Messestandort) entwickelte, und das Quartier de Rive ein. Stadt und Rhônebrücke wurden auch durch die 1215/19 errichtete bfl. Burg, das Château de l'Île, gesichert. Die aus dem 6. Jh. überkommene Kathedralgruppe wurde im 11. Jh. durch einen großen Kathedralbau mit drei Apsiden ersetzt; der Umbau in der heute noch bestehenden Form erfolgte dann unter Bf. Arducius v. Faucigny (1135–85) und seinen Nachfolgern und war um 1230 im wesentl. abgeschlossen. Nach L. BLONDEL hatte G. um 1250 ca. 3800 Einw. Die Stadt verfügte über sechs Pfarreien: Ste-Croix (Kathedralpfarre), St-Germain, La Madeleine, St-Léger, St-Gervais et N. Dame-la-Neuve, St-Victor (eine von den Burgunderkg.en reich dotierte Kirche mit Bf.sgrablege, seit 1000/1011 cluniazens. Priorat) sowie den Konvent OSB St-Jean (extra muros).

Seit der 2. Hälfte des 13. Jh. begünstigte der allgemeine wirtschaftl. Aufschwung Westeuropas, bei gleichzeitigem, seit 1260 einsetzendem Niedergang der →Champagnemessen, die Entwicklung der G.er Messen (→Messe). Ihr Standort waren zunächst Bourg-de-Four und Rues Basses. 1309 erbauten die 1124 erstmals cives gen. Bürger im Molard, nahe dem Seeufer, eine Halle. Der Aufschwung der Messen wurde auch von den ungünstigen konjunkturellen, polit. und demograph. Entwicklungen des 14. Jh. (1334 Stadtbrand) nicht aufgehalten. 1415 machte der Zustrom an Waren den Bau einer zweiten Halle, die neben der älteren lag, erforderlich. Die vier Messetermine waren Epiphanie, Ostern, Petri Kettenfeier (1. Aug., Fest des Diözesanpatrons!) und Allerheiligen. Wichtigste Handelsgüter waren importierte Luxuswaren (Seide, Gewürze, Tuche, Kunstgegenstände) sowie Produkte der einheim. Gewerbe- und Agrarproduktion. Florent. und genues. Banken richteten in G. florierende Sukkursalen ein, die zu den bedeutendsten Zentren des Geldgeschäfts jenseits der Alpen zählten. Der Höhepunkt des Messebetriebs lag im 15. Jh.; sein Niedergang setzte 1462 ein, als Kg. Ludwig XI. v. Frankreich, auf Förderung v. →Lyon bedacht, den frz. Kaufleuten den Besuch der G.er Messen untersagte.

Der wirtschaftl.-demograph. Aufschwung einerseits, die Furcht vor dem →Hundertjährigen Krieg andererseits veranlaßten die Bf.e Alamand de St-Jeoire (1342–1366) und Guillaume de Marcossey (1366–77) zum Bau eines erweiterten Mauerzugs, in den die neuen Viertel an Rhône- und Seeufern eingeschlossen wurden. Nach L. BINZ dürfte die städt. Einwohnerzahl 1407 ca. 4000–5000 betragen haben. In der internationalen Handelsstadt ließen sich Bettelorden nieder: Dominikaner in Plainpalais, erstmals 1263 belegt; Franziskaner mit einem großen Konvent in Rive, seit 1266; Augustinereremiten, mit Konvent und Kirche N. Dame des Grâces nahe der Arvebrücke, seit

1480. Am Vorabend der Reformation zählte die Stadt zehn Spitäler, eine wohltätige Stiftung (Boîte de Toutes Âmes) und zwei vor der Stadt gelegene Leprosorien (Carouge und Chêne).

Die wirtschaftl. Blüte förderte städt.-bürgerl., gegen die bfl. Stadtherrschaft gerichtete Selbständigkeitsbestrebungen, die frühzeitig von den Gf.en Savoyen unterstützt wurden. Eine Kommune, erstmals 1263 belegt, wurde 1293 vom Bf. Guillaume de Conflans aufgelöst, doch 1309 in ihren wesentl. Elementen (v. a. Recht zur Wahl der →Syndici) wiederbelebt. Angesichts der Finanzkraft der Bürgerschaft war ihre Beteiligung an der städt. Regierung und Verwaltung unumgänglich. Die Syndici, in deren Kompetenz die öffentl. Arbeiten und die Wahrung der innerstädt. Sicherheit fielen, übten auch die Kriminalgerichtsbarkeit aus. Doch erst 1387, zu einem späten Zeitpunkt, wurden der Bürgerschaft von Bf. Adhémar Fabri ausgedehnte Privilegien zugestanden.

Wiederholt versuchten die Gf.en/Hzg.e v. →Savoyen, G. zu erobern, um die reiche Handelsmetropole zur Hauptstadt ihres Fsm.s zu machen. 1287 besetzte Gf. Amadeus V. das bfl. Château de l'Île und usurpierte im folgenden Jahr das Amt des Vicedominus (vidomne), das er dann an den von ihm ernannten Kastellan des Château de l'Île übertrug. Diese Position behaupteten die Savoyer bis 1528. Unter Gf. Amadeus VI. waren die Stadt G. und die bfl. Besitzungen fast völlig von savoy. Gebiet eingekreist; der von Ks. Karl IV. 1365 dem Savoyer verliehene →Reichsvikariat erstreckte sich auch auf das Bm. G. Weiterhin erwirkte der Gf. für G. eine Universitätsgründung, die er seiner Schirmherrschaft zu unterstellen beabsichtigte. Nachdem der Gf. jedoch den Reichsvikariat wieder verloren hatte, vermochte Bf. Guillaume de Marcossey 1371 seine weltl. Herrschaft über G. wiederherzustellen.

1444 ließ sich Papst →Felix V. (Hzg. Amadeus VIII. v. Savoyen) die Administration des Bm.s G. übertragen. Sein Sohn Ludwig erlangte 1451 vom Papst das Nominationsrecht für Abteien und Bm.er seiner Länder, wozu er – unausgesprochen – auch das Bm. G. zählte. Seitdem wurde der G.er Bischofssitz durchweg mit Mitgliedern des savoy. Fs.enhauses oder von Familien aus seiner Klientel besetzt.

G. selbst fiel allerdings nicht an Savoyen. Die Siege der Eidgenossen über Hzg. →Karl den Kühnen v. Burgund (1475–77) setzten der Nord-Expansion des mit Burgund verbündeten Savoyen ein Ende. Wiederholte Bündnisverträge (combourgeoisie/burgrecht) G.s mit →Freiburg i. Ü. und →Bern (1477, 1519, abschließend: 1526) verhinderten ein weiteres savoy. Vordringen und bereiteten die Einführung der Reformation in G. (1536) vor.

II. BISTUM: Der erste sicher bezeugte Bf. v. G. war Isaac, erwähnt um 400, als er dem hl. Eucherius v. Lyon Nachrichten über das Martyrium der Thebaischen Legion übermittelte. Doch geht die Kathedralgruppe nach Ausweis der seit 1976 durchgeführten Ausgrabungen in St-Pierre bereits auf die 2. Hälfte des 4. Jh. zurück.

Das Gebiet des Bm.s umfaßte zunächst die Civitas, herausgelöst aus derjenigen von →Vienne, die vom Südufer des G.er Sees und von der Rhône bis zum Lac du Bourget reichte; schon früh wurde auch das Territorium von Nyon (Civitas Julia Equestris), das offenbar nie eine eigene Diöz. bildete, in den G.er Diözesanbereich einbezogen, zumindest jedoch der Bereich zw. L'Aubonne und Ceyzérieu, ebenso auch die Täler von Chamonix, Montjoie und des Arly, die in röm. Zeit zur Civitas der Ceutrones gehört hatten. Das Bm. umfaßte somit ca. 6800 km². Um 1450 zählte es 453 Pfarreien pleno jure (ohne die

Filialkirchen), die in acht Landdekanate eingeteilt waren: Vuillonnex, Ceyzérieu, Allinges, Annemasse, Rumilly, Annecy, Sallanches und Aubonne.

Der bfl. Besitz umfaßte die Bf.sstadt und ihre Vorstädte sowie folgende Bann- oder Kastellaneibezirke *(mandements):* Peney (sog. 'Terre de Mortier') am rechten Rhôneufer mit den Domänen Genthod, Malagny und Céligny; Jussy, im Dekanat Annemasse, nahe den Quellen der Seymaz; Viuz-en-Sallaz (auch 'Kastellanei v. Thiez' gen.), gelegen am rechten Arveufer und entlang des Foron, eines Nebenflusses der Menoge. Nach häufig wiederholter Hypothese soll der bfl. Besitz im wesentl. auf Schenkungen der aus dem Hause →Faucigny stammenden Bf.e des 12. Jh. zurückgehen.

Die ersten Bf.e kamen aus dem Umkreis der Abtei →Lérins. Der berühmteste von ihnen war der hl. →Salonius (bezeugt ca. 441–460), Sohn des →Eucherius v. Lyon und bedeutender altgall. Kirchenschriftsteller.

Eine neue Blütezeit setzte im 12. Jh. ein. Die Bf.e Humbert v. Grammont (1120–35) und Arducius v. Faucigny trieben die Gregorian. Reform voran, stärkten die bfl. Autorität und förderten →Kartäuser und →Zisterzienser. Von gleich großer Bedeutung für G. war die Zeit des Gr. →Abendländ. Schismas und der zu seiner Bewältigung durchgeführten Reformkonzilien (ca. 1378–1450). Als Bf.e wirkten zunächst eine Reihe namhafter Anhänger des dem G.er Grafenhaus entstammenden →Clemens VII. (Jean de Murol, 1378–85; Adhémar Fabri, 1385–88; Guillaume de Lornay, 1388–1403), im frühen 15. Jh. dann Vorkämpfer der Kirchenreform wie Jean de Bertrand (1408–18) und der große Theologe Jean →Courtecuisse (1422–23). Kleriker aus der G.er Diöz. machten wiederholt glänzende Karriere an der Kurie, namentl. Kard. Jean de →Brogny (Bf. v. G. 1423–26).

Unter reformator. Druck sah sich 1533 der letzte kath. Bf. zum Auszug genötigt; am 10. Aug. 1535 erfolgte das Verbot der Meßfeier. Das nach Annecy verlegte kath. Bm. wurde durch das Konkordat vom 16. Juli 1801 förmlich aufgehoben, die kath. Pfarreien des Kantons G. 1819 der Diöz. Lausanne inkorporiert, deren Bf. seit dem 30. Jan. 1821 den Titel des Bf.s v. Lausanne und Genf trägt.

III. GRAFSCHAFT: Im Unterschied zu anderen Bf.en der Region – Lausanne, Sitten, Tarentaise, Vienne – erhielt der Bf. v. G. nie eine formelle Belehnung mit dem comitatus im Sinne der Ausübung von Grafschaftsrechten über Bischofsstadt und Diöz. Doch wird die Gft. in den Teilungsverträgen des Karolingerreiches von 839, 843 und 859 genannt. Der gfl. Machtbereich umfaßte wohl die civitas, erweitert um den ehem. pagus equestricus (Gebiet von Nyon bis zur Aubonne). Im 9. und 10. Jh. werden mehrere Gf.en genannt: Manasses I. und II. sowie Robert. Seit ca. 1030 erscheint in den Quellen Gerold, der Begründer des Grafenhauses v. G.; über seine mögliche Verwandtschaft mit den obengen. Trägern der Grafengewalt ist ebensowenig bekannt wie über die Herkunft seiner Grafenrechte und deren etwaige Ausdehnung auf die Bischofsstadt. Der zweite Sohn Gerolds, Gf. Aimon I. (belegt 1080–1124, † vor 1128), war ein mächtiger Fs., der fast im gesamten pagus Genevensis, mit Ausnahme der an die Gft.en v. →Savoyen gefallenen Landschaften Chablais und Les Bauges, über eine dominierende Stellung verfügte. Er war darüber hinaus Gf. des Waadtlandes (Vaud) und Vogt des Bf.s v. Lausanne. Seine Position in der Stadt G. verstärkte sich zunächst dank des Entgegenkommens der mit ihm verwandten Bf.e. Doch setzte der Reformbischof Humbert v. Grammont dem Vordringen des Gf.en hier ein Ende (1124: Vertrag v. Seyssel; →Abschnitt I).

Im Laufe des 13. Jh. verloren die Gf.en ihre Besitzungen am rechten Rhôneufer und nördl. des G.er Sees fast völlig zugunsten des Aufstiegs des Gf.en →Peter II. v. Savoyen. Die verheerenden feudalen Kriege, die die Gf.en →Amadeus II. und Wilhelm III. zw. 1282 und 1329 zur Wiedergewinnung ihrer Rechte entfachten, führten nur zur weiteren Stärkung der savoy. Position in Stadt und Region und zur Zerstörung des Château du Bourg-de-Four (1320). Das →Faucigny, dessen Herren Lehnsleute der Gf.en v. G. gewesen waren, fiel am Ende des 13. Jh., definitiv 1355, an Savoyen.

Unter dem 1320–67 regierenden →Amadeus III. erfolgte eine Reorganisation der Grafengewalt um →Annecy, das zur bevorzugten Grafenresidenz wurde. Eine Politik freundschaftl. Einvernehmens mit Savoyen und Frankreich ermöglichte die Vergabe reicher Bm.er an den 5. Sohn v. Amadeus, Robert v. G. (1342–94), der am 20. Sept. 1378 als →Clemens VII. zum Papst gewählt wurde (→Abendländ. Schisma). Doch mit ihm erlosch das G.er Grafenhaus; es fiel nach dem Tod des Papstes (16. Sept. 1394) an dessen Neffen Humbert v. Villars, nicht ohne große Widerstände von seiten anderer Prätendenten, die das Erbe aufgrund testamentar. Verfügungen der früheren Gf.en beanspruchten. Humbert v. Villars († 1400) vererbte die Gft. an seinen Oheim Odon v. Villars, der sie 1402 an →Amadeus VIII. v. Savoyen verkaufte. Die Rechte des Savoyarden, der sich am 14. Febr. 1405 von den Lehnsleuten der Gft. huldigen ließ, wurden vom Ks. jedoch erst am 25. Aug. 1422 anerkannt.   C. Santschi

Lit.: F. BOREL, Les foires de Genève au XVᵉ s., 1892 – L. BLONDEL, Le développement urbain de Genève …, 1946 – P. E. MARTIN, Hist. de Genève des origines à 1798, 1951 – P. DUPARC, Le Comté de Genève IXᵉ–XVᵉ s., Mém. et doc. publ. par la Soc. d'hist. et d'archéol. de Genève 39, 1955 [erg. Neuaufl. 1977] – L. BLONDEL, Châteaux de l'ancien dioc. de Genève, Mém. … Genève, Sér. in-4°, 7, 1956 – A. BABEL, Hist. économique de Genève. Des origines au début du XVIᵉs., 2 Bde, 1963 – J.-F. BERGIER, Genève et l'économie européenne de la Renaissance, École prat. des Hautes Études, VIe sect., Centre de rech. hist., Affaires et gens d'affaires 29, 1963 – L. BINZ, Vie religieuse et réforme ecclésiastique dans le dioc. de Genève pendant le Grand Schisme et la crise conciliaire (1378–1450), 1, Mém. et doc. publ. par la Soc. d'hist. et d'archéol. de Genève 46, 1973 – D. VAN BERCHEM, La promotion de Genève au rang de cité, Bull. de la Soc. d'hist. et d'archéol. de Genève 17/1, 1980, 3–15 – L. BINZ, Le dioc. de Genève (Helvetia Sacra, I/3, 1980), 19–239 – Le diocèse de Genève-Annecy, hg. H. BAUD (Hist. des dioc. de France 19, 1985), 5–97 – Hist. de Genève, hg. P. GUICHONNET, 1986³, 63–128 [L. BINZ] – CH. BONNET – C. SANTSCHI, Genève, Topographie chrétienne des cités de la Gaule des origines au milieu du VIIIᵉ s., 3, Provinces eccl. de Vienne et d'Arles, 1986, 37–48.

Gengenbach, ehem. Reichsabtei OSB im Kinzigtal, Diöz. Straßburg (heut. Baden-Württemberg). Nach der »Vita Pirminii« (9. Jh.) von →Pirmin mit Unterstützung des frk. comes Ruthard 748/753 gegr. und von Mönchen aus →Gorze besiedelt. Das Kl. wurde mit Reichsgut dotiert. Der Konvent wuchs im frühen 9. Jh. von ca. 70 auf 100 Mönche. Die Reichsabtei wurde von Heinrich II. 1007 dem Bm. →Bamberg geschenkt. Das bfl. Eigenkl. stand im Investiturstreit auf ksl. Seite, was wiederholt zur Vertreibung der Äbte führte. Der 'ordo Amerbacensis' (→Amorbach) des Konvents wurde 1117 unter Abt Friedrich von den Hirsauer Statuten (→Hirsau) abgelöst. Die gute Verwaltung des Kl. führte bald nach 1120 zu einem Neubau unter Hirsauer Einfluß und zu einer Blüte von Skriptorium und Buchbinderei (G.er Evangeliar, LB Stuttgart). Bedeutendster Abt der im SpätMA von Krisenerscheinungen kaum betroffenen Abtei war 1354–74 →Lamprecht v. Brunn, der Kanzler Karls IV. Lamprecht reorganisierte Wirtschaftsverwaltung und

Schulverhältnisse, beendete die alten Besitzstreitigkeiten mit den Herren v. Geroldseck durch Vergleich und führte in der Stadt G., die 1230 Stadtrecht erhalten hatte, die Zunftverfassung ein. Die Schirmvogtei (→Vogtei) über das Kl. wurde vom 12. Jh. bis 1218 von den →Zähringern ausgeübt, dann bis 1245 von den →Staufern und anschließend von den Bf.en v. →Straßburg. Rudolf v. Habsburg zog die Vogtei als Reichsrecht an die Reichslandvogtei →Ortenau, wodurch G. erneut zur Reichsabtei wurde. Als Inhaberin der Gft. G. besaß sie die Hochgerichtsbarkeit. Im 15. Jh. beschloß der Konvent, nur noch Adlige aufzunehmen, was aber schon bald wieder aufgegeben wurde. In der Reformationszeit zunächst gefährdet, konnte G. seinen Bestand seit dem Interim v. 1548 bis zur Säkularisierung durch Baden 1803 sichern.　　I. Eberl

Lit.: Die Benediktinerkl. in Baden-Württemberg, bearb. F. QUARTHAL u. a., 1975, 228–242 [K. L. HITZFELD; Lit.] – E. HILLENBRAND, Stadt und Kl. G. im SpätMA, ZGO 124, 1976, 75–103 – A. v. REDEN-DOHNA, Kl. G. und das Reich, ebd. 133, 1985, 157–178.

Genisa, Kairoer. Gegen Ende des 19. Jh. entdeckte man in einer G., einem Abstellraum für unbrauchbar gewordene kult. Gegenstände, der Esra-Synagoge zu Alt-Kairo eine Sammlung von rund 200000 Texten jüd. Provenienz, deren älteste im 8. Jh. geschrieben wurden und die in zahlreiche Bibliotheken Europas und Amerikas zerstreut wurden. Das Material enthielt Bibeltexte, Teile der hebr. Originalfassung des Buches Jesus Sirach, die zum Umfeld der Qumranquellen gehörende Damaskusschrift, Midraschfragmente, ma. Bibelauslegungen, Talmudtexte und -kommentare, Rechtsgutachten jüd. Gelehrter zu bestimmten Alltagsproblemen, Briefe, Urkk. und Verträge aus Palästina und Ägypten in hebr. oder jüd.-arab. Sprache sowie zahlreiche liturg. Dichtungen. Auch dt.-jüd. Texte aus dem späten MA (Gedichte, Briefe) wurden zutage gefördert. Trotz zahlreicher Publikationen sind die Funde der K.G. erst zum geringeren Teil ediert und bearbeitet; ihre Erforschung wird noch für Jahrzehnte ein zentrales Anliegen der Wissenschaft bleiben.
　　H.-G. v. Mutius

Lit.: R. GOTTHEIL, Fragmente from the Cairo Genizah in the Freer Collection, 1927 – P. E. KAHLE, Die K.G., 1962 – SH. SHAKED, A Tentative Bibliogr. of Geniza Documents, 1964 – CH. SCHIRMANN, Schirim chadaschim min ha-Genizah, 1968.

Gennadij, Ebf. v. Novgorod, † 4. Dez. 1506, Čudov-Kl., Moskau; Abkömmling des Adelsgeschlechtes Gon(o)zov, trat um 1430 ins Valaam-Kl. ein, erhielt später den Rang eines Archimandriten im Moskauer Čudov-Kl. 12. Dez. 1484 Ebf. v. Novgorod und Pskov, nachdem die Stadt Novgorod 1478 ihre polit. Selbständigkeit sowie ihre liturg. Partikularismen eingebüßt hatte. 1504 wurde G. gezwungen, den ebfl. Stuhl zu verlassen. Als Ebf. wurde G. mit der sozial-religiösen Bewegung der →»Judaisierenden« konfrontiert (bezeugt durch Briefe an seine Amtsbrüder). Aus dieser Auseinandersetzung erklären sich die Bemühungen G.s, eine vollständige, kirchenslav. Bibel zusammenzustellen. Das Ergebnis seiner Bemühungen, bei welchen er Mitarbeiter heranzog, die Teile des AT auch aus dem Lat. übertrugen, liegt in dem Cod. Moskva GIM Sin 915 aus dem J. 1499 vor (erstmalig Verwendung des Begriffs 'biblija' im kirchenslav. Schrifttum). Ebenfalls im Zuge der Auseinandersetzung mit den Judaisierenden entstand ein Komput, in dem die Daten des Osterfestes für die Jahre ab 1492 (Ende des 8. Jt. nach der Ära der Welterschaffung 5508) fortgesetzt wurden.
　　Chr. Hannick

Ed.: Briefe: N. A. KAZAKOVA–JA. S. LUR'E, Antifeodal'nye eretičeskie dviženija na Rusi XIV – načala XVI veka, 1955, app. – *Bibel* [Beschrei-

bung]: A. GORSKIJ–K. NEVOSTRUEV, Opisanie slavjanskich rukopisej Moskovskoj sinodal'noj biblioteki I, 1855, 1–164 – *Ostertafel:* Russkaja istoričeskaja biblioteka VI, 1908, Nr. 119 – *Lit.:* DHGE XX, 480–483 – Pravoslavnaja bogoslovskaja ènciklopedija, ed. A. P. LOPUCHIN, IV, 1903, 195–205 [A. KREMLEVSKIJ] – I. E. EVSEEV, Gennadievskaja Biblija 1499, 1914 – G. FREIDHOF, Vergleichende Stud. zur Gennadios-Bibel (1499) und Ostroger Bibel (1580/81), 1972.

Gennadios II., griech. Patriarch v. →Konstantinopel, * ca. 1405, † nach 1472; ursprgl. Name Georgios Kurtesis, gen. Scholarios, betätigte sich zunächst als Gelehrter und Philosoph und war Sekretär Ks. Johannes' VIII., den er auf das Konzil v. →Ferrara-Florenz begleitete (1438–39). Er akzeptierte die dort proklamierte →Union zw. griech. und röm. Kirche. Später, unter dem Einfluß seines früheren Lehrers Markos →Eugenikos, widerrief er jedoch seine Zustimmung. Er wurde Mönch und übernahm nach dem Tode des Eugenikos (1444) die Führung der Unionsgegner. Dennoch blieb er stets ein Bewunderer der Werke des →Thomas v. Aquin. Nach der osman. Eroberung von Konstantinopel setzte ihn Sultan →Meḥmed II. persönl. als Patriarch ein (1454). Einer Überlieferung nach hat G. ein Konkordat mit dem Sultan ausgehandelt; nach diesem sollte ihm und den künftigen Patriarchen die Oberaufsicht über den christl. *millet,* d. h. die Gesamtheit der christl. Reichsbevölkerung, obliegen. 1455 trat G. zurück, wurde allerdings noch zweimal ins Amt zurückberufen. Er verfaßte eine große Anzahl polem., dogmat. und theol. Schriften, übersetzte und kommentierte u. a. Aristoteles und Thomas v. Aquin.　　D. M. Nicol

Ed.: Œuvres completes..., éd. L. PETIT, X. A. SIDÉRIDÈS, M. JUGIE, 8 Bde, 1928–36 – Georgii Scholarii orationes in concilio Florentino habitae, ed. J. GILL, 1964 – *Lit.:* Tusculum-Lex.³, 1982, 271f. – A. DECEI, Versiunea turceasca a Confesiunii Patriarhulni Ghenadie II. Scholarios, 1940 – J. GILL, Personalities of the Council of Florence and Other Essays, 1964, 79–94 – C. J. G. TURNER, The Career of Georges-Gennadius Scholarius, Byzantion 39, 1969, 420–455 – TH. N. ZESIS, Γεννάδιος Β΄ Σχολάριος. Βίος-Συγγράμματα-Διδασκαλία, 1980.

Gennadius v. Marseille, altkirchl. Schriftsteller, † um 495/505. – Dem südgall. Mönchtum verbunden, schrieb er hauptsächl. gegen zeitgenöss. Häresien (»Adversus omnes haereses«). Das bekannteste Werk ist sein Katalog altkirchl. Schriftsteller, eine Fortsetzung von »De viris illustribus« des →Hieronymus, der weithin zuverlässige Nachrichten über die altkirchl. Lit. des späten 5. Jh. bietet.
　　K. S. Frank

Ed.: MPL 58 – De viris illustribus: L. BERNOULLI, 1895 [Nachdr. 1968] – *Lit.:* ALTANER-STUIBER, § 109,3 – S. PRICOCO, Storia lett. et storia ecclesiastica. Dal 'De viris illustribus' di Girolamo a Gennadio, 1979.

Genossenschaft

I. Städtische Genossenschaft – II. Ländliche Genossenschaft.

I. STÄDTISCHE GENOSSENSCHAFT: [1] Mit dem *Begriff* 'G.' wird eine »gleichheitliche, horizontale Rechts- und Sozialbeziehung« bezeichnet, und zwar im Gegensatz zu einer »vertikalen, herrschaftlich-obrigkeitlichen« (G. DILCHER). G. meint also eine Grundstruktur sozialer Gruppen, in denen eine parität. Ordnung dominiert. Der Begriff umfaßt dabei besitzrechtl. und standesrechtl. Verhältnisse ebenso wie personenrechtl., auf →Einung beruhende und entspricht damit der vormodernen Rechtsordnung, die der Unterscheidung von Staat und Gesellschaft vorangeht. Der im Begriff der 'G.' immer mitgemeinte Gegensatz zum Begriff der 'Herrschaft' wurde im 19. Jh. in der Erforschung der vormodernen G.en und Einungen und zugleich im Zusammenhang mit der Frage einer künftigen Gesellschaftsordnung entwickelt (vgl. O. v. GIERKE).

[2] Das genossenschaftl. Moment tritt im Rahmen der europ. *Stadt* des MA in zweifacher Weise in Erscheinung.

Einerseits sind die Städte als Stadtgemeinden selbst G.en (O. v. GIERKE), was in ihren gewillkürten Rechtssatzungen und in den eigenen Gerichts- und Verwaltungsorganen zum Ausdruck kommt und v. a. in der für die Entstehung der ma. Stadt bedeutsamen Schwureinung (→coniuratio, →Kommune), wie sie im 11. und beginnenden 12. Jh. in Italien und Nordfrankreich in Erscheinung trat. In Deutschland erinnerte der oft alljährl. wiederholte Schwur des →Bürgereides an den Charakter der Bürgergemeinde als einer Eidgenossenschaft, die dadurch immer wieder neu errichtet wurde (W. EBEL). Die rechtl. und soziale Bindung in einem wechselseitig geleisteten promissor. →Eid schafft Gleichheit, nicht im Sinne der (modernen) Egalität, wohl aber in dem der Parität. Den polaren Gegensatz zw. der Herrschaft der domini civitatum und der genossenschaftl. Struktur der Bürgerschaft als Gemeinde in ihren Organen hat Kg. Heinrich (VII.) 1231 klar bezeichnet, als er die stadtbürgerl. G.en verbot (MGH Const. 2, 413). Dies wiederholte Friedrich II. in einem Reichsgesetz von 1232 (ebd., 193), in dem außerdem auf eine zweite Ebene des Genossenschaftl. verwiesen wurde, nämlich auf die vielfältigen einungsrechtl. Formen innerhalb der ma. Stadt, welche dieselben Elemente (gewillkürtes Recht, gewählter Vorstand, eigenes Gericht usw.) aufwiesen. Im Zusammenspiel der beiden Ebenen des Genossenschaftl., der »schwurgemeinschaftl. Verbrüderung« (MAX WEBER), wird das spezif. Moment erkennbar, das die Stadt des MA von der antiken und ebenso vom Städtewesen anderer Kulturen unterscheidet (M. WEBER, O. BRUNNER). Das genossenschaftl. Prinzip wirkte abermals in den →Sondergemeinden (Nachbarschaften) innerhalb der Stadt und in den →Städtebünden des späteren MA (→Hanse).

[3] Die Entfaltung eines reichen genossenschaftl. Lebens *innerhalb der mittelalterlichen Stadt* ist also ebenfalls eine der Bedingungen ihrer geschichtl. Wirkung. An erster Stelle sind die (seit Anfang des 11. Jh. bestehenden) Kaufmannsgilden zu nennen, denen alsbald die gleichartigen Vereinigungen der Handwerker folgten (→Zunft) und diesen im SpätMA wiederum die →Gilden der Handwerksgesellen. Alle diese Vereinigungen hatten ökonom., rechtl., polit., aber auch religiöse Ziele. G.en mit vorwiegend religiösen und karitativen Zielen werden als →Bruderschaften bezeichnet. Daneben gab es ständ. exklusive G.en (z. B. die →Richerzeche in Köln, die Stubengesellschaften in den Städten des dt. W.s und S.s und die →Artusbruderschaften in den Städten des Ostseeraums). G.en städt. Unterschichten waren z. B. die Bettlergilden des SpätMA (→Bettlerwesen). Das G.swesen des städt. Klerus wird erst neuerdings durch regionale Untersuchungen erkennbar (L. REMLING).   O. G. Oexle

II. LÄNDLICHE GENOSSENSCHAFT: [1] *Grundformen:* Entsprechend der großen Streubreite des Wortes *genoz* gibt es im ländl. Bereich zahlreiche Spielarten von G.en. Genosse ist nicht nur, wer nach gleichem Recht lebt, sondern wer in irgendeiner Form mit anderen an etwas teilhat. Als Genosse gilt demnach auch, wer unter einem gemeinsamen Dach wohnt (Hausgenosse). Das Haus weitet sich zum Siedlungsverband aus, in dem man nachbarl. nebeneinander lebt; mit den Genossen teilt man sich so in die Nutzungsrechte von Hof, Dorf und Mark. Als Hofgenossen treten die Angehörigen der grundherrl. →familia in Erscheinung, die in einer bes. Rechtsgemeinschaft vereint sind. Genosse ist auch, wer im gleichen Gerichtsverband, unter gleicher Vogtei oder überhaupt im gleichen Herrschaftsverhältnis steht. Zum Bereich des Adels gehören genossenschaftl. Formen, die in Lehnrecht und Rittertum wurzeln (Wappengenossen). Die in der bäuerl. Lebenswelt auftretende G. hat im MA ihren Hauptzweck in der Schutzgarantie, die sie den einzelnen gewährt. Die G. ist ferner dazu da, die von ihren Mitgliedern angestrebten wirtschaftl., gesellschaftl., kulturellen und polit. Ziele zu erfüllen. Die G. kann dabei auf Gleichordnung oder Unterordnung basieren; die auf Gleichordnung beruhende G. bildet durch einhelligen Beschluß aller Mitglieder ihren Gemeinwillen, während die herrschaftl. G. einer zentralen Leitungsgewalt untersteht.

[2] *Frühmittelalter:* In frühma. Zeit waren v. a. die Verwandtschaft und archaische Formen ländl. Wirtschaftsverfassung genossenschaftsbildend. Die ältere G. war daher ein Verband, der die Menschen allseitig erfaßte und auf ethnisch-religiöser Grundlage ruhte. Da die G. als Gesamtheit der Mitglieder mit ihren Trägern identisch war, konnte sie eine formelle Ordnung entbehren. Als Hauptfaktor bei der Bildung von G.en wirkte bes. die Verwandtschaft, die in Familie und Geschlecht, Haus und Sippe deutlich in Erscheinung trat. Wo nicht miteinander verwandte Personen in Siedlungs- und Wirtschaftsgemeinschaften zusammenlebten, führten die gemeinschaftl. Formen der Bodennutzung zu mehr oder weniger ausgeprägten G.en; aus dem nachbarl. Nebeneinander entwickelten sich Nachbarschaften, örtl. Siedlungsverbände, Ortsgilden und Dorfgenossenschaften. Die sog. freie Markgenossenschaft (nach G. L. v. MAURER und O. v. GIERKE eine Hauptform frühma. G.en und Ausgangspunkt der Dorfgemeinde) hat jedoch nach Auffassung der neueren Forschung im FrühMA nicht bestanden.

[3] *Späteres Mittelalter:* Im Zuge der zunehmenden Spezialisierung der G.en nach bestimmten Zielsetzungen transformierten sich die G.en seit dem HochMA zu fester organisierten Gebilden. Neben den bereits bestehenden G.en bildeten sich neue G.en durch freie →Einung (→coniuratio, →Eidgenossenschaft), die unterschiedl. wirtschaftl. und polit. Ziele verfolgten. Das SpätMA weist daher eine Fülle von ländl. G.en auf. Parallel zum Aufstieg der Stadtgemeinde entfaltete sich im ländl. Bereich aus der Nachbarschaft mit Allmendnutzung die Dorfgemeinde mit eigenständigen Rechten und Organen (→Dorf). In den Gebirgslandschaften entstanden Alpkorporationen und Talgemeinden, in Waldregionen Nutzungs-G.en zur Waldbewirtschaftung (Haubergwirtschaft) und im Küstenbereich Deich-G.en. Wo die Nutzung eines größeren Wald- und Weidegebietes nicht durch eine einzige Dorfgemeinde geregelt werden konnte, schlossen sich mehrere Dörfer zu einer Markgenossenschaft zusammen. Im Mittelpunkt dieser spätma. Markgenossenschaft steht die Versammlung der Markgenossen, die zugleich als genossenschaftl. Gericht fungiert (Märkerding, Holzgericht).

  W. Rösener

Lit.: HOOPS II, 152f. – HRG I, 1522ff. [H. STRADAL] – G. L. v. MAURER, Gesch. der Dorfverfassung in Dtl., 2 Bde, 1865/66 – O. v. GIERKE, Rechtsgesch. der dt. G., 1868 [Neudr. 1954] – M. WEBER, Die Stadt, Archiv für Sozialwiss. und Sozialpolitik 47, 1920/21, 621–772 – W. EBEL, Der Bürgereid, 1958 – K. S. BADER, Dorfg. und Dorfgemeinde, 1962, 30ff., 115ff. – A. VERMEESCH, Essai sur les origines et la signification de la commune dans le nord de la France, 1966 – G. DILCHER, Die Entstehung der lombard. Stadtkommune, 1967 – O. BRUNNER, Stadt und Bürgertum in der europ. Gesch. Neue Wege der Verfassungs- und Sozialgeschichte, 1968², 213–224 – G. G. MEERSSEMAN, Ordo fraternitatis, 3 Bde, 1977 – O. G. OEXLE, Die ma. Gilden (Misc. Mediaevalia 12/I, 1979), 203–226 – R. FOSSIER, Paysans d'Occident, 1984, 57ff. – W. RÖSENER, Bauern im MA, 1985, 1987³, 155ff. – Gilden und Zünfte, hg. B. SCHWINEKÖPER, 1985 [bes. G. DILCHER] – L. REMLING, Bruderschaften in Franken, 1986 – G. DILCHER, Zur Gesch. und Aufgabe des Begriffs G., Recht, Gericht, G. und Policey (Symposion für A. ERLER, 1986), 114–123.

Genovefa (Genuvefa; frz. Geneviève), hl., * um 420 in Nanterre, † ca. 502, ☐ Apostelkirche Paris, Reliquien 1793 zerstört. Fest: 3. Jan.; Relevatio capitis: 10. Jan.; Translation: 28. Okt.; Miraculum ardentium: 26. Nov. Trotz der röm. Namen der Eltern (Severus, Geroncia) weist der frk. Name G. auf zumindest teilweise germ. Abstammung hin. G. ist fast ausschließl. bekannt durch eine um 520 entstandene Biographie (BHL 3335; ed. B. KRUSCH, MGH SRM III, 204–238), die in karol. Zeit mehrfach neugestaltet wurde. Der wohl mit einem Priester der Pariser Apostelkirche (Grabkirche →Chlodwigs I.) zu identifizierende Autor verfaßte die Vita 18 Jahre nach G.s Tod auf Veranlassung Kgn. →Chrodechilds. Die Hinwendung zur religiösen Lebensführung wird in ihr auf eine Begegnung G.s mit →Germanus v. Auxerre (429, auf der Durchreise nach England) zurückgeführt; die spätere →Jungfrauenweihe nahm Bf. Vilicus (v. Bourges?) vor. Nach dem Tode der Eltern übersiedelte G. nach Paris, wo sie schon bei der Hunnenkrise 451, mehr noch in der Folge, eine (bes. für eine Frau) erstaunl. soziale Rolle einnahm, die kaum allein durch Grundbesitz, sondern eher aufgrund direkten Einflusses auf die Pariser Stadtverwaltung (Patronat?) erklärt werden kann. G. hat den Bau der ersten Dionysiusbasilika (→Dionysius, hl., B. I) angeregt und geleitet, hatte – wohl offizielle – Kontakte mit den frk. Kg.en →Childerich und Chlodwig und versorgte die hungernde Stadt Paris mit Brot, nachdem sie mit Schiffen Getreide in der Gegend von Troyes besorgt hatte. Über ihrem Grab baute Chlodwig in Paris die Apostelkirche (auch St-Pierre; Ste-Geneviève seit dem 9. Jh.) nach röm. Vorbild.

Der G.kult setzte nach ihrem Tode ein: Ende 6. Jh. erwähnt →Gregor v. Tours G.s Hilfe bei Fiebererkrankungen, nach dem Lektionar v. Luxueil hatte sie um die Mitte des 7. Jh. eine eigene Messe. Kultverbreitung außerhalb von Paris: in Royat (Diöz. Clermont-Ferrand) und in →Reims vielleicht schon im 6. Jh., im 7. Jh. im heut. Belgien (Kl. →Andenne) und in der Gegend von →Echternach, im 9. Jh. in Italien und der Maingegend. Bei den norm. Invasionen wurden die Reliquien G.s 857/858 und 853–863 in den O von Paris geflüchtet, 886 trugen sie zur Abwehr der Normannenangriffe auf Paris bei. Der 1242 fertiggestellte Schrein (BHL 3349–3350) wurde in der frz. Revolution eingeschmolzen. Die seit 1750 vor dem Bau aus dem 12. Jh. errichtete Kirche St-Geneviève dient heute als Pantheon. Obwohl G.s Verehrung in Paris v. a. seit 1130 (miracle des Ardents) eine große Rolle spielte (zahlreiche Reliquienprozessionen bei Epidemien und nationalen Krisen), wurde sie erst in der NZ offizielle Patronin v. Paris und Frankreich.   M. Heinzelmann/J.-C. Poulin

Q.: BHL 3334–3350 – *Lit.:* Bibl. SS VI, 157–164 – DHGE XX, 455–464 – LCI VI, 361–365 – LThK² IV, 679f. – K. H. KRÜGER, Kg.sgrabkirchen der Franken, 1971, 40–54 – J. DUBOIS – L. BEAUMONT-MAILLET, Ste. Geneviève de Paris, 1982 – M. HEINZELMANN – J.-C. POULIN, Les vies anciennes de s. Geneviève de Paris, 1986.

Gent (frz. Gand), Stadt in →Flandern (heut. Belgien, Prov. Ostflandern), im MA zum Bm. →Tournai (seit 1559 eigenes Bm. Gent).

I. Früh- und Hochmittelalter – II. Spätmittelalter – III. Geschichte der Abteien St. Peter und St. Bavo.

I. FRÜH- UND HOCHMITTELALTER: [1] *Anfänge und frühe historische Entwicklung:* Durch archäolog. Ausgrabungen sind an mehreren Stellen der Stadt röm. Überreste freigelegt worden; die wichtigsten röm. Siedelplätze wurden zumeist in unmittelbarer Nähe des ma. Stadtareals ergraben. Östl. des Standorts der späteren Abtei St. Bavo und außerhalb des heut. Stadtgebietes erstreckte sich über mehrere Quadratkilometer eine Zone, in der u. a. ein Handwerkerviertel und ein Gräberfeld freigelegt wurden (Ausgrabungen von Destelbergen). Nur der Ort an der Einmündung der Leie (frz. Lys) in die →Schelde trug ursprgl. den Namen Ganda ('Zusammenfluß'), der im FrühMA auf die gesamte Stadt überging. Vermutl. befand sich an der Leiemündung im 7. oder doch 8. Jh. der Vorort des 'pagus Gandao', dessen Bestehen aus einer Stelle der »Vita Amandi« (8. Jh.; →Amandus, hl.) geschlossen werden kann; die Erwähnung eines 'municipium Gandense' in der »Vita Eligii« (8. Jh.; →Eligius, hl.) legt für diese Zeit die Annahme einer mehr oder weniger befestigten Siedlung nahe. Sogar ein einstiges röm. castellum, dessen Überreste vielleicht im FrühMA noch bestanden, kann nicht ausgeschlossen werden.

Ein wichtiges Moment der frühen Entwicklung G.s war die Gründung der beiden Abteien St. Peter (Blandinium) auf dem Blandijnberg, einem Geesthügel südl. der Stadt, und St. Bavo (Ganda), an der Leiemündung, im 7. Jh. (s. Abschn. III).

Zu Beginn des 9. Jh. zählte G. zu dem Netz von Stützpunkten, das Karl d. Gr. im Zuge seiner Maßnahmen gegen die wachsende Normannengefahr schuf. Auch die Abtei St. Bavo spielte eine Rolle in der karol. Militärorganisation.

Um 865 nennt das Martyrologium Usuardi G. als 'portus', d. h. Handelsort. Nach einigen Forschern lag dieser portus in unmittelbarer Nähe der Abtei St. Bavo. Nach einem anderen Lokalisierungsansatz befand er sich jedoch nahe der alten Kirche St. Johannes (heut. Kathedrale St. Bavo), am linken Scheldeufer etwas flußaufwärts von der Abtei St. Bavo. Für diese Lokalisierung sprechen folgende Argumente: St. Johannes ist die älteste städt. Kirche in G. (964 erstmals erwähnt, aber wohl schon im 9. Jh. existent). Neben dieser Kirche liegt der – erhaltene – Geraard Duivelsteen, dessen Donjon, direkt am Flußufer, schon in früher Zeit eine militär. Rolle gespielt haben könnte. V. a. aber ließ sich der Verlauf des halbkreisförmigen Grabens, der die frühe Stadt umschloß, feststellen: Nach der Rekonstruktion seines mutmaßl. Verlaufs aufgrund von Katasterplänen des 19. Jh. konnte seine Existenz 1988 archäolog. nachgewiesen werden. Der an beiden Enden mit der Schelde verbundene Graben entstand wahrscheinl. im 9. Jh., verlor aber wohl schon vor der Mitte des 10. Jh. seine Bedeutung. Vermutl. schützte er eine Kaufmannssiedlung, im übrigen bleibt sein Zweck (Zusammenhang mit den Normanneninvasionen?) im dunkeln. Die Normannen überfielen G. zweimal (851, 879), wobei die Quellen nur über das Schicksal der St-Bavo-Abtei berichten: Nach dem Angriff von 851 relativ rasch wiederhergestellt, erlitt sie 879 eine vollständige Zerstörung; der Konvent fand jahrzehntelang Zuflucht in Laon.

Die wohl auch von den Normanneneinfällen geschädigte Siedlung im Innern des Halbkreisgrabens dürfte sich jedoch rasch wieder erholt haben; schon vor der Mitte des 10. Jh. war die städt. Siedlungszone, der portus, westl. über den Graben hinausgewachsen; sie reichte bis zum rechten Leieufer und über diesen Fluß hinaus (Viertel 'Overleie'). In dieser Zeit tritt ein neues Element in die G.er Topographie ein: die Befestigungsanlage des Gf.en v. →Flandern am Ufer der Leie, auf dem Gelände des heut. Grafenschlosses und im Kernbereich eines ausgedehnteren Siedlungsareals, das später 'Oudburg' genannt wurde. Das Gebiet war vielleicht mit Hilfe von Flußarmen, die es umschlossen, befestigt. Um die Mitte des 10. Jh. wurde der SW-Teil der so entstandenen Insel durch die Errichtung einer gfl. Residenz und einer Burgkirche (♂ hll. Pharaïlde [Sint-Veerle] und Bavo) vollständig ausgebaut. Dieser Bereich hieß von nun an 'novum castellum', während am Rest der Insel, der zum Wohnviertel wurde, der Name 'Vetus Burgus'/'Oudburg' haftete. Um 1180 erhielt das novum castellum durch Gf. →Philipp v. Elsaß seine heute noch wohlerhaltene Gestalt als monumentale gfl. Burg und Residenz (Gravensteen). Die Existenz dieser Befestigungsanlage nahe der Leie beeinflußte die Entwicklung zur städt. Siedlung, die 941 als portus bezeichnet wird. V. a. förderte sie die Ausdehnung des Siedlungsareals in westl. Richtung. Die Lage eines Fischmarkts ('Vismarkt') gegenüber der neuen Burganlage auf dem jenseitigen Leieufer zeigt, daß dieser nicht nur die Kaufmannsbevölkerung, sondern auch die Burgbesatzung sowie die Burgsassen, die v. a. Leder verarbeiteten, zu versorgen hatte.

Nicht undenkbar ist, daß der portus bereits um die Mitte des 10. Jh. eine eigene, vom ländl. Bereich abgehobene Rechtsstellung hinsichtl. des Grundbesitzes, der Rechtsprechung und des Pfarrwesens besaß. Dies heißt aber nicht, daß er bereits über städt. →Schöffen verfügte; eine Schöffenbank dürfte erst unter dem Gf.en Robert dem Friesen (1071–93) errichtet worden sein, und der erste urkundl. Beleg eines G.er Schöffen datiert sogar erst von 1162.

Der Hauszins (census de mansionibus), der – kraft der gfl. und kgl. Urkk. von 941, 950, 964 und 966 – zum größeren Teil der St. Petersabtei (für das Gebiet zw. Leie und Schelde), zum kleineren der St-Bavo-Abtei (für das Overleie-Viertel) gehört hatte, wurde wohl gleichfalls unter Robert d. Friesen abgelöst. Am Ende des 11. Jh. wurde auch das Gebiet des portus, dort wo es nicht von den beiden Flüssen begrenzt wurde, mit Gräben umwehrt (im S: Ketelvest nahe dem Kouter; Overleie-Viertel: Houtlei). Die Ausdehnung des portus führte auch zur Entstehung neuer Pfarrkirchen: 1093 wurde St. Jakob begründet, kurz danach St. Nikolaus; beide Pfarreien wurden aus dem Sprengel der ältesten G.er Pfarrei, St. Johann, herausgelöst. Vor 1105 entstand St. Michael als eigene Pfarrei für Overleie, ausgegliedert aus dem Verband der alten Landpfarrei St. Martin von Akkergem. Zusammen mit den Pfarreien der Abteidörfer bei St. Peter und St. Bavo (s. Abschnitt III) und einschließlich der alten Pfarrei St. Martin von Akkergem betrug der Umfang von G. im 15. Jh. innerhalb der damaligen Stadtbefestigung, in die alle Pfarreien aufgenommen waren, 644 ha.

Stattete Gf. Robert d. Friese die Stadt möglicherweise mit der ersten Schöffenbank aus, so kann er ihr als Stadt- und Gerichtsherr auch ein erstes städt. Privileg, wohl vorrangig rechtl. Charakters, verliehen haben; doch ist ein solcher Text nicht überliefert. Ein Jahrhundert später, zw. 1165 und 1177, erließ Gf. →Philipp v. Elsaß neue Stadtrechte für die bedeutendsten Städte Flanderns, unter ihnen G.; es handelt sich um die »Große Keure« (→Küre), die die Rechtsprechung der Schöffen und der gfl. Amtsträger, das Strafrecht und das Gerichtsverfahren regelte.

[2] Wirtschaft: Über die wirtschaftl. Rolle von G. sind wir für die Zeit ab der 2. Hälfte des 9. Jh. unterrichtet; spätestens seit 865 besaß der Ort Bedeutung als Handelszentrum. Um 1000 ist ein Jahrmarkt bei St. Bavo belegt, der aber wahrscheinl. schon seit längerer Zeit bestand und mindestens bis 1199 fortlebte. Schon vor 1000 war G. Standort der Tuchverarbeitung (→Textilien, Textilverarbeitung), die G. zu einem der reichsten und mächtigsten städt. Zentren Europas werden ließ. Ein wesentl. Ausgangspunkt der Tuchherstellung war zunächst die →Wolle, die auf den schorren, großen, der Schafweide dienenden

Flächen, die den G.er Abteien an der fläm. Küste und auf den seeländ. Inseln gehörten, erzeugt wurde. Seit den späten 11. Jh. gewann dann der Wollimport aus →England immer stärkere Bedeutung. Zahlreiche schorren wurden wahrscheinl. von Mitgliedern des G.er →Patriziats, das sich im 11.–12. Jh. ausbildete, genutzt. Es bestand wohl größtenteils aus den Familien, die im 10. Jh. den census de mansionibus geleistet hatten und durch Loskauf zu freien Allodialbesitzern wurden, wobei der Wert ihres städt. Grundbesitzes infolge des Bevölkerungswachstums stark zunahm. A. Verhulst/M. Ryckaer

II. SPÄTMITTELALTER: [1] Die geschlossene Welt des Patriziats im 13. Jahrhundert: G. erfuhr im 13. Jh. ein enormes wirtschaftl. Wachstum dank einer dynam. Kaufmannsschicht, von den Historikern traditionell Patrizier genannt (→Patriziat). Sie bildeten aufgrund ihres hohen Einkommensniveaus eine soziale Elite und besaßen bereits damals alle Merkmale einer geschlossenen Gruppe von nicht viel mehr als 30 bis 50 Familien. Ihre unternehmer. Vormachtstellung setzten sie ein, um über die Schöffenbank (→Schöffen) das Monopol bei den polit. Entscheidungen der städt. Politik und somit auch über Stadtfinanzen und Rechtsprechung aufrechtzuerhalten. Als Eigentümer des Grund und Bodens in der Stadt genossen sie auch das spezifisch rechtl. Privileg der viri hereditarii. Ihr Besitzstand ging ursprgl. nahezu vollständig auf ihre Aktivität im Luxus-Textilgeschäft zurück, bes. als Ankäufer engl. Qualitätswolle und internationale Händler von hochwertigen Tuchfabrikaten. Die gewerbl. Fertigung lag dagegen wahrscheinl. mehr in der Hand von kleinen und mittelgroßen Webereibetrieben, die im übrigen auch mit billigerer fläm., span. und engl. Wolle einfachere Tuche produzierten. Im letzten Viertel des 13. Jh. legten eine Reihe von Patriziern einen Teil ihrer Gewinne in ländl. Grundbesitz an, um zunehmend von Renten zu leben.

Die G.er Kaufmannschaft trieb im 13. Jh. einen aktiven Handel in England, im Rheinland, in Norddeutschland und auf den →Champagnemessen. Polit. Konflikte sorgten um 1270 in diesen Regionen für eine ztw. Unterbrechung oder Stagnation. Doch auch im 14. Jh. blieben G.er Kaufleute international aktiv, wenn auch zunehmend auf niedrigerer Ebene, bedrängt von der Konkurrenz engl. und it. Händler.

Durch Anwendung des oligarch. Prinzips der Kooptation verstand es die städt. Führungsgruppe, die Kontinuität ihrer Machtausübung in der Schöffenbank abzusichern. Nachdem der Gf. um 1214/16 die jährl. Neuwahl der Schöffen verfügt hatte, setzten die Patrizier jedoch bereits 1226 ein Wahlsystem durch, nach dem die amtierenden Schöffen fünf Wähler benannten, die 34 weitere Schöffen wählten, welche gemeinsam dann das sog. Kollegium der XXXIX bildeten.

Streiks i. J. 1252 offenbarten das Bestehen einer selbstbewußten Lohnarbeiterschicht. Durch Bündnisse mit mehreren Städten in Brabant und im Fürstbm. Lüttich erreichte das G.er Patriziat allerdings, daß aufständ. Handwerker außerhalb von G. keine Arbeit fanden. Seit 1275 trat jedoch eine Front von Textilarbeitern, mittelständ. Unternehmern und begüterten, aber nichtpatriz. Kaufleuten der Politik der XXXIX entgegen und forderte die Offenlegung und verantwortlichere Handhabung der städt. Finanzpolitik. Mit Ausnahme der Jahre 1275–77 und 1280–81 konnten die Patrizier jedoch ihre Position bis 1297 behaupten.

[2] Politische und soziale Spannungen des 14. Jahrhunderts: Als i. J. 1297 Gf. →Guido III. v. Dampierre mit seinem frz. Oberlehnsherrn in Konflikt geriet und eine Koalition mit

→England einging, verflochten sich die polit.-sozialen Spannungen in G. eng mit der allgemeinen flandr. und internationalen Politik. Um ihre Machtposition zu behaupten, suchten die alten Patrizier als *leliaardspartij* ('Lilienpartei') den Anschluß an Frankreich. Die breitere Stadtbevölkerung und die sonstigen Opponenten schlugen sich, als Partei der *klauwaards* ('Krallenzeiger') organisiert, auf die Seite des Grafen. Dieser setzte eine Gruppe von oppositionellen Patriziern anstelle der XXXIX als Schöffen ein, was den polit. Einfluß des Patriziats brach und – durch zahllose Konfiszierungen – auch seine soziale und wirtschaftl. Position untergrub. I. J. 1300, während der frz. Besetzung Flanderns, wurden die Patrizier zwar ztw. rehabilitiert, doch ordnete der frz. Kg. zur Beschwichtigung d. städt. Bewegung d. jährl. Neuwahl d. Schöffen an u. hob d. unpopulären Getränkesteuern auf.

Nach dem Sieg der Klauwaards in der Goldsporenschlacht bei→Kortrijk (11. Juli 1302) wurde der Handwerkerschaft definitiv polit. Mitbestimmung zugesichert. Sowohl Gemäßigte als auch Radikale aus ihren Reihen fungierten fortan als Schöffen, ebenso Mitglieder von begüterten Familien und sogar des alten Patriziats, das sozial niemals ausgeschaltet werden konnte. Mit dem erneuten Ausbruch der Spannungen zw. Gf. und Kg. wurden die alten Patrizier dann wiederum enteignet (1314). Aber auch mit der ärmeren Stadtbevölkerung geriet Gf. →Robert v. Béthune in Konflikt. I. J. 1319 verweigerten deren Vertreter ihm die militär. Hilfe gegen Frankreich, so daß sich der Gf. – gleichsam als Maßnahme gegen die unbotmäßigen Weber – genötigt sah, die Hälfte der G.er Schöffen zu entlassen.

Dadurch gewannen die alten Familien einen großen Teil ihres früheren Einflusses zurück, was dazu führte, daß der neue Gf. →Ludwig v. Nevers (1322–48) umgehend die 1302 abgeschlossenen Bündnisse preisgab. Mit Unterstützung des Patriziats schürte er 1325 eine Revolte der G.er Weber und schlug mit Hilfe des frz. Kg.s 1328 den fläm. Küstenaufstand nieder, aus dem G. sich aufgrund einer neuen Allianz herausgehalten hatte. Durch sein Paktieren mit Frankreich wich der Gf. allerdings vom neutralen Kurs gegenüber England ab und verletzte damit lebenswichtige wirtschaftl. Interessen Flanderns. Als der Kg. v. England im Gegenzug die Woll- und Getreidezufuhr nach Flandern sperrte, führte dies 1336 zu Hungerrevolten und zur ernsthaften Gefährdung des sozialen Friedens, aber auch zu einem Umschwung in der polit. Führungsschicht. Die proengl. Option der Weber wurde plötzlich auch für die G.er Geschäftskreise akzeptabel: Jacob van →Artevelde übernahm die Führung einer breiten Front aller sozialen Gruppen G.s und schloß in ihrem Namen 1338 mit England ein Handelsabkommen, welches die Wolleinfuhr wiederherstellte, unter der Voraussetzung, daß Flandern sich politisch neutral verhielt. G. riß zusammen mit →Brügge und →Ypern die polit. Entscheidungsgewalt an sich, was zur weitgehenden fakt. Verdrängung der Grafengewalt führte. Als G. dann aber allzusehr auf seiner Führungsrolle beharrte, zerfiel die fläm. Städtefront. Zugleich brachen – nach dem Abflauen der wirtschaftl. Krise um 1340 – auch die alten Gegensätze zw. →Webern und →Walkern wieder auf. Der Mord an Artevelde durch ein Weberaufgebot im Juli 1345 ist allerdings eher auf die harten Auseinandersetzungen zw. den verschiedenen G.er Familienclans zurückzuführen.

Mit dem Friedensschluß zw. Frankreich und England (1348) brach die polit. Grundlage für den anglophilen Kurs der G.er Weber zusammen. Ihre radikalen Führer hatten sich durch ihr arrogantes und machtbewußtes Auftreten

unbeliebt gemacht, so daß die Weber nach der Niederlage in einer blutigen Straßenschlacht im Jan. 1349 ('Goede Dinsdach') von den anderen sozialen Gruppen aus dem Magistrat gestoßen wurden. Doch wurde 1359 für die Weber, Bürger und kleinen Geschäftsleute eine zahlenmäßig festgelegte Vertretung in der Schöffenbank vereinbart, während die Walker bis 1540 vom Magistrat ausgeschlossen blieben. Auf dem Sektor der Landespolitik ging der Einfluß G.s stark zurück. Angesichts der Spannungen zw. den konservativer zusammengesetzten Magistraten in Brügge und Ypern und der »volkstümlicheren« Schöffenbank in G. gelang es Gf. →Ludwig v. Male (1348–84), seine Zentralgewalt rasch zu festigen.

Auf wirtschaftl. Gebiet war die Expansion des 13. Jh. einer Stagnation gewichen. Anfänglich versuchte die Stadt den Niedergang des Luxustextilgeschäfts durch scharfe Repressionsmaßnahmen gegen die Gewerbetätigkeit im ländl. Umland einzudämmen. Im späteren 14. Jh. bemühte sich G., durch eine vielfältigere Produktion (u. a. auch von Leinen sowie preiswerteren Wollsorten) und verstärkte Handelsaktivitäten das Geschäft, nun auch im örtl. und regionalen Bereich, neu zu beleben. Dennoch sank die Bevölkerungszahl, die zw. 1356–58 noch 64000 betragen hatte, stark und erreichte erst wieder im 15. Jh. einen Stand von 45000 Einwohnern.

[3] *Städtischer Partikularismus und burgundische Staatsbildung:* Die Kontrolle des regionalen Handels brachte G. 1379 in Konflikt mit Brügge; ungefähr zur gleichen Zeit kamen auch die Spannungen gegenüber der gfl. Zentralisierungspolitik zum Ausbruch. Der ganz Flandern in Atem haltende G.er Krieg (1379–85) brachte eine Neuauflage der traditionellen anglophilen Koalition, geführt von Philipp van →Artevelde; nach Interventionen Frankreichs (u. a. Schlacht v. →Westrozebeke, 27. Nov. 1382) und Englands (1383) wurde der Konflikt 1385 im Frieden v. →Tournai auf Initiative des seit 1384 als Gf. v. Flandern regierenden Hzg.s v. →Burgund, →Philipps des Kühnen, am Verhandlungstisch beigelegt. Das Interesse des Fs.en an einer Entspannung des Verhältnisses zur Stadt, das sich in der Bestätigung aller G.er Privilegien und Gewohnheitsrechte ausdrückte, bot G. den Ausgangspunkt für eine ehrgeizige, oft ausgesprochen partikularist. Politik. Im Verband der »Vier Leden« (→Leden van Vlaanderen; →Flandern, A. II. 5) trat G. als führender Gegenspieler der fsl. Zentralisierungsbestrebungen hervor. Bereits 1400 rief die Verbannung des obersten Bailli v. Flandern starke Spannungen hervor, die sogar die Intervention des frz. →Conseil royal auslösten. Weitere derartige Konflikte folgten im Verlauf des 15. Jh.; die Stadt verteidigte hartnäckig ihre wirtschaftl. Belange und ihre polit. und jurisdiktionellen Prärogativen im sog. G.er Viertel, dem von G. abhängigen Teil der Grafschaft.

Die schon unter Philipp d. Kühnen einsetzende Zentralisierung der burg. Herzogsgewalt, die Verlagerung ihres Schwerpunkts auf die burg. Niederlande (seit 1430) und der Ausgleich mit Frankreich auf Kosten der früheren Allianz mit England (→Arras, Friede v.) machten eine direkte Konfrontation mit dem G.er Partikularismus unvermeidlich. Größere Konflikte brachen infolge des Feldzugs nach Calais (1436) in G., aber mehr noch in Brügge aus (Krise von 1436–38). Als Philipp der Gute 1447 die Erhebung einer permanenten indirekten fsl. Steuer in Flandern durchzusetzen versuchte, kam es zu einer mehrjährigen militär. Auseinandersetzung, die mit der schweren Niederlage der G.er bei Gavere und dem nachfolgenden Frieden v. Gavere (28. Juli 1453) endete, der G. zahlreiche Zugeständnisse auf polit. und verfassungsrechtl. Gebiet abnötigte (fsl. Einfluß auf die Schöffenbänke, Einschränkung des Bürgerrechts für Auswärtige, Beschneidung der Rechte über das G.er Viertel) und auch die Einbeziehung der G.er Stadtfinanzen in das fsl. Finanz- und Steuerwesen zur Folge hatte. Unter →Karl dem Kühnen sollte dieser fiskal. Einfluß noch verstärkt werden, was zur Bildung zweier polit. Parteien in G. führte, eine für und eine gegen die burg. Zentralgewalt.

Die Periode zw. 1385 und dem Frieden v. Gavere (1453) läßt sich als Herrschaft der »Drie Leden« charakterisieren. Diese drei »Glieder« waren: 1. die Bürgerschaft als Erbe des Patriziats des 13. Jh., die im wesentl. von ihren Renten und ihrer Handelstätigkeit lebte; 2. die 53 kleinen Zünfte als Dachorganisation der hauptsächl. für den lokalen und regionalen Markt produzierenden kleineren Handwerks- und Gewerbezweige; 3. die Weberei, in der – mit Ausnahme der völlig ausgeschalteten Walker – alle Zweige des Tuchgewerbes vereinigt waren. Dieses Regiment der »Drie Leden« bildete sich nach den großen inneren Auseinandersetzungen seit den 60er Jahren des 14. Jh. als ein Ausgleichs- oder Kompromißsystem aus. Nach 1385 setzte es sich durch ein Netz polit. Einflußnahmen und Verflechtungen in allen städt. Gremien von oben nach unten durch und zog zugleich auch die Stadtfinanzen mehr und mehr an sich.

Nachdem das Regime der »Drie Leden« durch den Frieden v. Gavere ztw. ausgeschaltet war, kehrte es im Kielwasser der partikularist. Reaktion, die nach dem plötzlichen Tod Karls des Kühnen im Jan. 1477 in den Niederlanden wiederbelebt wurde, zurück. Die Privilegien, die die Untertanen der Herzogstochter →Maria v. Burgund abpreßten, stellten im Falle G.s den Status quo wieder her, der 1385 in Tournai festgelegt worden war. Nach dem Tode Marias (1482) wurde die Konfrontation mit ihrem Ehemann →Maximilian, der für fläm. Verhältnisse äußerst autokrat. auftrat, allerdings unvermeidlich. Der zerstörer. Bürgerkrieg, in dem sich G. erneut als Bastion des fläm. Partikularismus bewährte, endete mit den für G. erniedrigenden Friedensbestimmungen von Cadzand (29. Juli 1492), die neben einem schweren finanziellen Aderlaß auch die Wiederherstellung der Friedensbestimmungen von Gavere bedeuteten. Der Partikularismus hatte damit, trotz vereinzelten nostalgischen Wiederbelebungsversuchen im 16. Jh., den Todesstoß erhalten.

[4] *Sozio-ökonomische Entwicklung. Von der Gewerbestadt zum regionalen Marktzentrum:* Die schon in der 2. Hälfte des 14. Jh. einsetzenden Entwicklungen hielten während der burg. Periode an. G. wurde mehr und mehr zum regionalen Marktzentrum, mit zunehmendem Anteil des tertiären Sektors, vertreten durch Handwerke, die für den lokalen und regionalen Markt arbeiteten, und durch Kaufleute des Transithandels. Zu wichtigen Gewerbezweigen entwickelten sich Fleischerei, Schiffahrt, Fischhandel und Brauwesen, bei denen sich bereits frühzeitig eine Tendenz zur Erblichkeit einstellte. Dieselben Gruppen wußten sich auch einen gesicherten Zugriff auf das polit. Leben der Stadt zu verschaffen und stellten sich bei sozialen und polit. Konflikten gewöhnl. auf die Seite des Fs.en. Hierbei fanden sie häufig einen natürl. Bundesgenossen in der bürgerl. Führungsschicht, die mehr und mehr vom Ertrag ihrer Investitionen in Land und Renten lebte und deshalb auch großes Interesse an der Aufrechterhaltung der partikularist. Herrschaft über die ländl. Gebiete bekundete. Die lange Zeit dominierende Textilproduktion, die in ihrer Blütezeit beinahe die Hälfte der arbeitenden Bevölkerung beschäftigte, verlor allmählich an Bedeutung. Dank der ausgleichenden Politik des Regiments der »Drie

Leden« behielt ihre zahlenmäßig geringe Elite jedoch einen großen polit. Einfluß.

Allgemein wirkt die G.er Wirtschaft des SpätMA zumindest äußerlich wenig dynamisch; sie war gekennzeichnet durch stark gebremste soziale Mobilität und Festhalten an bestehenden Machtverhältnissen. Dennoch blieb die Einwohnerzahl der Stadt hoch, wobei G. dem sozialen Druck stets neuer Zuzügler ausgesetzt war. Dies ist dem Kornstapel zu verdanken, durch den G. den Getreidehandel im Scheldebecken beherrschte und der auch den Wohlstand der Handwerkerelite garantierte. Die soziale und polit. Emanzipationsbewegung der G.er Stadtbevölkerung im 13. Jh., eine der frühesten und bedeutendsten in Europa, mündete somit in ein Gemeinwesen ein, dessen Zusammenleben sich durch Gruppenegoismus, Erblichkeit und eine verkrustete Wirtschaftspolitik auszeichnete.

M. Boone/W. Prevenier

III. Geschichte der Abteien St. Peter und St. Bavo

[1] *Abtei St. Peter* (☿ hll. Petrus und Paulus), nach ihrem Standort, dem Blandijnberg, auch Blandinium gen. (ndl. St. Pieters, frz. St-Pierre-au-Mont-Blandin), 629/639 vom hl. →Amandus gegr., auf einer diesem von Kg. →Dagobert I. geschenkten Domäne. Nach einer Urk. von 702 war die Abtei ursprgl. ein →Doppelkl. Spätestens vom Abbatiat →Einhards (815–840) bis zur Mitte des 10. Jh. lebten Kanoniker in d. Abtei. 941 setzte Gf. Arnulf I. v. Flandern als →Laienabt von St. P. hier →Benediktiner anstelle der Kanoniker ein, die er →Gerhard v. Brogne als Regularabt unterstellte. Der Gf. sorgte auch für die wirtschaftl. Restaurierung der Abtei und bedachte sie mit reichen Reliquien (941/944: Bertulfus, Gudwalus; 944: Wandregisilus, Ansbertus, Wulframnus), nachdem bereits Gf. Balduin I. ihr im späten 9. Jh. Reliquien der hl. Amalberga übergeben hatte. Eng mit dem flandr. Grafenhaus verbunden (im 10.–11. Jh. dessen vornehmste →Grablege), wurde St. P. durch das Wirken Gerhards v. Brogne zum bedeutenden benedikt. Reformzentrum, das Kontakte mit der →Lothr. Klosterreform unterhielt und u. a. auf →Trier (St. Eucharius), →Fontenelle und die engl. Benediktinerreform (→Dunstan, hl.) ausstrahlte. Mit St. Bavo geriet St. P. in der 2. Hälfte des 10. Jh. über die Frage, welche der beiden Abteien die ältere sei, in einen heftigen, bis ins späte 11. Jh. andauernden Streit, in dessen Verlauf St. P. eine große Zahl von Urkk. und erzählenden Quellen fälschte (→Fälschung). Nach einer Krise im späten 10. und frühen 11. Jh. wurde St. P. 1029/31 von →Richard v. St-Vanne reformiert. 1117 wurden von →St-Bertin aus cluniazens. Gewohnheiten (→Cluny, B.IV) eingeführt. St. P. strahlte als cluniazens. Reformzentrum auf St. Bavo und andere fläm. Abteien sowie auf die holl. Abtei →Egmond aus. War St. P. dank der fortdauernden Förderung von seiten der Gf.en lange Jahrhunderte eine der reichsten Abteien in Flandern gewesen, so traten im 13. Jh. ernsthafte wirtschaftl. Schwierigkeiten auf, gepaart mit einer spirituell-monast. Krise. Nach schwerer finanzieller Zerrüttung infolge der großen Hungersnot von 1197 war die Schuldenlast der Abtei um 1280 so sehr angewachsen, daß der Bf. v. Tournai sich zu einem drastischen Sanierungsplan genötigt sah. Erst seit dem 14. Jh. erfolgte ein, wenn auch nur begrenzter Wiederaufstieg. 1796 wurde die Abtei aufgehoben.

Im 10.–12. Jh. ein Zentrum monast. Geisteslebens, entstanden in St. P. die »Annales Blandinienses« (ca. 1044; →Chronik, F), eine Genealogie der Gf.en v. Flandern (»Genealogia Bertiniana«, 1067/70), ferner hagiograph. Texte (Viten, Translationsberichte) über die in St. P. verehrten Hl. en. Auch arbeitete das Skriptorium der Abtei auf Bestellung: So schrieb der Mönch Adalard 1006/11 auf Anforderung des Ebf.s v. Canterbury eine Vita des hl. Dunstan; 1063/64 verfaßte ein unbekannter Autor die 'vita secunda' des hl. Winnocus. Unter Abt Wichard (1034/ 35–1058) sind die Urkk. und Hss. aus St. P. (unter ihnen der berühmte »Liber Traditionum«) von einer charakterist. kalligraph. Schrift, die bereits prägot. Züge trägt, gekennzeichnet.   G. Declercq

[2] *Abtei St. Bavo* (♰ Petrus): Sie wurde in ihren Anfängen nach ihrem Standort an der Einmündung der Leie in die Schelde auch als 'Ganda' bezeichnet, trug seit dem 9. Jh. aufgrund des Besitzes der Reliquien des hl. →Bavo den Namen dieses berühmten G.er Hl.en und Schülers des hl. →Amandus (ndl. St. Baafs). Die Abtei als solche hatte sich während des 3. Viertels des 7. Jh. aus einer schon vor 639 von Amandus errichteten Kirche entwickelt, nachdem Bavo dort seine endgültige Grabstätte gefunden hatte. Mit der raschen Verbreitung des Bavo-Kultes überflügelte St. B. an Reichtum die ältere St. Petersabtei. Ebenso wie in St. Peter bestand auch die Klostergemeinschaft von St. B. spätestens seit dem Abt Einhard (819–840) aus Kanonikern. Unter Karl d. Gr. in das System der Normannenabwehr einbezogen, wurde St. B. durch die Normanneneinfälle schwer geschädigt (851, 879/880). Die Kanoniker flohen nach Laon, das nach der Verwüstung von 879/880 sogar für mehrere Jahrzehnte ihr Daueraufenthalt blieb. Erst im frühen 10. Jh. – spätestens vor 937 – kehrten die Mitglieder der Abtei, die damals möglicherweise bereits nach der Benediktiner-, nicht mehr nach der Kanonikerregel lebten, nach G. zurück, wo sie wegen der Verwüstung von St. B. in die Burgkirche des neuerbauten gfl. castellum, die spätere St. Veerlekirche, zogen. Auf Bitten des Bf.s Transmar v. Noyon-Tournai restaurierte Gf. →Arnulf I. v. Flandern 946/947 zusammen mit dem Bf. die Abtei, die von nun an nach der Benediktinerregel leben sollte, und vertraute die geistl. Führung →Gerhard v. Brogne an. Der wirtschaftl. Wiederaufstieg von St. B. ging – bei stiefmütterl. Behandlung durch die Gf.en – nur mühsam voran, so daß St. B. im Schatten der konkurrierenden St. Petersabtei stand. Dank Otto II., der im Rahmen seiner Politik im Scheldegebiet die Abtei St. B. seit 974 förderte und ihr 974–977 einen Teil ihrer ausgedehnten Besitzungen im Reichsgebiet zurückerstattete, konnte dieser Rückstand einigermaßen ausgeglichen werden. St. B. nahm auch an der Reform Gerhards v. Brogne teil (ca. 950 Mithilfe bei der Reform von →Egmond, 966 bei der Restauration des →Mont-Saint-Michel). 953–964 hatte St. B. wieder einen eigenen Abt, war dann aber erneut dem Abt v. St. Peter untergeordnet, um erst 982, vielleicht dank neuerl. Eingreifens Ottos II., die Selbständigkeit zurückzugewinnen. Im Zuge des berüchtigten Streits mit St. Peter (2. Hälfte des 10. Jh. bis gegen Ende des 11. Jh.) wurden in St. B. v. a. Heiligenviten gefälscht, und es erfolgten Translationen von Reliquien oft obskurer und sogar fiktiver Heiliger nach St. B. (u. a. Landoald, Landrada, Macharius, Livinus). Die Reform →Richards v. St-Vanne erreichte St. B. 1034 über die Abtei St. Vaast in →Arras. Ca. 1120 wurden über die St. Petersabtei die cluniazens. Gewohnheiten eingeführt. Vom Ende des 12. Jh. an lockerte sich die Disziplin. Wie andere Benediktinerabteien hatte auch St. B. im frühen 14. Jh. mit finanziellen Schwierigkeiten zu kämpfen, die allerdings weniger bedrohlich waren als in St. Peter. 1536 wurde St. B. von Karl V. in ein Säkularkapitel umgewandelt, das nach dem G.er Aufstand 1540 in die innerstädt. Pfarrkirche St. Johannes (Sint-Jans) verlegt wurde, die seitdem das Sint-Baafs-Patrozinium trägt (ab 1559: Kathedrale).

Wie aus der »Vita Bavonis« (1. Hälfte des 9. Jh.) und der in Form eines Formelbuchs kopierten Korrespondenz Einhards (Paris, Bibl. nat. ms. lat. 11379) deutlich wird, bestand in St. B. in der Karolingerzeit ein aktives Skriptorium. In ihm enstanden im späten 10. und 11. Jh. hauptsächl. hagiograph. Texte über die Hl. en der Abtei. Um die Mitte des 15. Jh. zählte die Bibliothek der Abtei wohl über 1000 Handschriften. Der Bestand wurde nochmals vergrößert unter Abt Raphael de Mercatellis (1478–1508), der zahlreiche Prachthandschriften anfertigen ließ.

         G. Declercq

Bibliogr.: V. FRIES, Bibliogr. de l'hist. de Gand I, 1907 – H. VAN WERVEKE, De historiografie van de stad G. in de laatste dertig jaar, Bijdragen tot de geschiedenis en oudheidkunde te G. I, 1943 – Handelingen van de Maatschappij voor Geschiedenis en Oudheidkunde te Gent, 1973ff. [laufende jährl. Bibliogr.] – *Lit.: [allg.]:* V. FRIS, Hist. de Gand, 1930² – H. VAN WERVEKE, G., schets van een sociale geschiedenis, 1947 – G. geschiedenis en cultuur, red. J. DECAVELE, 1989 – *zu [I]:* H. VAN WERVEKE: Krit. Stud. betreffende de oudste geschiedenis van de stad G., 1933 – H. VAN WERVEKE–A. VERHULST, Castrum en Oudburg te G., Handelingen der Maatschappij voor Geschiedenis en Oudheidkunde te Gent, nieuwe reeks 14, 1960, 3–62 – A. VERHULST, Die Frühgesch. der Stadt G. (Fschr. E. ENNEN, 1972), 108–137 – DERS., St-Bavon et les origines de Gand, Revue du Nord 68, 1986, 455–470 – *zu [II]:* F. BLOCKMANS, Het G.se stadspatriciaat tot omstreeks 1302, 1938 – R. MÄRTINS, Wertorientierung und wirtschaftl. Erfolgsstreben ma. Großkaufleute. Das Beispiel G. im 13. Jh., 1976 – W. BLOCKMANS u. a., Stud. betreffende de sociale structuren te Brugge, Kortrijk en G. in de 14de en 15de eeuw, 2 Tle., 1971–72 – M. BOONE, M. DUMON, B. REUSENS, Immobiliënmarkt, fiscaliteit en sociale ongelijkheid te G. 1483–1503, 1981 – M. BOONE, Openbare diensten en initiatieven te G. tijdens de late middeleeuwen (Het openbaar initiatief van de gemeenten in België, Handelingen intern. coll. Spa, 1982, Gemeentekrediet hist. reeks nr. 65, 1984) – D. NICHOLAS, The Domestic Life of a Medieval City: Women, Children and the Family in fourteenth-century Ghent, 1985 – DERS., The Metamorphosis of a Medieval City. Ghent in the Age of the Arteveldes 1302–90, 1987 – DERS., The Van Arteveldes of Ghent, 1988 – *zu [III]: a) erzählende Q.:* Vita Bavonis: MGH SRM IV, ed. B. KRUSCH, 527–546 – Annales S. Bavonis: MGH SS II, ed. G. H. PERTZ, 185–191 – MGH SS XV², ed. O. HOLDER-EGGER, 589–620 – PH. GRIERSON, Les annales de St-Pierre et de St-Amand, 1937 – M. COENS, Translations et miracles de St-Bavon au XIᵉ s., AnalBoll 86, 1968, 39–66 – N. HUYGHEBAERT, Une translation de reliques à Gand en 944…, 1978 – *b) Urkk.:* A. VAN LOKEREN, Chartes et doc. de l'abbaye de St-Pierre …, 1868–71 – A. FAYEN, Liber Traditionum Sti. Petri Blandiniensis, 1906 – M. GYSSELING–A. C. F. KOCH, Diplomata Belgica ante annum millesimum centesimum scripta, I, 1950, 85–253 – C. VLEESCHOUWERS, Oorkondenboek van de Sint-Baafsabdij (819–1321) [im Dr.] – *Lit.:* DHGE IX, 118–129; XIX, 1026–1032 [Lit.] – Monasticon belge VII, 1, 11–154 [Lit. Berings u. a.; Lit.] – O. HOLDER-EGGER, Zu d. Heiligengesch. des G.er St. Bavokl. (Hist. Aufs. G. WAITZ, 1886), 622–665 – O. OPPERMANN, Die ält. Urkk. des Kl. Blandinium und die Anfänge der Stadt G., 1928 – A. VERHULST, Over de stichting en de vroegste geschiedenis van de Sint-Pieters- en Sint-Baafsabdijen te G., Handelingen der Maatschappij voor Geschiedenis en Oudheidkunde te G., nieuwe reeks 7, 1953, 1–51 – DERS., L'activité et la calligraphie du scriptorium de l'abbaye de St-Pierre à l'époque de l'abbé Wichard, Scriptorium 11, 1957, 37–49 – DERS., De St-Baafsabdij te G. en haar grondbezit (VIIᵉ–XIVᵉ eeuw), 1958 – W. BRAEKMAN, De moeilijkheden van de Benedictijnerabdijen in de late middeleeuwen: de Sint-Pietersabdij te G. (ca. 1150–ca. 1281), Handelingen der Maatschappij voor Geschiedenis en Oudheidkunde te G., nieuwe reeks 17, 1963, 1–67 – A. VERHULST, Das Besitzverzeichnis der G.er St.-Bavo-Abtei von ca. 800 (Clm 6333), FMASt 5, 1971, 193–234 – A. DEROLEZ, The Library of Raphael de Mercatellis, 1979 – E. PAIRON, De financiën van de St-Baafsabdij in de 14ᵉ–15ᵉ eeuw, Handelingen der Maatschappij voor Geschiedenis en Oudheidkunde te Gent, nieuwe reeks 35, 1981, 61–79 – A. DIERKENS, Abbayes et chapitres entre Sambre et Meuse (VIIᵉ–XIᵉ s.), 1985, 232–238.

Gentile

1. G. da Cingoli (Mark Ancona), it. Aristoteliker, Schüler des Pariser Mag. Johannes de Vate, dessen Kommentar zu der aristotel. Schrift »De generatione animalium« er redaktionell betreute (reportatum). Um 1295–1320 lehrte G. die Artes in Bologna, rechnete u. a. Angelo d'Arezzo und Bartholomäus Varignana zu seinen Schülern und half insgesamt dabei mit, daß der Aristotelismus auch in Bologna Fuß fassen konnte. Neben Priscianus Minor und Porphyrios (Isagoge) kommentierte er die Kategorien, Perihermeneias und die Analytica Priora des Aristoteles und Martins von Dacia »De modis significandi«. Seine »quaestio« über den Einfluß der species sensibilis et intelligibilis auf die Körpertemperatur verrät, daß G. sich nicht nur mit grammatikal.-sprachlog., sondern auch mit med. Problemen beschäftigte. **M. Gerwing**

Lit.: DHGE XX, 504f. [R. HISSETTE; Lit.] – M. GRABMANN, G. da C., ein it. Aristotelesaufklärer aus der Zeit Dantes, SBAW.PhA 9, 1941 – J. PINBORG, Die Entwicklung der Sprachtheorie im MA, BGPhMA 42, 2, 1967 – C. H. LOHR, Medieval Lat. Aristotle Commentaries, Traditio 24, 1968, 153–155 – L. MARCHEGIANI, G. d. C. tra aristotelismo e averroismo alla fine del XIII sec., Annali d. Fac. giuridica di Camerino 1968 – R. HISSETTE, Note complémentaire sur G. da C., Recherches de théologie ancienne et médiévale 46, 1979, 224–228; 47, 1980, 281–282.

2. G. da Fabriano, G. di Nicolò Massio, it. Maler, *zw. 1370 und 1380 in Fabriano (Marken), † Aug. 1427 in Rom. 1408 hatte er in Venedig bedeutende Aufträge, u. a. im Dogenpalast, von denen jedoch nichts erhalten ist. Ein Fragment einer Landschaft ist kürzl. in der Cappella di S. Giorgio im Broletto v. Brescia freigelegt worden, die G. 1414–19 im Auftrag des Pandolfo →Malatesta freskierte. Seit 1422 in Florenz, signierte G. 1423 die berühmte Anbetung der Hl. Drei Könige (heute Uffizien) für die Strozzi-Kapelle in Santa Trinita, 1425 das Polyptychon Quaratesi für S. Nicolò Sopr'Arno (heute Hampton Court, Uffizien, Vatikan). 1425 malte er in Siena die – verlorene – »Madonna dei Notai« und freskierte in Orvieto eine Kapelle des Doms (erhalten eine Madonna mit Kind). 1427 malte er auf Einladung Martins V. im Lateran Szenen aus dem Leben Johannes' des Täufers und fünf Propheten und ein Tafelbild »Maria mit dem Kinde« (heute Velletri). Erhalten sind von G. ferner (signiert, aber undatiert) das Frühwerk »Madonna mit 2 Hll.« (Berlin), das Polyptychon von Valle Romita (Brera), eine Madonna (Yale Univ., New Haven) und zahlreiche weitere Madonnen, die ihm von der Forschung nun einhellig zugeschrieben werden.

G.s farbenprächtige Kunst, zw. Umbrien, der Toskana und Oberitalien vermittelnd, steht, bereits reich gesättigt von Naturbeobachtung und Antikenrezeption, an der Schwelle vom internationalen weichen Stil zur Frührenaissance. **M. T. Donati**

Bibliogr.: E. MICHELETTI, L'opera completa di G. da F., 1976 – M. IKUTA, Bibliogr. di G. da F. 1930–76, Bull. Annuel du Mus. Nat. d'Art occidental, 1976, 74–87 – Lit.: R. PANCZENKO, G. da F. and classical antiquity, Artibus et Historiae 2, 1980, 9–27 – K. CHRISTIANSEN, G. da F., 1982 – R. PANCZENKO, Cultura umanistica di G. da F., Artibus et Historiae 8, 1983, 27–75 – La pittura in Italia, II: Quattrocento, 1986, passim – AAVV, Il Broletto di Brescia. Memoria ed attualità, 1986.

3. G. da Foligno (Gentilis Fulginas, Fulgineus, de Fulgineo, de Gentilibus), * Ende 13. Jh., † 12. Juni 1348 in Perugia an der Pest, ▭ in Foligno, wohl Sohn eines Arztes in Foligno (Umbrien), Studium der Medizin wahrscheinl. vor 1303 in →Bologna unter T. →Alderotti, dann bis 1315 in Padua unter →Petrus v. Abano, ab 1325 Lehrtätigkeit in Perugia, 1327–45 in Padua, dort Leibarzt des Ubertino da Carrara. G.s umfangreiches und bis ins 17. Jh. benutztes Werk kennzeichnet ihn als wichtigen Vertreter praxisbezogener Kasuistik, die, ähnlich wie im ma. Rechtswesen (→Consilium, 2), eine sammelnd-vergleichende und beratende »Konsilienliteratur« hervorbrachte. G. schrieb etwa 90 solcher »Consilia«, so 1348 einen »Tractatus de

pestilentia« für die Ärzte von Genua und Pisa, sowi zahlreiche Kommentare eher scholast. Charakters z →Galen, →Mesuë, →Avicenna u. a. Autoritäten.

H. H. Laue

Q.: THORNDIKE-KIBRE, Ind. 1805–1807 – THORNDIKE 3, 233–252 – Ed KLEBS Nr. 444–453 – SARTON 3, 850f. – Lit.: SARTON 3, 848–852.

4. G. da Mogliano → Mogliano

Gentry, ständ.-soziale Gruppe in →England, in manche Hinsicht dem kontinentaleurop. Nieder-Adel (→Adel) vergleichbar. In dieser Bedeutung erschien das Wort 'G. zuerst im 16. Jh., bereits vorher wurde es für 'Abstam mung' oder 'Leitung' wie das ältere, aus dem Frz. stam mende *gentrice* gebraucht. Das Auftreten der G. als soziale Gruppe läßt sich zurückführen auf die in Europa einziga tige Zusammensetzung der engl. →Parliaments um di Mitte des 14. Jh. Während im übrigen westl. Europa die Freien mit beträchtl. (Lehns-)Grundbesitz, die in der Re gel ein →Wappen führten, den »Stand« des Adels auf de Repräsentativversammlungen bildeten, wurden in Eng land nur ca. 50 Oberhäupter bedeutender hochadlige Familien (*Lords*) persönlich zu den Parliaments geladen wo sie gemeinsam mit den Prälaten in einem 'Oberhaus saßen. Männer mit vergleichsweise geringeren Besitzun gen wurden dagegen im 'Haus der Gemeinen' (House o Commons) durch *shire-knights* ('Grafschaftsritter') vertre ten; die freien Grundbesitzer jeder der 37 Gft.en Englands wählten jeweils zwei shire-knights, die allerdings nicht i jedem Fall auch tatsächlich Träger der Ritterwürde waren Diese gewählten Vertreter wie auch ein Großteil ihre Wähler können unter der modernen Konventionsbezeich nung 'G.' zusammengefaßt werden. Zu dieser Gruppe gehörten zwar auch Kronvasallen, doch bestand sie zum größten Teil aus Untervasallen (→Lehnswesen). Die obe re Schicht der G. bestand aus Rittern und ihren Familien Söhne und Erben der Ritter empfingen jedoch selbs nicht durchweg die Ritterwürde, und seit dem später 14. Jh. wurden die nicht persönlich zu Rittern gewordenen Oberhäupter adliger Familien allgemein als *esquires* (vgl. frz. *écuyer*) bzw. lat. als *armigeri* bezeichnet.

Die Vorfahren vieler G.-Familien hatten in der Normannenzeit als Ritter im Verband des Lehnsheeres gekämpft und von ihren Herren Ritterlehen erhalten. Infolge der Zersplitterung dieser Lehen durch Erbteilung und auch bedingt durch die steigenden Kosten von Rüstung und Streitrössern, gaben zahlreiche Nachkommen dieser Familien die Zugehörigkeit zu dem (immer professioneller werdenden) Rittertum jedoch weiche auf (→Distraint of knighthood). Sie widmeten sich der Bewirtschaftung ihres Landbesitzes und fanden neue gesellschaftl. Aufgaben in den sich unter →Heinrich II. und seinen Nachfolgern ausbildenden Rechts- und Verwaltungsinstitutionen (→England, B. und C.). Ritter wirkten mit an der *grand assize* und namentl. an den Grafschaftsgerichten (*County Courts*), von denen bei Bedarf vier Ritter zur Berichterstattung an den King's Court abgeordnet wurden; andere hatten etwa als Geschworene im Namen des Kg.s Untersuchungen in ihrem shire durchzuführen. Wie Sir John →Fortescue um 1468–71 feststellte, gab es in ganz England keinen Ort, wo sich nicht zumindest ein Ritter, *esquire*, *franklin* oder andere freie Grundbesitzer fanden, »sufficient in patrimony to form a jury« (»De laudibus legum Angliae«, cap. XXIX). Dies war seine gleichsam soziolog. Erklärung für charakterist. Merkmale des →Engl. Rechts.

Seit der Mitte des 13. Jh. wurde den Kg.en und →Baronen bzw. Lords klar, daß die kollektiven Interessen der G. in den Gft.en nicht mehr ignoriert werden konnten. Die

Beschwerden der G. über die kgl. Verwaltung in den shires und über die kgl. wie baroniale →Gerichtsbarkeit dürften die Reformgesetzgebung jener Zeit maßgeblich mit ausgelöst haben. Die G.-Vertreter agierten in den Parliaments →Eduards III. nun – gemeinsam mit den Stadtbürgern – im Namen der →Community of the realm; damit erlangte die höhere G. eine zunehmend dominierende Rolle bei der Verwaltung der shires, die sich in den Statuten über Friedensrichter (→Justices of the peace) von 1361 und sheriffs von 1376 ausdrückt (→England, B. und D.). Ein Statut von 1439 weist Männern, die über Grundbesitz mit jährl. Mindesteinkünften von £ 20 verfügten, die Tätigkeit als Friedensrichter zu. Soweit die Quellen über die Einnahmen aus der Einkommenssteuer von 1436 – und die darauf beruhenden Berechnungen von H. L. GRAY (1934) – verläßlich sind, ergibt sich zu diesem Zeitpunkt eine Zahl von ca. 2100 nichtbaronialen Grundbesitzeinheiten mit dem geforderten Mindesteinkommen von £ 20; 183 adlige Familien hatten demnach durchschnittl. Jahreseinkommen von £ 208, ca. 750 kamen auf £ 60, 1200 auf £ 24. Somit waren die reicheren Mitglieder der G. wohlhabender als manche Lords und dürften bei ihren Standesgenossen in der Nachbarschaft einen erhebl. Einfluß gehabt haben.

Einige Mitglieder der höheren G. waren mit der Aristokratie ihrer shires durch Heirat oder Ausübung eines grundherrl. Amtes, etwa als Hausverwalter (steward) oder Schloßkastellan (constable) verbunden; andere hatten Dienstverträge (→indentures) mit einem Lord (→Bastard Feudalism). Seit ca. 1390 verfolgten mehrere Kg.e die Praxis, Ritter und esquires durch Vergabe von Pensionen und einträgl. Ämtern an sich zu binden – in dem Bestreben, die Position des Kgtm.s in den Gft.en mittels intensiver Beziehungen zu den dort führenden Persönlichkeiten stärker zu verankern. Der Zugang zur kgl. Ämterpatronage erhöhte das Sozialprestige. Ritterfamilien betrieben ihrerseits Patronage gegenüber Familien der niederen G. und setzten deren Mitglieder z. T. als Amtsträger in ihren Herrenhäusern oder als Verwalter in den weiter entfernten Besitzungen ein, wobei ihnen jedoch – im Unterschied zu den Lords – nicht das Recht zustand, förml. feudale Dienstverhältnisse zu begründen und ihre Gefolgsleute mit einheitl. Abzeichen und Diensttracht (livery) auszustatten. Auch die Wohnverhältnisse der G. blieben zumeist bescheidener als diejenigen der Lords: Selbst die reichen G.-Mitglieder, die ihren Landbesitz oft durch einträgl. Heiraten vergrößert hatten, besaßen als Residenz in der Regel nur ein Herrenhaus, ausgestattet mit einer Halle (hall) und wenigen Zimmern sowie Küche und Wirtschaftsräumen, teilweise auch mit einer Kapelle; manche dieser Häuser waren mit einem Graben umgeben (moated), doch nur wenige befestigt, mit Ausnahme der Herrenhäuser an der engl. Südküste und im Grenzgebiet zu Schottland. Erwähnenswert ist, daß viele kleinere G.-Familien in Northumberland, mit einem Jahreseinkommen unter £ 20, auf kleinen Burgen (castles) oder Turmburgen (peletowers) saßen (→Burg, C. X).

Die Familien der niederen G. bildeten durchweg eine weitaus größere Gruppe als die wenigen Familien der shire-knights. Deren Nachkommen gingen vielfach in der niederen G. auf, da ihre Familien in der Regel nur in der Lage waren, die älteren Söhne mit einem Erbteil auszustatten, es sei denn, eine reiche Heirat hatte die Familiengüter vergrößert. Manche dieser jüngeren Söhne wurden vom 'good lord' ihres Vaters in Dienst genommen, andere kamen als Lehrlinge bei Londoner Kaufleuten unter. Im 15. Jh. bildete sich immer mehr die Praxis heraus, die

ältesten Söhne zur Ausbildung an die →Inns of Court in London zu schicken; die dort erworbenen jurist. Kenntnisse sollten ihnen das Rüstzeug für die effektive Verwaltung und Sicherung ihrer Besitzungen und die Ausübung der öffentl. Ämter in ihrem shire liefern. Jüngeren Söhnen mit solcher Ausbildung dagegen stand eine Karriere als Jurist oder Verwaltungsmann offen. Viele von denen, die es auf einem dieser Gebiete zu Erfolgen brachten, kehrten in späteren Jahren in die Heimatgft. zurück, um dort auf den durch Kauf oder Heirat erworbenen Landgütern zu leben. Eine weitere Chance für jüngere Söhne der G. bot der kirchl. Dienst, der allerdings, strebte man nach den höchsten Ämtern, die Mittel für ein langwieriges Universitätsstudium voraussetzte.

Nicht alle Mitglieder der G. zeigten ein gesetzestreues Verhalten. So trieben in den Jahren um 1330 zwei Verbrecherbanden in den Midlands ihr Unwesen, angeführt von den G.-Angehörigen James Coterel und Eustace Folville. Gewalttätige Fehden zw. G.-Familien waren nicht ungewöhnlich. Missetäter aus G.-Kreisen konnten sich durch ihren Status und ihre weitreichenden Beziehungen oft vor Strafverfolgung schützen, nicht zuletzt durch Begünstigung von Magnaten, die allerdings bestrebt waren, im Kreise ihrer eigenen Lehens- und Gefolgsleute den Frieden durch Vermittlung aufrechtzuerhalten. In den Bürgerkriegen folgten die G.-Mitglieder ihrem Lord in die Schlacht; fiel dieser auf seiten der unterlegenen Partei, war es für seine überlebenden G.-Anhänger in der Regel nicht schwer, einen anderen Patron zu finden. So ist in den Jahren von ca. 1450–90 dieselbe G.-Gruppe aus Derbyshire nacheinander belegt im Lehens- und Gefolgschaftsdienst des Hzg.s v. Buckingham (→Stafford), des Hzg.s v. Clarence (→George), des Lord →Hastings und des Earl of Shrewsbury (→Talbot). Während der Rosenkriege (→England, E.) sind unter den entschiedenen Anhängern der beiden rivalisierenden Königshäuser dagegen nicht allzuviele G.-Mitglieder zu finden.

Im 15. Jh. wurde das Wort gentilman (im Frz. gentilhomme) zunehmend als persönl. Qualifikation gebraucht. Im sozialen Gefüge einer Gft. rangierte ein gentilman unterhalb der esquires. Nicht jeder gentilman verfügte über feudalen Landbesitz. Die Bezeichnung wurde bevorzugt geführt von jüngeren Söhnen adliger Familien, Anwälten sowie Verwaltungs- und Hofhaltbeamten im Dienst des Kg.s oder der Magnaten. Die gentilmen, die als Laien verstärkt in ehemals von Klerikern ausgeübte Funktionen einrückten, verfügten über Bildung; sie finden sich gehäuft in Westminster, London und anderen städt. Zentren.

R. L. Storey

Lit.: H. L. GRAY, Incomes from Land in England in 1436, EHR, 1934 – A. R. WAGNER, Heralds and Heraldry in the MA, 1939 – N. DENHOLM-YOUNG, Collected Papers, 1946, 56–67 – D. M. STENTON, English Society in the Early MA, 1951 – R. L. STOREY, Liveries and Commissions of the Peace 1388–90 (The Reign of Richard II, hg. F. R. H. DU BOULAY – C. M. BARRON, 1971) – J. G. BELLAMY, Crime and Public Order in England in the Later MA, 1973 – K. B. McFARLANE, The Nobility of Later Medieval England, 1973, 268–278 – K. S. NAUGHTON, The G. of Bedfordshire in the Thirteenth and Fourteenth Century, 1976 – J. R. MADDICOTT, The County Community and the Making of Public Opinion in Fourteenth-Century England, TRHS, 1978 – C. RICHMOND, John Hopton: a fifteenth-century Suffolk Gentleman, 1981 – N. SAUL, Knights and Esquires: The Gloucestershire G. in the Fourteenth Century, 1981 – R. L. STOREY, Gentlemen-Bureaucrats (Profession, Vocation, and Culture in Later Medieval England, hg. C. H. CLOUGH, 1982) – M. J. BENNETT, Community Class and Careerism: Cheshire and Lancashire Society in the Age of »Sir Gawain and the Green Knight«, 1983 – R. L. STOREY, 'Bastard Feudalism' Revisited (Bull. of the Manorial Society of Great Britain, 1983) – S. M. WRIGHT, The Derbyshire G. in the Fifteenth Century, 1983 – G. and

Lesser Nobility in Late Medieval Europe, hg. M. JONES, 1986 – C. GIVEN-WILSON, The King and the G. in Fourteenth-Century England, TRHS, 1987.

Genua, nordit. Hafenstadt am Golf v. G. (heut. Hauptstadt der Region Ligurien), im O begrenzt von der Halbinsel Castello, im W vom Promontorio.
I. Topographische Entwicklung – II. Allgemeine Geschichte und Institutionengeschichte – III. Wirtschaft und Handel.

I. TOPOGRAPHISCHE ENTWICKLUNG: Die Siedlung der Ligurer, unsicheren Ursprungs, vermutl. spätestens im 5. Jh. v. Chr. gegr., entwickelte sich entlang der Küste vor der Bergbarriere des Hinterlandes. Der erste Siedlungskern (castrum) entstand auf der Castello-Halbinsel und dehnte sich bis zur heut. Via dei Giustiniani aus. Der älteste Mauerring (Ende des 9. Jh. errichtet) umschloß die Hügel Castello und S. Andrea, castrum und civitas, wohin auch der Bf.ssitz von der extra muros gelegenen Kirche S. Siro zu der neuen Kathedrale S. Lorenzo verlegt wurde. In dem ursprgl. nicht ummauerten burgus an dem Verkehrsweg, der sich entlang der Küste über den Promontorio zur Polcevera zog, ließen sich vorwiegend Fremde nieder. Castrum, civitas und burgus wurden 1155–61 von der neuen Mauer umschlossen, die zum Schutz vor Ks. Friedrich I. errichtet wurde. Das Stadtareal, seit 1131–34 in acht compagne ('Stadtteile') gegliedert (vier »deversus civitatem«: Palazzolo oder Castello, Piazzalunga, Maccagnana und S. Lorenzo; vier »deversus burgum«: Porta, Soziglia, Portanuova und Borgo), verdoppelte sich von 25 ha auf mehr als 50 ha. Innerhalb dieser acht Stadtteile ließen sich die großen Familien (Della Volta, →Embriaci, →Grimaldi, →Spinola, →Doria) an strateg. wichtigen Punkten nieder. Bei der Bebauung standen eher polit. und merkantile Interessen im Vordergrund als familiäre Erwägungen. Das Gebiet um die alte Kathedrale S. Siro und die neue S. Lorenzo, wo die Märkte abgehalten wurden (Soziglia, Banchi, San Giorgio), war bes. für die →Consortien, später für die Alberghi (→Albergo dei nobili) von Bedeutung. An sie anschließend entstanden die Kolonien auswärtiger Kaufleute (→Fondaco). Die typ. Handwerkerviertel befanden sich sowohl im Zentrum als auch am Stadtrand (z. B. Wollhersteller und -färber außerhalb der Porta Soprana und im Rivo Torbido-Viertel).

Die soziale und polit. Entwicklung der Stadt spiegelte sich auch in ihrem Baubestand und ihrer Topographie wider, so z. B. die Errichtung des Palazzo comunale (später Palazzo della dogana und Sitz der →Casa di S. Giorgio) 1260 durch Guglielmo →Boccanegra als Symbol der Loslösung von der bfl. Vormundschaft und des Abrückens von der alten Führungsschicht. Der neue Palazzo del Comune (Ende des 13. Jh. begonnen, später Dogenpalast), wurde jedoch wieder neben der Kathedrale errichtet. Von großer Bedeutung für die topograph. Entwicklung G.s und seiner Vorstädte wurden die kirchl. Institutionen. Die Niederlassungen des Domkapitels von S. Lorenzo sowie die Bautätigkeit der Kl. OSB S. Siro und S. Stefano trugen zur Verstädterung der an der Küste und im Innern gelegenen vorstädt. Siedlungen bei. Die Kirchen S. Maria di Castello, S. Donato, S. Maria delle Vigne sowie die Gründungen von Bobbio und Mortara im Zentrum der Stadt und an der Küste wetteiferten an Höhe und Prachtentfaltung mit den weiträumigen Bettelordenskirchen am Stadtrand, wo seit dem 13. Jh. auch zahlreiche Hospitalgründungen erfolgten. Im 13. Jh. erreichte die topograph. Entwicklung, nach dem Ausbau der Hafenanlagen in Stein, einen vorläufigen Abschluß (noch heute – trotz späterer Veränderungen – im Stadtbild sichtbar). Entwicklungen des SpätMA (Erweiterung des Mauerrings

zw. 1320 und 1346 zwecks Einbeziehung der Borghi S Stefano und S. Tommaso, Errichtung neuer Gebäude un‹ öffentl. Plätze, Bau der Festung Castelletto 1401 durch di‹ Franzosen) beeinflußten Stadtbild und Stadtgestalt nu‹ mehr in geringem Maße. Die charakterist. Kennzeiche‹ G.s waren stets der →Hafen und die Mole, die zahlreiche‹ Türme und Glockentürme, das Fehlen großer öffentl‹ Plätze, die prachtvollen Villen am Stadtrand sowie di‹ Reliquien (»hl. Schale«, Reliquien Johannes d. Täufers)

II. ALLGEMEINE GESCHICHTE UND INSTITUTIONENGE‹ SCHICHTE: [1] *Früh- und Hochmittelalter:* Nach der Überlie‹ ferung bereits in der Zeit Neros von den hll. →Nazariu‹ und Celsus christianisiert, ist das Bm. G. seit dem 4. Jh‹ nachweisbar (1. Bf. Diogenes, 381); es unterstand bis 113‹ der Erzdiöz. →Mailand. Das zum →Ostgotenreich, nac‹ 554 zum byz. →Exarchat gehörige G. diente nach de‹ Einfall der →Langobarden zahlreichen Mailändern unte‹ ihrem Bf. Honoratus als Exilort (569). G. war im 6.–7. Jh‹ als Zentrum der Marittima, Etappenort des Provence‹ Handels (→Fos) und Sitz einer Judengemeinde (Beleg be‹ Cassiodor) ein aktives Emporium. Die langob. Erobe‹ rung unter Rothari (635) führte zwar nach Fredegar zu‹ Herabstufung der civitas zu einem vicus, dürfte tatsächlic‹ aber keine tiefergehenden Veränderungen mit sich ge‹ bracht haben.

806 ist ein comes civitatis Ademarus bezeugt, der Män‹ ner und Schiffe für den Kampf gegen die Sarazenen stellt‹ und auf →Korsika fiel. Mitte des 9. Jh. wurde G. in die u. a‹ zur Küstenverteidigung gegen sarazen. und norm. An‹ griffe geschaffene Mark →Tuszien eingegliedert. Seit 95c‹ hatten die →Otbertiner die Gft.srechte über G. inne‹ Verstärkte Hinwendung zur Agrarwirtschaft und Kon‹ servierung der aus der Spätantike überkommenen Sozial‹ strukturen werden deutlich in dem Diplom, das →Beren‹ gar II. und →Adalbert 958, im Zuge ihrer temporären‹ Rückgewinnung der Herrschaft in Italien, den Genuesen‹ gewährten. Dieses älteste Privileg für eine städt. Gemein‹ schaft des präkommunalen Italien bestätigt den »habitato‹ ribus in civitate Ianuensi« ihre Rechte und Gewohnheiten‹ »infra et extra civitatem« und löst G. damit gewisser‹ maßen aus dem Machtbereich der otbertin. Mgf.en her‹ aus. Die Stadt war in dieser Zeit schon Schauplatz der‹ Machtkämpfe zw. dem Bf. und den Vgf.en (Vicecomites,‹ *Visconti*), Mitgliedern der alten städt. Aristokratie, die‹ noch immer nach röm. Recht lebten und die – als Vertreter‹ der otbert. Mgf.en – zu fakt. Trägern der Stadtherrschaft‹ geworden waren. Von Idus (Ido), dem ersten bekannten‹ Vgf.en (Mitte des 10. Jh.) leiteten sich die Familien →Em‹ briaci, Castello und →Spinola her, die den ältesten Stadt‹ adel bildeten. Durch Ausdehnung ihres Einflusses auf das‹ Umland (Polcevera-Tal, Bisagno), kollidierten die vgfl.‹ Interessen mit den Besitz- und Herrschaftsrechten der‹ Bf.e; diese hatten, ohne Gft.srechte zu besitzen, seit den‹ Wirren des 10. Jh. eine Machtstellung innerhalb und‹ außerhalb der Stadt errichtet (Einsetzung von →Gastal‹ den, Schaffung einer bfl. familia mit famuli und exercitales‹ als militär. und administrativen Hilfsorganen; sie übten,‹ assistiert von →boni homines, die Jurisdiktionsgewalt in‹ der Stadt aus und nahmen die decima maris ein). Erst 1052‹ erfolgte durch den einer vgfl. Familie entstammenden Bf.‹ Oberto ein Ausgleich zw. bfl. und vgfl. Interessen, im‹ Sinne eines Vasallitätsverhältnisses der Vgf.en zum Bf.‹

Dieser Friedensschluß zw. Bf., Vgf.en sowie der – die‹ fakt. Entmachtung der mgfl. Gewalt markierende –‹ Schwur auf die consuetudines, den Mgf. Alberto Mala‹ spina 1056 leistete, begünstigten den Aufschwung der‹ Stadt. Seit dem siegreichen Feldzug gegen Muhagid‹

(1015) kontrollierten G. und →Pisa das Tyrrhen. Meer. In der 1. Hälfte des 11. Jh. waren die Genuesen im ganzen westl. Mittelmeer präsent (Provence, Kairo, Alexandria, maur. Spanien). Auch die ersten Konflikte mit Pisa wegen →Korsika (1060) und die fehlgeschlagenen Feldzüge in Spanien zur Unterstützung der →Reconquista (1092–93) konnten diese günstige Entwicklung nicht hemmen. Sie führte auch zu Veränderungen innerhalb der feudalen und sozialen Struktur der Stadt, insbes. als mit den Kreuzzügen neue Gegebenheiten eintraten.

[2] *Entstehung der Kommune; Expansionspolitik:* Verfassungsmäßige Grundvoraussetzung für die Gesch. G.s im 12. Jh., wie sie sie →Caffaro überlieferte, war ein neues Stadtregiment und die Verlegung der handelspolit. Interessen in die →Levante. Die um 1099 entstandene »Compagna communis« läßt sich als freiwillige Schwurgemeinschaft (zunächst für vier Jahre) von Teilen der städt. Bevölkerung (habitatores) definieren, die ihre Vertretung nach außen hin an den Bf. delegierte. Sie nahm – ohne Rücksicht auf den Stand – jeden auf, der »utilis et idoneus« für die Gemeinschaft war und sich verpflichtete, die consuetudines zu befolgen und mindestens drei Monate im Jahr in der Stadt zu bleiben. Diese Schwureinung sollte die innere Stabilität und die Eintracht (concordia) mittels eines Stadtregiments herbeiführen, das unkontrollierte Handlungen einzelner in Schranken zu weisen und private Initiativen zu kanalisieren vermochte. So erfolgte nach zwei privaten Kreuzzügen ins Hl. Land (1097 und 1099) i. J. 1100 ein dritter, diesmal im Namen der compagna und unter der Führung der consules.

Die compagna wandelte sich rasch von einer privaten Institution zu einer Körperschaft des öffentl. Rechts und entwickelte eine polit.-administrative Organisation, die der anderer it. →Kommunen entsprach. Sie war gleichfalls bestrebt, ihre Herrschaft auf den contado auszudehnen und die Adligen und domini loci des contado (Mgf.en →Malaspina, Seniores v. Vezzano, Gf.en v. Lavagna, Mgf.en v. Loreto, Mgf.en v. →Gavi) durch Habitaculumverträge in die compagna hineinzuzwingen. Die compagna trachtete ferner danach, die konkurrierenden feudalen Gewalten in den beiden Küstenstreifen (Riviera di Ponente, R. di Levante) und im Oltregiogo zu unterwerfen, ein System sicherer Verkehrswege zu schaffen und die Einheit des alten, von Portovenere bis Monaco reichenden Komitats wiederherzustellen (Komitatsbestätigung von Friedrich I. 1162).

Der von der Verfassungsänderung geförderte polit. und wirtschaftl. Aufschwung führte in dem prekären Gleichgewichtsverhältnis zu Pisa eine Veränderung herbei. Im Konflikt mit Pisa um die Einflußsphären in →Korsika schlichtete Innozenz II., der die Hilfe beider Seemächte im Kampf gegen Anaklet II. benötigte, und gewährte G. 1133 die Erhebung zur Erzdiöz. auf Kosten Mailands, mit drei kors. (Mariana, Nebbio, Accia) und zwei festländ. Suffraganbm.ern (Bobbio, Brugnato). 1139 erwirkte G. von Ks. Konrad III. das Münzrecht. 1146–47 benutzte man zur Finanzierung des Feldzugs gegen die →Almoraviden (Almeria, Tortosa) erstmals eine »Compera«, eine Art Staatsanleihe bei Privatpersonen, denen die Kommune dafür die Rechte an Zöllen und →Gabellen abtrat – ein charakterist. System in G., wo die Kommune arm, viele Bürger jedoch sehr wohlhabend waren.

In der Folgezeit konnten die Genuesen ihre Position an den beiden Küstenstreifen und im Oltregiogo ausbauen; sie schlossen Bündnisse mit den siz. →Normannen, faßten in →Sardinien Fuß (Verträge mit Barisone d'→Arborea, Heiratspolitik der Doria) und errichteten Handelsstützpunkte an den Mittelmeer- und Schwarzmeerküsten, die zu einem weiträumigen Netz strateg. günstiger Handelskolonien ausgebaut wurden.

G. betrieb eine geschickte Schaukelpolitik zw. der →Lombard. Liga und Friedrich I., der eher die genues. Interessen im Normannenreich zu bedrohen schien als die Stadt selbst. Im 3. Kreuzzug stellte G. sowohl dem frz. Kg. Philipp II. August wie dem engl. Kg. Richard Löwenherz Schiffe zur Verfügung. Die Stadt vermied durch ihre Politik, in die größeren Konflikte innerhalb Italiens und Europas hineingezogen zu werden, und wahrte so stets ihre Handelsinteressen. Dieser günstigen Entwicklung der Außenpolitik standen jedoch wachsende Spannungen und Machtkämpfe im Inneren gegenüber. Der Erwerb von Stützpunkten im westl. Mittelmeer und die koloniale Expansion in der →Levante führten vermehrt zu einer »Diaspora« der Genuesen, die zahlreich in die anderen »Genuas« (»Zenoe«) auswanderten; am wirtschaftl. Aufschwung hatten auch die untersten sozialen Schichten (darunter auch Zugewanderte) Anteil. Aber das Stadtregiment blieb – trotz der Ernennung auswärtiger Podestà seit 1191 – in den Händen einer kleinen geschlossenen Gruppe von Familien. Mit ihren Verzweigungen in W und O, ihrer vielseitigen Handels- und Bankiertätigkeit, ihren Feudalrechten und Grundbesitz sind die Familien →Spinola, →Doria, de Mari, della Volta, Lercari, →Fieschi als die eigtl. treibenden Kräfte in der Geschichte G.s zu bezeichnen. Dieser adligen Führungsschicht (»Nobiles«) stand die heterogene Schicht aller von den öffentl. Ämtern Ausgeschlossenen gegenüber, die sog. »Popolaren«, die reiche Kaufleute, stadtsässige Adlige aus dem contado, Unternehmer, Handwerker und Lohnarbeiter umfaßte.

Innerhalb des Adels bildeten Auseinandersetzungen um die Dominanz auf den städt. Plätzen und Handelsplätzen Konfliktstoffe. Die Form des Stadtregiments wechselte mehrmals (→Konsulat, ab 1217 →Podestariat). Das Podestariat konnte die Konflikte nicht lösen, 1227 kam es zu einer Verschwörung, an deren Spitze der Adlige Guglielmo de Mari stand. Die Spaltung innerhalb des Stadtadels, dem der sich allmähl. ausbildende »Populus« gegenübertrat, wurde durch den langen Konflikt mit →Friedrich II. verstärkt, der im genues. Herrschaftsbereich (v. a. in →Savona) Unterstützung fand. Die Spinola, die von Friedrich II. die Anerkennung ihrer Lehen im Scriviatal erwirkt hatten, und die Doria, die ihre Interessen in Sardinien schützen wollten, traten auf die Seite des Ks.s und stellten ihm Schiffe und Männer. Sie unterlagen jedoch den Fieschi und →Grimaldi, den Häuptern der guelf. Faktion, die auf die Unterstützung des Fieschi-Papstes →Innozenz IV. rechnen konnten. Sobald dieser auf dem Konzil v. →Lyon (1245) die Absetzung und erneute Exkommunikation Friedrichs II. durchgesetzt hatte, wurde G. zum Mittelpunkt des guelf. Widerstandes gegen den Ks. und Angelegenheit der päpstl.-angevin. Politik, erlitt jedoch infolge des Aufstands der von ghibellin. Gruppen regierten Kolonien schwere Einbußen.

1257 ergriffen die »Popolaren« unter dem Capitano del popolo Gugliemo →Boccanegra (1257–62) in einer Zeit wirtschaftl. Rezession, die durch Bankrotte, militär. Niederlagen, Vertrauensverlust in den Adel und Zerwürfnisse innerhalb der Führungsschicht gekennzeichnet war, die Macht. Durch sein diplomat. Meisterwerk, den Vertrag v. →Nymphaion mit →Michael VIII. Palaiologos (1261), sicherte sich Boccanegra als Gegenleistung für die Hilfe zur Rückgewinnung des Thrones für G. das Handelsmonopol im Schwarzen Meer und die Kontrolle der Handelswege nach →Indien und →China. Das hatte allerdings einen Konflikt zw. G. und Venedig um die Vorherrschaft im Schwarzen Meer zur Folge, vergleichbar dem Konflikt zw. G. und Pisa im westl. Mittelmeer.

[3] *Die Blütezeit:* Die militär. Auseinandersetzungen mit beiden Städten wurden von inneren Krisen nach dem Sturz Boccanegras begleitet. 1265 kam es erstmals zur Bildung der Alberghi. Begünstigt durch den Italienzug →Karls I. v. Anjou und in wirtschaftl. Hinsicht durch die Aufträge zur Ausrüstung des →VI. Kreuzzugs nach Tunis, regierten die Guelfen bis 1270. Die nächsten 15 Jahre herrschten die beiden Capitani del popolo, Oberto→Doria und Oberto →Spinola, Vertreter der bedeutendsten ghibellin. Häuser, mit fast unbeschränkter Macht; neben sich hatten sie nur den auswärtigen Podestà, der auf die Justizverwaltung beschränkt war, sowie den »Abate del popolo«, einen Magistrat, der die Interessen der Popolaren garantieren sollte, aber nur eine blasse Rolle spielte. Unter dem Doppelcapitaneat erreichte G. seinen polit., wirtschaftl. und kulturellen Höhepunkt, obwohl die Städte und Herren des genues. Herrschaftsgebiets jede Gelegenheit zum Aufstand gegen die Stadt wahrnahmen (mit Unterstützung Karls v. Anjou und der Guelfen) und die Konflikte mit Pisa und Venedig andauerten.

In der 2. Hälfte des 13. Jh. waren die Genuesen die Protagonisten des allgemeinen Aufschwungs im Mittelmeerhandel. Sie benutzten im Waren- und Geldverkehr sehr fortschrittl. Praktiken wie Versicherungen und →Wechsel (→Bankwesen, →Giroverkehr, →Geld- und Marktwirtschaft) und wickelten einen regelmäßigen Schiffsverkehr nach Flandern und England ab. Die Brüder →Vivaldi versuchten als erste, jenseits der »Säulen des Herkules« den Seeweg nach Indien zu finden. Infolge seiner nunmehr erreichten inneren Stabilität und der gebotenen wirtschaftl. Möglichkeiten zog G. eine große Zahl von Fremden an, hatte eine führende Rolle im →Sklavenhandel und wurde schließlich zu einer der bevölkerungsreichsten Städte des lat. Abendlandes (ca. 100000 Einw.). In der 2. Hälfte des 13. Jh. wirkten u. a. zahlreiche Troubadoure in G., der letzte Annalist Jacopo →Doria, →Johannes Balbus, →Jacobus de Voragine, Galvano da Levanto. Auch wurden Siege über Pisa und Venedig errungen. In →Korsika richtete G. mit Unterstützung der genues. Kl. S. Bartolomeo del Fossato, S. Benigno di Capodifaro und v. a. S. Venerio del Tino de facto eine Herrschaft ein, die weit über das Gebiet von Bonifacio, das bereits zu seinem Dominium gehörte, hinausging. In einer der größten Seeschlachten des MA wurden am 6. Aug. 1284 bei →Meloria die Pisaner besiegt. Trotz Obertos Rückzug aus der polit. Szene (1285; Nachfolger Corrado, dann Lamba Doria), begleitet von einem Aufflackern der inneren Zwistigkeiten, in die auch das Papsttum eingriff, besiegten die Genuesen auch Venedig in der Schlacht bei →Curzola (heut. jugoslav. Korčula, 1298). War mit der Schlacht bei Meloria Pisa endgültig ausgeschaltet, so bedeutete Curzola ledigl. eine Episode in dem Duell der beiden rivalisierenden Mächte, das sich trotz des Friedensvertrags von 1299 im ganzen folgenden Jahrhundert fortsetzte.

Die Schwächung des mühsam mit dem ghibellin. Doppelcapitaneat erreichten inneren Gleichgewichts, der Tod des stets zum Frieden ratenden Ebf.s Jacobus de Voragine (1298), die Spaltung innerhalb der Familie Spinola in die gegensätzl. Linien San Luca und Luccoli trugen zur Verschärfung der äußeren Probleme bei, denen sich G. nach dem Eintritt der Krone Aragón in die Mittelmeerpolitik im Gefolge der →Sizilian. Vesper (1282) gegenübersah. Nachdem der Versuch Opizzino Spinolas, eine persönl. Herrschaft zu errichten, 1309 durch die Koalition seiner

Gegner gescheitert war, unterstellte sich die Stadt 1312 Ks Heinrich VII.

Eine kurze guelf. Doppelherrschaft (1317–18) unter den Capitanen Carlo Fieschi und Gaspare Grimaldi führte zur Exilierung der Spinola und Doria; alle Ghibellinen Italiens belagerten daraufhin die Stadt, die von den Guelfen und Robert v. Anjou (1318 für 10 Jahre zum Signoren der Stadt proklamiert) verteidigt wurde. Diese Ereignisse wirkten sich auf Handel, Schiffahrt und Herrschaft in den Kolonien aus. Die verbannten Ghibellinen griffen wie Piraten die nach G. fahrenden Schiffe an und störten damit empfindlich die Lebensmittelversorgung. Sie traten häufig als Söldner in den Dienst der Kg.e v. Frankreich und England. Fast alle Kolonien wurden von ghibellin. Familien beherrscht (Zaccaria, Della Volta, →Gattilusio, Ghisolfi, Spinola). →Pera, genues. Niederlassung am Schwarzen Meer, versperrte den nach Gazaria fahrenden guelf. Schiffen die Meerengen. Währenddessen schlossen Venedig und die Krone Aragón ein Bündnis gegen G. Diese äußere Bedrohung sowie die drückende Steuerlast v. a. auf die ärmeren Schichten, führten zu einem Aufstand der »Popolaren«, der Simone →Boccanegra an die Macht brachte.

[4] *Die »Republik« der Dogen:* Mit S. Boccanegra begann 1339 die Periode des »Dogats auf Lebenszeit«, die mit verschiedenen Unterbrechungen bis 1528 andauerte (→Doge II). Der Doge mußte ausschließl. unter den »Popolaren« gewählt werden. Der Dogat repräsentierte nur einen Teil des Populus: die reichen Kaufleute (→Adorno, Magnerri, Maruffo, Vignoso, Campofregoso, Guarco), welche die anderen Popolaren auf untergeordnete Positionen mit geringer polit. Relevanz verwiesen.

S. Boccanegra schuf eine Kommission zur Reform der kommunalen Statuten, die erste zusammenhängende Organisation von Verwaltung und Finanzen der Kommune, die Einrichtung von Vikariaten, Podestarien und Kastellaneien zur effektiven Kontrolle des genues. Herrschaftsbereichs sowie eine Neuorganisation des Handels und der Schiffahrt in der Romania. Sein Versuch, ein gerechteres Steuersystem zu schaffen, das die Kommune von der durch die »compere« bei Privaten angehäuften Schuldenlast befreien sollte, scheiterte an heftiger innerer Opposition. Der 1. Dogat (1339–44) Boccanegras wird durch bedeutende außenpolit. Erfolge gekennzeichnet.

Die innerstädt. Organisation und die Institutionen waren in den ersten Jahren des 14. Jh. voll ausgebildet, die soziale Struktur konsolidiert. Eine im Vergleich zum 13. Jh. rückläufige Tendenz zeigte sich in der Wirtschaft und bei der Geburtenrate.

Unter den Nachfolgern Boccanegras gewannen die →Visconti v. Mailand in G. Einfluß: zuerst als Friedensstifter und Garanten des inneren Gleichgewichts, dann als Signoren. Die Flottenexpedition des Simone Vignoso (1346, Eroberung von →Chios und der beiden Phokaia, Bildung der →»Maona«) wurde durch die blutigen Zusammenstöße mit den Katalanen und Venezianern am Bosporus (1352) und in Alghero (1353) aufgewogen. Infolge der Niederlage bei Alghero geriet G.s Versorgung an den Rand des Zusammenbruchs, da seine Land- und Wasserwege unterbrochen waren; G. unterstellte sich deshalb Giovanni Visconti, der für 13 Jahre zum Signoren gewählt wurde. Die kurze Visconti-Periode endete mit der Rückkehr Simone Boccanegras an die Macht. Abgesehen von der Eroberung Korsikas konnte sein 2. Dogat (1356–63) nicht mehr die Erfolge des ersten erreichen.

Die 2. Hälfte des 14. Jh. ist durch heftige Machtkämpfe der größten Kaufleute- und Reederfamilien gekennzeichnet: Adorno, Campofregoso, Guarco, Montaldo suchten auch auswärtige Unterstützung (Visconti, Haus Savoyen, Kg.e v. Frankreich). Bezeichnend ist der Fall des Antoniotto Adorno, der zw. 1378 und 1396 viermal Doge war, während 1392 und 1394 innerhalb weniger Tage vier verschiedene Dogen sich ablösten. Auf den Dogat hatten zwar theoret. alle Popolaren ein Anrecht, aber er wurde effektiv, mit Ausnahme einiger Rechtsgelehrter wie Nicolò da Zoagli, immer von Kaufleuten ausgeübt, obwohl 1363 der Doge Gabriele Adorno die Spannungen innerhalb der Popolaren durch eine gleiche Aufteilung aller Kollegien zw. »mercatores« und »artifices« zu mildern versucht hatte.

V. a. die Familien Adorno und Fregoso monopolisierten das Dogenamt in einer Krisenzeit (größte wirtschaftl. Rezession; Krise der Gewerbe, v. a. bei der Wollherstellung; Aufstände der Lohnarbeiter und Auswirkungen der großen Pest des Jahres 1348 und des starken Bevölkerungsrückgangs). Der Zusammenbruch der »Pax mongolica« und das Vordringen der Türken im O, die Eroberung Sardiniens durch die Krone Aragón und die Zuspitzung der Konflikte mit Venedig im W zwangen G. dazu, ertragreiche Stützpunkte und Faktoreien aufzugeben oder deren bewaffneten Schutz der Privatinitiative der Maone (→Maona) zu überlassen. Die polit. Schwäche der jeweiligen einheim. oder fremden Regierung begünstigte die Entstehung zahlreicher Maone in der 2. Hälfte des 14. Jh. Die erste Maona, die 1348 Chios in Besitz genommen hatte, wurde 1362 und 1373 neuorganisiert, und ihre Mitglieder, die →Giustiniani, verwalteten die Insel bis 1561. 1373 entstand bei der Eroberung von Famagusta die Maona von →Zypern, zur gleichen Zeit hatte eine andere die Insel Lykostomos an der Donaumündung in Pacht. 1378 wurde Korsika an eine Maona aus Adligen und Popolaren übergeben, in der 1393 das popolare Albergo der de Franchi entstand.

In dieser Zeit wurden die meisten Alberghi gebildet und erfuhren ihre definitive Strukturierung. Es vereinigten sich nicht nur wie bisher die großen Familienverbände, sondern auch kleinere Familien des Adels, der Kaufleute und der Popolaren aus steuerl. und wirtschaftl. Interessen sowie infolge von Heiraten zu Alberghi, die einen einzigen Familiennamen annahmen. Die Zugehörigkeit zu einem Albergo war zu Beginn des 16. Jh. Voraussetzung für ein öffentl. Amt.

Die neue polit. Situation am Mittelmeer zwang G. einerseits, ein gutes Verhältnis zu den Türken herzustellen, andererseits den Schwerpunkt der Investitionen in den W (Atlantik) zu verlegen. Im O kämpfte G. jedoch immer noch mit Venedig um die Vorherrschaft (→Chioggiakrieg, 1378–81). Die machtlosen Dogen konnten sowohl den inneren als auch äußeren Feinden keinen Widerstand leisten.

[5] *Die Periode der Instabilität:* Von den entstehenden Territorialstaaten wie Mailand und Florenz und von den starken Monarchien wie Frankreich polit. an den Rand gedrängt, aber stets begehrt wegen seiner geogr. Lage und der finanziellen Kapazitäten seiner Bürger, konnte G. seine Neutralität nicht mehr bewahren und mußte sich fremden Signoren unterstellen. Diese Übergaben beinhalteten nicht die Souveränität, sondern nur die einfache Signorie über die Stadt. G. bewahrte jedoch dabei im allgemeinen seine Privilegien und Institutionen (mit Ausnahme des einheim. oder auswärtigen Gouverneurs anstelle des Dogen).

Im 15. Jh. wechselten verschiedene fremde Herrschaften mit einheim. Dogaten ab (bedeutend war die Herrschaft →Karls VI. v. Frankreich [1396–1409], weniger bedeutend die Signorie Theodors II. v. Monferrat [1409–13]). Eine relative innere Stabilität herrschte unter dem frz. Gouverneur Jean II. →Boucicaut, gen. »Le Meingre« (Wiederaufnahme einer kolonialen Politik, Beteiligung an der Politik der Zeit, Konzentration der Compere und Konsolidierung der Staatsverschuldung in der →Casa di S. Giorgio). Unter dem Dogen Giorgio Adorno (1413–15) wurde eine Verfassungsreform durchgeführt, die die Adligen wieder zu Regierungsämtern zuließ und die Ämter zw. Adligen und Popolaren aufteilte. Sein Nachfolger Tommaso Campofregoso, einer der fähigsten Dogen, ein Förderer der Künste und Wissenschaften, mußte sich 1421 vor den Visconti nach Sarzana zurückziehen, das er in ein glänzendes Zentrum der Renaissance verwandelte.

Bei Filippo Maria →Visconti, dem Hzg. v. Mailand, fanden die Genuesen anfängl. für ihre antiaragones. Politik und für die Rückeroberung Korsikas Unterstützung. Der plötzl. Sinneswandel des Hzg.s, der →Alfons I. v. Aragón nach der Schlacht bei →Ponza (1435) aus der genues. Gefangenschaft befreite, rief die Unzufriedenheit G.s hervor, so daß die Stadt ihm in einem Aufstand die Signorie entzog. Weder Mailand noch Frankreich, die beiden Mächte, die häufig in die Geschichte des ma. Genua eingriffen, beeinflußten die polit. und wirtschaftl. Entscheidungen der Stadt. Der Fall von Konstantinopel 1453 führte zu einer Krise des genues. kolonialen Systems, und G. verlegte seine wirtschaftl. und finanziellen Interessen in den W.

Das Problem der inneren Instabilität konnte jedoch nicht dauerhaft gelöst werden. Die »Casa di S. Giorgio« verwandelte sich von einem Instrument der Wirtschaftspolitik zu einem »Staat im Staate«, da ihr 1443 die Verwaltung der Faktoreien am Schwarzen Meer und in Korsika sowie 1479 von Lerici (das man den Katalanen abgenommen hatte) und von anderen Orten an der westl. Riviera übertragen wurde. Das heftige Machtstreben der Familien und Alberghi brachte eine Verlangsamung der städt. Entwicklung mit sich. Hafen und Mauern wurden nicht mehr erweitert – Auswirkungen einer Krise von Handel und Verkehr und eines Geburtenrückgangs. Die großen Pestepidemien von 1458 und 1463 dezimierten die Bevölkerung, die 1459/63 bis auf 50000 Einw. sank, Ende des Jh. jedoch bereits wieder 80000/100000 Einw. erreichte.

Die Verschwörung des Gerolamo Gentile (1476) gegen die Sforza-Herrschaft, der Aufstand der »Cappette« (der unteren Bevölkerungsschichten) von 1506 und die Episode des Färbers Paolo da Novi, der 1507 zum Dogen gewählt und wenig später hingerichtet wurde, sind innere Krisensymptome einer Stadt, die nunmehr zum Zankapfel um die Vormacht in Europa zw. Frankreich und Spanien wurde. 1522 von den Truppen Ks. Karls V. geplündert, wurde G. von Andrea →Doria 1527 (im Dienst Franz I. v. Frankreich) erobert. 1528 wurde G. aufgrund von Abkommen zw. dem Doria und Karl V. der span. Machtsphäre eingegliedert.

III. WIRTSCHAFT UND HANDEL: Die geograph. Lage G.s bot die Bedingungen für eine Wirtschaftspolitik, die sich bereits in der Frühzeit der Stadt auf das Meer hin orientierte und auf Seehandel konzentrierte. Obwohl sichere Belege fehlen, nimmt ein Teil der Forschung jedoch an, daß in der Zeit zw. der Einnahme durch Rothari (635) und dem Jahr 1000 das bescheidene Wirtschaftsleben der Stadt vorwiegend agrar. Natur war. Durch den Verfall der Via Aurelia und der Via Postumia von den großen Handelswegen abgeschnitten, erscheine G. in dem Diplom v. 958 als Stadt von »Erzeugern und Konsumenten landwirtschaftl.

Produkte« ohne nennenswerte Handelsaktivität. Dieser These, die einen scharfen Bruch mit der antiken Seehandelstradition voraussetzt, steht die Kontinuitätstheorie gegenüber, die jedoch einräumt, daß bis zum 10. Jh. auch G. von der allgemeinen Krise des Mittelmeerhandels betroffen war und infolge der Notwendigkeit, seine eigenen Küsten zu verteidigen, sich nicht an den ersten großen Unternehmungen gegen die Sarazenen beteiligte.

In der 1. Hälfte des 11. Jh. begannen die Genuesen nach den Siegen über die Sarazenen im Tyrrhen. Meer und im w. Mittelmeer eine wichtige Funktion in dem weitgespannten Netz von Handelsbeziehungen zu Wasser und zu Lande einzunehmen. Am Ausbau von Schiffahrtswesen und Handel, dessen Investitionen nicht zuletzt mit den Erträgen aus dem Contado und den Beutezügen gegen sarazen. Stützpunkte finanziert wurden, beteiligten sich nunmehr breite Schichten der Stadtbevölkerung (Vizegf.en, aufsteigende Familien, einfache Seeleute) sowie Zuzügler aus dem Contado und dem weiteren oberit. Raum (Asti, Mailand, Piacenza). Dabei bedienten sie sich fortgeschrittener Praktiken bei der Geldanlage (die vorwiegend den Seehandel betraf). Bei diesen Geschäften und Transaktionen waren auch Nicht-Genuesen beteiligt (»advene homines«), die seit 1056 in gleichem Maße wie die Genuesen zum bewaffneten Wachdienst verpflichtet waren, und »forici homines qui veniunt Januam pro mercato«, für die im Breve v. 1128 nach ihrer jeweiligen Herkunft gestaffelte Abgaben vorgesehen waren. Im 12. und 13. Jh. (Zunahme der Mobilität, verstärktes Bevölkerungswachstum, wirtschaftl. Aufschwung) entwickelte sich G. zu einem lebhaften Zentrum des Nah- und Fernhandels, der durch polit. Verträge und Abkommen flankiert wurde. Die Kapitalien der Genuesen und auswärtiger Anleger wurden in erster Linie nach Kommandit (Commenda)vertrag angelegt, das heißt, in Gesellschaften, an denen ein Geldgeber (socius stans) – zumeist gegen 25%ige Gewinnbeteiligung – und ein Unternehmer (socius tractans) beteiligt waren, so daß auch Unternehmer ohne Eigenkapital aus der Nutzbarmachung von Fremdkapital Gewinn erzielten.

Gestützt auf ein dichtes Netz strateg. günstiger Handelskolonien an den Mittelmeer- und Schwarzmeerküsten (→Levantehandel; →Caffa; →Chios; →Galata u. a.) unterhielten die als Einzelunternehmer oder in Verbänden im ganzen Mittelmeer und darüber hinaus tätigen genues. Kaufleute (der »Januensis ergo mercator« der Q.) gute Beziehungen zu Christen, Juden und Muslimen. Die führende Rolle, die Handel (vornehml. Seehandel) und Geldgeschäfte in der genues. Wirtschaft einnahmen, wodurch Kapitalien und Arbeitskräfte gebunden wurden, ließ die Bedeutung von Handwerk und Gewerbe zurücktreten. Daraus erklärt sich das geringe Gewicht der Arti (Handwerkerkorporationen) in der polit. Struktur G.s. Dagegen entstanden zahlreiche wirtschaftl.-administrative Ämter und Institutionen wie das »Ufficio di Gazaria, di mercanzia, del mare, di robaria, di Romania« etc. Aus der Levante wurden →Gewürze, Farbstoffe, →Sklaven, Luxusgüter importiert, aus dem W kamen →Wolle, →Tuch, Gebrauchsgüter, die im SpätMA bes. gewinnträchtig wurden. Mit diesem Aufschwung der Wirtschaft hielt jedoch die Entwicklung der Institutionen nicht Schritt, es erfolgte auch keine entsprechende Rationalisierung der Staatsschulden, stattdessen nahm die Zahl der compere und die den Genuesen auferlegten Zwangsanleihen um ein Vielfaches zu.

Den Auswirkungen der allgemeinen wirtschaftl. Depression und der Krise der Institutionen im 14. Jh. begeg-

neten die Genuesen mit der Entwicklung neuer Forme von Handelsgesellschaften (mit einem Netz von Filiale und dem Einsatz von Agenten). Die großen Familien au dem alten Adel oder dem Kaufmannsstand, die nach 133 (Einrichtung des popolaren Dogenamts) aufgestiegen wa ren und das Wirtschaftsmonopol innehatten, übernah men in den →Maonen den militär. Schutz der Kolonien wandten aber auch ihr Interesse verstärkt dem W z (Maghreb, England, Flandern). Der Banco di San Giorgi (→Casa di San Giorgio), der Anfang des 15. Jh. zur Ratio nalisierung des Compere-Systems und zur Konsolidie rung der Staatsverschuldung gegründet worden war, hat te in der Folge eine stärker polit. als wirtschaftl. Funktion er förderte die durch die Ereignisse im O (→Konstanti nopel) implizierte Verlagerung der wirtschaftl. Interesse auf die Iber. Halbinsel (mit Erwerb von Handelsmono polen, etwa Zucker aus Madeira, Trockenfrüchte aus Gra nada) und die Ozeanrouten. Eine unausweichl. Folge is Anfang des 16. Jh. das Zusammengehen mit Spanien Wirtschaftl. Erwägungen bestimmten auch in diesem Fa die Politik der genues. Bankiers- und Kaufmannsoligar chie.   G. Petti Balb

Q.: Urkk.: Liber Iurium Reipublicae Genuensis, HPM VII, IX 1854–57 – L. T. BELGRANO, Cartario genovese. Il registro della curia arcivescovile di Genova, Atti della Soc. Ligure di stor. patria II 1862–71 – DERS., Il secondo registro della curia arcivescovile di Genova, ebd., 1887 – Codice diplomatico della Repubblica di Genova, C. IMPERIALE DI S. ANGELO, FISI 77, 79, 89, 1936–38 – P. LISCIANDRELLI Trattati e negoziazioni politiche della Repubblica di Genova, 1960 – Erzählende Q.: Annali genovesi di Caffaro e de'suoi continuatori, hg. L. T. BELGRANO, C. IMPERIALE DI SANT'ANGELO, FISI 11–14 bis, 1890–1929 – A. Gallo, Commentarii de rebus Genuensibus, hg. E PANDIANI, RIS XXIII/1, 1910 – B. Senarega, De rebus Genuensibus commentaria, hg. E. PANDIANI, RIS XXIV/8, 1932 – Iacopo da Varagine e la sua cronaca di Genova dalle origini al 1297, hg. G. MONLEONE, FISI 84–86, 1941 – Giorgio e Giovanni Stella, Annales Genuenses, hg. G. PETTI BALBI, RIS XVII/2, 1975 – Rechtstexte: Statut: della colonia genovese di Pera, hg. V. PROMIS, 1871 – Leges Genuenses, HPM XXIII, 1901 – V. POLONIO, L'amministrazione della res publica genovese tra Tre e Quattrocento. L'archivio Antico Comune, 1977 – V. PIERGIOVANNI, Gli statuti civili e criminali di Genova nel medioevo. La tradizione manoscritta e le edizioni, 1980 – vgl. weiters: Atti della Soc. Ligure di stor. patria, Bibl. della Soc. Stor. Subalpina (ser. Notai liguri dei secoli XII e XIII), Collana di fonti e studi, hg. G. PISTARINO, 1969ff. – Lit.: [Auswahl]: allg.: G. CARO, G. und die Mächte am Mittelmeer, 1895–99 (it. Genova e la supremazia sul Mediterraneo (1275–1311), 1974) – Storia di Genova dalle origini al tempo nostro, hg. N. LAMBOGLIA–U. FORMENTINI–A. SCARSELLA, 1941–43 – E. BACH, La cité de Gênes au XII s., 1955 – V. VITALE, Breviario della storia di Genova, 1955 – J. HEERS, Gênes au XV s., 1961 – T. O. DE NEGRI, Storia di Genova, 1968 – G. COSTAMAGNA, Genova (sec. XI–1805), Acta Italica VII, 1968 – M. BUONGIORNO, Il bilancio di uno stato medievale. Genova 1340–1528, 1973 – G. PETTI BALBI, Genova medievale vista dai contemporanei, 1978 – L. GROSSI BIANCHI – E. POLEGGI, Una città portuale del medioevo. Genova nei sec. X–XVI, 1980 – Genova, Pisa e il Mediterraneo tra Due e Trecento, 1984 – G. AIRALDI, Genova e la Liguria nel medioevo, 1986 – Siedlung: G. PISTARINO, Liguria: regionenazione, Atti dell'Accad. ligure di scienze e lett. XXVIII, 1971 – E. POLEGGI, Iconografia di Genova e delle Riviere, 1976 – M. QUAINI, Per la storia del paesaggio agrario in Liguria, 1979 – D. GALASSI, M. P. ROTA, A. SCRIVANO, Popolazioni e insediamenti in Liguria secondo la testimonianza di Agostino Giustiniani, 1979 – E. POLEGGI – P. CEVINI, Le città nella storia. Genova, 1981 – P. STRINGA, Genova e la Liguria nel Mediterraneo: insediamenti e culture, 1983 – Verfassung: R. LOPEZ, Genova marinara nel Duecento. Benedetto Zaccaria ammiraglio e mercante, 1933 – A. E. SAYOUS, Aristocratie et noblesse à Gênes, AHES IX, 1937 – I. PERI, Studi sul comune di Genova, 1951 – V. VITALE, Il comune del podestà a Genova, 1951 – V. POLONIO, Dalla diocesi all'archidiocesi di Genova (Momenti di storia e arte religiosa in Liguria, 1966) – E. GRENDI, Profilo storico degli alberghi genovesi, MEFRM 87, 1975 – J. HEERS, Société et économie à Gênes, 1979 – S. EPSTEIN, Wills and Wealth in Medieval Genoa 1150–1250, 1984 – G.

PETTI BALBI, Genesi e composizione di un ceto dirigente: i »populares« a Genova nei secoli XIII e XIV (Spazio, società, potere nell'Italia dei comuni, 1986) – *Wirtschaft und Handel:* H. SIEVEKING, Studio sulle finanze genovesi nel medioevo e in particolare sulla casa di San Giorgio, 1905–06 – W. HEYD, Storia del commercio del Levante, 1913 – R. DI TUCCI, Studi sull'economia genovese del sec. XII, 1933 – R. LOPEZ, Studi sull'economia genovese nel medioevo, 1936 – DERS., Storia delle colonie genovesi nel Mediterraneo, 1938 – J. DAY, Les douanes de Gênes 1376–1377, 1963 – G. PISTARINO, Genova medievale tra oriente e occidente, RSI LXXXI, 1969 – M. CHIAPPA MAURI, Il commercio occidentale di Genova nel XIV sec., NRS LVII, 1973 – G. G. MUSSO, I genovesi e il Levante tra medioevo e età moderna, 1977 – M. BALARD, La romanie génoise (XII–debut du XV s.), 1978 – G. PETTI BALBI, I maonesi e la maona di Corsica (1378–1407): un esempio di agreggazione economica e sociale, MEFRM 93, 1981 – Storici sovietici del Levante genovese, hg. A. PREFUMO, 1985 – *Kultur und Mentalität:* G. COSTAMAGNA, Il notaio a Genova tra prestigio e potere, 1970 – D. GIOFFRE', Il mercato degli schiavi a Genova nel sec. XV, 1971 – D. HOWEN HUGHES, Urban Growth and Family Structure in Medieval Genoa, PP 66, 1975 – B. KEDAR, Merchants in crisis, 1976 – G. PETTI BALBI, L'insegnamento nella Liguria medievale. Scuole, maestri, libri, 1979 – DIES., Strutture familiari nella Liguria medievale (I liguri dall'Arno all'Ebro, 1985) – R. PAVONI, I simboli di Genova alle origini del Comune (Saggi e documenti III, 1983) – D. PUNCUH, La vita quotidiana nei documenti notarili genovesi (La famiglia e la vita quotidiana in Europa dal '400 al '600, 1986).

Genualia (lat.; frz. *genouillières*), Kniebuckel aus Metall oder gesottenem Leder an gepolsterten oder armierten Kniehosen. Von etwa 1200 bis 1370 in Gebrauch, dann von den →Diechlingen des Plattenharnisches (→Harnisch) abgelöst. O. Gamber

Lit.: SAN-MARTE, Zur Waffenkunde des älteren dt. MA, 1867.

Genugtuung (»satisfactio«), Grundbegriff der Soteriologie des →Anselm v. Canterbury (Satisfaktionstheorie) und der Bußtheologie. In der altkirchl. →Buße (C.III) ist G. die angestrengte Bußübung und Strafe zur Abkehr von der Sünde und zur Erneuerung der Gnade (vgl. Tertullian, De paenitentia c.9). Im vollen theol. Verständnis umfaßt Sünde die böse Tat, die Schuld- und Strafverhaftung; letztere deckt das ganze Unwesen der Sünde auf. Im sakramentalen Vollzug ist die G. »fruchtbare Buße«, heilsame Strafe. Bes. Weisen der G. sind: Beten, Fasten und Almosen. Im Wandel der lat. Bußdisziplin (→Buße, D.) verselbständigte sich die G. im Begriff und in der Praxis der sakramentalen Buße. In der frühscholast. Bußtheologie sichert die G. die Bußgesinnung (→Praepositinus), heilt die Wunden der Sünde (→Alanus ab Insulis), tilgt die zeitl. Sündenstrafen, die nach der Vergebung der Sünde und der ewigen Strafe verbleiben (→Richard v. St. Viktor); G. ist Selbstbestrafung (→Augustinus) und wandelt die Buße zum Martyrium (→Gandulph v. Bologna). In der systemat. Bußtheologie des 13. Jh. ist die G. (zusammen mit der Beichte) Materialelement der Buße, das durch Auferlegung der G. und die Lossprechung formal vollendet wird, oder sie zählt zu den Akten des Pönitenten, welche durch die priesterl. Lossprechung sakramental überformt werden (Thomas v. Aquin). Die G. gehört zum Wesensbestand der sakramentalen Buße. Ihre Einengung auf die »Gebetsbuße«, ihre Beeinträchtigung durch die →Ablässe und die Konzentration des Sakramentes auf den richterl. Urteilsspruch des Bußpriesters entleerten ihre sakramentale Bedeutung. L. Hödl

Lit.: DThC XIV, 1129–1210 – vgl. →Buße, D.

Genus. 1. In der Bedeutung »Gattung«: G. ist in Anlehnung an das Aristotelische γένος ein wichtiger Begriff der scholast. Logik und Ontologie, eine der quinque voces (→Prädikabilien). Es bedeutet, »das, was von mehreren der Art nach verschiedenen Dingen als ihr Was oder Wesen ausgesagt wird« (vgl. Aristoteles, Topik 102a 31f und die

scholast. Topik-Kommentare). G. ist wichtig für die Definitionslehre: »Definitio fit per genus proximum et differantiam specificam.« (Vgl. z. B. Thomas v. Aquin, S. th. I q 3 a 5 i.c.) Das jeweilige g. wird erkannt aus den Einzeldingen durch Total-Abstraktion (Thomas, De trin. q 5 a 3 n4): so gelangt man z. B. von Sokrates durch Abstraktion der individuellen Merkmale zur Art (species) Mensch und dann weiter durch Abstraktion der spezif. Merkmale davon zur Gattung (genus) Lebewesen. G. ist in Bezug auf species ein relativer Begriff: So ist z. B. Konifere in Bezug auf den weiteren Begriff Baum species, in Bezug auf den engeren Begriff Tanne g. Die allgemeinsten genera des Seins sind die Kategorien. Ob g. oder dem Individuum ont. Vorrang zukommt, wurde im →Universalienstreit diskutiert.

2. In der Bedeutung »Geschlecht« (sexus), wie schon in der stoischen Grammatik, die Unterscheidung der nomina in masculina, feminina und neutra. – s. a. →Art – Gattung. A. Menne

Geoffrey (s. a. →Gottfried)

1. G. (Geoffroy) **Plantagenêt,** Hzg. v. →Bretagne aus dem Hause →Plantagenêt, * 1158, † 1186 in Paris (an einer Krankheit oder Turnierverletzung); 3. Sohn von Kg. →Heinrich II. v. England und Kgn. →Eleonore; 1166 Verlobung, ∞ wohl seit 1181 mit Constance, Tochter Hzg. →Conans IV.; Kinder: mehrere Töchter, →Arthur (I.), posthum geboren. Im Zuge seiner Ausdehnungspolitik in W-Frankreich betrieb Heinrich II. die Verlobung des achtjährigen G. mit der Erbin der Bretagne und veranlaßte 1166 Hzg. Conan zur Abdankung. Höhepunkt der Regierung G.s war der Erlaß einer Assise zur Regelung des feudalen Erbrechts, mit welcher G. die bereits von Heinrich II. nach 1166 begonnene Neuordnung der Regierung und Verwaltung der Bretagne fortsetzte. – G.s Verhältnis zu seinem Vater war so wenig ehrerbietig wie das seiner Brüder: 1173–74 schloß er sich dem Aufstand Eleonores und des jüngeren Heinrich an; 1182–83 unterstützte er beide erneut in ihrem Streit mit Richard Löwenherz und Heinrich II. Die Entfremdung gegenüber dem Vater wuchs, als G. nach dem Tode des jüngeren Heinrich (1183) die Gft. Anjou (→Angers, Anjou) forderte, seinen Anspruch aber nicht gegen Richard durchzusetzen vermochte. Er trug daraufhin Kg. Philipp II. August v. Frankreich die Bretagne zu Lehen auf; während der diesbezügl. Pariser Verhandlungen verstarb er. J. Critchley

Q.: William of Newburgh, Hist. rerum Anglicarum (RS, 1884) – Chronica Roberti de Torigneio (RS, 1889) – *Lit.:* J. BOUSSARD, Le gouvernement d'Henri II Plantagenêt, 1956 – W. L. WARREN, Henry II, 1973 – J. GILLINGHAM, The Angevin Empire, 1984.

2. G. de Mandeville, engl. Baron, ✗ 1144, entstammte der mächtigen anglonorm. Adelsfamilie der →Mandeville, wurde 1140, während der dynast. Kämpfe zw. Stephan v. Blois und der Ksn. Mathilde (→England, A. VII), von Stephan zum Earl of Essex erhoben und mit der Obhut über Gemahlin und Stieftochter betraut. G. verweigerte jedoch die Herausgabe der letzteren, als sich die Kgn. nach Kent begeben hatte. Er schwenkte sodann zur Partei der Ksn. Mathilde über, die ihn mit Land und Besitzungen überhäufte. Als sich jedoch London erfolgreich gegen Mathilde erhob, wechselte G. wieder ins Lager Kg. Stephans über, der sich nach außen hin versöhnt zeigte, G. und seine Anhänger aber 1143 überraschend festnehmen und ihre Besitzungen konfiszieren ließ – ein weithin als illegal gewerteter Akt. Nachdem G. gezwungenermaßen diesem Vorgehen zugestimmt hatte, kam er frei, um alsbald von der Abtei Ramsey aus den Kampf aufzunehmen. Nunmehr exkommuniziert, fiel er 1144 vor Burwell. Sein jüngerer Sohn Geoffrey wurde später von Mathilde als Earl of Essex anerkannt und 1156 von Kg. Heinrich II. in das Familienerbe eingesetzt. – Der rebell. Baron galt der zeitgenöss. monast. Chronistik als Protagonist der Anarchie jener Jahre; die neuere Forschung hat das lange vorherrschende Bild des 'Erzverräters' dahingehend revidiert, daß G. ein zwar extremes, doch nicht untypisches Bild baronialen Verhaltens in dieser Bürgerkriegsperiode bietet. Es ist auch die Ansicht vertreten worden, daß G. mit seinen Aktivitäten versuchte, den Besitz- und Statusverlust, den seine Familie unter Heinrich I. erlitten hatte, wieder auszugleichen.   J. Critchley

Q.: William of Newburgh, Hist. rerum Anglicarum (RS, 1884) – Regesta Regum Anglo-Normannorum, ed. C. JOHNSON – H. A. CRONNE, III, IV, 1968, 1969 – Gesta Stephani, ed. K. R. POTTER, 1976, 161–167 – *Lit.*: J. H. ROUND, G. d. M., 1892 – R. H. C. DAVIS, King Stephen, 1967 – H. A. C. W. HOLLISTER, The Misfortunes of the Mandeville's Hist., Iviii, 1973 – J. O. PRESTWICK – R. H. C. DAVIS, The Treason of G. d. M., EHR 103, 1988.

3. G. v. Monmouth (Galfrid, Galfred v. M., lat. Galfridus Monemutensis, frz. Gauffrei, walis. Sieffre), mlat. Autor, Verf. d. »Historia regum Britanniae« (ca. 1138) und d. »Vita Merlini« (ca. 1150); * ca. 1090/1100, † 1155; stammte seinem Beinamen zufolge aus Monmouth (SO-Wales) und ist zw. 1129 und 1151 urkundl. in →Oxford als magister bezeugt. Seine Werke widmete er u. a. Kg. Stephan sowie hohen anglonorm. Geistlichen und Adligen. Er wurde im Febr. 1152 zum Priester geweiht und wenige Tage später zum Bf. v. St. Asaph (NO-Wales).

G. ist der Begründer des brit. Geschichtsbildes, wobei mit 'britones' die keltischsprachigen 'Briten' gemeint sind, ohne daß die heutigen drei 'brit.' Sprachen Walisisch (→Wales), Kornisch (→Cornwall) und Bretonisch (→Bretagne) unterschieden würden (vgl. die Selbstbezeichnung G.s als 'pudibundus Brito' 'beschämter Brite', ed. N. WRIGHT, p. ix).

Die »Hist.« berichtet von der Niederlassung des Brutus, eines Urenkels des Aeneas, mit einer Schar wandernder →Trojaner auf der Insel Albion. Nach Brutus nennen sie sich 'Briten'. Es folgt die Gesch. der Briten bis zu ihrem Rückzug nach Wales vor den Angelsachsen. Höhepunkte sind die Romzüge der Kg.e Brennus, Maximian und Arthur (→Artus) und der Angelsachseneinfall zur Zeit des brit. Kg.s →Vortigern.

Im 7. Buch der »Hist.« weissagt der Wunderknabe →Merlin vor Vortigern. Die »Vita Merlini« schildert den alternden Merlin dann als »wilden Mann«, der in seiner Einöde die Vertreibung der Angelsachsen aus Britannien prophezeit. Er läßt sich von Telgesinus (→Taliesin) Geographie und Kosmographie erklären und wird zuletzt von einer Wunderquelle geheilt.

Die Zeitgenossen nahmen die »Hist.« begeistert auf. G.s Geschichtsbild gehörte für Jahrhunderte zum allgemeinen Bildungsgut W-Europas, doch wurde es schon vereinzelt gegen Ende des 12. Jh., verbreitet seit dem 16. Jh. als Fälschung angegriffen. Bei der weiter andauernden Kontroverse geht es heute darum, wieweit G. brit. Quellen benutzte, wieweit er den Arthur-Sagenkreis *(matière de Bretagne)* persönlich erfunden hat und ob er selbst Bretone oder Waliser war. Ein uraltes, britisch geschriebenes Buch (»quendam Britannici sermonis librum uetustissimum«), das G. nach eigenen Angaben als Übersetzungsvorlage benutzte, bleibt unauffindbar.

Die moderne Forschung sieht in der »Hist.« eher einen hist. Roman als Geschichtsschreibung. G. verwertete neben →Vergils »Aeneis« und vorhandenen Genealogien

und Annalen auch zeitgenöss. brit. Erzählgut (→»Mabinogion«), machte aber daraus eine in Raum und Zei geordnete, kausal motivierte Abfolge von Geschehnisse im Stil der zeitgenöss. Geschichtsschreibung – ohne es mi der hist. Wahrheit genau zu nehmen. Die »Vita Merlini greift (in lat. Hexametern) unmittelbar einen brit. Sagenkreis auf, jenen um den Dichter Myrddin, und zitiert aus dessen überlieferten Gedichten. Auch ihn sucht G. räuml und zeitl. einzuordnen (Ende des 6. Jh., teils nach SW-Schottland, teils nach →Carmarthen; Volksetymologi *marthen* < Myrddin). Als Begründer des romant. (im Gegensatz zum »geschichtl.«) Arthurbildes im Sinne vor →Chrétien de Troyes kommt G. dagegen nicht in Frage, denn romant. Arthurerzählungen gab es vor und neber ihm, und seine »Hist.« gehört ihrer lit. Gattung nach zur Geschichtsschreibung, nicht zur Romanze.   H. Pilch

Ed.: Hist. regum Britanniae (verschiedene Fass.), ed. E. FARAL, 1929 A. GRISCOM, 1929; J. HAMMER, 1951; N. WRIGHT, 1985; engl. Übers. L. THORPE, 1966 – Vita Merlini, ed. B. CLARKE, 1973 [mit engl. Übers. – *Lit.*: H. MATTER, Engl. Gründungssagen, 1922 – J. HAMMER, Remarks on the Sources and Textual Hist. of G. of M.s »Hist.«, Bull. o. the Polish Inst. of Arts and Sciences in America 2, 1944, 509–564 – J. S P. TATLOCK, The Legendary Hist. of Britain, 1950 – H. PILCH, Galfrids Hist.: Stud. zu ihrer Stellung in der Literaturgesch., GRM 38, 1957 254–273 – A. O. H. JARMAN, Sieffre o Fynnwy – G. of M., 1966 – D. EDEL, G.'s so-called Animal Symbolism and Insular Celtic Tradition. Stud. celtica 18–19, 1983–84, 96–109.

4. G. de Montbrai (Mowbray), Bf. v. →Coutance seit 1048, † 1093; jüngerer Sohn der angesehenen anglonorm. Adelsfamilie der →Mowbray. Bf. G., in weltl. wie in kirchl. Dingen gleichermaßen zu Hause, wurde 1049 vom Vorwurf der →Simonie freigesprochen. 1050 konnte er die in Unteritalien zu Macht und Herrschaft gelangten →Hauteville, die einstigen Nachbarn seiner Familie, zu reichen Stiftungen für seine neuerrichtete Kathedrale in Coutances bewegen. 1066 nahm er an Hzg. →Wilhelms Englandinvasion und Krönung teil und empfing reiche Landschenkungen, namentl. in Somerset. Neben →Lanfranc v. Canterbury und →Odo v. Bayeux gehörte G. zu den bedeutendsten kirchl.-polit. Helfern des Eroberers; häufiger als andere Große ist er als kgl. Stellvertreter bei Prozessen belegt. Als Heerführer unterdrückte G. die Aufstände von 1069 und 1075; 1088 rebellierte er jedoch selbst gegen den Kg. Der ritterl.-krieger. Charakter des Bf.s wird von Ordericus Vitalis betont: »... milites ad bellandum quam revestitos clericos ad psallendum magis erudire noverat«. Sein reiches Erbe fiel an seinen Neffen Robert v. Mowbray, Earl of Northumberland.

J. Critchley

Q.: William of Malmesbury, Gesta Regum Anglorum, ed. T. D HARDY, II, 1840 – Regesta Regum Anglo-Normannorum, ed. C. JOHNSON – H. A. CRONNE, I, II, 1913–60 – Orderic Vitalis, ed. M CHIBNALL, 1970ff. – *Lit.*: D. C. DOUGLAS, William the Conqueror, 1964 – D. R. BATES, Normandy before 1066, 1982 – F. BARLOW, William Rufus, 1983.

Geoffroi s. a. →Gottfried

Geoffroi de Sergines, Seneschall des Kgr.es →Jerusalem, * ca. 1205, † 1269; Ritter aus der Gegend v. Sens, wurde mit Zustimmung Hugos v. →Châtillon, des Gf. en v. Blois und St-Pol, zum lig. Lehnsmann Kg. →Ludwigs IX. d. Hl. en. G. folgte seinem Bruder Peter v. S., der 1235 zum Ebf. v. Tyrus gewählt worden war, ins Kgr. Jerusalem, wo er seit 1242 belegt ist. 1244 nach Frankreich zurückgekehrt, nahm er als einer der engsten Gefolgsleute Ludwigs d. Hl. en an dessen Kreuzzug teil. Als der Kg. im April 1254 das Hl. Land wieder verließ, sorgte er zuvor dafür, daß G. als Seneschall des Kgr. es Jerusalem Oberbefehlshaber einer in Akkon stationierten, zunächst von der frz. Krone finanzierten Truppeneinheit eingesetzt wurde. G., der – mit Ausnahme eines kurzen Frankreichaufenthalts – ständig in Palästina residierte, verwaltete das Kgr. Jerusalem 1259–61 und 1264–67 als Vertreter der abwesenden Regenten, 1261–63 selbst als Regent. Als umsichtiger Verwalter und dem Kreuzzugsideal zutiefst verpflichteter Ritter war G. bei den Zeitgenossen hochangesehen und wurde namentl. in einem Gedicht →Rutebeufs gerühmt.

J. Riley-Smith

Q. und Lit.: Onze poèmes de Rutebeuf concernant la croisade, ed. J. Bastin–E. Faral, 1946, 19–27 – J. Riley-Smith, What were the crusades?, 1977, 63, 65–70 – J. Richard, Saint Louis, 1983, 227, 236, 265–267, 515–517, 520, 522–525, 556.

Geographie

I. Abendland und arabischer Kulturkreis – II. Byzanz.

I. ABENDLAND UND ARABISCHER KULTURKREIS: Die Ergebnisse der Antike hinsichtl. Erdkenntnis und -beschreibung wurden im Abendland zunächst nur höchst bruchstückhaft übernommen – unter bes. Verwertung von Plinius d. Ä., Pomponius Mela, Solinus sowie Orosius. Im geograph. wie im gesamten geistigen Bereich war – und dies ganz bes. in der Phase patrist. Dominanz – die christl. Religion Basis und primärer Hintergrund der Überlegungen und Deutungen. Die Mischung aus absoluter religiöser Präponderanz, mangelhafter Quellenkenntnis, weitgehender Kritikunfähigkeit und Mißverständnissen brachte einen Niedergang der wissenschaftl. G.; →Isidor v. Sevilla, →Aethicus Ister, der →Geographus Ravennas etwa bieten oft nicht mehr als dürftige Auszüge aus spätröm. Autoren, in der eben angedeuteten Weise verfremdet. Größere Selbständigkeit und grundlegende Bedeutung für den Unterricht hat →Beda Venerabilis, auf ihm basieren →Alkuin und →Hrabanus Maurus. Schritt für Schritt kommt es zu einer Erweiterung des geogr. Blickfeldes durch gelegentl. direkte neue Kontakte; während die →Navigatio S. Brendani (u. a. angebl. Entdeckung Amerikas) lediglich die Projektion verschiedener schattenhafter Kenntnisse bzw. Vorstellungen auf die Person Brendans ist, rückt Island um 800 (ir. Mönche!) deutlich in den Gesichtskreis (→Dicuil kennt die Färöer und bereits Island), um 875 der N Europas bis zur Dwinamündung (Ohtere, dessen Bericht die vermutl. im Kreis →Alfreds d. Gr. entstandene Orosius-Übers. folgt). Die Normannen erreichen Grönland und später das nordamerikan. Festland (um 1000 entdecken Leif Eriksson bzw. Thorfinn Karlsefni Helluland, Markland und Vinland [→Amerika]), was →Adam v. Bremen (Mitte 11. Jh.) verwertet. Allmähl. wendet sich ein breiterer Gelehrtenkreis wieder der Vorstellung von der Kugelgestalt der Erde zu. Die →Kartographie favorisiert die oft legendenreichen »Mönchskarten« (primitive Radkarten, Zonenkarten, Mixta), meist mit Jerusalem als Zentrum. Jedenfalls ist die abendländ. G. des MA vor dem Ende dieses ersten Abschnittes nun doch schon etwas aufgelockert und wird empfänglich für den großen Wandel zu jener Phase, die, bei Kontaktnahme mit der arab. G., im 12. Jh. eingeleitet wird und unter scholast. Vorzeichen steht.

Wenn in Byzanz im frühen MA angesichts weitgestreuten Handels länderkundl. Fortschritte erzielt wurden (Kosmas Indikopleustes, Zemarchos) (→Abschnitt II), so war doch im allgemeinen die Grundhaltung der G. – trotz gewisser Ansätze einer realistischen Schriftexegese (Johannes Philoponos) – durch kirchl. Intoleranz zur Ablehnung antiker Autoren und zum Absinken verurteilt.

Der arab. Sektor der ma. G. vermochte zunächst den durch die Vorstöße des Islam geschaffenen strafferen po-

lit. und geistig aufgeschlossenen Großraum zu bedeutender Blüte auszunützen, ohne sich freilich vom Koran emanzipieren zu können: Länderkunde, Erdmessung, geographische Ortsbestimmung, Wirtschaftsgeographie wurden gefördert (weniger aber die physische G.). Man erkannte hier bald neben dem theoret. auch den bes. Wert prakt. geograph. Wissens (für Verwaltung, Postwesen, gemeinsame religiöse Belange: Pilgerwege nach Mekka). Unter prominentester Patronanz (etwa des Kalifen al-Ma'mūn, 786–833) erfolgte der Ausbau der wissenschaftl. Erdkunde über antiker Basis. Aristoteles und Ptolemaios standen in höchstem Ansehen (und fanden von hier aus später auch den Weg in das Abendland). Al-Ya'qūbī, Ibn Ḥordāḏbeh, al-Mas'ūdī, al-Muqaddasī (methodisch und sachl. ungemein hochstehender Geograph; 10. Jh.), Al-Bakrī und andere meist weitgereiste ma. arab. Autoren verfaßten länderkundl. Werke (bes. in Blickrichtung bis Indien), die, weitgehend durch Eigenbeobachtung unterbaut, den Riesenraum von SW-Europa bzw. Kleinasien bis China, von Sibirien bis Ostafrika erschließen. Im 12. Jh. wirken al-Bīrūnī und v. a. der auch am Hofe Rogers II. v. Sizilien hochgeschätzte al-Idrīsī (1100–1166), in dessen Erdbeschreibung auch Europa breiteren Platz einnimmt – er stellt den Höhepunkt der arab. Kartographie des MA dar, die sich in drei Stufen (Nachfolge europ. Tendenzen; stilisierender Einschlag; Verschmelzung arab. und europ. Elemente) entwickelt hatte.

Die engen Kontakte differenzierter Völker und Kulturen, die nun einsetzen, führen, gefördert bes. durch die Kreuzzüge, aber auch durch das Auftreten unbefangenerer und nach vertiefter Bildung strebender Kräfte, die abendländische G. angesichts der nun ermöglichten Zusammenschau und des steigenden Gewichtes der Realitäten auf ein wesentl. höheres Niveau und sozusagen allmähl. in das Vorfeld des Zeitalters der großen Entdeckungen. (Im europ. Eigenraum haben natürlich schon längst einerseits etwa die Intensivierung und Ausweitung der Siedlungsplanung und -tätigkeit mit ihren Begleiterscheinungen, andererseits geograph. Bewußtsein und geogr. Kenntnisse einander wechselseitig befruchtet). Den Arabern verdankt das Abendland nicht nur eine wesentl. Erweiterung des geograph. Blickfeldes durch die Rezeption ihrer Kenntnisse, sondern auch die Aktualisierung antiker Autoren, zunächst bes. des Aristoteles (12. Jh.), später auch des Ptolemäus. Im 13. Jh. symbolisieren die großen Scholastiker →Albertus Magnus, →Alexander Neckam (»Liber de natura rerum«) und →Roger Bacon (»Opus maius«) den neuen, realistischeren Weg.

Schon im 12. Jh. beginnt übrigens ein geschichtswirksames Kuriosum, die (konkrete Elemente verfremdende) Legendenbildung um die Gestalt eines christl. »Priesterkönigs →Johannes« und sein Reich – v. a. auch potentieller Hilfestellung für das Abendland gegen die »Ungläubigen« wegen Gegenstand jahrhundertelanger Suche in asiat. bzw. afrikan. Gebieten. Im 13. Jh. setzen äußerst wichtige, v. a. religiös/merkantil/polit. bedingte Berührungen mit Mittel- und Ostasien ein, unterstützt durch positive Haltung der Mongolenherrscher. Die Franziskaner Giovanni di Pian del Carpine (→Johannes de Plano Carpini) und, bald darauf, →Wilhelm v. Rubruk gelangen zum Karakorum, v. a. aber hat Marco →Polo durch langjährige Reisen und Aufenthalte (1271–95) Zentral- und Ostasien, bes. China, gründl. kennengelernt und hierüber ein informierendes und motivierendes Standardwerk verfaßt. Ende des Jh. reiste →Johannes de Montecorvino OFM nach Indien und China, ähnlich etwas später (1318–30) →Odoricus v. Pordenone OFM (u. a. vermutl. Durchquerung

Tibets). In der 1. Hälfte des 15. Jh., also zu einer Zeit bereits äußerst erschwerter Zugänglichkeit, besuchte der Venezianer Niccolò dei →Conti Vorder-, Süd- und Ostasien; sein Reisebericht ist sehr wertvoll. (Stark beeinflußt wurde die Verbreitung geograph. Interesses und Wissens des SpätMA auch etwa durch die fiktiven »Travels« des nebulosen »Sir John Mandeville« und die Pseudo-Weltreise des »Libro del Conoscimiento«, beide 14. Jh.) – Aus dem arab. Raum sind v. a. Abū l-Fidāʾ (1273–1331) mit seinem ausgezeichneten geograph. Werk und der in seiner Ära unbestritten führende, auch publizist. wichtige Reisende →Ibn Baṭṭūṭa (1302–77) zu nennen. – Im atlant. Bereich setzt die Wiederentdeckung der Kanarischen Inseln und des Madeira-Archipels gewisse Akzente (→Atlant. Inseln). Aber erst die ansteigende Wirksamkeit der Renaissance mit ihrer immer deutlicheren Hinneigung zu Empirie und Realität – verbunden mit Fortschritten in der Schiffbautechnik und bezügl. der Navigationsinstrumente – hat zu einer entscheidenden Neuformung des geograph. Erdbildes geführt. Durch die großen maritimen Unternehmungen Portugals seit →Heinrich dem Seefahrer, die als Fernziel eine unter Umfahrung Afrikas herzustellende, den unsicher und zu kostspielig gewordenen Landhandelsweg ersetzende Direktverbindung mit Indien anpeilten, wurden schrittweise die afrikan. Küstenräume bekannt. Die Kapverd. Inseln wurden ca. 1456 entdeckt, Diogo→Cão gelangte 1485 bis Kap Cross (Südwestafrika), Bartolomeu→Dias umfuhr 1488 das Südkap, Vasco da →Gama schließlich erreichte 1498 Indien. Aber auch der Westweg über den Atlantik war, nachdem die nordamerikan. Entdeckungen der Normannen nicht die entsprechende Publizität erreicht hatten bzw. vergessen waren, allmähl. in aktuelle Planungen einbezogen worden. Ob die Expedition von →Pining und Pothorst (1473? 1476?) tatsächl. Nordamerika erreichte, ist fraglich. Die entscheidende Tat gelang →Kolumbus; u. a. gestützt auf die bereits allgemein akzeptierte Annahme der Kugelgestalt der Erde und auf eine altüberlieferte gewaltige Unterschätzung der Entfernung Spaniens von Ostasien über den W (Marinus v. Tyrus!), gestützt auch auf die seinen eigenen, auf die Erreichung Ostasiens gerichteten Absichten entsprechenden Anregungen des gelehrten Florentiners Paolo dal Pozzo →Toscanelli. Auf seiner ersten Reise entdeckte er 1492 eine Insel der Bahamagruppe, hierauf Kuba und Haiti. Auf weiteren drei Westfahrten erreichte er u. a. das südamerikan. (1498) und mittelamerikan. (1502) Festland. Der neue Kontinent erhielt den Namen nach Amerigo Vespucci, dessen Reiseberichte die Leistung von Kolumbus anfängl. in den Hintergrund treten ließen. Das nordamerikan. Festland wurde 1497 von Giovanni →Caboto erreicht.

In engem Zusammenhang mit der europ. →Expansion steht auch eine neue Entwicklung der →Kartographie. Zunächst war der herkömmliche, auf frühen Kosmographien basierende Typus weitergeführt worden (z. B. →Ebstorfer Weltkarte, Hereford-Karte, 13. Jh.). Vom 14. Jh. an flossen, allmähl. ansteigend, Resultate der Entdeckungen in das Kartenbild ein (z. B. Katalan. Weltatlas, 1375; Weltkarte des Fra Mauro, 1459). Daneben aber bot seit etwa Mitte des 13. Jh. der neue Typus der Kompaßkarten (Portolane) auf relativ genauen Messungen beruhende Küstendarstellungen (bes. im Bereich des Mittelmeeres und der Westküsten Europas und Nordafrikas) mit der Möglichkeit von Kurs- und Distanzbestimmungen. Ab dem beginnenden 15. Jh. wurde Ptolemäus die Autorität für Erdbild und Kartographie (erste in Italien gedr. Ptolemäus-Ausg. 1475 [ohne Karten], 1477 und 1478; erste n.

der Alpen erschienene Ausg. 1482 und 1486 in Ulm), bis die großen Entdeckungen auch diesen Rahmen sprengen sollten. Die Weltkarten des Henricus →Martellus (ca. 1490) und der berühmte »Erdapfel« von Martin→Behaim (1492) sind die markantesten Ausgangspunkte für die Entwicklung der Kartographie der Neuzeit.

Im Gegensatz zu der starken Anhebung topograph. Wissensstandes im MA zeigt die phys. G. in wesentl. Bereichen (vielfach mangels entsprechender naturwissenschaftl. Entwicklungen) im allgemeinen keine oder doch kaum nennenswerte Ansätze bzw. Fortschritte. Eine der Ausnahmen sind etwa die klimatolog. Ausführungen des Albertus Magnus im »Liber de natura locorum«, die als »erster Versuch einer vergleichenden Erdkunde« (KRETSCHMER) zu bewerten sind. – s. a. →Expansion.

M. Kratochwil

Lit.: (L.) VIVIEN DE SAINT-MARTIN, Hist. de la géographie et des découvertes géographiques, 1873 – O. PESCHEL, Gesch. der Erdkunde bis auf Alexander v. Humboldt und Carl Ritter, hg. v. S. RUGE, 1877² [Nachdr. 1961] – K. KRETSCHMER, Die phys. Erdkunde im chr. MA (Geogr. Abh. hg. v. A. PENCK, IV/1), 1889 – DERS., Gesch. der G., 1923² – K. MILLER, Mappae mundi. Die ältesten Weltkarten, H. 1–6, 1895–98 – C. R. BEAZLEY, The Dawn of Modern Geography, I–III, 1897–1906 – S. GÜNTHER, Gesch. der Erdkunde, 1904 – A. HETTNER, Die G., ihre Gesch., ihr Wesen und ihre Methode, 1927 – J. N. L. BAKER, A hist. of geographical discovery and exploration, 1931 (1937, New ed. 1967) – DERS., The hist. of Geography, 1963 – R. HENNIG, Terrae incognitae, II–IV, 1937–39 (1950–56²) – M. DESTOMBES, Mappemondes. A.D. 1200–1500 (= Monumenta cartographica vetustioris aevi, I = Imago Mundi, Suppl. IV), 1964 – Westermanns Lex. der G. II, 1969 (1983), 190–193 – J. SCHMITHÜSEN, Gesch. der geograph. Wiss. von den ersten Anfängen bis zum Ende des 18. Jh., 1970 [Lit.] – L. BAGROW–R. A. SKELTON, Meister der Kartographie, 1973⁴–Abh. und Q. zur Gesch. der G. und Kosmologie, hg. M. BÜTTNER, 1, 1979, 3, 1982–J.-G. ARENTZEN, Imago Mundi Cartographica..., Münstersche MA-Schr. 53, 1984 – Lex. zur Gesch. der Kartographie von den Anfängen bis zum ersten Weltkrieg, bearb. von I. KRETSCHMER, J. DÖRFLINGER, F. WAWRIK (Die Kartographie und ihre Randgebiete. Enzyklopädie, hg. A. ARNBERGER, C/1, 2), 1986 – The Hist. of Cartography I, hg. J. B. HARLEY, D. WOODWARD, 1987, 281–501 – EI² II, 575ff. – A. MIQUEL, La géographie humaine du monde musulman jusqu'au milieu du 11e s., 1–4, 1967–88.

II. BYZANZ: Byz. Beiträge zur wissenschaftl. G. beschränkten sich auf die Tradierung der antiken G. (Strabon, Ptolemaios), ferner die Anfertigung von Exzerpten und Kommentaren. Der Küstenschiffahrt, die für die Praxis fast allein in Frage kam, dienten die Portolane, deren Texte, zum Teil auch mit (metabyz.) Karten, erhalten blieben. Ein Sonderfall ist das im Rahmen des Zeremonienbuchs →Konstantins VII. überlieferte Stadiodromikon, ein Portolan, der bei der großangelegten, allerdings fehlgeschlagenen Expedition gegen das von den Arabern besetzte →Kreta (949) verwendet wurde und von Konstantinopel entlang der W-Küste Kleinasiens über Thera nach Kreta führte.

Die Erweiterung des Weltbildes hing mit der Wirtschaftsgesch. zusammen (→Kosmas Indikopleustes [Indienhandel!]; byz. Mönche im Auftrag Ks. Justinians I. wegen des »Geheimnisses« der Seidenraupenzucht in Zentralasien (→China; →Indien), aber auch mit dem Missionierungseifer der Byzantiner (Reich von Aksum [= Äthiopien], Südarabien und ind. Westküste, 4./5. Jh.). Die →»Expositio totius mundi et gentium« (Mitte 4. Jh.) ist in ihrem ersten Teil, der von Ländern ö. von Indien ausgeht, von Phantasie beherrscht, zeigt aber ebenso wie die kürzere »Reise vom Paradies Eden bis zu den Römern« das Bestreben, den Blick über den ind. Bereich hinaus zu erweitern. – Topograph. Listen wurden im Hinblick auf zivile und kirchl. Verwaltung angelegt, nicht ohne in ihrer

Verwendbarkeit durch das Archaisieren der Ortsnamen (Mimesis der Antike) beschränkt zu bleiben.

Das kosm. Weltbild der Byzantiner folgte teils dem AT, teils den antiken Geographen und Pythagoras, welche die Kugelgestalt der Erde in der Mitte des Kosmos und einen kugelförmigen Himmel vertraten. Gegen diese Auffassung nahm Kosmas Indikopleustes Stellung. Seine »Christliche Topographie« aus der Mitte des 6. Jh. ist eine indirekte Polemik gegen den Harmonisierungsversuch zw. Genesis und heidn.-antikem Weltbild, den der alexandrin. Aristoteleskommentator →Johannes Philoponos vorgelegt hatte. Kosmas versteht die Aussagen der Bibel wörtlich, hält die Erde für eine rechteckige Scheibe und vergleicht den Himmel mit der gewölbten Decke eines Zimmers. Tag und Nacht werden durch einen mächtigen Berg im N erklärt, hinter dem die Sonne verschwindet und wieder auftaucht. Dieser in sich geschlossene Kosmos ist in die ird. Welt und die himmlische geteilt, wo sich das Himmelreich der Bibel befindet. Eine große Zahl von Hss. und Übersetzungen in slav. Sprachen weisen zwar auf die Beliebtheit des Buches hin, aber gebildete Byzantiner wie →Photios haben Kosmas als »Märchenerzähler« abgewertet.

Das umfangreichste geogr. Werk aus byz. Zeit ist das Lexikon »Ethnika« des Stephanos v. Byzanz. Unter Verwertung eines gewaltigen Quellenmaterials schuf der Autor ein Nachschlagewerk über die Völker, Länder und Städte der Oikumene, das nach den restaurativen Feldzügen Ks. Justinians I. im w. Mittelmeer zweifellos eine »Marktlücke« füllen sollte. Das Riesenwerk in 55–60 B. ist nur in einer Epitome erhalten. Auf die grammat. und orthograph. korrekte Wiedergabe der Toponyme hat der Autor großen Wert gelegt. Der ebenfalls in die Regierungszeit Justinians zu setzende »Synekdemos« (= Reisebegleiter, Vademecum) des Hierokles gibt Auskunft über 64 Provinzen und 923 Städte, die zum Imperium gehörten. Ein verwandtes Werk ist aus der Feder des Georgios v. Kypros (7. Jh.) vor; im Laufe der Überlieferung wurde es mit einer Notitia (Liste) der Diöz. Konstantinopel kombiniert und bildet damit auch eine Quelle der »kirchl. Geographie« von Byzanz. – In dem auf Veranlassung Ks. Konstantins VII. geschriebenen Werk »De thematibus« findet man Aufschluß über die Namen der →Themen und Provinzstädte, ihre Etymologie und die verschiedenen Umbenennungen (Metonomasie). – Im Auftrag des Normannenkg.s →Roger II. verfaßte der Mönch →Neilos Doxapatres 1142/43 eine Abhandlung über die Entstehung der 5 Patriarchate und deren geogr. Ausdehnung. Der intelligente Autor schrieb kirchenpolit. im Sinne des Patriarchats v. Konstantinopel.

Der hochgelehrte Ebf. v. Thessalonike →Eustathios (12. Jh.) verfaßte einen Komm. (Parekbolai) zu der G. des Dionysios Periegetes (2. Jh.). Neben Strabon und Stephanos zieht Eustathios verschiedene antike Autoren zu seiner bunt gemischten Sach- und Spracherklärung heran, die stets für ein Auditorium von Schülern berechnet ist. Auch die beiden geogr. Texte des →Nikephoros Blemmydes (13. Jh.) waren für die Schule gedacht; der ausführlichere bietet eine mäßige Prosaparaphrase des Dionysios Periegetes, die hinter jener des Eustathios zurücksteht. – Der Philosoph Georgios Gemistos →Plethon (1. Hälfte 15. Jh.) trug mit seinen Exzerpten zur Kenntnis Strabons in Italien bei.　　　　　　　　　　　　　　　　　　　H. Hunger

Lit.: RAC X, 1976, 155–222 [W. WOLSKA-CONUS] – HUNGER, Profane Lit. I, Kap. G., 507–542.

Geographus Bavarus, sog. (besser: »Ostfrk. Völkertafel«; irrig: »St. Emmeramer Völkertafel«), enthält eine Aufreihung von Namen slav. Stammesgebiete jenseits der Ostgrenze des Frankenreiches, denen in der Regel die Zahl der dem Stamme zugehörigen Burgen (→civitates, III) beigefügt wird. Die einzige erhaltene Hs. findet sich in einer Sammelhs. der Bayer. Staatsbibl., München, Clm 560, die Texte math. und astronom. Inhalts vereinigt. Die verschiedenen Hände des 2. Teils dieses Cod. sind fast sämtl. in die 2. Hälfte des 9. Jh. zu setzen und ein und demselben Skriptorium des Bodenseeraumes zuzuweisen. Von merklich abweichender Hand der Zeit »um 900« ist diesem 2. Teil der Text des G.B. angefügt (fol. 149ᵛ, 150ʳ); da der Text sich in vier, nach ihrem formalen Bau deutl. voneinander abgehobene Teile gliedert, sind in seiner Entstehung sehr wahrscheinl. mehrere Phasen zu unterscheiden. Über gattungsgesch. Zugehörigkeit, Entstehungszeit, -ort und -weise, Urheber, Überlieferungs- und Textgesch. besteht nur teilweise ein Konsens.

Der 1. Teil, der ausschließl. Stammesgebiete in der unmittelbaren Nachbarschaft des Frankenreiches nennt und auf den allein der Titel »Descriptio civitatum et regionum ad septentrionalem plagam Danubii« zu beziehen ist, bindet sich an das Formular, das auch einigen Redaktionen spätröm. laterculi provinciarum zugrunde liegt, bes. der »Notitia Galliarum«. Nach seinem Inhalt ist der 1. Teil auf jeden Fall in das 9. Jh., am ehesten »bald nach 844« zu setzen. Der Inhalt sowie die formale Zugehörigkeit zum Genus der laterculi provinciarum lassen auf Entstehung am ostfrk. Kg.shof oder in dessen Umkreis schließen. Angesichts der Herkunft der Hs. sowie nach anderen Indizien kommt als Urheber dieses Teiles Grimald (Abt des im G.B. gen. Kl. Weißenburg, später auch von St. Gallen), Erzkaplan und ztw. Kanzler Kg. Ludwigs d. Dt. in Betracht. Demnach stellt der 1. Teil ein offiziöses Dokument dar, dazu bestimmt, der Slavenpolitik des Kg.s zu dienen. Der 2. Teil enthält fast ausschließl. sonst unbekannte und schwer deutbare Stammesnamen. Da ferner die hier den Namen beigefügten Burgenzahlen unglaubhaft hoch sind, unterliegt sein Quellenwert stärksten Zweifeln. Die beiden letzten Teile bieten dagegen wertvolle Ergänzungen, mit Stammesnamen vornehmlich der →Lausitz und →Schlesiens.　　　W. H. Fritze

Ed.: S. ZAKRZEWSKI, Opis grodów i terytoryów z północnej strony Dunaju czyli t. zw. Geograf Bawarski, 1917 [Komm., Lit.] – B. HORÁK – D. TRÁVNÍČEK, Descriptio civitatum ad septentrionalem plagam Danubii (t. zw. Bavorský geograf), 1956 [Komm., Lit.] – E. HERRMANN, Slaw.-germ. Beziehungen im südostdt. Raum von der Völkerwanderung bis zum Ungarnsturm. Ein Quellenbuch, 1965, 212–221 [Komm.] – NOVÝ, Böhm. Staat I, 131–149 [Komm.] – *Lit.:* Repfont IV, 171f. [Lit.] – SłowStarSłow II, 93f. [Lit.] – B. BISCHOFF, Die südostdt. Schreibschulen und Bibl. der Karolingerzeit I, 1940, 262–W. H. FRITZE, Die Datierung des G.B. und die Stammesverfassung der Abodriten, 1951/52 [Neudr.: DERS., Frühzeit zw. Ostsee und Donau, hg. L. KUCHENBUCH – W. SCHICH, 1981, 111–126; Lit.-Nachtr. 438–440] – DERS., Zu einer Ed. des sog. Baier. Geographen, 1961 [Neudr. a.a.O., 127–129, Erg. 440f.] – F. GRAUS, Die Nationenbildung der Westslawen im MA, 1980, 191 [Lit.] – L. DRALLE, Die Slaven an Havel und Spree, 1981, 42–45.

Geographus Ravennas (Anonymus Ravennas), Autor einer in fünf Bücher eingeteilten lat. (?) Kosmographie der bekannten Welt von Indien bis Afrika/Europa kompilator. Charakters um 700. G.R. hat neben teils nur zu vermutenden kartograph. Vorlagen (bes. ein röm. Itinerar, dem die →Tabula Peutingeriana nahesteht) und der Bibel zahlreiche, z. T. verschollene, einschlägige Werke der Antike und des frühesten MA benützt und →Iordanes, eine seiner Hauptquellen für N-Europa, bes. geschätzt. Beachtenswert ist die Beschreibung einer (geosteten) Weltkarte im 1. Buch ohne Gradnetz, dafür mit Gliederung der Erde in 24 Sektoren (Ausgangspunkt in oder bei Ravenna). Die religiös eindeutige Haltung des G. R. erlaubt es dennoch nicht, ihn als Vertreter typ. christl. Geographie zu bewerten. Sein Werk blieb, trotz gewisser Verbreitung und Wertschätzung, ohne wesentl. Folgewirkung.   M. Kratochwill

Ed.: Itineraria Romana, II: Ravennatis Anonymi Cosmographia ..., ed. J. SCHNETZ, 1940 – Ravennas Anonymus: Cosmographia, 1951 [übers. J. SCHNETZ] – *Lit.:* J. SCHNETZ, Unters. zum Geographen v. Ravenna, 1919 – DERS., SBA. PPH, 1942, 6 – B. STOLTE, De Cosmographie van den Anonymus Ravennas, 1949 – WATTENBACH-LEVISON-LÖWE I, 69.

Geometres, Johannes, bedeutender byz. Dichter und Rhetoriker, * wohl um 930, schlug er die Militärlaufbahn ein (Titel Protospatharios hs. überliefert), die er unter →Johannes I. Tzimiskes, wohl wegen seiner massiven Kritik an der Liquidierung von dessen Vorgänger, beenden mußte. Für eine spätere kirchl. Laufbahn (Mönch, Metropolit v. Melitene) gibt es, in der Bewertung jedoch umstrittene, Anhaltspunkte. Der Beiname Kyriotes könnte auf Herkunft aus dem Stadtviertel Ta Kyrou oder auf das Kl., in das er sich nach der Entlassung aus dem Staatsdienst zurückzog, hindeuten. Lit. Tätigkeit ist zw. 959 und 989/90 nachweisbar: U. a. Epigramme und umfangreichere Gedichte zu verschiedenen religiösen und profanen Themen, oft mit menschl. und polit. (Treue zu →Nikephoros II. Phokas) Engagement, eine Paraphrase der bibl. Cantica in byz. Zwölfsilbern sowie vier Marienhymnen (Chairetismoi) und Nachdichtungen der →Apophthegmata Patrum (Paradeisos, Zuweisung nicht ganz sicher), jeweils in eleg. Distichen. In Prosa v. a. Homilien, Scholien (zum NT sowie zu Gregor v. Nazianz und Johannes v. Damaskos) sowie Werke zur rhetor. Theorie (in spätere Hermogenes-Komm. eingeflossen) und Praxis (Progymnasmata, teilweise in Briefform). Einiges ist noch unediert.   W. Hörandner

Ed.: Noch keine krit. Gesamtausg. – MPG 106, 805–1002 – J. A. CRAMER, Anecdota Graeca Paris. IV, 1861, 266–388 – J. SAJDAK, Spicilegium Geometreum [I.] II, Eos 32, 1929, 191–198; 33, 1930–31, 521–534 – DERS., Joannis Kyriotis Geometrae hymni in SS. Deiparam, 1931 – S. G. MERCATI, Collectanea Byz., I, 1970, 406–431; II, 252–259 – W. HÖRANDNER, Misc. Epigrammatica, JÖB 19, 1970, 109–119 – A. R. LITTLEWOOD, The Progymnasmata of John G., 1972 – R. MAISANO, Uno scolio di Giovanni Geometra a Giovanni Damasceno, Studi Salernitani in mem. d. R. CANTARELLA, 1981, 493–503 – *Lit.:* BECK, Kirche 553f. – HUNGER, Profane Lit. I, 83; II, 169 – Tusculum-Lex., 1982³, 273f. – F. SCHEIDWEILER, Stud. zu J. G., BZ 45, 1952, 277–319 – J. DARROUZÈS, Inventaire des épistoliers byz. du Xᵉ s., RevByz 18, 1960, 120f. – P. SPECK, Zur Datierung des sog. Paradeisos, BZ 58, 1965, 333–336 – C. A. TRYPANIS, A Possible Portrait of J. G. Kyriotes, Essays in Mem. of B. LAOURDAS, 1975, 301f. – A. R. LITTLEWOOD, A Byz. Oak and its Classical Acorn, JÖB 29, 1980, 133–144.

Geometrie/Erdmessung

I. Geometrie – II. Erdmessung.

I. GEOMETRIE: G. (griech. 'Land-, Erdmessung', abgeleitet von der Feldmeßkunst der Ägypter [Herodot II, 109]). Im MA machte man einen Unterschied zw. einer theoret. und prakt. G. Bereits →Hugo v. St. Victor sagt in seiner Wissenschaftslehre (dem Didascalion), daß jede geometr. Lehre entweder theoretisch, d. h. spekulativ, oder aber praktisch, d. h. aktiv, sei; die erste sei die Grundlage der zweiten, deren sich die Zimmerleute, Schmiede u. a. bedienten. Die Bücher über »prakt. G.« geben Lösungsregeln für die am häufigsten auftretenden Probleme und gehen auf die röm. Feldmesserschriften (→Vermessung) zurück. Die wichtigsten Vertreter sind »Artis cuiuslibet consummatio« (anon. 12. Jh.); »De arte mensurandi«, fertiggestellt von →Johannes de Muris (14. Jh.) und »Practica Geometrie« von →Dominicus de Clavasio (1346). Die

Kenntnis der theoret. G. war im MA bis zu den Übersetzungen der »Elemente« von →Euklid im 12. Jh. recht niedrig. Im 13. Jh. wurde die →Adelard v. Bath zugeschriebene Version II am meisten benutzt, aber es gab auch Mischfassungen. Am Ende des 13. Jh. wurde diese Version durch die für mehr als zwei Jh. maßgebl. Revision der Euklidischen »Elemente« von →Campanus v. Novara verdrängt, die Zusätze aus der »Arithmetica« von →Jordanus Nemorarius enthält. Im 14. Jh. bildete sich in Oxford und Paris eine bemerkenswerte Richtung der ma. G. heraus: die Lehre von der Intensität der Formen (→Latitudines formarum). Mit Hilfe dieser Theorie berechnete v. a. →Nikolaus v. Oresme Summen unendl. Reihen. Von ihm stammt auch der Beweis für die Divergenz der sog. harmon. Reihe, der in seinem Werk »Quaestiones super geometriam Euclidis« gegeben wird. Für weitere Angaben s. →Mathematik, →Vermessung.
                    H. L. L. Busard

Lit.: A. P. JUSCHKEWITSCH, Gesch. der Mathematik, 1964 – M. CLAGETT, Nicole Oresme and the Medieval Geometry of Qualities and Motions, 1968 – LON. R. SHELBY, The Geometrical Knowledge of Mediaeval Master Masons, Speculum 47, 1972, 395–421 – S. K. VICTOR, Practical Geometry in the High MA: Artis cuiuslibet consummatio and the Pratike de geometrie, 1979.

II. ERDMESSUNG: Die Erdumfangsmessung wird von antiken wie ma. Autoren in astronom. Zusammenhang (→Astronomie) gesehen. Aus dem Umfang berechnete man zum einen den Erddurchmesser, der als Maß für himml. Distanzen diente, zum anderen das Erdvolumen, mit dem andere Himmelskörper verglichen wurden. Die von Eratosthenes und Poseidonios vorgenommenen, auf Messungen beruhenden Erdumfangsberechnungen, deren Methode Kleomedes überliefert hat, und auf die sich auch Ptolemaios trotz seiner Kritik stützte, hat im MA wohl nicht direkt Eingang gefunden. Der von Ptolemaios im →»Almagest« zu gering angenommene Umfang wurde auch nicht direkt kritisiert.

Arab. Astronomen, die im Auftrag des Kalifen al-Maʾmūn Erdumfang und -durchmesser bestimmten, wandten eine andere Methode an, über die →al-Farġānī in seinen »Ǧawāmiᶜ« (lat. Elementa) berichtet: Ein Grad wird gemessen, indem man einen Meridian entlang geht und den ird. Abstand mißt, während man mit dem →Astrolab beobachtet, daß man die einem himml. Grad entsprechende Strecke zurücklegt. →Al-Bīrūnī erörtert in seinem »Taḥdīd al-Amakin« verschiedene Methoden der Gradmessung, darunter folgende neue Anweisung: Von einem Berg aus mit bekannter Höhe in Meeresnähe bestimme man mittels Astrolab die Depression (α), um dann

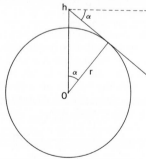

Fig. 5: Methode der Erdmessung nach al-Bīrūnī.

auf trigonometr. Weg den Erdradius zu berechnen. Diese Rechnung wurde in der Nähe von Nandana in Indien durchgeführt und ergab einen Erdumfang von umgerechnet 41 550 km.

Die am weitesten bekannt gewordenen Erörterungen des Erdumfanges im lat. Abendland sind in drei Schriften von Pierre d'→Ailly enthalten, die Christoph Kolumbus vor seiner ersten »Indien«-Reise studiert und kommentiert hat: Ymago mundi, Epilogus mappae mundi und Cosmographiae compendium nr. 2. Pierre d'Ailly empfiehlt darin die von al-Farġānī überlieferte Methode. Ein Grad entspricht nach Pierre d'Aillys Kenntnis 700 Stadien, deren Umrechnung in Meilen, Schritt und Fuß er ausführl. diskutiert. Sie entsprechen etwa 133 km; nach heutiger Kenntnis ist ein Längengrad im Breitenbereich zw. 0° und 40° zw. ca. 110 und ca. 112 km lang. Teilweise gleichlautend berichtet →Nikolaus v. Oresme über die Erdumfangmessung. Pierre d'Ailly beruft sich außer auf ihn auch auf die Schrift »Sphaera« von →Johannes Sacrobosco und die Elementa von al-Farġānī. Sacrobosco seinerseits hatte auch den »Almagest« als Quelle genannt.

U. Lindgren

Q. und Lit.: J. B. J. DELAMBRE, Hist. de l'astronomie du m-â, 1819 – E. WIEDEMANN, Bestimmungen des Erdumfangs von Al-Biruni, AGNT 1, 1908 – E. BURON, Ymago Mundi de Pierre d'Ailly… 3 Bde, 1930 – L. THORNDIKE, The Sphere of Sacrobosco and its Commentators, 1949 – E. S. KENNEDY, A Comm. upon Bīrūnīs Kitāb Taḥdīd al-Amākin, 1973 – DERS., Applied Mathematics in the 10th Century, Abū'l-Wafa' calculates the distance Baghdad-Mecca, HM 11, 1984, 193–206.

Geometrisches Quadrat, Instrument zur Messung von Höhenwinkeln (eines Turms oder Sterns usw.), besteht aus einer viereckigen Platte mit eingeschriebenem, in Grade geteilten Viertelkreis und einer Alhidade zur Visierung, entweder mit Dioptern oder mit Gnomonen. Das G. Qu. steht vertikal auf einer horizontalen Ebene, wobei seine Vertikalität durch ein Bleilot kontrolliert werden konnte. Dieses Instrument erfuhr im 12.–16. Jh. eine vergleichsweise große Verbreitung, die auch durch ein recht umfangreiches, aber schwer zugängliches Quellenmaterial (meist sehr kurze, oft anonyme Beschreibungen oder Gebrauchstexte) belegt wird. Es sind lediglich einige – sehr schön und raffiniert gestaltete – Exemplare aus dem späten 16. Jh. erhalten.

E. Poulle

Lit.: A. RHODE, Die Gesch. der wiss. Instrumente, 1923, 65 – E. ZINNER, Dt. und Ndl. astronom. Instrumente des 11.–18. Jh., 1967², 187–191.

Geoponika, byz. Werk in 20 Büchern zur Landwirtschaft, kompiliert um die Mitte des 10. Jh. im Auftrag des Ks.s →Konstantin VII., beruht im wesentl. auf antiken, z. T. aber auch oriental. (pers.) Überlieferungen. Vgl. im einzelnen →Landwirtschaft (landwirtschaftl. Literatur in Byzanz).

Lit.: HUNGER, Profane Lit. II, 273f.

Georg (hl., Märtyrer), Fest 23. April.
I. Legende – II. Kultverbreitung – III. Ikonographie in Westeuropa – IV. Ikonographie im byzantinischen Bereich.

I. LEGENDE: G.s Leben und Martyrium ist nur durch die Legende überliefert. Diese schildert in ihrem Kern einen im Kriegsdienst stehenden Kappadokier, der wegen seines Bekenntnisses zum Christentum i. J. 303 in Lydda (Diospolis) vom heidn. Herrscher (Ks. Diokletian) gemartert und enthauptet wird. Als älteste Q. für eine apokryphe, bes. grausame Legendenfassung, deren Urtext nicht erhalten ist, gilt der Wiener Palimpsest aus dem 5. Jh. Vollständigere, lat. Fassungen der urprgl. griech. Legende stammen aus dem 9. Jh. Die erste erhaltene Übersetzung in ahd. (Leich des hl. Georg) durch den Mönch Otfried (9. Jh.), Bearbeitungen Ende des 12. Jh. durch ein frz. Gedicht des Simund de Freine und durch ein mhd. Gedicht des Reinbot v. Durne (um 1260). Die schon im 5. und 7. Jh. gereinigte griech. Fassung der Legende vertritt um 1000

eine engl. Bearbeitung durch →Ælfric. Die einflußreichste und ausgereifteste Version der gereinigten Legendenfassung, in die auch die vor dem 12. Jh. nicht nachweisbare Drachenkampfepisode mit der Errettung der Prinzessin harmonisch eingefügt ist, findet sich in der »Legenda aurea« des →Jacobus de Voragine (1263–73).

II. KULTVERBREITUNG: Bereits das pseudo-gelasian. Dekret (nach 565) und das Konzil von 692 wiesen die Legende als apokryph zurück. Der Kult gelangte aus dem vorderen Orient über Konstantinopel, einschließl. Ägyptens und Äthiopiens, nach Osteuropa, von Rom aus (482 S. Giorgio in Velabro) nach Mittelitalien und erfaßte im 6. Jh. weite Teile Mitteleuropas. Georgskirchen und -kl. sind seit dem 6. Jh. n. und w. der Alpen, z. B. in Mainz, Chelles bei Paris, im Maasgebiet und in Burgund bekannt. Neben Missionaren und Pilgern (schon um 530 wird sein angebl. Grab in Lydda als Ziel der Palästinapilger erwähnt) waren es v. a. Soldaten, die den Kult ihres Hl.en weitertrugen. Einen Höhepunkt erlebte die Verehrung G.s – Schlachtenhelfer seit der Eroberung Jerusalems – während der Kreuzzüge. G. wird zum Schutzpatron der Deutschherren, Templer und nach deren Vorbild auch anderer Orden und Bruderschaften, zum Patron von Burgen, Städten und Herrscherhäusern. England wird zu einem Schwerpunkt der G.sverehrung, ebenso wie Katalonien und Aragón, Frankreich, Portugal, Rußland, Schweden und Ungarn und andere Länder erwählte es ihn zum Landespatron. Auf den Reliquien- und Votivkult gehen viele G.sbilder, häufig Reliquiare, zurück. Volkstüml. Verehrung erhält G. im späteren MA als erster der 14 →Nothelfer und bei Drachenstichmysterienspielen.

III. IKONOGRAPHIE IN WESTEUROPA: Dargestellt werden die Legende in zykl. Fassungen mit Szenen aus dem Martyrium seit dem frühen 12. Jh. oder der hl. G. als Einzelfigur, zuerst aufrecht stehend und gerüstet als miles Christi mit Palme, (abgebrochener) Lanze, Schwert, Schild und als Siegbannerträger mit der Fahne mit dem roten Balkenkreuz und später als Drachenkämpfer mit dem toten oder sich wehrenden Drachen zu seinen Füßen. Ab dem 14. Jh. wird die Darstellung des Drachenkampfes zu Pferd (aus der östl. Herrscherikonographie) auch in Westeuropa immer beliebter, häufig mit der Prinzessin und der Stadt im Hintergrund. Eine Differenzierung und Spiritualisierung der G.sverehrung seit dem späteren MA, die in G. den Ritter Mariä auf Erden sieht, als Pendant zum hl. Michael im Himmel, läßt ihn schließlich in immer reicheren Bildzusammenhängen erscheinen. – S. a. →St. Georgsorden.

K. Pollems

IV. IKONOGRAPHIE IM BYZANTINISCHEN BEREICH: Als früheste Beispiele gelten eine Wandmalerei in Bawit (Äg., N-Kirche, 6./8. Jh.) und die Marienikone (6./7. Jh.) im Sinai-Kl. Die Aufnahme in die Bildprogramme der Kirchen oder von solchen abzuleitende (u. a. Limburger Staurothek bzw. Elf.-Triptychon im Pal. Venezia in Rom [10. Jh.] erfolgte wohl im Zusammenhang mit dem mehrfach bezeugten wie verbotenen (Patriarch Nikephoros I. 806–815) offiziellen liturg. Gebrauch der Vita. Die geläufigsten Typen in Byzanz sind: der Krieger mit Waffen, stehend, sitzend (Ikone des 13. Jh. in Sofia, Marmorrelief S. Marco in Venedig) oder als Halbfigur; als Märtyrer in Hoftracht mit Chlamys und Kreuz (Marienikone Sinai, Elf.-Triptychon im Pal. Venezia, Rom, oder Email auf dem Stavelot-Triptychon, New York, Pierp. Morgan Libr.); als Krieger zu Pferd, meist einem Schimmel, auch den Drachen bzw. die Schlange als Personifikation des Bösen (Reliefs von Achtamar in Armenien 9. Jh.) oder Diokletian (Silberikone aus Nagipari in Georgien 11. Jh.)

niederstechend bzw. später als Befreier der Jungfrau/ Königstochter (Kastoria, H. Anargyroi, Ende 12. Jh.). Der Hl. ist häufig mit anderen, meist →Kriegerhl. en gruppiert, mit den Theodoroi oder mit Demetrios (Harbaville-Triptychon im Louvre, Paris u. a., so schon Marienikone Sinai). Szenische Darstellungen des Martyriums in monumentalen Bildprogrammen (Göreme Kapelle 9 und 16, 10. bzw. 11. Jh.; Staro Nagoričino 1216/17) oder als Randbilder auf Ikonen (Sinai, Katharinenkl., mehrere Ikonen der Komnenen-Zeit, Athen Byz. Mus., Relief-Ikone 13. Jh.) sind bereits ziemlich früh anzutreffen.

M. Restle

Q. und Lit.: AASS Aprilis Tom.III, Antwerpen 1675, 23. Apr., 100–163 De S. Georgio – Legenda Aurea vulgo lombardica dicta, ed. TH. GSAESSE, 1890–LCI VI, 365–390–J. B. AUFHAUSER, Das Drachenwunder des hl. Georg, Byz. Archiv 5, 1911 – K. KRUMBACHER, Der hl. G. in der griech. Überl., AAM XXV. 3, 1911–J. MYSLIVEC, Der hl. G. in der östl.-christl. Kunst, Byz.slav. 5, 1933/34, 304–375–H. BRÜGGEMANN, Beitr. zur Gesch. der G.sverehrung, 1943 – P. DESCHAMPS, La légende de St. Georges et les Combats des Croisés dans le MA, 1950– M. MAIER, Früher G.skult im altbayer. Raum, 1965 – M. SCHWARZ, Der hl. G., 1972–S. BRAUNFELS-ESCHE, St. G., 1976 [Lit.]–T. MARKWEINER, Narrative Cycles of the Life of St. George in Byz. Art, 1977 [Lit.]–K. DORSCH, G.szyklen des MA, 1983 [Lit.].

Georg (s. a. Georgios, George, Jurij)

1. G. v. Podiebrad (Poděbrad), *Kg. v.*→*Böhmen,* * 1420, † 22. März 1471; aus der großen mähr. Adelsfamilie der Kunštát (Kunstadt), Sohn des Viktorin v. Kunštát und Poděbrad; ∞ 1. Kunhuta v. Sternberg, 2. Johanna v. Rožmital; vier Söhne: u. a. Viktorin – G.s Vater zählte zu den Anhängern des hussit. Hauptmanns Jan →Žižka. Nach dem Tod der Eltern (1427) wurde G. in Mähren von seinem Onkel Boček v. Kunštát erzogen, mit dem er gemeinsam 1434 bei→Lipany auf seiten der konservativen Hussiten gegen die →Taboriten kämpfte. Innerhalb der Gruppe der Kalixtiner (→Utraquisten) trat G. als Mitglied des Landgerichts in die ständ. Politik ein. Er baute von Anfang an eine reiche Familienherrschaft in Ostböhmen auf und stand 1444 an der Spitze einer Koalition der ostböhm. Stände. Durch List bemächtigte er sich 1448 der Stadt→Prag und stellte sich an die Seite des jungen Habsburgers →Ladislaus Postumus. Nach der Eroberung von →Tábor (1452) wurde G. vom Landtag zum Gubernator gewählt und vereinigte auch nach Ladislaus' Königswahl dieses Amt mit dem des Landeshauptmanns. Nach Ladislaus' Pesttod (1457) wurde G. von seinen Gegnern zu Unrecht des Giftmords beschuldigt.

Am 2. März 1458 vom Landtag zum Kg. v. Böhmen gewählt, bemühte er sich erfolgreich um Wiedereingliederung der entfremdeten nordböhm. Gebiete und stellte die Oberhoheit der böhm. Krone über die sog. Nebenländer (Lausitz, Schlesien) wieder her. G., der als Monarch über »beiderlei Volk«, Calixtiner wie Katholiken, herrschte, hatte bereits vor seiner Königswahl dem päpstl. Gesandten heimlich versprochen, alle Ketzerei in Böhmen auszurotten, verfolgte als treuer Anhänger der →Basler Kompaktaten jedoch schließlich nur die böhm. →Brüdergemeinde. Er geriet so mit Papst →Pius II. in einen Konflikt, dem er auch durch die Entsendung einer Gesandtschaft nach Rom, die dem Papst in seinem Namen huldigte, nicht zu entschärfen vermochte. Pius II. erklärte am 31. März 1462 die Basler Kompaktaten für ungültig und forderte G. auf, sich der päpstl. Entscheidungsgewalt zu unterwerfen, was dieser entschieden ablehnte. G. wurde daraufhin 1464 von Pius II. zum Ketzer erklärt und nachfolgend exkommuniziert. Der kath. Widerstand gegen den »Ketzerkönig«, der sich unter maßgebl. Führung Zdeneks v. →Sternberg im Nov. 1465 in der Liga v. Grünberg formierte, wurde u. a. von schles. Ständen (namentl. →Breslau) sowie von mähr. Prälaten und Städten aber auch von kath. Adligen in Böhmen getragen. Verbunden mit dem religiös-kirchl. Gegensatz war die Unzufriedenheit der Stände mit dem energischen Vorgehen G.s, der bestrebt war, nach langen Jahren des Interregnums wieder die monarch. Zentralgewalt zu festigen.

Konnten die Königlichen in Böhmen bereits in der Frühphase des Kampfes zahlreiche Burgen ihrer Widersacher erobern, so stieß ihr Vorgehen in Schlesien und Mähren auf größere Schwierigkeiten. Eine neue Phase des Konflikts setzte ein, als der Kg. v. Ungarn, →Matthias Corvinus, im Okt. 1465 die Führung des Kreuzzugs gegen G. übernahm. G. intensivierte demgegenüber seinen schon länger verfolgten Plan einer internationalen Zusammenarbeit von Fs.en und Kg.en: Bereits 1462 hatte er ein allgemeineurop. Fürstenbündnis gegen die Türken (→Türkenkrieg), auf der Grundlage der nationalen Souveränität der einzelnen Staaten, vorgeschlagen. 1464 wandte er sich an alle europ. Herrscher mit dem Entwurf eines Friedensvertrags, der, gegen die päpstl. Suprematie gerichtet, alle christl. Monarchen und Fs. en einigen sollte. Konkret schloß G. Verträge mit seinen Nachbarn, v. a. mit Ks. →Friedrich III. und mit den Wettinern in Sachsen. Bei seinen großangelegten diplomat. Aktionen standen ihm so bedeutende Gegner der päpstl. Politik wie Martin →Mayr und →Gregor v. Heimburg sowie der Italiener Antonio Marini zur Seite.

Matthias Corvinus erzielte unterdessen große militär. Erfolge in Mähren, wurde aber bei dem Versuch, nach Böhmen vorzudringen, besiegt und gefangengenommen (1469), gegen ein Versprechen des Friedens und der Fürsprache in Rom wieder freigelassen. Zur Abwehr der dauernden Angriffe der Kreuzfahrer schloß G. ein Bündnis mit Kg. →Kasimir IV. v. Polen; obwohl G. selbst vier Söhne hatte, bot er den →Jagiellonen an, nach seinem Tode die Nachfolge in Böhmen zu übernehmen. Zur selben Zeit versuchten G.s sächs. Verbündete, in Rom eine Aussöhnung mit dem Papst zu erreichen. G. verstarb aber, bevor diese Unternehmungen reiften.

In der tschech. Tradition des 19. Jh. wurde der »hussit. Kg.« als nationaler Held und Vorkämpfer eines selbständigen böhm. Staates verherrlicht. J. Macek

Lit.: R. URBÁNEK, Věk poděbradský České dějiny III, 1–4, 1915–62 – F. G. HEYMANN, George of Bohemia King of Heretics, 1965 – O. ODLOŽILÍK, The Hussite King, 1965–J. MACEK, Jiří z Poděbrad, 1967 – BOSL, Böhm. Länder I, 537–568.

2. G. I. Terter, *bulg. Zar* 1280–92, * 2. Viertel des 13. Jh., † 1308/09. G., ein bulg. Adliger kuman. Herkunft (→Kumanen), dessen Familienbesitz um →Červen lag, war Groß-Logothet und Despot (1279). Nachdem er vor 1279 die – namentl. unbekannte – Schwester des Zaren →Ivan II. Asen geheiratet hatte, übernahm er nach dem Aufstand →Ivajlos und der Flucht von Ivan Asen III. die Macht als Zar. Während seiner Regierungszeit, die im Zeichen der polit. Krise stand, wuchs die bulg. Abhängigkeit von der →Goldenen Horde. 1281 schloß er sich der antibyz. Koalition →Karls v. Anjou an; im Gegenzug setzte ihn Byzanz erfolgreich unter Druck der Tataren. 1292 floh G. nach Byzanz, wo er bis 1301 lebte. Seine letzten Lebensjahre verbrachte er in einem Felsenkloster bei Červen. Ch. Matanov/I. Genov

3. G. II. Terter, *bulg. Zar* seit Nov. 1321, * Anfang des 14. Jh., † Nov./Dez. 1322, Sohn des Theodor Svetoslav und Enkel von 2. 1322 schaltete er sich in den byz. Bürgerkrieg ein und besetzte das Nordrhodopengebiet und Philippopel. Im Aug. 1322 erreichte er Adrianopel, was eine militär. Operation Andronikos' III. in Thrakien zur Folge hatte. Mit dem Tod G.s endete die Terter-Dynastie.

Ch. Matanov/I. Genov

Lit.: BLGS II, 32f. – Istorija na Bålgarija III, 1982, 294–301 – J. ANDREEV, Bålgarskite chanove i care VII–XIV v., 1988, 168–172.

4. G. (Đurađ) Branković, *serb. Despot* aus der Familie der →Brankovići, *um 1375, † 24. Dez. 1456 in Smederevo, nach seinem Vater, dem Territorialf.en Vuk Branković, auch G. Vuković (Volcouich) genannt, regiert seit 1397 gemeinsam mit Mutter und beiden Brüdern über einen Teil des väterl. Territoriums in südl. Serbien. Als Vasall des Sultans →Bāyezīd I. nahm G. 1402 an der Schlacht bei Angora (Ankara) teil und war im folgenden Jahrzehnt ständig an den Kämpfen zw. den Nachfolgern Bāyezīds I. beteiligt, mit denen auch innerserb. Konflikte verbunden waren. Nach 1410 versöhnten sich G. und sein Onkel Stefan Lazarević als die letzten männl. Nachkommen ihrer Familien; G. wurde 1412 zum Erben und Thronfolger Lazarevićs ernannt. Gleichzeitig erhielt er die Verwaltung der Länder seines Vaters (→Kosovo und die umliegenden Gebiete), nach 1421 auch die Territorien der ausgestorbenen Familie Balsici (→Balša) in →Zeta. Seit 1414 war G. in 2. Ehe mit der byz. Prinzessin Irene (Jerina) Kantakuzene (→Kantakuzenoi) vermählt. Trotz des Bemühens Lazarevićs, die Stellung seines Nachfolgers gegenüber Osmanen wie Ungarn abzusichern (1426 Vertrag v. Totis [Tata] mit Kg. →Sigmund v. Ungarn), hatte G. nach Lazarevićs Tod (19. Juli 1427) ernsthafte Schwierigkeiten bei der Machtübernahme; er mußte die Hauptstadt →Belgrad als ung. Lehen an Sigmund zurückerstatten, erhielt aber die ung. Besitztümer seines Vorgängers. Die von den Türken eroberten Gebiete wurden durch Friedensvertrag zurückgegeben, mit Ausnahme von →Golubac. Im Sommer 1429 erhielt G. vom byz. Ks. den Titel eines →Despoten. Zu Lebzeiten Sigmunds († 1437) konnte G. eine Politik doppelter Loyalität aufrechterhalten, verlor aber 1438 die südl. Hälfte Serbiens, im Aug. 1439 auch seine neue Hauptstadt →Smederovo an die Türken. Er lebte daher 1439–44 zumeist in Ungarn, wo er 1439 die Thronkandidatur seines Sohnes Lazar durchzusetzen versuchte. Nach deren Scheitern hielt er sich 1440–41 in Dubrovnik und Zeta auf, kehrte aber versöhnt mit dem neuen Kg. Władysław I. Jagiełło bald nach Ungarn zurück. G.s Reichtum erlaubte ihm die Finanzierung der Truppen Johann →Hunyadis (1443–44). Infolge des Friedens v. Adrianopel (Juni 1444) trat →Sultan Murad II. das eroberte Serbien an G. ab, der, fortan neutral, aus der christl. Koalition ausfiel, sich aber auf seiten seines Schwiegersohns, →Ulrich II. v. Cilli, gegen Johann Hunyadi in die innerung. Auseinandersetzungen einschaltete. Nach dem Fall von Konstantinopel lehnte sich G. wieder an Ungarn an und unterstützte Hunyadi (Türkeneinfälle 1454, 1456). Während die beiden älteren Söhne G.s 1442 auf Befehl Murads II. geblendet worden waren, fungierte der jüngste Sohn, Lazar, seit 1446 als Mitregent und designierter Nachfolger.

S. Ćirković

Lit.: BLGS I, 249f. – Č. MIJATOVIĆ, Despot Đurađ B., I–II, 1880–82 – JIREČEK II, 130–208 – Istorija srpskog naroda II, 1982.

5. G., *Kg. v.* →*Zeta (Dioclea),* *um 1082, † nach 1131 in Konstantinopel; Sohn des Kg.s Konstantin Bodin v. Zeta (1081–1101). Gestützt auf seine Mutter, erlangte G. nach Ermordung des Kg.s Vladimir, eines Onkels väterlicherseits, 1114 die Herrschaft. Seine gegen eine Abhängigkeit von Byzanz gerichtete Politik führte zur byz. Intervention (1118). Mit Hilfe von Truppen des Župans →Uroš I. v. Raszien, wohin G. geflohen war, gelang es diesem 1125,

den von den Byzantinern eingesetzten Kg. Grubeša zu stürzen. Seinerseits befreite G. bald darauf Uroš I., den seine Rivalen gefangengesetzt hatten. Durch Verrat fiel G. 1131 in byz. Gefangenschaft. G.s Biographie ist geprägt von den Kämpfen innerhalb seiner weitverzweigten Familie, mit der auch die Župane v. Raszien verbunden waren. Von G. ist ein Bleisiegel erhalten.

I. Djurić

Lit.: JIREČEK I, 242f. – F. ŠIŠIĆ, Letopis popa Dukljanina, 1928 – T. GERASIMOV, Un sceau en plomb de Georges fils du roi Bodine, Studia historico-psychologica serdicensia I, 1938 – Istorija Crne Gore I, 1967 [J. KOVAČEVIĆ] – Vizant. izvori za istoriju naroda Jugoslavije IV, 1971 [J. KALIĆ] – Istorija srpskog naroda I, 1981 [S. ĆIRKOVIĆ].

6. G. (Gjergj) Kastriota, gen. 'Skanderbeg', *Fs. im nordöstl.* →*Albanien,* Vorkämpfer des Widerstands gegen die Türkenherrschaft, *um 1405, †Jan. 1468 in Lezha. G. entstammte der Adelsfamilie der Kastrioti, die seit dem Ende des 14. Jh. zw. Drin und Mati auftreten und um 1417 in das nordalban. Küstengebiet ausgriffen: 1420 gewährte Jon (Ivan) Kastriota, G.s Vater, der Seerepublik →Ragusa (Dubrovnik) ein Privileg für das Gebiet von der Mündung des Ishmi bis nach Prizren. Im Vordergrund seiner Politik stand von dieser Zeit an der Versuch, die ven., ragusan. und türk. Interessen gegeneinander auszuspielen. 1419–21 kämpfte Jon Kastriota wie die anderen Fs.en gegen den Sultan, dem er 1423 seinen Sohn als Geisel ausliefern mußte. G. wuchs am osman. Hof auf und zeichnete sich im Heer aus (Beiname Skanderbeg 'Herr Alexander'). Während seine in den Aufstand von 1429–30 verstrickte Familie ihre wichtigsten Güter einbüßte, stieg G. in osman. Diensten auf: 1438 →subaşi v. Kruja, 1440 sanğaqbeg v. Dibra. 1443 fiel er jedoch ab, entfachte einen antitürk. Aufstand und machte Kruja zum Herd des Widerstandes. Er gründete 1444 gemeinsam mit anderen alban. Fs.en die Liga v. Lezha (→Alessio), deren militär. Oberbefehl er als Capitanus Generalis innehatte. Die versprochenen finanziellen Beiträge der Fs.en blieben jedoch stets gering und unregelmäßig. Dennoch beunruhigte die Liga nicht nur den Sultan, sondern auch →Venedig, das in Sorge um seine Stützpunkte (Durrës, Shkoder) 1447–48 den Kampf gegen G. eröffnete, mehrere Ligamitglieder zum Abfall veranlaßte und auch vor einem Zusammengehen mit den Türken nicht zurückschreckte. Im Kampf an zwei Fronten verlor G. die Festung Svetigrad (nahe Dibra) 1448 an Venedig; 1450 sah er sich mit dem türk. Vordringen (Einnahme von →Berat, Belagerung von Kruja) konfrontiert, konnte den Sultan jedoch zurückschlagen. G. suchte nun die Hilfe König →Alfons' V. v. Neapel, mit dem er am 26. März 1451 den Vasallitätsvertrag v. Gaeta schloß. Im Juli 1455 bei Berat besiegt, schlug G. die Türken 1457 bei Albulena (nahe Kruja) vernichtend. Venedig wich auch zurück, was ein Ergebnis der von →Pius II. im Zuge seiner →Türkenkrieg-Politik 1459 zustandegebrachten Konferenz v. Mantua war. 1461 hatte G. die Hände frei, um Kg. →Ferrante v. Neapel gegen seine mit dem Haus →Anjou verbündeten aufständ. →Barone beizustehen (Übertragung der Lehen Galatina, Galàtone und Soleto, nach 1468 Exilsort seiner Familie). Bei G.s Rückkehr nach Albanien (1462) war jedoch eine Reihe von Fs.en auf türk. und ven. Betreiben von der Liga abgefallen; der türk. Druck hatte sich verstärkt (Errichtung von →Elbasan). Doch gelang es G. in seinen letzten Lebensjahren, die Osmanen erneut zurückzudrängen (1466, 1467). Nachdem er verstorben war, zerfiel die Liga in kürzester Zeit.

G. hat keinen alban. Staat begründen können; angesichts des Fehlens einer übergreifenden polit. Struktur und eines zentralisierten Steuerwesens war das Oberhaupt der Liga finanziell zumeist auf die eigenen Domäneneinkünfte und den ihm gehörigen Zoll v. Suffada angewiesen. Verelendung und Auswanderung nahmen unter der alban. Bevölkerung bereits während seiner Regierungszeit drastisch zu. Der wirtschaftl. Verfall in Albanien bildet gemeinsam mit der meist illoyalen Haltung der alban. Fs. en die Hauptursache für das Scheitern des heroischen Widerstandes Skanderbergs. A. Ducellier

Lit.: BGLS IV, 134–137 – A. GEGAJ, L'Albanie et l'invasion turque au XV° s., 1937 – J. RADONIĆ, Đurađ Kastriot Skenderbeg i Arbanija u XV veku, 1942 – Actes de la 2° Conférence des Études Albanologiques, 2 Bde, 1968 – T. P. SIOKALA, Γεώργιος Καστριώτης ὁ Σκεντέρμπεης, 1975 – A. DUCELLIER, L'Albanie entre Byzance et Venise, 1987.

7. G. d. Reiche, *Hzg. v. Bayern-Landshut,* * vor 15. Aug. 1455 in Landshut, † 1. Dez. 1503 in Ingolstadt, ▢ Landshut, Kl. Seligenthal, ∞ 14. Nov. 1475 Jadwiga (Hedwig), Tochter Kg. Kasimirs IV. v. Polen. G. kaufte 1481 vom Gf.en Wilhelm v. Kirchberg dessen Gft. und 1486 von Hzg. Si(e)gmund v. Tirol die Mgft. →Burgau. Der Expansionspolitik G.s und →Albrechts IV. v. Bayern-München widersetzte sich der zweite →Schwäb. Bund, doch wurde der Krieg durch Vermittlung Kg. Maximilians vermieden: 1489 schloß G. unter Rückerstattung Burgaus mit dem Ks. Frieden, und auch der Schwäb. Bund verglich sich mit dem Hzg. G. erwarb 1494 und 1501 von den bürgerl. »Siedeherren« fast alle Salzsudrechte in →Reichenhall und begründete so das landesherrl. Salzmonopol. 1491 ließ er die Landshuter Landesordnung von 1474 ergänzen und 1501 neu fassen. G.s Testament von 1496, in dem der söhnelose Hzg. gegen die Verträge von 1392 und 1450 seine Tochter Elisabeth und ihren künftigen Gatten Pfgf. Ruprecht zu Erben einsetzte, löste 1503 den →Landshuter Erbfolgekrieg aus. G. Schwertl

Lit.: NDB VI, 199f. – SPINDLER II, 287–292 – S. v. RIEZLER, Gesch. Baierns III, 1889 [Neudr. 1964], 445–448, 490–583, 675.

8. G. v. Antiochien, siz. Würdenträger, † April/Aug. 1151. Obwohl Grieche, trat G. mit seinem Vater Michael in den Dienst des zirit. Herrschers v. Mahdia (Mehadīa), Tamīm, der ihn zum Leiter seiner Finanzverwaltung bestellte. Nach Tamīms Tod (1107/8) floh G. aus Furcht vor dem Nachfolger Yaḥyā auf einem Schiff, das man ihm aus Sizilien gesandt hatte, an den Hof →Gf. Rogers II. Anfänglich nahm er dort Funktionen in der Finanzverwaltung wahr, wobei ihm seine in Syrien gesammelten Erfahrungen zustatten kamen. Auch als Stratigot von S. Giuseppe Iato (Prov. Palermo) ist er 1114 bezeugt (MÉNAGER, 46, Anm. 2 und dazu D Ro. II.24). Der Erfolg einer diplomat. Mission in Ägypten stärkte anscheinend G.s Stellung und gewann ihm die Gunst des Gf.en. Juli-August 1123 nahm er an einer erfolglosen Flottenexpedition gegen Mahdia teil. Ende 1124 begegnet er erstmals in einer echten Urkunde (D Ro. II.6) neben →Christodulos als →admiratus admiratorum (→Emir), seit 1133 zusätzlich auch als ἄρχων τῶν ἀρχόντων; er war damit zum mächtigsten Mann nach dem Kg. aufgestiegen. Schon im Febr. 1131 hatte er von Roger II. das Kommando über die gegen Amalfi kämpfende Flotte erhalten. Er war sodann maßgeblich an den Flottenexpeditionen Rogers II. gegen Pisa (1134, 1135), gegen die nordafrikan. Küste (Dscherba 1135, Tripolis 1143, Mahdia 1148, Susa und Sfax 1148) und gegen den byz. Reich beteiligt (1149). Während des letzten Unternehmens befreite er Kg. Ludwig VII. v. Frankreich. Nachdem G. (1126?) schon in Mazara das griech. Kloster S. Michele gegründet hatte, errichtete er 1143 auch in Palermo ein griech. Kl. (nach ihm S. Maria dell'Ammiraglio gen.), dessen Kirche (»La Martorana«) zu den bedeutendsten Zeugnissen der norm.-siz. Baukunst zählt. S. Fodale

Q. und Lit.: M. AMARI, Bibl. Arabo-Sicula, 1880–81, 120f., 154, 160ff. 170, 197f., 202f., 289 – F. CHALANDON, Hist. de la domination normande en Italie et en Sicile, I, 1907, 374ff.; II, 159ff. – M. AMARI, Storia dei Musulmani di Sicilia, hg. C. A. NALLINO, III, 2, 1938, 361ff. – M. CARAVALE, Il Regno normanno di Sicilia, 1966, 134ff. s.a. →Admiratus.

9. G. v. Peuerbach → Peuerbach, Georg v.

10. G. v. Trapezunt (G. Trapezuntios), griech. Humanist, * 1395/96 in Chandax auf Kreta, † 1484 oder wenig später in Rom. G. entstammte einer aus Trapezunt zugewanderten Familie und kam früh (1412?) auf Veranlassung von Francesco →Barbaro nach Venedig und lernte bei →Guarino u. →Vittorino da Feltre Latein, das er bald wie seine Muttersprache beherrschte; durch Übertritt zur röm. Kirche (1426) war ihm die Gelehrtenlaufbahn geöffnet. 1433 ging er als Nachfolger →Filelfos nach Venedig. Hier entstanden ethische und rhetor. Schriften, darunter die fünf Bücher »Rhetorica« (Mailand 1493), die ihm, mehrfach aufgelegt, Humanistenruhm eintrugen. Gleichzeitig wandte er sich in gehässiger Weise gegen seinen Lehrer Guarino und erregte durch eine enthusiast. Ruhmrede auf den Sultan (1434) weithin Befremden. Das hinderte den charakterlosen Mann jedoch nicht, in einem Sendschreiben an Papst Eugen IV. »De unione ecclesiarum« (1435 oder früher) die Kirchenunion zu untermauern. Der gleichen Aufgabe dienten ein Traktat über den Ausgang des Hl. Geistes sowie ein Sendschreiben an G.s kretische Landsleute, ferner eine Aufforderung (προτροπή) an Ks. Johannes VIII. Palaiologos zur Teilnahme am →Basler Konzil. Seit 1441 als päpstl. Sekretär und diplomat. Unterhändler im Dienst der Kurie, war er in beständige Fehden verwickelt (ztw. Flucht nach Neapel und Venedig und Kerkerhaft in der Engelsburg). Hauptsächl. Grund für seine gesellschaftl. Isolierung waren seine briefl. und lit. Kontakte zu Sultan →Meḥmed: 1453 riet er dem Sultan in dem Traktat »Περὶ τῆς ἀληϑείας τῆς τῶν χριστιανῶν πίστεως« ('Über die Wahrheit des christl. Glaubens'), Islam und Christentum zu versöhnen und selbst die Weltherrschaft anzutreten. 1465 reiste er im Auftrag des Papstes über Kreta nach Istanbul; doch kam es nicht zu einer Begegnung mit Meḥmed, obgleich er für diesen eine lat. Übersetzung der Einleitung zum »Almagest« des Ptolemaios mitgebracht hatte.

Bereits in den 50er Jahren war G. in scharfen Gegensatz zum Kreis um →Bessarion und allgemein zum spätbyz. →Platonismus geraten. 1453/54 wandte er sich gegen die von Th. →Gazes angefertigte Übersetzung von Aristoteles' »Problemata«. 1455 (oder 1458) brachte er die »Comparatio Platonis et Aristotelis« heraus, die sich aggressiv gegen den Platonismus sowohl des →Plethon als auch Bessarions richtete. Aus G.' Aristotelismus erwuchsen mehrere Aristoteles-Übersetzungen, die ebenso wie G.s Übertragungen des Euseb und anderer Kirchenschriftsteller, nur bedingt zu Recht, als flüchtig und ungenau abgetan wurden. Der Aufenthalt in Kreta veranlaßte G. zur Abfassung eines Bios des Neomartyrers Andreas v. Chios (†1465). Seine erfolglose Reise nach Istanbul und sein zweifelhaftes Verhältnis zum Sultan brachten G.s Gegner auf den Plan (»Refutatio deliramentorum Georgii Trapezuntii« des Kurienbf.s Niccolò →Perotti). G. starb vereinsamt und verarmt. Ein großer Teil seiner Schriften ist unediert. J. Irmscher

Lit.: G. TH. ZORAS, Γεώργιος ὁ Τραπεζούντιος καὶ αἱ πρὸς ἑλληνοτουρκικὴν συνεννόησιν προσπάθειαι αὐτοῦ, 1954 – J. IRMSCHER, G. als griech. Patriot (Actes du XII° Congr. internat. d'études byz., 2, 1964), 353–363 – J. MONFASANI, George of Trebizond, 1976 [mit Bibliogr. und einem Anh. von Texten] – J. MONFASANI, Collectanea Trapezuntiana. Texts, Documents, and Bibliogr. of George of Trebizond, 1984.

11. G. v. Ungarn (sog. 'Captivus Septemcastrensis' oder 'Mühl[en]bacher'), * um 1422, † 3. Juli 1502 in Rom; studierte in Şebeş (Szasz, Mühlenbach), 1438–58 in türk. Gefangenschaft, danach OP, höchstwahrscheinl. Verfasser eines der – neben →Riccoldos Traktat – verbreitetsten Werke über türk. Gesch. und Religion. Islam. Lehre und Moral werden insgesamt objektiv, jedoch als Mahnung gegen Sittenverderbnis und humanist. Zeitgeist dargestellt. Die Deutung des Islams als apokalypt. Ungeheuer (Türkenkriegpropaganda?) wird in der dt. Übers. (Vorw. v. M. Luther) stark abgeschwächt.   C. P. Haase

Ed.: Tractatus de ritu et moribus Turcorum, Rom 1480 u. ö. – Chronica unnd be-schreibung der Türckey…, Nürnberg 1530 – *Lit.*: Th. Kaeppeli, Scriptores OP II, 1975, Nr. 1232 – H. Busse, Der Islam und seine Rolle in der Heilsgesch. in G.s Türkentraktat (Fschr. A. v. Gabain, 1981), 22–37.

12. G. Vojtech, Anführer des antibyz. Aufstandes der makedon. Slaven, der in der 2. Jahreshälfte 1072 wegen des schweren fiskal. Drucks von seiten des byz. Logotheten →Nikephoritzes ausbrach, doch auch durch außenpolit. Faktoren (byz. Niederlage bei →Mantzikert, norm. Eroberung von →Bari, Vordringen der Ungarn) bedingt war. →Konstantin Bodin, der Sohn Kg. →Michaels v. →Zeta, kam mit 300 Mann unter dem Heerführer Petrilo den Aufständischen zu Hilfe, die Bodin in Prizren unter dem Namen 'Peter' zum bulg. Zaren ausriefen und – nach einem Sieg über den byz. Strategen v. Bulgarien – dessen Residenz Skopje einnahmen. Bodin besetzte sodann Niš, während Petrilo Ochrid und Devol eroberte, nach einer Niederlage bei Kostur jedoch nach Zeta zurückfloh. G., der inzwischen aufgrund byz. Sicherheitsgarantien, doch ohne sonstige Gegenleistungen, Skopje an den neuen byz. Strategen Michael Saronites übergeben hatte, fiel bald wieder ab und rief Bodin zu Hilfe, den Saronites allerdings im Dez. 1072 gefangennahm. Auch G. fiel in Gefangenschaft und starb an den auf dem Transport nach Konstantinopel erlittenen Folterungen. Byz. Söldner aus westl. Ländern plünderten die Aufstandsgebiete, insbes. Prespa.   I. Djurić

Lit.: Zlatarski, Istorija II – P. Mutafčiev, Istorija na bălgarski narod II, 1944 – S. Lišev, Kăm văprosa za neuspeha na văstanieto v Makedonija prez 1072, Istoričeski pregled 1, 1956, 74–79 – G. Litavrin, Bolgarija i Vizantija v XI–XII vv., 1960 – J. Ferluga, Viz. iszvori za ist. naroda Jugoslavije III, 1966, 179f. – Istorija srpskog naroda I, 1981, 190f. [S. Ćirković].

George, Duke of →Clarence, * 21. Okt. 1449, † 18. Febr. 1478 im Tower zu London, ⚭ 1469 Isabella, Tochter von Richard →Neville, Earl of Warwick; 6. Sohn von →Richard, Hzg. v. →York, und Cecily, der jüngsten Tochter des Ralph →Neville, Earl of Westmorland; Bruder von →Eduard IV. und →Richard (III.). Nach der Thronerhebung Eduards galt der am 28. Juni 1461, dem Krönungstag, zum Hzg. erhobene G. offenbar zunächst als vorgesehener Thronerbe. 1466 für volljährig erklärt, erhielt er Besitzungen (Wert: £ 3400 p. a.), die ihm eine standesgemäße Gefolgschaft (*retinue;* →Bastard Feudalism) ermöglichten. Da der Kg. seine Gunst jedoch zunehmend den Verwandten seiner Gattin →Elisabeth Wydeville zuwandte, schloß sich G. aufgrund von Interessengleichheit enger an Richard →Neville an, der – im Zuge seines Zusammenspiels mit Kg. →Ludwig XI. von Frankreich – G. ein Fsm. aus der (zu erobernden) Ländermasse des Hzm.s →Burgund in Aussicht stellte. G. heiratete Isabella gegen den Widerstand seines kgl. Bruders. Nachdem sich G. 1469–70 als Warwicks wichtigster Bundesgenosse an den beiden Aufständen gegen Eduard beteiligt hatte, mußte er gemeinsam mit seinem Schwiegervater

nach Frankreich fliehen (1470). In Angers verbündeten sich die Exilierten mit →Margarete v. Anjou (→Lancaster) und begannen die Invasion Englands, die Eduard IV. zur Flucht nach Burgund nötigte und die Wiedereinsetzung →Heinrichs VI. nach sich zog. Wegen der schlechten dynast. Aussichten G.s (Thronerbe nur im Falle eines Aussterbens des Hauses Lancaster) und des möglichen Verlusts seiner Güter an zurückgekehrte Anhänger Heinrichs VI. trat G. erneut zu Eduard IV. über, als dieser von den burg. Niederlanden aus die Rückeroberung Englands einleitete, und nahm an dessen siegreichen Schlachten teil (→Barnet, →Tewkesbury).

Obwohl G.s Frau ihren Anteil am Erbe des gefallenen Warwick erhalten hatte, verwickelte sich der Hzg. infolge seiner Habgier und Arroganz in einen Streit mit seinem jüngeren Bruder Richard (III.), dem Ehemann der anderen Warwick-Tochter. Im Gegenzug zwang der Kg. G., einer Entscheidung über die Aufteilung der Besitzmasse zuzustimmen, die G.s Einkünfte verringerte und sein machtpolit. Gewicht schwinden ließ. 1476 verwitwet, verfolgte G. Heiratsprojekte mit der Erbtochter →Maria v. Burgund sowie einer schott. Prinzessin. Der argwöhn. gewordene Kg. wandte sich gegen diese Pläne. In Verdacht einer Verschwörung gegen Eduards Leben (1477) geraten, wurde G. im Juni 1477 verhaftet und durch ein am 19. Jan. 1478 einberufenes Parlament nach formeller Gerichtsverhandlung zum Tode verurteilt; der Kg. selbst hatte in einer *bill* die Ächtung seines Bruders wegen »unkorrigierbarer« Gefahr für den Frieden des Kgr.es gefordert. Die Art der Vollstreckung ist nicht überliefert; die Legende von der Ertränkung in einem Faß Malvasier (vgl. Shakespeare, »Richard III.«) ist nahezu zeitgenössisch.   R. L. Storey

Lit.: DNB XV, 1290–1293 – Peerage III, 260f. – C. Ross, Edward IV, 1974 – M. A. Hicks, False, Fleeting, Perjur'd Clarence, 1980.

Georgenberg, Vertrag v. (17. Aug. 1186; Inkrafttreten 1192). An der Grenze ihrer Herrschaftsbereiche, auf dem Georgenberg bei Enns, schlossen die Hzg.e →Otakar IV. v. Steier (→Otakare) und →Leopold V. v. →Österreich (→Babenberger) eine Vereinbarung, wodurch letzterer als Erbe in der →Steiermark eingesetzt wurde. Eine Vertragsurk. darüber ist nicht erhalten: wahrscheinl. handelte es sich um eine mündl., von den Fs.en eidlich bekräftigte Abmachung, deren Inhalt sich aus der *Georgenberger Handfeste* (s. a. →Handfeste) erschließen läßt, die der Ministerialität und Geistlichkeit der Steiermark die ungeminderte Anerkennung ihrer Rechte durch den künftigen Landesherrn garantieren sollte. Daß man die Georgenberger Handfeste als grundlegendes Dokument auffaßte, beweisen die aus aktuellen polit. Anlässen in das Original eingetragenen späteren Zusätze (wohl von 1186/90, 1236/39 und 1249/51).

Aus der Georgenberger Handfeste und der Seelgerätstiftung Otakars IV. für →Vorau vom gleichen Tag ergibt sich schlüssig die Rechtsanschauung, wonach zw. dem Hzm. als Amtslehen und den fakt. Herrschaftsrechten der Otakare (unter Einschluß des Allodialbesitzes) nicht unterschieden wurde. Doch war die Bestätigung dieses Vorgangs durch den Kg. notwendig, dem die Belehnung vorbehalten blieb.   G. Scheibelreiter

Q.: UB zur Gesch. der Babenberger I, 1950, Nr. 65, 66 – UB des Hzm.s Steiermark I, 1875, Nr. 677, 678 – Cont. Zwetlensis altera a. 1186, MGH SS 9, 1851 – *Lit.*: H. Appelt, Zur diplomat. Kritik der Georgenberger Handfeste, MIÖG 58, 1950, 97ff. – Ders., Die Babenberger und das Imperium im 12. Jh. (Das babenberg. Österreich, hg. E. Zöllner, 1978), 50ff. – K. Spreitzhofer, Die Georgenberger Handfeste, 1986.

Georgenschild, Gesellschaft mit → St. Jörgenschild, Gesellschaft mit

Georgien

I. Allgemeine und politische Geschichte – II. Kirchengeschichte – III. Wirtschafts- und Sozialgeschichte.

I. Allgemeine und politische Geschichte: G. *(Sakartvelo)* ist das von südkaukas. Stämmen bewohnte Gebiet zw. dem Kaukasus im N und den türk.-armen. Grenzgebirgen im S. Nach W ist es offen hin zum →Schwarzen Meer, nach O zur Steppe von Aserbaidschan. Durch das von Nord nach Süd hindurchziehende Lichi-Gebirge (Gebirge von Surami) wird das Land in zwei Teile geteilt, die meist eigene Entwicklungen durchliefen und nur in Zeiten starker Zentralgewalt eine polit. Einheit bildeten. *Westgeorgien,* das alte *Kolchis,* das ab etwa 600 v. Chr. von griech. Kolonien durchsetzt war, kam durch Pompeius 65/64 v. Chr. unter röm. Einfluß. Später errichteten die Lasen hier ihr Reich (Laziké, georg. Egrisi), anschließend die Abasger ihr Königreich Abchasien – in *Ostgeorgien* (Iberia/*Kartli*) entstand ab etwa 400 v. Chr. ein iber. Kgr., das nach den Siegen des Pompeius röm. Protektorat wurde. Nach einer Phase der Verstärkung des röm. Einflusses unter Vespasian und Hadrian wurde Ostg. im Vertrag v. Nisibis (298) jedoch als persisch bestimmt. Am Anfang des 4. Jh. wurde das parthisch-arschakid. Königshaus in Ostg. durch die pers. Chosrowiden ersetzt, beginnend mit Kg. Mirian, der sich zum Christentum bekehrte. Nach König Wachtang I. Gorgasal (446?–522?), der gegen die Perser gekämpft hatte, wurde noch im Laufe des 6. Jh. das iber. Kgtm. abgeschafft, Ostg. zur pers. Provinz. Aber noch im 6. Jh. wurden georg. Fs.en teilweise wieder unabhängig, weil Persien mit dem Krieg gegen Byzanz vollauf beschäftigt war. Doch hatte G. unter den krieger. Ereignissen schwer zu leiden.

Um 642/643 kamen die →Araber auf ihren Eroberungszügen nach G. und gründeten noch im Laufe des 7. Jh. das Emirat *Tbilisi* (Tiflis), das bis 1122 bestand. 888 nahm Fs. Adarnase II. von Kartli den Königstitel an. Die südwestl. Gebiete G.s kamen unter byz. Einfluß. Hier herrschten Fs.en aus dem erstarkenden Geschlecht der *Bagratiden* mit dem Titel 'Kuropalat' im Einvernehmen mit Byzanz. Im 10. Jh. bestanden auf georg. Boden folgende Reiche: im NW das Kgr. *Abchasien,* im SW die Kuropalatschaft, im Zentrum das Kgr. Kartli, das Emirat Tbilisi; ö. davon regierte in Kacheti ein Fs. mit dem Titel Korepiskoposi; ganz im O lag das Kgr. Hereti.

Um 1000 konnte Bagrat III. (975–1014) auf friedl. Weise fast ganz G. einen, worauf ein kräftiger polit. und kultureller Aufschwung einsetzte. Unter den tüchtigen Kg.en David I. »der Erbauer« (1089–1125), Georg III. (1156–84) und seiner Tochter Kgn. Thamar (1184–1213) erlebte das Land seine Blütezeit und größte Ausdehnung. Die Einfälle der Mongolen (ab 1236) und später die Raubzüge Timurs († 1405) führten zum Niedergang. Mit der dadurch bedingten Schwächung der Zentralgewalt zerfiel das Land wieder in mehrere Herrschaften. Nach nochmaliger kurzer Einigung unter Kg. Georg V. »dem Glänzenden« (1318–46) bildeten sich schließlich im 15. Jh. folgende Teilreiche heraus: im W das Kgr. *Imereti* mit den weitgehend selbständigen Fsm.ern Gurien, Megrelien, Abchasien, Swanetien und Ratscha; in der Mitte das Kgr. *Kartli* mit den Fsm.ern Ksani, Aragwi und Muchrani; im O das Kgr. *Kacheti;* im sw. G. die Atabagschaft *Samzche* (heut. NO-Türkei, inzwischen turkisiert und islamisiert). Dauernde Kämpfe mit den Türken im W und den Persern im O schwächten das Land so sehr, daß Kg. Heraklius II. v. Ostg. (1744–98) 1783 einen Schutzvertrag mit Zarin Katharina II. schloß. Zar Alexander I. gliederte G. 1801–10 dem russ. Reich ein.

II. Kirchengeschichte: Die Anfänge des Christentums in G. liegen im dunkeln. Die Predigt des Apostels Andreas und der Besitz des Rockes Christi sind legendär. Das Christentum drang wohl auf verschiedenen Wegen in G ein: in Westg. vom Schwarzen Meer und dem östl. Kleinasien, in Ostg. mehr aus Armenien und Syrien. Vielleicht spielten auch die jüd. Gemeinden des Gebietes eine gewisse Rolle. Um 330 bekehrte die Kriegsgefangene Nino den Kg. Mirian, der griech. Missionare ins Land rief. Mitte des 4. Jh. war das Christentum Staatsreligion in (Ost)g. Seit Kg. Wachtang I. leiteten →Katholikos-Ebf.e die georg. Kirche von Mzcheta. Bis ins 8. Jh. hinein wurden sie von Patriarchen von Antiochia geweiht. Saba I. (523–552) soll der erste gebürtige Georgier als Katholikos-Ebf. gewesen sein. Auf der ersten Synode v. Dwin (505/506) nahm die georg. Kirche zusammen mit der armen. das →Henotikon des Ks.s Zenon an, trennte sich aber um 610 unter Katholikos Kyrion von der armen. Kirche, nahm das Chalcedonense (→Chalkedon) an und orientierte sich kirchl. und kulturell nach Byzanz. Die dreizehn syr. Väter und das durch deren Wirken erstarkende georg. Mönchtum scheinen diese Umstellung unterstützt zu haben. In Westg. bestand im 7. Jh. die Eparchie Phasis (Poti) mit vier Suffraganen und ein Ebm. Dioskurias (Suchumi). Im 9./10. Jh wurde Westg. dem Katholikos v. Mzcheta unterstellt, der sich seit Melchisedek I., dem Erbauer der Kathedrale »Lebendige Säule« *(sveti c'hoveli),* Katholikos-Patriarch nennt, womit die volle Autokephalie der georg. Kirche erreicht ist (1014).

Die georg. Kirche hatte schon in den ersten Jahrhunderten Blutzeugen und Hl., wie die Kinder von Kola, die hl. Schuschanik († 483), den hl. Abo v. Tbilisi († 786), den hl. Eustathios v. Mzcheta († um 550) u. a. Das Wachstum der georg. Kirche vollzog sich zusammen mit dem polit. Aufschwung des Landes. Unter Kgn. Thamar scheint sie über 30 Bm.er gezählt zu haben, doch ist die georg. Kirchengeschichte noch nicht in ausreichendem Maße erforscht.

Im Leben der georg. Kirche spielten die Kl. als religiöse und wissenschaftl. Zentren eine große Rolle. Das älteste soll im 5. Jh. nach griech. Vorbild bei Artanudschi (NO-Türkei) gegründen worden sein. Nach Ankunft der 13 syr. Väter (Mitte 6. Jh.?) wurden Kl. in der Nähe von Mzcheta gegründet, im 8./9. Jh. entstanden zahlreiche Kl. in der heut. NO-Türkei, wo bes. Gregor v. Chandsta († 861) als Klostergründer wirkte. Weitere Kl. entstanden im Hl. Land, in Jerusalem, auf dem Schwarzen Berg bei Antiochien, auf dem Athos (Iviron-Kl., 980), in Bulgarien (Petrizoni-Kl. bei →Bačkovo, 1083). Viele georg. Mönche lebten auch in Mar Saba und auf dem Sinai. Vom 12. Jh. an verlagerte sich der Schwerpunkt mehr nach G. selbst, mit intensiver Pflege der Wissenschaften in Gelati und Iqalto.

Beziehungen zw. der georg. und der röm. Kirche bestanden zu verschiedenen Zeiten: Katholikos Kyrion schrieb an Papst Gregor I. (590–604). Papst Honorius III. rief den georg. Kg. Georg IV. (1212–23) zum Kreuzzug auf. Papst Gregor IX. sandte um 1230 Franziskaner-Missionare zu Kgn. Rusudan (1223–45). Ab 1240 wirkten Dominikaner in G. Von 1329 bis 1505 bestand ein lat. Bm. in Tiflis.

Im Zuge des polit. Zerfalls G.s (ab 1236) entstand in dem nun wieder selbständigen Westg. noch im 13. Jh. ein eigenes Katholikat, das erst 1814, nach der Angliederung an Rußland, erlosch. Das Katholikos-Patriarchat Mzcheta wurde 1811 von den Russen aufgehoben und durch ein Exarchat der russ. Kirche ersetzt.   J. Aßfalg

III. Wirtschafts- und Sozialgeschichte: Höher entwickelte Wirtschaftsformen bildeten sich im antiken G.
seit ca. 500 v. Chr. aus, im Zuge der Einbeziehung des
Landes in das den Mittleren Osten umfassende System
internationaler Handelswege und Geldwirtschaft. Wichtigste Gewerbezweige waren Bergbau, Holzwirtschaft
sowie Weinbau und -handel; es entstanden Drainierungs-
und Bewässerungsanlagen; der Sklavenhandel, der bis in
die Zeit der russ. Annexionen (1801–64) fortdauern sollte,
setzte ein. Ackerbau und Viehzucht beruhten auf einem
System des Großgrundbesitzes, der in den Händen von
Kgtm. und Adel lag; die das Land bearbeitenden Pachtbauern sanken allmählich auf die Stufe von Leibeigenen
ab.

Unter der arab. Oberherrschaft hatten die Georgier
drückende Naturaltribute zu leisten; dies zwang sie, die
Ernteerträge zu erhöhen und die gewerbl. Produktion
(Farbstoffe, Textilien) zu intensivieren. Damit war eine
wesentl. Grundlage für den wirtschaftl. Aufschwung, der
sich im 12.–13. Jh., dem »Goldenen Zeitalter«, vollzog,
geschaffen. Tiflis, Kutaisi, Dmanisi und Arbahan stiegen
zu bedeutenden Handelszentren auf. Diese Blütezeit endete mit den verheerenden Mongoleninvasionen, in deren
Gefolge G. nach und nach zu einem wirtschaftl. rückständigen und armen Land absank.

Die alte georg. Gesellschaft war in vier kastenartige
Gruppen gegliedert: 1. die kgl. Familie (in ihrer Nähe
rangierte wohl auch die hohe Aristokratie); 2. der Klerus
(der nach der Christianisierung sozial an die Stelle der
heidn. Priesterschaft getreten war); 3. die Krieger und
Grundbesitzer (d. h. die als *aznavur-s* bezeichnete niedere
Aristokratie); 4. die »kgl. Diener und Handwerker« (d. h.
die einfache städt. und ländl. Bevölkerung). Wie die armen. Gesellschaft war auch die georg. von Spannungen
zw. feudalen und dynast. Interessen bestimmt, wobei die
eifersüchtig auf die Erhaltung ihrer Privilegien bedachten
großen Adligen und die nach Erweiterung ihrer Macht
strebende Krone einander gegenüberstanden. Am Ende
des 15. Jh. hatte der Adel die dominierende Position in der
georg. Gesellschaft errungen, und am Ende des 18. Jh. war
mit 88 Fürstenhäusern ein Höchstmaß an feudaler Zersplitterung erreicht. – Die Stadtbevölkerung bestand zum
einen aus einheim. Handwerkern, zum anderen aus einer
Schicht fremder Kaufleute und Kleinhändler, die in der
älteren Zeit vorwiegend aus Juden, Syrern, Griechen und
Persern, in der Zeit nach dem 11. Jh. dagegen hauptsächl.
aus Armeniern bestand.   R. H. Hewsen

Lit. zu [I und III]: J. Assfalg–P. Krüger, Kl. Wb. des Chr. Orients,
1975, 119f. [Lit.] – M.-F. Brosset, Hist. de la Géorgie depuis l'antiqui-
té jusqu'au XIXᵉ s., 7 Bde, 1849–58 – W. E. D. Allen, A Hist. of the
Georgian People, 1932 [Nachdr. 1971] – C. Toumanoff, Stud. in
Christian Causasian Hist., 1963 [Lit.] – D. M. Lang, The Georgians,
1966 [Lit.] – C. Toumanoff, Armenia and Georgia (Cambridge
Medieval Hist. IV/1, 1966), 593–637, 983–1009 [Lit.] – K. Salia,
Notice sur la Géorgie, Bedi Kartlisa 30, 1972, 119–252 – C. Burney –
D. M. Lang, Die Bergvölker Vorderasiens. Armenien und der Kauka-
sus bis zum Mongolensturm, 1973 – K. Salia, Hist. de la Géorgie, 1980
– R. G. Suny, The Making of the Georgian Nation, 1988 – *zu [II]:*
J. Assfalg–P. Krüger, s. o., 122–125, 139f. [Lit.] – TRE XII, 389–396
[J. Assfalg–D. M. Lang] – M. Tamarati, L'église géorgienne, 1910 –
C. D. G. Müller, Gesch. der oriental. Nationalkirchen, 1981,
D361–D367 – M. van Esbroeck, Église géorgienne des origines au
m.â., Bedi Kartlisa 40, 1982, 186–199 [Lit.].

Georgios (s. a. →Georg)

1. G. v. Gallipoli, italogriech. Dichter der 1. Hälfte des
13. Jh., Chartophylax der griech. Kirche v. Gallipoli/
Apulien, gehörte wahrscheinl. zur ksl. Kanzlei. Seine
Dichtungen, in griech. Hochsprache und in byz. Zwölf-

silblern abgefaßt, behandeln in stark von Bibel und Liturgie beeinflußter Sprache religiöse Themen und Fragen der
zeitgenöss. Politik. G., kompromißloser Anhänger Ks.
→Friedrichs II., verarbeitete in seinem wichtigsten Poem,
einer Prosopopoiie der Stadt Rom, die ganze ksl.-spät-
stauf. Romvorstellung. Der in byz. und italogriech. Literaturtradition stehende G. gehört zum »otrant. Dichter-
kreis«; manche Motive deuten aber auch auf Kontakte mit
dem Kreis um →Petrus de Vinea hin.   M. B. Wellas

Ed. und Lit.: Poeti bizantini di Terra d'Otranto nel secolo XIII, ed. M.
Gigante, 1979² [mit Einl., Übers., Komm.] – M. B. Wellas, Griechisches aus dem Umkreis Ks. Friedrichs II., 1983.

2. G. Hagioreites, Abt des Athoskl. Iviron (Fest in der
georg. Kirche 27. Juni), * um 1009 in Tʾrialetʾi (Zentral-
georgien), † 1066 in Konstantinopel. Nach gründl. weltl.
und theol. Ausbildung (wohin G.' Familie 1022 infolge
des Aufstandes des →Nikephoros Phokas verschleppt
worden war, trat G. um 1034 in das Kl. Ḥaḥuli (westgeorg.
Prov. Tao) ein, wo er bereits einige Kindheitsjahre
verbracht hatte. Nach einer Pilger-
fahrt (Antiocheia, Jerusalem) begab er sich auf Wunsch
seines geistigen Vaters um 1040 auf den Athos (daher sein
Beiname H., georg. Mtʾacmideli), ins Kl. der Georgier
(Iviron), um die von Euthymios († 1028) begonnene
Übersetzungsarbeit fortzuführen. Nach Annahme der
Priesterwürde 1044/45 zum Abt des Kl. gewählt, begab er
sich mehrmals nach Konstantinopel, wo er um 1054 mit
dem georg. Kg. Bagrat IV. und seiner Mutter Maria
zusammentraf. Wahrscheinl. vor 1056 gab er das Amt des
Hegumenos auf, um sich zur Gänze der Übers. liturg.
Bücher, dazu auch u. a. das Hexaemeron des Basileios
d. Gr. und der Orationes des Gregorios v. Nyssa, vom
Griech. ins Georg. zu widmen. Nach einem erneuten
mehrjährigen Aufenthalt auf dem Schwarzen Berge bei
Antiocheia starb er auf dem Rückweg zum Athos in
Konstantinopel. Seine von einem Schüler, dem Priestermönch Georgios, um 1073 verfaßte Vita wurde auszugsweise ins Griech. übersetzt und im 13. Jh. in den Thesaurus
veritatis fidei des Dominikaners →Bonacursius aufgenommen (BHG 2161).   Ch. Hannick

Q.: P. Peeters, Hist. monastiques géorgiennes, AnalBoll 36–37,
1917–19, 74–159 [lat. Übers.] – Ioane, Epʾtʾvime da Giorgi atʾonelebis
berdznuli »Cʾḫovreba«, ed. M. Mačʾaneli, 1982 – *Lit.:* Bibl.SS VI,
531–532 – DSAM VI, 240–242 – Kʾartʾuli sabčotʾ a encʾiklopʾedia 3,
1978, 164 [R. Baramidze] – Beck, Kirche 580f. – J. Karst, Litt.
géorgienne chrétienne, 1934, 28–30 – M. Tarchnišvili – J. Assfalg,
Gesch. der kirchl. georg. Lit., 1955, 154–174 – K. Kekelidze, Dzveli
kʾartʾuli lit. istoria I, 1980, 213–234 – H. Métréveli, Le rôle de l'Athos
dans l'hist. de la culture géorgienne, Bedi Kartlisa 41, 1983, 17–26 –
Actes d'Iviron I, ed. J. Lefort … H. Métréveli (Archives de l'Athos
14), 1985, 50–58.

3. G. Maniakes → Maniakes

4. G. Monachos (G. Hamartolos), Verf. einer wohl
erst nach 876 entstandenen, innerhalb und außerhalb des
Byz. Reiches sehr beliebten Chronik, die von Adam bis in
den Beginn der Regierung Ks. Michaels III. (842–867)
reicht. G.M. sieht sich selbst als bloßen Redaktor einer fast
ausschließl. aus Schriften chr. Autoren geschöpften Weltgesch. für Christen. G.' Hauptquellen sind u. a. Eusebios, →Theodoret, Theodoros Anagnostes, →Johannes
Malalas und →Theophanes Confessor. Eine Besonderheit
bilden – neben vielen Bibelzitaten – seine Zitate aus meist
namentl. gen. Kirchenvätern (u. a. →Athanasios, →Basi-
lius, →Gregor v. Nyssa, →Gregor v. Nazianz, →Johannes
Chrysostomos, →»Isidor v. Pelusion«, »Dionysios Areopagites« [→Dionysius, hl., Abschnitt C], Nikephoros).
G.M. verwendet auch Heiligenviten, u. a. des Stephanos

d. J. von Stephanos (→Bilderstreit), des Niketas v. Medikion von Theosteriktos, des Patriarchen→Nikephoros I. von →Ignatios und der Ksn. →Theodora.

G.M. unterteilt seine Chronik nach Regierungszeiten der Herrscher. Breiten Raum nehmen die Gesch. des Mönchtums und die Bewahrung der Orthodoxie ein; folglich prägen Synoden- und Häresiegesch. wie auch Polemik gegen »Idololatrie« (Heidentum und Islam) das Werk. Ausführl. stellt G.M. die Manichäer (→Manichäismus) dar, die in seiner Darstellung in den →Paulikianern und Bildergegnern erneut Gestalt gewinnen. In der Polemik des G.M. gegen heidn. Philosophie und Rhetorik verbirgt sich kaum verhüllt die Auseinandersetzung mit der geistigen Strömung der Makedon. Renaissance. Gegen ihren antik-klassizist. Bildungsanspruch stellt G.M. die radikale Forderung nach einer ausschließl. chr., dem Erbe der Kirchenväter verpflichteten Bildung.

Mit dem Werk des G.M. ist in der hs. Überlieferung häufig eine in drei Redaktionen erhaltene Forts. verbunden, die bis zum Tod von Romanos I. Lakapenos 948 reicht und traditionell als »Georgius Continuatus« bezeichnet wird. Ihr Verf. dürfte→Symeon Logothetes sein.

D. Stein

Ed.: Georgii Monachi Chronicon, 2 Bde, ed. C. DE BOOR [–P. WIRTH], 1978² – *Lit.:* Repfont IV, 680f. – Tusculum-Lex.³, 1982, 277f. – HUNGER, Profane Lit. I, 347–351 – MORAVCSIK, Byzturc I, 269–273, 515–518 – J. KARAYANNOPOULOS – G. WEISS, Q.kunde zur Gesch. von Byzanz, 1982, 342f. – D. PAPACHRYSANTHOU – P. PARAMELLE, Les sources gr. pour l'hist. des Pauliciens d'Asie mineure, TM 4, 1970, 1–227 – P. LEMERLE, Le premier humanisme byz., 1971 – F. TINNEFELD, Kategorien der Ks.kritik in der byz. Historiographie, 1971, 81–105 – P. SPECK, Ikonoklasmus und die Anfänge der makedon. Renaissance, *ΠΟΙΚΙΛΑ ΒΥΖΑΝΤΙΝΑ* 4, 1984, 175–210 – A. MARKOPOULOS, Συμβολὴ στὴ χρονολόγηση τοῦ Γεωργίου Μοναχοῦ, Σύμμεικτα VI, 1985, 223–231.

5. G. Pachymeres → Pachymeres

6. G. Pisides, byz. Dichter, * wahrscheinl. noch vor 600 in Antiocheia/Pisidien, † vermutl. bald nach 630, gehörte als Diakon (mit den Funktionen eines Skeuophylax und Referendarios) dem Klerus der Hagia Sophia in Konstantinopel (Kpl) an. G. verherrlichte in mehreren enkomiast. epischen Dichtungen die militär. Erfolge zweier Jahrzehnte Ks. Herakleios'. Ein Gedicht (89 V.) feiert die Ankunft des siegreichen Usurpators in Kpl nach der Überfahrt aus Afrika, die »Expeditio Persica« beschreibt in 3 B. (zus. 1088 V.) den Feldzug von 622/623 – dazugehörig ein Gedicht auf den Patrikios Bonos, der den Ks. während dessen Abwesenheit in Kpl zu vertreten hatte (rund 170 V.). Das »Bellum Avaricum« schildert den erfolgreichen Abwehrkampf gegen die Avaren und den Entsatz von Kpl 626 (541 V.). Von der nach dem Ks. ben. »Herakleias« (3 Akroaseis, eig. »Vorlesungen«) sind 471 zusammenhängende V. (darüber hinaus eine Reihe von Fragm. aus Teil 3) erhalten: Hier werden der triumphale Sieg und die Rückkehr des Herakleios aus dem O 630 gefeiert. – Diese Panegyriken geben die Mentalität der damaligen Byzantiner in ihrer Kreuzzugsstimmung gegenüber den Sāsāniden lebendig wieder. – Im Werk des G. verbindet sich in echt frühbyz. Tradition Profan-Heidnisches mit Christlichem. Die 1894 Zwölfsilber auf die Schöpfungsgeschichte (Hexaemeron: MPG 92, 1425–1578) bieten neben der Exegese ein reiches Bild der Tier- und Pflanzenwelt und beziehen im Sinne der συμπάθεια τῶν ὅλων auch den gestirnten Himmel in das aristotel.-ptolemäische Weltbild mit ein. Andere Gedichte sind dem christl. Vergänglichkeitstopos verpflichtet. Neben einer Hl.-Vita (Anastasios) gelten die Epigramme ausschließl.

christl. Themen. – In der Verstechnik steht G. inmitten des Übergangs von der antik-quantitierenden zur ma.-akzentuierenden Metrik. Die ep. Gedichte (einschl. des Hexaemeron) enthalten noch über 200 V. mit 13 Silben (statt 12) und einzelne mit 14 und 15 Silben; trotzdem ist mit G. der Durchbruch des byz. Zwölfsilbers anzusetzen. H. Hunger

Lit.: L. STERNBACH, G. Pisidae carmina inedita, Wiener Stud. 13, 1891, 1–63; 14, 1892, 51–68 – DERS., Studia philol. in G. Pisidam (Rozprawy Wydz. filol. 30), 1900 – A. PERTUSI, Giorgio di Pisidia, Poemi. I. Panegirici epici, 1959 [Hauptwerk] – DERS., L'encomio di S. Anastasio martire persiano, AnalBoll 76, 1958, 5–63 – G. BIANCHI, Sulla cultura astronomica di G. die Pisidia, Aevum 40, 1966, 35–52 – P. SPECK, Zufälliges zum Bellum Avaricum, Misc. Byz. Monacensia 24, 1980 – J. D. C. FRENDO, The Poetic Achievement of George of Pisidia (Maistor. Class. Byz. and Renaiss. Stud. for R. Browning, 1984), 159–188 – J.-L. VAN DIETEN, Zum Bellum Avaricum des G. P., Byz. Forsch. 9, 1985, 149–178 [Kritik zu SPECK, s. o.] – R. ROMANO, Teoria e prassi della versificazione. Il dodecasillabo nei Panegirici epici di Giorgio di Pisidia, BZ 78, 1985, 1–22 – A. R. DYCK, Michael Psellus, The Essays on Euripides and George of Pisidia and on Heliodorus and Achilles Tatius, 1986.

7. G. Synkellos, byz. Chronist, Synkellos ('Zellengenosse'), d. h. Sekretär und Assistent des Patriarchen→Tarasios, nach eigener Aussage einige Zeit Mönch eines palästinens. Kl. (wahrscheinl. Hagion Chariton, gen. Suka). Seine um 810 auf der Basis der alexandrin. Ära (Beginn 29. Aug. 5493) verfaßte Chronik (ἐκλογὴ χρονογραφίας), die von Adam bis Diokletian (284) reicht, hat geringen Quellenwert (soweit sich dies bei Fehlen einer krit. Ed. feststellen läßt); ihre Bedeutung beruht v. a. auf dem chronolog. Ordnungsschema. Dank der Übers. des →Anastasius Bibliothecarius war die Chronik auch im W zugänglich. C. MANGO erwog die Möglichkeit, in G.S. auch den Verfasser der Chronik des →Theophanes Homologetes zu sehen. Die Frage dieser Zuschreibung läßt sich bei gewichtigen, hauptsächl. in der Überlieferungstradition liegenden Gegenargumenten – mit den bisher zur Verfügung stehenden Mitteln nicht entscheiden.

P. Schreiner

Ed.: G.S., ed. W. DINDORF, 2 Bde, CSHB, 1829 – *Lit.:* Tusculum-Lex., 1982³, 280 – HUNGER, Profane Lit. I, 331–332 – s. a. Lit. zu→Theophanes Homologetes.

Georgische Kunst. Die christl. *Architektur* Georgiens wird ab dem 5. Jh. mit dreischiffigen Pfeilerbasiliken greifbar (Bolnisi Sion 462–477, Urbnisi um 500), die eine gewisse Verwandtschaft mit gleichzeitigen Bauten Armeniens (→Armenische Kunst) aufweisen. Die Bautechnik ist dieselbe wie in Innerkleinasien und Armenien: ein Schalmauerwerk aus dicken, sorgfältig behauenen, in späterer Zeit plattenartigen Quadern mit einer Füllung aus Gußmauerwerk. Georgien scheint, soweit man das aufgrund der wenigen erhaltenen Denkmäler dieser Zeit beurteilen kann, die im 5./6. Jh. in Syrien und Innerkleinasien herrschende Mode der äußeren Wandgliederung durch klass. Motive wie Wandpilaster, darüber gelegte umlaufende und über Fenster und Türen aufgebogene Architrave, die auch Armenien in etwas vergröberter Form übernommen hatte, nicht mitgemacht zu haben.

Wohl aber wurde ab der Mitte des 6. Jh. in Georgien, wie überall im O, aus dem nun zentralisierenden Bau dominierende Mittelkuppel zum vorherrschenden Bauideal (z. B. Kreuz- (Žvari-)Kirche in Mzcheta bei Tiblis, 7. Jh.). Dieser Typus wird mehrfach wiederholt (Martvili, Ateni). Die bes. Leistung der Žvari-Kirche liegt weniger in der Gestaltung des Grundrisses mit seinen Konchen, der so mehrfach im O, auch in Armenien, auftritt, sondern in der klass.-übersichtl. Gliederung und Strukturierung der Baumasse durch opulent skulptierte plast. Gesimse, Fenster und Stifterreliefs. Eine Variante nimmt den Grundriß von Mzcheta als zentralen Kern und legt darum einen runden Umgang mit Emporen (Bana 888–923, Verwandtschaft mit der 641–661 erbauten Palastkirche von Zwart'notz in Armenien).

In der Übergangszeit des 9./10. Jh. entstanden nicht nur monumentale, durch Blendnischenreihen reich gegliederte, gewölbte Pfeilerbasiliken (Otchta-Kirche/Dörtkilise), sondern auch Verbindungen von gewölbten Langhaushallen mit überkuppeltem kreuzförmigem Ost-Teil, wobei das Schema von Mzcheta noch nachwirkt (Oški, begonnen 958–961).

Die Kirchenbauten des 11. Jh. setzen die große Linie des 10. Jh. fort: Kutaisi (1003), Patriarchatskirche von Mzcheta (1010–1029), Alaverdi (1. Hälfte 11. Jh.), Nikorcminda (um 1014) sowie Išhani (vollendet um 1032). Die weitgehende Freistellung der Kuppelpfeiler im Rauminnern unterstreicht die überproportionale Höhentendenz dieser Bauten. Am Außenbau ist die reiche, plast. hervortretende und meist aus mehreren Systemen gefügte Gliederung der Wände und Fassaden charakteristisch, die zwar ältere Systeme wieder aufnimmt, sie aber in einer neuen Formensprache vorträgt. Das 12. und 13. Jh. hat dieser Hochblüte der 1. Hälfte des 11. Jh. wenig mehr hinzuzufügen.

Die georg. Profanarchitektur ist kaum erforscht. Eine Residenzstadt-Architektur, wie sie Armenien mit Ani besitzt, ist für Georgien bislang nicht zu belegen. Am bekanntesten (Ausgrabungen 1937) ist der nach 1156 errichtete Gegut-Palast.

In der *georg. Malerei* (vgl. auch →Byzantinische Kunst VI), die in enger Verbindung mit der stilist. Entwicklung der konstantinopler und kleinasiat. Malerei stand, ist die Eigenleistung Georgiens häufig auf ikonograph.-themat. Feld konstatiert worden (Theophanie und damit auch die Parusie Gottes, allerdings in verschiedenen Bildformen, stets als Zentrum eines Bildprogramms). Die Kirchen Stephans II. (Mzcheta und Zromi, 1. Hälfte 7. Jh.) besaßen Apsismosaiken. Die Anregungen byz.-makedon. Malerei verarbeiten die Malereien im Dodo-Kl. und in den Felskirchen von David-Garedža, noch stark linearisierend und mit Farbe zeichnend, später Oški-Dörtkilise und Išhan, 1032 vollendet, mit bemerkenswertem maler. Impetus und dichtem sowie elegantem zeichner. Repertoire, das Farbensinn mit schwungvoller Dynamik der Figuren verbindet. Die Malereien des Felskl. von Udabno führen mit ihren breiten, dekorativen Farbflächen bereits in das 11. Jh. hinein. Die Malereien der Sion-Kirche in Ateni (letztes Viertel des 11. Jh.), ein Hauptwerk, setzen neben reicher Binnenzeichnung auch die Farbe zur Gestaltung von körperhaft und dynam. agierenden Figuren ein. Auch die Mosaiken von Gelati (1125–30), Malereien der Höhlenkirche von Varica (1184–86) mit den Portraits der Kgn. Thamar u. ihres Gemahls in monumental klassizisierender, flach wirkender Malweise nehmen den komnen. Stil auf. Den spätkomnen. linearisierenden sog. dynam. Stil zeigen am Beginn des 13. Jh. Ahtala oder Bertubani (1208/13). Obwohl Georgien ab der Mitte des 13. Jh. unter mongol. Oberherrschaft stand, hat die palaiolog. Kunst Konstantinopels wiederum entscheidende Anregungen für die georg. Malerei geliefert, von Calendžiha (1384–96) und Nebahtevi (1412–31) bis hin zu Ubnisi am Ende des 14. Jh. Dabei waren z. T. byz. Meister wie Manuel Eugenikos aus Konstantinopel tätig (Calendžiha), die schulbildend wirkten. Im 16. Jh. bestanden enge Verbindungen auch zum Athos (vgl. →Buchmalerei, C.IV, →Byzantinische Kunst B.IV [zur Emailkunst]).

Auf dem Gebiet der *Steinplastik* sind die Stifterreliefs

(z. B. Mzcheta und Oški) mit ihrem Flachreliefstil hervorzuheben, daneben zur Dekoration und Gliederung der Außenarchitektur ein phantasiereiches, geometrisches wie florales Ornamentrepertoire (beste Beispiele aus dem 11. Jh.).　　　　　　　　　　　　　　　　M. St. Restle

Lit.: RbyzK II, 662–734 – S. AMIRANASVILI, Kunstschätze Georgiens, 1971 – A. ALPAGO-NOVELLO, V. BERIDZE, J. LAFONTAINE-DOSOGNE, Art and Architecture in Medieval Georgia, 1980 – W. SEIBT-T. SANIKIDZE, Schatzkammer Georgien, Ma. Kunst aus dem Staatl. Kunstmus. Tbilisi [Kat.], Künstlerhaus Wien 18. Sept. bis 15. Nov. 1981.

Georgische Sprache und Literatur
I. Sprache – II. Literatur.

I. SPRACHE: Die Sprache gehört zusammen mit dem Sanischen (Mingrelisch-Lasischen) und dem Swanischen zu der eigenständigen Gruppe der südkaukas. oder Kartwel-Sprachen. Eine mitunter vermutete Verwandtschaft mit anderen Sprachen, z. B. Sumerisch oder Baskisch, ist nicht bewiesen. Seinem morpholog. Typus nach kann man das G. als »agglutinierend mit flektierenden Zügen« (G. A. KLIMOV) bezeichnen. Es kennt kein grammatikal. Genus. Das Nomen weist acht Kasus auf, darunter den Ergativ, der das Subjekt eines transitiven Verbums im Aoriststamm bezeichnet, der Akkusativ fehlt. Das Verbum kennt einen meist erweiterten Präsensstamm und einen nicht erweiterten Aoriststamm. Durch Affixe kann es die Person des Subjekts und des Objekts ausdrücken (polypersonal). Lehn- bzw. Fremdwörter hat das G. früh aus dem Iran., Armen. und Griech., später aus dem Arab., Türk. und Pers. aufgenommen, in der Neuzeit bes. aus dem Russ.; es hat dabei aber immer seine Eigenart bewahrt. Seit dem 5. Jh. wird das G. als Literatursprache verwendet. Vor der klass. Periode des Altgeorg. liegen die Sprachformen der *Chan-meti-* und *Hae-meti*-Texte, bei denen die später als überflüssig *(meti)* betrachteten Präfixe Ḫ- *(chan)* bzw. H- *(hae)* auftraten. Das Altgeorg. reicht bis etwa in das 13. Jh. Dann bildet sich allmählich das Neugeorg. heraus, das bis heute gesprochen wird.

II. LITERATUR: Die g. Lit. setzt, zunächst als kirchl. Literatur, nach der Erfindung der georg. Schrift im Laufe des 5. Jh. ein. Bis zum 7. Jh. steht sie stark unter armen. und syr. Einfluß (»Oriental. Periode«). Nach der kirchl. Trennung von →Armenien (um 610) und dem Erstarken des georg. Mönchtums folgt eine »national-georg. Periode« (etwa 600–980). Nach der polit. Einigung G.s (um 1000) erlebte die georg. Lit. ihr »Goldenes Zeitalter« (980–1250), in enger Verbindung mit der byz. Kultur, wobei georg. Kl. im byz. Bereich (→Georgien, Abschnitt II) eine wichtige Vermittlerrolle spielten. Bedeutend ist am Anfang der Anteil der Übersetzungslit., zunächst aus dem Armen. und Syr., später dann aus dem Griech. und vereinzelt dem Arab. So entstehen verschiedene Bibelübersetzungen, Apokryphen, liturg. Texte (z. B. Jerusalemer Kanonar, Chanmeti-Lektionar u. a.). Bis zum 11. Jh. lag ein bedeutender Teil der patrist. Lit. in georg. Übersetzung vor, darunter Werke wenig bekannter Autoren oder im Original inzwischen verlorengegangene Werke.

Zu den ältesten Stücken der georg. Originalliteratur gehören das »Martyrium der hl. Schuschanik« von Jakob v. Zurtawi (um 480), das Martyrium des hl. Eustathius v. Mzcheta (6. Jh.), das Martyrium der Kinder v. Kola (8. Jh.) und das des hl. Abo v. Tbilisi (8. Jh.). Im 9. Jh. entstand die Vita des Konstantin Kachay, im 10. Jh. das Martyrium des Generals Gobroni und die Viten der Mönchsväter Serapion v. Sarsma und Gregor v. Chandsta, außerdem die Viten der 13 syr. Väter. Im 11. Jh. wirkten die großen Athosmönche und vielseitigen Schriftsteller Euthymius († 1028) und →Georgios Hagioreites, die den Höhepunkt der georg. Lit. darstellen. Neben ihnen sind als Schriftsteller und Übersetzer tätig Ephräm der Kleine, Johannes Petrici und Arsen v. Iqalto.

Die kirchl. Hymnendichtung wurde im 10. Jh. von Johannes Minčḥi (auf dem Sinai), Johannes von Tbeti und Michael Modrekili gepflegt. Im 12./13. Jh. erlebte sie eine zweite Blüte unter Johannes von Anča, Johannes Šavteli und Katholikos Arsen Bulmaisimisdse; neben Übersetzungen und Bearbeitungen finden sich auch viele Originaldichtungen. Unter den kirchenrechtl. Texten ragen die Akten der Nationalsynode von Ruisi-Urbnisi (1103), die Katholikos-Kanones (16. Jh.) und die von König Wachtang VI. († 1737) gesammelten jurist. Texte hervor.

Im profanen Bereich schufen die Georgier wichtige Geschichtswerke: noch ins 7. Jh. geht wohl die Urfassung der »Bekehrung Georgiens« von Gregor dem Diakon zurück. Ferner sind zu nennen: der »Diwan der Kg.e« von Bagrat III. v. Georgien (um 1010), die »Geschichte der Bagratiden« v. Sumbat, Sohn des David (1030), die »Geschichte der Kgn. Thamar« von Basil (um 1213), die »Chronik der Kg.e v. Abchasien« (13. Jh.), die »Geschichte der Kg.e von Demetrios (1125–56) bis Georg IV. (1212–22)« (um 1220), die »Geschichte des Einfalls des Chwarizimier in Georgien« von Abuseridse von Tbeti (13. Jh.), die »Gesch. der Hzg.e v. Ksani« (15. Jh.) und die »Gesch. der Einfälle Timurs« (um 1450). Wichtige Geschichtswerke sind in der Sammlung »Das Leben Georgiens« (Kartlis chovreba) zusammengefaßt: die »Chronik der Kg.e v. Iberien« von Leonti, Ebf. v. Ruisi (vor 1072), deren dritter Teil eine Bearbeitung der »Bekehrung Georgiens« und das »Leben der hl. Nino«, der Bekehrerin Georgiens, enthält; das »Martyrium des Kg.s Wachtang Gorgasal« v. Džuanscher (8. Jh.?); das »Martyrium des Kg.s Arčil II.« von Leonti v. Ruisi (um 1075); die »Gesch. des Kg.s der Kg.e«, über Kg. David II. den Erbauer (1089–1125), um 1125 geschrieben; die »Geschichten und Lobpreisungen der Herrscher« (13. Jh.) über Georg III. (1156–84) und Thamar (1184–1213); und die »Geschichte der Mongoleneinfälle« (14. Jh.). Die Sammlung ist in drei Rezensionen überliefert.

Neben der kirchl. Dichtung haben die Georgier vom 11. Jh. an auch eine beachtliche weltl. Dichtung geschaffen. Im 12. Jh. entstanden die Werke »Abdulmesia« von Johannes Schawteli, »Amiran-Daredžaniani« von Mose Choneli, »Amiraniani« von einem unbekannten Verfasser, »Tamariani« von Tschachruchadse und, nach pers. Vorbild, »Wisramiani« von Sargis Tmogweli. Im 12./13. Jh. schuf schließlich Schota Rustaweli das georg. Nationalepos »Der (Mann) im Pantherfell«, eines der großen Werke der Weltlit., das sich noch heute großer Wertschätzung bei den Georgiern erfreut.

Nach der Blütezeit unter Königin Thamar trat infolge der Einfälle von Mongolen, Türken und Persern in den folgenden Jahrhunderten ein fast völliger Niedergang der georg. Lit. ein, dem erst von etwa 1600–1800 eine bescheidene Nachblüte (»Silbernes Zeitalter«) unter dem Einfluß kath. Missionare und später Rußlands folgte. Im 19. Jh. beginnt die moderne georg. Lit. **J. Aßfalg**

Lit.: zu [I]: J. ASSFALG–P. KRÜGER, Kl. Wb des Chr. Orients, 1975, 138f. – D. I. ČUBINOV, Gruzino-russkij slovar', 1887 [Nachdr. 1984] – R. MECKELEIN, Georg.-dt. Wb., 1928 – G. DEETERS, Das kharthwel. Verbum, 1930 – F. ZORELL, Grammatik zur altgeorg. Bibelübers., 1930 [Nachdr. 1978] – N. MARR–M. BRIÈRE, La langue géorgienne, 1931 – R. MECKELEIN, Dt.-georg. Wb., I, 1937; II, 1943 – J. MOLITOR, Glossarium Ibericum, (= Corpus scriptorum christianorum orientalium 228, 237, 243, 265, 373), 1962–76 – SCH. DSIDSIGURI, Die georg. Sprache, 1973 – R. ZWOLANEK–J. ASSFALG, Altgeorg. Kurzgrammatik, 1976 – A. SCHANIDSE, Altgeorg. Elementarbuch I, 1982 – H. FÄHN-

RICH, Kurze Grammatik der georg. Sprache, 1986 – *zu [II]: Ed.* Corpus scriptorum christianorum orientalium, PO – *Übers.:* Scho Rustaweli, Der Mann im Pantherfell, übers. R. NEUKOMM, 1974–D Leben Kartlis. Eine Chronik aus Georgien 300–1200, übers. (PÄTSCH, 1985 – *Zs.:* AnalBoll – Le Muséon – Bedi Kartlisa (= Revue c Kartvélologie), 1957–84 – Revue des études géorgiennes et caucasien nes, 1985ff. – *Lit.:* J. ASSFALG–P. KRÜGER, s. o., 120–122, 135–138[Li – C. TOUMANOFF, Medieval Georgian Hist. Lit., Traditio 1, 194 139–182 – M. TARCHNIŠVILI, Gesch. der kirchl. georg. Lit., 1955 – I SALIA, La litt. géorgienne des origines à nos jours, Revue de Kartvélolo gie 30, 1972, 205–239 [Lit.] – H. FÄHNRICH, Die georg. Lit., 198.

Georgslied, ahd. Dichtung. In der Otfrid-Hs. P (Hei delberg, Cod. pal. germ 52; →Otfrid) stehen auf B. 200ᵛ–201ᵛ ca. 57 vv. des ahd. G. es, die mit »ihn neque Vuisolf« abbrechen, was mit der fehlenden Übung de Schreibers Wisolf in der Aufzeichnung dt. sprachiger Tex te zu tun haben wird, da die Graphie in sich sehr uneinheitl ist. Das Lied berichtet in binnengereimten Langzeilen vo dem Bekenntnis des »grabo Gorio« zum Christentum seiner Verurteilung, den Wundern, der Bekehrung de Kgn. und der dreifachen Tötung des »Märtyrers vo unzerstörbaren Leben«. Quelle ist die älteste Fassung de Legende des hl. →Georg (griech., 5. Jh., lat. Bearbeitun aus dem 9. Jh. überliefert). Der stark blockhafte, paratakt Stil, in dem die Ereignisse eher benannt als erzählt werden ahmt den lat. Hymnenstil nach.

Wiederkehrender stark variierter Refrain ermöglich einen Vortrag durch Vorsänger und Chor bzw. Gemein de; ob die Melodie des Gallus-Liedes dafür benutzt wurd (MAURER) ist fraglich. Das Lied, dessen Aufzeichnung in 10. Jh. eine längere mündliche Tradition vorauszugehe scheint, ist wohl gegen Ende des 9. Jh. entstanden; über die Lokalisierung besteht Uneinigkeit, da der Georgskult in Frankenreich weit verbreitet war; diskutiert wurden di Reichenau (Translation der Georgsreliquien 896) und di Reichsabtei Prüm (HAUBRICHS). **V. Merten**

Ed.: W. BRAUNE, Ahd. Lesebuch Nr. XXXV, 1979¹⁷ – W. HAUBRICHS G. und Georgslegende im frühen MA, 1979 – *Lit.:* Verf.-Lex.² II 1213–1216 [R. SCHMIDT-WIEGAND] – F. ZARNCKE, Über den ahd Gesang vom hl. Georg, BSAW, Phil.-hist. Kl. 26, 1874, 1–42 – R KÖGEL, Gesch. der dt. Lit. bis zum Ausgang des MA I, 2, 1894, 95–107 K. ZWIERZINA, Bem. zur Überl. des ältesten Textes der Georgslegend (Prager dt. Stud. 8), 1908, 555–556 – G. EHRISMANN, Der Stil des G.es PBB 34, 1909, 177–183 – G. BAESECKE, Das ahd. Schrifttum vo Reichenau, PBB 51, 1927, 206–222 – E. SIEVERS, Ahd. Responsorien texte, ebd. 52, 1928, 206–218 – F. TSCHIRCH, Wisolf – eine mhd Schreiberpersönlichkeit, ebd. 73, 1951, 387–422 – F. MAURER, Zu Geistlichendichtung des MA (DERS., Dichtung und Sprache des MA 1963), 214–217 – H. DE BOOR, Eine unerklärte Stelle des ahd. G.es nebs Bem. zu seiner Orthographie und Heimat (Fschr. J. QUINT, 1964) 69–81 – F. TSCHIRCH, Der hl. Georg als figura Christi (Fschr. H. D BOOR, 1966), 1–19 – W. HAUBRICHS, Die Kultur der Abtei Prüm zu Karolingerzeit. Stud. zur Heimat des ahd. G.es, 1979 – R. SCHÜTZ EICHEL, Codex Pal.lat. 52. Stud. zur Heidelberger Otfridhs., zum Kicila-Vers und zum G., 1982.

Georgsorden, -gesellschaften → St. Georgsorden, →St. Jörgenschild

Gepiden (Gepidae, Gepidi, Γήπαιδες), germ. Stamm, dessen Verwandtschaft mit den →Goten (Iordan. Get. 17, 94), wohl als Mythifizierung zu gelten hat. Im 3. Jh. folgten die G. und andere Stämme den Goten auf ihrer Süddrift, siedelten im 4. Jh. im n. Transdanubien und zogen im Verlauf der →Völkerwanderung zu Anfang des 5. Jh. teilweise nach W (Hier. epist. 123). Sie wurden zum Bestandteil des Reiches →Attilas, machten sich aber in der Schlacht am Nedao unter Ardarich selbständig. Seit 455 →Föderaten von Byzanz, doch in ständigen Reibereien mit den →Ostgoten, gewannen die G. in den folgenden Jahrzehnten →Dakien und das Gebiet zw. Donau und

Theiß. Die Eroberung von →Sirmium durch Truppen →Theoderichs (504) und der Abwehrkampf der G. gegen die Ostgoten führten zu Spannungen mit Byzanz; 533 konnte Sirmium ohne Schwierigkeiten zurückgewonnen werden. Die Gotenkriege erlaubten offensichtl. eine Machtausweitung der G. über germ. Restsubstrate und fremde, v. a. bulg. Stammesgruppen sowie Slaven. Ks. →Justin II. suchte der wachsenden gepid. Bedrohung 567 durch ein Bündnis mit den →Avaren zu begegnen. Nach der Zerschlagung des gepid. Stammes durch Avaren und →Langobarden gingen die überlebenden Volksteile in den siegreichen Stämmen auf, scheinen aber z. T. in ihren Wohnsitzen geblieben zu sein.

Eigenheiten der Stammesstruktur der als bes. barbarisch geschilderten G. sind nicht überliefert, doch ist seit dem 5. Jh. straffe, monarch. Organisation anzunehmen. Das Zentrum des G.reiches ist in NO-Ungarn zu lokalisieren. Zeugnisse agrar. Zivilisation lassen sich durch Siedlungsspuren und Gräberfelder für das 6. Jh. feststellen, doch ist bei den Funden (v. a. Tonwaren, Fibeln, Waffen) eine gepid. Eigenständigkeit nicht zu erweisen. Das Christentum ist bei den G., wohl nach arian. Missionsansätzen im 5. Jh., erst im 6. Jh. nachweisbar.

G. Wirth

Lit.: KL. PAULY II, 757f. – LAW, 1051 – RE VII, 1230–1232 – C. DICULESCU, Die G., 1923 – L. SCHMIDT, Die Ostgermanen, 1941², 529ff. – D. CSALLANY, Archäolog. Denkmäler der G. im Mitteldonaubecken, 1956 – H. SEVIN, Die G., 1955 – E. SCHWARZ, Germ. Stammeskunde, 1956, 99ff. – L. VÁRADY, Das letzte Jh. Pannoniens, 1969, 324ff. – I. BÓNA, Der Anbruch des MA, 1976 – H. WOLFRAM–F. DAIM, Die Völker an der mittleren und unteren Donau im 5. und 6. Jh., 1980 – Die Völker Südosteuropas im 6.–8. Jh., hg. B. HÄNSEL, 1987.

Geraardsbergen (Geeraardsbergen, frz. Grammont), Stadt und ehem. Abtei OSB St. Adrian in →Flandern (heut. Belgien, Prov. Ostflandern), im MA zum Bm. Cambrai.

[1] *Stadt:* G. wurde gegr. von Gf. Balduin VI. (1067–70) auf einem kleinen, vom Gf.en erworbenen Allod, dessen Name 'Geraldi mons' auf einen Vorbesitzer Gerald oder Gerard hinweist. Die neue Stadt befand sich in strategisch wichtiger Situation (Lage am Fluß Dender, nahe der Grenze Flanderns zu Hennegau und Brabant); ihre Gründung hängt auch mit der gfl. Politik einer Beschränkung der Macht des lokalen Adels zusammen. Im gleichen Kontext zu sehen ist die gfl. Unterstützung für das sich ausbildende städt. Bürgertum, z. T. →Ausbürger: War die städt. Entwicklung anfängl. nur zögernd verlaufen, so erhielt sie durch die Errichtung der Abtei (gestiftet wohl 1093/96 von Gf. Robert II.) stärkere Impulse, um im Laufe des 13. Jh. ihren Höhepunkt zu erleben. G., die zweite Stadt im Land v. →Aalst, spielte im 13. Jh. eine Rolle als Tuchgewerbestadt und Regionalmarkt. Nachdem die Pfarrechte zunächst bei der Marienkirche des benachbarten Dorfes Hunnegem gelegen hatten, wurde mit St. Lukas die erste städt. Pfarrkirche geschaffen (spätestens 1355). Seit dem 15. Jh. verfiel die Textilproduktion. G., das sich gemeinsam mit →Gent (oft nicht ohne Zwang von seiten der mächtigen Nachbarstadt) in den fläm.-burg. Bürgerkriegen gegen die Hzg.e v. →Burgund stellte, hatte viel unter Belagerungen und Zerstörungen zu leiden.

[2] *Abtei:* Die Stiftungsurk. für G. datiert von Juni oder Juli 1096; zwei angebl. ältere, auf 1081 und 1083 datierte Urkunden sind dagegen gefälscht. Es handelte sich nicht um eine Neugründung, sondern um eine Verlegung der alten, wohl im 8. Jh. gegr. Abtei OSB St. Peter in Dikkelvenne. Die Abtei führte auch am neuen Standort ihr altes Patrozinium noch für einige Jahrzehnte fort; erst um 1174

nahm sie, nach Erhalt von Reliquien des hl. Adrian, diesen als Titelheiligen an. Obwohl mehrfach Plünderungen ausgesetzt, erwarb St. Adrian reichen Besitz und zählte gegen Ende des MA zu den wohlhabendsten Abteien der Gft. Flandern. In den Religionskriegen des 16. Jh. bereits stark geschädigt, wurde die Abtei 1796 aufgehoben.

M. Ryckaert

Lit.: V. FRIS, Geschiedenis van G., 1911 – E. SOENS, De abdij van sint-Adriaan te G., haar pachthoven en molens, 1914 – F. BLOCKMANS, De zoogenaamde stadskeure van G. van tusschen 1067 en 1070 (Handelingen Koninklijke Commissie voor Geschiedenis CVI, 1941), 1–93 – P. GUILLEMIN, Grammont, cité sur la colline, 1945 [auch ndl. Ausg.] – G. VAN BOCKSTAELE, Abbaye de St-Adrien à Grammont, Monasticon belge VII, 2, 1977, 53–128 – J. VAN MELLO, Van Gerardi-Montium tot G., 1977 – E. VAN MINGROOT, Het stichtingsdossier van de Sint-Adriaansabdij te G. (1081–1096) (Handelingen Koninklijke Commissie voor Geschiedenis CLIII, 1987), 1–64.

Gerace, Bf.sstadt im s. Kalabrien; Erbe des antiken Lokroi Epizephyrioi, griech. Kolonie, dann röm. Municipium, seit der Zeit Papst Gregors d. Gr. Bf.ssitz. G. entwickelte sich Ende des 7. Jh. als *kastron,* als die Bevölkerung des Küstenstrichs am Ion. Meer vor der Malaria und den häufigen Angriffen der Araber an einen Ort flüchtete, der mehr Sicherheit bot. Griech. Ritus (bis 1480) und byz. Tradition verpflichtet, unterstand G. lange Zeit dem Patriarchat v. Konstantinopel, dem die kalabres. Kirche 732–733 unterstellt worden war. Auf den Konzilien v. Nikaia (787) und Konstantinopel (869–870) unterschrieben die Bf.e mit dem Titel einer armenischen Hl.en (Hagia Kyriake). Der alte Ortsname, noch zu Beginn des 10. Jh. belegt, wurde nach der endgültigen Zerstörung Locris (915) durch Ièrakos/Geracium ersetzt (Suffragan von Reggio). Die Stadt, 986 von den Sarazenen erobert, war zu Beginn der norm. Eroberung Schauplatz der Auseinandersetzungen zw. →Roger v. Hauteville und seinem Bruder →Robert Guiscard. Von letzterem 1059 erobert, wurde G. in der Folgezeit befestigt. Die Ausstattung der Kathedrale ist ein Beleg für den Reichtum G.s im 12. Jh., den auch →Wilhelm v. Apulien u. →Idrīsī bezeugen. Im 13. Jh. ist eine starke Judengemeinde urkundl. belegt, die unter dem Schutz Friedrichs II. stand. Den Staufern treu ergeben, ertrug G. nur unwillig die Herrschaft der Anjou und insbes. die Signorie des Johann v. Montfort, der G. 1269 von Karl I. zu Lehen erhalten hatte. Bereits zu Beginn des auf die →Sizilian. Vesper folgenden Krieges unterstellte sich G. freiwillig Peter III. v. Aragón und wurde deshalb zum Angriffsziel der feindl. Heere. Im Sommer 1302 von Pietro Ruffo di Calabria, Gf. v. Catanzaro, unterworfen, war G. fortan Feudum der Caracciolo, des Nicolò →Acciaiuoli, des Alberico v. Balbiano; das Haus Aragón besaß G. 1502 als Krongut. Unter den bedeutenden Persönlichkeiten G.s ist v. a. →Barlaam v. Kalabrien (v. Seminara Bf. v. G. 1342–48) hervorzuheben. – Bedeutung erlangte im HochMA das wohl von Gf. Roger I. gegr. und von seinem Sohn (→Roger II.) vor die Stadt verlegte griech. Kl. S. Filippo, das von den norm.-stauf. Herrschern nachhaltig gefördert wurde. Am Ende des MA teilte es den allgemeinen Niedergang der griech. Kl. und war Mitte des 16. Jh. verlassen.

P. De Leo

Lit.: IP X, 51–54 – N. KAMP, Kirche und Monarchie..., 2, 1974, 965–973 – F. RUSSO, Il monastero greco di S. Filippo Argirò di G. e i suoi dintorni, Boll. della badia greca di Grottaferrata, NS 30, 1976, 102–111 – E. D'AGOSTINO, I Vescovi di G.-Locri, 1981 – AA. VV., La cattedrale di G., 1986.

Gerade (*rade, ratha, wîfrad, giratha, gerathe, gereide*; lat. *supellex*) bezeichnet die Frauenausstattung, d. h. persönl. Gebrauchsgegenstände im Sondervermögen der Frau, die regelmäßig in weibl. Linie, zuweilen an Söhne im Klerikerstand, vererbt wurden. Bedeutend war die G. auch als Abgabe, die der Leib-, Lehns-, Grund- oder Stadtherr für sich beanspruchte.

Schmuck und Hausgerät als Frauengrabbeigaben deuten auf eine frühe Ausbildung des Individualeigentums an diesem Fahrniskomplex (→Fahrhabe) hin. Schmucksachen, ursprgl. wohl die Brautausstattung, nennt die Lex Thuringorum (3, 35) als Bestandteile der G., wobei zugleich die Sondererbfolge hervorgehoben wird (Lex Thuringorum 2, 28).

Mangels Ehegattenerbrechts gewann die G. bes. Bedeutung für die Witwenversorgung. Im Hoch- und Spät-MA begegnen erweiterte Verzeichnisse; neben Schmuckgegenständen zählt z. B. der →Sachsenspiegel (Ldr. I 24 §3) u. a. Betten, Kissen, Laken, Kisten, Truhen, Sessel, Wandbehänge, Schüsseln, Leuchter, Gebetbücher, Bürsten, Scheren, Spiegel und Frauenkleidung zur G., die der Witwe als Voraus zufiel. →Gewandfall, →Heergewäte.

H. Drüppel

Lit.: DtRechtswb IV, 255f. – HRG I, 1527–1530 [W. Bungenstock] – O. Stobbe, Dt. Privatrecht V, 1885, § 293, 130ff. – E. Behre, Die Eigentumsverhältnisse im ehel. Güterrecht des Sachsenspiegels und Magdeburger Rechts, 1904 – C. Daeschner, Die altdt. G. … [Diss. Heidelberg 1908] – P. Hradil, Zur Theorie der G., ZRGGermAbt 31, 1910, 67ff. – B. Heukamp, Die G. im ehel. Güterrecht des Sachsenspiegels und des älteren Magdeburger Rechts [Diss. Münster 1912] – A. Schultze, Der Einfluß der Kirche auf die Entwicklung des germ. Erbrechts, ZRGGermAbt 35, 1914, 75ff. – R. Hübner, Dt. Privatrecht, 1930⁵, 664, 675, 739f. – E. Frommhold, Das Recht der G. [Diss. Leipzig 1934] – H. Conrad, Dt. Rechtsgesch. I², 1962, 41f., 157, 162f., 419f.

Gerald (s. a. Geraldo, Geraldus, Giraldus). **1. G.,** hl., Ebf. v. Braga, * Mitte des 11. Jh. im Haut-Quercy (Diöz. Cahors), † 5. Dez. 1108 in Bornes, ⬜ Braga, Kathedrale, Kapelle S. Nicolau, aus bedeutender Familie, als *puer oblatus* in →Moissac erzogen, wo er auch die Profeß ablegte und als *primicerius* und *custos armarii* fungierte. In Toulouse, wo er anläßl. einer Visitationsreise im Priorat Ste-Marie-la-Dorée (La Daurade) weilte, traf er mit Ebf. →Bernhard v. Toledo zusammen und wurde von diesem zum Kantor der dortigen Kathedrale bestellt. Die Gunst Bernhards, des Gf. en →Heinrich v. Portugal und des Kg.s →Alfons' VI. v. Kastilien-León brachte G. als Nachfolger des abgesetzten Pedro auf den Bf.sstuhl v. Braga. Von Bernhard im Kl. →Sahagún konsekriert, befand er sich schon Mitte 1096 (Costa) oder spätestens Ende 1097 (Reilly) in seiner Diöz., leitete dort umfassende Reform- und Rekuperationsmaßnahmen ein (Reorganisation der Kathedralschule und des Kapitels, Einführung der röm. Liturgie unter Durchsetzung einer Kultus- und Kirchenreform) und bemühte sich nachdrückl. um Rückgewinnung der Bragaer Metropolitanrechte über die galic. Kirchenprov. gegen die Konkurrenz des aufstrebenden Bf.ssitzes von →Santiago de Compostela, dessen Bf. →Diego Gelmírez im Nov. 1102 sogar die wichtigsten Bragaer Reliquien rauben ließ. 1100 konnte G. bei Papst Paschalis II. die Erhebung Bragas zum Ebm., die damit verbundene Restaurierung der alten Metropole und die Verleihung des →Palliums erreichen, am 1. April 1103 auch die Zuweisung von Suffraganbm.ern (s. im einzelnen →Braga I,2). Als G. 1108 auf einer Visitationsreise starb, hatte er die Verwaltung seiner Kirche, für die er vielleicht das bisher seinem Vorgänger Pedro zugesprochene Zinsbuch anlegte (Mattoso), auf einen für ma. Verhältnisse hohen Standard gebracht und gleichzeitig über die innerkirchl. Reform eine Einbindung des Adels erreicht, die die Eindämmung des Compostellaner Expansionsstrebens erleichterte. Schon bald nach G.s Tod

entstand ein Kult um den 'Sanctus Geraldus', doch ist außer einer Erwähnung zu 1182 erst für 1228 ein liturg. Festtag überliefert.

L. Vones

Q.: Vita Beati Geraldi, Portugaliae mon. hist. Scriptores I, 53–59 [verf. vor 1128 von dem frz. Archidiakon Bernhard, seit 1128 Bf. v. Coimbra] – Vita S. Geraldi, ed. P. Romano Rocha, (s. u.), 503–509 [Variante der ersten Vita aus dem Breviarium des Soeiro = Braga, Bibl. pub. ms. 657, f. 294r–296v] – Hist. Compostellana, ed. E. Falque, 1988 - Papsturkk. in Portugal, ed. C. Erdmann, 1927 – Liber Fidei Bracarensis Ecclesiae, 2 Bde, 1965–78 – *Lit.:* BHL 3415 – Bibl. SS IV, 172 – DGHE XX, 83f. [Mattoso] – DHP II, 340f. [Costa] – A. de Jesús da Costa, A Ordem de Cluny em Portugal, Cenáculo 3, 1947–48, 185–220 – J. O. Bragança, Moissac e Braga, O Distrito de Braga II, 1961, 189–195 – M. Vidal, L'abbaye de Moissac au temps du moine Géraud, ebd. III, 1965, 519–528 – J. Mattoso, Le monachisme ibérique et Cluny, 1968, 102ff. – J. Mehne, Cluniacenserbf.e, FMSt 11, 1977, 262 – R. A. Fletcher, The Episcopate in the Kingdom of León in the Twelfth Century, 1978 – L. Vones, Die Hist. Compostellana und die Kirchenpolitik des nw-span. Raumes 1070–1130, 1980 – P. Romano Rocha, L'Office Divin au MA dans l'Église de Braga, 1980, vgl. insbes. S. 89 [zum Todesdatum] – R. A. Fletcher, St. James's Catapult. The Life and Times of Diego Gelmírez of Santiago de Compostela, 1984 – B. F. Reilly, The Kingdom of León-Castilla under King Alfonso VI 1065–1109, 1988 – s. a. Lit. zu →Braga (insbes. A. Ferreira, 1928; A. de Jesús de Costa, 1957; P. Feige, 1978) und →Cluny.

2. G., Kard. bf. v. Ostia seit 1072, * in Regensburg (?), † 6. Dez. 1077, ⬜ Dom zu Velletri. Als Leiter der Regensburger Domschule bezeugt, trat G. um 1063 im Anschluß an eine Pilgerreise nach Rom ins Kl. Cluny ein, wo er zum Prior aufstieg. Papst →Alexander II. berief ihn zum Nachfolger des 1072 verstorbenen →Petrus Damiani als Kard. bf. v. Ostia. Als päpstl. Legat bereiste G. Frankreich und Spanien, wo er mehrere Synoden abhielt. Im Auftrage Papst →Gregors VII. kam er im Frühjahr 1074 zusammen mit Hubert v. Praeneste nach Nürnberg, um Kg. Heinrich IV. mit der röm. Kirche auszusöhnen. Das Zustandekommen einer Reformsynode scheiterte jedoch am Widerstand des dt. Episkopats. Jan. 1077 erschien G. auf päpstl. Seite als Zeuge der Vereinbarungen v. →Canossa. Aus der Gefangenschaft des antigregorian. Bf.s Dionysius v. Piacenza, in die er nach Canossa geraten war, wurde er erst durch Vermittlung der Ksn. →Agnes und der Mgfn. →Mathilde entlassen.

T. Struve

Q. und Lit.: G. Meyer v. Knonau, JDG H.IV. und H. V. 2, 1894 [Nachdr. 1964], 182, 377–381, 761, 769; 3, 1900 [Nachdr. 1965], 92 – DHGE XX, 699f. – NDB VI, 247f. – O. Schumann, Die päpstl. Legaten in Dtl. z. Z. Heinrichs IV. und Heinrichs V. [Diss. Marburg 1912], 23ff. – A. Fliche, La réforme Grégorienne I, 1924, 151ff., 214, 305 [Nachdr. 1978] – Th. Schieffer, Die päpstl. Legaten in Frankreich vom Vertrage von Meersen (870) bis zum Schisma von 1130 (Hist. Stud. 263, 1935), 81–88 – H.-W. Klewitz, Die Entstehung des Kard.-kollegiums, ZRGKanAbt 25, 1936, 206 – M. Chaume, Les grands prieurs de Cluny, RevMab 28, 1938, 150 – Ph. Hofmeister, Kard.e aus dem Ordensstande, SMBO 72, 1961, 156 – H. E. J. Cowdrey, The Cluniacs and the Gregorian Reform, 1970, 193 – R. Hüls, Kard.e, Klerus und Kirchen Roms, 1977, 100f. – J. Mehne, Cluniacenserbf.e, FMASt 11, 1977, 241–287, hier 263 – W. Teske, Laien, Laienmönche und Laienbrüder in der Abtei Cluny, ebd. 326, Nr. 39.

Geraldini. 1. G., Angelo, Diplomat und päpstl. Verwaltungsbeamter, Bf. v. Sessa seit 1462, Bf. v. →Kammin 1482–85, * 1422 in Amelia (Umbrien), † 3. Aug. 1486 in →Civita Castellana, ⬜ Amelia, Franziskanerkirche. Nach Studium in Siena und Perugia im Dienst Kard. Domenico →Capranicas, seit 1450 päpstl. →Abbreviator, 1458–61 Rektor des →Comtat Venaissin, 1462–64 als päpstl. Kriegskommissar und Provinzgubernator an der Liquidation der Malatestaherrschaft in den Marken beteiligt, 1468 im diplomat. Dienst Kg. Ferdinands I. v. Neapel, 1469 Kg. Johanns II. v. Aragón, nach 1471 Rückkehr an die röm. Kurie. 1482–84 von Papst Sixtus IV. mit der Bekämpfung des Basler Konzilsversuchs des Andreas →Jametić beauftragt, im Herbst 1484 Legat am span. Kg.shof, im Jan. 1486 Generalkommissar der päpstl. Truppen in Latium.   J. Petersohn

Ed.: Dipl. Berichte und Denkschriften des päpstl. Legaten A. G. aus der Zeit seiner Basel-Legation (1482–83), bearb. und hg. J. PETERSOHN (HF 14, 1987) – *Q. und Lit.*: Antonio G., Vita A. G., ed. B. GERALDINI, 1895 – J. PETERSOHN, Ein Diplomat des Quattrocento: A. G., 1985.

2. G., Antonio, nlat. humanist. Dichter, Diplomat, * 1448/1449 in Amelia (Umbrien), † 1489, kam durch seinen Onkel →G., Angelo, 1469 an den aragones. Kg.shof, wurde hier im gleichen Jahr von →Ferdinand II. v. Aragón und →Isabella v. Kastilien zum poeta laureatus gekrönt, weilte in den 80er Jahren als span. Gesandter in Florenz und an der röm. Kurie. 1477 Kommendatarabt von S. Maria de Gala, 1486 von S. Angelo de Brolo (Sizilien). Als nlat. Dichter Nachahmer →Vergils, durch seine Eklogen (»Bucolica sacra«, 1485) von Einfluß auf die religiöse Dichtung des 16./17. Jh. Seine Rolle als Mittler des it. →Humanismus in Spanien ist noch unerforscht.

    J. Petersohn

Ed.: Specimen carminum, ed. B. GERALDINI, 1893 – Vita Angeli G., ed. DERS., 1895 – The Eclogues, ed. W. P. MUSTARD, 1924 – *Lit.*: Repfont IV, 691ff. – J. PETERSOHN, Ein Diplomat des Quattrocento: Angelo G., 1985, 1ff.

Geraldo 'Sem Pavor' (»Giraldus, qui dicebatur sine pavore«, Geraldo 'ohne Furcht', Beiname in der modernen Geschichtsschreibung: 'OCid Português'), ptg. Ritter – vielleicht frz. Herkunft – um die Mitte des 12. Jh., berühmt wegen seiner mit unerhörtem Wagemut durchgeführten Überraschungsangriffe. Er hatte unter Kg. →Alfons I. v. →Portugal entscheidenden Anteil an der Eroberung von →Évora, nahm u. a. →Cáceres, Trujillo, Montánchez, Santa Cruz de la Sierra, Juromenha, Lobón, Serpa ein und errichtete einen ausgedehnten →Señorío. Nur vorübergehend erfolgreich waren seine Vorstöße gegen →Badajoz (1165–68), da er nun in den Machtbereich Ferdinands II. v. →León geriet. Der ptg. Angriffsschwung wurde entscheidend gebremst, als Alfons I. 1169, von G. zur Absicherung seines Eindringens in Badajoz herbeigerufen, in die Gefangenschaft des Kg.s v. León geriet. G., ebenfalls gefangengenommen, verlor in der Folge seine Stützpunkte an Gf. Rodrigo Fernández de →Castro (Mai 1169), ging ins Exil und trat in arab. Dienste. 1169/70 oder 1173/74 wurde er bei inneren Kämpfen in Marokko enthauptet.   L. Vones

Q. und Lit.: D. LOPES, Os Árabes nas obras de Herculano, 1911 – DERS., O Cid Português: G. S. P., RevPort 1, 1941, 93–111 – J. GONZÁLEZ, Reg. de Fernando II, 1943, 78–83 – DERS., El reino de Castilla en la época de Alfonso VIII, I, 1960 – M. VELHO, Trechos da crónica de Ibn Sáhib respeitante a D. Afonso Henriques, G. S. P. e ao território português, Bol. da Junta Distrital de Évora 7, 1966, 127–147 – J. PIRES GONÇALVES, Monsaraz da Reconquista, Anais da Acad. Portuguesa da Hist., II série, 25, 1979, 11–44 – Crónica lat. de los reyes de Castilla, ed. M. D. CABANES PECOURT, 1985, 23.

Geraldus v. Aurillac, hl., * um 855, † 13. Okt. 909 in St-Cirgues (oder Sénézergues?, dép. Cantal), □ in seinem Kl. St-Pierre (später St-Géraud) d'→Aurillac. G. entstammte einer alten, in Auvergne, Quercy, Rouergue und Albigeois reich begüterten Adelsfamilie. Als männl. Alleinerbe des reichen elterl. Besitzes wurde G., obwohl eine Gft. Aurillac gar nicht existierte, als Gf. tituliert; er übte öffentl. Gewalt (Gericht, Polizeiaufgaben, Führung des militär. Aufgebots; →Bann) aus. Die Fs.en in →Aquitanien waren – erfolglos – bestrebt, G., einen der letzten kgl. Vasallen südl. der Loire, ihrer Macht zu unterstellen.

Trotz ausgeprägter monast. Berufung ließ sich G. von Bf. Gauzbert v. Rodez überzeugen, im Laienstand zu

verbleiben, um so das öffentl. Wohl seiner Herrschaft zu fördern; dabei zeichnete er sich aus durch Demut, Friedensliebe, Sorge um Arme und Schwache und eifrige Pilgerfahrten (St-Pierre-et-Paul in →Solignac, St-Martial in →Limoges, St-Martin in →Tours, siebenmal St. Peter zu →Rom). Um 894 gründete er in Aurillac ein Peterskl. (später: St-Géraud), das wie →Cluny zu den ersten unmittelbar dem Papst unterstehenden Kl. zählte (Gründung 899 durch Karl III. bestätigt [LAUER, Nr. XXI]). G. machte sein Testament zugunsten seines Kl., wobei er – um mit Bestimmungen der Lex Fusia Caninia in Einklang zu stehen – nur 100 Sklaven freiließ (→Freilassung). Die schon zu seinen Lebzeiten zahlreichen Wunder nahmen an seinem Grab sprunghaft zu; seine Verehrung ist in aquitan. Liturgien bereits vor der Mitte des 10. Jh. bezeugt. 972, anläßl. einer Vergrößerung der Kirche, erfolgte die Elevatio seiner Reliquien (was seiner Kanonisierung entspricht). Im 13. Jh. erreichte sein Kult Aragón (hl. Grau).

Nach sorgfältigen Nachforschungen bei Zeitgenossen des Hl.en verfaßte →Odo v. Cluny bald nach 925 eine erste autobiograph. gefärbte Vita (BHL 3411), in der er sich bei aller Betonung der monast. Tugenden (Keuschheit, Enthaltsamkeit, Frömmigkeit) bemühte, die Vorbildhaftigkeit des Hl.en für die aristokrat. Laienwelt seiner Zeit hervorzuheben. Dieses im 10. Jh. noch vereinzelt dastehende Programm der Sanktifikation eines adligen Laien, der christl. Gebrauch von seiner Macht und seinem Reichtum macht, wurde jedoch in einer vor Mitte des 10. Jh. vorgenommenen Umarbeitung der Vita Odos wieder zugunsten der traditionellen monast. Elemente stark nuanciert (BHL 3412). Um 1300 wurde Odos Vita ins Frz. übersetzt (uned., Hs. Paris Bibl. Ste-Geneviève 587-2). Die um 1010/13 unter Abt Adraldus v. St-Christophe angefertigte Reliquienstatue in Form einer Majestas beeindruckte den Scholaster Bernard v. Angers (Mir. s. Fidis I 13, BHL 2942). Die Reliquien wurden 1569 von den Protestanten profaniert.   J.-C. Poulin

Lit.: DHGE XX, 832–835 – P. ROUSSET, L'idéal chevaleresque dans deux Vitae clunisiennes (Mél. E.-R. LABANDE, 1974), 623–633 – J.-C. POULIN, L'idéal de sainteté dans l'Aquitaine carolingienne d'après les sources hagiographiques (750–950), 1975, 81–98, 195f. – M. HEINZELMANN, Sanctitas und 'Tugendadel'..., Francia 5, 1977, 743–752 – C. CAROZZI, De l'enfance à la maturité: étude d'après les Vies de Géraud d'Aurillac et d'Odon de Cluny (Études sur la sensibilité, 1979), 103–116 – F. LOTTER, Das Idealbild adliger Laienfrömmigkeit in den Anfängen Clunys: Odos Vita des Gf. en G. v. A. (Benedictine Culture 750–1050, 1983), 76–95.

Gerard(us) → Gerhard

Geräte, liturgische. Zu sakralen Handlungen entwickelten sich zahlreiche Gefäße, Instrumente und Insignien. Zentral für die Messe Kelch mit Zubehör und Patene, zur Aufbewahrung der Hostien Pyxis, Kästchen, Taube, Monstranz und Custodie, dazu Wein- und Wasserkännchen, Ölgefäße für Salbungen bei Taufe, Firmung, Priester- u. a. Weihen, Krankenölung, Altar- und Kirchenweihe, Weihwasserkessel oder Situla mit Weihwedel oder Aspergile, Weihrauchfaß und Schiffchen, Taufschale und Kanne, Becken und Gießgefäße für Handwaschung, seltener Kuß- oder Paxtafeln. – →Kreuze, meist metallen, mit bes. Sockel als Altarkreuz, auf Stab oder hohe Stange gesteckt als Prozessionskreuz verwendet. In Scheibenform Weiterentwicklung des liturg. →Fächers oder Flabellums. – Lichtträger: Kerzenstöcke neben oder später auf dem Altar und bei Prozessionen, Totenfeiern, Sondertypen Osterleuchter, Sanktus- oder Wandelkerze, Siebenarmiger Leuchter, Tenebraeleuchter und Lichtrechen, Wandarme und Engelleuchter, Prozessionsstangen. Hängeleuchter in Rad-, Ringmauer- und Tiergestalt, einfache Ampeln nicht nur als »Ewiglicht«, sondern zahlreich als Votivstiftungen über Altären, Gräbern und Bildern. – Sakrale Auszeichnungen des Altarbezirks frühma. Weihekronen und →Reliquiare, letztere auch in Prozessionen. – Amtsinsignien: Pedum von Bischof, Abt und Äbt., Thron, Kathedra und →Faltstuhl (Faldistorium), liturg. Kamm, Pedell- und Kantorstab. In Prozessionen Baldachin über dem Sanktissimum, auch hohen Personen, Kirchenfahnen als Insigne von Konvent, Gemeinde, Stand oder Bruderschaft. – Der Übergang von liturg. G.n zu liturg. Büchern, Gewändern und Paramenten des Altars, →Glocken, Orgeln u. a. Kirchenmobiliar ist fließend.

A. Reinle

Lit.: Glossarium Artis, 2: L.G., Kreuze und Reliquiare der chr. Kirchen, 1972 – A. REINLE, Die Ausstattung dt. Kirchen im MA, 1988.

Gerber (obdt. auch *Lederer*, nd. *G(h)erwer;* lat. cerdo, corifex, coriarius). Den ma. europ. G.n waren die drei wichtigsten Gerbmethoden, die Sämisch-, Weiß- und Lohgerbung (→Leder), sämtlich bekannt, wobei die Lohgerberei im MA in ganz Europa (außer vielleicht im NO) die wichtigste Rolle spielte. Rinds- und Kalbshäute, aber auch Ziegen- und Schafhäute wurden über lange Zeiträume in immer frischeren Laugen aus gewässerter Eichenrinde (»Lohe«; im größten Teil Europas das wichtigste, oft einzig erlaubte Gerbmittel) gebracht, wobei sie den Gerbstoff Tannin aufnahmen. Die tanninreicheren Pflanzen Sumach (Schmack) und Galläpfel wurden überwiegend im südöstl. Mittelmeerraum verwendet und erscheinen erst im 15. Jh. auf den nördl. und westl. Märkten. Ausreichende Trocknung und Nachfettung frisch gegerbten Leders werden in nahezu allen G.ordnungen eingeschärft.

Wohl in allen Städten und in vielen, bes. stadtnahen Dörfern hat es G. gegeben, obwohl Ordnungen nicht einmal aus allen größeren Städten überliefert sind. Das G.handwerk gehörte selten zu den bes. dicht besetzten städt. Gewerben (Mitte des 15. Jh. in Köln 29, in Paris etwa 15 selbständige Lohgerber). Bes. Zünfte für Loh- und Weißgerber (*Ircher*, albicoriarius) sind kaum vor 1500 zu finden. Ganz überwiegend stammen die erhaltenen G.ordnungen aus dem 14. und 15. Jh., ganz selten mit gewerbespezif. Angaben, die über den üblichen Inhalt von Zunft- oder Gewerbeordnungen hinausgehen. Geregelt wird der Einkauf von Lohe und Häuten, der meist nur auf den städt. Märkten erlaubt ist, verboten ist v. a. der Kauf von Häuten »auf dem Rind«. Zum Schutz der G. verbieten die Zunftordnungen Bürgern und Handelsgästen den Verkauf »garen« Leders oder schränken ihn ein. Die Bildung von Gesellschaften zum Einkauf von Rohstoffen wird erlaubt, das Arbeiten im Lohnwerk für andere jedoch streng untersagt. Reibereien gab es häufig zw. G.n und →Schuhmachern, denen überall das Gerben zum Eigenbedarf erlaubt war. Die G. waren hygien. Bestimmungen unterworfen (Verbot, Laugen auf die Straße zu schütten, usw.). Da sie auf reichliche Wasserzufuhr angewiesen waren, wurden sie oft in der Nähe von Wasserläufen innerhalb der Stadt angesiedelt. Wegen der Gerüche wurden sie auch an die Stadtränder oder in die Vorstädte abgedrängt. Im Unterschied zu den →Kürschnern genossen die G. kein hohes Ansehen und galten auch nicht als wohlhabend.

H.-P. Baum

Q.: →Handwerk, Handwerker – *Lit.:* Hb. der Gerbereichemie und Lederfabrikation, hg. W. GRASSMANN, I, 1944 – W. GROENMAN-VAN WAATERINGE, Schuhmode im späten MA, ZAMA 3, 1975, 95–119 – DERS., Die Stellung der Lübecker Lederfunde im Rahmen der Entwicklung der ma. Schuhmode, Lübecker Schr. zur Archäologie und Kulturgesch. 4, 1980, 169–174.

Gerberga. 1. G., Kgn. v. Frankreich, * ca. 913, † 968 oder 969, ▭ Reims; Eltern: Kg. →Heinrich I. und →Mathilde; Geschwister: →Otto I., →Hadwig, →Heinrich d. J., →Brun, Ebf. v. Köln; ∞ 1. →Giselbert, Hzg. v. Lothringen 928/929, 2. →Ludwig IV., Kg. v. Frankr. 939; ca. 10 Kinder, darunter aus 1. Ehe: Albrada (∞ Rainald v. Roucy), aus 2. Ehe: →Lothar, Kg. v. Frankreich (* 941), Gerberga (∞ Adalbert v. Vermandois), →Karl v. Lothringen.

Im Rahmen seiner Westpolitik gab Heinrich I. Hzg. Giselbert v. Lothringen G. zur Frau. Nach dem Tod Giselberts (939) versuchte Otto I. vergeblich, die Witwe mit dem Bayernhzg. →Berthold zu vermählen: sie heiratete sofort Ludwig IV. v. Frankreich, der damit seine Ansprüche auf Lothringen bekräftigte und mit seinem Rivalen →Hugo v. Francien (∞ G.s Schwester Hadwig) gleichzog. In den folgenden polit. Auseinandersetzungen spielte G. (v. a. mit Hilfe ihrer familiären Beziehungen) eine aktive Rolle. Auf ihren Hilferuf hin ermöglichte Otto I. 945 die Entlassung Ludwigs IV. aus der Haft Hugos. Nach dem Unfalltod Ludwigs 954 konnte G. beim Hzg. die Anerkennung ihres noch minderjährigen Sohnes Lothar als Kg. erreichen. In der Folgezeit hatte ihr Bruder Brun großen Einfluß auf das frz. Geschehen. 959 erhielt der Ebf. in Köln von Lothar im Beisein G.s Garantien wegen Lothringen; Brun half seinerseits dem Kg., Gf. →Reginar III. v. Hennegau zu bezwingen, der Ansprüche auf G.s Witwengut aus der Ehe mit Giselbert erhob. G.s Vita zeigt jenes Profil eigenständiger polit. Verantwortung, das auch bei anderen Herrscherinnen des 10. Jh. sichtbar wird (z. B. bei →Adelheid, →Theophanu). Ihre hohe Bildung und intellektuelles Vermögen bezeugt die Widmung in →Adsos v. Montier-en-Der »De Antichristo« (um 950).

E. Karpf

Lit.: NDB VI, 256f. – F. LOT, Les derniers Carolingiens. Lothaire, Louis V, Charles de Lorraine, 1891 – PH. LAUER, Le règne de Louis IV d'Outre-Mer, 1900 – W. KIENAST, Dtl. und Frankreich in der Ks.zeit (900–1270), 1, 1974², 54ff.

2. G., † 986/91, Tochter Gf. Ottos v. →Mâcon (nicht Lamberts v. Dijon-Chalon!). 1. ∞ um 960 (?) Kg. →Adalbert II. v. Italien, Sohn →Berengars II. Während der Auseinandersetzungen der beiden Kg.e mit →Otto I. wurde G.s Sohn →Oth-Wilhelm (Oth-Guillaume) nach Burgund verbracht, wohin sich auch G. zurückzog. Nach dem Tod Adalberts II. († 971/75 in Autun) 2. ∞ den Robertiner Hzg. Heinrich I. v. Burgund († 1002), der selbst kinderlos – Oth-Wilhelm adoptierte. Als Nichte des letzten Gf.en v. Mâcon vererbte G. ihrem Sohn diese Gft., die Ausgangsbasis wurde für Oth-Wilhelms Stellung als Gf. v. Burgund (seit der Jahrtausendwende). Th. Kölzer

Lit.: S. DE VAJAY, A propos de la »Guerre de Bourgogne«. Note sur la succession de Bourgogne et de Mâcon au Xᵉ et XIᵉ s., Annales de Bourgogne 34, 1962, 153–169 – W. KIENAST, Der Hzg.stitel in Frankreich und Deutschland, 1968, 56, 98.

Gerbert

1. G. v. Aurillac (*Papst* Silvester II. seit 9. April 999), Gelehrter und Politiker, Abt v. →Bobbio, Ebf. v. →Reims und →Ravenna; * um 950 in Aquitanien, † 12. Mai 1003 in Rom, ▭ ebd., Lateransbasilika.

I. Leben und Wirken – II. Wissenschaftliche Tätigkeit und Nachwirkung.

I. LEBEN UND WIRKEN: Seine erste Bildung erhielt der aus bescheidenen Verhältnissen stammende G. im cluniazens. geprägten Kl. St-Géraud-d'Aurillac. Durch die Vermittlung seines Abtes und dank der Hilfe des Gf.en →Borell II. v. Barcelona gelangte G. um 967 nach Katalonien, um bei Bf. Hatto v. Vich und im nahegelegenen Kl. →Ripoll seine Kenntnisse zu vertiefen. 970/971 reiste er nach Rom, wo er

durch die Vermittlung von Papst →Johannes XIII. die
Bekanntschaft →Ottos I. machte. Dort lernte G. auch den
Reimser Archidiakon und Logiker Gerannus kennen. Otto I. erlaubte ihm, seine Studien an der Reimser Kathedralschule fortzusetzen, deren Leitung er bald übernahm. Die
auf Betreiben und unter dem Vorsitz →Ottos II. 981 in
Ravenna stattfindende Disputation mit dem sächs. Domscholaster →Ohtrich endete mit einem überlegenen Sieg
G.s und brachte diesem die nordit. Abtei →Bobbio ein.
Infolge wirtschaftl. Schwierigkeiten und – bedingt durch
den unvermuteten Tod Ottos II. – fehlender polit. Unterstützung mußte G. Bobbio nach nur einjährigem Aufenthalt 983 wieder verlassen. Gemeinsam mit Ebf. →Adalbe-
ro v. Reims, der sich wie G. der otton. Dynastie verpflichtet fühlte, versuchte er, der offensiver werdenden Außenpolitik der letzten westfrk. Karolinger zu begegnen
(→Frankreich, A.I). Die Hoffnungen G.s, die Nachfolge
des zwei Jahre nach der Wahl →Hugo Capets zum Kg. v.
Frankreich (Mai 987) verstorbenen Ebf.s Adalbero († 23.
Jan. 989) anzutreten, erfüllten sich zunächst nicht. Erst
nach der Absetzung →Arnulfs (991), der von Hugo Capet
989 zum Nachfolger Adalberos erhoben worden war,
wurde G. Ebf. v. Reims. Seine Amtszeit (991–996) war
erfüllt von ununterbrochenen publizist. Kämpfen, durch
die G. hoffte, die kirchenrechtl. bedenkl. Absetzung Arnulfs und die Rechtmäßigkeit seiner eigenen Wahl beweisen zu können, was angesichts des wachsenden Widerstandes zunehmend schwieriger, spätestens aber seit dem
Tod seines Gönners Hugo Capet (996) unmöglich geworden war. Im Mai 996 traf G. in Rom Otto III., auf den er
einen tiefen Eindruck gemacht haben muß. Nur so ist
wohl jenes berühmte Einladungsschreiben Ottos zu verstehen, mit dem er G. bat, sein persönl. Lehrer und polit.
Berater zu werden. Im Frühjahr 997 hielt sich G. bereits in
Deutschland bei Otto III. auf. Er wurde in der Folgezeit
einer der wichtigsten Anreger für die ksl. Pläne einer
→»Renovatio imperii Romanorum«. Ein Zeichen für das
große Vertrauen, das Otto mit G. verband, ist dessen
Ernennung zum Ebf. v. Ravenna (April 998), dem nach
Rom wichtigsten Bf.ssitz in Italien. Zuvor war der aus
seiner Haft entlassene Arnulf als Reimser Ebf. wieder
eingesetzt worden. Ihren endgültigen Abschluß fand die
Reimser Affäre, als G., der auf Betreiben Ottos III. zum
Nachfolger Papst →Gregors V. gewählt worden war, nur
wenige Tage nach seiner Weihe die Rechtmäßigkeit der
Wiedereinsetzung seines Reimser Amtsvorgängers bestätigte. Die programmat. Wahl seines Papstnamens 'Silvester' verdeutlicht G.s und Ottos polit. Vorstellungen: So
wie Papst →Silvester I. laut der Silvesterlegende in eng-
stem Einvernehmen mit dem von ihm getauften Ks.
→Konstantin gehandelt hatte, so wollte auch G. zusammen mit Otto III. die »Renovatio imperii Romanorum«
verwirklichen. Auf G. könnte auch jene zentrale Vorstellung Ottos III. zurückgehen, die einzig in Rom als dem
gemeinsamen Sitz der beiden höchsten weltl. und kirchl.
Gewalten den geeigneten Ort erblickte, von dem aus der
Ks. die christl. Völker- und Herrscherfamilie regieren
sollte. Infolge des Aufstandes der Römer gegen Otto III.
(1001) mußte auch G. Rom verlassen, das er erst nach dem
Tod des Ks.s im April 1002 wiederbetrat. Aus der letzten
Phase seines Pontifikates sind noch zahlreiche Urkunden
überliefert, die von G.s päpstlichen Aktivitäten berichten.
– Eine der wichtigsten Quellen für G. ist dessen über
zweihundert Nummern zählende →Briefsammlung, die
ihn als einen überaus gewandten und am klassischen
Sprachgebrauch orientierten Stilisten erweist.

H.-H. Kortüm

II. Wissenschaftliche Tätigkeit und Nachwirkung:

G.s Gelehrsamkeit beruhte im wesentl. auf Studien wäh-
rend seines etwa dreijährigen Aufenthaltes in der sog.
Span. Mark (→Katalonien), wo er in Kontakt mit der arab.
Wissenschaft gekommen war, sowie auf spätantiken und
ma. Traditionsbruchstücken klassisch-hellenist. Bildung.
Aus den Fächern des Trivium (→Artes liberales) ist nur ein
Werk G.s zur Rhetorik bezeugt, das aber nicht erhalten ist.
Sein Ruhm beruhte sicher auch auf seinen rhetor. Fähigkeiten, ansonsten aber ausschließlich auf seinen Leistungen in den Fächern des Quadrivium. Es war zu seiner Zeit
schon ungewöhnlich, daß jemand an die antike Wissenschaft anknüpfen und alle Fächer des Quadrivium lehren
konnte. In der 'musica' und 'geometria' ging er über das,
was →Boethius überlieferte, nicht hinaus. In der 'arithmetica' war Boethius nur einer seiner Lehrmeister. G. benutzte des weiteren mit einem neuartigen →Abacus arabisch-
ind. Rechenmethoden (→Rechenkunst) und war wohl
auch der erste abendländ. Gelehrte, der die sog. arab.
Zahlzeichen verwendete. Am intensivsten befaßte sich G.
mit →Astronomie, für deren Unterricht er sogar verschiedene Demonstrations- und Beobachtungsinstrumente
baute, die seit der Antike in Vergessenheit geraten waren,
darunter einen Globus, eine →Armillarsphäre und Beob-
achtungsrohre. Auch hatte er in der Span. Mark das
→Astrolabium kennengelernt, mit dem exakte Sternbe-
stimmungen möglich wurden. Ein Teil seiner astronom.
und geograph. Kenntnisse (aus damals nicht zugänglichen
lat. Schriften des →Ptolemaios) kann nur über arab. Vermittler an G. gelangt sein.

Gemessen an seinem wissenschaftl. Ruhm sind wenig
Schriften (Traktate, Briefe mit mathesischem Inhalt) erhalten, weshalb die Diskussion um die Sicherheit ihrer
Zuschreibung vermutlich noch nicht beendet ist. Ergänzt
wird das gesicherte Wissen über G. durch die noch zu
Lebzeiten abgefaßte Biographie seines Schülers →Richer
v. Reims. Zahlreiche Zuschreibungen nach seinem Tode
machen es schwer, seinen Ruhm realist. abzuschätzen.
Etwa 80 Jahre nach G.s Tod setzte ein Typ von Legendenbildung ein, der G. ein Bündnis mit dem Satan zuschrieb.
Diese Legenden wurden u. a. von Walther von der Vogelweide aufgegriffen, der dem »zouberaer Gerbrehte« in
einem seiner stauferfreundl., gegen das Papsttum gerichteten Sprüche einen unrühml. Platz zuwies (Walther, L.
33, 21ff.).

Die Nachwirkungen dieses in seiner Zeit einzig daste-
henden Gelehrten sind bislang wenig beachtet worden.
Von bes. Bedeutung in diesem Zusammenhang sind folgende Probleme: a) die Frage eines mindestens mittelbaren
Einflusses G.s – über seinen Schüler →Fulbert – auf die
Entstehung der Schule v. →Chartres, b) die mögliche
Rolle G.s als eines Wegbereiters der →Aristoteles-Rezep-
tion, indem G. mehrfach aristotel. (und nicht platon., wie
zu erwarten gewesen wäre) argumentierte, z. B. in der
Disputation mit Ohtrich; g. bzw. Richer zitierte allerdings nicht Aristoteles, sondern dessen Übersetzer Boethius.

U. Lindgren

Q.: J. Havet, Lettres de G. 983–997, 1889 – G. i opera math., ed. N.
Bubnov, 1899 [Nachdr. 1963] – RI II, 3: Die Reg. des Ks.reiches unter
Otto III. 980–1002, bearb. M. Uhlirz, 1956 – H. Pratt-Lattin, The
Letters of G. with his Papal Privileges as Silvester II., 1961 [frz. Übers.
von P. Riché in Vorber.] – F. Weigle, Die Briefslg. G.s v. Reims
(MGH Epp. D K.II., 1966) – Richer, Hist. de France (888–995), ed. R.
Latouche (Les Classiques de l'Hist. de France au MA 12, 17), 1930/37
[Nachdr. 1967/64] – RI II, 5: Papstreg. 911–1024, bearb. H. Zimmer-
mann, 1969 – Papsturk. 896–1046, bearb. H. Zimmermann, Bd. 2:
996–1046, 1985 – Lit. zu [I]: F. Weigle, Stud. zur Überl. der Briefslg.
G.s v. Reims, DA 10, 1953, 19–70; 11, 1954/55, 393–421; 14, 1958,

149–220; 17, 1961, 385–419 – M. UHLIRZ, JDG O.II., O.III., Bd. 2: Otto III. 983–1002, 1954 – K. F. WERNER, Zur Überl. der Briefe G.s v. Aurillac, DA 17, 1961, 91–144 – P. E. SCHRAMM, Ks., Rom und Renovatio, 1962³ – P. RICHÉ, G. d'Aurillac, Le Pape de l'An Mil, 1987 [umfassende Bibliogr.; Ed. verz. der Werke G.s] – *Zu [II]:* H. WEISSENBORN, G., Beitr. zur Kenntnis der Mathematik des MA, 1888 – I. v. DÖLLINGER, Die Papstfabeln des MA, 1890 – K. SCHULTESS, Die Sagen über Silvester II., 1893 – F. PICAVET, G., un pape philosophe d'après l'hist. et d'après la légende, BEHE, sc. religieuses 9, 1897 – L. NICOLAU D'OLWER, G. y la cultura catalana del siglo X (EUC IV), 1910 – A. NAGL, G. und die Rechenkunst des 10. Jh., SAW. PH 177, 5, 1914 – P. TANNERY, La Géometrie au XIᵉ s., V, VII (Mém. Scientifiques, ed. J. L. HEIBERG, 1922) – J. M. MILLÁS VALLICROSA, Assaig d'hist. de les idées fisiques i matemátiques a la Catalunya medieval, 1931 – M. FOLKERTS, »Boethius«, Geometrie II, ein math. Lehrbuch des MA (»Boethius« Bd. 9), 1970 – U. LINDGREN, Die Span. Mark zw. Orient und Occident, SFGG I, Bd. 26, 1971 – DIES., G. v. A. und das Quadrivium, SudArch. Beih. 18, 1976 – W. BERGMANN, Innovationen im Quadrivium des 10. und 11. Jh., ebd. Beih. 26, 1985 – Gerberto. Scienza, storia e mito, Atti del G. Symposium, 1985 [Beitr. von G. BEAUJOUAN, U. LINDGREN, E. POULLE, K. VOGEL] – H. GASC, G. et la pédagogie des arts libéraux à la fin du Xᵉ s., J. Medieval Hist. 12, 1986, 111–121.

2. G. de Montreuil, Verfasser des frz. Versromans »Roman de la Violette« (oder R. de Gerart de Nevers) in 6654 Vv. (vorwiegend Achtsilber) stammte vermutl. aus Montreuil-sur-Mer (an der Grenze v. Artois und Picardie) und lebte am Hof der Gfn. Maria v. Ponthieu, der er seinen wahrscheinl. 1227/29 verfaßten Roman widmete. Die wenigen biograph. Daten sind seinem Werk sowie linguist. Kriterien entnommen.

G. erweist sich als guter Kenner der Romanlit. der 2. Hälfte des 12. und des Beginns des 13. Jh. Hauptquelle für den Stoff ist der »Comte de Poitiers«; mit dem erzähler. Kunstgriff, der dem Roman den Titel gibt, ist G. dem »Guillaume de Dole« oder »Roman de la Rose« des Jean →Renart verpflichtet: Die Kenntnis von dem veilchenförmigen Muttermal der schönen Euriaut, die von Gerart de Nevers geliebt wird, als vermeintl. Beweis ihrer Untreue. Nachdem Gerart ihre Unschuld bewiesen hat, vermählt er sich mit ihr und besteht danach eine Reihe von Aventiuren, die G. anderen Quellen entnimmt: Kampf gegen einen Riesen (»Yvain« des →Chretien de Troyes), Liebestrank (»Tristan«), der Gerart Euriaut vergessen läßt; ein Vogel bringt ihm Euriauts Ring zurück (»Escoufle« des Jean Renart); schließlich finden die Liebenden wieder zueinander. Mit der Einfügung zahlreicher lyr. Stücke (und einer ep. Passage), die größtenteils auf bereits Bekanntes zurückgreifen, folgt G. im »Roman de la Violette« dem Beispiel von Jean Renart und trägt damit zur Verbreitung einer lit. Gewohnheit bei, die bis →Froissart im Schwange ist.

Der Text ist in zwei Hss. aus dem 13. und zwei aus dem 15. Jh. überliefert, eine kürzere Prosafassung wurde im 15. Jh. hergestellt. Der Stoff wurde in C. M. von Webers Oper »Euryanthe« (1822) wiederaufgegriffen. G. ist auch der Verfasser einer »Continuation de Perceval« (→Gra(a)l). A. Vitale Brovarone

Ed. und Lit.: DLFMA – GRLMA IV – Le Roman de la Violette ou de Gerart de Nevers par G., hg. D. L. BUFFUM, 1928 – A. ROCHS, Über den Veilchen-Roman und die Wanderung der Euriaut-Sage, 1882 – M. ZINK, Belle. Essai sur les chansons de toile, 1978 – R. W. LINKER, A Bibliogr. of Old French Lyrics, 1979 – G. RAYNAUD – H. SPANKE, Bibliogr. des Afrz. Liedes, 1980.

Gerbrand, (wohl dt.) Missionar, 1020/22 bis ca. 1030 Bf. v. →Roskilde. Kg. →Knut d. Gr. setzte G. dort ein und ließ ihn von Ebf. →Æthelnoth v. Canterbury weihen. Ebf. →Unwan v. →Hamburg-Bremen nahm G. offenbar bei dessen Rückkehr aus England fest und zwang ihn, dem Hamburger Erzstuhl schuldigen Gehorsam zu geloben. In

der Folge bahnte G. Kontakte zw. Unwan und Knut an. Als Bf. wirkte G. in Seeland und Schonen.   K. Schnith

Q.: Adam v. Bremen, Gesta Hammaburgensis ecclesiae pontificum (II 55, IV 8); ed. B. SCHMEIDLER (MGH SRG [in us. schol.], 1917³); ed. W. TRILLMICH, 1961 (AusgQ) [Lit.] – Reg. diplomatica hist. Danicae I, 1847–70, Nr. 60 – *Lit.:* G. DEHIO, Gesch. des Ebm.s Hamburg-Bremen ..., 2 Bde, 1877 – B. SCHMEIDLER, Hamburg-Bremen und Nordosteuropa vom 9. bis 11. Jh., 1918 – H. KOCH, Den danske Kirkes historie I, 1950 – N. BROOKS, The Early Hist. of the Church of Canterbury, 1984 – Weitere Lit. →Roskilde.

Gerechtigkeit, -slehre. [1] *Bibl.-patristisch:* G. und Recht leiten sich auch in den bibl. Sprachen vom Wortstamm 'richten' ab und haben ihren Sitz im Gerichtsverfahren. Vom Richter erwartet das Volk G. (Ex 23,1–9; Dt 16,18–20; 25,1), mehr noch vom gerechten Kg. (2 Sam 15,4; 23,3f.; 1 Kg 8,32). In der Prophetie erlangt die G. die umfassendere Bedeutung von Frieden und Heil (Hos 10,12; Jes 45,8; 46,12; 48,18; 54,17; 59,9,14; 61,10f. Ps 72). Vor Gott ist G. immer auch Frömmigkeit (Jes 51,1; 61,3; 64,4). In der atl. Weisheit darf der Gerechte auch Glück und Gedeihen erwarten (Hiob 8,6; 17,9; 22,19; 27,17); der Psalmist stellt seine G. Jahwe anheim (Ps 43), und Hiob und Kohelet klagen Gottes G. ein.

In der Bergpredigt (Mt 5–7) verkündigte Jesus die neue G. im Reiche Gottes, deren Erfüllung das Doppelgebot der Gottes- und der Nächstenliebe ist (Mt 22,20).

Die apostol. Väter und die christl. Apologeten unterwiesen in der sittl. Tugend der G., die in guten Werken besteht (Clemens v. Rom, Ep. I, 33,6–8; 48; 62,1f.), und in der Gottes-Christus- und Nächstenliebe (Polykarp, ep. 2,3–3,3) erfüllt wird (Justin, Dial. 93; Aristides, Apologia 16,2; Athenagoras, Legatio 32,4). Bei den griech. Theologen des 4. Jh. wird die G. unterschiedl. christolog. (Athanasius v. Alexandria, Apologia c. Arianos I 41.51) bzw. moralphilosoph. (Basilius, Hom. 12,8; Gregor v. Nyssa, De beat. 4,5) akzentuiert. Nach →Johannes Chrysostomus (In Matthaeum hom. 12,1; 16,2.3) ist die vollkommene G. die Erfüllung aller Gebote; in ihrer Frömmigkeit, Glaube und Liebe umfassenden Fülle ist sie Gnade Gottes. Tugend und Gnade der G. suchten auch die lat. Theologen des 4. und 5. Jh. in ihrer Einheit und Unterschiedlichkeit zu verstehen (Lactantius, Div. inst. V, 5–7; De paradiso 3,22; Expos. ev. sec. Lucam V, 65). Nicht die Werk-G. des Gesetzes, sondern die Gnaden-G. der Taufe rettet den Menschen. Augustinus brachte die Diskussion über Gnade und Tugend der G. zum Abschluß: Er ordnete die Kardinaltugenden den göttl. Tugenden des Glaubens, Hoffens und Liebens zu und ließ sie so im Hauptgebot der Liebe gipfeln (Enarr. in Ps 83,11; De div. quaest. 83 q.61,4). Die Tugend der G. ordnet alle Tugenden; allein der Glaube empfängt die gnadenhafte, göttl. G., und die übernatürl. Liebe erfüllt sie. Gregors d. Gr. moraltheol. Auslegung des Buches Hiob (Mor. in Job) war wegweisend für die ma. Tugend- und Lasterlehre.

[2] *Die ma. Tradition:* In einem breiten Strom der philos. und theol. Überlieferung behandelten die karol. Theologen G. zusammen mit den anderen Kardinaltugenden Klugheit, Tapferkeit und Maßhaltung. In der Verknüpfung dieser drei Tugenden mit den drei Seelenteilen, -kräften erschien die G. als Maß und Mitte der Tugenden (Hrab. M., De inst. clericorum III, 27; De laudibus crucis II,6). G. ist das Ganze der Tugenden (Beda, De templo Salomonis, 15). Im Anschluß an Ciceros Schriften (De inv. II, 53. 160; De off. I, 20) wurde G. als »höchster Glanz der Tugenden« bestimmt, als »Haltung, in Wahrung des Gemeinwohls jedem einzelnen Wert und Würde zuzuerkennen«. Daneben wurde auch die Definition aus den

Digesten übernommen: G. ist der beständige und bleibende Wille, jedem sein Recht zu geben (Alkuin, Dial. de rhet. et virtut.). Mit Cicero unterteilte auch Alkuin die G. in eine solche von Natur, Gewohnheit und positivem Gesetz und untergliederte diese in viele Teiltugenden.

In den Florilegien und Sentenzensammlungen des 12. Jh. wurden die klass. moralphilos. und theol. Schriften exzerpiert und neu zur Kenntnis genommen (→Abaelard, Dialogus . . .; →Moralium dogma philosophorum). Die frühschol. Theologen folgten in der Bestimmung von G. und deren Unterscheidungslehren bald dieser, bald jener Tradition. →Alanus ab Insulis ordnete in seinem um 1160 verfaßten Tugendtraktat der »religio« als integrierender Tugend der G. auch Glauben, Hoffen und Lieben zu. Umgekehrt nahm →Radulfus Ardens die Kardinaltugenden zusammen und bezog sie auf den Glauben. Die Zuordnung der vier Kardinaltugenden zu den von den frühschol. Theologen so gen. theol. Tugenden des Glaubens, Hoffens und Liebens stellte die Schule vor die schwierige Aufgabe, den Unterschied von sittl. Tugend (virtus politica) und gnadenhafter Tugend (virtus catholica) näher zu bestimmen. Im vielfältigen Bild der Meinungen standen sich Lehren gegenüber, die einerseits die (natürlichen) sittl. Tugenden als Weg zum »Höchsten Gut« (»summum bonum«) anerkannten (z. B. Abaelard), andererseits aber solche, welche nur die von der Gnade überformte (»übergoldete«, wie die mhd. Autoren sagen) Tugend als wahre und wirkliche gelten ließen (z. B. Radulfus Ardens). Alle Autoren des 12. Jh. waren aber überzeugt, daß die G. durch die Gnade vollendungsfähig und -würdig ist. Es ist ein und dieselbe Tugend der G., die das Einzelleben und das Zusammenleben ordnet.

Petrus Lombardus behandelte die Kardinaltugenden nach den gnadenhaften Tugenden des Glaubens, Hoffens und Liebens und beschrieb mit Hilfe einer Augustinussentenz G. als Hilfeleistung für die Armen (Sent. III d.33 c.3). In der Erklärung zu Ps 111(112),8(9) wiederholte er dieses soziale Verständnis von G.: »Wer das Seine gibt, wirkt G.« (MPL 191.1014). Seit der Mitte des 13. Jh. konzentrierten sich die Sentenziarier mehr und mehr auf den philos. Begriff von G. Die→Barmherzigkeit ist potentiale G. und die Pflicht des Almosens eine Forderung der G. Der höf. Tugendspiegel firmierte G. in den Tugenden der »triuwe«, »milte«, »helfe«, »guete«, »erberme«.

In den Komm. und Quästionen zum 5. Buch der Nikomach. Ethik wurde im 13. Jh. der Begriff der »iustitia legalis« und damit auch der der Gemeinwohl-G. spruchreif. →Albertus Magnus differenzierte in seiner Auslegung des Mt-Evangeliums (vgl. Ed. B. SCHMIDT, 1987, 165) die G. als sittl. Tugend (»mea iustitia«) und als Gnade (»vestra«) Christi, und hob im Komm. zum 5. Buch der Nikomach. Ethik (lect. 3n.376, ed. W. KÜBEL, 1968, 320) das Unterscheidende der Gesetzes-G. hervor. →Thomas v. Aquin erörterte im Kontext der Kardinaltugenden Recht und G. (S. th. II^a II^{ae} q.57–79). In der Darlegung der G. rezipierte er den Problem- und Wissensstand der Nikomach. Ethik V. Die auf das göttl. und menschl. Gesetz bezogene Gesetzes-G. versteht er als selbständige Tugend, deren Formalobjekt das Gemeinwohl (bonum commune) ist, und zwar in seiner diesseitigen Ordnung und jenseitigen Orientierung. Die Gemeinwohl-G. »ist aber zugleich eine Tugend, die die anderen auf sich bezieht, die darum dem gesamten sittl. Leben eine neue Zielrichtung gibt . . . die Gemeinwohl-G. (ist) in gewisser Hinsicht in allen Tugenden« (A. F. UTZ, Thomas v. Aquin, Recht und G., DThA 18, 1953, 435). Die Kardinaltugend der G. unterschied Thomas (ebd. q.61) in ausgleichende (»com-

mutativa«) und austeilende (»distributiva«) G. Diese ordnet das Verhältnis der Gemeinschaft zum einzelnen Bürger, jene das Zusammenleben, und so gründet das bürgerl. Zusammenleben in der sittl. Tugend der G. Im Unterschied zu den gen. »partes subiectivae« der G. treten die »partes potentiales« deutlich aus dem Feld der Tugend hervor. Im Anschluß an die Tradition analysierte Thomas (ebd. q.80–120) die Teiltugenden der G. und die entgegenstehenden Laster. Die zweifach-doppelte Unterscheidung einerseits der Gemeinwohl-G., andererseits der ausgleichenden und austeilenden Tugend der G. wurde im 14. und 15. Jh. (bis zu Cajetan, Franciscus de Vitoria, Dominicus Soto) immer wieder diskutiert und am Ende zur dreigliedrigen umgeformt. Durch die ständige Überlappung der Unterscheidungen wurde die Gemeinwohl-G. oft zu sehr der gegebenen polit. und sozialen Ordnung angepaßt (→Sklaven). Begriff und Unterscheidungslehren bestimmten auch die Diskussionen über G. in Geschäften und Verträgen, Preis, Zins und Geldwirtschaft.

Im neuplaton. Denken ist die G. (zusammen mit den Tugenden) das exemplar. göttl. Licht für das sittl. Leben (Bonaventura, Collat. in Hexaemeron, coll. 5 n.14), die erhellende, zeugende, erhebende »Sonne der G.« (Mal 4,2). Das freie Wollen um willen seiner Rechtheit ist Gottes G. (Anselm v. Canterbury, De veritate 12). Darum ist für Meister →Eckhart die Tugend des Gerechten der Sohn, der nichts als den Vater offenbart (Dt. Predigten und Traktate, hg. und übers. J. QUINT, Pred. 7, 184; vgl. Pr. 25, 46, 49, ebd. 267–270, 370–375, 383–386; Buch der Göttl.-Tröstung, ebd. 104f.). S. a.→Recht.   L. Hödl

Ed. und Lit.: P. SCHULZE, Die Entwicklung der Hauptlaster- und Haupttugendlehre v. Gregor d. Gr. bis Petrus Lombardus und ihr Einfluß der frühdt. Lit., 1914 – M. SCHEDLER, Die Philos. des Macrobius und ihr Einfluß auf die Wiss. des MA (BGPH 13/1), 1916 – Moralium dogma philosophorum, ed. J. HOLMBERG, 1929 – TH. BÉSIADE, Mél. Thomistes, BThom 3, 1934, 327–340 – J. GEMMEL, Schol 12, 1937, 204–228 – O. LOTTIN, RevThom 44, 1938, 511–528 – J. GEMMEL, Thom 1, 1939, 295–330 – M. SOLANA, Ciencia 5, 1940, 795–856 – L. DE SIMONE, La giustizia secondo S. Tommaso (II-II,58), 1941 – O. LOTTIN, Psychologie et Morale aux XIIe et XIIIe s., 8 Bde, 1942–60 – J. TH. ESCHMANN, MSt 5, 1943, 123, 265 – J. MARITAIN, RevThom 46, 1946, 237–278 – M. BINDSCHEDLER, StPh 13, 1953, 58–71 – J. PIEPER, Über die Gerechtigkeit, 1953 – Thomas v. Aquin, Recht und Gerechtigkeit. II-II,57–59, komm. A. F. UTZ, Dt. Thomas-Ausg., XVIII 1953, 574–589 – J. NEWMAN, Foundations of Justice. A Hist.-Critical Study in Thomism, 1954 – P. E. LIO, Misc. Lombardiana, 1956, 175–222 – H. WASSELYNCK, L'influence des »Moralia in Job« de s. Grégoire le Grand sur la théologie morale entre le VIIe et le XIIe s., 1956 – O. CAPITANI, BISIAM 72, 1960, 91–134 – K. D. NOTHDURFT, Stud. zum Einfluß Senecas auf die Philos. und Theol. des 12. Jh., 1963 – P.-D. DOGNIN, RevThom 65, 1965, 398–425 – S. MÄHL, Quadriga virtutum. Die Kardinaltugenden in der Geistesgesch. der Karolingerzeit, 1969 – D. MIETH, Die Einheit von Vita activa und Vita contemplativa in den dt. Predigten und Traktaten M. Eckharts und bei Johannes Tauler, Stud. zur Gesch. der kath. Moraltheol. 15, 1969 – Ritterl. Tugendsystem, hg. G. EIFLER (WdF 56), 1970 – J. GRÜNDEL, Die Lehre des Radulfus Ardens v. den Verstandestugenden auf dem Hintergrund seiner Seelenlehre, 1976 – A. M. HAAS, Sermo mysticus. Stud. zur Theol. und Sprache der dt. Mystik, 1979.

Gerechtigkeit Gottes. Im Früh- und Hoch-MA schloß das gläubige Denken mit dem AT und NT jeden Zweifel an der G. aus. Wie schon Tertullian (Adv. Marc. I, 12f.), sah es diese im Dienst der die Welt erschaffenden Güte Gottes. →Augustinus »widersteht denen aufs entschiedenste«, die »allein durch die Kraft ihres Willens« »die G.« (vor Gott) erlangen zu können meinen (De spir. et litt. 2). Ps.-→Dionysius Areopagita vertiefte (De div. nat. VIII,7) den theol. Wortsinn; es ist G. G., daß er »allen Dingen je nach Gebühr Ebenmaß, Schönheit, Wohlgeordnetheit zuteilt . . .«.

→Isidor v. Sevilla beschränkt sich dagegen (Ethymol. II 25 5) auf die G. als eine der vier Kardinaltugenden und Prinzip der Rechtsprechung (XVII k 5 2). Auch→Thomas v. Aquin handelt – Aristoteles (Eth. Nic. V) folgend – vorwiegend von dieser →»Gerechtigkeit«. Doch daß nur Gott den Sünder gerechtmachen (iustificare) kann, betont auch er (S.th.I/II 113). Gott ist indes niemandes Schuldner. Deshalb kann man auch das seiner Güte Gemäße »G.« nennen (I 21 1 ad 3). Dafür zitiert Thomas das Proslogion (c. 10) des →Anselm v. Canterbury, nach dem »die Barmherzigkeit Gottes ohne Widerspruch mit seiner G. übereinstimmt«, ja dieser entspringt (c. 9 und 11). →Bonaventura hat in seinem Breviloquium das Zusammenspiel von Barmherzigkeit und G. G. nahezu leitmotivisch meditiert.

→Johannes Duns Scotus war darauf bedacht, »die göttl. Freiheit von jeder Ungerechtigkeit freizuhalten« (Ox. I d. 41 n. 13). Er hob die (aus der Heilsgeschichte sprechende) »geordnete Macht Gottes«, die »mit den Gesetzen der göttl. G. und den Regeln seiner Weisheit übereinstimmt«, von der »potentia absoluta«, nach der Gott »alles vermag, was keinen Widerspruch in sich schließt« (Rep. Par. IV d. 1 q. 5), ab. →Wilhelm v. Ockham und andere »Nominalisten« haben dann aber die abstrakte Möglichkeitsspekulation in der Richtung zugespitzt: Deus potest reprobare hominem sine peccato (a. 15 bei LUTTERELL). Die Verdienstlichkeit wurde (pelagianisch) nur vom freien Willen her erklärt (a. 20). Konträr dazu wurde seit Kard. →Laborans (De iustitia et iusto, 1154–1160) von manchen die freie Selbstbindung Gottes (durch promissio, pactum, ordinatio) als für die Rechtfertigung entscheidend gelehrt. Nach G. →Biel war demgemäß für Gott »die acceptatio der Gnadenwerke ein debitum iustitiae« (HAMM, 372). M. Luther brachte das augustin. Verständnis der »iustitia Dei, qua nos induit, dum nos iustificat« wieder zur Geltung (WEIER, 210–214). Nikolaus v. Kues leitet (De d. ign. I 21) dazu an, die Attribute Gottes als in ihm so ineinsfallend zu denken, daß »die höchste G. (zugleich) die höchste Wahrheit und die höchste Wahrheit (oder Wirklichkeit) die höchste G. ist«.   R. Haubst

Lit.: W. DETTLOFF, Die Lehre von der acceptatio divina bei J. Duns Scotus, 1954 – F. HOFFMANN, Die Schriften des Oxforder Kanzlers Joh. Lutterell, 1959 – R. HAUBST, Vom Sinn der Menschwerdung. Cur Deus homo, 1968 – R. WEIER, Das Theologieverständnis Martin Luthers, 1975 – B. HAMM, Promissio, pactum, ordinatio, 1977.

Gerefa → reeve

Geremei, adlige Familie in Bologna, Blütezeit 11.–13. Jh., nach 1257 ausgestorben. Ihr Name wurde in Bologna um die Mitte des 13. Jh. von der guelf. Faktion übernommen, die in Gegnerschaft zu den Lambertazzi (Ghibellinen) stand.

Im 12. Jh. übten viele Mitglieder der Familie das Podestà-Amt aus (*Giovanni* 1153 in Imola, *Rambertino* 1199 in Milano; *Guido* 1202 in Rimini). *Baruffaldino* G. nahm 1217 an der Einnahme von Damiette (5. Kreuzzug) teil. Das bolognes. Militärkontingent bestand aus zwei verschiedenen Gruppen, jeweils kommandiert von B. G. und von Bonifacio Lambertazzi. Diese Trennung lag in der polit. Gegnerschaft der beiden adligen und mächtigen Familien begründet. Seit dieser Zeit ging man dazu über, mit den Namen dieser beiden Familien die beiden polit. Parteien zu bezeichnen. Zu den G. zählten die Popolaren, die 1274 die Macht ergriffen und die Lambertazzi aus Bologna vertrieben.   F. Bocchi

Lit.: G. GOZZADINI, Delle torri gentilizie di Bologna e delle famiglie alle quali prima appartennero, 1875 – F. PELLEGRINI, Il Serventese dei Lambertazzi e dei Geremei, Atti e Mem. Dep. Storia Patria Prov.

Romagna, s. III, 9, 1891, 22–71; 10, 1892, 95–140 – A. HESSEL, Gesch. der Stadt Bologna von 1116–1280, 1910 [it. Übers. G. FASOLI, 1975] – G. FASOLI, La pace del 1279 fra i partiti bolognesi, ASI 2, 1933, 49–75 – DIES., Bologna nell'età medievale (1115–1506) (Storia di Bologna, 1984²).

Geremia da Montagnone → Jeremias de Montagnone

Gereon, hl. → Köln (St. Gereon); →Thebaische Legion

Gerhaert v. Leiden, Niclaus, Bildhauer, † 1473 in Wiener Neustadt, dem Namen nach aus den Niederlanden stammend, nur für sein letztes Lebensjahrzehnt durch Dokumente und Werke bezeugt. Reformator. Bilderstürme haben die früheren Werke dieses wohl bedeutendsten Bildhauers seiner Zeit n. der Alpen und ihre Vorstufen in den Niederlanden ausgelöscht. Erster Beleg 1462 datierte Grabplatte des Trierer Ebf.s Jakob v. Sierck; 1463–1467 lebte er in Straßburg (1463 Kanzleiportal; davon die Büsten eines Greises und einer jungen Frau, populär als Liebespaar, von der Wissenschaft als Prophet und Sibylle gedeutet, mit Bezug auf die nicht erhaltene Muttergottes, sowie die Halbfigur des Meisters selbst im Musée de l'Oeuvre Notre-Dame; ebd. aus dem Münster Epitaph eines Kanonikers [Konrad v. Busnang?] mit Meisterinitialen und Datum 1464, sowie Kopf eines Klerikers, wohl auch von einem Grabmal). Für Baden-Baden schuf G. 1467 das von dem Arzt Hans Ulrich Scherer gestiftete Friedhofskreuz (seit 1967 in der alten Stiftskirche), dokumentiert durch die Transportrechnung von Straßburg an den Bestimmungsort. Das einzige für G. bezeugte Werk der Holzschnitzerei, der 1466 vollendete Hochaltar des Münsters zu Konstanz wurde 1529 durch den zwinglian. Bildersturm vernichtet. 1467 berief Friedrich III. G. nach Wien, »ettlich Grabstein zu howen«, vom Grabmal des Herrschers in St. Stephan ist ihm noch die Platte mit der Figur zuzuweisen.

Das Fehlen bezeugter Holzplastiken G.s erschwert die eindeutige Zuschreibung für die Kreuzigungsgruppe und zwei Heiligenstatuen des Hochaltars, Pfarrkirche v. Nördlingen, datiert 1462.

G.s kometenhaftes Auftreten am Oberrhein bedeutete für diese Kunstlandschaft nach Hans →Multschers Tätigkeit den zweiten Impuls einer zugleich kraftvollen und beseelten burg.-ndl. Wirklichkeitskunst.   A. Reinle

Lit.: NDB VI, 260–262 – O. WERTHEIMER, N.G., 1929 – THIEME-BECKER 25, 453–455 – W. PAATZ, N.G., Heidelberger Jb. 3, 1959, 68–94 – J. SCHMOLL, Marginalien zu N.G. (Fschr. K. OETTINGER, 1967), 209–241 – M. HESSELBACHER, Das Kruzifix des N.G. in Baden-Baden, Nachrichtenbl. der Denkmalpflege in Baden-Württemberg 12, 1969, 2–19 – E. D. SCHMID, Der Nördlinger Hochaltar und sein Bildwerk, 1971 – H. P. HILGER, Ber. über das Kolloquium 1972 in St. Georg Nördlingen, Kunstchronik 26, 1973, 198ff. – M. OHNMACHT, Das Kruzifix des N. G. in Baden-Baden von 1467, 1973 – A. SCHÄDLER, Stud. zu N.G., JBM 16, 1974, 46ff. – M. BAXANDALL, The Limewood Sculptors of Renaissance Germany, 1980, 248–251.

Gerhard (s. a. Geraldus)

1. G., *Gf. v.* →*Auvergne,* † 25. Juni 841, gehörte zum Verwandtenkreis Bf. →Ebroins v. Poitiers. Er war ein Schwager Kg. Pippins I. v. Aquitanien und Vater→Ramnulfs I., Gf. v. Poitiers. →Lupus v. Ferrières bezeichnete G. als »Freund und ersten Ratgeber des Kg.s Pippin«. Nach dessen Tod (838) ergriff er gegen Pippin II. die Partei Karls d. Kahlen und befehligte für ihn ein in Limoges stationiertes Kontingent. G. fiel in der für die Gesch. des Karlsreiches so folgenreichen Schlacht v. →Fontenoy.
                          O. G. Oexle

Lit.: L. AUZIAS, L'Aquitaine carolingienne, 1937, 130f., 149, 155ff., 168 – K. F. WERNER, Die Nachkommen Karls d. Gr. bis um das Jahr 1000 (BRAUNFELS, KdG, IV), 450 Nr. 15 – O. G. OEXLE, Bf. Ebroin v. Poitiers und seine Verwandten, FMASt 3, 1969, 165ff., 181f.

2. G. III., d. Gr., *Gf. v.* →*Holstein* aus dem Hause →Schauenburg, Hzg. v. Schleswig (1326–29), * ca. 1292, † 1. April 1340, Sohn von Gf. Heinrich I. v. Holstein-Rendsburg († 1304) und Heilwig v. Brunkhorst, ∞ Sophia v. Mecklenburg-Werle. G.s Oheim Gerhard II. v. Holstein/Plön († 1312) führte für ihn sehr eigennützig die Regentschaft. G. III. glückte dann der Aufstieg zu höherer Macht im Anschluß an die Expansionspolitik des Kg.s v. →Dänemark, →Erich VI. (4. E.) in Norddeutschland, zu dem er in Lehnsabhängigkeit und Bündnis stand. Hierdurch gedeckt, eroberte und teilte G. gemeinsam mit seinem Vetter Johann II. den Kieler Anteil Holsteins (1315) und besiegte den Gf.en Adolf VII. v. Holstein-Pinneberg, der Anteil an der Beute forderte (1317). Weitere Ausdehnungsversuche gegen →Dithmarschen (Niederlage 1319) und das Bm. →Lübeck (1321) scheiterten oder kamen nur langsam voran (Lauenburg, seit 1321). 1325 zwang G. den Kg. v. Dänemark, →Christoph II. (1320–32), ihm die Vormundschaft über Hzg. Waldemar V. v. Schleswig (G.s Neffen) zu überlassen. 1326 nützte G. dann eine dän. Reichskrise zur Vertreibung Christophs und ließ Waldemar, für den er nun auch im Kgr. die Regentschaft führte, vom dän. Adel zum Kg. erheben (→Waldemar III.). G. ließ von seinem Neffen die →Constitutio Waldemariana ausstellen und sich mit dem Hzm. Schleswig belehnen (1326). Doch Christoph konnte mit Johanns III. (seines Halbbruders) Hilfe zurückkehren. Waldemar wurde wieder Hzg. v. Schleswig, G. aber übernahm viele Pfandschaften in Südschleswig, Fünen und Jütland. Nach einem Sieg über Christoph (1331) teilten sich G. und Johann (der Seeland und kurzfristig Schonen erhielt) dann den Einfluß in Dänemark, das von 1332–40 keinen Kg. besaß. G. behauptete seine Macht durch diplomat. Rückendeckung (z. B. »Landfrieden« von 1333 und 1338) und die dauernde Unterhaltung eines Heeres von Soldrittern, wobei er dieses aus Erträgen seines dän. Pfandbesitzes unterhielt oder an adlige Anführer Unter-Pfandlehen zur Finanzierung übertrug. Als ein übermächtiges Bündnis (Wittelsbacher, Lübeck, Johann III.) die Erneuerung des dän. Kgtm.s forderte, war G. dazu bereit, sich auf seinen Einfluß über Schleswig zu beschränken. Doch schon vorher wurde er am 1. April 1340 von aufständ. jüt. Adligen in Randers erschlagen. Von der von ihm geschaffenen Machtbasis aus konnten seine Erben 1386 Schleswig endgültig erwerben.

E. Hoffmann

Lit.: Biograph. Lex. für Schleswig-Holstein und Lübeck VII, 84–87 – DBL VII, 29–32 – NDB VI, 266–267 – E. Hoffmann, G. III. d. Gr. v. Holstein, ZSHG 102/103, 1977/78, 9–47.

3. G. VI., *Gf. v.* →*Holstein (Rendsburg)* aus dem Hause →Schauenburg, Hzg. v. →Schleswig, † 4. Aug. 1404, Sohn Gf. Heinrichs II. v. Holstein-Rendsburg und Ingeburgs v. Mecklenburg, ∞ Elisabeth v. Braunschweig. G. führte nach dem Tod seines Vaters († ca. 1384) die Herrschaft gemeinsam mit seinem söhnelosen Oheim Klaus († 1397) und zwei Brüdern. Nach dem Tode des letzten Hzg.s v. Schleswig aus dem Abelgeschlecht und Kg.s →Waldemar IV. v. Dänemark (1375) besetzten die Schauenburger das nördl. Schleswig (der Südteil bereits seit mehreren Jahrzehnten in ihrem Pfandbesitz). Auf dem Reichstag zu Nyborg (15. Aug. 1386) wurde G. auf Veranlassung der Regentin, Kgn. →Margarete, von deren Sohn Kg. Olaf v. Dänemark mit Schleswig als erblichem Fahnenlehen belehnt. Seitdem bestand eine dauernde dynast. Verbindung Schleswigs mit Holstein. Margarete erreichte durch diese Konzession die Neutralität der Schauenburger bei ihrem Kampf mit den Mecklenburgern um die Thronfolge in den nord. Reichen. 1390 erwarben die Rendsburger auch den Plöner Anteil Holsteins. 1404 fiel G. im Kampf mit den Dithmarschern, vermutl. beim Versuch der Eroberung dieses Landes.

E. Hoffmann

Lit.: DBL VII, 32 – NDB VI, 267 – W. Carstens, Die Wahl Kg. Christians I. v. Dänemark zum Hzg. v. Schleswig und Gf.en v. Holstein i. J. 1460, ZSHG 60, 1931, 231–264 – E. Hoffmann, Die dän. Kg.swahl i. J. 1376 und die Norddt. Mächte, ZSHG 99, 1974, 141–195 – Gesch. Schleswig-Holsteins, hg. O. Klose, IV, II, 1981f., 207–229 [E. Hoffmann].

4. G. I. (G. v. Elsaß), um 1000–20, *Gf. in* →*Metz*, Bruder von Adalbert und Adelheid (der Gattin Heinrichs v. Worms, des Vaters von Kg. Konrad II.). Der Vater der drei Geschwister ist unbekannt (nach E. Hlawitschkas Vorschlag ein Gf. Richard). Zu den Vorfahren zählt zweifellos Gf. Adalbert v. Metz († 944) und damit die Familie der Matfride-Adalharde. G. war vermählt mit Eva, Tochter des Gf.en Siegfried v. →Luxemburg; zwei Kinder: Siegfried († 1017) und Berscinda, Äbt. v. Remiremont. Gegen Ende des 10. Jh. (um 985–990?) erhielt G. die Vogtei der Reichsabtei →Remiremont, die einen beträchtl. Zugewinn darstellte. Der 1020 durchgeführte Austausch von lothr. Gütern (Goncourt, südl. von Neuchâteau) gegen Besitzungen von St-Benigne (→Dijon) in Italien zeigt, daß G. über Besitz im oberen Maastal verfügte. Während der Luxemburger Fehde war er wie Bf. Theoderich II. v. Metz und Ebf. →Adalbero v. Trier ein erbitterter Gegner Heinrichs II. Er wird in den Annalen v. St-Benigne als 'Gf. v. Metz' bezeichnet.

M. Parisse

5. G. II., † 1045, Neffe von 4, Sohn des Gf.en Adalbert v. Metz und der Judith, ∞ Gisela (unbekannter Herkunft, vielleicht Tochter von Konrad, Hzg. v. Kärnten, und Mathilde v. Schwaben); Kinder: Hzg.e Adalbert und Gerhard I. (6); Oda, Äbt. v. Remiremont. Aktiv trat G. lediglich im Kampf gegen G. →Odo II. v. Champagne (1037; →Bar-le-Duc, Schlacht bei) hervor. In der Chronik von St-Benigne (→Dijon) erscheint er, vielleicht aufgrund einer Verwechslung mit seinem Sohn, als Hzg. 1033 übertrug er zu Remiremont an St-Benigne den Hof Offroicourt (Gft. Soulossois, im Mouzontal).

M. Parisse

Q. und Lit.: Chartes et doc. de St-Bénigne de Dijon, 1943, Nr. 271, S. 61–63; Nr. 313, S. 92–94, S. 277 – E. Hlawitschka, Stud. zur Aebtissinnenreihe von Remiremont, Saarbrücken, 1963 – Ders., Die Anfänge des Hauses Habsburg-Lothringen, 1969 – M. Parisse, Noblesse et chevalerie en Lorraine médiévale, 1982, 98.

6. G. I., *Hzg. v.* →*Oberlothringen* 1048–70, † 11. Aug. 1070 in Remiremont, ☐ ebd.; Sohn von 5 und Gisela, Bruder (nach E. Hlawitschka, 1969) und Nachfolger Hzg. Adalberts (1047–48), ✗ im Kampf gegen →Gottfried den Bärtigen); ∞ Hadwide, der Tradition nach aus dem Hause →Namur. G. wird oft als 'G. v. Châtenois' bezeichnet, nach seiner Stammburg, in deren Priorat auch seine Gemahlin Hadwide bestattet wurde. – G. hatte die Vogtei zahlreicher großer Abteien inne, auf die er seine Herrschaft maßgebl. stützte (St. Peter in →Metz, St. Martin bei Metz, →Remiremont, →Moyenmoutier, St-Èvre de →Toul). Wichtigste Maßnahme seiner Regierung war wohl die Gründung der beiden Burgen in Prény und →Nancy, die er auf Domänen der Abtei St. Peter in Metz errichten ließ und die als Verbindungsglied zw. seinen nördl. (Bitsch, Bouzonville) und südl. (oberes Maastal, Vogesen) Herrschaftsgebieten fungierten. Gegen Ende seines Lebens geriet G. in Konflikt mit der lokalen Aristokratie und soll Gerüchten zufolge durch Gift gestorben sein. – Von seinen Kindern erhielt Dietrich II. die Hzg.swürde, Gerhard wurde Gf. v. →Vaudémont, Gisela Äbt. v. Remiremont.

M. Parisse

Lit.: E. HLAWITSCHKA, Stud. zur Äbtissinnenreihe v. Remiremont, 1966 – DERS., Die Anfänge des Hauses Habsburg-Lothringen, 1969 – G. POULL, La maison ducale de Lorraine, 1968 – Hist. de Nancy, Toulouse, 1976.

7. G. II., *Gf. v.* →*Paris, Dux v.* → *Vienne* (Girard de Vienne), † 4. März 879, ☐ Pothières; Sohn des Leotardus, Gf.en v. →Fezensac, und der Grimhildis, heiratete die Etichonin Berta (→Etichonen), die Schwester Irmingards (∞ Lothar I.). Als Gf. v. Paris leistete G. 837/838 Karl d. Kahlen den Treueid. 840/841 ging er zu Lothar I. über und verlor nach dessen Niederlage bei →Fontenoy seine Gft. Ihm blieben Besitzungen im Avallonnais und im Lassois. Comes palatii Lothars I., wurde G. 844 Dux v. →Lyon und Vienne. Seit 855/856 übte er für seinen angeheirateten Neffen Karl v. der Provence de facto die Herrschaft aus; es gelang ihm, das Reich gegen Zugriffe v. a. Karls d. K. zu schützen (861). 859 gründete G. die Kl. →Vézelay und Pothières, die er, mit seinem im Herrschaftsgebiet Karls d. K. liegenden burg. Besitz ausgestattet, dem Papst übertrug, unter Vorbehalt von lebenslangem Nießbrauch, tuitio und defensio. Als Motiv für diese Maßnahme gilt die Sicherung der Güter vor westfrk. Angriffen. Lothar II., 863 Nachfolger Karls v. der Provence im Viennois und Lyonnais, ließ G., der 860 gegen die Normannen siegreich war, in seiner Position. Nach dem Vertrag v. →Meerssen zog Karl d. K. Heiligabend 870 ohne nennenswerten Widerstand in Vienne ein. Über G.s letzte Jahre herrscht Ungewißheit; möglicherweise wurde er nach Leistung eines erneuten Treueides kgl. Siegelbewahrer Karls d. K. (L. LEVILLAIN; anders R. LOUIS). – Als 'Girard de Vienne', 'de Fraite' oder 'de Roussillon' wurde G. einer der namhaftesten Titelhelden der afrz. Epik (→Girart de Roussillon). U. Winzer

Lit.: DBF XV, 1244f. – DHGE fasc. 119, 1476 – R. LOUIS, De l'hist. à la légende. Girart, comte de Vienne ..., 3 Bde, 1946–47 – L. LEVILLAIN, Girart, comte de Vienne, M-A 55, 1949, 225–245 – K. F. WERNER (BRAUNFELS, KdG IV), 431f. – E. BOSHOF, Traditio Romana und Papstschutz im 9.Jh. ... (Stud. und Vorarb. zur GP 6, 1976), 12ff. – s. a. Lit. zu Girart de Roussillon.

8. G. I., *Bf. v.* →*Cambrai* seit 1012, * um 975, † 14. März 1051; Sohn Arnulfs v. →Florennes und der Ermentrude aus dem Hause der →Ardennengf.en, über die er u. a. mit Ebf. →Adalbero v. Reims verwandt war. G. empfing seine Ausbildung zum Geistlichen an der Domschule zu Reims unter →Gerbert v. Aurillac. Von →Heinrich II., dessen Hofkapelle er angehörte, wurde G. im Febr. 1012 zum Bf. v. Cambrai ernannt (Weihe am 27. April 1012 in Reims). Als getreuer Anhänger des dt. Kg.s vertrat er die Interessen des Reiches in der von Unruhen heimgesuchten Grenzregion. Dabei verstand er es, auch gegenüber dem Kg. v. Frankreich eine loyale Haltung einzunehmen. Auf sein Betreiben wurde 1012/13 →Gottfried aus dem Ardennenhause zum Hzg. v. Niederlothringen erhoben. Maßgebl. war er am Zustandekommen der Begegnung Heinrichs II. mit →Robert II. v. Frankreich zu →Ivois-sur-Chiers (1023) beteiligt. Infolge seiner oft längeren Abwesenheit im Reichsdienst wurde das Emporkommen lokaler Gewalten, insbes. des Stiftsvogts (Castellan) v. Cambrai, begünstigt, was zu langjährigen Auseinandersetzungen führte. Obgleich G. auch gegenüber →Konrad II. und →Heinrich III. seine reichstreue Gesinnung bewahrte, ging sein polit. Einfluß nach 1024 spürbar zurück.

In enger Verbindung mit Abt →Richard v. St. Vannes förderte G. die →Lothring. Klosterreform, u. a. in dem von ihm gegr. Kl. Le Cateau-Cambrésis. Eine Beteiligung an der →Gottesfriedensbewegung lehnte er jedoch unter Hinweis auf die Zuständigkeit der kgl. Gewalt ab. Dieser auf die Bewahrung der herkömml. Ordnung gerichteten Sicht entsprach sein Bild einer auf wechselseitiger Abhängigkeit und Solidarität gegr. Gesellschaft, wie es im Schema der funktionalen Dreiteilung zum Ausdruck kam. Auf seine Anregung entstanden um 1024/25 die →Gesta episcoporum Cameracensium. T. Struve

Q.: Gesta episcoporum Cameracensium III, (MGH SS 7, 1846), 465–489 – Chronicon sancti Andreae Castri Cameracesii I, 22; II, 1–12 (ebd.), 530–533 – Les chartes des évêques de Cambrai jusqu'à 1130, ed. E. VAN MINGROOT [in Vorber.] – *Lit.:* DHGE XX, 742–751 [Lit.] – HAUCK III, passim – NDB VI, 263f. – RI II, 4; III, 1 – WATTENBACH-HOLTZMANN-SCHMALE I, 152ff. – S. HIRSCH – H. BRESSLAU, JDG H.II. 2, 1864, 320–324, 344f.; 3, 1875, 257, 260ff. [Nachdr. 1975] – E. STEINDORFF, JDG H.III. 1, 1874, 36–38, 144–146; 2, 1881, 146[Nachdr. 1963] – TH. SCHIEFFER, Ein dt. Bf. des 11.Jh.: G. I. v. Cambrai (1012–1051), DA I, 1937, 323–360 – E. DE MOREAU, Hist. de l'église en Belgique II, 1945², 16ff. – H. HOFFMANN, Gottesfriede und Treuga Dei (MGH Schr. 20, 1964), 58ff. – J. FLECKENSTEIN, Die Hofkapelle der dt. Kg.e II (MGH Schr. 16/2, 1966), 185ff. – H. SPROEMBERG, G. I., Bf. v. Cambrai (1012–1051) (DERS., MA und demokrat. Gesch.sschreibung [Forsch. zur ma. Gesch. 18, 1971], 103–118) – W. KIENAST, Dtl. und Frankreich in der Kaiserzeit I (Monogr. zur Gesch. des MA 9/1, 1974), 141–148 – G. DUBY, G. de Cambrai, la paix et les trois fonctions sociales (1024) (Comptes rendus de l'Acad. des inscriptions et belles lettres, 1976), 136–146 – DERS., Les trois ordres ou l'imaginaire du féodalisme, 1978, 35–61 [dt. Übers.: G. OSTERWALD, 1981, 39–72] – O. G. OEXLE, Die funktionale Dreiteilung der Gesellschaft bei Adalbero v. Laon, FMASt 12, 1978, 1–54, bes. 42ff. – H. PLATELLE, Les diocèses de Cambrai et de Lille (Hist. des diocèses de France 8, 1978), 32–35.

9. G. (ung. Gellért), hl., *Bf. v. Csanád* (Fest: 24. Sept.), * um 980 in Oberitalien (Venedig?), † 1046, um 1015 von Kg. Stephan dem Hl. nach Ungarn geholt und nach längerem Aufenthalt als Einsiedler um 1030 zum 1. Bischof v. Csanád (heute Cenad, Rumänien; der Sitz des Bm.s wurde nach Szeged transferiert) ernannt. Bei Unruhen noch im Verlauf von Thronstreitigkeiten nach Stephans Tod 1046 getötet, wurde G. 1083 zusammen mit Stephan und Ladislaus heiliggesprochen. G.s einziges erhaltenes Werk ist die »Deliberatio supra hymnum trium puerorum«, ein Komm. zu Dan 3,57–3,65 in acht B., in dem die Worte der Jünglinge im Feuerofen als Ausgangspunkt langatmiger allegor. und moralisierender Ausdeutungen dienen. G.s Sachwissen beruht im wesentl. auf Isidors Etymologien, die zwar nie als Quelle genannt, aber extensiv zitiert und ebenfalls allegor. ausgedeutet werden. Das Werk ist in einer einzigen Hs., noch aus dem 11. Jh. überliefert (München, Clm 6211, aus Freising, aber nicht dort geschrieben). Die Sprache ist von teils schwülstigem rhetor. Aufputz und von der Terminologie der Ps.-Dionysius-Übersetzung des →Johannes Scotus (Eriugena) beeinflußt, bes. in der Vorliebe von Zusammensetzungen mit 'super-'. Die G. zugeschriebenen Griechisch-Kenntnisse sind ein Mißverständnis. Er selbst erwähnt noch andere von ihm verfaßte Werke (heute verloren), einen ausführl. Komm. zum Hebräerbrief (»stilo latissimo«) und eine Schrift »De divino patrimonio«. Einige Sätze aus dem Schluß einer Homiliensammlung, die möglicherweise von G. stammen, hat F. HEINZER 1982 bekanntgemacht. Das Werk G.s blieb ohne Wirkung, seine Person erfreut sich bis in die Gegenwart beachtl. Verehrung, begründet auch durch zwei Viten, der Legenda Minor, wohl noch aus dem 11., und der Legenda Maior mit Ausschmückungen aus dem 14. Jh. G. Silagi

Ed.: Deliberatio: CChrCM 49, 1978, ed. G. SILAGI – Legenden: SSrerHung 2, 1938, 461–506 – Übers.: Ungarns Geschichtsschreiber 1, 1976, 73–119 – *Lit.:* G. SILAGI, Unters. zur 'Deliberatio supra hymnum trium puerorum' des G. v. C., 1967 – F. HEINZER, Neues zu G. v. C., SOF 41, 1982, 1–7 – L. SZEGFÜ, Kortörténeti problémák Gellért püspök Deliberatiojában és legendáiban (Zeitgesch. Probleme in der Deliberatio und den Legenden Bf. G.s), Acta Historica 83, 1986, 11–21.

10. G., erster *Meister der* →*Johanniter*, † 3. Sept. 1120, stammte wohl aus Italien, da er erstmals als Laienbruder der von it. Benediktinern gegr. Abtei Sta. Maria Latina zu →Jerusalem aufscheint. 1099 begegnet er als Leiter des der Abtei angeschlossenen Johannes-Pilgerhospitals. Mindestens seit 1103 wurde dieses Hospital als selbständige Institution betrachtet. Es erhielt Schenkungen in Europa, wo vom Johannes-Hospital abhängige Hospitäler als Stützpunkte errichtet wurden. 1113 wurde die Unabhängigkeit des Hospitals von Papst →Paschalis II. bestätigt und G. als Gründer und Oberhaupt anerkannt. – Die Gestalt Meister G.s wurde insbes. von den Armen verehrt, ein Charakteristikum der frühen Johanniter. Ein Kult als beatus ist in einigen Gegenden belegt, doch ging er, soweit bekannt, nicht in Festkalender ein.   J. S. C. Riley-Smith

Lit.: →Johanniter.

11. G. II. v. Eppstein, *Ebf. v.* →*Mainz* 1289–1305; *um 1230; † 25. Febr. 1305; ☐ Mainz, Dom; Eltern: Gottfried II. v. Eppstein; Elisabeth v. →Isenburg, Tochter des Heinrich v. Isenb. und der Gfn. Mechtild v. Hochstaden. – Beziehungen seiner Sippe und bes. des Vetters →Werner, Ebf. v. Mainz, förderten seit 1251 Bepfründungen mit Domkanonikaten in Mainz und Trier sowie den Propsteien St. Bartholomäus in Frankfurt, Münstermaifeld, Dietkirchen und St. Peter in Mainz. Zunächst Rivale in zwei Doppelwahlen 1285 und 1288, bestätigte ihn Papst →Nikolaus IV. als Ebf. v. →Mainz am 6. März 1289 und konsekrierte ihn. Die eigenständige und wiederholt gegen das Kgtm. gerichtete Politik der Vorgänger aus seinem Hause fortführend, überging er 1292 →Albrechts I. Thronkandidatur und wählte →Adolf v. Nassau, mit dem er sich verfeindete und den er stürzte, um sich dem in der Schlacht bei →Göllheim siegreichen Habsburger im Juli 1298 zuzuwenden. Als Anführer der rasch wieder erwachten Kurfürstenopposition erlitt er im Feldzug des Kg.s eine schwere Niederlage, mußte erhebl. Kriegsentschädigungen zahlen, Burgen und Zölle an Rhein und Main ausliefern. Eine Revision dieses Zustandes mit Einschaltung der Päpste →Bonifatius VIII. und →Benedikt XI. hat er bis zu seinem Tode nicht erreicht.

Als letzter Eppsteiner auf dem Mainzer Stuhl stritt er um die Anerkennung der Erzkanzlerrechte (→Erzkanzler). In der Territorialpolitik bemerkenswert sind der vorübergehende Ausgleich mit dem Lgf. en v. →Hessen, dem er 1292 zur Erhebung in den →Reichsfürstenstand verhalf, Besitzabrundungen im →Eichsfeld, Erwerbungen im Bauland. Eine Provinzialsynode in Aschaffenburg gab 1292 Normen für die geistl. Tätigkeit. Ztw. Schwierigkeiten bereiteten Gegensätze zw. Bettelorden und Pfarrklerus. – Die zeitgenöss. österr. Quellen zeichnen ein wenig günstiges Charakterbild, sind jedoch in ihrer Einseitigkeit kritisch zu beurteilen, zumal eine eigene Mainzer Chronistik fehlt. Nicht bestreitbar ist seine Erstrangigkeit in der Festigung des Dualismus im Verhältnis des Kurfürstentums zum Königtum.   A. Gerlich

Q.: MG Const. III, IV – E. Vogt, Reg. der Ebf. e v. Mainz I, 1, 1913–RI VI, 2, 1948 – *Lit.:* JDG Albrecht I, 1932 [A. Hessel] – NDB VI, 268f. – A. Gerlich, Kgtm., rhein. Kfs. en und Gf. en in der Zeit Albrechts I. v. Habsburg (Gesch. LK V, 2, 1969), 25–88 – H. Patze, Ebf. Gerhard II. v. Mainz und Kg. Adolf v. Nassau, HJL 13, 1963, 83–140.

12. G., hl. (Fest 23. April), 963–994 *Bf. v.* →*Toul*, † 22. April 994, ☐ Toul, im Chor der von ihm neuerrichteten Kathedrale. – In Köln geboren und aus adliger Familie stammend (Eltern: Ingram und Emma), erhielt G. am Kapitel St. Peter zu Köln gelehrte Bildung und hatte dort das Amt des Cellerars inne. Ebf. →Brun v. Köln, der zugleich Hzg. v. →Lothringen war, designierte G. als

Nachfolger von Bf. Gauzelin († 7. Sept. 962) für das vakante Bm. Toul. G. wurde am 29. März 963 in Trier geweiht und zelebrierte erstmals am Ostertag, dem 19. April 963, in seiner Bf. sstadt. Er stand in guten Beziehungen mit den otton. Herrschern: Im Juni 965 traf er zu Köln mit Otto I. zusammen, der ihm den Besitz mehrerer bfl. Abteien (St-Èvre, St. Mansuy, Bouxières) bestätigte. 973 begegnete er Otto II. in Bonn, 983 in Pavia. Im Streit mit →Heinrich dem Zänker stand er auf seiten Ottos III. und hielt sich im Okt. 984 zu Speyer im Gefolge der Ksn.nen Adelheid und Theophanu auf. Charakterist. für G. war die Friedenspolitik in seiner Diöz.; gegen seinen Willen sah er sich jedoch zum Krieg gegen die örtl. Gf.en genötigt, und er mußte akzeptieren, daß sich Hzg. →Friedrich auf der Burg →Bar etablierte. Gewissenhaft versah G. sein Hirtenamt, durchreiste seine Diöz., überwachte die Ausbildung des Klerus, betätigte sich als Prediger und entsandte an Feiertagen Priester zur Predigt in den Pfarreien. Er schützte die Mönche in seiner Bischofsstadt, doch mißlang ihm die Gründung eines Frauenkl. in der Kirche St. Gangolf zu Toul, während er mit Unterstützung Ottos III. die Verfügungsgewalt über →Moyenmoutier und →St-Dié zurückgewann. Sein hohes Ansehen als frommer, in Gebet und Askese lebender Bf. und die ihm schon zu Lebzeiten zugeschriebenen Wunder führten zur Abfassung einer Vita und eines Mirakelberichts durch den Abt Widericus (Werri) v. St-Èvre (1027–1051/54); Auftraggeber hierfür war wohl Bf. Bruno v. Toul, der, als →Leo IX. Papst geworden, mit der Translation des Leichnams G.s Kanonisation einleitete (20.–21. Okt. 1050).   M. Parisse

Q.: Vita: MGH SS IV, 485–505 – AASS Apr., 206–213 – *Übers.:* Vie et miracles de s. Gérard…, übers. A. M. Gardoni (Études Touloises, 1984) – *Lit.:* DHGE XX, 804f. – NCE VI, 78 – Vie des saints IV, 596–599 – B. Picart, La vie de St. Gérard, Toul 1700 – E. Martin, Hist. des dioc. de Toul, de Nancy et de Saint-Dié I, 1900, 159–179 – A. Michel, Die Akten G.s als Werk Humberts, 1957 – J. Choux, S. Gérard fut-il canonisé par Léon IX.? (Semaine rel. Nancy, 1963, 75–79, 91–92) [Neudr.: La Lorraine chrét. au MA, 1981, 73–78]).

13. G., *Ebf. v. York,* † 21. Mai 1108 Southwell; praecantor in Rouen, Kanzler der engl. Kg.e Wilhelm I. und II. (ca. 1085–Jan. 1091). G. führte 1095 erfolgreich Verhandlungen mit Papst Urban II. im Auftrag Wilhelms II. während der kgl. Konflikte mit →Anselm v. Canterbury, wofür G. 1096 zum Bf. v. Hereford ernannt wurde. Als entschiedener Verteidiger der kgl. Kirchenherrschaftsrechte geriet G. nach seiner Ernennung zum Ebf. v. York und als ein Führer der reformfeindl. engl. Geistlichkeit zu Anselm in Gegensatz, der durch den Suprematskonflikt zw. →Canterbury und →York verstärkt wurde. Nach der kgl.-ebfl. Vereinbarung von L'Aigle 1106 mit Anselm versöhnt, unterstützte G. später die Kirchenreform in England. Obwohl hochgebildet und kritisch denkend, ist G. sicherlich nicht als Verfasser der Werke des Anonymus v. York (norm. →Anonymus) zu betrachten.   D. Berg

Lit.: DHGE XX, 807 – DNB VII, 1087ff. – NCE VI, 378f. – W. Fröhlich, Die bfl. Kollegen Ebf. Anselms v. Canterbury [Diss. München 1971], 118ff. – F. Barlow, The English Church, 1979 – Councils and Synods I, ed. D. Whitelock, 1981, 1111 [Register] – F. Barlow, William Rufus, 1983, 475 [Register] – D. Berg, England und der Kontinent, 1987, 634 [Register].

14. G. v. Zutphen →Zerbolt, Gerhard v. Zutphen

15. G. v. Abbeville (de Abbatisvilla), einflußreicher Weltgeistlicher und Mag. theol. an der Pariser Univ. (sicherl. ab 1257 actu regens bis zu seinem Tode). *um 1220/25 in Abbeville, seit 1256 Archidiakon v. Ponthieu (Diöz. Amiens), † 8. Nov. 1272 in Paris. Im Mendikantenstreit schloß er sich der von dem ungestümen →Wilhelm v. St. Amour geführten Partei der weltl. Lehrer an. Nach der Bannung Wilhelms durch eine Intervention Alexanders IV. übernahm G. v. A. die Führung der weltl. Opposition gegen die Mendikantenorden, als er 1268 seine Abhandlung »Contra adversarium perfectionis christianae« veröffentlichte. Dieser Traktat, dessen Widerlegungen von Thomas v. Aquin, Bonaventura und Johannes Peckham G. v. A. mit je erneuten Repliken beantwortete, war der Anfang einer erbitterten Polemik (1269–71). Überdies hinterließ G. v. A. noch einen Sentenzenkommentar (um 1254), 19 Quodlibeta (1262–72), einige gesonderte Quaestiones disputatae und 22 Quaest. disp. de cogitatione, die alle nur hs. überliefert sind. In seiner bisher zu wenig erforschten Theologie und Philosophie verteidigt er traditionelle Positionen gegen den intellektualist. Determinismus und die averroist. Lehren (z. B. in Quodl. XIV von 1269). J. Decorte

Ed. und Lit.: P. Glorieux, Rép. n. 174 – Ders., La litt. quodlib., I, 111–127; II, 92–94 – Ders., RTh 9, 1937, 56–84; 36, 1969, 148–183 – A. Pattin, Bull. philos. médiév. 19, 1977, 56–59; 20, 1978, 72–73 – (Testament) P. Glorieux, Aux origines …, n. 189, 279, 301, 316 – (polem. Schr.) M. Bierbaum, FSt, Beih. 2, 1920, 169–207, 208–219 – S. Clasen, AFrH 31, 1938, 276–329; 32, 1939, 89–200 – Ders., Antonianum 22, 1947, 177–200 – Ders., Frz. Forsch. 11, 1940 – P. Glorieux, RTh 6, 1934, 5–41; 7, 1935, 129–155 – A. Teetaert, Mél. A. Pelzer, 1947, 347–387 – C. Molari, Euntes docete 11, 1958, 250–259 – A. Bongianino, CF 32, 1962, 5–55 – (Predigten) L. Bataillon, AHDL 51, 1985, 257–268 – (phil.-theol.) O. Lottin, Psychologie et Morale aux XIIe et XIIIe s., I, 1942, 247–251, 413–414; III, 1949, 48–49, 240–247, 422–425 – Ph. Grand, AHDL 31, 1965, 207–269 – C. Molari, Studia Patavina 7, 1960, 398–430 – D. Dubrule, MSt 32, 1970, 128–137 – A. Pattin, Miscellanea Mediaevalia XIII/2, 1981, 1046–1054.

16. G. v. Augsburg, Geburts- und Todesdatum unbekannt, gehörte als Kleriker und Dompropst zur engsten Umgebung Bf. →Udalrichs v. Augsburg, dessen Vita (in 28 Kap., dazu Miracula) G. zw. 983 und 993 verfaßte; sie wurde bei der Heiligsprechung des Bf.s in Rom vorgelegt. Das Werk will dem Prolog zufolge der Erbauung und Belehrung dienen und bezieht Wunder, Visionen und Prophezeiungen ein. Die Heiligkeit Udalrichs ist das beherrschende Motiv. Doch berichtet G. (ab etwa 953 aus eigener Anschauung) auch über das administrativ-seelsorgl. Wirken des Bf.s (u. a. als Bauherr) und seine polit. Rolle als Ratgeber des Kg.s sowie bei der Verteidigung →Augsburgs gegen die →Ungarn. Udalrich steht als Bf. und Fs. in der Verantwortung gegenüber Gott und gegenüber der Reichsgewalt. Am Schluß folgen Angaben über die Zeit seines Nachfolgers Heinrich (bis 982). Die Vita besitzt großen Quellenwert. Weil das Werk in stilistischer Hinsicht bald nicht mehr genügte, wurde es von Bf. Gebhard v. Augsburg (996–1000) und Abt →Bern v. Reichenau überarbeitet. K. Schnith

Ed.: MGH SS IV, 1841, ed. G. Waitz, 384–425 – Lebensbeschreibungen einiger Bf.e des 10.–12. Jh., ed. H. Kallfelz, 1973, 35–167 [lat.-dt.; Lit.] (AusgQ) – Lit.: Manitius II, 1923, 203–210 – Repfont IV, 695 [Lit.] – Verf.-Lex.² II, 1225–1229 – O. Köhler, Das Bild des geistl. Fs.en in den Viten des 10., 11. und 12. Jh., 1935 – Wattenbach-Holtzmann, I 2, 1948², 256–258 – K. Haupt, Die ma. Fassungen der Ulrichsvita, Zs. des hist. Vereins für Schwaben 61, 1955, 1ff. – L. Sprandel, Unters. zur Gesch. Bf. Ulrichs v. Augsburg [Diss. Freiburg 1962] – W. Wolf, Von der Ulrichsvita zur Ulrichslegende [Diss. München 1967] – Zs. des hist. Vereins für Schwaben 67, 1973 [u. a. Beitr. von L. Sprandel-Krafft, J. M. Sauerteig] – Jb. des Vereins für Augsburger Bistumsgesch. 7, 1973 [u. a. Beitr. von M. Weitlauff, W. Pötzl]; 8, 1974 [W. Pötzl] – W. Giese, Zur Bautätigkeit von Bf.en und Äbten des 10. bis 12. Jh., DA 38, 1982 – E. Karpf, Herrscherlegitimation und Reichsbegriff in der otton. Gesch.sschreibung des 10. Jh., 1985.

17. G. (Gerardo) v. Bologna, it. Karmelit, † 17. April 1317, wurde als erster seines Ordens an der Univ. Paris zum Doktor promoviert (um 1295). Seine 1297 auf dem Kapitel in Brügge erfolgte Wahl zum Generalprior signalisierte für den Karmel eine Wende: aus der die Gesellschaft meidenden, mitunter obskur wirkenden Asketengruppe war mittlerweile ein gesellschaftl. einflußnehmender Orden geworden. In seinem Denken zeigte sich G. eklektisch, hielt →Thomas v. Aquin wie →Heinrich v. Gent für »große Gelehrte« und neigte insgesamt eher dem Aristotelismus zu. Er vertrat wahrscheinl. die Karmeliter auf dem Konzil zu Vienne und war einer der drei Theologen, die von den Kard.en um Rat bei der Klärung des Armutstreits (→Bettelorden) gebeten wurden. Zu seinem noch uned. Gesamtwerk gehören Quaestiones ordinariae, Quodlibeta, Summa theologiae (q. 1–12, ed. de Vooght, 1954). M. Gerwing

Ed. und Lit.: DHGE XX, 718f. – Monumenta hist. carmelitana, hg. B. Zimmermann, 1907, 194–196 – B. Xiberta, De Summa Theologiae Magistri Gerardi Bononiensis ex Ordine Carmelitarum, Anal. Ordinis Carmelitarum Calceatorum 5, 1923–26, 3–54 – Ders., De scriptoribus scholasticis saeculi XIV ex ordine Carmelitarum, 1931, 74–110 – P. de Vooght, Un texte inédit sur le désir naturel de voir Dieu: Gérard de Bologne, Summa XII, 1, ad 3, RTh 20, 1953, 137–143 – Ders., Les sources de la doctrine chrétienne d'après les théologiens du XIVe s. et de début du XVe, avec le texte intégral des XII premières questions de la Summa inédite de Gérard de Bologne, 1954 – Ders., La méthode théol. d'après Henri de Gant et Gérard de Bologne, RTh 23, 1956, 61–87 – J. Smet–U. Dobban, Die Karmeliten, 1980.

18. G. v. Borgo San Donnino OFM, † ca. 1276 Sizil. Prov. Nach Schulbesuch in Sizilien und Ordenseintritt wurde G. nach weiteren Studien in Provins, Sens, Paris (1247–52) Ordenslektor und veröffentlichte 1254 einen »Liber introductorius in Evangelium aeternum«. Auf der Grundlage joachit. Ideengutes entwickelte G. eigene gesch. theol. Konzeptionen, wobei er die Schriften →Joachims v. Fiore als Evangelium aeternum betrachtete und Franziskus (Engel des 6. Siegels) sowie die Mendikanten in ihrer bes. heilsgesch. theol. Bedeutung würdigte. Hierfür vom Pariser Bf. und von Univ. Prof. im Mendikantenstreit angeklagt, verdammte eine päpstl. Kommission (Anagni) die Werke G.s wegen 31 Irrtümern (Okt. 1255). Um den Orden vom Verdacht der Häresie zu bewahren, griff bes. →Bonaventura zur Repression pseudojoachit. Ideengutes und veranlaßte den Sturz des →Johannes v. Parma sowie die lebenslange Inhaftierung G.s in Sizilien. Keine Bedeutung hatte das Werk G.s in den späteren innerfranziskan. Kämpfen um das 'richtige' Verständnis der »Vita minorum« (Spiritualenkämpfe). D. Berg

Lit.: DSAM V, 859 – ECatt VI, 85 – Repfont IV, 696 – TRE XI, 392ff. – H. Denifle, Das Evangelium aeternum und die Commission zu Anagni, ALKGMA 1, 1885, 49ff. – G. Bondatti, Gioachinismo e Francescanesimo nel ducento, 1924 – Atti III Conv. Todi, 1962, bes. 282ff. – M.-M. Dufeil, G. de St. Amour et la polémique univ. paris., 1972, 123ff. – F. Rotolo, S. Bonaventura e fra G., 'O Theologos 2, 1975, 263ff. – J. Miethke, Misc. Mediaev. 10, 1976, 52ff. – Chi erano gli Spirituali, 1976, 319 – D. Berg, Armut und Wiss., 1977, 234 [Register] – Atti I/II Congr. Internaz. Studi Gioachimiti, 1979–86.

19. G. v. Brogne OSB, hl., lothr. Klosterreformer, † 3. Okt. 959, stammte aus dem Gebiet zw. Sambre und Maas, entschloß sich 919, in seiner Heimat d. Kl. →Brogne (Prov. Namur) zu stiften, für das er Mönche sowie Reliquien und Bücher aus →St-Denis erhielt. 921 gewährte Karl der Einfältige der Stiftung die Immunität. G. übernahm die Abtswürde der neuen Abtei und empfing 927 die Priesterweihe.

Seit ca. 934 erneuerte G. auf Wunsch von Fs.en des nordfrz. und lothr. Raumes mehrere alte Abteien (St-

Ghislain, St. Peter und St. Bavo zu →Gent, →St-Bertin, →St-Riquier, →St-Amand, St-Remi zu →Reims, Salles-lès-Chimay, →Fontenelle) und beeinflußte auch die Abtei →Mont-St-Michel und die engl. Benediktinerreform des 10. Jh. (→Benediktiner B. VI). G. steht somit am Anfang der lothr.-nordfrz. Klosterreform. Da G. die von ihm erneuerten Abteien institutionell nicht miteinander verband, zerfiel das auf seine Persönlichkeit ausgerichtete Werk jedoch bald nach seinem Tode und wurde erst 60 Jahre später von →Richard v. St-Vannes wiederaufgenommen. – Um 1074–75 wurde in Brogne eine »Vita Gerardi« verfaßt; 1131 wurde sein Kult offiziell bestätigt. Die in Brogne bewahrten Reliquien waren Ziel einer Wallfahrt, fielen aber der Frz. Revolution zum Opfer.

D. Misonne

Lit.: DHGE XX, 724–740 [Lit.] – A. DIERKENS, Abbayes et Chapitres entre Sambre et Meuse, 1985, 23–61 [Lit.].

20. G. v. Brüssel, math. Autor der 1. Hälfte des 13. Jh. (Lebensumstände unbekannt). Seine einzige bekannte Abhandlung »Liber magistri Gerardi de Brussel de Motu« muß zw. 1187 und 1260 entstanden sein, da in ihr »De quadratura circuli«, übersetzt von →Gerhard v. Cremona, erwähnt wird und »De motu« selbst in der »Biblionomia« des Richard v. Fournival genannt ist. Die Abhandlung enthält 13 Propositionen in drei Büchern und bedient sich mit Vorliebe der Beweisform der »reductio ad absurdum« und der Exhaustionsmethode. Die Schrift war Thomas →Bradwardine bekannt.   H. L. L. Busard

Ed. und Lit.: DSB V, 360 – M. CLAGETT, The Science of Mechanics in the MA, 1959, 163–197 – E. GRANT, A Source Book in Medieval Science, 1974, 234–237 – M. CLAGETT, Archimedes in the MA V, 1984, 3–142.

21. G. v. Cremona (ca. 1114–87) ist der herausragende Übersetzer philos. und naturwiss. Werke aus dem Arab., ja in dieser Beziehung die wichtigste Figur des lat. MA. In den vierziger Jahren des Jh. verließ G. seine lombard. Heimat und ging nach Toledo, um der lateinischsprachigen Gelehrtenwelt auf arab. erhaltene – sonst verlorene – Werke der Antike, aber auch die zeitgenöss. wiss. Lit. der arabischsprachigen Welt (z. T. Komm. zur antiken Lit.) zugänglich zu machen. Über vierzig Jahre erstellte er in Spanien neben eigenen Schriften ein Übersetzungsœuvre, das über achtzig Titel enthält. Zunächst konzentrierte er sich auf den Almagest des Ptolemaios, erweiterte aber dann seine Tätigkeit in enzyklopäd. Umfang mit dem Schwergewicht auf Philosophie, Astronomie, Mathematik, Geometrie und Medizin. An der Übers. des Almagest wirkte auch der Mozaraber Galippus mit. G. war jedoch, entgegen der übl. Annahme, nicht Haupt oder Mitarbeiter einer »Übersetzerschule«. Er überarbeitete häufig vorhandene arab.-lat. Übersetzungen, rekurrierte dabei auf die arab. Originale, behielt adäquate lat. Formulierungen bei und standardisierte die Terminologie. Auslassungen seiner lat. Vorlagen ergänzte er durch Neuübersetzung aus dem Arabischen. Er blieb nahe am Original, behielt womöglich dessen Konstruktionen bei und bemühte sich um exakte Wiedergabe. Unter den übersetzten philos. Texten sind zu nennen: Aristoteles: 2. Analytik, Themistius: Komm. zur 2. Analytik, al-Fārābī: Komm. zur 1. Analytik; physikal. Schriften des →Aristoteles, der Liber de causis, ferner Schriften von →Alexander v. Aphrodisias, al →Kindī (darunter De aspectibus, De rerum gradibus und den Liber de quinque essentiis); unter den naturwiss. Schriften u. a. Werke von →Archimedes, →Euklid, al-→Ḥwārizmī, →Ptolemaios, →Ǧābir ibn Aflaḥ (Astronomie), →Māšā allāh, →Ṭābit ibn Qurra (Astrologie), von

den med. Schriften sind die Übers. von Werken des →Rhazes (Al-Rāzī) und des Galen hervorzuheben.

E. Meyer

Lit.: DSB XV, 173–192 [Bibliogr. und Liste der Übers.] – Medioevo Latino, I–VII – Repfont V, 103–110 – THORNDIKE II, 87–90 – SARTON II/1, 338–344 – I. OPPELT, Zur Übersetzungstechnik des G. v. C., Glotta 38, 1959, 135–170 – J. VERNET, La cultura hispanoárabe en Oriente y Occidente, 1978, passim – s. a. →oben gen. Einzelstichwörter.

22. G. v. Modena (Gherardus Boccabadati) OFM, * gegen Ende des 12. Jh. in Modena, † Dez. 1257 ebd., ⬜ S. Francesco, ebd. G. gehörte →Salimbene zufolge, der ihn persönlich kannte, zu den ersten Minoriten, wenn auch nicht zu den allerersten zwölf Gefährten des hl. Franziskus. Seine hist. Bedeutung ist v. a. an die →Halleluia-Bewegung geknüpft. G. soll sich dabei durch seine starke Begabung als Prediger ausgezeichnet haben, die weniger auf Gelehrsamkeit als auf natürl. Rednertalent beruhte. Salimbene zufolge übertrugen ihm die Bürger von Parma das Podestà-Amt, was jedoch unwahrscheinl. ist, zumal im Sommer 1233 der Genuese Ansaldo de Mari weiterhin als Podestà figuriert. Wahrscheinl. erhielt G. im Aug. und Sept. 1233 weitreichende Vollmachten und wirkte in dieser Zeit nicht nur als Friedensstifter, sondern ließ auch in die Statuten der Stadt einige Rubriken einfügen betr. die Bekämpfung der Häresie, den Schutz der Armen und Bedürftigen, die Achtung der Libertas ecclesiae in wirtschaftl. und jurisdiktioneller Hinsicht. Seine Verordnungen blieben etwa 15 Jahre lang in Kraft. G.B. wurde in der Folge Provinzial der Lombardei, 1249–50 begleitete er den Generalminister →Johannes v. Parma bei seiner diplomat. Mission zu Ks. Johannes Vatatzes. Danach führten ihn vermutl. Visitationsreisen in die Prov. Romania. Nach seinem Tod wurde er innerhalb der Diöz. Modena als Seliger verehrt.   G. Barone

Q. und Lit.: Bibl. SS III, 212f. – DBI X, 822f. – DHGE XX, 718 – Annales veteres Mutinenses, MURATORI XI, c. 60 – Chronicon Parmense, MURATORI² IX/9, S. 10 – Salimbene de Adam, Cronica, hg. G. SCALIA, 1966, passim – Statuta communis Parmae digesta a MCCLV, hg. A. RONCHINI, 1855–56 passim – A. VAUCHEZ, Une campagne de pacification en Lombardie autour de 1233, MAH 78, 1966, 503–549.

23. G. v. Parma (Albus, Blancus, Bianchi), Kard. bf. v. →Sabina, * ca. 1220–25 in Gainago (bei Parma), † 1. März 1302 in Rom, ⬜ Lateran; studierte wohl kanon. und röm. Recht. Ab 16. Febr. 1245 päpstl. Kaplan und →Skriptor unter Innozenz IV., 1276 Auditor (→Audientia litterarum contradictarum) unter Innozenz V., aus dessen Geschäftsbereich er 1277 ein Formelbuch mit Urkk. erstellte. Von Nikolaus III. zum Kard. priester v. SS. Apostoli erhoben (12. März 1278), wirkte er als Anhänger der →Orsini als Legat in Frankreich und Spanien bei der Friedensvermittlung zw. →Philipp III. v. Frankreich und →Alfons X. v. Kastilien. Im Konklave 1280/81 schwenkte er wohl zur angiovin. Gruppe über, die seinen Freund Simon v. Brion (Martin IV.) zum Papst wählte, der ihn zum Kard. bf. v. Sabina erhob. Nach Ausbruch der →Sizilian. Vesper wirkte er als päpstl. Legat für das Kgr. Sizilien. Eine von ihm abgehaltene Synode in Melfi (28. März 1284) faßte Beschlüsse über den griech. Klerus in Süditalien und die Kirchendisziplin. Nach dem Tod Karls I. v. Anjou verwaltete er zusammen mit dessen Neffen →Robert v. Artois das siz. Kgr.; er hatte Anteil an den Reformkonstitutionen →Honorius' IV. Im März 1290 sandte Nikolaus IV. ihn zusammen mit Benedikt Caetani (Bonifatius VIII.) als Legaten nach Frankreich (Beilegung des Streits zw. Säkularklerus und Bettelmönchen; Friedensstiftung zw. →Karl II. v. Anjou, Frankreich und Aragón). 1299 ernannte ihn Bonifatius VIII. nochmals zum Legaten beim Wiedereroberungsversuch der Insel Sizilien durch Robert v. Kalabrien (→Robert v. Anjou). P. Herde

Lit.: DBI X, 96ff. [Lit.] – P. HERDE, Ein Formelbuch G.s v. P. mit Urkk. des Auditor litterarum contradictarum aus dem Jahre 1277, ADipl 13, 1967, 225ff. – DERS., Die Legation des Kard. bf.s Gerhard v. Sabina während des Krieges der Sizilian. Vesper und die Synode v. Melfi, RSCI 21, 1967, 1ff. – DERS., Cölestin V., 1981, 41ff. u. ö. – T. SCHMIDT, Papst Bonifaz VIII. und die Idolatrie, QFIAB 66, 1986, 75ff.

24. G. v. Siena, Augustinertheologe, * um 1295 zu Siena, † 1336. 1327 als Bacc. theol. und 1330 als Mag. in Paris bezeugt. Danach lehrte er in Bologna und Siena. In seinem Sentenzenkomm. (B. I–II; B. I: ed. Padua 1598) erweist er sich als Vertreter der →Augustinerschule in enger Gefolgschaft des →Ägidius v. Rom, den er oftmals gegen →Johannes Duns Scotus und →Petrus Aureoli verteidigt. In einem Quodlibet von 1330 (ed. Viterbo 1587 und Bologna 1626) behandelt er vorwiegend Fragen der Moral und Kasuistik. Sein Traktat »De usuris et praescriptionibus« von 1334 (ed. Cesena 1630) wurde wegen seiner gründl. Ausführungen über die Verjährung auch von den Kanonisten geschätzt. Mit seinem »Tractatus super octo erroribus Begardorum et Beghinarum« (Mss. Mailand Ambros. S. 58 Sup. und Olmütz Metr. Kap. 385) schrieb er einen Komm. zum Verurteilungsdekret »Ad nostrum« des Konzils v. Vienne. A. Zumkeller

Lit.: DHGE XX, 799–801 – LThK² IV, 722f. – GINDELE nrr. 1743–47 – TEEUWEN nrr. 1350–54, 4725 – PERINI III, 187–189 – TRAPP 160–163, 172–175 – ZUMKELLER, Augustinerschule, 208f. – DERS., Mss. nrr. 255–260 – M. CUYAS, El tratado ›De praescriptione‹, obra de Gerardo de Siena († 1336) existe aun manuscrito e impreso, Gregorianum 41 1960, 701–708.

25. G. v. Silteo (auch v. Sileto oder v. Feltre) OP, * vielleicht 11. März 1218 (eigenes Horoskop [?] in »Summa de astris« II, 1, Hs. Milano, Ambros., C. 245 inf. f. 16r), † 1291 (?). Schrieb 1264 für den Dominikanergeneral Johannes v. Vercelli eine »Summa de astris«. In Teil I wird u. a. der →Komet von 1264 beschrieben. Teil III besteht in einer ausführlichen naturphilosoph.-theol. begründeten Polemik gegen die »iudicia astrorum« und dem Entwurf einer legitimen »astrologia naturalis« nach den eben kritisierten Astrologen. J. Thomann

Lit.: DSB V, 361 – GRABMANN, Geistesleben III, 254–279 – L. THORNDIKE, Latin Treatises on Comets, 1950, 185–195 – P. ZAMBELLI, Albert le Grand et l'astrologie, RTh 49, 1982, 141–158.

26. G. (Korngin) v. Sterngassen OP, urkundl. 1310 –1325 nachweisbar, verfaßte als Prediger und Lesemeister in Köln außer einer dt. Predigt über die Vita des hl. Antonius (Ed.: F. PFEIFFER) die Laster- und Tugendsumme »Medela animae languentis«/»Pratum animarum«, die alle von →Mystikern in Predigten behandelten Themata zusammenstellt. Die theoret., auf Thomas v. Aquin beruhenden Darstellungen ohne neuplaton. Elemente »de vitiis« (T. 1) und über die christl. Tugendlehre (T. 2) werden durch viele Exempla erläutert, die z. T. zeitgenöss. Sittenkritik enthalten. D. Berg

Ed. und Lit.: DSAM VI, 281–283 – Verf.-Lex.² II, 1240–1243 – F. PFEIFFER, Dt. Mystiker des 14. Jh., I, 1845, 60–63 – G. LÖHR, Beitr. zur Gesch. des Kölner Dominikanerkl. im MA I, 1920, 46ff. – M. GRABMANN, Neu aufgefundene Werke dt. Mystiker, SBA.PPH 1921, 3, 35ff. – N. APPEL, G. v. S. und sein ›Pratum animarum‹, 1934, 29–47 [Teiled.] – G. LÖHR, Die Kölner Dominikanerschule vom 14. bis zum 16. Jh., 1946, 46ff. – T. KAEPPELI, Script. O.P. Med. Aevi II, 1975, 40f.

27. G. v. Steterburg, Propst im Kanonissenstift Steterburg seit 1163, † 21. Sept. 1209. Nach Verwaltungstätigkeit in Riechenberg wirkte G. in Steterburg, wo er eine Geschichte des Stiftes von der Gründung (1000) bis zum Tod →Heinrichs d. Löwen verfaßte. Im »Chronicon Stederburgense« widmete sich G., nach einer Skizze der Gründungsgeschichte des Kl. mit kurzen Hinweisen zur Reichsgeschichte, im Hauptteil bis 1187 den eigenen Aktivitäten als Probst zur Förderung der Stiftsprosperität. Danach erweiterte sich der Berichtshorizont durch Betrachtungen zur Reichsgeschichte (bis 1195). Bedeutung besitzen hierbei die Nachrichten über die Geschichte der Welfen, bes. Heinrichs d. Löwen, seine Stellung im Reich und die Auseinandersetzungen um das sächs. Hzm. Infolge der Vertrautheit G.s mit Heinrich d. Löwen ist das Chronicon welfenfreundlich. Nur lokalgeschichtl. Bedeutung besitzt die Fortsetzung »Gesta praepositorum Stederburgensium« (14. Jh.). D. Berg

Q.: Chronicon Stederburgense, MGH SS 16, 199–231 – Continuata, MGH SS 25, 720–725 – *Lit.:* NDB VI, 273f. – Repfont IV, 700f. – Verf.-Lex.² II, 1243f. – O. MELSHEIMER, Die Stederburger Chronik des Propstes G. [Diss. Halle 1882] – W. HEINEMANN, Das Bm. Hildesheim im Kräftespiel der Reichs- und Territorialpolitik, 1968, 290, 299 – WATTENBACH-SCHMALE I, 1976, 420ff. – Gesch. Niedersachsens, hg. H. PATZE, I, 1977, 16 – K. JORDAN, Heinrich d. Löwe, 1979, 228ff. – S. BUNSELMEYER, Das Stift Steterburg im MA, 1983.

Gerhart, Fridericus OSB, †1463, Mönch in St. Emmeram bei →Regensburg, 1452–53 im Reformkl. →Kastl; Verfasser der ersten dt. Algebra (→Mathematik). In Verbindung mit dem Mönch Reinhard im Kl. →Reichenbach, einem Zentrum astronom. Studien, stehend, machte sich G. durch seine in den Jahren 1445–63 angefertigten Abschriften zahlreicher Texte aus der Univ. →Wien und →Klosterneuburg um die Überlieferung math., astronom. und geogr. Schriften, insbes. der Werke des →Johannes v. Gmunden, verdient. W. Van Egmond

Lit.: Verf.-Lex.² II, 1245 – K. VOGEL, Die Practica des Algorismus Ratisbonensis, 1954, 7–9 – B. BISCHOFF, Ma. Stud. II, 1967, 128f. – E. ZINNER, Leben und Wirken der Regiomontanus, 1968², 68–70.

Gerho(c)h v. Reichersberg, Theologe und Kirchenreformer, * 1092/93 zu Polling, † 27. Juni 1169 Reichersberg, wurde nach Schulbesuch in Polling, Freising, Moosburg und an der Domschule zu Hildesheim um 1117 Domscholaster in Augsburg, zog sich aber um 1120 in das Regularkanonikerstift Rottenbuch zurück, wo er sich zur vita communis bekehrte, die als Verwirklichung der vita apostolica sein weiteres Leben maßgebl. bestimmte. Seine Forderung, den gesamten Klerus dieser Lebensweise zu unterwerfen, führte ihn in fortwährende Konflikte, die seinen überfordernden Rigorismus deutlich machen. Bf. Konrad v. Regensburg übertrug ihm zur Verwirklichung seiner Reformvorstellungen die Pfarrei Cham; doch scheiterte er bei der Durchsetzung der vita communis. 1126–1132 in Regensburg lebend, geißelte er die Verweltlichung des Klerus, die er u. a. mit dem Eindringen des Geldwesens und der Feudalisierung der Kirche im Gefolge des Wormser Konkordats in Verbindung brachte (»De aedificio Dei«, 1128). Irregulär lebende Kleriker sah er als Schismatiker und Häretiker ohne Weihegewalt an, was ihm dann selbst einen Häresieprozeß eintrug. Der sich dagegen verteidigende »Dialogus inter clericum saecularem et regularem« an Papst Innozenz II. veranlaßte diesen 1131, G. dem Salzburger Ebf. Konrad I. zu empfehlen, der G. zum Propst des Chorherrenstifts →Reichersberg (am Inn) einsetzte. Hier wirkte er bis zu seinem Tode als Reformer und fruchtbarer theol. Schriftsteller.

Für seine radikalen Reformideen suchte er bis zu Beginn der 50er Jahre Rückhalt v. a. auch bei Päpsten und Kard. en, die sich aber zurückhaltend zeigten. Unter Hadrian IV. kam es 1156 zur Vertrauenskrise; die röm. Kirche wurde nun immer heftiger in seine Kritik einbezogen. Zugleich zog er gegen die christolog. Lehren der frz. Scholastiker und gegen die »moderne« Dialektik überhaupt zu Felde (→Abaelard, →Gilbert Porreta, aber auch →Petrus Lombardus). Dt. Streitgegner waren der Magister Peter v. Wien, Folmar v. Triefenstein und Bf. →Eberhard II. v. Bamberg. G. sah einen engen Zusammenhang zw. der Verweltlichung des Klerus und der Dialektik, die alle Heilswahrheiten auflöse. Im Schisma von 1159 bezog er eine neutrale Position zw. Alexander III. und Friedrich Barbarossa, suchte aber 1163 zugunsten Alexanders III. zu vermitteln. Seine Alterswerke, u. a. »De investigatione Antichristi« (1160/62) und »De quarta vigilia noctis« (1167), sind geprägt durch einen zunehmenden Pessimismus, der den →Antichrist überall vordringen sieht.

So rigoros seine Forderungen stets waren (doch baute er ebenso konsequent den Besitz seines Stiftes aus), so vielfältig sind die Bereiche, in denen er über seine Reformarbeit hinaus (deren Erfolg freilich im wesentl. auf Reichersberg beschränkt blieb) lit. tätig wurde. Gegenüber der Differenzierung im theol. Denken seiner »modernen« Zeitgenossen verteidigte er Ganzheit und Einheit in der Kohärenz theol. Verständnisses. Das führte ihn bei der Sakramentenwirksamkeit zu einer überzogenen Wertung der priesterl. Qualität. In der Christologie betonte er, sich auf Cyrillus v. Alexandrien stützend, die Einheit von Gott und Mensch in Christus so nachdrücklich, daß er sich den Vorwurf des Monophysitismus zuzog. Trotz gewisser Korrekturen in seinen späteren Werken ging es ihm mit seiner These »Christus homo aequalis Patri« in Abwehr adoptianist. Verständnisweise auch da um den totus Christus. Unter seinen Gewährsmännern nehmen →Johannes v. Damaskus und →Hilarius v. Poitiers eine bedeutende Stellung ein.

Sein Denken ist unter dem Aspekt der Heilswirksamkeit in starkem Maße hist. geprägt. In seinem »Libellus de ordine donorum Spiritus Sancti« (1142) entwickelte er in enger, weithin wörtl. Anlehnung an →Rupert v. Deutz eine geschlossene Gesch.theologie. Sie gründet auf intensiver symbol. Bibelexegese, die v. a. typolog. nutzbar gemacht wird. In seinen Spätwerken entfaltet er an der gesch. Entsprechung von AT und christl. Heilsgesch. eine method. schon auf →Joachim v. Fiore vorausweisende Epochentypologie, ohne jedoch Christus als soteriolog. Mitte der Gesch. durch eine Geisttheologie zu relativieren.

Nicht Sentenzen und sich daran anknüpfende »Quaestionen« bilden den Ausgangspunkt seiner theol. Bemühung, sondern der integrale Schrifttext. Die geschlossene Textexegese findet ihren Höhepunkt in seinem umfangreichen (wohl überhaupt ausführlichsten ma.) Psalmenkommentar. Begriffl. Differenzierung als solche stand ihm gleichwohl zur Verfügung, wie seine Abgrenzung von regalia und ecclesiastica beim Kirchenbesitz und seine Unterscheidungen in der Eucharistielehre zeigen. Im Gegensatz zu den scholast. Magistern fehlte ihm aber formale systemat. Strenge und gedankl. Prägnanz.

Die hs. Überlieferung seines umfangreichen Opus blieb schmal und besteht zum großen Teil aus Reichersberger Codices. Abgesehen von flüchtiger Ausgrabung in Renaissance und Barockzeit findet er weiterreichende Beachtung erst innerhalb des neuen hist.-theol. Interesses im 19. und 20. Jh., das in ihm einen vergessenen Vorläufer neuerer Theologie entdeckt. Seine zeitgesch. Wirkung entsprach zwar schwerlich der eigenen Selbsteinschätzung, die Bedeutung seiner Einsichten und Positionen, zumal in ihrem theologie- und verfassungsgeschichtlich exemplarischem Charakter, sowie die Weitgespanntheit seiner Arbeit lassen ihn jedoch als einen wichtigen Denker seiner Zeit, insbesondere im dt. Kulturraum, erscheinen.

E. Meuthen

Ed.: MPL 193, 461-194, 1490 – MGH L.d.L. III, 131-525 – Gerhohi praepositi Reichersbergensis Opera inedita, cura et studio PP. D. ac O. VAN DEN EYNDE–P. A. RIJMERSDAEL O.F.M., 1955/56 – G. of R., Letter to Pope Hadrian about the Novelties of the Day, ed. by N. M. HÄRING, S.A.C., 1974 – *Lit.:* DSAM VI, 303-308 – TRE XII, 457-459 – Verf.-Lex.² II, 1245-1259 – D. VAN DEN EYNDE O.F.M., L'Œuvre litt. de Géroch de R., 1957 – E. MEUTHEN, Kirche und Heilsgesch. bei G.v.R., 1959 – P. CLASSEN, G.v.R. Eine Biographie, 1960 – W. BEINERT, Die Kirche – Gottes Heil in der Welt. Die Lehre von der Kirche nach den Schr. des Rupert v. Deutz, Honorius Augustodunensis und G.v.R., BGPhMA NF 13, 1973, 50-60 [Biographie]; 414f. [Schriftenverz.] – A. LAZZARINO DEL GROSSO, Armut und Reichtum im Denken G.s v. R., 1973 – DIES., Società e potere nella Germania del XII s. G. di R., 1974 – P. CLASSEN, Ausgew. Aufsätze, 1983 – 900 Jahre Augustiner Chorherrenstift Reichersberg 1983 – 900 Jahre Stift Reichersberg, 1984.

Geri v. Arezzo (Gerius Frederici de Aretio), * ca. 1270, † nach 1339, Jurist, zeitweise in Florenz; bedeutender Vorläufer des Humanismus, von den Humanisten des 14. Jh., bes. Coluccio→Salutati, hochgeschätzt, danach in Vergessenheit geraten. Nur ein kleiner Teil seiner Werke ist erhalten: ein lebhafter →Dialog mit Amor, sechs Prosabriefe und eine Versepistel. G. Bernt

Ed.: R. WEISS, Il primo secolo dell'umanesimo, 1949, 109–133 – *Lit.:* ebd. 51–66, 105–108.

Gericht, Gerichtsbarkeit

I. Allgemeines und deutsches Recht – II. Englisches Recht – III. Kanonisches Recht – IV. Judentum.

I. ALLGEMEIN UND DEUTSCHES RECHT: Als globales Kulturphänomen wurzelt die Institution G. in dem Bedürfnis organisiert-gemeinschaftsbildender Kräfte, den durch Streitigkeiten ihrer Mitglieder gestörten internen Rechtsfrieden in geordneten Bahnen mit friedlichen Mitteln wiederherzustellen. Frühformen öffentl. Streitbeilegungen waren bereits zu germ. Zeit ausgebildet. Wie Tacitus bezeugt, nahm die Stammesversammlung (u. a. auch) diese Funktion wahr (concilium, →Ding, cf. Germania c. XII). Zwangsmittel standen der germ. concilium jedoch nur gegen gemeinschädl. Missetäter zu Gebote, während sich sein Einfluß im übrigen wohl darauf beschränkte, bei der Einigung der Parteien über die satisfactio, die pekuniäre Wiedergutmachung, mitzuwirken (Germania c. XXI) und die erzielte Aussöhnung publizitär abzusichern. Mit dem gütlichen Ausgleich aber konkurrierte das ältere Prinzip der →Selbsthilfe, das in der ungleich höher bewerteten, als ethische Pflicht verstandenen →Rache am Gegner kulminierte; noch bis ins SpätMA hinein wirkte dieser Gedanke fort und erfuhr als adliges Fehderecht (→Fehde) förmliche Anerkennung gegen die auf ein gericht. Streiterledigungsmonopol hinwirkende Entwicklung.

Die Genese von der fakultativen Sühnevermittlung im Thing der germ. Stämme (mallus, conventus, →placitum) zu einer sühneerzwingenden, institutionalisierten G.sbarkeit ist eng verknüpft mit der frühma. Staatswerdung. Wirksame Rechtspflege bedarf des von einer übergreifenden Ordnungsmacht gehandhabten und gewährleisteten Rechtszwangs. Vorbildhaft, grundlegend und richtungsweisend für das spätere dt. G.swesen des MA wurden die in frk. Zeit aus tribalist. Tradition unter provinzialröm. Einfluß geschaffenen Strukturen. Über das autochthone Volks-G. erhob sich im frk. Staat das Königs-G.; kgl. Amtsträger (→Graf) verdrängten den thunginus aus dem G.svorsitz. Gestützt auf die Autorität des Kg.s trugen sie dazu bei, die G.e in ein bedeutsames Machtinstrument der frk. Monarchie umzuwandeln. Allerdings verlor der judiziale Repräsentant des Herrschers die Befugnis zur materiellen Mitentscheidung über die Rechtsfälle; er war künftig auf Vorsitz, Verfahrensleitung und Handhabung der Zwangsgewalt beschränkt, während die Urteilsfindung allein den G.seingessenen bzw. deren Vertretern oblag. Diese für die frk.-dt. G.sverfassung typ. strikte Scheidung zw. Richter und Urteilern zwang das herrschaftl. Organ zur Kooperation mit dem genossenschaftl. Element und wahrte dem letzteren eine kraftvolle Rolle in der ma. Rechtspflege. Unter Karl d. Gr. erfuhr das G.swesen weitere Ausformung durch die Einrichtung von Schöffen-G.en (→Schöffen), verbunden mit der Beschränkung der allgemeinen Dingpflicht auf jährl. drei ordentl. Termine (ungebotene Dinge), durch Kompetenzregelung und -zuweisung an Gf., →Centenarius (→Schultheiß), →vicarius sowie durch die angebahnte Einteilung des Reiches in G.ssprengel. Kraft →Delegation der kgl. G.sbarkeit übte der Richter Gebot und G.szwang bei →Königsbann aus; die Unterwerfung aller Reichsangehörigen unter die kgl. Jurisdiktion wurde mittels Untertaneneides (→Eid) abzusichern versucht. Dieses zentralist. Modell einer allein vom Herrscher abhängigen G.sbarkeit wurde jedoch nur in mehr oder weniger fortgeschrittenen Ansätzen verwirklicht. Ihm widerstanden bereits im frk. Großreich kirchl. und weltl. →Immunitäten, die dem kgl. judizialen Amtsträger personal wie territorial unzugängl. blieben.

Die unitarist. Idee kgl. G.ssuprematie überdauerte zwar die Auflösung des Karolingerstaates; noch →Eike v. Repgow zeichnete das Bild einer gegliederten G.sstruktur mit dem Kg. an der Spitze (»De koning is gemene richtere over al«, Sachsenspiegel, Ldr. III 26 § 1), der seine G.sgewalt durch Leihe überträgt und landesweit zur Geltung bringt (a. a. O., III 52 § 2, 3). Tatsächl. aber erhob sich neben dem Reichsoberhaupt von Anfang an der mitregierende Adel als Inhaber eigenständiger G.sbarkeit; die durchgreifende Feudalisierung auch des G.swesens kräftigte und beschleunigte diese Zersplitterungstendenz, die das dt. Kgtm. – anders als das frz. oder engl. – selbst in Perioden hoher Machtentfaltung nur mehr retardieren, nicht aber umkehren konnte. Vielmehr gewann der judiziale Partikularismus Schritt für Schritt rechtsförml. Anerkennung (→privilegia de non evocando/appellando). Mit dem konsequenten Ausbau ihrer unabhängigen geistl. G.e (vgl. Abschnitt III) drang zudem die röm. Universalkirche tief in den Aufgabenbereich weltl. Tribunale ein. Kennzeichnend für die hoch- und spätma. dt. Rechtswirklichkeit ist daher ein struktureller Pluralismus unterschiedlichster, auf allen Ebenen miteinander konkurrierender G.sbarkeiten, der sich in den grundherrl., dörfl., Markt- und Land-G.en, in den genossenschaftl., geburts- und berufsständ. Sonderformen und deren einander vielfach überschneidenden Kompetenzen widerspiegelt. Unifikationserfolge erzielten auf Dauer die Territorien, nicht das Reich, selbst der Versuch Ks. Friedrichs II. (1235), im →Reichshofgericht nach siz. Vorbild eine der kgl. G.shoheit förderliche Institution zu revitalisieren, kam letztlich – als Muster entsprechender landesfsl. Einrichtungen (→Hofgericht) – dem gerichtl. Territorialismus zugute. Auch die →Städte, der entwicklungsgesch. jüngste Machtfaktor im Reich, schufen sich vielfach neben dem herrschaftl.-fremdbestimmten Stadt-G.en keine autogene, mittels Bürgereides (→Eid) präventiv abgesicherte G.sbarkeit (Ratsgericht; →Rat).

Bedeutsam blieb die unter Karl d. Gr. gezogene Grobdifferenzierung der Hohen von der Niederen G.sbarkeit: Um 770 war dem Gf.en-G. die ausschließl. Kompetenz in gewichtigen Strafsachen und Streitfällen (causae maiores) zugewiesen worden, während der centenarius über geringere Rechtskonflikte (causae minores) zu richten hatte. Wenngleich es zu keiner enumerativ abgesicherten Trennung kam, konzentrierten sich in der künftigen Rechts-

praxis die Hochgerichtsfälle auf Verbrechen, die mit Tod oder Verstümmelung bedroht waren (→Mord, →Totschlag, schwere →Körperverletzung, →Notzucht, →Brandstiftung, →Diebstahl, →Raub) sowie auf Klagen um Freiheit der Person und um Grundeigentum (zivile Hoch-G.sbarkeit). Unter die causae minores fielen alle übrigen, minderbewehrten Delikte, ferner die Konflikte um Geldschulden und →Fahrhabe. Auf dieser Einteilung beruht (mit örtl. Abweichungen) auch die ma. dt. Klassifizierung eines Tribunals als Hoch- bzw. Nieder-G., wobei sich aber für die strafrechtl. iurisdictio alta im Zuge der Landfriedensbewegung (→Landfrieden) eine Sonderentwicklung anbahnte, die Abkehr vom ehedem herrschenden Prinzip der pekuniären Ablösbarkeit peinlicher Strafen. Normativer Regelfall wurde jetzt die Ahndung des Delikts an Leib und Leben des Täters; die Befugnis, »über menschlip und blut« zu richten (Schwabenspiegel, Ldr. c. 92), erwuchs zum charakterist. Merkmal der Hoch-G.sbarkeit, die daher seit dem 12. Jh. primär als Bluts-G.sbarkeit aufgefaßt wurde (→Gogericht). Ihre Handhabung hing zunächst von unmittelbarer kgl. Verleihung des Blutbannes ab, bildete mithin ein beachtl. Element reichseinheitl. Rechtspflege. Dem bereits allzu weit fortgeschrittenen G.spartikularismus konnte jedoch das kgl. Blutbannmonopol allein nicht mehr entgegensteuern; es wurde in nachstauf. Zeit rasch ausgehöhlt oder gar ignoriert und erstarrte allmählich auch in den reichsnahen Landschaften (geistl. Territorien, Reichsstädte) zum Rechtsfossil. – Zur monarch.-staatl. Gerichtsbarkeit in den einzelnen Ländern →Justiz sowie die entsprechenden Abschnitte von allg. Länder- und Sachartikeln (wie →Coutume, →Parlament usw.). H. Drüppel

Lit.: DtRechtswb IV, 299ff. – HRG I 1563–1576 [G. Buchda] – Brunner, DRG I, 195ff.; II, 217ff. – 289ff. – Schröder-Künssberg 44ff., 175ff., 592ff. – H. Conrad, Dt. Rechtsgesch. I, 1962², 140ff., 374ff. – R. Sohm, Die frk. Reichs- und G.sverfassung, 1871 – R. Schröder, Die G.sverfassung des Sachsenspiegels, ZRGGermAbt 5, 1884, 1ff. – H. Hirsch, Die hohe G.sbarkeit im MA, 1922, 1958² – G. Köbler, Richten – Richter – G., ZRGGermAbt 87, 1970, 57ff. – H. Drüppel, Iudex Civitatis, 1981 – J. Weitzel, Dinggenossenschaft und Recht, I–II, 1985.

II. Englisches Recht: [1] *Angelsächsische Zeit:* In der ags. Zeit unterstanden Freie den örtl. öffentl. G.en, nämlich den Hundertschafts- und Grafschaftsg.en *(hundred and shire courts).* Schwerwiegendere Fälle kamen vor das Grafschaftsg. unter Vorsitz des kgl. →Sheriffs *(scir gerefa).* Prozesse, die Mitglieder der großen Aristokratie betrafen, wurden üblicherweise vor dem →witenagemot, einer Versammlung weltl. und geistl. Großer unter Vorsitz des Kg.s, verhandelt. Öffentl. und kgl. G.shöfe richteten sowohl über weltl. wie kirchl. Angelegenheiten. Unfreie Bauern, die auf grundherrl. Land saßen, wurden wegen kleinerer Vergehen und Verstöße gegen das Hofrecht vor das grundherrl. G. *(manorial court)* gezogen. In derartigen Fällen übte der Grundherr also private Gerichtsbarkeit aus. Mächtige Grundherren erwirkten jedoch gelegentlich vom Kgtm. die Erlaubnis, über bestimmte Fälle, die eigtl. der öffentl. Gerichtsbarkeit unterstanden, zu richten. Bei solchen Anlässen hatte der Grundherr somit öffentl. Gerichtsbarkeit inne. Der Terminus sac and soc in den ags. Königsurkunden bezeichnet eben dieses Privileg, öffentl. G. zu halten.

[2] *Normannische und frühe angevinische Zeit:* Nach 1066 wurde das G.swesen differenzierter und komplizierter. Alle Fälle, die das →kanon. Recht betrafen, waren fortan den geistl. G.en vorbehalten. Mit der Einführung des →Lehnswesens norm.-frz. Prägung erfolgte auch der Aufbau des kgl. Lehnsgerichts, das Jurisdiktionsgewalt

über alle kgl. Lehnsträger hatte, während die Untervasallen wiederum der Gerichtsbarkeit der kgl. Lehnsträger unterstanden. Für die hörigen Bauern blieb das grundherrl. G. zuständig. Die Hundertschafts- und Grafschaftsg.e bestanden weiterhin. Im Zuge der Ausbildung der →boroughs erhielten mehrere von ihnen das Recht zur Errichtung eines eigenen G.shofs *(borough court)*, der u. a. in der Handelsgerichtsbarkeit und bei Verstößen gegen das Recht des borough in Aktion trat. Waren schon in der ags. Zeit bestimmte Verbrechen (wie Mord, Totschlag, Raub) als nicht kompensationsfähiger Bruch des Königsfriedens mit schweren Strafen geahndet worden, so wurde in norm.-angevin. Zeit der Begriff des Kapitalverbrechens, das nur vom kgl. G. abgeurteilt werden konnte (→pleas of the crown), mittels des Konzepts der →*felony* immer mehr ausgedehnt. Damit wurden die kgl. G.e für nahezu alle Verbrechen – mit Ausnahme kleinerer Übertretungen – zuständig. Durch die Entwicklung effizienter Verfahrensweisen auch im Bereich der Zivilprozesse verschaffte sich die kgl. Rechtsprechung eine zunehmende Monopolstellung.

[3] *13.–15. Jahrhundert:* Das System der kgl. G.e war im frühen 13. Jh. in seinen Grundzügen abgeschlossen. An der Spitze stand der *King's Court (King's* →*Council)*, der Jurisdiktionsgewalt über jedwede Art von Prozessen im Kgr. besaß. Gleichsam Ableger dieses G.shofes waren die drei zentralen, in →Westminster etablierten G.e: der →*King's Bench,* der *Court of* →*Common Pleas* sowie der *Court of the* →*Exchequer.* Um die kgl. Rechtsprechung zu erleichtern und zu beschleunigen, wurde ein ausgedehntes Reiserichterwesen geschaffen (→*eyre*). Im Laufe des Spät-MA wurde im Zuge der Einführung neuer Verfahrensweisen (s. im einzelnen →England C, D) die Zuständigkeit der kgl. Common-Law-G.e ausgedehnt, während sich auf Grafschaftsebene im 14. Jh. die Institution der kgl. Friedensrichter (→*Justices of the Peace*), getragen von der Schicht der →Gentry, ausprägte. Am Ende des 15. Jh. hatten die nicht dem Kgtm. unterstehenden G.shöfe nahezu alle ihre jurisdiktionellen Kompetenzen verloren. →Parliament, →Englisches Recht.   B. Lyon

Lit.: F. W. Maitland, The Hist. of English Law, 2 Bde, 1898² – Ders., The Constitutional Hist. of England, 1908 – J. P. Dawson, A Hist. of Lay Judges, 1960 – R. B. Pugh, Itinerant Justices in English Hist., 1967 – R. V. Turner, The King and his Courts, the Role of John and Henry III in the Administration of Justice, 1199–1240, 1968 – Ders., The English Justiciary in the Age of Glanvill and Bracton c. 1176–1239, 1985.

III. Kanonisches Recht: Schon in der Frühzeit der Kirche übte der Bf. eine Disziplinargerichtsbarkeit sowie eine Schiedsgerichtsbarkeit in Zivilsachen aus. Diese wurde zunächst auch gegen den Widerspruch einer Partei im röm. Imperium staatl. anerkannt, später aber auf den Kompromiß beschränkt. Für Kleriker und für innerkirchl. Angelegenheiten war die audientia episcopalis das kompetente Forum auch weiterhin. In der frk. Zeit erfuhr die Gerichtsbarkeit eine Anlehnung an das Volksrecht. – Es bildete sich aufgrund der Visitationstätigkeit die Sendgerichtsbarkeit (→Send) des Bf.s oder seines Stellvertreters aus, die mit Sendschöffen, Klerikern seiner Umgebung oder des Ortes durchgeführt wurde. Seit dem 10. Jh. ging diese meist auf den →Archidiakon als »vicarius episcopi« über, der bald in vielen Gebieten sich eine »jurisdictio propria et ordinaria« beilegte. Dieser Zustand, aber auch die wissenschaftl. Entwicklung des kanon. Prozesses erforderte eine Änderung. Nachdem bereits der Papst delegierte Richter eingesetzt hatte, folgte man dem auf Diözesanebene für bestimmte Prozesse, wenig später auch

durch die Einsetzung ständiger bfl. Richter, der →Offiziale. 1246 erkannte Innozenz IV. in seiner Bulle »Romana Ecclesia« (VI 2, 15, 3) diesen die Stellung eines Mandierten, also eines iudex ordinarius, zu, der anstelle des Bf.s urteilte. Dieses Amt wurde daraufhin in den meisten Diöz. (kaum in Italien und in Ungarn) eingeführt. In der Regel mußte der Offizial wissenschaftl. ausgebildet sein, in der Anfangszeit aber wenigstens Prozeßerfahrung besitzen. Grundsätzlich bezog sich die potestas des Offizials zunächst nur auf die streitige Gerichtsbarkeit, konnte aber im Einzelfall durch Mandat ausgeweitet werden. Während zu Beginn bisweilen Richterkollegien festgestellt werden können, lief die Entwicklung auf den Einzelrichter hin. In schwierigen Fällen wurde dieser verpflichtet, den Rat von anderen iurisperiti einzuholen. Die sog. assessores oder consiliarii wohnten der Verhandlung bei oder erteilten ihren Rat aufgrund des ihnen vorgelegten Prozeßmaterials. Zur G.sbehörde gehörten die →Auditoren, welche v. a. auswärtige Zeugenvernehmungen durchzuführen hatten, ferner der Siegler, der meist der Stellvertreter des Offizials war, der die Aufsicht über das G.spersonal und die Kontrolle über die Finanzen ausübte, der Audientiarus (allerdings nur in größeren G.en), der die Ladungen, Mahnungen und Urteile zu registrieren hatte, bisweilen neben ihm oder allein ein Registrator und ein Receptor actorum. Hinzu kamen die notwendigen G.snotare, die entweder kraft päpstl., ksl. oder bfl. Autorität ernannt waren und deren Schriftsätzen allgemein oder nur in der Diöz. volle Beweiskraft zugeschrieben wurde. Daneben waren die unteren Schreiber der Behörde tätig. Im weiteren Sinne konnte man auch die, meist nach bes. Prüfung zugelassenen, Advokaten und Prokuratoren zu dieser Institution zählen.

Das oberste kirchl. G. gebührte dem Hl. Stuhl. Der Papst konnte selbst, mit seinem Konsistorium urteilen oder sie. Delegaten bestellen. Das war auch den Bf.en zugestanden. Bei ihnen bildete sich daneben das G. des →Generalvikars aus, das in einzelnen Diöz. mit dem des Offizials ident. war, aber auch eigenständig, in Italien und Ungarn v. a., ohne diese Institution bestand. Wo es Offiziale gab, ist den Generalvikaren oft die Straf- oder Verwaltungsgerichtsbarkeit übertragen gewesen.

Die archidiakonale Gerichtsbarkeit ist seit dem 13. Jh. beschränkt worden, blieb aber in vielen Diöz. als Unterinstanz erhalten.

Die Kompetenz der kirchl. G.e wurde ratione personarum für →Kleriker aller Grade, selbst für das Hausgesinde, ferner für Kreuzfahrer, Scholaren, personae miserabiles, mit gewissen Einschränkungen auch für Juden, Reisende, Kaufleute und Seefahrer in Anspruch genommen, die oft bei der weltl. Gerichtsbarkeit ihr Recht nicht durchsetzen konnten (vgl. auch →privilegium fori).

Ratione rerum war das kirchl. G. zuständig für die »causae spirituales et spiritualibus annexae«, wobei man den Anspruch sehr weit zog, ferner ratione contractus, wenn vor dem geistl. G. ein Vertrag abgeschlossen wurde, durch Prorogation nach dem Willen beider Parteien, sowie in den Fällen des Defekts der weltl. Gerichtsbarkeit, der Rechtsverweigerung, aber auch der Gewohnheit.

Die Zuständigkeit der geistl. G.e im Prozeß (→Gerichtsverfahren, II) wurde häufig durch päpstl. oder bfl. →Reservationen eingeschränkt.   W. Trusen

Bibliogr. und Lit.: Coing, Hdb. I, 498–504 [W. Trusen] – DDC VI, 203–290 – LThK² IV, 739–741 – P. Fournier, Les officialités au MA, 1880 – A. M. Koeniger, Die Sendgerichte in Dtl. I (Veröff. aus dem Kirchenhist. Seminar München III, 2, 1907) – E. Fournier, Le vicaire général au MA, 1923.

IV. JUDENTUM: Die jüd. Gerichtsbarkeit reicht in ihren Wurzeln weit über die Antike hinaus zurück. Im MA stellte sie einen wichtigen Zweig der Gemeindeautonomie in der Diaspora dar. Regional von unterschiedl. Gestalt und Kompetenz, erzeugte sie einen reichen Schatz an Rechtsliteratur (→Responsen). In großen Gemeinden gab es mehr als einen Gerichtshof *(Bet din)*, während kleinere Orte sich zur Bildung eines solchen zusammenschlossen. Gerichtshöfe wie auch die ihnen vorstehenden Rabbiner konkurrierten nicht selten untereinander. In Babylonien und Ägypten wurden die Richter zunächst von den Oberhäuptern der dortigen Judenschaften ernannt, später auch von den Talmudakademien Sura und Pumbedita in Mesopotamien. In Europa bildeten bis zu sieben Älteste ein Richterkollegium, dem später ein Rabbiner vorstand. Am häufigsten begegnet die Formation von einem Vorsitzenden mit zwei beigeordneten Laien. Die Gemeinde konnte auch spezielle Richter *(Dajjanim)* ernennen. Fehlte eine zentrale Autorität, fungierte die Gemeinde als letzte Instanz. Ein Gemeindeglied konnte den Gottesdienst unterbrechen und öffentl. an die Gemeinde appellieren, falls es Unrecht zu beklagen hatte. Die Kompetenz der Gerichtshöfe betraf alle Bereiche des sozialen Lebens einschließlich der Zivilgerichtsbarkeit. In Spanien wurde allerdings bis 1380 auch die peinliche G. an gemischt jüd.-christl. besetzten Gerichten gestattet. Überhaupt wurde die Reichweite der Kompetenzen in der Regel von den nichtjüd. Autoritäten wie Städten, Bf.en, Landesherren und Kg.en auf verschiedene Weise bestimmt und eingeschränkt. Dies variierte von liberaler Handhabung in Speyer und Köln, wo bis auf schwerste Verbrechen alle christl.-jüd. Streitigkeiten vor dem »Juden-Bischof« ausgetragen wurden, bis zur vollkommenen Unterordnung unter städt. Regiment in Zürich. In Portugal wurde jüd. Recht sowohl bei rein jüd. als auch bei jüd.-christl. Verhandlungen gesprochen. Zu gegebenem Anlaß wurden die Richterkollegien anteilig mit Juden und Christen besetzt. Der Instanzenzug führte hier vom lokalen Rabbiner über den Oberrichter der sieben Landeshauptstädte über den Oberrabbiner, dem ein Kanzler und ein Schreiber beigeordnet waren. Frankreich besaß seit 1360 eine eigene jüd. Gerichtsbarkeit. In England fällten lokale jüd. Richter Urteil und bis 1204 der auf Lebenszeit gewählte 'Juden-Bischof'. – Zur Gerichtsbarkeit über Juden, →Juden, Rechtsgeschichte. Zur G. im islam. Recht→Islam. Recht. M. Illian

Lit.: L. FINKELSTEIN, Jewish Self-Government in the MA, 1964–I. A. AGUS, The Heroic Age of Franco-German Jewry, 1969–S. W. BARON, The Jewish Community, 3 Bde, 1972².

Gericht, Jüngstes. Die Frühscholastik übernahm die Grundanschauungen über das G. teils unmittelbar von der Patristik (bes. von Augustinus und Gregor d. Gr.), teils auch unter Vermittlung der vorhandenen theol.-kanonist. Sammlungen (→Burchard v. Worms; →Ivo v. Chartres), und faßte sie am Ende der ersten sentenzenartigen Gesamtentwürfe zusammen (→Hugo v. St. Viktor, De sacramentis christianae fidei II, 16–17; →Petrus Lombardus, Sent. IV d.43–50). Zu den vielfach behandelten Fragen gehörten u. a. die nach den (fünfzehn) Vorzeichen des G.s (→Petrus Comestor, Historia scholastica), nach dem →Antichrist (Hugo v. St. Viktor, De sacr. II, 17, 6), nach der Gestalt des erscheinenden Menschensohns (ob im Glanz seiner Gottheit oder in verklärter menschl. Knechtsgestalt), nach Ort und Zeit des G., nach der Mitbeteiligung der Apostel und Hl.en am G., nach der Modalität des Urteilsspruches (ob lauthaft oder geistig im Gewissen ergehend) und nach den verschiedenen Klassen der Gerichteten.

Obgleich →Honorius Augustodunensis in seinem po-

pulartheol. Elucidarium (III, 51) das Kommen Christi anschaul. als glanzvollen Einzug eines Herrschers darstellt, werden allzu menschl. Vorstellungen gemieden. Eine eigenständige Behandlung widmet dem Thema →Richard v. St. Viktor (tractus de iudiciaria potestate et universali iudicio), der schon deutl. zw. dem partikulären G. nach dem Tode (»multiforme«) und dem »allförmigen« G. (»omniforme«) unterscheidet, ohne allerdings den Richter Christus zu erwähnen. Dagegen richtet die Hochscholastik den Blick streng auf Christus und führt weitere Differenzierungen und spekulative Begründungen ein, die jedoch in Einzelheiten divergieren. So befaßt sich →Thomas v. Aquin ausführl. mit der Existenz eines G.s und führt sie theol. auf das doppelte Wirken des Schöpfers zurück, das am Ursprung des Seins wie auch bei seiner Vollendung notwendig ist (S.th. Suppl. q.88 a.1). →Johannes Duns Scotus, nach dem das G. nicht mit der natürl. Vernunft bewiesen werden kann, führt unter den Angemessenheitsgründen u. a. an, daß dem universalen Hervorgang der Dinge eine universale Rückführung entspricht (Ord. IV,47 q.1 n.5). →Durandus de S. Porciano erklärt die Allgemeinheit des G.s (auch bezügl. der Gerechten) mit der Unterscheidung zw. »disputatio« und »restitutio« (Sent. IV d.47 q.1 n.7). Die Unterscheidung zw. partikulärem und generellem G. begründet Thomas mit dem Gedanken, daß der Mensch sowohl als Person wie auch als Glied des Menschengeschlechtes beurteilt werden muß (ebd.). Diese Differenzierung ging nachfolgend auch in die kirchl. Lehrverkündigung ein (Prof. fidei Ks. Michael Palaiologos: DENZINGER-SCHÖNMETZER [DS] 854; Benedikt XII. [entgegen der Verunklärung durch Johannes XXII.] DS 1000–1002). Bei dem richtenden Christus wird genauer zw. der potestas auctoritatis unterschieden, die seiner Gottheit zukommt, und der potestas excellentiae (bezügl. seiner Menschennatur), während den Hl.en nur eine potestas ministerii (Thomas, Sent. IV d.48 q.2 a.1) zugebilligt wird. Für→Bonaventura kommt die richtende Gewalt Christus seiner Gottheit von Natur zu, nach seiner Menschheit durch die Gnade (Sent. IV d.48 a.1 q.1). Ausführl. werden auch die Fragen nach der Gestalt des kommenden Richters erörtert (forma humanitatis – divinitatis), nach seinem verklärten Erscheinen und nach seiner Schau durch die Bösen. Nach dem Vorgang des →Albertus Magnus erklärt Thomas, daß alle die verherrlichte Menschheit Christi schauen werden, die Bösen aber nicht die Gottheit, weil die Schau Gottes nicht ohne Freude geschehen kann (S.th.Suppl. q.90 a.3), was Scotus aus metaphys. Gründen bestreitet (Ord.IV d.48 q.1 n.4–9). In der grundsätzlich heilsgesch. Perspektive stand das allgemeine G. im Vordergrund, ohne daß das Individuell-Persönliche des bes. G.s unbeachtet blieb. Es kam bei der Bestimmung der Endzustände zum Zuge (→Fegfeuer, →Himmel, →Hölle) und wurde von der Frömmigkeit v. a. in den Darstellungen der bildenden Kunst wie in der Dichtung lebendig erfaßt (vgl. u. a. die Sequenz→Dies irae). Der Härte des G.sgedankens wurde theol. die Lehre von den Suffragien (Lombardus, Sent. IV d.45 c.2) wie von der Einheit zw. Gottes Gerechtigkeit und Barmherzigkeit gegenübergestellt (S.th. Suppl. q.99 a.1). L. Scheffczyk

Lit.: DThC VIII/2, 1721–1828–LCI IV, 513–523–TRE XII, 483–492 – HDG IV, 7b [L. OTT, im Dr.] – J. BAUTZ, Weltgericht und Weltende, 1886–J. RIVIÈRE, Rôle du démon au jugement particulier, Rev. Sciences Relig. 4, 1924, 43–64–N. WICKI, Die Lehre von der himml. Seligkeit in der ma. Scholastik von Petrus Lombardus bis Thomas v. Aquin, 1954–B. BRENK, Tradition und Neuerung in der christl. Kunst des 1. Jt. Stud. zur Gesch. des Weltgerichtsbildes, 1966–M. DYKMANS,

Les sermons de Jean XXII. sur la vision beatifique, 1973 – H. WEBER, Die Lehre von der Auferstehung der Toten in den Haupttraktaten der scholast. Theologie (von Alexander v. Hales bis Duns Scotus), 1973 – R. SCHWARZ, Die spätma. Vorstellung vom richtenden Christus – ein Ausdruck religiöser Mentalität, Gesch. in Wiss. und Unterricht 32, 1981, 526–553 – J. AUER, »Siehe, ich mache alles neu«. Der Glaube an die Vollendung der Welt, 1984, 125f.

Gerichtsschreiber, für Protokollierung der Verhandlungen und Ausfertigung der →Gerichtsurkunden zuständiger, nicht zum Urteilergremium zählender Funktionsträger im ma. Prozeß. Das Amt war bereits in den germ. Volksrechten und am karol. Hof (Pfgf.engericht) bekannt; doch bediente man sich am dt. Kg.shof und in den Schöffengerichten (→Schöffe) anderer Amtsträger (Geistliche, →Notare). Gesetzl. wurde das G.amt von Ks. Friedrich II. nach dem Vorbild seines siz. Großhofs im →Mainzer Reichslandfrieden 1235 für das Hofgericht eingeführt. Mit Namen sind hier G. für die Zeit von ca. 1330–1451 bekannt. Danach wurde die Tradition vom kgl. →Kammergericht fortgeführt. In den Offizialatsgerichten (→Offizial) war die Mitwirkung von öffentl. Notaren als G. vorgeschrieben, auf lokaler Ebene wurden sie zuerst von Stadtgerichten eingeführt. In der weltl. Gerichtsbarkeit des MA das einzige fachl. geschulte Element, konnten die G., auch auf Grund häufig längerer Amtszeit, Förderer der Rezeption des gelehrten Rechts werden.   F. Battenberg

Lit.: R. HEUBERGER, Frk. Pfgf.enzeugnis und G.tum, MIÖG 41, 1926, 46ff. – F. BATTENBERG, G.amt und Kanzlei am Reichshofgericht 1235–1451, 1974.

Gerichtsstab, in der Hand des obersten Richters Zeichen der Gerichtsgewalt, beim unteren Zeichen delegierter Gerichtsbefugnis (Amtseinsetzung durch Stabübergabe). Demgemäß kann ein Gerichtsverfahren nur dann ablaufen, wenn bzw. solange der Richter den G. aufrecht in der Hand hält. Zum Stabbrechen bei Todesurteilen dient bei szepterartigem G. aus Kostengründen ein einfacher Holzstab.   G. Kocher

Lit.: K. v. AMIRA, D. Stab in d. germ. Rechtssymbolik, 1909 – G. KOCHER, Richter u. Stabübergabe im Verfahren d. Weistümer, 1971 [Lit.].

Gerichtsurkunde, schriftl. niedergelegtes Prozeßergebnis ohne Rücksicht darauf, ob ihm deklarator. oder konstitutive Wirkung zukam. Als früheste G. des MA kann das →Placitum des frk. Kg.sgerichts gelten. Die Wiedereinführung der G. am dt. Kg.shof geht nicht auf das Placitum, sondern auf das Vorbild des siz. Großhofes Ks. Friedrichs II. zurück. Seit dem →Mainzer Reichslandfrieden 1235 wurden alle Gerichtsakte des Hofrichters unter separatem Hofgerichtssiegel in besonderen G.n niedergelegt (→Hofgerichtsurk.). Am kgl. →Kammergericht, das über keine eigene →Kanzlei verfügte, glich sich die G. wieder an die Ks.urk. an. Die G.n der Offizialatsgerichte (→Offizial) waren stärker von den Regeln des kanon. Prozesses geprägt, die der Schöffengerichte (→Schöffe) und der ksl. Landgerichte eher von lokalen Traditionen. Im SpätMA hatten die G.n, soweit sie Urteile enthielten, überwiegend konstitutiven Charakter. Das inhaltl. Schwergewicht lag auf der Darstellung des Prozeßganges (Rede und Gegenrede der Parteien, Urteilsfrage und Rechtsfindung), während der dispositive Teil (Urteilsverkündung mit Sanktion) marginal blieb. Größter Wert wurde auf die Besiegelung gelegt, die nach Verfahrensarten und Urk.typ differenziert sein konnte.   F. Battenberg

Lit.: H. BRUNNER, Das Gerichtszeugnis und die frk. Kg.surk. (DERS., Abh. zur Rechtsgesch., 1931) – F. BATTENBERG, Gerichtsschreiberamt und Kanzlei am Reichshofgericht 1235–1451, 1974 – DERS., Das Hofgerichtssiegel der dt. Ks. und Kg.e, 1979 – J. WEITZEL, Dinggenossenschaft und Recht, 1985 – F. BATTENBERG, Reichsacht und Anleite im SpätMA, 1986.

Gerichtsverfahren

I. Gemeiner Zivilprozeß – II. Kanonisches Recht – III. Germanisches und deutsches Recht – IV. Englisches Recht.

I. GEMEINER ZIVILPROZESS: Der Zivilprozeß dient der Feststellung und Durchsetzung der im materiellen Recht begründeten Rechtsansprüche. Kläger (actor) und Beklagter (reus) stehen sich als streitende Parteien gegenüber und verlangen durch kontradiktor. Anträge vom Gericht die Entscheidung über das strittige Rechtsverhältnis. Dem gewöhnl. ordentl. Zivilprozeß (sollemnis ordo iudiciorum) geht als vorbereitende Handlung die editio actionis ('Vorzeigung, Mitteilung der Klage', scil. an den Prozeßgegner) voraus, d. h., der Kläger trägt in Gegenwart des Beklagten das Begehren vor. Dadurch soll der Beklagte die Möglichkeit erhalten zu entscheiden, ob er es auf den Prozeß ankommen lassen oder den Kläger befriedigen wolle. Ist er zur Befriedigung des Klägers nicht bereit, so muß er sich binnen zwanzig Tagen auf die Verhandlung vor Gericht einlassen. Die Parteien können sich durch andere Personen vertreten lassen. Eine →Dekretale Papst Innozenz' III. von 1216 ordnete an, daß über jede vor dem Richter vorgenommene Prozeßhandlung ein Protokoll aufgenommen werde. Dadurch hat sich der legist.-kanonist. Prozeß zu einem weitgehend schriftl. Verfahren entwickelt: Die Parteien geben ihre Anträge und Erklärungen schriftl. auf bes. Termine hin ab, deren in einem Prozeß etwa fünfzehn erforderlich waren. Mit der Mündlichkeit ging auch die Öffentlichkeit des Verfahrens verloren.

Vorbedingung der Verhandlung ist die vom Kläger beim Richter beantragte Ladung des Beklagten. Es ist Pflicht der Parteien, der richterl. Aufforderung zur Verhandlung Folge zu leisten. Das Nichthandeln wird zum Ungehorsam (→Kontumaz), der insbes. zur Verurteilung des contumax in die verursachten Kosten und zum Verlust des Rechts der Appellation führt. Das Kontumazialverfahren wird jedoch nur zurückhaltend angewandt. Im ersten Termin überreicht der Kläger dem Beklagten die Klageschrift (oblatio libelli). Daraufhin fordert der Richter den Kläger auf, seinen Anspruch auch noch mündl. zu begründen, und den Beklagten, sich durch Einreden (→Exceptio) und andere Einwendungen zu verteidigen. Durch die in der Klageschrift (→Libellus) erhobene Klage ist der Gegenstand des Streites bestimmt. Bestreitet der Beklagte den Klageanspruch, so ist damit die litis contestatio (eigtl. 'Streitbezeugung') vollzogen. Die litis contestatio begründet das Prozeßverhältnis zw. den Parteien. Nach der litis contestatio müssen die Parteien zum Schutz gegen mutwilliges Prozessieren sog. Prozeßkautionen stellen und den Kalumnieneid (→Calumnia) leisten.

Dann beginnt die eigtl. Verhandlung zur Sache, das sog. Positionalverfahren: Der Kläger muß den Sachverhalt, mit dem er seinen Anspruch begründet, in einzelne Tatsachenbehauptungen (positiones, 'Aufstellungen') zerlegen; die gleiche Last trifft den Beklagten hinsichtl. der Tatsachen, auf die er seine Einreden stützt. Beide Parteien müssen sich dann durch Zugeständnisse oder Bestreiten zu jeder Behauptung des Gegners erklären. Nichtantworten gilt als Zugeständnis. Positiones und responsiones ('Antworten') werden protokolliert. Zugestandene Tatsachen können später nicht mehr bestritten werden. Das Vorliegen oder Nichtvorliegen bestrittener Tatsachen, auf die es für die Entscheidung des Prozesses ankommt, muß im nun folgenden Beweisverfahren festgestellt werden.

Der Prozeß geht in das Beweisverfahren über, ohne daß es einer richterl. Entscheidung über das Beweisthema und die Beweislast bedarf. Infolgedessen ist es während des ganzen Prozesses möglich, neue Tatsachen vorzubringen. Es ist daher, anders als im späteren gemeinen Zivilprozeß mit dem sog. Eventualprinzip, nicht nötig, von vornherein alle denkbaren, zur Begründung des eigenen Standpunktes eventuell geeigneten Tatsachen zu behaupten. Leitender Grundsatz des gemeinen Prozeßrechts ist das Bestreben, ein der materiellen Wahrheit entsprechendes Urteil zu erhalten. Zum →Beweis dienen v. a. folgende Beweismittel: eidl. und uneidl. Aussagen der Parteien, sowie Aussagen von Zeugen unter →Eid, →Urkunden und Augenschein. Die Beweismittel vor das Gericht zu bringen ist Sache der Partei, die die Behauptung aufgestellt hat. Sie hat auch die Nachteile zu tragen, die entstehen, wenn die Tatsache nicht bewiesen werden kann.

Aus dem festgestellten Sachverhalt versucht nun jede Partei unter Zuhilfenahme von →Argumenten – mit Allegationen von Stellen aus den Rechtsquellen –, das von ihr angestrebte Urteil des Gerichts rechtl. abzuleiten (conclusio, 'Schlußfolgerung'). Nach Beendigung der Plädoyers faßt der Richter die Ausführungen mündl. und in Gegenwart der Parteien kurz zusammen und schließt die Verhandlung. Er kann zur Entscheidungsfindung ein Gerichtsgutachten (→Consilium) einholen. Die sententia ist entweder sententia definitiva ('Endurteil') oder interlocutoria ('Zwischenurteil'). Durch Endurteil wird der Prozeß als Ganzes entschieden; das Zwischenurteil entscheidet eine einzelne im Laufe des Prozesses streitig gewordene Frage. Gegen ein Endurteil, nach kanon. Recht auch gegen Zwischenurteile, kann die unterlegene Partei das Rechtsmittel der →Appellation sowie andere Rechtsmittel, wie in integrum restitutio und supplicatio, ergreifen. Die Vollstreckung des Urteils wird auf Antrag des Klägers v. Richter angeordnet. Sie ist zulässig, wenn d. U. rechtskräftig geworden u. die Exekutionsfrist abgelaufen ist.

Die Gelehrten des MA haben sich früh und eingehend mit dem G. beschäftigt. Anders als im spätantiken röm. Zivilprozeß war die Herrschaft über das Verfahren im ma. gemeinen Zivilprozeß weitgehend den Parteien überlassen. Die wiss. (scholast.) schriftl. Gesamtdarstellungen des G.s heißen Ordo iudiciorum ('Ordnung des G.s') oder Ordo iudiciarius ('Verfahrensordnung'). Daneben gibt es zahlreiche Abhandlungen über Spezialthemen des Prozesses, v. a. über Klagen (→Actio) und Klageschrift (→Libellus) sowie Einreden (→Exceptio). Die frühesten ordines sind weitgehend unabhängig voneinander in Italien, v. a. Bologna, Frankreich und England entstanden. Die wichtigsten Autoren des ma. gelehrten Prozeßrechts waren →Bulgarus († 1166) mit seiner fundamentalen, kurzen Epistula de preparatoriis iudiciorum (1123/48), →Tancredus (»Ordo iudiciarius«, um 1216), Guilelmus →Duranti(s) (»Speculum iudiciale«, ein Hauptwerk der europ. Rechtslit., 1. Fassung 1271–76, 2. Fassung 1289–91). Weitere wichtige Prozessualisten waren: →Placentinus, →Pilius, →Johannes Bassianus, →Otto Papiensis, →Damasus, →Roffredus Epiphanii (Beneventanus), →Gratia Aretinus, →Aegidius de Fuscarariis und →Johannes Andreae.

St. Holenstein

Q.: Bulgarus, Summa de iudiciis (A. WUNDERLICH, Anecdota quae processum civilem spectant, 1841), 13–26 – Tancredus, Ordo iudiciarius (F. BERGMANN, Pillii, Tancredi, Gratiae libri de iudiciorum ordine, 1842), 89–314 – Guilelmi Duranti, Speculum iudiciale, Francofurti 1612 – WAHRMUND I–V – *Lit.:* G. W. WETZELL, System des ordentl. Civilprozesses, 1865 – M. A. v. BETHMANN-HOLLWEG, Der Civilprozeß des gemeinen Rechts in seiner Entwicklung VI, 1874 – A. ENGELMANN, Der Civilprozeß. Gesch. und System, 1889 – COING, Hdb. I, 383–397 [K. W. NÖRR] – L. FOWLER-MAGERL, Ordo iudiciorum vel ordo iudiciarius, 1984.

II. KANONISCHES RECHT: [1] *Zivilprozeß:* Hier kamen im wesentl. röm.-rechtl. Grundlagen zur Anwendung. Es herrschte die Partei- und Verhandlungsmaxime. Der Kläger mußte die materiellen Beweise erbringen, der Beklagte konnte Exceptionen vortragen. Als Prozeßvertreter waren Prokuratoren zugelassen. Advokaten hatten die Schriftsätze anzufertigen und waren zum Plädoyer zugelassen. Sie konnten bei Hilfsbedürftigkeit auch von Amts wegen bestellt werden. Die Kosten hatte der Unterlegene zu begleichen. In bestimmten Fällen war ein summar. Verfahren zugelassen.

[2] *Schiedsgerichtsverfahren:* Dieses schon von den Bf. en der frühesten Zeit geübte Verfahren wurde im HochMA rechtl. ausgebildet. Es konnte in gütlicher Verhandlung durch einen Schiedsmann (arbitrator) geleitet werden, aber auch infolge eines Schiedsvertrages mit Unterwerfungsklausel unter Benutzung formaler Beweisregeln von einem Schiedsrichter (arbiter), meist mit Beisitzern, zur Entscheidung gebracht werden.

[3] *Strafprozeß:* Bereits bei Mt XVIII,15–17 finden wir die Grundlagen der später sog. »denuntiatio evangelica«, die im Bußverfahren bis zum Ausschluß aus der Kirchengemeinschaft führen konnte (→Exkommunikation).

Schon früh ist der →Akkusationsprozeß aus dem röm. Recht übernommen worden. Der Kläger hatte die Beweislast und übernahm mit der sog. »inscriptio« dafür das Risiko. Die →pseudoisidor. Dekretalen setzten Klageschranken, bes. gegenüber den Bf. en, fest, die erst in der →Dekretistik fielen. Beweismittel waren v. a. das Geständnis und der Zeugenbeweis. Bei schwersten Verbrechen konnte ein Kleriker degradiert und dem weltl. Arm überliefert werden (→Deposition, →Degradation).

In der Frankenzeit bildete sich der Sendgerichtsprozeß (→Send) heraus, in dem bes. Rügeschöffen (→Rüge) die Anklagen vorbrachten. Beweismittel waren das Geständnis, bei seinem Fehlen der Reinigungseid mit Eideshelfern (→Eid, A.II), bei Unfreien oder Übelbeleumdeten das →Gottesurteil. Da dieser Prozeß im Laufe der Zeit nur auf Laien bezogen wurde, wurde gegenüber anfängl. Widerständen bei Klerikern der auch auf frk. Grundlagen beruhende Infamationsprozeß eingeführt. Dieser hatte eine →infamia, eine bei Glaubwürdigen eingetretene schwere Schädigung des Rufes zur Voraussetzung. Der geistl. Vorgesetzte mußte dann ex officio einschreiten und konnte, zunächst bedingt, den Betreffenden seines Amtes entheben. Beweismittel waren hier das Geständnis oder ein nicht vollzogener Reinigungseid. Ein materieller Beweis, etwa durch Zeugen, durfte nicht erhoben werden. Da dadurch erhebl. Mißstände, bes. bei der Strafverfolgung von Prälaten, eintraten, entschloß sich Innozenz III. zur Einführung des sog. Inquisitionsprozesses, wobei in den Infamationsprozeß die materielle Beweisermittlung ex officio (Instruktionsmaxime) eingeschoben und der Reinigungseid nur subsidiär gestattet wurden. Er war zunächst nur als Disziplinarverfahren gedacht, konnte aber bei schwersten Verbrechen zu den Folgen des Akkusationsprozesses führen. Dem Angeklagten wurden zunächst alle Verteidigungsmöglichkeiten zugebilligt. Dieses Verfahren bildete sich in der Folgezeit als processus extraordinarius aus. Zu unterscheiden davon ist der Ketzerprozeß, der ein summar. Verfahren war. Verfahren eigener Art war, in dem die Rechte des Angeklagten eingeschränkt wurden und der auch infolge einer »praesumptio violenta« zur Verurteilung führen konnte. Durch Innozenz IV. wurde die auf röm.-rechtl. Grundlagen beruhende →Folter wegen des »crimen laesae majestatis divinae« gestattet (→Häresie).

Bei Notorietät, einem »crimen manifestum«, war ein ordentl. Verfahren nicht erforderlich. Die Voraussetzungen dafür sind von den Kanonisten jedoch unterschiedl. bewertet worden. Das Verfahren »per exceptionem«, das in diesem Zusammenhang oft angeführt wurde, ist kein eigtl. Strafprozeß.

Allen kirchl. Verfahren war in der Regel der Rechtsweg direkt zum Papst als oberstem Richter offen. Bei den ordentl. Gerichten bildete sich der Instanzenweg »Untergerichtsbarkeit (z. B. →Archidiakon) – Bf. – Metropolit – Papst bzw. ihren eingesetzten Richtern« aus, wobei in bestimmten Fällen Beschränkungen auferlegt wurden.

W. Trusen

Lit.: →Gericht, -sbarkeit (Abschnitt III) – N. MÜNCHEN, Das kan. G. und Strafrecht, 2 Bde, 1865/66 – A. STEINS, Der ordentl. Zivilprozeß vor dem bfl. Offizial [Diss. Bonn 1972] – W. TRUSEN, Der Inquisitionsprozeß. Seine hist. Grundlagen und frühen Formen, ZRGKanAbt 105, 1988, 168–230.

III. GERMANISCHES UND DEUTSCHES RECHT: [1] Das MA kannte *zwei Grundmodelle* des G.s, die unterschiedl. Erscheinungsformen und Verständnisweisen des Rechts entsprachen. Zum einen lebte der (spät-)röm. Prozeß fort, in dem ein oder mehrere (Beamten-)Richter zugleich vorsaßen und urteilten. Ihm korrespondierte die Existenz herrschaftl. gebotenen Schriftrechts. Das Modell des selbsturteilenden Richters wurde von den Westgoten, Burgundern und Langobarden übernommen. Es lebte in Italien, Südfrankreich und Spanien sowie in der röm. Kirche weiter, erfuhr allerdings Umgestaltungen nach dem Maße der Degeneration der antiken Rechtskultur und des frk.-dt. Einflusses in den gen. Gebieten und Institutionen. Es wurde von der hochma. Kirche, den Ks.n und der Rechtswissenschaft reaktiviert, gewann bis zum Ausgang des MA Verbreitung auch in den weltl. Obergerichten nördl. der Alpen (it.-kanon. G.).

Zum anderen bildete sich ein frk.-dt. G. aus, indem ein Träger herrschaftl.-rationalen Rechtszwangs (= Richter) den Vorsitz im Sühnemittlungsverfahren übernahm. Der offenbar nach antikem Vorbild entwickelte rationale Rechtszwang löste im Laufe des FrühMA die im erzwungenen Vergleich bewahrte Eigenentscheidung der Parteien durch eine vom Richter gebotene Drittentscheidung, den Spruch der Urteiler, ab. Das so entstandene dt.-rechtl. →Gericht zeitigte und bewahrte eine seinen Ursprüngen gemäße Funktionsteilung: Vorsitz, Prozeßleitung und Urteilsvollzug kamen dem Richter zu, während das Urteil bei der Gerichtsgemeinde bzw. ihren Repräsentanten, den Urteilern, lag (Dinggenossenschaft, →Ding). Diesem Modell korrespondierte typischerweise schriftloses, im Konsens der Rechtsgenossen lebendes Recht. Es war ferner gekennzeichnet durch Öffentlichkeit und Mündlichkeit, durch fehlende Professionalisierung (Laienurteiler!) und Bürokratisierung sowie durch eine nur schwach ausgeprägte Verfestigung von Rollen (Funktionen) innerhalb des Spruchkörpers. Die Parteien gehörten zu den Dinggenossen und waren wie diese in die Urteilsfindung einbezogen. Rechts- und Tatsachenbehauptungen waren nicht scharf getrennt, sondern in der Klage, im Parteivorbringen, im Zeugnis (→Beweis, III) und im Urteil miteinander verwoben. Das zur Entscheidung führende Denken war eher formal und beiordnend als inhaltl. und subsumierend (→Dt. Recht).

[2] In *fränkischer Zeit* waren das volksrechtl. G. und das Verfahren vor dem Kg. zu unterscheiden. Letzteres zeigte Besonderheiten z. B. hinsichtl. des Beweisrechts und der Urteilsfindung. In ihm wurden bestimmte Prozeßelemente früher ausgebildet als im Volksgericht. Gegen Ende

der Epoche verflachten die Unterschiede. Auch das kirchl. G. wurde seit dem 8. Jh. weitgehend »germanisiert«.

Das weltliche frk. G. wurde durch Streitgedinge (Prozeßabrede der Streitenden), durch Ladung oder aber durch Klageerhebung unter Anwesenden vor Gericht eingeleitet. Die Ladung des Beklagten erfolgte zunächst durch den Kläger selbst, späterhin wurde die amtl. Ladung üblich. Der Vorsitzende eröffnete nach Sonnenaufgang das Gericht, indem er dieses hegte, d. h. insbes. einen erhöhten Dingfrieden gebot. Er befand auch über die Reihenfolge der zur Verhandlung anstehenden Sachen, die nach Klage und Gegenrede erörtert wurden. In einem frühen Entwicklungsstadium wurde die Klage direkt dem Gegner unterbreitet, von dem der Kläger ja persönl. und unmittelbar Recht forderte. Der Umfang der prozessualen Leitungsbefugnis des Vorsitzenden war sicher im Kg.s-gericht größer als im Volksgericht. Der Verfahrensgang bestimmte sich aber weder hier noch dort allein nach formgebundener Rede und Gegenrede der Parteien. Vorsitzende wie Urteiler hatten mit Vergleichsvorschlägen, Fragen zum Geschehen wie zur Beweislage an der Erörterung teil. All dies geschah ersichtlich in freier Rede. Auch die Parteien führten ihr Wort selbst. Vorredner (→Fürsprecher) begegnen in den →Gerichtsurkk. nicht, Vertreter selten. Formstrenge galt bei bestimmten Formalhandlungen (z. B. dem »tanganare« und dem Urteilserfüllungsgelöbnis) sowie mit der Gefahr des Prozeßverlustes bei formaler Beweisführung.

Das frk.-dt. G. war ein solches »mit Urteilen«, d. h. über alle im Laufe des Verfahrens streitig bleibenden Fragen wurde durch Urteil befunden. Es konnte sich folglich eine ganze Kette von (Verfahrens-)Urteilen durch den Prozeß ziehen. Ursprgl. erfragten die Parteien das Recht von den Urteilern, zu denen zunächst auch der Vorsitzende zählte. Seit dem 9. Jh. stellte aus dem (Mit-)Urteiler ausgeschiedene Richter die Urteilsfrage. Die Erfüllung des verfahrensbeendenden Beweisurteils oder eines materiellen Endurteils mußte der Beklagte in früher Zeit dem Kläger förmlich geloben (fides facta). Die Beweiserbringung erfolgte nach Volksrecht zunächst außergerichtlich. Da das Gelöbnis Urteilserfüllung war und ursprgl. nur aus ihm vollstreckt werden konnte, mußte es notfalls erzwungen werden (→Acht, Einsperrung). Auch bei Ladungsungehorsam kam es entweder zur Acht oder aber es wurde der Beklagte für sachfällig erklärt, erschien er nicht vor Sonnenuntergang oder zeigte er nicht durch Boten an, daß echte Not ihn fernhielte.

Am Kg.sgericht folgten dann, wenn es zur Entscheidung einer (weiteren) Beweiserbringung – in einem Termin vor dem Pfgf.en – nicht bedurfte, dem Gelöbnis der unterlegenen Partei abschließende Urteils- und Gebotsakte. Zuerst bestätigte der Pfgf., daß die Sache so wie geschehen ordnungsgemäß verhandelt und geregelt worden war. Diesem Urteil schlossen sich der Kg. und die anwesenden Großen des Reiches als (Folge-)Urteiler an. Der Kg. gebot sodann, daß die durch Parteiakte hergestellte und durch Urteile bestätigte Rechtslage hinfort von jedermann zu achten sei (Rechtsgebot). Aus diesen Anfängen entwickelte sich im Übergang zu den Karolingern unter Wegfall des Pfgf.enurteils das die Sache entscheidende Endurteil, das dann auch in das volksrechtl. G. Eingang fand. Die streiterledigenden Parteiakte verloren zunehmend an Bedeutung, die Entscheidung lag schließlich nicht mehr in ihnen, sondern im (→Schöffen-)Urteil. Im Übergang zum HochMA setzte das richterl. Gebot das (End-)Urteil direkt in Kraft (Urteilsgebot, Ausgeben des Urteils).

Fühlte sich eine Partei durch (irgend-)ein Urteil zu Unrecht beschwert, so konnte sie dieses schelten. Neben dem allgemeinen, auf Bußleistung und/oder Herausgabe zielenden G. standen bes. Verfahrensarten. Zunächst ist dabei des nicht selten tumultuar. G.s zu gedenken, das bei der grundsätzl. blutigen Aburteilung bestimmter als crimen (Kapitalverbrechen) eingestufter Unrechtstaten Platz griff. Über die diese Verfahren legitimierenden Vorstellungen herrscht derzeit Ungewißheit, da die Lehre von der →Friedlosigkeit zerbrochen und ein (erzwungener) Konsens des Verurteilten nicht zu erwarten ist. In der Nähe des Kriminalverfahrens standen die G. bei →handhafter Tat und →Spurfolge, der wiederum der →Anefang verwandt war. Königliche, späterhin auch kirchl. Besonderheiten waren der Inquisitionsbeweis (→Inquisition) und das Rügeverfahren (→Rüge).

[3] *Hoch- und Spätmittelalter:* Das hohe MA brachte Verluste an Rationalität und Technizität des G.s: Entscheidungspflicht und Instanzenverständnis, Beweis- und Vollstreckungsrecht wurden geschwächt. Die Formalismen in →Gebärde und Sprache, das Unverständnis für die Funktion schriftl. Akte nahmen generell gesehen zu. Seit dem 12. Jh. traten im Kaufmanns-, Siedlungs-, Stadt- und Kirchenrecht gegenläufige Tendenzen auf (→Gottesurteil, Vare, →Zweikampf). In der hochma. Stadt entstand eine weitere Art des G.s, das nur noch parteiöffentl. Verfahren vor dem →Rat. Es kannte keine Trennung von Richter und Urteilern, vielmehr entschied der Rat autoritativ als Kollegium. Seit den →Gottes- und Landfrieden trennte sich allmähl. ein auf peinliche Strafe zielendes G. vom alten Bußverfahren ab. Neben der Klageerhebung durch den Verletzten (→Akkusationsprozeß) stand im SpätMA das Annehmen des Übeltäters von Amts wegen. Im rezipierten Inquisitionsverfahren verbanden sich Klage von Amts wegen (Offizialmaxime) und amtl. Untersuchung (Instruktionsmaxime) miteinander. Gegenüber dem geheimen Ermittlungsverfahren verlor in Strafsachen das alte dt. G. schon ausgangs des MA als »endlicher Rechtstag« nahezu jede Bedeutung.   J. Weitzel

Lit.: BRUNNER, DRG I, II – HRG I, 1551–1563; II, 1034–1040; IV, 430–443 – J. W. PLANCK, Das dt. G. im MA, 2 Bde, 1878/79 – Strafrecht, Strafprozeß und Rezeption, hg. P. LANDAU – CHR. FR. SCHROEDER, 1984 – J. WEITZEL, Dinggenossenschaft und Recht, 1985.

IV. ENGLISCHES RECHT: Die Prozeßvorschriften der öffentl. und kgl. Gerichtshöfe des ma. England regelten die Formen der Rechtsprechung und müssen daher vom materiellen Recht unterschieden werden. Die Verfahrensweisen im ags. England waren einfach. Erschienen zwei Parteien vor Gericht – freiwillig, kraft Selbsthilfe, oder durch Zwang –, so wurde der Prozeß nach starren und formalisierenden Regeln geführt. Schuld oder Unschuld wurden durch Reinigungseid (sowohl von seiten des Klägers als auch des Beklagten sowie der Eideshelfer des Beklagten; →Eid) oder durch →Gottesurteil erwiesen. Nur gelegentl. wurden Grundbesitzstreitigkeiten aufgrund mündl. Zeugenaussagen oder schriftl. Beweise (z. B. Urkk.) entschieden.

Die wichtigste Neuerung zw. 1066 und 1154 war die Einführung des gerichtlichen →Zweikampfes, ein Ausdruck der verstärkten Feudalisierung der englischen Gesellschaft.

Die radikalsten Umwälzungen der G. brachte die Zeit zw. 1154 und 1272, in der eine breite Palette von Formen der Klageerhebung (»forms of actions«) die Tätigkeit der kgl. oder Common-Law-Gerichtshöfe revolutionierte, unter weitgehender Verdrängung der alten ags. und norm. Verfahrensweisen. Dieser Wandlungsprozeß setz-

te unter Heinrich II. (1154–89) ein. Um dem Bedürfnis nach effizienteren und rationaleren Prozeßformen Rechnung zu tragen, erließen der Kg. und seine jurist. Ratgeber eine Reihe von →writs. Das führte zu einer durchgreifenden Änderung der Verfahrensweisen in Zivil- und Strafprozessen, wobei die wichtigsten Neuerungen die *petty assizes* waren, die vier assizes (→*novel disseisin*, →*mort d'ancestor, darrein presentment* und *utrum*) umfaßten. Diese vier writs regelten die Prozeßeinleitung bei Besitzstreitigkeiten und schrieben das Geschworenengericht vor. Nicht weniger wichtig war der *writ of right,* der einem Beklagten erlaubte, in einem Prozeß um Landeigentum das kgl. Gericht als letzte Instanz anzurufen. Eine Jury, die aus zwölf Rittern (später Freien) gebildet wurde, hatte unter Eid darüber zu urteilen, ob Kläger oder Beklagte über das bessere Recht an dem in Frage stehenden Land verfügten.

Erst unter Johann (1199–1216) und Heinrich III. (1216–72) wurden writs für Tatbestände wie Besitzstörung (→*trespass*), Raub, Notzucht, falsches Urteil und Justizirrtum sowie für Kapitalverbrechen (→*felony*) ausgearbeitet. Am Ende der Regierung Heinrichs III. waren etwa vierzig verschiedene Klagen in Gebrauch.

Trotz der neuen Verfahrensweisen der Common-Law-Gerichte gab es immer noch Streitsachen, für die keine feste Prozeßform vorgesehen war und die vom Gericht des Kg.s nach Billigkeit (*equity,* →*aequitas*) entschieden wurden. Im 14. Jh. entwickelte sich der Court of →Chancery zum wichtigsten Gerichtshof für das Billigkeitsrecht.   B. Lyon

Lit.: F. W. MAITLAND, The Hist. of English Law, 2 Bde, 1898² – DERS., Equity: A Course of Lectures, 1936 – R. V. TURNER, The King and His Courts, the Role of John and Henry in the Administration of English Justice, 1199–1240, 1968 – D. W. SUTHERLAND, The Assize of Novel Disseisin, 1973 – S. F. C. MILSOM, The Legal Framework of English Feudalism, 1976 – F. A. GREEN, Verdict According to Conscience: Perspectives on the English Criminal Trial Jury, 1985.

Gerlach

1. **G. II. v. Büdingen,** *1180 (?), † nach 1240. Sohn des Edelfreien Hermann von →Büdingen († 1194); ∞ um 1220 Mechthild Gfn. v. →Ziegenhain. In der stauf. Tradition seiner Familie aufgewachsen, hielt G. im Thronstreit von 1198 bis 1208 zu Kg. →Philipp, trat nach dessen Ermordung zu Ks. →Otto IV. über und wandte sich 1212 Kg. →Friedrich II. zu. Nach vielfältigem Dienst berief ihn dieser in den Rat für Kg. →Heinrich (VII.). Sowohl für den ksl. Vater als auch den kgl. Sohn im Reich wie in internationalen Angelegenheiten tätig, stand er zu Heinrich, verließ ihn aber während dessen Empörung 1234 und unterstützte fortan den Ks., ohne jedoch größeren Einfluß zurückzugewinnen. Das Verhältnis zu Kg. →Konrad IV. war distanziert. Vielleicht zog er sich während der 1240 ausbrechenden Reichswirren in ein Kl. zurück. In der →Wetterau, in der sein Haus über große Besitz- und Rechtskomplexe verfügte, wirkte er als Organisator in der vor 1220 begründeten und sich langsam ausformenden Reichslandvogtei. Vier Töchter wurden verehelicht mit Söhnen der Familien →Hohenlohe, Trimberg, Breuberg und Kempenich, die in den Edelherrenkreis spätstauf. Königsdienstbarkeit gehörten. Aufgrund älterer Erbrechte setzten sich in Büdingen die Herren v. Isenburg als Nachfolger durch.   A. Gerlich

Q.: R IV, 1, 2, 1881/82 – *Lit.:* JDG Fr. II. 1, 1889, 469, 483, 508; 2, 1897, 351f., 363 [E. WINKELMANN] – K. E. DEMANDT, Die Herren v. Büdingen und das Reich in stauf. Zeit, HJL 5, 1955, 49–84 – W.-A. KROPAT, Reich, Adel und Kirche in der Wetterau von der Karolinger- bis zur Stauferzeit, 1964, 106ff. – F. SCHWIND, Die Landvogtei in der Wetterau, 1972, 51ff., 82–86.

2. G. v. Nassau, Ebf. v. Mainz 1346/53–71, * 1322, † 12. Febr. 1371 Aschaffenburg; ▭ Kl. Eberbach/Rheingau. – Vater: Gerlach I., Gf. v. →Nassau; Mutter: Agnes, Ldgfn. v. Hessen. Der Sturz Kg. →Adolfs († 2. Juli 1298) hatte gezeigt, daß von der schmalen Machtbasis der Gft. →Nassau-Wiesbaden-Idstein aus das Herrscheramt gegen das Mainzer Erzstift nicht behauptet werden konnte. Daher erstrebte G.s Vater erfolgreich das →Kurfürstentum, indem er für seinen Sohn, den Kg.senkel, in Mainz und Trier zunächst Domherrenpfründen, in einer Reihe von anderen Stiften Kanonikate erlangte. Die polit. Voraussetzung hierfür war die Hinwendung zur lux.-päpstl. Partei gegen →Ludwig d. Bayern. Am 7. April 1346 providierte →Clemens VI. den im Vorjahre zum Domdekan avancierten G. mit dem Ebm. →Mainz und setzte→Heinrich v. Virneburg ab. Im bis zum Tod desselben am 21. Dez. 1353 währenden Bistumsschisma unterstützte ihn der dank seiner Hilfe gewählte →Karl IV. nur lau.

Das Verhältnis zw. G. und dem Ks. war schwankend. Zwar band Karl IV. den Ebf. in Verträgen und Landfrieden, bes. im Bündnis Böhmen-Würzburg-Mainz von 1366 in das lux. Positionsgefüge ein und überhäufte G. mit Gunstbeweisen, vermochte aber dessen mißtrauischeigenständiges Verhalten nicht zu ändern. In reichspolit. Opposition gegen Karl IV. fand sich G. mit Ebf. →Kuno II. v. Falkenstein in Trier und gelegentl. mit Pfgf. →Ruprecht I.

Die Territorialpolitik ist bestimmt durch den fortdauernden Gegensatz gegen die →Pfalzgrafschaft und die Lgft. →Hessen. Die Verluste infolge des Schismas am Anfang seiner Regierungszeit konnte er wieder einigermaßen ausgleichen, Neuerwerbungen waren gering. Belastend wirkte die Abgeltung von Ansprüchen Dritter, die sich aus den Kreditgewährungen an ihn wie seine Gegner in der Stiftsfehde von 1346/53 ergeben hatten. Wohl aus diesem Grunde war die Münztätigkeit zwecks Geldschöpfung umfangreich. Durch rege Vertragsabschlüsse und Vermittlungstätigkeit im Blick auf die im Mittelrheinraum und in Thüringen benachbarten Landesherren konnte das Erzstift in seinem Bestand geschützt werden. In den ersten Jahren seiner unbestrittenen Regierung ist eine intensive Synodaltätigkeit entsprechend den Mainzer Statuten von 1310 zu verzeichnen. A. Gerlich

Q.: F. VIGENER, Reg. d. Ebf. e v. Mainz II, 1, 1913 – Lit.: ADB IV, 5ff. – NDB VI, 293 [Lit.]. – Nassau. Lebensbilder, hg. R. VAUPEL, 1, 1940, 33–49 [G. W. SANTE; Lit.]. – Nassau. Biogr., 1985, 280, Nr. 1618 – A. GERLICH, Nassau in d. polit. Konstellationen am Mittelrhein v. Kg. Adolf bis Ebf. G. (1292–1346), NassA 95, 1984, 1–37.

3. G. v. Mühlhausen (Milevsko) in Südböhmen, Chronist, * 1165, † nach 1222, wahrscheinl. dt. (rheinländ.?) Herkunft. Seit 1174 auf Vermittlung des Selauer Abtes Gottschalk im Praemonstratenser-Kl. (Ober-)Zell bei →Würzburg ausgebildet, kam er 1177 nach →Selau, wurde dort 1186 zum Priester geweiht und 1187 zum Abt des neuen Kl. Mühlhausen bestimmt. Dort schrieb G. sein unmittelbar an die Chronik des Vinzenz v. Prag anschließendes Werk (2. Fortsetzung des →Cosmas v. Prag), das von 1167 bis 1198 berichtet. Die Endredaktion erfolgte zw. 1215 und 1222. G., bedeutendster böhm. Chronist der frühen Stauferzeit, zeigt eine kaiserfreundl. Einstellung, war jedoch beeinflußt vom Kirchenstreit des Bf.s →Andreas v. Prag mit der weltl. Gewalt, Anhänger der kirchl. Unabhängigkeit in Böhmen. P. Hilsch

Ed.: W. WATTENBACH, MGH SS 17, 1861, 683–710 – J. EMLER, FontrerBohem 2, 1875 – Lit.: P. HILSCH, Die Bf. e v. Prag in der frühen Stauferzeit, 1969 – N. BACKMUND, Die ma. Geschichtsschreiber des Praemonstratenserordens [Diss. München 1972].

Gerlandus v. Besançon → Komputistik

Germanen

I. Geschichte – II. Archäologie – III. Der Germanenbegriff im Mittelalter.

I. GESCHICHTE: Germanen (Germani, Γερμανοί), Sammelbezeichnung ursprgl. von kelt. Seite (→Kelten) für die benachbarten, bei aller sprachl. und ethn. Verwandtschaft verschiedenen, Illyrern und Uritalikern nahestehenden Völkerschaften. Die Herkunft des Namens ist ungeklärt; antike Quellen unterscheiden nicht immer zw. G., Kelten und Skythen. Zur Centum-Gruppe der idg. Sprachfamilie gehörig, bildeten die G. im weitesten Sinne eine sprachl. und kulturelle Einheit um Nord- und Ostsee; von dort wanderten die Kimbern und andere Stämme schon früh aus. Nach Festlegung der nö. Imperiumsgrenze seit Augustus und Einrichtung der Provinzen Germania superior und inferior unter Domitian (→Decumates agri) kam es infolge von Bevölkerungszunahme und Klimaverschlechterung zu verstärkten Wanderbewegungen und Landnahme, auch durch Stämme aus Skandinavien, und zu einer Bildung von schwer gegeneinander abzugrenzenden Stammesverbänden im ostmitteleurop. Raum. Eine Südostdrift (→Goten, →Heruler) brachte, mit Bastarnen und Skiren als Vorläufern, im 3. und 4. Jh. G. ans Schwarze Meer, nachdem schon unter Mark Aurel die n. Grenzgebiete des Imperiums erstmals durch eine anhaltende Invasionswelle in Mitleidenschaft gezogen worden waren (→Markomannen, →Quaden). Fortdauernde und verstärkte Invasionen im 3. Jh. wirkten sich für Rom als entscheidende Katastrophe aus (→Alamannen, →Franken).

Für eine Gliederung der G. hilft zwar eine myth. Einteilung in Ingwäonen, Istwäonen und Hermionen (Tac. Germ. 2, 3; Plin. nat. 4, 39) nicht weiter, doch scheint eine natürl. Scheidung in Westg. (Alamannen, →Sueben, Markomannen, Franken), Ostg. (→Vandalen, Goten, Heruler, →Warnen, →Rugier, →Burgunden, →Gepiden, →Langobarden), Elb-, Nordsee- und Nordg. (bei Tac. 40, bei Ptolemaios insgesamt 69 Namen) als Arbeitshypothese brauchbar. Dabei stellt sich die Entwicklung in Osteuropa als eine ständige Vermischung, Akkulturation und Aufsaugung bes. auch fremder Elemente (→Daker, →Karpen, →Sarmaten, →Alanen, →Slaven) dar.

Hier wie aber auch im kleinräumigen W verschwanden die frühen Stämme, Stammes- und Kultverbände im Verlauf von Bewegungen wie Landnahme, Agglomeration, Integration, Desintegration, polit. Neubildungen und deren Zerfall stets auch bestehende soziale Strukturen (Häuptlinge, →Gefolgschaft, →principes; Problematik eines frühen →Adels), obwohl die spätere hist. wie myth. Selbstdeutung (→Jordanes) die Kontinuität betonte. Die neuere Forschung (WENSKUS) hebt die Bedeutung von namengebenden Traditionskernen für die ethn. Genese und Kontinuität hervor. Nach einer Gesetzmäßigkeit von Wanderbewegungen und nicht ohne röm. Förderung befestigten sich monarch. Strukturen (→König) mit neuen Oberschichten, jedoch nahm in allen polit. Neubildungen das versammelte wehrhafte Volk an den polit. Entscheidungen Anteil. Den Sklavenstand (→Sklaven) kannten die G. nur in rudimentärer Form. In antiken Zeugnissen erscheinende 'nobiles' und 'ingenui' können nicht ohne weiteres im Sinn späterer Schichtung (Adel – Freie) interpretiert werden. Überlieferte Volks- und Heereszahlen scheinen durchweg übertrieben.

Die Religion der G. war, wie alle ihre Kultur- und Lebensformen, anfangs vorwiegend von kelt. Einflüssen bestimmt: Göttervorstellung (Odin-Mercurius, Donar-

Herakles), Feste, Riten von z. T. großer Grausamkeit, Magie- und Orakelwesen, Matronenkult, Priester und Priesterinnen, Kultverbände mit polit. Einfluß sowie Heilsvorstellungen, die sich bes. auf den Herrscher bezogen. Deutlich sind, wohl auf der Grundlage einer Naturreligion, pantheist. Züge. Am Rande des Imperiums setzte im 3. Jh. christl. Missionierung (→Mission) ein, die im 4. und 5. Jh., vorwiegend wohl unter got. Vermittlung, zur Übernahme des arian. Glaubens führte (→Arius, →Ulfilas); die Annahme des kath. Bekenntnisses durch die Franken gilt weitgehend als Politikum (→Chlodwig).

Die antike Überlieferung stellt die G. im wesentl. nach dem Schema ihres Barbarenbildes (→Barbaren) dar. Anhand der Zeugnisse von Kunst und Zivilisation lassen sich im Groben die räuml. Ausdehnung der G. und ihre Anpassung an regionale Umstände sowie die unterschiedlich sich entwickelnden Kultur- und Lebensbedingungen erschließen, ebenso die Kampfesweise mit allmähl. Entwicklung eines Reiterkriegertums. Nachweisbare Handelsverbindungen mit den röm. Provinzen förderten unter Anhebung des Zivilisationsstandes (Geldwirtschaft) die Tendenz zum Aufgehen im Imperium und wohl auch die Neigung zu den erwähnten Invasionen. In diesen Kontext gehört der von den röm. Ks.n seit dem 4. Jh. geförderte Aufstieg von G. im röm. Heer (→Arbogast, →Bauto, →Ricimer, →Stilicho). Die urspgl. Lebensweise war die bäuerl.-viehzüchter. mit dörfl. Siedlung, gentilgesellschaftl. Grundstruktur, gemeinschaftl. Bodenbesitz und ungeregelter →Feldgraswirtschaft; dem entsprechen die Rechtsvorstellungen. Eine Oberschicht entwickelte sich durch die Möglichkeit der Besitzakkumulation. Offenbar gab es zw. den einzelnen Stämmen bedeutende sachl. und zeitl. Unterschiede bei der Herausbildung ständischer Abstufung (→Adel).

Nach Stabilisierung der Lage ab Ende des 3. Jh. führte die Zerstörung der ost- und westgot. Staatsgebilde nach 376 in Südosteuropa zu einer sich ausbreitenden neuen Wanderbewegung (→Hunnen), die mit einer neuen intensiven Durchmischung im folgenden Jh. die Westhälfte des Imperiums in germ. Hand brachte (→Völkerwanderung) und bes. den Großteil der Ostg. nach Gallien bzw. Spanien (Burgunden, →Westgoten, Sueben) und Afrika (→Vandalen) verlagerte, in deren bisherige Gebiete neue germ. Zuwanderer (Heruler, Rugier, Langobarden) oder Fremde (→Bulgaren, Slaven, →Avaren) einströmten. Zugleich mit dem Anfang des 6. Jh. abgeschlossenen frk. Landnahme in Gallien begann mit einer nordgerm. (→Sachsen, Angeln, →Angelsachsen) Invasion in England ein Germanisierungsprozeß. Die germ. Stammesbewegungen endeten mit der langob. Landnahme ab 569 in Italien. Seit dem 4. Jh. in größerem Ausmaß auf röm. Reichsboden in Gallien angesiedelte G. hatten wohl den Status von →Laeten, doch neigt v. a. die archäol. Forschung dazu, in ihnen bereits →Föderaten zu sehen. Eindeutig sind germ.gentes (Goten, Franken) im Verlauf der ab 376 beginnenden Entwicklung als föderierte Kampfverbände innerhalb des Imperiums angesiedelt worden. Dies sowie dann die Verbindung endgültig etablierter G. mit vorhandenen verwandten (→Bayern) oder romanisierten Substraten (→Leges) führte zur staatl. Entwicklung des MA. G. Wirth

II. ARCHÄOLOGIE: [1] *Entstehung:* Ein archäolog. Formenkreis, dessen Ausdehnung sich mit den aus Schriftquellen bekannten Siedlungsgebieten der G. ungefähr deckt, läßt sich frühestens für die Zeit um Christi Geburt feststellen. Da ein solcher Formenkreis allenfalls erst infolge einer Ethnogenese entsteht, muß die Herausbildung des ethn. Komplexes 'G.' merklich früher liegen. Nach-

dem man lange bronzezeitl. oder sogar steinzeitl. Kulturgruppen vornehml. des N als bereits germ. angesehen hat, gilt nun überwiegend der Beginn der Eisenzeit gegen die Mitte des letzten Jt. v. Chr. als Zeitraum der germ. Ethnogenese. Namentlich die sog. Jastorf-Kultur im Elbegebiet, in Norddeutschland und Jütland wird als älteste germ. Kultur betrachtet. Da aber das hist. Germanentum nicht vollständig aus der Jastorf-Kultur abgeleitet werden kann, wird vereinzelt auch die Ansicht vertreten, die germ. Ethnogenese habe sich erst verhältnismäßig kurzfristig vor den ersten schriftl. Zeugnissen und vor der Ausbildung eines eigenen archäolog. Formenkreises am Ende des ersten Jt. v. Chr. vollzogen, unter Beteiligung sowohl von Trägern der Jastorf-Kultur als auch von anderen eisenzeitl. Kulturgruppen außerhalb dieser und von kelt. Restgruppen in Mitteleuropa.

[2] *Gliederung:* Der seit der Zeitwende faßbare, von G. getragene archäolog. Formenkreis reicht von den röm. Reichsgrenzen an Rhein und Donau im W und S bis ins Weichselgebiet im O und schließt das südl. Skandinavien ein. Nach regionalen Sondererscheinungen innerhalb dieses Verbreitungsgebietes lassen sich mehrere Fundgruppen unterscheiden, die jedoch nur bedingt mit hist. bezeugten Stämmen oder Stammesgruppen in Verbindung gebracht werden können. Vom Mittel- und Niederrhein bis ins Wesergebiet ist die rhein-weser-germ. Fundgruppe verbreitet; nördl. davon an der dt. und ndl. Nordseeküste und ihrem Hinterland saßen die Nordseegermanen, während Ostseegermanen Jütland, die dän. Inseln und Südschweden besiedelten. Das Flußgebiet der Elbe in Mitteldeutschland und Böhmen, dazu die niederösterr., mähr. und slowak. Landstriche nördl. der mittleren Donau wurden von der großen elbgerm. Fundgruppe eingenommen, die mit dem Stammesverband der →Sueben recht gut identifiziert werden kann. Im O lassen sich zwei Fundprovinzen unterscheiden, die der Willenberger (poln. Wielbark-) Kultur im N zw. der Ostseeküste und den Unterläufen von Oder und Weichsel sowie die südl. anschließende Oder-Warthe-Gruppe (Przeworsk-Kultur), als deren Kern der Stamm der →Vandalen anzusehen ist. – Als Epochenbezeichnung ist im Dt. »Röm. Kaiserzeit im freien Germanien« geläufig, im skand. Schrifttum ist neben »Röm. Kaiserzeit« auch »Röm. Eisenzeit« gebräuchl., und in der poln. und tschech. Lit. spricht man meist einfach von »Röm. Epoche« oder von der »Zeit des röm. Einflusses«. Hinsichtl. der chronolog. Gliederung zeichnet sich im Fundmaterial eine deutl. Zweiteilung ab; das Zeitalter der Markomannenkriege in der zweiten Hälfte des 3. Jh. trennt die Ältere von der Jüngeren Kaiserzeit. Beide Perioden werden im Anschluß an EGGERS weiter untergliedert: die Ältere Kaiserzeit in die Stufen B 1 und B 2, die Jüngere Kaiserzeit in die Stufen C 1 bis C 3. Der Beginn der Völkerwanderungszeit am Ende des 4. Jh. brachte eine völlige Umgestaltung bzw. Auflösung des kaiserzeitl.-germ. Kulturkomplexes mit sich. – Das archäolog. Fundmaterial ist namentl. in Gestalt von Siedlungs-, Grab- und Hortfunden überliefert. Notabene geben die archäolog. Quellen nicht zur Gesamtheit der vergangenen Wirklichkeit Auskunft, sondern lassen sich nur zu ihnen angemessenen Bereichen sinnvoll befragen. Es sind dies im wesentl. die folgenden.

[3] *Ethnographie:* Obwohl sich ein regelhafter Bezug zw. archäolog. Formengruppe und hist. Ethnos nicht herstellen läßt, spiegeln die geschilderten Unterschiede in der materiellen Kultur Germaniens etwas von der Vielfalt der ethn. Gruppierungen dieses Gebietes wieder. In Einzelfällen lassen sich beispielsweise Expansionsvorgänge aufzei-

gen, so die Ausdehnung des elbgerm. Siedlungsraumes über →Böhmen bis an die mittlere Donau durch die Stämme der Markomannen und Quaden in der Älteren Kaiserzeit oder die Inbesitznahme des Dekumatlandes durch die →Alamannen in der Jüngeren Kaiserzeit. Auch der umgekehrte Vorgang, die Entleerung bestimmter Gebiete durch Abwanderung, kann in günstigen Fällen anhand der archäolog. Funde nachgewiesen werden (Abwanderung der Angeln nach Britannien). Deutlich kontrastiert die germ. Formenwelt zur Zivilisation der röm. Provinzen, so daß die Begegnung und Durchdringung beider Welten in der gegenseitigen Grenzzone bis in die Details deutlich gemacht werden kann.

[4] *Siedlungswesen:* Aus dem germ. Siedlungsgebiet liegen archäolog. Aufschlüsse aus Siedlungen in großer Fülle und Vielfalt vor; sie vermitteln ein recht differenziertes Bild von Hausformen und Siedlungsstrukturen. Über die Tatsache des absoluten Vorrangs der Holzbauweise hinaus lassen sich allerdings kaum Gemeinsamkeiten namhaft machen. Sowohl Mehrgehöftsiedlungen von der Art eines Dorfes wie auch Einzelhofsiedlungen sind belegt. Hingegen waren stadtartige Siedlungen unbekannt und befestigte Siedlungen außerordentl. selten. Wegen des guten Erhaltungszustandes der Siedlungsreste verdienen die auf künstl. angeschütteten Hügeln (Wurten, Wierden) errichteten Dörfer im Marschenland an der Nordsee bes. Erwähnung. Bemerkenswert ist auch die vereinzelte Übernahme röm. Bautechniken im Grenzgebiet an der mittleren Donau.

[5] *Bestattungswesen:* Die Zahl der Siedlungsfunde wird von der der Grabfunde bei weitem übertroffen; sie wären wohl nach Hunderttausenden zu beziffern. Das immense Fundmaterial versetzt uns in die Lage, über die Bestattungssitten der G. wesentl. genauere und detailliertere Angaben zu machen, als dies selbst gut informierten Zeitgenossen wie Tacitus möglich war. Vorherrschend war die Brandbestattung; der Leichenbrand wurde in der Regel in einer meist tönernen Urne beigesetzt, und zwar innerhalb eines oft generationenlang belegten und deshalb zu enormer Größe anwachsenden Gräberfeldes (→Grab). Schmuck und Bestandteile der Tracht, Waffen, Kleingerät und Gefäße wurden fallweise als Beigaben mitgegeben. Urnenfriedhöfe dieser Art sind aus der Germania zw. dem Donauufer in der Slowakei und den dän. Inseln (z. B. Fünen) in großer Zahl bekanntgeworden. In Einzelheiten des Beisetzungsritus, des Grabbaues und der Handhabung der Beigabensitte gibt es freilich mannigfache Variationen: Einzelgräber, kleine Grabgruppen, urnenlose bzw. beigabenlose Beisetzungen, selbst die unverbrannte Beisetzung der Leiche kommt immer wieder vor. Eine Sonderstellung nehmen exzeptionell reich ausgestattete, d. h. mit Schmuck und Trachtenbestandteilen aus Edelmetall sowie mit importiertem röm. Geschirr aus Silber, Glas und Bronze versehene Gräber ein, deren prunkvolle Ausstattung bes. dann zur Geltung kommt, wenn die betreffende Person unverbrannt beigesetzt worden ist (Gruppe Lübsow der Älteren Kaiserzeit, Gruppe Leuna-Haßleben der Jüngeren Kaiserzeit).

[6] *Soziale Struktur:* Solche Gräber werden zweifellos zu Recht Personen zugesprochen, die auch in der Gemeinschaft der Lebenden einen bes., hohen Rang eingenommen haben. Sie eröffnen einen Blick in die differenzierten Strukturen der germ. Gesellschaft, die durch Sippenbildung und Familienzugehörigkeit, Kultgemeinschaften und militär. Gefolgschaft geprägt war. Neben den Grabfunden sind es in zunehmendem Maße auch die Siedlungsfunde, die aufgrund verbesserter Grabungsmethoden und

verfeinerter Interpretation sozialgeschichtl. Einsichten vermitteln (z. B. Feddersen-Wierde, Archsum).

[7] *Wirtschaft:* Die archäolog. Funde geben vielfältige Aufschlüsse über die wirtschaftl. Grundlagen der germ. Stämme, namentl. in den Bereichen von Landwirtschaft, Handwerk und Handel. Funde von Tierknochen und pflanzl. Resten aus Siedlungen sowie die ergrabenen Grundrisse von Stallungen und Speichern lassen die auf Landbau und Viehzucht beruhenden Ernährungsgrundlagen abschätzen; Funde von Geräten und Werkstätten (z. B. Schmieden, Webhäusern), aber auch die Beschaffenheit der Erzeugnisse selbst erlauben Rückschlüsse auf den Stand der handwerkl. Produktion. Die Verbreitung schließlich der im Land erzeugten und der eingeführten Waren vermitteln Vorstellungen von der Organisation des Handels. Bedeutsam ist in diesem Zusammenhang der Import aus dem Römerreich, der die ganze germ. Welt bis in den hohen N erreicht hat, nicht immer in gleichmäßigem Fluß, sondern eher in Schüben, die auf bestimmte Absatzgebiete zielten. V. a. höherwertiges Geschirr aus Glas, Terra Sigillata und Metall (Silber, Bronze, Messing) ist nach Germanien verhandelt worden, wurde schließlich dort gelegentl. auch nachgeahmt. Anscheinend waren es bes. die sozial führenden Schichten, die sich auf diese Weise röm. Lebensart, röm. Tisch- und Trinksitten zu eigen machten.

[8] *Religion und Kunst:* Das meist dem Alltag und profanen Bereichen zuzuordnende archäolog. Fundmaterial eröffnet nur selten Ausblicke auf die geistigen Bereiche der germ. Welt. Sieht man von dem zweifellos von religiösen Vorstellungen durchdrungenen Bestattungsbrauch ab, so kennen wir nur wenige und disparate Zeugnisse germ. Kultübungen, die den Schriftquellen zufolge sehr vielgestaltig und von durchweg diskretem Charakter gewesen sein sollen. Die nord. Mooropfer der Jüngeren Kaiserzeit und Völkerwanderungszeit seien als bes. eindrucksvolle Befunde erwähnt: Waffenbeuten, die nach gewonnenem Kampf ausnahmslos geopfert worden sind. – Ähnlich disparat ist der Eindruck auf dem Gebiet der bildenden Kunst. Eine den germ. Völkern gemeinsame und eigene Formensprache sollte sich erst in Völkerwanderungszeit und FrühMA in Gestalt der Tierornamentik herausbilden. Die Jüngere Kaiserzeit tastet sich vorsichtig an diese Darstellungsweise heran, indem sie röm. Bildvorlagen von Tieren – und nur von solchen – kopiert und in eigener Art stilisiert. Beachtliches wurde auf dem Gebiet des Goldschmiedehandwerks geleistet, selbst das Töpferhandwerk konnte zeit- und gebietsweise mit Erzeugnissen aufwarten, denen künstler. Rang nicht abzusprechen ist. In Gestalt der →Runenschrift entfaltete sich in der Jüngeren Kaiserzeit eine Schriftkultur, freilich in sehr begrenzten Anwendungsbereichen.   H. Ament

Lit.: [zu I]: Hoops II, 174–190 – Hoops², s. v. – RAC VIII, 452–548 – RE Suppl. III, 546–585 – G. Kossinna, Die Herkunft der G., 1911 – K. v. Amira, Grundriß des germ. Rechtes, 1913 – E. Norden, Die germ. Urgesch. in Tacitus' Germania, 1923² – Ders., Alt-Germanien, 1934 [Neudr. 1962] – Vorgesch. der dt. Stämme, hg. H. Reinerth, 1940 – F. Lot, Les invasions germaniques et la pénétration mutuelle du monde barbare et du monde romain, 1945 – H. Hubert, Les Germains, 1952 – E. Schwarz, Germ. Stammeskunde, 1956 – R. Wenskus, Stammesbildung und Verf. Das Werden der frühma. Gentes, 1961, 1977² – R. Hachmann – G. Kossack – H. Kuhn, Völker zw. G. und Kelten, 1962 – W. Schlesinger, Beitr. zur dt. Verf.gesch. des MA, I: G.-Franken-Dt., 1963 – K. F. Stroheker, Germanentum und Spätantike, 1965 – R. Much – H. Jankuhn, Die Germania des Tacitus, 1967³ – K. Schaeferdiek, Die Kirche in den Reichen der Westgoten und Sueben, 1967 – E. A. Thompson, The Early Germans, 1967 – E. Demougeot, La formation de l'Europe et les invasions barbares, 1969 – K. v. See, Dt. Germanenideologie, 1979 – R. HACHMANN, Die G., 1971 – Zur germ. Stammeskunde, hg. F. SCHWARZ, 1972 – H. W. BÖHME, Germ. Grabfunde des 4.–5. Jh. zwischen unterer Elbe und Loire. Stud. zur Chronologie und Bevölkerungsgesch., 1974 (Münchener Beiträge zur Vor- und Frühgesch. 19) – Die G., hg. B. KRÜGER, 1976–83 – H. WOLFRAM, Gesch. der Goten, 1979 – A. DEMANDT, Die Anfänge der Staatenbildung bei den G., HZ 230, 1980, 265–291 – W. GOFFART, Barbarians and Romans, 1980 – S. A. KRISTENSEN, Tacitus' germ. Gefolgschaft, 1983 – Unters. zu Handel und Verkehr der vor- und frühgesch. Zeit in Mittel- und Nordeuropa, hg. D. TIMPE, 1985 – Germanenprobleme in heut. Sicht, hg. H. BECK, 1986 (Erg. Bde. zu Hoops², II) – Heldensage und Heldendichtung im Germanischen, hg. DERS., 1987 (ebd.) – F. BEISEL, Stud. zu den frk.-röm. Beziehungen. Von ihren Anfängen bis zum Ausgang des 6. Jh., 1987 – Die Bajuwaren von Severin bis Tassilo (488–788), hg. H. DANNHEIMER – H. DOPSCH (Kat.), 1988 – zu [II]: [allg.]: HOOPS² – G. MILDENBERGER, Sozial- und Kulturgesch. der G., 1972 – R. v. USLAR, Germ. Sachkultur, 1975 – Die G. Gesch. und Kultur der germ. Stämme in Mitteleuropa. Ein Hb., 2 Bde, 1976, 1983 – Römer und G. in Mitteleuropa, hg. H. GRÜNERT, 1976² – R. v. USLAR, Die G. v. 1. bis 4. Jh. nach Chr., 1980 – Frühe Völker in Mitteleuropa, hg. F. HORST – F. SCHLETTE, 1988 – zu [1]: G. – Slawen – Dt. Forsch. zu ihrer Ethnogenese, 1968 – H. AMENT, Der Rhein und die Ethnogenese der G., Praehist. Zs. 59, 1984, 37–47 – zu [2]: R. v. USLAR, Bemerkungen zu einer Karte germ. Funde der älteren Kaiserzeit, Germania 29, 1951, 44–47 – DERS., Archäolog. Fundgruppen und germ. Stammesgebiete vornehml. aus der Zeit um Christi Geburt, HJb 71, 1952, 1–36 [Neudr. mit Nachtr.: Zur germ. Stammeskunde, WdF 249, 1972, 146–201] – H. J. EGGERS, Zur absoluten Chronologie der röm. Kaiserzeit im freien Germanien, Jb. Röm.-Germ. Zentralmus. 2, 1955, 196–244 – K. GODŁOWSKI, The Chronology of Late Roman and Early Migration Periods in Central Europe, 1970 – DERS., Strefy kulturowe w okresie rzymskim w Europie Środkowej, Prace archeologiczne 22, 1976, 13–38 – R. v. USLAR, Zu einer Fundkarte der jüngeren Kaiserzeit in der westl. Germania libera, Praehist. Zs. 52, 1977, 121–147 – zu [3]: R. ROEREN, Zur Archäologie und Gesch. Südwestdtl. im 3. bis 5. Jh. n. Chr., Jb. Röm.-Germ. Zentralmus. 7, 1954, 214–294 – Ausklang der Latène-Zivilisation und Anfänge der germ. Besiedlung im mittleren Donaugebiet. Symposium Preßburg, 1977 – N. BANTELMANN, Süderbrarup. Ein Gräberfeld der röm. Kaiserzeit und Völkerwanderungszeit in Angeln I, 1988 – zu [4]: B. TRIER, Das Haus im NW der Germania Libera, 1969 – G. MILDENBERGER, Germ. Burgen, 1978 – W. HAARNAGEL, Die Grabung Feddersen Wierde, 1979 – L. F. PITTS, Roman Style Buildings in Barbaricum (Moravia, Slovakia), Oxford Journ. of Archeology 6, 1987, 219–236 – zu [5]: W. SCHULZ – R. ZAHN, Das Fs. engrab von Haßleben, 1933 – H. J. EGGERS, Lübsow, ein germ. Fs. ensitz der älteren Kaiserzeit, Praehist. Zs. 34–35, 2. Hälfte, 1949–50, 58–111 – W. SCHULZ, Leuna, ein germ. Bestattungsplatz der spätröm. Kaiserzeit, 1953 – E. ALBRECTSEN, Fynske Jernaldergrave, II, III, IV, 1956, 1968, 1977 – M. GEBÜHR, Zur Definition älterkaiserzeitl. Fs. engräber vom Lübsow-Typ, Praehist. Zs. 49, 1974, 82–128 – T. KOLNÍK, Römerzeitl. Gräberfelder in der Slowakei I, 1980 – J. LICHARDUS, Körpergräber der frühen Kaiserzeit im Gebiet der südl. Elbgermanen, 1984 – zu [6]: O. HARCK, G. KOSSACK, J. REICHSTEIN, Siedlungsformen und Umwelt. Grabungen in Archsum auf Sylt (Ausgrabungen in Dtl. 1950–75, 1975), 30–44 – H. STEUER, Frühgesch. Sozialstrukturen in Mitteleuropa, 1982 – zu [7]: H. J. EGGERS, Der röm. Import im freien Germanien, 1951 – K. MAJEWSKI, Importy rzymskie w Polsce, 1960 – V. SAKAŘ, Roman Imports in Bohemia, 1970 – U. LUND HANSEN, Röm. Import in N, 1987 – zu [8]: C. ENGELHARDT, Thorsbjerg Mosefund, 1863; Nydam Mosefund, 1865; Vimose Mosefund, 1869 [Neudr. mit Vorw. von M. ORSNES, 1969] – J. WERNER, Das Aufkommen von Bild und Schrift in Nordeuropa, 1966 – J. ILKJAER – J. LØNSTRUP, Der Moorfund im Tal der Illerup-Å bei Skanderborg in Ostjütland (Dänemark), Germania 61, 1983, 95–116.

III. DER GERMANENBEGRIFF IM MITTELALTER: Kenntnisse über die germ. Frühgesch. und über Ereignisse der Völkerwanderung erhielt das MA nur vereinzelt aus Caesar (→Caesar im MA) und Florus (→Florus im MA), v. a. jedoch aus den →Chroniken des →Hieronymus und →Prosper Tiro (der dem MA die negativ ausgeprägte Darstellung der →Vandalen vermittelte), dem hist. Abriß des →Eutropius und aus →Orosius. Für die Stammesgesch. der →Goten ist der auf →Cassiodors verlorener

Gotengesch. fußende →Jordanes die Hauptquelle, für die der Angeln und Sachsen (→Angelsachsen) →Beda, während →Gregor v. Tours und →Fredegar die Gesch. der →Franken und →Paulus Diaconus die der →Langobarden darstellten; →Isidor v. Sevilla schrieb eine Historia de regibus Gothorum, Vandalorum et Suevorum, →Widukind v. Corvey die Res gestae Saxonicae, →Dudo v. St-Quentin die Gesch. der Normannen. Diese Quellen werden bes. im Hoch- und SpätMA durch spekulative Fabeleien ausgeschmückt (Gesta Treverorum, →Kaiserchronik). Ein bes. Anliegen ma. Chroniken und Geschichtswerke ist das Bemühen, durch gelehrte Spekulationen die Herkunft einzelner Stämme in die durch die Abfolge der vier Weltreiche (→Translatio imperii) oder der sechs Zeitalter (aetates) bestimmte Universalgesch. einzubinden und sie mit der Abstammung der Römer als der Begründer des letzten Reiches gleichzustellen oder sie im Rückgriff auf atl. Traditionen noch zu überbieten. So wird für die Franken entsprechend ihrer bes. Rolle bereits in der →Fredegar-Chronik Abstammung von den →Trojanern behauptet und durch das ganze MA, nicht zuletzt zur Glorifizierung der Genealogie (z. B. bei →Dungal, Paulus Diaconus, →Wipo, →Gottfried v. Viterbo) oder zur Begründung der Herrschaftsanspruchs gegenüber Frankreich (→Alexander v. Roes, →Lupold v. Bebenburg, →Peter v. Andlau), tradiert; bei →Matthaeus Parisiensis gilt gleiches für die kelt. →Briten. Die →Sachsen werden bei →Widukind v. Corvey mit vorsichtiger Reserve als Reste des makedon. Heeres →Alexanders d. Gr. angesehen. Mit vergleichbarer Bemühung versucht Dudo die Einfügung der Normannen in den universalhist. Zusammenhang. Im →Annolied wird außerdem die Herkunft der →Schwaben »übers Meer« (19, 4) sowie die der →Bayern aus Armenien (20, 16) postuliert, wodurch sie mit Noah in Verbindung gebracht werden (Landung der Arche am Ararat). Von nord. Abkunft germ. Stämme wissen →Hrabanus Maurus und →Ermoldus Nigellus; auch Widukind kennt für die Sachsen Abstammung »de Danis Northmannisque« (1, 2). Die Goten werden in der Chronica regni Gothorum des →Ericus Olai wie schon in der erwähnten Volksgeschichte des Isidor v. Sevilla als Nachkommen Japhets aus Skythien aufgefaßt. Im übrigen spielen aber die G. als ethn. Einheit keine eigenständige Rolle in der Geschichtsauffassung des MA. Erst die Wiederentdeckung der Germania des Tacitus (→Tacitus im MA) erregt bei it. wie dt. Humanisten (Enea Silvio de' →Piccolomini, Giovanni Antonio →Campano, Conrad →Celtis) Interesse an der germ. Frühzeit, die bald im bejoht. Tageskampf als Idealzustand alter Größe und Sittenreinheit oder Ausdruck barbar.-heidn. Unkultur gesehen wird. – S. a. →Goticismus.   J. Gruber

Lit.: F. LANDSBERG, Das Bild der alten Gesch. in ma. Weltchroniken [Diss. Basel 1934] – M. KLIPPEL, Die Darstellung der Fränk. Trojanersage in Geschichtsschreibung und Dichtung vom MA bis zur Renaissance in Frankreich [Diss. Marburg 1936] – A. GRAU, Der Gedanke der Herkunft in der dt. Geschichtsschreibung des MA [Diss. Leipzig 1938] – TH. BIEDER, Gesch. der Germanenforschung, 1939² – S. v. PFEIL, Die Sachsensage bei Widukind v. Corvey (Fschr. K. RANKE, 1968) 297–311 – R. DRÖGEREIT, Die »Sächs. Stammessage«. Überlieferung, Benutzung und Entstehung (DERS., Sachsen – Angelsachsen – Niedersachsen I, 1978), 321–371 – L. KRAPF, Germanenmythus und Reichsideologie, 1979 – SPINDLER I, 1981², 102.

Germanos. G. I., *Patriarch v. Konstantinopel*, 11. Aug. 715 bis 17. Jan. 730; * vor 669, † nach 730, □ →Chora-Kl. (?); Gedächtnis: 12. Mai. G., Sohn des Patrikios Justinianos, war Kleriker an der Sophienkirche, dann Metropolit v. Kyzikos. 712 unterschrieb er die Akten der monothelet. (→Monotheletismus) Synode v. Konstantinopel 680–681 gegen die 6. ökumen. Synode (→Konstantinopel, Synoden), distanzierte sich als Patriarch aber wieder davon. In drei um 727/729 verfaßten Briefen nahm G. Stellung zu den Ikonen und ihrer Verehrung (→ Bild, Bildverehrung), die er als alte kirchl. Tradition sah, die dem atl. →Bilderverbot nicht widerspreche. Sein Vermittlungsversuch im →Bilderstreit scheiterte; er resignierte als Patriarch und wurde verbannt. Von Bildergegnern 754 anathematisiert, wurde G. 787 auf der 7. ökumen. Synode (→Nikaia II) rehabilitiert.

G.' Werk umfaßt Marienpredigten, den *Antapodotikos,* worin G. versucht, →Apokatastasislehre vertretende Texte →Gregors v. Nyssa als Fälschung zu erweisen, und die Schrift περὶ ὅρων ζωῆς, die Vorsehung und Vorherbestimmung behandelt. Bezweifelt wird die Zuschreibung der »Kirchengeschichte« (Symbolik der Liturgie) und der »Häresien- und Synodengeschichte« (Bilderstreitkap. keinesfalls von G.). D. Stein

Ed.: MPG 98 – *weitere Ed.:* s. Repfont IV, 706ff. – Tusculum-Lex.³, 1982, 285f. – *Lit.:* DThC 6, 1300ff. – LThK² IV, 754 – BECK, Kirche, 979², 473–475 – W. LACKNER, Byzantion 38, 1968, 42–104 – L. LAMZA, Patriarch G., 1975 – D. STEIN, Der Beginn des Bilderstreits..., 1980 – DERS., Bibl. Exegese und kirchl. Lehre im Für und Wider des byz. Bilderstreits (... kein Bildnis machen, hg. C. DOHMEN – T. STERNBERG, 1987), 69–81 – P. SPECK, RevByz 44, 1986, 209–227.

2. G. II., Patriarch v. →Konstantinopel mit Residenz in →Nikaia, * 2. Hälfte des 12. Jh. in Anaplus bei Propontis, † 1240. Während der lat. Eroberung von Konstantinopel 1204 Diakon an der Großen Kirche, wurde G. Augenzeuge der Verwüstungen durch die Kreuzfahrer und suchte Zuflucht im Kl. des hl. Georgios bei Achyraus am Hellespont, wo er Mönch wurde. Nach einer Zeit ständigen Patriarchenwechsels bestieg er, von Ks. Johannes III. Vatatzes gezwungen, den Patriarchenthron v. Nikaia (am 30. Juni 1222). Während der Unionsverhandlungen mit den päpst. Legaten in Nymphaion (1234) hat seine Verteidigung des orth. Dogmas zu Unterbrechung und Auflösung der Synode beigetragen. Während seines Patriarchates kam es zur Unabhängigkeit der Kirche →Bulgariens v. Byzanz; mitten in Unionsverhandlungen mit den Armeniern verstarb G. Sein umfangreiches Opus umfaßt neben Briefen, die die griech. Bevölkerung von Konstantinopel in ihrem orth. Glauben bestärken sollten, antilat. Reden und Briefe an den Papst, die Kardinäle und den lat. Patriarchen v. Konstantinopel. Wichtiges Dokument seiner antilat. Haltung sind seine zwei Briefe an die Zyprioten von 1223 und 1229. G.' dogmat. Ansichten treten in einem Synodalschreiben, das als Antwort auf ein Glaubensbekenntnis Papst Gregors IX. gilt, hervor. Zu seinem dichter. Werk gehören ein Kanon auf die sieben ökumen. Konzilien, polit. Verse über die Reue und Pentekostaria. Zahlreich sind seine Homilien: Das wichtigste Ms. (Coisl. 2788) überliefert an die 50 Predigten und Katechesen für kirchl. Fest- und Sonntage. E. Konstantinou

Lit.: BECK, Kirche, 667–668 – SP. LAGOPATIS, G., Patriarch v. Konstantinopel-Nikaia, 1913 – M. RONCAGLIA, Les frères mineurs et l'église grecque orthodoxe au XIIIᵉ s., 1954, 23–124 – M. NIKOL, The Despotate of Epirus, 1957, 92–124.

Germanus. 1. G. (frz. Germain), hl. (Fest 31. Juli, 22. Sept., 1. Okt.), * um 380, Bf. v. →Auxerre 7. Juli 418 – † 31. Juli 448, stammte aus guter Familie von Auxerre, studierte Recht in Rom, wurde advocatus am Gericht eines Präfekten, dann wohl Oberbefehlshaber eines Militärsprengels, zu dem auch Auxerre gehörte. Nach →Amators Tod zum Bf. gewählt, lebte er mit seiner Frau in strenger Askese. G. gründete auf dem ö. Yonneufer das Kl. St-Marien (domni Mariani), in der Stadt ein →Mauri-

tius-Oratorium (später Basilika St-Germain), nach jüngerer Tradition auch eine Albankirche (→ Alban) in Auxerre und ein Kl. bei Saints-en-Puisaye.

Ein gall. Konzil v. 429 oder ein Auftrag Papst →Coelestins I. veranlaßte G., mit Bf. →Lupus v. Troyes zur Bekämpfung des →Pelagianismus nach Britannien (→Britannia) zu reisen, wo er u. a. einen Einfall sächs. und pikt. Barbaren militär. zurückschlug. 435/437 erwirkte er in →Arles beim gall. Präfekten Steuererleichterung für seine Stadt. Eine zweite Britannienreise, aus gleichem Anlaß wie die erste, mit einem Bf. Severus (v. Trier?) fand 444/447 (nach THOMPSON 437) statt; in die gleiche Zeit fällt seine Unterstützung für →Hilarius v. Arles gegen den Metropoliten v. →Besançon. 448 (nach THOMPSON 437) begab sich G. an den Ks.hof nach →Ravenna, um für die Aufständischen seines ehem. Militärsprengels einzutreten, wo er starb. Sein nach Gallien heimgeführter Leichnam (Ankunftsfest 22. Sept.) wurde am 1. Okt. im Mauritius-Oratorium begraben. Alle gen. Feste sind bereits im Martyrolog. Hier. (um 600) aufgeführt. Anfang 6. Jh. wurde G. durch Vermittlung Kgn. →Chrodechilds Patron der Herrscherfamilie; sein Kult verbreitete sich auch in England (→St. Albans). M. Heinzelmann

Q.: BHL 3453–3464; BHL Novum Suppl., 1986, 389f. – bes. Vita des Constantius v. Lyon (verfaßt ca. 475/480), ed. W. LEVISON, MGH SRM VII, 247–283 – *Lit.:* Vies des Saints VII, 737–745 – Bibl. SS VI, 232–236 – LThK², 755f. – LCI VI, 399–401 – DHGE XX, 901–904 – H. ATSMA, Kl. und Mönchtum im Bm. Auxerre bis zum Ende des 6. Jh., Francia 11, 1983, 1–96 – E. A. THOMPSON, Saint G. of A. and the End of Roman Britain, 1984.

2. G. v. Paris (Germain), hl. [1] *Leben und Wirken:* G., hl., Bf. v. Paris, * um 496, † 28. Mai 576 in Paris, ◻ ebd., St-Vincent (spätere Abtei →St-Germain-des-Prés) (Mart. Hier. 28. Mai, Translation 25. Juli [Mart. Usuardi]). G., der einer angesehenen Familie des Autunois entstammte, wurde nach der von seinem Freund →Venantius Fortunatus 587/591 verfaßten Vita von Bf. Agrippinus v. Autun zum Diakon geweiht und drei Jahre später mit dem Priesteramt betraut. Bf. Nectarius v. Autun ernannte ihn sodann zum Abt v. St-Symphorien zu →Autun; G.' Freigebigkeit und strenge Askese trieb die Mönche jedoch zum Aufruhr. Um 555 ließ ihn Kg. →Childebert I. zum Bf. v. Paris erheben; am 23. Dez. 558/559 bestattete G. den Kg. in St-Vincent und weihte die Kirche. Durch sein Ansehen konnte G. erfolgreich die Sache der Kgn. →Radegundis, die ihr Gemahl →Chlothar I. aus ihrem Kl. in →Poitiers herauszuholen suchte, verfechten. Doch gestaltete sich das Verhältnis des Bf.s zu den Merowingern in der Folgezeit immer schwieriger: 567 exkommunzierte er Kg. →Charibert. G.' Schlichtungsversuche in den merow. Bruderkriegen (u. a. Konzil v. Paris 573, Brief an Kgn. →Brunechildis 575 [MGH Ep. III, 122–124]) blieben erfolglos.

Neben seiner Teilnahme an Konzilien (Tours 567, Paris 556/573 und 573) weihte er 561 Agnes zur Äbt. v. Ste-Croix in Poitiers, korrespondierte mit Venantius Fortunatus sowie mit Abt Flamiris v. Chinon und nahm um 570 auch an zwei Bischofsweihen teil (Felix v. Bourges, →Syagrius v. Autun).

Größere Wirkung noch hatte G.' nachdrückl. Eintreten für den Hl.enkult (v. a. →Martin v. Tours, →Hilarius v. Poitiers, →Symphorian v. Autun, Bf. Marcellus v. Paris [dessen Vita er von Fortunatus schreiben ließ] sowie Lusor in Déols [dép. Indre], Ursinus in Bourges [Reliquieninvention] und Albinus in Angers [Reliquientranslation von 556]).

[2] *Verehrung:* G. war der erste Bf. v. Paris, der sofort

nach seinem Tod als Hl. verehrt und sogleich ins Martyrologium Hieronymianum aufgenommen (28. Mai) wurde. In Le Mans verbreitete sich ebenfalls sein Kult schon vor 616, um im 9. Jh. seinen Höhepunkt zu erreichen. Mehrere Merowinger ließen sich im 6. und 7. Jh. bei seinem Grab bestatten. 625/626 wurde ein Fragment seines Gewandes in der Pariser Kathedrale niedergelegt. Im Bestreben, den hl. Schutzpatron der Merowinger zu dem ihren zu machen, transferierten die Karolinger 756 seine Gebeine hinter den Hauptaltar von St-Vincent/St-Germain; aus dem gleichen Grund ließ Kg. Odo 888/897 eine (ihm gewidmete) versifizierte Version von Vita und Legende des Hl. en verfassen.

Während der Normanneninvasionen wuchs das Ansehen des Hl. en noch: Seine Reliquien wurden mehrfach geflüchtet (845, 857, 885). →Abbos v. St-Germain »Bella Parisiacae urbis« begründeten erst eigtl. den Ruhm des Hl. en als Schutzpatron v. Paris.

Die Ausschmückungen seines Grabes durch den hl. →Eligius (BHL 2474, I 32) sind verschwunden. Das 1408/1409 geschaffene Reliquiar wurde 1792 eingeschmolzen.

[3] *Hagiographische Quellen*: Wichtigstes Zeugnis ist die Vita des →Venantius Fortunatus, in der die Wunder des Hl. en in den Vordergrund gestellt werden. Bei Gregor v. Tours ist G. häufiger erwähnt. Eine ungeschickte Kurzfassung der Vita wurde vor dem 9. Jh. (BHL 3469), eine Versfassung 888/897 (BHL 3470–71) geschrieben. Ein kurzer Bericht über die vor 756 geschehenen Wunder wurde in der 2. Hälfte des 8. Jh. redigiert (BHL 3472–73 fälschl. als Translationsbericht bezeichnet). Dieser Text ging in einen vor 845 verfaßten Bericht über die Translation von 756 ein (BHL 3474–76), versifiziert gleichfalls 888/897 (BHL 3477). →Aimoin v. St-Germain-des-Prés verschmolz zw. 867 und 877 zwei verschiedene Berichte der Translation von 845, 857 und 863 (BHL 3480); nur eine dieser ursprgl. Fassungen ist erhalten (BHL 3479). Mehrere Dokumente wurden dem G. fälschl. zugeschrieben. (u. a. zur altgall. Liturgie, Immunitätsprivileg v. St-Germain).　　　　　　　　　　　　　　　　　　J.-C. Poulin

Lit.: DHGE XX, 927–929 – O. HOLDER-EGGER, Zur Translatio s. Germani, NA 18, 1892, 274–281 – J. DUBOIS, Les évêques de Paris, Bull. Soc. hist. de Paris 96, 1969, no 20 – R. JONSSON, Un double office rythmé en l'honneur de s. G. de Paris, RevBén 79, 1969, 343–367 – V. W. EGBERT, The Reliquary of S. G., Burlington Magazine 112, 1970, 358–364 – K. H. KRÜGER, Königsgrabkirchen, 1971, 103–124 – R. CABIÉ, Les lettres attribuée à S. G. de Paris et les origines de la liturgie gallicane, BLE 73, 1972, 183–192 – M. HEINZELMANN, Translationsberichte und andere Q. des Reliquienkultes, 1972, 61, 107, 115 (Typo. des sources du m.â. occ. 33) – J. DÉRENS, Les origines de St-G. des Prés. Nouvelle ét. sur les deux plus anciennes chartes de l'abbaye, Journal des Savants, 1973, 28–60 – DERS., Recherches sur l'emplacement de la première sépulture de s.G. à St-G. des Prés, EPHE, IVe section, Annuaire 109, 1976–77, 631–653 – J. DUBOIS, La malle de voyage de l'évêque G. de Paris († 576), BSNAF 1983, 238–249.

Germigny-des-Prés, Ort in Frankreich, am Rançon, nahe →Fleury (St-Benoît-sur-Loire), dép. Loiret, arr. Orléans, cant. Châteauneuf-sur-Loire; frühma. villa, die →Theodulf, Bf. v. Orléans und Abt v. Fleury, nach 802 zu einem palastartigen Landsitz ausbauen ließ, mit intentional dem Vorbild d. Pfalzkapelle zu →Aachen folgender Kapelle (ð hll. Genofeva und Germanus, geweiht 3. Jan. 806). Nach Theodulfs Tod (821) vom Ks. konfisziert, 843 Konzilsort, 854/855 Aufenthalt Karls d. K. Nach längerer Verfallszeit richtete der Abt v. Fleury hier um 1067 ein Priorat OSB ein. Die mehrfach umgebaute Kirche ist erhalten; 1848 wurde ein bedeutendes frühma. →Mosaik gefunden; systemat. Ausgrabungen 1930.

Teilnehmer des im Sept./Okt. 843 abgehaltenen Kon-

zils waren u. a. die Ebf. e v. Sens, Bourges und Rouen sowie zahlreiche Bf. e dieser Kirchenprovinzen sowie der Erzdiöz. Reims, aber auch Prälaten, die nicht zum Reich Karls d. K. gehörten (Ebf. e/Bf. e aus Burgund, Regensburg, Italien); letztere hatten wohl kurz zuvor die Reichsversammlung v. →Verdun (Aug. 843) besucht. Über Beschlüsse des offenbar um diszipl inar. Reformen bemühten Konzils ist nichts Näheres bekannt.

Q. und Lit.: MGH DD Conc. II, 115 – MANSI XIV, 284, 793 – HEFELE-LECLERCQ IV, 109, 1291f. – DHGE XX, 982–984 – J. DOUBLIER, G., 1986.

Germiyān Oğullarï, den Namen eines turkmen. Stammes tragend türk. Fsm., gegr. ca. 1300. Das sich unter seinem Gründer *Ya'qūb ibn 'Alī Šīr* (gest. 1340) um →Kütahya und →Denizli ausbreitende Fsm. stand zunächst unter nomineller Oberherrschaft der →Seldschuken und →Ilchāne, wurde dann zu einem der mächtigsten, kulturell bedeutendsten Staaten Anatoliens. Die Auseinandersetzung mit Byzanz (→Katal. Kompagnie) führte zur Bildung zuerst von den G. abhängiger Fsm. er im Wester (→Aydın Oğullarï, Ṣaruḫān, Qaresi). Durch sie von der Ägäis abgeschnitten, gerieten die G. zw. →Osmanen und →Qaramān Oğullarï. 1381 mußte der 3. G. Oğlu, *Süleymān Šāh* (reg. 1361–87), größere Teile des Fsm.s, darunter Kütahya, seiner Tochter in die Ehe mit →Bāyezīd I. mitgeben. Sein Sohn *Ya'qub II. Çelebi* versuchte, diese Gebiete wiederzugewinnen, wurde aber 1390 von Bāyezīd gefangengesetzt. Das 1402 von →Timur wiedererrichtete Fsm. ging 1411 an die Qaramān Oğullarï verloren. →Meḥmed I. setzte 1413 Ya'qub wieder ein, doch mußte dieser 1421 die osman. Suzeranität anerkennen. Als er 1429 ohne Sohn starb, fiel das Fsm. an diese.　　　　　　　Ch. K. Neumann

Lit.: EI² II, 989–990 [I. MÉLIKOFF] – İ. H. UZUNÇARŞILI, Anadolu Beylikleri, 1937, 39–54 – Ö. Ç. VARLIK, G.-o. tarihi (1300–1429), 1974.

Gernrode, ehem. Kanonissenstift am östl. Harzrand, 959 von Mgf. →Gero errichtet. Die Umwandlung der seinen Namen tragenden Burg urbs Geronisroth in das Stift hängt mit dem Tod seiner beiden Söhne (959) zusammen, der sein Geschlecht zum Aussterben verurteilte. Geros Schwiegertochter Hathui († 1014) wurde erste Äbtissin. Das Stift, dem Gero 950 gegr. benediktin. Eigenkl. Frose (seit 959 Kanonissen) als Propstei unterstellt wurde, erhielt vom Gründer eine reiche Ausstattung mit Allodialgütern und von Otto d. Gr. 961 Königsschutz, Immunität und die Gewährung der freien Wahl von Vogt und Äbtissin. Noch 961 tradierte Gero in Rom G. dem Hl. Stuhl und erwarb dort eine Armreliquie des hl. →Cyriacus, der in G. die ursprgl. Patrone Maria und Petrus bald in den Hintergrund drängte. Die Exemtion führte zu Auseinandersetzungen mit dem Halberstädter Diözesanbischof. Den Gottesdienst für die ausschließl. edelfreien Kanonissen (24 Präbenden) versahen wenige Stiftsherren. Die Ausbildung einer vollen Landesherrschaft ist dem Reichsstift nicht gelungen, es verlor im SpätMA einen großen Teil seines hauptsächl. rechts der Bode in deren weitem Bogen liegenden, mit Dröbel (bei Bernburg) und Poley die Saale überschreitenden Streubesitzes. – Die Stiftskirche ist ein bedeutender Bau der Ottonenzeit und Grablege Geros.
　　　　　　　　　　　　　　　　　　H. Beumann

Lit.: H. GOETTING, Die Exemtionsprivilegien Papst Johannes XII. für G. und Bibra, MÖIG Ergbd. 14, 1939 – H. K. SCHULZE, R. SPECHT, G. W. VORBRODT, Das Stift G., Mitteldt. Forsch. 38, 1965 – Hist. Stätten Dtl. 11, 1975, 136ff. [H. K. SCHULZE] – K. VOIGTLÄNDER, Die Stiftskirche zu G. und ihre Restaurierung 1858–72, 1982² [mit Beitr. von H. BERGER, H. LEHMANN] – R. HAMANN – MAC LEAN, Zum Gerograbmal in G. (Beitr. zur Bildung der frz. Nation im Früh- und HochMA, hg. H. BEUMANN [Nationes 4], 1983), 165ff.

Gero

1. G. I., Mgf. der sächs. Ostmark seit 937, † 20. Mai 965, ⬚ Gernrode, Stiftskirche. Vater: Gf. Thietmar, Erzieher und Vertrauter Kg. Heinrichs I., wie dessen erste Gemahlin Hatheburg dem Merseburger Grafenhaus angehörend. Bruder: Gf. Siegfried, † 937, mit der Vertretung des Kg.s legatio) in Sachsen und dem Grenzschutz betraut. ⚭ Judith, Söhne: Gero († 959), Siegfried († 959, ⚭ Hathui, Tochter des Billungers Wichmann d. Ä., Äbt. v. Gernrode, †1014). Neffen: →Gero, Ebf. v. Köln, † 976; Thietmar, Mgf. an der mittleren Saale und Mulde, † nach 979. Schon zu Lebzeiten des Bruders ist G. als Gf. im Nordthüringgau und im Schwabengau bezeugt, wo auch die Masse einer Eigengüter lag. 937 bestellte ihn Otto d. Gr. zu Siegfrieds Nachfolger in der legatio und der Grenzhut. Er überging dabei den eigenen Halbbruder Thangmar, Hatheburgs Sohn, der sich deshalb dem Aufstand →Eberhards v. Franken anschloß. G.s markgräfl., vornehml. militär. Auftrag erstreckte sich auf die slav. Gebiete zw. Saale, Elbe und Oder einschließlich der →Heveller, wo eine Erfolge Bm.sgründungen in →Havelberg und →Brandenburg ermöglicht haben (948). Im S grenzte sein Wirkungsbereich an Böhmen, im N an die Mark →Hermann Billungs. Neben diesem war G. herausragender Helfer bei der Ostpolitik Ottos d. Gr. In seine Zeit gehören die Anfänge einer Burgwardverfassung an der Grenze und im Slavenland jenseits von Saale und Elbe. 963 unterwarf er die Lusici (Niederlausitz) und Selpoli (nö. davon) sowie den Polenfs.en →Mieszko, der für einen Teil seines Herrschaftsgebietes (links der Warthe) dem Reich tributpflichtig und »amicus imperatoris« wurde. G.s Verhältnis zum Kg. scheint sich beim Aufstand →Liudolfs getrübt zu haben, von dem er 951 eine Güterschenkung annahm. Auch leistete er dem eidbrüchigen Wichmann d. J. Fluchthilfe (G. Althoff). Seit 953 wurde (anstelle G.s?) Hermann Billung mehrfach vom Kg. zum Stellvertreter in Sachsen (procurator) bestellt. G. kämpfte jedoch 954 vor Regensburg mit dem Kg. gegen die Aufständischen. Seine Pilgerfahrten nach Rom (950 und 961) standen im Zusammenhang mit seinen Kl.gründungen auf Allodialgut am Ostharz in Frose (Benediktiner 950, Kanonissen 959) und →Gernrode (Kanonissen). H. Beumann

Lit.: NDB VI, 312ff. [W. Schlesinger] – R. Schölkopf, Die sächs. Gf.en (919–1024), 1957, 42ff. – K. Schmid, Neue Q. zum Verständnis des Adels im 10. Jh., ZGO 108, 1960, bes. 211ff. – R. Wenskus, Sächs. Stammesadel und frk. Reichsadel, AAG, phil.-hist. Kl. 3. Folge Nr. 93, 1976, 386ff. – G. Althoff, Adels- und Kg.sfamilien im Spiegel ihrer Memorialüberlieferung, MMS 47, 1984, 86ff.

2. G. II., Mgf. v. der sächs. Ostmark, 993, ⚔ 1. Okt. 1015 bei Kämpfen gegen →Bolesław I. Chrobry, ⬚ Kl. Nienburg a. d. Saale. Vater: Mgf. Thietmar v. der Ostmark, Mutter: die Billungerin Swanhild. Vom Amtsbezirk des Vaters wurden nach dessen Tod 979 die Marken →Meißen und →Merseburg anderweits vergeben, aber G. amtierte bereits als Knabe im Gau Serimunt. Später kamen weitere Gaue in der Umgebung hinzu. Nach dem Tod des Mgf.en →Hodo erhielt G. die Mark →Lausitz und den Gau Nizizi, seitdem führte er den Titel marchio. Nach seinem Tod übernahm sein Sohn Thietmar II. das Amt des Vaters, was als vermutl. erste Vererbung einer Mgft. anzusehen ist. E. Karpf

Lit.: R. Schölkopf, Die sächs. Gf.en (919–1024) (Stud. und Vorarbeiten zum Hist. Atlas Niedersachsens 22, 1957), 47ff. – G. Althoff, Adels- und Kg.sfamilien im Spiegel ihrer Memorialüberlieferung, MMS 47, 1984, 409f.

3. G. v. Alsleben, Gf. im Nordthüring.- und im Morazeniengau, † 11. Aug. 979, ⬚ Alsleben; Gründer des Kl. Alsleben und wahrscheinl. mit Mgf. →Gero I. verwandt. G. gab in einem gerichtl. →Zweikampf wegen Schwäche auf. Obwohl sein Gegner sofort seinen eigenen Wunden erlag, wurde G. wohl auf Betreiben Ebf. →Adalberts v. Magdeburg und Mgf. →Dietrichs v. der sächs. Nordmark verurteilt und auf Weisung Ottos II. enthauptet, was die Zeitgenossen offenbar als Skandal auffaßten. E. Karpf

Lit.: R. Schölkopf, Die sächs. Gf.en (919–1024) (Stud. und Vorarbeiten zum Hist. Atlas Niedersachsens, 1957), 52f. – G. Althoff, Adels- und Kg.sfamilien im Spiegel ihrer Memorialüberlieferung, MMS 47, 1984, 410f.

4. G., Ebf. v. Köln, 969, † 29. Juni 976, ⬚ Kölner Dom. Vater: Gf. Christian, Mutter: Hilda, Schwester des Mgf.en →Gero I., Bruder: Mgf. Thietmar. Die Erhebung G.s zum Ebf. stieß nach →Thietmar v. Merseburg (II 24) bei Otto I. zunächst auf Vorbehalte. G. führte die Gesandtschaft, die 972 →Theophanu aus Byzanz zu ihrer Hochzeit mit Otto II. nach Rom geleitete. Mit seinem Bruder gründete G. das bald nach Nienburg a. d. Saale verlegte Kl. Thankmarsfelde. Um 974 errichtete der Ebf. in seiner Diöz. das Kl. →Gladbach. Während er unzweifelhaft Auftraggeber des G.-Kreuzes im Kölner Domschatz war, ist eine solche Beziehung zum G.-Kodex (heute Darmstadt) nicht nachweisbar. E. Karpf

Q. und Lit.: F. Oediger, Reg. der Ebf.e v. Köln im MA I, 1954, Nrr. 496–522 – Gesch. des Ebm.s Köln, 1, bearb. W. Neuss – F. Oediger, 1964, 105ff. – G. Althoff, Adels- und Kg.sfamilien im Spiegel ihrer Memorialüberlieferung, MMS 47, 1984, 308.

5. G., Ebf. v. Magdeburg 1012, † 22. Okt. 1022, ⬚ Mageburg Sebastiansstift. Nach dem Tode Ebf. Walthards bewirkte Heinrich II. die Wahl seines aus ostsächs. Adel stammenden Hofkaplans G. zum Ebf. In den Auseinandersetzungen des Reichs mit →Polen spielte G., wenn auch mit weniger Vollmachten als seine Vorgänger, eine wichtige Rolle; dabei wird zu 1015 erstmalig das Magdeburger Lehnsaufgebot erwähnt. Die wohl unter G. entstandene Fälschung »UBM 131« zeigt den endgültigen Verzicht auf →Posen, daneben gelang G. durch Restitution von Diözesanrechten der Ausgleich mit dem Bm. →Merseburg. Zum inneren Ausbau der Diöz. gehörten die Gründung des Sebastiansstifts, die Vollendung des Liebfrauenstifts und die Mitwirkung an der Neugründung des Frauenkl. Hillersleben. E. Karpf

Lit.: D. Claude, Gesch. des Ebm.s Magdeburg bis in das 12. Jh., T. 1 (Mitteldt. Forsch. 67,1, 1972), 284–301.

Gerold I., frk. Gf., Präfekt in →Bayern, ⚔ 1. Sept. 799, ⬚ Reichenau, Schwager Karls d. Gr., entstammte väterlicherseits einer bedeutenden mittelrhein. Reichsaristokratenfamilie (Geroldinger), in der offenbar der Agilolfingername Gerold (= Garibald) ein Leitname war. G. war spätestens seit 786 Gf. in der alam. Bertoldsbaar; große Schenkungen G.s an das Kl. →Reichenau belegen beachtl. Besitz an oberer Donau und Neckar. Er beteiligte sich maßgeblich an zahlreichen Feldzügen Karls d. Gr. (gegen Sachsen, Slaven und Avaren, sehr wahrscheinl. auch am Zug Karls gegen die →Langobarden, 773–774). Wegen seiner militär. Fähigkeiten und Tapferkeit wurde er als signifer (Fahnenträger) Karls bezeichnet. Nach der Absetzung →Tassilos III. (788) erhielt G. spätestens 791 das Amt des Präfekten in Bayern, d. h. des kgl. Statthalters über das der Reichsgewalt zugeführte bisher agilolfing. Hzm. Dabei dürfte auch seine zumindest weitläufige Verwandtschaft mit den Agilolfingern eine Rolle gespielt haben. Da die Quellen über bayer. Unruhen schweigen (abgesehen vom Aufstand des Königssohnes Pippin 792), gewinnt man den Eindruck, daß G. die schwierige Aufgabe, zu der auch die wiederholte Durchführung von Feldzügen gegen die →Avaren gehörte, gut gemeistert hat. 798 fungierte er in Karantanien (→Kärnten), als er mit Ebf. →Arn v. Salzburg den (Missions-) Bf. Deoderich in seinen Sprengel nördl. der Drau einführte. G. fiel im Kampf gegen die Avaren schon vor Beginn der Entscheidungsschlacht. Im Kl. Reichenau blieb sein Andenken – märtyrerhaft gesteigert – bes. lebendig. W. Störmer

Lit.: NDB VI, 315 – J. B. Ross, Two neglected Paladins of Charlemagne, Erich of Friuli und Gerold of Bavaria, Speculum 20, 1945, 212ff. – M. Mitterauer, Karol. Mgf.en im SO, 1963, 8ff. – W. Störmer, Früher Adel, 1973, 218ff.

Geron Bakcheios wird als angebl. Verf. der »*Εἰσαγωγὴ τέχνης μουσικῆς*« ('Einführung in die Musikkunst') genannt, eines wohl vor dem 10. Jh. entstandenen byz. Kompendiums der Musiktheorie, das lediglich eine Kompilation älterer musiktheoret. Werke darstellt und als Lehrbuch in Fragantwortform (→Erotapokriseis) abgefaßt ist. In ihm sind die beiden rivalisierenden Richtungen der frühbyz. Musiktheorie vertreten: die pythagoreische (mit Nikomachos v. Gerasa und →Ptolemaios, beide 2. Jh. n. Chr., als Protagonisten), die den Hauptzweck der Harmonik in der Untersuchung der physikal. Eigenschaften des Schalles und der Töne wie auch in der Bemessung ihrer Verhältnisse sehen, und die des Peripatetikers Aristoxenos v. Tarent, die die Bedeutung der verschiedenen Tonarten hervorhebt. Im 1. Teil des Werks werden unter dem Einfluß des Aristoxenos die sieben Teile der Harmonik (Töne, Intervalle, Geschlechter, Systeme, Melodiebildung, Transpositionsskalen und Modulation) beschrieben; im 2. Teil begegnet uns eine nochmalige Erklärung der musiktheoret. Grundbegriffe, aber diesmal unter dem Einfluß der pythagoreischen Schule, in Anlehnung an Nikomachos v. Gerasa. Aktualität erlangte dieses musikal. Lehrbuch im enzyklopäd. Zeitalter des Ks.s →Konstantinos Porphyrogennetos (10. Jh.), als es zur Grundlage einer Kompilation der klass. Musiktheorie wurde, die ein sonst unbekannter Gelehrter namens Dionysios im Auftrag des Ks.s verfaßte. E. Konstantinou

Q.: C. Jan, Musici scriptores graeci, 1895, 283–316 [Neudr. 1962] – *Lit.:* MGG, Suppl. 15, 422–424 [E. Pöhlmann] – Hunger, Profane Lit. II, 1978, 183–185.

Gerona (Jerunda, Gerundensis, katal. Girona), Stadt, Gft. und Bm. in →Katalonien. Die röm. Stadt wurde seit dem 3./4. Jh. christianisiert (Narcissus v. G./Augsburg), auf der dortigen Synode von 517 ist Frontinianus als Bf. v. G. bezeugt. Ob mit der maur. Besetzung (713) das Bm. unterging oder die Stiftskirche S. Felíu anstelle der in eine Moschee umgewandelten Kathedrale als Bischofssitz fungierte, ist unbekannt; jedenfalls findet die Bf.sliste erst nach 812 – dem Privileg Karls d. Gr. für die Goten auch in G. – eine Fortsetzung. 785 von den Franken erobert, wechselte die Stadt 793, 798, 812 und 826 nochmals kurzfristig die Fronten; die Kathedrale wurde 793 zerstört. Die Stadt war bis ins 10. Jh. bedeutender als →Barcelona. Die gfl. Gewalt beider Städte befand sich seit dem frühen 9. Jh. durchgehend in einer Hand, bis im 13. Jh. die Gft. G. im Namen der Gft. Barcelona aufging. Das Bm. (im westgot. Zeit Suffragan v. →Tarragona, dann v. →Narbonne bis zur Wiederbegründung der Kirchenprov. Tarragona um die Mitte des 12. Jh.) umfaßte außer G. auch die Gft.en →Ampurias und →Besalú; mit allen drei war es institutionell bis zum 9./10. Jh. so verzahnt, daß der Bf. ein Drittel aller Grafschaftseinkünfte erhielt. Infolge der wachsenden Unabhängigkeit des Gf.en vom westfrk. Kgtm. beteiligte sich dieser seit 886 an der Bischofswahl und betrachtete

dieses Recht als Bestandteil seines Besitzes, das er seit 105 und endgültig 1134 in eine Schutzfunktion umwandelte, 1207 verzichtete Kg. Peter II. v. Aragón definitiv auf alle Einkünfte aus Kirchengut in G. Alle Chorherrenstifte des Bm.s bildeten ursprgl. mit der Domkirche (♂ Maria) rechtl. eine Einheit; 882 erfolgte die erste Abschichtung eines Sondervermögens, Anfang 11. Jh. wurde die Kathedralkanonika vermögensrechtl. selbständig. Die stärkste Verwischung der Zuständigkeiten ist für die 2. Hälfte des 10. Jh. zu beobachten; Bf. Miro v. G. fungierte 971 auch als Gf. v. Besalú und gründete 977 das Kanonikerstift S Maria de Besalú, wobei er eigenkirchl. Ansprüche der Bf. v. G. vorsorglich ausschaltete, damit aber auch den Weg für eine vorübergehende Existenz des Bm.s Besalú öffnete. In der Zeit des Reformpapsttums war G. mehrfach der Tagungsort für Synoden von überörtl. Bedeutung, so 1068 unter Leitung von →Hugo Candidus, 1077/78 unter Leitung des Legaten →Amatus v. Oloron, im Dez. 1097 das Provinzialkonzil unter Vorsitz Ebf. →Bernhards v. Toledo. Im 12. Jh. bildete sich die Verfassung der Stadt G. aus, die bis in das frühe 17. Jh. unverändert blieb. Stadtherr war der Graf bzw. König; der Bf. war überall nur im Besitz der niederen Gerichtsbarkeit, wie sich im 13. Jh. endgültig herausstellte. Zu dieser Zeit besaß die Judengemeinde (*judería*) ein hohes Ansehen. Die röm. Stadtmauer wurde im 14. Jh. auf Befehl Kg. Peters IV. wiederbefestigt. Alfons V. erlaubte 1446 die Gründung einer Univ. in G., die jedoch erst im 16. Jh. realisiert werden konnte. Während der Wirren im 15. Jh. hielt die Stadt zu Johann II. v. Aragón gegen die katal. Rebellen. O. Engels

Lit.: DHEE II, 1016–1020 – DHGE XX, 1010–1036 – J. Villanueva, Viaje literario a las Iglesias de España, XII–XV, 1850–51 [Q.] – J. Tejada Ramiro, Colleción de canones y de todos los concilios de la Iglesia de España II, 1850 – E. C. Girbal, Los judios en Gerona, 1870 – F. Fita, Los reyes d'Aragó i la sen de Girona, 1873 – J. de Chia, El ducado y el principado de G., 1881 – P. Kehr, Das Papsttum und der katal. Prinzipat bis zur Vereinigung mit Aragón, AAB 1926, Nr. 1 – Ders., Papsturkk. in Spanien, I: Katalanien, 1926 – C. Rahola, La ciudad de G., 2 Bde, 1929 – J. Pla Cargol, G. arqueológica y monumental, 1946 – Ders., La provincia de G., 1946 – L. Battle y Prats, La bibl. de la Catedral de G., 1947 – P. de Palol Salellas (westgot. Zeit), Anal. Sacra Tarraconensia 23, 1950 – F. S. Colom, Inventario de pergaminos medievales de monasterios gerundenses, 1953 – R. d'Abadal de Vinyals, Hist. dels Catalans, 2 Bde, 1961 – J. J. Bauer, De vita canonica der katal. Kathedralkapitel (9.–11. Jh.) (Homenaje J. Vincke, I, 1962) – Ders., Die vita canonica an den katal. Kollegiatkirchen (10. und 11. Jh.) (Span. Forsch. I. R. 21, 1963) – Ders., Rechtsverhältnisse der katal. Kl. von der Mitte des 10. Jh. bis zur Einf. der Kirchenreform (ebd. 22, 1965) – A. M. Tobella, Cronologia dels capitols de la Congregació Claustral Tarraconense Caesaraugustana, I: 1219–1661, Anal. Montserratensia 10, 1963 – A. Pladevall, Els monestirs catalans, 1968 – O. Engels, Schutzgedanke und Landesherrschaft im östl. Pyrenäenraum (9.–13. Jh.), 1970 – S. Sobrequés i Vidal, Societat i estructura politica de la G. medieval, 1975 – Gran Enciclopèdia Catalana VIII, 115–126 – J. M. Marguès i Planagumà, Pergamins de la Mitra [891–1687], 1984.

Gerontios, hl., vom hl. Berg →Athos (Fest 26. Juli), wirkte im 14. Jh. als letzter Abt der Gemeinschaft der Vouleuterioi am s.-ö. Athosstrand unterhalb der Skete der hl. Anna. G. verließ zusammen mit seinen Brüdern das ständigen Piratenüberfällen ausgesetzte Kl. und schuf an einem hohen und felsigen Bergabhang die erste Zelle für die spätere große Skete der hl. Anna. Nach asket. Vollkommenheit trachtend, gründete er mit einem seiner Schüler auf dem höchsten Gipfel oberhalb der gen. Skete eine kleine Gebetsstätte, die er dem hl. Panteleimon weihte. Er war mit dem berühmten Asketen des hl. Berges Maximos Kausokalybites befreundet. E. Konstantinou

Lit.: ThEE 4, 1964, 419–420 [G. Mikrajannites].

Gerschom Ben Jehuda, gest. 1028 in Mainz, war die bedeutendste Autorität der dt. und frz. Judenheit im 1. Viertel des 11.Jh. Seine Rechtsentscheide zu Alltagsproblemen der jüd. Gemeinden (→Responsen) bilden eine wichtige Quelle für die Wirtschafts- und Sozialgesch. nicht nur der eigenen Minderheit, sondern auch der nichtjüd. Umwelt, mit der die jüd. Gemeinden sich zu arrangieren hatten. Bes. Ruhm erlangte G. durch seine Verordnungen zum Eherecht (→Ehe, E). Er abrogierte die traditionelle →Halacha und verpflichtete die Judenheit auf die Einehe. Ein weiterer Erlaß erschwerte die Ehescheidung gegen den Willen der Frau. Zur Wahrung des Gemeindefriedens untersagte er es, reumütige Apostaten (→Apostasie) an ihren früheren Abfall zum Christentum zu erinnern. Auch ein Verbot der Verletzung des Briefgeheimnisses im innerjüd. Geschäftsverkehr wird auf ihn zurückgeführt (→Brief, D).

 G. verfaßte auch liturg. Dichtungen (→Pijjut) mit dunklen Anspielungen auf die Judenverfolgungen in Deutschland und Frankreich kurz nach der Jahrtausendwende.   H.-G. v. Mutius

Lit.: Selichot u-Pismonim, ed. A. M. HABERMANN, 1944 – Teschubot Rabbenu G. Me'or ha-Gola, ed. S. EIDELBERG, 1955 – A. GROSSMANN, Chakmei Aschkenas ha-rischonim, 1981, 106ff.

Gerson, Jean → Johannes Gerson

Gersonides, jüd. Universalgelehrter → Levi Ben Gerson

Gerstungen, Frieden v. (2. Febr. 1074). Als sich Heinrich IV. Ende Jan. 1074 bei seinem Vorstoß in das hess.-thür. Grenzgebiet einem zahlenmäßig überlegenen sächs. Volksaufgebot gegenübersah, entschloß er sich zu Verhandlungen. In dem unter Vermittlung →Ottos v. Northeim zustande gekommenen F. v. G. mußte sich Heinrich IV. zur Niederlegung der bei den Sachsen verhaßten kgl. Burgen, zur Rückgabe eingezogener Güter sowie zur Respektierung des sächs. Stammesrechts verpflichten, was eine weitgehende Anerkennung der sächs. Forderungen bedeutete. Die für das Kgtm. bedrohl. Verbindung der Sachsen mit der süddt. Fürstenopposition konnte um diesen Preis jedoch aufgehalten werden. T. Struve

Q.: Lampert v. Hersfeld, Ann. 1074 (MGH SRG, 1894), 177–180 – Bruno, De bello Saxonico c. 31 (MGH DMA 1, 1937), 33f. – Carmen De bello Saxonico II, 164–209 (MGH SRG, 1889), 12f. – *Lit.:* GEBHARD I, 332 [K. JORDAN] – W. v. GIESEBRECHT, Gesch. der dt. Ks.zeit III, 1890⁵, 295f. – G. MEYER v. KNONAU, JDG H.IV und H.V.2, 1894 [Nachdr. 1964], 321–326 – Gesch. Thüringens II, 1 (Mitteldt. Forsch. 48/II, 1, 1974), 15 [H. PATZE] – W. GIESE, Der Stamm der Sachsen und das Reich, 1979, 158.

Gerstungen-Berka, Ausgleichsverhandlungen zu (20. Jan. 1085). Zur Beilegung des durch die Exkommunikation →Heinrichs IV. ausgelösten Streits (→Investiturstreit) versammelten sich führende Vertreter der ksl. wie der sächs.-gregorian. Partei im Beisein des päpstl. Legaten Otto v. Ostia (→Urban II.) im thür. Gerstungen und in dem weiter s. am jenseitigen Ufer der Werra gelegenen Berka. Unter Berufung auf die Spolieneinrede vertrat hier der Wortführer der ksl. Partei, Ebf. →Wezilo v. Mainz, die Ansicht, Heinrich IV. habe in Anbetracht des seine Herrschaft erschütternden Abfalls in Sachsen und Schwaben von Gregor VII. gar nicht exkommuniziert werden dürfen. Die Gregorianer unter Führung des vertriebenen Ebf.s →Gebhard v. Salzburg wurden von dieser sich auf →Pseudo-Isidor stützenden Argumentation völlig überrascht. Angesichts des offenkundigen Scheiterns der Verhandlungen setzte im sächs. Lager der Abfall ein. T. Struve

Q.: Annalista Saxo a. 1085 (MGH SS 6, 1844), 721f. – Annales Magdeburgenses a. 1085 (MGH SS 16, 1859), 176f. – Liber de unitate ecclesiae conservanda II, 18 (MGH L.d.L. 2, 1892), 234f. – Rundschrei-

ben Ottos v. Ostia (MGH Epp. DK 5, 1950), 375ff. Nr. 5 – *Lit.:* HAUCK III, 836 – W. v. GIESEBRECHT, Gesch. der dt. Kaiserzeit III, 1890⁵, 605–607 – G. MEYER v. KNONAU, JDG H. IV. und H. V. 4, 1903 [Nachdr. 1965], 2–13 – A. BECKER, Papst Urban II., 1 (MGH Schr. 19/ 1, 1964), 66–70 – W. GIESE, Der Stamm der Sachsen und das Reich, 1979, 174f. – H. FUHRMANN, Pseudoisidor, Otto v. Ostia (Urban II.) und der Zitatenkampf v. Gerstungen (1085), ZRGKanAbt 99, 1982, 52–69 – J. VOGEL, Zur Kirchenpolitik Heinrichs IV. nach seiner Kaiserkrönung …, FMASt 16, 1982, 161–192, hier 171ff.

Gerthner, Madern, Baumeister und Bildhauer, * um 1360 in Frankfurt a. M., † an der Jahreswende 1430/31 ebd., lernte zuerst bei seinem Vater und anderwärts, nach 1387 auf ausgedehnten Auslandwanderungen und in Beziehungen zu den Hofwerkstätten in Bourges. Seit 1392 ständig in Frankfurt wohnhaft, ab 1395 Werkmeister des Rats und 1409 des Bartholomäusstiftes, das gesamte Bauwesen beherrschend. Zum Hauptwerk des Domturmes ab 1415, nach seiner Idee bis 1513 weitergeführt, gesellen sich die Einwölbungen im Domquerhaus, die Chöre von St. Leonhard, Frankfurt, St. Katharinen, Oppenheim (Westchor) und mehrere Brückenbauten. Von den G. zugeschriebenen plast. Werken zeigt das figurenreiche Portaltympanon (Anbetung der Drei Könige) um 1420, Liebfrauenkirche, Frankfurt, engen Bezug zur Malerei der internat. Gotik, v. a. den Miniaturen der Brüder Limburg und des André Beauneveu. Ferner im Mainzer Dom: Memorienpforte um 1425 (G. zugewiesen) und Grabbild des Ebf.s Konrad v. Daun († 1434; als ein Werk der Nachfolge). Auch mit seinen Architekturformen wie Maßwerkgewölben, Bogenrippen und Astwerk, insbes. aber mit dem Projekt einer Kuppel als Turmabschluß des Domes erweist sich G. als souveräner Verarbeiter frz., ndl., engl. und it. Elemente. A. Reinle

Lit.: NDB IV, 331 – A. FEULNER, Der Bildhauer M. G., ZDVKW 7, 1940, 1ff. – F. FISCHER, Die spätgot. Kirchenbaukunst am Mittelrhein, 1962, 16ff. – G. RINGSHAUSEN, M. G. [Diss. masch. Göttingen 1968].

Gertrud

1. G. (russ. Olisava), russ. Gfsn., * um 1020, † 4.Jan. 1108 in Kiev; Tochter des poln. Kg.s →Mieszko II. (→Piasten) und der →Richeza, Tochter des Pfgf.en →Ezzo (→Ezzonen); ⚭ zw. 1040 und 1043 mit →Izjasłav, dem späteren Gfs.en v. Kiev (1059–78); Söhne: Jaropolk, Fs. v. Turov (erschlagen 1087), Mstislav († minderjährig 1069) und Sviatopolk II., Gfs. v. Kiev (1093–1113); dessen Tochter Zbyslava heiratete 1102 →Boleslaw III. Wegen innerer Kämpfe wurde G. zusammen mit ihrem Mann zweimal nach Polen vertrieben (1068–70, 1072–77). Mit Hilfe ihres Neffen →Bolesław II. Śmiały gelang ihnen die Rückkehr auf den gfsl. Thron, doch bald danach wurde Izjasłav erneut in dynast. Kämpfe verwickelt und fand den Tod. G. verblieb in Rußland. Vgl. Codex →Gertrudianus.

Lit.: →Izjasłav, Codex →Gertrudianus.   G. Labuda

2. G., Kgn. v. →Ungarn, Tochter von →Berthold V., Gf.en v. →Andechs, * 1185, † 28. Sept. 1213 im Wald Pilis, ⌑ Pilisszentkereszt, Abtei OCist (Fragmente ihres Grabmals in frz. Hochgotik 1967–80 ausgegraben); ⚭ vor 1203 den späteren Kg. →Andreas (II.); 5 Kinder, unter ihnen →Elisabeth, hl. – Die Ehe mit Andreas, der das dem Territorium der Andechs-Meranier benachbarte Hzm. →Kroatien und Dalmatien regierte, war politisch motiviert. G.s Vater war Anhänger →Philipps v. Schwaben, während Kg. →Emmerich, den Andreas zu stürzen suchte, →Otto IV. unterstützte. Die von starkem Ehrgeiz und Familiensinn geprägte Kgn., von der →Dietrich v. Apolda sagt, »sie habe, von männl. Geist erfüllt, selbst die Staatsgeschäfte geführt«, machte sich durch maßlose Begünstigung ihrer Verwandten und deren Gefolgsleuten unbeliebt; als ihr Gatte zu einem Kriegszug nach →Halič aufgebrochen war, wurde sie auf einer Hofjagd von zwei ung. Großen ermordet. Th. v. Bogyay

Lit.: NDB VI, 333f. – G. Pauler, A magyar nemzet története az Árpádházi királyok alatt II, 1899² [Neudr. 1983], 31–55, 494–496 – St. Elisabeth. Fsn., Dienerin, Hl.e, 1981, 317–336 – Magyarország története I/2, 1984, 1269–1287.

3. G. v. Süpplingenburg, * 18. April 1115, † 18. April 1143 (im Kindbett), ▭ Klosterneuburg, seit dem 13. Jh. in Kl. Heiligenkreuz. Tochter→Lothars v. Süpplingenburg und→Richenzas v. Northeim, ∞ 1.→Heinrich der Stolze, Hzg. v.→Bayern (→Welfen), 29. Mai 1127; Kind:→Heinrich der Löwe; 2. →Heinrich II. Jasomirgott, Mgf. v. Österreich (→Babenberger), Mai 1142; Kind: Richardis, Lgfn. v. Waltersdorf. Durch G.s 1. Ehe besaß Lothar in Heinrich dem Stolzen einen bedeutenden Verbündeten gegen die→Staufer, wogegen der Welfe die Anwartschaft auf das sächs. Hzm., auf die Nachfolge des söhnelosen Lothar im Kgtm. und auf die →Mathild. Güter – 1133 Eventualbelehnung Heinrichs und G.s durch Papst Innozenz II. – erwarb. – G.s Eheschließung mit Heinrich Jasomirgott ermöglichte den Ausgleich von 1142/43 zw. den Welfen und der stauf.-babenberg. Partei: Heinrich der Löwe wurde von Konrad III. mit Sachsen belehnt und verzichtete auf Bayern, das der Staufer an Heinrich Jasomirgott verlieh. Namentlich 1142 tritt G., als 'ducissa' und 'ductrix' bezeichnet, selbständig politisch handelnd hervor. W. Petke

Lit.: W. Bernhardi, Lothar v. Supplinburg, 1879 – Ders., Konrad III., 1883 – W. Koch, Zu den Babenbergergräbern in Heiligenkreuz, Jb. für Landeskunde v. Niederösterr., NF 42, 1976, 193–215 – K. Jordan, Heinrich der Löwe, 1980² – W. Petke, Kanzlei, Kapelle und kgl. Kurie unter Lothar III. (1125–1137), 1985, 388.

4. G. d. Gr. v. Helfta, hl., Mystikerin, * 6. Jan. 1256, † 17. Nov. 1301/02, wurde mit 5 Jahren als Oblate dem Kl. Helfta b. Eisleben übergeben, wo sie lernbegierig eine gute Bildung erwarb. Seit 1281 myst. begnadet, berichtete sie ihre Visionen, Erscheinungen, Auditionen, Meditationen, Gebete anderen Schwestern, die sie aufzeichneten, bzw. schrieb sie selbst nieder. Von ihrem Hauptwerk, der Offenbarungsschrift »Legatus divinae pietatis«, ist nur Buch II (von fünf) eigenhändig (1289), die anderen teilweise nach ihrem Diktat; eine dt. Übers. des frühen 15. Jh., gedruckt 1505, machte große Teile des »Boten« weiter bekannt. Selbstverfaßt sind desgleichen die »Exercitia spiritualia«, ein Erbauungsbuch des Aufstiegs zu Gott. Seit etwa 1290 beteiligte sich G. auch an der Aufzeichnung der Offenbarungen ihrer Mitschwester →Mechthild v. Hackeborn, des »Liber specialis gratiae«. G.s Stil ist bild- und nuancenreich, von rhetor. gebändigter Emotionalität. Vielfältig und plast. sind ihre Allegorien: der hl. Benedikt erblüht als tugendtragender Rosenbaum, aus Christi Herz erwächst ein ihn mit der Seele verbindender Gürtel, die Seele eines Sünders erscheint als häßl. Kröte usw. Das Geschaute wird wie bei vielen ihrer Zeitgenossinnen (→Mechthild v. Magdeburg, Mechthild v. Hackeborn, Agnes →Blannbekin u. a.) sogleich einer Allegorese unterzogen. Die zur Unio mystica strebende Christusminne und →Herz-Jesu-Verehrung, Marien- und Heiligendevotion, die Eucharistie, die Liturgie, der Gehorsam, auch die Armen Seelen sind wichtige Motive ihres spirituellen Lebens. P. Dinzelbacher

Ed.: SC 127, 139, 143, 255, 331 – G. v. H., Ein botte der götlichen milteheit, ed. O. Wieland, 1973 – Lit.: DSAM VI, 331–339 – DThC VI, 1332–1338 – LThK IV, 761 – Verf.-Lex.² III, 7–10 – W. Müller-Reif, Zur Psychologie der myst. Persönlichkeit, 1921 – A. Vollmer, Die hl. G. d. Gr. v. H., 1937 – W. Lampen, St. Gertrudis de Grote, 1939 – E. Benz, Die Vision, 1969, Register s. v. – P. Dinzelbacher, Vision und Visionslit. im MA, 1981, Register s. v. – C. W. Bynum, Jesus as

Mother, 1982, Register s. v. – E. A. Petroff, Ma. Women's Visionar Lit., 1986, 209ff. – J. Flores Arcas, S. G. y el fenómeno mistico, Studi Silensia 12, 1986, 87–102 – P. Dinzelbacher, Ma. Visionslit., 1988– Lanczkowski, G. d. Gr., Mystik des Gehorsams (Religiöse Frauenbe wegung und myst. Frömmigkeit im MA, hg. P. Dinzelbacher–D Bauer), 1988.

5. G. v. Nivelles, hl. [1] *Leben:* G., * um 626, † 17. Mär: 659, Tochter des austras. Hausmeiers →Pippin d. Ä. un⟨ der hl. It(t)a (Idaberga, †652). Nach der ältesten Vita verfaßt von einem Mönch v. Nivelles bald nach 670, so⟨ G. einen von Kg. →Dagobert I. ausgewählten reicher Bräutigam zurückgewiesen haben. Nach dem Tod ihre⟨ Vaters nahm sie auf Betreiben ihrer Mutter, die auf Rat de⟨ hl. →Amandus in ihrer villa →Nivelles ein Frauenkl., da⟨ älteste in den Niederlanden, gegr. hatte, den Schleier un⟨ wurde Äbt. v. Nivelles. Die junge, durch Weisheit, asket Religiosität und hingebungsvoll karitative Haltung ausgezeichnete Äbt. stattete ihr Kl. mit kostbaren Reliquien und Hss. aus Rom und »Übersee« (Irland?) aus; sie stand in engen Beziehungen zu ir. Missionaren, insbes. zu →Foillan und Ultan, den Brüdern des hl. →Furseus.

Nach It(t)as Tod, die zeitweise unter der Leitung ihrer Tochter in Nivelles gelebt hatte, übertrug G. die Geschäfte außerhalb des Kl. männl. Religiosen und beschränkte sich selbst auf die geistl. Leitung der Nonnen. Das ir. geprägte Nivelles tritt somit als →Doppelkl., allerdings mit Übergewicht der Äbt. und weibl. Religiosen, in Erscheinung. Die Klostergründung (Familienkl.!) stieß ztw. auf den heftigsten Widerstand (polit. motiviert) der frk. (neustr.) Aristokratie.

Durch Askese ausgezehrt, übertrug G. mit 30 Jahren ihr Äbt.-Amt ihrer Nichte Vulfetrude und lebte noch drei Jahre als einfache Religiose in Gebet und Buße. Durch Vermittlung eines Mönchs v. Nivelles soll sie von den »Fremden aus Fosses« (= hl. Abt Ultan?) Tag und Stunde ihres Todes erfahren haben, der einen Tag nach dem Fest des hl. →Patricius, des Patrons v. Irland, eintrat.

[2] *Verehrung:* G.s frühma. Grab ist unter der Kollegiatkirche Ste-Gertrude zu Nivelles gefunden worden. Schon sehr bald nach ihrem Tod begann der Kult, der zu den verbreitetsten des MA zählte (Einzugsbereich: ganz Brabant, Deutschland und weiteres Europa, einschließl. Polen). Als →Adelsheilige wurde G. von den Karolingern und den großen Familien, die sich karol. Abstammung rühmten, intensiv verehrt. Sie war Patronin der Reisenden (v. a. zur See), Pilger und Spitalinsassen, nach der Großen Pest von 1348–49 insbes. auch Schutzheilige für einen guten Tod. Vom 15. Jh. an trat die Anrufung gegen Ratten- und Mäuseplage stärker in den Vordergrund (wohl weil ihr Fest mit dem Beginn der Feldarbeiten zusammenfiel).

[3] *Ikonographie:* Am häufigsten dargestellt als Äbt. mit Stab und Buch, gelegentlich als Chorfrau, daneben auch im Fürstengewand; Attribute: Krone, Fürstenhut, Kirchenmodell, aber auch sie umringende Mäuse. Szen. Darstellung: I(t)ta schneidet G. die Haare ab (Initiale des Stuttgarter Passionals, um 1130); zykl. Darstellung auf dem 1940 durch Bomben größenteils zerstörten Gertrudisschrein in Nivelles (1298). M. van Uytfanghe

Q.: älteste Vita (nach 670) und zeitgenöss. Mirakelbuch (vom gleichen Verf.?): BHL 3490, 3495 – MGH SRM II, 453–464, 464–471 – A. Welkenhuysen, De oudste Vita S. Geretrudis . . . , I, II, 1964 – Continuatio (um 783): BHL 3399 – MGH SRM II, 471–474 – spätere Q.: BHL 3492f. – Lit.: Bibl. SS VI, 288–291 – DHGE XX, 1065–1068 – LCI VI, 406–408 – NBW IV, 361–368 – L. Van der Essen, Ét. crit. et litt. sur les Vitae des saints mérov. de l'ancienne Belgique, 1907, 1–13 – A. F. Stock, Vie crit. de sainte Gertrude de N. en Brabant, 1931 – D. A. Stracke, Oud en nieuw over de Vita Geretrudae, Ons Geestelijk Erf

10, 1936, 48–84, 129–155, 435–455 – Vies des saints III, 1941, 380–383 – E. DE MOREAU, Hist. de l'Église en Belgique I, 1945², 144–146, 156–157, 174–175, 177–179 – J. J. HOEBANX, L'abbaye de Nivelles des origines au XIV° s., 1952 – XIIIe Centenaire de la mort de sainte Gertrude, 1959 – M. ZENDER, Räume und Schichten ma. Hl.enverehrung in ihrer Bedeutung für die Volkskunde. Die Hl.en des mittleren Maaslandes und der Rheinlande in Kultgesch. und Kultverbreitung, 1959, 89–143 – J. MERTENS, Recherches archéol. dans l'abbaye mérov. de Nivelles, Archeologica belgica 61, 1962, 89–113 – F. PRINZ, Frühes Mönchtum im Frankenreich, 1965, 185–188, 242f., 278f., 359f., 501f. – B. SCHEMMEL, Sankt G. in Franken. Sekundäre Legendenbildung an Kultstätten, Würzburger Diözesangeschichtsbll. 30, 1968, 7–153 – M. MADOU, De hl. Gertrudis van Nijvel, I: Bijdrage tot een iconografische studie; II: Inventaris van de Gertrudisvorstellingen, 1975 – M. WERNER, Zur Verwandtschaft des Bf.s Modoald v. Trier, I: Modoald, Itta und G. v. N., Jb. für Westdt. Landesgesch. 4, 1978, 1–35 – J. MERTENS, Le sous-sol archéol. de la collégiale de N., 1979 – A. DIERKENS, Saint Amand et la fondation de l'abbaye de N., Rev. du Nord 68, 1986, 325–334.

Gertrudianus, Codex, Sammelbegriff für eine Hs. (Cividale del Friuli, Museo Archeologico Naz., Cod. sacri), die sich ztw. im Besitz der russ. Gfsn. →Gertrud befand. Sie setzt sich aus 4 Teilen zusammen: 1. der für den Trierer Ebf. →Egbert (977–993) auf der Reichenau oder in Trier verfertigte prachtvolle Psalter (fol. 15–205), der wahrscheinl. erst zw. 1072–77 in d. Besitz v. Gertrud gelangte; 2. ein in Polen hinzugefügter Kalender köln. Provenienz mit nekrolog. Eintragungen (fol. 1–4); 3. die sog. »Gertrudianischen Gebete« (fol. 5–24, u. a. an mehreren freien Stellen der Psalter-Hs.), in die ein »Speculum astrologicum« (fol. 11f.) aus der Zeit um 1084–87, mit Hinweisen auf »gute Tage« je nach der Stellung des Mondes, eingefügt ist. Die Gebete tragen eine durchaus persönl. Note, und ihre Ich-Form weist direkt auf die Fsn. als Verfasserin hin; 4. verschiedene liturg. Texte am Ende der Hs. Der Cod. kam vermutl. als Mitgift der Fsn. Zbyslava, einer Enkelin G.s, nach Polen und gelangte um 1140 ins Kl. Zwiefalten. Später erwarb ihn →Elisabeth v. Thüringen und schenkte ihn den Kanonikern von Cividale. G. Labuda

Ed. und Lit.: H. V. SAUERLAND – A. HASELOFF, Der Psalter des Ebf.s Egbertus v. Trier. Cod. Gertrudianus in Cividale, 1901 [Ed.] – Manuscriptum Gertrudae filiae Mesconis II regis Poloniae, ed. V. MEYSZTOWICZ, Antemurale 2, 1955, 103–157 – M. H. MALEWICZ, Un livre de prière d'une princesse polonaise au XI° s., Scriptorium 31, 1977, 248–254 – B. KÜRBIS, Die gertrudian. Gebete im Psalterium Egberti. Ein Beitr. zur Gesch. der Frömmigkeit im 11.Jh. (Europa Slavica – Europa Orientalis (Fschr. H. LUDAT), 1980), 249–261 [Lit.].

Gerüfte, Hilferuf bei Gefahr (md. *zeter;* nd. *jodute;* ndl. *wappen;* später allgemein *allarm*). Bei →Notzucht ist der Hilferuf der Frau für den delikt. Charakter der Tat häufig konstitutiv. →Notwehr wird oft durch G. bewiesen und hat hier die Funktion der Verklarung.

G. im rechtstechn. Sinn liegt bes. dann vor, wenn es die Ahndung eines Überfalls prozessual erleichtert oder materiell verschärft. Das ist weder sehr alt noch allgemein verbreitet, sondern begegnet zuerst im thür.-sächs. Recht des HochMA. Der →Sachsenspiegel kennt das *geruchte* sowohl als allgemeinen Hilferuf (Ldr. II, 54, 4: Einfall eines Wolfs in die Herde; II, 56, 1: Dammbruch; II, 64, 1: Notzucht) als auch als notwendiges Element des Verfahrens auf →handhafte Tat. Das G. soll die Schreimannen (GRIMM, DWB 9, 1724) auf den Plan rufen, mit deren Hilfe der Kläger den ebenfalls mit G. herbeigerufenen Richter die handhafte Tat und das G. bestätigt: schon »dat geruchte ist die klage begin« (Sachsenspiegel, Ldr. I, 62, 1). In dem Verfahren hat der Kläger das Beweisrecht und droht dem Beklagten regelmäßig peinl. Strafe. Deren Ausbreitung vollzieht sich wesentl. mittels Erweiterung des Begriffs und Verfahrens der handhaften Tat. Anders als noch

Sachsenspiegel (Ldr. I, 70, 3) erlaubt der 100 Jahre jüngere »Richtsteig Landrechts« (II, 811, Kap. 33, 1) ein G. auch bei übernächtiger Tat. Im Meißener Rechtsbuch (2. Hälfte 14. Jh.) ist dann das G. Charakteristikum der peinl. gegenüber der bürgerl. Klage, mag es auch erstmals vor Gericht erhoben werden. Einen zweiten Schwerpunkt hat das hier *haro(u)* lautende G. im norm. Recht des 13. Jh.

H. Holzhauer

Lit.: HRG I, 1584 [G. BUCHDA] – L. L. HAMMERICH, Clamor. Eine rechtsgesch. Stud., 1941.

Gerüst, in den Quellen seit dem 9. Jh. als »machina« gen.; alte Abbildungen geben ein recht detailliertes Bild von der Verwendung und Konstruktion der G.e am Bau, die nur in Form von Rüstlöchern an den Bauten Spuren hinterlassen haben. Die gängige Konstruktionsweise sind die Ausleger-G.e, Stangen-G.e (seit dem 11. Jh. in Italien abgebildet) werden n. der Alpen erst seit den achtziger Jahren des 14. Jh. dargestellt. In der baugesch. Lit. wird häufig von den erhaltenen Rüstlöchern auf die Verwendung von Stangen-G.en geschlossen, was so nicht gelten kann, denn Ausleger-G.e hinterlassen ebenfalls entsprechende Rüstlöcher. Ausleger-G.e oder »fliegende« bzw. »schwebende« G.e wurden für Maurer- und Fugarbeiten sowie für den Verputz benutzt. Bohlen oder auch Flechtwerk liegen auf waagerechten Auslegern, runden, halbierten oder gevierten Rundhölzern oder Kanthölzern, die in 1–2 m Abstand auf die Maueroberkante aufgelegt und im Baufortgang eingemauert werden, mittels geraden oder leicht gebogenen Bügen oder Spreizen von unten dreieckförmig gegen die Mauer abgestützt; für den Aufsatz der Bügen können die Löcher der entfernten vorhergehenden Reihe der Ausleger oder die Ausleger selbst dienen. Ein Stangen-G. zeigt das Mosaik im Dom von Monreale um 1185 (sehr fortschrittl. Ausführung mit Streichstangen, die n. der Alpen erst seit der Mitte des 15. Jh. abgebildet wurden). Die got. Großbauten mit ihren hohen Pfeilern, schmalen Mauerflächen und schlanken Strebepfeilern konnten nur über Stangen-G.e errichtet werden oder mittels eines G.-Turms, wie er in St. Johannsen/Schweiz von 1136/37 gefunden wurde. Dafür gibt es aber bisher nur wenige archäolog. Beobachtungen, denn wie in der Weltchronik des Rudolf v. Ems um 1385 gezeigt ist, wurden an die Rüststangen, die in 1,00 bis 1,50 m Abstand von der Mauer in den Boden eingegraben waren, die Netz- oder Rüstriegel in der gewünschten Arbeitshöhe von ca. 1,40 bis 1,60 angebunden und auf die Mauer aufgelegt; sie wurden im Arbeitsfortgang eingemauert und hinterlassen die gleichen Rüstlöcher wie die Ausleger der schwebenden G.e, da sie wie diese bemessen sind. G. Binding

Lit.: H. PHLEPS, Ma. G.bauten (Die Denkmalpflege, 1930), 111–116 – E. LACROIX, Die ma. G.e (Dt. Kunst und Denkmalpflege, 1934) 218–221 – Wasmuths Lex. der Baukunst I, 375–378 – F. v. TYGHEM, Op en om de middeleeuwse bouwwerf, 1966 – G. BINDING–N. NUSSBAUM, Der ma. Baubetrieb n. der Alpen in zeitgenöss. Darst., 1978, 58–61 – G. BINDING, Der Baubetrieb zu Beginn der Gotik, ZAMA, Beih. 4 1986), 88–90 [Lit.] – J. SCHNEIDER, Der städt. Hausbau im südwestdt.-schweiz. Raum, ebda. 28f. – L. MOJON, St. Johannsen St-Jean de Cerlier, 1986, 75–86.

Gervais du Bus → Fauvel

Gervaise, norm. Geistlicher wahrscheinl. aus Fontenai le Marmion (nach P. MEYER, 421–423), Autor eines allegor.-didakt. Bestiaire (Anfang 13. Jh.) in 1278 paarweise gereimten Achtsilblern; es besteht aus einem Prolog von 58 V. und einem Epilog von 85 V. sowie 29 Kap. (I–XVI Tiere, beginnend mit dem Löwen, XVII–XXIX Vögel, beginnend mit dem Adler). Der Autor beruft sich als Vorlage auf die unter dem Namen des Chrysostomus

(Bouche d'Or) überlieferte→Physiologusbearbeitung, jedoch stimmt keines der erhaltenen Mss. dieses Traditionsstranges mit dem Bestiaire des G. überein. Die anspruchslose Bearbeitung zeichnet sich durch die Selbstverständlichkeit des Umgangs mit der Allegorie aus; gelegentl. wird schon die Bildebene unrealist. manipuliert, um den übertragenen Sinn zu ermöglichen. Auffällig sind die volkstüml. Vergleiche und die polem. Betonung des nichtfiktiven Charakters seines Werks gegenüber dem fiktiven *(fable)* Charakter der seiner Meinung nach zu Unrecht so erfolgreichen weltl. Dichtungen.   U. Ebel

Ed.: P. Meyer, Romania 1, 1872, 420–443 – *Lit.*: GRLMA VI – Métamorphose et bestiaire fantastique au MA (Ét. rass. L. Harf-Lancner [Coll. de l'École Normale Supérieure de Jeunes Filles, 28]), 1985.

Gervasius (s. a. Gervaise)
1. G. (Gervais), Bf. v. →Le Mans 1035/36–1055, Ebf. v. →Reims 1055–1067, * 2. Febr. 1007 in Coëmont (comm. Vouvray-sur-le-Loir, dép. Sarthe), †4. Juli 1067, ☐Reims, Kathedrale; Sohn Aimons v. →Château-du-Loir und Hildeburgis' v. →Bellême, entstammte einer burgherrl. Familie, die durch Lehnspolitik und Besetzung des Bf.sstuhles von Le Mans (G.' Großonkel: Bf. Sigefredus 968/71–997/1004, Onkel: Bf. Avesgaud 997/1004–1028/36) versuchte, ihre Herrschaft auf Kosten der Gf.en v. Maine auszudehnen. Vor seiner Wahl Thesaurar des Domkapitels, geweiht am 18. Dez. 1035/36, geriet G. als Parteigänger der Gf.en v. →Blois in Konflikt mit dem Gf.en Herbert Bacon, der für den unmündigen Gf.en Hugo IV. die Regentschaft führte. G. mußte sein Bm. verlassen und konnte erst Ende 1038 zurückkehren. Mit Hilfe Kg. Heinrichs I. und Odos II. v. Blois-Chartres sowie einer Friedenseinigung seiner Diözesans gelang ihm die Vertreibung Herbert Bacons, doch verfeindete er sich mit Gf. →Gottfried II. Martell v. Anjou, der ihn seit 1047/48 jahrelang gefangenhielt und nach dem Tode Hugos IV. (1051) Le Mans fest in seine Hand bekam. G. konnte um 1051/52 zu Hzg. →Wilhelm v. Normandie fliehen. Da ein Ausgleich mit Anjou unmöglich war, verschaffte ihm Kg. Heinrich I. den Erzstuhl in Reims (15. Okt. 1055).
In Reims festigte G. die ebfl. weltl. Rechte gegenüber den Ansprüchen der Lehensträger wie des Gf.en Manasses v. →Rethel. Am 23. Mai 1059 krönte G. Philipp I. zum Mitkönig und ließ darüber ein »Memoriale« aufzeichnen, das ihn »nacheinander als Primas, Wahlleiter, Inhaber der ersten Stimme, Erzkanzler und Konsekrator« (Schramm I, 115f.) zeigte. Philipp bestätigte bei dieser Gelegenheit den Besitz der Reimser Kirche, namentl. das Recht auf den comitatus. G. gehörte zu den maßgebl. kgl. Räten und fungierte als Mittler zw. dem Kg. und den Päpsten Stephan IX., Nikolaus II. und Alexander II. Der Kirchenreform zugetan, gründete G. ein Stift in Château-sur-Loir und bedachte das Domkapitel von Le Mans mit umfangreichen Schenkungen. In Reims restaurierte er zw. 1055 und 1060 die ecclesia joviniana (St. Nicasius), besetzte sie mit Regularkanonikern, um 1065 mit Benediktinern. In St-Denis richtete er ein Augustinerchorherrenstift ein (1063–65) und in St-Timothée-et-Apollinaire ein Stift mit zwölf Kanonikern (1064).
Seine gelehrten und lit. Interessen bewies G. nicht nur durch die Bestellung Brunos v. Köln (→Bruno der Kartäuser) als Leiter der Domschule (um 1056), sondern auch durch seine eigenen Schriften und seine Beziehungen zu →Fulcoius v. Beauvais, der ihm ein Gedicht widmete und ein Epitaph auf ihn schrieb.   R. Kaiser

Ed. und Q.: Briefe: AASS Jan. I, 333; MGH SS XV, 854–856; Bouquet XI, 498f. – *Memoriale*: Bouquet XI, 32f. – *Gesta*: Actus pontificum Cenomannis in urbe degentium, ed. G. Busson – A. Ledru, 1901, 362–372 – *G. als Erzkanzler:* M. Prou, Actes de Philippe Ier, 1908 – *zu seinem Tode:* Miraculum SS. Dionysii et Nicasii (De obitu Gervasii Remensis episcopi), ed. G. Marlot, Metropolis Remensis hist. II, Reims 1679, 129f. – zum Epitaph s. →Fulcoius – *Lit.*: DBF XV, 1380–1382–DHGE XX, 1078–1083 [Q.]–LThK²IV, 764–Manitius III, 837 – NCE VI, 452 – Repfont IV, 714f. – Wattenbach-Schmale II, 776f. – R. Latouche, Hist. du comté du Maine pendant le Xe et le XIe s., 1910, 26–30, 80–82, 84, 132–135 – P. E. Schramm, Der Kg. v. Frankreich I, 1960², 99–103, 115f. – J. Boussard, Les évêques en Neustrie avant la réforme grégorienne (950–1050 environ), Journal des Savants 1970, 161–196, bes. 181–183 – O. Guillot, Le comte d'Anjou et son entourage au XIe s., 1972, I, 54f., 65–67, 76, 91f., 97–101, 333–335; II, 117f. – M. Bur, La formation du comté de Champagne v. 950–v. 1150, 1977, 178, 203, 206, 256 – P. Desportes, Reims et les Rémois aux XIIIe et XIVe s., 1979, 53–55 – R. Kaiser, Bf.sherrschaft zw. Kgtm. und Fs.enmacht, 1981, 456f., 461f., 554f. – Hist. de Reims, hg. P. Desportes, 1983.

2. G. v. Canterbury, OSB, engl. Chronist, * um 1145, † um 1210; seit 1163 Mönch im Kl. Christ Church (→Canterbury), 1193 Sakristan. Die hist. Arbeit des G. erwuchs aus dem Streit seines Konvents mit Ebf. →Balduin v. Canterbury. G. schrieb zunächst »Imaginationes« über die Auseinandersetzungen und etwa von 1188 an eine »Chronica«, welche die Geschichte von Christ Church in größerem hist. Zusammenhang erzählt, von 1100 bis 1199 reichend. Die »Chronica« war Grundlage für die »Gesta Regum Britanniae«, eine polit. Gesch. Englands von der Frühzeit bis 1210, vielleicht von G. nur bis 1199 geführt. Die »Actus Pontificum Cant. Ecclesiae« schildern das Leben der Ebf.e v. →Augustinus bis Hubert →Walter († 1205). Außerdem schrieb G. die »Mappa mundi«, im Kern ein Verzeichnis der Kl. Britanniens, und einen »Tractatus de combustione et reparatione Cant. ecclesiae«. – G. stützte sich auf Archivalien und auf verschiedene Geschichtswerke (u. a. →Heinrich v. Huntingdon, die Chronik v. Worcester, die Becket-Biographien). Er orientiert sein Urteil an der Interessenlage von Christ Church. Die zeitgeschichtl. Abschnitte lassen eine Neigung zu realistischer Beschreibung (z. B. der Kathedrale v. Canterbury) erkennen. In der polit. Haltung ist G. ein Vorläufer der Schule von→St. Albans.   K. Schnith

Ed.: The Hist.Works of G. of C., hg. W. Stubbs (RS, 2 Bde, 1879–80)– *Lit.*: DNB XXI, 239f. – Repfont IV, 713f. – D. Knowles, The Mappa mundi of G. of C., Downside Review 48, 1930, 237ff. – A. Gransden, Realistic Observations in twelfth Century England, Speculum 47, 1972, 39f. – Dies., Hist. Writing in England, 1974, 253ff. [Lit.] – →Chronik, G. II.

3. G. v. Melkley (de Saltu Lacteo), engl. Verfasser einer lat. Poetik vor 1216 (Innozenz III. scheint als noch lebend erwähnt); ein Briefsteller, ein exemplar. Marienlob und ein Brief sind mitüberliefert (hg. Gräbener, 223ff.). Die Ars poetica ist einem Johannes Albus gewidmet und subsumiert, gleichsam sprachwissenschaftl. orientiert, unter I *idemptitas* (eigentl. Sprechen und Schreiben), II *similitudo* (uneigentl., »konsignifikante« Redeweise) und III *contrarietas* (»allegorischer« Form- und Denkstil) Regeln und Techniken für schönen Ornat von Poesie und Prosa; für Anfänger (*rudes*) konzipiert, ist sie eine der spätesten Poetiken des 12. Jh. (→ars poetica, a. versificatoria). G. ist Schüler von →Johannes de Hauvilla und nennt seine Vorgänger →Matthäus v. Vendôme, →Galfridus de Vino Salvo und →Bernardus Silvestris als immer vollkommenere Theoretiker (Gräbener, 3 und 1); wohl aufgrund ihrer selbständigen Modernität ist die Poetik nur schmal überliefert und blieb so ohne größere Resonanz (Klopsch, 146f.).   R. Düchting

Ed.: H.-J. Gräbener, Gervais v. M. Ars poetica, 1965 [dazu: U. Mölk, RJ 16, 1965, 215–217; R. Avesani, StM [III] 7, 1966, 749–760] – *Lit.*:

FARAL, Les arts poétiques du XIIe et du XIIIe s., 1924, 34–37 (und 328–330) – GRÄBENER [Einf. XIII–XXVIII, Analyse VI–XI und Komm. der Poetik XXIX–CXV] – P. KLOPSCH, Einf. in die Dichtungslehren des lat. MA, 1980, bes. 140–147.

4. G. v. Tilbury, * um 1152, † nach 1220, adliger engl. Kleriker, lebte zunächst am Hofe Heinrichs II. Plantagenêt, verfaßte für den engl. Thronfolger Heinrich einen verlorenen »Liber facetiarum«. Nach dessen Tod (1183) lebte G. kurz am Hof des Ebf.s Wilhelm v. Reims, trat dann in die Dienste des Normannenkg.s Wilhelm II. v. Sizilien, in der letzten Dekade des 12. Jh. diente G. Ebf. Humbert v. Arles als Richter. Im →Arelat heimisch geworden, erhielt G. von seinem neuen Gönner, dem welf. Ks. Otto IV., den Ehrentitel eines Marschalls v. Arles. Dem 1214 gestürzten Ks. widmete G. sein wahrscheinl. 1209–14 entstandenes Werk, die »Otia imperialia«. Ein selbstbezeugter »Tractatus de vita beatae virginis et sociorum et eorum transitu« ging verloren. Ob G. der Urheber der →Ebstorfer Weltkarte war, ist umstritten.

Die in drei 'decisiones' gegliederten »Otia imperialia« stellen eine bunte Mischung aus Welt- und Reichsgeschichte, Lesefrüchten antiker und ma. Autoren sowie aus ma. mündl. Erzähllit. Englands, des Kgr.s beider Sizilien, des Arelats sowie Kataloniens dar, woran der gestürzte, ermüdete Ks. in seinen Mußestunden sich erfreuen sollte. Die erste 'decisio' umfaßt die Schöpfung der Welt bis zur Sintflut (14 Kap.), die zweite (36 Kap.) ist der Geo- und Topographie sowie der Gesch. der damals bekannten Welt (mit kommentierten Herrscherlisten) gewidmet. Der dritte Teil (129 Kap.) bietet Einblick in den ma. Volks- und Wunderglauben. G. tradiert ferner wichtige Belege für die Vergilsage, die Artustradition, den zeitgenöss. Hexen- und Dämonenglauben sowie für die Feenmythologie und das Melusine-Motiv. Neben schriftl. Quellen (→Petrus Comestor, →Honorius Augustodunensis, →Geoffrey v. Monmouth, Decretum Gratiani, Provinciale Romanum) stützte sich G. auch auf eigene Anschauung und Gewährsleute.

Die Wirkung des Werkes war beträchtlich, wie die Übersetzungen der dritten 'decisio' durch Jean d'Antioche (Ende 13. Jh.) und Jean de Vignay (um 1331) zeigen. Die Rezeption läßt sich u. a. in den »Gesta Romanorum«, bei Petrus Berchorius (→Bersuire), in den Universalchroniken des →Martin v. Troppau und Paulinus Minorita, bei →Dietrich v. Nieheim, →Boccaccio, →Petrarca, Giovanni →Colonna (5. C.) oder bei →Jean d'Arras nachweisen.
W. Maaz

Ed.: G. W. Leibniz, Scriptores rerum Brunsvicensium I, 1707, 881–1005; II, 1710, 751–784 – RS 66, 1875, 419–449 [Teiled.] – MGH SS XXVII, 1885, 359–394 [Teiled.] – F. LIEBRECHT, Des G. v. Tilbury 'Otia imperialia', 1856 [reich komm. Teilitd.] – *Lit.:* Repfont IV, 715–716 – DHGE XX, 1087–1089 [J. PYCKE] – EM V, 1109–1122 [W. MAAZ] – G. B. BRONZINI, Tradizione culturale e contesto sociale delle leggende Virgiliane nell'Italia meridionale, Cultura e Scuola 21, 1982, 67–93 – M. OLDONI, L'ignoto 'Liber Maronis' medievale tradotto dall'antico, Lectures médiévales de Virgile, 1985, 357–374 – J. LE GOFF, L'imaginaire médiéval, 1985, 40–56 – L. HARF-LANCNER, La métamorphose illusoire: Des théorie Chrétiennes de la métamorphose aux images médiévales du loup-garou, Annales 40, 1985, 208–226, hier 217f. – H. KUGLER, Die Ebstorfer Weltkarte, ZDA 116, 1987, 1–29, hier 7f. – B. HAHN-WOERNLE, Die Ebstorfer Weltkarte, o. J. [1987], 83–98 – A.-D. VON DEN BRINCKEN, Kartograph. Q., TS 51, 1988, 26f. – L. HARF-LANCNER – M. N. POLINO, Le gouffre de Satalie: Survivances médiévales du mythe de Méduse, M-A 94, 1988, 73–101 – A. WOLF, Neues zur Ebstorfer Weltkarte, Entstehungszeit – Ursprungsort – Autorschaft (Das Benediktinerinnenkl. Ebstorf im MA, hg. K. JAITNER – I. SCHWAB, 1988), 75–109 – Weitere Lit. →Ebstorfer Weltkarte.

Gervasius und Protasius, Märtyrer in Mailand (Fest 19. Juni). Bf. →Ambrosius erhob ihre Skelette am 17. Juni 386 in der Kirche der Märtyrer Nabor und Felix aufgrund einer Ahnung oder eines Zeichens (praesagium, Ep. 22,1) und stattete damit am 19. Juni seine nah gelegene spätere Grabkirche aus. Die Translation bezeugen auch →Augustinus (conf. 9,7; civ. 22,8) und Paulinus v. Mailand (Vita S. Ambrosii 14). Man wußte damals nur die Namen der Hll. vom Hörensagen bzw. durch einen Titulus (Ep. 22,12). Erst um 600 erzählt ihre Passio, sie seien als Zwillinge der Hll. Vitalis und Valeria geboren, z. Z. der Markomannenkriege (bis 180) verurteilt und zu Tode gegeißelt bzw. enthauptet worden. Die spätere Legende (BHL 3513–22) verlegt ihren Tod in die Zeit des Nero († 68). Moderne Hagiographen nehmen entsprechend den Daten der Mailänder Kirche ein Martyrium um 250–260 oder unter →Diokletian um 303–311 an. Die Erhebung bedeutete eine Wende im frühchristl. Reliquienkult. Unmittelbar danach wurden laut →Gregor v. Tours (Lib. in gloria martyrum 46) Tüchlein mit Blut der Hll. über ganz Italien und Gallien verteilt. Victricius brachte Reliquien nach Rouen (386), →Martin nach Tours, wohl Augustin nach N-Afrika, Vestina nach Rom (402/417). →Severin († 482) kennt ihren Kult in Noricum. Im FrühMA ist ihr Patrozinium im Frankenreich für 6 Kathedralen (Soissons, Senlis, Le Mans, Séez, Nevers, Lectoure) und 11 weitere Kirchen nachzuweisen.
K. H. Krüger

Lit.: DHGE XX, 1073–1076 [A. RIMALDI; it. Lit.] – LCI VI, 408–411 – Vies des Saints 6, 308–310 – Bibl. SS 6, 298–304 – B. KÖTTING, Der frühchr. Reliquienkult, 1965, 19–21 – N. GUSSONE, Adventus-Zeremoniell und Translation v. Reliquien. Victricius v. Rouen, De laude sanctorum, FMASt 10, 1976, 125–133 – E. DASSMANN, Ambrosius und die Märtyrer, JbAC 18, 1975, 49–68 – M. HEINZELMANN, TS 33, 1979, 26f. – E. EWIG, Spätantikes und frk. Gallien 2, 1979, 293–297 – F. PRINZ, Frühes Mönchtum im Frankenreich, 1988², 93, 325, 335.

Gerzike (lat. Gercike, Gerceke; lett. Jersika), Burg, Siedlung und Fsm. an der →Düna zw. Kreuzburg (lett. Krustpils) und →Dünaburg beim Gutshof Schloßberg (Zargrad), von →Heinrich v. Lettland als 'castrum' und 'civitas' bezeichnet, urkundl. 'urbs'. Sitz eines Fs.en (Heinrich: rex) Wiscewalde (Wissewalde, Wissewaldus, Wyssewalde), der bisher als Russe (Vsevolod) angesehen und dem altruss. Fürstengeschlecht v. →Smolensk zugerechnet, nach neuesten Forschungen aber wohl als orth. (russifizierter?) Lettgaller (oder Litauer?) gelten kann. 1209 eroberten Krieger Bf. →Alberts v. Riga Burg und Siedlung und nahmen die Fsn., Tochter eines litauischen Fs.en Daugeruthe, gefangen. Der zunächst entflohene Fs. nahm wenig später sein Fsm. als →Fahnenlehen (cum tribus vexillis) aus der Hand des Bf.s, unter Abtretung der Hälfte von Burg und Fsm., erneut in Besitz. Es ist die einzige bekannte Lehnsbeziehung zw. einem dt. Bf. und einem orth. Fs.en. Wiscewalde erkannte den Bf. als seinen 'Vater' an; unberührt davon blieb zunächst die Unterordnung des Fsm.s unter →Polock. 1214 wurde die Burg G. von Rittern des →Schwertbrüderordens geplündert. Bei einem zweiten Zug unterlagen die Ritter jedoch den vom Fs.en zu Hilfe gerufenen →Litauern. Erst 1222 tritt Wiscewalde wieder – in Riga – in Erscheinung und war 1224 Intervenient einer Urk. für den Ritter Konrad v. →Meyendorf, der von Bf. Albert das Fsm. G. (mit Ausnahme der inzwischen an den Schwertbrüderorden abgetretenen Landschaft Autine) als Lehen erhielt. Zugleich schenkte der Bf. der Abtei OCist →Dünamünde die Insel Wolfeholm in der Düna und Gebiete um die Lixnjanka unterhalb des späteren Dünaburg (1224 oder 1225). Das Fsm. hörte nach Wiscewaldes Tod (vor 1239) zu bestehen auf. 1339 stellte Bf. Nikolaus dem Dt. Orden über die Hälfte des »locus castri, qui dicitur G.« eine Schenkungsurk. mit der

Verpflichtung zum Wiederaufbau aus und regelte den Rückkauf durch die Erben, die Herren v. →Üxküll, die sie 1348 noch besaßen. Danach ist sie verfallen.   M. Hellmann

Q.: Henrici Chronicon Livoniae, ed. L. Arbusow – A. Bauer (MGH SRG, in us. schol. 1955), VII, 5; XIII, 4; XVI, 2; XVIII, 4, 9; XXIX, 2 Livländ. UB I, nr. 15; Livl. Güterurkk. I, nr. 2, 13, 15 – Lit.: F. v. Keussler, Das liv. und lett. Dünagebiet..., MittLiv 15, 1892, 13ff., 469ff. – M. v. Taube, Russ. und litauische Fs.en an der Düna..., JKGS NF 11, 1935, 367ff. – A. Svābe, Jersikas kara|vasts (Senatne un māksla I, 1938), 5–32 – F. Balodis, Jersika un tai 1939 gadā izdaritie izrakumi, 1940 – E. Dunsdorfs, Did Latvians Live in Tribal Societies in the 12th and 13th Centuries? (Donum Balticum. [Fschr. CH. Stang, 1970]), 96–105 – W. Laur, Überlegungen zur Herkunft des Wissewalde v. G., ZOF 35, 1986, 503–515.

Gesalech → Westgoten

Gesamthand, ein in vielen ma. Rechtsgebieten zu findendes, dem germ. Rechtskreis entstammendes Rechtsprinzip, das bei aller Vielgestaltigkeit der zersplitterten Quellen gemeinsame Grundgestaltungen enthält. G. bezeichnet eine Mehrheit von Menschen, die nicht als Einzelne, sondern zusammen als Träger von Vermögensrechten und Pflichten erscheinen, ohne daß es zur Bildung einer Genossenschaft oder Körperschaft (jurist. Person) kommt. Gesamthänder heißen coheredes (mit dt. Glosse *geaneruun*), auch comparticipes, consortes; sie handeln simul, una, pari sensu, communi consilio, sehr häufig communi manu, *mit gesamenter hant.*

Als Ursprung wird allgemein die germ. Hausgemeinschaft angesehen, bei der nach Tod des Vaters zunächst keine Aufhebung erfolgt, sondern es zu einer Fortsetzung unter den Söhnen in ungeteiltem Haushalt und Gut kommt (→Erbrecht, B.I). Eine Verfügung über das Ganze oder einen Teil desselben ist nur durch alle Gesamthänder gemeinsam oder mit Zustimmung zu einem Akt möglich, den einer der Gesamthänder vorgenommen hat (klass. Ausprägung im →Sachsenspiegel, Lehnrecht 32,3). Im Gegensatz zu Verfügungen bürgerte es sich im Laufe des späten MA ein, Akte der Verwaltung durch einzelne Gesamthänder als Vertreter der G. zuzulassen.

Die G. tritt auf in der Form von bäuerl. Gemeinderschaften, vornehml. in S-Deutschland und der Schweiz (»Sitzen in einem Mus und Brot«), in den ritterl. Ganerbschaften (→Ganerbe), woraus sich seit dem SpätMA unter Einbeziehung röm. rechtl. Gedanken das Fideikommiß entwickelt, und in den Erbverbrüderungen in adligen Häusern, das deren seit dem 14. Jh. staats- und völkerrechtl. Verbindungen erwachsen. In der ehel. G. sgemeinschaft ergänzt sich die Muntgewalt (→Munt) des Mannes mit dem Genossenschaftsgedanken; sie wird bei Tod eines Ehegatten zw. dem Überlebenden und den Kindern häufig fortgesetzt. Handelsrechtl. Gesellschaften übernehmen erst seit der NZ Prinzipien der G. Bereits das HochMA bildet auch Formen der G. aufgrund schuldrechtl. Vereinbarung aus, darunter neben der G.-Berechtigung auch solche gesamthänder. Verpflichtung.   F. Ebel

Lit.: HRG I, 1587–1591 – G. Buchda, Gesch. und Kritik der dt. G.lehre, 1936.

Gesandte (Diplomatie und Gesandtschaftswesen)
A. Spätantike, Byzanz und östliches Europa, arabisch-islamischer Bereich – B. Mittel- und Westeuropa – C. Judentum

A. Spätantike, Byzanz und östliches Europa, arabisch-islamischer Bereich

I. Spätantike – II. Byzanz und Altrußland – III. Südosteuropa – IV. Arabisch-islamischer Bereich.

I. Spätantike: Der diplomat. Verkehr der Kaiserzeit vollzieht sich nach den in der Republik entwickelten Vorstellungen von Zwischenstaatlichkeit und Vertragsverhält-

nis, wobei sich die Wertigkeit angesichts der realen Machtverhältnisse in der Spätantike im einzelnen verschiebt, die Terminologie erhalten bleibt. Die Aufgabe der G.n richtet sich nach den jeweiligen Notwendigkeiten, feste Vertretungen sind unbekannt. Entsprechend den beibehaltenen, im allgemeinen von den Partnern angenommenen Axiomen von Rom bzw. Byzanz als »Ordnungsmacht« ergibt sich demnach eine Reihe bilateral anerkannter (Herrscherwechsel, Huldigung, Kriegserklärung, Friedensschluß) und fakultativer (Schlichtung von Streitigkeiten, Aushandlung neuer Verträge, Herrschereinsetzung, Kriegserklärung) Anlässe, wobei sich Nebenabsichten vielfältiger Art mit den offiziell verlautbarten verbinden können (Auskundschaftung, Geheimverträge). Die Nominierung obliegt den mit einschlägigen Fragen befaßten Gremien (Consistorium, Senat), bedarf aber der ksl. Genehmigung, von der Instruktionen und Legitimierungsschreiben ausgehen. Die Leitung der Diplomatie ist Sache des Magister officiorum, dem hierfür die nachgeordneten Ämter zur Verfügung stehen. Dabei richten sich die Bestallung bzw. Ernennung zum Leiter einer G.schaft nach Art der Aufgabe, spezieller Qualifikation der einzelnen und Art der Partner (ohne Rücksicht auf Rang oder Herkunft); der gelegentl. selbst einzelne Personen nominieren. Zuweilen werden Geistliche verwendet bzw. erhalten neben kirchl. oder missionar. auch diplomat. Funktionen zugewiesen. Bei aller eingeräumten Selbständigkeit bedürfen die getroffenen Abmachungen stets ksl. Ratifikation.

Die Durchführung der Mission ist an gewisse äußere Voraussetzungen gebunden (Benutzung der staatl. Transporteinrichtungen, Empfang an der Grenze, Verpflegung, Unterbringung) und vollzieht sich, zumindest bei etablierten Partnerstaaten, unter bestimmten Formalitäten (Austausch von Geschenken, Besuch der Notablen wie von Mitgliedern der Herrscherfamilie, Audienz nach spezif. Zeremoniell). In der Regel besitzen G.schaftsmitglieder gewisse Vorrechte in der Residenz.

Für auswärtige G. innerhalb des Imperiums sowie G. zw. dem byz. und röm. Hofe und zw. Hof und Kirche gilt Entsprechendes. Trotz Fehlens einer Diplomatenkarriere finden sich Beispiele für einen Spezialistentyp (→Olympiodor, →Priskos, →Petros Patrikios), der durch solche Tätigkeit zu höchsten Rängen aufsteigt.   G. Wirth

Lit.: K. Güterbock, Byzanz und Persien in ihren völkerrechtl. Beziehungen im Zeitalter Justinians, 1906 – R. Helm, Über den auswärtigen diplomat. Verkehr des röm. Reiches im Zeitalter der Spätantike, AU 12, 1932, 375–436 [auch in: Antike Diplomatie, hg. E. Olshausen, 1979] – P. Pigulevskaja, Die byz. Diplomatie und die Araber, Akt. XI. Internat. Byz. Kongr. München, 1960, 458 – I. Engelhardt, Mission und Politik in Byzanz, 1974 – E. Chrysos, Kleronomia 8, 1976, 1ff. – R. Mathisen, BZ 79, 1986, 35.

II. Byzanz und Altrussland: [1] *Byzanz:* Die ma. Staatenwelt verfügte noch über keine ständigen diplomat. Vertretungen an den Brennpunkten des polit. Geschehens. Die Pflege der zwischenstaatl. Beziehungen war persönl. Beauftragten der jeweiligen Herrscher anvertraut oder erfolgte über Sondergesandtschaften zu aktuellen Anlässen. Diese Verfahrensweise entsprach dem Selbstverständnis der byz. Ks., die sich als legitime Erben der imperialen röm. Reichsidee verstanden und einen universalen Herrschaftsanspruch erhoben. Protokollar. Ebenbürtigkeit wurde nur den pers. Großkönigen des →Sasanidenreiches und den →Kalifen zugestanden. Im Umgang mit den Abgesandten der zahlreichen Barbarenvölker, die Verbindungen zum Kaiserhof suchten, praktizierte das byz. Hofzeremoniell eine sorgsam durchdachte und wir-

kungsvoll inszenierte Zurschaustellung der ksl. Machtvollkommenheit, die den abgestuften Vasallitätsverhält-
nissen innerhalb der fiktiven »Familie der Könige« Rechnung trug. In dem zunächst für den G.nempfang zuständigen obersten Zeremonienmeister, dem magister officiorum (seit dem 8. Jh. dem →Logotheten des Dromos),
sorgte einer der wichtigsten Hofbeamten noch aus röm.
Zeit für die Kontinuität in den Außenbeziehungen des
Reiches.

Schon nach antikem Völkerrecht galten die G.n als
unverletzlich. Als weisungsgebundene Überbringer von
Botschaften oder als bevollmächtigte Verhandlungsfüh-
rer genossen sie einen privilegierten Status, den viele zur
Beschaffung von Informationen in der fremden Umgebung zu nutzen verstanden. Über schriftl. Gesandtenbe-
richte hat sich so in der ksl. Kanzlei ein reichhaltiges
Material diplomat. Erfahrungen und landeskundl. Kenntnisse angesammelt, aus dem die von Ks. →Konstantin VII.
Porphyrogennetos beauftragten Kompilatoren schöpfen
konnten. Die »Excerpta de legationibus« enthalten sowohl Nachrichten über G.schaften fremder Völker an den
Kaiserhof wie über byz. diplomat. Missionen. Im »Zeremonienbuch« finden sich detaillierte Anweisungen zu den
äußeren Abläufen eines G.nempfanges (u. a. Bericht über
das feierl. Zeremoniell anläßl. des Besuches der Kiever
Fsn. →Ol'ga i. J. 957 bzw. 946). Einen sehr persönl. gefärbten Eindruck von den byz. Gepflogenheiten verdanken wir der »Relatio de legatione Constantinopolitana«
des Bf.s →Liutprand v. Cremona, der 968 als Brautwerber
für Otto II. in Konstantinopel weilte. Seit dem 12. Jh.
ließen Venedig und die am Osthandel beteiligten it. Seestädte ihre Interessen durch ständige Beauftragte (→bailo
bzw. →podestà) vertreten. Die Gepflogenheiten der byz.
Diplomatie fanden unter den christl. Nachbarvölkern
Nachahmung und lebten nach dem Fall Konstantinopels
noch in vielen Einzelheiten selbst am Sultanshof fort.

[2] *Altrußland:* Aus dem ostslav. Bereich hat sich eine
eingehendere Schilderung eines G.nempfanges erst unter
dem Jahre 1152 (Entsendung des Petr Borisovič durch den
Kiever Fs.en→Izjaslav Mstislavič an Vladimir Vasilkovič
von Halič) in der Chronik erhalten. Wohl läßt sich z. B. aus
den sog. Griechenverträgen des 10. Jh. und aus den verstreuten Nachrichten über die zwischenfürstl. Beziehungen auf einen regen Austausch von Bevollmächtigten
schließen, doch ist noch nicht mit einer Institutionalisierung des G.schaftswesens und einem entsprechenden festen Personal zu rechnen. Mehrfach bezeugt ist die Beteiligung geistl. Würdenträger an wichtigen Missionen. Während der Tatarenzeit hielt ein eigener Beamter, der *kilič̮ej,*
die Verbindung zur →Goldenen Horde aufrecht. Am
Moskauer Fs.enhof ist erst am Ausgang des 15. Jh. unter
Ivan III. für die sich intensivierenden Außenbeziehungen
ein professioneller Beamtenapparat aufgebaut worden.
Für die peinlich beachteten protokollar. Feinheiten diente
insbes. der Ks.hof in Wien als Vorbild, die Erinnerung an
Konstantinopel war trotz der »byzantinischen« Heirat zw.
Ivan III. und Sof'ja/Zoë (1472) längst verblaßt. Den mos-
kowit. Abgesandten waren in den Nakazen strenge
Sprach- und Verhaltensregeln vorgegeben worden. Sie
hatten nach der Rückkehr in schriftl. Form Rechenschaft
abzulegen. Diese sog. »statejnye spiski« sind ebenso wie
die Berichte ausländ. G.r und Reisender eine wertvolle
Quelle für die Moskauer Außenpolitik.   E. Hösch

Q. und Lit.: zu [Byzanz]: Q.: →Konstantin VII. Porphyrogennetos,
→Liutprand v. Cremona – *Lit.:* O. TREITINGER, Die oström. Ks.- und
Reichsidee nach ihrer Gestaltung im höf. Zeremoniell, 1969 – L.
BRÉHIER, Les institutions de l'empire byz., 1970² (Le Monde byz. 2) –

D. OBOLENSKY, The Principles and Methods of Byz. Diplomacy
(DERS., Byzantium and the Slavs, 1971, Nr. I) – R. S. LOPEZ, Byzan-
tium and the World around it: Economic and Institutional Relations,
1978 – E. EICKHOFF, Macht und Sendung. Byz. Weltpolitik, 1981 – *[zu
Altrußland]: Q.:* Pamjatniki diplomatičeskich snošenij drevnej Rossii s
deržavami inostrannymi. 10 Bde, 1851–71 – Pamjatniki diplomatičes-
kich snošenij Moskovskogo gosudarstva..., SB RIO 35, 38, 41, 53, 71
– Putešestvija russkich poslov XVI–XVII vv. Statejnye spiski, 1954 –
Lit.: B. LANDAU, Die Moskauer Diplomatie an der Wende des 16. Jh.,
JKGS NF 10, 1934, 100–144 – D. S. LICHAČEV, Russkij posol'skij
običaj XI–XIII v., Istor. zapiski 18, 1946, 42–55 – K. ZERNACK,
Handelsbeziehungen und G.schaftsverkehr im Ostseeraum (Aus Natur und Gesch. Mittel- und Osteuropas, 1957), 116–138 – F. P.
SERGEEV, Russkaja diplomatičeskaja terminologija XI–XVII vv., 1971
– L. A. JUZEFOVIČ, Iz istorii posol'skogo običaja konca XV–nacala
XVII v. (Stolovyj ceremonial moskovskogo dvora), Istor. zapiski 98,
1977, 331–340 – DERS., Russkij posol'skij običaj XVI v., VI 8, 1977,
114–126 – F. P. SERGEEV, Formirovanie russkogo diplomatičeskogo
jazyka XI–XVII vv., 1978 – U. HALBACH, Der russ. Fs.enhof vor dem
16. Jh., 1985.

III. SÜDOSTEUROPA: Nachrichten über G.schaften aus
dem südosteurop. Raum zu den Byzantinern finden sich
immer wieder in byz. Quellen. Sie setzen ein im Zusammenhang mit dem Erscheinen von Slaven an der nördl.
Balkangrenze im 6. Jh., der Landnahme von Kroaten und
Serben in den ersten Jahrzehnten des 7. Jh. und der Ankunft der Bulgaren auf der Balkanhalbinsel 680. Diese
frühen Missionen wurden kaum anders empfangen als die
anderer Barbarenvölker, so der Avaren. Erst die G.n des
ausgebildeten Bulg. Reiches, das von Byzanz sogar
manchmal Tribut empfing und über mehrere Jahrhunderte auf die dortigen Entwicklungen einwirkte, erlangten in
Konstantinopel einen Status, der sie von anderen Barbaren
deutlich absetzte. Ihre volle Ausbildung erfuhr die diplomat. Anerkennung unter der makedon. Dynastie
(867–1025). Dem Kletorologion des →Philotheos von 899
zufolge erhielt der bulg. G., dem arab. vergleichbar, dank
seinem Ansehen einen Ehrenrang im ks. Zeremoniell. Im
Vertrag v. 927 erlangte er sogar den Vorrang vor allen
Fremden, so auch 968 über den von Otto I. entsandten
→Liutprand v. Cremona; denn wie der Ks. erklärte, trug
der bulg. G. den byz. Titel eines →patrikios. Die bulg. G.n
brachten oft, als Hauptauftrag, die Briefe ihrer Herrscher
zu den fremden Höfen mit, so daß die G.schaften auch eine
Rolle als diplomat. Kuriere spielten. – Der frühe serb.
Staat hatte dagegen geringere diplomat. Erfahrung. Im
Zusammenhang mit dem Aufstand Samuels begab sich
990/991 eine G.schaft aus Dioclea zu Basileios II.; insgesamt allerdings sind die Belege diplomat. Verkehrs der
Serben mit den Byzantinern vor der Zeit der Nemanjiden-
Dynastie bescheiden. Unter dieser verfestigte sich dann
bei ausgedehnter diplomat. Aktivität die Gewohnheit,
daß zu den *poklisari* (von gr. apokrisiarios) einer G.schaft
neben einem Weltlichen ein Geistlicher gehörte. Soweit
die G.schaft nach W ging, wurde jemand aus den Küstenstädten, zumeist aus Kotor, beauftragt. Regelmäßig wurden Beglaubigungsschreiben und Geschenke ausge-
tauscht. Einen wahren Triumph ma. Diplomatie stellen
die Unterhandlungen zw. Ks. Andronikos II. und Kg.
Milutin dar (1297–99), die auf byz. Seite von Theodor
→Metochites geleitet wurden (vgl. seinen einzigartigen
Bericht). Auch das Gesetzbuch des Zaren Dušan (»Dušan-
ov zakonik«) widmet den G.n Aufmerksamkeit, indem es
zur ztw. Beherbergung und Verköstigung von fremden
und einheim. G.n auf dem Weg durch Serbien verpflichtet.   I. Djurić

Lit.: JIREČEK, I, 539f. – G. OSTROGORSKIJ, Serbskoe posol'stvb k
imperatoru Vasiliju II, Glas SAN 193, 1949, 15–29 – M. BLAGOJEVIĆ,
Obrok i priselica, Istoriski časopis 18, 1971, 165–188 – N. OIKONOMI-

DÈS, Les listes de préséance byz. des IXe et Xe s., 1972, 163ff. – I.
DJURIĆ, Teodor Metohit, Vizantiski izvori za istoriju naroda Jugoslavije VI, 1986, 63–143 – P. ANGELOV, Bulgarskata srednovekovna
diplomacija, 1988, 161–186.

IV. ARABISCH-ISLAMISCHER BEREICH: Das islam. G.n-
wesen hat seinen Ursprung in Medina: I. J. 630, dem »Jahr
der Gesandtschaften«, empfing Mohammed Abordnungen aus allen Teilen der Arab. Halbinsel. Er selbst schickte
Gesandte zu den arab. Stämmen und angebl. auch zu den
Herrschern der Großreiche mit der Aufforderung, sich zu
unterwerfen und den →Islam anzunehmen. Theoret.
konnten die Kalifen und später die Herrscher der Teilstaaten mit den nichtislam. Staaten (→dār al-ḥarb) Verträge nur
auf der Basis eines zeitl. begrenzten Waffenstillstands
(hudna) abschließen. In der Praxis gab es diplomat. Beziehungen in der Form des Austauschs von Gesandtschaften,
die unterschiedl. Zielen dienten. Spektakuläre Gesandtschaften werden in den Quellen ausführl. beschrieben.
Das Zeremoniell war von Byzanz und Iran beeinflußt und
sollte die Macht und den Reichtum des Herrschers demonstrieren. Andererseits dienten Gesandtschaften auch der
Spionage, wie aus zeitgenöss. Abhandlungen über den
diplomat. Verkehr hervorgeht. Es gab noch keine ständigen Vertretungen, doch waren am Hof Räume bzw.
Häuser für die Unterbringung von zuweilen kopfstarken
Gesandtschaften vorgesehen. Für die Betreuung waren
bes. Beamte, Dolmetscher u. a. zuständig.   H. Busse

Q. und Lit.: EI², s.v. hiba – Ibn az-Zubair, Kitāb at-Tuḥaf wal-hadāyā,
ed. M. HAMIDULLAH, Kuwait, 1959 – Niẓāmulnulk, Siyāssṭnāma.
Gedanken und Geschichten, aus dem Pers. ins Dt. übertragen von K.
E. SCHABINGER V. SCHOWINGEN, 1960 – M. CANARD, Byzance et les
musulmans du Proche Orient, 1973 – E. A. SALEM, The Rules and
Regulations of the Abbasid Court, Beirut 1977 – P. SCHREINER, Byzanz
und die Mamluken in der 2. Hälfte des 14. Jh., Islam 56, 1979.

B. Mittel- und Westeuropa
I. Allgemeines – II. Deutschland/Imperium – III. Kirchlicher Bereich –
IV. Italien – V. Frankreich – VI. Burgundische Staaten – VII. England –
VIII. Iberische Halbinsel – IX. Skandinavien – X. Ostmitteleuropa –
XI. – Ungarn.
I. ALLGEMEINES: Die rasche Zunahme der behördl. Über-
lieferung vom frühen 13. Jh. an sowie die Verdichtung der
internationalen Beziehungen im späteren MA erlauben
Aussagen auf breiter Grundlage über das G.schaftswesen
bes. für diesen Zeitraum. Die nach Vielseitigkeit und
Kontinuität so ergiebigen engl. Quellen sind für die
Kenntnis der »Technik« (F.-L. GANSHOF) der engl. Diplomatie des 13. bis 15. Jh. in einer sachl. gliedernden, großen
Textauswahl bereits erläutert worden (P. CHAPLAIS).
Für den G.n finden sich im MA verschiedene lat. Ausdrücke, von denen 'nuncius' alles in allem der gängigste ist;
dazu gehört 'mittere', 'ire in nuncium' – auf G.schaftsreise
schicken, gehen. Von früh an weit verbreitet war auch
'ambasiator', 'ambaxiator'. Erwähnt sei ferner das nicht
auf Geistl. und geistl. Absender beschränkte Wort 'legatus'. Unbeschadet des bes. Sinngehalts, der vom Wort
selbst her dem 'procurator' und dem 'orator' als G.r zukommt, dürfen gegenüber dem nuncius die anderen Bezeichnungen nicht generell im Sinn einer höheren Rangstufe verstanden werden, wie denn auch nuncius wie andere G.nbezeichnungen um das Wort 'solem(p)nis' ergänzt
wurde, wenn der Rang des G.n, die Bedeutung der Sache
oder der Rang des Adressaten das erfordern mochten.
Häufig werden in einer Kredenz bzw. Vollmacht mehrere
dieser – keineswegs immer fest abgegrenzten – Termini
aneinandergereiht.
Sehr oft setzte sich eine G.schaft aus einem oder aus
mehreren Mitgliedern eines Dom- oder Stiftskapitels sowie aus einem oder mehreren Rittern zusammen. Einem

großen Auftrag – dem diplomat. schon vorbereiteten
Abschluß eines Ehebündnisses zweier Kg.shäuser z. B. –
konnte eine ranghohe G.schaft mit bfl./gfl. Spitze entsprechen. Aber längst nicht jede G.schaft repräsentierte
Klerus und Adel, d. h. auch beide Teile eines kgl./fsl.
Rates; der G.nauftrag erging öfters an zwei Ritter, auch an
einen allein, oder an drei. Gemeinsam ist gerade den
häufiger begegnenden G.n, daß sie dem absendenden
Herrscher nahestanden und als consiliarii, familiares, milites regis seinem »weiteren« Rat oder seinem Hofgefolge
zugehörten. Manche ad-hoc-G. haben aus diesem Kreis
über Jahrzehnte hinweg einen großen Teil ihrer Laufbahn
auf Dienstreisen im Ausland verbracht; darüber hinaus
waren sie in jenen Fällen auch zu Hause diplomat. tätig, in
denen sie mit anderen zu Einzelverhandlungen mit fremden G.n bestimmt wurden. Oft genügte es dem Adressaten, dem fremden G.n selbst seine Antwort mitzugeben,
oder er gab ihnen für ihre Rückreise einen eigenen G.n bei.
Aus Gründen der Unauffälligkeit oder der Aufwandser-
sparnis genügte als G.r mitunter ein einfacher Prediger-
mönch. Auf Laienseite mußte ein G.r nicht mindestens ein
Ritter sein, sondern war nicht selten ein armiger, scutifer
(écuyer, esquire), d. h. niedriger im Rang und im Tagegeld.
Ab und zu sind auch →Herolde mit Bitten und Mitteilungen an fremde Herrscher betraut worden.
Im SpätMA gibt es bereits eine kleine Zahl von Traktaten über das G.nwesen. Anknüpfend an die Antike und an
das röm. Recht gilt ihr Interesse bes. der →Immunität der
G.n und den sich hierbei ergebenden Unterscheidungsfra-
gen. Dieses Recht blieb auch in unserer Periode anerkannt,
ist aber nicht selten verletzt worden. Sehr häufig sind
deshalb Geleitbriefe für G. nicht nur für das Gebiet der
Adressaten, sondern gegebenenfalls auch für Durchreise-
gebiete erwirkt und ausgestellt worden (→Geleit). Dem
G.nauftrag selbst dienten Kredenzen und Vollmachten –
vielfach überliefert in Briefbüchern bzw. Kanzleiformula-
ren – sowie Instruktionen. Die Kredenz beglaubigte nicht
nur den gen. G. selbst, sondern erbat den Glauben des
Adressaten für das von den G.n Vorgebrachte – als ob es
gleichsam aus dem Munde des Absenders selbst käme.
Der Inhalt wurde in der Kredenz schon kurz bezeichnet,
oder es wurde hierfür ganz auf die mündl. Mitteilung
verwiesen. Die Vollmacht (procuratio) war zwar öfters
mit der Kredenz in einem Schriftstück zusammengefaßt,
blieb aber doch ein eigener, weitergehender Auftrag –
eben im Namen des Absendenden zu verhandeln, bis hin zu
Abmachungen bzw. zum (Unterhändler-)Vertrag. Regelmäßig findet sich darin das Ratifikationsversprechen
des Absenders. Instruktionen der G.n enthielten nicht
selten den Auftrag, einen bestimmten Punkt nur als die
private Anregung des G.n vorzubringen. Nach der Rückkehr berichteten die G.n ihrem Herrscher bzw. seinem Rat
und rechneten dann über die Reisekosten ab; diese Zeugnisse sind aus dem späteren MA – wenn auch länderweise
ganz verschieden – in großer Zahl überliefert.
Es ist heute anerkannt, daß ständige G. als bleibende
Einrichtung der europ. Diplomatie von der Mitte des
15. Jh. an zuerst in Italien begegnen – derart, daß dort die
größeren Mächte untereinander solche Gesandtschaften
unterhielten. Die neue Institution hat sich anderswo gegen
manche ausdrückl. Abneigung, so bei Ludwig XI. v.
Frankreich, aber nur langsam durchgesetzt, während die
älteren Formen noch lang weiterlebten. Hier gehört die
breitere Entwicklung erst dem 16. und dem 17. Jh. an.
                                                F. Trautz

Lit.: F. ERNST, Über G.nwesen und Diplomatie an der Wende vom MA
zur NZ, AK 1950, 64–95 [Abdr. in: DERS., Ges. Schr., hg. G. WOLF,

1985] – G. MATTINGLY, Renaissance Diplomacy, 1955 u. ö. – D. E. QUELLER, The Office of Ambassador in the MA, 1967 – F.-L. GANSHOF, Le Moyen-Age (Hist. des relations internat., hg. P. RENOUVIN, I, 1968⁴) – J. ENGEL, Das neue Völkerrecht und die Ausbildung des ständigen G.schaftswesens (HEG III, 1971), 359–384 – P. CHAPLAIS, English Medieval Diplomatic Practice, I: Documents and Interpretation, 2 Bde, 1982; II: Plates, 1976; III: Introd., Ind.

II. DEUTSCHLAND/IMPERIUM: Der weitaus geläufigste dt. Ausdruck für nuncius und andere lat. G.nbezeichnungen war im SpätMA 'Bote' – ein Terminus, der gleich nuncius auch den innerhalb eines Absendergebiets oder im Verkehr zw. dem G.n und dem Absender dienenden Briefboten umfaßte (s. a. →Botenwesen); der Funktionsunterschied ergibt sich im einzelnen aus den Personen und Umständen. Das Wort 'botschaft' begegnet im Sinne einer G.schaft in dt. Chroniken und Akten öfters jedenfalls schon im 14. Jh. Der Terminus G. ist jünger. Luther sagte (1522, s. H. PAUL – W. BETZ, Dt. Wb.): »Apostel das ist gesandte oder auff recht alt deudsch boten«. Man kann in den Abrechnungen fsl. Hofhaltungen – die gleich den städt. Rechnungsbüchern wichtige Quellen für jeweils eigene und fremde G. sind – die Entwicklung erst vom eben unselbständig gebrauchten lat. Partizip 'missus' über das entsprechende Partizip 'gesandt' zum Terminus G. hin verfolgen, z. B. in Geldern 1343 in Einträgen »enen bode ghesant« unter der Rubrik »bodeghelt« (s. u. JANSSEN).

Nicht nur aus Ranggründen nahm unter den »auswärtigen Beziehungen« eines röm. Kg.s bzw. Ks.s der G.nverkehr mit dem Papst in der Regel auch der Dichte nach den ersten Platz ein. Hier dienten bes. hochgestellte Vertraute des Reichsoberhaupts als G., sehr oft Bf.e, mitunter Ebf.e. Auch hier setzte sich, obgleich weniger regelmäßig als sonst, eine G.schaft aus Klerikern und Laien zusammen; aber es dominierte, auch in der Rolle des Sprechers, das geistl. Element. An der röm. Kurie unterhielt der →Dt. Orden – wie andere Orden auch – ständige Vertreter, Generalprokuratoren. Sie sind gelegentl. als Vorläufer der ständigen G.n bezeichnet worden (s. u. FORSTREUTER). Aber die Institution ständiger G.schaften hat sich nicht aus diesen Ordensprokuratoren und auch nicht aus den Prokuratoren von weltl. Seite an der Kurie (Aragón) entwickelt (s. oben). Von den G.n, die gegebenenfalls einen Kfs.en bei der Kg.swahl in Frankfurt bevollmächtigt zu vertreten hatten, handelt die →Goldene Bulle Karls IV. von 1356 u. a. in den Geleitsbestimmungen in c. 1 und bes. in der forma procuratorii, die das c. 19 vorschreibt. Es findet sich darin die auf die Gleichstellung der G.n eines Kfs.en untereinander bezogene, dem röm. Recht entnommene Formel »in solidum, ita quod non sit melior conditio occupantis« – ein Passus, der in Vollmachten mehrköpfiger G.schaften überaus oft vorkommt, aber in der Regel ohne die dazu in c. 19 GB gegebene Erläuterung, daß das von dem einen G.n Begonnene von dem anderen G.n rechtmäßig beendet werden kann. Diese Erläuterung begegnet noch ausführlicher schon in kfsl. Vollmachten, die anläßl. der (Doppel-)Wahl von 1314 ausgestellt worden sind. Die am Schluß von c. 19 erscheinende, übliche Selbstverpflichtung des Vollmachtgebers (»gratum et ratum habentes ... et perpetuo habituros«) auf das von seinen G.n Mitbeschlossene ist jedenfalls hier als voll vorweggenommene Zustimmung aufzufassen und nicht als Zusage einer nachträgl. förmlichen Genehmigung (römischrechtl. ratihabitio, Ratifikation).

Dem offenen, lockeren Reichsgefüge entsprach ein vielfältiger Verkehr größerer und auch mancher kleinerer Territorialherren mit ausländ. Herrschern, wobei dieser G.nverkehr in den breiten Randzonen des Reichs natürlich dichter war und sich den gegebenen Nachbarräumen zuwandte. Eng war z. B. das Netz diplomat. Beziehungen zw. den niederländ./niederrhein. Territorialherren und den Kg.en v. England und v. Frankreich – bei wechselnden (Kriegs-)Bündnisverhältnissen. Hier wie anderswo handelten die G.naufträge von Eheverbindungen, Bündnisverträgen und den oft dazugehörenden Vasallitätsvereinbarungen in der Form von Rentenlehen, von Handelsinteressen und Kaufmannsbeschwerden. Im innerdeutschen G.nverkehr geht es weithin um dieselben Materien. Das große Maß an Selbständigkeit, das die Territorialgewalten schon im ausgehenden MA aufweisen, hat zu seinem Teil den G.nverkehr der Fs.en und Gf.en sowie der Reichsstädte untereinander sowohl als auch mit dem Reichsoberhaupt verstärkt. Nur hingewiesen werden kann auf die ebenfalls der Gesch. des G.nwesens zugehörende Rolle der Städteboten auf Reichstagen und in regionalen Städte-Einungen. Die weitaus größte und mächtigste der Städte-Einungen, die →Hanse, wäre namentl. in ihren Außenbeziehungen zu den fläm. Städten, dem engl. Kgtm. und den nord. Herrschern in einer vergleichenden Gesch. des G.nwesens ebenfalls zu würdigen.   F. Trautz

Lit.: V. MENZEL, Dt. G.schaftswesen im MA, 1892 – K. FORSTREUTER, Die Berichte der Generalprokuratoren des Dt. Ordens an der Kurie I, 1961 – W. JANSSEN, Ein niederrhein. Fs.enhof um die Mitte des 14. Jh., RhVjbll 34, 1970, 219–251 – J. FERGUSON, English Diplomacy 1422–61, 1972 [auch zu den Beziehungen zum Reich, zur Hanse, zu Kurköln, zur Kurpfalz usw.] – W. HÖFLECHNER, Die G.n der europ. Mächte, vornehml. des Ks.s und des Reiches 1490–1500, AÖG 129, 1972 – E. GILOMEN-SCHENKEL, Henman Offenburg (1379–1459), ein Basler Diplomat im Dienste der Stadt, des Konzils und des Reichs, 1975.

III. KIRCHLICHER BEREICH: [1] In der Tätigkeit der *päpstlichen Gesandten* spiegeln sich die verschiedenen, im Laufe der Zeit unterschiedl. hervortretenden Funktionen des →Papstes getreulich wider: Bf. v. Rom, Patriarch des Okzidents, Inhaber der höchsten Lehrautorität und des Jurisdiktionsprimats in der röm. Kirche, Oberhaupt der gesamten Christenheit, weltl. Herrscher des Kirchenstaates, höchste moral. Autorität im Rahmen der europ. Mächte. Soweit dessen Abgesandte auch polit. Aufgaben durchzuführen hatten, sind diese von den geistl. und rechtl. nicht zu trennen, da sie in der Regel von derselben Person ausgeübt wurden (→Legat).

Päpstl. »missi« begegnen zuerst 314 auf der Synode v. Arles (→Donatisten), dann besuchten die ökumen. →Konzilien der östl. Reichshälfte. Eindeutig diplomat. Aufgaben hatten die G.n beim byz. Ks., die von der Mitte des 5. Jh. bis zum Ausbruch des →Bilderstreites bezeugt sind (apocrisarii, responsales). Danach erbaten die Päpste häufig durch G. den Schutz der frk. (zuerst 739) und dt. Kg.e. Im →Investiturstreit entwickelte Gregor VII. das Gesandtschaftswesen zum wichtigsten polit. Instrument im Verkehr mit den weltl. Mächten.

Die Mitglieder des damals entstehenden Kardinalskollegs waren G. von bes. Autorität, als »legati a latere« im engeren Sinne; ein G.r niedrigeren Ranges hieß »nuntius«. Im hohen MA entsprachen Ansehen und Wirkungsmöglichkeiten der G.n der hervorragenden geistl. wie weltl. Stellung des Papsttums. Sie wurden in alle Länder des Okzidents (am zahlreichsten nach Deutschland) und nach Byzanz geschickt. Der überwiegende Teil ihrer Tätigkeit war polit. Natur: am deutlichsten während der Schismata und in Zeiten des offenen Konflikts mit den westl. Ks.n, aber auch bei der Propaganda für die →Kreuzzüge. Der Legat fungierte als Vertreter des Papstes, ausgestattet mit der Vollmacht, alle diesem zukommenden Handlungen vorzunehmen. (Später wurden durch Rechtsprechung und Jurisprudenz bestimmte Einschränkungen definiert.) Er konnte sogar, um von sich aus Papsturkk. auszufertigen, besiegelte→Blankette mitführen (gefunden 1157 bei der Durchsuchung der Legaten auf dem Reichstag zu →Besançon).

Während der avign. Periode des Papsttums (→Kurie, röm. [in Avignon]) kam zu den Aufgaben der G.n die Verwaltung des →Kirchenstaates in Italien hinzu; am wichtigsten war die Legation des Gil (Aegidius) →Albornoz (1353–67). Der Ausbruch des großen→Abendl. Schismas führte zu bedeutend vermehrter diplomat. Aktivität der rivalisierenden Päpste, von denen jeder durch G. die einzelnen Staaten des Okzidents, die Herrscher ebenso wie den Klerus, von seiner Rechtmäßigkeit zu überzeugen suchte; bes. erfolgreich war dabei Pedro de Luna (→Benedikt XIII.), Legat→Clemens' VII. auf der Iber. Halbinsel und in Frankreich.

Päpstliche G. unterschieden sich in ihren Aufgaben nun kaum noch von ihren weltl. Kollegen, da sie – abgesehen von der Kreuzpredigt – so gut wie keine geistl. Aufträge mehr auszuführen hatten. Anders waren selbstverständl. Lebensführung und Reisezeremoniell, eigenartig war v. a. die Art der Sustentation: für die Kosten hatte der Klerus des betreffenden Legationsbereichs aufzukommen (procuratio canonica), auch bei ausschließl. diplomat. Aufträgen des G.n. Das Funktionieren dieses Versorgungssystems wurde bedeutend erleichtert durch die päpstl. Vollmachten (facultates), zu Dutzenden ausgefertigt bei schwierigeren Missionen, kraft derer der Legat zahllose Vergünstigungen gewähren durfte (Pfründenverleihungen, Ablässe, Heiratsdispense, Ernennung von Notaren oder Pfgf.en usw.).

Seit dem 15. Jh. haben G. der Päpste nicht nur für deren kirchenpolit. Ziele gewirkt (z. B. →Nikolaus v. Kues beim Abschluß des →Wiener Konkordats, 1448; Juan de →Carvajal im Kreuzzug gegen die →Türken, 1455–61), sondern häufig auch als Vermittler in Konflikten zw. Staaten (z. B. Niccolò →Albergati beim Frieden v. →Arras, 1435). Die Stellung eines »legatus a latere« erhielten nun auch G. unterhalb des Kardinalsrangs. Eine neue Qualität in der Vertretung des Papstes bei den Kg.en und Republiken schufen die ständigen Nuntien, die Ende des 15. Jh. allmählich aufkamen.

[2] *Gesandte bei den Päpsten* begegneten ebenfalls erst sehr spät als ständige Einrichtung. Vorformen waren die Prokuratoren an der Kurie, die auch im Auftrag von Staaten tätig wurden (zuerst für Aragón und den Dt. Orden, Ende des 13. Jh.). Staatl. Interessenwahrung geschah ferner durch vertraute Kard.e, bes. seit der Herausbildung des nat. Protektorats. Wichtige polit. Missionen dagegen blieben ad-hoc-Beauftragten vorbehalten. Die ersten ständigen G.n beim Hl. Stuhl unterhielten Mailand und Venedig (seit 1485).

[3] Als sich 1408 im Schisma die Kard.e von den rivalisierenden Päpsten trennten und einen eigenen Weg zur Wiedervereinigung der Kirche einschlugen, schickten sie – ebenso wie ihre Herren in den vorangegangenen Jahren – einige aus ihrer Mitte sowie zahlreiche andere G. zu den Herrschern Europas, um diese für ihre Sache zu gewinnen. Ebenso verfuhren dann die Reformkonzilien in →Konstanz und →Basel, insbes. für die Kontakte mit den Päpsten selbst. Dort wie schon auf dem Konzil v. →Pisa (1409) nahmen neben den stimmberechtigten Prälaten und sonstigen Geistlichen die Gesandtschaften der Kg.e und Republiken an den Verhandlungen teil.   D. Girgensohn

Lit.: B. BEHRENS, Treatises on the Ambassador Written in the Fifteenth and Early Sixteenth Centuries, EHR 51, 1936, 616–627 – J. WODKA, Zur Gesch. der nat. Protektorate der Kard.e an der röm. Kurie, Publikationen des ehem. Österr. hist. Inst. in Rom 4, 1938– F. GAETA, Origine e sviluppo della rappresentanza stabile pontif. in Venezia (1485–1533), Annuario dell'Ist. stor. it. per l'età mod. e contemp. 9–10, 1957–58, 3–281 – Die Ber.e der Generalprokuratoren des Dt. Ordens an der Kurie, 1–4, 1960–76 – A. A. STRNAD, Aus der Frühzeit des nat. Protektorates der Kard.e, ZRGKanAbt 81/50, 1964, 264–271 – K. WALF, Die Entwicklung des päpstl. Gesandtschaftswesens in dem Zeitabschnitt zw. Dekretalenrecht und Wiener Kongreß (1159–1815), MthSt, Abt. 3,24, 1966– P. BLET, Hist. de la représentation diplomatique du Saint Siège des origines à l'aube du XIXᵉ s., Collectanea archivi Vaticani 9, 1982 – →Legat.

IV. ITALIEN: Im FrühMA war die Entsendung von G.schaften zur Pflege zwischenstaatl. Beziehungen nicht unüblich, hatte jedoch stets nur temporären Charakter und vollzog sich zumeist zw. dem Imperium, dem Byz. Reich und der Kurie (vgl. die Gesandtschaften →Liutprands v. Cremona an den byz. Ks.).

Im Zuge der Ausweitung der Handelsbeziehungen (→Fernhandel) nach dem Jahr 1000 und der Entstehung neuer autonomer Strukturen im Inneren des Imperiums sorgten die it. Seestädte (→Venedig, →Pisa, →Genua) als erste für diplomat. Vertretungen in Byzanz und den islam. Staaten (Schutz der im Ausland tätigen Mitbürger, Abkommen und Handelsverträge). Zur gängigen Praxis wurde die Entsendung von G.n jedoch v. a. seit der Entstehung der →Kommunen, die untereinander sowie mit der Kurie und dem Kaiserhof ständigen diplomat. Verkehr unterhielten. Dies führte zur Weiterentwicklung der diplomat. Formen und Techniken, die (auch abgesehen von den päpstl. Legationen, die eine Sonderstellung einnehmen; s. Abschnitt B. II) bereits im 12. Jh. sehr fortschrittl. Züge besaßen: v. a. in der ven. Diplomatie, die byz. Einflüsse aufweist (erste erhaltene ven. Instruktionen aus dem Jahre 1197). Auf das 13. Jh. gehen die ersten Ansätze zu einer statutenmäßigen Festsetzung der Auswahlkriterien von G.n zurück und der Gepflogenheiten bei Entsendung von G.schaften überhaupt (z. B. Statuten v. Perugia 1279). Für die Entwicklung des G.nwesens war der in dieser Zeit erfolgende Übergang vom »Nuncius« (Überbringer einer Botschaft, »lebender Brief«) und »Procurator« (Träger einer Procura oder eines Mandats, der daher die »plena potestas« zu Verhandlungen und Abschlüssen besitzt) zum »Ambaxiator« (Ambasciator) im eigtl. Sinn von größter Wichtigkeit. Dieser »G.«, dessen persönl. Qualitäten von ausschlaggebender Bedeutung waren, mußte nach der Forderung der Statuten Klugheit und Erfahrung besitzen und über die für seine Mission erforderl. Spezialkenntnisse verfügen. Eine wichtige Rolle spielten in diplomat. Missionen die Mitglieder der großen Adelshäuser, sogar in den »popularen« Kommunen, in denen sie von der Ausübung interner Ämter ausgeschlossen waren. Seit dem 13. Jh. bildeten sich die techn. Gepflogenheiten des G.nwesens heraus, die in den folgenden Jahrhunderten Gültigkeit behielten, wie Kredenzbriefe, Instruktionen, Depeschen, mündl. oder schriftl. Relationen (schriftl. Relationen wurden erstmals in Venedig 1268 durch einen Entscheid des Maggior Consiglio obligatorisch).

Im Zuge der Entwicklung der Territorialstaaten im 14. und 15. Jh. gewann die polit. Rolle der G.n zunehmend an Bedeutung; zudem wuchs deutlich ihr Anteil an der Herbeiführung und Formulierung polit. Entscheidungen, auch wenn sie nicht selbst der Führungsschicht oder der herrschenden Oligarchie angehörten. Die einen jurist.-formalen Ansatz vertretende Forschungsrichtung neigte dazu, derartige G.schaften mit den Implikationen »Amt« und »Residentschaft« zu versehen, wobei sie der Gefahr einer Rückprojektion moderner bürokrat. Begriffe nicht entgehen konnte. Die Kontroverse über den Ursprung der ständigen diplomat. Vertretungen – generell mit dem System der it. Territorialstaaten, das sich nach dem Frieden v. Lodi (1454) herausgebildet hatte, in Verbindung gesetzt (G. Mattingly), wobei die Präsenz des Nicodemo Tranchedini als von Francesco Sforza akkreditierter G. bei Cosimo de' Medici 1446 einen hist. faßbaren Anfangspunkt darstellte (A. Schaube) – führt daher im Grunde an der eigtl. Problematik vorbei; zielführender ist es wohl, von einer »kontinuierlichen« Diplomatie (R. Fubini) zu sprechen, bei der die Dauer der diplomat. Missionen von den unvorhersehbaren Erfordernissen der jeweiligen polit. Lage abhing. Die immer engeren Verflechtungen von Innen- und Außenpolitik sind für die Gesch. des G.nwesens daher relevanter als ein abstrakt-formaler institutionsgesch. Ansatz. In der 2. Hälfte des 15. Jh. entwickelte sich eine von den Fs.enhöfen und Signorien (→Sforza, →Gonzaga, →Medici) ausgehende »persönliche« Diplomatie (in der einige G. der Sforza, persönl. Agenten des Hzg.s, die nur einen relativ bescheidenen Rang bekleideten, bes. Bedeutung gewannen wie z. B. der gen. N. Tranchedini in Florenz und Antonio da Trezzo in Ferrara und Neapel), die nicht in das übliche Schema des G.nwesens zu pressen ist. Dieses komplexe System der Informations- und Vermittlertätigkeit behielt auch nach dem Italienzug Karls VIII. seine Gültigkeit.   P. Margaroli

Lit.: [allg.]: E. Duprè Theseider, Niccolò Machiavelli diplomatico, I: L'arte della diplomazia nel Quattrocento, 1945 – F. L. Ganshof, Le Moyen Âge (Hist. des relations internat., éd. P. Renouvin, I, 1953) – G. Mattingly, Renaissance Diplomacy, 1955 [Nachdr. 1970] – D. E. Queller, The Office of Ambassador in the MA, 1967 – [Einzelunters.]: S. Angelini, La diplomazia communale a Perugia nei sec. XIII e XIV, 1965 – G. Soldi Rondinini, Ambasciatori e ambascerie al tempo di Filippo Maria Visconti (1412–1426), NRS XLIX, 1965 – D. E. Queller, Early Venetian Legislation on ambassadors, 1966 – L. Cerioni, La diplomazia sforzesca nella seconda metà del quattrocento e i suoi cifrari segreti, 1970 – G. Soldi Rondinini, Giovan Pietro Panigarola e il »reportage« moderno (La bataille de Morat. Un événement suisse d'hist. europ. entre le MA et les temps modernes [1476–1976], 1976) – R. Fubini, Appunti sui rapporti diplomatici fra il dominio sforzesco e Firenze medicea (Gli Sforza a Milano e in Lombardia e i loro rapporti con gli stati it. ed europei [1450–1535], 1982) – P. Margaroli, Bianca Maria e Galeazzo Maria Sforza nelle ultime lettere di Antonio da Trezzo (1467–1469), ASL CXI, 1985 – V. Ilardi, Stud. in It. Renaissance Diplomatic Hist., 1986 – R. Fubini, Classe dirigente ed esercizio della diplomazia nella Firenze quattrocentesca. Rappresentanza esterna e identità cittadina nella crisi della tradizione comunale (I ceti dirigenti nella Toscana del Quattrocento, 1987).

V. Frankreich: Ohne über eine eigene zentrale Lenkung der Diplomatie und über ständige Gesandtschaften an auswärtigen Höfen zu verfügen, hat die frz. Monarchie im MA dennoch rege diplomat. Aktivität entfaltet. Bereits die frk. Kg.e seit Chlodwig ernannten und empfingen G. und schlossen Verträge, die aber oft nur Herrschaftsteilungen und Grenzfestlegungen zum Gegenstand hatten. An der Spitze des diplomat. Personals stand der Kg. als »premier négociateur« (P. Enjalran), der persönl. die Verhandlungen mit anderen Herrschern führte. Die Ratgeber des kapet. Kg.s (Verwandte, Lehnsfürsten, Barone, Prälaten), die in den Königsurkk. als Zeugen fungierten, wirkten auch maßgeblich an den polit. Entscheidungen mit, ohne daß vor dem 13. Jh. auf auswärtige Fragen spezialisierte Berater erkennbar sind; auch bei den Klerikern, die als →Notare unter der Leitung des Kanzlers die Königsurkk. redigierten, ist eine entsprechende Aufgabenverteilung nicht feststellbar. Bereits im Zuge der Teilungen des Karolingerreiches im 9. Jh. hatten sich die regierenden Mitglieder des Karolingerhauses zu »Gipfel-

gesprächen« zusammengefunden, denen Austausch von Gesandtschaften, wechselseitige Eide u.a. »diplomat.« Aktivitäten und Garantien vorausgingen. Bevorzugte Treffpunkte waren Grenzorte, namentl. →Brücken (vgl. bereits die Konferenz v. Meerssen 847 über dem Grenzfluß Maas). Das von den Söhnen Ludwigs d. Fr. angewandte Prinzip der 'confraternitas' hat die äußere Politik der frz. Monarchie das ganze MA hindurch beeinflußt, während in Kanzleibrauch und Protokoll die byz. geprägten Gepflogenheiten der Karolingerzeit nachwirkten. Aus der Karolingerzeit wurde auch der Begriff des →Ambasciators übernommen.

Die Kapetinger hielten am Brauch des Spitzengespräches an der Grenze (»en marche«) fest, wie Begegnungen mit den Ks.n und den Kg.en v. England zeigen. Sie verstärkten im Laufe des Hoch- und SpätMA ihre Gesandtschaftsbeziehungen auch zu entfernten Herrschern (lat. Osten, Kiever Rus', Dänemark, Großkhan unter Ludwig d. Hl.), wobei ihnen das päpstl. Legatenwesen (s. Abschnitt B. III) als Vorbild diente.

Vom 13. Jh. an wurde die diplomat. Aktivität der frz. Monarchie intensiviert durch die Auseinandersetzungen mit England (→Hundertjähriger Krieg). Neben feierl. Staatsbesuchen und Gipfeltreffen der Souveräne (Besuch Ks. Karls IV. in Paris 1378, Ks. Sigmunds 1416; Begegnung Kg. Karls VI. mit Kg. Richard II. in Ardres 1396 u.a.) war die diplomat. Alltagsarbeit von der Entsendung von Gesandtschaften sowie der Redaktion und Archivierung des Urkunden- und Aktenmaterials bestimmt. Abgesehen von quasi-offiziellen »Sonderbotschaftern« waren die frz. G.n, die sowohl in kleinen Delegationen (mit drei Mitgliedern) als auch in größeren Abordnungen reisten, stets in kollegiale Missionen eingebunden, ob sie nun zeitl. eng begrenzte oder langdauernde (z. B. anglo-frz. Konferenzen von Leulingen unter König Karl VI.) Verhandlungen zu führen hatten. Die Repräsentations- und Verhandlungsfunktionen waren unter den Mitgliedern aufgeteilt. Waren die als Delegationsleiter fungierenden Fs.en oder Prinzen in erster Linie Verteter des Kg.s, so verkörperten gleichfalls beteiligte Barone, Ritter, Prälaten, Kleriker und einfache kgl. Beamte die durch die Gesandtschaften ausgedrückte Repräsentation der in den drei Ständen (→États) verfaßten nationalen Gemeinschaft: dies gilt insbes. für die Verhandlungen mit England, die »nationale« Belange berührten. Die übergreifenden polit. Aspekte der diplomat. Verhandlungen oblagen den Mitgliedern des →Conseil royal, denen Juristen, Sekretäre (für die Urkundenausfertigung) sowie Militärs (für die Waffenstillstandsverhandlungen mit England) zur Seite standen.

Die G.n reisten unter dem Schutz eines speziellen Geleitbriefs (→Geleit), der die Namen der G.n und die Zahl ihres Gefolges aufführte. Bei ihrer ersten Audienz präsentierten sie ihre Kredenzen, und der Sprecher (orator) der Delegation trug ihr Anliegen in kunstvoller Rede vor. Neben den offiziellen hatten die G.n selbstverständl. auch geheime Instruktionen. Nach ihrer Rückkehr legten sie ihren Bericht (relatio) und die Kostenabrechnung vor. Als G. wurden mit Vorliebe Mitglieder des →Conseil, →Hôtel du roi (bes. häufig die →chambellans), des →Parlement und der →chancellerie verwandt. Wenn sich im 14.–15. Jh. auch kein »Berufsdiplomatentum« ausbildete, so sind Ansätze zu einer Spezialisierung doch unübersehbar: Unter Karl VI. sind von 190 nach England geschickten G.n ein Drittel kgl. Beamte. Unter ihnen treten 20 mit allgemeinen »außenpolit.« Fragen vertraute Spezialisten hervor, an ihrer Spitze der Kanzler, der gleichsam zum obersten

Chef der Diplomatie wird; bestimmte Verträge werden in seinem Palast unterzeichnet. Während einige kgl. Sekretäre auf die Redaktion von Urkk. des G.nwesens sowie z. T. von Verträgen spezialisiert sind (z. B. Jean de Montreuil), wird das diplomat. Aktenmaterial vom *Garde du Trésor des Chartes* archiviert. Die dort aufbewahrten Unterlagen dienten gemeinsam mit anderen Berichten, z. T. überliefert in den »Grandes Chroniques de France« (Staatsbesuch Karls IV. 1378!), einer kontinuierl. diplomat. Arbeit (im Hinblick auf Rechtsgrundlagen, Präzedenzfälle, Protokollregeln). Der diplomat. Dienst erforderte Wissen, kultiviertes Auftreten und Eloquenz im mündl. wie schriftl. Ausdruck. Daher wird die Reihe der für Frankreich so charakterist. »diplomates-écrivains« bereits im 14.–15. Jh. mit Eustache →Deschamps, Jean de →Montreuil, Alain →Chartier und Philippe de →Commynes eröffnet. Im »Ambaxiatorum Brevilogus« (1435) entwirft Bernard du Rosier, Ebf. v. Toulouse, das Idealbild des vollkommenen Gesandten. F. Autrand

Lit.: M. DE LA CLAVIÈRE, La diplomatie du temps de Machiavel, 3 Bde, 1892–99 – Les affaires étrangères et le corps diplomatique français I, 1984 – I. LE BIS, La pratique de la diplomatie sous le règne de Charles VI (Position des thèses de l'École des Chartes, 1987) – s. a. Lit. zu→ Arras, Frieden v. (insbes. DICKINSON).

VI. BURGUNDISCHE STAATEN: Im Laufe des 15. Jh. unterhielten die Hzg.e v. →Burgund außergewöhnlich intensive diplomat. Verbindungen mit einer großen Zahl von europ. Höfen. Man hat allein 1477–82 und 1492–1506 nicht weniger als 431 Gesandtschaften von seiten der burg. Hzg.e aus dem Hause Valois/Habsburg gezählt. Diese Delegationen wurden üblicherweise ad hoc für eine bestimmte Mission entsandt. Der erste ständige burg. Gesandte war Pierre Puissant, Sekretär Kg. Maximilians, der Febr.–Okt. 1492 in London residierte; er bildete in dieser Zeit noch einen Einzelfall. Erst Ehzg. Philipp der Schöne tauschte ab 1504 ständige Gesandte mit dem Hl. Röm. Reich, Frankreich und seinen span. Erblanden aus. Sein Großvater Karl der Kühne hatte an seinem Hof bereits mailänd. und venez. Gesandtschaften empfangen, diese aber nicht erwidert.

Die burg. Gesandtschaften bestanden gewöhnlich aus einem Geistlichen, mehreren adligen Räten, einem Juristen und einem Sekretär. Der ad-hoc-Charakter kam in speziellen Geleitbriefen, abgegrenzten Instruktionen und einmaligen Vergütungen für jede Delegation zum Ausdruck. Entsprechend dem Land, in das die Gesandtschaft ging, und dem jeweiligen Verhandlungsgegenstand wurden von den Hzg.en erfahrene Gesandte ausgewählt: neben angesehenen burg. Adligen stets Leute aus verschiedenen Territorien, v. a. denjenigen, die von der jeweiligen Mission betroffen waren. So wirkten an den Verhandlungen mit England zumeist Gesandte aus Flandern, seit 1433 auch aus Holland und Seeland mit. Der Statthalter v. Holland, der Präsident der Ratkammer v. Flandern sowie sonstige Räte dieser Länder nahmen gemeinsam mit persönl. Räten des Hzg.s an derartigen Gesandtschaften teil. In bes. delikaten Verhandlungsphasen standen führende Mitglieder des Hzg.shauses an der Spitze, so bei den Gesandtschaften nach England 1437–43 (Hzgn. Isabella v. Portugal) und 1465 (Großbastard Anton).

Hinsichtl. der wirtschaftl. Beziehungen verfügten die großen Städte in Flandern, Brabant, Holland und Seeland über eine lange Tradition diplomat. Verbindungen mit ihren Partnern. Sie setzten diese Aktivitäten in der burg. Zeit fort, indem sie bei Verhandlungen die Initiative ergriffen oder doch als Teilnehmer von entscheidendem Gewicht mitwirkten. Die seit ca. 1430 durchgeführte

Einigung der niederländ. Territorien unter der Oberherrschaft der Hzg.e erlaubte diesen, die auswärtigen Beziehungen jedoch mehr und mehr in ihre Hand zu nehmen.

In der burg. Diplomatie nahm der Schriftverkehr mit Korrespondenzen, Geleitbriefen, Kredenzen, Instruktionen und Gesandtenberichten einen breiten Raum ein. Die Hzg.e boten den auswärtigen Gesandten kostbare Geschenke etwa in Form von Preziosen, Pferden oder gar hohen Geldsummen an, was den Verdacht der Bestechung (→Korruption) nahelegt. Die große Ratsherrenfamilie der →Croy etwa diente bis 1465 in für sie einträgl. Weise beiden Seiten, dem Hzg. v. Burgund wie dem Kg. v. Frankreich. W. Blockmans

Lit.: J. DICKINSON, The Congress of Arras, 1955 – P. BONENFANT, Du meurtre de Montereau au Traité de Troyes, 1958 – A. M. FOBE, De Spaanse nalatenschap: de ontstaansredenen van de vroegste residerende-gezantschappen vanuit de Nederlanden (1492–1506), TG 85, 1972, 171–179 – W. PREVENIER, Les perturbations dans les relations commerciales anglo-flamandes entre 1379 et 1407 (Mél. E. PERROY (1973), 477–497.

VII. ENGLAND: Für die Ausprägung des engl. G.nwesens waren im wesentl. drei Faktoren ausschlaggebend: 1. die wachsende Bedeutung Englands unter den europ. Monarchien während der Kriegsperiode des SpätMA; 2. die Notwendigkeit, die engl. Handelspolitik diplomat. zu unterstützen; 3. das steigende Bedürfnis einer Kommunikation zw. den aufstrebenden »Nationalstaaten« Europas. Die Ausbildung des engl. G.nwesens (Frühformen der Angelsachsen- und Normannenzeit können hier nicht berücksichtigt werden) erfolgte im letzten Viertel des 13. Jh.; entscheidend war dabei die Ernennung bes. kgl. Beamter, denen die Archivierung a) der päpstl. Bullen und der Korrespondenz mit der Kurie, b) des rechtl. und diplomat. Schriftguts, das die engl. Besitzungen in →Aquitanien betraf, oblag. Die engl. Monarchie legte nunmehr großen Wert auf die geordnete Archivierung des diplomat. Schriftguts (Verträge, Memoranden, Instruktionen und Vollmachten, Berichte), v. a. um dadurch späteren G.n die erforderl. Kenntnisse der früheren Beziehungen zu ausländ. Staaten zu vermitteln. Damit wurde eine Kontinuität in den internat. Beziehungen hergestellt.

Ebenso bedeutend war aber auch die Auswahl des diplomat. Personals. Da die Gesandtschaften als Repräsentanten des Kg.s auftraten, standen an ihrer Spitze häufig Prinzen von Geblüt, hohe Adlige oder Prälaten (z. B. Bf.e). Ihnen zur Seite standen »Fachleute«: Soldaten bei Kriegs- und Friedensverhandlungen, Kaufleute bei Handelsvereinbarungen oder Geschäften. Übliche Praxis war auch die Teilnahme mindestens eines im röm. Recht bewanderten Juristen, dessen Aufgabe es war, in Rechtsfragen zu beraten oder Verträge und Übereinkünfte zu prüfen. Diese Erfordernisse der Diplomatie trugen – neben anderen Bereichen des Königsdienstes – dazu bei, daß sich auch in England, dem Land des Common Law, das Studium des röm. Rechts stärker verbreitete (→Oxford, →Cambridge). Um die diplomat. Effektivität zu steigern, wurde eine zunehmende »Spezialisierung« von G.n zur gängigen Praxis. Die Kg.e zeigten Interesse an diplomat. Vorgängen (Empfang von ausländ. G.n durch den Kg., Erteilung von Instruktionen für die eigenen G.n, Entgegennahme von an diese gerichteten Berichten usw.). Die für das späte 14. Jh. charakterist. Praxis, Instruktionen unter dem Kleinen Siegel *(privy seal)* oder gar dem – exklusiven – Privatsiegel *(signet)* auszufertigen, unterstreicht die gestiegene Bedeutung, die die engl. Monarchen dem Gesandtenwesen zuerkannten. Aus diesem Grunde wurden im 15. Jh. – nach dem Vorbild der it. Renaissancehöfe – auch zunehmend

Männer, die das Humanistenlatein in Wort und Schrift
elegant beherrschten und die engl. Monarchie in den
internat. aristokrat. Kreisen würdig und geschickt zu
vertreten wußten, mit Aufgaben der Diplomatie betraut –
einem Wirkungskreis, der für den Ausübenden öffentl.
Nutzen und Ehre in vorteilhafter Weise verband. – Das
schott. G.nwesen ist noch wenig erforscht. C. T. Allmand

Lit.: H. S. Lucas, The Machinery of Diplomatic Intercourse (English
Government at Work, 1327–36, hg. J. F. Willard – W. A. Morris, I,
1940), 300–331 – J. G. Dickinson, The Congress of Arras, 1435. A
Study in Medieval Diplomacy, 1955 – G. P. Cuttino, English Diplo-
matic Administration, 1259–1339, 1971 – P. Chaplais, Essays in
Medieval Diplomacy and Administration, 1981 – G. P. Cuttino,
English Medieval Diplomacy, 1985.

VIII. Iberische Halbinsel: Schon früh bestanden zw.
den christl. Herrschaften und Reichen auf der Iber. Halbinsel enge, zumeist dynast. begründete Kontakte, die sich
aber infolge zahlreicher polit. Verzahnungen trotz der
krieger. Gegensätze auch auf die arab. Machtsphäre und
dort v. a. auf die häufig zum Abfall von →Córdoba neigenden nördl. Zentren ausdehnten. Zwar ist kein geregelter
G.enverkehr zu beobachten, doch wurde insbes. von arab.
Seite auf ein festes Zeremoniell Wert gelegt. →Katalonien
hatte bis zur Mitte des 10. Jh. indes fast überhaupt keine
diplomat. Verbindung zum al-Andalus. Erst die Gesandtschaft des Abtes →Johannes v. Gorze, die dieser im Auftrag Ottos d. Gr. zum Kalifen ʿAbdarraḥmān III. 950
unternahm und die in Barcelona auf der Hin- und wieder
auf der Rückreise – diesmal in Begleitung eines mozarab.
G.n – Station machte, führte zu indirekten Beziehungen.
Nachdem eine weitere G.schaft nochmals 956 Barcelona
berührt hatte, sind in der Folge die diplomat. Kontakte
forciert worden (971, 974), so daß die Gft. →Barcelona
ztw. wie auch andere christl. Herrschaften in ein Klientel-
verhältnis zum Kalifat geriet. Gleichzeitig intensivierten
sich die katal. Beziehungen zum Papsttum, was in wiederholten Romfahrten der Gf.en seinen Ausdruck fand.
Überhaupt bildete sich ab der Mitte des 11. Jh., als die
Legation des Kard. →Hugo Candidus das Eis gebrochen
hatte, speziell nach der Einführung des röm. Ritus ein
enges Verhältnis zw. den span. Reichen und der Kurie
heraus, was zu zahlreichen G.schaften von beiden Seiten
führte. Spätere Päpste (→Paschalis II., →Coelestin III.)
haben als päpstl. Legaten auf der Iber. Halbinsel gewirkt
und versucht, den komplizierten Neuaufbau der span.
Kirche angesichts endloser Streitigkeiten im Sinne Roms
voranzutreiben – eine Aufgabe, die selbst gegen Ende des
14. Jh. nicht vollständig bewältigt war und dauernd neue
Legationen erforderte. Das 11. Jh. war darüber hinaus eine
erste Blütezeit der christl.-muslim. Beziehungen, da mit
dem Zerfall des Kalifats v. Córdoba und der Entstehung
der Taifenreiche (→Mulūk aṭ-ṭawāʾif) die polit. Abhängigkeitsverhältnisse aufgeweicht und umgekehrt wurden, so daß die starre religiöse Haltung bis zum Einfall der
→Almoraviden einer Öffnung für die verschiedensten
Verbindungen quer durch alle Lager wich. Im 12. Jh.
erweiterte sich das Bündnisspektrum der christl. Reiche
beträchtl., da die innerspan. Rivalitäten und der Ausgriff
der Krone Aragón nach Südfrankreich zu neuen Konstellationen führten, die durch Verhandlungen und zahlreiche
Heiratsprojekte mit fast allen abendländ. Königshäusern
und →Byzanz abgesichert wurden. Diese Tendenz setzte
sich im 13. Jh. angesichts des Ausgriffs der Krone Aragón
in den westl., später auch in den östl. Mittelmeerraum fort
und mündete im 14. Jh. in die diplomat. Schachzüge des
kast. Bürgerkriegs sowie des →Hundertjährigen Krieges,
die einen regen G.naustausch zw. Kastilien, Aragón, Por-

tugal, Navarra, Frankreich und England bewirkten. In
diesem Zusammenhang sind auch wiederholt Legationen
bedeutender Kardinäle der Kurie in Avignon zu vermerken (Guy de →Boulogne, Guillaume de la Jugie), ein
Kontakt, der durch die regelmäßige Ernennung von Lan-
deskardinälen und die in den Wirren des Großen Abendländ. Schismas unternommenen G.schaftsreisen des
Kard. Pedro de Luna (→Benedikt XIII.) eher noch enger
wurde, aber immer auch durch die Eintreibung des Kreuz-
zugszehnten und der Abgaben für die Kurie bedingt war.
Im 15. Jh. hatte sich das Gesandtschaftswesen auf der Iberischen Halbinsel weitgehend vervollkommnet, ohne feste
Institutionen ausgebildet zu haben, sieht man von den
im 13. Jh. in Tunis, Bugia, Alexandrien, Granada, Montpellier, Marseille und weiteren, auch nordeurop. Handelsstädten eingerichteten →Konsulaten der Krone Aragón
ab. Bes. hinzuweisen ist darüber hinaus auf die Ausdehnung der aragones. Herrschaft im Mittelmeerraum mit
ihrem zweiten Schwerpunkt im Kgr. Neapel-Sizilien, das
Alfons V. ebenfalls seiner Herrschaft unterwerfen konnte
und wo er seinen Aufenthalt nahm, und den davon herrüh-
renden engsten Kontakten zw. den Höfen v. Neapel und
Barcelona. Die diplomat. Beziehungen mit der röm. Kurie, Frankreich, Burgund und dem Dt. Reich erreichten
unter den →Kath. Königen, die die Kirche in die neue
staatl. Ordnung eingebunden haben und die dynast. Kontinuität durch großangelegte Projekte sichern wollten,
ihren Höhepunkt, als bereits das Zeitalter der ständigen
Botschafter und Nuntiaturen anbrach.　　　　　L. Vones

Lit.: Eine übergreifende Darstellung bleibt Desiderat – A. Pieper, Die
päpstl. Legaten und Nunzien in Dtl., Frankreich und Spanien I, 1897 –
Correspondencia de Gutierre Gómez de Fuensalida, embajador en
Alemania, Flandes é Inglaterra 1496–1509, publ. por el Duque de
Berwick y de Alba, 1907 – P. Kehr, Das Papsttum und der katal.
Prinzipat bis zur Vereinigung mit Aragon, AAB 1926, Nr. 1 – Ders.,
Das Papsttum und die Kgr.e Navarra und Aragon bis zur Mitte des
XII. J., AAB 1928, Nr. 4 – C. Erdmann, Das Papsttum und Portugal
..., ebd., Nr. 5 – E. Muceta, Contribución al estudio de la diplomacia
de los Reyes Católicos. La embajada de López de Haro a Roma en 1493,
Hist. del derecho español 6, 1929, 145–196 – G. Säbekow, Die päpstl.
Legationen nach Spanien und Portugal ... [Diss. Berlin 1931] – A. de
la Torre, Documentos sobre relaciones internacionales de los Reyes
Católicos, 6 Bde, 1949–66 – G. Mattingly, Renaissance Diplomacy,
1955 – P. E. Russell, The English intervention in Spain & Portugal...,
1955 – J. Fernández Alonso, Legaciones y nunciaturas en España de
1466 a 1521, I: 1466–1486, 1963 – J. M. Madurell I Marimon,
Mensajeros barceloneses en la corte de Nápoles de Alfonso V de
Aragón, 1963 – Ch.-E. Dufourcq, L'Espagne catalane et le Maghrib
aux XIIIᵉ et XIVᵉ s., 1965 – Ders., Les consulats catalans de Tunis et de
Bougie au temps de Jacques le Conquérant, Anuario de Estudios
medievales 3, 1966, 469–479 – L. Suárez Fernández, Política internacional de Isabel la Católica, 5 Bde, 1965–72 – P. Linehan, The Spanish
Church and the Papacy in the Thirteenth Century, 1971 – P. Bonnas-
sie, La Catalogne ... I, 1975, 340ff. – P. Krendl, Die dynastisch-polit.
Verhandlungen Maximilians I. mit Ferdinand d. Kath. i. J. 1507, HJb
97–98, 1978, 213–254 – Ders., Span. G. berichten über Maximilian I.,
den Hof und das Reich, MIÖG 87, 1979, 101–120 – Ders., Zur Zurita-
Kritik: Die Auswertung der erhaltenen span. G.nberichte aus dem
Reich in der »Historia del Rey Don Hernando el Catholico«, SFGG.
GAKGS 30, 1982, 344–358.

IX. Skandinavien: Internationale Verhandlungen fan-
den urspgl. statt bei den persönl. Begegnungen von
Herrschern (z. B. Kg. Waldemar I. v. Dänemark und
Friedrich Barbarossa 1162 in St-Jean-de-Losne und 1181
bei Lübeck), doch kann der Fund eines Siegels des Gf.en
Balduin IV. v. Flandern (988–1035) nahe der Nord-Süd-
Durchgangsstraße in Jütland vielleicht als Zeugnis einer
bevollmächtigten Gesandtschaft dieses Fs.en nach Däne-
mark oder Norwegen gedeutet werden.
　　Im späteren MA traten die Fürstentreffen gegenüber

den Verhandlungen zw. Gesandtschaften und Regierungen bzw. Ratsgremien stärker zurück. Eine Voraussetzung dieser Entwicklung war die allgemeine Anerkennung des Delegationsprinzips seit dem 12. Jh., die, nicht zuletzt unter kirchl. Einfluß, erfolgte (Delegation der Bm.er bei Synoden und Konzilien, →Kapitel der Zisterzienser und Bettelorden). Das Delegationsprinzip wurde im Ostseeraum erstmals im 13. Jh. in Gestalt der Hansetage (→Hanse), zu denen die Städte ihre bevollmächtigten Delegierten entsandten, in breitem Umfang wirksam.

Im G.nwesen der skand. Monarchien des SpätMA sind zwei Kategorien erkennbar: die üblicherweise nicht bevollmächtigten Kuriere (→Botenwesen), die als Überbringer diplomat. Korrespondenz mitunter auch Sondierungen vornahmen, und die mit Vollmachten versehenen eigtl. G.n oder Botschafter. →Prokuratoren wurden seit dem 13. Jh. an die Kurie entsandt (z. B. schwed. und norw. Bf.e in der Auseinandersetzung mit dem Unionskg. Erich v. Pommern 1432–34), ebenso zu den allgemeinen Konzilien (Beschluß des schwed. Provinzialkonzils v. Arboga, 1423) und zu wichtigen polit. Verhandlungen (Tønsberger Settargjerd, 1277).

Beziehungen zur Kurie bestanden frühzeitig, von seiten Dänemarks bereits seit den Jahren nach 1080. Mit Ausnahme der 1450–56 und um 1500 in Rom als 'ministri' residierenden Vertreter Schwedens treten ständige Repräsentanten der skand. Reiche an der Kurie aber erst in der frühen Neuzeit auf. In diesem Zusammenhang zu nennen sind die legati nati, die, obwohl Bf.e, als ständige Vertreter der Kurie deren Interessen in dem jeweiligen Lande wahrnehmen sollten.

Mit G.schaften wurden mit Vorliebe Geistliche, kgl. Beamte und Adlige betraut; bei der Auswahl spielten Sach- und Sprachkenntnisse sowie Repräsentationsfähigkeiten eine Rolle. Im hochma. Norwegen waren die Untertanen, insbes. der Kanzler und die Bf.e, zur Teilnahme an Gesandtschaftsreisen verpflichtet; unter Håkon IV. (1217–63) wurden als G. daher Bf.e, niedere Weltgeistliche, Ordensgeistliche, weltl. Adlige (lendmenn) und kgl. Dienstleute verwandt, während von 1300 an Geistliche aus den Kapiteln und kgl. Kapellen dominierten. Zu dieser Entwicklung dürfte (neben dem Gesichtspunkt einer zunehmenden Professionalisierung) auch der bes. Schutz, den die Geistlichen ohnehin genossen, beigetragen haben.

Als neue Gruppe mit diplomat. Aufgaben treten im Laufe des 14. Jh. die →Herolde, die seit dem Beginn des 14. Jh. als Leiter der kgl. →Turniere belegt sind, in Erscheinung (z. B. Herolde als G. des Kg.s v. Dänemark in Brabant, 1366). Da Herolde als G. diplomat. Immunität besaßen, stieg ihr soziales Ansehen, bis hin zur Bildung einer bes. Heroldsorganisation unter den Unionskönigen des 15. Jh. Die insgesamt sieben dän.-norw. Herolde wurden (wohl unter engl. oder schott. Einfluß) nach Landesteilen benannt.

Im Bereich der Hanse wurden zunächst nur Ratsmitglieder als Repräsentanten der Stadt auf den Hansetagen wie auch gegenüber auswärtigen Mächten anerkannt; seit dem 15. Jh. wurden aber auch Ratsschreiber oder städt. Syndici als Exponenten der Kontinuität der städt. Politik an den Verhandlungen beteiligt.

Zur Legitimierung der G.n dienten in der vorschriftl. Zeit bestimmte, den auswärtigen Behörden bekannte zeichenhafte Gegenstände (jartegnir), verbunden mit der mündl. Darlegung des Auftrags (orðsending); mit der Verbreitung der →Schriftlichkeit traten Kredenzen und Vollmachten (procuratorium; litterae procuratoriae/credentiales/de credentia; credencie breff) an deren Stelle. Auch

Schutz- und Geleitbriefe (litterae de protectione/de conductu) von seiten der eigenen oder der auswärtigen Regierung spielten, v. a. auf der Durchreise zur Legitimierung bei lokalen Amtsträgern, eine wichtige Rolle.

Die Vollmacht der G.n erstreckte sich häufig auch auf den Abschluß von Verträgen, doch liefen die G.n mitunter Gefahr, daß die eigene Regierung ein von ihnen ausgehandeltes Abkommen nicht ratifizierte (z. B. Verhandlungen zw. der Hanse, den Gf.en v. Holstein und den Repräsentanten Schwedens und Norwegens, 1361). Die Delegierten der Hanse hatten bei den Hansetagen wie auch bei ihren Verhandlungen mit fremden Fs.en normalerweise weiter reichende Vollmachten, die bis zum Ausspruch der →Verhansung reichen konnten. Seit dem 13. Jh. waren die hans. G.n zur Rechnungslegung verpflichtet; hiermit hing auch eine schriftl. Berichterstattung zusammen, die auch andernorts, v. a. in Norwegen, wiederholt begegnet.

Wachsende Bedeutung gewann für die künftigen G.n ein – allerdings nicht immer abgeschlossenes – Universitätsstudium (v. a. zur Erlangung von Rechts- und Sprachkenntnissen, bes. Latein); spezielle Länderkenntnisse erwarben sie wohl in der Zentralverwaltung des eigenen Landes. Herolde absolvierten dagegen eine siebenjährige Lehre, bevor sie in eine vakant gewordene Stelle des Heroldkollegs einrücken konnten.

Mitunter sind auf bestimmte Länder spezialisierte G. feststellbar, so bereits im 12. Jh. der aus Frankreich stammende Abt →Wilhelm v. Aebelholt († 1203) als »primus motor« der Verhandlungen über die Ehe der dän. Prinzessin →Ingeborg mit Kg. Philipp II. August v. Frankreich. Im norw. G.ndienst war Bjarne Moisesson während der 1240er und 1250er Jahre der Dänemark-Spezialist. Unter den diplomat. aktiven Herolden des ausgehenden MA waren mehrere Ausländer (Deutsche, Schotten, ein Spanier), von denen der Schotte David Corran († 1529), der Wappenkönig »Dänemark«, Spezialist für Schottland- und Rußlandbeziehungen war.   Th. Riis

Lit.: KLIV, 611–614; X, 399–401 [vgl. hierzu: N. SKYUM-NIELSEN, Das dän. Ebm. vor 1250, Acta Visbyensia III, 1969, 125–28]; XIII, 473–475; XVIII, 541–548; XIX, 241–247 – W. CHRISTENSEN, Dansk Statsforvaltning i det 15. Århundrede, 1903, 97–114 – H. WERNICKE, Die Städtehanse (1280–1418). Genesis–Strukturen–Funktionen (Abh. zur Handels- und Sozialgesch., 22, 1983) – TH. RIIS, Should Auld Acquaintance Be Forgot ... Scottish-Danish Relations ca. 1450–1707, I–II, 1988.

X. OSTMITTELEUROPA: Das G.nwesen in Polen, Litauen und Böhmen war zunächst eng an die Persönlichkeit der Fs.en und Kg.e gebunden; manchmal führten diese die diplomat. Verhandlungen selbst. Nur wenn die Herrscher großangelegte dynast. und außenpolit. Ziele, meist verbunden mit der Eroberung der benachbarten Länder, verfolgten, wurden G. verwendet. Die Beziehungen dieser Länder zum Papsttum trugen maßgebl. zur Entwicklung des G.wesens bei, so bereits in Polen unter Bolesław Chrobry († 1025) und in Böhmen unter Přemysl Ottokar II. († 1278). Die G.n stammten v.a. aus den Kreisen der Prälaten (Äbte, Bf.e usw.) oder waren Mitglieder der regierenden Familien. Eine rege diplomat. Tätigkeit ist v.a. unter dem poln. Kg. Kasimir († 1334), Ks. Karl IV. († 1378) und den litauischen Großfs.en Witowt († 1430) zu verzeichnen. Auf der Tagung v. Trenčín (1335) z. B. wurden Kg. Kasimir v. Polen und Kg. Johann v. Böhmen von Prälaten vertreten. Erst seit dem Ende des 14. Jh. erscheinen auch Adlige häufiger als G. Bürger treten erstmals im Böhmen der hussit. Revolution als Diplomaten hervor. Sie verhandelten auch in Polen und in Litauen über die böhm. Thronfolge und begleiteten den Jagiellonen-Prinzen Sigismund Korybutowicz nach Böhmen.

Neue Gelegenheit zur Entwicklung des G.wesens boten die großen Konzilien in Konstanz und Basel, wo G. aus Polen und Böhmen, insbes. die hussit. Delegation unter →Prokop d. Gr. i. J. 1433 (→Basler Kompaktaten), erfolgreich tätig waren. Breit angelegte Aufgaben bot dem G.wesen der böhm. Kg. →Georg v. Podiebrad in seinem publiz. Kampf gegen das Papsttum: Seine Abgesandten durchreisten, mit Friedensmanifesten versehen, Frankreich, England, Spanien und das Reich und warben für einen christl. Bund der europ. Herrscher und Fs.en (1464). Am Ende des 15. Jh. und zu Beginn des 16. Jh. beteiligte sich am G.nwesen neben dem Kgt.m auch die böhm. Ständegemeinde, die eigene Außenpolitik trieb und 1519 sogar mit ständ. Gesandten an der Wahl des röm. Kg.s teilnahm. Aber weder in Böhmen noch in Polen kannte man im MA regelrechte »Berufsdiplomatie«, und es entstanden keine ständigen G.schaften bei den ausländ. Mächten. Die Kg.e v. Polen bemühten sich seit dem Beginn des 16. Jh. mit Hilfe ausländ. Spezialisten, meist Adliger, um einen Ausbau ihrer Diplomatie. Doch erfolgte der Übergang zum hauptberufl. Gesandtenwesen auch in Polen erst später.   J. Macek

Lit.: B. PICARD, Das G.schaftswesen Ostmitteleuropas in der frühen Neuzeit, Wiener Archiv für Gesch. des Slawentums und Osteuropas 5, 1967.

XI. UNGARN: Eine, wohl legendäre Gesandschaft steht am Eintritt der Ungarn in die Geschichte Mitteleuropas: Kusid, Sohn Kunds, soll, gegen reiche Geschenke des Fs.en →Árpád, Land, Luft und Wasser des Karpatenbekkens vom Mährenfürsten Svatopluk »erworben« haben. Gesandschaften der folgenden Jahrhunderte (u. a. erstmals nach Byzanz, 948, sowie zu Ks. Otto I. nach Quedlinburg, 973) bestanden aus Führern des Stammesverbandes bzw. des Kgr.es. Erst im 13. Jh. werden in Urkk. G. in die Nachbarländer, nach Rom und – meist zwecks dynast. Ehen – ins fernere Ausland namentl. erwähnt. Einige von ihnen vertraten Ungarn jahrelang an der Kurie. Üblicherweise wurden 1–2 Geistliche (Bf.e, Pröpste), begleitet von →Gespanen, Hofwürdenträgern oder anderen Herren (auch der kgl. Leibarzt wird erwähnt) als Botschafter entsandt. Im 14. Jh. erhielten vornehml. der Vorsteher (comes) oder andere kanon. gebildete Mitglieder der Hofkapelle diplomat. Aufträge. Manche der Kleriker und Barone, die unter Sigmund und Matthias Corvinus, nebst anderen Ämtern, regelmäßig ins Ausland gesandt wurden (unter ihnen bedeutende Humanisten), waren auf dem Wege, Berufsdiplomaten zu werden. Matthias scheint eine ständige Vertretung in Rom zumindest angestrebt zu haben. Nach 1490 nahmen an Gesandschaften, bes. nach Rom, Venedig und zu den dt. Reichstagen, regelmäßig militär. aktive Barone teil, da verzweifelte Hilfsgesuche gegen die Türken (→Türkenkrieg) immer stärker in den Vordergrund traten. Ung. Botschafter an der Hohen Pforte (→Osman. Reich) dürften als erste wegen ihrer Sach- und Sprachkenntnisse ernannt worden sein. Während ven. und päpstl. G. für die Gesch. Ungarns vor 1526 äußerst wichtige Berichte verfaßten, sind vergleichbare Relationen von ung. Diplomaten nicht erhalten geblieben.   J. M. Bak

Lit.: Chronici Hungarici compositio saec. XIV, cap. 28, ed. A. DOMANOVSKY (SSrer Hung I, 1938), 288 – V. FRAKNÓI, Mátyás király magyar diplomátái, Századok 32, 1898, 1–14, 97–112, 385–404, 769–781, 865–875 – P. TÖRÖK, A mohácsi vész diplomáciai előzményei (Mohácsi Emlékkönyv 1526, hg. I. LUKINICH, 1926), 141–192 – J. DEÉR, A magyar törzsszövetség és a patrimoniális királyság külpolitikája, 1928 – GY. BÓNIS, A jogtudó értelmiség a Mohács előtti Magyarországon, 1971.

C. Judentum

G. im Sinne von Fürsprecher bzw. Vertreter jüd. Interessen bei staatl. oder kirchl. Autoritäten kennt das Judentum seit seiner Diasporaexistenz. Ihr möglicher Einfluß war sowohl von ihren Beziehungen, ihrer Persönlichkeit als auch von der jeweiligen (ökonom.) Lage der Juden bestimmt. Eine solche Funktion übernahmen z. B. →Saadja b. Josef (882–942) in Bagdad für die Juden Ägyptens und Samuel ha-Nagid (990–1055) in Granada für die Juden des islam. Spanien. Aufgrund des Fehlens einer traditionellen Unterordnung unter ein Zentrum sowie des notwendigen Status der Juden, um mit Unterstützung des Herrschers eine anerkannte Führung zu ernennen, gab es in Westeuropa weder Institutionen (Exilarch, Gaon) noch Verhandlungspartner (Nagid) wie in den islam. Ländern. So entsteht hier im 11. Jh. ein neuer Typ des Vertreters jüd. Interessen, der *Shtadlan* (Fürsprecher), der je nach Situation der Juden in den einzelnen Ländern die Rolle eines Diplomaten, Advokaten und Fürsprechers übernahm. Als Lohn für ihr tägl. Mühen regt →Elieser ben Joel (ca. 1160–1235) an, sie mit der Leitung der Festtagsliturgie zu betrauen. Begriff und Aufgabe der *Shtadlanut*, der jüd. Interessenvertretung, hat die Synode jüd. Gemeindevertreter Aragoniens im Dez. 1354 in Barcelona umschrieben: (Die auf der Versammlung gewählten Deputierten sollten) »in allen die Gemeinden der Kgr.e betreffenden Angelegenheiten« vorstellig werden. Jüd. Führer konnten sich an den kgl. Hof ihres Landes oder an die päpstl. Kurie in Avignon wenden. So wurde Papst Clemens VI. ersucht, den christl. Pöbel mittels theol. Argumentation zurechtzuweisen und die Inquisition wegen Ketzerei nicht auf (rechtgläubige) Juden auszudehnen. Seit dem SpätMA wird Shtadlan zur Bezeichnung von (z. T. berufsmäßigen und besoldeten) Gemeindefunktionären, deren originäre Aufgabe die Pflege des Verhältnisses zur nichtjüd. Obrigkeit ist; seit dem 19. Jh. wird der Begriff abschätzig verwendet für gegenüber der Obrigkeit willfährige jüd. Gemeindevertreter.   Rolf Schmitz

Lit.: J. F. BAER, Die Juden im chr. Spanien, 2 Bde, 1929–36 – S. W. BARON, The Jewish Community, its Hist. and Structure to the American Revolution, 3 Bde, 1948 – H. H. BEN-SASSON, Gesch. des jüd. Volkes 2, 1979.

Gesäßreifen → Plattenharnisch

Gesäßtasche, ein an die Gesäßreifen des Quattrocento-Harnisches als Verlängerung angeschnallter, zusätzlicher Reifen.   O. Gamber

Lit.: W. BOEHEIM, Hb. der Waffenkunde, 1890.

Geschichtsdenken → Historiographie und Geschichtsdenken

Geschichtskalender. 1. Chronolog. Listen astronomischer Ereignisse (Kometen, Sonnenfinsternisse), militärischer Ruhmestaten und genealogischer Angaben, von der Forschung meist losgelöst von ihrem ursprgl. Textzusammenhang als G. betrachtet. Als Bestandteil ma. Tafelwerke waren sie umgeben von iudicia *(ahkâm)*, electiones *(ihtiyârât)* und Traumdeutung. Pers. Vorbilder sind bereits für die Seldschukenzeit belegt. Die älteste von etwa sechs erhaltenen türk. Hss. datiert von 1371. Gemeinsam ist den G.n die anonyme und jahrweise Abfassung für den regierenden Fs.en, die relative Chronologie (»seit dem Ereignis x sind n Jahre vergangen«) und das Zurückgehen bis auf Adam. Während die G. in den frühosman. anonymen →Chroniken aufgegangen sind, in denen ihr charakterist. Satzbau stellenweise durchscheint, haben sich die astrolog. Voraussagen der alten Tafelwerke bis in die Neuzeit erhalten in 2. den *taqvîm* genannten, auf ein Hiǧrajahr berechneten→Kalendern (→Almanach) mit Angaben zu anderen Zeitrechnungen (Sonnenjahr, ostasiat. Zwölf-tierzyklus) und astrolog. Voraussagen.　B. Flemming

Lit.: H. INALCĬK, Fatih devri, 1954–O. TURAN, Istanbul'un Fethinden Önce Yazïlmïs Tarihî Takvimler, 1954–Historians of the Middle East, 1956 [H. INALCĬK–V. L. MÉNAGE]–B. ATSÏZ, »Mülhimenâme« (Fschr. H.-J. KISSLING, 1974) – N. ATSÏZ, »Hicrî 858 Yïlïna ait takvim«, Selçuklu Araştïrmalarï Dergisi IV, 1975.

Geschichtsschreibung → Historiographie, →Chronik

Geschlechterturm, Adelsturm, Patrizierturm, schlan-ker, hoher Turm der Patrizier bzw. des Adels in oberit. und süddt. Städten des 12./13. Jh., zumeist neben einem Wohnbau gelegen. Der schmale Eingang lag wie beim →Bergfried (vgl. →Donjon) erhöht im 1. oder 2. Geschoß; er war über eine Holztreppe oder Leiter erreichbar, selte-ner über eine abwerfbare Brücke vom Wohnhaus aus. Zumeist quadrat. Grundriß, glatte Mauern, Höhe bis zu 60 und 70 m, in Bologna die Torre Asinelli bis 97 m. Oberer Abschluß häufig mit Zinnen. Geschoßhöhen stets höher als normale Wohnraumhöhe, als Erstausstattung kein Kamin, an der Hauptfassade häufig mit reichen Fen-sterarkaden (bes. in Regensburg), im 1. Obergeschoß auch eine Loggia; die meisten Regensburger Türme ber-gen im Erdgeschoß eine zweijochige, rippengewölbte Kapelle, diese aber auch im anschließenden Wohnbau. Im 12./13. Jh. war das Bild it. Städte von den engstehenden hohen G.en beherrscht: »torregiar Lucca a guisa d'un boschetto« (Fazio degli Uberti). Berühmt waren u. a. die Türme von Asti, Lucca, Pavia, Vicenza, Bologna (über 180), Ascoli Piceno, S. Gimignano, im vatikan. Borgo (44), Regensburg, Trier. Von Anfang an erfüllten die G.e nützl. und repräsentative Bedürfnisse. Sie waren für krie-ger. Zwecke gebaut und genutzt, wie die strengen Sank-tionen und Restriktionen gegen militär. Nutzung im 13. Jh. in der Toscana belegen, für das 13. Jh. sind auch Kämpfe von Turm zu Turm überliefert (u. a. 1248 Flo-renz, 1274 Bologna). Gleichzeitig trugen die Adelsge-schlechter in der Höhenentwicklung der G. einen Kon-kurrenzkampf untereinander und gegenüber den →Kom-munen aus, bes. während des 12. Jh., in dem die meisten G. errichtet wurden, hervorgerufen durch das von den Kommunen verordnete »inurbamento della nobilità«, ei-ner steuerpolit. Verordnung, wonach der Adel aus dem Contado mehrere Monate im Jahr stadtsässig werden mußte. Vereinzelte Beispiele verweisen auf Anfänge im 10. Jh. Vereinzelt wurden G.e bis ins 15. Jh. gebaut. In Bologna wurde 1252 verboten, G.e in einer Höhe von mehr als 15 ponti (21 m) zu bewohnen und mit Treppen auszustatten; in Florenz wurde 1250 verfügt, daß alle Türme von 120 braccia auf 50 braccia reduziert werden sollten.　G. Binding

Lit.: G. GOZZADINI, Delle torri gentilizie di Bologna e delle famiglie alle quali prima appartennero, 1875 [Nachdr. 1965] – R. STROBEL, Wehr-turm, Wohnturm, Patrizierturm in Regensburg (Fschr. K. OETTINGER [Erlanger Forsch. R. A, Bd. 20], 1967), 93–116–ST. VON MOOS, Turm und Bollwerk [Diss. Zürich 1967], 1974, 18–20 – R. STROBEL, Das Bürgerhaus in Regensburg, 1967, 32–50 – M. BRAUNE, Türme und Turmhäuser. Unters. zu den Anfängen des monumentalen Wohn- und Wehrbaus in Toscana (1000–1350) [Diss. Berlin 1980], 1983 (24. Ver-öff. der Abt. Architektur des Kunsthist. Inst. der Univ. zu Köln; mit Lit.).

Geschlechtlichkeit → Sexualität

Geschlechtskrankheiten. [1] *Allgemeines, Geschichte:* Bis 1493, als aus der Karibik die Frambösie (Yaws) und in ihrem Gefolge die →Syphilis eingeschleppt wurde, spiel-ten G. in der ma. Nosologie eine eher untergeordnete Rolle. Die aszendierenden Adnexinfektionen des Mannes (Prostatitis und Epididymitis) und die entsprechenden

Affektionen der Frau (Vaginitis, Zervizitis, Salpingitis, Pelveoperitonitis) mit sich anschließender →Unfrucht-barkeit waren während der gesamten Epoche vorhanden wurden als Krankheitseinheiten jedoch ebensowenig wie die gonorrhoische Perihepatitis oder die nichtgonorrhoi-schen Urethriden abgegrenzt, geschweige denn als sexuel übertragbare Infektionen gedeutet. Gleiches gilt für die Gonorrhöe (Blenorrhöe), die symptomat. zwar geseher und beschrieben wurde, als sexuell transmittierbares Leider jedoch unerkannt blieb und sich als »involuntaria sperma-tis emissio« antik vorgeprägten Fehldeutungen unterwor-fen sah (»De aegritudinum curatione«). – Als geschlechtl transmittiert war ledigl. der Weiche Schanker erkannt worden; beim →Aussatz wurde die sexuelle Übertragbar-keit als eine der ätiolog. Voraussetzungen postuliert und zum Krankheitsmodell entwickelt.

[2] *Das Krankheitsmodell:* Da die →Humoralpathologie als herrschende Krankheitslehre Konzepte der Übertrag-barkeit ausschloß bzw. verdrängte (Semina morborum, Pesthauch-Theorie [→Pest]), mußte die ma. Infektiologie die transplantatio morborum an der Weitergabe von ma-teriae peccantes festmachen, die als Schadstoffe vom infi-zierenden Individuum an den infizierten Patienten abge-geben wurden. Bei G. arbeitete die ma. Nosologie mit der Plurifunktionalität des Uterus (Gebärmutter), den sie keineswegs allein als Fruchthalter deutete (→Siebenkam-mermodell), sondern darüber hinaus als dickwandiges Ausscheidungsorgan (»emunctorium«, Kloake) für schädl. 'Überflüssigkeiten' (→Menstruum) der Frau inter-pretierte. Beim Beischlaf mit einer menstruierenden Frau, die Schadstoffe als Katamenien abgab, mußte das Men-struationsblut den kohabitierenden Mann geschlechts-krank werden lassen. Eine gesunde Frau, die während ihrer Niederkunft menstruierte, machte ihr Kind während der Austreibungsphase leprös. Eine gesunde Frau, die von einem aussätzigen Mann begattet wurde, bewahrte dessen Krankheitsmaterie in der Gebärmutter auf und gab sie, ohne selbst zu erkranken, als infizierenden Schadstoff an nachfolgende Geschlechtspartner (oder ans eigene Kind) weiter. Eine lepröse Frau dagegen sammelte nicht fremde, sondern körpereigene Krankheitsstoffe im Uterus, mit denen dann die männl. Beischläfer oder die eigenen Kinder infiziert wurden. Die »introductio leprae ab utero«, wie sie beispielsweise →Bernhard v. Gordon vorträgt (»Lilium medicinae« I, 22), beschreibt auf diese Weise vier Infek-tionsmodalitäten, und zwar die intrauterine, die perinata-le, die direkte und die indirekt-konduktive über einen gesundbleibenden Zwischenträger.

[3] *Der Weiche Schanker:* Das Ulcus molle war den ma. Ärzten gut bekannt und als sexuell transmittiert geläufig. Die Beschreibungen sind sorgfältig, akzentuieren den Penis als Prädilektionsstelle und beziehen das fistelnde Kanalsystem des schankrösen Bubos mit ein (Bartholo-maeus Salernitanus, »Practica«). Als Ursache wird eine unsaubere Gebärmutter, »plena sanie aut virulentia aut ventositate« (»Lilium medicinae«, VII, 5), angesehen. Nach →Konrad v. Eichstätt begünstige v. a. »si mulier ascendit virum« ein Herausfließen von Schadstoffen aus dem Uterus und rufe »in virga« die gefürchtete »inflatio et ulceratio« hervor. Bemerkenswert sind ferner die von Konrad als G. gedeuteten Affektionen der ableitenden Harnwege (»Sanitatis conservator«, cap. de coitu). – Die ma. Rezeptlit. bietet eine umfangreiche, noch wenig er-forschte Materia medica gegen den Weichen Schanker.

[4] *Mentalitätsgeschichte:* Geringe Verbreitung des meist komplikationslos ausheilenden Weichen Schankers und

die Tatsache, daß sexuelle Übertragbarkeit nur als eine von mehreren konkurrierenden Ätiologien für den Aussatz erwogen wurden, ließen die G. im MA als mentalitätsprägendes Paradigma nicht wirksam werden. Sexuelle Abartigkeit wurde in Frankreich und England den Aussätzigen während der Leprosenpogrome zwar vorgeworfen, doch blieb das Verhältnis des ma. Menschen zur Sexualität über die gesamte Epoche hinweg unbelastet von Ansteckungsfurcht. Selbst Außenseiter unter den Fachautoren, die entgegen med. Lehrmeinung den Koitus als schädlich werteten, konnten ihre Auffassung nicht über das Konzept der G. abstützen, sondern sahen sich – wie beispielsweise Alexander Hispanus in seinem »Melleus liquor physicae artis« – gezwungen, auf andere Erklärungsmodelle zurückzugreifen (Verlust von Hirnsubstanz entsprechend der enzephalomyeloischen Samenlehre). – S. a. →Sexualität.   G. Keil

Lit.: Verf.-Lex.² IV, 53–58, s. v. Alexander Hispanus [G. KEIL] – Collectio Salernitana, hg. S. DE RENZI, 1852–59, II – H. FABER, Eine Diätethik[!] aus Montpellier[!] (»Sanitatis conservator«), dem Ende[!] des 14. Jh. entstammend und »Tractatus medicus de comestione et digestione vel Regimen sanitatis« benannt [Diss. Leipzig 1921] – K. SUDHOFF, Alexander Hispanus und das Schriftwerk unter seinem Namen, SudArch 29, 1937, 289–312; 30, 1938, 1–25 – G. KEIL, Die 'Cirurgia' Peters v. Ulm, 1961, 191f. – G. KEIL – W. F. DAEMS, Paracelsus und die »Franzosen«, Nova Acta Paracelsica 9, 1977, 99–151 – P. UKENA, Solutus cum soluta (Fachprosa-Stud., hg. G. KEIL, 1982), 278–290 – A. [UHLIG]-LEHMANN, Zwei wundärztl. Rezeptbücher des 15. Jh. v. Oberrhein, II: Komm., 1986, 195f. – R. REISERT, Der siebenkammerige Uterus, 1986.

Geschübe, genietete, bewegl. Verbindung von Metallreifen in zwei Arten: 1. eisernes G., bei dem die Nieten in Schlitzen gleiten, 2. ledernes G., bei dem die Verbindung durch innen eingenietete Lederstreifen erfolgt, welche einen größeren Spielraum zulassen.   O. Gamber

Lit.: W. BOEHEIM, Hb. der Waffenkunde, 1890.

Geschütz. Verstand man ursprgl. unter dem mhd. Wort *Geschiesse* alles, womit geschossen werden konnte, werden heute von den seit dem 14. Jh. entstandenen Feuerwaffen nur jene als G.e bezeichnet, die wegen des meist sehr großen Gewichts nur von Zugtieren bewegt und von mehreren Menschen bedient werden konnten. Es sind dies zunächst die zur Zerstörung befestigter Orte entstandenen →Steinbüchsen und seit Ende des 14. Jh. die in den verschiedensten Formen gefertigten →Bleibüchsen, die sowohl als Verteidigungs- (→Festungsartillerie) als auch als Angriffswaffen (→Feldartillerie) Verwendung fanden.   E. Gabriel

Lit.: B. RATHGEN, Das G. im MA, 1928 – V. SCHMIDTCHEN, Bombarden, Befestigungen, Büchsenmeister, 1977.

Geschwindigkeit → Kinematik

Geschworene (mhd. *gesworn,* mnd. *swaren,* lat. →*iurati*) hießen im ma. Rechtsleben solche Personen, die einen →Eid geschworen hatten – von den Teilnehmern an einer →Einung oder einem Schwurverband bis hin zu den Inhabern städt. und dörfl. Ämter, die etwa die Markt- oder Fluraufsicht führten (→Beamtenwesen, A.II, 2; →Dorf, A.III, 1, a, ß; →Stadt).

Von bes. hist. Bedeutung war das Institut der G.n im Gerichtswesen (→Gericht). Schon in karol. Zeit begegnen sie einerseits als Rüge-G. (→Rüge), die unter Eid gewisse Verbrechen anzuzeigen hatten, wie als →Zeugen, die in Grundstücks- und Freiheitsprozessen befragt wurden (→Inquisition, →Königsgericht). In ihrer Nachfolge standen die Rüge-G.n der kirchl. →Sendgerichte. V. a. aber ging aus ihnen das spätere →Schwurgericht hervor.   K. Kroeschell

Lit.: DtRechtswb IV, 469–486 – HRG I, 1602 [W. SELLERT].

Gesellen. [1] *»Stand«, Selbstverständnis und Wanderbewegung:* Benutzen die offiziellen Zunftquellen des MA noch ganz überwiegend den Begriff des Knechts für den Handwerksg., so bezeichnen sich diese zunehmend untereinander als G., was sich allgemein erst in der Sprachregelung des 17./18. Jh. durchsetzt. Die G.zeit beginnt mit dem Freisprechen des →Lehrlings vor dem jeweiligen Gewerbe oder – genauer – mit der förml. Aufnahme in den Kreis der G. (z. T. verbunden mit bes. Ritualen wie dem des Namen-vertrinkens und Namen-schenkens) und endet mit dem Erwerb des →Zunftrechts und der Niederlassung als →Meister in einer Stadt. Sie umfaßt also im MA in der Regel nur eine Anzahl von Jahren in der Altersgruppe von 15 bis zu 25 Jahren. Wenn es auch manche Anzeichen für Abgrenzungen und Restriktionen gegeben hat, so kann doch für das MA von einem Wandel des G.daseins von einer Durchgangsstufe zu einer Dauerexistenz kaum die Rede sein. Die mit den wiederkehrenden Pestwellen (→Pest) verbundenen Bevölkerungsverluste in den Städten ließen die Nachfrage nach qualifizierten Arbeitskräften – also G., die immerhin bis ein Drittel der erwerbstätigen Bevölkerung (Straßburg 1444, Nürnberg 1449) ausmachten – immer wieder lebhaft hervortreten; eine entscheidende Veränderung erfolgte hier erst im Laufe des 16. Jh.

Die typ. Dreigliederung in Lehrlinge, G. und Meister ist seit den frühesten Zeiten des Zunftwesens im 12./13. Jh. nachweisbar. Ein eigener »Stand« der G. mit einem spezif. Gruppenbewußtsein hat sich jedoch erst im Laufe des 14. Jh. ausgebildet. Im Unterschied zu den verheirateten und stärker ortsgebundenen Knechten und G., wie sie in weiten Teilen des Bau-, Transport- und Textilgewerbes, des Reb- und Gartenbaus sowie unter den städt. Bediensteten anzutreffen waren, zeichneten sich die G.gruppen im engeren Sinne neben ihrer familiären Ungebundenheit und ihrer Mobilität als Wanderg. durch die Selbständigkeit und Großräumigkeit ihrer Organisation, die Solidarität ihres Handelns und das auffallende Selbstwertgefühl aus. Sie waren seit der Wende vom 14. zum 15. Jh. vielfach zu einem Politikum geworden, und zwar außerhalb des Sozialgefüges der Städte. Die Gründe dafür sind vorrangig in folgenden drei Phänomenen zu suchen: Erstens die zunehmende und weitausgreifende Wanderbewegung, die zweifellos durch die wachsende Nachfrage nach qualifizierten Arbeitskräften, steigende Löhne und den Aufbau eines weitgespannten Netzes von Anlaufstationen durch die einzelnen G.gruppen erleichtert und auch stimuliert worden ist. Diese G.wanderungen erfaßten nicht nur das dt. Sprachgebiet, sondern auch den gesamten Hanseraum und v. a. Italien. Zweitens machte die gewerbl. Differenzierung und Spezialisierung, wie sie in dieser Zeit in stärkerer Weise erfolgte, die Notwendigkeit einer vielseitigeren Ausbildung erforderlich. Drittens bewirkte der in dieser Zeit allenthalben spürbare Trend zur »Zunftverfassung« eine Neuformierung der städt. Gesellschaft im Sinne der systemat. Integration in eine der zu diesem Zweck neu gegliederten polit. Zünfte, ein Vorgang, von dem jedoch die G. ausgeschlossen blieben und bleiben wollten. Denn eine zu starke Anbindung an die Geschicke einer Stadt konnte ihrer auf die Wanderschaft ausgerichteten Organisation nicht entsprechen.

[2] *Organisation:* Grundlage ihrer Organisation stellte meist eine →Bruderschaft bei einer Kirche dar, vielfach einer Bettelordenskirche und im ausgehenden MA zunehmend beim städt. Spital, womit oft der Einkauf in die Krankenversorgung verbunden war. Den Stadträten suspekt und von ihnen immer wieder mit Verboten belegt,

waren die Trinkstuben der G., in denen sie nicht nur die Geselligkeit pflegten, sondern mit denen sie zugleich ihre Eigenständigkeit betonten. Die offizielle Anerkennung und z. T. auch funktionale Ausweitung hin zur G.herberge erfolgte erst seit der Wende vom 15. zum 16. Jh. Über den lokalen Bereich ausgreifend, verfügten die bes. selbstbewußten G.gruppen d. Schuhmacher, Schneider, Kürschner, Schmiede und Bäcker, aber etwa auch der Hafner, Sattler und Seiler über regionale Zusammenschlüsse, in der Ostschweiz als sog. Kgr.e organisiert, die nicht zuletzt zur Beratung und Durchsetzung gemeinsamer Maßnahmen in Konfliktfällen (→Boykott, →Streik) und zur Ausübung einer eigenen Gerichtsbarkeit gegenüber Mitg., aber auch gegenüber den Meistern dienten. Von den 1380er bis in die 1430er Jahre hinein erlangte die G.bewegung bes. am Mittel-, Ober- und Hochrhein eine solche Stärke, daß sich erst die jeweiligen Zünfte, dann aber bald auch die Städte veranlaßt sahen, regionale Absprachen und Abwehrmaßnahmen gegen diese neue Entwicklung zu treffen. Der vorläufige Höhepunkt wurde 1436 mit der sog. »Rhein. Knechtsordnung« erreicht, die von den oberrhein. Städten, bes. Straßburg und Basel, gegen die G. beschlossen worden war und durch weitere Absprachen eine Ausdehnung von Koblenz/Köln bis zum Bodenseeraum erfuhr, aber nie dauerhaft und konsequent zur Anwendung gebracht wurde. Auf eine ähnlich großräumige und effektive G.organisation treffen wir sonst nur im hans. Bereich, bes. in den wend. Hansestädten und im Baltikum, mit gewissen Abstrichen auch in Schlesien und in den österr. Alpenländern. Ansätze dieser Art gab es mit dem überall im 14./15. Jh. stark zunehmenden G.-wandern auch in England, Frankreich und Italien.

Mit der Entfaltung der sog. geschenkten Handwerke erreichte die »alle Lande deutscher Zunge« umspannende Organisation dieser G.gruppen seit der Wende vom 15. zum 16. Jh. ihre höchste Stufe; sie wurde zum Gegenstand der Reichspolitik. Es waren meist kleine, stark spezialisierte Gewerbe (etwa das Gürtler-, Beutler-, Kannengießer- und Weißgerberhandwerk), deren G. sehr mobil waren und einen engen Zusammenhalt aufwiesen, der sich ebenso in dem Anspruch auf eigene Arbeitsvermittlung und eigene Gerichtsbarkeit wie in einem bes. Ehrbegriff widerspiegelt. Diese G.gruppen vermochten auch in der Folgezeit ihre Selbständigkeit weitgehend zu behaupten, während ansonsten im Laufe des 16. Jh., bes. an dessen Ende, viele G. den bekannten Restriktionen unterworfen wurden und hinsichtl. der Berufschancen und der Versorgungsansprüche Einbußen hinnehmen mußten. →Handwerk.   K. Schulz

Lit.: G. Schanz, Zur Gesch. der dt. G.-Verbände, 1877 [Neudr. 1973] – B. Schoenlank, Zur Gesch. des altnürnberg. G.wesens, JNS (NF) 19, 1889, 337–395, 588–615 – A. Doren, Dt. Handwerker und Handwerkerbruderschaften im ma. Italien, 1903 – R. Wissell, Des alten Handwerks Recht und Gewohnheit, 2 Bde, 1929, 1931; 2. erw. und bearb. Ausf., hg. E. Schraepler, 7 Bde, 1971–88 [Einzelveröff. der Hist. Komm. zu Berlin 7] – E. Coornaert, Les compagnons en France du MA à nos jours, 1966 – B. Geremek, Les migrations des compagnons au Bas MA (Studia hist. oeconomicae 5, 1970), 61–79 – I. Internat. handwerksgesch. Symposium, Veszprém 1978, 1979 – W. Reininghaus, Die Entstehung der G.gilden im SpätMA, VSWG Beih. 71, 1981 – R. Sprandel, Der handwerkl. Familienbetrieb des SpätMA und seine Probleme (Haus und Familie in der spätma. Stadt, hg. A. Haverkamp, 1984), 327–337 – K. Schulz, Handwerksg. und Lohnarbeiter. Unters. zur oberrhein. und oberdt. Stadtgesch. des 14. bis 17. Jh., 1985 – Ders., Die Handwerksg. (Unterwegssein im Spät-MA, hg. P. Moraw [ZHF, Beih. 1], 1985), 71–92 – K. Wesoly, Lehrlinge und Handwerksg. am Mittelrhein (Stud. zur Frankfurter Gesch. 18, 1985).

Gesellschaft → Sozialstruktur; →Handelsgesellschaft →Firma

Gesellschaften, städtische, Geschlechter- bzw. Trinkstuben. (Gesellschaft, Zunft, Gilde, Stube, Gelagsbruderschaft, Fente, Tafel, societas, tabula etc.), entstanden in Ergänzung zu den bestehenden berufsständ., gesellschaftl.-politischen und religiösen Organisationen (→Bruderschaft, →Gilde, →Zunft) und unter teilweiser Anknüpfung an deren Regeln und Ziele in zahlreichen spätma. Städten. Ihre meist originellen Beinamen sind v. a. mit denen ihrer Tagungshäuser identisch bzw. von diesen abgeleitet. Die Mitglieder der G. wahrten und festigten ihren inneren Zusammenhalt durch regelmäßige Zusammenkünfte und Umtrünke, durch Tanzfeste und Gelage, Waffenspiele und religiöse Repräsentation in Prozessionen. Die bis ins 14. Jh. zurückreichenden Statuten regeln v. a. die Voraussetzungen für die Mitgliedschaft, die Beitragszahlungen, die Befugnisse der Vorsteher (Stubenmeister) und Mitglieder (Gesellen), die Durchführung der Veranstaltungen und die Höhe des Aufwandes an Geld und Luxus. Häufig waren auch wohlhabende Nichtbürger (adelige→Ausbürger, →Einwohner, →Gäste) zugelassen, zu bestimmten Veranstaltungen auch Ehefrauen und Witwen.

In vielen Städten waren mehrere G. vertreten, die die sozialen Unterschiede widerspiegelten. Die G. der traditionell führenden Geschlechter strebten nach Betonung ihrer Exklusivität durch Übernahme adelsähnlicher Titel (domicelli, Junker), herald. Symbole (Anlage von→Wappenbüchern) und gehobener Lebensweise in repräsentativen Bauwerken. Seit dem SpätMA erfolgte zudem häufig das Connubium mit dem Niederadel. Die während der sozialen Veränderungen des 14./15. Jh. zu Macht und Ehre gekommenen jüngeren Führungsgruppen schlossen sich in neugegründeten G. zusammen, die meist nach ein bis zwei Generationen patriz. Strukturen annahmen. – Die sonstigen, sozial nachgeordneten G. vertraten meist die Interessen nichtführender Kaufleute, Händler und Akademiker. – Bei der sozialen Analyse städt. Verhältnisse ist zu beachten, daß die Mitglieder der G. nur teilweise mit polit. und ökonom. führenden Personen identisch sind. Dies gilt v. a. für Städte mit starker Zunftherrschaft, wo die Geschlechter u. deren G. oft als bedrohl. Konkurrenz empfunden wurden.   B.-U. Hergemöller

Lit.: Übergreifende Darstellung fehlt. – Ph. Ruppert, Die Konstanzer Gesellschaft zur Katz (Ders., Konstanzer Beitr. zur bad. Gesch. I, 1888), 21–28 – P. Dirr, Kaufleutezunft und Kaufleutestube in Augsburg z. Z. des Zunftregiments (1368–1548), Zs. des Hist. Vereins für Schwaben und Neuburg 35, 1909, 133–151 – F. Lerner, Die Frankfurter Patriziergesellschaft Alten-Limpurg und ihre Stiftungen, 1952 – A. v. Brandt, Die Lübecker Knochenhaueraufstände von 1380/84 und ihre Voraussetzungen, Zs. des Vereins für Lübeck. Gesch. und Altertumskunde 39, 1959, 123–202 – E. Maschke, Verfassung und soziale Kräfte in der dt. Stadt des späten MA, vornehml. in Oberdtl., VSWG 46, 1959, 289–349, 433–476 – R. Eirich, Memmingens Wirtschaft und Patriziat 1347–1551, 1971 – H. Maurer, Laienpfründe und Patriziat: Das Stäbleramt am Konstanzer Münster (Civitatum Communitas, Fschr. H. Stoob [Städteforsch. A 21/II], 1984), 622–629.

Gesellschaftswappen → Wappen

Gesetz. 1. G., göttliches. Das scholast. Verständnis des G.es ist gekennzeichnet durch die Spannung zw. der bibl.-patrist. Tradition und derjenigen der griech.-röm. Rechtsphilos. (Aristoteles, Ulpian, Stoa, Ps.-Isidor, Gratian). In der jungen Franziskanerschule (→Alexander v. Hales, Summa theol. III p. 2 inq. 1 q.un. ed. 1948, 311–336, →Johannes v. La Rochelle) wurde der Traktat über das g.G. im Anschluß an Augustins Lehre »Vom ewigen

Gesetz« ausgeführt. Er erlangte in der Folgezeit mit dem Traktat über das →Naturgesetz und das positive g.G. (→Dekalog) grundlegende Bedeutung. Der durch die Sünde verdunkelte Verstand des Menschen kann nach dem Verständnis der Franziskanertheologie das g.G. nur insofern erkennen, als er die Entsprechung bzw. noch mehr das Nicht-Entsprechen mit dem g.G. in der Sünde erkennen muß. Das g.G. als Inbegriff des Willens Gottes muß durch »den Vorsprung der Sünde« (G. KLEIN) v.a. das Unwesen des Menschen und sein Scheitern vor Gott aufdecken; Gnade und Glauben allein eröffnen dem Menschen das Heil. Mit diesem primär heilsgesch. orientierten Verständnis des g.G.es verknüpfte Thomas v. Aquin eine an der Schöpfungs- und Naturordnung (der Gesellschaft und des Einzelnen) orientierte Sicht.

Thomas weist im Aufbau seines Systems dem G. seinen Ort in der Mitte der Ethik (S. th. I II q. 90–108) an. Das G. ist neben der Gnade die Weise, in der Gott den Menschen auf sein Ziel hin bewegt. Thomas definiert das G. (mit Anklang an die rechtsphilos. Tradition) so: »Das Gesetz ist nichts anderes als eine Anordnung der Vernunft im Hinblick auf das Gemeingut, erlassen und öffentlich bekanntgemacht von dem, der die Sorge für die Gemeinschaft innehat.« (S. th. I II 90, 4 c.). Das G. ist demnach eine Konzeption der prakt. orientierten Vernunft, die auf das Gemeinwohl hingeordnet ist. Die öffentl. Bekanntmachung durch den, der das G. erläßt (und darin »an Stelle der Gesamtheit«, die hier eigentl. zuständig ist, handelt, I II 90, 3 c.), begründet die Verbindlichkeit des G.es. Dieser am polit.-rechtl. Bereich orientierte G.esbegriff ist von Thomas hineingenommen in die theol. Gesamtsicht; denn nicht ein Staatsmann, sondern Gott selbst ist der G.geber, und das →»bonum commune« ist das Wohl der gesamten Schöpfung, wie es sich für den Menschen in der →Glückseligkeit der übernatürl. Gottesschau erfüllt. Damit »interpretiert« Thomas »Aussagen des Glaubens durch philosophisch reflektierte Weltphänomene« (O. H. PESCH).

Was Thomas als G. begriffl. umschrieben hat, findet sich vor in vier (bzw. fünf) verschiedenen Konkretionen: I. *ewiges G.*: dies meint – in der Tradition der antiken Logos-Lehre und der lex-aeterna-Lehre Augustins – die durchgehende Sinnstruktur der gesamten (auch der vernunftlosen) Schöpfung im Sinne einer »ratio divinae sapientiae«. 2. *Naturg.* als Teil des ewigen G.es, der sich in den Vernunftwesen, speziell im Menschen, vorfindet. Es stellt die »naturalis inclinatio« der Vernunft dar, derzufolge sie auf das »bonum« des Menschen ausgerichtet ist und erkennen kann, was diesem »bonum« dient. Dazu gehört z. B. auch die →Gottesverehrung. Eine Art Ableitung aus dem Naturg. stellt 3. das *menschliche G.* dar, sofern hier das naturgesetzl. Vorgegebene zu handhabbaren Ordnungen der Gesellschaft (civitas) ausgeformt ist. 4. Das g.G. gilt ebenso als vom Naturg. abgeleitet, sofern Gott Verfügungen erlassen hat, die die Erlangung des ewigen Lebens und der ewigen Vollendung des Menschen betreffen. Zugleich kann Thomas dieses g.G. aber auch als gegenüber dem Naturg. höhere Stufe von G. bezeichnen.

Das g.G. begegnet als *altes* und als *neues G.*, und dies zeigt den hier waltenden und von Thomas in seiner G.eskonzeption entfalteten (heils-)gesch. Aspekt. Der bibl. Tradition folgend, beschreibt Thomas unter dem Begriff »G.« die gesch. Veranstaltungen Gottes im alten und im neuen Bund. Dabei dient das alte G. (in seiner dreifachen Gestalt als Moral-, Zeremonial- und Judizialg.) der Hinordnung auf Christus, der mit seiner Gnade allein und endgültig die Menschen zur Seligkeit führen kann. Das neue G. als »G. des Evangeliums« ist die Weise, in der Gott im neuen Bund den Menschen zu seinem Ziel führt. Das neue G. ist nicht in erster Linie geschriebenes, sondern eingegossenes G.: »G. des Geistes des Lebens« (Röm 8,2) (von Thomas weitergeführt in der Lehre von der →Gnade [S. th. I II 109–114]).

Der Versuch, das heilsgesch. G.esverständnis der bibl. Tradition mit dem philos.-jurist. antiken G.esverständnis zusammenzudenken, kann die paulin. Dialektik nicht voll integrieren und wird auch dem Wortcharakter des Evangeliums nicht voll gerecht. Die durchaus ntl. Bestimmung des neuen G.es als »G. des Geistes« ist allerdings in der ma. G.estheologie einzigartig. Da sie in der weiteren Entwicklung des G.esverständnisses nicht durchgehalten wurde, konnte es zu jener »G.lichkeit« im Heilsverständnis kommen, gegen die die Reformation protestierte. U. Kühn

Lit.: → Naturgesetz – TRE XIII, 75–82 [G. IV; H. MERKEL] – A. SCHUBERT, Augustins Lex-aeterna-Lehre nach Inhalt und Q., 1924 – M. WITTMANN, Die Ethik des hl. Thomas v. Aquin. ..., 1933 – P. GEHRING, Das Rechtssystem der »lex aeterna« nach Thomas v. Aquin [Diss. München 1952] – J. COLLINS, God's Eternal Law, Thomist 23, 1960, 497–532 – W. KLUXEN, Philos. Ethik bei Thomas v. Aquin, Walberberg. Stud. 2, 1964 – U. KÜHN, Via caritatis. Die Theol. des G.es bei Thomas v. Aquin, 1965 – G. HELENA, La »legge vecchia« e la »legge nuova« secondo S. Tommaso d'Aquino, Ephemerides Carmeliticae 25, 1974, 28–139 – Dt. Thomas-Ausg., 13: Das G., Komm. O. E. PESCH, I–II, 1977, 90–105 – K. W. MERKS, Theol. Grundlegung der sittl. Autonomie. Strukturmomente eines »autonomen« Normbegründungsverhältnisses im lex-Traktat der Summa Theologiae des Thomas v. Aquin, 1978 – W. H. J. SCHACHTEN, Ordo salutis. Das G. als Weise der Heilsvermittlung, BGPh MA, NF 20, 1980 – G. ABBA, Lex et Virtus. Studi sull'evoluzione della dottrina morale di s. Tommaso d'Aquino, Bibl. Scienz. Relig. 56, 1983.

2. G. (rechtlich). Als »Grundformen des G.es« (W. EBEL) im MA gelten →Weistum, Satzung (→Einung, →Willkür), herrschaftl. Gebot und Privileg, sofern man unter G. (*gesetzede, gesacz, ingesette, satinge, versatinge* u. ä., lat. *lex, statutum*) eine autoritativ gesetzte oder aufgezeichnete Regel versteht, die verbindl., auf Dauer angelegte Verhaltens- und Entscheidungsnormen für eine – zumindest qualifizierte – Allgemeinheit beinhaltet. Entscheidende Begriffsmerkmale sind der zweckgerichtete Wille und die Regelhaftigkeit. Das trifft zu für die kraft kgl. Autorität mit dem Ziel der Rechtsbesserung (d. h. Anpassung und Verdeutlichung) aufgezeichneten Volksrechte (→leges), auf die der Begriff der lex am frühesten angewandt wird, wie für die seit dem 12. Jh. begegnenden städt. →Statuten, die regelnd in neu auftretende soziale und ökonom. Situationen eingreifen und deren Geltung ursprgl. auf der Selbstbindung der Bürgergemeinde beruht. Das gilt auch für die moraltheol. Erörterungen der Scholastik, die zw. der lex divina (dem geoffenbarten Willen Gottes), der lex naturae (als dem dictamen rectae rationis) und der menschl. gesetzten lex humana bzw. positiva zu unterscheiden lehren. Diese lex positiva, die das Verständnis von G. in Folge überwiegend bestimmt, wird von der im 11. Jh. aufkommenden Rechtswissenschaft zunehmend gleichgesetzt mit der allgemein-verbindl. Vorschriften setzenden Willensbekundung der →princeps, die die Kraft hat, bestehende G.e zu derogieren. Damit werden Veränderbarkeit und Befristung als wesentl. Komponenten dem Begriffsinhalt von G. zugefügt. Die Funktion des princeps, zunächst dem Ks. oder Kg. vorbehalten, wird im SpätMA von den fsl. Landesherren beansprucht. Die theoret. vermittelte begriffl. Zuordnung von G. und ordnendem bzw. gestaltendem Herrscherwillen kann in praxi anknüpfen an das herkömml. Gebots- und Verbotsrecht. Seit dem 14. Jh. stellt »G. und Gebot« die häufigste mit G. gebildete Paarformel dar. In dem Maße, in dem sich das aus der Jurisdiktionsgewalt abgeleitete und entsprechend begrenzte Recht des Landesherrn, Gebote und Verbote zu erlassen, in die der fsl. superioritas beigelegte Gewalt, allen Untertanen unter Strafandrohung Verhaltensnormen vorzuschreiben, wandelt, entwickelt sich aus dem Gebotsrecht die potestas legislatoria, aus dem Gebot das G. Der Erlaß obrigkeitl. G.e hatte zunächst das Ziel, das bestehende (→Gewohnheits-) Recht zu sichern, zu verdeutlichen und zu vereinheitlichen (nicht aufzuheben), dann aber auch, regelnd und ordnend in die sich infolge der zunehmend komplexer werdenden sozialen Verhältnisse auftuenden »rechtsfreien« Räume einzugreifen. Im 15. Jh. ist deshalb »Ordnung« (ordinantie, ordenonge u. ä.) ein mit G. austauschbarer Begriff. Dementsprechend ist die Publikation für das G. konstitutiv, ob auch die Schriftform, ist noch umstritten.

Zwillingsformeln wie »gesetze ind verdrach«, »eynunge oder gesetze« belegen, daß entgegen der autokrat. Form des Erlasses ma. G.e vielfach nicht einseitig statuiert, sondern mit mächtigen G.esadressaten (Landständen) vereinbart sind.

Durch die gegen Ausgang des MA wachsende Regulierungsenergie der Obrigkeiten tut sich eine Kluft zw. dem herkömml., in Überzeugung, Erfahrung und Gewohnheit bestehenden, sich in Gerichtsurteilen konkretisierenden »Recht« und dem G. auf. Unter dem Eindruck der vielen novae leges entwickelt oder verstärkt sich ein ausgeprägter Rechtstraditionalismus, der in dem jetzt verbreiteten Topos vom »guten alten Recht« seinen Ausdruck findet. Im 15. Jh. beinhalten Formeln wie »von geseczen oder rechten« oder »gesetzede und gewonheit« gegensätzl., bestenfalls komplementäre Begriffe. Erst durch den gegen Ende dieses Jh. erfolgenden Ausgriff einer auf umfassende Sozialgestaltung im Sinne der »guten Polizei« ausgerichteten Gesetzgebungstätigkeit auf das Gebiet des Privatrechts, aus den daraus entstehenden komplizierten Rechtsverhältnissen, die von den traditionellen Schöffengerichten nicht mehr geklärt und beurteilt werden können, wird die Differenz zw. G. und Recht allmählich zugedeckt, wird vereinzelt G. nicht mehr nur als Ordnungsregel, sondern als Rechtssatz begriffen. Die Identifizierung von G. und Recht, die Wandlung des Rechts zum G.esrecht bleibt freilich der NZ vorbehalten.   W. Janssen

Lit.: H. KRAUSE, Dauer und Vergänglichkeit im ma. Recht, ZRG-GermAbt 75, 1958, 207–251 – S. GAGNÉR, Stud. zur Ideengesch. der G.gebung, 1960 – H. M. KLINKENBERG, Die Theorie der Veränderbarkeit des Rechtes im frühen und hohen MA, Misc. Mediaevalia 6, 1969, 157–188 – G. DILCHER, G.gebung als Rechtserneuerung (Fschr. A. ERLER, 1976), 13–35 – →Gesetzgebung.

3. G. (Judentum) → Recht im Judentum

Gesetzessprecher → Rechtssprecher

Gesetzesübergabe (Traditio legis). Nz. Name für ein seit der Mitte des 4. Jh. in der christl. Kunst Roms auftretendes Dreifigurenbild Christi und der Apostelfs.en Petrus und Paulus, von der Aufschrift dominus legem dat abgeleitet, die in mehreren Denkmälern auf der geöffneten Buchrolle erhalten blieb, in der Christus in der Linken hält und die Petrus mit verhüllten Händen empfängt (auch das Mosaik in Rom, S. Costanza, hatte diese Aufschrift: STANLEY). Die oft mit Paradiesmotiven (Palmen, Phönix, Hügel mit Paradiesflüssen) angereicherte Szene ist für die Entstehungsgesch. der christl. Kunst wichtig, da hier erstmals kein bibl.-»historischer« Vorgang dargestellt wurde, sondern ein aus theol. Reflexion stammendes Bild des überzeitl. Wirkens Christi. Die ausgedehnte Forschungslit. ist sehr kontrovers. Fraglich ist bereits, in welchem Denkmä-

lerbereich sich das Urbild befand. Doch kann der Umstand, daß sich relativ viele Beispiele auf Sarkophagen finden, eine Entstehung in dieser Denkmälergattung nicht erweisen; dagegen läßt der mehrfach in den Gattungen Mosaik, Malerei, Elfenbein- und Glaskunst belegte, sekundär auch in die Sarkophagkunst übertragene Lämmerfries (→Lämmerallegorie) mit Bethlehem und Jerusalem unter der G. eher an ein Urbild in monumentaler Apsis denken (St. Peter in Rom?). Fraglich sind auch formale Aspekte: Daß Christus die Buchrolle mit der Linken übergibt und Petrus daher nicht auf dem Ehrenplatz zur Rechten Christi erscheint, kann damit zusammenhängen, daß man nicht auf die herrscherl.-triumphale Geste der rechten Hand Christi verzichten wollte; daß er jedoch in vielen Bildbeispielen der G. steht und nicht sitzt, wie im spätantiken Hofzeremoniell für die Übergabe von Gegenständen üblich, ist bisher unerklärt. Wenn die Deutung als Auftrag Christi umstritten ist, so hängt dies v. a. mit der Verkennung der Bedeutungsvielfalt frühchristl. Kunst zusammen, die mit solchem Thema auch andere christolog. und auf die Kirche bezogene Gedanken vereinigte. Im 5. und 6. Jh. entstanden in Ravenna, vorwiegend auf Sarkophagen und vermutl. unter ö. Einfluß (KOLLWITZ), einige Darstellungen, die der imperialen Ikonographie stärker entsprechen: der thronende Christus überreicht Paulus zu seiner Rechten eine geschlossene Buchrolle oder einen Codex; mit dem Schlüssel in der Hand Petri kann auf die Verheißung von deren Übergabe angespielt werden (vgl. Mt 16,19). Im MA finden sich neben dem Weiterleben der röm. Anordnung (Apsis S. Silvestro, Tivoli) auch Abwandlungen, z. B. Vereinigung von Schlüsselübergabe an Petrus und G. an Paulus: karol. Malerei in Nordapsis in Müstair; roman. Malerei in Südapsis der Schloßkapelle Hocheppan. In der roman. Apsismalerei in Berzé-la-Ville hält Petrus den Schlüssel und empfängt gleichzeitig die Buchrolle.   J. Engemann

Lit.: LCI IV, 347–351 – J. GARBER, Die roman. Wandgemälde Tirols, 1928, Abb. 33 [Hocheppan] – J. KOLLWITZ, Oström. Plastik der theodosian. Zeit, 1941, 156ff. – L. BIRCHER, Akt. 3. Internat. Kongr. Frühma. Forsch., 1954, Fig. 94; 100 [Müstair] – W. N. SCHUMACHER, »Dominus legem dat«, RQ 54, 1959, 1–39 – C. DAVIS-WEYER, Das Traditio-Legis-Bild und seine Nachfolge, MüJb 12, 1961, 7–45 – O. DEMUS, Roman. Buchmalerei, 1968, Taf. 85 [Berzé-La-Ville] – P. TESTINI, La lapide di Anagni con la Traditio legis, Arch. Classica 25/26, 1973/74, 718–740 – G. SCHILLER, Ikonographie der christl. Kunst 3, 1986², 202–216 – D. J. STANLEY, The Apse Mosaics at Santa Costanza, Röm. Mitt. 94, 1987, 29–42.

Gesetzgebung

A. Kirchliche Gesetzgebung – B–D: Weltliche Gesetzgebung einzelner Länder (B. Germanisches und deutsches Recht – C. England und Schottland – D. Italien)

A. Kirchliche Gesetzgebung

Das Wort 'lex' für 'Gesetz' (z. B. lex naturalis, mosayca, apostolica, canonica) bezeichnet im kirchl. Sprachgebrauch u. a. die Gesamtheit des normativen Gefüges. Als termini technici bevorzugen die Kanonisten die Begriffe 'canon' oder 'regula', später 'constitutio' (Reflexionen über das Gesetz in den Dekretalen fanden ihren Platz unter dem Titel »De constitutionibus«), während mit 'lex' das weltl. bzw. gemeine Recht bezeichnet wird. Dem →Kanon. Recht ist nicht nur die strenge Trennung der Gewalten im Innern der Rechtsordnung unbekannt, vielmehr verbindet sich die Kompetenz auf diesem Gebiet mit der Zuständigkeit für Lehre und Weihehandlungen. Die →Konzilien sind gleichermaßen litur. Festversammlungen, Körperschaften mit rechtsprechender, administrativer und gesetzgeber. Funktion sowie Zusammenkünfte von Christen, die der Reflexion von Inhalten und der Verkündigung des rechten Glaubens dienen. Die Konzils- und →Dekretalensammlungen sind daher nicht nur bloße Rechtskodifikationen.

Die Konzilsbeschlüsse der alten Kirche des Ostens (sie waren dem Okzident in Form von Übersetzungen oder Zusammenfassungen bekannt) wie des Westens, denen seit →Dionysius Exiguus eine Auswahl päpstl. →Dekretalen hinzugefügt wurde, sind in chronolog. aufgebauten, normativen Sammlungen (→Dionysiana, →Hispana) überliefert. Doch wurden später, insbes. nach der →Gregorian. Reform, neue, meist systemat. Rechtssammlungen angelegt, die wirklich »Florilegien sind, in denen auch patrist. Texten der gebührende Platz eingeräumt wurde. Stets begründete die Berufung auf die alten Kanones oder Väter das Ansehen einer solchen Sammlung. Ihre Geltung aber wurde – trotz aller Bemühungen um eine Rangordnung der Quellen – weniger an der Autorität ihrer wirklichen oder vermeintl. Herkunft, als an ihrer inneren Substanz gemessen (vgl. die »Praefatio« bei →Ivo v. Chartres). Bes. Wert wurde auf die »Authentizität« der Rechtstexte gelegt; nur von Rom autorisierte Sammlungen (→Dionysio-Hadriana, gregorian. Sammlungen) sollten kanon. Geltung haben (»ut essent auctoritativa laboravi«, →Burchard v. Worms). Hinsichtl. des Einflusses der Texte ist zweierlei zu konstatieren: einmal muß den handschriftl. weitverbreiteten Texten größere Effektivität zuerkannt werden als den selten kopierten, wobei manche Befunde überraschen (Beschlüsse des I. Laterankonzils in England, Briefe Gregors VII.); zum anderen erreichten die Texte ihre normative Geltung in einer handschriftl. verbreiteten Version, die oft eine absichtl. oder unabsichtl. Entstellung des Originaltextes darstellt.

Die Wandlung, die sich im 13. Jh. vollzog und die – bei theoret. Erhaltung der Konzilsgewalt – zu einer Konzentration der legislativen Gewalt beim päpstl. Gesetzgeber führte, wurde zunächst von den →Dekretalen und ihrem Ansehen getragen. Diese sind, mit wenigen Ausnahmen, keine Gesetze, sondern autoritative Antworten auf bestimmte Fragen – Antworten, deren Geltung allmähl. auch auf andere kanonist. Probleme ausgedehnt wurde, wobei weniger der Rechtstext, als dessen »ratio« den Ausschlag gab. Wohl hatte Gregor VII. den Anspruch erhoben, daß der Papst allein, ohne Befragung eines Konzils, Gesetze erlassen könne (Dict. pap. 7); Gratian (C. 25 q. 1 p.c. 16 § 1) erkannte jedoch dem Papst die gesetzgebende Gewalt nicht zu, wohl aber das Recht zu Dispens und Privileg, auch gegen Konzilsbeschlüsse und Vätersatzungen. Tatsächl. haben die Päpste nur sehr selten unmittelbare gesetzgebende Tätigkeit ausgeübt. Die bestimmten Dekretalensammlungen zugeschriebene Authentizität besagt nichts anderes als die Übereinstimmung mit den Registern. Doch zeigt eine genauere Analyse der bei der Vorbereitung des Liber Extra angewandten Methode in anschaulicher Weise, wie durch Weglassen bestimmter Passagen Dekretalen von Entscheidungen konkreter Fälle in Rechtssätze von universeller Gültigkeit verwandelt wurden – ein Verfahren, das durchaus »normative« Texte entstehen ließ. Im 13. und 14. Jh. werden dann Konzilsbeschlüsse von Päpsten verändert. Der Liber Sextus ist der Endpunkt dieser Entwicklung: Der Papst gibt nun allein Gesetze für die gesamte Kirche. Dies entsprach durchaus der Entwicklung des zeitgenöss. polit. Denkens und des staatl. Rechts. Der Liber Sextus wurde als Ganzes promulgiert, gleichsam als ein Gesetz. Man will sogar eines der Exemplare, das als Zeichen der Promulgation eine →Bulle trug, wiederentdeckt haben. Die gesetzgebende Gewalt liegt primär beim Papst, beim Konzil (das aber nur selten

einberufen wird), bei den Provinzialsynoden (die zeitweilig aber bloße Transmissionsinstrumente sind) und schließlich beim Diözesanbf. Die Schulwissenschaft, die einst auf der Ebene der Dekretalen Einfluß auf die Ausformung des kirchl. Rechtes gehabt hatte, debattiert weiter über die Anwendung des Rechts, bis ihr schließlich vom Tridentinum die Diskussion über die Anwendung seiner Beschlüsse untersagt wird. G. Fransen

Lit.: DDC V, 635–677 [CH. LEFEBVRE, R. NAZ] – FOURNIER – LE BRAS – SCHULTE – VAN HOVE – FR. MAASSEN, Gesch. der Q. und der Lit. des canon. Rechts im Abendlande, 1870 – E. RÖSSER, Göttl. und menschl., unveränderl. und veränderl. Kirchenrecht von der Entstehung der Kirche bis zur Mitte des 9. Jh., 1934 – ST. KUTTNER, Sur les origines du terme »droit positif«, RHDFE 4ᵉ sér., 15, 1936, 728–740 – O. LOTTIN, La loi en général. La définition thomiste et ses antécédents (Psychologie et morale aux XIIᵉ et XIIIᵉ s., II, 1948), 11–47 – G. LE BRAS, Prolégomènes (Hist. du Droit et des Institutions de l'Église en Occident 1, 1955), 64–72 – ST. GAGNÉR, Stud. zur Ideengesch. der G. (Acta Universitatis Upsaliensis 1, 1960) – L'Age classique (Hist. du Droit et des Institutions de l'Église en Occident 7, 1965), 421–465 [CH. LEFEBVRE] – G. FRANSEN, Juridiction et pouvoir législatif (Acta conventus internationalis canonistarum [Rom: 1968], 1970), 212–220 – DERS., Les décrétales et les collections de décrétales (Typologie des sources du MA occidental 2, 1972) – DERS., Les collections canoniques (ebd. 10, 1973) – H. MORDEK, Kirchenrecht und Reform im Frankenreich, 1975 – O. PONTAL, Les statuts synodaux (ebd. 11, 1975) – ST. KUTTNER, Reflexions on Gospel und Law in the Hist. of the Church (Liber amicorum Mgr. Onclin, Bibl. Ephemeridum Theologicarum Lovaniensium 42, 1976), 199–209 – O. HAGENEDER, Papstregister und Dekretalenrecht (VuF 23, 1977), 319–347 – H. MORDEK, Kirchenrechtl. Autoritäten im FrühMA (VuF 23, 1977), 237–255 – P. JOHANEK, Stud. zur Überlieferung der Konstitutionen des II. Konzils v. Lyon (1274), ZRGKanAbt 96, 1979, 149–216 – ST. KUTTNER, On »auctoritas« in the Writing of Medieval Canonists: The Vocabulary of Gratian (La notion d'autorité au MA: Islam, Byzance, Occident [Colloque internat. de La Napoule 1978], 1982), 71–81 – DERS., Raymond of Peñafort as Editor: The 'decretales' and 'constitutiones' of Gregory IX, BMCL 12, 1982, 65–80 – J. GAUDEMET, Les sources du droit de l'Église en Occident du IIᵉ au VIIᵉ s., 1985 – H. MORDEK, Kanonistik und gregorian. Reform (Reich und Kirche vor dem Investiturstreit, Kolloquium ... G. TELLENBACH, 1985), 65–82.

B–D. Weltliche Gesetzgebung einzelner Länder: B. Germanisches und deutsches Recht
I. Frühes Mittelalter – II. Hohes und spätes Mittelalter.

I. FRÜHES MITTELALTER: Wenn G. gekennzeichnet ist durch den »Willen zur verbindlichen Geltung von Regeln, die bisher nicht galten« (H. KRAUSE), dann läßt sich diese Form der Rechtsbildung nicht auf germ. Erbe zurückführen. An der Wende von der Antike zum frühen MA erscheint sie in den Germanenreichen auf röm. Boden vielmehr als ein Stück spätantiker Tradition. Läßt die »Lex Romana Visigothorum« (ähnlich wie ein Menschenalter danach Justinians →Corpus iuris civilis) sogar noch die überlieferten Textmassen von ius und leges erkennen, so bieten die »Lex Romana Burgundionum« und das →»Edictum Theoderici« ihr röm. Material nur noch in vereinfachter und veränderter Gestalt. Besonders selbständig sind in dieser Hinsicht der »Codex Euricianus« (→Eurich) und die ihm folgenden »Leges Visigothorum«. Hier erscheint der Stoff nach einem eigenen System geordnet, und die Novellen späterer Herrscher lassen deren legislator. Absichten ebenso erkennen wie ihre prakt. Erfahrungen. Die »Lex Burgundionum« dagegen läßt wiederum jede Systematik vermissen.

Trotz ihrer Gleichzeitigkeit mit der westgot. und burg. G. ist die frk. »Lex Salica« von ganz anderer Art. Hier stehen die langen Bußenkataloge des alten Stammesrechts im Vordergrund, die nach dem Bericht der Prologe als →Weistümer aufgezeichnet worden sein könnten. Erst die Unterscheidung der verschiedenen »Normtypen« (F.

BEYERLE) ließ die ein- und angefügten Konstitutionen sichtbar werden und damit die Umrisse einer kgl. G. In Gesetzen wie dem »Pactus pro tenore pacis«, dem »Edictum Chilperici« (561–584) und der →»Decretio Childeberti« tritt sie uns unmittelbar entgegen und erscheint im Pariser →»Edictum Chlotarii« in der Nähe kirchl. Konzilsbeschlüsse. Die »Lex Ribuaria« bietet eine zeitgemäß ergänzte Neufassung des frk. Rechts.

Auch im langob. →»Edictum Rothari« nimmt das Bußenrecht breiten Raum ein, und die vielen langob. Rechtsworte lassen das Edikt weithin als Aufzeichnung alter Rechtsüberlieferung erscheinen. Die ausdrückl. Verschärfung der Bußen aber, und die Benutzung westgot. und röm. Rechts erweisen es zugleich als Werk der G. Vollends gilt dies für die späteren Novellen, insbesondere die des Kg.s →Liutprand.

Umstritten ist die Zuordnung der frühkarol. süddt. Leges. Sind »Lex Alamannorum« und »Lex Bajuwariorum« Schöpfungen der karol. Hausmeier, selbstbewußter Hzg.e oder gar der Kirche, deren Belange darin einen so großen Raum einnehmen? Eine G. Karls d. Gr. endlich ist eher in den karol. Neufassungen von »Lex Salica« und »Lex Ribuaria« wirksam geworden als in den spärlich überlieferten Aufzeichnungen vom Winter 802/803 (»Lex Frisionum«, »Lex Saxonum«, »Lex Thuringorum«).

Offene Fragen jeder G. nördl. der Alpen sind ihre Geltung und ihre prakt. Durchsetzung, zumal dem germ. →Gerichtsverfahren die Vorstellung von der Anwendung einer Rechtsnorm auf einen Sachverhalt fremd ist. Bei den karol. →Kapitularien kommt (anders als bei den merow. Edikten und Dekreten) noch die Frage hinzu, ob sie überhaupt der G. zuzurechnen sind. Nur bei den capitula legibus addenda ist dies eindeutig zu bejahen. →Leges.

K. Kroeschell

II. HOHES UND SPÄTES MITTELALTER: Fast alle erhaltenen Gesetze der sächs. und sal. Ks. galten nur für Italien (H. KRAUSE). Erst unter den Staufern finden wir eine G. in größerem Ausmaß auch für den dt. Reichsteil. Diese wurde nach dem Sturz der Staufer erhebl. eingeschränkt und machte Platz für eine G. der Territorien und Städte. Die Geschichte der G. in Deutschland spiegelt insofern die polit. Geschichte der Staatsbildung im Reich wider.

[1] Ein Hauptgegenstand der *königlichen Gesetzgebung* war der Reichslandfriede; er wurde 1103 noch mündl. beschlossen und nur als Bericht überliefert, aber schon 1152 erstmals in urkundl. und damit gesetzl. Form verfaßt. Friedrichs II. →Mainzer Reichslandfriede v. 1235, der geradezu den »Charakter eines Verfassungsgesetzes annahm« (A. BUSCHMANN), wurde von den Kg.en Rudolf v. Habsburg, Adolf v. Nassau und Albrecht I. mehrmals erneuert. Die Reihe der seitdem nur noch sporad. geschaffenen Reichslandfrieden endet mit Maximilians Ewigem →Reichslandfrieden von 1495.

Andere kgl. Gesetze betrafen die Testamentserrichtung (1165), die Korrektur des Rheinstromes (1165) und die →Grundruhr (1196). Auch die Spolien- und Regalienprivilegien (1216), die sog. →»Confoederatio cum principibus ecclesiasticis« (1220) und das sog. →»Statutum in favorem principum« (1231/32) können als Gesetze betrachtet werden. Nach einer Pause von fast einem Jahrhundert begegnet erst wieder unter Ks. Ludwig d. Bayern eine nennenswerte G.: die sieben Röm. Gesetze (1328), zwei Pfahlbürgergesetze (1333, 1341), ein Grundruhrgesetz (1336), das Königswahlgesetz →»Licet iuris« und die Koblenzer Gesetze (1338). Deren Geltung war aber beschränkt, da der vom Papst gebannte Ks. um die Anerkennung seiner Herrschaft kämpfen mußte. Erfolgreicher

war der anfängl. nur von der kurialen Partei gewählte Ks. Karl IV., dessen (erst seit 1400 →»Goldene Bulle« gen.) »keiserliches Rechtbuch« (1356) zum wichtigsten Grundgesetz des alten Reiches wurde und dessen – erst jüngst genauer untersuchte – »Karolina de ecclesiastica libertate« (1354/77) »Kirchenschutz als Herrschaftsinstrument« verwandte (W. HÖLSCHER), vom →Konstanzer Konzil »kanonisiert« und damit »Teil des allgemeinen Kirchenrechts« wurde (P. JOHANEK). Von Kg. Sigmund stammt ein Generalprivileg für den Niederadel (1422), ein Gesetz über die Reichssteuer zum Hussitenzug (1427) und ein Gesetz zum Schutze des Reichsadels (1431). Einen Aufschwung nahm die Reichsgesetzgebung im Rahmen der →Reichsreform in der 2. Hälfte des 15. Jh. Diese fand in der G. ihren Ausdruck in ungezählten Gesetzentwürfen, in Ks. Friedrichs III. Kammergerichtsordnung (1471) sowie in der Reichskammergerichtsordnung, einer Handhabung Friedens und Rechts und einer Ordnung des →Gemeinen Pfennigs, die Kg. Maximilian – zusammen mit dem erwähnten Ewigen Reichslandfrieden – auf dem Wormser Reichstag (1495) erließ. Seit dem Reichstag zu Lindau (1497) wurden die Beschlüsse der Reichstage einer Gesamtredigierung unterworfen und als →Reichsabschiede besiegelt.

[2] Frühe Ansätze zu *territorialer Gesetzgebung* sind insbes. dort zu beobachten, wo der Landesherr zugleich der Kg. war. So entstanden die 1. und 2. Fassung des Österr. Landrechts wohl 1278 und 1298 auf Betreiben der Kg.e Rudolf v. Habsburg und Albrecht v. Österreich. Die »Statuta salubria« für das Hochstift Trier (1310) stammen aus der kurzen Zeit, in der das Haus Luxemburg sowohl das Kgtm. als auch den Trierer Erzstuhl innehatte. Das Oberbayer. Landrecht (1., verlorene Fassung 1335, 2. Fassung 1346) geht auf Ks. Ludwig d. Bayern zurück. Die »Rupertinische Konstitution« (1395) für die Pfalz entstand, als der Pfgf. zugleich Reichsverweser war, blieb offenbar jedoch nur Entwurf. Erfolgreicher waren die Landes- und Gerichtsordnungen, die mit dem Eindringen gelehrter Juristen in die fsl. Verwaltungen seit den 40er Jahren des 15. Jh. v. a. im S, im W und in der Mitte Deutschlands erlassen wurden. Den N und O des Reiches erreichte diese G.swelle erst im 16. Jh. Schon lange vorher kannten die →Städte eine reiche Statutargesetzgebung.

Typisch für die Geschichte der G. in Deutschland ist auch die Tatsache, daß die »Kodifikationswelle«, die viele Länder Europas zw. 1231 und 1281 erfaßte (A. WOLF), in Deutschland nur zu sog. privaten Rechtsbüchern führte: →Sachsenspiegel (1220/35) und →Schwabenspiegel (1275/76).

A. Wolf

Lit.: COING, Hdb. I, 517–565, 586–626 [A. WOLF] – HRG IV, 85–92 [A. WOLF]; 581–594 [A. BUSCHMANN] – H. ANGERMEIER, Landfriedenspolitik und Landfriedensg. unter den Staufern (VuF 16, 1974), 167–186 – F. EBEL, Über Legaldefinitionen, Rechtshist. Stud. zur Entwicklung der G.stechnik in Dtl., 1974 – R. GRAWERT, Gesetz (Gesch. Grundbegriffe, hg. O. BRUNNER u. a., II (1975), 863–922 – A. WOLF, Forschungsaufgaben einer europ. G.sgesch., Ius commune 5, 1975, 178–191 – Recht und Schrift im MA, hg. P. CLASSEN (VuF 23, 1977) – P. JOHANEK, Die »Karolina de ecclesiastica libertate«, BDLG 114, 1978, 797–831 – DERS., Method. zur Verbreitung und Bekanntmachung von Gesetzen im SpätMA (Beih. der Francia 9, 1980, 88–101 – D. WILLOWEIT, Gebot und Verbot im SpätMA, HJL 30, 1980, 94–130 – A. WOLF, G. und Kodifikationen (Die Renaissance der Wiss. im 12. Jh., hg. P. WEIMAR, 1981), 143–171 – R. SCHULZE, Gesch. der neueren vorkonstitutionellen Gesetzgebung, ZRGGermAbt 98, 1981, 157–235 – B. DIESTELKAMP, Einige Beobachtungen zur Gesch. des Gesetzes in vorkonstitutioneller Zeit, ZHF 10, 1983, 385–420 – H. SCHLOSSER, Rechtsgewalt und Rechtsbildung im ausgehenden MA, ZRGGerm Abt 100, 1983, 9–52 – W. JANSSEN, ». . . na gesetze unser lande . . .«, Zur territorialen G. im späten MA (Der Staat, Beih. 7, 1984), 7–61 – W.

HÖLSCHER, Kirchenschutz als Herrschaftsinstrument, 1985 – E. WAD-LE, Frühe dt. Landfrieden (Überlieferung und Geltung normativer Texte des frühen und hohen MA, hg. H. MORDEK, 1986), 71–92 – M. TH. FÖGEN, Morsche Wurzeln und späte Früchte, Notizen zum Geset-zesbegriff der dt. Rechtsgesch., Rechtshist. Journal 6, 1987,349–360 [krit. zu W. EBEL, Gesch. der G. in Dtl., 1956, 1958²] – P. JOHANEK, Rechtsschrifttum (Gesch. der dt. Lit. 3: Die dt. Lit. im späten MA 1250–1370, 2.T., hg. I. GLIER, 1987), 396–431, 506–515 – D. WILLO-WEIT, G. und Recht im Übergang vom SpätMA zum frühnz. Obrig-keitsstaat, AAG Phil.-Hist. Kl., 3. F., Nr. 157, 1987, 123–149.

C. England und Schottland
I. England – II. Schottland.

I. ENGLAND:[1] *Angelsächsische Zeit:* Zwar gab es im ags. FrühMA im Vergleich zum Hoch- und SpätMA eine nur geringe G.stätigkeit, dennoch ist die Vorstellung von einer nahezu ausschließl. Rechtsfindung und -weisung durch Urteilssprecher *(doomsmen)* für die Zeit vor 1066 falsch. Die Tätigkeit der doomsmen beschränkte sich vielmehr auf Weisung und Auslegung des bestehenden, allein vom Kg. erlassenen Rechts. Der Kg. konnte aus eigener Machtvollkommenheit Gesetze erlassen, hielt aber in der Regel doch Beratungen mit führenden weltl. und geistl. Großen ab *(witenagemot;→witan)* und setzte die Gesetze mit deren Billigung in Kraft. Doch erließen ags. Kg.e oftmals auch Gesetze mit Zustimmung der ratgeben-den Hofversammlung, ebenfalls als witenagemot be-zeichnet (→curia regis, V). Alle Gesetze hatten gleiche Autorität, unabhängig von der Art ihres Erlasses und dem Ausmaß einer möglichen Modifikation. Auch die kirchl. G. wurde von Kg. und witenagemot ausgeübt. Eine Trennung von weltl. und geistl. Gericht erfolgte in Eng-land erst 1076 durch einen förml. Erlaß Wilhelms d. Er-oberers und seines Rates.

Bekannt als *dooms* oder *dombocs* ('Rechtssatzungen'), stammen die ältesten erhaltenen ags. Gesetze aus der Regierungszeit →Æthelberhts, 560–616 (s. im einzelnen auch →Ags. Recht). Unter →Alfred d. Gr. (871–899) und seinen Nachfolgern wurden im Zuge der Einigungsbe-strebungen Gesetze für das gesamte Kgr. England erlassen und die älteren Gesetze der einzelnen ags. Kgr.e entweder aufgehoben oder den gesamtengl. Gesetzen inkorporiert. Die letzten dooms wurden von →Eduard d. Bekenner (1042–66) erlassen.

[2] *Normannische und frühe angevinische Zeit:* Nach 1066 veränderte die Errichtung des anglo-norm. Feudalsy-stems die Art der G. in nur geringem Maße. Die norm. und angevin. Kg.e übten die Prärogativen ihrer ags. Vorgän-ger weiterhin aus bzw. erweiterten sie und zogen bei der G., allerdings nicht regelmäßig, ihre Vasallen zu →consi-lium und auxilium heran. Entweder wurde ein magnum concilium (vgl. Great →Council) der Kronvasallen *(te-nants-in-chief)* einberufen, oder aber eine kleine Versamm-lung polit. bedeutender →Barone und Prälaten (vgl. →Council, King's). Die Kg.e v. England bedienten sich abwechselnd beider Möglichkeiten, unabhängig davon, ob es bei der G.stätigkeit um lehnsrechtl. oder andere Inhalte ging. Für die Zeit der Normannendynastie kann insgesamt gesagt werden, daß die Kg.e bei ihrer G.stätig-keit nur relativ selten Ratsversammlungen und -körper-schaften heranzogen. Demgegenüber erließen die ange-vin. Kg.e in der Zeit von 1154–1216 ihre Gesetze gelegentl. unter Einberufung der großen Rats; weitaus häufiger war jedoch ein Gesetzeserlaß nach Beratung mit kleinen Rats-gremien oder lediglich durch kgl. Edikt. Gesetze, an deren Erlaß der große Rat beteiligt wurde, waren: die Assisen v. →Clarendon (1166) und →Northampton (1176), die »As-size of Arms« (1181) zur Wiederbelebung des alten ags. *fyrd* (→Heerwesen), die Assisen Richards I. und Johanns

von 1197 und 1205 zur Vereinheitlichung der Maße, Ge-wichte und Münzeinheiten.

[3] *13. Jahrhundert:* Während der glücklosen Regierung Johanns (1199–1216) erfuhren die kgl. Prärogativen eine Schwächung, und es entstanden konstitutionelle Präze-denzfälle, die für Grundbedingungen und Verfahrenswei-se der engl. G. im SpätMA richtungsweisend wurden. Letztes Ziel der →Magna Carta (1215) war es zu sichern, daß der Kg. im Einklang mit den Gesetzen des Kgr.es regierte. Um dies zu gewährleisten, waren die Kronvasal-len bestrebt, einen Mechanismus zu schaffen, der den Gesetzeserlaß von ihrer Zustimmung abhängig machte. Wurde dies bereits bei den Kämpfen der baronialen Oppo-sition gegen →Heinrich III. (1216–72) angestrebt, so konnte jedoch erst unter →Eduard I. (1272–1307) durch-gesetzt werden, daß vor dem Erlaß von Gesetzen regelmä-ßig die Billigung durch einen großen Rat der Barone, der die Bezeichnung →'Parliament' (parliamentum) annahm, einzuholen war. Kg. Eduard I. ging dazu über, neben den Lords auch gewählte Ritter aus den shires und Stadtbürger zu diesen Parlamenten zu laden; sie wurden allerdings nur gelegentl. um Rat und Zustimmung bei gesetzgeber. Aktivitäten befragt. Ein von Kg. und Parlament promul-giertes Gesetz wurde als →Statut *(statute)* bezeichnet, wäh-rend eine nur vom Kg. und seinem kleinen Rat erlassene Verordnung oder Weisung als →Ordonnanz *(ordinance)* galt und geringere Gesetzeskraft besaß. Doch erst im späten 14.Jh. setzte sich die verbindl. Verfahrensweise durch, nach der alle Statuten vom Kg. mit Billigung eines vollgültigen Parlament zu verabschieden waren. Die un-ter Eduard I. noch recht heterogenen Verfahrensweisen werden anhand von Beispielen deutlich: 1283 billigte der Kg. gemeinsam mit einer Versammlung von Bürgern das handelsrechtl. Statut »De Mercatoribus«. 1290 wurde in einem nur vom Baronagium besuchten Parlament das berühmte Statut »Quia emptores« erlassen. Im ersten Parlament von Westminster wurde im April 1275 das Statute of Westminster I, dessen 51 Klauseln vorrangig die Verfahrensweise der G. zum Gegenstand hatten, erlassen, mit Billigung der Barone und wahrscheinl. auch der *shire-knights*.

[4] *14. und 15. Jahrhundert:* Bis zur Mitte des 14.Jh. hatte sich durchgesetzt, daß ein vom Kg. einberufenes Parlia-ment stets auch die Ritter und Bürger, die sog. *Commons,* zu umfassen hatte; diese traten in eigener Beratung zusam-men (vgl. »House of Commons«, »House of Lords«: →Parliament). Seit der Regierung Eduards III. (1327–77) mußten alle rechtskräftigen Statuten von Lords wie Com-mons gebilligt sein. In dieser Zeit begannen die Com-mons, im Parlament an Kg., Council und House of Lords gerichtete Petitionen (die späteren *bills*) zu präsentieren. Diese Verfahrensweise wurde bald systematisiert, indem diese Petitionen in der Regel bei der Eröffnung des Parlia-ment vorgelegt wurden, worauf Erwiderungen von sei-ten des Kg.s, des Council und der Lords folgten und die Petition schließlich in ein Statut einging. Auf diese Weise erlangten die Commons nicht nur G.sinitiative, sondern entwickelten sich bald – aufgrund ihres wirksamen Drucks auf das Kgtm. – zu den eigtl. Gesetzgebern. Indem sie die Zustimmung zu einer Steuer von der Gewährung ihrer Petition abhängig machten, sicherten sie sich die letzte Kontrolle über Inhalt und selbst Formulierung der Statuten. Diese Entwicklung erreichte im frühen 15.Jh. ihren Höhepunkt, als die Commons den Kg. nötigten, ihre Petitionen ohne irgendeine Modifikation als Statuten zu erlassen. Vgl. auch →England, C, D.   B. Lyon

Lit.: F. W. Maitland, The Hist. of English Law, 2 Bde, 1898² – J. F. Baldwin, The King's Council in England, 1913 – T. F. T. Plucknett, Statutes and Their Interpretation in the First Half of the Fourteenth Century, 1922 – H. L. Gray, The Influence of the Commons on Early Legislation, 1932 – G. Barraclough, Law and Legislation in Medieval England, LQR 56, 1940, 79–92 – H. M. Cam, The Legislators of Medieval England, 1945 – G. L. Haskins, The Growth of English Representative Government, 1948 – T. F. T. Plucknett, Legislation of Edward I, 1949 – T. Oleson, The Witenagemot in the Reign of Edward the Confessor, 1955 – B. Lyon, A Constitutional and Legal Hist. of Medieval England, 1980².

II. Schottland: Trotz engl. Einflüsse weist die G. in Schottland eine Reihe von Besonderheiten auf. Eine G. im engeren Sinne entwickelte sich hier erst später; die Verfahrensweisen wurden im späten 13. Jh., als das Land unter die Kontrolle Eduards I. v. England geraten war, rasch formalisiert. Niemals erreichten die legislativen Prozeduren in Schottland jedoch einen so ausgeklügelt-formalen Charakter wie in England. Für die Zeit vor dem 12. Jh. gibt es kaum Belege für G.stätigkeit, doch tritt seit der Mitte des 12. Jh. ein kgl. Rat, bestehend aus Prälaten, Vasallen und Amtsträgern des Hofhalts in Erscheinung; dieser beriet den Kg. gelegentl. bei G.saktivitäten. Bis zum Ende des 13. Jh. bestand eine große, als Parliament bezeichnete Versammlung von Kronvasallen, die bisweilen der kgl. G. ihre Zustimmung erteilte. Während des 14. Jh. war das schott. Parliament analog zu den frz. Ständeversammlungen in drei *estates* ('Stände', Kurien) gegliedert (Klerus, weltl. Große, Bürger). Zunehmend trat ein Ausschuß von sechs oder acht Mitgliedern des Parliament, erwählt aus den drei Ständen, hervor; er hatte die Aufgabe, Gesetzesvorlagen zur Prüfung durch das Parliament zu entwerfen. Hieraus entwickelte sich im 15. Jh. die Institution des Ausschusses »ad formandum articulos«, der in aller Regel die Gesetzentwürfe formulierte. Im Gegensatz zu England spielten in Schottland die Bürger als Initiatoren von G. eine nur untergeordnete Rolle.   B. Lyon

Lit.: A. A. M. Duncan, The Early Parliaments of Scotland, SHR 45, 1966 – W. C. Dickinson, Scotland from the Earliest Times to 1603, 1977³.

D. Italien

Am Ausgang der Spätantike lebte in einem Teil der Apenninenhalbinsel das Theodosian. Recht (→Codex Theodosianus und seine Novellen) weiter, in anderen Gebieten war die Justinian. G. (→Corpus iuris civilis) in Kraft gesetzt worden. Die G. des oström. Kgr.es wurde im byz. Italien durch die Ekloge Leons III. (740), dem →Procheiros Nomos Basileios' I. (867–886) und die Basiliken Leons VI. (886–912) fortgeführt.

Im langob. Italien folgten seit 643 die Edikte der Kg.e Rothari (→Edictus Rothari) und Grimoald, die eine Kodifizierung der Rechtsgewohnheiten dieses germ. Volks darstellten, und die Edikte von →Liutprand, →Ratchis und →Aistulf, die bereits territoriale Geltung hatten. Nach 774 entstanden eigens für Italien bestimmte frk. →Kapitularien; daneben galten die für alle »partes imperii« erlassenen allgemeinen Kapitularien. Auch die kirchl. G. befaßte sich über die religiösen Belange hinaus mit vielen Aspekten der gesellschaftl. Realität.

Größere Bedeutung als Gesetze hatten in Italien im gesamten FrühMA das Gewohnheitsrecht. Aus ihm ging v. a. das Lehensrecht hervor, das sich dann als Hindernis für die Durchsetzung des Geltungsanspruchs des Gesetzes erwies.

Im Zuge der »renovatio imperii« verfestigte sich der Gedanke einer »lex communis«, die die »una lex« des gesamten Reiches bilden sollte. Man griff dabei auf die G. des röm. Reichs zurück. Die antiken Gesetze sind bisweilen mit inhaltl. Modifizierungen überliefert, die auf Mißverständnissen beruhen oder auf dem Versuch einer Anpassung des alten Textes an eine gewandelte Realität. Im 10. Jh. übernahm die G. der Ottonen die Formen der röm. Konstitutionen; gleichzeitig gingen kanon. Recht und weltl. Recht eine ideale Verbindung ein. Im 11. Jh. wurde die »lex romana« als »lex omnium generalis« verstanden; auf sie griff man im Zweifelsfall, bei Lücken der Partikularrechte und sogar zur Auslegung der langob. und frk. Rechte zurück. Man postulierte eine legislative Kontinuität, die vom röm. Recht und den langob. Edikten zu den zeitgenöss. Gesetzen führte. Die G. der dt. Ks. für Italien verlor unter der stauf. Dynastie nach anfängl. Behauptungsversuchen (→Roncaglia 1158) zusehends an Bedeutung. Die Wiederverfügbarkeit des vollständigen Justinian. Rechts einschließl. der Digesten kennzeichnen den Beginn einer neuen Epoche (vgl. →Bologna, B). Man sah im röm. Recht das einzige G.ssystem, das alle Bereiche der Gesellschaft regeln und für das ganze Imperium Geltung haben könne. Diese Idee entsprach der hist. Realität und den Erfordernissen des Augenblicks. Zivilrecht und kanon. Recht gingen eine unlösbare Verbindung ein.

Neben dem für alle gültigen →Gemeinen Recht (ius commune) steht das Sonderrecht (»ius proprium«), das auf der G. kleinerer polit. Ordnungen beruht (Kommunen, Korporationen, Kgr.e, Lehen).

Die G. der städt. Kommunen oder der Landgemeinden wird als »statutum« bezeichnet. Sie ist nur innerhalb der Grenzen der polit. Ordnung in Kraft, die sie mittels ihrer konstitutionellen Organe erlassen hat. Über den Statuten steht die »lex«, das vom Ks. als der höchsten Autorität erlassene Gesetz. Weniger deutl. ist die Unterscheidung von Statut und Gewohnheit (consuetudo); letztere ist eine Norm, die sich in der Alltagspraxis herausgebildet hat, sich aber durch den Eingriff kommunaler Autoritäten in ein Statut verwandeln kann. Die Gewohnheiten der siz. Städte z. B. sind richtige Statuten. Die städt. Statuten beinhalten etwa Verordnungen für öffentl. Ämter und Versammlungen, Zivil- und Strafgerichtsbarkeit, Aufgaben der Exekutive und Verwaltung, Schadensregelung. Die Statuten der Korporationen enthalten die Normen und Verordnungen der innerhalb der Kommune auf der Basis von Interessengemeinschaften entstandenen kleineren Verbände, etwa der Korporationen der Kaufleute, Handwerker und der Angehörigen der freien Berufe. Aus diesen Statuten unterschiedl. Originalität und Geltungsdauer lassen sich wertvolle Erkenntnisse über das Leben der ma. Gesellschaft und die Wirtschaft gewinnen. Gleiches gilt für die Statuten der Adelsfamilien und Consorterien ('societates militum', 'consortia turrium').

Schiffahrt und Seehandel betreffende Statuten, die von Kommunen ediert wurden, stehen in der antiken Tradition, die den Warenverkehr, v. a. den Seehandel, einer eigenen und selbständigen Reglementierung unterwarf. Unter den it. Städten an der Adria sind die Statuten v. →Venedig (»Capitulare navium« 1205; »Statuta et ordinamenta super navibus«, 1255), Ancona, Bari und Trani bes. hervorzuheben; an der tyrrhen. Küste hat →Amalfi die ältesten Statuten entwickelt ('Capitula et ordinationes curiae maritimae civitatis Amalphiae', sog. 'Tabula Amalphiae'), danach folgten →Pisa und →Genua (mit der Kolonie Galata).

Im Rahmen der it. Partikularrechte sind auch die von Monarchen erlassenen Gesetze und Verordnungen zu nennen, wobei das Kgr. →Sizilien vorangeht: 1140 wurden die →Assisen v. Ariano durch Roger II. als für alle Untertanen geltendes Recht promulgiert. Das bedeutendste Gesetzeswerk sind jedoch die von Friedrich II. 1231 erlassenen Konstitutionen v. Melfi (»Liber constitutionum Siciliae«, später →Liber Augustalis gen.), die von →Petrus de Vinea und Ebf. Jacobus v. Capua redigiert wurden. Gerechtigkeitssinn und das Prinzip der Gleichheit aller vor dem Gesetz sprechen sowohl aus der Verfassung des Regnum wie aus den Verordnungen, über Prozeß-, Zivil-, Straf- und Lehnsrecht. Der »Liber Augustalis« blieb auch unter den Anjou und den Aragonesen in Kraft, die ihrerseits eine intensive gesetzgeber. Tätigkeit entfalteten (v. a. Karl I., Karl II. und Robert v. Anjou [mit dem Juristen →Bartholomaeus v. Capua], »Ritus magnae curiae regiae Siciliae« Kg. Alfons' I. (V.), 1446).

Das grundlegende Gesetzeswerk des →Kirchenstaats ist der »Liber constitutionum sanctae matris Ecclesiae« (→»Constitutiones Aegidianae« 1357) des Kard. →Albornoz, dem im Lauf der Jahrhunderte zahlreiche andere Gesetzeswerke folgten.

In →Savoyen begann die G. mit den 23 Kapiteln →Peters II. (1266–69) für die Gft. →Vaud (Waadtland). 1379 erließen →Amadeus VI., 1430 →Amadeus VIII. Statuten, die für das gesamte Hzm. galten.

In Sardinien kam es unter Mariano IV., Judex v. →Arborea († 1376), zur Ausbildung eines gemeinsamen Rechts, das in der →»Carta de logu« seiner Tochter Eleonora seine endgültige Formung fand. Die größeren Städte (→Sardinien) hatten ihre eigenen Statuten. Auch von den aragones. Herrschern wurden Capitula und Pragmaticae erlassen. Im 15. Jh. begannen die Signorien und Fsm.er eine eigene G. zu entwickeln, die sie durch die Berufung auf Nachfolge eines vertriebenen Souveräns oder durch erbl. Investitur in ein Amt, das legislative Funktionen einschloß, legitimierten. Seit 1355 wurden die »decreta generalia« der →Visconti, der Signoren v. →Mailand, auf die gleiche Stufe die »leges« gestellt; seit 1483 mußten Statuten von Gemeinwesen, die dem Hzg. v. Mailand unterstanden, von diesen bestätigt werden. Auch kleinere Signorien und Fsm.er in N- und Mittelitalien entfalteten eine eigene G.   G. Vismara

Q. und Lit.: E. Besta, Fonti: legislazione e scienza dalla caduta dell'Impero romano al secolo decimoquinto, 1923–25 – F. Calasso, Medioevo del diritto, I: Le fonti, 1954 – A. Cavanna, Storia del diritto moderno in Europa I, 1983 – Coing, Hdb. I [Ind.].
Zur G. in den anderen europ. Ländern s. die Artikel zu wichtigen Einzelbegriffen und Rechtstexten, z. B. →Rechtsbuch, →Ordonnanz, →Coutume; →Küre; →fuero, →Siete Partidas u. v. a.; →Byzantinisches Recht.

Gesims ist wie der Fries eine waagerechte, plast. vorstehende, zumeist profilierte und dekorierte Steinreihe, die zw. Mauerabsätzen vermittelt und Wandflächen gliedert, auch über Wandvorlagen verkröpft ist. Vorspringende Sockel, die durch ein Sockelg. abgedeckt sind, kommen außerhalb antiker Traditionen erst im 11. Jh. auf. Das mit Anlauf versehene Sockelg. kann gleichzeitig die Basis von senkrecht vorgeblendeten Baugliedern sein. Die Sohlbänke können als Sohlbank- oder Brüstungsg. über die Wandfläche fortgesetzt sein. In der Gotik wird das aus Kehle, Schräge und Platte zusammengesetzte Profil vergrößert und häufig auf eine einfache Schräge mit Hohlkehle und Wassernase (Kaffgesims) reduziert. Dieses G. läuft um die Strebepfeiler herum und dient der Überleitung der Strebepfeilerrücksprünge. In einigen frz. Bauschulen des 12. Jh. läuft ein G. in Kämpferhöhe der Fenster (Kämpferg.) und wird um die Fenster bogenförmig herumgeführt, ähnlich wie das Sockelprofil an Portalen der Hirsauer Bauten in Deutschland. Weitere waagerechte G. können als Stock- oder Kordong. die Wandfläche bes. am Chor und Turm in

Geschosse teilen und haben als Profil eine Hohlkehle, einfache Schmiege oder ein Karnies (s-förmig aus einem Stab und einer Kehle). Im Verlauf des 11. Jh. entwickelt sich ein steinernes, reich profiliertes Kranzg. unterhalb des Dachansatzes (Traufg.). In der Gotik wird diese Zone höher und einfacher profiliert und leitet darauf zunächst nur bei den großen Kathedralen zu einer Attika über; entweder als spitzbogige Säulenarkatur oder als Maßwerk ausgebildet, das von Wimpergen unterbrochen und von Fialen und Figuren bekrönt sein kann.   G. Binding

Gesinde (Dienstboten). Das Hausgesinde war in den ma. Städten ein bedeutender sozialer Faktor. Die große Zahl von Dienern und Mägden war bedingt durch die Mühe und den Zeitaufwand, den die Hausarbeiten (z. B. Feuerung, Wasserholen, Speisenzubereitung) verursachten, zumal Wäsche und Anfertigung von Kleidung in der Regel im Hause besorgt wurden. Hinzu tritt, daß die meisten Familien der städt. Aristokratie trotz hoher Kindersterblichkeit zahlreiche Nachkommen hatten, deren Pflege und Versorgung zuerst bei der Amme, später dann bei den Dienstboten lag.

Hist. Forschungen über das G. liegen in nur sehr geringer Zahl vor. Vielfach beruht unsere Kenntnis des Lebens der Dienstboten auf literar. Werken des SpätMA (Fabliaux, Schwänke und Novellen, z. B. »Decameron« des Boccaccio), die jedoch ein Zerrbild vermitteln, etwa wenn sie das Motiv der Komplizenschaft zw. der intriganten und ungetreuen Hausherrin und ihrer Zofe betonen. Auch die Erziehungstraktate für junge Frauen (wie etwa der »Ménagier de Paris«) sind keine zuverlässigen Quellen. Bei sehr ungleichmäßiger Quellenlage beruhen unsere Kenntnisse v. a. auf städt. Gesetzen und Verordnungen, notariellen Dienstbotenverträgen, privaten Tagebüchern von Hausherren sowie – doch nur für bestimmte Städte – auf Steuererklärungen, in denen die Beschäftigung von Dienstboten erwähnt wird; ungemein ergiebig ist der florent. →Kataster von 1427. Dienstboten entstammten vielfach dem ländl. Bereich. Während junge Leute aus der einfachen Stadtbevölkerung leichter eine Anstellung bei Eltern oder Verwandten in Handwerk oder Kleinhandel fanden, boten die oft überbevölkerten Landgebiete mit ihrer zumeist verschuldeten bäuerl. Bevölkerung wenig Beschäftigungsmöglichkeiten, so daß der Wegzug in die Stadt ein verbreitetes Phänomen war. Dies gilt insbes. für abgelegenere Gebirgsgegenden. Junge Leute vom Lande wurden den potentiellen Dienstherren üblicherweise von ihren Eltern präsentiert; diese trugen auch die Verantwortung für das gute Verhalten ihrer Kinder im Dienst.

In allen Ländern kamen Dienstboten somit als Fremde in die Stadt, ein ihnen unbekanntes Milieu. In Toulouse etwa dienten junge Mädchen aus Massif Central, Rouergue und Périgord, in Mailand und anderen lombard. Städten Mägde aus den Alpen, in der Toskana solche aus dem Apennin. In manchen Großstädten kamen Dienstboten von weither (junge Bretonen in Paris, seit dem 13. Jh. Korsinnen in Genua und Pisa).

Die Stellung der männl. und weibl. Dienstboten unterschied sich stark. Junge männl. Bediente *(valets, fanti)* wurden in erster Linie als Lehrlinge angenommen, dienten aber sowohl beim Verkauf im Laden als auch im Haus (Reinigung, Herantransport von Versorgungsgütern). Ihr Dienstverhältnis bewegte sich im abgesteckten Rahmen der Ordnungen der Zünfte *(métiers, guilds, arti)* wie der städt. Statuten und wurden im einzelnen durch minuziös ausgearbeitete Notariatsinstrumente geregelt; diese Diener durften ihren Meister erst nach einer festgelegten Dienstzeit (oftmals zehn Jahre) verlassen. Mit zwölf oder vierzehn Jahren in Dienst genommen, erhielten sie freie Wohnung, Kost und Kleidung, außerdem einen kleinen Lohn. Sie gehörten zur Familie (häufige Bezeichnung: famulus), doch erwarben sie berufl. Fertigkeiten, die sie anschließend als →Gesellen und später ggf. auch durch Arbeit auf eigene Rechnung verwerten konnten.

Ganz anders gestaltete sich die Lage des weibl. G.s. Eine erste Kategorie bildeten die Landmädchen, die sehr früh – manchmal schon im Alter von acht oder zehn Jahren – von ihren Eltern in den Dienst verdungen wurden und zunächst nur Kinderbetreuung oder einfachste Hausarbeiten ausüben konnten. Der Vater schloß einen Vertrag, der sie auf zehn Jahre zur Ausführung aller häusl. Arbeiten verpflichtete. Im Haus ihres Herrn lebten sie frei von Not, bekamen Kost und Kleidung und wurden wie adoptierte Kinder der Familie gehalten. Lohn erhielten sie nicht, lediglich eine Geldsumme bei Ablauf der Dienstzeit sowie etwas Wäsche und Kleidung für ihre Aussteuer. Sie kehrten in ihr Dorf zurück, um dort zu heiraten; ihre Dienstbotenzeit war für sie nur ein Durchgangsstadium. In den Mittelmeerländern, bes. in Italien, glichen die Lebensbedingungen dieser Dienstmädchen – manchmal auch ihre Stellung – denjenigen der Hausklaven. So gab es in Venedig die Gruppe der *anime*, junge Mädchen, die ihren Familien entrissen worden waren; sie stammten aus Griechenland oder Albanien, aber auch aus dem näheren Umkreis (Friaul, Trient, Verona). Es wurde behauptet, man habe sie aus türk. Gefangenschaft befreit und dadurch ihre Seelen gerettet, doch wurden sie wie Schuldsklaven (als Schuld galten die Transportkosten) gehalten und dienten ohne Lohn über einen langen Zeitraum; manche wurden auch von Venedig aus in entfernte Städte (bis nach Florenz und Siena) weiterverkauft.

Neben diesen jungen Mädchen waren als Dienstboten ältere Frauen in freiem Dienstverhältnis tätig. Es handelte sich um »emanzipierte« Frauen, vielfach Witwen, die aus freiem Antrieb »für die Zeit, die ihnen beliebte« in Dienst gingen. Sie erhielten einen nicht unbeträchtl. Lohn. Doch gerieten sie oft in Mißhelligkeiten mit der Herrschaft (Vorwurf schlechter Arbeit, überhöhter Forderungen, Diebstähle, unsittl. Verhältnisse und Ehebruch). Dienstverhältnisse dieser Art waren recht instabil; schon nach wenigen Jahren oder auch nur Monaten verließen Dienstmägde dieses Typs nach Erhalt ihres Lohnes wieder das Haus. Z.T. wurde auch versucht, Frauen in Dienst zu nehmen, die nur einen begrenzten Pflichtenkreis versahen und in einem eigenen Zimmer logierten.

In jedem Fall unterstand das Dienstpersonal der Leitung der Hausfrau, die für das innere Familienleben und die Kindererziehung verantwortlich war und, in Ermangelung berufl. Tätigkeit, ihr Lebenszentrum am häusl. Herd hatte. Auftretende Probleme zw. Herrschaft und G. waren somit in der Mehrzahl Angelegenheiten zw. Frauen. Das Verhältnis zw. beiden mündete jedoch keineswegs immer in Konflikte ein. Vielmehr lebten Dienerinnen oft als lebenslange Gefährtinnen bei ihrer Hausfrau, bei der sie auch verblieben, nachdem die Herrin verwitwet und die Kinder außer Haus gegangen waren. Beide organisierten einvernehmlich Hauswirtschaft, Mahlzeiten und tägl. Arbeit. Diese durch ein langes gemeinsames Leben, oft aber auch durch gegenseitige Zuneigung verbundenen Paare älterer Frauen zeigen, unter harmon. Vorzeichen, die soziale Einbindung des G.s in die Familie. →Haus, →Sklaven.   J. Heers

Lit.: H. T. RILEY, Memorial of London and London Life in the XIII–XIV–XV centuries. A.D. 1276–1419, 1868 – P. MOLMENTI, La vie privée à Venise depuis l'origine jusqu'à la chute de la République,

1895 – K. F. BEUG, Die Handelsgehilfen des hans. Kaufmanns [Jur. Diss. Rostock 1907] – E. MASCHKE, Die Unterschichten der ma. Städte Dtl. (Die Stadt des MA 3, hg. C. HAASE, 1973), bes. 386ff. – P. BONNASSIE, La Organisaciõn del Trabajo en Barcelona a fines del siglo XV, 1975 – J.-A. CANCELLIERI, Émigration et domesticité des femmes corses en Italie au bas MA (vers 1260–vers 1350) (Inst. de Recherches méditerranéennes), 1978 – J. HEERS, Esclaves et domestiques au MA dans le monde méditerranéen, 1981 – P. KETSCH, Frauen im MA 1, 1983, bes. 51–77 – Haus und Familie in der spätma. Stadt, hg. A. HAVERKAMP, 1984 – s. a. Lit. zu →Gesellen.

Gesith → Earl, Earldom

Gespan (ung. *ispán,* lat. comes), kgl. Beamter in →Ungarn an der Spitze eines →Komitats (ung. *megye,* lat. civitas). Das Amt ist seit der Gründung des ung. Staates bekannt und war zunächst mit der kgl. Burgverfassung verbunden. Allerdings werden in den frühma. Rechtstexten auch Hofwürdenträger (z. B. der comes curiae, Vorgänger des →Palatins) und andere Vornehme als 'comites' bezeichnet. Die eigtl. G.e (comites parochiales, comites civitatis) waren für die Verwaltung und Verteidigung der Burgen, den Befehl über das Komitatsaufgebot und die Rechtsprechung über die Burgleute (→jobagiones castri, castrenses) verantwortl., wofür sie ein Drittel der kgl. Einkünfte aus Steuern und Bußen erhielten. Bereits im 12. Jh. werden Stellvertreter des G.s (comites castri, castellani) erwähnt; seit dem 13.–14. Jh. hatten diese, meist Gefolgsleute (familiares) des aus der Aristokratie stammenden G.s, die tatsächl. Verwaltung der Komitate inne. Der G. (in der Neuzeit: Oberg.) blieb auch nach dem Zerfall der kgl. Burgorganisation im 12. Jh. und der Entstehung des Adelskomitats ein vom Kg. ernannter Amtsträger, während der vice-comes (alispán, Unterg.) häufig von der Adelsversammlung gewählt wurde. Obwohl im HochMA die G.swürde grundsätzl. zeitl. begrenzt und vom Willen des Kg.s abhängig war, erhielten einige Prälaten schon früh das »ewige Gespanat« ihrer Diöz.; vom 15. Jh. an wurde es auch Weltlichen verliehen. Im SpätMA wurden oft nicht-amtstragende Mitglieder des mittleren Adels als comites bezeichnet, ohne daß es in Ungarn zu einem regelrechten Grafentitel kam.   J. M. Bak

Lit.: J. HAJNIK, Az örökös föispánság a magyar alkotmánytörténetben, 1885 – E. FÜGEDI, The Aristocracy in Medieval Hungary (Kings, Bishops, Nobles and Burghers in Medieval Hungary, hg. J. M. BAK, 1968), IV, 1–14 – Gy. GYÖRFFY, Die Entstehung der ung. Burgorganisation, Acta Archaeol. Acad. Sc. Hung. 28, 1976, 323–358 – DERS., Wirtschaft und Gesellschaft der Ungarn um die Jahrtausendwende, 1983, 103–128 – E. FÜGEDI, Castle and Society in Medieval Hungary, 1986 (Stud. Hist. Acad. Sc. Hung. 187).

Gespenster → Tote

Gesta (res gestae), zunächst Bezeichnung der ma. Geschichtsschreiber für die Gesamtheit der Tatsachen, die den Gegenstand ihrer Erzählung bilden, unter Bezug auf die Definition →Isidors v. Sevilla: »Historia est rerum gestarum narratio«. Daneben wird der Begriff 'gesta' zunehmend als Bezeichnung der Geschichte als solcher gebraucht, wobei der Akzent nicht auf unpersönl. Ereignisse und Abläufe (accidens, eventus), sondern auf Handlungen von Menschen (facta, acta, gesta) gelegt wird.

Am häufigsten wird der Begriff der G. auf die Taten von Bf.en und Äbten angewandt ('G. episcoporum', 'G. abbatum'); er bezeichnet daher im engeren Sinne eine Gattung der →Historiographie, die ihre Blüte in der Zeit vom späten 9. Jh. bis ins 12. Jh. erlebte, mit Schwerpunkt in den Ländern von ausgeprägt karol. (später otton.) Tradition, v. a. Lothringen und danach Sachsen.

Wie schon der röm. →Liber Pontificalis, so folgen die G. in ihrem Kompositionsschema den Bischofs- oder Abtslisten, die das chronolog. Gerüst bilden. Jeder Prälat erhält, unter Angabe seiner Amtsdaten, einen eigenen Abschnitt, in dem seine Taten und Leistungen gewürdigt werden, mit Einbeziehung von Naehrichten aus verschiedenen Gebieten, v. a. hist., jurist., topograph. und hagiograph. Art. Einen starken Akzent legen die Verfasser von G. meist auf Ursprünge und Geschichte ihrer Kirche, wobei insbes. die – tatsächl. oder angebl. – Gründung durch einen Apostel oder großen Hl.en sowie die stets rechtmäßige und rechtsgültige Übertragung der Bischofs- oder Abtswürde bis auf den zeitgenöss. Träger hervorgehoben werden. Immer geht es darum, die Würde und Heiligkeit der eigenen Kirche zu betonen.

Daher ist die Gattung der G. stark geprägt von der hagiograph. und liturg. Bildung ihrer Verfasser, die in der Regel Kanoniker oder Mönche der betreffenden Kathedrale bzw. Abtei sind. Alle Ortsheiligen werden vorgestellt, häufig mit ausführl. Visions- und Wunderberichten. Eng damit verbunden ist die Funktion der G. als Memorialtexte (→Memorie, Memorialüberlieferung), in denen die verstorbenen Gründer und Stifter kommemoriert werden; die Zusammenfassung verstreuter Überlieferungen in einem G.-Corpus hängt oft zusammen mit der Übertragung (→Translatio) von →Reliquien in eine zentrale Kultstätte, etwa eine→Krypta, die zur Bischofs- oder Abtsgrablege wird.

Durch die Entfaltung der 'historia sancta' einer Kirche tragen die G. in zentraler Weise zur »Sakralisierung« aller diese Kirche betreffenden Vorgänge und Fakten bei. Hierdurch werden sie zu einer wirksamen Waffe bei der Legitimation und Verteidigung der Rechte und Güter einer geistl. Institution. Zur Vervollständigung dieser Legitimationsfunktion inserieren die Verfasser und Redaktoren der G. gern echte, aber auch gefälschte →Urkunden (→Fälschung). Somit konzentriert sich in den G. oft die gesamte Überlieferung einer kirchl. Institution.

Die erste Redaktion des röm. »Liber Pontificalis« war um 530 abgeschlossen, fand aber auffälligerweise vor dem späten 8. Jh. keine Nachfolge, abgesehen vom »Libellus« des →Gregor v. Tours (Hist. Fr. X). Zw. 783 und 791 verfaßte der Langobarde →Paulus Diaconus für →Karl d. Gr. die »Gesta episcoporum« des für die arnulfing.-karol. Tradition so wichtigen →Metz. Hier hatte auch →Aldrich seine Bildung erhalten, der als Vertrauter →Ludwigs d. Fr. nach 830 den Anstoß zur Redaktion des »Actus Pontificum« seines Bm.s →Le Mans gab. Im karol. Umfeld entstanden auch die »Gesta abbatum« von →Fontenelle (zw. 823 und 833) und die »Gesta episcoporum« von →Auxerre (zw. 873 und 876). →Reims mit seiner bedeutenden Domschule ist der Entstehungsort der »Hist. Ecclesiae Remensis« (948–952) des →Flodoard, des wohl besten Werks der Gattung. Der Mönch →Folcuin v. Lobbes schrieb 961 die »Gesta abbatum« v. →St. Bertin, um 980 diejenigen von →Lobbes. Hier lebte auch der Mönch →Heriger, Verfasser der ersten »Gesta episcoporum« von →Lüttich, vollendet 1042/1048. Dem Lütticher Gebiet entstammte Bf. →Gerhard I. v. →Cambrai, der ein weiteres Hauptwerk der Gattung, die →»Gesta episcoporum Cameracensium«, in Auftrag gab (um 1024/25).

In Sachsen entstanden um 1020 die »Gesta episcoporum« von →Halberstadt und →Magdeburg, um 1080 diejenigen von →Hildesheim und →Hamburg-Bremen. Offenbar hat Halberstadt bei der Verbreitung des Genus in Sachsen eine recht bedeutende Rolle gespielt. Eine Sonderstellung nehmen die Hamburg-Bremer G. des→Adam v. Bremen ein, die ein länderkundl. Panorama der nordischen Missionsgebiete des Ebm.s entwerfen und in der Lebensbeschreibung Ebf. →Adalberts bereits die Krise am

Vorabend des Investiturstreits reflektieren. Alle sächs. Bm.er, aus denen wir G. kennen, sind von Karl d. Gr. gegründet worden. So erscheinen die G. auch noch in der Zeit der otton. Erneuerung und der sal. Nachfolgeperiode (→Reichskirchensystem, otton.-sal.) als eine karolingisch geprägte Gattung der Geschichtsschreibung, die in den Gebieten südl. der Loire, auf der Iber. Halbinsel sowie in England prakt. nicht vorkommt. Lediglich in Italien treten mit den im 9. Jh. verfaßten Erzbistumsgeschichten von →Neapel und →Ravenna (→Agnellus), die unter direktem Einfluß des »Liber Pontificalis« stehen und Ausdruck einer Konkurrenz der beiden Metropolen zu Rom sind, Werke von gesta-ähnl. Charakter auf.   M. Sot

Lit.: M. Sот, G. episcoporum, G. abbatum, TS, fasc. 37, 1981 [Lit.] – vgl. ferner: Wattenbach-Holtzmann – Wattenbach-Levison – H. Grundmann, Geschichtsschreibung im MA, 1965 – s. a. die Ed. und Lit. zu Einzelautoren und -werken.

Gesta Baldewini, in der Tradition der →Gesta Treverorum stehende, kurz nach 1356 abgefaßte Vita des Ebf.s v. →Trier, →Balduin v. Luxemburg. Der unbekannte Autor muß aufgrund der benutzten Quellen zum engsten Kreis des Ebf.s gehören. Komposition und Inhalt sind durch zwei textsichernde Akrosticha leitmotiv. vorgeprägt: Ein Rahmenakrostichon (Anfangsbuchstaben aller Kap.) nennt in Gesamtprolog und erstem Buch BALDEWINUS DE LUZZELINB- und deutet damit den Inhalt (Erhebung zum Ebf., Herkunfts-, Charakterbeschreibung) an. Durch -URCH ARCHIEPISCOPUS eng damit verknüpft, erzählt das 2. Buch die Thronerhebung Heinrichs VII., des Bruders des Ebf.s, und beider Romzug. Der Schluß des Akrostichons TREVERORUM A(men) erklärt, warum das 3. Buch für die Zeit von 1314–54 fast nur noch den Territorialausbau thematisiert. Als Quellen dienten Prohemium, eine Bilderhss. (LHA Koblenz 1 C 1), Urkk. der Balduineen und eigene Erinnerungen. Das 2. Akrostichon (Kapiteleingangsworte) charakterisiert den Ebf. durch einen fürstenspiegelartigen Tugendkatalog.   B. Kollbach

Q.: G.B., Gesta Treverorum II, ed. J. H. Wyttenbach-M. F. J. Müller, 1838, 179–271 – *Lit.:* →Balduin v. Luxemburg.

Gesta Caroli Magni metrica → Poeta Saxo

Gesta Comitum Barcinonensium et Regum Aragonensium, Tatenberichte der Gf.en v. →Barcelona und – in ihrer Fortsetzung – der Kg.e v. →Aragón in kontinuierl. Darstellung. Die im Kl. →Ripoll seit 1162 entstandenen G. gehören als Vorläufer der großen →Chroniken (→Chronik, K II) zu den bedeutendsten Zeugnissen der offiziösen Historiographie in Katalonien und gelten als erster Ausdruck einer katal. Nationalgeschichtsschreibung, wofür die Betonung des Begriffs 'patria' spricht. Unter genauer Klärung der geneaolog. Zusammenhänge werden in zwei lat. und einer katal. Fassung die Taten des Grafenhauses von Barcelona von →Wifred »dem Haarigen« bis Jakob II. v. Aragón geschildert. Ein erster Kern, der sich um die Persönlichkeit→Raimund Berengars IV. zentriert, wurde bis 1184, dem Tod des Gf.en Ermengol VII. v. Urgel, redigiert (Kap. I–VIII) und bemühte sich unter antifrz., d. h. antikapet. Vorzeichen um die Legitimation der Grafenherrschaft und der Unabhängigkeit des 'honor' v. Barcelona, während eine Fortsetzung bis 1276 reicht. Die katal. Fassung, die unter der Regierung Jakobs I. im 13. Jh. begonnen wurde, ist keineswegs als Übersetzung einer lat. Vorlage anzusehen, sondern als eine eigene Version, beeinflußt von dem seit 1266 in katal. Übersetzung vorliegenden Werk des Toledaner Ebf.s Rodrigo →Jiménez de Rada. Eine Endredaktion erfolgte zw. 1303 und 1314.   L. Vones

Ed.: G.C.B., ed. L. Barrau Dihlgo – J. Masso Torrents, 1925 (= Chroniques Catalans II) – *Lit.:* J. Masso Torrents, Historiografia de Catalunya en català durant l'época nacional, RHi 15, 1906, 486–613 – M. Coll i Alentorn, La historiografia de Catalunya en el periode primitiu, Estudis Romànics 3, 1951–1952, 187–195 – M. Zimmermann, La prise de Barcelona par Al-Mansûr et la naissance de l'historiographie catalane, Annales de Bretagne et des Pays de l'Ouest 87, 1980, 191–218 – Ders., Aux origines de la Catalogne. Géographie politique et affirmation nationale, M-A 89, 1983, 5–40 – Th. Bisson, L'essor de la Catalogne: identité, pouvoir et idéologie dans une société du XII⁰ s., Annales 39, 1984, 454–479.

Gesta Dagoberti, in den dreißiger Jahren des 9. Jh. entstandene, wohl für →Ludwig d. Fr. bestimmte Darstellung der Taten Kg. →Dagoberts I. sowie →Chlodwigs II. aus der Sicht der Kl.gemeinschaft von →St-Denis. Als Autor ist →Hilduin v. St-Denis oder ein Beauftragter dieses Abtes anzusehen; der spätere Ebf. v. Reims →Hinkmar mag mitgewirkt haben. Das Werk verherrlicht. Dagoberts Freigebigkeit und militär. Tüchtigkeit, verschweigt oder entschuldigt Unvorteilhaftes. Es fußt in erster Linie auf der Chronik des sog. →Fredegar, ferner auf dem →Liber historiae Francorum, auf teilweise gefälschten Urkk. des Kl.archivs, hagiograph. Q. sowie den Historiae→Gregors v. Tours.   J. Prelog

Ed.: MGH SRM 2, 1888, 396–425 [B. Krusch] – *Lit.:* Ch. Wehrli, Ma. Überl. von Dagobert I., 1982.

Gesta Danorum → Saxo Grammaticus

Gesta episcoporum Cameracensium ('G. der Bf.e v. Cambrai'), ein Hauptwerk der Geschichtsschreibung des MA, verfaßt von einem Anonymus im Auftrag →Gerhards I., Bf. v. →Cambrai († 1051). Diese große Bistumsgesch., deren Vorbild wohl →Flodoards »Historia ecclesiae Remensis« (um 950) ist, muß auf dem Hintergrund der Zwischenstellung Cambrais zw. Imperium und Frankreich gesehen werden und spiegelt darüber hinaus das Bestreben des Auftraggebers wider, seine bfl. Autorität wie seine Treue zum Reich (→Reichskirchensystem, otton.-sal.) zu dokumentieren.

Der ursprgl. Text ist in drei Bücher gegliedert: Das *1. Buch* (Anfänge des Bm.s bis zum Tode des Vorgängers von Gerhard I., Erluin, 966–1012) folgt in seinem Aufbau skrupulös der Bischofsreihe. – Das *2. Buch* behandelt die verschiedenen zum Bm. gehörigen Kirchen und Monasterien mit den in ihnen verehrten Hl.en; es entwirft gleichsam eine 'historia sancta' der Bf.e v. Cambrai, unter denen insbes. die hll. →Vedastus (Vaast, † 540) und Gaugericus (Géry, ca. 585–ca. 624/627) hervortreten, und umgreift somit den sakralen Raum des Bistums. Auf diesem geistl. Hintergrund und gleichsam als Höhepunkt der sakralen Geschichte des Bm.s tritt Gerhard I. auf, dessen Persönlichkeit und Wirken ausschließlicher Gegenstand des *3. Buches* sind. Nach E. Van Mingroot erfolgte die ursprgl. Redaktion dieser drei Bücher in den Jahren 1024–25, brach also mitten im Buch III ab (deshalb Nichtberücksichtigung eines so wichtigen Ereignisses wie der Synode v. Arras, 1025).

Das Werk wurde nach Gerhards Tod fortgesetzt; der Kontinuator schloß die Biographie Gerhards ab (mit einer Lücke 1024–36) und begann diejenige des Nachfolgers Liebert (1051–76). Ein dritter Verfasser vollendete das Liebert-Kapitel bald nach dem Tod dieses Prälaten. Es folgten eine Reihe weiterer Kontinuationen, vom Episkopat Gerhards II. (1076–92) bis zum Amtsantritt Nikolaus' I. (1137–67), verfaßt anscheinend von jeweils anderen Autoren, die ihre Darstellung aber stets dem konzeptionellen Rahmen der ursprgl. G. unterordneten. →Gesta.   M. Sot

Ed.: MGH SS VII, 1846, ed. L. C. Bethmann, 393–527 – Les gestes des évêques de Cambrai de 1092 à 1138, ed. Ch. de Smedt, 1880 (SHF) – *Lit.:* E. Van Mingroot, Kritisch onderzoek omtrent de datering van de G.E.C., RBPH 53, 1975, 281–332 – s. a. Lit. zu →Cambrai, →Gerhard I. v. Cambrai.

Gesta Francorum → Chronik L I

Gesta Frederici imperatoris in Lombardia→ Carmen de gestis Frederici I. imperatoris in Lombardia

Gesta municipalia, Aktenführung der städt. Behörden in spätröm. Zeit. Durch Eintrag in die G. m. (actis insinuatio) erhalten seit konstantin. Zeit die Rechtsgeschäfte Privater Rechtskraft (→Charta). Auf Antrag der Vertragspartner wird in öffentl. Verhandlung vor Amtspersonen, öffentl. Schreiber und Zeugen der Inhalt des Rechtsgeschäfts verlautbart und die Urk. nach der Tradierung des betreffenden Guts in die städt. Register eingetragen. Zur späteren Beweisführung vor Gericht ist auf die Akten der städt. Kurie zu rekurrieren oder ein amtl. Aktenauszug vorzulegen. Die Existenz der G.m. stellt damit ein Kernstück spätantiken Urkundenwesens dar (P. Classen). Die G.m. sind in Italien bis ins beginnende 7. Jh. gesichert (Ravennater Papyri). Die Formelsammlungen des Frankenreichs enthalten Anspielungen oder ganze Gesta-Protokolle, doch dürften hier die G.m. im späten 7. Jh. verfallen sein. Von den G.m. scheint der Traditionsstrang auszugehen, der zum öffentl. Gerichtsschreiberamt im Frankenreich führt.   P. Johanek

Lit.: B. Hirschfeld, Die G.m. in röm. und frühgerm. Zeit [Diss. Marburg 1904] – A. Steinwenter, Beitr. zum öffentl. Urkk.wesen der Römer, 1915 – F. Staab, Unters. zur Ges. am Mittelrhein in der Karolingerzeit, 1975, 137–153 – P. Classen, Fortleben und Wandel spätröm. Urkk.wesens im frühen MA (Recht und Schrift im MA, hg. P. Classen, VuF 23, 1977), 13–54 – W. Bergmann, Verlorene Urkk. des Merowingerreichs nach den Formulae Andecavens, ADipl 9, 1981, 3–56.

Gesta Romanorum

I. Mittellateinische Literatur – II. Deutsche Literatur – III. Englische Literatur.

I. Mittellateinische Literatur: G.R. sind eine vermutl. in Deutschland oder England entstandene, in zahlreichen Hss. und Drucken anonym überlieferte mlat. Exempel-Slg. von ca. 250 Fabeln, Legenden, Novellen und Märchen, die bald in viele Volkssprachen übersetzt wurde und bis ins 16. Jh. als moral. Novellen-Volksbuch weit verbreitet war. Die älteste datierte Hs. (Innsbruck, Univ.-Bibl., cod. lat. 310) geht auf das Jahr 1342 zurück. Nach Zahl und Reihenfolge der Kapitel variieren die verschiedenen lat. und volkssprachigen Textcorpora aufgrund divergenter Überlieferungen enorm. Der Gebrauch der G.R. zu Predigtzwecken ist unverkennbar, zumal der *sensus allegoricus* oder *mysticus* das zentrale Thema der Exempel ist, wie die den Geschichten beigefügten, überwiegend mit der Anrede *Carissimi* eingeleiteten Explikationen *(moralizatio, reductio, applicatio moralizata et mystica)* zweifelsohne dokumentieren. Auch die Exempelüberschriften in Text und Titelregister weisen auf das *significatum* hin, ebenfalls die Titelzusätze *moralizata* oder *mistice designata* der ganzen Slg.; als Überschrift begegnet sogar *Moralitates ex gestis Romanorum.*

Die G.R. fußen auf vielfältigen Quellen, die ma. Zitierpraxis entsprechend, nicht alle zu eruieren sind. Ein Teil ist über ma. Kompendien Ereignissen antiker Sage und Geschichte entlehnt (Valerius Maximus, Plinius, Seneca, Macrobius); andere Exempel basieren auf den hist. Büchern des AT und NT, den Kirchenschriftstellern, der Hagiographie und Legende (→»Vitae patrum«, »Legenda aurea«), der Naturgeschichte (→Isidor v. Sevilla) und

Kosmographie, der Tradition der antiken Fabel und späten Tierdichtung. Weitere Erzählstoffe sind eingeflossen durch den →»Barlaam und Josaphat-Roman«, die »Disciplina clericalis« des →Petrus Alfonsi, das »Speculum laiorum« und die »Tabula exemplorum«. Vollständig aufgenommen wurde der Text der »Historia septem sapientium« (→Sieben Weise).

Der Vielfalt der Quellen der G.R. entspricht die Variationsbreite der Thematik der Geschichten. Neben antiken Stoffen (Medusa, Perseus, Pyramus und Thisbe, Odysseus und die Sirenen, Alexander d. Gr.) stehen eine Paraphrase des Buches Esther, die Geschichte vom Aussatz heilenden Propheten Elisa, die Geschichte vom Mord an Siseras durch Jaël, die christl. Legenden von Alexius, Julianus Hospitator, Gregorius und Eustachius, Fabeln (Androklus und der Löwe), die Geschichte von der Schlange am Busen ihres Retters, schwankhafte Geschichten wie z. B. vom eingebildeten Kranken, Beschreibungen von ritterl. Turnieren und vieles andere mehr.

In den G.R. haben die verschiedenen Typen des →Exempels ihre höchste Entfaltung gefunden.   F. Wagner

Ed.: A. KELLER, 1842 – H. OESTERLEY, 1842 [Nachdr. 1963] – *Übers.*: W. TRILLITZSCH, 1973 – *Lit.*: EM V, 1201–1212 – Verf.-Lex.² III, 25–34.

II. DEUTSCHE LITERATUR: Die G.R. wurden mehrfach ins Dt. übersetzt. Bisher sind 48 Hss. und 8 Drucke bekannt, die 13 verschiedenen Redaktionen zugeordnet werden (HOMMERS, GERDES). Für die Text- und Überlieferungsgeschichte ist v. a. die Integration (oder Überlieferungsgemeinschaft) mit den →»Sieben weisen Meistern« (SwM) in sieben späten Redaktionen, darunter beiden Druckfassungen, wichtig. Weitere Differenzierungen betreffen: das Fortlassen der Moralisationen, also die Entwicklung vom moral. Erbauungsbuch zum lediglich unterhaltenden Geschichtenbuch, und Unterscheidung von enzyklopäd. Langfassung (ca. 100 Geschichten) im Gegensatz zur Auswahl (6–37 Geschichten). Die meist überlieferten Redaktionen gehören einmal dem ältesten Typ an: Langfassung (111), moralisiert (Redaktion a, älteste Hs. München Cgm 54 Ende 14.Jh., 18 Hss.), und dem Standardtyp des späten 15.Jh.: 31 moralisierte Geschichten mit den SwM (Redaktion g, 10 Hss., 6 Drucke von 1473 bis 1520). Mit acht Hss. ist die längste Fassung (Redaktion b: 124 Geschichten ohne Moralisationen, aber mit den SwM) bezeugt, mit drei Textzeugen die mehrheitlich moralisierte Redaktion d (mit SwM), mit einer Hs. die Fassung K (49 Geschichten ohne Moralisation, mit SwM). Zum älteren Typ zählen die ostmd. Redaktion c (94 moralisierte Geschichten, 4 Hss.) und die davon abhängige des Deutschordensritters Jorg Stuler (86 moralisierte Geschichten mit SwM). Der Druck Augsburg, Schober 1489 greift auf die Redaktionen a und b zurück (95 Geschichten mit Moralisation, ohne SwM). Die Auswahlsammlungen e (22 Geschichten), f (37), h (6) sind fast durchgängig moralisiert und nur einfach überliefert. Die späteste Fassung bietet der Druck Straßburg Cammerlander 1538 (m) mit 119 Geschichten, den SwM und neuen Moralisationen im Sinn der Reformation. Eine Versbearbeitung (n) ist nur durch das Fragment München Cgm 5249 Nr. 45 mit einer moralisierten Geschichte bezeugt. Die Streuüberlieferung einzelner Geschichten ist so gut wie nicht erfaßt; da die G.R. zur Predigtvorbereitung benutzt wurden, ist v. a. in diesem Bereich mit Überlieferung zu rechnen: ein Beispiel dafür bietet die »Gregorius«-Geschichte nach →Hartmann v. Aue, die aus den lat. G.R. in das nd. Mohnkopf-Plenar (Lübeck 1492) als Bußexempel aufgenommen wurde und von dort in das hd. Plenar

des Adam Petri (Basel 1517) kam. – Die Einbeziehung der SwM mit dem antithet. Charakter der Erzählungen gab der amorphen Sammlung festere Konturen, im Unterschied zu den nur sekundär »moralischen« G.R. ist bei den SwM der Sinn der Erzählungen (für oder gegen schnelle Strafe) offenkundig. Die erzählerisch nicht integrierte Moral der Geschichten war vermutl. der Grund für das abnehmende Interesse Anfang des 16.Jh. und den Übergang zu unmittelbarer lehrreichen Sammlungen.
V. Mertens

Ed.: Red. a: G.R. das ist Der Roemer Tat, ed. A. KELLER (Bibl. d. ges. dt. Nat. Lit. 23), 1841 – Red. b (Proben): W. STAMMLER, Prosa der dt. Gotik, 1933, 110–113 – DERS., Spätlese des MA I (Texte des späten MA 16), 1963, 20–22 – J. BODMER–J. J. BREITINGER, Fabeln aus den Zeiten der Minnesänger, Zürich 1757 [Nachdr. 1973], 241–271 – Red. n: F. KEINZ, Altdt. Kleinigkeiten, ZfdA 38, 1894, 145–153 – *Lit.*: Verf.-Lex.² III, 25–34 [U. GERDES] – J. SCHMITZ, Die ältesten Fassungen des dt. Romans von den SwM [Diss. Greifswald 1904] – O. SCHWENCKE, Gregorius de grote Sünder. Eine erbaulich paränet. Prosaversion im zweiten Lübecker Mohnkopf-Plenarium, Nd. Jb. 90, 1967, 63–88 – P. HOMMERS, GR dt. 1968 [Diss. München 1965] – A. V. D. LEE, De mirabili divina dispensatione et ortu beati Gregorii Pape. Einige Bem. zur Gregoriussage, Neophilologus 53, 1969, 30–47 – V. MERTENS, Gregorius Eremita, 1978, 112–118 (MTU 67).

III. ENGLISCHE LITERATUR: Auf den anglolat. Hss. der G.R. basieren die verschiedenen me. Prosaübersetzungen dieser Slg., die vermutl. im 15.Jh. entstanden und in insgesamt vier Hss. aus der Mitte bzw. der 2. Hälfte des 15.Jh. erhalten sind (hg. HERRTAGE und SANDRED). Die umfangreichste Zusammenstellung bietet mit 70 Erzählungen die Hs. Harley 7333. Zum ersten Mal gedruckt wurde eine engl. Fassung der G.R. ca. 1510 von Wynkyn de Worde (43 Geschichten, ebenfalls nach einer anglolat. Hs. übersetzt); in der Folgezeit entstanden dann noch zahlreiche weitere Drucke. Anfang des 15.Jh. übertrug Thomas →Hoccleve zwei Geschichten aus den G.R. in me. Verse – die allegor. Auslegung (moralisatio) gibt er aber in Prosa (»The Tale of the Emperor Jereslaus's Wife«; »The Tale of Jonathas«; hg. FURNIVALL-GOLLANCZ, Nr. XXII, XXIV). Andere me. Dichter kannten die G.R. vermutl. ebenfalls. Allerdings waren manche der in die G.R. aufgenommenen Geschichten weit verbreitet und finden sich auch in anderen Werken bzw. Slg.en wie z. B. in →»Barlaam und Joasaph« (s. dazu HIRSH) oder im »Speculum Historiale« des →Vincenz v. Beauvais (vgl. ferner →Apollonius v. Tyrus; →Griseldis), und oft ist von den me. Dichtern die Version aus den G.R. wahrscheinl. nicht als unmittelbare oder als einzige Vorlage benutzt worden. Dies gilt z. B. für manche Erzählungen aus →Gowers »Confessio Amantis« und →Chaucers »Canterbury Tales«, für →Lydgates »The Churl and the Bird«, für →Henrysons »The Bludy Serk« sowie die Romanze »The Squyr of Lowe Degre«. Wenn Chaucer in den »Canterbury Tales« dreimal »the olde Romayn geestes« erwähnt (z. B. »The Man of Law's Tale«, 1126), so meint er damit wohl allgemein Erzählungen aus der röm. Geschichte und nicht speziell die G.R. Dagegen benutzte Shakespeare in der Kästchenwahl im »Kaufmann von Venedig« (II.vii und ix; III.ii) anscheinend die Version aus den G.R.
H. Sauer

Bibliogr.: J. A. HERBERT, Cat. of Romances in the Dept. of MSS in the British Museum III, 1910, 183–271 – ManualME I/I, 1967, Nr. [104]; 3/VIII, 1972, Nr. [5], [8]; 4/X, 1973, Nr. [7]; 6/XVI, 1980, Nr. [21] – *Ed.*: Wynkyn de Worde's G.R. [c.1510] [Nachdr. Univ. of Exeter, 1974] – S. J. H. HERRTAGE, The Early English Versions of the G.R., EETS ES 33, 1879 – F. J. FURNIVALL–I. GOLLANCZ, Hoccleve's Works: The Minor Poems, EETS ES 61, 73, 1892–1925 [Nachdr. 1970] – W. E. MEAD, The Squyr of Lowe Degre, 1904 – K. I. SANDRED, A ME Version of the G.R., 1971 – D. FOX, The Poems of Robert Henryson,

1981 – *Lit.*: T. R. LOUNSBURY, Stud. in Chaucer, 1892 [Nachdr. 1962], II, 317–320 – J. MITCHELL, Thomas Hoccleve, 1968, 44–47, 86–95 – Barlam and Iosaphat, hg. J. C. HIRSH, EETS 290, 1986, 195ff.

Gesta Stephani, anonymes Geschichtswerk in zwei Büchern über die Regierungszeit des engl. Kg.s →Stephan v. Blois. Die Darstellung der Jahre 1135–47 wurde um 1148 abgefaßt, der folgende Text nach 1153. Als Autor kommt ein Weltkleriker in Frage; DAVIS schreibt die G. dem Bf. Robert v. Bath zu. Der Verfasser steht im Thronstreit zw. Stephan und der Ksn. →Mathilde auf der Seite des Hauses →Blois. Stephan erscheint als gerechter und tatkräftiger Herrscher, der den Rat seiner Großen schätzt, freilich auch falschen Rat annimmt und deshalb von Gott bestraft wird. Ab 1148 zeigt der Verfasser Sympathie für →Heinrich (II.), den Sohn der Ksn. Das Werk behandelt Politik und Kirchenpolitik, bezieht die Kriegführung (bes. Belagerungen) ein und bietet topograph. Beschreibungen (u. a. von Exeter, Bristol, Ely). K. Schnith
Ed.: G. St., hg. K. R. POTTER–R. H. C. DAVIS, 1976 [lat.-engl.] – *Lit.*: Repfont IV, 741 – R. H. C. DAVIS, The Authorship of the G. St., EHR 77, 1962, 209ff. – A. GRANSDEN, Hist. Writing in England, 1974, 188ff. – R. H. C. DAVIS, King Stephen, 1977² [Lit.].

Geste (lat. gestus), Haltung des Körpers, bes. der Hände, weitgehend synonym mit Gebärde (ahd.). Zu menschl. Gefühls- und Gedankenäußerung gehören außer und neben der Sprache die Körperhaltung (Gestik) und der Gesichtsausdruck (Mimik). G.n sind selten völlig unreflektiert und in allen Kulturkreisen verständl., sondern meist durch Konvention und Gewohnheit bestimmt und folgl. zeit- und ortsgebunden. Diese Abhängigkeit der G.n vom jeweiligen Kulturkreis und die Tatsache, daß in frühchristl. Zeit bei den Christen auch nach der Bekehrung diese Abhängigkeit fortbestand, erklären, wieso die meisten in der jüd. und heidn. Umwelt des frühen Christentums übl. Gesten bis in das MA ohne oder mit nur geringen Änderungen weiterlebten. Die wichtigste neu eingeführte, spezif. christl. G. ist das Kreuzzeichen (über sich selbst und andere), das seit dem frühen 3. Jh. in der Lit. gut belegt ist. Daneben seien zwei Gebetshaltungen erwähnt, die neben der antiken stehenden Haltung mit erhobenen Armen (Orans; seit dem 6. Jh. auch als Profildarstellung belegt) und des Kniens mit ausgestreckten Armen aufkamen: das Beten mit aneinandergelegten Händen, das wohl aus dem Ritus der →Kommendation stammt und seit dem 13. Jh. in kirchl. Kontext gesichert ist (LADNER), und eine seit dem 9. Jh. in der Ostkirche für Bilder der stehenden Maria belegte Gebets- (genauer: Fürbitts-) G., bei der beide Hände mit nach außen gewendeten Flächen vor die Brust gehalten werden. Die wichtigste Quelle für die in der röm. Antike üblichen und an das MA weitergegebenen G.n der Hand ist die »Institutio oratoria« des Quintilian (1. Jh. n. Chr.), der die verschiedenen Hand- und Fingerhaltungen des Redners erläutert. Zur ma. symbol. Bedeutung der einzelnen Finger vgl. z. B. Odo v. Morimond, Analytica numerorum et rerum in theographiam III, xviiiff. (ed. H. LANGE, 1981). Die meisten G.n kennen wir dagegen nur aus bildl. Darstellungen, und meist genügt der Kontext, um die Bedeutung einer bestimmten G. zu bestimmen. Recht eindeutig sind z. B. die Unterwerfungsg.n des Sich-Niederwerfens (Proskynesis) und des Kniens mit ausgestreckten Händen, oder die Huldigungsg. des Stehens mit erhobener Hand (Akklamation); wenig Zweifel besteht auch meist bei G.n der Begrüßung, Drohung und Abwehr oder der Befangenheit und des Erschreckens. Anders z. B. die wegen ihrer Vieldeutigkeit bes. intensiv erforschte und heftig umstrittene G. der →Handauflegung (Heilung, Segen, Übertragung von

Ämtern; zuletzt: KOROL). Für die bei Quintilian (inst. or 11,3,93) erwähnte und in zahlreichen ö. und w. Denkmä lern des MA dargestellte Redeg., bei der Zeigefinger un kleiner Finger ausgestreckt sind, ist die Bedeutung de Übelabwehr und Verspottung der »Corna« (»Hörner auf setzen«) wohl erst nz. (ENGEMANN), im Unterschied z entsprechender Bedeutung der mit erot. Symbolik erfüll ten Fica (G. der »Feige«: zw. Zeige- und Mittelfinge durchgeführter Daumen). Diese ist in zahlreichen antike Phallus-Amuletten und in Amulett-Anhängern, Dornen krönungs- und Kreuzigungsbildern des 15./16. Jh. belegt Bes. umstritten ist die Bedeutung zweier Redeg.n mi ausgestreckten Zeige- und Mittelfingern: die erste, be Quintilian genau beschriebene, zeigt auch den Daume gestreckt, die beiden letzten Finger gekrümmt; bei de zweiten, in der Institutio nur annähernd erwähnten, be rührt oder kreuzt die Spitze des Daumens den Ringfinge der kleine Finger ist ebenfalls gekrümmt oder ausge streckt. In der Kunstgeschichte werden diese G.n, wen die Hand nicht vor oder neben dem Körper ausgestreck ist, sondern hochgestreckt und mit der Innenseite nac vorn gedreht ist, als »lat.« und »griech.« Segensg. bezeich net; bisweilen wird die Segensbedeutung sogar auf Ks. bilder des 4. Jh. ausgedehnt. Es mag sein, daß diese G. i Anlehnung an die von Sol auf den Ks. und Christu übergegangene Herrschaftsg. der erhobenen offene Hand eine gewisse Aufwertung erfuhr, jedoch kann al sicher gelten, daß in frühchristl. Kunst die Bedeutung de Segens nicht mit ihr verbunden war und die eine ö. und w. Verbreitung ausdrückenden Bezeichnungen als lat. und griech. Segen unzutreffend sind (L'ORANGE; WESSEL). Offen bleibt, wie lange vor dem erst nz. Malerbuch vom Berge Athos, in dem die »griech.« G. als Segensg. be schrieben ist, das Mißverständnis aufgetreten ist. – S. a. →Fußkuß; → Kuß; →Gebärden, →Herrscherzeremoniell, →Rechenkunst, Rechnen. J. Engemann
Lit.: RAC X, 895–902; XIV, 493–519 [KOROL] – RByzK II, 766–783 [WESSEL] – H. P. L'ORANGE, Stud. on the Iconography of Cosmic Kingship in the Ancient World, 1953 – M. L. HEUSER, Gestures and their Meaning in Early Christian Art [Diss. Cambridge 1954] – G. B. LADNER, The Gestures of Prayer: Didascaliae, Stud. A. M. Albareda, 1961, 245–275 – TH. MICHELS, Segensgestus oder Hoheitsgestus? (Fschr. A. THOMAS, 1967), 277–283 – A. ALFÖLDI, Die monarch. Repräsentation im röm. Ks.reiche, 1970 – R. SUNTRUP, Die Bedeutung der liturg. Gebärden und Bewegungen in lat. und dt. Auslegungen des 6. bis 13. Jh., 1978 – J. ENGEMANN, Der »Corna«-Gestus: Pietas (Fschr. B. KÖTTING, 1980), 483–498.

Geste des Bretuns → Wace

Gestech → Turnier

Gestüt → Pferd, -ezucht

Gesundheit. Während Krankheit in der ma. Heilkunde durchweg als negative Seinsweise (modus deficiens) bewertet wird, versteht sich G. als ein positiver Wert und kreativer Prozeß (creatio continua). Etymolog. verweist »gesund« (ahd. *gisunt*, afries. *sund*) auf Begriffe wie 'ganz', heil, gedeihend' oder auch 'gerettet'. Bei →Hildegard v. Bingen wird »sanitas« mit »vis« und »fortitudo« in Verbindung gebracht (MPL 197, 254 A). Ähnl. betont das arab. »salam« das Wohlergehen des ganzen Menschen an Leib wie Seele, vergleichbar der »integritas« der Scholastiker (bei Paracelsus »Gesunde und Gänze«). Neben »integritas« (Unversehrtheit) erscheint »sanitas« auch synonym mit »valetudo« (Gesundheitszustand) oder »salubritas« (Wohlsein). Dem klass. Sprachverständnis zeigt sich G. als das Gleichgewicht wohltemperierter Säfte und Temperamente (Eukrasie), Krankheit hingegen als Entgleisung (Dyskrasie) aus der Harmonie des natürl. und damit gesunden Gleichgewichtsstrebens. Jede med. Technik dient einer Harmonisierung des an sich labilen Fließgleichgewichts. →Isidor v. Sevilla (um 620) leitet in seinen »Etymologiae« die Medizin ab »a modo id est temperamento«, wobei die »immoderatio« den Gleichgewichtsverlust und damit die Krankheiten herbeiführt (De medicina IV, 9). G. wie Krankheit richten sich somit aus auf ein kosmisch wie biolog. gesteuertes Gleichgewicht der Elemente und Säfte, der Qualitäten und Temperamente, wobei zw. den Grenzbereichen von G. (sanitas) und Krankheiten (aegritudines) ein mittlerer Spielraum (neutralitas) als eigene pathognomon. Kategorie in Erscheinung tritt, der für die therapeut. Maßnahmen in erster Linie wirksam wurde. G. dient dabei letztl. dem absoluten Heil. Der Mensch kann daher in einer Schicht seiner Existenz gesund sein und zugleich in einer anderen todkrank darniederliegen. Heilsam (salubris) ist daher – so ein Bamberger Cod. um 800 – eine Krankheit, die das Herz des Menschen in seiner Verhärtung aufbricht, und gefährlich ist eine G., die den Menschen nur bestärkt in seinem unseligen Trott. Der Arzt hat von daher – so bei →Arnaldus de Villanova – nicht nur die Aufgabe, die G. zu erhalten (conservatio sanitatis), sondern auch auf die Lebensführung einzuwirken (perfectio vitae). Dabei bietet die Medizin eine Stufenleiter, auf welcher der relativ Gesunde aufsteigt zu den Grenzen seiner natürl. Fähigkeit, seiner »virtus«, der Tugend als einem Tauglichsein. Charakterist. für die Auffassung der G. im MA ist, daß sie a) eine positive, auf Erhaltung und Steigerung aller Lebensvorgänge gerichtete Bedeutung hat, und daß sie b) nicht zu denken wäre ohne existentielle Einbindung in den Lebenssinn. Als »integritas« bleibt G. abhängig vom Begriff der »Ganzheit« und ausgerichtet auf das Bild von »Heil«.

H. Schippergess

Q.: Cod. lat. L. III. 8 Bamberg (s. IX) – Hildegardis Causae et curae, ed. P. Kaiser, 1903 – Arnaldus de Villanova, Parabeln der Heilkunst, ed. P. Diepgen, 1922 – Isidori Hispalensis Episcopi Etymologiarum sive originum libri XX., 1911 – Lit.: G. Canguilhem, Das Normale und das Pathologische, 1977 – E. Seidler, Wörterb. med. Grundbegriffe, 1979 – G., des Menschen höchstes Gut?, hg. E. Kroker, 1985.

Gesundheitsfürsorge → Arzt, →Hospital, →Medizin

Getreide

I. Getreidepflanzen – II. Getreideanbau – III. Getreidehandel.

I. Getreidepflanzen: Bei den im MA angebauten, mitunter auch med. verwendeten G.pflanzen (Cerealien), die allesamt zur Familie der Gräser (Gramineae) gehören, handelt es sich durchweg um sehr alte Kulturpflanzen, die in Europa bereits in prähist. Zeit anzutreffen sind. Allerdings ist noch weitgehend ungeklärt, welche von den vielen Arten bzw. Sorten jeweils vorwiegend kultiviert wurden, zumal in den Quellen oft nur unspezif. Sammelbezeichnungen wie →annona, frumentum (daraus frz. froment 'Weizen'), granum oder korn (je nach Region für die wichtigste, d. h. dort dominierende G.art gebraucht) erscheinen; doch auch bei näherer Kennzeichnung gibt es Interpretationsprobleme, da G. hauptsächl. in Zusammenhang mit →Abgaben erwähnt wird und hier die Vorliebe des einzelnen Grundherrn für bestimmte G. zum Ausdruck kommen mag. Dies gilt insbes. für den Weizen (lat. triticum, ahd. weizzi, mhd. weiz[z]e u. ä.; zu 'weiß' nach der Farbe des Mehles), der im MA nicht nur in der heute üblichen Kulturform des gewöhnl. Saatweizens (Triticum aestivum L.) vertreten war, sondern vielfach in nicht immer eindeutig bestimmbaren Arten: so als Einkorn (Triticum monococcum L.), Emmer (Triticum dicoccon Schrank) und als Spelt/Spelz oder Dinkel (Triticum spelta L.), spätlat. spelta (wohl ein germ. Lehnwort),

mhd. spelce bzw. dinchil, dinkil, tink(e)l oder fese(n), vese(n), der schon im Maximaltarif Diokletians (301 n. Chr.) und bei Hieronymus genannt wird. – Im Gegensatz zum Weizen wurde der Roggen (Secale cereale L.) nicht unmittelbar in Kultur genommen, sondern hat sich als Begleitunkraut des Emmers während der Bronzezeit allmählich den Kulturbedingungen angepaßt. Die lat. secale, siligo, sigalum, ahd. rokko, mhd. rocke, mnd. rogge u. ä. genannte Pflanze entwickelte sich einerseits (mit Dinkel und Saatweizen) zur bevorzugten G.art für das →Brot, war andererseits durch Ausbildung des →Mutterkorns aber auch für das wiederholt auftretende →Antoniusfeuer verantwortlich. – Bei der Gerste (Hordeum vulgare L.) sind im wesentl. zwei Gruppen zu unterscheiden: nämlich zwei- und vielzeilige Sorten, die im Schrifttum allerdings undifferenziert als lat. (h)ordeum oder ahd. gersda, gersta, mhd. gerst begegnen. Wie der Weizen schon im Neolithikum kultiviert, war die Gerste im MA vornehmlich als wichtigste G.art für die Bereitung des →Bieres von Bedeutung. – Seit der Bronzezeit nachgewiesen ist dagegen der mitteleurop. Anbau von Hafer (Avena sativa L.), der ahd. habaro, mhd. haber(e), mitunter auch als even, mhd. evene (aus lat. avena) bezeichnet wurde und nicht zuletzt zur Bier- und Broterstellung Verwendung fand. – Die v. a. zu Breispeisen (→Ernährung) genutzte Hirse war sowohl als Rispenhirse (Panicum miliaceum L.) wie als Kolbenhirse (Setaria italica [L.] P. Beauv.) verbreitet, wozu gelegentl. noch die Mohrenhirse (Sorghum bicolor [L.] Moench) kommt. Während erstere (Echte Hirse) meist die lat. und dt. Namen milium bzw. hirs(a/e/i/o), hyersen, aber auch gegrues führt, erscheint die Kolbenhirse (Welscher Fennich), eine der ältesten indoeurop. Kulturpflanzen, u. a. als fenicium bzw. fenich, ve(r)nich, was bisweilen zusätzl. Verwechslungen mit dem →Fenchel nach sich zog. – Vereinzelt wird im vorliegenden Zusammenhang schließlich auch der mehlliefernde Buchweizen (Fagopyrum esculentum Moench/Polygonaceae) genannt, der allerdings botan. nicht zum G. gehört und erst spät, d. h. seit Beginn des 15. Jh., im Schrifttum auftaucht.   P. Dilg

II. Getreideanbau: [1] Allgemeine Entwicklung: Das Ausmaß des Ackerbaus und speziell des G.anbaus war im Laufe der Jahrhunderte wiederholten Schwankungen unterworfen. Die Wirtschaftskrise der späten Kaiserzeit und die germ. Völkerwanderung führten zu einem spürbaren Rückgang des G.anbaus (u. a. belegt durch häufigere Nennung von 'agri deserti' in der Gesetzgebung Diokletians und Justinians). Doch deuten Anzeichen auf einen neuen Aufschwung seit dem 7. Jh., mit einer – allerdings sehr langsamen – Wiederurbarmachung wüstgefallener Äcker hin. Erst im 11.–13. Jh. setzte ein starker Landesausbau mit weiträumigen Rodungen ein (→Kolonisation und Landesausbau). Dieser Phase folgte seit dem 14. Jh. eine neue Rezession. Erst seit ca. 1450–70 setzte wieder ein Aufschwung des G.anbaus ein, der auch in den ersten Jahrzehnten des 16. Jh. noch anhielt.

[2] Überblick nach Ländern und Regionen: a) Italien: Offenbar hat im FrühMA ein gewisser Rückgang des in der Antike vorherrschenden Weizenanbaus zugunsten minderer G. (Roggen, bes. in N-Italien, ferner Hirse) stattgefunden. Die Mohrenhirse ist seit dem 9. Jh. belegt, tritt aber zumindest in Latium erst seit dem 13. Jh. als gängige G.art auf. Alle diese anspruchsloseren G. wurden wenigstens bis zum Ende des MA kultiviert. Der Weizen gewann dabei zunehmend an Terrain und ist in Unteritalien und auf Sizilien verstärkt anzutreffen; für Latium hat P. Toubert gezeigt, daß der Weizenanbau v. a. von Großgrundbesitzern betrieben wurde. Der ein kühleres Klima

erfordernde Hafer besaß nur in einigen Teilen Oberitaliens eine gewisse Bedeutung.

b) *Iberische Halbinsel:* Hier ist über frühma. G.anbau fast nichts bekannt. Nach Forschungen von P. BONNASSIE tritt Weizen in Katalonien noch im 10. Jh. nur ausnahmsweise auf, dafür sind verstärkt Gerste, aber auch Roggen, Spelt und Hirse vertreten. Vom 10. Jh. an scheint der Weizenanbau zwar zugenommen zu haben, doch blieb er im N des Kantabr. Gebirgszugs und im oberen Ebrotal auch noch um 1300 ziemlich selten. In Asturien und Galicien trat der Spelt an die Stelle des Weizens; hier waren auch Hirse sowie Gerste, Hafer und Roggen verbreitet. Südl. des Kantabr. Gebirgszugs bis ins Duerotal dominierten Weizen, Roggen und Gerste, während in Neukastilien, Andalusien und im Kgr. Murcia auf unzusammenhängenden Ackerflächen ausgedehnter Weizen- und Gerstenanbau betrieben wurde. Im späten MA wurde Aragón zu einem wichtigen Weizenproduzenten mit Export in die Nachbarregionen. Im 14.–15. Jh. setzte im Kgr. Valencia und im s. Katalonien der Reisanbau ein.

c) *Frankreich:* Nach dem Zeugnis von Polyptychen und Kapitularien wurden in der Karolingerzeit Weizen, Roggen, Gerste, Hafer sowie Spelt kultiviert. Der Rückgang des seit dem 11. Jh. kaum noch erwähnten Spelt ist ein charakterist. Zug der folgenden Entwicklung. Wurden im späteren MA die vier genannten Haupt-G. praktisch in allen Regionen angebaut, so zeigt sich doch deutlich, daß im N Weizen und Hafer, im S Weizen und Gerste (Sommer- und Wintergerste) vorherrschten. Im kargen Massif Central dominierte der Roggen. Die Hirse war wohl auf ärmeren Böden (Sologne, Roussillon) recht verbreitet.

d) *Südliche und nördliche Niederlande:* Zwar wurden im Gebiet des heutigen Belgien die vier Haupt-G. vielerorts kultiviert, doch scheint der Roggen auf ärmeren Böden (z. B. bei Löwen und Aalst) verbreitet gewesen zu sein, während die fruchtbaren Regionen (Haspengau, Hennegau) dem Weizen vorbehalten waren. Bemerkenswert ist, daß man den Spelt noch mindestens bis zum Ende des MA in einigen Gegenden (um Löwen, Namur) angebaut hat. – Im Gebiet der heutigen Niederlande war der G.anbau offenbar wenig entwickelt; die anspruchsloseren Pflanzen wie Gerste und Hafer dominierten, doch gab es, etwa im Utrechter Tiefland, auch Roggenanbau.

e) *England:* Hier ist mangels einschlägiger Untersuchungen die regionale Verteilung der vier Haupt-G. schlecht erhellt. Auf den südengl. Herrenhöfen des Bm.s Winchester z. B. besaß der Roggenanbau anscheinend nur relativ geringe Bedeutung.

f) *Deutschland:* Hier stand der G.anbau im FrühMA lange Zeit hinter der Viehhaltung zurück. Später sind indes die vier Haupt-G. in allen Regionen stark vertreten. Doch blieb der Dinkel in ganz S-Deutschland verbreitet, während das norddt. Tiefland ein ausgezeichnetes Roggenanbaugebiet, z. T. mit →Dauerackerbau (sog. Ewiger Roggenbau), darstellte.

Schließlich ist in allen genannten Getreideländern häufig das sog. Mengkorn belegt, ohne daß wir in der Regel seine genaue Zusammensetzung kennen.

[3] *Anbausysteme:* Hinsichtl. der Anbausysteme zerfällt der west- und mitteleurop. Bereich wesentl. in zwei Zonen: Im Mittelmeerraum (Italien, S-Frankreich, Spanien), wo hohe Temperaturen den Haferanbau ausschließen, war der zweijährige Fruchtwechsel (→Zweifelderwirtschaft) vorherrschend, während sich im gemäßigteren atlantisch-mitteleurop. Klimabereich die →Dreifelderwirtschaft verbreitete. Daneben tritt aber auch, v. a. auf schlechten Böden, die ungeregelte →Fruchtwechselwirt-

schaft auf, so in Zentralspanien und in Teilen des Massif Central. Andererseits wurden, etwa in Flandern, Fruchtwechselsysteme mit längerem als dreijährigem Rhythmus praktiziert (→Driesch), wozu auch turnusmäßiger Anbau von →Hülsenfrüchten und ztw. Wiesennutzung gehörten. Auch kehrte man in manchen ober- und mittelrhein. Gebieten (Breisgau, Pfalz, Rheinhessen) zum zweijährigen Fruchtwechsel zurück (zu den Arbeitstechniken der Feldbestellung und Ernte→Ackergeräte, →Erntegeräte).

[4] *Erträge:* Die für die Karolingerzeit vorliegenden Zahlen müssen wegen ihrer geringen Zuverlässigkeit außer Betracht bleiben. Erst vom SpätMA an lassen sich genauere Angaben machen. Quantitative Informationen sind gleichwohl selten, lediglich für S-England liefern die Verzeichnisse des Bm.s Winchester (13.–14. Jh.) recht detaillierte Angaben, aus denen sich im wesentl. folgende Ertragsindices ergeben: 3–5:1 für Weizen, Roggen und Gerste, 1–3:1 für Hafer. Das sind niedrige Ertragsspannen, verglichen mit den Zahlen für die Umgebung von Brüssel im 15. Jh.: 14:1 für Weizen, 12:1 für Roggen, 10:1 für Gerste, 8,5:1 für Hafer. Die Hektarerträge der Herrenhöfe von Winchester sind ebenfalls weitaus geringer als diejenigen der modernen Landwirtschaft: 12 dz/ha bei Weizen, 24 dz/ha bei Gerste, 13,9 dz/ha bei Hafer. Die Brüsseler Vergleichszahlen (15. Jh.) weisen demgegenüber einen Mittelwert von 19 dz/ha bei Weizen, je 18 dz/ha bei Roggen und bei Gerste, 17 dz/ha bei Hafer aus. Dies ist um so bemerkenswerter, als die Saatdichte auf den engl. Gütern zweimal größer war als in der Gegend von Brüssel. Eine bes. Ertragshöhe erreichte die Umgebung von Lille, wo im 14.–15. Jh. mehr als 20 dz/ha geerntet wurden.

III. GETREIDEHANDEL: Nach Sidonius Apollinaris (carm. XXII, v. 171, 172) soll der G.export aus Kalabrien und Apulien um die Mitte des 5. Jh. bis ins Bordelais gereicht haben. Im übrigen sind für diese Periode praktisch keine Zeugnisse über den G.handel in W-Europa verfügbar. Erst in der Karolingerzeit gibt es hierfür Hinweise, v. a. aufgrund des Kapitulars von 794, das Höchstpreise für die vier Haupt-G. festsetzt. Merkwürdigerweise übergeht diese Quelle den zumindest zw. Seine und Rhein damals stark verbreiteten Spelt; andererseits ist für diese Zeit nicht bekannt, über welche Entfernungen G. gehandelt wurde.

Erst für das spätere MA existieren genauere Informationen, die allerdings manchmal schwer zu interpretieren sind. Drei Typen des G.handels sind zu unterscheiden: der Nahhandel, der überregionale Handel und schließlich der »internationale« Handel bzw. →Fernhandel.

Die Städte bildeten notwendigerweise die Zentren des intensiven Nahhandels, da die G.produktion des Umlandes hier zusammenfloß; das Netz des G.nahhandels entwickelte sich gleichzeitig mit den Städten selbst. Überschritten Städte jedoch eine bestimmte Größenordnung, so mußten sie nach entfernter liegenden Versorgungsquellen Ausschau halten, was zur Entstehung eines weitverzweigten überregionalen Handels führte. Ein Beispiel hierfür bildet Paris, das seit dem 14. Jh. mit G. aus Picardie, Champagne und Touraine versorgt wurde; im 15. Jh. kamen Beauce und Normandie hinzu. Die bevölkerungsreiche Städtelandschaft Flandern wurde seit dem 13. Jh. mit G. aus dem Artois beliefert. Schon im 14. Jh. erhielten Bordeaux und Niederlanguedoc G. aus Toulouse, dem Mittelpunkt einer ertragreichen Landwirtschaftszone. Auf der Iber. Halbinsel ist v. a. der G.export aus Kastilien und Aragón nach Katalonien, insbes. Barcelona, bemerkenswert, wobei im 15. Jh. G.importe aus Sizilien, S-Italien und Sardinien zunahmen. Eine Großstadt wie Köln wurde am Ende des MA aus Nachbarregionen, insbes.

Jülich und Kleve, mit G. beliefert, Lyon aus Bresse und Bugey.

Da dieser überregionale Handel zur Versorgung des Markts jedoch nicht genügte, bildete sich ein regelrechter Fernhandel aus, wobei sich nach derzeitigem Forschungsstand vier große, spätestens seit dem 13. Jh. erkennbare Handelsströme abzeichnen: Der erste umfaßte das G. aus England, das teils nach Flandern und Holland, teils nach Skandinavien exportiert wurde. Der zweite betraf den G.export aus Bretagne und Normandie in die Niederlande. Der dritte und ztw. wohl umfangreichste bezog sich auf das sog. baltische G., d. h. das im Ostseeraum (östl. Norddeutschland, Preußen/Gebiet des Dt. Ordens, Polen, Livland) produzierte G., das z. T. nach Skandinavien, v. a. aber nach Flandern, Holland, Seeland, England und Nordfrankreich ging. Der vierte Handelsstrom erfaßte den westl. Mittelmeerraum, wobei Katalonien G. aus Languedoc und Provence importierte, während G. aus S-Italien (Sizilien, Apulien, Kalabrien) in noch größerer Menge in die großen Städte N- und Mittelitaliens (Genua, Venedig, Florenz u. a.), aber auch in die Gebiete der Iber. Halbinsel (v. a. nach Barcelona) exportiert wurde.

Der G.handel benutzte mit Vorliebe die Wasserwege, d. h. die Flüsse (Seine, Garonne, Schelde, Weser, Elbe, Oder, Weichsel, ebenso aber auch kleinere Flüsse), im SpätMA hier und da auch schon künstlich angelegte kleinere →Kanäle, schließlich die Seewege (Tyrrhen. Meer, Adria, Nordsee, Ostsee).

Der G.handel bietet ein komplexes, manchmal verwirrendes Bild, weil sich die meisten Regionen sowohl als Ausfuhr- wie als Einfuhrgebiete darstellen. So exportierte z. B. Toulouse in normalen Zeiten G. ins Niederlanguedoc und Bordelais, war in Krisenjahren dagegen selbst auf Importe aus dem Pariser Becken, aus England und sogar Sizilien angewiesen. Darüber hinaus existierten in einer einzigen Region nebeneinander Import (soweit er für die dortigen Verbraucher lebensnotwendig war) und Export (sofern er den Interessen der Produzenten und Händler entsprach, d. h. wenn ein anderes Gebiet wegen G.mangels bes. günstige Absatzmöglichkeiten bot). So betrieben Flandern und Brabant, beide selbst große Einfuhrgebiete von G., zugleich eine lebhafte G.ausfuhr, v. a. in das an Brotg. stets arme Holland. In Dänemark bestand ein großer Gegensatz zw. Stadt und Land; während Landadel und Bauern ihr G. vielfach direkt an die Hanse verkauften, waren die städt. Märkte auf Importe aus Deutschland angewiesen.

Der G.handel bildete den Gegenstand besonderer Vorschriften. In einigen Ländern erhob die Zentralgewalt eine Exportabgabe (licences der engl. Kg.e des 12. Jh.; lobgeld des Deutschordenshochmeisters im 15. Jh.). Insbes. aber bemühten sich die Städte um die Regulierung des G.handels. Fast überall war die G.spekulation, der →Fürkauf, verboten; G. durfte nur auf offenem Markt, nicht in Häusern oder Läden feilgeboten werden. Diese Vorschriften dienten in der Regel dem Schutz des Verbrauchers; professionelle G.händler sollten ihre Käufe erst zu einer bestimmten Stunde, nach dem Einkauf der Privatleute, tätigen. Erwerb von G. zwecks Wiederverkauf auf demselben Markt war untersagt; G.maß und -transport wurden streng überwacht.

Angaben über den Gesamtumfang des überregionalen und Fernhandels mit G. lassen sich angesichts der Dürftigkeit der Quellen nicht machen. Wir kennen nur den Umfang einzelner Lieferungen. Der größte Einzelexport baltischen G.s nach Flandern im 15. Jh. fand 1416 mit 9778 hl (= 6,84 t) statt. 1482 wurden im Laufe von sieben Monaten insgesamt 33 851 hl (= 2370 t) G. nach Brügge eingeführt. Auch für →Danzig, den damals bedeutendsten G.hafen des westl. Europa ist das ungefähre Aufkommen des 1490–92 durchgeführten G.exports bekannt: ca. 10000 Lasten (= ca. 22000 t). Diese Zahl ist allerdings schwer zu interpretieren, insbes. weil in den Jahren 1490–92 die G.ausfuhr aus Danzig und allen anderen Ostseehäfen offiziell eine Zeitlang verboten war.

Aus diesem, wenngleich geringen Zahlenmaterial ergibt sich jedenfalls, daß der G.handel seit dem SpätMA trotz der Langsamkeit und der hohen Transportkosten ein nicht unerhebl. Wirtschaftsfaktor gewesen sein muß. Zum G.anbau und -handel im byz. und arab. Bereich →Handel; →Landwirtschaft; →Ernährung, B.; →Nahrung. M.-J. Tits-Dieuaide

Lit.: zu [I]: MARZELL I, 526–534; II, 405–412, 885–897; III, 526–534; IV, 198–200, 295–300, 433, 808–819 – HWDA III, 693–698, 787f., 1300–1304; IV, 117–121; VII, 763–772; IX, 464–470 – R. GRADMANN, Der Dinkel und die Alemannen, Württ. Jbb. für Statistik und Landeskunde Jg. 1901 (1902), 103–158 – F. BERTSCH, Herkunft und Entwicklung unserer G., Mannus. Zs. für Vorgesch. 31, 1939, 171–224 – E. SCHIEMANN, Weizen, Roggen, Gerste. Systematik, Gesch. und Verwendung, 1948 – P. AEBISCHER, Les noms du sorgho dans les dialectes modernes et le latin médiéval d'Italie, ZRPh 65, 1949, 434–441 – K. und F. BERTSCH, Gesch. unserer Kulturpflanzen, 1949 – A. SCHEIBE, Panicum- und Setaria-Hirsen. I. Systematik und Kulturgesch. (Hb. der Pflanzenzüchtung 2, 1960²), 532–544 – W. LA BAUME, Frühgesch. der europ. Kulturpflanzen, Gießener Abh. zur Agrar- und Wirtschaftsordnung des europ. Ostens 16, 1961 – U. NÜRNBERG, Biologie und Gesch. unserer Kulturpflanzen, 1965 – W. RUDORF, Zur Gesch. und Geographie alteurop. Kulturpflanzen, 1969 – U. KORBER-GROHNE, Nutzpflanzen in Dtl., 1988 – zu [II und III]: W. NAUDÉ, Die G.handelspolitik der europ. Staaten vom 13. bis zum 18. Jh., 1896 – A. P. USHER, The Hist. of the Grain Trade in France, 1912 – N. S. B. GRAS, The Evolution of the English Corn Market from the Twelfth to the Eighteenth Century, 1915 – P. AEBISCHER, Les dénominations des céréales du »blé« et du »froment« d'après les données du latin médiéval (Essais de philologie moderne, Bibl. Faculté Philos. et Lettres Liège, CXXIX, 1953), 77–94 – M. DEL TREPPO, Politica e commercio dei grani nei paesi della corona d'Aragona nel secolo XV, Atti dell'Acc. naz. di sc. mor. e pol. Napoli LXX, 1959 – J. Z. TITOW, Winchester Yields. A Study in Medieval Agricultural Productivity, 1972 – E. SCHMAUDERER, Stud. zur Gesch. der Lebensmittelwiss., VSWG Beih. 62, 1975 – M.-J. TITS-DIEUAIDE, La formation des prix céréaliers en Brabant et en Flandre au XVᵉ s., 1975 – W. HABERMANN, Der G.handel in Dtl. im 14. und 15. Jh., Scripta Mercaturae 11,2, 1977; 12, 1978 – M. MONTANARI, L'alimentazione contadina nell'alto Medioevo, 1979 – M. HÄUPTLE-BARCELÓ, G.versorgung und G.handelspolitik im Valencia des 15. Jh., SFGG.GAKGS 30, 1982, 193–343 [Lit.] – S. AGUADE, Ganadería y desarrollo agrário en Asturias durante la edad media, 1983.

Gévaudan, Gft. in Frankreich, im südl. Massif central (heut. dép. Lozère), hervorgegangen aus der alten Civitas der Gabales, deren Vorort, Javols, seit der Spätantike verfiel. Das ursprgl. in Javols befindl. Bm. wurde im 10. Jh. (oder bereits im 6. Jh.?) nach →Mende verlegt. Die Region gehörte nacheinander zum Westgotenreich, zum Frankenreich und zu Aquitanien. 767 von Pippin dem Kurzen zurückerobert, wurde sie als karol. Gft. organisiert.

Nachdem die erste Grafenfamilie zu Beginn des 11. Jh. erloschen war, entwickelte sich die Vizgft. Grèze-Gévaudan, vereinigt mit der Vizgft. Millau, zur dominierenden feudalen Herrschaft im Regionalbereich, geriet aber bereits seit dem 11. Jh. zunehmend unter die Oberherrschaft der Gf.en v. →Toulouse und unterstand seit 1172 dem Grafenhaus v. →Barcelona bzw. der Krone →Aragón, seit 1204 erneut dem Gf.en v. Toulouse. Die Bf.e v. Mende befreiten sich im 11. Jh. von der Oberherrschaft der Vizgf.en. Seit der Mitte des 11. Jh. sicherten sie die Aufrechterhaltung des Friedens (→Gottesfrieden) durch die Institution von *paziers* (Pazifikatoren). Mit der 1161 erfolgten Lehenshuldigung des Bf.s Aldebert III. (1150/51–87) an Ludwig VII., Kg. v. Frankreich, erwarben die Bf.e v. Mende die Ausübung des →Regalienrechts in ihrer Diöz.; damit wurden sie zur mächtigsten Feudalgewalt im G., der die Vizgf.en ab 1225 den Lehnseid leisteten.

Im 13. Jh. schalteten sich zunehmend die Kronbeamten der →Kapetinger in die Angelegenheiten des G. ein; 1258 wurde die Vizgft. mit der Krone Frankreich vereinigt und in den administrativen Verband der kgl. →Sénéchaussée v. →Beaucaire einbezogen. Entstehende Konflikte führten 1307 zum →Pariage, das die jeweiligen Rechte der bfl. und der kgl. Gewalt regelte.   G. Fournier

Q. und Lit.: A. ANDRÉ, Doc. relatifs à l'hist. du G., Bull. de la Soc. d'agriculture … du dép. de la Lozère, 1875–82 – CH. PORÉE, Les évêques-comtes de G. (XIIᵉ et XIIIᵉ s.), Archives gévaudanaises, 1919, 347–509 – H. BOULLIER DE BRANCHE, Feuda Gabalorum, 1938–49 – C. BRUNEL, Les juges de la paix en G. au milieu du XIᵉ s., BEC, 1951, 32–41 – J.-R. STRAYER, La noblesse du G. et le paréage de 1307, Revue du G., 1967, 66–71.

Gewährschaft. Wurde der Besitzer eines Grundstücks oder einer anderen Sache von jemandem verklagt, weil er diesem die Sache zu Unrecht vorenthalte, so konnte er schon nach den →Leges einwenden, er habe die Sache von einem Dritten erworben. Binnen bestimmter Frist mußte er diesen Gewähren vor Gericht stellen oder den Kläger zu ihm führen, der dann mit ihm den Prozeß fortsetzte. Der Gewähre konnte sich selbst auf einen weiteren Vormann berufen, dieser auf einen dritten, usw. Der Gewährenzug sollte also zu demjenigen hinführen, der dem Kläger die Sache widerrechtl. abgenommen hatte. Allerdings konnte er in manchen Rechten nicht über den dritten Mann hinausgehen; war dieser nicht originärer Erwerber der Sache, so mußte er sie dem Kläger herausgeben. Bei Grundstücken machte längerer unangefochtener Besitz den Gewährenzug unentbehrlich. Umstritten ist, wann die G. zur Gewährleistungspflicht des Verkäufers wurde.
                                                          K. Kroeschell

Lit.: BRUNNER, DRG II, 655ff., 677ff. – DtRechtswb IV, 646ff., 660ff., 671f. – HRG I, 1642 [G. GUDIAN] – F. GILLIS, Gewährschaftszug und laudatio auctoris, 1911 – G. PARTSCH, Zur Rechtsmängelhaftung des Veräußerers, ZRGGermAbt 77, 1960, 87ff.

Gewalt → Potestas

Gewaltenteilung → Zweigewaltenlehre (Gelasianische); →Zwei-Schwerter-Lehre

Gewände → Portal

Gewänder, liturgische → Kleidung, liturgische

Gewandfall, eine Form der Sterbe- oder Todfallabgaben (Kurmede, →Mortuarium), die im hofrechtl. Bereich bes. von den Schutzhörigen (→Zensualen, Zinser), später z. T. auch von allen Hintersassen zu leisten waren. Während der Ursprung dieser Forderung umstritten bleibt (vgl. →Besthaupt), ist ihre landschaftl. und zeitl. unterschiedl. Ausformung wenig erforscht. Das Recht des Herrn, aus dem Nachlaß eines verstorbenen Hintersassen einen Anteil oder ein Stück zu entnehmen, ist seit spätkarol. Zeit belegt (vgl. z. B. Prümer Urbar von 893, wo es heißt: »si quis obierit, optimum, quod habuerit, seniori datur«). Im Laufe der hochma. Entwicklung wurde es häufig dahingehend spezifiziert, daß diesem beim Tode des Mannes das beste Stück Vieh, bei der Frau das beste Kleid zustand oder aber mit einem fixierten Geldbetrag zu begleichen war. Beim G. ist der Anspruch auf das beste, das festl. Gewand der/des Verstorbenen gemeint, das in erster Linie beim Tode von Frauen, beim Fehlen von Vieh auch von Männern, z. T. auch generell und zusätzl. zum Besthaupt

eingezogen wurde. Im Falle der ungenossamen Ehe (Ausheirat) außerhalb des Hofrechtsverbandes oder des erbenlosen (oder auch nur söhne- bzw. töchterlosen) Tode wurde z. T. die Besthauptforderung beim Mann zum →Heergewäte und der Gewandfall bei der Frau zur →Gerade gesteigert. Neben der – ggf. selbstgefertigten – Festtagskleidung wurden der Frau z. T. auch Bettzeug und Tücher abverlangt.

Der Widerstand, der dagegen geleistet wurde, spiegel sich in der mehrfach überlieferten Erzählung von dem im besten Kleid begrabenen Appenzeller Bauern wider, dessen Grab Abt Kuno v. St. Gallen (Ende 14. Jh.) öffnen ließ damit der G. nicht »under das ertrich geflöcht werde«.
                                                          K. Schul

Lit.: Vgl. →Besthaupt – DtRechtswb IV, 721f. – Schweiz. Idiotiko I, 1881, 743 – Waitz V, 1893³, 266–276 – H. BRUNNER, Zur Gesch. de ältesten dt. Erbschaftssteuer (Fschr. F. v. MARTITZ, 1911), 1–31 – A KASTNER, Der Meersburger G., Bodenseeschr. 77, 1959, 1ff. – W MÜLLER, Die Abgaben von Todes wegen in der Abtei St. Gallen, 1961

Gewandhaus (Tuchhalle, ndl. auch Lakenhal), in der Hauptorten von Tuchweberei und Tuchhandel (→Brügge, →Arras, →Ypern, →Florenz) seit dem MA erbautes repräsentatives Zunfthaus der Tuchmacher (Gewandschneider), künstler. reich ausgestaltet, häufig kulturelles Zentrum der Stadt, mit Stapel-, Verkaufs- und Gesellschaftsräumen (→Tanzhaus). Großartige Anlagen sind die flandr. Tuchhallen, häufig mit hohem →Belfried, wie die 133 m lange Tuchhalle von Ypern (um 1300, nach Kriegszerstörung wieder aufgebaut); auch die Gewandhäuser in →Braunschweig (Erstnennung 1303, 1589/91 umgebaut), →Krakau (1391/95 und 1555/59) und →Leipzig.
                                                          G. Binding

Lit.: →Profanarchitektur, städt.

Gewandschneider → Schneider

Gewann → Flur, -form, -system, →Stadtflur

Gewässer → Wasser, →Forst, →Eaux et forêts

Gewerbe → Handwerk, →Handel

Gewerbebuden (Schrangen, Gademe, Krame), auf bzw. nahe städt. Marktplätzen meist in Reihe unter einem Dach errichtete ortsfeste Holzbauten, ursprgl. eingeschossig und -räumig, bisweilen unterkellert. G. dienten der Produktion bzw. dem Verkauf gewerbl. Güter, auch dem Geldwechsel. Seit dem späten 13. Jh. ist Wohnnutzung belegt (Lübeck). Hohe Nachfrage führte oft zu galerieartig verbundenen Aufstockungen, häufig zu mehrgeschossigen Steinhäusern. G. waren hochwertige Anlageobjekte, die Besitzrechte an G. zentral für die Gründungsunternehmertheorie (→Gründerkonsortium).   R. Hammel

Lit.: F. RÖRIG, Der Markt von Lübeck, 1921.

Gewere ist ein im ma. sächs. Rechtskreis häufiges Quellenwort, mit dem Rechtsbeziehungen an Sachen umschrieben werden. Seit W. E. ALBRECHT (1828) und A. HEUSLER (1872), der sie in dem frühma. lat. *investitura* wiedererkannte, gilt die G. »als Grundlage des älteren dt. Sachenrechts« (ALBRECHT). Ihren Erfolg verdankt die Lehre von der G. der Einschätzung, daß G. von Anfang an als Beweis für den »eigenthümlichen Charakter« (ALBRECHT) des dt. Sachenrechts gegenüber dem röm. Recht angesehen wurde, wo Recht und tatsächl. Sachherrschaft streng getrennt werden (→Besitz).

G. meint dagegen nach allgemeiner Ansicht nicht nur Nutzung als tatsächl. Sachherrschaft, sondern setzt darüber hinaus eine bes. Intensität der dinglichen oder »innerlichen« (HÜBNER) Beziehung zur Sache voraus. Dies soll auch in den Rechtswirkungen zum Ausdruck kommen:

nur der G.inhaber kann Angriffe auf die Sache abwehren (→Anefang) und die aus dem Recht an ihr fließenden Berechtigungen durchsetzen oder das hinter der G. stehende Recht übertragen (→Auflassung). Die »rechte G.« ist eine gerichtlich unanfechtbare. G. war auch an liegenschaftl. Gerechtsamen wie nutzbaren Regalien möglich. Bemerkenswert ist, daß eine G. auch ohne das Merkmal der tatsächl. Herrschaft möglich war (»juristische« oder »ideelle« G.), wie die durch Auflassung oder durch Erbgang erworbene.

Konsequenz der Lehre von der G. ist auch, die Beachtung des einheim. Sachenrechts durch die gelehrten Juristen des 12. und 13. Jh. als »Germanisierung« zu bezeichnen. Dies ändert freilich nichts daran, daß in der Neuzeit die G. durch das römische-gemeine Recht zurückgedrängt wurde.

Die Lehre von der G. kann heute – zumindest vom Umfang ihres Geltungsanspruchs her – nicht mehr aufrechterhalten werden. Ob der G. im frühma.-frk. Recht die gleiche Bedeutung zukommt wie im hochma.-sächs., ist zweifelhaft. Hier gibt es kein entsprechendes dt. Quellenwort, während andere wie *eigan*, *erbe* und *lehan*, die die rechtl. Beziehung von ihrem Inhalt her konkretisieren, häufig vorkommen. Das lat. *investitura* ist demgegenüber kirchenrechtl. Ursprungs (Köbler). Dies spricht dafür, daß es sich auch der Sache nach um eine Assimilation kirchenrechtl. Vorstellungen gehandelt hat. Deshalb kann die G. auch kaum als typisch dt.-rechtl. oder gar germ. bezeichnet werden; ähnliche Erscheinungen gab es schon im griech. und altröm. Recht sowie im weström. Vulgarrecht (E. Levy). Zu überprüfen wäre, ob der G. in west- und süddt. Quellen des Hoch- und SpätMA die gleiche Bedeutung wie im sächs. Recht zuzubilligen ist. Schließlich wird neuerdings die G. in ihrem ureigensten Anwendungsfeld, dem →Sachsenspiegel, enger gesehen (Ishikawa).   K. O. Scherner

Lit.: Hoops I, 261 – HRG I, 1658ff. – DtRechtswb IV, 635ff. – Hwb. der Rechtswiss. II, 943 – W. E. Albrecht, Die G. als Grundlage des älteren dt. Sachenrechts, 1828 – A. Heusler, Die G., 1872 – E. Huber, Die Bedeutung der G. im dt. Sachenrecht (Fschr. Univ. Halle, 1894) – O. v. Gierke, Die Bedeutung des Fahrnisbesitzes für streitiges Recht, 1897 – H. Meyer, Entwerung und Eigentum im dt. Fahrnisrecht, 1902 – O. v. Gierke, Dt. Privatrecht II, 1905, 187ff., 209ff. – R. Hübner, Dt. Privatrecht, 1930, 198ff., 430ff. – E. Levy, West Roman Vulgar Law, The Law of Property, 1951, 96ff. – G. Köbler, Die Herkunft der G., TRG 43, 1975, 195ff. – T. Ishikawa, Die G. im Sachsenspiegel (Fschr. H. Thieme, 1986), 59ff.

Gewerfe, Bezeichnung für das gesamte ma. Wurfzeug (→Antwerk).

Gewerken, seit dem HochMA Bezeichnung für Personen, die genossenschaftl. in einer Bergbauunternehmung (→Bergbau) mit Hand- und/oder Kopfarbeit »wirken« oder in einer solchen bloße Anteilseigner, partiarii bzw. – gegen Ende des MA im böhm.-sächs. Raum – Kuxenbesitzer sind. Die Ursprünge des Wortes lassen sich im Singular von *Werke(r)*, *Würke(r)*, auch *werchte*, *worchte*, *wurchte* herleiten, weshalb das berühmte Trienter Bergrecht 1185–1214 die latinisierten Formen »wercus« und »werchus« neben *vvrhe* enthält. Ob dem späteren dt. Präfix eine Rückwirkung aus dem it. Raum zugrundeliegt, in dem die dt. »Werker« oder »Werken« als *guerci* und *guerchi* übernommen worden waren, muß dahingestellt bleiben.

Die Gesamtbeurteilung des – sich wandelnden – G.status und der Gewerkschaft als Organisationseinheit kompliziert sich aus wenigstens drei Gründen: 1. engagierten sich bei den Edelmetallen von Anfang an im Grubenebenso wie im Stollenbau Vertreter der adligen und stadt-

bürgerl. Oberschichten, die nicht oder zumindest nicht von Hand mit»wirkten«, sondern mitfinanzierten, d. h. auf Anteil am Ertrag und an den Kosten mitbauten, sog. kapitalist. G., mit dem Pendant der Lohnarbeit. 2. gab es von Hand mitwirkende G., die beschränkt oder gar nicht mitfinanzierten. Um 1300 werden sie in der großen, römischrechtl. fundierten Bergordnung Wenzels II. als »coloni secundarii et tercii et sic deinceps« bezeichnet, in der später folgenden dt. Übersetzung als zweite, dritte G. usw. Hierbei handelte es sich im allg. vornehml. um Lehenhäuer. 3. folgte die Idealteilung des Grubenbetriebs einer Gewerkschaft in Europa keinem einheitl. Muster, da die Quotenregelung am Berg beispielsweise auf Viertel, Achtel, Sechzehntel, Zweiunddreißigstel usw. abgestellt sein konnte, aber auch auf Neuntel und deren Unterteilung in Viertel, Achtel usw.

Zum besseren Verständnis der sozial differenzierten G.gruppen unterscheidet die Montangeschichtsschreibung für die Zeit des →Frühkapitalismus »Kleingewerken« mit fließenden Übergängen zu Lehenhäuern, Gedinghäuern, Dinghauern usw., allesamt noch immer der Masse den techn. qualifizierten Werker des HochMA vergleichbar, und »Großgewerken«, das sind die Berg- und Hüttenherren oder G. und (zugleich) Schmelzer der Quellen. Dazwischen wird in diesem Modell die in sich zwiespältige Gruppe der »Mittelgewerken« eingeordnet, deren Angehörige als Anteilseigner selbst unternehmerisch tätig sind und ziemlich regelmäßig aufstiegsorientiert nach Hüttenbesitz trachten oder aber als vermittelte G., eigtl. mehr oder weniger stille Teilhaber, erspartes Kapital im Gruben- oder im Erbstollenbau nur angelegt haben. Unter diesen zuletzt Genannten fanden sich nach Ausweis der überlieferten Berggerichtsbücher des 15./16. Jh. Adlige, Bürger, Handwerker, Geistliche, Beamte, Bauern, auch Frauen und nach Erbschaften unmündige Kinder, deren Anteile Gerhaben vertreten. Das in Sachsen etwa seit der Mitte des 15. Jh. allmähl. durchgesetzte Direktionssystem nahm allen G. ausgeübte Unternehmerfunktionen, um sie in die Hände von fsl. Beamten zu legen. Kleingewerken und Lehenhäuer wurden zu Lohnarbeitern. Im S und partiell im O blieb das unternehm. Autonomiesystem der Bergbaufreiheit bis in die frühe NZ hinein erhalten, so daß hier alle G.gruppen – infolge von Konzentrationsbewegungen in zunehmend deutl. Abhängigkeit freilich vom Großgewerkentum – fortbestanden. Auch bei gleichbleibenden allg. Quotenregelungen am Berg konnten an die Stelle einzelner G. ganze Gesellschaftsunternehmen wie die →Fugger, die →Paumgartner usw. treten, so daß der urspgl. Personenverband der Gewerkschaft in techn.-wirtschaftl. fortgeschrittenen Bergbaugebieten unternehmensrechtl. überholt wurde.

K.-H. Ludwig

Q. und Lit.: C. Bauer, Unternehmung und Unternehmungsformen im SpätMA und in der beginnenden NZ, 1936 – O. Paulinyi, Die anfängl. Formen des Unternehmens im Edelerzbergbau zur Zeit des Feudalismus, Acta HistHung 12, 1966, 25–57, 261–318 – D. Hägermann – K.-H. Ludwig, Europ. Montanwesen im HochMA. Das Trienter Bergrecht 1185–1214, 1986.

Gewichte wurden im MA wie bereits in der Antike als Teil eines geschlossenen Systems verstanden und genutzt: Längeneinheit (L) × L = Fläche (F); F × L = Hohl-/ Raummaß (V); V × Dichte eines Stoffes/Produktes (D) = Gewicht (G). So führt 1 Kubikzoll Silber nach dem frz. *pied de roi* (324,8 mm) auf ein grundlegendes karol. Markgewicht von 204,120g zurück, und Kubikellen oder Tonnen Wasser bzw. Getreide entsprechen Schiffpfund- oder Tonnen-Einheiten. Sie sind real (Gewichtsstücke, Münzen, Schnellwaagen [→Waage]), bildhaft oder schriftl. überliefert, auch in normierten Produkten (Osemund, Schienen, Eisen), Verpackungen (Salztonnen, Weinfässern) oder Transportmitteln (Karre, Wagen, Boot) erhalten und lassen sich auf-/absteigenden Gewichtsbereichen zuordnen, z. B. als Kleingewichte (Gran, Skrupel, Pfennig, Karat etc.), Unze (2 Lot), Mark, Pfund (Markpfund = 2 Mark), Achtel/Stein/Liespfund (10–22 Pfund), Hundert, Zentner (100–128 Pfund), Waage (½ Schiffpfund), Schiffpfund/Tonne/Pfund Schwer/Saum (2½–3 Zentner = 280–336 Pfund) sowie (als Recheneinheiten) Fuder/Faß, Last/Hundert. Innerhalb dieser Bereiche findet sich ein Nebeneinander häufig gleichnamiger, aber nach Zahlwert und G. variierender Einheiten (Pfunde von ca. 280g–ca. 680g etc.). Kleingewichte benötigte man v. a. für den Umgang mit Gold, Silber, Perlen oder Gewürzen; Liespfund/Stein z. B. für den Handel mit Flachs; Zentner für Metalle; die Waage für Wolle; Schiffpfund/Tonne für Salz und Fisch, die Last (12–18 Tonnen etc.) u. a. für Getreide.

Aufbauend auf den Zahlenwerten 1, 2, 3, 5, 7 entstanden vielförmige Reihen von Einheiten in einem verschachtelten Raster von ganzzahligen Relationen (→Maße). Das System wurde um so komplexer, je mehr im MA der Einsatz des Gewichts bei sich ausbreitender Rechenhaftigkeit im prakt. Wirtschaften und Verwalten in Städten und Territorien zunahm, insbes. in Münz- und Geldwesen, Heilkunde, Malerei, Metallbearbeitung/-guß, Landwirtschaft, Bergbau, Gewerbe, Kaufmannschaft, Transport, Zehnt- und Abgabenwesen; Wiegen stand in Konkurrenz zum Zählen. Es entwickelten sich nur Bereiche und Einheiten, die aus den konkreten, materiellen Bedingungen des Wirtschaftens und Gesellschaftens erwuchsen (spezif. bzw. Schüttgewicht, Netto-/Bruttogewicht, Produktions-/Arbeitsprozesse, Detail-/Großhandel, Verpacken/Transportieren, Preissetzung, Abgabenerhebung u. ä.). Ihre Postitionen im System der Zahlen wurden durch Relationen in beschreibenden Sätzen festgelegt, sie waren (be)rechenbar. So heißt es z. B.: »in der stadt czu Ryge (Riga) 4 schiff ... wachs machen hir im Lande (Königsberg/Preußen) volkomen 5 schyff ...« usw.

Für das ältere europ. G.swesen bildeten antike Traditionen und ein grundlegender Normenwandel in karol. Zeit (793/794) die Basis. Das Münz- bzw. Markpfund (240 denarii von 1,701g = 408,240g) und das Handelspfund Karls d. Gr. (435,456g) hielten 15 bzw. 16 Unzen (= 30 bzw. 32 Lot) von 27,216g, womit sie markant von der Norm der röm. libra (12 unciae von 27,2875g = 327,450g = 72 solidi von 4,5479g) abwichen. Sie bildeten eine imperiale Klammer, löschten aber ältere Bräuche nicht aus. Deshalb lassen sich zentrale ma. Mark-/Pfund-Einheiten aus unterschiedl. Wurzel herleiten und ihnen jeweils eigene Verbreitungsgebiete zuweisen. Karol. waren z. B. das engl. Pfund avdp. (453,600g), das Lüneburg-Bremer (486,000g), das Pariser (489,506g), röm. hingegen das russische (409,512g) und karol. bzw. röm. das Kölner Pfund (466,56/467,785g und andere rechte Werte zw. 460–472g). S. a. →Maße.   H. Witthöft

Lit.: H. J. v. ALBERTI, Maß und G...., 1957 – B. KISCH, Scales and Weights..., 1966² – R. SPRANDEL, Das Eisengewerbe im MA, 1968, 406–409 – H. WITTHÖFT, Umrisse einer hist. Metrologie..., 1979 – H. ZIEGLER, Die Kölner Mark in neuem Licht, HGBll 98, 1980, 39–60 – H. WITTHÖFT, Maßgebrauch und Meßpraxis in Handel und Gewerbe des MA (Mensura, hg. A. ZIMMERMANN, Misc. Mediaevalia 16/1, 1983), 234–260 – DERS., Münzfuß, Kleingewichte, pondus Caroli und die Grundlegung des nordeurop. Maß- und Gewichtswesens in frk. Zeit, 1984 – DERS., Siz. tari, it. libbra, nordwesteurop. Mark (Hochfinanz, Wirtschaftsräume, Innovationen [Fschr. W. v. STROMER, 1, 1987]), 421–468.

Gewisse, bei →Beda als alter Name der gens der →Westsachsen belegt, wobei Beda die Bezeichnung nur auf die frühesten westsächs. Bf.e, Birinus und Agilberht, sowie auf Kg. →Cædwalla (685/686–688), nicht aber auf spätere Herrscher anwendet. Gedeutet als 'sicher' (zu nhd.: 'gewiß'), 'ursprünglich', aber auch als 'Westleute' (vgl. 'Visi'gothi/Westgoten), bildete der Name bereits in den Königsurkunden des 8. Jh. einen Archaismus.

N. P. Brooks

Q. und Lit.: Beda, Hist. eccl. II.5; III.7; IV.15–16, ed. B. COLGRAVE–R. MYNORS, 1969 – H. E. WALKER, Bede and the Gewissae, CHJ 12, 1956, 174–186.

Gewissen, -sfreiheit. [1] *Ursprung des Begriffs:* Syneidesis-synteresis (mlat. sy[i]nderesis, conscientia). Die doppelte Wortüberlieferung s. geht auf die zweifache irrtüml. Lesart der Auslegung Ez 1 des →Hieronymus zurück, der im Anschluß an Origenes von der syneidesis als Funke des G.s (scintilla conscientiae MPL 25, 22B) spricht. Die terminolog. orientierte Auslegung des MA mußte beide Begriffe synteresis (s.) und conscientia (c.) unterschiedl. deuten. Das Bildwort vom »Funken des G.s« steht ursprgl. im Kontext der stoisch-neuplaton. Lichtspekulation. Im außerchristl. wie dann auch im christl. Sprachraum besitzt syneidesis primär die Bedeutung »Mitwissen, Bewußtsein« (seit dem 1. Jh. v. Chr. auch im moral. Sinne). In ähnl. Weise wird von da an in der lat. Lit. conscientia gebraucht (vgl. Petrus Abaelardus Ethica, ed. LUSCOMBE 54). Weder in der antiken Philosophie noch in der patrist. Theologie kommt es zu einer »Lehre vom Gewissen« (vgl. BLÜHDORN, REINER, WOLTER).

Die verderbte Lesart des Hieronymus-Textes ist erstmals um 1165 bei dem Magister Udo nachweisbar und setzte sich von da an durch. Unter dem Einfluß der aristotel. Psychologie grenzte Philipp d. Kanzler († 1236) das G. gegenüber *Intellekt* und *Wille* als Grundpotenzen der menschl. Seele ab und kennzeichnete es als *potentia habitualis.* Im Anschluß an diese Charakterisierung der synderesis wurde die conscientia – daran anknüpfend – systemat. behandelt. Die Systematisierung dieses zweiten Begriffs durch →Alexander v. Hales – gleichfalls am Leitfaden der Aristotel. Fragen – führt zur endgültigen Gestalt des ma. G.straktats »De synderesi« und »De conscientia«.

[2] *Doktrinelle Entwicklung:* Für Alexander v. Hales umschließt das G. in der synderesis ein Grundvermögen, das Verstand und Wille vorausliegt und natürlicherweise auf das Gute ausrichtet. Aufgrund dessen vermag es durch die conscientia zum konkreten Handeln zu führen. In der sittl. Einzelentscheidung greift das G. somit auch auf Verstand und Wille aus (S. th. I–II, ed. Quaracchi n. 417–426). Demgegenüber verstand →Bonaventura die c. als einen Habitus des Verstandes, der die obersten und allgemeinen Grundsätze des Handelns umfaßt und zur sittl. Einzelbeurteilung gelangt. Zum wirkl. Vollzug dieses Handelns kommt es aufgrund der s. als einer naturhaften, innerl. Hinneigung des menschl. Willens auf das Gute im allgemeinen. In diesem Sinne ist sie das eigtl. dynam. Moment, das als affektives Vermögen *(potentia affectiva)* die rationale Festlegung des Handelns durch die c. begleitet und zur Durchführung bewegt (In Sent. II, ed. Quaracchi II, 898–911). Nach →Thomas v. Aquin ist das der G. in der s. eine Grundverfassung oberster prakt. Prinzipien präsent, an dem es durch die c. die konkrete Handlung beurteilt. Der prakt. wirksamen Rationalität ist so im G. der Zugang zur Grundstruktur des menschl. Strebens selbst eröffnet als des in der konkreten Handlungsbestimmung eingeschlossenen Prinzips (S. th. I q. 79a. 12, 13; De

ver q. 17 a. 1, 2). So gesehen liegt der G.sinhalt nicht außerhalb oder über dem G. (wie bei Alexander und Bonaventura), sondern ist Sache der Entscheidung. Das Verständnis des Willens als eines eigenständigen, von natürl. Wirkprinzipien unterschiedenen geistigen Vermögens des →Johannes Duns Scotus aufnehmend, begreift →Johannes Buridanus den *intellectus practicus* als ausschließl. und ursprgl. Selbstverhältnis des Willens (vgl. Quaest. sup. X libr. eth. Frankfurt a. M. 1968, Fol 207 va). Die nach Thomas in der konkreten sittl. Entscheidung stets mitvollzogene Bezugnahme auf das in der s. anwesende oberste prakt. Prinzip, d. h. die reflexive Struktur des G.s, wird als selbstbezügl. »Kraft« *(virtus)* der handlungsleitenden Vernunft zum Ursprung und Grund des Guten selbst (a. a. O. Fol 121 vb). Der Gedanke der dem Menschen wesenhaft eingezeichneten allgemeinen Regeln seines Tuns wird deswegen preisgegeben. Die autonome Begründung des Moralischen »beantwortete« man in der →Mystik und in der →Devotio moderna: Meister →Eckhart sah im G. einen »funke götlicher nature«, der selbst in der Hölle wirksam bleibt (LW II, 428f.; DW I, 332ff.). →Johannes Gerson beschrieb es als »jungfräuliches« Moment der menschl. Seele (De myst. theol. ed. GLORIEUX III, 261), das seine »Fruchtbarkeit« der Führung des Hl. Geistes verdankt; so in Maria (Sermon »Jacob autem«, ed. GLORIEUX V, 359f.). Auch Gabriel →Biel verknüpft mit dem G. als spezif. und eigenständigem Prinzip menschl. Praxis eine religiöse Dimension (In Sent. II, ed. WERBECK, HOFMANN 517, 659). Selbst unter den Bedingungen einer gemäß ihrem Ursprung allein vom freien göttl. Willen abhängigen Weltordnung *(de potentia ordinata)* bietet das G. also die Grundlage für die religiös motivierte Weltorientierung des Menschen, die darin den einheitl. Willen des Schöpfer- und Heilsgottes erkennt.

[3] *Gewissensbindung und Gewissensfreiheit:* Die Frage nach der G.sfreiheit stellt sich am Problem der Bindung (obligatio, ligatio) des irrigen G.s *(c. erronea)*. Dieses Urteil kann unbedingt verpflichten, sofern der Handelnde kraft jener G.seinsicht zu entscheiden vermag, bei der die Verpflichtung zum Handeln aus dem obersten prakt. Prinzip selbst erwächst. In der älteren →Franziskanerschule ist von einer Verbindlichkeit des G.s nur die Rede, soweit sein Befehl nicht im Widerspruch zur objektiven Norm, dem göttl. Gesetz, steht. Zugleich ist selbst bei einem Irrtum ein Handeln gegen das G. schwer sündhaft. Hingegen kann es nach Thomas bei jenem Urteil der s., das jede sittl. Einzelentscheidung begleitet und verbindl. macht, keinen Irrtum geben. Das ist nur möglich im partikulären G.surteil, wenn die erforderl. zusätzl. Prämissen nicht zutreffen oder die Anwendung log. fehlerhaft ist. Deswegen macht für Thomas die Bindung an ein irriges G. zwar nicht schuldig, aber auch nicht sittl. gut (vgl. HONNEFELDER, 33f.). Da für Buridanus der Kern der sittl. Einsicht in dem unbedingten Entschluß zum Wollen selbst liegt, handelt auch der sittl. gut, der in der Konkretion des Guten falsch oder fehlerhaft urteilt (vgl. a. a. O. Fol 124 ra-b). G. Biel vertritt eine ähnliche Auffassung wie Thomas (vgl. BAYLOR, 106).　　　　　G. Krieger

Lit.: HWP III, 574–592 [H. REINER] – TRE XIII, 192–225 [J.-G. BLÜHDORN, M. WOLTER] – H. APPEL, Die Syntheresis in der ma. Mystik, ZKG XIII, 1892, 535–544 – M. WALDMANN, Syntheresis oder Syneidesis?, ThQ 119, 1938, 332–371 – H. EBELING, Meister Eckharts Mystik, 1941 – R. HOFMANN, Die Gewissenslehre des Walter v. Brügge O.F.M. und die Entwicklung der G.slehre in der Hochscholastik, BGPhThM 36, 5/6, 1941 – O. LOTTIN, Psychologie et Morale aux XIIe et XIIIe s., T. II: Problèmes de morale, 1948, 103–305, 353–417 – J. STELZENBERGER, Syneidesis, Conscientia, G., 1963 – A. COMBES, La Théologie mystique de Gerson, 1964 – H. A. OBERMAN, Spätscholastik und Reforma-

tion, I: Der Herbst der ma. Theologie, 1965 – S. E. OZMENT, Homo spiritualis. A comparative study of the anthropology of J. Tauler, J. Gerson and M. Luther, 1969 – M. R. OEPEN, G.sbindung und ihre Grenzen in der älteren Franziskanerschule, WuW 33, 1970, 97–110 – M. G. BAYLOR, Action and Person. Conscience in Late Scholasticism and the Young Luther, 1977 – O. H. PESCH, Thomas v. Aquin, Das Gesetz (Dt. Thomasausg. 13), 1977, 489–492 – E. VOLK, Das G. bei Petrus Abaelardus, Petrus Lombardus und Martin Luther (Petrus Abaelardus. Person, Werk und Wirkung, hg. R. THOMAS, TThZ 38, 1980), 297–330 – L. HONNEFELDER, Prakt. Vernunft und G. (Hb. der christl. Ethik, hg. A. HERTZ, III, 1982), 19–43 – T. C. POTT, Conscience (The Cambridge Hist. of Later Medieval Philosophy, 1982), 686–704 – K. RUH, Meister Eckhart: Theologe, Prediger, Mystiker, 1985 – G. KRIEGER, Der Begriff der prakt. Vernunft nach Johannes Buridanus, BGPhThM NF 28, 1986.

Gewohnheiten, monastische → Mönchtum

Gewohnheitsrecht, systemat. Bezeichnung für verbindliches ungeschriebenes Recht im Gegensatz zum ius scriptum, bezogen auf eine Konfliktsituation zw. beiden.

Davon zu trennen ist die meist gebräuchl., aber unpräzise Benutzung des Begriffs. Das in diesem Sinne so gen. ungeschriebene Recht ist trotz nicht zu übersehender traditioneller Bindungen keineswegs nur auf die Gewohnheit gegründet (→Dt. Recht). Die lange übernommene Auffassung von F. KERN, daß das »alte, gute Recht« für die germ.-dt. Entwicklung des MA von den Frühzeiten her konstitutiv gewesen sei, läßt sich in dieser Verallgemeinerung nicht mehr halten. Die hier gesehene Begrifflichkeit ist ohne Zweifel ein Rezeptionsprodukt, zunächst maßgebend geformt durch kirchl. Einfluß. Dieser selbst beruhte auf röm.-rechtl. Grundlagen.

[1] In der *klassisch römischen Rechtswissenschaft* ist consuetudo nicht als G. anzusehen, sondern als faktische Gegebenheit. Man brauchte diese Konzeption systemat. noch nicht, weil das Juristenrecht meist neue Anschauungen, aber auch Gewohnheiten durchsetzen konnte. Allerdings sprachen bereits die Rhetoren von einem Recht, das durch Konsens entstehe. Aber hier ging es nicht eigtl. um das objektive Recht, sondern um Argumente, die ein Verhalten rechtfertigen ließen. Bei den Juristen trat erst um 300 n. Chr. ein Wandel der Auffassung ein, um den Konflikt der Rechtsnormen zu lösen. Die erste Bestätigung durch einen Ks. erfolgte durch Konstantin i. J. 319. Das G. wurde als verbindl. anerkannt. Es durfte aber nicht der ratio und bestehenden Gesetzen widersprechen. Nach vorheriger Ausbildung in der Lehre geschah die entscheidende Sanktion des G.s im →Corpus iuris Justinians. Es wurde als gleichberechtigt neben den leges anerkannt. Grundlage war der tacitus consensus omnium (bzw. populi). Die erforderl. längere Dauer einer consuetudo wurde nicht genau festgelegt. Eine desuetudo gegenüber einer lex konnte diese aufheben.

[2] *Frühes Mittelalter:* Für die folgende Zeit ist der Einfluß der Kirche wichtig. Das G. wurde von den Kirchenvätern grundsätzl. anerkannt, die röm.-rechtlich erforderl. ratio aber auf die veritas des christl. Glaubens bezogen. Im FrühMA ist die Wirkung der röm. consuetudo-Lehre in Volksrechten nicht zu übersehen. →Isidor v. Sevilla formulierte sie im Anschluß an die röm.-rechtl. Grundlagen, →Hinkmar v. Reims berief sich bei der Verteidigung des Reinigungseides mit Eideshelfern in Prozessen gegen Kleriker auf den »mos consuetudinarius« der »cisalpina ecclesia catholica«, der schon mehr als 70 Jahre befolgt würde. Das nur als Beispiel für viele Belege. In der Kirche wie im weltl. Bereich des Frankenreiches gewann die Auffassung der Kirchenväter Geltung, daß kein gegen den christl. Glauben gerichtetes G. gültig sei. Die vielfachen Anordnungen gegen die »malae consuetu-

dines« geben davon Zeugnis. Möglicherweise sollten auch die Aufzeichnungen der Stammesrechte nicht nur der Rechtssicherheit, sondern auch diesem Ziele dienen.

[3] *Kirchliche Rechtssammlungen* der anschließenden Zeit gehen von der grundsätzl. Anerkennung des G.s, aber auch von den gen. Einschränkungen aus. →Gratian hat die Hauptstelle der Institutionen Justinians über das G. sowie zwei Konstitutionen aus dem Codex übernommen, allerdings scheint er mehr seiner Einschränkung zuzuneigen. So betont auch er, daß sich G., das sich gegen das ius naturale (darin ist das ius divinum eingeschlossen) und damit auch gegen die ratio richtet, nichtig sei. Er will es auch nicht anerkennen, wenn es sich gegen die hl. canones und die weltl. Gesetze wendet. Die →Dekretalen Gregors IX. schränkten diese Auffassung ein. Gegenüber dem positiven Recht dürfe das G. dann Geltung beanspruchen, wenn es »rationabilis« sei und das Erfordernis der »legitima praescriptio« erfülle.

[4] *Lehre vom Gewohnheitsrecht:* Kanonisten sowie legist. →Glossatoren und →Kommentatoren bauten auf diesen Grundlagen die Lehre vom G. aus. Während letztere eine Dauer von 10 oder 20 Jahren für erforderl. ansahen, verlangte man im kirchl. Bereich in der Regel 40 Jahre für eine consuetudo legitima praescripta. Über Entstehung, Konsens und Beweismittel gingen die Meinungen nicht selten auseinander. Einig war man in dem Erfordernis der Rationabilität, das sich, wenn auch unterschiedl. gewichtet, in der Widerspruchsfreiheit gegenüber dem ius divinum und naturale, dem bonum commune bzw. der utilitas communis zeigen mußte. Übereinstimmung bestand darin, daß das G. secundum und praeter legem wie Gesetzesrecht angewandt werden mußte. Grundsätzlich sollte auch ein G. contra legem gelten, wobei man oft von einem (stillschweigenden) Einverständnis des Ks. oder des Papstes ausging. Umstritten war, inwieweit ein obrigkeitl. Verbot von G. oder eine neue Gesetzgebung dieses einschränken konnte.

Diese Lehren sind seit dem 13. Jh. in ganz Europa, namentl. von der Kirche und auf Universitäten verbreitet worden und fanden im geistl. Gericht sowie auch schon stellenweise in der weltl. Praxis Anerkennung. Die Reichskammergerichtsordnung von 1495 forderte für die Anwendung des G.s seine Allegation und seinen Beweis. In Lokalgerichten konnte das bei notorischem G. unterbleiben. Eine bes. Rolle spielte die Lehre in der Rezeptionszeit. →Coutume.   W. Trusen

Lit.: HRG I, 1675–1684 [H. KRAUSE] – S. BRIE, Die Lehre vom G. I, 1899 – R. WEHRLÉ, De la coutume dans le droit canonique, 1928 – J. GILISSEN, Loi et coutume, TRG 21, 1953, 257–296 – L. BUISSON, Kg. Ludwig IX., der Hl., und das Recht, 1954, 70ff. – J. GAUDEMET, La formation du droit séculier et du droit de l'église aux IVᵉ et Vᵉ s., 1957 – R. SCHMIEDEL, Consuetudo im klass. und nachklass. röm. Recht, 1966 – K. KROESCHELL, Recht und Rechtsbegriff im 12. Jh. (Probleme des 12. Jh., VuF 12, 1968), 309–335 – G. KÖBLER, Zur Frührezeption der Consuetudo in Dtl., HJb 89, 1969, 337–371 – W. TRUSEN, Röm. und partikulares Recht in der Rezeptionszeit (Fschr. H. LANGE, 1970), 97–120 – C. G. FÜRST, Zur Rechtslehre Gratians, ZRGKanAbt 57, 1971, 276–284 – W. TRUSEN, Gutes altes Recht und consuetudo (Fschr. G. KÜCHENHOFF, 1972), 189–204 – J. GILISSEN, La coutume, 1982.

Gewölbe, krummflächiger Abschluß eines Raumes, der gewöhnl. aus Natur- oder Backsteinen gemauert ist, die sich zw. Widerlagern verspannen. Wie beim Bogen müssen die Fugen zw. den Steinen auf einen oder mehrere Mittelpunkte ausgerichtet sein. G. mit waagerechten Fugen, also mit vorkragenden Schichten, sind unechte G. (Kragg.). Das G. besteht aus einer tragenden G.schale, oder Rippen (Rippeng.) übernehmen die Lasten, dazwischen sind die Kappen gespannt. Die Technik der G.kon-

struktion ist seit der Antike bekannt und in allen Jahrhunderten auch bei Zentralbauten, Vorhallen, Krypten und Seitenschiffen durchgehend angewandt worden, früheste Mittelschiffeinwölbung in Speyer II (nach 1084).

Das *Tonneng.* mit halbkreis-, segment-, spitz- oder parabelförmigem Querschnitt (Rund-, Flach-, Spitz- oder Parabeltonne) kommt auch, bes. in Umgängen, Seitenschiffen und Anräumen, als einhüftiges G. (Halbtonne, Horng.) vor. Über kreisförmigem Grundriß (Zentralbau, Chorumgang) ergibt sich eine Ringtonne oder ansteigend ein Spiral-, Spindel- oder Schneckeng. (Wendeltreppe). Die Tonne kann durch Gurtbogen in Joche geteilt werden (Gurtg.; Spanien im 8. Jh., Burgund seit Anfang des 11. Jh., Tours mit Pilgerkirchen seit 1050). Schneiden in das G. andere Wölbungen ein, deren Scheitel quer zum Hauptg. verlaufen, so nennt man sie Stichkappen, z. B. für die Anbringung von Fenstern in der G.zone. Häufig liegt der Scheitel der Stichkappen niedriger als der des Hauptg.es, dann wird die horizontale Scheitellinie zumeist hochgezogen (die Quertonnen werden angeschiftet). Das in der röm. Baukunst beliebte Tonneng. lebt in manchen Bauschulen als kennzeichnendes Element weiter (Burgund 11./12. Jh., Poitou 12. Jh., Provence 12. Jh.). Häufig findet es sich bei einschiffigen, aber auch – und hier laufen dann drei Tonnen parallel – bei dreischiffigen Kirchen, entweder in Hallenkirchen (Poitou) oder, in Verbindung mit Emporen, bei Basiliken, dort auch als stützende Halbtonne (Auvergne). Die Verwendung des Tonneng.es läuft im 12. Jh. aus. Eine Ausnahme bildet England, wo Spitztonnen seit der Einwölbung der Kathedrale v. Lincoln (ab 1210) charakterist. werden. Seit der 2. Hälfte des 14. Jh. verwendet auch die dt. Gotik Tonnen mit Stichkappen (Domchor v. Prag, vollendet 1385).

Das *Kreuzg.* bildet sich bei der Durchdringung von zwei senkrecht zueinander stehenden Tonnen von gleicher Höhe. Wegen der dabei entstehenden ellipt. gekrümmten Grate wird es auch *Kreuzgratg.* genannt. Das einfache Kreuzg. kann nur in der röm. Technik des Mörtelgusses oder bei sehr kleinen Räumen (Krypten des 9./10. Jh.) tragen. Wird das G. gemauert und damit freitragend, dann müssen sich die tragenden Teile des G.es über dem nach Abschluß der Maurerarbeiten zu entfernenden Lehrbogen selbst stützen. Das ist bei den ellipt. Graten nicht möglich. Man muß versuchen, diese als halbkreisförmige Bogen auszuführen, so daß sie die Last des G. auf die Eckpunkte ableiten können. Damit liegt aber der Scheitelpunkt höher als die das G.joch begrenzenden Gurt-, Scheid- bzw. Schildbogen, die Gewölbekappen steigen an (gebustes Kreuzg.), dadurch entsteht ein Gebilde, dessen Gurt- und Diagonalbogen auf vier Stützen aufruhen und deren Kappen dazwischen gespannt sind. Diese Form des G.es ist seit dem Beginn des 12. Jh. in der ma. Architektur überall dort verbreitet, wo die zu überwölbenden Joche einen quadrat. Grundriß haben; es entsprechen dann einem quadrat. Mittelschiffjoch je zwei quadrat. Seitenschiffjoche von halber Seitenlänge (Gebundenes System). Bei querrechteckigem Jochgrundriß und rundbogigen Schildbogen müssen diese gestelzt werden oder unterschiedl. Kämpferhöhe erhalten; auch ist ein Anschiften der Quertonnen möglich. Erst mit der Einführung des Spitzbogens kann darauf und auf die Busung verzichtet werden. In den Ostteilen von Krypten, in Chören, in Chorumgängen, auch in Seitenschiffen und Nebenräumen kommen über dreieckigem Grundriß dreistrahlige G. vor. Neben kleinen Räumen, bes. Krypten, sind schon der untere Umgang der Aachener Pfalzkapelle (Ende 8. Jh.) und das Westwerk von Corvey (873–885) mit Kreuzg. überdeckt.

seit der Mitte des 11.Jh. auch Seitenschiffe (Normandie, Burgund, Speyer 1040/50); seit dem Ende des 11.Jh. auch Mittelschiffe (Oberrhein, Burgund). Am Niederrhein wird es erst seit 1140 gebräuchlich und in Sachsen um 1200. Über polygonen Zentralräumen oder über quadrat. Räumen mit Trompen wird aus gekrümmten Flächen (Wangen), die durch Grate voneinander getrennt sind und unmittelbar auf der Umfassungsmauer aufsitzen (einer Kuppel ähnlich), das Klostergewölbe gebildet, das seit karol. Zeit (Aachener Pfalzkapelle) angewandt wird, in Mittel- und S-Frankreich bis ins 13.Jh.

Das *Kreuzrippeng.* ist ein Kreuzg., dessen Grate durch plast. Unterlagen, die Rippen, unterstützt sind. Die frühen Rippen haben ein einfaches, bandartiges Profil (Bandrippen) und stehen nicht im Verband mit dem aufgelegten G. Erst nach und nach werden sie mit der Kappenmauerung verzahnt und der Scheitelstein (Schlußstein) wird für den Ansatz der Rippen kreuzförmig ausgebildet. Das G.feld besteht aus den Gurtbogen (Transversalbogen) als Trennung der einzelnen Joche, den Scheidbogen als Trennung der parallelen Schiffe eines Hallenraumes oder den Schildbogen als Anschluß an die Seitenmauern. Erste Rippen entstehen um 1100 in der Lombardei in Bandform ohne Schlußstein, in gleicher Weise in SO- und Mittelfrankreich, hauptsächl. in Türmen und Vorhallen, ähnlich in England, schließlich im Elsaß und im Niederrhein-Maas-Gebiet im 2. Drittel des 12.Jh. Eine reichere Durchbildung erfährt das Kreuzrippeng. in der Ile-de-France, wo die Rippen mit Einführung des Spitzbogens im 2.Viertel des 12.Jh. in plast. verzierten Schlußsteinen zusammenlaufen und selbst profiliert werden mit Wulst, Kehle, Grat und Steg. Seit etwa 1150 gibt es auch mandelförmige Wülste, die in ihrem Querschnitt an Spitzbogen erinnern. Wird der Ansatz der Mandel an den Unterzug durch eine Kehle verschliffen, so erhält man ein Birnstabprofil, das nach 1220, mit Amiens und Bonner Langhaus beginnend, im 13.Jh. weit verbreitet ist. Im 14.Jh. nimmt die Bedeutung der Hohlkehle zu. Die Kehlen greifen immer tiefer; sie werden aus Segmenten von Kreisen mit verschiedenen Mittelpunkten zusammengesetzt. Die Rippen werden nach ihrer Lage im G. unterschieden in Wand- oder Schildrippen, Quer- oder Gurtrippen, Grat-, Diagonal- oder Kreuzrippen, Kehlrippen, Scheitelrippen, Tiercerone (vom Kämpfer aufsteigende Nebenrippen) und Lierne (weder vom Kämpfer noch vom Schlußstein ausgehende Nebenrippen).

Das vielteilige *Rippeng.* entsteht bei Teilung der vier G.kappen des Kreuzrippeng.es durch weitere, zumeist von Kämpfern aufsteigende Rippen. Ist das Kreuzrippeng. in der Querrichtung durch ein vom Kämpfer der Zwischenpfeiler zum Schlußstein aufsteigendes Rippenpaar unterteilt, so entsteht ein sechsteiliges G. Besitzt die Längsachse auch eine Scheitelrippe, so spricht man von einem achtteiligen G., aus dem bei starker Busung ein *Dominikalg.* entsteht (bes. in Poitou, Anjou und Aquitanien Mitte 12.–Anfang 13.Jh.), das zumeist kuppelförmig ausgebildet ist *(Rippenkuppel)*. Es hat Anfang 13.Jh. aus Westfalen eingewirkt, wo es umgeformt wird als achtrippige spitzbogige Hängekuppel mit Kreuz- und Scheitelkehlen und eingelegten Rippen; von Westfalen strahlt es nach Niedersachsen, Mecklenburg und Gotland aus; um 1300 wird es ungebräuchl. Sechsteilige G. finden sich zw. 1150 und 1200 in der Ile-de-France, in Burgund und etwas später im Rheinland. Im Vorchor und in den Querhausarmen kommt zur Auszeichnung des Raumes trotz fehlender Zwischenpfeiler ein sechsteiliges G. zur Anwendung, hier ist zumeist das zusätzl. Rippenpaar nur dekorativ dem G. unterlegt. Bes. in got. Chorumgängen werden bei den dort vorhandenen dreieckigen Jochen *Dreistrahlg.* mit drei Kappen aufgesetzt, die zuvor in Umgängen und Krypten verwandt wurden und seit dem 13.Jh. zu längsgerichteten *Springg.n* in Seitenschiffen und Laufgängen kombiniert werden. Im Vierungsjoch entstehen gleichzeitig *Sterng.*, indem in jede Kappe des Kreuzrippeng.es ein winkelteilender Dreistrahl eingeschrieben wird. Ferner erscheinen Sterng. in vieleckigen Kleinräumen als sechs- oder achtstrahlige Figuren, deren rautenförmige Zacken von Diagonalrippen halbiert und mit Liernen zu Flechtrippennetzen bereichert werden können, in der Spätgotik reich variiert. Die Großbauten des Dt. Ordenslandes (Pelplin, Kulmsee, Marienwerder) führen seit dem späten 13.Jh. die aus England vermittelte Gesamtraumwölbung mit Rautensternen auf dem Festland ein. Sechs- und vierstrahlige Sterne besetzen die rechteckigen Jocheinheiten und bleiben als Einzelfiguren voneinander isoliert. In England breitet sich hingegen schon im 2. Viertel des 13.Jh. neben der jochgebundenen Sternwölbung die opt. Verschmelzung des Wölbgrundes durch über die Jochgrenzen hinausgreifende Rippenfigurationen vor. Die Tierceron tritt mehr und mehr neben die Kreuzrippe. Die G.figur wird vielgliedriger, und ihr Akzent verschiebt sich auf die Jochgrenze, von der die Rippenbündel ausstrahlen. Scheitelrippen binden die häufig gurtlosen G. zu raumüberspannenden Formverbindungen zusammen, die durchlaufenden Längstonnen unterlegt sind. Den älteren Flechtrippeng.n (Lincoln, Langhaus 1233) folgen dichte Maschennetzg. (Ottery, St. Mary ca. 1337–1342). Das Parallelrippeng. Peter Parlers im Prager Domchor (1385) ist das früheste *Netzg.* auf dem Kontinent. Es legt den Grund für zahlreiche Parallelrippennetze, Stern- und Maschennetzg., die in immer neuen Formerfindungen im 15. und 16.Jh. entwickelt werden. Ihr gemeinsames Kennzeichen ist die Verwebung der Teilfiguren zu einer homogenen, kleinteiligen Gitterstruktur, die das G. weitläufig überspannt. Neben dem Netzg. bleibt das Bemühen der Hochgotik um die Abgrenzung der Raumabschnitte durch Gurte und ihre Zentrierung durch Schlußsteine auch während der Spätgotik erhalten. Einzelne Landschaften wie das Deutsche Ordensland, Schlesien, Westfalen, Nord- und Zentralspanien sind Kernlandschaften des figurierten G.es, geben aber die Jochbindung der Einzelfigur nie auf. Eine engl. Sonderbildung ist das seit Ende des 14.Jh. auftretende *Fächerg.*. Kelchförmigen, durch Rippenbündel fächerartig gezeichneten Aufmauerungen in den Jochecken lagert eine flache Mittelplatte auf. In der Jochfolge schließen sich die Eckkelche zu Halbkegeln zusammen, die sich plast. in den Raum vorwölben. Dem Fächerg. ist das *Schirmg.* verwandt, das durch die Absenkung eines Sterng.es auf eine Mittelstütze entsteht (im Skizzenbuch des Villard de Honnecourt um 1235). Seit ca. 1240 charakterist. G. der engl. Chapter-houses, begegnet es auch seit 1270 in vielen got. Zentralbauten Mittel- und W-Europas. Bevorzugte Bauaufgaben sind Krypten, Kapitelsäle, Friedhofs- und Spitalkirchen. In Refektorien der dt. Zisterzienser und in den Remtern des Dt. Ordens bilden Schirmg., in Reihe angeordnet, den Raumabschluß zweischiffiger Hallen. Gegeneinander auf Lücke gesetzt, entfalten sie eine verspringende Stütz- und Wölbordnung in den sog. Dreistützbauten des 15.Jh. in Bayern und Österreich (Braunau, Spitalkirche, 1417–30). Wie in der Entwicklung der Haupttypen vielteiliger G., so sind England und Mitteleuropa auch im Entwurf stilbildender Detailformen führend. Aus der engl. Architektur übernahm das europ. Festland das *Maßwerkg.* (Ottery, St. Mary, Chorgewölbe ca. 1337 bis 1342), das den got. Fensterdekor in die Decke überführt, und das *skelettierte G.*, dessen Rippen ohne Kappenfüllung frei durch den Raum gespannt sind (Lincoln, Hl. Grab um 1290) und oft herabhängende Schlußsteine halten (Abhängling, Hängezapfen). Um 1485 beginnen *Schlingrippeng.* mit kompliziertem zweischichtigem Aufbau. Eine Leistung der sächs., böhm. und donauländ. Baukunst des späten 15. Jh. ist das *Bogenrippeng.*, dessen Rippen kurviert sind und sich zu Schleifsternen und zur gewundenen Reihung verbinden. Zugleich bewirken dort Ast- und Laubwerk in der Rippengestaltung eine Verpflanzlichung des G.bildes. In dieser Spätphase des got. G.es sind die Rippen zumeist nur der selbsttragenden G.schale unterblendet und bisweilen nur in Stuck geformt. Eine letzte Konsequenz ist der völlige Verzicht auf die Rippe im *Zelleng.*, dessen Kappen prismat. vertieft und wabenförmig zw. scharfen Graten eingelassen sind. Eine Sonderform dieser Gattung ist das *Stalaktiteng.* der islamischen, auch auf Spanien einwirkenden Architektur. S. a. →Kuppel. G. Binding

Lit.: R. HUBER – R. RIETH, G. und Kuppeln. Glossarium Artis 6, 1975 [Lit.] – G. BINDING, Architekton. Formenlehre, 1987², 163–172 [Lit.].

Byzantinischer Bereich: Die hist. und geogr. Situation am Beginn der byz. Zeit bringt es mit sich, daß die gesamte antike, hellenist.-röm. wie spätantike Tradition der Wölbekunst übernommen und zu bes. Blüte wie breiter Verwendung geführt wird. Trotz der weiteren Verwendung von Dachstühlen (Kirche des Katharinenkl. auf dem Sinai mit Inschrift des 6. Jh.) und auch daran befestigten hölzernen Flachdecken bis in die palaiolog. Zeit hinein, v. a. bei Basiliken und einfachen Rechteckbauten, wurde in der byz. Zeit die Wölbung zum vorherrschenden und die Ästhetik des Baues in seinem Äußeren wie Inneren bestimmenden Bauelement, ja geradezu zum Kennzeichen byz. Architektur. Dabei sind Wölbung und →Kuppel in gewisser Weise austauschbar, sofern die Bedeutungshierarchie des Baues (v. a. bei Kirchen und Palastbauten) dies erlaubt, wobei Größen- bzw. Höhendifferenzierung als Ordnungsmittel eingesetzt werden. Dies führt zu gleich hervorragenden wie anspruchsvollen Bau- und Raumlösungen, selbst innerhalb vorherrschender kanon. Bautypen wie etwa der sog. →Kreuzkuppelkirche. Als G.formen finden dabei Tonneng. über quadrat., rechteckigem und selbst trapezoidalem Grundriß Verwendung, die – von antiken Theater- bzw. Stadionbauten herzuleiten – auch steigend eingesetzt werden können (außer bei Treppenhauswölbungen: Bestattungssaal der Siebenschläfergrotte in Ephesos; im W: Emporeng. des Aachener Oktogons). Mit Vorliebe werden Gurtbögen zur Untergliederung verwendet. Sonderfälle in der Architektur von Höhlenkirchen sind parallel laufende, »hängende« Tonnen, bei denen das mittlere Auflager fehlt (Göreme, Kap. 33, 11. Jh.). Spitztonnen sind in der Regel nur im Einflußbereich der Kreuzfahrerarchitektur bzw. der Seldschuken anzutreffen. Die Ringtonne ist bereits für die frühbyz. Zeit belegt (Karpos und Papylos, 4./5. Jh., Konstantinopel [Kpl.]). Die Durchdringung von Tonnen gleicher Scheitelhöhe ist v. a. bei Substruktionen zieml. häufig (z. B. Unterkirche der Myrelaion-Kirche in Kpl., 1. Hälfte 10. Jh.; Krypta in H. Lukas, 1. Hälfte 11. Jh.). Stichkappen sind seltener (Myrelaion-Kirche in Kpl., 1. Hälfte 10. Jh.). Kreuzgratg. sind sowohl in der Zisternenarchitektur wie bei den Eckkompartimenten der Kreuzkuppelkirchen beliebt. Dabei treten – selten – auch Kreuzrippen in Form flacher Bänder auf (N-Kirche in H. Lukas, kurz nach 1000). Kl.- und Muldeng. sind ebenfalls selten. Zu Kuppel und kuppelähnl. G.n, die in der byz. Baukunst eine Son-

derrolle spielen, vgl. →Kuppel. Die Wölbetechniken und das jeweils verwendete Material richten sich in den einzelnen Kunstlandschaften in der ganzen byz. Zeit nach der jeweiligen, meist jahrhundertealten Tradition (Syrien und Teile Kleinasiens [bes. die südl. und zentralen Landschaften]: Quaderbau bzw. seine hellenist.-spätantike Ausprägung als Doppelschalenmauerwerk mit Füllung aus opus incertum, in Kpl. und seinem Umkreis wie auch in den w. Provinzen mit reichen Lehmvorkommen: Ziegel). In den Landschaften mit vorwiegendem Quaderbau werden die Wölbungen in der Regel aus zugerichteten Bruchsteinen gemauert. Reine Gußtechnik über Schalung bzw. Lehrgerüst, wie in der Architektur Roms üblich, gibt es im gesamten ö. G.bau nicht. Wo techn. irgendwie möglich, wird auf ein Lehrgerüst verzichtet, selbst bei Verwendung von Bruchsteinen praktisch durchgehend die radiale Vermauerung angewandt, die von altorientral. G.baupraktiken mit ungebrannten Lehmziegeln (Neigung der radialen Ziegel- bzw. Bruchsteinlagen in Tonnenlängsrichtung) bekannt ist. M. Restle

Lit.: A. CHOISY, L'art de bâtir chez les Byzantins, 1883.

Gewölbemosaik → Mosaik
Gewölbeplastik → Bauplastik
Gewürze
I. Gewürzpflanzen – II. Gewürzhandel.

I. GEWÜRZPFLANZEN: Während man zu den Würzmitteln allgemein auch →Salz, →Zucker, →Essig u. a. m. rechnen kann, versteht man unter G. (gr./lat. *aromata*; lat. *condimenta*) im eigtl. Sinn bestimmte, meist aromat. duftende Pflanzen bzw. Pflanzenteile (Früchte, Samen, Blüten, Blätter, Rinden, Wurzeln), die aufgrund ihres Gehalts an äther. Ölen, Bitterstoffen u. a. über den Geschmacks-, Geruchs- und Gesichts(Farben)sinn den Appetit anregen und die Verdauung fördern. Ihrer Herkunft nach handelt es sich dabei einmal um die bekannten, in Europa heimischen, getrocknet oder frisch verwendeten Würz- und Küchenkräuter, zum anderen und hauptsächl. um exot., vorwiegend aus dem Nahen und Fernen Osten stammende Spezereien (mhd. *specerîe* [→Droge, Drogenhandel]): In erster Linie um den →Pfeffer (daher auch seit dem 16. Jh. die verächtl. Bezeichnung 'Pfeffersäcke' für reiche Kaufleute), sodann um →Safran, →Ingwer, →Gewürznelken, →Zimt, →Muskat, →Kardamomen u. a. Wie schon in der Antike, so dienten auch in der ma. Koch- und Heilkunst die G. vielfältigen Zwecken: der Konservierung und schmackhaften Aufbereitung von Speisen und Getränken (→Ernährung), nicht zuletzt im Rahmen der kirchl.-monast. Diätetik (→Fasten[praxis]), ferner der Herstellung von →Räuchermitteln und schließlich der arznei. Anwendung (u. a. in Form des Gewürzweins).

Da die G. wie andere transmarine Drogen in der Regel schwer zu beschaffen und daher entsprechend kostbar, d. h. teuer waren, wurden sie häufig verfälscht, weshalb bes. Safran, Gewürznelken und Ingwer verschiedenenorts einer strengen Prüfung unterlagen: So in Venedig seit dem 13. Jh. der sog. Gerbelatur, während in Nürnberg diese Aufgabe spezielle Schauämter besorgten, wovon dasjenige der Safranschauer bereits für 1357 bezeugt ist. Welch hohe Wertschätzung die allseits begehrten G. genossen, in deren Verwendung Adel, Kl. und Bürgerhaushalte wetteiferten, mag etwa der Verbrauch (in Pfunden) bei der berühmten Hochzeit Hzg. →Georgs d. Reichen 1475 zu →Landshut illustrieren: Pfeffer 386, Ingwer 286, Safran 207, Zimt 205, Gewürznelken 105 und Muskat 85.

P. Dilg

Lit.: M. F. XAVIER, Saffron and Pepper in 14th C. Florence, Pharmaceutical Archives 15, 1944, 37–44 – L. KROEBER, Zur Gesch., Herkunft und Physiologie der Würz- und Duftstoffe, 1949 – A. GUERILLOT-VINET-L. GUYOT, Les Épices, 1963 – H. H. MAURUSCHAT, G., Zucker und Salz im vorindustriellen Europa [Diss. Göttingen 1975] – H. KÜSTER, Wo der Pfeffer wächst. Ein Lex. zur Kulturgesch. der G., 1987 – P. DILG, »artzeny« und »valschery«: Arzneimittelsubstitution im MA (Fälschungen im MA [MGH Schr. 33, V], 1988), 703–722.

II. GEWÜRZHANDEL: In Anbetracht des weit verbreiteten Bedarfs verwundert es nicht, daß sich im MA ein gewinnträchtiger, aber auch risikoreicher Welthandel mit G.n entwickelte. Dabei stellten die →Levante und die ö. Mittelmeerstädte von Byzanz bis Alexandria die Verbindung zum gewürzreichen Orient, Ceylon, (O-)Indien, den Molukken und Madagaskar her. Hauptumschlagplätze für Europa waren die it. Seestädte, bes. Venedig und Genua, von wo aus die Spezerei-Ware im →Fernhandel über die Alpen oder rhôneaufwärts auf die →Champagnemessen, dann auf die Messen in Lyon, →Genf, →Frankfurt a. M. gelangte. Seit den Kreuzzügen hatten dt. Kaufleute Kontakte mit Levante- und Schwarzmeerstädten (Byzanz-Donaustraße), doch blieb Venedig (→Fondaco dei Tedeschi) der wichtigste Vermittler. Das Handelsembargo Sigmunds gegen Venedig 1412–33 erschloß verstärkt Schwarzmeerhäfen für den Spezereiimport. Der Safranhandel lag vorwiegend in Nürnberger Hand; wichtigste Anbaugebiete waren die Abruzzen (L'Aquila), Apulien, auch span. Regionen. In Deutschland waren Kaufleute und Gesellschaften der obdt. Handelsstädte, v. a. Nürnberg, Augsburg, Ravensburg, Ulm, die rhein. Handels- und Messestädte (Frankfurt a. M., Mainz, Köln) sowie die Hansestädte (über Lissabon, Flandern, Brabant) mit Einfuhr, Vermittlung und Vertrieb befaßt. Im mittel- und osteurop. Gewürzhandel (Sachsen, Schlesien, Polen, Kiev) spielte Nürnberg die größte Rolle, bes. für Pfeffer und Safran. Im W lösten Flandern (Brügge, Ypern) und Brabant (Antwerpen, Bergen op Zoom) die Champagnemessen als Hauptumschlagplätze für G. ab. Nach England und Skandinavien vermittelte v. a. Köln, doch gab es auch unmittelbaren England-Italien-Verkehr (*pepperers guild* in London). Alle wichtigen Handelsstädte waren vernetzt: Nürnberger Kaufleute wohnten z. B. in Venedig, Lyon, Frankfurt a. M., Köln, Lübeck, Danzig, Dresden, Breslau, Krakau usw.

Frachten, Zölle, Gebühren verteuerten die G., die bis zum Endverbraucher häufig die Hand wechselten, bis zum Dreißigfachen ihres Ursprungswertes. Der spekulative Gewürzmarkt bedingte ein internat. Nachrichtensystem, das über ankommende Ladungen, Vorräte und Qualität rasch informierte.

Der Detailhandel deckte sich auf Messen, Märkten und an den Stapelplätzen ein, importierte aber auch selbst. Dem Großhändler war der Kleinverkauf verboten, dennoch setzte er oft Angestellte oder eigene Niederlassungen dazu ein. Der lokale Gewürzhandel (auch mit einheim. Kräutern) erfolgte durch Krämer in Kramläden, Gewölben, Ständen, in Kaufhäusern, auf Gewürzmärkten (in Italien: *piazze delle [h]erbe;* in Deutschland: Pfeffermarkt u. ä.), teilweise auch durch die (deshalb 'aromatarii' gen.) →Apotheker. Manche obdt. Krämerzünfte nannten sich nach G.n (Basel: »Zum Ingwer«, »Zum Pfeffer«, »Zum Safran«).   K. Ulshöfer

Lit.: W. HEYD, Gesch. des Levantehandels..., 1879 [frz. 1885] – A. SCHULTE, Gesch. des ma. Handels und Verkehrs zw. Westdtl. und Italien mit Ausschluß von Venedig, 1900 – A. SCHAUBE, Handelsgesch. der roman. Völker des Mittelmeergebiets, 1906 – L. BARDENHEWER, Der Safranhandel im MA, 1914 – A. PETINO, Lo zafferano nell' economia del medioevo, 1951 – A. E. SCHUBIGER, Der Safranhandel im MA und die Zünfte zu Safran in Basel, Zürich und Luzern, VIGG Pharm NF 10, 1957, 177–186 – K. H. BARTELS, Drogenhandel und

apothekenrechtl. Beziehungen zw. Venedig und Nürnberg, Q. und Stud. zur Gesch. der Pharm. 8, 1966 – H. HR. MAURUSCHAT, G., Zucker und Salz im vorindustriellen Europa, 1975.

Gewürznelken(baum) (Syzygium aromaticum [L.] Merr. et L.M. Perry/Myrtaceae). Bei den im MA hochgeschätzten, lat. *gariofili*, wegen ihrer nagelähnl. Form mhd. *negel(l)in* (daraus über mnd. *negelkin* dann 'Nelke') gen. G. handelt es sich um die getrockneten Blütenknospen des auf den Molukken und den s. Philippinen heim. G.baumes, deren – meist »ex India« vermutete – Herkunft allerdings bis zu Beginn des 16. Jh. unbekannt blieb. Möglicherweise bereits bei Plinius (Nat. hist. 12, 30: *caryophyllon*) verzeichnet und von einigen griech. Autoren des 6./7. Jh. (→Kosmas Indikopleustes, →Alexander v. Tralleis, →Paulus v. Aegina) erwähnt, wurden die G. wohl erst durch die Araber in das ma. Europa eingeführt, wo sie nicht nur als →Gewürz, sondern auch als Arzneimittel – etwa bei Hildegard v. Bingen (Phys. I, 27: *nelchin*) oder Albertus Magnus (De veget. 6,115–117) – vielfältige Verwendung fanden: so zur Förderung der Verdauung, Stärkung von Magen, Leber und Herz, gegen Augentrübung, Übelkeit u. a. m. Zudem bediente man sich der aromat. Droge bes. in Seuchenzeiten als Prophylaktikum, indem man sie (wie schon im alten China) zum Schutz vor Ansteckung kaute oder zu Räucherungen nutzte. Im übrigen unterlagen v. a. in Venedig und Nürnberg die kostbaren G. einer strengen Echtheitsprüfung, da sie häufig mittels verschiedener Methoden verfälscht wurden, worüber manche Quellen (Circa instans, ed. WÖLFEL, 56f.; Konrad v. Megenberg IV B, 17; Gart, Kap. 200) ausführl. berichten.   P. Dilg

Lit.: MARZELL II, 336f. [dazu 100f.] – K. SCHUMANN, Beitr. zur Kenntniss der Etymologie und Gesch. der G., Jb. des Kgl. botan. Gartens und des botan. Mus. zu Berlin III, 1884, 119–140 – F. A. FLÜCKIGER, Pharmakognosie des Pflanzenreiches 1891³, 802–806.

Gewürzwein → Conditum, →Wein

Géza

1. **G.** (Geycha), Gfs. v. Ungarn 972–997, *um 950, †997, Sohn des Fürsten →Taksony und einer petschenegischen Prinzessin, ∞ Sarolt(→Beleknegini), Tochter von →Gyula (Procui), ungarischer Teilfürst Siebenbürgens; Sohn und Nachfolger: →Stephan I. (∞→Gisela, Tochter Hzg. Heinrichs II. v. Bayern 996). G. wurde nach der ungarischen Niederlage bei →Adrianopolis (970) zum »magnus senior« gewählt. Eine westlich orientierte Missionierung Ungarns begann mit Brun (Prunward) aus St. Gallen, der 972 G. von Ks. Otto I. als Bischof gesandt worden war, und Priestern des Bischofs →Pilgrim v. Passau. Bei dem Hoftag Ottos in →Quedlinburg (973) waren auch Gesandte G.s anwesend. G. bewahrte Frieden mit den Nachbarn, führte aber die Christianisierung gewaltsam durch. Er verzichtete auf das Grenzland gegen 'Ostarrichi' (→Österreich) und wandte sich in den Kämpfen zwischen →Heinrich II. v. Bayern und Otto III. gegen den Bayernherzog (983–985), worauf dieser 991 Ungarn im Wiener Becken angriff. Der Konflikt mit Bayern hatte zur Folge, daß G. dt. Ritter aus Schwaben und böhm. Geistliche (→Adalbert d. Hl. und seine Anhänger) ins Land rief. Bei seinem Tod hinterließ er seinem Sohn ein teilweise christianisiertes und auf Mittel- und W-Europa orientiertes Land, das Stephan I. zur ungarischen Monarchie ausbaute.

G. Györffy

Lit.: BLGS II, 43–45 – GY. PAULER, A magyar nemzet története Szent Istvánig, 1900, 88–114, 185–195 – B. HÓMAN, Geschichte des ungarischen Mittelalters, 2 Bde, 1940–43, I, 154–165 – G. GYÖRFFY, Kg. Stephan der Hl., 1988, 54–98.

2. **G. I.** (Geycha, Magnus), Kg. v. Ungarn 1074–77, *um 1044, † 25. April 1077, ⬭ Waitzen (Vác); Eltern:

Kg. →Béla I. und Tochter Kg. →Mieszkos II. und der Kgn. Richeza; ∞ Synadene, Nichte von →Nikephoros Botaneiates, zw. 1065–70. Unter der Regierung von Kg. →Salomon (1063–1074), Sohn→Andreas' I., besaß G. den Dukat v. Neutra (→Nitra) und nahm an dessen Heerzügen gegen die einbrechenden →Kumanen (1068), nach Zadar (1064), Belgrad (1071) und Niš (1072) teil. 1074 kam es zw. Kg. und G. zu krieger. Auseinandersetzungen. Mit Hilfe seines Bruders →Ladislaus I., d. Hl., und seines Neffen Otto, Hzg. v. Mähren, besiegte G. den Kg. bei Mogyoród in der Nähe von Pest. Salomon flüchtete nach Wieselburg (Moson) und→Preßburg. Papst Gregor VII. erkannte G. als Kg. an, der jedoch eine Lehnsherrschaft des hl. Petrus ablehnte. Eine kgl. Krone erhielt G. vom byz. Ks. →Michael VII. Dukas als wertvolles Geschenk (sie wurde später der Kronreif der→Stephanskrone). Bedeutend waren G.s Reformen im Bereich der Wirtschaft, so z. B. die Einführung des Samstagsmarkts (Szombathely) in jedem der 50 Komitate Ungarns und die Festsetzung von Preisen. Während seiner Herrschaft war Preßburg in der Hand des früheren Kg.s Salomon. Nach G.s unerwartetem Tod wurde jedoch nicht er, sondern Ladislaus I. zum Kg. gewählt.   G. Györffy

Q.: SSrerHung I, 361–403 – *Lit.:* BLGS II, 45f. – HÓMAN, I, 272–278 – G. GYÖRFFY, Magyarország története, 1984, 1, 869–888.

3. G. II., Kg. v. Ungarn 1141–62; * um 1130, † 31. Mai 1162, ⊡Székesfehérvár (Stuhlweißenburg), Marienkirche. Eltern: Kg. →Béla II. und Ilona (Helena), Tochter des serb. Groß-Župans Uroš I., ∞ 1146 Euphrosine, Tochter des Gfs.en Mstislav v. Kiev. Für den am 16. Febr. 1141 gekrönten G. führte sein serb. Onkel Beloš, Palatin und Banus v. Kroatien und Dalmatien, zunächst das Regiment. Hilfesuchende russ. Verwandte und die Expansionspolitik des byz. und des stauf. Ks.s verwickelten den jungen Kg. in zahlreiche Kriege. Als der Thronprätendent Boris 1146 mit dt. Söldnern angriff, schlug G. zurück, besiegte an der Leitha →Heinrich Jasomirgott und unterstützte mit Geld Welf IV. 1147 ließ er aber das Kreuzzugsheer mit Konrad III. und Ludwig VII., mit dem er Freundschaft schloß, durch Ungarn ziehen (→2. Kreuzzug). 1158 sandte er Ks. Friedrich I. 500 Bogenschützen zur Belagerung Mailands, 1161 anerkannte er aber Papst Alexander III. und bot dem frz. Kg. Hilfe gegen den Ks. an. Zur inneren Stärkung des Kgtm.s baute er die Komitatsorganisation aus, stabilisierte die Währung, siedelte im S und NO →Siebenbürgens v. a. eingewanderte Flamen und Wallonen sowie Rheinländer an und ließ in S-Rußland moslem. Bogenschützen für sein Heer anwerben.

Th. v. Bogyay

Lit.: BLGS II, 46f. – G. PAULER, A magyar nemzet története az Árpádházi királyok alatt, I, 1983², 246–294 – G. GYÖRFFY, Magyarország története I,2, 1984, passim.

Ghāzī → Ġāzī

Gherardi, Giovanni da Prato, toskan. Dichter, * 1360/67 in Prato, † 1442/1446 ebd. In Padua Schüler des →Blasius v. Parma (B. Pelacani), nach Rechtsstudium Richter. 1417 hielt er in Florenz im Auftrag der Stadt eine »Lectura Dantis«. 1426 zog er sich nach Prato zurück. G. verfaßte neben Gedichten (u. a. das lange Polymetrum »Il giuco d'Amore«) und dem unvollendeten Lehrgedicht »Philomena« (Autograph ms. Magl. VIUI 702 Bibl. Naz. Florenz) das »Paradiso degli Alberti« (Autograph ms. 1280 Bibl. Riccardiana, Florenz, am Anfang und am Ende fragmentarisch), ein in Prato entstandenes Prosawerk, dessen Titel sich auf die Villa del Paradiso (bei Florenz) des Antonio Alberti bezieht (eines Verwandten von L. B.

→Alberti, der in dessen »Libri della famiglia« erwähnt wird). Bei der Schilderung der intellektuellen Gespräche im »Paradiso degli Alberti« greift der Autor auf persönl. Erfahrungen in der Toskana und in N-Italien zurück. Neben einigen Frauengestalten treten u. a. auf: G.s alter Lehrer B. Pelacani, der Augustiner Luigi Marsili (die Seele des intellektuellen und spirituellen Zirkels in S. Spirito, Florenz) und Coluccio→Salutati. Hatte den Schwerpunkt des ersten Buches eine Art Vision von der Idee der Liebe gebildet, so kreisen die späteren Gespräche (im Stil etwa die Mitte haltend zw. ma. Traktat und beginnendem humanist. Dialog) um verschiedene Themen, wobei Musik und Gedichte zur Auflockerung beitragen (einer der Gäste ist der Musiker und Dichter Francesco →Landini). Die aufgeworfenen Fragen reichen von der Entstehung des Menschen und der Vernunftseele bis zu Wucher und der besten Regierungsform. Die Freude an Diskussionen und Kontroversen ist auch in einem Teil der zw. die theoret. Erörterungen eingestreuten Novellen spürbar (ähnlich wie in →Boccaccios »Filocolo«, dem G. auch hinsichtl. der den Frauen gegebenen Bedeutung, des autobiograph. Elements und stilist. Charakteristiken stark verpflichtet ist). Im letzten, unvollendeten Buch begann G. einen Dialog über die Ursprünge von Florenz, ein in der florent. Historiographie beliebtes Thema, das mit dem Genus des Städtelobs in Beziehung steht. Mit seinem 1420 für die Kuppel des Florentiner Doms S. Maria del Fiore eingereichten Plan unterlag G. F. →Brunelleschi. In einer der Redaktionen der »Novella del Grasso legnaiolo« (15.Jh.) – Erzählung eines Scherzes, den sich Brunelleschi ausgedacht hatte – wird eine der Nebenpersonen als G. identifiziert.   F. Bruni

Ed.: A. LANZA, Lirici toscani del Quattrocento I, 1973, 609–665 – C. MAZZOTTA, SPCT 9, 1974, 29–67 (Il giuoco d'amore) – Poesie di mille autori intorno a Dante Alighieri, hg. C. DEL BALZO, III, 311–412 [Philomena] – »Paradiso degli Alberti«: A. WESSELOFSKY, 1867, 3 Bde [Nachdr. 1968]; A. LANZA, 1975; F. GARILLI, 1976 – *Lit.:* Repfont I, 102f. – F. GARILLI, Cultura e pubblico nel »Paradiso degli Alberti«, GSLI 149, 1972, 1–47.

Gherardo de Sabbioneta (Sabloneta Cremonensis, auch »zweiter Cremonensis«), it. Arzt und Astrologe, schrieb um 1255 einige astrolog. »Iudicia« (Vat. Ms. lat. 4083). Ob G. die »Theorica planetarum« (hg. F. J. CARMODY, 1942), eines der verbreitetsten astronom. Traktate des SpätMA, sowie den »Liber geomantie astronomie« verfaßte, ist umstritten. Beide Texte werden auch →Gerhard v. Cremona zugeschrieben oder als anonym betrachtet (→Astronomie, VI).   W. VanEgmond

Lit.: SARTON 2, 987 – B. BONCOMPAGNI, Della vita e delle opere di Gherardo Cremonese … e di G., 1851 – O. PEDERSEN, The Theorica Planetarum Literature, CM 23, 1962, 225–232.

Ghetto → Stadt

Ghibellinen. Der Begriff G. ist nur aus einem Vergleich mit seinem Gegensatz →Guelfen zu definieren und gewinnt erst Anfang des 13. Jh. in der Politik Mittel- und Norditaliens eigene Bedeutung. Seine Ableitung vom leg. Stammsitz der Salier, Waiblingen, steht zweifelsfrei fest. Der Name dieser Stadt diente im 12. Jh. als Schlachtruf d. Parteigänger der Staufer während der Kämpfe gegen die Welfen um die Vorherrschaft im Reich. Das von Ks. Friedrich I. zwar nicht provozierte, aber geförderte Schisma von 1160 und in dessen Folge das feindselige oder zumindest gespannte Verhältnis zw. den Staufern und dem Papsttum sowie der Umstand, daß die Kaiserkrone (abgesehen von der kurzen Regierung Ottos IV.) von 1155 bis 1250 stets von Angehörigen des stauf. Hauses getragen wurde, bewirkten, daß in der it. Politik die Reminiszenz an den Schlachtruf Waiblingen (italianisiert »ghibellino«) zur Bezeichnung einer kaiserfreundl. und papstfeindl. Haltung wurde. Die »Waiblinger« bezeichneten daher nicht mehr nur eine der beiden Faktionen im dt. Thronstreit des späten 12. Jh. (→Deutschland), sondern die pars imperatoris insgesamt, die der pars Romani pontificis feindl. gegenüberstand. In diesem Sinne wurde das Wort »ghibellinisch« in der 1. Hälfte des 13. Jh. unter Friedrich II. definitiv in den polit. Wortschatz Italiens aufgenommen.

Die in die it. Chroniken eingegangene Legende des 14. Jh., daß die guelf. und die ghibellin. Partei sich von den Namen zweier Dämonen ableiteten, die die vom Bürgerkrieg zerrissenen Städte heimsuchten (vgl. das Fresko in Assisi »Franziskus vertreibt die Dämonen aus Arezzo«), bezeugt, daß die Erinnerung an den dt. Ursprung und die eigtl. polit. Bedeutung der Namen der beiden Faktionen bereits im 14. Jh. verblaßt war, als Mittel- und Norditalien im wesentl. eine schachbrettartige Struktur »guelfischer« und »ghibellinischer« Städte aufwiesen.

Dieses Mißverständnis war tief verwurzelt. In Florenz z. B., wo die Belege am deutlichsten sind, führte Dino →Compagni Ende des 13. Jh. den Ursprung der Spaltung innerhalb der städt. Bevölkerung in feindl. Faktionen auf eine Adelsfehde des Jahres 1216 zurück (Amidei-Buondelmonti).

In Wahrheit muß man jedoch mindestens auf das letzte Viertel des 12. Jh. zurückgehen und in Florenz auf die Jahre 1177-79, um die Fakten richtig zu interpretieren. In den oberit. Kommunen des Regnum Italiae begegnen zu dieser Zeit erstmals »G.« als feste Anhänger Friedrichs I., wie z. B. die Mgf.en v. →Montferrat oder in Florenz die Adelsfamilie Uberti. Im Hinblick auf ihre durchgängige kaiserfreundl. Haltung (zum Unterschied zu der nur temporär-opportunist. stauferfreundl. Politik anderer Familien oder Gruppen) wurden sie die »Leute des Waiblingers« (»ghibellini«) genannt. Erst rund 50 Jahre später, während der Machtkämpfe zw. Friedrich II. und Otto IV., wurden ihre Gegner, die aus opportunist. Gründen den Welfen die Treue hielten, als »Anhänger des Welfen« (»guelfi«) bezeichnet. Die Parteinahme im Thronstreit spielte aber im Grunde nur eine marginale Rolle; entscheidend war die polit. Rivalität der beiden Gruppen. Während die Bezeichnung G. unter Friedrich II., Konrad IV., Manfred und Konradin noch reale Bedeutung hatte, verlor der Parteiname »Guelfen« seinen ursprgl. Sinn, da die Welfen von der Bühne der Geschichte abtraten. Unter ihrem Namen sammelten sich jetzt die Anhänger des stauferfeindl. Papstes und seiner Verbündeten.

Die ältere Mediävistik, v. a. in Italien (G. SALVEMINI), war der Ansicht, daß die Spaltung in Guelfen und G. (zumindest seit dem Ende des 13. Jh.) bloße innerstädt. Machtkämpfe von Faktionen innerhalb der Magnatenschicht darstellte und daher jeglicher (ideolog.-polit.) Grundlage entbehrte. Nach der heut. Forschung ist dieses allzu schemat. Urteil in einigen Punkten zu revidieren. Die G. beriefen sich ebenso wie ihre Gegner auf eine lange Tradition, die sich in Abzeichen, Devisen, in der Kleidung und in bestimmten Gesten, die als Erkennungszeichen dienten, manifestierte. Noch im 15. Jh. tadelten die Volksprediger in den it. Kommunen das Festhalten an Traditionen (v. a. das Tragen bestimmter Farben und Symbole), die den Parteienhaß perpetuierten. Aber weit bedeutender als diese Äußerlichkeiten waren die polit. Theorien: Die Polemik über die unter dem Bild von »Sonne« und »Mond« entwickelte polit. Theorie, die auch in →Dantes Traktat »De monarchia« behandelt wird, hatte »ghibelli-

nisch« geprägte staatstheoret. Erörterungen im Gefolge: Die Metapher von der Macht des Ks.s als »Sonne«, als deren Reflex das Papsttum (»Mond«) aufgefaßt wurde, wandelte sich in der Nachfolge Dantes zum Bild von den zwei Monden (beide Gewalten spiegeln die göttl. Gewalt wider, die allein Autorität und Recht zurückgehen) und mündete schließlich in den »Defensor pacis« des →Marsilius v. Padua. Die guelf. Propaganda hatte wiederholt die G. mit Häretikern gleichgesetzt oder in Verbindung gebracht, was in einigen Städten und unter bestimmten Umständen zutraf (so war z. B. Farinata degli →Uberti, der große florent. G.führer, höchstwahrscheinl. Katharer); es bestand jedoch kein evidentes philos.-polit. Motiv für diese Verbindung von Anhängerschaft der kaiserfreundl. Partei und Häresie; beiden gemeinsam war allerdings die Verfolgung durch den Papst, der sich auch der Mittel der Inquisition bediente, um sie zu unterdrücken. Anscheinend hatte jedoch die lange Tradition des Antagonismus' zw. Ksm. und Papsttum und in deren Gefolge die häufigen Interdikte und Exkommunikationen, mit denen die Häupter der G. und die ghibellin. Städte belegt wurden, dazu geführt, daß in der ghibellin. Faktion eine Art »Abkühlung« im Verhältnis zur Amtskirche zutage trat, im Gegensatz zur ostentativen Kirchenfrömmigkeit der Guelfen. Im 14. Jh. entwickelte sich aus dieser Distanz zur Kirche häufig die Sympathie für bestimmte Protestbewegungen der Volksfrömmigkeit (wie z. B. die →Fraticelli), andererseits konnte sich unter Umständen auch die antipäpstl. Einstellung auf die Kirche und die Religion im allgemeinen ausdehnen und geradezu absichtl. blasphem. Gehabe provozieren. So nährte →Ezzelino III. da Romano selbst das von den Guelfen in die Welt gesetzte Gerücht, er sei ein Sohn des Teufels (was ihn auf die gleiche Stufe stellte wie Alexander d. Gr. und den Zauberer Merlin); auch die Visconti wurden häufig ihrem Ruf, sich mit Zauberei zu befassen, wie dies der Papst verbreiten ließ, gerecht.

F. Cardini

Lit.: R. DAVIDSOHN, Die Entstehung der Guelfen und der Ghibellin. Parteien (DERS., Forschungen..., 1896), 29–67 – R. W.-A. J. CARLYLE, A Hist. of Mediaeval Political Theory in the West, V–VI, 1928–36 – G. FASOLI, Guelfi e Ghibellini di Romagna nel 1280–81, ASI 94, 1936 – N. VALERI, Guelfi e Ghibellini a Milano alla scomparsa di Giangaleazzo Visconti, 1955 – P. HERDE, Guelfen und Neoguelfen. Zur Gesch. einer nat. Ideologie vom MA zum Risorgimento, SB der wiss. Ges. an der Joh.-Wolfgang Goethe-Univ. Frankfurt 22, Nr. 2, 1986 – s. a. →Florenz; →Guelfen.

Ghiberti, Lorenzo, Bildhauer, * um 1378, † 1455 in Florenz, aufgewachsen beim Goldschmied Bartolo de Michele. Fast nur für Florenz tätig ist er neben seinem Antipoden →Donatello der bedeutendste Bronzeplastiker der Frührenaissance. Aus der internat. Gotik heranwachsend schafft G. unter dem Eindruck antiker Skulpturen ein stilist. geschlossenes Œuvre von klass. Grundhaltung gipfelnd in der »Paradiestüre« des Baptisteriums, von deren Reichtum an neuen kompositionellen und figürl. Motiven noch die besten Meister des 16. Jh., wie Raffael und Michelangelo, zehren. Hauptwerke: 1403-1424 Nordtüre des Baptisteriums auf Grund eines Wettbewerbs von 1401-1402, 1414-1428 drei Großfiguren (Johannes d. T., Matthäus und Stephanus) an Or San Michele, 1417 zwei Reliefs für das Baptisterium in Siena, 1425-1452 die Osttüre (Paradiestüre) am Baptisterium, 1442 Reliquienschrein des hl. Zenobius im Dom, daselbst 1412-1445 Glasgemälde nach Entwürfen G.s.

Einzigartig ist G. auch durch sein unvollendetes Alterswerk der »Commentarii«, das sich im 1. Teil mit der antiken Kunst beschäftigt, im 2. Teil erstmals in der Kunstgesch. eine Art Künstlerlexikon – zumeist toskan.

Meister des 14. Jh. – bietet, dem eine Beschreibung der eigenen Hauptwerke folgt, die früheste Selbstbiographie eines Meisters; im 3. Teil werden v. a. Probleme der Optik und der Perspektive abgehandelt.　　　　　　　A. Reinle

Q. und Lit.: J. v. SCHLOSSER, L. G. Denkwürdigkeiten, 2 Bde, 1912–O. MORISANI, I Commentari, 1947–J. v. SCHLOSSER, Leben und Meinungen des florent. Bildhauers L. G., 1941 – Kat.: L. G., materia e ragionamenti, Florenz 1978 – R. KRAUTHEIMER–T. KRAUTHEIMER-HESS, L. G. 1982³ [grundlegend].

Ghirlandaio, Domenico di Tommaso Bigordi, Florentiner Maler, * 1449, † 11. Jan. 1494 in Florenz. Als Sohn eines Goldschmiedes, der Schmuck-»Girlanden« für Mädchen herstellte, erhielt er nach einer Goldschmiedelehre seine Malerausbildung bei Alesso Baldovinetti, vielleicht auch bei Fra Filippo→Lippi, und ließ sich später v. a. durch die Kunst Andrea→Verrocchios beeinflussen. Neben Tafelgemälden schuf er zahlreiche Fresken, u. a. 1475 für die Kapelle der hl. Fina (Collegiata, San Gimignano), 1480 für Ognissanti, Florenz, ein »Letztes Abendmahl« und – im Wettstreit mit Sandro →Botticelli – einen »Hl. Hieronymus im Gehäus«. 1481–82 wirkte G. an der Ausstattung der Sixtin. Kapelle des Vatikan mit. G.s antiquar. Interesse an der Antike, sein Talent als Zeichner und Kolorist sowie seine Fähigkeit, in der Art seiner Umsetzung christl. Themen gleichzeitig auch dem bürgerl. Florentiner Selbstbewußtsein und dem Hang seiner Auftraggeber zur Prachtentfaltung entgegenzukommen, zeigt sich bes. in den Kapellenausstattungen für Francesco Sassetti (1479(?)–85; S. Trinita, Florenz; mit einem von Hugo van der→Goes beeinflußten Altargemälde) und Giovanni Tornabuoni (1486–90; S. Maria Novella, Florenz). Berühmtester Schüler G.s war Michelangelo Buonarroti.　　　　　　　　　　　　　　　　　　　M. Wiemers

Lit.: J. LAUTS, D. G., 1943 – F. AMES-LEWIS, Drapery »Pattern«-Drawings in G.'s Workshop and G.s Early Apprenticeship, Art Bull. 63, 1981, 49–62 – E. BORSOOK–J. OFFERHAUS, Francesco Sassetti and G. at Santa Trinita Florence, 1981–J. K. CADOGAN, Observations on G.'s Method of Composition, Master Drawings 22, 1984, 159–172.

Giacinto Bobone → Coelestin III.

Giacomino. 1. G. Pugliese →Sizilianische Dichterschule

　　2. G. da Verona OFM, 2. Hälfte des 13. Jh., biograph. Einzelheiten nicht gesichert; verfaßte eine aus zwei Teilen bestehende kurze Jenseitsschilderung in alexandrin. vierzeiligen Strophen mit Endreim »De Jerusalem celesti et de pulcritudine eius et beatitudine et gaudia sanctorum«, 'De Babilonia civitate infernali et eius turpitudine et quantis penis peccatores puniantur incessanter' im Veroneser Volgare. Der Reiz der im übrigen eher bescheidenen Dichtung liegt in ihrer Lebendigkeit und Unmittelbarkeit. Bei der Ausmalung der Höllenstrafen zieht G. alle Register volkstüml. Drastik und steigert das Schauerliche bis ins Groteske. Jede Anteilnahme am Schicksal der Verdammten ist – zum Unterschied etwa zu Dantes Inferno – offenbar aus paränet. Motiven unterdrückt.

Ed.: E. BARANA, 1921 – R. BROGGINI (Poeti del Duecento, hg. G. CONTINI, I, 1960), 625–652–Lit.: A. ROSSI, Storia della Lett. it. I, 1965, 452–459 – E. PASQUINI (La Lett. it. Storia e testi. Il Duecento 1/2, 1970), 22–31.

Giacomo. 1. G. da Lentini, siz. Dichter und Notar, 1233 (in Zusammenhang mit→Friedrich II.) und 1240 urkundl. belegt; seine, gewiß von dem Ks. geförderte Initiative, Gedichte in der siz. Volkssprache zu verfassen, fällt wahrscheinl. in diese Zeitspanne. Erhalten sind 16 Canzonen, 1 Discordo (Streitgedicht) und 21 Sonette, daneben einige Stücke fälschl. oder zweifelhafter Zuschreibung. G. da L. ist der erste und bedeutendste Vertreter der unter den Staufern blühenden →Sizilianischen Dichterschule und fand auch in der Folgezeit, als die siz. Lyrik als überholt galt, Beachtung. Seine Werke stehen am Anfang der ersten großen Liederhs. (Canzoniere) der it. Lit., des Codex Vat. lat. 3793 (Bibl. Vat.), der seine Slg. von siz. Dichtern und ihrer toskan. Nachfolger enthält. G. da L. ist der höf. Liebesdichtung der Provenzalen verpflichtet (v. a. →Foulquet), ohne sie sklavisch nachzuahmen. Die Unterschiede in den Sitten und Gebräuchen der südit. und der prov. Gesellschaft ließen G. da L. bei den an eine Dame gerichteten Gedichten stärker das Universelle, die Meditation über die Liebe im allgemeinen in den Vordergrund stellen. Auf G. geht die Erfindung des →Sonetts zurück (dem in der it. und außerit. Lit. eine lange Nachwirkung und Weiterentwicklung beschieden war). Beachtung verdient der Sonettenwechsel über die Natur der Liebe, den G. mit anderen Dichtern führte.　　　　　　　　　　　　　F. Bruni

Ed.: The Poetry of G. da L., 1915 [Nachdr. 1966]–Poeti del Duecento, ed. G. CONTINI, 2 Bde, 1960 [Teiled.]–Poesie, I, ed. R. ANTONELLI, 1979 – Lit.: F. TORRACA, Studi su la lirica it. del Duecento, 1902 – R. ANTONELLI, Rima equvoca e tradizione rimica nella poesia di G. da L., I: Le canzoni, Bollettino del Centro di studi linguistici e filologici siciliani 13, 1977, 20–126–s. a.→Sizilian. Dichterschule, Lit.,→Sonett.

　　2. G. da Pistoia → Jacobus de Pistoia

Giamboni Bono, * vor 1240 in Florenz, † kurz nach 1292, Sohn des Richters Giambono, schlug den gleichen Berufsweg ein wie sein Vater (urkundl. belegt 1261–91). B.G. entfaltete eine bedeutende Übersetzertätigkeit (»Epitoma rei militaris« des Vegetius, »Historiae adversus paganos« des Orosius) und zeichnete sich dabei durch die Fähigkeit aus, eine holprige Nachahmung der syntakt. Struktur der lat. Vorlage zu vermeiden. Aufgrund dieser Qualitäten wurden ihm fälschl. andere Übers. in it. Sprache zugeschrieben (u. a. »Tresor« des Brunetto →Latini, »Formula honestae vitae« des Martinus v. Braga, Ethik des Aristoteles sowie »Viridarium consolationis« des Jacobus v. Benevent).

Eigenständige Werke, bei denen B.G. aus lat. Quellen schöpft, sind der Traktat »Della miseria dell'uomo«, bei dem er Lothars v. Segni [Innozenz III.] »De miseria humanae condicionis« verpflichtet ist, daneben aber zahlreiche andere lat. Vorlagen benutzt (v. a. Albertanus v. Brescia »De amore et dilectione Dei«) sowie der »Libro de' vizi e delle virtudi«, von dem auch eine erste Fassung (»Trattato de' vizi e delle virtudi«) erhalten ist. Wichtigste Vorbilder dieses Werkes sind die »Psychomachia« des Prudentius und »De consolatione philosophiae« des Boethius; seine Struktur rückt es in die unmittelbare Nähe von Dantes späterer divina Commedia. Aufgrund seiner Qualitäten ist B.G. neben →Guittone d'Arezzo zu den bedeutendsten Prosaschriftstellern der 2. Hälfte des 13. Jh. zu zählen.　　　　　　　　　　A. Vitale Brovarone

Lit.: Di Vegezio Flavio Dell'Arte della guerra, hg. F. FONTANI, 1815–Della miseria dell'uomo, hg. F. TASSI, 1836 – Delle storie contra i Pagani di Paolo Orosio, hg. F. TASSI, 1849 – S. DEBENEDETTI, B. G., StM 4, 1913–Il libro de' vizi e delle Virtudi, hg. C. SEGRE, 1968 [mit Trattato]–C. SEGRE, Jean de Meun e B. G. traduttori di Vegezio in Lingua, stile e società, 1963–P. CARDINI, Psicomachia e guerra santa, ASI 128, 1970–DERS., Un nuovo ms. del Libro de' Vizi e delle Virtudi di B. G., Medioevo Romanzo 5, 1978 – L. BERTOLINI, Ancora un testimone del »Libro de' Vizi e delle Virtudi«, Studi Mediolatini e Volgari 27, 1980–G. BALDASSARRI, Sull'incipit del Libro de' vizi e delle virtudi di B. G. (Misc. di studi in on. di V. BRANCA, 1983).

Gianni, Lapo → Lapo Gianni

Giano della Bella (G. di Tebaldo di Accoro d. B.), florent. Adliger und Politiker, mehr als siebzigjährig, † kurz nach 1311, gehörte der Consorteria degli Scolari an, Mitglied eines der ältesten Adelshäuser v. Florenz, dem – nach einer zweifellos unrichtigen, aber signifikanten Tradition – Mgf. Hugo v. →Tuszien das Privileg verliehen hatte, sein Wappen zu tragen. Die Häuser und Türme der d. B. befanden sich im Stadtteil Porta San Piero, nicht weit von den Häusern der →Cerchi, →Donati und →Alighieri. 1287 Prior, 1293 Führer der Popolanen in jener revolutionären Verfassungsänderung (in den »Ordinamenta Iustitiae« institutionalisiert), die den Ausschluß der Magnaten von den Regierungsämtern beinhaltete, wurde G. vorgeworfen, seinen eigenen Stand verraten zu haben. Seine Handlungsweise ist in Wahrheit wohl durch die Feindschaft zu anderen Magnatenfamilien (u. a. die →Frescobaldi) bedingt, er stützte sich dabei jedoch zunehmend auf die »Mittelschicht« des Populus. Deshalb begannen die Bankiers, Großkaufleute und Unternehmer, die ihn anfängl. unterstützt hatten, ihm zu mißtrauen und sich wieder den Magnaten zu nähern, was schließlich zu einer Abmilderung der Ordinamenta und zu G.s Verbannung (1295) führte. Von seinem Exil am frz. Kg.shof aus nahm er jedoch weiterhin gewissen Einfluß auf die florent. Politik.   F. Cardini

Lit.: R. Davidsohn, Gesch. von Florenz, Ind. – N. Ottokar, Il comune di Firenze alla fine del Dugento, 1962², Ind. – s. a. →Florenz.

Gibica, historisch nicht sicher belegter Kg. der →Burgunden, tritt auf als 'Gibica' in der Lex Burgundionum (→Leges), literar. in der »Atlakvida« und der →»Völsungasaga« ('Gjuki') als Ahnherr der Burgunderkg.e; im →»Waltharius« erscheint er unter dem Namen 'Gibbich' als Kg. der Franci Nebulones (letzteres in der Forschung als Hinweis auf die →Nibelungen interpretiert). Einige betrachten ihn als Personifikation des Gottes →Wotan; andere sehen ihn stärker als historisch faßbare Gestalt, nämlich als ersten Kg. der vereinigten Burgunden vor ihrer Ankunft am Rhein. Als Söhne bzw. Nachkommen G.s werden im Nibelungensagenkreis Gunnar (Gunther), Guttorm (Godomar/Gundomer) und Giselher (Gislahar), in den skand. Sagas auch Hǫgni (Hagen) genannt. Eine Datierung G.s auf das Ende des 4. Jh. bleibt Hypothese.   J. Richard

Lit.: A. Jahn, Gesch. der Burgundionen, 1874–F. Dahn, Die Kg.e der Germanen, XI: Die Burgunden, 1908 – F. Wagner, Les poèmes héroiques de l'Edda et la saga des Völsungs, 1929–R. Guichard, Essai sur les origines du peuple burgonde, 1965–O. Perrin, Les Burgondes, 1968.

Gibraltar (arab. Ǧabal Ṭāriq 'Berg des T.'), Kap, Halbinsel, Berg (el Peñón) und Stadt an der S-Spitze Spaniens, in der Antike eine der Säulen des Herakles (Kalpe), benannt nach →Ṭāriq b. Ziyād, einem →maulā und Unterfeldherrn des arab. Gouverneurs des Maghrib, →Mūsā b. Nuṣair, der hier am 27. April 711 landete und zur Entscheidungsschlacht am Guadalete (→Jerez) aufbrach (→al-Andalus). Einiges spricht dafür, daß Ṭāriq Verteidigungswerke aufführen ließ. In der Folgezeit ist G. nur selten erwähnt. Erst der Begründer der Dynastie der →Almoraviden, ʿAbdalmuʾmin, beschloß 1159, dort eine Stadt zu gründen, die als Brückenkopf für die almoravid. Besitzungen in al-Andalus dienen sollte. Im Nov. 1160 besuchte er den *Madīnat al-Fatḥ* ('Stadt des Sieges'; cf. *Ribāṭ al-Fatḥ,* das heut. Rabat) genannten Ort, der Paläste für ihn und seine Söhne, eine Freitagsmoschee, eine Wasserleitung, Gärten usw. umfaßte und durch nur ein Tor (Bāb al-Futūḥ) zugänglich war. Nach kurzzeitig kast. Eroberung (1309–31) wurde von den Meriniden die gewaltige Festung (Calahorra samt Alcazaba, mit dreifachem Mauerring, sog. »Moorish Castle«) erbaut; sie spiegelt naṣrid. Bautraditionen. Die Meriniden bauten G. zusammen mit Algeciras zu einem Glacis ihres Reiches aus, verloren es aber 1374 an den →Naṣriden Muḥammad V. Am 20. Juli 1462 wurde G. endgültig für Kastilien gewonnen. – Die Bauten der islam. Zeit sind mit Ausnahme der Fundamente der Calahorra verschwunden.   H.-R. Singer

Q.: Al-Ḥimyarī, La Péninsule ibérique au m-â., ed. E. Lévi-Provençal, 1938, 121/148 – Ibn Baṭṭūṭa, Riḥla (ed. Paris), IV, 454 – *Lit.:* EI², 352f. – L. Torres Balbás, G., llave y guarda de España, Al-Andalus VII, 1942, 168–216.

Gicht bedeutet im MA allgemein Lähmung, Zuckungen, Krämpfe. Die Etymologie (ahd. *gegihte, gijicht* zu ahd. *jëhan,* sagen, bekennen, besprechen) legt eine dämonist.-animist. Deutung einer durch »Beschreien« (→Beschwörung III, →böser Blick) angezauberten Krankheit nahe (daher G.segen, G.beten usw.). Engl. *gout,* frz. *goutte* (von lat. gutta, Tropfen; mhd. *tropfe,* Lähmung, Schlag) entspricht mehr der →Humorallehre der im europ. MA rezipierten antiken und arab. Autoren, auf die Begriffe der ma. Schulmedizin (Arthetica-Arthritis, Podagra, Chiragra, Ischias [Sciatica]) zurückgehen. Ausführl. G.beschreibung in den Schriften und Übers. des →Constantinus Africanus, der Schule v. Salerno und bei allen späteren med. Autoren, oft wie bei →Gilbertus Anglicus mit volkstüml.-mag. Therapievorschlägen.

Im byz. Kulturkreis beschreibt →Anna Komnene die G. ihres Vaters →Alexios I. Komnenos; Joannes Chumnos, Sohn des Nikephoros Chumnos, und bes. Demetrios Pepagomenos (→Medizin, byz.) verfaßten G.abhandlungen. Auch in der w. Lit. war die G. bekannt, so bei Betroffenen (→Eustache Deschamps, Giovanni da Ravenna). G.monographien verfaßten u. a. →Arnald v. Villanova, Heinrich Thopping (um 1353, lat.), Michele Savonarola (it.), Jean le Fèvre (frz.) und →Paracelsus.
H.H.Lauer

Q.: Vgl. Lit. zu einzelnen Autoren – *Lit.:* HWDA III, 836–846 – A. Hirsch, Hb. der hist.-geogr. Pathologie II, 1883², 455–466 – M. Höfler, Dt. Krankheitsnamen-Buch, 1899, 189–192, 478, 752–757, 854f. – O. v. Hovorka–A. Kronfeld, Vergleichende Volksmedizin II, 1909, 269–295 – P. Lessiak, G. Ein Beitr. zur Kunde dt. Krankheitsnamen, ZDA 53, 1912, 101–182 – É. Jeanselme, La goutte à Byzance, Bull. Soc. d'hist. de la médecine 14, 1920, 137–164 – W. Brand, Ein ärztl. Ratschlag des Magister Heinrich, gen. Thopping v. Sinsheim, für den an G. leidenden Papst Innozenz VII. [Diss. Leipzig 1924] [vgl. P. Diepgen, Mitt. Gesch. Med. Nat. Wiss. 23, 1924, 270] – H. Saye, Transl. of a Fourteenth Century French Manuscript Dealing with Treatment of Gout, BHM 2, 1934, 112–122 [vgl. G. Sarton, Isis 23, 1935, 501; Sarton III, 1695f.] – W. S. C. Copeman, A short hist. of the Gout and the Rheumatic Diseases, 1964.

Giebel, die von den Dachflächen eines Satteldaches begrenzte Fläche auf der Schauseite eines Gebäudes. Der G. ist im MA steiler proportioniert als der G. des antiken Tempels, und es fehlt ihm das untere horizontale Gesims des Giebeldreiecks mit dem Ortgang (Schräggeison). Erst um 1000 werden wieder antike Formen aufgenommen (Westwerk von St. Pantaleon in Köln). Der roman. G. kann mit steigenden Rundbogenfriesen und auch mit Akroterfiguren (Elsaß, z. B. Rosheim) verziert sein. In der Spätromanik und Gotik wird der G. steiler und abgetreppt (Treppen-, Staffel-, Stufeng.), auch aufgeschultert (Schulterg.). Häufig entspricht der G. nicht mehr dem Dachquerschnitt, er wird zum reich gegliederten und mit Fialen aufgelockerten Blend- oder Ziergiebel (Rathaus in Münster, bes. norddt. Backsteinbau).   G. Binding

Lit.: T. Straub, Ma. Backsteing. im Profanbau der Hansestädte des wend. Kreises [Diss. Rostock 1929] – T. Wolff, Ma. Backsteing. der Mark Brandenburg und ihre Ausstrahlungsgebiete [Diss. Rostock 1933] – L. Przymusiński, Rozwój szczytów w architekturze gotyckiej i 1250–1450 na ziemi chełmińskiej i Pomorzu Gdańskim (Z.N. Uniw. im. Adama Mickiewicza w Poznaniu 62, Historia sztuki. 4, 1966),

2–62, 249–256 [Entwicklung der Backsteing. 1250–1450 im Kulmerland und in Pommerellen. – Mit dt. Zusammenf.] – J. MICHLER, Zum Typus der G. am Altstädter Rathaus zu Hannover, Hannoversche Geschichtsbl. 21, 1967, 1–36 – E. PILECKA, Entwicklung der got. Giebelform im Ermland, Wiss. Zs. der Ernst-Moritz-Arndt-Univ. Greifswald 29, 1980, 73–82.

Byzantinischer Bereich: Die byz. Architektur verwendet den G. in seiner spätröm. Form bis in die spätbyz. Zeit weiter, insbes. über basilikalen bzw. rechteckigen Baukörpern mit Satteldächern. Die Neigung entspricht dabei der des jeweiligen Daches. In der mittelbyz. Zeit tritt der, bereits bei der H. Sofia in Konstantinopel zu beobachtende Halbrund- bzw. auch Segmentg. häufiger als Fassadenabschluß einer anlaufenden Tonnenwölbung auf, bei der sich die Dachhaut aus Bleiplatten dem Gewölbe anschmiegt. Solche Halbrundg. treten auch in Reihen auf (Pantokratorkl. in Konstantinopel) und verbreiten sich auch in den Randgebieten des Reiches (H. Sofia in Kiev, 1. Hälfte 11. Jh.). S. Marco in Venedig übernimmt dieses Motiv im W und sorgt für seine partielle Verbreitung auch in der roman. und späteren Architektur seines Einflußbereiches (Dom v. Brixen, Kath. in Šibenik).   M. Restle

Giecz, altpoln. Burg mit Vorburg und Kirche, 40–60 km s.-sö. von Gnesen und Posen, an Fluß und See, im 10. Jh. gegr., zerstört 1039, auf einer Fläche von 4 ha. Der älteste Bau war die Pfalz mit angeschlossener Kirchenrotunde, der nach Plan und Bautechnik ähnl. Bauten vom Anfang des 11. Jh. in Lednica bei Gnesen und in Krakau entsprachen. G. spielte eine bedeutende Rolle im Burgensystem des Reiches →Bolesław I. Chrobry (992–1025) und wurde mit einer starken Garnison besetzt. 1039 eroberte sie der böhm. Fs. →Břetislav I. und verschleppte die Burgleute – unter ihnen wohl auch den Großvater von →Cosmas v. Prag (überliefert in zwei Hss. der »Chronica Boemorum«) – nach Böhmen. Dort im Wald Kriniza (Criniz) errichteten sie die neue Siedlung Hedčany (Gedcane) nach poln. Recht. Nach der Zerstörung der Burg wurde am gegenüberliegenden Seeufer eine neue Marktsiedlung (mit St. Nikolai-Kirche) gegr., die im 12./13. Jh. zu einer Kastellanei mit dazugehörigem Verwaltungsbezirk wurde.

                                        G. Labuda

Q.: Gallus Anonymus, Chronicae I, 8, ed. K. MALECZYŃSKI, MPH NS II, 1952 – Cosmas von Prag, Chronica Boemorum, II, 2, ed. B. BRETHOLZ, MGH SS NS 2, 1923 – *Lit.:* V. NOVOTNY, České dějiny, I, 2, 1911, 18 – A. WĘDZKI, Rozwój i upadek grodu gieckiego, 1958 – Polska sztuka romańska, I, 2, 1970, 686f. – K. ŻUROWSKA, Studia nad architekturą wczesnopiastowską, 1983, 83f., 100–114.

Giélée, Jacquemart (Jakemart), wohnhaft in Lille, Autor des »Renart le Nouvel«, in welchem die Tierfabel (→Renart) zur Allegorie der korrumpierten Welt wird. Der Kampf der Tierwelt, die auch Monstren umfaßt, wird infernalisch. Renart, die Verkörperung des Lasters, triumphiert über Kg. und Adel, Papst, Klerus, Bettel- und Ritterorden. Am Schluß thront er als Weltenherrscher oben auf dem nun stillstehenden Rad der Fortuna. Formal knüpft G. an den »Ludus super Anticlaudianum« des →Adam v. la Bassée an und weist auf →Fauvel hin. Das epische Geschehen wechselt mit moral.-didakt. Passagen, →Exempla, Prosabriefen und zahlreichen lyr. Einschüben, z. T. mit Noten; die Hss. sind illustriert. Man kann das Gefüge von Vers, Prosa, Gesang und Bild als »Drehbuch« von tatsächl. am →Puy von Lille stattgefundenen Vorführungen ansehen. Die Varianten der vier Hss. lassen sich damit am besten erklären; die Hss. gäben damit das Geschehen der Puys von 1288, 1289, 1290 und 1292 wieder. – 1466 verfaßte Jean Tenessau eine Prosabearbeitung des »Renart le Nouvel«.   M.-R. Jung

Ed.: H. ROUSSEL, 1961 – *Lit.:* DLFMA – GRLMA VI – J. FLINN, Le roman de Renart dans la litt. fr. et dans les litt. étrangères au m. â., 1963 – Alain de Lille, Gautier de Châtillon, J.G. et leur temps, hg. H. ROUSSEL – F. SUARD, 1980, 259–353 [6 Beitr.] – H. ROUSSEL, Renart le Nouvel et J.G., 1984.

Giengen a. d. Brenz (Giengin, Gienga, Genge), Stadt am Südrand der schwäb. Alb, liegt im Schnittpunkt alter Handelsstraßen (Ulm-Nördlingen, Cannstatt-Lauingen-Augsburg) am wichtigen Wasserweg der Brenz. Das Stadtbild gliedert sich in die obere und die jüngere untere Stadt. Der ma. Grundriß war nahezu quadratisch.

Die Entstehungsgeschichte der Stadt ist noch ungeklärt; sicher ist ein Zusammenhang mit der vor 1078 von Diepold II. v. G. (Mgf. im Nordgau aus der Familie der Rapotonen; →Diepoldinger) erbauten Burg. Burg und Gebiet G. kamen durch die 1. Frau →Friedrichs I., Adela v. Vohburg, an die Staufer, die das »burgum King et praedia attinentia« (1188) seit Friedrichs erstem Aufenthalt 1171 zu einer Pfalz und zum pfalzstädt. Zentrum des Brenzgaus ausbauten. Bewohner, v. a. aus Alten-G. (Wüstung nach 1321), siedelten in der sich bildenden Burgsiedlung, der vermutl. noch Friedrich I. Marktrechte verliehen hatte. 1241 zahlt die bei ca. 12 ha. rd. 800–1200 Einw. zählende Stadt ansehnl. 25 MK Reichssteuer. Nach dem Ende der Staufer fiel G. an das Reich. 1252 wurde die Oberstadt mit einer von 24 Türmen gesicherten Mauer und Wassergraben befestigt, gleichzeitig sind »burgenses, cives« gen.; 1279 heißt der Ort »civitas«, dreimal besucht ihn Rudolf v. Habsburg. Die Unterstadt (spätma. Erweiterung) wurde erst 1563 ummauert. Das städt. Gericht unter Vorsitz des kgl. Vogtes ist 1279 nachweisbar, 1292 bilden »ammann, judices und consules laici« das Gericht. Karl IV. erteilte 1378 das Recht zu freier Ammann- und Richterwahl. Zu 1391 ist der Stadtrat (15 Ratsherren, 1 Syndikus) überliefert. 1398 verlieh Kg. Wenzel städt. Rechte nach Ulmer Vorbild, 1481 gab Friedrich III. ein Blutbann- und Gerichtsstandprivileg. G. war 1307 Mitunterzeichnerin des Landfriedens →Albrechts I. Im 14. Jh. mehrmals verpfändet, verlieh Karl IV. G. 1351 als Erblehen den Gf. en v. Helfenstein. 1368 konnte sich die Stadt wieder freikaufen und späteren Versuchen der Gf. en, ihre Ansprüche durchzusetzen, erfolgreich begegnen, zumal Wenzel 1391 die Reichsfreiheit von G. anerkannte. Das bis Ulm und Augsburg wirkende Textil-Exportgewerbe von G. bot entsprechenden materiellen Rückhalt. Obwohl Mitglied im →Schwäb. Städtebund, hielt sich G. in den Auseinandersetzungen mit dem Gf. en v. →Württemberg zurück. – Bei der Schlacht vor G. am 19. Juli 1462 verlor Mgf. →Albrecht Achilles v. Hohenzollern gegen Hzg. →Ludwig IX. v. Bayern Landshut.   P.-J. Schuler

Lit.: R. MAGENAU, Hist.-topograph. Beschreibung der Stadt G. a. d. Br., 1830 – Beschreibung des Oberamts Heidenheim, 1844 – DtStB IV, 4, 1962, 94–98 – Das Land Baden-Württemberg IV, 1980, 591–597.

Gießerei. Anders als heute spielte der Eisenguß im MA nur eine untergeordnete Rolle, da erst seit der Durchsetzung des »indirekten« Verfahrens bei der Eisenverhüttung (→Eisen), die in Europa um 1400 erfolgte, flüssiges Roheisen erzeugt werden konnte. Doch auch im 15. Jh. blieb die Verwendung des Gußeisens im wesentl. auf Geschützkugeln, Ofenplatten und einige Kanonen beschränkt. Das Gießverfahren wurde dabei vom →Bronzeguß übernommen. Der auf relativ kleine Werkstücke eingegrenzte Metallguß der →Goldschmiede soll hier außer Betracht bleiben. Die eigtl. G. beschränkte sich daher im MA auf die Buntmetalle Bronze, Kupfer, Messing und Zinn.

Im FrühMA gab es neben den im Auftrag großer Herren

arbeitenden Gießhütten, die in der Lage waren, große, techn. und künstler. anspruchsvolle Bronzegüsse auszuführen, nach Ausweis der Bodenfunde über weite Teile Europas verstreut spezialisierte Handwerker, die kleinere Gegenstände des gehobenen Bedarfs, bes. Schmuck und Waffenteile, aus Bronze gossen; ihre Produkte wurden vielfach über große Entfernungen exportiert.

Das seit dem HochMA überwiegend in den Städten ansässige und bald zunftmäßig organisierte G.gewerbe spaltete sich in nördl. Mitteleuropa oft in drei Einzelhandwerke auf: die auf Bronze und große Werkstücke spezialisierten →Grapengeter, die mehr auf Kupfer und Messing und kleinere Gußteile spezialisierten →Apengeter und die fast ausschließlich Zinn verarbeitenden Kannengeter (→Kannengießer); in den meisten anderen Gegenden war die Zweiteilung in Rotgießer bzw. -schmiede (Bronze, Kupfer, Messing) und Kannengießer (Zinn) üblich. Die Unterteilung dieser Gewerbe blieb immer etwas problematisch. Das G.gewerbe lebte von dem großen Bedarf kirchl. Institutionen und wohlhabender Haushalte an den verschiedensten Gefäßen und Geräten aus Metallguß. Da viele davon als Koch-, Eß- oder Trinkgeschirr dienten, war die Reinheit der verwendeten Metalle wichtig; bes. die stark eingeschränkte Beimischung des offensichtl. als gesundheitsschädl. erkannten →Bleis wurde in vielen Gewerbeordnungen eingeschärft. Um die Gußlegierungen elast. genug zu machen, konnte aber in vielen Fällen auf Blei nicht ganz verzichtet werden. Normale Gebrauchsartikel wurden in den fest installierten G.werkstätten, sicherlich unter Verwendung von immer wieder benutzbaren, von den Gießern selbst aus Metall hergestellten Gußformen produziert.

Von bes. Interesse ist der Guß großer, techn. schwieriger oder künstler. anspruchsvoller Werkstücke wie Großplastiken, →Glocken und Kanonen. Die techn. Verfahren des Großgusses wurden oft in Gießerfamilien vom Vater auf den Sohn vererbt. Vielfach arbeiteten die Gießer dabei nach Entwürfen oder Modellen, die von Bildhauern oder Goldschmieden angefertigt waren. Beim Großguß mußten die Gießer möglichst nahe bei der Stelle, an der das Werkstück untergebracht werden sollte, eine Grube und ihre Gießhütte einrichten. Gearbeitet wurde überwiegend nach dem Wachsausschmelzverfahren. Schon im 15.Jh. ging man von dem »fallenden« zu dem auf dem Prinzip der kommunizierenden Röhren beruhenden, techn. besseren »steigenden« Guß über. Geschützgießer arbeiteten in fsl. oder städt. Arsenalen und waren anfängl. auch selbst die Artilleristen.   H.-P. Baum

Q.: →Handwerk – Lit.: →Handwerk, →Bronzeguß – V. SCHMIDT-CHEN, Riesengeschütze des 15.Jh. – Techn. Höchstleistungen ihrer Zeit, Technikgesch. 44, 1977, 153–183, 213–237 – R. SPRANDEL, Das Eisengewerbe im MA, 1968.

Gießgefäß → Aquamanile, →Gefäße

Giffard, Walter, Ebf. v. York seit 15. Okt. 1266, † 24./25. April 1279; Sohn von Hugh G. of Boyton (Wiltshire) und Sibilla, Tochter des Walter de Cormeilles; älterer Bruder von Godfrey G., Bf. v. Worcester (1268–1302). Nach Studien in Cambridge und Oxford wurde G. 1265–66 Bf. v. Bath and Wells. Als Elekt unterstützte er den Führer des baronialen Aufstands gegen Heinrich III., Simon de →Montfort; nach 1265 betätigte er sich dagegen aktiv auf seiten des Kg.s und seines Sohnes, →Eduard (I.), zunächst als Kanzler des Kgr.es, seit 1266 dann als Ebf. v. York. Da der Ebf. v. Canterbury, →Bonifaz v. Savoyen, sich außer Landes aufhielt, wurde G. zum Führer der engl. Kirche. Darüber hinaus wirkte er während der letzten Regierungsjahre Heinrichs III. im King's →Council als

leitender Ratgeber; während Eduards I. Kreuzfahrt (1270–74) übte er durch den Befehl über den Londoner Tower sowie über die Gft.en Nottingham und Derby direkte polit. Macht aus. Nach Eduards Rückkehr zog er sich in seine Erzdiöz. zurück, deren Register ihn als aktiven Reformer ausweisen.   J. H. Denton

Lit.: DNB XXI, 296f. – Registers of W. G., Bishop of Bath & Wells 1265–66, …, hg. T. S. HOLMES (Somerset Record Society 13, 1899) – Register of W.G., Lord Archbishop of York 1266–79, hg. W. BROWN (Surtees Society 109, 1904) – A. B. EMDEN, Biographical Register of Oxford to 1500, II, 1957–59, 762f.

Gift, Variante zu 'Gabe', erfährt schon ahd. bei Notker v. St. Gallen (um 840–912) eine Pejoration (»hec venena … tie gifte die ih sago«; Euphemismen lat. potio, frz. und engl. *poison*, mhd. *trank*) und teilt im MA seine Ambiguität mit gr. φάρμακον und lat. medicamen(tum) 'Zauber-, Heilmittel, G.' sowie venenum (eigtl. 'Liebestrank') 'Zaubermittel, G., Kosmetikum'; gr.-lat. toxicum 'Pfeilgift', mlat. auch allgemein 'G.' (mit Ableitungen wie toxicare 'vergiften'); arab. *samm* (pl. sumûm).

Galen, der die für die Medizin des MA richtungsweisenden antiken Vorstellungen zu G. zusammenfaßt, differenziert Nahrung, Arzneimittel und G. in Bezug auf die generelle und individuelle Säftemischung des Menschen. G.e seien der Physis in toto konträr, erführen in ihr keinerlei Alteration und schädigten unabhängig von der Dosis, also aufgrund ihrer Qualität. G.e wirkten grundsätzl. negativ, Arzneimittel hingegen je nach Dosierung wie Heilmittel oder wie G.e (Überdosierung). Die Dosisabhängigkeit der Toxizität sowie durch Gewöhnung erworbene Immunität sind der antiken Schulmedizin und in deren Nachfolge dem MA eigtl. fremd.

In der arab. Medizin ist z. T. aus klimat., aber auch kulturhist. Gründen die Toxikologie stark vertreten. Anders als Galen ordnet Geber (→Ğābircorpus), griech., ind. und pers. Quellen benutzend, die G.e (wie die Heilmittel mit dawā' bezeichnet) in das arabist. Arzneimittelsystem, die →Qualitäten- und Gradenlehre, ein und erklärt ihre Wirkung aus ihren »Qualitäten« (heiß oder kalt), die quantitativ zunehmen können. Von ihrer »Substanz« seien nur die Spezialeigenschaften ableitbar. G. sei – abgesehen von den sog. »großen G.en«, die das System des Körpers radikal zerstörten – sowohl Arznei als auch Krankheit, da es wie letztere die Eukrasie zerstöre, andererseits zur Gesamtheit der als Arzneien geltenden Dinge gehöre und aufgrund seines Antagonismus nützl. gegen wie G.e wirkende Krankheiten sowie gegen G.e sei sei. Wie bei den Arzneimitteln wird zw. Simplicia und →Composita unterschieden. Zubereitung, Zerkleinerungsgrad, Darreichungsform und Mischung haben Auswirkung auf die Toxizität, wobei durch Mischung die Gesamtwirkung derjenigen der Ausgangsstoffe sogar entgegengesetzt sein könne. Gewöhnung an G. sei möglich (wenn auch die Ausnahme). Daneben hänge bei der G.wirkung vieles von persönl. Konstitution und Alter ab sowie von Jahreszeit, Stand der Gestirne und Klima. G.e wie (weiße) Seifenwurzel, Eisenhut, Viperngalle wirkten am schnellsten tödlich, da sie mit Gewalt das Blut verflüssigten und heraustreten ließen. – In der salernitan. Medizin (11./12. Jh.) wurden Vergiftungen, ob nun durch absichtl. beigebrachte G.e oder den Biß giftiger (einschließl. tollwütiger) Tiere verursacht, offenbar als generell unheilbar angesehen. Zu Therapie und Prophylaxe blieben nur die bis in das 3. Jh. v. Chr. zurückreichenden Vorschriften für Gegenmittel gegen G.e (→Antidota) und giftige Tiere (→Theriak). →Johannes v. St-Amand († vor 1313) differenziert in den »Areolae« die eigtl. G.e (Steppenraute,

Tollkirsche, Quecksilber, G.pilze, Geifer und Galle der G.tiere) als »mortifera in genere suo, non in quantitate sua« von den »medicinae stupefactivae« (Betäubungsmittel wie Bilsenkraut, Alraune, Opium, Giftlattich, Mohn), deren Applikation nur »in multa quantitate« zum Tode führten und dies nicht aufgrund ihrer »qualitas«, denn in geringer Dosierung oder vermischt mit anderen Arzneistoffen schadeten sie nicht. In den »Concordantiae« unterscheidet er »venenum«, das »a tota substantia« giftig sei (z. B. Eisenhut), und »medicinae venenosae«, die die Säfte zur Fäulnis brächten und »a sua corruptione« verdürben; von letzteren gebe es vier Arten: ätzendes G. (z. B. Seehase und Blasenkäfer), entzündendes G. (z. B. Euphorbium), kühlend betäubendes G. (z. B. Opium) und atemwegverstopfendes G. (z. B. Bleioxid). Während das ätzende G. um so gefährlicher sei, je länger es im Körper verweile, sei bei G. von kalter oder heißer Komplexion das Gegenteil der Fall, da die »natürliche Wärme« das kalte G. erhitze bzw. das heiße hinaustreibe. G. töte nur, wenn es zum Herzen gelange, was sich verhindern lasse, indem man seine »Schärfe« breche, seine Substanz auflöse, das G. heraustreibe oder ihm ein »contrarium in qualitate« entgegensetze.

D. Constitutiones v. Melfi (→Liber Augustalis) f. Unteritalien-Sizilien bedrohen den, der bewußtseinsverändernde Mittel oder G.e, Liebestränke und Zaubermittel gibt, vertreibt oder besitzt, mit der Todesstrafe (Lib. III Tit. 69–71). Als Ursache von Krankheit oder gewaltsamem Tod sah das Volk v. a. seit dem SpätMA statt der natürl. G.wirkung das Wirken übernatürl. Mächte (Dämonen, Hexen, Zauberer). Schon →Hildegard v. Bingen (1098–1179) bringt die tox. Wirkung der Solanaceen mit diabol. Einflüssen in Verbindung. Nachdem seit Ende des 13. Jh. in den Inquisitionsverfahren Häresie und Zauberei mit der Anklage, am orgiast. Sabbat mit dem Teufel teilgenommen zu haben, vermischt werden, wird das Veneficium, der G.mord (seit der röm. Antike in engster Verbindung zum Maleficium, dem Schadenzauber, so daß beides synonym gebraucht wurde), allmähl. regelmäßig Anklagepunkt der sog. Hexenprozesse. Johannes Vincentii erklärt im »Liber adversus magicas artes« (um 1475) die von den »malefici« behauptete Ausfahrt »ad demonum sabbata« für Traumillusionen, teilweise mit natürl. Mitteln (venena, pocula, unguenta, herbae, lapides, aquae, pulveres), oft aber »durch Wirkung der Dämonen« erzeugt. »Venefici«, die mit ihren G.en die Menschen an Geist und Körper verändern und dabei töten könnten, seien in jedem Fall als geheime Verbündete des Teufels anzusehen.

Eine neue Sicht von G. bringt 1537/38 Paracelsus: »Alle ding sind gift und nichts on gift; alein die dosis macht das ein ding kein [!] gift ist« (Sieben Defensiones III).

F.-J. Kuhlen

Lit.: GRIMM, DWB, s. v. – ULLMANN, Medizin, 321–342 – L. LEWIN, Die G.e in der Weltgesch., 1920 – G. HARIG, Bestimmung der Intensität im med. System Galens, 1974 – F.-J. KUHLEN, Zur Gesch. der Schmerz-, Schlaf- und Betäubungsmittel in MA und früher Neuzeit, 1983 – DERS., Von Hexen und Drogenträumen, DAZ 124, 1984, 2195–2202 – R. SCHMITZ, Der Arzneimittelbegriff (Fortschritte in der Arzneimittelforsch., 1984), 13–23 – DERS., Der Arzneimittelbegriff der Renaissance (Humanismus und Medizin [Mitt. der Kommission für Humanismusforsch. XI], 1984), 1–21 – s. a. →Johannes v. St-Amand; →Bernhard v. Gordon; →Gäbircorpus.

Gigliato (frz. *Gillat),* um 1302/03 in Neapel geschaffene Großsilbermünze (Feingewicht ca. 3,72 g) mit einem Lilienkreuz auf der Rückseite, 1330 in der Provence als Gillat nachgeahmt, durch diesen wurde der →Groschen des Kölner Ebf.s Walram (1332–49) inspiriert. Der G.

beeinflußte außerdem das Münzbild des →Meißner Groschens und des seit 1370 geprägten →Halbschoters des Dt. Ordens. Der G. fand außerdem eine große Verbreitung in der Levante, wo er auf Chios und Rhodos sowie von seldschuk. Emiren nachgeahmt wurde. P. Berghaus

Lit. P. GRIERSON, Le gillat ou carlin de Naples-Provence (Centenaire de la Soc. française de Numismatique 1865–1965), 1965, 43–56 – N. KLÜßENDORF, Der G. und seine dt. Nachprägungen, Numismat. Nachr.bl. 19, 1970, 375f.

Giglio-Insel, Seeschlacht bei der (1241), eine der Episoden während der Auseinandersetzung zw. Ks. Friedrich II. und dem Papsttum, Protagonisten vorwiegend Genuesen und Pisaner. Eine Reihe von Prälaten, die sich auf genues. Schiffen auf der Reise nach Rom befanden, um an dem Konzil teilzunehmen, das Gregor IX. zwecks Exkommunikation des Ks.s einberufen hatte, wurde von der ksl. Flotte unter dem Kommando des Genuesen Andreolo de Mari, zu der Galeeren aus Pisa und Savona gestoßen waren, bei der G.-I. abgefangen. In der Seeschlacht verloren die Genuesen 22 Schiffe; zwei Kard.e, und mehrere Bf.e wurden gefangengenommen. G. Petti Balbi

Q. und Lit.: Annali di Caffaro e de'suoi continuatori, hg. C. IMPERIALE DI S'ANGELO, III, 1923, 101–114 – V. VITALE, Il comune del podestà a Genova, 1951, 295–297.

Ǧihād → Krieg, Heiliger

Ǧihānšāh → Qara-Qoyunlu, →Ḥaqī qī

Gikatilla. 1. G., Josef B. Abraham, * 1248, † ca. 1325, einer der bedeutendsten span.-jüd. Kabbalisten seiner Zeit (→Kabbala). Seine zahlreichen Werke enthalten einerseits myst. Spekulationen über die Konsonanten und Vokale der hebr. Schrift, zum andern aber auch eine Theologie der 10 *Sefirot,* also der Potenzen des myst. Leibes Gottes. In origineller Weise identifizierte er dabei die erste Sefira mit dem *En-Sof,* während die übrigen Kabbalisten diese Potenz aus dem En-Sof emanieren ließen. H.-G. v. Mutius

Lit.: Scha‘are Orah, 2 Bde, hg. J. BEN-SCHELOMO, 1970.

2. G., Moses B. Samuel, jüd. Grammatiker und Exeget im muslim. Spanien, 2. Hälfte des 11. Jh. Er verfaßte einen Traktat über die männl. und weibl. Nomina im bibl.-Hebr. und erregte als Bibelkritiker Aufsehen. Er bestritt die davidische Autorschaft etlicher Psalmen, vertrat als erster die Ansicht, daß die Kap. 40ff. des Buches Jesaja nicht auf den gleichnamigen Propheten zurückgingen, und leugnete das Sonnenbannungswunder von Josua Kap. 10. (→Bibel, D.). H.-G. v. Mutius

Lit.: S. POZNANSKI, Mose B. Samuel Hakkohen Ibn Chiquitilla (!) nebst den Fragmenten seiner Schriften, 1895 – N. ALLONY, Seride Sefer ‘al Leschon Zakar u-Leschon Nekebah, Sinai 24, 1949, 34ff.

Gil de Zamora, Juan → Juan Gil de Zamora

Gilbert (s. a. Gilbertus, Giselbert, Guibert)
1. G. Crispin, OSB, Theologe und Hagiograph, * um 1045, † 1117, aus norm. Adelsfamilie (→Crispin). Als Mönch in Le →Bec war G. Schüler und Freund des Priors →Anselm v. Canterbury. Um 1079 ging er nach England, 1085 wurde er Abt von →Westminster. Von seinen Schriften erlangte die »Disputatio Judei et Christiani« die weiteste Verbreitung, eine Verteidigung des Christentums, die wohl auf tatsächl. Gesprächen mit einem Juden gründet. Um Glaubensfragen geht es auch in der »Disputatio Christiani cum Gentili«. Von den theol. Traktaten seien genannt: »De Angelo Perdito«, »De Altaris Sacramento«, »De Simoniacis«. Die Inhalte berühren sich oft mit Schriften Anselms. G. verfaßte zudem Predigten, Gedichte und eine faktenorientierte Vita des Herluinus v. Le Bec.

K. Schnith

d.: Disputatio Judei et Christiani, mit Forts., hg. B. BLUMENKRANZ, 956 – The Works of G. C., hg. A. S. ABULAFIA – G. R. EVANS, 1986 .it.] – *Lit.*: J. A. ROBINSON, G. C., 1911 – R. W. SOUTHERN, St. nselm and G. C., MARS 3, 1954, 78ff. – G. R. EVANS, G. C.: The orming of a Monastic Scholar, Studia Monastica 22, 1980, 63ff. – A. S. BULAFIA, An Attempt by G. C. at Rational Argument in the Jewish-'hristian Debate, ebd. 26, 1984, 55ff. – DIES., Ad Fontes (Fschr. C. AN DE KIEFT, 1984), 139ff. – A. SALTMAN, G. C. as a Source of the anti-ewish Polemic of the Ysagoge in Theologiam (Bar-Ilan Stud. in Hist. , hg. P. ARTZI, 1984), 89ff.

2. G. v. Hoyland (Gillebert OCist.), † 1172 in der Iosterabtei L'Arrivour (Filiation von Clairvaux, Diöz. 'royes), um 1150 Abt des Kl. Swineshead in der Gft. Incoln (gegr. 1134 durch die Abtei Furness). Der Name Hoyland' leitet sich vom Gründer des Kl. Swineshead b: Robert v. Hoyland. G. setzte 1153 den Komm. zum Hohen Lied fort, den → Bernhard v. Clairvaux nicht mehr ollendet hatte. Daneben sind 48 Hohe-Lied-Predigten on G. überliefert, die sich – dort einsetzend, wo Bernhard ufhörte – auf Hld 3,1 bis 5,10 beziehen. Außerdem verden G. sieben Traktate über das Gebet, die Meditation nd Kontemplation, eine kurze Predigt über das 'Wort Gottes' sowie vier kleinere Briefe zugeschrieben (MPL 84, 11–298; lat.-engl. Ausg.: L. C. BRACELAND, The Vorks of G. of H., I–IV, Cistercian. Fathers ser. 14, 20, 26, 4, 1978–81). Sein Werk zeigt sich insgesamt stark beein-Iußt von Bernhard v. Clairvaux und → Aelred v. Riel-aulx. Die Predigten haben noch die Spiritualität des pätMA beeinflußt. M. Gerwing

it.: DHGE XX, 1321–1323 [Lit.] – F. OHLY, Hohelied-Stud. Grund-üge einer Gesch. der Hldauslegung des Abendlandes bis um 1200, 958, 171–177 – P. MIQUEL, Les caractères de l'expérience religieuse 'après G. de Hoylandia, Collect. cisterc. 27, 1965, 147–159 – J. B. CHNEYER, Rep. der lat. Sermones des MA für die Zeit von 1150–1350, 970, 186 – M. GERWING, Malogranatum, 1986.

3. G. v. Poitiers (Gilbertus Porretanus), einer. der edeutendsten Vertreter der Schule v. Chartres, * ca. I080, † 1154, aus Poitiers stammend, studierte er u. a. bei → Bernhard v. Chartres, → Anselm und → Radulf v. Laon. I121 war G. Kanoniker von Poitiers und 1124 von Char-res, 1126 dort Kanzler und Leiter der Domschule; 1137 ehrte er in Paris; 1142 wurde er Bf. v. Poitiers.

→ Johannes v. Salisbury nannte ihn den »gelehrtesten Mann« seiner Zeit (Hist. pont. 8, ed. POOLE 15), der nach der Meinung des Otto v. Freising (Gesta frid. I, 48, MGH 3RG in us. schol. 46,67) viele Dinge anders als gewohnt usdrückte. Von Zeitgenossen verkannt, wurde G. vor lem päpstl. Konsistorium von Paris (1147) und der Syn-ode v. Reims (1148) der Häresie angeklagt, jedoch nicht verurteilt (DENZINGER-SCHÖNMETZER 745). V. a. betrie-en → Bernhard v. Clairvaux und noch mehr dessen Se-kretär, → Gottfried v. Auxerre, seine Verurteilung. Zu einen Schülern, den Porretanern, zählen u. a.: → Alanus b Insulis, → Ivo v. Chartres, → Peter v. Wien, Radulfus Ardens und → Simon v. Tournai. Durch sie erhielten die Gedanken G.s große Reichweite.

G. führte Anselms v. Laon Glossierung der Psalmen und der Briefe des Apostels Paulus fort und schuf die »media Glosatura« (RBMA 2, 1950 Nr. NN 2511–2532). Durch seinen Kommentar zu den Opuscula sacra des → Boethius gehört G. zu dessen bedeutendsten Interpre-ten. Die Beschäftigung mit Boethius sowie der gegen ihn erhobene Häresieverdacht regten ihn zu der Schrift »De Trinitate« an. G.s theologiegesch. Bedeutung liegt v. a. in seiner Methodenlehre. Er gibt sich reflexiv Rechenschaft darüber, wie der für menschl. Reden letztlich unaus-sprechl. Gott dennoch ausgesagt werden könne. Im Ge-gensatz zu der sonst in Chartres gehegten Vorliebe für die

negative Theologie vertritt er die Meinung, man könne mittels der aristotel. Kategorien positiv von Gott reden, solange die Gesetze der Analogie gewahrt werden. G. hält daran fest, daß in der Glaubenswissenschaft das Vernunft-argument dem Beweis aus dem Glauben nachgeordnet sei; in den natürl. Wissenschaften ist die Verhältnisbestim-mung genau umgekehrt. Auf theol. Widerspruch stieß sein sprachphilos. Grundsatz, daß in einem Satz die kon-krete Realität nur im Subjekt, der Allgemeinbegriff stets im Prädikat zu stehen habe. Deshalb dürfe man nicht sagen, die göttl. Natur habe die menschl. Natur angenom-men, sondern die zweite göttl. Person sei Mensch gewor-den. Diese Sprachregelung hat ihm den Vorwurf eingetra-gen, er trenne zw. Gott und Gottheit. F. Courth

Q.: Boethiuskomm. (MPL 64, 1247–1412), krit. ed. N. HÄRING, Studies and Text 13, 1966 – Tractatus de Trinitate, hg. N. HÄRING, RTh 39, 1972, 14–50 – Exposito in Symbolum 'Quicumque vult', hg. N. HÄRING, MSt 34, 1972, 208–252 – Sententiae magistri Gisleberti, hg. N. HÄRING, AHDL 45, 1978, 83–180; 46, 1978, 45–135 – *Lit.*: TRE XIII, 266–268 [Q. und Lit.] – HDG II/1b, 50–58 [F. COURTH, Trinität] – M. A. SCHMIDT, Gottheit und Trinität nach dem Komm. des Gilbert Porreta zu Boethius, De Trinitate, 1956 – G. GAMMERSBACH, G. v. P. und seine Prozesse im Urteil der Zeitgenossen, 1959 – H. C. VAN ELSWIJK, Gilbert Porreta. Sa vie, son œuvre, sa pensée, 1966 – B. MAIOLI, Gilberto Porretano, 1979.

4. G. v. Sempringham → Sempringham, Kl.

Gilbertiner → Sempringham

Gilbertus

1. G. (Anglicus), engl. Kanonist, lehrte um die Wende des 12. zum 13. Jh. in → Bologna. Zu seiner um 1202 entstan-denen → Dekretalensammlung – von großem Einfluß auf spätere Collectiones decretalium, v. a. die Compilatio II – verfaßte er selbst einen → Apparatus glossarum, der von → Alanus und → Tancredus für ihre Glossenapparate zur Compilatio II benutzt wurde. H. Zapp

Lit.: DDC V, 966f. [CH. LEFEBVRE] – NCE VI, 482f. [L. E. BOYLE] – J. F. SCHULTE, Die Compilationen G.' und Alanus', SAW. PH 65, 1870, 595–698 – R. v. HECKEL, Die Dekretalensammlungen des G. und Alanus nach den Weingartener Hss., ZRGKanAbt 29, 1940, 116–357, bes. 180–225 – ST. KUTTNER, Ind. titulorum decretalium..., 1977, XI, passim; für weitere Hinweise zur Collectio des G. vgl. den Ind. in BMCL 14, 1984, 31.

2. G. Anglicus (Gilbertus, Gillibertus A.), engl. Arzt, † um 1250, genaue Lebenszeit und Identität (Beiname wahrscheinl. »de Aquila«) unsicher, möglicherweise stu-dierte und lehrte er ztw. in → Salerno und war sogar Kanzler in → Montpellier. Schon → Chaucer zählt ihn zu den bekanntesten Ärzten seiner Zeit (Cant. Tales 434). Von den ihm zugeschriebenen Schriften ist das zw. 1230 und 1240 entstandene »Compendium medicinae« (7 Bde) sein Hauptwerk: Es gilt als erste Zusammenschau arabist.-scholast. Medizin eines engl. Autors (Erstdr. 1510, Lyon). Die Fülle der zitierten und kommentierten gr., arab. und salernitan. Autoritäten zeigt, daß er mit der Syllogistik ebenso vertraut war wie mit den Inhalten der salernitan. Heilkunde. Weite Abschnitte seiner Chirurgie basieren auf → Roger v. Salerno. H. H. Lauer

Lit.: BLA 2, 746 – DNB 21, 318 – WICKERSHEIMER, Dict. [Repr. 1979], 191f.; Suppl. 88f. – E. GURLT, Gesch. der Chirurgie, 1898², 148–157 – H. C. HANDERSON G., 1918 – HLF 21, 393–409 – M. NEUBURGER, Gesch. der Medizin, 1906/11², 369–370 – THORNDIKE², 477–487 – SARTON², 658 – C. H. TALBOT, Medicine in Medieval England, 1967, 72–82.

3. G. Universalis, Mitarbeiter → Anselms v. Laon, † 1134 in London in hohem Alter. Tätig um 1110 in Auxerre, evtl. in Nevers, seit 1128 Bf. v. London. Der Beiname »Universalis« bezeugt seine umfassende Bil-

dung. Zu →Bernhard v. Clairvaux bestand ein freundschaftl. Verhältnis (Bernh., ep. 24, MPL 182, 128f);
→Abaelard kritisierte eine von G. oder einem seiner Schüler vertretene Lehre (C. J. MEWS, CChrCM 13, 1987,
218f.).

Werke: →Glossa Ordinaria zum Pentateuch und den
Propheten, wahrscheinlich auch die zu den historischen
Büchern (Jos – 2[4] Kön.). Daneben ausführliche Kommentare: Der (ungedruckte) Ps-Kommentar (RBMA
Nr. 2541) dürfte von G. stammen; ungewiß ist dies bei
weiteren (ebenfalls ungedruckten) unter G.' Namen
überlieferten Kommentaren (vgl. RBMA).

R. Peppermüller

Lit.: TRE XIII, 452–457 [Lit.] – RBMA 2, 1950; 9, 1977 – LANDGRAF,
Einführung – B. SMALLEY, G. U., Bishop of London (1128–1134) and
the Problem of the »Glossa Ordinaria«, RTh 7, 1935, 235–262; 8, 1936,
24–60 – DIES., The Study of the Bible in the MA, 1984³.

Gildas, hl. (G. sapiens; Fest 29. Jan.), kirchl. brit. Autor
des 6. Jh.; sein Hauptwerk »De excidio et conquestu Britanniae« ist eine grundlegend wichtige, aber schwer inter-
pretierbare Quelle zur Geschichte des nachröm. →Britan-
nien (s. a. →England A. I; F. I). Waren Datierung, Authentizität und Geschlossenheit des Werkes in der Vergangenheit vielfach umstritten, so steht heute außer Frage, daß es
einen einheitl. konzipierten und verfaßten Text darstellt.
Traditionell auf ca. 540 datiert, sprechen Argumente für
eine Entstehung im früheren 6. Jh. »De excidio« ist ein
prophet. Aufruf zur Buße: G. prangert den moral. Verfall
der brit. Machthaber und Kleriker seiner Zeit an und
mahnt sie in weitestgehend an das AT angelehnten Wendungen an die göttl. Strafen, denen die Briten bereits in der
Vergangenheit ausgesetzt waren. Damit reiht er die sündi-
gen Briten in den heilsgeschichtl. Ablauf ein und liefert
zugleich die einzige historiograph. Darstellung des Zusammenbruchs der römischen Herrschaft in Britannien
und der Invasionen der →Angelsachsen, die wir aus der
Zeit vor →Beda (der stark auf G. aufbaut) besitzen, G.
nennt keine Jahreszahlen; die Darstellung chronologischer
und geographischer Fakten ist häufig verworren, seine
Kenntnis der Geschichte des röm. Britannien lückenhaft.
Wertvoller sind seine Angaben über das zeitgenössische
Britannien: Er entwirft das Bild einer Gesellschaft, gekennzeichnet einerseits von lasterhaften Stammesfs.en,
andererseits von einer etablierten, aber moralisch laxen
Kirche. G., der mit seinem rhetorisch aufwendig stilisierten Werk selbst gänzlich in der rhetorischen Tradition des
5. Jh. steht, dürfte für eine Leserschaft mit lat. Bildung
geschrieben haben.

G. war offenbar stark an der Ausbreitung des asket.
Mönchtums in der kelt. Welt beteiligt; einflußreich für die
frühe kirchl. Entwicklung →Irlands waren die beiden
Schriften »Fragmenta Gildae« (Auszüge aus Briefen zu
Fragen der monast. Disziplin) und »Praefatio Gildae de
Poenitentiae«, die – gegen bestimmte Bedenken – dem
Autor von »De excidio« zugeschrieben werden können.
Die Tradition, daß G. Gründer der Abtei →St-Gildas-de-
Rhuys in der →Bretagne gewesen sei (dort auch sein
angebl. Grab), erlangte durch eine in der Bretagne ge-
schriebene Vita des 11. Jh. Verbreitung. Im 12. Jh. wurde
von dem Waliser Caradoc v. Llancarfan eine zweite Vita
verfaßt.

J. M. H. Smith

Ed. und Lit.: M. LAPIDGE – R. SHARPE, A Bibliogr. of Celtic-Latin Lit.
400–1200, 1985, Nr. 27, 28, 37, 147, 914, 915 – R. W. HANNING, The
Vision of Hist. in Early Britain, 1966 – F. KERLOUÉGAN, Les destinées de
la culture latine dans la Bretagne du VIᵉ s. Recherches sur le »De
Excidio«, Thèse d'État, 1977 [masch.] – T. D. O'SULLIVAN, The »De
Excidio« of G.: its Authenticity and Date, 1978 – M. LAPIDGE – D.
DUMVILLE, G.: New Approaches, 1984.

Gilde. [1] *Begriff:* Bei dem Begriff der 'G.' handelt es sich
um einen Quellen- und einen Forschungsbegriff zugleich,
eine Verschränkung, die oft verwirrend gewirkt hat. Die
wesentl. Elemente des Forschungsbegriffs bietet der älteste Beleg für das Wort 'G.' als Bezeichnung für eine soziale
Gruppe, das Kapitular v. Herstal 779 (c. 16, MGH Cap.
I, 51). G.n sind demnach (1) Gruppen, die durch Übereinkunft, Konsens und Vertrag entstehen, sie sind 'freie
Einungen' (O. v. GIERKE, →Einung). Dementsprechend
treffen sie Vereinbarungen (→convenientiae), geben sich
also eine Satzung (consuetudo, →Gewohnheitsrecht).
Konsens und Vertrag gründen sich (2) auf einen gegenseitig geleisteten Versprechenseid (→Eid), der von Kar.
d. Gr. verboten wird. G.n sind deshalb geschworene Einungen (→Coniuratio). Als Ziele der G.bildung nennt der
Text (3) gegenseitige Hilfe bei Verarmung, Brand und
Schiffbruch. Es geht also um genossenschaftl. Hilfe in
allen Notlagen, um wechselseitigen Schutz und soziale
Sicherung in einem umfassenden Sinn. Entsprechend der
Struktur des ma. Sozialvokabulars (P. MICHAUD-QUAN-
TIN) wird das Wort 'G.' (gilda, gelda, gildonia) in der
frühma. Quellen jedoch nicht ausschließl. verwendet,
vielmehr begegnen auch Bezeichnungen wie confratria,
consortium, fraternitas, societas, coniuratio, amicitia
usw., also Heteronyme, die einzelne Aspekte dieser Gruppenbildung benennen, so wie 'gilda' (ahd. *gelt* 'Zahlung,
Lohn, Opfer', germ. *geldan* 'erstatten, entrichten') auf die
Gruppe als Zahl- oder Opfergemeinschaft, wofür auch
immer, verweist. Der Vielfalt der Quellenbegriffe wurde
schon im 19. Jh. der Forschungsbegriff der 'G.' als Bezeichnung eines bestimmten Typus der Gruppenbildung
gegenübergestellt, der sich in der Folge durchgesetzt hat
(vgl. COORNAERT, MICHAUD-QUANTIN, BLACK), auch
wenn in der dt. Forschung seit 1900 unter 'G.n' vielfach
nur noch Kaufmannsg.n verstanden werden, 'G.' also als
Gegenbegriff zu →Zunft verwendet wird.

[2] *Gilden als soziale Gruppen:* Grundlegend für die
Konstituierung der G.n sind Eid und Mahl. Der (wechselseitig geleistete) →Eid ist die pflichtenbegründende
Rechtshandlung. Das Mahl dient der steten Erneuerung
der geschworenen Einung. Der Eid schafft Gleichheit
(Parität) unter den G.genossen (→Genossenschaft) und
konstituiert mit der Satzung einen Rechts- und Friedensbereich von personell begrenzter Geltung. Diese G.sat-
zung ist gewillkürtes, d. h. 'positives' Recht. Ihr entspricht
die interne G.gerichtsbarkeit. Die Verteidigung dieser
Rechtsordnung nach außen konnte ebenso ausgeübt werden wie die bewaffnete Hilfe für G.genossen gegenüber
Dritten. Das gemeinsame Mahl war verbunden mit Gottesdienst, Almosenspendung und Totenmemoria, welche
auch das Wissen der eigenen Geschichte enthielt. Auf
Grund dieser religiösen Begehungen bildete die G. eine
Sondergemeinde, die neben dem kirchl. Sprengelsystem
bestand. Geistige Grundnorm der G. war die Brüderlichkeit, v. a. in ihrer christl. Begründung, die alle Hilfepflich-
ten gegenüber den Genossen zusammenfaßte. Auf dieser
eigentüml. Verbindung von Altruismus und Gruppenegoismus, von Parität und Exklusivität beruhen die außerordentl. geschichtl. Wirkungen dieser Form der Gruppenbildung.

[3] *Geschichte:* Die Annahme einer germ. Herkunft der
G. läßt sich durch Quellen nicht stützen, der älteste Beleg
stammt von 779 (s. oben [1]). Demgegenüber kann auf die
coniuratio-Gruppen der röm. Antike und den Übergangszeit zum MA hingewiesen werden, z. B. auf die galloroman.-frk. Klerikerg.n (coniurationes clericorum), in denen sich im 6. und 7. Jh. der Landklerus zusammenschloß.

Auch die örtl. G.n der Karolingerzeit bestanden auf dem Land und vereinigten Laien und Kleriker, Männer und Frauen. Im 9. Jh. dienten sie auch der Normannenabwehr und stellten bewaffnete dörfl., also regionale Friedensordnungen dar. Die ältesten berufsspezif. G.n von Laien sind die Kaufmannsg.n, die sich zuerst am Beginn des 11. Jh. nachweisen lassen (Tiel, um 1020) und deren Statuten (Ende 11. Jh., St-Omer, Valenciennes) die ältesten erhaltenen G.statuten auf dem Kontinent sind. Die G.n der Kaufleute waren an der Entstehung der städt. Schwureinungen (→Kommune) beteiligt. Mit der Entstehung der Stadt als →Genossenschaft ist in vieler Hinsicht die Gewährleistung von Schutz und Frieden auf die Stadtgemeinde übergegangen, die auch den Eid als das wichtigste Mittel der Verbandbildung übernahm (→Bürgereid). Gleichwohl begegnen auch in der Stadt neue Genossenschaften des G.typus, so bei den Kaufleuten (→Fahrerkompanien, →Hanse) und bei den Handwerkern (→Zunft). Zu erwähnen sind auch die vorwiegend religiösen Zielen dienenden →Bruderschaften, die allerdings erst im SpätMA als eigener Typus sozialer Gruppen erkennbar wurden (L. REMLING). Erst diese Gruppenbildungen erklären die rasche Durchsetzung der Friedens- und Rechtsgemeinschaft des Bürgerverbandes. Aber auch in neuen gesch. Situationen wirkt seit dem HochMA der Typus der G. in der Behebung von Zuständen der Desorganisation, so in der Entstehung der Schwureinungen der Magister oder der Magister und Studierenden in →Bologna und →Paris (→Universität) oder bei den Vereinigungen der Handwerksgesellen (→Gesellen) in der Krise des SpätMA. Eine spezielle Form der G. sind die spätma. Schützengilden. Als ständ. Sonderformen seien die Schwureinungen des Ritterstandes (→Rittergesellschaften) und die noch wenig untersuchten G.bildungen von Angehörigen der Unterschichten (Bettlerg.n, →Bettlerwesen) genannt. Eine vielfach eigene Entwicklung kennzeichnet das engl. G.wesen sowie v. a. das des dän. und des skand. Raums, dessen Zusammenhang mit dem kontinentalen bzw. dem mittel- und westeurop. G.wesen derzeit neu erörtert wird.

O. G. Oexle

Lit.: HRG I, 1687ff.; II, 687ff. – O. v. GIERKE, Rechtsgesch. der dt. Genossenschaft, 1868 [Neudr. 1954] – M. PAPPENHEIM, Die altdän. Schutzg.n, 1885 – E. COORNAERT, Les ghildes médiévales, RH 199, 1948, 22–55, 208–243 – R. OBENAUS, Recht und Verfassung der Gesellschaften mit St. Jörgenschild in Schwaben, 1961 – TH. REINTGES, Ursprung und Wesen der spätma. Schützeng.n, 1963 – P. MICHAUD-QUANTIN, Universitas, 1970 – C. WALLIN, Knutsgillena i det medeltida Sverige, 1975 – S. FRÖHLICH, Die soziale Sicherung bei Zünften und Gesellenverbänden, 1976 – O. G. OEXLE, Die ma. G.n, Misc. Mediaevalia 12/1, 1979, 203–226 – Das Handwerk in vor- und frühgesch. Zeit, hg. H. JANKUHN u. a., I (AAG Phil.-hist.Kl. 3. F. 122, 1981) [Beitr. zur Frühgesch. der G.] – W. REININGHAUS, Die Entstehung der Geselleng.n im SpätMA, 1981 – O. G. OEXLE, Die ma. Zunft als Forschungsproblem, BDLG 118, 1982, 1–44 – A. BLACK, Guilds and Civil Society in European Political Thought from the Twelfth Century to the Present, 1984 – G. und Korporation, hg. K. FRIEDLAND, 1984 [Beitr. bes. zum nord. G.wesen] – O. G. OEXLE, Alteurop. Voraussetzungen des Bildungsbürgertums – Universitäten, Gelehrte und Studierte (Bildungsbürgertum im 19. Jh. I, hg. W. CONZE – J. KOCKA, 1985), 29–78 – G.n und Zünfte, hg. B. SCHWINEKÖPER, 1985 – L. REMLING, Bruderschaften in Franken, 1986.

Gildo, Sohn des Nubel, nordafrikanischer Stammesfs. (→Afrika I), * ca. 330, † 398. Kämpfte 373/374 unter Theodosius d. Ä. gegen seinen Bruder Firmus, der sich zum Augustus hatte ausrufen lassen. Als Klient der theodosian. Familie, in die er auch einheiratete, wurde G. 385 zum comes Africae und 393 zum magister utriusque militiae per Africam ernannt. Nach dem Tod →Theodosius' d. Gr. führte auch er, der donatist. Neigungen (→Donati-

sten) hatte, sich zunehmend selbständig auf; er erklärte sich für →Arcadius und erkannte →Stilichos Stellung nicht an. Ende 397 unterbrach er die Getreidelieferungen an Rom, wurde zum hostis publicus erklärt und unter Führung seines vor ihm zu den Römern geflüchteten Bruders Mascezel besiegt und getötet (Claudius →Claudianus, »De bello Gildonico«); Mascezel kam bald darauf in Italien um. Gildos konfisziertes Vermögen erwies sich als so umfangreich, daß ein eigenes Amt, der comes Gildoniaci patrimonii, geschaffen werden mußte (C. Th. 7, 8, 7.9).   W. Schuller

Lit.: KL. PAULY II, 799f. – RE VII, 1360–1363 – PLRE I, 395f. – O. SEECK, Gesch. des Untergangs der antiken Welt V², 1920, 282–290 – STEIN, Bas-Empire I², 231–233 – J. MATTHEWS, Western Aristocracies and Imperial Court A.D. 364–425, 1975, 175, 272f.

Gillebert de Berneville, frz. Lyriker aus dem Artois, wirkte 1255–80. Erhalten sind über 30 Stücke, meistens mit Melodie. G. pflegte hauptsächl. das höf. →chanson, z. T. mit Refrain, aber auch jeux-partis und andere Gattungen. Er stand in Kontakt mit →Karl v. Anjou und mit Heinrich III. v. Brabant und beteiligte sich am →puy v. Arras.   M.-R. Jung

Ed.: A. SCHELER, Trouvères belges du XIIᵉ au XIVᵉ s., I, 1876 [Neudr. 1977] – H. WAITZ (Fschr. G. GRÖBER, 1899) – M. D'HARTOY, 1974 – K. L. FRESCO, 1983 – Bibliogr.: R. W. LINKER, A Bibliogr. of Old French Lyrics, 1979 – Lit.: DLFMA – New GROVE – RIEMANN – A. HENRY, L'œuvre lyrique d'Henri III, duc de Brabant, 1948.

Gilles (s. a. Aegidius)

1. G. le Bouvier →Berry (le Héraut)

2. G. de Chin, Histoire de, anonym. frz. Versroman (5497 gereimte Achtsilber) des 13. Jh.; Prosaübertragung (z. T. inhaltl. verändert) aus dem 15. Jh. Beide Fassungen schildern in einer Mischung aus biograph. Chronik und höf. Roman (mit Elementen ma. antiker und bret. Romane) das legendenhaft ausgeschmückte Leben des hist. Seigneur G. de Chin (aus Chin im Hennegau) bis zu seinem Tode (1137): bes. seine ruhmreichen patriot. Heldentaten sowie seinen Kreuzzug ins Hl. Land. Die idealist. Darstellung exemplar. Ritterlichkeit und höf. Ethik hat z. T. hist. Dokumentationswert (Gesch. des Hennegau; Zeremonien höf. Lebenskultur: Turniere, Feste). Autor des Versromans (entst. 1230/40) ist vermutl. Gautier de Tournai als Bearbeiter einer früheren Fassung (entst. 1163/75, von Gautier de Cordier); die Prosafassung ist ebenso anonym wie der zeitgenöss. Prosaroman »Histoire de Gilion de Trasignyes«, der ihr als Quelle diente.   H.-M. Schuh

Ed.: [Vers]: Baron de Reiffenberg, Roman en vers de G., seigneur de Berlaymont, 1847 – E. B. PLACE, L'Hist. de G. by Gautier de Tournay, 1941 – [Prosa]: R. Chalon, La chronique du bon chevalier messire G., 1837 – L.-P. CORMIER, 1954 – Lit.: DLFMA – GRLMA XI – Repfont – F. LAJARD, G., par Gautier de Tournai, HLF 23, 1856, 395–410 – C. LIÉGEOIS, G., l'hist. de la légende, 1903 – A. WEIL, Die Sprache des G. von Gauthier de Tournay, 1916 – G. DOUTREPONT, Les mises en prose des épopées et des romans chevaleresques du XIVᵉ au XVIᵉ s., 1939 [Neudr. 1969] – L.-P. CORMIER, The Proseversion of G. and the Poem, Culture 20, 1958, 307–314.

3. G. li Muisis OSB, lat. und frz. Autor, * 1272, † 1352. Nach Studien in Paris 1289 Mönch in St-Martin in →Tournai; 1300 Romreise (Niederschlag im »Itinerarium expeditionis Romam); 1331 Abt; erblindet 1348, 1351 geglückte Augenoperation. Die meisten seiner Werke wurden während seiner Blindheit diktiert. Die Originalhss., z. T. mit Miniaturen, sind erhalten. Der »Tractatus primus« betrifft die Abtei St-Martin und die mit Schwierigkeiten verbundene Wahl zum Abt. Der »Tractatus secundus« enthält die consuetudines der Abtei. Der »Tractatus tertius« ist eine Chronik mit Memoiren-Charakter (Ende 13. bis Mitte 14. Jh.); Fortsetzung in Form von Annalen für

1349–53. G. diktierte auch lat. und v. a. frz. Verse hist. und moral. Inhalts über die Stände, Tugenden und Laster, auch autobiogr. »lamentations« und »méditations«. G. ist ohne lit. Ambitionen und ohne geistige Höhenflüge, sein reiches und vielfältiges Werk ist jedoch eine Fundgrube für die »Mentalitätsgeschichte« seiner Epoche.　M.-R. Jung

Ed.: J.-M.-B.-C. KERVYN DE LETTENHOVE, Poésies de G., 1882 – H. LEMAÎTRE, Chroniques und Annales de G., 1906 – *Lit.:* DLFMA – Repfont, s. v. Aegidius – HLF 37, 1938, 250–324 [A. COVILLE] – A. D'HAENENS, BNB 32, 1964, 528–540.

4. G. le Vinier → Guillaume li Vinier

Ginnungagap (an. etwa 'gähnende Kluft'?), in der heidn.-germ. Kosmogonie der Edda (→ Völuspá 3) der kosm. Urraum vor der Erschaffung der Welt; bei → Snorri Sturluson (Gylfaginning 4) ist G. der eisige Gegenpol zum feurigen Muspellsheimr, aus Vereinigung von Elementen dieser Pole entstand das erste Leben. Geograph. dürfte man sich unter G. den Abgrund vorgestellt haben, der jenseits des die Erde umgebenden Ozeans liegt, im Hoch-MA dann die Öffnung, mit der im Westen der Ozean mit dem Atlantik verbunden ist (daher auch G. für die Nordwestpassage auf Guðbrandur Thorlakssons Amerikakarte von 1606).　R. Simek

Lit.: G. STORM, G. i Mythologien og i Geographien, ANF 6, 1890 – J. DE VRIES, G., Acta Philologica Scandinavica 5, 1930/31 – V. H. DE P. CASSIDY, The Location of G. (Scand. Stud. Essays H. G. Leach), 1965.

Ginster (Genista germanica L., G. tinctoria L., Sarothamnus scoparius (L.) Wimm., Spartium junceum L./Fabaceae). Die Namen *genista, g(e)neste, genesta, genster* (STEINMEYER-SIEVERS II, 511, 537, 542; III, 97), *gynst* (Gart, Kap. 196) bezeichnen in Mitteleuropa verbreitete gelbblühende G. arten ebenso wie den nah verwandten Besen-(Sarothamnus scoparius) und Pfriemen(Binsen-)-G. (Spartium junceum L.). Die beiden letzteren, die auch als *brim(m)a, phrime, p(f)rimma, mirica* (STEINMEYER-SIEVERS III,44,96) von anderen G.-arten unterschieden wurden, dienten seit der Antike (Columella, De re rust. IV,13,31; Plinius, Nat.hist.XXI,51,82) als Flechtwerk, zum Aufbinden der Weinreben und Einzäunung. Aus dem Synonym *myrice* (Alphita, ed. MOWAT, 117b) ist zu schließen, daß sich genista auch auf heidekrautartige Gewächse beziehen kann. Die von → Hildegard v. Bingen (Phys. III,50) als *mirica/pruma/pryme* im Buch der Bäume beschriebene, als Lepraheilmittel empfohlene Pflanze ist mit Sicherheit keine G. art! Blüten und Kraut des G. s wurden im MA als zusammenziehendes Mittel bei Blutungen und Dysenterie (Circa instans, ed. WÖLFEL, 61), als harntreibendes Mittel sowie gegen Blasen-, Nierensteine und Podagra (Gart, Kap. 196) angewandt.　Irmgard Müller

Lit.: MARZELL II, 602–611; IV, 110–124, 428.

Giordano (Jordanus) da Pisa, OP, * um 1260 in Pisa, † Aug. 1310 (nach Stilus pisanus 1311) in Piacenza, trat um 1280 in den Dominikanerkonvent S. Caterina in Pisa ein, studierte in den Dominikanerstudien zu Bologna und Paris. 1287 Lector sententiarum in Siena, 1288 in Perugia; 1295 Lector principalis in Viterbo. Lector und Praedicator in S. Maria Novella, Florenz (1303–06). Er hielt in dieser Zeit in Florenz Predigten in der Volkssprache, ebenso im Sept. 1309 während des Provinzialkapitels. In Pisa predigte er 1307–09 über die Genesis. 1303 Praedicator generalis, lehrte und predigte er 1307–09 in Pisa. Vom Generalmeister seines Ordens als Sententiator nach Paris gesandt, starb er in Piacenza. Von seinen Predigten sind 732 Reportationes, von verschiedenen Hörern aufgezeichnet, erhalten. Es handelt sich dabei um das erste große Predigtcorpus in florent. Volgare.　C. Delcorno

Q.: Prediche, ed. D. M. MANNI, 1739 – Prediche sulla Genesi recitate in Firenze nel 1304, ed. D. M. MORENI, 1830 – Prediche recitate in Firenze dal 1303 al 1306, ed. D. M. MORENI, 2 Bde, 1831 – Prediche inedite, ed. E. NARDUCCI, 1867 – Quaresimale fiorentino 1305–1306, ed. C. DELCORNO, 1974 – G. d. P. zugeschrieben werden: I Capitoli della Compagnia del Crocione, ed. G. COEN, 1895 – *Lit.:* C. DELCORNO, G. da P. e l'antica predicazione volgare, 1975 – DERS., Nuovi testimoni della lett. domenicana del Trecento, LI 36, 1984, 577–587 – E. PANELLA, La Cronaca di Santa Caterina di Pisa usa lo stile pisano?, Memorie Domenicane 16, 1985, 325–334, cf. 328.

Giotto di Bondone, Florentiner Maler und Architekt, * wahrscheinl. 1266 in Colle di Vespignano, † 8. Jan. 1337 in Florenz, bedeutendster Künstler an der Wende vom MA zur Renaissance. Außer in Florenz war G. nachweisl. in Assisi, Padua, Rimini, Rom und Neapel tätig. Als bahnbrechender Neuerer, der die Vorherrschaft der byz. Kunst, der »maniera greca«, gebrochen habe, rühmten ihn bereits die Schriftsteller des 14. und 15. Jh. (Dante, Boccaccio, Cennini, Ghiberti). Seine auf Wirklichkeitsbeobachtung, auf erzähler. Vielfalt, auf klar definierte Räumlichkeit der Szenerien, auf eine machtvolle Körperlichkeit und prägnante Gestik der Figuren sowie auf neue, geradezu architekton. streng gefügte Bildordnung gegründete Malerei machte ihn zu dem wichtigsten Wegbereiter der Renaissance, als welchen ihn erstmals Vasari ausdrückl. bezeichnete. Im 20. Jh. wurde daneben verstärkt die neue Bild- und Erzählform, die G. begründet hat, hervorgehoben. Der Lehrer G.s war vermutl. → Cimabue, dessen straffer Bildaufbau, plast. Figurenbildung und dramat. Erzählweise eine wichtige Voraussetzung für G.s neuen Stil gewesen sind. Daneben dürften Nicola → Pisano und → Arnolfo di Cambio, die röm. Antike und möglicherweise auch Pietro → Cavallini G.s Stilbildung beeinflußt haben. – Sicher dokumentiert sind nur verhältnismäßig wenige Werke G.s, zahlreich hingegen diejenigen, die durch Quellen bis ins 14. bis 16. Jh. verbürgt sind, von denen jedoch nicht alle der krit. Sichtung durch die moderne Kunstgeschichte standgehalten haben. Allerdings wurde auch manches authent. Werk der Purifizierung des G.bildes, die bes. im frühen 20. Jh. eine radikale war, geopfert. – Als sicher kann gelten, daß G. seine künstler. Laufbahn, wie zuerst THODE (1887) erkannt hat, um 1290/95 am Obergaden und im ersten Gewölbe des Langhauses der Oberkirche von S. Francesco in Assisi begann (Isaak- und Josephsgeschichte, Passion Christi, Kirchenvätergewölbe). Bald nach 1296 dürfte er, in derselben Kirche, den berühmten Zyklus der Franzlegende begonnen haben, dessen Ausführung, die zu einem großen Teil der Werkstatt überlassen blieb, sich bis kurz nach 1300 hinzog. Noch vor der Franzlegende entstand das Tafelkreuz von S. Maria Novella in Florenz, gleichzeitig mit ihr das 1300 geschaffene Jubiläumsfresko in der Lateranskirche und die signierte Franziskuspala für S. Francesco in Pisa (Louvre). – In den folgenden Jahren, vor 1313, war G. überwiegend in Padua und Rimini tätig (Fresken der Paduaner Arenakapelle, zw. 1303 und 1306 entstanden; große Madonnentafel für Ognissanti in Florenz [heute Uffizien]). Zerstört sind hingegen die damals für die Franziskanerkirchen von Padua und Rimini und für den Palazzo della Ragione in Padua geschaffenen Fresken. – Nach 1315 führte G. für den Kard. Jacopo Stefaneschi das Navicella-Mosaik am Atrium der alten Peterskirche sowie deren Hauptaltarbild (Vatikan. Mus.) aus. Um 1320 schuf er in der Unterkirche von S. Francesco, Assisi, die Fresken im Vierungsgewölbe und im rechten Querarm (Werke der G.-Schule sind hingegen die Fresken der Magdalenenkapelle). – G.s Spätwerk setzt mit den in den 20er Jahren (jedoch vor 1328) geschaffenen Fresken der Peruzzi- und

Bardikapelle in S. Croce in Florenz ein. 1328 von Kg. Robert dem Weisen nach Neapel gerufen, schuf G. die heute nicht mehr erhaltenen Fresken in der Cappella Palatina und im Castel Nuovo und wurde 1330 ehrenvoll unter die Familiaren des Kg.s aufgenommen. Bald nach seiner Rückkehr nach Florenz (1333) dürften die Polyptychen in der Baroncellikapelle (Florenz, S. Croce) und in Bologna (Pinacoteca), die weitgehend Werkstattarbeiten sind, entstanden sein. Am 12. April 1334 wurde G. zum Florentiner Dombaumeister ernannt. Noch im selben Jahr begann man unter seiner Leitung und nach seinem Entwurf (erhalten in der Sieneser Domopera) mit dem Bau des Campanile. Pucci (1337) und Ghiberti (ca. 1450) zufolge soll G. auch die Entwürfe für die von Andrea Pisano ausgeführten Sockelreliefs des Campanile geliefert haben. 1335/36 wurde G. von der Stadt Florenz an den Hof der Visconti in Mailand geschickt. Bald nach seiner Rückkehr starb er und wurde unter öffentl. Ehren im Florentiner Dom beigesetzt. 　　　　　　　　　　　　　　　　　　　　J. Poeschke

Q. und Lit.: R. SALVINI, G. Bibliografia I, 1938 – C. DE BENEDICTIS, G. Bibliografia II, 1973 – G. VASARI, Le vite, ed. G. MILANESI, I, 1878, 369–409 – H. THODE, Franz v. Assisi und die Anfänge der Kunst in Italien, 1885 – F. RINTELEN, G. und die G.-Apokryphen, 1912 – B. KLEINSCHMIDT, Die Basilika San Francesco in Assisi, II (Die Wandmalereien der Basilika), 1926 – G. SINIBALDI–G. BRUNETTI, Pittura toscana del Duecento. Cat. della mostra giottesca 1937, 1943 – T. HETZER, G. Seine Stellung in der europ. Kunst, 1941 – P. TOESCA, Il Trecento, 1951 – C. GNUDI, G., 1959 – M. MEISS, G. and Assisi, 1960 – M. GOSEBRUCH, G. und die Entwicklung des nz. Kunstbewußtseins, 1962 – D. GIOSEFFI, G. architetto, 1963 – G. PREVITALI, G. e la sua bottega, 1967 – Giotto e Giotteschi in Assisi, hg. G. PALUMBO, 1969 – G. di Bondone, mit Beitr. v. M. GOSEBRUCH, u. a., 1970 – G. e il suo tempo. Atti del Congr. internaz. 1967, 1971 – M. IMDAHL, G. Arenafresken, 1980 – L. BELLOSI, La pecora di G., 1985 – J. POESCHKE, Die Kirche San Francesco in Assisi und ihre Wandmalereien, 1985.

Giovanni (s. a. Johann, -es)

1. G. di Balduccio, Bildhauer, 1317/18 in Pisa nachgewiesen, Schüler des Giovanni →Pisano, in den 1330er und 1340er Jahren in Mailand und der Lombardei tätig. Zum pisan. Formengut fügt er Eindrücke aus dem Figurenschatz und Stil des →Tino da Camaino und vermittelt die toskan. Bildhauerkunst an die Oberitaliener, wie z. B. die Arca di S. Agostino 1362 in Pavia zeigt. B.s erhaltenes Hauptwerk ist die figurenreiche, signierte, 1339 datierte Arca di S. Pietro martire in S. Eustorgio in Mailand. Vom Hochaltar in S. Domenico in Bologna, um 1320/25 sind nur Fragmente erhalten. 　　　　　　　　　　　　　A. Reinle

Lit.: PKG VI, 342, 356 – W. R. VALENTINER, Notes on G. di B. and Trecento sculpture in Northern Italy, The Art Quarterly 10, 1947, 57ff. – J. POPE-HENNESSY, It. Gothic Sculpture, 1955, 29ff., 199ff. – R. CIPRIANI – G. A. DELL'AQUA – F. RUSSOLI, La Cappella Portinari in Sant'Eustorgio a Milano, 1963.

2. G. di Brienne → Sizilian. Dichterschule

3. G. delle Celle (G. da Catignano) sel., * um 1310 in Florenz, † höchstwahrscheinl. 10. März 1396; trat in den →Vallombrosaner Orden ein und wurde Abt des Kl. S. Trinita. Sein Interesse für nekromant. Schriften, deren Lektüre den Religiosen streng untersagt war, trug ihm ein Jahr harte Buße in Klosterhaft ein, dessen Zeitpunkt (vor seiner Abtwahl oder während seiner Amtszeit) nicht gesichert ist. Das Bewußtsein seiner Schuld und die Erfahrung der Einsamkeit veranlaßten ihn, nachdem er Vergebung erlangt hatte, sich in den Eremus delle Celle bei Vallombrosa zurückzuziehen, wo er ungefähr 40 Jahre lebte. Seine Spiritualität wird v. a. aus seinem umfangreichen Briefwechsel deutlich. Er stand mit einigen der bedeutendsten Persönlichkeiten seiner Zeit in Verbindung: unter anderem mit →Simon (Fidati) v. Cascia, Lapo Mazzei, Frances-

co di Marco →Datini und der von ihm hochverehrten →Katharina v. Siena, von der zwei Briefe an G. erhalten sind. Viele Werke wurden ihm – mehr oder weniger fundiert – zugeschrieben, darunter die Übersetzung der »Summa de casibus« des Bartholomaeus de S. Concordio (→16. B.). Seine v. a. von monast. Askese und dem Streben nach Seelenfrieden geprägte Religiosität zeigte sich dennoch allen neuen spirituellen Erfahrungen seiner Zeit gegenüber offen. 　　　　　　　　　　　　　G. Barone

Lit.: Bibl. SS VI, 657–660 – DSAM VIII, 327f. – Teiled.: B. SORIO, Lettere del B.G. d. C., 1845 – P. CIVIDALI, Il beato G. d. C., 1907 – G. PETROCCHI, Ascesi e mistica del Trecento, 1957, 201–231.

4. G. Dominici → Dominici, Giovanni

5. G. (da) Fontana, * um 1395, † um 1455. Ven. Arzt, Verfasser von naturwiss. Abhandlungen mit bes. Schwerpunkt auf Kriegskunst, Technik und prakt. Anwendung von Mathematik und Physik. Sein bedeutendstes erhaltenes Werk ist das im weiteren Sinne kriegswiss. Skizzenbuch »Bellicorum instrumentorum liber« (München, Clm 197) mit Darstellungen von →Automaten, Raketen, Torpedos, Laterna magica, Bagger, etc. 　　　G. Jaritz

Lit.: L. THORNDIKE, An unidentified work by G. da' F.: Liber de omnibus rebus naturalibus, Isis 15, 1931, 31–46 – A. BIRKENMAJER, Zur Lebensgesch. und wiss. Tätigkeit von G.F. (1395?–1455?), Isis 17, 1932, 34–53 [Nachdr. Études d'hist. des sciences et la philos. du MA, 1970, 529–549] – M. CLAGETT, The Life and Work of G.F., Ann. dell'Ist. e Mus. di storia delle scienze di Firenze 1, 1976, 5–28.

6. G. da Lignano → Johannes de Lignano

7. G. di Lugio, it. Katharer, * um 1180/1200 in der Lombardei, höchstwahrscheinl. in Bergamo, † nach 1260, gehörte der radikalen Katharerkirche v. →Desenzano an, »stärkster Dialektiker und tiefster theol. Denker des Katharertums« (R. MANSELLI). Seine Lehre wird in Ranieri →Sacconis »Summa de catharis« relativ ausführl. behandelt. G. gilt allgemein als Verfasser des »Liber de duobus principiis«. Ein Kernpunkt dieses Werks ist die Polemik, ob den Engeln eine freie Willensentscheidung (»liberum arbitrium«) zustehe. Nach der Ansicht des Verfassers ist die Lehre der gemäßigten Katharer, das Böse in der Welt gehe nicht auf die Existenz zweier ewiger Prinzipien – Gott, das absolut Gute und der Fürst des Bösen, das absolut Böse – zurück, sondern auf eine Rebellion der Engel gegen Gott, beruhend auf freier Willensentscheidung, als irrig anzusehen. Er geht vielmehr davon aus, daß die Engel, von Gott als vollkommene Wesen erschaffen, die unfähig seien, etwas Böses zu tun, von vornherein nur das Gute wählen konnten. Das Böse gehe daher folgerichtig auf ein Prinzip des Bösen zurück; demnach könne nur der Ansatz der radikalen Katharer eine gültige doktrinale Lösung der Glaubensprobleme bieten. G. v. L. wurde um 1250 Nachfolger des Katharerbf.s Bellesmanza. Nach 1260 ist er nicht mehr belegt. 　　　　　E. Pásztor

Lit.: CH. THOUZELLIER, Livre des deux principes, 1973 – R. MANSELLI, L'eresia del male, 1980², 237–240.

8. G. da Marignolli → Marignolli

9. G. di Pian del Carpine → Johannes de Plano Carpini

Gips (gr. γύψος; lat. gypsum), aus aramäisch *gaṣṣā*; arab. *ǧaṣṣ (ǧiṣṣ)*. Beleg bei Theophrast (64ff.) und Dioskurides (V, 116), wird der Stoff gypsum (Plin. 36, 186f.; Isidor XVI, 3.9.) in der Antike und im MA häufig erwähnt. Als *Gybsz, Gybs* ist der Name seit dem 12. Jh. im Dt. belegt. Er bezeichnet seit der Antike sowohl das natürl. Mineral (wasserhaltiges Kalziumsulfat) wie auch das durch Brennen wasserarm zum »Gipsen« hergerichtete Produkt. Doch sind Verwechslungen mit dem als verwandt empfundenen Kalk deutlich. Noch Agricola (1546) schreibt dem Anrühren von G. Hitzeentwicklung zu, die jedoch nur mit Kalk entsteht. Der blättrige durchsichtige G. hieß im MA Lapis specularis, Fraueneis, Marienglas. Alabaster und Selenites wurden noch lange dem G. verwandt gedacht. Doch ist in der materiellen, bes. Kunst- und Baustoffverwendung des G.es im schriftarmen Handwerk des MA eine durch Fakten belegte intensive Nutzung und Kenntnis des Materials zu erkennen.   G. Jüttner

Lit.: H. LÜSCHEN, Die Namen der Steine, 1979, 225f. – D. GOLTZ, Stud. zur Gesch. der Mineralnamen in Pharmazie, Chemie und Medizin von den Anfängen bis Paracelsus, SudArch, Beih. 14, 1972, 19, 55, 68, 74f.

Giraffe, im Altertum als Importtier unter dem griech. Lehnwort »camelopardalis« (als angebl. Kreuzungsprodukt aus Kamel und Leopard) und seit 46 v. Chr. unter dem aethiop. Namen »nabu(s)« bekannt (KELLER, 284f.; TOYNBEE, 127ff.; vgl. BODENHEIMER, 49). Thomas v. Cantimpré (4,6) bezeichnet sie (anders als Isidor, etym. 12,2,19: camelopardus) unter Berufung auf die plinian. Beschreibung (n.h. 8,69; vgl. Solin. 30,19) als »anabulla«. Neu ist nur der Hinweis auf das kostbare Fell (vgl. Vinc. 19,3). Albertus Magnus (22,16: anabula) fügt die längeren Vorderbeine, den überlangen Hals, den arab. (und it. = giraffa) Namen »seraph« (vgl. 14,27) und die Haltung einer G. durch Ks. Friedrich II. (HASKINS, 255) hinzu. Quelle ist das Zusatzkapitel des Thomas (4,34: oraflus = Albert. 22,127 = Vinc. 19,97: orasius) mit neuen Motiven (Sultan v. Babylon als Schenker, Gesamthöhe der ihre Schönheit gerne zur Schau stellenden G. 20 Ellen).
                                                        Ch. Hünemörder

Q.: →Albertus Magnus – →Isidorus v. Sevilla – Solinus, Collectanea rerum memorabilium, ed. TH. MOMMSEN, 1895² [Neudr. 1958] – →Thomas v. Cantimpré – →Vinzenz v. Beauvais – *Lit.:* O. KELLER, Die antike Tierwelt I, 1909 [Neudr. 1963] – CH. H. HASKINS, Stud. in the hist. of Mediaeval Science, 1924 [Neudr. 1967] – B. LAUFFER, The G. in History and Art, 1928 (Chicago Field Mus. Nat. Hist., Leaflet 27) – F. S. BODENHEIMER, Animal and Man in Bible Lands, 1960 (Coll. de travaux de l'Acad. Internat. d'Hist. des Sciences 10) – J. M. C. TOYNBEE, Tierwelt der Antike, 1983 (Kulturgesch. der antiken Welt, 17).

Giraldus Cambrensis (eigtl. G. de Barry), * ca. 1146 in Manorbier Castle, Pembrokeshire (SW Wales), † 1223 in Lincoln, bedeutender und vielseitiger Schriftsteller. Nachkomme sowohl walis. als auch norm. Adliger, geriet ihm diese Abstammung zum persönl. Nachteil hinsichtl. seiner erwünschten Laufbahn, gab ihm aber zugleich ungewöhnl. Einblicke in die Gesellschaft seiner Zeit. Studium in Paris ca. 1165–74 und 1177–79 unter →Petrus Cantor, →Petrus Comestor u. a. G. kandidierte zweimal (1176, 1198) für das Amt des Bf.s v. →St. David's (Menevia) in Wales, scheiterte aber aufgrund seiner Abstammung, obwohl oder vielleicht weil er am engl. Kg.shof bekannt war. Während seiner zweiten Kandidatur (1198–1203) betrieb er intensiv, freilich erfolglos, die Erhebung von St. David's zum Ebm., was die Herauslösung der walis. Kirche aus dem Metropolitanverband von →Canterbury bedeutet hätte. Dabei kamen auch nationalpolit. Probleme zur Sprache.

Besuche bei seinen Verwandten in Irland wurden zum Anlaß für seine bedeutenden Werke zur ir. Geschichte und Ethnographie (»Topographia Hibernica«, »Expugnatio Hibernica«); eine Rundreise durch Wales als Begleiter von →Balduin, Ebf. v. Canterbury, zur Kreuzzugspredigt 1188 wurde der Anlaß zu Werken über walis. Geschichte und Ethnographie (»Itinerarium Kambriae«, »Descriptio Kambriae«). Die Werke über →Wales und →Irland sind seine größte und originellste Leistung und blieben im MA unübertroffen.

Bedeutend ist ferner seine fragm. erhaltene Autobiographie (»De rebus a se gestis«) sowie die scharfe Kritik an unangemessenen Verhalten seines gleichnam. Neffen (»Speculum Duorum«). Sein Bemühen um die Wahl zum Bf. bzw. Ebf. v. St. David's dokumentierte er retrospektiv umfangreich (»De iure et statu Menevensis ecclesiae«; »De Invectionibus«). Hier bietet er z. T. singuläre Zeugnisse. Seine theol. und hagiogr. Werke sind unoriginell.

Gegen Ende seines Lebens, das er verbittert in Lincoln verbrachte, rechnete er mit dem ihm persönl. bekannten Herrscherhaus der →Plantagenêt in scharfer Form ab (»De principis instructione liber«; →Fürstenspiegel, B.V). Er unterstützte die Kandidatur des kapet. Prinzen Ludwig während des engl. Bürgerkrieges am Ende der Herrschaft Johanns; allerdings war er bereits so unbedeutend geworden, daß ihm die Niederlage seines Favoriten nicht mehr schadete. Das Amt des Archidiakon v. Brecon (Bm. St. David's), das G. selbst durch Nepotismus erhalten hatte, gab er später zugunsten seines gleichnamigen Neffen auf u. war danach nur noch Kanoniker in Lincoln.   M. Richter

Q. und Lit.: Repfont V, 1984, 142–147 [umfassend] – M. RICHTER, G. C. The Growth of the Welsh Nation, 1974² – R. BARTLETT, Gerald of Wales, 1982 – R. R. DAVIES, Conquest, Coexistence and Change. Wales 1063–1415, 1987, passim.

Girart d'Amiens, frz. Autor, für den Hochadel tätig. »Escanor« (1277–82; 2 Fragm. 13.Jh., 1 Hs. Anfang 14.Jh.), einer der letzten Artusromane (→Artus) von gegen 26000 Achtsilbnern mit lyr. Einschüben, wurde für die Kgn. v. England, Eleonore v. Kastilien (→Eleonore 5.), geschrieben. Er berichtet v. a. die Taten von Keu und Gauvain (→Gawain). Der Abenteuerroman »Méliacin« (1285; 5 Hss., Ende 13. und Anfang 14.Jh., alle mit Miniaturen) behandelt in über 19000 Achtsilbnern, ebenfalls mit lyr. Einschüben, das gleiche Thema wie der »Cléomadès« von →Adenet le Roi. Die Geschichte vom fliegenden Holzpferd geht auf eine Erzählung von 1001 Nacht zurück. »M.« wurde für die frz. Kg.shof um Blanche de France (→Blanca 6.) geschrieben. Zwei Miniaturen stellen die Hofgesellschaft dar. »Charlemagne« (1303–06; 3 Hss. Anfang 14.Jh.) gibt sich als Fortsetzung der »Berte aus grans piés« (→Adenet le Roi; →Bertha) und erzählt in über 23000 Alexandrinern die Legende →Karls d. Gr. und seiner Paladine Roland (→Rolandsepen), Naime und →Ogier le Danois; auf die »Karlsreise« nach Konstantinopel folgt noch der Pseudo-Turpin (nach den Grandes →Chroniques de France). Neben der Chronik von Philippe →Mousquet ist der »Ch.« der einzige frz. Text mit einer vollständigen legendären Biographie Karls. Er entstand im Auftrag von →Karl v. Valois, dem Bruder des Kg.s →Philipp IV. Die drei Werke G.s, deren lit. Wert umstritten ist, geben Aufschluß über den lit. Geschmack der Auftraggeber. Die zeitgenöss. Hss. sind gute Zeugnisse der Buchproduktion um 1300. Die Nachwirkung war gering.   M.-R. Jung

Ed.: »Escanor«: H. MICHELANT, 1886 – »Méliacin«: P. AEBISCHER, 1974 [Teil-Ed.], A. SALY, 1977 (Lille-Thèses) – *Lit.:* DLFMA – GRLMA III und IV – »Escanor«: P. NOBLE, The unexpected Hero – The Role of Kay in E. (Courtly Romance, hg. G. R. MERMIER, 1984), 161–168 – B. SCHMOLKE-HASSELMANN, E. und Meliador (Spätma. Artuslit., hg. K. H. GÖLLER, 1984), 41–52 – E. SCHULZE-BUSACKER, Gauvain, li malparlier – le rôle de G. dans le roman d'E. (Lancelot, Yvain et Gauvain, hg. RIBARD et alii, 1984), 113–123 – »Méliacin«: A. SALY, Les sources du M. de G., Travaux de linguistique et de litt. 17, 2, 1979, 23–46 – DIES., Les mss. du M. de G., ebd., 18, 2, 1980, 23–35 – DIES., Les proverbes dans le M. de G. (Richesse du proverbe, I, hg. F. SUARD – C. BURIDANT, 1984) – DIES., La chanson dans le M., Travaux de ling. et de litt. 23, 2, 1985, 7–23 – »Charlemagne«: DIES., La date du »Ch.« de G. (Au carrefour des routes d'Europe: La Chanson de geste, 2, 1987), 975–981.

Girart de Roussillon, Chanson de geste des 12. Jh., schildert die Auseinandersetzung zw. Girart, dem Sohn Drogons de Bourgogne und seinem Souverän Karl Martell. In der Schlacht v. Vaubeton besiegt, werden G. und seine Frau Berta, die Schwester der Kgn. in die Verbannung geschickt. Seiner Lehen verlustig, lebt er 20 Jahre als Köhler im Ardennenwald. Danach kehrt er heiml. nach Frankreich zurück und söhnt sich, dank der Hilfe der Kgn. mit Karl Martell aus. Den Abschluß der Dichtung bildet die Gründung der Basilika v. Vézelay. Der Titelheld der Chanson wurde als Gf. →Gerhard II., Dux v. →Vienne († 879), identifiziert. Der Text ist in verschiedenen Redaktionen überliefert: 1. die älteste Dichtung in 10000 gereimten Zehnsilbern, in drei Hss., in einer Mischsprache (altprov. mit altfrz. Einsprengseln); 2. eine Version des 14. Jh. in Alexandrinern; 3. Prosafassung des Jean Wauquelin (1447); 4. Prosafassung, in den Charles Martel des David Aubert eingefügt; 5. eine lat.; 6. Bearbeitungen in anderen Sprachen. Die G.-Legende spielte eine wichtige Rolle bei der Ausbildung eines nationalen Bewußtseins im Hzm. →Burgund des 15. Jh. L. Rossi

Ed. und Bibliogr.: 1. G. de R., chanson de geste, éd. W.M.HACKETT, 3 Bde, 1953–55 (SATF) – 2. E.B. HAM, G. de R., poème bourguignon du XIVe s., 1939 – 3. Chronicques des faiz Monseigneur G. de R., éd. L. DE MONTILLE, 1880 – 4. uned., vgl. P. MEYER, 1884 – 5. P. MEYER, Romania VII, 1878, 167–179 – 6. A. H. KAPPE, Une version noroise du prélude de G. de R., Romania LIV, 1928, 266–271 – *Lit.:* P. MEYER, G. de R., chanson de geste traduite pour la première fois, 1884 – J. BÉDIER, Les légendes épiques II, 1–95 – R. LOUIS, De l'hist. à la légende, 3 Bde, 1946–47 – M. PFISTER, Lexikal. Unters. zu G. de R., 1970 (Beih. ZRPh 122) – La Chanson de Geste et le Mythe Carolingien (Mél. R. LOUIS, 1982; Lit.).

Girāy, Ḥāǧǧī → Ḥāǧǧī Girāy

Girolamo da Cremona, bedeutender lombard. Miniaturist, der 1461 von der Mgfn. v. Mantua, Barbara v. Brandenburg, mit der Ausstattung eines von Belbello da Pavia begonnenen Missales beauftragt wurde, Hauptwerke der it. Renaissance-Buchmalerei in Zusammenarbeit mit →Liberale da Verona u. a. in den Chorbüchern für die Domopera während zweier Aufenthalte in Siena 1470 und 1472–74 (Siena, Libreria Piccolomini) schuf und später in der Certosa di Maggiano bei Siena sowie in Florenz und Venedig nachweisbar ist. Sein im ferrares.-paduan.-mantuan. Kunstkreis ausgebildeter Stil, der sich im Ornamentalen durch dichtes, metall. schimmerndes Rankenwerk sowie durch Zufügung von Perlen, Edelsteinen und Pretiosen in den Bordüren auszeichnet, zeigt sich im Figürlichen vorrangig von →Mantegna beeinflußt, der G. persönl. dem Hof v. Mantua empfahl. Die meisten zugewiesenen Tafelbilder erwiesen sich als Werke des Liberale da Verona, dessen buchkünstler. Arbeiten eine intensive Beeinflussung beider Künstler dokumentieren, wodurch eine Tätigkeit G.s in diesem Genre nicht gänzl. ausgeschlossen wird. J. M. Plotzek

Lit.: M. LEVI D' ANCONA, Postille a G. da C. (Studi di bibliogr. e di storia in on. di TAMMARO DE MARINIS 3, 1964), 45ff. – DIES., The Wildenstein Collection of Illuminations. The Lombard School, 1970, 61ff. – M. G. CIARDI DUPRÉ, I corali del Duomo di Siena, 1972 – F. BISOGNI, Liberale o G.?, Arte Illustrata 6, 1973, 400ff. – M. RIGHETTI, Indagine su Gerolamo da C. miniatore, Arte Lombarda 12, 1974, 33ff. – H.-J. EBERHARDT, Die Miniaturen von Liberale da Verona, G. da C. und Venturino da Milano in den Chorbüchern des Domes v. Siena. Dokumentation, Attribution, Chronologie [Diss. Berlin 1972], 1983 – DERS., Sull' attività sienese di Liberale da Verona, G. da C., Venturino da Milano, Giovanni da Udine e Prete Carlo da Venezia (La miniatura italiana tra Gotico e Rinascimento I. Atti del II Congr. di Storia della miniatura italiana Cortona 24–26 sett. 1982, 1985), 415ff. – A. GARZELLI, Miniatura fiorentina del Rinascimento 1440–1525, I, 1985, 203ff.

Girón, Geschlecht des kast. Hochadels, das eng mit den bedeutenden (Téllez de) →Meneses verwandt war, gegen Ende des 12. Jh. in der Person des *Rodrigo Gutiérrez* oder *González*, des Mayordomos Kg. Alfons' VIII. v. Kastilien, faßbar wird, und dessen Besitzschwerpunkt in der Tierra de Campos und der →Merindad v. Carrión lag. Heiratsverbindungen mit den →Haro und →Lara festigten die Stellung der Familie innerhalb des Hochadels, bis unter der Regierung Alfons' XI. v. Kastilien die Eheschließung zw. *Gonzalo Ruiz IV.* und María Téllez de Meneses neue Perspektiven eröffnete. Gegen Ende des 14. Jh. verband sich ein G.-Zweig mit den aus Portugal zugewanderten Acuña (Eheschließung der *Teresa Téllez* G. mit Martín Vázquez de Acuña). Beide wurden die Großeltern von Juan →Pacheco, dem Marqués v. Villena, und *Pedro Girón,* dem Großmeister des Calatravaordens. L. Vones

Lit.: G. Gudiel, Compendio de algunas Historias de España, donde... se da noticia de la antigua familia de los Girones..., Alcalá 1577 – S. DE MOXÓ, De la nobleza vieja a la nobleza nueva, Cuadernos de Hist. 3, 1969, 72–77 – J. GONZÁLEZ, Reinado y diplomas de Fernando III, I, 1980, 156–161.

G., Pedro, Großmeister des Ritterordens v. →Calatrava 1445–66, * um 1423 in Belmonte, † 2. Mai 1466 in Villarrubia, entstammte als Sohn des Alfonso Téllez G., Herrn v. Frechoso, und der María de Pacheco, Eigentümerin von Belmonte, einer Ende des 14. Jh. aus Portugal zugewanderten Adelsfamilie und erlebte gemeinsam mit seinem Bruder Juan →Pacheco, dem nachmals mächtigen Marqués von →Villena, als Neffe des einflußreichen Toledaner Ebf.s Alfonso →Carrillo de Acuña seinen Aufstieg unter der Regierung Johanns II. von Kastilien und seines Ratgebers Alvaro de →Luna. Schon früh in den Haushalt des Infanten Heinrich (IV.) v. Kastilien gelangt, diente er als Page, bald als *camarero mayor,* erhielt umfangreiche Güter und Einkünfte in Andalusien und wurde am 21. Aug. 1444 zum →*Alguacil Mayor* von Medina del Campo bestellt. Der innerkast. Machtkampf zw. Johann II. v. Navarra (→Johann II. v. Aragón) und Luna trug ihm nach der Entscheidungsschlacht v. →Olmedo den Maestrazgo des Ordens v. Calatrava ein. Am 19. Sept. 1445 wurde er als Nachfolger des abgesetzten Alfons v. Aragón, eines illegitimen Sohnes Johanns v. Navarra, zum Ordensmeister gewählt und vom Kg., vom Vertreter des Abtes v. →Morimond und vom Papst (9. Jan. 1446) bestätigt. Obwohl Alfons v. Aragón seine Ansprüche innerhalb des Ordens aufrechterhielt und ihm somit der Zugang zu den Besitzungen in Aragón und Valencia versperrt blieb, ermöglichte es ihm seine Stellung, in den folgenden Jahrzehnten eine führende Rolle in der kast. Innenpolitik zu spielen und v. a. nach dem Sturz Lunas (1453) und dem Beginn des Bürgerkriegs (1464) an der Seite seines Bruders entscheidenden Einfluß zu gewinnen. Als für ihn sogar eine königsgleiche Stellung durch die angestrebte Heirat mit der Infantin →Isabella (der Kath.), der Schwester Kg. Heinrichs IV., in greifbare Nähe gerückt war, verstarb er überraschend. Aus einer Verbindung mit Isabel de las Casas stammten seine Kinder, die er von der Kurie legitimieren ließ. Den Hauptteil seines riesigen Besitzes – er hatte v. a. im Ebm. Sevilla eine intensive Territorialpolitik getrieben – hinterließ er als →Mayorazgo seinem ältesten Sohn Alfonso Téllez Girón. Von seinem jüngsten Sohn Juan Téllez Girón stammen die Hzg. e v. Osuna (seit 1562), Gf. en v. Ureña und Marqueses v. Peñafiel ab. L. Vones

Lit.: G. Gudiel [s. o.] – F. DE UHAGÓN, Ordenes militares. Discursos leídos ante la Real Acad. de la Hist. 1898 – J. F. O'CALLAGHAN, Don P. G., Master of the Order of Calatrava, 1445–1466, Hispania 21, 1961, 342–390 [auch in: DERS., The Spanish Military Order of Calatrava and its Affiliates, 1975, Nr. VIII] – M. A. LADERO QUESADA, Andalucía en el siglo XV, 1973, 33–37 – L. Suárez Fernández, Nobleza y Monarquía, 1975² – W. D. Phillips, Jr., Enrique IV and the Crisis of Fifteenth-Century Castile 1425–1480, 1978 – E. Solano Ruíz, La Orden de Calatrava en el siglo XV, 1978, 84ff. – Hist. de Andalucía III, 1981, 130f. – I. Atienza Hernández, Aristocracía, poder y riqueza en la España Moderna. La Casa de Osuna, Siglos XV–XIX, 1987.

Giroverkehr (von it. *girare*), von den it. lokalen Banken und den im internationalen Geschäft tätigen *mercanti-banchieri* geschaffen (→Bankwesen). Diese Institution beinhaltet, daß der Geldwechsler Depositen annahm und Bezahlungen vom Konto des einen Kunden auf das eines anderen vornahm und solche Zahlungen auch über einen Bankier tätigte. Er ersparte durch diesen Giro – weil er auf das umständl. Zahlungsmittel der Münze verzichtete – Kosten und Zeit und wirkte außerdem mittels des Kredits geldschöpfend, was der expandierenden Wirtschaft zugute kam. Am frühesten (um 1200) ist der G. für Genua belegt, am deutlichsten sichtbar wurde er bei den *Banchi di Scritta* in →Venedig. Seit Anfang des 14. Jh. saßen auf dem Campo di S. Giacomo am Rialto 8–10 banchieri hinter ihren banchi. Im 15. und 16. Jh. waren es noch 3 oder 4. Nach F. C. Lane hatten die 3 um 1500 tätigen Banken etwa 4000 Depositanten. Solche lokalen Banken gab es auch in auswärtigen Besitzungen Venedigs, z. B. in Tana (1410). Nach L. →Pacioli (1494) hatte die *ditta del bancho* denselben Wert als öffentl. Zahlungsmittel wie ein →Notariatsinstrument. Die Zahlung geschah durch mündl. Anweisung an den Bankier, der den Auftrag in seinem Giornale registrierte. Erfolgte eine Zahlung zw. zwei Klienten, dann sollten beide anwesend sein, doch nahm man davon bei Gelegenheit Abstand. Ebenfalls nach Pacioli konnte der Bankier für seine Überweisung eine Gebühr verlangen, doch ist kein Dokument erhalten, das dies bestätigt.

In Florenz lag das Girogeschäft einmal bei den Mitgliedern der Arte di Cambio. Quantitativ läßt sich die Verbreitung des G.s nicht feststellen, doch ist erwiesen, daß im 15. Jh. viele Leute Konten bei Bankiers hatten und daß Arbeiter über ihr Konto bei der Bank ihres Arbeitgebers bezahlt wurden (R. A. Goldthwaite). Erfolgte der Auftrag auch hier anfangs mündl. vor der Tavola des Bankiers, so entwickelte sich daraus der schriftl. Auftrag (*Polizza* im Sinn des späteren Schecks). Ein Dokument von 1475 zeigt nach M. Spallanzani, daß durch mündl. Auftrag auch auf das Konto einer vierten Partei bezahlt werden konnte, was auf das Indossament hinweise, doch ist aus dieser Zeit noch kein schriftl. Beleg erhalten. Den frühesten Beleg für das (schon früher übliche) *conto corrente* fand F. Melis für das Jahr 1415 bei der Bracci-Gesellschaft in Arezzo. Für die Pisaner Gesellschaften, die seit Ausgang des 13. Jh. meist als Filialen der Florentiner tätig waren, konnte er den schriftl. Auftrag mittels der *lettera di pagamento a distanza* (also im Sinn der Polizza) für die Mitte des 14. Jh. nachweisen, wobei er den Unterschied zu Venedig betonte.

Für Neapel zeigte M. Del Treppo anhand der Strozzibank (1473, 1476), daß die *detta piana* (von 'dire') in Geschäftskreisen für eine Girooperation im Sinne einer Obligation gebraucht und damit negotiabel wurde. Ebenso wie Venedig wurde Neapel in diesem Zusammenhang als »grande fiera permanente« gekennzeichnet.

Außerhalb Italiens war der G. einmal bei den *Taulas de Cambis* an der Ostküste Spaniens (Barcelona, Valencia) üblich, wobei H. Lapeyre die mündl. Anweisung des *girament* mittels des Verbs *dir* (kast. *decir*) betonte. Der daneben vorkommende Hinweis, *fuera de banco* (oder *cambio*) zu zahlen, bezeugt, daß auch in Kastilien, bes. auf den Messen, der G. üblich wurde. Die Übernahme der Institu-

tion in Flandern (→Brügge, Antwerpen) lag bei dem dortigen Einfluß der mediterranen Kaufleute ebenso nahe wie in Oberdeutschland (vgl. hier die Wechselstuben, die Verwendung der Ordensklausel [B. Kirchgässner] und die Musterbuchhaltung des M. Schwarz sowie die Fuggersche Inventur von 1527). Von Brügge und den Italienern angeregt, verbreitete sich der G. auch im hans. Bereich, so (R. Sprandel) schon beim Lübecker Hermann Warendorp (1330–35). Vgl. auch →Buchgeld.

H. Kellenbenz

Lit.: A. Weitnauer, Ven. Handel der Fugger (Stud. zur Fugger-Gesch. 9, 1931) – R. de Roover, Business, Banking and Economic Thought in Late Medieval and Early Modern Europe, hg. J. Kirshner, 1974 – R. Sprandel, Das ma. Zahlungssystem nach hans.-nord. Q. des 13.–15. Jh., 1975 – M. Spallanzani, A Note on Florentine Banking in the Renaissance Orders of Payment and Cheques, Journal of European Economic Hist. 7, 1978, 145–168 – The Dawn of Modern Banking, hg. R. S. Lopez, 1979 – H. Lapeyre, La Taula de Cambis…, 1982 – F. Melis, L'economia fiorentina del Rinascimento, a cura di B. Dini (Ist. Internat. di Storia Economica F. Datini, Prato. Opere sparse di F. Melis 4, 1984) – R. A. Goldthwaite, Local Banking in Renaissance Florence, Journal of European Economic Hist. 14, 1985, 5–55 – F. C. Lane–R. B. Mueller, Money and Banking in Medieval and Renaissance Venice, I: Coins and Money of Account, 1985 – W. v. Stromer, Funktionen und Rechtsnatur der Wechselstuben als Banken im internat. Vergleich (Ist. Internaz. di Storia Economica F. Datini, Prato Pubbl. Ser. II, Atti 4, Credito, Banche e Investimenti sec. XIII–XX, a cura di A. V. Marx, 1985), 229–254 – M. del Treppo, Aspetti dell'attività bancaria a Napoli nel'400 (Atti del Convegno di Studi nel X anniversario della morte di F. Melis, 1985), 557–601 – F. Melis, La Banca Pisana e le Origini della Banca moderna, a cura di M. Spallanzani (Ist. Internat. di Storia Economia F. Datini, Prato, Opere sparse di F. Melis 5, 1987) – R. C. Mueller, Banchi locali a Venezia nel tardo medievo, Studi storici n. 1, 1987, 145–155 – B. Kirchgässner, Wirtschaft–Finanzen–Gesellschaft, Ausgew. Aufsätze, 1988 – H. Kellenbenz, Die Fugger in Spanien und Portugal (bis 1560) [im Druck].

Gisela

1. G. (Ghysela, Gisla), Tochter Kg. Pippins und der Bertrada, Schwester Karls d. Gr. (→Karolinger), * 757, † 810 in Chelles, ◻ ebd. Sie war wie ihr Bruder Karl, der sie nach dem Zeugnis Einhards (Vita Karoli cap. 18) »similiter ut matrem« ehrte, mit den artes liberales vertraut und wegen ihrer Bildung hochgeschätzt. Als junge Prinzessin noch zu Lebzeiten ihres Vaters vom byz. Ks. Konstantin für seinen Sohn (Cod. Carol. ep. 38), nach 768 vom langob. Kg. Desiderius als Braut für seinen Thronfolger (Cod. Carol. ep. 47) umworben, entschied sie sich bereits »in puellaribus annis« (Vita Karoli cap. 18) für das klösterl. Leben und trat in das Kl. →Chelles bei Paris ein, dem sie bis zu ihrem Lebensende als Äbt. vorstand. Von hier aus blieb sie in engem Kontakt mit dem Karlshof und der Hofgesellschaft, insbes. mit →Alkuin, dessen Freundeskreis sie unter dem Pseudonym 'Lucia' angehörte. Mit ihm unterhielt sie einen lebhaften Briefwechsel (MGH Epp. Karol. IV, nr.15, 84, 154, 195, 196, 213, 214, 216, 228), der ihre intensive Teilnahme an den geist. Bestrebungen des Karlshofes dokumentiert. Alkuin hat ihr (und ihrer Nichte →Rotrud) seinen Kommentar zum Johannesevangelium gewidmet, den er im wesentl. auf ihre Anregung hin geschrieben hat (MGH Epp. Karol. IV nr.196, 213).

J. Fleckenstein

Lit.: JDG Pippin, 1871 [L. Oelsner] – B. Bischoff, Die Kölner Nonnenhss. und das Skriptorium von Chelles (Karol. und otton. Kunst. Forsch. zur Kunstgesch. und Chr. Archäologie, III, 1957), 395ff. – J. Fleckenstein, Karl d. Gr. und sein Hof (Braunfels, KdG I, 1965), 24ff.

2. G. (Gisla), Tochter Ks. Ludwigs d. Fr. und der Welfin →Judith, * 819/822, † 874; ∞ vor 840 (wohl um 836) →Eberhard, Mgf. v. Friaul (3. E.), aus dem bedeutenden, dem Ks.haus nahestehenden Geschlecht der →Unruochinger. G. schenkte ihrem Gatten vier Söhne, darunter den späteren Kg. v. Italien, Berengar, und drei Töchter. Sie nahm an seiner Klostergründung in →Cysoing bei Tournai teil und partizipierte v. a. auch an seinen starken geistigen Interessen, in denen Eberhard als Laie dem Vorbild des Karlshofes folgte.   J. Fleckenstein

Lit.: JDG L.d.Fr. 2, 1886, 153f. [B. SIMSON] – K. F. WERNER, Die Nachkommen Karls d. Gr. (BRAUNFELS, KdG 4, 1967), bes. 487 – E. HLAWITSCHKA, Franken, Alemannen, Bayern und Burgunder in Oberitalien (Forsch. zur oberrhein. Landesgesch. 4, 1960), 169ff. – P. RICHÉ, La vie quotidienne dans l'empire Carolingien, 1973, bes. 290 [dt. 1981].

3. G., dt. Ksn., * um 990 (das anderslautende Geburtsjahr auf einer in ihrem Grab gefundenen Bleitafel ist offenkundig falsch), † 15. Febr. 1043 in Goslar, ☐ Dom zu Speyer; Eltern: Hzg. →Hermann II. v. Schwaben und Gerberga, Tochter Kg. →Konrads I. v. Burgund; ⚭ 1. Gf. Bruno v. Braunschweig († 1013?; →Brunonen), 2. Hzg. →Ernst I. v. Schwaben († 1015), 3. Konrad d. Ä. (→Konrad II.) vermutlich 1016; Söhne: von 1.: Gf. Liudolf, von 2.: →Ernst (II.) v. Schwaben, von 3.: →Heinrich (III.). Wegen der kanon. anfechtbaren Verbindung mit dem Salier Konrad (gemeinsame Abstammung von Heinrich I.) entzog Ks. Heinrich II. ihr die Verwaltung des Hzm.s →Schwaben für ihren minderjährigen Sohn Ernst. Als ihr nach Konrads Wahl zum dt. Kg. Ebf. →Aribo v. Mainz aus nicht klar ersichtl. Grund die Krönung verweigerte, wurde G. am 21. Sept. 1024 von Ebf. →Pilgrim v. Köln zur Kgn. gekrönt. Damit wurde der Kölner Anspruch auf das Recht der Kg.skrönung bekräftigt. Am 26. März 1027 empfing G. zusammen mit Konrad II. in Rom von Papst Johannes XIX. die Kaiserkrone.

Nach Ausweis ihrer Interventionen in den Diplomen Konrads II. nahm sie an der Reichspolitik lebhaften Anteil. Aufgrund ihrer Vermittlung übertrug ihr Oheim →Rudolf III. v. Burgund im Vertrag zu Basel (Aug. 1027) Konrad II. die Nachfolge in seinem Reich. Dadurch fiel nach Rudolfs Tod (1032) das regnum →Burgund an das dt. Reich (→Deutschland C.I, 3). Durch ihre Fürsprache kam 1033 zu Merseburg ein Friedensschluß mit →Mieszko v. Polen zustande. Wiederholt trat sie als Fürsprecherin ihres aufständ. Sohnes Ernst auf, sagte sich aber nach dessen Absetzung und Ächtung 1030 endgültig von ihm los. G. förderte die Kirche und nahm Einfluß auf die Besetzung von Bm.ern und Reichsabteien. 1027 ließ sie sich zusammen mit dem Thronfolger Heinrich (III.) in die Gebetsbrüderschaft des Kl. →St. Gallen aufnehmen. Nach dem Herrschaftsantritt Heinrichs III. (1039) ging ihr Einfluß auf die Reichspolitik jedoch infolge persönl. Spannungen zurück.   T. Struve

Q. und Lit.: NDB VI, 413f. – MGH DD IV, 1909 [Nachdr. 1980] – RI III, 1 – H. BRESSLAU, JDG K.II, 1–2, 1879–84 [Nachdr. 1967] – E. STEINDORFF, JDG H.III, 1, 1874 [Nachdr. 1963] – E. BRANDENBURG, Probleme um die Ksn. G., BAL 80, 4, 1928 – N. BISCHOFF, Über die Chronologie der Ksn. G. und über die Verweigerung ihrer Krönung durch Aribo v. Mainz, MIÖG 58, 1950, 285–309 – H. J. RIECKENBERG, Das Geburtsdatum der Ksn. G., DA 9, 1952, 535–538 – TH. VOGELSANG, Die Frau als Herrscherin im hohen MA, 1954, bes. 40 – P. E. SCHRAMM–F. MÜTHERICH, Die dt. Ks. und Kg.e in Bildern ihrer Zeit, 1983, 227 mit Abb. 142, 143, 144 und 185.

4. G. (sel.). 1. Kgn. v. Ungarn, * um 985, † 7. Mai ca. 1060 Passau, ☐ ebd., Kl. Niedernburg; Tochter Hzg. →Heinrichs II. v. Bayern und der Gisela v. Burgund; ⚭ 995/996 →Stephan I., Sohn des ung. Gf.sen →Géza, nach glaubwürdiger Tradition in Scheyern. Von mehreren, zw. 1000 und 1010 geborenen Söhnen erreichte nur →Emmerich das Mannesalter. G. gilt als Stifterin der Domkirche in Veszprém (»G.-Kapelle«), wohl daher der Kirchturm in ihrer Hand auf dem ung. Krönungsmantel. Das G.-Kreuz in München stiftete sie für das Regensburger Grab ihrer Mutter. Die vom Nachfolger Stephans, Kg. →Peter, unwürdig behandelte Witwe kehrte vermutl. 1043 nach Bayern zurück, wo sie als Äbt. des Kl. Niedernburg starb.   Th. v. Bogyay

Lit.: LThK² IV, 401f. – Sz. DE YAJAY, Gfs. Geysa. Familie und Verwandtschaft, SOF 21, 1962, 59f., 90–92 – T. v. BOGYAY, Stephanus rex. Versuch einer Biogr., 1975, 18f. – A. UZSOKI, Das Grab G.s, der ersten Kgn. Ungarns, Veszprém Megyei Múzeumok Közleményei 16, 1982, 125–168.

Giselbert (s. a. Gislebertus, Gilbert)

1. G., Hzg. v. Lotharingien, † Okt. 939, Sohn von →Reginar I., Gf. v. →Hennegau, und Alberada, war über seine Großmutter väterlicherseits Urenkel Lothars I. ⚭ 928 oder 929 →Gerberga; drei oder vier Kinder: Heinrich († um 944), Hadwide (?), Alberada (⚭ Rainald v. Roucy), Gerberga (⚭ Gf. v. Vermandois). – G. erbte 915, als er unter mütterl. Vormundschaft stand, die Güter und Abteien seines Vaters. Er wurde 919 zum Gegner des westfrk. Kg.s →Karls des Einfältigen, da dieser die Abtei St. Servatius in →Maastricht G. entzogen und sie dem Ebf. v. Trier übertragen hatte. In den folgenden Jahren stand G., den lotharing. Große zum 'princeps' gewählt hatten, auf seiten des dt. Kg.s Heinrich I. und unterstützte im Westfrankenreich den Thronanspruch Hzg. →Roberts v. Francien gegen Karl. Nachdem Heinrich Lotharingien 925 dem Imperium unterstellt hatte, machte er G. zu seinem Bundesgenossen, indem er ihm die Hzg.swürde verlieh und seine Tochter Gerberga zur Gemahlin gab. 936 fungierte G. als Kämmerer (→Hofämter) bei der →Krönung Ottos I. in Aachen. In der Folgezeit ging er aber auf Distanz zum otton. Kgtm. und trat, gemeinsam mit Hzg. →Eberhard und Ottos Bruder →Heinrich, schließlich in offene Opposition. Im Verlauf dieser Konflikte mußte er fliehen und ertrank bei Andernach im Rhein.

Er verfügte über zahlreiche große lotharing. Abteien (→St. Ghislain, →Stablo, →Echternach, St. Maximin in →Trier, St. Servatius in →Maastricht, →Remiremont, →Moyenmoutier) und trug zu ihrer monast. Erneuerung bei, indem er ihnen Güter zurückerstattete und das Wirken der Reformäbte unterstützte.   M. Parisse

Q.: →Flodoard, Annales – *Lit.:* JDG H I, O I. – A. ECKEL, Charles le Simple, 1899 – R. PARISOT, Le royaume de Lorraine sous les Carolingiens, 1899 – PH. LAUER, Le règne de Louis IV d'Outre-Mer, 1900 – J. DEPOIN, La mort du duc G. de Lorraine, Le M-A 230, 1907 – E. HLAWITSCHKA, Hzg. G. v. L. und das Kl. Remiremont, ZGO 108, 1960, 422ff.

2. G. (Gilbert) **v. Vergy,** burg. Großer, † 8. April 956 in Paris; als Verbündeter und z. T. Gegenspieler der →Bosoniden bedeutende Figur im Kampf um das entstehende Hzm. →Burgund. Sohn des Manasses v. Vergy, trat G. vor 925 die Nachfolge seines Vaters in dessen honores, insbes. in den Gft.en →Beaune und →Chalon, an und war fidelis des bosonid. Hzg.s →Rudolf. G erhob sich 931–932 gegen diesen wegen des Besitzes von →Avallon. Rudolfs Bruder, →Hugo der Schwarze, dessen Tochter (?) Ermengard mit G. vermählt war, trat ihm 941–942 die Gft. →Autun ab. Nach Hugos Tod führte G. aber nicht – wie ersterer – den Titel des 'marchio', sondern wurde lediglich als 'Burgundiae comes praecipuus' oder 'princeps Burgundionum' intituliert; der Kg. hatte den Hzg.stitel in Burgund nämlich dem →Robertiner →Hugo d. Gr., Hzg. der Francia, reserviert; G. mußte dessen Lehnshoheit akzeptieren. – Vor seinem Tod empfahl G. seine Tochter Liegardis in die Obhut Hugos d. Gr., der sie mit seinem Sohn

Otto verheiratete, wodurch dieser die Gft.en des Hauses Vergy und der →Bosoniden westlich der Saône seinem Hzm. eingliedern konnte. Doch hatte G. eine weitere Tochter, Adelaidis (oder Werra), die Robert v. Meaux (aus dem sog. Haus →Vermandois) ehelichte, dem sie wahrscheinl. die Gft. →Troyes, eine der territorialen Ausgangspunkte der →Champagne, in die Ehe brachte.

J. Richard

Lit.: HEG I, s. v. [K. F. WERNER] – M. CHAUME, Les origines du duché de Bourgogne, 1927 – K. F. WERNER, WaG 20, 1960, 107–115 – W. KIENAST, Der Hzg.stitel in Frankreich und Dtl., 1968.

3. G. v. Mons, Chronist, Kapellan, Notar, Kanzler und Gesandter →Balduins V., Gf.en v. →Hennegau und Mgf.en v. →Namur, * ca. 1150, † 1. Sept. 1224. Aufgewachsen am Hofe v. Hennegau, stieg G. zum Kapellan (erste Erwähnung 1169), Kanzler (erste Erwähnung 1172) und Siegelbewahrer auf. Von hoher intellektueller Begabung, war G. enger Vertrauter Gf. Balduins V., der ihn mit der Führung der schwierigen polit. Verhandlungen, die zum Zusammenschluß der drei Fsm.er Hennegau, Namur und →Flandern führen sollten, betraute. Seit 1183 war G. an allen polit. Maßnahmen Balduins V., der sich nachdrückl. um das Erbe seines Onkels →Heinrichs des Blinden bemühte, beteiligt und fungierte seit 1187 in diesem Sinne auch als Vertreter des Gf.en gegenüber Friedrich Barbarossa und Heinrich VI.; am 29. Sept. 1190 erwirkte G. von Heinrich VI. in Augsburg das Privileg, das die Gründung des neuen Reichsfsm.s Namur zugunsten Balduins v. Hennegau bestätigte. 1191 erhielt er während einer erneuten Gesandtenreise in Italien die Nachricht vom Tode des Gf.en v. Flandern, →Philipp v. Elsaß, im Hl. Land. Dank G.s schneller Reaktion wurde Balduin V. als erster davon in Kenntnis gesetzt und konnte sich so – gegen die Konkurrenz des frz. Kg.s und der Witwe Philipps – zum Gf.en v. Flandern machen (Sept. 1191). Dieser Zusammenschluß der drei Fsm.er in den Händen Gf. Balduins bedeutete den glanzvollen Höhepunkt von G.s diplomat. Laufbahn. Mit zahlreichen kirchl. Pfründen bedacht, nahm er 1193 Abschied vom gfl. Dienst. Im Dez. 1195 redigierte er noch einmal eine Reihe von Urkk. mit testamentar. Verfügungen Balduins V., verließ aber nach dem Tod seines Herrn (18. Dez. 1195) die gfl. Kanzlei. In den darauffolgenden Jahren wirkte er als herausragender curialis und inoffizieller Berater Balduins VI. im Hennegau und Philipps I. in Namur.

G. war Kanoniker an sieben Kapiteln in Namur und im Hennegau, Propst v. St-Germain in Mons (1187), Kustos (1188), Vizepropst (1192) und Propst (ca. 1212) von Ste-Waudru, Propst (1190) und Kustos (1192) von St-Aubain in Namur sowie von St-Pierre-au-Château in Namur (vor 1195), Abt v. N.-Dame in Namur (vor 1195) und Propst von Ste-Aldegonde in Maubeuge (1204).

1196 verfaßte er sein »Chronicon Hanoniense«, das vom 11. Jh. bis zum Jahr der Abfassung reichte, mit bes. Berücksichtigung der Regierungszeit Balduins IV. und V.; als Augenzeuge und maßgebl. Akteur bietet G. Nachrichten aus erster Hand. Daneben verfaßte er die Epitaphien auf Balduin IV. (1171) und Balduin V. (1195/96), redigierte zahlreiche Hennegauer und Namurer Urkk. des letztgenannten (1178–95), außerdem die »Relatio de infeodatione comitatus Namurcensis«, einen kurzen Text über den Anfall Namurs an das Haus Hennegau (1198). Auf G. geht auch ein Inventar von Ste-Waudru in Mons (kurz vor oder nach 1200) zurück, und er war Mitverfasser der »Ministeria curie Hanoniensis«, einer Übersicht der gfl. Hofämter, verfaßt für Gf. →Ferrand v. Portugal (1212–14).

Th. de Hemptinne

Ed.: La chronique de Gislebert de Mons, éd. L. VANDERKINDERE, Comm. royale d'Hist., 1904 [Hinw. auf ält. Ed., Lit.] – *Lit.:* DHGE XXI, 27–31 [J. PYCKE] – Repfont V, 155f. – F. VERCAUTEREN, Gislebert de Mons, rédacteur de chartes, MIÖG 62, 1954, 238–253 – M. BRUWIER – M. GYSSELING, Les revenus, les biens et les droits de Ste-Waudru de Mons à la fin du XIIᵉ s., Bull. comm. royale d'Hist. 121, 1956, 239–330 – G. WYMANS, »Per manum Gilleberti«, Scriptorium 33, 1979, 17–24.

Giselbertiner, nach ihrem ersten namentl. bekannten Vertreter, Gf. *Giselbert I.,* ben. Familie langob. Ursprungs. Ihre bedeutende Machtposition wurde durch Giselbert I. begründet, der die italische Politik im ersten Drittel des 10. Jh. entscheidend mitgestaltete. Vom Vasallen Kg. →Berengars stieg er durch die Gunst des u. a. von ihm nach Italien gerufenen Kg.s Rudolf II. 922 zum Gf.en v. Bergamo auf, wechselte dann erneut die Fronten und erlangte so 926 durch Kg. →Hugo auch das Amt des Pfgf.en. Ein weiterer Verrat kostete ihn 927 seine Stellung. Sein Sohn *Lanfrank I.* konnte diese erst 945 unter dem Einfluß Berengars v. Ivrea wiedererlangen. Fortan wurden die Ämter des Pfgf.en (bis 1024) und des Gf.en v. Bergamo in der Familie der G. erblich. Deren weitgestreute Besitzungen erstreckten sich von Pavia bis zum Gardasee und verdichteten sich im Comitat Bergamo, v. a. um Almè, Levate, Crema und in der Valle Seriana. Die Konsolidierung der Bergamasker Bf.sherrschaft und die Herausbildung zahlreicher Burgherrschaften schwächten ebenso wie die Spannungen zw. Ks. Otto II. und Lanfranks Sohn, *Giselbert II.,* seit dem letzten Viertel des 10. Jh. die Macht der G., deren Amtsgewalt allmähl. im wesentl. auf den Bf. v. Cremona kontrollierten Südteil ihrer Gft. beschränkt wurde, so daß ihr bis ins 12. Jh. bewahrter Titel »comes de comitatu Bergomense« immer inhaltsleerer wurde. Dieser Machtverlust wurde seit der zweiten Hälfte des 11. Jh. von einer Aufsplitterung der Familie in zahlreiche Zweige begleitet, die sich nach den Zentren ihrer regional eng begrenzten Herrschaftsbereiche etwa »comites« von Crema, Calepio, Camisano oder Offanengo nannten. Unter ihnen nahmen die »de Martinengo« einen bes. Rang ein. Einige dieser gfl. Familien konnten sich über das ausgehende MA hinaus eine angesehene Stellung im Gebiet zw. Bergamo, Brescia und Cremona bewahren.

J. Jarnut

Lit.: E. ODAZIO, I conti del comitato bergomense, Bergomum 28, 1934, 271–293; 29, 1935, 15–57, 97–110, 148–178, 233–263 – DERS., I discendenti di Giselberto I, conte del comitato Bergomense e del Sacro Palazzo, ASL ser. VII, a. 62, 1935, 170–188 – DERS., La discendenza di Lanfranco »de Martinengo«, ebd. 500–512; NS 5, 1940, 3–84 – B. BELOTTI, Storia di Bergamo e dei Bergamaschi I, 1959², passim – E. HLAWITSCHKA, Franken, Alemannen, Bayern und Burgunder in Oberitalien (774–962), 1960, s. v. Giselbert I., Giselbert II., Lanfranc – J. JARNUT, Bergamo 568–1098, 1979, bes. 72–88, 243–272.

Giselher, Bf. v. →Merseburg 970–981, Ebf. v. →Magdeburg 981, † 25. Jan. 1004, ▢ Magdeburger Dom. Von ostsächs., adliger Herkunft wurde G. von Otto I. in die Hofkapelle aufgenommen. Als Günstling Ottos II. konnte er seine Promotion zum Ebf. gegen →Ohtrich, Kandidat des Domkapitels, durchsetzen, was zugleich die Aufhebung des Bm.s Merseburg besiegelte. Nach Ausbruch des Aufstandes der →Lutizen (983) kehrte G. aus Italien nach Sachsen zurück. Im Thronfolgestreit unterstützte er lange →Heinrich d. Zänker. Bis 993 war G. an Verhandlungen mit Polen und Böhmen beteiligt. Der Einflußverlust zeigte sich 995 in der Aufwertung des Bm.s →Meißen. Die im Akt von →Gnesen (1000; →Bolesław I. Chrobry, →Otto III.) gipfelnden polit. Veränderungen im östl. Mitteleuropa wirkten sich bereits auf die Synode v. →Pavia 997 aus, die die Promotion G.s zum Ebf. für illegal erklärte. Die röm. Synode von 998/999 beschloß dann in Anwesenheit Ottos III. faktisch die Rückkehr G.s in sein altes Bm. Merseburg, was den Weg für die Errichtung einer poln. Kirchenhoheit freimachte, von der in nur kirchenrechtl. Hinsicht das Bm. →Posen ausgenommen war. Mit geschickten dilator. Schritten konnte G. die endgültige Absetzung als Ebf. bis zu seinem Tod verhindern.   E. Karpf

Lit.: D. CLAUDE, Gesch. des Ebm.s Magdeburg bis in das 12.Jh., T. 1 (Mitteldt. Forsch. 67,1, 1972), 136ff.

Gislebertus. 1. G. (Gillebertus) **v. St-Amand,** mlat. Dichter, † 1095, ▢ St-Amand, Kirche St. Peter; Dekan zu St. Andreas, dann Mönch der Abtei→St-Amand (Elno) im frz. Flandern, genoß zu seiner Zeit als Geistlicher hohes Ansehen. Sein Gedicht in zweisilbig gereimten Hexametern »De incendio coenobii Elnonensis« schildert in Buch I den Brand des dem hl. →Amandus geweihten Kl. i.J. 1066; die beiden folgenden Bücher handeln von der Bittfahrt der Mönche mit den Gebeinen des Hl.en durch Flandern und N-Frankreich und den dabei gewirkten Wundern, das letzte Buch vom Wiederaufbau der Kirche. G. schiebt allegor. und moralisierende Deutungen ein, die in der Tradition hagiograph. Literatur stehen (z. B.→Milo v. St. Amand), und entwirft im vierten Buch eine allegor. Deutung des Kirchenbaus. – Die im Gedicht erzählten Wunder kehren in einer anonym überlieferten »Hist. miraculorum« (in Prosa) wieder, die deswegen als Werk G.' gilt; es wurde zweimal um je ein Kapitel, die aus einem Vers- und Prosateil bestehen (einsilbig gereimte Hexameter in Kap. 3, in Kap. 4 Rhythmen [8⌣–]), ergänzt; ob diese in der Versdarstellung nicht enthaltenen Wunder- und Visionsberichte G. gehören, wäre zu prüfen. – Glossen zu den Psalmen, ferner die Beschaffung mehrerer glossierter Hss. bibl. Bücher werden G. in einem Bibliothekskatalog von St-Amand aus der Mitte des 12.Jh. zugeschrieben, doch zumindest ersteres scheint irrtümlich erfolgt zu sein.
E. Rauner

Bibl.: Repfont V, 154 – *Ed.:* De incendio: MGH SS 11, 414–432; Hist. miraculorum: AASS Febr.1, 1658, 895–900; MPL 150, 1435–1448; MGH SS 15, 849–851 [Auswahl, ohne Kap. 4] – *Lit.:* J. DESILVE, De schola Elnonensis. Amandi, 1890, 127–135, 156f. – E. DE MOREAU, St-Amand, apôtre de la Belgique, 1927, 69–74 – W. VON DEN STEINEN, Menschen im MA, 1967, 189ff.

2. G., ein Hauptmeister roman. →Plastik in Burgund, einzig belegt durch die Signatur GISLEBERTUS HOC FECIT zu Füßen Christi im Weltgericht des W-Portals an St-Lazare in →Autun. Die um 1120 begonnene, in der O-Partie 1130 geweihte Wallfahrtskirche nahm 1146 die aus der Kathedrale überführten Gebeine des hl. Lazarus auf. Der reiche, verhältnismäßig einheitl. Skulpturenbestand umfaßt 49 figürl. Pilasterkapitelle sowie das Hauptportal und Fragm. des ehem. N-Portals (Mus. Rolin, Autun). Ohne Zweifel dominierte G. die Werkstatt, wobei zwei Haupttendenzen sichtbar werden. Ein zeichner. Stil, in der oberen Apsiszone einsetzend und im gewaltigen Weltgericht gipfelnd, gekennzeichnet durch Parallelfalten und z. T. expressiv überlängte Gestalten, steht der Buchmalerei und der cluniazens. Wandmalerei von Berzé-la-Ville nahe. Die antikische plast. Körperlichkeit und Naturnähe im Pflanzlichen, wie sie in der berühmten Eva vom N-Portal erscheint, ist eine Fortsetzung der Genesiskapitelle und des Tympanons der Abteikirche in →Cluny, wo G. gearbeitet haben muß.   A. Reinle

Lit.: D. GRIVOT–G. ZARNECKI, G. sculpteur d'Autun, 1965² [dt. 1962] – B. RUPPRECHT, Roman. Skulptur in Frankreich, 1975, 111–114.

Gísli Súrsson, isländ. Dichter (→Skaldendichtung), einer Annalnotiz zufolge 978 gest., wanderte nach seiner Lebensbeschreibung, der »Gísla saga Súrsonar«, Mitte des 10.Jh. von Norwegen nach Island aus und ließ sich im W der Insel nieder. Nach einem Mord wurde er durch das isländ. →Allthing geächtet und lebte 13 Jahre mit seiner Frau Aud als Geächteter (→Acht), bis er nach vielerlei Kämpfen und Verfolgungen erschlagen wurde.

Die »Gísla saga Súrsonar«, entstanden im 13.Jh., gehört wegen ihrer durchdachten, auf die Zeit der Acht hin gestalteten Komposition und ihrer Anlage als Tragödie zu den Höhepunkten der isländ. →Sagalit. Es finden sich Anklänge an die Heldensage und die edd. Dichtung (→Edda). Ob die in der Saga zitierten 35 Strophen im Versmaß →Dróttkvætt wirklich von G.S. stammen oder u. a. wegen christl. Anklänge, von einem Dichter des 11./12.Jh. oder vom Verfasser der Saga selbst, ist in der Forschung umstritten.   H. Ehrhardt

Ed.: F. JÓNSSON, G.s.S. (Anord. Sagabibl. 10), 1903 – A. LOTH, G.s.S. (Nordisk Filologi A 11), 1956 – *Dt. Übers.:* A. HEUSLER–F. RANKE (Die schönsten Gesch. aus Thule, 1974, 1979²) – F. B. SEEWALD, Die Saga von G.S., 1976.

Gistum → Gastung

Giullari (ioculares), it. Bezeichnung für →Spielleute

Giunta Pisano, Hauptvertreter der »maniera greca« in der it. Malerei des Duecento und wichtiger Vorläufer →Cimabues; * ca. 1200 in Colle bei Pisa, in Dokumenten erwähnt 1229, 1241 und 1254. Als gesicherte Werke sind von ihm drei Tafelkreuze des Christus patiens-Typs erhalten (Assisi, S. Maria degli Angeli, ca. 1235–40; Pisa, Mus. Naz. di S. Matteo, ca. 1245; Bologna, S. Domenico, ca. 1250). Im 18.Jh. verlorengegangen ist ein 1236 für S. Francesco in Assisi geschaffenes Tafelkreuz.   J. Poeschke

Lit.: G. SINIBALDI–G. BRUNETTI, Pittura toscana del Duecento, Cat. della mostra giottesca del 1937, 1943 – E. H. GARRISON, It. Romanesque Panel Painting, 1949 – E. CARLI, Pittura medioevale pisana, 1958 – E. SINDONA, Cimabue e il momento figurativo pregiottesco, 1975.

Giustinian(i) (Justiniani, Zustiniani, Zustignà), ven. Familie, nach – legendären – genealog. Spekulationen von Ks. Justinian abstammend.

Die Mitglieder der Familie G., die nach Cicogna zu den bereits im 9.Jh. belegten 24 ältesten Familien gehörten, wurden rasch in den Gran Consiglio aufgenommen, übernahmen wichtige Ämter in der öffentl. Verwaltung, spielten eine bedeutende Rolle im Wirtschaftsleben und zeichneten sich auch in militär. Hinsicht aus. Zeugnis für ihren Reichtum sind die grandiosen Palazzi, z. T. am Canal Grande, die den verschiedenen Linien des Hauses gehörten (heute vielfach nach späteren Besitzern benannt).

Eine weitere Legende, oder zumindest eine legendär verbrämte Tradition, prägt die Geschichte der Familie im 12.Jh.: Bei der fehlgeschlagenen Strafexpedition des Dogen Vitale II. Michiel (1170–72) gegen Ks. Manuel Komnenos, der die Venezianer aus dem byz. Reich vertrieben hatte, seien alle G. im Kampf gefallen oder an Krankheiten gestorben. Um das Aussterben eines so illustren Hauses zu verhindern, habe man bei Papst Alexander III. und den öffentl. Autoritäten die Laisierung von *Nicolò* G. OSB erwirkt. Aus seiner Ehe mit Anna Michiel seien mehrere Kinder hervorgegangen. Später sei er wieder ins Kl. S. Nicolò di Lido zurückgekehrt, auch seine Frau habe im Kl. S. Adriano den Schleier genommen. Ohne Rücksicht auf Historizität oder Legendenhaftigkeit dieser Tradition werden beide in den ven. Kirchen als Selige verehrt. Im 13.Jh. blühte die Familie auf. Unter ihren bedeutenden Vertretern sind zu nennen: *Stefano,* 1311 zum Dogen gewählt, der in das Kl. S. Giorgio eintrat; *Pantaleone,* 1261 Lat. Patriarch v. Konstantinopel; *Giustiniano,* der 1312–20 gegen Genua und den Patriarchen v. Aquileia kämpfte;

Taddeo und *Pietro,* die sich im →Chioggiakrieg gegen Genua auszeichneten; *Giacomo,* der 1204 am 4. Kreuzzug gegen Konstantinopel teilnahm; *Maffeo,* Podestà v. Verona 1230; *Orsato,* der 1454 am Frieden v. Lodi mitwirkte. Verschiedene G. wurden nach Candia (→Kreta) mit militär. oder administrativen Funktionen entsandt, 1436 wurde *Giovanni* zum Hzg. der Insel ernannt. S. Tramontin

Lit.: Repfont V, 157–160 – [G. GENNARI], Notizie spettanti al beato Niccolò G. monaco di S. Niccolò di Lido, 1794 – P. LITTA, Famiglie celebri it. VI, 1840, tavv. I–X – Sacro Anello di cinque gemme preziose precipuo e perenne ornamento della ven. patrizia famiglia G.i, 1856 – A. CARILE, Note di cronachistica ven.: Piero G.e Nicolò Trevisan, Stud. veneziani 9, 1967, 111–115.

1. G., Bernardo, * 1409, † 1489, Sohn von 3. Neffe v.4. Schüler von Guarino Veronese, F. Filelfo und Georgios Trapezuntios in Padua, diplomat. Aktivitäten, 1474 Procuratore v. S. Marco, Historiograph (»De origine urbis Venetiarum«, eines der ersten auf Urkundenmaterial basierenden Geschichtswerke Venedigs), verfaßte ferner eine etwas apologet. Biographie seines Onkels, des Patriarchen, eine Markusvita sowie jurist. Traktate und Gedichte. S. Tramontin

Ed. und Lit.: Repfont V, 157–158 – P. H. LABALME, B. G. A Venetian of the Quattrocento, 1969.

2. G., Eufemia, sel., * 1408, Nichte von 4., trat mit 17 Jahren in das Kl. OSB S. Croce della Giudecca ein, wurde 1444 zur Äbt. gewählt; 1464 pflegte sie aufopfernd die pestkranken Mitschwestern und widmete sich mit derartiger Strenge und Intensität einem Gebets- und Bußleben, daß ihr Onkel einschreiten mußte, um sie zu mäßigen. Mit prophet. Gabe ausgezeichnet, starb sie 1487. S. Tramontin

Lit.: G. MUSOLINO, La B. E.G.i (G. MUSOLINO, A. NIERO, S. TRAMONTIN, Santi e beati ven. Quaranta profili, 1963, 236–242 [Lit.]).

3. G., Leonardo, * 1385, † 1446. Eltern: Bernardo und Querina Querini; ⚭ Lucrezia da Mula; Sohn: Bernardo (1. G.). Humanist. Studien bei Giovanni Conversini da Ravenna und Guarino (Guarini) Veronese, studierte in Padua Naturphilosophie und die Rechte. Procuratore di S. Marco, übersetzte auf Anregung Guarinos Plutarchiviten. L.s Briefe bieten wertvolles kulturhist. Material. Seinen Ruhm verdankt er jedoch v. a. den Canzonette, Ballate, Sirventesen, die er zuweilen selbst vertonte, und seinen Laudi sacre. Die sich im Alter verstärkende Vorliebe für die religiöse Thematik läßt nicht zwingend auf eine Konversion schließen. Bereits in der Jugend war L. mit Bernhardinus v. Siena befreundet und begab sich häufig zu den Kamaldulensern v. S. Michele auf Murano. Auch ein Einfluß seines Bruders, des hl. Lorenzo, ist nicht auszuschließen, unter dessen Anregung er eine Vita des hl. Nikolaus v. Myra (nach griech. Q., v. a. Symeon Metaphrastes) verfaßte. Die Wahl des Ven. für seine Gedichte, die originelle Kompositionstechnik und Wortwahl lassen ihn als eine der interessantesten Dichterpersönlichkeiten seiner Zeit erscheinen. S. Tramontin

Ed.: R. SABBADINI, Sugli studi volgari di L. G.i, GSLI, X, 1887, 363–371 – M. DAZZI, L.G. poeta popolare d'amore, 1934 [mit Auswahl der Gedichte] – A. E. QUAGLIO, Studi su L. G.i, I: Un nuovo codice di canzonette, GSLI, CXLVIII, 1971, 178–215 – DERS., Nuove testimonianze a penna di canzonette, Atti dell'Ist. veneto di scienze, lett., arti, CXXXIV, 1976, 457–466 – Laudario giustinianeo, 2 Bde, ed. F. LUISI, 1983 – *Lit.:* Repfont V, 158f. – Umanesimo europeo e umanesimo ven., hg. V. BRANCA, 1963 – A. BALDUINO, Le esperienze della poesia volgare (Storia della cultura veneta, 3/1: Dal primo Quattrocento al Concilio di Trento, 1980), 265–367.

4. G., Lorenzo, hl., * 1381, † 8. Jan. 1456, Bruder von 3., trat mit 20 Jahren in das Säkularkanonikerstift S. Giorgio in Alga ein, als einer dessen Gründer er gilt, war dort Generalsuperior und nach einigen Jahren Superior v.

S. Agostino in Vicenza. Die Kongregation, an deren Konsolidierung L. auch durch seine Schriften mitwirkte, stand der →Devotio moderna nahe (und wird von einigen Historikern sogar als ein Zweig dieser Bewegung betrachtet). 1433 zum Bf. v. Castello (Venedig) ernannt, wurde L. 1451 nach Übertragung des Titels v. Grado auf Venedig 1. Patriarch v. Venedig. Er war einer der Bf.e, die die Reform der Kirche vertraten, und verfaßte neben zahlreichen theol. Schriften einen Traktat über den Bf. als Vorbild der Askese und der Pastoral (»De institutione et regimine praelatorum«). Er reformierte v. a. Frauenkl. und den Klerus. In einem Synodikon sammelte er die bfl. Verordnungen seiner Vorgänger und fügte eigene hinzu. 1524 wurde er selig-, 1690 heiliggesprochen.

S. Tramontin

Ed. und Lit.: Bibl. SS VIII, 150–153 – Repfont V, 159f. – S. TRAMONTIN, Saggio di bibliografia laurenziana, 1960 – F. DE MARCO, Ricerca bibliogr. su s. L.G.i, 1962 – Venezia e L.G.i, hg. S. TRAMONTIN, o. J. [1983].

5. G., Tommaso (Paolo), sel. * 1476, † 1528, seit 1510 OSBCam, suchte in Gesprächen mit Freunden in seiner Villa auf Murano in einer geradezu außergewöhnl. »Modernität« eine Erneuerung des Christentums (Libellus ad Leonem X): Themen sind u. a. Liturgie in der Volkssprache, Läuterung oder Befreiung der Frömmigkeit von Verkrustungen, Heiligenverehrung, Vereinfachung der Institutionen, größere Achtung gegenüber den Orthodoxen, Reform der religiösen Orden. S. Tramontin

Ed.: Secretum meum mihi, 1941 – Trattati, lettere e frammenti hg. E. MASSA I, 1967, II 1974 – *Lit.:* J. LECLERCQ, Un humaniste hermite: le bienheureux Paul G.i, 1951 – S. TRAMONTIN, La cultura monastica del Quattrocento dal primo patriarca Lorenzo G.i ai camaldolesi Paolo G.i e Pietro Quirini (Storia della cultura veneta 3/1, 1980), 435–443.

Giustiniani, eines der größten genues. Alberghi (→Albergo), das nach der Mitte des 14. Jh. gebildet wurde, um die Geschäftspartnerschaften im →Levantehandel durch Familienverbindungen zu festigen. Genealog. Spekulationen führten den Ursprung sowohl der ven. wie der genues. G. auf Ks. Justinian zurück. Der Familienname G. dürfte in Genua höchstwahrscheinl. von dem ehemals im Besitz von Mitgliedern der ven. Familie G., die sich in Genua niedergelassen hatten, befindl. Palazzo abzuleiten sein, in dem sich seit 1362–64 die Angehörigen der jüngeren →Maona v. →Chios zu versammeln pflegten. Das 1346/47 an der von Simone Vignoso geleiteten Flottenexpedition beteiligte Reederkonsortium (Adlige und Popolare) hatte von der Kommune Genua als Ersatz für die von ihm aufgebrachten Kosten des Unternehmens die fakt. Herrschaft über Chios und Phokaia und das Mastix-Monopol erhalten; damit wurden seine Mitglieder Aktionäre oder Teilhaber dieser ersten »älteren« Maona v. Chios. Infolge Besitzwechsels von Gesellschaftsanteilen oder Heiratsverbindungen entstand 1362 die jüngere Maona v. Chios, die sich aus 12 Popolarenfamilien zusammensetzte, die, mit Ausnahme der →Adorno, den Kollektivnamen G. annahmen und ihn ihrem alten Namen voranstellten (G. Banca, G. olim de Campis, G. Longo, G. de Furneto, G. Garibaldi usw.). Sie führten von da an ein gemeinsames Wappen (Drei Türme auf rotem Feld, dazu seit 1413 durch Privileg Ks. Sigmunds den Reichsadler).

Die durch den Handel mit →Mastix, →Alaun und anderen Produkten der Levante sehr reich gewordenen G. errangen die wirtschaftl. Führungsposition in Genua; 1415 hatten sie für kurze Zeit auch die polit. Macht inne, als *Giacomo* G. für drei Monate zum Prior gewählt wurde (gemeinsam mit Tommaso Campofregoso), um die bürgerkriegsähnl. Zustände zu beenden und die Wahl eines neuen Dogen zu ermöglichen. Die Hauptinteressen der G. lagen jedoch im O, auf den Ägäischen Inseln und v. a. auf Chios, wo sie eine rege Bautätigkeit entfalteten (Verteidigungsanlagen, Straßen, Paläste, Kirchen); Anfang des 15. Jh. wehrten sie im Verein mit Venedig und den Johannitern v. Rhodos mehrfach Angriffe der Türken ab. Später mußten sie durch Tributzahlungen an den Sultan ihre Freiheit erkaufen und zogen sich den Vorwurf der Kollaboration mit den Feinden der Christenheit zu. Nach dem Fall Konstantinopels gaben die G. schrittweise ihre Plätze in der Ägäis auf.   G. Petti Balbi

Lit.: G. Stella, Annales Genuenses, ed. G. Petti Balbi, Muratori² XVII/2, 1975, ad ind. – C. Hopf, Storia della famiglia G. di Genova, Giornale Ligustico, 1881/82 – Ph. Argenti, The occupation of Chios by the Genoese and their administration of the island, 1958 – M. Balard, La Romanie Génoise (XII–début du XV s.), 1978 – S. Rovere, Documenti della maona di Chio (secc. XIV–XVI), 1979 – S. Origone, Chio nel tempo della caduta di Costantinopoli, Saggi e Documenti del Civico Ist. Colombiano, II/1, 1982, 121–224.

G., Longo Giovanni, † 1453, Angehöriger der →Maona v. →Chios, 1452 Kapitän eines der Schiffe, die Genua Konstantinopel während der Türkenbelagerung zu Hilfe schickte. Er wurde dort zum Protostator ernannt und mit der Leitung der Verteidigung der Stadt auf der Landseite betraut. Ks. Konstantin XII. versprach ihm und seinen Männern, fast alle Söldner aus Chios, dafür die Insel Lemnos. Zusammen mit den Venezianern setzte er sich für den Plan ein, die Schiffe zu verbrennen, die die Türken hinter den Hügeln von Galata auf dem Landweg herbeitransportiert hatten. Bei dem entscheidenden Angriff am 28. Mai 1453 verließ er das Schlachtfeld, nachdem er vergebl. Verstärkung angefordert hatte (wie ein Traditionsstrang berichtet wegen seiner Verwundungen, anderen Gewährsleuten zufolge aus Panik). Er flüchtete zu Schiff nach Chios, wo er bald danach an seinen Wunden starb oder, wie die ihm feindl. gesonnenen Chronisten behaupten, weil er die Schande nicht überleben konnte.
               G. Petti Balbi

Lit.: Ph. Argenti, The occupation of Chios by the Genoese and their administration of the island, 1958, ad ind. – La caduta di Costantinopoli, hg. A. Pertusi, 1976 – A. Roccatagliata, Da Bisanzio a Chio nel 1453, Misc. di storia it. e mediterranea per N. Lamboglia, 1978, 380–408.

Gizurr Ísleifsson, isländ. Bf., * 1042, † 1118, Sohn des ersten isländ. Bf.s Ísleifr Gizurarson, wurde – wie schon sein Vater – in der Klosterschule zu →Herford zum Priester ausgebildet, betätigte sich nach seiner Rückkehr zunächst als Kaufmann und unternahm Reisen nach Norwegen und Rom. 1081 wurde er auf dem isländ. →Allthing zum Nachfolger seines Vaters gewählt und begab sich, unter Umgehung des aufseiten Kg. Heinrichs IV. (→Investiturstreit) stehenden Ebf.s v. →Hamburg-Bremen 1082 zu Papst Gregor VII. G.Í. erhielt schließlich am 4. Sept. 1082 von Bf. →Hartwig v. Magdeburg die Bischofsweihe und kehrte 1083 über Norwegen nach Island zurück. Er ließ sich in Skálholt (SW-Island), dem Hof seines Vaters, nieder und machte diesen Besitz in den 1090er Jahren durch eine Schenkung zum Bischofssitz (aufgelöst 1785). G.s Hauptaugenmerk galt der wirtschaftl. und polit. Festigung der noch jungen und ganz von den Häuptlingsschlechtern abhängigen isländ. Kirche. So bedeutete die – im Vergleich zu den übrigen skand. Ländern – frühe und gänzlich unangefochtene Einführung des →Zehnten i.J. 1096 oder 1097 die ökonom. Konsolidierung der isländ. Kirche, die sich freilich nur deswegen realisieren ließ, weil die Häuptlinge und wohlhabenden Bauern als Eigenkirchenherren (→Eigenkirche, II) ebenfalls Nutznießer des Zehnten wurden. In seine Amtszeit fällt weiterhin die

Gründung eines eigenen Bm.s für das Nordland mit Sitz in Hólar (1106). Es ist wahrscheinl., daß der Beschluß des Allthings von 1117, die weltl. Gesetze der Insel schriftl. aufzeichnen zu lassen, ebenfalls unter seiner Mitwirkung entstanden ist. →Island.   H. Ehrhardt

Lit.: J. Jóhannesson, A Hist. of Old Icelandic Commonwealth, 1974 – H. Kuhn, Das alte Island, 1978, 42ff.

Gladbach, Abtei St. Vitus OSB (1802 aufgehoben, heute Mönchengladbach, Nordrhein-Westfalen), 974 von Ebf. →Gero v. Köln als Eigenkl. nahe einer beim Ungarneinfall 954 verwüsteten Kirche gegr. und durch Abt Sandrad dem lothr. Reformkreis (→Lothr. Klosterreform) angeschlossen. Wahrscheinl. die aus der Lage des Kl. auf Lütticher Diözesangebiet resultierenden Streitigkeiten bewogen Ebf. Everger v. Köln zur vorübergehenden Verlegung des Konvents nach Groß St. Martin in Köln, bis er mit Bf. Notker v. Lüttich eine Einigung (G. und Rheydt an Köln; Tegelen, Lobberich und Venlo an Lüttich) erzielte und zugleich die Umwandlung des Kölner Stifts in eine Abtei erreichte. Auf Bitte des Bf.s Ansfrid v. Utrecht wurde dessen Gründung Hohorst mit Mönchen aus G. besetzt. G. stand während des 11. Jh. auch in engen Beziehungen zu den Kl. St. Pantaleon (Köln), Deutz und Brauweiler im Zeichen der St. Maximin-Gorzer Tradition. Mit Übernahme der Reform von →Fruttuaria-→Siegburg Ende des 11. Jh. begann die Blüte der Abtei: Der wegen der strittigen rechtl. Lage ursprgl. wohl geringe Gründungsbesitz wurde v. a. im G. Umland vergrößert; hervorzuheben sind auch die Einführung der Prioratsverfassung (Zelle Buchholz im Brohltal) und bes. die hervorragende Schreibschule. Doch folgte im 13./14. Jh. ein Niedergang des sich ständisch abschließenden, zunehmend als Versorgungsinstitut des Niederadels im Umland fungierenden Kl., das auch in die Konflikte zw. den Kölner Ebf. en sowie den Gf. en v. Kessel und Jülich gezogen wurde, die seit 1243 bzw. spätestens 1305 Vogteirechte in G. besaßen. Grundlegende Erneuerung wurde erst durch den gegen inneren Widerstand wie auf Druck des Hzg.s v. Jülich 1510/11 erfolgten Beitritt zur →Bursfelder Kongregation erreicht, der mit ständischer Öffnung und wirtschaftl. Reform verbunden war.   Heribert Müller

Q. und Lit.: DHGE XXI, 111ff. – H. Bange – W. Löhr, G. (Germania Benedictina VIII, 1980), 323–351.

Glagolica → Alphabet, Abschnitt III

Glagolitische Liturgie → Liturgie, ostkirchl.

Glamorgan → Wales

Glandèves, ehem., 1790 aufgehobenes Bm. in der Haute-Provence, in der Antike zur kelto-ligur. Civitas der Brigiani, seit dem 2. Jh. n. Chr. als röm. Civitas (Glanate) belegt, in der Notitia Galliarum (4. Jh.) erwähnt, gehörte zur Provincia Alparum Maritimarum, im Bereich der Straße von Cimiez ins Durancetal. Die Anfänge des Bm.s liegen im dunkeln, ein Bf. ist erst um die Mitte des 6. Jh. belegt. Nachdem im 6. Jh. vier Bf.snamen bezeugt sind, klafft bis ins späte 10. Jh. (976/991) eine Lücke in der Bf.sliste, was wohl auf verschiedene Faktoren (unheilvolle Folgen der frk. Herrschaft, langob. und arab. Angriffe, Zerfall des Karolingerreiches, wechselnde Residenz der Bf.e) zurückzuführen ist.

Aus den seit dem späten 10. Jh. wieder einsetzenden Bf.slisten ergibt sich, daß zunächst Mönche aus der Abtei St-Chaffre im Velay auf den Bf.ssitz gelangten, während die späteren Bf.e in Verbindung mit St-Victor de →Marseille und St-Honorat de →Lérins standen. 1447–65 hatte der Augustiner Pietro Marini, ein bekannter Prediger,

Theologe und Kirchengeschichtsschreiber, das Bf.samt inne. Diözesanstatuten sind von 1327, 1345, 1405 und 1426 erhalten. Die Statuten von 1327 zeigen, daß die Zahl der knapp 60 Pfarreien und die Bistumsgrenzen bis 1790 konstant blieben. Von 1388 an lag das Diözesangebiet teils auf Gebiet von →Savoyen, teils der →Provence. Die Statuten von 1327 sind im Ort La Sedz, offenbar der damaligen Bf.sresidenz, erlassen, wobei die Erwähnung zweier Kirchen an diesem Ort die Annahme einer doppelten Kathedralkirche nahelegt (roman. Apsis Ende 12./ Anfang 13.Jh. erhalten). Nach Aussage der Statuten von 1405 residierte der Bf. dagegen in dem kleinen, noch heute als 'G.' bezeichneten Weiler nahe Entrevaux am rechten Ufer des Var (dép. Alpes-de-Haute Provence) (Mauerwerk des Bf.spalastes erhalten), wobei Entrevaux als eigtl. Zentrum und Standort der neuen Kathedrale fungierte. Die Verlegung dürfte wahrscheinl. im späten 14.Jh. erfolgt sein, bedingt wohl durch die Krisenerscheinungen der Zeit und die günstigere, hochwassersichere Lage des neuen Bf.sorts.   L. Stouff

Lit.: DHGE XVIII, 124–137 – C. JACQUET, Une trilogie provençale, G.-Entrevaux-La Sedz, 1940 – N. LAMBOGLIA, Questioni di topografia antica nelle Alpi Marittime, Rivista di Studi Liguri VIII, 3, 1942, 127–132 – F. LOT, Recherches sur la population et la superficie des cités remontant à la période gallo-romaine, 1946 (BEHE 287) – J.-R. PALANQUE, Les évêchés provençaux à l'époque romaine, PH 1, 1951, 105–143 – N. LAMBOGLIA, Una nuova epigrafe e la »Civitas Glanativa«, Revue des Études Ligures 34, 1958, 350–353 – P.-A. FEVRIER, Le développement urbain en Provence de l'époque romaine à la fin du XIVᵉ s., 1964 – G. BARRUOL, Deux cités de la Province des Alpes Maritimes: G. et Briançonnet, Revue des Études Ligures 3, 1969, 231–276 – J.-M. ROUX, Les évêchés provençaux à la fin de l'époque romaine à l'avènement des Carolingiens (476–751), PH 21, 1971, 373–420.

Glanfeuil, St-Maur de, ehem. Abtei im Anjou, W-Frankreich (heut. St-Maur, comm. Le Thoureil, cant. Gennes, arr. Saumur, dép. Maine-et-Loire). Wohl im 6.Jh. wurde in der villa G. (Glanofolium) eine kirchl. Einrichtung, deren Spuren noch sichtbar sind, von einem sonst unbekannten Maurus gegr. Im 9.Jh. identifizierte erstmals Abt Odo v. G. in seiner Maurus-Vita diesen Gründer Maurus mit dem hl. →Maurus, dem Schüler des hl. →Benedikt v. Nursia; die benediktin. Tradition folgte durchweg dieser legendär. Überlieferung, die auch den Ruf der sich gleichwohl nur bescheiden entwickelten Abtei begründete. Nach der Vita Mauri wurde G. durch Pippin den Kurzen ein →Laienabt aufgenötigt, während die Mönche – wie in allen anderen angevin. Abteien – wie Kanoniker lebten und sich weltl. Besitz erlaubten. Zur Zeit Ludwigs d. Fr. führte Gf. Rorigo die Benediktinerregel von St-Pierre des Fossés aus ein. Nach 853 zogen sich die Mönche mit ihren Maurus-Reliquien vor den loireaufwärts anrückenden →Normannen in die Fgft. Burgund zurück, um schließlich von Karl d. K. die Abtei St-Pierre des Fossés bei Paris zu erhalten, die mit den dort geborgenen Maurus-Reliquien rasch auch dessen Patrozinium annahm (→St-Maur des Fossés).

Eine kleine Gruppe von Mönchen kehrte jedoch nach G. zurück, stellte die Gebäude wieder her und führte das Kl., zunächst als bloßes monasteriolum und Priorat unter Oberhoheit des Abts v. St-Maur des Fossés, fort. Papst →Urban II., der auf seiner Aquitanienreise 1096 in G. weilte, gab G. durch eine Bulle (Tours, 21. März 1096) den Rang einer Abtei zurück. Doch blieb das monast. Leben bescheiden; 1133 unterstellte der damalige Abt G. der Schutzherrschaft von Montecassino, die erst 1271 abgestreift werden konnte. Im →Hundertjährigen Krieg ein Jahr lang von den Engländern besetzt und niedergebrannt,

wurde die Abtei durch das von →Froissart gefeierte Eingreifen →Du Guesclins befreit. Noch Karl VII. gestattete 1434 den Mönchen die Errichtung einer Befestigung, was am Verfall der Abtei aber nichts zu ändern vermochte.
                                                        J. M. Bienvenu

Q.: Cart. de St-Maur-sur-Loire, éd. P. MARCHEGAY, Archives d'Anjou I, 1843, 293–429 – *Lit.:* DHGE XVIII, 141–145 [Lit.] – Dict. hist., géogr. et biogr. de Maine et Loire, 3 Bde, 1876–78, s. v. Glanfeuil und St-Maur.

Glanvill, Ranulf de, engl. Jurist im Dienst Kg. →Heinrichs II., † 1190 auf dem 3. Kreuzzug im Gefolge Richards I. G. ist wahrscheinl. Verfasser des ältesten Traktats über das Common Law (→Engl. Recht).

[1] *Leben und Tätigkeit:* G. diente Heinrich II. zunächst als →Sheriff und Gesandter und war in den 1170er Jahren Richter an Common-Law-Gerichtshöfen. Von 1180 bis zu seinem Tod übte er das hohe Amt des →Justitiars v. England aus. G. gehörte zu den begabten, tatkräftigen und gebildeten Juristen, die Heinrichs II. Reformtätigkeit mittrugen.

[2] *Der G. zugeschriebene Rechtstraktat:* G.s Tätigkeit in Schlüsselpositionen des Gerichts- und Reisericherwesens und sein enges Verhältnis zu dem stark jurist. orientierten Kg. Heinrich II. boten beste Voraussetzungen für die Abfassung eines Rechtstraktats. Der »Tractatus de legibus et consuetudinibus regni Angliae« wurde wohl zw. 1187 und 1190 vollendet; er bietet eine mehr praxisorientierte als theoret. Darlegung des engl. Rechts. Zwar verfügte der Verfasser nur über rudimentäre Kenntnisse des röm.-gemeinen Rechts und war wohl lediglich mit den Institutionen näher vertraut. Dennoch beeinflußte ihn die neue, scholast. geprägte Jurisprudenz des 12. Jh., indem sie ihn zu einer logischeren und auf klare Unterscheidung von Kriminal- und Zivilfällen wie auch von Besitz- und Eigentumsklagen bedachten Darstellungsweise veranlaßte. Im Zentrum des Traktats stehen Erläuterungen zu den verschiedenen kgl. Gerichten, ihrer Rechtsprechung sowie zur kgl. →Gesetzgebung (Assisen). Zur Illustration seiner Erläuterungen über Wesen und Verfahren des engl. Rechts führte G. Beispiele aus wichtigen Writs und Assisen an. Der »Tractatus« erlangte wegen seiner Klarheit große Beliebtheit, war in zahlreichen Hss. verbreitet und wurde noch um die Mitte des 13. Jh. von Juristen benutzt und jeweils dem neuesten Stand angepaßt. Daß ein solches Werk schon in der Regierungszeit Heinrichs II. entstehen konnte, zeigt, wie hoch der Entwicklungsstand des engl. Rechtswesens bereits im 12. Jh. war.   B. Lyon

Ed. und Lit.: F. W. MAITLAND, The Hist. of English Law, 2 Bde, 1898² – D. M. STENTON, English Justice Between the Norman Conquest and the Great Charter, 1964 – The Treatise on the Laws and Customs of the Realm of England Commonly Called G., ed. und übers. G. D. G. HALL, 1965 – J. C. RUSSELL, »Ranulf de G.«, Speculum 45, 1970, 69–79 – R. C. VAN CAENEGEM, The Birth of the English Common Law, 1988².

Glarus, Gebirgstal mit gleichnamigem Hauptort im O der Schweiz. Der Name G., in seiner Bedeutung ungeklärt, ist wohl rätoroman. Herkunft. Die Christianisierung der ursprgl. roman. Bevölkerung erfolgte von Rätien her, gemäß legendenhafter frühkarol. Überlieferung um 300 durch die Hll. Felix und Regula (→Thebaische Legion). Die seit dem 6.Jh. im Tal siedelnden Alemannen wurden von N her christianisiert, wobei persönl. missionar. Wirken des hl. →Fridolin (später Landespatron) hypothet. bleibt. Die erste Talkirche St. Fridolin und Hilarius in G. datiert vom 7./frühen 8.Jh. Ein schon für damals vermuteter Einfluß des Fridolinskl. →Säckingen scheint sich Mitte 8.Jh. gefestigt zu haben. Daraus erwuchs im HochMA eine nahezu geschlossene säcking. Grundherrschaft über G. Im 12./13. Jh. wurden das hintere Haupttal und das Sernftal besiedelt und in der Folge kirchl. erschlossen.

Damals konstituierte sich die Talschaft zur Talgemeinde. 1264 gelangten Reichsvogtei und 1288 Meieramt über G. an die →Habsburger. Mitte 14. Jh. suchte G. sich im Gefolge von →Zürich, wohin das Tal verkehrsmäßig und wirtschaftl. ausgerichtet war, an die →Eidgenossenschaft anzunähern; der »mindere« Bund 1352 mit Zürich und den drei Länderorten mußte aber im gleichen Jahr wieder rückgängig gemacht werden. Erst im Lauf des →Sempacherkriegs gelang die Befreiung. Im Frühjahr 1387 erließ die zum ersten Mal faßbare Landsgemeinde die ältesten Landessatzungen; am 9. April 1388 besiegten die Glarner in der Schlacht bei →Näfels ein zahlenmäßig weit überlegenes österr. Heer. In mehreren Stufen erfolgte hierauf der Ablösungsprozeß von der säcking. Grundherrschaft. 1415 verlieh Kg. Sigmund Reichsfreiheit und Blutbann, doch erst 1473 wurde G. durch den »besseren« Bund auch rechtl. ein vollwertiges Glied der Eidgenossenschaft. Die Festigung des Staatswesens äußerte sich in der Entfaltung seiner Einrichtungen, in Gesetzgebung und Rechtspflege (Blutgerichtsordnung um 1500). E. Tremp

Q. und Lit.: HBLS III, 539–561 – J. Winteler, Gesch. des Landes G., 2 Bde, 1952–54 – Aegidius Tschudi, Chronicon Helveticum, hg. B. Stettler (Q. zur Schweizer Gesch. NF 7, 1968ff.) – Vom ältesten G., b. des Hist. Vereins des Kantons G. 65, 1974 – I. Müller, Poitiers-Säckingen-G., SMBO 89, 1978, 346–374 – Die Rechtsq. des Kantons G., 5 Bde, hg. F. Stucki, 1983–85 – F. Zopfi, Die Namen der glarner Gemeinden, 1984.

Glas, -herstellung

I. Techniken der Glasherstellung – II. Spätantike und Frühchristentum – III. Okzident – IV. Byzantinischer Bereich – V. Islamischer Bereich.

I. Techniken der Glasherstellung: Ma. G. bestand in seiner Zusammensetzung (Gemenge) neben den färbenden Bestandteilen im wesentl. aus zwei Rohstoffen: Einem Teil Quarzsand (Glasbildner) und zwei Teilen nat. Soda bzw. Asche (Flußmittel, zur Senkung der Schmelztemperatur), wobei die nat. Soda die Herstellung von reinerem G. ermöglichte und, soweit möglich, der Asche vorgezogen wurde.

Die Verwendung von nat. Soda/Asche führte allerdings zu einer Verunreinigung des Gemenges. Um diese auszuscheiden, bedienten sich die G.macher einer bes. Schmelztechnik, einem dem Schmelzprozeß vorhergehenden Sintern (Fritten) des Gemenges bei ca. 700°C. Das Fritten bewirkte eine Verbindung von Flußmittel und G.bildner (Fritte), während sich die schädl. Elemente (Sulfate, Chloride) als Schaum (Halmose) ablagerten und manuell von der Fritte getrennt werden konnten. Im nächsten Schritt wurde das G. bei ca. 1150°C erschmolzen, bevor es bei ca. 900°C verarbeitet wurde.

Diese Schmelztechnik bedingte einen für das MA typ. Aufbau des Schmelzofens (Hafenofen), der neben der Schmelzkammer eine kleinere Frittkammer besaß (Beschreibungen bei →Theophilus und →Heraclicus). Sein ursprgl. rechteckiger Grundriß wandelte sich im späten MA zu einer runden bzw. ovalen Form.

Die Verfügbarkeit über die Rohstoffe war neben der Anbindung an die Handelswege der wichtigste Faktor bei der Standortwahl einer Glashütte. Solange die aus dem vorderen Orient importierten nat. Soda zur Verfügung stand, war die Nähe eines geeigneten Sandlagers ausschlaggebend. Als im 10. Jh. n. der Alpen der Handel mit nat. Soda abbrach, trat das Holz als Brennmaterial sowie zur Ascheherstellung in den Vordergrund, so daß die Hütten nunmehr vorrangig in Waldgebieten (u.a. Spes-

sart, Bayr. Wald) angelegt wurden. Aufgrund des enormen Holzbedarfes bestanden sie bis auf wenige Ausnahmen (so Kordel im 9. Jh., bes. aber Venedig) durchschnittl. etwa zehn Jahre. Die Existenz einer ma. Hütte ist daher meist nur durch urkundl. Erwähnung oder Zufallsfunde nachzuweisen.

Im MA war es üblich, in der gleichen Hütte sowohl Hohl- als auch Flachg. herzustellen. Mit Hilfe der G.macherpfeife (Eisenrohr von 74 cm [→Theophilus] bis 90 cm [→Agricola] Länge) entnahm der G.macher bei der Hohlg.-Herstellung dem Hafen der Schmelze, blies diese zur Kugel (Kölbel) auf, um ihr dann die gewünschte Form zu verleihen. Dies geschah entweder durch das Einblasen des Kölbels in eine Hohlform (Model) aus Holz bzw. Eisen oder in der Technik des freien Blasens, bei welcher der Kölbel auf einer Marmorplatte (Marbel) gewälzt, durch Schwenken der Pfeife in die Länge gezogen und mit Walkholz, Greifer oder Schere in die endgültige Form gebracht wurde. Als Verzierungsmöglichkeit noch während der G.herstellung stand das Auflegen farbiger G.fäden und -tropfen zur Verfügung (heiße Technik). Um Spannungen im G. zu vermeiden, mußte es abschließend im Kühlofen getempert werden.

Der Nachweis über Provenienz, Qualität und Quantität der ma. Hohlgläser ist mit Ausnahme der ven. Produkte sehr schwierig, wenngleich eine Kontinuität der G.herstellung auch im frühen MA angenommen werden kann.

Gleiches gilt bis zum 12. Jh. für das ebenfalls im Blasverfahren hergestellte Flachglas. Bei dem von Theophilus beschriebenen, seit dem 3. Jh. auf weström. Gebiet nachweisbaren Zylinder-Blas-Verfahren wurde der Kölbel zu einem Zylinder aufgeblasen, der Länge nach aufgetrennt und zu einer ca. 35×50 cm großen Tafel ausgerollt. Seit dem 14. Jh. wurde die G.tafel allmähl. durch Mondg. und Butze verdrängt. Ihre Herstellung fußt auf einem gemeinsamen, aus dem vorderen Orient stammenden Vorläufer, bei dem der Kölbel geöffnet und durch schnelles Drehen zu einer flachen Scheibe aufgeweitet wurde. Die Butze wurde in einer Größe bis zu 12 cm gefertigt und als ganzes Scheibchen verarbeitet, während das größere Mondg. (40 bis 100 cm) in einzelne Segmente zerteilt wurde. S. Strobl

Q.: Heraclius. Von den Farben und Künsten der Römer, ed. A. Ilg, 1873 – Technik des Kunsthandwerks im 12. Jh. Des Theophilus Presbyter Diversarum Artium Schedula, ed. W. Theobald, 1933 bzw. 1984² – Lit.: F. Geiges, Der alte Fensterschmuck des Freiburger Münsters I, 1901, 154–158 – H. Oidtmann, Die rhein. G.malereien vom 12. bis zum 16. Jh., I, 1912, 1–14 – R. Schmidt, Das G., 1922² – F. Rademacher, Die dt. Gläser des MA, 1963² – E. Baumgartner-I. Krueger, Phoenix aus Sand und Asche: G. des MA, 1988 [Lit.].

II. Spätantike und Frühchristentum: Die antike G.herstellung erfuhr nach Erfindung der Glasbläserpfeife im 1. Jh. v. Chr. im O und W einen starken Aufschwung, der zu weiteren neuen Techniken (z. B. formgeblasenes G., Kameo-G., entfärbtes G.) und Dekorationsformen führte (z. B. G. mit Nuppen, Auflagen, Bemalung, Schlangenfadendekor). Neben G.gefäßen gab es Büsten, Statuetten, Orden (Phalerae), gegossene Gemmen, Mosaik, Fensterscheiben (Verwendung: mehrere runde Scheiben in Holz- oder Stuckrahmen vereinigt). Auch im 3.–4. Jh. gab es noch beachtl. Leistungen: Diatretgläser mit freigebohrtem und geschliffenem Netzwerk, eine neue Blüte des →Goldglases, bedeutende Arbeiten mit geschliffenen figürl. Darstellungen (Kaiser, Circus, Mythen). Das byz. Imperium ermöglichte die Kontinuität der meisten Techniken ins MA. Daß die selben Werkstätten Wünsche für Auftraggeber verschiedener Religionen erfüllten, ist nachgewiesen: bei den röm. Goldgläsern, bei rhein. Schalen des 4. Jh. mit Ritzdekor (Szenen der Jagd, des Mythos, des AT und NT; HARDEN) und bei formgeblasenen palästinens. Pilgerflaschen des 6.–7. Jh. mit jüd. und christl. Symbolen (BARAG).   J. Engemann

Lit.: F. FREMERSDORF, Die Denkmäler des röm. Köln, III–VIII, 1958–67 – D. B. HARDEN, The Wint Hill Hunting Bowl and Related Glasses, JournGlassStud 2, 1960, 44–81 – D. P. BARAG, Glass Pilgrim Wessels from Jerusalem I, ebd. 12, 1970, 35–63; II–III, ebd. 13, 1971, 45–63 – G. der Caesaren, hg. D. B. HARDEN, Ausst.-Kat. Köln 1988 [Lit.].

III. OKZIDENT: Das spätantike Erbe wurde im byz. O (vgl. Abschnitt IV) und in Gebieten des Mittelmeerraums vor der islam. Expansion (vgl. Abschnitt V) übernommen und weiterentwickelt. Nördl. der Alpen ging jedoch die Qualität des einfachen Gebrauchsg.es deutlich zurück; zudem trat ein Wandel der Herstellungstechnik ein, da man Soda weitgehend durch Pottasche, die aus Holz gewonnen wurde, ersetzte. Der Standort der G.hütten verlagerte sich daher aus den Städten in die Waldgebiete. Das G. hat eine bräunl.-grünl. Tönung; die verwendeten Formen sind eher schlicht: fußlose Becher mit kon. Wandung oder kuhhornartiger Form, die mit aufgeschmolzenen G.tropfen oder rüsselartig aufgesetzten G.flüssen verziert sind (Rüsselbecher). Seit der Merowinger- und Karolingerzeit wurden diese G.er in den Gebieten des ehem. röm. Gallien und in Deutschland erzeugt und blieben bis ins 12. Jh. vorherrschend. G.hütten befanden sich im Rheinland, in der Normandie, der Provence, den Niederlanden sowie in England und Skandinavien. Unter den Karolingern, die auch auf künstler. Gebiet eine »Renovatio« anstrebten, erfreuten sich Goldschmiedearbeiten bes. Beliebtheit, bei denen G.einschlüsse in vielfältiger Form verwendet wurden (Imitation gemugelter Edelsteine [Cabochons], kleine Perlen, farbige Plättchen [s. a. →Email]). Oberitalien, v. a. die Poebene, wo vor der frk. Expansion die Typologie der langob.-nord. Formenwelt verbreitet war (Funde in Castelseprio [Lombardei], Cividale [Friaul] sowie in den Marken und Umbrien), bewahrte v. a. an der Adriaküste gewisse spätantike Traditionen des byz. Kulturkreises (Funde des 7.–12. Jh. u. a. in Torcello und Murano).

Um das Jahr 1000 werden – auch gefärbte – Fensterverglasungen in den roman. Kirchen verwendet. Das Gebrauchsg. dieser Zeit (zumeist stumpfe Becher mit kon. Wandung, Ampullen, bauchige Flaschen mit langem Hals) ist eher aus Miniaturen in Hss. und aus Freskendarstellungen bekannt als aus den spärlichen Funden, die im dt. und ndl. Bereich überkommen sind. Etwa in das 11./12. Jh. kann man die Entstehung der ven. G.produktion ansiedeln, die v. a. byz. Einflüsse aufweist (Korinth). Typ. Formen sind Becher mit aufgeschmolzenem Tropfenoder Perlendekor – und →Angster (einige wenige Fragmente in Torcello erhalten). Die ersten ven. G.bläser (bereits Ende des 10. Jh. als »fiolari« [von »fiole«, ‘Flasche’] urkundl. belegt) hatten seit der 2. Hälfte des 13. Jh. reguläre Statuten, seit 1291 war Murano Zentrum der ven. G.produktion. Die in den folgenden Jahrhunderten aufblühende ven. G.produktion exportierte v. a. nach der Eroberung von Konstantinopel und später von Korinth sowohl in den Vorderen Orient als auch in die Länder nördl. der Alpen, bes. nach Deutschland. Hergestellt wurden u. a. farbige G.pasten oder Goldg. für →Mosaiken in den Kirchen (Murano, Torcello, S. Marco in Venedig), G.perlen (Stickperlen), Gebrauchsg.er (darunter Fußg.er in den verschiedensten Formen) sowie zylinderförmige Ampeln (sog. ‘cesendelli’). Die kostbarsten Auftragswerke wurden in Emailmalerei ausgeführt, einer bereits im Vorderen Orient (Syrien) üblichen Technik. Die an der

Wende vom 13./14. Jh. entstandenen ältesten Stücke, gemeinhin als »syrofränkisch« bezeichnet, sind vermutl. großteils ven. Herkunft, wie der Becher des Magister Aldrevandin im Brit. Mus. sowie Stücke in der Schweiz, Österreich und Deutschland. In der Manier der got. Goldschmiedekunst entstanden kleine goldunterlegte →Anconen und Triptychen, welche Bergkristallarbeiten nachahmten (vgl. →Bergkristallminiatur; →Kristall). Führende Zentren der G.produktion nördl. der Alpen blieben weiterhin die G.hütten in Frankreich (Île-de-France, Normandie, Lothringen) und in den Niederlanden (wo G.hersteller dem Patriziat angehörten). In Deutschland und Böhmen werden der (dem Angster verwandte) →Kuttrolf (mit mehrzügigem Hals) sowie der »Krautstrunk« beliebt (eine Art Nuppenbecher), der sich im »Römer« fortsetzt; in den Niederlanden werden ein schmales Kelchgefäß (»Flute«) typisch, aus dem sich das »Stangenglas« entwickelt, sowie niedrige Becher mit eingezogenem Boden (Maigelein). Auf der Iber. Halbinsel sind – neben dem starken islam. Einfluß – seit dem 12. Jh. v. a. die katal. G.hütten bedeutend. Von dem it. Altare (Savona) aus, wo seit dem 12. Jh. G.bläser im Umkreis der Benediktinerkl. wirkten, gingen durch wandernde G.bläser Einflüsse nach Frankreich und in die Niederlande. Im Mittelmeerraum hat die ven. G.bläserkunst nunmehr ihren Zenit erreicht: um die Mitte des 15. Jh. wird die Technik der Herstellung farblosen Transparentg.es (»cristallino«) perfektioniert, das im folgenden Jh. höchste Triumphe feiern sollte. Luxusgegenstände sind die auf Bestellung gearbeiteten »Brautbecher und -teller«, die auch in durchgefärbtem G. (türkisblau, amethystfarben, smaragdgrün) und mit Emailmalereidekor (nach dem Vorbild der Holzschnitte und der Malerei der Renaissance) hergestellt wurden. In dieser Zeit entwickelte man das opake weiße G. (»Milchglas«) in Imitation des Porzellans und bildete den Chalcedon im G. nach. Die in Murano hergestellten G.waren wurden in zunehmendem Umfang nach ganz Europa exportiert; wandernde G.bläser trugen zur Entwicklung von G.hütten in Österreich (Hall, Innsbruck), Deutschland, Frankreich, England und Spanien bei; die dabei angewandten Techniken wie die Emailmalerei auf Kristallg. erfreuten sich auch in den folgenden Jahrhunderten großer Beliebtheit.   G. Mariacher

Lit.: F. RADEMACHER, Die dt. G.er, 1933 – J. BARRELET, La Verrerie en France, 1953 – R. CHAMBON, La Verrerie en Belgique, 1955 – G. MARIACHER, Il Vetro soffiato, 1960 – A. WILSON, Frothingham, Spanish Glass, 1964 – R. BAROVIER MENTASTI, Il Vetro venez., 1982 – J. PHILIPPE, Glass: Hist. and Art, 1982 – G. MALANDRA, Vetri di Altare, 1983 – R. CHARLESTON, English Glass, 1984 – KLEIN-LLOYD, Storia del Vetro, 1984 – O. DRAHOTOVA, L'Art du Verre en Europe, 1987 – E. BAUMGARTNER – J. KRUEGER, Phönix aus Sand und Asche, 1988.

IV. BYZANTINISCHER BEREICH: Für die kulturell vielfältige, von antiken röm. wie christl.-vorderasiat. Traditionen geprägte byz. Welt und ihre Einflußgebiete wird die Kenntnis der G.produktion erhellt durch byz. Texte des 10.–11. Jh., die »Diversarum Artium Schedula« des maasländ. Mönches →Theophilus und durch archäolog. festgestellte Schmelzöfen (Torcello, Korinth, Gebiete in der heut. UdSSR). Unsere Kenntnisse beruhen nicht nur auf der archäolog. Untersuchung von Formen und Ornamenten, sondern auch auf der Erforschung der religiösen und profanen Ikonographie, von Werken und Hss., Detailstudien von Besonderheiten der Komposition, ebenso auch auf byz. G.waren, die aus Schiffswracks geborgen wurden (Inst. of Nautical Archaeology, USA).

Die vom 5. bis 15. Jh. in der G.produktion des Byz. Reiches und seiner Einflußgebiete angewandten Techniken sind vielfältig und stehen in antiker Tradition: G. wurde sowohl frei als auch in der Form geblasen; wir finden Applikationen, Emailmalerei auf Formstücken (hierzu gehören auch die syro-frk. Gläser), aber auch Armreifen, Gravur und Schnitt von Gläsern (→Hedwigsglas), G.pasten in Art eines Kameo, gefaßtes G. für die Herstellung von Schmuck in Byzanz und den byzantinisierten slav. Ländern, schließlich bemalte G.fenster, Flachg. mit Goldeinschlüssen und G.mosaik. Aufgrund der vom 8./9. bis 12. Jh. aus Griechenland (Korinth), Zypern (Paphos) und Altrußland (Kiev), dem Schwarzmeerraum und Armenien überkommenen materiellen Zeugnisse stellt sich die G.malerei als typisch byz. Fertigkeit dar, die auch von Theophilus erwähnt wird; bedeutendstes erhaltenes Kunstwerk dieser Art ist die berühmte Schale (11. Jh.) im Schatz von S. Marco in Venedig. Eine andere Besonderheit bildet die veneto-byz. G.paste des 13. Jh. Die Technik des in der Form geblasenen G.es wurde dagegen bereits im christl. Syrien des 5.–7. Jh. gepflegt. Das Gravieren und Schneiden von G. verbreitete sich in röm. Tradition im byz. Italien und im christl. Vorderen Orient sowie auch in Konstantinopel selbst, das auch in der G.malerei eine Rolle spielte. Hinsichtlich der geschnittenen, runden Reliefglasscheiben im Schatz v. San Marco ist eine byz. Herkunft – neben der Möglichkeit pers. Ursprungs – immerhin diskutierbar.

Zahlreiche Funde byz. G.waren wurden seit dem 5. Jh. in Istanbul und Anatolien gemacht, darunter Gebrauchsg. – etwa in Sardes – und G.lampen, aber auch Luxusg., münzförmige G.proben, Ikonenverzierungen in farbigem G. und Fragmente von G.fenstern.

Die G.produktion in Altrußland (Kiev) – wie auch in Korinth – darf nicht mit den byz. Exportwaren verwechselt werden, zu denen das sog. →Hedwigsglas, das in der Kreuzfahrerzeit in den W gelangte, gehörte.

Die byz. G.verarbeitung kann heute nicht mehr als »medieval mystery« betrachtet werden. Sie bildet auch den Ausgangspunkt für die Herstellung der Nuppenbecher (→Gefäße). J. Philippe

Lit.: RbyzK, s. v. Glas – J. PHILIPPE, Le monde byz. dans l'hist. de la verrerie (Vᵉ–XVIᵉ s.), 1970 – D. B. HARDEN, Ancient Glass, III: Postroman, The Archaeological Journal CXXVIII, 1972 – A. GRABAR, La verrerie d'art byz. au MA, Monuments et mém. de l'Acad. des Inscr. et Belles-Lettres, 1980, 57, 89–127 – A. VON SALDERN, Anc. and Byz. glass from Sardis, Archaeological exploration of Sardis, Monograph 6, 1980 – J. PHILIPPE, Glass: Hist. and Art, 1982, 22–25, 64–67.

V. ISLAMISCHER BEREICH: Wohl in allen vom Islam eroberten Ländern wurde die spätantike G.produktion fortgesetzt. Unzureichende Forschung erlaubt eine sichere Trennung nur selten, auch oftmals nicht zw. ägypt., syr. und irak. G., sieht man von wenigen inschriftl. datierten oder in datierbaren Öfen gefundenen Beispielen ab wie Baṣra im Irak, Damaskus in Syrien oder Fusṭāṭ in Ägypten. Produktion und Gebrauch, auch im Alltag, waren umfangreich ebenso wie der Export nach Europa und in den Osten. Das G. kann fast farblos sein oder farbig bis zum opaken Zustand. Die Formen werden frei oder in Modeln geblasen. Flachg. kommt in Bädern ebenso früh vor wie in kleinteiligen Wandfenstern, in aller Regel mit Stuck- und nicht mit Bleistegen (z. B. Ḥirbat al-Mafǧar und Tabġa (Palästina, 1. Hälfte 8. Jh.), in Bodenplatten (Raqqa, Syrien) und in Millefiori in Sāmarrā (Irak, auch 9. Jh.). Gefäßformen folgen zuerst den spätantiken, doch werden bald neue entwickelt oder erfunden, die unverkennbar zur islam. Zeit gehören. Sicher bestimmbar ist der Gebrauchszweck bei Spritzflaschen und Gefäßen für Essenzen der Pharmazie und Kosmetik. Dekorationstech-

niken sind v. a.: applizierte Fäden oder Scheiben, Ritz- und Schleifmuster durch Diamanten oder das Rad, wiederholbare Ornamente, aber auch Schrift, die mit speziellen Zangen eingepreßt wurden, sowie Kammzüge. Lüster, goldfarben, aus Metalloxyden gewonnen, wird für Schrift und eine reiche anthropomorphe Ikonographie verwendet, v. a. in Fusṭāṭ; zwei Beispiele, aikonisch, eines datiert, das andere datierbar, gehören in den Beginn der 2. Hälfte des 8. Jh. und lassen einen ägypt. Ursprung der Technik sicher erscheinen. Emaildekoration, mit und ohne Vergoldung, dürfte bereits vor der mamluk. Epoche (vor 1250) aufgekommen sein, hatte aber in dieser Epoche glanzvolle Höhepunkte. Große Trink- und Waschgefäße oftmals mit anthropomorpher Dekoration und v. a. große Moscheelampen mit üppigen Ornamenten, Koranversen, seltener mit Herrschernamen sind typisch. Die sog. syr. Stangengläser in der gleichen Technik waren beliebte Exportartikel.

Aus G. wurden zu allen Zeiten auch Schmuckelemente und Armringe, meistens in farbigem G., hergestellt, ebenso wie Spielsteine. Die Frühzeit kennt Eichgewichte mit eingepreßten Inschriften.

Trotz der einfachen, fast überall vorkommenden Rohstoffe scheint zerbrochenes G. Gegenstand des Fernhandels gewesen zu sein. Ein 1977 in Seçe Liman vor der türk. Küste gefundenes Schiff, um 1025 gesunken, trug etwa drei Tonnen G.bruch; die rekonstruierten Gefäßformen werden die Forschung noch lange beschäftigen, obgleich bisher weder das Exportland noch der Zielhafen sicher benennbar sind. K. Brisch

Lit.: K. A. C. CRESWELL, A Bibliography of the Architecture. Arts and Crafts of Islam, 1961, Supplements 1973, 1974 – M. JENKINS, Islamic Glass, The Metropolitan Mus. of Art Bull., XLIV, Nr. 2, 1986.

Glaser (mnd. auch *Glazewert,* lat. vitrarius, vitrifex). Das G.handwerk als von der Glasbläserei (→Glas) getrenntes städt. Spezialgewerbe ist zweifellos erst im HochMA entstanden, als nach dem Vorbild der got. Kirchenbauten Adel und wohlhabendes Bürgertum ihre Wohnhäuser mit Glasfenstern auszustatten begannen. Die Zahl der in einer Stadt gleichzeitig arbeitenden G. war jedoch selten groß, in einer Mittelstadt wie Lüneburg um 1500 etwa 2–4. Spezielle G.zünfte sind im MA nur aus Großstädten wie Paris bezeugt. Typisch war, bes. in Mitteleuropa, der Zusammenschluß der G., Maler, Bildhauer oder sonstiger Berufe in einer Zunft, was schon deswegen nahelag, weil fast alle G. zugleich Glasmaler waren. Meist war St. Lukas der Schutzpatron dieser Sammelzunft; die Pariser G. verehrten jedoch St. Markus. Falls überhaupt, trennten sich die G. erst in der NZ von den anderen Berufen.

Die G. produzierten das von ihnen verarbeitete Flachglas (»Scherben«) normalerweise nicht selbst, sondern bezogen es über den Handel von auswärtigen Glashütten, häufig im Gemeinschaftseinkauf der Zunft. Das sorgfältige Einbrennen der Farben (»so daß sie mit der Hand nicht mehr abgekratzt werden können«) wurde im Interesse ihrer Wetterfestigkeit von den G.ordnungen eingeschärft (zur Technik der Glasmalerei vgl. →Glasmalerei, B). In der Masse gefärbtes Glas wurde seltener verwendet. Auch das Aufeinanderschmelzen verschiedenfarbiger Glasschichten war weniger üblich. Viele G.ordnungen verboten nämlich den Einbau von Gläsern verschiedener Qualität – z. B. Waldglas und ven. Glas – im selben Fenster; auch durfte innerhalb eines Fassungssegments nur eine Glasscherbe gefaßt sein. Noch mehr Gewicht legten die G.ordnungen auf die saubere Verarbeitung der Fensterfassungen, die aus Blei bestanden und nur mit reinem, unvermischtem Zinn verlötet werden durften.

Die Lehrzeit betrug bei den G.n meist 3–4 Jahre. Die verlangten Meisterstücke waren aufwendig und kompliziert. Schwächer als bei vielen anderen Gewerben war der Schutz gegen auswärtige Konkurrenz ausgeprägt. Soziale Stellung und Ansehen dürften bei den G.n wie bei den Malern mehr von der individuellen Kreativität als von der Zugehörigkeit zum Handwerk bestimmt gewesen sein.

Q. und Lit.: →Handwerk.   H.-P. Baum

Glasgow, Stadt am Clyde und Bm. (seit 1492 Ebm.) in →Schottland, seit 1451 Univ.

[1] *Bistum:* Seit dem 7. Jh. berühmt durch den Reliquienschrein des hl. →Kentigern (Mungo), galt G. als Vorort des kelt. Kgr.es →Strathclyde (Cumbria), war aber im gesamtem MA niemals Sitz kgl. Verwaltungsinstitutionen. Für die Zeit zw. 612 (dem angebl. Todesjahr des hl. Kentigern) und der Zeit um 1055–60 fehlen jedwede Nachrichten über G. Um 1055/60 gibt es dann Hinweise auf zwei Bf.e, die G. als ihren Sitz beanspruchten und die Suprematie des Ebf.s v. →York anerkannten. Sicher belegt ist erst Ebf. Michael († um 1114), der Suffragan des Ebf.s v. York war; mit Bf. Johannes (ca. 1114–47) setzt dann die durchgängig gesicherte Bischofsliste ein. Johannes, der vom Kapellan →Davids (I.), des Lords v. Cumbria und späteren Kg.s v. Schottland, zum Bf. v. G. aufstieg, widersetzte sich mit Unterstützung des Kg.s den Yorker Ansprüchen, so daß der Hl. Stuhl 1175 G. den Rang einer besonderen Tochter (filia specialis) zuerkannte; dieser Status wurde mit der 1192 verkündeten →Exemtion der ecclesia Scoticana gefestigt (ohne Galloway). Zwar erlangte G. erst mit der Erhöhung des Bf.s Robert Blackadder zum Ebf. (1492) Metropolitanrang, doch galt es nächst →St. Andrews als das bedeutendste Bm. in Schottland, auf dessen Sitz regelmäßig hochgestellte kgl. Ratgeber und Beamte berufen wurden. Namhafte Bf.e waren: der Zisterzienser Jocelin (1174–99), unter dessen Episkopat die Stadt den Status eines →*burgh* und einen Jahrmarkt (im Juli) erhielt; Robert→Wishart (1271–1316), der eine führende Rolle im ersten schott. Unabhängigkeitskrieg spielte; Walter Wardlaw (1367–87), der erste Kard. unter den schott. Prälaten; John →Cameron (1426–46), Kanzler Kg. Jakobs I.; William Turnbull (1447–54), der Gründer der Univ. G. Die got. Kathedrale (vorwiegend 13. bis frühes 15. Jh.) hat den Grundriß einer auf den Reliquienschrein ihres Hl.en zentrierten Pilgerkirche. Das Kathedralstift orientierte sich in seiner Verfassung an →Salisbury, mit Dekan, Schatzmeister, Praecentor *(chanter)*, Kanzler, Subdekan, 32 Säkularkanonikern und einer Körperschaft von Choralvikaren. Der Kathedralbezirk mit den Stiftskurien ist nicht mehr vorhanden.

Das Bm. G. umfaßte traditionell das alte Kgr. Cumbria, sein Territorium erstreckte sich folglich vom Earldom →Lennox und dem Loch Lomond im N bis zum Solway Firth im S, unter Einschluß der früheren Gft.en →Dumbarton, Renfrew, Ayr, Lanark und →Dumfries. Die Jurisdiktionsansprüche G.s auf die weiter südl. gelegenen Gft.en →Cumberland und →Westmorland wurden mit der Errichtung des Bm.s →Carlisle (1133) hinfällig. Doch annektierte David (I.), noch als Lord of Cumbria, für G. die von →Durham beanspruchten Täler von Tweed und Teviot. Dieses Gebiet wurde als Archidiakonat Teviotdale organisiert, während der Rest der Diöz. das Archidiakonat G. bildete. Beide Archidiakonate waren untergliedert in mehrere 'deaneries of Christianity', die in ihrer Einteilung alten weltl. Verwaltungsgliederungen folgten. Zur Verwaltung ihres weitläufigen Diözesangebietes verfügten die Bf.e über Residenzen in Carstairs, Stobo, Ancrum

und Hoddom und unterhielten enge Verbindungen zu den Abteien →Melrose und Jedburgh.

[2] *Stadt:* Die ältere Stadt lag nahe bei der Kathedrale (Townhead), doch mit der 1175 durch Bf. Jocelin erfolgten Gründung des burgh am Ort von Glasgow Cross konzentrierte sich die Kaufmannssiedlung zw. diesem Ort und der den Clyde überquerenden 'Glasgow Bridge', dem Ankerplatz für Handelsschiffe. An geistl. Institutionen bestanden Häuser der Franziskaner und Dominikaner, eine Kollegiatskirche und mehrere Spitäler. Um 1450 sind ca. 1500 Einw. anzusetzen.

[3] *Universität:* Die 1451 gegr. Univ. bestand im wesentl. aus einem einzigen College, gelegen östl. der High Street zw. burgh und Kathedrale, war intellektuell stark von →St. Andrews geprägt, unterhielt aber auch enge Verbindungen mit →Löwen und →Köln, was sich darin äußerte, daß G. an der Lehre der via antiqua (→Albertus Magnus) – gegen den in Paris und dann auch in St. Andrews gelehrten Nominalismus (via moderna) – festhielt. Stark gepflegt wurde auch der Rechtsunterricht; hier wirkten William→Elphinstone, Vater und Sohn; letzterer wurde Bf. und Universitätsgründer in→Aberdeen.

G. W. S. Barrow

Q.: Extracts from the Records of the Burgh of G., ed. J. D. MARWICK – R. RENWICK, 1876–1916 – Charters and Documents relating to the City of G., ed. J. D. MARWICK – R. RENWICK, 1897–1906 – Lit.: J. D. MARWICK, Early G., 1911 – J. R. KELLETT, G. (Hist. Towns. Atlas, I, 1969) – D. E. R. WATT, Fasti ecclesiae Scoticanae medii aevi, 1969 – J. DURKAN – J. KIRK, The Univ. of G., 1451–1577, 1977 – S. CRUDEN, Scottish Medieval Churches, 1986.

Glashütte → Glas

Glasmalerei

I. Voraussetzungen, Entwicklungen, Zusammenhänge – II. Technik – III. Erhaltene Werke.

I. VORAUSSETZUNGEN, ENTWICKLUNGEN, ZUSAMMENHÄNGE: Die Farbverglasungen ma. Kirchenräume haben stets eine doppelte Funktion: Sie sind Fensterverschluß und Lichtquelle zugleich, was ihre Erhaltung nachteilig beeinflußt hat. Dank ihrer bes. materiellen Voraussetzungen und techn. Möglichkeiten wurden sie zum vollkommensten Träger ma. Bilderwelt, dem einzigen, der das natürl. Licht künstler. zu nutzen verstand. Auf der Grundlage der neuplaton. Lichtmetaphysik hat man im MA dem Phänomen des Leuchtens die Fähigkeit des Erleuchtens zuerkannt. Damit erhielten die Bildprogramme der →Fenster eine zentrale Aufgabe in der Darstellung und Vermittlung moral. und theol. Gedanken. Neben der ikonograph. Verständlichkeit bilden daher, wie Texte von →Theophilus und →Suger bezeugen, Lichtfülle und Leuchtkraft der Farbgläser sowie die Kostbarkeit ihrer Verarbeitung die entscheidenden ästhet. Kriterien.

In formaler, aber auch in inhaltl. Hinsicht waren die Farbverglasungen allerdings einem stetigen Wandel unterworfen, der durch die allgemeine Entwicklung der →Baukunst, aber auch durch die von Bauaufgabe zu Bauaufgabe, von Landschaft zu Landschaft wechselnde Proportionierung, Gliederung und Verteilung der Fensteröffnungen vorgegeben war. Mit diesen wechselnden Rahmenbedingungen mußten sich die Glasmaler ebenso auseinandersetzen wie mit den wechselnden Vorstellungen und Wünschen der Auftraggeber oder Stifter.

Die Anfänge der ma. G. liegen noch immer im dunkeln. Vermutl. gab es schon in karol., sicher aber in otton. Zeit sowohl monumentale Standfiguren als auch kleinteilige szen. Bildzyklen. Im frühen 12. Jh. müssen v. a. die Benediktinerkirchen sehr reich mit G. ausgeschmückt gewesen sein, sonst bliebe →Bernhard v. Clairvauxs Verbot farbiger, figürl. G. in den Zisterzienserkirchen unverständlich. Etwa ein Jh. aufrecht erhalten, hat es mit seinen spezif. Grisailleverglasungen v. a. die Verglasungsgewohnheiten der Pfarr- und Stiftskirchen beeinflußt. Neben den endlosen Reihen baldachinbekrönter Standfiguren von Aposteln, Propheten, Hl.en, Bf.en und Kg.en bestimmen in Frankreich immer komplizierter gegliederte Medaillonkompositionen mit typolog. oder allegor. ausgeschmückten Zyklen das Erscheinungsbild der G. Bes. in der unterschiedl. Gestaltung des zentralen Themas der Wurzel Jesse wird die Antinomie zw. frz. Kathedralgotik und stauf. Spätromanik deutlich. Seit der Mitte des 13. Jh. entwickelt sich dann im dt. Sprachraum unter maßgebl. Mitwirkung der →Bettelorden aus dem Jesse- das typolog. Bibelfenster, aus dem baldachinbekrönten Standfiguren- das bauhüttengerechte Architekturfenster, aus dem kleinteiligen Medaillon- das bahnübergreifende Großmedaillonfenster, während Frankreich früh partielle Farbverglasungen bevorzugt.

Anfängl. wurden Farbverglasungen wohl vornehml. in Klosterwerkstätten angefertigt. An den großen Neubauprojekten des 12. und 13. Jh. waren dann, den Steinmetzen vergleichbar, zeitweise Glasmaler in großer Zahl tätig, die entweder von Bauhütte zu Bauhütte weiterwanderten und so zur schnellen Verbreitung formaler, techn. und stilist. Neuerungen beitrugen oder ansässig wurden und bürgerl. Werkstätten begründeten, was im Laufe des 14. Jh. die Herausbildung lokaler Stilkonstanten begünstigt hat. Charakterist. für das späte 15. Jh. sind schließlich leistungsfähige, monopolartige Großwerkstätten, die wie die Straßburger Werkstattgemeinschaft Peter Hemmels ihre Farbverglasungen weithin exportierten.

Lit.: VIOLLET-LE-DUC IX, 1868, s. v. vitrail, 373–462 – A. SCHMARSOW, Kompositionsgesetze roman. Glasgemälde in frühgot. Kirchenfenstern, AGL 33, 1, 1916 – DERS., Kompositionsgesetze frühgot. Glasgemälde, AGL 36, 3, 1919 – M. TH. ENGELS, Zur Problematik der ma. G., 1937 – L. GRODECKI, Le vitrail et l'architecture au XIIᵉ et au XIIIᵉ s., GBA 36, 1949, 5–24 – H. WENTZEL, Glasmaler und Maler im MA, ZKW 3, 1949, 53–62 – W. SCHÖNE, Über das Licht in der Malerei, 1954 bzw. 1977⁴, 37–42, 251–253 – E. FRODL-KRAFT, Architektur im Abbild, ihre Spiegelung in der G., WJKu 17, 1956, 7–13 – L. GRODECKI, La couleur dans le vitrail du XIIᵉ au XVIᵉ s., Entretiens sur la couleur, 1958, 186–206 – W. SCHÖNE, Über den Beitr. von Licht und Farbe zur Raumgestaltung im Kirchenbau des alten Abendlandes, Evang. Kirchenbautagung Stuttgart 1959, 1961, 89–154 – E. FRODL-KRAFT, Das »Flechtwerk« der frühen Zisterzienserfenster, WJKu 20, 1965, 7–20 – J. LAFOND, Le vitrail. Origines, technique, destinées, 1966, 1978² [Lit.] – R. BECKSMANN, Die architekton. Rahmung des hochgot. Bildfensters. Unters. zur oberrhein. G. von 1250–1350 (Forsch. zur Gesch. der Kunst am Oberrhein 9/10), 1967 – E. FRODL-KRAFT, Die »Figur im Langpaß« in der österreich. G. und die Naumburger Westchor-Verglasung, Kunst des MA in Sachsen (Fschr. W. SCHUBERT, 1967), 379–388 – M. P. LILLICH, The Band Window: A Theory of Origin and Development, Gesta 9, 1970, 26–33 – E. FRODL-KRAFT, Die G. Entwicklung, Technik, Eigenart, 1970 [Lit.] – R. BECKSMANN, Zur Werkstattgemeinschaft Peter Hemmels in den Jahren 1477–1481, Pantheon 28, 1970, 183–197 – E. BACHER, Der Bildraum in der G. des 14. Jh., WJKu 25, 1972, 87–95 – R. BECKSMANN, Fensterstiftungen und Stifterbilder in der dt. G. des MA, Vitrea dedicata, 1975, 65–85 – E. FRODL-KRAFT, Die Farbensprache der got. Malerei, WJKu 30, 1978, 89–181 – R. BECKSMANN, Raum, Licht und Farbe. Überlegungen zur G. in stauf. Zeit (Die Zeit der Staufer V, 1979), 107–130 – J. GAGE, Gothic Glass: Two Aspects of a Dionysian Aesthetic, Art History 5, 1982, 36–58 – E. FRODL-KRAFT, Zur Frage der Werkstattpraxis in der ma. G., 32. Arbeitsh. des Bayer. Landesamtes für Denkmalpflege 1985, 10–22 – W. KEMP, Sermo Corporeus. Die Erzählung der ma. Glasfenster. 1987.

II. TECHNIK: Trotz aller Wandlungen, die die monumentale G. seit dem 9. Jh. erfahren hat, sind die Bestandteile, aus denen sich Farbverglasungen zusammensetzen – Farbglas, Malfarbe und Bleiruten – sowie deren techn.

Funktionen dieselben geblieben. Zu Recht spricht man daher von einer »klassischen« Technik. Die ästhet. Funktionen haben sich jedoch gewandelt und mit ihnen die Beschaffenheit des Materials. Obwohl die mundgeblasenen Kolbengläser, aus denen die einzelnen Glastafeln bestehen, gewöhnl. aus einem Gemenge von zwei Teilen Buchenholz- und Farnasche (Pottasche) und einem Teil Sand (Silicium) bei etwa 900 °C erschmolzen sind, die Färbung der Gläser stets durch Oxydation beigemischter Metalle (Kupfer, Eisen, Mangan, Kobalt) erzielt wird, hat sich die Struktur der Farbgläser und damit ihre chem. Beschaffenheit im Laufe der Jahrhunderte verändert. Sind die Gläser des 13. und frühen 14. Jh. bis auf das rote Überfangglas in der Masse gefärbt, so hatte man im 12. Jh. komplizierte Mehrschichtengläser hergestellt, offenbar weil man schmelztechn. Schwierigkeiten bei der Färbung hatte. Dieses Verfahren sicherte ihnen jedoch eine vorzügl. Erhaltung. Im späten 14. Jh. versuchte man wiederum mit polychromen Vielschichtengläsern die an Zwischentönen reiche Farbigkeit der gleichzeitigen →Tafel-, →Wand- und →Buchmalerei nachzuahmen. Die geringe Resistenz dieser stark alkalihaltigen Gläser führte jedoch bald zu Korrosionsschäden, die bereits im 15. und 16. Jh. Restaurierungen bzw. »Verneuungen« zur Folge hatten. Spätestens um 1400 taucht dann auch in Deutschland ein sehr widerstandsfähiges, stark bleihaltiges Glas auf, das in der Normandie und in England schon seit dem frühen 14. Jh. verwendet worden war. Für das 15. Jh. ist kennzeichnend, daß die Werkstätten ihre Farbgläser nicht mehr von einer nahegelegenen Glashütte, sondern über den Großhandel bezogen, der seinerseits aus ganz Europa beliefert wurde. Im frühen 16. Jh. überwiegen überall die transluziden, auch heute noch kaum verwitterten Bleigläser. Mit dem weitgehenden Verzicht auf Verwendung polychromer Gläser gewinnt zugleich der Ausschliff einfacher Überfanggläser sowie die Färbung mit Eisenrot und Silbergelb an Bedeutung. Zunächst verfügte der Glasmaler nur über eine monochrome Malfarbe, das Schwarz- und Braunlot, das durch Aufbrennen mit dem Farbglas verbunden wird. Je nach Konsistenz wird es als Kontur- oder Überzugsfarbe verwendet und vermag das Grundglas nur in seiner Transparenz zu verändern. Die Bemalung der Innenseite erfolgt in der Regel in drei Stufen – Wasserton, Schattenlagen, Kontur – und wird durch dünne Überzüge oder dichtere Schattenlagen auf der Außenseite verstärkt. Neben dem feinen Haar- oder steifen Borstenpinsel verwendet der Glasmaler im SpätMA zunehmend auch Holzgriffel, Federkiel oder Nadel, um alle nur denkbaren Strukturen aus den Lotüberzügen herauszuarbeiten. Am stärksten ist die klass. Technik jedoch durch die Einführung des um 1300 in Paris erfundenen Silbergelbs, der ersten färbenden Malsubstanz, verändert worden. Eisenrot und Kupfergrün erweitern im späten 15. Jh. die Möglichkeiten der G. und schaffen damit die Voraussetzungen zur Entwicklung einer eigenständigen Kabinettscheibenmalerei. Dem Zuschneiden und Bemalen der Farbgläser geht die Übertragung des eigenen oder fremden Entwurfs auf einen originalgroßen »Karton« voraus. Bis gegen 1400 erfolgte dies – entsprechend den Angaben bei →Theophilus – auf einer grundierten Holztafel, auf der das Bleinetz und damit der Glaszuschnitt festgelegt wurden. Scheibenrisse auf Pergament oder Tuch, später auf Papier, ersetzten schließlich die unhandl. Holztafeln.

Q.: →Theophilus – R. BRUCK, Der Tractat des Meisters Antonio v. Pisa über die G., Rep. für Kunstwiss. 25, 1902, 240–269 – S. PEZELLA, Il Trattato di Antonio da Pisa sulla Fabbricazione delle Vetrate Artistiche,

1976 – *Lit.*: H. OIDTMANN, Die Technik der G., 1892 – F. GEIGES, Der alte Fensterschmuck des Freiburger Münsters I, 1901, 154–200 – H. OIDTMANN, Die rhein. G. vom 12. bis zum 16. Jh., I, 1912, 1–69 – J. A. KNOWLES, Processes and Methods of Glass Making and Painting, J. of the Society of Glass Technology 6, 1922, 255–274 – G. CHESNAU, Contributions à l'ét. de la technique des vitraux du MA, BullMon 92, 1933, 265–294 – J. LAFOND, Trois ét. sur la technique du vitrail, 1943 – G. FRENZEL – E. FRODL-KRAFT, Referat auf der Tagung CVMA, Erfurt 1962, ÖZKD 17, 1963, 93–114 – L. GRODECKI, La Chapitre XXVIII de la Schedula du moine Théophile, Compt. rend. des séances de l'Acad. des inscriptions et belles-lettres 1976, 345–357 – M. P. LILLICH, European Stained Glass around 1300: The Introduction of Silver Stain, Akten des XXV. Internat. Kongr. für Kunstgesch. VI, 1986, 45–60 – J. VILA-GRAU, La table de peintre-verrier de Gérone, Revue de l'art 72, 1986, 32–34.

III. ERHALTENE WERKE: Neben schriftl. Quellen (Werden, 864; Reims, vor 995; Tegernsee zw. 982–1001) belegen einstweilen nur spärl. Grabungsfunde aus Lorsch, Magdeburg und Schwarzach, daß die ma. G. schon Ende des 9., sicher aber seit Ende des 10. Jh. techn. ausgereift war und ihre Bildschöpfungen der gleichzeitigen→Buchmalerei künstler. ebenbürtig gewesen sein dürften.

Sicheren Boden betreten wir erst mit den noch heute in situ befindl. Prophetenfenstern im Augsburger Dom (um 1100 in einer Augsburger Werkstatt ausgeführt und bei der Gotisierung des Langhauses in neue Fenster übertragen). Solcher Wertschätzung verdanken wir nicht nur die Erhaltung der Belles Verrières in Vendôme (um 1130/40) und Chartres (um 1180), sondern auch der umfangreichen Reste der nach 1176 entstandenen Farbverglasung des Straßburger Münsters. Auch die bald nach 1230 geschaffene Chorverglasung der Erfurter Barfüßerkirche (ältester Franziskuszyklus n. der Alpen) blieb durch Übertragung in den Nachfolgebau erhalten, ebenso die Reste der Jessefenster im Freiburger Münster (vor 1218) und Regensburger Dom (gegen 1230). Mehrere Fenster umfassende Farbverglasungen aus der 1. H. des 13. Jh. sind in Deutschland nur in Köln, St. Kunibert, Marburg, Elisabethkirche und in Bücken, Stiftskirche einigermaßen ungestört erhalten. Alles übrige sind membra disiecta, deren ursprgl. Zusammenhang nur noch rekonstruiert werden kann. Etwas günstiger ist die Situation in Frankreich und England. Zwar wurden die letzten Reste der auf→Suger zurückgehenden Farbverglasung von St-Denis 1799 herausgenommen und erst später – im Sinne des Historismus vervollständigt – wieder eingesetzt, doch blieben wenigstens die jüngeren Westfenster der Kathedrale v. Chartres (um 1150) in situ erhalten. Umfangreiche Verglasungsreste aus der Mitte des 12. Jh. haben außerdem die Kathedralen von Le Mans, Poitiers und Angers bewahrt. Schwieriger ist es, eine Vorstellung von der ursprgl. Farbverglasung der Abteikirche St-Remi in Reims zu gewinnen. Zusammenhänge mit der Maaskunst zeigen Fenster in Châlons-sur-Marne (um 1150) und Orbais (um 1190) sowie die in alle Welt zerstreuten Reste der Farbverglasung der Kathedrale v. Troyes (um 1170). Die umfangreichste Verglasung des 12. Jh. war seit 1174 für den Neubau der Kathedrale v. Canterbury geschaffen worden. Infolge Umstellungen und Restaurierungen des zu Teilen erhaltenen Scheibenbestands ist von der ursprgl. Wirkung keine Vorstellung mehr zu gewinnen. Das noch zu rekonstruierende ikonograph. Programm übertrifft in seiner Fülle frz. Verglasungen, der Stil der einzelnen Werkgruppen ist hiervon unabhängig und überrascht durch häufig gegenläufige Entwicklungen.

In den beiden ersten Jahrzehnten des 13. Jh. hat die G. in Frankreich eine beispiellose Expansion erlebt und eine ungewöhnl. Zahl von Meisterwerken hervorgebracht,

die v. a. in den Kathedralen v. Sens, Chartres und Bourges in ihrem ursprgl. architekton. Rahmen und themat. Zusammenhang erhalten geblieben sind und die allgemeine Vorstellung von frz. G. geprägt haben. Bedeutende Reste in oder aus den Kathedralen v. Laon, Soissons, Rouen und Paris kommen hinzu. Ihre anfangs noch an dem antikisierenden Stil der »Kunst um 1200« orientierte Formensprache wird trotz einer Vielzahl von Werkstätten zunehmend in einem hochgot. Sinne vereinheitlicht und systematisiert. Am Ende dieser Entwicklung steht die Verglasung der Pariser Ste-Chapelle (1242–48).

Zwei Werke sind hier noch zu nennen, die Fremdkörper in ihrer Umgebung sind: die Rose der Kathedrale v. Lausanne, deren kosmolog. Zyklus gegen 1235 einem picard. Glasmaler verdankt wird, und der typolog. Fensterzyklus im Chor der Oberkirche S. Francesco in Assisi, den vor 1253 eine mitteldt. Werkstatt geschaffen hat.

Mit dem Langhausneubau seines Münsters (1240–75) wurde Straßburg zu einem der bedeutendsten G.zentren Europas. Von hier nahmen die an der gebauten Architektur bzw. an Baurissen orientierten Standfiguren in Architekturtabernakeln oder Szenen in Maßwerkrahmen ihren Ausgang (ehem. Freiburg, Dominikanerkirche, um 1300; Königsfelden, Klosterkirche, um 1325/40) oder fanden hier ihre Vollendung (Katharinenkapelle, um 1340). Entgegen allen Tendenzen zur Aufhellung der Kirchenräume bevorzugten die Straßburger Werkstätten bis ins späte 15. Jh. hinein farbige Bildkompositionen, die den ganzen Fensterspiegel füllten (Schlettstadt, um 1420/30; Walburg, 1461). In fast retrospektiver Weise greifen Hemmels monumentale Fensterschöpfungen (Tübingen, Stiftskirche, um 1478, Nürnberg, St. Lorenz, um 1481) hierauf zurück, während man im Kölner Dom (1248–1310) schon für die Erstverglasung der Chorkapellen eine partielle Grisailleverglasung nach frz. Vorbild wählte. Die Hintergründe für die Aufhellung der frz. Farbverglasungen im späten 13. Jh. (Troyes, St-Urbain, um 1270) sind noch nicht geklärt. Möglicherweise spielen hierbei auch ökonom. und techn. Gründe (Entwicklung neuer Gläser, Erfindung des Silbergelbs) eine Rolle. Jedenfalls muß Paris um 1300 Zentrum dieser neuen Entwicklungen gewesen sein, auch wenn dies nur noch aus andernorts (Esslingen, um 1300; Rouen, St-Ouen, 1321–39) erhaltenen Verglasungen zu erschließen ist.

Mitte des 14. Jh. vollzieht sich auch in der G. ein grundsätzl. Gestaltungswandel: Die orthogonalen Rahmenarchitekturen werden, angeregt durch die it. Trecentomalerei, zu Bildräumen, die Figuren gewinnen eine neue Körperlichkeit, in die Erzählweise dringt Alltägliches ein. Zentren dieses neuen Stils werden die parler. Bauhütten in Prag, Wien, Nürnberg und Ulm. In Prag blieb infolge hussit. Zerstörung nichts erhalten. In vielfältigen Brechungen finden sich jedoch im Erfurter Dom (um 1370–1400), in Wien (Herzogsfenster aus dem Dom, um 1390), in Nürnberg und Ulm »parlerische« Farbverglasungen, die Ansatzpunkte lokaler Stilentwicklungen werden. Auch das zw. 1381 und 1392 von Hermann v. Münster geschaffene riesige Westfenster des Metzer Domes steht diesem Stil nahe, folgt in der starken Aufhellung seiner Farbigkeit jedoch bereits franco-fläm. Vorbildern, deren höf. Stil um 1400 internationale Geltung erlangt. Ein Hauptwerk dieser Richtung sind die André Beauneveu zugeschriebenen Scheiben aus der Ste-Chapelle des Jean de Berry in Bourges. Auf einer Verarbeitung böhm. und franco-fläm. Vorlagen beruht das einzigartige Erscheinungsbild der um 1420 entstandenen Besserer-Scheiben im Ulmer Münster. Wichtige Zentren des Weichen

Stils in der G. waren Köln und die nd. Hansestädte, insbes. Lübeck; den umfangreichsten Fensterbestand dieser Zeit hat der Stendaler Dom bewahrt.

Mit der wachsenden Einflußnahme der Tafelmalerei und Graphik dringt Mitte des 15. Jh. auch der ndl. Realismus in die G. ein (Passionsfenster des Hans v. Ulm im Chor des Berner Münsters; Jacques-Coeur-Fenster in Bourges). In den Niederlanden haben sich fast keine ma. G. en erhalten, und die von ndl. Künstlern in Spanien geschaffenen Farbverglasungen sind zu konventionell, um Verlorenes widerzuspiegeln. Wieweit dies in der engl. G. vor 1500 der Fall ist, bedarf noch der Klärung. In der dt. G. fiel Martin Schongauer eine zentrale Mittlerrolle zu.

Im Gegensatz zur kirchl. ist die profane G. bis auf wenige, zufällig erhalten gebliebene Reste (Heldenfenster im Lüneburger Rathaus, um 1410; Scheibe mit Schachspielern in Villefranche-sur-Saône, um 1430/40; Scheibe mit Galeere im Palais Jacques-Coeur in Bourges, um 1450; Turnierscheibe aus Frankfurt, um 1470/80) zugrunde gegangen.   R. Becksmann

Bibliogr.: M. H. Caviness, Stained Glass before 1540. An annotated Bibliogr., 1983 – J. Gero, Bibliogr. du vitrail français, 1983 – *Lit.:* L. Grodecki, Roman. G., 1977 – L. Grodecki–C. Brisac, Le vitrail gothique au XIIIᵉ s., 1984 – *Dtl. (mit Elsaß, Schweiz, Österreich und Böhmen):* R. Bruck, Die elsäss. G. vom Beginn des XII. bis zum Ende des XVII. Jh., 1902 – H. Lehmann, Zur Gesch. der G. in der Schweiz, MAGZ 26, 1906–12 – H. Oidtmann, Die rhein. G. vom 12. bis zum 16. Jh., I, 1912; II, 1929 – H. Schmitz, Die Glasgemälde des kgl. Kunstgewerbemus. in Berlin, 1913 – F. Kieslinger, Got. G. in Österreich bis 1450, 1928 – W. Frodl, G. in Kärnten 1150–1500, 1950 – H. Wentzel, Meisterwerke der G., 1951, 1954² [Lit.] – E. Maurer, Das Kl. Königsfelden (Die Kdm. des Kantons Aargau III, 1954), 74–250, 308–350 – E. J. Beer, Die G. der Schweiz vom 12. bis zum Beginn des 14. Jh. (CVMA Schweiz I), 1956 – P. Frankl, Peter Hemmel, Glasmaler v. Andlau, 1956 – H. Wentzel, Die G. in Schwaben von 1200 bis 1350 (CVMA Dtl. I, 1), 1958 – E. Frodl-Kraft, Die ma. Glasgemälde in Wien (CVMA Österreich I), 1962 – E. J. Beer, Die G. der Schweiz aus dem 14. und 15. Jh. ohne Königsfelden und Berner Münsterchor (CVMA Schweiz III), 1965 – H. Dürst, Vitraux anciens en Suisse, 1971 [Lit.] – E. Frodl-Kraft, Die ma. Glasgemälde in Niederösterreich, I: Albrechtsberg bis Klosterneuburg (CVMA Österreich II, 1), 1972 – H. Rode, Die ma. G. des Kölner Domes (CVMA Dtl. IV, 1), 1974 – F. Matouš, Ma. G. in der Tschechoslowakei, 1975 – E. Drachenberg, K.-J. Maercker, Ch. Schmidt, Die ma. G. in den Ordenskirchen und im Angermus. zu Erfurt (CVMA DDR I, 1) 1976 – Dies., Ma. G. in der DDR, 1979 [Lit.] – E. Bacher, Die ma. Glasgemälde in der Steiermark, I: Graz und Straßengel (CVMA Österreich III, 1), 1979 – R. Becksmann, Die ma. G. in Baden und der Pfalz ohne Freiburg i. Br. (CVMA Dtl. II, 1), 1979 – E. Drachenberg, Die ma. G. im Erfurter Dom (CVMA DDR I, 2), Text 1980; Tafeln 1983 – R. Becksmann, Die ma. G. in Schwaben von 1350 bis 1530 ohne Ulm (CVMA Dtl. I, 2), 1986 – V. Beyer, Ch. Wild-Block, F. Zschokke, Les vitraux de la Cathéd. Notre-Dame de Strasbourg (CVMA France IX, 1), 1986 – G. Fritzsche, Die ma. G. im Regensburger Dom (CVMA Dtl. XIII, 1), 1987 – R. Becksmann, Dt. G. des MA. Eine exemplar. Auswahl, 1988 [Lit.] – *Frankreich:* L. Bégule, Les vitraux du MA et de la Renaissance de la région lyonnaise, 1912 – Y. Delaporte – E. Houvet, Les vitraux de la cathédrale de Chartres, 1926 – G. Ritter, Les vitraux de la cathédrale de Rouen, 1926 – P. Bivier, L'école troyenne de peinture sur verre, 1935 – J. Lafond, Le vitrail en Normandie de 1250 à 1300, BullMon 111, 1953, 317–359 – Kat. Ausst. Vitraux de France, Paris, 1953 – Le vitrail français, 1958 [Lit.] – M. Aubert, L. Grodecki, J. Lafond, J. Verrier, Les vitraux de Notre-Dame et de la Ste-Chapelle de Paris (CVMA France I, 1), 1959 – J. Lafond, Les vitraux de l'église St-Ouen de Rouen (CVMA France IV, 2), 1970 – Kat. Ausst. Franse Kerkramen – Vitraux de France, Amsterdam, 1973 – L. Grodecki, Les vitraux de St-Denis I (CVMA France, Études I), 1976 – Les vitraux de Paris, de la région parisienne, de la Picardie et du Nord-Pas-de-Calais (CVMA France, Recensement I), 1978 – K. Zakin, French Cistercian Grisaille Glass, 1979 – Les vitraux du Centre et d. pays d. la Loire (CVMA France, Recensement II), 1981 – V. Ch. Raguin, Stained Glass in Thirteenth-Century Burgundy, 1982 – Les vitraux de Bourgogne, Franche-Comté et Rhône-Alpes (CVMA France, Recensem. III), 1986 – B. Kurmann-Schwarz, Frz. G. Ein Atelier in Bourges und Riom, 1988 – *Großbritannien:* H. Read, English Stained Glass, 1926 [Nachdr. 1973] – J. D. Le Couteur, English Ma. Painted Glass, 1926, 1978² – F. Harrison, The Painted Glass of York, 1927 – J. A. Knowles, Essays in the Hist. of the York School of Glass Painting, 1936 – Ch. Woodforde, The Norwich School of Glass-Painting, 1950 – Ders., English Stained and Painted Glass, 1954 – M. H. Caviness, The Early Stained Glass of Canterbury Cathedral (1175–1220), 1977 – P. A. Newton – J. Kerr, The County of Oxford. Cat. of Ma. Stained Glass (CVMA Great Britain I), 1979 – M. H. Caviness, The Windows of Christ Church Cathedral, Canterbury (CVMA Great Britain II), 1981 – S. Crewe, Stained Glass in England (1180–1540), 1987 [Lit.] – *Italien:* E. Carli, Vetrata duccesca, 1946 – G. Marchini, It. G., 1957 [Lit.] – Ders., Le vetrate dell'Umbria (CVMA Italia I), 1973 – C. Pirina, Le vetrate del duomo di Milano (CVMA Italia IV, 1), 1986 – *Niederlande/Belgien:* A. van der Boom, Monumentale Glasschilderkunst in Nederland, 1940 – J. Helbig, De Glasschilderkunst in Belgie I, 1943; II, 1951 – Ders., Les vitraux médiévaux conservés en Belgique (1200–1500), 1961 – *Spanien/Portugal:* L. Pérez Bueno, Vidrios y Vidrieras, 1942 – J. Ainaud de Lasarte, Cerámica y vidrio, Ars Hispaniae X, 1952, 374–397 – V. Nieto Alcaide, Las vidrieras de la Catedral de Sevilla (CVMA España I), 1969 – C. V. da Silva Barros, O vitral em Portugal séculos XV–XVI (CVMA Portugal), 1983 – J. Fernández Arenas, Las vidrieras de la Catedral de León, 1984 – J. Ainaud de Lasarte – J. Vila-Grau, Els vitralls ma. d'església de Sa. Maria del Mar a Barcelona (CVMA España VI), 1985 – Dies., Els vitralls de la Catedral de Girona (CVMA España VII), 1987 – Dies., – *Skandinavien:* J. Roosval, Gotländsk Vitriarius, 1950 – A. Andersson, S. M. Christie, C. A. Nordman, A. Roussell, Die ma. G. in Skandinavien (CVMA Skandinavien), 1964.

Glastonbury, Abtei in den Sumpfgebieten des zentralen Somerset (SW-England), heute Ruine. An G. haften kelt. (angebl. Stätte der legendären Insel Avalon) und christl. Überlieferungen (spätma. Legende der Predigt des hl. Joseph v. Arimathias, angebl. aus seinem Stab entsprossener hl. Dornbusch). Neue archäolog. Forschungen haben bei dem höchsten der Hügel v. G., Glastonbury Tor, vorchristl. kelt. Überreste (Temenos eines großen Heiligtums, Gräberfeld) zutage gefördert. Vielleicht war es diese kult. Rolle des Ortes, die die frühen christl. Missionare anzog und sie hier, wohl im 5./6. Jh., ihre eigenen Kirchen errichten ließ. Der älteste sichere Beleg für das Kl. G. tritt jedoch erst in einer Urk. von 601 auf, und erst nach der westsächs. Eroberung von Somerset beginnt die dichter dokumentierte Gesch. der Abtei. 705 gründete Kg. →Ine v. Wessex das Kl. neu und ließ eine steinerne Kirche errichten, deren Fundamente unter dem Westende des späteren Kirchenschiffs liegen. Seitdem war G. einer der bedeutendsten Sanktuarien der späten ags. Kg.e, von denen viele in G. bestattet wurden.

Entscheidende Bedeutung für die weitere Gesch. der Abtei und des engl. Mönchtums hatte die Berufung des in G. geborenen und erzogenen hl. →Dunstan zum Abt durch Kg. →Edmund (940). Dunstan führte während seines 16jährigen Abbatiats nicht nur die Regula Benedicti in G. ein (→Benediktiner, B. VI), sondern errichtete auch weiträumige Gebäude für die Mönche, wodurch in G. der erste monast. Klaustralkomplex in England entstand. Dank des großen Einflusses, den Dunstan als Ebf. v. →Canterbury ausübte, wurde G. in der ganzen westl. Christenheit berühmt und das Zentrum der engl. Klosterreform des 10. Jh. Zur Zeit der norm. Eroberung (1066) gehörte G. zu den zwei oder drei wohlhabendsten und angesehensten Benediktinerabteien Englands. Im nachfolgenden Jahrhundert wurden unter Äbten wie Herluin und Heinrich v. Blois die Klostergebäude erweitert, um mehr als 70 Mönche aufnehmen zu können. Doch wurden am 26. Mai 1184 Kirche und Kl. durch Feuer fast ganz zerstört. Wohl um den Wiederaufbau zu fördern und größere Pilgerströme nach G. zu lenken, behaupteten die

Mönche seit 1191, die Gräber Kg. Arthurs (→ Artus) und seiner Gemahlin Guinevra auf dem alten Friedhof südl. der Lady Chapel gefunden zu haben. Seitdem blieb G. auf das engste mit der Artussage verbunden; 1278 wurden Kg. Arthurs angebl. Gebeine in Gegenwart Eduards I. feierlich in einen Schrein inmitten des Chores eingeschlossen. Eine neue got. Kirche (Länge: 200 m) war zu diesem Zeitpunkt bereits vollendet, im SpätMA folgte der Ausbau zu einem prachtvollen monast. Baukomplex (Küche des Abtes aus dem 14. Jh.)

Trotz einiger wirtschaftl. Probleme, u. a. infolge der Pest von 1349, blieb der Wohlstand der Abtei, deren Konvent durchgängig 45–50 Mönche zählte, erhalten. Einige Mönche studierten im Gloucester College zu Oxford. Die Abtei besaß eine große Bibliothek, deren reiche Bestände nicht zuletzt die Geschichtsschreibung in G. anregten (Chronist John of G., um 1400). Trotz der Popularität der Abtei mit ihrer großen Wallfahrt ließ Heinrich VIII. G. 1539 in äußerst gewaltsamer Weise aufheben; der letzte Abt, Richard Whiting, und zwei Mönche wurden wegen Verrats hingerichtet.

R. B. Dobson

Q.: William of Malmesbury, De Antiquitate Glastoniensis Ecclesiae, ed. T. GALE, Hist. Britanniae Scriptores XV, London 1691, 289–335 – Johannis Glastoniensis Chronica sive Hist. de Rebus Glastoniensibus, ed. T. HEARNE, London 1726 – Adami de Domerham Hist. de Rebus Glastoniensibus, ed. T. HEARNE, London 1727 – Memorials of St. Dunstan, RS, ed. W. STUBBS, 1874 – Feodary of G. Abbey, Somerset Record Society XXVI, ed. F. N. WEAVER, 1910 – The Great Chartulary of G., ebd. LIX, LXIII, LXIV, ed. A. WATKIN, 1947–56 – Lit.: J. A. ROBINSON, Somerset Hist. Essays, 1921 – J. A. ROBINSON, Two G. Legends: King Arthur and St. Joseph of Arimathea, 1926 – G. ASHE, King Arthur's Avalon: the Story of G., 1957 – D. KNOWLES, The Religious Orders in England, III: The Tudor Age, 1959 – A. WATKIN, The Story of G., 1960 – H. P. R. FINBERG, Lucerna: Stud. of some Problems in the early Hist. of England, 1964 – C. A. RALEIGH-RADFORD, The Pictorial Hist. of G. Abbey, 1966 – R. F. TREHARNE, The G. Legends. Joseph of Arimathea, the Holy Grail and King Arthur, 1967.

Glatz (poln. Kłodzko), Stadt in Niederschlesien, Mittelpunkt des gleichnamigen Gebirgskessels in den Sudeten an der Straße von → Prag über Nachod und Wartha nach → Breslau, seit 981 als böhm. Grenzfeste (Kladzco) gegen → Polen bezeugt. Am Fuße der Burg auf dem felsigen Schloßberg an der → Neiße entstand früh ein Suburbium (an der Stelle der späteren böhm. Straße), das im 13. Jh. im Zuge der vornehml. von → Meißen und → Thüringen her erfolgenden dt. Besiedlung des G.er Landes einer planmäßigen Stadtanlage nach → Magdeburger Recht um einen rechteckigen Marktplatz (9200m²) mit Rathaus wich. Die Stadtflur betrug 60 frk. Hufen, vor den Mauertoren bildeten sich kleine Vorstädte. In die Roßmarktvorstadt führte die nach Vorbild der Prager Karlsbrücke 1390 erbaute Brücktorbrücke. Anfang des 15. Jh. zählte G. ca. 150 Häuser mit ca. 4000 Einw., die von Tuchhandel, Handwerk und Bierausschank lebten und unter den verheerenden → Hussitenkriegen sehr zu leiden hatten (Schlacht bei Altwilmsdorf, 1428). Die Stadtpfarrkirche neben der Johanniterkommende (1183) wurde seit dem 14. Jh. großzügig neu auf- und ausgebaut; hinzu kamen die Kl. der Minoriten (um 1250), der Augustiner (1349) und der Bernhardiner (1475). Kirchl. gehörte das G.er Land als Dekanat zu Prag; aus G. stammte der Berater Karls IV. und erste Ebf. v. Prag, → Ernst v. Pardubitz. Politisch war das G.er Land bis zum G.er Pfingstfrieden (1137) zw. → Böhmen und Polen umkämpft, gehörte danach zu Böhmen, befand sich im 13. und 14. Jh. jedoch wiederholt im Pfand- und Lehnsbesitz schles. Hzg.e. 1454 kaufte es Kg.

→ Georg v. Podiebrad und erhob es 1459 zur Gft. Sein Sohn Heinrich d. Ä. nahm als erster regierender Gf. Wohnsitz in G. J. J. Menzel

Q.: F. VOLKMER – W. HOHAUS, Gesch. q. der Gft. G., 5 Bde, 1883–91; Bd. 6: Die Hss. der Gft. G., bearb. v. B. BRETHOLZ, 1926 – Lit.: DtStb I, 744–747 – Hist. Stätten: Schlesien, 116–123 [Lit.] – P. KLEMENZ, Die Lit. der G.er Landes- und VK, 1924² – F. SCHUBERT, Das älteste G.er Stadtbuch (1316–1412), 1925 – Tausend Jahre G. (981–1981), hg. J. MARX, 1982.

Glaube, ‑nsartikel, ‑nsbereitschaft. Die *Frühscholastik* tradiert Augustins Bestimmungen des G.ns, differenziert und systematisiert sie aber zu einer theol. Gesamtkonzeption. G. hat die soteriolog. Bedeutung, die durch die Sünde verlorene urständl. natürl. Erkenntnis Gottes durch Reinigung des Herzens wiederherzustellen. Nach der Interpretation von Hebr 11, 1 macht der G. die zukünftigen Güter schon jetzt im Herzen des Menschen gegenwärtig und trägt den Erweis der Wahrheit des Geglaubten in sich selbst; ein Beweis im voraus zum G.n ist nicht möglich. Deshalb wird der G. als Gewißheit (certitudo) definiert, die unterhalb des Wissens, aber oberhalb der Meinung liegt. Die Gewißheit des G.ns kommt durch das Zueinander von Erkenntnis und Wille (cognitio und affectus) zustande, die zum wahren G.nsvollzug gehören. So läßt sich ohne Wissen um den G.nsinhalt nicht von christl. G.n reden (vgl. → Hugo v. St. Viktor, De Sacr. I. 10. 5; MPL 176, 333D–334A). Diskutiert wird, welche Inhalte gewußt werden müssen. Allgemein wird der G. an den Dreieinigen Schöpfer und an Jesus Christus als Erlöser genannt (entsprechend den G.nsartikeln der Symbola der Väter). Diese Grundinhalte (nicht deren spekulative Auslegung) müssen auch die einfachen Gläubigen (simplices) kennen. Aber auch die Gemeinschaft mit wissenden Gläubigen gilt als ausreichend. Der soziale und ekklesiale Aspekt des G.ns ist im MA stark ausgeprägt. Was den G.n vor Christus betrifft, so gilt allgemein, daß der G. zu allen Zeiten auf dieselbe Heilswirklichkeit bezogen war, aber deren Erkenntnis zunahm. Die articuli fidei veränderten sich. Während zu Anfang nur der Schöpfer anerkannt und von ihm die Erlösung erwartet wurde, wurde der Weg und Mittler der Erlösung zunehmend klarer erkannt. Umstritten ist, ob vor Christus eine explizite Erkenntnis des Erlösungsmodus gegeben sein mußte (so → Abaelard) oder ob die implizite Erkenntnis genügte. Zum echten G.n gehört aber immer der affektive Zustimmung zu den Inhalten. Erst dann läßt sich von Gläubigkeit (credulitas) sprechen. Der lebendige G. ist ein Wachstumsprozeß: Ausgehend von der Bereitschaft und Offenheit für Gott und der freien Entscheidung für die christl. Botschaft, gelangt der Glaubende zur Verantwortung seines G.ns durch die ratio, die zum intellectus fidei, der inneren Einsichtigkeit der G.nsinhalte, führt, aber auch Einwände von Gegnern des G.ns entkräftet, und wird schließlich durch die affektive Aneignung des einsichtig gewordenen G.nsinhalts in dem von Hoffnung erfüllten und von Liebe geformten G.n – geleitet vom Wort Gottes – in die myst. G.nserfahrung der Gemeinschaft mit Gott als Vorgeschmack eschatol. Vollendung hineingenommen.

Die *Hochscholastik* ist bemüht, die Theologie dem aristotel. Wissenschaftsideal anzugleichen. Vorbereitet durch die axiomat. Methode der »Theologicae Regulae« des → Alanus ab Insulis, parallelisieren → Wilhelm v. Auxerre und die Summa Halensis (→ Alexander v. Hales) die articuli fidei mit den principia per se nota einer jeden Wissenschaft. Der intellectus fidei ist nicht mehr ein Geschehen innerhalb des G.nsvollzugs, sondern bleibt im Vorfeld des G.ns. Die rationes naturales haben für Wilhelm v. Auxerre keine glaubensbegründende Funktion. Der verdienstl. G.nsvollzug (fides formata) begründet sich allein in der prima veritas, in Gott selbst. Durch dieses Verständnis der articuli fidei als principia wird die G.nszustimmung stärker als tugendhafter Akt freien Gehorsams gefaßt, der vom Licht der Gnade getragen ist. Die Einsicht in den Inhalt und der willentl. Akt des G.ns, die in der Frühscholastik in ihrer gegenseitigen Bezogenheit gesehen wurden, werden nun als objektiver und subjektiver Aspekt des G.ns getrennt. Diese Aufspaltung des G.ns führte zu Problemen: Bei →Wilhelm v. Auvergne führt die Betonung der Unbeweisbarkeit der G.nsgegenstände bis zur Forderung des »sacrificium intellectus«. Bei →Philipp d. Kanzler ist die Zustimmung so sehr auf das gnadenhafte G.nslicht angewiesen, daß die Freiheit des Menschen beim G.nsakt zu kurz kommt. Damit entsteht das Problem der analysis fidei: Wie ist das Motiv der G.nszustimmung, das allein im G.n selbst zugänglich ist, doch zugleich ein Vernunftmotiv? Den Weg zur Lösung bahnten die großen theol. Entwürfe der Hochscholastik an. →Bonaventura verankerte, wie die gesamte franziskan. Theologie, in Fortsetzung der Ansätze Hugos v. St. Viktor und →Bernhards v. Clairvaux, die Tugend und die Gewißheit des G.ns im affectus (vgl. Bonaventura, In III Sent., d.23, a.1, q.2). Die ratio ist eingebettet in den christozentr. angelegten Aufstieg des G.ns vom Hören des Wortes hin zur Kontemplation Gottes, für den das affektive Hängen an der geglaubten Wahrheit konstitutiv ist (vgl. »certitudo adhaesionis«; In III Sent., d.23, a.1, q.4). Im vorhinein zum G.n hat die philos. ratio keinerlei Bedeutung. Für →Albertus Magnus und →Thomas v. Aquin ist der G. stärker vom Intellekt getragen. Vor der G.nszustimmung steht für Albertus der auditus fidei, der das menschl. Nachdenken über die G.nsinhalte umfaßt (vgl. In III Sent., d.23, a.1 ad 4), der assensus ist das Werk der Gnade. Zu diesem Nachdenken gehört außer der Vergewisserung über die Existenz Gottes die Sicherung der Glaubwürdigkeit der Hl. Schrift. Diese praeambula fidei bzw. suppositiones in fide begründen den assensus zwar nicht, sind aber conditio sine qua non für die G.nszustimmung und G.nserkenntnis (vgl. In III Sent., d.24, a.8). Klarer noch findet sich diese Unterscheidung zw. den rational zugängl. Voraussetzungen des G.ns und der Tugend des G.nsassensus bei Thomas v. Aquin. Für ihn ist die Vernunft nicht durch die Sünde geschwächt. Der G. hat eine wiederherstellende, die Natur überschreitende Bedeutung (vgl. STh II–II, q.2, a.3 ad 2). Der Philosophie gesteht er deshalb mehr Eigenständigkeit zu als die Franziskaner. Daher spielen →Gottesbeweise bei ihm eine größere Rolle als dort. Auch für Thomas kommt aber der Vernunfterkenntnis keine den G.nsgehorsam begründende, wohl aber eine verantwortende Bedeutung zu. Die G.nszustimmung selbst ist vom gnadenhaft eingegossenen Licht des G.ns getragen, in dem erst die Wahrheit der G.nsgegenstände einleuchtet. Die Gewißheit des G.ns ist nicht im affectus begründet, sondern – objektiv – in der veritas divina (vgl. STh II–II, q.4, a.8 c). Aufgrund der Unteilbarkeit der prima veritas lehrt Thomas die Unteilbarkeit des G.nsinhalts, weshalb bereits die Leugnung nur eines G.nsartikels den Verlust der ganzen G.nswahrheit bedeutet (vgl. STh II–II, q.5, a.3).

In der *Spätscholastik* wurde – aufgrund der Unterscheidung von potentia Dei absoluta und ordinata bei →Wilhelm v. Ockham – der positive Charakter der G.nsartikel noch stärker betont, die entsprechend auch notwendig gewußt werden müssen. Bedingt durch die in der Hochscholastik gewonnene erhöhte Eigenständigkeit der phi-

los. Vernunft, haben →Johannes Duns Scotus und Wilhelm v. Ockham (jeweils In III Sent., d.23) die fides acquisita als menschl. Beitrag am G.nsakt höher geschätzt als es die Hochscholastik tat und die vernünftige Glaubwürdigkeit der Offenbarung stärker betont. Die eingegossene Tugend des G.ns gewährt diesem die unvergleichl. Gnade der Überzeugung und die Annahme des Glaubenden durch Gott.   S. Ernst

Lit.: G. Hoffmann, Die Lehre von der »fides implicita« innerhalb der kath. Kirche I, 1903 – K. Ziesché, Verstand und Wille beim Glaubensakt, 1909 – G. Engelhart, Die Entwicklung der dogmat. G.nspsychologie in der ma. Scholastik (BGPhMA 30, 4–6), 1933 – R. Aubert, Le problème de l'acte de foi. Données traditionelles et résultats des controverses, 1950[3] – G. Engelhart, Das G.nslicht nach Albert d. Gr. (Theol. in Gesch. und Gegenwart [Festschr. M. Schmaus, 1957]), 371–396 – A. Lang, Die Entfaltung des apologet. Problems in der Scholastik des MA, 1962 – B. Duroux, La psychologie de la foi chez saint Thomas d'Aquin, 1963 – L. Walter, Das G.nsverständnis bei Johannes Duns Scotus (VGI NF 5), 1968 – E. Gössmann, G. und Gotteserkenntnis im MA (HDG I, 2b, 1971).

Glaubensabfall → Apostasie

Glaubensbekenntnis → Symbolum

Glavinitza, wüstgewordene Bischofsstadt im heut. westl. →Albanien, allgemein identifiziert mit dem Ort Ballsh, der landeinwärts östl. von →Valona (Vlorë) auf halbem Weg nach →Berat liegt. Diese Lokalisierung beruht auf archäolog. Funden (rezente Ausgrabung einer großen frühchr. Basilika; Votivstein mit inschriftl. Erwähnung der Taufe des Zaren Boris, gefunden bereits 1918) und wird auch durch schriftl. Quellen gestützt (v. a. Anna Komnene). – Im Reich des →Symeon (→Bulgarien) war G. im letzten Jahrzehnt des 9. Jh. neben →Ochrid das bedeutendste Zentrum der Missionstätigkeit des →Clemens v. Ochrid. Kurz nach der Einverleibung des ehem. Reiches der →Samuel in das Byz. Reich ist G. als Bm. belegt, das von Ks. Basileios II. dem als autokephalen Ebm. neukonstituierten Ochrid unterstellt und mit 40 Klerikern sowie 40 Paroiken ausgestattet wird. Die Stadt G. war auch als Festung von Bedeutung, insbes. während des Normanneneinfalls von 1081. Das dem Dux v. →Dyrrhachion unterstehende Gebiet von G. erhielt im 12. Jh. den Status einer halbautonomen Provinz (Chartoularat v. G., belegt in der »Partitio Romaniae« 1204), seit dem 4. Kreuzzug nominell venez. (Urk. des Podestà Marino Zeno, Okt. 1205). Faktischer – und seit 1210 auch nomineller – Herr war jedoch zu dieser Zeit schon der Fs. v. →Ep(e)iros, →Michael (I.) Komnenos Dukas. Die Provinz G. verschwand offenbar in der Folgezeit, die Stadt verlor an Bedeutung, während das griech. Bm., zunächst absorbiert von Valona, vor 1373 mit Berat vereinigt wurde (Epitaphios der Kathedrale v. Berat).   A. Ducellier

Lit.: A. Ducellier, La Façade maritime de l'Albanie au MA, 1981.

Gleb Vladimirovič → Boris und Gleb

Glefe, von frz. *glaive,* lat. gladius ('Schwert'), im frz. MA aber auf den Reiterspieß übertragen, auch Bezeichnung für die kleinste Einheit der Kavallerie (Ritter mit 3–4 Mann Gefolge).   O. Gamber

Lit.: V. Gay, Glossaire Archéologique I, 1887 – W. Boeheim, Hb. der Waffenkunde, 1890.

Gleichen, Gf.en v. Das erstmals 1099 in einer Urk. des Kl. Lippoldsberg an der oberen Weser mit Gf. Erwin I. überlieferte Geschlecht nannte sich anfangs nach dem Ort Tonna (Gräfentonna, Krs. Langensalza) und erschien damit im thür. Raum (→Thüringen), wo es seit dem frühen 12. Jh. in enger Verbindung mit den Ebf.en v. →Mainz zu bedeutender Stellung aufstieg. 1131 wurde von ihm das erste Zisterzienserkl. Thüringens in Volkenroda (Krs. Mühlhausen) sowie 1162 das Kl. Reifenstein (Krs. Worbis) gegründet, während die Gf.en v. Tonna gleichzeitig als Vögte der Mainzer Kirche auftraten. V. a. übten sie seit 1120 die bedeutenden Vogteirechte über die Stadt→Erfurt aus, und außerdem waren sie mit der ebfl. Burg Gleichen (Krs. Arnstadt) belehnt, nach der sich dieses Geschlecht seit 1162 nannte. Ein anderer beträchtl. Besitzkomplex entstand seit der 2. Hälfte des 12. Jh. im →Eichsfeld. Mit diesen Besitzungen vermochten die Gf.en v. G. ihre Stellung auszubauen, wenngleich durch wiederholte Teilungen schon bald ein Niedergang einsetzte, der sich v. a. durch die Abtretung der Erfurter Vogtei an die Stadt (1290) und den Verkauf des Eichsfelder Besitzes an Mainz (1294) markierte. In der Folgezeit kam es zu umfangreichen Veräußerungen der thür. Stammgüter. Seit dem 14. Jh. erschienen die Gf.en v. G. – mit gewissen Sonderrechten – unter den Vasallen der →Wettiner, während der verbliebene Besitz sich nunmehr auf Gräfentonna und die Burg Gleichen konzentrierte. Doch gelang den Grafen 1342 der Erwerb von →Ohrdruf (Krs. Gotha), dessen Stiftsvogtei sie schon seit 1170 innehatten. Dorthin verlegten sie nach 1550 ihre Residenz. 1631 ausgestorben, fielen ihre Besitzungen im Erbgang an die Grafen v. →Hohenlohe.   E. Plümer

Lit.: H. TÜMMLER, Die Gesch. der Gf.en v. G. (1100–1294), 1929 – PATZE-SCHLESINGER, II/1, 1974, 188–193 [Lit.].

Gleichnis → Exempel; →Predigt; →Jesus Christus

Glendalough, ehem. Kl. und Bm. im östl. →Irland, in →Leinster (Gft. Wicklow, südl. v. Dublin), ir. *gleann dá loch* ('Tal der zwei Seen'), entstand aus einer vom hl. Kevin (Coemgen, † 618) gegr. Einsiedelei des 6. Jh., die sich unter den zahlreichen Schülern und Nachfolgern des Hl.en zu einer der großen Klostersiedlungen Irlands mit bedeutender Wallfahrt entwickelte. Trotz wiederholter Zerstörungen blieben an den beiden Seen von G. mehrere der früh- und hochma. Bauten erhalten (sog. St. Kevin's Church mit Rundturm; ehem. Kathedrale St. Petrus und Paulus, 9.–11. Jh.; St. Saviour's Church, 12. Jh. u. a.), die eines der berühmtesten monast. Ensembles des Landes bilden.

[1] *Kloster:* Zahlreiche Äbte des Kl., das im 7.–11. Jh. seine Blütezeit erlebte, sind mit Namen und Todesdaten in den ir. Annalen verzeichnet. Mehrere von ihnen übten auch das Bischofsamt v. G. aus. In der späteren Zeit erscheint als führendes Amt häufiger der *comarba Choemgin* ('Erbe' oder 'Nachfolger des hl. Kevin'; →comarba), der als Patron den Landbesitz des Kl. kontrollierte.

1153 wurde der hl. Lorcán Ua Tuathail (→Laurentius O'Toole) trotz seiner Jugend zum Abt gewählt. Nachdem dieser bedeutende Kirchenreformer 1162 das Ebm. →Dublin erhalten hatte, entspann sich – vor dem Hintergrund der prekären, von zunehmendem anglo-walis. Druck geprägten polit. Situation Leinsters – ein Streit um die Abtsnachfolge: Während der Kg. v. Leinster, →Dermot mac Murrough, einen Kanoniker der von ihm geförderten Kongregation v. →Arrouaise namens Benignus protegierte, begünstigte der mächtige anglo-walis. Graf Richard FitzGilbert de →Clare (Strongbow) einen Neffen des hl. Lorcán, Thomas.

1216 wurde das Kl. G. – wie schon kurz zuvor das Bm. – dem Ebm. Dublin einverleibt.

[2] *Priorat CanA St. Saviour's:* Es wurde vom hl. Lorcán gegr., vielleicht 1154, und diente v. a. der Ausbildung ir. Regularkanoniker. Kurz vor 1163 wurde es von seinem Gründer der Kongregation v. Arrouaise angeschlossen

und kam – innerhalb des ir. Zweigs von Arrouaise – nach 1216 an das Allerheiligen-Priorat in Dublin.

[3] *Bistum:* Namen und Todesdaten mehrerer Bf.e sind seit der Mitte des 7. Jh. in den Annalen genannt. Einer der Bf.e des 11. Jh., Gilla na Naomh, ging auf den Kontinent und starb 1085 als Abt des Würzburger Schottenklosters. Auf der Synode v. Ráith Breasail (1111) wurde G. als eines der 29 kanon. Bm.er Irlands anerkannt, während das junge skand. Bm. →Dublin zu dieser Zeit wohl noch kaum über Diözesangebiet verfügte. Erst 1152, auf der Synode v. Kells, wurde Dublin als Ebm. in die Diözesanstruktur Irlands eingefügt, wobei G. zum Suffraganbm. des neuen Ebm.s erklärt wurde (päpstl. Bestätigung: 1179). Nachdem bereits eine – wirkungslos gebliebene – kgl. Charta von 1185 die Einverleibung G.s in die Diöz. Dublin verfügt hatte, wurde am 30. Juli 1213 von Kg. Johann die Übertragung der gesamten Diöz. G. an den Ebf. v. Dublin, Henry v. London, verfügt. Ein von ir. Seite im späten 15. Jh. ausgegangener Vorstoß, den Bischofssitz G. mit Mendikanten neu zu besetzen, schlug fehl.   U. Mattejiet

Lit.: DHGE XX, 187–190 [Abts- und Bischofslisten; Lit.] – LThK² IV, 962 – A. GWYNN–R. N. HADCOCK, Medieval Religious Houses: Ireland, 1970, 80f., 176f.

Glendower → Owain Glyn Dwr

Gleve → Glefe

Glinskaja, Elena Vasil'evna, Gfsn. und Regentin v. →Moskau, * nach 1506, † 2. April 1538, Tochter des westruss. Fs.en Vasilij L. Glinskij und seiner serb. Gemahlin Anna Jakšić, die, in den Konflikt zw. →Litauen und Moskau verwickelt, 1508 aus dem litauischen Herrschaftsbereich nach Moskau flohen. 1526 wurde E. Gemahlin des Moskauer Gfs.en →Vasilij III. in dessen zweiter, kanonisch anfechtbarer Ehe. Nach Vasilijs Tod (1533) übernahm E. in Übereinstimmung mit seit alters her gültigen Rechtstraditionen die Regentschaft für den minderjährigen Sohn Ivan (IV.). Durch die Leistung des Treueids der Untertanen auf Ivan und seine Mutter war die Regentschaft rechtl. in die Anerkennung durch das »Volk« (d. h. in erster Linie durch die Moskauer→Bojaren und die hohe Geistlichkeit, v. a. aber die noch lebenden Brüder des Gfs.en) eingeschlossen.

Moral. Vorwürfe gegen E. (v. a. die unbeweisbare Behauptung eines ehebrecher. Verhältnisses mit dem führenden Bojaren, Fs. Ivan Fed. Telepnev-Obolenskij) haben eine gerechte Bewertung ihrer Regierungszeit lange verhindert. Unzweifelhaft hat E. die Regentschaft polit. aktiv und erfolgreich geführt, auch wenn ihr in den offiziellen Chroniken entworfenes Charakterbild, das sie als tugendhafte christl. Herrscherin, ähnlich der hl. →Ol'ga, erscheinen läßt, als spätere Ausschmückung gelten muß.

Die bemerkenswertesten Maßnahmen ihrer kurzen Regierung waren: der energ. Ausbau des Befestigungswesens (u. a. Grenzfestungen); die Finanzreform von 1535, die mit der Vereinheitlichung des Geldes bessere Bedingungen für den allgemeinruss. Handel schuf; die kurz nach E.s Tod realisierte Gubareform, die lokalen Gesellschaften in bestimmten Regionen die Kriminaljustiz in Eigenverantwortung übertrug. Die innere Stabilität wurde durch harte Verfolgung innerer Gegner durchgesetzt (Vorgehen gegen die Brüder Vasilijs III. und selbst gegen Michail Glinskij, einen nahen Verwandten der Regentin). Die äußere Bedrohung – ztw. Dreifrontenkrieg gegen Litauen, →Kazan' und →Krim – konnte militär. und diplomat. erfolgreich abgewehrt werden (1537 Waffenstillstand mit Polen-Litauen). Mit dem Tod E.s begann eine Phase der polit. Instabilität im Zeichen offener Machtkämpfe der Bojaren.   H. Rüß

Lit.: M. N. Tichomirov, Zapiski o regentstve Eleny Glinskoj i bojarskom pravlenii 1533–1547gg., IstZap 46, 1954, 278–288 – I. I. Smirnov, Očerki političeskoj istorii russkogo gosudarstva 30^ch–50^ch godov XVI veka, 1958 – S. M. Kaštanov, Immunitetnye gramoty 1534–načala 1538 goda kak istočnik po istorii vnutrennej politiki v period regentstva Eleny Glinskoj, Problemy istočnikovedenija 8, 1959, 372–420 – H. Rüß, Machtkampf oder »feudale Reaktion«? Zu den innenpolit. Auseinandersetzungen..., JbGO NF 18, 1970, 481–502 – Ders., Elena Vasil'evna Glinskaja, ebd. 19, 1971, 481–498 – P. Nitsche, Gfs. und Thronfolger. 1972 – Gesch. Rußlands I, 1988, 854ff.

Glocke

A. Okzident – B. Byzanz und Altrußland

A. Okzident

I. Sprachgeschichtlich – II. Entwicklung der europäischen Glockenform und Glockenrippe – III. Glockenformen, Glockenguß und Gußmaterialien – IV. Inschriften und Reliefs – V. Aufhängung und Unterbringung – VI. Die Glocke als ein Musikinstrument – VII. Die Glocke als liturgisches Instrument.

I. SPRACHGESCHICHTLICH: Der Ursprung des Wortes G. ist nicht geklärt. Eine Ableitung nimmt das kelt. *clocc* zum Ausgangspunkt (mlat. *clocca*, ir. *cloch* oder *clog*, fläm. *klok*, dän. *klokke*, schwed. *klocka*, frz. *cloche*, finn. *kello*, russ. *kolokal*). Gleichzeitig wird die Ausbreitung der Bezeichnung mit der Verbreitung der G. durch ir. Wandermönche gesehen. Die Herleitung aus dem Vulgärlat. wird in den neuen Beiträgen für zutreffender erachtet. Im ptg. *sino* und afrz. *sin(g)* oder *sein(g)* ist die Verwandtschaft mit dem lat. *signum* noch erkennbar. Die lat. Bezeichnung campana findet man ähnlich im aslav. *kampan* (krümmen) und im gr. κάμπτω. Lat. tintinnabulum und englisch *bell* sind wohl lautmaler. Herkunft.   K. Kramer

II. ENTWICKLUNG DER EUROP. GLOCKENFORM UND GLOCKENRIPPE: Die europ. G. ist eine Weiterentwicklung der Kleing. aus dem asiat. Raum. Anfangs lief die Entwicklung zweier G.ntypen parallel, die geschmiedete und die gegossene G. Abt→Walahfrid Strabo († 849) berichtet in einem Visitationsbericht »de vasis fusilibus vel etiam productilibus«, und Bf. Erchanbert v. Freising († 854) fand in einem G.nturm »campanae duae una aerea et alia ferrea« vor. Von den wenigen erhaltenen geschmiedeten G.n (aus Blech, Eisen, Kupfer oder Bronzeplatten getrieben) sind am bekanntesten die Gallus. aus Bregenz (jetzt St. Gallen), die St.-Patrick-G. (Nationalmus. Dublin) und der »Saufang« (Stadtmus. Köln). Die G. aus Canino (Vat. Mus. Rom), die Haithabug. (Mus. für Vor- und Frühgesch. Schleswig) sowie eine bei Esztergom mit dem Pflug ausgegrabene G. sind die ältesten Bronzeg.n (9. oder 10. Jh.). Bes. Merkmale dieser G.n sind herstellungsbedingt durchgehend gleich starkes, parallel verlaufendes Rippenprofil. Alle drei G.n sind für die weitere Entwicklung der europ. G.nform und G.nrippe von fundamentaler Bedeutung. Die nächste Entwicklungsstufe im 11. und 12. Jh. ist die sog. Theophilusg. (beschrieben im B.3 der »Schedula diversarum artium« des →Theophilus Presbyter). Zu diesen G.n zählen u.a. die G.n aus Aschara/Thüringen (G.nmuseum Apolda), aus Greitschen bei Jena (Germ. Nat.mus. Nürnberg), aus Diesdorf (Bode-Mus. Berlin) und aus Diepolz (Focke-Mus. Bremen). Diese G.n sind wie die Lullusg. von Bad Hersfeld der Gattung der *Bienenkorbg.* zuzuordnen. Im 12. Jh. taucht parallel zur auslaufenden Bienenkorbform die *Zuckerhutg.* auf (z.B. evangel. Kirche zu Niederthalhausen bei Hersfeld, Skovkl. Herlufsholm [Dänemark], Münster zu Konstanz, Dom zu Limburg und Mus. in Szeged [Ungarn]). 1209 treffen wir mit der G. aus Gottmadingen-Randegg am Bodensee die erste *Übergangsg.* an (Weiterentwicklung des

späten Bienenkorbs und der Zuckerhutg.). Hier läßt sich wie auch an der Hosannag. des Freiburger Münsters (1258) und der Heinrichsg. aus dem Bamberger Dom (1311) eine bewußte Weiterentwicklung der Rippenkonstruktion erkennen mit dem Ziel der klangl. Verbesserung. Eine der frühesten G.n in got. Dreiklangrippe ist die Elisabethg. in Marburg (um 1380). Weitere wichtige G.n dieser Entwicklungsreihe sind die des Straßburger Münsters von Hans Kremp (1427), Pretiosa und Speciosa (1448, 1449) im Kölner Dom und die Osanna des Klaus v. Mühlhausen im Dom von St. Severi in Erfurt. Höhepunkt und vorläufigen Abschluß dieser Entwicklung bilden die G.n des Meisters Gherardus de Wou aus Kampen (Holland), dem Meister der Gloriosa im Dom zu Erfurt (1497).   K. Kramer

III. GLOCKENFORMEN, GLOCKENGUSS UND GUSSMATERIALIEN: Die frühesten G.n in Europa wurden sicher nach der Beschreibung des Theophilus Presbyter geformt und gegossen. Als Kern diente eine hölzerne Drehspindel, auf die mit einem Formbrett Lehm aufgetragen wurde. Für das G.nmodell verwendete man Talg, Wachs oder Lehm. Die so geformte G. wurde in einen eigens gemauerten Gießofen gestellt und mit dem G.nmantel versehen. Um größere G.n formen zu können, führte die Entwicklung über die stehende Drehspindel mit Schablone zum G.nformen im Mantelabhubverfahren (heute fast ausschließl. noch in Gebrauch). Die Errechnung einer G.nrippe ist die entscheidende Arbeit des G.ngießers. Sie bestimmt die Genauigkeit von Ton und Innenharmonie. Dieses G.nprofil wird auf ein Brett aufgezeichnet und ausgeschnitten. Diese Schablone befestigt man drehbar über dem Formstand der G. an einer Spindel. Aus Lehmstein wird der Kern gemauert und mit immer feinerem Lehm bestrichen. Die Schablone wird rundum geführt, bis ein Lehmkern, der dem inneren Profil der späteren G. entspricht, entstanden ist. Nun wird die Schablone bis zur inneren Linie ausgeschnitten, danach wird eine Trennschicht aus Talg aufgetragen, bis das Modell der G. geformt ist, die sog. falsche G. Zier oder Inschriften, als Wachsmodelle auf die falsche G. aufgesetzt, schmelzen während des Trockenvorgangs aus und hinterlassen ihren Abdruck im G.nmantel.   K. Kramer

IV. INSCHRIFTEN UND RELIEFS: Inschriften, mitgegossen, ganz selten eingegraben, setzen spärl. im 11. Jh. ein, bis um 1400 meist in unzialen Majuskeln, dann in Minuskeln. Sie nennen fast immer lat. Gießer und Auftraggeber und das Datum, häufiger jedoch sind Anrufungen Gottes, Christi im bes., Marias, der Ortspatrone sowie Glockenheiliger.

Reliefs, nach immer wieder verwendeten Modeln, von primitivem bis zu künstler. hochstehendem Rang, kommen gegen 1300 auf und häufen sich im 15. Jh. Mit den Texten zusammengehend, stellen sie meist Christus, Mariä Verkündigung, Kreuzigungsgruppen, Apostel, Evangelisten und ihre Symbole, Feuer- und Wetterpatrone wie St. Agatha und St. Theodul, Namens- und Kirchenpatrone dar. Im 15. und beginnenden 16. Jh. sind Abgüsse von Siegeln, Münzen, Medaillen und Pilgerabzeichen beliebt. Wappen erscheinen spät.   A. Reinle

V. AUFHÄNGUNG UND UNTERBRINGUNG: Die G.n sind in der Regel in einem G.nstuhl untergebracht. Er ist meist aus Eichenholz gebaut, das jahrzehntelang gewässert und getrocknet wurde und besteht aus mehreren Gefachen, je nach G.nzahl. Die Konstruktionsart ist ein Holzfachwerk, die Verbindungen bestehen aus Zapfen, Versätzen, Verblattungen, Schwalbenschwänzen, Holzdübel, Holzkeilen und Holznägeln. Der G.nstuhl hat die Aufgabe, als Turm im Turm die Glockenlasten und Läutekräfte in

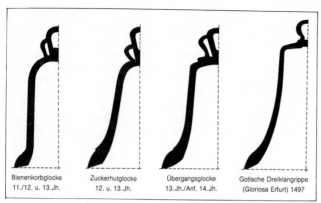

Fig. 6: Entwicklung der Glockenrippe

| Bienenkorbglocke 11./12. u. 13. Jh. | Zuckerhutglocke 12. u. 13. Jh. | Übergangsglocke 13. Jh./Anf. 14. Jh. | Gotische Dreiklangrippe (Gloriosa Erfurt) 1497 |

Fig. 7: Schematische Darstellung

tieferliegende Turmbereiche einzuleiten. Oft dient er bereits als Innengerüst zum Bau der Turmaußenwände (Freiburg, Münster um 1270). Die Joche sind aus Eichenholz. Anfängl. haben sie die Form eines halbrunden Kammes und nur Dielenstärke, die Achsen aus Holz liegen in halbrunden Einkerbungen auf dem G.nstuhlbalken. Die G.n werden zunächst mit Seilen, später mit schmiedeeisernen Bändern an den Jochen befestigt. Mit zunehmender Größe der G.n wird aus dem Joch ein kräftiger Tragbalken, der einen Aufsatz erhält und mit der G. eine gestalter. Einheit bildet. Am Joch sind je nach Gewicht der G. bis zu vier Läutearme mit Seilen angebracht.   K. Kramer

VI. DIE GLOCKE ALS EIN MUSIKINSTRUMENT: Die G. ist ein aus Metall gefertigtes oder gegossenes, kelchförmiges Musikinstrument mit klingendem Rand und stummer Haube (Scheitel). Die gebräuchlichste Art, die G. zum Klingen zu bringen, ist durch Bewegung der gesamten G. mit dem Klöppel um eine waagerechte G.nachse, dem G.njoch. Für den Klang der G.n sind im wesentl. zwei akust. Momente von Bedeutung. Zunächst der durch den Anschlag des Klöppels an der G.nwandung (Schlagring) auftretende starke und helle, aber rasch verklingende Schlagton. Dieser ist im Gegensatz zu den Teiltönen physikal. bisher nicht objektiv meßbar. Das zweite akust. Merkmal ist der unharmon. spektrale Aufbau der Teiltonfrequenzen. Das durch Klöppelanschlag erregte Klangspektrum besteht wie bei allen mehrdimensionalen Schwingern vorwiegend aus nicht harmon. zur Grundschwingung liegenden Teilschwingungen. Diese sind vornehml. vom Querschnitt des G.nmantels, der sog. G.nrippe und dem verwendeten Gußmaterial abhängig. Die Unteroktave, Prime, Terz, Quinte, Oberoktave besitzen dabei eine größere Intensität als die Teiltöne des Mixturbereichs. Der Schlagton der G. wird etwa im Oktavabstand unter der fünften Teilschwingung, also der Oberoktav, gehört. Die Bienenkorbg.n haben eine meist sehr rauhe, herbe Tongebung, wobei die Unteroktaven oft vertieft und die Primen deutl. erhöht sind. Die charakterist. Merkmale der Zuckerhutg. sind die leicht vertiefte Unteroktave und die bis zur Moll- und Durterz vertiefte Prime. Die got. Dreiklangrippe ist singfreudig und hat eine grundtönige Klangfülle, wobei Abweichungen im Prinzipaltonbereich meist nicht zur Beeinträchtigung des Klangbildes führen. Hier unterscheiden sich Läute- und G.nspielglocken. Bei letzteren führen schon geringfügige Abweichungen im Teiltonbereich zur deutl. Trübung der Melodienfolge.   K. Kramer

VII. DIE GLOCKE ALS LITURGISCHES INSTRUMENT: Neben der profanen Nutzung von G.n als Rats-, Sturm- und Gerichtsg.n usw. hat die Kirche die G. in ihren Dienst gestellt. Für die Apologeten (2. Jh. n. Chr.) war die G. Symbol der Verkündigung des Evangeliums durch die Apostel. →Amalarius (Liber offic. 3, 1) nennt den G.nkörper den Mund und seinen Klöppel die Zunge des Predigers. Bei →Gregor v. Tours tauchen erstmals »signum« und »signum eclesiae« als Bezeichnung für die G. auf. Eine Bulle von Papst Sabinian (604–606) empfiehlt, 7mal am Tage zu den kanon. Zeiten G.n zu läuten, und Karl d. Gr. legt in Kapitularen fest, wieviele G.n zu welchen Tageszeiten läuten sollten. Bes. Anliegen war das Gebetsläuten am Morgen, das Mittag- und das Abendläuten. Liturg. Anlässe sind v. a. das Evangelien-, das Wandlungs- und Propace-Läuten. Die frühesten G.n waren sicher als Einzelg.n in Gebrauch (Taufe, Tod, Gewitter u. v. m.). Ihre Töne waren nicht aufeinander abgestimmt, sie läuteten nur zu ausgewählten Anlässen zusammen (Klassikum-Läuten). Im Laufe des 14., v. a. aber im 15. Jh. hat man melod. Geläute geplant und versucht, die Töne der G.n aufeinander abzustimmen (→Glockenspiel). S. a. →Belfried; →Turm.   K. Kramer

Lit.: K. WALTER, G.nkunde, 1913 – CH. MAHRENHOLZ, G.nkunde, 1948 – H. ROLLI, Kirchengeläute, 1950 – W. ELLERHORST – G. KLAUS, Hb. der G.nkunde, 1957 – S. THURM, Dt. G.natlas, Bd. Mittelfranken, 1959 – A. WEISSENBÄCK – J. PFUNDNER, Tönendes Erz, 1961 – S. THURM, Dt. G.natlas, Bd. Bayerisch-Schwaben, 1967 – DERS., ibid., Bd. Mittelfranken, 1973 – DIES., ibid., Bd. Baden, 1985 – K. KRAMER, Die G. und ihr Geläute. Gesch., Technologie und Klangbild vom MA bis zur Gegenwart, 1986 – DERS., G.n und Geläute in Europa, 1988.

B. Byzanz und Altrußland

Während die G. in Karthago bereits 535 empfohlen ist, sind im byz. O Aufkommen und Aufgabe weniger klar. Im 7.–9. Jh. kennen die Griechen nur das →Semantron. Zwar schickt der ven. Doge Orso II. um 865 dem byz. Ks. 12 bestellte G.n, aber eine Bestätigung des O fehlt. Das Athos-Typikon um 985 nennt eine G. zum Ruf ins Refektorium, vor dem 13. Jh. kommen G.n aber nicht in allgemeinen Gebrauch. Fast ausnahmslos steht das Semantron für griech., die G. für lat. Christentum. Die Einführung von G.n in Konstantinopel mag nach 1204 eine Folge des 4. Kreuzzugs sein. Allenthalben werden nun G.ntürme gebaut. Derjenige bei der Hagia Sophia kann aber trotz 97,5 m Höhe weder viele noch große G.n getragen haben. Um 1250 werden G.n selbstverständl. Ein Poem auf den Fall Konstantinopels 1453 rühmt 62 G.n und 300 Semantra. Nach diesen Anfängen bringt Mehmed der Eroberer die G.n für 4 Jahrhunderte zum Schweigen. Ihre eigtl. Heimat werden die ostslav. Lande.

Dort sind G.n nicht vor Mitte 11. Jh. nachweisbar: Novgoroder G.nraub 1066. Handelsbeziehungen zum W im 10. Jh. und der ukrain. Fund (1957) einer w. Bie-

[...]enkorbg. des 11. Jh. (19,4 kg; 33,5 cm Ø; Schlagton wohl in der dreigestrichenen Oktave) legen die europ. Herkunft von G.n näher als die byz. 1047 wird das Semantron zusammen mit der G. erwähnt. 1106 klingen G.n in vielen Novgoroder Kirchen, 1146 in Kiev. Eine Läuteg. der Kiever Rus' ähnelt sehr dem nordeurop. Theophilustyp um 1200. G.nreste aus Grodno vor 1183 tragen kyrill. Relief, während Inschriften ansonsten nicht vor 1200 vorkommen. Ein anderes G.nfragment (über 27 kg) läßt eine beachtliche Glockengröße erkennen. In Kiev bestand vor dem Mongolensturm 1237–41 eine Glockengießerei.

Nach dem Chaos bis Mitte 14. Jh. werden Moskau, Novgorod, Pskov, Tver und Velikij-Ustjug Zentren des Gusses mit importierten Metallen. Die Chronik des Brandes von Cholm 1259 kennt auf einer G. von 1166 einen ersten G.ngießernamen »Konstantin«. 1288 klingt in Ljubomil' eine »wunderbare G.«. 1290 begegnet in Velikij-Ustjug »Tjurig« (= Sack) als erster G.nname. 1305 beklagt Rostov zwei zerstörte Großg.n. 1346 übertrifft Großg.ngießer »Boris« (bei 1638 kg; Schlagton wohl in der eingestrichenen Oktave) sogar Moskauer Hochleistungen. 1447 ist »Mikula« als Gießer konkurrenzlos. Erst gegen 1500 kommen Einzeldaten über Gewichte, Maße und Guß vor. Drei Jahrhunderte führt Moskau ab 1479 durch Ridolfo »Aristotele« Fioravanti und die Einführung w. Technik. Im 15. Jh. verfügt Novgorod über 350 Kirchen, Moskau über 5000 G.n. Ab dem 16. Jh. erfahren G.nmenge und -qualität ungeahnte Steigerung (1735 gießt Motorin die 202 t schwere Zaren-G.).

G.nschlagen: Liturg. sind unveränderl. »kleine« und künstler. »große« Geläute reguliert. Die in die G.n geschlagenen Klöppel ermöglichen organisierte Musiken bis zur Hochform dreischichtiger Polyrhythmik mit kaum aufeinander abgestimmten G.n.　　　　　E. M. Zumbroich

Lit.: E. M. Zumbroich, Das Russ. G.nspiel, 1, 1982; 2, 1985; 3, 1989 – E. V. Williams, The Bells of Russia, Hist. and Technology, 1985 – Kolokola, Istoria i sovremennost', hg. B. V. Raušenbach, 1985 – E. M. Zumbroich, Archimandrit Gerontij (Kurganovskij) von Novosil' – ein vergessener russ. Campanologe (Musica Mediaevalis Orientalis I [im Dr.]).

Glockenmensuren → Glockenspiel

Glockenschrein, Sonderform eines Reliquiars, charakterist. für die liturg. Kunst im ir. Umkreis 8.–15. Jh., in ca. 10 Exemplaren erhalten. Die Gestaltung ist der Form früher Handglocken angepaßt (Redendes Reliquiar), als sich verjüngendes Gehäuse aus Metall, teilweise reich verziert, mit bekrönendem Kamm für den Glockengriff. Das bedeutendste Beispiel schließt eine 19,3 cm hohe eiserne und bronzierte Glocke ein, nach alter Überlieferung 552 aus dem Grab des hl. Patrick entnommen und als wichtige Reliquie der frühen ir. Kirche verehrt. Der vom oriental. Mönchtum (Lerinum) geprägte Patrick hat laut Vita (Hand-)Glocken von Gallien mit sich geführt. Alte Abbildungen bezeugen, daß Buch, Stab und Glocke übliche Requisiten der ir. (Wander-)Mönchs waren, als Instrumente der Verkündigung und geistl. Autorität. Mit insularen Missionaren des 7.–8. Jh. gelangt die Handglokke nach Deutschland (St. Gallen, Gallus-Glocke). – Unter den erhaltenen Objekten ist das Fragment einer G.-Bekrönung unbekannter Herkunft (Dublin NMI) wohl noch in vorkarol. Zeit datierbar. Eine stilisierte menschl. Gestalt mit rautenförmigem Nimbus (?) zw. Schlangen mit aufgerissenem Rachen an der Vorderseite und rückwärtsblikkende Vögel am Kreuz an der Gegenseite sind entsprechend von merow. Denkmälern bekannt. Der erwähnte G. des hl. Patrick trägt auf der Schauseite eine Buchzieraten vergleichbare, steinbesetzte Crux-Gemmata-Komposition mit filigranierten Tiermotiven auf Kreuzarmen und in den Zwickeln, aus Gold und Silber. Bekrönung bzw. Handgriff sind hervorgehoben durch größere Tiermotive, Paare von Drachenköpfen bzw. Pfauen mit Flechtwerk. Die Rückseite ist mit Kreuzmustern aus Mäandern durchbrochen gearbeitet. Inschriftl. zw. 1094 und 1105 datiert stellt der G. des hl. Patrick zugleich eine der kunsthist. wichtigsten ir. Metallarbeiten unter dem Einfluß des skand. Urnes-Stiles dar. Frühma. künstler. Traditionen leben auch in späteren G.en fort wie dem »Corp Naomh« (Templecross/Westmeath) und der »Clógan Óir« des hl. Senan (Dublin NMI), zw. dem 10./11. und 15. Jh. zu datieren.　　　　　V. H. Elbern

Lit.: J. Braun, Die Reliquiare des chr. Kultus und ihre Entwicklung, 1940, 456f. – F. Henry, Irish Art in the Early Christian Period to A.D. 800, 1965 – Dies., Irish Art during the Romanesque Period, 1970 – A. T. Lucas, Treasures of Ireland, 1973, 108ff. – Ir. Kunst aus drei Jt., Ausst.-Kat. Köln, Berlin, 1983.

Glockenspiel (engl./frz. *carillon,* ndl. *klokkenspel, beiaard*), die Zusammenstellung mehrerer Glocken zur Verwendung als Musikinstrument. Dies erfordert eine genaue Abstimmung der dazugehörigen Glocken in den benötigten Ausschnitten des Tonsystems und einen rhythm. präziseren Anschlag, als es der beim Läuten von Glocken verwendete freischwingende Klöppel zu leisten vermag. Bei kleinen Glocken geschieht dies am einfachsten durch einen von der Hand des Spielers geführten Hammer, bei vom Arm des Spielers nicht mehr zu erreichenden großen Glocken ist dazu ein Übertragungsmechanismus nötig, der die Bedienung von einer einzigen Stelle aus ermöglicht (eine Art Klaviatur oder [erstmals schon im 15. Jh.] eine mechan. betätigte Stiftwalze). Turmg.e (mit großen Glocken) sind seit dem SpätMA in zunehmender Zahl bekannt und teilweise auch erhalten, G.e mit kleinen, vom Spieler unmittelbar angeschlagenen Glocken kennen wir dagegen nur aus Darstellungen in Hss., in der Bauplastik und auf Tafelbildern, v. a. aber aus den recht zahlreich überlieferten *Glockenmensuren,* also den schriftl. Anweisungen zum Guß von genau aufeinander abgestimmten Glocken, die normalerweise immer eine (diaton.) Oktav-Tonleiter mit dem zusätzl. Halbton b (neben h) umfassen. Wieweit es sich dabei um tatsächl. Gußanweisungen (wie bei →Theophilus Presbyter) handelt oder umgekehrt nur um Veranschaulichungen der Tonleiter anhand der sicht- und nicht nur hörbaren Glokkengrößen, ist schwer zu sagen; auffällig ist immerhin, daß meist die meßbaren Proportionen der Saitenlängen am Monochord oder der Pfeifenlängen der Orgel einfach auf das Gewicht von Glocken übertragen werden, obwohl dies überhaupt nicht möglich ist, da die Tonhöhe einer Glocke nicht nur von deren Gewicht, sondern auch von ihrer Größe abhängt. Bei gleicher Größe wiederum wird der Ton schwingender Massen mit zunehmendem Gewicht höher, die entsprechenden Zahlenreihen müssen sich demnach umgekehrt verhalten wie bei Saiten- oder Pfeifenlängen, was nur wenige der sog. Glockenmensuren des MA tatsächl. berücksichtigen. Auch ist bei der Nomenklatur dieser Mensuren, die alle Bezeichnungen für Glocke (nola, cymbalum, campana, tintinnabulum) recht undifferenziert verwenden, kaum zu unterscheiden, welche Form und damit welche akust. Verhältnisse dem beschriebenen Klangkörper zugrundeliegen. Ihr über alle Jahrhunderte nach der Jahrtausendwende nahezu gleichmäßiges Vorkommen läßt immerhin darauf schließen, daß Glocken und v. a. auch aufeinander abgestimmte Glocken allgemein als bekannt galten.　　　　　H. Schmid

Lit.: MGG – Riemann – New Grove – F. Timmermans, Luidklokken en Beiaarden in Nederland, 1950² – J. Smits van Waesberghe, Cymbala (Bells in the MA), 1951 – s. a. Lit. zu →Glocke.

Glockenturm → Campanile, →Turm

Glogau (= Groß-Glogau; poln. Głogów), an einer Furt mit Straßenkreuzung in der fruchtbaren, altbesiedelten Niederung der mittleren →Oder gelegen, im MA nach →Breslau die bedeutendste Stadt →Schlesiens. Vermutl. bereits Stammesburg der seit ca. 990 von →Polen beherrschten slav. Dedosizen, ist die piast. Feste Glogua, später Kastellanei, auf der Oderinsel östl. des Hauptstroms seit 1010 bezeugt (→Piasten). Neben ihr entstand um die Mitte des 12. Jh. das älteste Kollegiatstift Schlesiens (ŏ St. Marien, sog. 'Dom'), ab 1228 Sitz eines Archidiakons sowie eine Vorburgsiedlung. Das 1251 durch Erbteilung entstandene piast. Hzm. G. hatte seine Residenz in G. 1253 wurde von Hzg. Konrad auf der linken Oderseite unter Einbeziehung einer älteren slav. Marktsiedlung eine »freie und sichere Stadt« nach dt. Recht um einen rechteckigen Marktplatz (1,5 ha) mit Rathaus und Kaufhaus planmäßig angelegt. Sie nahm auch die von der 'Dom'-Insel verlegte hzgl. Burg in ihre mit fünf Toren versehenen Mauern auf. Hinzutraten Vorstädte und 1290 drei nahe Stadtdörfer. 1337 wurde die Neustadt einbezogen. Die Stadtfläche umfaßte nun 30 ha, die Einwohnerzahl betrug um 1600 ca. 12000.

Die alte Pfarrkirche St. Peter im N ging 1258 an die Dominikaner über, neue Pfarrkirche St. Nikolaus im S. Um 1250 ließen sich am Stadtrand Franziskaner, 1307 Klarissen, 1318 Kreuzherren mit dem roten Stern (Hl.-Geist-Hospital), 1465 Bernhardiner nieder. 1223 wurden am Kollegiatstift, dem das berühmte G.er Liederbuch v. 1470/80 entstammt, und 1332 an St. Nikolaus Schulen errichtet. 1291 erhielt die Stadt das Bannmeilenrecht, 1315 das Niederlagsrecht und 1331 die Stadtvogtei.

Das Hzm., nach 1273 durch Erbteilungen stark verkleinert, geriet 1331 unter Kg. →Johann in die Lehnsabhängigkeit →Böhmens. Stadt und Weichbild G. wurden für mehr als 100 Jahre – in für die städt. Wirtschaft ungünstiger Weise – nutzungsrechtl. in eine kgl. und eine hzgl. Hälfte mit eigenen Verwaltungsorganen geteilt, wobei die Nutzungsberechtigten wiederholt wechselten. Nach dem Tode des letzten G.er Piasten, →Heinrich XI., kam es zum G.er Erbfolgestreit (1476–82) zw. Hzg. Hans v. →Sagan, den brandenburg. →Hohenzollern und Kg. →Matthias Corvinus, der G. 1488 eroberte und hier seinen illegitimen Sohn Johann Corvinus einsetzte. Der →Jagiellone Vladislav II., Kg. v. Böhmen und Ungarn, gab G. 1491–96 als Pfandherrschaft an seinen Bruder Johann Albert, danach (1499–1506) an seinen Bruder Siegmund. Hierauf fiel G. an die Krone Böhmens zurück und ging 1526 an die →Habsburger über. Im 16. Jh. erlebte G., trotz reformator. Bestrebungen (bereits seit 1523), einen wirtschaftl. Aufstieg.   J. J. Menzel

Q. und Lit.: DtStb I, 749–752 – Hist. Stätten: Schlesien, 127–134 – Annales Glogovienses (bis zum Jahre 1493), ed. H. Markgraf, 1877 – F. Minsberg, Gesch. der Stadt und Festung Gr.-G., 2 Bde, 1853 – J. Blaschke, Gesch. der Stadt G. und des G.er Landes, 1913 [Nachdr. 1982] – G. (Monographien dt. Städte 17), hg. E. Stein, 1926 [mit Plan; Anf. 16. Jh.] – Ze studiów nad średniowiecznym Głogowem i Krosnem, Prace Lubuskiego Towarzystwa Naukowego, Bd. 7, H. 3, 1970.

Glogauer Liederbuch → Liederhandschriften

Gloriant → Abel spel

Glossa ordinaria. 1. G. (Zivilrecht) →Apparatus glossarum

2. G. (kanonisches Recht). Unter den Glossenapparaten zu den verschiedenen Rechtssammlungen, angefangen vom →Decretum Gratiani bis zu den →Clementinen, hat jeweils einer bes. Ansehen und weite Verbreitung als G. o. gefunden, später öfters einfach »Glossa« genannt. Der von →Johannes Teutonicus unter Benutzung früherer Apparate, bes. des →Laurentius, verfaßte Glossenapparat zum Dekret wurde bald nach seinem Erscheinen (kurz nach 1215) als G. o. anerkannt. Nach dem Erscheinen der Dekretalen Gregors IX. 1234 überarbeitete und ergänzte →Bartholomaeus Brixiensis diesen Apparat, der vielfältig abgeschrieben und später mit manchen Zusätzen häufig gedruckt wurde.

Die G. o. zu den drei ersten Compilationes antiquae stammt von →Tankred v. Bologna (teils in mehreren Rezensionen 1210–20), die zur Compilatio IV. von Johannes Teutonicus (1217), die zur Compilatio V. von →Jacobus de Albenga. Die G. o. zu den Dekretalen Gregors IX. verfaßte unter Verwendung der Glossenapparate zu den vorausgehenden Compilationes antiquae Bernhard v. Parma (→Bernardus de Botone), aus dessen handschriftl. Überlieferung sich mindestens vier Rezensionen (bis 1266 hat er daran gearbeitet) herausschälen. Zum Liber Sextus Bonifaz' VIII. und zu den Clementinen hat →Johannes Andreae um 1301 bzw. 1322 die G. o. verfaßt. Zu den Extravagantensammlungen (→Extravagantes) gibt es keine eigtl. G. o., da nur manche Texte glossiert sind. In den Drucken des →Corpus Iuris Canonici vom 15.–18. Jh. wurde die G. o. meist mitgedruckt, vielfach mit weiteren Ergänzungen und Hilfsmitteln, was das hohe Ansehen der G. o. bezeugt. Ihre hohe doktrinelle Autorität drohte gelegentl. die Legalautorität der Quellen etwas zu verdecken.   R. Weigand

Lit.: Schulte I, II, passim – Kuttner, 93–122 – S. Kuttner-B. Smalley, The G. O. to the Gregorian Decretals, EHR 60, 1945, 97–105.

3. G. (Bibelkommentar) →Bibel, B. I, 1, b; B. I, 2, c

Glossatoren

I. Römisches Recht – II. Kanonisches Recht.

I. Römisches Recht: G. nennt man v. a. die Bologneser Lehrer des röm. Rechts oder Zivilrechts und des Lehenrechts im 12. Jh. und in der 1. Hälfte des 13. Jh., während man die Lehrer des kanon. Rechts dieser Zeit meistens als →Dekretisten oder →Dekretalisten bezeichnet. Die G. werden so genannt nach dem für ihre Schule wichtigsten Literaturtypus, näml. den in Form von Glossen aufgezeichneten Komm. zu den Teilen des →Corpus iuris civilis (→Apparatus glossarum). Mit dieser seit der Wiederentdeckung der Digesten in der 2. Hälfte des 11. Jh. im wesentl. wieder vollständig bekannten Kodifikation des antiken röm. Rechts lag nun erstmals eine umfassende, »flächendeckende« Rechtsordnung vor, an der ein eminentes prakt. Interesse bestand, deren Inhalt sich aber nur durch intensive wiss. Bearbeitung erschließen ließ. Ältestes Zentrum der Tätigkeit der G. war die Rechtsschule v. →Bologna. Das Bestreben der G. war gerichtet auf: Erschließung der Quellen durch Kritik und Auslegung, Weitergabe des erworbenen Wissens im Unterricht sowie dessen Anwendung in der Praxis. Die Rechtswissenschaft ist ein Moment des allg. kulturellen Aufschwungs dieser Zeit, der sog. Renaissance des 12. Jh. Ihre Ziele und Methoden sind diejenigen der →Scholastik als Inbegriff ma. Wissenschaftlichkeit schlechthin. Sie haben die Glossenapparate ebenso geprägt wie den mündl. Rechtsunterricht (→Bologna, B. IV). Jeder einzelne Schritt bei der Auslegung der Quellen entspricht sowohl einem bes. Typus von Glossen in den Glossenapparaten als auch einer selbständigen Gattung der übrigen lit. Werke der G. Diese

Übereinstimmung des Aufbaus der Glossenapparate mit der Unterrichtsmethode macht deutlich, daß Glossen nicht bloß sporad. Notizen der Benutzer der Hss. sind, sondern eigtl. Kommentare. Neben den Glossenapparaten sind wichtige Lit.formen der G.: →Summen, →Casus und →Commenta, welche alle der Vermittlung einer Vorstellung vom Inhalt eines Textes dienen, ferner →Quaestiones legitimae und →Dissensiones dominorum sowie →Distinctiones, welche Ordnungszusammenhänge in den Quellentexten aufzeigen sollen, sowie schließlich Brocarda und →Quaestiones de facto oder →Disputationes, in welchen die Brauchbarkeit einer Quellenstelle für die Lösung von aktuellen Rechtsproblemen geprüft wird. An letzterem zeigt sich der starke Praxisbezug der G., welcher erst in der neueren Lit. zutreffend gewürdigt wird.

Die Entwicklung Bolognas zum Zentrum der G.schule und der Zivilrechtslehrer überhaupt begann in den ersten Jahren des 12. Jh. mit →Irnerius († nach 1125). Als seine Schüler gelten die Vier Doktoren (→Quattuor doctores) →Bulgarus, →Martinus Gosia, →(H)Ugo und →Jacobus de Porta Ravennate, mit deren Wirken der kontinuierl. Rechtsunterricht in Bologna um 1140 entstand. In der nächsten Generation spalteten sich die G. in die beiden Schulrichtungen oder Sekten der Nostri doctores und der Gosiani. Erstere waren die orth. Schüler und Anhänger des Bulgarus; sie vertraten eine strenge Auslegung der Quellen. Zu ihnen gehörten: →Wilelmus de Cabriano, →Henricus de Baila, →Albericus de Porta Ravennate und →Johannes Bassianus. Die Gosiani waren die Nachfolger des Martinus Gosia, die sich als Anwälte der Billigkeit profilierten. Ihre Hauptvertreter waren: →Rogerius, →Placentinus und →Pilius. Am Anfang des 13. Jh. erreichte die Schule mit →Azo, dem Verf. bedeutender Summen zu Codex, Institutionen und Digesten, und →Accursius, dem Verfasser der Glossa ordinaria zu allen Teilen des Corpus iuris civilis einschließl. der →Libri feudorum, die bis weit in die NZ hinein in der Praxis benutzt wurde, ihren Höhepunkt. Weitere bedeutende G. der letzten Epoche waren: →Hugolinus Presbyteri, →Jacobus Balduini, →Roffredus Epiphanii (Beneventanus), →Karolus de Tocco, der Verfasser des einzigen Glossapparates zur →Lombarda, und →Odofredus de Denariis. Aus den spärlich überlieferten biograph. Daten der G. ergibt sich, daß es sich durchweg um Persönlichkeiten weltl. Standes handelte, die auch als Praktiker wirkten. Schon Irnerius war Hofrichter und Berater Ks. Heinrichs V. und der Mgfn. Mathilde v. Tuszien. Die Vier Doktoren wurden von Ks. Friedrich I. als Gutachter beim Reichstag v. Roncaglia beigezogen. Auch im Dienste örtl. Obrigkeiten und Privater wirkten die G. als Richter, Zeugen, Gutachter (→Consilium) und Interessenvertreter. Viele von ihnen gelangten auf diese Weise nicht nur zu Ansehen, sondern auch zu einem beachtl. Vermögen. Rechtsunterricht nach der Art der Bologneser Schule wurde schon früh auch in kleineren Zentren der Rechtswiss. außerhalb Bolognas gegeben. →Vacarius wirkte seit 1139 in England, Placentinus erstmals in den 70er Jahren und später bis zu seinem Tod in Montpellier, nachdem er in jüngeren Jahren in Mantua unterrichtet hatte. Pilius folgte 1181 einem Ruf nach Modena, hat dort aber wahrscheinl. nicht gelehrt. Um 1150 entstand in Arles die anonyme, auf Prov. verfaßte Codexsumme Lo →Codi, wenige Jahre später in Valence das sog. Tübinger Rechtsbuch und die →Exceptiones legum Romanarum des Petrus.

Um die Mitte des 13. Jh. setzten sich die Glossenapparate des Accursius als Standardkomm., mit denen sich jeder

Jurist auseinandersetzen mußte, durch. Dies zeigt sich an ständigen Bezugnahmen in den jurist. Schriften der folgenden Zeit und kennzeichnet den Übergang von der Schule der G. zu jener der Postglossatoren, Konsiliatoren oder →Kommentatoren.   R. Bitterli

Lit.: HRG I, 1708 [H. DILCHER] – SAVIGNY III–V – E. GENZMER, Die justinian. Kodifikation und die G., 1934 [jetzt in: Das röm. Recht im MA, hg. E. J. H. SCHRAGE, 1987] – KUTTNER – H. KANTOROWICZ, Stud. in the Glossators of the Roman Law, 1938 [Neudr. 1969] – P. WEIMAR, Die legist. Lit. und die Methode des Rechtsunterrichts der G.zeit, Ius commune 2, 1969, 43–83 – G. OTTE, Dialektik und Jurisprudenz, Unters. zur Methode der G., 1971 – P. WEIMAR, Die legist. Lit. der G.zeit (COING, Hdb. I), 129ff. – J. FRIED, Die Entstehung des Juristenstandes im 12. Jh., 1974 – A. GOURON, La science juridique française aux XIᵉ et XIIᵉ s. (IRMAE I.4 d–e), 1978 – G. DOLEZALEK, Repertorium mss. veterum Codicis Iustiniani, 1985 – E. J. H. SCHRAGE, Utrumque ius, 1987.

II. KANONISCHES RECHT: Unter G. werden jene Autoren verstanden, die →Glossen zur Erklärung eines Textes geschrieben haben; im kanon. Recht sind es die Kanonisten, die in der Zeit zw. 1140 und 1348 die verschiedenen Quellentexte des kanon. Rechts durch Glossen wissenschaftl. erschlossen haben. Viele G. haben auch andere Werke (bes. →Summen) zum Dekret (→Dekretisten) oder zu den (Titeln der) Dekretalen geschrieben (→Dekretalisten). Ein Großteil der G. ist uns namentl. nicht bekannt. In der Schule v. →Bologna hat etwa zur Zeit →Paucapaleas ein unbekannter Glossator eine erste Glossenkomposition zusammengestellt, die neben Konträr- und Parallelstellen aus dem Dekret auch schon die verschiedenen Teile des röm. Rechts anführt, ferner →Notabilien und bereits einige →Solutionen enthält, die nur gelegentl. mit Paucapalea übereinstimmen. Kurz darauf hat in den 1150er Jahren ein vom röm. Recht beeinflußter Glossator manche Texterklärungen beigesteuert, in denen er das Dekret nach Titeln zitiert, nicht nach den Zahlen der →Distinktionen und Causae, wie sonst seit Paucapalea üblich. →Rolandus, von dem auch eine Summe zum Dekret und Quaestionen stammen und der nichts mit dem Papst Alexander III. zu tun hat, wie bisher fälschl. gemeint wurde, hat ebenfalls Glossen verfaßt. →Rufinus hat fast ausschließl. Solutionenglossen geschrieben, die er später in seine Summe zum Dekret integriert hat. Ob die meist sehr kurzen Glossen eines frühen »p.« von Petrus v. Blois stammen, läßt sich bisher nicht genau entscheiden. →Stephan v. Tournai hat wohl zunächst einzelne Glossen geschrieben, andere sind aus seiner Summe (1166/69) exzerpiert worden; darüber hinaus hat er noch in den 1170er Jahren glossiert und sich mit Neuentwicklungen auseinandergesetzt. Mit den Glossen des →C(ardinalis) beginnt die konsequente Siglengebung in der Glossenüberlieferung, vielleicht weil er keine eigene Summe geschrieben hat. Der vielzitierte →Gandulphus v. Bologna hat zwar eigene Glossen verfaßt, aber bei manchen Überlieferungen seiner Ansichten ist unklar, ob diese auf seine Vorlesungen oder auf seine theol. Sentenzen zurückgehen. →Johannes Faventinus hat erst nach seiner Summe zahlreiche Glossen geschrieben, die sich weitester Verbreitung in allen Schulen erfreuten. →Bernhard v. Pavia, der anfangs eine gewisse Vorliebe für frz. Ansichten hatte, schrieb Glossen sowohl zum Dekret als auch zu der von ihm verfaßten Dekretalensammlung, die später Compilatio I. genannt wurde. →Simon v. Bisignano war in Bologna vielleicht ein Außenseiter, denn seine Glossen wurden relativ selten überliefert, auch wenn seine Summe größeren Erfolg hatte. Petrus Hispanus, →Melendus und Bazianus schrieben um 1180 Glossen zum Dekret, die beiden ersten auch zur Compilatio I., Bazianus außerdem Quaestionen. In →Huguccio steht in den 1180er Jahren einer der großen G. vor uns, der viele siglierte und unsiglierte Glossen schrieb, die er später weitgehend in seine immer noch ungedruckte umfangreiche Summe integrierte. In der frz. Schule sind die meisten G. uns nicht namentl. bekannt. Ob der auch zu dieser Schule gehörende → Sicard v. Cremona neben seiner Summe noch Glossen verfaßte, ist fraglich. Als Verfasser kleinerer Werke sind namentl. bekannt Odo v. Dover und Evrardus v. Ypern, nur durch gelegentl. Erwähnung ein G. Daifer(us). Ähnliches ist zu sagen von G. wie David v. London, → Gregor v. London, Simon v. Southwell, → Johannes v. Tynemouth, die alle der anglo-norm. Schule gegen Ende des 12. Jh. zuzuordnen sind, ebenso Honorius, von dem eine große Dekretsumme und eine Quaestionensumme stammen. Fidantia v. Civita Castellana bei Viterbo wurde erst jüngst als Glossator »identifiziert«. Sowohl als Dekretisten wie auch als Dekretalisten waren produktiv und bezeugen zugleich die internationale Zusammensetzung der G. in Bologna: → Alanus Anglicus, → Ricardus Anglicus, → Laurentius Hispanus, → Johannes Teutonicus und → Raimund von Peñafort. In der frz. Schule sind uns namentl. Wilhelm v. Gascogne und Petrus Brito bekannt.

Weitere G. zu den verschiedenen → Dekretalensammlungen und zu den Teilen des → Corpus Iuris Canonici werden bei den → Dekretalisten angeführt.   R. Weigand

Lit.: → Dekretisten, → Dekretalisten, ferner: J. F. v. SCHULTE, Die Glosse zum Dekret Gratians, 1872 – S. KUTTNER, Gratian and the Schools of Law, 1140–1234, 1983 – Proceedings of the Sixth Internat. Congr. of Medieval Canon Law, Berkeley 1980, hg. S. KUTTNER–K. PENNINGTON, MIC C 7, 1985 – R. WEIGAND, W.-Glossen zum Dekret Gratians, Ministerium iustitiae (Fschr. H. HEINEMANN, 1985), 151–159 – DERS., Huguccio und der Glossenapparat 'Ordinaturus Magister', AKKR 154, 1985, 490–520 – DERS., Stud. zum kanonist. Werk Stephans v. Tournai, ZRGKanAbt 72, 1986, 349–361 – DERS., Die frühen kanonist. Schulen und die Dekretabbreviatio Omnebenes, AKKR 155, 1986, 72–91 – DERS., Die Glossen des Cardinalis – Raimundus de (H)arenis – zu C. 16, Recht im Dienste des Menschen (Fschr. H. SCHWENDENWEIN, 1986), 267–283 – DERS., Glossen des Magister Rolandus zum Dekret Gratians, Misc. Rolando Bandinelli. Papa Alessandro III, 1986, 389–423 – N. HÖHL, Die Glossen des Johannes Faventinus zur Pars I des Decretum Gratiani [im Erscheinen] – R. WEIGAND, Die Glossen zum Dekret Gratians. Stud. zu den frühen Glossen und Glossenkompositionen, SG 25–26 [im Erscheinen].

Glossen. 1. G. (Zivilrecht) → Apparatus glossarum
2. G. (kanonisches Recht). Während G. bis zur Mitte des 12. Jh. zu kirchenrechtl. Quellentexten nur sporad. vorkommen und von einer mehr unsystemat. Beschäftigung mit diesen Texten zeugen, begegnen zum → Decretum Gratiani (1140) von Anfang an G., die ähnlich wie es bei den → Legisten zur Erklärung des röm. Rechts üblich geworden war, den Dekrettext allmählich erschließen und wissenschaftl. bearbeiten (→ Dekretistik).

[1] *Verschiedene G.arten:* Schon in den frühen Dekrethss. finden sich auf dem breiten Rand manche, später immer zahlreicher werdende Parallel- und Konträrstellen zum Quellentext, sog. Allegationen. Sie stellen das Material für fast alle späteren Arbeiten am betreffenden Text bereit. Vielfach schließen sich (später) den Konträrstellenangaben auch Auflösungen der zu Tage getretenen Widersprüche (solutiones contrariorum) an. Gelegentl. wird aus der glossierten Stelle eine kurze Rechtsregel (argumentum) abstrahiert und mit Parallelstellen versehen. Diese wurden später in eigenen Sammlungen zusammengefaßt und zu den → Brocarda oder Generalia weiter entwickelt, in denen Paare von entgegengesetzten → Argumenten zusammengestellt wurden. Erklärende G., manchmal nur ein synonymes Wort oder eine Apposition, wurden zuerst vor-

wiegend inter lineas geschrieben, weil so die Verbindung zw. Text und Glosse am leichtesten herzustellen war. In späterer Zeit wurden die erklärenden G. öfters sehr umfangreich, bes. zur Begründung vorgefundener Entscheidungen unter Berücksichtigung ähnlicher Sachverhalte und anderer Quellenstellen. → Distinktionen bringen eine, die Einzelstelle übergreifende Übersicht oder Problemerörterung. Eine bes. Form der G. stellen die → Quaestionen dar, die schon frühzeitig zu eigenen Quaestionensammlungen zusammengefaßt wurden.

[2] Die *Überlieferung* der G. ist sehr unterschiedl. sowohl in der Art der Glossierung als auch in ihrer Zahl und der berücksichtigten Autoren. In manchen Hss. stehen (fast) nur Allegationen, die in der Regel zuerst abgeschrieben wurden. Andere überliefern hauptsächl. kurze oder längere Worterklärungen. Ab etwa 1160 wurden die G. der einzelnen Autoren mit einer Namenssigle gekennzeichnet.

[3] Um oder kurz nach 1180 wurde wohl unter Mitwirkung → Huguccios in Bologna eine *Standardisierung* der G.überlieferung in dem Glossenapparat Ordinaturus Magister herbeigeführt, wobei in ihm noch einzelne G. als Eigengut des Verfassers durch die Siglen ausgewiesen waren. Die späteren G.apparate waren dagegen eigenständigere Erzeugnisse eines Verfassers, unter denen der des → Johannes Teutonicus (um 1215) als → Glossa ordinaria anerkannt wurde. Zu den verschiedenen → Dekretalensammlungen wurden anfangs auch G. geschrieben, die jedoch sehr bald durch zusammenhängende G.-Apparate abgelöst wurden. Das Verhältnis der G. zu den → Summen der → Glossatoren ist unterschiedlich. Auch nach der → Glossa ordinaria wurden neue G. einzelner Lehrer eingetragen oder aus anderen Werken exzerpiert, z. B. im 14. Jh. aus dem Rosarium des → Guido de Baysio. Diese Beobachtungen gelten entsprechend auch für die späteren Gesetzestexte (→ Dekretalisten).   R. Weigand

Lit.: → Glossatoren, → Dekretisten, → Dekretalisten.

Glossen, Glossare

I. Mittellateinische Literatur – II. Deutsche Literatur – III. Romanische Literaturen – IV. Englische Literatur – V. Slavische Literaturen.

I. MITTELLATEINISCHE LITERATUR: Im lat. MA waren G. are unabdingbares Hilfsinstrument der gelehrten Tätigkeit und des Schulbetriebs: Dienten sie auf elementarer Ebene als Quelle des lat. Vokabulars und zur Erhellung der im Unterricht gelesenen Texte, so wurden sie andererseits hochgeschätzt als eine Fundgrube des »arkanen« lat. Wortschatzes, mit dem eine Reihe ma. Autoren ihren lat. Stil auszuschmücken versuchten. Daher sind zahlreiche G.are verschiedenster Art überliefert; das Spektrum reicht von simplen Reihungen in den glossae collectae, die aus Lemmata und zugehörigen G. bestehen, welche aus Marginal- und Interlinearnotizen der Hss. gezogen wurden, über die eigtl. G.are mit alphabet. gereihten Lemmata bis hin zu großangelegten Handbüchern, die in Rang und Aufbau enzyklopäd. Charakter trugen (s. a. → Enzyklopädie). Überliefert sind viele G.are, deren Zahl nicht genau bekannt ist und von denen erst wenige ediert sind (s. a. GOETZ, LINDSAY).

Vielfältig sind die lexikal. Quellen der ma. G.are, wobei eine Reihe spätantiker Lexikographen in breitem Umfang herangezogen wurden; insbes. Sextus Pompeius Festus (2. Jh. n. Chr.), »De significatu verborum«, v. a. in der von → Paulus Diaconus verfaßten Epitome; Nonius Marcellus (4. Jh.), »De compendiosa doctrina«; → Fulgentius (2. F.), »Expositio sermonum antiquorum«; → Placidus, »Glossae« (CGL V, 1–158; GL IV, 3–35) und schließl. → Isidor v. Sevilla, »Etymologiae«, als eines der meistbenutzten Werke der ma. Bildungstradition. Viel verwendet zur Erstellung von G.aren wurden auch die spätantiken →Scholien zu klass. Autoren oder die bei Grammatikern zitierten Autoren (vgl. insbes. →Servius und →Priscian) sowie die Synonymensammlungen (differentiae), von denen die »Synonyma Ciceronis« bes. verbreitet waren. Eine Quelle namentl. des griech. Wortschatzes waren die zweisprachigen griech.-lat. Sentenzensammlungen der Spätantike. Dieser Lexikontyp, der, wie die zahlreichen erhaltenen Papyrusfragmente (in Paris, Köln, Wien) zeigen, offenbar sehr verbreitet war, wird v. a. repräsentiert durch die sog. »Hermeneumata ps.-Dositheana« (3. Jh. n. Chr.?), die eine Hauptquelle des griech. Vokabulars im lat. MA waren (CGL III). Derartige zweisprachige Handbücher bilden den Hintergrund mehrerer einflußreicher griech.-lat. G.are, etwa des breit angelegten »Philoxenus«-G.ars (CGL II, 1–212; GL II, 123–191), das Bestandteile des Festus-G.ars, ergänzt durch griech. interpretamenta, enthält, und das »Cyrillus«-G.ar (CGL II, 219–484), das seinerseits die Hauptqu. bildete für ein griech.-lat. Kompendium (in Laon im späten 9. Jh. unter d. Leitung d. →Martin v. Laon verfaßt, Ms. Laon Bibl. mun. 444).

Bei der Entstehung von G.aren sind mehrere Phasen und Textgruppen erkennbar: Im 7. Jh. wurden, vielleicht in Spanien, zwei G.are, die sich als äußerst einflußreich erweisen sollten, verfaßt: »Abolita« (GL II, 91–183), hauptsächl. auf Festus beruhend, und »Abstrusa« (GL II, 1–90), kompiliert aus verschiedenen Scholien, u. a. zu Vergil und Terenz. Diese beiden wichtigen G.are wurden bereits in einer mittelalt. Hs. des 8. Jh. (Vat. lat. 3321) zu einem einzigen Werk zusammengefügt (CGL IV, 1–198); auf dieser Kompilation basieren zahlreiche weitere G.are, z. B.: »Arma« (GL I, 1–22), »Abavus« (GL I, 23–121), »Abba« (GL V, 7–143; CGL IV, 199–298); »AA« (GL V, 145–388; CGL V, 433–90) und »Affatim« (CGL IV, 471–581). Eine weitere Gruppe von G.aren entstand aus Aufzeichnungen des Unterrichts, den Ebf. →Theodorus und Abt →Hadrian in Canterbury über die Bibel sowie ein weites Spektrum von Texten erteilten; ihre Erklärungen sind in Reihen von glossae collectae in zahlreichen kontinentalen Hss. (s. dazu Abschnitt IV, 2) enthalten. Diese Bibelg.n aus Canterbury beeinflußten die Bibelexegese (→Bibel), bis sie im 12. Jh. durch die Glossa ordinaria abgelöst wurden. – Das G.ar mit der stärksten Nachwirkung war der umfangreiche »Liber glossarum« (GL I; Auszüge in: CGL V, 159–255), kompiliert wahrscheinl. in Corbie im späteren 8. Jh., vielleicht von einem Ansileubus im Auftrag des Abtes →Adalhard. Quellen dieses G.ars sind der sog. Placidus, Isidors »Etymologiae«, die G.are »Abolita« und »Abstrusa« sowie eine große Anzahl patrist. Autoren. Aus den karol. Schulen des 9. Jh. ist eine reiche Überlieferung an G. und G.aren überkommen, v. a. im Hinblick auf vielgelesene Schulautoren, insbes. →Boethius und →Martianus Capella. Marginalg. und Scholien wurden gesammelt, um daraus Komm. zu bilden, und die so entstandenen Komm. wurden wieder geplündert, um sie in Marginalg. verarbeiten zu können. Der fleißigste karol. Kommentator war →Remigius v. Auxerre, andere Gelehrte des 9. Jh., z. B. →Johannes (Scottus) Eriugena, →Martin v. Laon und →Heiric v. Auxerre taten sich als Kompilatoren von G. wie Komm. hervor. Manche Autoren versahen die eigenen Werke mit begleitenden G., so →Abbo v. St-Germain, der in Buch III seiner »Bella Parisiacae urbis« schwierige Vokabeln auf der Grundlage des »Liber glossarum« glossierte. Anderen Zwecken dienen Werke wie die →Glossa ordinaria oder fachspezif. G. (→Glossatoren; →Naturwissenschaftl. Schriften).

Die späteren Glossographen bauten auf den Arbeiten ihrer Vorgänger auf. So basierte das »Elementarium doctrinae rudimentum« des it. Gelehrten →Papias (11. Jh.) sowohl auf dem »Liber glossarum« als auch auf Priscian und den Komm. des Remigius. Die »Panormia« des →Osbern v. Gloucester verarbeitet die Festus-Epitome des Paulus Diaconus, ebenso Isidor, Priscian, Abbo v. St-Germain u. v. a. Der [uned.] »Liber derivationum« des →Hugutio v. Pisa, eine exeget. Enzyklopädie von ungemeiner Verbreitung (mehr als 200 erhaltene Hss.), beruhte seinerseits auf Papias und Osbern, aber auch auf des Paulus Diaconus Festus-Epitome. Das »Catholicon« des →Johannes Balbus folgt Papias und Hugutio, ebenfalls aber Priscian und Isidor. Die umfangreiche »Summa« oder »Expositiones difficiliorum verborum« des →Wilhelm Brito mit ihren 2500 Lemmata stützt sich wiederum maßgebl. auf Isidor, Papias und Hugutio. Noch der »Vocabularius Breviloquus« des Johann →Reuchlin (gedr. 1475–76) basiert auf Papias und Wilhelm Brito. Die – noch unzureichend erforschte – lat. Glossographie des MA ist somit ein Gebiet, auf dem von der Spätantike bis zur Renaissance starke Kontinuität bestand. →Lexikon.

M. Lapidge

Ed.: Corpus Glossariorum Latinorum (CGL), ed. G. GOETZ, 7 Bde 1888–1923 – Glossaria Latina (GL), ed. W. M. LINDSAY et al., 5 Bde 1926–31 – E. MILLER, Glossaire grec-latin de la bibl. de Laon, Notices et extraits 29.2, 1880, 1–230 – *Lit.:* RE VII/1, 1433–1466 – KL. PAULY II, 816–821 – G. LOEWE, Prodromus Corporis Glossariorum Latinorum, 1876 – G. GOETZ, Der Liber Glossarum, AAL phil.hist.Cl. 13, 1893, 213–288 – W. M. LINDSAY, The Abolita Glossary, Journal of Philology 34, 1915–18, 267–282 – DERS., The Abstrusa Glossary and the Liber Glossarum, Classical Quarterly 11, 1917, 119–131 – DERS., The Philoxenus Glossary, Classical Review 31, 1917, 158–163 – W. M. LINDSAY, H. J. THOMSON, Ancient Lore in Medieval Latin Glossaries, 1921 – A. MARIGO, I codici manoscritti delle 'Derivationes' di Uguccione Pisano, 1936 – L. W. und B. A. DALY, Some Techniques in Medieval Latin Lexicography, Speculum 39, 1964, 229–239 – P. LENDINARA, The Third Book of the Bella Parisiacae Urbis by Abbo of Saint-Germain-des-Prés and its Old English Gloss, Anglo-Saxon England 15, 1986, 73–89 – C. DIONISOTTI, Greek Grammars and Dict. in Carolingian Europe (The Sacred Nectar of the Greeks, hg. M. HERREN, 1988), 1–56 – s. ferner die Lit. zu →Abschnitt IV.

II. DEUTSCHE LITERATUR: Die dt. Literatur hat ihren Ausgangspunkt in den missionar. und bildungspolit. Intentionen der karol. Zeit. Glossator. Tätigkeit als fundamentalste Aneignungstechnik lat. Bildungsgutes steht am Beginn dt. Schriftlichkeit. – Das älteste Werk der dt. Literatur ist die dt. Bearbeitung einer der Spätantike entstammenden alphabet. geordneten lat. Synonymensammlung – nach dem ersten lat. Stichwort »Abrogans« genannt. Entstanden wohl in der Domschule v. →Freising im Umkreis Bf. →Arbeos (764–783), spiegelt es in der Bevorzugung ausgefallenen und entlegenen Wortschatzes dessen Hang zur spätantiken barocken Latinitas wider. Erhalten ist der »Abrogans« nicht in der bair. Urfassung, sondern in drei alem. (der Reichenau bzw. deren Tochterkloster Murbach entstammenden) Fassungen, dem »Pariser Glossar«, dem St. Galler Glossar (nach dem zu Unrecht angenommenen Verfasser »Keronisches Glossar« genannt) und dem »Reichenauer Glossar Ra«. In Regensburg entstand eine bair. Umarbeitung, das »Samanunga-Glossar« (nach der Überschrift »samanunga uuorto fona deru niuuin anti deru altun eu«, früher als »Pseudohrabanisches Glossar« bezeichnet). Der gleichen Entstehungszeit wie der »Abrogans« gehört die Umarbeitung der spätantiken »Hermeneumata«, eines lat.-griech. Schulwörterbuchs zum lat.-dt. Glossar an (ca. 775), das als Ganzes nicht überliefert ist. Der erste Teil – ein nach Sachgruppen gegliedertes Wörterverzeichnis – wird vertreten durch den (nach seinem Aufbewahrungsort so genannten) »Vocabularius Sancti Galli«; die beiden folgenden Teile, ein alphabet. Wortverzeichnis und ein Gesprächsbüchlein, sind erhalten in den »Kasseler Glossen« und dem diesem angefügten »Kasseler Gesprächsbüchlein«. Die Auswahl der Hermeneumata als Vorlage sowie orthograph. und sprachl. Besonderheiten verweisen auf ags. Vorbild; Entstehungsort der Übersetzung ist das Kl. →Fulda.

Die meisten dt. G. sind indes keine Übertragungen von Wörterbüchern, sondern entstehen aus der Glossierung fortlaufender Texte, je nach Stellung zum Basistext als Interlinear-, Marginal- oder Textglossen. Aus dem Text exzerpiert, werden sie als 'glossae collectae' alphabet. oder unter sachl. Gesichtspunkten zu Wortverzeichnissen zusammengefaßt, zu neuen Glossarien ineinandergearbeitet. Im 10./11. Jh. entstehen große glossator. Sammelhss. (wie etwa die Tegernseer Codices clm 18140 und clm 19440). Den größten Teil dieser glossator. Tätigkeit (wenn auch überwiegend nicht mehr deren erster Phase angehörend) machen Bibelglossare aus. Eingeflossen sind viele dieser Einzelglossare in das die gesamte Bibel glossierende »Monseer Bibelglossar«, das, entstanden an der Wende vom 9. zum 10. Jh., in bayer. Kl. bis ins 13. Jh. tradiert wird.

Unter den Handbüchern des Schulbetriebs werden die »Institutionen« des →Priscianus am ausführlichsten glossiert, seltener→Donatus. Dem St. Galler (BAESECKE) oder Reichenauer (STEINMEYER) Umkreis entstammt eine intensive Vergilglossierung; →Boethius' »Consolatio philosophiae« erfährt reiche Glossierung, ausgehend von einer St. Galler Arbeit des 9. Jh.; von allen antiken Autoren am häufigsten glossiert wird Prudentius. Aus der seelsorger. Praxis erwächst die Glossierung von Gregors d. Gr. »Cura pastoralis« und von dessen Predigten. Die schon früh begonnene Glossierung der kirchl. Konzilsbeschlüsse (»Canones-Glossen«) wird in der Folge der →Admonitio generalis (789) intensiviert.

Sachglossare basieren häufig auf →Isidors »Etymologiae«, so das auf einen Vortrag des →Hrabanus Maurus über Isidor XI, 1 zurückgehende, im Umkreis→Walahfrid Strabos entstandene »Körperteilglossar« (STEINMEYER 3, 432f.). Das zu Beginn des 11. Jh. im Rheinfrk. entstandene »Summarium Heinrici« stellt eine Isidors Werk verkürzende und umgruppierende Sachenzyklopädie in 10 Büchern (mit einem als 11. Buch angefügten alphabet. Glossenverzeichnis) dar. Tradierung und Einfluß des Werkes reichen bis ins 15. Jh. – Der »Liber glossarum«, eine vielleicht in Spanien entstandene alphabet. geordnete Realenzyklopädie, ist die Hauptquelle des im 10. Jh. verfaßten »Salomonischen Glossars«, das seinen Titel nach dem Konstanzer Bf. →Salomo III. (890–909) trägt, in dem man den Initiator des Werks sehen wollte.   P. Schmitt

Lit.: STEINMEYER-SIEVERS – G. BAESECKE, Der dt. Abrogans und die Frühgesch. des dt. Schrifttums, 1930 – H. LOHMEYER, Vergil im dt. Geistesleben bis auf Notker III, 1930 (Germ. St. 96) – Der dt. Abrogans, ed. G. BAESECKE, 1931 (ATB 30) – G. BAESECKE, Die Sprache des dt. Abrogans, PBB 55, 1931, 321–376 – DERS., Der Vocabularius Sancti Galli in der ags. Mission, 1933 – DERS., Vor-und Frühgesch. des dt. Schrifttums, 1, 2, 1940, 1953 – H. THOMA, G. (MERKER-STAMMLER² II, 1958), 579–589 – G. BAESECKE, Verz. der ahd. und as. Glossenhss., 1973 (Arbeiten zur FrühMA-Forsch., 6) – Summarium Heinrici, ed. R. HILDEBRANDT, 1, 2, 1974–82 – R. BERGMANN, Mfrk. G., 1977 – W. WEGSTEIN, Stud. zum 'Summarium Heinrici'. Die Darmstädter Hs. 6, 1985.

III. ROMANISCHE LITERATUREN: Im frz. Sprachgebiet entstehen wohl um 800 die Reichenauer G.; sie geben für schwierigere lat. Wörter Entsprechungen, die der Form nach zwar lat. sind, aber häufig die lautl. morphol. und lexikal. Entwicklungen der gesprochenen Volkssprache durchscheinen lassen. Neben romanischen finden sich auch einzelne germ. Elemente. Der erste Teil enthält Wörter in der Reihenfolge ihres Vorkommens in der Vulgata, dann folgt eine alphabet. Liste. Die Kasseler G. (9. Jh.) versehen ein begriffl. geordnetes Verzeichnis lautl. stark romanisierter lat. Wörter (Körperteile, Tiere, die Teile des Hauses, Kleidung etc.) mit germ. Äquivalenten.

Die hebr. Schriften frz. Rabbiner geben für schwierige Wörter neben hebr. Erläuterungen häufig auch frz. Entsprechungen (in hebr. Schrift, woraus sich oft Interpretationsprobleme ergeben); so verfährt schon Raschi (Rabbi Schelomo ben Isaac aus Troyes, 1040–1105) in seinen weitverbreiteten Komm. zu Bibel und Talmud. Raschis G. stellen eine wichtige Quelle für die frz. Lexikologie dar, weil sie häufig Bezeichnungen für Dinge des tägl. Lebens erläutern, von denen in der zeitgenöss. Lit. sonst selten die Rede ist. Später entstehen umfangreiche Glossare (G. an der UB Basel, Hs. 23, Anfang 13. Jh.: ca. 12000 G., G. an von Rabbi Joseph ben Simon, 1240: ca. 20000 G.); sie basieren jeweils auf den Worterklärungen eines die Bibel kommentierenden Rabbis, oft nach Schüler-Mitschriften.

Für den lat. Schul- und Universitätsunterricht wurden vor allem lexikograph. und grammat. Werke häufig mit frz. Interlinear- oder Randg. versehen, wobei meist nicht zu unterscheiden ist, ob diese vom Verfasser des Werkes selbst, von seinen Schülern oder von späteren Benutzern stammen; das gilt z. B. für den »Dictionarius« des→Johannes de Garlandia (verzeichnet die Terminologie der Wissenschaften, des Handwerks etc.). Die G. zum »Graecismus« des →Eberhard v. Béthune wurden nachträgl. hinzugefügt, diejenigen in »De nominibus utensilium« von →Alexander Neckam dagegen stammen vom Autor selbst. Auch lat. G. in Werken älterer Autoren wurden um frz. Äquivalente ergänzt, so Ende 12. Jh. in England in den »Epistulae« des →Sidonius Apollinaris. Seit dem 12. Jh. entstehen auch begriffl. und v.a. alphabet. geordnet lat.frz. G. are in großer Zahl und z.T. von beträchtl. Umfang: weit verbreitet war z.B. das nach dem ersten Lemma »Alma« genannte G. ar (2. Hälfte 14. Jh.), das auf dem lat. »Catholicon« des →Johannes Balbus v. Genua beruht.

Die frz.-engl. G. are, die vereinzelt im 14./15. Jh. zusammengestellt wurden, dienten dem prakt. Zweck des Spracherwerbs; sie sind begriffl. alphabet. oder nach Wortarten geordnet. (Größerer Beliebtheit erfreuten sich allerdings Gesprächsbücher, in denen der Wortschatz in signifikanten Dialog-Kontexten erscheint.) – Ein alphabet. arab.-frz. G. ar der Bezeichnungen für Arzneipflanzen und andere Bestandteile von Medikamenten (ca. 1300), das ein Christ und ein konvertierter Mohammedaner oder Jude gemeinsam verfaßten, spiegelt die Sprachprobleme beim Orienthandel wider.

In Italien verhindert die Nähe der Volkssprache zum Lat., daß zweisprachige G. are entstehen oder it. G. in lat. Texte eingefügt wurden. Auf der Pyrenäenhalbinsel findet sich nur ein, allerdings sprachgeschichtl. bedeutsames Zeugnis: die »Glosas Emilianenses«, 145 Interlinearg., die im 10. Jh. im Kl. S. Millán de la Cogolla (Rioja) in eine Hs. eingetragen wurden, die neben anderen religiösen Texten Predigten des hl. Augustinus enthält; trotz lat. Flexionsendungen sind die G. nach Lautstand und Wortschatz ganz romanisch.   A. Gier

Ed.: H.-W. KLEIN-A. LABHARDT-M. RAUPACH, Die Reichenauer G., 2 Bde, 1968–72 – Die Kasseler G. (W. FOERSTER-E. KOSCHWITZ, Afrz. Übungsbuch, 1921⁶), 37–44 – A. DARMESTETER-D. S. BLONDHEIM, Les gloses françaises dans les commentaires talmudiques de Raschi, 2 Bde, 1929–37 – Le glossaire de Bâle, hg. M. BANITT, 2 Bde, 1972 – Glossaire ébreu-français du XIIIᵉ s., hg. M. LAMBERT-L. BRANDIN, 1905 – A. SCHELER, Trois traités de lexicographie lat. du XIIᵉ et XIIIᵉ s., JREL 6, 1865, 42–59, 142–163, 287–321, 370–379 [Johannes de Garlandia, Dictionarius«]; 8, 1866, 58–173, 151–173 [Alexander Neckam, »De nominibus utensilium«] – T. HUNT, Vernacular glosses in medieval mss., Cultura Neolatina 39, 1979, 9–37 – DERS., Les gloses en langue vulgaire dans les mss. du De nominibus utensilium d'Alexandre Nequam, Revue de ling. rom. 43, 1979, 235–262 – DERS., The Vernacular Entries in the Glossae in Sidonium (MS Oxford, Digby 172), ZFSL 89, 1979, 130–150 – M. ROQUES, Recueil général des lexiques français du MA (XIIᵉ–XVᵉ s.), I: Lexiques alphabétiques, 2 Bde, 1936–38 [Bd. 1: Aalma] – G. INEICHEN, Il glossario arabo-francese di Messer Guglielmo e Maestro Giacomo, Atti dell'Ist. Veneto di Scienze, Lettere ed Arti 130, 1971/72, 335–407 – Las glosas Emilianenses [Faks.; Transkription von R. MENÉNDEZ PIDAL], 1977 – Lit.: P. NAVÉ, Die roman.-jüd. Lit. beziehungen im MA, GRLMA I, 226–228 – A. STREUBER, Die ältesten Anleitungsschr. zur Erlernung des Frz. in England und den Niederlanden bis zum 16. Jh., ZFSL 72, 1962, 191–193.

IV. ENGLISCHE LITERATUR: [1] *Glossen:* Lat. Texte werden schon im 7. Jh. in der Schule →Theodorus' v. Tarsus und Hadrians in Canterbury (→C. II. 1) mit engl. und lat. G. versehen, wie die frühen Glossare (s. u.) beweisen. Aus der Zeit vor dem 10. Jh. ist wenig negl. Glossiertes erhalten, darunter der im 9. Jh. durchgehend interlinear glossierte Vespasian-Psalter (Hs. B. L. Cotton Vespasian A. i.). Gut belegt ist die sehr rege Glossierungstätigkeit seit der Benediktinerreform (10.–12. Jh.; vollständig erfaßt bei CAMERON, OE Texts). Durchlaufend interlinear oder sehr ausführl. glossiert sind u. a. Evangelien (2 Hss.), →Psalter (10 Hss.), →Hymnen, Cantica, Gebete, ein Kollektar, die →Regula Benedicti, die »Regularis Concordia«, →Aldhelms »De laudibus virginitatis«. Verstreute G. finden sich in zahlreichen Texten, u. a. den Schulautoren →Prudentius, →Sedulius und →Prosper. Ein ae. glossiertes Elementarlehrbuch ist →Ælfrics »Colloquium«.

In vielen Texten stehen sowohl ae. als auch lat. G. Die ae. sind meist interlinear, die lat. finden sich auch am Rande und in Form von ausführl. Erklärungen. Häufig sind bereits in anderen Hss. vorhandene Glossierungen kopiert oder adaptiert worden; in einigen wenigen Fällen sind eigene Zeilen für die ae. G. vorgesehen, meist stehen sie jedoch in sehr kleiner Schrift über dem lat. Lemma, oft auch von dessen Schreiber eingetragen. Viele ae. G. erscheinen in unterschiedl. gekürzter Form, je nachdem, ob auf ihre Bedeutung oder ihre grammat. Funktion hingewiesen werden soll. Erklärende Zusätze sind selten, aber einige Hss. zeigen Markierungen zum Verständnis der Wortstellung ('syntakt. G.'). Ein Sonderfall ist die »Expositio Hymnorum« in 2 Hss.: lat. Vershymnen sind zu Prosafassungen umgestellt und dann ae. glossiert. Einige Glossierungen sind sprachwiss. bes. wertvoll, weil sie anderweitig kaum belegte Dialekte dokumentieren (nordhumbrisch, mercisch, kentisch; →Altengl. Sprache; →Engl. Sprache, II).

In der me. Zeit (12.–15. Jh.) treten neben lat. und engl. auch frz. G. (vgl. auch Abschnitt III). Glossierung in engl. Sprache wird seltener; allerdings fehlt bis jetzt völlig eine systemat. Untersuchung dazu für die me. Periode. G. wurden u. a. zur Erschließung ae. Texte verwendet; wichtig ist auch ihre Rolle in den Lehrbüchern des Lat., so in →Johannes de Garlandias »Distigium« und »Dictionarius«, in Alexander Neckams (→Alexander, 27.) »De nominibus utensilium« und vielen späteren Texten.

[2] *Glossare:* Spätestens mit der Ankunft von Theodorus und Hadrian in Canterbury (669–670) ist G.material vom Kontinent (Italien) nach England gekommen. Dies und v. a. G., die aus der Lehrtätigkeit von Theodorus und Hadrian hervorgingen, bildeten als ein Korpus von »glossae collectae« schon im 7. Jh. die Grundlage für die frühe-

sten ags. Glossare, die zu einem erhebl. Teil bereits Worterklärungen in engl. Sprache aufweisen, und die in verschiedener Form auch Verbreitung auf dem Kontinent fanden: 1. Als »glossae collectae« (d. h. nach exzerpierten Texten geordnet), am besten repräsentiert im Leidener Glossar, das um 800 in St. Gallen geschrieben wurde; 2. eine Gruppe früher engl. Glossare, z. T. in ab-Anordnung, z. T. nur a-Ordnung, darunter das Epinaler Glossar (engl., 7./8. Jh.), das darauf basierende Erfurter Glossar (Köln, 8./9. Jh.) und das Corpus-Glossar (Canterbury, 2. Viertel 9. Jh.). Auch die erhaltenen engl. Glossare des 10. und 11. Jh. (Cleopatra, Harley, Brüssel, Antwerpen-London) zeigen enge Zusammenhänge mit der ältesten Gruppe. Sie sind z. T. alphabet., z. T. nach Sachgruppen angelegt, stellen jedoch immer nur eine Auswahl aus dem lat. Gesamtwortschatz dar. Das gilt auch für das weit verbreitete Glossar nach Sachgruppen, das Ælfric seiner »Grammatik« anfügte. Die Verwandtschaftsverhältnisse der ags. Glossare untereinander und zu anderen, rein lat. Glossaren sind außerordentl. komplex.

In der me. Zeit bricht die Tradition der Auswahlglossare ab. An ihre Stelle treten nun: 1. seit dem 13. Jh. die großen lat. Wörterbücher des →Papias, des →Osbern v. Gloucester, des Hugutio v. Pisa und des Johannes de Janua; 2. seit dem 15. Jh. die ersten engl.-lat. (»Promptorium parvulorum«, »Catholicon anglicum«) und lat.-engl. (»Hortus vocabulorum«, »Medulla grammatice«) Wörterbücher; 3. Fachglossare, so bes. lat.-engl. Sammlungen von Pflanzennamen (bis in die ae. Zeit zurückgehend) und Rechtstermini; 4. Vokabularien zu Lehr- und Lernzwecken, oft als 'Nominale' bzw. 'Verbale' bezeichnet, deren Vorläufer die Schulschriften des Johannes de Garlandia und des Alexander Neckam (s. o.) sind.   H. Gneuss

Bibliogr.: CAMERON, OE Texts, 224–247, 248–254 – D. THOMSON, A Descriptive Catalogue of ME Grammatical Texts, 1979 – The Index of ME Prose, ed. A. S. G. EDWARDS u. a., 1984ff. – *Ed. und Lit.: zu[1]:* H. GNEUSS, Hymnar und Hymnen im engl. MA. Mit einer Textausgabe der lat.-ae. Expositio Hymnorum, 1968 – A. F. CAMERON, ME in OE Manuscripts (Chaucer and ME Stud. i. h. R. H. ROBBINS, hg. B. ROWLAND, 1974), 221f. – L. GOOSSENS, The OE Glosses of MS. Brussels, Royal Library, 1650 (Aldhelm's De l.v.), 1974, 28f. – M. KORHAMMER, Die monast. Cantica im engl. MA und ihre ae. Interlinearversionen, 1976, 129–138 – DERS., Ma. Konstruktionshilfen und Wortstellung, Scriptorium 34, 1980, 18–58 – M. LAPIDGE-R. I. PAGE, The Study of Latin Texts in late Anglo-Saxon England (Latin and the Vernacular Languages in Early Medieval Britain, hg. N. BROOKS, 1982), 99–165 – G. R. WIELAND, The Latin Glosses on Arator and Prudentius in Cambridge Univ. Library, MS Gg. 5. 35, 1983 – *zu [2]:* T. WRIGHT-R. P. WÜLCKER, Anglo-Saxon and OE Vocabularies, 1884 – OE Glosses in the Epinal-Erfurt Glossary, ed. J. D. PHEIFER, 1974 – R. G. GILLINGHAM, An Edition of Abbot Ælfric's OE-Latin Glossary with Commentary [Diss. Ohio State Univ. 1981] – G. STEIN, The English Dict. before Cawdrey, 1985 – L. E. VOIGTS – B. A. SHAILOR, The Recovery of a Fifteenth-Century Schoolmaster's Book, Yale Univ. Library Gazette 60, 1985, 18–21 – M. LAPIDGE, The School of Theodore and Hadrian, ASE 15, 1986, 45–72 – J. D. PHEIFER, Early Anglo-Saxon Glossaries and the School of Canterbury, ASE 16, 1987, 17–44.

V. SLAVISCHE LITERATUREN: Im slav. Bereich sind zwei Gattungen von G. zu unterscheiden: slav. G. in fremdsprachl. Texten und slav. G. in slav. Texten. Zur ersten Gruppe gehören alttschech. und altpoln. lexikal. Verdeutlichungen in lat., bibl. bzw. patrist. Texten. Aus dem 11.–12. Jh. stammen die sog. 'Wiener G.' in der Rado-Bibel (Wien, ÖNB, cod. 1190), die in der phonet. Lautung der slav. Wörter böhm. bzw. kroat. Züge aufweisen und sich daher schwerl. lokalisieren lassen. Im Böhmen des 12. Jh. entstanden die tschech.-kirchenslav. G. zu den Dialogi Gregors d. Gr. (Praha, Metr. Kapitulní knihovna A 173).

In Anlehnung an das zu prakt. Zwecken von Giovanni Marchesini aus Reggio Anfang des 14. Jh. angefertigte Lexikon der schwierigen lat. Ausdrücke in der Bibel entstanden in Böhmen Anfang des 15. Jh. und von dort aus in Polen in der 2. Hälfte des 15. Jh. sog. Mamotrekty (aus mammotrectus bzw. mammotreptus scil. μαμμόθρεπτός). Bereits in der tschech. Version erfuhr das lexikograph. Werk des Marchesini eine Umarbeitung in dem Sinn, daß die tschech. Erläuterungen zum lat. Bibeltext der tschech. bibl. Texttradition, genauer in der Hauptsache der zweiten Redaktion der alttschech. Vollbibel, vertreten durch die Bibel von Litoměřice (1429), entnommen wurden. Einige Lesarten weisen aber auf die 1. tschech. Bibelredaktion aus den 60er Jahren des 14. Jh. hin. In der poln. Redaktion des Mamotrekt wurde etwa ein Drittel der tschechischen G. übernommen. Trotzdem bieten diese altpoln. G. eine wesentl. Hilfe zur Rekonstruktion der altpoln. Version des NT, die in der altpoln. Bibel der Kgn. Zofia (1455) nicht erhalten ist.

Zur zweiten Gruppe gehören v. a. Wörterlisten aus Altrußland, in denen altslav. Vokabeln hebr. Herkunft oder in den kirchl. Büchern nicht übersetzte griech. Wörter erläutert werden. Solche 'Řěči židovskago jazyka' oder 'O imenech glagolemych židovskym jazykom v knigach cerkovnych' begegnen in Abschriften aus dem 13. Jh. (z. B. Leningrad, GPB. Q. n. I.18 = Svodnyj katalog Nr. 309) und bilden die Grundlage der späteren Azbukovniki. Neben der Hl. Schrift wurden in Altrußland auch patrist. Schriften wie die Scala paradisi des Ioannes Klimakos lexikograph. erläutert. Ch. Hannick

Ed.: A. Patera, České a starobulharské glosy XII st. v latinském rukopise kapitulní knihovny v Praze, Časopis Muzea království českého 52, 1878, 536–557 - V. Jagić, Kirchenslav.-böhm. G. saec. XI–XII, DAW 50/2, 1904 - W. Žurovska-Górecka - Vl. Kyas, Mamotrekty staropolskie, I–III (Prace instytutu języka polskiego 9), 1977–80 - F. W. Mareš, An anthology of Church Slavonic texts of Western (Czech) origin (Slav. Propyläen 127), 1979 - *Lit.:* J. Hamm, Glose u Radonovoj bibliji, Slovo 1, 1952, 19–33 - L. S. Kovtun, Russkaja leksikografija èpochi srednevekov'ja, 1963 - L. Moszyński, Glosy gregoriańskie, Glosy wiedeńskie. Słownik starożytności słowiańskich 2, 1964, 108 – L. S. Kovtun, Drevnie slovari kak istočnik russkoj istoričeskoj leksikologii, 1977 – Ders., Azbukovniki sredi drugiich tekstov drevnej leksikografii i problemy ich izdanija, TODRL 36, 1981, 3–12 .

Zu den naturwissenschaftl. und med. Glossen →Lehrhafte Literatur, →Lexikon, Lexikographie

Glossenlied. Form der →geistl. Dichtung (bes. Leselied, Reimgebet), in der die Elemente eines Grund-Textes (Ave Maria, Pater noster, Magnificat, Salve Regina, Veni creator) nacheinander, meist in je einer Strophe, in neuem, paraphrasierendem, deutendem, betrachtendem Zusammenhang aufgenommen werden, gewöhnl. wörtl. und vorwiegend am Anfang der Strophen. Das G. wird v. a. im 13.–15. Jh. gepflegt (z. B. durch →Guillaume de Digulleville, →Christan v. Lilienfeld, Konrad v. Gaming, Ulrich →Stöcklin), doch schon im Hymnus »Ave maris stella« (seit dem 9. Jh. überliefert) werden die Elemente der 1. Strophe, teils wörtlich, teils dem Sinne nach, dem Inhalt der fünf folgenden Strophen zugrundegelegt. G. Bernt

Lit.: LThK² IV, 971f. [Brunhölzl].

Gloucester, Stadt und Abtei OSB im westl. England, am Anfang des Severnaestuars; Earldom.

I. Stadt und Abtei – II. Earl, Earldom.

I. Stadt und Abtei: Vorgängersiedlung war das röm. Glevum bzw. Glevum Castra, Legionslager, später Colonia. In der frühen ags. Zeit entstand auf den Resten der verfallenen Römerstadt und unter Nutzung ihrer Befestigung eine neue Siedlung (Gleavanceaster, Gleowceaster); sie beherbergte seit dem späten 7. Jh. ein monasterium

(minster) und gehörte zum mercischen Unterkgr. der →Hwicce. Doch erst im frühen 10. Jh. tritt G. als bedeutendere frühstädt. Siedlung auf, wohl infolge der Förderung durch die Domina →Æthelflæd v. Mercia, die ein zweites monasterium gründete, das sie mit den (vor den Dänen geretteten) →Oswald-Reliquien ausstattete. G. wurde zum Vorort der Gft. G.shire und kgl. Verwaltungszentrum; bis hin zu Eduard d. Bekenner residierten engl. Kg.e oft in der nahegelegenen Pfalz Kingsholm und hielten in G. Versammlungen der →curia regis (»gemots«) ab. Auch nach der norm. Eroberung blieben die engen Beziehungen der Stadt zum Kgtm. erhalten (z. B. Weihnachten 1085 Aufenthalt Wilhelms I., der hier den Befehl zur Aufzeichnung des →Domesday Book gab; 1216 Krönung Heinrichs III.), nicht zuletzt infolge der Kontrolle des Severnübergangs der Straße nach →Wales. G. diente in den Feldzügen gegen Wales als Nachschubbasis und spielte auch in den baronialen Aufständen unter Heinrich III. und Eduard II. eine Rolle. Die bestehende Burg (mit Motte und Bailey) wurde zu Beginn des 12. Jh. von Walter v. G., der der mächtigen Familie der erbl. Sheriffs v. G.shire angehörte, gebaut. Auch die alte Abtei St. Peter's wurde in dieser Zeit neuerrichtet und entwickelte sich zu einer der größten Benediktinerabteien Englands. In der Stadt wurden zahlreiche neue kirchl. Einrichtungen (drei Bettelordenskl. im 13. Jh.) und mehrere neue Pfarrkirchen begründet (damit stieg die Zahl der Pfarreien auf insgesamt elf), und es entstand (wohl vor 1270) eine starke, wohl nur im Bereich der Tore in Stein ausgeführte Wallbefestigung, die einschließl. der westl. Vorstädte und der Burg etwa 60 ha umfaßte und die Burgbefestigung umschloß. Aufgrund der 508 burgenses, die um 1100 belegt sind, kann die Einwohnerzahl für diese Zeit auf ca. 3000 geschätzt werden. Die Entstehung von Vorstädten im 12. und frühen 13. Jh. an den Ausfallstraßen außerhalb der Mauer ließ die Bevölkerung weiter anwachsen. 1150 ist das erste Hospital gen., zur Zeit Heinrichs II. wurde eine Brücke errichtet. Der Wohlstand der Stadt beruhte auf reicher Gewerbe- und Handelstätigkeit (Eisengewerbe (→Eisen) im nahen Forest of Dean, Handel mit landwirtschaftl. Produkten, See- und Binnenhandel in begrenztem Umfang, Verteilerfunktionen für den Nahhandel mit den kleineren Marktorten des nördl. G.shire und der angrenzenden Gebiete von Herefordshire und Worcestershire). Eine Schicht reicher, eifersüchtig auf die eigenverantwortl. Regelung ihrer Angelegenheiten bedachter Kaufleute und Handelsbürger bildete sich bis zum späten 12. Jh. heraus; sie erlangten das Privileg der selbständigen Erhebung fester kgl. Steuern (→feorm) und – durch Charta von 1200 – das Recht zur Wahl zweier →bailiffs. In den Jahren um 1320 verfügte G. wohl über 4000 Einw. und nahm nach Besitz und Steueraufkommen den 16. Platz unter Englands Städten ein. Wie andere Städte erlebte auch G. im SpätMA einen wirtschaftl. Rückgang; ein Wiederaufstieg begann im frühen 16. Jh. (Getreidehandel auf dem Severn, Mützenmacherei). Die Ausbildung der städt. Verfassungsinstitutionen kulminierte in der kgl. Charta von 1483, die der Stadt eine vom Mayor geführte Verwaltung sowie die Kontrolle über das städt. Umland (*inshire* mit über 30 Dörfern und Weilern) zugestand. Die Aufhebung der monast. Institutionen in den späten 30er Jahren des 16. Jh. bedeutete einen tiefen Einschnitt in der Gesch. der Stadt, Bauten und Besitzungen der St. Peter's Abbey wurden 1541 zur Ausstattung des neugegr. anglikan. Bm.s G. verwendet. N. M. Herbert

Q. und Lit.: RE VII, 1424f. – Kl. Pauly II, 813 – Hist. et Cart. Monasterii S. Petri Gloucestriae, ed. W. H. Hart (RS 33, 1863–67)–

M. D. Lobel–J. Tann, G. (Hist. Towns I, 1969) [Katasterpläne] – VCH IV (G.shire), hg. N. M. Herbert, 1988.

II. Earl, Earldom: Der Titel des Earl of G. wurde 1122 von Kg. Heinrich I. für seinen illegitimen Sohn, →Robert v. G., geschaffen. Dessen Sohn William FitzRobert folgte 1147, der auch Ksn. →Mathilde unterstützte und sich fast bis zu seinem Lebensende (1183) loyal gegenüber Heinrich II. verhielt. Sein Erbe ging an seine drei Töchter über, wobei schließlich eine Tochter seiner zweiten Tochter den Titel des Earl an die Familie →Clare 1217 vererbte. Alle Titel der Familie fielen bei dem Tod Earl Gilberts (1314) wieder an die Krone zurück. Das Earldom v. G. wurde 1337 kurzzeitig für Hugh de Audley, Ehemann einer der Töchter von Gilbert, erneuert, der jedoch 1347 ohne männl. Nachkommen starb. 1385 machte Kg. Richard II. seinen Onkel →Thomas v. Woodstock zum Duke of G. und bald nach dessen Tod wurde einer seiner Günstlinge, Thomas →Despenser, 1397 Earl of G., ein Titel, der nach Richards Absetzung 1399 verschwand. Die nun folgenden Dukes of G. waren Brüder des Kg.s (1414 →Humphrey, 1461 →Richard [III.]). R. L. Storey

Lit.: Peerage V, 683–741.

Glück → Fortuna

Glückseligkeit (lat. felicitas, beatitudo). Daß die G. – oder das nicht mit bloß gutem Gelingen zu verwechselnde Glück – ein für alle Menschen erstrebenswerter und auch fakt. von allen erstrebter Zustand sei, darin stimmten bereits die Denker der Antike seit der Sokratik ausnahmslos überein, waren jedoch uneins, was als G. anzusehen, wie sie zu erlangen und für das Handeln des Menschen konstitutiv sei. Nach der mytholog. G.svorstellung (die Gottheit ist dem Menschen zugetan) wurden vornehml. folgende G.theorien entwickelt: G. sei Erkenntnis der jenseits von Sein und Erkennen angesiedelten Idee des Guten, des inhaltl. nicht näher bestimmten Impulses zu verantwortl. Handeln im Staat (Platon); G. bereite das sittl. Zurüstung gemäße (tugendsame) Handeln, da es seinen Lohn in sich selbst trage, höchste G. aber die gänzlich um ihrer selbst willen erstrebenswerte, sich selbst genügende, von einer ihr eigenen Lust begleitete betrachtende Vernunft (Aristoteles); G. sei ident. mit der Ataraxie (Seelenruhe), die entweder durch Unterdrückung der Leidenschaften (Apathie), moral. Verantwortlichkeit entsprechendes Handeln und Sich-Fügen ins Geschick (Stoa) oder durch Akzentuierung des Lust-Prinzips zum Zweck der Befreiung des Menschen von der Furcht (Epikur) oder skeptisch durch Enthaltung von voreiligen Urteilen und durch die Erwartung, die Wahrheit werde sich vielleicht doch noch einmal einstellen (Sextus Empiricus), zu erreichen sei; G. gewähre schließlich das Eine (Gute), das durch sich anziehe (als Schönes) und die es liebende Liebe über den Intellekt hinaus zu sich erhebe (Plotin, Proklos, Ps.-Dionysios Areopagites).

Diese Theorien waren dem MA direkt oder indirekt bekannt, schienen dem Menschen jedoch eine G. vermitteln zu wollen, die das ihm erreichbare Niveau wahrer G. unterschritt. Nach dem Schriftwort »Videbimus eum, sicuti est« (I Io 3,2) bedeutet die Schau Gottes in einem Leben jenseits diesem Leben hier die wahre G. Der stets wiederkehrende terminus technicus lautete: visio dei beatifica (beseligende Schau Gottes). In dieser Schau ist der Mensch nicht nur als hier und jetzt denkendes und handelndes Wesen glücklich, er lebt vielmehr im ewigen Genuß uneingeschränkter G.

Einschränkend bereits →Augustin: Nicht jeder habe Anspruch auf ein derartiges glückseliges Leben; die unumschränkte Allmacht der Gottheit wiese nämlich unzulässige Begrenztheit auf, wenn ihr die Verfügungsgewalt über den Zustand absoluten Genießens ihrer selbst genommen würde; daher bedürfe es der göttl. Gnade, die dem Menschen gemäß seinen Verdiensten zukomme – oder auch nicht –, damit er in den Zustand ewiger G. versetzt werde.

Aufgrund der Kenntnis der antiken Philosophie standen sich im MA. G.stheorien gegenüber, die für die Philosophie selbst wie für die Theologie eine Herausforderung darstellten.

Das breite Spektrum dieser Theorien kann nur angedeutet werden: Eine theol. Ethik mit dem ihr eigenen G.sbegriff findet sich bei →Anselm v. Canterbury, →Hugo v. St. Viktor, →Petrus Lombardus, →Wilhelm v. Auxerre, →Wilhelm v. Auvergne, →Alexander v. Hales und →Bonaventura, →Albert d. Gr. und →Ulrich v. Straßburg, →Thomas v. Aquino und →Johannes Duns Scotus – Autoren, denen die Philosophie nicht fremd war (bes. Anselm, Albert und Thomas nicht), die schließlich jedoch für einen theol. konzipierten G.sbegriff votierten.

Doch schon im 13. Jh. gab es massive Gegenströmungen (vgl. das Verurteilungsdekret des Pariser Bf.s Stephan (Etienne) Tempier von 1277: H. Denifle, A. Chatelain, Chartularium Univ. Paris. I, 1899, 543–555), die sich auf philos. Theorien oder schlicht auf eine bestimmte Volksmeinung gründeten; bes. Beachtung verdienen folgende verurteilte Thesen: (22) Die G. kann nicht von Gott unmittelbar eingegeben werden; (23) Zu sagen, Gott gebe dem einen G., einem anderen aber nicht, entbehrt einer vernünftigen Begründung und ist eine Fiktion; (176) Die G. besitzt man in diesem Leben und nicht in einem anderen. Auch Meister Eckhart wurde posthum verurteilt, weil er das ungeschaffene und unerschaffbare Wesen des Menschen mit der Gottheit identifizierte, so daß der Mensch als dieses sein Wesen im Zustand der G. das sein kann, was er seit je war, jetzt ist und stets sein wird: Selbsterkenntnis in den differenzierten Vollzügen der Vernunft (Meister Eckhart, Pr. 52; DW II, 504, 8–505, 9). Durchgesetzt aber hat sich im späten MA bis hin zu Pietro →Pomponazzi (15./16. Jh.) und über ihn hinaus der radikale Aristotelismus: Der philos. Begriff von G. ist innerhalb der Grenzen der natürl. Vernunft einzig maßgebl., wird jedoch zum unentscheidbaren Problem (neutrum problema) angesichts der theol. Position ewiger G. in ihrer unbestreitbaren Wahrheit. Eine philos. Analyse des G.sbegriffs war so jedenfalls möglich, der Philosophie als bedingungslosem Fragen und Antworten überhaupt jedoch nur bedingt entsprochen. B. Mojsisch

Lit.: HWP III, 691–696 [O. H. Pesch] – W. Kluxen, Philos. Ethik bei Thomas v. Aquin, 1964, 1980² – F. van Steenberghen, La philosophie au XIIIᵉ s., 1966 – R. Hissette, Enquête sur les 219 articles condamnés à Paris le 7 Mars 1277, 1977 – B. Mojsisch, Meister Eckhart. Analogie, Univozität und Einheit, 1983 – K. Flasch, Das philos. Denken im MA. Von Augustin zu Machiavelli, 1986 – M. L. Pine, Pietro Pomponazzi: Radical Philosopher of the Renaissance, 1986 – O. Pluta, Kritiker der Unsterblichkeitsdoktrin in MA und Renaissance, 1986 – L. Hödl, »... sie reden, als ob es zwei gegensätzl. Wahrheiten gäbe.« Legende und Wirklichkeit der ma. Theorie von der doppelten Wahrheit (Philos. im MA. Entwicklungslinien und Paradigmen, hg. J. P. Beckmann, L. Honnefelder, G. Schrimpf, G. Wieland, 1987), 225–243 – H. Kleber, Glück als Lebensziel. Unters. zur Philos. des Glücks bei Thomas v. Aquin, 1988.

Gluteisen → Zündeisen

Glycerius, weström. Ks. 473/474. Unter Olybrius zum comes domesticorum aufgestiegen, wurde er auf Veranlassung Gundobads, des mächtigen Nachfolgers →Ricimers, in Ravenna vom Heer zum Ks. ausgerufen. Während der Regierung des als frommer Christ bekannten G.

gelang es, in Italien eingefallene ostgot. Scharen durch Geschenke zum Abzug nach Gallien zu bewegen. Der oström. Ks. →Leo erkannte den neuen Herrscher nicht an und entsandte Iulius →Nepos mit einer Flotte in den W. Als dieser bei Rom gelandet war und zum Ks. ausgerufen wurde, ergab sich G. kampflos, erreichte es jedoch, zum Bf. v. Salonae in Dalmatien geweiht zu werden. Dort soll er an der Ermordung des Iulius Nepos (480) beteiligt gewesen sein. R. Klein

Lit.: KL. PAULY II, 821 – RE VII, 1467f. – O. V. SEECK, Gesch. des Untergangs der antiken Welt V, 375f.

Glykas Sikidites, Michael (Beiname 'Sikidites' kann heute als gesichert gelten), byz. Literat, Theologe und Geschichtsschreiber, * vielleicht um 1130 (auf Korfu?), † wohl bald nach 1200. G. war als Sekretär (γραμματικός) am Hofe Ks. Manuels I. tätig. 1159 in die Verschwörung des Theodoros Styppeiotes verwickelt, wurde er aus diesem Grund (nicht wegen theol. oder astrolog. Kritik gegenüber Ks. Manuel) in leichter Form geblendet, setzte seine lit. Tätigkeit aber fort.

Unter den Profanwerken steht zeitl. an erster Stelle das »Kerkergedicht« in 581 Fünfzehnsilbern (1159), dessen volkssprachl. Einschübe nicht nur ein frühes Zeugnis für die Demotike darstellen, sondern auch zeigen, daß G. mit solchen sprachl. Formulierungen den dafür empfängl. Ks. direkt ansprechen wollte. Ein Enkomion auf Manuel in derselben Versart schildert den Ungarnfeldzug 1164/65. Eine math. Schrift (uned.) hebt den (für seinen ksl. Gönner keineswegs klaren) Unterschied zw. Astronomie und Astrologie hervor. Sein Interesse für Volkstümliches zeigt sich auch in der Sammlung von Sprichwörtern.

Als »originellsten, lebendigsten Exegeten des (12.) Jh.« bezeichnete H.-G. BECK den Autor aufgrund seiner Sammlung »εἰς τὰς ἀπορίας τῆς θείας γραφῆς κεφάλαια«. Die 95 Antworten (λύσεις) aus der späteren Schaffensperiode sind in Briefform abgefaßt, darunter auch ein bekanntes Schreiben an Ks. Manuel über dessen Fehlzitate von Väterstellen.

Das bekannteste Werk des G. ist die seinem Sohn gewidmete Chronik (»βίβλος χρονική«) von der Erschaffung der Welt bis zum Tod Alexios I. (1118), welche schon vor einer griech. Erstausgabe von Johannes Leunclavius (1572) ins Lat. übersetzt wurde. Eine jüngst durchgeführte exakte Quellenanalyse zeigt, daß der Verfasser alle Genera der byz. Lit. verwendet, sich jedoch vornehml. auf →Georgios Monachos, Johannes →Skylitzes (einschl. Fortsetzer), Johannes →Zonaras und Konstantin →Manasses stützt. Schöpfungsgesch. und jüd. oriental. Geschichte nehmen mehr als die Hälfte des Umfangs ein. Die Chronik legt Zeugnis ab für die Art hist. Interessen in Konstantinopel und für die Fähigkeit des Autors, Vorlagen umzugestalten, bringt aber sachl. keine neuen Informationen. P. Schreiner

Q. und Lit.: DThC X, 2, 1705f. – BECK, Kirche, 654 – BECK, Volksliteratur, 108–109, 206 – HUNGER, Profane Lit. I, 422–426 – O. KRESTEN, Zum Sturz des Theodoros Styppeiotes, JÖB 27, 1978, 58, 90–95 – H. HUNGER, Stilstufen in der byz. Gesch.schreibung des 12. Jh.: Anna Komnene und M. G., Byz. Stud. 5, 1978, 139–170 – S. MAUROMATE-KATSUGIANNOPULU, Ἡ χρονογραφία τοῦ Μιχαὴλ Γλυκᾶ καὶ οἱ πηγές της (περίοδος 100 μ.Χ. – 1118 μ.Χ.) [Diss. Thessalonike 1984].

Glyptik, Steinschneidekunst → Kameo, Gemme

Gnade. 1. G., -nlehre. Die *Frühscholastik* übernahm in der G.nl. das augustin. Erbe, das freilich wegen des inneren Spannungsreichtums zu einer verschiedenartigen Ausformung Anlaß bot. So versuchte →Gottschalk v. Orbais († 867/869) das Geheimnishafte der augustin. G.nwahl durch die Annahme einer doppelten Prädestina-tion rational zu erhellen, endete aber wegen der Minderung des allgemeinen göttl. Heilswillens nach dem Sündenfall fakt. beim Ausschluß der Reprobierten von der Erlösung. Mit der Betonung des Mitwirkens des freien Willens erreichte zwar →Anselm keine Vertiefung der Problematik, lenkte aber durch seine Lehre von der Willensrechtheit (rectitudo) zusammen mit der Betonung der Notwendigkeit der zuvorkommenden (praeveniens) und nachfolgenden (subsequens) G. (De concordia praescientiae et praedestinationis et gratiae Dei cum libero arbitrio) in die Bahnen der zuvor schon von der Mönchstheologie bevorzugten psycholog. G.nl. (→Hugo v. St. Viktor), welche die G. vorwiegend als gratia sanans verstand und auf die →Rechtfertigung (mit dem Glauben als erster G.) ausrichtete, so daß sowohl der übernatürl. Charakter der G. als auch die gratia elevans als Heiligung zurücktraten. Vom Augustinismus Abstand nehmend, scheint →Abaelard († 1142) in seiner rational-ethizist. verengten Perspektive in der G. den von Gott angebotenen wirksamen Glauben zu verstehen, der dem Menschen ein anziehendes Ziel vorstellt, ohne ihm eine innere Rechtheit mitzuteilen (Expos. in ep. ad Romanos II). Dagegen betont sein Antipode, der myst. ausgerichtete →Bernhard v. Clairvaux († 1153), das innere organ. Zusammenwirken von G. und Freiheit (ähnlich wie die Sententiae Divinitatis), bei dem die G. das Prinzip, der Wille das Organ darstellt (De gratia et libero arbitrio, 14). In jedem Fall lag der Nachdruck in der meist in den Paulinenkommentaren entfalteten Lehre auf der aktuellen G., die mit der rechtfertigenden G. weithin identifiziert wurde, wobei sich auch die Erkenntnis des seinshaft Übernatürlichen der G. erst langsam durchsetzte, zunächst an der Unterscheidung zw. natürl. und gnadenhaften Tugenden in der Porretanerschule.

Neue Anstöße und Differenzierungen bot →Petrus Lombardus, wenn er, Augustinus folgend, im Anschluß an Röm 5,5 die Tugend der caritas mit dem Hl. Geist identifizierte (Sent. I d. 17), was zwar weithin auf Ablehnung stieß, aber zu weiteren Gedanken über das Prinzip der G. im Unterschied zu ihren innermenschl. Wirkungen anregte (gratia gratis dans – gratis data: Sent. II d. 27). Eine präzisere Fassung der G.nvorstellungen gelang erst nach Ablösung des Gnadenpsychologismus durch die unter dem Einfluß der Aristotelesrezeption erfolgende Ontologisierung der G.nl. bei →Philipp d. Kanzler († 1236), der die Differenzierung zw. natürl. und gnadenhaften Tugenden ontolog. faßte, die G. als Lebensprinzip von den Tätigkeitsprinzipien der Tugenden unterschied und sie als übernatürl. Form der Natur verstand, der gegenüber die Leistungen des Menschen als Materialursache eingestuft wurden (Summa de bono). Im gleichen Zusammenhang erfolgte auch eine Korrektur des im 12. Jh. verbreiteten, semipelagian. verstehbaren Axioms »Facienti quod est in se Deus non denegat gratiam«. So war der Weg frei für die Systematisierungen der Hochscholastik, beginnend in der →Franziskanerschule mit der Summa Halensis (III, 61–69) unter Hervorhebung der habituellen gratia gratum faciens als einer geschaffenen akzidentellen Realität, welche der Seele die eingegossene caritas schenkt und sie zu einem übernatürl. Ebenbild Gottes macht. Auf Augustinus zurückgehend, nahm →Bonaventura auch das Erfahrungsmoment und myst. Elemente in das G.ngeschehen auf, das so als Bekehrungsweg des Sünders zur Heiligung psycholog. entfaltet wird (Sent. II d. 27). Die habituelle G. wurde hier in mehr neuplaton. Sicht als das den Verstand erhellende göttl. Licht und als die den Willen bewegende göttl. Liebe gedeutet. Dagegen erklärte Thomas in noch vervollkommneter Systematik und strengerer ontolog. Fassung die G. als einen vom Tugendhabitus unterschiedenen, der Seele als solcher anhaftenden habitus supernaturalis, der den Menschen zur Erreichung seines übernatürl. Endziels befähigt. Hier wird die Lehre von der G., die den Inbegriff des neuen Gesetzes bildet, als Lehre von der Heiligung des Menschen entwickelt und als Teilnahme an der göttl. Natur (S.th.I.II.q 112 a 1), auf welche die menschl. Natur in der einen natürl.-übernatürl. Ordnung ausgerichtet ist und zu der sie unter dem Primat der G., aber auch unter Einschluß des verdienstl. menschl. Mittuns bewegt wird. Das gemeinschaftsbezogene Mitwirken des Menschen mit der G. zum Nutzen anderer und damit das kirchenbildende Moment der G. wird in den Charismen (gratia gratis data: S.th.I.II.q 111) verankert.

Der Nachdruck, den →Johannes Duns Scotus und seine Richtung auf das Willentliche in der Gott-Mensch-Beziehung legen, führt zu einer Verstärkung des personalist. Momentes im G.nleben, wodurch die G. wesentl. zur acceptatio divina wird, die im Menschen wiederum mit der eingegossenen caritas identisch ist, welche aber keinen förml. Anteil am göttl. Sein gewährt, so daß die organ. Verbindung zw. Natur und Übernatur gelöst erscheint (Ord. I, 17; II, 7). Diese Ablösung vertiefte sich bei Wilhelm v. Ockham und im →Nominalismus mit Annahme einer potentia dei absoluta, die sogar gegen die gesetzte G.nordnung wirksam werden konnte. Die Desintegration, der das Konzil v. Vienne (1312; DENZINGER-SCHÖN-METZER 903) mit der Betonung der gratia informans und der eingegossenen Tugenden entgegenzuwirken suchte, boten (zumal im Hinblick auf die populären Vergröberungen in den aufkommenden pelagian. Tendenzen) der Reformation Anlaß zum Widerstand, aber auch zur Radikalisierung dieser Ansätze.   L. Scheffczyk

Lit.: TRE XIII, 476–495 [W.-D. HAUSCHILD] – J. SCHUPP, Die G.nl. des Petrus Lombardus, 1932 – J. AUER, Die Entwicklung der G.nl. in der Hochscholastik mit bes. Berücksichtigung des Kard. Matteo d'Acquasparta, 2 Bde, 1942/51 – A. M. LANDGRAF, Dogmengeschichte – W. DETTLOFF, Die Lehre von der acceptatio divina bei Johannes Duns Scotus mit bes. Berücksichtigung der Rechtfertigungslehre, 1954 – E. GÖSSMANN, Metaphysik und Heilsgesch. Eine theol. Unters. der Summa Halensis, 1964 – L. HÖDL, Die neuen Quaestionen der G.ntheologie des Johannes v. Rupella in Cod. lat. Paris 14 726, MGI 9, 1964 – KL. BANNACH, Die Lehre von der doppelten Macht Gottes bei Wilhelm v. Ockham, 1975 – W. SCHACHTEN, Ordo salutis. Das Gesetz als Weise der Heilsvermittlung. Zur Kritik des hl. Thomas v. Aquin an Joachim v. Fiore, 1980.

2. G., -nrecht. Das Gerechtigkeitsempfinden verlangt, daß die Starrheit des Rechts durch Rücksichtnahme an die bes. Umstände des Einzelfalles angepaßt wird. Dies kann bereits bei der Urteilsfindung durch Anwendung von Billigkeitserwägungen (→aequitas) geschehen. Ist das Urteil jedoch verhängt, so kann die ausgesprochene Strafe, die als zu hart empfunden wird, in ihrer Wirkung durch Minderung oder Erlaß in Form eines Gnadenaktes korrigiert werden. In den ma. Quellen wird die G. oft als gratia oder misericordia, aber auch als indulgentia, venia, abolitio oder remissio bezeichnet. Der Ursprung der Gnadenentscheidung liegt im dunkeln, doch ist die Herkunft aus dem Sakralbereich sehr wahrscheinlich. Nach röm. Recht liegt das Begnadigungsrecht bei Straftaten gegen das Gemeinwesen in der alleinigen Kompetenz der Staatsgewalt; bei Delikten gegen den einzelnen wird die Zustimmung des Verletzten (abolitio privata) vorausgesetzt. Auch im ma. Recht wird das G.nrecht vom Herrscher gehandhabt. Zu den Herrschertugenden, wie sie in Krönungsordines (→Krönung) und →Fürstenspiegeln geschildert sind, gehört neben der Gerechtigkeit die Fähigkeit, G. zu üben.

Bezeichnend hierfür ist etwa die Karls-Sequenz (12. Jh.), die Karl d. Gr. als Hüter der Gerechtigkeit preist: »iustus sed nec sine misericordia«. Im frk. Recht kommen Gnadenakte, etwa die Umwandlung eines Todesurteils in Klosterhaft, so häufig vor, daß im »Capitulare Aquisgranense« von 809 (MGH Cap. I Nr. 61) die – geminderte – Rechtsstellung eines solcherart Begnadigten geregelt wird.

Daß ein Richter, der keine G. kennt, nach ma. Auffassung die Gerechtigkeit verfehlt, zeigen viele Legenden, in denen das nach Recht gesprochene Urteil durch ein Wunder, also durch Eingreifen von Gottes G., eine Korrektur erfährt. So wird das Fehlschlagen einer Hinrichtung (Reißen des Galgenstricks etc.) als ein Akt höherer G. verstanden. Auch das Losbitten eines Verurteilten, das bereits im NT überliefert ist (Mt 27,15), stellt eine Form des G.nrechts dar. Im MA wurde es zuweilen dem →Fronboten (vgl. Sachsenspiegel, Ldr. III 56.3) oder einer hochgestellten Dame, etwa einer Äbt., zugestanden. Nach anderen Vorstellungen kann eine Jungfrau durch Heirat den Delinquenten vom Tode retten. Neben diesen Formen der Fürbitte gewann auch das Richten nach G. an Raum, das seinen Ursprung im Gnadenakt nach einem Huldentzug hat und das sich in späterer Zeit – insbes. im Recht der ma. Stadt – zu einer arbiträren Form der Rechtsprechung entwickelte.

Die ma. Wissenschaft versuchte, die irrationalen Wurzeln der G. zu beseitigen und das Recht der G. neu zu ordnen. Insbes. wurde eine Lehre von der notwendigen iusta causa der Begnadigung entwickelt. Die Streitfrage, ob die G. nur von der Strafe oder auch von der Schuld befreie, blieb unentschieden. Mit dem Erstarken der Landeshoheit im SpätMA wurde das G.nrecht wieder zu einem Reservatrecht des Landesherrn. Es ist bezeichnend, daß sowohl die »Constitutio Criminalis Bambergensis« von 1507 (vgl. Art. 272) als auch die »Carolina« von 1532 (vgl. Art. 150) das Richten auf G. von der landesherrl. Genehmigung abhängig zu machen versuchen.

H.-J. Becker

Lit.: HRG I, 1714–1719 [H. KRAUSE] – LThK² IV, 1000 [K. MÖRSDORF] – K. BEYERLE, Von der G. im dt. Recht, 1910 – W. GREWE, G. und Recht, 1936 – W. WALDSTEIN, Unters. zum röm. Begnadigungsrecht, 1964 – E. SCHMIDT, Einf. in die Gesch. der dt. Strafrechtspflege, 1965³, 69f. – H. HATTENHAUER, Die Begnadigung im Spiegel der Legende, Zs. für die gesamte Strafrechtswiss. 78, 1966, 184–213 – H. BUTZ, G.ngewalt und G.nsachen in der Entstehungsphase des modernen Verwaltungsrechts, 1975 – H.-J. BECKER, Recht und G. im Bild der Reformationszeit (Fschr. H. FROST, 1986), 127–144.

Gnadenstuhl → Dreifaltigkeit

Gnesen (poln. Gniezno, ursprgl. Gnězdno, von *gniazdo* 'Nest, Vertiefung'), poln. Stadt östl. von Posen, auf einem Plateau an drei kleinen, durch den Fluß Srawa verbundenen Seen gelegen, bedeutender →Burgwall im MA, Ebm. seit 1000.

I. Burg – II. Erzbistum – III. Stadt.

I. BURG: Die Burg auf einer Anhöhe, dem Lechhügel, westl. der Srawa war im 8.–9. Jh. Stammesburg der →Polanen (nach älterer Überlieferung eine Gründung Popiels und Stammsitz der Piastendynastie). Die älteste Anlage des dreiteiligen Burgwalls geht wohl auf das 8. Jh. zurück. Sie bestand aus einer inneren Burg (110 m × 75 m), einer sich daran anschließenden, fast ebenso großen Vorburg und einer offenen, locker bebauten Siedlung. Die Wälle der Burg (in Hack- und Holzkastentechnik erbaut) waren bis zu 10 m hoch und hatten eine Stärke von 23 m in ihrem Unterteil (→Burg, C.VI, 3). Die nächste Bauphase der Burganlage begann in der 2. Hälfte des 10. Jh. mit der

Errichtung der St.Georg-Rotunde in der inneren Burg und der Kathedrale (S. Maria und S. Veit) in der Vorburg (zunächst vorroman. Bau des 10.Jh., dann roman. Ende des 11.Jh., dann got. in der zweiten Hälfte des 14.Jh.). Da die Kathedrale mit ihren Nebenbauten die ganze Fläche der Vorburg einnahm, wichen die Bewohner in die offene Siedlung aus, die nun auch mit Wällen und Palisaden befestigt wurde. Im 11.-12.Jh. entstand vor dem dreiteiligen Burgkomplex eine weitere Vorburg, die bald eine eigene Befestigung erhielt. Das gesamte Burg-Vorburg-Areal hatte nun eine Größe von 4–6 ha und wurde als Residenz der poln. Kg.e und der Ebf.e bis 1039 Zentrum des frühen poln. Staates.

II. ERZBISTUM: In der Burg fand i.J. 1000 in Anwesenheit →Ottos III. am Grab des hl. →Adalbert (15.A.), des päpstl. Legaten und →Bolesławs I. Chrobry gegen Widerspruch Bf. →Ungers die Errichtung des Ebm.s G. statt, mit den Suffraganen →Krakau, →Breslau und →Kolberg. Der erste Ebf. war Radim →Gaudentius, ein Halbbruder Adalberts. G. war 1025 Krönungsort für Bolesław I. Chrobry und seinen Sohn →Mieszko II. und dessen Gemahlin Richeza. Mit der Eroberung G.s durch →Břetislav v. Böhmen i.J. 1039 und der Überführung der Reliquien des hl. Adalbert nach Prag verlor G. seine Stellung als Herrschaftsmittelpunkt an →Krakau. Erst seit der Aufteilung Polens in Teilfsm.er wurde G. 1138 Sitz des Fs.en →Mieszkos III., der hier eine Münzstätte errichtete. Die Kathedrale, seit 1064 wiederaufgebaut, erhielt die berühmten Bronzetüren mit der Adalbertlegende (um 1170; →Bronze, →Tür). Mit dem Fortschreiten der Aufteilung in Teilfsm.er traten zwei andere Fs.ensitze, →Posen und →Kalisz, in Konkurrenz zu G. 1295 war G. Krönungsort von →Přemysl II. und 1300 von →Wenzel II. Seit 1320 blieb dann Krakau Sitz der Kg.e v. Polen. Im 14.Jh. überließen die Ebf.e v. G. ihre Verwaltungsaufgaben Archidiakon, Offizial und Domkapitel und hielten sich in ihren Residenzen in Uniejów und Łowicz auf. Die kirchl. Institutionen prägten das Leben der Bewohner in der Vorburg.

III. STADT: Bereits die älteste frühstädt. Siedlung entstand seit dem 10.Jh. östl. des Srawa auf einer Anhöhe (genannt 'Frauenhügel'). Reger Handelsverkehr und handwerkl. Produktion konnten archäolog. in der Umgebung von G. nachgewiesen werden (Hacksilber- und Münzfunde: arab., ags., dt. und böhm. Prägungen); bedeutende Handelswege führten von G. nach Magdeburg und Prag. Unter Bolesław I. Chrobry wurde in der Umgebung eine starke →družina angesiedelt. Ihre Auflösung im 11.Jh. wirkte sich auch negativ auf die wirtschaftl. Entwicklung G.s aus. Von einer Blütezeit im 12.Jh. berichtet auch der arab. Geograph. →al-Idrīsī. Neue Handelswege wurden im 13.Jh. erschlossen, nach →Danzig, →Thorn, →Kulm, →Elbing und westwärts nach Guben und →Lebus (Frankfurt a. d. Oder). Von den Fs.en erhielt G. Marktprivilegien und 1235 – bereits vor Posen (1253) – das Lokationsprivileg nach →Magdeburger Recht. Zu diesem Zeitpunkt waren erweislich 5–7 Kirchen bereits vorhanden. Auf einem besonderen Marktplatz in der Nähe der Siedlung auf dem 'Frauenhügel' wurden neben dem Wochenmarkt auch drei Jahrmärkte abgehalten. Die Plananlage umfaßte ca. 6 ha Fläche (ohne den älteren Burgbereich). Im Zuge der Auseinandersetzungen zw. Polen und dem →Dt. Orden wurden 1331 die Stadt und die Vorburgen zerstört (nur Kathedrale und Franziskanerkl. blieben unversehrt). G. konnte sich nur langsam erholen und wurde wirtschaftl. von →Posen überflügelt.

Von den kirchl. Institutionen in G. sind hervorzuheben:

die Dreifaltigkeitskirche auf dem 'Frauenhügel' und die St.-Lorenz-Kirche auf dem Marktplatz. Im 12. Jh. errichteten die Johanniter ein Hospital. Die Bibliothek bei der Kathedrale war bedeutend. In der Nähe der Franziskanerkirche gab es eine jüd. Gemeinde mit Synagoge außerhalb der Stadtmauern.   G. Labuda

Lit.: A. WARSCHAUER, Gesch. der Stadt G., 1918 – W. HENSEL, Najdawniejsze stolice Polski, 1960 – DERS., Archeologia o początkach miast słowiańskich, 1963 – Dzieje Gniezna, hg. J. TOPOLSKI, 1965 – G. MIKOŁAJCZYK, Początki Gniezna, Zródła archeologiczne, 1973 [Bibliogr.] – T. SPORN, 'Die Stadt zu poln. Recht' und die deutschrechtl. Gründungsstadt [Diss. Göttingen 1978].

Gnezdovo, nach einem seit dem 17. Jh. bezeugten nahegelegenen Dorf (*gnezdo* 'Nest' im Sinne von Ruhe-, Liegeplatz) für die Wüstung einer großen frühstädt. Siedlung des 9. bis beginnenden 11. Jh., 11 km westl. v. →Smolensk am nördl. →Dnepr, verwendete Bezeichnung. G. wird mitunter als unmittelbare Vorgängersiedlung des erst seit dem 11. Jh. archäolog. belegten →Smolensk angesehen, die angebl. auch schon diesen Namen getragen habe.

G. war ein wichtiger Stützpunkt der wikingerzeitl. skand. Krieger- und Kauffahrergenossenschaften (→Waräger), deren Mitglieder in Osteuropa als Räuber, Kaufleute, fsl. Gefolgschaftsangehörige und Söldner auftraten und rasch mit finn., balt. und ostslav. Stammesadel zu einer slavisierten Oberschicht verschmolzen (→Kiever Rus'). Verkehrsgeograph. lag G. am »Weg von den Warägern zu den Griechen«, im Schnittpunkt der großen Flußverkehrsrouten von der westl. →Düna und →Volga-Oka zum Dnepr mit der Volchov-Dnepr-Achse über →Ladoga in die Ostsee sowie über →Novgorod nach →Kiev und →Byzanz. Zunächst ein kleiner Ort (ca. 4 ha), wuchs G. seit dem 10. Jh. zu einer Handel und Gewerbe treibenden frühstädt. Siedlung von ca. 16 ha Umfang an, teilweise befestigt und umgeben von einem Gräberfeld mit über 5000 Bestattungen, von denen aber nur weniger als 3000 (1950) erhalten sind. Die seit 1874 mit Unterbrechungen und nicht immer sachgemäß durchgeführten Ausgrabungen wurden z. T. im Sinne der Auffassungen des Antinormannismus bzw. Normannismus interpretiert; erst seit ca. 1960 hat eine sachl. Erörterung begonnen.

Auf Anwesenheit von Skandinaviern weisen Bestattungen (u. a. Bootsbestattung) und Beigaben (Schmuck, Waffen) hin; aber nur 13% der Gräber gelten als sicher skand.; 27% sind durch einen skand. Fund gekennzeichnet; 31% werden als slavisch bezeichnet. Die Mehrzahl der Gräber läßt sich dagegen ethnisch nicht eindeutig bestimmen. Einige Bestattungen des 10. Jh. weisen bereits christl. Ritus auf. Die um 800 erfolgte Niederlassung von Skandinaviern am von Balten besiedelten Dnepr-Oberlauf ging den Anfängen der slav. Kolonisation dieses Raumes durch den Stammesverband der →Krivičen im 9. und 10. Jh. wohl nur kurze Zeit voraus. Der Anteil der Skandinavier, so deutlich er durch die materiellen Funde erkennbar ist, kann im Vergleich zu den Slaven, Balten und Finnen nicht hoch gewesen sein; die als skand. bezeichneten Gräber gehörten fast ausschließl. der Oberschicht an. Die vergleichsweise seltenen skand. Handwerker sind unter den Kriegern und Kaufleuten zu vermuten. Lokale Gewerbetätigkeit (u. a. eine Buntmetallwerkstatt) ist durch Mischformen in Schmuck und Gerät gekennzeichnet und weist auf ethn. Inhomogenität, zugleich aber auf eine Tendenz zur ethnokulturellen Integration hin. Das Fehlen skand. Keramik bestätigt, daß die Frauen der Waräger zumeist Einheimische waren, was die Verbreitung des Slav. als häusl. Umgangssprache förderte. G. zählt neben →Ladoga, →Novgorod, →Kiev, →Pskov und

→Černigov zu den ältesten und wichtigsten Stätten, die die Herausbildung der Oberschicht der Rus' erkennen lassen. A. Poppe

Lit.: E. ŠMIDT, Ob etničeskom sostave naselenija G., 1970, 3, 102–108 – I. LJAPUŠKIN, G. i Smolensk (Problemy Istorii Feodalnoj Rossii, 1971), 33–37 – V. BULKIN–G. LEBEDEV, G. i Birka, Kultura srednevekovoj Rusi, 1974, 11–17 – T. PUŠKINA, O Gnezdovskich poselenijach, VMGU, 1974, 1, 87–93 – V. BULKIN, Bolsie kurgany Gnezdovskogo Mogilnika, Skandinavskij Sbornik 20, 1975, 134–145 – V. PETRUCHIN, Ritualnyje sosudy iz kurganov Gnezdova i Černigova, VMGU 1975, 2, 85–92 – H. Rüss, Die Varägerfrage. Neue Tendenzen in der sowjet. archäolog. Forsch. (Fschr. M. HELLMANN, 1977), 3–16 – V. BULKIN, Timerevo i G. (Iz istorii feodalnoj Rossii, 1978), 16–20 – V. BULKIN, I. DUBOV, G. LEBEDEV, Archeologičeskie pamjatniki drevnej Rusi 9–11 v., 1978, 25–60 – D. AVDUSIN, O Gnezdove i Smolenske, VMGU, 1979, 4, 42–49 – A. KIRPIČNIKOV u. a., Russko-skandinavskie svjazi v epochu obrazovanija Drevnerusskogo gosudarstva, Scando-Slavica 24, 1979, 63–89 – L. ALEKSEJEV, Smolenskaja zemlja v IX–XIII vv., 1980, 135–145, 250f. – A. STALSBERG, Scandinavian Relations with NW Russia during the Viking Age: Archeol. Evidence, JBS 13, 1982, 3, 267–295 – G. LEBEDEV, Epocha vikingov v severnoj Evrope, 1985, 229–233.

Gnomon (γνώμον), in spez. Bedeutung der schattenwerfende Bestandteil (Schattenstab) einer Sonnenuhr (→Uhren), daher manchmal auch Bezeichnung der Sonnenuhr schlechthin. Das Wort kam aus dem Griech. über Vitruv (Arch. IX.6.3) und Martianus Capella (Nup. 6.194) in das ma. Latein, ist dort aber vergleichsweise selten belegt. In der Geometrie und Rechenstat-Arithmetik bedeutet G. schon seit griech. Zeit den Winkelhaken, der zu einer Figur (Quadrat, Rechteck, Parallelogramm usw.) hinzuzufügen ist, damit eine ihr gleichartige entsteht.

Die typ. Sonnenuhr des FrühMA, die im 8.–9. Jh. durch das Mönchtum aus dem Nahen Osten in den europ. Bereich gelangte, war nach Süden ausgerichtet und besaß einen senkrecht auf der Oberfläche stehenden G.

Die math. verfeinerte Form der Säulchensonnenuhr (cylindrum, horologium viatorum), die wahrscheinlich im späten 10. oder im 11. Jh. mit dem →Astrolabium aus dem islam. Bereich übernommen wurde, verfügte ebenfalls über einen rechtwinkligen G. Diese zur Höhenwinkelmessung benutzte Sonnenuhr zeigte – bei korrekter Zeichnung ihrer Stundenlinien – die ungleichlangen Stunden genau an. Mit der Einführung der Zeiteinteilung nach gleichlangen Stunden, bedingt durch die sich seit dem späten 13./frühen 14. Jh. verbreitenden öffentl. Räderuhren mit Gewichtsaufzug (→Uhren), wurde auch der G. so ausgerichtet, daß er gleichlange Stunden anzeigte: Er wurde – entsprechend der geograph. Breite des Standorts der Sonnenuhr – um eine bestimmte Anzahl von Graden geneigt, so daß er parallel zur Erdachse lag (Polstab). Diese entscheidende Innovation läßt sich nicht näher datieren und lokalisieren, zumal sich keine Sonnenuhren mit geneigten G.en, die sicher auf die Zeit vor der Mitte des 15. Jh. datierbar sind, erhalten haben. A. J. Turner

Lit.: →Uhren (Sonnenuhr).

Gnosis, Gnostizismus meint hier die gnost. Systeme des 2. und 3. Jh. Es wird also nicht, wie 1966 auf dem Kongreß über »die Ursprünge des Gnostizismus« in Messina vorgeschlagen wurde (Le origini dello gnosticismo, U. BIANCHI, 1967, XXIX), unterschieden zw. Gnostizismus im obigen Sinn und einem allgemeineren Begriff von G. als dem einer Elite vorbehaltenen Wissen um göttl. Geheimnisse.

Die ältere Forschung war angewiesen auf die meist polem. Darstellungen der kirchl. Gegner der christl. G., deren Zitate und größere Auszüge aus gnost. Schriften. Einiges konnte auch gnostisierenden Apostelakten des 2. Jh., etwa den Thomasakten mit dem berühmten Perlenlied, entnommen werden. Gnost. Originalschriften in kopt. Übers. wurden durch die Codices Askewianus und Brucianus sowie den Papyrus Berolinensis 8502 bekannt. Der Fund von 13 kopt. Papyrus-Codices mit zahlreichen gnost. Schriften (1945, bei Nag Hammadi, Oberägypten) führte dazu, daß man die G. meist nicht mehr genealog. auf zeitl. und geogr. weit entfernte Phänomene der Religionsgesch. zurückführt, sondern eher im Kontext des kaiserzeitl. Synkretismus studiert. Die nicht genau ausmachbaren Anfänge liegen im 1. Jh. n. Chr. Die G., die ihren Anhängern eine exklusive, tiefere religiöse Erkenntnis versprach, kann nicht mehr einfachhin als christl. →Häresie begriffen werden, da sie auch im jüd. und paganen Bereich belegt ist.

Die nicht einheitl. organisierte G. existierte in zahlreichen unterschiedl. Schulen und Zirkeln (Basilides, Valentinianer, Ophiten, Sethianer usw.). Die von den Gnostikern selbst G. gen. Heilslehre wird nicht als Ergebnis diskursiven Denkens ausgegeben, sondern gilt als eine den Menschen von außen erreichende Erkenntnis über Gott, Welt und Mensch, die ihn seinen Standort im Ganzen erkennen läßt. Kennzeichnend ist ein antikosm. →Dualismus, in dem sich der durch den himml. Ruf erweckte Gnostiker in seinem geistigen Personkern der göttl. Welt zugehörig fühlt, festgehalten in der negativ gesehenen ird. Welt der Körper. Gott wird als der völlig transzendente und ferne Urgrund begriffen, über den man fast nur in Begriffen der theologia negativa spricht. Er ist Urheber einer abgestuften himml. Welt der Fülle (Pleroma), an deren Rand es zu einem metaphys. Sündenfall kommt, dessen Folge die sichtbare, Teile aus dem Pleroma enthaltende Welt ist. Der Herrscher dieser Welt wird gleichgesetzt mit dem atl. Schöpfergott. In christl.-gnost. Texten ist Christus der häufig doket. beschriebene Offenbarer, der v. a. als Auferstandener den Jüngern die G. vermittelt. Im Tod gelangt das Göttliche im Gnostiker in seine Heimat zurück.

Kirchl. Schriftsteller werfen den Gnostikern gern Libertinismus vor. Doch die Texte von Nag Hammadi bekunden eine asket. Tendenz, die die vorherrschende Richtung gewesen sein dürfte. Christl. Gnostiker verstanden sich als die besseren Christen im Unterschied zu den Kirchenchristen (Pistiker), deren Glaube durch gnost. Einsicht überboten wurde. Die Auseinandersetzung mit der G. regte kirchl. Autoren zur theolog. Systematik und allegor. Schrifterklärung an (→Theologie). Blütezeit der G. war das 2. Jh. Die kirchl. Abwehr führte dazu, daß es im 4. Jh. wohl nur noch kleine Gruppen von Gnostikern gab. Gnost. Ideen überlebten bei den →Manichäern, und eine ma. Traditionslinie verläuft wohl über die →Paulikianer zu den →Bogomilen und →Katharern.

Th. Baumeister

Q.: W. VÖLKER, Q. zur Gesch. der chr. G., 1932 – R. HAARDT, Die G. Wesen und Zeugnisse, 1967 – W. FOERSTER, E. HAENCHEN, M. KRAUSE u. a., Die G., I–III, 1969–80 – The Facs. Ed. of the Nag Hammadi Codd., 1972–79 – The Nag Hammadi Library, hg. J. M. ROBINSON, 1975ff. – Bibl. Copte de Nag Hammadi, Section Textes, 1977ff. – *Bibliogr.:* D. M. SCHOLER, Nag Hammadi Bibliogr. 1948–69, Nag Hammadi Stud. 1, 1971 – DERS., Bibliogr. Gnostica, Suppl. Iff. (Novum Testamentum 13ff., 1971ff.) – *Lit.:* DHGE XXI, 264–281 – DSAM VI, 508–541 – LThK² IV, 1019–1031 – TRE XIII, 519–550 – H. JONAS, G. und spätantiker Geist I, 1954²; II. 1, 1954 – G. und Gnostizismus, hg. K. RUDOLPH, 1975 – G. SFAMENI GASPARRO, Sur l'Hist. des Influences du Gnosticisme (G., Fschr. H. JONAS, 1978), 316–350 – TH. BAUMEISTER, Montanismus und Gnostizismus, TThZ 87, 1978, 44–60 – K. RUDOLPH, Die G. Wesen und Gesch. einer spätantiken Religion, 1980² [Lit.].

Go, Dorfschaftsverband im ehem. sächs. Stammesgebiet zw. Elbe und Rhein, meist etwa 20–40 Dörfer umfassend. Als sächs. Bezeichnung für Landgemeinde (anders der obdt. Sprachgebrauch, →Gau) findet sich die Benennung Go (mnd. *gô*) erst in Quellen des 12./13. Jh., in fries. Landschaftsnamen schon im 10. Jh. Die Gogemeinde steht unter Führung des Gografen (mnd. *gôgrêve*), der ursprgl. unter örtl. Vorrechten der Grundherren von der Landgemeinde gewählt und vom Landesherren bestätigt wird; dieses Bestätigungsrecht erstarkt im SpätMA zum landesherrl. Einsetzungsrecht als Ausfluß einer allgemeinen Goherrschaft. Die Zuständigkeit der Goe ist umfassend. Go und Gograf obliegen die Erhebung der Abgaben, der Aufruf zu öffentl. Diensten, die Verfolgung der Täter auf →handhafter Tat, die gesamte Landesverteidigung sowie ein großer Teil der Gerichtsbarkeit. Mehrmals im Jahr (meist zweimal, nach Sachsenspiegel, Ldr. I 2, 4, alle sechs Wochen) versammelt sich die Gogemeinde unter dem Vorsitz des Gografen zum Goding (mnd. *gôdinc,* →Ding, Abschnitt I). Der Kreis der Dingpflichtigen ist regional unterschiedl., häufig umfaßt er unabhängig von der Standeszugehörigkeit die ganze Landgemeinde. Die gerichtl. Zuständigkeit erstreckt sich auf alle Bereiche des Rechtslebens, sowohl Zivil- wie Strafgerichtsbarkeit, letztere mitunter beschränkt auf die sog. Niederdelikte und eine Notgerichtsbarkeit bei handhafter Tat. Von bes. Bedeutung ist ihre Funktion zur Aufrechterhaltung der bäuerl. Lebensordnung durch die Feld- und Waldwroge (mnd. *wrôge* = Anzeige, →Rüge), ein Rügeverfahren, das auf der den Dinggenossen obliegenden Pflicht beruht, alle auch niederen Vergehen, insbes. Eingriffe in fremde Nutzungsrechte, anzuzeigen. Zeit und Grund der Entstehung der Goe sowie ihre Stellung im Gerichtswesen des MA sind in der rechtshist. Forschung sehr umstritten, ohne daß sich in diesen Fragen, da quellenmäßige Grundlagen aus der Zeit vor dem 13. Jh. fehlen, letzte Klarheit gewinnen ließe. Vermutl. hängt aber ihre Entstehung mit ihrer Funktion zur Wahrung der Ordnung des bäuerl. Lebens zusammen.   L. Weyhe

Lit.: HRG I, 1722–1726 [G. LANDWEHR] – M. KRIEG, Die Entstehung und Entwicklung der Amtsbezirke im ehem. Fsm. Lüneburg, 1922, 96–100 – K. KROESCHELL, Zur Entstehung der sächs. Gogerichte (Fschr. K. G. HUGELMANN I, 1960), 295–313 – G. LANDWEHR, Gogericht und Rügegericht, ZRGGermAbt 83, 1966, 127 – G. DROEGE, Landrecht und Lehnrecht im hohen MA, 1969, 44–51, 166–170, 203–213 – E. FRICKE, Zur frühen LK, insbes. zur Entstehung der Gerichtsverfassung im Süderland, 1970, 123–129.

Goar, hl. (Fest: 6. Juli), Priester und Eremit, lebte wohl im 5./6. Jh., weniger wahrscheinl. im 7. Jh. Die erste Vita (BHL 3565), im 8. Jh. von einem – aus Meaux stammenden? – Prümer Mönch verfaßt, ist trotz weitgehender Stilisierung aufgrund ihres »protoroman.« Lat. ein aufschlußreiches mentalitäts- und sprachgeschichtl. Zeugnis. Nach dieser Vita stammte G. aus Aquitanien (Eltern: Georgius, Valeria), ließ sich unter einem Kg. Childebert (= →Childebert I. 511–558 [?]) in einer Zelle (cellula) am linken Ufer des Mittelrheins beim späteren St. Goar (heut. Rheinland-Pfalz) nieder, las dort – außer freitags – in einer mit Erlaubnis des Bf.s Felicius v. Trier erbauten kleinen Kirche die Messe und verköstigte Arme und Reisende, denen er Herberge gewährte, mit Speise und Trank. Wegen seiner wenig asket. Lebensweise und seiner Wunder (Magieverdacht) vor den Bf. Rusticus v. Trier zitiert, konnte der Hl. seine Untadeligkeit und des Bf.s Bosheit nachweisen, indem ein ausgesetztes Neugeborenes auf G.s Geheiß den Bf. Rusticus als seinen Vater angab. Als ihn Kg. Sigebert (= →Sigebert I., 561–575 [?]) daraufhin

anstelle von Rusticus zum Bf. machen wollte, lehnte G. ab und lebte noch zehn Jahre in seiner Zelle.

765 tradierte Kg. Pippin die als Klerikergemeinschaft bestehende 'cella sancti Goaris' an das Kl. →Prüm. Im Zusammenhang mit der Bestätigung dieser Schenkung durch Karl d. Gr. (782) errichtete Abt Asuarius eine große Basilika, in die der Leichnam des Hl.en überführt wurde. 839 verfaßte →Wandalbert v. Prüm auf Ersuchen Abt Marcuards v. Prüm die Vita und Miracula des hl. G., ein Zeugnis der raschen Kultverbreitung und einsetzenden Wallfahrt, die im späteren MA – neben Schiffahrt und Rheinzoll – zur Stadtentwicklung von St. Goar beigetragen hat. – Ikonograph. ist G. zumeist als Priester im Meßgewand, seltener als Mönch dargestellt.
            M. van Uytfanghe

Q.: Älteste Vita: BHL 3565; MGH SRM IV, 411–423 – BHL 3566–3568, ed. H. E. STIENE, 1981 – *Lit.:* Bibl. SS VII, 64f. – DHGE XXI, 352ff. – LCI VI, 414 – Vies des saints VII, 1949, 137f. – A. GREBEL, Gesch. der Stadt St. Goar, 1848 – J. DEPOIN, Ét. mérovingiennes, REM 75, 1909, 369–385 – B. DE GAIFFIER, AnalBoll 69, 1951, 304f. – M. COENS, ebd. 74, 1956, 266 – W. BRÜGGEMANN, Unters. zur Vitae-Lit. der Karolingerzeit [Diss. 1957], 72f., 93 – F.-J. HEYEN, St. Goar im frühen und hohen MA, Kurtrier. Jb. 1, 1961, 87–106 – F. PAULY, Der hl. G. und Bf. Rustikus, TTRZ 170, 1961, 47–54 – E. EWIG, Trier im Merowingerreich, 1973², 88–90 – F. PAULY, Die Stifte St. Severus in Boppard, St. Goar in St. Goar, Liebfrauen in Oberwesel, St. Martin in Oberwesel (GS NF 14: Das Ebm. Trier 2, 1980), 158–169.

Gobelin Person, Kleriker, * 1358 wahrscheinl. in Paderborn, †17. Nov. 1421 (evtl. im Kl. Böddeken), seit ca. 1384 am Hof Urbans VI. in Italien, wo er am 21. April 1386 in Genua die Priesterweihe erhielt. Dann apostol. Subkollektor in →Paderborn, wo er seit 1389 einträgl. Rektoratsstellen übernahm, jedoch 1405 nach Streitigkeiten mit dem Rat Stadt und Pfarrstelle verließ und sich Bf. →Wilhelm v. Paderborn zuwandte, mit dessen Hilfe er das Frauenkl. Böddeken in ein Augustinerchorherrenstift umwandelte. Nach weiterer Reformtätigkeit (1409–11) wirkte G. an der Marienkirche Bielefeld, seit 1416 als Dechant.

Werke: »Processus translationis et reformationis monasterii Budecensis«, »Vita S. Meinulphi« (Böddeken) und verlorene Opera. G.s wichtigste Arbeit »Cosmidromius« behandelte die Weltgesch. bis 1406, danach in zwei Rezensionen bis 1409 bzw. 1418. Wertvoll wegen der Quellenvorlagen in älteren Teilen, besitzen die jüngeren Abschnitte Bedeutung wegen ihrer Eigenständigkeit und krit. Zeitbezüge auf verläßl. Erfahrungsgrundlage.   D. Berg

Q.: AASS Oct. III, 1868³, 216–225 – Cosmidromius G.P., ed. M. JANSEN, 1900 – *Lit.:* LThK² IV, 1033 – NDB VI, 491f. – Repfont V, 165f. – Verf.-Lex. III, 846ff. – H. ABEL, G.P., Zs. Westfalen 57/2, 1900, 3–34 – K. LÖFFLER, G.P. Vita Meinulphi und sein Kosmidromius, HJb 25, 1904, 190–192 – G. KIRCHNER, Eine neue Hs. des Cosmidromius G.P., DA 11, 1954/55, 227–233 – J. PRINZ, Eine neue Hs. des Cosmidromius G.P., Westfalen 48, 1970, 206–217 – H. RÜTHING, Zur Wirtschaftsgesch. des Kl. Böddeken, WZ 130, 1980, 151ff. – Westfäl. Gesch., hg. W. KOHL, I, 1983, 11ff. – H. SCHOPPMEYER, Die Entstehung der Landstände im Hochstift Paderborn, WZ 136, 1986, 303ff.

Gode (isländ. *goði*, pl. *goðar*), Bezeichnung für die Häuptlinge in →Island während der sog. »Freistaatszeit« (930–1262/64), ihre Gewalt hieß *goðorð* ('Godentum, Godenwürde'). Der Ursprung des Godentums liegt nicht klar zutage. Die positivist. Forschung zu Beginn des 20. Jh. nahm aufgrund der Entsprechung von *goði* und got. *gudja* 'Priester' sowie infolge von Sagaberichten einen religiösen vorchristl. Ursprung an: Manche G.n seien als Besitzer von »Tempeln« für den öffentl. heidn. Kultus verantwortl. gewesen. Gegen diese Ansicht spricht v.a., daß das G.nwesen die Einführung des Christentums (999/1000) schwerlich überlebt hätte, wäre seine kult.-religiöse Funktion ausschlaggebend gewesen. Später neigte man zur Ansicht, daß insbes. vornehme Geburt, bes. gute ökonom. Grundlagen und Gefolgschaft die Machtgrundlagen eines G.n ausmachten.

Bei der Gründung des isländ. →Allthings 930 gab es in Island 36 G.n. Nach Einteilung des Landes in »Viertel« (*fjórðungar*) und der Einrichtung der Viertelgerichte i.J. 965 erhöhte sich ihre Zahl auf 39. Die Ost-, Süd- und Westviertel hatten jeweils 9 G.n, das Nordviertel dagegen 12. Um bei der Zusammensetzung des Allthings einen Ausgleich zu schaffen, bekamen die drei erstgenannten Viertel je drei »Zusatzgoden«, der von den übrigen neun G.n im Viertel gewählt wurde. So ergaben sich für das Allthing 48 G.n, 12 aus jedem Viertel. Außerhalb des Allthings blieb es in den Vierteln jedoch weiterhin bei insgesamt 39 G.n.

Ein G. hatte Befugnisse ausschließl. über Personen (isländ. *mannaforráð*). Die Basis der G.nwürde war die freiwillige persönl. Bindung zw. dem G.n und seinen Gefolgsleuten, den sog. Dingmannen (*þingmenn*, sg. *þingmaðr*), sowie die jeweiligen gegenseitigen Rechte und Pflichten; die Bindung an ein Territorium bestand dagegen in der ersten Phase nicht. Nach den gesetzl. Bestimmungen (→Grágás) waren alle Bauern und Grundeigentümer verpflichtet, einem G.n ihrer Wahl Dinggefolgschaft zu leisten, selbst wenn sie einen Hof nicht selbst bewirtschafteten. Bei Unzufriedenheit mit einem G.n konnte man sich durchaus einen neuen wählen. Nach der Einführung der Viertel wurde es üblich, daß ein G. nur noch Gefolgsleute in dem Viertel haben durfte, in dem er selbst seinen Sitz hatte und dessen Ding er zugeordnet war.

Die G.nwürde hatte den Charakter einer öffentl. Institution mit gewissen obrigkeitl. Befugnissen, so daß ein G. seine G.nwürde verlieren konnte, wenn er sich bestimmter Versäumnisse und Übertretungen schuldig gemacht hatte. Da das goðorð in erster Linie als Gewalt und nicht als Einkommensquelle betrachtet wurde, unterlag es nicht der Zehntpflicht: »... Machtbefugnis ist es und kein Vermögen« (Grágás). Auch wenn die G.nwürde dem Inhaber eine gewisse Gewalt gab, wurde sie doch eher wie ein persönl. Besitztum, das verkauft, verschenkt oder vererbt werden konnte, behandelt. In der freistaatl. Gerichtsverfassung Islands spielten die G.n, die die Mitglieder der Gerichte ernannten, eine einflußreiche Rolle. Trotz der starken Stellung der G.n gab es institutionelle Grenzen ihrer Macht: sie hatten keinerlei Exekutivrecht, weder auf das Ganze bezogen, noch auf ihre jeweilige Gefolgschaft, und konnten allein ihre eigenen Leute bei Gerichtsverfahren unterstützen oder vertreten. Alle G.n hatten indessen Sitz in der *lögrétta*, dem gesetzgebenden Ausschuß des Allthings.

Nach Zeugnis der zeitgenöss. Sagaliteratur ist für das 12. und beginnende 13. Jh. eine verstärkte Tendenz zur Machtkonzentration zu beobachten. Zwei Zonen lassen sich erkennen: zum einen die goðorð-Zone, in der die Anzahl der G.ntümer mit den entsprechenden Bestimmungen in der Grágás übereinstimmt (v.a. Westisland und die wichtigsten Teile Nordislands); zum anderen die übrigen Landesteile, in denen nur noch teilweise die alten, in der Grágás gen. G.ntümer übriggeblieben sind. Dies deutet darauf hin, daß einzelne Häuptlingsgeschlechter bereits frühzeitig ihre Macht auf mehrere G.ntümer ausdehnen konnten und so zusammenhängende Territorien bildeten, die mindestens aus dem Einzugsgebiet eines Frühjahrsdings (→Island, Gerichtsverfahren) und drei G.ntümern bestanden (*ríki* 'Reich'). Diese Entwicklung

erfaßte immer größere Gebiete, so daß 1220 fünf Häuptlingsgeschlechter alle 39 G.ntümer kontrollierten und das Land unter sich in sieben Machtbereiche aufgeteilt hatten. Danach spielten sich die Kämpfe der isländ. Häuptlingsgeschlechter nur noch auf dieser Ebene ab. Mit der Herausbildung eines ríki wurden alle in dessen Grenzen ansässigen Bauern indessen zu Dingmannen eines einzigen Großgoden.

In den Machtkämpfen des 13. Jh. suchten die isländ. Häuptlinge die Unterstützung des Kg.s v. →Norwegen, dessen Prestige ihre Macht, zumindest kurzfristig, erhöhte. Auf lange Sicht aber gerieten sie in Abhängigkeit und mußten dem Kg. die in ihrer Macht befindlichen G.ntümer übertragen. Die kgl. Politik war bestrebt, möglichst viele der isländ. Häuptlinge zu kgl. Gefolgsleuten zu machen, um sie nach Belieben von einem G.ntum auf ein anderes zu versetzen. Der norw. Kg. →Hákon Hákonarson nutzte den Machtbereich des G.n und kgl. Parteigängers →Snorri Sturluson als Ausgangsbasis für sein Eingreifen in die inneren Verhältnisse Islands, das mit einer Unterwerfung der Insel 1262/64 unter die Krone Norwegens endete. Damit war auch das Ende der G.n gekommen; sie waren unvereinbar geworden mit den Bestrebungen einer zentralen kgl. Verwaltung und wurden dem Kg. übertragen.

J. V. Sigurðsson

Lit.: K. MAURER, Island von seiner ersten Entdeckung bis zum Untergang des Freistaats, 1874 – DERS., Vorlesungen über altnord. Rechtsgesch. I–V, 1907–38 – G. KARLSSON, Goðar og bændur, 1972 – J. BENEDIKTSSON, Saga Íslands, I–II, 1974–75 – J. JÓHANNESSON, A Hist. of Icelandic Commonwealth, 1974 – H. KUHN, Das alte Island, 1978 – H. THORLÁKSSON, Stéttir auður og völd á 12. og 13. öld, Saga 20, 1982, 63–113 – L. INGVARSSON, Goðorð og goðorðsmenn, I–III, 1986–87 – J. V. SIGURÐSSON, Fra godord til riker, (Bergen) 1987 [ungedr.] – J. L. BYOCK, Medieval Iceland. Hist. and Saga, 1988 – s.a. Lit. zu → Island, → Allthing.

Godefridus → Gottfried

Godefroid de Claire (v. Huy) → Goldschmiedekunst

Godefroy de Lagny, frz. Dichter, »clerc«, Zeitgenosse von →Chrétien de Troyes, mit dessen Einwilligung er den »Lancelot« vollendete (die letzten 1000 Verse). Der Herkunftsort (auch: Laigny, Ligni) ist vermutl. Lagny in der Seine-et-Marne. In der Forschung wird sowohl die strukturell-inhaltl. Harmonie beider Teile als auch deren kompositor.-ideolog. Kontrastierung vertreten. H.-M. Schuh

Lit.: Christian v. Troyes, Der Karrenritter und Das Wilhelmsleben, ed. W. FOERSTER, 1899 [Einl.] – GRLMA IV – F. D. KELLY, Sens and conjointure in the 'Chevalier de la charrette', 1966 – O. VÄLIKANGES, A la recherche d'une identité, G., Actes du 5ème congr. des romanistes scandinaves, 1973, 201–217 – A. ADAMS, G.s continuation of 'Lancelot', Forum for Modern Language Stud. 10, 1974, 295–299 – D. J. SHIRT, G. et la composition de la 'Charrete', Romania 96, 1975, 27–52 – J. DEROY, Chrétien de Troyes G.; conspirateurs contre la Fin'Amor adultère, Cultura it. 28, 1978, 67–78 – H. F. WILLIAMS, G. The Univ. of Southern Florida Language Quarterly 18, 1979, 19–26 – A. V. BORSARI, Lancillotto Liberato, Lectures 12, 1983, 55–76 – DERS., Lancillotto liberato, 1983 – P. BELTRAMI, Racconto mitico e linguaggio lirico: per l'interpretazione del 'Chevalier de la Charrette', SMV 30, 1984, 5–67.

Godegisel, Kg. der →Burgunden, † 501, einer der vier Söhne von →Gundiok (Gundowech) und Carentena, erhielt bei der Reichsteilung unter den Gundiok-Söhnen, die spätestens nach dem Tod ihres Onkels →Chilperich I. (um 480) stattfand, einen Teilbereich, zu dem wohl →Genf gehörte. Seine Gemahlin Theodelinde und er nahmen die Töchter seines Bruders Chilperich, unter ihnen →Chlothilde, auf. I. J. 500 paktierte G. insgeheim mit dem frk. Kg. →Chlodwig und ergriff die Partei der Franken, als diese das Burgundenreich angriffen und Kg. →Gundobad damit zu vorübergehender Flucht nach Avignon zwangen. Nach Chlodwigs Abzug wurde G. jedoch von Gundobad in →Vienne belagert und fand in der dortigen Kirche der Arianer 501 den Tod.   J. Richard

Lit.: KL. PAULY II, 840–RE VII, 1551f. – O. PERRIN, Les Burgondes, 1968.

Godehard, hl. (Fest: 5. Mai), Klosterreformer, Abt und Bf., Bf. v. →Hildesheim seit 1022, * 960/961, † 5. Mai 1038, ⬙ Hildesheim, Domkrypta. G. stammte aus einer Dienstmannenfamilie des Kollegiatstifts Niederaltaich in Bayern, wurde dort in der Stiftsschule erzogen, von Ebf. Friedrich v. Salzburg zum Subdiakon geweiht und zu weiterer Ausbildung nach Salzburg geholt. Nach seiner Rückkehr nach Niederaltaich wurde er hier zum Propst gewählt. Als das Stift in ein Benediktinerkl. umgewandelt wurde, legte G. am 21. Dez. 991 das Mönchsgelübde ab und wurde bald darauf zum Prior ernannt; wenig später empfing er die Priesterweihe. Bereits damals von den Ideen der Gorzer Reform (→Gorze) erfüllt, wurde er am 27. Dez. 996 zum Abt seines Kl. gewählt, das er in kurzer Zeit durch intensive Bautätigkeit, Mission und Kolonisierung zum Zentrum der Klosterreform in Niederbayern ausbaute. Unter dem Eindruck dieser Erfolge wies Hzg. Heinrich IV. v. Bayern, der spätere Ks. Heinrich II., G. 1001 zusätzl. die Abtswürde v. →Tegernsee zu, um auch dort die Reform durchzusetzen; er hatte hier aber offenbar weniger Erfolg, denn bereits nach einem Jahr kehrte er wieder nach Niederaltaich zurück, setzte sich jedoch auch weiterhin für Tegernsee ein (s. z. B. DD H. II. 231, 431). 1005 eröffnete Heinrich II. G. ein weiteres Wirkungsfeld, indem er ihn im Dienste seiner Reformpolitik auch noch zum Abt v. →Hersfeld bestellte. Hier hatte G. dank seiner Energie und Ausdauer trotz des anfängl. Widerstrebens der Mönche vollen Erfolg. Als er nach siebenjähr. Leitung des Kl. 1012 nach Niederaltaich zurückkehrte, waren die vita communis und die Klosterschule in Hersfeld intakt, und G., der in diesen Jahren häufig in der Umgebung des Kg.s weilte, stand bei Heinrich II. in so hoher Gunst, daß er ihn nach dem Tode Bf. →Bernwards v. Hildesheim im Nov. 1022 als dessen Nachfolger vorsah. Nach anfängl. Zögern gab G. dem Wunsch des Ks.s nach und wurde nach seiner Wahl am 2. Dez. 1022 in der Kapelle der Pfalz →Grone von Ebf. →Aribo v. Mainz zum Bf. geweiht. In seiner Bischofsstadt als Freund des Ks.s freudig begrüßt, hat G. sich ihr und seiner Diöz. auch sogleich mit voller Kraft gewidmet, zumal er sich unter dem Nachfolger Heinrichs II., dem ihm ferner stehenden Konrad II., mehr und mehr vom Reichsdienst zurückzog, um sich ganz auf seine Diöz. zu konzentrieren. Obwohl ihn lange Zeit der sog. Gandersheimer Streit (→Gandersheim) in Anspruch nahm, in dem G. nur mit Mühe die Rechte Hildesheims gegen →Mainz verteidigten konnte, blieb er als Bf. der alte Reformer, der sich jetzt unermüdlich um die Erneuerung des religiösen Lebens seiner Diöz. bemühte, aber auch deren materielle Voraussetzungen mit bedachte. So galt der Domschule wie dem Domkapitel seine bes. Sorge, ebenso dem Bau des von Bf. Bernward gegr. Michaelskl. wie auch dem eigenen Dom, dem er ein neues Westwerk schuf. Zahlreiche weitere Bauten gehen auf ihn zurück: Nach seinen Biographen soll er mehr als 30 Gotteshäuser in seiner Diöz. errichtet haben. Bald nach seinem Tod setzte die Verehrung als Hl. ein. Nach seiner Kanonisierung (1131) und der feierl. Erhebung seiner Gebeine (1132) wurde 1133 von Bf. →Bernhard das Benediktinerkl. St. Godehard gegründet: das bleibende Denkmal seiner Verehrung in Hildesheim.   J. Fleckenstein

Q.: MGH SS 11, 167–196, 196–216; 12, 639–652 – UB des Hochstifts Hildesheim und seiner Bf.e, ed. K. JANICKE, 1, 1896 – *Lit.:* NDB VI,

495ff. [W. BERGES] – A. BERTRAM, Gesch. des Bm.s Hildesheim I, 1899 – H. GOETTING, Die Hildesheimer Bf.e von 815 bis 1221 (GS NF 20, 1984) – Der Schatz von St. G., Ausst.Kat., Hildesheim 1988.

Godepert, langob. Kg. (661/662), Sohn Kg. Ariperts I., Vater (Kg.) Raginperts. G., der zur sog. bayer. Dynastie (→Agilolfinger) gehörte, herrschte nach dem Tod seines Vaters über Pavia, sein Bruder →Perctarit über Mailand. Die bald ausbrechenden Spannungen zw. den beiden im jugendl. Alter stehenden Kg.en nutzte Hzg. →Grimoald v. Benevent zu einer Intervention in N-Italien. Angebl. durch eine Intrige Hzg. Garibalds v. Turin veranlaßt, ermordete er 662 den mit ihm verbündeten G. und bemächtigte sich der Herrschaft.   J. Jarnut

Lit.: HARTMANN, Gesch. Italiens 2/1, 245f. – G. P. BOGNETTI, L'età longobarda 2, 1966, 334f. – R. SCHNEIDER, Kg.swahl und Kg.serhebung im FrühMA, 1972, 42f. – H. FRÖHLICH, Stud. zur langob. Thronfolge [Diss. Tübingen 1980], 146–150 – P. DELOGU, Il regno longobardo (Storia d'Italia, hg. G. CALASSO, I, 1980), 89f. – J. JARNUT, Gesch. der Langobarden, 1982, 58f.

Goderamnus, Abt → Hildesheim

Godescalc → Gottschalk

Godescalc-Evangelistar (Paris, Bibl. Nat. Nouv. acq. lat. 1203), bezeichnet nach dem Schreiber der Hs. Es besteht aus 127 Purpurblättern (310 × 210 mm), die zweispaltig mit goldener und silberner Tinte beschrieben sind (Text in Unziale, Überschriften in Capitalis, Widmungsgedicht in Minuskel). Dem Widmungsgedicht (126v–127r) ist zu entnehmen, daß die Hs. von G. im Auftrag von Karl d. Gr. und seiner Gemahlin Hildegard zw. Anfang des Jahres 781 und April 783 (Tod Hildegards) geschrieben wurde. Der seit dem 12. Jh. in St-Sernin, Toulouse, bewahrte Codex ist prachtvoll ausgestattet: Auf den ersten sechs Seiten Miniaturen (1r–3v) mit Darstellungen der vier Evangelisten, des thronenden Christus und des *fons vitae;* Initialen zu Beginn einzelner Lesungen, alle Seiten ornamental gerahmt. Das G.-E. steht am Anfang der Reihe von Hss. aus der Hofschule Karls d. Gr.; Bilder, in denen Vorlagen aus Italien und Byzanz verarbeitet sind, lassen teilweise künstler. Unsicherheiten erkennen, während die Initialen meisterhaft spätantike und insulare Formen zu einer Einheit bringen.   K. Bierbrauer

Lit.: W. KOEHLER, Die karol. Miniaturen, 2: Die Hofschule Karls d. Gr., 1958, 22–28; Taf. 1–12 – F. MÜTHERICH – J. E. GAEHDE, Karol. Buchmalerei, 1976/79, 32–37.

Gododdin (Votadini), alter kelt. (brit.) Volksstamm, bei Ptolemaios als ʼUotadini' gen., siedelte am oberen Ende des Firth of Forth um →Edinburgh (Dun Eidyn ʽBefestigung von Eidyn'). »Y Gododdin« ist der Titel eines berühmten, dem Dichter Aneirin zugeschriebenen brit. Heldenliedes (Hss. des 13. Jh., doch ältere mündl. Tradition). Es besingt den Heroismus einer brit. Kriegerschar unter Mynyddog, den legendären Fs.en in der G., die wohl um 580/600 bei Cathraeth (→Catterick) den Angelsachsen unterlagen. S. im einzelnen →Aneirin.   P. H. Sawyer

Lit.: K. JACKSON, The G., 1969 – →Aneirin.

Godomar, Kg. der Burgunder → Gundomar

Godwin, Earl v. →Wessex, † 15. April 1053, ⬙ Winchester, Old Minster; ⚭ Gytha, Schwester des Earls Ulf v. Dänemark, eines Verwandten des dän. Kg.s; Söhne: Sven, →Harald (II.), Tostig, →Gyrth; Tochter: →Edith (⚭ →Eduard d. Bekenner). Obwohl von engl., vielleicht südsächs. Herkunft, verdankte G. seinen Aufstieg der Gunst des dän. Kg.s →Knud. 1018 war er schon →*earl.* 1035 durch seine Unterstützung der Thronansprüche des legitimen Nachfolgers →Hardeknut in Gegensatz zu Kg. →Harald I. geraten, erlangte er dessen Verzeihung, als er den Prätendenten Alfred, einen Sohn von →Emma und →Æthelred II., gefangennahm und – zur Hinrichtung – auslieferte. G., der mächtigste engl. Adlige seiner Zeit, überlebte alle dynast. Wechselfälle, wurde zum Schwiegervater Kg. Eduards d. Bekenners und versorgte seine Söhne mit *earldoms*. G. stellte sich der Absicht Kg. Eduards, den Normannenhzg. →Wilhelm zum Thronerben zu machen, entgegen, konnte aber die Berufung →Roberts v. Jumièges auf den Erzstuhl v. Canterbury nicht verhindern (1051). Im selben Jahr führte ein Scharmützel in Dover zu einem strengen Gericht, in dessen Verlauf G. und seine Söhne in die Verbannung gehen mußten. Bereits 1052 zwang G. jedoch den Kg. zur völligen Wiederherstellung seiner Besitz- und Machtposition.   N. P. Brooks

Q. *und Lit.:* STENTON[3], 416–426, 561–569 – Anglo-Saxon Chronicle, ed. J. EARLE–C. PLUMMER, 1892–99 – Encomium Emmae Reginae, ed. A. CAMPBELL, CS 72, 1949 – Vita Ædwardi Regis, ed. F. BARLOW, 1962 – F. BARLOW, Edward the Confessor, 1970.

Goes, Hugo van der, ndl. Maler, * um 1440/45, † 1482 im Roode Closter bei Brüssel. Auf Empfehlung des →Joos van Wassenhove (Justus v. Gent) wird G. 1467 Meister in Gent und 1474 Dekan der Gilde; als führender ndl. Maler mit bedeutendsten Aufträgen (Vollendung des von Dieric →Bouts hinterlassenen Hippolytus-Altar [St. Salvator, Brügge]) betraut, zog er sich 1478 als Konverse ins Kl. zurück. Ein zeitgenöss. Bericht läßt Anfälle schwerer Depression erkennen. H. v. d. G.' Hauptwerk ist das um 1475 im Auftrag von Tommaso Portinari, dem Leiter der Brügger Niederlassung der Medici, für den Hochaltar von S. Egidio im Florentiner Hospital S. Maria Nuova gemalte Triptychon (Uffizien). Zentrum der Engelsliturgie im Mittelbild ist das neugeborene Christuskind; in den anbetenden Hirten mit ihren derben Händen und scharf charakterisierten Köpfen zeigen sich der neue Realismus und die stark gesteigerte Ausdruckskraft. Die innere Monumentalität der Schutzhl.en auf den Flügeln kennzeichnet auch die anderen vier großen Werke: den wohl früheren, bes. prachtvollen Monforte-Altar mit der Anbetung der Kg.e (Berlin), die für die Trinity Church in Edinburgh gemalten Altarflügel (um 1477), die extrem breitformatige »Anbetung der Hirten« (Berlin) und den gleichfalls späten und hochexpressiven »Marientod« (Brügge). Mit diesen ebenso wie mit kleinen Andachtsbildern (Madonna, Frankfurt), Diptychon mit Sündenfall und Beweinung Christi (Wien), beide früh, und verlorenen Kompositionen übte G. einen großen Einfluß auf die europ. Malerei, insbes. die »protobarocke« Strömung der dt. Spätgotik aus.   Ch. Klemm

Lit.: E. PANOFSKY, Early Netherlandish Painting, 1953, 330–345 – F. WINKLER, Das Werk des H.v.d.G., 1964 – M. J. FRIEDLÄNDER, Early Netherlandish Painting IV, 1969[2] – C. THOMPSON–L. CAMPBELL, H.v.d.G. and the Trinity Panels in Edinburgh, 1974 – D. HOLLANDERS TEWART–R. VAN SCHOUTE, Le dessin sous-jacent dans la peinture, 1979 – B. DE PATOUR, V. SINTEBIN, J. VANDEVIVERE, H.d.G. 1430/40–1482 – L'homme et son œuvre, 1982.

Goffredo Castiglioni → Coelestin IV.

Goffredus de Trano, * in Trani (Apulien), † April 1245 in Lyon; er war Schüler von →Azo, lehrte Zivilrecht in Neapel, dann v. a. kanon. Recht in →Bologna, wurde zum auditor litterarum contradictarum (→Audientia l.c.) und 1244 zum Kardinaldiakon von St. Hadrian ernannt. Seine wissenschaftl. Haupttätigkeit galt der Bearbeitung der →Decretales Gregorii IX., zu denen er einen auch ohne Dekretalentext überlieferten →Apparatus glossarum verfaßte; weiter sind von ihm Quaestionen zum »Liber Extra« und →Glossen zum Apparat Innozenz' IV. nebst dessen Novellen bekannt. Berühmt wurde er durch sein

einflußreiches, weit verbreitetes Lehrbuch zu den Dekretalen Gregors IX., die 1241–43 entstandene »Summa titulorum decretalium«.   H. Zapp

Ed.: Summa super titulis (rubricis) decretalium, Basel 1487, Venedig 1491 und öfter – *Lit.:* LThK[2] IV, 1036f. [A. M. STICKLER] – NCE VI, 579 [C. ROSEN] – SCHULTE II, 88–91 – St. KUTTNER, Der Kardinalat des G. v. Trani (SDHI 6, 1940), 124–131 – P. HERDE, Beitr. zum päpstl. Kanzlei- und Urkundenwesen im 13. Jh., 1967[2], 21, 316 [Lit.] – M. BERTRAM, Der Dekretalenapparat des G. Tranensis, BMCL 1, 1971, 79–83 – A. PARAVICINI BAGLIANI, Cardinali di Curia . . . I (Italia sacra 13, 1972), 273–279.

Gog und Magog. Dem ma. Wissen von G. und M. liegen Traditionen der Bibel und des Alexanderstoffs zugrunde. Unabhängig von Menschen dieser Namen (1 Mos 10,2; 1 Chron 1,5; Septuaginta: 4 Mos 21,33–35; 5 Mos 3,1–13) erscheinen sie als ein n. Volk bzw. zwei Völker im endzeitl. Kampf gegen Israel bzw. die Christenheit nach dem Millenium (Ez 38–39; jüd. Apokalyptik; Aggadah; Offb 20,8). Die christl. Bibelexegese versteht sie allegor. als letzte Manifestation des Corpus diaboli vor dem Jüngsten Gericht oder identifiziert sie mit hist. Gegnern. Im Bericht des Flavius Josephus über die Einschließung der n. Völker durch Alexander d. Gr. (bell. Iud. 7,7,4; als G. und M.: antiqu. 1,6,1) gelangen sie in die lit. und chronist. Bearbeitungen des Alexanderstoffs sowie in den Koran (Sure 18,94–101; 21,96; → Alexander d. Gr., B.). In der byz. Apokalyptik brechen G. und M. während der Friedensherrschaft des Endkaisers vor dem →Antichrist aus dem N hervor (lat. »Sibilla Tiburtina«, Ps.-Methodius). – S. a. →Goticismus.   S. Schmolinsky

Lit.: EJud (engl.) VII, 691–693 – EM V, 1348–1353 – A. VIVIAN, G. e M. nella tradizione biblica, ebraica e cristiana, Rivista biblica 25, 1977, 389–421 – R. K. EMMERSON, Antichrist in the MA. A Study of Medieval Apocalypticism, Art and Lit., 1981 – R. MANSELLI, I popoli immaginari G. e M., Sett.cent.it. 29, 1983, 487–517 – P. J. ALEXANDER, The Byz. Apocalyptic Tradition, 1985.

Gogynfeirdd → Walisische Literatur

Gokstadschiff (Typ *karfi* = mittelgroßes Ruder- und Segelfahrzeug) lag in einem wikingerzeitl. Schiffsgrab in einem Hügel (vgl. auch →Oseberg und →Tune) in Gokstad, Vestfold, Norwegen, wahrscheinl. 1. Hälfte des 10. Jh. Gesamtlänge des Schiffs 23,24 m, max. Breite 5,20 m, Seitenhöhe mittschiffs 2,02 m; in nord. Schalenbauweise überwiegend aus Eichenholz gefertigt, außerdem Verwendung von Kiefern-, Tannen- sowie Eschenholz. Zum Antrieb dienten auf jeder Seite 16 Remen (Riemen) sowie ein Rahesegel (Mastlänge wohl 12–13 m), gesteuert wurde über ein Seitenruder (3,30 m) am Heck der Steuerbordseite. Das G. war ausgestattet mit einer 7,4 m langen Laufplanke, einem eisernen Anker sowie 64 kreisrunden Schilden (auf den Bordrändern außenbords) und besaß dekorative Elemente. Es war schnell und – im Gegensatz zum Osebergschiff – hochseetüchtig.

Von den drei im Vorderschiff niedergelegten Booten konnten Boot 1 und 3 rekonstruiert werden (Boot 1 und 3: Schalenbauweise, vorwiegend aus Eichenholz; Boot 1 aufgrund der Größe wohl nicht direkt zum G. gehörend). Südl. des Mastes befand sich das 5,5 × 4,7 × 3,8 m große Totenhaus, eine Dachhütte auf Blockbauschwellen, in der die Skelettreste eines ca. 60jährigen Mannes lagen (Olav Geirstadalv.? →Ynglinger, vgl. auch →Snorri Sturluson, Heimskringla). Waffen und Metall der reichen Ausstattung wurden geraubt, weitere Beigaben lagen verstreut im Vorder- und Achterteil sowie außerhalb des G.es (beidseits Skelettreste von mindestens 12 Pferden, 6 Hunden).   H. v. Schmettow

Lit.: N. NICOLAYSEN, Langskibet fra Gokstad ved Sandefjord, 1882 – M. MÜLLER-WILLE, Bestattung im Boot, Offa 25/26, 1968/69 [Lit.] –

D. Ellmers, Frühma. Handelsschiffahrt in Mittel- und Nordeuropa, 1972–J. Herrmann u. a., Wikinger und Slawen, 1982–W. Dammann, Das G. und seine Boote. Das Logbuch, Sonderdr. 1983 [Lit.]–Weitere Lit.-Hinweise: Nordic Archaeological Abstracts, 1974ff. – Bibliogr. zur Archäologie der nordwestdt. Küstenländer, 1980ff.

Gold

I. Vorkommen und Nutzung – II. Goldwäsche – III. Goldbergbau – IV. Wertschätzung, Würde, Metaphorik.

I. Vorkommen und Nutzung: G. taucht in natürl. Primärvorkommen meist gediegen auf, allerdings metallurg. verunreinigt bzw. quantitativ unterschiedl. legiert im Schmelzprodukt mit Silber, seltener Kupfer usw. Die Reinigung zu Feingold bis zu etwa 99% bereitete im MA keine größere Mühe. Verfahren dafür waren altbekannt und wurden beispielsweise von→Theophilus Presbyter in seiner »Diversarum artium schedula« um 1122/23 geschildert. Sekundäre Ablagerungen von G. finden sich in Schwemmsänden als Flußgold, Seifengold oder Waschgold. Erst in der Gegenwart ließ sich wissenschaftl. ermitteln, daß G. in jungen Sedimenten aus wandernden, möglicherweise kolloidalen Lösungen auskristallisieren kann, so daß man auch G. seifen gelegentl. als Primärvorkommen betrachten muß. Diese neuere Erkenntnis vermag die erfolgreiche G. wäsche in solchen Flüssen und Bächen zu erklären, in deren Einzugsgebiet Primärvorkommen an Berggold fehlen. Nur am Rande bleibt hier auf eine Fülle alchimist. Schriften seit dem 13. Jh. zu verweisen, deren Verfasser vermeinten, die natürl. Begrenzung der Lagerstätten negieren und »G. machen« lehren zu können (→Alchemie, →Aurum potabile). – Grundsätzl. galt G. im MA als das kostbarste der bekannten Metalle. Verwendet wurde es in Form von Wertgegenständen als →Schmuck und als Münzmetall (→Münze, Münzwesen).

II. Goldwäsche: Eine frühma. G. wäsche wird für das gesamte Merowingerreich angenommen. Im Rhein läßt sie sich für das 7. Jh., in der Salzach für die Zeit um 700 genauer nachweisen. Im Hoch- und SpätMA besaß die Waschgoldproduktion im Vergleich mit dem G. import aus Afrika und Arabien via Portugal und Italien und dem bergmänn. Abbau in Mittel- und Südosteuropa nur noch bescheidene Ausmaße. Quellennachweise reichen dennoch vom nordwestspan. Asturien und dem Bm. Gerona in Katalonien, über Frankreich, hier v.a. Wasserläufe im späteren Dép. Haute-Vienne, den Rhein und seine Nebenflüsse im Schwarzwald, über ganz Oberitalien mit einer detaillierten Aufzählung goldführender Flüsse in einer »Instituta regalia et ministeria camere regum Lombardorum« in Pavia um 1207 (MGH SS XXX, p. II, f. 1450–54) und über den Ostalpenraum bis zu den Karpaten oder, nördl. und nordöstl., bis in die dt. Mittelgebirge und die gesamten Sudeten. Regelmäßig erschien die G. wäsche in herrschaftl. und grundherrschaftl. Regelungen (Aufkaufsrechte, G. zinse) eingebunden. Im Einzelbetrieb vermochte sie, bis in das 19. und 20. Jh. hinein, gelegentl. ihren Mann zu ernähren.

III. Goldbergbau: Erste nur chronikal. Andeutungen eines beginnenden G. bergbaus neben der zunehmend erschöpften G. wäsche im HochMA lassen sich im einzelnen schwer überprüfen. Allenfalls eine spezif. Archäologie ließe nach einer beträchtl. Verfeinerung ihres Instrumentariums hinsichtl. der ersten oder auch wiederholten Aufnahme eines Bergbaubetriebs noch neue Erkenntnisse erwarten. Gegen Ende des 12. Jh. kann der Edelmetallbergbau, und zwar der auf →Silber noch vor dem auf G., nach den Schriftquellen beschrieben werden. Im Hinblick auf G. bergbau bleibt stets zu beachten, daß aus G. erzen im Verhüttungsprozeß je nach Hältigkeit ein silbriges G. oder

ein göldiges (»göldisches«) Silber erschmelzt wurde. G. bergbau erschien regelmäßig als G./Silber-Bergbau. →Gewerken und Schmelzer erhielten die Bestandteile einer Legierung vergütet, während eine spätere Scheidung der Edelmetalle im allgemeinen nicht in ihren Arbeits- und Unternehmensbereich fiel. Ungeschiedenes »Rohgold« konnte freilich auch ohne vorherige Raffinierung zu Münzen geschlagen werden, die sich dann an ihrer bläßl. Farbe leicht zu erkennen gaben. Das Problem der – im Zeitverlauf eines einzelnen Lagerstättenabbaus wechselnden – G./Silberhältigkeit eines Schmelzprodukts stellt sich schon bei den Silberbergwerken des Kl. →Admont und des Bm.s →Gurk in Kärnten, die in den letzten Jahrzehnten vor 1200 angeschlagen wurden. Ähnliche Fragwürdigkeiten betreffen die ma. Anfänge, Ausmaße und Produktenanteile des G. bergbaus im Kärntner Lavanttal, insbes. seinem bamberg. Teil, in dem Silber im 13. Jh., der »goltperk« von St. Leonhard aber erst 1335 erwähnt wird und 1351 schon im Zusammenhang mit Wiedergewältigungsarbeiten. Als weitere kleinere, manchmal kurzfristig oder auch wiederholt in Betrieb genommene G. bzw. G./Silber-Bergwerke wären von S nach dem N zu nennen: schon in vorma. Zeit weitgehend ausgebeutete, aber immer wieder bearbeitete Erzlager der Toskana; Gruben auf dem Südtiroler Nonsberg seit 1181; die erwähnten Kärntner Reviere sowie die der Hohen Tauern, die ihrer Größenordnung wegen unten gesondert behandelt werden; das bayreuth. Goldkronach und das sächs. Steinheide nachweisl. seit dem 14. Jh.; der hess. Goldberg südl. von Kassel; in Böhmen seit etwa 1300 Eule und Bergreichenstein mit freilich sehr geringen G. anteilen im Schmelzprodukt; in Schlesien Goldberg, schon im 13. Jh. mit einem Doppelbetrieb in Seifen und Gruben, der aber bald an Bedeutung verlor, ebendort ferner Löwenberg und nicht zuletzt Reichenstein. Dessen »montana«, die 1341 bei einem von mehreren Besitzwechseln urkundl. belegt werden, blühen in der Konjunktur seit der zweiten Hälfte des 15. Jh. noch einmal auf und erbringen 1548 auf dem Höhepunkt der Produktion unter den Hzg.en v. Münsterberg-Oels eine G. ausbeute von etwas mehr als 150 kg.

Die beiden mit Abstand – auch untereinander – größten G. produktionsstätten in Europa lagen im MA im Kgr. →Ungarn sowie im Erzstift →Salzburg. Geolog.-lagerstättenkundl. verband sich das Salzburger Revier von Gastein und Rauris mit dem Oberkärntner Revier von Großkirchheim auf der Südseite der Hohen Tauern, das im Vergleich mit den besten Ausbeutejahren aber nur etwa 10% der Salzburger Produktion erbrachte. Weitaus der größte europ. Produzent an G. war im MA Ungarn, seinerzeit mit Gebietsanteilen, die später an die Slowakei, an Rumänien und an die Sowjetunion fielen. Die bergmänn. Erschließung setzt im 12. Jh. ein und umfaßt mit der verstärkten deutschsprachigen Zuwanderung zw. 1230 und 1370 auch die Arbeitsorganisation, die Technik, die Gründung von →Bergstädten usw. (→Bergbau). Zu Zentren der G.-produktion werden in den Nordkarpaten und der Zips v.a. Kremnitz (Körmöcbánya/Kremnica), Königsberg, Dilln, Rivulus Dominarum sowie im »siebenbürgischen Goldviereck« Altenberg (Körösbánya/Baia de Cris), Schlatten u.a. Orte. Allein im Gebiet von Kremnitz, dem eigentl. Produktionszentrum und vor Ofen Münzort der ung. G. gulden, sollen im letzten Viertel des 15. Jh. jährlich noch rund 3000 kg G. gewonnen worden sein.

Die Entwicklung des Salzburger Montanwesens vollzog sich modellhaft von der Bergbaufreiheit und unternehmer. Autonomie des MA bis zur Verstaatlichung Anfang des 17. Jh., und zwar ohne den Umweg über das sog.

Direktionssystem mit seinem Komplement, dem Kuxenhandel, wie im sächs. Silberbergbau (→Silber). Erstmals nachweisbar werden Aktivitäten im G.bergbau 1340. Zwei Jahre später erläßt Ebf. Heinrich v. Pirnbrunn diesbezügl. eine Bergordnung für Gastein und Rauris. In der allgemeinen wirtschaftl. Stagnation nach den Pestpandemien der Jahrhundertmitte werden die regalrechtl. Gefälle der Frone und des Wechsels verpachtet und letztl. einer G.guldenprägung in der obersteir. Stadt →Judenburg zugeführt. Bald nach 1400 kommt der G.bergbau in Salzburg prakt. zum Erliegen. Neuartige staatl. Anreize, v.a. Abgabenbefreiungen, beleben dann in der zweiten Hälfte des 15. Jh. die Konjunktur. Rund zwei Jahrzehnte lang arbeiten ab 1489 neben anderen tirol. und obdt. Unternehmerfamilien und Handelsgesellschaften die Augsburger →Fugger in Gastein, ehe sie nach landesherrl. Reformen in der Münzpolitik ihre Gewinnmöglichkeiten beeinträchtigt sehen und den Standort aufgeben. Die weiterhin günstige Konjunkturentwicklung der Zeit läßt die Zahlen der Bergleute, der Gewerken, der Knappen und Arbeiter oder Hilfskräfte, im Salzburger G.- und Silberbergbau auf mehr als anderthalbtausend ansteigen. Reformation und Bauernkrieg haben Rückschläge zur Folge, ehe in einem letzten Aufschwung in Gastein und Rauris i.J. 1557 ein Produktionshöhepunkt von 830 kg G. und 2723 kg Silber erreicht wird.

Die Produktion aus kleineren G.lagerstätten erlangte um 1500 demgegenüber kaum mehr als lokale Bedeutung. I.J. 1522 schrieb Conrad Peutinger in sein Gutachten über die Handelsgesellschaften, daß ungemünztes G., mit Ausnahme des in Salzburg zu Tage geförderten, in Deutschland in nennenswerter Menge nicht vorhanden sei. – →Goldschmied, →Goldschmiedekunst. K.-H. Ludwig

Lit.: E. O. v. LIPPANN, Entstehung und Ausbreitung der Alchemie, 1919 [Anh., S. 518–527] – H. QUIRING, Gesch. des G.es, 1948 – H. WIESSNER, Gesch. des Kärtner Bergbaues I, 1950 – H. WILSDORF–W. QUELLMALZ, Bergwerke und Hüttenanlagen der Agricola-Zeit (Georgius Agricola, Ergbd. I, 1971) – O. PAULINYI, The Crown Monopoly of the Refining Metallurgy of Precious Metals etc. (Precious Metals in the Age of Expansion, hg. H. KELLENBENZ, 1981), 27–39 – K.-H. LUDWIG–F. GRUBER, G.- und Silberbergbau im Übergang vom MA zur NZ, 1987.

IV. WERTSCHÄTZUNG, WÜRDE, METAPHORIK: Bereits in der Antike ein Synonym für Reichtum und Glück ist das G. durch seine Unveränderlichkeit, Reinheit und Leuchtkraft seit jeher auch mit mag.-religiösen Vorstellungen und dem Götterkult sowie mit myst. Spekulationen verbunden (Amulette aus G., G.schrift orph. Texte, Zeitvorstellungen [Aurea aetas]). Schließlich ist enge Verbindung des G.es mit dem Herrschertum gegeben (Aurum coronarium, Domus aurea). Der vielfältigen positiven Bewertung von G. tritt in frühen Mythen und bei Philosophen aber auch eine eher fragwürdige Beurteilung seines Besitzes gegenüber, begründet u.a. in der leichten Verführbarkeit des Menschen. Als Segen, zugleich als Scheinwert wird das G. auch im AT gekennzeichnet. So dient es der reichsten Ausstattung des Bundeszeltes (Ex. 35–40) und begegnet andererseits im Götzendienst (Goldenes Kalb). Rechter Gebrauch des G.es wird oft angemahnt, seine Vergänglichkeit hervorgehoben. Entsprechende Ambivalenz bestimmt auch die Stellung des NT zum G., mit einem metaphor. Höhepunkt in der Apokalypse (Hure Babylon – neue Gottesstadt). Von den Kirchenvätern analog auf den unvergängl. Logos bezogen (Clemens v. Alexandria), wird das G. aber auch mit der tückisch funkelnden Lehre heidn. Philosophen verglichen. Das bes. Verhältnis von G. und Herrscher behält seine Bedeu-

tung in der christl. Ära, zumal im Hinblick auf glanzvolle Ausstattung des Gotteshauses.

Im MA ist G. als materieller wie künstler. Grundstoff in drei einander vielfältig überschneidenden Bereichen zu verfolgen. Als Ausweis sozialen Ranges, als Träger polit. Anspruches und moral. Autorität begegnet es im persönl. Schmuck, in der herrscherl. Insignie und im sakralen Bereich. Reiche Grabbeigaben aus G. im frühesten MA bestätigen den »Jubel über das Gold« (W. GRÖNBECH) in altgerm. Literatur. G. und »Kampferz« (Schwert) gelten als Synonyme. Schmuckstücke aus G. sind oft Träger mag.-apotropäischer und heilbringender Kräfte. Dies bleibt gültig auch in der Durchdringung der Schmuckkunst mit christl. Vorstellungen und Motiven. Schmuck als Ausweis höchsten Prestiges und weltl. Anspruches begegnet in den →Insignien der Herrscher. Übernahme des Königshortes ist gleichbedeutend mit Herrschaftsantritt (vgl. Thegan, Vita Hlud. 8). Alle Elemente des herrscherl. »apparatus«, von der Krone zum Mantel, sind materiell wie metaphor. vom G. bestimmt. Ma. Reliquienbesitz ist allgemein ebenfalls ohne reichste Ausstattung mit G. und ihm zugeordneten Zieraten undenkbar, wie schon in der Einleitung zur »Lex Salica« bezeugt. Der Kg. wird in Gegenwart goldener Reliquiare gekrönt, sie sollen Schutz vor den Feinden bieten (vgl. Inschrift Reichskreuz mit hl. Lanze). Goldene Reliquiare und auch Kreuze sind Träger herrscherl. wie überweltl. Sinnbezüge (Kaiserbild im Kreuz).

Im kult. Bereich gelangt das G. zur höchsten Bedeutungshaftigkeit. »Aurum ... a splendore aëris« abgeleitet (Isidor v. Sevilla, Etym.), wird das G. schließl. mit dem Licht der Gottheit und der »Substanz des fleischgewordenen Wortes« (Rupert v. Deutz) identifiziert, die Auserwählten Gottes werden mit »Gefäßen aus G.« verglichen (Thiofrid v. Echternach). An Altar (→G.altar), Altargerät, Reliquiar und liturg. Buch erweist das G. im MA materiell, gestalter. und metaphor. seine beherrschende Aussagekraft, gesteigert bis zum »Realitätscharakter« in der Verschmelzung von kostbarem Objekt und religiöser Wirklichkeit. In der anagog. Funktion des G.es wird dem MA die Epiphanie des Göttlichen in bes. Weise gegenwärtig. Diese Entwicklung geht in der Kirche nicht kritiklos vor sich, der bemerkten Ambiguität in der Bewertung des G.es entsprechend. Goldene Kultobjekte werden als widersinnig angesehen (Guibert v. Nogent), mit G. geschriebene liturg. Bücher abgelehnt, andererseits wird betont: »Aurea verba sonant promittunt aurea regna« (Wien NB Cod. 1861). Auch die Verflechtung religiöser und materieller Aspekte im G. sind vielfältig. Weihgaben aus G. werden zur Buße oder in Erwartung himml. Lohnes gestiftet, sie können aber auch als eine Art finanzieller Reserve verstanden und genutzt werden. Entscheidend bleibt die metaphor. Bedeutung des G.es, bedingt durch seine hervorragenden Eigenschaften: der Reinheit, Läuterung, seiner Zierfunktion wie der »formositas« seiner Gestaltungsmöglichkeiten in den Werken der →Goldschmiedekunst. V. H. Elbern

Lit.: RAC XI, 895–930 [H. J. HORN] – M.-M. GAUTHIER, L'Or et l'Église au MA, Revue de l'Art 26, 1975, 64–77 – Kat. Ornamenta Ecclesiae, I–III, Köln 1985 – V. H. ELBERN, Die G.schmiedekunst im frühen MA, 1988, Kap. 6.

Goldaltar. Der christl. →Altar kann, seiner Würde entsprechend, schon früh in edlen Metallen erstellt werden. Konstantin d. Gr. stiftet G.e an röm. Basiliken, Paulinus v. Nola erwähnt einen G. für die Grabeskirche zu Jerusalem (Ep.32, n.6). Seit dem 8.–9.Jh. berichtet der →Liber Pontificalis von G.en, ebenso wie Quellen n. der Alpen.

Meistens dürfte es sich jedoch um Altarvorsätze handeln (→Antependium). Einzig erhaltener frühma. G. ist der oft fälschl. »Paliotto« (Altarvorsatz) gen. Altar von S. Ambrogio in Mailand, ein 220 × 122 × 85 cm großer freistehender Kastenaltar über den Gräbern der hll. Ambrosius, Gervasius und Protasius. Die Metallbekleidung auf hölzernem Gerüst ist in der Art eines Reliefsarkophags strukturiert. Bildprogramm: auf der goldenen Schauseite Christus im Gemmenkreuz thronend zw. Evangelistensymbolen und Aposteln, flankiert von 12 ntl. Szenen röm. Gepräges (3 barock erneuert), auf der silbervergoldeten Rückseite in 12 Szenen die Vita des hl. Ambrosius (frühester erhaltener hagiograph. Zyklus) zu Seiten einer »fenestella«, die den G. als Konfessionsaltar kennzeichnet. An den Schmalseiten fast gleichlautende Darstellungen der »hierarchia caelestis« in geometrisch-weltbildl. Ordnungen; bedeutende ornamentale Ausstattung in Steinbesatz, Zellenschmelz, Filigran u. a. Techniken. Insgesamt stellt der G. v. Mailand im ausgewogenen Zusammenwirken architekton. und plast., bildl. und dekorativer Elemente das bedeutendste erhaltene Werk frühma. Zierkunst dar. An ihm verbinden sich Traditionen der Hofschule Karls d. Gr. mit starken röm., aber auch byz. Reminiszenzen, er weist zugleich voraus auf die Kunst unter Karl d. K. Inschrift und Widmungsbilder bezeugen Ebf. Angilbert II. (824–859) als Auftraggeber und einen VVOLVINIus MAGISTer PHABER als führenden Meister. Entstehung nach der neueren Forschung um 850. V. H. Elbern

Lit.: RDK I, 412ff. [J. Braun]–J. Braun, Der christl. Altar, 1924–V. H. Elbern, Der karol. G. v. Mailand, 1952 – Ders., Die karol. Goldschmiedekunst in Mailand (Atti 10° Congr. Internaz. di Studi sull'Alto Medioevo (Mailand 1983), 1986, 293ff.

Goldblech → Messing-, Gold-, Silberblech

Goldbrakteat → Brakteat

Goldbulle (auch vergoldete Silberbulle). Sie blieb, im westl. Bereich nach byz. Vorbild seit dem 9. Jh. geführt, im Gegensatz zur Bleibulle (→Bulle) souveränen Herrschern, vornehml. Ks.n und Kg.en, vorbehalten. Nach →Konrad v. Mure sollen auch die Päpste mit G.n gesiegelt haben (ältestes erhaltenes Exemplar einer päpstl. G. erst von 1524). Ohne Zweifel wurde Bullierung mit Gold als eine Auszeichnung angesehen. Bes. häufig erscheinen G.n bei den dt. Ks.n und Kg.en. Seit Karl d. Gr. bezeugt, setzt doch die Reihe der im Original erhaltenen G.n erst unter Heinrich II. ein. Dann folgen G.n aus der Königszeit Heinrichs IV. und die bruchstückhaft überlieferte, stilist. noch in spätsal. Tradition stehende G. Lothars III. Seit Friedrich I. sind von den meisten dt. Ks.n und Kg.en – oft in größerer Zahl – G.n bis zum Ende des MA erhalten. – G.n sind in der Regel nicht massiv, sondern bestehen aus zwei geprägten Plättchen aus Goldblech, die in verschiedener Weise miteinander verbunden sind. Der Hohlraum konnte mit Wachs, Gips oder Harz ausgefüllt werden; manchmal wurden auch Stützsäulchen eingefügt. Zur Befestigung der G. dienten Seidenfäden oder -schnüre. Durch Verknotung der Schnur außerhalb bzw. einen Spreizmechanismus innerhalb der Kapsel sollte ein Abstreifen und somit eine Übertragung der G. von einem echten auf ein gefälschtes Diplom verhindert werden. – Auf der Vorderseite zeigen die G.n seit Heinrich VI. – analog zu den Wachssiegeln – das Bild des thronenden, bis dahin die Halbfigur des Herrschers. Die Rückseite trägt unter Heinrich II. nach dem Vorbild einer Bulle Karls d. Gr. ein Monogramm, sonst das Bild der Stadt Rom, das anfangs noch in der traditionellen symbolhaften Form erscheint, dann unter Friedrich I. durch die Einfügung des

als großer Rundbau zu erkennenden Kolosseums konkretisiert wird, um schließlich unter Ludwig d. Bayern durch detailgetreue Gestaltung in eine der erstaunlichsten Stadtdarstellungen des MA zu münden. A. Gawlik

Lit.: Bresslau II, 566ff. – A. Eitel, Über Blei- und Goldb.n im MA, 1912 – P. Sella, Le bolle d'oro dell'Archivio Vaticano, 1934 – H. Appelt, Das Diplom Ks. Heinrichs II. für Göss vom 1. Mai 1020, 1953, 10ff. – C. Brunel, Les actes des rois de France scellés de sceau d'or, MIÖG 62, 1954, 112–120 – J. Deér, Die Siegel Ks. Friedrichs I. Barbarossa und Heinrichs VI. in der Kunst und Politik ihrer Zeit (Fschr. H. R. Hahnloser, 1961) – E. Kittel, Siegel, 1970, 163ff. – Wittelsbach und Bayern. Kat. der Ausstellung I,2,1980, 216f. [R. Kahsnitz]–P. E.Schramm, Die dt. Ks. und Kg.e in Bildern ihrer Zeit (751–1190), 1983 – Il sigillo nella storia e nella cultura. Catalogo a c. d. S. Ricci, 1985 –→Bulle, III [dort in der Lit.: O. Posse, W. Ewald, W. Erben].

Goldene Bulle Kg. Andreas' II. v. Ungarn. Im Frühjahr 1222 erzwangen eine vorübergehend an die Macht gelangte Magnatengruppe und die servientes regis (→Adel, H) von Kg. →Andreas II. das Privileg, wovon der Papst, der Johanniter- und der Templerorden, der Kg., die Kapitel v. Gran und Kalocsa und der →Palatin je ein Original erhielten, die allesamt verloren sind. Die älteste erhaltene Kopie entstand um 1318. Das Privileg sicherte für die servientes regis Königsunmittelbarkeit, Teilnahme am jährl. Gerichtstag zu Stuhlweißenburg, Steuerfreiheit und sonstige Vorrechte, regelte ihren Kriegsdienst. Es bestätigte die alten Freiheiten der Burgministerialen und Gäste, erweiterte die Befugnisse des Palatins. Weitere Bestimmungen richteten sich v. a. gegen die durch die Reformen des Kg.s verursachten Mißstände und die Übergriffe der Großen. Schließlich wurde den Bf.en, den weltl. Würdenträgern und den 'nobiles' gen. Magnaten →Widerstandsrecht eingeräumt. Der Kg. konnte aber die adligen Urheber der G.n B. bald ausschalten und setzte seine alte Politik fort. Die 1232 unter dem Druck der Kirche erfolgte teilweise Erneuerung des Privilegs festigte zwar die Stellung der servientes regis, ersetzte aber das Widerstandsrecht durch die kirchl. Sanktion der Exkommunikation. Nach der Übertragung des Terminus 'nobilis' auf den sich im 13. Jh. ausbildenden niederen Adel und seit der Aufnahme des Textes von 1222 in das Privileg von 1351 Kg. →Ludwigs I. galt die G.B. als die Grundlage der adligen Freiheiten im Königreich Ungarn.

Th. v. Bogyay

Ed.: G. Érszegi, Fejérmegyei történeti évkönyv 6, 1972, 5–26 – Herrschaftsverträge des SpätMA (Q. zur neueren Gesch. 17, 1975), 6–16 – *Lit.:* J. Deér, Der Weg zur G.n B. . . ., Schweiz. Beitr. z. allg. Gesch. 10, 1953, 104–138 – G. Kristó, Magyarország története I, 1984, 1320–1332, 1352–1359.

Goldene Bulle Ks. Friedrichs II. für den Kg. v. →Böhmen (Basel, 26. Sept. 1212), besiegelt noch mit Friedrichs kgl.-siz. Goldbulle, gleichzeitig ausgestellt mit zwei weiteren Urkunden. Sie erteilte bzw. bestätigte dem böhm. Herrscher und seinen im Lande gewählten Nachfolgern die Kg.swürde, die Investitur durch die Landesbf.e und beschränkte seine Pflichten auf die Teilnahme an Hoftagen bzw. Romreisen. Die Urk. bestätigte die Vorrechte, die Přemysl I. während der Kämpfe zw. Philipp v. Schwaben und Otto IV. erwarb. Das Privileg Friedrichs II. ist als Bestätigung des damaligen Zustandes zu betrachten, obzwar nicht alle Forderungen der böhm. Kg.s erfüllt wurden. Die Urk. bezeugt den gestiegenen Einfluß Böhmens in Mitteleuropa. I. Hlaváček

Lit.: V. Novotný, České dějiny, 1–3, 1928, 303ff. [mit Faks. und Ed.] – W. Wegener, Böhmen, Mähren und das Reich im HochMA, 1959 [einseitig] – Z. Fiala, O Zlaté bule sicilské, Dějiny a současnost 1962, H. 6, 1–3.

Goldene Bulle v. Rimini, undatiertes Diplom Ks. Friedrichs II. zugunsten des →Dt. Ordens, ausgestellt wohl in Rimini im März 1226 und mit Goldbulle besiegelt (zwei textlich leicht voneinander abweichende Original-Ausfertigungen in Berlin und Warschau noch vorhanden), gewährt dem Meister des Spitals St. Marien der Dt. zu Jerusalem, →Hermann v. Salza – sein Anteil an der Formulierung ist nicht genau aufweisbar –, die Verleihung, das →Kulmer Land und ein anderes angrenzendes Land, das der poln. Hzg. →Konrad v. Masowien und Kujawien zur Bekehrung der →Preußen dem Dt. Orden schenken will, sowie alles in →Preußen zu gewinnende Land für sich und den Dt. Orden in Besitz zu nehmen und dort Gerichtsbarkeit (jurisdictionem) und Landeshoheit (potestatem) auszuüben, wie es für einen →Reichsfürsten ('aliquis princeps imperii') nicht besser möglich sei. Die Verleihung des Ks.s an den Hochmeister und seinen Orden leitete sich her aus der imperialen Idee einer universalen Weltherrschaft, insbes. über die noch von →Heiden bewohnten Gebiete. Insofern war nicht das Bodenregal die eigtl. Rechtsbasis, sondern das Recht der Inbesitznahme durch Eroberung, mit der Auflage, das heidn. Gebiet im Osten zu christianisieren. Eine Belehnung des Dt. Ordens als einer kirchl. Institution war kanonisch nicht möglich. Der Hochmeister gehörte dem geistl. Stande an, aber nicht dem engeren Kreis der →Reichskirche, die das passive Lehnrecht besaß, das päpstlicherseits (1215) für den Hochmeister ausdrückl. negiert worden war. Weil der Hochmeister nicht dem Lehnrecht unterworfen war, konnte er auch dem Reichsverband als ksl. Vasall nicht angehören, daher behandelte das Diplom ihn nur analog einem Reichsfürsten.

Das Diplom enthält die Kriterien eines (Reichs-)Territoriums in nahezu vollständiger Fülle: Der Orden erhält Recht an Bergen und Ebene, an Flüssen, Wäldern und Meer verliehen, kann das Land frei von Dienst und Schatzung nutzen und ist niemand Rechenschaft schuldig. Zur Ausstattung des Landes gehören Wegegelder und Zölle, Markt, Münze und Steuer, Geleit zu Land, Fluß und Meer, Gold-, Silber-, Eisen- und Salzschürfrechte. Die Urk. ist insofern wohl auch im Zusammenhang der Fs.enprivilegien Friedrichs II. (→Confoederatio cum principibus ecclesiasticis, →Statutum in favorem principum) zu sehen.

Die Chance, nach der gescheiterten Ansiedlung im →Burzenland eine Landesherrschaft in Preußen zu begründen, wurde angesichts der forcierten Herrschaftsbildung in Palästina vom Hochmeister nur zögernd ergriffen. Die hist. Wirkung der G. B. findet nicht zuletzt ihre Erklärung darin, daß der Orden schon 1233 dieses Privileg durch die →Kulmer Handfeste folgerichtig ergänzte und damit das →Magdeburger Stadtrecht für die Ostsiedlung auch in Preußen wirksam werden ließ. Des weiteren aber auch dadurch, daß der Dt. Orden 1234 durch Papst Gregor IX. das Preußenland in das Recht und Eigen des Hl. Petrus aufnehmen u. es sich verleihen ließ. Wenn dieser Rechtsakt auch nicht unmittelbar wirkte, so war er doch Ausdruck des ideolog. Abstandes der 'monarchia imperii' vom 'sacrum imperium', wie es die kuriale Theorie aufweist. Die Urk. ist in der Historiographie retrospektiv einer mehrfachen Überdeutung unterworfen gewesen, insofern als ihr a priori eine beabsichtigte Zielrichtung unterlegt wurde, die konzentrierten Ausdruck in der Qualifizierung als »Aktionsprogramm« (CASPAR) oder als »Staatsgründungsurkunde« (HEIMPEL/PATZE) fand. Daß dieses Privileg den (verfassungs-)rechtl. Rahmen für die Entstehung des Deutschordensstaates in Preußen abgab, ist dagegen unstreitig, aber die Entwicklung war so nicht

bindend vorgezeichnet. So herausragend das Kaiserprivileg von 1226 einerseits ist, so ist es schließlich doch im Zusammenhang der übrigen Papst- und Kaiserprivilegien für den Ostseeraum zu sehen und insofern zu relativieren.

C. A. Lückerath

Q.: Preuß. UB I, hg. R. PHILIPPI – K. R. WOELKY, 1882 [Neudr. 1961] Nr. 56 (nur W) – K. LOHMEYER, Ks. Friedrichs II. G.B. über Preußen und Kulmer Land vom März 1226, MIÖG Ergbd. 2, 1888, 380–385 (K und W) – RI V, ed. J. FICKER – E. WINKELMANN, 1881–1901, Nr. 1598 – Reg. hist.-dipl. Ordinis S. Mariae Theutonicorum II, ed. E. JOACHIM – W. HUBATSCH, 1948, Nr. 32 – Q. zur Gesch. des Dt. Ordens, ed. W. HUBATSCH, 1954, Nr. 5, 46–53 [mit dt. Übers.] – Lit.: HRG I, 1737–1739 [B. KOEHLER] – A. WERMINGHOFF, Die Hochmeister des Dt. Ordens und das Reich bis z.J. 1525, HZ 110, 1913, 473–518 – E. CASPAR, Hermann v. Salza und die Gründung des Deutschordensstaates in Preußen, 1924 – DERS., Der Orden und Hermann v. Salza (Dt. Staatenbildung und dt. Kultur im Preußenlande, 1931), 50–53 – E. E. STENGEL, Hochmeister u. Reich, ZRG GermAbt 58, 1938, 178–213 – Hermann v. Salza. Gründer eines Staates (Der Mensch in seiner Gegenwart, 1957²), 87–108 – H. PATZE, Der Frieden v. Christburg v.J. 1249, Jb. für Gesch. Mittel- und Ostdeutschlands 7, 1958, 44f., 64f. [Nachdr. 1963] – I. MATISON, Die Lehnsexemtion des Dt. Ordens und dessen staatsrechtl. Stellung in Preußen, DA 21, 1965, 194–248 – DIES., Zum epilct. Aspekt der G.B., Acht Jahrhunderte Dt. Orden (Q. und Stud. zur Gesch. d. Dt. Ordens I), 1967, 49–55 – E. WEISE, Interpretation der G.B. nach dem kanon. Recht (ebd.), 15–47 – E. PITZ, Papstreskript und Kaiserreskript im MA, 1971 – P. ZINSMAIER, Die Reichskanzlei unter Friedrich II. (VuF 16, 1974), 147f. – W. HUBATSCH, Zur Echtheitsfrage der Goldbulle v. Rimini, Von Akkon bis Wien (Q. und Stud. zur Gesch. des Dt. Ordens 20, 1978), 1–5 – W. WIPPERMANN, Der Ordensstaat als Ideologie, 1979, 29ff. – G. LABUDA, Die Urkk. über die Anfänge des Dt. Ordens im Kulmerland und in Preußen in den Jahren 1226–1235, Die geistl. Ritterorden Europas (VuF 26, 1980), 299–316 – H. BOOCKMANN, Der Dt. Orden, 1981, 66ff., 266–268 – H. KLUGER, Hochmeister Hermann v. Salza und Ks. Friedrich II. (Q. und Stud. zur Gesch. des Dt. Ordens 37, 1987), 54–65.

Goldene Bulle v. 1356 (Bulla Aurea), ein Gesetzbuch in lat. Sprache, das v. a. die Wahl des röm.-dt. Kg.s und künftigen Ks.s durch die →Kurfürsten bis zum Ende des alten Reiches (1806) dauerhaft regelte. Der Gegensatz von Wahlrecht und Erbfolge wurde in der G.n B. nicht einfach, wie oft gesagt, durch einen Sieg des Wahlrechts entschieden, sondern durch die Verknüpfung eines Wahl-Kgtm.s mit einem Erb-Kfsm. der Laienwähler aufgehoben (→Wahl). Kap. VII und XXV der G.n B. gehören zu den ältesten Sukzessionsordnungen Europas. Kap. VII legte fest, daß neben den drei Ebf.en v. →Mainz, →Trier und →Köln der Kg. v. →Böhmen, der Pfgf. bei Rhein, der Hzg. v. →Sachsen und der Mgf. v. →Brandenburg »die wirklichen und rechtmäßigen Kfs.en des heiligen Reiches heißen und sind«. Die Bestimmungen über das Wahlverfahren (Geleitschutz auf dem Weg zur Königswahl, Wahlausschreiben, Versammlungstermine, Mehrheitsentscheidung der Anwesenden, Selbstwahl) hatten nicht allein den Sinn, Doppelwahlen zu verhindern, sondern dienten ebenfalls dazu, durch geschickte Verflechtung von Rechtsgarantien bzw. -verlusten königslose Zeiten zu vermeiden.

Die G. B. konnte in der glückl. Situation geschaffen werden, als nach der Rückkehr →Karls IV. von seiner Krönung erstmals seit 118 Jahren ein vom Papst anerkannter Ks. in Deutschland weilte. Die Kap. I–XXIII wurden unter Beteiligung der dt. Reichsstände auf einem Hoftag zu Nürnberg am 10. Jan. 1356 »de imperialis potestatis plenitudine« als Gesetz verkündet. Mit dem Beistand der →Kfs.en und in Gegenwart des damaligen Regenten und späteren Kg.s v. Frankreich (→Karl V.) sowie eines Legaten des Papstes →Innozenz VI. wurden auf einem weiteren Hoftag zu Metz am 25. Dez. 1356 die Kap. XXIV–XXXI hinzugefügt, das Gesetz als Ganzes vom Ks. besiegelt und den Kfs.en als Privileg ausgehändigt. Erhalten sind sieben Originalausfertigungen, davon fünf für Kfs.en (1356) und zwei erst nachträgl. ausgestellte, aber ebenfalls von Karl IV. besiegelte Exemplare für zwei Städte, die durch die G. B. privilegiert wurden: →Frankfurt a. M. als Ort der Königswahl (1366) und →Nürnberg als Ort des ersten Hoftages (1366/78).

Der Name G. B. ist nicht original. Karl IV. nannte sie »unser keiserliches rechtbuch«. Der Kurzname »golden bullen«, der sich auf die Besiegelung mit einer →Goldbulle bezieht, trat erst bei der Absetzung Kg. Wenzels in einem Wahlversprechen →Ruprechts v. d. Pfalz am 20. Aug. 1400 auf und setzte sich im Laufe des 15. Jh. durch. Kg. Wenzel ließ 1400/02 eine illuminierte Prachths. herstellen, sie ist die älteste bekannte Kopie der G.n B. In einem Gutachten des pfälz. Rates Job →Vener vom 1. Jan. 1411 wurde die G. B. herangezogen, um die Gültigkeit der Wahl →Sigmunds v. Ungarn und die Ungültigkeit der Wahl →Jobsts v. Mähren zu beweisen (RTA VII, Nr. 53). In Nürnberg wurde die G. B. lat. 1474 als erstes Reichsgesetz gedruckt, wahrscheinl. im gleichen Jahr auch schon in dt. Übersetzung. 1485 erschien sie, versehen mit zehn Holzschnitten, in Straßburg zur Vorbereitung der Wahl Maximilians in dt. Sprache als Hauptstück der ersten gedruckten Sammlung von Reichsgesetzen.

Während für ZEUMER in einer heute wilhelminisch anmutenden Deutung Karls IV. »der Wille des Kaisers unter bereitwilligster Zustimmung der durch dasselbe [Gesetz] so stark geförderten Kurfürsten« die G. B. geschaffen hatte (1908), sah PETERSEN die G. B. »eher als Ausdruck der kurfürstlichen Reaktion gegen die von Karl IV. vertretenen Ideen« (1966). In jüngster Zeit wird die G.. B. polit. als ein »Kompromiß« zw. den noch weiterreichenden Reformplänen des Ks.s und den Interessen seiner Mitkfs.en verstanden (WOLF, 1969, HERGEMÖLLER, 1983). In der Formulierung wird »ein großer Teil der G.n B. sowie die Endredaktion des Ganzen« dem Hofkanzler →Johann v. Neumarkt und seinen Notaren zugeschrieben, »an einzelnen Stellen waren offenbar auch Lupold v. Bebenburg, Wilhelm v. Gennep und Johann v. Lichtenberg in irgendeiner Weise beteiligt« (HERGEMÖLLER). – →Deutschland, E. I, 4.   A. Wolf

Ed.: Die G. B. Ks. Karls IV. vom Jahre 1356, bearb. W. D. FRITZ (MGH Fontes XI, 1972) – *Lit.:* COING, Hdb. I, 593 [A. WOLF] – K. ZEUMER, Die G. B. Ks. Karls IV., I–II, 1908 – E. L. PETERSEN, Stud. zur G.n B., DA 22, 1966, 227–253 – A. WOLF, Das »Kaiserliche Rechtbuch« Karls IV. (sog. G. B.), Ius Commune 2, 1969, 1–32 – DERS., Die G. B., Kg. Wenzels Hs., Komm. (Codices Selecti 60, 1977) – Die G. B., Das Reichsgesetz Ks. Karls IV. vom Jahre 1356. Dt. Übers. von W. D. FRITZ. Gesch. Würdigung von E. MÜLLER-MERTENS, 1978 – W. DOTZAUER, Das Kg.swahlgeleit für die Kfs.en in der G.n B. Karls IV. (1356), Gesch. LK 21, 1980, 82–139 – B.-U. HERGEMÖLLER, Fs.en, Herren und Städte zu Nürnberg 1355/56. Die Entstehung der »G.n B.« Karls IV., 1983 [dazu Rezension: A. WOLF, HZ 241, 1985, 682–685].

Goldene Horde, benannt nach den goldenen Deckplatten des Herrscherzeltes; russ. Zolotaja Orda, in islam. Quellen weithin *Qypčaq,* mongol. Teilstaat (→Mongolen), der zw. 1237/40 und 1502 weite Teile Osteuropas beherrschte. Seine Grenzen reichten im 13. Jh. etwa von der mittleren Volga, der Kama, dem Tobọl und dem Ural zu den Pripet-Sümpfen und bis an den Aralsee, das Kaspˊ. Meer und den Nordfuß des Kaukasus. Schlesien, Mähren und Halič blieben trotz mehrerer Anläufe (1241, →Liegnitz; 1259, 1286) außerhalb des Herrschaftsgebiets der G.n H., das im 14. und 15. Jh. zusehends schrumpfte. Hauptstadt war Alt-, dann Neu-→Saraj an der Volga (nahe Volgograd) (Ausgrabungen 1926). – Die Bedeutung der G.n H. beruhte auf der Oberherrschaft über die meisten altruss. Fsm.er, die durch ihre Tributleistungen die G.H weithin wirtschaftl. trugen. Dazu kam die Ausfuhr voι Sklaven (bes. zu den →Mamlūken in Ägypten) sowie voι Pelzen, Fischen und Getreide. Diese Waren gingen nichι nur in den Nahen Osten und nach Byzanz, sondern durcҺ die Vermittlung der Kolonien →Genuas (seit 1267) an deι SO-Küste der →Krim (Mittelpunkt →Caffa) über daς Mittelmeer ins westl. Europa. Der Landweg über diϵ Moldau und Halič (Stapelplatz →Lemberg) trat demgegenüber zurück. – Aus Ägypten kamen vielfach Künstleι und (später) islam. Theologen. Aus dem westl. Europa wurden fläm. Tuche, Töpferwaren und Geschmeide importiert. Der Handel mit Iran trat wegen der polit. Differenzen zurück.

Die G.H. war religiös tolerant und gewährte der russ. orthodoxen Kirche vielerlei Privilegien, die als Dokumente weithin noch heute erhalten sind. Die gegenübeι der mongol. Herrschaft anschmiegsame Kirche vermochte die Einheit des Volkes gegenüber den vielen Fs.en und das christl.-byz. Erbe gegenüber der mongol. Kultur zυ bewahren und auch manche Übergriffe der Mongolen abzuwenden. Seit 1261 gab es ein russ. Bm. in Saraj. Das kirchl. Zentrum verlagerte sich 1326 von →Kiev nacҺ →Moskau; dessen Herrscher wurden seit 1328 – mit der Dynastie in Saraj verschwägert – dauernd als →Großfürsten anerkannt und hatten nun für die Ablieferung des Tributs einzustehen. Den Ostslaven blieb durch die mongol.-tatar. Oberherrschaft ein Ausgreifen nach Mitteleuropa und Vorderasien auf Jahrhunderte hinaus versagt. Damit war die G.H. ungewollt ein Hüter der staatl. Ordnung in diesen Gebieten. Verwaltung, →Post- und →Heerwesen Altrußlands wurden von den Mongolen wesentl. beeinflußt (vgl. die entsprechenden russ. Lehnwörter aus dem Mongol.).

Die Herrschaft wurde von →Dschingis Chāns Enkel →Bātū (gest. 1255) eingerichtet. Zu Ende des 13. Jh. unterstand ihr auch Donau-Bulgarien. Mit Byzanz wurde ein Ausgleich wegen der Durchfuhr der Sklaven durch die Dardanellen erreicht (Vertrag v. 1281). – Die G.H. geriet bald in einen Gegensatz zum Reich der →Ilchāne in Iran und war deshalb lange mit dem Ägypten der Mamlūken verbündet. Kaukasien ging an Iran verloren, blieb aber bis 1357 umkämpft. Ein Ausgleich der Īlchāne mit den Mamlüken 1323 lockerte deren Verhältnis zur G.n H.

Chan Berke (1256–67) nahm den sunnit. Islam an, der durch den Übertritt des Chans Özbeg (1313–41) endgültig Staatsreligion wurde; die Tataren wurden dadurch immer stärker mit der Kultur des Nahen Ostens verbunden. Abendländ. Missionsversuche (→Mission) Papst Johannes' XXII. (1316–34) blieben erfolglos. Die Annahme des Islams förderte die Verschmelzung der zusammen eingedrungenen Mongolen und →Türken mit alt-einheim. Türkvölkern; sie wurden dadurch zum Neuvolk der (Volga-)Tataren mit einer eigenen Türksprache. Das hat sie bis heute vor einem Aufgehen im orth. Russentum bewahrt.

Die Macht der G.n H. wurde seit 1359 durch Bürgerkriege und Kämpfe mit den Russen und dem neu aufkommenden →Litauen geschwächt; diesem fiel um 1370 Kiev in die Hände. Die Verbindung zum Mittelmeerraum wurde durch die osman. Inbesitznahme der Dardanellen 1354 unterbrochen. 1380 gelang dem Großfürsten →Dmitrij (Donskoj) auf dem Schnepfenfeld (→Kulịkovo pọle) ein erster Sieg über tatar. Kräfte, auf den freilich Rückschläge folgten. Nach einer zeitweiligen Festigung unter →Tīmūrs Schützling Tochtamysch (1376–95) und dem Hausmeier Edigü (gest. 1419) zerfiel die G.H.; eine Anzahl Prätendenten verband sich wahlweise mit den russ. oder itauischen Großfürsten und verlor laufend an Einfluß. 480 hörte die Oberherrschaft der G.n H. über Rußland uf; 1502 wurde ihr letzter Chan vertrieben. Seit der Mitte les 15.Jh. hatten sich jedoch Teilstaaten abgesondert: →Kazan' (bis 1552), →Astrachan' (bis 1557), Sibirien (bis 584) und das Chanat der Krim (bis 1783), das – seit 1475 nit den Osmanen verbunden – von Zeit zu Zeit noch Einfälle nach Innerrußland unternahm, wo die Tataren-urcht noch lange lebendig blieb (vgl. russ. Sagen und Volksüberlieferungen). →Tataren.　　　　　B. Spuler

Lit.: B. D. GREKOV – A. JU. JAKUBOVSKIJ, Zolotaja Orda, 1937 [frz. 938] – B. SPULER, Die Mongolenzeit, 1953 – G. VERNADSKY, The Mongols and Russia, 1953 – B. SPULER, Die G.H., 1965² – CH. J. HALPERIN, Russia and the Golden Horde, 1985.

Goldene Rose, 1049 erstmals (als schon übliche Ehren-gabe) erwähnt, 1096 an den ersten namentl. bekannten Empfänger verliehen, ist das bekannteste, vom Papst verliehene Ehrenzeichen. Spätestens wohl seit der Zeit der Tuskulanerpäpste (1012–46) wurde die G. R. am 4. Fa-tensonntag (»Laetare Jerusalem«) vom Papst während der Prozession zw. S. Croce in Gerusalemme und Lateran-palast dem Stadtpräfekten verliehen. Sie war also anfangs eine Auszeichnung des Inhabers der obersten realen Rich-tergewalt in Rom durch seinen Oberherrn, den →Papst. Grund und Sinn der Gabe sind ebenso wie der Anlaß für die Wahl des Tages der Überreichung nicht erkennbar. Seit 1096 diente die G. R. als diplomat.-zeremonielles Instru-ment immer stärker den jeweiligen polit. und kirchl. Zielen des Papsttums, als Gabe für nichtröm. Empfänger. Erst nach dieser Änderung wurden die G. R. und ihre Überreichung exeget. erläutert.　　　　B. Schimmelpfennig

Lit.: E. CORNIDES, Rose und Schwert im päpstl. Zeremoniell von den Anfängen bis zum Pontifikat Gregors XIII., 1967 – CH. BURNS, Golden Rose and Blessed Sword. Papal Gifts to Scottish Monarchs, 1970.

Goldener Helm → Helm

Goldener Schnitt → Proportion

Goldenes Vlies, Orden vom (Toison d'Or), →Ritter-orden der Hzg.e v. →Burgund aus dem Hause Valois, sodann der Habsburger, wurde von Hzg. →Philipp dem Guten anläßl. seiner am 7. Jan. 1430 zu Brügge geschlosse-nen Ehe mit →Isabella v. Portugal gestiftet, als Vereini-gung der höchsten Adligen im Umkreis des burg. Her-zogshauses sowie verbündeter Fürstlichkeiten. Der Or-den, dessen Oberhaupt (*souverain*) der Hzg. v. Burgund war, umfaßte 24 Ritter mit vier echten und rechten adligen Ahnen (Nachweis durch Vier-→Ahnenprobe). Die regel-mäßig zusammentretenden →Kapitel des Ordens fanden in den ersten Jahren um den Tag des burg. Haus- und Ordenspatrons, des hl. →Andreas (30. Nov.), statt, das erste Kapitel 1431 in Lille, die weiteren in anderen Städten und Herrschaften, je nach den wechselnden polit. Kon-stellationen. Die Palastkapelle zu →Dijon war der offiziel-le Sitz des Ordens und wurde 1432 mit den Wappen der Mitglieder ausgeschmückt. Dies wurde in allen Kirchen, in denen Ordenskapitel getagt hatten, zum üblichen Brauch (erhaltene Wappen in: Brügge, Liebfrauenkirche; Den Haag, Jakobskirche). Nach den Statuten vom Nov. 1431 verfügte der Orden über je einen Kanzler, Schatzmei-ster, Historiographen und Herold. Die Mitglieder ver-pflichteten sich zum tägl. Tragen der Halskette, an das der G. V. als Abzeichen hing. Bei Zeremonien trugen sie einen Ornat mit →Dalmatika und →Pluviale (vgl. den in der Weltl. Schatzkammer in Wien aufbewahrten Paramenten-schatz). Der Motivkreis um Jason und die Argonauten (s.a. →Neun gute Helden, →Rittertum) erhielt eine be-deutende Rolle für das burg. →Mäzenatentum.

Der O. vom G. V. ist dem 1349 gestifteten, gleichfalls 24 Mitglieder zählenden engl. →Hosenbandorden (*Garter*) vergleichbar; dem burg. Vorbild folgte Kg. →René v. Anjou-Provence mit dem Halbmondorden (1448) und Kg. →Ludwig XI. v. Frankreich mit dem →Michaelsor-den (1469), beide ebenfalls mit 24 Rittern. Über das mit der dynast. Eheschließung des Hzg.s verbundene Symbol-denken und den Wunsch einer Neubelebung des Ritter-ideals hinaus wurde Hzg. Philipp bei seiner Ordensgrün-dung wohl von der Sorge um die Integration des hohen Adels in den neuerworbenen Ländern (Namur, Henne-gau, Holland, Seeland) und dem Bedürfnis, der Größe seiner Dynastie Ausdruck zu geben, geleitet (vgl. auch die Aufnahme verbündeter Fs.en, so des Gf.en Friedrich v. →Moers 1431, mehrerer frz. Lehnsfs.en 1440, des Kg.s →Alfons V. v. Neapel-Aragón 1445, des Hzg.s v. →Kleve 1461). Ungeachtet der Vorschrift rechter ehel. Geburt wurden die Bastarde (*grand bâtards*) der Häuser Burgund und →Luxemburg in den Orden aufgenommen. Die Rit-ter v. G.nV. hatten das Privileg, nur von ihren →*pairs*, den anderen Ordensrittern, gerichtet zu werden; auch durften sie Beschwerden (*doléances*) unmittelbar an den Hzg. richten und Streitigkeiten schlichten. Wie aber z. B. der erfolglos gebliebene Vermittlungsversuch von Or-densrittern im Konflikt zw. Ehzg. →Maximilian und seinen fläm. Gegnern (1484) zeigt, war die polit. Rolle des Ordens im allgemeinen weniger bedeutend als sein Sym-bolwert.　　　　　　　　　　　　　　W. P. Blockmans

Lit.: H. FILLITZ, Der O. v. G.nV. (Österr. in Wort und Bild, 1951) – V. TOURNEUR, Les origines de l'Ordre de la T. et la symbolique des insignes de celui-ci, Bull. Acad. royale de Belgique, Lettres 42, 1956, 300–323 – Publications du Centre européen d'Études bourgondo-médianes 5, 1963 – Trésors de la Toison d'Or [Kat. Brüssel 1987] – s.a. Lit. zu →Burgund, Hzm.

Goldglas. Die hellenist., wohl alexandrin. Technik des Zwischen-G.es, bei der eine kunstvoll geschnittene Blatt-goldauflage mit einer zweiten Glasschicht überzogen wurde, erfuhr im spätantiken Rom eine neue Blüte. Por-trätmedaillons und einige Gefäße des 3.Jh. zeigen kunst-volle Ritzung der Goldfolie mit raffinierten Helligkeitsab-stufungen; Arbeiten des 4.Jh. sind erhebl. gröber ge-schnitten. Am häufigsten erhalten blieben die Böden von Trinkschalen (Standringdurchmesser 6–10 cm); eine zweite Gruppe bilden Einzelnuppen (Durchmesser 2–3 cm) von den Wandungen von Nuppenschalen. Darstel-lungen des Alltagslebens, Mythos, AT, NT und christl. Heiliger sind oft von Glückwunsch-Umschriften umge-ben, die den Geschenkcharakter der Schalen erweisen. Eine Werkstatt, die jüd. und christl. Motive darstellte, fügte der Goldfolie noch Farbpunkte zu (ENGEMANN). Einige G.arbeiten ohne schützende Glasschicht entstan-den zur gleichen Zeit im Rheinland. Das Weiterleben antiker G.technik im MA bezeugen Heraclius, Theophi-lus Presbyter und (um 1400) Cennino Cennini; Hauptver-wendungszweck von G.bildern im 14.–15.Jh. waren Reli-quiare (Denkmälerliste: PILLINGER, 59–63). J. Engemann

Lit.: C. R. MOREY, The Gold-Glass Coll. of the Vatican Library, hg. G. FERRARI, 1959 – J. ENGEMANN, Bem. zu spätröm. Gläsern mit Gold-foliendekor, JbAC 11–12, 1968–69, 7–25 – R. PILLINGER, Stud. zu röm. Zwischengoldgläsern I, 1984 – K. S. PAINTER (Glas der Caesaren, hg. D. B. HARDEN, Ausst.-Kat. Köln 1988) [Lit.].

Goldgrund → Tafelmalerei

Goldgulden, der 1252 in Florenz eingeführte →Gulden, in zahlreichen Münzstätten nachgeahmt und später zur Unterscheidung von Guldiner (→Taler) als G. bezeichnet.

Goldingen (lett. Kuldīga), am linken Ufer der bis hierher schiffbaren Windau (lett. Venta) in der kurischen Landschaft Bandowe (lett. Bandava) in strategisch und verkehrsmäßig günstiger Lage (→Kurland).

[1] *Burg und Komturei:* An der Stelle einer Kurenburg ließ der livländ. →Landmeister des →Dt. Ordens, Dietrich v. Grüningen, eine feste Ordensburg (zuerst 'Jesusburg' genannt) errichten, die ihm der päpstl. Legat Bf. →Wilhelm v. Modena im April 1242 bestätigte. 1243/44 widerstanden Burg und Vorburg Angriffen der Litauer. Die Teilung →Kurlands zw. Dt. Orden und Bf. (1252, 1263) beließ G. beim Orden; G.s wachsende Bedeutung äußert sich im Aufstieg des Komturs von G. zum Stellvertreter des livländ. Landmeisters in Kurland (1290) und in häufigen Aufenthalten desselben auf dem Wege nach Preußen. 1355–61 umfaßte die Komturei fünf Burggebiete (castellaturae), doch unterstanden ihr weitere Ordensgebiete bis zur Nordspitze Kurlands. Die Ordensritter scheinen in den Kämpfen mit den Kuren (1260–67) ordenstreue Liven bei G. angesiedelt zu haben. G. war Zentrum der Pferdezucht des Dt. Ordens auf von Halbbrüdern des Ordens geleiteten Gestüten.

[2] *Stadt:* Die Stadt zu Füßen der Burg, seit 1263 geplant, entwickelte sich allmählich, wobei ein Teil als 'Kurenstadt' bezeichnet wird. Erst 1355 erhielt die Bürgerstadt das Recht v. →Riga, das Landmeister Arnold v. Vitinghof 1361 auch der auf dem anderen Windauufer entstandenen »Neustadt« verlieh. Die Stadtkirche St. Katharina wird 1413 erwähnt; 1438 ist eine feste Brücke über die Windau genannt. G. war durch Wall und Palisaden befestigt. Gilden und Zünfte sind nicht bezeugt, wohl aber 1520 die Schwarzhäupter. G. umfaßte im 15. und zu Beginn des 16. Jh. etwa 80 selbständige Häuser. Nach 1561 in hzgl. Zeit Schloßherrschaft, ztw. hzgl. Residenz. M. Hellmann
Q.: Die Wartgutsteuerliste der Komturei Goldingen, hg. A. Bauer, MittLiv 25, I, 1933, 113–194 [dort weitere Hinweise] – *Lit.:* Eine moderne Monographie fehlt – E. Hennig, Gesch. der Stadt G., 1809 [überholt] – Latviešu Konversācijas Vārdnīca 10, 1933/34, 18811–18821.

Goldmosaik → Mosaik

Goldschmied (lat. aurifaber, -fex). Die Zunftordnungen der seit dem HochMA ganz überwiegend stadtsässigen G.e zählen nur in Ausnahmefällen (wie z. B. in Paris) zu den bes. früh aufgezeichneten, obwohl die G.e zweifellos zu den ältesten metallverarbeitenden Gewerben gehören. Das G.ehandwerk ist überall zu den angesehensten und wohlhabendsten Gewerben zu rechnen, da 1. bes. wertvolle Materialien verarbeitet wurden, 2. die Kundschaft sich in überdurchschnittl. Maß aus Reichen und Mächtigen zusammensetzte, 3. die G.e eine bes. Vertrauensstellung innehatten, soweit sie als Münzer und Siegelstempelschneider arbeiteten, 4. sie zum Handel und zum Geldwechselgeschäft eine Affinität besaßen. Den bei vielen Zünften üblichen Gemeinschaftseinkauf von Rohstoffen gab es bei den G.en nicht; wenn auch die Zunftstatuten deutlich machen, daß sie vielfach nur das von den Kunden angelieferte Edelmetall verarbeiteten, wird andererseits klar, daß sie im Regelfall unbeschränkt mit →Gold, →Silber, →Perlen und →Edelsteinen handeln konnten. Die G.earbeit unterlag keinen Preistaxen, sondern der freien Preisvereinbarung mit den Kunden. In ganz Europa galt anscheinend die ungewöhnl. lange Lehrzeit von acht Jahren.

Andererseits waren die G.e bes. strengen Kontrollen bezügl. der Qualität ihrer Produkte und des Verbleibs der ihnen anvertrauten Edelmetalle unterworfen. Die G.e hatten das ihnen übergebene Gold oder Silber nach der Neuverarbeitung restlos abzuliefern; bestimmte Feinheitsgrade der Metalle waren unbedingt einzuhalten (18 Karat [750 fein] war beim Gold der übliche Standard). In Paris durfte sogar nur 19⅓-karätiges Gold verarbeitet werden. Die geschworenen Zunftobermeister waren verpflichtet, in kurzen Abständen alles in den Werkstätten der einzelnen Meister vorhandene Edelmetall durch Strich- oder Schmelzproben auf die geforderte Feinheit zu untersuchen. Vergoldetes Silber mußte durch ein bes. Zeichen gekennzeichnet sein, ebenso unedle Steine. Angekauftes Altsilber, das nicht dem geforderten Feinheitsgrad entsprach, war entweder dem Standard entsprechend umzuschmelzen oder mußte wieder als Altmaterial verkauft werden. Silbermünzen durften nicht vergoldet werden. Das Einschmelzen von Goldmünzen zu Schmuck war meist erlaubt. Kupfer und Zinn durften gar nicht, speziell auch nicht zum Löten verwendet werden. Zu den geforderten Meisterstücken – meist 3–4 – gehörte in Deutschland auch meistens eine Emailarbeit.

Nur in Großstädten wie Paris oder Köln gab es Spezialhandwerke, die dem G.egewerbe zuzuordnen sind (Edelsteinschneider und -schleifer, Goldschläger [Hersteller von Blattgold], Golddrahtzieher). Schutzpatron der G.e in ganz Europa war der hl. →Eligius. – →Goldschmiedekunst.   H.-P. Baum
Q. und Lit.: →Handwerk.

Goldschmiedekunst

I. Westen (Frühmittelalter bis 1500) – II. Byzanz.

I. Westen (Frühmittelalter bis 1500): [1] *Allgemeines:* Die G. ist, gemäß der bis heute weithin die museale Aufstellung prägenden Materialästhetik des 19. Jh., ein Teilbereich des oft negativ bewerteten Kunsthandwerks. Unbestritten verzeichnet ein nz. Kunstbegriff Rang, Eigenart und Funktion ma. G. – Schriftquellengestützte Klassierungen, etwa nach dem breiten Tätigkeitsspektrum der →Goldschmiede in der ma. Fachlit. (→Theophilus) oder nach den in Zünften geordneten Handwerken, lassen die Vielzahl der Aufgaben, Techniken, Materialien, Funktion und angemessenere Wertungen dieser Ars Mechanica erkennen. – Das Material der G. (→Gold, →Silber, →Kupfer) wird in vielfältigen Techniken (z. B. →Braunfirnis; →Durchbrucharbeit; →Filigran; →Granulation; →Gravierung; →Metallschnitt; →Niello; →Tauschierung; Treibarbeit; Ziselierung – vgl. auch →Draht) bearbeitet und tritt meist in Materialgemeinschaften (→Bronze; →Edelstein; →Elfenbein; →Spolien) auf. Interdependenzen (→Bergkristallminiatur) mit anderen Kunstgattungen bestimmen die vielfältigen Erscheinungsformen der G. – Infolge der sakralen Durchdringung aller Lebensbereiche ist die rein profane G. vor dem 13. Jh. wohl nicht nur im Erhaltenen peripher. Die aufgabenbestimmende Lenkung liegt ganz überwiegend in Liturgie und Kult. Z. T. großformatige kirchl. Ausstattungsgegenstände, →Reliquiare und litur. →Gerät treten hervor. Auszeichnungen weltl. Institutionen (→Herrscher-Insignien; Universitätsszepter) bilden fließende Übergänge zw. den Funktionsbereichen. Bei sich weitender Produktionsskala, anderen Vertriebsformen und Ausweitung des Auftraggeberkreises im 14./15. Jh. treten zunehmend private und öffentl. Werke der profanen G. wie →Schmuck, Ratssilber und Tischgerät neben die an Bedeutung verlierende sakrale G. – Außer der minutiösen Beschreibung einer Werkstatt enthält →Theophilus' »Schedula Diversarum Artium« präzise Ausführungen zu vielen Techniken der Metallverarbeitung (cap. 28: De Nigello; 53: De Electro; 68: De opere interrasile) sowie sorgfältige Herstellungsanleitungen etwa für einen Kelch oder Weihrauchfässer (cap. 60/61: De thuribulo ductili/fusili). Erst Traktate des 16. Jh. führen die praxisnahe Schrift weiter (→Biringuccio; Cellini). – Mythos und Sage, Bibel (Bezaleel) und Hagiographie (→Eligius) vergegenwärtigen die wohl nicht nur auf dem von Goldschmieden verwendeten kostbaren Material beruhende Anerkennung dieser Künstler in frühen Gesellschaften (vgl. die Krönung des Volvinius am Mailänder →Goldaltar). Hoher gesellschaftl. Rang, häufig auch künstler. wegweisende Kraft zeichnet viele Goldschmiede bis ins 13. Jh. aus. Demzufolge treten sie als selbstbewußte Personen (Briefwechsel: aurifaber G/Abt →Wibald v. Stablo; Godefroid de Huy) oder als Stifter (→Hugo d'Oignies) auf.

[2] *Geschichte bis 1200:* Hauptzentren der, außer aus Schriftquellen (→Eligius) zumeist aus Grabfunden bekannten frühma. G. sind England, Nordfrankreich, Böhmen und Italien. Ornamentaler Reichtum und stark farbiger Zellenschmelz sind charakteristisch. Bevorzugte Aufgaben: profaner →Schmuck (→Fibel), profanes Gerät (→Becher), liturg. Gerät (Kelch; Patene aus Gourdon, Paris), Votivkronen, →Bursenreliquiare (Engerer B., Berlin; des Teuderigus [mit Inschriften], St. Maurice) und Bucheinbände (für Kgn. Theodolinde, 600, Monza). Einzigartigen Rang nimmt der um 630 zu datierende Schiffsgrabfund von →Sutton Hoo ein. – Hof- und Klosterwerkstätten sind Zentren (Aachen, Reims, St-Denis, Mailand) einer neu auflebenden sakralen G., deren energ. Befürworter Karl d. Gr. selbst ist. Stark ags. Traditionen verpflichtete Werke (Tassilo-Kelch, 777, Kremsmünster; Ält. Lindauer Buchdeckel, vor 800, New York) entstehen neben dem, die karol. Renaissance adäquat umsetzenden →Einhardbogen mit Triumphprogramm. Weiterhin zeugen Bursenreliquiare (Stephansburse, Wien), Tragaltäre (Adelhausen) und Bucheinbände (Codex Aureus aus St. Emmeram, München) neben zahlreichen, nur aus Schriftquellen bekannten karol. Werken der G., von deren Rang und Spektrum. Monumentalwerke wie der Mailänder →Goldaltar mit relief. Christus- und Ambrosiuszyklus, nach 840, und Preziosen wie das in der Hofsphäre Karls d. Kahlen gefertigte Arnulfziborium, 870 (München), stehen singulär im Erhaltenen. Schatzbildung aus Beutegut (→Avarenschatz) und Sammeltätigkeit (→Spolien) wirken vielfältig fort. – Als Zentren otton. G. treten Köln, Trier (→Egbertwerkstatt), Fulda, Essen und Mailand, als Auftraggeber bevorzugt Mitglieder des Ks.hauses, Bf.e und Äbte der meist in Kl. werkstätten gefertigten G.werke hervor. Edelsteinverzierte →Kreuze (Lothar-, Mathilden-, Theophanu-, Gisela- und Reichskreuz), →Bucheinbände (→Codex Aureus Eptern.; →Crux-Gemmata-Gruppe), Kelche und Tragaltäre (Heinrichsportatile; Gertrudisaltar) greifen häufig um byz. Einflüsse modifizierte karol. Traditionen auf. Als Großaufgaben der G. sind →Antependien (Aachen; Basler A. in Paris), Ambonen (Aachen), Monumentalkreuze/kruzifixe (Köln; Trier; Gnesen; →Benna-Kreuz) und Goldbildwerke (Madonnen: Essen, Hildesheim, Paderborn; Fides, Conques) zu nennen (vgl. →Krone). – Die Erhaltungspyramide der G. verbreitert sich mit der steigenden Finanzkraft und Handelsdynamik in den europ. Städtelandschaften. In Nordfrankreich, v. a. aber an Maas und Rhein, in Sachsen und Limoges entstehen produktionskräftige, z. T. auf Export zielende, häufig monast., aber auch urbane bzw. marktorientierte Haupt- und Nebenzentren. →Roger v. Helmarshausen, vielleicht ident. mit Theophilus, vermittelt mit den von ihm oder in seinem Umkreis gefertigten G.werken (u. a. Tragaltäre, Paderborn) zw. den Regionen. →Reiner v. Huys Lütticher Taufbecken (Ehernes Meer, Bronzeguß) eröffnet die Renaissance des 12. Jh. Goldkreuze, Kelche (Gnesen; Wilten), Leuchterkronen (Hildesheim; Comburg; Aachen), Reliquiare, Tragaltäre

(→Eilbertus; →Fridericus), Retabel (Stablo unter Abt Wibald), Altäre (Limoges; Skandinavien), Kreuzfüße (für Abt →Suger v. St-Denis; St-Omer) greifen wichtige Aufgaben aus vielfältigem Typenschatz heraus. Reliquienschreine (1140–1230) wie die der hll. Hadelinus (Visé), Servatius (Maastricht), Heribert (Köln), Anno (Siegburg), Karl und Maria (Aachen) und als Gipfel der →Dreikönigenschrein kombinieren Miniaturarchitekturen mit komplexen Figurenprogrammen. Antikenorientierte Gestaltungskraft im Kreis des →Nikolaus v. Verdun (1181, Klosterneuburg) strahlt auf die erstarkende got. Monumentalskulptur aus.

[3] *1200 bis 1500:* Schätzungen zufolge stellen die etwa 5000 erhaltenen got. G.werke ca. 1% des einst vorhandenen dar. Zunehmende Qualitätsdifferenzierung, arbeitsteilige Spezialisierung und Serienproduktion kennzeichnen den Entwicklungsprozeß der G. Außer Paris, Venedig, Köln und Prag als Zentren, gewinnen Aachen, Florenz, London, Wien, Krakau und Nürnberg an Rang. Ältere Hauptaufgaben wie Reliquienschreine treten quantitativ zurück, erreichen aber mit dem Gertrudenschrein, 1272–98 (1. erhaltene Auftragsurk.), den höchsten Grad ihrer Architektonisierung. Der seit der Jahrtausendwende verstärkte, mit der Plünderung Konstantinopels 1204 kulminierende Kulturstrom aus dem O wirkt an der Neubildung einer Formensprache mit. Tafelreliquiare (Mettlach; Trier) bezeugen Reaktion auf die byz. Limburger Staurothek. Kultbild, Reliquie und Eucharistie treten in inszenierten Präsentationen auf. Retabel- (Limoges; Floreffe) wie Statuettenreliquiare verkörpern Interdependenzen zw. Medien und Publikum. Neue Frömmigkeits- und Gesellschaftsbedingungen beschleunigen den Veränderungsprozeß der G. Das Kryptische verschwindet, der Hang nach Licht, Transparenz, Inszenierung, Anschaulichkeit begünstigt Materialien wie Bergkristall und Geräteformen wie Ostensorien; Email gewinnt an Transluzität. Stadt und Zunft bilden seit dem 13. Jh. den Lebensgrund der Goldschmiede (→Beschauzeichen). Meisterwerke wie die silberemaillierte Kanne mit Romanszenen, 1335 (Kopenhagen), oder die von Jeanne d'Évreux gestiftete Goldmadonnenstatuette entstehen in Paris, das noch im internat. Stil mit Preziosen der Goldemailtechnik hervortritt (Goldenes Rössel, 1404, Altötting). Um 1400 ruft das Luxusbewußtsein nicht nur an den frz. Höfen (Paris, Burgund, Berry) delikate Verfeinerungen hervor. Neben dem Erhaltenen (Royal Gold Cup, um 1400, London) bereichern unsere Vorstellungen Hofinventare und Testamente sowie die in Buch- und Tafelmalerei in ursprgl. Funktion abgebildeten G.werke. Herausragende Werke des Trecento: S. Galgano-Reliquiar, 1298, Siena; Fassadenreliquiar für das Corporale von Bolsena; Ugolino da Vieri (1337/38), Orvieto; Leonardo di Ser Giovanni (1358–71), Relieftafeln für Silberaltäre (Pistoia, Florenz). Werkstätten am Oberrhein, in Köln und etwa in Aachen (Simeons-, Karls-Reliquiar) geben Aufschluß über die G. des 14. Jh. in Deutschland; Karl IV. als Auftraggeber und die künstler. Vielfalt in Prag vermitteln Impulse. Im 15. Jh. tritt die stilkonstituierende Rolle von Malern und Bildhauern, begünstigt durch die graph. Medien, in zahlreichen G.werkzeichnungen hervor (Dürer; Amerbachsche Slg., Basel). Artifizialität und Wirklichkeitsmischungen zeichnen das von Karl dem Kühnen 1471 der Lütticher Kathedrale gestiftete Dedikationsreliquiar und nicht minder das gewaltige Büstenreliquiar des hl. Lambertus (Lüttich) von Hans v. Reutlingen aus. Medieninterdependenz und Materialsubstitution verdeutlichen auch die Gegenüberstellung des von Hans →Memling geschaffenen

g.haften Ursularecliquiars, vor 1489 (vergoldete Holzarchitektur mit gemalten Ursulaszenen) und des architekton. Reliquiars für die Breisacher Stadthl.en von vor 1496. Heiltumsslg.en (Lüneburg; →Albrecht v. Brandenburg) von barocker Fülle entstehen vielerorts.   F. Niehoff

Lit.: PKG V–VII; Suppl.bd. 4 – RDK – H. Swarzenski, Monuments of Romanesque Art, 1954 – O. Lehmann-Brockhaus, Lat. Schriftq. zur Kunst in England 901–1307, 5 Bde, 1955–60 – J. G. Hawthorne–C. S. Smith, Theophilus, On Divers Arts, The foremost ma. Treatise on Painting, Glasmaking and Metalwork, 1963, 1979² – B. Bischoff, Ma. Schatzverz., I: ... bis zur Mitte des 13.Jh., 1967 – P. Lasko, Ars Sacra, 800–1200, 1972 – Le trésor de St-Denis, hg. B. de Montesquieu-Fezensac, I–III, 1973–77 – P. C. Claussen, Goldschmiede des MA, Q. zur Struktur ihrer Werkstätten, ZDVKW 32, 1978, 46ff. – P. E. Schramm – H. Fillitz, Denkmale dt. Kg.e und Ks., II, ... 1272–1519, 1978 – H. Buschhausen, Der Verduner Altar, Das Emailwerk des Nikolaus v. Verdun..., 1980 – P. E. Schramm – F. Mütherich, Denkmale der dt. Kg.e und Ks., I: ... 768–1250, 1981² – P. Springer, Kreuzfüße, Ikonographie und Typologie eines hochma. Geräts, 1981 – J. M. Fritz, G. der Gotik in Mitteleuropa, 1982 – V. H. Elbern, Die G. (Riforma Religiosa e Arti nell'Epoca Carol., Atti del ``XXIV Congr. CIHA 1979, hg. A. A. Schmid, 1983), 39ff. – D. Lüdke, Die Statuetten der got. Goldschmiede... 1230–1530, 2 Bde, 1983 – R. Kroos, Der Schrein des Hl. Servatius in Maastricht..., 1985 – H. R. Hahnloser–S. Brugger-Koch, Corp. der Hartsteinschliffe des 12.–15. Jh., 1985 – M.-M. Gauthier, Émaux méridionaux, Cat. internat. de l'œuvre de Limoges, Iff., 1987ff. – H. L. Kessler, On the State of Ma Art Hist., ArtBull 70, 1988, 166ff. – V. H. Elbern, Die G. im frühen MA, 1988 – *Ausstellungs-Kat.*: Rhein und Maas, Köln 1972, Bd. II, 1973 – Age of Spirituality, New York 1977 (Symp., ed. K. Weitzmann, 1980) – Staufer I–V – Die Parler und der Schöne Stil 1350–1400, 3 Bde, Köln 1978; Bd. 4, 5, 1980 – Les Fastes du Gothique, Le siècle de Charles V, Paris 1981 – English Romanesque Art, 1066–1200, London 1984 – Ornamenta Ecclesia, 3 Bde, Köln 1985 – Nürnberg 1300–1500, Kunst der Gotik und Renaissance, Nürnberg 1986 – The Age of Chivalry, London 1987 – s. a. →Goldaltar; →Goldschmied.

II. Byzanz: Unter G. werden auch in Byzanz alle Arbeiten in Edelmetallen und Edelmetall-Legierungen zusammengefaßt. Edelmetalle unterlagen der Kontrolle des Staates, die durch die *comitiva sacrarum largitionum* (→comes s.l.) bzw. später durch die entsprechende γενική τράπεζα (→Finanzwesen, -verwaltung A.) ausgeübt und teilweise durch Stempelung des Materials kenntlich gemacht wurde. Die Goldschmiede waren zunftmäßig organisiert (→Eparchenbuch) und in entsprechenden Quartieren bzw. Straßen angesiedelt, in Konstantinopel z. B. am Beginn der *Mese* zw. Lausospalast u. Konstantinsforum. Ob es »Hofwerkstätten« im eigtl. Sinn gegeben hat, ist fraglich. Die byz. G. war auf weiten Strecken Vorbild und Anregung für den ma. W. Durch Geschenke ist manches nach dem W gekommen, ein Großteil allerdings durch die Plünderungen des 4.→Kreuzzuges, bei denen mindestens ebensoviel zerschlagen und eingeschmolzen wurde wie weggetragen. Quellen: Der Schatz von San Marco in Venedig, 63–71. Anderes ist durch Grabungs- bzw. Schatzfunde bekannt geworden. Die Überlieferung ist mehr als lückenhaft. Zu den Techniken vgl. oben A.I, zum Material →Gold, →Silber. Eine bes. Rolle in der byz. G. spielte eben →Email. Der größte Teil von Werken byz. G. ist an Kirchen gestiftet worden (Beschlagnahme von Tempelschätzen 311 und Schenkung an Kirchen durch Konstantin und auch später durch Justinian I. (Prokop., De aedif. I.1,65), die allerdings in Notzeiten auch wieder eingezogen werden konnten (z. B. unter Herakleios, Edikt v. 622). So gab es in den Kirchen des Reiches nicht nur liturg. Geräte wie Schalen, Flaschen und Vasen, Leuchter, Kreuze, Kelche u. a., sondern auch großes Mobiliar wie *Templa* wurden aus Edelmetallen in G. ausgeführt (Konstantinopel, H. Sophia). Kirchenschätze dieser

Art sind durch Schatzfunde bzw. durch Schatz- und Reliquieninventare bekannt. Eine Gruppe für sich sind Fassungen und Aufbewahrungskästen für Reliquien (Arm- und Kopfreliquiare und →Staurothek[en], z. B. Limburger Staurothek), die mit höchstem Luxus ausgestattet wurden. Ähnlich auch →Bucheinbände (z. B. Venedig, Bibl. Marc. Ms. Lat. CI. 1,100 u. 1,101). Ksl. →Insignien, an erster Stelle Kronen (auch aufgehängte Votivkronen, z.B. die Ks. Leons VI., S. Marco, Tesoro Nr. 116), standen dem nicht nach. →Ikonen wurden nicht nur mit kostbaren Rahmen und Beschlägen versehen, sondern z.T. auch ganz in G. ausgeführt. Aus dem Bereich des Schmucks sind alle Arten bekannt: Anhänger, Halsschmuck und Colliers unter reicher Verwendung von Münzen und (auch getriebenen) Medaillons, Reliquienanhängern und Kreuzen, Ohrschmuck, Arm- und Fingerschmuck. Je aufwendiger und luxuriöser die Stücke, um so reicher die Mischung von Edelmetallen mit verschiedenen anderen Materialien wie Edelsteinen, Halbedelsteinen, Kristallen, Glas und immer wieder Glasfluß (Email). Eine Gesch. der byz. G. ist – nicht zuletzt aufgrund der meist lückenhaften Erhaltung – erst in Ansätzen möglich.   M. Restle

Lit.: E. C. Dodd, Byz. Silver Stamps, 1961 – J. Beckwith, Early Christian and Byz. Art, 1970 – Il Tesoro di San Marco, hg. H. R. Hahnloser, 1971 – Der Schatz von S. Marco in Venedig, Kat., hg. H. Hellenkemper, 1984 – M. Mundell Mango, Silver from Early Byzantium. The Walters Art Gallery, 1986.

Goldschrift (und Silberschrift) auf Purpurpergament, seit der Antike für Luxushss. verwendet und im FrühMA wohl nur von den Angelsachsen übernommen (z. B. →Book of Lindisfarne), fand erst in karol. Zeit Verbreitung (fast ausschließl. für liturg. Bücher). Bis in die sal. Zeit kam G. zur Anwendung bei der Anfertigung ganzer Hss. sowohl aus Purpur- als auch aus gewöhnl. Pergament (→Codex aureus) sowie zur Auszeichnung bes. Stellen oder Namen. Später wurde G. selten gebraucht; zu den Ausnahmen gehört das von Johann v. Troppau 1368 geschriebene Evangeliar Hzg. →Albrechts III. v. Österreich (Wien, Österr. Nationalbibl., Cod. 1182). Hinzuweisen ist ferner auf die Prunkausfertigung des →Privilegium Ottonianum (962) und der Heiratsurk. der →Theophanu v. 972 (DO. II, 21).   P. Ladner

Lit.: W. Wattenbach, Das Schriftwesen im MA, 1896, 132–138, 251–261 – E. Lesne, Les Livres, »Sciptoria« et Bibl., 1938, 13–17 – B. Bischoff, Paläographie des mön. Altertums und des abendländ. MA, 1979, 31 – H. Hoffmann, Buchkunst und Kgtm. im otton. und frühsal. Reich (MGH Schr. 30; I, II, 1986).

Golein, Jean, OCarm, frz. Theologe, * um 1325 in Blaqueville (Normandie), † 1403; trat in Rouen dem →Karmeliterorden bei und studierte an der Pariser Univ. Theologie (1361/62 Magister). G. wurde 1357 Prior des Pariser Karmeliterkonvents an der Place Maubert und schließlich →Provinzial der Ordensprovinz Francia (1369–72). Wie zahlreiche Karmeliter seiner Zeit verteidigte auch G. das Privileg Mariens der »Immaculata Conceptio«. Bei der kgl. Ratsversammlung am 7. Mai 1379 in →Vincennes (Anerkennung Papst →Clemens' VII.) war er anwesend. Der Papst in Avignon machte ihn zum Nuntius und zum päpstl. Hauskämmerer. Von der Univ. aber wurde er 1393 von den öffentl. Ratsversammlungen ausgeschlossen, war jedoch auf der berühmten Universitätsversammlung vom 25./26. Febr. 1394 dabei, auf der die sog. »Drei-Wege-Lösung« zur Beseitigung des →Abendländ. Schismas vorgeschlagen wurde. G.s theol. Werke sind nicht erhalten. Von seinen zahlreichen frz. Übersetzungen aus dem Lat., die er für Karl V. anfertigte, existieren noch etliche Hss. (s. A. Staring).   M. Gerwing

Lit.: DHGE XXI, 498f. [A. STARING; Lit.] – B. M. IBERTA, Magistri Johannis G. annotationes de hist. Ordinis, Anal. Ord. Carm. 7, 1930–31, 69–79 – DERS., De scriptoribus scholasticis saeculi XIV ex ordine Carmelitarum, 1931, 317–323 – J. SMET–U. DOBBAN, Die Karmeliten, 1980.

Golgotha (aramäisch), Hügel außerhalb Jerusalems, den Mt 27,33; Mk 15,22; Joh 19,17 als Ort der →Kreuzigung Christi bezeichnen; ebd. mit »Schädelstätte« übersetzt. Name vielleicht nach der Form des Hügels. Zu Darstellungen des Totenschädels Adams unter dem Kreuz s. →Adam und Eva. Ma. Nachbildungen in Kirchen (z. B. St. Clemens in Essen-Werden, 10. Jh.) und im Freien (→Externsteine, 12. Jh.) als Orte der Verehrung und Wallfahrt.   J. Engemann
Lit.: G. BINDING, Quellen, Brunnen und Reliquiengräber in Kirchen, ZAMA 3, 1975, 37–56.

Goliarden, goliardi, familia (discipuli) Golie. Im MA Bezeichnung v. a. für Verfasser von Dichtungen nach der Art des →Golias, zugleich gewöhnl. Personen mit unsicherem sozialen Status. In der nz. Lit. wird, ebensowenig scharf umrissen, unter G. eine Klasse fahrender Scholaren, auch stellungsloser Kleriker – gleichbedeutend mit →Vaganten – verstanden. Hier sieht man in den G. eine Haltung verkörpert, die von Ungebundenheit, Auflehnung gegen moral. und obrigkeitl. Zwänge und von unbedenkl. Daseinsgenuß geprägt ist. Eine überholte Auffassung schreibt ihnen einen großen Teil der ma. Satiren, Parodien, Liebes-, Trink- und Spielerdichtungen zu (→Vagantendichtung), die in Wirklichkeit nur in vereinzelten Fällen aus diesem Kreis hervorgegangen sind.   G. Bernt
Lit.: →Golias, Lit. (A. G. RIGG, bes. 83) – V. CECCHINI, I goliardi e i loro canti scelti dai Carmina Burana, 1985 [pflegt den G.-Mythos; 145–152 Bibliogr.].

Golias, Gulias, G. episcopus, G. pontifex, G. mag. Seit dem Ende des 12. Jh. eine – wohl z. T. als reale Person angesehene – Art Beispielfigur für Verfasser bestimmter Dichtungen von vornehml. witziger, satir., epigrammat. Art und artist. Wort- und Verskunst, manchmal auch über religiöse Gegenstände (z. B. Apocalypsis Golie [WALTHER 91], Predicatio G.e [WALTHER 11395], Metamorphosis G.e [WALTHER 18404]. Mit dem legendären Namen des G. verschmolzen die Personen verschiedener, z. T. bekannter Personen, so daß Zuschreibungen an G., Primas, Gualterus (Map; →Walter Map) u. a. bei ma. Schreibern und Chronisten bis zu einem gewissen Grade austauschbar erscheinen (→Goliarden). Die Herkunft des Namens ist nicht sicher geklärt, erwogen wird die Ableitung: 1. von 'gula' (als Wortspiel G.-Gulias bereits bei →Giraldus Cambrensis, vgl. CB Bd. I, 1 S. 79); 2. (wahrscheinl. richtiger) von 'Golias' (übers.: 'transmigrans'), d. h. Goliath.   G. Bernt
Lit.: A. G. RIGG, StM 3ª ser. 18, 1977, 65–109 – →Goliarden.

Goliath → David

Goliathsquelle (arab. ʿAin Ğālūṭ), Name einer Quelle und Ortschaft zw. Baisān und →Nāblus (Palästina), wo David Goliath erschlagen haben soll. Im Herbst 1259 fiel der →Ilchān Hülägü in Syrien ein u. bedrohte Ägypten. Die dort herrschenden →Mamlūken lehnten die verlangte Unterwerfung ab. Der ägypt. Sultan Quṭuz zog den unter dem Befehl des Feldherren Kitbuğā stehenden →Mongolen entgegen, da Hülägü Syrien bereits mit dem Gros seiner Armee verlassen hatte. Die mamlūk. Armee, deren Vorhut vom Emir →Baibars befehligt wurde, lockte die Mongolen zu dem strateg. günstig gelegenen Flecken ʿA. Ğ., wo es am 3. Sept. 1260 (25. Ramaḍān 658) zur Schlacht kam. Bei annähernd gleicher Gefechtsstärke wurde die

mongol. Armee durch geschickte takt. Manöver vernichtend geschlagen. Damit war zunächst die Gefahr eines weiteren mongol. Vordringens im Nahen Osten gebannt. Dieser Sieg trug wesentl. zur Legitimation der mamlūk. Herrschaft bei.   P. Thorau
Lit.: EI², 786f. – P. THORAU, Sultan Baibars I. v. Ägypten, 1987, 91ff.

Göllheim, Schlacht bei (1298). Mit der seit dem Herbst 1296 unter der Führung des Ebf.s v. →Mainz wachsenden Kurfürstenfronde (→Kurfürsten) gegen Kg. →Adolf v. Nassau verband sich Hzg. →Albrecht v. Österreich. Von März bis Juni 1298, im Anfangsstadium des offenen Kampfes, manövrierte Albrecht den Kg. bei Ulm und Breisach aus und stieß in den Mainzer Raum vor. Seine Streitkräfte aus den habsbg. Territorien, Ungarn und der Schweiz lagerten in Schafhausen bei Alzey, wo Albrecht die Nachricht von Adolfs Absetzung und seiner Wahl in Mainz am 23. Juni 1298 empfing. Adolf rückte aus dem Wormser Raum mit Kontingenten aus dem Taunusgebiet, der Pfgft., Franken und Niederbayern, dem Elsaß und St. Gallen vor zum Entsatz der Burg Alzey. Albrecht wich zunächst aus, stellte sich aber dann in taktisch klug gewählter Position auf dem Hasenbühl bei Göllheim. Der genaue Verlauf der in drei Treffen geführten Ritterschlacht ist nicht bekannt. Der ungestüm angreifende Adolf wurde, vielleicht durch den Raugrafen Georg, erschlagen. Die Kgn.witwe Imagina ließ auf dem Schlachtfeld ein – erhaltenes – frühgot. Kreuz errichten. Der Schlachtentscheid wurde als Gottesurteil aufgefaßt. Um jedoch allen Einwänden vorzubeugen, ließ sich Albrecht am 27. Juli 1298 in Frankfurt nochmals wählen. Infolge der Schlacht von G. wurde das Kgtm. vom Mittelrhein wieder in die sö. Großterritorien des Reiches zurückverlegt. Der Dualismus Kronträger–Kurfürsten wurde nicht behoben.   A. Gerlich
Lit.: W. ERBEN, Kriegsgesch. des MA, 1929, 40, 72, 125 [ält. Lit.] – A. BACH, Die Werke der Verf. der »S.b.G.«, 1930, 6–12 [zu zeitgenöss. Dichtungen] – JDG Albrecht I. v. Habsburg, 1931, 47–63 [A. HESSEL] – Die Reg. des Ksr.s unter A.v.N., RI VI, 2, neu bearb. V. SAMANEK, 1948, 365–372 Nr. 1002 [umfassende Q. und Lit.-Aufbereitung] – A. GERLICH, Nassau in den polit. Konstellationen am Mittelrhein von Kg. A. bis Ebf. Gerlach, Nassauische Annalen 95, 1984, 1–27 – s. a. Lit. zu →Adolf v. Nassau [vgl. dort H. PATZE, Hess. Jb. ... 13, 1963].

Golubac, strategisch wichtige Burg in →Serbien, am Steilhang des rechten Donauufers beim Eingang zum Eisernen Tor, am Ort des röm. Limeskastells Cuppae, vielleicht schon vor dem 14. Jh. als steinerne Burg errichtet, mit einem zylindr. Hauptturm an der höchsten Stelle; das im 15. Jh. zw. Serbien, Ungarn und dem Osman. Reich umkämpfte G. gehört zu den besterhaltenen Burgen in Serbien. – Die Türken nahmen die Burg mit Hilfe serb. Vasallentruppen 1390 den Ungarn ab; Kg. Sigmund v. Ungarn belagerte sie 1392 vergeblich und trat sie Ende 1403 als Gegenleistung für die von →Stefan Lazarević übernommenen Verpflichtungen an diesen ab (neben Mačva, Belgrad usw.). Auf G. saß ein *vojvoda* (Hzg.) als Vertreter der zivilen und militär. Verwaltung (sog. »Herrschaft v. G.«). Aufgrund des Abkommens von Tata 1426 versuchte Sigmund nach dem Tod Stefans, die Burg in seinen Besitz zu bekommen, was jedoch an den überhöhten Forderungen des Kommandanten Jeremija (12000 Dukaten) scheiterte. Zwar versuchte Stefans Nachfolger →Georg Branković zu vermitteln, doch ergab sich die Burg den Türken. Im Mai 1428 belagerte Sigmund G., konnte es aber nicht erobern; Anfang Juni kam es zu einem dreijährigen Frieden mit dem Sultan. Ende April 1444 erhielt Georg Branković die Burg von Murād II. als Lohn für seine Neutralität in der Schlacht v. Varna. Meḥmed II.

forderte anscheinend bereits 1453 G. und →Smederevo von den Serben; Verhandlungen Georgs mit dem Sultan scheiterten. 1458 boten die Serben den Ungarn die Burg in Erwartung von Hilfe an; doch Ende Aug. 1458 eroberten die Türken G. endgültig.   I. Djurić

Lit.: A. DEROKO, Grad G., Starinar, 1951, 139–149 – E. ZACHARIADOU, The First Serbian Campaigns of Mehemmed II, Annali dell'Ist. Orientale di Napoli 14, 1964 – S. ĆIRKOVIĆ, G. u srednjem veku, 1968 – M. DINIĆ, Vlasti za vreme Despotovine, Zbornik Filoz. fak. u Beogradu X-1, 1968, 237–244.

Gomes Eanes de Zurara → Azurara

Gonçalves, Nuño, ptg. Maler, * um 1425, † vor 1492. 1450 ernannte Kg. Alfons V. von Portugal G. zum Hofmaler, 1471 wurde er Stadtmaler von Lissabon; mehrere Dokumente bezeugen seinen Wohlstand. Francisco de Hollanda (1548) erwähnt einen für die Kathedrale in Lissabon gemalten Vinzenz-Altar, zu dem anscheinend zwei Szenen seines Martyriums im Museu Nacional gehören. Von der gleichen, durch die ndl. Malerei geprägten Hand stammt der große Vinzenz-Altar aus dem Augustinerkl. São Vicente de Fora in Lissabon (jetzt Museu Nacional): nach dem Sieg von Arzila und der Eroberung Tangers (1471) entstanden, verherrlichen die sechs Tafeln die ptg. Kreuzzüge unter dem Schutz des hl. Vinzenz als monumentales Gruppenbildnis der beteiligten Persönlichkeiten und Stände.   Ch. Klemm

Lit.: J. DE FIGUEIREDO, O pintor N.G., 1910 – A. DE GUSMÃO, N.G., 1957 – CH. STERLING–J. ROSENWALD, Les Panneaux de Saint Vincent et leurs »enigmes«, L'Œil, 1968, H. 159, 12–24, 70 – L. SCARLATTI, Novos documentos sobre N.G., Colóquio 1970, Nr. 57, 20–33.

Gonfaloniere (lat. vexillifer, 'Bannerträger'), Rechts-, Institutions- und militär. Begriff des ma. Italien (v.a. in den toskan. Städten). In →Florenz wurden zu Beginn der Primo Popolo-Periode (1250) die *G.i di Compagnia* eingesetzt, die an der Spitze der Militärkompagnien des Popolo standen, die sich nach Stadtteilen (Sesti oder Sestieri) rekrutierten. Die erste Erwährung des vexillifer iustitiae findet sich in den →»Ordinamenta Iustitiae« (1293). Aus dem frühen Quellenmaterial läßt sich jedoch erschließen, daß Leonardo→Brunis Angabe in den »Storie fiorentine«, der G. sei sieben Jahre nach dem Priorat (1282) eingesetzt worden, d. h. 1289, glaubwürdig ist. Dem G. war der *Gonfalone del Popolo* (rotes Kreuz auf weißem Grund) anvertraut; er stand an der Spitze von 100 Bewaffneten und hatte die Aufgabe, die Mitglieder des popolanen Stadtregiments vor Gewalttaten der Magnaten zu schützen. 1306 ging diese Funktion auf den Exekutor *(Esecutore)* der Ordinamenta Iustitiae über. Der G. wurde in dieser Zeit zum Oberhaupt des Stadtregiments. In der Zeit der Signorièn wurde der Begriff G. häufig zur Bezeichnung der höchsten Amtsträger in der Stadtverwaltung verwendet. Der »G. della Santa Romana Chiesa« ist ein vom Papst verliehener Ehrentitel.   F. Cardini

Lit.: G. REZASCO, Diz. del linguaggio storico e amministrativo, 1881 – R. DAVIDSOHN, Storia di Firenze, II, 2, 1957 – G. SALVEMINI, Magnati e popolani in Firenze dal 1280 al 1295, 1966.

Gonfalonieri, Bruderschaft. Zwölf adlige Bannerträger Roms gründeten 1264 an der Basilika S. Maria Maggiore mit Unterstützung →Bonaventuras die Compagnia de' Raccommandati di Madonna S. Maria als eine Bußbruderschaft, die möglicherweise auf das Vorbild der von Raniero Fasani in Perugia ins Leben gerufenen Disciplinati (→Flagellanten) zurückging. Seit 1267 war es die Aufgabe der röm. Bruderschaft, christl. Gefangene von den Sarazenen loszukaufen. Dazu erteilte ihnen der Papst die monopolartige Erlaubnis zum Bettel im Kirchenstaat sowie zur Partizipation an anfallenden Erbschaftssteuern. Wohl im ausgehenden 13. Jh. übernahm die Bruderschaft die jährl. szen. Darstellung der Passion Christi im Colosseum zu Rom, die im 16. Jh. wegen zu hoher Kosten und sich anschließender Auseinandersetzungen mit den röm. Juden untersagt wurde. Seit 1558 existiert die Erzbruderschaft del Gonfalone mit rein karitativ-katechet. Aufgabenstellung als eine Art Dritter Orden mit dem Hauptsitz an der Kirche S. Lucia in Rom.   J. Semmler

Lit.: DHGE XXI, 601 f. – L. RUGGIERI, L'arciconfraternità del Gonfalone, 1866 – M. VATASSO, Per la storia del dramma sacro in Italia (StT 10, 1903), 68–101 – G. BARONE, Il movimento francescano e la nascita delle confraternite romane (Ricerche per la storia religiosa di Roma 5, 1984), 71–80 – G. BARONE–A. M. PIAZZONI, Le più antiche carte dell'arch. del Gonfalone (1267–1486) (Le chiavi della memoria. Misc. in occas. del Iº centenario della Scuola Vaticana di Paleografia, Diplomatica ed Archivistica, 1984), 17–106 – A. ESPOSITO ALLIANO, Le confraternite del Gonfalone (s. XIV–XV) (Ricerche per la storia religiosa di Roma 5, 1984), 91–136.

Gonfanon, Bezeichnung für die große Leitfahne des Heeres →Fahne. S. a. →Gonfaloniere.

Gonsalvus Hispanus → Balboa y Valcarcel, Gonzalo de

Gonzaga, it. Adelsfamilie. Die aus der Poebene stammenden Feudalherren (dt. Abstammung und Verwandtschaft mit den Ottonen ist legendär) begegnen erstmals im 12. Jh. unter dem Namen Corradi di G. Der Herkunftsname ist von dem gleichnamigen Kastell auf dem rechten Po-Ufer abgeleitet (zw. Reggio E. im S und Mantua im N). Allmähl. verliert sich in den Urkk. der Name Corradi, stattdessen bezeichnet das Toponym »de Gonzaga« die Adligen, die »a castro Gonzage regine dioecesis denominationem habent et habuerunt« (1392). In den Urkk. des 12. Jh. erscheinen die G. als milites oder Vasallen des Kl. OSB S. Benedetto del Polirone. An der Wende vom 12. zum 13. Jh. begegnet ein Gualtieri dei Corradi di G. als Vertrauensmann der Mönche v. S. Benedetto während der Konflikte zw. Ks. Heinrich VI., Friedrich II. und der Kirche sowie zw. Mantua und Reggio: er figuriert unter den Zeugen des Friedensschlusses zw. den beiden Städten (10. April 1225 im Kl. S. Benedetto). Infolge der dauernden Auseinandersetzungen mit den Casaldoldi wurden die Corradi aus Gonzaga vertrieben; die Hauptlinie der Familie ließ sich in →Mantua nieder, wo sich die Konflikte mit den Casaldoldi jedoch während des gesamten 13. Jh. fortsetzten; die G. wurden mehrfach vertrieben und verloren Ländereien (z. B. Konfiskation v. Marmirolo 1264), setzten sich schließl. jedoch mittels eines Bündnisses mit den →Bonacolsi durch, zogen einen Teil der Besitzungen der Casaldoldi ein und gewannen Gonzaga zurück. Während der Signorie der Bonacolsi in Mantua häuften die G. – nicht zuletzt auf Kosten des Kl. S. Benedetto del Polirone (1287) – große Reichtümer an. Schließl. verbündeten sie sich mit den verones. →Della Scala gegen die Bonacolsi: Mit Unterstützung Cangrandes della Scala tötete Luigi G. am 16. Aug. 1328 Passerino Bonacolsi und wurde de facto Signore v. Mantua. *Luigi* (1328–60) regierte zuerst als »Capitano generale del comune e del popolo di Mantova«, jedoch seit dem 11. Nov. 1328 auch als Reichsvikar Ludwigs d. Bayern. Bei den Auseinandersetzungen zw. Ludwig d. Bayern, Johannes XXII., den guelf. Signoren und später Johann v. Luxemburg-Böhmen, war Mantua ein Zentrum intensiver diplomat. Aktivität, bei der Luigi eine gewichtige Rolle spielte. Sept. 1332 trat er als Signore v. Mantua der Liga v. Ferrara gegen Johann v. Luxemburg-Böhmen bei, im Juni 1341 der von Robert v. Anjou ins Leben gerufenen guelf. Liga. Ein dringendes Problem für die Signorie der G. stellte in dieser Zeit jedoch das Verhältnis zu →Verona dar: die G. lösten sich aus der anfängl.

Quasi-Abhängigkeit von den Scaligern und verbündeten sich mit →Venedig bzw. mit den Mailänder →Visconti (1358). Mit Venedig hatte Mantua auch enge Handelsbeziehungen, da die Lagunenstadt ein guter Markt für seine landwirtschaftl. Produkte war. Mailand war am Bündnis mit Mantua wegen der Kontrolle der Po-Schiffahrt interessiert, die für die Expansion der Visconti-Herrschaft in der Emilia grundlegende Bedeutung besaß. Die Visconti waren jedoch gefährl. Verbündete: in der 2. Hälfte des 14. Jh., während der Signorie von *Guido* (1360–69) und *Ludovico* (1369–82), mußten die G. ihre Oberhoheit anerkennen. *Francesco I.* (1382–1407) befreite sich aus dieser Abhängigkeit durch ein Bündnis mit Venedig und mit Frankreich und trat 1392 der gegen die Visconti gerichteten Liga v. Florenz und Bologna bei. Sein Nachfolger *Gianfrancesco* (1407–44) erwirkte (gegen Zahlung von 12000 Florin) 1433 von Ks. Sigmund die Mgf.enwürde (Medaille von Pisanello für den »primus marchio Mantuae«). Bereits im 14. Jh. ist der Hof in Mantua ein Sitz der Gelehrsamkeit und der Künste (→Mäzenatentum). In der 1. Hälfte des 15. Jh. wirkte dort der Humanist →Vittorino da Feltre und seine 1433 gegr. Schule. Unter *Ludovico III.* (1444–78) erreichte der Humanistenhof der G. seine höchste Blüte. Ludovico ließ größere städtebaul. Maßnahmen in Mantua durchführen und beschäftigte Künstler wie L. B. →Alberti und A. →Mantegna. 1459 beherbergte Ludovico den von Pius II. gegen die Türken einberufenen sog. Fs.enkongreß in Mantua. Dieses glanzvolle Hofleben setzte sich auch unter seinen Nachfolgern *Federico I.* (1478–84) und *Francesco II.* (1484–1519), Gemahl der Isabella d' →Este, fort. Ludovicos III. Testament hatte jedoch die Aufteilung des Territorialstaats der G. unter die verschiedenen Linien der Familie zur Folge (Fsm.er Castiglione delle Stiviere, Bozzolo, Sabbioneta, Mgft.en Gazzuolo, Luzzara und Castelgoffredo, Signorien S. Martino und Solferino): kleine Höfe, die seit dem 16. Jh. neben dem Hof in Mantua bestanden u. teilweise eine glanzvolle Hofhaltung entfalteten (Sabbioneta unter Vespasiano G. [1531–91]). In der Renaissance wurde der Hof der G. von Humanisten verherrlicht, die die Anfänge der Familie ins Mythische steigerten: Bartolomeo Sacchi, gen. →Platina, verfaßte die »Historia inclytae urbis Mantuae« (MURATORI XXIV), Mario →Equicola »Dell'Istoria di Mantova libri cinque« (erst 1608 publiziert), Zeugnisse des glanzvollen kulturellen Lebens am Hof der G. Ende des 15. Jh.　　　A. Biondi

Lit.: AA VV, Mantova la storia le lettere le arti, 1958–61 – G. CONIGLIO, I G., 1967 – C. MOZZARELLI, Lo stato Gonzaghesco. Mantova dal 1382 al 1707 (Storia d'Italia, hg. G. GALASSO, XVII, 1979), 359–405 – s.a. →Mantua.

González de Lara → Lara
González de Mendoza → Mendoza
Gonzalo
1. G. (Sánchez), Kg. v. →Sobrarbe und →Ribagorza, ermordet 26. Juni 1043 oder 1044 (nach UBIETO ARTETA: 1045 oder 1046) in Lascorz (Ayuntamiento v. Foradada de Toscar), ▭Kl. San Victorián, zweiter legitimer Sohn Kg. Sanchos III. 'el Mayor' v. →Navarra-Pamplona und seiner Gattin →Mayor (Munia) v. Kastilien. Nach dem Tod seines Vaters erhielt er bei der Reichsteilung von 1035 die Gft.en Sobrarbe und Ribagorza von Matidero im W bis Llort im O übertragen, wo mit seiner Regierung als Kg. eine Periode des Niedergangs begann, der auch die benachbarte Gft. →Pallars erfaßte. Nach seinem Tod folgte ihm sein Halbbruder Ramiro I. nach, der sein Reich mit →Aragón vereinigte.　　　L. Vones

Lit.: A. UBIETO ARTETA, G. rey de Sobrarbe y Ribagorza, Pirineos 8, 1956, 299–325 – DERS., Estudios entorno a la división del reino por

Sancho el Mayor de Navarra, Príncipe de Viana 21, 1960, 5–56, 163–237 – A. DURÁN GUDIOL, De la Marca Superior de al-Andalus al reino de Aragón, Sobrarbe y Ribagorza, 1975, 147–152, 163–167 – J. M. LACARRA, Hist. del reino de Navarra en la Edad Media, 1976 – A. DURÁN GUDIOL, Ramiro I de Aragón, 1978 – F. GALTIER MARTI, Ribagorza, condado independiente, 1981.

2. G. Peláez, Gf. in Asturien, † März 1138, erscheint unter der Regierung der Kgn. →Urraca zw. 1110 und 1126 als kgl. Verwalter der alten Provinz Asturias de Oviedo bzw. Asturias inferiores, ohne jemals den Gf.entitel zu führen, erreichte aber dennoch eine solche Machtstellung, die ihn zu Kontakten mit Alfons I. v. Aragón sowie den ptg. Herrschern befähigte, daß zw. 1120 und 1125 Suero Vermúdez, der Gf. v. →Luna, als Gf. in Tineo (40 km westl. v. Oviedo) eingesetzt werden mußte, um ein Gegengewicht zu schaffen. Den Grafen-, manchmal auch den dux-Titel führte er erst seit 1126 unter der Regierung von Urracas Sohn, Alfons VII. v. Kastilien-León. Wie große Teile des astur. Adels neigte er von nun an zur offenen Rebellion, was den Kg. nicht hinderte, ihn zw. Juli 1132 und März 1133 als →Alférez Real einzusetzen. Den ersten Adelsaufstand entfesselte G., der in Asturien die Burgen Aguilar, Alba de Quirós, Buanga, Gozón, Proaza und Tudela beherrschte, 1132 aus Ablehnung eines Feldzuges gegen Aragón. Nach mehrjährigen Konflikten und zwei Aussöhnungen von nur kurzfristiger Wirkung (Frühjahr 1135, 1137) verfiel G. endgültig Ende 1137 der →ira regia, wurde auf der Burg Aguilar gefangengesetzt, mußte schließlich das Reich verlassen und starb bald darauf am Hofe Alfons' I. v. Portugal.　　　L. Vones

Q. und Lit.: Chronica Adefonsi Imperatoris, ed. L. SÁNCHEZ BELDA, 1950 – E. GARCÍA GARCÍA, El conde asturiano G. P., Asturiensia Medievalia 2, 1975, 39–64 – M. RECUERO ASTRAY, Alfonso VII, Emperador, 1978, 111ff. – E. BENITO RUANO–F. J. FERNÁNDEZ CONDE, Hist. de Asturias IV, 1979, 234–237 – B. F. REILLY, The Kingdom of León-Castilla under Queen Urraca 1109–1126, 1982.

3. G. (Gonçalo Pais), Bf. v. →Coimbra 1109–28, † 17. April 1128. Nachkomme des ptg. Magnaten Paio Peres 'Romeu', wurde G. als Kandidat der kast.-leones. Königsgewalt und Vertrauensmann des Ebf.s →Bernhard v. →Toledo vor dem 19. Jan. 1109 zum Nachfolger des auf den Erzstuhl v. →Braga transferierten Mauritius Burdinus (→Gregor VIII.) gewählt. Von Ebf. Mauritius geweiht (vor 29. Juli 1109) und zum Obödienzeid veranlaßt, leistete er auch Bernhard eine 'professio' und betrieb an dessen Seite eine weitgehende selbständige Politik, die von der Ablehnung der Bragaer Metropolitanhoheit über Coimbra zugunsten der Toledaner Ansprüche bestimmt war. Dieser unter Verwendung der »Divisio Wambae« ausgefochtene Konflikt erhielt nach der Erhebung →Santiagos de Compostela zum Ebm. (1120) eine neue Dimension, da Ebf. →Diego Gelmírez nun seinerseits – in der Nachfolge v. →Mérida – die Jurisdiktion über Coimbra forderte. Ein langwieriger Grenzstreit mit Bf. →Hugo v. Porto wurde zwar beigelegt (Einigung von 1114, Entscheidungen durch päpstl. Legaten von 1117 und 1121, bestätigt 1122 durch kgl. Urkunde), doch schwelten Unstimmigkeiten wegen des von Coimbra verwalteten vakanten Bm.s →Lamego weiter. G.s Widerstand gegen die Compostellaner Kirchenpolitik trug ihm sogar die vorübergehende Absetzung ein (1124), bereitete indes den Boden für die spätere Integration seiner Diöz. in die ptg. Landeskirche. G. stand vermutl. von der Regularkanonikerbewegung inspirierten Reformkreisen um den Archidiakon Tello, den Gründer v. Sta. Cruz in Coimbra, nahe.　　　L. Vones

Q. und Lit.: PU Portugal, ed. C. ERDMANN, 1927 – C. ERDMANN, Das Papsttum und Portugal, AAB 1928, Nr. 5 – Liber anniversariorum ecclesiae cathedralis Colimbriensis, ed. P. DAVID–T. DE SOUSA SOARES,

I, 1947, 205 – P. DAVID, Études hist. sur la Galice et le Portugal, 1947 – Livro Preto da Sé de Coimbra, ed. A. DE JESÚS DA COSTA, 3 Bde, 1977–79 – L. VONES, Die »Hist. Compostellana« und die Kirchenpolitik des nw-span. Raumes 1070–1130, 1980 – J. MATTOSO, A nobreza medieval portuguesa, 1981, 169 – B. F. REILLY, The Kingdom of León-Castilla under Queen Urraca 1109–26, 1982 – s. a. Lit. zu →Braga, →Coimbra, →Santiago de Compostela.

4. G. Palomeque, Ebf. v. Toledo → Palomeque Gonzalo

5. G. de Berceo, erster namentl. bekannter kast. Dichter, 2. Viertel des 13. Jh. (genaue Lebensdaten sind nicht bekannt, urkundl. belegt von 1221 bis 1246) aus Berceo (Rioja), wo er vermutl. Säkularkleriker war (der Titel Maestro, mit dem er sich selbst bezeichnet, kann ein Synonym für Confessor sein oder auf ein akadem. Studium, vielleicht in Palencia, hindeuten); er wurde in dem Kl. →S. Millán de la Cogolla erzogen und blieb diesem verbunden. G. verfaßte zahlreiche Dichtungen ausschließl. religiösen Inhalts (die Zuschreibung des anonymen »Libro de Alixandre« an ihn in einer der Hs. überzeugt aus stilist. und ideolog. Gründen nicht). Seine Dichtungen sind größtenteils in vierzeiligen Alexandrinerstrophen mit einer einzigen Vollreimbindung (»Cuaderna via) verfaßt, dem Metrum des »Mester de clerecía«, der im wesentl. auf der lat. Klerikerkultur gründet, aber auch Züge der Spielmannsdichtung aufweist. Bei seinen hagiograph. und marian. Dichtungen, die er für die ungelehrten Laien seiner bescheidenen ländl. Umgebung und für die Pilger verfaßte, benutzte G. d. B. lat. Quellen, die größtenteils identifiziert wurden. Neben Viten von drei Lokalheiligen (S. Domingo de Silos, S. Millán [Aemilianus] und S. Oria) und dem Martyrium des hl. Laurentius verfaßte er 25 Marienmirakel (»Milagros de Nuestra Señora«) sowie zwei kleinere Mariendichtungen (»Los loores de Nuestra Señora« und »El duelo que fizo la Virgen«), ferner zwei Lehrdichtungen (»Los signos que aparecerán ante el Juicio«, »El sacrificio de la misa«) und drei Hymnen. Die Schlichtheit seines der Vermittlung lat.-gelehrten Gedankenguts gewidmeten Werkes ist nicht naiv, sondern gewollt, und trägt top. Züge. Die Ebenen des Persönlichen und des bescheidenen Alltagslebens und des Erhabenen und Ewigen gehen ineinander über, wie es der ma. christl. Weltsicht entspricht: Begebenheiten aus dem Leben des Dichters selbst oder der Sünder in den Mirakeln oder der Heiligen, die er feiert, stehen in direkter Beziehung zu der Teilnahme des Göttl. an der Welt: Jedes Geschehnis erhält seinen Sinn, in der Mühsal und jeder Sünde liegt die Möglichkeit zur Erlösung.　　　　　　　　A. Várvaro

Ed.: Obras completas, ed. B. DUTTON, 1967–81 – Milagros: ed. C. GARCÍA TURZA, 1979; ed. J. MONTOYA MARTÍNEZ, 1986 – Vida de Sto. Domingo: ed. G. ORDUNA, 1968; ed. A. RUFFINATTO, 1978 – Sta. Oria, ed. I. URÍA MAQUA, 1976 – S. Lorenzo: ed. P. TESAURO, 1971 – Vida de San Millán de la Cogolla, ed. B. DUTTON, 1984² – *Hss.-Tradition:* C. GARCÍA TURZA, La tradición manuscrita de B., 1979 – A new B. manuscript, Madrid BN 13149, ed. B. DUTTON, 1982 – *Bibliogr.:* J. SAUGNIEUX – A. VARASCHIN, Ensayo de bibliogr. berceana, 1984, 103–119 – *Lit.:* J. GUILLÉN, Lenguaje y poesía, 1962 – V. BERTOLUCCI, Contributo allo studio della lett. miracolistica, Misc. di studi ispanici, 1963, 5–72 – U. EBEL, Das altroman. Mirakel, 1965 – J. ARTILES, Los recursos literarios de B., 1968² – T. A. PARRY, Art and Meaning in B.'s Vida de Sta. Oria, 1968 – C. GARIANO, Análisis estilístico de los Milagros de Nuestra Señora de G. de B., 1971² – J. E. KELLER, G. de B., 1972 – A. RUFFINATTO, La lingua di B., 1974 – B. DUTTON, A Chronology of the Works of G. de B. (Medieval Stud. …), R. HAMILTON, 1976), 67–76 – G. GIMÉNEZ RESANO, El mester poético de G. de B., 1976 – J. M. ROZAS, Los milagros de B., 1976 – J. MONTOYA, Las colecciones de milagros de la Virgen en la Edad Media, 1981.

6. G. Fernández de Cordoba, Heerführer → Gran Capitán, el

Good Parliament (trat in Westminster vom 28. April b. 10. Juli 1376 zusammen), bedeutendes →Parliament, auf dem die Commons eine Gruppe von Höflingen und Hoffinanziers →Eduards III. wegen Bestechung und Unterschlagung anklagten. Nach interner Beratung erwählten die Commons Sir Peter de la Mare, einen Vertreter der Gft. Herefordshire und *Steward* des Earl of March, zu ihrem *Speaker* vor den *Lords*; hierbei handelt es sich um den ersten Beleg für einen von den Commons ernannten Speaker. De la Mare forderte zunächst die Verhaftung und Aburteilung mehrerer Günstlinge des Kg.s (u.a. des *Chamberlain* Latimer und des Londoner Finanzmannes Lyons), später auch die Verbannung der Mätresse des Kg.s vom Hof und die Einsetzung eines neuen →*Council*; der Speaker stellte klar, daß die Commons ihre Steuerbewilligung von der Erfüllung ihrer Forderungen abhängig machten. Von Latimer zum Beweis seiner Anschuldigungen aufgefordert, erklärte De la Mare, daß die Commons gemeinschaftl. als Ankläger, die Lords als Richter fungieren sollten; dieses Verfahren wurde später als →*impeachment* bekannt. Die Commons agierten – trotz einer gewissen Unterstützung von seiten der Lords – eindeutig aus eigener Initiative; der weitere Verlauf der Ereignisse zeigt, wie stark sie nun zusammenhielten. Die Angeklagten wurden für schuldig befunden, doch blieben die Forderungen der Commons letztendlich unerfüllt, u.a. weil sich →John of Gaunt nach der Auflösung des Parliament als Verteidiger der kgl. Prärogative nachdrücklich für die Auflösung der von den Commons gefaßten Beschlüsse einsetzte.　　　　　　　　　　　　　A. Tuck

Lit.: →Eduard III. – G. A. HOLMES, The G. P., 1975 – C. GIVEN-WILSON, The Royal Household and the King's Affinity, 1986.

Gorazd → Kyrill und Method

Göreme → Höhlenklöster, -kirchen

Görlitz, Stadt in der Oberlausitz, an der Neiße. 1071 wurde das slav. Dorf G. im Gau Milska unter dem Mgf.en v. →Meißen, am Neißeübergang der Hohen Straße (via regia) gelegen, von Ks. Heinrich IV. dem Bf. v. Meißen geschenkt. Der Bergsporn trug eine Feste, die 1126 und 1131 unter böhm. Herrschaft ausgebaut wurde. Die Nikolaikirche deutet auf eine vor 1200 anzunehmende Kaufmannssiedlung hin. Wohl 1210/20 entstand bei der landesherrl. Burg die Stadt mit regelmäßigem Straßennetz und einer um 1230 erbauten Peter- und Paulkirche. Die westl. Erweiterung bezog um 1250 das 1234 gegr. Franziskanerkloster ein. Im Dienste des böhm. Kg.s saß 1234 und 1238 ein villicus bzw. advocatus in der Stadt, der dem Kreis vornehmer Familien (coniuratores, consules) angehörte, aus denen die Großgrundbesitzer und Großhändler hervorgingen. Mit dem rector civium von 1282 wird die Lösung aus der stadtherrl. Gewalt greifbar. 1330 war die Münze, um die Mitte des 14. Jh. das Stadtgericht in den Händen des Rates. Ein doppelter, 24 ha umfassender Mauerring ist seit dem 14. Jh. bezeugt. In der alten Burg, dem »Vogtshof«, hatten seit dem späten MA die adligen Stände des G.er Landes ihren Sitz. Fsl. Gewalten waren nur 1319 bis 1329 unter Hzg. Heinrich v. Jauer als Herrn eines eigenen Landes G. und 1377 bis 1396 unter Hzg. Johann v. G. in der Stadt ansässig, die sich ansonsten als freies bürgerl. Gemeinwesen sehr vorteilhaft entwickeln konnte. Die Tuchmacherei, die 1329 erwirkte Zollfreiheit in allen Ländern der böhm. Krone und das Waidhandelsmonopol (→Waid) von 1339 bildeten die Grundlagen der wirtschaftl. Blüte. Das Gericht zu G. übte die Strafgerichtsbarkeit im G.er Weichbild (über 200 Dörfer) aus. Im 1346 gegr. Oberlausitzer Sechsstädtebund (→Sechsstädte,

Lausitzer) war G. das mächtigste Glied, um im Bunde mit dem Kg. den →Landfrieden zu sichern. Gegen die →Hussiten kämpfte die reiche Stadt kompromißlos; im Oberlausitzer Femegericht, das 1419 erlosch, hatten die G.er Geschlechter die Führung inne.

Seit 1440 wurden in großem Umfang Landgüter erworben. Um 1500 zählte G. ca. 10000 Einw. Die innerstädt., von den Tuchmachern ausgehenden Unruhen (1369, 1390 und 1405) gingen 1521 in die luther. Bewegung über.

K. Blaschke

Bibliogr.: Bibliogr. zur Dt. Hist. Städteforsch. 1, 1986 (= Städteforsch. B1, 1), 290–293 – *Lit.*: R. JECHT, Gesch. der Stadt G., 1, 1922–34 – F.-D. JACOB, Die G.er bürgerl. Hausanlage der Spätgotik und Frührenaissance, 1972 – E. H. LEMPER, G., 1980⁴.

Gorm der Alte

Gorm der Alte ('G. den Gamle'), bei →Adam v. Bremen sowie inschriftlich durch den (kleinen) Runenstein v. →Jelling belegter dän. Kg. d. frühen 10. Jh. (→Dänemark, C.); ∞ Thyre (Tyra), die nach einer Überlieferung Tochter des Kg.s →Eduard d. Ä. v. Wessex, des Sohnes von Alfred d. Gr., war. Nach Adam v. Bremen wurde G., vielleicht am Königssitz Jelling, vom Ebf. →Unni v. →Hamburg-Bremen aufgesucht. Der von Adam als grimmiger Christenverfolger geschilderte G. lehnte – im Gegensatz zu seinem Sohn →Harald Blauzahn – die Taufe ab, doch duldete er wohl die christl. Predigt in Dänemark. Aus der Angabe Adams, daß G.s Sohn Harald († 986/987) fünfzig Jahre regiert habe, läßt sich schließen, daß G. wohl 936 oder bald danach starb.

Die sonstigen Angaben bei Adam v. Bremen über G. sind unklar. So ist fraglich, ob der erwähnte Hardecnudth Vurm, der Kg. Heinrich I. bei seinem Feldzug nach S-Jütland 934 unterlag (→Dänemark, C.I), mit G. ('Vurm') gleichzusetzen ist. Unklar ist auch, wann und unter welchen Umständen eine (möglicherweise) schwed. Königsdynastie aus dem Gebiet von →Haithabu (Schleswig) u. a. von Hardecnudth Vurm verdrängt wurde, der danach, zumindest in Jütland, eine dän. Kg.sherrschaft errichtete.

Der wichtigste Beleg für G. ist der (kleine) Runenstein v. Jelling, den G. für seine Frau Thyre setzen ließ: »König Gorm machte dieses Denkmal nach Thyre, seiner Frau, Dänemarks Besserung« (die Bedeutung der letzten Wendung ist umstritten). Zusammen mit dem unmittelbar daneben errichteten großen Jellingstein seines Sohnes Harald Blauzahn wird damit zum ersten Mal in der dän. Gesch. der Anfang einer datierbaren Königsreihe – die sog. Jellingdynastie, der alle ma. Kg.e Dänemarks bis 1375 angehörten – sichtbar. G. kann somit als Gründer dieser Dynastie angesehen werden.

H. Ehrhardt

Lit.: I. SKOVGAARD-PETERSEN u. a., Danmarks hist. I, 1977, 161ff.

Gormont et Isembart

Gormont et Isembart, eine der ältesten →Chansons de geste, von der nur 661 Achtsilber erhalten sind (Ms. um 1130). In dem Fragment wird eine Schlacht geschildert, in der der heidn. Kg. G. die tapfersten frz. Ritter erschlägt, dann jedoch selbst durch die Hand Kg. Ludwigs fällt. Der Renegat I., wohl der Protagonist der Chanson, flößt den Heiden neuen Mut ein und führt sie zum Sieg. Unwissentl. kämpft er mit dem eigenen Vater. Tödlich verwundet, kehrt I. zum christl. Glauben zurück.

Als hist. Hintergrund der Dichtung wird der Einfall der Normannen in das Westfrk. Reich 881 angesehen (Sieg Ludwigs III. b. →Saucourt-Vimeu). Der Inhalt der Chanson kann durch jüngere Texte rekonstruiert werden (v. a. die Reimchronik des Philippe →Mousquet, vv. 14053–14296). Ein »Livre Isembart« in Achtsilbern war im 15. Jh. in der Bibliothek der Hzg.e v. Burgund vorhanden.

L. Rossi

Lit.: J. B. ASHFORD, État présent des recherches sur G. et I., Olifant 10,4, 1984–85, 188–209 [Lit.]. – L. ROSSI, En relisant les inventaires: à propos du »Livre Izembart« de la Bibl. de Bourgogne, Studi Francesi e Provenzali, 1987–88, 1–5.

Gorod

Gorod (auch: *horod*, Diminutiva *gorodok, gorodec*; Grundbedeutung: 'Umzäunung', von *goroditi* 'umzäunen') hat sich als Benennung der befestigten Siedlungsstätten im östl. slav. Sprachgebiet über das ganze MA erhalten. Im Schrifttum hat sich auch das gleichlautende südslav. Appellativum *grad, gradec* eingebürgert. In Übers. wird damit griech. πόλις, τεῖχος, κώμη, κάστρον, φρούριον, χαστέλιον, ὀχύρωμα, lat. civitas, urbs, oppidum, murus, moenia, castellum, castrum wiedergegeben. Die Vieldeutigkeit des Begriffs hat auch zur Schaffung ergänzender aruss. Bezeichnungen beigetragen, welche zur Beschreibung zwei- und mehrgliedriger Anlagen nötig waren: G. *dniešnij* oder *kromnyi, dietiniec, krom* (ab. 14. Jh. auch *kremnik, kremlnik, kreml, vyšegrad, vyšegradec*; in Übers.: ἀκρόπολις, φρούριον; custodia, presidium, arx, castrum) für Fürstenburg, innere Burg, Schloß, den am stärksten befestigten Kern der Anlage. G. *okolnyi, ostrog* (in Übers. χαράκωμα; vallum) für die äußere Burg. Ein Suburbium wurde als *peredgorodie, predgradie, prigorod* (in anderer Deutung vgl. →Pskov), *prigorodie, zagorodie, zagradie* (extra muros), *podol, podolie* (Talsiedlung) und *posad* (belegt seit der Wende zum 13. Jh.) genannt.

G. wird auch verstanden als →civitas im Sinne eines Stadtstaates bzw. einer bürgerl. Stadtgemeinde mit ländl. Machtbereich, die gewisse Analogien zur gesellschaftl. Ordnung der antiken Polis zeigt und, mit der Volksversammlung (*veče*) als dem höchsten Organ und dem Fs.en als Inhaber der obersten Exekutivgewalt, auf der Arbeit von freien Ackerbauern und Handwerkern beruht. Die Doppelbedeutung von *gorod/grad* als Burg und Stadt hat die ständigen Versuche hervorgerufen, in den von den Chronisten bereits seit dem 9. und 10. Jh. als G. bezeichneten Ortschaften städt. Siedlungen zu sehen, bis die Archäologie dort, wo die Lokalisierung möglich war, den Dilettantismus solcher Versuche erwies. Der Bau von G. ist im 8.–9. Jh. mit der Sippen- und Stammesordnung verbunden; ab 10.–11. Jh. läßt er sich stärker mit der Entstehung von Herrschaftszentren erklären. Seit dem 11. Jh. wuchs auch die Zahl der G. als Grenzfestungen und Grundherrensitze. Nur ein kleiner Teil von ihnen entwickelte sich zu burgstädt. Siedlungen.

Ein G. kann nur dann als echte Stadt bezeichnet werden, wenn er bestimmte Voraussetzungen erfüllt. Hierzu zählen politisch-administrative, kultisch-religiöse und nichtagrar. ökonomische Funktionen samt der Versorgung des agrar. Hinterlands (Fs.en- und Adelssitz mit Gefolgschaft, Bf.ssitz mit Kirchen und Kl., fsl. und diözesane/vikariale Verwaltung, Handel und spezialisiertes Gewerbe), Urbanisierung (geordnete Bebauung, mit Straßen- und Parzellensystem, mit Marktplatz oder sogar mit einigen spezialisierten Märkten, Residenzhöfen und mehrstöckigen Häusern, Sakralbauten), eine bestimmte Einwohnerzahl und eine sozio-ökonom. Differenzierung der Bevölkerung mit eigenen Willensbekundungen in burgstädt. Versammlungen (→*veče*) und Organisationen (Landwehr, Bruderschaften, Straßeneinwohnerschaften, Kaufleute- und andere Hundertschaften). Bes. Anstoß und Prägung bekam dieser Prozeß in der →Kiever Rus' und den aruss. Ländern durch: 1. die ethnische Inhomogenität, infolge internationaler wirtschaftl. und polit. Kontakte; 2. den ständigen Aufenthalt des Landadels (→Bojaren) in G. und die daraus folgenden wirtschaftl. Beziehungen mit dem Großgrundbesitz im agrar. Hinterland; 3. die Christianisierung, welche neue architekton. Momente in den G. einführte und die soziale Schichtung bereicherte (Geistlichkeit, Mönche, Leute der Kirche). Der Bau von Steinkirchen zog neue Fachkräfte an (→Baubetrieb), während die Errichtung von Holzkirchen dem →Holzbau neue Möglichkeiten eröffnete. Die Umgürtung der großen G. schon seit d. 11. Jh. m. suburbanen Kl., die selbst kleinen G. ähnelten, verwandelte die Landschaft der aruss. burgstädt. Anlagen und sakralisierte den G. selbst. Die Zersplitterung der Macht im Kiever Reich führte zur Entstehung einer wachsenden Zahl von Teilfürstentümern (ca. 50 um 1235). Ein G., der zum Fürstensitz wurde, entwickelte sich schnell zur Stadt. Von etwa 1400 archäolog. festgestellten G. des 9.–13. Jh. besaß ein Drittel anliegende unbefestigte kleine und große Siedlungen mit bis zu 50 ha Fläche. 250 G., mit einer Fläche von 1500 m² bis 2 ha, wurden durch Ausgrabungen erforscht. Unter 414 in den Chroniken erwähnten G. sind vollentwickelte Städte und einfache Wachburgen genannt. Die befestigte Fläche eines G. konnte von 0,1 ha bis über 40 ha betragen, davon 48% bis 0,3 ha, 25% von 0,1 bis 1 ha, 20% von 1 bis 5 ha, 3,5% von 5 bis 10 ha, 2% von 10 bis 20 ha, 1,5% über 20 ha. Zwei- oder Mehrgliederung ist weniger als 20% G. eigen, d. h. solchen, die eine am meisten befestigte Fläche über 2,5 ha besaßen (abgesehen von suburbia) und mit einem Hektarindex von 200 Einwohnern durchschnittl. als stadtähnl. Anlagen bezeichnet werden können. Die Entstehung von etwa 50% der G. ist dem Jahrhundert 1135–1237 zuzuschreiben mit deutlichem Zuwachs von kleinen, bis 1 ha großen Burgen (Verwaltungsbezirkszentren?). Im 10. Jh. sind zwei gesicherte Städte (→Kiev und →Novgorod) und einige stadtähnl. Siedlungen feststellbar, um die Mitte des 11. Jh. zehn echte Städte. Die Zahl der burgstädt. G.-Anlagen stieg infolge der genannten Faktoren (bes. Christianisierung und Zersplitterung der Macht) bis zur Mitte des 12. Jh. auf über 50 und bis 1237 auf etwa 120, aber die Zahl der voll ausgebildeten Städte stieg nicht über 70. Die Existenz von Stadtparzellen ist archäolog. für 32 G. bestätigt. Eine typ. Parzelle war 120–250 m² groß, es gab auch solche mit 400–500 m² und 700 bis 2000 m² große Bojarenhöfe. Von 250 bekannten Kirchen der vormongol. Zeit sind 202 archäolog. bestätigt, 30 davon bis heute ganz oder teilweise erhalten. 60% wurden 1180–1237 errichtet, d. h. in den letzten Jahrzehnten vor dem Mogolensturm, durch den mehr als die Hälfte dieser Kirchen zerstört wurde. Das folgende Verbot des Stein- und Ziegelbaus führte zum Schwund der Steinbaukunst, so daß im 14. und 15. Jh. ein Neubeginn erforderlich wurde. Infolge des Mongolensturms fiel ein Drittel aller Anlagen für immer wüst. In den anderen ging die Entwicklung nach einer Erholungsphase seit dem Anfang des 14. Jh. weiter. Eine aus verschiedenen Quellen zusammengestellte hist.-geogr. Liste für den gesamten ostslav. Raum um 1400 nennt 358 G. Diese Zahl, verifiziert und auf 300 herabgesetzt, zeigt die Größenordnung der G., welche um die Wende des 14. Jh. als Städte (ein Drittel?) und stadtähnl. Burgsiedlungen bezeichnet werden können. Für das Gfsm. Moskau scheint die Zahl solcher G. vor 1500 um 130 betragen zu haben. →Burg, →Civitas, →Markt, →veče. A. Poppe

Lit.: M. TICHOMIROV, Spisok russkich gorodov dal'nich i bližnich, IstZap 40, 1952, 214–259 – A. POPPE, Materialy do słownika terminów budownictwa staroruskiego X–XV w., 1962 – A. CHOROŠKÉVIČ, Osnovnye itogi izučenija gorodov XI–pervoj poloviny XVII v. (Fschr. N. USTJUGOV, 1966), 34–50 – M. HELLMANN, Probleme früher städt. Sozialstruktur in Osteuropa (VuF 11, 1966), 379–402 – H. ŻIÓŁKOWSKA, La ville slave à la lumière des definitions sociologiques de la ville (I

Międzynarodowy Kongres archeologii słowiańskiej, Bd. 4, 1968), 143–151 – H. LUDAT, Die Bezeichnung für »Stadt« im Slav. (DERS., Dt.-slav. Frühzeit und modernes poln. Geschichtsbewußtsein, 1969), 82–96, 339–341 – V. PROCHAZKA, Die patriarchal. Stadt als Entwicklungsstufe der ältesten polit. Organisation bei den Slawen (Origine et débuts des Slaves 7, 1972), 11–48 – A. SACHAROV, O termine gorod v istočnikach 16 v. (Fschr. L. ČEREPNIN, 1975), 62–66 – V. KARLOV, O faktorach ekonomičeskogo i političeskogo razvitija russkogo goroda v epochu srednevekoja (Russkij Gorod, 1976), 32–69 – C. GOEHRKE, Die Anfänge des ma. Städtewesens in euras. Perspektive, Saeculum 31, 1980, 194 – V. KARLOV, K voprosu o ponjatii rannefeodal'nogo goroda i jego tipov v otečestvennoj istoriografii (Russkij Gorod 3, 1980), 66–83 – C. GOEHRKE, Bem. zur altruss. Stadt der frühen Teilfürstenzeit (Beitr. zum hochma. Städtewesen, 1982), 208–227 – A. KUZA, O proischoždenii drevnerusskich gorodov (istoria izučenia), KSIA 171, 1982, 9–15 – H. LUDAT, Zum Stadtbegriff im osteurop. Bereich (DERS., Slawen und Dt. im MA, 1982), 226–241, 404–405 – A. KUZA, Social'no-istoričeskaja topologia drevnerusskich gorodov X–XIII vv. (Russkij Gorod 6, 1983), 4–36 – V. SEDOV, Načalo gorodov na Rusi (Drevnerusskoe gosudarstvo i slavjane, 1983), 51–54 – Drevnerusskij Gorod, 1984, 22–24, 29–31, 61–72 – I. FROJANOV, Spornye voprosy obrazovanija gorodov na Rusi (Problemy archeologii i etnografii, vyp. 2, 1985), 108–117 – N. KOTLJAR, Dejaki problemy istorii davnoruśkoho mista, Ukrains'kij Istoryǔy Žurnal, 1985, Nr. 9, 65–74 – Drevnjaja Rus: Gorod, zamok, selo, 1985 – I. FROJANOV–A. DVORNIČENKO, Goroda-gosudarstva v drevnej Rusi (Stanovlenie i razvitie ranneklassovych obščestv, 1986), 198–311 – I. DUBOV, Problema vozniknovenija gorodov na Rusi po materjalam otečestvennoj archeologii, ebd., 312–330.

Görz, Gft., Gf. en v. G. und →Tirol, Hzg. e v. →Kärnten. Die Abstammung der seit 1107 gen. Gf. en Meinhard und Engelbert v. G. ist im Detail nicht geklärt. Vom bayer. Pfgf. en Aribo II. und dessen Gattin Liutkard, den Stiftern der Abtei →Millstatt in Kärnten, übernahmen sie die Vogtei über dieses »von ihren Vorfahren (parentes)« gegr. Kl., reichen Besitz in Kärnten und zeitweise das bayer. Pfgf. enamt. Die Leitnamen Meinhard und Engelbert sprechen jedoch gegen eine direkte Abstammung von den →Aribonen und verbinden die Gf. en v. G. mit den Gf. en v. Lurn und der mächtigen Sippe der Sighardinger, von denen sie umfangreiche Güter in Kärnten (Eberstein) erbten. Entscheidend für den Aufstieg des Geschlechts war die enge Verbindung zum Patriarchat →Aquileia, die den G. ern wohl schon unter dem verwandten Patriarchen Sigehard nach 1077 die Erwerbung großer Lehengüter in Friaul und Istrien, darunter auch des Stammsitzes G., ermöglicht hatte. Die Vogtei über Aquileia (seit ca. 1122) und seit dem 13. Jh. ihre Stellung als Generalkapitäne benutzten die G. er zum zielstrebigen Ausbau ihrer Stellung in Friaul und Istrien, bes. seit die restriktiven Bestimmungen des Vertrages v. Ramuscello (1150) revidiert wurden (1202). Brachte die Heirat von Gf. Engelbert III. mit Mathilde v. Andechs-Pisino um 1170 zusätzl. Besitz in Inneristrien an die G. er, so legte die Ehe Meinhards III. mit Adelheid, der Tochter Gf. Alberts III. v. Tirol, den Grundstein zum weiteren Aufstieg. Die Verluste, die Meinhard III. durch die schwere Niederlage bei Greifenburg 1252 gegen den »erwählten« Salzburger Ebf. Philipp v. →Spanheim in Kärnten erlitt, wurden durch den Anteil am Tiroler Erbe aufgewogen. Sein Sohn →Meinhard II. (IV.) v. Görz-Tirol konnte fast ganz Tirol an sich bringen. Im Teilungsvertrag mit seinem jüngeren Bruder Albert behielt sich Meinhard II. 1271 die relativ geschlossene Gft. Tirol vor, während Albert die Stammburg mit der (»inneren«) Gft. G., die Besitzungen in Istrien, Friaul und Kärnten, das Pustertal und die weit verstreuten Herrschaften östl. der Haslacher Klause erhielt. Die von den Brüdern abstammende »meinhardin.« und »albertin.« Linie des Geschlechts gingen in der Folgezeit getrennte Wege. Meinhard II. wurde als engster Parteigänger Rudolfs I.

von Habsburg 1286 mit dem Hzm. Kärnten belehnt und damit Reichsfürst. Außerdem erhielt er das Hzm. →Krain als Pfandschaft. Von seinen Söhnen *Otto, Ludwig* und →*Heinrich,* die gemeinsam die Herrschaft übernahmen, wurde letzterer 1307 Kg. v. Böhmen und Polen, aber bereits 1310 wieder aus Prag vertrieben. Nach Heinrichs Tod fielen Kärnten und Krain 1335 an die Habsburger, während Heinrichs Tochter →*Margarethe* »*Maultasch*« Tirol behaupten konnte. Sie trat das Land nach dem Tode ihres einzigen Sohnes Meinhard 1363 an Hzg. →Rudolf IV. v. Österreich ab, dem sie 1365 auch die Regierung übergab. Mit ihr erlosch 1369 die meinhard. Linie des Hauses G.

Die Machtbasis der albertin. Linie im abgelegenen Karstgebiet war wesentl. geringer und wurde durch Herrschaftsteilungen geschmälert. Nach dem Tode *Heinrichs v. G.* (1323), der sich zum Herrn von Cividale, Treviso und Padua aufgeschwungen hatte und G. 1307 zur Stadt erhob, gab es vom Pustertal bis Istrien vier albertin.-görz. Gft. en; deshalb wurden auch die Erbansprüche der machtlosen Albertiner auf Kärnten und Tirol übergangen. Wegen der Bedrohung der »inneren« Gft. G. durch Venedig verlegten die Gf. en ihre Residenz nach Schloß Bruck bei Lienz, den Mittelpunkt der »vorderen« Gft. G., wo sie schon seit 1195 Münzen schlugen. *Meinhard VII.* erreichte 1365 die Anerkennung als Reichsfürst durch Ks. Karl IV., aber sein Bruder *Albert IV.* vermachte 1364 die Gft. Mitterburg (Pisino) in Inneristrien und den Besitz in der Windischen Mark mit Möttling den Habsburgern. *Heinrich IV.* vereinigte 1430 den Restbesitz der Familie und schloß 1437 einen Erbvertrag mit den Gf. en v. →Cilli. Im Streit um das Cillier Erbe unterlagen die G. er gegen Ks. →Friedrich III. und mußten im Frieden v. Pusarnitz 1460 alles Land östl. der Lienzer Klause an diesen abtreten; nur Lienz gewannen sie 1462 durch einen Aufstand zurück. *Leonhard,* der letzte Gf. v. G., suchte zeitlebens vergeblich durch verschiedenste Bündnisse den verlorenen Kärntner Besitz zurückzugewinnen und schloß erst kurz vor seinem Tode (1500) einen Erbvertrag mit Maximilian I. Dieser trennte die »vordere« Gft. G. endgültig von Kärnten und schlug sie zu Tirol (heute Osttirol).   H. Dopsch

Q.: H. WIESFLECKER, Die Reg. der Gf. en v. G. und Tirol, I, 1949; II/1, 1952 – F. KLOS-BUZEK, Das Urbar der vorderen Gft. G. 1299, Österr. Urbare I/3, 1956 – *Lit.:* M. WUTTE, Die Erwerbung der G. er Besitzungen durch das Haus Habsburg, MIÖG 38, 1920, 282–311 – E. KLEBEL, Die Gf. en v. G. als Landesherren in Oberkärnten, Carinthia I, 125, 1935, 59–82, 218–246 – F. CUSIN, Il confine orientale d'Italia nella politica europea del XIV e XV s., 1937 [Nachdr. 1977] – H. WIESFLECKER, Die polit. Entwicklung der Gft. G. und ihr Erbfall an Österreich, MIÖG 56, 1948, 329–384 – J. WEINGARTNER, Die letzten Gf. en v. G. (Lienzer Buch, Schlern-Schr. 98, 1952), 111–135 – H. SCHMIDINGER, Patriarch und Landesherr (Publ. des österr. Kulturinst. in Rom I/1, 1954) – H. WIESFLECKER, Meinhard II., Schlern-Schr. 124, 1955 – M. PIZZININI, Die Gf. en v. G. in ihren Beziehungen zu den Mächten im nö. Italien 1250–1358 [Diss. masch. Innsbruck 1968] – CH. THOMAS, Kampf um die Weidenburg. Habsburg, Cilli und G. 1440–45, Mitt. des österr. Staatsarchivs 24, 1972, 1–86 – J. RIEDMANN, Die Beziehungen der Gf. en und Landesfs. en v. Tirol zu Italien bis 1335 (SAW.PH 307, 1977) – W. BAUM, Nikolaus v. Kues und die Gf. en v. G., Der Schlern 58, 1984, 63–85 – J. RIEDMANN, Das MA (Gesch. des Landes Tirol 1, 1985), 265–661 – W. BAUM, Die Gründung des Kl. Rosazzo und die Anfänge der Gf. en v. G., Der Schlern 61, 1987, 623–637.

Gorze, Abtei OSB in Lothringen, südl. von→Metz, dép. Moselle, arr. Metz. Die Gründung der Abtei G. war ein wichtiger Bestandteil des Reformprogramms des Bf.s →Chrodegang v. Metz, der als Haupt des frk. Episkopats das Mönchtum auf die→Regula s. Benedicti zu verpflichten bestrebt war. Chrodegang verkündete seine Entscheidung am 18. Mai 757 den auf der Synode v. Compiègne

versammelten Bf. en und Äbten; dieses Datum muß als entscheidender Zeitpunkt der Gründung der Abtei gegenüber einem früheren Gründungsdatum (748), das auf gefälschten Urkunden beruht, festgehalten werden. G. erhielt als Güterausstattung Besitz am linken Moselufer, in der Landschaft Woëvre, aber auch in entfernteren Reichsgebieten (Wormsgau, Champagne). Die Abtei unterstand dem Bf. ssitz v. Metz; der jeweilige Bf. hatte seine Zustimmung zur Abtwahl zu geben, was in der Folgezeit wiederholt zur Übernahme der Abtwürde durch die Bf. e v. Metz führte: Schon Magulf hatte als Vertreter des Bf.s während der Sedisvakanz um 800 auch das Abbatiat v. G. inne. Ebenso übte Bf. →Drogo während seiner letzten Lebensjahrzehnte, von ca. 835–855, die Abtwürde aus. Lothar II. übertrug die Abtei seinem Verwandten, dem Gf. en Bivinus (855–863). Bf. Adventius setzte dagegen zwar 863 zunächst einen Regularabt ein, behielt sich aber von 868 bis zu seinem Lebensende († 875) schließlich doch wieder die Abtwürde vor. Auch zu Beginn des 10. Jh. war die Abtwürde in den Händen des Bf.s Robert. Dessen Nachfolger Wigericus übertrug G. als Beneficium dem Gf. en Adalbert.

Die Entwicklung G.s zum Reformzentrum begann, als Bf. →Adalbero I. die Abtei einer Gruppe von Klerikern, die eine monast. Gemeinschaft begründen wollten, anbot. Dieser Reformgruppe gehörten an: der Touler Archidiakon →Eginold, →Johann v. Vandières, der Metzer Diakon Bernacre, Salecho v. St-Martin, Randicus v. St-Symphorien und zwei andere Kleriker. Zu ihnen stießen weitere Kleriker und Mönche: Friedrich v. St-Hubert, Odilo v. Verdun, Angelram v. Metz, Andreas, Isaac, der Rekluse Humbert. Die Mönche v. G. waren inspiriert von der Regula s. Benedicti und »Collectio capitularis« →Benedikts v. Aniane. Das rapide Anwachsen der Zahl der Mönche nötigte den Bf. zur Wiedererstattung der Abteigüter, die er seinen fideles als Beneficien ausgetan hatte. Rasch breitete sich die G. er Reform auf andere lothr. Abteien aus: St-Martin bei Metz (um 935), St-Hubert en Ardenne (um 937) und →Stablo (938); Bf. Adalbero holte Mönche aus G. nach St-Arnoul de Metz (941–942). Die Ausstrahlungskraft G.s zog auch Mönche aus anderen Abteien an, die begierig waren, die besten monast. Gewohnheiten kennenzulernen; ebenso erhielten G. er Mönche die Abtwürde in einer Reihe von Abteien des Bf.s v. Metz (St-Nabor, Glandières, →Senones, →Moyenmoutier, Neuwiller, →Marmoutier). Die G. er Reformbewegung entwickelte sich parallel zu derjenigen von St-Èvre de→Toul, St. Maximin in→Trier und St-Félix de→Metz, in einem Geist engen Zusammenwirkens und ohne Herausbildung von Abhängigkeiten. Nach Eginold (934–ca. 968) wirkte der durch seine Gesandtschaft an den Kalifenhof v. Córdoba (953–956) berühmte Johann v. Vandières (ca. 968–974) als Abt. Ihm folgten Odilbert († 982), der Baumeister der Metzer Kathedrale, und Immo, der die Leitung v. G. mit derjenigen von →Prüm und der →Reichenau kumulierte. An seiner Statt berief Bf. Dietrich II. →Wilhelm v. Volpiano, den Abt v. St-Bénigne de →Dijon. Mit Siegfried (1031–55) trat die Abtei in eine stärkere Ruheperiode ein. Abt Heinrich (1055–93) konsolidierte den Abteibesitz und erweiterte die Zahl der beiden bereits bestehenden Priorate (Varangéville, frühes 9. Jh., und Amel, 1032) um die Neugründungen→Stenay, Apremont und St-Nicolas de Port. Nach 1050 setzte G., das seine eigenen Consuetudines besaß (diejenigen des Abtes Sigebert stammen nicht aus G., sondern aus →Siegburg), seine Ausstrahlung im dt. Bereich fort (namentl. auf →Köln, →Mainz, →Trier und →Halberstadt) und stellte auch den Metzer Abteien zahlreiche Äbte, während G.s Tochterklöster ihrerseits die monast. Traditionen G.s, den »ordo Gorziensis«, verbreiten halfen. Die Abtei war zugleich eine wichtige Bildungsstätte: ein G.er Bibliothekskatalog vom Ende des 11.Jh. führt über 200 Bücher auf, unter ihnen antike und ma. Autoren, religiöse wie weltl. Werke; bemerkenswert sind hier v. a. die Angaben über die Bibliothek der im Priorat Amel unterhaltenen Schule. Somit kann G. über 150 Jahre als eines der Hauptzentren der Lothr. Reform und als Zentrum der Bildung und Formung von Mönchen und Äbten im Sinne vollendeter benediktin. Lebensformen gelten, wobei hervorzuheben ist, daß die Äbte – mit der Ausnahme Immos – durchgängig die Übernahme mehrerer Abteien ablehnten und G. nie an der Spitze eines organisierten Klosterverbandes stand. Nach dem Abbatiat Peters (1169–1203/09), der nochmals die gute Verwaltung des Abteibesitzes sicherte, versank G. zunehmend in Anonymität. Im 14.Jh. wuchs die Schuldenlast der in die lokalen Fehden und Kriege verstrickten Abtei merklich an. 1448 wurde G. zur kgl. Abtei, regiert von→Kommendataräbten, unter ihnen der Renaissancekardinal Giuliano →Della Rovere (1473). In den Wirren der Religionskriege wurde die Abtei 1552 niedergebrannt. G. blieb bis zur Revolution das Zentrum einer kleinen Seigneurie mit eigenem Gewohnheitsrecht, der »Terre de G.« M. Parisse

Q. und Lit.: DHGE XX, 811–817 [J. Schneider] – J. C. Lager, Die Abtei G. in Lothringen, SMBO 8, 1887, 32–56, 181–192, 328–347, 540–574 – F. Chaussier, L'Abbaye de G., 1894 – P. Marichal, Remarques chronologiques et topographiques sur le cartulaire de G., Mettensia 3, 1902 – H. Reumont, Zur Chronologie der G.er Urkk. aus karol. Zeit, Jb. der Ges. für lothr. Gesch. und Altertumskunde 14, 1902, 270–289 – B. Albers, Les Consuetudines Sigeberti abbatis dans Clm 14765, RevBén 20, 1903, 420–433 – G. Morin, Le catalogue des mss. de G., RevBén 22, 1905, 1–14 – Ch. Aimond, Le nécrologe de G., Bull. mensuel de la Soc. d'Arch. lorraine 14, 1914, 79–84 – P. Marot, L'obituaire du prieuré de Varangéville, Bull. mensuel de la Soc. d'Archéologie lorraine 8, 1923, 57–64 – C. Wolff, Die G.er Reform in ihrem Verhältnis zu dt. Kl., Elsass-lothr. Jb. 9, 1930, 95–111 – K. Hallinger, G.-Kluny, Stud. zu d. monast. Lebensformen u. ihren Gegensätzen im HochMA, 1950/51 (StAns 22/25) – Th. Schieffer, Kluniazens. oder Gorz. Reformbewegung?, Archiv für mittelrhein. Kirchengesch. 4, 1952, 24–44 – H. Büttner, Verfassungsgesch. und lothr. Klosterreform (Fschr. G. Kallen, 1957), 17–27 – K. Hallinger, Junggorzer Reformbräuche aus St. Stephan in Würzburg, Würzburger Diözesanbl. 25, 1963, 93–112 – E. Wisplinghoff, Die lothr. Klosterreform in der Erzdiöz. Trier, Landeskundl. Vierteljahresbl. 10, 1964, 145–159 – M. Parisse, Varangéville, prieuré de G. (St-Chrodegang, Colloque..., Metz, 1967), 153–168 – K. Hallinger, Herkunft und Überlieferung der »Consuetudo Sigiberti«, ZRGKanAbt 56, 1970, 194–242 – K.-U. Jaeschke, Zur Eigenständigkeit einer Junggorzer Reformbewegung, ZKG 81, 1970, 17–43 – N. Reimann, Beitr. zur Gesch. des Kl. G. im SpätMA, Mitt. zur Gesch. des Benediktinerordens 80, 1970, 337–389 – M. Parisse, Le nécrologe de G., Contribution à l'hist. monastique, 1971 – K. Hallinger, Zur Rechtsgesch. der Abtei G..., ZKG 83, 1972, 325–349 – M. Parisse, A propos du prieuré de Pfeddersheim. Un diplôme inédit de Frédéric Barberousse pour l'abbaye de G., Jb. für westdt. Landesgesch. 2, 1976, 145–158.

Goscelinus v. Canterbury

(G. v. St-Bertin), hagiograph. Autor; * 1030/40, nach 1107; urspgl. Mönch in der fläm. Abtei →St-Bertin, kam um 1058/65 nach England, um in den Hofhalt des aus Lothringen stammenden Bf.s Hermann v. Ramsbury einzutreten. Einer der fruchtbarsten Autoren im England des 11.Jh., verfaßte G. neben reicher hagiograph. Produktion auch einen polem. Traktat über den Verbleib der Reliquien der hl. Mildrith (»Libellus contra inanes s. virginis Mildrethe usurpatores«) sowie den einer ehem. Nonne von Wilton gewidmeten »Liber confortatorius«. Manche Teile seines umfangreichen Werks werden in ihrer Echtheit angezweifelt; mit Sicherheit können aber G. die hagiograph. Texte für Wilton, Sherborne, Barking, Ely, Ramsey sowie St. Augustine's in Canterbury, seinem ständigen Aufenthaltsort, zugewiesen werden. Seine lit. Fähigkeiten wurden von seinen zahlreichen Auftraggebern, aber auch von Autoren seiner Zeit (u. a. →Reginald v. Canterbury, →Wilhelm v. Malmesbury) hochgeschätzt. G. war ein Mann von hoher lat. Bildung mit ungewöhnl. umfangreichem Wortschatz. Sein Stil zeichnet sich durch absichtl. dunkle Wendungen und außergewöhnl. Sprachgebrauch aus; auch macht der Autor häufig Gebrauch von rhetor. Stilelementen wie Alliteration, Reimprosa und Reihung von Synonymen. D. W. Rollason

Ed.: Texte über hll. Ethelburga, Hildelitha und Wulfilda v. Barking: M. L. Colker, Studia Monastica 7, 1965, 383–460 – Libellus contra usurpatores: M.L.Colker, MSt 39, 1977, 60–108 – Leben d. hl. Mildrith: D. W. Rollason, The Mildrith Legend, 1982 – Translation und Wunder d. hl. Mildrith: D. W. Rollason, MSt 48, 1986, 139–210 – Vita d. hl. Wulfsige: C. H. Talbot, RevBen 69, 1959, 68–85 – Liber confortatorius: C. H. Talbot, StAns 37, 1955, 1–117 – Leben und Translation d. hl. Edith: A. Wilmart, AnalBoll 56, 1938, 5–101, 265–307 – Lit.: DNB, s. v. – F. Barlow, The Life of King Edward who Rests at Westminster, 1962, 91–111 – T. J. Hamilton, G. of C.: A Critical Study of his Life, Works and Accomplishments, 1973 [unveröff. Diss., Univ. of Virginia, 1973].

Goslar,

Stadt unmittelbar am Harzrand (Niedersachsen). I. Stadt – II. Stift St. Simon und Juda.

I. STADT: [1] *Geschichte:* Die Anfänge der Stadt liegen in karol. Zeit; nach dem Annalista Saxo (s. u. →Arnold, Abt v. Berge) gründete Heinrich I. dort 922 einen vicus bzw. ein venatorium. Der erste urkundl. Beleg ist von 1005. Infolge des zunehmenden Silbererzabbaus am Rammelsberg entstand als ältester Siedlungsteil Mitte des 9. Jh. eine Bergmannensiedlung, das sog. Bergdorf mit der Pfarrkirche St. Martin (später St. Johann; seit 1527 Ruine). Mit den wachsenden Silbererträgen wuchs im Tal planmäßig eine kgl. Marktsiedlung (villa Goslaria), in der sich v. a. Burgmannen und Fernhändler ansiedelten. Aus wirtschaftl. Gründen verlegte um 1000 Kg. Heinrich II. die kgl. Pfalz →Werla nach G. (Kaiserleek), die bis 1252/53 mehrmals Ort von Synoden, Reichsversammlungen und Herrscherbesuchen war. In ihrem Bereich entstanden wohl noch unter Heinrich III. weitere Siedlungsgebiete und die späteren Kirchspiele von St. Jacob und Frankenberg. Als spätere Erweiterungen traten St. Stephan (vor 1140), der Bereich vor dem Vititor und die einen eigenen Vogteibezirk bildende Reperstraße hinzu. Das rechts der Abzucht liegende Kirchspiel St. Thomas bildete mit der Pfalz und dem Dombezirk einen eigenen Immunitätsbezirk.

G. hat bereits Mitte des 11. Jh. städt. Charakter (optimi cives); 1042 bezog sich ein Privileg für →Quedlinburg auf die Rechte der »mercatores de Goslaria et de Magdeburgo«, wobei auch auf frühere Privilegien der beiden Städte Bezug genommen wurde. Um 1100 ist die Stadtwerdung abgeschlossen; 1131 wird G. civitas gen. 1219 erteilt Friedrich II. das grundlegende, alle früheren zusammenfassende Privileg. Um 1320 wurde das Stadtrecht aufgezeichnet, dem bes. Bedeutung zukommt, da G. Oberhof verschiedener Städte, v. a. des sächs.-thür. Raumes war. Seit dem Ende des 13. Jh. hielt die Stadt sich zur →Hanse. 1290 erwarb G. die Reichsvogtei von den Gf.en v. Woldenberg. 1340 verlieh Ks. Ludwig IV. der Stadt das Heerschildrecht, das die Bürger berechtigte, Lehen zu empfangen und zu besitzen. Wiederholt wurde G. in die Auseinandersetzungen Heinrichs IV., wie auch zw. den Staufern und Welfen einbezogen; selbst stand G. vielfach in krieger. Auseinandersetzungen mit den Hzg.en v. Braunschweig (1206 Eroberung und Plünderung G.s).

Bis Mitte des 13. Jh. wurde G. von einem kgl. Vogt verwaltet. Die mercatores, die Burgmannen und nach dem Einbezug Frankenbergs auch die zu einer »gewerkschaft« vereinten Montanen und Silvanen (nach 1290) nahmen als »burgenses« zunehmend Einfluß auf die städt. Verwaltung. Die Ursprünge der G.er Ratsverfassung sind nicht voll geklärt; die erste sichere Nennung erfolgte 1252. 1269 schieden die Ritter aus dem Kreis der »consules« aus, und nach Abschluß städt. Auseinandersetzungen (1290) setzte sich der Rat aus Mitgliedern der zwei »großen Gilden« und den sog. »Bergfamilien« zusammen. Nach Erwerb des Bergrechts wurde aus dem Rat das »Sechsmännergremium« ausgegliedert und mit bes. Vollmachten für den Bergbau ausgestattet. 1410 stimmte Ruprecht einer Ratsumbildung zu. Als eigtl. Führungsorgan wurde das Schöffenkolleg geschaffen, die nichtzünft. Bürgerschaft aber nicht am Rat beteiligt. Im 15. Jh. ist die Einwohnerzahl (ohne Bergdorf) mit über 5000 anzusetzen; der Mauerbering umfaßte 82 ha. Die niedere Gerichtsbarkeit lag zunächst beim villicus der Pfalz, die hohe beim zuständigen Gf.en. Durch das Privileg von 1219 gelangte die Gerichtshoheit in die Hände des Reichsvogts. Bis zur Mitte des 14. Jh. konnte der Rat die verschiedenen Gerichtsrechte in seine Hände bringen. Den Abschluß dieses Prozesses bildete gleichsam um 1360 die Kodifizierung des »G.er Bergrechts« und der »G.er Statuten«. Sowohl dem Reich wie der Hanse gegenüber verhielt sich G. zurückhaltend; es fand seinen polit. Rückhalt, bes. den Hzg.en v. Braunschweig gegenüber, in erster Linie im Bund der niedersächs. Städte.

[2] *Wirtschaftliche Bedeutung:* Die G.er Kaufleute wurden 1219 von allen Zöllen im Reich befreit (Ausnahmen: In Köln, Thiel und Bardowick). G. verfügte über den größten ma. Bergbaubetrieb (→Bergbau) Norddeutschlands mit erhebl. Exporten bis nach Flandern, England und Skandinavien. Die Bergbauerträge kamen zunächst der kgl. Kammer zugute. Seit dem 11. Jh. aber wurden vermehrt Grubenanteile an Geistlichkeit und Adel ausgetan; 1235 erhielten die Welfen den Bergzehnt, die Berghoheit und das Berggericht. 1296 belehnten sie damit die Familie von der Gowische. Seit dem Ende des 13. Jh. ging der Bergbau v. a. infolge von Wassereinbrüchen erheblich zurück (Verkauf der →Bergrechte 1356 an die Stadt und das »Sechsmännergremium«). Der Stadt gelang es nach mehreren Versuchen, den Grubenbetrieb wieder zu beleben. Zw. 1460 und 1510 erreichte die Ausbeute ihren Höhepunkt, so daß G. gegen Ende des 15. Jh. eine zweite Blütezeit erfuhr. Daneben waren Bierproduktion und Dachschieferbergbau wichtige Exportgewerbe. 1290 (?) erwarb die Stadt das Münzrecht, das sicher allerdings erst zu 1331 in städt. Hand bezeugt ist. G. beteiligte sich an verschiedenen Münzverträgen mit niedersächs. Städten und Herren (vgl. auch den Artikel →Otto-Adelheid-Pfennig).

II. Stift St. Simon und Juda: Die Stiftskirche (Dom) St. Simon und Juda, von Ks. Heinrich III. als Reichsstift gegr. und 1050 geweiht, wurde 1169 erstmals als »imperialis capella« bezeichnet. Das Domstift bildete zusammen mit der Kaiserpfalz (→Pfalz) einen rechts der Gose gelegenen, rechtl. von der Stadt gesonderten Stadtbezirk. Zahlreiche Schenkungen brachten dem Stift reichen Besitz im sächs. Raum, aber auch in Thüringen, bei Dortmund und Trier ein. Die Blütezeit reichte bis Mitte des 13. Jh., dann setzte der wirtschaftl. Niedergang ein, den auch eine Reform der Stiftsverfassung und der Verwaltungsstruktur nicht aufhalten konnte. Der innere Zerfall des Stifts zeigte sich v. a. in den seit 1275 einsetzenden Auseinander-

setzungen des Stifts mit den Stadtkirchen und dem Rat der Stadt. Zwei ksl. Privilegien (1290, 1294) schränkten die Steuerfreiheit des Klerus ein; der »Mühlen- und Hallenstreit« (1293) beschnitt wichtige Einkünfte des Stifts. Mit dem Stift war die Domschule verbunden, aus der viele bedeutende und hohe Geistliche hervorgingen (1531 vom Rat geschlossen). Seit 1556 protestant., wurde das Domstift 1802 aufgelöst. Der Dom wurde 1819 bis auf die n. Domvorhalle (Mitte 12. Jh.) abgebrochen.   P.-J. Schuler

Bibliogr.: Bibliogr. zur Dt. Hist. Städteforsch. (= Städteforsch. B 1), 1986, 635–640 – *Q.:* Chronicon SS. Simonis et Judae Goslariense (MGH DC, Bd. 2, 1877), 587–606 – UB der Stadt G. und der in und bei G. gelegenen geistl. Stiftungen (922–1400), hg. G. Bode–U. Hölscher, 5 Bde, 1893–1922 – W. Ebel, Das G.er Stadtrecht, 1968 – *Lit.: zu [I]:* G. F. E. Crusius, Gesch. der vormals ksl. freien Reichsstadt G., 1842 [Nachdr. 1978] – G. Borchers, Villa und Civitas G., 1919 – K. Frölich, Die Verfassungsentwicklung G.s im MA, ZRG GermAbt 47, 1927, 287–486 – F. Bitter, Der Handel G.s im MA (Beitr. zur Gesch. der Stadt G., H. 10, 1940) – S. Wilke, Das G.er Reichsgebiet und seine Beziehungen zu den territorialen Nachbargewalten (Veröff. des Max-Planck-Inst. für Gesch. 32, 1970) – H. Stoob, G. (Dt. Städteatlas, 2. Lfg., H. 5, 1979) – J. Schuler, G. – Zur Bevölkerungsgröße einer ma. Reichsstadt (Stadt im Wandel. Kunst und Kultur des Bürgertums in Norddtl. 1150–1650, hg. C. Meckseper, II, 1985) – *zu [II]:* G. Nöldeke, Verfassungsgesch. des ksl. Exemtstifts SS. Simon und Judae zu G. von seiner Gründung bis zum Ende des MA, 1904 – E. Schiller, Bürgerschaft und Geistlichkeit in G. (1290–1365), 1912 – K. Frölich, Das G.er Domstift in der 2. Hälfte des 13. Jh., ZRG KanAbt 10, 1920, 84–156 – R. Meier, Die Domkapitel zu G. und Halberstadt... (Veröff. des Max-Planck-Inst. für Gesch. 5 [= GS, Stud. Bd. 1], 1967).

Gospatric → Cospatric

Göß, Abtei OSB in der Steiermark, im Murtal (Österreich); 904 ist die ʻvilla Costiza' Teil der kgl. Schenkung an die →Aribonen. Zentrum der Schenkung war der befestigte Kg.shof am ʻBurgstall' b. Schladnitz sw. G. Nach 994 bis 1020 gründeten Adala, Gemahlin des Pfgf.en Aribo, und ihr Sohn →Aribo, 1021–31 Ebf. v. Mainz, das Frauenstift und dotierten es mit dem Schenkungsgut von 904. Aribo übergab am 1. Mai 1020 das Stift, dessen erste Äbt. seine Schwester Kunigunde war, Ks. Heinrich II., der freie Äbt.- und Vogtwahl sowie Immunität verlieh. G., das älteste steir. Kloster, war bis in die 2. Hälfte des 12. Jh. auch die einzige Reichsabtei in den späteren habsbg. Ländern. Seit April 1020 genoß G. päpstl. Schutz. Ursprgl. vielleicht als Kanonissenstift errichtet (1026 kamen fünf Stiftsdamen aus →Gandersheim), letztlich mehrheitl. von Nonnberg OSB (→Salzburg) aus besiedelt, übernahm G. im 12. Jh. die Regula Benedicti. Die Kl.vogtei, erst durch erbl. Vögte aus der Aribonensippe wahrgenommen, hatte seit Anfang des 13. Jh. die Ministerialenfamilie Stubenberg als landesfsl. Lehen (hzgl. Untervogtei) inne. Seit dem 14. Jh. übten die →Habsburger oberste Vogtei- und Schirmhoheit aus. 1451 wurde die strenge causam. Reform eingeführt, 1497 das Stift →St. Georgen am Längsee (Kärnten) von G. aus erneuert. Der Kl.besitz lag v. a. in Steiermark, Kärnten und Niederösterreich. 1782 wurde G. aufgehoben. Erhalten blieben u. a. die frühgot., mit Fresken ausgemalte Michaelskapelle (1271–83) und die spätgot. Stiftskirche (ursprgl. dreischiffige frühroman. Basilika) mit Krypta (11. Jh.); berühmt ist der seidene »G.er Ornat« (1239–69; Museum für angewandte Kunst, Wien).   H. Ebner

Lit.: E. Aichberger, Das Frauenkl. G. in seiner persönl. Zusammensetzung [Diss. Graz 1949] – H. Ebner, Die Besitzgeschichte des Nonnenstiftes G. [Diss. Graz 1950] – H. Appelt, Das Diplom Ks. Heinrichs II. für G. vom 1. Mai 1020, 1953 – Stift G., Gesch. und Kunst, 1961 – K. Bracher, Stift G., Zs. des Hist. Ver. für Steiermark, Sonderbd. XII, 1966.

Gosudar', aruss. Herrschertitel, ist eine im 14. Jh. in den nördl. aruss. Ländern entstandene Ableitung vom allgemein-slav. *gospodar'* ('Eigentümer, Hausherr, Landherr', ab 14. Jh. auch 'Herrscher'); in Übersetzungen entsprachen dem die griech. Begriffe κύριος, οἰκοδεσπότης, δεσπότης, αὐθέντης und die lat. Bezeichnungen dominus, pater familias. Als Titelbestandteil wurde *gospodar'/ospodar'* erst am Anfang des 14. Jh. in der zweisprachigen Kanzlei der letzten Fs.en v. →Halič-Wolhynien verwendet, wo *gospodar' zemli rus'koi* als Übersetzung des lat. 'Dominus terre Russie' gelten darf. Gemeinsam mit dem Land wurde 1340 dieser Begriff in die Intitulatio Kg. Kasimirs III. v. Polen und der litauischen Fs.en übernommen. Seit der 2. Hälfte des 14. Jh. kommt *gospodar'* ('Herrscher') in Urkk. der Gfs.en v. Litauen und in der Moldau vor. Auf die Anredeform *gospodin i gospodar'* ('Herr und Herrscher') hat das byz. Vorbild κύριος καὶ δεσπότης Einfluß ausgeübt. In den Jahren nach 1420 wurde Gfs. →Witowt auch von den Fs.en von Tveŕ, Rjazań und Pronsk durch den Titel *ospodar' moi* im Sinne eines Oberherrn anerkannt. Damit wurde der polit.-rechtl. Inhalt des Titels im ganzen aruss. Bereich deutlich formuliert. In den Jahren nach 1440 bekräftigte →Dmitrij Šemjaka seinen Thronanspruch auf das Gfsm. →Moskau mit dem Titel *gospodar vseja Rusi* auf den von ihm geprägten Münzen. Sein Rivale →Vasilij II. ahmte dies nach. Seit →Ivan III. (1462–1505) bezeichnete die neue Titelergänzung in beiden Wortformen den Anspruch, das Recht souveräner Herrschaftsausübung gegenüber allen aruss. Ländern wahrzunehmen. Wie klar der Sinn des Begriffs 'g.' war, zeigte sich 1477, als Groß-Novgorod sich weigerte, Ivan III. 'g.' anstatt *gospodin* ('Herr') zu nennen und dieserhalb sogar die eigenen Gesandten, die dem Gfs.en den g.-Titel gegeben hatten, desavouierte. Litauische Gfs.en, die selbst im Titel den Passus »vieler russischer Länder Herrscher« trugen, waren nicht bereit, die Moskauer Gfs.en als »Herrscher der ganzen Rus'« anzuerkennen. Die Moskauer Gfs.en betonten demgegenüber mit Hilfe der g.-Bezeichnung stärker die Eigenschaft einer unbegrenzten, absoluten und souveränen Herrschaft. In der 2. Hälfte des 15. Jh. strebten die Moskauer Gfs.en nach der Durchsetzung des g.-Titels im innerruss. Bereich, versuchten ihn aber erst gegen Ende des 15. Jh. in den internationalen Beziehungen zur Geltung zu bringen. So erschien erst 50 Jahre nach der ersten Münze ein Siegel mit *gospodar' vseja Rusi* (1497). Diese Bestrebungen waren Ks. Maximilian und dem Hochmeister des Dt. Ordens nicht fremd; der Habsburger intitulierte →Vasilij III. 1514 als »Keyser und Herrscher aller Russen«, der Hochmeister ihn 1517 als »Imperator und dominator totiae Russiae«.

Gosudarstvo/Gospodarstvo, abgeleitet von *gosudar/gospodar* (ähnlich wie *cesarstvo/carstvo* von *cesar'/car/Zar*), bedeutete erst 'Herrschaft, absolute Herrschaft, Herrschaftsmacht, Herrschaftsbereich'. Im Gfsm. Litauen war die polit. und territoriale Bedeutung von *gospodarstvo* schon 1494 fixiert und wurde bald durch den poln. Begriff *państwo* verdrängt. Im Moskauer Reich läßt sich der Begriff *gosudarstvo* als 'Staat' im Sinne einer absoluten Monarchie um die Mitte des 16. Jh. feststellen.   A. Poppe

Lit.: Slovnik staroukraïnśkoi movy XIV–XV st., I, 1977, 254f., 257 – G. STÖKL, Die Begriffe Reich, Herrschaft und Staat bei den orth. Slawen, Saeculum 5, 1954, 112–117 – G. ALEF, The Political Significance of the Inscriptions on Muscovite Coinage in the Reign of Vasilii II, Speculum 34, 1959, 1–19 – V. KLJUČEVSKIJ, Sočinenija 6, 1959, 136–142 – M. SZEFTEL, The Title of the Muscovite Monarch up to the End of the Seventeenth Century, Canadian-American Slavic Stud. 13, 1979, 62–65, 74–75, 77 – L. CHOROŠKEVIČ, Pravo »vyvoda« i vlast' »gosudar-

ja« (Rossija na putjach centralizacji, 1982), 36–41 – P. NITSCHE, »Her und älterer Bruder« – Beobachtungen zur Benutzung von gospodi 'Herr' in aruss. Urkk. (Fschr. G. STÖKL, 1986), 1–14 – J. RABA, Vo Russkaja zemlja zu Rossijskoje gosudarstvo – Wandlungen des Be griffs in der aruss. Reiselit. (ebd.), 106–112 – W. VODOFF, La titulatur princière en Russie du XIe au début du XVIe s., JbGO 35, 1987, 15–19 30–31, 34, u. ö.

Goswin Kempgyn (Kempken, Kemmechen u. a.) d Nussia, * ca. 1420–25 in Neuß a. Rhein, † 1483. G. studierte in Erfurt, war dort Mag. artium, studierte dann in Köl Jurisprudenz, von 1457–62 als Dekan der Artistenfakultä wiederum in Erfurt, anschließend in Köln, wo er 146ç zum Doctor decretorum promoviert wurde. Wohl bald nach 1446 verfaßte G. ein Lehrgedicht »Trivita studentium« in Form eines →Cento aus Versen des »Doctrinale« des →Alexander de Villa Dei zur Einführung in das Universitätsstudium, um 1459 einen Computus mit kalendar. Tabellen, vom Jahre 1459 beginnend, der in acht Hss. erhalten ist.   M. Bernhard

Lit.: M. BERNHARD, G.K. de Nussia, Trivita studentium, Münchener Beitr. zur Mediävistik und Renaissance-Forsch. 26, 1976 – W. MAAZ, Zur Rezeption des Alexander v. Villa Dei im 15. Jh., MJb 16, 1981, 276–281.

Got, aquitan. Adelsfamilie (Burg Les Gots, comm. St-Romain-le-Noble, dép. Lot-et-Garonne). Beheimatet ursprgl. in Villandraut (dép. Gironde), machte sich die Familie mit *Arnaud*, Bf. v. →Agen (1291–1313), namhaft; den weiteren Aufstieg verdankte sie ihrem berühmtesten Mitglied, *Bertrand*, als Papst →Clemens V. Dessen älterer Bruder, *Arnaud Garsie* († 1312), wurde zum Rector des Hzm.s →Spoleto erhoben und empfing 1305 von Kg. Philipp V. die Vizgft. en Lomagne (die Region um →Lectoure, dép. Gers) und Auvillar (dép. Tarn-et-Garonne). *Béraut* († 1297) war Ebf. v. →Lyon und Kard.; *Gaillard* († 1311) war Herr v. Duras und päpstl. Marschall; der Neffe *Béraud Raymond* hatte das Kardinalat v. S. Maria Novella inne (1305–10). Das einzige Familienmitglied, das als Laie eine hohe Stellung einnahm, war *Bertrand* de G. († 1324), der 2. Sohn von Arnaud Garsie, der das väterl. Erbe mit demjenigen seines Onkels Gaillard vereinigte; Kg. Eduard II. v. England, dessen Gläubiger Bertrand war, verlieh ihm die Herrschaft Blanquefort sowie mehrere →Bastides, während Papst Clemens ihm die Mark →Ancona übertrug. Verheiratet mit Béatrice de →Lautrec, hinterließ Bertrand nur eine legitime Tochter, *Régine* († 1325), die mit Johann, Gf. en v. Armagnac, vermählt wurde; nach langen Prozessen wurde das Erbe zw. den Häusern →Armagnac, →Durfort, Lamothe, Montferrand, Pins und Preyssac geteilt. Bertrands Bruder *Raymond Guillaume* († nach 1317), Herr v. Castet-en-Dorthe (dép. Gironde), hatte einen Sohn, *Guillaume Raymond*. Die als Herren v. Puyguilhem (dép. Dordogne) im 14. Jh. belegten G. (*Arnaud Garsie*, gen. le Bascle, † nach 1340; *Bertrand*, † nach 1354) sind ein illeg. Zweig.   N. de Peña

Q.: Regestum Clementis papae V, 9 vol., 1885–89 – Rôles gascons, T. III–IV [CH. BEMONT; Y. RENOUARD] – CH. SAMARAN, La Gascogne dans les registres du Trésor des chartes, 1966 – N. DE PEÑA, Doc. sur la Maison de Durfort – *Lit.:* F. EHRLE, La succession de Clément V et le procès de Bertrand de G., Rev. de Gascogne 32, 1891 – J. BERNARD, Le népotisme de Clément V et ses complaisances pour la Gascogne, Annales du Midi 61, 1949, 369–412 – B. GUILLEMAIN, La cour pontificale d'Avignon (1309–76), étude d'une société, 1966 – s. a. Lit. zu →Clemens V.

Göteborg → Lodøse

Goten (Gothen), germ. Volk (Βούτωνες(?): Strabo, Γύθωνες: Ptolemaios, Γότθοι: Prokop und spätere Autoren, Gutones: Plinius, Gothones: Tacitus, seit dem 3. Jh. v. Chr. an der unteren Weichsel. Nach Plin. nat. 4,94 unter Oberherrschaft der →Vandalen (?), erreichten die G. als polyethnisch sich entwickelnder Stammesverband zusammen mit anderen Stämmen (Heruler) nach der Südwanderung des 2.–3. Jh. n. Chr. das Schwarze Meer. Seit 238 sind fast jährl. Invasionen ins röm. Gebiet bezeugt (Erwähnung als Γούδδες in Siegesinschr. Sapors I.). Um 290 kommt es zur Teilung in Westg. und Ostg. Zeugnisse künstler. Darstellung (Gundestrupkessel, Ring v. Pietroassa, Schnallen, Helmverzierungen, Adler auf Emblemen und Münzen) erlauben keine präzisen Schlüsse auf Eigenheiten oder Akkulturation (Tscherniachov). Im 4. Jh. errichteten die Ostgoten unter monarch. Leitung (→Amaler, →Ermanarich) ein ausgedehntes Herrschaftsgebiet in Osteuropa; auf der Krim sind Reste der got. Sprache noch im 16. Jh. nachweisbar. Die Westg. traten unter dem Balthen →Athanarich in Valachei und Siebenbürgen (→Dakien) neben einheim., z. T. romanisierter Restbevölkerung lebend und diese sich zweifellos unterordnend in enge, wechselhafte Beziehung zu Rom; ein Bewußtsein der Zusammengehörigkeit der G. blieb stets gewahrt. Die →Völkerwanderung spaltete die ostgot. und westgot. Verbände schnell auf. Erstere gelangten unter neuer Agglomeration nach vorübergehender Ansiedlung auf Imperiumsgebiet (→Theodosius I.) und Kämpfen mit Ost- wie Westrom (→Alarich) in das sw. Gallien und Anfang des 6. Jh. nach Spanien, wo ihr Reich bis 723 bestand. Ein starker ostgot. Kern geriet unter die Herrschaft →Attilas, erschien in drei zuletzt vereinigten Gruppen als →Föderaten von Byzanz in Illyrien und zog 489 nach Italien, wo das Reich in gewollter Abhängigkeit von Byzanz (Cassiod. var. 1, 1) mit der polit. Ordnung und einer Kontrolle über die anderen germ. Staaten auf röm. Gebiet betraut wurde (→Theoderich). Schließlich wurden die Ostg. nach 20jährigem Krieg (535–555) mit Byzanz aufgerieben (→Justinian, →Belisar). Im arian. Glauben wurden die Westg. im 4., die Ostg. im 5. Jh. missioniert. Schien für die Ostg. das polit. Ziel die weitere Integration in das Imperium (→Amalasuntha, Theodahad) zu sein, so erreichten die Westg. seit →Eurich neben Unabhängigkeit auch die rechtl. Stabilisierung des Verhältnisses zu den Römern in ihrem Reich. →Ostgoten, →Westgoten. – Zum G. bild in der ma. Tradition →Goticismus.   G. Wirth

Lit.: Hoops II, 304 – RE Suppl. III, 797–854 – Th. Mommsen, Ostgoth. Studien, NA 14, 1889, 225 (Ges. Schr. VI, 362–484) – Th. Hodgkin, Italy and Her Invaders I, 1892²; IV, 1896², 249, 453–544 – F. Dahn, Die Urgesch. der germ. und roman. Völker II, 1899²; III, 1883 – Schmidt I, 195–528 – E. Oxenstierna, Die Urheimat der G., 1945 – E. Schwarz, Germ. Stammeskunde, 1956, 83–99 – C. Weibull, Die Auswanderung der G. aus Schweden, 1958 – N. Wagner, Getica, 1967 – E. A. Thompson, The Visigoths in the Time of Ulfila, 1966 – D. Claude, Gesch. der Westg., 1970 – R. Hachmann, Die G. und Skandinavien, 1970 – Studia Gotica, hg. U. E. Hagberg, 1972 – P. Scardigli, Die G., 1973 – H. Wolfram, Gesch. der G., 1979 – X. Y. Dauge, Le barbare, 1981 – Z. Rubin, The Conversion of the Visigoths to Christianity, Mus. Helveticum 38, 1981, 34–54 – Th. Burn, A Hist. of the Ostrogoths, 1984 – S. Teillet, Des Goths à la nation gothique, 1984.

Gothien → Septimanien

Goticismus »ist die Vorstellung, daß die Goten, nachdem sie aus Skandinavien ausgewandert waren, sich fast die ganze bekannte Welt unterworfen und dann ansehnl. Gebiete Europas bevölkert haben; er ist ein Ausdruck des Respekts und der Bewunderung für das weltbezwingende Volk« (Svennung). Dazu gehört auch das Bestreben, die Ursprünge einer Dynastie oder eines Volkes auf die Goten zurückzuführen.

Das einem eigenen Traditionsstrang folgende, positive Bild der →Goten als Eroberer- und Heldenvolk in Spätantike und MA (neben einer negativen Bewertung z. B. aus der Sicht der Renaissance: →Gotik) ist das Ergebnis vielfältiger, häufig auf die Antike zurückgehender ethnograph.-historiograph. Deutungstraditionen und -methoden; wirksam sind u. a. das antike Barbarenbild (→Barbaren), Bibelspekulationen, Opposition gegen Rom, Vermischung von Völkernamen im Rahmen spekulativer Etymologien.

Die Identifizierung →Gogs und Magogs mit den →Skythen (so erklärt bereits →Josephus im 1. Jh. Magog zum Stammvater der Skythen) wurde seit der Spätantike auf die Goten übertragen. →Ambrosius (De fide, MPL, col. 527) setzt – auch etymologisch – 'Goten' mit 'Gog' gleich (»Gog iste Gothus est«), in ähnlicher Weise auch →Hieronymus (comm. in Ezechielem 11,39). In einem zweiten Schritt wird auch das alte, zur Gruppe der →Thraker gehörige Volk der Geten räumlich und etymologisch mit den Goten gleichgesetzt und damit auch die reiche an den Geten haftende Sagentradition (Titanen, Mars, Amazonen) auf die Goten bezogen. Der Name der gleichfalls thrak. →Daker wird, mitbedingt durch das Eindringen der Goten in deren Gebiete seit dem 3. Jh., ebenfalls auf die Goten übertragen (Cassiodor, Jordanes). Wegen der Verbindungen Magog:Skythen (Josephus) und Gog:Goten (Ambrosius) geht im 5. Jh. der ohnehin recht unbestimmte Name der Skythen auf die Goten über (u. a. bei Sidonius Apollinaris). Bei →Orosius (Hist. adversus paganos) werden die Goten, ausgehend von der Gleichung Skythen = Goten, zu Männern der Amazonen, eine vorher den Skythen zugeschriebene Rolle. Die Vielfalt des Gotenbegriffs erscheint dann im 6. Jh. in voller Ausbildung bei →Jordanes.

Die mit allen Phasen der Weltgeschichte in Verbindung gebrachten Goten erfahren schließlich bei →Augustinus und seinem span. Schüler Orosius wegen ihrer Bekehrung zum Christentum eine positive Beurteilung, wobei ihr Arianismus als Durchgangsphase entschuldigt wird. Bisweilen als Werkzeuge Gottes gegen ein unzulängl. Rom gepriesen (Hieronymus), gelten die christl. gewordenen Goten – unter dem Einfluß des oft positiven Barbarenbildes – als den Römern moralisch überlegen (Salvianus).

Die endgültige Verbreitung goticistischer Vorstellungen erfolgte vom tolosan. und toledan. Reich der →Westgoten aus, dessen Geschichtsschreibung mit bes. Stolz auf die lange und ruhmreiche Geschichte des von den Skythen abstammenden Gotenvolkes hinwies (angebl. ruhmreiche Kämpfe der Goten mit Alexander d. Gr., Pyrrhus und Caesar). Die got. Eroberung Spaniens wird als Raub einer geliebten Braut dargestellt. Wohl einflußreichster Vertreter dieser Gotenlegende ist →Isidor v. Sevilla im 7. Jh. (Etymologiae, Hist. Gothorum). Rodrigo →Jiménez de Rada (1170/80–1247), Ebf. v. Toledo, betont in »De rebus Hispaniae«, v. a. mit Bezug auf Ptolemaios, Pomponius Mela und Jordanes, die skand. Herkunft der Goten. Wesentlich genauere geograph. Kenntnisse verrät →Alfons v. Cartagena, der die geograph. und ethnogr. Zuordnung der Goten/Daker bei Orosius auf den Norden im Sinne der im MA verbreiteten Gleichsetzung der Dacia mit 'Dänemark' bzw. 'Skandinavien' und der Gothia mit 'Gautland' (Väster- und Östergötland) deutet. Auch die Vermischung von 'Scanthia' und 'Skythia' stellt sich ein, sowie von 'Suebia' (die →Sueben waren mit den Westgoten in Spanien eingewandert) mit 'Suetia' (Schweden). Ebenso betont der Historiograph und Bf. v. Palencia, Rodrigo Sánchez de Arevalo, in seiner »Hist. Hispanica« von 1470, daß sich alle Spanier gotischer Abstammung rühmen könnten. Dieses hispanogot. Selbstverständnis hatte in den westgot. geprägten Reichen →Asturien und →León, die sich gegen die islam. Eroberung behaupteten und im

HochMA zur→Reconquista übergingen, als Herrschaftslegitimation bes. Bedeutung, was sich nicht zuletzt in der Architektur (→Oviedo, →León) und in der Betonung tatsächl. oder vermeintl. 'got.' Rechts- und Verfassungselemente niederschlug (z. B. →*fueros*; →palatium regis; →aula regia).

In Skandinavien waren die Goten als Heldenvolk, wie bereits aus Runeninschriften und Heldensagenüberlieferung hervorgeht, bestens bekannt, ein G. kontinentaler Prägung wurde jedoch eher über die westgot.-span. Tradition (Isidor) vermittelt. Schon→Adam v. Bremen sieht durchaus eine Verbindung zw. Gauten und Goten, unterscheidet aber die (skand.) Inselgoten von den Kontinentalgoten. Die Rezeption des G. wurde erleichtert durch Namensähnlichkeiten wie Västgötar: Vesgoti: Wisigothi, die dann in Urkk., Annalen und auch in schwed. Königstiteln in goticist. Sinne gedeutet wurden. Ein deutliches Beispiel ist die mit goticist. Zusätzen versehene aschwed. Übersetzung der »Legenda aurea« (»Fornsvenska legendariet«, 1276/1307): Hier findet in vollem Umfang die Verlegung skythisch/gotischer Verhältnisse nach Schweden (Skandinavien) statt (z. B. »sithia [som nu callar suerike]«, 'Skythia [das jetzt Schweden genannt wird]'). Auch die schwed. Bibelübersetzungen des 14. Jh. weisen die entsprechenden Einflüsse Isidors auf. Der stolze Hinweis auf Schweden als Ursprungsland der Goten findet schließlich Eingang in die Einleitung zum Königsabschnitt in →Christoffers Landslag von 1442.

Rund ein Jahrzehnt vorher (1434) fand auf dem Konzil v. →Basel ein denkwürdiges Zusammentreffen des schwed. und des span. G. statt: Nicolaus Ragvaldi, Bf. v. Växjö, der Gesandte des schwed. Unionskg.s →Erich v. Pommern (»Rex Dacie«), forderte in einer vielbeachteten gelehrten Rede unter nachdrückl. Hinweis auf die got. Abstammung der Schweden (u. a. mit Berufung auf Jordanes) für sein Land den ersten Platz in der Konzilsversammlung, denn Schweden als Urheimat der Goten sei damit zum Stammland aller übrigen Völker geworden. Der Gesandte des Kg.s v. Kastilien, Alfons v. Cartagena, Bf. v. Burgos, hielt dem entgegen, daß Kastilien der erste Platz gebühre, da die Spanier nicht nur Abkömmlinge der Goten, sondern – im Gegensatz zu den Schweden – Nachkommen eben der ausgewanderten, durch ihre Eroberungen bes. ruhmvollen Teile des Gotenvolkes seien.

Der G. steht in Schweden in engem Zusammenhang mit dem Aufkommen einer nationalen Bewegung um die Mitte des 15. Jh. (→Schweden). Stark goticist. geprägt sind bereits die »Prosaische Chronik« aus der Mitte des 15. Jh. und die »Chronica regni Gothorum« des →Ericus Olai (vor 1470, gedr. aber erst im 17. Jh.); seinen Höhepunkt erlebte der G. jedoch im Schweden des 16. und namentl. des 17. Jh., propagiert durch die Kg.e aus dem Hause Wasa.   H. Ehrhardt

Lit.: H. Messmer, Hispania – Idee und Gotenmythos, 1960 – J. Svennung, Zur Gesch. des G., 1967 [Lit.] – Y. Bonnaz, Divers aspects de la continuité wisigothique dans la monarchie asturienne, Mél. de la Casa Velázquez 12, 1976, 81–99 – J. A. Maravall, El concepto de España en la Edad Media, 1981³, 299ff. – S. Teillet, Des Goths à la nation gothique, 1984 – s. a. Lit. zu →Goten, →Westgoten.

Gotik. Allgemeine Stilbezeichnung für die europ. →Baukunst 1135/1225–1520. Die Bezeichnung »gotisch« findet sich erstmalig 1435 bei L. B. →Alberti in der it. Ausgabe seiner »Della pittura libri tre« als »Mani ... vecchie et gotiche«, was in der 1450 gedruckt erschienenen lat. Ausg. übersetzt mit »sensiles et rusticanae«, also gotisch = rauh. L. →Valla (1406–57) unterscheidet 1440 zw. got. und röm. Buchstaben, bei ihm ist alles Gotische schlecht,

alles Schlechte gotisch; das Gleiche nennt G. Vasari 1550 u. a. »maniera tedesca« bzw. »maniera de' Goti« und »Questa maniera fu trovata dai Goti« und drückt damit seine Verachtung gegenüber die Kunst des Nordens, der Goten, aus, »als etwas, dem jegliche Harmonie abgeht und das man am ehesten als Durcheinander und Unordnung bezeichnen kann«. Der ausführl. begründeten Ablehnung folgt Filippo Baldinucci, »Vocabolario toscano dell'Arte del Desegno«, Firenze 1681. Die Kritik der Renaissance an der Gotik mag heute ästhet. wie hist. als verständnislos erscheinen, sie erfaßt jedoch Eigentümlichkeiten, die auch heute als wesentl. empfunden werden: das Vertikale, Emporsteigende, Illusionistische, Gebrechliche. Noch ganz in der Tradition von Vasari steht G. Sulzer (1720–79) in seiner »allgemeinen Theorie der Schönen Künste« 1778: »Beywort in den schönen Künsten ..., um dadurch einen barbarischen Geschmack anzudeuten; ... Fürnehmlich scheinet er eine Unschiklichkeit, den Mangel der Schönheit und guter Verhältnisse, in sichtbaren Formen anzuzeigen.« Gegen diese allgemeine negative Auffassung nimmt Goethe in seinem Aufsatz »Von deutscher Baukunst« 1772 vor dem Straßburger Münster Stellung; die damit einsetzende positive Würdigung erreicht in F. Kuglers »Handbuch der Kunstgeschichte«, 1842 einen Höhepunkt. E. Viollet-le-Duc, G. Dehio und G. v. Bezold, H. Jantzen, H. Sedlmayr, O. v. Simson, F. Ohly u. a. haben zur Interpretation wichtige Beiträge geleistet.

Form (→Baukunst) und Inhalt (Ikonologie) bilden in der G. eine ausgewogene Einheit, einen meisterl. Zusammenklang von Konstruktion, Illusion und theol. Ideen. Das Verhältnis von Konstruktion, tekton. Struktur und opt. Erscheinung sowie die Berücksichtigung des Lichts sind die bes. Merkmale. Die atl. Typen der Stiftshütte und des Salomon. Tempels werden in der ntl. Ecclesia gesteigert, hinweisend auf das Himmlische Jerusalem der Eschatologie und Ordnungsgesetze des Kosmos übernehmend. Das durch die ars des architectus und magister operis entstandene Werk soll zum Überlegen anregen und die Schönheit erkennen lassen, es soll als anagogicus mos der Seele für ihren Aufstieg von der materiellen zur immateriellen Welt ein angemessenes Gehäuse, eine Stätte der geistigen Übungen, formen, »geometricis et arithmeticis instrumentis« (Abt Suger v. St-Denis, Thierry v. Chartres). Vgl. →Buchmalerei; →Baukunst; →Tafelmalerei.   G. Binding

Lit.: →Baukunst.

Gotische Buchschrift, Sammelbegriff verschiedener verwandter Schriftarten in lat. und volkssprachl. Hss., Ende 12. bis Anfang 16. Jh., z. T. aufeinander folgend, oft nebeneinander in Gebrauch und je nach Text, Tradition, Anlaß und Auftraggeber angemessen verwendet; paläograph. von Urkundenschriften trotz gegenseitiger Beeinflussung und zunehmender Angleichung traditionell unterschieden. Anlässe der seit dem 12./13. Jh. stetig ansteigenden Schreibtätigkeit und vielfältiger paläograph. Entwicklung sind: Aufbau und Vermehrung von kl. Skriptorien und Bibliotheken, Aufblühen von Städten, Handel, Bürgertum und Bildung, Errichtung zahlreicher Universitäten, Diktat- und Lohnschreiber für den dortigen Lehrbetrieb wie als bürgerl. Schreibgewerbe, Verbreitung des preiswerteren Beschreibstoffes Papier. Dem entspricht als typ. Veränderung der got. Schriftepoche die Tendenz zur Kursivierung wie zum vermehrten Gebrauch platz- und zeitsparender →Abkürzungen. So gewinnen neben denkonventioneller wirkenden – stilbewußt »gebauten«, zusammengesetzten Buchstaben die – moderneren – »gezogenen«, oft schleifenreichen und schneller geschriebenen

Fig. 11: Beispiele der Gotischen Buchschrift:

Abb. 1: got. Minuskel (NO-Frankreich, 12. Jh., 2. Hälfte)

Abb. 2: Textura (Siegburg, 1311)

Abb. 3: got. Kursive (Cursiva; Basel, um 1400)

Abb. 4: Bastarda (Franken, um 1440)

das Übergewicht. Dieser »Verjüngung« der got. Schrift steht die Anpassung der Urkunden- und Geschäftskursiven an die Erfordernisse einer Buchschrift gegenüber. Paläographisch werden durch Betrachtung des Schriftcharakters wie des Buchstabenrepertoires folgende Hauptschriftarten unterschieden: Aus spätkarol. Schriften entwickeln sich im 11. und 12. Jh. bes. von N-Frankreich aus die Stilformen der frühgot. →Minuskel (Gleichbehandlung aller auf der Zeile endenden Schäfte mit Brechung oder Zufügung einheitl., kleiner Schräg- oder Verbindungsstriche [B. BISCHOFF]); weitere Streckung und Aufrichtung aller Schäfte, Gabelung der Schaftansätze, Bogenverbindungen führen zur ausgeformten got. Minuskel (Abb. 1; auch bezeichnet als »G.B.« im engeren Sinn), Ende 12. und 13. Jh. Durch Steigerung dieser Stilelemente um die Mitte des 13. Jh. Ausbildung der variantenreichen →Textura (stark ausgestaltete, z.T. quadratförmige Schaftansätze und -enden als doppelte Brechungen, Wechsel von Haar- und Schattenstrichen, vielfache Bogenverbindungen; Abb. 2), bis ins 16. Jh. verwendet; ihre stärker gerundete Form ohne Schaftbrechung in Italien, S-Frankreich, Spanien als →Rotunda. Die aus der Urkundenschrift im 13. Jh. entwickelte, bes. im 14. Jh. als Buchschrift übliche got. →Kursive (mit Schlingen- und Schleifenbildung, unter die Zeile verlängertem s und f, zahlreichen →Ligaturen und Abbreviaturen; Abb. 3) gestattete rasches, flüssiges Schreiben. Die →Bastarda des 15. Jh. (Abb. 4) verbindet die Charakteristika der gegensätzl. Schriftarten Kursive und Textura in zahlreichen Ausprägungen und Übergangsformen. Neben weit in die NZ reichenden Kurrentschriften beschließen →Fraktur und (dt.) Kanzleischrift die Epoche der G. B., die – neben der →Humanistenschrift – vielfältig weiterwirkte durch ihre Typenvorbilder für den frühen →Buchdruck (Abschnitt A. II). Die Vielfalt der got. Schriften, ihre Übergangs- und Mischformen wie ihre zahllosen individuellen Prägungen verursachen Probleme der paläograph. Nomenklatur, wobei Terminologien spätma. →Schreibmeister nicht übertragbar sind. Größte Zustimmung erhielt das (urspgl. auf ndl. Hss. bezogene)

System von G. I. LIEFTINCK (B. BISCHOFF, 171 u.ö.), modifiziert von J. P. GUMBERT, das auf formaler Unterscheidung einer »Hierarchie der Schreibstile« beruht und die spätma. got. Schriftarten durch Einteilung in je 3 Sorgfältigkeitsgrade abstuft: (littera) formata (diszipliniert, kalligraph.), libraria (wie Abb. 2–4: mittleres, d.h. Buchniveau; in der Praxis daher z.T. ohne Adjektiv), currens (schnell, abgeschliffen, sehr »gezogen«, für Gebrauchsschriften auf unterstem Niveau). Weitere Differenzierungen nach Ländern, Regionen usw. von KIRCHNER u.a. versucht oder noch ausstehend.   G. Karpp

Lit.: J. KIRCHNER, Scriptura Gothica libraria, 1966 – B. BISCHOFF, Paläographie des röm. Altertums und des abendländ. MA, 1986², 171–195 – O. MAZAL, Lehrbuch der Hss.kunde, 1986, 113–134 [beide mit umfassender Bibliogr.] – K. SCHNEIDER, Got. Schr. in dt. Sprache, 1987f.

Gotische Schrift → Gotische Buchschrift, Gotische →Urkundenschrift

Gotische Sprache, die am frühesten (im 4. Jh.) lit. belegte Sprache eines Germanenvolkes. In der Völkerwanderungszeit durch die Wanderungen der got. Stämme (→Goten) – ausgehend von ihren Wohnsitzen in Südrußland – weit verbreitet, erlischt das G. in der Romania (sieht man von Eigennamen ab) durch das Ende des Ostgotenreiches (→Ostgoten) in Italien (553) und die Absorption der →Westgoten durch das röm. Element. Kenntnis des G.n wird noch im 9.Jh. durch die Wiener Alkuinhs. belegt. Als Sprache eines während der Wanderungszeit versprengten Volksteils erhält sich auf der Halbinsel →Krim bis ins 16.Jh. das Krimgotische.

Die durch mit Sicherheit anzunehmende Herkunft der Goten aus (Süd-)Skandinavien nahegelegte sprachl. Verbindung zum Nordgerm. läßt sich durch sprachl. Indizien stützen (v.a. die Verschärfung von *-yy-* und *ww* zu got. *ddj* und *ggw*, nord. *-ggj-*, *-ggv-*), wird aber relativiert durch den Nachweis sprachl. Verbindungen zum Westgerm. und spezifischer »herminonischer« Gemeinsamkeiten mit dem Hochdt. Inwieweit Eigenheiten des G.n (v.a. die Palatalisierung *e>i*) für eine ostgerm. (wandilische) Sprachengruppe stehen, läßt sich aufgrund der lückenhaften Überlieferung außerhalb des G.n kaum mit Sicherheit sagen.

Die Kenntnis des G.n basiert (neben einem Kommentar zum Johannes Evangelium, den »Skeireins«, und einigen kleineren Sprachdenkmälern sowie Eigennamen) in der Hauptsache auf der Bibelübersetzung des westgot. arian. Bf.s →Wulfila (für die dieser nach dem Vorbild des griech., vielleicht auch des lat. und des Runenalphabets eine eigene Schrift entwickelte). Wulfila schloß sich in seiner geistl. Terminologie des griech. (z.T. durch lat. Vermittlung übernommenen) Missionswortschatzes, ergänzt durch eigene Lehnsprägungen nach griech. Vorbild sowie christl. umgedeuteten germ. Wortgutes. Die arian. Mission hat (z.T. wohl schon in vorwulfilan. Zeit) über Bayern dem Obdt. eine Reihe christl. Termini vermittelt (so etwa: Pfaffe, got. *papa*; Pfingsten, got. *paíntekuste*; Hölle, got. *halja*; Teufel, got. *diabaúlus*).   P. Schmitt

Lit.: W. STREITBERG, G.s Elementarbuch, 1920⁵/⁶ – S. FEIST, Vergleichendes Wb. der g.S., 1939³ – F. MOSSÉ, Manuel de la langue Gothique, 1951 – J. W. MARCHAND, The Gothic Language, Orbis 7, 1958, 492–515 – H. KRAHE, Hist. Laut- und Formenlehre des G.n, 1967² – W. KRAUSE, Hb. des G.n, 1968³ – J. W. MARCHAND, The Sounds and Phonemes of Wulfila's Gothic, 1973 – M. STEARNS, Crimean Gothic, 1978 – W. BRAUNE – H. EBBINGHAUS, G. Grammatik, 1981¹⁹ – s. a. Lit. zu →Goten, →Westgoten, →Ostgoten.

Gotland, Insel in der mittleren Ostsee, heute zu →Schweden. Die gotländ. Agrargesellschaft, eine Hofverbandsgesellschaft, blieb während des MA ohne nennenswerte

Änderungen. Jeder Hofverband bestand aus einem, von mehreren Familien unter Leitung eines Familienoberhaupts betriebenen, von →Einfriedungen umgebenen Hof. Die archäolog. seit dem 6. Jh. nachgewiesenen Hofverbände (ca. 1200 in der Wikingerzeit) bildeten die Basis der polit. und wirtschaftl. Aktivitäten, die in der autonomen Dingverfassung (bis 1646/48) und den kauffahrenden Bauern zum Ausdruck kommen.

Die gotländ. Dingverfassung existierte, der ma. Rechts- und Geschichtslit. G.s (→Gutalag, →Gutasaga) zufolge, bereits in heidn. Zeit. G. war in sechs *Sättings* und zwanzig Dingbezirke eingeteilt, denen je ein Richter vorstand; einer von ihnen war zugleich Landesrichter. Die Dingrichter entschieden autonom, mit dem *Gutalag* (niedergeschrieben im 13.Jh.) als Rechtsgrundlage. Die Dinggrenzen blieben unabhängig von der kirchl. Einteilung in Kirchspiele und *Tredings* (»Drittel«), deren drei Pröpste als kirchl. Repräsentanten am Landesding (*gutnalþing*) in Roma teilnahmen.

Die Christianisierung G.s scheint im 11.Jh. relativ friedlich erfolgt zu sein. Heidn. Vorstellungen sind anhand von Grabbeigaben noch bis zur Mitte des 12.Jh. nachweisbar. In der 2. Hälfte des 12. Jh. konsolidierte sich die Kirchenorganisation mit einer Einteilung in 94 Kirchspiele und 3 Tredings. Nach Darstellung der Gutasaga unterstellte sich G. unter Wahrung gotländ. Sonderinteressen freiwillig dem Bf. v. →Linköping. Die organisator. Anbindung an die schwed. Kirche, der wohl ältere Vereinbarungen über Handelsfreiheit und Abgaben vorausgegangen waren, führte zu einer stärkeren Eingliederung G.s in das schwed. Reich. Die Teilnahme an der Schiffsgestellung (→Leding) und kgl. Heerfolge wurde 1284 in eine feste Steuer umgewandelt. Eine Sonderstellung nahm das 1164 gegr. Zisterzienserkl. Roma mit seinen Besitzungen im dän. →Estland ein.

Das sich seit dem 4.Jh. rasch entwickelnde Handwerk übernahm zunächst festlandskand. Vorbilder und war bald exportorientiert (Fibelherstellung im Festlandstil). Ein wichtiges Exportgut waren seit dem 12. Jh. Steinmetzarbeiten (→Taufsteine). Speziell gotländ. Kulturformen, wie Tierkopffibeln oder Bildsteine (→Gotländ. Bildsteine), blieben auf den gotländ. Bereich beschränkt.

Seit der Vendelzeit entwickelte sich der Handel G.s mit dem Baltikum im Zuge der dortigen Ansiedlung der Svear, erfaßte in der Wikingerzeit altruss. Gebiete und reichte bis zu den islam. Staaten Asiens. Im Gegensatz zu den Svear, die sich in den jeweiligen Handelsgebieten niederließen, behielten die gotländ. Handelsbauern ihre Insel als Basis und konzentrierten dort ihre Handelsgewinne (ca. ¼ der in der Wikingerzeit zw. Elbe und Ural umlaufenden Münzen finden sich auf G.), wobei die wikingerzeitl. Häfen, wie Paviken oder Bogeviken, Saisonhandelsplätze darstellten. Im Verlauf des. 10. Jh. ging der Handel mit den islam. Staaten zurück, wurde dafür mit W-Europa erweitert und um 1000 nahm G., v. a. nach dem Niedergang →Birkas, die Zentralstellung im Ostseehandel ein. Zielrichtungen des gotländ. Handels markieren beispielsweise der von Hzg. →Heinrich dem Löwen vermittelte Vergleich zwischen dt. und gotländ. Kaufleuten (Vertrag v. Artlenburg, 1161) sowie ein Handelsabkommen zw. Fs. Jaroslav v. Novgorod und gotländ. und dt. Kaufleuten (1189). Schon im 11.Jh. sind gotländ. Olavskirche und Faktorei ('Gotenhof', 'St. Olavshof') in →Novgorod bezeugt. Der lüb. Handel konzentrierte sich in seinen Anfängen auf G. (→Gotlandfahrer) und folgte gotländ. Handelsrouten (gemeinsame Nutzung des Gotenhofes bis ca. 1205). Der Hafen →Visby entwickelte sich

zum bedeutenden städt. Stützpunkt v. a. der dt. und schwed. Kaufleute (gemeinsamer Stadtrat; Ummauerung der Stadt Mitte des 13.Jh.), die insbes. im 13.Jh. in andauerndem Konflikt mit den Gotländern lagen. Gegen Ende des 13. Jh. verloren Visby und G. ihre Vorrangstellung im Ostseehandel gegenüber →Lübeck und der →Hanse. 1361 eroberte der Kg. v. →Dänemark, →Waldemar IV. Atterdag, die Insel, die für ca. 300 Jahre in dän. Besitz blieb.   B. Böttger-Niedenzu/A. Niedenzu

Lit.: H. Yrwing, G. under äldre medeltid, 1940 – F. Rörig, G. und Heinrich d. Löwe, HGBll 65/66, 1940/41, 170–186 – Vendeltid, hg. Statens Hist. Museum, 1980 – J. Herrmann, Wikinger und Slawen, 1982 – Gutar och vikingar, hg. Statens Hist. Museum, 1983 [Lit.] – I. Swartling–G. Svahnström, Roma kloster och kungsgård, 1983 – O. Janse–G. Svahnström, Visby stadsmur, 1984 – C. J. Gardel, Handelskompani och bondearistokrati, 1986 – R. Bohn, G.: 1000 Jahre Kultur und Wirtschaftsgesch. im Ostseeraum, 1988.

Gotlandfahrer, Fahrtgemeinschaft nordwestdt. Kaufleute, die →Gotland besuchten. Mit einer zunehmenden Handelstätigkeit nordwestdt. Kaufleute im Ostseeraum ist spätestens seit dem frühen 12.Jh. zu rechnen, wobei zunächst →Schleswig und →Alt-Lübeck als Ausgangshäfen dienten, bis dann die →Lübecker Neugründung in den Vordergrund trat. In einer Urk. (wohl auf 1161 zu datieren) legt Heinrich d. Löwe einen älteren Streit zw. Deutschen und Gotländern bei, gewährt diesen unter Hinweis auf die schon von Lothar III. zugestandenen Rechte Schutz und Zollfreiheit in seinem Herrschaftsbereich und verweist auf das Prinzip der Gegenseitigkeit. Ungefähr gleichzeitig tritt Heinrich als Schutzherr der dt. Kaufleute auf und bevollmächtigt einen Vogt auf Gotland, der offenbar auch als deren Aldermann fungierte. Während ein Teil der Deutschen im 13.Jh. auf Gotland seßhaft und in die entstehende Stadtgemeinde von →Visby integriert wurde, bildeten die »Theutonici Gotlandiam frequentantes« eine gildeartige Genossenschaft, die unter der Leitung von vier Aldermännern aus Visby, Lübeck, Soest und Dortmund stand. Mehrfach ist die Genossenschaft als Vertragspartnerin und Empfängerin von Privilegien aufgetreten, so in Novgorod, Smolensk, Flandern und England. Das Vordringen der Städte unter Führung Lübecks und die Ausschaltung der Gotlandgenossenschaft in den 1290er Jahren kennzeichnen den Übergang zur späteren Organisation der →Hanse.   K. Wriedt

Lit.: K. Jordan, Zu den Gotland-Urkk. Heinrichs d. Löwen, HGBll 91, 1973, 24–33 – H. Stoob, Schleswig – Lübeck – Wisby, Zs. des Vereins für Lübeck. Gesch. und Altertumskunde 59, 1979, 7–27 – E. Hoffmann, Der Aufstieg Lübecks zum bedeutenden Handelszentrum an der Ostsee in der Zeit von der Mitte des 12. bis zur Mitte des 13.Jh., ebd. 66, 1986, 9–44.

Gotländische Bildsteine. Diese für →Gotland spezif. Kulturdenkmäler zählen zu den wenigen skand. Bilddokumenten des frühen MA. Die 442 bislang entdeckten B. fanden sich teils an ihrem ursprgl. Standort, teils in sekundärer Verwendung (v. a. als Spolien in ma. Kirchen). Sie lassen sich nach Umrißform, Relieftechnik, Dekor und Bildmotiv in drei Haupttypen einteilen:

[1] Typ 1 (5.–7. Jh.), von rechteckiger Form mit leicht konvexer Oberkante und schwach konkaven Seiten, läßt in Dekor und Bildmotiven spätantike Vorbilder erkennen; das Zentralmotiv des eingetieften Reliefs ist meist ein Wirbelrad, das von Tieren im Völkerwanderungsstil umgeben ist. Ursprgl. Standort sind oft Grabfelder, wo der bis zu 3,3 m hohe B. inmitten eines Steinrondells steht.

[2] Typ 2 (6.–8. Jh.) hat in Abwandlung zu Typ 1 eine kräftig konvex geschwungene Oberkante u. stellt einen Übergangstyp zu Typ 3 dar; Dekor und Motiv sind in Ritztechnik verfertigt. Des öfteren wird, neben symme-

trisch zugeordneten Tieren, auch ein unbemanntes Segelschiff auf den selten über 1 m hohen B. dargestellt.

[3] Typ 3 (8.–12. Jh.), mit halbellipt. Kopf und trapezförmigem Rumpf, ist zumeist in mehrere (bei kleineren B.n. in nur ein–zwei) horizontale Bildfelder in erhabenem Relief unterteilt, oft mit einem bemannten Segelschiff im untersten und einem Reiter, der häufig von einer Frau mit Trinkhorn empfangen wird, im obersten Feld. Die bis zu 3,7 m hohen B. standen ursprgl. meist in Gruppen in der Nähe von Gehöften. Die Sitte, B. aufzustellen, nun im Runenstil, blieb in christl. Zeit bis ins 12. Jh. lebendig. Steinrohlinge wurden nach Öland und aufs Festland exportiert und dort im Runensteinstil dekoriert und aufgestellt. Eine Besonderheit sind rechteckige B. mit geschwungener Oberkante, die, vierseitig angeordnet, eine Kiste bilden und parallel zu den genannten Typen auftreten.

Insbes. die B. des Typs 3 hatten Gedenksteinfunktion. Ihre figurenreichen, wegen schlechten Erhaltungszustandes oft nicht sicher deutbaren Bildfelder könnten teils Bezug auf den Verstorbenen haben, teils Zitate aus der (schriftl. erst in Island [und Norwegen] im HochMA überlieferten) nord. Götter- und Heldenüberlieferung sein, zur Ehrung des Verstorbenen, ähnlich wie in der →Skaldendichtung. Als eindeutig aus Götter- und Heldenüberlieferung geschöpft können nur Abbildungen von Odins Pferd Sleipnir sowie Szenen aus dem Wielandstoff gelten. Allein die wenigen gesicherten Bildelemente machen die G.B. (neben den festlandskand. →Runensteinen) zu wichtigen Quellen für die vorschriftl. Verbreitung nord./germ. Götter- und Heldenstoffe auch im ostskand. Bereich. Die B. vermitteln zudem Erkenntnisse zur Sachkultur (Männerkleidung: Hosen mit geraden Beinen, aber auch Pumphosen; Frauenkleidung und weibl. Haartracht entsprechen anderen skand. Frauendarstellungen; Pferdewagen und -schlitten, Darstellungen von Segelschiffen auf B.n des Typs 2 und 3, wobei sich charakterist. Unterschiede der Schiffskonstruktion in bezug auf naut. Erfordernisse ergeben; →Schiff, -bau).

B. Böttger-Niedenzu/A. Niedenzu

Lit.: S. LINDQVIST, Gotlands B., I–II, 1941–42 – E. NYLÉN–J. P. LAMM, Bildstenar, 1987 [Lit.] – B. BÖTTGER-NIEDENZU–A. NIEDENZU, Neufunde g. B. 1981–1985, Skandinavistik 18, 1988, 1–24 – s. a. Lit. zu →Gotland (Sammelbde: Vendeltid, 1980; Gutar och vikingar, 1983).

Gott. Der das christl. MA beherrschende G.esgedanke war, vorab aller wissenschaftl. Behandlung, in den wesentl. Bereichen des Lebens selbst grundgelegt und der Philosophie wie der Theologie in der Religiosität, im Glauben, in der Gesellschaft und in der Kirche, hier aber bes. in der Liturgie, vorgegeben (vgl. etwa die personale Verwendung der Termini deus/dominus in den Orationen der Messe). Aus ihr schöpfte in der Epoche der Vorscholastik v. a. die Mönchstheologie, für die die »Wissenschaft« von G. aus Erkenntnis und Erfahrung des Gebetes stammte, die in der Form bibl.-mystagog. Betrachtung und subjektiv-personaler Verinnerung (→Bernhard v. Clairvaux, † 1153) ausgelegt wurden.

Die Thematisierung der G.esfrage mit den Mitteln der scholast. Methode sah sich von früh an und durchgehend vor das Problem des Verhältnisses zw. philos. und theol. Rede von G. gestellt, das zu keiner einheitl. Lösung gedieh. Eine starke Relativierung der philos. G.eslehre ergab sich bei →Petrus Damiani, der G.es Absolutheit und Transzendenz allem dialekt. Bemühen als unzugängl. erachtete, während →Manegold v. Lautenbach die Konvenienz von Philosophie und G.esglauben in der Ethik und Tugendlehre konzedierte. Nach →Bonaventura korrespondiere die ontolog. Bestimmung G.es als des Seins mit der Denkweise des AT, während der Begriff des Guten – nun aber trinitar. verstanden – der Erkenntnis des NT entspreche (Itin. V, 2). In der Spätscholastik schränkte wiederum →Wilhelm v. Ockham angesichts der göttl. Allmacht in bezug auf die Welt- und Heilsordnung die Reichweite dialekt. bzw. metaphys. G.eserkenntnis weitgehend ein. Eine relative Eigenständigkeit und Eigenleistung der philos. G.eslehre räumte dagegen →Anselm v. Canterbury im Hinblick auf die sacra doctrina ein, die er theonom begründete, d. h. von G.es Sein her als »id quo maius cogitari nequit« und von G.es Handeln her, das er von Weisheit und dem Vorzug des je Besseren bestimmt sein ließ; eine ähnl. Begründung leistete →Thomas v. Aquin anthropolog. durch Verweis auf die durch die Offenbarung nicht aufgehobene Offenheit wie Begrenztheit menschl. Erfahrung. Dabei ließ er G. nur mittelbar als Gegenstand der Metaphysik gelten (res divinae non tamquam subiectum scientiae, sed tamquam principia subiecti: In Boeth. V, 4), um allein der sacra doctrina G. als primären Gegenstand zuzuweisen. Ein noch engeres Zusammengehen von christl. Botschaft mit antiker und spätantiker Philosophie vollzog sich u. a. bei →Johannes (Scotus) Eriugena (Theophanie im Weltprozeß im Anschluß an Ps.-Dionysius) und später bei →Eckhart (»Gott über Gott« nach peripatet. und proklischer Tradition), wobei es zu einer nicht unproblemat. Übertragung heilsgesch. Daten in metaphys. Kategorien kam. Freilich erwies sich dabei die vorgegebene theol. Wahrheit gegenüber der metaphys. Aussageform resistent (vgl. »Gottesgeburt in der Seele« bei Eckhart). Das lag auch an der meist selbstverständl. Übernahme des bibl. und patrist. Traditionsgutes bezügl. des absoluten personalen G.es und seiner Wesenseigenschaften (→Eigenschaften), die Thomas auf den Wurzelbegriff des ipsum esse subsistens (S. th. I. 13), die Scotisten auf die Unendlichkeit des ersten Seienden zurückführten. Kraft der Traditionsgebundenheit konnten auch latente Unterströmungen des Pantheismus (Amalrikaner, →David v. Dinant), des Dualismus (→Katharer), des in trinitar. Zusammenhängen aufkommenden Tritheismus (→Roscelinus) und der als impliziter Pantheismus gedeuteten Auffassung der Schule v. →Chartres (→Gilbert v. Poitiers, →Thierry v. Chartres: G. als die vollkommene Form alles Seienden) zurückgedrängt werden, wozu bes. auch teilkirchl. Synoden (Soissons 1092, Reims 1148) und ökumen. Konzilien (4. Lateranense 1215: DENZINGER-SCHÖNMETZER 800–802; Florentinum 1439: DENZINGER-SCHÖNMETZER 1333–1336) beitrugen. So konnte das Wort »deus« auch in der Frage nach dem »wahren Gott« zur Grundlage des Gespräches mit den Nichtchristen genommen werden; denn deus galt (nach Thomas) als ein »nomen appellativum et non proprium, ... communicabile non secundum totam significationem, sed secundum aliquid eius per quandam similitudinem« (S. th. I. q. 13 a. 9).

Innerhalb des gemeinsamen Erbes, das in Auseinandersetzung mit der jüdischen (→Maimonides) und arab. (→Averroes) Religionsphilosophie bewahrt wurde, wirkte eine sich schon in der Spätantike ankündigende Alternative fort, die mit dem Einfluß von Augustinus bzw. Ps.-Dionysius gegeben war und die in den ma. G.eslehren Präferenzen für ihre heilsgesch. oder metaphys. Gestaltung ausbildete (vgl. etwa →Rupert v. Deutz, →Alexander v. Hales mit →Ulrich v. Straßburg), wobei die seit →Robert v. Melun vollzogene Trennung der Traktate de deo uno und de deo trino die heilsgesch. Sicht noch mehr zurücktreten ließ.

Auch die Frage nach der gemeinsamen Prädikation für G. und Welt erfuhr verschiedene Beantwortungen. Der relativ problemlosen Übernahme faktisch (zunächst nicht thematisch) univoker Begriffe (→Analogie; →Eigenschaften) stand die Ablehnung solcher Redeweise gegenüber (etwa in der Deutung der analogia attributionis bei Eckhart) oder die Beschränkung auf die Attributionsanalogie, bei der der formale Gehalt des Prädikats entweder nur in der Ursache oder nur im Verursachten als gegeben angenommen wurde. Die mittlere Position, die Thomas im Anschluß an die berühmte Formel des 4. Lateranense vertrat, hielt an der Bejahung analog. Prädikate fest. G. erscheint daraufhin als der letzte, wenn auch nur erahnte Sinn der Welt, der dennoch (im modus significandi) verborgen bleibt (je größerer Unterschied G.es zur Welt). Die Univozitätsthese wurde von→Johannes Duns Scotus thematisiert und noch krit. verschärft mit dem Ergebnis: gerade weil die Prädikate univok verwendet werden müssen, die Realitäten (G. und Welt) aber unendl. verschieden blieben, müsse die Begrifflichkeit für noch unangemessener gehalten werden.

Verschieden wurde auch der Bezug der Lehre vom einen G. zur →Trinitätslehre gedacht, insofern die augustin. Tradition (→Petrus Lombardus, →Thomas) die Dreiheit aus dem einen Wesen ableitete (psycholog. Modell), wogegen →Richard v. St. Victor, →Alexander v. Hales und→Bonaventura von zwischenpersonalen Beziehungen ausgingen.

Ein wirksames Motiv der G.-Lehre blieb (von Augustinus und Ps.-Dionysius her) die Theodizeefrage, bei deren Erörterung stets Gott und Mensch zugleich bedacht wurden. In der augustin. Tradition war das Leid zugelassen zur Hervorbringung höherer Güter, in der dionys. Tradition zur Erhaltung einer vornehmlich statisch gefaßten Weltordnung. Damit erwies sich das G.esproblem auch als Frage nach dem Wesen und der Hoffnung des Menschen. – s. a. →Eigenschaften Gottes;→Gottesbeweise;→Trinität.

L. Scheffczyk/R. Schenk

Lit.: F. R. GARRIGOU-LAGRANGE, Dieu, son existence et sa nature, 1950² – E. GILSON, Johannes Duns Scotus, 1959 – J. LECLERCQ, Wiss. und Gottverlangen. Zur Mönchstheol. des MA, 1963–V. LOSSKY, Théologie négative et connaisance de Dieu chez Maître Eckhart, 1960 – E. GÖSSMANN, Metaphysik und Heilsgesch. Eine theol. Unters. der Summa Halensis, 1964 – U. HORST, Die Trinitäts- und G.eslehre des Robert v. Melun, 1964 – W. BRUGGER, Summe einer philos. G.eslehre, 1979–R. SCHÖNBERGER, Die Transformation des klass. Seinsverständnisses, 1986 – R. SCHENK, Die Gnade vollendeter Unendlichkeit. Zur transzendentaltheol. Auslegung der thoman. Anthropologie [i. Dr.].

Gottebenbildlichkeit → Ebenbild Gottes

Gottesbeweise. [1] *Vorbemerkungen:* G. haben ihren eigtl. hist. Ort in der frühen NZ, v. a. in der Schulmetaphysik der dt. Aufklärung: Christian Wolff († 1750) traut ihnen eine »ungezweifelte Gewißheit« zu, wie sie in der Geometrie anzutreffen sei (Vern. Ged. von Gott ..., 1751⁴, §4–§9). Deistische Vertreter der Aufklärung erwarten von den G.n die Etablierung einer von aller Offenbarung absehenden reinen Vernunftreligion.

Unser heutiges Vorverständnis von Leistung und Funktion von G.n ist teils von Kants Behauptung ihrer »Unmöglichkeit« beeinflußt (Kr. r. V.), teils von der →Neuscholastik mit ihrer ausgebauten →»Natürlichen Theologie«, mit der sie die Schulmetaphysik des 17./ 18. Jh. an Kant vorbei fortführt. Beide Positionen überschätzen Anspruch und Rolle von G.n im MA: Zur Orientierung im prakt. Lebensvollzug brauchte man sie nicht, die Existenz Gottes war nirgends – wie übrigens auch in der heidn. Antike – ernsthaft in Frage gestellt. Es ging nur

darum, die bereits vorhandene Grundüberzeugung rational zu stützen, darüber hinaus aber sehr wohl eigenständig verstandenes philos. Denken auch auf die Gottesfrage anzuwenden, ohne daß es damit schon zu einer ausgebauten Disziplin einer »Natürlichen Theologie« kommt.

[2] *Patristik:* Daß das Licht der natürl. menschl. Vernunft Gott aus der geschaffenen Welt erkennen könne, ist zwar bibl. vorgegeben (vgl. v. a. Rom. 1, 19f., Sap. 13, 1–5, ferner Act.14, 15ff. 17, 22ff.), zugleich vermeiden unter dem Einfluß der platonist. →negativen Theologie die Väter es aber, ein solches natürl. Gottesdenken als »Beweise« in der strengen Form aristotel. Logik (ἀπόδειξις) zu verstehen. Geradezu klass. dazu →Clemens v. Alexandrien: Gott ist über Begriffe wie genus, spezif. Differenz, unteilbares Eidos, Zahl, Akzidenz, Substanz, Ganzes, Teile etc. unendl. erhaben, also gerade über jene Bestandteile, aus denen sich ein exakter aristotel. Beweis zusammensetzen müßte (Clem. Alex., Strom. 5, 65,2. 81,3. 81,5f. 82,3). Dennoch sammeln die Väter in apologet. Absicht Gedanken natürl. Gotteserkennens aus den großen philos. Schulen. Inhaltl. Schwerpunkte ihrer Argumente: (a) 'E consensu gentium'– auf Grund der Übereinstimmung aller Völker. Vgl. Tertullian, Apol. 17,5. Spect. 2,4. – (b) Kosmolog. Weg – Erkenntnis Gottes aus seiner Schöpfung. Vgl. Tatian, Or. 4, MPG 6, 813. Origenes, Contra Cels. 1, 23. Gregor v. Naz. Or. 28,16, MPG 36, 45f. – (c) Eine Sonderstellung nehmen die 'noologischen' Gedankengänge Augustins ein (De libero arbitrio II, 3–13. 34–37 und De vera religione 29–31): Der Mensch findet in seinem seel.-geistigen Leben ewige, unveränderl. und notwendige Wahrheiten vor, obwohl er sich selbst als endl. Wesen weiß. In diesen ewigen Wahrheiten transzendiert er also sich selbst und berührt das Göttliche. Es handelt sich hier nicht etwa um einen Kausalschluß, sondern – ganz im platon. Sinne (vgl. etwa Symp. 210ff.) – um einen Aufstieg aus dem Endlichen, der deshalb möglich ist, weil bereits in diesem Endlichen sich das Ewige manifestiert.

[3] *Frühscholastik:* Mit Anselm v. Canterbury verbindet sich bis in unsere Gegenwart der Begriff des »Ontologischen« G.s (erst von Kant so genannt: vgl. C. BAEUMKER, Witelo, 1908, 269, Anm. 2). Dieser Beweis hat seine Schlüssigkeit im Rahmen des platon.-augustin. Denkens: Wir finden in unserer Vernunft »etwas, über dem Größeres nicht gedacht werden kann – aliquid quo maius nihil cogitari potest«. Wäre dieses Größte nur in der Vernunft, könnte man über ihm Größeres denken: das Größte in Wirklichkeit. Das aber würde dem in der Vernunft Gedachten widersprechen (Proslogion 2f.). Wie Augustins ewige Wahrheiten verweist also auch Anselms Gottesbegriff aus sich heraus über sich hinaus auf die absolute Wirklichkeit. Anselm kennt neben diesem »ontologischen« G. auch Argumente aus den verschiedenen Vollkommenheitsstufen des Endlichen (etwa Monologion 4), zudem ist sein Programm »credo ut intelligam« (Ausgangspunkt ist der Glaube, der aber so weit wie nur möglich in Vernunfteinsicht überführt werden soll – Proslogion 1–2. Cur Deus homo, Praef.) prinzipiell auf alle Offenbarungswahrheiten gerichtet, dennoch steht im Mittelpunkt der Wirkungsgeschichte die ontolog. »ratio Anselmi«.

[4] *Hochscholastik:* Anselm findet durchaus nicht überall Zustimmung, wobei eine Gegenüberstellung von Ablehnern und Befürwortern die Tatsache der platon.-augustin. Implikate im anselmischen Denken bestätigt: Befürworter waren →Alexander v. Hales, →Bonaventura, →Matthäus v. Acquasparta, →Johannes Duns Scotus,

allesamt 'Platoniker'; Hauptkritiker waren der 'Aristoteliker' →Thomas v. Aquin und der 'Nominalist' →Wilhelm v. Ockham.

Auch die »Quinque Viae« aus der Summa Theologiae des hl. Thomas v. Aquin (I,2,3), fünf Wege, auf denen erwiesen werden kann (probari potest), daß Gott ist, haben nicht jene herausragende Bedeutung, die die Neuscholastiker ihnen in ihren systemat. Lehrbüchern der Natürlichen Theologie zugewiesen haben. Thomas konzentriert und systematisiert in einem (!) Artikel Gedankengut, das ihm in der Tradition vorgegeben ist: Der Weg a) von der Bewegung her (motus), b) von der Wirkungsursache her (causa efficiens), c) von der Kontingenz her (ex possibili et necessario), d) von den Vollkommenheitsstufen her (ex gradibus ... in rebus), e) von der Weltordnung her (ex gubernatione rerum). Die 'philosophische' Summa contra Gentiles enthält eine ähnl. Liste von »rationes« (I,13), bietet aber mit Rücksicht auf ihre Zielgruppe, die »Mahumetistae et Pagani« (I,2), vorwiegend Erklärungen aus den Schriften des 'Heiden' Aristoteles. Es ist für Thomas keineswegs »unsinnig, sich um einen Nachweis der Existenz Gottes zu mühen« (S. c. gent. I,13), doch sind alle Einzelargumente (11 verschiedene im Gesamtopus, vgl. J. A. BAISNÉE), wenn sicher auch von unterschiedl. Valenz, so doch auf dem gemeinsamen Boden einer 'transzendentalen' Immanenz von Gotteserkenntnis in jedem Welterkennen fundiert. »Alle (geistig) Erkennenden erkennen Gott implizit in jedem Erkannten« (De ver. 22, 2, ad 1. Vgl. L. OEING-HANHOFF). Gott ist zwar nicht das Ersterkannte, aber er ist doch immer in jedem Erkannten unthemat. einschlußweise miterkannt.

[5] Spätscholastik: Für die nominalist. Geistesrichtungen im 14. und 15.Jh. können von ihrer erkenntnistheoret. Position her metaphys. G. allenfalls eine periphere Rolle spielen. So anerkennt Wilhelm v. Ockham Beweise für das erste und vollkommenste Seiende (Quodlibeta 1, 1), zu einem wirklichen Gottesbegriff führe aber nur der Glaube. Der Nominalismus leitet damit über zu den Theologen der Reformation mit ihrer Zurückhaltung hinsichtl. der natürl. (Vernunft-)Fähigkeiten des Menschen zugunsten eines primär heilswichtigen Glaubens.

Eine Sonderstellung nimmt Nikolaus v. Kues ein. Der ihn umgebende Nominalismus führte ihn nicht zum Erkenntnisverzicht, sondern zu einer 'konjekturalen' Metaphysik: keine Erkenntnis, weder die von Verstand und Vernunft noch die des Glaubens, erreicht ihren Gegenstand in Genauigkeit, sie bleibt →»docta ignorantia« und →»coniectura«, nähert sich ihrem Gegenstand aber in einem unendl. Annäherungsprozeß (vgl. H. MEINHARDT). Der Gedanke an präzise G. hat in einem solchen konjekturalen Denken keinen rechten Sinn, zumal die gemeinsame Charakterisierung als »coniectura« die Unterscheidung von natürl. Erkennen und Glauben relativiert. H. Meinhardt

Lit.: HWP III [D. SCHLÜTER] – RAC IX [Lit.] – TRE XIII [Lit.] – G. GRUNWALD, Die Gesch. der G. im MA bis zum Ausgang der Hochscholastik, Baeumker-Beitr. 6,3, 1907 – A. KOLPING, Anselms Proslogion-Beweis der Existenz Gottes, 1939 – J. A. BAISNÉE, St. Thomas Aquinas' Proofs for the Existence of God ... Philos. Studies i. H. I. SMITH O.P., hg. J. K. RYAN, 1952 – J. HESSEN, Augustins Metaphysik der Erkenntnis, 1960² – D. HENRICH, Der ontolog. G., 1967² [Lit.] – L. OEING-HANHOFF, Gotteserkenntnis im Licht der Vernunft und des Glaubens nach Thomas v. Aquin (Thomas v. Aquin 1274–1974, hg. L. OEING-HANHOFF, 1974), 97–124 – H. MEINHARDT, Konjekturale Erkenntnis und religiöse Toleranz, MFCG 16, 1984, 325–332.

Gottesbuden (Godshuis), an unverschuldet in Armut geratene Personen mietfrei überlassene selbständige Wohneinheiten (eingeschossig, ca. 20 m²), oft innerhalb einer Budenreihe oder um einen Binnenhof gruppiert. Die meist privat getragenen Wohnstiftungen (Armenhaus, Hofje, Almshouse) entstanden seit dem späten 14. Jh., Blütezeit 16./17. Jh. (Niederlande). G. sind u. a. in Brügge und Lübeck erhalten. R. Hammel

Lit.: O. NÜBEL, Ma. Beginen- und Sozialsiedlungen in den Niederlanden (Stud. zur Fuggergesch. 23, 1970) – P. H. ROPERTZ, Kleinbürgerl. Wohnbau vom 14. bis 17. Jh. in Dtl. und im benachbarten Ausland [Diss. Aachen 1976].

Gottesdienst. 1. G. (im Judentum). Die Grundstrukturen des jüd. G.es wurden von den palästinens. und babylon. →Rabbinen der ausgehenden Antike festgelegt und waren in allen ma. jüd. Gemeinden identisch. Es gab drei gottesdienstl. Gebetszeiten für jeden Tag, nämlich den Morgen-, Nachmittags- und Abendg., wobei mindestens zehn männl. Erwachsene jüd. Glaubens zugegen sein mußten. Aus prakt. Gründen verschob man vielerorts das Nachmittagsgebet und vereinigte es mit dem Abendgottesdienst. An Sabbat- und Feiertagen fand im Anschluß an den Morgeng. noch ein *Musaf* genannter Zusatzg. statt, der an die Zusatzopfer erinnern sollte, die im untergegangenen Tempelheiligtum an den betreffenden Tagen dargebracht worden waren. Die G.sprache war →Hebräisch (und Aramäisch); die Liturgie wurde von einem professionellen Vorbeter rezitiert bzw. gestaltet. Sie bestand aus bibl. wie nichtbibl. Texten, v. a. aus dem Schema ᶜ-Jisrael und dem Achtzehnbittengebet (→Gebet, B). Ersteres wurde abends und morgens, letzteres zu allen drei Gebetszeiten in der →Synagoge gesprochen. An →Sabbat- und Feiertagen wurden die Standardtexte der Liturgie durch (von Ort zu Ort und im Laufe der Jahrhunderte wechselnde) poet. Einschaltungen erweitert (→Pijjut). Am Sabbat sowie am Montag und Donnerstag las man aus der →Thora vor. Dabei verdrängte der einjährige babylon. Zyklus den mehr als dreijährigen palästinens. Lesezyklus schon im frühen HochMA in der Diaspora so gut wie vollständig. Zur Schriftlesung wurden vom Vorbeter Gemeindemitglieder aufgerufen, wobei die Nachkommen der Tempelpriesteraristokratie und die Leviten den Vorzug vor anderen hatten. – Im MA entwickelten sich zahlreiche regional unterschiedl. G.ordnungen, wie z. B. der sephard., jemenit., it., aschkenas. und der für den byz. Bereich geltende romaniot. Ritus. – Zum G. im Christentum →Liturgie u. a. H.-G. v. Mutius

Lit.: →Gebet, B.

2. G. (christl.) → Liturgie, →Messe

Gottesfreund(e), der Hl. Schrift entnommener Begriff, der Christen jedweden Standes, Berufes und Geschlechtes namentl. des 14. Jh. zusammenfaßt, die eine verstärkte Suche der Nähe Gottes, eine myst. verklärende Gottesliebe auszeichnete und die Gebet, Meditation und tätige Nächstenliebe zu kleinen Gruppen zusammenführte. Als Seelenführer gewannen manche der großen Mystiker Oberdeutschlands (Meister →Eckhart, →Heinrich Seuse, J. →Tauler), in deren Umkreis die G. vornehml. am Oberrhein, in Schwaben, der dt.-sprachigen Schweiz, teilweise auch im Kölner Raum auftraten. Von den Mystikern inspiriert erweist sich auch das in aller Regel anonyme Schrifttum (z. B. »Der G. vom Oberland«, das »Meisterbuch«), das sie verbreiteten: Predigten, Visionslit. (z. B. →Mechthild v. Magdeburg, »Fließendes Licht der Gottheit«), Traktate, Anleitungen zu myst. Versenkung in Gott und zu prakt. Frömmigkeitsübungen, aber auch Briefe (erste dt.-sprachige Briefslg.). Da die G. einer festen Organisation entrieten, fiel es den einzelnen Gruppen schwer, ihre Rechtgläubigkeit zu beweisen. Aus dem gleichen Grund erscheint es nahezu unmöglich, sie gegenüber verwandten Phänomenen abzugrenzen und die spezif. Eigenart ihrer Spiritualität voll zu erfassen. J. Semmler

Lit.: TRE XIV, 98ff. [Lit.] – R. M. JONES, The Flowering of Mysticism. The Friends of God in the XIVth C., 1940 – A. WALZ, G. um Margarete Ebener, HJb 72, 1953, 253–265 – F.-W. WENTZLAFF-EGGEBERT, Dt. Mystik zw. MA und NZ, 1969 – vgl. Lit. →Gottesfreundschaft.

Gottesfreundschaft, bes. Verhältnis zw. Gott und Mensch. Im AT ist G. Frucht der Weisheit und redlichen 'Einfalt' (Weish. 7,14; 8,18; Spr 3,32), Moses und Abraham werden aufgrund ihres entschiedenen Lebens aus dem Bund mit Gott als Gottesfreunde bezeichnet (Ex 33,11; 2 Chr 20,7; Jes 41,8; Dan 3,35; Jak 2,23). Jesus nennt jene seine Freunde, denen er sich anvertraut hat und die sich von ihm erwählt und gesandt wissen (Joh 15,13–17). Dieses bibl. Verständnis von G. verknüpfen die Väter mit philos. Überlegungen über die →Freundschaft, deren Garant, Güte wie Sinnziel die G. ist (Ambrosius, Ep. 37,23; De off. ministrorum III, 133; J. Chrysostomos, Kol-Kommentar I,3; Augustinus, c. duas ep. pelag.; sermo 385,4). Auf Ambrosius und Augustinus v. a. greift →Aelred v. Rievaulx zurück, der im »Liber de spirituali amicitia« die G. als spirituell-prakt. Lebensform mit und in Gott als dem Freund darstellt und sie jener höchsten 'Stufe' der Vollkommenheit benachbart sein läßt, die asket.-pädagog. auf dem Wege der Menschenfreundschaft, näherhin der Christen- und Christusfreundschaft zu erreichen ist (MPL 195, 659–702). In der Scholastik wird die G. durch den von →Thomas v. Aquin systemat. entwickelten ordo caritatis theol. spruchreif. Er bestimmt die übernatürl. Tugend der Gottesliebe als G. (S. th. I, II q. 65,5; 66,6 ad 2; II, II q. 23.1; 24,2), dabei auch die aristotel. Freundschafts- sowie die Liebeslehre des →Dionysius Areopagita durchdenkend. →Johannes Duns Scotus spricht kritischer von der caritas als einer Überfreundschaft (superamicitia) mit Gott, während →Durandus de S. Porciano gegen die Definition der caritas als G. polemisiert (Sent. IV. d. 49, q. 4). Für die relig. Bewegung der →Gottesfreunde darf die Bedeutung der G. nicht überschätzt werden. →Tauler wie →Seuse sprechen nur gelegentl. von der G., ebenso die Theologia Deutsch (→Franckforter). Für das »Malogranatum« erweist die G. als Gottinnigkeit ihre Tragfähigkeit bes. in der Todesstunde (III,3,13), während sie in der »Imitatio Christi« (2,1; 2,7; 2,8) dem Menschen nicht zuletzt im ird. Leid, im Verachtet- und Verlassensein, Trost zu spenden vermag. M. Gerwing

Lit.: Augustinus-Lex. I, 1986ff., 287–293 – DSAM I, 500–529 – RAC XI, 1049–1060 – TRE XI, 590–599 – TRE XIV, 98–100 – R. EGENTER, Die Lehre von der G. in der Scholastik und Mystik des 12. und 13. Jh., 1928 – DERS., Die Idee der G. im 14. Jh., BGPhMA Suppl. 3, 1935, 1021–1036 – L. M. BOND, A Comparison between Human and Divine Friendship, Thomist 3, 1941, 54–94 – N.-D. PHILIPPE, Le Mystère de l'amitié divine, 1949 – L. M. HUGHES, Charity as Friendship in the Theology of St. Thomas, Angelicum 52, 1975, 164–178 – H. KUHN, Liebe. Gesch. eines Begriffs, 1975.

Gottesfrieden

I. Wort und Begriff – II. Ursachen und Ursprünge – III. Verbreitung – IV. Inhalt und Erscheinungsformen – V. Initiatoren und Träger, Geltungsgrund und Durchsetzung – VI. Wirkungen.

I. WORT UND BEGRIFF: Der G. war ein von Bf.en in Verbindung mit weltl. Herrschaftsträgern gesetzter und/oder eidl. gelobter Sonderfrieden zur Eindämmung der Kriminalität, zur Verhinderung von Unrechtstaten der waffentragenden Schichten gegenüber den inermes und zur Bekämpfung der →Fehde. Als pax (994), pactum pacis (994), restauratio pacis et iustitiae (1000/14), →conventia pacis (1019/21) stellte er bestimmte Personen, Sachen und Orte unter dauernden Schutz oder unterband als pactum sive treuga (1027) oder treva Dei (1033) o. ä. Waffenhandlungen oder Fehdefolgen an bestimmten Tagen und Zeiten des Kirchenjahres. Aus pax et treva Domini wurde ca. 1040 die Verkürzung pax Dei. Ende des 10. Jh. in S-Frankreich entstanden, verbreitete sich der G. im Laufe des 11. Jh. in N-Frankreich, Burgund, Spanien, Italien und im Dt. Reich, wurde im 12. Jh. von anderen Formen der Friedenswahrung (Reichsfrieden, →Landfrieden u. ä.) abgelöst und behielt mancherorts noch lokale Bedeutung bis ins 13. Jh.

II. URSACHEN UND URSPRÜNGE: In der Forschung werden sehr verschiedene genannt: Zerfall der staatl. Ordnung in spätkarol. Zeit und Zersplitterung der Herrschaft, »feudale Anarchie«, die in →Aquitanien bes. fortgeschritten gewesen sein soll und als deren Kennzeichen die in Anknüpfung an eigenmächtig errichtete Burgen entstandenen Baronien gelten, ferner, damit verbunden, sich ausweitendes Fehdewesen, unter dem bes. die Kirche und die waffenlose Bevölkerung zu leiden hatten, Hungersnöte und Seuchen, Zusammenbruch der traditionellen Rechtsordnung durch Entheiligung des Rechts oder Endzeiterwartungen der Jahrtausendwende. Schließlich erscheint die G.sbewegung als Teil der umfassenden Kirchenreform des 11. Jh. Die G. knüpften vielfach an ältere Formen und Mittel der Friedenswahrung an. Aus den westfrk. Konzilien und Kapitularien der 2. Hälfte des 9. Jh. wurde die Verpflichtung der Bf.e übernommen, in ihren Sprengeln die Verfolgung von schweren Verbrechen, insbes. Raubtaten und fehdebegleitenden Akten, zu organisieren und zu leiten, für Friede und Ordnung zu sorgen, die raptores oder latrones zu exkommunizieren, die Verbrechen mit erhöhten Buß- und Leibesstrafen zu ahnden, den Schutz der Armen, Witwen und Waisen zu übernehmen oder das Asylrecht (→Asyl) zu garantieren. Die Funktion als missi in ihren eigenen Diöz., die Ausstattung mit weitgehenden Gerichtsvollmachten und militär. Macht (bfl. militiae) sowie die Übernahme von Gf.enrechten (z. B. Le Puy 924) erklären, daß vielerorts die Bf.e in grafenähnl. Funktionen erschienen. Zu diesen durch die Entwicklung der karol. →Reichskirche ausgebildeten Traditionen der bfl. Herrschaft traten im letzten Drittel des 10. Jh. in der Auvergne neuartige Elemente, die den G. als eigene Art der Friedenswahrung unterscheiden lassen.

III. VERBREITUNG: Um 975 zwang Bf. →Wido v. Le Puy den Rittern und Bauern seines Bm.s ein Friedensgelübde ab, das Kirchengut wie Besitz der pauperes schützte und Geraubtes zu restituieren gebot. An dem 994 von Wido berufenen Konzil in →Le Puy beteiligten sich hohe Adlige und viele Bf.e. Bei den frühen südfrz. Friedenskonzilien (außer Le Puy noch →Charroux, 989; →Narbonne, ca. 990; Limoges, 994; Poitiers, 1000/14) erscheinen als neuartige Elemente der G.sbewegung: die Beteiligung des Volkes anläßl. der gleichzeitigen Wallfahrten, Reliquientranslationen und Prozessionen und z. T. die erzwungene eidl. Verpflichtung auf die Friedensstatuten und eine bes. Friedensgerichtsbarkeit. Seit den 20er Jahren des 11. Jh. griff die G.sbewegung über den engeren aquitan. Bereich hinaus. Die Friedenseide v. Vienne (1. Drittel des 11. Jh.), von Verdun-sur-le-Doubs (1019/21) und die Synoden in Héry (1024), Anse (1025) zeigen die Verbreitung in Burgund; der Eid von Verdun/Vienne diente 1023 Bf. Warin v. Beauvais und Bf. Berold v. Soissons zum Vorbild, womit der G. erstmals in N-Frankreich auftauchte und das kapet. Kgtm. in engere Berührung mit der G.sbewegung kam. Die Synode in Oudenaarde in Flandern 1030, unter starker Einwirkung des flandr. Gf.en, und der Friedensschluß zw. →Amiens und dem Kl. →Corbie (1033–36) zeigen, daß sich der bfl. bestimmte Friede zu wandeln begann. Unterdessen wurde der G. im S durch den zeitl. befristeten Sonderfrieden der Treuga Dei erweitert, erstmals ausdrückl. auf der Synode v. Toulouges im Bm. Elne (1027) und in Vich (1033). In dichter Folge fanden Konzilien dann wieder im aquitan. Kernraum statt. In →Bourges (1038) vereidigte erstmals der Ebf. nicht nur die gesamte über 15 Jahre alte Bevölkerung, sondern stellte auch eine Friedensmiliz auf. Das Instrumentarium des G.s war damit voll ausgeschöpft. In der Folge wurden die Statuten noch präzisiert, den örtl. Gegebenheiten angepaßt und als pax et treuga seit den 40er Jahren des 11. Jh. v. a. in Burgund und N-Frankreich aufgenommen. Die Friedenstage und -zeiten wurden schließlich bis zu jenem umfassenden Programm des Konzils v. Narbonne (1054) ausgedehnt, dem sich auch die Bf.e v. Barcelona und Gerona anschlossen; eigene Synoden in Katalonien folgten. Einige der Synodalbeschlüsse v. Barcelona (1064) wurden in die »Usatici Barchinone« (→Barcelona, IV) aufgenommen. In León und Kastilien wurde der G. erst durch Ebf. →Diego II. Gelmírez v. Compostela seit dem 2. Jahrzehnt des 12. Jh. verbreitet. Nach dem Aufruf Ebf. Raimbaldus' v. →Arles und Abt →Odilos v. Cluny (ca. 1040) verbreitete sich der G. auch in Italien und wurde auf den Konzilien in →Melfi (1089) und →Troia (1093) im norm. S-Italien übernommen. Das Dt. Reich berührte die G.sbewegung zunächst über →Gerhard I., Bf. v. Cambrai, der als Suffragan des Ebf.s v. Reims 1023 aufgefordert wurde, sich den nordfrz. Friedensbünden anzuschließen, dies aber erst auf vielfachen Druck hin tat. Indirekt scheint die nordfrz.-burg. G.sbewegung der beginnenden 40er Jahre des 11. Jh. auf die Friedensmaßnahmen Ks. Heinrichs III. seit 1043 eingewirkt zu haben, und zwar im Sinne einer Steigerung zu einem umfassenden »Friedensprogramm«. Als Institution wurde der G. erst 1081 in →Lüttich und 1083 auf der Synode in →Köln voll rezipiert und 1085 in →Mainz, getragen durch den »kaisertreuen Reichsepiskopat«, für weite Teile des Reiches verpflichtend gemacht. Doch die G. als »Bistumsfrieden« wurden schon bald durch die Provinzialfriedensbünde im antiksl. S-Deutschland verdrängt und schließlich 1103 durch den →Mainzer Frieden als ersten Reichsfrieden abgelöst. Im anglo-norm. England, in den skand. und den osteurop. Reichen sind die G. nicht aufgenommen worden.

IV. Inhalt und Erscheinungsformen: Im Vergleich zu den zahlreichen, chronolog. aber nicht immer genau zu bestimmenden Hinweisen auf G. in den Wunder- und Translationsberichten, den Chroniken und Urkk. sind nur wenige Synodalstatuten und Friedenseide überliefert. Das erste Konzil v. →Charroux (989) knüpfte ausdrückl. an die seit langem unterbrochene Konzilstradition der Karolingerzeit an und entnahm den Kapitularien die drei Canones über den Schutz der Kirchen (c. 1), des Viehs der Bauern und übrigen Armen (c. 2), das Verbot des Angriffs auf unbewaffnete Geistliche (c. 3) und bedrohte den Übertreter mit dem →Anathem. Die nachfolgenden Friedensstatuten der ersten Phase der G.sbewegung haben diese Kernbestimmungen betreffend den zeitl. unbegrenzten Schutz bestimmter Orte, Sachen und Personen weiter ausgedehnt, so z. B. auf Mönche, Bauern, Kaufleute (Le Puy 994), später auch auf Frauen und ihre unbewaffneten Begleiter, Pilger, Jäger, Schiffer u. ä. Kirchenschutz und Schutz der waffenlosen Bevölkerung vor jeder Art von Raub- und Unrechtstaten standen zunächst im Vordergrund. In der zweiten Phase der G. traten spezif. Bestimmungen zur Beschränkung der Fehde hinzu. Schon die Friedenseide v. Verdun (1019/21), Vienne und Beauvais

(1023) kennen einen zeitl. befristeten Frieden (österl. Fastenzeit) für den unbewaffneten Ritter; ausgestaltet wurde dieser absolute, aber zeitl. begrenzte Frieden in den Treuga-Bestimmungen seit dem Konzil v. Toulouges (1027). Die Friedenszeit war zunächst beschränkt auf Samstag nachmittag bis Montag früh, in Vich (1033) traten die Festzeiten des Kirchenjahres hinzu: Advent bis Epiphaniasoktav, Samstag vor Aschermittwoch bis Osteroktav, Rogationstage bis Pfingstoktav, die Quatemberfasten, die Apostel- und Marienfeste und Festtage der lokalen Patrone. Üblich wurde die im Aufruf des Ebf.s Raimbaldus (ca. 1040) theol. begründete Waffenruhe an den vier Wochentagen Donnerstag bis Sonntag, in Gedenken an Christi Himmelfahrt, Kreuzigung, Grablege und Auferstehung. Der Höhepunkt wurde auf dem Konzil in →Narbonne (1054) erreicht: das Krieg- und Fehdeführen war rechtens nur noch an ungefähr 80 Tagen möglich. In den nordfrz. und dt. G. der 2. Hälfte des 11. Jh. traten Maßnahmen gegen gemeine Verbrechen (Mord, Brandstiftung, Raub, Diebstahl, Überfall, Körperverletzungen) und das Waffentragen überhaupt hinzu und leiteten damit zu den Landfriedensbestimmungen über. In der Normandie und in Flandern scheint z. B. schon früher der G. in den Territorialfrieden aufgegangen zu sein, sichtbar etwa im Konzil, das Kg. →Wilhelm d. Eroberer 1080 in Lillebonne versammelte. Von den frz. Kg.en stellte als erster Ludwig VI. das Instrumentarium des G.s in den Dienst des Königsfriedens. Pax und treuga Dei wurden von den Päpsten zunächst zögernd aufgenommen. Erst →Urban II. übernahm auf dem Konzil in →Clermont 1095 den G. und dehnte ihn insbes. auf die Belange der Kreuzfahrer aus; in allgemeiner Form haben die Päpste den G. dann auf den Lateransynoden von 1123, 1139 und 1179 verkündet, ferner auf zwei südit. und sechs frz. Synoden, so in bes. ausführl. Weise Calixtus II. in Reims 1119. Im 12. Jh. fand der G. Aufnahme in die kirchenrechtl. Sammlungen.

V. Initiatoren und Träger, Geltungsgrund und Durchsetzung: Da die G. auf Synoden begründet wurden, betonen die Quellen die Initiative der Bf.e. Doch haben die Bf.e häufig auf Veranlassung des Hzg.s (v. Aquitanien) bzw. in engster Verbindung mit den Gf.en, Vgf.en und den principes der Region gehandelt. Der bewußte Rückgriff des Konzils v. Charroux auf die karol. Konzilientexte und -praxis weist auf die traditionellen Führungsschichten des Karolingerreiches, den Episkopat und den hohen weltl. Adel als Initiatoren der G.sbewegung. Der G. stärkte hier die bfl. weltl. Regionalherrschaft in der Auseinandersetzung mit konkurrierenden Herrengewalten. Unterstützung erfuhr die bfl.-herrschaftl. Initiative durch das Mönchtum und die Beteiligung größerer Volksmengen, die ggf. als Druckmittel zur Durchsetzung der Friedensdekrete benutzt wurden. Die Geltung des G.s war z. T. doppelt begründet und lag zum einen in der Banngewalt der Bf.e und der weltl. Herrscher, zum anderen in den Eiden der Betroffenen, d. h. meist nur der waffentragenden Schicht. Friedensgebot und eidl. Selbstbindung in Form der geschworenen Friedenseinung schlossen einander nicht aus. Übertretungen der Friedensbestimmungen und Streitfälle wurden vor den bestehenden Gerichten (der principes oder des iudex pagi, Poitiers 1000/14) oder eigenen Friedensgerichten (Lüttich) verhandelt. Sühne, Schadensersatz und z. T. gesteigerte Bußen oder die Exkommunikation der Friedensbrecher als rei maiestatis (Limoges 994) und erstmals im Kölner Frieden v. 1083 ein ständ. differenziertes peinl. Strafsystem sollten die Durchsetzung garantieren. Als höchste Steigerung des Druckes auf Friedensunwillige erschien als ultima ratio der »Krieg dem Kriege«. Er wurde schon in Poitiers 1000/14 als Maßnahme der am Konzil teilnehmenden principes und Bf.e gegen Widerstrebende ins Auge gefaßt, zur gleichen Zeit in Limoges in die Praxis umgesetzt und erhielt in Bourges 1038 bei der Aufstellung der Pax-Milizen eine institutionalisierte Form. Doch die von ihren Geistlichen angeführten, schlecht bewaffneten Truppen wurden von Odo v. →Déols' Ritterheer geschlagen. Die Beteiligung der nichtritterl. Bevölkerung, communio pacis, communia o. ä. gen., am Kampf für den ebfl. Frieden, der letztl. der ebfl. Herrschaftssicherung diente, läßt sich in der Diöz. Bourges bis ins 13. Jh. verfolgen. Die südfrz. Friedensheere, die seit der 2. Hälfte des 11. Jh. als communiae in den Diöz. Rodez, Périgueux, Albi oder Auch auftauchten, verwandelten sich bald in spezielle Friedenstruppen, für deren Unterhalt die Friedenssteuer, das *commune*, erhoben wurde (→communia pacis).

VI. WIRKUNGEN: Nördl. der Loire scheinen die Pax-Milizen den Übergang vom Diözesanfrieden, d. h. von der rustici und proceres regionis umfassenden Friedenseinung, zur städt. Schwureinung (→Schwurverband), angebahnt zu haben, so nachweisl. in Le Mans (1070). Die nordfrz. städt. Kommunen, als communia, pax, constitutio pacis, →coniuratio u. ä. bezeichnet, nahmen als bewaffnete Friedenseinungen, die sich in der Anfangsphase der Kommunebewegung (Le Mans 1070, St. Quentin 1081, Noyon 1108/09, Laon 1110) noch auf die Eidesbindung der regionalen Gewalten, der proceres, des Bf.s und der milites, stützten, wesentl. Elemente der G. auf, so insbes. den Schutz gegen Willkürakte, die erzwungene eidl. Selbstbindung und die Verteidigung mit Waffengewalt. Der territoriale Rahmen war auf die Stadt und ihr Umland, der personale auf die Bürger verengt. Entstanden war der G. als eine Sonderform der Zusammenarbeit zw. regnum und sacerdotium. In dem Augenblick, als die weltl. Gewalten der Stadt-, Landes- oder Königsherrschaften die Friedenssicherung übernahmen und in ihren Herrschaftsbereichen das Gewaltmonopol anstrebten, flossen wesentl. Elemente der G. in die neuen Friedensordnungen ein.   R. Kaiser

Lit.: DDC VII, 1342f. – ECatt IX, 500–502 – HRG I, 1762–1765; II, 1451–1485 – LThK²IV, 1106f. – NCE XI, 45f. – RGG II, 1790f. – TRE XI, 622f. – E. WOHLHAUPTER, Stud. zur Rechtsgesch. der Gottes- und Landfrieden in Spanien, 1933 – J. GERNHUBER, Die Landfriedensbewegung in Dtl. bis zum Mainzer Reichslandfrieden 1235, 1952 – B. TÖPFER, Volk und Kirche z. Z. der beginnenden G.sbewegung in Frankreich, 1957 – R. BONNAUD-DELAMARE, Les institutions de paix en Aquitaine au XIe s., RecJean Bodin 14, 1, 1961, 415–487 – A. JORIS, Observations sur la proclamation de la trêve de Dieu à Liège à la fin du XIe s., ebd., 503–545 – E. J. STRUBBE, La paix de Dieu dans le Nord de la France, ebd., 489–501 – D. KENNELLY, Medieval Towns and the Peace of God, Medievalia et Humanistica 15, 1963, 35–53 – H. HOFFMANN, G. und Treuga Dei, 1964 [Lit.] – A. GRABOÏS, De la trêve de Dieu à la paix du roi (Mél. R. CROZET I, 1966), 585–596 – G. DUBY, Les laïcs et la paix de Dieu, I laici nella societas christiana dei secoli XI et XII, 1968, 448–461 [Neudr. in: DERS., Hommes et structures du MA, 1973, 227–240] – H. E. J. COWDREY, The Peace and Truce of God in the Eleventh Century, PP 46, 1970, 42–67 – E. WADLE, Heinrich IV. und die dt. Friedensbewegung, VuF 17, 1973, 141–173 – E. MAGNOU-NORTIER, La société laïque et l'église dans la province ecclésiastique de Narbonne de la fin du VIIIe à la fin du XIe s., 1974 – G. DUBY, Gérard de Cambrai, la paix et les trois fonctions sociales. 1024, Académie des Inscriptions et Belles-Lettres. Comptes rendus 1976, 136–146 – D. F. CALLAHAN, Adémar de Chabannes et la paix de Dieu, Annales du Midi 89, 1977, 21–43 – TH. KÖRNER, Iuramentum und frühe Friedensbewegung (10.–12. Jh.), 1977 – O. ENGELS, Vorstufen der Staatwerdung im HochMA. Zum Kontext der G.sbewegung, HJb 97/98, 1978, 71–86 – E. MAGNOU-NORTIER, La place du concile du Puy (v. 994) dans l'évolution de l'idée de paix (Mél. J. DAUVILLIER, 1979), 489–506 – P. CONTAMINE, La guerre au MA, 1980, 64–66, 433–446 – J.-P. POLY – E.

BOURNAZEL, La mutation féodale. X^e–XIIe s., 1980, 234–250 – R. KAISER, Bf.sherrschaft zw. Kgtm. und Fs.enmacht, 1981 – H.-W. GOETZ, Kirchenschutz, Rechtswahrung und Reform. Zu den Zielen und zum Wesen der frühen G.sbewegung in Frankreich, Francia 11, 1983, 193–239 – R. KAISER, Selbsthilfe und Gewaltmonopol. Kgl. Friedenswahrung in Dtl. und Frankreich im MA, FMASt 17, 1983, 55–72 – H.-W. GOETZ, Der Kölner G. v. 1083, JbKGV 55, 1984, 39–76 – E. MAGNOU-NORTIER, Les évêques et la paix dans l'espace franc du VIe au XIe s. (Presses Univ. Angers), 1984 – H.-W. GOETZ, G. und Gemeindebildung, ZRGGermAbt 105, 1988, 122–144 – K. F. WERNER, Observations sur le rôle des évêques dans le mouvement de paix aux Xe et XIe s. (Mél. R. FOREVILLE) [im Erscheinen].

Gottesfurcht → Gottesverehrung

Gottesgnadentum bezeichnet theoret. und fakt. ein Herrschaftssystem, das unter den frühen Karolingern mit der Übernahme der Herrschersalbung (751 Salbung Kg. →Pippins; →Franken, -reich, B.II) und der Einführung der »Dei gratia«-Formel in die Titulatur ausgebildet und dann in den weiteren Jahrhunderten des MA in Geltung war. G. bedeutet die göttl. Setzung des Herrschertums gegenüber den Untertanen. Verfassungsmäßiger Ausfluß ist die herausgehobene Rolle gegenüber der Kirche. Entwicklungslinien, die zum G. führten, waren im AT, im NT (bes. Paulus, Röm 13; Kg. als minister Dei mit Schwertgewalt: I. Petr. 2,13ff. u. ä.) sowie in der hellenist.-röm. Tradition angelegt. Als bes. wirkkräftig erwiesen sich für das MA das schon in Präsentation und Wirklichkeit ausgeformte G. des spätröm.-christl. Ksm.s und dessen theoret. Komponente, die frühchristl. Staatsreflexion, die die verschiedenen Linien verband (→Ambrosiaster, →Augustinus, →Gregor d. Gr., →Isidor v. Sevilla; Herrscher als »vicarius Dei«). Daneben sind für die Ausbildung des G.s die von der früheren Forsch. häufig einseitig betonten heidn.-mag. Herrschaftsvorstellungen (Geblütscharisma, Kg.sheil) wichtig, die in der Völkerwanderungszeit und im FrühMA im kelt. und bes. im germ. Bereich direkt oder christl. modifiziert weiterlebten.

In karol. Zeit fand das G. Ausdruck einerseits in einem verchristlichten Herrscherethos (→Fürstenspiegel), andererseits verfassungsmäßig in der durch Verknüpfung verschiedener Rechtsinstitute geschaffenen Reichskirche (→Franken, -reich, C) mit dem Kg. als oberstem Herrn (karol. Theokratie). Einschränkend für das G. war eine aus dem spezif. Denkmodell der Gewaltenscheidung (→Zweigewaltenlehre, Gelasian.) erwachsende Herrschaftsbegrenzung. Die in diesem Rahmen vorgenommene Objektivierung von Kg.sherrschaft zu einem Amt (ministerium) legitimierte dessen Kontrolle und ein (kirchl.) →Widerstandsrecht, während die in der autochthon gentilen Tradition wurzelnde antagonist. Struktur verschiedener Einflußkreise (Kgtm.; Haus u. a.) einen Widerstand zur Durchsetzung des Rechts ermöglichte. Dies gehört in den von F. KERN als konstitutiv herausgestellten Zusammenhang G.-Widerstandsrecht, dessen zweites Element die neuere Forsch. problematisiert hat. Jedenfalls ist sowohl aus germ. wie aus kirchl. Rechtsvorstellungen (pactum) wie auch aus frühfeudaler Interpretation der Herrschaft die Konsensgebundenheit des Kg.s herzuleiten. Ihre theoret. und fakt. Komprimierung fanden diese verschiedenen Elemente in den Fürstenspiegeln und polit. Schriften der späten Karolingerzeit und in den für die Folgezeit normbildenden →Ordines, die die Herrschereinsetzung regelten.

Im otton.-sal. Reichskirchensystem (→Reichskirche) erhielt das G. Ausformung durch weitere sakrale Erhöhung der →Monarchie (Ordines; Liturgie) und die institutionell gestärkte Herrschaft des Regenten über die Kirche.

Der sog. →Investiturstreit brachte ideell und fakt. eine schwere Erschütterung des G.s. Spektakuläre und tiefgehende Ereignisse wie die Absetzung des Kg.s und seine Entsakralisierung fügen sich logisch in die Entwicklung des Amtsgedankens und führen doch von ihm weg.

Eine entscheidende Wandlung erfolgte in der neuen Wertung des Staates als eines natürl. Rechtsorganismus unter dem Einfluß von Aristotelismus (→Aristoteles) und Thomismus ab dem 13. Jh. In Verbindung mit einer forcierten Kg.theologie, die auch archaische Elemente herrscherl. Heilsbegnadung *(rois thaumaturges)* enthielt, kam die Tendenz zum »nationalen« Staat in →Frankreich, →England und im Bereich der Iber. Halbinsel uneingeschränkter zum Durchbruch als bei dem Wahlkgtm. des Reiches. →Staat, →Souveränität, →König, Königtum, →Herr, Herrschaft. H. H. Anton

Lit.: LThK² IV, 1111–1113 – RAC XI, 1103–1159 – F. KERN, G. und Widerstandsrecht im früheren MA, 1914, 1954² – O. HÖFLER, Germ. Sakralkgtm., 1952 – La regalità sacra. Contributi al tema dell'VIII congr. intern. di storia delle religioni (Roma, aprile 1955), 1959 – O. BRUNNER, Vom G. zum monarch. Prinzip (VuF 3, 1956), 279–305 – E. EWIG, Zum christl. Kg.sgedanken im FrühMA (VuF 3, 1963), 7–73 – La monocratie, hg. Ministère de l'Éducation Nat. et de la Communauté Univ. de Belgique, 2 Bde (Rec Jean Bodin), 20, 21, 1969/70) – J. M. WALLACE-HADRILL, Early Germanic Kingship in England and on the Continent (Ford Lectures, Jg. 1970), 1971 – J. A. DABBS, Dei Gratia in Royal Titles (Stud. in European Hist. 22, 1971) – G. KOCH, Auf dem Wege zum sacrum imperium, 1972 – J. MIETHKE, Zeitbezug und Gegenwartsbewußtsein in der polit. Theorie der ersten Hälfte des 14. Jh. (Misc. Mediaevalia 9, 1974), 262–292 – H. FUHRMANN, »Volkssouveränität« und »Herrschaftsvertrag« bei Manegold v. Lautenbach (Fschr. H. KRAUSE, 1975), 21–42 – J. HANNIG, Consensus fidelium (Monogr. zur Gesch. des MA 27, 1982) – W. ULLMANN, Polit. Denken und polit. Organisation (Propyläen Gesch. der Lit., II: Die ma. Welt 600–1400, 1982), 11–38, 509 – s. a. Lit. zu →Fürstenspiegel [H. H. ANTON, 1968], →König, Königtum, →Monarchie u. a.

Gotteshausbund, 1367 geschlossener Bund der Gerichtsgemeinden im Bistumsgebiet v. →Chur gegen den schlecht wirtschaftenden Bf., der sich zur Deckung von Schulden mit →Österreich verbinden wollte. Der sich zunehmend institutionalisierende Bund gewann stärkeren Einfluß auf die Verwaltung und arbeitete seit 1406 mit Grauem Bund und Zehngerichtebund zusammen. Wohl 1471 verbanden sich die drei Bünde. Der G. wurde 1497/98 zugewandter Ort der →Eidgenossen und ging 1803 im Kanton→Graubünden auf. H. Bischofberger

Lit.: F. PIETH, Bündner Gesch., 1945 – weitere Lit. →Graubünden.

Gotteslästerung (gr.-lat. blasphemia, maledictum): Wer Gott verhöhnt oder seinem Namen flucht, ist nach Lev 24,11–16 des Todes schuldig; in weiterer Bedeutung ist G. die vorsätzl. Sünde (»mit erhobener Hand«), die Schmähung des Namens, des Tempels, des Volkes Gottes. Die Anmaßung göttl. Hoheitsrechte wird von den Zeitgenossen Jesu als G. angesehen (Mk 2,7; Joh 10,33; Apg 6,11; 7,54–58), und Jesu messian. Anspruch wird als G. verurteilt (Mk 14,64f. parr.). Die apostol. Gemeinde sah ebenso in der Anmaßung göttl. Macht G. (Offb 13,1.5f.) wie in der vorsätzl. Unbußfertigkeit (Offb 11,13; 16,11). Die Verächtlichmachung des Namens Gottes, seines Willens, seiner Lehre usw. kommt der G. gleich (1 Tim 6,1), ebenso die Verleugnung oder Verfluchung des Namens Jesu.

Die lat. Väter und ma. Theologen befaßten sich in der Schriftauslegung vor allem mit der Lästerung des Geistes (»spiritus blasphemiae« Lk 12,10; Mt 12,31) und erklärten diese als unbußfertige Verstockung des Sünders, Verzweiflung an der Vergebung der Sünde und Widerstand gegen die Gnade in Haß und Neid. Sammlung der Textstellen bei A. M. LANDGRAF, Dogmengeschichte

IV. 1,13–69 (vgl. Richard v. St. Victor, Tract. De spiritu blasphemiae MPL 196, 1185–92; dazu L. OTT, Unters. zur theol. Brieflit. der Frühscholastik, BGPhMA 34, 1937, 631–41; Petrus Lombardus, Sent. II d.43 ed. 1971, 572–77 und die Sentenzenkommentare). Thomas v. Aquin S.th.II² II^{ae} q.13–14 weitete den Begriff der G. wieder aus auf die Sünde des vorsätzl. Widerspruchs und Widerstands gegen Gottes Ehre und Herrlichkeit (ebd. q.13 a.1 ad 1) und bezog sich auch auf die blasphem. Nennung des Namens Gottes in der Öffentlichkeit (→Meineid), einer Sünde, auf der schwere Kirchenstrafen standen (Decretum Gratiani, C.22 q.1 c.10, ed. A. E. FRIEDBERG, I, 863; Decretales Gregorii IX, X 5. 26, ebd. II, 826). L. Hödl

Lit.: DDC II, 902–920 [A. MOLIEN] – DThC II, 907–910 [V. OBLET] – LThK IV, 117–119 [J. BLINZLER] – Dt. Thomas-Ausg. 15. Bd.: II-II 1–16, 1950, 255–283, 427–429.

Gottesmutter → Maria (Mariologie)

Gottesreich → Reich Gottes

Gottesschau → Visio beatifica

Gottesurteil. Das G. (lat. iudicium Dei, ordalium; ags. *ordal*) ist keine Besonderheit des europ. ma. Rechts, sondern findet sich in vielen archaischen Kulturen, etwa in Asien oder Afrika. Es ist ein Mittel sakraler Rechtsfindung und beruht auf der Vorstellung, daß Gott als Hüter des Rechts in Fällen der Unergründbarkeit einer Rechtslage durch ein Zeichen Hinweis auf Schuld oder Unschuld gibt. In erster Linie dient somit das G. als Beweismittel. Seine Ausprägungen sind sehr verschiedenartig. Auffällig ist, daß vielfach die Elemente als Hilfsmittel dienen. Beim Feuerordal trägt der Proband ein heißes Eisen, geht über glühende Pflugscharen oder holt einen Gegenstand aus siedendem Wasser oder Öl (Kesselprobe). Wenn die entstehende Brandwunde problemlos heilt, gilt der Unschuldsbeweis als erbracht. Bei der Kaltwasserprobe wird der rituell gefesselte Proband – an einer Leine gehalten – ins Wasser geworfen. Geht er unter, so gilt er als unschuldig und wird mit Hilfe der Leine wieder an Land gezogen. Der Rasengang verpflichtet den Beweispflichtigen, durch ein Tor zu gehen, das aus einem langen Streifen noch mit der Erde verwurzelten Rasens gebildet wird. Fällt der durch eine Lanze abgestützte Rasenstreifen herunter, gilt der Proband als schuldig. Bei der Bissenprobe muß Brot oder ein Stück Käse geschluckt werden: Wer sich verschluckt, gilt als schuldig. Die Kreuzprobe verlangt, daß beide Parteien des Rechtsstreits unbewegl. mit ausgestreckten Armen vor einem Kreuz stehen. Wer sich zuerst bewegt, ist als Schuldiger erwiesen. Auch beim →Zweikampf (Duell) sind beide Parteien des Rechtsstreits gefordert: Der Ausgang des vor Gericht ausgetragenen Waffengangs erweist die Wahrheit.

In den ersten Jahrhunderten ihres Bestehens stellte das G. für die Kirche kein Problem dar, weil im röm. Prozeß dieser Zeit das Ordal keinen Raum hatte. Erst mit dem Erstarken der germ. Nachfolgestaaten auf röm. Reichsboden kam die Kirche mit dem G. in Berührung. Da aber auch die frühe Kirche auf das klärende Eingreifen Gottes in unergründbaren Rechtsstreitigkeiten vertraute und zudem eine Reihe von Ordalen im AT überliefert waren, finden sich anfangs kaum Widerstände gegen die Praxis des G.s in den germ. Reichen. Vielmehr hat die Kirche die vielfältigen Formen der G.e nur zu ordnen versucht und durch Rituale ausgestaltet. Manche Formen des G.s – so insbes. die Kreuzprobe, vielleicht aber auch die Kaltwasserprobe – dürften sogar erst durch die Kirche entwickelt worden sein. Bedenken gegen die Erlaubtheit eines G.s, insbes. in Form des Zweikampfes, wurden bereits sehr früh, insbes. durch →Agobard v. Lyon, laut. Sie blieben jedoch ohne Wirkung. Es ist bezeichnend, daß im →Decretum Gratiani (um 1140) sowohl kirchl. Äußerungen für wie gegen die Ordale enthalten sind (C.2 q.5 cc.20–26). Erst das IV. Laterankonzil unter Innozenz III. hat 1215 nicht nur den Zweikampf verboten, sondern darüber hinaus allen Klerikern die Beteiligung an der Durchführung von G.en untersagt (const. 18 = Liber Extra 3.50.9). Die Dekretalen Gregors IX. stellen im Titel »De purgatione vulgari« päpstl. Verbote des G.s zusammen (Liber Extra 5.35. 1–3). Obgleich viele Theologen, insbes. Thomas v. Aquin, gegen die G.e ankämpften, blieben sie in der Praxis bestehen. Dies belegen auch der Sachsenspiegel (um 1225; Ldr. I. 39,63, 65 u. ö.) und der Schwabenspiegel (um 1275; Ldr. 42, 48, 78, 79 u. ö.). Wenn im 12. und 13.Jh. Kaufmannsstädte in Italien und Mitteleuropa dazu übergehen, den gerichtl. Zweikampf als Beweismittel auszuschließen (Duellverbot) und durch den →Eid zu ersetzen, dürfte diese auf größere Rationalität des Prozesses abzielende Bewegung durch die Kirche angeregt worden sein. Im Laufe des späten MA verlieren die G.e durch Einführung von kanonist.-römischrechtl. Beweisregeln ihre Bedeutung. Doch lebten eine Reihe von Praktiken, wie sie bei den G.en verwandt wurden, noch einmal in den Hexenprozessen der frühen NZ auf.

H.-J. Becker

Lit.: DDC VI, 1117–1123 [R. Naz] – HRG I, 1769–1773 [A. Erler] – HWDA III, 994–1064 [W. Müller-Bergström] – TRE XIV, 100–105 [F. Rapp – H.-W. Strätz] – R. Köstler, Der Anteil des Christentums an den Ordalien, ZRGKanAbt 2, 1912, 208–248 – M. Pappenheim, Über die Anfänge des germ. G.s, ZRGGermAbt 48, 1928, 136–175 – B. Schwentner, Die Stellung der Kirche zum Zweikampf bis zu den Dekretalen Gregors IX., TQ 111, 1930, 190–234 – P. Browe, De ordaliis, 2 Bde, 1932–33 – Ch. Leitmaier, Die Kirche und die G.e, 1953 – H. Fehr, Die G.e in der dt. Dichtung (Fschr. G. Kisch, 1955), 271–281 – H. Nottarp, Gottesurteilstud., 1956 – F. L. Ganshof, Het »iudicium crucis« in het frankisch Recht, 1963 – R. J. Hexeter, Equivocal Oaths and Ordeals in Mediaeval Lit., 1975 – P. Hayms, Trial by Ordeal. The Key to Proof in Early Common Law (Fschr. S. E. Thorne, hg. M. S. Arnold, 1981), 90–126.

Gottesverehrung, lat. cultus, devotio, pietas und bes. religio, mhd. 'eer erbiet-en, -ung', 'eer erzeigung', 'erwi(e)rdigkeit' wird von Meister →Eckhart im Kontext der Lehre vom Gerechten, der Gott, den Engeln und den Menschen Ehre schuldet, als der das ganze Leben umfassende Gottesdienst verstanden. Dabei resultiert G. aus dem Kreaturbewußtsein des Menschen, der Gott als den Herrn der Schöpfung (an-)erkennt: einerlei ob religio mit Cicero von relegere (de nat. deor. II,28) oder mit Laktanz und anderen von religare (Div. Inst. IV, 4,1) abzuleiten ist. Das ma. Verständnis lebt jedenfalls aus beiden Wortstämmen, die heidn.-philos. und christl.-theol. Grundbedeutung synthetisierend. Gegen den Gottesdienst des heidn. Staates (vgl. den Religio-Begriff, Cic. de inv. II,54) polemisierte →Augustinus (Civ. Dei X), während er das christl. Verständnis von religio als latria herausarbeitete, es an der Liturgie der Kirche orientierte und auf die eschatolog. Seligkeit der Gottesgemeinschaft bezog. Ausgehend von Ciceros Bestimmung der G. als eines geschuldeten Kultes beschäftigte sich die frühscholast. Theologie mit den Fragen der Zuordnung der sittl. Tugend der religio zur Tugend der Gerechtigkeit und deren unterschiedener Merkmale. →Abaelard und seine Schule, die Porretaner (→Gilbertus), →Simon v. Tournai und →Alanus, auch →Wilhelm v. Conches im »Moralium dogma philosophorum« betrachteten religio als Teiltu-

gend der Gerechtigkeit, die ihrerseits ein differenziertes Feld religiöser Akte (der Gottesliebe, -furcht und des -dienstes) umfaßt. Auch für →Wilhelm v. Auxerre, der in seiner Summa Aurea III (ed. J. Ribaillier, 1986, 486–509) latria nicht unter die Gerechtigkeit subsumiert, weil sie als christl. Tugend diese übersteigt, bleibt Ciceros Definition bestimmend. →Philipp d. Kanzler bezeichnete die christl. G., latria genannt, als spezielle Tugend, die auch Glaube, Hoffnung, Liebe und andere Tugenden umfaßt. Von latria ist in vielfachem Sinne die Rede. Im engeren Sinne ist religio »der Wille, den geschuldeten Kult aufzubringen« (Summa de bono, ed. N. Wicki, II, 1985, 964).

Die ersten Ordenstheologen des 13.Jh. (→Alexander v. Hales, Roland v. Cremona [† 1259], Hugo a S. Caro [† 1263]) schenkten diesem Thema keine bes. Beachtung, da es bei →Petrus Lombardus nicht zur Sprache kam. Dieser hatte in Sent.III d. 9 (ed. 1981, 68–71) nur die brisante Frage nach der Anbetung der Menschheit Christi aufgeworfen. →Bonaventura und →Thomas v. Aquin sicherten dem Thema bleibende theol. Behandlung. So sprach Bonaventura verschiedentl. (Sent.III d.35, a.1, q.6; d.37 a.2,q.2; Hexaemeron coll. 21, 8–10; de decem praeceptis coll. 2,4) in der Auslegung des 1.Gebots von der G. als der pietas, die Gott schenkt und unsere Verehrung, cultus latriae, verdient. Während Thomas v. Aquin im Sentenzenkomm. religio in umfassender Bedeutung verstand, erklärte er in der Summa IIᵃ IIᵃᵉ q.81 die G. als sittl. Tugend in der Zuordnung zur Kardinaltugend der Gerechtigkeit. In der Gleichsetzung der G. mit der (kultischen) Heiligkeit (ebd. a.8) überschreitet er aber die Grenze der eth. Betrachtung hin auf den liturg. Kontext. Die sittl. Tugend der G. umfaßt die inwendigen Akte der Frömmigkeit (→devotio) und des →Gebets (q.82–83) und die äußeren Akte der Anbetung, des Opfers und der Opfergaben (q.84–86), der Abgaben (des →Zehnten), des Gelübdes und des →Eides (q.87–89). Anschließend erörterte er die Sünden gegen die religio (q.92–100).

Die philos.-naturrechtl. Begründung der G. förderte Kunst und Kultur, beeinflußte das polit. Handeln ebenso, wie sie schon früh mit dem rex-sacerdos-Ideal der ma. Herrscher in Verbindung stand (A. Angenendt, Ks.herrschaft und Kg.staufe 1984) und noch im SpätMA eine 'Staatsfrömmigkeit' auszuprägen mithalf, die den immer lauter und vielfältiger werdenden Protest der devoti provozierte. In der →Devotio moderna wurden dabei innere Wege der G. erprobt, die auch außerhalb des Kleriker- und Ordensstandes weite Kreise zu einem gemeinsamen Leben der Gottesliebe motivierten und z.B. in der Imitatio Christi (II,9–10; III, 22, 34) wie im Malogranatum (vgl. M. Gerwing, 1986, 216–233) ihren lit. Niederschlag fanden. →Nikolaus v. Kues († 1464) sieht in den verschiedenen religiösen Praktiken und Riten eine Chance, die eine und einigende G. zu intensivieren (de pace fidei I).

L. Hödl/M. Gerwing

Lit.: DThC XIII, 2306–2312 – O. Lottin, Psychologie et morale aux XIIᵉ et XIIIᵉ s., 3, 1949, 313–326 – B. Decker, Nikolaus v. Kues und der Friede unter den Religionen (Humanismus, Mystik und Kunst in der Welt des MA, hg. J. Koch, 1953), 94–121 – J. A. Leies, Sanctity and Religion according to St. Thomas ..., 1963 – E. Heck, Der Begriff religio bei Thomas v. Aquin, 1971 – W. Stürner, Peccatum und Potestas, 1987.

Gottfried (s. a. Geoffrey, Geoffroi)

1. G. (Gotefrid), *Hzg.* (→dux) *der* →*Alamannen,* † 709, gehörte zu der Gruppe von (rechtsrhein.) duces, die mit legitimist. Begründung es ablehnten, sich dem karol. →Hausmeier zu fügen. Daher hat G. angesichts des schwachen merow. Kgtm.s offenbar eine weitgehend unabhängige Herrschaft über ganz Alamannien ausgeübt, wovon z. B. die Datierung nach Herzogsjahren in einer Urk. G.s für die Kirche v. →St. Gallen zeugt; der Ausstellort Cannstatt weist die Gegend am oberen Nekkar als Wirkungsbereich des Hzg.s aus. Der dem Verwandtschaftskreis der →Agilolfinger zugerechnete G. galt im frühen 9. Jh. als Spitzenahn Hildegards, der Gemahlin Karls d. Gr. Von G.s Söhnen folgte →Lantfrid später im alem. Dukat, während →Odilo offenbar die agilolfing. Linie der Hzg.e v. →Bayern fortgesetzt hat.

Th. Zotz

Lit.: →Alamannen (v. a. B. BEHR, 1975) – Die Bayern und ihre Nachbarn, I, hg. H. WOLFRAM – A. SCHWARCZ (AAW, phil.-hist. Kl. 179), 1985.

2. G. (Gauzfred, Geoffroy Grisegonelle), *Gf. v. Angers* → Angers, Anjou

3. G. (Geoffroy Martel), *Gf. v. Angers* → Angers, Anjou

4. G. II., *Gf. v.* →*Calw,* * um 1060, † 6. Febr. 1133, Sohn von Gf. Adalbert II. und Wiltrud (Wildrudis), Tochter Hzg. →Gottfrieds des Bärtigen v. Lothringen. – G. wandte sich seit 1089 und verstärkt nach dem Rückzug seines Vaters ins monast. Leben (1094/95) der Partei →Heinrichs IV. zu. Seit dem Thronstreit von 1105 war er einer der führenden Anhänger und polit. Helfer v. →Heinrichs V. (Verhandlungen von S. Maria in Turri und →Ponte Mammolo 1111, →Mouzon 1119, →Wormser Konkordat 1122). Als Pfgf. (→Pfalzgrafschaft bei Rhein) seit dem 6. April 1113 nachweisbar, übte G. diese Schlüsselposition wohl als letzter Amtslehenträger an der Untermosel aus, ehe die Pfgft. zum sich festigenden Territorium wurde. G.s wesentl. auf Grundbesitz, Vogteien (u. a. über →Lorsch) und Kirchenlehen beruhende Machtstellung bildete gemeinsam mit der Position des Staufers →Friedrich II., Hzg.s v. Schwaben, und im Verbund mit der Herrschaft Heinrichs V. ein Machtgefüge, das sich von der Lauter bis zur Mosel erstreckte. G.s Ernennung verursachte seit 1114 Unruhen in Lothringen; harte Gegensätze traten mit den Ebf.en v. →Trier und v. a. mit Ebf. →Adalbert I. v. →Mainz aus dem Hause →Saarbrücken auf. Konnte G. die ihm und Friedrich II. von Heinrich V. vor dessen 2. Italienzug übertragene Stellvertretung in Deutschland noch im Kampf mit Adalbert I. nutzen, so schwand sein Einfluß nach der Wahl Lothars III. Die Pfgft. wurde ihm entzogen. Zum Streit um sein Erbe →Calw, Gf.en v.

A. Gerlich

Lit.: NDB VI, 665f. – G. MEYER v. KNONAU, JDG H.IV.; H. V., Bd. 6, 7, 1907, passim – W. BERNHARDI, JDG Lo.III., 1879, passim – Codex Laureshamensis, ed. K. GLÖCKNER, I, 1926, 423 m. A. 2, 424 m. A. 7 – F. HAUSMANN, Reichskanzlei und Hofkapelle unter Heinrich V. und Konrad III. (MGH Schr. 14), 1956, 22, 62 – s. a. Lit. zu →Calw, Gf.en v. (bes. W. KURZE, S. GREINER), →Friedrich II., Hzg.; →Adalbert I., Ebf.; →Pfalzgrafschaft bei Rhein.

5. G., norm., wohl mit dem dän. Kg.sgeschlecht verwandter *Hzg. in* →*Friesland* (in den Quellen sowohl 'rex' als 'dux'), † 885, seit 879 einer der Führer der Normanneneinfälle in den fläm.-nordfrz. Gebieten. 882 schloß er einen Vergleich mit dem ostfrk. Kg. →Karl III., ließ sich taufen, heiratete Gisla, Tochter Kg. Lothars II., und erhielt das Gebiet an Rhein- und Maasmündung (im wesentl. heut. Holland, Utrecht und Betuwe). G. kam der Normannenabwehr nicht nach, verschwor sich 885 aber mit Hugo, dem Bastard Lothars II. Kg. Karl ließ ihn bei Verhandlungen heimtück. vom Gf.en Heinrich ermorden. Die Normannenherrschaft in Friesland endete, ohne faßbare Spuren zu hinterlassen.

D. P. Blok

Lit.: W. VOGEL, Die Normannen und das frk. Reich, 1906 – D. P. BLOK, De Wikingen in Friesland, Naamkunde 10, 1978.

6. G. (I.), *Hzg. in Lothringen* (Niederlothringen?), †964 in Italien. G. ist ohne näheren Amtsbereich als 'dux' belegt; Herkunft und mögl. Abhängigkeit von →Brun, dem Ebf. v. Köln und Hzg. v. →Lothringen, sind umstritten. Vgl. dazu →Niederlothringen.

G. Despy

7. G. II., *Hzg. v.* →*Niederlothringen* 1012–23, † 26. Sept. 1023, ⃞ Verdun, St-Vanne; Sohn des Gottfried, Gf.en v. Verdun (14. G.), und der Ottonin Mathilde. Die Wiederherstellung des niederlothr. Dukats und die Einsetzung G.s II. durch Kg. →Heinrich II. i. J. 1012 waren Teil der otton. Politik zur Sicherung der Westgrenze des Imperiums, mit Schwergewicht auf der Befriedung im Innern. G. II. war insofern eine glückliche Wahl, als er wegen seiner oberlothr. Herkunft selbst nicht an den Machtkämpfen der niederlothr. Aristokratie beteiligt war und daher die kgl. Interessen in loyaler Weise wahrzunehmen vermochte. Belegt sind v. a. seine Feldzüge gegen die Gf.en v. →Hennegau v. Holland und →Löwen, die er mit Unterstützung seiner Brüder, Hermann als Mgf. v. →Ename und Gozelo als Mgf. v. →Antwerpen, durchführte. Ohne Nachkommen verstorben, folgte ihm 1023 sein jüngerer Bruder →Gozelo († 1044) nach, der seit 1033 auch die Hzg.swürde von →Oberlothringen innehatte.

G. Despy

Lit.: G. DESPY, La fonction ducale en Basse-Lotharingie de 900 à 1100, Rev. du Nord 48, 1966, 107–109 – W. KIENAST, Hzg.stitel in Frankreich und Dtl., 1968 – M. PARISSE, Généalogie de la Maison d'Ardenne (Publ. Sect. hist. Inst. Grand-ducal Luxembourg 95, 1981), 20 – A. LARET-KAYSER, La fonction et les pouvoirs ducaux en Basse-Lotharingie au XIe s., ebd., 133–152 – J. P. EVRARD, Les comtes de Verdun aux Xe et XIe s., ebd., 153–182 – Alg. Geschied. Nederlanden I, 1981, 336–340 [C. LINSSEN].

8. G. IV. der Bucklige, *Hzg. v.* →*Niederlothringen* 1069–76, † 26. Febr. 1076 bei Vlaardingen nahe der Maasmündung, Sohn von G. III. und Oda, ⚭ →Mathilde v. Tuszien; wurde 1069 von Heinrich IV. als Hzg. eingesetzt. Die Ehe G.s IV. mit Mathilde wurde persönl. wie polit. zur Katastrophe: Die Mgfn. lebte seit 1071 ständig getrennt von ihrem mißgebildeten Mann auf ihren Gütern in Italien. Während sie – durchaus in der Tradition des lothr.-tusz. Fs.enhauses – zur entschlossenen Anhängerin Papst →Gregors VII. wurde, stand G. IV. in bedingungsloser, recht kurzsichtiger Weise für seinen Kg. ein, beteiligte sich aktiv am Kampf gegen die Sachsen (→Unstrut, 1075) und an der Absetzung Gregors (→Worms, 1076). In Niederlothringen verteidigte er als Repräsentant der kgl. Autorität die Scheldegrenze gegen die Gf.en v. →Flandern und wurde auf einem seiner Feldzüge brutal ermordet. Ohne Aussicht auf leibl. Nachkommen, setzte G. seinen Neffen →Gottfried v. Bouillon (11. G.) frühzeitig zum Erben ein, trotz des Widerstandes von seiten Mathildes.

G. Despy

Lit.: →Gottfried II., Hzg. v. Niederlothringen (8. G.).

9. G. v. Bouillon (G. V.), *Hzg. v.* →*Niederlothringen* 1087–96, einer der Führer des 1. →Kreuzzuges, * um 1060 in Boulogne, † bald nach 18. Juli 1100 in Jerusalem.

I. Leben und Wirken – II. G. v. B. in der mittelalterlichen Überlieferung.

I. LEBEN UND WIRKEN: [1] *Als Herzog von Niederlothringen:* G. war der 2. Sohn Eustachius' II., Gf.en v. →Boulogne, und der Ida v. Ardenne, der Schwester Gottfrieds d. Buckligen (8. G.) und Tochter Gottfrieds d. Bärtigen (12. G.). Er wurde um 1075 von seinem Onkel Gottfried d. Buckligen adoptiert und als Nachfolger designiert. Dennoch wurde er von Ks. Heinrich IV. 1076 ledigl. mit der Mgft. →Antwerpen belehnt und konnte das Hzm. Niederlothringen erst 1087 in Besitz nehmen.

G. betrieb die Durchsetzung der Erblichkeit der Herzogswürde. Er hielt die Expansionsbestrebungen seiner Nachbarn, der Gf.en v. →Löwen und →Namur sowie des Fsbf.s v. →Lüttich, in Schach; auch verstand er es, aus seinen Interventionen in den Abteien →St-Hubert und →St-Trond Nutzen zu ziehen, ebenso 1096 aus seinem Eingreifen gegen die Judenverfolgung im Mittelrheingebiet. Als er 1096 das Kreuz nahm, führte er eine Veräußerung seines Hzm.s durch, die ihm bei präsumptiver Heimkehr den Rückkauf ermöglichen sollte.

G. Despy

[2] *Auf dem 1. Kreuzzug:* G. unterschied sich in seiner Haltung insofern von den übrigen Führern des 1. Kreuzzugs, als er enge Beziehungen zu Heinrich IV. hatte. Eine feste Ansiedlung im Osten plante er im Unterschied zu anderen Kreuzfahrern nicht. Während der ersten Hälfte des Kreuzzugs kann seine Position zwar als gesichert, nicht aber als dominierend bezeichnet werden. Nachdem sich G.s Bruder Balduin v. Boulogne in →Edessa niedergelassen hatte (10. März 1098), erhielt auch G. dort Besitzungen und wurde mit Hilfsgütern versorgt. Gewachsener Reichtum und gestiegenes Prestige ließen ihn während des Marsches auf Jerusalem (Frühling und Frühsommer 1099) zum Rivalen des bis dahin tonangebenden →Raimund v. St-Gilles werden. Am 22. Juli 1099, eine Woche nach dem Fall Jerusalems, wurde er zum Oberhaupt der neuen Kreuzfahrerherrschaft gewählt. Es gibt keinen klaren Beleg, daß er den Titel eines 'advocatus Sancti Sepulcri' geführt hat; üblicherweise nannte er sich 'princeps'. Während seiner nur einjährigen Regierung übte er offenbar eine straffe Kontrolle bei der Eroberung von Palästina aus und schuf erste Grundlagen einer feudalen Organisation. Andererseits war er bereit, für sein Fsm. eine formelle Belehnung durch →Daimbert, den Patriarchen v. Jerusalem, der zugleich päpstl. →Legat war, zu empfangen, und G. dürfte auch weitreichende Zugeständnisse an die Kirche v. Jerusalem gemacht haben. Sich dadurch anbahnende tiefgreifende Konsequenzen wurden allerdings durch G.s Bruder und Nachfolger, →Balduin I., durchkreuzt.

J. Riley-Smith

Lit.: zu [1]: J. ANDRESSOHN, The Ancestry and Life of Godfrey of B., 1947 – H. DORCHY, Godefroid de B. duc de Basse-Lotharingie, RBPH 26, 1948, 961–999 – G. DESPY, La date de l'accession de Godefroid de B. au duché de Basse-Lotharingie, ebd. 36, 1958, 1275–1284 – G. WAEGER, G. in der Historiographie, 1969 – G. DESPY, Les actes des ducs de Basse-Lotharingie du XIᵉ s., Publ. Inst. G.D. de Luxembourg 95, 1981, 113–125, 99–111, 130–132 – M. PARISSE, Godefroy de B. le Croisé exemplaire, L'Hist. 47, 1982, 18–25 – P. AUBE, Godefroy de B., 1985 – G. DESPY, Godefroid de B.: mythes et réalités, Bull. Cl. Lettres Acad. royale Belgique 71, 1985, 249–275 – *zu [2]:* H. E. MAYER, Bm.er, Kl. und Stifte im Kgr. Jerusalem, 1977 – J. S. C. RILEY-SMITH, The Title of Godfrey of B., BIHR 52, 1979, 83–86 – R. J. LILIE, Byzanz und die Kreuzfahrerstaaten, 1981, 1–54 – J. FRANCE, The Election and Title of Godfrey of B., Canadian Journal of Hist. 18, 1983, 321–329 – J. S. C. RILEY-SMITH, The Motives of the Earliest Crusaders and the Settlement of Latin Palestine, EHR 98, 1983, 721–736 – H. E. MAYER, Mél. sur l'hist. du royaume de Jérusalem, Mém. de l'Acad. des Inscriptions et Belles-Lettres NS 5, 1984, 10–48 – J. S. C. RILEY-SMITH, The First Crusade and the Idea of Crusading, 1986.

II. G.v.B. IN DER MITTELALTERLICHEN ÜBERLIEFERUNG: [1] *Allgemein:* Nicht zuletzt um von den innerchristl. Spannungen nach der Eroberung Jerusalems abzulenken, wurde von kirchl. Chronisten frühzeitig ein idealisiertes Bild von G. entworfen, der als exemplar. Kreuzfahrer die Königskrone abgelehnt habe, dort wo Christus die Dornenkrone getragen habe. Infolge einer wuchernden Legendenbildung galt G. seit dem 12. Jh. als einziger Führer des Kreuzzuges und erster Kg. v. Jerusalem. Seit dem

14. Jh. rangierte er unter den →Neun Guten Helden und wurde zu einer Vorbildfigur des europ. →Rittertums.

G. Despy

[2] *Französische, mittelenglische und deutsche Literatur:* Als lit. Figur erscheint G. zunächst in einer Folge von mit den ersten drei Kreuzzügen (→Kreuzzugsdichtung) verbundenen →chansons de geste, »Le premier cycle de la croisade« (anonym, nach 1180): »La chanson d'Antioche«, »La conquête de Jérusalem« (beide gesch. orientiert) und »Les chétifs« (bizarr-fabulös berichtend). Weitere Teile der Sequenz entstehen anonym Ende des 12. Jh., v.a. »La naissance du chevalier au cygne« (Verknüpfung des myth.-märchenhaften Schwanenritterstoffes [→Lohengrin] mit fakt. Bezügen auf das Haus Boulogne-Bouillon). Aus der 2. Hälfte des 13. Jh. stammt eine Reihe hist. ausgerichteter continuations, z. B. »La chrétienté de Corbaran«.

In der me. Lit. ist der Stoffkomplex nur schwach vertreten: 1. »Chevalere Assigne« (→Romanze, 370 meist alliterierende Langzeilen, anonym, 1 Hs. aus der 2. Hälfte des 15. Jh., sö. Midlands): verkürzt die »Naissance« und betont das Erbaul.-Wunderbare, hat aber keinen direkten Bezug zu G. 2. Dieser steht im Zentrum von zwei gedruckten spätme. Prosaübers. frz. Geschichtsberichte: »Godfrey of Boloyne« (→Caxton, 1481), »Helyas, the Knight of the Swan« (W. de Worde, 1512).   H. Bergner

In der dt. Lit. ist v. a. die →Kaiserchronik (um 1140) zu nennen, die ein idealisiertes Bild G.s zeichnet, in scharfem Kontrast zur negativen Darstellung der Persönlichkeit Heinrichs IV.

Bibliogr. und Lit.: Manual ME, 1, I, 1967, 101–103, 267f. – W. R. J. BARRON, Chevalere Assigne and the Naissance du Chevalier au Cygne, MAe 36, 1968, 25–37 – K.-H. BENDER – H. KLEBER, GRLMA 3, T. 1/2, F. 5, 1986.

10. G. VI., Hzg. v. →Niederlothringen 1106–39 (auch als G. I. v. Brabant gezählt), † 25. Jan. 1139, ☐ Abtei →Affligem. G. entstammte dem Hause →Löwen und herrschte seit 1095 über einen vornehml. aus den Gebieten von →Löwen und →Brüssel bestehenden heterogenen Territorialkomplex. Er stieg im Zuge der Kämpfe zw. Heinrich IV. und seinem Sohn Heinrich (V.) als Parteigänger des jungen Kg.s 1106 zum Hzg. v. Niederlothringen auf, in Konkurrenz zu dem von Heinrich IV. begünstigten Hause →Limburg. Damit war das niederlothr. Hzm. – in Abkehr von der alten sal. Herrschaftspraxis – vollends zum Zankapfel der rivalisierenden großen Adelsfamilien der Region geworden. Nachdem G. 1128 von Lothar III. zugunsten des Gf.en v. Limburg, Walram, abgesetzt worden war, folgte eine Fehde der beiden Häuser. Der unterlegene G. mußte einer Teilung zustimmen: Seine Hzg.sgewalt sollte zw. Schelde und Gete gelten, diejenige Walrams v. Limburg zw. Gete und Rhein. Die Agonie des Hzm.s dauerte über den Tod der beiden Kontrahenten bis zur Neuordnung auf dem Hoftag v. Schwäbisch Hall (1190) fort (→Brabant). G. baute im übrigen, gestützt auf die Herzogsgewalt, seine Machtposition stark aus (Erwerb der Mgft. →Antwerpen, des Pfalzgutbezirks v. →Aachen, des Reichsgutsbezirks v. →Herstal, beginnendes Ausgreifen ins wallon. Brabant, Vogteirechte über →Nivelles, →Affligem, →Gembloux, Anspruch auf →St-Trond).

G. Despy

Lit.: R. van UYTVEN, Kloosterstichtingen en stedelijke politiek van Godfried I van Leuven, Bijdragen voor de geschiedenis der Nederlanden 13, 1959, 177–188 – P. BONENFANT – A. M. BONENFANT, Du duché de Basse-Lotharingie au duché de Brabant, RBPH 46, 1968, 1129–1165 – Algem. Geschied. Nederlanden II, 1982, 377–380 [P. AVONDS] – s. a. Lit. zu 8 [W. KIENAST].

11. G. VII. → Niederlothringen

12. G. III. der Bärtige, *Hzg. v. Oberlothringen* (→Lothringen) 1044–46, Mgf. v. →Tuszien 1054–69, Hzg. v. →Niederlothringen 1065–69, † 30. Dez. 1069 in Verdun, ⌑ ebd., entsprechend den Traditionen seines Hauses; Sohn →Gozelos I., ⚭ 1. Oda; Kinder: u. a. Gottfried (IV.) der Bucklige, Ida (Mutter Gottfrieds v. Bouillon), 2. →Beatrix v. Tuszien. – Nach dem Tod des Vaters wurde G. III. von Kg. →Heinrich III. als Hzg. v. Oberlothringen eingesetzt, sein Bruder Gozelo II. dagegen in Niederlothringen (1044). G. III. beanspruchte 1046, nach dem Tode Gozelos II., auch die niederlothr. Herzogswürde. Da Heinrich III. dies verweigerte, erhob sich G. III. gegen den Kg., z. T. gestützt auf →Heinrich I. v. Frankreich. Heinrich III. ernannte im Gegenzug →Friedrich v. Luxemburg zum Hzg. v. Niederlothringen (1046–65) und setzte G. III. auch in Oberlothringen zugunsten →Gerhards I. v. Elsaß ab. Da G. III. wegen des Gegensatzes zu Heinrich III. keine Chance zur Durchsetzung seiner lothr. Herrschaftsinteressen sah, ging er nach dem Tode seiner ersten, aus dem unteren Maasgebiet stammenden Gemahlin Oda nach Italien, heiratete dort 1054 in von Heinrich III. nicht gebilligter Ehe seine Verwandte Beatrix, Tochter →Friedrichs II. v. Oberlothringen und Witwe von →Bonifaz v. Tuszien. Zehn Jahre lang hatte G. III. eine erstrangige Position in Italien inne (s. im einzelnen →Beatrix, →Canossa, Haus). Seine vom Kg. nicht zu erschütternde Machtposition wurde noch gestärkt durch die Wahl seines Bruders Friedrich zum Papst (→Stephan IX.) und durch die Heiraten seiner drei Schwestern mit dem lothr. Pfgf.en, dem Gf.en v. →Namur und dem Gf.en v. →Löwen. Wiederholt wurde G. III. ein Streben nach der Königs-, ja Kaiserkrone zugeschrieben. Nach Heinrichs III. Tod (1056) bemühte sich G. III., durch die Heirat seines Sohnes aus 1. Ehe, Gottfrieds (IV.) des Buckligen (10. G.), mit seiner Stieftochter →Mathilde v. Tuszien, um Ausbau seiner Spitzenstellung. 1065 erlangte er vom jungen Kg. Heinrich IV. nach Friedrichs Tod das niederlothr. Hzm. In seinen letzten Jahren beschränkte er sich im wesentl. auf sein Territorialfsm. zw. Schelde und Rhein, behielt aber gemeinsam mit seiner Frau auch die Herrschaft über Tuszien bei. Er erbaute die Burg →Bouillon, wo er eine Münzstätte einrichtete. Aus Tuszien übernahm er die Praxis, seine Urkk. von eigenen Notaren anfertigen und mit dem hzgl. Siegel versehen zu lassen. G. Despy

Lit.: G. Despy, Note sur les actes de Godefroid le Barbu comme marquis de Toscane (Mél. C. Braibant, 1959), 105–112 – E. Boshof, Lothringen, Frankreich und das Reich in der Regierungszeit Heinrichs III., RhVjbll 42, 1979, 63–127 – G. Despy, Les actes des ducs de Basse-Lotharingie du XIe s., ebd., 65–182 – s. a. Lit. zu 8. G.

13. G. d. Ä. (auch: der Gefangene), *Gf. v.* →*Verdun* aus dem Hause Ardenne, † an einem 3. Sept. nach 997 oder nach 1002; Sohn des Gf.en Gozlin und der Uda, Neffe Bf. →Adalberos I. v. Metz (929–962); ⚭ um 963 Mathilde v. Sachsen, die Tochter Hermann Billungs (→Billunger) und Witwe Balduins III. v. Flandern. G. ist faßbar zunächst v. a. als Gf. (und Vogt) v. Verdun seit 960/965; auch hatte er vielleicht die Gft.en des Bidgau und Methingau inne; als reich begütertes Mitglied seines Hauses war er ebenfalls Vogt der Abteien →St-Hubert und →Mouzon. Ab 969 erlangte er die Position des Gf.en und Mgf.en v. →Ename und →Antwerpen, wodurch er zum bedeutendsten Fs.en an der (nieder-)lothr. Grenze des Imperiums wurde. Im Dienst der drei Ottonenherrscher kämpfte er gegen die Gf.en v. →Hennegau, wurde 985 bei Verdun im Kampf gegen das Heer Kg. Lothars I. v.

Frankreich gefangengenommen und kam erst 987 wieder frei, nachdem er den Gf.en v. →Champagne, die ihn gefangenhielten, Besitzungen abgetreten hatte. 995 nahm G. an der Synode von Mouzon teil. – Seine Kinder übten hohe Würden aus: →Gottfried und →Gozelo waren Hzg.e v. Niederlothringen, Hermann Gf. v. Ename, Friedrich Gf. v. Verdun und Mönch v. St-Vanne, →Adalbero Bf. v. Verdun (983–988/989); Ermengarde heiratete Gf. Otto v. Hammerstein (→Hammersteiner Ehe). M. Parisse

Lit.: NDB VI, s. v. – R. Parisot, Origines de la H^te-Lorraine, 1909 – J. Évrard, Les comtes de Verdun aux Xe et XIe s., Publ. Sect. Hist. Inst. Lux. XCV, 1981, 153–182 – s. a. Lit. zu →Ename (H. Franz-Reinhold).

14. G. I. v. Spitzenberg-Helfenstein, *Bf. v.* →*Würzburg,* † 8. Juli 1190 in Antiochia an einer Seuche. Aus schwäb. Grafengeschlecht. Als ksl. Kanzler (1172–86) wirkte er an den Friedensschlüssen v. →Venedig (1177) und →Konstanz (1183) mit. Seit 1174 Dompropst in Würzburg, seit 1180 Propst des Stiftes Aachen, wurde er 1185 zum Bf. v. Regensburg gewählt, verzichtete aber und wurde Sept./Okt. 1186 Bf. v. Würzburg. Als Bf. spielte er in der Reichspolitik weiter eine bedeutende Rolle. Er verhandelte für Ks. →Friedrich Barbarossa mit dem Papst und nahm an der Vorbereitung und Durchführung des 3. →Kreuzzuges als Diplomat und Heerführer hervorragenden Anteil. Nach Barbarossas Tod (10. Juni 1190) unterrichtete er Ebf. →Philipp v. Köln über die Umstände der Katastrophe. – Mit G.s Kenotaph im Dom beginnt die Würzburger Sepulkralplastik. A. Wendehorst

Lit.: DHGE XXI, 402f. – NDB VI, 667f. – W. v. Giesebrecht, Gesch. der dt. Kaiserzeit 5, 1880/88; 6, 1895 – A. Wendehorst, Das Bm. Würzburg I (GS NF 1, 1962), 174–179 – E. Meuthen, Die Aachener Pröpste bis zum Ende der Stauferzeit, Zs. des Aachener Geschichtsvereins 78, 1967, 46f.

15. G. Babion, † 18. Juli 1158, einflußreicher Prediger der ersten Hälfte des 12. Jh. Von seinen Sermones sind 53 (54) unter dem Namen 'Hildebert v. Tours' ediert (MPL 171, 343–964). Sein Komm. zum Matthäusevangelium findet sich unter den Werken →Anselms v. Laon (MPL 162, 1227–1500). G. B. ist nicht ident. mit Gottfried v. Barth, sondern mit Gottfried v. Loroux (de Laureolo). Scholastiker in →Angers, wurde er 1136 Ebf. v. →Bordeaux, setzte sich für die neuen Reformorden ein und unterstützte auf dem Konzil v. Reims 1148 →Gilbert v. Poitiers. M. Gerwing

Lit.: DHGE XX, 532 – LThK² IV, 1137 – RBMA II, 359f. – O. Lottin, Psychologie et morale aux XIIe et XIIIe s., V, 1959, 153–169 – H. Weisweiler, Paschasius Radbertus als Vermittler der Karol. Renaissance…, Schol 35, 1960, 363–402 – J. B. Schneyer, Repertorium der lat. sermones, II, 1970, 150–159 – N. M. Häring, St. Bernhard and the »litterati« of His Day, Citeaux 25, 1974, 199–222.

16. G. v. Cappenberg, hl., * um 1096, † 13. Jan. 1127, (letzter) Gf. v. →Cappenberg. In die Kämpfe am Ausgang des →Investiturstreites verwickelt, griff G. nach dem Brand von Dom und Stadt →Münster (1121) bereits frühere (1118) und ursprgl. durch gute Kenntnis des Kl. →Hirsau enstandene Pläne eines Klostereintrittes auf und legte sie mit seinem Bruder Otto 1121 →Norbert v. Xanten vor; dessen Orden übertrug er alle Besitzungen. 1122 wurde Cappenberg das erste dt. Prämonstratenserstift. Ebenfalls auf ehem. Familienbesitz entstanden das oberhess. Stift →Ilbenstadt und das westfäl. →Varlar. G. trat 1125, nach dem Tod seines Schwiegervaters Friedrich v. Arnsberg (1124), der sich dem Schritt aus territorialpolit. Gründen widersetzt hatte, in den Prämonstratenserorden ein und veranlaßte auch seine Frau und Geschwister zum Kl.eintritt. Norbert rief ihn später nach

→Premontré und →Magdeburg, wo es wohl zu einer Entfremdung der beiden kam. G. wollte seine Gründungen im Hirsauer Geist verändern, ging nach Ilbenstadt, starb aber kurz darauf. →Prämonstratenser. G. Ruppert

Q.: AASS Jan. I, 1643, 834–863 – MGH SS XII, 513–530 – *Lit.:* LThK² IV, 1138 – NDB VI, 670 – R. Fritz, Die Ikonographie d. hl. G. v. C., WZ 111, 1961, 1–20 – N. Bewerunge, Der Ordenseintritt des Gf.en G., Archiv für mittelrhein. Kirchengesch. 33, 1981, 63–81 – W. M. Grauwen, G. v. K., AnalPraem 58, 1982, 314–319 – s. a. Lit. zu →Cappenberg.

17. G. v. Clairvaux (v. Auxerre), SOCist, * um 1114/20 in Auxerre, † nach 1188, gehörte zu den rund 20 Pariser Studenten, die sich durch →Bernhard v. Clairvaux um 1140 für den neuen Reformorden gewinnen ließen. Obwohl Schüler →Abaelards, trat er in →Clairvaux ein, wurde 1145 Sekretär und Wegbegleiter Bernhards. 1156 Abt v. →Igny, 1162–65 Abt v. Clairvaux, 1171 Abt v. →Fossanova, starb er als Abt v. →Hautecombe. G. skizzierte den Lebenslauf Bernhards (Fragmenta de vita et miraculis S. Bernardi, ed. R. Lechat, AnalBoll 50, 1932, 83–122), erstellte eine Briefsammlung Bernhards und schrieb die Bücher 3–5 der Vita prima des hl. Bernhard. Für die ersten beiden verfaßten Bücher lieferte er wichtige Angaben, zum 6. Buch den dritten Abschnitt (MPL 185, 301–368, 395–416). Von G. stammt auch die Lebensbeschreibung des Ebf.s →Petrus v. Tarentaise (AASS Maii II, 323–345). G. schrieb einen Brief über Fragen zur Eucharistie und wandte sich in einigen Schriften gegen die Trinitätstheologie →Gilberts v. Poitiers. Neben zahlreichen Predigten (MPL 184, 437–476, 1095–1102; MPL 185, 301–368, 395–416, 523–530, 573–620) verdienen mehrere Komm. zu bibl. Büchern Beachtung, v. a. die zum Hld und zur Offb. M. Gerwing

Lit.: DHGE XX, 529–532 – LThK² IV, 1138f. – RBMA II, 332–334 – N. M. Häring, The Writing against Gilbert of Poitiers by Geoffrey of Auxerre, AnalCist 22, 1966, 3–83 – F. Gastaldelli, Ricerche su Goffredo di Auxerre. Il compendio anonimo del »Super Apocalypsim«. Introd. e ed. crit., 1970 – Ders., Ricerche per l'ed. dei Sermones di Goffredo di Auxerre…, Salesianum 35, 1973, 649–666 – Ders., L'esegesi biblica secondo Goffredo di Auxerre, Salesianum 37, 1983, 161–200.

18. G. v. Fontaines, * vor 1250, † 1306/09, theol. Magister und Aristoteliker, lehrte in Paris 1285–1303/04. G. schrieb 15 »Quodlibeta« (ed. Les Philosophes Belges 2–5, 14) und »Quaestiones disputatae«. Er verwarf die Realdistinktion von Essenz und Existenz und verteidigte die Einheit der substantialen Form, die er als Formalprinzip der Individuation begriff. Fraglich ist, ob die ihm zugeschriebene Lehre von der Sukzession akzidenteller Qualitäten tatsächl. von G. vertreten wurde. J. F. Wippel

Lit.: J. F. Wippel, The Metaphysical Thought of Godfrey of F., 1981 [Bibliogr.] – E. D. Sylla, Godfrey of F. on motion with respect of quantity of the Eucharist, Studi sul XIV sec. in mem. A. Maier, hg. A. Maieru, A. Paravicini-Bagliani, 1981, 105–141.

19. G. v. Köln, Kanonist des 12. Jh., um 1150 Mag. in Reims, später Augustiner-Chorherr und Mag. an St. Andreas in Köln, dann Mitglied des Zisterzienserordens, gilt neben →Bertram v. Metz als möglicher Verfasser der Dekretsumme »Elegantius in iure divino« (Summa Coloniensis, um 1169); sonst unbekannt, wäre er damit der wichtigste Vertreter der rhein., eng mit der frz. verbundenen Schule der →Dekretisten. H. Zapp

Lit.: St. Kuttner – E. Rathbone, Anglo-Norman Canonists of the Twelfth Century, Traditio 7, 1949–51, 299f. – St. Kuttner, An Interim Checklist of Manuscripts, ebd. 11, 1955, 446 – P. Gerbenzon, Bertram of Metz the Author of 'Elegantius in iure divino' (Summa Coloniensis)?, ebd. 21, 1965, 510f. – St. Kuttner, Gratian and the Schools of Law 1140–1234 [Variorum Repr.], 1983, VIII, Retractationes 23ff.

20. G. der Mönch (Goisfridus Monachus), ✕ 1124, ist nur bekannt durch seine Tätigkeit im Osten. Er wurde von →Balduin II., Kg. v. →Jerusalem, mit Marᶜaš, Kaisūm und Raᶜbān in der Gft. →Edessa belehnt; als Josselin I., Gf. v. Edessa, 1122 in Gefangenschaft geriet, erhielt G. von Balduin II. die Verwaltung der Gft. übertragen und regierte hier auch nach Balduins II. Gefangennahme. G., berühmt für seine Religiosität, »fiel als Märtyrer« (Matthaeus v. Edessa, ed. E. Dulaurier, RHCArm 1,p. 312) im Gefolge des inzwischen aus der Gefangenschaft befreiten Josselin v. Edessa bei der Belagerung der Festung Manbiğ im Kampf gegen Balak v. Aleppo »pro Christo devote dimicans« (Orderici Vit. Hist., ed. A. de Prévost, SHF, Bd. IV, lib. XI, cap. XXVI). G. war vielleicht der Vater oder ein Verwandter von 'Renaud de Mares', der 1158 mit dem Fs.en v. Antiocheia im Kampf gegen die Türken fiel. J. Ferluga

Lit.: EI¹, s. v. Marᶜash – R. Röhricht, Gesch. des Kgr.es Jerusalem (1100–1291), 1898 – Runciman II, 155, 158.

21. G. v. Neifen, späthöf. mhd. Lyriker, bezeugt seit 1234, † nach 1255, aus edelfreiem, seit ca. 1150 bezeugtem, zur Stauferanhängerschaft zählendem schwäb. Geschlecht (Stammburg: Hohenneuffen b. Reutlingen). G. ist bis zum Sturz →Heinrichs (VII.) an dessen Hof, der wohl auch das Zentrum seiner lit. Wirksamkeit war, belegt.

Die in der Gr. →Heidelberger Liederhs. überlieferten 190 Strophen in 51 Tönen wurden z. T. mit fragwürdigen stilist. und inhaltl. Kriterien angezweifelt (v. Kraus). Unter den sechs erzählenden Liedern sind die drei →Pastourellen bemerkenswert als Vertreter der in Deutschland seltenen Gattung; die derbe 'Büttnerballade' (39) und das 'Pilgerlied' (40) entfalten schwankhafte Sexualkomik. In den 45 Minneliedern verwendet G. ein reduziertes Formelinventar (»roter Mund«) des Hohen →Minnesangs in leichtflüssig rhythmisierten und gereimten Strophen und demonstriert die »nachklass. Objektivierung«, die Verfügbarkeit der Inhalte und Formen. Das artifizielle, intellektuelle Spiel des Minnesangs scheint bei ihm selbst zum Thema geworden. G.s formal geübte Kunst ließe sich als poet. Realisierung der rationalen polit. Denkmöglichkeiten des Königshofs verstehen (Cramer). Von bedeutender Wirkung auf spätere Sänger, erscheint G. in der spätma. Moringerballade als treuloser Hüter der Frau: wohl ein Reflex seiner erzählenden Lieder. V. Mertens

Ed.: C. M. de Jong, G. v. N., 1923 – Dt. Liederdichter des 13. Jh., ed. C. v. Kraus, 1978², I, 82–127 [Text]; II, 84–162 [Komm.] – *Lit.:* Verf.-Lex.² II, 147ff. – H. Kuhn, Minnesangs Wende, 1967², 44ff. u. ö. – E. Thurnher, Kg. Heinrich (VII.) und die dt. Dichtung, DA 33, 1977, 522ff. – Th. Cramer, »Sô sint doch gedanke frî.« Zur Lieddichtung Burgharts v. Hohenfels und G.s v. N. (Liebe als Lit., hg. R. Krohn, 1983), 47ff. – S. Brinkmann, Die dt.sprachige Pastourelle (13.–16. Jh.), 1986, 130ff. – D. Joschko, Drei Lyriker an der Schwelle des SpätMA (Dt. Lit. des SpätMA, 1986), 104ff. – V. Mertens, Erzähler. Kleinstformen (Kleinere Erzählformen im MA, hg. K. Grubmüller u. a., 1988), 49ff.

22. G. (Gaufrid) v. Poitiers, Mag. der Theologie in Paris, Schüler Stephen →Langtons (vor 1206), war 1231 mit →Wilhelm v. Auxerre bei Papst Gregor IX. G. verfaßte eine nach 1219 abgeschlossene, ungedr. theol. Summa in 4 B., die nach Inhalt und Systematik gleichzeitigen Summen entspricht (z. B. des →Praepositinus, von dem G. einzelne Quaestiones übernimmt); B. 4 ist ein fast wörtl. Auszug aus der Summe des →Robert

C(o)ursen (Courson). G. werden 4 Quästionen in cod. Douai 434 II zugeschrieben (3 von LOTTIN ediert), die, vor der Summe G.s entstanden, die Intention der Handlung in Beziehung zu Willensakt, Werk und Verdienst, ausgehend vom Satz 'Quantum intendis bonum tantum agis', behandeln.　　　　　　　　　　　J. Schneider

Lit.: LThK² IV, 1139f. – DHGE XXI, 399 – O. LOTTIN, Psychologie et morale au XIIᵉ et XIIIᵉ s., IV, 1954, 372–398 – L. HÖDL, Die Gesch. der scholast. Lit. und der Theologie der Schlüsselgewalt, I, 1960, 354–363 – H. JORISSEN, Die Entfaltung der Transsubstantiationslehre bis zum Beginn der Hochscholastik, 1965 – A. M. LANDGRAF, Introduction à l'hist. de la litt. théol. de la scolastique naissante, ed. A.-M. LANDRY, 1973, 171f.

23. G. (Godefrid) **v. Reims,** Kanzler der Kathedrale v. Reims, auch über den Sturz seines Gönners, des Ebf.s →Manasses I. (1080), hinaus, † 1095. G. genoß hohes Ansehen und stand mit bedeutenden Dichtern seiner Zeit in Verbindung. Seine Werke sind vermutl. nur z. T. erhalten. Verloren (oder nicht identifiziert) sind Lobgedichte auf Manasses und eine Dichtung auf die Siege eines Ks.s (Heinrich IV.). Vielleicht gehört G. ein seltsames Gedicht über die Hochzeit des Merkur und der Philologie (BOUTEMY, RMA 337). Neben drei Epitaphien werden G. vier poet. Briefe zugeschrieben: 1. An eine junge Dame, mit eingehender Darlegung, daß ihre Schönheit weiteren Zierats nicht bedürfe. 2. An Ingelrannus ('Marcellus') mit hohem Lob für seine Dichtkunst und seine (endlich gebesserten) Sitten. 3. An Odo (v. Orléans [BOUTEMY] oder v. Meung [WILLIAMS]), der im Traum zu ihm durch die Luft geflogen kam, für die Gaben seines Geistes sehr gerühmt wird und G. aus seinem (nicht erhaltenen oder nicht identifizierten) Trojagedicht vorliest. 4. An Bf. Hugo v. Langres (eklogenartig, mit Prosavorrede): beschreibt Szenen aus dem Trojastoff auf einem Mantel. – Nr. 1–3 sind in reimlosen eleg. Distichen mit vortreffl., gewandtem Ausdruck und klass. Kolorit gedichtet (Nr. 1 galt eine zeitlang für antik). Das Thema der Macht und der hohen Würde der Dichtkunst – sie vermag ewigen Ruhm zu verleihen – wird mehrmals ausgeführt. Im 4. Gedicht, das sich durch leonin. Hexameter und schwierigen, eher mühsamen Ausdruck abhebt, ist Dichterselbstlob bis zur Lächerlichkeit (oder Parodie?) übersteigert.　　　G. Bernt

Ed.: (1) Anthologia latina, ed. A. RIESE, 1869–1870¹, nr. 897 – Poetae latini minores, ed. AE. BAEHRENS, 1879–1883, V 391 – W. WATTENBACH, SBA.PH 1891, 107–109 – (2–4) A. BOUTEMY, RMA 3, 1947, 340–344 [2], 345–351 [3], 352–364 [4] – DERS., Latomus 6, 1947, 254f. [Prol. zu 4] – (Epitaphien:) WATTENBACH (wie 1) 111f. – *Lit.:* Repfont V, 168 – SCHALLER 11613 [1], 9127 [2], 56 [3], 10471 [4] – WALTHER 10812a, 15910a, 14496a [Epitaphien] – WATTENBACH (vgl. Ed.), 101–113 – MANITIUS 3, 239f. – F. J. E. RABY, A Hist. of Secular Lat. Poetry, 1934, I, 312–316 – A. BOUTEMY, Latomus 6, 1947, 231–255 – DERS., RMA 3, 1947, 335–339, 364–366 – J. R. WILLIAMS, Speculum 22, 1947, 29–45.

24. G. v. St-Victor → St-Victor

25. G. v. Straßburg, Verfasser des mhd. höf. Versromans »Tristan und Isold« aus dem 1. Jahrzehnt des 13. Jh. Wegen des Fehlens urkundl. Nachrichten über G. ergeben sich Datierung und Bild des Autors allein aus seinem Werk, insbes. durch Nennung zeitgenöss. Dichter im sog. Literaturexkurs (V.4589ff.), sowie aus Bezugnahmen bei anderen Schriftstellern. G. verfügte über eine umfassende klerikale Bildung (Kenntnis theol., antiker, roman. Lit., der lat. und frz. Sprache, der Musik und des Rechtswesens) und hatte bes. sprachästhet. sowie sprachtheoret. Interessen. Ob er Geistlicher war, bleibt ungewiß. Als Quelle nennt er das Werk des →Thomas v. Britannien und verwirft andere Versionen des in Europa im 12. Jh. verbreiteten Stoffes. Das 19548 Reimpaarverse umfassende,

in 11 vollst. Hss. und 16 Fragmenten überlieferte Werk blieb unvollendet, was seine Wirkung allerdings nicht eingeschränkt hat. Die Gründe für den Abbruch (Tod des Autors oder werkimmanente Probleme) sind umstritten; G. hat den Prolog auf die vollständige Geschichte hin konzipiert. Spätere Autoren, →Ulrich v. Türheim und →Heinrich v. Freiberg, haben sie zu Ende erzählt.

Das *senemære* (Liebesroman) beginnt mit der Gesch. von Tristans Eltern, die sein Schicksal präfigurieren, für das auch sein Name (abgeleitet von *triste* V.2003) als Omen verstanden wird. Der Hauptteil umfaßt drei jeweils mehrfach in Episoden untergliederte Phasen: 1. Tristans Jugend und höf.-ritterl. Bewährung vor der Liebe zu Isolde; 2. die mit dem Minnetrank einsetzende Liebesbeziehung zw. Tristan und Isolde, der Frau seines Onkels, Kg. Marke v. Cornwall und England, eine Reihe von betrüger. Listen und Liebesbegegnungen mit dem Höhepunkt in der Minnegrotte; 3. die Trennung der Liebenden und Tristans Begegnung mit einer anderen Isolde (I. Weißhand) in Arundel, die ihm die Geliebte zugleich nahe- und fernrückt. Von G. nicht mehr erzählt bleibt der gemeinsame Tod Tristans und der blonden Isolde. Das Wesentliche an G.s Werk wird nicht auf stoffl. und struktureller, sondern auf sprachl.-ästhet. Ebene vermittelt durch rhetor.-stilist. Gestaltung, Metaphernreichtum, vielfältige insbes. sakralisierende, auch antik-mytholog. Analogien und durch Reflexionen. In dem von ihm selbst geschaffenen Romantyp kombiniert G. Erzählung und Kommentar, und zwar in permanenter Durchdringung von darsteller. und reflektierenden Momenten sowie in rein kommentierenden Passagen (Prolog und Exkursen).

Die Deutung des Werkes hat zu kontroversen Ansichten über dessen Aussagetendenz geführt, die sich zw. den Extremen pessimist. Resignation gegenüber den unentrinnbaren konventionellen Zwängen und der Utopie einer neuen individuumsgerechten Gesellschaft, zw. rein geistl.-myst. Haltung und normendurchbrechender Libertinage bewegen. Mit verantwortlich für die Verständnisdivergenzen sind die Polyvalenzen des Textes selbst, die einer einsinnigen Aussage entgegenstehen. Auch der Bezug zw. narrativer und kommentierender Ebene ist vielfältig.

Die →Minne erscheint bei G. als existenzbestimmende Kraft, die – im Gegensatz zum arturischen Roman – nicht in die Gesellschaft integrierbar ist. Zwar trifft sie bes. disponierte, höf. und künstler. gebildete Menschen, doch entzieht sich ihre überwältigende Kraft rationaler Steuerung. Indem die Liebenden soziale Ordnungen durchbrechen und höf. Werte außer acht lassen, werden diese nicht grundsätzl. in Frage gestellt, vielmehr wird ein dilemmat. Anspruch von gesellschaftl. und personalen Anforderungen aufgedeckt, der nicht durch alternative Entscheidungen zu bewältigen wäre, da die Minne gleichsam eine Beziehung eigenen Rechts schafft. (Die Dimensionen von Öffentlichkeit und Heimlichkeit kennzeichnen die gegensätzl. Bereiche.)

Die unlösbare Korrelation von *liebe und leit* proklamiert G. im Prolog als wesenhaft für seine Minnekonzeption. Deren Akzeptanz kennzeichnet die wahren Liebenden wie auch die *edelen herzen,* das von G. angesprochene adäquate Publikum seines Romans. Das Leid resultiert aber nicht allein aus dem Konflikt mit der Gesellschaft, sondern erscheint auch als minneimmanent. Die Tristan-Isolde-Liebe ist existenzsteigernd und existenzgefährdend. Das in der Abschiedsszene beschworene Einwerden der Personen (V.18353f.) bedeutet höchste Liebeserfüllung, zugleich aber auch Aufhebung der sonst in der höf. Lit.

ausgeprägten personalen Identität und führt in letzter Konsequenz in den Tod. Wie der Entwurf eines *wunschlebens* (an Stelle des sonst erzählten Elends in der Verbannung) nur außerhalb der Gesellschaft angesiedelt werden konnte (Minnegrottenszene), so war die Minneutopie nur im Jenseits erfüllbar.

Bes. Deutungsprobleme birgt die sprachl. vollzogene religiöse Überformung des Romans, dessen Resonanz bei den Zeitgenossen aber wohl Blasphemie- oder Häresieverdächtigungen gegen G. ausschließt. Entsprechend der Rechtfertigung der Ehebruchsthematik im Prolog als *guot* ist die durchgehende Sakralisierung der Minne ein grundsätzl. Wertausdruck, der Analogien herstellt, deren Qualität nicht genau präzisierbar ist. U. Schulze

Ed.: K. MAROLD, 1906 [Nachdr. 1977] – F. RANKE, 1978[15] – R. KROHN, 3 Bde, 1980 [nach dem Text von F. RANKE, nhd. Übers., Komm., Nachw.] – *Bibliogr.*: H.-H. STEINHOFF, Bibliogr. zu G. v. St., 1986[2] – *Lit.*: Verf.-Lex.[2] III, 153–168 [H. KUHN; Lit.] – G. v. St., hg. A. WOLF, 1973 – D. MIETH, Dichtung, Glaube und Moral. Stud. zur Begründung einer narrativen Ethik, 1976 [Lit.] – K. RUH, Höf. Epik des MA, T. 2, 1980, 203–261 [Lit.] – T. TOMASEK, Die Utopie im 'Tristan' G.s v. St., 1985 [Lit.] – CH. HUBER, G. v. St., Tristan und Isolde, 1986 [Lit.].

26. G. v. Vendôme, Abt, * um 1070 in Angers, † 26. März 1132 ebd., ausgebildet in der Domschule von Angers. Eintritt in das Benediktinerkl. La Trinité/Vendôme, dort am 21. Aug. durch →Ivo v. Chartres zum Abt geweiht. Anfang 1094 erste Romreise (von insgesamt 12); Aufnahme der künftig nie mehr unterbrochenen engen Beziehungen zum Papsttum. G. unterstützte Urban II. im Kampf mit dem Gegenpapst Clemens III. (Wibert v. Ravenna), erhielt in Rom die Priesterweihe und die Würde des Kard. priesters v. St. Prisca am Aventin. Er nahm an mehreren Konzilien teil (u. a. →Clermont, ·1095) und empfing die Besuche Urbans II. und Clemens' II. in Vendôme. G. protestierte bei Paschalis II. gegen dessen mit Heinrich geschlossenen Vertrag v. S. Maria in Turri (1111), durch den die Investiturkontroverse beigelegt werden sollte, und entwickelte eigene Vorschläge (Lib. III und VII), die den Unterschied zw. geistl. und weltl. Handlungen, zw. Kirchengut und Regalien im Sinne Ivos v. Chartres vorbereiteten. G. zählt damit zu den geistigen Vätern des →Wormser Konkordats. J. Ehlers

Ed.: MPL 157, 9–290 – MGH L. d. L. 2, 676–700 – *Lit.*: W. SCHUM, Abt G. s v. V. Stellungnahme zur Investiturfrage, Jb. der kgl. Akad. zu Erfurt, NF 8, 1877, 196–279 – L. COMPAIN, Étude sur Geoffroy de Vendôme, 1891 – E. SACKUR, Zur Chronologie der Streitschr. des G. v. V., NA 17, 1892, 327–347 – DERS., Die Briefe G. s v. V., NA 18, 1893, 666–673 – C. MIRBT, Die Publizistik im Zeitalter Gregors VII., 1894 – A. SCHARNAGL, Der Begriff der Investitur in den Quellen und der Lit. des Investiturstreits, 1908 – H. MEINERT, Die Fälschungen G. s v. V., AU 10, 1928, 232–325 – A. WILMART, La collection chronologique des écrits de Geoffroi, abbé de V., RevBén 43, 1931, 239–245 – A. BECKER, Stud. zum Investiturproblem in Frankreich, 1955 – DERS., Papst Urban II., 2 Bde, 1964/87 – K. GANZER, Zur Frage der sog. geborenen Kard. e v. Vendôme, ZKG 78, 1967, 340–345 – C. SERVATIUS, Paschalis II., 1979.

27. G. v. Viterbo, Magister, ksl. Notar und Hofkapellan, Geschichtsschreiber, * um 1125, † 1192/1200, roman. Herkunft (Familienbesitz in Viterbo), wohl 1133 durch Lothar III. an die Domschule in →Bamberg, nach eigenen Bekunden schon unter Konrad III. Mitglied der kgl. Kapelle, Hofkapellan und Notar unter Friedrich I. Barbarossa und Heinrich VI., ident. mit dem unter Barbarossa wirkenden Kanzleinotar Arnold II C. Neben der Kanzleitätigkeit vom Ks. mit zahlreichen diplomat. Aufgaben betraut (u. a. an der Abfassung des Konstanzer Vertrages mit Eugen III. beteiligt); Domkanoniker in Lucca und Pisa.

Werke: Speculum regum (2 B.), 1183 geschrieben und

Heinrich VI. gewidmet (an Ks.- und Papstkat. anschließende lehrhafte Darstellung [in VV.] der Kg. sherrschaften von der Sintflut bis Heinrich VI.; vielleicht nur Werkstufe für die folgenden); Memoria seculorum oder Liber universalis (1185), ebenfalls Heinrich VI. und allen Reichsfs. en gewidmet (in 2 Hauptteilen: poet. Teil in 14 Particulae [Heils- und Profangesch. bis Friedrich I. und Heinrich VI.], Prosateil: 13 Isagogae [Introductiones; Einführungen in die 14 Particulae]; auch die Memoria wohl nur eine Werkstufe); Liber universalis (wohl 1187); Umarbeitung der Memoria mit vielen Zusätzen und Änderungen (z. T. autograph. in der Hs. Paris BN 4894 erhalten), darin auch (als Particula 20) Gesta Frederici (Gesch. Friedrichs I. 1155–80); Pantheon, in mehreren Rezensionen (1187–90) überliefert, letzte Fassung 1190 vollendet, Weltgesch. (in G. s endgültiger Formung) von den Anfängen bis Heinrich VI.

G. erscheint in seinen Werken als überzeugter stauf. Parteigänger und um Ausgleich zw. Papsttum und Ksm. bemühter Verfechter der Idee eines umfassenden Imperium. Der Wert seiner Werke wird meist – auch wegen seiner flüchtigen und fehlerhaften Arbeitsweise – gering geschätzt, doch berichtet G. häufig aus eigenem Erleben und schöpft aus vielen, z. T. verlorenen Quellen. Seine neue Art der Geschichtsschreibung, durch Hereinnahme von Sage und Fabel belebt, unterhaltend und volkstüml., kam den Wünschen einer breiteren Schicht hist. weniger Gebildeter entgegen. G. s Werke, v. a. das Pantheon (mehr als 40 Hss. überliefert), wurden viel benützt. Trotz bescheidener lit.-künstler. Bedeutung wurde er so zu einem Vorbild für die spätere Chronistik. G. Baaken

Ed.: MGH SS XXII, ed. G. WAITZ, 1–338 [nur Teiled.; unzulängl.] – *Lit.*: Verf.-Lex.[2] III, 173–182 – WATTENBACH-SCHMALE I, 1976, 77–92 [Lit.] – H. ULMANN, G. [Diss. 1863] – E. SCHULZ, Die Entstehungsgesch. der Werke G. s, NA 46, 1926, 86–131 – G. BAAKEN, Zur Beurteilung G. s (Fschr. H. LÖWE, 1978), 373–396 – K. ZEILLINGER, Das erste Roncal. Lehensgesetz Friedrich Barbarossas, das Scholarenprivileg (Authentica habita) und G., RHMitt 26, 1984, 191–217.

28. G. v. Winchester, * um 1050 in Cambrai, † 1107 in Winchester, ab 1082 Prior v. St. Swithun ebd., unterstützte die norm. Reformpolitik und wurde mehrfach von →Wilhelm v. Malmesbury wegen seiner lit. Kenntnisse gerühmt. Neben (verlorenen) Briefen und 19 hist. Gedichten (Versus de primatum Angliae laudibus, zumeist Epitaphien) verfaßte G. 237 satir. Epigramme (Liber proverbiorum) im eleg. Distichon, die z. B. Habgier, Maßlosigkeit, Verstellung und Selbstüberschätzung in sentenziöser Zuspitzung thematisieren (Q.: Vulgata, Horaz, Ovid, Juvenal, Publilius Syrus, Seneca d. J., Disticha Catonis). Wichtigstes Vorbild für G. s moralisierende Epigrammatik war jedoch Martial, wie Zitate, Anrede-, Einleitungstechniken sowie themat. Übereinstimmungen eindrückl. belegen, wobei G. trotz intensiver Martial-Aneignung eigenständige poet. Aussageformen entwickelt hat. G. s Œuvre ist für die ma. →Martial-Rezeption eminent wichtig, da seine Epigramme des öfteren von →Giraldus Cambrensis, →Albertanus v. Brescia, →Raimundus de Biterris, →Salimbene und im Veroneser Florileg (1329) unter Martials Namen zitiert werden. Erst die fundiertere Martial-Kenntnis im Italien des 14. und 15. Jh. formuliert Zweifel an Martials Autorschaft des Liber proverbiorum. W. Maaz

Ed.: TH. WRIGHT, The Anglo-Latin Satirical Poets and Epigrammatists of the Twelfth C., II, 1872, 103–155 – H. GERHARD, Der 'Liber proverbiorum' des Godefrid v. W., 1974 [rec. MJb 11, 1976, 327–330] – *Lit.*: DHGE XX, 537 – F. BARLOW, The English Church 1066–1154, 1979, 62 – M. D. REEVE, Two Notes on the Mediaeval Tradition of Martial, Prometheus 6, 1980, 193–200 – W. MAAZ, Stud. zur lat.

Epigrammatik des hohen MA [Diss. masch. Berlin 1982] – DERS., Epigrammat. Sprechen im MA (Ma. Komponenten des europ. Bewußtseins, hg. J. SZÖVÉRFFY, 1983), 101–129. – s. a. Lit. →Martial.

Göttingen, Stadt an der Leine in Niedersachsen. Westlich des 953 erwähnten Dorfes Gutingi entstand bei der vermutl. um 1000 gegr. Kirche St. Albani im 12. Jh. etwa 3 km nö. der Pfalz →Grone eine städt. Siedlung. Eine Stadtrechtsverleihung ist nicht nachweisbar. Spätestens ab der ersten Nennung von burgenses (1201/08) darf ein städt. Gemeinwesen mit Ratsverfassung angenommen werden: 1231/32 sind consules bezeugt. Teilhabe von Gilden und Meinheit am Stadtregiment erfolgte erst im 16. Jh. Eine hzgl. Münze ist für das 13. und 14. Jh. nachweisbar. Archäolog. wird die älteste Stadtbefestigung in die Mitte des 12. Jh. datiert. Nach Einbezug der Siedlung um St. Nikolai im S umschloß die um 1250 erneuerte Altstadtbefestigung eine Fläche von 25 ha. Innerhalb dieses Areals lagen neben Gebäuden städt. Selbstverwaltung (Rathaus [um 1270], usw.) und der Burg des welf. Stadtherrn (1298 gen., 1387 von den Bürgern zerstört) die um die Mitte des 13. Jh. erstmals erwähnten Pfarrkirchen (St. Johannis, St. Jakobi, St. Nikolai), die Fronleichnamskapelle (1319), die Kl. der Dominikaner (1294), der Franziskaner (vor 1308; beide nach 1529 aufgehoben) und der Franziskanerinnen (1508) sowie Stadthöfe einiger umliegender Kl. (bes. →Walkenried). Die ab 1362 erweiterte Befestigung bezog die vorstädt. Siedlungen, wie die hzgl. Neustadt (1319 käufl. vom Rat erworben) mit St. Marien und der Deutschordenskommende (um 1318), Levenau (1299 zu →Hagenrecht ausgegeben), Maschgemeinde (ab 1457) und Altes Dorf, ein und umschloß eine Fläche von ca. 75 ha bei einer Bevölkerungsstärke von ca. 6000 Einw. um 1400, deren Zahl bis um 1500 auf 5000 abnahm. Die Hospitäler St. Mariae Magdalenae (später St. Crucis) und St. Spiritus lagen innerhalb, d. Hospital St. Bartholomaei außerhalb der Befestigung. G. galt als Hauptort des welf. Fsm.s →G.-Oberwald. Die wirtschaftl. Bedeutung der Stadt, die zur →Hanse zählte, beruhte auf der Mittlerfunktion im N-S-Handel. Neben dem Handel mit Fremdgütern (Wein, Hering) dominierte die exportorientierte Tuchherstellung.   H. Steenweg

Q. und Lit.: UB der Stadt G., hg. G. SCHMIDT, 2 Bde, 1863, 1867–O. FAHLBUSCH, Die Topographie der Stadt G. (Stud. und Vorarbeiten zum Hist. Atlas Niedersachsens 21), 1952 – G. Gesch. einer Universitätsstadt, hg. D. DENECKE u. a., Bd. 1, 1987 [Bibliogr.].

Göttingen(-Oberwald), Fsm.er, gehörten zum Hzm. →Braunschweig-Lüneburg, aus Teilungen des Fsm.s Braunschweig hervorgegangen. Das erste Fsm. G. bestand von Anfang 1291 bis Ende 1292, dann war es wieder mit dem Fsm. Braunschweig verbunden. Das zweite Fsm. G. – ein Ergebnis der Teilung vom 17. April 1345 – erstreckte sich von Hann. Münden/Sichelnstein im S bis Hahausen b. Bockenem im N und grenzte im W an die Weser und im O an das Fsm. →Grubenhagen und das mainz. →Eichsfeld. Als Hzg.e geboten im Fsm. G. Ernst († 1367), Otto d. Quade († 1394) und Otto Cocles († 1463). Otto d. Quade lag mit vielen Fs.en und Herren in Fehde, ließ dem Ritterstand freie Zügel, bedrängte die Städte, bes. →Göttingen, und hinterließ seinem Sohn ein zerrüttetes und verschuldetes Fsm. Dieser bekämpfte das Raubrittertum, förderte die Städte, scheiterte aber daran, das Fsm. aus der finanziellen Misere zu lösen, u. a. wegen der drei Hofhaltungen (Hardegsen, Münden, Uslar). 1435 übergab Otto Cocles das Fsm. den Landständen; der Widerspruch der anderen welf. Hzg.e führte 1442 zu einer vorläufigen Einigung (endgültig 1512), die das Fsm. G. mit dem Fsm. →Calenberg verband.   G. Pischke

Lit.: E. KALTHOFF, Gesch. des südniedersächs. Fsm.s G. und des Landes G. im Fsm. Calenberg (1285–1584), 1982 – G. PISCHKE, Die Landesteilungen der Welfen im MA (Veröff. des Inst. für Hist. Landesforsch. der Univ. Göttingen 24, 1987).

Gøttrik → Gudfred

Gottschalk

1. G., Fs. der →Abodriten nach 1043, † 1066, Vater: Udo, dän. Mutter; Enkel des christl. Nakoniden Mstislav; ⚭ Sigrid, Tochter des dän. Kg.s →Sven Estridsen; Söhne: Budivoj, →Heinrich. Im Lüneburger Kl. St. Michael erzogen, verbrachte G. nach der Vertreibung seines Großvaters 1018 durch die heidn. →Lutizen und die mit ihnen verbündeten Teile der abodrit. Oberschicht und nach der Ermordung seines Vaters ca. 1028 15 Jahre im dän. Exil, wo er als Gefolgsmann des dän. Kg.s→Knut d. Gr. diente. Ein Neubeginn wurde den Nakoniden erst möglich, als G. bald nach 1043 im siegreichen Kampf mit oppositionellen herrschaftl. Gewalten die Rückkehr in sein Land gelang. Er nahm seinen Hauptsitz in der →Mecklenburg. – Politisch angelehnt an das Kgtm. und an das sächs. Hzm., betrieb G. erfolgreich die Wiedererrichtung einer christl. Kirchenorganisation, unterstützt durch Ebf. →Adalbert v. Hamburg-Bremen. Nach außen konnte G. seine Herrschaft nach S in die Prignitz hinein ausdehnen, nach O, in der Folge eines innerlutiz. Konfliktes um 1056, bis in den Raum der Odermündung. Im Innern gehen auf G. anscheinend die Anfänge einer fsl. Burgbezirksverfassung zurück, die wohl dän. und poln. Vorbild folgte. G.s tragischer Ausgang zeigte freilich, daß er die Stärke der abodrit. Opposition erhebl. unterschätzt hatte. Nach dem Sturz seines wichtigsten Verbündeten, des Ebf.s Adalbert, 1066, brach ein neuer heidn., lutiz. inspirierter Aufstand los. G. wurde ermordet, die Nakoniden vertrieben, das christl. Kirchenwesen abermals vernichtet. G.s Nachfolger wurde der heidn. Fs. →Kruto aus dem Teilstamm der →Wagrier.   W. H. Fritze

Lit.: →Abodriten – B. FRIEDMANN, Unters. zur Gesch. des abodrit. Fsm.s bis zum Ende des 10. Jh., 1986 – CH. LÜBKE, Reg. zur Gesch. der Slaven an Elbe und Oder, V, 1988 [Register, S. 38].

2. G. v. Aachen, kgl. Notar und Sequenzendichter des 11. Jh., † 24. Nov. (Todesjahr unbekannt), stammte vermutl. aus dem nd. Raum. Kaplan Heinrichs IV., von Dez. 1071 bis Okt. 1084 als Notar (Adalbero C) der kgl. Kanzlei tätig. Als solcher blieb er dem Hof auch weiterhin verbunden. Eine Zeitlang scheint er die Leitung der Hofkapelle (capellarius) innegehabt zu haben. G., der sowohl Propst von St. Servatius in Maastricht wie des Marienstifts zu Aachen (D.H.IV. 458) war, trat wohl gegen Ende seines Lebens als Mönch in das Kl. Klingenmünster a. d. Hardt ein.

Heinrich IV. treu ergeben, sorgte G. während der Zeit des →Investiturstreits für einen geordneten Kanzleibetrieb. Rund 30 im Original überlieferte Urkk. wurden von ihm verfaßt oder geschrieben, 40 weitere lassen sein Diktat erkennen. Sein Stil zeichnet sich durch ein hohes Maß an Selbständigkeit aus. Neben seiner Kanzleitätigkeit wurde G. auch zur Formulierung polit. Briefe, darunter der Propagandaversion des Wormser Absetzungsdekrets (ep. 12), herangezogen. In der Auseinandersetzung mit →Gregor VII. verwendete er als erster das Bild von den beiden Schwertern (ep. 13; →Zweischwerter-Lehre). Als Dichter von acht Sequenzen sicher bezeugt, können ihm noch 15 weitere zugeschrieben werden. Daneben trat G. auch als Verfasser von Predigten und Traktaten vornehml. theol. Inhalts hervor.   T. Struve

Q.: Die Urkk. Heinrichs IV., ed. D. v. GLADIß – A. GAWLIK (MGH DD 6, 1941–78) [Lit. auch Einl. LXI–LXVIII] – Die Briefe Heinrichs

IV., ed. C. ERDMANN (MGH DMA 1, 1937), Nr. 6, 9f., 12f., 15, 17–19, 32f. – G. M. DREVES, AnalHym 50, 1907, 339–369 – DERS., Godescalcus Lintpurgensis (Hymnolog. Beitr. 1, 1897), 63–169 – J. LECLERCQ, Sermon sur la Divisio Apostolorum attribuable à G. de Limbourg (Sacris erudiri 7, 1955), 219–228 – *Lit.*: MANITIUS III, 998–1000 – MGG V, 397–401 – LThK² IV, 1143f. – NDB VI, 684f. – Verf.-Lex.² III, 186–189 [Lit.] – WATTENBACH-HOLTZMANN-SCHMALE II, 362f., 431f., 670 – W. GUNDLACH, Ein Dictator aus der Kanzlei Ks. Heinrichs IV., 1884 – B. SCHMEIDLER, Ks. Heinrich IV. und seine Helfer im Investiturstreit, 1927, 5–85 [Nachdr. 1970] – C. ERDMANN-D. v. GLADIß, G. v. Aachen im Dienste Heinrichs IV., DA 3, 1939, 115–174 – F. J. E. RABY, A Hist. of Christian Latin Poetry, 1953², 224f. – SZÖVÉRFFY, Annalen I, 409–413 – E. MEUTHEN, Die Aachener Pröpste bis zum Ende der Stauferzeit, Zs. des Aachener Gesch.vereins 78, 1966/67, 5–95, hier 23–25 – J. VOGEL, G. v. Aachen (Adalbero C) und Heinrichs IV. Briefe an die Römer (1081, 1082), ebd. 90/91, 1983/84, 55–68.

3. G. Hollen → Hollen, Gottschalk

4. G. (Godescalc) **v. Orbais,** OSB (G. der Sachse), * 806/808, † 866/870; Sohn des sächs. Gf.en Berno, erhielt im Kl. Fulda und zeitweise auch im Kl. Reichenau seine Schulbildung und wurde ohne seine Zustimmung von Abt → Hrabanus Maurus in den Mönchsstand aufgenommen, wogegen er später mit Erfolg vor dem kirchl. Gericht klagte. Über Corbie kam er nach O. (Diöz. Soissons), wo er als Mönch von dem Reimser Chorbf. Rigbold (ohne Wissen des Diözanbf.s) die Priesterweihe empfing. Nach seiner Romreise (vor 840) in Oberitalien, in Dalmatien und bis nach Bulgarien als Wanderprediger tätig, erregte er Anstoß mit seiner Lehre von der doppelten → Prädestination, die auf der Synode v. Mainz (unter Hrabanus Maurus) 848 verurteilt wurde. In sein Kl. O. verwiesen, wurde er 849 auf der Synode v. Quierzy unter → Hinkmar, Ebf. v. Reims, zu strenger Klosterhaft (in → Hautvillers b. Reims) und beständigem Schweigen verurteilt. In dieser späteren Lebenszeit entstanden v. a. die grammatikal. und theol. Schriften, die ihn mit seinem Freund → Rathramnus v. Corbie OSB und mit seinem Gegner → Johannes (Scotus) Eriugena als großen Gelehrten des 9. Jh. ausweisen.

Bis zur Edition dieser wiss. Werke durch C. LAMBOT kannte man G. nur als mlat. Dichter. Mit dem ganzen Rüstzeug der (wiss.) Grammatik und (boethian.) Logik, aber ohne Berücksichtigung des theologiegesch. Kontextes nahm G. zu den kontrovers diskutierten Fragen der Theologie Stellung: Grammatikal.-log. begründete er die spätaugustin. Lehre von der doppelten Prädestination zum Ewigen Heil und zur Ewigen Verdammung. Johannes (Scotus) Eriugena schrieb 851 gegen ihn den – seinerseits von den Kirche verurteilten – Traktat »De divina praedestinatione«. G. ließ aus log. Überlegungen auch die theol. Redewendung von der »trina deitas« gelten, die Hinkmar v. Reims scharf bekämpfte (»De una et non trina deitate«). Andere Streitfragen G.s betrafen den christolog. → Adoptianismus und Marias bleibende Jungfräulichkeit. Ferner kritisierte G. die unkrit. Identifizierung des hist. und sakramentalen »corpus Domini« des → Paschasius Radbertus. In den beiden Glaubensbekenntnissen (ed. C. LAMBOT, 52–78) ist die Lehre von der doppelten Vorherbestimmung, die er von der Identität des Allwissens und der Allmacht Gottes her begründete, für G. eine entscheidende Frage des Glaubens, die er auch einem Gottesurteil zu unterwerfen wünschte (ebd. 74f.).

L. Hödl

Ed. und Lit.: TRE XIV, 108ff. – C. LAMBOT, Œuvres théol. et grammaticales de Godescalc d'O., SSL 20, 1945 – MGH PP III, 707–738; IV, 934f. [L. TRAUBE] – K. VIELHABER, G. der Sachse, BHF, 1956 [Lit.] – J. JOLIVET, Godescalc d'O. et la Trinité..., EPhM 47, 1958 – O. STEGMÜLLER, RevBén 76, 1966, 177–230 – P. v. MOOS, FMASt 4,

1970, 201–230; 5, 1971, 317–358 – D. GANZ, The Debatte on Predestination..., 1981, 353–373 – s. a. Lit. zu → Johannes (Scotus) Eriugena, → Paschasius Radbertus, → Rathramnus.

Gottschee (slowen. Hočevje, heute Kočevje), Ort und Landschaft in Südslowenien. Der Ort G., 1363 erstmals urkundl. erwähnt, 1377 Markt, 1469 bei einem Türkeneinfall niedergebrannt, wurde danach von Ks. Friedrich III. zur Stadt erhoben (1471). – Die Landschaft G., dt. Sprachinsel (bis 1941) und größte dt. Rodungssiedlung des SpätMA in → Krain, wurde im unbewohnten Waldgebiet zw. Reifnitz (Ribnica) und der Kulpa in den 30er Jahren des 14. Jh. vom Gf.en v. → Ortenburg, Otto IV., mit Bauern aus Oberkärnten und Osttirol von NW her erschlossen, nach vorheriger Ansiedlung von → Slowenen zum Grenzschutz am Süd- und Südostrand. Vor 1400 erfolgte wohl noch weiterer Zuzug dt. Bewohner (Franken, Thüringer, Schwaben). Die G. hatte 1363 fünf Kirchen, 1398 (erstes Urbar) ca. 3000 Einwohner, schließlich über 170 Weiler und Dörfer. Die Einwohner, die eine auf Osttiroler und Oberkärntner Sprachelementen beruhende typ. Mundart entwickelten, fanden mit dem 1492 wegen »erlittenen Türkenruins« gewährten sog. Hausierpatent zusätzl. Verdienst durch Kleinhandel in allen innerösterr. Ländern. Nach dem Aussterben der Ortenburger (1418) war die G. im Besitz der Gf.en v. → Cilli, 1456–1641 der Habsburger (seit 1623 Gft.), 1641–1918 der Gf.en v. Auersperg.   G. Hödl

Lit.: B. SARIA, Die ma. dt. Besiedlung in Krain (Gedenkschr. H. STEINACKER, 1966), 85–104 – W. BAUM, Dt. und Slowenen in Krain, 1981, bes. 11–132.

Göttweig, Stift OSB in Niederösterreich (BH Krems), auf markanter Erhebung über dem Donautal, Lieblingsgründung des Bf.s → Altmann v. Passau, in der er sich während seines Exils vorwiegend aufhielt und 1091 bestattet wurde. Der Aufbau des von Altmann mit → Augustiner-Chorherren besetzten bfl. Eigenkl. erfolgte in mehreren Phasen: 1070 Bau einer Erentrudiskirche, geweiht 1072; 1083 Weihe der Maria gewidmeten Hauptkirche. Reich ausgestattet mit bfl.-passauischen Pfarren, Gütern und Rechten sowie Adelsschenkungen in Niederund Oberösterreich sowie Bayern, nahm G. unter seinen ersten Vorstehern Otto und Konrad einen raschen Aufschwung. Bald nach Altmanns Tod entschied sich der Konvent mit Zustimmung des Papstes und des Bf.s v. Passau für die → Regula Benedicti und schloß sich unter Leitung Hartmanns, des früheren Priors v. → St. Blasien, der »jungcluniazens.« Reformbewegung an (→ Cluny, B. III, 2). Hartmann gründete um 1100 am Fuße des G.er Klosterberges in Kleinwien ein Frauenkl., mit dem eine Inklusin Ava, die oft mit der Dichterin → Ava gleichgesetzt wird, in Verbindung stand. Dieses Frauenkl., um 1200 in die geschütztere Höhenlage des Männerkl. verlegt, bestand bis 1557.

Unter den ersten Äbten von Hartmann (1094–1114) bis Chadalhoch (1125–41) erfuhr das seit 1098 unter päpstl. Schutz stehende G. eine weitere monast., kulturelle und wirtschaftl. Blüte. Zw. 1107 und 1116 wurden die G.er Prioren Wirnto, Berthold und Leopold an die Spitze der Kl. → Formbach, Garsten und → Seitenstetten berufen, kurz darauf strahlte diese monast. Richtung nach → Lambach aus. In G. selbst war eine Schreibschule tätig, begann man vielleicht als erstes österr. Kl. mit der Führung von → Annalen, verfaßte ein unbekannter G.er Augenzeuge einen verfassungsgeschichtl. bedeutsamen Bericht über die Königswahl Lothars v. Süpplingenburg (1125), entstanden 1136/37 bzw. 1192/94 zwei Fassungen der Vita Altmanni und stellte man in der 1. Hälfte des 12. Jh.

zwei →Traditionsbücher zusammen, zu denen später noch eine Reihe von Urbaren und anderen Behelfen kam. Sie verzeichneten den in insgesamt 15 Wirtschaftsämtern organisierten Kl.besitz, über den anfangs die Gf.en v. Ratelnberg, ein Zweig der Gf.en v. →Formbach, um 1122 die→Babenberger als Landesherren v. Österreich die Hauptvogteirechte ausübten. Schon seit dem 12. Jh. machten sich freilich innere und äußere Schwierigkeiten bemerkbar. 1382 erhielten die G.er Äbte von Papst Urban VI. das Recht, eine →Mitra zu tragen, und 1401 erteilte Papst Bonifatius IX. dem Kl. die Exemtion von der Passauer Bf.sgewalt. Zumindest vorübergehende Verbesserungen im Bereich der Disziplin und der Wirtschaft erzielte die klösterl. Gemeinschaft in der Folge verschiedener Visitationen im Rahmen der →Melker Reform (1418, 1421) und der von →Nikolaus v. Kues eingeleiteten Erneuerung (1451), um die sich später auch der G.er Abt Laurenz Grueber v. Graz (1468–81) bemühte. Aus den kulturgeschichtl. wertvollen Bibliotheksbeständen dieses Jh. ragen z. B. die Handschrift des G.er→Trojanerkrieges und die Dirigierrolle eines Osterspiels (→Drama, V), bes. aber die umfangreiche Inkunabelsammlung hervor. Die vielgestaltige, von Anfang an unregelmäßige Klosteranlage wurde unter den Äbten Petrus II. v. St. Pölten (1402–31) und Lukas Lauchlaibl v. Stockstall (1431–39) im got. Stil erweitert. Am Ende des MA stellte schließlich der heftige Exemtionsstreit zw. Abt Matthias I. Schachner (1489–1507) und dem Bf. v. Passau eine schwere, jedoch erfolgreich bestandene Belastungsprobe dar.　　　S. Haider

Lit.: DHGE XXI, 474ff. – Topographie v. Niederösterreich III, 1893, 495ff. – I. Zibermayr, Die Legation des Kard.s Nikolaus Cusanus und die Ordensreform in der Kirchenprovinz Salzburg, Reformationsgesch. Stud. und Texte 29, 1914, 44ff., 82f. – Der hl. Altmann … (Fschr. zur 900-Jahr-Feier 1965), 58–84 [W. F. Zedinek] – S. Haider, Die schriftl. Q. zur Gesch. des österr. Raumes im frühen und hohen MA (Die Q. der Gesch. Österreichs, hg. E. Zöllner, 1982), 3ff., 42f. – G. Hödl, G. im MA und in der frühen NZ (Gesch. des Stiftes G. 1083–1983 [SMBO 94, 1983]), 1–231 [Lit.] – E. Illichmann, Recht und Besitz der Bauern und Hintersassen des MA in Österreich, 1983 – C. A. Lashofer, Profeßbuch des Benediktinerstiftes G., SMBO, Ergbd. 26, 1983 – G. M. Lechner, Stift G. und seine Kunstschätze, 1983² [Lit.] – 900 Jahre Stift G. 1083–1983, Ausst.kat., 1983.

Göttweiger Trojanerkrieg → Trojanerkrieg, Göttweiger

Gouda, Stadt in der Gft. →Holland (Niederlande, Prov. S-Holland), an der Mündung der Gouwe in die Holl. Issel. G., dessen Stadtentstehung wohl im letzten Viertel des 13. Jh. erfolgte, ist – wie→Amsterdam – ein gutes Beispiel einer holl. »Dammstadt« mit zentral gelegenem Gouwe-Damm und »Dunkler Schleuse«. Die Echtheit des Stadtrechts vom 19. Juli 1272 ist umstritten (Original verloren, 'Vidimus' von 1335 erhalten). 1282 erhielt G. Zollfreiheit in der Gft. Holland. Ende des 13. Jh. entstand der gegenwärtige Hafen als neue Verbindung zw. Gouwe und Holl. Issel. Nach raschem Wachstum wurde G. um 1350 mit Stadtgraben und Mauer befestigt. Der heut. Umfang der Innenstadt (ca. 65 ha) war damals erreicht. Die Einwohnerzahl betrug 1400 ca. 4500, 1560 ca. 9000 Personen. Kurz nach dem Stadtbrand 1361 baute der Herr v. G. ein Schloß an der Ostseite der Hafenmündung in die Holl. Issel (1577 abgebrochen). Die Verkehrslage am Handelsweg zw. N-Deutschland und Flandern (gfl. Zollstelle) und das Braugewerbe führten im 14. und 15. Jh. zur wirtschaftl. Blüte, die in reichen got. Sakral- und Profanbauten ihren Ausdruck fand (St. Janskirche, ausgebaut ca. 1450–1500; Rathaus am dreieckigen Marktplatz, 1448–59).　　　J. C. Visser

Lit.: C. J. de Lange van Wijngarden, Geschiedenis der Heeren en beschrijving der stad van de Goude, 3 Tle, 1813–17 [Nachdr. 1879] – G. zeven eeuwen stad, hg. Oudheidkundige Kring »Die Goude«, 1972.

Gouverneur, hoher kgl. Beamter im spätma. Frankreich. Das Amt entstand als Reaktion auf die bedrängte Lage Frankreichs zu Beginn des →Hundertjährigen Krieges; als unmittelbarer Vertreter (→*lieutenant général*) des Kg.s verfügte der G. in seinem Amtsbezirk *(Gouvernement)*, der mehrere →*Bailliages* oder →*Sénéchaussées* umfaßte, über weitreichende polit., administrative, jurisdiktionelle, finanzielle und militär. Vollmachten (u. a. Oberbefehl des Heeres, Einberufung der →*États provinciaux*, Abnahme der Lehns- und Amtseide, z. T. Vorsitz im →*Parlement*, in Krisenzeiten Verhängung von Ausfuhrsperren für Getreide usw.). Die G.e, die meist Hochadlige aus der engeren Umgebung des Kg.s oder sogar Prinzen von Geblüt waren, erhielten hohen kgl. Amts- und Ehrensold, außerdem reiche Geschenke von den États und Magistraten ihres Gouvernements, in das sie feierlich Einzug hielten. Eine bes. mächtige Stellung hatten die G.e der Grenzgebiete→Dauphiné und→Provence (seit 1481). Bei einer Tendenz zu immer längerer Amtsdauer wurde das G.samt jedoch nicht erblich. Am Ende des 15. Jh. wurden die Befugnisse der G.e landesweit einheitlicher geregelt; es bestanden nun im wesentl. elf Gouvernements: Île de France, Champagne, Languedoc, Normandie, Picardie, Guyenne, Dauphiné, Lyonnais, Burgund, Bretagne, Provence.　　　J.-M. Roger

Lit.: G. Dupont-Ferrier, Les officiers royaux des bailliages et sénéchaussées …, 1902 (BEHE, 145) – Ders., Gallia regia …, 6 Bde, 1942–61 – J.-M. Roger, Le gouvernement de Champagne et de Brie, La Vie en Champagne 225, 1973 – B. Chevalier, G.s et gouvernements en France entre 1450 et 1520 (Hist. comparée de l'administration, hg. W. Paravicini–K. F. Werner, 1980), 291–307.

Gower, John, engl. Dichter, * ca. 1330, † 1408. Seine Identifizierung bereitet Schwierigkeiten, da im 14. Jh. mehrere Personen diesen Namen trugen. Nach neueren Unters. gehörte G. wahrscheinl. zu einer aus Langbargh (Yorkshire) stammenden Familie, er wuchs jedoch in Kent auf. Wahrscheinl. übte er zeitweise einen jurist. Beruf aus. Um 1375 zog er sich in das Kl. St. Mary Overeys in Southwark zurück und starb dort erblindet. G., der bis ins 18. Jh. zusammen mit →Chaucer, mit dem er befreundet war, als Begründer der engl. Dichtkunst gefeiert wurde, spiegelt in seinen Frz., Lat. und Engl. verfaßten Werken die sprachl. Situation in England in der 2. Hälfte des 14. Jh. wider.

Das früheste seiner drei Hauptwerke ist der »Mirour de l'Omme« (von G. später in »Speculum Meditantis« umbenannt), wahrscheinl. 1376–78 entstanden, in nur einer – erst 1895 wiederentdeckten – Hs. überliefert, die Lücken am Anfang und Ende aufweist. Erhalten sind 28603 (von ursprgl. ca. 31000) frz. Achtsilbler in 12zeiligen Strophen. Der »Mirour« ist in drei Teile gegliedert: Eine allegor. Darstellung vom Ursprung des Todes, der Sünde, der Tugenden und Laster, eine Klage über den Zustand der Gesellschaft und ihrer Stände und ein Marienleben.

Die 10265 Verse umfassende »Vox Clamantis« in lat. →Distichen ist in 11 Hss. und drei Fassungen überliefert, die erste vor 1381, die letzte nach 1399 entstanden. Hauptthema ist auch hier die Klage über die moral. Verkommenheit der zeitgenöss. Gesellschaft, die teils durch polit. Wirren, teils durch die zur Sünde neigende Natur der Menschen erklärt wird. Im Anschluß an die »Vox« findet sich in vier Hss. die lat. »Cronica Tripertita«, entstanden 1399–1400, in der G. die Absetzung Richards II. durch Heinrich IV. rechtfertigt.

Als G.s wichtigstes Werk wurde seit dem 15. Jh. die »Confessio Amantis« (CA) angesehen (ca. 34000 engl. Verse in vierhebigen Reimpaaren – G.s vollendete Handhabung dieses Versmaßes wurde immer wieder hervorgehoben). Die »CA« ist in drei Fassungen erhalten: Fassung 1, wahrscheinl. 1390 vollendet, in 31 Hss.; Fassung 2 (1390/91) in 7 Hss.; Fassung 3 (nach 1399) in 11 Hss. Mehr als die Textveränderungen in Geschichten und Rahmen haben die Umgestaltung von Prolog und Epilog in den drei Fassungen die Kritik beschäftigt: Die »CA« wurde ursprgl. Richard II. gewidmet, in den späteren Fassungen dagegen Heinrich IV. Der Vorwurf des polit. Opportunismus, der G. deswegen gemacht wurde, ist unberechtigt, da die Umwidmung schon 1392/93 erfolgt ist, zu einer Zeit also, als nichts darauf hindeutete, daß Heinrich einmal Kg. sein würde. Die »CA« ist eine Rahmenerzählung: Der Autor (Amans) legt vor Genius, dem Priester der Venus, eine Beichte bezüglich seiner, im traditionellen höf. Rahmen geschilderten Liebesbeziehung ab. Er wird dabei von Genius nach dem Schema der 7 Todsünden katechisiert. Zur Illustration dieser Todsünden erzählt Genius jeweils mehrere Geschichten, insgesamt 133. Am Schluß erhält der (nun erstmals als gealtert beschriebene) Autor die Absolution und wird durch Venus von seiner Liebeskrankheit geheilt, unter der Bedingung, sich von nun an ernsteren Dingen zuzuwenden. Die »CA« ist in einen Prolog und 8 Bücher gegliedert, wobei 1–6 und 8 jeweils der Illustration einer Todsünde gewidmet sind. Buch 7 ist ein →Fürstenspiegel, häufig als unmotivierte Abschweifung verurteilt, von der neueren Forschung aber – der zufolge in der »CA« nicht die höf. Liebe im Mittelpunkt steht, sondern die Liebe als einigende soziale Kraft – zunehmend als wichtiger Bestandteil des Werks gesehen. Wichtige Quellen der »CA« sind, neben der zeitgenöss. Beicht- und Bußbuchliteratur (→Beichtformeln, C.III), →Ovid und die frz. »dits amoureux« (→dits) des 14. Jh.

G.s »Traitié pour essampler les amantz marietz«, 18 frz. →Balladen, gehört in die Zeit der »CA«, mit der zusammen das Werk meist überliefert ist; zentrale Themen der »CA« werden hier nochmals behandelt. Vor 1380 entstanden ist verm. der frz. Balladenzyklus »Cinkante Balades«, dessen Themen die höf. Liebe und der Preis der ehel. Liebe sind. 1399 entstand das engl. Gedicht »In Praise of Peace« (385 fünfhebige Verse in der *rime royal*-Strophe), Preis und Ermahnung des neuen Kg.s, Heinrich IV.   M. Gretsch

Bibliogr.: Manual ME 7, XVII, 1986, 2195–2210 und 2399–2418 – NCBEL I, 553–556 – R. F. Yeager, J. G. Materials, 1981 – *Ed.*: G. C. Macaulay, The Complete Works of J. G., 4 Bde, 1899–1902 [Bd. II und III, The English Works, auch als EETS ES 81, 82, 1900–01] – *Übers.*: E. W. Stockton, The Major Latin Works of J. G., 1962 – T. Tiller, Confessio Amantis, 1963 – *Lit.*: C. S. Lewis, The Allegory of Love, 1936 – M. Wickert, Stud. zu J. G., 1953 – J. H. Fisher, J. G., 1964 – J. A. Burrow, Ricardian Poetry, 1971 – G.s Confessio Amantis. Responses and Reassessments, hg. A. J. Minnis, 1983.

Gozbald, Bf. v. →Würzburg seit ca. 842, Abt v. →Niederaltaich seit 825, † 20. Sept. 855, wahrscheinl. ostfrk. adliger Herkunft, möglicherweise verwandt mit Bf. Hariulf v. Langres. Von 830–833 Leiter der →Hofkapelle und der Kanzlei Kg. Ludwigs d. Dt., blieb G. auch nachher dessen Vertrauter. Die Annahme, er habe vor seiner Weihe zum Bf. das Amt eines →Chorbf.s bekleidet, ist unbegründet. G. stand in engen persönl. Beziehungen zu Papst Gregor IV. (827–844), von dem er (vor 18. Aug. 841, MGH DD Karol. dt. I, Nr. 30, 37f.) Reliquien der röm. Märtyrer Felicissimus und Agapit erhielt (MGH Epp. V, 618). Er ist vermutl. auch der Autor des entsprechenden Translationsberichtes (hg. Wattenbach, NA 13, 1888, 235).   H. Houben

Lit.: B. Bischoff – J. Hofmann, Libri sancti Kyliani, 1952 – J. Fleckenstein, Die Hofkapelle der dt. Kg.e I, 1959, 167f. – A. Wendehorst, Das Bm. Würzburg I (GS NS I, 1, 1962), 42–46 – F. J. Schmale, Das Bm. Würzburg und seine Bf.e im früheren MA, ZBLG 29, 1966, 646f. – H. Löwe, G. v. Niederaltaich und Papst Gregor IV. (Fschr. B. Bischoff, 1971), 164–177 – H. Houben, Eine wiederentdeckte Urk. des Abtes G. v. Niederaltaich, AZ 72, 1976, 11–20.

Gozbert → Tegernsee

Gozelo, Hzg. v. Lothringen, † 19. April 1044, ☐ Bilsen, Abteikirche, Sohn von →Gottfried v. Verdun d. Ä. (aus dem Hause Ardenne) und Mathilde von Sachsen (→Billunger). G. folgte 1023 seinem Bruder Gottfried I. als Hzg. v. →Niederlothringen nach. Während er zu Heinrich II. in guten Beziehungen stand, verweigerte er Konrad II. anfangs die Anerkennung und schloß sich einer lotharing. Rebellengruppe an. Im Mai 1033, nach dem Tode Hzg. Friedrichs v. Oberlothringen, und angesichts des bedrohlichen Vordringens des Gf.en v. →Champagne, übertrug Konrad II. an G. über das gesamte Lotharingien. G. nahm an der Verteidigung des Landes gegen Odo II. v. Blois-Champagne teil (Schlacht bei →Bar, Okt. 1037). – G. hinterließ zahlreiche Kinder: die späteren Hzg.e →Gottfried der Bärtige und →Gozelo II., Friedrich (der spätere Papst →Stephan IX.), Regelinde (⚭ Albert II. v. →Namur), Oda (⚭ Lambert II. v. →Löwen).   M. Parisse

Lit.: BNB VIII, 151–154 – NDB VI, s. v. – M. Parisse, Généal. de Maison d'Ardenne, Publ. Sect. Hist. Inst. Lux. XCV, 1981 – s. a. Lit. zu →Gottfried dem Bärtigen (E. Dupreel), →Verdun.

Gozzoli (eigtl. di Lese di Sandro), **Benozzo,** florent. Maler, * um 1421 Florenz, † 1497 Pistoia. 1442 in der Lehre, vermutl. bei Fra →Angelico, dem er in San Marco und 1447/48 in Rom assistiert. Seine umfangreichen Freskenzyklen, u. a. mehrere in Montefalco (1450–52), als Hauptwerk die Kapelle im Pal. Medici-Riccardi Florenz (1459–61), in Sant'Agostino zu San Gimignano (1464/65) und im Camposanto v. Pisa (1468–84) zeichnen sich durch erzähler. Reichtum aus.   Ch. Klemm

Lit.: A. Padoa Rizzo, B. G. pittore fiorentino, 1972 – La pittura in Italia. Il quattrocento, 1987 651f. u. ö.

Gra(a)l, -sdichtung

I. Französische Literatur – II. Deutsche Literatur – III. Mittelenglische Literatur – IV. Mittelniederländische Literatur.

I. FRANZÖSISCHE LITERATUR: Das Motiv des G.s tritt in die frz. Lit. mit dem »Conte du Graal« des →Chrétien de Troyes (um 1180) ein. Der G. erscheint dem Helden, Perceval le Gallois, hier als kostbare, mit Gold inkrustierte und juwelenbesetzte Schale, von einem jungen Mädchen getragen. Ein anderes Mädchen trägt ein silbernes *tailleoir* (Patene). Ihnen voran geht ein junger Mann, der eine Lanze trägt, von der ein Blutstropfen perlt. Über Herkunft, Bestimmung und Verknüpfung dieser drei Gegenstände sagt Chrétiens Text nichts aus; die ganze nach Chrétien entstandene G.sdichtung muß nicht zuletzt unter dem Aspekt gesehen werden, daß sie Antworten auf die offengebliebenen Fragen der Chrétienschen »Urszene« des G.sgeleits geben will.

Chrétiens mögl. Vorlagen sind ebenso wie die von ihm mit dem G. verbundenen Motive zum Gegenstand kontroverser Hypothesen geworden. Folgende Motive sind im Zusammenhang mit dem G. feststellbar: das Motiv der reichl., lebensnotwendigen Speise (der G. enthält eine Hostie, die den Vater des *Roi Pêcheur* nährt); das Motiv der zu stellenden Fragen (wem leistet man den Dienst des G.s? warum blutet die Lanze?); das Motiv der *terre gaste* (durch das Stellen der Fragen wären die Genesung des Roi Pêcheur, die Wiederkehr der Fruchtbarkeit seines Reiches und der erneute Ablauf der stehengebliebenen Zeit erreicht worden); das Motiv der zw. Perceval und →Gawain aufgeteilten G.ssuche *(queste)* und der blutenden Lanze. Ein Teil der Forschung sah im G.sgeleit eine romanhafte Transposition einer liturg. Zeremonie (der G. gedeutet als Ziborium oder Kelch, die blutende Lanze als →Heilige Lanze der Passion). Andere brachten den G. in Verbindung mit Vegetations- und Fruchtbarkeitskulten (vgl. z. B. die Deutung des als »Elucidation« bezeichneten Textes). Danach wäre Percevals Scheitern in der G.sburg Ausdruck einer fehlgeschlagenen (verfrühten?) Initiation. Ein dritter Interpretationsansatz nähert den G. den in der kelt. Sagentradition häufigen Gefäßen an, die unerschöpfl. Nahrungsquellen bergen, insbes. aber dem wunderbaren Becher, den der Held in der anderen Welt zu erobern hat. Im Sinne dieser Deutung kann die G.ssuche als kgl. Initiationsritus zur Erringung mag.-religiöser Fähigkeiten und der Herrschaft angesehen werden. Ohne eine der anderen Hypothesen völlig verwerfen zu wollen (in den Texten der G.sdichtung mischen sich myth., folklorist. und christl. Momente), muß die enge Bindung des G.sstoffs an die tief in der kelt. Tradition verwurzelte »Matière de Bretagne« betont werden.

Eine entschiedene Wandlung des G.smotivs vollzieht sich im »Roman de l'Estoire dou Graal« des Robert de Boron, der gleichsam eine Erzählung der »Jugendjahre« des G.s ist. Hier wird der G. als Gefäß, in dem Joseph v. Arimathia das Blut Christi auffing und das der Heiland selbst seinem getreuen *soudoier* vermachte, zur Reliquie des letzten Abendmahls und der Passion. In der Szene der »Auffindung« dieser Reliquie werden die zw. Christus und Joseph in bezug auf das Geheimnis des G.s gewechselten Worte von dem jeweiligen Hüter des G.s an seinen Nachfolger, gemeinsam mit dem Gefäß selbst, mündl. weitergegeben, denn sie können nicht niedergeschrieben werden. Indem die G.sdichtung seit Robert de Boron die Gesch. des G.s über die drei Generationen der Rois Pêcheurs entfaltet – und somit explizit mit der Vorstellung der Trinität verbindet – wird das G.smotiv einerseits mit der Lebens- und Leidensgesch. Jesu und dem Hl. Land, andererseits mit der Abenteuer- und Wunderwelt des arthurian. Romans assoziiert.

Die Gesch. der translatio des G.s und seiner Manifestationen im Kgr. Arthurs zeigt starke Varianten im Hinblick auf den Erwählten der G.ssuche. In den Romanen, deren Held Perceval ist (»Continuations du Conte du Graal«, »Prosa-Perceval«, »Perlesvaus« und →Wolframs »Parzival«), kehrt Perceval schließlich in die G.sburg zurück, stellt die befreiende Frage, folgt dem Roi Pêcheur als G.shüter nach, läßt – bei Wolfram – das Kg.sgeschlecht fortdauern. Seit dem »Prosa-Perceval« korrespondiert die erfolgreiche G.ssuche mit dem Untergang des arthurian. Reiches und Rittertums, eine von der »Quête du saint Graal« und der »Mort le Roi Artu« fortgesetzte Thematik. Im »Lancelot-Graal-Zyklus« ist es dagegen Galaad, der Sohn Lancelots und der Tochter des Roi Pêcheur, der den G. erringt. Die leibl. Abstammung Galaads von Lancelot bezeichnet hier die notwendige Kontinuität zw. einem auf Weltliches (Ruhmsucht, Liebesabenteuer) gerichteten und einem nach himml. Werten, d. h. nach dem Geheimnis des G.s, strebenden Rittertum. Das in der »Quête« bereits etwas abgenutzte G.smotiv steht hier für die religiöse Vision, für das Durchbrechen der Welt der »Erscheinungen«, der *semblances* und *mostrances* der Reliquie, um zur *veraie semblance* der Glaubensmysterien vorzudringen. In Fortführung von Ansätzen des »Perlesvaus« verzichtet die »Quête« andererseits auf die Motive von G. und Lanze. Dem im G. aufgefangenen Blut entspricht das Brot des

Lebens (Christuskind, Gekreuzigter). In dem Maße, in dem die Vollendung der »Quête« sich außerhalb der Welt Arthurs vollzieht, kehrt der Roman an den Ursprungsort des G.s, den Orient, zurück, läßt die ird. Welt hinter sich, wobei sich (ähnl. wie im »Prosa-Perceval«) das Versinken des Reiches Arthurs und seiner Ritterwelt vollzieht.

Mit Robert de Boron und den großen Prosaromanen des 13. Jh. setzt sich verstärkt die christl. Interpretation des G.smotivs durch. So wird ein didakt. Werk wie die »Quête« eine Art »Evangelium«, angepaßt den Vorstellungen der ritterl.-feudalen Schicht; der G. gilt als lit. Manifestation der göttl. Gnade auf Erden, emblematisiert durch den arthurian. Kosmos. Aber man kann die G.sromane auch als den Ort verstehen, an dem die Bedingungen der nicht heilsgesch., der weltl. Literatur diskutiert werden, ihr Ursprung, ihre so andere und wesentl. Verwandlung des lebendigen gesprochenen Wortes in den geschriebenen Text, der fähig ist, seinerseits wie die Hl. Schrift, Glossen und Paraphrasen zu generieren. Seit dem »Prosa-Merlin« (Beginn des 13. Jh.) ist das Motiv des G.s im übrigen untrennbar verbunden mit dem »Livre du Graal«, das Blaise durch den Seher Merlin diktiert wird, und das die Geschicke und 'Aventuren' des Heiligtums in der menschl. Gesch. berichtet und weissagt. In den letzten Prosadichtungen (z. B. dem »Prosa-Tristan«) ist der G. als Reliquie untrennbar mit dem »Haut Livre du Graal« verbunden. Das Wortspiel, das bei Robert de Boron 'G.' mit 'agréer', im Sinne von 'gefallen', 'Wünsche erfüllen', verbindet, zeigt die Anschaulichkeit und den Reichtum eines Motivs, das seit dem 12. Jh. Vorstellungskraft und schöpfer. Fähigkeiten so sehr geprägt hat.   E. Baumgartner

Bibliogr.: E. PICKFORD–R. LAST, The Arthurian Bibliogr., 2 Bde, 1981–83 – E. REISS, L. HORNER REISS, B. TAYLOR, Arthurian Legend and Lit. An Annoted Bibliogr., 1984–*Lit.:* EM–GRLMA IV, 292–331 – A. PAUPHILET, Études sur la »Queste du saint Graal«, 1921–J. MARX, La légende arthurienne et le G., 1952 – Les Romans du G. (Coll. internat. du CNRS, 1956) – R. S. LOOMIS, The Origin of the Grail Legends (Arthurian Lit. in the MA, 1959) – The Grail, From Celtic Myth to Christian Symbol, 1963 – J. MARX, Nouvelles recherches sur la litt. arthurienne, 1965 – TH. KELLY, Le Haut Livre du G.: »Perlesvaus«. A Structural Study, 1974 – J. FRAPPIER, Autour du G., 1977 – Chrétien de Troyes et le mythe du G. …, 1979² – E. BAUMGARTNER, L'Arbre et le Pain, Essai sur la Quête du saint G., 1980 – A. LEUPIN, Le G. et la litt., 1982 – CH. MÉLA, La reine et le G. La »conjointure« dans les romans du G., de Chrétien de Troyes au Livre de Lancelot, 1984.

II. DEUTSCHE LITERATUR: Als erster dt. G.sroman entstand im ersten Jahrzehnt des 13. Jh. der »Parzival« →Wolframs v. Eschenbach (W.) auf der Basis von Chrétiens (Ch.s) »Conte du Graal«. Die Nennung eines weiteren Gewährsmannes, eines nicht identifizierten Provenzalen 'Kyot' (Guiot), wird als fingierte Quellenangabe W.s oder aber als Hinweis auf einen mündl. Vermittler betrachtet und oft in Zusammenhang mit gegenüber Chrétien differierenden G.smotiven unbekannter Herkunft gebracht: Ist der G. bei Ch. ein (edelsteinbesetztes) Gefäß, so wird er bei W. als Stein bezeichnet, der den Namen »lapsit exillis« trägt (so in den beiden wichtigsten Hss. D und G), den G.srittern Speise und Trank spendet, Verbrennen und Wiedergeburt des →Phönix bewirkt, durch seinen Anblick eine Woche vor Tod und vor Alter schützt, Ungetauften unsichtbar ist. Seine Kräfte verdankt er einer an jedem Karfreitag von einer Taube gebrachten Hostie. Auf dem Stein erscheinen die Namen der zum G. Berufenen. Die Überlieferung der Vorgeschichte des G.s, der in W.s Roman zunächst auf Erden von den Engeln, die im Kampf zw. Gott und Luzifer neutral blieben, gehütet wurde, dann dem G.sgeschlecht anvertraut wurde, schreibt W. einer arab., von 'Flegetanis' (Phantasiename ohne arab. Parallelen) stammenden, in Toledo von Kyot aufgefundenen und entschlüsselten Quelle zu, während Kyot die Gesch. des G.svolks in 'Anschouwe' (Anjou? Anschau in der Steiermark?) gefunden habe.

Die Änderung der Beschaffenheit des G.s gegenüber Chrétien wurde unterschiedl. gedeutet (z. B. Rückgriff auf tatsächl. oriental. oder jüd. Vorstellungen; Anlehnung an den 'Augenstein' der Alexandersage: Straßburger Alexander), ebenso der unerklärbare Name (bewußte Mystifikation W.s?). Deutl. ist allerdings, daß W. einen eindeutigen Bezug auf christl. Kultgegenstände (Abendmahlsschüssel, Kelch) vermeidet, dem G. damit eine Autonomie gegenüber offiziellen kirchl. Institutionen gibt. Die Lanze, bei W. ohne erschließbare Bezüge zu christl. Traditionen (→Longinus) oder Vegetationskulten, spielt im übrigen eine geringere Rolle als in Ch.s Roman.

Die symbol. Bedeutung des G.s ist Gegenstand vieler Interpretationen, wobei die dynast. (BRALL) weniger beachtet wird als die religiöse Dimension. Strukturell ist der G. in Parzivals Weg Zentrum des doppelten Kursus in Überordnung über den Artushof: W. hat für die Vollendung von Ch.s Roman das Modell des 'Yvain'/'Iwein' (Chrétien bzw. →Hartmann v. Aue) (G.-Brunnenszene) benutzt. – In der 'Crône' des →Heinrich v. d. Türlin (um 1230) wird der G. zum höchsten weltl. Abenteuer und Gawein (→Gawain) zum erfolgreichen G.shelden, Parzival ist hingegen als Versager gekennzeichnet. Das von Gawein erfolgreich bestandene G.sabenteuer ist die schwerste aller →Aventiuren, aber nicht, wie im »Parzival«, qualitativ von anderen unterschieden: Gawein bleibt der arthur. Musterritter, ohne daß ein Bezug zu transzendenten Werten hergestellt würde. – Im →»Wartburgkrieg« (2. Hälfte 13. Jh.) erscheint der G. als Stein aus der Krone Luzifers, der auf die Erde gefallen ist, wo Parzival ihn erlangte, eine von W. abhängige Vorstellung. Im »Jüngeren →Titurel« Albrechts (1260/75) wird unter Benutzung der Titurel-Fragmente W.s die Gesch. des G.s und des G.sgeschlechts ausführl., unter dynast. Bezug auf die von den →Trojanern abstammenden röm. Ks., dargestellt. Später wird Parzivals Gesch., mit starker Betonung des G.schwerts, berichtet. Die abschließenden Passagen des Werks stehen – nach Aufgabe der W.-Verfasserfiktion und in Abkehr von W.s bewußt uneindeutiger G.ssymbolik – unter dominierendem Einfluß der christl. und oriental. orientierten frz. G.stradition des Robert de Boron und des Lancelot-Graal-Zyklus. Der G. zieht zu den sog. Thomaschristen nach →Indien und geht eine Verbindung mit dem Reich des Priesters →Johannes ein. Er wird am Schluß von Titurel als steinerne Abendmahlsschüssel des →Joseph v. Arimathia, unter Einbeziehung einer Deutung W.scher G.snamen, erklärt.

Der G. im →»Lohengrin« (um 1283) beruht auf W.s (Stein) und Albrechts Darstellung (Wanderung in den Orient); allerdings ist Artus im Bereich des ersten G.sreiches angesiedelt und eine Art Schutzherr, während Parzival der eigtl. G.skönig bleibt. Der dt. →»Prosa-Lancelot« ist eine Übertragung des frz. »Lancelot-Graal-Zyklus«, die »Queste« und »La Mort le Roi Artu« wurden im späten 13. oder frühen 14. Jh. übersetzt; die Ch.-Fortsetzungen fanden im »Rappoltsteiner Parzival« 1331–36 durch die Straßburger Philipp →Colin u. Claus Wisse eine Übertragung (»Niuwer Parzival«), der zw. W.s Buch 14 und 15 eingeschoben ist. Den Ausklang der dt. G.sdichtung bietet das Werk Ulrich →Fuetrers (»Buch der Abenteuer«), mit Integration des »Parzival« und der »Crône« in den Rahmen des »Jüngeren Titurel«.   V. Mertens

Lit.: K. BURDACH, Der G., 1938 [Neudr. 1974] – J. BUMKE, Die Wolfram v. Eschenbach-Forsch. seit 1945, 1970 – B. GICQUEL, Aux origines du Graal, Recherches Germ. 10, 1980, 3–17 – J. BUMKE, Wolfram v. Eschenbach, 1981[5] [Lit.] – L. P. JOHNSON, The Grail-Question in Wolfram and Elsewhere (Fschr. L. FORSTER, 1982), 83–102 – D. WELZ, Gedanken zur Genese des G.sromans, Acta Germanica 15, 1982 – H. BRALL, G.suche und Adelsheil, 1983 – E. KÖHLER, Dichter und G. (Sinn und Form 35, 1983) – H. W. SCHÄFER, Kelch und Stein, 1983 – C. RIESSNER, Überliefertes und Erfundenes in Wolfram v. Eschenbachs Vorstellung vom G., Studi Germanici 21/22, 1983/84, 13–30 – D. GOULET, Le rôle d'Arthur et du Graal dans 'Lohengrin', M-A 90, 1984, 39–63 – P. KUNITZSCH, Erneut – der Orient in Wolframs 'Parzival', ZDA 113, 1984, 79–111 – Ep. Stoffe des MA, hg. V. MERTENS–U. MÜLLER, 1984, 341–364 [D. WELZ; Lit.] – H. W. SCHÄFER, Wolframs 'calix lapideus', ZDPh 103, 1984, 370–377 – U. ERNST, Kyot und Flegetanis in Wolframs 'Parzival', WW 35, 1985, 176–195 – E. SCHMID, Familiengeschichten und Heilsmythologie, 1986.

III. MITTELENGLISCHE LITERATUR: Der G. spielt in der me. Literatur eine relativ geringe Rolle, wohl auch, weil die kulturtragenden, v. a. frz. sprechenden Schichten Englands lange in der Lage waren, sich über ihn mittels frz. Originale (bes. →Chrétien de Troyes, Robert de Boron, »Perlesvaus«, Vulgata-Zyklus) zu informieren. Das G.sthema behandeln in me. Zeit: 1. »Joseph of Arimathie« (nicht vollständig überliefert, 709 großenteils alliterierende Langzeilen, anonym; 1 Hs. vom Ende des 14. Jh.), eine die afrz. »Estoire« stark kondensierende und Elemente der »Queste« (beide aus dem Vulgata-Zyklus) verarbeitende Darstellung, in deren Mittelpunkt Joseph v. Arimathia als Legendenheld und die segenspendenden Wirkungen von Christi Blut stehen, ohne daß der G. namentl. genannt wird. 2. »The Hist. of the Holy Grail« (nicht vollständig überliefert; 1 Hs. um 1425), eine Übersetzung der »Estoire« durch Henry →Lovelich in ca. 12000 Kurzreimpaaren. 3. Thomas →Malorys 6. Erzählung seines Prosaromans »Le Morte Darthur« (ca. 1469), »The Tale of the Sankgreal...«, die den Handlungsverlauf ihrer Quelle, der »Queste«, eng folgt. Von allen ma. G.serzählungen hat sie am stärksten die moderne G.sliteratur beeinflußt. 4. »Here begynneth the lyfe of Joseph of Armathia« (456 stroph. angeordnete Reimverse, gedruckt 1520 von R. Pynson). Diese Vita ersetzt den G. durch zwei kirchenkonformere, Christi Blut enthaltende Meßkännchen (»cruettes«, V. 32) und gehört zu einer Reihe spätme., um Joseph v. Arimathia kreisender Heiligenlegenden. Sie fußen stoffl. auf lat. Chroniken (bes. von →Wilhelm v. Malmesbury, John v. Glastonbury und John →Capgrave), die seit dem 13. Jh. die frühe Christianisierung Englands mit Joseph v. Arimathia und dem Kl. →Glastonbury in Verbindung bringen. →Parzival.   H. Bergner

Bibliogr.: Manual ME, 1, I, 1967, 72–75, 251–253; 3, IX, 766, 918 – *Ed.:* Joseph of Arimathea. A Critical Ed., hg. D. LAWTON, 1983 – *Lit.:* V. M. LAGORIO, The Joseph of Arimathie: English Hagiography in Transition, Medievalia et Humanistica, NS 6, 1975, 91–101 – DIES., The Glastonbury Legends and the English Arthurian Grail Romances, NM 79, 1978, 359–366. – S. N. IHLE, Malory's Grail Quest, 1983.

IV. MITTELNIEDERLÄNDISCHE LITERATUR: Mit der Übers. von →Chrétiens de Troyes »Perceval« tritt das G.-Thema vermutl. zum ersten Mal in der mndl. Lit. auf. Ihr (holl.?) Dichter (1. Hälfte 13. Jh.) hielt sich strikt an sein Vorbild. Jakob van →Maerlant dagegen, der ca. 1261 seine Übers. der afrz. Prosafassungen von Robert de Borons »Joseph d'Arimathie« und »Merlin« Albrecht van Voorne widmete, ging frei mit dem Original um. In der »Historie van den Grale« (Übers. des Joseph) akzeptierte er den G. als hist. Tatsache, bezweifelte jedoch, daß er als Abendmahlskelch Christi und als Auffanggefäß des Blutes Christi gedient habe, wie sein Vorbild behauptete. Auch im Zyklus »Lancelot-Queste-Mort Artu« spielt das G.-Thema eine Rolle. Obwohl der Lancelot-Roman mindestens dreimal ins Mndl. übersetzt wurde, ist »La Queste del Saint G.« nur in einer inhaltl. getreuen Übers. überliefert, die wohl von einem fläm. Dichter der 2. Hälfte des 13. Jh. stammt. Sie wurde ca. 1320 in die sog. »Lancelotcompilatie« aufgenommen, eine Slg. von zehn Artusromanen, deren Kern die Übers. von »Lancelot-Queste-Mort Artu« bildet. Diese wohl in Antwerpen entstandene Kompilation enthält außerdem eine bemerkenswerte Fassung von Chrétiens »Perceval«. Um den Anschluß an den Zyklus »Lancelot-Queste-Mort Artu« zu erreichen, in dem Galaad der G.sritter ist, ließ der Kompilator den ersten Teil fort, wodurch u. a. Percevals Aufenthalt auf der G.sburg entfällt. Die verbliebenen Abenteuer von Walewein (Gauvain) im »Perceval« wurden durch selbsterdachte Episoden und Erzählstoff aus der ersten anonymen »Continuation-Perceval«, wie z. B. der Episode von Waleweins Besuch auf der G.sburg, ergänzt.   A. A. M. Besamusca

Ed. und Lit.: W. J. A. JONCKBLOET [ed.], Roman van Lancelot, 1846–49 – M. GYSSELING [ed.], Corpus van Middelnederlandse teksten, II, 1, 1980, 501–519 – T. SODMANN [ed.], Jacob van Maerlant: Historie van den Grale und Boek van Merline, 1980 – W. P. GERRITSEN, Jacob van Maerlant and Geoffrey of Monmouth (An Arthurian Tapestry, hg. K. VARTY, 1981), 368–388 – M. J. HOGENHOUT-MULDER, Proeven van tekstkritiek, 1984 – B. BESAMUSCA, Rep. van de Middelnederlandse Arturepiek, 1985 [Lit.].

Grab, -formen, -mal
A. Westen – B. Byzantinischer Bereich
A. Westen
I. Archäologie – II. Kunstgeschichte.

I. ARCHÄOLOGIE: Auf archäolog. untersuchten →Friedhöfen des Früh- und HochMA ist eine Vielfalt von G.formen überliefert, die eng mit der regional und zeitl. wechselnden G.sitte verbunden sind. Die seit spätröm. Zeit in den provinzialröm. und späteren roman. Gebieten verbreitete Körperg.sitte wird in den Herrschaftsbereichen der →Alamannen, Bajuwaren (→Bayern), →Burgunder, →Gepiden, →Langobarden, →Ost- und Westgoten, →Thüringer u. a. seit dem 5. Jh. übernommen. Kennzeichnend für das Merowingerreich und seine benachbarten Gebiete sind die sog. Reiheng.erfriedhöfe im w. und ö. Kreis der Reiheng.erzivilisation mit überwiegend orientierten (w.-ö. ausgerichteten, Kopf im W) Körperg.ern, die im Laufe des 7. und 8. Jh. seltenorts von Kirchfriedhöfen abgelöst werden. Auch im Herrschaftsbereich der →Avaren ist die Körperg.sitte (Reiheng.erfriedhöfe mit unterschiedl. Ausrichtung) geläufig. Hingegen folgt man während des 5.–8. Jh. im Gebiet der →Angelsachsen, →Friesen, →Sachsen und →Skandinavier sowie der →Balten, →Finnen (→Finnland) und →Slaven sowohl der Brand- als auch der Körperg.sitte, oft auf ein und demselben G.erfeld und zur gleichen Zeit (sog. birituelle oder gemischt-belegte G.erfelder). Seit der Karolingerzeit setzt sich jedoch im Rahmen der Missionierung und Christianisierung der fries.-sächs., slav. und skand. Gebiete die Körperg.sitte in Form von Reiheng.erfeldern durch, die ihrerseits seit dem späten 10. Jh. durch Kirchfriedhöfe abgelöst werden (→Dänemark, B.; →Lund). Markante Beispiele für gleichermaßen christl. und heidn. geprägte G.sitten und -formen bieten die Friedhöfe der frühstädt. Handelsplätze →Birka, →Haithabu und →Wollin. Hingegen ist das Gebiet des Großmähr. Reiches (→Mähren) und der →Magyaren (Ungarn) im 9. und 10. Jh. auschließl. durch Körperg.sitte geprägt, während zu dieser Zeit und auch noch später die Brandg.sitte im west- und ostslav.wie auch im balt. und finno-ugr. Bereich ausgeübt wird.

Unter den Körper-(Skelett-)g.ern, die gewöhnl. für eine Bestattung (bisweilen für zwei, drei oder mehrere) bestimmt sind, herrschen einfache Gruben (Erd-, Fels-) g.er, Totenbrett- und Sarg(Kasten-, Baumsarg-)g.er vor. Aufwendige G.formen, die meist mit entsprechend aufwendiger Beigabenausstattung gekoppelt sind (→Fürstengrab), stellen Körperg.er in hölzernen Kammern (z. B. Morken), Totenbäumen (z. B. Oberflacht), Booten/Schiffen (z. B. →Gokstadschiff, →Oseberg, →Sutton Hoo) und Wagen oder Wagenkästen (z. B. Zeuzleben) dar. In der Romanitas und vorwiegend in den Gebieten mit roman. Substrat sind G.er mit Steinumrahmungen und -abdeckungen (Steinmauer- und Steinplatteng.er) und Sarkophage aus Gips (z. B. Paris) und Stein (z. T. aus der Antike) gewöhnl.; diese G.formen sind zugleich innerhalb von Kirchen belegt. Die Körperg.er werden auf vielen Friedhöfen des 5. bis 10. Jh. von Tierg.ern (Pferde, Hunde, gelegentl. andere Haustiere, Wildtiere) begleitet.

Brandg.er sind in folgenden Formen überliefert: Leichenbrand in einem Behälter aus Ton (Urneng.), Holz (z. B. Eimerg.) oder Metall (z. B. Kesselg.), in einer Grube (Brandgrubeng.) oder auf der Fläche verstreut (Brandschüttungs-, Brandlager-, Scheiterhaufeng.), in Nordeuropa in einem Boot/Schiff, möglicherweise auch Wagen (Wagenkasten) und Schlitten. Ebenso wie bei den Körperg.ern ist der Leichenbrand überwiegend für sich niedergelegt worden, doch lassen sich gelegentl. auch zwei, drei oder mehrere Individuen in einer G.anlage feststellen. Die Urnenfriedhöfe der →Angelsachsen setzen die Tradition der kaiserzeitl. Brandg.erfelder fort (→Germanen).

Brand- und Körperg.er konnten oberird. in unterschiedl. Weise gekennzeichnet werden. Die gewöhnl. Form ist der Hügel aus Erde und/oder Steinen mit Primärbestattung, doch sind auch Sekundär (Nach-)bestattungen in vor- und frühgesch. Hügeln bezeugt. Die Hügelg.ersitte ist in der Merowinger- und Karolingerzeit (Wikingerzeit) v. a. im skand., slav., und balt.-finn. Bereich verbreitet, in den letzten beiden Gebieten auch noch bis in das HochMA; hingegen läßt sie sich im frk.-alam. und ags. Bereich nur stellenweise belegen. Großhügel (mehr als 20 m Durchmesser) sind mit wenigen Ausnahmen (z. B. Sutton Hoo) auf Skandinavien beschränkt (z. B. →Alt-Uppsala, →Jelling). Die von Karl d. Gr. erlassene →Capitulatio de partibus Saxoniae bezieht sich auf Brand- und Hügelbestattungen des späten 8. Jh. im eroberten Gebiet der heidn. →Sachsen. Zur oberird. Kennzeichnung dienten weiterhin G.mäler verschiedener Form: aufrecht stehende Steine und flach gelegte Steinplatten mit Inschriften und bildl. Darstellungen in antiker Tradition (z. B. Trierer Land), Bildsteine (→Gotländ. Bildsteine), aufrecht stehende Steine (→Bautasteine, Skandinavien), hölzerne Pfähle und Aufbauten. Die meisten Reiheng.erfelder der Merowinger- und Karolingerzeit bestehen jedoch überwiegend aus Flachg.ern ohne jegliche archäolog. nachweisbare Markierung an der Oberfläche.

Bei Flach- und Hügelg.ern mit Brand- und Körperbestattungen sind unterschiedl. Abgrenzungen überliefert: →Gräben (geschlossene oder offene Kreisgräben), Holzsetzungen in Kreisform, meist jedoch Steinsetzungen, v. a. im n. und nö. Europa, in Form von Kreisen, Rechtecken, Dreiecken, Spitzovalen (Schiffssetzungen). – →Grablege.   M. Müller-Wille

Lit.: RAC XIII, 366–397–KL I, 409–417; V, 438–447; VI, 246–250–H. ZOLL-ADAMIKOWA, Wczesnośredniowieczne cmentarzyska ciałopalne słowian na terenie polski, 1–2, 1975–79 – M. MARTIN, Das frk. G.erfeld von Basel-Bernerring, 1976 – R. CHRISTLEIN, Die Alamannen, 1978, 50–62 – A. S. GRÄSLUND, Birka IV, The Burial Customs, 1980 – E. COSACK, Das sächs. G.erfeld bei Liebenau, Kr. Nienburg 1,

1982–H.-J. Hässler, Das sächs. G.erfeld bei Liebenau, Kr. Nienburg, 2–3, 1983–85 – Archäolog. und naturwiss. Unters. an ländl. und frühstädt. Siedlungen im dt. Küstengebiet vom 5. Jh. v. Chr. bis zum 11. Jh. n. Chr., 2, hg. H. Jankuhn, K. Schietzel, H. Reichstein, 1984, 339–366, 424–432 – A. Bennett, Graven. Religiös och social symbol. Theses and Papers in North. European Archaeology 18, 1987 – L.-Ch. Feffer–P. Périn, Les Francs 2, 1987, 133–174 – M. Müller-Wille, Das wikingerzeitl. G.erfeld von Thumby-Bienebek, 2, 1987 – Encyclopedia of Scandinavia in the MA [s. v. Burial Mounds and Practices; Graves; im Dr.].

II. Kunstgeschichte: [1] *Frühchristliche Zeit:* Die gr.-röm. Antike hatte zahlreiche, oft miteinander verbundene Möglichkeiten, das Andenken Verstorbener denkmalhaft zu betonen: prächtiger G.bau, bes. monumental als Tumulusg. oder Pfeilerg.mal; G.statue mit Porträt; Sarkophag, G.altar (bis zum Ende der Brandbestattung im 2. Jh. n. Chr.) und stelenartiger G.stein, drei G.malformen, die mit Reliefschmuck, G.inschrift (→Epitaph) und Porträt versehen sein konnten. Von Ausnahmen abgesehen (G.mal des Ostgotenkg.s →Theoderich in Ravenna), behielt das frühe Christentum nur →Sarkophage (im 4. Jh. noch mit Porträts) und G.steine als G.mal bei. Waren letztere in Rom selbst bereits zuvor wegen des Überwiegens von G.bauten mit Mehrfachbestattung gegenüber dem Einzelg. selten, so setzte sich dies in den →Katakomben fort. Auch hier entfiel ein bes. G.mal, da das Epitaph auf der G.verschlußplatte stand. In den Prv. war das Grabmal als senkrecht stehender Stein häufiger (z. B. Ägypten, Kleinasien), so daß es von den Christen übernommen und z. B. nördl. der Alpen über die Merowingerzeit an das MA weitergegeben wurde. Jedoch dienten auch die meisten frk. G.steine zum horizontalen G.- oder Sarkophagverschluß.　　　　　　　　　　J. Engemann

Lit.: RAC XII, 445–455 – J. Kollwitz, Oström. Plastik der theodosian. Zeit, 1941 – K. Böhner, Der frk. G.stein von Niederdollendorf am Rhein, Germania 28, 1944/50, 63–75 – J. M. C. Toynbee, Death and Burial in the Roman World, 1971 – A. Effenberger, Kopt. Kunst, 1975 – A. Nisters-Weisbecker, Die G.steine des 7.–11. Jh. am Niederrhein, BJ 183, 1983, 175–326.

[2] *Mittelalter:* a) *Formale Gattungen:* Stehende plattenförmige Stelen und liegende Platten gibt es durch alle Jahrhunderte. Eine seit roman. Zeit nachgewiesene Sonderform des niedrigen Steines sind Kreuzscheiben. Sicher hat es auch hölzerne G.mäler gegeben. Die anspruchsvolle ma. G.form ist der Sarkophag (oft eine leere Tumba über dem eigtl. G.). Tumben und Sarkophage können kasten- oder tischförmig, mit Sattel- oder Pultdach bedeckt sein, frei oder in Nischen, selbst hoch an Wänden auf Konsolen stehen. G.platten und Sarkophage von Reihenbestattungen für Dynastien, Herrscher oder geistl. Vorsteher in Kirchen, Vorhallen, Kreuzgängen und Kapitelsälen können zäsurlos nebeneinander liegen. Andererseits gibt es für isolierte G.er derselben Gruppen Auszeichnungen durch portalartige Nischen (Bf. Rotrocus, † 1183, Rouen), angelehnte Baldachine (Clemens IV., Viterbo), zw. Pfeiler gestellte Baldachine (Katharina v. Habsburg, † 1324, Neapel, S. Lorenzo Maggiore), freistehende Baldachine (Stauferg.er, Dom zu Palermo, 13. Jh.). Eine it. Sonderform des letztgen. Typs sind die mausoleumhaften zweigeschossigen Baldachine auf Friedhöfen wie die G.mäler der großen Rechtsgelehrten bei S. Francesco und S. Domenico in Bologna, 13. Jh., und die Scaligerg.er des 14. Jh. bei S. Maria Antica in Verona. Ohne Baldachin ist der erhöhte Steinsarkophag →Petrarcas neben der Kirche in Arqua. – In England werden im 14. und 15. Jh. die meist unter den Arkaden bzw. den Kirchenschiffen stehenden G.baldachine bedeutender Personen zu Maßwerkgehäusen (sog. Chantries) mit Meßaltar für das Totengedächtnis

ausgeweitet. – Im 14. und 15. Jh. verbreitet sich stetig das sog. Epitaph (erhöht an Wand oder Pfeiler angebrachtes tafelförmiges G.mal), doch gibt es auch den vom Boden aufsteigenden Stein; bezeichnenderweise werden nun oft ehemalige liegende Platten so aufgerichtet.

b) *Material und Technik:* In der Regel schaffen die ortsansässigen Steinmetzen die G.mäler aus dem übl. Gestein mit Polychromie. Dazu kommen als Import Marmor, Alabaster, schwarzer Purbeckstein in England, gefleckter roter Marmor in S-Deutschland und Österreich, Porphyr in Italien. Selten ist gefaßter Stuck (Widukindg. um 1100, Enger/Westf.). Für Steinintarsien zeugt die G.platte der Kgn. Fredegunde um 1170 in St-Denis. Die in und um Rom auf Steindekor spezialisierten sog. →Cosmaten sind an der Tumba Heinrichs III. in Westminster inschriftl. belegt. Zu frühchristl. Mosaikg.platten mit Figuren in Nordafrika und Spanien haben G.bilder wie Wilhelms v. Flandern († 1109) in St. Omer oder Abt Gilberts († 1152) von Maria Laach, Mus. Bonn, keinen direkten Bezug. Einfache Tonfliesen mit Modeldekor lieferte im 13. Jh. die Abtei OCist St. Urban, Kt. Luzern, auch für G.er. Um 1278 entstanden für Jumièges G.bildnisse einer Äbtereihe aus bemalten glasierten Tonplatten, desgleichen der Kenotaph für Benedikt V. (Ende 13. Jh.) im Hamburger Dom. Bronzeg.platten mit Figur, nach altem Zeugnis vergoldet, setzen mit dem weitaus frühesten Werk für →Rudolf v. Rheinfelden im Dom zu Merseburg ein. Die Platten der Bf.e Friedrich v. Wettin († 1152) und Wichmann († 1194) in Magdeburg entstammen der dortigen Gießerei. Im 12. bis Mitte 13. Jh. ist ein starker Einfluß der Goldschmiedekunst auf frz. Metallg.mäler bezeugt. Die Platte des Johann v. Frankreich († 1243) in St-Denis ist mit Email geziert, die G.figuren Ludwigs IX., seines Vaters und Großvaters waren wie Reliquienplastiken in vergoldetem Silber über Holzkern gearbeitet. Bronzebilder, wie die der Bf.e Evrard de Fouilloy (1222) und Geoffroi d'Eu († 1236) in Amiens sind strenger als die zeitgenöss. Steinfiguren. Zum lyr.-ritterl. um 1300 herrschenden Stil gehören die bronzevergoldeten G.figuren Heinrichs III. und der Eleonore in Westminster, für die 1292 der Londoner Goldschmied William Torel die Modelle schuf. Den Gegenpol zur Leidensmystik bietet die Gestalt des Augsburger Bf.s Wolfhard v. Rot († 1302), mit Meisterinschrift für Modellplastiker und Gießer: »OTTO ME CERA FECIT CUNRAT QUE PER ERA.« Richard →Beauchamp († 1439) zu Warwick, Georg I. Truchseß v. Waldburg († 1467) in Waldsee/Württemberg, und →Maria v. Burgund, Liebfrauenkirche, Brügge, vertreten den spätgot. Realismus. – Flache G.platten aus Bronze, Messing oder Kupfer mit minutiös gearbeiteten, die ganze Fläche überdeckenden Gravierungen setzen in der ersten Hälfte des 13. Jh. ein. Zentrum der ganz Europa beliefernden Industrie war Brügge. In England entwickelte sich ein eigener Zweig dieser Kunst, der dem Umriß nach ausgeschnittene Figuren als Flachbilder in Steinplatten versenkte. – Wegen weitgehenden Verlustes ist die Gattung der holzgeschnitzten und gefaßten G.bilder aus dem heutigen Bewußtsein entschwunden. Ihre hohe Qualität belegen noch die Figuren Heinrichs III. v. Sayn († 1247), Germ. Nat. Mus. Nürnberg, und des Ehepaars Gerhard II. und Elisabeth v. Sayn (1487), Abtei Marienstadt, Rheinland. In England hingegen sind noch gegen 80 hölzerne G.figuren (ca. 1280–1360) registriert worden. Rein gemalte G.figuren gab es wohl nur als Provisorium, wie das unter dem Reliefstein von Bf. Walter de Gray (1255) in York zutage getretene Bild zeigt.

c) *Ikonographie:* Durch das ganze FrühMA und bis ins

11. Jh. zeigt sich an den G. mälern des Klerus wie der weltl. Oberschicht die fast ausschließl. Gestaltung mit Symbolen und abstrakter Ornamentik; bei den höchst selten überlieferten Denkmälern der Unter- und Mittelschicht dürfte dies bis zum Ende des MA so gewesen sein. Christusmonogramme und Kreuze unterschiedl. Gestalt, darunter sowohl in Irland als auch auf dem Festland das kopt. Henkelkreuz, waren eingeritzt oder in flachem Relief ausgehauen (Beispiele im Baptisterium v. Poitiers, in St-Denis und in den Museen von Trier, Bonn und Mainz). Vom 10. Jh. an wird das Kreuzmotiv von qualifizierten Bildhauern nach Vorlage von Altar- und Prozessionskreuzen stilisiert. G. platten des 10. bis 12. Jh. in Cluny, Hildesheim-St. Michael (Platte Bf. →Bernwards), Speyer-Dom, Altenberg bei Köln, Pfarrkirche Brenz, Amt Heidenheim. Nachleben des Typs bei betont einfachen Dynasteng. ern in Kl. wie auf den Sarkophagen der Kyburger und Habsburger im Kl. OCist Wettingen (Aargau). – Vereinzelte frühma. G. er schlossen sich an ganz unterschiedl. Vorbilder an (kopt. Weltgerichtsrelief am Sarkophag des Pariser Bf. s →Agilbert in Jouarre, röm. Proserpinasarkophag für Karl d. Gr. in Aachen, Gliederung eines Karolingersarkophags in Lorsch mit einfachen antikischen Pilastern, antikische Staufersarkophage im Dom zu Palermo). Einen frühen Ansatz zu figürl. Schmuck bilden die Engelsreihen auf dem Sarkophagdeckel Bf. Bernwards in Hildesheim-St. Michael. Es gab auch nicht sichtbare Bilder und Zierden innerhalb der G. er. Die in Stuck gegossenen Sarkophage aus der Merowingerzeit in St-Denis zeigen innen und außen mitgegossene Christusmonogramme und andere Zeichen. Gemauerte G. er des 14. Jh. in Brügge und Flandern sind mit farbiger Malerei von Muttergottes- und anderen Andachtsbildern ausgemalt.

Das G. bild als Effigies des Toten wird seit Ende des 11. Jh. eine der wichtigsten Aufgaben ma. Plastik. G. bilder können zu Lebzeiten, kurz nach dem Tode oder auch Jahrhunderte später entstanden sein. Zuweilen liegen Anweisungen zur Gestalt und ihrem Beiwerk in Testamenten und Verträgen vor. Bildnishaftigkeit im nz. Sinne tritt vereinzelt im 14., häufig im 15. Jh. auf; zuvor herrscht Typisierung ohne Bezug auf das Lebensalter. Ludwig IX. ließ im Stile seiner Epoche 1263 für St-Denis einheitl. G. bilder von 16 Vorgängern seit dem 7. Jh. ausführen. Wichtig waren standes- und amtsgemäße Kleidung und Beiwerk. Monarchen können in höf. Gewand, in Ornat oder Rüstung mit ihren Insignien gezeigt werden, Adlige höf. gekleidet oder in Rüstung mit Waffen, Päpste und Bf. e in liturg. Gewändern, Kl.- oder Stiftsvorsteher und Weltgeistliche im Ordenskleid oder seltener im liturg. Gewand, Bürger im Festkleid, Gelehrte im Talar, alle mit entsprechenden Werkzeugen und Insignien. Auf Stifter weisen Baumodelle und das Rechtssymbol der Festuca, Baum oder Zweig. Weitaus die Mehrzahl der G. figuren ist dem Klerus oder dem Adel vorbehalten, aus bürgerl. Kreisen erscheinen vereinzelt Werkmeister der Gotik, Gelehrte, Bürgermeister, Handelsherren, als Untergebener etwa ein getreuer Pförtner wohl aus Gnade seines Herrn. Der Handwerkerstand hatte seine mit Berufsemblemen gekennzeichneten Sammelg. er, der Bauernstand trat nicht in Erscheinung. Tiere unter G. figuren sind kaum je eindeutig zu erklären, da es sich meist um gegensätzl. Symbole handelt. Der Löwe, von Portalen als Wächter oder Dämon vertraut, ist andererseits alttestamentar. Königstier, erscheint häufig in Wappen und ist Begleiter des Artusritters Iwein. Hunde, Sinnbild der Treue, gehören wie die Falken zum adligen Lebensstil, Drachen und Schlangen verkörpern das Böse. Ein Dornauszieher unter

dem Bf. sstab Friedrichs v. Wettin ist Sinnbild des Heidentums. Engel über oder neben dem G. bild vertreten die himml. Zone und empfangen zuweilen die als Kind dargestellte Seele. – Haupttypen nach Haltung sind liegende, kniende, stehende und reitende G. figuren. Nicht jede horizontale Figur stellt eine liegende dar. Ganz klar ist dies nur bei realist. geschilderten aufgebahrten Toten wie bei den Anjoug. ern (Anfang 13. Jh.) in Fontevrault. Viel häufiger jedoch ist die »liegende« Figur, welche fast in allen Elementen eine stehende meint – abgesehen etwa vom »Liegen« suggerierenden Kissen unter dem Kopf – und sich von den Gewändefiguren der Portale herleitet. Eine Sonderform, die gekreuzten Beine engl. Ritterg. er, wollen nicht Kreuzfahrer charakterisieren, sondern in Anlehnung an antike und roman. Standmotive ein exquisites Schema bieten. Der Griff nach dem Schwert zeigt dieselbe Tendenz einer Verlebendigung. Anderseits bedient sich der Memento mori-Gedanke der im extremen Zerfall dargestellten Totenfigur (frühes Beispiel François I. in La Sarraz [† 1363], Kt. Waadt). Der Effekt solcher grausiger Totenbilder wird noch verstärkt, wenn in zweigeschossigen Tumben oben als Kontrast die Figur derselben Person in der Pracht ihrer Amtsgewänder ruht, wie bei Ritter John Fitzalan († 1435) in Arundel, Sussex, Henry →Chichele († 1443), Ebf. in Canterbury. Kniende G. figuren gehen eindeutig auf die gleich gestalteten Stifter- und Votivplastiken zurück und sind ähnlich im Zusammenhang von G. und Altar aufgestellt (Edward →Despenser [† 1375], Tewkesbury bei Gloucester). Kniende und stehende G. bilder sind in der Regel mit einem liegenden Bild verbunden (seit dem 13. Jh. belegt). V. a. für Adlige, aber auch für Kleriker wurden Standbilder in Aedikulen vor Wänden aufgerichtet. Sitzende G. bilder haben entschiedenen Bezug zur Amts- und Würdehaltung von Herrschern, Päpsten und Bf. en. Reiterg. bilder, mehr von lebensgroßen Votivfiguren als von antiken Denkmälern herzuleiten, haben ihre erste Entfaltung in den Scalilerg. ern des 14. Jh. in Verona, gipfeln im imponierend denkmalhaften G. des Bernabò Visconti in Mailand und münden mit →Donatellos Gattamelata 1453 in Padua, Kenotaph und Profandenkmal zugleich, in das Reitermonument der NZ. – Gen. sei von weiteren Typen das Gruppendenkmal einer Dynastie (am umfangreichsten – 12 Bildwerke – um 1375 in Neuchâtel, Westschweiz). Die Epitaphe des 14. und 15. Jh. entwickeln sich zu realist. Bildnissen und szen. Darstellungen der Verewigten in ihrer Tätigkeit oder im Gebet. Schon it. Professoreng. er hatten zuvor Professoren dozierend geschildert. Das Motiv der trauernden Gestalten erscheint erstmals am G. mal Ludwigs v. Frankreich († 1260) in St-Denis als Begräbnisprozession, am Sarkophag Philipps des Kühnen v. Burgund 1404/05 in Dijon tief verhüllte Pleureurs, in Toledo 1489 die Tumben des Ehepaars Alvaro de Luna kniend, behütend, in Cîteaux die Tischg. platte des Philippe Pot um 1480 im Gleichschritt tragend.

Das einst selbstverständl. Beiwerk von Realien an ritterl. G. ern, sozusagen legalisierte G. beigaben des christl. Ritters, läßt sich wohl nur noch am G. mal des Schwarzen Prinzen →Eduard (8. E.) in Canterbury vergegenwärtigen: Rüstungsteile und Waffen darüber aufgehängt. Anderwärts haben sich v. a. Totenschilde – größter Bestand des 13. und 14. Jh. aus der Elisabethenkirche in Marburg a. L. – und Fahnen – so aus Königsfelden, jetzt Bern, Hist. Mus. – aus solchem Zusammenhang erhalten. Anstelle von Kampfschilden traten später Nachbildungen und andere Formen, woraus sich schließlich im 15. Jh. runde und eckige »Totenschilde« als aristokrat. und bürgerl. Epi-

taphgattung ableitete; Beispiele u. a. in Nürnberg und
Nördlingen.   A. Reinle

Lit.: E. PANOFSKY, G.plastik . . ., 1964 – H. MERZ, Das monumentale
G.mal um 1300 in Italien . . ., 1965 – W. BRÜCKNER, Bildnis und
Brauch. Stud. zur Bildfunktion der Effigies, 1966 – J. UND K. AZZOLA,
Ma. Scheibenkreuz-G.steine in Hessen, Hess. Forsch. zur gesch.
Landes- und Volkskunde, H.10, 1972 – A. ERLANDE-BRANDENBURG,
Le roi est mort. Ét. sur les funérailles, les sépultures et les tombeaux des
rois de France jusqu'à la fin du XIII⁰ s., 1975 – K. BAUCH, Das ma.
G.bild. Figürl. G.mäler des 11. bis 15.Jh. in Europa, 1976 – F. A.
GREENHILL, Incised Effigial Slabs. A Study of Engraved Stone Memo-
rials in Latin Christendom, c. 1100 to c. 1700, 1976 – B. PEPIN, The
Monumental Tombs of Medieval England, 1250-1350, 1978 – H. A.
TUMMERS, Early Secular Effigies in England. The Thirteenth C., 1980 –
A. NISTERS-WEISSBÄCKER, G.steine des 7.–11.Jh. am Niederrhein, BJ
183, 1983, 175–339 – A. REINLE, Das stellvertretende Bildnis . . ., 1984 –
V. EGLI, Gebärdensprache und Bedeutung ma. Ritterg.er, 1987.

B. Byzantinischer Bereich

Seit der ausgehenden Antike nimmt die Sitte aufwendiger
G.bauten und G.beigaben kontinuierl. ab. Eine kleine
besitzende Oberschicht hat die antike Tradition der Sarko-
phagbestattung (seit dem 4.Jh. geht die Herstellung von
→Sarkophagen erhebl. zurück) in die mittel- und spätbyz.
Zeit fortgeführt. Nur vereinzelt, in städt. Nekropolen und
Kl., werden im frühbyz. Reich noch G.häuser für Fami-
lien und Kl.gemeinschaften (z. B. in Syrien) gebaut. Die
Mehrheit der Toten wird entweder in zumeist okkupierten G.ern der antiken Nekropolen niedergelegt oder in
Schachtg.ern (Chamosoria) und Erdgruben (seit dem
6. Jh. in der Nachbarschaft von Kirchen, →Friedhof). Die
Bestattung erfolgt in Holzsärgen oder in Tüchern (bes. in
Ägypten belegt), vielleicht auch zuweilen auf Totenbret-
tern. Die G.er waren zumeist nur als Erdhügel kenntl.;
rechteckige, manchmal trapezförmige Steinkisten oder
Rahmen aus Feldsteinen und Steinplatten (auch Spolien)
sind selten. Einzelgrüfte wurden in oder neben den Kirchen ausgehoben, die Seitenwände gemauert und mit
Gewölben oder Platten abgedeckt. Wohl ursprgl. als Ein-
zelg.er vorgesehen, sind diese Grüfte in der Folgezeit
wieder belegt worden. Solche Mehrfachbestattungen sind
offensichtl. vielfach vorgenommen worden. Daneben
gab es, durch Inschriften, z. B. in Korykos belegt, Ge-
meinschaftsg.er – wohl Armeng.er – der Kirchengemein-
den. G.stelen und -platten mit Inschriften sind bereits in
frühbyz. Zeit selten. Die Richtung der Körperg.er ist fast
ausnahmslos ost-west-orientiert (Kopf im W mit Blick
nach O). Die christl. Lehre verbot eine Einäscherung; die
Einbalsamierung ist – außer in Ägypten – sehr selten.

Katastrophen und krieger. Auseinandersetzungen
zwangen auch zu Masseng.ern, in denen die Toten ohne
bes. G.aufwand in Gruben beigesetzt worden sind. Regionale Sonderformen sind z. B.: G.mosaiken (Nordafrika),
mittelbyz. trapezoide Felsg.er mit Kopfnischen (in kappadok. Felskirchen) und die Khatchkar ('Kreuzstein'; überwiegend G.stelen mit Kreuzreliefs, Armenien, seit dem
9.Jh.).

Beigabenausstattungen, wie sie in röm. Zeit vielfach
üblich waren, nehmen in frühbyz. Zeit erheblich ab. In der
Regel werden die Toten mit ihrer Kleidung ins G. gelegt
(bei Frauen auch mit persönl. Schmuck aus Edelmetall:
Ohrringe, Halsschmuck, Arm- und Fingerringe; bei
Männern teilweise mit Gürtelschnallen, in der Masse aus
Kupferlegierung). Frühbyz. Schmuck aus dem östl. Mittelmeerraum stammt in seiner Mehrheit aus byz. G.ern.
Nur vereinzelt haben sich darüber hinaus (antike) Bräuche, so in frühbyz. Zeit die Beigabe eines Tonkruges,
erhalten. Diese Sitte läßt sich noch nicht hinreichend
erklären. In mittel- und spätbyz. Zeit ist zumindest auf

Zypern die Beigabe tiefer Trinkschalen üblich. – Zu den
charakteríst. G.steinen der Balkanhalbinsel → speci.
                                          H. Hellenkemper

Lit.: →Friedhof, →Sarkophag – Zusammenfassende Unters. zu einzelnen Landschaften oder Epochen fehlen – E. PATLAGEAN, Pauvreté
économique et pauvreté sociale à Byzance (Civilisations et Sociétés 48,
1977), 67–72 – *Zu Sonderformen:* A. PAPAGEORGIU, Unters. in der
Kirche des hl. Kyprianos zu Meniko (neugr.) (Report of the Dept. of
Antiquities, Cyprus, 1964), 221–236 – L. AZARIAN – A. MANOUKIAN,
Khatchkar, Documenti di architettura armena 2, 1969 – N. DUVAL, La
mosaïque funéraire dans l'art paléochrétien, 1976 – G. KÖNIG, Die
frühbyz. Krugbeigabensitte [Diss. masch. Freiburg 1979; *Lit.*].

Zum jüd. und arab.-islam. Bereich →Friedhof, D, E.

Graben. Bei →*Gräbern* sind kult. bedingte G. eindeutig
nachzuweisen. Im Sinn einer Hegung umgaben meist
kreisförmige oder andere, nicht tiefe G. die Urnen- und
Körpergräber der jüngeren Hallstattzeit (z. B. Veen mit
Kreisg.-bis dreifach) und vorröm. Eisenzeit (NW-
Deutschland, Benelux-Staaten), die in der Merowingerzeit (z. B. Eick) fortbestanden. – Im *Burgenbau* gehörten G.
zum ständigen Inventar der →Befestigungen. Bei den
Langwällen (z. B. →Offa's Dyke, →Devil's Dyke, →Da-
newerk) lagen sie an der Feindseite. Während die G. der
Burgwälle und der ma. Höhenburgen (→Burg) trocken
waren, führten die G. der Niederungsburgen (→Motten,
→Curia) seit dem hohen MA Wasser, teils Grundwasser,
teils durch Einleitung oder den Anschluß an Bäche und
Flüsse. Im Felsuntergrund wurden die G. ausgebrochen,
im Flachland wurden sie eingegraben. – In der Römerzeit
waren die G. zunächst im Profil spitz (Spitzg.), sie wurden
in der Spätzeit auch breit und muldenförmig. Die Spitzg.
waren noch für die Karolingerzeit typisch, erhielten dann
jedoch eine breite Sohle (Sohlg.). Beide Formen erschienen zeitweise nebeneinander. Im SpätMA wurden die G.
breit, um den Angreifer auf Distanz zu halten. Dann
wurden die G. auch ins Schußfeld einbezogen, so durch
Eskarpe-Batterien an der Böschung (Eskarpe), die bes. bei
Festungen gegen Sohle und Contreeskarpe gerichtet waren. Die Böschungen wurden im losen Boden durch
Abdecken mit Plaggen, Kleisoden, Planken und durch
Pfähle gesichert. – Für den Warenverkehr ausgehobene G.
sind die mit Wasser gefüllten →Kanäle (z. B. →Fossa
Carolina, Fossa Eugenia am Niederrhein).   H. Hinz

Lit.: O. PIPER, Burgenkunde, 1912 [Repr. 1967] – R. v. USLAR, Stud. zu
frühgesch. Befestigungen, 1964 – H. HINZ, Das frk. Gräberfeld von
Eick, 1969 – DERS., Die Ausgrabung auf dem Friedhof der vorröm.
Eisenzeit von Veen, Krs. Moers (Rhein. Ausgrabungen 15, 1976),
243–345.

Grabinschriften → Epitaph

Grablege. Mit dem Begriff G. werden Grabstätten sozial
höhergestellter Personen (Päpste, Bf.e und Äbte, Herrscher und Adlige) bezeichnet, und zwar Einzelbestattungen ebenso wie Sammelgräber. Die Exklusivität der G.
wurde erreicht durch die Separierung der Gräber im (Gemeinde)-Friedhof, durch die Gründung eigener Grabkir-
chen oder eine exponierte Lage der Gräber in Kirchen. G.n
des MA sind ferner dadurch ausgezeichnet gewesen, daß
sie nicht (in erster Linie) durch die leibl. Angehörigen der
Bestatteten, sondern durch bes., meist geistl. Gemeinschaften (vgl. auch →Bruderschaft) versorgt wurden.
Diese Kommunitäten wurden durch Stiftungen begründet oder – wo sie schon bestanden – durch materielle
Gaben zusätzl. zu ihren anderen Aufgaben auf die Commemoratio der Stifter verpflichtet. Bei G.n mit mehreren
Bestattungen war die Auswahl der Toten durch Verwandtschaft oder Amtsnachfolge bestimmt; häufig haben
sich beide Kriterien abgelöst oder überlagert. Die älteste
reine Sukzedenten-G., anscheinend ein Novum im ge-

samten Bestattungswesen, war die »Papstgruft« der Ca-lixtus-Katakombe in Rom, wo von 236 bis 283 neun röm. Pontifices ihre letzte Ruhe gefunden haben; in der zweiten röm. Bischofssepultur, der Peterskirche, wurden die Päpste aber oft zusammen mit ihren Angehörigen bzw. Nepoten beigesetzt (z. B. Nikolaus III., † 1280, und die →Orsini). Auch bei der Bf.s- (und Abts-)G. der »Liudgeriden« in Werden (9. Jh.) war neben dem geistl. Amt die Zugehörigkeit zu einer Sippe entscheidend. Das Adelsgeschlecht der →Salier bestattete seine Angehörigen zunächst im Dom zu →Worms, nach dem Aufstieg zur Königswürde aber in der neu errichteten Bischofskirche zu →Speyer. Andererseits konnten sich dynast. G.n institutionell verfestigen und zu Reichs- oder Königsg.n schlechthin werden (neben Speyer: →St-Denis in Frankreich, →Westminster in England). Im Zuge der Territorialisierung bildeten sich allenthalben adlige Herrschaftsmittelpunkte mit Burg, Hauskloster und G.n heraus (z. B. →Welfen in Altdorf/Weingarten-Ravensburg; →Andechs-Meranier in Dießen). Die Zuordnung von Residenz und G. beim weltl. Adel dürfte auch einen Anstoß für die Ausbildung der Kathedralg.n der Bf.e, v. a. seit dem 12. Jh., gegeben haben; allerdings hat bei dieser Entwicklung auch die Aufwertung der Domkapitel (Recht der Bf.swahl; →Kapitel) eine Rolle gespielt. Eine Sondererscheinung in der Geschichte der G.n stellen kombinierte Herrscher- und Bf.ssepulturen dar, wie sie in →Konstantinopel (Apostelkirche), →Rom (St. Peter) und →Canterbury (St. Augustine's) nachgewiesen sind.

Die traditionsbildende Kraft der G. wurde gesteigert, wenn der Gründer oder einer der zuerst Bestatteten als Hl. verehrt werden konnte; neben die Verwandtschaft und die Hervorhebung des gemeinsamen Amtes trat dann die seit Ende des 3. Jh. unter den Christen wirksame Tendenz zur Bestattung »ad sanctos« als Motiv zur Weiterbelegung des Grabplatzes. Noch wichtiger konnte eine kollektive gesch. Erfahrung sein, die eine soziale Gruppe mit einer G. verband. So sind Bischofsg.n bes. nach der Überwindung von Schismen entstanden (schon St. Martin/Tours, Anfang 5. Jh.); die Bestattung in der Sepultur beglaubigte dann die Rechtmäßigkeit von Lehre und Sukzession.

Innerhalb der kollektiven Grabstätte eines Geschlechts oder einer Amtsträgergruppe konnte der einzelne Grabplatz durch bes. liturg. Leistungen zum Totengedenken und aufwendige Grabdenkmäler ausgezeichnet sein. Die Gestaltung der Grabmäler beruhte häufig nicht (nur) auf Planung und Wunsch des Verstorbenen, sondern sie war Ausdruck einer Mentalität, die den Tote mit einem engeren Kreis von Vertrauten oder mit sozialen Großgruppen teilte. So indiziert die Aneignung von antiken Ks.sarkophagen durch die Päpste Innozenz II. († 1143) und Anastasius IV. († 1154) im Lateran ein gewandeltes, auf Weltherrschaft angelegtes Selbstverständnis der röm. Kirche nach den Erfolgen des →Investiturstreites. Ein Gegenstück zur »imitatio imperii« der Päpste stellt die »imitatio sacerdotii« durch weltl. Herrscher dar; der Normannenkg. →Roger II. († 1154) und seine Nachfolger haben beispielsweise in Rivalität zu den Päpsten für sich das Vorrecht der Porphyrsarkophage beansprucht (Cefalù bzw. Palermo, Monreale). Das Streben nach persönl. Memoria führte immer wieder auch zur Planung völlig neuer, individueller Graborte (Ks. Maximilian I., † 1519) oder zur programmat. Aktualisierung hochverehrter alter Bestattungsplätze (Beisetzung Ks. Ottos III., † 1002, bei Karl d. Gr., † 814, in der Aachener Pfalzkapelle). – →Grab.

M. Borgolte

Lit.: J. Déer, The Dynastic Porphyry Tombs of the Norman Period in Sicily, 1959 – Ph. Grierson, Tombs and Obits of Byz. Emperors, DOP 16, 1962, 3–60 – K. H. Krüger, Kg.sgrabkirchen der Franken, Angelsachsen und Langobarden bis zur Mitte des 8. Jh., 1971 – A. Erlande-Brandenburg, Le roi est mort, 1975 – O. G. Oexle, Die Gegenwart der Toten (Death in the MA, 1983), 19–77 – Memoria, 1984 [bes. B. Kötting, K. Schmid] – M. Borgolte, Salomo III. und St. Mangen (Fschr. O. P. Clavadetscher, 1984), 195–225 – Ders., Stiftergrab und Eigenkirche, ZAMA 13, 1985 [ersch. 1987], 27–38 – O. Bland, The Royal Way of Death, 1986 – K. Hauck, Apostol. Geist im Genus Sacerdotale der Liudgeriden, 1986 – L'inhumation privilégiée du IVᵉ au VIIIᵉ s. en Occident, hg. Y. Duval – J.-Ch. Picard, 1986 – M. Borgolte, 'Bischofssitz' und 'Sitz der Ruhe' (Fschr. J. Autenrieth, 1988), 27–53 – Ders., Fiktive Gräber in der Historiographie (Fälschungen im MA = MGH Schr. 33, I, 1988), 205–240 – J.-Ch. Picard, Le souvenir des évêques, 1988 – B. Schwineköper, Hochma. Fs.enbegräbnisse (Fschr. K. Schmid, 1988), 491–539 – A. Zettler, Die frühen Kl.bauten der Reichenau, 1988, 64–133 – M. Borgolte, Petrusnachfolge und Ks.imitation ... (Veröff. des Max-Planck-Inst. für Gesch.) [im Dr.] – O. Ellger, Die Michaelskirche zu Fulda als Zeugnis der Totensorge (54. Veröff. des Fuldaer Gesch.vereins) [im Dr.].

Gračanica, Kl. bei →Priština, nahe dem spätantiken, bei der slav. Landnahme verfallenen Bf.ssitz Ulpiana. Durch die byz. Herrschaft im 11. Jh. wurde das Bm. erneuert; seit 1219 gehörte es zur autokephalen serb. Kirche (→Serbien) und wurde gleichzeitig mit der Ausrufung des serb. Zartums (1346) Metropolie. Kg. →Milutin († 1321) ließ – auf Fundamenten einer (archäolog. festgestellten) Basilika wohl des 6. Jh. – gegen Ende seiner Regierung eine Kirche (♂ Mariae Verk.) erbauen (Kreuzgrundriß, erhöhte Vierungskuppel und vier kleinere Kuppeln, Exonarthex [neun Joche] vor der Westfassade). Die Ausmalung, vorwiegend aus der Erbauungszeit, entstand wohl unter den griech. Hofmalern Michael und Eutychios (atl. und ntl. sowie Hl.enszenen [Nikolaus, serb. Hl. u. Stifter], insbes. der Stammbaum der →Nemanjiden, sowie postume Porträts Milutins und seiner Frau Jelena [um 1324]; Stiftungsurk. als Fresko im Diakonikon; →Wandmalerei, byz.).

V. J. Djurić

Lit.: RByzK II, 893–911 – D. J. Djurić, Byz. Fresken in Jugoslawien, 1976, 72 f., 263 f. – S. Curčić–G. King, Milutin's Church and Its Place in Late Byz. Architecture, 1979 – M. Jancović, Episkopije i mitropolije Srpske crkve u srednjem veku, 1985 – S. Čurčić–B. Todić, G., 2 Bde, 1988.

Gradac, Kl. in →Serbien, am Ibar, gestiftet von der Gemahlin des Kg.s Stefan I. Uroš, →Helena v. Anjou, ☐ ebd., in der Kirche Mariä Verkündigung mit →Stifterbild über ihrem Grab. Die einschiffige Kirche (mit dreigeteiltem Altarraum, Kuppel, Narthex) gehört baugeschichtl. der Schule v. →Raška an und ist roman. und got. beeinflußt. Die um 1275 vollendete Ausmalung lehnt sich in der Anordnung der Szenen an →Studenica an und steht stilist. →Sopočani nahe. Die zum Klosterkomplex gehörige kleine Nikolauskirche mit geradem Chorschluß diente wahrscheinl. als Hofkirche.   M. Gligorijević-Maksimović

Lit.: Enc. likovnih umjetnosti 2, 1963, 442 – V. J. Djurić, Byz. Fresken in Jugoslawien, 1976, 57–59 – O. M. Kandić, Manastir G., 1982.

Grade. 1. G. →Qualitäten- und Gradenlehre

2. G., universitäre. Der Begriff des 'doctor' oder 'magister' als eines Wissenschaftlers, der nach dem Abschluß seiner Studien selbst Unterricht erteilte, war schon dem FrühMA bekannt. Doch erst im 13. Jh entwickelte sich mit der Entstehung der →Univ. ein kohärentes und homogenes System akadem. G.e, die, auf der Grundlage von →Examen, ein ungefähr gleichbleibendes Niveau der intellektuellen Bildung gewährleisten sollten. Die G. umfaßten in der Regel zwei Stufen: Der Student, der seine Vorlesungen ordnungsgemäß absolviert hatte, erhielt den unteren G. des →baccalarius, der ihm den Unterricht in bestimmtem Umfang sowie die Teilnahme an →Disputationen ermöglichte. Allerdings wurde das 'Baccalaureat' nicht überall als eigentl. Grad anerkannt. Der höhere G. krönte und bezeugte die vollkommene Beherrschung des Studienfaches. Oft teilte sich dieser höhere G., v. a. im Recht und in der Medizin, in zwei Elemente: in das nach dem Examen durch die kirchl. Autorität verliehene Lizentiat (→Licentia docendi) und in das Doktorat (→doctor) oder Magisterium (→magister), das den Eintritt des neuen Lizentiaten in den Lehrkörper seiner Fakultät markierte. Zahlreiche Lizentiaten, die keine Lehrtätigkeit anstrebten, verzichteten folgl. auf das äußerst kostspielige Doktorat.

Am Ende des MA erhielten die G., über die Bestätigung erfolgreichen Studierens hinaus, zunehmend die Bedeutung gesellschaftl. Titel, die ihren Trägern Prestige und oft auch Privilegien (Zugang zu bestimmten Ämtern, die Doktoren Gleichrangigkeit mit dem Adel) sicherten. Die Erlangung der G. wurde mit immer aufwendigerem Zeremoniell gefeiert, wohingegen das intellektuelle Niveau der Examen häufig absank. J. Verger

Lit.: →Universität sowie die im Text gen. Einzelstichwörter.

Gradefes, Sta. María la Real de, Frauenkl. SOCist (Diöz. León), am Esla, 30 km westl. von→León; 1168 von Teresa Pérez († 1187), Witwe des García Pérez, Herrn v. Cea († 1164), aus der Leoneser Adelsfamilie der Alfonso gegr. und mit Nonnen aus der navarres. Zisterze Tulebra besiedelt. Teresa stand G. als Äbt. vor und gründete 1181 auf Eigengut das erste Priorat, Sta. Colomba de Benavente. Unter ihrer Nachfolgerin, María García (1187–1222), wurde das Kl. aus der Bindung an Tulebra gelöst und auf dem Generalkapitel von 1189 der von Alfons VIII. gegr. Zisterze →Las Huelgas unterstellt (bis 1874). 1245, zur Zeit der Äbt. Teresa Alfonso (1239–51), wurde das Kl. Otero de las Dueñas mit Nonnen aus G. besiedelt. G. besaß sieben Pfarrkirchen, Grundbesitz vom oberen Esla, den Tälern des Trío und Porma bis Cea sowie Rechte in Otero (Wahl der Äbt. u. a.). Das Archiv des noch heute existierenden Kl. blieb erhalten. U. Vones-Liebenstein

Lit.: DHEE III, 1570 – DHGE XXI, 1018–1021 – A. Calvo, El monasterio de G., 1945 – J. Rodríguez Fernández, Los fundadores del monasterio de G., Archivos Leoneses 47–48, 1970, 209–245 – M. Pío Moreno, Relaciones entre los monasterios cistercienses de G., Otero de las Dueñas y Carrizo, ebd., 127–142 – M. D. Yañez Neira, La jurisdicción de la abadesa de G. sobre el monasterio de Otero de las Dueñas, Nova et vetera 8, 1979, 195–265 – J. Pérez-Embid Wamba, El cister feminino en Castilla y León, II: Jornadas Luso-españolas de Hist. Medieval, 1985 – Ders., El cister feminino en Castilla y León. La formación de los diminios (siglos XII–XIII), En la España medieval V, 1986, 761–796 – T. Burón Castro, Cat. del archivo del monasterio de G. [in Vorber.].

Gradenigo, ven. Familie, stammte vermutl. aus Transsilvanien, lebte zuerst in →Aquileia, nach dessen Zerstörung in →Grado und danach in Venedig, wo sie mehrere Linien ausbildete. Hervorzuheben sind u. a.: *Giovanni,* † 1016 in Montecassino als Seliger; *Marin Giovanni* brachte 1151 den Piraten in Istrien eine Niederlage bei, eroberte Pula, Parenzo (Porec) und weitere Städte in Dalmatien zurück; *Bartolomeo* befriedete 1234 Candia (Kreta); *Marco* kämpfte nach dem Fall des Lat. Ksr.s (1261) in Trapani gegen Genua, in S. Alberto gegen Bologna und war 1315 Podestà in Padua; *Giovanni* war Provveditore in Candia, in Friaul und auf Tenedos, Procuratore di S. Marco und leitete zahlreiche diplomat. Missionen (1382).

Unter den drei Dogen der Familie ist der bedeutendste *Pietro:* * 1251, † 13. Aug. 1311, 1289 zum Dogen gewählt, führte er Venedig in den Krieg mit Genua, wurde bei →Curzola (1298) besiegt, kämpfte um die Salinen 1298 gegen Padua sowie gegen Ferrara und wurde von Clemens

V. exkommuniziert. Als Vertreter der Adelsfaktion versuchte er am 6. März 1296 vergebl., eine Verfassungsreform durchzusetzen, konnte aber am 28. Febr. 1297 die »Serrata del Maggior →consiglio« verwirklichen. 1300 unterdrückte er die Verschwörung des Marin Bocconico, 1310 diejenige des Baiamonte Tiepolo, die mittelbar zur Einrichtung des →Consiglio dei dieci führte. *Bartolomeo,* Doge 1339–43, hatte eine ruhige Amtszeit, mit Ausnahme eines Aufstands in Candia und einer Überschwemmungskatastrophe in Venedig (1340). *Giovanni,* Podestà in Capodistria (Koper), Padua, Treviso, war führend bei der Unterdrückung der Verschwörung des Marin →Faliero beteiligt. Während seines Dogats (21. April 1355–8. Aug. 1356) besiegelte er den Friedensschluß mit Genua und begann einen Krieg mit Ungarn, dem Gf.en v. Görz und den Patriarchen v. Aquileia. P. Preto

Lit.: Enclt XVII, 618 – Vita del doge Bartolomeo G.scritta dal N.A. Pietro G., Bibl.Marc., Venezia, ms.8230 – Bibl. mus. Correr, ms. G.-Dolfin n.217 – Brevi cenni storici dei nob.conti G. durante la Repubblica di Venezia, 1884 – G. Cracco, Società e stato nel Medioevo venez., 1967, passim – G. Maranini, La costituzione di Venezia, 1, 1974, 332–364 – A. da Mosto, I dogi di Venezia nella vita pubblica e privata, 1977, passim.

Grado, kleine Inselstadt zw. →Venedig und →Triest, spielte als Hafenort (»vicus portuensis«) →Aquileias und Umladeplatz (»gradus«) schon in der röm. Kaiserzeit eine Rolle. Während der Invasionen der Westgoten →Alarichs (402, 408), der Hunnen →Attilas (452) und der Ostgoten →Theoderichs (489) diente G. als Zufluchtsort der Einwohner Aquileias. Vor den Langobarden floh Patriarch Paulinus I. mit dem Kirchenschatz 568 nach G. Aus der Zeit des Patriarchen Elias (571–586), der die Stadt als »Aquileia Nova« proklamierte, stammen die beiden auf älteren Anlagen errichteten Basiliken S. Eufemia mit dem über 900 m² umfassenden Mosaikboden und S. Maria delle Grazie, die mit dem zw. ihnen sich erhebenden Baptisterium aus dem 5. Jh. an die ravennat. Kirchen dieser Zeit erinnern.

Im sog. →Dreikapitelstreit zerfiel das Patriarchat in zwei Teile: das unierte G. im Machtbereich Ostroms und das schismat. Aquileia unter langobard. Herrschaft. In dem seit der Rückkehr Aquileias zur Orthodoxie kurz vor 700 mit wechselndem Erfolg geführten Streit um die rechtmäßige Nachfolge des alten Patriarchats ging es nicht bloß um den Kampf zweier Kirchenfs.en, sondern um den Gegensatz zw. Byzanz und dem Frankenreich bzw. der Republik →Venedig und dem Regnum Italicum. G. wurde mehrmals Aquileia unterstellt und von Patriarch →Poppo 1024 sogar überfallen und gebrandschatzt. Erst 1180 kam es zu einem Kompromiß, nach dem beide Patriarchate bestehen blieben: Aquileia als geistl. Metropole für Landvenetien, G. für die adriat. Inselbm.er. Die von Byzanz geförderte anfängl. Selbständigkeit G.s gegenüber Aquileia konnte sich gegenüber dem raschen Aufstieg Venedigs nicht behaupten. Der seit dem 10. Jh. einsetzende Verfall der Stadt wurde durch häufige Sturmfluten, die zunehmende Verlandung der Lagune sowie wirtschaftl.-polit. Gründe noch beschleunigt. Nach der Übersiedlung des Patriarchen Giovanni II. Gradenigo 1105 nach Venedig wurde dieses seit 1156 dauernd Residenz des Patriarchen. Nach dem Tode des letzten Patriarchen Domenico Michiel löste Papst →Nikolaus V. 1451 das Patriarchat G. auf und errichtete an dessen Stelle das von Venedig (erster Patriarch v. Venedig S. Lorenzo →Giustiniani). Nach der Schaffung des neuen Patriarchats war G. zur Bedeutungslosigkeit verurteilt.

H. Schmidinger

Lit.: →Aquileia [Lit.] – DHGE XXI, 1025–1029 [Lit.] – ECatt VI, 982f. – Enclt XVII, 621–623 [Lit.] – Gams, 791f. – IP VII/2, 1925, 27–72 – Less. Univ. IX, 301 – LThk² IV, 1158 – H. Schmidinger, Patriarch und Landesherr, 1954 – G. Brusin, Aquileia e G., 1964⁵ – A. Carile – G. Fedalto, Le origini di Venezia, 1978 – S. Tavano, Guida storico-artistica, 1976 – G. C. Menis, Storia del Friuli, 1978⁴ – C. G. Mor, G. da Bisanzio a Venezia, MSF 59, 1979, 11–23 – G. nella storia e nell'arte I–II (Antichità alto-adriatiche XVII), 1980 – H. Berg, Bf.e und Bf.ssitze im Ostalpen- und Donauraum vom 4. bis zum 8. Jh., ÖAW 179, 1985, 78–84 – H. Krahwinkler, Friaul im FrühMA [Diss. masch., Wien 1985], I, 66–78, 172–184, 218–221.

Graduale. 1. Gesang des Proprium missae der lat. Kirche im Anschluß an die Lesung (Epistel), ursprgl. (in Tradition des Synagogalgesanges) ein Psalm mit gleichbleibendem Kehrvers, spätestens seit dem 8. Jh. verkürzt auf 1–3 numer. aufeinanderfolgende Psalmverse, deren reichverzierte Melodie solist. vorgetragen wird. Das Wort G. wohl abgeleitet von gradus, d. h. den Stufen des Ambo, an denen der Vorsänger stand.

2. Seit dem 12. Jh. auch das Buch mit Text und Noten der nicht vom Priester auszuführenden Gesänge der Messe (für ältere Zeit →Antiphonar, →Cantatorium). Die nach dem Kirchenjahr wechselnden Gesänge (Proprium missae) sind geordnet in Proprium de tempore, Commune sanctorum und Proprium de sanctis; beigebunden ist in späterer Zeit häufig ein Ordinarium missae (Kyriale) und/oder ein Sequentiar. Mit Buchschmuck ausgezeichnet sind neben dem Anfang des G. (Introitus zum 1. Advent »Ad te levavi«) z. T. auch andere Festtage des Kirchenjahres. V. a. im SpätMA erreichen die G.-Hss. oft riesige Formate und werden dann in mehrere Bände (pars hiemalis usw.) aufgeteilt. H. Schmid/K. Bierbrauer

Lit.: →Choral – LThK IV, 1158f. – MGG V, 622–659 – New Grove VII, 598–608 – Riemann, Sachteil 345–347.

Graf (Karolingerzeit und Deutsches Reich). Bei der (Wieder-)Einführung der Grafschaftsverfassung (→Grafschaft; →comes, II,4; →comitatus) sind die Karolinger – Kg.e Pippin d. J. und Karl d. Gr. personalpolit. sehr flexibel vorgegangen; sie setzten entweder einheim. Große als G.en ein (782 in Sachsen, u. a. G. Hessi) oder durchbrachen die adlige Herrschaftsbildung durch Entsendung frk. »Reichsaristokraten« (z. B. um 760 Warin und Ruthard in Alemannien). Trotz bis zu Ludwig d. Frommen bes. spürbarer Tendenzen zur Uniformierung der Reichsstruktur nahmen die Herrscher nicht mehr amtsrechtl. zu deutende gfl. Machtkonzentrationen hin, wenn die persönl. Loyalität der G.en gesichert schien (z. B. →Udalrichinger). Kumulation von Gft.en, Erblichkeit der G.enstellung und Aufteilung der G.enwürde unter mehrere Angehörige derselben Adelssippe (mit oder ohne territoriale Teilung der Gft.en) indizieren deshalb nicht unbedingt eine Schwächung der Zentralgewalt. Das Gleichgewicht zw. Kgtum. und gfl. Partikulargewalten wurde im östl. Frankenreich erst unter Karl III. gestört; auf der Grundlage von Amtsrechten, Lehen, (usurpiertem) Königsgut und Eigenbesitz konkurrierten die mächtigsten G.engeschlechter um die Führung ihrer Stämme, so daß die Hzg.e des 10. Jh. aus den G.en der Frankenzeit hervorgingen.

Zur Integration königsferner Länder (→Schwaben, →Bayern) konnten die Ottonen nicht, wie es karol. Herrschaftspraxis gewesen war, loyale (sächs. oder frk.) G.en verpflanzen; sie scheinen vielmehr von Anfang an die Erblichkeit der Ämter und Lehen anerkannt und die gfl. Adelsherrschaften respektiert zu haben. Auch die Hzg.e, die zw. Kgtum. und Stämme traten, trugen zu einer Distanzierung zw. Reichsspitze und G.en bei. Trotzdem nahm schon Otto d. Gr. in Anknüpfung an karol. Tradi-

tionen das Recht in Anspruch, G.en auszutauschen und Gft.en zu reorganisieren oder neu zu errichten. Heinrich II. übergab sogar 1011 die Gft. des Hahold und 1021 diejenige des Dodicho an den Bf. v. Paderborn, obwohl das Geschlecht dieser G.en nicht erloschen war. Im übrigen blieben die G.en lehnrechtl. an den Kg. gebunden, auch wenn sich einzelne Hzg.e darum bemühten, sie ihrer Kontroll- und Disziplinargewalt zu unterwerfen (vgl. MGH L.d.L. 3, 484f. v. ca. 990).

Die Versuche der Salier, dem amtsrechtl. Verständnis der G.engewalt wieder Geltung zu verschaffen, hielten die Tendenzen zur Territorialherrschaft der G.en nicht auf. Die »neuen« G.en des HochMA, die genealog. freilich im allgemeinen aus den führenden Adelsgeschlechtern der früheren Jahrhunderte hervorgegangen sein dürften, konzentrierten ihre Eigenmacht um namengebende Burg, Hauskloster und →Grablege; nicht immer läßt sich ihr Titel aus der Verwaltung alter Gft.en ableiten (vgl. G.en v. →Nellenburg bzw. v. →Arnstein). Unter Friedrich I., der sich polit. stark auf die zu Dynasten gewordenen G.en stützte (Rudolf v. →Pfullendorf, Lenzburger, →Wittelsbacher, →Andechser usw.), entstand nach der Lehre J. Fickers der »jüngere Reichsfürstenstand«; von ihm waren die G.en – als Vasallen von →Reichsfs.en oder in reichsunmittelbarer Stellung – ausgeschlossen. Die nichtfsl. G.en und freien Herren, die nach der Heerschildordnung des Sachsenspiegels den vierten Schild bildeten, stellten jedoch weiterhin einen wesentl. Teil der Kronvasallenschaft.

Nach dem Interregnum und bis zu Sigmund waren G.en eine wichtige Stütze des Kgtm.s (Landvogteien, Hofämter, Kriegshilfe). Unter →Rudolf v. Habsburg und →Adolf v. Nassau, die wie der Luxemburger Heinrich VII. aus dem G.enstand hervorgegangen waren, stieg deshalb die Zahl der Kronvasallen im Bereich der G.en und freien Herren gegenüber der Stauferzeit noch an. Der Gefahr einer Mediatisierung durch den Reichsfs.enstand begegneten einige G.en dadurch, daß sie selbst nach Fs.enprivilegien und Fs.enerhebungen strebten. Seit Heinrich VII. bildeten sich »gefürstete Gf.en« heraus, die selbst über keine Gebietsherrschaft von der Qualität eines Fsm.s verfügten und damit die landrechtl. Voraussetzungen für die Zugehörigkeit zum Fs.enstand nicht erfüllten (z. B. G.en v. →Henneberg, 1310). Durch kgl. Erhebungsakt stiegen im 14./15. Jh. einige G.en in den Reichsfs.enstand auf (z. B. →Jülich 1336, →Cilli 1430/36). Der Titel G. erscheint in zahlreichen Zusammensetzungen und kennzeichnet dabei – in zeitl. und räuml. stark variierendem Maße – entweder mehr eine amtsrechtl. oder mehr eine herrschaftl. Stellung (→Landgraf, →Markgraf, →Pfalzgraf; auch: Gograf [→Go], Freigraf, Zentgraf, ferner die sog. Mindergrafen wie Deichgraf [Deich- und Dammbau], Hallgraf, →Wikgraf usw.). M. Borgolte

Lit.: G. Tellenbach, Vom karol. Reichsadel zum dt. Reichsfs.enstand (Adel und Bauern im dt. Staat des MA, hg. Th. Mayer, 1943), 22–73 – K. Schmid, G. Rudolf v. Pfullendorf und Ks. Friedrich I., 1954 – R. Schölkopf, Die Sächs. G.en (919–1024), 1957 – G. Heinrich, Die G.en v. Arnstein, 1961 – M. Mitterauer, Karol. Mgf.en im Südosten, 1963 – K. Hils, Die G.en v. Nellenburg im 11. Jh., 1967 – K.-H. Lange, Der Herrschaftsbereich der G.en v. Northeim 950 bis 1144, 1969 – W. Störmer, Adelsgruppen im früh- und hochma. Bayern, 1972 – H. Patze, Friedrich Barbarossa und die dt. Fs.en (Staufer V, 1979), 35–75 – M. Borgolte, Die Gesch. der G.engewalt im Elsaß von Dagobert I. bis Otto d. Gr., ZGO 131, 1983, 3–54 – Th. Ruf, Die G.en v. Rieneck, 2 Bde, 1984 – M. Borgolte, Die G.en Alemanniens in merow. und karol. Zeit, 1986 – Ders., Buchhorn und die Welfen, Zs. für Württemberg. Landesgesch. 47, 1988, 39–69 – K.

SCHMID, Adelssitze und Adelsgeschlechter rund um den Bodensee, ebd., 1988, 9–37 – TH. ZOTZ, Gft.sverfassung und Personengesch., ZGO 136, 1988, 1–16 – →comes, →Grafschaft.

Grafenkrieg, thür. (Grafenfehde). Der wettin. Lgf. v. →Thüringen, →Friedrich II. der Ernsthafte (16.F.), versuchte im Zuge des Aufbaus seiner →Landesherrschaft, die kleinen Landesherren u. a. durch den harten Landfrieden von 1338 zu unterwerfen. Von Ebf. →Heinrich v. Mainz ermutigt, schritt der Adel zum Verzweiflungskampf. Am 1. Sept. 1342 schlossen sich in Arnstadt die Vögte v. Plauen und Gera sowie die Gf.en v. →Schwarzburg, Weimar-Orlamünde und Honstein gegen den Lgf.en und seine Verbündeten, die Stadt→Erfurt und Ks. →Ludwig, zusammen. Trotz eines Waffenstillstandes Nov. 1342 zog sich der Krieg über den Friedensvertrag vom 28. Juli 1345 in Weißenfels bis zum Vertrag v. Dresden (Palmarum 1346) hin. In ihm unterwarfen sich als letzte die Gf.en v. Weimar-Orlamünde dem Lgf.en, der seine Landesherrschaft wesentl. festigte.   K. Blaschke

Lit.: W. FÜßLEIN, Die Thüringer Grafenfehde 1342–1346 (Fschr. O. DOBENECKER, 1929), 111–138 – Gesch. Thüringens, hg. H. PATZE–W. SCHLESINGER, II, 1, 1974, 84–88.

Grafschaft, Grafschaftsverfassung. Die G.sverfassung (s. a. →comitatus) war ein polit. Ordnungsprinzip der Karolingerzeit, an dessen Verwirklichung nahezu alle Herrscher arbeiteten, ohne damit jedoch jemals zu Ende zu kommen. Es entstand also, bes. im O des Reiches, kein engmaschiges Netz von G.en, sondern allenfalls ein Gerüst mit zahlreichen Lücken, das sich zudem wiederholt im Umbau befand. Reichweite und Stabilität der G.sverfassung hingen v. a. ab vom Interessenausgleich der Kg.e und des Adels, aus dem die Gf.en hervorgingen (→Graf). Entsprechend variantenreich stellt sich die Grundlage der G.en in räuml. und rechtl. Hinsicht dar. Obwohl die G.en teilweise offenbar an Siedlungseinheiten anknüpften, waren G. und →Gau (s. a. →pagus) sehr oft nicht identisch. Ein Gau konnte mehreren G.en angehören und eine G. mehrere Gaue in sich schließen. In dicht besiedelten Gebieten lassen sich lineare Grenzen der G.en erkennen, anderswo trennten breite Waldsäume die gfl. Amtsbezirke. Zeitweise oder auf Dauer der G.sverfassung entzogen blieben auch kirchl. Immunitätsbezirke (→Immunität), bestimmte kgl. fisci und einzelne Adelsherrschaften. Waren aber die Karolinger, wie in Sachsen, auf einheim. Magnaten bei der Vergabe der G.en angewiesen, dann dürften die adligen →Grundherrschaften das Substrat oder mindestens den Ausgangspunkt der Comitate gebildet haben (Allodialg.en). Andererseits konnte die gfl. Gewalt mehr oder weniger auf Königsgut beschränkt sein (Königsgutsg.en: Ostalemannien, Bayern). Von seiten des Kgtm.s waren die Gf.en in ihren Sprengeln v. a. mit der Friedenswahrung, dem Königsschutz, der Erhaltung des Königsgutes und dem Heeresaufgebot betraut; Karl d. Gr. stärkte insbes. die gerichtl. Tätigkeit der Gf.en, doch eignete den G.en als Gerichtsgemeinden auch ein volksrechtl. Element. Das →Gericht des Gf.en mit seinen →Schöffen wurde jedenfalls in den frk. und sächs. Landschaften zur typ. Institution der Rechtspflege kraft kgl. Autorität (→Königsbann).

Der Tendenz zur Allodialisierung der G.en, die ständig drohte und sich am Ausgang der Karolingerzeit nur verstärkte, wirkten die Kg.e entgegen, indem sie die G.en in Amtslehen umwandelten und die Gf.en zu ihren Vasallen machten. Die späten →Liudolfinger und die →Salier setzten auch die →Reichskirche zur Kontrolle der G.en ein und übertrugen diese, unter Betonung gerichtsherrl. Rechte, an Bm.er und Abteien. Gleichwohl führte die

zunehmende Territorialisierung seit dem 11.Jh. zu einem grundlegenden Strukturwandel: Die G.en, nach dem Konzept des frühma. Kgtm.s jurisdiktionell-administrative Amtsbezirke, wie sie noch der →Sachsenspiegel schildert, wurden zu kleinräumigen Gebietsherrschaften um eine Stammburg des Gf.engeschlechts, die später auch dem ganzen gfl. Territorium den Namen gab. Neben den Burgen gehörten die stauferzeitl. und spätma. G.en Städte und Kl., Vogteien und Patronate, Gerichtsbarkeiten und wirtschaftl. nutzbare Rechte wie →Zölle und →Geleit usw. Die Verwaltung der G.en wurde in Ämtern organisiert und gfl. Lehnsleuten (→Ministerialen, →Dienstmannen) anvertraut. Allerdings haben sich die G.en des SpätMA den übrigen Herrschaften mit Hochgerichtsbarkeit nicht überall vollständig angeglichen. In spezif. Rechten, wie der Vogtei über zuziehende Fremde, der Befestigungshoheit, der Aufsicht über das Mühlenwesen, das Schank-, Bäckerei- und Metzgereigewerbe, das Pfändungswesen sowie über Maße und Gewichte, erkennt man manchmal noch amtsrechtl. Wurzeln der gfl. Gewalt. Bei den reichsunmittelbaren G.en blieb auch im SpätMA ein Kern gfl. Rechte – die hohe Sühne- und Blutsgerichtsbarkeit, die →Regalien, der aus Reichsgut stammende Grundbesitz – Gegenstand der Belehnung durch den Herrscher, so daß die Kg.e seit dem 14.Jh. schrittweise dem gesamten Territorium der G., einschließl. des gfl. Allods, Reichslehncharakter zu verleihen suchten (bes. Kg. Sigmund). Auch die allodialen G.en erfaßte der Feudalisierungsprozeß; durch Verleihung einzelner Reichslehen wurden die Gf.en zu Kronvasallen und die G.en somit dem Herrschaftsaufbau des Reiches eingegliedert. Neben den reichslehnbaren und den allodialen G.en stand die zahlenmäßig größte Gruppe der weiter verliehenen G.en; auch bei ihnen konnte sich aus Einzellehnsverbindungen mit dem Kgtm. eine unmittelbare Reichslehnbarkeit der Gesamtg. entwickeln.

         M. Borgolte

Lit.: HRG I, 1775–1795 [D. WILLOWEIT, E. WADLE] – E. MEISTER, Ostfäl. Gerichtsverfassung im MA, 1912 – R. KLOß, Das G.sgerüst des Dt. Reiches im Zeitalter der Herrscher aus sächs. Hause, 1940 – W. SCHLESINGER, Die Entstehung der Landesherrschaft, 1941, 1964⁵ – E. HAMM, Hzg.s- und Kg.sgut, Gau und G. im frühma. Baiern [Diss. masch. München 1949] – A. K. HÖMBERG, G., Fgft., Gogft., 1949 – S. KRÜGER, Stud. zur Sächs. G.sverfassung im 9.Jh., 1950 – G. KIEFER, G.en des Kg.s in Schwaben und Franken [Diss. masch. Tübingen 1954] – W. SCHLESINGER, Bem. zum Problem der westfäl. G.en und Fgft.en, HJL 4, 1954, 262–277 – B. DIESTELKAMP, Das Lehnrecht der G. Katzenelnbogen (13.Jh. bis 1479), 1969 – H. K. SCHULZE, Die G.sverfassung der Karolingerzeit in den Gebieten östl. des Rheins, 1973 – W. STÖRMER, Früher Adel, T.2, 1973, 392–414 – H.-W. GOETZ, »Dux« und »Ducatus«, 1977 – H. MAURER, Der Hzg. v. Schwaben, 1978 – K.-F. KRIEGER, Die Lehnshoheit der dt. Kg.e im SpätMA (ca. 1200–1437), 1979 – E. SCHUBERT, Kg. und Reich. Stud. zur spätma. dt. Verfassungsgesch., 1979 – K. F. WERNER, Missus – Marchio – Comes. Entre l'administration centrale et l'administration locale de l'Empire carolingien (Hist. comparée de l'Administration, IVᵉ–XVIIIᵉ s., 1980), 191–239 – U. NONN, Pagus und Comitatus in Niederlothringen, 1983 – M. BORGOLTE, Gesch. der G.en Alemanniens in frk. Zeit, 1984 – D. KUDORFER, Die G. Oettingen. Territorialer Bestand und innerer Aufbau (um 1140 bis 1806), 1985 – W. REICHERT, Finanzpolitik und Landesherrschaft. Zur Entwicklung der G. Katzenelnbogen vom 12. bis zum 14.Jh., 1985 – H. K. SCHULZE, Grundprobleme der G.sverfassung, Zs. für Württemberg. Landesgesch. 44, 1985, 265–282 – G. FRITZ, Die Gesch. der G. Löwenstein und die Gf.en v. Löwenstein-Habsburg vom späten 13. bis zur Mitte des 15.Jh., 1986 – S. WEINFURTER, Die Zentralisierung der Herrschaftsgewalt im Reich durch Ks. Heinrich II., HJb 106, 1986, 241–297 – →comitatus, →Graf.

Grágás (isländ. ʼGraugansʼ; Name erstmals Mitte des 16.Jh. belegt), Bezeichnung für das Gesamtcorpus des isländ. Rechts der sog. »freistaatl. Periode« (ca. 930–1264), überliefert in zwei abweichenden Redaktionen (»Konungsbók«, Gks 1157 fol; »Staðarhólsbók«, AM, 334 fol), beide wohl aus der 2. Hälfte des 13. Jh. Die G. stellt keine systemat. Rechtskodifikation dar, sondern besteht eher aus Privataufzeichnungen, gestützt auf ein recht vielgestaltiges Material. Die für die G. kennzeichnende ausgeklügelte Kasuistik läßt zudem Ansätze rechtstheoret. Überlegungen erkennen.

Die Vielfalt des Rechtsstoffes dürfte Ausdruck des, abgesehen vom jährl. Allthing, dezentralen Rechtsbetriebes im freistaatl. Island sein, der eine Hierarchie der Rechtsaufzeichnungen notwendig machte (P. FOOTE). Prinzipiell wurde dabei die schriftl. Aufzeichnung gegenüber der mündl. Rechtsüberlieferung bevorzugt sowie die ausführlichere Version gegenüber der weniger ausführlichen.

In welchem Maße sich die erste schriftl. Aufzeichnung – und zugleich Revision – des weltl. Rechts, die 1117/18 in Gestalt der – nicht erhaltenen – »Hafliðaskrá« erfolgte, in den Versionen der G. erhalten hat, ist kaum zu klären. Das kirchl. Zehntrecht wurde vermutl. schon 1096/97, die übrigen kirchenrechtl. Bestimmungen wurden zw. 1122 und 1133 niedergeschrieben.

Mit der Unterwerfung der Isländer unter die norw. Krone 1262–64 behielten die G.-Bestimmungen zunächst weitgehend ihre Gültigkeit, wurden 1271 dann durch ein norw. Gesetzbuch für Island (»Járnsíða«) und schließlich 1281 durch die sog. →»Jónsbók« abgelöst, in der jedoch zahlreiche Passagen der G. weiterlebten. →Island.

H. Ehrhardt

Ed.: V. FINSEN, 1852–70 [Konungsbók] – DERS., 1879 [Staðarhólsbók] – *dt. Übers.:* Isländ. Recht. Die Graugans, übers. A. HEUSLER, (Germanenrechte IX, 1937) – *engl. Übers.:* A. DENNIS u. a., Laws of Early Iceland, G. I., 1980 – *Lit.:* K. MAURER, Island, 1874 – O. LÁRUSSON, On G., the oldest Icelandic Code of Law, Third Viking Congress, 1958 – J. JÓHANNESSON, Islands Hist. i mellomalderen, 1969, 72ff. – P. FOOTE, Some Lines in Lǫgréttuþáttr (Aurvandilstá, Fschr. P. FOOTE, 1984), 155–164.

Grailly, Jean de → Johann I. v. Grailly

Graisbach-Lechsgemünd, bedeutende Grafenfamilie und Gft. im Sualafeldgau, zw. Ries-, Ran- und Nordgau im schwäb.-frk.-westbayer. Bereich. Stammvater: *Kuno* v. L. (urkundl. 1091), Neffe des →Welfen Chono (als Gf. im Sualafeldgau urkundl. 1044, 1053). Kuno war selbst noch ohne Gf.entitel; aus seiner Ehe mit Mathilde v. Achalm gingen u. a. hervor: *Heinrich* v. L., ∞ Irmgard v. Rott, Stifterin v. Kl. →Berchtesgaden (beider Sohn *Heinrich* v. L., † 1142, war Gründer des späteren Reichsstifts Kaisheim); *Otto* v. Harburg, Gf. an der unteren Naab (1115); →*Burchard,* Bf. v. Utrecht (1100–12). *Adelheid,* Stifterin v. Kl. Baumburg (1108); *Kuno* v. Horburg im Elsaß. Gf. *Berchtold* (1193–1253) stiftete 1240 das Zisterzienserinnenkl. Niederschönenfeld und benannte sich als erster nach der Lechsgemünder Ministerialenburg. Die Gft. G. fiel 1342 an das Hzm. →Bayern.   W. Pohl

Lit.: W. KRAFT, Gau Sualafeld und Gft. G., Jb. für frk. Landesgesch. 8/9, 1943/44, 110–220 – DERS., Gau Sualafeld und Gft. G., ebd. 11/12, 1953/54, 85–127 – F. TYROLLER, Die Gf.en v. L. und ihre Verwandten, Neuburger Kollektaneenblatt 107, 1953, 9–62.

Gral → Gra(a)l

Grammatik, grammatische Literatur

A. Antike Wurzeln – B. Byzanz – C. Lateinisches Mittelalter – D. Volkssprachliche Literaturen – E. Judentum

A. Antike Wurzeln

Nach der Definition des Dionysios Thrax (um 100 v. Chr.) ist G. »Kunde des bei Dichtern und Prosaikern in der Regel Gesagten«. Damit wird als Objekt der G. die normierte Literatursprache verstanden, ihre Methode besteht in der Observation des lit. Sprachgebrauchs (LATACZ). Nach etymolog. Ansätzen in der Poesie (z. B. Namensableitungen) und sprachphilos. Überlegungen bei Parmenides und in Platons Dialogen (bes. Kratylos) legte die Sophistik durch Entdeckung von grammat. Geschlecht, Kongruenz und Modi den Grund für ein normierendes Sprachsystem. Die Beobachtungen zur Laut- und Formenlehre wurden im Hellenismus zunehmend systematisiert. Es bildeten sich verschiedene mit den großen philos. Systemen (Peripatos, Stoa) verbundene sprachphilos. Richtungen aus. Aus diesen verschiedenen Auffassungen über Wesen und System der Sprache schuf Dionysios Thrax die erste systemat. Darstellung der Laut- und Formenlehre (τέχνη γραμματική), während die Syntax zunächst unberücksichtigt blieb. Die bei ihm vorliegenden Termini wurden ins Lat. übertragen und sind bis heute in der grammat. Metasprache lebendig (z. B. πτῶσις, ῾casus, Fall᾽; ἀντ-ωνυμία ῾pro-nomen, Für-wort᾽). Die Stoffanordnung blieb Vorbild für die lat. G. wie für die der europ. Nationalsprachen. Der syntaxlose Typus der Schulg. überlebte bis ins 18. Jh.

Remmius Palaemon (1. Jh. n. Chr.) adaptierte das System des Dionysius Thrax an die Gegebenheiten des Lat. (Klassifikation der Deklinationen und Konjugationen); mit der ältesten erhaltenen lat. G. des Marius Plotius Sacerdos (3. Jh., GL VI, 427–546, Sonderüberlieferung seit dem 4. Jh. als »Catholica Probi«, GL IV, 3–43) beginnt die Reihe der Kompilationen aus verschiedenen Vorlagen mit verschiedenen Zielsetzungen. Die Elementarg. im Stil des Dionysios diente dem Anfangsunterricht (Donatus [→ 5. D. Aelius], Ars minor; Phocas, 3./4. Jh., kommentiert von →Remigius v. Auxerre, GL V, 410–439). Dieser Typus kann durch Erläuterungen und Erklärungen erweitert sein: →Charisius, Consentius (5. Jh., GL V, 338–409), Diomedes (4. Jh., GL I, 297–529), Donatus, Ars maior (bereits im 5./6. Jh. durch Pompeius kommentiert; GL V, 83–312, zur ma. Überlieferung vgl. RE XXI, 2314f.), Dositheus (4. Jh., mit gr. Übers., GL VII, 376–436). Im Anschluß an die wiss. Unters. Varros De lingua latina und Remmius Palaemons entstehen ausführl. (verlorene) G.en. Eine Sonderstellung nimmt →Priscianus ein. Die Abhängigkeiten und Beziehungen zw. den einzelnen erhaltenen G.en sind erst teilweise geklärt.

Im antiken Schulsystem ist dem ῾grammaticus᾽ ein bestimmter Platz zugewiesen. Er schließt an den Schreiblehrer (γραμματιστής, ῾grammatista᾽) an und ist im eigtl. Sinne Lit.lehrer, der die klass. Autoren behandelt und Spracherziehung betreibt, während die Erklärung der Prosaiker in der Regel Sache des Rhetoriklehrers ist (→Rhetorik; zur Methode der Erklärung:→Kommentar, →Schule). Aus dieser Tätigkeit der G.er erwachsen Schriften zur Lit.erklärung mit Beobachtungen zu Sprache und Stil der Autoren, zu Orthographie, Redefiguren und Metrik, Slg.en seltener Wörter und Wortformen, →Etymologien, →Glossen, Gnomenslg.en, Lexika (→Lexikon) sowie Komm. zu älteren G.ern (Choiroboskos, 8. Jh.). Die hohe Bedeutung der G. als Disziplin des Trivium innerhalb der →Artes liberales bestimmt, neben der Rhetorik, den Vorrang sprachl.-lit. Erziehung im abendländischen →Erziehungs- und Bildungswesen.

J. Gruber

Ed.: GLK I–VII, 1857ff. und Suppl. – Grammatici graeci, 4 Bde, 1867–1910 – Grammaticae Romanae fragmenta, ed. G. FUNAIOLI, 1907 – Grammaticae Romanae fragmenta aetatis Caesareae, ed. A.

MAZZARINO, 1955 – Slg. griech. und lat. Grammatiker (SGLG), 1974ff. – *Lit.:* →Charisius, →Donatus – RE VII, 1780–1811 – K. BARWICK, Remmius Palaemon und die röm. ars grammatica, Philologus Suppl. 15,2, 1922 – J. LATACZ, Die Entwicklung der griech. und lat. Schulgrammatik (Hb. der Fachdidaktik, Alte Sprachen 1, hg. J. GRUBER–F. MAIER, 1979), 193–221 – W. AX, Laut, Stimme und Sprache, 1986.

B. Byzanz

Für die ziemlich umfangreiche Produktion an gramm. Schriften sind die spezif. Bedürfnisse der byz. Schule sowohl der elementaren als auch der höheren Ebene bestimmend. Einerseits entstand durch die phonet. Veränderungen der gesprochenen Sprache ein großer Bedarf an möglichst einprägsamen Unterrichtsbehelfen für orthograph. Fragen. Zahlreiche, meist anonyme, gern metrisch (auch in der Form der Kirchenpoesie) abgefaßte Traktate περὶ τόνων (über Akzente), περὶ πνευμάτων (über Hauchzeichen), περὶ ἀντιστοίχων (über Homonyme) tragen dem Rechnung. Andererseits waren für die Lektüre antiker Autoren und für die Schulung des eigenen am Attischen orientierten Stils entsprechende Hilfsmittel nötig.

Als Grundlage dienten den byz. Grammatikern die Alexandriner Dionysios Thrax, Apollonios Dyskolos und Ailios Herodianos; ihre Werke, heute im Original großteils nicht mehr greifbar, wurden in byz. Zeit wiederholt bearbeitet, verkürzt herausgegeben und mit Scholien versehen. Generell steht in byz. gramm. Traktaten das einzelne Wort im Vordergrund, für das Erkennen und das Analysieren syntakt. Strukturen fehlt weitgehend der Sinn. Ein beliebtes Unterrichtsmittel sind Epimerismen, fortlaufende sprachl. Kommentare z. B. zu Homer und anderen antiken Autoren, aber auch zu bibl. und anderen religiösen Schriften. Erhalten sind u. a. Psalmenepimerismen aus dem Schulbetrieb des Choiroboskos sowie Epimerismen zu Philostratos von →Planudes und →Moschopulos. Ab dem 11. Jh. wird die den Epimerismen verwandte Unterrichtsmethode der Schedographie gepflegt. Der Begriff Schedos (bzw. τὰ σχέδη) ist allerdings nicht ganz eindeutig. Meist handelt es sich um kleinere Übungsstücke in Prosa – gelegentl. mit Einleitung in Versen – mit moral. Tendenz und eingeflochtenen Scherzen. Das Unterrichtsziel des Einübens und Anwendens gramm. Regeln wird so mitunter auf großen Umwegen erreicht (daher Kritik von →Anna Komnene und anderen: »vielfältig verschlungenes Netz«, labyrinthartig, rätselhaft). Ein typ. Vertreter dieser Technik ist das zu seiner Zeit (11. Jh.) offenbar sehr weit verbreitete Schulbuch eines gewissen Longibardos. Auch schedograph. Wettkämpfe zw. Schulen in Konstantinopel sind überliefert.

Dem 5.–6. Jh. gehören →Theodosios v. Alexandria, Timotheos v. Gaza und der Philosoph →Johannes Philoponos an. Weitere bedeutende byz. Grammatiker: Georgios Choiroboskos (Epimerismen, Scholien; auf Grund von Zitaten aus →Johannes v. Damaskos ins späte 8. Jh. ġesetzt), Michael Synkellos (Anfang 9. Jh.; Syntax), Michael →Psellos (Gramm. Lehrgedicht), Niketas v. Herakleia (11./12. Jh.; Lehrgedicht), Gregorios Pardos, Metropolit v. Korinth (12. Jh.; Syntax, Dialekte), Maximos Planudes (2. Hälfte 13. Jh.; Gramm. Dialog, Syntax), Johannes XIII. Glykys (Patriarch v. Konstantinopel 1315–19; Syntax), Manuel Moschopulos (um 1300; Erotemata, περὶ σχεδῶν attizist. Lexikon). Für den Humanismus des 15. Jh. wichtig u. a. Unterrichtstätigkeit und Schriften von Manuel →Chrysoloras, Manuel →Kalekas, Demetrios →Chalkondyles und Konstantinos Laskaris, dessen Gramm. das erste zur Gänze griech. gedr. Buch (Mailand 1476) ist.
W. Hörandner

Q. und Lit.: HUNGER, Profane Lit. II, 10–83 – Le Traité de la construction de la phrase de Michel le Syncelle, ed. D. DONNET, 1982 – Epimerismi Homerici, ed. A. R. DYCK, I, 1983.

C. Lateinisches Mittelalter
I. Allgemeines – II. Geschichte.

I. ALLGEMEINES: Unter den →Artes liberales steht die G., Teil des Trivium und auch an der Univ. gelehrt, bis zum 12. Jh. sowohl hinsichtl. der Stellung im Studium wie der Bedeutung nach an erster Stelle; sie bildet die Basis des Zugangs zu den übrigen Disziplinen. Die G., seit Quintilian die Kunst des recte loquendi, die außerdem zum Verständnis der →Auctores beiträgt, gewinnt im MA an Bedeutung, da sie zum Mittel wird, eine Sprache, die nicht als Muttersprache erlernt wurde, zu durchdringen und korrekt zu gebrauchen, und v. a. das Wort Gottes zu verstehen. Sie gliedert ihren Gegenstand in littera, syllaba, partes orationis, constructio und umfaßt auch das Studium der Quantitäten, der Metrik oder der Figuren. Der ma. G.er, der sich zumeist auf Donatus (→5.D.) oder →Priscianus stützt, verfaßt entweder einen Komm. (so vorzugsweise im frühen MA) oder sein eigenes Lehrbuch in Prosa, Versen oder Frage-Antwort-Form, um die mnemotechn. Arbeit des Schülers zu erleichtern. Zur Illustration verwendet er Zitate aus antiken Autoren, seit dem frühen MA auch zunehmend aus christl. Werken und der Bibel, dann auch aus ma. Autoren, die häufig von einem Werk zum anderen wiederholt werden, bis die spekulativen G.er eigene Beispiele, wirkl. log. Aufgaben, erfinden.

II. GESCHICHTE: Unter dem Einfluß der Stoiker und der Alexandriner entwickelte sich in der Spätantike eine auf den Schulunterricht ausgerichtete G.tradition, die, obwohl sie heidn. war, von den christl. Lehrern mit leichten Anpassungen durch die gelegentl. Aufnahme von Bibelzitaten oder christl. Begriffen übernommen wurde. So gab es eine (verlorene) christl. Bearbeitung der Ars minor des Donat oder die Ars Asporii (Aspri, vor Mitte 7. Jh.), welche den Donat mit zahlreichen Beispielen und christl. Färbung versah. Eigene Erwähnung verdient →Virgilius Maro grammaticus, dessen Epitomae und Epistolae jedoch wenig Nachwirkung hatten.

Die Lehrer der Brit. Inseln adaptierten diese Werke für ihre nicht lat. sprechenden Schüler. Es entstehen zwei Arten von Lehrbüchern: 1. Die hauptsächl. engl. Elementarlehrbücher befassen sich fast ausschließl. mit den flektierenden Redeteilen (Vorbild: Ars minor des Donat) und sind sporadisch von einer kurzen Erklärung begleitete Paradigmensammlungen (Declinationes nominum, Ars Ambianensis, Ars Bernensis, Artes des →Tatwine und Bonifatius [→10.B.]). 2. Die zumeist ir. kommentierenden und für ein höheres Niveau bestimmten Lehrbücher setzen die Methode antiker Kommentare fort (Grundlage: hauptsächl. Ars maior des Donat); sie sind im allg. in Form von Quaestiones abgefaßt – wobei sie oft einen polem. Ton annehmen – im 9. Jh. als Gattung verbreitet (Anonymus ad Cuimnanum, Ars Malsachani, Aggressus quidam, Ars Ambrosiana).

Die insulare Art des G.studiums findet bis zur Mitte des 9. Jh. eine Entsprechung bei karol. G.ern (→Petrus v. Pisa, →Paulus Diaconus, →Clemens Scotus, →Smaragdus v. St-Mihiel). →Alkuin jedoch knüpft direkt an die antiken G.er an innerhalb einer neuen Strömung, die diese Texte ohne die früher übl. Modifikationen benutzt. Dieser Wechsel fällt zusammen mit der Entwicklung des Interesses für die Institutiones grammaticae Priscians (Komm. von →Sedulius Scottus und →Remigius v. Auxerre). Seit dem Ende des 9. Jh. verschwinden die anderen antiken G.er. Donatus hält der Konkurrenz Priscians bis zum

Ende des 11. Jh. stand; danach wird allg. des letzteren Einteilung und Darstellung übernommen, doch wird Donat ständig weiter benutzt.

Nach dem Ende des 10. Jh., in dem die Beschäftigung mit der G. fortgesetzt wird (z. B. →Aelfric, →Israel, →Abbo v. Fleury), bewirkt im späten 11. Jh. die Einführung der Logica vetus des →Aristoteles in die G. die ersten Erneuerungen in der Sprachtheorie (Begriff des regimen, der nominatio, eine weitergehende Unterscheidung zw. Substantiv und Adjektiv [Glossule super Priscianum, Ende 11. Jh.]). Diese Veränderungen erreichen ihren Höhepunkt in der ersten Hälfte des 12. Jh. mit →Wilhelm v. Conches, der die causae inventionis einführt. Die Summa seines Schülers →Petrus Heliae (erster geordneter und systemat. Komm. zum gesamten Priscian), der Autorität für die späteren spekulativen G.er, ist eine Zusammenfassung des Entwicklungsstandes der neuen, wenn auch noch in begrenztem Umfang mit den Methoden der Logik arbeitenden G. In der zweiten Hälfte des 12. Jh. setzen Radulphus v. Beauvais und seine Schule diese Linie fort, mit bes. Berücksichtigung der bis dahin wenig entwickelten Syntax. Ganz verschwindet die rein normative G. jedoch nicht (→Hugo v. St. Victor); sie wird in Versform abgefaßt. Anfangs 13. Jh. erscheinen, mit dem Anspruch, Donat und Priscian zu ersetzen, das Doctrinale von →Alexander de Villa Dei und der Graecismus von →Eberhard v. Béthune. Sie wurden trotz Kritiken und Verbesserungsversuchen von Zeitgenossen wie →Johannes de Garlandia sehr populär. Bemerkenswert ist auch die Beziehung zw. →Lexika und G. in dieser Zeit (→Papias, →Uguccione da Pisa, →Johannes Balbus). Parallel dazu gibt die Wiederentdeckung des Aristoteles der Logik einen ungewöhnl. Aufschwung. Sie entthront die G., beeinflußt sie tiefgehend, bewirkt ihre Trennung vom Lit. studium und läßt sie spekulativ werden.

In der 1. Hälfte des 13. Jh. entsteht die Idee des universellen Charakters der G. bei →Robert Kilwardby, Objekt ist der »sermo significativus prout abstrahitur ab omni lingua speciali«, weiter entwickelt von →Roger Bacon (Die G. ist in ihrer Substanz in allen Sprachen dieselbe, es gibt nur akzidentelle Unterschiede, daher kann sie als Wissenschaft angesehen werden.). Beide bilden den Ausgangspunkt für eine Gruppe von G.ern der Univ. Paris (Modisten: →Boetius, →Martinus, →Johannes und Simon de Dacia; Radulphus Brito, →Thomas v. Erfurt, →Siger v. Courtrai), die vom Begriff des →Modus significandi her eine G.theorie erstellen, die erst der →Nominalismus des 14. Jh. ablösen wird.   E. Pérez Rodríguez

Lit.: C. THUROT, Notices et Extraits de divers ms. lat. pour servir à l'hist. des doctrines grammat. au MA, 1868 [Nachdr. 1964] – J. BÄBLER, Beitr. zu einer Gesch. der lat. G. im MA, 1885 [Nachdr. 1971] – R. H. ROBINS, Ancient and medieval grammatical theory in Europe, 1951 – J. PINBORG, Die Entwicklung der Sprachtheorie im MA, 1967 – R. H. ROBINS, A short Hist. of Linguistics, 1967 – G. L. BURSILL-HALL, Towards a Hist. of Linguistics: Tradition and Paradigms, 1974, 77–92 – DERS., The MA, Current trends in Linguistics, 1975, 179–230 – W. K. PERCIVAL, The grammatical Tradition and the Rise of Vernaculars, Current Trends of Linguistics, 1975, 231–275 – G. L. BURSILL-HALL, Teaching Grammars of the MA, Historiographia Linguistica 4, 1977, 1–29 – R. W. HUNT, The Hist. of Grammar in the MA, Collected Papers, 1980 – G. L. BURSILL-HALL, A Census of medieval lat. grammatical Ms., 1981 – L. HOLTZ, Donat et la tradition de l'enseignement grammatical, 1981 – V. LAW, The Insular lat. Grammarians, 1982.

D. Volkssprachliche Literaturen

I. Englische Literatur – II. Romanische Literaturen.

I. ENGLISCHE LITERATUR: [1]: *Altenglische Zeit (7.–11. Jh.):* Sprachdenken und Sprachlehre im engl. MA werden

weithin von der lat. G. bestimmt, doch ist bewußter Umgang mit der engl. Sprache vielfältig nachweisbar (s. a. →Glossen, Glossare, IV; →Runen).

Schon im späten 7. und 8. Jh. sind die wichtigen grammat. Schriften der lat. Spätantike bei den Angelsachsen zugänglich. Seit dem 7. Jh. verfassen ags. Autoren selbst Schriften zu G., Rhetorik und Metrik und kompilieren Glossare. →Tatwine und →Bonifatius schreiben G.en, die (mit ausführl. Formenlehre) besser für Angelsachsen geeignet sind als die spätklass.; →Bedas »De orthographia« ist ein alphabet. Handbuch zu Morphologie, Syntax und Synonymik. Auch →Alkuins grammat. Schriften sind ohne seine Ausbildung in York nicht denkbar. Bildungsverfall und Skandinaviereinfälle im 9. Jh. machen einen Neuanfang notwendig; viele der oben gen. grammat. Schriften sind jetzt unbekannt. Aber das Engl. tritt nun fast gleichberechtigt neben das Lat., wird gelernt und gelehrt. Die Benediktinerreform des 10. Jh. (→Benediktiner, B. VI) gibt dem Sprachunterricht eine überragende Rolle: In Winchester lehrt Bf. →Æthelwold und schafft die Grundlagen für eine engl. Hochsprache; →Abbo v. Fleury unterrichtet die Mönche von →Ramsey und schreibt für sie seine »Quaestiones grammaticales«; Æthelwolds Schüler →Ælfric verfaßt die erste kontrastive G. des Engl. und Lat., als Beschreibung beider Sprachen bestimmt, mit Nachdruck auf der Formenlehre und engl. Terminologie; sie basiert auf →Donatus' »Artes« und Priscians »Institutiones Grammaticae« und »Institutiones de nomine, pronomine et verbo«, war im 11. Jh. weit verbreitet und wurde von Ælfric durch ein lat.-engl. Sachglossar und ein lat. Colloquium ergänzt. – Die antike →Rhetorik kennen die Angelsachsen v. a. aus der G., als Lehre von den Tropen und Figuren, so wie sie sich in Donatus' »Ars maior« (Buch III) findet. Auf Donatus beruht Bedas »De schematibus et tropis«, und auf diesem wiederum die Behandlung – in engl. Sprache und Terminologie – durch →Byrhtferth v. Ramsey (wohl Schüler Abbos und ebenfalls G.lehrer) in seinem »Handboc« aus dem frühen 11. Jh. Daß die Lehre von den Tropen und Figuren in der ae. Poesie und Prosa (so bei Ælfric und →Wulfstan) nachhaltig gewirkt hat, ist heute allg. anerkannt.

[2] *Mittelenglische Zeit (12.–15. Jh.):* Im 12. und 13. Jh. geht das wissenschaftl. und didakt. Interesse am Engl. zunächst zurück; das Frz. tritt neben das Lat. in Konkurrenz zum Engl. (→Engl. Sprache, I, II). Dennoch sind sprachwiss. Arbeiten auch jetzt bezeugt: Der Augustinerchorherr Orm versucht (vor 1180; in Lincolnshire) eine Reform der Rechtschreibung, und ein namenloser Mönch in Worcester (»tremulous hand«) versieht noch im 13. Jh. ae. Texte systemat. mit Glossen, um sie verständl. zu erhalten. – Als Lehr- und Handbücher für das lat. G.modell haben jetzt neben Donatus und Priscian →Alexander de Villa Dei (A. 34; »Doctrinale«) und →Eberhard v. Béthune (E. 21; »Graecismus«) Vorrang, ergänzt bes. durch Lehrbücher zweier Autoren engl. Herkunft, →Alexander Neckam (A. 27; »De nominibus utensilium«, »Corrugationes«) und →Johannes de Garlandia (»Dictionarius«, »Distigium«, »Synonyma«, »Aequivoca«). Andere, weniger verbreitete engl. G.autoren sind z. B. Nicholas of Brakendale, Richard of Hambury, Thomas of Hanney, Adam Shidyard, Serlo of Wilton. Von der Beschäftigung mit grundsätzl. und theoret. Fragen der G. zeugen →Johannes v. Salisbury (»Metalogicon«, I, 13–25) und die spekulativen G.en der →Modisten, die vom Kontinent her Eingang finden, aber auch in England selbst entstehen.

Neben diesen Werken und unter ihrer Wirkung, breitet sich seit dem 14. Jh. ein neuer Typ der G. aus, der in engem Zusammenhang mit der Expansion des engl. Schulwesens und der zunehmenden Bildung und Belesenheit beim Bürgertum steht, nämlich die in engl. Sprache gelehrte Lateing., die damit auch zur kontrastiven G. des Engl. selbst wird, mit engl. Definitionen, engl. Terminologie (auf frz. Grundlage: der Lateinunterricht wurde bisher in frz. Sprache gehalten), mit engl.-lat. Beispielsätzen. Diese revolutionäre Neuerung wird von John of Cornwall, Schulmeister in Oxford, eingeführt; sein »Speculum grammaticale« (1346) ist noch ungedruckt. Unter seinen Nachfolgern ist der weitaus bekannteste John Leland, ebenfalls Schulmeister in Oxford († 1433). Ihm werden u. a. vier grammat. Schriften in engl. Sprache zugeschrieben: »Accidence« (Redeteile und Formenlehre), »Comparacio« (Steigerung), »Informacio« und »Formula« (Syntax). Weit verbreitet waren auch die Schriften des John Stanbridge, Schulmeister in Oxford und Banbury († 1510). Die Wirkung der kontrastiven Lehrmethode wird durch das Zitieren der neuen Terminologie in der Literatur bezeugt (→»Piers Plowman«, C.IV,335–410; Prolog zur Wycliff-Bibel, Kap. 15; →Bibelübersetzungen, XII). Ergänzt wird die neue G.lehre durch: 1. Wortlisten, die nach Sach- und Synonymengruppen angeordnet sind ('Nominale', 'Verbale'); 2. Satzbeispiele zur lat. G., z. T. mit engl. Übersetzung, sowohl in den grammat. Schriften als auch in separaten Sammlungen ('Latinitates', 'Vulgaria'); 3. seit dem 15. Jh. zweisprachige Wörterbücher (→Glossen, Glossare, IV.2). Humanist. Einflüsse zeigen sich in den G.en engl. Autoren seit dem späten 15. Jh., so bei Stanbridge und John Anwykyll. Die spätma. G.en werden alle im 16. Jh. durch das Lehrwerk unter dem Namen von William Lily abgelöst.   H. Gneuss

Bibliogr., Ed. und Lit.: zu [1]: Ælfrics G. und Glossar, ed. J. Zupitza (Vorw. H. Gneuss), 1966 – F. C. Robinson, The Significance of Names in OE Lit., Anglia 86, 1968, 14–58 – D. A. Bullough, The Educational Tradition in England from Alfred to Ælfric: Teaching Utriusque Linguae, Sett. cent. it. 19, 1972, 453–494 – H. Gneuss, The Origin of Standard OE and Æthelwold's School at Winchester, ASE 1, 1972, 63–83 – L. M. Reinsma, Rhetoric, Grammar and Lit. in England and Ireland before the Norman Conquest: A Select Bibliogr., Rhet. Soc. Quart. 8, 1978, 29–48 – V. Law, The Insular Latin Grammarians, 1982 – Dies., The Study of Latin Grammar in eighth-century Southumbria, ASE 12, 1983, 43–71 – M. Irvine, Bede the Grammarian and the Scope of grammatical Stud. in eighth-century Northumbria, ASE 15, 1986, 15–44 – G. H. Brown, Bede the Venerable, 1987, Kap. 2 – W. Hofstetter, Winchester und der spätae. Sprachgebrauch, 1987 – L. M. Reinsma, Ælfric: An annotated Bibliogr., 1987, Nr. 602–627 – *zu [2]:* K. Lambley, The Teaching and Cultivation of the French Language in England during Tudor and Stuart Times, 1920 – I. Michael, English Grammatical Categories and the Tradition to 1800, 1970 – N. Orme, English Schools in the MA, 1973 – G. A. Padley, Grammatical Theory in Western Europe 1500–1700: The Latin Tradition, 1976 – D. Thomson, A Descriptive Cat. of ME Grammatical Texts, 1979 – R. W. Hunt, Oxford Grammar Masters in the MA (The Hist. of Grammar in the MA: Collected Papers, 1980), 167–197 – D. Thomson, An Ed. of the ME Grammatical Texts, 1984 – R. E. Lewis, N. F. Blake, A. S. G. Edwards, Ind. of Printed ME Prose, 1985 – N. Orme, Latin and English Sentences in Fifteenth-Century Schoolbooks, Yale Univ. Library Gazette 60, 1985, 47–57 – M. A. Covington, Grammatical Theory in the MA (Stud. in the Hist. of Western Linguistics i. H. of R. H. Robins, hg. T. Bynon–F. R. Palmer, 1986), 23–42.

II. Romanische Literaturen: Die ältesten Zeugnisse sind okzitan. und beabsichtigen, Ausländern das Verständnis der Troubadour-Dichtung zu erleichtern: Der Katalane Ramon →Vidal de Besalú behandelt in den »Razos de trobar« von den acht Redeteilen des →Donatus Nomen, Pronomen und Verb, mit Beispielen aus der Troubadour-Dichtung und unter der prakt. Fragestel-

lung, schwierige Stellen durchsichtig zu machen; Geronimo Terramagnino aus Pisa brachte sein Werk Ende 13. Jh. in (okzitan.) Verse. Der Provenzale Uc Faidit schloß sich im »Donat proensal« (vor 1246; im Umkreis Ks. Friedrichs II. entstanden) enger an die »Ars minor« Donats an, erörterte systemat. alle acht Redeteile und schloß mit einem Reimwörterbuch; eine lat. Version des Textes stammt möglicherweise vom Verfasser selbst. Jaufre de Foixa (Katalane, lebte am aragones. Hof auf Sizilien) knüpfte mit den »Regles de trobar« (1286–91) an Ramon Vidal an, benutzte aber auch den »Donat proensal« und →Priscian. Alle diese Texte verstehen sich auch als Anleitungen in der poet. Technik; bes. deutl. ist diese Absicht in den »Leys d'amors«, die Guilhem Molinier im Auftrag der Akademie des *gay saber* in Toulouse verfaßte (ca. 1356); er behandelte außer der G. Metrik und Rhetorik, um der Dichtkunst der Troubadours durch Kodifizierung ihrer Regeln zu neuer Blüte zu verhelfen.

Frz. G.-Texte entstanden v. a. im anglonorm. Raum als Sprachlehren für Engländer; sie dienten rein prakt. Zwecken und behandeln z. B. Schrift und Aussprache (Orthographia Gallica, ca. 1300; lat. Erläuterungen zu den frz. Beispielen), Deklination und Konjugation (meist lat. Text); neben diesen oft sehr kurzen Traktaten stehen nach Sachgruppen geordnete Wortlisten (→Glossen, Glossare) und Musterdialoge (»Manieres de langage«), die den für Reisende wichtigen Wortschatz im Zusammenhang von Alltagsgesprächen präsentieren. Seit dem 13. Jh. lassen sich auch frz. Donat-Adaptationen nachweisen. Seit dem 14. Jh. behandeln für den Schulunterricht bestimmte Texte syntakt. Probleme (Kasusverwendung etc.) des Lat. und Frz. nebeneinander.

Auf der Pyrenäenhalbinsel setzt die G.tradition 1492 mit A. de →Nebrija ein; auf der Grundlage der lat. Tradition behandelt er ausführl. Aussprache, Prosodie, die Wortarten, Syntaktisches und schließt mit Hinweisen für ausländ. Spanischlerner. – Im ma. Italien konzentriert sich die Reflexion über die Sprache und ihren Gebrauch auf das Lat., →Ars dictaminis.   A. Gier

Ed.: The Razos de trobar of Raimon Vidal and Associated Texts, hg. J. H. Marshall, 1972 – The Donatz proensals of Uc Faidit, hg. J. H. Marshall, 1969 – Jaufre de Foixa, Regles de trobar, hg. E. Li Gotti, 1952 – Las Leys d'amors, Ms. de l'Acad. des jeux floraux, hg. J. Anglade, 4 Bde, 1919/20 – Orthographia Gallica, hg. J. Stürzinger, 1884 – A. de Nebrija, Gramática de la lengua castellana, hg. A. Quilis, 1980 – Th. Städtler, Zu den Anfängen der frz. G.sprache, Textausg. und Wortschatzstud., 1988 – *Lit.:* C. Segre, Grammatica, GRLMA 6/1, 116–120; 6/2, 169–171.

E. Judentum

Obwohl die Masoreten in Palästina und im Zweistromland vom 6. Jh. an den hebr. Bibeltext mit teilweise recht komplizierten Vokalisations- und Akzentsystemen zu sichern und zu normieren versuchten, begann eine wirkliche Sprachwissenschaft des Hebräischen erst im 9. Jh. im islam. Kulturbereich, wobei die arab. Sprachwissenschaft für die jüd. Minderheit in Terminologie und Methodik die entscheidenden Anregungen lieferte. Am Anfang steht Jehuda ibn Kuraisch aus Nordafrika, der in seinem berühmten Brief an die jüd. Gemeinde von Fes die grundlegende Verwandtschaft des bibl. →Hebr. mit dem mischnischen Hebr., mit dem Aramäischen und mit dem Arabischen auf lexikal. Ebene abhandelte. In der ersten Hälfte des 10 Jh. entwickelte →Saadja Gaon eine Morphologie, stellte die Verbal- und Nominalflexion systematisch dar, erhellte die Bedeutung bibl.-hebr. Hapaxlegomena mit Hilfe des mischnischen Hebr. und erstellte auch ein einfaches hebr.-arab. Glossar. Bes. wichtig aber wurden die Arbeiten der span.-jüd. Linguistik. Nach 950 verfaßte Menachem ben Sarug in Córdoba sein bibl.-hebr. Wörterbuch »Machberet«. Aus offenkundig religiösen Gründen lehnte er Sprachvergleiche des Hebräischen mit dem Arab. ab und klassifizierte bei der alphabet. Einordnung die Verbalstämme nach Wurzel- und Funktionsbuchstaben. Erstere bezeichneten die bei der Verbalflexion unveränderl. bleibenden Konsonanten und wurden für den Eintrag maßgebend. Als Funktionsbuchstaben deutete er die veränderl. Teile. So erschienen in seinem Lexikon die Wurzeln *yšb* ('sich setzen') und *šwb* ('umkehren') unter dem Lemma *šb*. Das Werk löste eine heftige Gegenreaktion seines Zeitgenossen Dunasch ibn Labrat aus. Nach jahrzehntelangen lit. Fehden der beiden Kontrahenten und ihrer Anhänger führte vor der Jahrtausendwende Menachems Schüler Jehuda ibn Chajjug den Triliteralismus als bis heute gültiges Ordnungsprinzip der hebr. Verbalstämme ein. Ihren Höhepunkt erreichte die span.-jüd. Sprachwissenschaft mit Abu-l-Walid Marwan ibn Ganach (Zaragoza, 1. Hälfte des 11. Jh.). Seine grammat. und lexikograph. Arbeiten behandelten das bibl. Hebr. in zuvor nicht dagewesener Ausführlichkeit und brachten v. a. bei der Syntax eine Fülle neuer Erkenntnisse. Mit Ausnahme von Menachem ben Sarug und Dunasch ibn Labrat verfaßten alle genannten Gelehrten ihre Werke auf Arabisch, so daß sie den abendländ. Glaubensbrüdern gar nicht oder nur in hebr. Übersetzungen zugängl. wurden. Als Weiterverbreiter spielten →Abraham ibn Ezra (12. Jh.) und die Familie →Kimchi in Südfrankreich (12./13. Jh.) eine große Rolle. Ihre G.en brachten zwar nicht mehr viel Neues, basierten aber auf der oriental.-jüd. Tradition und konnten, weil auf Hebr. abgefaßt, auch außerhalb des judäo-arab. Kulturkreises rezipiert werden. Immerhin erkannte Josef Kimchi im 12. Jh. die Eigenständigkeit von *Piel* und *Hof'al* bei der Verbalflexion und definierte die Konjugationsstämme in der heute maßgebl. Form.

Ganz eigenständig kompilierte am Ende des 11. Jh. Natan ben Jechiel in Rom sein vielbenutztes Wörterbuch »Aruch ha-schelem« zum Wortschatz von →Talmud und →Midrasch, also zum nachbibl. Hebr. und Aramäisch. Obwohl er bei der Lemmatisierung Menachem ben Sarugs antiquiertes System zugrunde legte, stellt sein Werk durch zahllose Belegzitate aus der nachbibl.-jüd. Lit. und durch realienkundl. Hinweise auf jüd. Brauchtum eine Fundgrube ersten Ranges dar. H.-G. v. Mutius

Lit.: EJud (engl.) XVI, 1352ff. [Bibliogr.] – C. DEL VALLE RODRI-GUEZ, La escuela hebrea de Córdoba, 1981.

Grammontenser, Orden, geht zurück auf die Schüler des auvergnat. Eremiten Stephan v. Muret (Étienne; †1124 bei Limoges), die nach dessen Tod unter der doppelten Leitung eines limousin. Priesters und eines illiteraten Ritters, der Stephans engster Vertrauter gewesen war, in Grandmont (comm. St-Sylvestre, cant. Ambazac, dép. Hte-Vienne) ein abgeschiedenes Leben führten. Richtschnur waren die sich an den Evangelien und Gregor d. Gr. orientierenden Vorschriften Stephans, die nach dessen Tod aufgezeichnet wurden und in dieser Version erhalten geblieben sind. Die Gemeinschaft feierte eine kanonikale, nicht eine monast. Liturgie.

Um 1140–50 ließ der 4. Prior, Stephan v. Lissac (1139–63), unter dem Namen des Gründers Stephan eine Regel verfassen, die den streng eremit. Charakter v. Grandmont verbindl. fixierte. So war den Religiosen die Nutzung aller geistl. Einkünfte (Zehnte, Anniversarien), aber auch verbriefter Schenkungen untersagt; sie sollten ihren Unterhalt ausschließl. aus Gaben der Besu-

cher und durch eigene Arbeit im eng begrenzten Klosterbezirk bestreiten; die Haltung von Großvieh und das gerichtl. Einklagen von Rechten war ihnen verboten. Zur Sicherung der kontemplativen Ruhe der geistl. Mitglieder wurden die gesamte materielle Verantwortung →Konversen übertragen; dies galt für Grandmont, wo der Prior zu residieren verpflichtet war, wie für die Neugründungen. Die Affiliierung von weibl. Religiosen war ausgeschlossen, trotz der Niederlassung einiger weibl. Gemeinschaften im Umkreis von Grandmont.

Die Ausbreitung der G. vollzog sich ebenso rasch wie diejenige der Zisterzienser, sowohl in den frz. Territorien der Plantagenêt wie der Kapetinger; auch in England und Navarra war der Orden mit drei bzw. zwei Niederlassungen vertreten. Die G. verfügten zu Anfang des 13. Jh. insgesamt über mehr als 100 cellae, die als kleine, einfache Anlagen nach einheitl. Bauschema errichtet wurden; die Kirchen ahmten sämtlich die einschiffige, 1166 geweihte Kirche des Mutterkl. Grandmont nach. Jährlich wurde ein Generalkapitel abgehalten, zu dem jede Zelle einen Kleriker und einen Konversen entsandte.

Heftige innere Spannungen traten unter dem 6. Prior, Guillaume de Treignac (1170–87), auf: Während die Kleriker sich von der Vormundschaft der Konversen in den wirtschaftl. Fragen zu lösen versuchten, wollten diese die Disziplinargewalt der Kleriker nicht mehr anerkennen; der gesamte Orden litt unter dem Mangel an gesicherten materiellen Grundlagen. 1188 und 1189 konnte der Hl. Stuhl eine vorübergehende Befriedung durchsetzen. Sie beinhaltete die päpstl. Billigung des Regeltextes, die Kanonisation des Gründers Stephan v. Muret und die Genehmigung der Wahl des Schlichters Gérard Ithier (1189–98) zum Prior, eines Verfassers spiritueller Traktate viktorin. Richtung.

Das erneute Aufbrechen von Konflikten führte zu häufigen Interventionen Innozenz' III. und seiner Nachfolger; das Papsttum unterwarf jede Zelle der Disziplinargewalt eines Priesters, des *corrector,* und der wirtschaftl. Verantwortung eines Konversen, des *curiosus.* 1247 übergab Innozenz IV. dem Orden einen neuen Regeltext, der die alte Strenge z. T. abmilderte; seit Honorius III. wurde es üblich, von Zeit zu Zeit auftretende Veränderungen an Regel und Consuetudines in Form eines päpstl. Privilegs schriftl. zu fixieren.

Das avignones. Papsttum führte eine Reorganisation der G. durch: Grandmont wurde als Abtei mit 60 »Mönchen«, die 39 Filialgründungen dagegen als Priorate mit je 16–18 »Mönchen« konstituiert, nicht gerechnet die weit zahlreicheren, aber zu bloßen Helfern herabgestuften Konversen. Die Konvente der Abtei und der Priorate wählten ihre eigenen Oberen und zogen Novizen heran; 1353 wurden dem Abt die →Pontifikalien verliehen. Für Universitätsstudien von Ordensangehörigen waren finanzielle Umlagen vorgesehen.

Diese Reformansätze verfielen jedoch infolge des Benefizienwesens; Grandmont, das Haupt des Ordens, wurde 1476 für ein Jahrhundert zur →Kommende umgewandelt. Doch noch 1497 hielt ein Generalvikar des Abtes ein Generalkapitel ab.

Nach Reformansätzen des 17. Jh. (Spaltung in Étroite und Ancienne Observance) wurden Abtei und Orden im Verlauf der Frz. Revolution aufgehoben. Während Grandmont abgebrochen wurde, sind die Baulichkeiten einer Reihe seiner Priorate, z. T. nahezu vollständig erhalten.   J. Becquet

Q. und Lit.: DHGE XXI, 1129–1140 [J. BECQUET] – Scriptores ordinis Grandmontensis, ed. Ders. (CSCO cont. med. VIII.) [Bibliogr.] – *zur Baugesch.*: vgl. künftig: C. Hutchinsons, in: Cistercian Publications (Univ. of Kalamazoo, Mich. USA) [im Dr.].

Gran (lat. Strigonium, ung. Esztergom), Stadt im nw. →Ungarn, gegenüber der Mündung des Flusses G. in die Donau, über den Ruinen des röm. Lagers Solva; von →Géza I. (970–997) zum zentralen Fs.ensitz der →Arpaden und Handelszentrum erhoben, Geburts- und Krönungsort (1.Jan. 1001) →Stephans I. d. Hl.en, seit 1001 Ebm. Die unter Ebf. →Anastasius-Ascherich errichtete Diöz. G. umfaßte den N und NW Ungarns vom Oberlauf der Donau bis zu den Karpaten (westlicher und mittlerer Teil der heutigen Slovakei). Mit dem Aufstieg des am Pilgerweg ins Hl. Land gelegenen →Stuhlweißenburg zum Kg.ssitz (ab 1018) verlor G. an Bedeutung.

Auf dem befestigten Burghügel (3,2 ha) befanden sich die fsl./kgl., später ebfl. Residenz sowie das älteste Kollegiatkapitel (♂ Protomartyr Stephanus) und die Kathedrale St.Adalbert. Um den Burghügel entwickelten sich die Vorstädte. Deren wichtigste, die kgl. Innenstadt (32 ha) befestigt im 13.Jh. mit Wall und Graben, umfaßte auf der w. Wasserseite das Forum mit Laurentius- und Nikolauskirche (1156), die Niederlassungen der Johanniter (♂ Hl. Kreuz) und Franziskaner (♂ Maria), das Rathaus und den Palast v. 'Sene' (Zenie), der auch als kgl. Aufenthaltsort diente, ferner die Niederlassungen der Dominikaner (♂ Katharina, später Martin) und der Templer (♂ Petrus?) sowie die Synagoge. An der Ostseite der Innenstadt, nahe der Hauptstraße nach →Buda und →Raab, lag die sog. 'Wälsche Wik' (Magnus Vicus Latinorum), den seit dem 12.Jh. neben Wallonen auch →Lombarden bewohnten (Kirchen ♂ Magdalena, Aegidius, Ambrosius).

Unter den zwanzig kleineren Vorstädten sind zu erwähnen: die unterhalb der Burg liegende 'Wasserstadt' (auch: Németváros, 'dt. Stadt'), mit Pfarrei Ladislaus d. Hl. (13.Jh.), vor deren Nordtor an der Donaufähre der Samstagsmarkt lag; im N Szentgyörgymező (S. Georgius de Viridi Campo) mit dem um 1190 gegr. kleineren Kollegiatkapitel St. Georg; im SO am Thomasberg Szenttamás mit Kollegiatkapitel Thomas Martyr (= Th. Becket) vor 1196; Tapolca (Calidae Aquae) mit Thermalquelle und Mühlen; Örmény (Ermen), die Siedlung der armen. Kaufleute (Pfarrei Johannes d. Täufers), später 'Szentanna' nach dem dortigen Augustinerkl. (♂ St. Anna); Kovácsi (Villa Monetariorum), Wohnort der Münzer (Pfarreien Cosmas und Damian, Johannes Ev.); weiter im S Szentkirály mit einem Stephan d. Hl. geweihten Hospital der →Stephaniten sowie Szentlázár mit einem Leprosorium der →Lazariten.

Das Domkapitel fungierte seit dem 12.Jh. als →locus credibilis für ganz Ungarn. Der kgl. Palast in der Burg wurde von Béla III. umgebaut, von Kg. Emmerich aber 1198 dem Ebf. geschenkt. Nach den Verwüstungen des Mongolensturms, dem nur die Burg widerstand, versuchte Béla IV., die Bürger auf der Burg anzusiedeln (1249); diese setzten jedoch den Wiederaufbau der Stadt durch (1255: 'maior villae' und 'ceteri cives de vico'). Trotz des von Béla IV. der Innenstadt verliehenen kgl. Freistadtprivilegs erwarb das Domkapitel aufgrund einer verfälschten alten Urk. ein Drittel der Stadt samt deren Zöllen, was zu Auseinandersetzungen zw. Domkapitel und Bürgerschaft führte, die von Karl Robert I. 1326 zugunsten der Stadt entschieden wurden.

Die städt. Führungsschicht bestand anfänglich vorwiegend aus 'Latini' (1255: 'Sigillum Latinorum civitatis Strigoniensis secretum'). Doch ging bis zum Ende des 13.Jh. die Zahl der Wallonen und Lombarden zugunsten der

'Bayern' zurück. Zur besitzenden, z. T. in Palästen wohnenden Schicht gehörten zum einen kgl. Würdenträger (Kammergf., Schatzmeister, Burggf.) und Dienstleute (Apotheker, Arzt, Schneider), zum anderen Fernhändler (mercatores). Das mittlere Bürgertum (Handwerker, Krämer) wohnte meist ebenfalls Steinhäuser, während die Kleinhäusler vielfach in hölzernen →Buden lebten.

Die Gesch. der Stadt wurde vom mehrfachen Besitzwechsel der Burg beeinflußt. 1270 erhielt der Ebf. die Würde des kgl. →Gespans. Als aber Ebf. Gregor den jungen Karl Robert I. v. Anjou gegen den letzten Arpadenkg. Andreas III. unterstützte, wurde die Burg beschlagnahmt und durch kgl. Burggf.en verwaltet. Während des ung. Interregnums war G. 1301–04 in den Händen Wenzels III. v. Böhmen, der bei seinem Abzug den Domschatz mitnahm und die Burg an Iwan v. Güssing, einen Parteigänger Kg. Ottos III., abtrat. Zwar wurde sie 1306 von Karl Robert zurückerobert, aber dieser konnte G. erst nach der Zerschlagung der nordwestung. Machtposition des Matthäus →Csák (1321) wieder nutzen. Von 1321 bis 1530 wieder ständiger Sitz der Ebf.e, blieb die Innenstadt kgl. Freistadt, während die Vorstädte dem Domkapitel unterstanden. Die Burg war erneut umkämpft unter Sigmund (1403) und Wladislaw I. (1440).

Unter den Ebf.en des 14.–15.Jh. traten als Bauherren v. a. Csanád v. Telegad (1330–49), Dionysius Széchy (1440–65), der große Humanist Johannes →Vitéz (1465–72; prachtvoller Ausbau des ebfl. Palasts) sowie Thomas →Bakócz (1497–1521) hervor. Ihm gelang es auch, die kgl. Stadt 1502–19 als Pfandschaft in seine Hand zu bekommen. 1543 wurde G. von den Türken erobert.

G. Györffy

Q.: Monumenta ecclesiae Strigoniensis, 3 Bde, 1874–1913 – *Lit.:* K. Schünemann, Die Entstehung des Städtewesens in SO-Europa, 1929 – D. Dercsenyi-Zolnay, Esztergom, 1956 – I. Horváth, Magyarország régészeti topográfiája 5, 1979, 78–231 – G. Györffy, Geogr. hist. 2, 1984, 237–289.

Granada (arab. Ġarnāṭa), Stadt und letztes islam. Kgr. in →al-Andalus.

I. Geschichte – II. Baugeschichte.

I. Geschichte: [1] *Stadt:* In iber. und röm. Zeit als Iliberri (→Elvira) nicht unbedeutend, war es bei der islam. Eroberung eine kleine, v. a. von Juden bewohnte Stadt (Ġarnāṭat al-Yahūd). Mitte des 8.Jh. wurde der Hügel des heut. Albaicín teilweise umwallt, und in Auseinandersetzungen des 9.Jh. wird die Alcazaba (Festung) der Alhambra genannt. 1012 machte Zāwī, der Begründer der →Zīrīden-Dynastie, G. zur Hauptstadt seines Reiches. 1066 war G. Schauplatz einer blutigen Judenverfolgung. Als nach →Almoraviden und →Almohaden der Naṣride Muḥammad I. (1237–73) sein Reich, mit Hauptsitz in G., errichtete, erlebte die Stadt neuerl. Aufschwung: Ausbau der Palaststadt (Madīnat al-Ḥamrāʾ/Alhambra) auf dem Sabīka-Hügel (→Abschnitt II), Wallerweiterungen sowie Entstehung zweier großer, nie völlig besiedelter Vorstädte. 26 Stadtviertel und 12 weitere im Albaicín, 27 Tore (davon 15 in den Außenwällen) und 9 Brücken über den Darro nebst der Genil-Brücke werden genannt. Die Stadtfläche, unter den Zīrīden ca. 75 ha mit etwa 26000 Einwohnern, betrug unter den Naṣriden 170 ha mit 30000–50000 Einw., rund einem Zehntel der Gesamteinwohnerzahl des knapp 30000 km² umfassenden Reiches.

[2] *Reich der Naṣriden:* Seine Gesch. wird bestimmt von folgenden Faktoren: 1. der Lehnsabhängigkeit zu →Kastilien-León, 2. den Auseinandersetzungen mit der verwandten, in Guadix, Málaga und Comares herrschenden Sippe der ᶜAšqīlūla, 3. der Schaukelpolitik gegenüber den

→Meriniden Marokkos, die bis 1370 Brückenköpfe an der andalus. Küste besetzt hielten, 4. der Wirtschaftsmacht →Genuas, das seit etwa 1350, nach dem seit 1275 andauernden Kampf um die Meerenge v. →Gibraltar, das Land, dessen polit. Lage durchweg prekär war, im Griff hatte. Im 13. und Anfang des 14. Jh., bes. unter Ismāʿīl I. (1314–25), in Kämpfen gegen die Kastilier erfolgreich, folgten dann Rückschläge. Die Schwäche des im 14. Jh. durch Bürgerkriege erschütterten Kastilien ermöglichte G. unter Yūsuf I. (1333–50) und Muḥammad V. (1354–91) jedoch eine mit dem Namen des letzten bedeutenden Wesirs und Literaten →Ibn al-Ḫaṭīb verknüpfte Blüte- und Friedenszeit. Nach den hohen Bevölkerungsverlusten der seit 1348 wütenden Pest stürzte das Reich im 15. Jh. durch unaufhörl. Auseinandersetzungen zw. den Herrschern und einflußreichen Adelsfamilien (wie den Abencerragen) in Anarchie. Mit der Übergabe der belagerten Stadt durch→Boabdil (2. Jan. 1492) an Kastilien endete das islam. Reich v. G., dessen Eroberung von der zeitgenöss. Christenheit im Sinne des wiederbelebten Kreuzzugsgedankens (→Reconquista, →Türkenkrieg) gefeiert wurde. Dem entsprach, daß die →Kath. Kg.e nicht nur das Ebm. G., in Anknüpfung an das alte Bm. Elvira, errichteten, sondern sich mit dem aufwendigen ʿCapilla realʾ hier auch ihre→Grablege schufen.→Mudéjares.   H.-R. Singer

Q.:→Ibn al-Ḫaṭīb – M. J. MÜLLER, Die letzten Zeiten von G., 1863 – DERS., Beitr. zur Gesch. der westl. Araber, 2 H., 1866, 1878 – Lit.: EI²II, 1012–1020; III, 1110 – F. J. SIMONET, Descripción del Reino de G. … sacada de los autores árabes, 1860, 1872² [Nachdr.: 1979, 1982] – L. SECO DE LUCENA sen., Plano de G. árabe, 1910, 1982² – D. GONZALO MAESO, Garnāta al-Yahūd, 1963 – R. ARIÉ, L'Espagne musulmane au temps des Naṣrides, 1973 – A. MUJTĀR AL-ᶜ-ABBĀDĪ, El Reino de G. en la época de Muhammad V., 1973 – C. TORRES DELGADO, El antiguo reino nazarí de G., 1974 – L. SECO DE LUCENA jr., La G. nazarí del s. XV, 1975 – DERS., Muhammad IX. sultan de G., 1978 – M. A. LADERO QUESADA, G. Hist. de un país islámico, 1979² – J. M. ROLDÁN, G. romana, 1983 – M. A. LADERO QUESADA, Castilla y la conquista del reino de G., 1987² – R. G. PEINADO SANTAELLA – J. E. LÓPEZ DE COCA CASTAÑER, Hist. de G. II, 1987 – M. A. LADERO QUESADA, G. después de la conquista. Repobladores y mudéjares, 1988 – M. ROCA ROUMENS u. a., El Albaicín y los orígines de la ciudad de G., 1988.

II. BAUGESCHICHTE: Unter der naṣrid. Herrschaft wurde G. im 13. und 14. Jh. zu einem führenden Kunstzentrum des Westislam. Hauptzeuge ist die →Alhambra (al-Ḥamrāʾ). Die befestigte Residenz der Zīrīden lag auf dem Albaicín (qaṣabat al-Bayāzīn oder al-qaṣaba al-qadīma). Am W-Ende des gegenüberliegenden Alhambra-Hügels steht Bausubstanz des 11. Jh. an: Die Festung (Alcazaba) wurde in die naṣrid. Überbauung der langgestreckten Anhöhe einbezogen, die der Dynastiegründer Muḥammad I. unmittelbar nach seiner Machtergreifung (1238) begann und sein Sohn Muḥammad II. (1273–1302) fortsetzte. Von ihnen stammen große Teile des Mauerringes. Der auf uns gekommene Kernpalast, die »Casa Real«, ist im wesentl. aber erst Werk Yūsufs I. (1333–54) und Muḥammads V. (1354–58; 1362–91). Städtebaul. Lage, Verteilung der Räume, Dekorformen, ja auch ideolog. Gehalte einzelner Bauteile resümieren in dieser Endzeit des span. Islam fast alle die span.-islam. Kunst prägenden Traditionen. Noch immer wirkten dieselben altorient. Züge wie in der 936 gegr. westomayyad. Kalifenresidenz Madīnat az-Zahrāʾ nach. Auf der Stadtkrone schieben sich Baukomplexe agglutinierend ineinander: Myrthen- und Löwenhof sind nicht axial aufeinander bezogen; das Schema der streng axial geordneten ᶜabbāsid. Großpaläste wurde in Spanien nie heimisch. Dagegen war ᶜabbāsid. Dekor in almohad. Zeit neu belebt worden. In den Stuckpaneelen der Arkadenschritte des Löwenhofes treten wieder die für

den Sāmarrā-Stuck so typischen, stark plast. gerundeten Birnenformen mit gesiebter Oberfläche hervor. Die Überzüchtung spezif. almohad. Formengutes fällt ins Auge. Die dominierenden Stalaktitengewölbe sind gegenüber den frühalmohad. verfeinernd fragmentiert. Die überschlanken Kapitelle des Löwenhofes tragen als Kranz- und Hochblätter oft die typisch almohad. kontinuierl. Bandmäander.   Ch. Ewert

Lit.: EI²II, 1035ff. [H. Terrasse, s. v. Ġharnāṭa]–L. TORRES BALBÁS, La Alhambra de G. antes del s. XIII, Al-Andalus 5, 1940, 155ff. – DERS., Ars Hispaniae IV, 1949, 83ff. – G. MARÇAIS, L'architecture musulmane d'occident, 1954, 302ff. – D. CABANELAS RODRÍGUEZ, La antigua policromía del techo de Comares, Al-Andalus 35, 1970, 423ff. – PKG IV, 1973, 315ff. [K. BRISCH] – B. PAVÓN MALDONADO, Estudios sobre la Alhambra (Beih. zu Cuadernos de la Alhambra), 1. La Alcazaba…, 1975; 2. El Generalife…, 1977 – O. GRABAR, The Alhambra, 1978.

Granat, transluzider, oft blutroter Halbedelstein (vgl. Plinius n. h. 37,7), in der Lit. meist als Almandin geführt. Das an Varietäten reiche Mineral (darunter Almandin) stammt aus Lagerstätten des Orients und des ö. Mitteleuropa. Gespalten und plan geschliffen wurde der G. oft zusammen mit anderen Einlagen in das Zellenwerk mehrmals unterteilter Metallfassungen montiert. In den ersten Jahrhunderten n. Chr. gelangte diese Cloisonné-Technik hellenist. Ursprungs im Schmuck zu hoher Blüte und soll herkömml., aber zu engräuml. Herleitung nach in nordpont. Werkstätten entworfen und insbes. durch die Goten in spätantik-frühbyz. Zeit verbreitet worden sein. Die Technik fand ihre anscheinend größte Verbreitung in Mittel- und Nordeuropa, speist sich aber durchweg aus mediterran-oriental. Quellen. Hier wie dort war gesellschaftl. Vorbild der G.-Verwendung der Herrscherornat, waren die Steine außer im Schmuck und am Tracht- und Waffenzubehör in der kirchl. Zierkunst beliebt und haben als symbol. wie mag. überhöhte Bedeutungsträger gedient. G.einlagen können als feiner Gradmesser chronolog. und kultureller Unterschiede ausgewertet werden, und zwar bes. in sozialindizierender Hinsicht. Zum Typus des in der Cloisonné-Technik versierten Herrschaftshandwerkers vgl. →Eligius v. Noyon, hl.   H. Vierck

Lit.: HOOPS I, s. v. Almandin; VII, s. v. Eligius v. Noyon – RAC IV, s. v. Edelsteine – A. RIEGL, Die spätröm. Kunstindustrie, 1927² – B. ARRHENIUS, Zum symbol. Sinn des Almandin im früheren MA, FMASt 3, 1969, 47–59 – C. MEIER, Gemma Spiritualis. Methode und Gebrauch der Edelsteinallegorese vom frühen Christentum bis ins 18. Jh., 1977 – H. ROTH, Almandinhandel und -verarbeitung im Bereich des Mittelmeeres, Beitr. zur Allg. und Vergl. Archäologie 2, 1980, 309–335 – B. ARRHENIUS, Merovingian Garnet Jewellery. Emergence and Social Implications, 1985.

Granatapfel(baum) (Punica granatum L./Punicaceae). Schon in der Antike als Zeichen der Schönheit, Liebe und Fruchtbarkeit angesehen, begegnet der G. in der ma. sakralen Kunst v. a. als mehrdeutiges Symbol für Maria und Christus: so auf dem n. Westportal von Notre-Dame in Paris, einer der Baptisteriumstüren zu Florenz, dem Genter Altar oder auf Madonnenbildern, während er z. B. auf Dürers Porträt Maximilians I. als profanes Fürstenattribut erscheint. Auch in der Lit. steht hier die Mariensymbolik im Vordergrund: etwa bei →Alanus ab Insulis, der unter Bezug auf das Hld (4, 13) die rote, vielkernige Frucht des G.baums mit den Tugenden der Gottesmutter vergleicht. Schließlich fand die lat. (malum/pomum) granatum gen. granat opffel (Gart, Kap. 206) auch med. Verwendung, wobei man zw. süßen und sauren malgran (Konrad v. Megenberg IV A, 25) unterschied.   P. Dilg

Lit.: MARZELL III, 1192f. – LCI II, 198f. – RAC I, 689–718 – L. BEHLING, Die Pflanzenwelt der ma. Kathedralen, 1964, passim – DIES., Die Pflanze in der ma. Tafelmalerei, 1967², passim.

Gran Capitán, Ehrenname des span. Heerführers Gonzalo Fernández de Córdoba, * 1453 in Montilla, † 1515 in Granada, ▭ebd., in dem ihm zu Ehren errichteten Kl. S. Jerónimo. 2. Sohn des Herrn v. Aguilar und Priego, Pedro Fernández de Córdoba, und der Elvira de Herrera, trat G., nachdem er an den Kämpfen der Adelsligen in Córdoba teilgenommen hatte, ins kgl. Heer ein, seit 1482 als Kapitän der kgl. Garde mit Befehl über 100 'Lanzen'. Bei der Eroberung v. →Granada sammelte er große Erfahrungen in Kriegführung und Verhandlungstaktik und gewann die Wertschätzung der →Kath. Kg.e. Seit Mai 1495 kämpfte er im Kgr. →Neapel erfolgreich gegen das frz. Heer Kg. Karls VIII., eroberte Kalabrien und nahm im Juni 1496 die frz. Kapitulation entgegen. Seit Juni 1500 erneut in Italien, führte er gemeinsam mit Venedig zunächst Krieg gegen die Türken, seit 1502–03, nach der Teilung des Kgr.s Neapel, wieder gegen Frankreich. Seine erfolgreich angewandte Konzeption, bei Belagerungen gleichzeitig Fußtruppen mit Lanzen und Feuerwaffen, leichter Kavallerie wie auch Artillerie und Verminung einzusetzen, führte zur Bildung der *tercios* (Dreiermannschaften) im neuen span. Heer. Mit hohen Titeln (Hzg. v. Sessa und Terranova, bis 1507 Vizekg. v. Neapel) und Einkünften bedacht, residierte er in seinen letzten Jahren in Loja.　　　　　M.-A. Ladero Quesada

Q.: Crónicas del Gran Capitán, ed. A. RODRÍGUEZ VILLA, 1908 – *Lit.*: L. M. DE LOJENDIO, Gonzalo de Córdoba, 1942.

Gran Conquista de Ultramar, ausführl., durch epische Elemente angereicherte altkast. Kompilation zur Kreuzzugsgesch. Außer der Hauptvorlage, der Kreuzzugsgesch. des →Wilhelm v. Tyrus samt ihren Fortsetzungen bis 1291, findet sich der afrz. »Kreuzzugszyklus« (→Chanson de Geste, →Kreuzzugsdichtung) verarbeitet. Der Plan des wegen späterer Interpolation schwer datierbaren Werkes geht wahrscheinl. auf Alfons X. v. Kastilien (1250–84) als Ausdruck seiner polit. Ambitionen zurück; es wurde unter seinem Nachfolger Sancho IV. weitergeführt.　　　　　L. Vones

Ed.: L. COOPER, 4 Bde, 1979 – *Lit.*: G. T. NORTHUP, La G. and its Problems, Hispanic Review 2, 1934, 287–302 – S. DUPARC-QUIOC, La 'Chanson de Jérusalem' et la G., Romania 66, 1940, 32–48 – A. REY, Las leyendas del ciclo carolingio en la G., RP 3, 1949, 172–181 – C. R. STRESAU, La G.: Its Sources and Composition [Diss. 1977] – C. GONZÁLEZ, Alfonso X el Sabio y la G., Hispanic Review 54, 1986, 67–82.

Grand Bacinet → Helm

Grand, Johann → Johann (Jens) Grand

Grande-Chartreuse → Chartreuse

Grande et general Estoria, abgefaßt unter der Leitung →Alfons' X. v. Kastilien zw. 1272 und 1284, erste, ganz in der Tradition der christozentr. Universalgesch. eines Eusebius v. Caesarea stehende historiograph. Kompilation in kast. Sprache, in wesentl. Teilen erhalten. Das Werk will »alle erwähnenswerten Ereignisse sowohl der bibl. Gesch. wie auch der anderen großen in der Welt geschehenen Taten von Beginn der Welt bis in unsere Tage« erzählen und weist eine originelle Konzeption auf (Gesch. als allumfassendes Wissen, Bedeutung der Zeit zur Erkenntnis des göttl. Heilsplans). Hauptquellen der Kompilation sind die Vulgata, →Eusebius v. Caesarea, →Petrus Comestor, →Sigebert v. Gembloux, →Gottfried v. Viterbo, →Alexander de Villa Dei (»Massa Compoti«), →Geoffroy v. Monmouth, die Behandlung d. Trojastoffes von →Dares Phrygius und →Dictys Cretensis, die »Metamorphosen« →Ovids, →Orosius, →Isidor, Flavius →Josephus, arab. Autoren (u. a. →al-Bakrī). Das Geschichtswerk spiegelt die Lage im Kastilien des 13. Jh. wider.　　　　　M.-A. Ladero Quesada

Ed.: A. GARCIA SOLALINDE, L. A. KASTEN, V. B. OELSCHLÄGER, 3 Bde, 1930–61 – *Lit.*: F. RICO, Alfonso el Sabio y la »General Estoria«, 1984².

Grandes Chroniques de France → Chroniques (Grandes) de France

Grandmont, Kl. → Grammonteser

Grandselve, ehem. Abtei OCist (Diöz. Toulouse, dép. Tarn-et-Garonne), gegr. ca. 1114, gehört wie →Cadouin zu den von Gerald v. Salles († 1120), einem Eremiten und Wanderprediger aus dem Umkreis →Roberts v. Arbrissel, in SW-Frankreich gegr. Einsiedeleien, deren Verband nach Geralds Tod jedoch zerfiel. G. schloß sich – wie die meisten dieser Konvente – dem →Zisterzienserorden an (ca. 1145–47), unterstand unmittelbar →Clairvaux und wurde im 12. Jh. Haupt einer Filiation (mit →Fontfroide, Calers und Candeil in S-Frankreich, →Santes Creus in Katalonien). G., 1198–1201 von Abt →Arnaldus Amalrici geleitet, war eines der Zentren der Zisterzienserpredigt gegen die →Katharer. Immenser Landbesitz (u. a. Schenkungen der Gf.en v. →Toulouse und →Armagnac, Kg.e v. →Aragón und →England; Besitz zweier Bastiden) und Reliquien (hl. Dornenkrone, gestiftet wohl von →Alfons v. Poitiers) sowie die Aufsicht über das Studienkolleg des Ordens in Toulouse (seit 1281) verdeutlichen Ansehen und Ausstrahlung der Abtei. 1476 wurde G. Kommende. 1791 Auflösung und nachfolgend Abbruch; seit den 60er Jahren umfangreiche Grabungen.　　　　　H.-J. Schmidt

Lit.: M . D. CAZES, L'abbaye de G., Bull. de la Soc. arch. de Tarn-et-Garonne 100, 1975, 51–64 – Les Cisterciens de Languedoc (Cah. de Fanjeaux 21, 1986), 72–75, 107–126 [M. BARRIÈRE, M. MOUSNIER].

Gran(d)son (Grandison), **Otto de,** Ratgeber →Eduards I. v. England, * 1238, † 1328, gehörte zur Gruppe der für die Verwaltung und Regierung Englands in der 2. Hälfte des 13. Jh. so bedeutenden Savoyarden (→England C.I, 1). Er begann seine Tätigkeit wohl in den Jahren nach 1250 im Dienst des Prinzen Eduard (I.). Maßgebl. Einfluß erlangte er seit der Kreuzfahrt Eduards I. (1270–72), auf die G. seinen Herrn begleitete, und diente diesem fortan treu als kgl. Ritter (*household knight*) und Ratgeber sowie eifrig als Gesandter. Er war mehrfach mit Gesandtschaften an die päpstl. Kurie betraut und spielte eine bedeutende Rolle bei den Verhandlungen mit Frankreich während und nach dem Krieg von 1294–97. Er kämpfte für Eduard I. in zwei Feldzügen gegen →Wales und könnte durchaus das dortige engl. Burgenbauprogramm (→Burg C. X, 2c) beeinflußt haben. Zum →Justitiar v. Wales ernannt, hielt er sich jedoch nur wenig im Lande auf. Ein weiterer Tätigkeitsbereich G.s betraf die →Gascogne. Eduard I. belohnte seine Dienste mit der Verleihung der →Kanalinseln sowie von Gütern in Irland. G. verließ England 1307, im Todesjahr seines Kg.s, diente aber dessen Sohn Eduard II. noch an der päpstl. Kurie.　　　　　M. C. Prestwich

Lit.: C. L. KINGSFORD, Sir Otho de Grandison, TRHS, 1909 – E. R. CLIFFORD, A Knight of Great Renown, 1961.

Grandson, Schlacht bei (2. März 1476). Nach bernisch-eidgenöss. Raub- und Eroberungszügen gegen →Vaud und Freigft. →Burgund (5. B.) 1475 griff →Karl der Kühne erstmals persönl. in den Oberen Landen ein. Er gewann Yverdon und G. am Neuenburgersee und schob seine Positionen bis Vaumarcus vor. In zwei Haufen formiert, griffen die etwa 20000 Mann zählenden eidgenöss. Kontingente in der Ebene bei Concise die zahlenmäßig vermutl. ebenbürtige burg. Streitmacht an, deren

Niederlage auf die überlegene krieger. Energie und größere Geschlossenheit der Eidgenossen zurückzuführen ist. Die burg. Mannschaftsverluste waren gering, fabulös hingegen war die Beute der Eidgenossen. →Murten, →Nancy.   W. Schaufelberger

Lit.: Grandson–1476. Essai d'approche pluridisciplinaire d'une action militaire du XVᵉ s., 1976.

Granfelden → Moutier-Grandval

Grange, Jean de La, frz. Kard. u. Diplomat, * um 1325/ 50 bei Ambierle (dép. Loire), † 24.(?) April 1402 in Avignon (Testament: 12. April 1402); cluniazens. Mönch, gefördert von den Kard.en Jean de La Tour und Gui de →Boulogne, Dr. iur. can., im Dienst Kg. →Karls d. Bösen v. Navarra, entfaltete als Auditor Guis de Boulogne in Spanien (1359–63) umfangreiche diplomat. Aktivitäten (Aushandlung des kastilo-aragones. Friedens v. Deza und der navarro-kast. Allianz v. Estella gegen Aragón), wurde aber, auf Betreiben des doppelzüngigen Karls v. Navarra, vom Kg. v. Aragón gefangengesetzt. Seit 1368 im →*Conseil* Karls V. v. Frankreich, scheiterte La G. als *trésorier des* →*aides* in Rouen mit einem Steuerprojekt. Begleiter Urbans V. bei dessen Rückkehr nach Avignon (1370), bediente sich Gregor XI. des Ansehens La G.s beim frz. Kg. und erhob ihn zum Bf. v. Amiens, 1375 zum Kard.

    Obwohl La G. Papst Gregor XI. nach Rom folgte (1376), erhielt er von Karl V. eine Pension von 4000 *livres*. Seine Anwesenheit in Sarzana, zur Beendigung des Krieges mit Florenz, hinderte ihn an der Teilnahme am röm. →Konklave. La G. brach mit Urban VI. und begünstigte die Wahl Clemens' VII. (Sept. 1378), für dessen Anerkennung er bei mehreren Monarchen warb. Bf. v. Tusculum (1379), kehrte La G. an den frz. Hof zurück, trat aber nach dem Regierungsantritt Karls VI., der La G. wegen seiner Habgier verachtete, in die Dienste Hzg. →Johanns v. Berry (als *lieutenant* im Languedoc, 1381–89) und setzte sich für den Anschluß der →Provence an Frankreich ein. Ein großer Kreditgeber, lieh La G. u. a. Clemens VII. insgesamt 22 000 *francs*. Als Feind Benedikts XIII., der ihm 1394 die Tiara weggeschnappt hatte, trat La G. in Avignon nachdrücklich für den Gehorsamsentzug ein.   M. Hayez

Q.: École fr. de Rome, Lettres [Urban V., Gregor XI.] – F. Duchesne, Hist. de tous les card. fr., 1660–66 – Ch.-H. Lerch, Le card. J. de La G., sa vie et son rôle politique jusqu'à la mort de Charles V (1350–1380) [Thèse, École des Chartes, 1955] – H. Bresc, A. Morganstern, R.-H. Bautier, M. Harvey, Genèse et débuts du Grand Schisme, 1978 – F. Autrand, Naissance d'un grand corps de l'État. Les gens du Parlement de Paris, 1981 – R. Cazelles, Société politique, noblesse et couronne sous Jean le Bon et Charles V, 1982 – P. Jugie, Le card. Gui de Boulogne [Thèse, École des Chartes, 1986] – B. Guenée, Pierre d'Ailly, Entre l'Église et l'État, 1987.

Grangie (grangia), von lat. granum ('Korn'). Demnach zunächst Getreidespeicher und großräumiges Vorratsgebäude, auch Großscheune. Darüber hinaus der eingefriedete, mit Tor und Mauer bzw. Palisade umgebene Hofbereich und schließlich und hauptsächl. der gesamte, von der Hofanlage aus bewirtschaftete Landkomplex: Ein agrar. Großbetrieb mit allem Zubehör (Pertinenzen). G.n bilden ein bes. Element im gemischten Wirtschaftssystem der →Zisterzienser, die urspgl. nur von ihrer eigenen Hände Ertrag in möglichster Autarkie leben wollten, dieses Ziel jedoch nie voll erreichten. Dem Anfangsideal entsprachen weitgehend die eigenbewirtschafteten G.n, die seit frühester Zeit unter Leitung von Konversen (sog. Laienbrüder) standen, welche vorzugsweise Gesinde und Lohnarbeiter (mercennarii) beaufsichtigten und die herausragenden Stützen der Großbetriebsform waren. Der Hofmeister (magister grangiae) vertrat mit beträchtl. Selbständigkeit

die wirtschaftl. und rechtl. Interessen seines Hofes und Kl. und war gegenüber Abt und Zellerar voll rechenschaftspflichtig. Die G.n-Größe betrug zw. 50 und weit über 400 ha Ackerland, durchschnittl. etwa zw. 150–200 ha. Viele Abteien besaßen 20 G.n und mehr; in der Regel umgaben sie kranzförmig in weiteren Abständen den zentralen Wirtschaftshof im Kl. Kennzeichnend ist das Streben nach arrondiertem Landbesitz und dessen rechtl. Homogenität, die erst zusammen mit rationellen Betriebsführungsformen landwirtschaftl. Intensivbau und Gewinnmaximierung ermöglichten. Die marktbezogene Produktion wurde meist über klostereigene Stadthöfe abgesetzt. Neben den Ackerhöfen kennen die Zisterzienser auch spezielle Viehhöfe (grangia pecudum; Schwaighöfe), Schafhöfe, Weinhöfe. Das auf G.n zentrierte Wirtschaftssystem der Zisterzienser war eine Reaktion auf den Bedeutungsschwund der traditionellen →Grundherrschaft mit starker Besitzzersplitterung und Rentensystem. Nach der Blütezeit im 12. und 13.Jh. verfiel auch die G.nwirtschaft wegen Mangels an Konversen und infolge vielfältiger Anpassungszwänge an die Umwelt. In vielen Zügen sind die Höfe der →Prämonstratenser zisterziens. G.n vergleichbar.   R. Schneider

Lit.: DDC V, 987–993 – DIP IV, 1393–1402 – H. Wiswe, G.n niedersächs. Zisterzienserkl., Braunschweig, Jbb. 34, 1953 – Ch. Higounet, La grange de Vaulerent, 1965 – J. L. Lekai, The Cistercians, 1977 – W. Ribbe – W. Schich (Die Zisterzienser, Kat., 1980) – W. Rösener, Zur Wirtschaftstätigkeit der Zisterzienser im HochMA, ZAA 30, 1982 – M. Toepfer, Die Konversen der Zisterzienser, 1983 – Villa-curtisgrangia, hg. W. Janssen – D. Lohrmann (Beih. der Francia 11, 1983).

Grant, Richard (Weathershed), Ebf. v. →Canterbury, † 3. Aug. 1231 in S. Gemma auf der Rückkehr von einer Romreise. G. dürfte in Paris studiert haben, doch liegen vor seiner Ernennung zum Kanzler der Kathedrale v. Lincoln (1220) keine Nachrichten über ihn vor. Als Kg. Heinrich III. nach dem Tode Stephen →Langtons der Wahl Walters v. Eynsham zum Ebf. widersprach (1228), providierte Papst Gregor IX. G. als Ebf. (Jan. 1229); nach Erlangung der kgl. Zustimmung wurde G. am 10. Juni 1229 geweiht. Seine kurze Amtszeit war von heftigen Streitigkeiten mit dem kgl. →Justitiar, Hubert de →Burgh, bestimmt. G. führte bei seinem letzten Rombesuch Klage über die Ämterhäufung seines Klerus und dessen Verstrickung in weltl. Rechtsangelegenheiten. Die ihm einst zugeschriebenen ebfl. Konstitutionen gelten heute als Werk Ebf. Richards v. Dover (1174–84).   D. M. Smith

Lit.: DNB XXII, 401f. – M. Gibbs–J. Lang, Bishops and Reform 1215–72, 1934, 32, 34, 79, 82, 166, 193 – J. C. Russell, Dict. of Writers of Thirteenth Century England, 1936, 115f. – A. B. Emden, A Biographical Register of the Univ. of Oxford, 1957–59, III, 2188 – J. Le Neve, Fasti Ecclesiae Anglicanae 1066–1300, 1971–79 – C. R. Cheney, Medieval Texts and Stud., 1973, 113, 166f.

Granulation, Goldschmiedetechnik, bei der durch Schmelzen kleiner Metallpartikel (v. a. Gold und Silber, weitaus seltener Kupfer und dessen Legierungen) gewonnene Kügelchen (Granalien) in ornamentaler oder figuraler Anordnung durch metall. Bindung (urspgl. Reduktionslötung unter Verwendung von Kupfersalzen) auf Metalloberflächen (Rezipienten) befestigt werden. Der zuerst 1847 ('granellieren') eindeutig im heut. Sinn verwendete Begriff wurde seit dem MA nur auf die Körnung von Metallen für techn. Zwecke, z. B. im Münzwesen, bezogen, so 1499 'Granalie' (Köln), 1540 'granulieren' (→Biringuccio) und 1541 'granulatz' (→Paracelsus). Die bereits den archaischen Hochkulturen bekannte Technik fand während der Völkerwanderungszeit Verbreitung in Europa, stand im Früh- und HochMA in Byzanz, bei

Slaven und Wikingern in hoher Blüte und erlangte im
SpätMA v. a. in Rußland bes. Bedeutung.   J. Wolters

Lit.: M. ROSENBERG, Gesch. der Goldschmiedekunst auf techn. Grundlage, Abt. G., 1918² – W. L. DUCZKO, The Filigree and G. Work of the Viking Period (Birka V), 1985 – J. WOLTERS, G., Gesch. und Technik einer alten Goldschmiedekunst, 1986² [Lit.].

Grapengeter (*Gropengeter*, lat. ollifusor, fusor ollarum),
mnd. Bezeichnung für Gießer, zu deren typ. Erzeugnissen
die aus Bronze gegossenen »Grapen« gehörten, bauchige
Töpfe mit zwei Henkeln und drei Füßen, die zum Kochen
und Braten, aber auch als Kohlebecken verwendet wurden. Auch Tiegel, Mörser, Braukessel, kleinere Glocken
wurden hergestellt. Nach einer gemeinsamen Ordnung
der wend. Hansestädte von 1354 waren »weiches« und
»hartes« Kupfer, Zinn, eingeschmolzenes Altmaterial, bei
sehr hartem Kupfer auch geringe Bleizusätze als »Grapenspise« zulässig. V. a. in den Küstenstädten zw. Hamburg
und Stettin dürften die G. eigene Zünfte gebildet haben,
während sie sonst meist zu den Schmiede- und Rotgießerzünften gehörten. Relativ hohe Zunfteintrittsgebühren
und geforderte Mindestvermögen lassen darauf schließen,
daß das G. gewerbe – anders als das der →Apengeter – zu
den angesehenen und wohlhabenden Handwerken gehörte. Der Übergang zum Guß großer Kirchenglocken
(→Glocken), Geschütze, künstler. gestalteter Grabplatten
und Taufbecken dürfte leicht gewesen sein. Die Trennung
der G. von den übrigen Zweigen der →Gießerei folgte
typischerweise nicht dem Kriterium der verwendeten
Metalle, sondern dem des Gewichts der Werkstücke,
wobei den G. n die größeren vorbehalten blieben.

                                             H.-P. Baum

Lit.: F. FUHSE, Apengießer, Rotgießer und Gropengießer, Braunschweiger Magazin 29, 1923 – DERS., Schmiede und verwandte Gewerke in der Stadt Braunschweig (Braunschweiger Werkstücke 5, 1930).

Graphia aureae urbis Romae besteht aus drei Teilen: 1.
legendäre Geschichte Roms von Noah bis Romulus; 2.
Redaktion der →Mirabilia urbis Romae, die sich an die
erste Fassung des Benedictus Canonicus von 1143 anlehnt,
jedoch einige spätere Daten enthält; 3. sog. »Libellus de
cerimoniis« (kurzer Traktat mit Beschreibung der ksl.
»ornatus«, der wichtigsten Zeremonien [→Herrscherzeremoniell] und Würdenträger bei Hofe). Dieser dritte Teil
der G. wurde von SCHRAMM auf etwa 1030 datiert, die
Vereinigung der drei Texte auf die Mitte des 12. Jh. VALENTINI und ZUCCHETTI setzten den sog. Libellus zw. 966
und 972 an, im Umkreis der Restaurierungspolitik Ottos
I. BLOCH zufolge seien Teil 1 (Gesch. Roms) und Teil 3 aus
inhaltl. und formalen Erwägungen →Petrus Diaconus v.
Montecassino (Mitte 12. Jh.) zuzuschreiben. Teil 1 gebe
einen Teil der »Ystoria gentis Troiane« wieder, die Petrus
zuvor Tolomeus, Gf. v. Tuscolo, gewidmet hatte; Teil 3
sei Isidors Etymologiae verpflichtet; das ganze Werk sei
ein typ. Produkt der antiquar. und kulturellen Interessen
der »Renaissance«-Bestrebung des 12. Jh., die auch die
»Renovatio senatus« in Rom (1143) kennzeichnen.

                                             G. Barone

Bibliogr.: Repfont V, 203f. – Ed.: P. E. SCHRAMM, Ks., Kg.e und Päpste, 3, 1969, 319–353 [krit. Einf. 313–319] – R. VALENTINI – G. ZUCCHETTI, Cod. Dipl. della città di Roma, Fonti 90, 1946, 77–100 – Lit.: H. BLOCH, Der Autor der »G.a.u.R.«, DA 40, 1984, 55–175.

Graphik, Sammelbezeichnung für die Techniken der
Bildreproduktion, bei denen die auf einem Bildträger
befindl. Darstellung durch manuellen oder mechan.
Druck auf einen Bedruckstoff übertragen wird, ohne den
Bildträger zu zerstören, so daß sich das Verfahren vielfach
wiederholen läßt.

Aus lange geübten Handwerkstechniken entwickelten
sich seit dem Ende des 14. Jh. die Verfahren des Bilddruckes: Holzschnitt, Kupferstich und Metallschnitt. Ihre Entstehung wurde einerseits durch die zunehmende Laienfrömmigkeit und das gesteigerte Informationsbedürfnis,
andererseits durch die rasche Verbreitung des als Bedruckstoff leicht zu handhabenden, billigen Papiers in Europa
(seit dem 13. Jh.) begünstigt.

Beim Holzschnitt wird auf die geglättete und weiß
grundierte Oberfläche einer ca. 1 cm dicken Holzplatte
mit der Feder gezeichnet. Neben den Linien wird das Holz
einige mm tief weggeschnitten, so daß diese als Stege über
dem Grund stehen. Sie werden mit der aus Ruß und Leinöl
bestehenden Druckfarbe eingefärbt und auf Papier abgedruckt (sog. Hochdruckverfahren). Urspgl. wurde das
Papier mittels eines Reibers aus Holz oder Bein auf den
Stock gepreßt (Reiberdruck), später verwendete man die
gleichen Pressen wie beim →Buchdruck.

Der Holzschnitt stellt techn. eine Übertragung des
älteren Zeugdruckes vom Stoff auf Papier dar. Das in den
Anfängen ganz auf ein einfaches, aber eindrucksvolles
Liniengerüst beschränkte Bild wurde in der Regel mit
Wasserfarben koloriert. Die als →Einblattdrucke bezeichneten Holzschnitte wurden, nach zahlreichen aus
Deutschland, Italien und Frankreich überlieferten Schriftquellen zu urteilen, seit dem 14. Jh. von aus dem Malerhandwerk hervorgegangenen Kartenmalern hergestellt.
Später entwickelten sich für die einzelnen Arbeitsgänge
gesonderte Handwerke: der Zeichner (Reißer) war Maler,
die Bearbeitung des Holzstockes oblag dem Holzschneider, und das Kolorieren führten die →Briefmaler aus. Der
neueren Forschung zufolge hat sich der Holzschnitt annähernd gleichzeitig am Nordrand der Alpen von Burgund
bis nach Österreich und in Städten Norditaliens entwikkelt. So vermutet man, daß das umstrittene Fragment
einer 'Kreuzigung' von etwa 1370/80 aus Mâcon, der sog.
'Bois Protat', kein Zeugdruckmodel, wie man früher
annahm, sondern ein Holzstock ist. Die ältesten Abdrucke
auf Papier, um 1400/10 zu datieren, weisen stilist. in den
Raum der bayer.-österr. Voralpen. Ältestes datiertes
Blatt: 'Hl. Christophorus' (1423) aus dem Kl. Buxheim bei
Memmingen.

Eine bes. Gruppe bilden die von Holzplatten gedr.
→Blockbücher. Obwohl schon um 1461 Albrecht Pfister
in Bamberg mit dem »Ackermann von Böhmen« als
→Johannes v. Saaz und ein Jahr später mit →Boners
»Edelstein« die ersten Letterndrucke mit Holzschnittill.
herausgebracht hatte, erlebten die Blockbücher um diese
Zeit (etwa 1460–80) ihre bes. Blüte.

Für den Kupferstich verwendet man eine ca. 2 mm
starke, polierte Kupferplatte, in die die Darstellung mit
einem spitz zugeschliffenen, vierkantigen Stahlstichel
graviert (gestochen) wird. Das beim Gravieren zu beiden
Seiten der Furche aufgeworfene Metall muß mit dem
Polierstahl entfernt werden. Nach dem Einfärben wird die
Oberfläche blank gewischt, da die Farbe nur aus den Rillen
auf das Papier übertragen wird (Tiefdruck). Das angefeuchtete Papier muß mit starkem Druck auf die Platte und
in die Rillen gepreßt werden, weshalb man vermutl. schon
früh Druckpressen verwendete.

Der Kupferstich entwickelte sich aus der Metallgravierung; Versuche, diese auf Papier abzuklatschen, haben
zum selbständigen Druck von Metallplatten geführt. Die
ältesten erhaltenen Abdrucke sind um 1430 in oberrhein.
Goldschmiedewerkstätten entstanden. Die Zahl 1446 auf
der 'Kreuzigung' einer Passionsfolge in Berlin (W) gilt
heute eher als Hinweis auf die Vorlage denn als ältestes
Datum auf einem Stich. Die frühesten Stecher sind an-

onym. Sie werden mit Notnamen wie 'Meister von 1446' oder 'Meister der Spielkarten' bezeichnet, andere wie z. B. der Meister ES nach ihrem Monogramm. Um 1470 begann der Maler Martin →Schongauer in Colmar statt nach fremden Vorlagen nach eigenen Entwürfen zu stechen. Gegen 1500 wurde nach mit Albrecht →Dürer der künstler. Höhepunkt erreicht. In Italien soll der Florentiner Goldschmied Maso Finiguerra um 1460 den Kupferstich eingeführt haben. Die Niederländer haben schon früh die neue Technik erprobt, jedoch nur wenige, aber gute Stecher hervorgebracht.

Der Metallschnitt, ein Hochdruckverfahren, hatte seine Vorstufen in den gravierten Grabplatten der Niederlande und Norddeutschlands. Da das Metall schwer zu schneiden war, wurden größere Flächen durch Punzen oder Ornamentstempel aufgehellt. Überwiegen Punzierungen den Schnitt, so spricht man von Schrotschnitt. Die Abzüge wurden oft koloriert. Die Mehrzahl der Schnitte entstand zw. 1450 und 1480 in Köln und am Niederrhein. Künstler. Vollkommenheit weisen die gegen Ende des 15. Jh. in Frankreich in dieser Technik illustrierten Gebetbücher auf.   F. Anzelewsky

Lit.: M. LEHRS, Gesch. und krit. Kat. des dt., ndl. und frz. Kupferstichs im 15. Jh., 9 Text- und 9 Taf. Bde, 1908–34 – M. J. SCHRETLEN, Dutch and Flemish Woodcuts of the XV. C., 1925 – W. L. SCHREIBER, Hb. der Holz- und Metallschnitte des 15. Jh., 9 Bde, 1926–30 – A. M. HIND, An Introduction to a Hist. of Woodcut, 2 Bde, 1935 – M. GEISBERG, Gesch. der dt. G. vor Dürer, 1939 – L. SERVOLINI, Incisione it. di cinque secoli, 1951 – F. LIPPMANN–F. ANZELEWSKY, Der Kupferstich, 1963[7] – H. TH. MUSPER, Der Holzschnitt in 5 Jhh., 1964 – J. M. FRITZ, Gestochene Bilder, 1966 – M. J. FRIEDLÄNDER-MÖHLE, Der Holzschnitt, 1970.

Grasser, Erasmus, Bildhauer, * um 1450 in Markt Schmidmühlen, Oberpfalz, † 1518 in München. 1477 Meister, 1480 Vorsteher der Zunft, stieg er zu den führenden Münchener Künstlern auf, war 1508 deren reichster, 1513–1518 Mitglied des Äußeren Rates der Stadt. Auch als entwerfender Architekt und Wasseringenieur tätig, lieferte er die Pläne für das 1487 begonnene neue St. Galler Kl. in Rorschach am Bodensee; Erweiterung der Pfarrkirche Schwaz um 1492, Sanierung der Saline Reichenhall seit 1498, für deren Erfolg er hzgl. Rente, Hofkleid und Freitisch bei Hof 1507 erhielt. Von seinem plast. Werk am bekanntesten der Zyklus von 16 geschnitzten Figuren sog. Moriskentänzer für den ehemaligen Rathaussaal, zehn davon erhalten, gnomenhaft wild in eckigen Bewegungen, 1480 (Stadtmus. München), Grabmal für Dekan Dr. Ulrich Aresinger in Rotmarmor, datiert und signiert 1482, sowie in den barocken Hochaltar übernommen die thronende St. Petersfigur von 1492 (München, St. Peter), in der Frauenkirche ebd. das Chorgestühl um 1502 mit Heiligenzyklen. Unter den Zuschreibungen Schreingruppe »Pfingsten« aus einem Altar des Salzburger Domes (Stift Nonnberg).   A. Reinle

Lit.: NDB 7, 1966, 2–3 – P. M. HALM, E. G., 1928 – J. MÜLLER-MEININGEN, Die Moriskentänzer und andere Arbeiten des E. G. für das Alte Rathaus in München, 1984 – J. ROHMEDER, Die Wirksamkeit E. G.s beim Bau von Marienberg in Rorschach (Ulrich Rösch, St. Galler Fürstabt und Landesherr, hg. W. VOGLER 1987) 343–363.

Grassus, Johannes (Johannes v. Otranto), italogr. Dichter des »otrantin. Dichterkreises«, Kanzleinotar und Magister, * in →Otranto, tätig 1. Hälfte 13. Jh., Schüler von Abt Nikolaos-Nektarios v. Casole, vor 1229 öffentl. →Notar in Otranto, dann in der ksl. Kanzlei. Anfang der 40er Jahre bis 1245/46 mit der Bearbeitung der Petitionen betraut. 1250 Zeuge bei der Testamentsaufstellung Ks. →Friedrichs II. Seine der byz. und italogr. lit. Tradition folgenden Gedichte, in gr. Hochsprache und im byz.

Zwölfsilber abgefaßt, behandeln v. a. religiöse und antikmytholog. Themen.   M. B. Wellas

Lit.: J. M. HOECK–R. J. LOENERTZ, Nikolaos-Nektarios v. Otranto, 1965 – Poeti bizantini di Terra d'Otranto nel secolo XIII, ed. M. GIGANTE, 1979[2] [mit Einl., Übers., Komm.] – Tusculum-Lex., 1982[3], 298f. – M. B. WELLAS, Griechisches aus dem Umkreis Ks. Friedrichs II., 1983.

Gratbrust, um 1370 auftauchendes, eisernes Bruststück mit vertikalem Mittelgrat. Im 15. Jh. in Dtl., Frankreich und bes. in den Niederlanden gebräuchl., erscheint es in Italien erst um 1500 unter frz. Einfluß.   O. Gamber

Lit.: O. GAMBER, Harnischstud. VI, JKS 51, 1955.

Gratialsupplik → Supplik

Gratian, † wahrscheinl. um 1150. Die Person des »Vaters der Kanonistik« verbirgt sich im Dunkeln, obwohl G.s Werk, das →Decretum Gratiani, als Grundlage der Wissenschaft des kanon. Rechts gilt. Sämtliche biograph. Hinweise zu G. stammen aus späterer Zeit und werden heute in den Bereich der Legenden verwiesen; selbst sein vollständiger Name (als »Vornamen« werden Johannes und Franciscus genannt) ist ungewiß. Aus den frühesten Kommentierungen zum Dekret wird mit einiger Wahrscheinlichkeit ledigl. zu schließen sein, daß er in Bologna eine Lehrtätigkeit (Mag.) ausgeübt haben und – allerdings weniger wahrscheinl. – Mönch gewesen sein dürfte. Nach ebensolchen Literaturhinweisen und dem Dekret selbst wird man die Arbeit an seinem Lebenswerk, dem als unmittelbare Quellen wohl weit stärker als bisher angenommen zeitgenöss. bzw. G. zeitl. nahestehende kanonist. Sammlungen (P. LANDAU) zugrunde liegen, im dritten und vierten Jahrzehnt des 12. Jh. ansetzen können. Als Termin der letzten Redaktion des Dekrets durch G. – wobei es sich kaum schon um die jetzige Form (De poen., De cons.) gehandelt haben dürfte – gilt das Jahr 1140 bzw. die Zeit kurz danach.   H. Zapp

Lit.: DHGE XXI, 1235–1239 [ST. KUTTNER] – NCE VI, 706–709 [J. RAMBAUD-BUHOT] – TRE XIV, 124–130 [P. LANDAU] – ST. KUTTNER, The Father of the Science of Canon Law, Jurist 1, 1941, 1–19 – DERS., Graziano. L'uomo e l'opera, SG 1, 1953, 15–29 [mit weiterer Beitr. zum Thema auch in: G. and the Schools of Law 1140–1234, 1983] – A. LAZZARINI, G. us de Urbeveteri, SG 4, 1957, 1–15 – J. F. MCCARTHY, The Genius of Concord in G.s Decree, Ephemerides Iuris Canonici 19, 1963, 105–151, 259–295 – J. T. NOONAN, G. Slept Here: The Changing Identity of the Father of the Systematic Study of Canon Law, Traditio 35, 1979, 145–179 – C. MESINI, Postille sulla biografia del 'Magister G. us', Apollinaris 54, 1981, 509–537 – R. METZ, Regard critique sur la personne de Gratien, auteur de Décret (1130–1140), d'après les résultats des dernières recherches, RechSR 58, 1984, 64–76 – BMCL 14, 1984, 32 – ST. KUTTNER, Research on G.: Acta and agenda, Proceedings Cambridge 1984, MIC C, Bd. 8, 1988, 3–26 – →Corpus Iuris canonici, II.

Gratianus, röm. Ks. 367–383, Sohn →Valentinians I., von →Ausonius sorgfältig erzogen, wird als persönl. fromm, gerecht und rücksichtsvoll gegenüber dem Senat gerühmt. Nach dem Tode des Vaters gemeinsam mit seinem Bruder Valentinian II. Inhaber der westl. Augustuswürde mit Hauptresidenz in →Trier, kämpfte G. wiederholt erfolgreich gegen die →Alamannen. Nach dem Tod des →Valens in der Schlacht bei →Adrianopel (378) berief er den erprobten Feldherrn Theodosius zum Mitks. für die östl. Reichshälfte. Unter dem theol. Einfluß des →Ambrosius änderte G. seit 382 seine anfängl. Toleranz gegenüber dem Heidentum (383 Ablegung des Pontifex-Maximus-Titels, Abschaffung der materiellen Privilegien der Priester, 384 Entfernung des Victoriaaltars aus der röm. Kurie gegen den Widerstand des →Symmachus), bekämpfte auch christl. Sekten, bes. die →Donatisten, und begünstigte das nicän. Bekenntnis (381 Konzil v. Aquileia). Als sich der Usurpator →Maximus (M. Magnus) gegen ihn erhob, wurde der wegen Bevorzugung germ. Kriegerscharen verhaßte G. von seinem Heer verlassen und floh nach Lyon, wo er durch Meuchelmord starb. R. Klein

Lit.: Kl. Pauly II, 870f. – RAC XII, 718ff. – RE VII, 1831–1839.

Graubünden (rätoroman. Grischun), inneralpines Gebiet im O der heut. Schweiz mit dreisprachiger Bevölkerung (ursprgl. rätoroman., it., dt.). Hauptort ist der Bf.ssitz→Chur. Von den Völkerwanderungswellen weitgehend verschont, bleibt G. christl. Zentrum. 539 frk., wird G. Raetia Curiensis (→Churrätien), später Churwalchen oder Churwalden genannt. Grundsätze des röm. Rechts leben in der um 750 aufgezeichneten Lex Romana Curiensis weiter, wonach der Klerus den Bf., das Volk den Präses zur weltl. Verwaltung wählen soll. Mit beiden Ämtern wird die einheim. Familie der Viktoriden betraut (ab 760 in Personalunion). Pippin beginnt 751, einheim. Adlige mit Kg.sgut zu belehnen und damit das Bm. zu schädigen; Karl d. Gr. strafft zum Schutze der wichtigen →Alpenpässe (Julier, Septimer) die Verwaltung (Trennung von weltl. und geistl. Regiment) und setzt frk. Gf.en ein, doch ist der bfl. Feudalstaat seit dem 10. Jh. weitgehend restituiert. Nach dem Investiturstreit wird der Besitz weiter abgerundet.

Zw. der 2. Hälfte des 8. und dem 13. Jh. werden zahlreiche z. T. noch heute bestehende Sakralbauten errichtet. Bildhauerei und Malerei erleben eine Blütezeit (Zillis, →Müstair). Nach der Jahrtausendwende entsteht in G. ein dichtes Burgennetz. Gleichzeitig und in noch vermehrtem Ausmaß durch die einwandernden→Walser im 13./14. Jh. bilden sich Genossenschaften und bes. Gerichtsgemeinden aus; sie sind aufgrund des Fehlens einer starken Landesherrschaft an der künftigen Verfassungsentwicklung in G. maßgebl. beteiligt. Zur Sicherung des Landfriedens kommt es 1367 im bfl. Einflußbereich (Domleschg, Oberhalbstein, Engadin) zu einem Zusammenschluß ständestaatl. Charakters von Domkapitel, Stadt Chur, Ministerialität und Gerichtsgemeinden im sog. →Gotteshausbund. 1395 entsteht der Graue oder Obere Bund (Vorder- und Hinterrheintal, ab 1480 Misox), und 1436 kommt es nach dem Tod des letzten Gf.en v. →Toggenburg zur Bildung des Zehngerichtebunds (Prättigau, Davos, Schanfigg). 1471 erfolgt ein Zusammenschluß der drei Bünde in G., und 1497/98 gehen zunächst Gotteshaus- und Grauer Bund, erst nach 1499 auch der bis dahin unter starkem österr. Einfluß stehende Zehngerichtebund (→Schwabenkrieg) ein Bündnis mit den →Eidgenossen ein. H. Bischofberger

Q.: Bündner UB I–III, 1947ff. – *Lit.:* F. Pieth, Bündner Gesch., 1945 – H. Büttner, Churrätien im 12. Jh., SchZG 13, 1963, 1–32 – I. Müller, Gesch. der Abtei Disentis, 1971 – M. Bundi, Zur Besiedlungs- und Wirtschaftsgesch. G.s im MA, 1982 – Churrät. und st. gall. MA (Fschr. O. Clavadetscher, 1984) – Gesch. und Kultur Churrätiens (Fschr. I. Müller, 1986).

Gravamina nationis germanicae. Die G. ('Beschwerung', 'Beschwerden') waren bis in das 16. Jh. vornehml. Standesklagen des reichskirchl. Primarklerus und richteten sich insbes. gegen die von röm. Seite in Anspruch genommenen Rechte bei der Besetzung kirchl. Ämter, der Vergabe von →Pfründen (Konfirmationsrecht, →Reservationen, Exspektanzen usw.), ferner gegen →Annaten, Servitien, →Taxen und das kirchl. Prozeßverfahren, bes. gegen den Instanzenweg. Ausgangspunkt der G. waren tatsächl. oder vermeintl. Verletzungen des→Wiener Konkordats (1448), abgeschlossen zw. Papst Nikolaus V. und der natio Alamanica, vertreten durch Ks. Friedrich III., das die Concordata principum (1447) weitgehend entwer-

tete beziehungsweise zugunsten der Röm. Kurie modifizierte. Zu den klerikalen G. traten bald städt. und die offiziellen Reichstags-G. unter Ks. Maximilian I.

Die frühesten G. waren das Mainzer Libell, die Klageschrift eines anonymen Klerikers von 1451, der Reformvorschlag des Trierer Kfs.-Ebf.s Jakob v. Sierck (1452), die 13 Artikel der Mainzer Provinzialsynode von 1455, die Frankfurter Avisamenta von 1456/58, die G. des unierten Klerus der drei rhein. Kirchenprovinzen zu Koblenz (1473) sowie die 31 Artikel der Mainzer Provinzialsynode von 1479. Auf den Reichstagen in Freiburg (1479) und Augsburg (1500) erörtert, wurden die G. im Auftrag Maximilians I. von dem elsäss. Humanisten Jakob Wimpheling zusammengestellt und in die Wahlkapitulation Ks. Karls V. 1519 aufgenommen. Nur bedingt können die G. als Ursache oder Vorspiel der Reformation aufgefaßt werden, sie wirkten in der NZ im kath. Teil des Reiches weiter. H. Raab

Q. und Lit.: J. Janssen, Frankfurts Reichscorrespondenz nebst verwandten Aktenstücken II, 1872 – Dt. Reichstagsakten, Jüngere R., I–IV, 1892ff. – B. Gebhardt, Die G. der Dt. Nation gegen den röm. Hof, 1895² – A. Störmann, Die städt. G. gegen den Klerus am Ausgang des MA und in der Reformationszeit, 1916 [= Reformationsgesch. Stud. und Texte, H.24–26] – W. Michel, Das Wiener Konkordat vom Jahre 1448 und die nachfolgenden G. des Primarklerus der Mainzer Kirchenprovinz [Diss. Heidelberg 1929].

Gravierung, im 18. Jh. von frz. *graver,* 'eingraben' (ahd. *graban,* 'graben, einritzen'), übernommene Bezeichnung für eine graph. Schmucktechnik auf unterschiedl. Materialien wie Stein, Knochen, Elfenbein, Leder, Glas und v. a. Metall. Als Werkzeuge zur Metallg. dienen verschiedenartige Grabstichel, Punzen und Meißel; Beschreibung in der Schedula diversarum artium des Theophilus (III, 11, 13, 14). In Punzenarbeit, bei der das Metall verdrängt wird, werden einfache Zeichnungen ausgeführt (Lotharkreuz, 1000, Aachen), während die materialaushebenden Meißel für gröbere Arbeiten geeignet sind. Feinheiten und modellierende Zeichnungen sind mit den spanabhebenden Grabsticheln durchführbar (Reichskreuz, 1024, Wien). Beim G.svorgang wird das Motiv nach der Entwurfszeichnung mittels Pause oder Reibeabdruck auf die zu gravierende Fläche übertragen, mit der Reißnadel (Trassierspitze) eingeritzt und anschließend die Hauptkontur der Zeichnung angelegt (Theophilus III, 26), gefolgt von der Ausarbeitung der Einzelheiten. Einblick in den Arbeitsvorgang geben einige verworfene G.en (z. B. Rückseite einer Emailplatte des Klosterneuburger Altars, 1181). Man unterscheidet Flach- und Reliefg., beide häufig im Wechsel angewendet. G.en treten auch in Verbindung mit →Braunfirnis, Grubenschmelz, →Niello und Opus interrasile auf. Im HochMA vielseitige Anwendung z. B. auf Buchdeckeln, Bronzeschüsseln, Glocken, →Dinanderien und v. a. liturg. Geräten (Tragaltar des→Roger v. Helmarshausen, 1100, Paderborn; Bodenplatten des Barbarossaleuchters, 1165/70, Aachen; Kreuzreliquiar, 1220, Trier). Frühgot. Goldschmiedekunst verwendet kaum G.en; erst seit der Mitte des 14. Jh. vermehrt auftretend (Plenareinband Hzg. Ottos d. Milden, 1339, Braunschweig), bilden sie wesentl. Voraussetzung für den zu Beginn des 15. Jh. entstehenden →Kupferstich. Größte Verbreitung der G. im 15./16. Jh. in Deutschland: Monstranz, 1400 aus St. Kolumba, Köln; Hausaltärchen, Salzburg, 1494, New York. B. Niehoff

Lit.: C. Streubel, Hb. der Gravierkunst, 1957² – J. M. Fritz, Gestochene Bilder, G.en auf dt. Goldschmiedearbeiten der Spätgotik, 1966 – →Goldschmiedekunst, →Theophilus Presbyter.

Gravitation → Dynamik

Gray, Burg und Stadt in der Fgft. →Burgund (dép. Haute-Saône), wie →Dole, →Montbéliard und Vesoul eine ma. Siedlung ohne röm. Wurzeln. Ausgangspunkt war eine gfl. Burg (castrum), erstmals erwähnt im 10. Jh.; sie lag in der alten Pfarrei G.-la-Ville. Diese im W der Diöz. →Besançon zur Kontrolle der die Saône überquerenden Straße Langres-Besançon errichtete Burg gewann nach der Vereinigung des Kgr.es →Burgund mit dem Imperium (1032) Bedeutung; die Gf.en v. Burgund machten G. zu einer der wichtigsten Burgen ihrer Domäne. Dies begünstigte die Entstehung eines →burgus, dessen städt. Entwicklung sich v. a. ablesen läßt an kirchl. Niederlassungen (Hospital St-Esprit, 1238; Minoritenkonvent, ca. 1260) sowie eigener Pfarrei (1319 Gründung der Kollegiatskirche). Die Einrichtung eines Studium generale scheiterte 1287. Die neue Stadt, nun 'G.-le-Château' genannt, erwirkte polit. Privilegien (1324: Charte de franchises) und wurde zum Standort der Tuchverarbeitung. G. litt unter der Zentralisierung der gfl.-hzgl. Verwaltung in →Dole. Auch von Kriegszerstörungen geschädigt, erfuhr die Stadt erst in der Neuzeit wieder einen Aufschwung.   R. Locatelli

Lit.: H. GATIN, L. BESSON, C. GODARD, Hist. de la ville de G. et de ses monuments, 1892 – L. MONNIN, G. et le pays graylois au temps de la guerre de Cent Ans (XIV°–XV° s.), 1979.

Gray, John de, Bf. v. Norwich seit 24. Sept. 1200, kgl. Ratgeber, † 18. Okt. 1214; stammte aus Norfolk. Er stand schon vor Johanns Thronbesteigung mit diesem in Verbindung (1198 Siegelbewahrer) und war dann in der kgl. Kanzlei als höherer Kleriker tätig. Von Zeitgenossen geschmäht, wird seine Tätigkeit in der kgl. Verwaltung von der neueren Forschung als sehr bedeutend angesehen. Die Bemühungen des Kg.s, G. auf den Erzsitz v. →Canterbury zu bringen (ab 1205), wurden von Innozenz III. mit der Erhebung Stephen →Langtons durchkreuzt. Die Verweigerung der kgl. Anerkennung Langtons führte zur Verhängung des allg. →Interdikts über England (1208–14). G. führte als kgl. →Justitiar in Irland (1208–12) eine umsichtige Verwaltung. Im Febr. 1214 als Bf. v. Durham postuliert, starb er noch vor Antritt dieses Amtes.   D. M. Smith

Lit.: DNB XXIII, 189f. – G. M. BUDGE, J. de G., Bishop of Norwich [Thesis M. A. masch., Manchester 1946] – S. PAINTER, The Reign of King John, 1949, 79, 84, 165–171 – J. LE NEVE, Fasti Ecclesiae Anglicanae 1066–1300, 1971, II, 5, 31, 56, 108 – C. R. CHENEY, Pope Innocent III and England, 1976, 30, 93, 148–150, 165–167, 298f. – Medieval Ireland, hg. A. COSGROVE, 1169–1534, 1987, 138, 140, 146–148.

Graz, Landeshauptstadt der →Steiermark, in der 2. Hälfte des 10. Jh. errichtetes Grenzkastell (slav. *gradec*) auf dem Schloßberg, Mitte des 11. Jh. Entstehung des Gutshofs Guntarn (auf röm. Siedelplatz) in der späteren Vorstadt St. Leonhard, kurz vor 1130 durch die Hochfreien v. Stübing-G. Errichtung einer Steinburg auf dem Schloßberg sowie eines Meierhofs (späterer Schreib- oder Vizedomhof) unweit der Eigenkirche St. Ägydius (urkundl. 1174), des späteren Doms. Gleichzeitig entstand ein Straßenmarkt zw. Schloßberg und Mur (»1. Sack«). Zw. 1156 und 1164 ließ Mgf. Otakar III. südl. der Durchgangsstraße einen trapezförmigen Markt ('forum') anlegen, an den sich das Ghetto anschloß (erstmals erwähnt 1261, aufgehoben und überbaut seit 1438–39). Eine Ummauerung der 1189 'civitas' gen. Stadt erfolgte vor Ende des 12. Jh., 1222 Münzrecht (G.er Pfennig), 1233 Stadtgericht, 1281 durch Kg. Rudolf I. Erweiterung städt. Freiheiten (Maut, Niederlage), 1363 Burgfriedsverleihung, 1444 freie Bürgermeisterwahl. Eine Erweiterung vor 1260 schloß im W das um 1240 erbaute Minoritenkl. ein, während das 1307–08 gegr. Dominikanerinnenkl. im O extra muros lag. 1275–93 ließ

der Dt. Orden die ihm 1233 von Hzg. Friedrich II. übertragene Kunigundenkapelle 'auf dem Leech' im östl. Vorort 'Geidorf' zur Komtureikirche ausbauen.

Eine erneute Erweiterung, gegen O, erfolgte 1336/39. Die Murbrücke wird erstmals 1361 genannt. G. war seit 1406 bzw. 1411 Residenz der leopoldin. →Habsburger, 1440 bzw. 1452–84 Residenz →Friedrichs III., der u. a. die Stadtburg errichten ließ. Nach der Verwüstung der Vorstädte durch Türken (1480) kam es 1486 zur Erweiterung gegen N (»2. Sack«). Die nun ca. 5000 Einw. zählende Stadt war von einer siebentorigen, ca. 76 ha umfassenden Mauer umgeben; neben dem hzgl. Lehnhof lagen in G. seit der 2. Hälfte des 12. Jh. mehrere geistl. Freihöfe (u. a. des Erzstifts Salzburg, des Bf.s v. Seckau), außerdem Freihäuser des landständ. Adels.   H. Ebner

Lit.: F. POPELKA, Gesch. der Stadt G., 2 Bde, 1928–35 [Neudr. 1959] – 850 Jahre G. (Fschr., hg. W. STEINBÖCK, 1978).

Great Cause (Causa magna), Bezeichnung für den Sukzessionsprozeß, der die umstrittene Thronfolge →Schottlands nach dem 1290 erfolgten Tod der Margarete, der Enkelin v. Kg. →Alexander III., entscheiden sollte. Kg. →Eduard I. v. England (als Oberlehnsherr Schottlands; →England, C.II, 2) setzte seine Rechtsauffassung durch, daß die dreizehn Anwärter auf die schott. Krone vor ihm ihre Sache vortragen sollten, nicht aber die Schotten als »nationale« Gemeinschaft. Die Anhörungen der Parteien begannen 1291 in Norham und endeten 1292 in Berwick-upon-Tweed. Wichtigste Prätendenten waren John (Johann) →Balliol und Robert Bruce, Earl of →Carrick, doch wurden auch von John →Hastings und →Floris V., Gf.en v. Holland, gewichtige Thronansprüche geltend gemacht. Es traten 104 *auditors* (delegierte Richter) auf, je vierzig ernannt von Balliol und von Bruce; Behauptungen, daß dies der röm. Rechtspraxis entsprach, fanden nur wenig Glauben. Die Hauptstreitfrage war, ob die Erbfolge nach der nahen Verwandtschaft oder nach der Primogenitur zu entscheiden sei; während das röm. Recht der ersteren Vorrang einräumte, begünstigte das Feudalrecht letztere. Schließlich wurden die feudalen Rechtsprinzipien aufrechterhalten und John Balliol als rechtmäßiger Erbe des schott. Thrones anerkannt. Die Prozeßverhandlungen wurden von dem Notar Johann v. Caen mit großer Vollständigkeit aufgezeichnet; eine spätere Abschrift erfolgte unter Eduard II. durch Andrew Tange.   M. C. Prestwich

Q. und Lit.: Edward I and the Throne of Scotland (1290–1296), hg. E. L. G. STONES–G. G. SIMPSON, 1978.

Great Council → Council, Great

Gréban. 1. G., Arnoul, biograph. Daten unbekannt – sicher war er Mag. art. und Bacc. theol. –, schuf um 1450 die wohl bedeutendste, höchstwahrscheinl. vor 1452 in Paris aufgeführte Version des »Mystère de la Passion«. Auf vier Tage verteilt, stellt das gigant. Passionsspiel die Gesch. von Sündenfall und Erlösung, angefangen mit dem Fall Luzifers und des ersten Menschenpaares Adam und Eva bis zur Herabkunft des Hl. Geistes nach Jesu Auferstehung und Himmelfahrt, dar; die eigtl. Passion füllt den 3. Tag. Die stoffl. Vorlage bieten der bibl. Bericht sowie die apokryphe und legendar. Tradition. Die ält. erhaltene Hs. des »Mystère de la Passion« von G. (1458) enthält 176 Ill., die zwar nicht für die Regie, aber gewiß für die Kostümwahl verbindl. waren. →Drama II. L. Gnädinger

Ed.: G. PARIS–G. RAYNAUD, 1878 [nach Hs. Paris, B.N. fr. 816] – O. JODOGNE, I, 1965; II, 1983 [nach Hs. Paris, B.N. fr. 815] – *Lit.:* G. L. WARREN, Les diables dans la »Passion« de G., Chimères 15, 1981, 9–26 – J. M. ENDERS, Rhetoric and the origins of drama in G.'s »Mystère de la Passion« [Diss. Univ. Pennsylvania, 1986] – J.-C. BIBOLET, Les manifestations de la vieillesse dans le »Mystère de la passion« de G. et dans le »Mystère de la passion de Troyes« (Vieillesse et vieillissement au MA,

Actes de l'onzième coll. du C.U.E.R.M.A. à Aix-en-Provence), 1987, 7-19.

2. G., Simon, Bruder von 1.G., stand im Dienst →Karls II., Gf. v. Maine; 1472 Kanoniker von St-Julien in Le Mans, † kurz darauf. Seine Mitarbeit am »Mystère des Actes des Apôtres« steht nicht fest. Mit Akrostichon signiert sind hingegen zwei Totenklagen. In den »Epitaphes« für Karl VII. (20 Hss., 1 alter Druck) läßt S.G. die drei Stände Bergers, Noblesse und Eglise (womit er eine nationale Gemeinschaft suggeriert) ihre Klage, z. T. mit metr. »variatio«, sowie je drei Epitaphien vortragen. Der Kg. wird als guter Hirte und als »Charles victorieux« vorgeführt. Die zweite, mit aufwendigem mytholog. Apparat zelebrierte Totenklage betrifft J. →Milet (1466, 3 Hss., 1 Inkunabel) und ist das erste lit. »tombeau« in Frankreich, welches für einen Dichter errichtet wurde. S.G. begründet die panegyr. Totenklage der Frührenaissance in Frankreich.   M.-R. Jung

Ed. und Lit.: A. PIAGET, S.G. et Jacques Milet, Romania 22, 1893, 230–243 – S. C. ASTON, A Ms. of the Chronicle of Mathieu d'Escouchy and S.G.'s Epitaph for Charles VII of France (Fschr. A. CROLL BAUGH, 1961), 299–344 (= Ed.) – M.-R. JUNG, S.G. rhétoriqueur, Actes du VIᵉ Coll. internat. sur le moyen français, Milano 1988, 1989 [Bibliogr. der Hss.].

Gregor (s. a. Gregorios, Gregorius)
1. G. I. d. Gr., hl., *Papst* und Kirchenlehrer.
I. Leben und Wirken – II. Schriften und Wirkungsgeschichte im Mittelalter – III. Kult und Verehrung – IV. Ikonographie.

I. LEBEN UND WIRKEN: Papst seit 3. Sept. 590 (Inthronisation), * um 540 in Rom, † 12. März 604 ebd., ▢ St. Peter im Vatikan. G. entstammte einer reichen röm. Senatorenfamilie, aus der →Felix III. und wahrscheinl. auch →Agapet I. kamen; Vater: Gordianus, ein regionarius (Verwaltungsbeamter einer der sieben Regionen Roms), Mutter: Silvia. G. ist in der klass. lat. Bildung groß geworden (aber ohne Gr.kenntnisse) und war um 573 vermutl. Stadtpräfekt in Rom. Wahrscheinl. nach der Übernahme des väterl. Erbes gründete er sieben Kl. (sechs in Sizilien; St. Andreas auf dem Monte Celio, Rom, in das er selbst als Mönch eintrat). Papst Pelagius II. weihte G. 579 zum Diakon und sandte ihn als →Apokrisiar nach Konstantinopel, wo er zunächst Ks. Tiberios II., dann (582) Ks. →Maurikios zu militär. und finanzieller Hilfe für das von den →Langobarden bedrohte Rom gewinnen sollte. 586 nach Rom zurückgerufen, beendete er in der Kirche von Istrien den →Dreikapitelstreit. Nachdem Pelagius 590 an der Pest gestorben war, wurde G. gegen seinen Willen zum Papst gewählt. Sein heiligmäßiger Lebenswandel, verbunden mit großen Erfahrungen in der Verwaltungspraxis, gaben den Ausschlag für seine Wahl. Zwei Leitvorstellungen bestimmten seinen Pontifikat: zum einen sein Glaube an das nahe Weltende und – daraus folgend – seine Anstrengungen um die Gewinnung aller Seelen für Gott, zum anderen sein Selbstverständnis, der geringste unter den Dienern Gottes zu sein (servus servorum Dei), als der er sich Wahrung, Schutz und Verteidigung des christl. Glaubens zum Ziel setzte. Dem 1. Leitgedanken entsprach seine seelsorgl. Arbeit zur Erneuerung des sittl.-religiösen Lebens, wobei er dem Mönchsleben den Vorrang einräumte, und sein Eifer für die Bekehrung der Heiden, der Häretiker und Schismatiker. Die 2. Leitvorstellung inspirierte sein administratives Handeln und die prakt. Maßnahmen zur Verteidigung der röm. Kirche.

G. förderte die Bekämpfung der häret. und schismat. Gruppen der →Donatisten in Afrika, der Anhänger der »Drei Kapitel« in Istrien, der Arianer (→Arius) im Langobardenreich. Er förderte die Bekehrung der →Juden, deren Rechte er anderseits schützte. Zur Bekämpfung des

Paganismus sandte G. Missionare u. a. nach Sardinien, Sizilien und Korsika. Bes. bemerkenswert ist seine Initiative zur Bekehrung der →Angelsachsen, zu denen er den Prior des Andreaskl., →Augustinus, entsandte (→Canterbury, Ebm., →England, F). G. verteidigte die Vorrangstellung der röm. Kirche und des Papsttums. Um jurisdiktionelle Kompetenzstreitigkeiten möglichst zu vermeiden, war er bestrebt, den weltl. und kirchl. Bereich voneinander abzugrenzen. Den päpstl. Primat verteidigte er v. a. in der Auseinandersetzung mit dem Patriarchen v. Konstantinopel, →Johannes, der den Titel »ökumen. Patriarch« beanspruchte und – wenig erfolgreich – seinen Vorrang in den verbliebenen Provinzen des weström. Reiches (Afrika, Griechenland, Balkangebiete) durchzusetzen versuchte.

Als erster Mönch auf dem Stuhl des hl. Petrus schuf G. im Lateran eine monast. geprägte Verwaltung und berief Mönche in hohe Kirchenämter. Er verteidigte, stärkte und definierte die Rechte und kirchl. Rolle des Mönchtums, förderte die Gründung und Besitzausstattung von Kl., setzte sich für die Disziplin und Integrität des monast. Lebens ein und schützte Kl. vor Übergriffen der weltl., aber auch der bfl. Gewalt.

In der Situation der abwesenden ksl. Gewalt wuchsen dem Papsttum polit. Aufgaben der Verteidigung und der Versorgung von Rom zu, in denen sich G. als Stadtherr von Rom bewährte. Zur Bewältigung der steigenden polit. Aufgaben führte G. eine Reihe administrativer und personeller Maßnahmen durch: Er organisierte die Defensores ecclesiae in einer →Schola, unterstellte sie der päpstl. Besitzungen einer genauen Kontrolle und bestellte einen ständigen Vicedominus zur Verwaltung des Lateranpalastes. Er baute eine Fürsorgeorganisation auf mit ambulanter Armenspeisung in Rom und einem Fonds zum Freikauf der in langob. Gefangenschaft geratenen Römer. 592 und 593 konnte er die langob. Belagerer durch Verhandlungen zum Abzug veranlassen. Alle diplomat. Energien verwandte er auf die Vermittlung eines Friedensschlusses zw. Ks. Maurikios und den Langobarden, den er 598 erreichte. G. unterstützte Kgn. →Theodelinde in ihrem Bemühen, die Langobarden zur kath. Kirche hinzuführen. Zu dem span. Westgotenreich hatte er nur geringe Kontakte, und wenig Erfolg zeitigte das Bestreben, die merow. Kg.e der Franken für eine Reform ihrer Kirche zu gewinnen. Gegenüber dem oström. Ks. bewahrte er loyale Unterordnung, sofern nicht die Belange des Papsttums bedroht waren. Erfüllt vom Ethos des gesetzestreuen Römers und des verantwortungsbewußten pater familias der Kirche, war er wirklich ein »consul Dei«, wie ihn das Epitaph ehrend nennt, und faßte somit erfolgreich die »romanitas« und «christianitas« zu neuer Einheit zusammen. – Im MA galten das Gregorian. Sakramentar, das Gregorian. Antiphonar und der Gregorian. Gesang als Werke G.s. Die heutige Forschung kommt hingegen zu anderen Ergebnissen (→Gregorian. Gesang). Die unter G. durchgeführten Neuerungen auf liturg. Gebiet waren gering.   J. Richards

II. SCHRIFTEN UND WIRKUNGSGESCHICHTE IM MITTELALTER: Das älteste und umfangreichste seiner Werke, der von ihm selbst »libri morales« gen., aus 35 Büchern bestehende Hiobkommentar (moralia sive expositio in Iob, ed. M. ADRIAEN, CCL 143, 143A; ed. A. BOCOGNANO, SC 32, 212, 221), entstand aus Predigten, die G. vor Mönchen in Konstantinopel gehalten hatte (595). Sie wurden im MA als »Magna Moralia« immer wieder exzerpiert, kompiliert und kommentiert. Zusammen mit den 22 »homiliae in Ezechielem« (ed. M. ADRIAEN, CCL 142; dt. Übers.: G.

BÜRKE, 1983), die in der Lateranbasilika gehalten (593) und publiziert wurden (601), begründen diese Schriften G.s Autorität als Schriftausleger und Moraltheologe, als Vermittler auch augustin. Denkens (foris-intus, Himmelshoffnung und Weltverantwortung, Ewigkeit und Vergänglichkeit). Stil und →Allegorie der Kommentare wurden im MA ebenso bewundert wie nachgeahmt. Die volkstüml. gehaltenen (vermutl. 590/591) 40 »homiliae in Evangelia« (MPL 76, 1075–1312; dt. Übers.: Abtei St. Gabriel, 1931) sprachen, je eine Evangelienperikope auslegend, breitere Kreise an. Von den Heptateuch-Predigten sind nur die zum Hld 1, 1–8 (ed. P. VERBRAKEN, CCL 144; ed. R. BELANGER, SC 314; dt. Übers.: K. S. FRANK, 1987), und die zu 1 Kön (ed. P. VERBRAKEN, CCL 144) erhalten. Die exeget. Schriften brachten G. den Ruf als »deifluus« ein.

Auch die vier Bücher umfassenden »Dialogi« (593/594, ed. A. VOGÜÉ, CChr 251, 260, 265; dt. Übers.: J. FUNK, 1933) fanden rasche Popularität (Übers. ins Gr. durch Papst →Zacharias, ins Arab., Ags., Aisländ., Afrz., It.). Sie wurden im ma. Kl.leben als geistl. Lesung verwendet, zumal das 2. Buch ausschl. von Benedikt v. Nursia handelt und, von jedem gebildeten Mönch gelesen und als maßgebende Darstellung des Ordensvaters geschätzt, in Ausdruck und Gehalt die spätere Hagiographie beeinflußte (W. V. D. STEINEN). Die zahlreichen Wunderberichte und Beispielsammlungen aus dem Leben der Hl.en sprachen an und schufen einen neuen Typ der religiösen Pädagogik. Das 4. Buch behandelt die »Letzten Dinge« des Menschen (Tod, Fegefeuer, Himmel und Hölle). Zahlreiche Jenseitsvorstellungen haben hier ihren Ursprung. Aus überlieferungsgesch., stilist. und theol. Gründen wird allerdings G.s Autorschaft an den Dialogen von F. CLARK krit. differenziert. Für das Leben der Bf.e sollte, wie es auf mehreren Synoden des 9. Jh. hieß, die regula pastoralis (um 591) maßgebend werden (ed. MPL 77, 13–128; dt. Übers.: G. KUBIS, 1986). In vier Teilen behandelt die Schrift die Fragen der rechten Vorbereitung und Anforderung des Hirtenamtes, der Art und Weise des Lehrens und Leitens sowie der Methode, wie das rechte Amtsverständnis gepflegt und geschärft werden könne. Ks. Maurikios ließ noch zu G.s Lebzeiten die Schrift ins Gr. übersetzen. Am Ende des 9. Jh. übertrug →Alfred d. Gr. sie ins Ae. Das »Registrum epistolarum«, eine Sammlung von 854 Schreiben des Papstes (ed. D. NORBERG, CCL 140/140A; MGH Epp. Greg. 1.2; dt. Übers.: M. FEYERABEND, 1807–09), spiegelt die vielseitige polit., pastorale und theol. Tätigkeit G.s wider.   M. Gerwing

Ed. und Q.: LP I, 312–314 – MPL, 75–79 – MGH Epp. Greg. I. 2 – Jaffe² I, 143–219 – Lit.: ALTANER-STUIBER, 466–472, 649ff. – DHGE XXI, 1387–1420 [R. GILLET; Lit.] – DSAM VI, 872–910 [R. GILLET] – HALLER I, 294ff. – RAC XII, 930–951 – Repfont IV, 227–230 – SEPPELT II, 9–42, 427f. – TRE XIV, 135–145 – P. BATIFFOL, St. Grégoire le Grand, 1928 – E. CASPAR, Gesch. des Papsttums II, 1933, 306–514 – F. LIEBLANG, Grundfragen der myst. Theologie nach G. d. Gr. Moralia und Ezechielhomilien, 1934 – L. KURZ, G. d. Gr. Lehre von den Engeln, 1938 – F. WESTHOFF, Die Lehre G.s d. Gr. über die Gaben des hl. Geistes, 1940 – N. HILL, Die Eschatologie G.s d. Gr., 1942 – M. FRICKEL, Deus totus ubique simul, 1956 – R. RUDMANN, Mönchtum und kirchl. Dienst in den Schriften G.s d. Gr., 1956 – R. WASSELYNCK, RTh 29, 1962, 5–32; 31, 1964, 5–31; 32, 1965, 157–204; 35, 1968, 197–240; 36, 1969, 31–45 – D. HOFMANN, Die geistige Auslegung der Schrift bei G. d. Gr., 1968 – P. BOGLIONI, Miracle et merveilleux religieux chez Grégoire le Grand, Cah. d'études médiévale, 1974, 11–102 – L. SERENTHÀ, Introd. bibliogr. allo studio di S. Gregorio Magno (Scuola Cattolica CII, 1974), 283–301 – C. DAGENS, St. Grégoire le Grand. Culture et expérience chrétiennes, 1977 – V. RECCHIA, Gregorio Magno e la società agricola, 1978 – G. CREMASCOLI, »Novissima hominis« nei »Dialogi« di Gregorio Magno, 1979 – J. RICHARDS, Consul of God. The Life and Times of

Gregory the Great, 1980 [dt.: 1983] – J. LE GOFF, La naissance du Purgatoire, 1981 – P. CATRY, Parole de Dieu, Amour et Esprit-Saint chez St. Grégoire le Grand (Spiritualité orientale et vie monastique, 1984) – G. JENAL, G. I., d. Gr. (Das Papsttum I, hg. M. GRESCHAT, 1985), 83–99 – V. PARONETTO, Gregorio Magno. Un maestro alle origini cristiane d'Europa, 1985 – G. R. EVANS, The Thought of Gregory the Great, 1986 – G. JENAL, G. d. Gr. und die Angelsachsenmission, Sett. cent. it. 32, 1986, 793–849 – F. CLARK, The Pseudo-Gregorian Dialogues, 2 Bde, 1987.

III. KULT UND VEREHRUNG: Wegen des starken Kultandranges wurden G.s Gebeine 50 Jahre nach seinem Tod vom usprgl. Grab im Portikus der Peterskirche in das Kircheninnere transferiert. Nach weiteren Translationen unter Gregor IV. und Pius II. wurden sie 1606 (unter Paul V.) in der clementin. Kapelle beigesetzt. Bericht und Wunder des 9.–11. Jh. (BHL 7545–7546) erwähnen für 826 eine Translation nach St-Médard v. Soissons (nicht völlig gesichert).

Neben den längeren Notizen des LP (BHL 3636) und der Kirchengesch. →Bedas (BHL 3638) erhielt G. eine Vielzahl von Viten: um 713 von einem anonymen engl. Verfasser aus Whitby (BHL 3637), im 8. Jh. von →Paulus Diaconus (BHL 3639), im 9. Jh. von →Johannes Diaconus (BHL 3641–3642); weitere biogr. Texte sind BHL, Novum Supplementum, 3643b ff. zusammengestellt. Bes. Bedeutung erhielt die bald nach dem Tode G.s niedergeschriebene Würdigung →Isidors v. Sevilla (De vir. ill. 40), die G. als Doctor (der Kirche) hervorhebt, was in die Martyrologien des →Hrabanus Maurus, des →Ado etc. eingegangen ist (Ursprung seiner Einordnung als Kirchenvater sowie, v. a. in Deutschland, als Schützer der Schule). Bereits die Hss. des Mart. Hieronymianum vom Ende des 7. Jh. nennen G. zum 12. März, ebenso wie zahlreiche Menologien und Synaxarien der Ostkirche. In England legte das Konzil v. →Clofeshoh 747 einen verbindl. Kult des Hl.en fest, der sich auch nach Irland ausbreitete. – Weitere Festdaten: 26. April (in Kirchen, die zur Fastenzeit keine Hl.enfeste begehen), 3. Sept. (Bf.sweihe), 9. Dez. und 26. Aug. (Translationen).
                    M. Heinzelmann

Lit.: Bibl. SS VII, 222–287 – DHGE XXI, 1387–1420 – RAC XII, 930–951 – Vies des saints 3, 262–277.

IV. IKONOGRAPHIE: 1. Als Autor, meist mit aufgeschlagenem Buch, z. T. schreibend. Sehr selten fehlt sein Attribut, die inspirierende Taube des Hl. Geistes, fast immer dicht neben dem Ohr. Als beigegebenes Bildmotiv erscheint häufig sein Sekretär Petrus (vgl. dazu J. CROQUISON, Les Origines de l'Iconographie Grégorienne, Cah Arch 12, 1962, 249–260; BLOCH-SCHNITZLER, Die otton. Kölner Malerschule, 2, 1970, 150ff. mit zahlreichen Abb., v. a. karol. und otton. Buchmalerei). – 2. G. als Kirchenlehrer und -vater, s. →Kirchenväter. – 3. Die →Gregoriusmesse. – Zu weiteren Darstellungen s. LCI VI, 432–441.
                    K. Bierbrauer

2. G. II., Papst seit 19. Mai 715, † 11. Febr. 731, Römer, im Dienst seiner Vorgänger aufgestiegen, hatte →Constantinus I. 710/711 als Diakon nach Konstantinopel begleitet. Als Papst war er um die Erneuerung röm. Basiliken und Kl. bemüht und hielt 721 eine Synode mit 22 Bf.en ab, die eherechtl. Fragen entschied. Seine Beziehungen zu Byzanz waren bereits durch die Steuerforderungen Ks. →Leons III. in Italien getrübt, als der Ausbruch des →Bilderstreits (ab 726) zu einem neuen schweren Zerwürfnis führte, das G. veranlaßte, in zwei grundsätzl. (in der Substanz echten) Schreiben den ksl. Übergriff in die geistl. Sphäre zurückzuweisen. Der Konflikt rief den langobard. Kg. →Liutprand auf den Plan, den G. 728 zur Übereignung der besetzten Stadt Sutri »an die Apostel Petrus und

Paulus« (→Kirchenstaat) bewegen konnte und der wenig später, vor Rom stehend, einen Ausgleich zw. G. und dem ksl. Exarchen vermittelte. Gleichwohl verweigerte G. 730 dem ikonoklast. Edikt Leons III. jede Anerkennung. Hist. folgenreich war G.s Förderung des kirchl. Aufbaus in Germanien: 716 empfing er den bayer. Hzg. →Theodo als ersten seines Stammes in Rom und erteilte eine Instruktion für die Errichtung von Bm. ern; 719 gab er eine Missionsvollmacht an →Bonifatius, den er 722 zum Bf. weihte und bei seiner weiteren Wirksamkeit in Hessen und Thüringen mit briefl. Weisungen ausstattete. Auch nach England unterhielt er Beziehungen.   R. Schieffer

Q.: LP I, 396–414; III, 99f. – Jaffé² I, 249–257; II, 742 – GP IV, 6–12 – P. Conte, Regesto delle lettere dei papi del secolo VIII, 1984, 192–200 – Lit.: DHGE XXI, 1420f. – E. Caspar, Gesch. des Papsttums II, 1933, 643–664, 691–701, 726–728 – Haller I, 351ff. – Seppelt II, 88ff. – G. Ferrari, Early Roman Monasteries, 1957 – W. Kelly, Pope G. II on Divorce and Remarriage (Analecta Gregoriana 203, 1976) – H. Grotz, Beobachtungen zu den zwei Briefen Papst G.s II. an Ks. Leo III., AHP 18, 1980, 9–40 [Nachtrag: AHP 24, 1986, 365–375] – J. T. Hallenbeck, Pavia and Rome: The Lombard Monarchy and the Papacy in the Eighth Century (Transactions of the American Philosophical Society 72,4, 1982), 21ff. – Th. F. X. Noble, The Republic of St. Peter …, 1984, 24ff.

3. G. III., *Papst* seit 18. März 731, † 28. Nov. 741, syr. Abkunft und anscheinend erst nach Bestätigung durch den ksl. Exarchen geweiht, war wie →Gregor II. um röm. Bauten und Befestigungen bemüht. Auch im →Bilderstreit folgte er dessen Linie und verurteilte auf einer großen röm. Synode im Nov. 731 die Ikonoklasten, worauf Ks. →Leon III. mit der Anordnung konfiskator. Steuern von den südit.-siz. Besitzungen der röm. Kirche und mit der Abtrennung aller ksl. beherrschten Bm. er Süditaliens und auf dem Balkan von der röm. Jurisdiktion antwortete. Der fakt. Ausschluß aus der Reichskirche und die schwere materielle Einbuße schwächten G.s Position gegenüber dem aggressiven Langobarden-Kg. →Liutprand, der 739 Rom bedrohte. Zwei Hilferufe, die G. an den frk. Hausmeier →Karl Martell richtete, blieben erfolglos. Zur Festigung der kirchl. Organisation nördl. der Alpen erteilte G. das Pallium an →Bonifatius (732) und →Egbert v. York (735).   R. Schieffer

Q.: LP I, 415–425; III, 100f. – Jaffé² I, 257–262; II, 742 – GP IV, 12–18 – P. Conte, Regesto delle lettere dei papi del secolo VIII, 1984, 200–207 – Lit.: DHGE XXI, 1421f. – E. Caspar, Gesch. des Papsttums II, 1933, 664–668, 701–707, 728–731 – Haller I, 358ff. – Seppelt II, 102ff. – G. Ferrari, Early Roman Monasteries, 1957 – J. T. Hallenbeck, Pavia and Rome: The Lombard Monarchy and the Papacy in the Eighth Century (Transactions of the American Philosophical Society 72, 4, 1982), 32ff. – Th. F. X. Noble, The Republic of St. Peter …, 1984, 38ff. – H. Mordek, Rom, Byzanz und die Franken im 8. Jh. (Fschr. K. Schmid, 1988), 123–156.

4. G. IV., *Papst* seit Herbst 827, Weihe erst nach ksl. Plazet 828 gemäß der →Constitutio Romana, zuvor Presbyter von S. Marco; † 25. Jan. 844. G. förderte die Missionierung des N durch die Ernennung →Ansgars zum Legaten und die Erhebung →Hamburgs zum Ebm. (831/832). Sein Versuch, 833 als Vertreter der Reichseinheit zw. Ks. →Ludwig d. Frommen und dessen aufständ. Söhnen im Frankenreich zu vermitteln, schlug völlig fehl und provozierte eine prinzipielle Debatte über die ksl., päpstl. und bfl. Gewalt. In Rom ließ er zahlreiche Kirchen erneuern und mit kostbarem Inventar versehen, der Sarazenengefahr suchte er durch den Ausbau von →Ostia (vorübergehend Gregoriopolis gen.) zu begegnen. Auch eine weitere Verbreitung des Allerheiligenfestes im Frankenreich wird ihm wohl verdankt, während er mit →Pseudo-Isidor und den Fälschungen von →Le Mans nichts zu tun hat.   H. Mordek

Q.: LP II, 73–85; III, 122f. – Jaffé² I, 323–327; II, 702, 743f. – MGH Epp. V (Karol. III), 71–84, 228–232 – Lit.: DHGE XXI, 1422 – Haller² II, 38ff. – Hauck II, 513ff. – LThK² IV, 1182 – NCE² VI, 771 – Seppelt² II, 214ff. – R. Faulhaber, Der Reichseinheitsgedanke, 1931, 60ff. – G. B. Ladner, Die Papstbildnisse des Altertums und des MA I, 1941, 142ff. – E. Boshof, Ebf. Agobard v. Lyon, 1969, 216ff. – H. Löwe, Gozbald v. Niederaltaich und Papst G. IV. (Fschr. B. Bischoff, 1971), 164–177 – H. Fuhrmann, Einfluß und Verbreitung der pseudoisidor. Fälschungen II, 1973, 241f. – W. Seegrün, Das Ebm. Hamburg – eine Fiktion?, Zs. des Vereins für Hamburg. Gesch. 60, 1974, 1–16 – U. Broccoli, Ostia antica, S. Aurea, Gregoriopoli, Lunario Romano XII: Il Lazio nell'antichità romana, hg. R. Lefèvre, 1982, 189–195.

5. G. V. (Bruno), *Papst* seit 3. Mai 996 (Weihe), * um 969/972, † 18.(?) Febr. 999 Rom, ⬭ ebd., S. Pietro in Vaticano. Von →Otto III. zum Nachfolger →Johanns XV. ernannt, bestieg der kgl. Kaplan Bruno, ein Sohn Hzg. Ottos v. Kärnten und Urenkel Ottos I., als erster Deutscher den päpstl. Stuhl. Am 21. Mai 996 krönte er Otto III. zum Ks. Nach dessen Abzug wurde G. von Crescentius (II.) (→Crescentier) aus Rom vertrieben, der den Griechen Johannes Philagathos v. Piacenza als Gegenpapst (→Johannes XVI.) erhob. Erst im Febr. 998 konnte G. durch Otto III. nach Rom zurückgeführt werden. Auf Wahrung der Rechte der röm. Kirche bedacht, nahm G. gegenüber dem Ks. eine eigenständige Haltung ein. Im Streit um den Reimser Erzstuhl ergriff er gegen den von Otto III. begünstigten Gerbert v. Aurillac (→Silvester II.) zugunsten Ebf. →Arnulfs Partei, bestätigte jenen jedoch 998 als Ebf. v. Ravenna. Gegen den kaisertreuen Ebf. →Giselher v. Magdeburg sprach er sich für die Wiederherstellung des Bm.s →Merseburg aus. Kg. →Robert II. v. Frankreich bedrohte er wegen unkanon. Ehe mit dem Bann.   T. Struve

Q.: LP II, 261f. – Jaffé² I, 489–495 – RI II, 5, Nr. 741–854 – MGH PP 5, 337f. [Grabschrift] – Lit.: DHGE XXI, 1423 [Lit.] – ECatt VI, 1128f. – Haller² II, 219–221 – Hauck III, 262–264 – HKG III/1, 241–243 – LThK² IV, 1182 – NDB VII, 20 – Seppelt II, 387–392 – JDG O. III., 1954, 203f., passim – P. E. Schramm, Ks., Rom und Renovatio, 1957², 90f., passim – H. Zimmermann, Papstabsetzungen des MA, 1968, 104–114 – T. E. Moehs, G. V. 996–999 (Päpste und Papsttum 2, 1972).

6. G. (VI.), *Gegenpapst.* Nach dem Tode →Sergius' IV. im Mai 1012 mit Unterstützung der →Crescentier erhoben, mußte G. dem ihm von den Tuskulanern entgegengestellten →Benedikt VIII. weichen. Um →Heinrich II. für sich zu gewinnen, erschien er Weihnachten 1012 am dt. Hofe zu →Pöhlde. Die erhoffte Hilfe blieb jedoch aus, da sich der Kg. für Benedikt entschieden hatte.   T. Struve

Q.: Thietmar v. Merseburg, Chron. VI, 101 (MGH SS NS 9, 1935), 394f. – LP II, 268, Anm. 4 – Jaffé² I, 514 – RIII, 5, Nr. 1075, 1078, 1108 – Lit.: DHGE XXI, 1423 – Haller² II, 229f. – Hauck III, 518f. – HKG III/1, 285 – LThK² IV, 1182 – JDG H. II. 2, 1864, 385, 390f. – H. Zimmermann, Papstabsetzungen des MA, 1968, 115–117 – K.-J. Herrmann, Das Tuskulanerpapsttum (1012–1046) (Päpste und Papsttum 4, 1973), 5, 7, 25–27.

7. G. VI. (Johannes Gratianus), *Papst* vom 1. Mai 1045 – 20. Dez. 1046, † ca. Nov. 1047 (Köln?). Der persönl. untadelige Erzpriester von S. Giovanni a Porta Latina übernahm von dem infolge stadtröm. Unruhen in seiner Stellung angefochtenen Tuskulanerpapst →Benedikt IX. die päpstl. Würde gegen eine ansehnl. finanzielle Abfindung. Von den röm. Reformkreisen freudig begrüßt, fand er über Rom und Italien hinaus auch in Deutschland und Frankreich Anerkennung. Infolge der simonist. Begleitumstände seiner Erhebung wurde G. jedoch auf der unter Vorsitz →Heinrichs III. tagenden Synode zu →Sutri (20. Dez. 1046) – möglicherweise in Form einer Selbstverurteilung – abgesetzt und anschließend in die Verbannung nach Deutschland geschickt, wohin ihm sein Kaplan Hildebrand (→Gregor VII.) folgte.   T. Struve

Q.: LP II, 270 – Jaffé² I, 524f. – *Lit.:* DHGE XXI, 1423f. – ECatt VI, 1129f. – Haller² II, 279–281 – Hauck III, 570f., – 583–590 HKG III/1, 290–293 – LThK²IV, 1182f. – Seppelt II, 415–418 – JDG H. III. 1, 1874, 259–263, 311, 313f.; Exkurs III,2 und 5, 484ff., 500ff. – G. B. Borino, »Invitus ultra montes cum domno papa Gregorio abii«, StGreg 1, 1947, 3–46 – H. Zimmermann, Papstabsetzungen des MA, 1968, 122–131 – K.-J. Herrmann, Das Tuskulanerpapsttum (1012–1046) (Päpste und Papsttum 4, 1973), 154–156, 158f. – F.-J. Schmale, Die »Absetzung« G.s VI. in Sutri und die synodale Tradition, AHC 11, 1979, 55–103.

8. G. VII. (Hildebrand), *Papst* (hl.) seit 22. April 1073, *um 1020/25 in der s. Toskana (Soana?), † 25. Mai 1085 in Salerno, ▢ ebd., Dom. G., über dessen Abstammung nichts Sicheres bekannt ist, kam bereits in jungen Jahren nach Rom, wo er sich zumindest zeitweise in dem Marienkl. auf dem Aventin aufgehalten hat. 1047 begleitete er →Gregor VI. in die Verbannung nach Deutschland. Als G. Anfang 1049 von →Leo IX. nach Rom zurückgeholt wurde, dürfte er bereits Mönch gewesen sein. 1050 wurde er mit der Leitung des Kl. S. Paolo fuori le mura betraut. Als päpstl. Legat reiste er 1054 und 1056 nach Frankreich, Ende 1057 an den dt. Hof. Spätestens seit Herbst 1059 in der Stellung eines Archidiakons für die Finanzverwaltung der röm. Kirche verantwortl., gewann G. zunehmend Einfluß auf die päpstl. Politik. Bei den Beisetzungsfeierlichkeiten für →Alexander II. wurde G. von den Römern in tumultuar. Weise zum Papst erhoben (22. April 1073). Dieses Verfahren, das einen Verstoß gegen das Papstwahldekret →Nikolaus' II. von 1059 bedeutete, wurde erst nachträgl. von den Kard.en legalisiert.

Als Papst widmete G. seine ganze Kraft der Verwirklichung der Kirchenreform (→Gregorian. Reform), in deren Dienst er die seit 1074 regelmäßig in Rom veranstalteten →Fastensynoden stellte. Die kgl. Investiturpraxis blieb zunächst weitgehend unangetastet. Ein generelles Investiturverbot erfolgte wohl erst auf der Lateransynode 1078, ausgeweitet auf die Niederkirchen 1080. So hat auch in den künftigen Auseinandersetzungen mit dem dt. Kg. (→Investiturstreit) die Investiturfrage nicht die entscheidende Rolle gespielt. Schlaglichtartig wird jedoch der von G. erhobene Führungsanspruch des Papstes innerhalb der Kirche wie im Verhältnis zur weltl. Gewalt im →»Dictatus papae« (Gregor VII., Reg.II, 55a) erkennbar.

Wie schon seine Vorgänger versuchte G., verschiedene europ. Reiche durch lehensrechtl. Beziehungen an die röm. Kirche zu binden. Dies führte jedoch nur in den unbedeutenden Fsm.ern →Dalmatien und →Kroatien (1076) zum Erfolg. →Wilhelm d. Eroberer lehnte die aus der Verleihung der Petersfahne abgeleiteten lehenshoheitl. Ansprüche ab und beschränkte sich auf die Zahlung eines →Peterspfennigs. Philipp I. v. Frankreich drohte G. 1074/75 mit Exkommunikation und Absetzung, vermied jedoch den offenen Bruch. In Spanien vermochte G. die Lehnshoheit der Kurie über Aragón hinaus nicht zu erweitern. In Vorwegnahme des Kreuzzugsgedankens propagierte G. 1074 einen Zug abendländ. Ritter in den Orient zur Verteidigung der byz. Christen vor den heidn. Seldschuken. Damit verband er die Hoffnung auf Beseitigung des Schismas mit der Ostkirche. Auf derselben Linie lag die Unterstützung der →Reconquista in Spanien als »hl. Krieg«.

Gegenüber dem dt. Kg. zeigte G. zunächst Entgegenkommen, da er dessen Unterstützung für eine Reform der →Reichskirche zu gewinnen hoffte. Der Konflikt mit →Heinrich IV. entzündete sich an der unkanon. Besetzung des Mailänder Erzstuhles mit dem kgl. Kaplan Thedald (1075). G.s mit einer Bannandrohung verbundene Vorhaltungen vom Dez. 1075 wurden von Heinrich IV. als Angriff auf die kgl. Herrschaft gewertet. Getragen von

der romfeindl. Stimmung des dt. Episkopats, forderte Heinrich IV. auf der Wormser Reichsversammlung (24. Jan. 1076) G. zur Abdankung auf. G. reagierte hierauf auf der röm. Fastensynode (14. Febr. 1076) mit Exkommunikation und Absetzung des Kg.s und der Lösung aller demselben geleisteten Eide. Durch den Bußakt v. →Canossa (28. Jan. 1077) sah sich G. genötigt, Heinrich die Absolution zu erteilen. Nachdem gegen seine Absicht zu →Forchheim (15. März 1077) →Rudolf v. Rheinfelden zum Gegenkg. erhoben worden war, bekannte sich G. im Interesse der von ihm beanspruchten Schiedsrichterrolle zu strikter Neutralität im dt. Thronstreit. Unbeirrt von zeitweiligen Rückschlägen hielt er an seiner Absicht fest, die Reichskirche im Bündnis mit dem dt. Kg. zu reformieren. Erst auf der Fastensynode 1080 vollzog G. mit der Wiederholung des Bannspruchs und der Anerkennung Rudolfs als rechtmäßigen Kg. endgültig den Bruch mit Heinrich IV. Eine unter Heinrichs Vorsitz in →Brixen zusammengetretene Synode (25. Juni 1080) beschloß darauf die Einleitung eines kanon. Verfahrens gegen G. und nominierte Ebf. Wibert v. Ravenna zum Papst. Infolge seiner unbeugsamen, allen Verständigungsbemühungen von kgl. Seite gegenüber verschlossenen Haltung geriet G. zunehmend in die Isolation. Eine Anfang 1084 in Rom einsetzende Abfallbewegung, der sich 13 Kard.e anschlossen, ermöglichte Heinrich IV. den Einzug in die Stadt (21. März). Von dem zum Papst erhobenen Wibert (→Clemens III.) wurde Heinrich IV. Ostern 1084 zum Ks. gekrönt. G., der sich in der →Engelsburg verschanzt hatte, wurde von seinem Vasallen →Robert Guiscard befreit. Angesichts der Ausschreitungen der norm. Truppen mußte G. jedoch Rom mit diesen verlassen und starb – unnachgiebig bis zuletzt – im Exil in Salerno.

Obgleich bei Mit- und Nachwelt umstritten (Heiligsprechung erst 1606), darf G. als einer der bedeutendsten Päpste des MA angesehen werden. Die rund 360 im Originalregister überlieferten Briefe vermitteln ein anschaul. Bild von seiner Persönlichkeit. G. sah sein Wirken einbezogen in die eschatolog. Dimensionen annehmenden Kampf zw. Gottesreich und den Mächten des Bösen. Überzeugt vom absoluten Vorrang des sacerdotium gegenüber dem regnum erfuhr durch die Forderung der Reformer nach Freiheit der Kirche von der Welt eine Umdeutung im hierarch. Sinne zur »Herrschaft der Kirche über die Welt« (Caspar).

T. Struve

Q.: Das Register G.s VII., ed. E. Caspar (MGH Epp. sel. 2, 1920–23) – Epistolae Collectae (Jaffé, BRG 2, 1865), 520–576 – H. E. J. Cowdrey, The Epistolae Vagantes of Pope G. VII., 1972 – Q. zum Investiturstreit, I: Ausgew. Briefe Papst G.s VII., übers. von F.-J. Schmale (AusgewQ 12a, 1978) – L. Santifaller, Q. und Forsch. zum Urkk.- und Kanzleiwesen Papst G.s VII., I: Q. (StT 190, 1957) – Vitae Gregorii VII., Watterich I, 293–546 – Jaffé² I, 594–649 – *Lit.:* DHGE XXI, 1424–1433 – ECatt VI, 1130–1134 – Haller² I, 365–430, 599–612 – Hauck III, 597–600, 672–722, 753–838 – HEG II, 288–306 – HKG III/1, 421–441 – LThK² IV, 1183–1185 – Seppelt³ III, 65–114, 600ff. – TRE XIV, 145–152 [Lit.] – JDG H.IV. und H.V., Bd. 1–4, 1890–1903, passim – E. Caspar, G. VII. in seinen Briefen, HZ 130, 1924, 1–30 – K. Jordan, Das Eindringen des Lehnswesens in das Rechtsleben der röm. Kurie, AU 12, 1932, 13–110, bes. 71–83 – P. E. Schramm, Das Zeitalter G.s VII., GGA 207, 1953, 62–140 [Lit.] – W. Ullmann, The Growth of Papal Government in the MA, 1955, 262–309 [dt.: 1960, 383–452] – A. Nitschke, Die Wirksamkeit Gottes in der Welt G.s VII., StGreg 5, 1956, 115–219 – M. Pacaut, L'église et le pouvoir in MA, 1957, 63–102 – *Einzelstud.:* StGreg 1–7, 1947–60 mit Ind.bd. 8, 1970: [Lit.] – L. F. J. Meulenberg, Der Primat der röm. Kirche im Denken und Handeln G.s VII., 1965 – G. Miccoli, G. VII. (Bibl. SS 7, 1966), 294–379 – A. Murray, Pope G. VII and his Letters, Traditio 22, 1966, 149–202 – W. Goez, Zur Erhebung und ersten Absetzung Papst G.s VII., RQ 63, 1968, 117–144 – H. Zimmermann, Wurde G. VII.

1076 in Worms abgesetzt?, MIÖG 78, 1970, 121–131 – R. SCHIEFFER, Tomus Gregorii papae, ADipl 17, 1971, 169–184 – H. E. J. COWDREY, Pope G. VII and the Anglo-Norman Kingdom, StGreg 9, 1972, 79–114 – CH. SCHNEIDER, Prophet. Sacerdotium und heilsgesch. Regnum im Dialog 1073–1077 (MMS 9, 1972) – P. E. HÜBINGER, Die letzten Worte Papst G. s VII., 1973 – H. HOFFMANN, Zum Register und zu den Briefen Papst G. s VII., DA 32, 1976, 86–130 – W. GOEZ, Zur Persönlichkeit G. s VII., RQ 73, 1978, 193–216 – I. S. ROBINSON, »Periculosus homo«: Pope G. VII and Episcopal Authority, Viator 9, 1978, 103–131 – R. SCHIEFFER, G. VII. – Ein Versuch über die hist. Größe, HJb 97/98, 1978, 87–107 – H. E. J. COWDREY, Pope G. VII's »Crusading« Plans of 1074 (Outremer, 1982), 27–40 – J. VOGEL, G. s VII. Abzug aus Rom und sein letztes Pontifikatsjahr in Salerno (Tradition als hist. Kraft, 1982), 341–349 – L. MEULENBERG, Une question toujours ouverte: Grégoire VII. et l'infaillibilité du pape (Fschr. F. KEMPF, 1983), 159–171 – I. S. ROBINSON, The Dissemination of the Letters of Pope G. VII during the Investiture Contest, JEcH 34, 1983, 175–193 – J. VOGEL, G. VII. und Heinrich IV. nach Canossa (Arbeiten zur FrühMAforsch. 9, 1983) – G. FORNACIARI, F. MALLEGNI, C. VULTAGGIO, Il regime di vita, quadro fisioclinico di G. VII., Rassegna storica Salernitana NS 2/2, 1985, 31–90 – H. FUHRMANN, G. VII., »Gregorian. Reform« und Investiturstreit (Das Papsttum, I: Gestalten der Kirchengesch. 11, 1985), 155–175 – K. J. BENZ, Eschatolog. Gedankengut bei G. VII., ZKG 97, 1986, 1–35 – F. STAAB, Zur 'romanitas' bei G. VII. (Fschr. A. BECKER, 1987), 101–113 – T. STRUVE, G. VII. und Heinrich IV. Stationen einer Auseinandersetzung, StGreg 13/14 [imDr.] – →Gregorian. Reform, →Investiturstreit.

9. G. (VIII.) (Mauritius), *Gegenpapst* vom 8. März 1118–April 1121. Angesichts der starren Haltung, die der zum Nachfolger →Paschalis' II. erwählte Johannes v. Gaeta (→Gelasius II.) in der Investiturfrage einnahm, ließ →Heinrich V., beraten von dem Bologneser Juristen →Irnerius, dessen Wahl für ungültig erklären und erhob mit Unterstützung der →Frangipani den Ebf. Mauritius v. Braga, einen aus Südfrankreich stammenden Cluniacenser, zum Papst. G. (Spottname: 'Burdinus', span. Esel) vermochte sich jedoch nicht zu behaupten, weshalb ihn Heinrich V. bald wieder fallen ließ. In Sutri, wohin er sich zurückgezogen hatte, wurde er im April 1121 von →Calixtus II. gefangengenommen, der ihn nach schimpfl. Umzug in die Klosterhaft nach La Cava (bei Salerno) sandte.   T. Struve

Q.: LP II, 315, 347; III, 162f., 169 – JAFFÉ² I, 821f.; II, 715 – *Lit.:* DHGE XXI, 1433–1436 [Lit.] – ECatt VI, 1134 – HALLER² II, 503f., 509 – LThK² IV, 1185f. – SEPPELT² III, 152f., 159 – JDG H. IV. und H. V. 7, 1909, 64f., 163–165, 182f. – C. ERDMANN, Mauritius Burdinus (G. VIII.), QFIAB 19, 1927, 205–261 – C. SERVATIUS, Paschalis II. (Päpste und Papsttum 14, 1980), 128–131, 332 – K. SCHREINER, G. VIII., nackt auf einem Esel (Fschr. F.-J. SCHMALE, 1989), 155–202.

10. G. VIII. (Albertus de Morra), *Papst* seit 21. Okt. 1187 (Wahl), * in Benevent, † 17.(?) Dez. 1187 in Pisa; Augustinerchorherr, seit 1155 Kard., Legat Alexanders III., 1178 Kanzler der röm. Kirche, als solcher förderte er den Cursus leoninus an der Kurie (→Cursus). Sein kurzer Pontifikat wurde vom Fall Jerusalems (2. Okt.) überschattet, der Aufruf zu einem neuen Kreuzzug (Audita tremendi: MPL 202, 1539–1542) hatte kaum Wirkung. G. suchte den Ausgleich mit den Staufern und trat auch sonst für Befriedung ein (Vermittlung zw. Pisa und Genua, Legationsaufträge für Deutschland).   B. Roberg

Q. und Lit.: JAFFÉ² II, 528–535 [ebd., 535: Q. über das Todesdatum] – HALLER² III, 262–265 – W. HOLTZMANN, Die Dekretalen G. s VIII., MIÖG 58, 1950, 113–123 – E. SASTRE SANTOS, Alberto de Morra, »cardenal protector« de la Orden de Santiago, Hidalgia 31, 1983, 369–392.

11. G. IX. (Hugo [Hugolinus, Ugolino], Gf. v. Segni), *Papst* seit 19. März 1227 (Wahl), * um 1170 in Anagni, † 21. Aug. 1241 in Rom; Neffe Innozenz' III. Nach Theologie- und Jurastudium in Paris und Bologna (?) 1196 Kard.-Diakon. 1206 Kard.-Bf. v. Ostia, seither mehrfach mit Legationen betraut (1207 nach Deutschland, 1217/19 und

1221 nach Mittel- und Oberitalien), die u. a. der Vorbereitung des vom IV. Laterankonzil beschlossenen Kreuzzugs galten. Die wiederholte Verschiebung der mehrfach zugesagten Kreuzfahrt Ks. Friedrichs II. war Anlaß zu dessen Konflikt mit dem Papsttum, der bereits unter Honorius III. begonnen hatte, den gesamten Pontifikat G. s überschattete und noch Innozenz IV. beschäftigte.

Neben der Kreuzzugsfrage betraf der Streit v. a. die vom Ks. bestrittene Zugehörigkeit der Mark Ancona und des Hzm. s Spoleto zum Kirchenstaat, Übergriffe Friedrichs gegen Rechtsstellung und Besitz der Kirche in Sizilien und Parteinahme G. s in den Kämpfen mit dem →Lombard. Städtebund. Die im Kern auch diesmal um das grundsätzl. Verhältnis von sacerdotium und imperium gehende Kontroverse führte zweimal zur Exkommunikation des Herrschers durch G.: erstmals am 29. Sept. 1227 wegen Verzögerung der Kreuzfahrt, dann – nach dem Ausgleich von 1230 (→S. Germano, →Ceprano) und spannungsreichen Beziehungen in den folgenden Jahren bes. im Zusammenhang mit dem Krieg Friedrichs gegen den oberit. Städtebund – erneut am 20. März 1239; diesmal nannte die Bannbulle als Gründe u. a. ksl. Unterstützung der gegen die päpstl. Herrschaft rebellierenden Stadtrömer, Behinderung des Albigenserkrieges (→Albigenser) und Bedrückung der Kirche in Sizilien. Der anschließende Propaganda-Krieg gipfelte in der Bulle »Ascendit de mare bestia« vom Juni/Juli 1239, die in einer Generalabrechnung Friedrich als apokalypt. Tier und Ketzer hinstellte. Ein für Ostern 1241 nach Rom berufenes Konzil verhinderte der Ks. durch Verhaftung anreisender Teilnehmer. Während seines folgenden Kriegszuges auf Rom starb G. und hinterließ den Konflikt ungelöst seinem Nachfolger.

Innerkirchl. ist G. v. a. als Förderer der neugegr. →Bettelorden hervorgetreten; schon als Kard. protector der →Franziskaner hat er maßgebl. an der Regel von 1223 mitgearbeitet, die Klarissen, den Dritten Orden, die →Dominikaner sowie →Kamaldulenser und →Ritterorden unterstützt. – Über seine Zeit hinaus weist sein Wirken als Gesetzgeber: Die dem Kanonisten →Raymund v. Peñafort übertragene Sammlung von Dekretalen wurde 1234 durch Übersendung an die Universitäten geltendes Recht, das als Liber Extra den 2. Teil des später als →Corpus Iuris Canonici bezeichneten kirchl. Gesetzbuches bildete. – Darin wurde u. a. auch die Ketzerverfolgung strafrechtl. geregelt (X 5. 7 »De haereticis«), die G. – im Anschluß an ksl. Vorbild – in der Form der päpstl. →Inquisition organisierte.   B. Roberg

Q. und Lit.: SEPPELT III, 411–452 – C. BARONII, Annales ecclesiastici, ed. A. THEINER, 20–21, 1870 – MGH Epp. Saec. XIII, I. 1883, 261–739 – G. LEVI, Registri dei Cardinali Ugolino d'Ostia e Ottaviano degli Ubaldini, 1890 – Les Registres de Grégoire IX (1227–41), éd. L. AUVRAY, 1–4 (Bibl. des Éc. frc. d'Athènes et de Rome, 2ième sér. IX, 1890–1955) – E. BREM, Papst G. IX. bis zum Beginn seines Pontifikats, 1911 – P. B. ZÖLLIG, Die Beziehungen des Kard. s Ugolino zum hl. Franziskus und zu seinem I. Orden [Diss. Freiburg i. Ü./Schweiz, Münster 1943] – Acta Honorii III et Gregorii IX e registris vaticanis aliisque fontibus, ed. A. L. TAUTU (Pont. Commissio ad redigendum Cod. Iuris Can. orientalis, Fontes ser. III, Bd. III), 1950 – H. M. SCHALLER, Die Antwort G. s IX. auf Petrus de Vinea, DA 11, 1954, 140–165 – S. SIBILIA, Gregorio IX. (1227–41), 1961 – R. MANSELLI, Federico II e Gregorio IX. Appunti d'una ricerca, Studi Storici Meridionali 2, 1982, 3–14.

12. G. X. (Te[d]aldo [Tebaldo] Visconti [Vicedominus]), *Papst* (sel.) seit 1. Sept. 1271 (Wahl in Viterbo), * um 1210 in Piacenza, † 10. Jan. 1276 in Arezzo. Studium in Paris (?), Domherr an St-Jean in Lyon (Teilnahme am I. Konzil v. Lyon?), Archidiakon von Lüttich, seit 1259 im

Gefolge päpstl. Legaten in England, 1271 Pilgerfahrt ins Hl. Land (→Akkon); dort erreichte ihn die Nachricht seiner Wahl, die eine fast dreijährige Sedisvakanz des Hl. Stuhls (seit 29. Nov. 1268) beendete. – Der Rettung der loca sancta galt das bes. Bemühen während G.s gesamtem Pontifikat (»der letzte Kreuzzugspapst«), sie war auch Hauptmotiv bei Berufung und Durchführung des II. Konzils v. Lyon, das vorrangig die Hilfe für Palästina behandelte: Beschluß eines sechsjährigen Zehnten für alle Kleriker, Aufruf zu einem neuen Kreuzzug. Dessen Absicherung sollte auch eine Übereinkunft mit dem byz. Ks. Michael VIII. (oft fälschl. als Kirchenunion bezeichnet) dienen und ebenso die Kontakte zum Reich der →Ilchāne und zum chines. Herrscher Kublai Khan. Dauerhafte Folgen hatte die Neuordnung der →Papstwahl, bei der das Konklave eingeführt wurde (Konstitution »Ubi periculum«). – Politisch löste sich G. aus den frankophilen Beziehungen seiner Vorgänger, hielt zwar enge Verbindung zu Kg. →Philipp III. v. Frankreich, distanzierte sich aber von den Zielen des Kg.s →Karl I. (v. Anjou) v. Neapel-Sizilien, sowohl was dessen it. Absichten anging (Griff nach Mittel- und Oberitalien mit Hilfe der Wahl zum Signore in den dortigen Stadtstaaten) als auch v. a. im Blick auf die imperialen Absichten Karls im Mittelmeerraum (geplante Rückeroberung von Byzanz, Erwerb des Kg.stitels von Jerusalem). Im Sinne seiner Kreuzzugspläne stützte G. vielmehr die herkömml. staatl.-polit. Strukturen in Europa und brachte die traditionelle päpstl. Rolle gegenüber dem dt. Herrscher zur Geltung: Aufforderung an die Kfs.en zur Kg.swahl (1273), Bestätigung →Rudolfs v. Habsburg nach Wahlprüfung und Garantieerklärung des neuen Kg.s, Treffen mit demselben im Okt. 1275 in Lausanne zur Verabredung von Romzug, Ks.krönung und Kreuzfahrt, Verhandlungen mit →Alfons X. v. Kastilien, die zu dessen Abdankung als Prätendent auf die röm.-dt. Krone führten. B. Roberg

Q. und Lit.: LThK² IV, 1187f. – Les Registres de Grégoire X, éd. J. Guiraud (Bibl. des Éc. frc. d'Athènes et de Rome, 2ième sér. XII, 1892–1960) – Acta Urb. IV, Clement. IV, Gregorii X (1261–76), coll. A. L. Tautu, 1953 – L. Gatto, Il pontificato di Gregorio X (1271–76) (Ist. Storico It. per il Medio Evo. Studi storici 28–30), 1959 – Il Concilio di Lione (1274) secondo la Ordinatio Concilii Generalis Lugdunensis, ed. A. Franchi, 1965 – B. Roberg, Der konziliare Wortlaut des Konklave-Dekrets Ubi Periculum von 1274, AHC 2, 1970, 231–262 – Ders., Die Tartaren auf dem 2. Konzil v. Lyon 1274, AHC 5, 1973, 241–302 – 1274. Année charnière. Mutations et Continuités (Colloques internat. du Centre Nat. de la Recherche Scientifique 558, 1977) – B. Roberg, Subsidium Terrae Sanctae. Kreuzzug, Konzil und Steuern, AHC 15, 1983, 96–158 – A. Franchi, I Vespri Siciliani e le relazioni tra Roma e Bisanzio, 1984.

13. G. XI. (Pierre-Roger de Beaufort), *Papst* seit 30. Dez. 1370 (Wahl; Priester 4. Jan., Bf.sweihe und Krönung: 5. Jan. 1371), * 1329 zu Rosiers-d'Egletons (dép. Corrèze), † 27. März 1378 in Rom. Neffe →Clemens' VI., durch den er früh zahlreiche Benefizien erhielt. Nach Studien des zivilen und Kirchenrechts unter →Baldus de Ubaldis in Perugia galt er bald selbst als berühmter Kanonist und Förderer der Wissenschaft. Es folgte eine 15jährige Tätigkeit an der →Kurie in Avignon bis zum Tod →Urbans V. Zahlreiche Kreationen frz. Kard.e zeigen die Abhängigkeit G.s vom frz. Kg., doch wollte er von Beginn des Pontifikats an nach Rom übersiedeln. Im Konflikt mit der Republik →Florenz und der von ihr angeführten Liga griff er drakon. durch: Interdikt über Florenz und Exkommunikation der Rädelsführer, Entsendung eines breton. Söldnerheers unter Kard.legat Robert v. Genf (→Clemens VII.). Die Rückkehr nach Rom

setzte G. schließlich gegen den frz. Hof, die Mehrzahl der Kard.e und seine Familie durch (Aufbruch am 13. Sept. 1376, Einzug in Rom 17. Jan. 1377), bestärkt durch Ks. →Karl IV., →Birgitta v. Schweden und →Katharina v. Siena, deren Anteil in der Literatur allerdings kontrovers beurteilt wird. In Rom kam es bald zu Auseinandersetzungen um das Stadtregiment und zur Verschärfung der »Guerra degli Otto Santi«, so daß G. die Rückkehr nach Avignon erwog. Er führte die Kreuzzugspläne seiner Vorgänger fort, doch scheiterten seine Bemühungen um eine antitürk. Liga (1373) und eine neue Offensive unter der Führung der →Hospitaliter. Bei der Wahl →Wenzels zum dt. Kg. begnügte sich G. mit einem formalen Approbationsrecht und erkannte damit faktisch die →Goldene Bulle von 1356 an. Erfolgreich waren seine Friedensverhandlungen mit Ks. Karl IV. und Kg. →Ludwig v. Ungarn, erfolglos dagegen seine Vermittlungsversuche im →Hundertjährigen Krieg. Im innerkirchl. Bereich setzte er die Ordensreform seiner Vorgänger fort (Reform der Hospitaliter und →Dominikaner, deren Ostmission er förderte) und bestand auf Residenzpflicht der Bf.e und Einberufung von Provinzialkonzilien. Er war um die Überwindung der Häresie der →Waldenser, →Albigenser und →Begharden bemüht und ließ 1377 18 Sätze des John →Wyclif verurteilen. – G.s Persönlichkeit wird kontrovers beurteilt: kultiviert, klug und fromm, andererseits unselbständig und schwach oder kompromißlos und starrsinnig. J. Grohe

Q.: J. P. Kirsch, Die Rückkehr der Päpste Urban V. und Gregor XI. von Avignon nach Rom (Q. und Forsch. aus dem Gebiet der Gesch. 6, 1898), 169–262 – Vitae Paparum Avenionensium I, ed. E. Baluze – G. Mollat, 1916, 415–425 – Lettres sécrètes et curiales du Pape Grégoire XI. ... relatives à la France, éd. L Mirot – H. Jassemin u. a., 1935–57 – K. H. Schäfer, Die Ausgaben der Apostol. Kammer unter den Päpsten Urban V. und Gregor XI., 1937 – Acta Gregorii XI Pontificis Romani ..., ed. C. Stloukal (= Mon. Vat. Res Gestas Bohemicas illustr. IV), 1949 – P. Ronzy, Le voyage de Grégoire XI ramenant la papauté d'Avignon à Rome 1376–77 ..., 1952 – Lettres de Grégoire XI. ..., éd. C. Tihon, I–IV (= Anal.Vat.Belg. 11, 21, 25, 28), 1958–75 – Lettres sécrètes et curiales du Pape Grégoire XI. ... intéressant les pays autres que la France, éd. G. Mollat, I–III, 1962–65 – Acta Gregorii P.O.XI. ..., ed. A. L. Tăutu, 1966 – Lit.: Biograph.-bibliogr. Kirchenlex. II, 321f. – DBF XVI, 1137f. – DHGE XXI, 1439f. [Lit.] – DThC VI, 1807f. – ECatt VI, 1140f. – HKG III/2, 409–412 – LThK² IV, 1188 – RGG³ II, 1840f. – A. Péllisier, Grégoire XI ramène la Papauté à Rome, 1962 – G. Mollat, Les Papes d'Avignon 1305–1378, 1965, 12, 130–136, 265–282 [ältere Lit.] – G. Guillemain, La cour pontificale d'Avignon. Étude d'une société, 1966 – R. C. Trexler, The Spiritual Power. Republic Florence under Interdict (= Stud. in Medieval and Reformation Thought IX), 1974 – R. G. Davies, The anglopapal Concordat of Burges 1375, AHP 19, 1981, 97–146 – N. Housley, The Avignon Papacy and the Crusades, 1986 – P. R. Thibault, Pope Gregory XI: The Failure of Tradition, 1986.

14. G. XII. (Angelo →Correr), *Papst* seit 30. Nov. 1406 (Wahl, Krönung: 19. Dez.), Resignation am 4. Juli 1415; * vermutl. vor 1335, † als Kard. v. Porto 18. Okt. 1417 in Recanati; entstammte einer ven. Adelsfamilie. 1380 Bf. v. Castello, 1390 lat. Patriarch v. Konstantinopel, 1405 Rektor der Marken, später Kard. und päpstl. Sekretär unter Innozenz VII. Nach dessen Tod am 6. Nov. 1406 wegen befürchteter Gefahren für den Kirchenstaat zum Nachfolger gewählt, nachdem das Kard.skollegium in einer Wahlkapitulation den zu Wählenden verpflichtet hatte 1. zum Rücktritt, falls der avign. Papst →Benedikt XIII. ebenfalls resigniere, 2. zu Verhandlungen mit Benedikt XIII. innerhalb der nächsten drei Monate, 3. zum Verzicht auf Kard.skreationen für 15 Monate. Seine Wahl verdankte G. seinem hohen Alter und der Erwartung, er werde seinen bisherigen Unionseifer fortsetzen. Die Quellen heben zudem seine lautere, asket. Persönlichkeit, sein reiches theol. Wissen hervor.

Nach der Wahl beschwor G. erneut die Wahlkapitulation und beteuerte in Schreiben an Benedikt XIII. zunächst Bereitschaft zur Abdankung. Verhandlungen mit Benedikt führten am 21. April 1407 zum Vertrag v. Marseille: Savona in avign. Einflußbereich sollte Ort des Treffens, spätester Zeitpunkt der 1. Nov. sein. Fehlende persönl. Sicherheiten und vermutl. Druck von unions- (Kg. →Ladislaus v. Neapel) bzw. französischfeindlicher (Kg. Wenzel, Kg. Sigmund) Seite ließen G. das Treffen verschieben, das schließlich infolge polit. Veränderungen (Einnahme Roms durch Kg. Ladislaus) ganz unterblieb. Benedikt XIII. ließ keine Absicht zur Resignation erkennen, G. fürchtete nach möglichem Rücktritt für seine Person und die Versorgung seiner Nepoten und Anhänger. Nach einem von G. erlassenen Verhandlungsverbot sowie der Kreation von vier Kard.en, darunter zwei Nepoten, am 4. Mai 1408, floh die Mehrheit seiner Wähler nach Pisa. Es folgten Gehorsamsaufkündigung und (zusammen mit einigen avign. Kard.en) am 29. Juni 1408 die Einberufung eines Konzils für März 1409 nach →Pisa zur Beendigung des Schismas. Die dort vollzogene Absetzung G.s führte zum Verlust großer Teile seiner Obödienz. Es blieben Ungarn, Neapel sowie Teile Deutschlands und Italiens.

G. antwortete mit einem Konzil in Cividale (6. Juni– 5. Sept. 1409). Wegen der Gegnerschaft des aquilejan. Patriarchen floh G. unmittelbar nach dessen Abschluß unter den Schutz Kg. Ladislaus' nach Gaeta und später nach Rimini (3. Nov. 1408) zu Carlo →Malatesta. Nach Absetzung des Pisaner Papstes →Johannes XXIII. durch das →Konstanzer Konzil (seit 1. Nov. 1414) wurden dessen Verhandlungen mit G. wegen seines Rücktritts durch seine dt. Anhänger und Malatesta forciert. Nach Klärung des Procedere gab Malatesta am 4. Juli 1415 G.s Rücktritt bekannt. Die beiden Kard.skollegien wurden vereint, G. selbst zum Kard. v. Porto und Legaten der Mark Ancona ernannt. A. Frenken

Q.: Theod. de Nieheim, De scismate, ed. G. ERLER, 1890 – Acta concilii Constanciensis, ed. H. FINKE u. a., 1896–1928 – Rep. Germanicum II, 1933/38 – Acta Urbani P.P. VI … et Gregorii P.P. XII, ed. A. L. TĂUTU, 1970 – Lettres de G. XII. (1406–1415), ed. M. SOENEN, 1976 – *zum Konzil von Cividale:* MANSI XXVI, 1085–1096 – J. HARDOUIN, Acta conciliorum … VII, 1949–54 – *Lit.:* Eine neuere Biogr. fehlt – Catholicisme V, 244f. – DHGE XXI, 1808f. – ECatt VI, 1141–1143 – HKG III/2, passim – LThK² IV, 1188 – NCE VI, 778f. – SEPPELT-SCHWAIGER² IV, passim – J. HOLLERBACH, Die gregorian. Partei, Sigismund und das Konstanzer Konzil, RQ 23, 1909, 129–165; 24, 1910, 3–39, 120–140 – J. PETERSOHN, Papst G.s XII. Flucht aus Cividale (1409) und die Sicherstellung des Paramentenschatzes, RQ 58, 1963, 51–70 – D. GIRGENSOHN, Kard. Antonio Caetani und G. XII. in den Jahren 1406–1408, QFIAB 64, 1984, 116–226 – DERS., Venezia e il primo Veneziano sulla cattedra di S. Pietro: G. XII (Angelo Correr) 1406–1415 (Centro Tedesco di Studi Veneziani Quaderni 30, 1985), 3–32 – A. LANDO, Il papa deposto (Pisa 1409), 1985 – J. N. D. KELLY, The Oxford Dict. of Popes, 1986, 234–236.

15. G. v. Montelongo, *Patriarch v.* →*Aquileia* 1251–69, † 8. Sept. 1269 in Cividale. Mit Innozenz III. und Gregor IX. verwandt, entfachte und leitete G. als päpstl. Legat seit 1238 den Widerstand in der Lombardei gegen Friedrich II. Am 24. Okt. 1251 als erster Italiener nach Jahrhunderten von Innozenz IV. zum Patriarchen v. Aquileia ernannt (1256 konsekriert), wandte er alle Kraft an den Wiederaufbau des Patriarchats, hatte aber von Anfang an mit großen finanziellen Schwierigkeiten und den unbotmäßigen Städten zu kämpfen. Gegen →Ezzelino III. da Romano und die →Ghibellinen erfolgreich, stand er im Streit mit Hzg. →Ulrich III. v. Kärnten und Gf. Albert v. Görz, der

ihn am 20. Juli 1267 gefangensetzte und nur über Intervention von Kg. Ottokar v. Böhmen, Ebf. Wlodizlaus v. Salzburg und Venedigs am 25. Aug. 1267 freiließ. Nach kurzer Friedensdauer starb G. im Kriegszustand mit Gf. Albert. H. Schmidinger

Lit.: EncIt XVII, 926f. – Less. Univ. IX, 401 – G. MARCHETTI-LONGHI, La Legazione in Lombardia di Gregorio di M., ASRSP 36, 1913, 231ff. – P. PASCHINI, Gregorio di M., patriarca di Aquileia, MSF 12–14, 1918, 25–84; 17, 1921, 1–83 – G. MARCHETTI-LONGHI, La famiglia di Gregorio da M., MSF 19, 1923, 105–130; 20, 1924, 9–124 – H. SCHMIDINGER, Patriarch und Landesherr, 1954 – G. C. MENIS, Storia del Friuli, 1978⁴.

16. G. der Erleuchter, hl., † ca. 330, erster *Bf. v.* →*Armenien.* Verfasser seiner offiziellen, mehrere Überlieferungsschichten vereinigenden Legende ist der sog. →Agathangelos. In allen Fassungen gilt G. als durch Leontios v. Caesarea, der als Teilnehmer des Konzils v. →Nikaia bezeugt ist, geweihter Bf. Fraglich bleibt, ob Neocaesarea in Pontos (so die heute syr. erhaltene Legende) oder Caesarea (→Kayseri) in Kappadokien (so die älteste, heute nur griech. überlieferte Legende) als Herkunftsort des Hl.en gelten kann. In den späteren armen. Legendenfassungen tritt G. als Sohn von Anak, dem Bruder des Arschakidenkg.s Chosrow, auf. Anak tötet Chosrow; G. und der Sohn Chosrows, Tiridates, finden Zuflucht in Kappadokien oder Pontos. G. heiratet Julitta; als er aber erfährt, daß er der Sohn des Mörders von Chosrow ist, tritt er zur Buße in Tiridates' Dienst. Dieser, der inzwischen von Ks. Diokletian das väterl. Kgr. zurückerhalten hat, versucht erfolglos, G. zum Götzendienst zu zwingen und läßt ihn schließlich in einen Brunnen werfen, in dem der Hl. 14 Jahre lebt. Er wird wieder herausgezogen, um den in ein wildes Tier verwandelten Kg. zu retten. Die G.-Legende besitzt verwandte Züge mit der Silvesterlegende (→Silvester I.). Die Gräber von G. und die zahlreichen Auffindungslegenden werfen Forschungsprobleme auf, bes. die regelmäßige Erwähnung des Ks.s →Zenon in diesem Zusammenhang. M. van Esbroeck

Lit.: RAC, Suppl., 1985, 239–248 [M. VAN ESBROECK] – M. VAN ESBROECK, St-Grégoire d'Armenie et sa didascalie, Le Muséon, 1989 [im Dr.].

17. G. v. Elvira (Illiberis), seit 359 *Bf. v.* →*Elvira,* altkirchl. Theologe, † nach 392, strenger Antiarianer, seit 380/385 Führer der Luciferianer (→Lucifer v. Cagliari). Neben der dogmat. Abhandlung »De fide orthodoxa«, die die nizän. Wesenseinheit von Gott-Vater und Sohn verteidigt, sind v. a. Predigten (Tractatus) erhalten; sie behandeln Einzeltexte des AT, die allegor. und typolog. gedeutet werden. In die Anfänge der lat. Hld-Exegese gehören seine Tractatus in Canticum Canticorum, die in 5 Büchern Cant 1–3, 4 in traditioneller Weise erklären. K. S. Frank

Ed.: CCL 69 – *Lit.:* DHGE XXI, 1501 – A. DI BERARDINO, Patrologia III, 1978, 79–83.

18. G. (Grigorij) Camblak, *Metropolit v.* →*Kiev,* geistl. Schriftsteller, * um 1364 in Tŭrnovo, † 1419/20. Aus vornehmen bulg. Geschlecht, in seiner Jugend vom Patriarchen →Evtimij beeinflußt, lebte G. auf dem Athos, dann im Pantokrator-Kl. zu Konstantinopel und wurde bereits 1395 Hegumenos des serb. Kl. →Dečani. Die Daten von G.s Aufenthalt in Serbien sind im übrigen umstritten. Im Juli 1401 entsandte ihn Patriarch Matthaios I. in einem den Bf. Joseph betreffenden kanon. Rechtsfall ins Fsm. →Moldau, wo er offenbar als dem Hofe →Alexanders des Guten nahestehender Prediger und Lehrer verblieb. →Kiprian, der Metropolit v. Kiev, berief 1406, kurz vor seinem Tode, seinen Verwandten G. zu sich, um die Nachfolge zu regeln. Im Zuge der Streitigkeiten zw. →Moskau und →Litauen um die Kiever Metropole konnte der von →Witowt v. Litauen unterstützte G. erst 1414 durch die Metropolitansynode gewählt werden und wurde wenige Jahre später vom Patriarchen v. Konstantinopel, Joseph II., wegen unkanon. Einsetzung, mit Rücksicht auf den in Moskau amtierenden Metropoliten Fotij, exkommuniziert. G., der in der litauischen Hauptstadt Vilna residierte, leitete die russ.-litauische Delegation zum Konzil v. →Konstanz, wo er am 25. Febr. 1418 vor Papst Martin V. erschien und eine durch das Tagebuch des Kard. →Fillastre lateinisch überlieferte Predigt hielt. Wohl auf dem Rückweg starb G. an einer Epidemie.

Einer der bedeutendsten Vertreter der von Evtimij begründeten homilet. Schule, werden G. nach der umfangreichen hs. Überlieferung ca. 35 →Homilien und liturg. Hymnen zugeschrieben. Seine Hauptwerke entstammen seiner Kiever Zeit: die Lobreden auf Kiprian, verfaßt im Auftrag des Fs.en Witowt, und Evtimij. Die Mehrzahl seiner Predigten ist in der sog. »Kniga Grigorija Camblaka« gesammelt überliefert. In den großen Lese-→Menäen des Metropoliten Makarij (16. Jh.) stehen G.s Werke unter dem 31. Juli.   Ch. Hannick

Ed.: Krit. Ausg. in 6 Bd.en, Univ. Veliko Tŭrnovo [in Vorber.] – vgl. a. die in der Lit. gen. Ed. von Einzelwerken – *Teilübers.*: Starobŭlgarska lit. II, 1982 – *Lit.*: DHGE XXI, 1486–1488 – A. I. JACIMIRSKIJ, G. C., Očerk ego žizni, administrativnoj i knižnoj dejatel'nosti, 1904 – E. TURDEANU, Grégoire C.: faux arguments d'une biogr., RESl 22, 1946, 46–81 – K. MEČEV, G. C., 1969 – M. HEPPEL, The Ecclesiastical career of Gregory C., 1979 – N. DONČEVA-PANAJOTOVA, Sborniki 'Kniga Grigorija Camblaka', vozniknovenie, soderžanie, EBalk H. 3, 1981, 16–21 – A. TRIFONOVA, Slova na G. C. v leningradskite knigochranilišta, Starobŭlgarska lit. 16, 1984, 97–120 – N. DONČEVA-PANAJOTOVA, Ruskijat iljustriran letopisen svod ot XVI v. za G. C. (Tŭrnovska knižovna škola 4, 1985), 76–84 – JU. K. BEGUNOV, Beitr. in: Stud. slavica (Fschr. R. PICCHIO, 1986); Pontes slavici (Fschr. ST. HAFNER, 1986) – N. GEORGIEVA, Žitieto na Stefan Dečanski ot G. C. Starobŭlgarska lit. 21, 1987, 80–93 – A. TRIFONOVA, Slovar' knižnikov i knižnosti Drevnej Rusi II/1, 1988, 175–180.

19. G. (G. Attalus), *Bf. v. Langres,* hl., * ca. 450, † 4. Jan. 539/540, ☐ St-Jean (Dijon). Der Urgroßvater des Geschichtsschreibers und Bf.s v. Tours, der sich nach ihm ebenfalls G. benannte, gehörte zu einer der angesehensten senator. Familien Galliens; in der civitas Autun bekleidete er wohl schon mit 16/17 Jahren, unter dem Episkopat seines (mutmaßl.) Verwandten Euphronius das Amt des comes, das er mit exemplar. Strenge 40 Jahre ausübte. Der an einen Attalus gerichtete Brief des →Sidonius Apollinaris (ep. V, 18, vom Hg. LOYEN nach 471/474, spätestens 477 datiert) dürfte trotz der Einwände von A. LOYEN (Sid. Apoll. Oeuvres, II, 1970, 206, Anm. 60) G. betroffen haben, der demnach einen zweiten Namen führte, der auch bei einem seiner Enkel bezeugt ist. Mit seiner Gattin Armentaria, ebenfalls senator. Abkunft, Großmutter der gleichnamigen Mutter G.s v. Tours (und wohl Tochter des Bf.s Armentarius v. Langres), hatte G. mehrere – mindestens drei – Söhne, darunter seinen Nachfolger Tetricus, Vater des Bf.s Euphronius v. Tours, und den Großvater des G. v. Tours (573 Nachfolger des Euphronius). Nach dem Tode der Gattin 506/507 zum Bf. v. Langres gewählt, nahm G. an den Synoden v. Epao (517), Lyon (518/519) und Clermont (535) teil, während er sich in Orléans (538) vertreten ließ. In Dijon, wo er (wie schon seine Vorgänger) hauptsächl. residierte, richtete er den Kult des hl. →Benignus ein (Bau einer Basilika; daß er Gründer des (späteren) Kl. →St-Bénigne gewesen sei, dürfte legendar. sein (Chronik v. St-Bénigne). Nach seinem Willen in Dijon begraben, galt er bald als Urheber zahlreicher Wunder; sein Sohn Tetricus transferierte ihn darauf in die neuerrichtete Apsis von St-Jean (Translation v. 6. Nov.). G. ist v. a. durch die Schriften seines Urenkels

G. v. Tours bekannt (Libri hist. X, passim), der auch seine Vita verfaßte (Vitae patrum VII); Venantius Fortunatus ist Verfasser eines Epitaphs G.s (Carm. IV, 2).

M. Heinzelmann

Lit.: DHGE XXI, 1513f. – M. HEINZELMANN, B.sherrschaft in Gallien, 1976, 213–214 – DERS., Gall. Prosopographie 260–527, Francia 10, 1982, 563 (G. Attalus), 601 (Euphronius) – L. PIETRI, La ville de Tours du IVᵉ au VIᵉ s. Naissance d'une cité chrétienne, 1983, 205–206 (Anm. 140), 252–253 – H. H. ANTON, Verfassungsgesch. Kontinuität und Wandlungen von der Spätantike zum hohen MA: Das Beispiel Trier, Francia 14, 1986, 5–6.

20. G. v. Sanok, * um 1407 bei Sanok, † 1477 Rohatyn, Humanist, *Ebf. v. Lemberg,* kleinadliger oder plebej. Herkunft. Nach 1421 fahrender Scholar und Kopist in Deutschland, 1428–33 Studium in Krakau (Baccalaureat). Um 1437 in Rom, Bologna, Ferrara, Florenz. 1439 Mag. in Krakau, Komm. zu Vergils Eklogen. Während seines Aufenthalts in Ungarn 1440–50 (kgl. Sekretär, nach der Schlacht von →Varna Lehrer der Söhne J. →Hunyadys, dann bei Bf. J. →Vitez in Großwardein) knüpfte er Verbindungen mit den dortigen Humanisten an (P.P. →Vergerius). 1451 Ebf. v. Lemberg, machte seine Residenz Dunajów zu einem Zentrum der humanist. Kultur. →Callimachus Experiens widmete ihm eine panegyr. Biographie (ed. J. LICHÓNSKA, 1969). Von den Zeitgenossen hochgeschätzt, werden seine Verdienste um den Humanismus in Polen von der neueren Forschung relativiert.

L. Haidukiewicz

Lit.: Polski Słownik Biograficzny, T. 9, 1960 – J. DOMANSKI, Grzegorz z Sanoka i poglądy filozoficzne F. Kallimacha, Filozofia polska XV w., 1972 – Q. MARCʼHADOUR, Un cinqcentenaire: l'humaniste polonais Grzegorz z Sanoka (1408–1477), Moreana 1978, Nr. 58, 89–92 – T. KLANICSAY, Das contubernium des Johannes Vitez (Forsch. über Siebenbürgen und seine Nachbarn, hg. K. BENDA u. a., 1988), 227–243.

21. G. (russ. Grigorij), unierter *Metropolit* der orth. Kirche in →Litauen, † vor Dez. 1472 (in Kiev?). Von unbekannter Herkunft, taucht G. als Schüler und Reisebegleiter →Isidors, des Metropoliten v. →Kiev und führenden Anhängers der Kirchenunion v. Florenz, auf, war 1441 gemeinsam mit ihm ztw. in der Haft des Gfs.en Vasilij II. v. →Moskau und kam 1448 mit Isidor, dessen Unionsvorhaben in Moskau völlig gescheitert war, nach Rom. Als Kasimir IV., Kg. v. Polen und Gfs. v. Litauen, 1458 einen Metropoliten für seine orth. Untertanen erbat, wurde G. auf Empfehlung Isidors vom unierten Patriarchen v. Konstantinopel, →Gregorios III. Mamme, in dessen röm. Exil zum »metropolita Chieuensis et Lithuaniensis et totius Russiae inferioris« ernannt. Pius II. teilte dem Kg. mit, daß bereits sein Vorgänger Calixt III. die Kirche v. Kiev (mit Litauen und der Inferioris Russia) von Moskau getrennt habe. Trotz der Gegenmaßnahmen des vom Gfs.en v. Moskau eingesetzten Metropoliten →Iona fand G. bei den orth. Bf.en Litauens (mit Ausnahme des daraufhin exilierten Bf.s v. →Černigov-Brjansk), aber auch bei den orth. Fs.en, Magnaten und Bojaren Litauens Anerkennung, nicht aber – trotz mancher Sympathien – außerhalb der Grenzen des Gfsm.s. Die Trennung Litauens von der Moskauer Metropolie blieb auch nach G.s Tod bestehen.

M. Hellmann

Q.: →Ferrara-Florenz – *Lit.*: MAKARIJ, Istorija russkoj cerkvi IX, 1900² – E. GOLUBINSKIJ, Istorija russkoj cerkvi, II, 1900, 414ff. – A. PROCHASKA, Nieznane dokumenta do unji florenckiej w Polsce, Ateneum Wileńskie I, 1923, 58–74 – A. M. AMMANN SJ., Abriß der ostslaw. Kirchengesch., 1950, 143, 157ff. – H. JABLONOWSKI, Westrußland zw. Wilna und Moskau, 1955, 74–100.

22. G. v. Nyssa, * 335/340, † nach 394. Der jüngere Bruder des →Basilius v. Caesarea wuchs unter dessen und der älteren Schwester Makrina Einfluß auf. In seiner Hei-

mat studierte er Rhetorik, Philosophie und auch Naturwissenschaften. Wie sein Vater war er kurze Zeit Rhetor in
Caesarea (Gregor v. Naz., ep. 11). Eine mögliche Heirat
wird aus de virg. 3 herausgelesen (nicht Gregor v. Naz.,
ep. 197). Von Basilius 372 zum Bf. v. Nyssa berufen, war
G. den Anforderungen des Amtes jedoch nicht gewachsen
(Basilius, ep. 58, 60, 100) und wurde 376 abgesetzt (bis
378). Nach dem Tode des Basilius (379) zeigte er sich
selbständiger und überaus aktiv in der Gruppe der sog.
Kappadokier (oder Jungnizäner). Mehrere kirchenpolit.
Missionen wurden ihm übertragen (Verwaltung der
Diöz. Sebaste; Schlichtung des Streites um den Bf.ssitz in
Bostra/Arabien u. a.; Teilnahme am Konzil v. Konstan-
tinopel und anderen Synoden).

G.s Beitrag zur zeitgenöss. Theologie (Trinitätslehre
und Christologie) ist hervorragend. Dank seiner krit.
Rezeption der griech. Philosophie (bes. mittlerer Platonismus und Plotin) und der kirchl. Tradition (v. a. Origenes),
gelang ihm ein aussagereiches Werk, das theol. und philos.
von bleibender Bedeutung ist: Gotteslehre, Erlösungslehre, Anthropologie, asket.-myst. Theologie. Der zentrale
Ausgangspunkt ist immer die Unendlichkeit Gottes, der
die Endlichkeit und Wandelbarkeit des Geschöpfes gegenübergestellt wird. Der Mensch als Ebenbild Gottes ist
bestimmt zur Erkenntnis und Gemeinschaft mit Gott dem
Unendlichen. Damit ist der Mensch auf einen endlosen
Weg des Fortschreitens und Aufsteigens verwiesen (»Leben des Moses«, »Komm. zum Hld«).

Werke: Dogmat. Schriften: z. B. Contra Eunomium;
Adv. Apollinarium, Dialogus de anima et resurrectione
(ein fingiertes Gespräch mit seiner Schwester Makrina).
Exeget. Abhandlungen: De opificio hominis; In hexaemeron, De vita Moysis; In Canticum Canticorum. – Asket.
Schriften: Vita Macrinae; De virginitate; De instituto
christiano, u. a. Predigten: Zu Kirchenfesten und Hl.enfe-
sten, Trauerreden auf Mitglieder der ksl. Familie, u. a. – 25
Briefe, meist persönl. Inhalts; bekannt ist Ep. 2: Kritik an
der Jerusalem-Wallfahrt.

Nachwirken: G.s Werk blieb in der griech.-byz. Theologie gegenwärtig, wenn er auch nicht als hervorragende
Autorität galt; er blieb im Schatten des Basilius und →Gre-
gors v. Nazianz. Sein Einfluß zeigt sich bes. in der myst.
Theologie: →Dionysius Areopagita, →Maximos Homologetes (Confessor) und noch Gregorios →Palamas. In der
lat. Theologie ist die Nachwirkung geringer: →Augusti-
nus(?), →Dionysius Exiguus und →Johannes Eriugena
übersetzten De opificio hominis, das jedoch unter dem
Namen Gregors v. Nazianz überliefert wurde. Die Ep. 2
spielte in der reformator. Kritik des Wallfahrtswesens eine
Rolle.   K. S. Frank

Ed.: Gregorii Nysseni Opera (begr. v. W. JAEGER, 1921), 1952ff. –
Zahlreiche Einzelausg. (CPG 2, 3135–3226) und Übers.; Dt. Übers.:
BKV 56; BGrL 1 und 7 – *Lit.:* DSAM VI, 971–1011 – RAC XII,
863–895 – TRE XIV, 173–181 – M. ALTENBURGER–F. MANN, Bibliogr.
zu G. v. N., 1988.

23. G. v. Tours, hl. (17. Nov.), *Bf. v. →Tours,* frühma.
Autor. [1] *Leben:* * 30. Nov. 538 oder 539 in Clermont,
†nach dem 4. Juli 593, an einem 17. Nov., wahrscheinl.
594 – G. (ursprgl. Name: Georgius Florentius) entstammte einer Familie des roman. →Senatorenadels und nahm
den Namen G. nach seinem Urgroßvater →Gregor, Bf. v.
Langres (19. G.), an, wurde nach dem frühen Tod des
Vaters von seinem Onkel väterlicherseits, Bf. Gallus v.
Clermont, erzogen und legte während einer Krankheit das
Gelübde ab, Geistlicher zu werden. Nach Gallus' Tod
pilgerte er zum Grab des hl. →Julian in →Brioude. Anschließend setzte er seine Ausbildung bei seinem Großon-

kel mütterlicherseits, Bf. →Nicetius v. Lyon, fort, war
bereits 563 Diakon und unternahm eine Pilgerfahrt zum
Grab des hl. →Martin in →Tours. 573 wurde er, nicht
ohne Schwierigkeiten, als Nachfolger seines Vetters Eu-
fronius Bf. v. Tours.

Inmitten der frk. Bürgerkriege, in deren Verlauf sich
mehrere konkurrierende Merowinger rasch in der Herrschaft über Tours ablösten, geriet G. in Verdacht, gegen
Kg. →Chilperich und seine Frau →Fredegunde zu konspi-
rieren, während er zu →Gunthram und →Childebert II. in
gutem Einvernehmen stand und an der Aussöhnung der
beiden wie der Herausbildung des Teilreichs →Austrien
großen Anteil hatte.

[2] *Werke:* Sind mehrere kleinere theol. Werke (Psalmenkomm., »De cursu stellarum ratio«, »Passio septem
dormientium«) hier nur am Rande zu würdigen, so steht
G.s hagiograph. Schrifttum im Zentrum seines Schaffens.
Von ihm selbst (mit Ausnahme der in der Zuschreibung
bisweilen umstrittenen Schrift »Liber de miraculis Andreae apostoli«) als sieben bzw. acht 'libri miraculorum'
geführt, umfaßt es die Viten und Wunder des hl. Julian und
des hl. Martin, den »Liber vitae patrum« (Viten großer
gall. Bf.e seit dem 4. Jh., mit Akzent auf Clermont und
Tours) und schließlich den »Liber in gloria confessorum«.
Beherrschend und für sein Selbst- und Weltverständnis
bestimmend sind in G.s Hagiographie die pastorale Tendenz, die Konzentration auf Gallien sowie eine neue,
»ma.« Prägung des Genres.

Mit großem Nachdruck betont die neueste Forschung
(GOFFART) die gemeinsamen Wurzeln und Absichten von
G.s hagiograph. Schrifttum und seinem historiograph.
Werk, den »Decem libri historiarum« (die traditionelle
Bezeichnung »Historiae Francorum« geht fehl), dessen
vier erste zusammengehörende Bücher wohl zw. 573 und
575 entstanden. Vom 5. Buch an ist der Stoff jahrweise
angeordnet; die an den Regierungsjahren Childeberts II.
ausgerichtete Darstellung ist wohl in geringem zeitl. Abstand zu den Ereignissen vorgenommen.

G. beginnt sein Werk im Anschluß an ein persönl.
Glaubensbekenntnis nach dem heilsgesch. Schema der
Universalchronistik (Erschaffung der Welt, AT, NT, bis
zum Tod des hl. Martin 397). Die folgenden drei Bücher
sind durch nahezu ausschließl. Konzentration auf Gallien
und auf die in diesem Raum beherrschende polit. Macht,
die Franken, gekennzeichnet. Vom 5. Buch an stellt G. die
Zeitgeschichte breit dar. Am Schluß des 10. Buches steht
ein Überblick über die Gesch. der Bf.e v. Tours, eine kurze
Autobiographie und – in Anknüpfung an den Beginn –
eine Berechnung der Jahre vom Ursprung der Welt bis
593/594.

Schwierig ist die Frage nach G.s Quellen. Am Anfang
stützt er sich auf die Bibel, →Hieronymus, →Eusebius-
Rufinus, →Victorius v. Aquitanien u. a., für das 4. Jh.
ergänzt durch →Orosius, →Sulpicius Severus und die
»Gesta Pilati«. Ab dem 2. Buch sind die schriftl. Quellen
schwerer faßbar; G. nennt u. a. die Briefsammlungen des
→Sidonius Apollinaris, →Avitus v. Vienne, →Remigius
v. Reims, →Ferreolus v. Uzès u. a. Bedeutung für seine
Darstellung der frk. Frühzeit besaßen v. a. die sonst verlorenen gallo-röm. Geschichtsschreiber Sulpicius Alexander und Renatus Profuturus Frigiredus (vgl. in diesem
Zusammenhang die Hypothesen von OLDONI). Erwiese-
nermaßen hat G. frk. Volksüberlieferung herangezogen.
Ab dem 5. Buch schreibt er als miterlebender Zeitgenosse.

G. schreibt kein klass., sondern ein an spätlat.-ekkle-
siast. Praxis orientiertes Latein. G.s Aussagen über seine
»rusticitas« beziehen sich auf seinen in der Tat einfachen

und antirhetor. Stil. Doch hat G. immer wieder Bewunderung geweckt durch seine »Kunst der Darstellung, die ... die Historiae unter die größten Geschichtswerke des MA einreiht« (BRUNHÖLZL).

Auch in bezug auf die Geschichtssicht G.s ist nicht ohne Grund, doch z. T. mit Überakzentuierung von einer hagiograph. Stilisierung gesprochen worden (WALTER, VOLLMANN). Für G.s Historiae begegnen in der Forsch. im wesentl. drei Wertungen: modifizierte Volks- oder Nationalgesch. der Franken (HELLMANN, BRUNHÖLZL, PIETRI); in der Tradition der Spätantike stehende Historiographie (VOLLMANN); neuestens: Werk eigenen Zuschnitts mit vier Büchern als Einleitung und einer unter didakt.-paränet. Zielsetzung breit dargestellten Zeitgesch. (GOFFART). Es ist demgegenüber festzustellen, daß G. keine Volksgesch. schreibt, sondern eine von heils- und kirchengesch. Kategorien sowie auch von senator. Bewußtsein bestimmte Gesch. des gall. Raumes mit dem (auch didakt. motivierten) Schwerpunkt auf der eigenen Zeit. Von daher ergibt sich gleichsam von selbst der Bezug zu den polit. Beherrschern dieses Raumes, den →Franken, deren neue Herrschaftsordnung er bejaht, ohne ihnen jedoch eine teleolog. Mission zuzuerkennen. G.s Sicht unterscheidet sich wesentl. von dem betonten und ins Christl. gewendeten Gentilismus bei →Isidor und →Beda. Das Geschichtsbild G.s ist in dem Sinne providentiell, als die Gesch. als »gesta Dei per homines« gesehen ist. Dem korrespondieren das – anders als bei →Salvianus und →Gildas – fehlende Dekadenzbewußtsein und die mit Isidor gemeinsame realist. Sicht des Geschehenen. G. erscheint so als entschiedener Wegbereiter des Neuen, er steht am Anfang des MA. Das Ineinander von allgegenwärtigem Wunderwesen, direktem göttl. Eingreifen einerseits und kausalem Ablauf in der Wirklichkeit andererseits hat eine neue, gleichsam mythisch durchsetzte Realitätsschicht zur Konsequenz. Wertet man die zugrundeliegenden Kategorien genügend, so ergibt sich, daß G. bei aller Parteinahme entgegen einem Pauschalverdikt (WOOD) ein verläßlich informierender Historiograph ist.

H. H. Anton

Ed.: MGH SRM I, 1, 2, ed. B. KRUSCH–W. LEVINSON, 1885–1937/51 – *Lit.:* RAC XII, 895–930 [B. K. VOLLMANN] – Repfont V, 233–238 – TRE XIV, 184–188 [L. PIETRI] – BRUNHÖLZL I, 128–140, 526 – R. BUCHNER, Einl.: zu AusgQ II, 1955/56 [Neudrucke], VII–L – G. KURTH, Études franques I, 1919, 1–29; 2, 1919, 117–206 – S. HELLMANN, Stud. zur ma. Gesch.sschreibung, 1: G.v.T., HZ 107, 1911, 1–43 [Nachdr.: DERS., Ausgew. Abh. ..., hg. H. BEUMANN, 1961, 57–99] – G. VINAY, S. Gregorio di Tours, 1940 (Stud. di Lett. Lat. Medievale 1) – J. M. WALLACE-HADRILL, The Work of Gregory of Tours in the Light of Modern Research, TRHS 5.ser. 1, 1951, 25–45 [Nachdr.: DERS., The Long-Haired Kings ..., 1962, 49–70] – H. BEUMANN, G.v.T. und der Sermo Rusticus (Fschr. M. BRAUBACH, 1964), 69–98 – F. GRAUS, Volk, Herrscher und Hl. im Reich der Merowinger. Stud. zur Hagiographie der Merowingerzeit, 1965 (Tschsl. Akad. der Wiss.) – F. L. GANSHOF, Een historicus uit de VIᵉ eeuw. Gregorius van Tours, 1966 – E. H. WALTER, Hagiographisches in G.s Frankengesch., AK 48, 1966 [Nachdr. 1972], 291–310 – J. M. WALLACE-HADRILL, Gregory of Tours and Bede. Their Views of the Personal Qualities of Kings, FMASt 2, 1968, 31–44 – M. OLDONI, Gregorio di Tours e i 'Libri Historiarum' ..., StM 3. ser. 13, 1972, 563–700 – Cregorio di Tours, , 10–13 ott. 1971 (Convegni del centro di stud. sulla spiritualità medievale 12, 1977) – B. VETERE, Strutture e modelli culturali nella soc. merov. di Gregorio di Tours, 1979 – M. HEINZELMANN, Une source de base de la litt. hagiogr. lat.: le recueil de miracles (Hagiographie, Cultures et Soc. IVᵉ–XIIᵉ s., 1981), 235–259 – M. REYDELLET, La royauté dans la litt. lat. de Sidoine Apollinaire à Isidore de Séville, 1981, 345–437 (Bibl. des Écoles Françaises d'Athènes et de Rome, 243) – M. WEIDEMANN, Kulturgesch. der Merowingerzeit nach den Werken G.s v. T., 2 T.e, 1982 (RGZM, Monogr. 3) – I. WOOD, Gregory of Tours and Clovis, RBPH 63, 1985, 249–272 – A.

BREUKELAAR, Chr. Herrscherlegitimation. Das Darstellungsinteresse bei G.v.T., Hist. II 9, ZKG 4.F. 36, 1987, 321–337 – G. DE NIE. Views from a Many-Windowed Tower. Stud. of Imagination in the Works of Gregory of Tours [Diss. Utrecht, 1987] – W. GOFFART, The Narrators of Barbarian Hist. Jordanes, Gregory of Tours, Bede, and Paul the Deacon, 1988.

24. G., *Abt. v. Utrecht* →Utrecht

25. G., *Bf. v. Vercelli* seit spätestens 1044, † 1. Mai 1077, aus vornehmer Familie Piacenzas. Als Repräsentant des wenig reformwilligen, reichstreuen Episkopats Oberitaliens wurde G. bereits 1051 von Leo IX. wegen sexueller Verfehlungen gemaßregelt und 1059 vor die Lateransynode Nikolaus' II. geladen; 1061 war er aktiv an der Erhebung des Gegenpapstes →Honorius II. beteiligt. Seit 1063 stand er als it. Kanzler im unmittelbaren Dienst Heinrichs IV., war häufig in dessen Nähe und übernahm diplomat. Missionen, u. a. nach Rom und zu den unterit. →Normannen. Er beschwor in →Canossa (28. Jan. 1077) zusammen mit Bf. →Eberhard v. Naumburg die Zusicherungen des Kg.s an →Gregor VII. R. Schieffer

Lit.: E. STEINDORFF, JDG H.III.2, 1881 – G. MEYER V. KNONAU, JDG H.IV. und H.V., 1–3, 1890–1900 – G. SCHWARTZ, Die Besetzung der Bm.er Reichsitaliens unter den sächs. und sal. Ks.n, 1913, 137f. – CH. SCHNEIDER, Prophet. Sacerdotium und heilsgesch. Regnum im Dialog 1073–1077, 1972 – MGH DD H.IV., 1978, LXXIIIff.

26. G. v. Catino, OSB Mönch v. →Farfa, Kl. chronist, * um 1060 in Catino (Latium), † nach 1130. Nach älteren, nur bruchstückhaft erhaltenen Vorarbeiten legte er 1092–99 mit großer Akribie ein monumentales Kl. chartular (sog. Regestum Farfense, Vat. lat. 8487) an. Dem Regestum fügte er um die Jahrhundertwende eine Kanonesslg. ein, in deren Mittelpunkt der Schutz des Kl. gutes stand (→Farfensis, Collectio). Seit 1103 ergänzte er die zu ihrer Zeit einzigartige Urkk. sammlung durch ein weiteres Chartular der Pachtverträge des Kl. (Liber Largitorius). Auf der Grundlage dieser, später von seinem Neffen Todinus fortgeführten Werke schrieb G. etwa 1107–19 eine ausführl. Kl. chronik (Chronicon Farfense). Um 1130 legte er zur besseren Benutzbarkeit seiner Sammlungen eine Art topograph. Index des weit verstreuten Farfenser Besitzes an (Liber Floriger). Daß G. noch weitere Werke geschrieben hätte, insbes. die sog. Orthodoxa defensio imperialis (um 1111), ist entgegen älteren Auffassungen eher unwahrscheinlich. Vor dem Hintergrund interner Auseinandersetzungen und Spannungen zw. Abt und Konvent war das Hauptmotiv seiner gesamten Tätigkeit die Sorge um den Klosterbesitz, der durch den lokalen Adel bedroht war. Obwohl Farfa viele Hauptakteure des Investiturstreits in seinen Mauern beherbergt hat, galt G.s Interesse nicht den großen Streitfragen seiner Zeit.

H. Zielinski

Ed.: Reg. Farfense, edd. I. GIORGI–U. BALZANI, I–V, 1879–1914 – Kanonesslg., ed. TH. KÖLZER (MIC B5, 1982) – Liber largitorius, ed. G. ZUCCHETTI, I–II (Reg. Chart. Italiae 11, 1913; 17, 1932) – Chronicon Farfense, ed. U. BALZANI, I–II (Fonti 33–34, 1903) – Liber Floriger, ed. M. T. MAGGI BEI, I, 1984 – *Lit.:* →Farfa, →Farfensis, Collectio – TH. KÖLZER, Cod. libertatis, Atti del 9° Congr. internaz. di studi sull'alto medioevo 2, 1983, 609–653 – P. S. MARTINI, »Manuum mearum labores«. Nota sulle »Chartae rescriptae« Farfensi, Scrittura e Civiltà 8, 1984, 83–103.

27. G. Heimburg, Jurist und Diplomat, * kurz vor 1400 in Schweinfurt, † Aug. 1472 Schloß Wehlen a. d. Elbe, entstammte einer angesehenen Schweinfurter Familie, studierte seit 1413 an der Univ. →Wien, erlangte den Dr. iur. utr. an der Univ. →Padua, wohl 1430. In Italien erwarb er jene Vertrautheit mit der klass. Antike, die seine Reden und Schriften auszeichnet. Nach kurzer Tätigkeit am Mainzer Hof war H. seit Herbst 1432 als Gesandter des Kfs.en v. Mainz, dann der Hzg.e v. Sachsen, schließlich

Ks. →Sigmunds, auf dem →Basler Konzil, wo er zahlreiche Kontakte knüpfte, u. a. mit seinen späteren Gegnern, Enea Silvio (→Pius II.) und →Nikolaus v. Kues. Im Streit zw. Papst und Konzil verfocht er zunächst die kurfsl. Neutralität, mehr und mehr aber, schließlich mit blinder Leidenschaft, den→Konziliarismus. 1435–61 stand H. mit Unterbrechungen im Dienst der Reichsstadt→Nürnberg, war daneben gelegentl. für andere Fs.en und Städte, u. a. →Schweinfurt, seit 1455 auch für die habsburg. Gegner Ks. Friedrichs III. tätig, insbes. Hzg. →Sigmund v. Tirol. Auf dem Kongreß zu Mantua 1459 sprach er sich u. a. in dessen Auftrag gegen die Kreuzzugspläne Pius' II. (→Türkenkrieg) aus. Der Gegensatz zu diesem verschärfte sich, als H. Hzg. Sigmund in seinem Konflikt mit dem Brixner Bf. Nikolaus v. Kues jurist. und publizist. unterstützte und dabei die Sache des Hzg.s mit den Forderungen der sich radikalisierenden konziliarist. Partei verband. Pius II. forderte im Okt. 1460 Würzburg und Nürnberg auf, H.s Güter einzuziehen. Als Hzg. Sigmund zu einem Ausgleich mit der röm. Kurie gelangte, wurde der seit 1460 exkommunizierte H. bei der Absolution übergangen. 1466 trat er in die Dienste des böhm. »Ketzerkönigs« →Georg v. Podiebrad, wich nach dessen Tod nach Sachsen aus und starb bald nach Erlangung der Absolution von allen Kirchenstrafen (19. März 1472). – Seine Schriften (Reden, Briefe, Manifeste, Prozeßschriften) haben, wie ihre z. T. breite Überlieferung zeigt, weit über ihren unmittelbaren Anlaß hinaus bis ins Reformationsjahrhundert weitergewirkt. Neuere Editionen fehlen meist.   A. Wendehorst

Lit.: P. JOACHIMSOHN, G.H., 1891 – DHGE XXI, 1503–1505 – NDB VIII, 274f. – Frk. Lebensbilder IV, 1971, 112–129 – Verf.-Lex.² III, 629–642 [mit Werkverz.].

28. G. v. London, Kanonist, vermutl. Ende des 12. Jh.; Magister, Verfasser der »Mirabilia Romae«. Er wird in drei verschiedenen Werken der anglo-norm. Schule im letzten Jahrzehnt des 12. Jh. erwähnt. Nähere Lebensumstände sind bisher nicht bekannt, weil er mit drei verschiedenen, in anderen Quellen dokumentierten Mag. Greg. identifiziert werden kann.   R. Weigand

Lit.: A. B. EMDEN, A biographical Register of the Univ. of Oxford to A.D. 1500, II, 1958, 817–St. KUTTNER, Gratian and the Schools of Law 1140–1234, 1983, VIII, 320, 327f., Retract. 32, 34.

29. G. v. Montesacro, * um 1190, † 1242/1248. Etwa ab 1220 Abt des Kl. OSB SS. Trinità del Montesacro (it. Prov. Foggia). Bedeutendster lat. Autor des stauf. Apulien. Verfasser eines enzyklopäd. geistl. Lehrgedichts (rund 13 000 Hexam.) »De hominum deificatione«. Weitere metr. und rhythm. Gedichte (etwa 2 700 vv.) sind G. mit unterschiedl. Sicherheit zuzuschreiben: 27 Hexam. über die Korrespondenz von Zeitpunkten der Natur- und der Heilsgesch.; Vagantenstrophen über die Zusammenhänge von Makro- und Mikrokosmos; zum Fest der Hl.en des Montesacro eine isometr. und beinahe vollständig isostroph. Reimsequenz sowie eine Parallelfassung als (Officium-) Hymnus in quantitierenden sapph. Strophen und Antiphonen und Responsorien; Sequenzen (Hll. Felix und Adauctus, Nemesius, Sebastian, Mariae Himmelfahrt); eine halbdramat. Erzähldichtung in 14 versch. rhythm. Maßen über die Erlösung unter Einschluß eines versifizierten Streites der Töchter Gottes (Cur deus homo), ein vor-myst. exstat. Hexameter-Gebet an Christus, eines (der seltenen) Jesus-Psalter (171 Strophen von je 4 Stabatmater-Zeilen); ein Grabepigramm.   U. Kindermann

Ed.: H. M. SCHALLER, Stud. zur Briefslg. des Kard. Thomas v. Capua, DA 21, 1965, 371–518 – E. C. RONQUIST, G.ius de M.S., Peri Ton Anthropon Theopoieseos. A Study and Partial Ed. [unveröff. Diss. Chicago 1975] – U. KINDERMANN, Das Poema geminum von den Hl. en

des Hl. Berges (Fschr. J. SZÖVÉRFFY, 1986), 77–90 – DERS., Zw. Epos und Drama: Ein unbekannter Streit der Töchter Gottes, 1987–DERS., Gregors Gebet (Fschr. P. KLOPSCH, 1988), 175–206–*Lit.:* A. SILVAGNI, Un ignoto poema latino del sec. xiii sulla creazione, Scritti vari di filol. (Fschr. E. MONACI, 1901), 413–427.

30. G. v. Nazianz, Bf., Kirchenlehrer, * um 326(?) in Arianz bei Nazianz/Kappadokien, † um 390 in Arianz. Der Sohn des Bf.s v. Nazianz, Gregor d. Ä., studierte in Caesarea/Kappadokien, Caesarea/Palästina, Alexandrien, zuletzt in Athen, wo er lebenslange Freundschaft mit →Basilius v. Caesarea schloß (De vita sua; Or. 43). Um 365 kehrte er in seine Heimat zurück; der Versuch, mit Basilius asket.-monast. zu leben, scheiterte. Gegen seinen Willen wurde er um 362 Priester in Nazianz (Or. 2). 372 schickte ihn Basilius als Bf. nach Sasima (De vita sua 439: »ein Fuhrmannsdorf«); G. trat das Amt nie an, verwaltete jedoch nach dem Tod des Vaters die Diöz. Nazianz. 379 wurde er Bf. der kleinen nizän. Gemeinde v. Konstantinopel, in dieser Eigenschaft auch Vorsitzender des Konzils v. Konstantinopel 381. Den polit. und kirchl. Anforderungen nicht gewachsen, verzichtete er während des Konzils auf sein Amt (Or. 42), zog sich nach Nazianz und schließl. auf das Landgut Arianz zurück, wo er starb.

Theologiegesch. gehört G. zu den sog. Kappadokiern, die nach den langen Auseinandersetzungen um das nizän. Glaubensbekenntnis dieses zum bleibenden Abschluß führten. Es ist der Glaube an den einen Gott in drei Hypostasen (vgl. die »fünf theol. Reden« = Or. 27–31). In der Christologie bereitete er die entscheidenden Formulierungen des 5. Jh. vor. In seiner theol. Arbeit berief er sich auf Schrift und Tradition; sein Denken war tief von Plato und dem Neuplatonismus geprägt. Seine Darstellungsart zeigt vollendete Beherrschung der zeitgenöss. Rhetorik und verrät echte dichter. Begabung. Dank dieser äußeren Form führte er die christl. Theologie in die spätantike Bildungswelt ein.

Das Werk: 45 Reden zur Theologie, kirchl. Festen und Hl. en, zu persönl. Anlässen, Trauerreden für Bekannte, Schmähreden gegen Ks. Julian, über andere Fragen (z. B. gegen die Putzsucht der Frauen) und bes. über das eigene Leben (Carmen II 1 [1949 Verse De vita sua], das in die Gesch. der Autobiographie gehört); Briefe (245) meist persönl. Inhalts.

Nachwirken: Die griech. Theologie hat G. lebhaft rezipiert; seit Chalcedon trägt er den Beinamen »Der Theologe« (ACO II 1, 3:114, 14–19). Die spirituelle Theologie der griech. Kirche ist von ihm nachhaltig inspiriert, in der byz. Lit. wurde er nachgeahmt. →Rufinus v. Aquileia übersetzte einige Reden ins Lat. Im lat. MA gehört G. zu den zitierten Autoritäten für die Dogmatik und aufgrund der Or. 2 (Apologia oder De sacerdotio) für die Pastoral. Genaue Kenntnis und intensive Aufnahme seines Werkes sind nicht festzustellen.   K. S. Frank

Ed.: MPG 35–38; versch. Einzelausg., bes. SC; CH. JUNGCK, De vita sua, 1974 – A. KNECHT, Gegen die Putzsucht der Frauen, 1972 – P. GALLAY, Epistulae, 1964–67 – CPG 2, 3010–3125 – Krit. Ed. in Vorbereitung durch M SICHERL, GA. GARITTE, J. MOSSAY – Dt. Übers.: BKV 59 – BGrL 13 [Briefe] – Forsch.sbericht: II. Symposion Nazianzenum, 1983 – *Lit.:* DSAM VI, 932–971 – RAC XII, 793–863 – TRE XIV, 164–173.

31. G. v. Rimini, Augustinertheologe, * um 1305 in Rimini, † Ende Nov. 1358 in Wien auf einer Visitationsreise. – Nach Studienjahren in Paris (1323–29) lehrte er an den Ordensgeneralstudien in Bologna, Padua und Perugia. 1343/44 in Paris Sententiar, 1345 Mag. Theol. Nach weiteren Lehrjahren in Padua und Rimini Ordensgeneral (Wahl: 28. Mai 1357). Das erhaltene Brieftagebuch (Register) seines Generalats (ed. A. DE MEIJER, 1976) bezeugt seinen Reformeifer. – Sein Hauptwerk, ein Komm. zu den zwei ersten Sentenzenbüchern, erreichte weiteste Verbreitung und wurde oft gedruckt (ed. D. TRAPP u. a., 7 Bde, 1979–87). Auch sein »Tractatus de imprestantiis Venetorum et de usura« erschien im Dr. (Reggio Emilia 1508, Rimini 1622). – G. (»dr. authenticus«) war ein hervorragender Kenner der Schriften des hl. Augustinus, dazu ein origineller und führender Denker; seine Nachwirkung reicht bis in die NZ hinein. Bei ihm treten die Merkmale der →Augustinerschule bes. deutlich hervor. Gleichzeitig ist er erkenntnistheoret. von →Wilhelm v. Ockham beeinflußt und lehrt im Sinn des →Johannes Duns Scotus, daß die Annahme des Menschen durch Gott (acceptatio divina) im Rechtfertigungs- und Verdienstgeschehen einer freien göttl. Festsetzung (ordinatio) und nicht einer der geschaffenen Gnade innewohnenden Dignität entspringt. – Das bezeichnende Merkmal seiner Theologie ist der Kampf gegen die sog. »Pelagianer« seiner Zeit. Terminologie und Denkweise der »moderna« sind ihm die zeitgemäßen Ausdrucksmittel, mit denen er die Grundlehren des späten Augustinus über Urstand, Erbsünde, Gnade, Rechtfertigung und Verdienst seiner Zeit verkündet.   A. Zumkeller

Lit.: GINDELE nrr. 1760–1813 – TEEUWEN bes. nrr. 1420–56, 3072, 3754–70, 4735–46 – DHGE XXII, 28–31 – DThC VI 1852–54 – TRE XIV, 181–184 – TRAPP, bes. 182–207 – ZUMKELLER, Augustinerschule, bes. 216–223 – G. LEFF, G. of Rimini, 1961 – W. ECKERMANN, Wort und Wirklichkeit…, 1978 – Gr. v. R., Werk und Wirkung bis zur Reformation, ed. H. OBERMAN, 1981 – A. ZUMKELLER, Erbsünde, Gnade, Rechtfertigung und Verdienst nach der Lehre der Erfurter Augustinertheologen des SpätMA, 1984.

Gregoras, Nikephoros,

byz. Gelehrter, * ca. 1293 in Herakleia Pontika, † 1359/61 in Konstantinopel; früh verwaist, erzogen vom Bf. v. Herakleia, seinem Onkel; ab 1312 Schützling des Theodoros →Metochites im →Chora-Kl. in Konstantinopel, außerdem Schüler u. a. von →Johannes (XIII.) Glykys. Durch ein Enkomion erlangte G. 1321 die Gunst des Ks.s Andronikos II. Nach dessen Sturz (1328) zu Vermögensverlust und Schweigen verurteilt, gewann er, nicht zuletzt durch seinen Sieg im Streitgespräch mit →Barlaam aus Kalabrien (1331/32), die Gunst Ks. Andronikos' III. 1346 nahm er, herausgefordert durch die Ksn.-Witwe →Anna, den Kampf gegen die Doktrin des Gregorios →Palamas auf (→Hesychasmus). Nach Kantakuzenos' Kaisererhebung trat G., inzwischen Mönch geworden, insbes. auf der Synode von 1351, als führender Gegner des – nun offiziell anerkannten – Palamismus hervor, was ihm Haft im Chora-Kl. eintrug. Nach Kantakuzenos' Sturz (1354) wieder frei, bekämpfte G. bis an sein Lebensende vergebl. den Palamismus und starb exkommuniziert; sein Leichnam wurde in einer Schandprozession durch Konstantinopel gezerrt.

G. galt als großer Polyhistor; bes. Eindruck machte seine Vorausberechnung von Sonnenfinsternissen (→Finsternis). Sein vielgestaltiges Werk umfaßt theol., philos., philol., naturwiss., rhetor. und hagiograph. Schriften, Briefe und Gedichte sowie ein großes Geschichtswerk, die unvollendete Ῥωμαϊκὴ ἱστορία. Literar. an seinem unerreichten Vorbild Platon orientiert, behandelt G. die Jahre 1204–1358. Stützte er sich für das erste Jahrhundert seiner Darstellung weitestgehend auf →Akropolites und →Pachymeres, so ist er für die Zeit ab 1312 ein Hauptzeuge, unentbehrl. zur Korrektur der apologet. Darstellung des →Joh. Kantakuzenos. G. schildert den Niedergang des Byz. Reichs, das infolge von Machtkämpfen, Bürgerkrieg, Verrat an der Orthodoxie und sinkender Moral zur Beute von Serben und Türken wird.   J.-L. van Dieten

Ed. und Übers. [Ausw.]: Ῥωμαϊκὴ ἱστορία, ed. L. SCHOPEN–I. BEKKER (CSHB, 1829–30, 1855) – Rhomäische Gesch., übers. und erl. J. L. VAN DIETEN I, II, 1973; III, 1973, 1979, 1987 (Bibl. der griech. Lit.) – N.G., Epistulae, ed. P. A. M. LEONE, I–II, 1983, 1982 – N.G., Calcul de l'éclipse de soleil du 16 juillet 1330, ed. J. MOGENET u. a., 1983 – *Lit.:* Tusculum Lex., 1982³, 301f. [Bibliogr.] – Repfont V, 208–212 – R. GUILLAND, Essai sur N. G. L'homme et l'œuvre, 1926 – J.-L. VAN DIETEN, Entstehung und Übers. der Ῥωμαϊκὴ ἱστορία des N. G. [Diss. Köln 1975] – H.-V. BEYER, Eine Chronologie der Lebensgesch. des N. G., JÖB 27, 1978, 127–155 – HUNGER, Profane Lit. I, bes. 453–465.

Gregorianische Reform.

[1] *Begriff:* Der mit der Person →Gregors VII. verbundene Begriff ist hinsichtl. seines Anspruchs umstritten. Mit F. KEMPF können unter G. R. insgesamt jene auf eine Erneuerung der Kirche gerichteten Bestrebungen verstanden werden, die seit →Leo IX. zunehmend an Raum gewannen und sich über den Pontifikat Gregors VII. hinaus bis zu →Calixtus II. verfolgen lassen. Der Gedanke der →reformatio besaß innerhalb der christl. Kirche eine lange, bis in die Patristik zurückreichende Tradition. Während alle vorangegangenen Reformbestrebungen stets auf Teilaspekte beschränkt waren, ist für die G. R. der umfassende Anspruch charakteristisch. Anfängl. durch das Ksm. tatkräftig unterstützt (→Deutschland, C. II, 5), übernahm nach dem Tode Heinrichs III. das Papsttum die Führung in der Kirchenreform. Zu den von Leo IX. in Rom versammelten Reformern gehörten neben Hildebrand (→Gregor VII.), →Humbert v. Moyenmoutier, seit 1050 Kard. bf. v. Silva Candida, der Lütticher Archidiakon Friedrich (→Stephan IX.), →Hugo d. Weiße aus Remiremont sowie Ebf. →Halinard v. Lyon. Unter den folgenden Päpsten wurde Hildebrand-Gregor mehr und mehr zur treibenden Kraft der Kirchenreform.

[2] *Programmpunkte:* Die Kritik der Reformer entzündete sich an →Simonie und Priesterehe (s. a. →Nikolaitismus). Angesichts der theol. Streitfrage über die Gültigkeit der von unwürdigen Priestern gespendeten Sakramente kam diesen Vorwürfen bes. Aktualität zu. Von grundsätzlicherer Bedeutung war jedoch die Kritik an der Laieninvestitur, da sie an seit Jahrhunderten bestehende Verfassungsstrukturen rührte. Selbst wenn man den Einfluß von Humberts radikaler Stellungnahme gegen die Beteiligung von Laien bei der Besetzung geistl. Ämter nicht zu hoch veranschlagt – besaß seine Schrift »Adversus simoniacos« doch nur geringe Verbreitung –, so war damit die Richtung gewiesen, welche die Auseinandersetzungen des →Investiturstreits nehmen sollten. Ein allg. Investiturverbot ist wohl nicht vor 1078 erlassen worden. Erst auf der Lateransynode vom 19. Nov. 1078 wurde die Übernahme von Bm.ern, Abteien oder Kirchen aus Laienhand ausdrückl. untersagt (Gregor VII., Reg. VI, 5b) und das Verbot auf der Fastensynode 1080 (Reg. VII, 14a) auch auf die Niederkirchen ausgedehnt, verbunden mit einer Strafandrohung gegen den investierenden Herrscher.

[3] *Stellung des Papsttums:* Vordringl. Ziel der Reformer war die Befreiung des Papsttums aus lokaler Abhängigkeit. Einen wichtigen Schritt in dieser Richtung bedeutete das Papstwahldekret →Nikolaus' II. von 1059, durch welches den Kard. bf. en der entscheidende Einfluß auf die Papstwahl zugestanden wurde. Begleitet wurden diese Bestrebungen von einer organisator. Umgestaltung der röm. Kirche. Das sich herausbildende Kard. skolleg entwickelte sich zu einer den Papst in der Leitung der Kirche unterstützenden beratenden Körperschaft. Der päpstl. Hofstaat, bereichert um neue Ämter und Behörden, wandelte sich zur →Kurie. Der Umsetzung päpstl. Reformpolitik diente der gezielte Ausbau des Legateninstituts. Der äußere Aufstieg des Papsttums, der in der päpstl. Lehnspolitik Gestalt annahm, wurde von einer verstärkten Be-

sinnung auf die primatialen Rechte begleitet. Bereits → Petrus Damiani hatte die herausragende Stellung des Papstes als Nachfolger des Apostels Petrus betont und dabei die Ansicht vertreten, daß derjenige als Ketzer anzusehen sei, der nicht mit der röm. Kirche übereinstimme – Gedanken, die im → »Dictatus papae« Gregors VII. wieder aufgegriffen wurden. In zunehmendem Maße wurde von seiten des Papsttums ein Aufsichtsrecht über die Kirchen beansprucht. Der Gedanke des päpstl. Primats erhielt durch die zeitgenöss. Kanonistik eine wirkungsvolle Unterstützung. Der Einfluß des Reformpapsttums auf die Rechtswissenschaft war jedoch gering. Für keine der im Umkreis des Papstes entstandenen kirchenrechtl. Sammlungen läßt sich ein päpstl. Auftrag nachweisen. Selbst die sog. 74-Titelsammlung (»Diversorum patrum sententiae«), die man geradezu als kirchenrechtl. Handbuch bezeichnet hat, weist bemerkenswerte Differenzen zum gregorian. Gedankengut auf. Reformpapsttum und Kanonistik gemeinsam war jedoch die ekklesiolog. begründete Überzeugung von der »normativen Stellung« (FUHRMANN) des röm. Bf. s.

[4] *Rolle Gregors VII.:* Durch Gregor VII. hat die Kirchenreform keine programmat. Veränderung erfahren. Mit einer von religiöser Leidenschaft beflügelten Konsequenz hat er das Werk seiner Vorgänger fortgesetzt. Schon unter Nikolaus II. setzte er sich auf der Lateransynode 1059 für eine Reform des priesterl. Gemeinschaftslebens im Sinne der → vita apostolica ein. Gregors Handeln war dabei weniger von einem in sich geschlossenen gedankl. System, sondern von dem unbedingten Glauben an die Übereinstimmung mit dem Apostel Petrus bestimmt. Für die Ziele der Reform suchte er die christl. Fs.en Europas zu gewinnen und propagierte den Gedanken eines hl. Krieges. Er scheute nicht davor zurück, das Kirchenvolk gegen unwürdige kirchl. Amtsträger aufzuwiegeln, was ihm die Kritik des aristokrat. Reichsepiskopats eintrug. In dem absoluten Gehorsam, den Gregor VII. als Stellvertreter des Apostels Petrus von jedermann glaubte fordern zu müssen, hat man geradezu das Charakteristikum der G. R. sehen wollen.

[5] *Auswirkung:* Mit der G. R. kündigte sich ein alle Lebensbereiche erfassender bewußtseinsmäßiger Wandel an. Die für die frühma. Welt charakterist. Einheit von regnum und sacerdotium wurde zugunsten des Vorrangs des Priestertums aufgegeben. Das Papsttum begnügte sich nicht länger mit der Rolle eines spirituellen Oberhauptes der Kirche, es beanspruchte nunmehr die Leitung der Christenheit. Über die Bekämpfung konkreter kirchl. Mißstände hinaus führte die G. R. zu einer Neubestimmung des Verhältnisses von Klerikern und Laien. Der Kg. galt künftig, seiner sakralen Stellung entkleidet, als ein der geistl. Korrektionsgewalt unterworfener Laie, der seine Herrschaft als »Amt« innerhalb der Ecclesia ausübte. Folgerichtig beanspruchte Gregor VII. das Recht, unbotmäßige Herrscher abzusetzen. Das Einschreiten gegen die Laieninvestitur bedeutete nicht nur einen Angriff auf die kgl. Investiturpraxis; es richtete sich ganz allg. gegen das beim Adel verbreitete → Eigenkirchenwesen. Die Forderung nach Ehelosigkeit der Priester (→ Zölibat) verstärkte die auf eine schärfere Trennung zw. Klerikern und Laien innerhalb der ma. Ständeordnung gerichteten Tendenzen. Die Kirche schloß sich damit als hierarch. gegliederte Gemeinschaft der Kleriker, mit dem Papst an der Spitze, von der Sphäre der Laien ab. Unter dem Einfluß des neuen kanon. Rechts entwickelte sie sich zu einer eigenständigen, von weltl. Einmischung freien Körperschaft.

T. Struve

Lit.: HALLER² II, 262ff., 310ff., 365ff. – HKG III/1, 401–461, 485–539 [F. KEMPF] – LThK²IV, 1196–1201 – SEPPELT²III, 9–164 – A. FLICHE, La réforme Grégorienne, I–III, 1924–37 – G. TELLENBACH, Libertas. Kirche und Weltordnung im Zeitalter des Investiturstreites (Forsch. zur Kirchen- und Geistesgesch. 7, 1936), 109–150, 161–192 – StGreg 1–7, 1947–60 mit Ind.bd. 8, 1970 [Lit.] – G. LADNER, The Concepts of »Ecclesia« and »Christianitas« …, Misc. Hist. Pontificiae 18, 1954, 49–77 – K. JORDAN, Das Reformpapsttum und die abendländ. Staatenwelt, WaG 18, 1958, 122–137 – G. LADNER, The Idea of Reform, 1959 – Y. CONGAR, Der Platz des Papsttums in der Kirchenfrömmigkeit der Reformer des 11. Jh. (Fschr. K. RAHNER, 1960), 196–217 – CH. DEREINE, La prétendue règle de Grégoire VII pour chanoines réguliers, RevBén 71, 1961, 108–118 – J. GILCHRIST, Canon Law Aspects of the Eleventh Century Gregorian Reform Programme, JEcH 13, 1962, 21–38 – O. CAPITANI, Esiste un' »età Gregoriana«?, Rivista di storia e lett. religiosa 1, 1965, 454–481 – J. GILCHRIST, »Simoniaca haeresis« and the Problem of Orders from Leo IX to Gratian, Proceedings of the Second Internat. Congr. of Medieval Canon Law, 1965, 209–235 – O. CAPITANI, Immunità vescovili ed ecclesiologia in età »pregregoriana« e »gregoriana«, 1966 – G. MICCOLI, Chiesa Gregoriana, 1966 – J. GILCHRIST, Gregory VII and the Juristic Sources of his Ideology, SG 12, 1967, 1–37 – DERS., Gregory VII and the Primacy of the Roman Church, TRG 36, 1968, 123–135 – H. E. J. COWDREY, The Cluniacs and the G. R., 1970 – J. GILCHRIST, Was there a G. R. Movement in the 11th Century?, Canadian Catholic Hist. Association. English Section, Study Session 37, 1970, 1–10 – J. DEÉR, Papsttum und Normannen, 1972 – H. FUHRMANN, Über den Reformgeist der 74-Titel-Sammlung (Fschr. H. HEIMPEL II, Veröff. des Max-Planck-Inst. für Gesch. 36/2, 1972), 1101–1120 – A. NITSCHKE, Das Verständnis für Gregors Reformen im 11. Jh., StGreg 9, 1972, 141–166 – H. FUHRMANN, Das Reformpapsttum und die Rechtswiss. (VuF 17, 1973), 175–203 – M. MACCARRONE, La teologia del primato romano del sec. XI: Le istituzioni ecclesiastiche della »societas christiana« dei sec. XI–XII (PUCSC Misc. del centro di studi medioevali 7, 1974), 21–122 – R. MORGHEN, Gregorio VII e la riforma della chiesa nel secolo XI, 1974 – R. SCHIEFFER, Die Entstehung des päpstl. Investiturverbots für den dt. Kg. (MGH Schr. 18, 1981) – J. LAUDAGE, Priesterbild und Reformpapsttum im 11. Jh. (AK Beih. 22, 1984) [hierzu R. SCHIEFFER, AK 68, 1986, 479–494] – H. MORDEK, Kanonistik und G. R. (Reich und Kirche vor dem Investiturstreit, 1985), 65–82 – G. TELLENBACH, »G. R.« Krit. Besinnungen, ebd., 99–113 – R. SCHIEFFER, Rechtstexte des Reformpapsttums und ihre zeitgenöss. Resonanz (Q. und Forsch. zum Recht im MA 4, 1986), 51–69 – G. SCHWAIGER, Kirchenreform und Reformpapsttum (1046–1124), Münchener Theol. Zs. 38, 1987, 31–51 – G. TELLENBACH, Die westl. Kirche vom 10. bis zum frühen 12. Jh. (Die Kirche in ihrer Gesch. 2, Lfg. F. 1, 1988), 133–152 und passim – La riforma Gregoriana e l'Europa, StGreg 13/14 [im Dr.] – → Gregor VII., → Investiturstreit.

Gregorianischer Gesang, im weiteren Sinn der einstimmige liturg. Gesang der lat. Kirche (→ Choral), im engeren Sinn jenes Gesangsrepertoire, das in den Meß- und Offiziums-Antiphonaren seit der Karolingerzeit schriftl. überliefert ist und sich von den älteren Gesangsüberlieferungen im ital. und gallikan. Bereich, bes. vom sog. Altröm. und dem bis heute in Mailand gepflegten Ambrosian. Gesang abhebt. Alle jene Überlieferungen haben melismenreiche, meist in kleinen Intervallen und Wiederholungen dahinströmende Melodien, die g. Fassungen dagegen knappere Formulierung, klare Satzgliederung, Herausarbeitung der Höhepunkte bei größerem Ambitus der Melodien. Die Prologe dieser → Antiphonare nennen als Urheber einhellig → Gregor d. Gr., der die von den Vätern überlieferten Gesänge neu geordnet, verbessert und vermehrt und für die Schola Cantorum in einem libellus musicae artis bereitgestellt habe. Die neuere Forschung ist sich freilich weithin einig, daß erst unter Papst → Vitalian (657–672), mit dessen Namen sich eine reiche Ausgestaltung der Papstliturgie nach byz. Vorbild verbindet, diese Reformarbeit an den Gesängen stattgefunden habe. B. STÄBLEIN, der Hauptvertreter dieser These, sieht im »g. « Repertoire ein für die päpstl. Liturgie geschaffenes Gesangsgut, neben dem auch in Rom das ältere, stadtröm., weiterbestanden habe, das in Quellen des 11. bis

13. Jh. vorliegt. Das g. Repertoire fand durch die Einführung im Frankenreich im Zuge der karol. Reform weiteste Verbreitung, kehrte auch nach Rom zurück und verdrängte die alten stadtröm. Traditionen. H. HUCKE sieht den Zeitpunkt der Entstehung des G. G.s im Frankenreich und spricht demgemäß von »Fränkischem Choral«. – Das Repertoire selbst umfaßt Formen unterschiedl. Alters, die im Stil vom jeweiligen liturg. Ort, im künstler. Anspruch vom Können der Ausführenden geprägt sind. Die schlichtesten Gebilde sind die Psalm- und Lektionstöne mit Interpunktionskadenzen; zur Psalmodie des Stundengebets gesellt sich die Antiphon, die eine Teilnahme der hörenden und nachsingenden Gemeinde ermöglicht. Der Wechsel von →Antiphon und Psalm prägt sich auf musikal. anspruchsvollerer Ebene im Responsorium prolixum des →Stundengebets aus. Dem Element der Antiphon entspricht hier das Responsum, dem der Psalmodie eine reichere Responsorialpsalmodie; eine Sonderform ist das Invitatorium der Matutin. Musikal. mit den Responsoria prolixa verwandt – teils sogar identisch – sind die Prozessionsgesänge der →Messe: Introitus, Offertorium und Communio; das Offertorium zeigt virtuose Ausgestaltung der Responsorialverse, während Introitus und Communio mit ihrer schlichten Psalmformel als Antiphonen gelten. Eine weitere Gruppe bilden die Gesänge nach den Lesungen der Messe: der Tractus, je nach Text auch Psalmus oder Canticum genannt, zeigt archaische Züge: virtuose, jedoch weithin formelhafte Solopsalmodie ohne Responsum, also »tractim« zu singen. Reiche Psalmformeln liegen auch den ältesten →Gradualien und →Halleluja zugrunde, während die jüngeren Kompositionen dieser Gattungen sich von der Psalmodie gelöst haben und den Wortinhalt in motiv. Arbeit wirkungsvoll zum Ausdruck bringen. – Seit der frk. Zeit wurden die g. G.e auch von Theoretikerschriften begleitet, die – v. a. in der Modalitätslehre – Einfluß auf die Überlieferung selbst nahmen, insbes. auf die das Repertoire durch alle Jahrhunderte erweiternden Neuschöpfungen (u. a. auch →Tropen, →Sequenzen, →Geistliche Spiele). In der Praxis bildeten sich nach und nach dialektähnl. regionale Eigenarten heraus; Ortskirchen und Orden legten Wert auf die Kontinuität der eigenen Traditionen. Die nie ganz abgerissene Pflege des G. s wurde im 20. Jh. durch die von Pius X. angeregte Editio Vaticana (1908ff.) auf ein erneutes Fundament gestellt. **W. Heckenbach**

Q.: Paléographie musicale, I: bisher 20 Bde (Solesmes u. a. 1889–1983); II. 2 Bde (ebd. 1900–1924) – B. STÄBLEIN, Monumenta monodica medii aevi, 2: Die Gesänge des altröm. Graduale (Vat. lat. 5319, 1970) – Lit.: NEW GROVE VII, 693–697 [H. HUCKE]; 697f. [R. STEINER] – MGG – RIEMANN, Sachteil – A. EKENBERG, Cur cantatur? Die Funktionen des liturg. Gesanges nach d. Autoren der Karolingerzeit, 1987 – →Choral.

Gregorianischer Kalender → Kalender

Gregorios (s. a. Gregor, Gregorius)

1. G. v. Antiocheia, *Patriarch v.* → *Antiocheia* 570–592/593, Mönch syr. Herkunft, zuletzt Oberer der Laura v. Paran (Sinai). Ks. Justinus II. berief ihn 570 anstelle des abgesetzten Anastasius zum Patriarchen. Polit. stand er treu zum Ks. (»Rede gegen die meuternden Truppen«), kirchenpolit. gelang ihm die Union von →Monophysiten und Chalcedonianern. Die homilet. Überlieferung kennt 3 Predigten über die Auferstehung und Taufe Christi. Über sein Leben und Werk berichten →Evagrios Scholasticus, Kirchengesch. V–VI, und →Johannes Moschos, Pratum spirituale. **K. S. Frank**

Ed.: Keine krit. Ausg., vgl. CPG III, 7384–7390 – Lit.: BARDENHEWER V, 149f. – P. GOUBERT, Patriarches d'Antioche et d'Alexandrie contemporains de st. Grégoire le Grand, RevByz 25, 1967, 65–76.

2. G. II. Kyprios, *Patriarch v.* → *Konstantinopel* 28. März 1283–Juni 1289, * 1241 auf Zypern (Taufname Georgios), † 1290 in Konstantinopel, besuchte nach dem Elementarunterricht eine lat. Schule in Leukosia (seit 1251), verließ ca. 1258 Zypern, begab sich nach Ephesos, Thrakien und ca. 1259 nach Nikaia. Mit dem dortigen Unterricht unzufrieden, studierte er im 1261 zurückeroberten Konstantinopel bei Georgios →Akropolites Philosophie und Mathematik, beschäftigte sich 1266/67–1273/74 auch mit Rhetorik und trat als Schriftsteller hervor. Spätestens 1273 zum Protapostolarios (Vorleser der Apostelbriefe) ernannt, unterstützte er die Unionspolitik Michaels VIII.; machte nach dessen Tod den Umschwung gegen die Union mit, empfing März 1283 die Weihe zum Mönch und wurde von Andronikos II. als Patriarch eingesetzt. Im Streit mit dem Expatriarchen →Johannes VI. Bekkos (s. a. →Filioque) trug er 1285 eine neue Theorie über den Ausgang des Hl. Geistes vor, mußte angesichts starker Opposition abdanken und zog sich ins Aristine-Kl. in Konstantinopel zurück. Sprachl. und lit. sehr gebildet, verfaßte G. rhetor. (Briefe, Autobiographie, Enkomien auf Ks. Michael VIII. und Andronikos II. usw.) und theol. Werke (Τόμος πίστεως, Apologie, Über den Hl. Geist, Enkomien auf Hl. e u. a.). Er war Lehrer des Nikephoros →Chumnos. **E. Trapp**

Q.: MPG 142 – S. EUSTRATIADES, Briefe des G. K., 1910 – W. LAMEERE, La tradition ms. de la correspondance de Grégoire de Chypre, 1937 [Autobiogr.] – Lit.: GRUMMEL-LAURENT, Reg. Nr. 1460–1547 – PLP II, Nr. 4590 – BECK, Kirche, 685 – A. PAPADAKIS, Crisis in Byzantium. The Filioque Controversy in the Patriarchate of Gregory II of Cyprus, 1983.

3. G. III. Melissenós (Strategópulos), gen. Mamme (ἡ Μαμμή), *Patriarch v.* → *Konstantinopel* 1445 (44?) – 1450/59, * um 1400, † 1459 in Rom, ▭ S. Giorgio in Velabro (?), Priestermönch 1415/20, Pneumatikós (geistl. Vater) Ks. Johannes' VIII. spätestens ab 1435, Großprotosynkellos Jan. 1439. Beteiligt an Vorbereitung und Verhandlungen des Konzils v. →Ferrara–Florenz, wurde dort zum Gegner des →Markos Eugenikós und stand →Bessarion nahe. Vom Unionsgegner zum -befürworter geworden, unterschrieb G. das Unionsdekret und verfaßte unionist. Schriften. Als Patriarch wohnte er u. a. den Unionsdiskussionen zw. Lapacci und Scholarios bei und unterstützte →Isidor v. Kiev bei der Sammlung von Konzilsakten. Angefeindet als Unionist, verließ er ohne Abdankung 1450 Konstantinopel und ging über die →Morea nach Rom, von wo aus er die Griechen auf ven. Gebiet betreute. Er starb »non sine sanctitatis opinione« (Pius I.). **J.-L. van Dieten**

Ed.: MPG 160, 13–248 – L. MOHLER, Zwei uned. gr. Briefe über das Unionskonzil v. Ferrara–Florenz, Oriens christ. N.S. 6, 1916, 213–222 – Lit. [Auswahl]: Tusc.-Lex., 1982², 303 – Repfont V, 215f. – PLP, Nr. 4591 – DHGE XXII, 3 – V. LAURENT, Le vrai surnom du patriarche de Constantinople Grégoire III, RevByz 14, 1956, 201–205 – BECK, Kirche, 763f. – J. GILL, The Council of Florence, 1959, passim – s. a. Lit. zu →Bessarion (L. MOHLER, Bd. 1) und →Isidor v. Kiev (O. KRESTEN).

4. G. (Georgios) **Pardos**, *Metropolit v. Korinth*, byz. Grammatiker, letzte Jahrzehnte des 11. Jh. bis Mitte 12. Jh., verfaßte ein umfangreiches, aber durchschnittl. Werk über die gr. Dialekte, das ebenso für den prakt. Gebrauch in der Schule bestimmt war wie sein mit Zitaten aus antiken Autoren bestückter Komm. zu des Hermogenes Περὶ μεθόδου δεινότητος. Der im Anhang dazu überlieferte, nicht uninteressante Abriß, u. a. über Komposition von Briefen und Versen, dürfte echt sein. Ein Text über die rhetor. Figuren wurde dem G. vielleicht zu Unrecht abgestritten. Auch in seinem noch uned. Komm. zu den (liturg.) Kanones des Kosmas v. Jerusalem und des →Johan-

nes v. Damaskos legte der Mann der Kirche den Hauptak-
zent auf die Grammatik. Er verfaßte jedoch auch reizvolle
Epigramme auf religiöse Themen.   H. Hunger

Ed.: De dialectis, ed. G.H. Schäfer, 1811 – Komm. zu Hermogenes,
ed. Ch. Walz, Rhet.gr. VII, 1833 [Nachdr. Osnabrück 1968], 1090–
1352 – Περὶ τρόπων, ed. L. Spengel, Rhet.gr. III, 1856, 215–226 – Περὶ
συντάξεως λόγων, ed. D. Donnet, 1967 – Epigramme auf die Herren-
und Theotokosfeste, ed. H. Hunger, AnalBoll 100, 1982, 637–651 –
Lit.: DHGE XXI, 1494f. – A. Kominis, Gregorio Pardos, metropolita
di Corinto, e la sua opera, 1960 – D. Donnet, Précision sur les œuvres
profanes de Grégoire de Corinthe, Bull.Inst. Hist. Belge de Rome 37,
1966, 81–97 – Hunger, Profane Lit. I, 84f., 87; II, 15f., 30f.

5. G. Akindynos → Akindynos

6. G. Palamas → Palamas

7. G. Sinaites, hl., byz. Mönch und Mystiker, * 1255 in
Klazomenai (Lydien), † 27. Nov. 1346 (Fest in der gr.
Kirche 27. Nov.; slav. Kirche 8. Aug.), Eintritt ins
Mönchtum auf Zypern, Aufenthalt im Sinai-Kl., Besuch
der Hl. Stätten, auf Kreta Schüler des Eremiten Arsenios,
Aufenthalt im Athos-Kl. Philotheu bis 1325 (Flucht vor
der Türkengefahr). Unterstützt vom bulg. Zaren Ivan
Alexander gründete G. im Gebirge von Paroria bei
Strandža ein Kl. (Schüler u. a. →Romylos und →Theodo-
sij v. Tŭrnovo). Seine von →Kallistos I. v. Konstantinopel
verfaßte Vita (BHG 722) wurde sehr früh ins Mittelbulg.
übersetzt (älteste slav. Hs. Anfang 15. Jh.). G. wirkte mehr
durch seinen Lebenswandel als durch seine Schriften (u. a.
Κεφάλαια δι᾽ ἀκροστιχίδος, weitere Abhandlungen über
Hesychia und Gebet, liturg. Hymnen), die keine direkte
Verbindung mit dem →Hesychasmus aufweisen, sondern
die Tradition von →Johannes Klimakos und →Symeon d.
Neuen Theologen fortsetzen.   Ch. Hannick

Ed.: MPG 150, 1239–1346 – H.-V. Beyer, G.S., Werke, Wiener Byz.
Stud. 19, 1989 – *Lit.*: Beck, Kirche 694f. – DHGE XXII, 35f. – DSAM
VI, 1011–1014 – TRE XIV, 206–209 – A. I. Jacimirskij, Iz kritiko-
literaturnych nabljudenij nad žitiem Grigorija Sinaita, VV 15, 1908,
300–311 – E. Turdeanu, La litt. bulgare du XIVᵉ s. et sa diffusion dans
les pays roumains, 1947, 5–15 – M. van Parys, La liturgie du cœur
selon s. Grégoire le Sinaite, Irénikon 51, 1978, 312–337 – D. Balfour,
St. Gregory of Sinai's life and spiritual profile, Θεολογία 53, 1982, 30–62
– Ders., The works of Gregory the Sinait, ebd., 417–429, 697–710,
1102–1118; ebd. 54, 1983, 156–183.

Gregorius (s. a. Gregor, Gregorios).
1. G. v. Cerchiara, Gründerabt des Benediktinerkl.
→Burtscheid, † 4. Nov. 999, □ Burtscheid; entstammte
einer adligen Familie aus Kalabrien, wo er dem Kl. St.
Andreas in Cerchiara vorstand. Nach Flucht vor den Sarazenen und Gefangennahme traf G. in Rom Ks. Otto III.
Seine Gebeine wurden Ende des 12. Jh. erhoben. N. Kühn

Ed. und Lit.: Vita prior und Vita posterior, ed. O. Holder-Egger,
MGH SS XV, 1187–1199 – Fr. X. Bosbach, Der selige G. v. Burt-
scheid, sein Leben und seine Verehrung, o.J. – Th. Wurzel, Die
Reichsabtei Burtscheid, 1984.

2. G. der Presbyter → Gregor v. Nazianz

Gregorius-Legende

I. Allgemein – II. Französische Literatur – III. Deutsche Literatur –
IV. Lateinische Literatur – V. Englische Literatur.

I. Allgemein: Die G.-L. tritt zuerst im afrz. »Grégoire«
hervor; ob eine lat. Fassung (Exempel?) vorausgeht, ist
umstritten; der Autor beruft sich auf eine »Sainte Escriptu-
re« als Quelle. Verwandtschaft besteht zur Ödipussage,
bekannt durch →Statius' »Thebais«, sowie zur Judas- und
Albanuslegende. Die Anknüpfung an einen hist. Papst
Gregor ist nicht möglich.
II. Französische Literatur: Um die Mitte des 12. Jh.
entstand in W-Frankreich, wohl im angevin. Herrschaftsbereich, der anonyme Legendenroman »La vie du pape
Grégoire« (zwei Fassungen, A und B, in sechs Hss.;

Prosaversion in einer Hs. von 1399). Der Roman schildert
das Leben des »bon pecheor« Grégoire, der, aus dem Inzest
(→Blutschande) von Bruder und Schwester geboren, im
Kl. erzogen wird, das er nach einem Disput mit dem Abt
verläßt. Er befreit und heiratet – unwissend – die eigene
Mutter, büßt den erneuten Inzest 17 Jahre auf einer einsa-
men Insel, wird zum Papst erwählt und trifft schließlich
mit seiner Mutter wieder zusammen. Die Herkunft Gré-
goires aus Aquitanien könnte bewußte Referenz auf
→Eleonore (4. E.) sein und ihrer Sippe einen hl. Papst, der
als adliger Eremit zudem einen aktuellen Heiligentyp
verkörperte, eingliedern. Bei der engen Symbiose von
Klerikern und Laienadel am angevin. Hof darf man hier
auch bes. Interesse für die Gegenüberstellung von weltl.
und geistl. Lebensform, wie sie den »Grégoire« kennzeichnet, voraussetzen.
III. Deutsche Literatur: Die afrz. Version ist der
Ausgangspunkt für die bedeutendste Gestaltung des Le-
gendenstoffs, den »Gregorius« des →Hartmann v. Aue.
Dieser bildete die Quelle für die älteste lat. Fassung (Arnold v. Lübeck) und für die Prosalegende in »Der Heiligen
Leben« (→Hagiographie, dt.), die – bei stark vereinfachter
Syntax – Beschreibungen und Betrachtungen der Hart-
mannschen Vorlage wegläßt. Mit der Übernahme in das
Legendar wurde G. den kirchl. verehrten Hl. en gleichgestellt (Fest: 28. Nov.). – Weitere spätma. dt. Fassungen:
mittelfrk. Legendenfassung (»Südmittelndl. Legenda aurea«), eine Prosaübertragung des afrz. Grégoire A; G.-L.
im »Mohnkopf-Plenar« (→Plenar) von 1492 als Exempel
der Demut; ihm folgt das G.-Exempel im Obdt. Plenar
des Basler Druckers Adam Petri (Drucke 1514–22). –
Hartmanns »G.« bildet die Grundlage für Thomas Manns
großes Spätwerk »Der Erwählte«.
IV. Lateinische Literatur: Die älteste lat. Fassung ist
die Übertragung von Hartmanns »G.« durch →Arnold v.
Lübeck (um 1210). – Die lat. Fassung in den →Gesta
Romanorum geht vermutl. auf den afrz. »Grégoire« (A)
zurück, sofern nicht eine gemeinsame Vorlage zugrundeliegt (van der Lee). Die älteste Hs. ist unvollständig. – In
einer dominikan. Exempelsammlung (Hs. von 1488 nach
älterer Quelle) steht die G.-L. unter dem Titel »De Albano« (stoffl. Verwandtschaft): Quelle wahrscheinl. Hartmann oder aber eigene Tradition (van der Lee). – Eine
Fassung in 435 Hexametern (Hs. 2. Hälfte des 14. Jh.)
betont das Anekdotische.   V. Mertens
V. Englische Literatur: Die afrz. Version diente als
Vorlage für die me. Versfassung der G.-L.; diese ist in
achtzeiligen Strophen verfaßt und entstand ca. 1300 im nö.
Mittelland. Überliefert ist sie in fünf (z. T. fragmentar.
erhaltenen) Hss., von denen vier die Erstfassung repräsentieren (darunter sind zwei der wichtigsten me. Sammelhss., nämlich die →Auchinleck-Hs. und die →Ver-
non-Hs.); eine Hs. stellt eine spätere Überarbeitung dar.
Die Länge schwankt in den einzelnen Hss.; die umfangreichste Fassung bietet mit 1500 Versen die Vernon-Hs.
Literarisch weniger bedeutend als Hartmanns »G.«, wurde die engl. Fassung in der neueren Forschung anscheinend kaum beachtet. Eine me. Prosafassung der G.-L. mit
anschließender allegor. Auslegung findet sich in den im
15. Jh. entstandenen me. Prosaübersetzungen der →Gesta
Romanorum, die auf lat. Vorlagen basieren (ed. Herrtage, Nr. LXI, unter dem Titel »Eufemius a Riche Empe-
rour«).   H. Sauer

Lit.: [übergreifend]: V. Mertens, G. Eremita. Eine Lebensform des
Adels bei Hartmann v. Aue in ihrer Problematik und ihrer Wandlung in
der Rezeption, MTU 67, 1978 – *zu [I]*: H. Sparnaay, Verschmelzung
legendar. und weltl. Motive in der Poesie des MA, 1922, 11ff.; ferner

seine Aufsätze in: Neophilologus 5, 1920; 39, 1955; Misc. litt., 1959 –
O. RANK, Das Inzestmotiv in Dichtung und Sage, 1926² – Z. W. J.
KROES, Die Gregorlegende, Neophilologus 38, 1954, 169ff. – G.
ZUNTZ, Ödipus und G., Antike und Abendland 4, 1954, 191ff. – F.
OHLY, Der Verfluchte und der Erwählte, 1976 – zu [II]: Ed.: P.
MEYER, La légende en prose de St. Grégoire, Romania 33, 1904, 42ff.
– H. B. SOL, La Vie du Pape Grégoire, 1977 – Lit.: B. HERLEM-PREY,
Le G. et la Vie de St Grégoire, 1979 – zu [III]: Ed.: →Hartmann v.
Aue, →Hagiographie, dt. – W. STAMMLER, Spätlese des MA, I: Weltl.
Schrifttum, 1963, 9ff. – O. SCHWENKE, G. de grote Sünder, Ndt.Jb.
90, 1967, 63ff. – B. PLATE, G. auf dem Stein, 1983 – Lit.: Verf.-Lex.²
III, 244ff. – zu [IV]: Ed.: →Gesta Romanorum – J. A. SCHMELLER,
ZDA 2, 1842, 468ff. – J. KLAPPER, Erzählungen des MA in dt. Übers.
und lat. Urtext, 1914 – J. SCHILLING, Arnold v. Lübeck, Gesta Grego-
rii peccatoris, 1986 – Lit.: A. VAN DER LEE, De mirabili divina despen-
satione et ortu beati Gregorii Pape, Neophilologus 53, 1969, 30ff.,
120ff., 251ff. – zu [V]: Bibliogr.: C. BROWN, A Register of ME
Religious and Didactic Verse, 2 Bde, 1916 – C. BROWN – R. H.
ROBBINS, The Ind. of ME Verse, 1943 [Suppl.: R. H. ROBBINS – J. L.
CUTLER, 1965], Nr. 204, 209 – G. GUDDAT-FIGGE, Cat. of Mss. Containing ME Romances, 1976, 121ff., 269ff. – Ed.: S. J. H. HERRTAGE,
The Early English Versions of the Gesta Romanorum, EETS ES 33,
1879 – C. KELLER, Die me. G.-L., 1914 – Lit.: D. MEHL, Die me.
Romanzen des 13. und 14.Jh., 1967.

Gregoriusmesse.
Das spätma. Bildthema entspricht ei-
ner ebenfalls spät entstandenen Legende und ist mit einem
in Rom verehrten Gnadenbild (S. Croce in Gerusalemme)
verbunden. Bei einer Messe →Gregors d. Gr. erscheint
Christus auf Bitten des Papstes in der Gestalt des Schmer-
zensmannes am Altar als Zeichen für die (von einigen
Anwesenden bezweifelte) Tatsächlichkeit der Wandlung
von Brot und Wein. Oft ist zu sehen, wie das Blut Christi
in den Meßkelch fließt. Dabei kommen mehrere Bedeutungen zusammen, die das Thema für das 15.Jh. bes.
aktuell machen: Bekräftigung der Transsubstantiation,
Propagierung des Ablaßversprechens, Verherrlichung
der Kirche und ihrer Tradition. Gegen 1500 häufig Thema
für Altäre (Meister v. Flémalle, B. Notke, Meister d. Hl.
Sippe u. a.) und Druckgraphik (A. Dürer), nach 1520 nur
noch selten. Es ist gewissermaßen ein »gegenreformator.
Thema vor der Reformation«. S. a. →Bolsena.

U. Westfehling

Lit.: A. THOMAS, Das Urbild der G., Riv. Archeol. Crist. 10, 1933,
51ff. – M. LORENZ, Die G. [Diss. Innsbruck 1956] – U. WESTFEHLING,
Die Messe Gregors d. Gr., Ausst.-Kat., Schnütgen-Mus. Köln, 1982.

Gregor-Meister
(oder M. des Registrum Gregorii), seit
A. HASELOFF Name eines der bedeutendsten otton. Buchmaler, abgeleitet von einer fragmentar. erhaltenen Hs.
(Trier, Stadtbibl. Cod. 171/1626 und Chantilly, Mus.
Condé Nr. 15654). Hauptzentrum seines Schaffens war
Trier zur Zeit von Ebf. →Egbert (977–993), darüber hinaus arbeitete er auch für Lorsch. Zu seinen hervorragenden
Auftraggebern gehörte neben Egbert Ks. Otto III. Von
den dem G.-M. und seiner Werkstatt zugeschriebenen
Hss. sind einige unmittelbar mit dem sächs. Herrscher-
haus zu verbinden (Widmungsverse, Umschriften). Zu
seinen Hauptwerken zählen Miniaturen im →Codex Eg-
berti. Die Voraussetzungen seiner Kunst liegen v. a. in der
Spätantike und der karol. Kunst. In seiner Nachfolge
stehen Werke der Kölner, Lorscher und Echternacher
Buchmalerei.

K. Bierbrauer

Lit.: H. V. SAUERLAND – A. HASELOFF, Der Psalter Ebf. Egberts v.
Trier, 1901, 58ff. – B. NITSCHKE, Die Hss.gruppe um den M. des
Registrum Gregorii, 1966 – P. BLOCH–H. SCHNITZLER, Die otton.
Kölner Malerschule 2, 1970, 15ff. [Lit.] – C. NORDENFALK, The
Chronology of the Registrum Master (Kunsthist. Forsch. O. PÄCHT,
1972), 62ff. – DERS., Archbishop Egbert's 'Registrum Gregorii' (Stud.
zur ma. Kunst 800–1250, Fschr. F. MÜTHERICH, 1985), 87ff.

Greif
(mlat. grips, grifo u. ä.), im MA als →Fabelwesen
orient. Herkunft (v. a. Mischwesen aus Adler und Lö-

we), meist aus Isidor v. Sevilla (etym. 12,2,17), den
Bestiarien oder der Glossa ordinaria (zu Dtn 14,12 wegen
bibl. Verwechslung mit gyps/Geier) bekannt. Soll als
riesiger Feind von Pferd und Mensch in den »Hyperbo-
reischen Bergen« leben (z. B. Isid.; Hrabanus M. 8,1;
Gloss. ord.; Bartholom. Angl. 18,54; Thomas v. Cantimpré 5,52; Albertus M., animal. 23,112) oder in Skythien mit den Arimaspen (→Monstren) um sein ihn er-
freuendes (vgl. Alex. Neckam 1.31; Vinzenz v. Beauvais
16, 90; Thomas III = Konrad v. Megenberg III. B. 33)
selbstgegrabenes Gold und Smaragde (z. B. Plinius, n. h.
7,10 u. ö.; Solinus 15,22–23; Isid. 14,3,32) kämpfen. Beu-
temangel zwinge ihn zu weitem Areal (Arnold v. Sachsen, 2,10 nach Jorach). Der Stein gag(ag- Konrad, ach-
Albert)ates im Nest gilt Thomas (nach dem »Experimentator«) und seinen Benutzern als Heilmittel. Diese Autoren erwähnen, wie Bartholomaeus, aus den Klauen hergestellte Trinkbecher. Tatsächl. diente die angebl. »un-
gula gripis« als Hifthorn bei der Jagd. Für Solin und
Thomas ist der G. zur Strafe der Habgier (s. o.) geschaffen, für Hraban versinnbildlicht er Wildheit und Über-
mut von Christenverfolgern. Sonst ist er v. a. Symbol
Christi, selten des Satans, Hoffahrtsmotiv bei Himmelfahrt →Alexanders d. Gr. Häufige Darstellung in vorderasiat., griech.-röm. und ma. Kunst (McCULLOCH,
122ff., SCHÖPF) sowie in der →Heraldik.

Ch. Hünemörder

Q.: →Albertus Magnus – →Alexander Neckam – →Arnold v. Sach-
sen – →Bartholomaeus Anglicus – Hrabanus Maurus, De universo
(= De nat. rer.), MPL 111 – Isidorus Hispalensis, Etymologiae, ed.
W. M. LINDSAY, 2, 1911 – Konrad v. Megenberg, Buch der Natur, ed.
F. PFEIFFER, 1861 [Neudr. 1962] – Solinus, Collectanea rerum memo-
rabilium, ed. TH. MOMMSEN, 1895² [Neudr. 1958] – Thomas Cantim-
pratensis, Liber de natura rerum, T. 1: Text, ed. H. BOESE, 1973 –
Vincentius Bellovacensis, Speculum naturale, 1624 [Neudr. 1964] –
Lit.: RAC XII, 951–995 – LCI II, 202–204 – F. McCULLOCH, Medieval
Lat. and French Bestiaries, SRLL 33, 1960 – H. SCHÖPF, Fabeltiere,
1988.

Greifen,
Dynastie der Hzg. e v. →Pommern, nach seinem
Wappen benanntes pomoran. Geschlecht, belegt seit
→Wartislaw I., im Zusammenhang mit der Christianisierung durch →Otto v. Bamberg (1124/28). Wartislaw I.
dehnte sein Herrschaftsgebiet über die Oder hinweg westwärts bis zur Peene (→Demmin) aus; seine Nachfolger
standen unter dem Druck →Polens, →Heinrichs des Löwen und →Dänemarks. 1181 belehnte Ks. Friedrich I. zu
Lübeck Hzg. →Bogislaw I. († 1187). Seit Ausgang des
12.Jh. war das Territorium der G. endgültig mit dem
Reich verbunden; die von →Brandenburg beanspruchte
Lehnshoheit (1231 durch Friedrich II. bestätigt) blieb strittig. Der Landesausbau wurde bes. durch Hzg. →Barnim I.
(† 1278) gefördert. 1295 erfolgte eine Teilung des G.hau-
ses in die Linien →Stettin und Wolgast (1317 Zugewinn
von Stolp, 1325 von →Rügen).

Unter den G. des 14.Jh. ragt→Barnim III. v. Pommern-
Stettin († 1368) hervor; er stand seit 1348 in engen Beziehungen zu Karl IV., der die G.-Hzg.e zu gesamter Hand
mit Pommern und Rügen als reichsunmittelbarem Hzm.
belehnte und 1363 in 4. Ehe Elisabeth, eine Tochter Bogis-
laws V. v. Wolgast, heiratete (Sohn: Ks. Sigmund). 1368/
72 spaltete sich das Wolgaster Hzm. in eine vor- und
hinterpommersche Linie. Die hinterpommerschen Hzg.e
(mit Sitz in Stolp und Rügenwalde), in den Kampf zw.
→Polen und dem Dt. Orden verstrickt (so unter →Bogis-
law VIII. und IX.), kamen 1455/66 in den Besitz der Lande
Lauenburg und Bütow. Bemerkenswertester unter den
hinterpommerschen G. war Erich I. († 1459), der als
→Erich VII. (Erich v. Pommern) 1397–1439 nord. Uni-

onskg. war (→Kalmarer Union). Von den vorpommerschen Hzg.en ist Wartislaw IX. († 1457) als Gründer der Univ. →Greifswald (1456) zu erwähnen.

Der brandenburg. Versuch, sich nach dem Aussterben der Stettiner Linie (Otto III., † 1464) in den Besitz dieses Landesteils zu setzen, scheiterte. Hzg. →Bogislaw X. († 1523), der bedeutendste der G.-Hzg.e, vereinigte 1478 alle seit 1295 getrennten Landesteile Pommerns, das er zu einem frühneuzeitl. Territorialstaat umgestaltete. Unter seinen Söhnen erfolgte eine erneute Teilung der G.herrschaft in die Hzm.er Stettin und Wolgast. 1637 ist die Dynastie im Mannesstamm ausgestorben; damit endete auch die staatl. Selbständigkeit Pommerns, das im Westfäl. Frieden 1648 zw. Brandenburg und Schweden geteilt wurde. R. Schmidt

Lit.: NDB VII, 29–33 – M. WEHRMANN, Gesch. v. Pommern, 1919/21² [Nachdr. 1982, mit bibliogr. Vorwort] – A. HOFMEISTER, Genealog. Unters. zur Gesch. des pommerschen Hzg.hauses, 1937 [auch: PJ 31/32, 1937] – M. WEHRMANN, Genealogie des pommerschen Hzg.hauses, 1937 – W. WEGENER, Genealog. Tafeln zur mitteleurop. Gesch., Lfg. 3: Hzg.e v. Pommern, 1962.

Greifswald, Stadt mit Univ. in →Pommern (heute DDR, Bezirk Rostock). [1] *Stadt:* G., benannt nach dem pommerschen Herzogsgeschlecht der →Greifen, entstand am rechten Ufer des Küstenflusses Ryck, nahe einer Nord-Süd-Handelsstraße und einer 1207 von Fs. Jaromar I. v. →Rügen der 1199 gegr. nahegelegenen Abtei OCist Eldena übertragenen Salzquelle. Vielleicht ident. mit einem bereits 1241 erwähnten 'forum' des Kl. Eldena, wird G. (»oppidum Gripheswald«) namentl. erstmals 1248 in einer Besitzbestätigung Hzg. Wartislaws III. v. Pommern für Kl. Eldena genannt. 1249 nimmt der Hzg. das »neu angelegte« G. mit 20 Hagenhufen vom Kl. zu Lehen. Die »Stadtgründung« wurde durch die hzgl. Verleihung des →Lübischen Rechts (14. Mai 1250) abgeschlossen. Die weltl. Oberhoheit wurde vom pommerschen Hzg. durch einen Stadtvogt (advocatus) wahrgenommen; das eigtl. Stadtregiment kam fast ausschließl. an den sich selbst ergänzenden Rat (nach der »Matricula consulum« von 1382 drei Bürgermeister und 24 Ratsherren).

Die Stadt entwickelte sich aus drei Siedlungskernen: einer landwirtschaftl. bestimmten Siedlung um die Marienkirche, einer (möglicherweise gleichzeitig entstandenen) Kaufmannssiedlung um die Nikolaikirche sowie der »Neustadt« um die Jakobikirche (westl. der »Altstadt«). 1264 wurden diese vereinigt; das ummauerte Stadtareal umfaßte ca. 15 ha. Die sich rasch entwickelnde Stadt wurde bereits 1255 bei der Gründung der dt. Stadt →Kolberg zur Appellationsinstanz in Rechtsfragen; 1262 erhielt die neugegr. Stadt Greifenberg von Hzg. Wartislaw III. das G.er Recht. G. errang eine Reihe weiterer hzgl. Privilegien: 1254 Erhebung seines Hafens zum Freihafen; 1264 Münzrecht; 1275 Zollrecht; 1296 Fischereirecht im G.er Bodden und Befreiung von der Heeresfolge. Von den Fs.en v. Rügen gewann G. 1288 die Saline, 1297 das Recht, am Ryck-Ausfluß einen Hafen anzulegen. G. trat in Handelsverbindungen mit Skandinavien (1262 Handelsfreiheit in Norwegen, 1279 kgl. dän. Handelsprivilegien auf Seeland) und wurde zum bedeutenden Mitglied der →Hanse. Aus dem Kreis der Fernhandelskaufleute bildeten sich →Fahrerkompanien (Bergen-, Schonenfahrer, Statuten von 1356). Nach 1325 nahm G. am Rügischen Erbfolgekrieg (→Rügen) mitentscheidend auf pommerscher Seite teil. Infolge der veränderten territorialen Verhältnisse konnte die Stadt ihren Grundbesitz erheblich ausweiten (größte Ausdehnung: ca. 12000 ha.).

Im 15. Jh. litt G. unter dem Niedergang der Hanse und der Rechtsunsicherheit zur See (→Vitalienbrüder) wie zu Lande (u. a. krieger. Auseinandersetzungen mit den pommerschen Hzg.en). 1451 gab Bürgermeister Dr. Heinrich Rubenow der Stadt eine neue Verfassung, die freilich die Vorherrschaft der Ratsgeschlechter unangetastet ließ. Mit dem »Goldenen Privileg« von 1452 konnten G. und andere vorpommersche Städte ihre Unabhängigkeit von der landesherrl. Gewalt vorübergehend sichern. Wiederholte Aufstände der Bürgerschaft gegen den Rat (1477, 1481, 1483) verbanden sich später (seit 1524/25) mit reformator. Strömungen. Gestützt auf ein Haussteuerverzeichnis von 1499, wird die Einwohnerzahl auf ca. 4500 geschätzt.

[2] *Kirchen und Klöster:* Von den drei Pfarrkirchen (alle unter Patronatsrecht des Kl. Eldena) dürften zuerst St. Marien und danach St. Nikolai noch vor 1250, St. Jakobi danach, jedoch vor 1264, entstanden sein. Ein Dominikanerkl. (an der NW-Ecke der Neustadt) geht auf die Zeit vor 1264 zurück; ein Franziskanerkl. (am S-Rand der Altstadt) wurde 1262 von Gf. Jaczo I. v. Gützkow gegr. An Hospitälern bestanden: St. Spiritus (w. der Nikolaikirche, vor 1262); ein zweites Hl.-Geist-Hospital (vor dem Steinlecker Tor, 1329); das St. Georgs-Hospital für Leprose (→Aussatz) und das 1363 entstandene St. Gertrud-Hospital für Reisende (beide vor dem Mühlentor).

[3] *Universität:* Als zweite Univ. in N-Deutschland (nach →Rostock) wurde die Univ. G. 1456 gegr., im Zusammenspiel zw. dem Landesherrn, Hzg. Wartislaw IX., dem Bf. v. →Kammin, Hennig Iwen, und dem Repräsentanten der Stadt, Bürgermeister Rubenow, als dem Initiator und ersten Rektor, nachdem Papst Calixt III. und wohl auch Ks. Friedrich III. die Gründung gebilligt bzw. bestätigt hatte. Zugleich wurde an der Nikolaikirche ein Kollegiatstift eingerichtet. Die Domherrenstellen wurden mit Professoren besetzt. Das Kl. Eldena verzichtete zugunsten der Univ. auf das Patronat der G.er Kirchen. Die weitere Ausstattung wurde vom Hzg. und von Rubenow vorgenommen. R. Schmidt

Lit.: zu [1]: F. REICHE, G. Eine Stadtmonographie auf geogr. Grundlage, 1925 – K. CONRAD, Hzgl. Städtegründungen in Pommern auf geistl. Boden (Pommern und Mecklenburg. Beitr. zur ma. Städtegesch., hg. R. SCHMIDT, 1981), 43–73 – W. SCHICH, Beobachtungen und Überlegungen zur Salzgewinnung in Mecklenburg und Vorpommern (Germania Slavica II, hg. W. H. FRITZE, 1981), 93–120 – K. FELTKAMP–R. BIEDERSTEDT, G. Stadtbild und Bevölkerung im MA, 1983 – *zu [2]:* TH. PYL, Gesch. der G.er Kirchen und Kl., 1885–87 [Nachtr. 1898] – TH. WOLTERSDORF, Die Rechtsverhältnisse der G.er Pfarrkirchen im MA, 1888 – Fschr. zu den 700-Jahrfeiern der G.er Kirchen, 1980 – *zu [3]:* R. SCHMIDT, Die Anfänge der Univ. G. (Fschr. zur 500-Jahrfeier der Univ. G., 1956), 9–52 – J. PETERSOHN, Papst Martin V. und die Kontroverse zur Errichtung eines Kollegiatstifts in G. (1420/21) (Miscellanea Hist. Pont. 46, 1979), 687–700 – Beitr. zur pommerschen und mecklenburg. Gesch., hg. R. SCHMIDT, 1981 – DERS., Die Ausstattung der Univ. G. (Pommern und Mecklenburg, s. o., 1981), 133–157.

Greifvögel. Die »aves curvorum unguium« werden v. a. in den meist auf antiken Q. beruhenden naturkundl. →Enzyklopädien und den →Falkentraktaten behandelt und häufig in der volkssprachl. Dichtung erwähnt. Albertus Magnus benutzt in seinem urprgl. selbständigen und ins Dt. übertragenen Falkenbuch (LINDNER) (De animal. 23,44–109) unter dem Namen des Guilelmus Falconarius (vgl. 23,63 und 70) die Schrift des →Dancus Rex, die Erfahrung eines »expertissimus falconarius« in den Alpen (23,57 u. ö.) sowie von Falknern Ks. →Friedrichs II. und ebenso wie Thomas v. Cantimpré (5,50) – den ps.-epigraph. Brief von Aquila, Symmachus und Theodotion über die G. und ihre Krankheiten (vgl. Vinzenz v. Beauvais, Spec. nat. 16,71). Im Gegensatz zu dieser Fachlit.

lassen die antiken Angaben kaum eindeutige Artbestimmungen zu. – Die meisten Angaben gelten dem Steinadler und den nicht genau unterschiedenen Seeadlern (vgl. Albert 23,13) und den Fischadlern (vgl. Albert 23,14). Im Adler-Kap. des Thomas (5,1) werden u. a. nach antiken und patrist. Q. folgende Motive erwähnt: Sonnenprobe an den Nestlingen, sog. Verstoßen eines der 3 Jungen und seine Aufzucht durch »phene« oder »fulica« (Sumpfhuhn), was Albert (23,7) als unmögl. ablehnt, Abschleifen des im Alter überlangen Oberschnabels (vgl. Plin. 10,15) und die Fabel des →Physiologus von der Erneuerung der Sehschärfe durch Flug zur Sonne und Tauchbad in einer Quelle (vgl. Alexander Neckam, nat. rer. 1,23; Albert 23,10 u.a.). Die realist. geschilderte Jagd des Seeadlers (haliaetus) auf tauchende Wasservögel (Ps.-Arist. 9,34 = Plin. 10,9) findet sich bei Thomas im Kap. über den »linac(h)os« (5,77 = Vinc. 16,103; Albert 23,125) wegen der arab.-lat. Namensform »almacos« (vgl. Bartholomaeus Anglicus 12,1: almachor) bei →Michael Scotus. Nur Thomas III (= Konrad v. Megenberg III.B.1) übernimmt von Alex. Neckam (1,23) die Motive vom andere Vögel erschreckenden Adlerruf, von der Kompensation des Fastens durch große Freßlust und das Gamaliel-Zitat über den Jungentransport auf dem Rücken zum Schutz gegen Pfeile. Häufig wird auch der →Adlerstein erwähnt. Der von Thomas (5,2 = Vinc. 16,35) beschriebene Adler des Nordens (aquila septentrionalis) und dessen seltsames Brutverhalten [widerlegt durch Albert 23,13] beruht auf einem Übersetzungsfehler für einen trappengroßen namenlosen Vogel (vgl. Plin. 10,97) in der arab.-lat. Version von Ps.-Arist. (9,33). Über die Brut der Geier auf unzugängl. Felsen, welche zur Ansicht des Herodoros über ihre Herkunft aus einer anderen Welt geführt habe (Arist. 6,5 = Ps.-Arist. 9,11), schreibt Thomas im Kap. über den »hamraan« (5,11; wegen fehlender Übersetzung von ar-raḥam = Schmutzgeier). Im Kontext über die am Boden langsamen (vgl. Albert 23,144), aasfressenden Geier (vultures: 5,120, vgl. Barth.Angl. 12,35) sind Angaben enthalten, die sich bei Ps.-Arist. auf den Adler beziehen. Die behauptete ungeschlechtl. Vermehrung mancher Geierarten weist Albert (23,144) durch das Brutvorkommen im Hunsrück zurück. Aus unbekannter Q. (liber rerum?) beschreibt Thomas (5,16 = Vinc. 16,23) einen etwa adlergroßen »aeriophilon« oder »aelion« (nach STADLER [zu Albert 23,17] = Bartgeier, nach Albert [23,51] Name des vornehmen Saker-Falken). Insgesamt kennen Thomas (5,50) wie Albert aus gemeinsamer Q. sieben für die Beizjagd taugl. Falken-Arten sowie den Geierfalken (gyrfalco = herodius) [5,44] und vier Habichtsarten (5,10; 5,91). Albert erkennt (23,109), daß jeweils 2 eine Art bilden (accipiter femina, tercelinus masculus; nisus femina, muscetus masculus vom Sperber, vgl. »sparwaer« Konrad III.B.52, sparvarius Albert 23,16). Abgesehen von der vorzügl. Beschreibung des Habichts (23,16) berichtet Albert von dem Reichtum des Nordens an G. (23,109). Ein späterer Zusatz bei Thomas im Sperberkap. (5,91), im Winter werde nachts gegen die Kälte ein gefangener Vogel zw. den Fängen gehalten und morgens entlassen – ein frommes Exempel – erweist sich als Wandermotiv (vgl. Alex. Neckam 1,25 und 1,28). Von einer Falkenart schildert Thomas (5,51) das Zusammenwirken zweier Vögel bei der Reiherbeize. Mit vier der kleinen Merlinfalken (Thomas 5,85, u.a.) habe Guilelmus Falconarius sogar Kraniche gebeizt. Von den gen. G.n wurde die zieml. harmlose »milvus« (vgl. u.a. Barth. Angl. 12,26) unterschieden (aufgrund der gebogenen Schwingen und der Vorliebe für Aas vermutl. ein Rotmilan). Der in Mittel-

europa häufige, aber zur Beize untaugl., angebl. wohlschmeckende Mäusebussard (Thomas 5,19 = Vinc. 16,43) frißt nach Albert (23,29, dt. »brobuxen«) kleinere Wirbeltiere. Die – weniger bekannten – Nachtgreifvögel galten meist als Unglücksvögel. Vom Uhu (bubo) behauptet Thomas (5,18) nach dem »Experimentator«, er tränke Öl aus den Kirchen (vgl. Barth. Angl. 12,5), und nach Plinius (10,38), er schlüpfe mit dem Schwanz zuerst aus dem Ei, was Albert (23,28) anzweifelt. Alle ma. Enzyklopädiker erwähnen die nächtl. Jagd, v.a. auf Mäuse, und die Verwendung als Lockvogel (am Netz, vgl. Albert 23,28). Die Waldohreule (otus, Thomas 5,95 = Vinc. 16,117, vgl. Albert 23,131) wird schon seit der Antike (Plin. 10,68) als kleinere Abart des Uhu mit ähnl. Lebensweise angesehen. Ihre volkssprachl. Bezeichnung »huans« sei vom menschenähnl. klagenden Ruf abgeleitet. Die »noctua« (Steinkauz) wurde gewöhnl. mit dem bibl. »nycticorax« identifiziert (z.B. 5,92 = Vinc. 16,111; vgl. Barth. Angl. 12,28; aber Albert 23,130 = Ziegenmelker). Ob die »ulula« (Thomas 5,118 = Vinc. 16,147; Albert 23,143; Barth. Angl. 12,36) mit dem Stein- oder Waldkauz ident. ist, bleibt ebenso unsicher wie die Deutung des »strix« (Thomas 5,111; Albert 23,140). – Insgesamt gesehen, ist die volksmed. Verwendung der G. unbedeutend. Moralisationen ihres Verhaltens finden sich wie üblich bei Alexander Neckam, Hrabanus Maurus und Thomas. Realist. Abbildungen mit Beischriften enthält die Hs. des Falkenbuchs Ks. →Friedrichs II. Ch. Hünemörder

Q.: →Albertus Magnus – →Alexander Neckam – →Bartholomaeus Anglicus – →Hrabanus Maurus, De universo (= De nat.rer.), MPL 111 – Konrad v. Megenberg, Buch der Natur, ed. F. PFEIFFER, 1861 [Neudr. 1962] – K. LINDNER, Von Falken, Hunden und Pferden. Dt. A.-M.-Übers. aus der 1. Hälfte des 15.Jh., 1962 – Thomas Cantimpratensis, Liber de natura rerum, ed. H. BOESE, 1973 – Vincentius Bellovacensis, Speculum naturale, 1624 [Neudr. 1964] – s.a. Lit. →Falkentraktate.

Grenoble, Stadt und Bischofssitz in den frz. Alpen, alte Hauptstadt des →Dauphiné.

I. Stadt – II. Bistum – III. Universität.

I. STADT: G., am linken Isèreufer und am Eingang ins Hochdauphiné gelegen, ging aus einem Vicus der gall. Allobroger namens Cularo hervor; in röm. Zeit Etappenort und Zollstelle an der Mt-Genèvre-Paßstraße von Civitas-Vorort →Vienne nach →Mailand. Seit dem 3.Jh. n. Chr. Bildung eines Suburbiums am rechten Isèreufer; 286/292 Bau einer 1,3 km langen Mauer, Innenfläche ca. 9 ha. 380 wurde die Stadt von Ks. Gratian unter dem Namen 'Gratianopolis' wiederhergestellt und zur Civitas mit Bf.ssitz erhoben, kam Mitte des 5.Jh. an die →Burgunden und gehörte seit 534 zum →Frankenreich Chlothars I. Im 6.Jh. erfolgten Einfälle der →Langobarden (u.a. 574). Unter den Merowingern wurden weitere kirchl. Bauten errichtet: an der Stadtmauer, nahe der Porta Viennensis, die Kathedralgruppe mit Baptisterium am St-Vincent, ferner die Kirche St-Pierre, auf dem rechten Ufer die Kapelle St-Oyand mit Friedhof (archäolog. festgestellt).

Um 665/673 ließ der Hausmeier →Ebroin im Zuge seiner Repressionsmaßnahmen gegen die burgundo-frk. Opposition den Bf. v. G., den hl. Ferreolus (Fergeolus), verbrennen. In der 1. Hälfte des 8.Jh. waren die Invasion der Sarazenen und die Gegenoffensive der Franken die wichtigsten Ereignisse. Am Ende des 9.Jh. erscheint der Bf. v. G. erstmals als Inhaber einer bfl. Herrschaft (Diplom Kg. →Ludwigs d. Blinden v. Provence vom 11. Aug. 894 für Bf. Isaac).

Der Aufstieg der Familie der →Albon führte für zwei Jahrhunderte zu latenten Rivalitäten zw. bfl. und gfl.

Gewalt (s. Abschnitt II). Während Guigo V. durch Leistung des Vasalleneides an Ks. Friedrich I. von diesem als 'Gf. v. G.' anerkannt wurde, erreichten die Bf.e v. G. (Bernaize 18. Juni 1161, Isaac 20. Aug. 1178), gleichfalls gegen Lehnshuldigung, die ksl. Bestätigung der →Regalien. Erst 1293 wurde ein →Pariage zw. den Dauphins und Bf.en vereinbart. Im Zuge der Streitigkeiten zw. den Bf.en und Dauphins des Viennois, an deren Stelle 1349 die Kg.e v. Frankreich traten, verdrängte bis zum späten 15. Jh. die weltl. Macht zunehmend die kirchl. Die 1343 vorgenommene Verlegung von fsl. Zentralbehörden (Conseil Delphinal, seit 1453 kgl. →Parlement; Chambre des Comptes) nach G. hatte zahlreiche Interventionen in die inneren Verhältnisse des Bm.s zur Folge, bes. nach der Übertragung des →Reichsvikariats für das Kgr. →Arelat an den Dauphin (1378). So forderte der Dauphin Ludwig II. (späterer Kg. →Ludwig XI.) vom Bf. v. G., Siboud →Alleman, den lig. Lehnseid.

G. umfaßte neben dem aus der Spätantike überkommenen Stadtkern schon vor 1219 einen Burgus *(Bourg de l'Ile)* mit 4,33 ha sowie seit dem 15. Jh. ein Viertel um das Jakobinerkl. (1,35 ha). Unter den Dauphins des Viennois wurde G. im 13. und 14. Jh. residenzartig mit sakralen (St-André, sog. »Ste-Chapelle delphinale«) und profanen (Palast, Conseil, Trésorerie, 1343–45) Bauwerken ausgestattet. Eine Brücke, nach dem Hochwasser von 1219 neuerrichtet, verband die Stadt mit dem Faubourg St-Laurent am rechten Ufer. Die Bevölkerungszahl lag nach den Feuerstättenregistern des – rückläufigen – 15. Jh. unter 2000 Einw. Neben einem hohen Anteil von Klerikern tritt ein wirtschaftl. aktives Bürgertum hervor (Tuchgewerbe, Kürschnerei, Goldschmiedehandwerk, Flußhandel), das städt. Privilegien erlangte (seit 1281 →Konsuln).

II. BISTUM: Ks. Gratian (375–383) ließ, inspiriert vielleicht vom hl. →Ambrosius, G. zum Bf.ssitz innerhalb der Kirchenprovinz →Vienne erheben. Als Teilnehmer an gall. Konzilien im 4. und 5. Jh. sind nur der erste, aus der Gegend von →Embrun stammende Bf. Domninus (Konzil v. Aquileia) belegt sowie Ceratus (Konzilien v. Orange 441, Vaison 442). Die Bischöfe entstammten dem →Senatorenadel der Viennensis und Narbonensis. Teilnahme an Konzilien ist belegt für den sel. Hesychius I. (Paris 573, Mâcon 585), seinen Nachfolger Syagrius II. (Paris 614) sowie für Clarus (Chalon-sur-Saone 650). Mönchtum benedikt. Prägung wird durch zwei aus G. stammende Äbte der großen Abtei →St-Maurice d'Agaune bezeugt, deutlicher durch das wohl vor 700 gegr. Monasterium Ste-Marie de Vizille.

Wohl bedingt durch den Verfall des kirchl. Lebens seit den Sarazeneneinfällen (725–741), ist über die meisten der in den Listen gen. Bf.e des 8.–10. Jh. kaum etwas bekannt. Mit dem Reimser Hinkmar-Schüler Ebo wirkte im späten 9. Jh. ein namhafter Theologe als Bf. Unter Isaac (888–902) erscheint Maria erstmals durch Inschrift als Kathedralpatronin.

Trotz neuer sarazen. Razzien (→Fraxinetum) wurden, auf Initiative des Bf.s Humbert I. v. Albon (990–1025), neue benedikt. Gemeinschaften gegr. und bestehende reformiert. Ließen die Bf.e des mittleren 11. Jh. den Gf.en bei der Entfremdung von Kirchengütern noch allzuoft freie Hand, so setzte mit dem hl. →Hugo (1080–1132), einem exemplar. Vertreter der →Gregorian. Reform, ein Umschwung ein. In langjährigen Auseinandersetzungen erreichte er die Wiederherstellung des kirchl. Patrimoniums und der bfl. Kontrolle über die Pfarreien und – gegen den Widerstand des Ebf.s v. Vienne – eine Festlegung der Grenzen der Diöz., die er in Archipresbyterate

bzw. Dekanate aufgliederte (Viennois, Grenoble, Outre-Drac sowie Savoyen; letzteres erst nach Hugos Tod geschaffen). Die auf Hugos Initiative zurückgehenden großen monast. Gründungen (v.a. →Chartreuse durch →Bruno v. Köln, Abtei OSB →Chalais) sollten nicht zuletzt dem in Simonie und Nikolaïtismus lebenden Klerus als Beispiel eines gereinigten Sacerdotium dienen. Nach Hugos Tod wirkten als Bf.e mehrfach frühere Kartäuser, so Hugo II. (1132–38), Geoffroy (1151–63) und Jean de Sassenage (1164–1220). Die Spannungen mit den Albon führten zu Interventionen Friedrichs Barbarossa (Regalienbestätigung 18. Juni 1161, 20. Aug. 1178).

Für die Zeit vor dem mittleren 14. Jh. fehlen weithin Quellen zum Seelsorgewesen, mit Ausnahme der Tätigkeit von Bettelorden (Minoriten, vor 1236; Dominikaner, 1288). Trotz der zunächst päpstl., dann kgl. Einschaltung in die Bf.swahlen, z.T. unter Übergehung der Rechte des Kathedralkapitels, monopolisierten im SpätMA zwei Familien den Bf.sstuhl: die savoyard. →Chissé (1337–1450) und die dauphinons. →Alleman (1450–1561). Dem alpinen Feudaladel entstammend und mit nur geringen Einkünften ausgestattet, leisteten die meisten dieser Bf.e einen aktiven Beitrag zur Besserung des kirchl. Lebens (Synodalstatuten 1381, 1415, 1495), dessen Probleme anhand der reichen Visitationsberichte deutlich werden. Bedeutende Reformtätigkeit leistete namentl. der spätere Kartäusergeneral François du Puy, Offizial und Generalvikar unter Bf. Laurent I. →Alleman.

III. UNIVERSITÄT: Auf Betreiben des Dauphin Humbert II., der sich um den staatl. Ausbau seines Fsm.s bemühte, erfolgte durch päpstl. Bullen vom 12. Mai und 30. Sept. 1339 die Gründung der Univ. G.; sie sollte die Fakultäten der Artes, der beiden Rechte und der Medizin (nicht verwirklicht) umfassen. Ihr Kümmerdasein endete 1452 mit der Gründung der Universität →Valence durch Ludwig XI.; eine Wiederherstellung durch Franz I. (1542) blieb vorerst Episode.   V. Chomel

Lit.: *[allg.]*: Hist. de G., hg. V. CHOMEL, 1976 [Bibliogr.] – *zu [I]*: RE IV, 1742 – G. MONTPIED, La soc. grenobloise à la fin du MA d'après les révisions des feux et les rôles des tailles, Actes du 108ᵉ Congr. nat. des Soc. Savantes, 1983 – Section de philol. et d'hist. jusqu'à 1610. Économies et Soc. dans le Dauphiné médiéval, 1984 – Topographie chrétienne des cités de la Gaule, hg. N. GAUTHIER–J.-CH. PICARD, III, 1986 – *zu [II]*: DHGE, fasc. 126, 155f. – Cart. de l'Église cathedrale de G. . . ., ed. J. MARION, 1869 – G. LETONNELIER, Province ecclésiastique de Vienne (Abbayes et prieurés de l'ancienne France, IX) (= DOM BESSE–DOM BEAUNIER, Arch. de la France monastique 36, 1932) – J. CALMETTE–E. CLOUZOT, Pouillés des provinces de Besançon, de Tarentaise et de Vienne, 1940, I, LXXXIV–XCIX, 367–400 – A. ARTONNE, L. GUIZARD, O. PONTAL, Rép. des statuts synodaux des dioc. de l'ancienne France, 1963, 254–256 – Rép. des visites pastorales de la France, Ière sér.: Anciens dioc. II, 1979, 349–359 – Hist. des dioc. de France: 12, Grenoble, ed. B. BLIGNY, 1979 – P. PARAVY, Recherches sur la vie religieuse..., 1988 – *zu [III]*: S. GUÉNÉE, Bibliogr. de l'hist. des Univ. françaises des origines à la Révolution II, 1979, 173–179.

Grenze. 1. G. (Grenzbeschreibung). Das Wort G. ist im MA zunächst unbekannt und als poln. Lehnwort zuerst in ostdt. Territorien üblich. Das ahd. Wort für G. war *marca* ('Ende, Land, Gebiet'), ähnlich mhd. Feste G.n sind zunächst (Cäsar VI,23; IV,3) unbekannt. →Einhard (Vita Caroli c.7) spricht von einer frk.-sächs. G. vor den Sachsenkriegen (→Sachsen); sie verlief fast überall in der Ebene außer an wenigen Stellen, wo größere Waldungen oder Bergrücken die Gebiete trennten. Ödlandg.n dürfen in weiten Sumpf- und Heidegebieten Norddeutschlands noch länger vorgeherrscht haben. Die am meisten auf antiker Tradition aufbauenden Angelsachsen, Langobarden und wohl auch Westgoten kannten im 7. und 8. Jh.

Grenzbeschreibungen. Die karol. Renaissance kannte aus antiken geogr. Werken feste G.n der Provinzen, v. a. Flüsse, die z. B. der Ire→Dicuil (ca. 814–ca. 825) am Hofe Ludwigs d. Frommen beschreibt. Sie schweben auch den karol. Reichsteilungen vor. Zunächst liegen bes. für ags. Kl.- und Bm.sgründungen (Fulda, Hersfeld, Würzburg) Grenzbeschreibungen kleinerer Bereiche (Ortsgemarkungen, Kirchspiele) seit der Karolingerzeit vor; bekannt sind die Hammelburger und die Würzburger Markbeschreibung. Insbes. Fluß- und Bachläufe, aber auch Bergkuppen und bereits Straßen und Anlieger werden genannt. Auch andernorts nahm allmählich die Vorstellung von festen G.n Gestalt an, namentl. bei Pfarrsprengeln, wie sie die karol. Kapitularien (MGH Cap. 1 Nr. 81 c. 10) fordern. Erst allmähl. folgen Diözesang.n seit der otton. Zeit und verstärkt in der Stauferzeit; der Limes Saxonicus →Adams v. Bremen (I. 12) beruht auf einer Fälschung auf den Namen Karls d. Gr. aus dem 11. Jh. Soweit ersichtl., lassen sich erste Ansätze zur Abgrenzung geistl. Territorien seit der Zeit Ottos d. Gr. erfassen. Bei den weltl. zeichnen sich solche erst im 12. Jh. auf dt. Boden ab. Für das spätere MA ergibt sich eine Fülle von Grenzbeschreibungen. Gemarkungs- oder Gerichtsg.n wurden durch regelmäßigen Grenzumgang nachgeprüft. Bei den G.n einzelner →Grundstücke spielt das Delikt des Grenzfrevels eine große Rolle. – S. a. →Limes.   W. Metz

Lit.: HRG I, 1801–1804 [R. Hoke]; 1804–1806 [K. S. Kramer, s. v. Grenzumgang] – J. Grimm, Dt. Grenzalterthümer (Kl. Schr. II, 1865), 30–74 – R. His, Das Strafrecht des dt. MA II, 1935, 285–290 – K. Brandi, Die Franken (Ausgew. Aufs., 1938), 175–231 – W. Metz, Bemerkungen zu Provinz und Gau in der karol. Verfassungs- und Geistesgesch., ZRGGermAbt 73, 1956, 362–372 – H. Siems, Flurg.n und Grenzmarkierungen in den Stammesrechten (Unters. zur eisenzeitl. und frühma. Flur I, AAG 3.F., Nr. 115, 1979), 267ff.

2. G. (in wirtschaftsgesch. Hinsicht) →Merkantilismus

Grestain, ehem. Abtei OSB in der →Normandie (ehem. Diöz. Lisieux, heute Évreux, dép. Eure), um die Mitte des 11. Jh. gegr. von dem Adligen Herluin v. Conteville, dem 2. Ehemann der Mutter Hzg. Wilhelms II. (des Eroberers), im Zuge der monast. Erneuerung in der Normandie, mit Mönchen aus →Fontenelle und Préaux. Nach 1066 erhielt die Abtei – u. a. durch Stiftungen Wilhelms d. Eroberers – Güter und Rechte in England. G. stand stets im Schatten der benachbarten berühmten Abteien im Seinetal. Moral. Verfall führte 1302 sogar zur Ausweisung der Mönche. Im →Hundertjährigen Krieg Verlust der engl. Besitzungen. Seit 1481 Kommende, 1757 Auflösung.   H.-J. Schmidt

Lit.: H. Böhmer, Kirche und Staat in England und in der Normandie, 1899, 6f. – C. Bréard, L'abbaye de N. D. de G., 1904 – Normandie bénédictine au temps de Guillaume le Conquérant, 1967, 25–53, 57–59, 263–276.

Grettis saga Ásmundarsonar, in den ersten Jahrzehnten des 14. Jh. entstandene umfangreiche isländ. →Saga über das Leben des »starken Grettir« (10. Jh.), der zugleich als mutig und unbeherrscht geschildert wird und nach zahlreichen Kämpfen mit →Berserkern und übernatürl. Wesen wegen einer ihm fälschl. zur Last gelegten Brandstiftung und Tötung vom →Allthing mit der strengen Acht belegt wird. Nahezu zwanzig Jahre widersteht er als Vogelfreier seinen Verfolgern, wird aber schließlich von diesen auf der nordisländ. Insel Drangey durch verbotenen Zauber geschwächt und heimtückisch erschlagen. Der Mörder verfällt in 'Miklagard' (Byzanz) der Rache durch Grettirs Halbbruder.

Die von einem Anonymus verfaßte Saga gilt wegen ihrer kompositor. und stilist. Meisterschaft als ein Höhepunkt der Sagalit. Der Verfasser hat eine Vielzahl von

Erzähl- und Märchenmotiven verarbeitet. Zudem finden sich Anklänge an die Grendel-Episode im →Beowulf, und im Schlußteil (dem sog. »Spesar þáttr«) Einflüsse des seit Anfang des 13. Jh. im N bekannten →Tristan-Stoffes.

Nach Angaben von Arni Magnússon († 1730) soll eine von →Sturla Þórðarson († 1284) verfaßte ältere G. existiert haben. Die G. bezieht sich jedenfalls ausdrücklich auf Werke (→Landnámabók) und Äußerungen Sturlas. Eine Klärung des Verf.problems steht noch aus.   H. Ehrhardt

Ed.: Anord. Sagabibl. 8, 1900 [R. C. Boer] – Islenzk fornrit 7, 1936, 1956² [G. Jónsson] – Dt. Übers.: P. Herrmann (Slg. Thule 5, 1963²) – H. Seelow (Saga 2, 1974) – R. Heller, Isländersagas 2, 1982 – Lit.: KL V, 460f. – Kindlers Lit.-Lex. III, 1159–1163 [Lit.] – Repfont V, 239f. – R. Simek – H. Pálsson, Lex. der anord. Lit., 1987, 155f. [Lit.] – S. Nordal, Sturla Þórðarson og G., Studia Islandica 4, 1938 – R. J. Glendinning, G. and European Lit. in the Late MA, Mosaic 4, 1970 – K. Schier, Sagalit., 1970, 57 [Lit.].

Grey, Name mehrerer baronialer, zumeist untereinander verwandter Adelsfamilien des spätma. England. Abstammend wohl von norm. Siedlern, die sich in Oxfordshire und anderen Gegenden niedergelassen hatten, erhielt *Reynold* de G. († 1308) v. Wilton (Herefordshire) und Ruthin (Walis. Mark) als erster d. engl. Titel eines Barons (seit ca. 1290); die von ihm begründete Linie umfaßte adlige Landbesitzer, Kriegsleute, kgl. Räte und Diener von bescheidenem Rang (erloschen 1603). – Reynolds Verwandter, *Henry* de G. († 1308), der der älteren Linie v. Codnor (Derbyshire) entstammte, wurde 1299 Baron; die von ihm begründete baroniale Familie bestand bis 1496; ihre Mitglieder standen in militär. und polit. Diensten der engl. Kg.e und ausländ. Fs.en und konsolidierten ihren Besitz in den Midlands. – Ähnlich wie bei den G.s of Wilton entwickelte sich der Aufstieg ihres jüngeren Zweiges, der G.s of Ruthin und Bedfordshire; erster Baron dieser Linie war *Roger* de G. (1325). Sie waren die einzigen G.s, die sich zum *senior peerage* (→peer) zählen konnten; ihr reicher Geld- und Grundbesitz und ihre enge Verbindung zu Kg. →Eduard IV. verschafften ihnen 1465 das Earldom →Kent (damit beliefen sich die Jahreseinkünfte auf £ 1 500), das sie bis 1639 innehatten. *Thomas* de G., der jüngste Sohn von Reynold, Lord G. of Ruthin († 1440), diente Kg. Heinrich VI., der ihm 1450 den Titel eines Lord Richemount G. verlieh (nach den Besitzungen des Lords in Bedfordshire); diese Linie endete bereits mit der Ächtung Thomas' von seiten Kg. Eduards IV. (1461). Aus der Ehe Eduards, eines anderen Sohnes von Reynold G. of Ruthin, mit Elizabeth, Lady Ferrers of Groby (Leicestershire), ging ein Sohn, *John,* hervor, der der erste Gatte von →Elizabeth Wydeville (spätere Gemahlin Eduards IV.) wurde. Beider Sohn *Thomas* de G. († 1501) wurde von Eduard IV. zum Earl of Huntingdon (1471) und Marquess of →Dorset (1475) erhoben. – Die G.s of Rotherfield (Oxfordshire) stammten wohl ebenfalls von norm. Siedlern ab. *John* wurde 1338 Baron und war eines der Gründungsmitglieder des →Hosenbandordens, doch erlosch sein Geschlecht 1388. – Demgegenüber waren die G.s of Heton (Northumberland) mit den vorgenannten G.s wohl nicht verwandt. Durch Heirat mit der Erbtochter von Sir Edward Charleton of Powis wurden sie als Lords G. of Powis 1455 peers; diese kleinere, vornehml. auf Welshpool Castle zentrierte Adelsfamilie bestand bis 1551 und hatte ihren Besitz in Salop und der Walis. Mark.   R. A. Griffiths

Lit.: DNB XXIII – Peerage V, VI, X – Dict. of Welsh Biography down to 1940, 1959 – R. I. Jack, The G. of Ruthin Valor, 1965.

Greyerz (frz. La Gruyère), Gft. in der W-Schweiz im Gebiet zw. den Saanequellen, La Tour-de-Trême und Montsalvens, eingeteilt in fünf Bannerbezirke: G., Montsalvens, Corbières, Château d'Oex und Saanen (mit Rougemont). G. gehörte zum Pagus Auricensis, urkundl. seit dem 10. Jh. belegt, und zur Gft. Ogoz, die seit dem 11. Jh. erscheint. Die Herrschaften der Gf.en v. G., Herren v. Corbières, Everdes, Maulens-Grangettes, La Roche und des Bf.s v. →Lausanne gingen unter oder gerieten im 13. Jh. unter die Oberhoheit der Gf.en v. →Savoyen. Nach den Gf.en des Genevois, die Mitte des 13. Jh. mit dem Land belehnt waren, 1250 aber verzichteten, wurden die vermutl. von den Gf.en v. Ogoz abstammenden, politisch an Savoyen orientierten Gf.en v. G. führend. Bei ihrem seit 1073 bezeugten Schloß G. entstand die Stadt G. als polit. und wirtschaftl. Mittelpunkt der Gft. (als Marktort später von Bulle abgelöst).

Seit dem 14. Jh. kam es zur Befreiung der Bevölkerung von Gericht und Steuern (→Chartes de franchises) sowie zu Auseinandersetzungen mit dem Bf. v. Lausanne wegen Bulle, Albeuve und Riaz und zu einer polit. Anlehnung an die Stadt→Freiburg i. Üchtland. 1401 ging G. ein→Burgrecht mit→Bern, 1474 mit Freiburg ein.   L. Carlen

Lit.: J. J. HISELY, Hist. du comté de Gruyère, 1851–57 – DERS. – J. GREMAUD, Mon. de l'hist. du comté de Gruyère, 1867–69 – G. E. SCHMID, Unter dem Banner des Kranichs, 1940 – Gesch. des Kantons Freiburg, 1, 1981.

Griechenland. Zur Gesch. G.s in byz. und frk. Zeit vgl. die Stichwörter zu den einzelnen Themen, Landschaften, Territorien, Städten und Bm.ern wie →Hellas, →Ep(e)iros, →Morea, →Athen, →Thessalonike u. v. a.

Griechische Buchschrift. Die ältesten Erzeugnisse der G. B., die aus dem 4. Jh. v. Chr. stammen, stehen der epigraph. Majuskel nahe; Großbuchstaben sind unverbunden, ohne Wort- und Satztrennung, Ligaturen und runde Formen sind weitgehend vermieden (»Inschriftenstil«). Im 2. Jh. v. Chr. tritt verstärkt die Sitte von Zierhäkchen auf, so daß man von einem »Häkchenstil« sprechen kann. In Papyri des 2. und 3. Jh. n. Chr. kommt ein »strenger Stil« auf, dessen Merkmal der Gegensatz von übermäßig breiten und bes. schmal gestalteten Buchstaben ist. Eine hochstilisierte Buchschrift entstand zum Ende des 2. Jh. n. Chr. in der Bibelmajuskel, deren Bezeichnung von ihrer Verwendung in bedeutenden bibl. Hss. herrührt. Trotz ihrer langen Lebensdauer (bis ins 9. Jh.) läßt sich ein Kanon der Schrift feststellen: Wechsel von Haar- und Schattenstrichen, Zweilinienschema, Ausgleich zw. schmalen und breiten Buchstaben und runde Buchstabenformen. Einem neuen Geschmack entsprachen die »spitzbögige Majuskel« ab dem 4./5. Jh. n. Chr. und die »alexandrin. Majuskel« ab dem 6. Jh. Aus einem Kompromiß zw. Bibelmajuskel und »spitzbögiger Majuskel« entstand die liturg. Majuskel. Die »alexandrin. Majuskel« war für die Periode vom 6. bis 10. Jh. charakterist.; der Gesamteindruck der Schriftseiten ähnelte einem Gitter. Ab dem 10. Jh. scheint sie als alexandrin. →Auszeichnungsschrift in Verwendung gewesen zu sein. Aus der verfallenden Bibelmajuskel entwickelte sich die sog. »konstantinopolitan. Auszeichnungsmajuskel«, unter dem Einfluß der byz. Inschriften die »epigraph. Auszeichnungsmajuskel«.

Ab dem 8. Jh. trat als neue Buchschrift die Minuskel auf, welche die Klarheit der Majuskel mit der prakt. Verwendbarkeit der Kursive verbindet. Die neue Schrift ist eine ausgesprochene Vierzeilenschrift, die viele Buchstaben mit Ober- und Unterlängen besitzt. Eine Mehrzahl von Buchstaben kann in einem Zug geschrieben werden; eine gewisse Linksneigung kommt vor. Die Minuskel hat in ihrer Entwicklung eine Reihe von Stilisierungen durchlaufen: Zahlreiche Beispiele aus dem 9. und 10. Jh. zeigen

die sog. »eckige Hakenschrift«, die ihren Namen von den spitzen Haken an den Unterlängen bezieht. Im→Studiukl. bildete sich der sog. »Keulenstil« aus, der durch keulenförmige Verdickungen der Oberlängen gekennzeichnet ist. Der »Kirchenlehrerstil«, nach einer Stilisierung des 10. und 11. Jh. in Hss. frühbyz. Kirchenväter, zeichnet sich durch eine senkrechte Schrift mit stark reduzierten Ober- und Unterlängen aus. In zahlreichen Codices des 10. bis 12. Jh. – am reinsten im 11. Jh. – findet sich die »Perlschrift« (Merkmale: runde und wannenförmige Buchstabenformen, das Vermeiden von Haken und Ecken, gleichmäßige Verteilung von Ober- und Unterlängen, Präferenz für das Aneinanderreihen von Rundungen). Im 11. Jh. begann der Minuskelkanon zu verfallen; ab dem 12. Jh. drangen in zunehmendem Maße Majuskelelemente ein. Auffällig ist das Hochziehen der Buchstaben, die Bildung von ungewöhnl. Oberlängen, überraschende Ligaturen, Juxta- und Suprapositionen. Im 13. Jh. trat die stärkste Wandlung im Erscheinungsbild der Minuskel ein (Unregelmäßigkeit in Form und Größe der Buchstaben, ausfahrende Striche und Schnörkel, Supraposition von Buchstaben, Verbindung von Akzenten mit Kürzungen und Buchstaben). Aus der verwilderten Minuskel erwuchs im 13. Jh. eine Gebrauchsschrift. Um die Wende vom 13. zum 14. Jh. wurde eine »Fettaugenmode« gen. Schriftart beliebt, bei der einige Buchstaben in runder, übergroßer Form geschrieben wurden. Für das 14. Jh. läßt sich ein Einfluß der Kaiserkanzlei auf die G. B. feststellen. Die Bezeichnung »Metochitesstil« rührt von der Verwendung des Stils in Hss. des Theodoros →Metochites her. Archaisierende Hände des 13. und 14. Jh. suchten ihr Ziel in der Kopierung von Vorbildern des 10. und 11. Jh., bes. der Perlschrift. Hierzu gehört auch der »Hodegonstil«, benannt nach Hss. des 14. Jh. aus dem Bereich des Hodegonkl. (Merkmale: Lebendigkeit und Unruhe im Wechsel von Groß- und Kleinbuchstaben und von Rundungen und Geraden). Die Erfindung des→Buchdruckes um die Mitte des 15. Jh. brachte auch für das Schriftwesen eine Wende. 1476 erschien das erste vollständig in gr. gedruckte Buch in Mailand. Nachdem einige gr. Drucker archaisierende Minuskel oder sogar Majuskel als Vorbild genommen hatten, bahnte Aldus Manutius in Venedig um die Mitte der 90er Jahre des 15. Jh. der Gebrauchsschrift den Weg in die Typographie. Noch im 16. Jh. orientierten sich gr. Schreiber am Vorbild der gr. Drucktypen, so daß diese Stilrichtung als »Druckminuskel« bezeichnet werden kann.   O. Mazal

Lit.: M. VOGEL–V. GARDTHAUSEN, Die gr. Schreiber des MA und der Renaissance, 1909 [Neudr. 1966] – V. SCHOLDERER, Greek Printing Types 1465–1927, 1927 – H. HUNGER, Antikes und ma. Buch- und Schriftwesen (Gesch. der Textüberl. der antiken und ma. Lit. I, 1961), 25–147 [Lit.] – A. DAIN, Les manuscrits, 1964² – W. SCHUBART, Gr. Paläographie, 1966 – M. WITTEK, Album de paléographie grecque, 1967 – E. MIONI, Introduzione alla paleografia greca, 1973 – La Paléographie grecque et byz., 1977 – R. BARBOUR, Greek Lit. Hands A.D. 400–1600, 1981 – O. MAZAL, Der erste Versuch gr. Buchdrucks (Festg. S. CORSTEN, 1986), 65–71.

Griechische Indiktion → Indiktion, →Chronologie

Griechische Kanzlei- und Geschäftsschrift. Die aus dem 4. und 3. Jh. v. Chr. stammenden Zeugnisse der gr. Schrift auf Papyri sind noch an den Schriften der epigraph. Denkmäler orientiert und weisen unverbundene Majuskelbuchstaben auf. Bereits um die Mitte des 3. Jh. v. Chr. hat es eine ptolemäische Geschäftsschrift gegeben, die das Zweizeilenschema des »Inschriftenstils« zugunsten eines Vierlinienschemas aufgab. Die Geschäftsschrift der Kaiserzeit knüpfte an diese Entwicklungsstufe an, wobei eine richtungs- und stilisierungslose Schrift nicht selten war.

Im 4. Jh. n. Chr. wahrten nur noch die Kanzleien der hohen Dienststellen einen ausgeprägten Stil, der zur zuchtlosen Geschäftsschrift in starkem Kontrast stand. Der Kanzleistil ist durch betonte Senkrechten, gleichmäßige Ausführung der stets höher als breiten Buchstaben, den Eindruck eines Gitterwerkes und durch Zierhaken gekennzeichnet. Hier setzte die Stilisierungsstufe der frühbyz. Kanzleien an. Im 8. Jh. trat als neue Schrift die Minuskel auf den Plan, die Majuskel und Kursive verband. In der langen Zeit ihrer Verwendung durchlief sie verschiedene Stilisierungsstufen. Bereits die Kanzleischrift der röm. und frühbyz. Zeit hob gern einzelne Buchstaben übergroß aus dem Gesamtbild der Schrift hervor, bildete andere hingegen bes. schmal und klein. Die ältesten bekannten Originale der mittelbyz. Zeit aus dem 10. und 11. Jh. zeigen diese Merkmale aufs neue. Einzelne Buchstaben werden übereinandergestellt, ohne daß immer eine Kürzung damit verbunden war, andere Buchstaben – etwa Ny in Omikron – werden ineinandergeschrieben. Die Zirkumflexe können sich über mehrere Buchstaben erstrecken, auch ausfahrende Striche beleben das Schriftbild. In der Kaiserkursive kommen überdies Reservatbuchstaben vor, etwa ein übergroßes, oft geschnäbeltes Epsilon, eine Ligatur Epsilon-Iota mit großer Unterlänge, ein riesiges gebauchtes Zeta, ein schlangenförmig unter die Grundlinie gewundenes Xi, eine Kürzung für »kai« mit gewaltigem Linksbogen.

Ein starker Wandel im Erscheinungsbild der Minuskel ist für das 13. Jh. festzustellen, als aus ihr eine reine Gebrauchsschrift, eine Kursive des Alltags, erwuchs. Da in Konstantinopel nach 1204 eine Kaiserkanzlei fehlte, fand der einst ihr vorbehaltene Kanzleistil mit seinen Schnörkeln und ausfahrenden Längen auch in der allg. Schrift Verwendung. Im 14. Jh., seit Ks. Andronikos II. und unter Andronikos III., zeigt sich in den Urkk. der Ks. kanzlei ein neuer Stil mit archaisierenden und kalligraph. Tendenzen wie Trennung von Buchstaben, bescheidene Ausführung von Akzenten, relative Beschränkung der Ober- und Unterlängen und seltene Anwendungen von Kürzungen. Freilich bleiben gewisse Differenzierungen von kleinen und großen Buchstaben, ebenso ausfahrende Längen und große Kürzungsbogen im 14. und beginnenden 15. Jh. bestehen. Diese Kanzleischrift hat auf den »Metochitesstil« der Hss. des 14. Jh. eingewirkt. →Gr. Buchschrift.   O. Mazal

Lit.: F. G. KENYON, The Palaeography of Greek Papyri, 1898 – F. DÖLGER, Facsimiles byz. Ks. urkk., 1931 – R. SEIDE, Paläographie der gr. Papyri, 1967 – A. TURYN, Dated Greek Manuscripts of the thirteenth and fourteenth Centuries in the Libraries of Italy, I, II, 1972 – →Gr. Buchschrift.

Griechische Kursive. Der Dualismus von Buchschrift und Kursive brach nach Auskunft erhaltener Papyri bereits im 3. Jh. v. Chr. auf. Während die Majuskelschrift nach Möglichkeit Ligaturen vermeidet, tendierte die G. K. immer stärker zur Verbindung mehrerer Buchstaben und zur Anwendung von →Abbreviaturen. Das bereits in der Spätphase durchbrochene Zweizeilensystem der Majuskel wurde in der G. K. zusehends zugunsten eines Vierzeilenschemas aufgegeben. Die Geschäftsschrift der ptolemäischen und der Kaiserzeit brachte die Ausformung neuer Buchstabenformen und die Mehrung der Ligaturen. Charakterist. Buchstabenformen treten oft zugunsten variabler Duktusformen zurück. Unter dem Einfluß der Kanzleischrift (→Gr. Kanzlei- und Geschäftsschrift) bildete sich im 4. Jh. n. Chr. auch bereits eine byz. Kursive aus, belegt durch zahlreiche Papyri des 4.–7. Jh. Bereits um die Wende zum 5. Jh. wurde die Kursive durch die

Ausbildung vieler Ober- und Unterlängen eine echte Vierzeilenschrift. Noch in arab. Zeit (7./8. Jh.) sind Papyrusurkk. in byz. Kursive geschrieben; darin verwilderte einerseits der Stil, anderseits sammelten sich Formen, die konstituierend für die Minuskel werden sollten. Im 8. Jh. trat die Minuskel auf den Plan, als neue universelle Schrift Trägerin der byz. Schriftlichkeit. Sie durchlief verschiedene Stilisierungsstufen; in einigen von ihnen, etwa in theol. Texten des 10. und 11. Jh., treten platzsparende Tendenzen und Neigungen zu kursiver Durchbildung auf. Das 13. Jh. brachte den Durchbruch einer neuen Kursive, die sich aus einer in ihrem Erscheinungsbild stark wandelnden Minuskel differenzierte. Allgemein wird die Unregelmäßigkeit in Größe und Ausformung der Buchstaben. Neue, oft kühne Ligaturen überraschen; der Schriftspiegel wird durch Schnörkel und ausfahrende Längen oft überschritten. Buchstaben werden immer häufiger übereinandergesetzt, sowohl ohne als auch mit Verbindung zu benachbarten Buchstaben. Die Verbindung von Akzenten mit Kürzungen wird zur Regel; dazu tritt auch die Verbindung von Akzenten mit Buchstaben und tachygraph. Zeichen. Richtungslosigkeit der Schrift und Verlust des Stilgefühls zeichnete sich ab. Auch im 14. Jh. hielt sich die Gebrauchsschrift, unter deren Einfluß z. T. auch eine Verwilderung der Buchschrift (→Gr. Buchschrift) eintrat, mochten archaisierende Hände auch immer wieder ältere Stile zu beleben trachten. Noch im 15. Jh. sollte die Kursive von Einfluß auf die Druckminuskel und die gr. Typographie werden.   O. Mazal

Lit.: →Gr. Buchschrift, →Gr. Kanzlei- und Geschäftsschrift.

Griechische Literatur (im lat. MA). »Graeca non leguntur« gilt für das lat. MA insofern, als nur wenige Abendländer die Fähigkeit erlangt haben, einen anspruchsvolleren gr. Text zu lesen und zu verstehen (→Griechische Sprache, II). Aber man unterschätzt doch sehr das Ausmaß der Übers. aus dem Gr. während des MA und die dadurch bewirkte Präsenz gr. Autoren, v. a. der Kirchenväter im abendländ. Geistesleben. Bes. in vier Epochen wurde gr. Lit. im Abendland durch Übers. zugängl. gemacht: Spätantike, 9./10. Jh., hohes MA und Humanismus.

[1] *Spätantike:* Den nachhaltigsten Anreiz zu gr. Studien stellte in der lat. Spätantike der →Neuplatonismus dar. Vettius Agorius Praetextatus († 384) übersetzte die Aristoteleskomm. des in Konstantinopel wirkenden Themistios († 388); →Macrobius ging der Verwandtschaft von gr. und lat. Sprache nach (»De differentiis et societatibus graeci latini que verbi«).

Der Neuplatonismus des Plotin und des Porphyrios beherrschte im 4. und 5. Jh. auch das Denken von Christen, wie des →Marius Victorinus und des mailänd. Rhetors Manlius Theodorus. Der Timaeus in der lat. Fassung des →Calcidius war bis zur Mitte des 12. Jh. der einzige im Abendland ins Lat. übersetzte platon. Dialog.

Im letzten Drittel des 4. Jh. traten in →Rufinus v. Aquileia und →Hieronymus zwei hervorragende Vermittler gr.-christl. Literatur auf (s. a. →Bibel).

Eine prakt. Begegnung mit dem Gr. brachten dem lat. Klerus in der Spätantike die Konzilien, die fast ausnahmslos auf gr. Boden stattfanden. Die Gesch. der Konzilsakten im lat. W zeigt allerdings, daß sich hier keine feste Tradition in der Aufnahme und Übers. bildete. In der ersten Hälfte des 6. Jh. stand der röm. Kirche für längere Zeit in →Dionysius Exiguus ein Übersetzer aus dem Gr. zur Verfügung (gr. Konzilsakten sowie Gregors v. Nyssa »De opificio hominis« und Hagiographisches).

In der Zeit der Ostgotenherrschaft in Italien erstand in

→Boethius noch einmal ein großer Übersetzer gr. Philosophie: Er plante, die Werke des Aristoteles und des Platon ins Lat. zu übersetzen, zu kommentieren und zu harmonisieren, konnte jedoch nur einen Teil der log. Schriften des Aristoteles übertragen. Eine Reihe von Übers. aus dem Gr. veranlaßte →Cassiodor in seinem Kl. Vivarium (→Epiphanius Scholasticus, Bellator [aus Origenes], Mutianus [aus Johannes Chrysostomos], Übers. von Clemens v. Alexandrien, Josephus Flavius u. a.).

[2] *Das 9./10. Jh.:* Das entscheidende geistige Ereignis der gr.-lat. Beziehungen im 9. Jh. ist die Rezeption der Werke des Dionysios Areiopagites im lat. W (→Dionysius, hl.). Die erste Übers. erfolgte im Auftrag Abt Hilduins v. St-Denis. →Johannes Scottus (der sich auch in gr. Gedichten versuchte), übertrug – ebenfalls auf Wunsch Karls d. K. – die Ambiguen des →Maximos Homologetes.

Mit →Anastasius Bibliothecarius hatte das Papsttum nach Dionysius Exiguus wieder einen eifrigen Übersetzer. Hervorzuheben ist seine Übers. des Bios Johannes' des Barmherzigen v. →Leontios aus Kypros. Für den Diakon →Johannes übersetzte und bearbeitete Anastasius in einer Chronographia tripartita (871–874) und in Collectanea (874) gr. Texte zur Kirchengesch., u. a. aus der Chronographie des Theophanes († 818), womit er in der Geschichtsschreibung den Anschluß an den O wiederherstellte, ähnl. wie Johannes Scottus dies in der Theologie getan hatte. Die Chronik des Theophanes ist das letzte hist. gr. Werk, das etwa gleichzeitig von einem gr. und lat. Publikum des MA gelesen wurde.

Um die Mitte des 9. Jh. trat neben Rom Neapel als Mittelpunkt lit. Kultur in Italien. Die Übers. aus dem Gr. bezogen sich zumeist auf Hagiographie; die Übersetzer waren in der Mehrzahl Diakone: →Paulus Diaconus v. Neapel übertrug die Vita der Maria Aegyptiaca und die Poenitentia des Theophilos und widmete sie Karl d. K. Der als Geschichtsschreiber der Kirche v. Neapel bekannte Diakon →Johannes übersetzte die Passion der vierzig Martyrer von Sebaste und eine verbreitete Nikolaus-Vita. Auch ein bedeutender profaner Stoff war unter den neapolitan. Übers., der Alexanderroman des Ps.-Kallisthenes (→Alexander d. Gr., →Leo Archipresbyter).

[3] *Hohes MA:* Einen Wendepunkt in der Gesch. der gr.-lat. Beziehungen markiert die Wirksamkeit des Kard.s →Humbert v. Silva Candida († 1061), der sich als erster Übersetzer aus dem Gr. ausschließl. für die Kontroverse zw. O und W interessierte (z. B. Übers. des Briefes gegen das Samstagsfasten und die Azymen des →Leon v. Ochrid). Die unterit. Zentren gr.-lat. Wechselbeziehungen sind im 11. Jh. →Amalfi und →Salerno. Im Amalfitanerkl. auf dem Athos übersetzte ein Mönch Leo um die Mitte des 11. Jh. das Miraculum a S. Michaele Chonis patratum; vielleicht hat derselbe Leo die Übertragung des griech. →Barlaam- und Josaphat-Romans durch einen Lateiner in Konstantinopel im Jahr 1047 veranlaßt. Die Familie »Comiti(s) Mauronis« förderte in Amalfi die kulturellen Beziehungen zu Byzanz. Ein Sproß dieser Familie namens Lupinus veranlaßte um 1080 den im Kl. Panagiu in Konstantinopel lebenden Priestermönch →Johannes v. Amalfi, eine Vita der hl. Eirene zu übersetzen. Dessen »Liber de miraculis« enthält gr.-asket. Erzählungen, v. a. nach →Johannes Moschos. Bf. →Alfanus v. Salerno übersetzte das anthropolog.-med. Werk Περὶ φύσεως ἀνθρώπου des syr. Bf.s Nemesios v. Emesa (s. a. →Arabismus, →Constantinus Africanus, →Salerno, Schule v.).

Eine Gruppe von sprachenkundigen und lit. tätigen Lateinern beherbergte Konstantinopel im 12. Jh.: Moses

v. Bergamo gilt als erster Abendländer, der in Konstantinopel gr. Hss. sammelte. Einem engl. Kleriker Paganus erklärte er in einem Lehrbrief gr. Ausdrücke bei Hieronymus; die Frage nach der Akzentuierung der casus obliqui von χαρακτήρ beantwortete er mit einem grammat. Traktat. Jacobus v. Venedig, der sich selbst als Veneticus Grecus bezeichnet und dem das Gr. geläufiger war als das Lat., übersetzte als erster die »Analytica posteriora« des Aristoteles, hierzu angeregt wohl durch die Aristotelesstudien in Konstantinopel. Der größte gr.-lat. Übersetzer des 12. Jh. ist →Burgundio v. Pisa.

Es ist unmögl., das Panorama der in der Weltstadt Konstantinopel im 12. Jh. entstehenden Übersetzungslit. vollständig hier zu zeichnen. Nur die Namen der abendländ. Übersetzer und der von ihnen übersetzten Autoren seien noch genannt. Übersetzer: Cerbanus, →Hugo Etherianus, →Leo Tuscus, Pascalis Romanus. Übersetzte gr. Autoren: →Johannes v. Damaskos, »Traumbuch des Achmet«, →»Kyranides«, Epiphanios v. Konstantinopel. In Sizilien übersetzte um die Mitte des 12. Jh. →Henricus Aristippus u. a. Platons Phaidon und Menon; in Frankreich arbeitete →Johannes Sarracenus an der Verbesserung der Dionysiosübers. des Johannes Scottus.

Die bedeutendsten gr.-lat. Übersetzer des 13. Jh. sind →Robert Grosseteste, Bf. v. Lincoln, und →Wilhelm v. Moerbeke OP. Sie sind die sprachkundigen Repräsentanten des Zeitalters, das die herkul. Anstrengung unternahm, Aristoteles, den Aristotelismus und die gr. Wissenschaft überhaupt zu verstehen und zu rezipieren, und damit die Voraussetzungen schuf, daß dieser Stand des Wissens »überwunden« wurde.

[4] Das war das Werk der *Humanisten,* die ihren ersten großen Gr.lehrer in Manuel →Chrysoloras fanden. Von ihnen wurden die ma. Übers. aus dem Gr. als barbarisch verschrien und durch neue, dem rhetor. Empfinden der Zeit gemäßere ersetzt – nicht immer durch bessere. Die Interessenperspektive wandelte sich durch den Humanismus. Hatten sich die Scholastik und das MA überhaupt vorwiegend für gr. Theologie, Philosophie, Medizin und Naturwissenschaften interessiert, so rückten jetzt Dichtung, Geschichtsschreibung, Drama und andere »schöne Literatur« in den Mittelpunkt. Gleichzeitig verschob sich auch die Epochenperspektive. Seit dem Humanismus beschäftigt man sich im Abendland mit einer sehr weit zurückliegenden Epoche des Gr., dem Klass. Altertum. Der Humanismus schuf der gr. Lit. ein Publikum, das diese in der Originalsprache lesen konnte. Nach der Einnahme von Konstantinopel 1453 retteten sich die gr. Studien und die gr. Lit. wenigstens teilweise ins Abendland.   W. Berschin

Lit.: P. COURCELLE, Les lettres grecques en occident. De Macrobe à Cassiodore, 1948² – A. SIEGMUND, Die Überl. der gr. christl. Lit. in der lat. Kirche bis zum 12. Jh., 1949 – R. WEISS, Medieval and Humanist Greek. Collected Essays, 1977 – W. BERSCHIN, Gr.-lat. MA, 1980 – DERS., Greek Letters and the Latin MA, 1988 [revid. und erweiterte Ausg.].

Griechische Sprache

I. Linguistisch – II. Verwendung im lateinischen MA.

I. LINGUISTISCH: [1] *Allgemeines:* Mittelgr. bezeichnet die Entwicklungsstufen zw. dem Altgr. und Ngr., die bereits in der Koine der hellenist.-röm. Zeit einsetzen. Obwohl jedoch in Byzanz die attizist. Schriftsprache, deren Weiterentwicklung auf den Wortschatz (Komposition, Terminologie) beschränkt blieb, für Lit. und Verwaltung die maßgebl. Richtschnur darstellte und sich damit immer weiter von der Volkssprache entfernte, kann von einer schroffen Diglossie nicht die Rede sein. Vielmehr sind v. a.

der soziale (lit. Anspruch und Leserpublikum), der zentrifugale (Konstantinopel und andere Großstädte als Horte der klass. Bildung gegenüber Provinz bzw. nichtbyz. Gebieten) und der diachrone Aspekt (volkssprachl. Tendenzen im Wechsel mit purist. Reaktionen, allmähl. Etablierung der Volkslit. ab dem 12. Jh.) zu beachten. Während Rhetorik und Epistolographie, philos. und theol.-dogmat. Lit., Philologie, aber auch Kaiserurkk. am stärksten dem Attizismus verpflichtet waren, so sind für die Kenntnis des Mittelgr. von Bedeutung: Hagiographie, Chroniken, volkssprachl. Lit. ab dem 12. Jh., Zeremonienbuch und andere Werke der Praxis wie Iatrosophia, Privaturkk., Schreiben an Ausländer, Apokryphen, einzelne Werke der Islampolemik u. a. Der fließende Übergang innerhalb verschiedener Sprachebenen wird einerseits durch die attizist. Bearbeitungen von Hl. legenden (→Symeon Metaphrastes), andererseits durch die vereinfachenden Paraphrasen hochsprachl. Werke (→Anna Komnene, →Niketas Choniates) sowie die Mischung alter und neuer Formen bes. in der Dichtung der Volkslit. (z. B. →Digenes) deutlich. Vereinzelt diente die einfache Sprache auch dem stilist. Kontrast: Äußerungen des Volkes bzw. von Mönchen (Chroniken, Hagiographie). Einige Autoren schrieben gelegentlich auch in der Volkssprache (→Glykas, →Prodromos?, →Konstantin Anagnostes, →Johannes Plusiadenos, →Bessarion). Eine Mittlerfunktion konnte neben der Lexik auch der akzentuierende 15-Silbler übernehmen (außer der Volksdichtung z. B. →Philippos Monotropos im 11., Johannes Kamateros im 12. Jh.). Ein philolog. Interesse an der Volkssprache hat es in Byzanz nur in geringen Ansätzen gegeben, z. B.: Eustathios v. Thessalonike, Lexika, Sprichwörtersammlung des Glykas. In Randgebieten setzte die Ausbildung neuer Dialekte ein (z. B. Zypriot. seit dem 14. Jh.), in denen bis heute manch mittelgr. Wortgut weiterlebt.

[2] *Sprachliche Charakteristika:* Spätestens im 10. Jh. war der Wandel vom agr. zum ngr. Lautsystem abgeschlossen (auch *v* und *oι* als i-Laute, *τζ* für z, da *ζ* stimmloses s geworden war usw.). Im Deklinations- und Konjugationssystem Tendenzen von Reduktion und Angleichung: Verlust von Dativ, altem Perfekt und Futur, des Optativs, erstarrte Form des Infinitivs und Partizips, Vereinheitlichung bzw. Vermischung der Flexionsformen. Aus der Syntax sind zu nennen: Ersatz des Dativs durch Akk., Gen. oder Präpositionalausdrücke; Umschreibung des Futurs (in der Frühzeit bes. durch *ἔχω* m. Inf., erst spät setzt sich *θέλω νά* durch, das über *θὰ νὰ* ca. Ende des 16. Jh. zu ngr. *θά* wird) und Perfekts (mit *ἔχω*), Ersatz des Infinitivs durch Nebensatz mit *ἵνα* bzw. *νά*), Tendenz zu Parataxe statt Hypotaxe. Fortentwicklung des Wortschatzes durch Ersetzen alter Wörter (z. B. *ψωμίν* statt *ἄρτος*, *νερόν* statt *ὕδωρ*, *κρασίν* statt *οἶνος*), Aufnahme fremder Wörter (frühbyz. bes. lat. Termini der Verwaltung und des Alltagslebens, spätbyz. bes. roman. Wörter, wenige arab., slav. und türk.), Ableitung (z. B. Neutra auf *-ιον/-ιν* ohne Deminutivbedeutung, Verba auf *-ίζω*), Komposition (hierbei bes. fließender Übergang von attizist. zu volkssprachl. Lit., z. B. Bildungen mit *γλυκύ-/γλυκό-*, *ὅλο-*, *χρυσο-*). E. Trapp

Lit.: [allg.]: R. BROWNING, Medieval and Modern Greek, 1983² – BECK, Volksliteratur – *Grammatik:* A. JANNARIS, An historical Greek grammar, 1897 – K. DIETERICH, Unters. zur Gesch. der gr. Sprache, 1898 – S. PSALTES, Grammatik der Byz. Chroniken, 1913 – *Lexika:* DU CANGE – Thesaurus graecae linguae, 1831–65³ – E. SOPHOCLES, Greek Lex. of the Roman and Byz. Periods, 1887 – LAMPE – E. KRIARAS, *Λεξικὸ τῆς μεσαιωνικῆς ἑλληνικῆς δημώδους γραμματείας,* 1969ff. – E. TRAPP, Specimen eines Handlex. zur mittelbyz. Lit., JÖB 35, 1985, 149–170.

II. VERWENDUNG IM LATEINISCHEN MA: Das gr. Alphabet findet sich in vielen ma. Werken, z. B. Isidor, Etym.; Beda, De temp. rat. Oft sind auch die Zahlenwerte verzeichnet. Kenntnis des Zahlenwertes der gr. Buchstaben erforderte die Epistola formata, ein kirchl. Beglaubigungsschreiben. Als »Geheimschrift« gebrauchte man das gr. Alphabet gelegentl. in Subskriptionen zu Urkk. und Büchern, bei Rezepten und Segensformeln. Während das gr. Alphabet v. a. vom 9. bis ins 12. Jh. so angewandt wurde, gilt für das ganze hohe und späte MA, daß jeder Bf. für den röm. Ritus der →Kirchweihe das gr. Alphabet richtig zeichnen können sollte. Durchweg wurde im lat. MA ein gr. Alphabet nach dem Leitbild der gr. Unziale verwendet. Nur sporad. wurde das neue gr. Minuskelalphabet (ab 9. Jh.) benutzt.

Umfangreichere Texte in gr. Schrift oder ganze gr. Hss., die von Abendländern geschrieben wurden, sind selten. Bezeichnend für die Art der gr. Studien im lat. MA ist das häufige Vorkommen von gr. Texten in lat. Umschrift – meist in itazist. Graphie. Bilingue bibl. Hss. zeichneten das Gr. in lat. Umschrift auf, so schon der älteste erhaltene gr.-lat. Psalter (Bibl. Capitolare, Verona, cod. I, um 600). Ein beträchtl. gr. Wortschatz war dem lat. MA durch die aus dem antiken Schulwesen überkommenen →Glossare zugängl., die z. T. auch Idiomatisches enthielten. Im frühen MA noch gelegentl. neu angelegt, verschwanden diese Glossare im Verlauf des MA. Die lat. Lexikographen des 12. Jh. zergliederten gr. Komposita, um sie etymolog. zu erklären; die Worthälften wanderten als selbständige »gr. Wörter« durch den Unterricht. Im 13. Jh. setzte die Reaktion gegen das durch Entfernung von der wirkl. Sprache vielfach entstellte Gr. ein, das sich gleichwohl bis ins 15. Jh. hielt.

Es gab im Abendland im MA kein Lehrbuch des Gr. Aus der Antike besaß man verschiedentl. die ursprgl. für den Lateinunterricht von Griechen gedachte Grammatik des Dositheus in lat.-gr. Parallelversion. Aus ihr war nur ein Teil des grammat. Stoffes der gr. Sprache zu entnehmen, fast nichts über die Formenlehre. Das umfänglichste Zeugnis von Bemühungen um das grammat. Verständnis der gr. Sprache im frühen MA, Cod. 444 der Bibl. munic. von Laon (im Kreis der Iren um →Martinus v. Laon [†875] entstanden), enthält u. a. den Entwurf einer Grammatik des Gr. In otton. Zeit unternahm →Froumund einen Ansatz zu einer Grammatik. Aus dem so fruchtbaren und vielgestaltigen 12. Jh. ist kein Versuch zu einer gr. Grammatik bekannt. →Johannes v. Salisbury empfand es als Mangel, daß er kein Gr. konnte und nahm – nahezu erfolglos – Gr. stunden bei einem unterit. Griechen. Die prakt. Kenntnis des Gr. war in diesem Jh., außer im vielfach bilinguen Milieu Unteritaliens, auch in den Seestädten nicht selten. Eine Reihe von Italienern übersetzte, zumeist in Konstantinopel, Urkk. u. Bücher aus dem Gr.

Im 13. Jh. schuf →Roger Bacon eine Grammatik, die als Anleitung zum Lesen des Gr. geeignet war, jedoch wenig Verbreitung fand. Ausführl. behandelt Bacon das gr. Alphabet, die Phonetik und Orthographie; die Formenlehre nur kurz, aber in einprägsamen Paradigmen; Versionen geläufiger lat. Texte, wie Paternoster und Cantica, sind zur Übung beigegeben.

Im frühen Humanismus entstand in der Grammatik des Manuel →Chrysoloras das erste weit verbreitete gr. Unterrichtswerk im lat. Abendland. Das gr. abgefaßte Werk setzte den persönl. Lehrer voraus.

Nur langsam verdrängten die neuen grammat. Hilfsmittel die ma. Technik, Gr. zu lernen. So lernte → Ambrosius Traversari, der spätere Übersetzer des Diogenes Laertios und des Dionysios Areiopagites, sein Gr. noch an bilinguen Bibeltexten, angefangen vom vertrauten Psalter zu schwierigeren Texten fortschreitend. W. Berschin

Lit.: The Greek Grammar of Roger Bacon, ed. E. NOLAN – S. HIRSCH, 1902 – B. BISCHOFF, Das gr. Element in der abendländ. Bildung des MA, Ma. Stud. T.2, 1967, 246–275 – W. BERSCHIN, Gr.-lat. MA, 1980, bes. 31–58 (engl. Ausg.: Greek Letters and the Latin MA, 1988, 29ff.) – DERS., Elementi greci nella cultura lett. medievale, Aevum 58, 1984, 131–143 (engl. Fassung in: The Sacred Nectar of the Greeks. The Study of Greek in the West in the Early MA, 1988, 85–103).

Griechischer Stil → Chronologie, → Jahresanfang

Griechisches Feuer, Brandsatz, der unter diesem Namen zur Zeit der Kreuzzüge bekannt wurde, von den Byzantinern bereits ab der zweiten Hälfte des 7. Jh. als Kampfmittel verwendet, galt ein halbes Jt. lang als die Wunderwaffe schlechthin. Den ältesten bekannten Bericht über den militär. Einsatz des g. F.s gibt der byz. Chronist → Theophanes Homolegetes († 818). Er schreibt, daß zur Zeit Ks. Konstantins IV. bei der Bekämpfung der Araber ein vom Baumeister Kallinikos aus Heliopolis hergestelltes Feuer, das in Feuertöpfen geworfen und aus Rohren, den Syphonen, gespritzt wurde, von entscheidender Bedeutung gewesen sei und schließlich 678 zur Vernichtung der arab. Belagerungsflotte von Kyzikos geführt habe. Nach übereinstimmenden Berichten aller Schriftsteller dieser Zeit handelte es sich beim g. F. nicht nur um eine neue Variante des schon seit dem Altertum bekannten und auch als Waffe verwendeten Brandsatzes aus leicht brennbaren und schwer zu löschenden Stoffen wie Pech, Schwefel, Harz, Werg, Öl, Naphtha u. dgl.; an der Kallinikos zugeschriebenen Erfindung war völlig neu, daß sich der Brandsatz bei Berührung mit Wasser von selbst entzündete, oder aber bereits entzündet aus den Syphonen dem Feind entgegengeschleudert werden konnte. Die Herstellung dieses vorwiegend als Seekampfmittel verwendeten Kriegsfeuers, das von den Griechen selbst πῦρ ὑγρόν (flüssiges Feuer) oder πῦρ θαλάσσιον (Seefeuer) genannt wurde, galt als streng gehütetes Staatsgeheimnis. Zur Zeit Ks. Konstantins VII. (909–959) wurde es geradezu zu einem Heiligtum des Reiches erhoben. In seinem Werk über die Regierungskunst, das er seinem Sohn widmete, schrieb der Ks. über diese Waffe, der er selbst die Errettung seiner Hauptstadt vor der Einnahme durch die mächtige Flotte der Russen unter → Igor i. J. 941 verdankte, daß ein Engel sie dem ersten christl. Ks. Konstantin gebracht habe mit dem Auftrag, das Geheimnis für die Christen und die christl. Kaiserstadt Konstantinopel zu bewahren. Der große Ks. habe selbst am Altar die Geheimhaltung gelobt und jeden verflucht, der es wagen sollte, das Rezept an ein fremdes Volk zu verraten. Tatsächlich wurde das Geheimnis um die Zusammensetzung und die Herstellung des so gefürchteten Seefeuers von den Byzantinern jahrhundertelang gewahrt, geriet aber schließlich in Vergessenheit.

Mit großer Wahrscheinlichkeit kann angenommen werden, daß Kallinikos zwei Ideen miteinander verbunden hatte. Er schuf eine leicht entzündbare Flüssigkeit, die aus dem Syphon verspritzt wurde. Bei der Frage, woraus die brennbare Flüssigkeit bestand, die sich von selbst entzündete, und durch welches Treibmittel sie aus dem Abschußrohr geschleudert wurde, gibt es aber verschiedene Hypothesen. Da die Quellen berichten, daß der Brandsatz »mit Donner und feurigem Rauch aus ehernen Röhren geschleudert wird und die feindlichen Schiffe in Brand steckt«, findet sich in Fachbüchern und Lexika die

Annahme, das g. F. sei eine explosive Mischung aus Salpeter, Schwefel, Kohle, Öl, Pech und Kalk gewesen, die durch eine ebenfalls salpeterhaltige Treibladung aus einer Art Urkanone abgeschossen worden sei. Die Vertreter dieser »Salpetertheorie« meinen, es sei durchaus möglich gewesen, daß Kallinikos durch das Studium antiker Quellen, die später verlorengegangen sind, die chem. Eigenschaften des Salpeters gekannt habe; bereits im 6. Jh. v. Chr. wußten die Chinesen, daß beim Anzünden eines ganz bestimmten Gemisches aus Kalisalpeter, Kohle und Schwefel eine äußerst rasche und heftige Verbrennung stattfindet, und auch in der Antike wurde der als Chinesischer Schnee bekannt gewesene Salpeter bei der Herstellung von Feuerwerkskörpern verwendet. Nach dieser Theorie wäre also das g. F. eine dem Schießpulver ähnliche Mischung gewesen und die Syphone, aus denen diese explosive Ladung abgefeuert wurde, ein unmittelbarer Vorläufer der Kanone.

I. J. 1895 wies aber S. V. ROMOCKI nach umfangreichen Quellenstudien in seiner »Geschichte der Sprengstoffchemie« nach, daß den Völkern des Altertums der Salpeter unbekannt war, und der brit. Autor J. R. PARTINGTON kam ebenfalls zu dem Schluß, daß Kallinikos den Salpeter noch nicht gekannt haben kann. Er schließt sich damit ganz der Theorie ROMOCKIS an, der meint, das g. F. sei offenbar ein dünnflüssiges Gemisch aus Erdöl, Schwefel, Harz und ähnlichen Stoffen sowie ungelöschtem Kalk gewesen, das durch komprimierte Luft aus den Syphonen ausgeblasen wurde. Die Vertreter dieser »Kalktheorie«, die sich heute allgemein durchgesetzt hat, führen das explosionsartige Abbrennen, von dem die Quellen sprechen, auf die von Kallinikos geschickt angewandte Hitzeentwicklung zurück, die beim Löschen von ungebranntem Kalk entsteht. Sobald die Mischung aus Erdöl und ungelöschtem Kalk mit Wasser in Berührung kam – sei es noch im Abschußrohr oder erst beim Auftreten auf die Wasseroberfläche –, wurden durch die Erhitzung des Kalkes aus dem Erdöl Dämpfe entwickelt, die sich mit der Luft mischten und beim Erreichen einer bestimmten Temperatur explodierten. Das g. F. wäre demnach ein Brandsatz gewesen, der sich selbst entzündete, und die Syphone, die auf den Schiffen der Byzantiner aufgestellt waren, Vorläufer des Flammenwerfers. E. Gabriel

Lit.: S. v. ROMOCKI, Gesch. der Sprengstoffchemie, der Sprengtechnik und des Torpedowesens, 1, 1895 – J. R. PARTINGTON, A. Hist. of Greek Fire and Gunpowder, 1960 – J. HALDON – M. BYRNE, A possible Solution to the Problem of Greek Fire, BZ 70, 1970, 91–99 – H. R. ELLIS DAVIDSOHN, The secret Weapon of Byzanticum, BZ 66, 1973, 61–74 – E. PÁSZTHORY, Über das »G. F.«, Zs. für Archäologie und Kulturgesch. 17, 1986, 27–37.

Grifo, Sohn → Karl Martells (→ Karolinger) und seiner wohl rechtmäßigen Gattin Swanahilt (→ Agilolfinger), *726 (oder später), † 753, führte nach dem Tode seines Vaters, der G. einen Teil an → Neustrien, → Austrien und → Burgund »in medio principatus sui« zuerkannt hatte, einen lebenslangen Kampf um die Teilhabe an der Herrschaft. Er geriet nach 741 in Spannungen mit seinen älteren Halbbrüdern → Karlmann und → Pippin III. d.J., suchte mit seiner Mutter und zahlreichen Anhängern Zuflucht in → Laon, wurde anschließend sechs Jahre zu → Chèvremont in Klosterhaft gehalten und erst 747 von Pippin entlassen. Unzufrieden mit dem ihm von diesem zugestandenen Besitzausstattung, entzog sich G. dem Einfluß Pippins und eroberte mit seinen Anhängern das Hzm. → Bayern, die Heimat seiner Mutter. Nach erneuter Niederlage und Aussöhnung erhielt er → Le Mans mit zwölf Komitaten, rebellierte aber seit 748 erneut und zog ins aufständ.

→Aquitanien, um von dort aus zu den →Langobarden zu gelangen. 753 wurde er im burg. St-Jean-de-Maurienne von Gf. en Pippins getötet.   H. Ebling

Lit.: NDB VII, 67f. – H. L. Mikoletzky, Karl Martell und G. (Fschr. E. Stengel, 1952), 130–156 – Braunfels, KdG I, 1965, 55, 67, 79 – [E. Hlawitschka] – R. McKitterick, The Frankish Kingdoms under the Carolingians, 1983, 33f.

Grigny, nicht genau lokalisierbarer Ort am rechten Rhôneufer, gegenüber von →Vienne, wohl auf Gemeindegebiet von Ste. Colombe (cant. Condrieu, dép. Rhône) gelegen, im 6. und 7. Jh. Standort der ›Griniacensia monasteria‹, eines großen gall. Klosterensembles mit kontemplativer Ausrichtung, dessen Statuten von →Sidonius Apollinaris (MGH AA VIII, 124) gleichrangig mit denen von →Lérins genannt werden. Die Vita der Äbte v. →St-Maurice d'Agaune (I, 5) nennt drei aus G. stammende Äbte: Ursolus, Justus, Hymnemodus; letzterer verließ 515 mit zahlreichen Religiosen die Monasterien v. G., um in Agaunum zu leben, dessen erster Abt er wurde. Der hl. →Avitus v. Vienne widmete sich in den letzten Jahren seines Episkopats wiederholt den Monasterien v. G. (MGH AA VI, 2, p. 91). Eine wichtige, wegen ihres späten Datums allerdings unsichere Quelle, die zw. 926 und 946 verfaßte Vita des hl. Clarus v. Vienne (AA 55 jan. I, 55f.), nennt für die Zeit des Bf.s Caoaldus v. Vienne (635–ca. 664) als wichtigste Monasterien v. G. die Abtei St-Ferréol mit ca. 400 Mönchen sowie ein weibl. Kl. in Ste-Colombe mit gut 30 Religiosen. Nach P. Cavard (1939) umfaßten die in G. und anderen nahegelegenen Zentren der Civitas v. Vienne konzentrierten monast. Gruppen insgesamt um die 3000 Personen.   V. Chomel

Lit.: M. Besson, Monasterium Acaunense. Études critiques sur les origines de l'abbaye de St-Maurice-en Valais, 1913, 157 – P. Cavard, St-Clair et les monastères de Vienne (Vienne la Sainte, 1939), 157–190 – J. Émery, Le dioc. de Grenoble. Essai d'hist. religieuse des origines à 794 (Suppl. zur Zs. Église de Grenoble, 1960–70), 238–239 – A. Pelletier, Vienne gallo-romaine au Bas-Empire, Bull. Soc. Amis de Vienne, 1973, IV, 36f.

Grijó, S. Salvador de, Regularkanonikerstift in Portugal, südl. von Porto, 922 als Familienkl. für ›fratres‹ und ›sorores‹ gegr. Zu 1064 sind dort Kanoniker belegt, ab 1093 Schenkungsurkk. einer örtl. Adelsfamilie. Kgn. Theresa v. Portugal verlieh G. 1128 (?) Immunität, die Bf. v. Coimbra 1132 Exemtion. Das 1131 gegr. Stift →S. Cruz de →Coimbra reformierte G. im Sinne der Consuetudines von →St-Ruf – auf Betreiben des Bf.s Johannes v. →Porto, der es 1139, inzwischen Ebf. v. Braga (→Johannes Peculiaris), dem röm. Stuhl als zinspflichtiges Schutzkl. unterstellte; nach S. Cruz das zweite in Portugal. Innozenz II. bestätigte quasi als Gegenleistung die Ansprüche →Bragas auf die Metropolitanhoheit über mehrere ptg.-galiz. Bm.er. Im Sinne dieser Entscheidung stellten auch Lucius II. und Eugen III. 1144 bzw. 1148 jeweils an demselben Tag Ebf. Johannes das Pallium- und G. das Schutzprivileg aus. Das u. a. von Alfons I. und Sancho I. v. Portugal beschenkte Stift (1139, 1142, 1190) gehörte im 12. Jh. zu den sechs reichsten Ordenshäusern Portugals und bestand bis 1770.   P. Feige

Lit.: R. Durand, Le cart. Baio-Ferrado du monastère de Grijó (XIᵉ–XIIIᵉ s.), 1971.

Grimald, Abt v. →Weißenburg (vor 833–839 und erneut seit 847) und →St. Gallen (seit 841), seit 833 Erzkapellan und enger Berater →Ludwigs d. Dt., † 13. Juni 872 in St. Gallen, gilt als polit. und kulturell herausragende Persönlichkeit im ostfrk. Reich. Vermutl. aus der Saar-Mosel-Gegend stammend, verwandt mit den Trierer Ebf.en Hetti und Thietgaud, besuchte G. zunächst die →Hofschule Karls d. Gr. und Ludwigs d. Fr., wechselte dann an

die von seinem Verwandten Wetti geleitete Reichenauer Kl. schule (→Reichenau), wurde vor 824 Kapellan Ludwigs d. Fr. und 833 Kanzler des selbständig gewordenen Kg.s Ludwig d. Dt. G., der selbst nicht Mönch war, machte sich um St. Gallen und Weißenburg verdient, u. a. durch seine Bautätigkeit. In St. Gallen wird ihm die Einrichtung der vita regularis zugeschrieben; er förderte die wirtschaftl. und kulturelle Blüte des Kl. (u. a. durch eine umfängl. Bücherschenkung) und sorgte 854 für die endgültige Ablösung klösterl. Verpflichtungen gegenüber dem Bm. →Konstanz. Vermutl. seit 848 übte G. als Erzkapellan das höchste geistl. Amt am Hofe Ludwigs d. Dt. aus, bis er sich 870 nach St. Gallen zurückzog. Von G.s öffentl. Wirken wie von seinem breiten geistigen Interesse zeugt der »Liber Grimoldi«, ein bereits in den Aachener Hofjahren begonnenes Miszellankompendium u. a. mit weitgespannten Nekrologeinträgen und mit der Erinnerung an siegreiche Stationen in der Herrschaft Ludwigs d. Dt. →Walahfried Strabo, der dem 'pater doctissimus' mehrere Werke gewidmet hat, erwähnt auch dessen eigene dichter. Tätigkeit. G., der in der 'memoria' zahlreicher Kl. des ostfrk. Reiches begegnet, scheint monast. Wirken und Hofdienst auf glückl. Weise verbunden zu haben.   Th. Zotz

Lit.: NDB VII, 75 – J. Fleckenstein, Die Hofkapelle der dt. Kg.e 1 (MGH Schr. 16/1), 1959 – B. Bischoff, Bücher am Hofe Ludwigs d. Dt. und die Privatbibl. des Kanzlers G. (Ders., Ma. Studien 3), 1981 – Helvetia Sacra III,I/2, 1986, 1275–1277 – D. Geuenich, Beobachtungen zu G. v. St. Gallen . . . (Fschr. J. Authenrieth, 1988), 55–68.

Grimaldi, genues. Familie. Abstammung von Pippin oder Herkunft der G. aus der Normandie, von der Familie der Crespinier oder aus der Gallia Narbonensis ist legendär; auch ihre Abkunft von den Lehnsträgern von Vezzano (Lunigiana) zu Beginn des 12. Jh. ist nicht gesichert. Hist. belegter Spitzenahn ist *Ottone Canella,* ein Angehöriger der genues. Bf. skurie, Konsul 1133 und 1135. Einer seiner Söhne, *Grimaldo,* von dem sich der Name des Geschlechts herleitet, war 1162 Konsul der Kommune und nahm an einer Gesandtschaft zu Friedrich I. Barbarossa nach Pavia teil; 1169 Gesandter in Ceuta, bekleidete er 1170 und 1184 erneut das Konsulat.

Die G., die →Guelfen waren, gehörten zu den großen genues. Familien des SpätMA: Zu ihrer weitgespannten Handelstätigkeit und ihrer polit. Präsenz trat als wichtiger Faktor auch die genealog. Stärke des Hauses; Anfang des 14. Jh. bestanden bereits 10 Linien der Familie. Einige nach Kämpfen gegen die ghibellin. →Doria und Spinola aus Genua verbannte Mitglieder der Familie versuchten 1297 vergeblich, Monaco, einen Besitz der Kommune Genua, zu erobern. 1317 kehrten sie mit Unterstützung Roberts v. Anjou, Kg. v. Neapel, dorthin zurück und begründeten damit jene einzigartige »Signorie«, die sich 1341 durch den Erwerb des Territoriums von den Spinola, Lehensträgern der Kommune, konsolidierte. Ein bedeutender Vertreter der *Linie Monaco* war *Ranieri (Rainer) I.* (1267–1314); im Dienst des Kg.s v. Frankreich vernichtete er 1304 in der Nordsee die flandr. Flotte und wurde Admiral der frz. Flotte. Im Dienst des Kg.s v. Neapel, Robert v. Anjou, wurde er zum Herrn von Cannes und Antibes und zum Baron von S. Demetrio (Kalabrien) ernannt; 1312 besiegte er die mit Heinrich VII. verbündeten Pisaner. Sein Sohn, *Carlo (Karl) I. v. Monaco* († 1357) unternahm im Dienst Karls VI. v. Frankreich Kaperfahrten; *Ranieri II.* († 1407), Herr v. Mentone, spielte eine aktive Rolle im Hundertjährigen Krieg. Von Fall zu Fall mußten die G. v. Monaco ihre Signorie gegen Genua, die Hzg.e v. Mailand, Savoyen und Frankreich verteidigen. Erst 1419 wurde ihre Herrschaft offiziell von der Republik Genua anerkannt. *Giovanni (Johann) I.* († 1454) bestimmte, daß in Ermangelung eines männl. Erben der Gatte oder Nachkomme einer G. (mit Übernahme des Namens und Wappens der Familie) die Herrschaft erben solle. Im 17. Jh. nahmen die G. den Fs. entitel an. Andere Linien der genues. G. finden sich in Antibes und anderen Orten der Provence, an der ligur. Riviera di Ponente, in Cuneo, Novi Ligure und im Gebiet von Ovada; alten Genealogien zufolge besteht keine Verbindung zw. den G. von Bologna, Neapel und Sizilien und den genues. G.

Die *G. von Genua* bildeten in der 1. Hälfte des 15. Jh. ein →Albergo und verbanden sich mit mehreren anderen Familien. 1500 gehörten ihre Repräsentanten im Consilio generale zu den zahlenstärksten der 31 beteiligten Adelshäuser (1528 zählte die »Familia G.« im Goldenen Buch der Republik mehr als 130 Mitglieder).

Im *genues. Kolonialnetz,* das das Mittelmeer überzog, waren die G. im 15. Jh. in →Chios präsent, wo sie sich mit bedeutenden chiot. Familien (z. B. Paterio) verbanden. Sie ließen sich auch in Pera (→Galata) nieder und blieben auch nach der türk. Besitznahme 1453 dort. Ferner begegnen G. in Caffa (Krim), wo einige von ihnen nach der osman. Eroberung 1475 zu den Tataren flüchteten, deren Sprache und Gebräuche annahmen, jedoch den Namen des Geschlechts beibehielten.

Auch auf der *Pyrenäenhalbinsel* hatten die G. eine beachtl. Präsenz. Im 15. Jh. begegnen sie in erster Linie in Sevilla wie auch im islam. Kgr. →Granada, v. a. in Malaga. *Bernardino* und *Francesco* G. zählten zu den Finanziers von →Kolumbus. G. Pistarino

Lit.: N. BATTILANA, Genealogia delle famiglie nobili di Genova, 1825 [Nachdr. 1971] – M. G. CANALE, Nuova istoria della Repubblica di Genova I, 1858, 447–448 – J. HEERS, Le royaume de Granade et la politique marchande de Gênes en Occident (XVᵉ s.), M–A LXIII, 1957, n. 1–2 – F. GRILLO, Origine storica delle località e antichi cognomi della Repubblica genovese, 1958 – A. BOSCOLO, Gli insediamenti genovesi nel sud della Spagna all'epoca di Cristoforo Colombo, Atti del II. Convegno internaz. di studi colombiani, Genova, 6–7-ott. 1975, 1977, 329–344 – P. LINGUA, I G. di Monaco, 1986 – G. PISTARINO, Signoria e principato nella Monaco dei G., Liguria 53, n. 5, 1986, 13–15 – DERS., The Genovese in Pera-Turkish Galata, Mediterranean Hist. Rev. I, n. 1, 1986, 63–85 – S. ANDREESCU, Génois sur les côtes de la Mer Noire à la fin du XVIᵉ s., Revue romaine d'hist. XXVI, n. 1–2, 1987, 119–134 – C. CATTANEO MALLONE, I »Politici« del medioevo genovese. Il »Liber civilitatis« del 1528, 1987 – G. PISTARINO, I G. in dell' Oltremare, 1988, 409–488.

Grimbald v. St-Bertin, hl. (Fest: 8. Juli), * 820/830, † 8. Juli 901. Wahrscheinl. unter Abt Hugo I. in →St-Bertin eingetreten, ist G. dort urkundl. von 867–885 bezeugt, zuletzt als »Priester und Mönch«. →Fulco, Ebf. v. Reims und ehem. Abt St-Bertins, hatte die Absicht, G. als Bf. einzusetzen, gestand aber um 886 einer Gesandtschaft Kg. →Alfreds d. Gr. die Abreise G.s nach England zu. Alfred nannte G. in seiner Übers. der »Cura Pastoralis« als Mitarbeiter. Bf. →Asser v. Sherborne (c. 78) rühmte seine Gelehrsamkeit, doch ist keine Schrift G.s erhalten. Möglicherweise gelangten karol. Hss. (z. B. CCCC 223) über G. nach England. Angebl. lehnte er 888 das Ebm. →Canterbury ab. An der Gründung von New Minster in Winchester war er beteiligt, dort wurde 950/1000 eine erste Vita verfaßt. M. Mostert

Q. und Lit.: P. GRIERSON, G. of St-Bertin's, EHR 55, 1940, 529ff. – J. BATELY, G. of St-Bertin's, MAe 35, 1966, 1ff. – Alfred the Great, Asser's Life of King Alfred and other Contemporary Sources, übers. S. KEYNES–M. LAPIDGE, 1983.

Grimbergen, Dorf in →Brabant, nahe Brüssel, Sitz der gleichnamigen Herrschaft, war ursprgl. im Besitz der Adelsfamilie →Berthout, deren Stammvater Walter I.

(† 1120 oder 1125) erster bezeugter Herr v. G. war, mit einer Burg vielleicht auf dem Borgtberg (auch: Senecaberg). Im Zenit ihrer Macht stehend, stifteten Gerard und Arnoud Berthout 1127 oder 1128 die gut dotierte Prämonstratenserabtei G., die ihrerseits die Abtei St. Nikolaas zu →Veurne gründete, an der Stiftung der Abtei Dielegem in Jette beteiligt war und die Patronatsrechte im Lande v. G. erwarb. Dem Aufstieg der Berthouts stellten sich die Gf. en v. →Löwen, die späteren Hzg. e v. →Brabant, entgegen, was in der 1. Hälfte des 12. Jh. zu einer großen Fehde führte (1142 Schlacht bei Ransbeek, 1159 Zerstörung von Burg und Abtei G.), die den hist. Kern des Epos »De Grimbergsche Oorlog« (Mitte des 14. Jh.) bildet. 1197 wurde die Herrschaft G. zw. den beiden Söhnen Gerhards III. geteilt, wobei aber z. T. ein gemeinschaftl. Patrimonium verblieb. Die Zweiteilung bestand bis ins 18. Jh. Da die Berthouts im 13. Jh. G. verloren und sich in →Mechelen eine neue Machtbasis schufen, kam G. an andere Adelshäuser: die Herrschaft älterer Linie an die Perwenz, die→Vianden (ab 1265), die→Nassau (ab 1416); die Herrschaft jüngerer Linie an die Aa (→Gruuthuse) und die Glymes v. →Bergen op Zoom (ab 1418). P. Avonds

Lit.: A. WAUTERS, Hist. des environs de Bruxelles II, 1855, 157–216, 224–251 – J. VERBESSELT, Het parochiewezen in Brabant II, 1964 – G. WEYNS (Monasticon belge IV/3, 1969), 721–746.

Grímnismál (Grimnir-Lied), ein Götterlied der Älteren →Edda, in dem Grímnir (= Odin) in 53 Strophen (zumeist im Versmaß Ljóðaháttr) mytholog. Wissen ausbreitet (Götterwohnungen; →Walhall; →Einherjer; die vier Flüsse, die Thor zum Gericht durchwaten muß; Beschreibung der Weltesche Yggdrasil; kosmolog. und kosmogon. Erscheinungen; Aufzählung fünfzig weiterer Odinsnamen). Die Rahmengesch. (in Prosa) erzählt vom Mord des Kg. ssohns Geirrøðr, dem Schützling Odins, an seinem älteren Bruder Agnarr, dem Schützling →Friggs (Odins Gemahlin) um die Kg. swürde willen. Frigg verleumdet Geirrøðr als ungastl. Geizhals und veranlaßt Odin, sich zu seinem Schützling zu begeben, um ihn zu prüfen. Geirrøðr, von Frigg vor Odin/Grímnir gewarnt, läßt diesen foltern und acht Tage zw. zwei Feuer setzen, um ihn zum Reden zu bringen. Als ihm Geirrøðrs Sohn Agnarr aus Mitleid einen Trunk reicht, spricht Grímnir endlich die Wissensstrophen, bewirkt Geirrøðrs Tod und macht Agnarr zum Kg.

Die zur mytholog. Wissensdichtung zählende G. entstand vielleicht in der um Systematisierung des mytholog. Stoffes bemühten spätheidn. Phase (10. Jh.). Sagenmotive der Rahmenerzählung begegnen bereits in der »Origo gentis Langobardorum« (7. Jh.) und in der »Hist. Langobardorum« des →Paulus Diaconus (8. Jh.). Sah die ältere Forschung den Prosateil und die damit in Zusammenhang stehenden Strophen 1–3 und 51–53 als Kern des Liedes an, wurde seit den 30er Jahren das gesamte Lied und der Prosateil als Einheit betrachtet. Das Problem ist jedoch weiterhin umstritten, ebenso die Frage, ob in der G. ein Initiationsritual (→Schamanismus) erkennbar sei.

H. Ehrhardt

Ed.: Edda. Die Lieder des Codex Regius, ed. G. NECKEL – H. KUHN, 1983⁵, 56–68 – *Übers.:* F. GENZMER (Slg. Thule, 2, 1963²) – *Lit.:* Kindlers Lit.-Lex. III, 1171–1172 [G. W. Weber] – R. SIMEK – H. PÁLSSON, Lex. der germ. Mythologie, 1984, 142ff. [Lit.] – DIES., Lex. der altnord. Lit., 1987, 117f. [Lit.] – M. OLSEN, Fra Eddaforskningen, ANF 49, 1933 – A. G. VAN HAMEL, Óðin hanging on the tree, Acta philol. Scandinavica 87, 1972 – B. RALPH, The Composition of the G., ANF 87, 1972 – J. P. SCHØDT, The »fire ordeal« in the G. – initiation or annihilation, MSc 12, 1988, 29–43.

Grimo, Abt v. →Corbie, gehörte zu den Vertrauten →Karl Martells (714–741), mit deren Hilfe dieser seine

Herrschaft über →Neustrien festigte. Ob G. bereits unter Pippin d. M. dem Kl. vorstand, bleibt ungewiß. Jedenfalls ist er als Nachfolger des 716 urkundl. erwähnten Sebastianus bezeugt, der im Zuge der Wirren nach dem Tod Pippins offensichtl. als Stütze des neustr. Hausmeiers →Raganfrid amtierte. In der Vorgeschichte des päpstl.-karol. Bundes leitete G. 739 eine Gesandtschaft Karl Martells an Papst Gregor III. G., der wohl nicht mit dem gleichnamigen Ebf. v. Rouen ident. ist, wird große Gelehrsamkeit nachgerühmt; sein Abbatiat steht am Anfang der Entwicklung Corbies zur polit. und kulturell bedeutenden karol. Königsabtei. Th. Zotz

Lit.: J. LAPORTE, G., abbé de Corbie et premier archévêque de Rouen (Corbie, abbaye royale, 1963), 47–60 – J. SEMMLER, Zur pippinid.-karol. Sukzessionskrise 714–724, DA 33, 1977, 1–36 – La Neustrie, hg. H. ATSMA, 1989 (Francia, Beih. 16).

Grimoald

1. G., langob. Kg. (662–671), * ca. 600/605, Sohn Hzg. Gisulfs II. v. Friaul und der Romilda, ⚭ 1. Ita, ⚭ 2. N. N., Tochter Kg. →Ariperts I.; Söhne: Hzg. Romuald v. Benevent (1), Kg. →Garipald (2), Töchter: Gisa (1), N. N. (2), ⌐S. Ambrogio, Pavia. G. gehörte höchstwahrscheinl. zur langob. Kg.sdynastie der Gausen (anders FRÖHLICH). Gegen 625 floh er nach Benevent, wo er 646/647 zum Hzg. erhoben wurde. 662 nutzte er die Auseinandersetzungen zw. den Kg.en →Godepert und →Perctarit, um die Krone zu gewinnen. Als erster brachte er die Großhzg.er →Benevent, →Spoleto und →Friaul unter starken kgl. Einfluß. Seine tatkräftige, durch gesetzgeber. Aktivitäten ausgezeichnete Herrschaft war durch militär. Erfolge gegen die Franken, die er 663 bei Asti schlug, und gegen Ks. Konstans II. bestimmt, den er an der Rückeroberung S-Italiens hinderte. J. Jarnut

Lit.: G. P. BOGNETTI, L'età longobarda 2, 1966, 332–344 – S. GASPARRI, I duchi longobardi, 1978, 88f. – P. DELOGU, Il regno longobardo [Storia d'Italia, hg. G. GALASSO, I, 1980], 90–96 – H. FRÖHLICH, Stud. zur langob. Thronfolge [Diss. Tübingen 1980], 150–154 – J. JARNUT, Gesch. der Langobarden, 1982, 59–61.

2. G. I. (d. Ä.), frk. →Hausmeier, Sohn →Pippins I. d. Ä. und der Iduberga, * um 620, † um 662; Schwester: →Gertrud v. Nivelles. Nach dem Tode des Vaters gelang G. die Übernahme des Hausmeieramts im austras. Reichsteil. Der minderjährige Kg. Sigibert III. stand unter G.s Kuratel und adoptierte dessen Sohn, der vermutl. erst bei dieser Gelegenheit den Namen →Childebert (III.) annahm. Den wohl erst nach diesem »Staatsstreich« geborenen Sohn Sigiberts, →Dagobert II., ließ G. nach Irland ins Exil bringen. Der u. a. als 'maior domus', 'vir illuster', 'dux' bezeichnete G. fand Bundesgenossen in Bf. →Kunibert v. Köln und im Alamannenhzg. →Leuthari. Am Ende geriet er in die Hände der neustr. Dynastie, die ihn wegen der Exilierung Dagoberts hinrichten ließ. H. Thomas

Lit.: NDB VII, 93 – I. HEIDRICH, Titulatur und Urkk. der arnulfing. Hausmeier, ADipl 11/12, 1965/66 – K. A. ECKHARDT, Studia Merovingica, 1975 – E. HLAWITSCHKA, Stud. zur Geneaologie und Gesch. der Merowinger, RhVjbll 43, 1979 – E. EWIG, Die Merowinger und das Frankenreich, 1988 – s. a. Lit. zu →Childebert (III.).

3. G. (II.), Maiordomus in →Neustrien nach 697 und vor 701 bis 714; * vermutl. nach 680, † April 714, ⌐ Lüttich (?); jüngerer Sohn aus →Pippins II. Ehe mit →Plektrud (älterer Bruder →Drogo, Halbgeschwister sind Childebrand und →Karl Martell); ⚭ um 711/712 Theutsind, Tochter des dux der →Friesen, →Radbod, der dadurch an das neue pippinid. Herrschaftszentrum→Austrien gebunden werden sollte. Die Ehe blieb kinderlos. Der ihm 708 von einer Konkubine geb. Sohn Theudoald († 741) wurde von Pippin II. 714 noch unmündig als maiordomus bestimmt. Über G.s 14jährige Wirksamkeit in seinem polit.

Spitzenamt liegen kaum Quellen vor. Mit der Übernahme des Maiordomats gingen die wichtigsten neustr. Königspfalzen als Herrschaftssitze an den im Raum Paris residierenden G. Nach Drogos Tod (708) blieb G. der eigtl. Nachfolger Pippins II. Auf dem Weg zum in der Pfalz Jupille bei Lüttich schwer erkrankten Vater – wohl wegen der Einweisung in die Nachfolge – wurde G. in der Lütticher Lambert-Basilika vom Friesen Rantgar erschlagen. Mit G.s unerwartetem Tod war die karol. Nachfolgeregelung gefährdet und die karol. Vorherrschaft im Frankenreich nach dem Tod Pippins II. (16. Dez. 714) in Frage gestellt. H. Ebling

Lit.: E. HLAWITSCHKA, Die Vorfahren Karls d. Gr. (BRAUNFELS, KdGI, 1965), 60–62, 78 – E. EWIG, Spätantikes und frk. Gallien, I, 1976, (Francia Beih. 3.1), 228–301 – J. SEMMLER, Zur pippinid.-karol. Sukzessionskrise 714–723, DA 33, 1977, 1–5 – M. WERNER, Der Lütticher Raum in frühkarol. Zeit, 1980, 306–308, 451–452.

4. G., bayer. Hzg. vor 715–ca. 725/728, aus dem Geschlecht der →Agilolfinger. Als Sohn Hzg. →Theodos erhielt G. vor 715, vielleicht schon 711/712, den W Bayerns als Teilhzm. mit der Hauptpfalz →Freising. Von dort aus scheint er stark Landesausbau betrieben zu haben. Nach dem Tode seines Bruders Theodolt (Theodoald), der vermutl. →Regensburg innehatte, heiratete G. dessen Witwe Pilitrud und bemächtigte sich zumindest eines Großteils des Hzm.s →Bayern.

Nach →Arbeos »Vita Corbiniani«, der einzigen bedeutenden Quelle über G.s Regierung, empfing G. noch zu Lebzeiten des Vaters Theodo den Missionar →Korbinian, den er als Hofbf. wünschte, konnte ihn aber von seiner Romreise nicht abhalten. Damals schon reichte G.s Teilhzm. im S bis an die Grenzen des Reiches der →Langobarden (Vinschgau). Nach seiner Rückkehr aus Rom wurde Bf. Korbinian von den Leuten des Hzg.s an dessen Hof in Freising gebracht, doch kam es bald zum Konflikt, da Korbinian die kirchl. verbotene Ehe G.s mit der Witwe seines Bruders ablehnte, so daß Korbinian aus Freising floh. Hinter diesen krisenhaften Vorgängen spielte sich aber zw. G. und seinem Neffen (?) Hugbert ein erbitterter Kampf um die Herrschaft ab. Letzterer rief offensichtl. den Hausmeier →Karl Martell zu Hilfe, der 725 in Bayern einmarschierte, G.s Gemahlin Pilitrud und möglicherweise auch ihre Kinder ins Frankenreich schickte und G.s Verwandte Swanahilt als Gemahlin mitnahm. Anscheinend konnte sich G. zunächst durch Flucht entziehen, wurde aber spätestens 728, als Karl Martell ein zweites Mal in Bayern einrückte, von 'Feinden' ermordet. Damit war für Hugbert der Weg zur Alleinherrschaft frei. W. Störmer

Q.: Arbeo, Vita Corbiniani, ed. B. KRUSCH, MGH SRG 1920, 100ff. – *Lit.:* SPINDLER I, 1981², 159–164, 202–203 – J. JARNUT, Beitr. zu den frk.-bayer.-langob. Beziehungen im 7. und frühen 8. Jh., ZBLG 39, 1976, 331ff.

Grimoald(o) Alfaranites, bedeutender Vertreter des apul. Kaufherrenpatriziats; führte in Bari in der ersten Hälfte des 12. Jh. eine der Faktionen an, die nach dem Tode →Bohemunds die Autonomie von der Normannenherrschaft anstrebten. Nach dem gewaltsamen Tod seines Verbündeten, des Ebf.s Riso (1105–18), machte er sich zum Dominator v. Bari (1119–30). 1122 schloß er einen Bündnisvertrag mit Venedig. Dem Kl. OSB Ognissanti und dem Klerus von S. Nicola verbunden, erscheint er 1123 in der Intitulatio seiner Urkk. als »gratia Dei et beati Nikolai Barensis pri[n]ceps«. Nachdem Wilhelm, Hzg. v. Apulien, im Juli 1127 gestorben war, nahm G. A. die Partei Honorius' II., der entgegen den Ansprüchen Rogers II. die Gebiete des erbenlos verstorbenen Lehnsträgers für die Kirche beanspruchte. Nach der Einigung mit dem

Papst (1128) anerkannte G. A. aus polit. Opportunismus Rogers Souveränität, war jedoch bei Lothars III. Italienzug sofort wieder zum Aufstand gegen die Normannenherrschaft bereit. In einem Brief Anaklets II. (5. Nov. 1131) ist er zum letzten Mal belegt. Nach der gelehrten historiograph. Tradition soll er von Roger II. gefangengenommen und nach Sizilien geschickt worden sein, wo sich seine Spuren verlieren. P. De Leo

Lit.: F. CHALANDON, Hist. de la domination normande en Italie et en Sicilie, 1907 – F. CARABELLESE, L'Apulia ed il suo comune nell'Alto Medio Evo [1960 Neudr.] – C. BRÜHL, Urkk. und Kanzlei Kg. Rogers II. v. Sizilien, 1978 – J. M. MARTIN, Les communautés d'habitants de la Pouille et leur rapport avec Roger II. (Società potere e popolo nell'età di Ruggero II, 1979) – S. TRAMONTANA, La Monarchia Norm. e Sveva, 1982.

Gringore, Pierre, * ca. 1470, † 1539, vielseitiger frz. Autor aus der Normandie. Unter Ludwig XII. entfaltete er in Paris eine rege Tätigkeit als polit. und religiöser Pamphletist (gegen Mailand, Venedig, den Papst, die Schweizer) und Theatermann. In der →Confrérie der Enfants sans souci (→Sotties) bekleidete er als »Mère Sotte« das zweithöchste Amt. Am bekanntesten ist sein »Jeu du Prince des Sots« (1512), in welchem er für eine Kirchenreform eintritt. Da ihm Franz I. seine Protektion versagte, zog er 1518 an den Hof v. Lothringen. Im Gegensatz zu seinen dramat. und polit. Texten sind seine moral. und religiösen Schriften, darunter auch Übers., noch wenig erforscht. M.-R. Jung

Ed.: Œuvres, ed. CH. D'HÉRICAULT – A. DE MONTAIGLON [unvollständig] I, 1858, (Œuvres politiques); II, 1877 [Mystère de Saint Louis] – Sottie contre le pape Jules II und Sotye nouvelle du Croniqueurs (Rec. gén. des sotties, ed. E. PICOT, 2, 1904) [Neudr. 1968] – Lettres nouvelles de Milan, ed. E. BALMAS, 1955 – La Sottie du Prince des Sotz, ed. P. A. JANNINI, 1957 – Les Fantasies de Mere Sote, ed. R. L. FRAUTSCHI, 1962 – L'Union des princes, ed. A. SLERCA, 1977 – Moralité aus dem Jeu du prince des sots (Moralités françaises, ed. W. HELMICH, III, 1980) – *Lit.:* DLF, Le XVIe s. – A. CIORANESCO, Bibliogr. de la litt. française du XVIe s., 1959 – CH. OULMONT, P.G., 1911 – W. DITTMANN, P.G. als Dramatiker, 1923 – F. McCULLOCH, P.G.'s Menus propos des amoureux and Richard de Fournival's Bestiaire d'amour, Romance Notes 10, 1968, 150–159 – R. GARAPON, Le comique verbal chez P.G. (Le comique verbal en France au XVIe s., hg. H. LEWICKA, 1981, 39–52 – E. BALMAS, Le »Blazon des hérétiques« de P.G., Actes du Ve Coll. Internat. sur le Moyen Français I, 1985, 153–170.

Griniacensia monasteria → Grigny

Grisaille (»Graumalerei«), farbl. Monochromie innerhalb der Schwarzweiß-Skala, oft mit geringen Farbtonbeimischungen, steht in der Hierarchie der Farben an untergeordneter Stelle: in der Sockelzone von Fresken, auf Außenflügeln von Altären, als kleinformatige Darstellungen in größeren farbigen Zusammenhängen. Begriff seit 1625 belegt. Die in verschiedenen Kunstgattungen angewandte Technik erscheint erstmals in den ornamental gestalteten Glasfenstern der Zisterzienserkirchen des 12. Jh. Fastentücher (vorwiegend im 14.–16. Jh. in der Passionszeit vor Chor oder Altar aufgespannt) trugen häufig grau in grau ausgeführte Passionsszenen (sog. »Parament v. Narbonne«, um 1375). Beispiele aus dem Bereich der Wandmalerei vorwiegend im it. Kunstkreis (Giotto, Tugenden und Laster [um 1306], Padua, Arenakapelle), aber auch in England (Eton College, Kapelle, ca. 1479–88). In der Buchmalerei seit dem frühen 14. Jh. in Frankreich verwendet (Jean Pucelle, André →Beauneveu). Von ndl. Werkstätten im 15. Jh. übernommen, erfreut sich die G.technik bis zum Niedergang der Miniaturmalerei großer Beliebtheit. Zu großer Bedeutung gelangt die G. auf den ndl. Flügelretabeln des 15. und frühen 16. Jh. (Jan van →Eyck, →Rogier van der Weyden, Dieric →Bouts usw.), wo Skulpturen aus Stein, bisweilen Holz,

vereinzelt Metall, suggeriert werden, ab der 2. Hälfte des 15. Jh. zunehmend ergänzt durch von Graphik und Holzschnitzkunst beeinflußte »malerische« Darstellungen.

M. Grams-Thieme

Lit.: R. F. UEBE, Skulpturnachahmungen auf ndl. Altargemälden des 15. Jh. [Diss. Leipzig 1913] – T. BORENIUS – E. W. TRISTRAM, Engl. Malerei des MA, 1927, 43ff.; Taf. 88–93 – K. KRAFT, Zum Problem der G.malerei im it. Trecento [Diss. masch. München 1956] – H. JACKSON ZAKIN, French Cistercian G.glass [Diss. Syracuse Univ. 1977], 1979 – M. GRAMS-THIEME, Lebendige Steine. Stud. zur ndl. G.malerei ... [Diss. Köln 1987], 1988 [Lit.].

Griseldis

I. Romanische Literaturen – II. Mittelenglische Literatur – III. Deutsche Literatur.

I. ROMANISCHE LITERATUREN: Die letzte Novelle in →Boccaccios Decameron (X, 10) schildert die außerordentl. Geduld, mit der die Griselda die harten Prüfungen erträgt, die ihr der Mgf. v. Saluzzo auferlegt, der sie trotz ihrer Armut zur Gattin erwählt hat. Es handelt sich dabei um die erste Erzählung Boccaccios mit eigenständiger Tradition und Rezeption. Anfang 1373 sandte →Petrarca seine lat. Übersetzung oder vielmehr Neufassung (Seniles, XVIII, 3) an Boccaccio. Dank dieser lat. Fassung verbreitete sich die Novelle in ganz Europa: In Frankreich entstanden drei Redaktionen, die auf Petrarcas Text basieren (Prosaübersetzung von →Philippe de Mézières, anonyme Prosaversion und »Jeu de Griseldis« in Vv.); auf der Iber. Halbinsel: katal. Version des Bernat →Metge sowie [im 16. Jh.] span. Version von J. Timoneda, ptg. des G. F. Trancoso, die alle dem Petrarca-Text folgen und daneben Boccaccios Originalfassung verpflichtet sind. L. Rossi

Lit.: E. GOLENISTCHEFF-KOUTOUZOFF, L'hist. de G. en France au XIVe et au XVe s., 1933 – V. BRANCA, Origini e fortuna europea della Griselda (Boccaccio medievale, 1981) – L. ROSSI, Das »Dekameron« und die roman Tradition: die außerordentl. Geduld der Griselda, Vox Romanica 44, 1985, 16–32 – G. TAVANI, La nouvelle de Griselda. De Florence à Lisbonne, Actes du XVIIIe Congr. Internat. de Linguistique et de Philol. Romanes VI, 1988, 271–278.

II. MITTELENGLISCHE LITERATUR: [1] Die G.-Erzählung erscheint in der engl. Lit. zuerst im späten 14. Jh. als »The Clerk's Tale« bei →Chaucer in seinen »Canterbury Tales«. Chaucer schöpft hier aus der lat. (Prosa-)Bearbeitung, die →Petrarca 1373/74 nach der Erzählung des →Boccaccio angefertigt hat, sowie aus einer frz. Übersetzung dieser Schrift des Petrarca. Er betont die moral. Bedeutung der G. als einer Beispielfigur für Beständigkeit, Demut und Unterwerfung unter von Gott geschickte Prüfungen. Durch die Einordnung unter die Ehestands-Erzählungen gewinnt die G.-Geschichte gleichzeitig ihre bes. Kontrast-Funktion gegenüber den anders gearteten Vorstellungen von der Ehe, wie sie sonst in dieser sog. »Marriage Group« ausgebreitet werden. Spätere Fassungen des G.-Stoffes sind erst wieder in Dramen des 16. Jh. greifbar.

[2] Wegen themat. Verwandtschaft werden, entsprechend anglist. Forschungstraditionen, auch die engl. Versionen des Constance/Crescentia-Stoffkreises (s. a. →Crescentialegende) im Zusammenhang mit G. behandelt: a) Die früheste aus England bekannte Version der Constance-Geschichte findet sich in den lat. »Vitae Duorum Offarum« (12. Jh.). Die anglo-norm. Fassung des Nicholas →Trevet (um 1335), die auch Motive aus der Crescentia-Legende übernimmt, diente als Quelle für die beiden bekanntesten me. Versionen im späten 14. Jh., nämlich für »The Man of Law's Tale«, ein weiteres Stück aus Chaucers »Canterbury Tales«, und für →Gowers Erzählung in seiner »Confessio Amantis« (II, 587–1598). Die dritte wichtige me. Fassung des Stoffs, die Schweif

reim-Romanze »Emaré«, dürfte noch etwas älter sein. b) Die Crescentia-Erzählung ist am besten in der Schweifreim-Romanze »Le Bone Florence of Rome« erhalten (ca. 1400 aufgrund einer verlorenen frz. Quelle verfaßt). Im 14. Jh. begegnet der Stoff als exemplum (→Exempel, Exemplum, III). Etwa 1421 übertrug →Hoccleve die Erzählung aus den lat. →»Gesta Romanorum« in engl. Verse (»Minor Poems«, no. XXII). Ähnliche Fassungen stehen auch in zwei me. exempla-Sammlungen aus der Mitte des 15. Jh. (»Gesta Romanorum«, »An Alphabet of Tales«), die ebenfalls auf lat. Vorlagen zurückgehen. c) Motive aus dem Constance/Crescentia-Komplex in unterschiedl. Kombination sind in zahlr. me. Romanzen zu beobachten, so in »Octovian«, »Sir Eglamour«, »Sir Isumbras«, »Sir Triamour«, »The Earl of Tolous«.   F. McSparran

Bibliogr.: ManualME I, I, 1967, 120–132, 278–291 – NCBEL I, 441–444, 579, 583f. – *Ed.:* S. J. H. Herrtage, The Early English Versions of the Gesta Romanorum, EETS ES 33, 1879, 311–322 – M. M. Banks, An Alphabet of Tales, EETS 126f., 1904–05, 447–450 – E. Rickert, The Romance of Emaré, EETS ES 99, 1908 – F. E. Richardson, Sir Eglamour of Artois, EETS 256, 1965 – F. J. Furnivall, I. Gollancz, u. a., Hoccleve's Works: The Minor Poems, EETS ES 61, 73, 1970², 140–178 – M. Mills, Six ME Romances, 1973 – C. F. Heffernan, Le Bone Florence of Rome, 1976 – F. McSparran, Octovian, EETS 289, 1986 – F. Hülsmann, The Erle of Tolous, 1987 – *Lit.:* D. D. Griffith, The Origin of the Griselda Story, 1931 – W. F. Bryan – G. Dempster, Sources and Analogues of Chaucer's Canterbury Tales, 1941 [Repr. 1958], 155–206 [M. Schlauch]; 288–331 [J. Burke Severs] – J. Burke Severs, The Lit. Relationships of Chaucer's 'Clerkes Tale', 1942 [Repr. 1972] – N. D. Isaacs, Constance in Fourteenth-century England, NM 59, 1958, 260–277 – H. Schelp, Exemplar. Romanzen im ME, 1967, 97–133.

III. Deutsche Literatur: Die dt. Bearbeitungen des 15. und 16. Jh., die weitgehend von Petrarcas exemplar. Umdeutung der ursprgl., stärker sozialkrit. Gestaltung Boccaccios geprägt sind, lassen G. – als Beispiel des absoluten Gehorsams der Frau in der Ehe – zu einem Argumentmuster der ehedidakt. Lit. werden, wie die Akzentsetzungen der zahlreichen Adaptionen, aber auch Überlieferungsgemeinschaften und Lektürezusammenhänge belegen. Seit der Gestaltung des wohl mündlich tradierten Stoffes durch Erhart Grosz als Ehezucht (»Grisardis«) gehört G. zum festen Repertoire der Ehedidaxe, so auch in den Übersetzungen Heinrich →Steinhöwels und →Albrechts v. Eyb (»Ehebüchlein«), oder bei dem zumindest durch ehedidakt. Muster beeinflußten Decamerone-Übersetzer Arigo. Die Fassungen des dt. 16. Jh. (z. B. bei Hans Sachs) bestätigen diese Tendenz ebenso wie die ndl. Rezeption oder die Ansiedlung der Novelle im Argumentkontext des »Ménagier de Paris«.   I. Erfen

Lit.: K. Laserstein, Der G. stoff in der Weltlit. Eine Unters. zur Stoff- und Stilgesch., 1926 – U. Hess, H. Steinhöwels G. Stud. zur Text- und Überlieferungsgesch. einer frühhumanist. Prosanovelle (MTU 43), 1975 – J. Knape, De oboedientia uxoris et fide. Petrarcas humanist.- moral. Exempel G. und seine dt. sprachige Rezeption, 1978 – Ch. Bertelsmeier-Kierst, G. in Dtl., 1988.

Gritti, ven. Familie, vielleicht ursprgl. aus Candia (Kreta), gehörte bereits im 13. Jh. zu den einflußreichsten Familien. *Michele* kämpfte in Chiari (1437) und Soncino (1441) gegen die Visconti, sein Sohn *Andrea* war Provveditore der Streitkräfte im Krieg gegen Mailand 1437, 1440 Capitano in Vicenza und 1443 Podestà v. Bergamo; *Triadano* war 1453 Podestà, 1465 und 1473 Capitano in Padua und führte das Oberkommando im Türkenkrieg. *Andrea* (* April 1455, † 28. Dez. 1538) lieferte 1497 wertvolle Informationen aus Konstantinopel nach Venedig und wurde eingekerkert, brachte aber am 3. März 1503 den Friedensschluß mit den Türken zuwege; Mitglied des Consiglio dei Dieci, »Savio grande« und Podestà v. Padua

(1505), »Provveditore all'esercito« während des Krieges der Liga v. Cambrai, gewann Padua, Vicenza und Brescia für Venedig zurück, kommandierte die Flotte in Apulien (1514), 1519 Generalkapitän gegen die Türken; als Doge (seit 20. Mai 1523) förderte er die Stadterneuerung Venedigs im Zeichen der Renaissance. Sein natürl. Sohn *Alvise* (1480–1534), zuerst Unternehmer und Kaufmann, trat zum Islam über und errang hohe polit. und militär. Würden im Osmanenreich.   P. Preto

Bibliogr.: EncIt XVII, 977 – B. Navagero, Vita di Andrea G., Venezia 1787 – L. Fanna, Andrea G., 1869 – G. A. Cappellari, Fasti dell'illustre famiglia G. estratti dal Campidoglio veneto, 1878 – H. Kretschmayr, Gesch. von Venedig, 1920, II, 325–448, 637–647 – A. Da Mosto, I dogi di Venezia nella vita pubblica e privata, 1937, passim – *Lit.:* P. Preto, Venezia e i Turchi, 1975, 210–212 [Lit.]. – Renovatio urbis. Venezia nell'età di Andrea G. (1523–1538), hg. M. Tafuri, 1984 [Lit.].

Grivna, altruss. ma. Gewichts- und Recheneinheit für Gold und Silber, seit dem 11. Jh. als Zahlungsmittel in Form von Gold- oder Silberbarren (→Barren) verschiedener Gestalt (Stangen, runde und romboide Gußkuchen) belegt. Verschiedene Gewichtssysteme sind auf Kiev (12./ 13. Jh., ca. 160 g), Novgorod (13./15. Jh., ca. 196 g) und Litauen (ca. 102 g) bezogen. Als →Hacksilber begegnet die G. bereits im 10./11. Jh.   P. Berghaus

Lit.: F. v. Schroetter, Wb. der Münzkunde, 1930, 61f., 237f. – V. L. Janin, Denežno-vesovye sistemy russkogo srednekov'ja, 1956 – I. G. Spasskij, Russkaja monetnaja sistema, 1962 – M. P. Sotnikova – I. G. Spasskij, Russian Coins of the X–XI Centuries A.D., 1982.

Grobin (lett. Grobiņa), in der kur. Landschaft Bihavelant nahe der Mündung des Alandbaches in den Libauer See gelegene Burg des →Dt. Ordens. Am etwas erhöhten Ufer befand sich von ca. 650–800 n. Chr. eine befestigte skand. Kolonie von Kaufleuten aus →Gotland und Kriegern aus Mittelschweden, die von den →Kuren zerstört wurde, welche hier eine eigene Burg errichteten; sie fiel 1253 in den dem Dt. Orden zugewiesenen Teil Kurlands, wurde nach der Erhebung der Kuren gegen die dt. Herrschaft vom Dt. Orden erobert und verbrannt; er errichtete dort seit 1269 eine eigene, als Ruine erhaltene Burg, neben der eine unbedeutende kleine Siedlung (ein →»Hakelwerk«) entstand, die erst Ende des 17. Jh. Stadtrecht erhielt.   M. Hellmann

Lit.: Ph. Schwartz, Kurland im 13. Jh. bis zum Regierungsantritt Bf. Emunds v. Werd, 1875, 78 – Latviešu Konversācijas Vārdīca VI, 1931, 10851–10860 [Lit.] – V. Bilķins, Kuršu brīvības ciņas, 1936 [Lit.] – P. Johansen, Kurlands Bewohner zu Anfang der hist. Zeit, Balt. Lande I, 1939, 271 – B. Nerman, G.-Saeburg, Ausgrab. und Funde, 1958 [archäolog. Lit.].

Grocyn (Grocin), **William,** engl. Kleriker, früher Repräsentant des evangel. geprägten engl. Humanismus, *ca. 1446 wohl in Colerne (Wiltshire), † 1519 in Maidstone. Nach Studien in →Winchester und am New College zu →Oxford (Fellow 1467–81), 1474 M.A., theol. Lektor (1483–88) am Magdalen College. Auf einer Studienreise nach Italien vertiefte er in Florenz seine Griechischkenntnisse, wo er mit dem späteren Papst Leo X. bei →Polizian und Demetrios →Chalkondyles studierte, in Venedig bei Aldus →Manutius, in enger Verbindung mit anderen engl. Gräzisten, seinem Patensohn William Lily, Thomas →Linacre und William Latimer. 1491 nach Oxford zurückgekehrt, erwarb er den bacc. theol. und lehrte mindestens bis 1493 Griech. im Exeter College. 1496–1506 Rektor v. St. Lawrence Jewry in London, nachher als Master v. All Hollows in Maidstone tätig, übte er mehr durch seine Lehrtätigkeit und seine persönl. Beziehungen, v. a. zu William →Warham, Ebf. v. Canterbury, als durch Schriften (gedr. nur ein Brief an Manutius 1499 und ein lat. Epigramm 1662) großen Einfluß auf die Entfaltung des engl. Humanismus aus. Er unterstützte Erasmus bei seinen Englandaufenthalten. Thomas Morus und Richard Croke waren seine Schüler. Seine Bibliothek umfaßte mindestens 100 B. und etwa 20 – z. T. gr. – Hss. (heute z. T. im Corpus Christi College, Oxford). J. B. Trapp

Lit.: M. Burrows, Linacre's Cat. of G's Books, followed by a Memoir of G., Collectanea, Ser.2, Oxford Hist. Society XVI, 1890, 317–380 – A. B. Emden, Biogr. Register of the Univ. of Oxford to 1500, 1957–59, 428–430 – J. B. Trapp – H. Schulte-Herbrüggen, 'The King's Good Servant': Sir Thomas More 1477/78–1535, Kat. Nat. Portrait Gallery, 1977/78, nr. 90–95 – Contemporaries of Erasmus: Biogr. Register of the Renaissance and Reformation, ed. P. G. Bietenholz – T. B. Deutscher, II, 1986, 135f. [Lit.] – H. Schulte-Herbrüggen, Et in Anglia Hellas. W.G. und die Frühgesch. der engl. Gräzistik, Roma Renascens…, hg. M. Wissemann, 1988, 321–354.

Grodno (aruss. Gorodeń), Stadt an der oberen Memel (Njemen). Der G.er Raum wurde im 10. Jh. von den ostslav. →Dregovičen kolonisiert und bildete das Grenzgebiet zu →Jadwingern und →Litauern. Um die Mitte des 11.Jh. wurde eine Burg errichtet, um 1115 ein Kiever Teilfsm., durch das die Fs.en v. →Polock in Schach gehalten werden sollten. Erster Fs. war Vsevolod Davidovič, seit 1116 Schwiegersohn des Gfs.en →Vladimir II. Monomach. In der 1. Hälfte des 13.Jh. Teil des Fsm.s →Halič-Wolhynien, geriet der G.er Raum nach 1250 unter die Herrschaft Litauens.

Die günstige Lage an der »Bernsteinstraße« trug dazu bei, daß sich G. – wie die anderen Zentren des Fsm.s (Vołkovysk, Słonim, →Novogródek), in denen jüngere Zweige des Fs.engeschlechts residierten – im 12.Jh. zur Stadt entwickelte, mit durch Importfunde belegten regen Kontakten zu Kiev, Byzanz, dem Orient und dem westl. Europa. In der 2. Hälfte des 12.Jh. entstanden in G. Kirchen in einer bes. Ziegelbauweise mit charakterist. Majolikaverkleidung (sog. »Bauschule v. G.«).

Unter der Herrschaft des Gfsm.s Litauen wurden in und um G. vor dem Dt. Orden geflohene→Prußen angesiedelt (1276). Gfs. Witowt erhob G. zur zweiten Hauptstadt Litauens und ließ hier 11000 gefangene Einwohner von →Pskov (Pleskau) ansiedeln. G. erhielt 1441 →Magdeburger Stadtrecht. Das Schloß wurde seit Anfang des 15.Jh. ausgebaut. A. Poppe

Lit.: J. Jodłowski, G. i okolica w zaraniu dziejów Litwy i Rusi nad Niemnem, 1928 – N. Voronin, Drevnee G., 1954 – F. Gurevič, Drevnosti belorusskogo Ponemanja, 1962 – Očerki po istorii archeologii Belorussii, c.2, 1972, 133–138 – M. Belamuk, Panemanskaja zagadka (Cerkovny Swietoč, 1982), Nr. 32, 9–14; Nr. 33, 13–17 – P. Rappoport, Russkaja architektura 11–13 vv., 1982, 102–104 – J. Zwerugo, Kiev i zemli Belorusskogo Ponemanja (Kiev i Zapadnye zemli Rusi v IX–XIIIvv, 1982), 109–125 – Drevnerusskoe gosudarstvo i slawjanie, 1983, 45–47, 59–66, 81f., 114–127 – L. Pobol, Archeologičeskie pamjatniki Belorussii, 1983, 312–343 [Lit.] – Drevnerusskij Gorod, 1984, 31–35.

Groitzsch, Burg und Stadt in Sachsen (s. von Leipzig). Auf einem Bergsporn über der Elsteraue bestand wohl seit dem frühen 11.Jh. eine Wehranlage, auf die sich wahrscheinl. die Schenkung von 'Grothomizi' 1030 durch Kg. Konrad II. an Mgf. →Hermann v. Meißen bezieht. Über Udo v. →Stade, Mgf. v. →Zeitz, gelangte die Burg an dessen Pflegesohn →Wiprecht II. v. G., der von hier aus eine weitgespannte Herrschaft aufbaute. Auf ihn geht die Rundkapelle (böhm. Einfluß) in der Burg zurück. Die in fünf Bauperioden an der Straße von →Merseburg nach O entstandene Burg mit Vorburg war Mittelpunkt eines ausgedehnten →Burgwards; 1306/07 wurde sie zerstört. Nach dem Aussterben des Hauses G. fiel G. 1143 durch Heirat an eine Nebenlinie der→Wettiner (Gf.en v. G., bis 1207). Sie bauten den Ort G. gegen das Reichskl. →Pegau zu einem Stützpunkt der Landesherrschaft aus (nach 1200

Markt, Münze und Zoll, neugegr. Kirche St. Egidien, neben der älteren Marienkirche). K. Blaschke

Lit.: H. Küas–M. Kobuch, Rundkapellen des Wiprecht v. G., 1977 – H.-J. Vogt, Die Wiprechtsburg G., 1987.

Grone, Pfalz in Sachsen (heute zu Göttingen), diente den dt. Kg.en im 10. und frühen 11.Jh. als Regierungsstätte und wird noch im →Sachsenspiegel als einer der Plätze in Sachsen genannt, an denen der Kg. rechtmäßig Hof halten konnte. Ursprgl. wohl sächs. Adelshof, gelangte G. vermutl. über frk. Konfiskation im 9.Jh. an die sächs. Familie der →Liudolfinger. Zu dem Wirtschaftshof (mit Peterskirche) gehörte seit dem späten 9.Jh. eine 915 erwähnte Burg. Nach dem Übergang der Krone an die Liudolfinger 919 war G. zunächst Witwengut der Kgn. Mathilde; erst nach ihrem Tod (968) beginnt die verhältnismäßig dichte Reihe der Aufenthalte Ottos II., Ottos III. und v. a. Heinrichs II. († 1024 ebd.) in dieser verkehrsgünstig gelegenen Pfalz, die zu Anfang des 11.Jh. ausgebaut wurde (Grundriß durch Grabungen gut bekannt). Mit einer Synode unter Vorsitz Konrads II. 1025 enden die nachweisl. Herrscherbesuche in G. Dennoch verlor der Reichsgutkomplex nicht seine Bedeutung für das Kgtm., wie die Erwähnung der 'curia G.' im sog. →Tafelgüterverzeichnis, mit Hinweis auf handwerkl. Produktion (Sichelschmiede), zeigt. Von ministerial. Vögten, die auf dem verkleinerten Pfalzareal eine Burg errichteten und sich nach G. nannten, verwaltet, geriet G. allerdings zunehmend unter Einfluß der →Welfen. Im Zuge von Auseinandersetzungen mit →Göttingen wurde die Adelsburg zu Beginn des 14.Jh. von den Bürgern zerstört. Th. Zotz

Lit.: Dt. Königspfalzen II, 1965, 114–139 [A. Gauert] – Th. Zotz, Pfalz und Burg G. (Göttingen. Gesch. einer Universitätsstadt 1, hg. D. Denecke–H.-M. Kühn, 1987), 31–50.

Groningen, Stadt in den Niederlanden auf dem nördl. Ausläufer des Drenter Hondsrug, am Fluß A. I.J. 1040 schenkte der dt. Kg. Heinrich III. die 'villa Gruoninga', einen (ursprgl. karol.) Königshof, der Utrechter Kirche. Seit der 2. Hälfte des 11.Jh. unter der Jurisdiktion des Bf.s v. →Utrecht, der sich in der Stadt und ihrem Umland, dem *Gorecht,* von einem praefectus vertreten ließ, war G. bereits in dieser Zeit ein bedeutender Marktort mit Münze und Zoll; im 12.Jh. bestanden Handelsbeziehungen mit Rheinland, England und Skandinavien. Die aus *Oldermännern* (consules) bestehende Stadtverwaltung (älteste Erwähnung 1258), seit dem 14.Jh. vier Bürgermeister, wurde von Angehörigen der Kaufmannszunft gestellt. Eine formelle Stadtrechtverleihung fand nie statt. G. schloß im 13. und 14.Jh. Bündnisse mit den Fries. Ommelanden (→Friesen, Friesland), was im 15.Jh. zur wirtschaftl. wie jurisdiktionell-administrativen Beherrschung des umliegenden Gebietes durch G. führte, unter Ausschaltung des bfl. Präfekten. Der Kern des Königshofs (curtis) mit der St. Walburgiskirche (vor 1040) lag im nö. Winkel der Altstadt; im W und S schloß sich beim großen Markt eine Bürgersiedlung an mit der Martinikirche als Pfarrkirche (vor 1040); eine zweite (spätere?) Bürgersiedlung lag an der A (beim Fischmarkt) mit der St. Nikolauskapelle (A-Kirche, seit 1212/27 Pfarrkirche). Der Stadtgraben aus dem 12.Jh. um die Siedlungskerne bei St. Walburgis und St. Martini wurde um 1300 in westl. Richtung zur A erweitert. Um die Mitte des 14.Jh. war die Altstadt ganz ummauert und von einem doppelten Verteidigungsgraben umgeben; eine bescheidene Erweiterung nach S erfolgte noch um 1470, als G. ca. 75 ha Fläche und ca. 12000 Einwohner umfaßte. J. C. Visser

Lit.: C. H. Peters, Oud G., 1907 – A. E. Van Giffen–H. Praamstra, Bijdrage tot de geschiedenis van de stad G., Groninger Volks Almanak, 1962, 68–154, I–II; T.2: ebd. 1965/66, 109–194 – G. Overdiep, De plattegrond van de stad G. door Jacob van Deventer uit omstreeks 1565, 1984 – W. Ehrecht, Universitas civium (Fschr. H. Stoob, 1984), 115–145.

Grönland, Insel in der Arktis. Skand. Besiedlung setzte 986, im Zuge der wikingerzeitl. →Entdeckungsfahrten, durch →Erich den Roten ein, der sich im Bereich der sog. »Ostsiedlung« *(eystribygð)* in der Umgebung des heut. Julianehåb (Qaqortoq) niederließ. Noch vor 1000 hatte sich die Besiedlung auf die sog. »Westsiedlung« *(vestribyð)* in der Nähe des heut. Godthåb (Nuuk) ausgedehnt. Insgesamt sind über 300 Hofanlagen archäolog. festgestellt worden, die meisten in der Ostsiedlung; die Bevölkerungszahl dürfte kaum mehr als 3000 betragen haben.

Die Gesellschaft G.s war als lockere Häuptlingsherrschaft organisiert. Erichs Nachfolger, die Häuptlinge auf seinem Hof Brattahlid, der auch als älteste Dingstätte fungierte, genossen noch lange großes Ansehen. Eigene grönländ. Gesetze werden um 1125 erwähnt. 1261 kam G. unter norw. Herrschaft, d. wenig in Erscheinung trat.

Die Annahme des Christentums erfolgte kurz nach 1000. In der Ostsiedlung sind zwölf Pfarrkirchen und zwei Kl.kirchen (Augustiner, Benediktinerinnen), in der Westsiedlung drei–vier Pfarrkirchen belegt. Archäolog. sind 17 resp. 3 Kirchenstätten nachgewiesen. Die Einteilung der Pfarrsprengel, deren Kirchen jeweils einem zentralen Hof angegliedert waren, entsprach offenbar den alten Landnahmebezirken. 1124 wurde in →Lund der erste Bf. für G. geweiht, ab 1152 unterstand das Bm. G. dem Ebm. →Drontheim. Bf.ssitz und Dingstätte war Gardar (mit noch sichtbarer Bf.skirche). Die Bf.e residierten seit ca. 1300 zeitweilig, nach 1378 nicht mehr auf G.

Die Wirtschaft des skand. G. beruhte vornehml. auf Viehhaltung, aber auch auf Jagd und Fischfang (Pelze, Häute, weiße Falken, Eisbären, Walroßzähne, als Gegenwert für den Import von Getreide und Malz). Die bis zur Mitte des 13. Jh. noch regelmäßigen Schiffsverbindungen mit Norwegen und Island hörten nach 1400 ganz auf. Die Westsiedlung wurde 1350, die Ostsiedlung um 1500 aufgegeben. Doch finden sich noch für das späte 15. Jh. Hinweise auf Außenkontakte (burg. Kleidertracht der Bewohner des Herjolfnes-Gebietes). Als Ursachen für den Untergang der Siedlungen wurden genannt: Klimaverschlechterung, Krankheit, Ernährungsmangel, unzureichende Versorgung von außen, krieger. Druck von seiten der →Eskimos. Keine dieser Erklärungen kann jedoch allein ausschlaggebend gewesen sein. S. a. →Amerika.   N. Lund

Q.: G.s hist. Mindesmærker, I–III, 1838–45 – *Lit.:* P. Nörlund, Wikingersiedlungen in G., 1937 – J. Melgaard, Nordboerne i G., 1965 – F. Gad, The Hist. of Greenland I, 1970 – K. J. Krogh, Gård og Kirke, Hikuin 9, 1983.

Groot, ndl. Groschenmünze (→Groschen), seit dem Beginn des 14. Jh. in Anlehnung an die frz. →*Gros tournois* zunächst in Brabant und Flandern geprägt. Der Leeuweng. des Gf.en Louis de Mâle, seit 1346 in Mengen unter zunehmender Verschlechterung (Gewicht 3–3,7 g, →Feingehalt 1,5–2,15 g) geprägt, fand eine weite Verbreitung. Den verschiedenen G.-Sorten im Werte des Doppelg., des G. und des Halbg. wurden volkstüml. Namen wie →Botdrager, →Krummsteert, →Plak, Tuin (Zaun) oder Vierlander zugelegt. Der G. lief auch außerhalb der Niederlande um und wurde in Westfalen häufig gegengestempelt (→Gegenstempel).   P. Berghaus

Lit.: F. v. Schroetter, Wb. der Münzkunde, 1930, 239 – H. Enno van Gelder, De Nederlandse munten, 1976⁶.

Gro(o)te, Gerhard (Geert), Begründer der →Devotio moderna, * Okt. 1340 in Deventer, † 20. Aug. 1384 ebd.

an der Pest, Sohn eines Tuchhändlers und Patriziers. Nach dem Pesttod seiner Eltern 1350 bezog G. 1355 die Univ. Paris (1358 Magister artium). Unbefriedigt durch Rechts-, Medizin- und Theologiestudien und Beschäftigung mit Magie, führte ihn seine Unrast nach Prag, Köln, Avignon und Aachen, wo er – wie auch in Utrecht – Kanonikate erwarb. Entscheidend wurde nach 1374 seine Begegnung mit →Heinrich Eger v. Kalkar († 1408), der ihn für einige Jahre als Donatus (Bruder ohne Gelübde) in das Kartäuserkl. Monnikhuizen bei Arnheim aufnahm und ihm durch Arbeit und Lektüre v. a. der Mystiker, den Weg zu einem geistl. Leben wies. Doch auf die Dauer sollte für G. die Einswerdung mit Gott ein in der Welt tätiges Leben einschließen. Er verzichtete auf seine Pfründen und überließ sein Elternhaus in Deventer 1375 einer Gemeinschaft gottsuchender Frauen, der Urzelle der »Schwestern vom gemeinsamen Leben«, der er 1379 eine Regel gab. Die Priesterweihe lehnte G. ab, ließ sich aber zum Diakon weihen, um von Amts wegen predigen und so an der Reform der Kirche öffentl. mitwirken zu können. Als Bußprediger kämpfte er gegen Sittenlosigkeit in den Städten, Simonie und Konkubinat des Klerus, Mißachtung des Armutsgelübdes seitens der Ordensleute und gegen häret. Bewegungen (→Brüder vom freien Geist). Zunächst von seinem Bf. unterstützt, der ihn zum Synodalprediger ernannte, verlor er dessen Rückhalt, als der Widerstand seitens der betroffenen Kleriker und Ordensleute sich verschärfte. G. wurde durch ein generelles Predigtverbot für Diakone mundtot gemacht und der Häresie beschuldigt. Er ließ ein Glaubensbekenntnis an die Kirchentüren von Deventer und Zwolle anschlagen und erbat von Papst Urban VI. eine persönl. Predigterlaubnis, starb aber, ohne rehabilitiert worden zu sein.

Trotz mancherlei Anfechtungen entfalteten sich die Gemeinschaft der →»Brüder und Schwestern vom gemeinsamen Leben« und die klösterl. Reformbewegung der →Windesheimer Kongregation, die beide aus der Devotio moderna hervorgegangen waren, gemäß der Intention ihres Gründers.   E. Iserloh

Q. und Lit.: DSAM VI, 265–274 [J. G. J. Tiecke] – Thomas a Kempis, Vita Gerardi Magni, Opera Omnia, ed. J. Pohl, VII, 1927, 31–115 – Gerardi Magni epistolae, hg. W. Mulder, 1933 – J. G. J. Tiecke, De werken von Geert Groote, 1941 – Gerrit G. Die Nachfolge Christi, hg. F. Kern, 1947 – Th. P. van Zijl, Gerhard G., Ascetic and Reformer, 1963 – G. Epiney-Burgard, Gerhard G. (1340–84) et les débuts de la dévotion moderne, 1970 – C. C. de Bruin, E. Persons, A. G. Weiler, Geert G. en de Moderne Devotie, 1984 – Ders., Geert G. und seine Stiftungen, 1984 – →Devotio moderna [Lit.: R. R. Post, H. N. Janowski].

Gros, der frz. →Groschen, 1266 als →*Gros tournois* eingeführt und später zu anderen Typen weiterentwickelt.

Groschen (lat. grossus, frz. *gros*). Die Einführung des →*Gros tournois* 1266 machte den G. neben dem →Gulden zur Hauptwährungsmünze in Europa. 1300 wurde die Prägung des →Groot vereinbart, im selben Jahr erstmals der →Prager G. geprägt, seit 1338 der →Meißner G., dessen Typ von anderen Münzherren aufgegriffen wurde. Der G. erhielt nach seinen Münzbildern zahlreiche volkstüml. Namen wie Bauerng., Fürsteng., Judenkopfg., →Horng., →Marieng., Schildg., Schwertg. oder →Spitzg. Im 15. Jh. wurde der G. in ein festes Verhältnis zum →Gulden gebracht (1/21 Gulden). Zur Unterscheidung der vollwertigen von den schlechteren G. griffen etliche Städte zur Gegenstempelung (→Gegenstempel) der G. Auch in der NZ blieb der G. im Wert von 12 →Pfennigen die verbreitetste Silbermünze; er wurde zu 1/21, später zu 1/24 →Taler gerechnet.   P. Berghaus

Lit.: F. v. SCHROETTER, Wb. der Münzkunde, 1930, 240f. – P. BERG-HAUS, Die Ausbreitung der Goldmünze und des G.s in dt. Landen zu Beginn des 14. Jh., Numismatický Sborník 12, 1971/72, 211–237 – G. KRUG, Die meißn.-sächs. G. 1338–1500, 1974.

Große Ravensburger Handelsgesellschaft → Ravensburger Handelsgesellschaft

Großer St. Bernhard, Paßstraße zw. Aosta- und Rhônetal, höchster (2472 m) und kürzester (ca. 60 km) der wichtigen →Alpenpässe, im Altertum Summus Poeninus, bis ins 13. Jh. Mons Jovis, seither G. genannt. Schon in vorröm. Zeit benutzt, wurde er im röm. Reich als militär. Hauptverbindung mit →Gallien zur Fahrstraße ausgebaut. Vielfach zerfallen, diente sie vom FrühMA bis in die Zeit Napoleons als Saumpfad (20 von 140 Italienzügen der Ks. und Kg.e des 8.–15. Jh. führten über den G.). Das Hospiz St-Pierre de Mont Joux in Bourg-St-Pierre n. des Passes belegt, aber wohl wesentl. älter. Vom Ende des 9. bis Mitte des 11. Jh. wurde der Paßverkehr von Sarazenen und örtl. Machthabern behindert. Zur Reorganisation des Paßverkehrs gehörte die Schaffung des Hospizes bei der Paßhöhe in Verbindung mit einem Augustinerchorherrenstift um 1050 durch den hl. Bernhard v. Aosta (→22. B.) und Kgn. Irmengard (∞ Kg. Rudolf III. v. Burgund). In das 11. bis 13. Jh. fiel die größte, u. a. mit dem Aufschwung der →Champagnemessen zusammenhängende Blüte des Paßverkehrs mit entsprechenden Schenkungen an das Hospiz von England bis Apulien. Seit dem 14. Jh. ging der Paßverkehr zurück, u. a. wegen der zunehmenden Schiffahrt über →Gibraltar. Transporte besorgten die *Marroniers* von Bourg-St-Pierre, Saint Rhémy und Etroubles. Mit dem Kl. St. Bernhard und dem Mt. Cenis bildete der G. die verkehrsmäßige Basis für die Herrschaft→Savoyens.   H. C. Peyer

Lit.: L. QUAGLIA, La maison du Grand-St. Bernard, 1972 – H. HASSINGER, Die Alpenübergänge vom Mt. Cenis bis zum Simplon im SpätMA (Fschr. H. KELLENBENZ I, 1978) – G. WALSER, Summus Poeninus, 1984.

Großes Privileg (26. Jan. 1477, bestätigt: 11. Febr. 1477), von Hzgn. →Maria v. Burgund den États de Bourgogne in der Krise nach dem Tode →Karls d. Kühnen und unter dem Druck von Aufständen zugestandene Verfassungsurk., die die von der Hzg.sgewalt betriebene administrative Vereinheitlichung des burg. Staates zumindest teilweise zurücknahm und eine Wiederherstellung von hergebrachten Sonderrechten einzelner Länder und Städte beinhaltete (u. a. Aufhebung des Parlaments v. →Mecheln).

Lit.: Algemene Geschiedenis der Nederlanden, 4, 1980 – →Burgund.

Grosseteste, Robert → Robert Grosseteste

Grosseto (Roselle), Hauptort der gleichnamigen Prov. (s. Toskana) im unteren Ombronetal. – In der Antike ein unbedeutendes Dorf im Territorium der nahen Etruskerstadt R., gehörte G. in langob. Zeit zum Feudum der Bf.e v. Lucca in der Maremma. 803 vergaben diese res ecclesie S. Georgii in loco Grossito zu Libell wohl an den Ahnherrn des Hauses Aldobrandesca (A.). 973 ist die corte Grosito cum castro et ecclesia in dem zum Patrimonium b. Petri gehörenden Gft. R. als Familienbesitz bezeugt. G. wurde Hauptort dieser Gft., als die A. – vermutl. Ende des 10. Jh. – hierher ihre Residenz verlegten. Eine befestigte städt. Siedlung mit wehrhafter Burg fand Hzg. Heinrich d. Stolze 1137 bei der Belagerung von G. vor. Diese Entwicklung besiegelte Innonzenz II. 1138, indem er den Bf.ssitz der weiten Diöz. R. (bezeugt seit dem 5. Jh., ♂ St. Laurentius) aus der inzwischen fast völlig verödeten alten civitas nach G. verlegte. Die Ortspfarrkirche St. Maria wurde neue Mutterkirche des Bm.s und bald durch den Domneubau ersetzt. – Eine gewisse kommunale Entwicklung führte zu Beginn des 13. Jh. zur Verleihung eines Stadtrechts durch

Gf. Ildebrandino III. A., welches zugleich das Verhältnis zw. Stadtherrn und Kommune regelte: Es gestand der Bürgerschaft (3000 waffenfähige männl. Einw. 1224) die freie Wahl der Konsuln zu, während sich die Gf. die hohe Gerichtsbarkeit, die Ernennung des Gastalden und wohl auch die des Podestà vorbehielt. Als bedeutender Ort des Feudalstaats der A. geriet G. früh unter die Kontrolle →Sienas (1151 Anerkennung jährl. Tributleistungen von Stadt und Bf.). 1250 bestätigte Friedrich II. formell die sienes. Ansprüche. Versuche der A., G. zurückzugewinnen, schlugen ebenso fehl wie zahlreiche Aufstände seiner Bewohner. In die neuerbaute Festung wurde eine sienes. Besatzung gelegt, Podestà und Bf.e wurden von Siena ernannt. – Malaria, Mißwirtschaft der A., Ausbeutung durch Siena führten zur völligen Verarmung des von landwirtschaftl. Produkten und der Salzgewinnung lebenden Gebiets. Am Ende des MA war G. eine fast aufgegebene Ortschaft (Strafkolonie Sienas). In der frühen NZ kam es zu einem Aufschwung.   M. Polock

Q. und Lit.: Memorie e doc... di Lucca V, 2, 1837 – F. SCHNEIDER, Reg. Senese, 1911 – G. CIACCI, Gli A. nella storia e nella »Divina Commedia«, II, 1935, 1980² – E. REPETTI, Diz. geografico ... d. Toscana II, 1841, 525ff.; IV, 1841, 820ff. – IP III, 258ff. [Lit.] – F. SCHNEIDER, Die Reichsverwaltung in Toscana, 1914, 119ff. [it. Übers. 1975, 122ff.] – DERS., Die Entstehung von Land- und Burggemeinde in Italien, 1914, 240f. [it. Übers. 1980, 218f.] – R. CARDARELLI, Studi sulla topografia medioevale dell'antico territorio vetuloniense, Studi Etruschi 6, 1932, 145ff. – D. MARRARA, Storia istituz. d. Maremma senese, 1961 – Storia d'Italia (UTET) VII, 1987, 664ff. [M. LUZZATI; Lit. 824f.].

Großfürst

I. Altrußland/Moskau – II. Litauen.

I. ALTRUSSLAND/MOSKAU: G. *(velikij knjaz')*, altruss. Herrschertitel, ist für die frühen Herrscher v. →Kiev bis zum späten 12. Jh. nur selten bezeugt, so mehrfach in den »Griechenverträgen« des 10. Jh. (→Byz. Reich, E. II) und in nekrolog. Nachrichten zu Kiever Herrschern (1054, 1093, 1126). Diese wurden normalerweise mit ihrem Namen oder dem Titel 'Fürst' (→*knjaz'*, für das 9.–10. Jh. auch umstritten) bezeichnet. Die dem Inhaber des Kiever Throns nach dem Senioratsprinzip (→Seniorat) seit 1054 zuerkannte Vorrangstellung kam nicht in einer qualitativen Steigerung des Fs.entitels zum Ausdruck; die Verwendung d. G.entitels für sämtl. Kiever Herrscher in späteren (v. a. Moskauer) Chron.en ist »Rückprojektion«.

Als Ausdruck realer Macht und des Anspruchs auf übergreifende Herrschaft, wie sie auch im Interesse der organisator. Einheit der Kirche lag, begegnet der G.entitel erst in der Verfallsphase Kievs im Zuge der Bildung neuer Machtzentren, systemat. erstmals in bezug auf →Vsevolod III. v. →Vladimir-Suzdal' (Laurentius-Chronik zu 1176, anläßl. Vsevolods Herrschaftsantritt als Amtstitel ohne Kombination mit dem Personennamen). Von nun an bleibt der Titel im wesentl. an die Herrschaft in Vladimir-Suzdal' gebunden; die Benutzung des Titels durch die Kiever Fs.en dieser Zeit (1194) und durch Roman v. →Halič-Volhynien und seine Gattin (1205) ist offenbar eine sekundäre Erscheinung.

Nach Errichtung der mongol.-tatar. Oberherrschaft nahm die →Goldene Horde maßgebl. Einfluß auf die Vergabe des G.entitels v. Vladimir-Suzdal' und verlieh die G.enwürde (und die damit verbundenen polit. und tributären Vorrechte) durch persönlich einzuholende schriftl. Bestätigung (→*jarlyk*). Erstmals 1317 konnte ein Fs. v. →Moskau, →Jurij Danilović (†1325), den jarlyk gegen seinen Konkurrenten, den Fs.en v. →Tver', erlangen. Seit 1331 verblieb der G.entitel ohne ernsthafte innerruss. Konkurrenz dauernd bei Moskau. Der mit ihm verbundene Herrschaftsanspruch über die gesamte Rus' empfing zusätzl. Impulse durch die Verlegung des Metropolitansitzes v. Kiev nach Vladimir und schließlich nach Moskau (1317 oder 1325); →Ivan I. († 1341) nennt sich in einer Novgorod betreffenden Urk. in Anlehnung an den allruss. Metropolitentitel 'G. der ganzen Rus'' *(velikij knjaz' vjesa Rusi).*

Neben den G.en v. Moskau gab es seit dem 14. Jh. eine Reihe weiterer G.en (→Tver', →Nižnij-Novgorod, →Rjazan', →Smolensk, →Jaroslavl'), die – bei Anerkennung der rangl. Überordnung Moskaus – mit dieser Bezeichnung ihren unabhängigen Status und die Oberhoheit über abhängige Teilfsm. er deutlich machten. Im Zuge der »Sammlung der russ. Lande« verschwanden diese selbständigen G.en. War es unter Vasilij II. († 1462) üblich geworden, die Nachfolger als 'G.en' schon zu Lebzeiten des regierenden Herrschers zu inthronisieren, so wurde der G.entitel mit der Annahme des Zarentitels durch Ivan IV. (1547) zum nachgeordneten Bestandteil der Moskauer Herrschertitulatur.

II. LITAUEN: Die Herrscher v. →Litauen trugen im 14.–16. Jh. ebenfalls den G.entitel, der erst allmählich die Intitulatio als Kg. oder princeps ablöste. →Jagiełło († 1434) nannte sich erstmals 'dux magnus', später auch 'Lyttwaniae princeps supremus'; die poln. Stände titulierten ihn 'obersten Herzog'; in Quellen des Dt. Ordens heißt er 'großer König'. Jagiełłos Vetter →Witowt nennt sich 1388 'G. v. Litauen' und erhält 1454 vom Kg. v. Polen auf Lebenszeit den 'supremum principatum terrarum suarum Littwaniae', während in der Inthronisationsurk. Jagiełłos für Sigismund der Titel 'magnus dux Litthuaniae, Russiae etc.' begegnet.   H. Rüß

Lit.: Lex. der Gesch. Rußlands, 1985, 142f. – L. K. GOETZ, Der Titel 'G.' in den ältesten russ. Chroniken, ZOG 1, 1911, 23–66, 177–213 – P. NITSCHE, G. und Thronfolger, 1972 – S. M. KAŠTANOV, Intituljacija russkich knjažeskich aktov X–XIV vv. Opyt pervičnoj klassifikacii, Vspomog Ist Discipliny 8, 1976, 69–83 – A. G. KUZ'MIN, Načal'nye ètapy drevnerusskogo letopisanija, 1977 – J.-P. ARRIGNON, Usage et valeur du Titre de Grand-Prince dans la Russie du nord-est aux XIIIe et XIVe s., 1979 – D. WÖRN, Stud. zur Herrschaftsideologie des G.en Vsevolod III., JbGO NF 27, 1979, 1–40 – HGesch Rußlands I, 718–851 [M. HELLMANN] – JA. S. LUR'E, Vopros o velikoknjažeskom titule v načale feodal'noj vojny XV v. (Rossija na putjach centralizacii, 1982), 147–152 – V. VODOFF, La titulature des princes russes du Xe au début du XIIe s. et les relations extérieures de la Russie kiévienne, RESl 55, 1983, 139–150 – A. POPPE, O tytule wielkoksiążęcym na Rusi, PrzgHist 74, 1984, 423–439.

Großgrundbesitz (s. a. →Grundherrschaft)

I. Spätantike – II. Byzantinisches Reich.

I. SPÄTANTIKE: Schon in der röm. Republik begann, etwa seit dem Hannibal. Krieg, ein Konzentrationsprozeß in der italischen Landwirtschaft. Trotzdem wäre es falsch, überall riesige Latifundien zu erwarten: in Mittel- und Norditalien scheint die Konzentrierung geringer gewesen zu sein, zudem handelte es sich allermeistens um Streubesitz, und die vorherrschende Produktionseinheit war die überschaubare villa. Sklavenarbeit (→Sklaven) war weit verbreitet, wenn auch nicht ausschließlich.

In der Kaiserzeit kam der ksl. Grundbesitz hinzu, der schon zu ihrem Beginn einen beträchtl. Anteil des gesamten Grundbesitzes ausmachte, der auch deshalb einer eigenen Verwaltung unterstellt war. Durch Septimius Severus wurden die Grundstücke als res privata verselbständigt; daneben gab es, noch in der Spätantike, die fundi patrimoniales und die fundi emphyteuticarii (CTh 4, 12, 3). Ein Großteil der in ihrem Umfang erhebl. Domänen stammt aus der Konfiskation von Landgütern, daneben treten Erbschaften des Ks.s u. a. m. An der Spitze der res privata

stand seit →Konstantin d. Gr. der →comes rerum privatarum (vorher magister r. p.), unter ihm territorial aufgeteilt die rationales rei privatae, während die Großgüter selbst (saltus, die in tractus zusammengefaßt waren) unter der Verwaltung von procuratores standen; zumeist wurde auch von ihnen – oft allerdings auch von den Provinzstatthaltern – der Pachtzins eingesammelt, in dem auch die Steuer enthalten war. Gegen Ende des 4. Jh. wurden Teile der res privata dem praepositus sacri cubiculi unterstellt, und in justinian. Zeit wurden weitere Teile als domus dominicae abgetrennt.

Die Güter selbst wurden in der Regel verpachtet; die ksl. zunächst an Großpächter (conductores), mit denen die Prokuratoren v. a. zu tun hatten, und dann an die einzelbäuerl. Kleinpächter (coloni; →Kolonat), die im Fall des privaten Großgrundbesitzes eher vom Eigentümer direkt pachteten. Die Verpachtung ging zunächst auf fünf Jahre mit automat. Verlängerung, tendierte aber zunehmend bei den conductores auf Dauerpacht und Eigentum (ius emphyteuticum, ius perpetuum; →Emphyteusis). Hinzu kam, daß Eigeninteresse der privaten Großgrundbesitzer in teilweisem collusivem Zusammenwirken mit den am Ort befindlichen Prokuratoren sich Land rechtswidrig aneignete und auch die Stellung der coloni immer mehr drückte. Diesen gegenüber war die ksl. Politik zunächst darauf bedacht, aus dem Gedanken der Fürsorge, aus Arbeitskräftemangel und um die Großgrundbesitzer nicht zu mächtig werden zu lassen, sie in unabhängiger Stellung zu erhalten; es wurden Statuten erlassen, die die Pflichten und Rechte der coloni gegenüber den procuratores und conductores genau regelten, insbesondere die Zahl der zu leistenden Tagewerke (operae). Aus fiskal. Gründen nahm jedoch das Interesse des Ks.s zu, sich die Arbeitskraft der coloni zu sichern und Wechsel zu vermeiden, so daß schon durch →Konstantin d. Gr. →adscriptio glebae und Solidarhaftung festgeschrieben wurden (CTh 5, 17, 1); auch erhielten die Großgrundbesitzer zahlreiche Privilegien. Mit diesen Regelungen wurden die ksl. Domänen anscheinend vorbildhaft auch für den privaten Großgrundbesitz.   W. Schuller

Lit.: RE I A, 631–633 – STEIN, Bas-Empire – JONES, LRE 412–427 – E. LO CASCIO, Patrimonium, ratio privata, res privata, Annali del Istituto It. per gli Studi Storici 3, 1971/72 (1975) – D. LIEBS, Privilegien und Ständezwang in den Gesetzen Konstantins, Revue internat. des Droits de l'Antiquité, 3e sér. 24, 1977, 297–351 – J. BLEICKEN, Verfassungsund Sozialgesch. des Röm. Kaiserreiches, 1981², Bd. 1, 172–174; Bd. 2, 61–65 – K.-P. JOHNE, J. KÖHN, V. WEBER, Die Kolonen in Italien und den westl. Prov. des röm. Reiches, 1983 – J.-V. KRAUSE, Spätantike Patronatsformen im W. des Römischen Reiches, 1987.

II. BYZANTINISCHES REICH: Der staatl. und ksl., kirchl. und klösterl. sowie zivilen oder militär. Einzelpersonen gehörende G. regenerierte sich durch Erbschaft, entstand oder erwuchs aus mittlerem Grundbesitz durch Schenkung und Kauf, staatl. und ksl. G. auch durch Konfiskation. Die nach modernem Verständnis untere Grenze des G.es von 100 ha wurde z. T. erhebl. überschritten. Der G. war entsprechend seiner Entstehung und Entwicklung überwiegend Streubesitz; er wurde, parzelliert und zur Nutzung vergeben, in kleinen Wirtschaften bearbeitet – von Pächtern (μισθωταί), Kolonen (γεωργοί, in den frühen Jahrhunderten), Paroiken (verstärkt erst mit dem 10. Jh.); der institutionelle G. bes. auch über Emphyteuten (→Emphyteusis) – in der Regel aber nicht, zumindest weniger als im W, eigenwirtschaftl. betrieben (unter Verwendung auch von Saisonarbeitern und [bis ca. 11. Jh.] →Sklaven). Damit entfielen weitgehend auch Arbeitsleistungen für den Grundherrn (vgl. →Fronarbeit im W), nicht aber die allg. Wegebau-, Transport-, Beherbergungspflichten. Vorherrschende Leistungen der Produzenten auf G. waren Produkten- bzw. Geldrente an den (meist auch steuerverantwortl.) Grundherrn oder/und als →Steuern direkt an den Staat. Neben der kleinbäuerl. Bewirtschaftung als Acker- und Gartenland wurde G. – v. a. ksl. und privater – auch als Weideland für Vieh- incl. Pferdezucht (bes. Kappadokien, Thrakien) genutzt.

Der verstärkte Ausbau des G.es auf Kosten mittleren, munizipalen Grundeigentums in der Spätantike hatte auch östl. Reichsteile erfaßt, wenn auch, hist. bedingt, zögernder und weniger weitgehend als im W.

Nach Anastasios suchte bes. Justinian I., Fragen des G.es im Interesse des Staates gesetzl. zu regeln, v. a. die Bearbeitung des Landes und damit den Steuereingang zu sichern, Amtsmißbrauch gegenüber bäuerl. Land zu verhindern. Neben dem staatl. G., der aus dem röm. ager publicus und späteren Konfiskationen erwachsen war, existierte auch ksl. G. Dieser bestand aus den Krongütern (ἰδικὴ περιουσία, res privata; →comes rerum privatarum), an die seit dem 4./5. Jh. auch konfisziertes Eigentum incl. G. fiel und aus deren Einkünften v. a. der Bedarf des Hofes gedeckt wurde, und aus den »ksl. Häusern/Wirtschaften« (βασιλικοί/θεῖοι οἶκοι, domus divinae), die dem ksl. Paar gehörten und seinem Unterhalt dienten; sie wurden von den Kuratoren verwaltet. Wenn auch im Bedarfsfall Einkünfte aus jeder Art ksl. G.es auch für Belange des Staates verwendet wurden, sind doch ksl. und staatl. G. nicht zu identifizieren. Der seit dem 4. Jh. entstandene und durch Schenkungen erhebl. erweiterte kirchl. und klösterl. G. wurde durch Gesetze gesichert. Die von Leon I. für Konstantinopel verfügte Unveräußerlichkeit kirchl. Eigentums, bes. der sozialen Einrichtungen incl. Land, wurde von Justinian auf das ganze Reich ausgedehnt (Nov. Just. 7, J. 535; 120, J. 544) und durch Schenkungen bes. geschützt (Cod. Just. I 2, 23, J. 541; VII 37, 3, 3, J. 531). Diese Politik, die sich auch gegen Übergriffe privater G.er und ksl. Kuratoren auf bäuerl. Land richtete, setzten d. unmittelbaren Nachfolger Justinians Ende d. 6. Jh. fort. Gesetze und Urkk. sind die Hauptquellen für G. in Byzanz (für die frühe Zeit bes. auch Papyrus-Urkk., die im byz. Italien Mitte 5.–7. Jh. v. a. das Anwachsen kirchl. G.es bezeugen und im byz. →Ägypten bis Mitte 7. Jh. neben ksl. bes. privaten mittleren und G. [vgl. die Apionen in Oxyrhynchos)].

Die Bedeutung der jurist. Q. wird angesichts ihrer Spärlichkeit vom 7.–Mitte 9. Jh. bes. deutlich. Wenn auch ein innen- wie außenpolit. bedingter Rückgang genutzten G.es zugunsten freibäuerl. Kleinwirtschaften anzunehmen ist, dürfen doch die Angaben des →Nomos georgikos (vor Mitte 8. Jh.), in dem G. nicht erwähnt wird, nicht verabsolutiert werden.

Die ab Ende des 9. Jh. wieder reichlicher fließenden jurist. u. a. Q. bezeugen erneutes Anwachsen des G.es auf Kosten von Bauernland sowie Spannungen zw. ksl. und privatem G. Während Leon VI. den hohen Beamten außer den Strategen Erwerb von Immobilien (in Abkehr von der justin. Gesetzgebung) wieder gestattete, bemühten sich die Ks. des 10. Jh., von Romanos I. bis Basileios II., den erneuten und zunehmenden Angriffen der →»Mächtigen« auf das bäuerl. Land gesetzl. Einhalt zu gebieten. Eingeschritten wird v. a. gegen Aneignung bäuerl. Landes durch illegale Praktiken und Amtsmißbrauch. Nikephoros Phokas verbot 964 sogar Landschenkungen an Kirchen und Kl., da diesen nicht Land, sondern Arbeitskräfte und Vieh fehlten. Wie auch der

Kataster v. Theben (11. Jh.) verdeutlicht, ist G. nun weitgehend auch ins Dorf eingedrungen. Dieser Tendenz wird im 11. Jh. nicht mehr gesetzl. entgegengetreten.

Mit dem ungehinderten Anwachsen des G.es setzten sich in den letzten Jahrhunderten auch neue Formen der Landnutzung durch. So überließen z. B. die Ks. spätestens seit dem 12. Jh. G. an verdiente Große eis pronoian (in Fürsorge, Verwaltung), zum zunächst befristeten Nießbrauch der Einkünfte und nicht als Eigentum; diese →Pronoia-Güter wurden seit dem 13. Jh. zunehmend erbl. und entglitten der Zentralgewalt. Verfallene Kl., einschließl. des zugehörigen Landes, wurden schon seit Jahrhunderten an vermögende Personen zur ztw. Nutzung und Wiederherstellung ausgetan; diese Form der Vergabe erlebte im 11./12. Jh. (→Charistikariersystem) ihren Höhepunkt. Beide Institutionen stärkten den Einfluß der Nutzer und Nutznießer an G. auf Kosten des institutionellen G.es. Den Machtausbau des privaten G.es förderten auch die ihm großzügig gewährten Privilegien, insbes. Steuervergünstigungen, die Exkusseia (Begriff seit 11. Jh.; vgl. →Immunität). Die siegreichen Kreuzfahrermächte übernahmen auf ihren neuen Territorien die den westlichen ähnlichen byz. Nutzungsformen von G.   H. Köpstein

Lit.: M. V. LEVČENKO, Materialy dlja vnutrennej istorii vostočnoj rimskoj imperii V–VI vv. (Vizantijskij sbornik, 1945), 12–95 – P. CHARANIS, The Monastic Properties and the State in the Byz. Empire, DOP 4, 1948, 51–118 – M. V. LEVČENKO, Cerkovnye imuščestva V–VII vv. v vostočno-rimskoj imperii, VV 2, 1949, 11–59 – A. P. KAŽDAN, Agrarnye otnošenija v Vizantii XIII do XIV vv., 1952 – OSTROGORSKIJ, Féodalité – DERS., Paysannerie [cf. J. KARAYANNOPULOS, BZ 50, 1957, 167–182] – N. G. SVORONOS, Recherches sur le cadastre byz. et la fiscalité aux XIe et XIIe s.: le cadastre de Thèbes, BCH 83, 1959, 1–145 – DÖLGER, Beitr. – A. P. KAŽDAN, Derevnja i gorod v Vizantii IX–X vv. Očerki po istorii vizantijkogo feodalizma, 1960 – E. WIPSZYCKA, Les ressources et les activités économiques des églises en Egypte du IVe au VIIIe s., 1972 – M. KAPLAN, Les propriétés de la couronne et de l'église dans l'Empire byz. (Ve–VIe s.), Doc., 1976 – G. G. LITAVRIN, Vizantijskoe obščestvo i gosudarstvo v X–XI vv. Problemy istorii odnogo stoletija: 976–1081 gg., 1977 – H. KÖPSTEIN, Zu den Agrarverhältnissen (Byzanz im 7. Jh., 1978), 1–72 – P. LEMERLE, The Agrarian Hist. of Byzantium from the Origins to the Twelfth Century. The Sources and Problems, 1979 – J. GASCOU, Le grand domaine, la cité et l'état en Egypte byz. (Recherches d'hist. agraire, fiscale et administrative), TM 9, 1985, 1–90.

Großkomburg → Komburg

Großlogothet → Logothet

Großmährisches Reich → Mähren

Grosso. Seit dem Ausgang des 12. Jh. wurden in oberit. Städten (Genua 1172, Florenz, Pavia, Mailand, Pisa u. a.) größere Silbermünzen im Gewicht von 1,5 g geprägt, die den Wert von mehreren →Denaren darstellten. Unabhängig vom →*Gros tournois* und vom dt.-böhm. →Groschen stellte der G. in Italien die Hauptwährungsmünze bis zum 15. Jh. neben den Goldmünzen dar.   P. Berghaus

Lit.: F. v. SCHROETTER, Wb. der Münzkunde, 1930, 241f.

Großpolen (poln. Wielkopolska), Hauptprovinz des westslav. Stammes der Polanen und Kerngebiet des ältesten poln. Staates (→Polen), im Einzugsgebiet der Warthe, Vorort: →Gnesen. Mit der Einbeziehung immer weiterer Gebiete in den poln. Staatsverband entstand im 13. Jh. die Notwendigkeit, die alte Stammesprovinz der Polanen durch Einführung des Namens 'Polonia Magna' (hier im Sinne von: 'Polonia maior', 'älteres Polen') von den Neuerwerbungen zu unterscheiden.   G. Labuda

Lit.: Dzieje Wielkopolski, Bd. I, red. J. TOPOLSKI, 1969, 38–44.

Großwardein (lat. Varadinum, ung. Nagyvárad, rumän. Oradea), Bm. (Suffraganbm. v. →Gran) und Stadt, bis 1918 zu Ungarn, heute zu Rumänien gehörig, ging aus einer kgl. Burg hervor, die bei einer Fähre am Körös (dt. Kroisch), an einem Hauptweg nach →Siebenbürgen, lag, gegenüber einer bfl. Wallonen-Niederlassung in der Vorstadt Olaszi. Kg. Géza I. (1074–77) gründete im Stadtviertel 'Szombathely' einen Samstagsmarkt; Ladislaus I. (1077–95) stiftete ein reich dotiertes Kollegiatstift, verlegte das Bm. von Bihar nach G. und ernannte seinen Neffen Koloman, den späteren Kg., zum Bf. Das Ladislausgrab in der Kathedrale St. Marien galt als sakrale Rechtsstätte: Die dort seit dem 12. Jh. durch das Kapitel abgehaltenen zahlreichen Feuerproben sind festgehalten im »Regestrum Varadiense«, das die Mehrsprachigkeit der Einwohner von G. (Ungarn, Deutsche, Wallonen) dokumentiert.

In der Stadt befanden sich drei Pfarreien (Hl. Kreuz, Jakob, Hl. Geist), in der Vorstadt Olaszi Hl. Egidius; auf dem Weinberg lag das Prämonstratenserkl. Stephan Protomartyr (mit dem Grab seines Stifters, Kg. Stephans II., ◻ 1131). Bei der Fährstelle befand sich ein Franziskanerkl. 1241 wurde G. durch die →Mongolen verwüstet, bis 1250 jedoch wieder aufgebaut. Das Stiftskapitel diente als →locus credibilis für O-Ungarn. G. war Weinbauort, v. a. aber wichtiger Handelsplatz mit it. Niederlassungen (ma. Vorstädte Velence [Venedig], Padova, Bologna).

Unter dem Luxemburger Sigmund Wiederbelebung arpad. Traditionen (um 1390 Aufstellung von Statuen der Arpadenhl. auf dem Domplatz, 1437 Grablege Sigmunds neben dem Ladislausgrab). War G. unter Bf. Johannes →Vitéz (1445–65) ein Zentrum des →Humanismus, so litt es seit dem späten 15. Jh. durch Zerstörungen der Türken (1474, 1598) und der aufständ. Bauern unter György →Dózsa (1514).   G. Györffy

Q.: V. BUNYITAI, A váradi káptalan legrégibb statutumai, 1886 – *Lit.:* DERS., A váradi püspökség története, 3 Bde, 1883f. – G. GYÖRFFY, Geogr. hist. I, 1987³, 681–689.

Gros tournois (lat. Grossus turonensis, dt. der Turnose). Die 1266 unter Ludwig IX. v. Frankreich geschaffene Silbermünze (4,22 g) im Wert von 12 →*Deniers tournois* leitete eine neue Epoche in der europ. Münzgesch. ein. Der G. wurde unter Wahrung des Typs in Frankreich bis in die Zeit Karls V. (1364–80) geprägt. Das Münzbild (Vorderseite: Stadtsymbol von Tours im Lilienkranz; Rückseite: Kreuz in doppelter Umschrift) wurde noch im 13. Jh. von ndl. (Brabant, Holland), im 14. Jh. z. T. anonym auch von westdt. Münzstätten (von Frankfurt a. M. im S bis Oldenburg im N, bes. im Rheinland) nachgeahmt. Der Höhepunkt der westdt. Turnosenprägung liegt um 1360/80; sie ist um 1400 weitgehend abgeschlossen. Die westdt., im Wert geringeren Nachahmungen wurden in Westfalen gegengestempelt (→Gegenstempel). In Frankfurt wurde die Turnosenprägung bis ins 16. Jh. fortgesetzt.   P. Berghaus

Lit.: F. v. SCHROETTER, Wb. der Münzkunde, 1930, 242f. – J. LAFAURIE, Les monnaies des rois de France I, 1951, 24–35 – F. LINDAHL, Møntfundet fra Ebbelnaes på Møn, Nordisk Numismatisk Årsskrift, 1952, 41–47 – P. BERGHAUS, Die Ausbreitung der Goldmünze und des Groschens in dt. Landen zu Beginn des 14. Jh., Numismatický Sborník 12, 1971/72, 211–237 – N. KLÜSSENDORF, Stud. zu Währung und Wirtschaft am Niederrhein vom Ausgang der Periode des regionalen Pfennigs bis zum Münzvertrag von 1357, 1974 – P. ILISCH, G. t. d'imitation frappées en Allemagne du Nord, RNum 6.29, 1987, 109–117.

Grottaferrata, S. Maria di, Abtei mit griech. Ritus, 20 km s. von Rom, gegr. 1004 vom hl. →Nilus (Neilos) d. J. v. Rossano mit Unterstützung Gregors I., Gf. v. →Tusculum. Weihe der im roman. Stil errichteten Kirche 1024 durch Johannes XIX., Ausschmückung mit Mosaiken und Fresken im 12. und 13. Jh. Die Gf.en v. Tusculum statteten G. mit Privilegien und zahlreichen Besitzungen aus, die von Benedikt VIII., Benedikt IX. u. den Nachfolgepäpsten bestätigt u. vermehrt wurden. 1122 wurde sie durch Calixtus II. der Jurisdiktion d. Bf.s v. Frascati entzogen und Rom unmittelbar unterstellt. 1131 bestätigte Kg. Roger II. dem Abt Leontius den Baronat v. Rofrano (Salerno). Die erste Kommunität bestand aus Mönchen aus dem gr. Unteritalien und lebte nach einem von dem hl. →Bartholomaeus (9.B.) in der italo-gr. Tradition verfaßten Typikon. Neben Gebet und Studium waren die Mönche auch in der Landwirtschaft und im Skriptorium tätig, dessen Blüte durch zahlreiche liturg. und lit. Hss. dokumentiert ist. Häufig wurde die Abtei G. durch krieger. Ereignisse in Mitleidenschaft gezogen: so 1084 durch →Robert Guiscard, der Gregor VII. gegen Heinrich IV. zu Hilfe kam; Krieg zw. Römern und Tusculanern, der 1191 mit der Zerstörung von Tusculum (Tuscolo) endete; 1241–42 Aufenthalt Friedrichs II.; 1379 Schlacht v. Marino zw. den Truppen Clemens' VII. und denen Urbans VI.; Heerlager Kg. Ladislaus' v. Neapel 1413; Kämpfe zw. Eugen IV. und den Colonna-Marino 1436. Während des →Abendländ. Schismas hing G. eine Zeitlang dem Gegenpapst an. Bedeutende Persönlichkeiten in G.: der hl. Bartholomaeus, Abt Nicolaus II. (1089 zu Ks. Alexios Komnenos in der →Azyma-Frage gesandt); Abt Theodosius II., 1221 von Honorius III. mit der Visitation und Reform der unterit. gr. Kl. beauftragt; Abt Pietro Vitali (1432–62), der für die Abtei die Rechte und Besitzungen, die sich die örtl. Feudalherren angemaßt hatten, zurückforderte, am Konzil v. →Ferrara-Florenz teilnahm und die Unionsbulle unterzeichnete. Der 1462 von Pius II. zum Kommendatarabt ernannte Kard. →Bessarion ließ die Kl. gebäude restaurieren und erweitern, sorgte für eine Neuordnung der Verwaltung und förderte das Griechischstudium. Kard. Giuliano Della Rovere (seit 1473 Kommendatarabt) ließ die Abtei befestigen. S. a. →Basilianer.   M. Petta

Lit.: DHGE XXII, 388–396 – DIP IV, 1444–1448; VI, 298f. – ECatt X, 1830–1833 – IP II, 1907, 41–45 – A. ROCCHI, De coenobio cryptoferratensi eiusque bibl. commentarii, 1893 – DERS., La badia di G., 1904 – N. BORGIA, La badia di G. nel diritto ecclesiastico bizantino, Roma e l'Oriente 15, 1918, 74–101 – G. F. TOMASSETTI, La campagna romana, IV: la via latina, 1926, 279–346 – E. MORINI, Eremo e cenobio nel monachesimo greco dell'Italia meridionale dei sec. IX e X, RSCI 31, 1977, 1–39, 354–390 – s. a. →N(e)ilos.

Grubenhagen, welf. Fsm., spätestens Anfang 1291 aus der Dreiteilung des Fsm.s Braunschweig (→Braunschweig-Lüneburg) entstanden, bestand aus zwei räuml. getrennten Teilen: w. der Leine das Gebiet um →Einbeck, Salzderhelden und die Burg G.; ö. des Flusses Katlenburg, Lindau, Westerhof, Osterode, Herzberg, Scharzfeld, Lauterberg und der sw. →Harz, das →Eichsfeld mit →Duderstadt (bis 1342) sowie die Exklaven Everstein und →Hameln (bis Anfang 15. Jh.) sowie Bodenstein. Unter den unmittelbaren Nachfolgern des 1. Hzg.s, Heinrichs des Wunderlichen († 1322), wurden unabhängige Nutzungs- und Verwaltungsbereiche geschaffen. Seit dem 15. Jh. bis 1596 (Aussterben der Linie G.) führte der Älteste – oft als Vormund – das Fsm., während einzelnen Fs.en Wohnsitze und Nutzungsrechte zugewiesen wurden.

G. Pischke

Lit.: G. MAX, Gesch. des Fsm.s G., 2 Bde, 1862–63 – G. PISCHKE, Die Landesteilungen der Welfen im MA, 1987 – s. a. Lit. zu →Braunschweig-Lüneburg.

Grubenhaus (oder -hütte), ein kleiner ganz oder halb (Halberdhütte) eingetiefter Bau, der nur bei den Slaven mit Ofen oder Eckherd regelhaft auch Wohnhaus ist, sonst nach archäolog. und schriftl. Quellen als Webkeller, Speicher, Werkstatt genutzt wird. In Dänemark und S-Schweden ist das G. erst ab der Völkerwanderungszeit und dann in der Wikingerzeit häufig, es geht im Keller des Wohnhauses und in Reliktbauten auf und ist kein fester Bestandteil des Gehöftes mehr. Nach der Konstruktion gliedert man in Zweipfosten-(Dach)hütten, Vier(Eck-)pfosten- und Sechspfostenhütten mit drei Giebelpfosten. Diese tragen mit Wandpfosten das Dach und sichern die Verschalung der Wände, falls solche vorhanden sind. Sie bilden das Wandgerüst für die über die Erde ragenden Teile.　　　　　　　　　　　　　　　H. Hinz

Lit.: R. v. USLAR, Die germ. Siedlung von Haldern, BJ 149, 1949, 105–145 – CL. AHRENS, Vorgesch. des Krs. Pinneberg und der Insel Helgoland, 1966.

Grubenschmelz → Email

Gruel, Guillaume, frz. Chronist, * um 1410, † zw. 1474 und 1482, stammte aus angesehener bret. Familie. Sein älterer Bruder war →*écuyer tranchant* im Hofhalt→Arthurs v. Richemont; auch G. trat 1425 in den Dienst des Connétable, begleitete ihn auf zahlreichen Feldzügen und erhielt, als Richemont 1457 Hzg. der Bretagne wurde, das Amt des Capitaine v. Dol. G.s »Chronique d'Arthur de Richemont, connétable de France et duc de Bretagne«, 1458 nach Richemonts Tod begonnen und vor 1466 abgeschlossen, beruht auf Erinnerungen des Bruders und eigenem Erleben. Das Werk gibt ein treffendes Bild der militär. Ereignisse, ist wegen seines extrem panegyr. Charakters aber als »biohagiographie« abgewertet worden.
　　　　　　　　　　　　　　　P. Bourgain

Ed.: A. LE VAVASSEUR, 1890 (SHF) – *Lit.:* MOLINIER IV, Nr. 4153 – BOSSUAT, 5169 – Repfont V, 252 – A. LE VAVASSEUR, Valeur hist. de la Chronique d'A. de R., BEC 47, 1886, 525–568; 1887, 248–285 – C. TIRY, Un Arthur du XVᵉ s. en Bretagne: Richemont (Actes du 14ᵉ congr. internat. arthurien, 1985), II, 600–626.

Gruffudd. 1. G. ap Llywelyn, bedeutendster Herrscher des 11. Jh. in →Wales und wohl einziger einheim. Kg., der ganz Wales unter seiner Herrschaft hatte. Kg. v. →Gwynedd und →Powys 1039–63, zusätzl. Herrscher v. →Deheubarth seit 1055. G.s Regierung ist in Einzelheiten kaum belegbar, aber er profitierte zweifellos von der schwierigen innenpolit. Situation in England unter →Eduard dem Bekenner (1042–66). Seine Verbindungen reichten nach →Irland, v. a. zum skand. Reich v. →Dublin, sowie in das benachbarte →Mercien im O. 1054 drang er nach →Hereford vor. Er vermählte sich mit Ealdgyth, Tochter des nur kurz amtierenden Gf.en →Ælfgar v. Mercien. Als Unterkg. Eduards des Bekenners wurde G. implizit als Herr v. Wales anerkannt. G.s endgültige polit. Niederschlagung durch Gf. →Harald Godwinson trug zu dessen polit. Aufwertung in England bei.　　　　M. Richter

Lit.: J. E. LLOYD, Hist. of Wales II, 357–371.

　　2. G. ap Cynan, walis. Fs., * ca. 1054/77 in Swords bei Dublin, † 1137, der einzige Herrscher im ma. →Wales, für den eine Biographie erhalten ist; verfaßt wohl zu Lebzeiten seines Nachfolgers Owain Gwynedd, möglicherweise ursprgl. in lat. Sprache, erhalten aber nur in einer walis. Fassung des 14. Jh. Hauptzweck der – wenig zuverlässigen – Biographie scheint gewesen zu sein, der turbulenten und recht uneffektiven Herrschaft G.s, während derer die erste wirkungsvolle Durchdringung von Nordwales durch die norm. Herren der Walis. Mark erfolgte, Legitimation zu verleihen. G.s dynast. Herrschaftsgrundlage ist unklar; sein Vater Cynan ist schlechter bezeugt als sein von →Gruffudd ap Llywelyn getöteter Großvater Iago. Als Sohn von Ragnhildr, Tochter Kg. Olafs, mütterlicherseits aus dem skand. Königsgeschlecht v. →Dublin stammend, suchte G. in Zeiten der Gefährdung häufig Zu-

flucht in Irland. 1081–93 war er Gefangener des Gf.en Hugo v. Chester. Zu nennen ist der unter G.s Ägide ernannte Bf. v. Bangor, David 'Scottus', 1120–ca. 1139 (ident. mit→David 'scholasticus'?).　　　　M. Richter

Q.: The Hist. of G. ap C., ed. A. JONES, 1910 [mit engl. Übers.] – *Lit.:* J. E. LLOYD, Hist. of Wales, 1911, II, 379ff., passim – R. R. DAVIES, Conquest, Coexistence and Change. Wales 1063–1415, 1987, 43ff.

Grund, Grund der Seele (ahd./mhd. *grunt*), gemeingerm. Wort ('unterste Fläche, Abgrund, Grundlage, Ursprung, Innerstes'), keinem lat. Begriff eindeutig zuzuordnen. G. geht über Kausalität, Ursache und Wirkung hinaus, kann eher als Wesen, Ursprung, Vermögen gedeutet werden und findet so seine begriffl. Einordnung in den Bereich der Mystik. G. als tiefster Ort im Menschen erscheint in der höf. Lit., in der Verbindung mit 'Herz' etwa bei→Walther v. d. Vogelweide (ed.: W. WILLMANS, 1883, 110; 6,12). Aus dem Bereich zwischenmenschl. Beziehungen überträgt →Mechthild v. Magdeburg den Begriff »herzensgrunt« in das Verhältnis Gott/Mensch (Das fließende Licht der Gottheit, hg. P. GALL MOREL, 1963, 263,13). In der Verbindung G. und Seele findet eine Bedeutungsverschiebung aus einem mehr allg. emotionalen zu einem wesenhaft geistigen Bereich statt (Übergang zur Verwendung in der Mystik). Für Meister →Eckart werden Idee, Logos, Wesen Synonyma für G.: »hie ist gotes grunt min grunt« (ed. F. PFEIFFER, 1924, 66,2). Dieser G. ist bei Eckart ein stat.-dynam. Bereich. Er steht in unmittelbarer Verbindung zu Gott, ist Ort der Unio Mystica (Dt. Werke [DW] I, hg. J. QUINT, 1958, 162,5). Die Dynamik des Seeleng.es drückt sich im Seelenfünklein (scintilla animae) aus (vgl. DW II, 419,1–421,3). Dieser terminolog. bei Eckart schwer eindeutig bestimmbare G. d. S. wird bei seinem Schüler J. →Tauler zu einem klar definierten Ort, »an dem Gott und Seele sich treffen, wo Gott der Seele Seligkeit wird« (Predigten, ed. F. VETTER, 1910, 331,17). Bei ihm beginnt auch der Wandel des Begriffs hin zur Ursache. Er benutzt G. auch für Quelle und Beweggrund. →Dietrich v. Freiberg sieht im G. den sich selbst ergründenden Intellekt, den intellectus agens als G. des Denkens. Bei Heinrich→Seuse verliert der G. an Bedeutungstiefe, wird zur bloßen Metapher der Unendlichkeit Gottes. →Ursache.　　C. R. Hecht

Lit.: G. LÜERS, Die Sprache der dt. Mystik im Werke der Mechthild v. Magdeburg, 1926 – H. KUNISCH, Das Wort »G.« in der Sprache der dt. Mystik des 14. und 15. Jh., 1929 – B. SCHMOLDT, Die dt. Begriffssprache Meister Eckharts, 1954 – E. v. BRACKEN, Meister Eckhart: Legende und Wirklichkeit, 1972 – →Dietrich v. Freiberg, Heinrich →Seuse.

Grundbesitz, städtischer. Ursprgl. Grundstücksstruktur (→Grundstücke) und Eigentumsverhältnisse in den ma. Städten sind durch ihre Entstehung bedingt. Bei Ortsteilen ohne Plangestalt gab es nur das Eigen des Grundherren. Alle Stadtrechtsgüter unterstanden zunächst dem grundherrl. →Hofrecht; zu unterschiedl. Zeiten wurde G. zum »ius civile« und damit von Hofgerichtsbarkeit und hofrechtl. Abgaben frei, dafür aber bei aller Verfügungsfreiheit dem städt. Gericht und den städt. Abgaben unterworfen. Die unfreien Stadtbewohner unterlagen weiterhin dem Hofrecht (A. HEUSLER).

　　Bei planmäßig angelegten Ortsteilen vergab der Stadtherr den Boden, in der Regel zunächst in →Erbleihe (sog. Gründerleihe; →Weichbild), gegen Entrichtung eines Hofstättenzinses (sog. Herrschaftsrecht). Mit der Auflockerung des alten Eigentumsbegriffs im 13. Jh. sank das Herrschaftsrecht zu einem Anerkennungszins herab und wurde zu einer obrigkeitl. Belastung des Grundstücks bzw. des Hauses, ohne Anerkennung eines Obereigentums. Aus dem Leihegut wurde freies Eigengut.

Mit der Abhängigkeit des städt. Bürgerrechts (→Bürger) vom →Besitz an Grund und Boden kam dem G. bes. Bedeutung zu. Neubürger erwarben G. gegen die bloße Übernahme der Pflicht der Zinszahlung als →Eigentum oder in unterschiedl. Formen der →Leihe.

Ursprgl. Parzellierung (→Kataster) einer Stadt und auch ihr Grundriß waren in den gewachsenen Städten durch die hist. Entwicklung, bei den Gründungsstädten durch das sog. Hofstättenmaß bestimmt, das in vielen Städten festgelegt war. Die Anordnung der Parzellierung (Schmal- oder Breitseite zur Straße) bestimmt auch den Bebauungscharakter sowie die Baublockgrößen. Die ursprgl. Hofstättengrundstücke wurden z. T. schon früh, spätestens mit dem Anwachsen der Bevölkerung weiter parzelliert, wobei dieser Vorgang (und dementsprechend die Wohndichte) in den Innenstädten weit schneller voranschritt als in randlägigen Stadtteilen.

Das Grundstück unterlag im MA als Eigentum mannigfaltigen sozialen, wirtschaftl. und rechtl. Bindungen. Dies kommt in den Wort- und →Beispruchsrechten zum Ausdruck, die einer uneingeschränkten Verfügung über Grund und Boden im Wege standen bzw. vom Erbenlaub abhängig machten. Weitere Beschränkungen für einen Grundstückseigentümer ergaben sich aus dem Nachbarschaftsrecht (→Markgenossenschaft), aus eventuellen Leiheverhältnissen oder aus dem Erbgutrecht (→Erbrecht). Die Nutzung von Grundstücken konnte eingeengt werden, z. T. durch die Festlegung für Ansiedlungen bestimmter Handwerksbetriebe (Schmiede, Gerber, Färber), als Siedlungsraum für Sondergemeinden, als Handels- und Gewerbeplatz, aber auch durch Hygiene- und Brandschutzbestimmungen.

Nicht nur das Grundstück selbst war ein bevorzugter Gegenstand der persönl. Sicherheitsleistung (Pfandschaft, →Bürgschaft), sondern auch gewisse beschränkte Rechte (Renten, Gülten, Zehnte, Vogtrechte, aber auch Wasser- und Fischrechte) und ideelle und körperl. Teile davon (Herdstatt, Kelter) nahmen am Rechtsverkehr teil, indem sie veräußert oder belastet werden konnten. Als im Spät-MA immer häufiger die gesonderte Veräußerung von Zubehör verboten wurde, fiel auch das Sondereigentum unter dieses Verbot. Das Stadtareal innerhalb des Mauerrings umschloß auch weite Grünflächen (in einzelnen Städten bis zu 25% der ummauerten Fläche), die gärtner. und landwirtschaftl. genutzt wurden. Ein erhebl. Teil des G.es befand sich in der Hand geistl. Institutionen (→Tote Hand, →Amortisationsgesetze, →privilegium immunitatis), was häufig zu Auseinandersetzungen mit dem Stadtregiment führte. →Stadt, Stadttopographie.　P.-J. Schuler

Lit.: O. Stobbe – H. O. Lehmann, Hb. des Dt. Privatrechts I, 1897³, 42ff., 501ff. – H. Eichler, Institutionen des dt. Sachenrechts I, 1954, 43ff. – E. Egli, Gesch. des Städtebaus, II: MA, 1962 – Dt. Städteatlas, hg. H. Stoob, Lfg. 1ff., 1973ff. – Th. Hall, Ma. Stadtgrundrisse, 1978 – R. Hammel, Hereditas, area und domus, Jb. für Hausforsch. 35, 1986, 175–199.

Grundbuch, amtl. Aufzeichnungen über privatrechtl. Rechtsgeschäfte und andere Erwerbsvorgänge (Erwerb im Erbwege; Begründung von Sätzen und Rentenrechten; Exekutive Eintragungen) an Liegenschaften, ausnahmsweise auch an Fahrnis (→Fahrhabe), zum Zwecke erhöhter Publizität des Rechtsverkehrs; →Amtsbücher. Aus der seit dem 11. Jh. geübten Praxis, Rechtsgeschäfte über →Grundstücke vor Gericht oder dem Rat abzuschließen und diese in kurzen Vermerken festzuhalten, entwickelten sich seit der Mitte des 12. Jh. in den rhein. Städten und in den Freihandelsstädten Norddeutschlands öffentl. →Stadtbücher. Köln war die erste Stadt, in deren →Son-

dergemeinden seit 1135 sog. Schreinskarten, später Schreinsbücher (→Schreinswesen), geführt wurden. Gegen Ende des 12. Jh. sind vergleichbare Verzeichnisse über den Abschluß privater Rechtsgeschäfte auch in →Andernach und in Metz (→Amandellerie) zu finden. Im 13. Jh. wird insbes. Norddeutschland von dieser Entwicklung erfaßt. Ursprgl. bloß Gedächtnisstütze, gewann der Bucheintrag vermutl. schon im 13. Jh., mit Sicherheit aber im 14. Jh. selbständigen (d. h. von der Geschäftsurk. unabhängigen) unanfechtbaren Beweiswert über das durch die übereinstimmenden Parteierklärungen vor der Behörde vollzogene Rechtsgeschäft. Im 15. Jh. erschien der Bucheintrag bereits als unverzichtbarer Teil des Geschäftes, bei dessen Unterbleiben ein Rechtsübergang nicht stattfand. Schließlich wurde der Eintrag (wohl nicht vor dem 15. Jh.) zum Konstitutivakt des Rechtserwerbes erhoben. Auch die Technik der G.führung wurde schrittweise perfektioniert: Ursprgl. wurden sämtl. der Behörde kundgemachten Rechtsgeschäfte in rein chronolog. Folge aufgenommen. Später wurden im Interesse der größeren Übersichtlichkeit (je nach der Art der Rechtsgeschäfte) unterschiedl. Bücher angelegt (z. B. Verlaß- oder Erbebuch, Schuld-, Pfand- und Rentenbuch u. a.). Die Trennung wurde jedoch nicht immer genau eingehalten. Daneben entwickelte sich bereits Anfang des 15. Jh. eine Gliederung nach Straßen und Grundstücken, denen jeweils ein bes. Blatt vorbehalten war, auf dem sämtl. das Grundstück betreffende Rechtsverhältnisse aufgezeichnet wurden (Realfolium; vgl. z. B. Anklam 1401, Hannover 1428, Preßburg 1439). Den – techn. am weitesten fortentwickelten – Stadtbüchern standen einerseits die G.er i. e. S., andererseits die →Landtafeln (in Böhmen, Mähren, Oberschlesien) gegenüber: Die G.er i. e. S. wurden von den →Grundherrschaften geführt und enthielten neben den Aufzeichnungen der an untertänigen Grundstücken getätigten Rechtsgeschäfte v. a. auch Eintragungen über die von den untertänigen Bauern geschuldeten Abgaben und Dienste. Die Landtafeln dagegen hatten die Doppelfunktion eines G.s im privatrechtl. Sinn und einer landständ. Gütermatrikel. S. a. →Kataster.　H. Hofmeister

Lit.: HRG I, 1817 [H. Nehlsen]; II, 2008 [H. Hofmeister, s. v. Liegenschaftsrecht]; III, 1187 [Ders., s. v. Öffentl. Glaube]; IV, 146 [Ders., s. v. Rangordnung der Gläubiger] – A. Randa, Die gesch. Entwicklung des Instituts der öffentl. Bücher in Österreich, Grünhuts 'Zs. für das Privat- und öffentl. Recht der Gegenwart' 6, 1879, 81ff. – P. Rehme, Das Lübecker Ober-Stadtbuch, 1895 – Ders., Gesch. des Münchner G.es (Festg. H. Fitting, 1903) – Ders., Stadtrechtsforsch., 2 T.e, 1908/09 – E. Weiss, Zur Gesch. des Realfoliums und des Hauptbuchsystems in Österreich (Fschr. zur Jahrhundertfeier des ABGB, II. T., 1911) – F. Kováts, Preßburger G.führung und Liegenschaftsrecht im SpätMA, ZRGGermAbt 39, 1918; 40, 1919 – R. Hübner, Grundzüge des dt. Privatrechts, 1930 – H. Conrad, Liegenschaftsübereignung und G.eintragung in Köln während des MA (Forsch. zum dt. Recht I, 3, 1935) – H. Demelius, Aus dem Stadtbuch von Mautern a. d. Donau (1432–1550), 1972.

Gründerkonsortium, von F. Rörig im Anschluß an K. Koppmann 1915 eingeführter Forschungsbegriff (auch »Unternehmer-Konsortium«), um zu kennzeichnen, daß eine genossenschaftl. organisierte Gruppe sog. (Fern-) Kaufleute Planung und Durchführung von→»Stadtgründungen« in stauf. Zeit trug. Durch Besitzrückschreibung gewann er aus dem Lübecker Oberstadtbuch die 24 Unternehmer, die in Verbindung mit Heinrich d. Löwen 1158 auf dem dortigen Stadthügel die erste »deutsche« Stadt im Ostseeraum in einem Zug ausbauten, den Markt bei Marien als Gemeinschaftseigentum besaßen (z. T. zurückgenommen) und in der Folgezeit (ca. 1200) den städt. Rat bildeten. Die nicht ohne zeitbedingte Einflüsse entwickelte These knüpfte innerhalb der Diskussion um Theorien zur Stadtentstehung an den Gildeansatz (→Gilde) an (»eine gildemäßig zusammengeschlossene oder sich zusammenschließende Fernhändlergilde bildet die erste bürgerl. Oberschicht der neuzugründenden Stadt; ihr Vorstand aber übernimmt das Risiko der eigentlichen Stadtgründung; er fungiert als Konsortium der Gründungsunternehmer«) und stieß sofort auf heftigen Widerstand, u. a. von G. v. BELOW, TH. MAYER, L. v. WINTERFELD. War schon die Rückschreibung der Parzellen am Markt method. nicht abzusichern, so ist die »Stadtbildung« →Lübecks längst in eine Reihe von Wachstums- und Planungsschüben aufgelöst (W. KROGMANN: Adolf v. →Schaumburg); die immer wieder zitierte Darstellung →Helmolds v. Bosau verwendet gerade hier eine große Zahl von Topoi; die Stadtarchäologie stellte eine Reihe von slav. Siedlungspunkten fest. Ähnlich prozeßhaft muß die Stadtbildung von →Freiburg i. Br. (24 mercatores personati), →Wien oder →Braunschweig eingeschätzt werden, auf die neben anderen RÖRIG seine These ausdehnte. Mindestens für das Altsiedelland vertritt die Städteforschung heute diesen im 10. und 11. Jh. einsetzenden Prozeß der Stadtbildung und betont die gemeinsame Leistung von Ortsherrschaft, Ministerialität, Ortsgewerbe und Kaufmannschaft. Für den Landesausbau (→Kolonisation und Landesausbau) und im Rahmen der →Ostsiedlung gibt es dagegen eine Reihe von Beispielen, die belegen, wie Lokatoren im Auftrage des Ortsherrn die Binnenkolonisation vorantrieben oder die Stadtanlage übernahmen (drei in Brieg 1250, acht promotores in Prenzlau 1235, Freiberg i. S.). RÖRIG verwies bereits auf das »Konsortium« von sechs »Unternehmern« bei der heute zu 1113 gesetzten Urk. des Bremer Ebf.s zur Urbarmachung des Hollerlandes bei Bremen, ebenso auf die Rolle Wirads v. Boizenburg 1188/89 beim Ausbau der Hamburger Neustadt. Für die nachstauf. Welle der Kleinstadtgründungen spricht man jedoch besser von der territorialherrschaftl. Ministerialität oder Burgmannschaft.   W. Ehbrecht

Lit.: K. KOPPMANN, Kleine Beitr. zur Gesch. der Stadt Hamburg II, 1868 – F. RÖRIG, Der Markt von Lübeck, 1922 – W. KROGMANN, Die Eigentumsverhältnisse des Lübecker Marktes um 1300 und ihre Entstehung, VSWG 20, 1928, 165–171 – TH. MAYER, Zur Frage der Städtegründungen im MA, MIÖG 43, 1929, 261–282 – L. v. WINTERFELD, Gründung, Markt- und Ratsbildung dt. Fernhandelsstädte, Unters. zur Frage des G.s vornehml. am Beispiel Lübecks (Westfalen, Hanse, Ostseeraum, hg. F. PETRI, 1955), 8–89 – H. REINCKE, Über Städtegründung. Betrachtungen und Phantasien, HGBII 75, 1957, 4–28 – F. RÖRIG, Wirtschaftskräfte im MA, 1959 – Dt. Städteatlas, hg. H. STOOB, 1973ff., bes. 3. Lfg., Bl. Lübeck – Gilden und Zünfte, hg. B. SCHWINEKÖPER, 1985.

Grundherrschaft

A. Definition und Grundzüge der Forschung – B. Frühmittelalter/Frankenreich – C. Hoch- und Spätmittelalter (einzelne Länder)

A. Definition und Grundzüge der Forschung

Der moderne Fachbegriff 'G.' kennzeichnet wichtige soziale, wirtschaftl. und rechtl. Elemente der ma. Agrarverfassung. Der mit diesem Begriff erfaßte hist. Sachverhalt erscheint in den lat. Q. bes. unter Bezeichnungen wie 'potestas', 'dominatio' oder 'dominium'. Häufiger werden aber die konkreten Erscheinungsformen der G. erwähnt, wie v. a. →Fronhöfe (curtes, curiae) mit ihrem Salland (terra salica) und den von ihnen abhängigen Höfen der Hufenbauern (mansus, hobae), die vielfältigen Leistungspflichten (servitia) der von der G. erfaßten Personen (familia, Hofgenossenschaft) in Form von Diensten und →Abgaben, grundherrl. Institutionen wie →Hofrecht und Hofgerichte, Landleiheformen und Leiherecht, ferner

grundherrl. Einflüsse in den unterschiedl. Bereichen von Agrarwesen, Handwerk, Handel und Verkehr.

F. L. v. MAURER, K. TH. v. INAMA-STERNEGG und K. LAMPRECHT sahen in der allmähl. Konzentration von Grundbesitz in den Händen weniger Grundeigentümer den Ausgangspunkt für die Entstehung der frühma. G., was nach ihrer Meinung zu einer starken sozialen Differenzierung und zu Herrschaft über Land und Leute führte. Zu den privaten Grundeigentumsrechten seien dann durch Verleihung und Usurpation noch wichtige öffentl.-rechtl. Befugnisse hinzugekommen. Gegen eine solche Auffassung vom Wesen der G. wandten sich O. BRUNNER, W. SCHLESINGER, K. BOSL u. a.: Nicht in der Herrschaft über Grund und Boden, sondern in einer aus der Herrschaft erwachsenden adligen Herrengewalt sah man ein Kernstück der ma. Verfassungsordnung. Diese Gewalt enthielt demnach auch öffentl.-rechtl. Elemente, die nicht eigens vom Kg. verliehen werden mußten. Grundeigentum wurde also nicht allein durch Übertragung staatl. Hoheitsrechte zur G., sondern auch durch die Verbindung mit der eigenständigen adligen Herrengewalt (A. DOPSCH). F. LÜTGE befaßte sich vornehml. mit der Analyse unterschiedl. G.sformen im späteren MA. Er schuf dabei eine landschaftsbezogene G.stypologie, als deren Ausgangspunkt er die Auflösung der Villikationsverfassung im HochMA ansetzte. Die frz. und belg. Forsch. (M. BLOCH, G. DUBY, F. L. GANSHOF, A. VERHULST u. a.) konzentrierte sich auf Unters. zur Entstehung und Verbreitung der sog. klass. G. (régime domanial classique) und auf die Problematik unterschiedl. G.sformen im westeurop. Bereich.

Die G. muß als eine Grundform ma. Herrschaft verstanden werden, als »Herrschaft über Menschen, die auf einem bestimmten Grund und Boden ansässig sind« (F. LÜTGE). Zu den Rechten des Grundherrn gehörte die Ausübung der Zwangsgewalt in allen mit dem Besitzrecht (→gewere) über das Leihegut verbundenen Befugnissen, insbes. das Recht der Einweisung und »Abstiftung« des Grundholden. In der jurist. Theorie wurde das grundherrl.-bäuerl. Rechtsverhältnis so interpretiert, daß dem Grundherrn ein Obereigentum, dem Grundholden aber ein Nutzeigentum am Leihegut zustand. Die Beobachtung, daß die G. mit Formen von Schutz und wechselseitiger Hilfe verbunden war, führte oft zu einer Überbetonung des Schutz-Treue-Elements in der G. (O. BRUNNER). Die im Wesen der G. liegenden Gegensätze verursachten jedoch immer wieder schwere Konflikte zw. Grundherren und →Bauern (→Revolten).

Im Rahmen einer stark agrar. geprägten Wirtschaft bildete die G. das ökonom. Fundament für Kg., Adel und Kirche. Für die ältere Epoche der ma. G. lassen sich hinsichtl. der Herrschaftsträger v. a. die kgl., die geistl. und die adlige G. unterscheiden. Die bedeutendste Stellung nahm lange Zeit die G. des Kg.s ein, die offenbar einen Vorbildcharakter für die G. von Adel und Kirche besaß. In bezug auf die Organisationsformen der G. muß insbes. der unterschiedl. Verbreitungsgrad der drei Hauptformen (Villikationssystem oder Betriebs-G.; Renten- oder Abgaben-G.; →Gutsherrschaft) in den einzelnen Regionen beachtet werden.   W. Rösener

Lit.: HRG I, 1824ff. – Hwb. der Sozialwiss. IV, 1965, 682ff. – R. KÖTZSCHKE, Allg. Wirtschaftsgesch. des MA, 1924 – W. RÖSENER, Die Erforsch. der G. (MAforsch., hg. R. KURZROCK, 1981), 57ff. – D. SCHELER, G. (Vom Elend der Handarbeit, hg. H. MOMMSEN – W. SCHULZE, 1981), 142ff. – K. SCHREINER, »G.« (VuF 27, 1, 1983), 11ff.

B. Frühmittelalter/Frankenreich

I. Allgemeine Grundlagen. Merowingerzeit – II. Ausbildung der

»klassischen« Grundherrschaft – III. Auflösung der »klassischen« Grundherrschaft.

I. ALLGEMEINE GRUNDLAGEN. MEROWINGERZEIT: Das Problem der Kontinuität oder des Abbruchs zw. spätröm. und frühma. agrar. Besitz- und Wirtschaftsformen muß differenziert betrachtet werden. Einerseits erscheint die starke Präsenz von →Großgrundbesitz v. a. in kgl. Hand (→Fiscus) als Erbe der Antike. Doch hat – abgesehen von einem Wechsel der Besitzer – die Archäologie in großem Umfang systemat. Verlegungen von ländl. Siedlungen nachgewiesen: In den Regionen, in denen sich im FrühMA die »klass.« G. ausbildete, wurden die Höfe der großen spätröm. 'villae' zugunsten anderer Zentren der Agrarwirtschaft (z. B. autochthoner Dörfer) aufgegeben, ohne daß sonst eine allg. Diskontinuität auf regionaler Ebene erkennbar ist. Der Begriff der »Großdomäne«, gebraucht einerseits in bezug auf die Landgüter der Spätantike, andererseits auf diejenigen der Karolingerzeit, wurde – wenig treffend – auch angewandt auf die großen Grundbesitzungen der Merowingerzeit, deren Quellenbezeichnungen (res, locus, fundus, ager, curtis und bes. villa) in ihren funktionalen Nuancen für uns nur schwer deutbar sind. Der Begriff 'villa' wird seit dem 6. Jh. auf Besitzungen verschiedener Größenordnung, von einigen hundert bis einigen tausend Hektar, angewandt. Im wesentl. treten drei Betriebsformen auf: 1. Gutsbetriebe, bewirtschaftet mit Sklaven, von denen nur wenige als 'servi casati' über eigene Hofstellen verfügen; 2. zweigeteilte (bipartite) Domänen, die sowohl einen Herrenanteil (indominicatus) als auch – mehr oder weniger selbständige – Bauernstellen umfassen; 3. Güterkomplexe, bestehend aus kleineren bäuerl. Hofstellen (colonia, colonica, casalis [→casale], villare). Dieser dritte Typ steht wohl in Verbindung mit der Steuererhebung, die nach neuen Forschungen in den zentralen Bereichen des Merowingerreiches (z. B. Tours, Le Mans, Reims) weiterhin stark von den spätröm. Formen geprägt war. Die großen Grundbesitzer für das Steueraufkommen ihrer Güter verantwortl. oder als Mittler agierend, praktizierten seit dem 4. Jh. mit der 'inspectio' ('praequatio', 'ordinatio') ein Abgabensystem, das ihnen ermöglichte, ganze Gruppen freier Bauernstellen an ihre persönl. Domäne zu binden und zur Erbringung von Abgaben und Dienstleistungen zu zwingen. Diese »Abgabenherrschaft« (KUCHENBUCH) stellte wohl eine Vorstufe der Unterwerfung von freien Bauern unter die Herrschaft von Großgrundbesitzern dar; der Grad der Einbindung war regionalen Schwankungen unterworfen, entsprechend dem jeweiligen Fortbestand der öffentl. Gewalt. Neue Forschungen (GOFFART, KAISER, DEVROEY) geben anhand der Diöz. Reims Aufschlüsse über eine graduelle Entwicklung der Verwaltungspraktiken in Richtung auf die G.: Im 1. Viertel des 7. Jh. diente die 'ordinatio' noch vorrangig der Steuererhebung; um 700 umfaßte sie bereits ein Verzeichnis von Abgaben und Diensten; ein halbes Jahrhundert später war sie, radikal gewandelt, zur lokalen Organisation der dem 'ius villae' unterworfenen Hofstellen geworden.

Bei der Untersuchung dieser Wandlungsprozesse müssen die »zweigeteilten« Domänen, die zugleich über ein Zentrum der Bewirtschaftung (Fronhof) mit Salland und abhängigen Bauernstellen verfügten, stark berücksichtigt werden. In der heutigen Forschung wird – sofern man mit GANSHOF die Existenz solcher zweigeteilter Domänen seit dem 7. Jh. bejaht – der Gesichtspunkt betont, daß in diesen Betrieben, damals noch Ausnahmeerscheinungen, die über einen nur schwachen Anteil an Zinsland verfügten, die Bewirtschaftung des Sallandes nur durch einen →Frondienst, nämlich die 'riga', erfolgte. Neben der seit ca. 600 belegten 'riga', die als Stückdienst die Bewirtschaftung einer bestimmten Parzelle (s. a. →ancinga) betraf, sind v. a. der neue, seit dem 7. Jh. auftretende Begriff 'mansus' und seine semant. Entwicklung für den Aufbau der zweigeteilten G. von grundlegender Bedeutung (→Hufe).

II. AUSBILDUNG DER »KLASSISCHEN« GRUNDHERRSCHAFT: Während im 6. Jh. – noch isoliert – erste Elemente auftreten (rigaancinga) und sich im 7. Jh. die primäre Form der »frondienstbezogenen G.« konstituiert, erfährt dieses Modell im 8. Jh. in den zentralen Regionen des Frankenreiches, zw. Seine und Rhein, seine Vollendung; im 9. Jh., seiner Blüteperiode, wird es in den Zentralregionen ausgebaut und verbreitet sich in den Randzonen und den neueroberten Gebieten rechts des Rheines und s. der Donau.

Die Auffassung von Genese und Ausbreitung der »klass.« G. (VERHULST, 1965), von der Forschung inzwischen weithin angenommen, hatte sich mit der älteren Lehre, die v. a. auf den Theoremen einer Villikationsverfassung (INAMA-STERNEGG u. a.) sowie einer geschlossenen →Hauswirtschaft beruhte (BÜCHER, SOMBART, PIRENNE), auseinanderzusetzen. Die neuere Auffassung betrachtet die G. als ein wirtschaftl. effektives System, das erfolgreich die Einbindung, Nutzbarmachung und Entwicklung der bäuerl. Produktion im Rahmen des Großgrundbesitzes verwirklicht hat. Die G. zeichnet sich durch eine sehr enge Verbindung zw. Salland und bäuerl. Hufenland aus, die im wesentl. durch →Frondienste der abhängigen Bauern zugunsten des Sallandes geknüpft wird. Hierbei vollzog sich der Übergang von der direkten, mit 'servi non casati' durchgeführten Bewirtschaftung einer wenig ausgedehnten Domäne zu einem zweigeteilten Bewirtschaftungssystem, bei dem eine ausgedehntere Domäne bewirtschaftet wurde, zwar z. T. immer noch mit 'servi non casati', doch unter zunehmender Ansiedlung bzw. Inkorporierung von 'servi casati' und freie Bauern. Der ökonom. Effekt dieses G.ssystems zielte folglich auf die Steigerung der Produktivität und Rentabilität des Domanialkomplexes, die durch bessere Nutzung des Sallandes, gestützt auf die Dynamik der bäuerl. Familienarbeit, erreicht wurde. Bei der Durchsetzung der »klass. G.« haben das merow. und karol. Kgtm., die Aristokratie und die Kirche, ausgehend von ihren großen Domänen in den Zentralregionen des Reiches (Pariser Beckn, N- und NO-Frankreich, s. Teil des heut. Belgien, linksrhein. Gebiete des späteren Deutschland), die führende Rolle gespielt. Demgegenüber war die Verbreitung der »klass« G. im südl. Gallien sporadisch; hier blieben zumeist ältere Strukturen, bei denen große, mit Sklavenarbeit bewirtschaftete Landgüter kleinen Betrieben freier Bauern gegenüberstanden, erhalten.

Das aktive Handeln der Grundherren in der Francia nördl. der Loire läßt sich auch anhand rechtl. Quellen erkennen (merow. Edikte, erhalten in Lex Baiuvariorum und Lex Alamannorum) sowie in der reich belegten Tradierung von Fiskalgütern an die eng mit dem Kgtm. und der Aristokratie verbundenen Abteien und Bm.er. Die G., deren landwirtschaftl. Produktion auf die Erzeugung von →Getreide ausgerichtet war, deckte die Versorgungsbedürfnisse des Hofes und war in den regionalen und interregionalen Handelsaustausch einbezogen. Die Regelung der rechtl. Beziehungen zw. 'dominus fundi' und Abhängigen in Form eines 'ius villae', die mit der Übertragung einer Bauernstelle zu Erbleihe, gegen festgelegte Dienste und Abgaben, notwendig wurde, scheint für Freie in Form der

Bitte (rogatio, corrogata, precatio), für Unfreie in Form des →Bannes (bannum) erfolgt zu sein. Durch die beiden unterschiedl. Rechtsstellungen der in die G. eingebundenen Bauern ergaben sich von vornherein zwei Hauptformen der Leihe und folglich auch der zu erbringenden Leistungen: Wie Lex Baiuvariorum und Lex Alamannorum zeigen, bestand a priori ein grundsätzl. Unterschied zw. 'Stückdienst', den die freien Zinsbauern zu erbringen hatten, und 'Zeitdienst', der für Unfreie galt; letztere hatten v. a. manuelle Arbeit (häufigste Regelung: drei Tage pro Woche) zu leisten (s. a. →Hand- und Spanndienste).

Ausgehend vom Modell der »frondienstbezogenen zweiteiligen G.« akzentuieren die neuesten Forschungen die Vielfalt und die Entwicklungsmomente der G., unter Aufstellung einer Typologie (TOUBERT), wobei die Auffassung vertreten wird, daß die Vielfalt der Leihe- und Abgabeformen dem Wunsch der großen Grundherren nach möglichst effizienter Nutzung, in Anpassung an die natürl. Klima- und Bodenbedingungen, entspricht, während demgegenüber KUCHENBUCH in der unterschiedl. »Rentenstruktur« verschiedener Regionen (»Rentenlandschaften«) nicht so sehr das Ergebnis einer Initiative der Grundherren, sondern vorgegebener geogr.-naturräuml., wirtschaftl., sozialer und v. a. rechtl. Bedingungen (freier oder unfreier Status der Bauern) erblickt. Forschungen über die Randzonen und neueroberten Gebiete des Frankenreiches (u. a. rechtsrhein. Bereich, nördl. Belgien, N- und Mittelitalien) haben gezeigt, daß bereits in vorfrk. Zeit eigenständige Formen der »zweigeteilten« villa bestanden (Sachsen), die »klass.« G. aber eng mit der Eingliederung dieser Regionen in den frk. Herrschafts- und Kulturbereich verbunden ist.

Allgemein ist im 9. Jh. eine Tendenz zur Anhebung der auf dem Leiheland lastenden Dienste zu verzeichnen. In den Regionen mit vorherrschenden unfreien Hufen (so im rechtsrhein. Raum) setzte sich der Stückdienst, charakterist. Dienstform der Freien, durch, daneben auch der auf drei Wochentage bemessene Zeitdienst. Links des Rheines verschwindet dagegen im Laufe des 9. Jh. allmählich der Zusammenhang zw. Rechtsstatus der Bauern und Art seiner Leihe; auch von Freien u. Halbfreien wird »Zeitdienst« gefordert. Die Steigerung von Abgaben und Diensten ist als Zeichen einer Nivellierung der Bauern auf sozial niedriger Ebene interpretiert worden. Dabei ist jedoch der sozio-ökonom. Aufstieg derjenigen Unfreien, die in den Besitz von Zugvieh u. Geräten gelangt sind, nicht zu übersehen. Diese Wandlungsprozesse dürfen, auch im Hinblick auf ihren chronolog. Ablauf, nicht als lineares Phänomen betrachtet werden; vielmehr hängen sie von den örtl. und regionalen geogr., sozioökonom. und rechtl. Voraussetzungen und von der demograph. Entwicklung ab. Wichtig war in diesem Zusammenhang insbes. die Dauer und Verwurzelung der grundherrschaftl. Traditionen in einer Region sowie die Art des Zusammenlebens von freien und unfreien Bauern. Grundsätzl. Bedeutung für die Entwicklung der »klass.« G. im zentralen Frankenreich des 9. Jh. hatte auch die auf der →Ehe beruhende (Kern-) →Familie, die anhaltenden demograph. Überschuß garantierte. Die Begünstigung der Kernfamilie durch den Grundherrn zeigt sich in der Verbreitung von mansus und hoba, die als Grundeinheiten der Bewirtschaftung durch eine Bauernfamilie fungierten.

III. AUFLÖSUNG DER »KLASSISCHEN« GRUNDHERRSCHAFT: Der noch zu wenig erforschte Prozeß der Auflösung der G.sverbände steht in Zusammenhang mit dem demo-

graph. Druck, der zu Überbevölkerung (Zusammenleben mehrerer Haushalte auf einer Hufe), Zersplitterung von Hufen und stärkerer Mobilität der bäuerl. Bevölkerung führte. Die Grundherren reagierten auf diese angespannte Situation, indem sie – neben der erbl. Hufe – neue mit Festzins u. →champart bzw. →agrarium belastete Leiheformen sowie auf »überbevölkerten« Hufen neue Abgabentypen (Veranlagung nach der einzelnen »Feuerstätte«) schufen. Gleichzeitig machte die verstärkte bäuerl. Mobilität die Begründung enger persönl. Beziehungen zw. Herren und Abhängigen notwendig, in Gestalt der →familia (s. a. →Hofrecht), die neben den abhängigen Hufnern und den landlosen Bewohnern einer Domäne auch die abgezogenen, mit dem Herrn nur mehr durch ein persönl. Abhängigkeitsverhältnis verbundenen Freien und Unfreien (forenses) umfaßte.   J.-P. Devroey

Lit.: C.-É. PERRIN, La seigneurie rurale en France et en Allemagne du début du IXe à la fin du XIe s., 1, 1951 – F. L. GANSHOF, Quelques aspects principaux de la vie économique dans la Monarchie franque au VIIe s. (Caratteri del sec. VII in Occidente, Sett. cent. it., 1958), 29ff. – A. VERHULST, La genèse du régime domanial classique en France au Haut MA (Agricoltura e mondo rurale in Occidente nell'alto medioevo, ebd., 1965), 26ff. – DERS., La diversité du régime domanial entre Loire et Rhin à l'époque carolingienne (Villa-Curtis-Grangia, Beih. der Francia 11, 1982), 17ff. – P. TOUBERT, Il sistema curtense: la produzione e lo scambio interno in Italia nei secoli VIII, IX et X (Storia d'Italia 6, 1983), 61ff. – Le grand domaine aux époques mérov. et caroling., hg. A. VERHULST, 1985 [Einl. von A. VERHULST, Beitr. v. M.-J. TITS-DIEUAIDE, D. HÄGERMANN, J.-P. DEVROEY, W. RÖSENER] – L. KUCHENBUCH, Die Klosterg. im FrühMA (Herrschaft und Kirche, hg. F. PRINZ, 1988), 47ff. – Y. MORIMOTO, État et perspectives des recherches sur les polyptyques carolingiens, Annales de l'Est 40, 1988, 51ff. – A. VERHULST, Die G.sentwicklung im ostfrk. Raum vom 8. bis 10. Jh. (Strukturen der G. im frühen MA, hg. W. RÖSENER, 1989), 18ff.

C. Hoch- und Spätmittelalter (einzelne Länder)

I. Frankreich und Niederlande – II. Deutschland/Mitteleuropa – III. Italien – IV. England/Britische Inseln – V. Iberische Halbinsel – VI. Baltische Länder und Litauen – VII. Skandinavien.

I. FRANKREICH UND NIEDERLANDE: Die allg. Entwicklungstendenzen der G. (s. Abschnitt A) sind auch für den westeurop. Bereich gültig, allerdings mit starken regionalen und lokalen Abweichungen. Im Bereich des mit herrschaftl. Rechten verbundenen Grundbesitzes (frz. seigneurie foncière) setzte in nachkarol. Zeit, beschleunigt seit dem frühen 11. Jh., ein Verfall der großen Domänen ein, die durch Erbteilungen, Lehnsvergabungen und Schenkungen (bevorzugt an geistl. Institutionen) zerstückelt wurden. Aufgesplittert wurden infolge des Bevölkerungsdrucks und erhöhter Produktivität die überkommenen mansi (Hufen); seit dem 11. Jh. entwickelte sich in mehreren Regionen (z. B. Lothringen) die Viertelhufe (quartier) zur verbreitetsten Besitzgröße. Auch die alten Salländereien schrumpften zusammen; doch war dieses v. a. in der Zeit nach 1100 zu beobachtende Phänomen wohl nicht so sehr ein Ergebnis einer Desintegration als zielbewußter grundherrl. Rationalisierungsmaßnahmen. Im Gebiet nördl. der Loire und in der Nordhälfte Burgunds wurden die Viertelhufen und andere Kleinbesitzformen zunehmend verkleinert, wobei aber die alte Hufe die Grundeinheit blieb, so daß immer weniger Leiheinhaber seit ca. 1100, in bestimmten Regionen auch schon früher, Frondienste zu leisten hatten. Diese wurden auf einzelne Tage im Jahr beschränkt. Nur in den s., von der »klass.« G. weniger erfaßten Regionen wurden im 12. Jh. in gewissem Umfang noch neue Frondienste eingeführt (z. B. Domänen der Abtei Cluny). Deutlich läßt sich, v. a. in N-Frankreich und in den Niederlanden, der Verfall des Frondienstsystems zugunsten der Geldrente ablesen, v. a. anhand der Urbarialien, in denen die Zinsen für urbar gemachte Ländereien und die als Ablöse für Frondienste verzeichneten Renten aufgeführt sind; hierbei ergibt sich vielfach, daß Zinse in Geld zu leisten waren. Im Zuge der Rationalisierungsmaßnahmen, die die Herren, bedingt v. a. durch Landesausbau und wachsenden Handelsaustausch, durchführten, wurde n. der Loire – neben anderen neuen Leiheformen – die Zeitpacht, vorwiegend auf Geldzinsbasis, eingeführt, während sich s. der Loire (u. a. in Toulousain und Provence) der →Teilbau verbreitete (s. a. →Baumfeldwirtschaft, →Weinbau), mit einem Höhepunkt in der 2. Hälfte des 13. Jh., als die im Gefolge von Preisauftrieb und Produktionssteigerung auftretenden Verluste an festen Zinseinnahmen nicht mehr durch Rodungen ausgeglichen werden konnten. Diese Entwicklung hin zu Einkommen, die den Konjunkturtendenzen angpaßt werden konnten, bezeichnet eine Zäsur in der Strategie der Grundherren und setzte sich im SpätMA fort. In manchen urbanisierten Regionen (Flandern, Toulousain, Lyonnais) bildete sich im Laufe des 13./14. Jh., z. T. parallel mit der Einführung der genannten neuen Leiheformen, die Gutsherrschaft heraus, wobei der Grundbesitz von Stadtbürgern und -adligen aber keine so großen Dimensionen annahm wie im ö. Deutschland oder in Italien.

Stärker als in Deutschland oder in England kamen kleine lokale Herren seit der nachkarol. Zeit in den Besitz von Herrschafts- und Bannrechten *(seigneurie banale)*. Gilt dies auch weniger für das nördl. Frankreich, wo das Kgtm. oder aber große feudale Fsm.er (→Normandie, →Flandern u. a.) diese Entwicklung schon frühzeitig unter ihre Kontrolle brachten (→Frankreich, A. I–IV), so erreichten im übrigen Frankreich lokale Machtträger zw. 1100 und 1250 vielerorts eine weithin autonome Stellung (→Kastellanei) und überzogen das Land mit einem Netz von Burgen (→incastellamentum), bei denen sie die Besiedlung konzentrierten. Dies gilt, mit Abschwächung, selbst für bestimmte Zonen der großen Fsm.er in den südl. Niederlanden (z. B. Hennegau, Südflandern, Seeland).

Seit der 2. Hälfte des 12. Jh. strebten die Herren angesichts ihres steigenden Geldbedarfs nach einer verstärkten Fiskalisierung ihrer Rechte (Einführung von 'malae consuetudines'). Viele hochverschuldete Adlige ließen, namentl. seit dem späten 13. Jh., ihre G.en verwahrlosen, während ihre Herrschafts- und Gerichtsrechte durch die Zentralisierungsbestrebungen der Fs.en geschwächt wurden. Die sich verstärkende kgl. bzw. fsl. Fiskalität (s.→*Gabelle*, →*Taille*, →*Bede* usw.) trat, wie man heute annimmt, in dieser Zeit in starkem Maße an die Stelle der in festen Geldsummen abgelösten 'exactiones' der lokalen Herren.

So zeigt sich auch hier, ähnlich wie bei der »seigneurie foncière«, seit dem 13. Jh. die Entwicklung zu einer den Bedürfnissen flexibler angepaßten G.verwaltung. Die Krise des SpätMA wurde in nicht geringem Maße bestimmt von der Entwicklung der G. (s. a. →Agrarkrise), die umgekehrt diese Krise aber im wesentl. unbeschadet überstand.   E. Thoen

Lit.: C.-É. PERRIN, Recherches sur la Seigneurie rurale en Lorraine d'après les plus anciens censiers, 1935 – G. DUBY, L'économie rurale et la vie des campagnes dans l'Occident médiéval, 1–2, 1953 – DERS., Le grand domaine de la fin du MA en France (First Internat. Conf. of Econ. Hist. Stockholm, 1960, 333–342; École Pratique des Hautes Études. VIe Section. Congrès et Colloques I) – R. BOUTRUCHE, Seigneurie et féodalité, 1–2, 1968 – F. L. GANSHOF–A. VERHULST, Medieval Agrarian Soc. in its Prime, §1 (The Cambridge Econ. Hist. of Europe I, hg. M. M. POSTAN) – G. BOIS, Crise du Féodalisme, 1976 – R. FOSSIER, Enfance de l'Europe, 1–2, 1982 – E. THOEN, Landbouw-

ekonomie en bevolking in Vlaanderen gedurende de late Middeleeuwen en het begin van de Moderne Tijden, 1988, 1, 300ff.

II. DEUTSCHLAND/MITTELEUROPA: Der enorme Anstieg der Bevölkerungszahl, die Steigerung der Agrarproduktion, die Ausweitung von Handel und Geldumlauf, das Aufblühen des Städtewesens und allg. die Entfaltung der arbeitsteiligen Verkehrswirtschaft haben im hochma. Deutschland in unterschiedl. Maße die G. beeinflußt und allmähl. den Zerfall des frühma. Villikationssystems bewirkt. Der Auflösungsprozeß setzte in einigen Gegenden bereits im 11. Jh. ein, verstärkte sich im 12. Jh. und vollendete sich dann in der nachfolgenden Zeit, so daß die alte Fronhofwirtschaft gegen Ende des 13. Jh. im allg. ihr Ende gefunden hatte. In Lothringen und einigen w. Reichsteilen begann dieser Prozeß offenbar am frühesten und führte hier bereits im 12. Jh. zu bedeutsamen Veränderungen. Im so.-dt. Raum setzte der Zerfallsprozeß dagegen etwas später ein und endete in einigen bayer. und österr. G.en erst im Laufe des 14. Jh.

Bei der Auflösung der →Villikationen, die sich in den einzelnen Landschaften nach unterschiedl. Mustern und Zeitabläufen vollzog, erscheinen zwei Hauptformen: Zum einen ein Prozeß, bei dem die grundherrl. Eigenwirtschaft mitsamt den zugehörigen Sallandflächen völlig aufgelöst wurde; auf dem Salland entstanden dabei entweder neue Bauerngüter oder das Land wurde systemat. parzelliert. Zum anderen ein Vorgang, bei dem der Kernbestand des alten Fronhofs an einen Bauern verpachtet wurde. Viele sog. Meier-, Kell- oder Dinghöfe dieser Kategorie dienten den Grundherren aber weiterhin als Zinssammelstellen oder auch als Sitz der grundherrl. Hofgerichte, die für die alten Hofrechtsverbände (familiae) zuständig blieben. Da die→Frondienste durch den Rückgang der grundherrl. Eigenwirtschaft größtenteils überflüssig geworden waren, wurden sie überwiegend in Geldrenten umgewandelt.

Im Verlauf des hochma. Wandels der G. ist es aber keineswegs zu einer totalen Aufgabe der grundherrl. Eigenwirtschaft im ma. Deutschland gekommen. Viele Grundherren bewirtschafteten weiterhin einige Herrenhöfe in eigener Regie und unterhielten bes. am G.szentrum einen eigenbebauten Wirtschaftshof. Eine ausgedehnte, marktorientierte Eigenwirtschaft betrieben im 12. und 13. Jh. v. a. die neuen Kl. der Zisterzienser und Prämonstratenser (→Grangien). Insgesamt kam es im Zuge der Auflösung der Villikationen aber durchaus zu einer beträchtl. Reduzierung der grundherrl. Eigenwirtschaft; die wirtschaftl. Verflechtung von Herrenhöfen und abhängigen Bauernhöfen wurde dadurch weitgehend aufgehoben, die persönl. Bindung der Hörigen an die G. gelockert. Die Bauern erlangten in vielen Gegenden außerdem eine höhere →Freizügigkeit und mehr Rechte an Hof und Leihegut. Infolge des Aufstiegs der→Ministerialität und der Bildung einer umfangreichen, auf grundherrl. Basis lebenden Ritterschaft kam es zur Entstehung zahlreicher Kleing.en. Die geistl. und weltl. Fs.en benötigten für ihre beträchtl. Dienst- und Lehnsmannschaften eine grundherrl. Ausstattung und verwandten dafür einzelne Villikationen und aufgeteilte G.komplexe. Für die hörige Bauernschaft brachte der Aufstieg der Ministerialen und Ritter eine beachtl. Zunahme der Zahl der Feudalherren mit sich und bescherte ihnen vermehrte Abgabenforderungen. Ferner läßt sich beobachten, daß die Herrenrechte, die in der frühma. G. vereint waren, zunehmend in grund-, leib- und gerichtsherrl. Einzelrechte segmentiert wurden. Dazu kamen allg. Entwicklungstendenzen wie die fortschreitende Entpersönlichung von G.rechten und ihre Reduzierung auf bestimmte Grundstücke, ferner die starke Mobilisierung vieler G.rechte und die Ausbreitung vertragsrechtl. Formen der Landvergabe (Erbpacht, Zeitpacht [→Emphyteusis, →Pacht]).

Das 14. und 15. Jh. kennzeichnen ein starker Bevölkerungseinbruch und eine langdauernde Agrarkrise, die vielen Grundherren große Schwierigkeiten bereitete. Während es in den ostdt. Gebieten zur allmähl. Herausbildung der →Gutsherrschaft kam, sind auch in den westdt. Gebieten bestimmte Wandlungen der Agrarverfassung, wenn auch nicht so tiefgreifende, festzustellen. Um die bäuerl. Abwanderung in die Städte einzudämmen, intensivierten viele Grundherren im SW ihre leibherrl. Rechte. Dies bedeutete in rechtl. Hinsicht die weitgehende Einengung bäuerl. Mobilität sowie die Erhöhung leibherrl. Abgaben. In bezug auf die verschiedenen G.stypen im Umfeld unterschiedl. Herrschaftsträger müssen im SpätMA bes. die landesherrl., die adlige, die geistl. und die bürgerl.-städt. G. Beachtung finden. Sie besitzen viele gemeinsame Züge, aber auch unterschiedl. Elemente in Größe, Gestalt und Organisationsstruktur.   W. Rösener

Lit.: W. WITTICH, Die G. in NW-Dtld., 1896 – CH.-E. PERRIN, Recherches sur la seigneurie rurale en Lorraine, 1935 – A. DOPSCH, Herrschaft und Bauer in der dt. Ks.zeit, 1939 – F. LÜTGE, Gesch. der dt. Agrarverfassung, 1967² – P. BLICKLE, Agrarkrise und Leibeigenschaft im spätma. dt. SW (Agrar. Nebengewerbe und Formen der Reagrarisierung im SpätMA und 19./20. Jh., hg. H. KELLENBENZ, 1975), 39ff. – W. ABEL, Gesch. der dt. Landwirtschaft, 1978³ – PH. DOLLINGER, Der bayer. Bauernstand vom 9. bis zum 13. Jh., 1982 – Die G. im späten MA, 1–2, hg. H. PATZE (VuF 27, 1983) – W. RÖSENER, Bauern im MA, 1987³, 31ff.

III. ITALIEN: Bedingt durch die Invasionen der Völkerwanderungszeit, die byz.-got. Kriege und die erste Phase der langob. Landnahme gerieten die spätantiken Strukturen der Latifundienwirtschaft (→Großgrundbesitz) in Italien in eine schwere Krise. Erst im 7., 8. und 9. Jh. entwickelten sich in zunehmendem Maße Ansätze zu einer wirtschaftl. Reorganisation des Grundbesitzes. Der langsam, aber stetig fortschreitende Prozeß der Binnenkolonisation wurde von verschiedenen Kräften getragen: dem Kg. auf den kgl. Domänen (→Fiscus, →Königsgut), der Kirche (Kirchengut im Besitz von Bf.en, Taufkirchen und Kl.), dem grundbesitzenden weltl. Adel und den zahlreichen bäuerl. Gemeinden. V. a. das Kirchengut erfuhr im Lauf des FrühMA reichen Zuwachs. Bei der Verwaltung ihres Streubesitzes nutzten und verbesserten die großen Abteien die vielfältigen landwirtschaftl. Techniken und Produktionsmethoden zur Urbarmachung und bestmögl. Bodennutzung. Gefördert durch die organisator. Maßnahmen der Karolinger faßte v. a. im 9. Jh. das sog. Villikationssystem Fuß. In rudimentärer Form bereits in langob. Zeit vorhanden, beruhte die Stärke dieses Systems, das den Grundbesitz in die 'pars dominica' (Salland) und die von abhängigen Pächtern bewirtschaftete 'pars massaricia' aufgliederte, auf der engen Verbindung dieser beiden Sektoren, die durch die auf dem Herrenhof ('dominicum') geleisteten Frondienste sowie andere Lasten und Abgaben garantiert war. Die Wandlung der klass. Curtis vom agrarwirtschaftl. Betrieb zu einem Herrschaftszentrum basiert nicht zuletzt auf diesem wesentl. Element: Die großen G. entwickelten sich nämlich durch Privilegien und Immunitäten häufig zu Verwaltungseinheiten, in denen der Grundherr auch die niedere Gerichtsbarkeit ausübte. V. a. in der Poebene und in weiten Teilen Mittelitaliens verbreitet, setzte sich das auf der Curtis basierende G.ssystem im Gebirge, wo die Dorfgemeinschaften weiter bestanden, in den byz. geprägten Gebieten (→Exarchat, Pentapolis, Apulien, Kalabrien) und im langob.

gebliebenen Bereich (Benevent) in nur geringem Maße durch. Nicht zuletzt als Folge der Bedrohung durch →Ungarn und →Sarazenen wurde die Apenninenhalbinsel mit einem Netz von Castra (Castella) überzogen (→Incastellamentum; →Burg, C.III). In vielen Fällen stellt der Castrum-Bau nur die natürl. Evolution eines Systems der Grundbesitzverwaltung dar, das v. a. nach dem Verfall der Karolingerherrschaft in zunehmendem Maße »öffentl.« Herrschaftsaufgaben wahrnahm. In signifikanter Weise erhält der Begriff Curtis um das Jahr 1000 auch die Bedeutung von 'districtus publicus'. Herrschaftsträger der sich auf ein Castrum/Castellanum stützenden G.en waren neue Kräfte, v. a. ein – häufig nach langob. Recht lebender – Adel, der vielfach durch Usurpation von Kirchengut und grundherrl. Rechten der Kirche seinen Besitz erweiterte. Kl. und Kirchen versuchten im Gegenzug ihren Besitz neu zu konsolidieren oder kehrten zur Eigenwirtschaft zurück (bes. die →Zisterzienser, s. a. →Grangie). Die Aufsplitterung des Grundbesitzes war jedoch, nicht zuletzt durch Bevölkerungszuwachs, so weit fortgeschritten, daß neue Formen der Verwaltung des Grundbesitzes notwendig wurden. Im 13. Jh. wurde daher in manchen Regionen die *Mezzadria* (→Teilbau) eingeführt.

     B. Andreolli

Lit.: C. VIOLANTE, La società milanese nell'età precomunale, 1953 – M. DEL TREPPO, La vita economica e sociale in una grande abbazia del Mezzogiorno. S. Vincenzo al Volturno nell'alto Medioevo, Arch. Stor. per le antiche Province Napoletane XXXV, 1955 – P. GROSSI, Le abbazie benedettine nell'alto Medioevo it., 1957 – C. LUZZATTO, Breve storia economica dell'Italia medievale, 1958 – DERS., Dai servi della gleba agli albori del capitalismo, 1966 – G. CHERUBINI, Agricoltura e società rurale nel Medioevo, 1972 – P. TOUBERT, Les structures du Latium médiéval, 1973 – L. A. KOTEL'NIKOVA, Mondo contadino e città in Italia dall'XI al XIV secolo, 1975 – V. FUMAGALLI, Terra e società nell'Italia padana. I secoli IX e X, 1976 – B. ANDREOLLI – M. MONTANARI, L'azienda curtense in Italia. Proprietà della terra e lavoro contadino nei secoli VIII–XI, 1983 – G. CHERUBINI, L'Italia rurale del basso Medioevo, 1985.

IV. ENGLAND/BRITISCHE INSELN: Im frühma. England bestanden die großen G.en *(manors)* aus Herrenhöfen und jeweils einer Anzahl von Siedlungen mit ausgedehnten Flächen von unterschiedl. Nutzung. Die von diesen Herrenhöfen ausgeübte Herrschaft war stark, blieb aber lokal beschränkt. In Wales und Schottland bestand dieser kompakte G.styp das ganze MA hindurch fort; in England wurde er dagegen aufgelöst (→England, H.I, 1), wobei die norm. Eroberung den Wandlungsprozeß beschleunigte.

Eine aufgrund des →Domesday Book (1086) gezeichnete Karte der engl. G.en zeigt, daß nun der Kg. 17% der Ländereien besaß, die aber weitverstreut waren. Gleiches galt für die Besitzungen des neuen Adels; so besaßen die Earls →Warenne Land in 13 Gft.en, zentriert auf die 300 km voneinander entfernten G.skomplexe Conisborough in Yorkshire und Lewes in Sussex. Aufgrund dieser Besitzzerstreuung führten die großen Adligen ein Leben als Dauerreisende; gute Verwaltung ihrer Besitzungen durch eingesetzte Bedienstete war eine Grundbedingung ihrer Existenz. – Andere Verwaltungsstrukturen zeigten sich bei den Gütern der großen Abteien, die ebenso weitverstreut lagen wie die weltl. G.en. Sie dienten der Versorgung einer ortsfesten monast. Gemeinschaft. Die über 18 Höfe der →Ramsey Abbey in Huntingdonshire mußten turnusmäßig für ein bis zwei Wochen den Konvent mit Getreide, tier. Produkten u. a. Gütern beliefern. Dieses Versorgungssystem wurde *farm* (ae. *feorm,* lat. firma) genannt und war urspgl. allen großen G.en eigen, doch wurden die Naturalabgaben im Zuge der Entwicklungen des 11.–12. Jh. zunehmend in Geldzins umgewandelt.

Die Verwalter der großen G.en hatten im wesentl. zwei Möglichkeiten der Nutzung: die Verpachtung gegen eine feste Geldrente oder die Eigenbewirtschaftung. Die Verpachtung war bis in das 12. Jh. die beliebtere Betriebsform, da sie ein festes Einkommen mit geringeren Verwaltungskosten garantierte. Um 1200 setzte dennoch in vielen großen G.en ein Trend zur Eigenwirtschaft ein, mit Ausnahme der kgl. Landgüter, die weiterhin am Pachtsystem festhielten. Gründe für diese Entwicklung waren die rasche Inflation, die den Wert der festen Geldrenten verringerte, und die billige Arbeitskraft. Das 13. und die 1. Hälfte des 14. Jh. waren in England daher das Zeitalter des 'high farming', in dem die Blüte der großen G.en durch verschiedene Wirtschaftsfaktoren begünstigt wurde: Das Bevölkerungswachstum hielt zugleich die Arbeitslöhne niedrig und die Agrarpreise hoch. Es gab Formen von Spekulation: Getreide konnte vom Markt ferngehalten werden, bis ein Preisanstieg einsetzte; manche Herrenhöfe spezialisierten sich auf unterschiedl. Arten der Viehhaltung. Zur Verhinderung von Unterschlagungen wurde eine genaue Buchhaltung eingeführt, meist mit jährl. Rechnungslegung zu St. Michael (29. Sept.); vgl. z. B. die sog. *pipe rolls* des Bm.s →Winchester. Auf den G.en bildeten sich bes. Verwaltungsstrukturen heraus (*steward* [*senescallus*], dem die *bailiffs* [*baillivi*] unterstanden; *peasant reeve* [*serviens*] für jeden einzelnen Herrenhof). Der Schwarze Tod von 1348–49 (→Epidemien) versetzte diesem System den Todesstoß. Arbeitskräfte wurden schlagartig teurer; die Gesetzgebungen von 1349 und 1351 verfehlten ihr Ziel, die Festschreibung der Löhne. Durch den nach 1370 einsetzenden Preisverfall schwand die Möglichkeit einer gewinnbringenden Eigenbewirtschaftung von Landgütern. Die großen Herren, die auf Stabilität und die Absicherung ihrer Einkünfte bedacht waren, reagierten auf diese Entwicklung nur langsam. Aus psycholog., nicht aus ökonom. Gründen kehrten zahlreiche Herren erst am Ende des 14. Jh., nach den Krisenjahren (vgl. →Peasants' Revolt, 1381), zum Pachtsystem zurück. Im 15. Jh. wurden, ähnlich wie vor 1200, viele Herrenhöfe verpachtet, manchmal an Ritter (*knights*), öfter aber an reiche Bauern (→*yeomen*), entweder an Einzelpersonen oder an dörfl. Gemeinschaften. E. King

Lit.: N. Denholm-Young, Seignorial Administration in England, 1937 – R. Lennard, Rural England (1086–1135), 1959 – F. R. H. du Boulay, The Lordship of Canterbury, 1966 – D. Oschinsky, Walter of Henley and other Treatises on Estate Management and Accounting, 1971 – The Agrarian Hist. of England and Wales, hg. J. Thirsk, I, 2, 1972; II, 1988; III [im Ersch.] – E. J. King, Peterborough Abbey (1086–1310), 1973 – P. D. A. Harvey, Manorial Records of Cuxham, Oxfordshire (c. 1200–1359), 1976, Introd. – B. F. Harvey, Westminster Abbey and its Estates in the MA, 1977.

V. Iberische Halbinsel: Die G.en im N des Duero entstanden v. a. durch das Aufgehen kleiner ländl. Besitzungen in ihnen oder auch durch bedeutende kgl. oder sonstige Schenkungen. In der Herrschaft des Grundherrn mischten sich auf dem Grundbesitz beruhende Rechte mit anderen, die aus der Ausübung von Herrschafts- und Gerichtsrechten herrührten. Erstere waren älteren Ursprungs; viele Herrschaften, v. a. im N des Duero, waren zu Beginn *Señoríos territoriales*, in denen die Bauern für die von ihnen bearbeiteten Parzellen Frondienste (*opera, labores, sernas* und *searas*, im 12./13. Jh. schwindend) oder Geld- bzw. Naturalabgaben (*infurción, martiniega* und *marzazga*) leisteten; hinzu traten später die bei Landverpachtungen üblichen Leistungen (*precarium,* →*prestimonio, complantatio, foro, censo*). Das Bestreben der Grundherren, die Bauern in Formen persönl. Abhängigkeit zu zwingen, wurde begünstigt durch kgl. Immunitätsverlei-

hungen an große klösterl. G.n wie auch durch Weiterverleihung und damit Entfremdung von Regalien. Damit gewannen die Grundherren bes. Rechte und Einkünfte: für Rechtsprechung (→*caloñas, homicidio, tasas*), Gastung *(yantar)*, Todfall (nuncio [Besthaupt], *mañería*), Eheschließung *(rauso, ossas)*, Beitrag zum Heeresdienst *(fonsadera,* →*anubda)* u. a. Lasten (z. B. *pechos, pedidos, obsequios*), darüber hinaus für Backöfen- und Mühlenbann usw. sowie, wenn auch nicht überall in gleichem Maße, für die Nutzung von Brachland *(montazgos)* sowie Verkehrswegen *(portazgos, peajes)*. Im Rahmen ihrer Herrschaftsrechte verkündeten die Grundherren auch *fueros* und *ordenanzas*, ernannten *officiales* und kontrollierten das dörfl. Gemeinwesen *(concejo campesino)*. Im Laufe des 12. Jh. wurden zahlreiche Verpflichtungen durch →*Fueros* schriftlich fixiert, sowohl auf Königsgut (→*realengo*) als auch in weltl. *(solariego,* →*behetría)* oder geistl. *(abadengo)* Herrschaften. Dieses Herrschaftsmodell wurde seit dem Ende des 11. Jh. auf die eroberten Gebiete (→*Reconquista,* →*Repoblación*) übertragen, teilweise aber in modifizierter Form, da hier bäuerl. Hörigkeit oder Schollenpflichtigkeit als Rechtsform nicht existierten. Meistens wurden hier kleinere Besitzungen entweder zu vollem Eigen oder aber zu immerwährendem Nießbrauch *(dominio útil)* geschaffen, mit Verpflichtung zu Gerichtsabgaben an den König (im *realengo*) oder an andere Herren, z. B. den Ebf. v. Toledo oder die Ritterorden (in den *maestrazgos*). Andererseits entstanden die meisten großen weltl. oder geistl. *(donadíos)* G.n im S des Tajo, ohne zur Jurisdiktion eines Herrn zu gehören. Auch viele städt. →*concejos* beherrschten große Ländereien *(tierra, alfoz)*, oft in Form einer Art von Gemeinherrschaft *(señorío colectivo)*. Die Trennung von Eigentum an Grundbesitz und Ausübung der dazugehörenden Gerichtsbarkeit wirkte sich im 14. und 15. Jh. in vielen G.n v. a. zugunsten des weltl. Adels aus. In ihnen übte der Grundherr nur noch die Gerichtsrechte über die Ansiedlung als solche aus, im 15. Jh. samt den Einkünften aus dem kgl. (→*alcabalas, aduanas*) oder kirchl. Finanzwesen *(diezmo)*, obwohl er immer noch ausdrücklich der kgl. Gewalt und ihrer Obergerichtsbarkeit unterstand. – Zur G. in Katalonien/Aragón→señorío/senyoriu. M. A. Ladero Quesada

Lit.: S. de Moxó, Los señoríos: cuestiones metodológicas que plantea su estudio, AHDE 43, 1973, 271–310 – M. A. Ladero Quesada, Aristocratie et régime seigneurial dans l'Andalousie au XVᵉ s., Annales 38, 1983, 1346–1368 – Estructuras feudales y feudalismo en el mundo mediterráneo (siglos X–XIII), 1984 – J. A. García de Cortázar, La sociedad rural en la España Medieval, 1988 – D. Vassberg, Land and Society in Golden Age Castile, 1984.

VI. Baltische Länder und Litauen: Die Existenz einer G. in den balt. Ländern vor der dt. Eroberung war lange umstritten, da die Q. darüber dürftig, ungenau und zufällig sind. Indes lassen sich sowohl im Esten-, wie im Liven- und Lettenlande, aber auch bei den →Semgallern und →Kuren mindestens Elemente oder Anfänge einer solchen nachweisen: die Verwendung von Namen einzelner Kleinfs.en für von ihnen beherrschte größere oder kleinere, mitunter in Streubesitz befindl. Landgebiete. V. a. bei den →Esten gab es ausgeprägte und lange wirksame genossenschaftl. Zusammenschlüsse in größeren Marken (Kiligunden) od. kleineren Dorfgebieten (Wacken oder Pagasten). Das nach der dt. Eroberung eingeführte →Lehnswesen trat an die Stelle der alten agrar.-sozialen Verhältnisse. Die neuen Landesherren erkannten keinerlei Allodialbesitz an, sondern nur den von ihnen ausgetanen Lehnsbesitz. Das führte seit der 2. Hälfte des 13. Jh. zu grundlegenden Veränderungen. Das anfängl. Zinslehen wurde zum Landlehen, als die auf landesherrl. Burgen sitzenden ritterl. Vasallen nach der fortschreitenden Befriedung des Landes von eigenen Burgen oder Rittersitzen aus ihre Grund- zur →Gutsherrschaft ausbauten. Sie erweiterten ihren Besitz durch ein in Livland stets streng gewahrtes →Heimfallrecht bäuerl. Eigentums an den Grundherrn sowie durch Kauf, Schenkung usw. Eigenwirtschaften betrieben dagegen die Kl. und der →Dt. Orden, der erst im späten 15. und v. a. im 16. Jh. auch meist kleine Lehen als G.en austat.

In Litauen gab es bei Einsetzen der schriftl. Nachrichten bereits eine Art G. (Verwendung der Begriffe 'familia', 'hereditas'). Mit der Festigung der Herrschaft der Gfs.en, die ein Obereigentum an Boden und Leuten durchsetzten und zugleich eigene G.en ausbauten (bes. in Aukštaiten), begann sich eine adlige G. zu entwickeln, die im 15. Jh., auch unter poln. Einfluß, fortgebildet wurde, wobei sich die Lage der Bauern verschlechterte. Seit 1387 (1. Privileg eines Gfs.en [→Jagiełło] für den Adel) entwickelte sich die adlige G. ähnl. wie in Polen und auch in den ostslav. besiedelten Teilen des Gfsm.s →Litauen. →Bauer, Bauerntum, D.X; →Dorf, F.　　　　　M. Hellmann

Lit.: P. Johansen, Siedlung und Agrarwesen der Esten im MA, 1925 – H. Bosse, Der livländ. Bauer am Ausgang der Ordenszeit (bis 1561), 1933 – Z. Ivinskis, Gesch. des Bauernstandes in Litauen, 1933 [Lit.] – W. Conze, Agrarverfassung und Bevölkerung in Litauen und Weißrußland, I: Die Hufenverfassung im ehem. Gfsm. Litauen, 1940 [Lit.] – M. Hellmann, Das Lettenland im MA, 1954, 223ff. – H. Moora – Ch. Ligi, Chozjastvo i obščestvennyj stroj narodov Pribaltiki v načale XIII veka, 1969 – R. Volkaité-Kulikauskiené, Lietuviai IX–XII. amžiais, 1970 – C. Goehrke, Siedlungsgesch. des Ostbaltikums, ZOF 37, 1988, 481–554 [Lit.].

VII. Skandinavien: Der Grundbesitz von Adel und freien Bauern war Allodialbesitz. Ein Lehnssystem existierte ledigl. in Form des Versorgungslehens für Mitglieder des Kg.shauses. Die Zahl der freien Bauern war bes. in Schweden groß. Um ca. 1050 haben Kg. und Adel über Grundbesitz verfügt. In den folgenden beiden Jahrhunderten erhielt die Kirche durch Schenkungen des Kg.s und der Großen beträchtl. Grundbesitz. Aus der kgl. Hofgefolgschaft (hirð, →hirdskrá) entwickelte sich ein grundbesitzender Dienstadel.

In →Norwegen, wo aufgrund der Naturgegebenheiten Macht und Einkünfte der Grundherren gering waren, erlangte die Kirche ausgedehntere Privilegien als der Adel. Die Grundherren übten nur in geringem Maße Herrschaft über die Bauern (in der Mehrzahl wohl Zinsbauern) aus. Insbes. die Kirche hatte häufig nur anteiligen Besitz an den jeweiligen Höfen. Die Entwicklung der G. verlief in →Dänemark und →Schweden ähnlich, wobei sich Neuerungen zuerst und vorrangig in Dänemark durchsetzten. Die dän. G. war weitgehend als Fronhofwirtschaft (mansiones; →Fronhof) organisiert und wurde im 12. Jh. wohl hauptsächl. mit Hilfe von freien und unfreien Dienstleuten, im Laufe des 13. Jh. dann durch →Kossäten (garthsætæ) betrieben. Das Villikationssystem war auch in den mittelschwed. Regionen von Bedeutung, aber nach neuerer Auffassung war mansio hier eher eine fiskal. Einheit. Eine Kossätenschicht gab es in Schweden nicht. Die Zinsbauern (landbo) bildeten auch in Dänemark und Schweden die größte Gruppe innerhalb der Bauernschaft. Nach den Gesetzen war die Pacht ein freies Vertragsverhältnis. Für den dän. Bereich ist es jedoch schwierig, den Wortlaut der Gesetze des 13. Jh. mit den tatsächl. Gegebenheiten in Einklang zu bringen. Urkk. und Urbare um 1300 zeigen, daß Pachthöfe in der Umgebung großer Meierhöfe lagen und die Aufgabe hatten, Arbeitskräfte für den Meierhof zu stellen, wenn auch der →Frondienst auf zwei bis acht Tage

im Jahr beschränkt war. In Dänemark befreiten bereits im 12. Jh. weitreichende Privilegien die geistl. Grundherren von den Abgaben und gewährten kgl. Bußeinnahmen. Der Adel (jedoch nicht dessen Zinsbauern) war nach dem Jütschen Recht von 1241 (→Jyske Lov) von allen Abgaben an den Kg. befreit. Um 1300 waren nicht allein die Meier, sondern auch die Zinsbauern Dienstleute des Grundherrn und standen als solche unter seinem Schutz. Die Ledungssteuer (→Leding) der Zinsbauern fiel nunmehr den geistl. und adligen Grundherren zu.

Im 14. Jh. brach das Villikationssystem weithin zusammen, die Meierhöfe wurden aufgeteilt, die Schicht der Kossäten löste sich weitgehend auf. Die Auswirkungen der Pest, Arbeitskräftemangel, wüstgefallene Höfe (→Wüstung), Abgabenrückgang führten in Dänemark und Schweden schließlich zur Konzentration des adligen Grundbesitzes auf wenige Adelsgeschlechter, in Norwegen fast zum Untergang von Adel und Kgtm. Die spätma. Grundherren lassen sich als Empfänger von →Renten charakterisieren, obwohl sie selbst für den Absatz der Naturalabgaben ihrer Pachtbauern sorgen mußten. Die rechtl.-soziale Lage der dän. Bauern verschlechterte sich. Die Stellung der freien Bauern war mit der der Pächter der Krone vergleichbar. Die Pachtbauern der geistl. und adligen Grundherren unterlagen seit 1513 bzw. 1523 dem grundherrl. Hals- und Handrecht. Auf Seeland wurde die Schollenbindung eingeführt. →Bauer-, -ntum, D.VIII; →Dorf, C.　　　　　E. Ulsig

Lit.: KL IV, 670–693 – A. Holmsen, Norges hist. fra de eldste tider til 1660, 1939, 1977⁴ – P. J. Jørgensen, Dansk Retshistorie, 1940, 1947² – C. G. Andræ, Kyrka och frälse i Sverige under äldre medeltid, 1960 – C. A. Christensen, Ændringerne i landsbyen …, HTD 12.r.I, 1964, 257–349 – K. Helle, Norge blir en stat 1130–1319, 1964, 1974² – E. Ulsig, Danske Adelsgodser, 1968 – T. Lindkvist, Landborna i Norden under äldre medeltid, 1979.

Gründner, im →Bergbau tätige dt. Unternehmer des 13.–14. Jh., die sich in den Bergstädten →Ungarns – vielfach in Verbindung mit Adligen, deren Güter in die Stadtgemarkung einbezogen wurden – zu Konsortien zusammenschlossen, die sich vom Kgtm. im Namen der betreffenden Stadt die Grundbesitz- und Gerichtsrechte übertragen ließen. Die G. bauten ihre Wohnhäuser am 'Ring', verteilten Bergwerke und Gemarkung (bes. Waldbesitz), in der sie später Dörfer gründeten (sog. dt. »Ring- und Waldbürger«), als Erblehen untereinander, monopolisierten die 'regalia minora' (Weinschank, Marktbuden, Fleischbänke), übten Gerichtsbarkeit sowie Bestellung von Richtern und Pfarrern aus und verfügten allein über das aktive und passive Wahlrecht. Die in städt. Rechtstexten weithin unerwähnte, erst von K. Schünemann entdeckte Institution der G. zählte in →Kremnitz und →Schemnitz 42, in Neusohl 36 Mitglieder (O. Paulinyi).　　　　　E. Fügedi

Lit.: K. Schünemann, Die Gründung von Kremnitz und das Kremnitzer Bergrecht, Karpathenland I/1928 – O. Paulinyi, Eigentum und Gesellschaft in den niederung. Bergstädten (Der Außenhandel Osteuropas 1450–1650, hg. I. Bog, 1971).

Gründonnerstag. Name möglicherweise vom »Greinen« der Büßer abgeleitet, nicht von der Farbe (anders im Ndl.: »Witte Donderdag«), unterschiedl. Namen weisen auf verschiedene Aspekte des G.s hin: »Antlaßtag« (= Entlassung aus der Buße), frz. »Jeudi-Saint« (früher: »Jeudi absolu«), engl. »Maundy Thursday« (von Mandatum; Fußwaschung), »Coena Domini« (Einsetzung der Eucharistie), →Abendmahl. Seit dem FrühMA gilt G. als der erste Tag des Triduum sacrum, →Karwoche; der abendl. Gottesdienst wird ab dem 11. Jh. immer mehr auf den

Morgen verlegt (bis 1955). Ursprgl. selbständige Feiern, die z. T. für die Feier von Ostern erforderl. sind, wachsen zusammen: a) Weihe der Hl. Öle (Kranken-, Katechumenenöl, Chrisam) in der letzten Eucharistiefeier vor der Initiation in der Osternacht; b) Wiederaufnahme der in einem öffentl. Bußverfahren ausgeschlossenen Büßer in die Kirche (→Buße [liturg.-theol.], D.2c, d); c) Fußwaschung als Zeichen der Gastfreundschaft wurde v. a. in kl. Gemeinschaften gepflegt; als dem G. eigene Handlung gemäß Joh 13,1–15 wird das Mandatum (so genannt nach der einleitenden Antiphon der Begleitgesänge) in Spanien (17. Konzil v. Toledo – 694) und Gallien (Amalar) bezeugt. In den röm. Liturgiebereich wird die Fußwaschung mit dem Pontificale-Romano-Germanicum (10. Jh.) übernommen, später als Element der Kathedralliturgie reich entfaltet. d) Für die Kommunion des Zelebranten am Karfreitag (→Karwoche) wird die Eucharistie aufbewahrt; beeinflußt von der aufbrechenden Eucharistie-Verehrung des 12./13. Jh. wird der Ritus entfaltet und stilisiert: Kelch als Grab. Die 40stündige Grabesruhe Christi wird durch das →Heilige Grab dargestellt (obwohl Karfreitag erst folgt). e) Allegorisierend gedeutet und ritualisiert wird das Abdecken der Altäre (denudatio altarium); anstelle der Glocken bis Ostern hl. Stille.

K. Küppers

Lit.: H. SCHMIDT, Hebdomada Sancta, 2 Bde, 1956/57, passim [Lit.] – HJ. AUF DER MAUR, Feiern im Rhythmus der Zeit, I (Gottesdienst der Kirche 5, 1983), 102–107 [Lit.].

Grundrente → Rente

Grundruhr (Schiffbruch, Wrak, lat. ius naufragii), Teilbereich des altertüml. →Strandrechtes (ius littorum). Da während des ganzen MA der Schiffsverkehr (→Schiffahrt, →Binnenschiffahrt) eine bedeutende Rolle spielte, kam der G. als dem Recht auf Aneignung von Gegenständen, die durch Unfall auf dem Wasser herrenlos geworden waren, auch im Binnenverkehr große Bedeutung zu. Während der Schiffbruch auf dem Meer noch lange die Versklavung von schiffbrüchigen Fremden bzw. Andersgläubigen einschloß, beschränkte sich die G. bei Binnengewässern schon frühzeitig auf die Aneignung von Sachgütern. Auch Wagen, die auf Brücken oder in Furten umstürzten, wurden samt ihrer Ladung davon umfaßt. Zunehmender städt. Warenverkehr und die Kreuzzüge führten seit etwa 1100 zu einer Bekämpfung der G. In Weiterführung von Konzilsbeschlüssen kam es zu einer restriktiven Kaisergesetzgebung. Ein Bezug der Rechtspraxis auf die gleichlaufende röm. Kaisergesetzgebung wird erst Ende des 14. Jh. greifbar. Das röm. Recht ging von der Fortdauer des →Eigentums aus und billigte demgemäß dem Eigentümer einen Rückgabeanspruch zu. Die spätma. Reichsgesetzgebung stempelte die G. zum Straßenraub und Landfriedensbruch. Dementsprechend verbot sie die Carolina von 1532 (Art. 218). Die G.gesetzgebung des Reiches basierte auf einem im 13. Jh. allenthalben durchgesetzten Regalienanspruch (→Regalien), der seinen Ausdruck in zahlreichen städt. Schutzprivilegien fand. Die Landesherren benutzten das von ihnen beanspruchte Strandregal in der Folge häufig zur Forderung nach einem grundsätzl. Verzicht auf die G. Die Abschaffung der G. führte dazu, daß an Stelle des Aneignungsrechtes ein Bergelohn tritt, der allgemein anerkannt und auch von der Kirche sanktioniert war (Lohntaxe: ein Drittel des Wertes bei Bergung auf See [später vielfach reduziert auf 18%] und 5% bei Bergung am Strand). Empfänger des Bergelohnes waren in länderweise unterschiedl. Aufteilung der Regalieninhaber und der Grundeigentümer bzw. Bergende. H. Lieberich

Lit.: DtRechtswb IV, 121ff. – GRIMM, DWB IV, 1/6, 888f. – HOOPS II, 22–HRG I, 1856ff. [H. LIEBERICH] – F. TECHEN, Das Strandrecht an der mecklenburg. Küste, HGBll 12, 1906, 171ff. – H. ROTHHARDT, Der Kampf Lübecks gegen die Ausübung des Strandrechts im Ostseeraum, 1938 – V. NIITEMAA, Das Strandrecht in Nordeuropa im MA, 1955.

Grundstücke, Bezeichnung für abgegrenzte – bebaute wie unbebaute – Teile der Erdoberfläche erscheint Ende des 16. Jh. anstelle älterer, allgemeiner oder spezialer Begriffe wie *grunt* (lat. fundus, praedium), *ein stuck (landes)*; *word, wurt, hovestat,* area (Haus-, Hof-G.). Sachenrechtliches Charakteristikum der dt. und verwandten Rechte ist die strenge Differenzierung der G. (*ligende grünt,* immobilia), einschließl. ihrer Bestandteile von den bewegl. Sachen (→Fahrhabe).

Neben Bodenflächen des Gemeingebrauchs (→Allmende) kennt bereits die germ. Zeit G., die in Sondereigentum stehen, vorab die Hofstätte, wohl aber auch Äcker, wie sie von der Archäologie in festumrainter Anlage und unterschiedl. Größen für die Epoche zu Beginn unserer Zeit nachgewiesen sind. Gegenüber diesem Befund verlieren die verallgemeinernden Nachrichten antiker Autoren, insbes. Caesars (Bell.Gall. IV 1, VI 22), über das altgerm. Bodenrecht an Gewicht.

Deutlicher wird die individuelle Zuordnung von G.n in der frk. Zeit. Mit der →chrenecruda überliefert die Lex Salica (c. 58) eine altertüml. Auflassungsform. Die Lex Baiuvariorum behandelt den Nachbarstreit um Grenzzeichen – Raine, Steine, Baummarkierungen – (XII 4), erwähnt *erbeigen* (in alodem) überkommene Liegenschaften (XII 8) und hebt die Kombination von Sachherrschaft mit Nutzung durch Arbeit als Grundgedanken des frühma. Immobiliareigentums hervor (XVII 2). Verfügungen über G. begegnen nun häufiger, zumeist handelt es sich um →Schenkungen an Kirchen und Kl. Die Übertragung wird in zwei Akten auf dem G. selbst vollzogen: Dem dingl. Veräußerungsvertrag (sala) unter Beiziehung von Zeugen und Verwendung von Sachsymbolen (Erdscholle, Zweig, Halm), später gelegentl. ersetzt durch Übergabe mittels Urkunde (traditio per cartam), folgt die Einsetzung des Erwerbers in die →Gewere (investitura), ersatzweise die verbale und handlungssymbol. Auflassung (se exitum dicere) durch den Veräußerer. Bestimmend ist bei all diesen Vorgängen das Offenkundigkeitsprinzip. Die Verfügung eines zum Hausgut gehörenden G.s unterliegt Beschränkungen zum Schutz der teilhabenden bzw. anwartschaftsberechtigten Hausgenossen/Erben (Wart-, →Beispruchsrechte).

Wenngleich der Wert insbes. ländl. G. primär immer noch in den Nutzungsmöglichkeiten gesehen wird, kommt es unter städt. Einfluß im weiteren Verlauf zu wachsender Bodenmobilität, die ihrerseits zu neuen Übertragungsformen und zur Abschwächung der Verfügungsbeschränkungen führt. Auf dem Land wird die gerichtl. Auflassung durch (Sachsenspiegel, Ldr. I 52 § 1), in den Städten bilden sich zudem Anfänge des Grundbuchwesens (→Grundbuch) heraus. Die alten Wart- und Beispruchsrechte schwinden und verkümmern häufig zu bloßen Einstands- (Retrakt-, →Näher-)Rechten. Familiengebunden ist namentl. das städt. G. des SpätMA in der Regel nur noch als Erbgut, während der Eigentümer über eine rechtsgeschäftl. erworbene Liegenschaft (Kaufgut) frei verfügen kann.

Seit frk. Zeit begegnen beschränkte dingl. Rechte an G.; ihre Vielfalt und Bedeutung erweitert sich kontinuierlich. Als wichtigstes ist die G.s→Leihe (→praecaria) zu nennen, die dem Beliehenen ein Nutzungsrecht am G. gewährt. In den Städten, aber auch in freibäuerl. Siedlungen erscheint sie seit dem hohen MA als Erbleihe (→Emphyteusis), die allmählich dem Eigentum angenähert wird. Lebenszeitige Nutzung eines G.s tritt unter dem Begriff des →Leibgedinges in Erscheinung. Die Belastung von G.n mit Pfandrechten (→Pfand) erfolgt in den Formen des Substanz- und des Nutzungspfandes, wobei neben der Kreditsicherung sehr unterschiedl. Zwecke (z. B. →Seelgerätstiftung, Liegenschaftsarrondierung durch Pfandverfall, Dauernutzung des G.s, Verrentung) verfolgt werden.

Erheblich beschränkt ist der freie Gebrauch des G.s durch die zahlreichen ma. Rechtsbefugnisse, die dem →Nachbarn zustehen. H. Drüppel

Lit.: DtRechtswb IV, 1159ff. – HOOPS² VI, 561ff. [G. KÖBLER, s. v. Eigentum] – HRG I, 886ff. [H. R. HAGENMANN] – W. ARNOLD, Zur Gesch. des Eigentums in den dt. Städten, 1861 – R. SOHM, Zur Gesch. der Auflassung (Festg. H. THÖL, 1879), 79ff. – O. v. GIERKE, Dt. Privatrecht II, 1905, 347ff. – V. ERNST, Die Entstehung des dt. Grundeigentums, 1926 – R. HÜBNER, Dt. Privatrecht, 1930⁵, 181ff., 198ff. – W. MERK, Die G.übertragung nach dem alem. Volksrecht (Fschr. E. MAYER, 1932), 125ff. – H. CONRAD, Liegenschaftsübereignung und Grundbucheintragung in Köln während des MA, 1935 – F. LÜTGE, Die Agrarverfassung des frühen MA im mitteldt. Raum, vornehml. in der Karolingerzeit, 1957² – P. VOSER, Die altdt. Liegenschaftsübereignung von ihren Anfängen bis zum Beginn der Rechtsbücherzeit, 1957 – H. CONRAD, Dt. Rechtsgesch. I, 1962², 10, 44f., 82f., 165f., 427ff. [Lit.] – H. MITTEIS – H. LIEBERICH, Dt. Privatrecht, 1981⁹, 95ff. – D. JOSWIG, Die germ. G.übertragung, 1984.

Gründungsstadt → Gründerkonsortium

Grüninger, Johann, Druckerverleger, † 1531/33 in Straßburg, nannte sich auch Johann Reinhardi und stammte aus Markgröningen (Württemberg). Nach einer Lehrzeit in Basel, wo er 1480 in einem Rechtsstreit erwähnt wird, erwarb G. 1482 das Bürgerrecht von Straßburg. Hier trat er in die Zunft »Zur Steltzen« ein und begründete in der Schlauchgasse eine Offizin. G. entfaltete eine ungewöhnl. vielseitige und produktive Tätigkeit, z. T. auch als Lohndrucker für andere dt. Verleger (M. Flach, P. Drach, A. Koberger). Höhepunkte seines Schaffens stellen die liturg. Drucke und die deutschsprachigen illustrierten Bücher dar, für deren Ausstattung führende Holzschnittkünstler herangezogen wurden. Seit 1496 waren die Holzschnitte derart mit Schraffuren versehen, daß sich eine Kolorierung erübrigte. In seinem Unternehmen arbeiteten bedeutende Gelehrte als Berater und Korrektoren mit. Mit seinen 34 Typenalphabeten übertraf er alle dt. Kunstgenossen. G. verwendete drei Signete und brachte an die 300 Titel heraus. S. Corsten

Lit.: F. GELDNER, Die dt. Inkunabeldrucker I, 1968, 71–75 – E. WEIL, Die dt. Druckerzeichen des 15.Jh., 1970², 98f. – J. BENZING, Die Buchdrucker des 16. und 17.Jh. ..., 1982², 437f.

Grusinien → Georgien

Gruuthuse, große fläm.-brabant. Adelsfamilie, benannt nach einem Lehen, das Grutrechte (→Bier, I) und einen Fischzehnten in →Brügge einschloß. Im 13.–14.Jh. waren die G. durch den Besitz der Herrlichkeit →Grimbergen auch im Hzm. →Brabant einflußreich. *Johann* (Jan van der Aa), Herr v. Grimbergen und G., war 1372–96 Mitglied des hzgl. brabant. Rats und 1372–78 *drossaard* (→Truchseß) des Hzm.s. Offenbar trat er 1381 in die Dienste des Gf.en v. →Flandern über. Sein gleichnamiger Sohn war Militärhauptmann der Stadt Brügge. Dessen Sohn *Ludwig* (Lodewijk) *v. Brügge* (* ca. 1420, † 26. Nov. 1492) zählte zu den namhaftesten Adligen am Hof v. →Burgund. Militärhauptmann v. Brügge und 1453 Ritter, leitete er 1460 und 1461 mehrere burg. Gesandtschaften (→Gesandte, B. VI) an die Höfe v. England und Schottland, die das enge Bündnis Burgunds mit dem Hause →York einleiteten.

1461 wurde L. zum Ritter des →Goldenen Vlieses erwählt. 1463 berief ihn der Hzg. in das hohe Amt des Statthalters v. →Holland und →Seeland, das vorher Hennegauer Adligen vorbehalten gewesen war. L. heiratete Margarete van Borselen, aus großem Seeländer Adel. 1465–67 präsidierte er erneut mehreren vornehmlich mit Flamen besetzten burg. Gesandtschaften, die die Heirat Karls des Kühnen mit Margarete v. York und den anglo-burg. Handelsvertrag vereinbarten. Der vom Earl of →Warwick entthronte Kg. →Eduard IV. fand Zuflucht in L.s Palästen zu Den Haag und Brügge; der Kg. bewunderte L.s reiche Bibliothek, aus der er Hss. kopieren ließ (Okt. 1470–Febr. 1471). Wieder auf den Thron gelangt, verlieh Eduard den G. zum Dank die Gft. →Winchester (15. Okt. 1472). Während L., bedingt durch partikularist. Bestrebungen, seine holl.-seeländ. Statthalterschaft räumen mußte, behielt er das Hauptmannsamt v. Brügge sowie seinen Sitz im →Conseil ducal bei und führte die Verhandlungen über die Heirat →Marias v. Burgund mit →Maximilian (1477) sowie über den Friedensschluß mit Frankreich (1482). 1483 von Maximilian in den flandr. Regentschaftsrat berufen, wurde er im Zuge der Konflikte mit dem Habsburger von diesem 1485 und 1488 gefangengesetzt. 1489 schloß L. für die fläm. Städte den Handels- und Hilfsvertrag mit England ab. L.s Sohn *Johann* (Jan) kämpfte zunächst als fläm.-burg. Feldhauptmann gegen Frankreich, trat 1479 aber zu Ludwig XI. über und beendete seine Laufbahn als *Gouverneur* und *Capitainegénéral* der Picardie. 1500 überwarf der Kg. v. England die Verleihung der Gft. Winchester an die G.

Lit.: BNB VIII, 381–390 [A. WAUTERS]. W. P. Blockmans

Gruuthuse-Handschrift (Kasteel Ten Berge, Koolkerke), eine der wichtigsten mndl. lit. Hss., vor oder um 1400 von hauptsächl. fünf Kopisten, nacheinander oder zugleich hergestellt, im 15. Jh. im Besitz d. Familie →Gruuthuse. Die Texte, 7 gereimte Gebete, 147 Lieder (meist mit Musiknotation) und 16 allegor. oder sog. didakt. Gedichte, dokumentieren die Aktivität einer Gruppe von Autoren und Vortragskünstlern in der Brügger Aristokratie des späten 14. Jh. Obwohl auch die neuesten Untersuchungen die relative Einheitlichkeit des gesamten Textbestandes zu bestätigen scheinen, bleibt fragwürdig, ob man (mit HEEROMA) den ganzen Inhalt auf bloß zwei Dichter (Jan van Hulst für die Mehrzahl der Gebete und der didakt. Gedichte, Jan Moritoen u. a. für das gesamte Liederbuch) verteilen kann. Lieder und allegor. Gedichte greifen auf Modelle der frz. höf. Lit. zurück, bezeugen aber in gewissen Motiven und formalen Einzelheiten auch das Bestehen einer lokalen dichter. Tradition im roman.-germ. Grenzgebiet. J. Reynaert

Ed.: Oudvlaemsche liederen en andere gedichten der XIVᵉ en XVᵉ eeuwen, ed. C. CARTON, 1849 – Liederen en gedichten uit het G.-hs. 1, ed. K. HEEROMA, 1966 – *Lit.*: N. GEERTS, Die altfläm. Lieder der Hs. ... van den Gruythuyse, 1909 – W. DE VREESE, Het G.-hs. (hg. G. I. LIEFTINCK), TNTL 59, 1940, 241–261 – W. P. GERRITSEN, Kritische kanttekeningen bij de inleiding tot Heeroma's editie van het G.-liedboek, Ntg 62, 1969, 187–215 – I. GLIER, Artes amandi, 1971, 269–273 – J. DESCHAMPS, Middelnederlandse hss. ... 2, 1972, 126–129 [Lit.] – F. VAN OOSTROM, Heeroma, G. en de grenzen van het vak, Literatuur 5, 1988, 260–268 [Lit.].

Gruyère → Greyerz

Guadalajara, Vertrag v., am 29. Okt. 1207 geschlossen zw. den Kg.en Alfons VIII. v. Kastilien und Sancho VII. v. Navarra, unter wesentl. Beteiligung von Rodrigo →Jiménez de Rada. Als Garantie für den Frieden wurden ein fünfjähriger Waffenstillstand und die Abtretung von jeweils drei bedeutenden Burgen vereinbart. Diese Annäherung beeinflußte die Kräfteverhältnisse auf der Iber. Halbinsel nachhaltig und sollte die gemeinsame Frontstellung der Reiche gegen die→Almohaden vorbereiten.   L. Vones

Lit.: J. González, El reino de Castilla en la época de Alfonso VIII, Vol. I, 1960, 873f. [Text: ebd., Vol. I, 424–429, Nr. 813] – L. Fortún Pérez de Ciriza, Sancho VII el Fuerte, 1986.

Guadalajara, Zusammenkunft v. (22.–23. Jan. 1293), zw. →Sancho IV. v. →Kastilien und →Jakob II. v. →Aragón zu Verhandlungen über ihre Beziehungen zu Frankreich, den Anjou und dem Papsttum, mit denen Aragón wegen der Erringung der Herrschaft über→Sizilien (1282) in Konflikt war. Als Vermittler konnte Sancho IV. keinen Durchbruch erreichen, da Jakob II. nicht auf Sizilien verzichten wollte und lediglich vorschlug, den Gegensatz durch dynast. Heiratsbündnisse zw. Mitgliedern seines Hauses und Angehörigen des Hauses Anjou, in bezug auf Sizilien und →Kalabrien, beizulegen. Obwohl erfolglos, bilden die Verhandlungen von G. eine wichtige Etappe auf dem Weg zu den Verträgen von La Junquera (12. Dez. 1293) und Anagni (20. Juni 1295).   L. Vones

Lit.: H. E. Rohde, Der Kampf um Sizilien in den Jahren 1291–1302, 1913, 43ff. – M. Gaibrois de Ballesteros, Hist. del reinado de Sancho IV de Castilla, II, 1922, 188f., 197–205 – E. G. Léonard, Les Angevins de Naples, 1954 – V. Salavert y Roca, Cerdeña y la expansión mediterránea de la Corona de Aragón, I, 1956, 91f.

Guadalete, Schlacht am (23. Juli 711), Entscheidungsschlacht zw. dem westgot. Heeresaufgebot unter Kg. →Roderich und dem arab.-berber. Invasionsheer unter dem *maulā*→Ṭāriq ibn Ziyād, das im April/Mai bei →Gibraltar gelandet war. In dieser Schlacht, die wohl bei Arcos de la Frontera (Prov. Cádiz) am G. stattfand (andere vorgeschlagene Lokalisierungen sind unwahrscheinl.), erlitten die Westgoten eine vernichtende Niederlage, der Kg. fiel. Damit stand der Eroberung der Iber. Halbinsel durch die Araber nichts mehr im Wege.   L. Vones

Lit.: C. Sánchez-Albornoz, Orígines de la nación española. Estudios críticos sobre la hist. del reino de Asturias I, 1972, 191–317, 327–412, 487–499 – Ders., Estudios polémicos, 1979, 40–56 – D. Claude, Unters. zum Untergang des Westgotenreiches (711–725), HJb 108, 1988, 329–358, bes. 329 Anm. 2.

Guadalquivir (antiker Name: Baetis), nordöstl.-südwestl. ausgerichteter Hauptstrom Andalusiens, fließt von der Sierra v. Cazorla bis Sanlúcar de Barrameda (Länge: 560 km), im MA mit Seeschiffen bis →Sevilla befahrbar, mit Booten bis→Córdoba. Auf seinem Oberlauf wurden Baumstämme aus den Wäldern Cazorlas geflößt. Im Spät-MA lag der Hafen v. Sevilla, das *Arenal* (mit nahegelegenen Hafenvierteln: Barrio de la Mar u. a.), zw. Flußufer und Stadtmauer, mit dem von Alfons X. 1254 wiedererrichteten Arsenal, das im 15. Jh. mit Kaimauern und Schiffskränen ausgestattet wurde, Zölle (→*almojarifazgo*) erhob und Sonderrechte *(almirantazgo)* genoß. Am Unterlauf lagen Anlegestellen für größere Kähne (Coria, Las Horcadas); in den *caños* (kleinen Abflußkanälen) wurde Fischfang betrieben, auf den Marschen und den Flußinseln extensive Viehzucht. Große Bedeutung hatten die der G.-Mündung vorgelagerten Seehäfen (Sanlúcar, Puerto de Santa María,→Cádiz).   M.-A. Ladero Quesada

Lit.: RE II, 2763f. – J. M. Houston, The Western Mediterranean World, 1964, 196f., 323–329.

Guadalupe, Juan de OFM, Begründer der span. Kapuziaten, * 1450 in Guadalupe, † 1505 in Rom; legte zunächst bei den →Hieronymiten die Profeß ab, wurde 1491 Franziskaner und unterbreitete 1496 in Rom dem Generalmeister Reformvorschläge im Sinne einer strikten Observanz. Gestützt auf die Bulle »Sacrosanctae« (21. Sept. 1496), begann er im Kgr. Granada mit der Gründung von direkt dem Generalmeister unterstellten Eremitagen, scheiterte aber zunächst am Widerstand der Franziskanerkonventualen (Bulle »In apostolicae«, 27. Sept. 1497). Mit Hilfe des Adels konnten G. und der Laienbruder Pedro de Bobadilla y Melgar jedoch in den Estremadura die Kustodien S. Evangelio und N. Señora de la Luz errichten; gegen diese erwirkte die zuständige Franziskanerprovinz Santiago mit Hilfe der Kath. Kg.e das Breve »Pro parte« (11. Sept. 1502). Nachdem die Franziskaner angesichts eines drohenden Schismas auf Rat von Kard. →Cisneros und Kgn. →Isabella ihre ablehnende Haltung modifiziert hatten, erreichten G. und Melgar schließlich durch direktes Auftreten in Rom die jurist. Absicherung ihrer Bestrebungen (zwei Breve: »Ratione congruit«, 26. Nov. 1503). Diese Art des Vorgehens erregte in Spanien großes Mißfallen; Cisneros eröffnete gegen G. und Melgar nach ihrer Rückkehr einen Prozeß, und die Bulle »Reformatione« (5. Juli 1505) erschwerte die Lage der Kapuziaten. G. reiste nach Rom, wo er bald starb.   M. de Castro

Lit.: DHEE II, 1056 – F. de Lejarza, Orígines de la descalcez franciscana, Archivo Ibero-Americano XXII, 1962, 34–94.

Guadalupe, Sta. María de, Kl. in der→kast. →Estremadura (Prov. Cáceres), zunächst Einsiedelei, der Legende nach entstanden aufgrund der wunderbaren Auffindung eines Marienbildes durch einen Hirten im 13. Jh., wurde zum Zentrum einer Wallfahrt. Seit 1340 war G. kgl. Säkularstift (Priorat), das Kg. Alfons XI. nach seinem Sieg am→Salado über die→Meriniden reich dotierte: Übertragung von La Puebla und ca. 4100 ha Land auf Kosten von Talavera und Trujillo (was zu Streitigkeiten führte); freies Durchzugsrecht für die Herden von G., das in großem Stil Viehzucht betrieb (→*Mesta*). Die Prioren Toribio Fernández, Diego Fernández und Juán Serrano konnten dank ihres Rückhalts beim Kgtm. die Privilegien des Priorats gegen konkurrierende Ansprüche verteidigen, erweitern und die Wiederbesiedlung (→*Repoblación*) des Gebiets v. G. durchführen.

1398 machte Kg. Johann I. G. zu einem Zentrum der monast. Reform, indem er es den →Hieronymiten übertrug, unter Verzicht auf die kgl. Patronatsrechte. Das Kl. arrondierte unter dem ersten hieronymit. Prior, Fernando Yáñez, und seinen Nachfolgern Besitzungen und Herdenbestände. Von den Päpsten des 15. Jh. mit neuen geistl. Befugnissen ausgestattet, wurde G. zum ersten marian. Zentrum und wichtigsten Kl. in Kastilien.   L. V. Díaz Martín

Lit.: DHEE, s. v. – DHGE XXII, 471–475 [A. Linage Conde] – D. de Ecija, Libro de la invención de esta Sta. Imagen de G., 1953 – L. V. Díaz Martín, La Mesta y el Monasterio de G., AHDE 48, 1978, 507–542 – Ders., La consolidación de G. bajo Pedro I (En la España medieval II, 1982), 315–336 – Ders., Notas sobre la formación del dominio del Monasterio de G., Revista de Est. Extremeños, 1983, 1–42 – Ders., Le processus de fondation de G. sous Alfonso XI, Le M-A, 1984, 233–256 – M. I. Perez de Tudela, G. y Trujillo (En la España medieval I, 1980), 329–345 – Dies., Alfonso XI y el Santuario de Sta. M. de G. (En la España medieval III, 1983), 271–286 – P. Linehan, The Beginnings of Sta. M. de G. and the Direction of Fourteenth Century Castille, JEcH 36, 1985, 284–304 – J. C. Vizuete Mendoza, G.: Un monasterio jerónimo (1389–1450), 1989.

Guadix-Baza (Guadicen.), Bm. in S-Spanien, geht auf die spätröm. Diöz. Acci (Guadix) und Basti (Baza, beide seit 300–303 belegt) zurück. Der Überlieferung nach soll G. von dem Apostelschüler Torquatus gegr. worden sein. Zu Anfang des 4. Jh. leitete Bf. Felix v. G. das Konzil v. →Elvira, dem auch der 1. Bf. v. B., der hl. Eutiquianus (300–306), beiwohnte. Die Bf. e v G. sind in ununterbrochener Reihe bis zur islam. Invasion belegt; im 15. Jh. fungierten Titularbf.e. Unter der Herrschaft der Kath.

Kg. e errichtete Kard. Pedro González de →Mendoza, Ebf. v. Toledo, am 21. Mai 1492 die Diöz. G. neu, vereinte sie mit der ehem. Diöz. B. und schloß sie der Metropole →Granada an.   J. Sánchez-Herrero

Lit.: DHEE II, 1057–1059 [G. VIVES] – DHGE XXII, 484–488 [J. M. CUENCA TORIBIO – A. GARRIDO ARANDA] – P. SUAREZ, Hist. del obispado de G., 1696 (1948²) – FLÓREZ, ES VII, 1–53 – T. TARRAGÓ – J. TORRES LÓPEZ, Hist. de G., 1854.

Guaiferius (Guaifarius [Waifarius]) **v. Montecassino,** 11. Jh., Mönch und später Abt des Kl. S. Massimo seiner Geburtsstadt Salerno. Konflikte mit dem Langobardenhzg. Gisulf zwangen ihn, um 1060 nach Montecassino zu fliehen. Seine dort verfaßten Werke sind im Cod. Casin. 280 (Abschrift aus dem 11. Jh.) erhalten: 1. Vita des hl. Secundinus, Bf. v. Troia [BHL 7556], die G. unter Abt Desiderius um 1070 anläßl. der Auffindung der Reliquien des Hl. en niederschrieb; 2. Vita des Märtyrerpapstes Lucius [BHL 5022]; 3. eine Reihe noch weitgehend unerforschter Gedichte und Homilien. Sein lit. Œuvre, das eine gute klass. und patrist. Bildung zeigt, erhebt G. neben →Laurentius v. Amalfi, →Desiderius und →Amatus v. Montecassino zu einem der bedeutendsten Vertreter der in →Montecassino gepflegten Kultur. Die beiden Hl. en viten vermitteln ein Bild der cassines. Hagiographie, die sich nicht nur mit Vertretern des Mönchtums, sondern auch mit Märtyrern und Bf. en beschäftigt, da sie nicht allein auf die Bedürfnisse des Kl. Montecassino, sondern eines großen Teils von S-Italien ausgerichtet ist.   C. Leonardi

Ed.: Florilegium Casinense V, 1894, 238–257 – O. LIMONE, L'opera agiografica di Guaiferio di M., Monastica III (= Misc. cass. 47, 1983, 77–130 [mit Lit.]; vgl. auch MPL 147, 1283–1292) – *Lit.:* MANITIUS II, 484–490 – A. MIRRA, I versi di Guaiferio, BISI 46, 1931, 97–107 – DERS., Guaiferio monaco e poeta a M., BISI 47, 1932, 199–208 – DERS., Guaiferio di M., Arch. stor. per le prov. napoletane 21, 1935, 1–45 – D. NARDO, Modelli i messaggi, ..., 1984.

Guala (de Roniis) OPraed, sel. (Fest 2. Sept.), Bf. und Pazifikator, * um 1180 in Bergamo, † 3. Sept. 1244 in Pisogne (Brescia), ☐ Astino, 1896 Translation nach Bergamo. G. entstammte einer adligen bergamasker Familie aus Rogno. Er war bereits Priester und besaß ausgezeichnete Kenntnisse im kanon. und gemeinen Recht, als er 1219 in Bologna in den OPraed eintrat, wo er an der Gründung des Kl. S. Agnese mitwirkte. Zur Gründung eines Konvents nach Brescia entsandt, sah er am 6. Aug. 1221 in einer Vision den soeben verstorbenen hl. Dominikus in das Paradies eingehen. In Brescia wirkte er als päpstl. Legat und seit 1229 als Bf., bekämpfte die kathar. Häresie und entfaltete eine rege diplomat. Aktivität während der Kämpfe der polit. Faktionen. Nach zehnjähriger Amtsführung zog er sich in das Vallombrosanerkl. Astino (Bergamo) zurück, nahm jedoch auch weiterhin pazifikator. Aufgaben wahr (in Neapel am Hof Friedrichs II., 1240) und ging schließlich (der Tradition nach als Podestà) nach Pisogne, wo er starb.   L.-A. Redigonda

Lit.: Bibl. SS VII, 412–419 – DHGE XXII, 495 – P. T. MASETTI, Memorie storico-biografiche-critiche del b.G., 1869 – P. GUERRINI, Per la biografia del vescovo b.G., Brixia Sacra I, 1910, 45–49 – J. KUCZYNSKI, Le B.G. de Bergame de l'ordre des Frères prêcheurs, 1916 – P. GUERRINI, Il B.G. da Bergamo..., Bergomum XIX, 1945, 27–39.

Gualbes, Patriziergeschlecht in →Barcelona, unbekannten Ursprungs, mit – erhaltenem – Stadthaus in der Pfarrei v. Sta. Maria del Mar, dort auch Privatkapelle mit Grablege. Zu Beginn des 14. Jh. im Tuch- und Seehandel aktiv, von der Schwarzen Pest stark dezimiert, später im Kg.s-dienst bezeugt, doch v. a. im Stadtregiment tätig, insbes. in der Leitung der städt. Finanzen, in enger Verbindung zu eigenen Geld- und Bankgeschäften, die auch die Balearen und Perpignan sowie Beziehungen mit den →Datini in

Prato umfaßten. Die G. überstanden sogar die Wirtschaftskrise der letzten Regierungsjahre Peters IV. ᶜel Ceremonioso' und sicherten ihren Fortbestand bis 1406. In zielbewußter Heiratspolitik mit anderen Familien der städt. Oligarchie (Dusay, Setantí, Santcliment, Vallseca) und Adelsgeschlechtern (→Corbera, Sentmenat) verbunden, stiegen die G. zu Patriziern (ciudadanos honrados), einige von ihnen zu Junkern oder Rittern (caballeros) auf, 1510 durch kgl. Privileg insgesamt in den Adelsstand erhoben. Bes. Bedeutung erlangten *Bernat* G., ein am Kompromiß v. →Caspe beteiligter Jurist, und sein Zeitgenosse, der Ritter und Dichter *Melcior* G.   Carmen Batlle

Lit.: CARMEN BATLLE, La crisis social y económica de Barcelona a mediados del siglo XV, 2 Bde, 1973, passim.

Gualtherus Agulinus (Gualterius, Galterus, Valtherus; Zunamen: Agilon, Agilus, Agulum), Verf. med. Traktate, Mitte des 13. Jh., möglicherweise span. Herkunft. Sein Hauptwerk, die Summa oder Practica medicinalis, handelt, vom gängigen Schema »a capite ad calces« abweichend, das ganze Gebiet der Heilkunde nach Kriterien der Uroskopie ab. Weitere Arbeiten: ein Gilles de Corbeil verpflichteter »Liber pulsuum«, ein »Compendium urinarium«, eine arabist. Pharmakologie »De dosi medicinarum«, ein Traktat »De febribus« sowie »Questiones super libro de generatione animalium« (scholast. Aristoteles-Komm.).   A. Bauer

Q. und Lit.: J. PFEFFER, Das Compendium urinarium des G. A., 1891 – P. DIEPGEN, Gualteri Agilonis Summa medicinalis, 1911.

Gualtier de Brienne → Brienne

Guarda (Idanha-a-Velha), Bm. in Portugal, östl. von →Coimbra und →Viseu, in Nachfolge des zw. 572 und 693 bestehenden Egitania (Egiditania; Aegitanien), eines Suffragans der Kirchenprov. →Braga während der Suebenherrschaft, dann der lusitan. Metropole →Mérida. Errichtet nach der Gründung der Stadt G. durch Kg. Sancho I. 1199, residierte der Bf. bis Mitte des 13. Jh. im alten Idanha. Eine neue Kathedrale befand sich erst seit 1390 im Bau, zumal die Bf. e ihrer Residenzpflicht nur wenig nachkamen. Nach Zugehörigkeit zur Kirchenprov. v. →Santiago de Compostela, der Nachfolgerin von Mérida (seit 1120), erst infolge des →Abendländ. Schismas dem 1393 gegr. Ebm. →Lissabon zugeordnet. Nach langem Niedergang im 15. Jh. begann mit der Redaktion der Synodalstatuten (1500) eine Phase der Erholung.   L. Vones

Lit.: DHGE XXII, 527–531 [J. MATTOSO] – M. PEREIRA DA SILVA LEAL, Memórias para a hist. do bispado da G., Lisboa 1729 – J. OSÓRIO DA GAMA E CASTRO, Diocese e distrito da G., 1902 – J. MANUEL LANDEIRO, Diocese da G., 1940 – E. DA T. PEREIRA, A catedral da G., 1940 – C. SÁNCHEZ-ALBORNOZ, Investigaciones y documentos sobre las instituciones hispanas, 1970, 66–107, 108–113 – s. a. Lit. zu →Braga (D. MANSILLA, Disputas ..., 1955; L. A. GARCÍA MORENO, 1974; G. KAMPERS, 1979).

Guardia (custodia), auf der Iber. Halbinsel Waffendienst bzw. bewaffneter Wachdienst, den alle milites und →*infanzones*, auch die nicht durch Vasallenpflicht gebundenen, zu leisten hatten. Er erstreckte sich insbes. auf die zu Pferde durchzuführende Bewachung der (Grenz-)Städte, (Grenz-)Befestigungen sowie der gefährdeten Weidegründe und erhielt in Kastilien-León die aus dem Arab. stammende Bezeichnung →*anubda* bzw. die Bezeichnung *vigilia* und (nach dem Vorbild des muslim. *ribāt*) *arrobda*; in Katalonien finden sich die Bezeichnungen *Specula, Mirall* und *Guayta*.   L. Vones

Lit.: A. PALOMEQUE TORRES, Contribución al Estudio del Ejército en los Estados de la Reconquista, AHDE 15, 1944, 225–228, 342–346 – C. PESCADOR, La Caballería Popular en León y Castilia, CHE 36–37, 1963, 99–124 – E. LOURIE, A Soc. Organized for War: Medieval Spain, PP 35,

1966, 54–76 – L. García de Valdeavellano, Curso de Hist. de las Instituciones españolas, 1975⁴, passim – s. a. Lit. zu →Anubda.

Guarino Guarini Veronese, * 1374 Verona, † 1460 Ferrara. Ausgebildet bei Giovanni di Conversino in Padua, folgte G. 1403–08 M. →Chrysoloras nach Konstantinopel, lehrte die klass. Studien ab 1408 in Florenz, Venedig und für 10 Jahre in Verona, bis zur Übersiedlung 1429 nach Ferrara, das er bis zu seinem Tod kaum noch verließ. Dort eröffnete er eine Privatschule und wurde dann Hoflehrer von Leonello →d'Este. Als öffentl. Lehrer am Studio Ferrarese ab 1436 zog G. eine europ. Schülerschaft an: er lehrte griech. und lat. Grammatik (u. a. mit selbstverfaßten mnemotechn. Versen), interpretierte die klass. Autoren, kommentierte die Rhetorik Ciceros, aber auch dessen philos. Werke, begleitet vom Studium Platons und Aristoteles'. G.s ganzheitl. Unterricht umfaßte ferner Übungen zu eigener Komposition und Deklamation sowie Körpertraining. G. übernahm auch Staatsgeschäfte im Auftrag des Hofes, spürte unbekannte Mss. auf und übersetzte Plutarch (»De liberis educandis«), Strabo und Lukian. Neben Invektiven, Inauguralreden und einigen Dichtungen sind kleinere grammat. Traktate (über Diphthonge und über compositio), v. a. aber Hunderte von Briefen erhalten. Sein Nachruhm bis ins 17. Jh. speiste sich aus seiner von reifer »humanitas« getragenen Pädagogik. G. zielte nicht auf reine Wissensvermittlung, sondern auf die Verbindung des Wahren mit dem Guten. Die zum Handeln drängenden Leidenschaften sind dabei wesentl. am gesch. exemplum zu schulen und zu bändigen. Die gebildete →virtus ist situationsorientiert, schöpft aus dem Ingenium, dem blitzschnellen Ergreifen des Einmaligen: humanitas als gelungene Einheit von Geist und Leib, von Wissen und Tun. Diese humanist. Pädagogik wurde auch von G.s Sohn Battista weitergeführt (»De modo et ordine docendi ac discendi«, Straßburg 1514). H.-B. Gerl

Ed.: Acht Inauguralreden, ed. K. Müllner, Wiener Stud. 18/19, 1896/97 – Briefe: ed. R. Sabbadini, 1915–19 – (Ergänzungen: ed. P. O. Kristeller, IMU VIII, 1965; ed. L. Capra – C. Colombo, ebd. X, 1967) – *Lit.:* R. Sabbadini, Vita di G.V., 1891 – Ders., La scuola e gli studi di G.G.V., 1896 – M. Baxandall, G., Pisanello and M. Chrysoloras, JWarburg 28, 1965, 183–204 – E. Garin, G.V. e la cultura a Ferrara, Ritralti di umanisti 1967, 69–106 – R. Schweyen, G.V. Philosophie und humanist. Pädagogik, 1973 – A. Grafton–L. Jardine, From Humanism to the Humanities, 1986.

Guastalla, oberit. Stadt (Prov. Reggio E.) am rechten Po-Ufer. Die Curtis Wardistalla (Toponym germ. Ursprungs) ist erstmals 864 in einer Schenkungsurk. Ludwigs II. an →Angilberga belegt; letztere vermachte sie dem von ihr gegr. Frauenkl. S. Sisto (Piacenza). Ende des 10. Jh. Feudum der Ebf.e v. Mailand, befand sich G. seit spätestens Anfang des 11. Jh. im Besitz der →Canossa (vermutl. durch Usurpation von Kirchengut). Die Kapelle S. Pietro, die dem Bf. v. Reggio unterstand, wurde gegen Ende des 10. Jh. Taufkirche (Pieve), was die wachsende Bedeutung der Niederlassung beweist, 1471 romunmittelbar. Ende des 10. Jh. wurde G. befestigt (1002 »Castrum«). 1102 gab →Mathilde v. Tuszien G. den Nonnen von S. Sisto zurück. Zeugnis für das Aufblühen der Gemeinde sind die Verträge der Äbt. mit den Homines von G. (1102; Befreiung von verschiedenen Abgaben, Ausübung der örtl. Gerichtsbarkeit durch 12 selbstgewählte Konsuln). Während sich in der Landgemeinde Formen von Selbstverwaltung entwickelten, wurde G. zum Streitobjekt verschiedener größerer Kommunen. 1127 teilten sich Cremona und Piacenza die Herrschaft über G. mit S. Sisto. 1136 unter ksl. Oberhoheit, 1153 dem Contado v. Parma eingegliedert, fiel G. 1181 an Cremona, dem das Kl. S. Sisto seinen Teil verkauft hatte. 1306 unter

der Signorie der Da→Correggio, kehrte G. 1329 unter die Oberhoheit Cremonas zurück. 1335 fiel G. an die →Visconti, die es 1406 an Guido Torelli zu Lehen gaben, und gelangte 1539 durch Verkauf an Ferrante Gonzaga. Die sechseckigen Festungsanlagen aus dieser Zeit sind erhalten. F. Bocchi

Lit.: I. Affò, Istoria della città e del ducato di G., 1785–87 – A. Zaninoni, Origini dell'autonomia di G.: problemi e prospettive (Il tempo dei Gonzaga, 1985), 59–70 – G. Zarri, Dalla pieve alle chiesa cittadina: note sulle istituzioni ecclesiastiche di G. (ebd.), 87–120.

Guastalla, Konzil v. (ca. 22. Okt. 1106), eines der wichtigsten Konzilien unter Papst→Paschalis II., das er abhielt, um die Beziehungen zw. der dt. und der röm. Kirche endgültig zu bereinigen und ein Abkommen mit Heinrich V. vorzubereiten. Die bes. vom dt. Klerus stark besuchte Versammlung verbot zwar erneut die Laieninvestitur sowie Besitz von Kirchen und -gütern durch Laien und exkommunizierte, von Heinrich IV. investierte Bf.e, die sich nicht dem Papst unterwarfen, beließ aber durch Schismatiker geweihte Kleriker im Amt und erkannte von Heinrich V. investierte Bf.e an. Die Emilia Romana wurde aus der Erzdiöz. →Ravenna herausgelöst, Udalrich v. St. Gallen exkommuniziert. U.-R. Blumenthal

Q. und Lit.: MGH Const. 1, 1893, 564–566 – U.-R. Blumenthal, The Early Councils of Pope Paschal II, 1978, 32ff. – F.-J. Schmale, Zu den Konzilien Paschals II., AHC 10, 1978, 279ff.

Gubbio, mittelalt. Stadt (Umbrien), am Monte Ingino gelegen. Eine umbr. Gründung (»Ikuvium«), dann Municipium (Tribus Clustumina), bewahrt G. das bedeutendste Zeugnis der religiösen Riten der Umbrer (»Iguvinische Tafeln«). Im 3. Jh. sind erste Spuren des Christentums belegt; als erster Bf. der Stadt gilt der 324 von Papst Silvester I. ernannte Leontius v. Luceoli, urkundl. belegt ist erst Bf. Decentius (416). Um 550 wurde G. von den Goten Totilas belagert und zerstört. Bei der langob. Landnahme 568 verblieb G. im byz. Herrschaftsbereich, wechselte in der Folgezeit jedoch häufiger zw. byz. und langob. Herrschaft. Nach den Schenkungen Pippins und Karls d. Gr. (der auf der Rückreise von seiner Krönung in Rom 800 in G. haltgemacht haben soll) fiel G. an die Kirche. Es konstituierte sich im frühen 12. Jh. als freie Kommune (mit wechselndem ghibellin. und guelf. Stadtregiment) und führte lange Kriege gegen die Nachbarstädte. 1151 verbündeten sich 11 Städte unter der Führung Perugias gegen G.; die Stadt vermochte sich jedoch, nicht zuletzt durch das von den Quellen als Wunder angesehene Eingreifen des (später hl.) Bf.s Ubaldo Baldassini der Gegner zu erwehren. Im 13. Jh. war G. guelfisch; viele Einwohner v. G. (v. a. Angehörige der Familie Gabrielli) übten in dieser Zeit das Amt des Podestà oder des Capitano del Popolo in umbr. und toskan. Städten aus, was die polit. Bedeutung G.s beweist. Nach der vierjährigen Signorie des Giovanni Gabrielli wurde G. 1354 von Kard. →Albornoz für die Kirche erobert. 1375 erhob sich G. gegen die päpstl. Oberherrschaft und war einige Zeit freie Kommune, unterstellte sich jedoch 1384 freiwillig der Signorie der →Montefeltro und teilte von da an die Geschicke des Hzm.s→Urbino. E. Menestò

Lit.: Cronaca di ser Guerriero da G., dall'anno MCCCL all'anno MCCCCLXXII, hg. G. Mazzatinti, Muratori XXI,IV, 1902 – P. Cenci, Cod. diplomat. di G. dal 900 al 1200, Arch. per la storia eccl. dell'Umbria 2, 1915, 152–543 – U. Pesci, I vescovi di G., 1919 – A. Colasanti, G., 1925 – E. Giovagnoli, G. nella storia e nell'arte, 1932 – F. Nuti, G. nell'antichità, 1964 – P. L. Menichetti, Storia di G. dalle origini all'unità d'Italia, 1987.

Gudfred (Gotefridus; fälschl. 'Gøttrik', aufgrund der in den altdän. Kurzfassungen der »Gesta Danorum« des

Saxo Grammaticus für G. verwendeten Namensform), dän. Kg., † 810, Vater u. a. von Horik I. (827–854) und Oheim von Kg. Hemming (810–812). G. ist zu 804 in den frk. Reichsannalen als Gegner Karls d. Gr. an der sächs.-dän. Grenze erwähnt. 808 verlegte G. Kaufleute aus dem slav. →Reric nach 'Sliesthorp', wohl ident. mit Schleswig/Hedeby (→Haithabu), und befestigte die Grenze (→Danewerk). Während die Entstehung von Haithabu nach neuen archäolog. Untersuchungen in der Tat auf den Beginn des 9. Jh. zurückgeht, läßt sich dagegen kein Bauabschnitt des Danewerks archäolog. auf G.s Zeit datieren. G., der in seinen letzten Jahren weitere Kämpfe mit den Franken im Nordseebereich austrug, wurde 810 von einem seiner Gefolgsleute erschlagen. – Die Erzählung →Saxos über 'Gotricus' (Gesta Dan., 8) vereinigt Elemente aus Einhards Karlsvita mit der isländ. »Gautreks saga«.

I. Skovgaard-Petersen

Lit.: P. H. SAWYER, Danmarkshistorie III, 1988 – s. a. Lit. zu →Danewerk, →Dänemark.

Guðmundr Arason inn góði ('der Gute'), * 26. Sept. 1161, † 16. März 1237, Bf. v. →Hólar im nördl. →Island. Eine der umstrittensten Gestalten des isländ. MA, galt G. in seiner an den Bettelorden orientierten glühenden Religiosität (Reliquienverehrung, Eintreten für die Armen) bei den unteren Schichten als charismat. Persönlichkeit, während sein Kampf für das kirchl. Jurisdiktionsrecht und die Befreiung des Kirchengutes von weltl. Zugriff (→Eigenkirche, III) ihm die erbitterte Gegnerschaft der Häuptlinge und wohlhabenden Bauern eintrug. Auch weite Teile des (von den Häuptlingen abhängigen) isländ. Klerus, namentl. die Bf.e des südisländ. →Skálholt, standen G. ablehnend gegenüber. Dieser konnte sich bei zahlreichen Rechtsstreitigkeiten vor dem →Allthing nur teilweise durchsetzen. Mehrfach kam es zu krieger. Auseinandersetzungen zw. Anhängern und Gegnern G.s, der die Hälfte seiner Amtszeit aus seinem Bf.ssitz vertrieben war, sich teils in Norwegen aufhielt, teils in Begleitung von Armen, Bettlern und Friedlosen Island durchzog. Die verhärteten Fronten führten – erstmals in der isländ. Gesch. – zur Einschaltung des Ebf.s v. Nidaros (→Drontheim) und dann des Kg.s v. →Norwegen als Schiedsinstanz. Die Zeit, in der G. auftrat, gilt als entscheidende Etappe auf dem Weg zur Unterwerfung Islands unter die norw. Krone.

G. wurde, ohne je die Kanonisierung zu erreichen, in Island aufs höchste verehrt (1272 Translation in die neue Bf.skirche v. Hólar, ab 1315 Wallfahrten belegt). Den Kanonisationsbestrebungen diente u. a. eine lat. Vita des Arngrímur Brandsson, erhalten nur in isländ. Übers. (»Guðmundar saga biskups«, Fassung D). Weitere Q. sind: die »Prestssaga Guðmundar góðar«, die »Guðmundar saga biskups«, Fassungen A–C vom Ende des 13. Jh. bis 1. Hälfte 14. Jh., sowie »Ævi Guðmundar biskups«, 2. Hälfte des 13. Jh., verfaßt vielleicht von →Sturla Þórðarson, und die →Sturlunga saga. H. Ehrhardt

Lit.: KL V, 538–542 – R. BOYER, L'évêque G. A., témoin de son temps, EG 22, 1967 – ST. KARLSSON, Guðmundar sögur biskups I, 1983 – s. a. Lit. zu →Island [J. JÓHANNESSON, 1969].

Gudrun-Epos → Kudrun

Guelfen. Wie die →Ghibellinen treten auch die G. als hist.-polit. Faktor nicht in erster Linie in dem Land auf, in dem der Begriff entstand, sondern dort, wo er üblich wurde. Von »Welf«, dem Spitzenah und Leitnamen eines Geschlechts, das erstmals Otto v. Freising als »Welfen« bezeichnete (Gesta Frid. II,2; dort auch die Heinriche de Gueibelinga), leitet eine junge Tradition (15. Jh.) den Schlachtruf der Parteigänger der Welfenhzg.e während der Kämpfe um die Vormacht im dt. Reich in der 1. Hälfte des 12. Jh. ab.

Aber wohl erst in Italien bezeichnete G. (»Welf« > »guelfo«) in den Kämpfen der Kommunen gegen den Staufer Friedrich II. die Anhänger der Gegner des »Waiblingers«, d. h. des Stauferks.s. G. bedeutet daher in erster Linie »Feind des Ghibellinen«. Es fehlen sichere Belege dafür, daß die Gegner Friedrichs II. vor dem gen. Zeitpunkt den Namen G. zur Bezeichnung ihrer Partei wählten. Der letzte Zeitpunkt, zu dem in Italien der Begriff »G.« in seiner ursprgl. Bedeutung hätte Anwendung finden können, wäre die 1214 beendete kurze Periode unter →Otto IV. gewesen. Daher ist die von den florent. Chronisten →Compagni, →Villani, →Malaspina Ende 13./Anfang 14. Jh. überlieferte Angabe nicht glaubwürdig, die Spaltung in die beiden »maledete parti« habe, ausgehend von Florenz, ganz Italien nach der Ermordung des Buondelmonte de' Buondelmonti 1216 erfaßt (anders HERDE). Zwar gehörten die Uberti, die mächtigen Anhänger der Hohenstaufen in Florenz, zu den Protagonisten dieser Adelsfehde, so daß ihre Feinde automat. die Gegnerschaft zu den Staufern zu ihrer Devise erhoben, die Niederlage Ottos IV. lag jedoch zeitl. zu nahe, als daß man einen auf sein Haus bezügl. Faktionsnamen hätte wählen können. Erst später, als sich in ganz N- und Mittelitalien ein organisierter Widerstand gegen Friedrich II. erhob, griff man darauf zurück. Unter den völlig geänderten polit. Umständen des 4. Jahrzehnts des 13. Jh. ist nicht anzunehmen, daß die Feinde der Staufer dem Begriff G. Loyalität oder Sympathie für die Welfenhzg.e unterlegten oder daß sie auch nur das Bewußtsein seiner eigtl. Bedeutung besaßen. Nunmehr waren die Opponenten der ks.treuen Ghibellinen die Anhänger der antiksl. Politik der röm. Kurie. »G.« bezeichnete demnach die Anhänger des Prinzips des Primats des Papsttums über das Ksm. und alle Kronen, entsprechend der polit. Theorie, die – bereits von Gregor VII. und Innozenz III. vertreten – unter Bonifatius VIII. ihre Ausformung fand. Aufgrund des Erfolges dieser polit. Thesen und ihrer Verbreitung in den staatstheoret. Schriften des 14. Jh. drang der Begriff »G.« in das polit.-philos. Vokabular Italiens ein. Nachdem die Kurie 1263 Karl I. v. Anjou, dem Bruder Ludwigs IX. v. Frankreich, offiziell die Krone des Kgr.s Sizilien angetragen und ihn mit dem Kampf gegen den Staufer →Manfred beauftragt hatte, bedeutete der Begriff »G.« von diesem Zeitpunkt an bis etwa in die Mitte des 15. Jh. nicht nur »ks.feindl. Partei«, oder zumindest »Anhänger der These von der Oberhoheit des Papstes über den Ks.«, sondern in erster Linie »anjoufreundl. Partei« (vgl. Dante, Paradiso VI, 100–101, Parteidevisen ksl. Adler und goldene Lilie der Anjou). In der polit. Realität der Zeit bezogen sich die Devisen und Parteiabzeichen der G. und der Ghibellinen jedoch weder auf die Anjou noch auf das Ksm., sondern folgten einer den jeweiligen Umständen entsprechenden Eigengesetzlichkeit. Analog wie sich in der 1. Hälfte des 13. Jh. in Florenz als G. nicht in erster Linie die Gegner des Ksm.s oder der Staufer, sondern die Feinde der streng staufertreuen Uberti bezeichneten, wurden in allen Städten guelf. Devisen und Parteinamen aufgrund lokaler Allianzen und Feindschaften übernommen. Während in der Toskana und in Piemont (im 14. Jh. Interessensphäre der Anjou) bei den sog. G. das Schwergewicht auf der Treue zum Kg. v. Neapel lag, betrachteten viele Feudalherren oder Signoren in Italien (u. a. Malaspina, →Malatesta) ihr G.tum nie als ein Synonym für Feindschaft gegenüber dem Ks., als dessen »fideles« sie sich stets erklärten, sondern einfach als Zeichen ihrer Gegnerschaft zu ghibellin. Familien und Städten. Eher waren es einige ghibellin. Familien (→Visconti, →Della Scala, →Castracani), die ihr Ghibellinentum als bewußt kaisertreue Haltung auffaßten.

In Florenz war der Begriff »G.« am Ende des 13. Jh. zum Synonym für »guter Patriot« geworden. Die Magistrate der guelf. Faktion überwachten das G.tum jedes Politikers und untersagten den des Ghibellinismus Verdächtigen die Ausübung öffentl. Ämter. Ende des 14. Jh. waren die Sympathisanten des mit Florenz im Krieg stehenden Hzg.s v. Mailand, Giangaleazzo →Visconti, »Ghibellinen«. In Realität bedeutete zu dieser Zeit G. nur die Zugehörigkeit zu dem oligarch. Stadtregiment: bezeichnenderweise wurden die »Otto Santi«, d. h. die Magistrate, die 1375 aus territorialpolit. Motiven dem Papst den Krieg erklärt hatten, nicht in erster Linie wegen ihrer antipäpstl. Haltung des Ghibellinismus angeklagt, sondern weil sie von Vertretern der Mittelschicht, Gegnern der Oligarchen der G.-Faktion, unterstützt wurden.   F. Cardini

Lit.: R. DAVIDSOHN, Die Entstehung der G. und der Ghibellin. Parteien (DERS., Forsch. IV, 29–67) – W. R. A. J. CARLYLE, A Hist. of medieval political theory in the West, V–VI, 1928–36 – H. DIKKERHOF, Friede als Herrschaftslegitimation in der it. Politik des 13. Jh., AKG 59, 1977, 366–389 – P. HERDE, G. und Neoguelfen (Sitzungsber. der wiss. Ges. an der Johann-Wolfgang-Goethe-Univ. Frankfurt 22, Nr. 2, 1986), 24–181.

Guérande, Friede v.,

geschlossen am 12. April 1365 in der südbret. Stadt G. (heute dép. Loire-Atlantique), setzte dem erbittert geführten bret. Erbfolgekrieg (→Bretagne, B. II) ein – allerdings nicht endgültiges – Ende. Der Friede besiegelte den Triumph des mit England verbündeten Hauses →Montfort. Doch kehrte das Hzm. Bretagne in die Lehnsabhängigkeit von Frankreich zurück, Hzg. Johann IV. v. Montfort hatte Kg. Karl V. den Lehnseid zu leisten. Auch die Apanage des unterlegenen Hauses Blois-Penthièvre blieb erhalten, und die von Vasallenpflichten ausdrückl. befreite Johanna v. Penthièvre erhielt unter dem Titel einer Abfindung sogar eine Rente von 10000 *livres*. Eine folgenschwere Klausel legte schließlich fest, daß bei Fehlen eines männl. Erben im Hause Montfort das Hzm. ggf. an Penthièvre fallen solle.   J. P. Leguay

Lit.: M. JONES, Ducal Brittany, 1364–1399, 1970 – J. P. LEGUAY – H. MARTIN, Fastes et malheurs de la Bretagne ducale 1213–1532, 1982.

Guérin, Frater,

Ratgeber des Kg.s v. Frankreich, Bf. v. Senlis seit 1214, * ca. 1160, † 18. April 1227 in der Abtei OCist →Chaalis, ▢ ebd. – G. war →Johanniter, Meister der Hofkapelle Ludwigs VII., Rat im →*Conseil royal* Philipps II. August (seit 1190) und Siegelbewahrer; erst seit 1223, unter Ludwig VIII., führte er den Kanzlertitel (→*chancelier*). →Wilhelm der Bretone nennt ihn »specialis consiliarius quasi secundus a rege«. G. sorgte 1207 für die Aufhebung des Interdikts über →Rouen und verfolgte 1210 die →Amalrikaner. Er war einer der Begründer des →*Trésor des chartes* und der Urheber des »registrum Garini«. 1212 setzte er sich bei Philipp II. für dessen verstoßene Gemahlin →Ingeborg ein. 1215 erstellte er eine Art Ordnung der Rechte und Pflichten des Kreuzfahrers. Auch seine militär. Rolle war bedeutend (→Bouvines, 1214; Kriege gegen →Albigenser, 1219, und →Normandie, 1224). Als einer der Testamentsvollstrecker Philipps II. gründete er die Abtei La Victoire.   E. Lalou

Lit.: DBF XVI, 1476f. – DHGE XIX, 1276f. – G. TESSIER, Diplomatique royale française, 1962 – La France de Philippe Auguste, le temps des mutations (Coll. internat. du CNRS, hg. R.-H. BAUTIER, 1980).

Guerra, Fernando (Pires) da,

Ebf. v. →Braga, * um 1387 in Santarém, † 26. Sept. 1467 in Braga, Sohn des Pedro da G. und der Maria Anes, über seinen Vater eng mit dem ptg. Kg.shaus (→Avis) verwandt, studierte in Lissabon, Bologna und Padua Zivil- und Kirchenrecht, nahm Verbindung zur röm. Kurie auf und wurde zum Bf. v. →Silves (2. Juli 1409) und →Porto (18. Juni 1414) erhoben, am 15. Dez. 1417 zum Ebf. v. →Braga, dessen Temporalien er schon seit 1416 verwaltete, bestellt. Als Verteidiger der kirchl. 'libertas' wurde er bei der Verwaltung und Organisation seines Ebm.s von tiefgreifenden Reformvorstellungen geleitet. G., der auch als Großkanzler des Kgr.es und Vorsitzender des Obersten Gerichtshofs oft im Sinne eines Ausgleichs zw. den Parteien wirkte, gehört zu den bedeutendsten Kirchenfs.en des 15. Jh.   L. Vones

Lit.: DHGE XXII, 707–711 [J. MARQUES] – DHP II, 397 [DA COSTA] – EUBEL I², 144, 407, 452; II², 123 – J. MARQUES, Os itinerários do arcebispo de Braga Don F. da G., Rev. de Hist. do Centro de Hist. da Univ. do Porto I, 1978, 89–181 – DERS., O testamento de Don F. da G., Bracara Augusta 33, 1979, 176–206 – DERS., A Arquidiocese de Braga no século XV, 2 Bde, 1981 – s. a. Lit. zu →Braga [J. A. FERREIRA, 1928, 35; II, 1930, 249–298; J. MARQUES, 1976].

Guerre du Bien public → Ligue du Bien public

Guerre folle,

seit dem frühen 16. Jh. (Paulus Aemilius, »De rebus gestis Francorum«, um 1517: »insana militia«) geläufige Bezeichnung für den 1486–88, während der Regentschaft der →Anna v. Beaujeu für Karl VIII., ausgetragenen militär. Konflikt zw. der frz. Kg.sgewalt und einer von Hzg. Ludwig v. Orléans (→Ludwig XII.) und Hzg. →Franz II. v. Bretagne geführten »Allianz« aus frz. Fs.en und großen Adligen, die von auswärtigen Mächten (v. a. von →Maximilian) vage unterstützt wurde. Der Konflikt trägt seine Bezeichnung insofern zu Recht, als die militär. Mittel der Frondeure völlig unzureichend waren; ihre Motive waren dagegen keineswegs wahnwitzig: Es ging ihnen darum, den jungen Kg. unter ihre Vormundschaft zu bringen und zugleich die Unabhängigkeit der →Bretagne zu bewahren. Die G. f. endete mit dem Sieg der kgl. Truppen bei →St-Aubin-du-Cormier (28. Juli 1488) und dem Vertrag v. Le →Verger (30. Aug. 1488), der Franz II. – neben der Abtretung von Plätzen – auferlegte, seine Töchter (unter ihnen die Erbtochter →Anna) nur mit kgl. Zustimmung zu verheiraten; die bret. Erbfolge blieb somit auch weiterhin offen.   Ph. Contamine

Lit.: Y. LABANDE-MAILFERT, Charles VIII et son milieu (1470–1498), 1975, 55–80 – P. PRADEL, Anne de France, 1986, 59–76.

Guerricus v. Igny → Igny

Guesclin, Bertrand du → Du Guesclin

Guevara,

kast. Adelsgeschlecht, das sich nach der gleichnamigen Burg in Alava nannte, in seinem Ursprung vielleicht auf die navarres. Familie Vela zurückzuführen ist und seit dem 11. Jh. seinen Herrschaftsschwerpunkt im Señorío v. →Oñate, später auch im Valle de Léniz in der bask. Prov. Guipúzcoa hatte. Die am kast.-leones. und aragon.-navarres. Kg.shof vertretene Familie, der im 12. Jh. der mit der Verwaltung von Alava, Guipúzcoa, Vizcaya und Aíbar betraute Gf. *Ladrón I.* (1131–52) angehörte und deren Mitglieder im 13. Jh. zu den →Ricoshombres gezählt wurden, stand in enger verwandtschaftl. Beziehung zu den →Rojas sowie den Ayala. Um 1489 wurde *Iñigo Vélez de G.* (1456–1500), Mitglied des →Consejo Real, Capitán Mayor General v. Guipúzcoa, Vizcaya, Alava und der →Merindades von Rioja und Encartaciones sowie →Adelantado Mayor des Kgr.s León (1480–90), zum ersten Gf.en v. Oñate erhoben.   L. Vones

Lit.: MA. R. AYERBE IRIBAR, Hist. del condado de Oñate y señorío de los G., 2 Bde, 1985 [grundlegend].

Gui (s. a. →Guido)

1. G. III., Gf. v. →Flandern 1278–1305, aus dem Hause →Dampierre, * 1226/27, † 7. März 1305 in Compiègne, ◻Abtei Flines (dép. Nord, arr. Valenciennes, cant. St-Amand-les-Eaux-Rive-droite), 2. Sohn von Wilhelm II. v. D. und→Margarete v. Konstantinopel. G. führte nach dem Tode seines erbberechtigten Bruders Wilhelm III. (1252) den Grafentitel; ⚭ 1. Mathildis v. Dendermonde (1246–63), 2. Isabella v. →Luxemburg (seit 1264), wodurch er die Gft. →Namur erwarb. – Gemeinsam mit seiner als Gfn. regierenden Mutter führte G. den Kampf gegen seine Halbbrüder aus dem konkurrierenden Haus →Avesnes und ihren Bundesgenossen Gf. →Wilhelm II. v. →Holland. Nach der Niederlage von Westkapelle auf Walcheren (4. Juli 1253) gefangengenommen, kam G. erst 1256, durch Vermittlung Kg. Ludwigs IX. v. Frankreich, gegen hohes Lösegeld wieder frei. Der Tod →Johanns (Jans) v. Avesnes (1257) verschaffte dem wegen seiner Schulden von den fläm. Städten sowie privaten Bankiers abhängig gewordenen G. eine Atempause, bis der Handelskrieg mit England (1270–75) die Verwundbarkeit der Gft. wegen des Wollbedarfs erneut offenbarte. Durch den Thronverzicht seiner Mutter (29. Dez. 1278) zur Herrschaft gelangt, kam G. durch seine Versuche, die gfl. Stellung zu stärken, in Konflikt mit den fläm. Städten und seinem Lehnsherrn Kg. Philipp IV. Nachdem G. diesem den Lehnseid aufgekündigt und ein Bündnis mit Eduard I. v. England geschlossen hatte (1297), besetzte Philipp die Gft. Flandern (1297–1302) und ließ G., dessen Sohn und Nachfolger →Robert v. Béthune sowie eine Reihe treu gebliebener fläm. Adliger in frz. Gefangenschaft führen, in der G. verstarb, ohne sein durch den Sieg v. →Kortrijk (1302) befreites Fsm. wiederzusehen.   M. Vandermaesen

Lit.: J. VAN ROMPAEY, De publiekrechtelijke achtergrond van de strijd tussen Gwijde van Dampierre en Filips de Schone, De Leiegouw 19, 1977 – Alg. Geschiedenis der Nederlanden II, 1983, 399–440 [M. VANDERMAESEN; Lit.] – s. a. Lit. zu →Dampierre [C. DUVIVIER, TH. LUYKX].

2. G. de Cambrai, frz. Autor, Verfasser des »Vengement Alixandre« (→Alexander d. Gr., B. V, 1), entstanden vor 1191, und des »Balaham et Josaphas« (→Barlaam und Joasaph, B.IV), geschrieben 1190–95, mit moralisierenden, sozialkrit. und gelehrten Einschüben, z. B. Troja- und Brutuslegende, Aeneis, Apollonius, Chansons de geste.   M.-R. Jung

Ed.: Barlaam und Josaphat, ed. H. ZOTENBERG – P. MEYER, 1864 [Neudr. 1966] – Ed. C. APPEL, 1907 – Le Vengement Alixandre, ed. B. EDWARDS, 1928 [Neudr. 1965] – *Lit.:* GRLMA IV – E. C. ARMSTRONG, The french metrical versions of »B.«, 1922 – DERS., The Authorship of the Vengement Alixandre and of the Venjance Alixandre, 1926 – B. GICQUEL, Chronologie et composition du »B.« de G., Romania 107, 1986, 113–123.

3. G. d'Ussel → Troubadoure

Gui de Nanteuil, →Chanson de geste aus dem 13. Jh., Teil der »geste de Nanteuil« (→»Doon de Nanteuil«, »Aye d'Avignon«, »G.« und, aus dem 14.Jh., »Tristan de Nanteuil«), welche ihrerseits zum Empörer-Zyklus von →Doon de Mayence zu rechnen ist. Im Zentrum steht das Problem, wie das Haus Nanteuil sich gegenüber einem pflichtvergessenen Lehnsherrn und dessen treulosen Vasallen behaupten kann. G. besteht gegen die verräter. Ganelonsippe u. gewinnt d. schöne Eglantine. M.-R. Jung

Ed.: P. MEYER, 1861 – J. R. McCORMACK, 1970 – M.-R. JUNG, Un nouveau fragment de G., Vox Romanica 46, 1988, 63–66 [Bibliogr. der Ed.] – *Lit.:* DLFMA, 317 – F. DI NINNI, La redazione marciana del G., 1968 – F. CALLU-TURIAF, Fiction litt. et topographie dans la geste de N., Mél. R. LEJEUNE, 1969, 739–745 – A. ADLER, Ep. Frage- und Antwortspiel in der Geste de N., 1974.

Gui de Warewic → Warewic, Gui de

Guiard v. Laon, * um 1170 bei Laon, † 15. Sept. 1248 in Afflighem. Studierte in Paris Theologie, wirkte 1212–21 im Dienst der Kirche und kehrte als Mag. theol. und Kanonikus v. Notre Dame nach Paris zurück. 1237 Kanzler der Univ., 1238 Bf. v. Cambrai. Seine – uned. – Quaestiones theologicae (ms. Douai, Bibl. Mun. 434, I–II; Assisi, Bibl. Com. 138 – cf. Prag Univ. IV. D. 13 und Vat. lat. 782) lassen einen hohen Bildungsstand erkennen (z. B. Kenntnis von »De fide orth.« in der Übers. des→Burgundio v. Pisa) und trugen zur Ausarbeitung der scholast. Terminologie auf dem Gebiet der Psychologie und Morallehre bei. G. werden mehr als 300 Predigten zugeschrieben, der Sermo in curia romana wird jedoch seit N. WICKI Philipp d. Kanzler zugewiesen. G.s Predigt über die Früchte der Eucharistie ist in Latein, Altfrz., Ndl. und Dt. erhalten. Als Bf. verfaßte er »Praecepta sinodalia dioecesis Cameracensis«.   R. Quinto

Ed.: M. DAVY, Les sermons univ. paris. de 1230–31, 1931, 130f., 218–242 – P. G. BOEREN, Les plus anc. statuts synod. du dioc. de Cambrai, RDC III, 1953, 1–32, 131–172, 377–415; IV, 1954, 131–158 – DERS., La vie et les œuvres de G. de L., 1956, 310–340 [dazu N. Wicki, FZPT X, 1963, 116–129] – A. AMPE, Een oud florilegium eucharisticum, Ons geesteleijk erf, XXXI, 1957, 301–324; XXXII, 1958, 56–90 – H. BARRE, Bull. de la soc. franc. d'ét. mariales VIII, 1950, 55–58 – *Lit.:* DSAM VI, 1127–1131 – GLORIEUX, Rep.I, 299–301 (n.133) – B.-G. GUYOT, Quaest. Guerrici, Alexandri et aliorum magistrorum Paris. (Praha Univ. IV.D.13), APraed XXXII, 1962, 5–125 – J. B. SCHNEYER, BGPhMA XLIII, 253–282 – C. CENCI, Bibl. manuscripta ad s. conventum assisiensem I, 1981, 313f.

Guiart, Guillaume, * 2. Hälfte 13. Jh. in Orléans, kämpfte auf Seiten Philipps IV. des Schönen in Flandern, 1304 verwundet, † nach 1313. – Seine »Branche des royaux lignages«, als Antwort auf eine (nicht erhaltene) flandr. Chronik verfaßt (erste Red. 1307), verbindet Darstellung der Zeitgesch. mit ideolog. Propaganda: G. stellt die Gesch. der frz. Kg.e seit Philipp II. August dar, um zu beweisen, daß die Franzosen allen anderen Völkern überlegen seien und daß ihr Kg. der würdigste aller Herrscher sei; die den Grandes →Chroniques de France und anderen Q. entnommenen Fakten werden in diesem Sinne gedeutet. Im 2. Teil des mehr als 20000 Achtsilber umfassenden Werkes schildert G. aufgrund eigener Anschauung die Kämpfe im von Philipp besetzten Flandern.   A. Gier

Ed.: J. A. BUCHON, 2 Bde, 1828 – *Lit.:* DLFMA – GRLMA XI 1, 852–854 – HLF 31, 104–143 – GromPhil II.1, 764–765 – R. D. A. CRAFTER, MAe 26, 1957, 1–16.

Guibert. 1. G. v. Nogent OSB, mlat. frz. Autor. [1] *Leben:* * 15. April 1055 (?) bei Catenoy (dép. Oise), † um 1125; jüngster Sohn einer hochadligen Familie aus dem Umkreis der Herren v. →Clermont-en-Beauvaisis. G. wuchs nach dem frühen Tod seines Vaters Evrardus unter der Obhut der von ihm als fromm und streng geschilderten Mutter, die ihn bereits bei seiner – schwierigen und lebensbedrohl. – Geburt zum Kleriker bestimmt hatte, isoliert von Altersgenossen auf und trat mit etwas über zwölf Jahren ins Kl. St-Germer-de-Fly (Diöz. Beauvais) ein, wo er seine eigtl. geistige und geistl. Ausbildung erhielt, u. a. durch den Prior v. Le Bec, Anselm (→6.A.). G. blieb einfacher Mönch, bis er 1104 zum Abt v. →Nogent-sous-Coucy (Diöz. Laon) gewählt wurde. Sein Abbatiat gewährte ihm den nötigen Freiraum zum Schreiben und zu Reisen (Begegnungen u. a. mit Papst Paschalis II.).

1121 machte er eine →Seelgerätstiftung und starb wenige Jahre später.

[2] *Schriften:* Die – nicht vollständig erhaltenen – hist. und theol. Schriften G.s sind nachhaltig geprägt durch die klass. Autoren (bes. →Vergil und →Ovid), denen er sich bereits in St-Germer zuwandte. Unter dem Einfluß Anselms studierte er sodann die »Moralia«→Gregors d. Gr., die ihn zur Abfassung einer großen Genesisexegese, »Moralia Geneseos«, anregten; ihr Umfang trug ihm ein – von G. allerdings nicht beachtetes – Schreibverbot seines Abtes ein. Als Vorwort schrieb G. eine kurze Anleitung zur Predigt, »Quo ordine sermo fieri debeat«, in der er die Beachtung des vierfachen→Schriftsinns bei der Bibelexegese (→Bibel, B.I. 2c) herausstellte, unter bes. Betonung des allegor. und moral. Sinns. Neben Komm. zu den kleinen Propheten und Jer. Klgl. (z. T. unediert), den Schriften »De virginitate« (→Jungfräulichkeit) und »De laude S. Mariae« (→Maria, -enverehrung) verfaßte G. um 1100 auf Bitten des Dekans v. Soissons aus aktuellem Anlaß den gegen jüd. Irrlehren und ihre christl. Anhänger gerichteten Traktat »De incarnatione contra Judeos«. In den →Abendmahlsstreit trat er mit seiner gegen →Berengar gerichteten »Epistola de buccella Judae data et de veritate dominici Corporis« ein. In G.s Schriften zeigt sich der Versuch einer eigenständigen Verarbeitung des behandelten Gegenstandes, in krit. Auseinandersetzung mit den Lehren der Kirchenväter, sowie moral.-belehrende Absicht.

Als unbequemer, selbständig denkender Kritiker von Mißbräuchen erwies er sich in seiner aus Anlaß eines Reliquienstreites in St-Médard de →Soissons entstandenen Schrift »De pignoribus sanctorum«. G. setzte sich hier grundsätzl. mit Problemen des →Reliquienkults auseinander, wobei er gegen die weitverbreitete Verehrung falscher Reliquien argumentierte, Kriterien zur Prüfung der Heiligkeit und Echtheit entwickelte und als sein eigtl. Anliegen die Besserung des »interioris status hominis«, im Gegensatz zu bloß äußerl. Frömmigkeit, herausstellte.

Wie schon der Titel seiner bedeutenden Gesch. des 1.→Kreuzzugs, »Gesta Dei per Francos« (entstanden zw. 1104/1108, fortgeführt 1111) zeigt, maß G. diesem Ereignis heilsgesch. Bedeutung bei, wobei er auch einem nationalen Gefühl Ausdruck verlieh. Seine Quelle war eine anonyme Chronik, die er, um mögl. kritischen Einwänden entgegenzutreten, durch mündl. Berichte von Augenzeugen überprüfte.

G.s »De vita sua Monodiarum libri tres« (1114/15), das heute als sein wichtigstes Werk gilt, entstand nach dem Vorbild der »Confessiones« des→Augustinus. Ledigl. der erste Teil ist autobiograph., der zweite behandelt stärker sein Kl., der dritte die Kommunebewegung (→Kommune) in →Laon (1111–14). »De vita sua« bietet ein höchst komplexes, z. T. einseitiges, aber darum nicht minder interessantes Bild der Zeit und ihrer Sitten sowie bedeutender Zeitgenossen (z. B. →Brunos d. Kart.).   N. Bulst

Ed. [allg.]: MPL 156 [Nachdr. der Ed. pr. von L. d'ACHÉRY, 1651] – Gesta Dei per Francos: RHCOcc 4, 115–263 – De vita sua: Self and Society in Medieval France. The Memoirs of Abbot G. of N., hg. und übers. J. F. BENTON, 1970 – G. de N., Autobiographie, hg. und übers. E. R. LABANDE, 1981 – *Lit.:* RBMA II, 386–388 – Repfont V, 267–269 – Dict. of the MA VI, 8–10 – DSAM VI, 1135–1139 – K. GUTH, G. v. N. und die hochma. Kritik an der Reliquienverehrung, 1970 – C. D. FERGUSON, Autobiography as Therapy: G. de N., Peter Abelard, and the Making of Medieval Autobiography, The Journal of Medieval and Renaissance Stud. 13, 1983, 187–212 – F. DOLBEAU, Deux nouveaux mss. des »Mémoires« de G. de N. (Album amicorum N.-N. Huyghebaert, Sacris erudiri 26, 1983), 155–176 – N. D. COUPE, The Personality of G. de N. Reconsidered, Journal of Medieval Hist. 9, 1983, 317–329.

2. G. v. Tournai, OFM, Pariser Mag., † 7. Okt. 1284, dessen zahlreiche Werke ihn v. a. als Lehrer des geistl. Lebens in der Tradition →Augustins und →Hugos v. St-Victor ausweisen. In seinem »Rudimentum doctrinae« bemüht G. sich, den Weg von der Wahrheit zur Weisheit aufzuzeigen. Ein Teil dieses Werkes, »de modo addiscendi«, wurde separat veröffentlicht; zu erwähnen sind ferner: »Erudito regum et principum« (Fürstenspiegel für Ludwig IX.), »De officio episcopali« für den Bf. v. Orléans; eine Reformschrift für das 2. Lyoner Konzil; »Vita S. Eleutherii«, ein G. zugeschriebener Bericht (Odoporicon) über den Kreuzzug 1258, Traktate (»de pace«; »de virginitate«) und ein umfassendes, nur teilweise ed. Predigtwerk.   M. Gerwing

Ed. und Lit.: Repfont V, 270f. – DSAM VI, 1139–1146(Werkübersicht) – C. BÉRUBÉ – S. GIEBEN, G. de T. et Robert Grosseteste … (S. Bonaventura, 1274–1974, 2, 1973), 627–654 – E. DE TROYER, Biobibliogr. franciscana neerlandica ante saec. XVI, I, 1974, 15–43 – F. CARDINI, Gilberto di T., St. francesc. 72, 1975, 31–48 – C. CASAGRANDE, Prediche alle donne del sec. XIII. Testi di Umberto da Romans, Gilberto da T., Stefano di Borbone, 1978 – D. L. d'AVRAY, Sermons to the Upper Bourgeoisie by a XIIIth-cent. Franciscan (The Church in town and countryside, hg. D. BAKER, 1979), 187–199.

Guibert d'Andrenas, etwa 2500 Verse umfassende →Chanson de geste, die zum Zyklus um Guillaume d'Orange gehört (→Wilhelmsepen), Ende 12./1. Viert. 13. Jh. Zusammen mit der »Prise de Cordres et de Sebille« und dem »Siège de Barbastre« bildet sie einen Bestandteil der nach Inhalt und Stil homogenen Gruppe von Chansons, die den Brüdern Guillaumes gewidmet sind. Der Protagonist ist der jüngste der Brüder G., der sarazen. Stadt Andrenas nach langer Belagerung erobert und sich mit der Tochter des Kg.s vermählt, die zusammen mit der ganzen Bevölkerung zum Christentum übertritt. Zu den traditionellen Zügen der Chanson de geste treten abenteuerl. und phantast. Elemente, die den Einfluß der Romanlit. verraten.   F. Prosperetti Ercoli

Ed.: J. MELANDER, 1922 – *Lit.:* M. C. SIELE, Über die Chanson G. d'A., Classification der Hss., Analyse und Q.unters. [Diss. Marburg 1891] – J. BEDIER, Les légendes épiques …, I, 1914², 48–64 – B. GUIDOT, Le »vers orphelin« dans G., Le Génie de la Forme, Mél. J. MOUROT, 1982, 13–25.

Guidi, adlige toskan. Familie, deren Lehen- und Allodialbesitz sich vom mittleren Arnotal bis zum toskan.-romagnol.-Apennin erstreckte. Nach der Tradition kamen die G. im Gefolge Ottos I. nach Italien. Urkundl. belegter Spitzenahn der Familie ist jedoch ein Teudegrimus (1. Hälfte des 10. Jh. Gf. v. Pistoia), der vor 942 zahlreiche Güter zw. Casentino und Apennin n. des Oberlaufs des Arno erhielt. Auf ihn werden traditionell die G. der Linie Modigliana zurückgeführt, die nach langob. Recht lebte. Es ist nicht bekannt, welche Verwandtschaftsbeziehungen zw. der Linie des Teudegrimus und derjenigen eines Gf.en Albertus bestanden, die jedoch nach frk.-ripuar. Recht lebte. Aus ihr stammte Gf. *Guido Guerra I.,* der von Gfn. →Mathilde v. Tuszien (s. a. →Canossa) als Sohn adoptiert wurde. Sein Sohn *Guido Guerra II.,* ein Freund und Gefolgsmann von Friedrich I. Barbarossa schloß ein Bündnis mit dem Mgf.en v. Montferrat, indem er seinen Sohn *Guido Guerra III.* mit Agnes, der Tochter Wilhelms d. Ä. v. Montferrat verheiratete. Da die Gf.en ihre Besitzungen im mittleren Arnotal (wo sie durch die Gunst Mathildes einen Teil der Güter der ausgestorbenen Gf.en Cadolingi geerbt hatten) und im oberen Arnotal durch die aufblühenden Städte bedroht sahen, hielten sie eine Annäherung an Florenz für opportun, das in der Mitte zw. ihren blockartig zusammengefaßten Besitzungen lag. Guido Guerra III. heiratete daher nach Auflösung seiner kinderlosen Ehe mit

Agnes v. Montferrat Gualdrada di Bellincione Berti Ravignani aus einer illustren florent. Familie. Von den fünf Kindern aus dieser Ehe erneuerte *Guido Guerra IV.* die ausgestorbene Linie Modigliana (sein Sohn *Simone* begründete die Linie Battifolle); *Marcovaldo, Aghinolfo* und *Teudegrimo* begründeten die Linien Dovadola, Romena und Porciano. Diese Aufsplitterung des Hauses (dessen Macht von den wachsenden Städten eingeschränkt wurde) und die Aufteilung der Besitzungen unter die verschiedenen Nachkommen Guido Guerras III. und Gualdradas bedeutete den Beginn des Niedergangs des mächtigen Geschlechts. Die Gf.en v. Modigliana blieben Ghibellinen: *Guido Novello* († 1293) war bis zu seinem Tode Haupt dieser Faktion. Auf die Seite der Guelfen traten hingegen die G. di Dovadola unter dem berühmten *Guido Guerra V.* († 1272), Sohn des Marcovaldo, der von Dante gefeiert wird (Inf. XVI, 34ff.). Die Haltung der Linien Battifolle und Romena ist weniger eindeutig. Einerseits nahmen sie – mit gewisser Zurückhaltung – für →Heinrich VII. Partei, andererseits schlossen sie sich den Guelfen an. Im 14. Jh. verlor die Familie G. (deren Hauptlinie mit dem Stammsitz Poppi »G. di Bagno« gen. wurde) ihre traditionelle polit. Bedeutung, ihre Besitzungen gelangten im 15. Jh. zum Großteil an Florenz und Faenza und wurden zudem in zahllosen Erbschaften zersplittert. Im 16. Jh. waren die Hauptlinien bereits ausgestorben. F. Cardini

Lit.: S. Ammirato, Albero e istoria della famiglia dei conti G., Florenz 1640 – P. Litta, Famiglie celebri d'Italia, XXV, 1866–67 – B. Stahl, Adel und Volk im Florentiner Dugento, 1965, 10ff. – E. Sestan, I conti G. e il Casentino (Ders., Italia medievale, 1967), 371ff. – H. Schwarzmaier, Lucca und das Reich bis zum Ende des I. Jh.s, 1972, 198ff. – W. Goez, Ein Brief des Gf.en Guido Guerra III. an Markward v. Annweiler, DA 32, 1976, 131–146.

Guido (s. a. →Gui, →Guy, →Wido)

1. G. v. Lusignan, Kg. v. →Jerusalem 1186–92, Herr v. →Zypern 1192–94, † Ende 1194; jüngerer Bruder →Aimerichs, ging nach dem 1176–77 erfolgten Aufstand gegen Kg.-Hzg. Heinrich II. v. England in den Osten. 1180 heiratete er Sibylla, die Schwester →Balduins IV., Kg.s v. Jerusalem. 1183 zum Regenten erhoben, geriet G. mit dem Kg. in Streit, der ihm wegen seines ungeschickten Verhaltens während einer muslim. Invasion die Regentschaft wieder entzog. Nach Balduins V. Tod errang G. 1186 durch einen Staatsstreich die Königswürde. 1187 führte er das Heer des Kgr.es in die Katastrophe v. →Ḥaṭṭīn, bei der er in die Gefangenschaft →Saladins geriet (bis 1188). Danach verweigerte ihm ein Großteil der Überlebenden die Anerkennung als Kg. und die Inbesitznahme von →Tyrus, der letzten in christl. Hand verbliebenen Stadt. 1189 begann G. die Belagerung von →Akkon, die noch andauerte, als im Sommer 1191 das Kreuzfahrerheer unter →Richard I. Löwenherz v. England und →Philipp II. August v. Frankreich eintraf (→Kreuzzug, Dritter). Der bereits 1190 eingetretene Tod seiner Gattin und ihrer beiden Töchter schwächte G.s Thronansprüche weiter; 1192 wurde die Übertragung des Kgr.es Jerusalem an seinen Konkurrenten →Konrad v. Montferrat im Austausch gegen das vom Kg. Richard eroberte →Zypern vereinbart. Damit begründete G. die Herrschaft des Hauses →Lusignan über Zypern. P. W. Edbury

Lit.: J. Riley-Smith, The Feudal Nobility and the Kingdom of Jerusalem, 1973 – R. C. Smail, The Predicaments of Guy of Lusignan, 1183–87 (B. Z. Kedar u. a., Outremer, 1982), 159–176.

2. G. IV. v. Spoleto → Wido

3. G. Pisanus, Kard., † nach dem 16. Mai 1149, stammte aus Pisa und wurde von Innozenz II. mit der Würde eines Kard.diakons v. SS. Cosma e Damiano betraut, als welcher er erstmalig am 8. März 1132 ein Privileg unter-

schrieb. Der von Zeitgenossen (z. B. von →Otto v. Freising) gerühmte Kard. war einer der am meisten beschäftigten Diplomaten der Kurie, zunächst um die Oboedienz Innozenz' II. zu stabilisieren und zu erweitern. Neben einer Reise nach Mailand (1135) verdienen drei Legationen nach Spanien Beachtung (1134, dabei Synode von León; 1135/37, um den Streit →Alfons' VII. v. Kastilien mit Ebf. →Diego II. Gelmírez v. Santiago de Compostela beizulegen und span. Diöz. zu visitieren; 1143, um den Konflikt des Kg.s v. Kastilien mit →Alfons I. v. Portugal zu bereinigen, was mit der Unterstellung des neu gegr. Kgr.s unter den Papst gegen einen jährl. Zins endete). G. war auch unter den Nachfolgern Innozenz' II. einer der maßgebl. Kard.e. Eugen III. ernannte ihn zw. dem 10. und 17. Dez. 1146 zum Kanzler, als welcher er zu einem Gestalter der kurialen Politik wurde. 1147 verhandelte er in Deutschland mit Kg. Konrad III. über den bevorstehenden Kreuzzug. G. stand in freundschaftl. Beziehungen zu →Anselm v. Havelberg, Diego II. Gelmírez, Bernhard v. Clairvaux und →Wibald v. Stablo, wovon jeweils erhaltene Briefe zeugen. W. Maleczek

Lit.: DHGE XXII, 1247f. – G. Säbekow, Die päpstl. Legationen nach Spanien und Portugal bis zum Ausgang des XII. Jh.s, 1930, 43–46 – B. Zenker, Die Mitglieder des Kard.kollegiums von 1130–1159, 1964, 146–148.

4. G. v. Arezzo OSB, * um 992, † nach 1033, durch seine vier Schriften zur musikal. Unterweisung von Gottesdienstsängern der wirkungsreichste Autor ma. Musiklehre. Zwei seiner Texte enthalten biogr. Andeutungen. Die Widmung des Hauptwerks, »Micrologus« (= M), an seinen Auftraggeber, Bf. Theodaldus v. Arezzo (1023–36), erwähnt dessen Bemühen, die Kathedrale S. Donatus (erbaut 1026–32) zur Stätte vorbildl. Dienstes werden zu lassen, was sich auch in sänger. Leistungen der Chorknaben auswirkte, deren Ausbildung G. oblag. Die jüngste Schrift, »Epistola de ignoto cantu« (= E), an Mönch Michael, einstigen Konfrater im Kl. →Pomposa bei Ferrara, streift G.s frühes Verlassen dieses Kl. wegen des Neides anderer Mönche und die ehrende Einladung durch Papst Johannes (XIX.), bei der G. sein neuartig notiertes Antiphonar vorlegen durfte. Genauere Datierungen der Aufenthalte in Pomposa, Arezzo und Rom und der Schriften G.s sind hypothetisch; erwogene Identifizierungen mit Trägern des Namens G. wie auch Hinweise auf Reisen in andere europ. Länder gelten als zweifelhaft (Oesch, 25–70). Eher diskutabel sind die Zuweisung des an Ebf. Heribert II. v. Mailand (1018–45) gerichteten Briefes gegen Simonie (MGH 1, 1ff.) und, Annalen der Camaldulenser zufolge, eine spätere Lebensphase im Kl. Fonte Avellana, wo ein G. Aretinus 1030 Koadjutor, 1047 Prior wurde und am 17. Mai 1050 starb.

G.s Ruhm schlug sich vom späten 11. Jh. an vielfältig in Kopien, Zitaten und Komm. Guidon. Schriften, bald auch in fast obligator. Erwähnungen G.s als musiktheoret. Autorität nieder und blieb bis zum 16. Jh. lebendig, danach als hist. Faktum geläufig. Er leitet sich v. a. von vier Neuerungen her, die auf G. direkt oder indirekt zurückgehen. 1. Um in →Neumen notierte Melodien so tonhöhengenau aufzeichnen zu können, daß sich nicht nur bekannte Gesänge memorieren, sondern auch unbekannte absingen ließen, griff G. auf Ansätze zurück, Tonzeichen an Linien auszurichten (→Dasia-Notation), benutzte diese aber erstmals terzabständig und bei (durch Farblinien und Schlüsselbuchstaben) präzisierter Lage der Halbtöne, wie dies sein »Prologus in Antiphonarium« (= P) beschreibt und die abendländ. Musikaufzeichnung seither übernahm. 2. Zur Schulung sicherer Ton- und Intervallvorstellungen bildete G. eine Weise des Johanneshymnus »Ut queant laxis resonare fibris ...« so um, daß die Zeilenanfangstöne im Sechstonraum (mit Halbton im Zentrum, wie c–a) stufenmäßig steigen (Mon. Monodica I, Nr. 951), und benannte mit den zugehörigen Textsilben ut-re-mi-fa-sol-la die daran einzuübenden Tonqualitäten. Der Gebrauch dieser Merkmelodie (in E erläutert) für die sechs maßgebenden Stufen (die M, Kap. 7, als »affin« mit denen für g–e erfaßt) wurde erst nach G.s Zeit ausgebaut zu den dauerhaften Lehrmethoden von 3. →Hexachordsystem und →Solmisation (ab 13. Jh. bezeugt), 4. Guidonischer Hand (Manus Guidonica), die (ab 12. Jh.) jene Silben mit Tonbuchstaben verbindet und auf verbreitete digitale Merktechniken zurückgeht, wie sie wohl auch G. nutzte.

G.s Bedeutung beruht ebenso auf seinen Neuerungen wie darauf, daß er diese in den Dienst eines gerundeten Lehrkonzepts stellte, das (wie in M) überkommene theoret. Grundlagen (Boethius' bis Pseudo-Odos) einbezieht und erstmals umfassend auf die aktuelle Musikpraxis zugeschnitten ist. Die eminente Zweckmäßigkeit dieser Lehre äußert sich z. B. auch in der Wirkungsgeschichte der Guidon. Kap. über Tonraum (Γ bis dd) und darauf bezogene Monochordmensuren (M 2–3), Affinitates (M 7–8), Modi (M 10–14), Distinktionen, Vortrag und Aufzeichnung des Chorals (M 15–16), Melodiebildung anhand von Textvokalen (M 17) und organale Mehrstimmigkeit (M 18–19). Zur Verbreitung dieser Lehre trug ihre Form bei: G.s Bemühen um Klarheit und Kürze verband sich mit geschliffenem Stil, den die gen., von Kunstprosa durchsetzten Schriften ebenso zeigen wie die »Regulae rhythmicae« (= R), eine wohl zum Singen bestimmte (in meist reimende Terzinen trochäischer Tetrameter gegossene) Versifizierung von M (und P), oder wie die Motto-Hexameter zu M mit dem Akrostichon »GUIDO«.   K.-J. Sachs

Wichtigste Ed.: Gerbert II, 2–24 (M), 25–34 (R), 34–37 (P), 43–50 (E); CSM 4, 1955 (M) – Divitiae Musicae Artis A. III, 1975 (P) und A. IV 1985 (R) [Lit.] – *Lit.*: MGG V, 1071–1078 – NEW GROVE – J. SMITS VAN WAESBERGHE, De musico-paedagogico et theoretico Guidone Aretino eiusque vita et moribus, 1953 – H. OESCH, G.v.A., 1954 [Lit.] – C. A. MOBERG, Die Musik in G.v.A.s Solmisationshymne, AMW 16, 1959, 187–206 – J. SMITS VAN WAESBERGHE, Wie Wortwahl und Terminologie bei G.v.A. entstanden und überl. wurden, AMW 31, 1974, 73–86 – E. L. WAELTNER–M. BERNHARD, Wortind. zu den echten Schriften G.s. v.A., 1976 – Hucbald, Guido, and John: Three Medieval Treatises, hg. C. V. PALISCA, 1979, bes. 49–56 – K.-J. SACHS, Tradition und Innovation bei G.v.A. (Kontinuität und Transformation der Antike im MA, hg. W. ERZGRÄBER, 1989, 233–244).

5. G. v. Arezzo d. J., bedeutender med. Schriftsteller (hervorragender Diagnostiker) des 12. Jh., der mit →Roger→Frugardi die→Chirurgie in die akadem. Ausbildung integrierte. Lehrte als Artist an der Domschule zu Parma. In seinem (in Cambridge und Oxford verwirklichten) Unterrichtsmodell bleibt die Medizin den →Artes liberales inkorporiert und wird am Rande des Quadriviums vorgetragen. Erhalten sind seine – teilweise programmat. – Einleitungen zur Roger-'Chirurgie' sowie ein die med. →Avicenna-Rezeption einleitender Purgiertraktat (»Liber mitis«, vor 1180) mit deutl. Frontstellung gegen →Salerno u. →Montpellier. Die standeskrit. Abschnitte beziehen den Apotheker bereits mit ein. K. Goehl/G. Keil

Lit.: K. GOEHL, G. d'A. als Avicenna-Leser, Würzburger med.hist. Mitt. 1, 1983, 23–35 – G. d'A. d. J. und sein 'Liber mitis', hg. DERS. (Würzburger med.hist. Forsch. 32), I–II, 1984 – DERS., G.d'A. d. J. als Purgiermeister, Würzburger med.hist. Mitt. 4, 1986, 39–61 – DERS. und G. KEIL, G.d'A. d. J. und die »disputa delle arti«, Atti XXXII Congr. internaz. Soc. it. Stor. Med., hg. L. PREMUDA, 1987, 97–110 – DERS. und G. KEIL, »apothecarii nostri temporis«..., VIGGPharm NF

55, 1988 – G. KEIL, G.d'A. d. J. und die Medizinschulen seiner Zeit, Verh. XXX internat. Kongr. Gesch. Med., hg. H. SCHADEWALDT, 1988, 1005–1011.

6. G. de Baysio, Kanonist, * Reggio d'Emilia, † vor dem 11. Juli 1311, Borgo de Val di Taro; Schüler v. Johannes de Anguissola und Guido de Suzaria, lehrte zuerst in Reggio, ab 1283 Privatdozent in Bologna, 1301–04 dort prof. decretorum (→Johannes Andreae war einer seiner Schüler), 1296 zum archidiaconus v. Bologna ernannt, v. a. unter diesem Namen bekannt geworden. Als auditor litterarum contradictarum (seit 1304) wahrte er die Kontinuität der →Audientia l.c. beim Umzug im selben Jahr nach Avignon (→Kurie, röm. [in Avignon]); 1313 nahm G. die Wahl zum Bf. v. Reggio nicht an. Sein »Rosarium decretorum« (vollendet 25. Jan. 1300; Angelus de Ubaldis schrieb dazu ein Repertorium) ist eine Ergänzung der →Glossa ordinaria zum →Decretum Gratiani mit Material sowohl aus der Zeit nach →Johannes Teutonicus als auch von älteren →Dekretisten (bes. →Huguccio und →Laurentius Hispanus). Zw. 1306 und 1311 schrieb er einen Kommentar zum Liber Sextus (→Corpus iuris canonici); zusammen mit seinem Bruder Jacobus publizierte er eine Sammlung quaestiones (1283–89, ungedruckt). 1311 schrieb er für Papst Clemens V. einen »Tractatus super heresi et aliis criminibus in causa templariorum« und verfaßte die »Constitutiones super observantia audientie contradictarum«.   H. van de Wouw

Ed.: Tractatus de heresi, MANSI XXV, 417–426 – *Lit.*: COING, Hdb. I, 377 [K. W. NÖRR] – DBI V, 293–297 – DDC V, 1007f. – DHGE XXII, 1255 – KUTTNER, 20 n.2, 86–88 – LThK², IV, 1267 – NCE VI, 841f. – SCHULTE II, 186–190 – VAN HOVE, 475, 483f., 489 – PLÖCHL II, 519 – St. KUTTNER, Traditio I, 1943, 309 – F. LIOTTA, Appunti per una biografia del canonista G. da Baisio, arcidiacono di Bologna, Studi Senesi 76, 1964, 7–52 [auch sep., mit Neuausg. der Constitutiones] – P. HERDE, Audientia litterarum contradictarum I, 1970, 24, 77, 172f. – B. SCHIMMELPFENNIG, Zur Glossierung kanonist. Texte an der Kurie in Avignon, BMCL 2, 1972, 34 – T. M. IZBICKI, G. de Baysio's unedited gloss on 'Clericis laicos', BMCL 13, 1983, 62–67.

7. G. de Bazochis (Gui de Bazoches), frz. mlat. Autor, * vor 1146, † 1203, aus hoher Adelsfamilie der Gegend v. Soissons, erzogen seit seinem 7. Lebensjahr von seinem Onkel Haimon, Bf. v. Châlons-sur-Marne (seit 1151), studierte in Paris und Montpellier, machte aber, bedingt durch den frühen Tod des Onkels († 1153), nur eine begrenzte kirchl. Karriere als Subdiakon, Kanoniker und Kantor in Châlons, wo er das luxuriöse Leben eines gelehrten adligen Domherrn führte, zu dessen Freuden nach eigener Aussage u. a. die Jagd und das »Stockfest«, ein Klerikerfest (→Narrenfeste), gehörten. G. begleitete den Gf.en der Champagne, →Heinrich I., auf den 3. →Kreuzzug und entging 1190 vor Akkon nur knapp dem Tod. – Seine 37 erhaltenen Briefe, überliefert in nur einer Hs., sicherlich G.s Handexemplar, sind gekennzeichnet durch aufwendige rhetor. Stilisierung; sie enden (mit Ausnahme der fünf verstümmelt überkommenen Briefe) stets mit metr. oder rhythm. Schlußteilen. Wegen ihrer zahlreichen Selbstaussagen sind sie aufschlußreiche Zeitdokumente (vgl. etwa die hohe Wertschätzung des Geblütsadels, die in G.s Brief an Gf. Heinrich II. zum Ausdruck kommt). Seine sonstigen, teilweise noch unedierten Werke gruppieren sich in elf Bücher: Eine seiner Mutter gewidmete Apologie wendet sich gegen Verleumder, die G.s aufwendigen Lebensstil anprangerten; von G.s gelehrten Neigungen zeugen ein geograph. Traktat sowie eine bis 1199 reichende Chronik (7 Bücher), für die er →Wilhelm v. Malmesbury heranzog; sie konnte aufgrund ihrer ausgiebigen Zitierung durch →Alberich v. Troisfontaines identifiziert werden.   P. Bourgain

Ed.: Briefe: H. ADOLFSSON, 1969 (Stud. lat. Stockholmensia, 18) – *Apologie:* W. WATTENBACH (SAB.PH, 1892), 397–420 – *Lit.:* MANITIUS III, 914–920 – Repfont V, 277f. – F. J. C. RABY, Secular Latin Poetry II, 38–42 – B. MUNK-OLSEN, L'éd. d'un manuscrit d'auteur: Les lettres de G. de B., Rev. des études lat. 49, 1971, 66–77 – M. BUR, L'image de la parenté chez les comtes de Champagne, Annales 38, 1983, 1016–1039.

8. G. v. Bologna (Bononiensis), vermutl. Lehrer der →Ars dictaminis in Bologna um die Mitte des 12. Jh., Verfasser einer ungedr. Sammlung von 60 Musterbriefen, die ober- und mittelit. Verhältnisse betreffen; darunter auch angebl. Papst- und Kaiserbriefe. H. M. Schaller

Lit.: A. CAMPANA, Lettere di quattro maestri dello 'studio' di Bologna all'imperatore Federico I nelle Epistole del dettatore G., Atti del Conv. internaz. di studi accursiani 1, 1968, 131–147.

9. G. de Castello → Coelestin II.

10. G. v. Chauliac → Guy de Chauliac

11. G. de Columnis, Verfasser der 1287 beendeten »Historia destructionis Troiae« (35 B.), wahrscheinl. nicht identisch mit →Colonne, Guido delle. Das Werk fußt offenbar auf dem »Roman de Troie« des →Benoît de Ste-Maure oder auf dessen Prosabearbeitung. (Der Autor gibt jedoch →Dares und →Dyctis als Quellen an.) B. I. wurde 1272 auf Anregung des Ebf.s v. Salerno, Matteo della Porta, verfaßt. G. griff in lat. Prosa den roman. Stoff des »Roman de Troie« wieder auf und überarbeitete ihn, wobei er, in naivem Rationalismus gegen die Mythen und die antiken Autoren polemisierend, echte Historikerarbeit leisten wollte: Achilles sei keineswegs ein heldenhafter Krieger, wie Homer (von dem G. nur indirekte Kenntnis besaß) behauptet hatte. Die religiösen Vorstellungen der Antike werden im Lichte der christl. Glaubenswahrheiten als nichtig erwiesen, von der Liebe wird ein negatives Bild gezeichnet; die wichtigste Zielscheibe der moralist. Kritik G.s bildet jedoch Ovid (über Vergil fällt er ein weniger ungünstiges Urteil), so daß die »Historia« eine interessante Reaktion auf die starke Nachwirkung →Ovids im MA darstellt. Das Werk, in mehrere Volkssprachen übers., erfreute sich im späteren MA großer Beliebtheit. F. Bruni

Ed.: N. E. GRIFFIN, 1936 (The Medieval Acad. of America Publ. 26) – N. DI BLASI, Il rifacimento napoletano trecentesco della »Historia destructionis Troiae«, MR 6, 1979, 98–134; 7, 1980, 48–99 – G. CARLESSO, La fortuna della »Historia destructionis Troiae« di G. delle Colonne un volgarizzamento finora ignoto, GSL I 157, 1980, 230–251 – F. BRUNI, Boncompagno da Signa, G. delle Colonne, Jean de Meung: metamorfosi dei classici nel Duecento, MR 12, 1987, 103–128.

12. G. Faba, * vor 1190 in Bologna, † ca. 1245, nach Ausweis der hs. Überlieferung einer der erfolgreichsten Autoren der →Ars dictaminis und Rhetorik des MA. Sohn eines Nicolaus in Bologna, dort nachweisbar 1210 als Magister, 1215 und 1219–20 als öffentl. Notar, 1221–22 als Schreiber des Bf.s Heinrich (damals auch Aufenthalt an der päpstl. Kurie), 1226 Priester und Kaplan an einer Kapelle St. Michael, der ein Hospiz für Studenten und eine Schule für Grammatik und Dictamen angeschlossen waren, an der G. diese Fächer und wohl auch Kirchenrecht lehrte, vielleicht als Rivale des →Boncompagnus. G., ein Meister des Stilus supremus, verfaßte etwa 18 Traktate und kleinere Schriften mit Mustern für Briefe, Reden und Urkk. sowie eine Abhandlung über Tugenden und Laster. Bei ihm finden sich erstmals Briefe und Formulare in Volgare. H. M. Schaller

Ed.: L. ROCKINGER, Briefsteller und formelbücher des eilften bis vierzehnten jh. 1, 1863, 175–200 – A. GAUDENZI, Il Propugnatore 23, 1890; 25, 1892; 26, 1893 – O. REDLICH, Eine Wiener Briefslg. zur Gesch. des dt. Reiches und der österr. Länder, 1894, 317–331 – L. CHIRICO, Biblion 1, 1946–47, 227–234 – E. MONACI – F. ARESE, Crestomazia it. dei primi secoli, 1955, 57–63 – V. PINI, Quadrivium 1, 1956, 41–152 – G. VECCHI, Quadrivium 4, 1960, 61–90 – *Lit.:* A.

GAUDENZI, BISI 14, 1895, 118–150 – E. H. KANTOROWICZ, An »autobiography« of G.F., MARS 1, 1941–43, 253–280 – W. HAGEMANN, QFIAB 41, 1961, 67–78 – P. GLORIEUX, La faculté des arts et ses maîtres au XIIIᵉ s., 1971, 157–159 [Werkverz.] – CH. B. FAULHABER, The summa dictaminis of G.F. (Medieval Eloquence, ed. J. J. MURPHY, 1978), 85–111.

13. G. v. Orchelles (Orchies bei Douai?), † 1125, Archidiakon v. Thérouanne (1217–24), Kanoniker v. Meaux (1218), Mag. theol. in Paris, schrieb seit 1215 (IV. Laterankonzil) eine zweiteilige Summa »De sacramentis (ed. D. und O. VAN DEN EYNDE, Franc. Inst. Publ. Text Ser. 4, 1953) et officiis Ecclesiae« (ed. E. KENNEDY, MSt 1, 1939, 33–62). In der Sakramentensumma, die im 13. Jh. große Beachtung fand, diskutierte er im Anschluß an die zeitgenöss. Magister (→Praepositinus, St. →Langton) Fragen der allg. und spezif. Sakramentenlehre. L. Hödl

Lit.: DHGE XXII, 1282f. – W. KNOCH, Die Einsetzung der Sakramente durch Christus, BGPhMA NF 24, 1983, 356–365, 404f.

14. G. v. Pisa → Geographus Ravennas

15. G. da Siena, um 1260/80 tätiger Hauptmeister der sienes. Malerei vor →Duccio. Wie sein florent. Generationsgenosse →Coppo di Marcovaldo verband er in seinem Schaffen byz. und got. Einflüsse. Gesicherte Werke sind das 1221 datierte, jedoch erst gegen 1280 geschaffene Madonnenbild im Palazzo Pubblico in Siena und das 1270/80 entstandene Dossale aus S. Francesco in Colle Val D'Elsa (Siena, Pinakothek). J. Poeschke

Lit.: J. STUBBLEBINE, G. da S., 1964 – R. OERTEL, Die Frühzeit der it. Malerei, 1966 – P. TORRITI, La Pinacoteca Naz. di Siena, 1980².

16. G. Terrena (Terreni) v. Perpignan (Gui de P.) OCarm, † 21. Aug. 1342, »Doctor breviloquus«, Generalprior der Karmeliter (1318–21), Bf. v. →Mallorca (1321–32), Bf. v. →Elne (1332–42). Er war Schüler des →Gottfried v. Fontaines und ca. 1313 Mag. theol. in Paris. Er disputierte 6 Quodlibeta (vgl. P. GLORIEUX, Litt. quodl. I, 169–174; II, 274). In der Auseinandersetzung mit dem Thomismus und Scotismus suchte er in der Erkenntnistheorie eine zw. realist. und terminist. Logik vermittelnde Position zu halten, die später von Wilhelm v. →Ockham scharf kritisiert wurde. R. Macken

Lit.: DHGE XXII, 1291f. – Repfont V, 285f. – B. F. M. XIBERTA, De doctrinis theologicis G.nis T., AnalCarm 5, 1935, 113–206, 233–376 – J. MELSEN, G. T. (1260?–1342) iurista, 1939 – CH. H. LOHR, Traditio 24, 1968, 190f. – J. J. E. GARCÍA, Anal. s. Tarrac. 45, 1972, 87–129 – DERS., FStud 33, 1973, 117–131 – P. G. MARCUZZI, Salesianum 41, 1979, 647–684.

17. G. Vernani → Vernani, Guido

18. G. v. Vigevano, it. Arzt, Verf. med. Traktate, *um 1280 in Pavia, † nach 1349 in Paris (?), studierte vermutl. in Bologna, praktizierte in Pavia; 1310–1313 Leibarzt Ks. Heinrichs VII., dann der Maria v. Luxemburg (∞ frz. Kg. Karl IV.) und 1335–1349 der Johanna v. Burgund (∞ Kg. Philipp VI.). Vermutl. blieb er den Rest seines Lebens in Paris. In einer illustrierten Pracht-Hs. von 1345 (Chantilly, Musée Condé, Ms. 569, fol. 1–240) ist von G.s Werken das bekannteste, eine der besten ma. Anatomien, und ein »Liber notabilium a libris Galieni extractus« überliefert. Bereits 1335 schrieb G. den »Texaurus regis Francie« (bekanntestes Ms.: Paris, Bibl. Nat. lat. 11015, fol. 32–55), der einen »Liber conservacionis sanitatis senis« (für Philipp VI. verf. Diätetik) und ein Buch über die Kriegskunst enthält. A. Bauer

Ed. und Lit.: E. WICKERSHEIMER, L'»Anatomie« de G. de V., SudArch 7, 1913, 1–25 – A. R. HALL, The military inventions of G. da V. (Act. VIIIᵉ Congr. Int. Hist. Sci. 1958), 966–969 – B. S. HALL, G. da V.'s »Texaurus regis Franciae« 1335 (Stud. on medieval Fachlit., ed. W. EAMON, 1982), 33–44.

Guigo. 1. G. I. Carthusiensis (G. v. Kastell), 5. Prior der Grande →Chartreuse (→Kartäuser) von 1109–36, *1083,

† 27. Juli 1136, Verwalter und Organisator des monast. Lebens, verfaßte eine Slg. von 476 Meditationes, die der Reinheit des Herzens und dem Gottverlangen gewidmet sind. Seine neun erhaltenen, recht kurzen Briefe sind zumeist an bedeutende Persönlichkeiten der Zeit gerichtet. Er schrieb ein Tonale (→Tonar) sowie die Vita →Hugos, Bf.s v. →Grenoble. Das wichtigste Werk G.s, die »Consuetudines Cartusiae«, ist den Prioren dreier in der Landschaft Bugey (östl. v. Lyon) gelegener Einsiedeleien zugeeignet: Bernhard v. Portes, Humbert v. St-Sulpice und Milo v. Meyriat, die von →Petrus Venerabilis die Aufforderung erhielten, G.s Rat einzuholen. Die Antwort des Kartäuserpriors war eine Beschreibung der Lebensformen, wie sie in der Chartreuse seit den von Bruno 1094 eingeführten Gewohnheiten gepflegt wurden. Diesen fügte er einige von der Erfahrung geprägte Vorschriften hinzu (Verwendung der Begriffe 'procurator', 'conversus'). In 80 kurzen Kapiteln werden folgende Bereiche behandelt: Gottesdienst (1–8), Mönche (9–41), Konversen (42–76), Flüchtige und numerus clausus (77–79), Lobpreis des Einsiedlerlebens (80). Die »Consuetudines Cartusiae« zählen zu den ältesten und besten gewohnheitsrechtl. Texten des ma. Mönchtums.   J. Dubois

Ed. und Lit.: Repfont V, 287–289 [Ed., Lit.] – Tusculum-Lex.², 1982, 312f. [Ed.] – Vita Hugonis Gratianopolitanus episcopus (BHL 4016), AASS April, I, 37–46–MPL 153, 761–784–B. BLIGNY, Recueil des plus anciens actes de la Grande Chartreuse, 1958, Actes XII–XX, 30–53 – Lettres des premiers chartreux, I (ebd. 88, 1962), 141–225 – Les Méditations (SC 308, 1983) – J. DUBOIS, Les institutions monastiques au XIIᵉ s., à propos des Coutumes de Chartreuse rédigées par Guigues et éditées par un Chartreux, RHEF 72, 1986, 209–244.

2. G. II. Carthusiensis, † 25. Sept. 1193, Generalprior der →Kartäuser 1173–80, danach zurückgetreten und einfacher Mönch. Er verfaßte eine »Epistola de vita contemplativa« (bekannter als »Scala claustralium«) sowie »Meditationes«. Die Zuschreibung weiterer Werke ist unsicher.   J. Dubois

Lit.: Repfont V, 288f. – E. COLLEDGE – S. WALSH, Guigues II le Chartreux (SC 163, 1970).

Guilhade, Joan García de, Troubadour, bedeutender Vertreter der galic.-ptg. Lyrik, 13. Jh., aus Galicien. In den rund 50 erhaltenen Gedichten aus drei Genera (amor, amigo, escarnho) versucht J. G. de G. oft, die traditionellen Motive zu erneuern. Als erster galic.-ptg. Dichter greift er das Thema der grünen Augen auf. Ein guter Kenner der stilist. Mittel, verwendet er v. a. gewandt die Paronomasie (z. B. »U m'eu parti«). In den Canzonen d'escarnho (wie in den beiden Tensonen) wechselt er elegant zw. sarkast. und schamhaftem Ton.   G. E. Sansone

Ed. und Lit.: GRLMA – C. MICHAËLIS DE VASCONCELLOS, Cancioneiro da Ajuda, 1904, II, 407–415 – O. NOBILING, RF 25, 1908, 641–719 – TH. HEINERMANN, Die grünen Augen, RF 58/59, 1947, 18–40 – W. KELLERMANN, Drei Dichter der ältesten ptg. Lyrik (Medium Aevum Romanicum. Fschr. H. RHEINFELDER, hg. A. NOYER-WEIDNER – H. BIHLER, 1963), 200–222 – L. A. DE AZEVEDO FILHO, Structure et rythme du vers décasyllabe chez D. Joan G. de G., Romania 89, 1968, 289–312 – M. RODRIGUES LAPA, Cantigas d'escarnho e mal dizer, 1970 – G. E. SANSONE, Saggi iberici, 1974, 9–38.

Guillaume (s. a. →Guillem Wilhelm)
1. G. Alecis (Alexis), frz. Mönch (Prior) einer Abtei OSB in Lyre (Normandie). Verfasser religiöser und moralisierend-didakt. Versdichtungen (2. Hälfte 15. Jh.), die neben erbaul.-allegor. Moralistik auch krit. Zeitsatire (z. B. gegen Klerus und Jurisprudenz) bieten und z. T. polem. frauenfeindl. Thesen zu propagieren scheinen: »L'ABC des doubles«; »Le matyrologue des faulses langues«; »Débat des l'omme et de la femme«; »Débat du mondain et du religieux« u. a. Aufgrund sprachl., struktureller und in-

haltl. Korrespondenzen von »Faintes du monde« und »Blason des faulses amours« mit der anonymen »Farce de →Pathelin« wird in der Forschung auch die (umstrittene) Annahme vertreten, G. sei deren Autor.   H.-M. Schuh

Ed.: A. PIAGET – E. PICOT, Œuvres poétiques de G., 3 Bde, 1896–1908 – *Lit.:* CH. GUÉRY, G., dit le Bon Moine de Lyre . . ., 1917 – L. CONS, L'auteur de la farce Pathelin, 1926 [Rez. M. ROQUES, Romania LIII, 1927, 569–587] – R. T. HOLBROOK, G. et Pathelin, 1928 – K. V. SINCLAIR, The Need for a new Critical Ed. of an important devotional Text by G., Romance Notes XX, 1979/80, 430–434.

2. G. d'Amiens, frz. Trouvère, * vermutl. in Amiens, 2. Hälfte des 13. Jh. Als Beruf gilt die Miniaturen- und Wappenmalerei, weswegen er auch als «Paignour« bezeichnet wird. So ist er vielleicht ident. mit dem Willelmus pictor, den 1301 ein Zinsrodel aus Amiens nennt. Erhalten sind von ihm eine Dichtung »Vers d'Amours«, drei Lieder (zwei davon mit Noten) und zehn Rondels.   H. Leuchtmann

Musik-Ed.: F. GENNRICH, Rondeaux, Virelais und Balladen, 1921, 30–38; 1927, 30–36 – DERS., Troubadours, Trouvères, Minne- und Meistergesang (Das Musikwerk, 1951), 38 – *Texted.:* G. RAYNAUD, Recueils de Motets Français des XIIᵉ et XIIIᵉ s., 1883, 117–120 – H. PETERSEN DYGGVE, Chansons françaises du XIIIᵉ s., NM 31, 1930, 21–26 – *Lit.:* MGG, s. v. – NEW GROVE, s. v.; ebd., s. v. Troubadours – H. PETERSEN DYGGVE, NM 30, 1929, 184 – DERS., Onomastique des Trouvères, AASF Ser. B XXX, 1, 1934, 124.

3. G. de Berneville (Barneville, Barnwell), biograph. Daten unbekannt, schrieb um 1180/90 wahrscheinl. die anglo-norm. »Vie de saint Gile (Gilles)«. Ihr liegt die hist. unzuverlässige anonyme lat. »Vita sancti Egidii« (10. Jh.) zugrunde, welche die legendäre Gründungsgesch. der Abtei OSB St-Gilles an der Rhonemündung (im Besitz der Gebeine von S. Gilles) festhält. Die »Vie de saint Gile« ist eine lit. hochstehende, gleichzeitig unterhaltsame und erbauliche, von monast. Theologie genährte Verslegende (3780 paarreimige Achtsilbler). Sie gestaltet fiktional das innere und äußere Leben des zunächst eremit. 'Gottesfreundes' und späteren Klostergründers (→Aegidius). Einzige vollständige Hs. in Florenz (Laurentiana, Conv. Sopp. 99, aus Camaldoli), ein Fragm. London (Brit. Libr., Harley 912).   L. Gnädinger

Ed. und Lit.: La Vie de St-Gilles par G. de B., poème du XIIᵉ s., hg. G. PARIS – A. BOS, SATF, 1881 – L. BRANDIN, Un fragment de la Vie de St-Gilles en vers fr., Romania 33, 1904, 94–98 – M. BAMBECK, Das Credo des Eremiten in der »Vie de S. Gile«, NM 86, 1975, 372–388 – L. GNÄDINGER, Eremitica. Stud. zur afrz. Heiligenvita des 12. und 13. Jh. (Beih. zur ZfrPh 130), 1972, 91–360 – U. WINZER, S. Gilles. Stud. zum Rechtsstatus und Beziehungsnetz einer Abt. im Spiegel ihrer Memorialüberl. (Münstersche MA-Schr. 59), 1988.

4. G. du Breuil (Brueil), Advokat in Paris, † 1344 oder 1345, aus Figeac (Quercy), wirkte zunächst dort, seit 1322 am Pariser →Parlement. 1320 von Philipp V. nobilitiert. Als berühmtester Anwalt seiner Zeit führte er die Prozesse von Bf.en, Städten und großen Herren (u. a. des Kg.s v. England als Hzg. v. Guyenne), verteidigte »Robert v. Artois, wurde dadurch 1329 in die Intrigen gegen Gfn. Mahaut v. Artois verwickelt und von Kg. Philipp VI. seiner Ämter enthoben. 1332 von Philipp v. Évreux, Kg. v. Navarra, wieder in Gnaden aufgenommen, blieb G. dem frz. Hof suspekt, wurde 1341 angeklagt und inhaftiert; Clemens VI. intervenierte zu seinen Gunsten. 1350 postum rehabilitiert. – G. erwarb große Besitztümer in Paris und Südfrankreich. Als 'clericus' mit der Tochter eines Ritters verheiratet, hinterließ er mehrere Nachkommen. Als einer der großen Legisten, die nicht in den Kg.sdienst traten, verfaßte G. zw. 1330 und 1332, d. h. noch vor den Parlamentsordonanzen Philipps VI., den »Stilus curie Parlamenti«, der als method., mit Zitaten aus den →*arrêts* untermauerter Traktat über das sich in jener

Zeit stark wandelnde Prozeßrecht am →Parlement (Eindringen des →Inquisitionsverfahrens, der Schriftlichkeit, der →Appellation) auf die Rechtspraxis großen Einfluß ausübte. F. Autrand

Ed.: F. Aubert, 1909 – *Lit.:* R. Cazelles, La société politique et la crise de la royauté sous Philippe de Valois, 1958 – Coing, Hdb. I., s. v. Breuil.

5. G. Briçonnet, kgl. frz. Finanzier, Staatsmann und Prälat, * um 1450, † 1514, entstammte als Sohn des kgl. Finanzmannes →Jean B. und der Jeanne Berthelot dem reichen Handelsbürgertum v. →Tours; ∞ um 1470 Raoulette, Tochter des bedeutenden Kaufmanns Jean de Beaune, seit ca. 1480 ständig im Dienst der frz. Kg.e, war *secrétaire des finances* (→Sekretär) unter Ludwig XI., 1483–93 *général des finances* des Languedoc. Als Mitglied des →Conseil royal und enger Vertrauter Karls VIII. drängte er diesen – in der wohl ernsthaften Hoffnung auf einen nachfolgenden Türkenkreuzzug – zur Eroberung v. →Neapel. – Verwitwet, machte G. eine steile geistl. Karriere: 1493–97 – in heikler Mission – Bf. des Bm.s →St-Malo in der zwangsweise Frankreich eingegliederten →Bretagne, 1497–1507 Ebf. v. →Reims, 1507–14 Ebf. v. →Narbonne; 1495 Kard. Ein aufgeklärter Prälat und geschickter Verwalter seiner zahlreichen Benefizien (darunter Bm.er und Abteien), spielte G. B. namentl. beim Konzil v. Pisa-Mailand (1511–12) eine wichtige Rolle.
Ph. Contamine

Li.: DBF VII, 286 – DHGE X, 677–679 – A. Dunoyer, G.B., card. de St-Malo [Positions des thèses de l'Éc. nat. des Chartes, 1894] – B. Chevalier, Tours ville royale (1356–1520)…, 1975, bes. 482–486, 597 – A. Lapeyre – R. Scheurer, Les notaires et secrétaires du roi … (1461–1515), 2 Bde, 1978 – M. Harsgor, Recherches sur le personnel du Conseil du roi sous Charles VIII et Louis XII, Bd. III, 1980, 1918–32 – R.-H. Bautier, G.B. … et la haute administration du royaume, Journal des savants, 1987, 79–89.

6. G. le clerc (de Normandie), anglonorm. Dichter, 13. Jh., einzig durch sein Werk bekannt. Sicher lebte er lange Zeit in England, wo er folgende Dichtungen (Achtsilbler mit Paarreim) schrieb: »Le bestiaire divin« (1210/1211; 3274 v.), »De sainte Marie Magdaleine«, »Les joies Nostre Dame«, »Le besant de Dieu« (1226/1227; 3757 v.), »Les treis moz« oder »Des treis ennemis de l'homme« (zw. 1227 und 1238). Die seit dem 19. Jh. G. häufig zugeschriebenen Werke »Fergus«, ein Artusroman, »La male honte« und »Du prestre et d'Alison« werden ihm heute abgesprochen. G. zieht den Bibeltext samt Apokryphen nacherzählend oder interpretierend bei, übernimmt Stoff und Thematik der →Contemptus mundi-Dichtung Innozenz' III., bezieht sich explizit auf die Predigten des Pariser Bf.s Maurice de Sully († 1206; →Predigt) und greift auf den »Physiologus« zurück. Für »La vie de Tobie« ist nebst dem AT »Le Château d'amour« von →Robert Grosseteste direkte Quelle. Die einzige Hs. für »Le besant de Dieu« – eine Sammelhs., die außer »Le bestiaire divin« alle Werke G.s enthält –, B.N.f. fr. 19525, anc. 2560, gehörte dem Dichter Philippe Desportes († 1606). L. Gnädinger

Ed. und Lit.: GRLMA VI – R. Reinsch, Le Bestiaire …, 1890 – C. Hippeau, Le Bestiaire divin de G., c. de N., [Nachdr. 1970] – A. Schmidt, G. l. c. de N., insbes. seine Magdalenenlegende, RomSt 4, 1879/80, 493–542 – F.-C. Weiss, Der »Romanz de sainte Magdaleine« von G., l. C. de N. und sein Quellenkreis [Diss. Münster/W. 1968] – R. Reinsch, »Les Joies Nostre Dame« des G. l. C. de N., ZfrPh 3, 1879, 200–231; ebd. »Les treiz moz«, 225–231 – P. Ruelle, Le besant de Dieu de G. l. c. de N., 1973 – R. Reinsch, »La vie de Tobie« de G. l. c. de N., ASNSL 62, 1879, 375–396 – S. Hamzaoui, G. l. c. de N., Sélection de références bibliogr., 1981².

7. G. de Crépy, Maître, frz. Staatsmann unter Kg. →Philipp IV., † 3. Juli 1299. Kgl. Kleriker seit 1274, wird er 1286–91 in den *Ordonnances de l'Hôtel* (→Hôtel du roi) als

Kleriker gleich nach dem Siegelbewahrer erwähnt. Seit 1293 übte er dann selbst dieses Amt aus; am 10. April 1293 wird er vom Hoffinanzier→Mouche als 'chancelier' intituliert. G. hat 1293–96 höchstwahrscheinl. eine bedeutende polit. Rolle gespielt, insbes. in Hinblick auf die Eröffnung des Krieges gegen England und die Besetzung des Hzm.s →Guyenne. Doch ist er nur als Mitunterzeichner des Vertrags mit Norwegen unmittelbar faßbar (22. Okt. 1295). G. hatte das Siegel von Allerheiligen 1296 bis Okt. 1298 inne, war aber auf eigenen Wunsch kurze Zeit vom Siegelamt beurlaubt (wohl Mai 1296 oder erst Mai 1298?) und wurde wohl von Thibaut de Pouancé vertreten. Am 15. Juni 1297 wird er gemeinsam mit Pierre de Mornay, Gilles Lamberg, Jean de Montrolles, Étienne de Limoges, Oudard de la Neuville und Jean de Montigny mit voller Regierungsfunktion ausgestattet. Ende 1298 muß ihm Pierre →Flot(t)e im Amt gefolgt sein. C. begab sich danach an den Hof Bonifatius' VIII., der ihn am 29. Dez. 1298 empfing. Bis an sein Lebensende blieb er Mitglied des →Parlement und der →Chambre des comptes. Im Zuge seiner kirchl. Laufbahn war er: Dekan v. St-Aignan d'Orléans seit 1263, als solcher 1286 von der Residenzpflicht befreit; Custos von St-Quentin 1292; Archidiakon v. Paris Ende 1298.

Er erwarb Besitzungen in St-Ouen und St-Denis (1286, 1292, 1293), Champigny und Pont-sur-Yonne (1299). G. residierte in Paris in der Pfarrei St-Jean, Coin des Huchiers, und besaß ein Haus in der Rue du Bourg. E. Lalou

Q. und Lit.: Materialien für: Gallia regia philippica (Arch. nat. Paris) – C. Borrelli de Serres, Recherches sur divers services publics du XIII⁰ au XVIII⁰ s., 3 Bde, 1895–99 – L. Perrichet, La grande chancellerie de France des origines à 1328, 1912 – R. Fawtier, Comptes du Trésor (1296, 1316, 1386, 1477), 1930, no. 84 – J. Viard, Journaux du Trésor de Philippe IV le Bel, 1940, no 216, 429.

8. G. de Degulleville (oder Deguilleville), * ca. 1295 in D. (Normandie), seit 1316 OCist in →Châalis, Prior, † nach 1358, verfaßte außer 11 lat. religiösen Gedichten (AnalHym 36, 105–128; 48, 321–409) und »Le roumant de la fleur de lis« (1338) (ed. A. Piaget, Romania 62, 1936, 317–58), einer Verteidigung auf die frz. Monarchie, eine riesige Reimrede in 3 Teilen: «Pèlerinage de la vie humaine« (ca. 13500 V., 1330/31, überarb. 1355), »Pèlerinage de l'âme« (ca. 11200 V., 1355/58) sowie »Pèlerinage de Jésus-Christ« (ca. 11300 V., 1358). Die noch in über 75 z. T. reich illustr. Hss. erhaltene erbauliche Kompilation gehört zu einer Reihe von Traumvisionen und Jenseitsreisen der ma. frz. Lit. und gibt Zeugnis von den Frömmigkeitsauffassungen der Zeit. Für die Beliebtheit des Werks sprechen zahlreiche frühe Drucke und Übers. der Pilgerfahrt des Menschenlebens (dt., engl., ndl., span., lat. Fassung verloren), eine engl. Fassung des »P. de l'âme« sowie deren Bearbeitungen als Moralité oder in Prosa. Unter dem Eindruck des Rosenromans schildert der Mönch, wie er im Traum das himml. Jerusalem schaut und sich auf die Reise begibt, die mit großem allegor. Aufgebot geschildert wird. Teil 2 beschreibt das Schicksal der Seele nach dem Tod mit einer Schau des Jenseits (Fegefeuer, Hölle und Paradies). Den Abschluß der Trilogie bildet ein dogmat. Erzählgedicht in Traumeinkleidung über den Erlöser, das die Heilszeit vom Fall Adams bis zur Himmelfahrt umspannt. D. Briesemeister

Ed.: Verf.-Lex. III, 897–900 – ebd.², VII – J. J. Stürzinger, 1893–97 – The Pilgrimage of the life of man (übers. J. Lydgate, 1426), ed. F. J. Furnivall, 1899–1904 – Pylgremage of the sowle, übers. John Lydgate [Faks. 1931] – The pilgrimage of the lyfe of manhode, ed. A. Henry, 1985 (anon. Übers. 16. Jh.) – El pelegrino dela vida humana, 1490. Die Pilgerfahrt zum himml. Jerusalem (Cod. Pal. lat. 1969), hg. R. Bergmann, 1983 – *Bibliogr.:* Bossuat n° 4904–4925; 6931–6933 – *Lit.:*

DSAM VI, 1201–1203 – GRLM VI, 1, 181ff. – HLF 39, 1, 1–132 – CH.-V. LANGLOIS, La vie en France au MA, 4, 1928, 199–268 – R. TUVE, Allegorical imagery. Some medieval books and their posterity, 1966, 145–218 – S. K. HAGEN, The Pilgrimage of the Life of Man. A Medieval Theory of Vision and Remembrance [Diss. Univ. of Virginia 1976] – J. M. KEENAN, The Cistercian Pilgrimage to Jerusalem in G. de D.'s P. de la v.h., Stud. in Medieval Cistercian Hist. 2, 1976, 166–185 – P.-Y. BADEL, Le Roman de la Rose au XIVᵉ s., 1980 – P. DINZELBACHER, Vision und Visionslit. im MA, 1981.

9. G. Hugonet → Hugonet, Guillaume

10. G. de Lorris → Roman de la Rose

11. G. de Machaut, * um 1300 Champagne, † 1377; wohl von Kanonikern in Reims ausgebildet. Als Sekretär und Kaplan Johanns v. Luxemburg, Kg. v. Böhmen, bereiste G. Europa. Benedikt XII. gewährte ihm eine Pfründe an Notre-Dame in Reims, wo er ab 1340 lebte. G.s Werk, zumeist nach 1340 und im Auftrag fsl. Gönner entstanden, umfaßt 235 Balladen, 76 Rondeaux, 39 Virelais (Chansons balladées), 24 Lais, 23 Motetten, eine Messe (vor 1365, vielleicht 1340) und einen Doppel-Hoquetus. Dazu kommen mehrere »Dits, der »Confort d'ami« für den gefangenen Kg. Karl II. v. Navarra (1357), die aktuellen hist. Stoff behandelnde Kreuzzugsdichtung »La Prise d'Alexandrie« (nach 1369), zwei fingierte Streitgespräche über Fragen der Liebeskasuistik, »Le Jugement dou Roy de Behaigne« (um 1340) und »Le Jugement dou Roy de Navarre« (nach 1349). »Remède de Fortune« (um 1341) schließt formal an Adam de la Halle (→6.A.), →Jehannot de l'Escurel und →Fauvel an, inhaltl., wie »La Fontaine amoureuse ou Livre de Morpheus« (um 1361), an den →Roman de la Rose. Eigtl. Kunstreflexion bringt der »Prologue«, ein Spätwerk, das den Ursprung der Verschwisterung von Poesie und Musik zu ergründen sucht. Diverse lit. Gattungen und Formen realisiert der ps.-autobiogr. »Voir Dit« (um 1362), der die Liebe der jungen Péronne d'Armentières zu einem alternden Dichter, G. selbst, imaginiert. Während G.s musikal. Werk der →Ars Nova zuzuordnen ist, führt die Verbindung von höf. Liebesthematik, Allegorisierung und Traumfiktion zur Verwandlung der eigenen Realität und Erfahrung in illusionist. Manier; didakt. Absicht in häufiger gelehrter Digression und bibl. wie antik-mytholog. Exempla, häufig aus dem »Ovide moralisé«, stehen dem nicht entgegen. Formale Perfektion, Virtuosität und Wortakrobatik nehmen die Bemühungen der →Rhétoriqueurs voraus. In 17 Hss. des 14. und 15. Jh. sind Werke G.s enthalten, meist nach Gattungen gruppiert. Reich illuminierte Sammelhss. sind z. T. unter persönl. Aufsicht des Dichters und nach eigenem ikonograph. Entwurf entstanden. G., bereits zu Lebzeiten von Zeitgenossen rühmend erwähnt, übt Einfluß auf →Chaucer und F. →Landini. →Froissart übernimmt G.s Form des Dit, Eustache →Deschamps lehnt sich in seiner Regelpoesie an ihn an.   L. Gnädinger

Ed.: Voir Dit: P. PARIS, 1875 [Neudr. 1969] – Prise d'Alexandrie: M. L. DE MAS-LATRIE, 1877 [Neudr. 1968] – *Œuvres:* E. HOEPFFNER, 3 Bde, 1908–21 [alle Dits außer Le Voir D.] – *Poésies lyriques:* V. CHICHMAREF, 1909 – La louange des dames: N. WILKINS, 1972 – G. de M., The Judgement of the King of Bohemia, ed. and transl. R. BARTON PALMER, 1984 – A. D. DZELZAINIS, An ed. and study of G. de M.s La Prise d'Alexandrie [Diss. Cambridge 1985] – *Lit.:* Machaut's world …, ed. M. PELNER COSMAN – B. CHANDLER, 1978 – G. de M. Poète et compositeur, Colloque-Table Ronde, Reims 19–22 avril 1978, 1982 – K. BROWNLEE, Poetic identity in G. de M., 1984 – J. CERQUIGLINI, Un engin si soutil. G. de M. et l'écriture au XIVᵉ s., 1985.

Musik: G. ist neben →Philipp v. Vitry Hauptvertreter der musikal. →Ars nova. Seine Kompositionen sind in gleicher Reihenfolge in mehreren Prachthss. überliefert: 1. Lais (19), 2. Motetten (23), 3. Balladen (42), Rondeaux (22) und Virelais (33). Für sich steht die »Messe de Nostre Dame« (erste mehrstimmige Vertonung des Meßordinariums) und der kompositionstechn. aufs 13. Jh. zurückgehende »Hoquetus David«. G.s Schaffen nahm seinen Ausgang von der dreistimmigen →Motette; bis auf drei bedient er sich in ihnen der sog. isorhythm. Technik, d. h. die musikal. Form entsteht aus mehrmals wiederholten, ident. rhythm. u. melod. Abschn. Kompositionstechniken aus der Motette drangen dann vermehrt auch in weltl. Stücke ein. Im Gegensatz zu Philipp v. Vitry verwendet G. in den Motetten überwiegend frz., bei den beiden oberen Stimmen jeweils unterschiedl. Text. Der in den Motetten herrschende strenge Versbau hat, anders als bei Rondeaux, Balladen und Virelais, aber auf den musikal. Bau keinen Einfluß. Lais und Virelais sind überwiegend ein-, Motetten, Rondeaux und Balladen mehrstimmig.

S. Meyer-Eller

Ed. und Lit.: F. LUDWIG, 1928/52 – L. SCHRADE, 1956 – NEW GROVE XI, 428–436.

12. G. de Puylaurens, frz. Chronist, * um 1201/02, † vor 1287. Kleriker aus Tolosaner Adel, gehörte er seit 1228/30 zum Umkreis des Bf.s v. Toulouse, Fulco, und seines Nachfolgers und erhielt um 1237/40 die Pfarrstelle in Puylaurens (Tarn, arr. Lavaur). Er ist wahrscheinl. ident. mit dem 1244–49 belegten, gleichnamigen Kapellan des Gf.en →Raimund VII. v. Toulouse (J. DUVERNOY gegen Y. DOSSAT). – Seine um 1275 abgeschlossene, in fünf Hss. überlieferte lat. Chronik behandelt den Kreuzzug gegen die →Albigenser und dessen Folgen aus größerem zeitl. Abstand. Wenn auch von maßvoller Haltung, zeigt sich der Autor besorgt über das Auftreten der Häresie, deren Unterdrückung breiten Raum einnimmt. G., der wenig Sympathien für das Verhalten der Gf.en v. Toulouse zeigt, findet sich – um des Schutzes des rechten Glaubens willen – mit der Annexion des Toulousain durch den Kg. v. Frankreich, Philipp den Kühnen, ab.

P. Bourgain

Ed.: J. BEYSSIER, G. de P. et sa chronique (Troisième mél. d'hist. du m.â. Fschr. A. LUCHAIRE, III, 1904), 116–175 – J. DUVERNOY, 1976 (SHM) – *Lit.:* MOLINIER III, p. 66 nº 2435 – Repfont V, 317 – Y. DOSSAT, La croisade vue par les chroniqueurs (Paix de dieu et guerre sainte en Languedoc au XIIIᵉ s., 1969), 221–259 – DERS., La chronique de G. de P. (L'historiographie en Occident du Vᵉ au XVᵉ s. = Annales de Bretagne 87, 1980), 259–265.

13. G. (Guilhem, Wilhelm) **de Tudela,** † 1214 oder bald danach, Verfasser eines aprov. Epos *(cansos)* über den Albigenserkreuzzug (→Albigenser). Kleriker aus dem navarres. Tudela, wanderte G. 1200 wie andere Landsleute ins Languedoc ein und lebte mehr als elf Jahre in Montauban, später in Bruniquel. Augenzeuge des Durchzugs der Kreuzfahrer, schrieb G. seit Mai 1210 sein sprachl.-stilist. wenig glanzvolles Werk in knapp 2800 Alexandrinern, in dem er die Ereignisse bis zur Mitte 1213 in streng antihäret. Geist schildert. Der trag. Tod seines Gönners Balduin († Anfang 1214), des Bruders und Gegners Raimunds VI. v. Toulouse, setzte der dichter. Tätigkeit G.s ein jähes Ende. Das Werk wurde von einem Anonymus (6810 Vv.) fortgesetzt.   Y. Dossat

Ed. und Übers.: P. MEYER, 2 Bde, 1875–79 – MGH 55, 26, 1882 – E. MARTIN-CHABOT, 3 Bde, 1931–61 – *Lit.:* DBF XVI, 192f. – Repfont III, 225 – AM 50, 1938, 377–379 – Cah. de Fanjeaux IV, 1969.

14. G. le Vinier (lat. Vinarius), Magister, frz. Lyriker, † 1245, aus einer in →Arras gut bezeugten Familie. Sein facettenreiches Œuvre umfaßt 35 Stücke, alle mit Melodien, darunter 13 höf. Canzonen, mehrere Lieder mit Refrain, 8 Jeux-partis, 3 Pastourellen und 3 Marienlieder.

M.-R. Jung

Ed.: PH. MÉNARD, 1970, 1983² [Bibliogr.] – *Lit.:* MGG – NEW GROVE – R. W. LINKER, A Bibliogr. of Old French Lyrics, 1979.

Guillaume d'Angleterre, Dit de, anonyme Dichtung in vierzeiligen Alexandrinerstrophen, 14. Jh. (Bibl. Nat. Paris, a. f. 24432; Brit. Mus. London, Add. 15606), nimmt in Form einer moralisierenden Bearbeitung den Stoff des →Chrétien de Troyes zugeschriebenen Romans »G. d'A.« auf, der bereits einer verkürzenden span. Prosa-übertragung des 14. Jh., der »Estoria del rrey Guillelme de Ynglaterra«, zugrunde liegt. Der paränet. »Dit-Roman« (KLEIST) erinnert an die fiktive Figur des Kg.s Wilhelm v. England, der auf Gottes Geheiß hin Verzicht auf den ihm gebührenden Lebenswandel übt. In Anlehnung an die Legende des hl. →Eustachius wird berichtet, wie die Kg.sfamilie in die Fremde zieht, getrennt und erst nach 24 Jahren wieder vereint wird, da sie nun Anrecht auf das Paradies erworben hat. Stets mit dem Blick auf publikumswirksame Erbauung schildert der anonyme Erzähler die Situationen dieses Leidensweges. Die Armut als der unbestrittene Garant für den Eintritt in den Himmel gerät dabei niemals aus dem Blick.   H. Klüppelholz

Ed.: S. BUZZETTI GALLARATI, 1978 – *Lit.:* W. KLEIST, Die erzählende frz. Dit-Lit. in »quatrains alexandrins monorimes«, 1973 – Chrestien, G. d'A., hg. H. KLÜPPELHOLZ, 1987 [Einl.].

Guillaume, Chanson de → Wilhelmszyklus

Guillaume de Dôle → Renart, Jean

Guillaume le Maréchal (William →Marshal), 1144–1219, aus einfachen Verhältnissen, wurde Gf. v. Pembroke u. Striguil und war während der Minderjährigkeit von Kg. →Heinrich III. Regent v. England (1216–19). Wohl im Auftrag von dessen Sohn verfaßte 1220–26 ein gewisser Jean die »Histoire de G.« in über 19000 achtsilbigen Versen – die älteste Ritterbiographie (→Biographie, III) und zugleich das letzte Werk der anglonorm. Historiographie, in welchem die biograph. erlebte Zeitgesch. mit Mustern höf. Verhaltens und höf. und ep. Lit. vermischt wird. Breiten Raum nehmen die Turniere ein, hat doch G. seinen sozialen und wirtschaftl. Aufstieg nicht zuletzt auch seinen Erfolgen als Turnierritter zu verdanken. Der Held erscheint als Garant der Dynastie und der kgl.-feudalen sowie der ritterl. Ordnung.   M.-R. Jung

Ed.: P. MEYER, 3 Bde, 1891–1901 – *Lit.:* DLFMA – GRLMA XI – S. PAINTER, W. M., 1933 – L. D. BENSON, The tournament in the Romances of Chrétien de Troyes and l'Hist. de G. (Chivalric Lit., hg. L. D. BENSON – J. LEYERLE, 1980), 1–24 – J.-G. GOUTTEBROZE, Humour et ironie dans l'Hist. de G. (Mél. J. LARMAT, 1982), 143–167 – G. DUBY, G. ou le meilleur chevalier du monde, 1984.

Guillaume d'Orange → Wilhelmszyklus

Guillem. 1. G. de Berguedá → Berguedá, Guillem de

2. G. de Cabestany → Cabestany, Guillem de

3. G. (Guilhem) **Figueira,** prov. Troubadour, 1215–40 in seiner Heimatstadt Toulouse und in Italien tätig. Seiner »vida« zufolge war er Schneider und städt. Spielmann. Von seinen Gedichten sind erhalten: drei scherzhafte, im Schenkenmilieu angesiedelte Coblas, in denen er auf →Aimeric de Peguilhan und →Sordello Bezug nimmt, zwei Kreuzlieder (1215 und 1240 entstanden), zwei Liebescanzonen und fünf Sirventese. In seinem berühmtesten Gedicht, »D'un sirventes far«, greift er Rom und den Papst wegen des →Albigenserkreuzzugs an. Ob G. kathar. Positionen vertrat, ist nicht sicher, seine antiklerikale Haltung ließ ihn in Italien mit →Ezzelino da Romano und mit Friedrich II. in Verbindung treten. Letzterem widmete er u. a. ein Sirventes.   A. Várvaro

Ed.: E. LEVY, 1880 – *Lit.:* Repfont V, 344f. – O. SCHULTZ-GORA, Ein Sirventes von G. F. gegen Friedrich II., 1902 – V. DE BARTHOLOMAEIS, Poesie provenzali storiche relative all'Italia, 1931 – M. PICCHIO SIMONELLI, Lirica moralistica nell'Occitania del XII sec.: Bernart de Venzac,

1974, 151–155 – C. BRUCKER, Le personnage de Frédéric II. dans la poésie lyrique d'oc du XIIIe s. (Studia occitanica I, 1986), 31–44.

Guillermo (Guillelmo) **de Podio** (Puig, Despuig), span. Musiktheoretiker, 2. Hälfte 15. Jh. 1495 wurde in Valencia sein Traktat »Ars musicorum« mit Widmung an Alfonso de Aragón, Bf. v. Tortosa, gedruckt. Einen erweiterten Teil daraus enthält die Bologneser Hs. »In enchiridion de principiis musicae«. Die acht B. des Traktats basieren in ihrer Musikanschauung auf Pythagoras, →Boethius und →Guido v. Arezzo, sind aber wegen ihrer Ausführungen über die span. Musiknotation des 15. Jh. im Gegensatz zur it. wichtig. In Spanien galt G. bis ins 18. Jh. als bedeutendster Musiktheoretiker seiner Zeit.   H. Leuchtmann

Ed.: Ars musicorum, ed. A. SEAY, 1978 – In enchiridion de principiis musicae (H. ANGLÉS, La notación musical española de la segunda mitad del siglo XV: un tratado desconocido de G., Anuario Musical II, 1947), 151ff. – *Lit.:* EITNER VIII, 2 – MGG III, 199f. – RIEMANN I, 390 – R. STEVENSON, Span. Music in the Age of Music, 1960 – F. J. LEON TELLO, Estudio de hist. de la teoria musical, 1962.

Guillon, Vertrag v. Während des →Hundertjährigen Krieges begann das Heer des Kg.s v. England, Eduards III., in das Hzm. →Burgund einzurücken; Hzg. →Philipp v. Rouvres bat daraufhin um Waffenstillstand, der am 10. März 1360 in G. (heute Dép. Yonne) geschlossen wurde und den Abzug der Engländer gegen Leistung von 200000 *deniers d'or au mouton,* zahlbar vor Ostern 1361, festlegte. Die engl. Truppen zogen ins Nivernais weiter. Da trotz Ausschreibung einer neuen Steuer im gesamten Hzm. die Ablösesumme im Sept. 1361 noch nicht vollständig bezahlt war, mußten sich zehn burg. Ritter und Bürger den Engländern als Geiseln stellen.   J. Richard

Lit.: U. PLANCHER, Hist. de Bourgogne II, 1740, 295 [Text] – E. PETIT, Hist. des ducs de Bourgogne de la race capétienne IX, 1905.

Guinea (Entdeckungsgesch.). Noch während der durch Prinz →Heinrich den Seefahrer († 1460) geprägten frühen Phase der ptg. Entdeckungsfahrten (→Expansion, europ.) erreichte Nuno Tristão 1441 das Cabo Blanco und 1444 das Mündungsgebiet des Senegal, damit erstmals die Küste G.s und die Terra dos Negros. Dinis →Dias erreichte und umfuhr 1444 das W-Kap Afrikas, das – wegen seines üppigen Pflanzenwuchses so benannte – Cabo Verde. 1446 erreichte er die Mündung des Gambia (der ein Jahrzehnt danach von →Cadamosto und →Usodimare weiter landeinwärts befahren wurde). Dias' Partner, Alvaro Fernandes, erreichte 1446 das Cabo Roxo.

Nach Prinz Heinrichs Tod übernahm Kg. Alfons V. (1438–81) die Initiative für die weiteren Vorstöße in die Bereiche Sierra Leones, der Pfefferküste (Liberia) und schließlich der Elfenbeinküste; sie sind hauptsächl. mit Pedro de Sintra und Soeiro da Costa verbunden. Ein Vertrag mit dem gewissenhaft agierenden Unternehmer Fernão Gomes (1469) übertrug diesem für fünf Jahre die Organisation der Fahrten und das Handelsmonopol. Unter der Leitung von João de Santarém und Pero de Escobar sowie Martim Fernandes und Alvaro Esteves erfolgten Vorstöße entlang der Elfenbeinküste, der Goldküste (seit 1482 Handelsfestung La Mina), an den Volta, die Togo- und Dahomeyküsten sowie ins Nigerdelta (1470/71). Der von Gomes entsandte Fernão do Poo stieß 1472/73 bis zur Biafra-Bai vor (Entdeckung des Kamerunberges und sicher auch der – nach ihm benannten – größten der Golfinseln, vielleicht auch der anderen). Der kartograph. Hinweis Soligos auf das Cabo de Lopo Gonçalves (Kap Lopez) deutet wohl auf eine erste Äquatorüberschreitung hin, wahrscheinl. 1473/74 durch einen Kapitän dieses Namens. Mit der letzten der von Gomes initiierten Reisen, auf der Ruy de Segueira das Cabo de Sta. Catarina erreichte

(1474/75), wurde dann endgültig sicher, daß es keine geradlinige Passage nach →Indien gab.

Unter Kg. Johann II. (1481–95) wurde dann das letzte noch unentdeckte Stück der G.-Küste erforscht. Diese wichtige Phase der ptg. Entdeckungsfahrten ist eng mit Diogo→Cão († 1486) verbunden. Dessen Seefahrten im 1482–84 und 1485–86 (letztere unter Teilnahme Martin →Behaims) bereiteten den Weg für Bartolomeu →Dias und Vasco da→Gama.   G. Hamann

Lit.: G. HAMANN, Der Eintritt der südl. Hemisphäre in die europ. Gesch. (SAW. PH 260, 1968), bes. 445–465 [Verz. der Q. und Lit., auch zur ptg. Forsch.].

Guinegat(t)e, Ort in N-Frankreich (heute Enguinegatte, Artois, dép. Pas-de-Calais), Schauplatz zweier Schlachten →Maximilians I.

1. G., Schlacht v. (7. Aug. 1479), erste Entscheidungsschlacht im burg. Erbfolgekrieg. Ehzg. Maximilian, Hzg. v. →Burgund, belagerte die Grenzfestung→Thérouanne. Mit einem Entsatzheer von ca. 20000 Mann rückte Ludwig XI. v. Frankreich heran; Maximilian trat ihm bei G. mit geringeren Kriegsvölkern entgegen (flandr. Bürgergarden und Landwehren mit→Langspießen nach Schweizer Vorbild, ferner Deutsche, Eidgenossen, Engländer). Im ersten Anprall wurden die vorgeschobenen Bogenschützen und die Feldartillerie von der frz. Kavallerie niedergeritten, die burg. Reiter in die Flucht geschlagen. Der Kern des niederländ. Fußvolks, seitl. gesichert durch eine →Wagenburg »nach böhm.-österr. Art« hielt dagegen stand und konnte in einem erfolgreichen Gegenstoß das frz. Haupther schlagen und nach Hesdin zurückwerfen. 13 000 Franzosen und 5000 Burgunder fielen. Maximilian, der in der Schlacht großen persönl. Einsatz gezeigt hatte, konnte durch diesen keineswegs entscheidenden Sieg die Stellung der Habsburger in den Niederlanden stärken.

2. G., Schlacht v. (16. Aug. 1513). Im Kampf um die Rückgewinnung der ehemals engl. Gebiete in Frankreich belagerte Heinrich VIII. mit 30000 Mann die Festung →Thérouanne, gemeinsam mit Ks. Maximilian I., der – bei geringen eigenen Kontingenten – die Führung des Feldzuges hatte. Ein zur Festung heranrückender frz. Verpflegungszug von 7000 Reisigen wurde am 16. Aug. 1513 nahe G. in einem Reiterkampf vollständig geschlagen; Thérouanne fiel in die Hand der Engländer. Die von den Siegern so bezeichnete »Sporenschlacht« (weil die Franzosen mehr die Sporen zur Flucht als das Schwert gebraucht hätten) blieb ohne größere Bedeutung.

H. Wiesflecker

Lit.: H. WIESFLECKER, Ks. Maximilian I., 1, 1971, 124ff., 144ff., 458f.; 4, 1981, 124ff., 545f. [Q., Lit.]

Guînes (Guines; lat. Ghisnae, Ghisnia), Stadt und ehem. Gft. in N-Frankreich (heute dép. Pas-de-Calais), zw. Calais und St-Omer. Das castrum G. gehörte im 9. Jh. der Abtei →St-Bertin. →Lambert v. Ardres erwähnt für 928 den Dänen Sigfridus als Begründer der Gft. Sicher belegt ist ein Gf. aber erst für 1065; *Balduin I.* (vor 1065–ca. 1083); ihm folgten: *Manasses* I. (ca. 1084–1137/40), *Arnulf I.* (1137/40–69), *Balduin II.* (1169–1206), *Arnulf II.* (1206–20/21), *Balduin III.* (1220/21–45/47) und *Arnulf III.* (1245/47–83). Im 11.–12. Jh. verschafften sich die Gf.en v. G. durch den Bau von castra (G., Tournehem, Audruicq, Sangatte, Ardres) Respekt bei ihren Vasallen und erweiterten ihren Herrschaftsbereich (Anfall von Brédenarde und – durch Heirat – →Ardres, 1176/77). Im Zuge der Kriege Kg. Philipps II. August gegen Flandern mußten die Gf.en v. G. jedoch ihr altes Lehensband zu den Gf.en v. →Flandern aufkündigen und auf die Gf.en v. →Artois

übertragen (1237). Der hochverschuldete Gf. Arnulf III. verkaufte 1281 einen Teil seiner Gft., das *Bailliage v. Tournehem,* an den Gf.en von Artois, 1283 ein noch größeres Territorium an den Kg. Ein Teil kam 1295 über Arnulfs Enkelin Jeanne an die Gf.en v. →Eu zurück. 1347–1558 waren→Calais und G. in engl. Hand.   B. Delmaire

Q.: Lambert v. Ardres, Wilhelm v. Ardres, MGH SS, 25 – *Lit.*: A. DUCHESNE, Hist. généalogique de la maison de Guisnes, d'Ardres, de Gand et de Coucy, 1631 – F.-L. GANSHOF, St-Bertin et les origines du comté de G., RBPH, 1931, 541–555 – M. CHANTEUX-VASSEUR, Étude géogr. et hist. sur le comté de G. des origines à 1283 [Positions thèses Éc. des Chartes, 1935], 57–64 – L. MILIS, La frontière linguistique dans le comté de G., Actes 101ᵉ Congr. Soc. savantes, Hist. mod. et cont. 1, 1978, 249–262 – B. DELMAIRE, Le compte général du receveur d'Artois pour 1303–04, 1977.

Guinigi, Paolo di Francesco, Signore v. →Lucca, † 1432. Stammte aus einer Kaufleutefamilie, die bereits im letzten Drittel des 14. Jh. an der Spitze der Oligarchie in Lucca stand, erzwang am 14. Okt. 1400 – unterstützt von seiner Faktion (u. a. G. →Sercambi) und dem Hzg. v. Mailand, Giangaleazzo →Visconti – mit ca. 25 Jahren die Ernennung zum Capitaneus und Defensor populi, konzentrierte am 21. Nov. 1400 die Macht in seiner Hand und regierte danach die Republik Lucca 30 Jahre lang als »Signore«, wobei er ein durchaus maßvolles, v. a. in wirtschaftl. und organisator. Hinsicht erfolgreiches Regiment führte. Der Konsens, den er erzielte, basierte vornehml. auf seiner klugen Verwaltung des öffentl. Vermögens. Sowohl in wirtschaftl. wie in polit. Hinsicht brachten ihm seine Ehen mit Caterina Antelminelli, Ilaria del Carretto, Piacentina da Varano und Jacopa Trinci einen Machtzuwachs. In seiner umsichtigen Außenpolitik verbündete er sich mit den →Visconti (1402 gewann er Carrara und Avenza für Lucca), dann mit den Päpsten Bonifatius IX. und Gregor XII., mit Ladislaus v. Anjou-Neapel, mit Ks. Sigmund (der ihn zum Reichsvikar ernannte), mit Venedig, und zuletzt wieder mit den Visconti. Die Expansionsbestrebungen von Florenz, die nach der Eroberung von Pisa (1406) zu einer ernsten Bedrohung wurden, vermochte er mit diplomat. Geschick zumindest bis zur Schlacht v. Maclodio und zum Vertrag v. Ferrara (1427–28) aufzuhalten. Nur mehr schwach von Venedig und den Visconti unterstützt, wurde er dann jedoch von dem in florent. Diensten stehenden Condottiere Niccolò Fortebraccio angegriffen. Durch Francesco →Sforzas Eingreifen (longa manus von Filippo Maria →Visconti) bewahrte Lucca seine Unabhängigkeit, P.G. wurde jedoch am 14. Aug. 1430 durch eine Gruppe von lucches. Verschwörern unter Pietro Cenami, die von F. Sforza unterstützt wurde, gefangengenommen und kurz darauf mit seinen Söhnen in die Festung von Pavia überführt, wo er bis zu seinem Tod verblieb. In Lucca wurde das republikan. Stadtregiment wieder eingesetzt.   M. Luzzati

Lit.: G. LUCARELLI, I Visconti di Milano e Lucca, 1984 – R. MANSELLI, La Repubblica di Lucca (Storia d'Italia, hg. G. GALASSO, VII, 2, 1987), 681–688 – F. RAGONE, Ambizioni territoriali sulla Lunigiana viscontea dopo la morte di Gian Galeazzo. La cessione del vicariato di Carrara a P.G. ad opera di Giovanni Colonna (1402–1404), ASI 146, 1988, 543–582.

Guinizelli, Guido, it. Dichter, * in Bologna, seit 1266 belegt, 1274 zusammen mit anderen Ghibellinen verbannt, ließ er sich in Monselice bei Padua nieder, † ebd. 1276. Als Verfasser von fünf Canzonen und etwa fünfzehn Sonetten zeigt sich G. einerseits der→Sizilianischen Dichterschule verpflichtet, von der er bestimmte Themen aufnimmt und vertieft (z. B. von Guido delle →Colonne, →Giacomo da Lentini), andererseits tauscht er Verse mit →Guittone d'Arezzo. →Bonagiunta Orbicciani wirft ihmin einem Sonett vor, seine Dichtung sei rein intellektualistisch. →Cavalcanti und →Dante (→Dolce stil novo) hoben in G.s schmalem lit. Œuvre v. a. in einigen Sonetten, neue, der siz. Lyrik fremde Bilder der Natur- und Landschaftsschilderung hervor und benutzten die Ideen seiner Canzone »Al cor gentil rempaira sempre amore« bei der Polemik gegen Guittone d'Arezzo und dessen weitgehend moral.-polit., im Umkreis des städt. Lebens angesiedelte Thematik. Mit G., später bei Cavalcanti und in Dantes »Vita nuova« wird die Liebe wieder zum Hauptthema der Lyrik, wie vormals bei den siz. Dichtern. In der Canzone »Al cor gentil rempaira sempre amore« setzt der Dichter »Liebe« und »edles Herz« gleich; in der Schlußstrophe thematisiert er das Problem des Verhältnisses von Liebe und Religiosität. Das Thema des Frauenlobs wurde von den anderen Stilnovisten aufgenommen und variiert (vgl. Dante, »Vita nuova« XX). – In Purg. XXVI erscheint G. unter den Wollüstigen: trotz seiner großen Bewunderung für ihn will Dante darauf hinweisen, daß G.s Theorie von der Liebe nicht völlig mit dem christl. Gewissen vereinbar ist. (Vgl. auch die Paraphrase der Anfangsworte von G.s Canzone durch Francesca da Rimini [Inf. V 100], die ihre ehebrecher. Liebe zu ihrem Schwager damit rechtfertigen will.)   F. Bruni

Ed.: Poeti del Dolce stil nuovo, ed. M. MARTI, 1969, 35–114 – Poesie, ed. E. SANGUINETI, 1986 – *Lit.*: Per G.G. il Comune di Monselice (1276–1976), 1980 – V. MOLETA, G. in Dante, 1980 – →Dolce stilnovo.

Guiot. **1. G. de Dijon,** frz. Trouvère, erstes Viertel 13.Jh., nach seinem Geburtsort benannt. Ihm werden 17 chansons in teilweise unzuverlässigen Q. zugeschrieben, wobei manche Zuschreibungen einander widersprechen, so daß die Echtheit der unter seinem Namen überlieferten Texte und Melodien vielfach umstritten ist. Ed. seiner Melodien liegen bislang nicht vor.   H. Leuchtmann

Texted.: E. NISSEN, Les chansons attribuées à G. de D. et Jocelin, Les Classiques français du MA, 59, 1929 – *Lit.*: MGG, s. v. – NEW GROVE, s. v.; ausführl. s. v. Troubadours – F. GENNRICH, Die afrz. Rotrouenge, 1925 – E. NISSEN, s.o. – H. PETERSEN DYGGVE, Onomastique des Trouvères, AASF B XXX, 1, 1934, 127.

2. G. de Provins, frz. Dichter, 2. Hälfte 12./Anfang 13.Jh., gen. nach Provins (Champagne), Studium im prov. Sprachraum (Arles), während des 3. Kreuzzugs in Palästina. Zutiefst enttäuscht über den Niedergang des feudalen Rittertums sowie den Aufstieg der Städte, reagiert G. mit moralisierender Satire und dem – nie ganz bejahten – Klostereintritt in Cluny (um 1194). Seine Lyrik, von der nur 5 Lieder erhalten sind, hat eine gewisse Rolle bei der Vermittlung des prov. Minnesangs nach Nordfrankreich gespielt. In seiner »Bible«, einem um 1206 abgeschlossenen Sittenspiegel (2686 Acht-Silber), entwirft G. ein pessimist. Bild von Laien (v. 1–554) und Klerikern, einschließl. der Advokaten und Ärzte (v. 555–2686). Ihnen allen wirft er v. a. unersättl. Habgier vor. Seine Satire und Kritik am Papsttum und den religiösen Orden sind Gemeinplätze der mlat. Lit., werden hier jedoch erstmals in der Volkssprache vorgebracht. Das knappe Werk »L'Armeüre du chevalier« (612 v.) stellt die Tugenden des Christen in allegor. Form als Ritterausrüstung dar. Versuche, →Wolfram v. Eschenbachs Pseudoquelle im Parzival, 'Kyot den Provenzalen', mit G. zu identifizieren, sind gescheitert.   M. Tietz

Ed.: J. ORR, 1915 [Neudr. 1974] – *Lit.*: DLFMA–GRLMA VI – NEW GROVE – M.-R. JUNG, Satir. … Lit. der Romania (Neues Hb. der Lit.wiss. 7, 1981).

Guiraut
1. G. de Bornelh, Troubadour, wirkte 1162–99, * in Exideuil (Charente), nicht in Excideuil (Périgord). Er

stand in Verbindung mit Alfons II. 'el Casto', Kg. v. Aragón, Alfons VIII., Kg. v. Kastilien, Ferdinand II. 'el Baboso', Kg. v. León, sowie mit Richard Löwenherz und war mit →Raimbaut d'Aurenga (d'Orange) befreundet. Unter Richard Löwenherz nahm er am 3. →Kreuzzug teil. Von ihm sind 76 Gedichte erhalten (vier von ihnen mit Noten), drei weitere Canzonen werden ihm zugeschrieben. Rhetor. gewandt und sensibel für stilist. Probleme, vertrat er in Polemik gegen seinen Freund Raimbaut d'Aurenga die Auffassung, die Dichtung müsse klar und allgemein verständlich sein. Im MA erfreute er sich höchster Wertschätzung, so daß seine Dichtungen den Anfang zahlreicher Liedersammlungen bilden. Seine prov. »Vida« bezeichnet ihn als »mestre dels Trobadors«. Dante stellt ihn in »De vulgari eloquentia« auf eine sehr hohe Stufe, zieht ihm jedoch in Purg. XXVI, 115–120 →Arnaut Daniel vor.   L. Rossi

Bibliogr.: PILLET-CARSTENS, 242 – R. A. TAYLOR, La litt. du MA, Bibliogr., 1977, 81f. – *Ed.*: A. KOLSEN, 2 Bde, 1910–35 [mit dt. Übers.] – *Lit.*: J.-J. SALVERDA DE GRAVE, Observations sur l'art lyrique de G., 1938 – K. LEWENT, Zum Text der Lieder des G., 1938 – A. SERPER, G., le »gant«, le »trobar clus« et Lignaure, RLR 80, 1974, 93–106 – M. PICONE, G. nella prospettiva di Dante, Vox Romanica 39, 1980, 37–60 – J.-P. CHAMBON, Sur le lieu de naissance de G., Romania 101, 1980, 514–517 – A. SERPER, G. et »Jaufre«, RLR 86, 1982, 293–303 – R. V. SHARMAN, G.d.B., »Mestre dels Trobadors«, MAe 52, 1983, 63–76.

2. G. de Cabrera → Cabrera

3. G. de Calanson, Troubadour; erhalten sind 11 lyr. Stücke (ohne Melodien): 8 Canzonen (→Canso), 2 →Descorts und ein →Planh auf den Infanten Ferdinand v. Kastilien († 1211, Text nach Mitte 1212). Berühmt ist die allegor. Canzone »Celeis cui am de cor e de saber« (vor 1202), die 1285 vom Troubadour Guiraut →Riquier ausführl. kommentiert wurde. In einem →Sirventes von 240 V. gibt G. dem Spielmann Fadet (»Fadet joglar«) ausführl. Anweisungen zu seinem Beruf, von den eigtl. Fertigkeiten eines Jongleurs und Musikanten bis zu den zu beherrschenden lit. Themen. Dieses umfangreiche, doch satir. gemeinte Repertoire gibt wertvolle Informationen zur Lit.geschichte.   M.-R. Jung

Ed.: Lyrik: W. ERNST, RF 44, 1930, 255–406 – Allegor. Canzone: O. DAMMANN, 1891 – »Fadet joglar«: W. KELLER, 1905 – F. PIROT, Recherches sur les connaissances litt. des troubadours occitans et catalans des XIIᵉ et XIIIᵉ s., 1972 [Bibliogr.] – *Lit.*: M.-R. JUNG, Ét. sur le poème allégor. en France au m. â., 1971 – L.-E. JONES, G.'s Lyric Allegory of Lady Love, Mél. CH. CAMPROUX, 1978 – A. MONSON, Les »ensenhamens« occitans, 1981 – M. G. CAPUSSO, L'exposition de Guiraut Riquier sulla canzone di G. Celeis cui am, SMV 30, 1984, 117–166; 31, 1985, 5–189 [Bibliogr.].

4. G. Riquier → Riquier

Guisarme (frz.), hochma. Sammelname für die langschäftigen Behelfswaffen der ärmeren Leute des bürgerl. und bäuerl. Aufgebots, hergestellt aus deren Werkzeugen und Geräten (Beil- und Axtklingen, Bootshaken, Heugabeln, lange gerade Messer und Rebmesser). Die Beil- und Messerklingen waren bisweilen mit →Stoßklinge und Rückenstachel kombiniert. Diese uralten →Stangenwaffen gewannen seit dem 13.Jh. immer mehr an Bedeutung, viele stiegen im SpätMA und in der FrühNZ sogar zu Gardewaffen auf.   O. Gamber

Lit.: V. GAY, Glossaire Archéologique I, 1887.

Guisborough, Priorat CanA im nördl. England, am Fuß der North Yorkshire Moors im frühen 12. Jh. entstanden. 1119–24 stattete Robert de Brus (Bruce), auf den Rat Papst Calixtus' III. und des Ebf.s Thurstan v. York hin, eine kleine Gruppe von Augustinerkanonikern mit einem großen Besitz in und um G. aus. Das Priorat blühte auf dank der dauernden Förderung durch das Haus Bruce (→Carrick, Earls of), dem das Priorat als →Grablege diente (nach Brand 1289 Kirchenneubau im *Decorated Style*). Die Gemeinschaft konnte auch im SpätMA ihren Wohlstand bewahren; die Abtei war die viertreichste in Yorkshire; 1539 von Heinrich VIII. aufgehoben.　　　　R. B. Dobson

Q.: Cartularium prioratus de Gyseburn, ed. W. BROWN, Surtees Soc. LXXXVI, LXXXIX, 1889–94 – The Chronicle of Walter of G., ed. H. ROTHWELL, Camden Ser., LXXXIX, 1957 – *Lit.*: T. M. FALLOW, The Priory of G., VCH, County of York, III, 1913, 208–213 – R. GILYARD-BEER, G. Priory. Her Majesty's Stationery Office, 1955 – L. BUTLER – C. GIVEN-WILSON, Medieval Monasteries of Great Britain, 1979, 256 – D. HEY, Yorkshire from A. D. 1000, 1986.

Guisborough, Walter v., CanA, schrieb Ende des 13. und Anfang des 14. Jh. eine Chronik, zunächst von 1066 bis 1301 reichend, später von ihm und anderen weitergeführt bis 1312. Das faktenreiche Werk ist v. a. für die Spätjahre Kg. →Eduards I. eine wichtige Quelle zur nordengl.-schott. Geschichte, wenngleich W. v. G. teilweise zur Dramatisierung der Ereignisse neigt.　　　　K. Schnith

Ed.: →Guisborough – *Lit.*: A. GRANSDEN, Hist. Writing in England c. 550 to c. 1307, 1974, bes. 470ff. – J. TAYLOR, Engl. Hist. Lit. in the 14th century, 1987.

Guitmund v. Aversa OSB, Mönch v. La Croix-St-Leufroy (Diöz. Évreux, Normandie), † um 1095, Schüler →Lanfrancs v. Bec. Lehnte ein Bf. samt in England und Rouen ab und begab sich nach Rom, wo er die →Gregorianische Reform unterstützte. 1077 mit den Legaten Gregors VII. in →Forchheim, nahm er 1083 an den Friedensverhandlungen zw. den Römern und den Unterhändlern Heinrichs IV. und Gregors VII. teil. Nach Ordericus Vitalis von Gregor VII. zum Kard. erhoben, erhielt er 1088 von Urban II. das Bm. Aversa. In »De corporis et sanguinis Domini veritate« (1073–78) lehrte G. gegen →Berengar v. Tours, der Herrenleib sei »substantialiter« in der Eucharistie präsent und zwar in jeder konsekrierten Hostie (und deren Bruchstücken). Obgleich sein ultrarealist. Ansatz anfechtbar ist, hat seine These von der Identität des sakramentalen und des verherrlichten Leibes Christi allg. Zustimmung gefunden.　　　　M.-A. Dell'Omo

Ed.: MPL 149, 1427–1512 – *Lit.*: Repfont V, 347f. – DThC VI, 1989–1992 – TRE I, 91f. – Bibl. SS VII, 519 – DHGE XXII, 129–130, 1132 – MANITIUS II, 117–119 – P. SHAUGHNESSY, The Eucharistic Doctrine of G. of A., 1939 – J. LECLERCQ, Passage authentique inédit de Guitmond d'A., RevBén 57, 1947, 212–214 – G. B. LADNER, Two Gregorian Letters on the Sources and Nature of Gregory VII's Reform Ideology, StGreg V, 1956, 225–231 – R. SOMERVILLE, The Case Against Berengar of Tours…, StGreg IX, 1972, 70–75 – N. KAMP, Vescovi e diocesi dell'Italia meridionale…, 1977 – J. M. MACY, The Theologies of the Eucharist in the Early Scholastic Period…, 1984 – J. LECLERCQ, Filosofia e teologia…, 1987 – s. Lit. →Abendmahl, Abendmahlsstreit, →Aversa, →Berengar v. Tours.

Guittone d'Arezzo, it. Dichter, * ca. 1230, † 1294, ging nach der Niederlage seiner Heimatstadt →Arezzo in der Schlacht v. →Montaperti (1260) ins Exil und erlebte um 1265 eine Konversion, in deren Folge er sich der neuen, im kommunalen Bereich wirkenden Laienbruderschaft der »Frati Gaudenti« (Milites B. V. M.) anschloß, zu deren Sprecher er wurde. Als fruchtbarster und einflußreichster volkssprachl. Dichter vor →Dante beherrschte G. das lit. Leben Italiens zw. dem Ende der →Sizilian. Dichterschule und dem florent. →Dolce stil novo. Erhalten sind 40 Briefe und 300 Dichtungen, die sich durch Originalität, tiefen Ernst, didaktische Beredtheit und stilist. Virtuosität auszeichnen. Während seine frühe Schaffensperiode (ca. 1250–1263; 140 Gedichte) noch der höf. Lit. angehört, wandte sich G. nach seiner Konversion der eth.-moral. Dichtkunst in Vers und Prosa zu. Eine Serie von Palinodien kündigt – mit der Preisgabe des *amore*-Ideals zugunsten christl. Verhaltensmuster – eine neue 'directio volun-

tatis' an; sie gewinnt Gestalt in einer Reihe reifer, oft in Korrespondenzform gehaltener Dichtungen, die allen Ständen des zeitgenöss. Italien einen streng asket. Verhaltenscodex predigen. G.s Prosabriefe sind in der it. Lit. ohne Vorbild; er erfand das Doppelsonett (→Sonett) und vervollkommnete die →Lauda-ballata. Sein prosaischer Rationalismus und sein »dunkler Stil« wurden zu Negativvorbildern d. Lyrikeravantgarde d. Toskana. V. Moleta

Ed.: *Briefe*: ed. F. MERIANO, 1923; Neued. C. MARGUERON, Studi e problemi di critica testuale, 1971ff. – *Dichtungen*: ed. F. EGIDI, 1940 – *Lit.*: C. MARGUERON, Recherches sur G., sa vie, son époque, sa culture, 1966 – V. MOLETA, The Early Poetry of G., 1976 – A. BALDI, Tre lustri guittoniani (1963–78), Cultura e scuola 70, 1979, 18–31 – M. PICONE, Lettura guittoniana: la canzone »Ora che la freddore«, Yearbook of Italian Stud. 5, 1983, 90–104 – L. LEONARDI, G. cortese?, MR 13, 1988, 421–55.

Gulaþingslög ('Recht des Guladings'), norw. Rechtsbuch, ben. nach dem Dingplatz Gulen am Ausgang des Sognfjords (→Ding, II), dessen Rechtsbereich das norw. Westland (die Region um Bergen und den Sognfjord) sowie die Landschaften Valdres und Hallingdal umfaßte, aber auch auf den →Shetlandinseln galt, und das möglicherweise Vorbild für das isl. Recht (→Grágás) war. – Der Hauptext (Cod. Rantzovianus, »Ældre Gulathings-Lov« in Norges gamle Love I) wurde um 1250 niedergeschrieben und ist eine Zusammenfassung zweier Redaktionen, wobei die ältere Version Kg. Olav d. Hl. († 1030; »Olavstext«), die jüngere Kg. Magnús Erlingsson (1162–84; »Magnustext«) zugeschrieben wurde. Die G., namentl. ihr Christenrecht-Abschnitt (§§ 1–33), ist somit weitgehend von der Rechtsrevision unter Kg. Magnús – Schwerpunkte sind das neue Thronfolgegesetz und Landfriedensbestimmungen – beeinflußt. – Die schriftl. Redaktion der (älteren) G. wurde wohl bereits gegen Ende des 11. Jh. vorgenommen. Der Magnustext dürfte nach dem Reichstreffen von 1164 (→Norwegen) entstanden sein. Die G. gehören damit zur ältesten Schicht der norw. Rechtslit. Zahlreiche Bestimmungen der G. wurden in das norw. Reichsrecht von 1274 (→Magnús Hákonarsons Landslög) übernommen.　　　　H. Ehrhardt

Ed.: Norges gamle Love, I, ed. R. KEYSER u. a., 1846 – Dt. Übers.: R. MEISSNER, Das Rechtsbuch des Gulathings (Germanenrechte 6), 1935 – *Lit.*: KL V, 559–565 [Lit.] – K. MAURER, Die Entstehungszeit der älteren G. (AAM Phil.-hist. Kl. XII: 3, 1871), 104–170 – A. TARANGER, Tidsskr. f. Retsvidenskap 39, 1926, 183–211 – P. SVEAAS ANDERSEN, Samlingen av Norge og kristningen av landet, 1977, 20, 247ff. [Lit.].

Gulden (lat. florenus). Die 1252 in Florenz geschaffene Goldmünze im Gewicht von 3,54 g erhielt ihren lat. Namen vom Florentiner Stadtsymbol, der Lilie (*flos*), auf ihrer Vorderseite; die Rückseite zeigt Johannes d. Täufer. Der G. wurde in zahlreichen Münzstätten (Italien, Frankreich, Niederlande, Deutschland, Böhmen, Ungarn) nachgeprägt und kursierte in West-, Mittel- und Nordeuropa. Erst in der Mitte des 14. Jh. wurde das Münzbild in den nachprägenden Münzstätten verändert. Durch den rhein. →Münzverein v. 1386 wurde der rhein. G. für über 100 Jahre Hauptwährungsmünze in Deutschland; an seine Seite traten seit dem Beginn des 15. Jh. die Apfelg. aus kgl. Münzstätten (Basel, Dortmund, Frankfurt, Nördlingen u. a.). Der G. wurde im Laufe der Zeit in seinem →Feingehalt zunehmend verschlechtert; die ndl. G. (→Hornsche G.) sanken seit dem Ausgang des 14. Jh. auf die Hälfte des Wertes des rhein. G. ab. Der G. scheiterte im 16. Jh. auf Grund seiner Legierung, die um 1500 etwa 17% Silber enthielt, an der Konkurrenz des →Dukaten. 1486 erhielt der G. sein Äquivalent in Gestalt des silbernen G. (→Taler).　　　　P. Berghaus

Lit.: H. DANNENBERG, Die Goldg. vom Florentiner Gepräge, NumZ 12, 1880, 146–185; 17, 1885, 130–132 – A. NAGEL, Die Goldwährung und die handelsmäßige Geldrechnung im MA, NumZ 26, 1894, 41–258 – F. V. SCHROETTER, Wb. der Münzkunde, 1930, 228–230 – J. WESCHKE, Die Anfänge der dt. Reichsgoldprägungen im 14. Jh., BNum II, 1958, 190–196 – P. BERGHAUS, Die Ausbreitung der Goldmünze und des Groschens in dt. Landen zu Beginn des 14. Jh., Numismatický Sborník 12, 1971/72, 211–237 – U. JAHNKE-HAGEN–J. WESCHKE, Ma. Goldmünzen, 1983.

Gundahar, Kg. der →Burgunden, nach der Überlieferung Sohn von →Gibica, Bruder von Gislahar und Gundomar (Gernot), herrschte in →Worms. 411 setzte G. gemeinsam mit Goar, einem Kg. der →Alanen, →Iovinus als Ks. ein. 435 griff G. das röm. Gallien an, wurde aber von →Aëtius besiegt, zur Unterwerfung gezwungen und 436 mit großen Teilen seines Volkes von den (auf Betreiben des Aëtius handelnden?) →Hunnen vernichtet. In Nibelungensage und -dichtung (→Nibelungen) ist er als Gunnar/Gunther eine der Hauptgestalten.　　J. Richard
Lit.: KL. PAULY II, 881 – RE VII, s. v. Gundicharius – E. DEMOUGEOT, La formation de l'Europe, 1979, II, 491–493 – s. a. Lit. zu →Nibelungen, -dichtung, -lied, -sage.

Gundekar. 1. G. I. (Gunzo), Bf. v. →Eichstätt, † 20. Dez.(?) 1019; Domkustos in Bamberg, wohl noch 1015 von Ks. →Heinrich II. zum Bf. ernannt. Erster Eichstätter Bf. nachweisl. ministerialischer Herkunft, mußte Ks. seine Ernennung mit dem Versprechen bezahlen, in die Abtretung des nördl. der Pegnitz gelegenen Teiles der Eichstätter Diöz. an das neuerrichtete Bm. →Bamberg einzuwilligen, was sein Vorgänger Megingaud stets verweigert hatte.　　A. Wendehorst
Q. und Lit.: →Gundekar II. [F. HEIDINGSFELDER, ST. WEINFURTER].

2. G. II., Bf. v. →Eichstätt, * 10. Aug. 1019, † 2. Aug. 1075, ⬚ Eichstätt, Dom. Er entstammte einem edelfreien, vermutl. in der Eichstätter Gegend ansässigen Geschlecht und wurde 1045 Kaplan der Ksn. →Agnes, die z. Zt. ihrer Regentschaft seine Erhebung zum Bf. betrieb. G. trat mehr durch pastorale Tätigkeit als in der Reichspolitik hervor. Er baute die Pfarreiorganisation aus, weihte 126 Kirchen, davon 101 innerhalb seiner Diöz., vollendete den roman. Dom v. Eichstätt und führte als Kirchenordnung das Dekret →Burchards v. Worms ein. Für die Eichstätter Kirche ließ er 1071/72 das »Pontificale Gundecarianum« anlegen (mit Rituale, nekrolog. und hist. Einträgen, Lebensdaten G.s, bis 1697 mit 43 Bf.sviten fortgesetzt). Aus dem Eichstätter Domklerus seiner Zeit gingen zahlreiche dt. und oberit. Bf.e hervor. Die Ansätze zu G.s Kult führten nicht bis zur Kanonisation.　　A. Wendehorst
Q.: AASS Aug. I, 1733, 175–189 – F. HEIDINGSFELDER, Die Reg. der Bf.e v. Eichstätt, 1938, 56f., Nr. 154–157 [G.I.], 76–86; Nr. 219–252 [G.II.] – Das »Pontificale Gundekarianum«, Facsimilebd. und Komm.bd., ed. A. BAUCH – E. REITER, 1987 – ST. WEINFURTER, Die Gesch. der Eichstätter Bf.e des Anonymus Haserensis, 1987 – *Lit.:* NDB VII, 312 – Frk. Lebensbilder VI, 1975, 1–29 – ST. WEINFURTER, Sancta Aureatensis Ecclesia, ZBLG 49, 1986, 3–40.

Gundiok (Gundovechus), Kg. der →Burgunden, † 469 oder 470, wohl aus dem Geschlecht des →Gibica, nach Gregor v. Tours aber Nachkomme des Westgotenkg.s →Athanarich. Gemeinsam mit seinem Bruder Chilperich I. kämpfte er als Bundesgenosse der Westgoten in Spanien, kam aber 457 nach →Lyon auf Ersuchen der aufständ. Bewohner; Ks. →Maiorianus überließ ihm die Stadt, die er zu seinem Herrschaftssitz machte. G. dehnte seine Macht auf Lugdunensis I und Viennensis aus; ⚭ Schwester des →Ricimer, der ihn 463 zum Magister militum Galliarum machte. Obwohl Arianer, unterhielt G. Verbindungen zum Papst.　　J. Richard

Lit.: R. GUICHARD, Essai sur l'hist. du peuple burgonde, 1965 – E. DEMOUGEOT, La formation de l'Europe et les invasions barbares, 1979, II.2.

Gundissalinus → Dominicus Gundissalinus

Gundoba(l)d, Kg. der →Burgunden, † 516, älterer Sohn von →Gundiok, begab sich auf Ersuchen seines Onkels →Ricimer nach Italien, tötete Ks. →Anthemius, folgte Ricimer als →magister militum des Ks.s →Olybrius nach und ließ 473 →Glycerius zum Ks. erheben. Von Ks. →Nepos abgesetzt (474), kehrte er nach Gallien zurück. Er folgte als Kg. 480→Chilperich nach, in Gemeinschaft mit seinen Brüdern Godegisel, Godomar und Chilperich, die er anscheinend ausschaltete. Er kämpfte gegen die →Alamannen, die er aus Langres und Besançon vertrieb, die →Ostgoten (491), die mit Godegisel verbündeten →Franken (500) sowie die→Westgoten, denen er Avignon abtrat (507–510). G. erließ die→Lex Burgundionum und umgab sich mit röm. Ratgebern, so dem hl. →Avitus. Doch blieb er selbst Arianer.　　J. Richard
Lit.: E. DEMOUGEOT, La formation de l'Europe et les invasions barbares, 1979, II.2.

Gundomar (Godomar), Kg. der→Burgunden, belegt bis 534; 3. Burgundenkg. dieses Namens, jüngerer Sohn von Gundobad, wurde nach dem Tode →Sigismunds († 523/524) zum Kg. gewählt. Er konnte einen neuerl. Angriff der Franken zurückschlagen (Niederlage und Tod Kg. →Chlodomers bei Véseronce). G. bemühte sich um eine Wiederherstellung der burg. Königsgewalt, Anschluß verstreuter burg. Kräfte, Loskauf deportierter Bevölkerungsteile. Er versicherte sich der Unterstützung des →Ostgotenreichs (Restitution des Durancegebiets durch Kgn. →Amalasuntha). Nach Amalasunthas Tod erfolgte jedoch 532 ein erneuter frk. Angriff, in dessen Verlauf G. in Autun belagert wurde.　　J. Richard
Lit.: R. GUICHARD, Essai sur l'origine du peuple burgonde, 1965 – O. PERRIN, Les Burgondes, 1968.

Gundowald, Kg. in Austrien, † 585. Der angebl. oder wirkl. Sohn →Chlothars I. (nach Gregor v. Tours von seinen Feinden auch 'Ballomer' genannt) wurde als Schachfigur in den innermerow. Auseinandersetzungen benutzt. Von →Childebert I. zunächst anerkannt, von Chlothar I. selbst aber als Sohn bestritten, von→Charibert aufgenommen, von →Sigibert I. schließlich nach Köln verbannt, floh G. nach Italien zu→Narses und weiter nach Konstantinopel. Als von Ks. Tiberios I. reich ausgestatteter Prätendent landete er Ende Sept. 582 auf Einladung einer austras. Gesandtschaft in Marseille, wurde aber vom dux Gunthram Boso kaltgestellt. Nach der Ermordung →Chilperichs I. im Herbst 584 riefen die Austrasier G. nach Aquitanien. Im Dez. in Brives-la-Gaillarde (Limousin) zum Kg. proklamiert, geriet G. durch die neuerl. Annäherung →Gunthrams und Childeberts I. (Anfang 585) in Isolation und wurde in →Comminges grausam getötet.　　U. Nonn
Q.: Gregor v. Tours, Hist. Fr. VI, 24, 26; VII, 10–11, 14, 26–28, 30–38 (MGH SRM I²) – Fredegar III, 89; IV, 2 (MGH SRM II) – *Lit.:* E. EWIG, Die frk. Teilungen und Teilreiche (511–613), AAMZ 9, 1953, 682–685 (= DERS., Spätantikes und frk. Gallien I, 1976, 141–144) – DERS., Die Merowinger und das Frankenreich, 1988, 45–48.

Gunther
I. G., Bf. v. *Bamberg* seit 30. März 1057 (Weihe), * ca. 1025/30, † 23. Juli 1065 in Ödenburg (Ungarn), ⬚ Bamberg, Dom. Aus vornehmem, dem Kg.shofe nahestehenden Geschlecht (Mutter: Gerbirg, aus dem Hause der →Eppensteiner), erhielt G. seine Erziehung an der Bamberger Domschule. Der Bamberger Domkanoniker wurde 1054 von Heinrich III. zum Leiter der it. →Kanzlei bestellt (nachweisl. bis Juli 1056 tätig). 1055 Königsbote

in Italien. Im Mai 1056 wurde er vom Kg. zum Propst des Stifts zu →Goslar erhoben. Von Ksn. →Agnes Ostern 1057 zum Bf. v. Bamberg ernannt, setzte sich G. für die Rückgewinnung der der Bamberger Kirche unter Heinrich III. entzogenen Besitzungen ein. Dies führte ztw. zu Spannungen mit der Regentin. Erst nach 1062 erfolgte unter dem Einfluß →Annos v. Köln die Restitution →Forchheims und des Marktes zu Fürth. G. gründete das Kanonikerstift St. Gangolf, betrieb planvoll die Christianisierung der slav. Bevölkerung seiner Diöz. und verteidigte den Neubruchzehnten gegenüber Würzburger Ansprüchen (Synode v. 1059). Im Nov. 1064 begab er sich mit Ebf. →Siegfried I. v. Mainz u. a. auf eine viel beachtete Pilgerfahrt nach Jerusalem, auf deren Rückweg er verstarb. G. verkörperte auf vollkommene Weise den Typus des Reichsbf.s der vorgregorian. Zeit. Übereinstimmend rühmten die Zeitgenossen die ideale Verbindung von körperl. und geistigen Vorzügen. Die Briefe des Bamberger Scholasters →Meinhard lassen G.s Persönlichkeit in seltener Anschaulichkeit hervortreten. Der Bf., dessen Vorliebe für Spielmannsdichtung und Dietrichsepik bei Meinhard auf Ablehnung stieß, dürfte mit der Anregung zum frühmhd. →Ezzolied hingegen dessen Aufforderungen zu einem durchgeistigteren Leben entsprochen haben.

T. Struve

Q. und Lit.: NDB VII, 323f. – RI III, 2 Nr. 94, 221, 228, 252, 261f., 275, 347, 351 – E. STEINDORFF, JDG H. III. 1, 1874, 357f. – 2, 1881, 297ff. – G. MEYER v. KNONAU, JDG H. IV. und H. V. 1, 1890, 22f., 270–274, 290f., 391–394, 445–450, 451–455 – P. KEHR, MGH DD 5, 1926–31, Einl. XXXVf. – HAUCK III, 711f., 974f. – C. ERDMANN, Fabulae curiales, ZDA 73, 1936, 87–98 – DERS., G. v. Bamberg als Heldendichter, ebd. 74, 1937, 116 – E. FRHR. v. GUTTENBERG, Das Bm. Bamberg (GS II/1, 1937), 101–106 – C. ERDMANN, Stud. zur Brieflit. Dtl.s im 11. Jh. (MGH Schr. 1, 1938), 26–36, 41–45, 282–291 – E. PLOSS, Bamberg und die dt. Lit. des 11. und 12. Jh., JbfFL 19, 1959, 275–302, bes. 278f. – E. KLEBEL, Bf. G. v. Bamberg (900 Jahre Villach, 1960), 13–32 – E. FRHR. v. GUTTENBERG, Die Reg. der Bf.e und des Domkapitels v. Bamberg, 1963, 124–193 – J. FLECKENSTEIN, Die Hofkapelle der dt. Kg.e (MGH Schr. 16/II, 1966), 252, 262f.

2. G., Eremit, * ca. 955, † 9. Okt. 1045. Aus thür. Adel (Vater: ein Gf. von Käfernburg-→Schwarzburg) gebürtig, entsagte G. 1005/06, nachdem er seine Erbgüter den Kl. Göllingen und Hersfeld vermacht hatte, dem weltl. Leben und trat als Laienbruder in →Hersfeld ein. Von Abt →Godehard zur Erlernung des mönch. Lebens nach der Regel Benedikts nach →Niederaltaich gesandt, verließ G. das Kl. bald wieder und lebte seit 1008 als Einsiedler im Bayer. Wald. Die von ihm in Rinchnach (sw. Zwiesel) errichtete Zelle entwickelte sich rasch zum Mittelpunkt einer Eremitengemeinschaft. Von hier aus entfaltete G. nicht nur eine fruchtbare Tätigkeit als Prediger und Missionar, er förderte auch nachhaltig Rodung und Wegebau im bayer.-böhm. Grenzgebiet. Aufgrund freundschaftl. Beziehungen zu weltl. Großen vermittelte er mehrfach zw. dem dt. Kg. und dem Hzg. v. →Böhmen. – G.s Leichnam wurde von Hzg. →Břetislav I. in der Abtei OSB →Břevnov bei Prag beigesetzt (dort und in Rinchnach Verehrung als Hl.).

T. Struve

Q.: Vita Guntheri eremitae, MGH SS 11, 1854, 276–279 [vgl. ebd., 201f.] – Hersfelder UB (VHKH 19/1, 1936), 146f., Nr. 77; 174ff. Nr. 96/97 – Lit.: NDB VII, 324f. – JDG H. II., Bd. 2, 1864 [Nachdr. 1975], 33–41 [S. HIRSCH] – HAUCK III, 631f. – G. LANG, G. ... in Gesch., Sage und Kult, SMBO 59, 1941/42, 3–83 – K. HALLINGER, Gorze-Kluny I (StAns 22), 1950, 171f. – E. HEUFELDER, 1000 Jahre St. G., 1955 – R. HOLTZMANN, Gesch. der sächs. Ks.zeit, 1961⁴, 438f. – H. GRUND-MANN, Dt. Eremiten, Einsiedler und Klausner im HochMA, AK 45, 1963, 73–77 – Bavaria Sancta II, hg. G. SCHWAIGER, 1971, 98–112 – s. a. Lit. zu →Niederaltaich.

3. G. v. Pairis, SOCist, * um die Mitte des 12. Jh., † nach 1208/10, verfaßte um 1208 aufgrund der Erzählung seines Abtes Martin, der von Innozenz III. um 1202 mit der Predigt zum 4. Kreuzzug betraut worden war, in Form eines Prosimetrums eine Historia Constantinopolitana, in der 25 Prosakapitel mit meist 20 oder mehr Hexametern abwechseln. Die klare, ansprechende Prosa berichtet, daß Abt Martin am Zug gegen Zara (→Zadar) teilnahm, zur Delegation gehörte, die vom Papst die Lossprechung von der Exkommunikation erbat, an der Eroberung Konstantinopels beteiligt war, schließlich noch nach Akkon ging und am 24. Juni 1205 in Pairis wieder eintraf. Die Frage, ob G. mit Gunther, dem Autor des →Ligurinus und des Solimarius, wie auch mit einem Gunther, dem Verfasser von »De tribus christianorum actibus, oratione videlicet, ieiunio et eleemosyna« ident. ist, bleibt umstritten.

F.-J. Schmale

Ed.: P. COMTE RIANT, G. Alemanni, scholastici, monachi et prioris Parisiensis, De expugnatione urbis Constantinopolitanae ... seu Historia Constantinopolitanae ..., 1875 – DERS., Exuviae sacrae Constantinopolitanae I, 1877, 57–126 – Übers.: A. ASSMANN, GdV 101 – Lit.: DHGE XXI, 611f. – NDB VII, 325 – Verf.-Lex.² III, 315–325 – WATTENBACH-SCHMALE I, 71–76 – A. ASSMANN, Gunther der Dichter, Ligurinus, MGH SRG (in us. schol.) [63], 1–147 [Einl.].

Günt(h)er v. Schwarzburg, dt. (Gegen-)Kg., * 1303 in Blankenburg/Thüringen (heute Ruine Greifenstein), † 14. Juni 1349 in Frankfurt am Main, □ ebd., St. Bartholomäus (Dom). Nach dem Vorbild seines Vaters Heinrich VII., des Begründers der Blankenburger Linie des Hauses →Schwarzburg, trat auch Gf. G. XXI. 1330 in den Dienst →Ludwigs d. Bayern und erwarb Ansehen als Diplomat und Krieger. Trotz seiner schmalen territorialen Basis (Blankenburg und ein Viertel von Saalfeld), die G. um Arnstadt, Schlotheim und Frankenhausen erweiterte, stellte er sich der wittelsbach. Partei, die nach der Absage →Eduards III. v. England und →Friedrichs II. v. Meißen einen geeigneten Nachfolger für Ludwig d. Bayern suchte, als Kandidat zur Verfügung. Für G. votierten am 30. Jan. 1349 in Bestätigung des Ergebnisses einer Vorwahl am Neujahrstag Ebf. Heinrich v. Mainz, die Pfgf.en →Rudolf II. und Ruprecht I., Gf. Ludwig v. Brandenburg sowie Hzg. Erich v. Sachsen-Lauenburg. Um die Ungültigkeit von →Karls IV. Kgtm. zu demonstrieren, bestand G. auf einer förml. Feststellung der Thronvakanz und einer Mehrheitswahl unter Ausschaltung von Simonie. Seine Wahl am rechten Ort und ihre formale Korrektheit konnten jedoch nicht verhindern, daß die Diplomatie Karls IV. den Schwarzburger rasch von seinen wichtigsten Bundesgenossen isolierte. G. mußte, schwer erkrankt und militär. unterlegen, im Vertrag v. →Eltville (26. Mai 1349) gegen angemessene finanzielle Entschädigung und Amnestie seiner Anhänger auf die Kg.swürde verzichten, so daß er künftig wieder als Gf. urkundete. An der Beisetzung des bereits im folgenden Monat Verstorbenen (Vermutungen über eine Vergiftung sind unbeweisbar) nahm Karl IV. teil.

Th. M. Martin

Lit.: K. JANSON, Das Kgtm. G.s v. S., 1880 – A. BERG, G., Gf. v. S., dt. Kg., Archiv für Sippenforsch. 7, 1940 – C. SCHAEFFER, G. v. S., 1960.

Gunt(h)ram (Guntchram), merow. Kg., * ca. 532, † 28. März 592 (593?), □ St-Marcel zu →Chalon-sur-Saône; erhielt bei der Reichsteilung 561 das frankoburg. Teilreich v. →Orléans. Als nach dem Tode seines Bruders →Charibert I. († 567) ein Bürgerkrieg um das Erbe ausbrach, verschärft durch den erbitterten Familienzwist zw. →Sigibert I. und →Chilperich I. (s. a. →Brunichild; →Nibelungen, -sage), versuchte G. zunächst zu vermitteln; nach der Ermordung Sigiberts (575) kam es zur offenen Rivalität zw. Chilperich und G., der (nach dem Tod der eigenen Söhne) als Senior der merow. Dynastie 575 in Pompierre Sigiberts unmündigen Sohn →Childebert II. adoptierte. Die auch in außenpolit. Divergenzen (Verhältnis zu Goten, Langobarden, Byzanz) begründeten Konflikte führten 582–584 gar zu einem Bündnis Chilperichs mit den austras. Regenten gegen G. In den Wirren nach Chilperichs Ermordung (584) nahm G. dessen Witwe →Fredegund und ihren Sohn →Chlothar II. in seinen Schutz, erneuerte 585 die Einsetzung Childeberts zu seinem Erben und schaltete den Prätendenten →Gundowald aus. Im Vertrag v. →Andelot (Nov. 587) wurde die wiederhergestellte Eintracht der Dynastie feierlich bekräftigt; trotz außenpolit. unterschiedl. Auffassungen konnte der innenpolit. Konsens gewahrt werden.   U. Nonn

Q.: Gregor v. Tours, Hist. Fr. IV, 16–X, 28 (MGH SRM I²) – Fredegar III, 52–IV, 14 (MGH SRM II) – Lit.: E. EWIG, Die frk. Teilungen und Teilreiche, 1953 [abgedr. in: DERS., Spätantikes und frk. Gallien I, 1976, 135–147] – DERS., Die Merowinger und das Frankenreich, 1988, 41–49.

Guntram (der Reiche), Gf. am Oberrhein um die Mitte des 10. Jh. Als Angehöriger der elsäss. Familie der Eberharde, einem Zweig der →Etichonen, verfügte G. über zahlreichen Besitz im nördl. →Elsaß und im →Breisgau, wo er vermutl. das Grafenamt bekleidete. In einem Gerichtsverfahren wegen Hochverrats, dessen Hintergründe unbekannt sind, wurden G. auf dem Hoftag Kg. Ottos I. in Augsburg 952 Grafenwürde, Lehen und Eigengüter entzogen; als Gf. im Breisgau ist nun ztw. Hzg. →Liudolf v. Schwaben bezeugt, und die Besitzungen gelangten an die Kl. →Einsiedeln und→Lorsch, an das Bm. →Konstanz und an die burg. →Rudolfinger. Das Gewicht der Maßnahmen des Kg.s läßt erkennen, welche bedeutende Stellung G. am Oberrhein innegehabt hat; der Liber memorialis v. →Remiremont gedenkt seiner als 'nobilissimus nobilior'. Die Identität des Gf.en mit dem 'Guntramus dives' in den Genealogien der frühen→Habsburger wird vermutet.   Th. Zotz

Lit.: →Etichonen – H. BÜTTNER, Breisgau und Elsaß (VuF 15, 1972), 78–85 – K. SCHMID, Unerforschte Q. aus quellenarmer Zeit, Francia 12, 1984 (1985), 119–147.

Gunzelin, Mgf. v. →Meißen, aus der Familie der→Ekkehardinger, † nach 1017, möglicherweise ∞ Schwester →Bolesławs Chrobry. G. wurde nach der Ermordung seines Bruders Mgf. →Ekkehards I. 1002 von Kg. Heinrich II. als dessen Nachfolger eingesetzt, um den Interessen der Ekkehardinger und Bolesławs Chrobry entgegenzukommen. Die Auseinandersetzungen mit seinen Neffen Hermann und Ekkehard II. um das Erbe Ekkehards I. gipfelten in offener Fehde. 1009 wurde in Merseburg unter Vorsitz des Kg.s der Streit gerichtl. entschieden und G. nach Schuldspruch seine Mgft. entzogen.   E. Karpf

Lit.: →Ekkehardinger [H. PATZE, 1962; H. LUDAT, 1971] – R. SCHÖLKOPF, Die sächs. Gf.en (919–1024), 1957, 68ff.

Gunzo, früher G. v. Novara, als Mailänder Presbyter identifiziert, von →Otto d. Gr. 964/965 als Lehrer nach Deutschland berufen, bekannt durch einen an die Mönche v. →Reichenau gerichteten Brief, mit dem er auf ein in →St. Gallen wegen eines Kasusfehlers gegen ihn vorgetragenes Spottgedicht antwortete. Der klar gegliederte Brief enthält neben der Schilderung des Zwischenfalls sowie Angriffen auf Person, Moral und Geisteshaltung des St. Galler Spötters (wohl→Ekkehart II. Palatinus) zahlreiche Exzerpte aus antiker Lit., u. a. aus den röm. Satirikern Horaz, Juvenal, Persius (→Schullektüre im 10. Jh.). Wenn

G. aus angebl. 100 Hss. (Zahl ist ein lit. Topos) Platon (Chalcidius), Aristoteles' Periermenias und Ciceros Topica (Boethius) hervorhebt und bei der Vorstellung der artes liberales Fragenkomplexe aufwirft, die den ganzen Umfang der ciclice artes erschließen, entwickelt er ein Bildungskonzept, das im 10. Jh. (→Gerbert v. Reims, →Abbo v. Fleury, →Rather v. Verona u. a.) modern ist und mit dem sich in St. Gallen erst →Notker III., d. Dt., vertraut zeigen wird.   E. Rauner

Ed.: K. MANITIUS, MGH, Q. zur Geistesgesch. II, 1958 – Lit.: Repfont V, 1984, 362 – L. D. REYNOLDS, RHT 14–15, 1984/85, 59–69.

Gurk, Bm. (in Kärnten), gegr. 1072 von Ebf. →Gebhard, der das Bm. mit den reichen Gütern des aufgehobenen Nonnenkl. G. (→Hemma) ausstattete und ihm nach dem Vorbild der einstigen Chorbf.e in Karatanien (8.–10. Jh.) weder eine Diöz. noch ein Domkapitel noch Zehnte zuteilte (erhielt G. erst unter Ebf. Konrad I. 1123–44). Da ihm Papst Gregor VII. und Kg. Heinrich IV. das innerhalb der kath. Kirche einzigartige (erst 1920/34 aufgehobene) Recht zugestanden, den Bf. v. G. selbst zu bestimmen, zu weihen und zu investieren, wird G. als (erstes) Salzburger »Eigenbistum« bezeichnet. Nach dem Verlust von→Friesach wurde Straßburg (in Kärnten), dessen Schloß den Bf.en als Residenz diente, zur Stadt ausgebaut. Gestützt auf ein Privileg Papst Lucius' II., das die freie Bf.swahl gewährte, gelang es G., das Ernennungsrecht der Salzburger Ebf.e mehrfach zu durchbrechen. Im Vergleich von 1232 wurde dem G.er Domkapitel das Wahlrecht an drei vom Ebf. präsentierten Kandidaten zugestanden. Ebf. →Eberhard II. (1200–46) suchte den G.er Bestrebungen durch die Errichtung von drei weiteren Eigenbm.ern (→Chiemsee, →Seckau, →Lavant) zu begegnen. Der Bf. v. G. blieb jedoch weiterhin Stellvertreter (Vikar) des Ebf.s in der ganzen Erzdiöz. Im 14. und 15. Jh. gelang es den Habsburgern als Landesfs.en v. Kärnten mit Hilfe der Päpste, die sich der Reservation und Provision bedienten, ihre Kandidaten in G. durchzusetzen und sich das Recht auf Verleihung der Temporalien zu sichern.   H. Dopsch

Q.: Die G.er Gesch.q. 864–1232, ed. A. v. JAKSCH, Monumenta hist. ducatus Carinthiae I, 1896 – Lit.: W. SEIDENSCHNUR, Die Salzburger Eigenbm.er in ihrer reichs-, kirchen- und landesrechtl. Stellung, ZRG 40, KanAbt 9, 1919, 177–287 – J. OBERSTEINER, Die Bf.e v. G. 1072–1822 (Aus Forsch. und Kunst 5, 1969) – Festg. zum 900-Jahrjubiläum des Bm.s G., hg. W. NEUMANN, Carinthia I, 1971, 1972 – H. DOPSCH, Friedrich III., das Wiener Konkordat und die Salzburger Hoheitsrechte über G., Mitt. des österr. Staatsarchivs 34, 1981, 45–88.

Gürtel. [1] *Kostümkunde:* Der G. zählt zu den ältesten Bestandteilen menschl. Kleidung; neben seiner techn. Funktion kommt ihm seit dem Altertum Bedeutung als Schmuckträger zu. Die vielfältigen Materialien, wie Stoff, Leder oder Borten, werden mit Stickereien verziert und mit Metallapplikationen und -beschlägen versehen. Bes. reiche Ausformung erfährt die→G.schnalle. Die Verwendung unterschiedl. Stoffe macht die Beschäftigung mehrerer Handwerkergruppen bei der G.herstellung notwendig. Die Tragweise des G.s hängt eng mit der Modeentwicklung zusammen. Bis zur Mitte des 14. Jh. liegt der Leibg. in der Taille und hält den Rock zusammen. Danach rutscht der G. auf die Hüften. Diese Tragweise gilt für die kurzen wie für den »überlangen« G., dessen Ende bis zum Boden reicht und mittels Haken verkürzt werden kann. Zur selben Zeit setzt die Verwendung des Platten- oder Scharnierg.s ein. Der Begriff →*Dupsing, Dusing* läßt sich in ma. Q. nur als Bezeichnung für den G. mit Glockenbehang nachweisen. Um 1400 trägt man alle G.typen wieder in der Taille. Nach der Mitte des 15. Jh. tritt eine Differenzierung zw. Männer- und Fraueng. ein. Der Männerg.

verliert seine schmückende Funktion, der Fraueng. hingegen bleibt weiterhin notwendiges Zierelement der Kleidung, wobei zwei Typen unterschieden werden: der eng die Taille umschließende G. mit hoher Bogenschnalle und der locker, oft schräg über den Leib gelegte Typ mit reichem Laubdekor. – Der G. diente immer auch prakt. Zwecken, z. B. als Befestigung für Schwert, Dolch, Almosentasche, Beutel, Schlüssel. E. Vavra

Lit.: I. FINGERLIN, G. des hohen und späten MA, 1971.

[2] *Kultur- und Kunsthistorischer Aspekt:* Schon antik sind in der bindenden bzw. lösenden Funktion des G.s Vorstellungen gegeben, die beim Mann mit Kraft und Herrschaft, bei der Frau mit Liebe und Keuschheit verbunden sind, aber auch auf Magie und Zauberei bezogen werden können. Seit frühchristl. Zeit ist eine sakr. Bewertung bekannt, an Lk 12,35ff. anknüpfend und im →Cingulum fortlebend. Auch antik-mag. Verständnis setzt sich ins MA fort. Reliquien werden zur Übertragung ihrer Kraft mit dem G. berührt. Im hochverehrten G. der Gottesmutter fließen mehrere der gen. Vorstellungen zusammen, darunter auch eine bis in die NZ währende Überzeugung von helfender Kraft des G.s bei Entbindung.

Mag.-apotropäische Vorstellungen liegen auch der Verzierung des G.s zugrunde (G.schnallen, Riemenzungen). Sie erscheint in vielfältigen kulturellen Verflechtungen und motiv. Abwandlungen v. a. im FrühMA und bei den germ. Völkern, von zeichenhaften Bildungen, Tierornamentik, Lebensbaum-, Daniel- und Beterschnallen bis zur Wiedergabe Christi am Kreuz reichend. G.reliquiare (kleine Reliquienkammern unter Schiebedeckel) findet man im gall. (Issoudun), burg. (Yverdon, Elisried) und alem. Raum (Walda, Augsburg), aber auch im insularen Bereich (Sutton Hoo, Moylough). V. H. Elbern

Lit.: DACL II, 2, 2779–2794 – HWDA III, 1210–1230 – RAC XII, v. a. 1252 – H. KÜHN, Die germ. Danielschnallen der Völkerwanderungszeit, Jb. für prähist. und ethnograph. Kunst 15–16, 1941–42, 140ff. – DERS., Die Lebensbaum- und Beterschnallen der Völkerwanderungszeit, ebd. 18, 1949–53, 33–58 – M. DUIGNAN, The Moylough (Co. Sligo) and other Irish Belt reliquaries, J. of the Galway Archaeol. and Hist. Soc. 24, 1951, 83ff. – E. SALIN, La Civilisation Méroving. IV, 1959, 105ff., passim – J. WERNER, Zu den Knochenschnallen und den Reliquiarschnallen des 6.Jh., Münchner Beitr. zur Vor- und Frühgesch. 23, 1977, v. a. 301–349.

Gut (Gut, höchstes). V. a. plat.-neuplaton. Gedanken, Ansätze der aristotel. Ethik und Metaphysik sowie stoische Elemente – wesentl. in der Vermittlung durch Cicero – haben neben der Hl. Schrift während des gesamten MA die Diskussion um Wesen und Inhalte des G. in hohem Maße bestimmt. Dabei wird im Rahmen einer christl. Schöpfungsmetaphysik das G. letztl. immer auf ein »höchstes G.« (summum bonum), auf Gott hingedacht (vorgezeichnet schon in der platon. Auffassung vom G., welches selbst jenseits von Sein und Wesen, diesen erst das Vermögen dazu erteilt [Pol. 509b]). Eine weitere Quelle bot Platons Timaios: in der neidlosen Güte des Weltenbildners, der wollte, daß alles ihm so ähnlich wie möglich sei, ist der »eigtl. Grund des Werdens des Weltalls« zu sehen (Tim. 29e/30a). – Bedeutsam für das Denken der Väter und der Folgezeit wird die Auffassung des h. G. als eines personal verstandenen Gottes sowie die Instanz des Gewissens und des freien Willens, sich für oder gegen das G. zu entscheiden. – In bewußter Adaptation greift Augustinus die Grundposition des Platonismus auf: »Man kann keinen besseren Grund angeben als den, daß das G. durch den g. Gott geschaffen werden sollte, was auch Platon für die beste Antwort ... gehalten hat« (De civ. Dei XI, 21). Gott ist das höchste, vollkommenste und ungeteilte G.,

demgegenüber es nichts Besseres und Höheres gibt (z. B. De trin. 8, c.3, n.4). Insofern ist auch alles Geschaffene, da es diesem höchsten G. sein Sein verdankt, g. (Div. quaest. 24; De vera relig. 18,35). Daraus ergibt sich für Augustinus in der Tradition neuplaton. Denkens die Konsequenz, das Schlechte als Privation des G., ohne eigtl. Sein, zu erklären (etwa De nat. bon. 6). Auch das G., das wir lieben, ist von jenem höchsten G. (etwa Conf. IV, 12,18). Die Hierarchie des Seienden in seiner Relation zu dem h. G. solle im Bereich des Endlichen vom Menschen als G. nur gebraucht (uti), nie um seiner selbst willen genossen (frui) werden. Dem menschl. Willen als einem 'Organ des Herzens' sei die Liebe zum G. zwar eingeprägt (etwa De lib. arb. 2,9,26; De civ. Dei XIV,11,1), dennoch habe er die Freiheit, sich für oder gegen das G. zu entscheiden. Boethius setzt das h.G. mit höchster Glückseligkeit mit Gott gleich (MPL 63, De cons. phil. 767). In ihm ist alles vollkommen G. enthalten (a.a.O. 724), außer ihm gibt es keine substantialia bona. Alles Seiende verdankt sein Sein und sein G.sein dem göttl. Willen (a.a.O. 779). Die Betonung dieses voluntativen Momentes, schon von Augustinus hervorgehoben (etwa De Gen. contra manich. I, 2,4) und teilweise auch einem außerchristl. Neuplatonismus nicht fremd, ist für die Folgezeit ein Grundkonstitutivum christl. Denkens und gerät erst dort in Gefahr, als absolutistische Willkürmacht erfahren zu werden, wo ein »quia voluit« und »quia« bonum nicht mehr als Einheit gedacht werden.

Für das einen christl. Neuplatonismus repräsentierende Denken des Dionysios Areopagites (→Dionysius, hl.) ist die schöpfer. Güte des über alle Namen erhabenen Gottes (MPG III, DN 624 D), des »Überguten« (a.a.O. 628 B), die Ursache von allem Seienden (a.a.O. 817 C), von allem G. (vgl. auch das 'Sonnengleichnis' a.a.O. 693 B und die Lichtanalogie des G. 697 C ff.). Ebenso wie das Licht ist auch das Schöne mit dem G. ident. und in Gott ein- und dasselbe (a.a.O. 704A f.). Alles Geschaffene hat Teil am G., trägt nach ihm Verlangen, liebt es. Diese 'ordo amoris' des G. verbindet den gesamten Kosmos nicht bloß in einem Streben des Schlechteren nach dem Besseren, vielmehr auch in der gegenseitigen Teilhabe gleichartiger Wesen untereinander, in der Fürsorge höherer für die Niedrigergeschaffenen, auch in dem Streben nach Selbsterhaltung um des eigenen Wertes willen (a.a.O. 708A). Es ist das »Übermaß des Urschönen und Urguten«, welches den Urheber von allem veranlaßt, alles zu lieben, alles zu machen, alles zu vollenden, alles zusammenzuhalten, sich allem zuzuwenden und alles zu sich zu wenden – und daß auch die göttl. Liebe gütig ist durch die Gutheit des G.« (a.a.O.).

→Johannes (Scotus) Eriugena greift in seinem phil.-theol. Hauptwerk »De div. nat.« diese Gedanken über das G. auf: Obwohl jede Benennung unzureichend für den über alle Gegensätze erhabenen Schöpfer ist, wird er gleichwohl das G. genannt, ist es aber nicht eigtl., da dem G. das Böse entgegensteht, er ist vielmehr »mehr als g.« (plusquam bonum), ist »Übergüte« (plusquam bonitas – MPL 122, De div. nat. 459). Mit direktem Bezug auf Dionysios entwickelt Eriugena die Reihung der uranfängl. Ursachen (primordiales causae): von der höchsten Güte, die keiner Teilhabe unterliegt, kommt als erste Gabe und Teilhabe die durch sich selber seiende Güte. Durch Partizipation an ihr ist alles G. (a.a.O. 622). Der Gedanke der Güte geht dem des Wesens voraus, denn nicht allein das, was ist, ist g., sondern auch das, was nicht ist, kann als g. bezeichnet werden, denn in dem

Grade, in dem es das Wesen übertrifft, nähert es sich Gott als dem überwesentl. G.

Bei seinen Überlegungen hinsichtl. des Daseins Gottes geht →Anselm von Canterbury von der Vernunfteinsicht aus, daß die erfahrbaren Verschiedenheiten der unzähligen Güter durch dasselbe g. sind, durch das notwendig alles g. ist, was immer es auch sei. »Mithin folgt, daß alle anderen Dinge durch etwas anderes als was sie selbst sind, g. sind« (Monol. c 1). Allein das absolute, aus sich selbst und durch sich selbst seiende G. kann als summum bonum gefaßt werden. In verstärktem Maße gewinnt neben den Bemühungen um eine Wesensbestimmung des G. ein subjektives Moment in der Frage nach dem sittl. G. im Bereich menschl. Handelns an Bedeutung. Damit einhergehend erfährt die Lehre vom Gewissen eine differenziertere Ausbildung. Nach →Abaelard ist es Aufgabe der Ethik, den Weg zu dem höchsten G. (Gott) als dem Ziel menschlichen, sich in der Liebe zu Gott manifestierenden Strebens aufzuweisen (vgl. MPL 178, 1644ff.). Der sich zum →Habitus verfestigte g. Wille führt zur g. Handlung, wobei allein die dieser vorausgehende Absicht (intentio) den Grad des sittl. G. ausmacht, die Handlung als solche ist indifferent. Die Begründung für das, was g. und böse ist, liegt allein in dem verborgenen Willen Gottes (a.a.O. 869d) und läßt so eine objektiv wesensmäßige Bestimmung des G. nicht zu.

Bei →Bernhard v. Clairvaux und der Schule v. →St-Victor manifestiert sich die Erfahrung des G. wesentl. im Vollzug der Liebe (nichts wird erkannt, wenn es nicht vollkommen geliebt wird – Bernhard v. Cl., In cant. serm. 8, n. 9). Letztes und eigtl. Ziel dieser Liebe ist das in sich vollkommene »sibi suum bonum«, i. e. Gott (vgl. Richard v. St-Victor, De Trin. II, 16). Damit ist eine Position aufgegriffen, die von Augustinus kommend →in der älteren Franziskanerschule, bes. aber bei →Bonaventura vertieft wird und auch in der Trinitätslehre Bedeutung hat: »Wenn also in dem höchsten G. nicht von Ewigkeit her ein wirklicher und wesensgleicher Hervorgang stattfände und es nicht durch Zeugung und Hauchung eine dem Hervorbringenden gleicherhabene Hypostase gäbe... also einen Geliebten und Mitgeliebten... nämlich Vater, Sohn und Hl. Geist, dann wäre es nicht das höchste G., weil es sich nicht auf die höchste Weise mitteilte« (Itin. VI,2).

Neben der platon.-augustin. Tradition greifen die zahlreichen Untersuchungen der Hochscholastik zum Wesen des G.en, seinem Verhältnis zur Schöpfung, zum Sein und dessen transzendentalen Bestimmungen (etwa →Wilhelm v. Auxerre, →Philipp der Kanzler, →Alexander v. Hales, →Albertus Magnus) in stärkerem Maße aristotel. Gedankengut auf. So deutet →Thomas v. Aquin die allgemein (wenngleich ungenau) dem Dionysios A. zugeschriebene Aussage vom G. als »diffusivum sui« hinsichtl. seiner Zielursächlichkeit (S. th. I, 5, ad 2) und verbindet damit die aristotel. Bestimmung des G.en als desjenigen, »wonach alles strebt« (a.a.O. I,5,1), wegen seiner ihm gemäßen Vollkommenheit (perfectio – a.a.O.). Vollkommenheit aber bedeutet Wirklichsein (actus), meint immer die jeweilige Seinsvollkommenheit, daher ist jedes Seiende, insofern es ein Seiendes ist, g. (»omne ens inquantum est ens, est bonum« – S. th. I,5,3,c). Bezogen auf das transzendentale Sein sind G. und Sein konvertibel (bonum et ens convertuntur). So ist jedes endl. Seiende in gewisser Hinsicht (secundum quid) g., da sich in ihm in bestimmter Weise seine spezif. Wesensform aktualisiert hat. Die Betonung dieses Eigenseins jedes Seienden und damit auch seiner je eigenen G.heit akzentuiert die Frage nach dem

»bonum in communi« und führt zur Einsicht der unbedingten G.heit Gottes, der als ens realissimum und summum bonum durch seine, in absoluter Freiheit sich mitteilende Güte, allem Geschöpflichen in ihrem Sein ihr G.sein von Natur aus (gratia naturalis) zu eigen gibt. So ist auch das Streben nach dem G.en, eine naturalis inclinatio ad bonum (S. th. I, II, 94,2c), von Natur aus gegeben. Daher vermag auch der Mensch in seiner sittl. Entscheidung schöpferisch G.es zu schaffen, ist selbst schon in statu naturae corruptae zur natürl. Tugend befähigt. Unentbehrl. ist dabei für Thomas, daß im Bereich menschl. Handelns das G. nicht nur vollzogen, sondern auch erkannt werde (etwa De ver. 16,1), wie überhaupt das G. immer auch als das Vernunftgemäße erscheint (etwa S. th. I, II, 13,5). Wenngleich eine einzige göttl. Gnade mehr ist als das G. des gesamten Universums (S. th. I, II, 113,9 ad 2), wird das natürl. G. dadurch in seiner Eigenwertigkeit nicht aufgehoben, sondern zu seiner eigtl. Vollendung geführt.

Bei →Johannes Duns Scotus, stärker noch, wenn auch mit gewissen Akzentverschiebungen, bei →Wilhelm v. Ockham, beginnt sich eine Entwicklung anzubahnen, die, durch eine zunehmende Aufhebung der Verbindung zw. Immanenz und Transzendenz, im hohen Maße auf das nz. reformator. Verständnis und darüber hinaus generell auf die Auffassung vom G. gewirkt hat. Die Betonung eines rein voluntativen Momentes führt Duns Scotus dazu, die Gradunterschiede des G. allein aus dem göttl. Willen herzuleiten: »Das G. ist g., weil Gott es will, nicht will es Gott, weil es g. ist« (sent. III, dist. 19 § 7). Dadurch entfällt die Möglichkeit objektiver Kriterien einer natürl. Vernunfterkenntnis des G. Wenn allein der autonome Wille als Voraussetzung von Freiheit erfahren wird, besteht die Gefahr, diese nicht mehr unbedingt als Freiheit zum »G. zu begreifen, damit ist die innere Begründung einer »perseitas boni« aufgehoben; das analoge Seinsverständnis tendiert durch die Aufgabe der Realdistinktion zw. Wesen und Existenz zu einem univoken Begriff des Seins und des G.

Noch pointierter gründet bei Wilhelm v. Ockham das G. allein in der Autorität des göttl. Willens: das, was uns als schlecht erscheint, hätte durch ihn auch zum G. erhoben werden können (In sent. II, q.190; I, dis.48, q.1). Damit wird letztl. jede natürl. Erkenntnis des G. unmöglich, seine Eigenwertigkeit aufgehoben, durch die Aufgabe des Gedankens einer analogia entis stehen Natur und Übernatur unvermittelt gegenüber. Die Betonung der potentia Dei absoluta schwächt eine Auffassung vom Geschenkcharakter des G. und des Seins und läuft in Gefahr, bei Aufgabe der Transzendenzvorstellung, als bloße Naturgesetzmäßigkeit erfahren zu werden, in die sich der Mensch zur Freiheit »verurteilt« findet. Wo Gott nicht mehr als die Fülle aller niederen Formen in sich tragender Wesensgrund, als absolute Finalität und höchstes G. erfahren wird, wird er zum »ganz Anderen«, – es bleibt zu fragen, inwieweit wirkungsgeschichtl. zu Beginn der NZ →Nikolaus v. Kues mit seiner Bezeichnung Gottes als des »non aliud« als bewußte Reaktion und Antwort verstanden werden kann. U. Mörschel

Lit.: HWP III, s. v. – A. DEMPF, Ethik des MA, 1927 – G. SCHULEMANN, Die Lehre von den Transzendentalien in der scholast. Philosophie, 1929 – F.-J. v. RINTELEN, Der Wertgedanke in der europ. Geistesentwicklung, T. I: Altertum und MA, 1932 – LANDGRAF, Dogmengeschichte – J. PIEPER, Die Wirklichkeit und das G., 1963 – K. KREMER, Das »Warum« der Schöpfung: »quia bonus« vel/et »quia voluit«? (Parusia, Fschr. HIRSCHBERGER, hg. K. FLASCH, 1965), 241–264.

Gut, loses → Loses Gut

Gutalag ('Recht der Gotländer'), Aufzeichnung des ma., bis 1595 geltenden Rechts auf →Gotland, verfaßt auf Gutnisch, überliefert in zwei Hss. (A: ca. 1350; B: 1587, Abschrift einer verlorenen Hs. von 1470, auf eine ältere Redaktion zurückgehend) und einer nd. (Hs. von 1401) sowie dän. (Mitte des 16.Jh.) Übersetzung. – Das G. beschränkt sich auf die bäuerl. und kirchl. Rechtsverhältnisse (ohne Erwähnung der Rechtssetzungen des Kg.s v. →Schweden), mit weitgehend selbständiger Stellung gegenüber den festlandschwed. Landschaftsrechten, entsprechend der eigenständigen inneren Verfassung G.s. Die Datierung ist strittig; nach gängiger Auffassung soll das G. um 1220, unter unmittelbarer Mitwirkung von Ebf. Anders Sunesen v. Lund (→Andreas filius Sunonius), entstanden sein, was mittlerweile zugunsten einer Datierung auf ca. 1280 bestritten wird. →Gutasaga. H. Ehrhardt

Ed.: Samling af Sweriges Gamla Lagar, ed. D. H. S. Collin–D. C. J. Schlyter, VII, 1852–H. Pipping, G. och Gutasaga, 1905–07–*Lit.:* L. Jacobsen, Guterlov og Gutersaga, 1910–Å. Holmbäck–E. Wessén, Svenska landskapslagar, IV, 1943 [schwed. Übers.; Komm.; Lit.]–E. Sjöholm, Gesetze als Q. ma. Gesch. des N (Acta Univ. Stockholmiensis 21), 1976 [Lit.].

Gutasaga ('Gesch. der Gotländer'), seit dem 19.Jh. Bezeichnung für eine kurze, auf Gutnisch verfaßte Erzählung, schildert in einfacher Sprache zunächst die ruhmreiche myth. Vorzeit →Gotlands (u. a. Einrichtung der gotländ. »Landesdrittel«, Auswanderung der Gotländer und ihre Verwandtschaft mit den Goten; →Goticismus), in einem eher hist. Teil dann die Beziehungen der Gotländer zum Kg. v. →Schweden und Bf. v. →Linköping, unter Betonung der »ohne Zwang« erfolgten Annahme des Christentums und der Freiwilligkeit begrenzter Tribut- und Aufgebotsleistungen (→Ledung). Die gemeinsam mit dem →Gutalag (Hs. A) überlieferte G. ist der einzige volkssprachl. erzählende Text im schwed.-ostnord. Bereich vor dem 14.Jh. In Datierung und Bewertung umstritten, gilt sie zumeist als chronikal. Werk der Zeit um 1220, während eine andere Ansicht sie als eine Art Katalog der gotländ. Sonderrechte, entstanden anläßl. der Königswahl von →Magnus Eriksson (1319), deutet. H. Ehrhardt

Ed. und Lit.: →Gutalag.

Gutenberg, Johannes, Erfinder des→Buchdrucks, *um 1400 in Mainz, † 3.Febr. 1468 ebd. Vater: Friele Gensfleisch zur Laden gen. G., aus einer vermögenden Patrizierfamilie; Mutter: Else Wirich zum steinen Krame. Wie sein Vater in die innerstädt. Streitigkeiten zw. Geschlechtern und Zünften verwickelt, verließ G. wahrscheinl. 1428 seine Vaterstadt und ging nach Straßburg, wo ihn die Quellen (Gerichtsakten, Steuerlisten u. ä.) 1434–44 als Beisassen erwähnen. Er arbeitete an neuartigen techn. Verfahren, in die er gegen Bezahlung Personen seines Vertrauens einweihte. Aus den Akten eines Prozesses, den Jörg Dritzehn 1439 gegen G. anstrengte, wissen wir, daß es zunächst um die Technik des Edelsteinschleifens und v. a. um die massenhafte, mechanisierte Herstellung von Wallfahrtsabzeichen für die Aachener Heiligtumsfahrt (»Aachenspiegel«; →Aachenfahrt) ging. Da in diesem Zusammenhang von »Formen« und einer Presse die Rede ist, dürften die Wallfahrtsabzeichen in einem Prägeverfahren produziert worden sein. Gleichzeitig handelte es sich um wichtige Vorstufen für den Buchdruck, dessen allererste Anfänge gewiß in die Straßburger Zeit gehören. Zur Anwendungsreife brachte G. die neue Kunst aber erst in Mainz, wohin er spätestens 1448 zurückgekehrt ist (anderer Ansicht neuerdings Kapr). Seit etwa 1450 richtete er mit Hilfe eines Darlehens, das ihm der Makler Johannes →Fust gab, eine Werkstatt ein, die der Geldgeber ver-

pfändet wurde. Zusammen mit Fust, der 1452 in ein Gesellschaftsverhältnis zu dem Erfinder getreten war, druckte G. die 42zeilige Bibel, eine Ausg. der Vulgata im Stile der ma. Prachthss. (GW 4201). Von einem Rechtsstreit zw. G. und Fust gibt das »Helmaspergische Notariatsinstrument« Kunde. Die Bibeldruckerei fiel an Fust, G. arbeitete unter weniger günstigen Bedingungen mit einer anderen got. Letter (sog. »Donat-Kalender-Type«) weiter. Er dürfte der Urheber der um die Mitte der 1450er Jahre in Mainz entstandenen Kalenderdrucke (u. a. Türkenkalender für 1455) und Schulbücher gewesen sein. Eine Ausführung der Mainzer Ablaßbriefe von 1454/55 (»31zeiliger Ablaßbrief«) wird ihm heute ebenfalls zugeschrieben. Es spricht auch einiges dafür, daß G. das Catholicon von 1460 (GW 3182) gedruckt hat. Hierbei wie auch schon bei den Ablaßbriefen wurde eine Gebrauchsschrift kleinen Grades, eine sog. »Brotschrift«, verwendet.

S. Corsten

Lit.: Fschr. zum 500jährigen Geburtstag von J.G., hg. O. Hartwig, 1900–A. Ruppel, J.G., 1947² [Unv. Nachdr. 1967]–Der gegenwärtige Stand der G.-Forsch., hg. H. Widmann, 1972–J.G.s 42zeilige Bibel. Kommentarbd., hg. W. Schmidt u. F. A. Schmidt-Künsemüller, 1979–E. Meuthen, Ein frühes Quellenzeugnis (zu Okt. 1454?) für den ältesten Bibeldruck, Gutenberg-Jb., 1982, 108–118–G.-Symposium in der J.G.-Univ. in Mainz vom 12.–14. Okt. 1981, ebd., 1983, 13–104 – A. Kapr, J.G., 1987.

Guter Hirt. Da im ntl. Gleichnis das Heimtragen des verlorenen Schafes beschrieben wird (Lk 15, 5f.) und Christus sich selbst als G.n H.en bezeichnet (Joh 10, 11.14), und da Tertullian (De Pud. 7–10) und Eusebius (Vita Constant. 3,49) Hinweise auf entsprechende Darstellungen gaben, werden seit 1588 (Baronio, Annales eccles.) frühchristl. Schafträgerbilder als Darstellungen des G.n H.en angesehen. Ursprung und Bedeutung des spätantiken Schafträgerbildes gehören in den letzten Jahrzehnten zu den meistdiskutierten Themen der christl. Ikonographie. Als Ergebnis der Diskussionen kann zusammengefaßt werden: In Entsprechung zur röm. bukol. Dichtung, die im 3.Jh. bei Nemesius eine Anreicherung mit Jenseitsgedanken erfuhr, galten Hirtendarstellungen als Bilder für ein erwünschtes glückl. Leben in friedvoller Landschaft. Im Grabbereich wurden sie seit dem 2. Viertel des 3.Jh. immer häufiger in Malerei und Sarkophagplastik dargestellt, als sinnbildl. Hinweis auf das Wunschbild eines im Jenseits erhofften glückl. Zustandes (zw. 260 und 320 sind mehr als 400 Sarkophage mit bukol. Darstellungen zu datieren). Der G.H., wegen seiner frontalen Darstellung als einzelne Gestalt zur Repräsentation bukol. Idylle bes. beliebt, begegnet in neutralem, paganem und (durch bibl. Szenen erkennbarem) christl. Zusammenhang, bisweilen in Entsprechung zum →Fischer, als Repräsentant der maritimen Idylle. Eine oft vermutete Bedeutungsparallelität zur →Orans wird u. a. dadurch ausgeschlossen, daß die Orans und ihr Pendant, der lesende Philosoph, oft die Porträts der Verstorbenen tragen, der G.H. niemals. Wann in christl. Darstellungen der G.H. über die Bedeutung als Allegorie glückl. Weiterlebens hinaus ein Symbol des G.n H.en Christi sein sollte, läßt sich nur aus dem Kontext entscheiden. Bei mehreren Bildern des G.n H.en im selben Kontext (z. B. Jonas-Kindersarkophag in Kopenhagen) ist diese Deutung sicher auszuschließen. Im MA gibt es nur wenige Darstellungen des G.n H.en, meist in der Buchmalerei (Denkmäler: Legner). J. Engemann

Lit.: LCI II, 289–299–A. Legner, Der G.H., 1959–W. N. Schumacher, Hirt und »G.H.«, 1977–N. Himmelmann, Über Hirten-Genre in der antiken Kunst, 1980–J. Engemann, Die bukol. Darstellungen:

Spätantike und frühes Christentum, Ausst.-Kat. Frankfurt, 1983, 257–259.

Güterrecht (eheliches) → Ehe

Guthlac, ags. Hl., * wahrscheinl. 674, † 11. April 714. G., der in entfernter Verbindung zur mercischen Kg.sfamilie stand, war neun Jahre lang Krieger, erhielt dann seine monast. Formung im Doppelkl. → Repton und lebte wohl seit 699 als Eremit im Fenland. Seine Gebeine wurden 715 (und erneut 1096) erhoben; um seinen Reliquienschrein in → Crowland entwickelte sich ein Kult (mit Wunderheilungen), der weite Verbreitung erfuhr (u. a. Glastonbury, Canterbury, Hereford; Kirchenpatrozinien in den Gft.en Bedford, Leicester, Lincoln, Northampton und Norfolk). Seit ca. 1050 propagierte die Abtei Crowland den hl. G. als ihren Gründer, doch findet dieser Anspruch weder in der von Felix ca. 730–740 verfaßten Vita (weitverbreitet, im 12. Jh. überarbeitet) noch in einer anderen zuverlässigen Quelle aus der Zeit vor 1050 eine Stütze. Eine illustrierte Hs. des 12. Jh., der sog. G.-Rotulus (G. Roll), enthält Szenen aus dem Leben des Hl.n.　　　　　E. O. Blake

Die Popularität des hl. G. spiegelt sich auch in der ae. Literatur: Eine ae. G.-Dichtung in 1379 alliterierenden Langzeilen enthält das in der 2. Hälfte des 10. Jh. kompilierte → Exeter-Buch. Es handelt sich dabei um eine Aneinanderreihung zweier ursprgl. verschiedener Gedichte, die wohl auch von verschiedenen Autoren stammen: »Guthlac A« (1–818), in dem hauptsächl. G.s Kampf gegen die Teufel geschildert wird, zeigt nur geringe Ähnlichkeit mit der Vita des Felix; dagegen folgt »Guthlac B« (819–1379; das Ende fehlt), wo v. a. G.s Sterben behandelt wird, im wesentl. Kap. 50 von Felix' Vita. Ferner ist eine ae. Prosaübersetzung der Vita in Hs. Cotton Vesp. D xxi überliefert, von der sich eine für Predigtzwecke adaptierte Kurzfassung auch als letztes Stück der (ebenfalls in der 2. Hälfte des 10. Jh. kompilierten) → Vercelli-Homilien findet. Im Lauf der me. Zeit ging die Verehrung des hl. G. anscheinend etwas zurück; in lat. Texten (Chroniken usw.) wird er jedoch noch häufig behandelt bzw. erwähnt. Ein relativ kurzes me. Versleben enthalten drei Hss. des → » South English Legendary«.　　　H. Sauer

Bibliogr.: J. ROBERTS, An Inventory of Early G. Materials, MSt 32, 1970, 193–233 – Manual ME 2. V., 1970, 591 [Nr. 125] – E. B. GRAVES, A. Bibliogr. of Engl. Hist. to 1485, 1975, Nr. 2310 – S. B. GREENFIELD– F. C. ROBINSON, A Bibliogr. of Publ. on OE Lit., 1980, 235f., 376 – *Ed.:* P. GONSER, Das ags. Prosa-Leben des hl. G., 1909 – ASPR III, 49–88 – SIR G. F. WARNER, The G. Roll, 1928 – B. COLGRAVE, Felix's Life of St. G., 1956 [mit engl. Übers.; Repr. 1985] – J. ROBERTS, The G. Poems of the Exeter Book, 1979 – P. E. SZARMACH, Vercelli Homilies ix–xxiii, 1981, 97–101 – *Lit.:* C. W. JONES, Saints' Lives and Chronicles in Early England, 1947 – T. WOLPERS, Die engl. Heiligenlegende des MA, 1964, 83ff., 112ff. – H. MAYR-HARTING, The Coming of Christianity to Anglo-Saxon England, 1972 – A. HENNESSEY OLSEN, G. of Croyland: A Study of Heroic Hagiography, 1981 – S. B. GREENFIELD – D. C. CALDER, A New Critical Hist. of OE Lit., 1986, bes. 13, 176–179 – D. H. FARMER, The Oxford Dict. of Saints, 1987², 198f.

Guthrum (ags. Taufname: Æthelstan), anglodän. Kg., † 890; erstmals belegt gemeinsam mit anderen Kg.en als Führer derjenigen Abteilung des großen Dänenheeres, die Ende 874 auf Cambridge vorrückte. Sie befehligten aber wohl schon das dän. Heer, das im Frühjahr 871 gegen Reading (Wessex) zog. Der von Ostanglien aus geführte Feldzug gegen das von → Alfred d. Gr. beherrschte → Wessex, dem letzten unabhängigen ags. Kgr., erreichte zu Beginn des Jahres 878 seinen Höhepunkt. Nach Anfangserfolgen wurde G. bei → Edington geschlagen und in Chippenham belagert. Er ergab sich Alfred, empfing die Taufe und führte seine Gefolgsleute sodann zur Ansiedlung nach Ostanglien. Nach dem Ausbruch neuer Feind-

seligkeiten verlor er → London (886); die Grenze zw. G.s und Alfreds Gebiet (→ Danelaw) wurde nun vertragl. festgelegt (886/890). Münzprägungen unter seinem ags. Namen stammen aus G.s letzten Regierungsjahren.　　　　　　　　　　　　　N. A. Hooper

Q.: Alfred the Great, ed. S. D. KEYNES – M. LAPIDGE, 1983, 82, 84, 113, 171f. – *Lit.:* A. P. SMYTH, Scandinavian Kings, 1977, 240–254.

Gutierre v. Toledo, Bf. v. → Oviedo, * um 1330 in Toledo, † 1389 in Oviedo, Sohn des Tello Fernández aus der Adelsfamilie der Álvarez de Toledo, aus der später die Hzg.e v. Alba hervorgingen, und der Mencía Fernández de Toledo. Mit zahlreichen hohen geistl. Würdenträgern Kastiliens verwandt, studierte G. wahrscheinl. in Salamanca, erwarb den Grad eines Dr. iutr. iur. und wurde 1369 Kanoniker in Palencia. Seit 1377 Bf. v. Oviedo, verteidigte er als weltl. Herr der Besitzungen des Bm.s die Immunität des bfl. *Concejo* gegen die Übergriffe des Gf.en Alfonso → Enríquez. Als dieser 1383 gegen Kg. → Johann I. v. Kastilien rebellierte, trat ihm G. an der Spitze des städt. Aufgebots v. Asturien entgegen und erhielt vom Kg. zum Dank die Herrschaft v. Noreña, wurde außerdem in die *Audiencia Real* und den → *Consejo Real* berufen. Seit 1385 war er für den Kg. auch in außenpolit. Fragen tätig (Vorbereitungen für einen Krieg gegen England und Portugal) und betrieb die Rüstung der → Flotte zur Aufrechterhaltung der atlant. Seemacht Kastiliens. 1388 war er aus Sorge um die Bindung Asturiens an Kastilien an der Schaffung des enger mit der Krone verbundenen 'Principado de Asturias' beteiligt. G., ein authent. Vertreter kirchl. Reformgeistes nach den Krisen des 14. Jh., hielt fünf Diözesansynoden ab, erließ drei Konstitutionen für das Kathedralkapitel und fünf Reformstatuten für astur. Benediktinerabteien. Seine bedeutenden geistigen Bestrebungen werden bezeugt durch seine reiche persönl. Bibliothek, das von ihm am Domstift eingerichtete Scriptorium, aus dem mehrere für die Gesch. Asturiens bedeutsame Hss. überkommen sind, die Stiftung des Kollegiums »De Pan y carbón« für arme Rechtsstudenten in Salamanca und den got. Neubau seiner Kathedrale.

　　　　　　　　　　　　　　J. Fernández Conde

Lit.: A. VIÑAYO GONZALEZ, El Colegio asturiano de Pan y Carbón…, Boletín del Inst. de Estudios Asturianos VII, 1953, 500–523 – P. FLORIANO LLORENTE, El Libro Becerro de la Catedral de Oviedo, 1963 – J. FERNÁNDEZ CONDE, G. de T., …, Reforma eclesiástica de la Asturias bajomedieval, 1978 – Synodicon Hispanicum III, 1984, 387ff.

Gutolf v. Heiligenkreuz, Mönch der gleichnamigen Zisterze in der Nähe Wiens; spätes 13. Jh. Von seinen Werken erfuhr nur die »Summa grammatica« größere Verbreitung (12 Hss., die Hälfte ohne Prolog; Q. neben → Priscian und → Donat die seltene »Ars lectoria« des → Aimericus [vgl. REIJNDERS, Vivarium 9, 1971, 121] und die Grammatik des → Petrus Helie, für das mit dt. Interpretamenten versehene Vokabular als Schlußkap. wohl auch die Derivationen des → Osbern v. Gloucester). Die übrigen Arbeiten G.s sind v. a. in seinem Heimatkl. überliefert, z. B. zwei versifizierte Kap. der »Summa« (»De cognoscendis accentibus«, WALTHER, 15186) und ein Briefstil; an hagiograph. Texten eine »Translatio s. Delicianae« sowie metr. eine »Vita s. Bernardi« und der »Dialogus s. Agnetis«, in dem G. sich mit dem Mönch als Gesprächspartner der Hl.n identifiziert und in seinen Fragen Interesse für psych.-erot. Vorgänge bekundet (WALTHER, 13024 bzw. 693).　　　　　G. Glauche

Ed. und Lit.: A. E. SCHÖNBACH, Über G. v. H., SAW. PH 150, 2, 1905 – einzelnes ebd., 151, 2, 1906; 159, 2, 1908 – H. WATZL, Jb. für LK v. Niederösterr., NF 39, 1973, 40–68 – Verf.-Lex.² III, 338–346 – G. L.

Bursill-Hall, A Census of Medieval Lat. Grammatical Mss., Grammatica speculativa 4, 1981, 365.

Gutsherrschaft. [1] *Ostmitteleuropäischer Bereich:* Die G., eine gesteigerte Form der →Grundherrschaft, umfaßt großflächigen Grundbesitz, zumeist in der Hand adliger, aber auch städt. und kirchl. Herren, der in Eigenregie intensiv bewirtschaftet wurde. Die Anfänge der Entwicklung zur G., die seit ihrer vollen Ausbildung im 16. Jh. v. a. in dem von der Ostkolonisation (→Kolonisation und Landesausbau) erfaßten Raum ö. von Elbe und Saale stark verbreitet war, reichen bis ins 14. und 15. Jh. zurück. Im Zuge der ma. →Ostsiedlung war mit dt. Recht die Rentengrundherrschaft weit in die westslav. Gebiete hinein ausgebreitet und als Ordnungselement beim Landesausbau erfolgreich eingesetzt worden. Ihre freiheitl. und festen Normen wirkten einerseits stimulierend auf die zu gewinnenden bäuerl. Siedler und garantierten andererseits den Siedelherren regelmäßige und sichere Einkünfte von bisher wenig oder gar nicht genutztem Land. Der Rentengrundherrschaft und dem Erbzinsrecht gelang es jedoch nicht, die ungünstigen vorkolonialen Agrarverhältnisse überall und restlos aufzulösen. So blieben teilweise ältere vordt. Güter in ihrer Struktur oft nur wenig verändert bestehen. Außerdem wurden im Zusammenhang mit der Anlage deutschrechtl. Bauerndörfer auch mehrhufige Höfe als Herrensitze neu gebildet. Hinzu kamen die in der Regel ebenfalls mehrere Hufen umfassenden Besitzungen der Scholzen (→Schultheiß) und Vögte. Diese ursprgl. überwiegend der Eigennutzung und -versorgung dienenden Höfe bildeten am Ende der ma. Siedelzeit häufig den räuml. Ausgangspunkt für das beginnende Größenwachstum der Güter, das durch den spätma. Wüstungsprozeß (→Wüstung) begünstigt und später durch die Einziehung von Bauernhufen (→Bauernlegen) zielstrebig vorangetrieben wurde. Die Anreize zur Intensivierung der herrschaftl. Eigenwirtschaft und zum Einstieg in die Produktion für den Markt ergaben sich einerseits aus dem wachsenden Getreidebedarf in den Städten, v. a. in W- und N-Europa und der sich darauf gründenden Getreidepreissteigerung, sowie andererseits negativ aus den fixierten, bei Anschlag in Geld zusätzl. der Inflation unterworfenen Erträgen aus der Rentengrundherrschaft. In Parallele zu diesem Wandel der ökonom., aber auch der allg. polit. und gesellschaftl. Bedingungen im SpätMA war seit der auslaufenden Siedelzeit auch ein rechtl. Wandel in der Grundherrschaft im Gange. Bei knapper werdendem Siedelland verschlechterten sich die anfängl. guten bäuerl. Ansiedlungsbedingungen. Die Siedelherren erhöhten ihre Forderungen und bedangen sich, zumal wenn einheim. slav. Bauern eingesetzt wurden, zunehmend gewisse, anfängl. kleine Dienste in den Ansiedlungsverträgen aus, es wurden auch sog. Gärtner auf kleinen Ackerparzellen angesetzt und Gärtnerdörfer angelegt und auf diese Weise ein Arbeitskräftereservoir zum Einsatz auf größeren Betrieben geschaffen. Außerdem gelang es den Grundherren, ihre rechtl. Stellung zu arrondieren und weiter auszubauen, indem sie bestimmte vordem landesherrl. Kompetenzen an sich brachten, diese neuen Zuständigkeiten mit den bestehenden grundherrl. Rechten verbanden und als Einheit auf Grund und Boden radizierten. Gleichzeitig konnte die mit der Grundherrschaft verbundene niedere Gerichtsbarkeit auf die bisher dem Landesherrn zustehende höhere und höchste ausgedehnt werden. Die früher eingeschränkten Rechte der Grundherren gegenüber ihren Bauern wurden so im Laufe des SpätMA (in den einzelnen Landschaften variierend) um einen Komplex nicht fest eingegrenzter landesherrl.-

obrigkeitl. Befugnisse erweitert und dadurch dynamisiert. Aus dieser Verbindung erwuchsen die weiter steigerungsfähigen gutsherrl. Rechte, die sich in der veränderten Wirtschafts- und Interessenlage der Grundherren in der frühen NZ unschwer zum Ausbau der G. einsetzen ließen, wobei mancherorts zusätzl. an Relikte vorkolonialer Herrschafts- und Abhängigkeitsverhältnisse angeknüpft werden konnte.   J. J. Menzel

Lit.: J. Jessen, Entstehung und Entwicklung der Gutswirtschaft in Schleswig-Holstein, ZSHG 51, 1922 – G. Maybaum, Die Entstehung der G. im n.-w. Mecklenburg, 1926 – H. v. z. Mühlen, Kolonisation und G. in Ostdtl. (Fschr. H. Aubin, 1951) – W. Kuhn, Die dt. Ostsiedlung in der NZ I, 1955 – J. J. Menzel, Jura ducalia, 1964 – Ders., Formen und Wandlungen der ma. Grundherrschaft in Schlesien (VuF 27, 1, 1983), 591–604.

[2] *Baltische Länder und Litauen:* Die Entwicklung von der Grundherrschaft zur G. vollzog sich in den balt. Ländern mit gewisser zeitl. Verzögerung, v. a. im livländ. Ordensgebiet, mit Ausnahme des dän. Nordestland, und in Litauen. Die Eigenwirtschaft der Grundherren hatte im 13. und 14. Jh. noch keinerlei Bedeutung für das Wirtschaftsleben des Landes. Da es in Alt-Livland keine dt. Bauern gab, konnte keine Umsetzung zu dt. Recht erfolgen, sondern die bestehenden agrar. Verbände (Wacke, Pagast), die in die Hände der Grund- und Gutsherren gerieten, wurden dadurch gestrafft, um die Einnahmen zu steigern, während Anlage und Ausbau der »Vorwerke« (Bezeichnung der Gutshöfe in Alt-Livland) mit unfreiem Gesinde und »Hofesfeldern« erst Ende des 15. und v. a. im 16. Jh. erfolgten. – In Litauen hat der Ausbau der Grundherrschaft zur G. erst im Laufe des späten 15. Jh. eingesetzt.   M. Hellmann

Lit.: →Grundherrschaft, C. VI.

Guy (s. a. Gui, Guido)

1. G. Le Bouteillier, Heerführer, † 1438 (zw. 18. Sept. und 13. Nov.) auf La Roche-Guyon (dép. Val d'Oise); ∞ Catherine de Gavre (nach G.s Tod wiederverheiratet mit Simon→Morhier). Der einem norm. Rittergeschlecht des Pays de Caux entstammende G. trat wie sein Onkel Roger de Bréauté in den Dienst des Hzg.s v. Burgund, →Johann Ohnefurcht. Am 16. Nov. 1417 ernannte ihn →Isabella v. Bayern, Kgn. v. Frankreich, zu ihrem Gesandten in der Normandie. G. verteidigte als hzgl.-burgund. →*capitaine* v. Dieppe (1417–19) und Rouen (1418–19) die norm. Hauptstadt gegen Kg. Heinrich V. v. England, zu dem er nach der Kapitulation übertrat. Als einer der angesehensten frz. Helfer des Kg.s unterstützte er Richard→Neville (Warwick) bei der Eroberung der wichtigen Burg La Roche-Guyon, die G. von Heinrich zu Lehen erhielt. Er blieb auch dessen Sohn, Kg. Heinrich VI., treu und mußte nach 1436 La Roche-Guyon gegen die Truppen Karls VII. v. Frankreich verteidigen.

       J.-M. Roger

Lit.: J.-M. Roger, G.L.B., Actes du 101ᵉ Congr. nat. des soc. sav., 1978, 271–329 – C. T. Allmand–C. A. J. Armstrong, English Suits before the Parlement of Paris, 1982 – C. T. Allmand, Lancastrian Normandy, 1983.

2. G. de Chauliac, * Ende 13. Jh., Chaulhac (Prov. Gévaudan, dép. Lozère), † 1368 in oder bei Lyon; einer der bedeutendsten Vertreter ma. Chirurgie, studierte in Montpellier und Bologna (wohl auch Toulouse und Paris), maßgebl. von →Bert(r)uccio beeinflußt. Den med. Magistergrad erwarb er 1325 in Montpellier; G. war Priester seiner Heimatdiöz. Mende, praktizierte in Lyon und Avignon und war Leibarzt der Päpste Clemens VI., Innozenz VI. und Urban V. Zum päpstl. capellanus ernannt, empfing er Einkünfte aus mehreren Kanonikaten

(1344 Lyon, 1353 Reims, 1367 Mende). Werke: neben nahezu bedeutungslosen Kleinschriften drei in text- und überlieferungsgesch. Zusammenhang stehende wundärztl. Kompendien; zwei Leitfäden der Chirurgie (»Formularium auxiliorum apostematum et pustularum«; »Formularium auxiliorum vulnerum et ulcerum«), die um 1330/1350 in Paris bzw. Avignon entstanden, als »Chirurgia parva« oft gemeinsam überliefert sind, ab 1400 mehrfach volkssprachl. rezipiert wurden und z. T. in die 1363 abgeschlossene, achtteilige »Chirurgia magna« (»Inventarium seu collectorium chirurgiae«) eingingen. Mit dem Titel macht G. deutl., daß er inhaltl. älteren und zeitgenöss. Autoren folgt. Zurückgreifend auf das Vorbild von →Ortolfs' »Arzenîbuoch« entwirft G. hier eine wundärztl. imago hominis nach Gliederungsprinzipien älterer Lehrbücher (→Roger Frugardi, →Bruno v. Longoburgo, →Lanfranc v. Mailand). Wertvoll sind sein Abriß der Medizingesch. und sein anatomiezentriertes Ausbildungsprogramm für den Wundarzt, das die →Artes liberales miteinbezieht und Fragen der Krankendiät behandelt. In der Traumatologie hat G. durch Ablehnung der antisept. Wundbehandlung des Ugo dei →Borgognoni einen ungünstigen Weg beschritten. In der Epidemiologie besticht seine differenzierte Beschreibung der Pest, deren Mortalität er jedoch überschätzt und deren Ätiologie er trotz des »Pariser Pestgutachtens« archaisch deutet (→Epidemien). G.s klarer, nüchterner und schmuckloser Stil ahmt das sprachl. Vorbild antiker Texte nicht nach. Daß er in Avignon mit dem Frühhumanismus zusammenstieß, liegt nahe: Vermutl. wurde G. von →Petrarca in dessen »Invectivae contra medicum quendam« angegriffen.

Die »Chirurgia parva« und »Chirurgia magna« erzielten durch volkssprachl. Übers. und Bearbeitungen weitreichende Wirkung. Die dt. Fassungen setzen um 1420 ein (→Peter v. Ulm; »Buch von alten Schäden«); der Streuüberlieferung folgen bald drei vollständige Übers., hinzu kommen zwei überlieferungsgesch. bedeutsame Druckfassungen (Hieronymus →Brunschwig; →Hans v. Gersdorff) und zahlreiche Sonderüberlieferungen. Die Konkurrenz Lanfrancs wurde von der »Chirurgia magna« erst gegen 1500 gebrochen, im 16. Jh. erreichte sie den Gipfel ihrer Wirkung und blieb bis ins 18. Jh. bei Wund- und Laienärzten in Gebrauch.   G. Keil

Ed.: Chirurgia magna Guidonis de Gauliaco, ed. L. JOUBERT, 1585 [Neudr.; Vorwort G. KEIL, 1976] – The Cyrurgie of G. de Ch., ed. M. S. OGDEN, EETS 265, 1971 – The me. Translation of G. de Ch.'s Treatise on Wounds... Book III of the Great Surgery, hg. B. WALLNER (Acta univ. Lundensis I, 23, 1976) – The me. Translation of G. de Ch.'s Treatise on Ulcers... Book IV of the Great Surgery, hg. DERS. (ebd. I, 39, 1982) – G. WEBER, Eine altdt. Fassung der 'Kleinen Chirurgie' G.s de Ch. in der Abschrift Konrad Schrecks v. Aschaffenburg (1472) [Diss. Würzburg 1982] – *Lit.*: DSB III, 218f. – Verf.-Lex.² III, 347–353 [Ed.; Lit.] – L. ZIMMERMAN – I. VEITH, Great Ideas in the Hist. of Surgery, 1961, 149–157 – J. HALLER, G. de Ch. and his 'Chirurgia magna', Surgery 55, 1964, 343–347.

Guyenne (Guienne), im SpätMA Hzm. in SW-Frankreich, hervorgegangen aus den Wandlungen, denen das alte Fsm. →Aquitanien unterlag.

I. Das Herzogtum Guyenne als französisches Kronlehen der Könige von England (1259–1337) – II. Die »englische Guyenne« im Hundertjährigen Krieg (1337–1453) – III. Die Anfänge der französischen Herrschaft (seit 1453).

I. DAS HERZOGTUM GUYENNE ALS FRANZÖSISCHES KRONLEHEN DER KÖNIGE VON ENGLAND (1259–1337): Im späten MA wurden die Besitzungen der Kg.e v. →England, der sog. »Kg.-Hzg.e *(rois-ducs)*«, in SW-Frankreich (→Angevin. Reich) bezeichnet als: Vasconia (→Gascogne), Aqui-

tania und Guyenne; letztere Benennung, volkssprachl. Form von 'Aquitania', erscheint 1258 im Vertrag v. Paris und begegnet im 14. Jh. als gängigster Landesname. Von 1259 bis 1337 befand sich die G. in einer stabilen rechtl. Ausgangslage: Aufgrund des Vertrags v. Paris (1258) hatte sie der Kg.-Hzg. als ligisches Lehen des Kg.s v. Frankreich inne. Den territorialen Kern der G. bildeten die im wesentl. zur →Gascogne gehörigen Regionen Bordelais (→Bordeaux), Bazadais (→Bazas), Landes, Labourd und Soule. Durch den Vertrag v. Paris gewann der Kg.-Hzg. die Rechte des frz. Kg.s in den Diöz. v. →Limoges, →Périgueux und →Cahors sowie die Anwartschaft auf das →Agenais hinzu – eine heterogene Ländermasse. Die Inbesitznahme der erstgenannten Territorien vollzog sich rasch, führte aber feudalrechtl. zu einer verworrenen Lage. Erst 1279, im Vertrag v. Amiens, fand sich Kg. Philipp III. bereit, das Agenais und die südl. →Saintonge an Kg. Eduard I. abzutreten. 1293 nahm Kg. Philipp IV. einen Seezwischenfall zum Vorwand, um das Hzm. zu konfiszieren; die frz. Besetzung (1294–1303) scheiterte letztlich an der Gegnerschaft von Bordeaux, das auf seine engl. Absatzmärkte angewiesen war. Die sich zuspitzende polit. Situation wurde überlagert von einem starken Wirtschafts- und Bevölkerungswachstum, das in der G. bis ca. 1320 anhielt: So beruhte der Massenexport »gascogn.« Weine nach England maßgebl. auf den Weinbauregionen des »Haut pays«, die aber unter frz. Herrschaft standen. Die Gründung von →Bastides erfolgte mit bes. Dichte beiderseits der heftig umkämpften Grenzen, v. a. im Agenais. Der Konflikt, der um eine dieser Bastides, →St-Sardos, entbrannte, führte 1324 eine erneute Konfiskation durch den frz. Lehnsherrn herbei. Das Hzm. wurde 1326 den Kg.-Hzg.en zurückerstattet, allerdings ohne das Agenais. Die immer häufigeren Appellationen aus der G. an das →Parlement v. Paris untergruben die Autorität der Kg.-Hzg.e. Eine dieser Appellationen, 1337, rief wiederum eine frz. Konfiskation hervor, Kg. Eduard III. v. England sah kein anderes Mittel als den Krieg, um sein Hzm. vor dem Zugriff der frz. Monarchie, die ihr Vorgehen mit einem zw. souveränen Monarchen obsolet gewordenen Feudalrecht legitimierte, zu sichern: 1337 kündigte er seinen Lehnseid gegenüber den Valois auf und proklamierte sich am 6. Febr. 1340, gestützt auf die von seiner Mutter ererbten Rechte, selbst als Kg. v. Frankreich. Der dynast. Erbfolgestreit verschmolz so mit dem feudalen Konflikt; der →Hundertjährige Krieg begann.

II. DIE »ENGLISCHE GUYENNE« IM HUNDERTJÄHRIGEN KRIEG (1337–1453): Die Proklamation von 1340 veränderte radikal den Status des Hzm.s G., über das der Kg. v. England nun als Souverän gebot. Trotz ihrer Bedeutung als kriegsauslösendes Moment blieb die G. als Kriegsschauplatz lange zweitrangig; erst 1345 begannen hier größere Kampfhandlungen. 1348–49 wütete der Schwarze Tod, dem bis 1423 weitere Pestwellen folgten. 1355 brachte das Erscheinen →Eduards, des »Schwarzen Prinzen«, auf dem Kontinent abrupt die militär. Wende: Infolge des Sieges v. →Poitiers (1356) konnte England die frz. Monarchie zum Abschluß des Friedens v. →Brétigny-Calais nötigen, der Kg. Eduard III. die souveräne Herrschaft über ein stark erweitertes Aquitanien brachte; es umfaßte neben den gascogn. Kernterritorien nun auch →Poitou, →Aunis, →Saintonge, Angoumois (→Angoulême), →Périgord, Limousin (→Limoges), →Quercy, →Rouergue, →Agenais und →Bigorre. Die engl. Inbesitznahme erfolgte langsam und oft gegen passiven Widerstand der Bewohner. Am 19. Juli 1362 erhob Kg. Eduard III. das Hzm. G. zum souveränen Fsm. zugunsten des

Schwarzen Prinzen, der seinem Vater den ligischen Lehnseid leistete. Für ein Jahrzehnt erhielt die G. nun das Gepräge eines echten Staates, u. a. mit eigenen Goldmünzen,
großem Siegel, Appellationsgerichtsbarkeit, Ansätze zur
Hauptstadtbildung in Bordeaux usw. Die Steuerforderungen, die der Schwarze Prinz dem Land zur Finanzierung seiner Ambitionen in →Kastilien aufbürdete, lösten
eine Aufstandsbewegung aus; 1368 appellierten zwei der
großen Vasallen, der Gf. v. →Armagnac und der Herr v.
→Albret, an Karl V. v. Frankreich. Von der hierdurch
ausgelösten frz. Offensive ins ein gascogn. Restterrito-
rium zurückgeworfen, zog sich der erkrankte Prinz 1372
nach England zurück. Nach der 1379 erfolgten Unterbrechung der allg. Kriegshandlungen kam es für ein halbes Jh.
in der G. nurmehr zu punktuellen, aber oft verheerenden
militär. Aktionen (Kämpfe der gegner. Söldnerscharen
unter dem proengl. André de Ribes und dem profrz.
Rodrigo v. →Villandrando, 1429–32). Die frz. Monarchie, die ihren Anspruch auf die G. auch in ihrer Schwä-
cheperiode zu Anfang des 15. Jh. nie aufgegeben hatte,
begann 1438 mit der unter großem Heeresaufgebot durchgeführten Eroberung, gegen den Widerstand der proengl.
Bevölkerung, namentl. in Bordeaux. Mit der erfolgreichen Abwehr des letzten engl. Gegenangriffs (Castillon,
17. Juli 1453) wurde die G. zum dauerhaften Bestandteil
Frankreichs.

III. DIE ANFÄNGE DER FRANZÖSISCHEN HERRSCHAFT (SEIT
1453): Die G. war durch Kriegsverwüstungen und die
Unterbrechung der Handelsbeziehungen mit England
ernsthaft geschädigt, erlebte aber dank der insgesamt
freizügigen Politik Ludwigs XI. einen erneuten Aufschwung des Handels, auch in den Agrarregionen setzte
vielfach durch Zuwanderer eine rasche wirtschaftl. Erholung ein. 1462 wurde in Bordeaux ein →Parlement für das
Gebiet der alten 'Gascony' eingerichtet. Die Abtretung des
Hzm.s Aquitanien als Apanage für →Charles de France
blieb Episode (1469–72). Danach war die G. bis zum Ende
des Ancien régime lediglich eine administrative Einheit,
die seit Beginn des 16. Jh. als Gouvernement konstituiert
war, das den Parlamentssprengel v. Bordeaux, daneben
aber auch Quercy und Rouergue (sog. »Haute G.«) umfaßte.   B. Cursente

Lit.: R. BOUTRUCHE, La crise d'une société. Seigneurs et payans du
Bordelais pendant la guerre de Cent Ans, 1947 – CH. DARTIGUE, Hist.
de la G., 1950 – La France anglaise (Congr. Soc. Savantes (1986), 1988,
passim – weitere Lit.: →Aquitanien, →Gascogne, →Bordeaux,
→Agenais, →Limousin, →Quercy u. a.

Guzmán, kast. Adelsfamilie, die seit dem 13. Jh. ihren
Besitzschwerpunkt im Tal des →Guadalquivir (als Herren
des Hafens v. Sanlúcar de Barrameda) sowie der unteren
Andalucía hatte und zuvor in der kast. Estremadura begütert gewesen war. Seinen entscheidenden Aufstieg erlebte
das Geschlecht, das mit bedeutenden Familien aus der
Schicht der →*Ricoshombres* verschwägert war, unter Alfons X. selbst ins Kg.shaus einheiraten konnte und sich in
zwei Linien geteilt hatte, als →Leonor de G. als Konkubine
Alfons' XI. Mutter des zukünftigen Kg.s Heinrich II. (v.
Trastámara) wurde und die G. seinen Griff nach der
Kg.swürde unterstützten. Fortan stiegen die Angehörigen der Familie, bereits vorher kgl. →*Mayordomos* und
→*Adelantados,* zu den höchsten Staatsämtern auf, so daß
die G., die mit den andalus. →Enríquez und den →Ponce
de León verfeindet waren, am Ende des MA als Gf.en v.
→Niebla, als Hzg.e v. →Béjar und →Medina Sidonia
sowie als Herren v. Orgaz und Santa Olalla anzutreffen
sind.   L. Vones

Lit.: P. DE MEDINA, Crónica de los duques de Medina Sidonia, CDIHE

XXXIX, 1861, 5–395 – E. MITRE FERNÁNDEZ, Evolución de la nobleza
en Castilla bajo Enrique III, 1968, 190ff. – S. DE MOXÓ, De la nobleza
vieja a la nobleza nueva, Cuadernos de Hist. 3, 1969, 112–123 [Stamm-
taf.] – M. A. LADERO QUESADA, Andalucía en el siglo XV, 1973, 17f. –
P. MOLÉNAT, Des Beni 'Abd Al-Malik aux comtes d'Orgaz: le lignage
de Gonzalo Ruiz de Toledo (Estudios sobre Alfonso VI y la Reconquista de Toledo II, 1988), 259–279 [Stammtaf.].

G., Fernán Pérez de, Staatsmann und Schriftsteller,
* 1377/79, † 1460(?), zog sich nach 1432 vom aktiven polit.
Leben zurück, nachdem Alvaro de →Luna zur Macht
gekommen war, und widmete sich in seiner Burg Batres,
wo er eine gute Bibliothek aufbaute, wissenschaftl. und
lit. Tätigkeit. Übers. aus Sallust, Seneca, Gregor d. Gr.
wurden von ihm angeregt oder sind ihm gewidmet. Seine
Gedichte (Liebeslieder, didakt.-moral. Themen) sind von
eher bescheidenem lit. Wert (»Coplas de vicios y virtu-
des«, »Confesión rimada«, »Proverbios«). G.s »Mar de
historias« (eine Universalgesch. aus Anekdoten und Biographien) ist Giovanni →Colonna (5.C.) verpflichtet. In
G.s letzten Lebensjahren entstand sein Meisterwerk, 34
Kurzbiographien (»Generaciones y semblanzas«), die erste Sammlung lit. Porträts von bedeutenden Persönlichkeiten aus der Zeit Heinrichs III. und Johannes II. (u. a.
López de Ayala und Enrique de Villena).   A. Várvaro

Ed.: Generaciones y semblanzas, ed. R. B. TATE, 1965 – Mar de
historias, RH 27, 1913, 442–622 – Cancionero castellano del siglo XV,
ed. R. FOULCHÉ-DELBOSC, I, 1912, 575–759 – Confesión rimada, ed. A.
SORIA, BRAE 40, 1960, 191–263 – *Lit.:* J. L. ROMERO, Sobre la biogr. y
la hist., 1945 – F. LÓPEZ ESTRADA, RFE 30, 1946, 310–352 – C.
CLAVERÍA, Anales Univ. Murcia 10, 1950–51, 481–526 – M. R. LIDA DE
MALKIEL, L'idée de la gloire dans la tradition occidentale, 1968,
261–269.

Gwent, frühma. walis. Fsm. im SO des Landes, kirchl.
zum Bm. →Llandaff gehörig, stand bereits in der Angelsachsenzeit unter starkem engl. Einfluß (→Mercien) und
wurde im späten 11. Jh. von den anglo-norm. Grenzgra-
fen erobert. Zur Gesch. im einzelnen →Wales.
Lit.: →Wales.

Gwynedd, seit dem FrühMA bedeutendes walis. Fsm.,
das den gebirgigen NW des Landes mitsamt der fruchtbaren Insel Anglesey (Môn) umfaßte und dessen kirchl.
Zentrum →Bangor war. Das Fsm. G., das seit dem späten
12. Jh. von seinen Fs.en zu einer bedeutenden Herrschaft
auf lehnrechtl. Grundlage ausgebaut wurde, war der
Kernbereich des selbständig gebliebenen Wales ('pura
Wallia'), in den die engl. Herrschaft im SpätMA nur
langsam und gegen starken walis. Widerstand eindrang.
Zur Gesch. im einzelnen →Wales.
Lit.: →Wales.

Gyðinga saga ('Gesch. der Juden'), eine in Island oder
Norwegen um die Mitte des 13. Jh. (PORLÁKSSON: 1250/
60, STORM: 1262/63) entstandene Übers. einer lat. Darstellung der jüd. Gesch. unter den Makkabäern nebst einem
Bericht über Pilatus und Judas Ischariot. Der Text bezieht
sich auf das 1. Buch der Makkabäer des AT, auf →Petrus
Comestors »Hist. Scholastica«, das »Bellum Iudaicum«
des Flavius →Josephus und eine ma. Pilatuslegende (→Pi-
latus). Die norröne Übers. wurde, nach Angaben in jüngeren Hss., von dem isländ. Geistlichen Brandr Jónsson
(1247–62 Abt des Augustinerkl. Þykkvibær, 1263–64 Bf.
v. Skálholt, † 1264; →Alexander d. Gr., IX) auf Anregung
des norw. Kg.s →Magnús Hákonarson lagabœtir (†1280)
angefertigt.   H. Ehrhardt

Ed.: G.s., ed. G. PORLÁKSSON, 1881 – *Lit.:* KL V, 604f. – R. SIMEK – H.
PÁLSSON, Lex. der altnord. Lit., 1987, 130f. [Lit.] – G. STORM, De
norsk-islandske Bibeloversættelser ..., ANF 3, 1886, 253–256 – K.
SCHIER, Sagalit., 1970, 93, 116, 120 – A. F. FERSCH, G.s A Translation
and Source Study [Diss. Tulane 1983].

Gynäceum (gynaeceum) oder Genitium (geniteum). Bei den Griechen der innere Teil des Hauses, wo die Frauen wohnten (Frauengemach); in der röm. Kaiserzeit eine Tuchmanufaktur, in der Frauen Tücher für den Hof- und Heeresbedarf herstellten; im FrühMA Bezeichnung für die in den Grundherrschaften des Kg.s, der Kirche und des Adels weit verbreiteten Frauenhäuser und Tuchwerkstätten, in denen hörige Frauen und Mädchen in der Nähe von →Fronhöfen Spinn- und Webarbeiten für ihren Herrn verrichteten. Gemäß den Bestimmungen der Landgüterordnung Karls d. Gr. (Capitulare de villis, cap. 43) wurden den im G. arbeitenden Frauen Rohstoffe und Arbeitsgerät von ihrem Herrn gestellt (insbes. Flachs, Wolle und Farbstoffe). Sie arbeiteten in festen Häusern mit heizbaren Räumen oder in Webhütten, die in den Boden eingelassen waren. Für ihren Lebensunterhalt sorgte in der Regel der Grundherr. Die Auflösung der Fronhofsverfassung und die Entfaltung eines städt. Textilgewerbes mit Berufshandwerkern beendete seit dem 11./12. Jh. die Epoche der Gynäceen.   W. Rösener

Lit.: J. BARCHEWITZ, Beitr. zur Wirtschaftstätigkeit der Frau, 1937, 42ff. – A. DOPSCH, Die Wirtschaftsentwicklung der Karolingerzeit 2, 1962³, 145f. – F. IRSIGLER, Divites und pauperes in der Vita Meinwerci, VSWG 57, 1970, 482ff.

Gyrth, Earl v. →Ostanglia 1057–66, 4. Sohn des →Godwin, Earl v. Wessex, ⚔ 14. Okt. 1066 bei →Hastings. 1051–52 mit seinem Vater im flandr. Exil, folgte er 1057 →Ælfgar als Earl v. Ostanglia nach und erwarb später Ralfs Rechte in Oxfordshire. 1061 pilgerte er gemeinsam mit seinem Bruder Tostig und anderen Adligen nach Rom. Doch unterstützte er 1065–66 seinen Bruder →Harald II. gegen Tostig († 1066) und kämpfte bei →Stamford Bridge und Hastings auf Haralds Seite.   N. P. Brooks

Lit.: STENTON³, 565–574 – F. BARLOW, Edward the Confessor, 1970.

Gyula. 1. Gy., bezeichnete eine Würde in der alten Stammesgesellschaft der →Ungarn; im 9. Jh. werden der Heerfs. →Álmos und sein Sohn →Árpád als Gy. (*g/γ/la*) bezeichnet. Um 950 trägt ein – weniger hochrangiger – ung. Fs. die Bezeichnung *γυλᾶς*. Gy.-Stephanos wurde 953 in Byzanz getauft und brachte einen griech. Bf. nach

Ungarn mit. Seine Nachfolger, sämtlich mit Namen 'Gy.', waren Fs. en v. →Siebenbürgen, mit dem nach ihnen benannten Hauptsitz Alba Jule (→Alba Julia, Gyulafehérvár). Die Tochter Gy.s II., Sarolt (gen. →Beleknegini), heiratete ca. 970 den Gfs. en →Géza. Beider Sohn, Kg. →Stephan I. d. Hl., griff 1003 seinen Onkel Gy. III. (Procui), als einen Gegner seiner (lat. geprägten) Christianisierung, an. Gy. unterwarf sich dem Kg., nahm am Feldzug gegen den aufständ. Fs. en Ajtony (Ohtum) teil, emigrierte aber anschließend nach →Polen, da ihm der Besitz des eroberten Herrschaftsgebietes des Ajtony (Maroš/Mieresch im Banat) verweigert worden war. Gy. erhielt von →Bolesław Chrobry eine Burg an der ung. Grenze, die erst 1018 von Stephan eingenommen wurde. Im Werk des ung. →Anonymus tritt G. als 'Gelou dux Blacorum' mit romanhaften Zügen auf.   Gy. Györffy

Lit.: SSrerHung I, 41, 61, 65, 68–69, 166, 172, 290f., 312, 314 – MORAVCSIK, Byzturc II, 115 – DERS., Stud. Byz., 1967, 330–332 – GY. GYÖRFFY, Arch. Eurasiae Medii Aevi I, 1975, 54, 119–121, 127 – DERS., Geogr. hist. II, 1987, 45–48, 104f., 143f., 155; III, 327f. – DERS., Kg. Stephan d. Hl., 1988, 52–57, 109, 117–123, 167f.

2. Gy., Name mehrerer hoher ung. Würdenträger der Árpádenzeit, am bedeutendsten: Gy., comes palatinus 1075–90, anwesend bei der Gründung des Bm.s →Zagreb (vor 1091!). – Gy. 'de genere Kean' (aus Siklós bei →Fünfkirchen), der 1201–35, unter →Andreas II., die höchsten Würden in Ungarn bekleidete (→Banus v. →Slavonien und →Kroatien, Woiwode v. →Siebenbürgen, →Palatin, iudex curiae der Kgn. und comes mehrerer →Komitate). Von Béla IV. wegen Verschwörung verhaftet, starb Gy. Ende 1237 im Kerker.   Gy. Györffy

Lit.: M. WERTNER, Archiv des Vereins für siebenbürg. LK 28, 1898, 41ff. – B. HÓMAN, A zágrábi püspökség alapítási éve, Turul 28, 1910, 100–103 – E. B. SZENTPÉTERY, Reg. regum stirpis Arpadianae I, 1923, 539.

3. Gy. (*γύλα*), Titel bei den →Pečenegen, nach der im 10.–11. Jh. in der →Moldau wohnende Stamm Qavuqšin-Jula benannt ist. Dessen Stammesfürst Gy. ließ Ungarn 1068 erfolglos angreifen.   Gy. Györffy

Lit.: GY. GYÖRFFY, Antiquitas Hung. 2, 1948, 169 – MORAVCSIK, Byzturc II, 332.

H

Haager Liederhandschrift → Liederhandschriften
Haarbusch, Helmschmuck aus Pferdehaaren, bereits in myken. Zeit, ebenso bei Galliern, Steppenvölkern und Ostgoten bekannt, verschwand für Jahrhunderte und tauchte erst um 1340–1400 als Schmuck der →Beckenhaube wieder auf. Der bisweilen an seiner Stelle verwendete Federbusch löste den H. ab und zwar in Form kunstvoller hoher Gestecke.   O. Gamber
Haarlem, Stadt in den Niederlanden (Prov. N-Holland), an der Spaarne auf dem Strandwall hinter den Nordseedünen gelegen, alte Nahtstelle zw. Landverkehr und Wasserweg (Spaarne-IJ-Zuiderzee). Der Ortsname 'Haralem' wird in der 1. Hälfte des 10. Jh. erwähnt; im 11. Jh. bestand in H. eine von der Kirche v. Velsen abgetrennte Pfarrkirche. Die günstige geograph. Lage führte zur Errichtung eines Hofes der Gf.en v. →Holland (12. Jh. oder bereits Ende des 11. Jh., aber erst 1214 erwähnt). Seine ursprgl. Lage ist unbekannt; um 1250 wurde er auf den Zand (Grote

Markt) verlegt. 1245 verlieh Gf. Wilhelm II. auf Bitten der Bürger ein Stadtrecht nach dem Vorbild von →'s Hertogenbosch, verbunden mit Zollfreiheit der Gft. Holland. Der Magistrat bestand im letzten Viertel des 13. Jh. aus einem Schultheißen, sieben Schöffen und vier Ratsherren. In dieser Zeit war H. zu einem bedeutenden Gewerbezentrum (Tuch- und Leinenweberei, Bierbrauerei, Schiffbau) und regionalen Marktort geworden. Das ummauerte Stadtareal mit Befestigungswerken umfaßte um 1275 ca. 25 ha. Die Straßenführung dieses Stadtkerns mit dem zentral gelegenen Gr. Markt folgt den parallel verlaufenden Altstraßen des Strandwalls. Die Stadt wurde in der 1. Hälfte und gegen Ende des 14. Jh. erweitert, wodurch sich das Stadtgebiet auf ca. 90 ha vergrößerte – eine Folge des wirtschaftl. Aufstiegs H.s, der v. a. auf dem Ostseehandel und dem Export von →Bier beruhte. Die Einwohnerzahl lag um 1400 bei 8000, um 1500 bei ca. 11000. Am Gr. Markt entstand um 1350 anstelle des gfl. Hofes ein

Rathaus, das Mitte des 15. Jh. eine ansehnl. Erweiterung erfuhr. Die ebenfalls am Markt gelegene Kirche St. Bavo wurde zw. 1400 und 1520 erbaut. Am Ende des 15. Jh. begann eine Periode wirtschaftl. Niedergangs, den die Stadt im letzten Viertel des 16. Jh. aber vollständig überwand. J. C. Visser

Lit.: J. HUIZINGA, De opkomst van H. (DERS., Verz. werken I, 1948), 203–364 – G. H. KURTZ, Beknopte geschiedenis van H., 1946³ – B. M. J. SPEET, H. (Aflevering 1 van de Hist. Stedenatlas van Nederland, 1982).

Haartracht. Für Mann und Frau ist langes Haar naturgegeben. Die bewußte Gestaltung dieser Haarfülle kennzeichnet Würde, Bedeutung, Stand oder Selbsteinschätzung. Bei Männern bildet ggf. ein →Bart, bei Frauen jeder Kopfputz (→Schleier, →Schapel, Haarnetz) eine Einheit mit der H. Die nach Ort, Zeit und Quellengattung stark differierenden ethn., rechtl., sozialökonom. und kommunikator. Voraussetzungen erlauben allerdings nur übersichtsartige Aussagen und bestenfalls kleinräumige Periodisierungen. Modische H.en beschränken sich vorwiegend auf die Oberschichten. Hingegen symbolisiert die radikale Kürzung des Haares eingeschränkte persönl. Freiheit (z. B. Kahlscheren von Gefangenen), Untertänigkeit (das kurze, ungestaltete Haar der ländl. Bevölkerung) oder freiwillige Unterwerfung (z. B. die →Tonsur). Beim männl. Adel des MA sind Kurzhaarschnitte daher relativ kurzlebige, dafür aber exklusiv oberschichtl. gestaltete Modeerscheinungen (Ausrasieren, künstl. Kräuseln, Bleichen, Färben). Kennzeichen der verheirateten Frau ist weitgehendes Verschleiern der Haare, während die Jungfrau ihr Haar unverhüllt und auch in ansehnl. Länge tragen kann. Der Zopf ermöglicht verschiedene Trageweisen (z. B. Hörnerfrisur). – Zur Haarpflege existieren zumeist indirekte und für die Allgemeinheit nicht unbedingt repräsentative Nachweise: bis in die Merowingerzeit in Form einschlägiger Grabbeigaben (Frisier- und Steckkämme, Haarnadeln, Rasiermesser und Scheren), im späten MA v. a. aus Predigten. »Totes« Haar (= künstl. Haarteile und damit auch Perücken) sowie etwa Eiklar, Wein, Quecksilber und diverse Spezereien zur Festigung von (männl.) Frisuren werden darin stereotyp als verwerfl. Eitelkeiten angeprangert. H. Hundsbichler

Lit.: HRG I, 1880–1887 – HWDA III, 1239–1288 – Reallex. der Vorgesch. V/1, 1925, 4–11 – R. T. WILCOX, The Mode in Heads and Headdresses, 1959 – R. CORSON, Fashions in Hair, 1966 – J. S. COX, An illustrated Dict. of Hairdressing and Wigmaking, 1984 [Lit.] – →Bart.

Ḥabaš al-Ḥāsib, Aḥmad ibn ʿAbdallāh al-Marwazi, aus Merv stammender Astronom im Bagdad des 9. Jh. (unter den Kalifen al-Maʾmūn, 813–832, und al-Muʿtaṣim, 832–842). Ihm werden drei →astron. Tafeln, die wohl z. T. auf den maʾmūnschen Beob. von 828–832 beruhen, zugeschrieben, darunter das bedeutende Werk »az-Zīǧ ad-Dimašqī«, das – im Zeichen der beginnenden Rezeption ptolemäischer Methoden – diese mit archaischen indischiran. Traditionen verknüpft. Neben einer Reihe von Neuerungen findet sich in ihm die einzige Kosekanstafel (→Trigonometrie) der islam. astron. Literatur. J. Samsó

Lit.: DSB V, 612–620 – El² III, 8f. – SEZGIN VI, 173–175 – F. I. HADDAD, E. S. KENNEDY, D. PINGREE, The Book of the Reasons behind Astronomical Tables ... by ʿAlī ibn Sulaymān al-Hāshimī, 1981 – E. S. KENNEDY u. a., Stud. in the Islamic Exact Sciences, 1983, bes. 204–252 – M. TH. DEBARNOT, The Zij of Ḥabash al-Ḥāsib: A Survey of MS Istanbul Yeni Cami 784/2 (Fschr. E. S. KENNEDY, 1987), 35–69.

Habitus. Die Lehre vom H. (dauernde Beschaffenheit eines Wesens, durch die es sich regelmäßig in einer bestimmten Weise verhält, ohne daß diese dauernde Beschaffenheit zur Substanz dieses Wesens gehört) erscheint zuerst bei Aristoteles als Lehre von der ἕξις. Der Terminus wird von Anfang an transitiv und intransitiv benutzt: »H. nennt man in der einen Bedeutung eine gewisse Wirklichkeit des Habens und des Gehabten als eine Art von Handlung oder Bewegung« (Met V 20, 1022b4ff.). Aristoteles stellt der ἕξις die διάθεσις (Disposition) und die στέρεσις (Privation) gegenüber (Met V 19 u. 22). Die Abgrenzung zw. ἕξις und στέρεσις ist eindeutig, nämlich »etwas haben ⟨können⟩« bzw. »etwas nicht haben ⟨können⟩«. Nicht ganz so eindeutig ist die Abgrenzung zur διάθεσις, da bei der intransitiven Verwendung H. die Bedeutung von »sich verhalten zu« hat und damit wie eine Unterart der Qualität erscheint. H. meint hier Eigenschaften oder Qualitäten, die der Anlage nach (= potentiell) vorhanden sind, die aber erst durch übenden Gebrauch erworben und damit aktuiert werden. In ähnl. Weise wird der H. von Aristoteles in der Nikom. Ethik (II 4, 1105b26ff.) bestimmt: »H. ist das, was bewirkt, daß wir uns zu den Affekten oder falsch verhalten, wie wir uns zum Zorn richtig oder unrichtig verhalten, wenn er zu stark oder zu schwach ist, richtig dagegen, wenn er die rechte Mitte hält . . .«. Wie die Kunst der H. des Hervorbringens und die Wissenschaft der H. des Demonstrierens ist, so ist Klugheit »ein untrüglicher H. vernünftigen Handelns in den Dingen, die für den Menschen Güter oder Übel sind« (Nikom. Ethik VI 5, 1140b5ff.). Auch im eth. Bereich wird durch Übung die Fähigkeit entwickelt, immer sicherer die rechte Mitte zu finden: d. h. der H. der Klugheit wird erworben. Da die Theorie des H. bei Aristoteles, nicht aber im Neuplatonismus bzw. Platonismus entwickelt worden ist, spielt sie im frühen MA keine Rolle. Das ändert sich nach der Übers. der Schriften des →Aristoteles und der Rezeption seiner Philosophie. Bei Thomas v. Aquin gibt es eine sehr differenziert ausgebaute H.theorie, die sich in ihren Grundzügen eng an Aristoteles anlehnt (S. th. I II qq. 49–55; s. a. SCHÜTZ). »Die H. sind bestimmte Qualitäten oder der Potenz (Anlage) inhärierende Formen, durch welche die Potenz zu bestimmten Akten entsprechend ihrer Art geneigt wird; daher können zu einer Potenz mehrere H. gehören wie mehrere der Art nach sich unterscheidende Akte« (S. th. I II q. 54 a. 2 c). Bei Thomas wird im H. das aktuierende Moment dessen, was der Anlage nach vorhanden ist, stärker als bei Aristoteles betont; ähnl. wie bei Aristoteles hat bei ihm die H.theorie ihre Bedeutung bes. für die Ethik. Über Aristoteles hinausgehend gibt es für ihn neben den natürl. H. auch übernatürl. (h. infusi), die zu den Heilsakten befähigen; diese sind durch göttl. Gnade verliehen. Dabei vermittelt der Gnadenakt eine gewisse Anlage, während die Beständigkeit sich erst durch den übenden Gebrauch bildet.

Etwa zu Beginn des 14. Jh. verschiebt sich die eth. Diskussion von den Tugenden mehr auf Gebote und Gesetze; damit nimmt das Interesse an der H.theorie ab und es entwickelt sich eine eher kasuist. Betrachtungsweise. Schon bei →Johannes Duns Scotus wird in der Ordinatio (I dist. 17 q. 1–2 [Op. om. V, Vat. 1959]) die H.theorie nur noch am Rande im Zusammenhang mit der Lehre von der Caritas behandelt. Das Übernatürliche des durch Gnade vermittelten H. kann nur im Glauben, nicht aber aus dem natürl. Wirken der Akte erfahren werden; die H. naturales haben prakt. keine Bedeutung mehr.

Bei →Wilhelm v. Ockham wird in der »Expositio in libros Physicorum Aristotelis« eine Eigenständigkeit der H. generell verneint (Lib. VII c. 4 § 4 [Op. phil. V, 1985, 646f.]). In der Ethik wie in der Naturphilosophie spielt seit ca. 1320 die H.theorie keine Rolle mehr. Der H. wird als Eigenschaft oder Disposition verstanden und daher werden die im 13. Jh. unter dem Begriff des H. abgehandelten Themen seit dem 14. Jh. in Traktaten unter den Titeln »De intensione et remissione« bzw. »De magis et minus« behandelt. 　　　　　　　　　　　　　　　　　　M. Bauer

Lit.: J. SCHÜTZ, Thomas-Lex.², 1895, 1958 – s. a. →Aristoteles, →Thomas v. Aquin.

Habsburger. [1] *Die Anfänge:* Die Adelsfamilie der H. läßt sich bis ins 10. Jh. zurückverfolgen. Bei dem 952 von Otto I. verurteilten *Guntramnus dives* (→Guntram d. Reiche) dürfte es sich um den ersten bekannten H. handeln, über den sich Beziehungen zu →Dagsburgern-Egisheimern und →Etichonen erschließen lassen. Schon früh verfügten die H. über Besitz im Oberelsaß (→Elsaß) und →Breisgau (»obere Lande«) sowie über die Gft. im →Klettgau. Um 1020 errichtete Bf. →*Werner v. Straßburg*, wohl Schwager von Guntrams Enkel *Ratbod* († 1045), am Zusammenfluß von Aare und Reuß die Habsburg ('Habichtsburg'). In diese Zeit fällt auch die Gründung der Hauskl. →Muri und Ottmarsheim. 1108 wird *Otto II.* erstmals urkdl. »comes de Hauichburch« genannt. Im Zug ihres weiteren Aufstiegs erweiterten die H., in Anlehnung an die →Staufer, ihren Besitz als Erben anderer schwäb. Geschlechter (→Lenzburger, →Kyburger, z. T. auch →Zähringer, →Pfullendorfer). 1232/39 kam es zur Teilung zw. der älteren und der jüngeren laufenburg. Linie (erloschen 1415). Die Kämpfe um das zerfallende stauf. →Schwaben nutzte →*Rudolf IV. (I.)* erfolgreich zur Vergrößerung des habsbg. Territoriums. Ein einheitl. Machtbereich im SW des Reichs zw. Vogesen und Bodensee war im Entstehen, als der Gf. 1273 zum röm.-dt. Kg. gewählt wurde.

[2] *Das Königtum Rudolfs und Albrechts I.:* Die Revindikationen des nach 1245 verlorenen Reichsguts brachten Kg. Rudolf I. in Gegensatz zu →Ottokar II. Přemysl v. Böhmen. Nach dessen Überwindung (→Dürnkrut, 1278) verlieh Rudolf die heimgefallenen Reichslehen →Österreich und →Steiermark 1282 seinen Söhnen *Albrecht I.* und *Rudolf* († 1290), wodurch er seine Familie im SO des Reichs verankerte und in den →Reichsfürstenstand erhob. Die Nachfolge Albrechts als Kg. konnte Rudolf hingegen nicht durchsetzen, zumal er auch die Ks.krone nicht zu erlangen vermochte. Albrecht I. widmete sich der Konsolidierung der habsbg. Herrschaft in den erworbenen Hzm.ern, ohne die Reichspolitik aus den Augen zu verlieren. Nach dem Sieg über Kg. Adolf v. Nassau (→Göllheim, 1298) erreichte er auch hier sein Ziel und trachtete nun, ein Kgtm. nach westl. Vorbild aufzurichten, unter Zurückdrängung des kfsl. Einflusses.

Nach Albrechts Ermordung (1308) abermals vom Kgtm. abgedrängt, bewarben sich die H. 1314 erneut um die Krone, doch unterlag →*Friedrich der Schöne* nach einer Doppelwahl der →Wittelsbacher →Ludwig dem Bayern (→Mühldorf, 1322). Damit schieden die H. für 100 Jahre aus dem Wettbewerb um die Krone aus.

[3] *Landesherrschaft, Territorialpolitik und dynastische Teilungen:* Eine Periode der Festigung bedeutete die Herrschaft →*Albrechts II.* († 1358), während die kurze Regierung seines ältesten Sohnes →*Rudolf IV.* († 1365) polit. und kulturellen Aufschwung (v. a. für die Residenzstadt →Wien) brachte. Mit Urkk.fälschungen (→Privilegium maius, 1358) hoffte der Hzg., seinen Schwiegervater Ks. Karl IV. zur Anerkennung einer herausragenden Stellung der habsbg. Hzm. er innerhalb des Reichsgefüges zu bewegen (→Erzherzog). 1379 schlossen Rudolfs Brüder →*Albrecht III.* und →*Leopold III.* den Vertrag v. Neuburg a. d. Mürz, der eine Periode herrschaftsschwächender Teilun-

gen einleitete. Der älteren albertin. Linie fielen die Gebiete des Donauraumes zu, der jüngeren leopoldin. die westl. Stammlande und die neueren Erwerbungen.

Dem Ziel einer Landverbindung zw. den westl. und östl. Besitzungen waren die H. im 14. Jh. recht nahe gekommen: 1335 Erwerb von →Kärnten, 1363 von →Tirol, gleichzeitig Festsetzung im späteren Vorarlberg, 1368–82 Ausbau der schwäb. Positionen (sog. →Vorderösterreich; Lgft. Breisgau, Freiburg, Landvogtei Ober- und Niederschwaben, Land zw. Neckar und Donau) und erstes Ausgreifen nach S (Inner-→Istrien, Wind. Mark, →Triest). Die drohende Gefahr eines habsbg. Hzm.s Schwaben rief die →Eidgenossenschaft auf den Plan. Die Auseinandersetzungen des 14. und 15. Jh. (→Sempach, 1386, →Näfels, 1388) brachten den H.n empfindl. Besitzverluste (1415 Aargau mit der Habsburg, 1460 →Thurgau). 1474 mußte Hzg. →*Sigismund* den eidgenöss. Besitzstand anerkennen (sog. →Ewige Richtung).

1411 waren durch Teilung der leopoldin. Linie in einen steir. und tirol. Zweig drei habsbg. Länderkomplexe entstanden, deren divergierende Ziele und Notwendigkeiten zu inneren Kämpfen führten.

[4] *Die Übernahme des römisch-deutschen König- und Kaisertums durch die Habsburger im 15. Jh.:* Mit →*Albrecht V. (II.)*, der als Schwiegersohn Ks. →Siegmunds zur Herrschaft (ebenso in →Böhmen und →Ungarn) berufen wurde, kam 1438–39 wieder ein H. auf den dt. Thron. Sein Nachfolger →*Friedrich V. (III.)* aus der steir. Linie stand einer Reihe kaum zu bewältigender Aufgaben gegenüber, bei denen sich Reichs- und Hausmachtinteressen in unauflösl. Weise miteinander verknüpften. Zwar gelang ihm als letztem Herrscher die Ks.krönung in Rom, doch wurde er durch die Auseinandersetzungen um den Mündel →Ladislaus Postumus († 1457) und die Kämpfe mit seinem Bruder Albrecht VI. († 1463) in die Defensive gedrängt. Durch den Verlust Niederösterreichs an →Matthias Corvinus (1485) und den drohenden Verkauf →Tirols an →Bayern (1487) in höchste Gefahr geraten, konnte die habsbg. Herrschaft dank der Zähigkeit des Ks.s und einer veränderten polit. Lage 1490 wieder in einer Hand vereinigt werden.

Durch die Vermählung seines Sohnes →*Maximilian I.* mit der burg. Erbtochter →*Maria* (1477) schuf Friedrich III. die entscheidende Grundlage für den internat. Aufstieg der H., die das fläm.-niederländ. Territorium des Hzm.s →Burgund erringen konnten (Friede v. Arras, 1482). Zu den habsbg. Herrschaftstraditionen im SW, in den Ostalpen- und Donauländern des Reiches traten nun, bedingt durch das Erbe des burg. Gegensatzes zu →Frankreich, westeurop. Interessen. 　　　　　G. Scheibelreiter

Q.: Reg. Habsburgica I, 1: Die Reg. der Gf. en v. H. bis 1281, bearb. H. STEINACKER, 1905 – Lit.: O. REDLICH, Rudolf v. H., 1965² – A. LHOTSKY, Gesch. Österreichs 1281–1358, 1967 – DERS., Das Haus H. (Aufsätze und Vorträge 2, 1971) – A. WANDRUSZKA, Das Haus H. Gesch. einer europ. Dynastie, 1978 – Die Zeit der frühen H., 1279–1379 [Kat. 1979] – ZÖLLNER⁷, 114–155 – G. HÖDL, H. und Österreich 1273–1493. Gestalten und Gestalt Österreichs im SpätMA, 1988 – Die H. Ein biograph. Lex., hg. B. HAMANN, 1988.

Hachberg, Mgft. → Baden, →Zähringer

Hachette, Jeanne de la, junges Mädchen von unbekannter Herkunft (eigtl. Name vielleicht: J. Laisné), warf sich am 27. Juni 1472, mit einem Handbeil (*hachette*) bewaffnet, auf den Mauern v. →Beauvais der anstürmenden burg. Übermacht unter Hzg. →Karl d. Kühnen entgegen und riß durch ihren Heldenmut ihre Landsleute mit, die nun – gemeinsam mit heranrückenden frz. Entsatztruppen – die Belagerer vertrieben. Von Kg. Ludwig XI. mit ihrem

Kampfgefährten Colin Pilon verheiratet sowie durch Anordnung einer jährl. Gedenkprozession und Steuerbefreiung (*lettres patentes,* 22. Febr. 1473) geehrt. Über ihr weiteres Leben ist nichts bekannt.

Lit.: DBF XVI, 469f.

Hacksilber begegnet erstmals in Schatzfunden der Spätantike in N-Deutschland (Fund Gr. Bodungen) und Dänemark in Gestalt zerstückelten röm. Silbergeschirrs. In der Wikingerzeit kommt H. aus dem 9.–11. Jh. in den zahlreichen Schatzfunden aus den Anrainerstaaten des Ostseegebiets vor; neben unregelmäßig zerbrochenen oder zerhackten Münzen (arab. →Dirhams, byz. Miliarensia, ags. Pennies, dt. Pfennige) finden sich zerhackte →Barren (→Grivna), Gußkuchen und Silberschmuck in den Funden. Am häufigsten erscheint H. im slav. Bereich, z. T. in Gestalt kleinster Silberfragmente. Im Gegensatz zum schwed. Festland ist H. auf der Insel Gotland weniger nachgewiesen. Offensichtl. dienten die H.fragmente als Gewichtsausgleich bei der Feinwägung von Silberzahlungen. Vom H. zu unterscheiden sind halbierte Münzen, deren Teilung in der Regel schon in den Ursprungsländern erfolgt sein dürfte.   P. Berghaus

Lit.: Wb. der Münzkunde, hg. F.v. SCHROETTER, 1932, 249f. – E. MUNKSGAARD, Late-antique scrap Silver found in Denmark, Acta Archaeologica 16, 1955, 31–67 – L. LUNDSTRÖM, Bitsilver och betalningsringar, Studier i svenska depåfynd från vikingatiden, 1973 – G. HATZ, Handel und Verkehr zw. dem Dt. Reich und Schweden in der späten Wikingerzeit, 1974, 106–108 – B. HÅRDH, Wikingerzeitl. Depotfunde aus Südschweden, Acta Archaeologica Lundensia, Ser. in 8° minore No. 6, 1976, 132–137.

Hadamar. **1. H.,** Abt. v. →Fulda seit 927, † 25. Mai 956, bereits 919 als fuldischer Mönch bezeugt, seit 939 einer der wichtigsten kirchl. Ratgeber und Diplomaten Ottos I. Lag H.s erste Reise nach Rom (936) im Interesse des Kl., kann schon bei der nächsten (943) ein kgl. Auftrag vermutet und bei der dritten (947/948) konstatiert werden: H. verhandelte über die Gründung skand. Missionsbm.er und wohl auch über päpstl. Vermittlung in den frz. Angelegenheiten. Eine Folge war die Synode v. →Ingelheim (948). 955 holte H. in Rom für Ebf. →Brun v. Köln das Pallium ein und erreichte zugleich die päpstl. Zustimmung zum Magdeburger Bm.splan Ottos I.   E. Karpf

Lit.: H.-P. WEHLT, Reichsabtei und Kg., dargestellt am Beispiel Lorsch mit Ausblicken auf Hersfeld, Stablo und Fulda (Veröff. des Max-Planck-Inst. 28, 1970), 238, 274ff., 361f. – M. SANDMANN, Die Folge der Äbte (Die Kl.gemeinschaft von Fulda im früheren MA, hg. K. Schmid, 1, 2, 1978), 190f. – O. G. OEXLE, Mönchslisten (ebd. 2), 642ff.

2. H. v. Laber, mhd. Dichter, * ca. 1300, † nach 1354, wohl H. III. aus der opf. Familie derer von La(a)ber, mit dem Hof →Ludwigs des Bayern und seines Sohnes Ludwig v. Brandenburg eng verbunden, Verf. der »Jagd« (2. Hälfte des 14. Jh.), einer im MA vielbeachteten →Minneallegorie, die in 565 Strophen das Werben eines Mannes um eine Frau als Jagen nach einem edlen Wild verbildlicht. Die vielfältigen allegor. Vorgänge werden von Reflexionen durchzogen, aber nicht im einzelnen kommentiert. Die Minnevorstellung kommt der Konzeption der hohen Minne in der höf. Lit. z. T. sehr nahe. Das Werk wird in einem an Wolfram v. Eschenbach und dem »Jüngeren Titurel« geschulten geblümten Stil vorgetragen. Eine bestimmte Vorlage ist nicht bekannt.   U. Schulze

Ed.: J. A. SCHMELLER, 1850 [Nachdr. 1968], 1–146 – K. STEJSKAL, 1880 – *Lit.:* Verf.-Lex.² III, 363–368 [I. GLIER; Lit.].

Hadeln, Land. Der Name H. (Ende 8. Jh.: Haduloha) bezeichnete ursprgl. das ganze Landdreieck zw. Weser- und Elbmündung. Im Zuge der von den Ebf.en v. →Hamburg-Bremen und →Heinrich dem Löwen geförderten »Hollerkolonisation« des 12. Jh. (→Deich- und Dammbau, II,3) entstand zu Anfang des 13. Jh. im Marschengebiet zw. Cuxhaven und Oste die Landesgemeinde H., die sieben Kirchspiele des Marschenhochlandes sowie die – im 15. Jh. eigenständigen – »Fünf Kirchspiele« des Hadeler Sietlands umfaßte. Zentrum des u. a. durch Getreideexport wohlhabenden Gebietes war Otterndorf (1400 Stadtrecht). H., das nach 1180 der sächs.-lauenburg. Landesherrschaft, 1402–81 als Pfandherrschaft →Hamburg unterstand, wahrte unter Leitung des *Graefen,* des landesherrl. Gerichtsherrn, seine relativ große Autonomie bis in die frühe Neuzeit.   H. Schmidt

Q.: Hadler Chronik. Q.buch zur Gesch. des L.es H., bearb. E. RÜTHER, 1979² – *Lit.:* H. RÜTHER, Gesch. des L.es H., 1949 – I. MANGELS, Die Verf. der Marschen am linken Ufer der Elbe im MA, 1957 – I. BIERWIRTH, Siedlung und Wirtschaft im L.e H., 1967 – A. E. HOFMEISTER, Besiedlung und Verfassung der Stader Elbmarschen im MA, 2 Tle, 1979–81.

Hades, -fahrt(en), byz. 1. Satirische, anknüpfend an Lukians Nekyomanteia; 2. Werke religiös.-erbaul. Charakters, zurückgehend auf die zentrale Bedeutung des – auch ikonograph. thematisierten – Hinabsteigens Christi zu den Toten und seine Auferstehung. Da die körperl. H. ausschließl. Christus überwinden konnte, geschehen alle anderen Einsichten dieser Gattung in das Reich der Toten im Traum und beruhen auf frühchristl. Visionen. Weite Verbreitung haben, auch bei den Slaven, die Versionen der vermutl. in kirchl.-liturg. Umgebung entstandenen Apokalypse der Theotokos (BHG 1050–1054) (Kern vielleicht 5. Jh.). Bei ihrer H. wird Maria, in der theol. Auslegung als Mittlerin für die Sünder, vom Erzengel Michael begleitet und erreicht die temporäre Aussetzung der Sündenstrafen. Durch abschreckende Darstellung des Hades soll ein reueerfülltes Leben in der Oberwelt angestrebt werden (ὅραμα τοῦ ταξεώτη BHG 1318). Bisweilen wird dem Erzähler im Traum von einem Verstorbenen die H. geschildert, so im *Βίος Βασιλείου τοῦ Νέου* (Traum der Theodora, BHG 263–264). Die Vision des Hl. Kosmas (933 entstanden, BHG 2084–2086) ereignet sich während einer krankheitsbedingten Ohnmacht. Dies und das Hinabsteigen ins Reich der Toten auf Grund eines, später rückgängig gemachten Irrtums, sind Motive, die teilweise in den Satiren →Timarion und →Mazaris verwendet werden. Durch hist. Bezüge (Erwähnung von →Johannes Tsimiskes und →Nikephoros Phokas, daher Entstehung nach 976) nimmt die ansonsten volkstüml. Apokalypse der Nonne Anastasia eine bes. Stellung innerhalb dieser Gruppe ein (BHG 1868–1870). Im Traum erlebte Begegnungen mit der Unterwelt finden sich auch im Martyrium der Perpetua (BHG 1482), innerhalb der Erzählung des Hl. Antonios aus der Historia Lausiaca (CPG 6036), der Erzählung des Hl. Makarios des Ägypters (BHG 999h). – Dem Hades wird manchmal das Paradies gegenübergestellt: Traum des Karpos (BHG 6611), Erzählung des Philentolos (BHG 1322w), im Roman →Barlaam und Joasaph, im Traum des Niketas in der Vita des Philaretos Eleemon (verf. 822; BHG 1511z), in der Vita des Andreas Salos (BHG n. Auct. 117). – Anders als bei den religiösen, apokalypt. H. spielen bei den satir. Unterweltsreisen die Toten die Hauptrolle. Christl. Elemente sind sekundär; beiden gemeinsam ist jedoch der Zeitbezug der Hauptpersonen. Ironie und/oder gehässiger Spott sind meist Mittel der Darstellung in Form des Dialoges. Neben den beiden bekanntesten H., dem Timarion und dem Mazaris, gehören hierzu zwei kleinere Texte. Ob der Totendialog zw. Charon und Hermes um die Reise Alexanders d. Gr. (Cod. Ambr. gr. 655, 16. Jh.)

in das 12. Jh. (SOKOLOVA, LAMPAKES) oder 13. Jh. (KARSAY) zu datieren ist, bleibt unklar. Der mit der klass. Bildung bestens vertraute unbekannte Autor bringt auch volkstüml. humorist. Züge mit ein. Der Νεκρικὸς διάλογος Φαγακροστίχου καὶ Χρυσοκράτη wird vom Hg. MANAPHES dem späteren Metropoliten v. Kerkyra, Basileios Pediadites, zugewiesen. Die in Dialogform geschriebene Satire richtet sich v. a. gegen Ks. Andronikos I. und dessen streng durchgreifende Verwaltungsmaßnahmen. – Auch in der Volkssprache fand das Thema H. Verbreitung. Der Tenor dieser Traumfahrten liegt in der Klage über die Erbärmlichkeit des Menschen und die Sinnlosigkeit allen menschl. Handelns. Satir. Elemente sind weniger vorherrschend. In der Ὁμιλία τοῦ νεκροῦ Βασιλιᾶ (wohl aus Kreta, 15. Jh.) vergleicht ein Kg. in Gestalt seines Skeletts sein Dasein in der Unterwelt mit seinem glückl. früheren Leben. Im Ἀπόκοπος (Erstdr. Venedig 1519) träumt der Dichter Bergades, er sei von einem Baum in den Schlund des Hades gestürzt. Die Gespräche in der Unterwelt wenden sich nicht gegen einzelne Personen, sondern die Toten klagen darüber, daß die Menschen ihrer in der Oberwelt nicht gedenken. Das Ρίμα θρηνητική des Johannes Pikatoros aus Rhethymnon zeichnet eine furchterregende Traumvision des Hades. Eine Abwandlung der H. stellt das Gedicht Tzamplakos dar, in dem der Ich-Erzähler im Traum ein Pittakion erhält, auf dem die Unterwelt in Wort und Bild dargestellt ist. Die Form dieser H. sind gereimte polit. Verse. G. Schmalzbauer

Lit.: J. DRÄSEKE, Byz. H., Neue Jb. für das Klass. Altertum 29, 1912, 343–366 – BECK, Volksliteratur, 196f. – HUNGER, Profane Lit. II, 151–158 – W. PUCHNER, Zur liturg. Frühstufe der Höllenfahrtsszene Christi. Byz. Katabasis-Ikonographie und rezenter Osterbrauch, Zs. für Balkanologie 15, 1979, 98–133 – ST. LAMPAKES, Οἱ καταβάσεις στὸν κάτω κόσμο στὴ Βυζαντινή καί στὴ μεταβυζαντινή λογοτεχνία, 1982 – Ed.: O. KARSAY, Eine byz. Imitation von Lukianos, AAntHung 19, 1971, 383–391 – D. A. CHRISTIDES, Γιά τή βυζαντινή μίμηση τοῦ Λουκιανοῦ στὸν κωδ. Ambrosianus gr. 655, Ἑλληνικά 32, 1980, 86–91 – K. A. MANAPHES, Ἀνέκδοτος νεκρικὸς διάλογος ὑπαινυσσόμενος πρόσωπα καί γεγονότα τῆς βασιλείας Ἀνδρονίκου Α΄ τοῦ Κομνηνοῦ, Ἀθηνᾶ 76, 1976–77, 308–322 – M. I. MANUSAKAS, Ἡ ὁμιλία τοῦ νεκροῦ βασιλιᾶ, Επιστ. Ἐπετηρὶς Φιλ. Σχολ. Παν. Θεσσ. 8, 1963, 295–314 – S. ALEXIU, Ἀπόκοπος, Κρητικά Χρονικά 17, 1963, 183–251 – ST. LAMPAKES, Τὸ γένος θανάτου, ὁ Ἀπόκοπος καί οἱ καταβάσεις τῆς δημώδους λογοτεχνίας, Πελοποννησιακά 15, 1982–84, 249–254 – E. KRIARAS, Ἡ Ρίμα θρηνητική τοῦ Ἰωάννου Πικατόρου, Ἐπετηρὶς Μεσ. Αρχ. 2, 1940, 20–69 – G. ZORAS, Τζαμπλάκου. Ἠθικὸν βυζαντινὸν ποίημα, Νέα Ἑστία 59, 1956, 329–333.

Hadewijch (Hadewych), Mystikerin und Dichterin der 1. Hälfte des 13. Jh.; bisher keine zuverlässigen Angaben zu ihrem Leben. Vermutl. war sie noch vor Entstehung der →Beginenhöfe Führerin einer ohne feste Regeln zusammenlebenden Gemeinschaft von (fläm.-brabant.) →Beginen in Antwerpen. Ihr Œuvre (45 stroph. Gedichte, 31 Briefe in Prosa- und 16 in Reimform, ein Visionenbuch) wird als das Werk einer nicht im Kl. verband lebenden mulier religiosa betrachtet, das aufgrund seiner Verbundenheit mit der religiösen Frauenbewegung (ca. 1180–1270) der frühen Illiteratenlit. zugeordnet werden kann. H. verfügte über gründl. Kenntnisse der nordfrz. Spiritualität des 12. Jh. (Zisterzienser und Viktoriner), verarbeitet ihre Q. jedoch auf sehr persönl. Weise. Vor dem Hintergrund eines asket., ehelosen Lebens, eucharist. Frömmigkeit und des Strebens nach Selbsterkenntnis als Weg zur Gotteserkenntnis richtet sich ihr ganzes Interesse auf das Einswerden mit Gott und die Begleitung dieses Prozesses bei ihren Freundinnen. H.s Mystik beruht auf der Erfahrung einer intellektuellen und psych. Spannung zw. der persönl. Nachfolge des Mensch gewordenen Gottessohnes, der für sie den in der Zeit erschienenen Archetyp des

Göttlichen darstellt, und der Liebessehnsucht nach dem Mysterium des Göttlichen. Das Leben nach dem Tod betrachtet sie als eine nie endende Reise zum unermeßl. Mysterium des Göttlichen. In ihren zahlreichen Ich-Fragmenten präsentiert sich H. als figurales Modell für die Angehörigen ihres Kreises. In diesem Sinne sind Selbstbekenntnischarakter und soziale Funktion ihrer Texte unlösbar miteinander verbunden; sie sind Programm für aedificatio und imitatio.

Die lexikal. und stilist. Qualität ihrer Prosa, die Beherrschung der höf. Registertechnik in der Lyrik und die Strukturierung des Visionenbuches als allegoria in factis (was Gott in einem hist. Moment mit H. tat, wird seine volle Bedeutung erst in einem neuen, von Gott gewollten Ereignis erlangen, das selbst wiederum auf ein ewiges heilbringendes Handeln Gottes hinweist; das erste Ereignis muß tropolog., allegor. und anagog. erfüllt werden) stellen die Forschung vor Probleme. H. und →Beatrijs v. Nazareth erscheinen, da ältere geistl. Lit. im Mndl. kaum erhalten ist, eventuell nur bedingt zu Recht als Anfang einer lit. Entwicklung, doch erstaunt nicht, daß am Beginn der volkssprachl. geistl. Lit. gerade Frauen stehen.

H.s Orthodoxie scheint während des MA nie bezweifelt worden zu sein. Im Kreis um →Johannes v. Ruusbroek genoß sie hohes Ansehen. Im 20. Jh. wurde sie mehrmals Zielscheibe heftiger Kritik: Einerseits wiederholt der Ketzerei beschuldigt, und zwar offensichtl. immer aus Unkenntnis lexikal.-hist. Gegebenheiten, bezichtigte man sie andererseits wegen bes. erot. Fragmente der psych. Labilität. Demgegenüber muß jedoch angeführt werden, daß H. wie andere unverheiratete Frauen ihrer Zeit ein entwikkeltes Liebesleben besaß und daß die vielen Komm. zum Hld den Sprachcode der mulieres religiosae beeinflußt haben. Ihre Werke waren auch in den Kreisen der Rheinländ. →Gottesfreunde und der →Devotio moderna weitverbreitet. Zu H.s Schule werden einige Gedichte und Prosawerke gerechnet. H. Vekeman

Lit.: DHGE XXII, 1426f. – Verf.-Lex.² III, 369–378 – J. VAN MIERLO, De Visioenen van H., 2 Bde, 1925 – DERS., Strofische Gedichten, 2 Bde, 1942 – DERS., H., Brieven, 2 Bde, 1947 – DERS., H., Mengeldichten, 1952 – H. TAIGEL, Minne bei Mechthild v. Magdeburg und bei H. [Diss. Tübingen 1955] – H. SCHOTTMANN, Autor und Hörer in den Stroph. Gedichten H.s, ZDA 102, 1973, 20–27 – K. RUH, Beginenmystik, ZDA 106, 1977, 265–277 – H. VEKEMAN, Het visioenenboek van H., 1980 – P. DINZELBACHER, H.s myst. Erfahrungen in neuer Interpretation, Ons Geestelijk Erf 54, 1980, 267–279 – F. WILLAERT, H. Poet. techniek in de Strof. Gedichten [Diss. Leuven 1982] – H. VEKEMAN, Erotik und Liebe bei H. (Mystik I, hg. O. STEGGINK, 1983), 176–183 – W. BREUER, Mystik als alternative Lebensform, ZDPh 103, 1984, 103–115 – E. HESZLER, Stufen der Minne bei H. (Frauenmystik im MA, hg. P. DINZELBACHER – D. R. BAUER, 1985), 99–122 – K. RUH, Gottesliebe bei H., Mechthild v. Magdeburg und M. Porete (Fschr. F. RAUHUT, hg. A. SAN MIGUEL, 1985), 243–254 – F. WILLAERT, H. und ihr Kreis in den Visionen (Abendländ. Mystik im MA, hg. A. HAAS, 1988), 368–387 – Laufende Bibliogr.: Ons Geestelijk Erf.

Ḥadīṯ (arab., von ḥadaṯa 'erzählen'), in der islam. Terminologie ein Bericht über Handlungen oder Aussprüche des Propheten (→Mohammed) und der Prophetengefährten, schließl. die Gesamtheit der Überlieferungen, die alle Bereiche religiösen Lebens umfassen und Verhaltensregeln liefern. Während der frühen islam. Zeit Prophetenworte mündlich an die nächste und übernächste Generation (tābiʿūn 'Nachfolger' und ʿtābiʿu ʾt-tābiʿīn 'Nachfolger der Nachfolger') weitergegeben wurden, erfolgte seit dem 8. Jh. und verstärkt im 9. Jh. die Sammlung und Aufzeichnung dieser Überlieferungen, wobei bestimmte Standardmuster angewandt wurden. Als spezieller Zweig der religiösen Lit. entwickelte sich die Ḥ.-Wissenschaft, die in akrib. Weise und mit subtilen Kriterien die Glaubwürdigkeit der Überlieferungen prüfte und, ausgehend v. a. von den »Kanonischen Sechs Büchern« (*al-kutub as-sitta*) des 9. Jh., eine reiche Literatur von Kommentaren ausbildete. S. im einzelnen →Islam.

Hadlaub, Johannes, mhd. Dichter im →Zürich des frühen 14. Jh., urkundl. nur durch wenige Zeugnisse belegt (Hauskauf: 4. Jan. 1302; Todestag: 16. März, vermutl. vor 1340), gehört zu dem durch antiquar. Vorliebe für den →Minnesang der stauf. Zeit und Interesse an lit. Artistik und Formalisierung geprägten Kreis um die Patrizierfamilie Manesse. Er erweist sich darüber hinaus als eingebunden in eine durch gemeinsame (prohabsburg.) Interessen konstituierte Gruppe von Zürcher Bürgern und Ostschweizer Adligen. – H.s Œuvre (54 Stücke) steht überwiegend in der Tradition des Hohen Minnesangs, häufig unter Verwendung des →Natureingangs, gelegentl. mit parodist. Tönen (Nr. 7). Dem traditionellen Typ entsprechen H.s →Tagelieder; neuartig ist sein Nachtlied (Nr. 51), in dem er, der prov. Serena entsprechend, die Vorfreude auf die Liebesnacht zum Ausgang nimmt. Von →Steinmar übernimmt H. den Typus des Herbstliedes in eigenständiger Ausformung; Neuschöpfung H.s (doch z. T. →Neidhart und Steinmar verpflichtet) ist das burlesk-erot. Erntelied. Bes. originell zeigt sich H. im neuen Typ des balladesken »Erzählliedes«, in dem die Situation des Minnedienstes als Spielszene in stadt-bürgerl. Ambiente konkretisiert wird. H.s Person und Werk stehen in engem Zusammenhang mit der Entstehung der Maness. →Liederhs., die sein Werk an bevorzugter Stelle präsentiert. P. Schmitt

Ed.: M. Schiendorfer, 1986 – *Lit.*: NDB VII, 417f. – E. Schröder, H. und Manesse, ZDA 70, 1933, 136–142 – G. Weydt, J. H., GRM 21, 1933, 14–32 – F. R. Schröder, H. und Ovid?, ebd. 43, 1962, 317 – H. E. Renk, Der Manessekreis ..., 1974.

Hadoardus v. Corbie, Presbyter und Kl.bibliothekar, baute seit der Mitte des 9. Jh. den Corbeienser Klassikerbestand aus. Im Autograph erhalten ist seine reichhaltige Sammlung themat. geordneter Auszüge aus antiker Lit. mit einem einleitenden Gedicht H.' (56 Distichen); H. exzerpierte in erster Linie philos. Werke Ciceros und »De oratore«, ferner zitierte er Sallust, Macrobius, Servius, Martianus Capella und »Sententiae phylosophorum« (des Publilius Syrus). J. Prelog

Ed.: P. Schwenke, Philologus Suppl. 5, 1889, 397–588 – *Lit.*: B. Bischoff, Ma. Stud. I, 1966, 49–63 – P. L. Schmidt, Die Überl. von Ciceros Schrift »De legibus« in MA und Renaissance, 1974, 134–152 – D. Ganz, The lit. interests of the abbey of Corbie in the first half of the ninth century [im Dr.].

Hadrian

1. H. I., *Papst* seit 9. Febr. 772 (Weihe), † 25. Dez. 795, ▭ St. Peter, Rom (Grabplatte mit Epitaph →Alkuins). Aus röm. Adel und seit Paul I. im städt. Klerus, brach H. nach einmütiger Wahl sogleich mit der langob.freundl. Politik →Stephans III., hob die Strafurteile von 771 auf und verweigerte die von Kg. →Desiderius geforderte Salbung der Söhne des verstorbenen frk. Kg.s →Karlmann. Stattdessen bahnte er durch seinen Hilferuf an →Karl d. Gr. 773 dessen Eingreifen in Italien an. Karl erschien Ostern 774 als erster frk. Kg. in Rom und wurde von H. als Patricius empfangen (feierl. Erneuerung der →Pippin. Schenkung). Tatsächl. gelang der Ausbau des →Kirchenstaates jedoch nur in weit geringerem Umfang, womit sich H. nach mehrfachen briefl. Beschwerden beim 2. Rombesuch Karls 781 endgültig abfinden mußte. Damals taufte er Karls Sohn Karlmann auf den Namen →Pippin und salbte ihn ebenso wie →Ludwig d. Frommen zum Kg. (etwa gleichzeitig Aufgabe der Urk.datierungen nach dem byz. Ks. und Münzprägung mit dem eigenen Bild). Dem engen Bündnis gemäß zog H. beim 3. Italienzug Karls (787) territorialen Gewinn aus dessen Vorstoß gegen Hzg. →Arichis II. v. Benevent, bot aber auch durch eine Banndrohung seine geistl. Autorität gegen Hzg. →Tassilo III. v. Bayern auf. Der kirchl. und geistigen Integration des wachsenden →Frankenreiches diente H. seit 774 durch Übermittlung von Musterexemplaren der Collectio →Dionysio-Hadriana und des Sacramentarium Hadrianum sowie weiteren röm. Büchern; sein prägender Einfluß regte später zu Fiktionen wie den →Capitula Angilramni oder dem ihm zugeschriebenen Investiturprivileg an. Im →Bilderstreit förderte er durch ein Schreiben von 785 und die Entsendung von Legaten die Abkehr vom Ikonoklasmus auf dem II. Konzil v. →Nikaia (787), jedoch stieß dies in der von ihm vermittelten (fehlerhaften) lat. Übers. an Karls Hof auf Ablehnung. Die Art, wie H. seit 792 sekundär in die Bekämpfung des span. →Adoptianismus durch Karls Theologen einbezogen wurde und 794 durch seine Legaten auf der Synode v. →Frankfurt die Verurteilung des Konzils v. Nikaia hinzunehmen hatte, zeigt deutl. die Grenzen seines Primats in der werdenden frk. Reichskirche. R. Schieffer

Q.: LP I, 486–523; III, 105–107 – Jaffé² I, 289–306; II, 701 – MGH Epp. V (Karol. III), 3–57 – P. Conte, Regesto delle lettere dei papi del secolo VIII, 1984, 231–245 – MGH PP I, 113f. [Grabplatte] – →Codex Carolinus – *Lit.*: DBI I, 312–323 – DHGE I, 614–619; XXII, 1484f. – Haller² I, 448–465; II, 1–16 – Seppelt II, 159–184 – TRE XIV, 306–308 – E. Caspar, Das Papsttum unter frk. Herrschaft, ZKG 54, 1935, 150–214 [Nachdr. 1956, 37–113] – A. Angenendt, Das geistl. Bündnis der Päpste mit den Karolingern, HJb 100, 1980, 1–94 – H. Fuhrmann, Das Papsttum und das kirchl. Leben im Frankenreich, Sett. cent. it. 27, 1981, 419–456 – J. T. Hallenbeck, Pavia and Rome ... (Transactions of the American Philosophical Soc. 72,4), 1982, 140ff. – Th. F. X. Noble, The Republic of St. Peter ..., 1984, 127ff. – P. Classen, Karl d. Gr., das Papsttum und Byzanz, hg. H. Fuhrmann – C. Märtl, 1985, 14ff.

2. H. II., *Papst* seit 14. Dez. 867, † Nov./Dez. 872; entstammte derselben röm. Adelsfamilie wie →Stephan IV. und →Sergius II., war verheiratet, unter Gregor IV. in den Klerus aufgenommen und bereits 855 und 858 als Papstkandidat gen. worden, wurde als 75jähriger gewählt und vor der Weihe von Ks. →Ludwig II. bestätigt. H., dessen Autorität in Rom gleich zu Beginn durch einen Überfall →Lamberts v. Spoleto und die Ermordung von Gattin und Tochter erschüttert wurde (→Arsenius), folgte der Linie →Nikolaus' I., jedoch mit geringerer Entschiedenheit. Im Ehestreit →Lothars II. gewährte er dem Kg. in zwei Begegnungen im Juli 869 nur die Aussicht auf eine neue Synodalentscheidung, die dann durch den Tod Lothars hinfällig wurde. Dessen Teilreich wollte H. Ludwig II. zukommen lassen, ohne sich indes gegen →Karl d. Kahlen und →Ludwig d. Dt. durchzusetzen (→Meersen, Vertrag v.). Nachdem 871 auch seine Proteste gegen die Behandlung des aufständ. Kg.ssohns →Karlmann und gegen die Absetzung des (im Sinne →Pseudo-Isidors) nach Rom appellierenden →Hinkmar v. Laon von Karl und Ebf. →Hinkmar v. Reims scharf zurückgewiesen worden waren, lenkte der Papst ein und bot dem westfrk. Kg. insgeheim die Ks.krone für die Zeit nach dem Tode Ludwigs II. an (872). Im Verhältnis zu Byzanz kam H. der dortige Umsturz von 867 zugute, da er der röm. Synode im Juni 869 die erneute Verurteilung des →Photios im Beisein einer ksl. Abordnung ermöglichte und bald danach auf dem IV. Konzil v. →Konstantinopel (869/870) zur Restitution des →Ignatios auch durch päpstl. Legaten führte. Die werdende Kirche →Bulgariens konnte nicht für die röm. Observanz gewonnen werden, doch empfing H. →Konstantin-Kyrill und →Method in Rom, billigte ihre slav. Liturgie und entsandte Method als Ebf. v. Sirmium nach Pannonien und Mähren.

R. Schieffer

Q.: LP II, 173–190; III, 125f. – Jaffé² I, 368–375; II, 703f., 745 – MGH Epp. VI (Karol. IV), 691–765 – *Lit.:* DBI I, 323–329 – DHGE I, 619–624; XXII, 1485 – Haller² II, 117–139 – Seppelt II, 289–305 – H. Grotz, Erbe wider Willen, 1970 – H. Fuhrmann, Einfluß und Verbreitung der pseudoisidor. Fälschungen 2 (MGH Schr. 24,2, 1973), 273ff.

3. H. III., *Papst* seit Mai 884, † Sept. 885 S. Cesario sul Panaro, ▭ Nonantola; Römer, suchte sich bei Dürre und Hungersnot durch strenge Strafen in den städt. Parteikämpfen zu behaupten. Er starb auf dem Wege zu Ks. →Karl III., der seine Unterstützung für eine Thronfolge des illegitimen →Bernhard (1.B.) erhoffte. An seinem Grab entwickelte sich ein lokaler Heiligenkult.

R. Schieffer

Q.: LP II, 225; III, 127 – BHL, Nr. 3738 – Jaffé² I, 426f.; II, 705 – *Lit.:* DBI I, 329f. – DHGE I, 624; XXII, 1486 – Haller² II, 179, 189 – Seppelt II, 332f.

4. H. IV. (Nikolaus Breakspear), *Papst* seit 4. Dez. 1154, * 1110/20 Abbot's Langley/England, † 1. Sept. 1159 in Anagni, ▭ St. Peter, Rom; Chorherr, Prior und Abt in St-Ruf. Papst →Eugen III. berief ihn zum Kard.-Bf. v. Ostia (1149). 1150/53 organisierte er die norw. Kirche (→Drontheim) und reformierte die schwedische. Als Papst suchte er den Vorrang und die Unabhängigkeit vom Ksm., wenn auch im Ausgleich mit ihm: Der →Konstanzer Vertrag (1153) wurde erneuert, →Arnold v. Brescia durch Friedrich I. gefangengenommen und durch den Stadtpräfekten in Rom hingerichtet, Friedrich selbst zum Ks. gekrönt. Nach dessen Abmarsch von den Normannen bedrängt, mußte H., beraten von den Kard.en →Boso und Roland (→Alexander III.), den Vertrag v. →Benevent (1156) mit Kg. →Wilhelm I. v. Sizilien schließen. Obgleich der Vertrag formal rechtens war, führte er zum Bruch mit Friedrich, der Bf. →Eskil v. Lund gefangennahm und der H. in →Besançon entgegentrat (1157). 1158 kam es erneut zu einem Konflikt, als Friedrich die vermeintl. Reichsrechte in Oberitalien (→Regalien) an sich zog. Im Frühjahr 1159 brach der offene Kampf aus. Friedrichs Erhebung der Kriegssteuer im Patrimonium und auch andere Mißhelligkeiten führten dazu, daß H. endlich einen Bund mit den oberit. Städten schloß. Er starb aber kurz vor der Bannung des Ks.s. Zweifelhaft ist, ob H. Kg. →Heinrich II. v. England zur Eroberung →Irlands aufgefordert hat.

F.-J. Schmale

Q. und Lit.: LP II, 388–397 – Haller² III, 120–144, 500–503 – Jaffé II, 102–145, 720f., 760f. – IP I, sqq. – E. M. Almedingen, The English Pope, 1925 – Ch. Bémont, Mél. offerts à F. Lot, 1925, 41–54 – A. O. Johnson, Stødier vedrerende Kard. N. Brekespears Legasjon til Norden, 1945 – W. Ullmann, The Pontificate of A. IV, CHJ 11, 1955, 233–252 – J. Boussard, Le gouvernement d'Henri II Plantagenet, 1957 – P. Rassow, Honor imperii, 1961² – J. Deér, Papsttum und Normannen, 1972 – O. Engels, Die Staufer, 1983³.

5. H. V. (Ottob[u]ono Fiesco/Octobonus de Flisco; →Fieschi), *Papst* seit 11. Juli 1276 (Wahl in Rom; blieb ohne Weihe und Krönung), † 18. Aug. 1276 in Viterbo, ▭ S. Francesco, ebd.; Genuese, Nepot Innozenz' IV., als Kard.-legat 1265–68 in England am Ausgleich zw. Kg. und Adel beteiligt. Unter dem Einfluß →Karls v. Anjou gewählt, hat H. als einzige Entscheidung von Gewicht das Konklavedekret des 2. →Lyoner Konzils, an dem er teilgenommen hatte, suspendiert; die geplante Änderung der Papstwahl unterblieb. Der Friedensschluß zw. Anjou und Ge-

nua (23. Juli) war nur Bestätigung einer Vereinbarung →Innozenz' V.

B. Roberg

Q. und Lit.: Haller² V, 42f., 328 – LThK² IV, 1308f. [Lit.] – Letters of Cardinal Ottoboni, EHR 15, 1900, 87–120 – N. Schöpp, Papst H. V., 1916 [Neudr. 1976].

6. H., Abt v. St. Peter und Paul in →Canterbury ca. 670–709/710, ▭ Canterbury; von gelehrter Bildung, stammte aus Nordafrika und stieg zum Abt eines bei Neapel gelegenen Kl. mit dem Namen Hiridanum/Niridanum auf. Von Papst Vitalian I. zum Ebf. v. Canterbury designiert, lehnte H. aus Demut ab, begleitete aber den von ihm empfohlenen →Theodorus v. Tarsus durch Gallien. Dort als vermeintl. byz. Spion vom Hausmeier →Ebroin festgehalten, erreichte H. Canterbury erst 670 und begründete hier die wegen ihrer exeget., metr., astronom. und komputist. Studien bald großen Ruhm erlangende Schule. →Glossen, Glossare, I, IV.

N. P. Brooks

Q. und Lit.: Beda, Hist. eccl., IV. 1; V. 20 – M. Lapidge, The School of Theodore and H., ASE 15, 1986, 45–72.

Hadriana, Collectio → Dionysio-Hadriana, Collectio

Hadwig. 1. H., Hzgn. v. Schwaben, * um 938/940, † 28. Aug. 994, Tochter →Heinrichs I. v. Bayern, des Bruders →Ottos I. (→Liudolfinger), und der →Judith. H., der urspgl. wohl eine byz. Eheverbindung zugedacht war, heiratete Hzg. →Burchard II., dessen Politik maßgebl. durch seine Verschwägerung mit den bayer. Liudolfingern bestimmt wurde (starker Einfluß →Heinrichs II. 'des Zänkers', des Bruders von H.). Die Hzgn., die aktiv am geistigen Leben teilnahm (→Ekkehard II.), gründete gemeinsam mit ihrem Mann in der Pfalz →Hohentwiel ein Kl. H.s tradiertes Bild einer selbstbewußten und gebildeten hocharistokrat. Frau der Ottonenzeit beruht im wesentl. auf der St. Galler Chronik →Ekkehards IV. und deren romanhafter Ausschmückung in J. V. v. Scheffels »Ekkehard« (1855).

Lit.: NDB VII, 419 [K. Schmid] – O. Feger, Hzgn. H. . . . in Dichtung und Wirklichkeit (Hohentwiel. . ., 1957²).

2. H., † nach 958, Tochter Kg. Heinrichs I.; ∞ 937 →Hugo d. Gr., Hzg. der Francia; ältester Sohn: →Hugo Capet. In seiner Auseinandersetzung mit dem westfrk. Kg. Ludwig IV. suchte Hugo d. Gr. die Unterstützung Ottos d. Gr. und vermählte sich mit dessen Schwester H. Nach dem Tode Hugos (956) verwaltete H. das robertin. Erbe. 957 half sie ihrem Bruder →Brun v. Köln im Kampf gegen Reginar III. v. Hennegau; 958 begab sie sich nach Burgund, wo es nach dem Hoftag v. Marzy (bei Nevers) zu Streitigkeiten zw. Hugo Capet und Kg. Lothar kam.

R. Große

Lit.: W. Kienast, Dtl. und Frankreich in der Ks.zeit (900–1270), I, 1974², 61, 77–79, 81, 85.

Haecceitas, dt. etwa »Dies-da-heit«, mlat. fachsprachl. Bildung. In der tradierten platon.-aristotel. Metaphysik sind Ideen und Formen allgemeine Prinzipien, für die Individualität des konkret Einzelseienden war seit Arist. (Met. XII, 1074 a) die Materie Grund. Bei zunehmender, letztl. durch die christl. Schöpfungs- und Erlösungstheologie geforderter Wertung des Vielheitlich-Individuellen mußte dieses seinsschwächste, lediglich aufnehmende Prinzip Materie als Individualitätsbegründung unbefriedigend erscheinen. Auf dieses Defizit reagieren →Johannes Duns Scotus († 1308) und die Skotisten: die H. (der Terminus bei Duns Scotus noch selten) ist jenes innere, nicht weiter zurückführbare positive Prinzip, das die allgemeine Washeit zum Einzelwesen individuiert. Diese beiden konstitutiven Elemente des Einzelnen sind real identisch, formal (= für das Denken) aber geschieden (Duns Scotus, ed.

WADDING: Qu. subt. s. Met. VII, q.13, n.9, n.26 – Op. Ox. II, d.3, q.6, n.15). Der metaphys. Aufwertung des Je-Einzelnen bei Duns Scotus entspricht seine Akzentuierung des (liebenden) Willens gegenüber rein abstraktivem Erkennen. →Individuation, →Singularitas, →Distinktion, →Formaldistinktion–Realdistinktion.

H. Meinhardt

Lit.: HWP III, 985f. – J. ASSEMACHER, Die Gesch. des Individuationsprinzips in der Scholastik, 1926 – É. GILSON, Johannes Duns Scotus, 1959.

Haematoskopie ('Blutschau'), neben →Harnschau und Pulsgreifen drittwichtigstes Verfahren ma. →Diagnostik.

Trotz Ansätzen zu einer makroskop. Hämatologie in spätantik-byz. Zeit scheint sich die H. erst im FrühMA aus den Anweisungen zur Bemessung des Aderlaß-Blutes herausgebildet zu haben. Beurteilt wurden bei fließendem Blut Temperatur, Farbe und Geruch, beim gerinnenden Blut Gerinnungszeit und Auseinandertreten der Bestandteile, beim Blutkuchen dazu noch Konsistenz und Verhältnis zum Serum-Anteil. Die diagnost.-prognost. Auswertung folgte den Regeln der Humoralpathologie (mit einer Farben-Humores-Verknüpfung und Anwendung der Harnregionenlehre). Sonderformen der H. entwickelten sich bei der →Pest- und Aussatzdiagnostik. Bes. verdient um die Ausformung der H. machten sich →Maurus sowie →Bernhard v. Gordon und →Heinrich v. Mondeville. Eine bedeutende Rolle spielt die H. in der med. Vademecum-Lit.

G. Keil

Lit.: Verf.-Lex.² III, 422–425 [F. LEHNHARDT] – DERS., Blutschau. Unters. z. Entwicklung der H. (Würzburger med.-hist. Forsch. 22), 1986 – DERS., Zur Ikonographie der Blutschau, Med. hist. J. 17, 1982, 63–77 – G. KEIL, Zur Wirkungsgesch. von Ortolfs Aderlaß-Kapitel ('Arzneibuch', 73) (Fschr. N. MANI, 1985), 99–114 – J. MAYER, Die Blutschau in der spätma. dt. Diagnostik, SudArch 72, 1988, 225–233 – s. a. Lit. →Diagnostik.

Hafen

A. Sprachgeschichtliche und allgemeine Voraussetzungen – B. Deutschland und Skandinavien – C. Südliche und nördliche Niederlande – D. Britische Inseln – E. Frankreich – F. Mittelmeerraum – G. Iberische Halbinsel

A. Sprachgeschichtliche und allgemeine Voraussetzungen

Unter H. versteht man zunächst nur einen sicheren Liege-oder Ankerplatz. Dies ist die Grundbedeutung des Wortes 'H.', das aus dem An. (*hǫfn*, mit Brechung aus germ. *hab[a]nō*) als Lehnwort ins Alt- und Mittelengl. (ae. *hæfene*, ältester Beleg: 1023; me. *havene*) und Mnd. (*haven*, ältester Beleg: 1259) eindrang, sich im Nhd. dagegen erst seit dem 17./18. Jh. allg. verbreitete. Der Begriff gelangte über norm. Vermittlung auch in roman. Sprachen (frz. *havre*, kast./ptg. *abra*), in denen sonst Ableitungen des lat. Wortes *portus* ('Einfahrt', 'Eingang', 'See-Einfahrt') vorherrschen. Andere Bezeichnungen sind u. a. engl. *harbour* (verwandt mit dt. 'Herberge'), *dock*; dt. *Lände*, *Anfurt*, nd. *Hude* usw.

Die Bezeichnungsvielfalt spiegelt unterschiedl. H.typen wider, aber auch den Unterschied zw. natürl. und künstl. Häfen. Natürl. H. sind z. B. Meeresbuchten und Flußmündungsbereiche, an Flüssen bes. die Mündungszonen kleinerer Nebenflüsse, deren Schuttkegel Landeplätze für Schiffe (durch Auflaufen) boten. Im Bereich der Nordsee-Wattenküste ließen sich die Schiffe bei Ebbe trockenfallen und konnten dann bequem entladen werden. Erst auf einer späteren Entwicklungsstufe des H.s kamen künstl. Bauten hinzu (strukturelle Verbesserungen, wie Steinschüttungen, Wellenbrecher u. a.; Anlage künstl. Becken). Nach der Lage unterscheidet man Seeh. und Flußh., nach der Funktion Handels-, Verkehrs- und

Militärh., nach dem Ausstrahlungsgebiet lokale, regionale und überregionale H. Zur Wechselwirkung »H.platz–Siedlung« s. →Hafenstadt.

U. Schnall

B. Deutschland und Skandinavien

I. Spätantike Voraussetzungen und Frühmittelalter – II. Hoch- und Spätmittelalter.

I. SPÄTANTIKE VORAUSSETZUNGEN UND FRÜHMITTELALTER: Die spätgriech. und röm. Schiffahrt verfügte über ein dichtes Netz guter See- und Flußh., das in den bis ca. 70 ha großen, künstl. angelegten See- und Binnenh. der röm. Ks.zeit seinen Höhepunkt fand. Diese H. sind im Mittelmeerraum nach dem Zerfall des Römerreiches z. T. weiterbenutzt, aber nur wenig unterhalten worden. An der Atlantik- und Nordseeküste sowie auf Binnenwasserstraßen wurden die meisten röm. H., trotz deren guter Infrastruktur, aufgegeben (z. B. Velsen/Niederlande und der röm. H. des späteren Brügge) und z. B. die künstl. H.bekken des röm. →Köln als Abfallgruben benutzt. Im provinzialröm. Bereich verschwand die entwickelte H.technik (Kaianlagen). Gründe für diese Veränderung waren u. a. die Auflösung großräumiger Handelsorganisationen, geringere Verkehrsspannungen und die Übernahme der regionalen und überregionalen Schiffahrt durch überwiegend einheim. Schiffer, die andere Schiffe und andere H.techniken hatten. Obwohl überregionaler Warenaustausch (in eingeschränktem Umfang) weiterbestand, dominierte doch der kleinräumige Eigenverkehr von Grundherrschaften, bes. Kl. (z. B. →St.-Germain des Prés) und Pfalzen. Dabei trugen Unfreie die Hauptlast des Zubringerverkehrs, die für ihre Schiffsdienste von Abgaben befreit wurden und direkt an den primitiven H. plätzen auf Ufergrundstücken wohnten (so z. B. in der zur Ks.pfalz →Ingelheim gehörenden Schiffersiedlung, die 3 km von der Pfalz entfernt lag, das heut. Freiweinheim). Die nicht allzu großen Schiffe landeten überwiegend durch einfaches Auflaufen auf geeignete flache Ufer, wo sie ggf. ganz auf den Strand gezogen werden konnten (entsprechende Darstellung z. B. auf dem Bildteppich v. →Bayeux). Zum Löschen größerer Gütermengen konnte man mit Gespannen ins flache Wasser ans Schiff heranfahren. Verschiedentl. sind, wenn der Untergrund die Belastungen durch Pferd und Wagen nicht trug, Steinschüttungen, Flechtmatten aus Reisig o. ä. zur Befestigung benutzt worden (z. B. in →Dorestad). Auch Wellenbrecher zum Schutz von Ufer und Schiffen wurden angelegt, z. B. als Palisadenwerk in →Haithabu.

Konstitutiv ist für das gesamte FrühMA der sog. Ufermarkt (zuerst erwähnt in einer Londoner Urk. v. 889), d. h. die Waren wurden dort, wo sie angelandet wurden, verkauft. Dabei konnte es sich um kurzzeitige Ufermärkte handeln oder um Orte, wo über einen längeren Zeitraum Schiffe anlegten. In christl. Zeit sind →Marktkreuz, Kirche und Fremdenfriedhof für einen solchen H. kennzeichnend (Bremerhaven-Lehe). Um 1200 haben Ufermärkte ausgedient (vgl. die Entwicklung in →Lübeck). Eine entscheidende Wende in der H.entwicklung trat im 10. Jh. ein. In N- und W-Europa begann man mit dem Bau von Kaianlagen bzw. hölzernen Anlegebrücken (936 Haithabu). Um 1250 hatten die meisten größeren H. eine neue techn. Infrastruktur, die auch wegen der nun einsetzenden Größensteigerung der Schiffe nötig wurde. Die oft unzureichenden Fahrwasserverhältnisse älterer Seehandelszentren führten zur Verlagerung von H.plätzen (z. B. Haithabu →Schleswig). Die Einfahrten dieser H. wurden durch Seezeichen markiert (eigtl. 'Hafenzeichen', vgl. an. *hafnarmerki, hafnarkross*).

U. Schnall

II. Hoch- und Spätmittelalter: [1] *Hafenplätze:* Einfache, nicht mit einer Stadt in Verbindung stehende Landeplätze für Schiffe fanden sich im Hoch- und SpätMA überwiegend in kaum besiedelten, wirtschaftl. wenig entwickelten Gebieten, so z. B. auf Island und um den Bottn. Meerbusen. Auf Island, wo ein traditioneller Schiffslandeplatz als H. galt, mußte der Schiffer dem Grundbesitzer des Platzes für die Aufbewahrung der Schiffsgeräte bis zur Einführung des norw. Rechts 1281 eine Abgabe entrichten. Auch in Gebieten mit einer vorwiegend von Bauern betriebenen Schiffahrt (z. B. →Gotland, südl. Dänemark) waren diese einfachen Landeplätze häufig, aber nicht ausschließlich vertreten. Im Bereich der Sägemühlen, die gegen Ende des MA an mehreren norw. Flußmündungen errichtet wurden, entstanden Ladeplätze (norw. *ladesteder*) für den Holzexport.

[2] *Vorhäfen:* Städte im Inland benutzten häufig Vorh. an Flußmündungen oder an der Küste, so z. B. Warnemünde bei →Rostock. Die Einw. des Gebietes um →Drontheim standen mit den H. an den Flußmündungen Hälsinglands an der schwed. Ostküste in Verbindung. Der H. der →Semgallen war an der Dünamündung (um 1220). Vorh. in der Nähe von Städten werden in den dän. Stadtprivilegien diesen rechtl. zugeordnet (Kolding 1452, Ribe 1455, vielleicht Varberg 1516).

[3] *See- und Flußhäfen:* Im Gegensatz zu Deutschland erscheinen Flußh. in Skandinavien selten. Ankerplätze außerhalb des eigtl. H.beckens gab es v. a. in den Seeh. (z. B. offene Reede von →Helsingør; Bergener Fjord, →Bergen). Bes. bei Flußh. waren wegen der unzureichenden Wasserführung der Flüsse häufig Wasserbaumaßnahmen notwendig. Um den Versandungsprozeß aufzuhalten, wurden u. a. Wassermühlen (→Mühle) mit künstl. angelegten Staubecken oberhalb der H. errichtet (z. B. in →Lüneburg, →Ribe). Wegen der Versandung wurde 1412 der Bau von Schiffen mit über 1,75 m Tiefgang im Hansebereich verboten. In vielen Städten durfte kein Unrat oder Ballast in den H. geworfen werden (→Hamburg, Mitte des 14. Jh., →Kopenhagen, 1443, →Lübeck, Anfang des 16. Jh.). In Hamburg und Lübeck sollten Uferbefestigungen und Aushebungen der Gewässer der Versandung entgegenwirken, ein Problem, das bis zum Ende des MA nicht gelöst werden konnte.

Die Naturh. verfügten über nur sehr einfache H.anlagen. In Bergen wurde ein Teil des Strandes mit kleineren Steinen rudimentär gepflastert. Es gab kurze Steinmolen (skand. *kås*), zw. denen die Schiffe festgemacht wurden. Anlegebrücken wurden häufig von der Küste ins Meer gebaut, oft von privaten Grundbesitzern. Bei allmähl. Strandverschiebung konnten die Brücken als Fundamente für einen der Strandlinie folgenden Kai dienen (z. B. Bergen, →Stralsund). In Flußh. befanden sich normalerweise Kaianlagen zw. der zum Ufer parallel verlaufenden Stadtmauer und dem Fluß (→Greifswald, →Groningen, →Kampen, →Köln, Lübeck, →Riga).

[4] *Hafeneinrichtungen:* Ladeplätze, Einrichtungen für Kielholung und Teerung der Schiffe sowie Werften befanden sich üblicherweise außerhalb des eigtl. H.gebietes, bei Flußh. häufig auf dem der Stadt gegenüberliegenden Ufer (→Elbing, Kampen, Lübeck, →Stettin). Als Speicher dienten oft Teile der Kaufmannswohnungen, in →Novgorod und →Visby den dt. Kaufleuten auch →Kaufmannskirchen. Außerdem gab es städt. Lagerhäuser (Kaufhäuser, so z. B. seit 1358 in Straßburg), wo Kaufleute ihre Waren lagern mußten (Schutz vor Diebstählen, z. T. auch fiskal. Gründe). Im H.bereich wurden städt. →Waagen aufgestellt. Hebewerke waren in Deutschland

und im hans. Bereich üblich, in den skand. H. sind sie nur für Bergen nachgewiesen. H.kräne (→Kran) gab es seit dem 13. Jh. in den Niederlanden und in N-Deutschland, seit dem 14. Jh. am Mittelrhein. Wichtige Dienstleistungsgewerbe im H.bereich waren die Kahner (die etwa im Hamburg des 15. Jh. eine wohlhabende Bruderschaft besaßen), die H.arbeiter und Träger, die häufig in Gilden zusammengeschlossen waren (Dänemark, z. B. →Flensburg: seit dem späten 14. Jh.; Schweden–Finnland: seit den 1470er Jahren). Die Gilde der Bergener Träger (*vinnumenn*) wurde 1293/94 – zugleich mit den Lotsen- und Dienstmägdegilden – verboten, 1302 die Zahl der Träger (auf 200 bzw. 240) beschränkt. Zölle und Abgaben im H.bereich (z. B. für die Benutzung von Waagen und Kränen) bildeten bedeutende Einnahmequellen für Rat und Stadtherrn, d. h. in den skand. Ländern in erster Linie für das Kgtm., das im SpätMA bestrebt war, den H.verkehr durch gezielte Handelsprivilegien und -beschränkungen zu lenken (Stapelrechte; Handelsverbote für ausländ. Kaufleute, z. B. in den H. nördl. von Bergen sowie im Bottn. Meerbusen).   Th. Riis

Lit.: zu [A; B.I]: Kl. Pauly II, 912–916 – G. Asaert, Westeuropeese scheepvaart in de middeleeuwen, 1974 – D. Ellmers, H.technik und ihre Bedeutung für die Siedlungsgenese, Ber. zur dt. LK 52, 1978, 177–202 – R. W. Unger, The Ship in the Medieval Economy 600–1600, 1980 – D. Ellmers, Ma. H.einrichtungen am Rhein, Beitr. zur Rheinkunde 33, 1981, 36–46 – Ders., Warenumschlag zw. Schiff und Wagen im Wasser, Dt. Schiffahrtsarchiv 6, 1983, 209–242 – Ders., Von der Schiffslände zum H.becken, Jb. der H.bautechn. Gesellschaft 40, 1983/84, 5–19 – Seehandelszentren des n. Europa (Lübecker Schr. zur Archäologie und Kulturgesch. 7, 1983) – D. Ellmers, Frühma. Handelsschiffahrt in Mittel- und Nordeuropa (Schr. des Dt. Schiffahrtsmus. 3, 1984²) – See-und Flußh. vom HochMA bis zur Industrialisierung, hg. H. Stoob (Städteforsch. A/24, 1986), 1–65, 89–127 – *zu [B.II]:* Kl II, 29f., 104–116, 242–258, 274–276; III, 262–265; VI, 83–95, 118f., 124f., 127–129, 133–146, 154–158, 177–190; XV, 342–348; XX, 277–280 – A. Zbierski, Port gdański na tle miesta w X–XIII wieku, Prace Komisji archeologicznej 5, 1964 – Urbaniseringsprosessen i Norden, hg. G. A. Bloom, I: Middelaldersteder, 1977 – A. E. Herteig, Conference on Waterfront Archaeology in North European Towns, nr. 2, 1983 – A. B. Fossen, Bergen havn gjennom 900 ar I: Frabatsto til storhavn 1070–1900, 1985 – W. Erdmann, Archäolog. Befunde zur Lübecker H.erweiterung unter Heinrich d. Löwen, Zs. des Vereins für Lübeck. Gesch. und Altertumskunde 65, 1985, 311–314.

C. Südliche und nördliche Niederlande

Dank ihrer langen, von den schiffbaren Deltas der großen Ströme (→Schelde, →Maas, →Rhein) unterbrochenen Küstenlinie bildeten die Niederlande stets ein überaus günstiges Gebiet für Navigation und H.verkehr und waren schon in der Römerzeit ein Schauplatz des internationalen Handels. Dieser erreichte im FrühMA seine erste Blüte, seit dem 7. Jh. zentriert auf das mittlere Maasgebiet (→Dinant, →Namur, →Huy, →Maastricht), seit dem 8. Jh. dann stärker auf das Rhein-, Maas- und Scheldedelta mit den Haupthäfen →Dorestad (archäol. erforscht), Witla und dem Emporium bei →Domburg (s. a. →Friesenhandel). Die Binnengewässer N-Hollands und Frieslands (Vecht, Almere, Vlie) wurden – bei größtmöglicher Vermeidung der Navigation im offenen Meer – für den Handel mit Sachsen und Skandinavien genutzt. Nachdem Dorestad, Witla und Domburg während der Normanneneinfälle in der 2. Hälfte des 9. Jh. aufgegeben worden waren, traten andere H. an ihre Stelle (im N: →Deventer, →Tiel, Medemblik, im S: →Brügge sowie die Scheldeh. →Antwerpen und →Gent). Durch Initiative der Grafengewalt wurden im 12. und 13. Jh. zahlreiche H. gegründet; in →Flandern betrieben die Gf.en →Dietrich und →Philipp v. Elsaß eine ausgeprägte H.gründungspolitik, die nicht nur die Zufahrt zu bestehenden H. und die Gewässerregulierung (→Deich- und Dammbau) verbesserte, sondern eine Reihe neuer H. städte entstehen ließ (Gravelines und →Nieuwpoort 1163, →Calais zw. 1163 und 1173, →Damme 1180, →Dünkirchen, Biervliet und Mardick zw. 1180 und 1183). In →Holland entwickelte sich u. a. →Dordrecht dank gfl. Unterstützung bereits seit dem späten 12. Jh. Auch die Entwicklung neuer Schiffstypen mit starkem Tiefgang, für den die älteren H. vielfach nicht genügten, trug zur Entwicklung neuer H. bei, die näher an der Meeresküste oder an tiefen Wasserläufen lagen. Zu nennen sind in Flandern die am →Zwin gelegenen Vorh. Brügges (u. a. →Damme und Lamminsvliet/ →Sluis, der letztere belegt seit 1190) sowie im N die am Ende des 12. Jh. bzw. in der 1. Hälfte des 13. Jh. auftretenden H. städte wie Elburg, →Haarlem, Harderwijk, →Kampen, →Zutphen und →Zwolle. Im SpätMA kamen in Seeland und Holland als weitere wichtige H. hinzu: Veere (im 14. Jh. Hauptsitz der burg. Admiralität), Brielle (Zentrum der Heringsfischerei; →Fischfang), Zierikzee, →Arnemuiden (gegr. 1462 als Vorhafen von →Middelburg), Delfshaven, Rotterdam, Hoorn und insbes. →Amsterdam, das sich im 15. Jh. zum großen Zentrum des Ostseehandels entwickelte. In den südl. Niederlanden begann im letzten Viertel des 15. Jh. das »Goldene Zeitalter« Antwerpens, dessen Aufstieg einen partiellen Rückgang Brügges und seiner Vorh. zur Folge hatte.　　　M. Ryckaert

Lit.: Maritieme Geschiedenis der Nederlanden, hg. G. ASAERT u. a., I, 1976 – Algemene Geschiedenis der Nederlanden I, 1981, 183–215; II, 1982, 148–186; IV, 1980, 87–111, 128–134 [Lit.] – M. RYCKAERT, La gestion des ports flamands au m-'â (I porti come impresa economica, XIX² Sett. Prato, 1987 [1988]).

D. Britische Inseln

In England entwickelten sich in ags. Zeit die H. von →Southampton, Sandwich, →London und →Ipswich, die während des gesamten MA florierten. Mit dem Aufschwung des engl. Außenhandels seit dem Ende des 11. Jh. entstand eine Reihe neuer Häfen. Wichtigster Faktor war das Aufblühen des Wollhandels (→Wolle) und seine fiskal. Verwertung, die zum Bau von Kais, Lagerhäusern usw. führten. Alle bedeutenden H. besaßen eine große →Waage, →Kräne konnten selten nachgewiesen werden. In London gab es Lagerhäuser aus Stein (12. Jh.) am s. Ufer der Themse. Der 1275 auf Wolle eingeführte kgl. Zoll war in 13 bestimmten H. (später geringfügig erweitert) zu entrichten. Die Ausfuhr der Wolle war seit 1294 auf diejenigen H. plätze beschränkt, an denen die Zollerhebung erfolgte (sog. customs ports, 'Zollh.'). Seit 1303 mußte auch für andere Aus- und Einfuhrgüter der kgl. Zoll in den Zollh. geleistet werden, was diesen eine bes. Bedeutung gegenüber den anderen engl. H. verlieh. Die kleineren H. (sog. outports oder creeks) in einem bestimmten Küstendistrikt wurden hinsichtl. der Fiskalabgaben einem Zollh. unterstellt; in den Hauptserien der allg. Zollregister (enrolled accounts) wird folgl. auch ihr Handel demjenigen ihres Zollh.s zugeschlagen, so daß es nicht möglich ist, anhand dieser allg. Register das Handelsaufkommen des jeweils einzelnen H.s festzustellen; die erhaltenen Hilfsregister (particular accounts) zeigen aber deutlich, wie gering das Volumen des Außenhandels in den kleineren H. geworden war, deren Hauptfunktion im →Fischfang sowie im regionalen Küstenhandel lag. Im frühen 14. Jh. bestanden n. der →Themse folgende Zollh.: Ipswich, Lynn (heute King's Lynn), →Boston, →Hull, →Newcastle und (ztw.) Hartlepool; sie unterhielten lebhafte Handelsbeziehungen mit Flandern/Niederlande, N-Deutschland und dem Ostseeraum (→Hanse), Norwegen und der →Gascogne. Die kleinen H. in diesem Gebiet hatten bereits ihren überregio-

nalen Handel weitgehend eingebüßt, und selbst →York war auf Handelsschiffe von maximal 30 t beschränkt. An der Südküste waren Southampton und Sandwich die wichtigsten H., mit Handelsverbindungen nach Italien, zur Iber. Halbinsel, in die Gascogne und in den fläm.-ndl. Raum. Sekundäre Bedeutung hatten →Exeter, Melcombe und →Chichester. An der Westküste war →Bristol als Handelsh. von Bedeutung, in NW-England →Chester. Aktivster H. im England des frühen 14. Jh., mit kontinuierl. steigender Bedeutung bis zum Ende des MA, war London. Demgegenüber wirkte sich auf die H. der Ostküste, namentl. Boston, der Verfall des engl. Wollexports aus. Sandwich litt unter zunehmender Versandung. Die wichtigsten walis. H. waren →Carmarthen und Milford im S, →Conwy im N, alle von nur geringem Handelsvolumen. Die größeren H. Irlands, Cork sowie →Waterford und →Dublin, handelten im SpätMA vorwiegend mit England. Die Haupth. Schottlands waren Leith, →Aberdeen, →Dundee und Perth; Berwick diente in Friedenszeiten beiden Ländern als Hafen. – →Cinque Ports; →Calais.
　　　　　　　　　　　　　　　　　　　　T. H. Lloyd

Lit.: N. S. B. GRAS, The Early English Customs System, 1926 – E. M. CARUS-WILSON, The Medieval Trade of the Ports of the Wash, MArch 6–7, 1962–63 – T. H. LLOYD, Alien Merchants in England in the High MA, 1982 – V. A. HARDING, The Port of London in the 14th Century [Ph. D. thesis, St. Andrews 1983] – The Scottish Medieval Town, hg. M. LYNCH, M. SPEARMAN, G. STELL, 1988.

E. Frankreich

Im SpätMA verfügte das Gebiet des heut. Frankreich über eine große Anzahl von H. Nach dem »Débat des Héraulx d'Armes de France et d'Angleterre« aus der Mitte des 15. Jh. (ed. L. PANNIER, 1877, 27) sollte ein guter H. abgeschlossen und tief sein, um den Schiffen sicheren Schutz zu bieten, außerdem einen Markt besitzen. Die Seehäfen, die vielfach über eine lange, oft antike Tradition verfügten (→Boulogne, →Narbonne, →Fréjus, →Antibes und →Nizza), lagen an Flußmündungen, entweder unmittelbar an der Meeresküste (→Calais, →Dieppe, →Honfleur, Granville, →St-Malo, Roscoff, Le Conquet, Le Croisic, Pornic, Les Sables d'Olonne, →La Rochelle, →Bayonne, Collioure, →Narbonne, →Marseille, Bonifacio) oder tiefer im Binnenland, an der Grenze des Tideeinflusses; an die hundert Häfen lagen in den charakterist. Felsenbuchten (ras) der Bretagne (z. B. Paimpol, Morlaix, Lannion, Brest, →Quimper, →Vannes), andere an den Unterläufen der großen Flüsse (z. B. →Rouen, →Nantes, →Bordeaux). Sie hatten hölzerne, über einem Unterbau von Steinen und Geröll errichtete Molen (z. B. in Dieppe, Honfleur, La Rochelle) und Leuchtfeuer, z. T. zurückgehend auf röm. (Boulogne, Tour d'Ordre) und karol. Zeit (Cordouan, Gironde), stark verbreitet seit dem 14. Jh. (Calais, Le Tréport, Dieppe, Fécamp, Seinemündung, Guérande, Oleron, La Rochelle, Marseille). Der vom Hzg. der Bretagne eingerichtete Geleitschutz (convoi de la mer) führte die Schiffe durch die gefährl. Klippen und Strömungen der bret. Küstengewässer. In den Flußmündungen unterstanden die Schiffe der Obhut von Lotsen (lamans); diese kannten die Betonnung, halfen Untiefen und Fischereizonen vermeiden und geleiteten in der Seinemündung die Fahrzeuge durch die gefährl. Strömungen (sog. mascaret), deren Auftreten zur Anlage von Vorhäfen (→Harfleur, seit 1517 Le Havre) mit beitrug. Die Hafenzufahrten waren oft flankiert von zwei mächtigen, mit Sperrketten bewehrten Türmen (z. B. Harfleur, Honfleur, La Rochelle, Collioure, →Aigues-Mortes, Marseille). Manchmal wurde der Wasserstand durch Schleusen reguliert (Dieppe, Honfleur).

Die abfallenden Uferböschungen wurden seit dem späten 15. Jh. durch steinerne Kais, die auf die Stadtmauern mündeten, ersetzt (z. B. Dieppe, Honfleur, Rouen, Morlaix, Quimper, Nantes, Bordeaux). Ihre Länge betrug in Bordeaux 2 km, in Rouen dagegen 500 m unterhalb (*quai des navires*) wie oberhalb (Flußhafen) der steinernen Seinebrücke. Die Kais waren oft nach den jeweils angelandeten Handelsgütern aufgefächert (Weizen, Wein, Salz, Fisch, Holz, Heu), verfügten, anders als im Nord- und Ostseeraum, aber nicht über →Kräne; die Löschung der Ladung erfolgte mit Hilfe von Ladebäumen und über die Kais gespannten Tauen; Karren transportierten die Waren durch die Stadttore ins Stadtinnere; bei starker Überlastung eines H.s erfolgte die Löschung auch im offenen Wasser durch Leichter. Die Be- und Entladung wurde von vereidigten Schauerleuten und Waagmeistern durchgeführt bzw. überwacht. Ein städt. Beamter kontrollierte den gesamten H.betrieb (z. B. der *Vicomte de l'Eau* in Rouen). Wie die Schiffe selbst waren auch die meisten H. nicht auf bestimmte Aktivitäten spezialisiert, mit Ausnahme bestimmter H. für Fischfang (z. B. Boulogne, Dieppe, →Fécamp, St-Malo sowie die kleinen Häfen in Cotentin, Bretagne, Poitou, Baskenland, Katalonien, Provence), Weinexport (La Rochelle, Bordeaux), Salzhandel (Le Croisic; »Baie de Bourgneuf«, →Baienfahrt; Nantes) und Schiffbau (→*Clos des Galées* zu Rouen). Jeder H. verfügte über eigene fiskal. »coutumes« und Handelsgerichtsbarkeit, die der kgl. →Amirauté unterstand.   M. Mollat

Lit.: M. MOLLAT, Le commerce maritime normand à la fin du MA, 1952 – J. BERNARD, Navires et gens de mer à Bordeaux , 3 Bde, 1968 – Coll. Pays de Villes de France (au nom des ports), hg. PH. WOLFF, 1973 ff. – A. LOTTIN, Hist. de Boulogne-sur-mer, 1983 – I porti come impresa economica (XIXᵃ Settimana Prato, 1987 [1988]).

F. Mittelmeerraum

Aufgrund der Portulanen des Pietro Vesconte entsteht der Anschein, daß die gesamten Mittelmeerküsten von einem dichten Netz von H. überzogen waren. Tatsächlich verfügte aber nur die N-Küste mit ihrer aktiven Schiffahrt über eine Vielzahl von H., begünstigt durch tiefe Gewässer, geschützte Buchten, Bewaldung (Schiffbauholz) und ein dichter besiedeltes Hinterland. An der S-Küste des Mittelmeeres erschwerten dagegen Untiefen, tiefliegende Küstenlinien, Sandbänke und Riffe vielfach die Schiffahrt, die auch durch die ungünstige W–O- (häufiger aber: NW–SO-) Richtung der →Winde während der Schiffahrtssaison behindert wurde. Begünstigt durch eine natürl. Schutzlage, entstanden H. dagegen an der Ostseite der größeren Mittelmeerinseln (→Balearen, →Korsika, →Sardinien, Ion. Inseln, →Chios, →Rhodos, →Zypern). Wichtige Voraussetzungen zur H.bildung war nach F. BRAUDEL die Lage des betreffenden Ortes zum europ. Kontinentalverkehr (Situation am Ausgangspunkt eines kontinentalen Landweges: Marseille/Rhônetal; an einem Einschnitt in einer Gebirgskette mit Zugang zum Hinterland: Genua; an einer Flußmündung: Thessalonike; an der Ausbuchtung einer Meerenge: Konstantinopel). Entscheidend war aber oft auch die Notwendigkeit des Exports von wirtschaftl. Produkten (z. B. Getreide aus Sizilien, Salz aus Dalmatien, Alaun aus Phokaia, Zucker aus Zypern).

Macht- und Herrschaftsverhältnisse hatten bei der Ausbildung von H. ebenfalls großes Gewicht. Die byz. Seeherrschaft gewährleistete bis ins 8. Jh. die Blüte der Balkanh. als wichtige Etappen der Seeverbindungen zw. der Hauptstadt und dem byz. beherrschten Italien. Die Einrichtung von Marinethemen (Samos, Ägäis; →Themen) band Menschen und Schiffe an die großen Arsenale des Ägäischen und Ion. Meeres. Die arab. Eroberung →Kretas (825), der Drehscheibe für den Verkehr mit N-Afrika, ließ im ö. Mittelmeerbecken sarazen. Vorherrschaft entstehen, während die byz. Seefahrtaktivitäten eine Beschränkung auf die Verbindungen zw. Konstantinopel und Italien (über →Patras, →Kephallenia, →Korfu, →Dyrrachion) erfuhren. Dyrrachion und Thessalonike profitierten vom Wiederaufleben der Via Egnatia, desgleichen die H. in Thrakien (→Gallipoli, Rodosto, Ainos) und im Schwarzmeerraum (→Mesembria, →Anchialos), die am Ausgang der Kontinentalroute in den mitteleurop. Raum lagen. Die byz. Rückeroberungen des 10. Jh. (Kreta, Kilikien, N-Syrien) führten zur Wiederbelebung der H. in der Ägäis, im späteren Kleinarmenien und im n. Kleinasien, dank der neuen Verbindungen zw. Mittelmeer und Schwarzem Meer. Das im Zentrum dieses internat. Schiffahrtsnetzes gelegene Konstantinopel war der wohl größte H. der ma. Welt.

Bedingt durch die Verdrängung der Sarazenen aus W-Europa, erlebten →Genua und →Pisa ihren Aufstieg, nachdem schon →Amalfi, →Venedig und →Bari von ihren Verbindungen mit Byzanz profitiert hatten. Unter den →Fāṭimiden wurde →Alexandria zum großen Knotenpunkt für den Orienthandel. Der Wiederaufstieg des Seehandels ließ im zweiten Zug →Marseille, →Montpellier und →Barcelona sowie weitere H. der Iber. Halbinsel aufblühen, oft dank it. Unternehmertums. Seit dem Ende des 11. Jh. stärkten die Kreuzzüge die Vorherrschaft der it. Seerepubliken. Ihr Netz von Kontoren überzog den ö. Mittelmeerraum (Koron, →Modon, Kandia, →Chios, →Rhodos, →Famagusta) und – mit der Erweiterung der it. Handelsaktivität zum Mittleren und Fernen O hin – auch den Schwarzmeerraum (→Caffa, →Tana, →Trapezunt, →Ayas). Nach 1350 verringerte sich infolge des osman. Vordringens der Verkehr der Ägäish.; ein Jahrhundert später war Konstantinopel durch die osman. Eroberung zum Haupth. eines dem europ. Handel weithin verschlossenen Reiches geworden.

Während des gesamten MA sind Aufstieg und Fall der H.aktivitäten im Mittelmeerraum abhängig von den Änderungen der Achse und des Netzes der Verkehrswege und den dahinterstehenden polit. Kräften. Eine Typologie der H. unterscheidet zw. Vorhäfen, Etappenhäfen, spezialisierten H. und großen Umschlagplätzen. H. mit aufwendigen techn. Anlagen waren rar; selbst die größten H. verfügten nur über einige Pontons, was Einsatz von Leichtern zum Löschen der Fracht notwendig machte. Vorhäfen (oft auf kleineren Inseln wie Lipari, Favignana, →Malta, →Tenedos) dienten u. a. zu Vorgesprächen, bevor sich ein Schiffsherr zum Einlaufen in den eigtl. H. entschloß. Die Etappenh. säumten die großen Seerouten. Oft eine Tagesreise voneinander entfernt, ermöglichten sie das Be- und Entladen, die Versorgung mit Trinkwasser und frischer Nahrung, die Reparatur von Schäden und die An- und Abmusterung von Seeleuten (z. B. →Mallorca als Hauptetappenort der genues. und venezian. Seewege des 14. und 15. Jh. nach →Gibraltar und England, Koron und Modon als »Augen der Serenissima«, Chios, Kandia und Famagusta auf den Routen in die 'Romania', nach Syrien und Ägypten).

Die spezialisierten H. dienten der Ausfuhr wichtiger Produkte; charakterist. Vertreter dieses Typs sind: die 'caricatoria frumenti' für das Schwarzmeergetreide (→Kilia, Lykostomo, Tana) und die offiziellen Getreideausfuhrh. Siziliens (Agrigent, Licata, →Catania, Termini); die Salzh. der Iber. Halbinsel (La Malta, Ibiza, Tortosa), S-Frankreichs (→Aigues-Mortes, Hyères) und der Adria-

küste (→Chioggia, Cervia; Piran, →Pula, Pag(o), → Zadar, →Kotor, →Alessio); die Wein- und Ölexporth. der
iber., apul., kalabres. und peloponnes. Küsten; die Koral-
lenh. (Tabarka) sowie die Alaun- und Mastixh. (Phokaia,
→Chios). Oft handelte es sich um bloße Strände ohne
größere H.anlagen, mit Leichterverkehr.

Von ihnen unterscheiden sich die großen H. durch ihre
entwickelte Infrastruktur und die Vielfalt ihres Seever-
kehrs. Oft in antiker Tradition stehend und im Laufe des
MA immer mehr ausgebaut, waren sie vor den offenen
Meer geschützt, z.B. durch Molen (Genua), Dämme
(Akkon), einen vorgelagerten Strandwall (Venedig) oder
eine Insel (Alexandria). Sperrketten sicherten sie vor Angreifern (Porto Pisano, Palermo, Akkon, Konstantinopel). Sie verfügten über hölzerne Landungsstege (scale)
oder Pontons. Ein →Leuchtturm (lanterna) nach dem
Vorbild des Pharos v. Alexandria markierte die H.ein-
fahrt. In H.nähe lagen Speicher und Kaufmannsviertel.
Eine eigene Organisation beaufsichtigte den H.verkehr,
der auch die kleineren Nachbarorte in maritime Lebensformen einband.

Im späteren MA bestimmten, bei komplexen wirtschaftl. Gegebenheiten, die Verbindungen mit dem Hinterland und der Handel mit lokalen Agrar- und Hand-
werkserzeugnissen in den kleineren H. in stärkerem Maße
den Verkehr; nur die großen Zentren (insbes. →Valencia,
Barcelona, Marseille, Genua, Pisa, Venedig, →Ragusa,
Alexandria, Akkon und→Beirut, Konstantinopel, →Tra-
pezunt und →Caffa) waren Träger des internat. Waren-
austauschs zw. dem Orient (Gewürze, Luxusgüter, Sklaven, Getreide u.a.), dem Gebiet südl. des Mittelmeeres
(Wolle, Leder, Gold u.a.) und dem westeurop. Bereich
(Tuche, Leinen, Metallwaren, Holz, Wein, Getreide
u.a.). Venedig war außerdem der große Pilgerhafen, während →Sklaven aus dem Schwarzmeerraum in allen bedeutenden H. Italiens und der Iber. Halbinsel gehandelt
wurden. Im Zeitraum zw. dem 12. und 15.Jh. hatte dieser
wirtschaftl. Austausch in großem Stil (sog. *économie des
échanges*) alle Mittelmeerküsten erfaßt.

Dieser Wandlungsprozeß hatte tiefgreifende rechtl.-
institutionelle und soziale Folgen: Die H. wurden zu
Zentren des→Zollwesens (u.a. Byzanz, Alexandria, Sizilien, Venedig, Genua), das den Aufschwung des H.ver-
kehrs ertragreich nutzte. Aus d. mediterranen Schiffahrtstraditionen erwuchs ein relativ einheitl. Seerecht (→Rhod.
Seerecht in Byzanz, Tabula de Amalpha in Amalfi, Gesetzbuch des Dogen Ranieri Zeno in Venedig, Liber Gaza-
riae in Genua). Der H. prägte darüber hinaus die städt.
Gesellschaft und war Brennpunkt des von den Reisenden
und Pilgern bewunderten pulsierenden Lebens der großen
mediterranen Städte. In Venedig wie Genua lagen Paläste
und Geschäftsbauten der städt. Führungsschicht in Ufer-
nähe (S. Marco/Canal grande bzw. Ripa maris), während
Seeleute, Handwerker und H.arbeiter im Umkreis des
→Arsenals (Venedig) oder im Molenviertel (Genua) lebten. Fremde Kaufleute hatten eigene Stadtviertel; in Venedig etwa Dalmatiner und Griechen, in Barcelona Aragonesen und Italiener, in Genua Orientalen sowie Leute aus
dem ligur. Bergland. Die großen Orienth. wie Akkon,
Konstantinopel, Famagusta, Alexandria beherbergten
Gemeinschaften ausländ. (v.a. it. und katal.) Kaufleute
(s.a. →Fondaco), die der Autorität eines→Bailo, →Pode-
stà oder→Konsul unterstanden.   M. Balard

Lit.: A. R. LEWIS, Naval Power and Trade in the Mediterranean AD
500–1100, 1951, hg. M. MOLLAT, Actes des colloques internationaux
d'hist. maritime, 1957–70 – J. HEERS, Gênes au XVᵉ s. Activité économique et problèmes sociaux, 1961 – H. AHRWEILER, Byzance et la mer,
1966 – F. BRAUDEL, La Méditerranée et le monde méditerranéen à
l'époque de Philippe II, 2 Bde, 1966² – F. C. LANE, Venice and Hist.,
1966 – E. EIKHOFF, Seekrieg und Seepolitik zw. Islam und Abendland:
das Mittelmeer unter byz. und arab. Hegemonie (650–1040), 1966 – C.
CARRÈRE, Barcelona, centre économique à l'époque des difficultés
1360–1462, 2 Bde, 1967 – M. LOMBARD, Espaces et réseaux du haut
MA, 1972 – Les grandes escales, t.I: Antiquité et MA (RecJean Bodin
32, 1974) – CH.-E. DUFOURCQ, La vie quotidienne dans les ports
méditerranéens au MA, 1975 – La navigazione mediterranea nell' alto
Medioevo, Sett. cent. it. 25, 1978 – M. BALARD, La Romanie génoise, 2
Bde, 1978 – J.-C. HOCQUET, Le sel et la fortune de Venise, 2 Bde, 1979 –
D. JACOBY, Crusader Acre in the XIII Century: Urban Layout and
Topography, StM 3ᵉ s., 20, 1979, 1–45 – Navigazioni mediterranee e
connessioni continentali, hg. R. RAGOSTA, 1982 – H. BRESC, Un monde
méditerranéen. Économie et société en Sicile 1300–1450, 2 Bde, 1986 –
E. CONCINA, Arsenali e città nell'Occidente europeo, 1987 – J. PRYOR,
Geography, Technology and War. Stud. in the Maritime Hist. of the
Mediterranean 649–1571, 1988 – G. DORIA–P. MASSA PIERGIOVANNI, Il
sistema portuale della Repubblica di Genova, 1988 – I porti come
impresa economica (XIXᵃ Sett. Prato, 1987 [1988]).

G. Iberische Halbinsel

Trotz der enormen Bedeutung von H. und Schiffahrt der
Iber. Halbinsel sind diese, abgesehen von Untersuchungen im Rahmen allg. Stadtgeschichten, erst wenig systemat. erforscht worden. Für den südl. Teil der Halbinsel
deuten neuere archäolog. Befunde auf Verlandung zahlreicher H. infolge von Erosion im Binnenland hin. Bedingt durch hist. und geogr. Verhältnisse, lassen sich drei
unterschiedl. Entwicklungsstränge beobachten: 1. Die
kast.-kantabr.-galic. Tradition: Das kantabr. Küstengebiet ist trotz weit in die Vorzeit zurückreichender Schiff-
fahrtstradition vergleichsweise wenig von antiker Kontinuität geprägt. Hier entstanden in der Anfangsphase der
→Reconquista unter Förderung von Kgtm. und Abteien
kleine H.städte, die stark auf Seetransport und Fischfang
spezialisiert waren, sich seit dem 13. Jh. in Städtebünden
mit spezif. maritimen Zielsetzungen organisierten und in
den Reconquistakriegen entscheidende Flottenunterstüt-
zung beisteuerten. Ohne zentrale Handelsbedeutung, trugen sie durch Entwicklung hochseetüchtiger Schiffstypen
zum Aufschwung der Atlantikschiffahrt bei. – 2. Die
Entwicklung im SW der Iber. Halbinsel: Seit dem 9. Jh.
begannen islam. Herrscher wie ᶜAbdarrāḥmān II. mit dem
planmäßigen Ausbau von H. (844 Bau von Schiffswerften
in →Sevilla) und Flotten. Die maur. Seekriegsführung
veranlaßte im 12. Jh. Bf. →Diego Gelmírez zur Entwicklung einer eigenen Flottenpolitik unter Rückgriff auf it.
Fachleute. Nach Vollendung der z. T. auch mit Seestreitkräften betriebenen Reconquista entstanden die großen,
an Flußmündungen gelegenen H.städte, die ihre auf die
H.funktion bezogene institutionelle Ausprägung aus einer Fusion arab. und christl. Institutionen entwickelten
(vgl. die entsprechenden arab. Lehnwörter). Anders als in
Kantabrien entstanden in Portugal und im südwestl. Spanien wichtige Handelsh. (Bedeutung der Route über→Gi-
braltar). – 3. Die Entwicklung in Katalonien und Valencia:
Die H.entwicklung erfolgte hier in weitgehender Parallelität zum übrigen Mittelmeerraum und unter starkem it.
Einfluß. Seit dem 12. Jh. wetteiferten Kgtm. und Städte
um den Ausbau von H. und Seehandel und deren Kontrolle (Einrichtung von Werften, Arsenalen, Handelskonsula-
ten; Abwicklung des Handels in den *loggias* bzw. *lonjas*,
bes. Kaufhausgebäuden).

Für die Entstehung des H.bereiches im eigtl. Sinne
wurde die von den Kg.en seit dem 13. Jh. begründete
Institution der Admiralität (*Almirantazgo*; →Admiratus)
bedeutend, die für viele Bereiche der H.infrastruktur zuständig war (Arsenale, militär. Sicherung, Organisation
des H.betriebes, Aspekte des Zollwesens etc.), ohne daß

bezügl. der Entwicklung der H.anlagen bisher das Zusammenwirken von Krone/Admiralität, Stadtverwaltung und Konsulaten, von Einzelfällen abgesehen, in allg. Form faßbar wäre. Trotz der zentralen Bedeutung der H. in Kantabrien und Galicien für die Abwicklung des →Wollhandels mit Flandern und England wird hier der Einfluß von Krone und Admiralität am wenigsten deutlich. →Flotte.　　　　　　　　　　　　　　H. Pietschmann

Lit.: J. Filgueira Valverde, Sobre la hist. maritima de Galicia, Boletin de la Real sociedad Geografica 80, 1944, 171–204 – H. da Gama Barros, Hist. da administraçaõ publica em Portugal nos s. XII a XV, 12 Bde, 1950² – A. Ballesteros, La marina cántabra y Juan de la Cosa, 1954 – L. G. de Valdeavellano, Curso de hist. de las instituciones españolas, 1970² – F. Pérez-Embid, Las escalas ibéricas del Mediterráneo al Mar del Norte (s. XIII–XVI), RecJean Bodin 32, 1971 – J. Martinez-Gijón, La Jurisdicción marítima en Castilla durante la Baja Edad Media, ebd. – Ch.-E. Dufourcq–J. G. Dalché, Hist. économique et sociale de l'Espagne chrétienne au MA, 1976 – F. Pérez-Embid, Estudios de Hist. Marítima, 1979 – J. Guiral-Hadziiossif, Valence port méditerranéen au XVᵉ s. (1410–1525), 1986.

Hafenstadt ist einerseits nach der hist. Städteforsch. als ma. »Stadt« durch unterschiedl. Faktoren (Recht, Verwaltung, Kirche, Markt etc.), andererseits durch Lagemerkmale an Wasserwegen (Zugang zur See, Flüsse, Kanäle), Hafenanlagen (Uferlände, Schiffsbrücke, Kai) und -betrieb (Kran, Werft, Lagerhaus) sowie den darauf bezogenen Sozialgruppen (Fischer, Fernkaufmann, Zulieferer etc.) zu definieren. Die Standortbedingungen (natürl. Lage, herrschaftl. oder gemeindl. Schutz, Verkehrsnetz etc.) führen zu Abgrenzungsschwierigkeiten im sozial-wirtschaftl. Bereich, wenn Mono- statt Polyfunktionalität vorherrscht oder frühgesch. Landungsplätze (ohne dauernde Besiedlung) bzw. die zahllosen spätma. Hafen- und Sielorte behandelt werden. An Steil- und Flachküsten behinderten die Gezeiten eine kontinuierl. Entwicklung, aber auch an der Ostsee sind die überregionalen H.e nicht unmittelbar an der See, sondern an Flüssen oder durch Inseln geschützt entstanden. Dort, wo vom 10. bis 13. Jh. Landgewinnungs- und -sicherungsmaßnahmen (→Deich- und Dammbau, Siele etc.) erfolgten, verlagerte sich der Schiffsverkehr von der binnenländ. zur Fahrt »unter« Land, schließlich zum Seeverkehr; mußte sich also auch die Hafenstruktur völlig verändern (Wurtenhäfen, Dammstädte), kam es z. T. zur topograph. Trennung von Stadt und Hafen (→Brügge, →Groningen, Athen). Für die mittelmeer. Häfen ist der territoriale Herrschaftsaufbau von See her (Normannen, Kreuzfahrer), auch →Venedigs und →Genuas Stützpunktsystem zu beachten. Eingrenzung des Strandrechts, Schutz gegen Seeraub und Sicherung der Zufahrtswege durch Seezeichen und Befestigungen (Neuwerk vor Cuxhaven) nahmen in interlokalen und regionalen →Einungen einen bes. Rang ein. Der Dualismus zw. städt. Freiheit und herrschaftl. Intensivierung führte zur Hafenkonkurrenz (Klipphäfen). Zu den Entwicklungsbedingungen von Flußhäfen gehören u. a. Furten, Fähren und Brücken, Mühlen, Absperrungen von Teilen des Flusses, allg. die Entwicklung in Schiffbau und Handel, die Aufsicht über den Hafen. Immer deutlicher wird, daß der an den Hafen gebundene Handel auch an der Wasserseite abgewickelt wurde (Speicher, Kontore).
　　　　　　　　　　　　　　　　　　　　　W. Ehbrecht

Lit.: Die Stadt am Fluß, hg. E. Maschke – J. Sydow (Stadt in der Gesch. 4, 1978) – See- und Flußhäfen vom HochMA bis zur Industrialisierung, hg. H. Stoob (Städteforsch. A 24, 1986).

Hafer → Getreide

Hafliðaskrá ('Rechtscod. des Hafliði'), Bezeichnung der ältesten schriftl. Aufzeichnung des weltl. isländ. Rechts,

die nach Ausweis der Íslendingabók des →Ari enn fróði (Kap. 10) im Winter 1117/18 von einer Kommission unter Vorsitz des Hafliði Mássom (vom Hof Breiðabólstadur) und des →Rechtssprechers Bergþórr Hrafnsson (1117–22; † 1130) aufgrund eines Beschlusses des →Allthings vorgenommen wurde. Dem Auftrag gemäß sollte das bislang mündl. tradierte Recht nicht nur eine schriftl. Form erhalten, sondern zugleich einer umfassenden Revision unterworfen werden; diese wurde nach der Íslendingabók Sommer 1118 vom Allthing sanktioniert. Der (nicht mehr zu rekonstruierende) Text der H. ist im überlieferten Bestand des isländ. Rechts, →Grágás, aufgegangen (vgl. dort Ia, 213).　　　　　　　　　　　　　　　　　　　H. Ehrhardt

Q.: The Book of the Icelanders, ed. H. Herrmannsson, Islandica 20, 1930 [Nachdr. 1979; mit engl. Übers.], 56, 70 – *Lit.:* J. Johannesson, Islands Hist., 1969, 72ff.

Hafner (auch *haffner, hefner,* lat. lutifigulus, lebefusor), in S-Deutschland und Österreich benutzter Ausdruck für →Töpfer. Im Vergleich zu anderen Handwerkszweigen setzt die Überlieferung recht spät ein (z. B. in Leipzig erst 1453). Waren zunächst die auf dem Lande tätigen H. begünstigt, so führte erst der erhöhte Bedarf in den Städten zur Koexistenz von Land- und Stadth.n. Zünfte wurden relativ spät gegr. (1350 Prebrunn, 1356 Forchheim, 1365 München etc.). Die daraus oft gefolgerte Geringschätzung der H. (infolge von Feuergefährlichkeit, schmutziger Arbeit, Konkurrenz durch die auf dem Lande tätigen H.) in Verbindung mit der Verlagerung der Ansiedlung der H. extra muros ist jedoch nicht unumstritten geblieben. Möglicherweise ließen sich die H. auch erst später in größerer Zahl in den Städten nieder; belegt ist die Auslagerung (Brügge, Magdeburg, Siegburg, Weimar, Würzburg). Die Zunftordnungen enthalten zunächst vielfach Erlasse zur Kontrolle der Produktqualität und zur Regelung des Verkaufs. Später zeigen sich deutliche Abgrenzungsversuche gegenüber den Landh.n (Verkaufsbeschränkungen für sie und ihre Zwischenhändler in den Städten) und auch innerhalb der Zunft (Aufnahmebeschränkungen in die Zunft für Lehrlinge und Meister).

Ein dichtes Netz von ländl. H.orten wurde für S-Deutschland nachgewiesen. Die lange zunftlosen Landh. produzierten billiger und waren daher eine große Konkurrenz für die städt. H. Die Einbindung in Zunftordnungen erfolgte erst später (früheste Ordnung 1428: Kröning). Die Bestimmungen ähneln denen der Stadth. Es finden sich Hinweise auf einen Zwischenhandel durch *karrner,* die das bei den H.n erhaltene Geschirr bis zu 100 km weit in die städt. Zentren transportierten und dort in Kommission verkauften. Von einem Verkauf der Produkte auf den nahen Märkten durch die Landh. selbst muß ausgegangen werden. →Keramik.　　　　　　　　　　　　D. Rödel

Q.: →Handwerker – *Lit.:* W. Schultheiss, Nürnbergs H.gewerbe in 650 Jahren, 1956 – H. Vocke, Gesch. der Handwerksberufe, 1960 – G. Spiess, H. und H.handwerk in SW-Dtl. (Volksleben 2, 1964) – P. Stieber, Die Kröninger H.ordnung v. 1428 (Schr. des Dt. H.archivs 8, 1972) – W. Janssen, Handwerksbetriebe und Werkstätten in der Stadt um 1200, ZAMA Beih. 13, 1986.

Ḥafṣiden *(Banū Ḥafṣ)*, große berber. Dynastie (→ Berber) des nö. Maghrib, deren Ahnherr Abū Ḥafṣ ʿUmar als Genosse des →Mahdī Ibn Tūmart (gest. 1130) einer der Baumeister des →Almohadenreiches war. Bei dessen Zerfall machte sich die Statthalterdynastie der Ḥ. mit dem Anspruch der Wahrung almohad. Traditionen selbständig und dehnte ihren Einfluß auf →Tlemsen und N-Marokko aus (Abū Zakariyyā' Yaḥyā, 1228–49). Herrschaftszentrum war Tunis mit Sekundogenituren in Biǧāya (Bougie) und Constantine. Von 1229 bis 1574 gestalteten die Ḥ., die seit 1270 meist den Titel von →Kalifen führten, die Geschicke N-Afrikas, häufig in Konkurrenz zu den →Marīniden und den →ʿAbdalwādiden. Neben ernsten Krisen (u. a. 1348–50 und 1352–58 durch Okkupationen der Marīniden) erlebte das H.-Reich Perioden hoher polit., wirtschaftl. und kultureller Blüte, zu der die engen Handelsbeziehungen mit Aragón, der Provence und Italien (→Afrika II, →Fondaco) und die Niederlassung bedeutender islam. Gelehrter aus →al-Andalus (wie →Ibn Ḥaldūn, Ibn Abbār u. a.) beitrugen.　　　　　　　　　H.-R. Singer

Lit.: R. BRUNSCHVIG, La Berbérie orientale sous les Ḥafṣides des origines à la fin du XVᵉ s., I–II, 1940, 1947 – G. MARÇAIS, La Berbérie musulmane et l'Orient en MA, 1946.

Hagano, Gf., Günstling →Karls III., wahrscheinl. lothr. Herkunft und vielleicht mit der Kgn. Frederun, der Gattin Karls 'des Einfältigen', verwandt, begegnet zum erstenmal 916 auf der Reichsversammlung v. Herstal. Seit 918 als Gf. bezeugt, wurde er zum wichtigsten Ratgeber des Kg.s. Die westfrk. Großen betrachteten ihn als Emporkömmling, forderten 920 auf einem Reichstag in Soissons vergeblich seine Entlassung und sagten sich vom Kg. los. Karl III. erlangte jedoch erneut Anerkennung und behielt H. in seiner Stellung. 921 war er beim Abschluß des →Bonner Vertrages zugegen. Als der Kg. 922 seiner Tante Rothild das karol. Hauskl. →Chelles entzog und es H. übertrug, kam es zum Aufruhr, der den Sturz Karls III. herbeiführte. H.s weiteres Schicksal liegt im dunkeln. Eine Identität mit dem namensgleichen Notar, der die letzten Urkk. des Kg.s unterfertigte, bleibt unklar.
　　　　　　　　　　　　　　　　　R. Große

Lit.: A. ECKEL, Charles le Simple, 1899 – R. PARISOT, Le royaume de Lorraine sous les Carolingiens, 1899 – E. HLAWITSCHKA, Die Anfänge des Hauses Habsburg-Lothringen, 1969, 69, 72, 75–77.

Hagelgeschoß, von der →Feldartillerie verwendete Geschoßart, bei der statt einer dem Kaliber des Geschützes entsprechenden Kugel viele kleine Bleikugeln, Steine, kleine Eisenstücke oder gehacktes Blei, entweder lose oder in Körbe gefüllt oder in getrocknetem Lehm eingebettet, in ein zumeist großkalibriges Geschütz (→Haubitze) geladen und gegen Truppen gefeuert wurden.
　　　　　　　　　　　　　　　　　E. Gabriel

Lit.: W. HASSENSTEIN, Das Feuerwerkbuch von 1420, 1941.

Hagelgeschütz, ein aus mehreren nebeneinander in einer Holzbettung gelagerten kleinkalibrigen →Bleibüchsen oder →Hakenbüchsen bestehendes →Geschütz in Räderlafette (→Lafette), aus dem gleichzeitig mehrere Kugeln abgefeuert werden konnten.　　　　　　　E. Gabriel

Lit.: Q. zur Gesch. der Feuerwaffen, hg. Germ. Museum, 1877.

Hagen (1. 'Wald', 'Gehölz', 'Hecke', 'Gebüsch'; 2. 'Einfriedung', 'bewachsener Grenzstreifen' u. ä.) bezeichnet eine Rodungssiedlung mit einer besseren, von den Altsiedlungen abgehobenen Rechtsstellung, dem Hägerrecht. Die einer jüngeren Ortsnamensschicht angehörenden Toponyme auf -hagen bzw. -hain sind häufig im Eichsfeld, in Hessen, Niedersachsen, Holstein und Westfalen vertreten, sie reichen im S bis zum Main, im O bis Hinterpommern (→Kolonisation und Landesausbau). Zeigt die H.siedlung in ihrer Frühphase noch selten spezif. Formen, so stellen die kurz nach 1200 entstehenden freien H.dörfer im Schaumburgischen einen neuen Typ dar. Bei den H.hufendörfern handelt es sich um langgezogene Straßendörfer, bei denen die H.hufen von jedem Hof aus in den Wald als lange schmale Streifen hineingerodet wurden. Datierte man die Entstehung des Hägerrechts in der bisherigen Forschung auf die Zeit seit 1100, so wird heute eine allmähl., kontinuierl. Entwicklung seit den

grundherrschaftl. Rodungen des 10. und 11. Jh. angenommen. Die ältesten H.siedlungen der Waldgebiete um Weser und Leine hatten in auffallender Parallele zu den frühma. →Villikationen einen Haupthof, auf dem im SpätMA und in der frühen NZ das »Hägergericht« zusammentrat. Häger, wie Hörige in den Q. als →Liten bezeichnet, mußten eine Sterbfallabgabe (Kör, →Kurmede) entrichten, und zwar als Ausdruck grundherrschaftl. Abhängigkeit, nicht einer Schutzgewalt (Munt) über Vollfreie. Außerdem mußten sie Dienste leisten, den relativ niedrigen Hägerzins sowie bei Besitzwechsel und Ansetzung bestimmte Abgaben entrichten (Umsaat und Manngeld). Die günstigere Rechtsstellung der Häger war Vorstufe der freieren Siedlungsrechte der deutschen Ostsiedlung.
　　　　　　　　　　　　　　　　　J. Asch

Lit.: HRG I, 1906–1909 – E. MOLITOR, Verbreitung und Bedeutung des Hägerrechts (Adel und Bauern im dt. Staat des MA, 1967²), 331–345 – G. ENGEL, Riegen und H. (70. Jahresber. des Hist. Vereins für die Gft. Ravensberg 1975/76), 65–107 – J. ASCH, Grundherrschaft und Freiheit, NdsJb 1978, 107–192.

Hagen → Nibelungen, -lied, -saga

Hagen, Johannes → Bursfelder Kongregation

Hagenau (frz. Haguenau), Stadt im Unterelsaß. Die Siedlung, die im 11. Jh. im sog. Hagenauer Forst um eine Burg Hugos IV. v. Ensisheim, Gf. en des Nordgau, entstand, erhielt unter Friedrich Barbarossa, der hier eine wichtige →Pfalz erbaute, eine Befestigung und 1164 umfassende Stadtrechte. 1209 und 1235 Tagungsort von Reichstagen, wurde H. 1260 vom dt. Kg. →Richard v. Cornwall zur Reichsstadt erhoben. Rudolf v. Habsburg schuf die Reichslandvogtei H. als Institution für die Verwaltung der Kg.sgüter im Umkreis von H. Im 14. Jh. war die Stadt Vorort der →Dekapolis. Seit 1164 ist ein Schultheiß bezeugt, seit dem 13. Jh. unterstand die städt. Verwaltung auch einem Ratskollegium, das Anfang des 14. Jh. unter Beteiligung der Handwerker zum Gr. Rat umgestaltet wurde. Die älteste Kirche St. Georg soll (1147?) von Konrad III. gegr. worden sein. Das außerhalb der Stadtmauer gelegene Spital St. Nikolaus (1164 gegr.) wurde 1189 von Friedrich I. den Prämonstratensern übergeben. Die seit 1213 ansässigen Franziskaner unterhielten ein im 14. Jh. bedeutendes Theologiestudium. Im SpätMA hatte H. ca. 3000 Einw.　　　　　　　P.-J. Schuler

Lit.: J. BECKER, Gesch. der Reichslandvogtei im Elsaß, 1905 – E. SCHRIEDER, Die Verfassungsgesch. von H. im MA, 1909 – A. M. BURG, H., 1950.

Hagenau, Niklaus v., Straßburger Bildhauer, → Niklaus v. Hagenau

Hagenbach, Peter v., burg. →Landvogt, *1423, enthauptet 9. Mai 1474 in Breisach; entstammte einem oberelsäss. Adelsgeschlecht (Eltern: Anton v. H. und Katharina, Witwe des Jean de Montjustin); ∞ 1443 Marguerite d'Accolans, Dame des Beveuges. Wohl frz. erzogen und seit 1453 am burg. Hof, wirkte H. u. a. als Erzieher der württ. Prinzen v. →Mömpelgard, doch wurden diese ihm 1462 wegen seines 'schlechten Charakters' entzogen. Die Aufdeckung eines Mordkomplotts gegen →Karl d. Kühnen (1461) brachte H. in ein unerschütterl. Vertrauensverhältnis zum künftigen Hzg. Als →Siegmund v. Tirol im Vertrag v. St-Omer 1469 die habsbg. Herrschaften und Rechte im →Breisgau, →Elsaß und →Sundgau an Burgund verpfändete, ernannte Karl der Kühne seinen außerordentl. Hofmeister H. zum Landvogt und Ratsvorsitzenden. H. versuchte mit Härte, das burg. Administrationssystem gegen die Freiheiten des Adels und der Städte durchzusetzen und so die habsburg. Oberrheinlande Burgund zu unterwerfen. Ein Aufstand der in der→Niederen Vereinigung formierten Gegenkräfte stürzte den Landvogt, der, am 11. April 1474 gefangengenommen, durch ein Sondergericht von Schöffen aus schweiz., elsäss. und habsbg. Städten als »tyrann und durächter« zum Tode verurteilt wurde. P.-J. Schuler

Lit.: H. HEIMPEL,, P. v. H. und die Herrschaft Burgunds am Oberrhein, Jb. der Stadt Freiburg 5, 1942, 139–154 – DERS., Das Verfahren gegen P. v. H. zu Breisach, ZGO NF 55, 1942, 331–357 – H. BRAUER-GRAMM, Der Landvogt P. v. H., 1957 – C. Pfettisheim, Gesch. P. s v. H. und der Burgunder-Kriege, hg. L. FISCHEL-R. MÜLLER, Faks. Ausg., 1966.

Haggada, eine Gattung der jüd. Lit., die die erzählenden Teile des bibl. Schrifttums ausschmückt und erweitert (z. B. die Abrahamsüberlieferung). Die haggad. Stoffe, deren Umfang immens ist, sind in der→Midraschliteratur (→Midrasch) tradiert. Obwohl viele Haggadot erst im MA kompiliert bzw. aufgezeichnet wurden, stammen die meisten aus der Spätantike. Eine ma. Genese mancher Einzelüberlieferung läßt sich vermuten, aber nicht sicher beweisen.

Haggad. Stoffe finden sich reichlich auch in ma. christl. Bibelkommentaren, v. a. bei frz. und engl. Exegeten des Hoch- und SpätMA, die mit jüd. Gelehrten Kontakt hatten. Im Judentum kam seit den Zeiten→Raschis und seiner Schule, aber auch unter dem Einfluß der oriental.-jüd. Bibelauslegung eine Tendenz zum Durchbruch, die die haggad. Schriftauslegung immer mehr einschränkte und nach dem strikten Wortsinn des Textes die Bibel zu exegesieren versuchte. H.-G. v. Mutius

Lit.: L. GINZBERG, The Legends of the Jews, 1909–38.

Ḥaǧǧī → Pilger, →Mekka

Ḥaǧǧī Bayrām Velī (ursprgl. Name: Nuʿmān), islam. Ordensgründer, geb. 1352 (?) oder 1339/40 in Solfasol bei Ankara, gest. 1429 in Ankara; lehrte nach einer Ausbildung zum orth. Rechtsgelehrten an der Qara Medrese in Ankara, schloß sich aber dann dem Mystiker Şeyḫ Ḥāmid ed-Dīn b. Mūsā an, dem er auch nach Mekka folgte. Nach dem Tod seines Meisters 1412 in Aksaray kehrte der eher sunnit. gesinnte H. nach Ankara zurück und gründete den →Orden der Bayrāmīye, der sich trotz ztw. Mißtrauens Murāds II. als von der→Naqšbendīye beeinflußter Zweig der →Ḥalvetīye schnell ausbreitete. Die 1425 gegr. Hacı Bayram-Moschee ist ein zentrales religiöses Bauwerk Ankaras. C. K. Neumann

Lit.: EI² IV, 43 – A. GÖLPINARLI, Melâmîlik ve Melâmîler, 1931 – F. BAYRAMOĞLU, H.B.V., 2 Bde, 1983.

Ḥaǧǧī Bektaš Velī → Bektašīye

Ḥaǧǧī Girāi, Gründer der Dynastie der tatar. Chane auf der →Krim, geb. (nach poln. Q.) bei Tracken (Troki/Litauen), gest. Ende Sommer 1466, entstammte einem edlen Geschlecht. Bei seiner Eroberung der Krim (seit 1445/46) fand er Unterstützung durch frisch eingewanderte tatar. Stämme (→Tataren) und durch den Gfs.en v. →Litauen, der sich Entlastung im Kampf gegen die→Goldene Horde versprach. Während H.G. die meisten Städte und Häfen der Krim erobern konnte, blieb →Caffa im Besitz Genuas. Erst 1454 konnte H.G. den Handelsplatz mit Unterstützung des →Osman. Reiches kurzfristig besetzen, wurde aber durch seinen Sohn Ḥaidar Girāi gestürzt und kam erst nach der Räumung Caffas wieder zur Macht. Seitdem blieb das Verhältnis zu Genua friedlich. Gegen den Chan der Goldenen Horde verband er sich mit Polen-Litauen und→Moskau. B. Spuler

Lit.: EI² III, 45–47; V, 137 – B. SPULER, Die Goldene Horde, 1965², 157–176.

Hagia Sophia, eine der beiden Hauptkirchen→Konstantinopels, 360 unter Konstantios geweiht; bald die wichtigste Kirche von Stadt und Reich. Brand 404, Neuweihe 415 (Reste einer monumentalen Vorhalle dieses, vermutl. ebenfalls basilikalen, Baus bei Grabungen entdeckt). Neue Zerstörung beim Nika-Aufstand 532. Unter Justinian wurde die Kirche bis 537 in ihrer heut. Gestalt durch die Architekten →Anthemios v. Tralleis und →Isidoros v. Milet neu erbaut (Restaurierungen nach Erdbebenschäden 552–563, 986–994 und 1346–1354). Sie ist die bedeutendste Schöpfung der byz. Architektur. Charakterist. ist ihre von 40 Fenstern durchbrochene Rippenkuppel (Durchmesser knapp 34 m, Scheitelhöhe 56,2 m) über dem mittleren Raumquadrat. Nach O und W zu schließen Halbkuppeln an die Tragebögen an. Im N und S öffnen sich Fenstergruppen in den Schildwänden bzw. Säulenarkaden zu den Emporen im Obergeschoß bzw. den Mantelräumen im Erdgeschoß. Raffinierte Beleuchtung durch indirektes Licht in den unteren und direktes nur in den oberen Teilen (Schildwände, Kuppel) sind ebenso wichtig für den Raum wie die kostbare Marmorinkrustation und der Glanz des (nach dem Bilderstreit teilweise figürl.) Goldmosaiks. Seit 1453 Moschee, ab 1934 Museum. M. Restle

Lit.: RByzK IV, s. v. Konstantinopel – H. JANTZEN, Die H.S. des Ks.s Justinian in Konstantinopel, 1967 – H. KÄHLER, Die H.S., 1967 – R. L. VAN NICE, St. Sophia in Istanbul …, 1967ff. [Pläne].

Hagiographie
A. Anfänge – B. Lateinische und volkssprachliche Hagiographie (Westen) und Handschriftenüberlieferung – C. Byzanz und slavischer Bereich

A. Anfänge
Die frühe christl. H. thematisiert Jesus, Maria, seine Mutter, und die ersten Jünger, v. a. die Apostel. Die Kirche hat dieses Schrifttum nur in den seltensten Fällen in den bibl. Kanon aufgenommen: Diese sog. →Apokryphen weisen als Schilderung exemplar. Lebens die Kriterien h. Lit. auf. Ihr zumeist griech. Urtext wurde bald in zahlreiche oriental. Sprachen, aber auch ins Lat. übersetzt und fand rasche Verbreitung. Bes. bedeutend sind die ntl. Apokryphen mit der Schilderung von Episoden aus dem Leben Jesu (v. a. Protevangelium Jacobi, Ps. Matthaeus-Evangelium, Thomasevangelium, →Nikodemusevangelium). Diese – 405 von Innozenz I. als unkanonisch verurteilten – Schriften fanden nicht zuletzt wegen ihrer starken Wirkung auf das religiöse Empfinden und der fesselnden lit. Darstellung eine zahlreiche Leserschaft. Zweifellos mehrten sie das Interesse für »den Menschen« Jesus und trugen somit zur Durchsetzung des Christentums bei.

Den ersten Kanon der christl. H. bildet jedoch das gleichzeitig entstandene Schrifttum über die →Märtyrer. Die teilweise (zumeist in bearbeiteter Form) erhaltenen Prozeßakten (Acta) stellen den ersten Schritt zu einer Legenden-Lit. (Passiones) dar, mit der die Christengemeinden ihrer hingerichteten Mitglieder gedachten. Dieses im 2.–4. Jh. entwickelte h. Schrifttum setzt sich auch nach dem Aufhören der Verfolgungen fort. V. a. in Italien, in erster Linie in Rom, wird die Märtyrerlit. vom 5. bis zum 9. Jh. gepflegt. Die Gestalt des Märtyrers wird zu einem unverzichtbaren Bestandteil der h. Tradition. Das Opfer des eigenen Lebens als Krönung der Liebe zu Christus in Erwiderung des Kreuzesopfers Christi erhebt die echten und fiktiven – Märtyrer zu Identifikationsfiguren. In den Märtyrerbiographien wird weniger Wert auf hist. Faktizität als auf die Verherrlichung des Opfers gelegt. Acta und Passiones sind Schilderungen der Verurteilung und des Todes des Märtyrers. Sein Leben ist nicht Gegenstand der Erzählung. Berühmte Beispiele sind die Berichte vom Tode des hl. Polykarp (2. Jh.) und der hll. Perpetua und Felicitas (Anfang 3. Jh.). Die soziale Stellung der Märtyrer begreift sowohl einfache Leute als auch hochgestellte Persönlichkeiten, Laien, Priester, Päpste.

In der 2. Hälfte des 3. Jh. zeigen sich Ansätze zu einem neuen h. Genus, das in der Folgezeit sehr beliebt wird. Die von Pontius verfaßte Vita des Cyprianus v. Karthago ist die erste Biographie eines Bf.s, in der sein Bf.samt neben seinem Märtyrertum eine zentrale Rolle spielt. Im 4. und 5. Jh. setzt sich in der h. Tradition jedoch nicht das bfl., sondern das monast. Modell durch, das auch die h. Bf.sviten beeinflußt. Das Streben nach Heiligkeit impliziert diesem Modell zufolge Verzicht auf Sexualität, Besitz und möglichst auch auf die Heimat durch Abkehr von der Welt und Leben in Abgeschiedenheit, einzeln (Eremitentum) oder in Gruppen (Cönobitentum), nach einer bes. Regel (die spirituelle, rechtlich-disziplinäre und Ernährungsvorschriften enthielt); dieser h. Typus thematisiert nicht mehr den Tod, sondern das Leben der dargestellten Persönlichkeit, unter dem Gesichtspunkt des Strebens nach christl. Vollkommenheit (Kampf gegen die Laster als Miles Christi, Perfektion in den Tugenden bis zur Kontemplation Gottes). Die berühmtesten Viten des 4. Jh. sind die Antoniusvita des →Athanasios v. Alexandria und die Martinsvita des →Sulpicius Severus. In der erstgen. Vita sind die gnost. und neuplaton. Elemente (Körperlichkeit und gesch. Realität als zu meidende Übel) abgeschwächt. Zwar ist das Mönchtum in seiner Abkehr von der Welt auch aus dem Gegensatz zur polit., nunmehr christl. Autorität erwachsen, bald sieht es jedoch die Notwendigkeit durch Gebet, Exorzismus, Heilungen Einfluß auf diese Welt zu nehmen. Noch deutlicher wird dies in der Martinsvita, dem großen Modell der abendländ. H.: Der Hl. ist ursprgl. Soldat, wird Mönch und akzeptiert schließl. – wenn auch ungern – das Bf.samt, bleibt aber in seinem Innern Mönch und zieht sich so oft wie möglich in die Abgeschiedenheit von Marmoutier zurück. Der Mönch Martin wird als neuer Märtyrer gedeutet, der sich selbst abtötet, um sich ganz Gott zu weihen. Diesem Schema folgt die H. des gesamten MA.   C. Leonardi

Lit.: A. Dufourcq, Ét. sur les Gesta martyrum romains, I–IV, 1900/10 – H. Günter, Die chr. Legende des Abendlandes, 1910 – H. Delehaye, Les passions des martyrs et le genres litt., 1921 – Ders., Les origins du culte des martyrs, 1930² – Ders., Ét. sur le légendier romain, 1936 – E. E. Malone, The Monk and the Martyr, 1950 – AA. VV., Théologie de la vie monastique, 1961 – N. Brox, Zeuge und Martyrer. Unters. zur frühchr. Zeugnis-Terminologie, 1961 – A.-J. Festugière, Les moines d'Orient, 1–4, 1961/65 – H. Grégoire u. a., Les persécutions dans l'Empire romain, 1964 – W. H. C. Frend, Martyrdom and Persecution in the Early Church, 1965 – H. Musurillo, The Acts of the Christian Martyrs, 1972 – C. Leonardi, I modelli dell'agiografia lat. dall' epoca antica al Medioevo (Atti dei Convegni Lincei 45, 1980), 435–476 – P. Brown, The Cult of Saints, its Rise and Function in Lat. Christianity, 1981 – L. Cracco Ruggini, Imperatori e uomini divini, I–IV (Governanti e intellettuali, popoli di Roma e popolo di Dio [I–IV sec.], 1982, 9–91) – F. Prinz, Frühes Mönchtum im Frankenreich, 1988².

B. Lateinische und volkssprachliche Hagiographie (Westen) und Handschriftenüberlieferung

I. Gallisch-Fränkisch-Germanischer Bereich – II. Altfranzösische und altprovenzalische Literatur – III. Deutsche Literatur – IV. Italien – V. Iberische Halbinsel – VI. Angelsächsischer Bereich – VII. Alt- und mittelenglische Literatur – VIII. Irland – IX. Island und Norwegen – X. Handschriftenüberlieferung.

I. Gallisch-Fränkisch-Germanischer Bereich: In der 1. Hälfte des 5. Jh. entstanden zwei bedeutende h. Werke: die auf Veranlassung Augustins um 420 in Nordafrika verfaßte Ambrosiusvita des Paulinus und die Augustinusvita des Possidius (nach 430, ebenfalls in Afrika). Entsprachen die wenige Jahrzehnte zuvor (zw. 376 und 391) von

→Hieronymus verfaßten Paulus-, Malchos- und Hilarionviten sowie das kurz danach entstandene »Epitaphium« der Paula dem monast. Typus, so sind die Schriften des Paulinus und Possidius große Biographien von Bf.en, die zur Bereicherung des h. Formenbestandes beigetragen haben. Zwar lebt →Ambrosius nach seiner Bf.swahl wie ein Mönch, →Augustinus macht nach seiner Bekehrung aus seinem Haus ein Kl., aber beide unterscheiden sich durch ihr aktives Eingreifen in das – politische – Geschehen von der im Orient typ. monast. Haltung. Die Kraft des Mönchs liegt im Beispiel, das er gibt, im Gebet und im Wunder, die Kraft des Bf.s liegt v. a. in seiner Wortgewalt. In Augustin verkörpert sich ein h. Modell, das die Bekehrung der Welt durch Wort und Predigt anstrebt; das im Abendland durch Johannes →Cassianus (»Collationes«) vertretene monast. h. Modell hingegen ist ihm diametral entgegengesetzt: Isolation wird als notwendig für die Erreichung der Heiligkeit angesehen, Verzicht auf jedes Kirchenamt als notwendig zur Erlangung der Vollkommenheit.

Eine ursprgl. dem monast. Modell verpflichtete Tradition bildet sich auf der Insel →Lérins (St. Honorat) bei Cannes, dem großen Zentrum prov. Mönchtums, aus dem auch zahlreiche Bf.e des Umlandes hervorgegangen sind. In der Vita des Gründers des Inselkl., →Honoratus, Bf. v. Arles, 430 von Hilarius, seinem Nachfolger auf dem Stuhl in Arles, verfaßt, hat die Gestalt des Bf. gewordenen Mönchs charismat. Charakter. Der Bf.serhebung des Honoratus geht seine Einsetzung durch Gott voraus.

Ende des 5. Jh. gewinnt dieser Typus der H. in der Germanusvita des →Constantius v. Lyon deutlichere Züge. Der Hl. ist ein Mönchsbf., der Weltabgeschiedenheit und Gottsuche mit Weltnähe zum Zwecke der Bekehrung verbindet. Ähnl. auch die Vita des Hilarius v. Arles oder die Vita des →Lupus, Bf. v. Troyes. Noch an der Wende vom 4. zum 5. Jh. hatte →Victricius v. Rouen in »De laude sanctorum« die theol. Bedeutung des Reliquienkults definiert, der darin seine eschatolog. Rechtfertigung erhielt, daß die Reliquien als Abbild des durch die Auferstehung Christi der Verklärung potentiell teilhaftigen Leibes verstanden wurden.

In der Zeit vom 6.–9. Jh. ist die H. ein sehr häufig gepflegtes und wichtiges lit. Genus. In Italien ist der Typus der Märtyrervita am stärksten verbreitet, im gall.-germ. Raum das Modell des Mönchs und Bf.s (Spanien nimmt infolge der arab. Eroberung eine andere Entwicklung). Der Märtyrerkult ließ früh Verzeichnisse von Hl.nnamen entstehen, bisweilen unter Anfügung biograph. Daten und häufig für den liturg. Gebrauch bestimmt. Das älteste derartige Verzeichnis wird nach dem hl. Hieronymus »Martyrologium Hieronymianum« genannt, ist jedoch in seiner ältesten vorliegenden Form zw. dem Beginn des 5. und dem Ende des 6. Jh. entstanden (→Martyrologien). Der Prozeß der Bildung von Legendaren (Slg.en v. Hl.nviten, die nach unterschiedl. Gesichtspunkten zusammengestellt sind) ging langsamer vor sich. Erst im 13. Jh. gibt es Legendare, die nur von einem Autor kompiliert sind, der gewöhnl. aus verschiedenen Quellen schöpft und kurze Hl.nbeschreibungen liefert. Eines der frühesten derartigen Legendare stammt von Bartholomaeus v. Trient und diente der berühmten →»Legenda aurea« des Jacobus de Voragine als Vorlage.

Bereits im 6. Jh. wächst das h. Schrifttum an, v. a. im gall. Raum. Auch die letzten Zeugnisse der afrikan. H. stammen aus dieser Zeit; sie sind geprägt von den Verfolgungen, denen die kath. roman. Bevölkerung durch die arian. Germanenvölker ausgesetzt war. Nach der »Passio septem martyrum« des Victor v. Vita verfaßte →Ferrandus um 530 das Leben des großen Mönch-Bf.s →Fulgentius v. Ruspe. Die Präsenz der Germanenvölker stellt in der afrikan. H. (wie in der des merow. und gall.-germ. Raumes östl. und westl. des Rheins) ein Novum dar; sie wurden zumeist als reichsfeindl., arian. Barbaren gesehen. Die H. ist so auch Reflex der polit. Situation der Zeit, des Abwehrkampfes gegen die Germanen und einer allg. Unsicherheit. In der Figur des Hl. verbinden sich zunehmend Askese und Kontemplation mit missionar. und polit. Aktivität – es bildet sich eine themat. »Mischform«, die seitdem für die H. des MA typisch ist.

Neben das Leitwort contemplatio tritt conversio und bisweilen auch prophetia. Der Hl. schaut in der Kontemplation die Geheimnisse Gottes und führt sein Leben nach Gottes Vorbild; aber er mischt sich auch unter das Volk, verkündet ihm das Evangelium und führt es wie ein Prophet durch die ird. Fährnisse.

Das h. Schrifttum des 6. Jh. und der folgenden Jahrhunderte stellt diese drei Elemente – Kontemplation, Bekehrung, Prophetie – in verschieden starker Ausprägung dar. Die theol. Festlegung dieses h. Typus erfolgte durch Gregor d. Gr., jedoch war er bereits früher voll ausgeprägt (vgl. →Eugippius, Vita Severini, Anfang des 6. Jh.). In den Biographien der →Juraväter (Vitae patrum Jurensium) überwiegt hingegen das monast. Modell myst. Ausprägung. – Zahlreich sind die Bf.sviten. Jede Stadt ist bestrebt, ein eigenes h. Corpus um die Figur des Bf.s zu bilden, in dem sie in polit. und religiösen Krisen eine Identifikationsfigur, einen Halt und Mittelpunkt findet (vgl. die »Vita Nicetii Lugdunensis episcopi« oder die Vita des Caesarius v. Arles und v. a.). In der ersten →Genovefa-Vita, einer der frühesten Viten einer weibl. Hl.n (nach HEINZELMANN/POULIN vom 6. Jh.), steht die prophet. Komponente im Vordergrund.

Gegen Ende des 6. Jh. verfaßten drei große Schriftsteller im Gebiet des heut. Italien und Frankreich H.n: Papst →Gregor I. d. Gr. (s. Abschnitt IV), →Gregor, Bf. v. Tours und →Venantius Fortunatus.

Gregors d. Gr. »Dialogi« enthalten die Viten it. Hl.r (Mönche und v. a. Bf.e), analog stellt Gregor v. Tours in »De gloria confessorum« und »De gloria martyrum« v. a. Biographien gallo-röm. und frk. Hl.r zusammen, gleiches tut Venantius Fortunatus, der jedoch nicht so klar ausgeprägte h. Modelle verwendet wie die oben gen. Autoren. Unter seinen zahlreichen Biographien sind bes. die des Bf.s Germanus v. Paris und der Kgn.witwe Radegunde hervorzuheben.

Das h. Schrifttum des Gregor v. Tours und des Venantius trugen durch Förderung der Verehrung »überregionaler« Hl.r (Martin, Radegunde) zweifellos zur Bildung eines Gemeinschaftsgefühls bei dem jungen frk. Volk bei. Im 7. und 8. Jh. blieb das Interesse für bestimmte h. Werke zumeist auf die jeweiligen Kl. und Diöz.en beschränkt, wenn auch die Kl. durch ein dichtes Netz von Beziehungen verbunden waren. Das von →Columban geprägte Mönchtum gab dem traditionellen Mönchtum neue dynam. Anstöße: die →peregrinatio und die direkte Konfrontierung mit den polit. Autoritäten wurden seit Columban geläufige Themen der H. (vgl. seine Vita, verfaßt von →Jonas v. Bobbio).

In ganz Europa entwickelte sich eine außerordentl. reiche h. Produktion, die zu einer bes. Situation der christl. Tradition führte (G. VINAY): Die Bibel hatte bei der Formung des christl. Weltbilds geringeres Gewicht als die Hl.nverehrung, die durch die H. beständige Nahrung erhielt. Die Hl.nverehrung trat nicht nur an die Stelle des

Kults der heidn. Götter, sondern bewirkte auch eine neue Konzeption des Göttlichen: die antiken Götter waren anthropomorph, die Hl.n sind Menschen, die in ihrer Vollkommenheit als »Gottmenschen« gedacht werden und somit eine Zwischenstellung zw. dem allmächtigen christl. Gott und der Menschheit einnehmen. Die großen theol. Auseinandersetzungen v. a. im Osten, aber auch im Abendland über die Verehrung der Hl.nbilder (→Bilderstreit), die Kämpfe zw. Ikonodulen und Ikonoklasten, sind für die zentrale Rolle der Hl.n und der H. im FrühMA bezeichnend. Nicht zuletzt aus diesem Grund gewinnt das »Leben Jesu« im Okzident erst allmähl. zentrale Bedeutung.

In der Merowingerzeit wächst das h. Schrifttum stark an (vgl. E. DECKERS, CPL nr. 2076–2146, 2156–2247), die Protagonisten sind Märtyrer, Eremiten, Mönche, Missionare und Bf.e.

Ein neuer Typus des Martyriums bildet sich im 8./9. Jh. durch die Missionierung der Gebiete an der östl. Peripherie des Frankenreichs. Wichtigstes Beispiel ist →Bonifatius, dessen Vita von seinem Landsmann →Willibald verfaßt wurde. Von der Nonne →Hugeburc v. Heidenheim stammen die kurz danach entstandenen Viten Willibalds und seines Bruders Wunebald. In der Forschung wurde hervorgehoben (F. GRAUS, F. PRINZ u. a.), daß das frühma. h. Schrifttum Ausdruck einer – polit. und relig. – Autorität, des →Adelsheiligen, sei. Der Hl., als mächtiger Herr beschrieben, beherrscht durch seine Wunder die Natur und die gesch. Realität. Gewiß trifft dies zu, die h. Texte sind jedoch auch Projektionen eines Gottesbildes und eines Strebens nach Vollkommenheit, das dem Menschen innewohnt und das nicht unmittelbar an Macht und Autorität gebunden ist (W. v. DEN STEINEN, C. LEONARDI).

In karol. Zeit verfaßte →Paulus Diaconus eine Biographie Gregors d. Gr., der ein ungeheurer Erfolg beschieden war (sowohl in der ursprgl., als auch in der mit Legenden interpolierten Fassung). Die Figur Gregors, die zentrale Bedeutung Roms, die in karol. Zeit wieder neuen Sinn gewinnt, die Kontakte und Beziehungen des Papstes mit dem Osten, den Völkern Italiens und anderer Länder verleihen dieser Biographie überragende Bedeutung. Sie ist der Vorläufer eines der wichtigsten h. Texte des 9. Jh., der Vita Gregors d. Gr. von Johannes Immonides (2. Hälfte 9. Jh.). Ein weiteres bedeutendes Moment in der späten Karolingerzeit ist das Auftreten von Laien (Biographie des Geraldus v. Aurillac, †909, verfaßt von →Odo v. Cluny). Das allgemeine Bild der h. Tradition erfährt jedoch keine tiefgreifenden Veränderungen. (Für Aquitanien etwa hat J.-C. POULIN gezeigt, daß die Kanonisierung durch die H. nur für Mönche und Kleriker [Bf.e], bei Laien nur für Kg.e und Märtyrer eingesetzt wurde; diese Tradition wurde zu Beginn des 10. Jh. nur ausnahmsweise unterbrochen.)

Die →Gregorian. Reform des 11. Jh. und der Kampf zw. Papsttum und Imperium führten zur Akzentuierung einiger Elemente der h. Tradition, z. B. des Eremitentums (Romualdvita von →Petrus Damiani) oder des prophet. Aspekts beim Kampf gegen die korrupte weltl. und geistl. Macht (z. B. Vita des →Johannes Gualbertus von Andrea v. Strumi und Atto v. Pistoia). Ihren Höhepunkt findet diese Komponente im h. Schrifttum über →Bernhard v. Clairvaux (z. Großteil v. Wilhelm v. St-Thierry verfaßt, Mitte des 12. Jh.) und in den zahlreichen Werken über das Martyrium des Ebf.s v. Canterbury, →Thomas Becket.

Damit ist ein Wendepunkt eingetreten, handelt es sich hierbei doch um ein im Namen der Kirchenreform von Christen verursachtes Martyrium. Die H. beginnt sich zu verändern, da im Weltbild des ma. Menschen Veränderungen auftreten. Das monast. Schema, d. h. Abkehr von der Welt zur Erlangung der Heiligkeit, bleibt weiterhin lebenskräftig, genauso stark ist innerhalb dieses Schemas die Typologie des notwendigen Eingreifens in die Geschehnisse der Welt, jedoch nicht nur als Ausdruck der Identifikation mit der Stadt und den städt. Gewalten, sondern vielmehr als Hilfe für die Armen und Schutz vor korrupten Machthabern. Im 13. Jh. entsteht als neue Form die H. der →Bettelorden, in der die Armut ein eschatolog. Potential erhält und das Laientum – wenigstens zu Anfang – ein geradezu unabdingbares Erfordernis darstellt. In diesem neuen Rahmen erhält auch die H. über und von Frauen größeren Raum (s. Abschnitte II, V). Weitere neue Formen der H. sind die Akten der Kanonisationsprozesse, die in der röm. Kirche seit Ende des 12. Jh. üblich werden.

C. Leonardi

Lit.: Hist. des saints et de la sainteté chrét., I–XI, 1986/88 – Medioevo lat., 1980ff. – Les saints nos frères, I–IV, 1971 – Bibl. SS, I–XIII – AnalBoll – F. LANZONI, Le diocesi d'Italia dalle origini al principio del sec. VII, 1927 – G. VINAY (La Bibbia nell'Alto Medioevo, Sett. cent. it. 10, 1963) – F. GRAUS, Volk, Herrscher und H. im Reich der Merovinger, 1965 – W. VON DEN STEINEN, Hll. als Hagiographen (Menschen im MA, 1967) – J.-C. POULIN, L'idéal de sainteté dans l'Aquitaine caroling. d'après les sources hagiograph. (750–950), 1975 – G. PHILIPPART, Les légendaires lat. et autres mss. hagiograph., 1977 – J. DUBOIS, Les martyrologes du MA lat., 1978 – S. PRICOCO, L'isola dei santi. Il cenobio di Lerino e le origini del monachesimo gallico, 1978 – M. HEINZELMANN, Translationsberichte und andere Q. des Reliquienkultes, 1979 – H. cultures et sociétés. IVe–XIIe s., Act.Coll. Nanterre-Paris 2–5 mai 1979, 1981 – A. VAUCHEZ, La sainteté en Occident aux derniers s. du MA d'après le procès de canonisation et les documents hagiograph., 1981 – B. WARD, Miracles and the Medieval Mind, Theory, Record and Event 1000–1215, 1982 – I DEUG-SU, L'opera agiografica di Alcuino, 1984 – P. A. SIGAL, L'homme et le miracle dans la France ma. (XIe–XIIe s.), 1985 – F. DOLBEAU, M. HEINZELMANN, J.-C. POULIN, Les sources hagiograph. narratives composées en Gaule avant l'an mil (SHG). Inventaire, examen critique, datation, Francia 15, 1987, 701–731 – R. GRÉGOIRE, Manuale di agiologia, 1987 – M. VAN UYTFANGHE, Stylisation biblique et condition humaine dans l'historiographie méroving. (600–750), 1987 – O. LIMONE, La »Vita Gregorii papae« di Paolo Diacono. Censimento dei mss., StM 29, 1988 – s. a. →Adelsheiliger, →Genovefa.

II. ALTFRANZÖSISCHE UND ALTPROVENZALISCHE LITERATUR: Volkssprachl. h. Texte sind in ihrer Entstehungs- und Überlieferungsgesch. wie in ihrer lit. Form äußerst komplex. Von ihrem Inhalt und ihrer Bestimmung her gehören sie zur relig. Gebrauchslit.: sie dienten v. a. dem in Lat. nicht gebildeten Laienpublikum in oder außerhalb der Kirche zur Erbauung, Ermahnung, Belehrung (durch Beispiel und didakt. Einschübe), nicht zuletzt zur Unterhaltung. Als stoffl. Vorlagen konnten griech., häufiger lat. Heiligenleben übersetzt, bearbeitet oder ganz neugestaltet bzw. erfunden werden. Zumeist gab ein bestimmter realhist. Anlaß – Reliquienbesitz, Kirchen- oder Altarweihe, Bekanntmachung eines Wallfahrtszieles oder eines Kultes u. ä. – den Anstoß zu dem häufig propagandist. Dichtwerk. Oft fanden mündl. überlieferte Elemente der volkstüml. Hl.nverehrung Eingang in die H.

Formal erscheint die afrz., aprov. und anglonorm. h. Lit. als Lied (Sequenz oder singend rezitierte Laissen), als Kurzerzählung (Mirakelgesch., Passions- oder Translationsbericht), als Bekehrungsgesch. (Barlaam und Josaphat, Theophilus), als dialogisierender Dramentext par personnages (»Mystère«), als stilisierte Lebensgesch. des Hl.n von der Geburt bzw. der Empfängnis bis zum Tod oder, in seltenen Fällen, als Reisebericht (St. Brendan). Die ma. Legendenvita, die h. Lit.gattung par excellence, liefert volkssprachl. Muster der Lebensbeschreibung:

vorbildl. Jugend (wenn nicht: Bekehrung), vorbildl. Leben als Erwachsener, gleich welchen Standes, exemplar. Tod, Wunder und Gebetserhörungen nach dem Tod, wobei meist schon zu Lebzeiten thaumaturg. Kräfte wirksam geworden waren. Stilist. bleibt das Schema bes. ab dem 12. Jh. gerne für romanhafte Einflüsse offen. Spätere Sammlungen von versch. Hl.nleben folgen meist der →Legenda aurea, so z. B. die 11 anglonorm. Hl.nleben des →Nicole Bozon. Die Protagonisten h. Texte können bibl. Gestalten wie Jesus Christus, Maria, Johannes d. T., die Apostel, Maria Magdalena und Martha sein. Einen in die Frühzeit des Christentums verweisenden h. Komplex bilden die den Einsiedler- bzw. Wüstenväterleben entnommenen Beispielerzählungen, so die Altväterleben (→Henri d'Arci und Wauchier de Denain), die Lebensbeschreibungen der hll. Euphrosyne, Thaïs und Maria Aegyptiaca, aber auch die novellenartigen Verserzählungen »De l'Hermite et del Jougleor« und »Del Toumbeor Nostre Dame«. Chronolog. an erster Stelle stehen (bis zum 11. Jh.) – als volkssprachl. Dichtungen noch vereinzelt – die Passionen »Chanson de sainte →Eulalie«, »Sant Lethgier« und die »Chanson de sainte Foy« (→Fides). Im 12. und 13. Jh. nimmt die Anzahl der Hl.nleben mit der Intensivierung der Hl.nverehrung ins Unübersehbare zu. Neben vielen anonymen Viten sind zahlreiche Hl.nleben bekannter Autoren überliefert. Unter frömmigkeitsgesch. Aspekt sind die Viten der damals zeitgenöss. Hl.n Thomas Becket, Franziskus v. Assisi, Dominikus und Elisabeth v. Ungarn interessant. Bei den beiden von Frauen – aus Bildungsgründen volkssprachl. – verfaßten Prosa-Hl.nleben mußte nicht auf Q. zurückgegriffen werden, da die Biographin die Hl. selbst kannte: Philippine de Porcellet verfaßte die aprov. Vida de la benaurada sancta Douceline († 1274) kurz nach deren Tod, Marguerite d'Oyngt († 1310), Priorin des Kl. OCart von Poletein (Ain) die francoprov. Vie de Ste-Béatrice d'Ornacieu (Rhône, † 1305/1309).

L. Gnädinger

Lit.: DLFMA 667–677, 741f. – C. BRUNEL, Bibliogr. des mss. litt. en ancien provençal, 1935 [Nachdr. 1973] – P. MEYER, Légendes h. en français, HLF 33, 1906, 328–375 – H. HATZFELD, Einige Stilwesenszüge der afrz. relig. Reimdichtung, ZRPh 52, 1932 – J. W. ZAAL, A lei francesca (Sainte Foy, v.20): Étude sur les chansons de saints gallo-romans du XIe s., 1962 – M. D. LEGGE, Anglo-Norman Lit. and its Background, 1963 – S. CLASEN, Die H. als lit. Art, WuW 31, 1968, 81–99 – CH. CAMPROUX, Hist. de la litt. occitane, 1971^2 – L. GNÄDINGER, Eremitica. Stud. zur afrz. Hl.nvita des 12. und 13. Jh., 1972 – A. GIER, Der Sünder als Beispiel. Zu Gestalt und Funktion h. Gebrauchstexte anhand der Theophiluslegende, 1977 – K. V. SINCLAIR, French Devotional Texts of the MA. A Bibliogr. Mss. Guide, 2 Bde, 1979, 1982 – B. CAZELLES, Le corps de sainteté d'après Jehan Bouche d'Or, Jehan Paulus et quelques vies des XIIe et XIIIe s., 1982 – R. BOSSUAT, Manuel bibliogr. de la litt. fr. du m.â., 1951, Suppl. 1955, 1961, 1989.

III. DEUTSCHE LITERATUR: Die ahd. Lit. bietet nur drei aus Bedürfnis nach Gemeinschaftsgesang entstandene Hl.-Hymnen aus der 2. Hälfte des 9. Jh.: »Petruslied« (Freising?), →»Georgslied« (Reichenau?) und das nur in lat. Übers. erhaltene »Galluslied« (→Ratperts). – In der frühmhd. Zeit integriert eine erste Gruppe von Texten Erzählungen von Hl.n ganz in universelle heilsgesch. Rahmen: so als erstes Werk dt. H. um 1080 das →»Annolied«; die erste bekannte dt. Dichterin, →Ava, leitet ihren Werkzyklus mit einem Leben Johannes des Täufers ein, das wenig später auch im »Baumgartenberger Johannes« und von Priester Adelbrecht behandelt wird. Vgl. die Legendeneinschübe in der →»Kaiserchronik«; →»Rolandslied«. Eine zweite Gruppe bilden seit Mitte 12. Jh. für sich stehende Hl.-Leben, die Exempel der Blutzeugenschaft (»Andreas«; »Margareten Marter«; »St. Veit«), der

conversio (»Rheinauer Paulus«; »Ägidius«) und der göttl.
Gnade (»Albanus«) in Verse setzen. Als dritte Gruppe
finden sich, ebenfalls ab 1150, zur Kultpropaganda örtlich
verehrter Hll. geschaffene Viten: Priester Arnolts »Juliana« (→Schäftlarn); der »Servatius« →Heinrichs v. Veldeke, mitgefördert von einem Kustos v. St. Servatius zu
→Maastricht; der »Ulrich« Alberts v. Augsburg entsteht
nach der Translation des Hl. 1187, →Ebernands »Heinrich
und Kunigunde« nach der Kanonisation der Ksn. i. J. 1200.
– In der höf. Lit. wurden h. Stoffe im →»Gregorius« →
Hartmanns v. Aue und im »Willehalm«-Frgm. →Wol-
frams v. Eschenbach aufgegriffen. Bei den späthöf. Autoren verdienen folgende Tendenzen exemplar. erwähnt zu
werden: →Reinbot v. Durne verherrlicht 1231/36 im Auftrag Hzg. Ottos II. v. Bayern den Ritterhl. →Georg.
Ulrich v. Etzenbach führt um 1295 die Vita eines sagenhaften »Wilhelm v. Wenden« aus, die stark Züge von Kg.
→Wenzel II. v. Böhmen und seinen polit. Zielen annimmt. Erstmals sind bürgerl. Auftraggeber dt. Legenden bei →Konrads v. Würzburg eleganten Silvester-,
Alexius- und Pantaleondichtungen bezeugt. Die Fluk-
tuationsmöglichkeiten volkssprachl. H. zwischen abenteuerl. Unterhaltung und geistl. Erbauung werden bes.
am »spielmännischen« »Münchner Oswald« und dem
evtl. darauf reagierenden »Wiener O.« (→Oswald) deutlich (→Barlaam und Josaphat, VI). Die Produktion von
Verslegenden altbekannter Hl.er dauert fort (Liste für 80
Hll.: EHRISMANN 2,2,2, S. 385–406, s. dazu jeweils Verf.-
Lex.²). Daneben tritt eine neue Erfahrung von Heiligkeit
in Viten von Zeitgenossen wie→Dominikus, →Katharina
v. Siena u. a. erstmals mit einer Versübers. der Franziskus-
Vita des →Thomas v. Celano durch →Lamprecht v. Regensburg 1238 in die Volkssprache ein (s. a. →Elisabeth,
hl., III). – Die in Prologen gen. Motive dt. H. entsprechen
lat. Topik. Laienautoren betonen seit Hartmann, Wolfram, Reinbot bes. die Vermittlung der *wârheit* in Absetzung von weltl.-höf. *lüge*-Lit.; eines der Hauptmotive, das
die H. auch zu einem Schwerpunkt der →Deutschordens-
lit. werden ließ (u. a. →Hugo v. Langenstein). – In der
frühnhd. Zeit wächst h. Schrifttum mit dem gesteigerten
Hl.nkult zu einem der umfänglichsten Lit.-Bereiche überhaupt an. Seit Mitte 14. Jh. sind dt. Hl.-Spiele überliefert
(→Drama, V). Meist nur lokalen Gebrauch fanden zahlreiche Übers. einzelner Viten der Orts-, Ordens-, Kl.-,
Bruderschaftspatrone etc., jetzt meist in Prosa. Das
Hl.nbild bestimmende Medien werden aber die weitverbreiteten Legendare, Sammlungen (kurzgefaßter) →Le-
genden. Der älteste Typ sind Predigthilfen zur Information von Laien über das Leben der Tageshl.n (Priester
Konrads Predigtbuch, »Mitteldt. Predigten«, 2. Hälfte
12. Jh.). Als Legendare konzipiert werden Ende des 13. Jh.
→»Väterbuch«, →»Passional« und →»Märterbuch«,
Versübers. der »Vitas-patrum« (→»Vitae patrum«), der
→»Legenda aurea« und einer Sammlung lat. Legendenle-
sungen zur 2. Nokturn. Sie werden durch Prosalegendare
abgelöst (Marquard Biberli um 1320; Hermann v. Fritzlar
1343/49, u. a.), unter denen sich die »Elsässische« und die
»Südmitteldtl. Legenda aurea«, sodann die bei Nürnber-
ger Dominikanern (?) Ende 14. Jh. aus »Märterbuch«,
»Passional« u. a. entstandene Sammlung »Der Heiligen
Leben«, zu den im Süd- bzw. Nordwesten bzw. Osten
herrschenden Standardwerken entwickelten. Letzteres
setzt sich als einziges in der Buchdruckzeit mit 41 reich mit
Holzschnitten illustrierten Auflagen von 1471 bis zur
Reformation überall durch.   K. Kunze

Lit.: EM, s.v. H., Heilige – Verf.-Lex.² [zu einzelnen Hll., Legendaren, Autoren] – A. MASSER, Bibel- und Legendenepik des dt. MA, 1976

– H. ROSENFELD, Legende, 1982⁴ – W. WILLIAMS-KRAPP, Die dt. und
ndl. Legendare des MA, 1986 [Legendenregister 381–472; Lit.] – DE
BOOR-NEWALD III, 2, 1987, 306–318.

IV. ITALIEN: [1] *Früh- und Hochmittelalter:* Das früheste
bedeutende Zeugnis einer H. über Hl., die in Italien lebten
und wirkten, besteht in den 'Dialogi' Gregor d. Großen
(Ende 6. Jh.), in denen der Papst zeitgenöss. Hl. darstellt,
um zu zeigen, daß Hl.keit auch in der Gegenwart erlangt
werden kann (wie er selbst gegenüber Petrus dem Diakon
erklärt); deshalb sind die Protagonisten seiner Viten in der
Mehrzahl Bf.e und Mönche (darunter als bedeutendster
→Benedikt v. Nursia). Trotz der Beliebtheit und Verbreitung von Gregors h. Schrifttum blieb jedoch der Märtyrerkult in Italien weiterhin vorrangig und wirkte von Rom
aus auf einen großen Teil Europas (→Pilgerwesen, →Reli-
quien). Deshalb wurden im ganzen FrühMA durchgängig
Märtyrerpassionen verfaßt, während die Zahl der Abt-,
Bf.s- und Papstviten vergleichsweise geringer ist.
   Die Karol. Renaissance bringt eine erste deutl. Veränderung im Erscheinungsbild der H. mit sich: Einerseits
nimmt die karol. H. in reichem Maße röm. und it. Einflüsse auf, andererseits wirkt sie ebenso stark in die Gegenrichtung. Es handelt sich dabei nicht nur um eine Erneuerungsbewegung in sprachl. und stilist.-lit. Hinsicht (seit
Alkuin werden in ganz Europa frühere Viten um- und
neugeschrieben), sondern auch um den Einfluß von Stoffen und Modellen. Als emblemat. können dabei die Erzählung →Einhards über einen in Rom begangenen Reli-
quienraub und die anschließende Translation nach
Deutschland angesehen werden sowie die beispielhafte
Bedeutung, die der Martinskult seit dem 9. Jh. auch in
Italien gewinnt.
   Nunmehr haben auch die Städte Italiens (v. a. im Zentrum und im N) ihren bfl. Schutzpatron, in den ländl.
Gebieten erfüllen die hl. Gründer der großen Abteien die
gleiche Funktion. In der 2. Hälfte des 9. Jh. ist in Rom
→Anastasius Bibliothecarius bestrebt, den Einfluß der
karol. H. durch die Übers. einer Reihe von byz. Hl.nviten
aus dem Griech. zu begrenzen (neben Märtyrer- und
Mönchsviten auch Papst- und Bf.sbiographien). Auch in
Neapel entstehen im 9./10. Jh. Übers. gr. h. Schrifttums,
jedoch weniger aus ideolog., sondern aus prakt. Gründen,
die im bilinguen Ambiente der byz. gebliebenen, südit.
Gebiete zu suchen sind.
   Die lat. H. dieses Raums ist vom Kult des Erzengels
→Michael geprägt (Wallfahrtszentrum auf dem →Garga-
no), der zuerst von den →Langobarden, seit dem 11. Jh.
von den →Normannen intensiv gefördert wurde. Die im
11. Jh. erfolgte Translation der Reliquien des hl. →Niko-
laus, Bf.s v. Myra, nach Bari wurde der zweite prägende
Faktor für Hl.nverehrung und H. in Süditalien.
   Zwei weitere charakterist. Momente der it. H. sind im
11. Jh. an die →Gregorian. Reform und im 13. Jh. an die
franziskan. Bewegung geknüpft. Die Figur des Bf.s und/
oder Papstes, der sich als Führer des christl. Volkes gegen
die polit. Macht wendet (verkörpert insbes. vom Ks.),
wird in der H. Italiens des 11. Jh. (v. a. mit den Biographien
Gregors VII. selbst) zum typ. Modell; gleiches gilt für den
hl. Mönch (Eremit oder Coenobit), der den korrupten Bf.
bekämpft, oder für den hl. Bf., der die Kirchenreform
unterstützt. Ein Beispiel für den als Kirchenreformer tätigen Eremiten ist →Petrus Damiani, um den sich eine
reiche H. bildet.
   Mit der Gestalt des franziskan. Hl.n tritt in der christl.
Tradition und H. ein tiefgreifender Wandel ein. →Franzis-
kus v. Assisi ist weder Priester, noch Bf., noch Mönch. Er
ist ein Laie aus einer it. Kommune, in der das ma. Bürger-

tum neue Machtstrukturen geschaffen hat, stellt sich gegen dieses polit.-ökonom. System und wählt die Armut als Lebensnorm, sein Bild von Gott trägt viel menschlichere Züge als es in der gesamten vorhergehenden Tradition der Fall war. In seinem Verhältnis zu Gott braucht er keine Vermittlung mehr, weder die einer polit., noch die einer kirchl. Autorität: zwar ist er dem Papst in striktem Gehorsam ergeben, aber dennoch fühlt er sich frei; so entdeckt er Gott im leidenden Mitmenschen. Die franziskan. H. betont den Wert der Armut, die Menschlichkeit Gottes, die göttl. Präsenz im Menschen. Dies gilt auch für die Franziskusbiographie von →Bonaventura. Der gekreuzigte Gott steht in dieser H. im Zentrum; nicht mehr Kontemplation, auch nicht einmal Aktion werden als wesentlich zur Erreichung der H.keit verstanden, sondern com-passio, das Mit-leiden an den Schmerzen Christi und am Leiden der Menschheit. In der Folge entstehen auch zahlreiche Biographien von Frauen, die von franziskan. Geist geprägt wurden (z. B. →Clara v. Assisi; →Angela da Foligno; →Margareta v. Cortona). Dieses Faktum ist für den Laien-Charakter der Anfänge der franziskan. Bewegung kennzeichnend.

C. Leonardi

Lit.: s. a. →Abschnitt B; →Franciscus v. Assisi – P. Devos, L'œuvre de Guarimpotus hagiographe napolitain, AnalBoll 76, 1958, 151–187, 336–353 – B. de Gaiffier, La lecture des passions des martyrs à Rome avant le IXᵉ s., ebd. 87, 1969, 63ff. – P. Jounel, Le culte des saints dans les basiliques du Latran et Vatican au XIIᵉ s., 1977 – C. Leonardi, L'agiografia romana nel sec. IX (Hagiographie, cultures et soc., 1981) – A. de Vogüé, M. van Uytfanghe, F. Clark (Grégoire le Grand, Chantilly 15–19 sept. 1982, 1986) – P. Limone, Santi monaci e santi eremiti. Alla ricerca di un modello di perfezione nella let. agiograf. dell'Apulia normanna, 1988 [Bibliogr.] – G. Pozzi – C. Leonardi, Mistiche scrittrici it., 1988.

[2] *Spätmittelalter:* Die Fülle des lokal und regional überlieferten Materials ist seit dem HochMA unüberschaubar reichhaltig und von enormer Auswirkung (Kult, Erbauungslit., Kunst, Brauchtum, volkssprachl. Verarbeitungen). Die Gründung der Bettelorden prägte die ma. H. und Erbauungslit. von Italien aus in bes. Weise. Die im Umkreis der Gefährten des hl. →Franziskus v. Assisi entstandene komplexe biogr.-h. Überlieferung ist international weit verzweigt. Berühmtestes Beispiel hierfür sind die→Fioretti. Daneben wurden auch anderen volkstüml. Gestalten der franziskan. Bewegung h. Darstellungen gewidmet (etwa Vito da Cortona, Leggenda della beata Umiliana de' Cerchi, 1246; für den hl. →Antonius v. Padua gibt es eine bes. reiche Wunder- und Legendenüberlieferung). Vereinzelt wurden auch bei den religiösen Auseinandersetzungen Verfolgte als Glaubenszeugen in h. Weise gefeiert (z. B. Storia de fra Michele, Vita des 1389 verbrannten Michele Berti da Calci). Die→Legenda aurea des→Jacobus de Voragine OP (Hunderte von Hss., über 90 Wiegendrucke, zahlreiche volkssprachl. Übers. und Auszüge) wurde zu einem Grundbuch des christl. Frömmigkeitslebens im MA. Ähnl. h. Materialsammlungen als Handbücher für Prediger bzw. zur erbaul. Lesung verfaßten Bartholomaeus v. Trient OP (Liber epilogorum in gesta sanctorum, 1244) und →Pietro Calo aus Chioggia OP (Legendae de sanctis). Spätere umfangreiche Kompilationen stammen von Boninus Mombritius (Sanctuarium seu vitae sanctorum, um 1480 gedr.) und dem Venezianer Petrus de Natalibus (Catalogus sanctorum et gestorum eorum, gedr. 1493, mit Materialien zu über 1500 Hl.n). Unter den zahlreichen Bearbeitungen und Übertragungen sind die Vite dei Santi Padri des Domenico →Cavalca OP († 1342) sowie der Prato spirituale des Feo →Belcari († 1484), von dem auch die eigenständige Vita

des B. Giovanni Colombini stammt, sprachl. wichtige Zeugnisse.   D. Briesemeister

Lit.: DSAM VII, 2, 2141–2236 – F. Zambrini, Collezione di leggendes inedite, 1855 – I. Del Lungo, Leggende del sec. XIV, 1863 – W. Friedmann, Altit. Hl.nlegenden, 1908 – G. Pitrè, Bibliogr. delle tradizioni popolari d'Italia, 1894 [Neudr. 1974] – A. Cioni, Bibliogr. delle Sacre Rappresentazioni, 1961 – Ders., La poesia religiosa, 1963 – Corpus des sources franciscaines, 1974ff. – Agiografia nell'occidente cristiano. Secoli 13–15, 1980.

V. Iberische Halbinsel: Im Vergleich zu Frankreich ist die ma. Überlieferung von Hl.nleben und -legendenslg.en auf der Iber. Halbinsel nicht umfangreich. Die altspan. (mozarab.) Liturgie weist einen bedeutenden Bestand an lat. Hymnen und Märtyrerpassionen auf, deren Abfassung noch im 7.Jh. einsetzt (u. a. Passio der Justa und Rufina v. Sevilla, Cucufas v. Barcelona, Justus und Pastor v. Complutum, Märtyrer v. Zaragoza, Felix v. Gerona). In das gleiche Jh. fallen u. a. die Viten des Desiderius v. Vienne durch Kg. →Sisebut (612/620), des Aemilianus durch →Braulio v. Zaragoza (631/651), die Vitas Patrum Emeritensium (Mérida, Mitte 7.Jh.) und die Vita Fructuosi (ca. 680). In →Córdoba entwickelte sich unter islam. Herrschaft im Zusammenhang mit der Märtyrertheologie das h. Schrifttum (→Eulogius v. Córdoba, Memoriale Sanctorum; Paulus Alvarus, Vita Eulogii, Carmen de Philomela; die h. Kompilation des Valerius v. Bierzo). Die Entstehung und Ausbreitung des Jakobuskults ist für das ma. Spanien hist.-polit. außerordentl. folgenreich (z. B. Mirakelberichte im →Codex Calixtinus). Ob die Canço de Santa Fe (→Fides) (2. Hälfte 13.Jh.) dem katal. Sprachraum zugeordnet werden kann, bleibt umstritten. Möglicherweise bilden die 593 Achtsilber dieses Gedichts das älteste Zeugnis der katal. Lit. Aus der Mitte des 13.Jh. stammt eine epistola farcita über das Martyrium des Hl. Stephanus. Als wichtiges Sprachdenkmal ist aus dem Roussillon die katal. Fassung der →Legenda aurea des Jacobus de Voragine (GRLMA 6012, letztes Viertel des 13.Jh.) erhalten.

Am Anfang der kast. Lit. steht der Geistliche→Gonzalo de Berceo, der nach lat. Q. für Laien die Viten und Wunder von drei Lokalhl.n erzählt. Die Beschreibung der Wunder des Hl. →Domingo de Silos setzte Ende des 13.Jh. der Mönch Pero Marín in Prosa (GRLMA 4204 v. 6092) zur Werbung für sein Kl. →Silos fort. Die Bettelorden stellten die Hl.nviten (u. a. Dominikus, Franziskus, Antonius und Pedro González) in den Dienst der religiösen Erziehung, der Predigt und der Werbung für ihre Spiritualität. Die Slg. von Vitae Sanctorum des Rodrigo de Cerrato (spätes 13.Jh.) hat lange nachgewirkt. Die um 1235 in Kastilien entstandene Estoria de Santa Maria Egipçiaca (GRLMA 4220 und 6056) ist eine getreue Nachbildung der frz. Vie de Sainte Marie l'Egyptienne. Zu den im iber. Raum verbreiteten Legendenstoffen gehören ferner die Vida de San Patricio und die →Barlaamgeschichte. Die Vida de San Ildefonso des Benefiziaten von Úbeda (unvollständig und fehlerhaft überliefert, GRLMA 4244 und 6052, 2. Hälfte des 14.Jh.) stellt ein Zeugnis aus der Zeit des Niedergangs der →cuaderna vía dar. Alfonso →Martínez de Toledo (Arcipreste de Toledo) verfaßte im 15.Jh. neben einer Vida de sanct Isidoro eine Ystoria de la vida santa que fizo el bienaventurado Yllefonso in Prosa (GRLMA 4208). Im 14./15.Jh. sind Vidas de Santos in einer Reihe von Sammelhss. des Escorial und der BN Madrid (GRLMA 4200) erhalten. Aus dem 14.Jh. stammen einige Prosawerke (Historia de un caballero Plácidas que fue después cristiano y hubo hombre Eustacio, GRLMA 4072; Estoria del rrey Guillelme, GRLMA 4076; El cuento de la casta emperatriz de Roma, GRLMA 4084), in denen sich romanhafte Erzählfiktion und h. Elemente verbinden. In der →Aljamiado-Literatur werden häufig Legenden und Wunder des Propheten sowie anderer hl. Männer (bibl. Gestalten) behandelt. In der judenspan. ma. Überlieferung ist die »Geschichte der vier Gefangenen« von Abraham ibn Saud (im Sefer ha-Kabbalah) für die H. wichtig. →Jehuda Halevis Pilgerreise nach Jerusalem bildete den Ausgangspunkt für h. Erzählungen. Um die Gestalt des →Abraham ibn Ezra ranken sich volkstüml. h. Traditionen.

In Portugal gibt es eine ma. Überlieferung lat. Lebensbeschreibungen, die z. T. auch ins Ptg. übersetzt wurden. Im Kl. →Alcobaça wurde das h. Schrifttum gesammelt und zu pastoralen Zwecken übersetzt. Verschiedene Kompilationen aus dem Flos Sanctorum wurden mit Zusätzen ptg. Hl.r nach lat. Vorlagen bzw. aufgrund kast. Fassungen im 15. Jh. übertragen (Druck 1513 im gleichen Jahr wie der Livro e legenda que fala de todolos feitos e paixoes dos santos martires). Die 1505 als Autos dos Apostolos gedruckten Viten beruhen gleichfalls auf älterer Legendentradition. Nichtkanonisierte Persönlichkeiten wurden in erbaul. Berichten verherrlicht (Vida e milagros de Dona Isabel Rainha de Portugal, 14. Jh.; Fr. João Alvares, Vida do Iffante Dom Fernando, 15. Jh.).

D. Briesemeister

Ed. und Lit.: GRLMA 5, 1, 2, fasc. 2; 9,1, fasc. 4 – Beneficiado de Úbeda, Vida de San Ildefonso, ed. M. Alvar Ezquerra, 1975 – La vida de Santa María egipciaca, ed. M. Alvar, 1970–72 – Vides de sants rossellones, ed. C. S. M. Kniazzeh – E. J. Neugaard, 1977 – Jacobus de Voragine, Legenda àuria, ed. N. Rebull, 1976 – J. R. Craddock, Apuntes para el estudio de la leyenda de Santa María Egipciaca en España (Fschr. Rodriguez Moñino I, 1966), 99–110 – Una vita di San Francesco d'Assisi in antico castigliano, Studi di lingua e lett. spagnola, ed. G. M. Bertini, 1965, 219–244 – M. Martins, Estudos de cultura medieval, 1969 – J. N. Hillgarth, Historiography in Visigothic Spain, Sett. cent. it. ... XVII, 1970, 261–311 – DHE II, 1073–1081 – E. Schreiner, Maria Aegyptiaca in der roman. Lit., Versuche und Arbeitspapiere 1, 1978, 17–41 – M. C. Diaz y Diaz, Passionaires, légendiers et compilations hagiograph. dans le haut MA espagnol (H. Culture et soc. IVᵉ–XIIᵉ s., 1981), 49–59 – K. Herberts, Der Jakobuskult des 12. Jh. und der Liber Sancti Jacobi, 1984 – M. C. de Almeida Lucas, Hagiografia medieval portug., 1984.

VI. Angelsächsischer Bereich: [1] *8.–9. Jahrhundert:* Die Überlieferung h. Texte aus England setzt im frühen 8. Jh. v. a. in Northumbrien ein. Prosatexte sind: eine Vita →Gregors d. Gr. (anonym, aus Whitby, ca. 704/714); zwei Viten des hl. →Cuthbert (die ältere anonym, aus Lindisfarne, ca. 699/705, die jüngere von →Beda Venerabilis, ca. 721); eine Vita des Bf.s →Wilfrid († 709), von einem Mönch aus Ripon (→Aeddi Stephanus?) bald nach dem Tod des Hl.n verfaßt, doch um die Mitte des 8. Jh. aufgrund gewandelter polit. Umstände umgearbeitet. Andere Beispiele northumbr. Prosa-H. sind die »Geschichte der Äbte von Monkwearmouth und Jarrow« (auch gen. »Vita des Ceolfrith«) von einem Anonymus sowie ein paralleles Werk von Beda (beide nach 716). Darüber hinaus enthält Bedas »Hist. eccl.« zahlreiche h. geprägte Passagen, manche aus zeitgenöss. Viten übernommen. – Metrisches h. Schrifttum: Bedas Vita des hl. Cuthbert (bald nach 705), Miracula des hl. Ninian (8. Jh.) und wohl auch →Alkuins »De sanctis Euboricensis ecclesiae«, dessen Entstehung in England aber nicht gesichert ist (seine Willibrordsvita entstand auf dem Kontinent). Gleichfalls metr. ist das einzige h. Werk aus dem Northumbrien des 9. Jh., →Æthelwulfs »De abbatibus«, das die Hl.n eines unidentifizierten Kl. behandelt. Diese Texte zeichnen sich durch ein raffiniertes Kompositionsschema aus, das Vertrautheit mit kontinentalen Vorbildern (Martinsvita, Dialogi Gre-

gors d. Gr.) verrät; zweifellos verfügte die northumbr. Kirche über zahlreiche kontinentale h. Texte, was sich v. a. anhand von Bedas Martyrologium nachweisen läßt. Aus dem Gebiet s. des Humber besitzen wir als vergleichbares Werk nur die stark von der Antoniusvita beeinflußte Vita des hl. →Guthlac von Felix. Dagegen werden dem →Mercien des 8. und 9. Jh. eine Reihe von volkssprachl. Texten zugewiesen: eine Vita des hl. Chad, die Dichtungen der →Cynewulf-Gruppe und die älteste Rezension des ae. →Martyrologium. Ein Verzeichnis von Hl.ngräbern, das »Secgan be þam godes sanctum«, wurde in seiner ältesten Version im 9. Jh. in Mercien oder Northumbrien kompiliert. Beda kannte einen heute verlorenen h. Text aus dem Kl. Barking (Essex), und es werden für die heute nur mehr in Texten des 10. Jh. (und später) überlieferten Zyklen der hl. Kg.e aus Kent und anderen Kgr.en (→Mildrith-Legende) Ursprungsfassungen des 8. Jh. vermutet.

[2] *10.–11. Jh. und späteres MA:* Mit Ausnahme der auf weite Strecken einem →Kartular ähnelnden »Hist. de sancto Cuthberto«, die →Chester-le-Street (Durham) zugewiesen wird, entstammen alle h. Texte des 10. und frühen 11. Jh. dem s. England, und zwar dem Umkreis der Benediktinerreform (→Benediktiner B. VI). Sie umfassen Viten der drei wichtigsten Reformer, nämlich: a) zwei Viten des hl. →Dunstan, die eine verfaßt vor 1004 von einem Autor mit Selbstnennung 'B' (Kleriker aus Lüttich?); die andere von →Adelard v. Gent (995/1006); b) zwei Viten des hl. →Æthelwold v. Winchester, die eine von →Wulfstan dem Cantor (spätes 10. Jh.), die andere von →Ælfric dem Homileten (1005/06); c) eine Vita des hl. →Oswald v. York von →Byrhtferth v. Ramsey (995/1006), der auch eine Vita des hl. Ecgwine v. →Evesham schrieb. →Abbo v. Fleury verfaßte eine Passio des hl. Kg.s →Edmund v. Ostanglia (3. E.). Metr. Darstellungen des Lebens des hl. Wilfrid und der Wunder des hl. Swithun wurden im späten 10. Jh. von →Friedegodus v. Canterbury bzw. →Wulfstan d. Cantor verfaßt. Im mittleren und späten 11. Jh. entstanden zahlreiche weitere Viten ags. Hl.r; wichtigste Verfasser waren zwei Mönche aus →St. Bertin, →Goscelin und Folcard, deren Tätigkeit über die norm. Eroberung hinausreicht. In der Zeit nach der Eroberung nahm das Interesse an der ags. H.ntradition offenbar noch zu, wie größere h. Kompilationen des späten 11. und frühen 12. Jh. zeigen. Namhafteste Autoren waren →Eadmer, →Osbern v. Canterbury und →Wilhelm v. Malmesbury. Im SpätMA wurde die h. Tätigkeit durch umfassende Slg.en von Legenden ags. Hl.r fortgeführt (vgl. Gotha, Landesbibl. Ms.I.81, sowie →Capgraves »Nova Legenda Anglie«).

D. W. Rollason

Ed.: S. unter den angegebenen Autoren – *Lit.:* C. W. Jones, Saints' Lives and Chronicles in Early England, 1947 – B. Colgrave, The Earliest Saints' Lives written in England, PBA 44, 1958, 35–60 – T. Wolpers, Die engl. Hl.nlegende des MA, 1964 – S. B. Greenfield, D. G. Calder, M. Lapidge, A New Crit. Hist. of OE Lit., 1986 – D. Rollason, Saints and Relics in Anglo-Saxon England, 1989 [im Dr.].

VII. Alt- und Mittelenglische Literatur: [1] *Altenglische Literatur:* Die uns erhaltenen hagiograph. ae. Texte lassen sich weitgehend zwei Gruppen zuordnen: den 'epischen' Heiligenleben der →Cynewulf-Gruppe des 8. und 9. Jh. und →Ælfrics Legenden in 'Kunstprosa' aus dem späten 10. Jh. Daneben haben sich einzelne, meist predigthafte Prosalegenden des 10. und 11. Jh. erhalten (u. a. auch in den →»Blickling-Homilien«) – ein Bestand, der ursprgl. weit größer gewesen sein muß. Die Dichtungen in alliterierenden Langzeilen setzen die germ. →Heldenepik voraus, an die sie sich in Form und Stil anlehnen (→»Guthlac« A, B; →»Elene«, →»Juliana«, →»Andreas«;

vgl. auch →Epos, D. III): wie im Heldenepos wird die Handlung auf Kampf und starke Emotionen konzentriert; in »Andreas« wird auch die Nähe zum Romanhaften deutlich. Ælfrics Heiligenlegenden (um 996) sind Teil des Bildungsprogramms in der Folge der Benediktinerreform. Die ca. 40 Stücke sind in alliterierender Prosa geschrieben; sie behandeln in der Folge des Kirchenjahres neben Texten zu Festen Christi ausgewählte Heilige, darunter die engl. →Alban, Æthelthryth, →Oswald, →Swithun und das erst 100 Jahre zurückliegende Martyrium →Edmunds (3. E.). Diese ae. Traditionen haben im Me. sprachl. fast keine direkten Spuren hinterlassen, wohl wegen ihrer formalen Eigenheiten, die sie an die ae. Dichtungstradition banden.

[2] *Mittelenglische Literatur:* Ein Neuansatz erfolgt um 1200 mit den drei Frauenlegenden (Juliana, Katharina, Margarethe) der →»Katherine«-Gruppe aus dem w. Mittelland im MS Bodley 34, Predigtlegenden mit stark myst. Betonung der Jungfräulichkeit und des Martyriums. Aus derselben Zeit sind aus dem ö. Mittelland Einzellegenden erhalten, die eher in der Tradition des »romanzenhaften Erzähllieds« stehen – wie auch später die inhaltl. und stilist. Abgrenzung von Legende und →Romanze bei einzelnen Texten verschwimmen kann. Die Haupttradition me. Legenden wird jedoch durch die →Legenda aurea (Lga) bestimmt: Sie erscheint früh als Zusatzquelle in dem in der Urfassung auf liturg. Q. beruhenden →»South English Legendary« (SEL), das um 1280 im Raum Worcester/Gloucester entstand. Es enthält nach dem Kirchenjahr geordnet je nach Redaktion 100–180 gereimte Legenden, darunter auch engl. Heiliger; →Thomas Becket ist durch eine bes. ausführl. Legende hervorgehoben. Wie in der Lga ergänzen Texte zu den Kirchenfesten das Sanctorale; jedoch sind die Lebensgesch. Christi und seine Passion sowie Geschichten des AT ausführl. in ergänzenden Texten dargestellt. Wie an der großen Zahl erhaltener Hss. ablesbar, war das SEL bis ins 15. Jh. das beherrschende Legendar Südenglands. Geringeren Umfangs (34 Stücke) ist das »Nordenglische Legendar« (14. Jh., wohl aus Durham), das in der Bevorzugung erzähler. interessanter Stoffe und der Verwendung des Kurzreimpaars an Romanzen erinnert. Im späten 14. Jh. folgt die schott. Legendenslg. (aus Aberdeen, früher fälschl. John →Barbour zugeschrieben), in der die Texte hierarch. nach Heiligengruppen geordnet erscheinen. Nach diesen mehr volkstüml. Formen erlebt die Legende 1380–1460 eine literar. Blüte. Verschiedene bedeutende Dichter nehmen Verslegenden in ihr Werk auf: →Chaucer (1343–1400) fügt eine früher von ihm verfaßte Caecilienlegende, die von vielen als der künstler. Höhepunkt der me. Legendendichtung angesehen wird, als »Second Nun's Tale« in seine »Canterbury Tales« ein, während →Lydgate im 15. Jh. fünf sehr umfangreiche Legenden schrieb. Der Augustinermönch Osbern →Bokenham verfaßte zwei Slg.en auf der Grundlage der Lga; während die Hauptslg. verloren ist, überlebt die 1443–46 geschriebene mit 13 Frauenlegenden, die vornehml. der Erbauung und Belehrung dienen sollten. Schließlich schuf →Capgrave vor 1445 zwei umfangreiche Prosalegenden und zwei lange Legendenepen. Die Lga war auch in ihrer lat. Form in England längst nicht so weit verbreitet wie auf dem Kontinent. Entsprechend spät kommt es zu direkten Wiedergaben, die erst im 15. Jh., oft auf der Basis frz. Übers., erscheinen – so die Predigtslg. John →Mirks (»Festial«, vor 1382–90?) und die anonyme »Gilte Legende« von 1438, im wesentl. eine Übersetzung der frz. »Légende dorée« (HAMER, 1978), unter Einschluß einiger Legenden

engl. Heiliger aus dem SEL (mit Prosaauflösung, vgl. GÖRLACH, 1974). Die Krönung dieser Tradition bildet →Caxtons »Golden Legend« von 1483, für die er die erweiterte Form der »Légende dorée« (Lyon, 1482) übersetzte, aber auch eine lat. Version und die »Gilte Legende« durchgehend verglich und zur Ergänzung heranzog. Die →»Vitae Patrum« hatten im Me. keine bedeutende Rolle gespielt; auch hier erfolgte die umfassendste Übers. aus dem Frz. (Westminster, 1495). Als Gegengewicht zur beherrschenden Lga wurde im 15. Jh. eine nationale Slg., die »Nova Legenda Anglie«, zusammengestellt (engl. Übers. 1516 gedruckt). →Geistl. Dichtung, IV; →Mariendichtung; →Martyrologium.　　　　　　　M. Görlach

Bibliogr.: CAMERON, OE Texts, 30–31, 70–76, 101–105 – S.B. GREENFIELD – F.C. ROBINSON, A Bibliogr. of Publ. on OE Lit., 1980 – NCBEL I, bes. 317–326, 523–534 – ManualME, 2. V, 1970, 410–440, 553–635 – *Ed.:* R.F.S. HAMER, Three Lives from the Gilte Legende, 1978 – O.S. PICKERING, The South English Ministry and Passion, 1984 – *Lit.:* G. H. GEROULD, Saints' Legends, 1916 – R. KAPP, Hl.e und Hl.enlegenden in England, 1934 – C.L. ROSENTHAL, The 'Vitae Patrum' in Old and ME, 1936 – R.M. WILSON, The Lost Lit. of Medieval England, 1952 – T. WOLPERS, Die engl. Hl.enlegende des MA, 1964 – M. GÖRLACH, The Textual Tradition of the South English Legendary, 1974.

VIII. IRLAND: Die frühesten h. Werke wurden in Prosa verfaßt und entstanden im 7. Jh. Als ältester erhaltener Text gilt die lat. Vita der hl. →Brigida v. Kildare des →Cogitosus. Der Verfasser der ältesten Vita des hl. →Patricius (Patrick), →Muirchú moccu Machtheni (um 697), beschreibt Cogitosus als (geistl.?) Vater. Zwei verlorene h. Texte sind vielleicht noch älter, nämlich die Brigida-Viten bzw. -Mirakel des Ultán moccu Conchobair († 657 oder 663) und des →Ailerán Sapiens aus →Clonard (†665). Teile dieser Texte wurden wohl benutzt von dem anonymen Autor der »Vita I Brigitae« aus dem mittleren 8. Jh. In einer zweiten Patrick-Vita, verfaßt von Bf. Tírechán (um 680?), nennt dieser Ultán als seinen Lehrer und schreibt ihm eine Slg. von Patrick- und Brigida-Mirakeln zu. Sofern diese Zuschreibungen glaubwürdig sind, kann Ultán als frühester Hagiograph Irlands gelten, falls man nicht dem großenteils verlorenen »Liber de virtutibus s. Columbae« des →Cuimíne Ailbe zeitl. Vorrang einräumt. Läßt sich die Existenz einer noch älteren Slg. columban. Mirakel, kompiliert durch Abt Ségéne v. Iona († 652), nicht beweisen, so könnte die Vita der Monenna/Darerca v. Cell Sléibe (Killeevy, Gft. Armagh), die in ihrer überkommenen Gestalt dem 11. Jh. entstammt, auf älterem Textbestand aus dem frühen 7. Jh. beruhen.

Hauptwerk der frühen ir. H. ist die »Vita Columbae« des →Adamnanus v. Hy († 704), die sich durch die Verwendung authent. biograph. Materials sowie durch wertvolle Informationen über die polit. und sozialen Gegebenheiten der Zeit auszeichnet. Adamnanus zeigt sich auch vertraut mit einem breiten Spektrum bedeutender kontinentaler h. Quellen (»Martiniana« des →Sulpicius Severus, »Dialogi« →Gregors d. Gr., Antoniusvita →Athanasios' d. Gr., u. a.), darunter auch Werke, die von insularen Autoren des 7. Jh. sonst kaum benutzt wurden (Chronik des Sulpicius).

Irland kann sich auch einer reichen Überlieferung metr. h. Lit. rühmen; Vorläufer der metr. Viten des 8. und 9. Jh. sind v. a. auf die Pflege der →Commemoratio beruhende Texte, die im →Antiphonar v. Bangor aus dem späten 7. Jh. überlieferten Hymnen zum Gedächtnis →Comgalls, des Gründers v. →Bangor, sowie der 14 ersten Äbte dieses Kl., bis auf Crónán († 692). Weitere Dichtungen des 7. Jh. finden sich in mehreren hibernolat. Hymnaren. Das ebenfalls im Antiphonar v. Bangor überlieferte Preisgedicht auf den hl. Patrick (»Audite omnes amantes«) wird traditionell zwar einem angebl. Patrick-Schüler namens Secundinus aus dem 5. Jh. zugeschrieben, könnte tatsächl. aber von →Colmán Ela († 611) stammen und wäre damit vielleicht das älteste Beispiel der Gattung. Vielleicht ebenso alt ist das berühmte air. Klagelied »Amra Choluim Cille«, wohl bald nach dem Tod des hl. Columba († 597) geschrieben. Noch zwei andere Preislieder auf Columba in air. Sprache haben sich erhalten, wohl auch aus dem 7. Jh. Auch das Klagelied auf →Cuimíne Fota könnte aus dieser Zeit stammen.

Die älteste datierbare metr. Vita ist die »Vita Brigitae« des Donatus, des ir. Bf.s v. Fiesole († ca. 877); älter dürften aber zwei fragmentar. überkommene metr. Viten sein: die eine wurde nach einer heute verlorenen Reimser Hs. (wohl 8. Jh.) von Mabillon gedruckt; die andere, in zwei kontinentalen Hss. des 9. Jh. überlieferte, stammt von einem unidentifizierbaren 'Colmanus'. Metr. lat. Viten sind sonst in Irland selten überliefert, Viten in ir. Sprache dagegen häufig. Ihre Anfänge werden gut illustriert durch den gemischtsprachigen Text »Bethu Brigte« (ca. 800?), der einen lat., jedoch mit vernakularen Elementen durchsetzten Grundtext aufweist, dem wohl air. Glossen hinzugefügt wurden, bis schließlich im 9. Jh. eine volkssprachl. Übers. erfolgte. Eine ähnl. Textgesch. hat auch die »Vita Tripartita« des hl. Patrick (um 900), und viele andere mittelir. Heiligenviten gehen wohl auf ältere lat. Vorlagen zurück.

Die Viten in den späteren Slg.en stammen zumeist aus dem 9.–12. Jh., mit einigen späteren Zusätzen und Umarbeitungen. Die aus dem 13.–15. Jh. überkommenen Slg.en (Cod. Insulensis, Bodl. Libr., Oxford; Cod. Kilkennensis, Trinity Coll. Dublin; Cod. Ardmachanus, Primate March's Libr., Dublin; Cod. Salmanticensis, Kgl. Bibl., Brüssel) repräsentieren verschiedene Stadien der h. Entwicklung. Obwohl diese späteren Viten im allg. auf älteren Textschichten basieren, haben ihre Verfasser oft gerade die hist. wichtigen Nachrichten im Sinne einer homilet. Zielsetzung eliminiert. – S. a. →Félire Óengusso, Martyrologium v. →Tallaght.   D. Ó Cróinín

Ed. und Lit.: C. PLUMMER, Vitae sanctorum Hiberniae, 2 Bde, 1910 – DERS., Bethada náem nÉrenn, 2 Bde, 1922 – W. W. HEIST, Vitae sanctorum Hiberniae, 1965 – K. HUGHES, Early Christian Ireland: Introduction to the Sources, 1972 – K. McCONE, Brigit in the Seventh Century: a Saint with Three Lives?, Peritia 1, 1982, 107–145 – M. LAPIDGE, R. SHARPE, A Bibliogr. of Celtic-Latin lit., 400–1200, 1985 – J.-M. PICARD, Structural Patterns in Early Hiberno-Latin hagiography, Peritia 4, 1985, 67–82 – L. BIELER, Stud. on the Life and Legend of St. Patrick, 1986 – S. CONNOLLY, J.-M. PICARD, Cogitosus: Life of St. Brigit, J. of the Royal Soc. of Antiquaries of Ireland 117, 1987, 5–27 – M. ESPOSITO, Latin Learning in Medieval Ireland, 1988.

IX. ISLAND UND NORWEGEN: Die h. Legendenlit. gehört zu den ältesten und umfangreichsten Gattungen der anord. Prosalit. Im Altisländ. (und z. T. auch im Anorw.), dem Kernbereich anord. lit. Überlieferung, haben über einhundert Hll. ihre volkssprachl. 'Saga' erhalten. Zeichen einer intensiven Auseinandersetzung der erst um 1000 christianisierten Isländer und Norweger mit der Lit., Frömmigkeit und Theologie des Kontinents (→Geistl. Dichtung, V). Es ist inzwischen unbestritten, daß gerade die lat. h. Lit. und deren isländ. Übers. und Bearbeitungen Anstoß und Anregungen für die später entstandene einheim. Prosagattung der isländ.-norw. Sagalit. (→Saga) gegeben hat (→Altnord. Lit.).

Die ältesten norw. und isländ. Hs.-Fragmente von der Mitte des 12. Jh. enthalten bereits Abschriften h. Texte (über Placidus, Blasius, Matthäus, resp. Evangelienpredigten Gregors d. Gr.), und es ist deshalb anzunehmen,

daß die Rezeption und Übertragung kontinentaler Legenden in Island und Norwegen – fußend auf der Stilistik der einschlägigen lat. h. Quellen – schon Ende des 11. Jh. einsetzten. Die frühen Legendentexte sind in einer einfachen, schmucklosen Sprache gehalten, die an die spätere Sagaprosa erinnert. Ende des 13. Jh. und v. a. im 14. Jh. setzt sich im sog. »florissanten Stil« eine ausgeprägt klerikalgelehrte Strömung in der lit. Behandlung der Legenden durch, während sich in der letzten Blüte der h. Lit. Ende des 15. / Anfang des 16. Jh. der nd. Einfluß über die isländ. Übers. des »Passional« (Reykjahólabók) geltend machen konnte.

Zu den ältesten h. Werken zählen weiterhin die Legenden über Ambrosius, Basilius, Brendan, Clemens Romanus, Erasmus, Martin v. Tours, Nikolaus, Sylvester sowie die Legende des isländ. Hl. →Þorlákr. Neben Legenden über einzelne Hll. und Heiligenpaare (wie Petrus und Paulus, Johannes und Jakobus d. Ä., Simon und Judas) sind v. a. zahlreiche Legendensammlungen bewahrt (vgl. SCHIER, 1970, 125). Die älteste derartige Anthologie mit Legenden über Petrus, Jakobus, Bartholomäus, Matthäus, Andreas und Paulus stammt vom Anfang des 13. Jh. Höhepunkt dieser Sammlungen von Apostelgeschichten ist der isländ. Codex Scardensis (Skarðsbók) aus der Mitte des 14. Jh. Zeugnis der seit dem 12. Jh. wachsenden Marienverehrung ist die Maríu saga (13. Jh.), eine monumentale Slg. von über zweihundert Marienlegenden und Marienmirakeln.

Die natürlicherweise bes. zahlreich vertretenen Legenden über Märtyrer und Bekenner entsprechen dem kontinentalen Kanon. Vermutl. aus kirchenpolit. Gründen erfuhren gerade die engl. Bekenner Dunstan (→Dunstanus saga), →Thomas Becket (Thómas saga erkibiskups), Eduard (Jatvarðar saga) und Osvald eine bes. Verehrung auf Island. Die Sagas über die isländ. Bekennerbf.e Jón, Þorlákr und →Guðmundr Arason (→Biskupa sögur) gehören in diesen Traditionszusammenhang. Von derartigen Texten aus bestehen Beziehungen zu den isländ. / norw. Königssagas →konunga sögur), insbes. zur legendar. Überlieferung über Kg. →Olav d. Hl. und den hl. →Knut v. Dänemark (Knýtlinga saga).

Die isländ. Übers. des nd., auf der Legenda aurea fußenden »Passional« im 15. Jh. konnte wegen der bald darauf einsetzenden Reformationsbewegung keine weitere Entfaltung der h. Lit. im Norden bewirken.

                         H. Ehrhardt

Ed.: C. R. UNGER, Heilagra Manna Sögur, I–II, 1877 – DERS., Postola sögur, 1874 – DERS., Maríu saga, 1871 – A LOTH, Reykjahólabók, 1–2, 1969–70 – *Faks.:* D. SLAY, Cod. Scardensis, 1960 – P. G. FOOTE, Lives of Saints..., 1962 – A. LOTH, Thomasskinna..., 1964 – *Lit.:* KL VI, 350–353 [Lit.] – R. SIMEK–H. PÁLSSON, Lex. der anord. Lit., 1987, 132–135 [Lit.] – H. BEKKER-NIELSEN, u. a., Norrøn fortællekunst, 1965, 118–136 – K. SCHIER, Sagalit., 1970, 121–129 [Lit.] – DERS., Lit. des Nordens, Neues Hb. der Lit.wiss. 7, 1981, 545ff.

X. HANDSCHRIFTENÜBERLIEFERUNG: Trotz der Verluste des 16. Jh. (Religionskämpfe, tridentin. Liturgiereform) sind zahlreiche h. Hss. in Lat. und Volkssprachen erhalten und z. T. (v. a. durch die Bollandisten) durch Kataloge erschlossen worden. Bei großer Vielfalt lassen sich folgende Hauptcharakteristika der äußeren Gestaltung erkennen: Im 8.–15. Jh. herrschen entweder kleine Codices mit ein oder zwei Texten vor oder aber große Slg.en 'in folio', mit bis zu 12 Bänden, in denen die Hl.n einer geistl. Institution (Bm., Abtei, monast. Orden), einer Stadt oder einer Personengruppe (z. B. Diakone, Kirchenlehrer) zusammengestellt werden, bis hin zu Gesamtcorpora, die Texte von Hl.n des ganzen liturg. Festkalenders umfassen.

Die innere Gliederung der Corpora reiht die Viten und Passionen der Hl.n in der Regel entsprechend dem Festkalender (gewöhnl. beginnend mit →Advent, →Weihnachten oder dem 1. Jan.). Doch folgen manche Slg.en einer stärker systemat. (Apostel, Märtyrer, Confessoren, Jungfrauen), hierarch. (Apostel, Päpste, Bf.e, männl. und weibl. Hl.), seit dem 13. Jh. auch einer alphabet. oder chronolog. Anordnung. Die fehlende Ordnung mancher Slg.en geht darauf zurück, daß ihre einzelnen Teile je nach dem Zeitpunkt ihrer Erwerbung Stück für Stück hintereinander kopiert und der Slg. eingereiht wurden.

Große Vielfalt zeigt sich auch in der ma. Terminologie, die stets fließend blieb. Heute werden kleine kodikolog. Einheiten als 'libelli' bezeichnet, umfangreiche Slg.en als 'Legendare', während 'Passionar' den Slg.en von Passionen vorbehalten bleibt. Der Begriff 'Kurzlegendar' (Légendier abrégé) bezeichnet dagegen zahlreiche Kompilationen von 'legendae novae', die seit Ende des 12. Jh. gehäuft auftreten (die berühmteste ist die →»Legenda aurea« des Jacobus de Voragine); sie bieten die Hl.nviten in konzentrierter und handlicher Form dar, in Anpassung an die Bedürfnisse der erbaul. Privatlektüre und der Wanderprediger.

Der Ursprung der Legendare liegt im dunkeln. Offenbar hat im Abendland kein früher Kirchenschriftsteller die Lebens- und Leidensschilderungen von Märtyrern, nach Art des Eusebius, gesammelt. Die ältesten h. Slg.en sind wohl Übersetzungen aus dem Griech. bzw. lehnen sich an östl. Vorbilder an: Libri apostolorum, Viten der Wüstenväter (nach dem Modell des Hieronymus), Passionen der ägypt. Märtyrer. Der Vergleich der ältesten erhaltenen Legendare (Mitte des 8. Jh. bis Ende des 9. Jh.) zeigt gleichwohl, daß sie sich bereits an älteren, umfangreichen Slg.en von Passionen aus Rom und Mittelitalien orientierten; da die Liturgie der röm. Kirche (vgl. das pseudogelasian. Dekret von 520) h. Lesungen vermied, müssen diese ältesten Slg.en aufgrund privater Initiative entstanden sein.

Für die Zeit seit dem 9. Jh. verfügen wir über eine bessere Quellengrundlage: Bald traten an die Stelle der ausschließl. Slg.en von Märtyrerpassionen die von Viten — nun auch zunehmend ma.–Hl.r. Doch haben nicht so sehr diese Bemühungen um Aktualisierung, sondern die Freiheit der Kompilatoren gegenüber ihren Vorbildern zu der großen Vielfalt, die in den h. Slg.en zum Ausdruck kommt, geführt. Da es sich bei diesen nicht um liturg. Bücher handelt, konnten die Autoren die Vorlagen völlig neugestalten, so daß sich (außer bei Zisterziensern und Kartäusern) nur selten ident. Texte wiederfinden. Zudem waren einige Kompilatoren echte Sammlernaturen mit stark variierenden, persönl. Konzeptionen in bezug auf die Anlage der jeweiligen Slg. Wurden einerseits theol. längst überholte ältere Legenden nur widerstrebend ausgemerzt (Passionen donatist. Ursprungs finden sich noch in Slg.en des 12. Jh.), so war es andererseits üblich, überkommene Überlieferungen durch einzelne Zusätze zu ergänzen, oder neue Legenden, entsprechend den lokalen Erfordernissen, hinzuzusetzen, wie eine Hs. aus Cividale (Mus. Archeol. XXII), die sowohl ein Legendar des 10. Jh. wie dessen Abschrift aus dem 12. Jh. umfaßt, nachdrücklich zeigt. Aufgrund der Aufnahme wenig verbreiteter Legenden läßt sich oft – zumindest näherungsweise – die Herkunft einer Hs. feststellen.

Die Gebrauchssituation h. Hss., ob für die private Andacht oder für die Lesung in Abteien oder Kapiteln, läßt sich teilweise anhand von Unterschieden in Bandformat, Schriftgröße und -ausführung, Setzung von Akzenten/

Lesezeichen, Kapitel- und Seitenzählung und Marginalnotizen erkennen, ohne daß eine generelle Systematisierung möglich wäre. Z. B. macht die Einteilung des h. Stoffs in einzelne Lesungen (mittels einer marginal angebrachten Kapiteleinteilung) bei manchen Hss. deutlich, daß sie im Chor bei der Morgenandacht benutzt wurden; durch das System von 4, 8, 12 oder 3, 6, 9 Kapiteln läßt sich zudem die Herkunft aus einem Kl. oder Regularkanonikerstift eingrenzen. Bei den im Choroffizium verwendeten h. Lektionaren sind Viten und Passionen auf die Länge liturg. Lesungen zusammengekürzt.

Gebrauchssituation und Adressatenkreis der volkssprachl. Legendare und der Kurzlegendare sind – gegenüber denjenigen der traditionellen h. Slg.en – noch weitaus vielfältiger, ermöglichen sie der H. doch, den monast.-klerikalen Kreis zu überschreiten und mittels Predigt oder erbaul. Lektüre auch die religiöse Laien- und insbes. die Frauenbewegung zu erreichen. Viele dieser Slg.en sind noch unediert und unerforscht, so z. B. ein »Libellus de sanctorum passionibus« (London, Brit. Libr. Add. 22014; weitere Hss. in Leipzig und Prag), dessen Kompilator, ein dt. Kleriker (Hermannus) des 14. Jh., ausdrückl. betont, er habe diese Slg. in kurzer Form geschaffen, um den Armen ein für sie erschwingl. Werk der Erbauung zu bieten.

F. Dolbeau

Lit.: Verf.-Lex.²V, 644–657 – W. Levison, Conspectus codicum hagiographicorum, MGH, SRM VII, 529–706 – G. Philippart, Les légendiers lat. et autres mss. hagiograph., 1977, 1985² [Lit.]. – Hagiography and Medieval Lit. Proceedings of the 5th Internat. Symposium ... at Odense, 1981 – C. Scalon, Un codice cividalese degli inizi del X sec., Forum Iulii 8, 1984, 13–24 – W. Williams-Krapp, Die dt. und ndl. Legendare des MA, 1986 – P. Chiesa, Note su un'antica raccolta agiografica veronese, StM 28, 1987, 123–153.

C. Byzanz und slavischer Bereich

I. Byzanz – II. Slavischer Bereich.

I. Byzanz: In der ostkirchl.-byz. Tradition bezeichnete das Wort ἁγιόγραφα die dem Pentateuch folgenden bibl. Bücher Jos, Ri, Kö und Chron; die byz. Lit. hatte für das »Genus« der H. keine allgemeingültige Bezeichnung. H. wird traditionell definiert als erbaul. Lit., die liturg. Zwecken (gottesdienstl. Lesung) diente, aber auch der unterhaltsamen Lektüre. Sie war für monast. und kirchl. Institutionen eine wichtige Waffe im Streit um Rechte und Privilegien. Die Abgrenzung der H. von benachbarten Textarten wie z. B. Homilien, apokryphen Bibeltexten, Enkomien, historiograph. Werken, Briefen und Reisebeschreibungen ist fließend. Ein hagiograph. (h.) Werk im eigtl. Sinn ist die Beschreibung des Lebens, der Taten, des Todes und der Wunder eines einzelnen Menschen (oder aber einer Gruppe), der oder die sich Gott geweiht hat, gegen Dämonen, Heiden, Glaubensabtrünnige und Sünder kämpft und so als Vorbild für die Nachwelt gilt. Eine formale →Kanonisation kannte die byz. Kirche nicht; als 'hl.' galt eine Person, der eine Vita gewidmet oder die in ein →Menologion oder →Synaxarion aufgenommen worden war. Ob die Vorstellung des 'Hl.n' auch die atl. und ntl. Persönlichkeiten umfaßte, ist umstritten. Bei aller stilist. Vielfalt macht die Hervorhebung einer von Gott erleuchteten Persönlichkeit das Wesen eines h. Werks aus.

Im h. Schrifttum sind folgende Untergattungen feststellbar: 1. Vita (Βίος καὶ πολιτεία), die Leben und Wirken eines Hl.n in größtmöglicher Vollständigkeit beschreibt; 2. Passio (Μαρτύριον), konzentriert auf die Schilderung der Verurteilung und Hinrichtung des betroffenen Hl.n; 3. Kurzeinträge in einem h. Sammelwerk, von zeitgenöss. Passagen in den →Apophthegmata patrum und ähnl. Sammlungen bis hin zu den gerafften Viten der großen

Menologien und Synaxarien; 4. Berichte über →Transla-
tionen von Reliquien; 5. Berichte über postume→Wunder
eines Hl. n.

Die ältesten Passiones entstammen dem 2. Jh. n. Chr.
(Polykarp v. Smyrna, Märtyrer von→Lyon) und beruhen
auf zeitgenöss. Protokollen (→Märtyrerakten). Die erste
ausgearbeitete Vita wurde von →Athanasios v. Alexandria verfaßt (Antonios-Vita). Ein gewisser Einfluß paganer aretalog. Traditionen (→Plutarch, Philosophenvi-
ten) auf die byz. H. ist unleugbar, doch bleibt sein Ausmaß
umstritten. Die strukturelle Ähnlichkeit h. Lit. mit antiken aretalog. Texten kann nicht über die grundsätzl.
Unterschiede der jeweils gepriesenen eth. Wertmaßstäbe
hinwegtäuschen: Die christl. Tugendlehre verwirft heidn.
Werte wie weltl. Weisheit, Schönheit, Erfolg und Ruhm;
sie stellt die Wüste (im realen wie metaphor. Sinn) der
urbanen Zivilisation, den extremen Individualismus den
Banden der Familie und der Polis-Gemeinschaft, die vollkommene Unterwerfung unter den Willen Gottes dem
Stolz auf ird. Erfolg entgegen.

H. Texte sind eine Q. vielfältiger Informationen. An
erster Stelle stehen hier die Nachrichten über den Hl. n
selbst und die kirchl. Institutionen oder Kl., mit denen er
verbunden war. Da zahlreiche Hl. im Brennpunkt des
öffentl. Lebens standen (etwa als Patriarchen oder Hegu-
mene, als Ks. oder Ksn. nen), überliefern ihre Viten auch
Nachrichten über polit. Ereignisse, die aber nicht durchweg verläßlich sind, da manche Hagiographen parteiisch
sind (z. B. →Niketas David Paphlagon in der Vita des
Patriarchen Ignatios), andere zur Glättung von Gegensätzen neigen (anonyme Vita der Ksn. Theophano); v. a. ist
vielen h. Texten eine relative Gleichgültigkeit gegenüber
der hist. Faktizität eigen, bedingt durch den erbaul. Zweck
der Gattung, was sich u. a. in willkürl. chronolog. Abläufen, unkrit. Schilderungen fiktiver Ereignisse und Übernahme von Topoi niederschlägt. Daher beruht der Quellenwert h. Texte weit stärker auf Nachrichten über Alltagsleben, Handwerk, Ernährung, Kleidung, aber auch
über kunst- und kulturgeschichtl. Momente, ideolog.
Vorstellungen der Byzantiner, ihre Haltung zu anderen
Völkern usw. Stilist. gesehen, finden sich h. Werke sowohl in hochrhetor. Stil als auch in einfacher, der Volkssprache nahestehender Diktion; sie überliefern volkstüml.
religiöse und superstitiöse Vorstellungen, v. a. aus dem
Bereich der Dämonologie, der Bilder- und Reliquienverehrung, der ö. Traditionen usw. Manchmal begegnet
romanhafte Gestaltung (Wundererzählungen, abenteuerl.
Reiseschilderungen, märchenhafte Landschaften, wilde
Tiere als Begleiter von Hl. n).

Beim gegenwärtigen Forschungsstand kann die Entwicklung der byz. H. nur in groben Zügen skizziert
werden. Die Frühzeit, vom 4.–7. Jh., trägt folgende
Hauptcharakteristiken: Individuelle Verfasserschaft wird
betont; berühmte Hagiographen sind: →Theodoret,
→Kyrill v. Skythopolis, →Johannes Moschos, Leontios v.
Neapolis; das soziale Bezugsfeld der Viten ist ein urbanes,
dem aber das Ideal der Wüste gegenübergestellt wird; die
Helden treten oft als Kollektiv (Gruppe v. Märtyrern,
monast. Gemeinschaft) auf; ihr soziales Verhalten ist oft
»unangepaßt« oder »randständig« (fromme Narren, Eremiten, Styliten, Frauen, die in Männerkleidung in
Mönchskl. eintreten, reuige Sünder [männl. wie weibl.],
unter ihnen mit Vorliebe Dirnen usw.). Hauptzentren h.
Produktion waren die Städte und Monasterien in Ägypten, Palästina und Syrien.

In der 2. Hälfte des 7. Jh. bis zum Ende des 8. Jh. erlebte
auch die h. Lit. einen Niedergang. Ein Wiederaufstieg

erreichte offenbar von Syrien aus die w. Teile der byz.
Welt. Die Hagiographen sind nun vielfach anonyme oder
wenig bekannte Persönlichkeiten. Die Munizipalstadt
verschwindet im 9. Jh. weitgehend als Schauplatz h. Geschehens zugunsten der ländl. Welt (Vita Philarets des
Barmherzigen) oder aber der Hauptstadt Konstantinopel
(Vita Stephanos' d. J.) – ein in der Frühzeit nur vereinzelt
begegnendes Charakteristikum. Kollektives Märtyrertum wird selten. Das exzessive Eremitentum tritt in den
Hintergrund zugunsten der Schilderung ekklesiolog. Probleme. Die Haupthelden der H. dieser Zeit sind nicht
Einsiedler, sondern Gottesstreiter (Theodor v. Studiu,
Ioannikios, Methodios, Gregor v. Dekapolis, Ignatios
u. a.).

Neue Entwicklungen vollziehen sich im 10. Jh. und in
der 1. Hälfte des 11. Jh., geprägt v. a. durch das Streben
nach Systematisierung und Festlegung der Rolle der H. im
Rahmen der Liturgie (Synaxarion v. Konstantinopel, die
dem liturg. Jahr entsprechend geordnete Vitensammlung
des →Symeon Metaphrastes, das Menologion Ks. Basileios' II. und das ksl. Menologion des 11. Jh.). Auch wird
der »wilde« und »unangepaßte« Hl. der Frühzeit eliminiert oder geglättet. Den Höhepunkt erreicht das Genre
mit den bildhaft und lebendig von Zeitgenossen erzählten
Viten der hll. Basileios d. J., Athanasios vom Athos und
Lazaros vom Berg Galesios.

Seit dem Ende des 11. Jh. lassen sich zwei Strömungen
feststellen: Zum einen beginnen Intellektuelle sich krit.
gegenüber der überlieferten Tradition zu verhalten;
→Eustathios v. Thessalonike schuf mit der Vita des Philo-
theos v. Opsikion ein antihagiograph. Bild eines als wohlhabenden Familienvater in der Welt lebenden Hl. n, dessen
Lebensform der Verfasser höher schätzt als das traditionelle Eremitenideal. Zum anderen dringen »volkstüml.«
Tendenzen in die H. ein. Die h. Produktion des 12. Jh.
bleibt trotz einiger auf diesem Gebiet tätiger namhafter
Literaten (Theodoros →Prodromos, Johannes →Tzetzes,
Nikolaos v. Methone) dürftig. Die spätbyz. H.
(13.–15. Jh.) nahm dagegen zwar an Quantität, nicht aber
an Substanz zu; wortreich, aber arm an Information,
können die späten Hl. nviten nicht mit den vitaähnl. Auto-
biographien dieser Zeit (z. B. den Memoiren des →Johan-
nes Kantakuzenos) konkurrieren.   A. P. Kazhdan

Q. und Lit.: BHG, 1957 – Auctarium BHG, 1969 – Novum auctarium
BHG, 1984 – K. Holl, Die schriftsteller. Form des griech. Hl. nlebens,
Neue Jbb. für das klass. Altertum 29, 1912 – A. P. Rudakov, Očerki
vizantijskoj kul'tury po dannym grečeskoj agiografii, 1917 – A. Ehr-
hardt, Überl. und Bestand der h. und homilet. Lit. 1937–52 – R.
Agrain, L'h., 1953 – H. Delehaye, Les légendes h., 1955 – Beck,
Kirche, 267–275 – F. Halkin, L'h. byz. au service de l'hist., 1966 – J.
Grodidier de Matons, Les thèmes d'édification dans la vie d'André
Salos, Tr. Mém. 4, 1970 – A. Laiou-Thomadakis, Saints and Society
in the Late Byz. Empire, Charaniso Stud., 1980 – The Byz. Saint, ed. S.
Hackel, 1981 – E. Patlagean, Structure sociale, famille, chrétienté à
Byzance, V, 1981 – I. Ševčenko, Ideology, Letter and Culture in the
Byz. World, V–VI, 1982 – P. Cox, Biogr. in Late Antiquity, 1983.

II. Slavischer Bereich: Die Anfänge der slav. H. sind
mit der Übernahme des Christentums byz. Prägung verbunden. Bereits im 10. Jh. wurde in Bulgarien ein Typus
der byz. Homiliarien mit Hl. nviten bzw. Festtaghomilien
für liturg. Zwecke übersetzt. Ein Band dieses Homiliars
für den Monat März mit den Lesungen für das bewegl. Jahr
ist im Cod. Suprasliensis, 11. Jh. (Ljubljana, Warschau,
Leningrad), erhalten. Im 14. Jh. entstand in den slav. Kl.
des Athos oder in Konstantinopel (Studiu-Kloster) unter
Mitwirkung südslav. Literaten, darunter→des Evtimij v.
Tŭrnovo, eine slav. h.-homilet. Slg., die in ihrer Anordnung von den bekannten byz. Slg. en abweicht und in der

viele Texte erhalten sind, deren griech. Vorlage verloren ist. Zeugen dieser Slg. sind in Hss. bulg. Redaktion des 15. Jh. in moldauischen Kl. aufbewahrt. In Rußland wurde mit einer Slg. des gesamten kirchl. Schrifttums, darunter auch des hagiograph., im 15. Jh begonnen (endgültige Fassung – »Große Lesemenäen« – unter Metropolit Makarij v. Novgorod um 1529/30, in drei unvollständigen mehrbändigen Abschriften erhalten).

Als Entsprechung zum byz. Synaxarion (Slg. von Kurznotizen über Hl. nviten, nach dem Kalender angeordnet) gilt im slav. Bereich der Prolog (aus griech. πρόλογος). Eine erste Übertragung des byz. Synaxarion in der Fassung des Menologion Ks. Basileios' II. (um 985) mit Ergänzungen aus dem Kreis der Studiten-Mönche sowie des Metropoliten Konstantinos v. Moskissos (11. Jh.) entstand noch vor Beginn des 12. Jh. in Konstantinopel bzw. auf dem Athos oder in Kiev (erhalten in einer einzigen russ. Hs. aus dem Ende des 12. Jh. sowie in mehreren südslav. Abschriften des 13.–14. Jh.). Infolge Anreicherung des Prolog durch Viten russ. Hl. r entstanden zwei russ. Redaktionen ab dem 13. Jh. Alle drei Redaktionen des Prolog richten sich nach dem Studiu-Typikon. Im Serbien des 14. Jh. wurde entsprechend dem Jerusalemer-Typikon eine andere Prolog-Fassung übersetzt (wegen der jeder Vita vorangestellten Verse »stišnoj« gen.), die durch →Kiprian v. Kiev Ende des 14. Jh. in Rußland eingeführt wurde. Die Slavenlehrer →Konstantin-Kyrill und Method und ihre Schüler →Clemens (Kliment) v. Ochrid und →Naum wurden noch vor der Einführung ihres Kultes als Hll. Gegenstand der H. Die akslav. Vita Constantini, die vielleicht auf eine verlorene griech. Version zurückgeht, entstand kurz nach dem Tode Kyrills 869 und stammt aus der Feder seines Bruders Method bzw. aus dem Kreise ihrer Schüler (älteste Zeugen in glagolit. Breviarien). Die von Kliment v. Ochrid 885 verfaßte Method-Vita ist bereits in einem altruss. Homiliar des 12.–13. Jh. erhalten.

Die Anfänge der Verehrung slav. Hl. r und der Tradition der ihnen gewidmeten h. Texte bleibt oft aus Mangel an sicheren Daten über die Kanonisierung im dunkeln. Zur Ehre des bulg. Nationalhl. n Ivan v. Rila († 946) entstanden liturg. Hymnen und Viten, von denen die älteste von dem byz. Protokuropalates Georgios Skylitzes um 1180 verfaßt und bald darauf ins Altbulg. übersetzt wurde. Einen Aufschwung erlebte die bulg. H. durch die Tätigkeit des letzten bulg. Patriarchen von Tŭrnovo, →Evtimij, sowie des aus seiner Schule hervorgegangenen →Grigorij Camblak.

Im Serbien des 12. Jh. entstand in der Zeit der Nemanjiden-Dynastie die Gattung der Herrscher-Biographien, die eine einmalige Erscheinung in der slav. Welt darstellt. Es seien hier die zwei Viten zu Ehren des in der serb. Kirche als Hl. verehrten →Stefan Nemanja (Mönchsname Symeon), des Gründers des Athoskl. →Hilandar, von seinen Söhnen, dem Begründer der serb. autokephalen Kirche →Sava und →Stefan dem Erstgekrönten genannt. H. Viten des ersten serb. Ebf. s und Nationalhl. n Sava verfaßten der Priestermönch Domentijan, sein Wegbegleiter zu den hl. Stätten (ca. Mitte des 13. Jh.), und der Hilandar-Mönch →Teodosije (erste Hälfte 14. Jh.).

In der Kiever Rus' stehen die Anfänge der H. im Zusammenhang mit der Chronistik. Anläßl. der Heiligsprechung der Erstmärtyrer Rußlands, →Boris und Gleb, entstand 1072 eine Erzählung (Skazanie), die später in die Kiever Chronik aufgenommen wurde. Aus der Feder des Chronisten Nestor stammt die Vita des Abtes des Kiever Höhlen-Kl. Feodosij (1036–74). Noch aus der vormon-

gol. Zeit stammen altruss. Viten von Mönchen (Avraamij v. Smolensk, Varlaam v. Chutyn' bei Novgorod) sowie von Fs.en-Märtyrern (→Alexander Nevskij [8. A.], Michail v. Černigov). Neue Impulse verlieh der russ. H. der sog. »Zweite südslav. Einfluß« ab dem Ende des 14. Jh. In dieser Zeit kamen südslav. Literaten auf der Flucht vor der türk. Expansion nach Rußland. →Epifanij Premudryi verherrlichte den Missionar →Stefan v. Perm' und den Kl. gründer →Sergej v. Radonez. Aus Serbien stammt →Pachomij Logofet (15. Jh.), der u. a. eine Vita des Kl. gründers →Kyrill v. Beloozero verfaßte.

Am Anfang der slav. H. in Böhmen steht die altslav. Legende über die Hll. Václav (→Wenzel I.) und seine Großmutter →Ludmila (1. Redaktion soll kurz nach dem Tode des Fs. en entstanden sein; in glagolit. Breviarien des 14.–15. Jh. sowie in jüngeren russ. Hss. erhalten). Nicht endgültig geklärt ist die Frage des Verhältnisses dieser kslav. Vita zu den lat. Legenden, die mit dem Namen des Bf.s Gumpoldus v. Mantua verbunden sind. Die angebl. im 11. Jh. verfaßte altslav. Vita des Gründers des Kl. slav. Ritus →Sázava in Böhmen, →Prokop († 1053), ist nicht erhalten. Die lat. Vita minor, die noch vor der Kanonisierung Prokops 1204 durch Papst Innozenz III. entstand, wurde in der 2. Hälfte des 14. Jh. ins Alttschech. übertragen. Auf der Grundlage der im 14. Jh. in der Blütezeit des Prager Emaus-Kl. entstandenen Vita maior beruht eine versifizierte tschéch. Fassung (1360–70).

Unter der poln. Kgn. →Hedwig (Jadwiga, 1384–99) wurde eine Übers. der →Legenda aurea des Jacobus de Voragine angefertigt (ledigl. ein Fragment aus der Vita s. Blasii in einer Hs. aus der Mitte des 15. Jh. erhalten). Im 14. Jh. entstand auch eine versifizierte altpoln. Version der Vita s. Alexii.　　　　　　　　Ch. Hannick

Lit.: TRE XV, 371–377 [Ch. Hannick] – Iosif, Podrobnoe oglavlenie Velikich Četiich Minej vseross. mitropolita Makarija, I–II, 1892 – A. Brückner, Literatura religijna w Polsce średniowiecznej, III: Legendy i modlitewniki, 1904, 45ff. – J. Vajs, Sborník staroslovanských literárních památek o sv. Václavu a sv. Lidmile, 1929 – V. Chaloupecký – B. Ryba, Středověké legendy prokopské, 1953 – St. Hafner, Serb. MA: Alterserb. Herrscherbiographien I (Slav. Geschichtsschreiber 2), 1962 – Ders., Stud. zur altserb. dynast. Historiographie, 1964 – M. I. Mulić, Serbskie agiografy XIII–XIV vv. i osobennosti ich stilja, TODRL 23, 1968, 127–142 – Z. Jufu, Za desettomnata kolekcija Studion (iz archiva na rumŭnskija izsledvač Jon Jufu, Studia balcanica 2, 1970), 299–343 – H. Birnbaum, Byz. Tradition Transformed: the Old Serbian Vita (Ders., On Medieval and Renaissance Slavic Writing. Selected Essays, 1974, 299–340) – T. Dunin-Wąsowicz, Le culte des saints en Pologne au Xᵉs., CCméd 18, 1975, 229–238 – St. Kožucharov, Starobŭlgarski proložni stichove, Literaturna istorija 1, 1977, 44–56 – Ch. Hannick, Maximos Holobolos in der kslav. homilet. Lit. (Wiener byz. Stud. 14, 1981) – A. Poppe, La naissance du culte de Boris et Gleb, CCméd 24, 1981, 29–53 – G. Podskalsky, Christentum und theol. Lit. in der Kiever Rus' (988–1237), 1982 – J. Strzelczyk – W. Swoboda, Żywotopisarstwo (hagiografia), Słownik starożytności słowiańskich 7, 1982, 282–292 – N. F. Droblenkova, Velikie Minei Čet'i, TODRL 39, 1985, 238–243 – E. A. Fet, Prolog, TODRL 39, 1985, 262–266 – N. W. Ingham, The lost Church Salvonic Life of saint Ludmila (Studia slavica mediaev. et humanist. R. Picchio dicata, I, 1986), 349–359 – Bŭlgarkata literatura i knižnina prez XIII vek: Agiografija, chimnografija, istorikoletopisni sŭčinenija, red. I. Božilov – St. Kožucharov, 1987.

Hagiopolites, anonymer Traktat zur byz. Kirchenmusik, 12. Jh. (?), erhalten im Cod. Paris, Ancien fonds grec 360 (14. Jh.), sowie in zwei Abschriften aus dem 19. Jh. (Bruxelles, Leningrad). Die Darlegung des Neumensystems bezieht sich auf die paläobyz. Coislin-Notation. Die Bezeichnung H. wird in der Überschrift des Traktates mit den 'in der hl. Stadt Jerusalem' lebenden Melographen Kosmas und Johannes Damaskenos erklärt. Die Lehre des H. ist auch in Form von Erotapokriseis im Vat. gr. 872

(14. Jh.) enthalten. Im H. in der Fassung der Pariser Hs. wurden Elemente aus der antiken Musiktheorie aufgenommen, die mit dem sog. Anonymus III Bellermanni übereinstimmen. Ch. Hannick

Ed.: L. Tardo, L'antica melurgia bizantina, 1938, 164–173 – J. Raasted, The H. A Byz. Treatise on Musical Theory, Cah. de l'Inst. dum.-â. grec et latin de l'Univ. de Copenhague 45, 1983 – *Lit.*: A. Gastoué, Cat. des mss. de musique byz. de la Bibl. Nat. de Paris et des bibl. publ. de France, 1907, 84f. – C. Floros, Universale Neumenkunde I, 1970, 113 – Ch. Hannick (Hunger, Profane Lit. II), 200 – J. Raasted, The Ms. Tradition of the H.; A Preliminary Investigation on Ancient Fonds Grec 360 and its sources, TU 125, 1981, 465–478.

Hagiu Paulu, eines der Hauptkl. des →Athos, entstand bald nach 972. Die mit Legenden durchsetzte Gründungsgesch. berührt sich eng mit der des Kl. Xeropotamu/H. Nikephoru. Der Name (seit dem 11. Jh. *τοῦ κυροῦ Παύλου*, ab 1385 *τοῦ ἁγίου Π.*) geht wohl auf den mutmaßl. Gründer von Xeropotamu und dessen anfangs ebenfalls Xeropotamu gen. Ableger H.P., Paulos (I.), oder aber auf den zweiten Abt dieser zweiten Neugründung, ebenfalls Paulos (II.) (1007–18), zurück. 1360/65 wurde H.P., das damals nur mehr den Status eines 'Kellion' hatte, von den Mönchen von Xeropotamu für 24000 Aspren an die zum serb. Adel zählenden Mönche Gerasim Radonja, einen Bruder von Vuk →Branković, und Antonije (Arsenije) Pagasi, der die Abtswürde übernahm, verkauft. Damit begann die Blütezeit des Kl., das durch serb. Herrscher und Adlige, byz. Ks. (Johannes VII., Manuel II.) und – seit ca. 1500 – durch Hospodare der Moldau bzw. Valachei und andere rumän. Magnaten reich dotiert wurde. H.P. verfügt(e) über kunsthist. z. T. bedeutende Reliquien und Hss. (Jetzt: ca. 250). G. Prinzing

Q. und Lit.: S. Binon, Les origines légendaires et l'hist. de Xéropotamou et de Saint-Paul de l'Athos, 1942 – F. Dölger, Mönchsland Athos, 1943, 84, 164, 210 – Actes de Xéropotamou, ed. J. Bompaire, 1964 – E. Amand de Mendieta, Mount Athos, the Garden of the Panaghia, 1972 – P. Huber, Bild und Botschaft, 1973, 115–145 – Actes du Prôtaton, ed. D. Papachryssanthou, 1975, 66–69 – L. Shivkova, Das Tetraevangeliar des Zaren Ivan Alexander, 1977, 49, 51 – K. Chrysochoides, Ἱερὰ μονή ἁγίου Παύλου. Κατάλογος τοῦ ἀρχείου, Symmeikta 4, 1981, 251–299 – Istorija srpskog naroda, II, 1982, 190, 455 – P. S. Nasturel, Le Mont Athos et les Roumains, 1986, 241–251.

Hahn → Hausgeflügel

Hahnenfuß (Ranunculus-Arten/Ranunculaceae). In der ma. Medizin fanden verschiedene Arten der (ahd.-)mhd. *hanenvuoz*, aber auch *hanentrit, -sporen, -wurz* gen. Pflanze Verwendung; dabei geht die Heilanzeige bes. von der wohl schon Dioskurides (Mat. med. II, 175) bekannten hautreizenden Wirkung aus, die sich in entsprechenden Namen wie *self-ete, brennkrût* oder *herba flammula* niedergeschlagen hat. So setzte man die H.-Gewächse v. a. gegen verschiedene Hautkrankheiten sowie zur Blutstillung ein (Gart, Kap. 184), während zur Behandlung der sog. Feigwarzen speziell die →Feigwurz diente. G. Keil

Lit.: Marzell III, 1220–1285 – G. Keil, R. Müller, Mnfrk. »self-ete«, ZDA 108, 1979, 180–187.

Haimerad, hl. → Hasungen

Haimerich (Aimerich), frz. Kleriker, † 28. Mai 1141 in Rom; burg. Herkunft. Kanoniker in Bologna und Rom (?), 1123 von →Calixtus II. zum Kard.diakon von S. Maria Nova erhoben, nach dem I. Laterankonzil auch Kanzler. Seitdem war H. der maßgebende Politiker an der Kurie. In den beiden folgenden Papstwahlen brachte er jeweils den Kandidaten der »progressiven« →Frangipani-Gruppe durch: 1124 →Honorius II., 1130 →Innozenz II.; beim zweiten Mal nur um den Preis eines Schismas (→Pierleoni-[Gegen]Papst →Anaklet II.), das freilich mit Hilfe des H.

persönl. verbundenen →Bernhard v. Clairvaux und Ks. Lothars III. für Innozenz entschieden werden konnte (II. Laterankonzil 1139). H.s genauer Anteil an der Verbreitung des Jakobskults (→Jacobus, hl.) bleibt noch zu erforschen. W. Decker

Lit.: →Anaklet II. [vgl. dort Q. und Lit.: F. J. Schmale] – DBI I, 525f. – B. Zenker, Die Mitglieder des Kard.skollegiums von 1130 bis 1159, 1965 – J. Deér, Papsttum und Normannen, 1972 – A. Grabois, Le scisme de 1130 et la France, RHE 76, 1981, 593–612 – W. Maleczek, Das Kard.skollegium unter Innocenz II. und Anaklet II., AHP 19, 1981, 27–78 – H. Grotz, Kriterien auf dem Prüfstand: Bernhard v. Clairvaux angesichts zweier kanon. strittiger Wahlen (Fschr. F. Kempf, 1983), 237–263; →Honorius II., →Jacobus, hl.

Haimo. 1. H. v. Auxerre, Lehrer des →Heiric v. Auxerre (s. Heiric. carm. I 1, 11 und 13) in den Jahren um 850/860, gilt als Verf. der seit →Johannes Trithemius (ed. M. Freher, I, Frankfurt 1601, 124 bzw. 251) →Haimo v. Halberstadt zugeschriebenen Komm. zum Hld (Hauptq. für die »Expositio in Cantica Canticorum« des →Williram v. Ebersberg), zu Jes, den 12 kl. Propheten, den Paulus-Briefen und zur Offb sowie evtl. auch der »Historiae sacrae epitome sive de christianarum rerum memoria«. B. Gansweidt

Ed.: MPL 116–118 – *Lit.*: Stegmüller 3064–3072 – A. Vaccari, L'Ed. pr. del commento di Aimone alla Cantica e la chiave di un problema letterario, Biblica 5, 1924, 191ff. – Brunhölzl I, 480f. – J. J. Contreni, H. of A., Abbot of Sasceium (Cessy-les-Bois) and a New Sermon on I John V, 4–10, RevBén 85, 1975, 303–320 – Ders., The Biblical Glosses of H. of A. and John Scottus Eriugena, Speculum 51, 1976, 411–434 – V. Schupp, Stud. zu Williram v. Ebersberg, 1978 – S. Cantelli, Il Commento al Cantico dei Cantici di Giovanni da Montavo, StM 26, 1985, 101–184 – →H. v. Halberstadt.

2. H. v. Halberstadt OSB, † 853, in Fulda Mitschüler des →Hrabanus Maurus, der ihm seine Enzyklopädie »De rerum naturis« widmete; um 839 Mönch in Hersfeld, 840 Bf. v. Halberstadt. Keines der ihm durch →Johannes Trithemius (ed. M. Freher, I, Frankfurt 1601, 124 bzw. 251) zugewiesenen exeget. Werke hat H. verfaßt: Die Komm. zum Hld, zu Jes, den 12 kl. Propheten, den Paulus-Briefen sowie zur Offb stammen zieml. sicher von →Haimo v. Auxerre, vermutl. auch die »Historiae sacrae epitome sive de christianarum rerum memoria«. Einem unbekannten Autor des 9. Jh. gehören die Komm. zum Pentateuch, zu Jer, Ez und Dan; der »Liber de qualitate caelestis patriae ex sanctorum patrum opusculis excerptus« ist wohl vor 812 entstanden. Der Traktat »De corpore et sanguine Domini« unter dem Namen des H. ist ein Werk des 11. Jh.; die Komm. zu den Ps sowie dem Cantica des AT wurden im 12. Jh. (Anselm v. Laon?) verfaßt. B. Gansweidt

Ed.: MPL 116–118 – *Lit.*: Stegmüller 3073–3123 – Brunhölzl I, 340f. – D. A. Wilmart, Lettres de l'époque Caroling., RevBén 34, 1922, 234–245 – Ders., Un comm. des Psaumes restitué à Anselme de Laon, RTh 8, 1936, 325–344 – J. Geiselmann, Krit. Beitr. zur frühma. Eucharistielehre, TQ 106, 1925, 23–66 – C. Spicq, Esquisse d'une hist. de l'Exégèse Latine au MA, 1944, 50f. – →H. v. Auxerre.

Haimonskinder → Vier Haimonskinder

Hainaut → Hennegau

Hainburg, Grenzstadt im ö. Niederöstereich, am s. Donauufer gelegen; hallstatt- und latènezeitl. Wallanlage und Siedlung (Braunsberg). Die um 1020 vom Tegernseer Vogt Heimo angelegte Siedlung »Am Stein« zu Dt.-Altenburg wurde 1030 von den →Ungarn erobert und 1042 von Heinrich III. zerstört. 1060/70 errichtete die Gf. v. →Sulzbach Burg, Markt und Martinskirche 2 km östl. des bisherigen Standorts neu. 1188 kam H. an den Babenberger →Leopold V., der mit dem Lösegeld für →Richard

I. Löwenherz die Neustadt mit Rechteckplatz und die Burg auf dem Schloßberg errichten ließ; 1200–50 folgten die – großenteils erhaltene – Stadtmauer und drei Tore. Das Minoritenkl. wurde 1240, die neue Pfarrkirche um 1260 erbaut. Seit 1338 ist eine Judengemeinde bezeugt. Seit 1236 Markt, erhielt H. 1244 Stadtrecht. H. besaß seit dem 13. Jh. das Hochgericht und war im 15. Jh. im Landtag vertreten. Die Stadt hatte um 1500 über 1000 Einw. Bedeutend war der Weinhandel mit Ungarn. Seit 1460 Salzhauptdepot für Ungarn, bekam H. 1463 das Niederlagsrecht für alle Waren.   K. Gutkas

Lit.: Österr. Städtebuch IV, 2, 1976 – G. SEEBACH, Burg und Stadt H., 1977, 94–108.

Haithabu (Hedeby), wüst gewordener wikingerzeitl. Siedlungsplatz, verkehrsgeogr. günstig am innersten Ende der Schlei gelegen, einer ca. 40 km ins Landesinnere reichenden Ostseeförde im n. Schleswig-Holstein.
I. Geschichte – II. Archäologie.

I. GESCHICHTE: Der bedeutende Fernhandelsplatz ist wahrscheinl. identisch mit dem in den frk. Reichsannalen unter 804 erwähnten »locum qui dicitur Sliesthorp«, gelegen im Gebiet der →Dänen, aber unweit der Grenze zu den →Sachsen. Im Sommer 804 als Aufenthaltsort des Dänenkg.s →Gudfred bezeugt, der hier Verhandlungen mit dem sich jenseits der Elbe aufhaltenden Karl d. Gr. führte, wird H./Sliesthorp 808 'portus' gen. Unsicher ist, ob die Kaufleute aus dem zerstörten →Reric in H. oder an einem anderen Ort angesiedelt wurden. Mit Erlaubnis Kg. Horiks I. errichtete der hl. →Ansgar eine Kirche in H. (archäolog. noch nicht nachgewiesen), die den Handelsplatz zum bevorzugten Ziel christl. Kaufleute, z. B. aus →Dorestad und dem sächs.-norddt. Raum, werden ließ. Unter Horik II. erlitt das Christentum auf Betreiben des Comes v. Sliaswich (H. oder die Landschaft S.?) einen Rückschlag, wurde aber nach dessen Sturz erneut zugelassen. Der Sieg Heinrichs I. über Kg. Knuba 934 bei Schleswig/H. führte zur Verschiebung der dt. Grenze bis in dieses Gebiet, in dem ein Mgf. eingesetzt und sächs. Siedler angesiedelt wurden, deren Lokalisierung jedoch nicht gesichert ist. 974 schlug Otto II. bei Schleswig einen dän. Aufstand nieder; zur Sicherung der Grenze wurde eine Burg errichtet. Die Anlage des Halbkreiswalles um H. und des Verbindungswalles w. von H. steht vielleicht in Zusammenhang mit der Vorbereitung des dän. Aufstandes. Bei dem dän. Überfall i. J. 983 wurde die Burg niedergebrannt, das umstrittene Grenzgebiet wieder dän. Die Bedeutung H.s ging wahrscheinl. wegen der Versandung des Hafens im 11. Jh. zugunsten →Schleswigs zurück, wo größere Schiffe landen konnten. Die Zerstörungen um die Mitte des 11. Jh. (Norweger 1050 und/oder Slaven 1066) beschleunigten den Niedergang H.s.
Als Bf.ssitz wird H. erstmals 948 erwähnt, war jedoch wohl nicht immer Residenz der ersten Bf.e. H. war ca. 825–860 und ca. 900–985 Münzstätte. Nach den Beschreibungen Ottars und Wulfstans (→Entdeckungsfahrten, skand.) aus dem späten 9. Jh. stand H. in Verbindung mit Norwegen und dem Land der Prußen.   Th. Riis

Lit.: A. E. CHRISTENSEN–E. MOLTKE, Hvilken (kong) Svend belejrede Hedeby?, HTD 12, Rk. V, 1971, 297–326–H. STOOB, Dt. Städteatlas I, 1973, H. 9 – DERS., Zur Topographie von Alt-Schleswig, Acta Visbyensia V, 1976, 117–126 – E. MOLTKE, Det svenske Hedebyrige og Danmarks Samling (Aarbøger for Nordisk Oldkyndighed og Hist., 1985 [= 1986], 16–28 – J. STARK, H.-Schleswig – Danewerk (Brit. Archaeological Rep., Internat. Ser. 432, 1988).

II. ARCHÄOLOGIE: Die Doppelbenennung als H. und Schleswig erschwerte anfangs die Identifizierung des Platzes. Groß angelegte archäolog. Grabungskampagnen (1900–15, 1930–39, 1962–69, 1979–80) haben das Bild der Siedlung ständig verfeinert. Die Besiedlungsdauer von H. reicht vom mittleren 8. bis in das mittlere 11. Jh. Die Anfänge lassen sich somit mit dem Baubeginn am →Danewerk I (um 730) korrelieren, während sich die Auslaufphase mit den Anfängen der Besiedlung auf dem gegenüberliegenden Nordufer der Schlei im Bereich der Altstadt von Schleswig zeitl. überlappt. An konstruktiven Baubefunden mit H. dendrochronolog. ermittelte Anfangs- und Enddatierungen liegen zw. 811 und 1020. Im inneren Schleibecken besteht damit Siedlungskontinuität vom 8. Jh. bis zur ma. Stadt und heute.
Die Topographie des insgesamt etwa 50 ha großen Areals von H. ist geprägt von einem ausgedehnten Siedlungsbereich, dem Hafengelände mit Landungsbrücken und Palisade, mehreren Gräberfeldern, einem halbkreisförmigen Befestigungswall mit Vorbefestigungen und Anschluß an das Langwallsystem des Danewerks und einer Höhenburg. Im Außenbereich befanden sich mehrere bedeutende Einzelbestattungen, darunter ein Schiffsgrab mit einer Fs.enbestattung, sowie →Runensteine des 10. Jh. Die hist. erschlossene Bf.skirche und der Kg.shof blieben bislang unentdeckt.
Der mittlere von anfangs vermutl. drei Siedlungskomplexen des 8./9. Jh. am Haddebyer Noor wurde in der 2. Hälfte des 10. Jh. halbkreisförmig von einem etwa 24 ha umfassenden Befestigungswall umgeben. Der Holz-Erde-Wall wuchs in mehreren Ausbauphasen zu einer Höhe von mehr als 7 m empor. Der jüngste Sohlgraben hat bei einer Tiefe von 2 m eine Breite von rund 6 m. Die heutige Gestalt des noch bis zu 11 m hohen Halbkreiswalles von H. ist stark durchdacht. Schanzarbeiten des 19. Jh. überformt. Zwei gegenüberliegende Walldurchlässe waren in ihrem ältesten erkennbaren Aufbau als Kammertore konstruiert. Die Wallanlage auf der Hochburg ist undatiert. Ihr Innenraum wird durch ein Hügelgräberfeld sekundär genutzt.
Die Baubefunde in der Siedlung lassen sehr stark sowohl individuelle Züge als auch offenbar auf Planung beruhende Gemeinschaftsleistungen erkennen. Dem Bild eines durch ein geradliniges Wegenetz weitgehend geordneten Siedlungskomplexes mit häufiger Platzkonstanz der umzäunten Parzellen steht die baul. Vielfalt der Gebäude, Brunnen, Wege, Zäune und Uferbefestigungen gegenüber. Die Häuser sind ausnahmslos als offene Hallen konstruiert. Die Grundrisse sind dabei denkbar verschiedenartig, ebenso die Bautechnik der Wandverbände, die als eingegrabene Spaltbohlen, oft mit Flechtwerk, als Schwellbohlen- oder – selten – als Blockbau vorkommen.
Die Hafenbrücken – bisher sind vier nachgewiesen – waren als offene Stege konstruiert, die bis zu rund 50 m in das Wasser hineinreichten. Nach Ausweis dazugehöriger Kleinfunde – etwa Münzen und Gewichte – haben darauf vielfältige Handelsaktivitäten stattgefunden (→Hafen). Schiffsanlegebrücken dienten jedoch auch zur Entsorgung von Siedlungsabfall, z. B. Speiseresten. Das innere Hafenareal war von einer halbkreisförmig ausgelegten Palisade gesichert, deren Einfahrt möglicherweise durch Türme flankiert war. Schiffsfunde geben Auskunft über die auf H. bezogene Handels- und Kriegsschiffahrt (→Schiff, -bau, -stypen).
Die Kleinfunde lassen sich ganz überwiegend den Bereichen Handwerk und Handel zuordnen. In H. sind die meisten im FrühMA bekannten Produktionszweige und -techniken ausgeübt worden, und zwar, wo vorhanden, aus den am Ort oder seiner Umgebung verfügbaren Rohstoffen (z. B. Eisen, Rothirschgeweih, Bernstein) oder auch aus importierten Gütern (z. B. Bunt- und Edelmetall,

Rentiergeweih). Eine Vielzahl unterschiedl. Halbfertig-produkte belegt die handwerkl. Tätigkeit am Ort selbst. Bis auf wenige Ausnahmen ist es jedoch außerordentl. schwierig, zw. der Produktion für die Selbstversorgung der einheim. Bevölkerung und einer solchen für den Export zu unterscheiden. Hochspezialisierte Techniken sind im Bereich der Goldschmiede- und Feinmetallarbeiten sowie der Textil- und Glasherstellung nachweisbar. Wagen-, Schiff- und Hausbau legen Zeugnis von der hohen Qualität holzverarbeitender Techniken ab. Trotz weit fortgeschrittener Kenntnisse gerade zur Technikgesch. ist eine berufstopograph. Strukturierung der Siedlung, etwa im Sinne geschlossener »Handwerkerviertel«, nicht mögl., mit Ausnahme eventuell des Eisenschmiedehand-werks, das sich anhand von Schlackenkonzentrationen im NW der Siedlung lokalisieren läßt.

Eine Vielzahl von importierten Gütern läßt auf Wirt-schaftsbeziehungen zu den jeweiligen Herkunftsgebieten schließen. Mühlsteine aus der Eifel sowie Keramik, Glas, Schmuck und Waffen aus dem Rheinland dürften H. über die frk.-fries. Metropole →Dorestad erreicht haben. Quecksilber, Gagat und Zinn stehen stellvertretend für eine Reihe von Rohstoffen und kamen vermutl. aus Spa-nien bzw. England. Norwegen und Schweden lieferten u. a. Speckstein, Wetzschiefer und Eisenerz.

Anhand ethn. spezif. Bestattungssitten ist die Anwe-senheit von Sachsen, Friesen, Slaven und Schweden neben der überwiegenden Mehrzahl der einheim. Dänen in H. verbürgt. Die soziale Gliederung dieser etwa 1000 Einw. umfassenden Bevölkerung anhand der Grabausstattung ist grob zweigeteilt: Von der großen Mehrheit der Einw. hebt sich eine Herrschergruppe von etwa 5% ab. Alle strukturellen und funktionalen Beurteilungskriterien zu-sammengefaßt, läßt sich in H. zum ersten Mal in N-Europa eine als städt. charakterisierte Siedlungsorganisa-tion erkennen. Ch. Radtke

Lit.: Die Ausgrabungen in H., 1–9, 1937–87 – Ber. über die Ausgra-bungen in H., 1–29, hg. K. Schietzel, 1969–89 – Ders., Stand der siedlungsarchäolog. Forsch. in H. – Ergebnisse und Probleme (ebd., 16, 1981) – Archäolog. und naturwiss. Unters. an ländl. und frühstädt. Siedlungen im dt. Küstengebiet vom 5. Jh. v. Chr. bis zum 11. Jh. n. Chr., hg. J. Jankuhn, K. Schietzel, H. Reichstein, II: Handels-plätze des frühen und hohen MA, 1984 – H. Jankuhn, H., ein Handels-platz der Wikingerzeit, 1986[8] [Lit.].

al-Ḥakam I. → Omayyaden

al-Ḥakam II. → Omayyaden

Hakelwerk bezeichnet in Alt-→Livland eine nichtagrar. Siedlung neben oder zu Füßen einer Burg (→Burg [I]), in der sich Handwerker, Gewerbetreibende, Nahkaufleute zusammengefunden haben. Hakelwerke bestanden schon in der Zeit vor dem Eindringen der Deutschen; wurden Burgen aufgegeben, wurden meist auch die Hakelwerke verlassen. Sie waren gar nicht oder nur durch einen Zaun befestigt, genossen keinen rechtl. Sonderstatus; mitunter bildeten sie Ausgangspunkte für die Entstehung von Städ-ten; damit änderte sich die rechtl. Lage ihrer Bewohner. Auch in Litauen gab es ähnliche Siedlungen. M. Hellmann

Lit.: Spezialunters. fehlt – K. R. Kupffer, Balt. LK I, 1911, 402ff. – H. Laakmann, Estland und Livland in frühgesch. Zeit (Balt. Lande I, 1939), 218.

Hakemitische Tafeln → Tafeln, astron.

Haken. 1. H., hölzernes →Ackergerät.

2. H., Wirtschaftseinheit der einheim. Bevölkerung in Polen, Preußen und den balt. Ländern, die so viel Land umfaßte wie sich mit dem H. bestellen ließ. Dabei ist zw. Ackermaß und Flächenmaß zu unterscheiden, wobei der

Übergang vom ersten zum zweiten allmähl. erfolgte. Durch die Einwanderung der dt. Bauern, die ihre heim. →Hufe mitbrachten oder durchsetzten, verschwand der H., außer in Livland. Als Ackermaß blieb er erhalten in verschiedenen Größen, die nach der Aussaatmenge ge-messen wurden: sog. »Bauernh.«, »Revaler H.«, »Dt. H.«, der auch Flächenmaß wurde und weit verbreitet war, v. a. im Gebiet des Dt. Ordens, und sog. »Plettenbergi-scher H.«. Als reiner Vermessungsh. galt der »Herrmei-sterh.«. M. Hellmann

Lit.: Z. Ivinskis, Gesch. des Bauernstandes in Litauen, 1933, passim – E. Dunsdorfs, Zum H.problem (Commentationes Balticae I, 1954), 1–25 – W. Kuhn, Der H. in Altpreußen (Ders., Vergleichende Unters. zur ma. Ostsiedlung, 1973), 141–172 – E. Tarvel, Der H., Tallinn 1983 – G. Goehrke, Siedlungsgesch. des Ostbaltikums, ZOF 37, 1988, 481–554 [Lit.].

Hakenbüchse, aus Eisen geschmiedete oder aus Bronze gegossene Feuerwaffe des 15. und 16. Jh., an deren Unter-seite ein Haken zum Abfangen des Rückstoßes angebracht war und die von einem einzelnen Mann als →Handfeuer-waffe bedient werden konnte. Nach ihrer Handhabe un-terschied man geschäftete H.n und Stangenh.n. E. Gabriel

Lit.: Q. zur Gesch. der Feuerwaffen, hg. Germ. Museum, 1877.

Hákon

1. H. Aðalsteinsfóstri (›Ziehsohn des Æthelstan‹), norw. Kg., ca. 930–960, Sohn von →Harald Schönhaar. Am Hofe des engl. Kg.s →Æthelstan christl. erzogen, ver-suchte er erfolglos, das Christentum in Norwegen einzu-führen. In den Sagas gilt H. – wohl zu Recht – als Initiator eines neuen Dingsystems, das auf gesetzl. begründeten Repräsentantenversammlungen beruhte (→Ding, II), so-wie eines Schiffsgestellungssystems (→Ledung). Doch dürfte sich H.s Einfluß kaum über das zentrale norw. Westland erstreckt haben. Seine Beliebtheit beim Volk (vgl. seine anderen Beinamen: goði ›der Gute‹) erhielt er wohl wegen seiner Respektierung des heidn. Kults. →Há-konarmál. S. Bagge

Lit.: P. Sveaas-Andersen, Samlingen av Norge og kristningen av landet 800–1130, 1977, 93ff.

2. H. IV. Hákonarson (H. d. Alte), Kg. v. →Norwe-gen 1217–63, † 1263 auf einem Feldzug gegen →Schott-land. Zu Beginn seiner Regierungszeit kam es zur Aussöh-nung zw. →Birkebeinern und →Baglern – nach einer letzten Revolte (1239–40) – zum definitiven Ende des norw. Bürgerkrieges, was H. eine stärker nach außen gerichtete Politik, insbes. gegenüber den norw. Besitzun-gen in Britannien (→Hebriden, →Man), und den skand. Nachbarländern erlaubte. So unterwarf er 1262 →Island. Im Innern vollzog sich eine Konsolidierung des Kgtm.s mit dem Ausbau einer Zentral- und Lokalverwaltung, der Entwicklung einer Reichsaristokratie im Dienste des Kgtm.s und der Stärkung der öffentl. Rechtspflege. Der Kg.shof wurde zum bedeutenden lit. Zentrum (→Für-stenspiegel) und entfaltete reiche Bautätigkeit.

Die von Sturla Þórðarson verfaßte »Hákonar saga Hákonarsonar« ist die umfangreichste →Saga über einen einzigen norw. Herrscher und stützt sich auf das kgl. Archiv. Bei Betonung der dramat. Ereignisse vermittelt sie aber auch einen Eindruck vom nüchternen Regierungs-alltag. Obwohl die Saga kein klares Persönlichkeitsbild des Kg.s entwirft, ist der in der Forschung bisweilen behauptete geringe persönl. Anteil des Kg.s an den Regie-rungsereignissen kaum zu halten. S. Bagge

Lit.: K. Helle, Norge blir en stat 1130–1319, 1974[2], 103ff. – s.a. Ed. und Lit. zu →Sturla Þórðarson.

3. H. V. Magnússon, Kg. v. →Norwegen 1299–1319,

∞ Eufemia v. →Arnstein. Seine Regierungszeit markiert den Höhepunkt der staatl. Entwicklung Norwegens im MA. Das reiche Q.material gibt Aufschluß über eine autoritäre Königsideologie mit starkem Durchsetzungswillen gegenüber Kirche und Aristokratie, Streben nach Wahrung und Erweiterung kgl. Rechte und Einkünfte und gleichzeitigem Bemühen, die Bauern vor Übergriffen kgl. Amtsträger zu schützen. Nach außen hin setzte H. die aggressive Politik gegenüber→Dänemark (seit den 1280er Jahren) fort, jedoch ohne größeren Erfolg. Mehr Erfolg hatte er bei der Eindämmung des Einflusses der→Hanse in Norwegen. Sein Heiratsbündnis mit der schwed. Hzg. →Erich Magnússon führte nach H.s Tod zur Union zw. Norwegen und→Schweden.   S. Bagge

Lit.: K. HELLE, s.o., 261ff.

4. H. VI. Magnússon, Kg. v. →Norwegen 1343–80, Kg. v. →Schweden 1362–64, †1380. Nach Auflösung der schwed.-norw. Union 1343/44 wurde H. als Minderjähriger zum norw. Kg. gewählt. Er übernahm die Regierung 1355, doch behielt sein Vater, der schwed. Kg. →Magnus Eriksson, einen Teil des Landes. Nachdem H. und Magnus 1363/64 in Schweden abgesetzt worden waren, setzte H. auch nach Magnus' Tod 1374 den Kampf gegen den neuen schwed. Kg. →Albrecht v. Mecklenburg von Norwegen und den westschwed. Landschaften aus fort. Dabei erhielt H. – dank seiner Ehe mit Margarete, der Tochter des dän. Kg.s →Waldemar IV. Atterdag, Unterstützung von dän. Seite. In seiner nord. Politik war H. abhängig von der norw. Aristokratie; seine Regierungszeit ist deshalb geprägt von einer engen Zusammenarbeit mit dem norw. →Reichsrat, der in dieser Zeit seine Stellung festigen konnte. →Margarete.   S. Bagge

Hákornarmál ('Hákonslied'), bedeutendes Preislied des isländ. Skalden Eyvindr Finnsson skaldaspillir auf Kg. →Hákon Aðalsteinsfóstri, der 961 in der Schlacht bei Fitje auf der Insel Stord im Hardangerfjord als Vertreter der heidn. Partei gegen die christl., von Dänemark unterstützten Söhne seines Halbbruders →Erich I. Blutaxt fiel. Es beschreibt, wie zwei Walküren, die auf Odins Geheiß auf dem Schlachtfeld einen Kg. aus Yngvis Geschlecht für Walhall auswählen sollen, sich für Hákon entscheiden, der blutüberströmt in Walhall einzieht, sich aber weigert, die Waffen aus der Hand zu geben. Der Epilog würdigt Hákons Respektierung des alten Götterkultes und betrauert die harte Herrschaft der (christl. beeinflußten) Erichssöhne. Deutlich sind Anspielungen auf Endzeitkampf, Untergang der Götter, Rückkehr des guten Gottes →Balder und Aufkommen eines neuen Zeitalters.

Die H. zeigen themat. und z. T. formale Anklänge an die, nach Auskunft einer Prosaquelle vor den H. entstandenen, anonymen →»Eiríksmál«, doch können nach stilist. und inhaltl. Kriterien die wohl zw. 961 und 963 entstandenen H. durchaus als Vorbild der schwächer komponierten Eiríksmál gedient haben (v. SEE).

H. Ehrhardt

Ed.: J. HELGASON, Skjaldevers, 1968³ (Nordisk Fil. A 12) – *Übers.:* F. GENZMER–A. HEUSLER, Edda, 1922 – *Lit.:* Kindlers Lit.-Lex. III, 1382f. – KL VI, 50f. [HOLM-OLSEN] – K. v. SEE, Saga, Skaldendichtung, 1981, 318–328 – R. SIMEK–H. PÁLSSON, Lex. der an. Lit. 1987, 137f. [Lit.].

Halacha bezeichnet sowohl die Gesamtheit als auch jede Einzelbestimmung des außerbibl. jüd. Traditionsgesetzes. Ihre Anfänge gehen bis in die Zeit Esras zurück und wurden im Laufe der Jahrhunderte immer komplexer. Diese Entwicklung dauerte auch nach Abschluß des →Talmuds während des ganzen MA und darüber hinaus

an. Nach der theol. Anschauung der ma. Judenheit war die im Talmud kodifizierte H. im wesentl. schon am Sinai als mündl. Gesetz neben der schriftl. →Tora dem Mose von Gott geoffenbart und mehr als 1000 Jahre ohne Niederschrift weitertradiert worden. →Judentum, Recht.

H.-G. v. Mutius

Lit.: E. E. URBACH, The Halakha – Its Sources and Developments, 1986.

Halbbrakteat, mißverständl., in der Numismatik jedoch weitgehend verwandte Bezeichnung von zweiseitigen Silbermünzen (→Dünnpfennigen) des 10. bis 13. Jh., deren →Schrötling so dünn ist, daß die Bilder der Vorder- und Rückseiten auf der Gegenseite der Münzen jeweils vertieft erscheinen und deren Bild zerstören, z. T. geradezu auflösen. H.en aus der späten Karolingerzeit, aus Skandinavien (Hedeby-H., 10. Jh.) und bes. in der dt. Münzprägung des 12. Jh. (Niedersachsen, Thüringen, Mittelrhein, S-Deutschland, Österreich) belegt, z. T. mit bes. bildreichen Typen. Teilweise sind die H.en als Vorläufer der →Brakteaten anzusehen.   P. Berghaus

Lit.: Wb. der Münzkunde, hg. F.v. SCHROETTER, 1932, 165f. – B. MALMER, Nordiska Mynt före år 1000, Acta Archaeologica Lundensia, Ser. in 8°, No. 4, 1966, 2–39.

Halberstadt, Bm. und Stadt (im n. Harzvorland). [1] *Bistum:* Für das Gebiet des späteren Bm.s H. sind Missionsbemühungen erst aus der Zeit Karls d. Gr. bekannt. Das Kl. →Hersfeld war im Hassegau, Friesenfeld und Nordthüringgau tätig. Hildegrim, seit 802 Bf. v. →Châlons-sur-Marne, wandte sich, zeitweise unterstützt von seinem Bruder →Liudger, dem n. Harzvorland zu, dem späteren Kerngebiet des Bm.s. Als Missionsleiter verlegte er zu Beginn des 9. Jh. das von Karl d. Gr. errichtete kirchl. Zentrum aus Salingenstede (= Osterwiek) nach H. Die formelle Bildung des Bm.s H. in der Kirchenprov. Mainz erfolgte 814 durch Ludwig d. Fr. Unter den Ottonen, deren Stiftung →Quedlinburg im Bm. lag, begann der Aufstieg H.s. Bf. Bernhard (923–968) verhinderte die Gründung eines Bm.s/Ebm.s →Magdeburg, die aber sein Nachfolger Hildeward (968–996) 968 hinnehmen mußte. Dieser konnte jedoch nach dem →Slavenaufstand v. 983 die günstige Entwicklung fortsetzen: 989 Markt-, Münz- und Zollrecht für H., 991 Zurückgewinnung einiger alter Gebietsteile bei der Auflösung des Bm.s →Merseburg. Die H.er Domschule erreichte jetzt ebenfalls einen gewissen Rang; auch reiste H.er Geschichtsschreibung läßt sich nachweisen. Im 11. und 12.Jh. wurden geistl. und weltl. Herrschaft der Bf.e entschieden ausgebaut, zunächst unter den Bf.en→Branthog (1023–36), Burchard I. (1036–59) und →Burchard II. (1059–88). Dieser konnte von Heinrich IV. neben Gütern die Zollfreiheit für die H.er Kaufleute auf allen kgl. Märkten erlangen. Als er sich jedoch führend an der sächs. Opposition gegen die Salier beteiligte, wurde die Diöz. H. 1075 von ksl. Truppen verwüstet. Trotzdem vermochte er in dieser Zeit das Kl.- und Stiftsleben zu prägen: Gründung des Chorherrenstifts St. Paul in der Stadt, Umwandlung der Klause →Huysburg und des laikalen Eigenstifts Wimmelburg in Kl., Gestaltung des Kl. →Ilsenburg zu einem Reformzentrum der »Junggorzer« Richtung.

Nach dem Niedergang des Bm.s, seiner Kl. und Stifte konnte Bf. Reinhard (1107–23) mit der Einführung der Augustiner-Chorherren in bfl. Stiften die bfl. Herrschaft und Verwaltung intensivieren. Unter Bf. Otto (1123–28, 1131–35) stellte das Bm. sich ganz in den Dienst der Interessen Lothars III.; unter Friedrich I. litt es erhebl. unter den reichs- und territorialpolit. Spannungen. →Bf.

Ulrich (1149/50–60, 1177–80), gegen den sich die H.er vergebl. erhoben hatten, wurden 1154 die Regalien aberkannt. Er stellte sich auf die Seite Papst Alexanders III. Durch seine Absetzung 1160 gab Friedrich I. das Bm. unter Bf. Gero (1160–77) dem welf. Einfluß preis. Als nach dem Vertrag v. →Anagni Ulrich 1177 sein Bm. wiedererlangt hatte, kam es in den Kämpfen mit Heinrich d. Löwen 1179 zur Zerstörung der Stadt H. Nach dem Sturz Heinrichs bauten die Bf.e ihre weltl. Herrschaft im Zentrum ihres Sprengels aus. 1226 kaufte Bf. Friedrich (1208–36) die erbl. Vogtei und das Gericht über die Stadt H. zurück, bis zur Mitte des 13.Jh. erwarben die Bf.e vornehml. in ihrem weltl. Machtbereich weitere Vogteien über geistl. Einrichtungen. Unter Bf. Albrecht I. (1304–24) begann gegen die konkurrierenden Adelsgeschlechter am Harzrand eine bewußte Territorialpolitik zur Erweiterung und Abrundung des Hochstifts (1322 Erwerb von Aschersleben). Bf. Albrecht II. (1325–58) erwarb 1332 die Schlösser Falkenstein und Ermsleben, erlangte 1338 die Vogtei über die Stadt Quedlinburg (bis 1477) und zerschlug 1351 endgültig die Herrschaft der Regensteiner Gf.en. Auch die durch Geldnot erzwungenen häufigen Verpfändungen des 14. und 15.Jh. gefährdeten den damals erreichten Umfang des Stiftsterritoriums nicht mehr wesentl., führten aber zur Minderung der stadtherrl. Rechte in H. Ab 1479 (bis 1566) war das Bm. H. in Personalunion mit dem Erzstift Magdeburg verbunden.

[2] *Stadt:* Sie entstand aus mehreren Siedlungskernen: Oberhalb einer älteren dörfl. Siedlung wurde zu Beginn des 9.Jh. mit Dom und Johann- und Paulskirche die befestigte Domburg geschaffen, die später auch die Liebfrauenkirche, den bfl. Palast und die Kurien aufnahm (Fläche: 9 ha). Das ältere Dorf nw. der Domimmunität bildete mit einer Erweiterung im O und dem Westendorf die agrar. geprägte, von vielen bfl. Ministerialen bewohnte Vogtei, in der nicht das ius fori des Weichbildes galt. Seit dem 12.Jh. hatte sie auch eine eigene Pfarrkirche (St. Johann). Der dritte Kern war der Markt, den Bf. Hildeward, gestützt auf ein Marktprivileg Ottos III. von 989, noch vor 994 sö. der Domburg errichtete. Hier entstand schon um 1000 eine Kaufleutesiedlung (mit Martinikirche). Nach 1100 wuchs um das Stift St. Paul eine weitere Siedlung, die zusammen mit der im 12.Jh. entstandenen Neustadt (Handwerkersiedlung mit Pfarrkirche St. Moritz) um die Wende vom 12. zum 13.Jh. der Marktsiedlung angegliedert wurde. Diese drei Siedlungen bildeten das Weichbild. Von der Marktsiedlung ging die städt. Entwicklung aus. In der 1. Hälfte des 11.Jh. ist ein rechtsfähiger Kaufleuteverband nachweisbar. 1068 bestätigte Kg. Heinrich IV. (1108 auch Heinrich V.) den H.er Kaufleuten bisherige Rechte und Privilegien und gewährte ihnen Zollfreiheit auf allen kgl. Märkten. Das Beschlußorgan (burmal) wurde 1105 von Bf. Friedrich bestätigt. Erste Differenzen mit dem Bf. als Stadtherren zeigen sich in dem erfolglosen Aufstand von 1153. Die 1179 begonnene Stadtmauer umfaßte im 13.Jh. mit 76,8 ha alle gen. Siedlungskerne. Dennoch blieb der verfassungsrechtl. Dualismus zw. bürgerl. Weichbild und bfl. Vogtei bestehen. 1226 kaufte Bf. Friedrich vom Großvogt die Vogtei und das Gericht über die Stadt. 1326 schlossen sich H., Quedlinburg und Aschersleben zu einem häufig erneuerten Städtebund gegen die benachbarten Territorialgewalten zusammen. Auch an den umfassenderen regionalen Bündnissen und an der →Hanse beteiligte sich H. Die Verschuldung der Bf.e ermöglichte der Stadt den Erwerb weiterer Rechte: 1371 wurde die Vogtei dem Rat verpfän-

det, 1391 folgten die Einnahmen aus dem Gericht. Vom letzten Drittel des 14.Jh. an kam es zu häufigeren Auseinandersetzungen zw. Rat und Geistlichkeit um deren Privilegien, im Pfaffenkrieg (1401–07) wurden Domkapitel und Stifte zeitweise zum Auszug aus der Stadt gezwungen. Politische und soziale Spannungen führten ab 1410 zu inneren Unruhen, die 1423 in der H.er Schicht gipfelten. 1425 sicherte die Verfassung den Zünften die Hälfte der Ratssitze. Das Bemühen um eine vollständige Freiheit von der bfl. Stadtherrschaft scheiterte. 1486 erzwang der Administrator Ebf. Ernst II. die volle Anerkennung seiner Herrschaft, gab dem weltl. Gericht eine neue Ordnung und löste 1488 auch die verpfändete Vogtei wieder ein.

K. Bogumil

Q.: Gesta ep. Halb., MGH SS XXIII, 73–123 – Gesta Alberti II. ep. Halb., ebd. 123–129 – UB der Stadt H., bearb. G. SCHMIDT, 1878–79 – UB der Collegiat-Stifter S. Bonifacii und S. Pauli in H., bearb. G. SCHMIDT, 1881 – UB des Hochstifts H. und seiner Bf.e, hg. G. SCHMIDT, 1883–89 – *Bibliogr.:* Bibliogr. zur dt. hist. Städteforsch., bearb. B. SCHRÖDER-H. STOOB, Z. I, 1986 (= Städteforsch. B1), 333–335 – *Lit.:* W. SCHMIDT-EWALD, Die Entstehung des weltl. Territoriums des Bm.s H., 1916 – H. BEUMANN, Beitr. zum Urkk.wesen der Bf.e v. H. (965–1241), AU 16, 1939, 1–101 – R. MEIER, Die Domkapitel zu Goslar und H. in ihrer persönl. Zusammensetzung im MA, 1967 – U. JÄSCHKE, Die älteste H.er Bf.schronik, 1970 – K. BOGUMIL, Das Bm. H. im 12.Jh., 1972 – W. SCHLESINGER, Vorstufen des Städtewesens im otton. Sachsen (Fschr. E. ENNEN, 1972), 234–258 – S. WILKE, Ministerialität und Stadt, JGMODtl 25, 1976, 1–41 – L. FENSKE, Ministerialität und Adel im Herrschaftsbereich der Bf.e von H. während des 13.Jh. (Herrschaft und Stand, 1977), 157–206 – B. SCHWINEKÖPER, Kgtm. und Städte bis zum Ende des Investiturstreits, 1977, 29–43 – K. MILITZER-P. PRZYBILLA, Stadtentstehung, Bürgertum und Rat in H. und Quedlinburg bis zur Mitte des 14.Jh., 1980 – G. WITTEK, Zur Entstehung der Stadt H. und ihrer Entwicklung bis zur Mitte des 13.Jh., Nordharzer Jb. 9, 1983, 25–57.

Halbfreie → Hörigkeit

Halbpacht → Teilbau

Halbschilling → Schilling

Halbschoter, 1370 von dem Deutschordenshochmeister→Winrich v. Kniprode (1351–82) in Nachahmung des →Gigliato und in Anlehnung an poln. →Groschen eingeführte Groschenmünze im Wert von 1⅓ Schilling (= 16 Pfennigen). Der H. entsprach bei 3 g Rauhgewicht (1,875 g Feingewicht) einem halben Skot (= ¹⁄₄₈ Kulmische Mark). Er zeigt auf der Vorderseite den Hochmeisterschild, auf der Rückseite, ähnlich den →Meißner Groschen, ein Blumenkreuz im Vierpaß. Der H. hat sich jedoch auf die Dauer nicht gegenüber dem →Schilling behaupten können. 1416 scheiterte ein zweiter Versuch, den H. durchzusetzen.

P. Berghaus

Lit.: Wb. der Münzkunde, hg. F. v. SCHROETTER, 1932, 251 – E. WASCHINSKI, Die Münz- und Währungspolitik des Dt.Ordens in Preußen …, 1952, 74 f. – M. MECLEWSKA, Monety krzyżackie, 1972.

Halbunziale, lat. Buchschrift seit dem 3.Jh., mit Ober- und Unterlängen (»Vierlinienschrift«); entstanden durch Kalligraphisierung der jüngeren röm. Kursive. 1. Die ältere (östl.) H. (archaische H., »bd«-Unziale) unterscheidet sich von der Unziale v. a. durch die Minuskelbuchstaben »b« und »d«; sie zeigt Einfluß gr. Schreibpraxis, ihr Gebrauch ging wahrscheinl. von Berytos aus. Sie ist nur in wenigen Denkmälern erhalten. 2. Eine kursive H. mit höherem Anteil an Ligaturen wurde im W im 4. und 5.Jh. gelegentl. für Scholien u. ä. gebraucht. 3. Jüngere H.: Die Buchschrift der Spätantike und des früheren MA, seit dem 4.Jh. im Gebrauch. Sie ist durch flachgedecktes »g« und »a« (dieses auch mit flachem Bogen gedeckt) sowie durch »N« charakterisiert. Für Vorreden, Anfangszeilen u. ä. wurde sie an manchen Orten noch einige Zeit über das

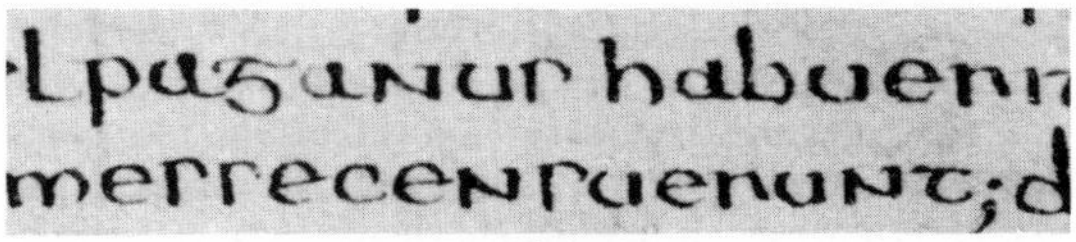

Fig. 12: Halbunziale

Ende des 8.Jh. hinaus verwendet (→Auszeichnungs-schriften). Ein Abkömmling der H. ist die insulare Schrift.   G. Bernt

Lit.: C. P. H. BAMMEL, JTS 35, 1984, 347–393 – B. BISCHOFF, Paläographie des röm. Altertums und des abendländ. MA, 1986², 99–108.

Haldensleben, Mgf.en v., königsnahes Geschlecht des 10. und 11.Jh. im Hzm. →Sachsen und in der sächs. →Nordmark (Besitzschwerpunkte im Nordthüringgau um H. nw. und Wanzleben w. von Magdeburg und im Derlingau ö. von Braunschweig). Die Zubenennung nach H. erfolgte durch die →Braunschweig. Reimchronik. Mgfl. Eigenkl. waren Kalbe an der Milde, →Königslutter und →Schöningen. Der erste gesicherte H.er, der mit den →Billungern verwandte Gf. →Dietrich († 985), wurde nach dem Tode →Geros († 965) Mgf. der sächs. Nordmark. Seine Nachfolger, die Mgf.en Lothar und Werner, entstammten der mit den H.ern häufig rivalisierenden Familie der Gf.en v. →Walbeck. Dietrichs Sohn Bernhard († 1044/45) wurde erst 1009 Mgf. Seine Schwestern (Oda, Mathilde, Thietburg) gingen bedeutende Eheverbindungen ein.

Nachdem Bernhards Sohn, Mgf. Wilhelm, am 10. Sept. 1056 gegen die →Lutizen gefallen war, wurde dessen nicht ebenbürtiger Halbbruder Otto 1057 vom sächs. Adel in den Ansprüchen auf das gfl. Erbe und die Mgft. unterstützt und zugleich ermutigt, Heinrich IV. die Kg.skrone zu entreißen. Jedoch starb Otto bereits am 26. Juni 1057 bei einem Gefecht mit den →Brunonen Brun und →Ekbert I. H.er Eigengüter, darunter Königslutter, fielen über Gertrud († 1116), Tochter des H.er Gf.en Konrad († vor 1056), und deren Enkel →Lothar III. v. Süpplingenburg an→Heinrich d. Löwen.   W. Petke

Q. und Lit.: R. SCHÖLKOPF, Die sächs. Gf.en (919–1024), 1957, 93–98 – H. LUDAT, An Elbe und Oder um das Jahr 1000, 1971, 24, 54–56; Stammtaf. – L. FENSKE, Adelsopposition und kirchl. Reformbewegung, 1977, 23f. – K. J. LEYSER, Herrschaft und Konflikt, 1984, 77, 186f. – CH. LÜBKE, Reg. zur Gesch. der Slaven an Elbe und Oder, T.I-V, 1984–88.

Halevi, Jehuda → Jehuda Halevi

Halfdan, ⚔ 877, mächtiger Führer der→Wikinger innerhalb des dän. »Großen Heeres«, das seit Herbst 865 für 15 Jahre weite Teile der Brit. Inseln beherrschte. H. und seine Brüder →Ivarr und Ubbe sollen Söhne des hist. nicht faßbaren Sagahelden Ragnarr lothbrók gewesen sein. H. war einer der führenden Teilnehmer an der siegreichen Schlacht bei Ashdown (871) gegen die Westsachsen. Im Herbst 874 führte H. einen Teil der in Repton lagernden Wikinger in ein Winterquartier am Tyne, von wo aus er Raubzüge nach →Northumbrien sowie zu den →Pikten und →Strathclyde Briten durchführte. Möglicherweise war H. auch jener 'Alband', der 875 den norw. Kg. Eysteinn heimtück. in Irland erschlug. 876 siedelte sich ein Teil seiner Gefolgsleute in Northumbrien an, wohl ein Grund für das Scheitern seines letzten Irlandzuges, in dessen Verlauf H. auf dem Strangford Lough von den Norwegern erschlagen wurde.   N.P. Brooks

Q.: Anglo-Saxon Chronicle, ed. J. EARLE-C. PLUMMER, 1882–99, s. a. 866–876 – Annals of Ulster, ed. W.M. HENNESSY, I, 1887 – *Lit.:* A.P. SMYTH, Scandinavian Kings in the British Isles 850–880, 1977, 240–249, 255–266.

Halič-Volhynien (russ. Galič-Volhynien bzw. Galič-Vladimir, Bezeichnung im Dt. meist: Galizien-Wolhynien), Fsm . im westruss. Bereich, im Grenzgebiet zu →Polen und →Ungarn.

I. Die Fürstentümer Halič und Volhynien bis zu ihrer Vereinigung (11.–12.Jahrhundert) – II. Das Fürstentum Halič-Volhynien (1199–1340) – III. Kirchengeschichte.

I. DIE FÜRSTENTÜMER HALIČ UND VOLHYNIEN BIS ZU IHRER VEREINIGUNG (11.–12. JAHRHUNDERT): [1] *Halič:* Das Fsm. H. entwickelte sich frühzeitig (2. Hälfte des 11.Jh. und 1. Hälfte des 12.Jh.) unter einem eigenen Fs.enhaus, das auf Rostislav Vladimirovič, den Enkel →Jaroslav des Weisen v. →Kiev, zurückgeht. Als bedeutendes Staatsgebilde umfaßte es die Räume des Dnestrbeckens und des San-Gebietes, mit H. als Herrschaftszentrum. Die Fs.en v. H. behaupteten sich mit wechselndem Erfolg gegen die Hoheitsansprüche Kievs und die Machtpolitik ihrer Nachbarn (→Ungarn, →Polen, Fsm. Vladimir-Volhynien), wobei sie sich auf Allianzen mit Byzanz (→Byz. Reich E. IV) und →Vladimir-Suzdal stützten. Blütezeit war die Regierung des Fs.en →Jaroslav Osmomysl (1153–87). Intensive Besiedlung führte zur Entstehung von Großgrundbesitz und eines selbstbewußten Bojarentums (→Bojaren), das auch im 13.–14. Jh. die Politik des Landes maßgebl. bestimmen sollte.

[2] *Volhynien:* Das Fsm. V., dessen wichtigstes Zentrum das volhyn. →Vladimir war, ging aus dem Siedlungsgebiet der ostslav. →Bužanen und→Duleben hervor und entwickelte sich im 11.–12. Jh. in enger Bindung an →Kiev. Seine Fs.enfamilie geht auf →Vladimir Monomach v. Kiev zurück. Dessen Enkel, Gfs. →Izjaslav Mstislavič (1146–54), spielte eine wichtige Rolle bei der Entwicklung des Landes. 1199 konnte→Roman Mstislavič v. Vladimir, ein Enkel Izjaslavs, sein Fsm. mit dem benachbarten H. vereinigen.

II. DAS FÜRSTENTUM HALIČ-VOLHYNIEN (1199–1340): DER AUS DER VEREINIGUNG VON 1199 HERVORGEGANGENE TERRITORIALKOMPLEX, DER IM AUSLAND AUCH ALS 'mikra Rossia, Russia minor' bezeichnet wurde, war zunächst territorial wenig gefestigt und wurde nach Romans Tod (1205) von Erbstreitigkeiten erschüttert, in die namentl. die Nachbarn Ungarn und Polen, desgleichen der mächtige Bojarennadel v. Halič sowie auch aruss. Fs.en eingriffen. Erst ab 1221 nahm Romans Sohn Daniel Romanovič (* 1201, † 1264), der bedeutendste Fs. seines Hauses, den Kampf um sein Vatererbe auf, stellte bis 1229 seine Herrschaft über V. her, gliederte 1238 auch H. seinem Besitz ein und sicherte seine Machtstellung durch den Sieg über die ung. und poln. Intervenienten und ihre einheim. Verbündeten (17. Aug. 1245). Die Führung des Kiever Gfs.entitels (1239–43, 1246–49) und die ausdrückl. Anerkennung der Oberhoheit der →Goldenen Horde (1246) stärkten Daniels Position auch nach außen hin. Sein Anspruch wird deutlich in seiner Kirchenpolitik, die in der Durchsetzung seines Kandidaten Kirill als Metropoliten ihren Ausdruck fand. Im Westen griff Daniel, im Bunde mit Ungarn, sogar in die Auseinandersetzungen um das Erbe der →Babenberger (→Österreich) ein (1252 Ehe Romans, des 2. Sohnes Daniels, mit der Babenbergerin Gertrud). Kontakte zw. Daniel und Papst→Innozenz IV., der, v.a. seit dem Konzil v. →Lyon (1245), eine aktive Missionspolitik (→Mongolen, →Johannes de Plano Carpini) verfolgte, führten 1254 zur Krönung Daniels mit einer vom Papst übersandten Königskrone; dieser verband damit die – nicht verwirklichte – Aussicht auf eine Kirchenunion.

Während Daniels Regierung wurden die bis dahin noch unsicheren territorialen Grundlagen des Fsm.s gefestigt und ausgebaut: Im S reichte H.-V. bis zu den Karpaten und zu den Flüssen Prut und Seret, im W bis zum San und zum Vepr' und Nur', im N bis zum Oberlauf der Memel (im Grenzgebiet zu Jadwingern und Litauern), im O bis zum oberen Prip'et-Becken und zu den Flüssen Styr und Horyn'. Ein intensiver Landesausbau setzte ein , an dem neben ostslav. Flüchtlingen aus dem Dneprgebiet auch dt. und armen. Kaufleute teilnahmen (Transitwege zum Schwarzen Meer). Das sich entwickelnde Stadtwesen ließ die Zahl der städt. Siedlungen auf ca. 80 anwachsen. An Teilfsm.ern entstanden: →Brest, →Luck (Lučesk), Dorohobuž-Peresopnica, Bolochov, →Vladimir, Cholm, Červen, Belz, Peremyšl, Zvenigorod, Terebovl und H. Eine eigene, bedeutende Chronistik des Fsm.s erscheint mit der →Hypathioschronik.

Unter Daniels Nachkommen wandelte sich das Fsm. zu einem oligarch. Staatsgebilde, über dessen letzte Jahrzehnte infolge des Abbrechens der Hypathioschronik nur dürftige Nachrichten vorliegen. Der letzte Fs. v. H.-V., Georg II., wurde 1340 von Bojaren vergiftet. Die von Kg. →Kasimir d. Gr. v. Polen und dem litauischen Fs.en Lubart geführten Erbauseinandersetzungen endeten mit der Teilung (1352, 1366): →Polen annektierte Belz, Cholm und Vladimir, während der größere Teil von V. sowie die nördl. Territorien (Brest usw.) in den Herrschaftsbereich →Litauens gerieten.

III. KIRCHENGESCHICHTE: Auf die Christianisierung des Gebietes weist in der 1. Hälfte des 11.Jh. das – wohl vom →Athos beeinflußte – Kl. 'Hl. Berg' bei Vladimir in Volhynien hin. Erst 1079/85 wurde das erste Bm., mit Sitz in Vladimir, gegr., von dem sich 1148–56 das Bm. H. abspaltete, aus dem wiederum 1219 das Bm. Peremyšl ausgegliedert wurde. Im Bereich der Diöz. v. Vladimir entstanden 1230 die neuen Bm.er Cholm und Luck (Lučesk). Diese fünf Diöz. samt dem Bm. →Turov bildeten seit 1303 eine Kirchenprovinz (sog. 'mikra Rossia') mit der Metropole H., die – mit Unterbrechungen – das 14.Jh. hindurch bestand und sich Mitte des 15.Jh., im Zuge der Spaltung der aruss. Kirche, endgültig behaupten konnte, mit Sitz in→Kiev. A. Poppe

Lit.: M. HRUŠEVSKY, Ist. Ukrainy-Rusi, II, 1905, 359–504; III, 1905, 1–142, 504–535 [grundlegend; Nachdr. 1954] – V. PAŠUTO, Očerki po istorii galicko-wołłynskoj Rusi, 1950 – HGesch Rußl I, 484–533 [G. STÖKL, Lit.] – G. STÖKL, Die Geschichte des Fsm.s Galizien-Wolhynien als Forschungsproblem, 27, 1980, 9–17 – I. P. KRIPJAKEVIČ, Halic'ko-Volyn'ske knjazivstvo, 1984.

Ḥālid ibn Yazīd ibn Muᶜāwiya, angebl. alchem. Autor. – Als Sohn des Omayyaden-Kalifen Yazīd I. versuchte H., geb. um 668, gest. wohl 704 (oder 709?), nach dem Tode seines Bruders Muᶜāwiya II. (683) vergeblich, den Kalifenthron zu erlangen und mußte sich schließlich auf sein Emirat Ḥomṣ beschränken. Der wegen einer romant. Liebesgeschichte und – unbedeutender – Tätigkeit als Ḥadīṯ-Gelehrter und Dichter in der arabischen Tradition bekannte Prinz wurde aufgrund späterer Legendenbildung im Orient und mehr noch in der Wissenschaftstradition des Abendlands (Calid filius Jazidi) als große Autorität der →Alchemie betrachtet, ihm – neben zahlreichen anderen Schriften – eine einflußreiche Sammlung alchem. Lehrgedichte (»Kitāb Firdaws al-ḥikma«) zugeschrieben, die weite Verbreitung fanden.

Lit.: EI² III, 929f. [M. ULLMANN] – SEZGIN IV, 120–126 – ULLMANN, Nat., 192–195 – DERS., Kat. der arab. alchem. Hss. der Chester Beatty Libr. I, 1974 [Ind.].

Halidon Hill, Schlacht v. (19. Juli 1333), Sieg der Engländer unter Kg. Eduard III. über ein vom Earl of Moray und Sir Archibald Douglas geführtes schott. Heer, das zum Entsatz des von dem Thronprätendenten Eduard →Balliol und seinem engl. Lehnsherrn belagerten Berwick-upon-Tweed herangerückt war. Die auf dem H.H. nw. von Berwick in vier Abteilungen postierten Engländer konnten dank ihrer Bogenschützen (→archers) den auf morastigem Terrain vorrückenden Schotten eine vernichtende Niederlage beibringen; in ungeordneter Flucht fanden zahlreiche schott. Adlige und Ritter den Tod. Unmittelbares Ergebnis der Schlacht war die Errichtung des kurzlebigen Vasallenkgtm.s Eduard Balliols. G. W. S. Barrow

Q.: Anonimalle Chronicle of St. Mary's, York, ed. J. TAYLOR – W. CHILDS [in Vorber.] – *Lit.:* R. NICHOLSON, Edward III and the Scots, 1965.

Halikarnassos, Hafenstadt und Bm. an der SW-Küste Kleinasiens, gegenüber der Insel Kos, heute türk. Bodrum (von 'Petronion', s. u.; oder aber von: *bodrum* 'Kellergewölbe', auch: 'Ruine'). 1415 erhielten die rhod. →Johanniter von Sultan →Meḥmed I. als Ersatz für ihr Kastell St. Peter in →Smyrna einen beliebigen Platz an der kar. Küste (im Emirat →Menteše); sie wählten die Stelle des antiken H., dessen städt. Leben nach der Verwüstung durch →Muᵓāwiya (654/655) erloschen war. Hier baute Ritter Heinrich Schlegelholt auf dem alten Kap Zephyrion, großteils aus antiken Spolien, ein neues Castrum S. Petri (gr. Πετρό(υ)νιον), das gemeinsam mit der Burg auf Kos dem Orden die Kontrolle des Schiffsverkehrs von Konstantinopel nach Rhodos ermöglichte. Die Johanniter bauten die Burg stets weiter aus; die Reste des antiken Mausoleums von H. wurden für die gewaltigen N-Bastionen abgetragen. Ein türk. Angriff auf das Kastell schlug 1480 fehl; nach dem Fall von →Rhodos [1522] kam auch Petronion/Bodrum in die Hände Sultan Süleymans. F. Hild

Lit.: RE VII, 2253–2264 – EI² (frz.) I, 1288f. – DHGE XXIII, 139–145 – TOMASCHEK, 39 – P. WITTEK, Das Fsm. Mentesche, 1934, 98, 108, 167 – W. MÜLLER-WIENER, Burgen der Kreuzritter, 1966, 93f. – A. WIENAND, Der Johanniter-Orden, 1970, 168–171.

Halitgar, Bf. v. Cambrai 817–Juni 831, Mitarbeiter Ebf. →Ebos v. Reims in der nord. Mission (823), Gesandter Ludwigs d. Fr. am byz. Hof (828) und Teilnehmer an dem Pariser Konzil 829, das sich bes. scharf gegen die Verwendung der Bußbücher aussprach. Sein Bemühen um Seelsorge und bes. Reform des Klerus bezeugten (neben 4 von H. gehaltenen Diözesansynoden) das auf Bitten Ebos verfaßte Paenitentiale (→Bußbücher). Dessen Hauptq. waren für B. I–V patrist. Texte (Gregor d. Gr. und Julianus Pomerius) sowie kanon. Bestimmungen (bes. aus →Dacheriana und →Dionysio-Hadriana), während für das ebenfalls wohl von ihm kompilierte, sicher nicht röm. und ursprgl. zu einem Paenit. gehörige Buch VI (Paenit. [Ps.-] Romanum) frk. Liturgie- und Bußbücher die Q. bildeten. Die Provenienz der bekannten Hss. aus dem 9. Jh. weist auf eine zunächst nur nfrz., sw-dt. und oberit. Verbreitung. Daß das Werk im ganzen Frankenreich einen großen Einfluß ausgeübt und der von Reformkreisen erhofften Eliminierung der alten Bußbücher erfolgreich gedient hätte, ist durch nichts belegt. R. Kottje

Ed.: MPL 105, 651 D – 710 A – H. J. SCHMITZ, Die Bußbücher und die Bußdisziplin der Kirche 2, 1898 [Nachdr. 1958], 264–300 – MGH Epp. V, 617 (Briefe Ebos und H.s); ältere Edd. vgl. Repfont V, 375 – Zur ae. Übers. (2. Hälfte 10. Jh.): Die ae. Version des H.schen Bußbuches (sog. Poenitentiale Pseudo-Ecgberti), hg. J. RAITH, BAP 13, 1964² – *Lit.:* H. MORDEK, Kirchenrecht und Reform im Frankenreich, 1975, 697f.

[Register] – R. McKitterick, The Frankish Church and the Caroling. Reforms 789–895, 1977, 170ff. – W. Hartmann, Neue Texte zur bfl. Reformgesetzgebung aus den Jahren 829/31. Vier Diözesansynoden H.s v.C., DA 35, 1979, 368–394 – R. Kottje, Die Bußbücher H.s v.C. und des Hrabanus Maurus, 1980 – P. Brommer, »Capitula episcoporum« ..., TS 43, 1985, 49f.

Hall i. Tirol, Stadt östl. von Innsbruck, links des Inn gelegen, verdankt ihre Entstehung den Salzlagerstätten im n. von H. gelegenen Halltal, von deren Abbau zuerst ein Salzprivileg Gf. Alberts (IV.) v. Tirol (1232), dem Inhaber der Herrschaft Thaur und der ehem. gleichnamigen Burg, in deren Sichtweite die Saline liegt, zeugt. Bald nach Entdeckung des Salzberges ließ der Gf. nahe am Innufer ein Sud- oder Pfannhaus errichten (urkundl. 1256), bei dem sich w. eine Werksiedlung (Marktgasse) entwickelte, die um 1288 Marktrecht erhielt. Spätestens bis 1244 hat der Salinenbetrieb industriellen Charakter angenommen. Der quer über den Fluß erbaute Holzrechen, mit dem das zum Versieden der Salzsohle angetriftete Holz aus dem Inn gezogen wurde, bildete ein Hindernis für die Flußschiffahrt und machte H. zum Kopfhafen der von der Donau flußaufwärts betriebenen Innschiffahrt (Zollstätte). Ein rasches Siedlungswachstum (1281 Bau der St. Nikolaus-Bürgerkirche) und der Wunsch nach mehr Sicherheit (Ringmauer) führten 1303 zur Verleihung des Innsbrucker Stadtrechts durch Hzg. Otto v. Kärnten-Tirol; ein Jahrmarktsprivileg folgte 1356; 1477 wurde die landesfsl. Münzstätte von Meran nach H. verlegt. Die Größe des ma. Stadtgebiets umfaßte 45 ha (davon bis gegen 1420 12,62 ha von der Stadtmauer umgeben). Die Einw.zahl ist um 1400/1500 mit ca. 2000 anzunehmen.　　　F. H. Hye

Lit.: M. Straganz, H.i.T., 1903 – H.er Buch (Schlern-Schr. 106, 1953) – H. Moser – H. Tursky, Die Münzstätte H.i.T. 1477–1809, 2 Bde, 1977/81 – Stadtbuch H.i.T., 1981 – F. H. Hye, H.i.T. (Beitr. zur Gesch. der Städte Mitteleuropas X, 1988), 233–246 – Ders., Österr. Städtebuch 5/1, 1980, 29–51.

Hallamshire, alter Distrikt in der West Riding von Yorkshire, im Umkreis der heut. Stadt Sheffield. Nach Ausweis des →Domesday Book war H. eine geschlossene kgl. →Grundherrschaft, mit dem Kg.shof Sheffield, der frühen Pfarrkirche in Ecclesfield und 16 abhängigen Höfen (*berewicks*), dessen freie Bewohner als *sokemen* dem *sokemoot* unterstanden (→*soke*) und der King's hall zu Sheffield Abgaben und Dienste in wechselnder Höhe leisteten. H., dessen Besitzstruktur sich bis ins SpätMA erhielt, ist das Musterbeispiel des älteren grundherrschaftl. Systems des *composite* oder *federal manor*, das in großen Teilen von England, Wales und Schottland lange bestand.　　　N. P. Brooks

Lit.: G. W. S. Barrow, The Kingdom of the Scots, 1973, 7–68.

Halle, weite Raumform, auch als selbständiges Gebäude mit und ohne Innenstützen, →Haus. Im Unterschied zur →Basilika ein mehrschiffiger Raum mit einheitl. bzw. annähernd gleicher Deckenhöhe, →Hallenkirche, Hallenkrypta (→Krypta).　　　G. Binding

Halle, Stadt in Mitteldeutschland an der Saale (heute DDR). Der auf den idg. Wortstamm *hal* ('Salz') zurückgehende Name deutet auf uralte Salzgewinnung (→Salz) hin. 806 wurde beim Ort »Halla« ein karol. Kastell erbaut. Die wohl unter Kg. Heinrich I. entstandene Burg Giebichenstein am O-Ufer der Saale gelangte mit der zugehörigen Saline 961 an das Moritzkl. →Magdeburg. Bei der Salzquelle entstand im 11. Jh. mit der Moritzkirche und dem Alten Markt eine frühstädt., wohl befestigte Werksiedlung (»Das Thal« oder »Die Halle«) an der Fernstraße Eisleben-Leipzig. N. davon erwuchs eine Kaufleutesiedlung mit Nikolaikirche (1116 gen.); um die Mitte des

12. Jh. wurde der (neue) Markt mit der 1151 gen. Marienkirche am Kreuzungspunkt von fünf Fernwegen angelegt. Innerhalb der vor 1200 anzusetzenden größeren Ringmauer entstand eine mit →Magdeburger Recht begabte Bürgergemeinde; dieses Recht wurde 1165 von →Leipzig übernommen. Dem 1116 gegr. Augustinerchorherrenstift Neuwerk folgte 1184 das Stift an der Moritzkirche. 1200 trat eine Deutschordenskommende hinzu, weitere Kl. folgten.

Das »Thal« unterstand der Gerichtsbarkeit des kgl., später ebfl. Salzgf.en, die Oberstadt jener des Schultheißen. Die Hochgerichte lagen in der Hand des Burggf.en. Der 1258 gen. Rat setzte 1263 die Befreiung von diesen drei Herrschaftsträgern des Magdeburger Ebf.s durch, 1310 erlangte er die volle Autonomie. Vom späten 13.– späten 15. Jh. hielt sich H. auch zur →Hanse. 1324 verbündete es sich mit Magdeburg gegen den eigenen Stadtherrn; Auseinandersetzungen mit den Ebf.en zogen sich bis zum Ende des MA hin. Gegen die Dominanz der Salzpfänner im Rat erreichten die Innungen und »Gemeinheiten« mit Hilfe des Ebf.s 1478 zwar deren Entmachtung, gleichzeitig aber verlor H. alle Freiheiten und wurde voll dem Stadtherrn unterworfen. Kennzeichen dafür ist die seit 1484 erbaute Moritzburg im NW der Stadt. H. hatte 1480 ca. 7000 Einw. bei einer ummauerten Fläche von ca. 54 ha.

Das Wirtschaftsleben H.s wurde ganz von der Salzproduktion geprägt. Vier Salzbrunnen versorgten über 100 Siedehäuser mit Sole; die »Halloren« arbeiteten als Salzsiedeknechte der großbürgerl. Pfänner. Zwei Handelsmessen gingen seit dem Ende des 15. Jh. gegenüber der aufsteigenden Konkurrenz von Leipzig merkl. zurück.　　　K. Blaschke

Bibliogr., Q. und Lit.: S.v. Schultze-Galléra, Gesch. der Stadt H., 2 Bde, 1925–29 – UB der Stadt H., ihrer Stifter und Kl., 1–3, bearb. A. Bierbach, 1930–57 – R. Hünicken, Gesch. der Stadt H., 1941 – Mitteldt. Heimatatlas, 2. T., 1960, Bl. 30 – H. Höhne, Bibliogr. zur Gesch. der Stadt H. und des Saalkreises 1, 1968 – H. Gesch. der Stadt in Wort und Bild, 1983² – Bibliogr. zur dt. hist. Städteforsch., 1986 (= Städteforsch. B 1), 336–340.

Hallein, Saline und Stadt an der Salzach, s. von Salzburg.
[1] *Saline:* Die seit dem 4. Jt. v. Chr. bekannten Salzlager des Dürrnbergs bei H. wurden von den Kelten seit ca. 600 v. Chr. bergmänn. in großem Stil ausgebeutet. Der in röm. Zeit stillgelegte Bergbau wurde um 1185 unter dem Salzburger Ebf. →Adalbert III. neu eröffnet. Durch techn. →Innovationen (v. a. Einführung des Laugverfahrens unter Tag, Sieden in Großpfannen) und durch die Beteiligung von Kl. als Mitsiedern wurde die Produktion enorm gesteigert. Ebf. →Eberhard II. (1200–46) brach durch Billigpreise und durch die Beherrschung des Ausfuhrweges auf der Salzach die Monopolstellung der Saline →Reichenhall und sicherte H. die Vorherrschaft im Ostalpenraum. Die folgende Reduktion und Konzentration der Produktion im Besitz des Ebf.s führte zu einem gezielten Preisanstieg (Valorisation). 1494 betrug die Produktion 25 780 t, 1590 39 200 t.

[2] *Stadt:* Seit dem Ende des 12. Jh. entwickelte sich am Fuße des Dürrnbergs an der Stelle der kleinen Siedlung Mühlbach eine Stadt, die um 1220 Stadtrecht erhielt (1262 civitas gen.) und im Gegensatz zum älteren »reichen Hall« als das »kleine Hall« (Haellinum) bezeichnet wurde. Soleleitungen führten die am Dürrnberg produzierte Sole den bis zu neun Pfannhäusern von H. zu, wo sie gesotten wurde. Von der Salzproduktion lebten neben Knappen und Salinenpersonal die Fertiger als Handelsunternehmer und angeschlossene Gewerbe wie Kleizler und Küfer. Die

ummauerte Fläche betrug 25 ha, im 15.Jh. hatte H. ca. 2000 Einw. H. Dopsch

Lit.: H. KLEIN, Zur älteren Gesch. der Salinen H. und Reichenhall, VSWG 38, 1952, 306–333 – F. KOLLER, H. im frühen und hohen MA, Mitt. der Ges. für Salzburger LK 116, 1976, 1–116 – H. KOLLER, Der Ausbau der Stadt H. im hohen und späten MA (Fschr. H. STOOB, 1984), 181–193 – F. KOLLER, H., Österr. Städteatlas, 2.Lfg., 1985.

Halleluja (hebr. »Preiset Jahwe«; lat. »Alleluja«), aus dem Gottesdienst der Synagoge in den Gottesdienst der christl. Kirche weitergeführte Formel. Schon in der Spätantike ein Signal der Glaubensfreude über die Auferstehung Christi und der Begrüßung der Gegenwart des Auferstandenen in der feiernden Gemeinde, wird sie deshalb in der abendländ. Kirche vorzügl. während der Osterzeit verwendet (Ostervigil bis Pfingsten), darum auch in der (Vor-)Fastenzeit (und, davon abgeleitet, in Totenoffizien) strikt ausgeschlossen. Die Formel wird, melod. mehr oder weniger reich unterlegt, den Antiphonen, →Responsorien, Versikeln u. ä. der Meßfeier und des Stundengebetes angeschlossen, aber auch absolut gebraucht; letzteres v. a. in der Meßfeier als Rahmung der die Prozession zur Evangeliumsverlesung begleitenden Psalmverse. Bei diesem Gesang dient der Vokal der letzten Silbe als Unterlage einer melod. reichen Figur (»Jubilus«), die ihrerseits wieder den Anlaß für →Tropen und sogar →Sequenzen abgibt. In der Vesper des Samstag vor dem Sonntag Septuagesima wird im MA vielerorts das H. in einem geistl. Spiel rituell verabschiedet; die Begrüßung nach der Epistel der Ostervigil verbleibt bei der bloßen Ansage. P. A. Häußling

Lit.: R. MICHEL, Les adieux à l'Alleluja, Ét. Grégoriennes 7, 1967, 41–51 – A. HÄUSSLING (Gottesdienst der Kirche, III, 987), 222 [Lit.], 224f.

Halleluja-Bewegung, Bezeichnung für eine Bewegung vorwiegend religiösen Charakters, die im Frühjahr-Sommer 1233 einen Großteil der Städte der Poebene erfaßte, wobei Prozessionen unter Absingen des H. eine bedeutende Rolle spielten. Es ist umstritten, ob die Mendikanten von Anfang an dominierten oder ob die Anfangsphase vorwiegend durch Manifestationen der Volksfrömmigkeit gekennzeichnet war, in der die freudige Erwartung eines allumfassenden Friedens und einer allg. Versöhnung vorherrschte (FUMAGALLI u. a.), während in der Folge durch die zunehmende Einflußnahme der →Bettelorden das Moment der Buße stärker hervortrat. Fest steht, daß mindestens seit Mitte Mai 1233 Gerhard v. Modena OM und v. a. Johannes v. Vicenza OP die H.-B. bestimmten. Die Mendikanten waren einerseits bemüht, durch Versöhnung der Faktionen, völligen oder teilweisen Schuldenerlaß und andere Maßnahmen innerhalb der Städte Frieden zu stiften; andererseits versuchten sie, bessere Beziehungen zw. den Städten der Poebene herzustellen, wobei sie auch den Austausch von Kriegsgefangenen anregten. Die Bewegung erreichte Ende August 1233 in der Versammlung von Pasquara (Verona) ihren Höhepunkt, auf der Johannes v. Vicenza die Pazifikation der gesamten Lombardei verkündete. Die städt. Chroniken berichten häufig, daß den Mendikanten in diesen Monaten außerordentl. Vollmachten erteilt wurden, vergleichbar mit denen eines Podestà, Rector oder Dux: Gerhard und Johannes hatten die Möglichkeit, die Statuten vieler Städte zu »reformieren« (Maßnahmen gegen Wucher, Häretiker, zugunsten der Libertas ecclesiae und zur Besserung der Moral). Nach wenigen Jahren zeigte das polit. nur schwer durchsetzbare Reformwerk der Mendikanten so gut wie keine Wirkung mehr. G. Barone

Lit.: A. VAUCHEZ, Une campagne de pacification en Lombardie autour de 1233 …, MAH 78, 1966, 503–549 – V. FUMAGALLI, In margine all'Alleluja del 1233, BISI 80, 1968, 257–272 – G. MICCOLI, La storia religiosa (Storia d'Italia II/1, 1974), 720–722 – Z. ZAFARANA, Da Gregorio VII a Bernardino da Siena, hg. O. CAPITANI, C. LEONARDI, E. MENESTÒ, R. RUSCONI, 1987, 151–153.

Hallenkirche, im SpätMA weit verbreitete Raumform, bei der im Unterschied zur →Basilika alle Schiffe gleiche oder annähernd gleiche (Stufenhalle, Staffelhalle) Deckenhöhe (meist Gewölbe) haben und dadurch das Mittelschiff keine eigene Belichtung besitzt. Statt des übl. hohen Einheitsdachs auch mehrere Paralleldächer, jochweise mit Querdächern (Zwerchdächern) über den Seitenschiffen und Giebeln.

Die H. entwickelt sich nach Vorstufen in der Hallenkrypta zu Anfang des 11.Jh. in Spanien und SW-Frankreich. Ohne Nachfolge bleibt die »per operarios graecos« 1023 errichtete Bartholomäuskapelle in Paderborn. In Aquitanien finden sich seit 1070 (Lesterpes) zahlreiche unterschiedl. gewölbte H.n mit Längstonne im Mittelschiff und Kreuzgratgewölbe in den Seitenschiffen (u. a. St-Savin-sur-Gartempe, N.D.-la-Grande in Poitiers), auch drei Längstonnen kommen vor (Preuilly, Cellefrouin) oder Quertonnen in den Seitenschiffen (L'Escale-Dieu, Agonac). Im Languedoc sind H.n weit verbreitet (St-Sernin in Toulouse, Conques, Kathedrale in Carcassonne u. a.). In der Auvergne entsteht die Sonderform der tonnengewölbten Stufenh. mit Emporen (N.D.-du-Port in Clermont-Ferrand). In Burgund entwickelt sich die H. mit parallelen Tonnen und wird von den Zisterziensern bevorzugt. In Spanien, bes. Katalonien, finden sich Südfrankreich entsprechende H.n, bes. mit drei parallelen Tonnen (S. Pedro in Roda, Casséres). In Italien entstehen, von Frankreich beeinflußt, seit dem Ende des 11.Jh. H.n in der Lombardei; Mitte des 12.Jh. führten die Zisterzienser die burg. tonnengewölbte H. ein, aber auch ungewölbte Bauten finden sich (S. Stefano in Verona, S. Simpliciano in Mailand). Im 13./14.Jh. sind H.n in Italien weit verbreitet. In Deutschland sind dem späteren 12. Jh. zunächst in Westfalen (Dom zu Paderborn, Münster zu Herford), wo die H. im Unterschied zu Frankreich nur zwei bis drei Joche lang ist (Wiesenkirche in Soest), und in Hessen (Elisabethkirche in Marburg); von hier Verbreitung nach West- und Mitteldtl. (Essen, Nienburg/Saale, St. Severin in Erfurt, Meißen), im 13.Jh. auch nach Böhmen und Mähren (Kolin, Iglau, Mauritiuskirche in Olmütz) und im 14.Jh. nach Schlesien und in das norddt. Backsteingebiet (Marienkirche in Greifswald, Dom und Petrikirche in Lübeck) sowie auf Gotland. Im 14.Jh. ist die H. in Deutschland allg. verbreitet und wird im 15.Jh. unter Fortfall von Querschiff und Choraussonderung zum Inbegriff der spätgot. Bürgerkirche mit unvergleichl. Einheitsraumlösungen (Spitalkirche und St. Martin in Landshut, Unserer Lieben Frau in Ingolstadt, Moritzkirche in Halle, Katharinenkirche in Brandenburg, Dom in Stendal, St. Martin in Amberg, Frauenkirche in München). Untergruppe: Zweischiffige H.n, Typus entwickelt im Profanbau, nach M. des 12.Jh. bei Synagogen und bei kleineren Kirchen im dt. Sprachraum und auf Gotland verbreitet, beliebt in der Spätgotik (Bechin/Böhmen, Kammern/Steiermark), dann auch als Dreistützenkirchen (Spitalkirche Braunau). Vereinzelt vierschiffige H. (Kombination zweier zweischiffiger H.n, Schwaz/Tirol). G. Binding

Lit.: H. ROSEMANN, Die H. auf germ. Boden [Diss. München 1924] – R. KRAUTHEIMER, Lombard. H.n, Jb. für Kunstwiss. 6, 1928, 176–188 – G. RUDOLPH, Mitteldt. H.n und die 1. Stufe der Spätgotik, ebd. 1930, 137–175 – W. KRÖNIG, H.n in Mittelitalien, Kg. Jb. d. Bibl. Hertziana 2, 1938, 1–142 – G. WEISE, Die H.n der Spätgotik und Renaissance im mittleren und n. Spanien, ZK 4, 1935, 214−247 − DERS., Die span. H.n der Spätgotik und Renaissance, I: Alt- und Neukastilien, 1953 − H. THÜMMLER, Westfäl. und it. H.n (Fschr. M. WACKERNAGEL, 1958), 17−36 − E. MUNDT, Die westfäl. H.n der Spätgotik (1400−1550), 1959 − R. WAGNER-RIEGER, It. H.n (Zur Forschungslage), Mitt. der Ges. f. Kunstforsch. in Wien 12, 1960, 127−135 − P. SCHOTES, Spätgot. Einstützenkirchen und zweischiffige H.n im Rheinland [Diss. Aachen 1970] − H. MEUCHE, Anm. zur Gestalt der sächs. H.n um 1500 (Fschr. K. H. CLASEN, 1971), 167−189 − H. E. KUBACH, Zur Raumform des Trierer Domes. Ein Beitr. zum Problem der roman. H. (Gedenkschr. G. BANDMANN, 1978), 29−42 − R. RÖKKENER, Die münsterländ. H.n gebundener Ordnung [Diss. Münster 1980] − N. NUßBAUM, Die Braunauer Bürgerspitalkirche und die spätgot. Dreistützbauten in Bayern und Österreich, 1982 − DERS., Dt. Kirchenbaukunst der Gotik, 1985 − R. WEIDL, Die ersten H.n der Gotik in Bayern, 1987 − I. KÖHLER-SCHOMMER, Vorroman. und roman. H.n in Katalonien, 1987.

Hallstadt (bei Bamberg), an einem Knotenpunkt alter Straßen gelegenes Königsgut, dessen Zehnt →Karlmann 742 zur Ausstattung des Bm.s →Würzburg gab. 805 ist H. Stapel- und Etappenort für den Fernhandel mit den Slaven (→Diedenhofener Kapitular). Kg. →Heinrich II. schenkte das 'praedium' H. 1007 dem neuen Bm. →Bamberg, für das er 1013 auch die Kirche zu H. (St. Kilian) von Würzburg eintauschte. Als Warenumschlagplatz bald von Bamberg überflügelt, wurde H. Sitz eines bamberg. Kammeramtes.   A. Wendehorst

Lit.: DtStb V/1, 1971, 230−233 − O. MEYER − M. HOFMANN, Aus der Gesch. der Stadt H., Frk. Bll. 6, 1954, 49−52 − E. FRH. V. GUTTENBERG − A. WENDEHORST, Das Bm. Bamberg 2 (GS II,1,2), 1966, 87−89.

Hallvard, hl. (Fest: 15. Mai), norw. Märtyrer, † 1043 (?), erwähnt bei →Adam v. Bremen (III, 54) aufgrund mündl. Erzählung des dän. Kg.s →Sven Estridsen (als 'Alfwardus', der von seinen 'amici' wegen der Verteidigung eines 'inimicus' erschlagen wurde). Nach seiner Legende (AASS Maii 15; in gekürzter Fassung enthalten im »Breviarium Nidrosiense«, 1519) wurde H. bei der Verteidigung einer unschuldig angeklagten Schwangeren gemeinsam mit dieser auf einem Boot mit Pfeilen erschossen und im Meer versenkt. Verehrt im gesamten Bm. →Oslo (Reliquien in der Osloer Christkirche, vor 1137−1532) sowie im übrigen Norwegen und Teilen Schwedens (Stockholm). Dargest. mit Mühlstein und Pfeilen, u. a. auf dem Siegel des Osloer Domkapitels (heute: Stadtsiegel).   T. S. Nyberg

Lit.: KL VI, 63−67.

Halsberg → Haubert; →Brünne

Halsgericht. Im ma. H. wurden die an den Hals, genauer an Hals und Hand gehenden Strafen verhängt, diese im Unterschied zu den an Haut und Haar gehenden Strafen. Die Belege für das Wort H. beginnen 1296. Das Wort bezeichnet sowohl die Gerichtsgewalt als auch das gehegte Gericht selbst. Lebensstrafen kannten schon die Germanen (Tacitus, Germania, c. 12), und auch in den Volksrechten stehen sie neben den →Bußen. Mit dem Rückgang des Kompositionensystems treten sie jedoch weithin an die Stelle der Bußen. Wahrscheinl. führt die Ausweitung der Handhaft (→Handhafte Tat) sowohl zur Ausweitung der Todesstrafen als auch zur Ausdifferenzierung spezif. Strafgerichte. Die Buße hatte noch Folge jedweden Rechtsbruchs sein können, so daß im Kompositionensystem Zivil- und Strafrecht nicht unterscheidbar sind. Gegen den handhaften Täter wurde dagegen im gebotenen →Ding verhandelt; darin lag der Ansatz zur Ausbildung einer bes. Zuständigkeit für Blutsachen.

Der Aufbau einer nicht mehr genossenschaftl., sondern herrschaftl. verstandenen Gerichtsgewalt vollzog sich in Anknüpfung an die Banngewalt des frk. Kg.s, →Bann bedeutet in nachfrk. Zeit schlechthin Gerichtsgewalt. Für die Ausbildung einer Hochgerichtsbarkeit dürften die Immunitätsprivilegien und die Kirchenvogtei bedeutsam geworden sein. Zwar erhielten die→Vögte die Zuständigkeit für schwere Fälle noch unter der Geltung der Sühnegerichtsbarkeit, vielleicht um in den Gerichtsgefällen einen Ausgleich für die Schutzleistung zu haben; aber der Wandel der Sühne- zur Blutgerichtsbarkeit kann wegen des erst 1298 aufgehobenen Verbots kirchl. Blutgerichtsbarkeit die Tendenz zur Höherverlagerung nur verstärkt haben. Nach dem Sachsenspiegel kann nicht nur vom Vogt, sondern allg. über *ungerichte* nur unter Kg.sbann gerichtet werden (Ldr. I, 59) und speziell ein H. nicht tiefer als an die 4. Hand kommen. Nach dem Deutschen- und dem Schwabenspiegel kann, wer den Bann vom Kg. nicht hat, nicht höher als zu Haut und Haar richten (Deutschenspiegel, Art. 81, § 2; Schwabenspiegel, Ldr., § 92, 48).

Mit einer früher auf 1294, jetzt auf 1314 datierten Nürnberger Quelle beginnen Zusammenstellungen von Regeln für das Strafverfahren, die in der rechtsgesch. Lit. als H.sordnungen (HGO) bezeichnet werden (erst 1507 quellenmäßig). Die Ellwanger Ordnung um 1466, die Nürnberger seit 1485 und die sog. Maximilian. HGO (1499, 1506) bezeichnen sich gelegentl. als Malefizrechte oder -ordnungen.   H. Holzhauer

Lit.: Dt Rechtswb, s. v. H. und Komposita − K. O. MÜLLER, Zur Gesch. des peinl. Prozesses in Schwaben im späten MA, Ellwanger H.sordnung v. 1466, 1910, 23f. − H. HIRSCH, Die hohe Gerichtsbarkeit im dt. MA, 1922 − E. SCHMIDT, Die Maximilian. HGO, 1949 − W. SCHULTHEISS, Gesch. des Nürnberger Ortsrechts, 1957, 10.

Ḥalvetīye, eine der bedeutendsten myst. Bruderschaften *(tarīqat)* der islam. Welt mit zahlreichen Zweigen *(šuʿba)* und Untergruppen *(qol)*, von denen einige als integraler Bestandteil der Ḥ. gelten, während andere zu eigenständigen Bünden wurden, die mit der Ḥ. nur mehr »historisch« verbunden sind. Diese Verästelung hat die Erforschung der Ḥ. und ihrer rituellen Praktiken erschwert. Nach der Legende soll die Ḥ. von ʿUmar al-Ḥalvatī (gest. 1397/98 in Tabriz) gestiftet worden sein; doch betrachten mehrere Forscher (u. a. H.-J. KISSLING) erst den zweiten Hl.n *(pīr)* der Bruderschaft, Yaḥyā el-Širvānī (gest. 1464/65 in Baku), als ihren Gründer. Die im 16. Jh. beginnende Ausbreitung der Ḥ. erreichte ihren Höhepunkt dank der Förderung durch große Persönlichkeiten der osman. Reichsverwaltung. Damit begann auch die einflußreiche polit. Rolle der Bruderschaft, die sich zunächst in Anatolien und Rumelien (d. h. der europ. Türkei), Syrien und Ägypten und von dort aus auch im Nahen Osten, Sudan, Äthiopien, dem islam. SO-Asien, schließlich in N- und W-Afrika ausbreitete.   A. Popović

Lit.: EI² IV, s. v. − H.-J. KISSLING, Aus der Gesch. des Chalvetijje-Ordens, ZDMG 103, 1953, 233−289 − R. SERIN, Halvetilik ve halvetiler, 1984.

Haly Abbas (ʿAlī ibn al-ʿAbbās al-Maǧūsī), Arzt pers. Abstammung aus Ahwāz (gest. 994), widmete dem Būyidenfürsten ʿAḍudaddaula Fanā Ḥusrau (reg. 949−982) das »Kitāb kāmil aṣ-ṣināʿa aṭ-ṭibbīya« bzw. Kitāb al-Malakī (das »Königliche Buch«), das, in einen theoret. und einen prakt. Teil gegliedert, schon bei den Zeitgenossen als eines der besten Übersichtswerke der Medizin galt, v. a., was klin. Beobachtung, →Diätetik und Arzneitherapie betraf. Lat. Übers. durch →Constantinus Africanus und →Stephanus v. Antiochien. S. a. →Medizin.   H. H. Lauer

Ed.: Omnia opera Ysaac (Liber pantegni), Lyon 1515 − Constantini Opera, Basel 1536/39 − Regalis dispositio, Venedig 1492 und Lyon 1523 − *Lit.:* DSB IX, 40−42 [Lit.] − SARTON I, 677−678 − ULLMANN, Medizin 140−146 [Lit.].

Hamaland, merow. »Völkerschaftsgau«, nach dem

germ. Volk der Chamaven (→Franken, B.I) benannt, umfaßte vor dem Ende des 6. Jh. außer den Gebieten um Rhein und Ijssel zw. Elten und Deventer wahrscheinl. noch das w. Münsterland, das in der 2. Hälfte des 7. Jh. verlorenging; als polit. Bezirk im frühen 9. Jh. und um die Mitte des 10. Jh. belegt (Gf.en: Wichmann d. Ä. [855], Wichmann d. J. [952–973]). Nach dem Tod Wichmanns d. J., der den größten Teil seines Besitzes dem Kl. Elten vermacht hatte, kam es unter seiner Tochter →Adela und ihrem Gatten →Balderich zu Auseinandersetzungen um das Gut des Kl., die 996 zu einer Teilung und 1018 zum Sturz Adelas und ihres Gatten führten. Im Verlauf des 11. Jh. übernahmen im n. Teil die Herren v. →Zutphen und im S die späteren Gf.en v. Wassenberg-Geldern und Kleve die Herrschaft. Der Name H. verschwand.

W. Herborn

Lit.: A. WIRTZ, Die Gesch. des H.es, AHVN 173, 1971, 7–84 – J.M. VAN WINTER, Die H.er Gf.en als Angehörige der Reichsaristokratie, RhVjbll 44, 1980, 16–42 – U. NONN, Pagus und Comitatus in Niederlothringen, 1983 [Q.].

Hamburg, Stadt an der Unterelbe.

I. Geschichte – II. Archäologie.

I. GESCHICHTE: 831 wurde →Ansgar zum Ebf. v. H. (Hammaburg) geweiht. Aus der dafür 834 ausgestellten Urk. erfahren wir, daß Karl d. Gr. in H. eine Kirche gegr. hatte. Schon 845 wurde die mit der Kirchengründung verbundene Ansiedlung von Dänen bei einem Überfall zerstört. 848 verlegte eine Reichssynode den Sitz des Ebf.s nach Bremen (→H.-Bremen), in H. sollte ein Domstift unter einem Propst verbleiben. Das nun exponierte H. wurde 983 (Slavenkriege) noch einmal zerstört. 964 hatte das Domstift als Gefängnis für →Benedikt V. gedient. Ebf. →Adalbert v. H.-Bremen veranstaltete hier Zusammenkünfte mit dän. und slav. Fs.en. 1066 und 1072 überfielen die Slaven H. Eine Wende der H.er Gesch. brachte die Ostkolonisation im 12. Jh., die mit der Gründung der Neustadt neben der alten Domsiedlung in H. gewissermaßen begann. 1188 verlieh Gf. Adolf III. v. Holstein dem Ministerialen Wirad v. Boizenburg das Recht zur Siedlung zusammen mit einer von ihm geführten Gruppe von Neusiedlern. Sie sollten die ihnen zugewiesenen Grundstücke frei von Zins besitzen. Am 7. Mai 1189 erwirkte Adolf bei Ks. Friedrich I. für die alte und neue Siedlung einen Freiheitsbrief, der u. a. den Bewohnern die zollfreie Schiffahrt auf der Niederelbe gewährte.

1201 wurde H. zusammen mit →Holstein für 26 Jahre an Dänemark abgetreten. 1216 erfolgte der kommunale Zusammenschluß von Alt- und Neustadt. Nach dem Ende der Dänenherrschaft wurde eine Rechtsbereinigung vorgenommen, indem der Ebf. v. Bremen 1228 auf seine stadtherrl. Rechte über die alte Domsiedlung zugunsten der Gf.en v. Holstein verzichtete. Der Immunitätsbezirk des Domstifts blieb lange aus der städt. Integration ausgeklammert. Dies führte im 14. Jh. zu heftigen Kämpfen mit der Bürgerschaft, über die lange Zeit ein Interdikt verhängt wurde. Der Immunitätsbezirk des Domstifts sowie die Abhängigkeit vom holstein. Gf.en blieben erhalten, auch wenn letztere dank der wachsenden hamburg. Wirtschaftskraft einen mehr und mehr formalen Charakter hatte. Die Personalunion zw. dän. Kgtm. und holstein. Gft. seit 1460 machte H. nicht etwa wieder zu einer dän. Stadt. H. konnte sogar die verlangte Huldigung ablehnen und mit der gegenseitigen »Annehmung« ein eigentüml., weniger verbindl. Rechtsinstitut entwickeln. Die Ausstattung mit anderen Kirchen, die Ausbildung eines Rates mit Bürgermeistern, der die gfl. Organe, insbes. den Vogt, ablöste oder in Abhängigkeit brachte, die Ausbildung von Zünften und Bruderschaften vollzog sich in H. wie in anderen Städten. Der Rat ergänzte sich durch Kooptation, war also nicht beschränkt auf ein erbl. Patriziat, sondern die Verfassung erlaubte eine gewisse vertikale Mobilität. Handwerkeraufstände (der erste wohl schon 1287) erfolgten 1306, 1375, 1410, 1458, 1483, führten aber nicht zu einer Veränderung der Ratsverfassung, sondern zu deren vereinbarter Ergänzung durch verschiedene Bürgerausschüsse mit begrenzter Mitbestimmung. Eine Voraussetzung für die äußere Selbständigkeit war eine wachsende Verknüpfung mit der →Hanse; 1241 Bündnis mit →Lübeck. Gleiche Bedeutung hatten die Verknüpfungen des Stadt- und Seerechts. Das von 1270 in mehreren Redaktionen erhaltene H.er Stadtrecht war dem lüb. ähnlich und wurde seinerseits u. a. an →Riga und →Stade weitergegeben. Schließlich nahmen die H.er von vornherein eine wichtige Stellung bei der Entwicklung der hans. Kontore ein. Eine hamburg. Gilde war dabei, als der hans. Stalhof in →London zusammengefügt wurde. Ähnliches dürfte für Brügge gelten.

Neben den Stadtrechtsredaktionen und →Burspraken ist H. für das SpätMA mit einer vergleichsweise reichen Aktenüberlieferung ausgestattet: Kämmereirechnungen, Erbe-, Schuld- und Rentenbücher, kaufmänn. Handlungsbücher, Zollrechnungen. Daraus ist zu ersehen, daß H. zunächst eine Anlaufstelle für fläm. Kaufleute war, dann sehr bald im Braugewerbe (→Bier- und Brauwesen) einen großen Wirtschaftsschwerpunkt besaß, der allerdings im 15. Jh. zurücktrat. Ganz wesentl. war immer die Bedeutung H.s für eine dichte Kleinschiffahrt an den Nordseeküsten. Weiterhin ist die kommerzielle Zusammenarbeit mit Lübeck zu nennen. Im 15. Jh. wurde ein →Stapelrecht aufgebaut, das tendenziell eine Vermittlungsfunktion zw. Seehandel und norddt. Binnenhandel abstützte. Die Umsatzzahlen des H.er Rentenmarktes verraten – von Einbrüchen abgesehen – eine günstigere Wirtschaftskonjunktur als in manchen anderen Städten und Regionen der Zeit, obwohl bestimmte Funktionen nicht zur vollen Entwicklung kamen. So hat H. außer dem Brauen kein bedeutendes Exportgewerbe und keine nennenswerte Heimatflotte besessen. H. REINCKE (1951) schätzte H.s Einw.zahl um 1400 auf 8000 in 80 ha.

R. Sprandel

Bibliogr.: Zs. des Vereins für H.ische Gesch., 1841ff. – Bücherkunde zur H.ischen Gesch. (ab 1900), 1939ff. – *Q.:* H.isches UB, 1842ff. – K. KOPPMANN, H.er Kämmereirechnungen, 1869ff. – Veröff. aus dem Staatsarchiv der Freien und Hansestadt H., 1910ff. [bes. 3, 1951: H. REINCKE] – E. PITZ, Die Zolltarife der Stadt H., 1961 – R. SPRANDEL, Das H.er Pfundzollbuch von 1418, 1972 – *Lit.:* Beitr. zur Gesch. H.s, hg. Verein für H.ische Gesch. – H.-P. BAUM – R. SPRANDEL, Zur Wirtschaftsentwicklung im spätma. H., VSWG 59, 1972, 473–488 – H., Gesch. der Stadt und ihrer Bewohner I, hg. H.-D. LOOSE, 1982 – R. SPRANDEL, Der Hafen von H. (See- und Flußhäfen vom MA bis zur Industrialisierung, hg. H. STOOB, 1986), 193–210 – E. PITZ, Hafenbau und Hafenbetrieb zu H. in hans. Zeit (I porti come impresa economica, hg. S. CAVACIOCCHI, 1988), 307–345.

II. ARCHÄOLOGIE: Die Altstadt von H. liegt auf einer in die Alsterniederung vorstoßenden Geestnase, auf der der Elbehöhenweg nach Stormarn die Niederung querte. Reste eines as. Dorfes mit →Grubenhäusern und Pfostenbauten wurden freigelegt. An gleicher Stelle siedelten nach Ausweis von slav. Keramik →Abodriten als Verbündete Karls d. Gr., der dort das Kastell Hammaburg errichten ließ, dessen Bauweise und Umriß ermittelt werden konnten: fast quadrat. mit etwas schiefen Seiten, mit einem Holz-Erde-Wall (die Front bis 7 m hoch holzverschalt und nach hinten verankert, zweistufig abgesetzt), kein tiefer

Graben; von der Innenbebauung lassen sich nur kasemattenähnl. an die Innenseite des Walles angesetzte Kleinhäuser nachweisen, sonst wurden alle Spuren, auch der Ansgarkirche, durch jüngere Bauten vernichtet. – S. der Hammaburg wurde ein Zufluß zur Alster als Hafen ausgebaut. Zw. Burg und Hafen standen dichtgereiht kleine Handwerker- und Händlerhäuser, einmal ein Bauernhaus. Hier wie w. der Burg zeichnete sich so der Wik ab. Die Zerstörung der Burg 845 durch die Dänen hinterließ deutliche Spuren, doch nur geringe Brandspuren im Wik.

Spätestens im 11. Jh. erfolgte die Befestigung der Siedlung (Wik und Immunität) durch einen Abschnittswall (»Heidengraben«), einen Holz-Erde-Wall mit einem Gerüst aus Holzcaissons im Wallkörper, der die Geestnase abriegelte. – Die im 11. Jh. errichteten Befestigungen des Hzg.s und des Ebf.s lagen beiderseits des Doms. Dicke Feldsteinfundamente eines großen Rechteckbaues sind wahrscheinl. Reste der →Billunger »Alsterburg«. Auf der Gegenseite wurde ein Feldsteinfundament eines großen Rundturms (wohl die Turmburg Bf.s →Bezelin), auf der anderen Alsterseite eine Billungerburg als Rundwall nach vorgesch. Art ausgegraben.   H. Hinz

Lit.: R. SCHINDLER, Ausgrabungen in Alt-H., 1957 – D. BOHNSACK, Das Fundament eines steinernen Rundturmes des 11. Jh. in der H.er Altstadt, Château Gaillard 2, 1967, 1–6 – DERS., Die »Bischofsburg« am Speersort in H., Hammaburg NF 7, 1986, 147–162.

Hamburg-Bremen

I. Anfänge – II. Mission im Norden – III. Suffragane – IV. Innere Organisation – V. Verhältnis zum Papsttum und Reformen am Ende des MA.

I. ANFÄNGE: Das Bm. Bremen entstand aus der Missionstätigkeit →Willehads (→Angelsächs. Mission) im Küstengebiet des Niederweserraumes. Willehad wurde am 13. Juli 787 in Worms zum Bf. geweiht und erhielt eine Cella namens Justina. Er weihte am 1. Nov. 789 die erste Kathedrale (St. Petri). Die Gründung des zur Kirchenprovinz →Köln gehörenden Bms. B. könnten Kg. Karl d. Gr. und Papst Leo III. 799 zu →Paderborn vollzogen haben.

831 gründete Ks. Ludwig d. Fr. das Bm. Hamburg auf der Grundlage dreier Gaukirchen: H. (für Stormarn), Meldorf (für →Dithmarschen) und Schenefeld (für den Holstengau; →Holstein) sowie der Taufkirche Heiligenstedten, die teils zum Bm. B., teils zum Bm. →Verden gehört hatten. Auftrag des Bm.s H. war die Mission bei Schweden, Dänen und Ostseeslaven. Der Ks. besetzte es mit dem Corveyer Scholaster →Ansgar, der Anfang 832 von Papst →Gregor IV. die Missionsvollmacht, wie sie bereits seit 822 →Ebo v. Reims innehatte, sowie das →Pallium erhielt, so daß H. nunmehr Ebm. war. Ks. Ludwig nahm es 834 in seinen Schutz und verlieh ihm die →Immunität. Als Hilfsquelle erhielt Ansgar die Abtei Turholt (Westflandern). Nachdem Ansgar 847 von den →Dänen aus H. vertrieben worden war, wurde ihm das seit 845 vakante Bm. B. übergeben, welches im Jahr darauf durch den ostfrk. Kg. Ludwig d. Dt. und die Mainzer Synode – auch als Ausgleich für das 843 durch den westfrk. Kg. Karl d. K. eingezogene Turholt – mit H. vereinigt wurde.

Mit der Gründung des Ebm.s H. griffen erstmals kirchenkonstitutive Maßnahmen über die Grenzen der Reichskirche hinaus, und H. bekam die Last einer diplomat. Brückenfunktion ebenso aufgebürdet wie die einer reinen »Freiwilligkeitsmission« im skand. Raum. Kirchengründungen gelangen Ansgar nur in →Birka, →Haithabu (Schleswig) und →Ribe (Ripen). In seinem letzten Jahr, 864, sicherte er sein Lebenswerk gegenüber Papst Nikolaus I. (Unionsurk. sowie Vermittlung eines Kon-

takts des Dänenkg.s Horik II. zum Papst) und den Bf.en des Reiches (Dokumentenslg.) ab. Drei Nachfolger Ansgars kamen wie er aus →Corvey.

Da H. noch 890 ohne Suffragane war, erwog die ostfrk. Kirche eine Rücknahme der Gründung und eine Übertragung der Aufgaben an B. und damit an das Ebm. Köln. Im Zuge eines langwierigen Streites zw. Ebf. →Hermann I. v. Köln und Ebf. →Adalgar v. H.-B. um die Metropolitanrechte über B. konnte der Ebf. v. H. seine Position durchsetzen: Papst Sergius III. entschied 906–908, daß B. und H. nurmehr eine Kirche und Diöz. unter H.er Führung bilden sollten (Unio minus principalis).

Angesichts der umstrittenen Echtheit einer Reihe von H.-B.er Urkk. (Fälschungstätigkeit des 11. und 12. Jh.) wird der Verlauf der Frühgeschichte des Ebm.s von einem Teil der Forschung anders interpretiert, die Gründung eines »Ebm.s« H. als Fiktion betrachtet. Nach Auffassung des Verfassers sind jedoch die eigtl. Gründungsurk. Gregors IV. (832; GP 11) und die Unionsurk. Nikolaus' I. (31. Mai 864; GP 21) zuverlässig.

II. MISSION IM NORDEN: Ebf. →Unni hat nach Kg. Heinrichs Sieg über die Dänen (934) wieder Mission im N betrieben. Sein Nachfolger →Adaldag konnte während der Synode zu →Ingelheim 948 drei Bf.e für Diöz. in Dänemark konsekrieren. Da der dän. Kg. →Svend Estridsen 1052 eine eigene Kirchenorganisation für die inzwischen acht Bm.er beanspruchte, betrieb Ebf. →Adalbert, hauptsächl. um sich Einfluß auf die Besetzung der Bm.er zu sichern, den Plan, das Ebm. H. in ein →Patriarchat umzugestalten (Neuaufteilung unter Einschluß der benachbarten Bm.s →Verden, mit dem Ziel einer Schaffung von zwölf Bm.ern als unübergehbarer Grundlage). Ebf. →Liemar konnte noch die Lostrennung Skandinaviens verzögern. Seine Nachfolger erhielten kein Pallium mehr, und 1103/04 errichtete Papst Paschalis II. auf dän. Initiative hin das Ebm. →Lund. H.-B. gewann 1185/86 durch die Tätigkeit des Segeberger Kanonikers →Meinhard in Üxküll/Riga ein weiteres Suffraganbm. hinzu, das jedoch 1210 exemt wurde, 1253/55 selber zum Ebm. aufstieg (→Riga, Ebm.).

III. SUFFRAGANE: Ebf. Adaldag, der 959 Libutius zum ersten Bf. der Russen geweiht hatte, sicherte nach Gründung des Ebm.s →Magdeburg mit dem 968/970 ausgegliederten Bm. →Oldenburg die Peenegrenze für sein Ebm. Die Slavenaufstände 983 und 1018 verhinderten dort zunächst christl. Fortschritte. In enger Zusammenarbeit zw. dem Fs.en der →Abodriten, →Gottschalk, und Ebf. Adalbert entstanden dann seit 1043 starke Ansätze zu einer »auf den obodritischen Herrschaftsverband bezogenen Gentilkirche« (J. PETERSOHN) mit den Bm.ern Oldenburg, →Ratzeburg und →Mecklenburg, die im Aufstand von 1066 jedoch untergingen. Erst im Zuge der Siedlungspolitik der →Schaumburger (nach 1111) und unter der Hzg.sgewalt →Heinrichs des Löwen (seit 1142) sowie nach dem sog. →Wendenkreuzzug von 1147 schritt die Christianisierung langsam voran. Die Metropolitanhoheit über die drei 1149 bzw. 1154 wiederbesetzten Bm.er Oldenburg-Lübeck, Mecklenburg-Schwerin und Ratzeburg, in denen Heinrich der Löwe das Investiturrecht durchsetzte, wurde H.-B. durch Papst Viktor IV. 1160 bestätigt. Erst seit 1230, nach ztw. Dänenherrschaft, wurden diese Bm.er reichsunmittelbar.

IV. INNERE ORGANISATION: [1] *Domkapitel:* Die Schicksale der zwei Domkapitel – ein Sonderfall im MA – sind eng mit der Einheit der beiden Diöz. verbunden. Das Domkapitel in B. lebte nach monast. Regel und erhielt von Kg. Arnulf 888 das Recht der freien Bf.swahl. Bis 1158 wurde es unter die hamburg. Kl. gerechnet. Ebf. →Unwan gründete das 845 vertriebene H.er Kapitel um 1020 neu und gab beiden die Kanonikerregel, doch das gemeinsame Leben erlosch in B. nach dem Brand von 1041. Das H.er Kapitel, 1066 zerstreut, wurde erst 1141 wieder eingerichtet und behielt die 'vita communis' bis etwa 1250 bei. Das starke Übergewicht des B.er Kapitels (1224 Entscheidung Honorius' III., daß »Titel und ebfl. Würde bei der B.er Kirche verbleiben«) führte zur Einschränkung des Wahlrechts des H.er Kapitels, das jedoch einige Sonderrechte behielt. Den Ebf.en, die seit 1123 aus einheim. Adelsgeschlechtern stammten und mehr regionalpolitisch als am Reichsinteresse orientiert waren, verlangte das Kapitel seit 1273 Wahlkapitulationen ab. Sie residierten seit Anfang des 14. Jh. vorwiegend in Bremervörde. Im 14. Jh. entstanden Konflikte zw. den Ebf.en, ihren Suffraganen und Kapiteln sowie ein Streit der Stadt H. mit dem Domkapitel um Vorrechte der Geistlichkeit (1338–55 Prozeß vor der Kurie in Avignon).

[2] *Kloster- und Stiftswesen:* Die ersten Kl. entstanden auf Initiative der Ebf.e. Ansgar gründete 845 auf der Flucht vor den Dänen das Kollegiatstift Ramelsloh, 858 das Kanonissenstift Bassum. Rimbert errichtete etwa 882 in Bücken ein Kanonikerstift. Die Initiative des Adels war stärker bei den Gründungen in Heeslingen 961 (Kanonissen; 1141 Zeven: OSB-Nonnen) und 983 Reepsholt (Kanoniker), dem ersten Kl. in Ostfriesland, sowie Rastede 1096 (OSB). 937–1158 bestätigten die Kg.e diese den Ebf.en als Eigenkl., während Harsefeld (OSB) seit 1102 unter päpstl. Schutz stand. Von hier wurde 1142 St. Marien in →Stade gegründet. Ebf. Adalbert stiftete sechs Propsteien, doch überlebten nur St. Willehad (B.) und St. Paul (B.) als Benediktinerabteien (seit 1131). Die einzige bfl. Neugründung eines Kanonikerstiftes südl. der Elbe war 1185 St. Ansgar (B.). Die nordelb. Augustiner-Chorherrenstifte Neumünster und Segeberg trugen die seit 1126 wiederaufgenommene Mission in Ostholstein und bis ins Baltikum. Benediktin. Frauenkl. bestanden in Osterholz (ebfl. Gründung, 1182) und Heiligenrode. In Ostfriesland sind die seit dem 12. Jh. entstandenen Kl. (Benediktiner, Prämonstratenser, Johanniter) fast durchgängig Doppelklöster. Prämonstratensisch waren: St. Georg v Stade (1132), das Domkapitel zu Ratzeburg (1154), Kl. Heiligenberg (1217) und Schoo. Der weibl. Zweig wurde 1420–1450 dem Windesheimer Augustinerorden (→Windesheim) angeschlossen. Zisterzienserabteien entstanden 1216 in Ihlow und 1230 in Hude (Stiftung der Gf.en v.→Oldenburg); die Frauenabtei Lilienthal (ebfl. Gründung, 1230) wurde 1258 dem Orden inkorporiert. Die Abtei Himmelpforten wurde von einem Ministerialen 1255 gestiftet. Dem B.er Dominikanerkl. (St. Katharinen, 1225) oblagen Aufgaben der Klerusreform, der Klostervisitation und der theol. Ausbildung (1450); ein weiterer Konvent entstand 1264 in Norden. Die Franziskaner kamen vor 1226 (?) nach Stade, wo sich ihnen 1240→Albert v. Stade anschloß, und 1241 nach B. (→Alexander v. B.). 1232 wurde in B. der →Dt. Orden, vermutl. durch die Stedinger gefördert, ansässig. Im hamburg. Teil des Ebm.s sind die Kl. bis auf die Dominikaner landesherrl. Stiftungen, v. a. Gf. Adolfs IV. (Zisterzienserinnen in: Reinbek, 1224; Itzehoe, 1227; Franziskaner in: Hamburg, 1227; Kiel, 1244).

[3] *Pfarrwesen:* Die Hauptzahl der im fries. Teil um 1075 vorhandenen ca. 50 Pfarrkirchen dürfte auf Initiative der Ebf.e gegr. worden sein. Im nordelb. Bereich konnte der Grundbestand von vier Taufkirchen erst nach dem Herrschaftsbeginn der Schaumburger bis Ende des 12. Jh. auf

ca. 31, bis zur Mitte des 14. Jh. auf ca. 80 anwachsen (einschließl. der vier Kirchspiele der Stadt H., um 1245). Neben den ebenfalls vier Pfarrkirchen der Stadt B. (1229) gab es im südelb. Teil um 1420 228 Pfarreien. Bruderschaften und Gilden waren zu mehreren in jedem Kirchspiel vorhanden (Stadt B. ca. 30, Stadt H. ca. 100). In den Städten H. und B. lebten am Ende des MA ca. 350 bzw. 300 geistl. Personen.

Alle acht (später zwölf) Archidiakonate waren in der Hand des Kapitels (Verfügung des Kardinallegaten Otto, 1230). Im nordelb. Teil der Diöz. gab es zwei Präposituren (Dompropst v. H., um 1142 Propst v. Neumünster). Seit 1224 konnte der Dompropst v. H. seine Position in Nordelbingen verstärken, so daß der Ebf. in Kl. angelegenheiten und, wie das B.er Kapitel, als Oberinstanz zuständig blieb. Zu einem eigenen Territorium ist das H.er Kapitel nicht gekommen, zumal Ebf. Gerhard II. um 1230 die Landeshoheit im H.er Bereich Gf. Adolf IV. v. Holstein überlassen hatte.

[4] *Territorium:* Keim des Territoriums im B.er Teil war nach der Immunität und dem Recht auf Markt, Münze, Zoll (834/845 für H., 888 auf B. ausgedehnt) die von Kg. Otto I. 937/967 gewährte Grafengewalt des ebfl. Vogtes über die Hintersassen der geistl. Korporationen. Ebf. Adalbert erwarb 1063 u. a. die Herrschaft Lesum. Liemar mußte 1089 die Vogtei über B. an→Lothar v. Süpplingenburg übertragen. Eine beispielhafte Maßnahme hochma. Landesausbaus war die Ansiedlung von 'Holländern' durch Ebf. →Friedrich I. (um 1113). Die Gft. →Stade, welche Ebf. Hartwig I. 1144 dem Ebm. zugebracht hatte, riß Heinrich der Löwe ebenso an sich wie das Vogtrecht. Erst 1236 konnte der Stader Besitz gesichert werden. Nominell gehörte auch →Dithmarschen 1227–1559 zum Gebiet des Ebm.s B. Die Stadt B. nahm nach dem Bündnis gegen die Stedinger 1233 Einfluß auf Bau und Rechtslage der ebfl. Burgen.

Nachdem die bäuerl. Landesgemeinde der →Stedinger den Ebf.en seit dem beginnenden 13. Jh. Steuer und Zehnten verweigert hatte, erwirkte Ebf. Gerhard II. unter dem Vorwurf der Ketzerei und Zauberei bei Papst Gregor IX. den Kreuzzug gegen sie, der schließlich zu ihrer Unterwerfung führte (1233/34). Verfahren wegen Hexerei sind im übrigen erst spät belegt (H. 1444, B. 1503, Nordelbingen 1530).

V. VERHÄLTNIS ZUM PAPSTTUM UND REFORMEN AM ENDE DES MA: 1307 providierte erstmals Clemens V. in →Johann Grand einen Ebf. v. B. Dieser zerstritt sich mit allen Ständen des Stiftes. 1348 verwarf Clemens VI. den vom Kapitel Gewählten zugunsten Gottfrieds v. Arnsberg, Bf. v. Osnabrück, und löste damit einen zweijährigen Streit aus. Im Papstschisma nach 1378 wurden zwei Ebf.e durch den in Rom residierenden Papst bestätigt.

Ebf. Nikolaus war seit 1432 beim →Baseler Konzil vertreten. 1434/38 erhielt der B.er Dom das Amt des →Lectors, welches in H. schon 1408 gestiftet worden war. Der Versuch einer Reform der Benediktiner durch Ebf. Balduin im Konzilsauftrag (Stade, 1437) blieb ohne Erfolg. Nachdem →Cismar (1449) und St. Paul (B.) (1453) vorangegangen waren, kam die→Bursfelder Reform erst spät voran. Die benediktin. Frauenkl. wurden 1496–1520 erfaßt. Im Streit zw. Papst Eugen IV. und dem Baseler Konzil seit 1438 erklärte sich Ebf. Balduin mit seinen Suffraganen für neutral und nahm 1439 die Baseler Reformdekrete an (vgl. aber→Lübeck).　　　W. Seegrün

Q.: →Adam v. B. - →Albert v. Stade - →Rimbert - →Arnold v. Lübeck-Hemeling-→Helmold v. Bosau-→Rinesberch und Schene - Vita Willehadi-Brem. UB, I-VI [VII in Vorb.] (bis 1441), 1873-1943

– Hamburg. UB, I–IV (bis 1350), 1842/1907–67 – Diplomatarium fabricae ecclesiae B.sis, ed. L. KLINK, 1988 – Reg. der Ebf. e v. B., ed. O. M. MAY, I–II (bis 1344), 1937–71; erg. Brem. Jb. 44, 1955, 1–17; Brem. Jb. 54, 1976, 221–235 – GP VI, 1981 – *Lit.*: G. DEHIO, Gesch. des Ebm.s H.-B. bis zum Ausgang der Mission, I–II, 1877 [Neudr. 1975] – H. SCHWARZWÄLDER, Die Gesch. des Zauber- und Hexenglaubens in B., Brem. Jb. 46–47, 1959–61 – P. WIEK, Die bürgerl. Verwaltung der B.er Domfabrik im MA, ebd. 46, 1959, 121–133 – G. GLAESKE, Die Ebf. e v. H.-B. als Reichsfs.en 937–1258, 1962 – Bf.s- und Kathedralstädte des MA und der frühen Neuzeit, hg. F. PETRI, 1976 – Schleswig-Holst. Kirchengesch., I–IV [V in Vorb.], 1977–84 – R. ERNST, Karol. NO-Politik zur Zeit Ludwigs d. Fr. (Fschr. M. HELLMANN, 1977), 81–107 – W. DEETERS, Benediktin. Doppelkl. in Ostfriesland, Res Frisicae, 1978, 73–85 – J. PETERSOHN, Der südl. Ostseeraum im kirchl.-polit. Kräftespiel des Reiches, Polens und Dänemarks vom 10.–13. Jh., 1979 – H. LUDAT, Slaven und Dt. im MA, Ausg. Aufs., 1982 – W. SEEGRÜN, Ebf. Adalbert v. H.-B. und Gottschalk (Schr. zur Mecklenburg. Gesch., Kultur und LK 6, Beitr. zur mecklenburg. Kirchengesch., 1982), 1–14 – F. SCHUHMACHER-K.-H., BRANDT, Der Dom zu B. Wiederherstellung und Ausgrab., 1982 – H. SCHMIDT, Die B.er Kirche und der Unterweserraum im frühen und hohen MA, Jb. der Wittheit zu B. 27, 1983 – W. GOEZ, Das Ebm. H.-B. im Investiturstreit, ebd. 29, 47 – Germania Benedictina XI, bearb. U. FAUST, 1984 – GAMS, Ser. V, T. II: Archiepiscopatus Hammaburgensis sive Bremensis, 1984 – E. HOFFMANN, Beitr. zur Gesch. der Beziehungen zw. dem dt. und dem dän. Reich für die Zeit vom 934–1035 (850 Jahre St. Petri-Dom zu Schleswig, 1984), 105–132 – K. HONSELMANN, Die Bm.sgründungen in Sachsen unter Karl d. Gr., ADipl 30, 1984, 1–29 – W. HAAS, Foris apostolus – intus monachus, Ansgar als Mönch und Apostel des N, Journal of Medieval Hist. 11, 1985, 1–30 – T. S. NYBERG, Die Kirche in Skand. Mitteleurop. und engl. Einfluß im 11. und 12. Jh., 1986 – TH. SCHIEFFER, Adnotationes zur Germania Pontificia und zur Echtheitskritik überhaupt, ADipl 32, 1986, 503–545 – G. STREICH, Kl., Stifte und Kommenden in Niedersachsen vor der Reformation, 1986 – K. REINECKE, Bf.sumsetzung und Bm.svereinigung. Ansgar und H.-B. 845–864, ADipl 33, 1987, 1–53 – H. SCHMIDT, Kirchenbau und zweite Christianisierung im fries.-sächs. Küstengebiet während des hohen MA, NdsJb 59, 1987, 63–93 – K. BLUM, 100 Jahre Kirchenmusik in B., Hospitium Ecclesiae 15, 1987, 9–28 – H.-J. SCHULZE, Kl. zw. Elbe und Weser (Kulturlandschaft zw. Elbe und Weser, 1988), 97–118 – G. THEUERKAUF, Urkundenfälsch. des Ebm.s H.-B. vom 9.–11. Jh., NdsJb 60, 1988 – DERS., Urkundenfälsch. der Stadt und des Domkapitels H. in der Stauferzeit (Fälsch. im MA III, 1, 1988), 379–432.

Ḥamdāniden, arab. Dynastie in Mesopotamien und Syrien aus dem Stamm der Taġlib (929–1003), hist. erstmals faßbar mit Ḥamdān ibn Ḥamdūn, der um 890 im Raum v. Mardīn Macht ausübte. Er und sein Sohn ʿAbdallāh, der als Statthalter v. →Mosul fungierte, errichteten, begünstigt durch den Machtverfall des →Abbasiden-Kalifats, ihre Herrschaft in Mesopotamien. Mit den beiden Söhnen ʿAbdallāhs erreichten die Ḥ die selbständigere Stellung von →Emiren: Al-Ḥasan (gest. 968/969), mit dem Beinamen Nāṣiraddaula (˒Schützer des Staates˒), regierte in Mosul und versuchte seit 942, Kontrolle über die Metropole →Bagdad zu gewinnen, geriet aber gegenüber den iran. →Būyiden ins Hintertreffen. Insgesamt erfolgreicher agierte sein jüngerer Bruder ʿAlī (gest. 967), bekannt unter dem Beinamen →Saifaddaula (˒Schwert des Staates˒), der seit 945 in →Aleppo herrschte, in einer Reihe von Kriegen die Machtstellung des →Byz. Reiches zurückdrängte und seinen Hof zu einem glanzvollen Zentrum der arab. Dichtung und Wissenschaft machte (→Abū Firās, →al-Mutanabbī, →al-Fārābī u. v. a.). Unter seinen Nachfolgern verfiel die Herrschaft der Ḥ., nicht zuletzt infolge des Vordringens der →Fāṭimiden. Der Versuch einer Anlehnung an den einstigen Gegner Byzanz konnte den Sturz der Dynastie nicht mehr aufhalten. Die Ḥ., eine bedeutende arab. Herrscherfamilie in einem Zeitalter des wachsenden Einflusses türk. und iran. Dynastien, sind wegen ihrer Erfolge im Hl. →Krieg (ǧihād) und ihres Mäzenatentums

viel gerühmt, wegen ihrer tyrann. Regierung und Geldgier aber auch getadelt worden (→Ibn Ḥauqāl).

Lit.: EI² III, 126–131 [M. CANARD; Lit.].

Hamdismál (inn forno) (˒[das alte] Hamdirlied˒), zu den Gudrunliedern (→Nibelungen) gehörendes Lied der →Edda, das den Sagenstoff um den Gotenkg. →Ermanarich (an. Jörmunrekr) einbezieht. Das Lied erzählt zunächst, wie Gudrun, die Gattin des ermordeten Sigurd, ihre Söhne Hamdir und Sörli aus der Ehe mit Jónakr zur Rache an Jörmunrekr antreibt, der ihre Tochter Svanhild grausam hatte töten lassen. Die zur Rache bereiten Brüder werfen in der Gewißheit des eigenen Todes der Mutter ihre Verbrechen – und die ihres Geschlechtes – vor. Der größere Teil des Liedes schildert die Ausfahrt der Brüder, ihre verhängnisvolle Tötung des Halbbruders Erpr und den Kampf in Jörmunrekrs Halle, in dessen Verlauf sie der Kg., den sie verstümmeln, aber nicht enthaupten können, durch Steine (gegen Schwerter sind sie unverwundbar) töten läßt.

Das Lied, das lange als zur ältesten Schicht der Edda gehörend galt, wird in der neueren Forschung wegen seiner antiheroischen, reflektierend-moralisierenden Haltung und seines Wortschatzes eher als Produkt einer späteren Überarbeitung gesehen (v. SEE, GSCHWANTLER). Die Sage von der Tötung Ermanarichs durch zwei Brüder ist zuerst bei →Jordanes (6. Jh.) überliefert. Im N ist der Stoff bereits dem Skalden →Bragi Boddason (»Ragnarsdrápa«) bekannt und wird in der hochma. Sagalit., in der Snorra Edda und bei →Saxo erwähnt (vgl. →Ermenrichs Tod).

H. Ehrhardt

Ed.: →Edda – *Lit.:* Kindlers Lit.-Lex. III, 1416f. – K. v. SEE, Die Sage von Hamdir und Sörli (Fschr. G. WEBER, 1967), 47–75 – O. GSCHWANTLER, Älteste Gattungen germ. Dichtung (Neues Hb. der Lit.Wiss. 6, 1985), 91–123.

Hameln, Stadt und Stift an der mittleren Weser (Niedersachsen). Von Fulda aus wurde noch in karol. Zeit ein Kl. (ŏ Romanus) gegr., das später in das Bonifatius-Stift umgewandelt wurde. Unter dem Einfluß der die Vogtei innehabenden →Eversteiner Gf.en (vgl. Holzminden) entstand im ausgehenden 12. Jh. in planmäßigem Vorgehen aus dörfl. Marktsiedlung (Lage umstritten), Stiftsfreiheit und Kaufleutesiedlung eine neue, vor 1206 civitas gen. Stadt, deren städt. Charakter um 1190 unstrittig ist. Die einzelnen Stufen dieses Entstehungsvorganges sind nicht sicher nachzuzeichnen. Nur die Lage der Marktkirche (ŏ Nikolaus) des 12. Jh. sowie des Stiftes sind gesichert. 1259 verkaufte Fulda seine Rechte an den Bf. v. Minden. Bis 1277 bringen die Hzg. e v. →Braunschweig alle städterrl. Rechte in ihre Hand, 1277 wird H. privilegiert; erstmals ist auch die Weserbrücke belegt. 1235 ist eine selbständige Ratsverfassung vorhanden (1282 Rathaus, 1235 Siegel und consules). Wiederholte Verpfändungen ab dem 14. Jh. stärkten die städt. Unabhängigkeit gegenüber Stift und Stadtherrn (→Städtebund, Niedersächs.); ab ca. 1240 ist eine Wall-Grabenbefestigung anzusetzen; 1324 ist der ca. 30 ha umfassende Steinbering, der wohl 2000 Einw. barg, bezeugt.   F. B. Fahlbusch

Bibliogr.: Bibliogr. zur dt. Hist. Städteforsch., T. 1 (Städteforsch., B 1), 1986, 640f. – *Q.:* UB des Stiftes und der Stadt H., T. I, II, 1887–1903 – *Lit.:* P. J. MEIER, H., Niedersächs. Städteatlas II, Abt. 3, 1933 – Gesch. der Stadt H. …, hg. H. SPANUTH, 2 Bde, 1939/40–63 – Dt. Städtebuch III, 1, 1953, 164–169 – H. STOOB, Forsch. zum Städtewesen in Europa I, 1970, bes. 129–134, 167ff. – C. MECKSEPER, Zur ma. Topographie von H., NdsJb 52, 1980, 203–217.

Ḥamīd Oġullari, turkmen. Dynastie des 14. Jh. in Anatolien; →Teke Ojullari

Hamilton, Adelsfamilie von unklarer Herkunft, die

durch zielbewußtes Handeln zu einem der mächtigsten Geschlechter →Schottlands aufstieg. Der Name H. ist erstmals faßbar mit *David* H. of Cadzow, dessen Großvater von Kg. Robert I. 1315 die Baronie Cadzow in SW-Schottland erhalten hatte. Bis zur Mitte des 15. Jh. zum kleineren Landadel zählend, begann 1445 der eigtl. Aufstieg der H., bedingt durch die engen Verbindungen des *James* H. of C. zu den mächtigen →Douglas. H., der als *Lord of Parliament* zum →Peer wurde, überlebte auch den Sturz der Douglas, mit denen er 1455 brach. Er vergrößerte Prestige und Macht seiner Familie 1474 durch die Heirat mit Maria, der Schwester Kg. Jakobs III.; beider Sohn *Jakob* erreichte 1504 als Earl of Arran höchsten Adelsrang.

J. Wormald

Lit.: The Scots Peerage IV, hg. J. BALFOUR-PAUL, 1907 – R. C. NICHOLSON, Scotland: The Later MA, 1974.

Hamm, Stadt in Westfalen, Gft. Mark, liegt im Schnittpunkt der Fernhandelswege von Dortmund und Soest nach Münster auf einer von Lippe und Ahse gebildeten Landzunge, auf der nach der Ermordung Ebf. →Engelberts I. v. Köln wie der Zerstörung der Isenberg. Gründung Nienbrügge durch Gf. Adolf v. Mark die Bürger 1226 neu angesiedelt wurden (dort wohl Furtsiedlung am Ahseübergang und Domanialsiedlung im NO). Die Plananlage erhielt (1276 bestätigtes) Lippstädter Recht. Die Befestigung (17 ha umfassend) wurde wohl erst ab 1243 errichtet. Die Stadtkirche St. Georg gehörte bis 1377 zum Sprengel der Pfarre des Ortes Mark. 1259 sind Bürgermeister, Ratmannen und Stadtschöffen, 1268 ist eine Münze bezeugt. Bis 1464 gehörten dem Rat nur Vertreter der Kaufleute und bfl. Ministeriale an, danach auch Mitglieder der vier Ämter. H. blieb bis zum Aussterben der Gf.en v. d. Mark (1391) landesherrl. Vorzugssitz. Zu den zwei Jahrmärkten des 13./14. Jh. kamen zwei weitere im 15. Jh. H. war Zentrum einer regionalen Leinenweberei, deren Produkte im Hanseraum vertrieben wurden. Stadterweiterungen (1330 ca. 3000 Einw., 30 ha) und Anpfändungen weiterer Rechte vom Landesherrn belegen den Aufschwung der Stadt; Beteiligung an städt. Bündnissen (1443 »H.er Vertrag«). Jedoch schränkten die Hzg.e v. →Kleve seit 1391 als neue Landesherren die Rechte der Stadt wieder stärker ein.

F.-W. Hemann

Q. und Lit.: A. OVERMANN, Die Stadtrechte der Gft. Mark, II: H., 1903 – Westfäl. Städteatlas, 1. Lfg., Bl. H., 1975 [H. STOOB] – 750 Jahre H., hg. H. ZINK, 1976.

Ḥammādiden (Banū Ḥammād), zentralmaġribin. Dynastie (1015–1152) von Ṣanhāǧa-Berbern, Aufstieg seit dem späten 10. Jh. im Gefolge ihrer 'Vettern', der →Zīrīden, die den Ḥ. einen Teil des ihnen von den nach Ägypten gezogenen →Fāṭimiden anvertrauten Territoriums zur Verwaltung übergaben. Nach dem Bruch mit den Zīrīden (1015) versuchten sie, nach O wie W ausgreifend, ihre Macht zu sichern, gerieten aber seit der 2. Hälfte des 11. Jh. immer stärker unter den Druck der arab. Beduinenstämme und ihrer Westdrift, was zur Verwüstung der ländl. Gebiete mit bis heute nachwirkenden Folgen (Entvölkerung, Schwund der Seßhaftigkeit) führte, während die städt. Zivilisation insgesamt überlebte. Hauptresidenz der Ḥ. war zunächst Ašīr (ssö. von Algier in den Tīṭarī-Bergen), dann die 1007/08 gegr. Qalʿat Banī Ḥammād (nö. v. Msīla), seit 1068/69 dann Biǧāya (Bougie), das in der 1. Hälfte des 12. Jh. seine Blütezeit erlebte. Ab 1143 Angriffen der siz. Normannen ausgesetzt, erlagen die Ḥ. 1152 dem Ansturm der →Almohaden.

H.-R. Singer

Lit.: EI² I, 699f., 1204; III, 137f.; IV, 478–481 – L. GOLVIN, Le Maġrib central à l'époque des Zīrides, 1957 – H. R. IDRIS, La Berbérie orientale sous les Zīrides, I–II, 1962.

Ḥammām → Bad, B. IV

Hammer → Hüttenwesen, →Werkzeuge

Hammersteiner Ehe, Bezeichnung für die Ehe des →Konradiners Otto v. H. († 5. Juni 1036) mit Irmgard († Ende 1042), Tochter des Gf.en Gottfried des Gefangenen v. Verdun. Ks. Heinrich II. erhob gegen diese Ehe Einspruch wegen zu naher Verwandtschaft aufgrund kanon. Zählung, dies wohl auch in der Absicht, die ihm unbequeme Machtstellung des Paares am Rhein, in der Wetterau und in Franken zu beseitigen. Beide wurden 1018 in Nimwegen exkommuniziert, die Unrechtmäßigkeit ihrer Ehe in Bürgel beeidet. Der Streit verschärfte sich durch Ottos Versuch, den Mainzer Ebf. →Erchanbald gefangenzunehmen. Heinrich II. belagerte Burg H. im Herbst 1020, Otto mußte sich ergeben und verzichtete nochmals 1023 auf die Ehe. Gegen die Anerkennung der Ehe durch Benedikt VIII. wandte sich Ebf. →Aribo v. Mainz (→Frankfurt, Synode v. 1027). Ks. Konrad II. schlug das Verfahren gegen das Paar nieder, das die Ehe weiterführte.

A. Gerlich

Lit.: E. HLAWITSCHKA, Die Anfänge des Hauses Habsburg-Lothringen, 1969, 45–70 – S. REICKE, Der H. Ehehandel im Lichte der ma. Herrschaftsordnung, RhVjbll 38, 1974, 203–224.

Ḥammūdiden, berberisierte Dynastie scherifischer Abstammung (→Idrīsiden), beherrschten zw. 1016 und 1058 verschiedene Städte in →al-Andalus und traten in der Auflösungsperiode des frühen 11. Jh. als Bewerber um das Kalifat v. →Córdoba auf. Nachdem ʿAlī b. Ḥammūd 1013 vom omayyad. Kalifen Sulaimān al-Mustaʿīn →Ceuta, sein Bruder al-Qāsim Algeciras →Tanger und Arzila erhalten hatten, bemächtigte sich ʿAlī 1016 als Erbe des ermordeten Kalifen Hišām II. des Kalifats Córdoba, wurde aber noch im selben Jahr selbst ermordet. Gestützt auf seine Parteigänger, führte al-Qāsim drei Jahre lang ein gutes Regiment, bis ihn sein Neffe Yaḥyā (1021/22 Kalif) aus Córdoba verdrängte, schließlich (nach 1035) ermorden ließ. Die Nachkommen Yaḥyās hielten sich bis 1057 in →Málaga, das von den granadin. →Zīrīden erobert wurde, während das von den Nachkommen al-Qāsims beherrschte Algeciras 1058 durch die →ʿAbbādiden annektiert wurde.

H.-R. Singer

Lit.: EI² III, 147 – L. SECO DE LUCENA, Los hammūdíes, señores de Málaga y Algeciras, 1955.

Hamster → Nagetiere

Ḫān, aus dem Pers. stammendes Wort, bezeichnet im islam. Bereich zum einen die Etappenstationen an den Handelsstraßen, zum anderen Kaufhäuser und Herbergen in Städten (*funduq*; →Fondaco). Zur hist., verkehrsgesch. und architekton. Bedeutung des H. →Karawanserei, →Reise (islam. Welt).

Lit.: EI² IV, 1010–1017 [N. ELISÉEFF].

Han (Gallus u. ä.), **Ulrich,** Buchdrucker, * um 1425 in Ingolstadt, † 1478/80 in Rom, Studium in Leipzig (1438 immatrikuliert), seit 1464 in Rom als Buchdrucker nachweisbar. Vorher scheint er in Wien und vielleicht auch in Foligno tätig gewesen zu sein. In einem der dt. Nationalkirche S. Maria dell' Anima gehörenden Haus druckte H. als erstes die »Meditationes seu contemplationes vitae Christi« des span. Kard.s Juan de Torquemada. Er verwendete dabei eine große Rotunda-Schrift und 34 Holzschnitte. Bis 1470 produzierte H. Werke klass. Autoren und von Humanisten. Während seiner Tätigkeit für den Verleger Simon Nicolai Chardella aus Lucca (1471–74) brachte er v. a. theol. und jurist. Texte heraus. In den letzten Jahren arbeitete H. bevorzugt für die Kurie (Bullen, päpstl. Verlautbarungen und Anordnungen), hervor-zuheben sind zwei Ausg. des »Missale Romanum« der Jahre 1475 und 1476, deren jüngere bereits gedruckte Noten für die liturg. Gesänge aufweist.   S. Corsten

Lit.: F. GELDNER, Die dt. Inkunabeldrucker II, 1970, 30–35 – DERS., Zum frühesten dt. und it. Buchdruck, Gutenberg-Jb. 1979, 18–38.

Hanau, Herrschaft (seit 1429 Gft.) in Hessen; Stadt am Main.

[1] Die *Herrschaft* H. geht auf bescheidene Anfänge im SO der →Wetterau zurück (Burgen Buchen und Niederdor-felden, Vogteirechte über die Wälder H. und Bulau am Main). Der allmähl. Aufstieg der edelfreien Familie, zu-nächst in Anlehnung an das Erzstift Mainz, dann mit Unterstützung der stauf. Kg.e, ließ ein noch immer klei-nes, geogr. nicht geschlossenes Herrschaftsgebiet entste-hen, das erst durch den H.er Anteil an der Münzenberger Erbschaft (1255) entscheidend erweitert wurde, und zwar in die zentrale Wetterau (1/6 Münzenberg, 1/6 Assenheim) und in das Gebiet s. des Mains (Babenhausen). Weitere Gebietserwerbungen, Arrondierung und innere Konsoli-dierung des Territoriums erfolgten während des gesamten SpätMA. Dabei wurde die Territorialpolitik der Herren v. H. begleitet und unterstützt durch den Reichsdienst, den sie v. a. als Reichslandvögte der Wetterau den dt. Kg.en leisteten. Unter den hanauischen Landvögten ragt als Helfer Karls IV. Ulrich III. hervor. 1429 wurden die Herren v. H. in den erbl. Reichsgf.enstand erhoben; 1458 erfolgte die Teilung in die Linien H. und Babenhausen, später H.-Münzenberg und H.-Lichtenberg gen.

[2] Die *Stadt* H. entstand im Anschluß an die erstmals 1143 gen., inmitten der Wälder H. und Bulau gelegene Burg H. 1303 erhielt das oppidum H. als letzter der hanauischen Orte, nach Windecken, Steinau und Baben-hausen, Markt- und Stadtrechte nach Frankfurter Vor-bild. Bis 1436 blieb jedoch Windecken Hauptresidenz. Die 1338 bezeugte Mauer dürfte einschließlich der Burg ein Areal von ca. 7 ha umschlossen haben; um 1400 hatte H. 600–700 Einw. 1429 ist eine Vorstadt bezeugt; ab 1527/28 wird H. bastionär befestigt.   F. Schwind

Lit.: O. APPEL, Die polit. Tätigkeit Ulrichs III., Herrn v. H. 1346–70, H.er Gesch.bll. NF 5, 1922 – F. SCHWIND, Die Landvogtei in der Wetterau, 1972 – 675 Jahre Altstadt H., hg. vom H.er Gesch.-Ver., 1978 – K. E. DEMANDT, Gesch. des Landes Hessen, 1980³, 288–299.

Hanboys [Hamboys], **John,** engl. Musiktheoretiker um 1470, Lebensdaten und -umstände unbekannt, Titel-(Doctor musice) und Werkzuschreibungen nicht verifi-zierbar. Nur ein Traktat, dessen Explizit H. als Autor nennt, ist erhalten, in dem die vielfältige Entwicklung der Lehre von der Mensuralnotation von →Franco v. Köln, unter Nennung verschiedener Theoretiker, bis in H.' Gegenwart hinsichtl. der Unterschiede zw. frz. und it. Praxis in Bezug auf die Teilbarkeit der Notenwerte und deren Darstellung in der Notenschrift abgehandelt wird (dabei erstmalige Nennung des noch heute üblichen engl. Terminus »crotchet« als »crocheta« für die Semiminima).   H. Leuchtmann

Werke: Musica magistri Franconis cum Additionibus & opinionibus diversorum, GB Lbl Add. 886 – *Ed.:* CSC I, 403–448 – *Lit.:* MGG – RIEMANN – NEW GROVE, s. v. – J. PULVER, The English Theorists, The Musical Times LXXV, 1934, 220ff.

Handauflegung. [1] *Lateinische Kirche:* Aus dem NT (Apg 6,6; 2 Tim 1, 6 u. a.) überkommen, ist H. auch im MA – wenn auch nicht immer uneingeschränkt – zentraler Gestus in vielen sakramentl. Feiern (im Lauf der Zeit in →Sakramente und Sakramentalien unterschieden). H. ist vollmächtiges Handeln durch Amtsträger der Kirche und bewirkt aus der Gnade Gottes Eingliederung in die Kirche

(Taufe/Firmung), Rekonziliation (Bußsakrament), Ordi-nation (in die verschiedenen Weihestufen). Handausstrek-kung über Naturalgaben zu sakramentl. Feiern ist analog ein wichtiges Zeichen der Bitte um das Wirken der göttl. Kraft, des Hl. Geistes, zur Konsekration dieser Gaben. – Zu Taufe/Firmung: In den Skrutinien zur Vorbereitung auf die Taufe, im MA mit dem sakramentl. Ritual zusam-mengewachsen, hat H. exorzist. Bedeutung. H. wird im MA im Bereich des Firmrituals (Konfirmation) mit Chris-mation und Konsignation verquickt; von den Reformato-ren wird H. als alleiniges Zeichen zur Konfirmation beibe-halten. – Zum Bußsakrament: Einflüsse systemat. Theo-logie und Veränderungen im Vollzug lassen H. gegen Ende des MA zurücktreten; der Gestus bleibt jedoch rudimentär erhalten. – Zu den Ordinationen: H. wird je nach Amtsstufe differenziert vollzogen: Dem Kandidaten des Bf.samtes legen die Vertreter des Bf.skollegiums (lan-ge nur der Hauptkonsekrator und zwei Assistenten) die Hände auf; den künftigen Presbytern legen der Bf. und (alle oder einige) Mitglieder des Presbyteriums die Hände auf. H. unterscheidet zw. diesen Amtsstufen und den sog. Niederen Weihen: vgl. Statuta ecclesiae antiqua (ca. 495), n. 93 zur Subdiakonenweihe (CChr. SL 148, 182), bleibt während des ganzen MA in Kraft. Andere Ordinationsri-ten (Überreichungsriten, Salbungen) treten neben die H., können sie jedoch nie verdrängen.   B. Kleinheyer

Lit.: Catholicisme X, 162–206 – HDG IV 3, bes. 93–153 – LThK IV, 1345f. – RAC XIII, 482–494 – RGG III, 52–55 – TRE XI, 192–204; XIV, 415–422 – J. COPPENS, L'imposition des mains et les rites connexes dans le NT et dans l'église ancienne. Ét. de théologie positive, 1925, 174–373 – J. A. JUNGMANN, Die lat. Bußriten in ihrer gesch. Entwicklung, 1932 – H. M. J. BANTING, Imposition of Hands in Confirmation: a medieval problem, JEH 7, 1956, 147–159 – C. VOGEL, L'imposition des mains dans les rites d'ordination en Orient et en Occident, Maison Dieu 102, 1970, 57–72 – L. LIGIER, La Confirmation ..., 1973 – B. KLEINHEYER, Ordinationen und Beauftragungen (Gottesdienst der Kirche, 8: Sakra-mentl. Feiern II, 1984), 7–65 – DERS., Die Feiern der Eingliederung in die Kirche (ebd., 7/1: Sakramentl. Feiern I, 1989), bes. 191–215.

[2] *Ostkirche:* Einerseits übernommen von der Praxis der (Beamten-)Wahl und Bestellung durch Handerhe-bung, andererseits von der apostol. Überlieferung der Geistmitteilung durch H. und Gebet an die Inhaber der kirchl. Dienste, kam die innerkirchl. und liturg. Entwick-lung der byz. Tradition etwa mit dem 8. Jh. zum Ab-schluß. Bis dahin unterschiedslos gebraucht, erhielten die Termini χειροτονία und χειροθεσία eine je spezif. Bedeu-tung. Der erste ist der Weihe der Diakone, Priester und Bf.e innerhalb des Altarraums vorbehalten, der zweite bezeichnet die Segnung zu den niederen Diensten vor der Ikonostase. Vgl. Symeon v. Thessalonike (MPG 155, 361/364). Segnung und Gnadenmitteilung bedeuten H. und Gebet über Personen und Sachen bei der Feier der Sakra-mente und Bestellung zu kirchl. Diensten (z. B. Abtswei-he).   H. M. Biedermann

Lit.: LThK IV, 1343–1346 – ThEE 12, 113–118 – RGG³ III, 52–55 – A. v. MALTZEW, Sakramente der Orth.-Kath. Kirche, 1898 – M. A. SIOTIS, Die klass. und die christl. Cheirotonie, 1951 – C. VOGEL, Chirotonie et chirothésie ..., Irénikon 45, 1972, 7–21, 207–238.

[3] *Consolamentum der Katharer:* Wichtigstes Ritual, durch das der Gläubige zum Rang der Perfecti aufstieg, auch »Geisttaufe Jesu Christi« gen., folgte dem Vorbild der Taufe; es konnte nur einmal im Leben (bei Erreichen der Großjährigkeit oder – häufiger – auf dem Sterbebett) empfangen werden und tilgte alle vorher begangenen Sünden. Nach Überreichung des Evangelienbuches mit Aufzählung der kathar. Gebote und Homilie folgte die Auflegung des Evangeliars und der rechten Hand auf den Kopf des das C. Empfangenden durch den Perfectus, der

den Ritus ausführte, und die daran teilnehmenden Perfecti
und ein gemeinsames Gebet mit Lesung des Prologs des
Johannesevangeliums.   E. Pásztor

Lit.: J. DUVERNOY, Le catharisme I, 1976 – CH. THOUZELLIER, Rituel
cathare, SC 236, 1977 – R. MANSELLI, L'eresia del male, 1980², 264–267.

[4] *Judentum:* Im MA wurde der antike rabbin. Ritus
der H. zur Ordination von Gesetzeslehrern nicht mehr
praktiziert.   H.-G. v. Mutius

Lit.: J. NEWMAN, Semikhah (Ordination), 1950.

Handbüchse, früheste Form der →Handfeuerwaffe. Ein
in der Art der →Geschütze des 14. und 15. Jh. aus Eisen
geschmiedetes oder aus Bronze gegossenes 30 bis 40 cm
langes Rohr, das entweder in einer primitiven Schäftung –
einem schmalen Holzbalken, in dem es in einer Rinne von
Eisenbändern festgehalten wurde – gelagert war oder eine
am hinteren Ende angeschmiedete oder in eine Ausneh-
mung eingeschobene Stange als Handhabe hatte.
                                                E. Gabriel

Lit.: Q. zur Gesch. der Feuerwaffen, hg. Germ. Museum, 1877.

Handel

A. Westlicher Bereich – B. Byzantinischer Bereich

A. Westlicher Bereich

I. Handelsformen – II. Betriebsformen und Handelsgesellschaften – III.
Handel und Finanzgeschäft – IV. Handelsrecht.

I. HANDELSFORMEN: Der Lokalh. stand in einer engen
Beziehung zum →Fernhandel. Das Warenangebot auf den
lokalen →Märkten wurde allmähl. erweitert. Sie waren
einerseits Sammelstellen für Güter aus der Umgebung, die
teilweise in den überlokalen und überregionalen H.sver-
kehr weitergeleitet wurden. Andererseits waren sie auch
Verteilerorte von Produkten aus dem Fernh. für das städt.
Umland. V. a. im Hoch- und SpäMA bot die Landbevölkerung Nahrungsmittel und bestimmte Rohstoffe meistens auf einem Wochenmarkt in einer Stadt der Umgebung an, Handwerker verkauften ihre Erzeugnisse in
ihren Werkstätten oder an einem ihnen in den Städten
angewiesenen Ort.

II. BETRIEBSFORMEN UND HANDELSGESELLSCHAFTEN: Im
ma. H. war die einfachste und älteste Betriebsform die des
einzelnen, umherziehenden Kaufmanns, der selbständig
Geschäfte betrieb. Gelegentlich schloß er sich einer Kara-
wane an (→Hanse). Einige Märkte erlangten eine bes.
Bedeutung durch die Einrichtung von →Messen (z. B.
→St-Denis, 634/635), die meistens in Verbindung mit
einem kirchl. Fest abgehalten wurden. Die Gründung von
Messen trug auch zur Förderung neu aufkommender
H.sströmungen oder Märkte bei (vgl. z. B. die flandr.
Märkte, 11./12. Jh., →Flandern; →Frankfurt a. M.,
12. Jh.; →Antwerpen, ca. 1315). Die Abhaltung der Messen zu festgesetzten Zeiten hatte zur Folge, daß sich die zu
ihnen reisenden Händler aus einer bestimmten Gegend in
→Gilden oder Hansen zusammenschlossen. Einige Messen folgten so unmittelbar aufeinander, daß man von
einem ständigen »Marktzyklus« sprechen kann (z. B. die
flandr. Messen, die →Champagnemessen, die Wollmes-
sen →Englands, die Messen der →Lombardei). In Italien
nahmen einige Städte auch ohne Messen derartige Han-
delsfunktionen wahr. Seit dem 12. Jh. erfüllten ebenfalls
Städte in N- und W-Europa diese Aufgabe. Die Ausbildung von Märkten und Messen bewirkte, daß der Typ des
herumziehenden Kaufmanns weitgehend verschwand,
der →Hausierer erscheint jedoch bis in die NZ. Die Kaufleute wurden seßhaft und leiteten ihre Geschäfte von
einem zentralen →Kontor aus (→Buchhaltung). Sie sandten Vertreter zu den einzelnen Märkten und standen mit
ihnen in Verbindung. Gleichzeitig kam es zur Ausbildung

eines eigenständigen Transportwesens. In den Mittelmeerländern entwickelten sich Frachtfahrt und Fuhrwesen als Gewerbe spätestens im 13. Jh. Sie fanden vom
14. Jh. an n. der Alpen Verbreitung. Die Transportversi-
cherung erfolgte zunächst in der Form des mediterranen
Seedarlehens bzw. der →Bodmerei, seit dem 14. Jh. in der
Form einer im voraus zahlbaren Prämie. Die Sorge um das
Transportrisiko führte in Kriegszeiten oder in von Seeräu-
bern heimgesuchten Gewässern oft zur Konvoifahrt.
Außerdem wurden bei Seefahrten die Waren üblicherweise auf mehrere Schiffe verteilt.

Der Kaufmann konnte sich auf auswärtigen Märkten
von einem →Faktor vertreten lassen oder die Wahrnehmung seiner Interessen einem Korrespondenten überlassen, dem eine festgelegte Kommission zugestanden wurde. Die ältesten Formen der →Handelsgesellschaft (commenda, societas maris) entstanden in Italien vor 1000 und
verbreiteten sich seit dem 12. Jh. Dieser Gesellschaftsform
verwandt war im Bereich von Nord- und Ostsee die im
14. und 15. Jh. v. a. in den Hansestädten häufig erscheinende *wederlegginge.* Dauerhafte H.szusammenschlüsse
stellten die seit dem 13. Jh. in Städten des Binnenlandes
(→Piacenza, →Siena, →Lucca, →Florenz) beheimateten
→Kompanien dar (z. B. →Acciaiuoli, →Bardi, Peruzzi),
die für eine bestimmte Anzahl von Jahren eine Gruppe von
Soziussen, häufig auch nicht zur Familie gehörende Teilhaber, vertragl. vereinigten. Alle trugen zur Bildung des
Betriebskapitals (*corpo*) bei und bekamen im Verhältnis zu
ihrer Einlage bei Fälligwerden des Vertrags ihren Anteil
am Gewinn. Außerdem konnte von nicht teilhabenden
Dritten fest verzinsbares Geld zur Erweiterung der Geschäfte aufgenommen werden (*sopracorpo*).

In der 2. Hälfte des 14. Jh. war in der Toskana ein
anderer Gesellschaftstyp vorherrschend, den z. B. die
→Firmen des →Datini und →Medici verkörpern, die
über Konzerne von mehreren Kompanien mit Niederlassungen im Ausland verfügten. Die Niederlassungen wurden von nicht am Kapital beteiligten oder allenfalls zu einer
vertragl. vereinbarten Gewinnquote berechtigten Soziussen geleitet. Während in den Medici-Firmen häufig Familienmitglieder als Soziusse tätig waren, bildete das Fir-
mensystem Datinis eine von ihm geleitete Einheit mit
einer zentralen Buchhaltung. Die Niederlassungen verfügten über eine beschränkte Zahl von Angestellten. Der
Typ der vielseitigen, auf bestimmte Dauer funktionierenden H.sgesellschaft nach it. Vorbild fand im 15. Jh. n. der
Alpen Eingang, offenbar in Zusammenhang mit dem
wachsenden H. zw. Italien und Mitteleuropa (→Dies-
bach–Watt–Gesellschaft, →Fugger, Große →Ravensbur-
ger H.sgesellschaft). Der einzelne Kaufmann, die gelegentl. Assoziation oder die Agentur blieben allerdings
diesseits der Alpen bis Ende des MA die vorherrschende
Betriebsform.

III. HANDEL UND FINANZGESCHÄFT: Ein Merkmal des
ma. H.sverkehrs war die Verbindung zw. Klein- und
Großhandel. Die mangelnde Spezialisierung des H.s zeigte sich in der Zusammenstellung des Warensortiments der
Kaufleute und war ein allg. Merkmal des →Frühkapitalis-
mus. Bei der Verbindung von H. und Finanzgeschäft sind
v. a. die →Partenreederei sowie das Versicherungswesen
hervorzuheben, das im SpätMA zum Objekt spekulativer
Investitionen wurde. Kaufleute zeigten Interesse für Anlagen im Bereich des öffentl. →Finanzwesens, so als Steuer-
und Zollpächter, Darlehensgeber, Münzmeister usw.
Spätestens seit dem 13. Jh. begannen it. Kaufleute, den
Warenh. mit dem →Bankwesen zu verbinden. Ein bedeutendes Hilfsmittel wurde der →Wechsel, der sich vom

Warenverkehr loslöste und sich zu einem reinen Kredit-
brief zur Finanzierung beliebiger Geschäfte entwickelte.
Die Möglichkeiten des Lombardgeschäfts konnten auf
diese Weise erheblich erweitert werden. Rein finanzielle
Wechsel wurden immer üblicher, und seit dem 15. Jh.
bedienten sich auch Kaufleute außerhalb Italiens wenigstens bei ihrem kommerziellen Zahlungsverkehr des
Wechsels. Als reines Finanzinstrument nach it. Vorbild
fand er im europ. Geschäftsleben erst am Anfang des
16. Jh. Eingang (→Fugger).

IV. HANDELSRECHT: Im MA unterstand der H. rechtl.
oder fakt. meistens den örtl. Gewalten. Eine zusammen-
hängende, auf eigtl. wirtschaftl. Ziele eingestellte staatl.
H.spolitik zeigt sich erst in den Maßnahmen der engl.
Monarchie zur Förderung des einheim. Tuchgewerbes
seit dem 14. Jh., ebenso in den Versuchen Kg. Ludwigs
XI. v. Frankreich, mit Hilfe der Messen v. →Lyon die
Vorrangstellung Antwerpens und →Genfs zu beseitigen.
Im 14./15. Jh. bemühte sich die dt. Hanse vergebl., den
Einbruch Fremder in ihren Wirtschaftsbereich abzuwehren. Die fremden Kaufleute galten ursprgl. als rechtlos
(→Fremde, -nrecht). Doch wurde ihnen auf dem Weg
zum Markt und während der Dauer von Messen Geleitschutz gewährt, der seit dem HochMA selbstverständl.
Bestandteil des Marktes war. Aber noch bis ins 15. Jh.
konnte das Prinzip der kollektiven Haftung für Schulden
von Mitbürgern oder Landsleuten zu Zuwiderhandlun-
gen gegen das Geleit führen. Deshalb ließen sich fremde
Kaufleutegruppen Sonderprivilegien ausstellen, die ihnen
manchmal eine günstigere Rechtslage (bis zur Exterrito-
rialität), auch Vorteile über den einheim. H. (vgl. z. B. die
Hanse in England), sicherten. Die Inhaber solcher Privilegien versuchten, die Aufnahme neuer Teilnehmer im
Geltungsbereich möglichst einzuschränken.

Im 12./13. Jh. bildete sich ein städt. →Gastrecht heraus,
das den fremden Kaufleuten eine Reihe von Tätigkeiten
auf dem Markt untersagte bzw. ihnen vorschrieb. Viele
Städte bedienten sich der Institution des →Stapels, der die
Kaufleute im Geltungsbereich zwang, bestimmte Waren
zum Verkauf an den Stapelort zu führen. Den Gästen war
es im allg. untersagt, direkt untereinander H. zu treiben.
Sie waren auf die Vermittlung eines ansässigen Bürgers
(→Makler) angewiesen. Ein Gast durfte auch nicht auf
dem Markt erworbene Güter an Ort und Stelle weiterver-
kaufen. Die fremden Kaufleutekörperschaften (»Nationen«) in →Brügge hatten sich z. B. die Befreiung von
diesen Beschränkungen bestätigen lassen. Auch für die
Dauer einer Messe wurden sie häufig ausgesetzt. Verboten
war fremden Kaufleuten in der Marktstadt der Kleinh.,
der ausschließl. den örtl. Kaufleuten vorbehalten blieb.
Zur Kontrolle dieser Bestimmungen wurde den fremden
Händlern der Besitz von Waagschalen untersagt, so daß
möglichst viele Transaktionen auf den städt. →Waagen
vorgenommen werden mußten. Außerdem durfte der H.
einiger Waren (z. B. Tuche, Gewürze) nur an bestimmten
Orten in der Stadt (z. B. Hallen, Marktplätze) abgewickelt
werden, was die Erhebung obrigkeitl. →Abgaben und die
Erteilung städt. Qualitätsmarken (→Beschauzeichen) erleichterte. Geschlossene Niederlassungen für fremde
Kaufleute gab es z. B. in Novgorod und London (→Han-
se) sowie in Venedig (→Fondaco dei Tedeschi).

J.A. van Houtte

Lit.: P. REHME, Gesch. des H.srechts, 1914 – F. CARLI, Storia del
commercio it., 1934 – CL. BAUER, Unternehmung und Unterneh-
mungsform im SpätMA und in der beginnenden NZ, 1936 – E. SABBE,
Quelques types de marchands du IXᵉ et Xᵉ s., RBPH 13, 1936 – O.
GÖNNENWEIN, Das Stapel- und Niederlagsrecht, 1939 – A. SAPORI, Il

mercante it. nel medio evo, 1945 [frz.: Le marchand it. au MA, 1952] –
E. COORNAERT, Les ghildes médiévales (Vᵉ-XIVᵉs.), RH 199, 1948 – Y.
RENOUARD, Les hommes d'affaires it. du MA, 1949 – La foire, RecJean
Bodin 5, 1953 – E.M. CARUS-WILSON, Medieval Merchant Venturers,
1954 – Medieval Trade in the Mediterranean World, hg. R.S. LOPEZ-
I.W. RAYMOND, 1955 – F. MELIS, Aspetti della vita economica medie-
vale (Studi nell'Archivio Datini di Prato, 1962) – R. DE ROOVER, The
Rise and Decline of the Medici Bank 1397-1494, 1963 – A. HAVERKAMP,
Die frühbürgerl. Welt im hohen und späten MA, HZ 221, 1975.

B. Byzantinischer Bereich

I. Quellenlage und allgemeiner Überblick – II. Handelswege und
Handelshauptorte – III. Fern- und Zwischenhandel – IV. Lokal- und
Binnenhandel – V. Kaufleute und ihre Organisationsformen – VI.
Handelsverträge, gesetzliche Bestimmungen, Gebühren.

I. QUELLENLAGE UND ALLGEMEINER ÜBERBLICK: Eine umfassende Untersuchung des byz. H.s existiert nicht, obwohl verschiedene Detailfragen wiederholt behandelt
wurden. Als Q. stehen zur Verfügung: für die Zeit zw.
dem 6. und 10. Jh. nur Hinweise in der Geschichtsschreibung, der Epistolographie, der Gesetzgebung, bes. aber
der Hagiographie, sowie Münzen und Siegel; im 10. Jh.,
v. a. jedoch seit dem 11. Jh. Staatsverträge, ven. und
genues. Notariatsurkk. und auch byz. Urkk.; in spätbyz.
Zeit ksl. Verordnungen, Privaturkk. und noch unedierte
private Kontobücher, aber v. a. westl. Nachrichten, bes.
über den Fernhandel.

In den ersten Jahrhunderten des Oström. Reiches (4.-6.
Jh.) basierte der H. ganz auf den Prämissen eines röm.
Welth.s, dem die dauernde Festsetzung anderer Völker an
den Grenzen und auf Reichsterritorium (Slaven, Araber,
germ. Völker) ein Ende bereitete. Spätestens um 600 brach
eine neue Epoche an, in der Byzanz zwar zunächst noch
Welth. zu treiben versuchte, sich aber zunehmend – auch
durch H.sbarrieren – nach außen abschloß und in seiner
wirtschaftl. Entwicklung durch die arab. Angriffe (v. a.
im 8. Jh.) erhebl. beeinträchtigt wurde. Erst im 10. und 11.
Jh. wurde diese Isolation aufgegeben, und im 11. und 12.
Jh. beteiligte sich Byzanz (freilich nicht als alleiniger Träger) am internat. H. Der Verlust wichtiger Territorien
und die Internationalisierung des Schwarzmeerh.s als Folge der Eroberung Konstantinopels 1204 sowie der territoriale Zerfall seit Beginn des 13. Jh. (Verselbständigung des
wichtigen H.szentrums →Trapezunt) führten zu einer
zunehmenden Verringerung des byz. H.svolumens, das
nun fast ausschließl. auf die Ausfuhr landwirtschaftl. Produkte beschränkt blieb. Es existierte jedoch ein intensiver
Binnenh. und eine (gegenüber dem 11./12. Jh.) vermehrte
Beteiligung der Byzantiner am internat. H. und Transportwesen.

II. HANDELSWEGE UND HANDELSHAUPTORTE: Das weitgehend erhaltene antike Straßensystem hat den H. zu Land
erhebl. gefördert. Die Schiffahrt, v. a. im Bereich des ö.
Mittelmeeres, wurde im 9./10. Jh. langsam zu einer Domäne it. Seestädte und der Araber. Die Piraterie und
bisweilen islam. Flottenzüge behinderten den H. Der
unleugbare Schwund der Städte im 7. und 8. Jh. (v. a. im
Balkanraum, aber auch in Kleinasien) beeinträchtigte den
Lokalh., aber weniger den Fernh., der sich nun auf einige
wenige Städte konzentrierte: →Tarsus als Endpunkt der
Straßen aus den w. Islamländern, Trapezunt als Umschlagplatz für die ö. Islamländer und Innerasien, →Cher-
son (für den H. mit den Nomadenvölkern), →Ephesos als
Mittelpunkt für die Ägäis (Messe) und Thessalonike für
Griechenland und die w. Balkanhalbinsel. →Zypern war
als vertragl. vereinbarte »Freihandelszone« zw. Byzantinern und Arabern ein beiderseitiger Umschlagplatz. Un-
bestrittener Mittelpunkt jegl. H.s aber blieb (auch in
spätbyz. Zeit) →Konstantinopel. Da über lange Zeit hin

der Händler in Byzanz als polit. suspekt galt, wurden an den H.sorten *mitata* (Herbergen mit Warenlager) unter staatl. Kontrolle errichtet, ehe es (wohl erstmals für die Syrer in Konstantinopel) zur Errichtung umgrenzter Niederlassungen kam, die aber weiterhin Kontakte mit der einheim. Bevölkerung verhindern sollten.

III. FERN- UND ZWISCHENHANDEL: Er basierte grundsätzl. auf der Gold- oder adäquaten Silberverrechnung, in frühen Jh. mit Avaren und Slaven im Tauschverfahren, das vielleicht auch bei Gütern mit Ausfuhrverbot (z. B. Seide gegen Waffen) angewandt wurde. Bis ins 9./10. Jh. war Byzanz der einzige Lieferant für Luxusprodukte (→Gewürze, →Edelsteine, →Seide), z. T. mit Zwischenhändlerfunktion, ehe mit dem 10. Jh. it. Städte direkten Zugang zum islam. H. erhielten. Der Export von Seide und Edelmetallen (bes. Gold) bedurfte der staatl. Genehmigung. Der staatl. überwachte H. von →Purpur vollzog sich notwendigerweise ganz innerhalb der Reichsgrenzen. Für Produkte wie Seide, die seit spätestens dem 10. Jh. auch aus islam. Ländern erhältl. war, blieb lange das byz. Qualitätsmonopol bestehen. Die wichtigsten Ausfuhrprodukte bis in spätbyz. Zeit waren Getreide, Wein und Öl. Die Ausfuhr von Fertigwaren (ausgenommen Seide) ist kaum belegt. Für den →Sklavenhandel waren Städte des Byz. Reiches nur Umschlagplatz. Einfuhrprodukte waren Edelmetalle (nach dem Verlust Armeniens und der Balkanländer), aber z. T. auch Eisen und bes. Waffen (aus der Kiever Rus' oder den w. Staaten), später auch (flandr.) Stoffe und Tuche. Aus Bulgarien und der Kiever Rus' kamen Pelze, Honig und Wachs, die vom Byz. Reich aus auch wiederum weiterverkauft wurden.

IV. LOKAL- UND BINNENHANDEL: Zu den Produkten, die im Rahmen des Kleinh.s vertrieben wurden, gehörten: v. a. Getreide (aus Thrakien, n. Schwarzmeer, kleinasiat. Regionen), Fische (getrocknet, gepöckelt), Trockenfrüchte, Wein und Gemüse (für die lokale Versorgung), Fleisch spielte dagegen eine geringe Rolle. Der Kleinh. wurde überwiegend von einheim. Händlern durchgeführt, doch waren, Notariatsverträgen zufolge, auch Venezianer am unmittelbaren Einkauf in der Provinz beteiligt. Im wesentl. jedoch lebte die Bevölkerung von den lokalen Produkten, da ein fluktuierender Binnenmarkt (mit dem Austausch jeweils fehlender Produkte) nach dem Zeugnis byz. Autoren nicht bestand. Auch der lokale H. basierte zum großen Teil auf der Bargeldzahlung.

V. KAUFLEUTE UND IHRE ORGANISATIONSFORMEN: Die Kaufleute gehörten insgesamt der Mittelschicht an. Erst in der Paläologenzeit beteiligte sich die byz. Oberschicht, einschließlich des Ks.hauses, nachweisbar (u. a. durch Geldleistung) am H. (oft gemeinsam mit der Führungsschicht it. Städte). Zur Erlangung von H.sprivilegien nahmen Byzantiner auch eine fremde Staatsangehörigkeit an. Keine bes. Bedeutung im H. hatten die byz. →Juden. Organisationsformen korporativer Art für zu Schiffe fahrende Fernhändler sind schon Ende des 6. Jh. nicht mehr anzunehmen und auch die im 14. Jh. in Thessalonike belegte Seeleutegemeinschaft (ναυτικόν) hat mit Korporationen nichts zu tun. Nur die Verkäufer bestimmter Waren unterlagen (wohl ebenfalls nur bis Ende des 12. Jh.) einer bestimmten Vereinspflicht (→Eparchenbuch). Der (private) Zusammenschluß von Händlern (zur finanziellen Durchführung mit Gewinn- und Risikobeteiligung) ist schon aus dem 6./7. Jh. bekannt und vermutl. im Fernhandelsrecht it. Seestaaten übernommen worden (*commenda*, *colleganza*). Als »syntrophia« (Gesellschaft) wurde er zu einer der häufigsten Formen des spätbyz. H.s, im Seeh. v. a. zusammen mit Italienern.

VI. HANDELSVERTRÄGE, GESETZLICHE BESTIMMUNGEN, GEBÜHREN: Die Friedens- und Tributverträge der früh- und beginnenden mittelbyz. Zeit mit Sasaniden, Avaren, Bulgaren, Arabern dürften auch Passagen über den gegenseitigen H. beinhaltet haben. Nachdem 895 aus handelspolit. Gründen ein byz.-bulg. Krieg stattgefunden hatte, erzwangen die Rus' (→Kiev), ebenfalls auf krieger. Weise, den ersten uns (im Regest) überlieferten H.svertrag (907 oder 911). Die eigtl. Epoche friedlich zustandegekommener H.sverträge (mit →Venedig, →Pisa, →Genua) ist das 12. Jh. Im 13.–15. Jh. waren dann H.sverträge (mit w. Seestädten, aber auch etwa den →Mamlūken) keine Besonderheit mehr. Während die w. Bestimmungen für ausländ. Händler im Reich diesen Verträgen zu entnehmen sind, gibt es nur verstreute Hinweise zu den Rechten und Pflichten der byz. Händler. Am umfangreichsten, aber nur teilweise den H. betreffend und zudem zeitl. (10. Jh.) und topograph. (Konstantinopel) punktuell sind die Bestimmungen des Eparchenbuches. Das →Rhod. Seerecht bietet für das Leben zur See und den Warentransport wichtige Einzelheiten. Erst in spätbyz. Zeit gab es auch H.serleichterungen für byz. Händler (Monemvasia, Jannina, Phanarion, Pegai). Ausländ. Händler mußten über einen Paß verfügen und hatten bis 1204 (ausgenommen einige w. Seestädte) nur beschränkte Aufenthaltserlaubnis sowie festgelegte Aufenthaltsorte. Der H. war zunächst nicht mit allen Waren gestattet, doch scheinen seit dem 11./12. Jh. und bes. in spätbyz. Zeit verschiedene Verbote außer Gebrauch gekommen zu sein. Manche Verträge (noch 1260 und später mit Genua) enthalten für Grundprodukte wie Getreide Ausfuhrschutzbestimmungen bei geringer Ernte. Auf Export und Import lagen seit der Spätantike →Zölle, zunächst 12,5% (Oktava), dann (um 800?) 10% (→Kommerkion), welche für ausländ. Händler (seit dem 11. Jh.) unterschiedl. reduziert wurden, für Byzantiner (ausgenommen bestimmte Orte in spätbyz. Zeit) aber bestehen blieben, wozu noch verschiedene Zusatzgebühren v. a. beim Schiffstransport traten. Insgesamt gesehen wich eine ziemlich zentrale Lenkung des H.s in der Spätantike und den ersten mittelbyz. Jh. (comes commerciorum und später die ksl. Behörde der commercia) einer zunehmenden Liberalisierung, die ihren Höhepunkt in den H.sprivilegien erreichte, verbunden mit Verlusten bei Zolleinnahmen, die durch den intensiveren H. aber großenteils wieder wettgemacht werden konnten. – s. a. Byz. Reich, C.

P. Schreiner

Lit. *[ausgew.]:* HEYD, HCL – J. L. TEALL, The Grain Supply of the Byz. Empire, 330–1025, DOP 13, 1959, 87–139 – A. R. LEWIS, The Danube Route and Byzantium 802–1195 (Actes du XIVᵉ Congr. Int. Études Byz. II, 1975), 359–368 – DERS., Mediterranean Maritime Commerce: A.D. 300–1100 Shipping and Trade, Sett. cent. it. 35, 1978, 481–501 – R. S. LOPEZ, Byzantium and the World around it: Economic and Institutional Relations, 1978 [Aufs.slg.] – P. SCHREINER, Ein Prostagma für die Monembasioten in Pegai…, JÖB 27, 1978, 203–228 – N. OIKONOMIDÈS, Hommes d'affaires grecs et latins à Constantinople (XIIIᵉ–XVᵉ s.), 1979 – P. SCHREINER, Zivilschifffahrt und H.sschiffahrt in Byzanz… (Le genti del mare mediterraneo I, 1981), 9–25 – A. LAIOU, The Greek Merchant of the Pelaeologan Period, Πρακτικὰ τῆς Ἀκαδημίας Ἀθηνῶν 57, 1982, 96–132 – DIES., The Byz. Economy in the Mediterranean Trade System, DOP 34/35, 1982, 177–222 – P. SCHREINER, Die Produkte der byz. Landwirtschaft nach den Q. des 13.–15. Jh., Bulgarian Hist. Review 10, 1982, 2, 88–95 – R.-J. LILIE, H. und Politik zw. dem byz. Reich und den it. Kommunen Venedig, Pisa und Genua in der Epoche der Komnenen und der Angeloi (1081–1204), 1984 – M. F. HENDY, Stud. in the Byz. Monetary Economy, c. 300–1450, 1985 – J. FERLUGA, Der byz. H. nach dem N im 9. und 10. Jh., AAG III, Nr. 156, 1987, 616–642 – M. HELLMANN, Die H.sverträge des 10. Jh. zw. Kiev und Byzanz, ebd., 643–666 – G. MAKRIS, Stud. zur spätbyz.

Schiffahrt, 1988 – P. Schreiner, Die Organisation byz. Kaufleute und Handwerker, AAG III, 1989 [i. Dr.].

Handelsgesellschaft. Hinsichtlich der Vereinigung von zwei oder mehr Personen zum Betrieb von Handelsgeschäften kann man eine mediterrane und eine nordeurop. Entwicklungslinie unterscheiden. Im mediterranen Bereich ging die Gesellschaftsbildung in den Seestädten von der Procura bzw. dem Mutuum aus, wobei es lokale Varianten gab. Ab dem 12. Jh. setzte sich die Commenda zw. zwei Partnern als herrschende Form durch, wobei der Gesellschafter im einen Fall Kapitalgeber, im anderen Kapitalnehmer sein konnte. Im Landhandel entwickelte sich die Compagnia mit mehr Partnern (meist auf drei oder fünf Jahre geschlossen), mit der Möglichkeit der Verlängerung und der Haftung mit dem Vermögen. Zusätzliches Kapital wurde über die Accommandita ('stille Beteiligung mit Risikoübernahme') und das Depositum ('Einlage gegen Verzinsung') beschafft. Auswärtige Niederlassungen waren als Filialgesellschaft oder Compagnia per accommandita strukturiert, wobei die Gesamtleitung bei der Zentrale im Sinn eines Sistema di aziende (F. Melis) oder einer Holding (R. de Roover) lag. Florenz führte bereits 1408 die beschränkte Haftung ein.

In Oberdeutschland setzte sich, von den mediterranen Verhältnissen beeinflußt, die offene H. durch, bei der alle Beteiligten mit dem Vermögen hafteten, die Stiftung jedoch ausgenommen blieb. Ein ksl. Privileg von 1464 bewilligte für Nürnberg eine Beschränkung der Haftung für Kommanditisten. Bei auswärtigen Niederlassungen bediente man sich des Faktoreisystems (→Faktor). Untypisch war die Struktur der Großen →Ravensburger Handelsgesellschaft. Im Bereich der →Hanse entwickelte sich anstelle der Fahrtgemeinschaften neben dem Kommissionsgeschäft des einzelnen Kaufmanns (mittels *sendeve* oder *wederlegginge*) die Selskop *(kumpanie, mascopei)* meist kurzfristig als Gelegenheitsgesellschaft einer kleinen Zahl von Teilhabern. Die noch wenig bekannte Seeversicherung begünstigte außerdem die →Partenreederei. Das kapitalintensive Saigerverfahren (→Saigerhütten) führte zur Sonderform der Saigerhandelsgesellschaft. Ansätze zu Kapitalgesellschaften erfolgten u. a. über die Gläubigerkonsortien der Compere und Maone und sonstige Monopole ausbeutende H.en mit der Anteilsgliederung in Partes, Loca oder Carati. **H. Kellenbenz**

Lit.: HRG I, 1936–1942 [Lit.] – H. Kellenbenz, Die Struktur der Unternehmungen (Troisième Conférence Internat. d'Hist. Économique Munich 1965, 1974), 1–32 – F. Melis, Le società commerciali a Firenze dalla seconda metà del XIV al XVI s. (ebd.), 47–62 – W. v. Stromer, Zur Struktur der H.en in Oberdtl. (ebd.), 153–156 – M. Lesnikow, Die Rechnungsbücher des hans. Kaufmanns Veckinchusen (Forsch. zur ma. Gesch. 19, 1973) – R. S. Lopez, The Commercial Revolution of the MA, 950–1350, 1971 – E. Lutz, Die rechtl. Struktur südtt. H.en in der Zeit der Fugger (Stud. zur Fuggergesch. 25, 1976) – E. Pitz, Wirtschafts- und Sozialgesch. Dtl.s im MA, 1979.

Handelsrecht → Handel

Handfeste, als Bezeichnung für Urk. bereits in ahd. Glossen belegt (Wortgleichung für cyrographum, privilegium, testamentum). Damit wird offenbar die persönl. Beteiligung des Ausstellers hervorgehoben, in lat. Texten mit Wendungen wie »manu propria firmavimus« erscheint. Die rechtsbegründende symbol. Geste wird somit namengebend für das beschriebene Pergament, das die Rechtshandlung zur Beweissicherung festhält. Der häufige Gebrauch der Bezeichnung im SpätMA dokumentiert sich auch darin, daß sie als Lehnwort ins Tschech. übergegangen ist (*hamfešt*). Bes. häufig scheint H. für Urkk. mit grundsätzl. verfassungsrechtl. Bedeutung, ins-

bes. Stadtrechtsurkk., verwendet worden zu sein (vgl. Georgenberger H. [→Georgenberg, Vertrag v.]; →Kulmer H.; Berner H. [→Bern]). **P. Johanek**

Lit.: DtRechtswb V, 41–44 – Schröder-Künssberg, 1922, 65.

Handfeuerwaffe, Bezeichnung für Feuerwaffen (→ Handbüchse, →Hakenbüchse, →Lotbüchse), die im Gegensatz zum →Geschütz von einem einzelnen Mann bedient werden können. **E. Gabriel**

Lit.: M. Thierbach, Die gesch. Entwicklung der H.n, 1886 – A. Hoff, Feuerwaffen, 2 Bde, 1969.

Hand Gottes. In vorderoriental. Kulten war die H. G., auch als plast. Votivhand, Gottessymbol, im AT und NT Bild für das Wirken G. Früheste Bildbeispiele der aus dem Himmel weisenden H. G. in der Synagoge in Dura Europos (Mitte 3. Jh.). In ö. und w. chr. Kunst ist die aus dem Himmel oder Himmelssegment ragende Rechte G. bis ins MA Bild für Stimme und Handeln Gottvaters, zunächst in atl. Szenen (Gesetzesempfang, Isaakopfer), dann auch in ntl. (Taufe und Verklärung Christi); im MA auch bei der Kreuzigung, bei Martyrien und in verschiedenen Zusammenhängen. Wie auf den Konsekrationsmünzen Konstantins I. die H. G. den Ks. empfängt, so vom frühen 5. Jh. bis ins MA Christus in den w. Bildern der Himmelfahrt, oft mit Griff ans Handgelenk (Löschke). Die himml. H. G. mit einem Kranz ist ebenfalls zunächst in der Ks.ikonographie belegt (konstantin. Medaillons; Münzen aus theodosian. Zeit: Kötzsche); erst seit Ende des 4. Jh. bekränzt sie Christus und das Christogramm, später Maria und verschiedene Hl. e. Die amtsverleihende Segnung oder Bekrönung des Herrschers durch die himml. H. G. findet sich mehrfach in ma. Hss., im Evangeliar Heinrichs des Löwen auch mit beiden Händen; die Überkreuzung, deretwegen hier nicht Heinrich, sondern seine Gemahlin Mathilde von der rechten H. G. bekrönt wird, hat wohl nur ästhet. Gründe. Auf Herrscher bezieht sich auch die nach unten weisende H. G. im Zentrum des Deckels des Reliquienkästchens aus Ellwangen (Stuttgart, Württ. Landesmuseum). Die nach oben weisende H. G. ist seit dem 8. Jh. belegt (Dagulf-Psalter; weitere Beispiele: Homburger). Daß die H. G. bisweilen Christus symbolisiert, wird durch Texte nahegelegt (Ders.; Bloch). Die für einzelne Bildbeispiele (Inspiration von Evangelisten; Pfingsten) vermutete Symbolisierung des hl. Geistes ist schwer zu belegen. **J. Engemann**

Lit.: LCI II, 211–214 – RAC XIII, 402–482 [Kötzsche] – RByzK II, 950–962 – O. Homburger, ZAK 5, 1943, 149–164 – P. Bloch, Karl d. Gr.; 3: Karol. Kunst, 1965, 234–261 – W. Löschke (Fschr. P. Metz, 1965), 46–73 – M. Kirigin, La mano divina nell'iconografia cristiana, 1976 – K. Gross, Menschenhand und Gotteshand in Antike und Christentum, 1985.

Handhafte Tat. Während das moderne Rechtsinstitut der Notwehr nur die Abwehr eines gegenwärtigen Angriffs erlaubt, durfte früher der Angreifer verfolgt, überwältigt und ursprgl. getötet werden. Dieses Tötungsrecht hielt sich am längsten bei nächtl. →Diebstahl und gegenüber dem in flagranti überraschten Ehebrecher (→Ehebruch). Solche Tötung bedurfte zu ihrer Rechtfertigung aber der Verklarung, am augenfälligsten in Form der Klage gegen den toten Mann (so noch Sachsenspiegel, Ldr. I, 50). Allgemein ist das Tötungsrecht schon in den Volksrechten zu einem Verhaftungsrecht abgeschwächt. Der Verhaftete mußte auf dem ordentl. oder einem gebotenen →Ding oder auch vor ein Notgericht gestellt werden. Hier überführte ihn der »blickende Schein«: Die Spuren der Tat an seinen Kleidern, die Beute, die ihm an- oder aufgebunden war, die auf das →Gerüfte zur Hilfe geeilten Schreimannen. Das Handhaftverfahren diente daher nicht der Ermittlung, sondern der Verklarung des berechtigten Vorgehens gegen den Angreifer, den am Ende des Verfahrens der Tod erwartete. Gegen das Hoch-MA entwickelten sich über das Handhaftverfahren die peinl. Strafen anstelle der im ordentl. Verfahren meist verhängten →Bußen. Auf diesem Weg wird der Begriff der Handhaft immer weiter ausgedehnt. Nach Sachsenspiegel (Ldr. II,35) macht die Beute den Besitzer immer handhaft; nach anderen sächs. Rechten macht der Kläger durch Erhebung des Gerüftes seine Klage zur peinlichen. Aus dem Helfereid der (nach Lex Ribuaria, 45) sieben Schreimannen entwickelte sich der Überführungseid des »Übersiebnens«. In prozessualer Hinsicht brachte der Überführungseid noch nicht den Durchbruch zu einem rationalen, auf Ermittlung des hist. Tatgeschehens gerichteten Prozesses, sondern zunächst nur eine Stärkung der Klägerseite, die im SpätMA vielfach zu einer geradezu terrorist. Rechtsunsicherheit führte.   H. Holzhauer

Lit.: HRG I, 1965ff. – M. SCHERER, Die Klage gegen den toten Mann (Deutschrechtl. Beitr. VI,2, 1909) – M. MEYER, Gerüft, Handhaftverfahren und Anefang, ZRGGermAbt 37, 1916, 382ff.

Handkuß → Kuß

Handliche Tafeln → Tafeln, astron.

Handlung und Beurkundung → Beurkundung

Handlung(en). [1] *Philos.-theolog.:* Im Unterschied zum produzierenden Tun ('productio') sind Erkennen und Wollen wesentl. →'actio immanens', das Subjekt in seiner Wirklichkeit vervollkommnendes Handeln. Im Anschluß an Arist. Eth. Nic. III, c. 4–7 erklärten die kommentierenden scholast. Philosophen und Theologen das freie sittl. Handeln des Menschen in der ontolog. Spannung von Zielbestimmung des freien →Willens und Wahl der Mittel im freien Wollen des Guten. In den Quaest. disp. De veritate q. 24 a. 1 gibt Thomas v. Aquin einen umfassenden Begriff von der komplexen Wirklichkeit der menschl. H.: In freier Urteilskraft entscheidet der Mensch, was für das Ziel der Glückseligkeit gut ist und beurteilt sich und sein Tun, so daß er Ursache seiner selbst und seiner H. in verantwortl. Freiheit und kreativer Gottebenbildlichkeit ist (vgl. Iᵃ IIᵃᵉ Prolog.). Handelnd erwirkt das freie Subjekt seine »zweite und eigentl. Vollkommenheit« (Thomas v. Aquin S.c.g. II c. 46). In einer großangelegten H.stheorie differenzierte Thomas in der Summa Iᵃ IIᵃᵉ q. 6–12 die Strukturelemente der menschl. H.: spontanes Wollen ('velle') durch die bestimmende Kraft des Zieles, das erst im letzten Ziel zur Ruhe kommt ('frui'), Wahl und Absicht ('electio' und 'intentio') in der Spannung von Ziel und Mittel im Einsatz von Rat und Weisung ('consilium' und 'imperium') der prakt. Vernunft, Zweckdienlichkeit und Zustimmung ('usus' und 'consensus') in Anbetracht aller notwendigen Umstände. Anthropolog. Brennpunkte dieser Theorie sind das Wechselspiel von Intellekt und Wollen, der Primat des freien Wollens in der konkreten H., Identität und Differenz von Ziel und Mittel in der H.; sie alle wurden in der Folgezeit sehr kontrovers diskutiert.

Nach der Strukturanalyse der menschl. H. fragt Thomas nach der sittl. Beurteilung derselben (ebd. q. 18–20) und diskutiert dann das Verhältnis der →'passiones animae' zu den H.en des Menschen (q. 22–48) sowie die inneren und äußeren Prinzipien der H.en (→Habitus der Tugend [q. 49–54] und →Gesetz [q. 90–1107]). Im Handeln partizipiert der Mensch am 'bonum' und darüber hinaus durch die Gnade an der göttl. Natur (2 Petr 1,4). Weil jede H. immer auch ein Empfangen bedeutet in der Bereitschaft für das Gute, kann sie im Handelnden eine Prägung hinterlassen, die auch neu entspringende, ggf. gnadenhafte H.en ermög-

licht (s. a. →Verdienst). Das Gesetz ist für Thomas 'principium externum' des Handelns.   L. Hödl

[2] *Soziokulturell:* Die Vorstellung, daß hierarch. gegliederte Gesellschaften eine hohe Übereinstimmung zw. eth. Interpretation und fakt. H.swirklichkeit offenbaren, ist korrekturbedürftig. Ihre Schichtung bedingt eine relative Undurchlässigkeit, ständ. Gliederungen bringen regionale Moraltypen hervor. Die Angleichung der gelebten Sexualpraktiken an die kirchl. Lehre vollzog sich langsam und – schichtabhängig – sehr widerständig (DUBY, SCHRÖTER, GOODY). Die Interpretation von H. aus vergangenen Epochen ist darüber hinaus kontrovers (vgl. DUERR vs. ELIAS). Im Bereich philos.-theol. Reflexion bewirkt die →Lichtmetaphorik die Anschauung eines transparenten, bedeutungsträchtigen Verweisungszusammenhangs des gesamten Kosmos: symbol.-allegor. Entsprechungen zw. dem Visiblen (Natur, Kunst) und dem Invisiblen (Moral, Glauben), zw. dem Ästhetischen und dem Ethischen vermitteln Gewißheit (DUBY). Die Denkformen des prakt. Lebens sind geprägt vom Bedürfnis nach emblemat. Versinnlichung und kasuist. Typisierung (HUIZINGA).   J.-P. Wils

Lit.: zu [1]: Die dt. Thomas-Ausg. Bd. 11: Thomas v. Aquin, Grundlagen der menschl. H. Komm. A. F. UTZ, 1940 – O. LOTTIN, Psychologie et Morale aux XIIᵉ et XIIIᵉ s., I–IV, 1942–60 – L. PINAECKERS, Les actes humains. S. Thomas d'Aquin, Somme théol. Éd. Rev. des Jeunes, I–II, 1962–66 – W. KLUXEN, Philos. Ethik des Thomas v. Aquin, 1980² – E. SCHOCKENHOFF, Bonum hominis. Die anthropol. und theol. Grundlagen der Tugendethik des Thomas v. Aquin, 1987 [Lit.] – *zu [2]:* W. BEIERWALTES, Lux intelligibilis, 1957 – G. DUBY, Ritter, Frau und Priester. Die Ehe im feudalen Frankreich, 1985 – M. SCHRÖTER, »Wo zwei zusammenkommen in rechter Ehe«, 1985 – G. DUBY, Wirklichkeit und höf. Traum. Zur Kultur des MA, 1986 – J. GOODY, Die Entwicklung von Ehe und Familie in Europa, 1986 – H. P. DUERR, Nacktheit und Scham. Der Mythos vom Zivilisationsprozeß, 1988.

Handschriften

A. Allgemein und abendländischer Bereich – B. Byzantinischer Bereich – C. Jüdischer Bereich – D. Arabischer Bereich

A. Allgemein und abendländischer Bereich

I. Spätantike – II. Insulare Handschriften – III. Spanische und italienische Handschriften – IV. Vorkarolingische und karolingische Handschriften – V. Im 10.–15. Jh.

I. SPÄTANTIKE: Entscheidend für das ma. H.enwesen wurde der im 4. Jh. vollzogene Übergang einerseits vom →Papyrus zum →Pergament, andererseits von der →Rolle zum →Codex, da durch den Prozeß des Umschreibens wesentl. darüber entschieden wurde, in welcher Auswahl die antike Literatur, einschließl. der patrist., dem Früh- und HochMA tradiert wurde. Bedeutungsvoll wurde diese Umstellung auch für die →Buchmalerei. Aus der Spätantike sind Prachtausgaben nicht nur von röm. Klassikern (z. B. sog. Vergilius Augusteus, sog. Vergilius Romanus), sondern auch von der Bibel erhalten. Neben der gewerbsmäßigen H.enherstellung gewann die Produktion in kl. Gemeinschaften immer mehr an Bedeutung. Erhalten ist wenigstens ein sicheres Original aus dem Skriptorium Gregors d. Gr. mit seiner Regula pastoralis (Troyes 504, CLA VI. 838). Aus it. und bes. röm. Beständen sind H.en v. a. zur Unterstützung des Missionswerks bei den →Angelsachsen (→Augustinus [2. A.]; →Theodorus v. Tarsus und →Hadrian; →Benedict Biscop) nach England gelangt. – Spätantike H.en stammen außerdem aus dem südgall. Raum mit Lyon sowie aus Spanien.

Sammelstellen spätantiker H.en waren Verona und das 612 gegr. Kl. →Bobbio, mit z. T. seltener grammat. Literatur, die dort im 8. Jh. kopiert wurde; viele antike

H. en wurden jedoch als Palimpseste verwendet oder offenbar zu diesem Zweck →Luxeuil übertragen.

II. INSULARE HANDSCHRIFTEN: Sie zeichnen sich durch folgende gemeinsame Merkmale aus, die wohl die Iren bis zum 7. Jh. geschaffen und den Angelsachsen übermittelt haben: Verwendung von Kalbspergament (vellum); Faltung der Lagen vor Anbringung der Punkturen (*Prikkings*), die zudem auf jedem Bl. rechts und links erscheinen; schwärzl. Tinte; Zweistufigkeit der Schrift (→Halbunziale mit Wechselformen und Minuskel, beide mit dreieckigen Abschlüssen der Oberlängen); System starker →Abkürzungen; dreieckiger Aufbau der Initialgruppen; rote Umpunktung der Initialen. Zu den reifsten insularen H. en gehören die zw. 660 und 700 entstandenen Evangeliare von Durrow (→Book of Durrow), Durham, A.II.17 (→Durham-Evangeliarfragmente), →Echternach und Lindisfarne (→Book of Lindisfarne), denen sich das frühestens Anfang des 9. Jh. entstandene →Book of Kells anschließt. Außerdem sind unscheinbarere Bibelh. en und Taschenevangeliare überliefert. Über die ir. und ags. Mission sind insulare Praktiken der H. enherstellung in kontinentalen Skriptorien heimisch geworden (z. B. in Luxeuil, →Fulda [bis nach der Mitte des 9. Jh.], →Würzburg, →Mainz, Echternach).

III. SPANISCHE UND ITALIENISCHE HANDSCHRIFTEN: Die span. H. en sind v. a. an der westgot. (mozarab.) Schrift erkennbar, die in den Ausprägungen von Minuskel und Minuskelkursive vom 8. bis ins 12. Jh. erscheint. →Reconquista, die Durchsetzung des röm. Ritus in der Liturgie durch Gregor VII. und das Verbot des Gebrauchs der »littera Toletana« für liturg. H. en durch die Synode v. →León 1090 verhalfen der karol. Minuskel, die in Katalonien, bes. im Kl. →Ripoll, schon im 9. Jh. gepflegt wurde, allmählich zum Durchbruch. Zwei Papierh. en des 11. bzw. 11./12. Jh. (Paris, Bibl. Nat. n. a. lat. 2169) sind aus dem Kl. →Silos überliefert.

It. H. en lassen sich paläograph., nach einer Phase eigenständigen Versuchens mit halbkursiven Schriften und ligaturenreichen Minuskeln, grob einteilen einerseits in solche nord- und mittelit. Provenienz, geschrieben vorwiegend in karol. Minuskel, und andererseits in solche südit. Provenienz, geschrieben vorwiegend in →Beneventana. Während der letztere Typus sich vom 8. bis ins 13. Jh. in den Hauptzentren →Montecassino, →Benevent und →Bari verfolgen läßt, weisen H. en der karol. Schriftprovinz seit dem 11. und beginnenden 12. Jh. den »schrägovalen« Stil auf, zu dessen Verbreitung die illustrierten, einbändigen »Riesenbibeln« beigetragen haben dürften.

IV. VORKAROLINGISCHE UND KAROLINGISCHE HANDSCHRIFTEN: Sie sind dank der Forsch. bes. von E. A. LOWE und B. BISCHOFF verhältnismäßig gut zu lokalisieren und zu datieren. Gemeinsam ist den in festländ., von insularen Einflüssen nicht oder kaum berührten Skriptorien entstandenen H. en, daß zu ihrer Herstellung hauptsächl. Schafpergament verwendet wurde, wobei zur Liniierung mit stumpfem Griffel bis zum 12. Jh. die ungefalteten Doppelbll., eines oder mehrere zusammen, an den äußeren Rändern durchstochen wurden. Dank der →Bildungsreform Karls d. Gr., mit welcher der Durchbruch der karol. Minuskel zusammenhängt, ist seit dem ausgehenden 8. Jh. eine deutl. Steigerung der H. enproduktion zu beobachten. Erhalten sind aus dem späten 8. und 9. Jh. rund 7000 H. en bzw. H. enfragmente. Nicht zuletzt als Ausdruck imperialer Vorstellungen wurde damals die schon in der Spätantike belegte Herstellung von Purpurh. en wiederaufgenommen (z. B. →Godescalc-Evangelistar; Wiener Krönungsevangeliar; vgl. →Buchmalerei,

→Goldschrift) und an die otton. und sal. Zeit vermittelt, wo jedoch das Pergament nicht mehr durchgefärbt, sondern nur noch oberfläch. koloriert wurde.

V. IM 10.–15. JH.: Nach einem Rückgang der Produktivität der Skriptorien in der 1. Hälfte des 10. Jh. ist ein Anstieg, gefördert durch die Kl.reformen von →Gorze und →Cluny, erst in der 2. Hälfte des Jh. erkennbar, in England schon früher unter →Alfred d. Gr. (871–899). Auch die Wandlung im Bildungswesen seit der 2. Hälfte des 10. Jh. (→Erziehungs- und Bildungswesen) mit neuen Lehrbüchern regte die H. enherstellung bes. an den Kathedralschulen (z. B. Reims, Chartres, Laon, Lüttich) an. Für die kl. Schreibtätigkeit sowie für den überregionalen Austausch von H. en wurden die neuen Orden der →Zisterzienser, →Prämonstratenser und →Kartäuser wichtig. Je nach Inhalt bzw. Funktion der H. en weisen diese eine zunehmende Abstufung der Schriftgröße und der Zeilenabstände auf. Als Ausstattung war in ganz Mitteleuropa die Rankeninitiale, oft mit Flechtwerk verbunden, verbreitet. Zu den wichtigsten Zentren der Buchmalerei gehörten die Reichenau, Köln, St. Emmeram in Regensburg, Tegernsee, Salzburg und Helmarshausen; in Frankreich: Limoges, Angers, die Pariser Abteien, St-Amand, Marchiennes, Arras, St-Bertin, St-Omer und das Maasgebiet; in England: Canterbury und Winchester; in Italien: Montecassino; Ober- u. Mittelitalien (»Riesenbibeln«).

Tiefgreifende Veränderungen erfuhr das H. enwesen im Zeitalter der Scholastik und Gotik: Gründe für die starke Zunahme der H. enproduktion sind v. a. der Zustrom einer Masse neuer griech., arab. und oriental. Texte, die durch lat. Übersetzungen zugängl. gemacht wurden, die Entstehung der →Universitäten, die verstärkte Predigttätigkeit, die →Mystik sowie ganz allg. die fortschreitende schriftl. Bildung bei den Laien. Seit dem 14. Jh. wurde für die H. enherstellung in steigendem Maße Papier verwendet, und gleichzeitig übernahm die got. Kursive eine führende Rolle als Buchschrift. Zu beobachten ist ferner eine rationellere Gestaltung der H. en durch eine klarere Gliederung der Textanordnung (ausgeprägt bei den zweispaltigen Universitätsh. en des röm. sowie des kanon. Rechts, in denen der Kommentar den Text umrahmt), durch die seit dem 12. Jh. im Wachsen begriffene Anbringung einer Foliierung und später einer Paginierung sowie durch die Anlage von Registern. Für den Studienbetrieb wurde an den älteren Universitäten von Paris, Oxford, Bologna und Neapel zur Kontrolle der Zuverlässigkeit der Texte die Einrichtung der bei Stationaren deponierten Normalexemplare geschaffen, die in Pecien (in der Regel zwei zweispaltige Doppelbll.) an Berufsschreiber ausgeliehen wurden. Bei liturg. H. en ist die Verbreitung der Quadratnotation festzustellen, die bei den Dominikanern und Franziskanern seit der Mitte des 13. Jh. vorgeschrieben war. Auch die künstler. Ausstattung erfuhr im Spät-MA Veränderungen: als einfache Initiale in H. en des 13. bis 15. Jh. treten Lombarden (bauchige Unzialbuchstaben) auf, fast ausschließl. im Wechsel von Rot und Blau; etwas anspruchsvoller sind die Cadellen, aus parallel laufenden Schäften und Bögen, die sich teilweise durchkreuzen und oft mit Drolerien, Masken, Vögeln oder Fleuronnéschmuck verziert sind. Manufakturmäßige H. enherstellung, vorwiegend auf Papier und meist mit Illustrationen von durchschnittl. Qualität, ist durch die Werkstatt des →Diebold Lauber bezeugt.

Die Bemühungen um die Wiedergewinnung eines umfassenden Bildes der Antike kennzeichnen die Humanisten. Schon vor Petrarca haben Lovato dei →Lovati, Johannes de Matociis und andere in der Kapitelbibl. v.

Verona karol. H.en mit Werken v. Catull, Tibull, Properz usw. wiederentdeckt. Im 14. und 15. Jh. waren es insbes. →Zanobi da Strada, →Boccaccio (H.en v. Montecassino), Coluccio→Salutati (H.en v. Florenz), →Poggio Bracciolini (H.en in Deutschland und Frankreich), →Nikolaus v. Kues, Heinrich v. Grebenstein sowie Niccolò Niccoli, die antike Texte bekanntgemacht haben. Eine Folge der humanist. Stud. in Italien war die Schaffung bedeutender privater →Bibliotheken (A.I,4), was zu einer organisierten H.enherstellung führte (vgl. z. B. Florentiner Ateliers von Vespasiano da →Bisticci, Attavante dei Attavanti). →Buch, A; →Bucheinband, I.   P. Ladner

Lit.: W. WATTENBACH, Das Schriftwesen im MA, 1896³ – E. LESNE, Les livres, »scriptoria« et bibl...., 1938 – P. LEHMANN, Bll., Seiten, Spalten, Zeilen (Erforsch. des MA 3, 1960), 1–59 – J. P. GUMPERT, Die Utrechter Kartäuser und ihre Bücher im frühen 15. Jh., 1974 – L. GILISSEN, Prolégomènes à la codicologie, 1977 – J. VÉZIN, La réalisation matérielle des manuscrits latins pendant la haut MA (Codicologica 2; Litterae Textuales 6, 1978), 15–36 – A. COHEN-MUSHLIN, The Making of a Manuscript, 1983 – B. BISCHOFF, Paläographie des röm. Altertums und des abendländ. MA, 1986² – H. HOFFMANN, Buchkunst und Kgtm. im otton. und frühsal. Reich (MGH Schr. 30, 1986) – O. MAZAL, Lehrbuch der H.enkunde, 1986².

B. Byzantinischer Bereich

Das handgeschriebene Buch der byz. Epoche wurde durch die Vereinigung mehrerer gehefteter Lagen zu einem Buchblock in einem Einband gebildet, wobei die Heftfäden zugleich die Verbindung der Lagen untereinander wie auch die Verbindung des Buchblocks mit dem Einband gewährleisteten. In der früh- und mittelbyz. Zeit war der Pergamentcodex die gegebene Buchform (→Buch, B). Mehr oder weniger vollständigen Pergamenth.en begegnen wir bereits seit dem 4. Jh. (z. B. Codex Sinaiticus, Codex Vaticanus). Die Papierh.en (ab dem 9. Jh. H.en auf Importpapier belegt; im 11. Jh. gr. H.en auf Grund eigener Papierfabrikation) dominierten v. a. im 14.–16. Jh. Zu den vorbereitenden Arbeiten vor dem Beschreiben des Codex gehörte die Herstellung der Lagen und die Festlegung des Buchformats, man konnte Blätter derselben Größe je nach der Faltung zu kleineren oder größeren Codices verarbeiten. Je nach der Zahl der Faltung spricht man von Folio-, Quart- und Oktavformat. Das Linienschema wurde ebenfalls vor der Beschriftung festgelegt; Einstiche in die Blätter – zumeist durch vier oder acht Blätter hindurch – dienten als Grundlage für die Einritzung oder Einzeichnung der Linien. In Pergamenth.en wurden die Linien zumeist nur auf der Haarseite eingedrückt. Ein Rahmen um den Schriftspiegel ist oft nachweisbar. Die Zahl der Schriftkolumnen schwankte zw. einer und zweien; allerdings sind in frühbyz. Zeit auch drei und vier Kolumnen feststellbar. Im Repertoire von J. LEROY sind mehr als 700 Typen von Linienschemata erfaßt, die mit formelhaften Bezeichnungen beschrieben werden. Die Basis liefert eine Definition der auftretenden Linien, der Zeilen, der Schrift, der den Schriftspiegel einfassenden Linien, der vertikalen und horizontalen Marginallinien, der ein- und mehrfachen Linien. Als essentieller Bestandteil des Typus gelten Anzahl, Stellung und Verteilung der Marginallinien und der Begrenzungen des Schriftspiegels sowie die Ausdehnung der Zeilen. Als Schreibinstrument diente der Kalamos, ein gespitztes Schreibrohr; Messer und Bimsstein waren zum Spitzen des Kalamos und zum Tilgen von Fehlern nötig, der Zirkel zur Anfertigung der Einstichlöcher für die Linierung. Die antike Rußtinte wurde durch Mischung eines Klebstoffes mit Ruß und Wasser hergestellt. Seit frühbyz. Zeit ist das Aufkommen von braunroten Metalltinten, manchmal auch von bläul.-grünen Tinten mit Kupfervitriolbeisatz zu beobachten. Überschrif-

ten konnten mit roter Tinte, Prachth.en mit Silber- und Goldtinte beschrieben werden. Die Beschriftung geschah nicht im gebundenen Buch, sondern auf losen Blättern; zuerst wurde die erste Hälfte der Lage, dann die zweite Hälfte beschrieben. Aufgabe des Schreibers war in der Regel nur die Wiedergabe des Textes; Rubrikatoren und Illuminatoren vollendeten ihr Werk in späterer Zeit; doch hatte der Schreiber die Arbeit der Buchmaler zu berücksichtigen und entsprechenden Platz frei zu lassen. In der Durchformung der Schrift zeigen die byz. H.en eine weite Palette von Stilformen der Majuskel und der Minuskel (→Gr. Buchschrift). Die byz. H.en sind oft auch Dokumente einer hochentwickelten →Buchmalerei (Abschn. B). Für den Einband der byz. H.en ist ein Heftverfahren ohne Bünde charakteristisch (→Bucheinband, I).

Primäre Voraussetzungen für die Verbreitung der H.en war die Abschrift. Im MA war das Kopieren lange Zeit Angelegenheit von Schreibermönchen. Eine Buchproduktion in Epochen größeren Buchbedarfs konnte durchaus organisiert werden. Zu allen Zeiten war eine H. ein Unicum mit all ihren paläograph. und textl. Eigenheiten. An eine Ausgabe kann dort gedacht werden, wo eine gewerbsmäßige oder aus editor.-wissenschaftl. Gründen betriebene Veröffentlichung vorlag. Eine Edition konnte auf den Autor selbst zurückgehen oder durch andere Personen bewerkstelligt werden. Auch der Begriff der Neuauflage war seit der Antike bekannt; er läßt sich auf jene Änderungen ausdehnen, die auf den Verfasser zurückgehen und oft in variae lectiones in H.en ihren Niederschlag gefunden haben. Bereits in hellenist. Zeit spielte der Buchhandel (→Buch, A.III) eine bedeutende Rolle für die Versorgung der →Bibliotheken (Abschn. B). →Skriptorien wurden zu Stätten höchster Wichtigkeit für die Überlieferung und Weitergabe des Schrifttums.   O. Mazal

Lit.: R. DEVREESSE, Introduction à l'étude des manuscrits grecs, 1954 – B. v. REGEMORTER, La reliure des manuscrits grecs, Scriptorium 8, 1954 – H. HUNGER, Antikes und ma. Buch- und Schriftwesen (Gesch. der Textüberl. der antiken und ma. Lit. I, 1961), 25–148 – B. ATSALOS, La Terminologie du livre manuscrit à l'époque byz., 1971 – J. LEROY, Les Types de réglure des manuscrits grecs, 1976 – La Paléographie grecque et byz., 1977.

C. Jüdischer Bereich

Die in den Bibliotheken der ganzen Welt verstreuten umfangreichen ma. jüd. H.en sind bis heute erst zum kleineren Teil publiziert und oft noch gar nicht zutreffend identifiziert. Beschreibstoffe waren durchwegs Pergament oder Papier; als Einband für Bücher war Leder die Regel. Die Beschriftung erfolgte in Quadratschrift, Raschi-Schrift (seit dem 11./12. Jh.) oder in einer ortsüblichen Kursive. Wegen der graph. Ähnlichkeit etlicher Buchstaben der hebr. Konsonantenschrift kam es beim Abschreiben von Vorlagen zu zahlreichen, auf Verwechselung beruhenden Korruptelen. Bei der Quadratschrift wurden etwa die Konsonanten Nun und Gimel, End-Mem und Samech sowie Kaf und Bet häufig durcheinandergebracht. Die Schreibung erfolgte im Prinzip unvokalisiert. Die Ausnahme bildeten bestimmte Bibelh.en und liturg. Manuskripte mit →Pijjutim.

Die paläograph. Erforschung der hebr. ma. H.en ist hochentwickelt. Selbst Texte ohne Datierung können in vielen Fällen bis in das Vierteljahrhundert genau datiert und auch ihrem Herkunftsraum zugeordnet werden. →Buch, D.   H.-G. v. Mutius

Lit.: S. A. BIRNBAUM, The Hebrew Scripts, 1954–71 – La paléographie hebraïque médiévale (Sammelbd.), 1974.

D. Arabischer Bereich

Papyrus und Pergament blieben auch nach den Eroberungszügen der Araber und der Konsolidierung ihres Reiches im 7. und 8. Jh. die beiden wichtigsten Beschreibstoffe für Rollen und Codices. Erst mit der fabrikmäßigen Herstellung des →Papiers verloren sie ihre alte Bedeutung. Bereits im 9. Jh. gab es in →Bagdad einen blühenden Markt der Papierhändler und Kopisten. Datierte oder datierbare H.en aus dieser Zeit sind erhalten. Papiersorten und Formate hatten ihre festen Bezeichnungen und Preise. Aus dem 11. Jh. stammt eine Abhandlung über die Herstellung des Papiers aus Hanf- und Leinenhadern, das Leimen mit Weizenstärkekleister, das Binden der Lagen von zumeist fünf Doppelblättern zum Buchblock und das Einbinden. Nicht minder gut sind wir über die Geräte der Schreiber, über Ruß- und Eisengallustinten sowie Tuschen unterrichtet. Die Technik des Einbindens folgte hellenist.-pers., in Ägypten und im W vorwiegend kopt. Traditionen. Die oft kunstvoll gestalteten Lederbände lassen sich nach Provinzen und Orten, auch zeitl., recht genau bestimmen. Charakteristisch ist die zumeist in Form eines abgeflachten Dreiecks geschnittene Klappe. Mit dem Rückendeckel fest verbunden, wird sie um den Buchblock geschlagen und unter den Vorderdeckel geschoben oder auf diesem mit Stift und Öse festgehalten. Im Gegensatz zu hellenist.-spätantiken Gepflogenheiten, die Seite einer H. in zwei Spalten aufzuteilen, bevorzugte der arab. Schreiber den geschlossenen Schriftblock. Nur bei Überschriften u. ä. unterbrach er ihn. Eine Ausnahme bilden poet. Texte, deren Halbverse jeweils eine Spalte ergeben. Auf Worttrennungen am Zeilenende zur Einhaltung der Register kann verzichtet werden, weil der geübte Schreiber die an Grundlinien nicht gebundene arab. Schrift in der Waage- und Senkrechten entsprechend abwandeln kann. Aus einer frühen rechtsschrägen Kanzleikursiven und einer bis in spätere Jahrhunderte, v. a. für Korane gebräuchl., lapidaren Schrift, dem Kūfī, entwickelte sich seit dem 10. Jh. eine flüssige Buchschrift mit gerundeten Formen, das Nasḫī samt Weiterentwicklungen, und im W das Maġribī, das stärker die Kūfī-Formen bewahrt hat. Der Schriftduktus pflegt verläßl. Hinweise auf Entstehungszeit und -ort einer undatierten H. zu geben. Ihre Zahl, von der Kladde bis zur Prachth., geht in die Hunderttausende. →Bibliothek, D; →Buch, C; →Bucheinband, II.   R. Sellheim

Lit.: R. SELLHEIM, Materialien zur Arab. Lit.gesch., I–II, 1976–87 – G. ENDRESS, H.enkunde (Grdr. der Arab. Philologie, hg. W. FISCHER, I, 1982), 271–315.

Handschuh. 1. H. Der in der Liturgie verwendete H. wurde Mitte 10. Jh. Insignie der Bf.e und durch bes. Privilegien der Äbte. Seit karol. und otton. Zeit tragen Kg.e und Ks. in Franken H.e als Auszeichnungsstück, in England erhielt der Kg. bei der Krönung H.e. Der H. ist in Deutschland Zeichen des Kg.sbannes für Marktfrieden und bei Beschlagnahme von Gütern der Geächteten, er ist Abzeichen von Boten, Richtern und Ratsherrn. Der H. macht Rechtsvorgänge sinnlich wahrnehmbar und kann die Hand einer Person vertreten. Im langob. Recht sind H.e Gegengabe bei Schenkungen (Launegild). H.e erscheinen als Herrschaftszeichen bei Eigentumsübertragungen und der Wadiation, bes. bei Verlobung, Zweikampf und als Prozessualpfand, als Abgaben, um eine Gerichts-, Obrigkeitsgewalt über ein Lehens- oder Hörigkeitsverhältnis anzuerkennen, als Scheinbuße und bei Bestimmung von Maßen (Hohlmaß, H.wurf). →Kleidung, →Pontifikalien.   L. Carlen

Lit.: HRG I, 1975f. – J. W. NORTON-KYSHE, The Law and Customs relating to Gloves, 1901 – K. V. AMIRA – C. V. SCHWERIN, Rechtsarchäologie, 1943 – B. SCHWINEKÖPER, Der H. im Recht, Ämterwesen

Brauch und Volksglauben, 1938, 1981² – W. MAISEL, Archeologia Prawna Europy, 1989.

2. H., Teil der Rüstung, bereits gegen Ende des 13. Jh. vom →Haubert getrennt. Seine erste, bis um 1320 gebräuchl. Form war anscheinend ein H. aus Leder oder aus Ringelpanzerzeug. Ihm folgte ein engstulpiger, mit Eisenschienen oder Schuppen armierter H. Ab etwa 1340 weiteten sich die Stulpen becherartig aus. Die Vereinigung von eiserner Stulpe und Handrückenplatte ergab in der 2. Hälfte des 14. Jh. den H. vom »Stundenglastypus« mit beschuppten Fingern. In Italien entstand zw. 1400 und 1420 die →Hentze, ein Fausth. aus Platten, während man in Dtl. eher beim spätgot. Fingerh. blieb.   O. Gamber

Lit.: B. THORDEMAN, Armour from the Battle of Wisby I, 1939 – O. GAMBER, Harnischstud. VI, JKS 51, 1955.

Hand- und Spanndienste, Bezeichnung für die beiden Hauptformen der →Frondienste, die abhängige →Bauern im MA ihren Grund- und Gerichtsherren zu erbringen hatten; die Besitzer von Zugvieh waren zu Spanndiensten, die übrigen Hörigen zu H.n verpflichtet. Auf den frühma. →Fronhöfen wurde die Pflugarbeit auf dem Salland zu einem wesentl. Teil von den Hufenbauern mit eigenen Pfluggespannen geleistet. Auch halfen die Hufner bei der Heu- und Getreideeinfuhr mit eigenem Zugvieh oder führten aufwendige Fuhrdienste durch. H.- und Spanndienste werden im Prümer Urbar (893) und im Hofrecht v. Münchweier (ca. 1150) erwähnt, ebenfalls in den →Weistümern und →Urbaren des SpätMA. Die damals insgesamt stark reduzierten Frondienste der Hofbauern bestehen dabei hauptsächl. aus Pflugarbeiten und Fuhrfronen, während die Kleinbauern in der Regel H. bei der Heu- und Getreideernte oder sonstige Handarbeiten verrichten.   W. Rösener

Lit.: HRG I, 1306ff. – CH.-E. PERRIN, Recherches sur la seigneurie rurale en Lorraine d'après les plus anciens censiers (IXᵉ–XIIᵉ s.), 1935, 641ff. – Die Grundherrschaft im späten MA, 1–2, hg. H. PATZE (VuF 27, 1983).

Hand wahre Hand, aus älteren Versionen (*hond scel hond wera,* 'Hand muß Hand *weren*/wahren') abgeleitetes Rechtssprichwort, dem die Pars-pro-toto-Symbolik der Hand als Kennzeichen der ganzheitl. Person zugrundeliegt; gemeint sind Geber und Empfänger einer zu Fremdbesitz übertragenen bewegl. Sache. Ihrem urprgl. Sinn nach wendet sich die Parömie an den Empfänger, der als 'Gewähre' dem anderen Teil für die Rückgabe des geliehenen, gemieteten oder in Verwahrung genommenen Objekts einzustehen hat. Weitaus häufiger begegnet der Satz jedoch in einer auf die Verfolgung entfremdeter →Fahrhabe und auf die Gebeseite bezogenen Bedeutung: Ist dem Empfänger die Sache abhanden gekommen oder hat er sie ohne Willen und Wissen des Eigentümers weitergegeben, so kann dieser sie nicht etwa – wie bei der röm.-rechtl. Vindikation – von dem jeweiligen Besitzer herausverlangen. Vielmehr muß er sich an denjenigen halten, dem er selbst die Fahrnis ehedem anvertraut hatte.   H. Drüppel

Lit.: HRG I, 1928–1936 [Lit.] – E. GRAF – M. DIETHERR, Dt. Rechtssprichwörter, 1869², 113f. – R. HÜBNER, Dt. Privatrecht, 1930⁵, 433ff. – G. V. BESELER, H.w.H. (Studi i. o. di E. BESTA, II, 1939), 199ff. – E. ANNERS, H.w.H., 1952 – B. REHFELD, ZRGGermAbt 70, 1953, 389ff. – U. V. LÜBTOW, H.w.H. (Fschr. ... zum 41. dt. Juristentag, 1955), 177ff. – H. CONRAD, Dt. Rechtsgesch. I, 1962², 166, 433f.

Handwerk

A. Westlicher Bereich – B. Byzantinischer Bereich und Südosteuropa – C. Arabischer und osmanischer Bereich – D. Judentum

A. Westlicher Bereich

I. Städtisches Handwerk – II. Ländliches Handwerk.

I. STÄDTISCHES HANDWERK: [1] *Grundprobleme und Quel-*

lenbasis: Die Gesch. des städt. H.s ist im wesentl. auf das Hoch- und SpätMA begrenzt; sie ist weitgehend eine Gesch. seiner Korporationen, deren zahlreich überlieferte Statuten über nahezu alle Aspekte der H.sgesch. Auskunft geben. Für die Rechts- und Verfassungsgesch. des H.s sind ergänzend Stadtrechte, Ratsprotokolle, zu bestimmten Fragen auch erzählende Q. heranzuziehen. Für die Wirtschaftsgesch. des H.s sind Steuerlisten, Stadtrechnungen, Lohn- und Preistaxen, aber auch Notariatsurkk. oder städt. Schuld- und Rentenbücher aufschlußreich. Bilder und Buchminiaturen geben neben Sachüberresten und technolog. Traktaten zusätzl. Auskunft über Erzeugnisse und Produktionsverfahren des H.s. Obwohl frühe H.sstatuten, Stadtrechte u. ä. schon aus dem 11.Jh. überliefert sind, setzt die große Masse der Q. erst mit dem 13.Jh. ein.

[2] *Rechtliche Stellung der Handwerker und Handwerkerkorporationen:* In Städten mit »patriz.« Verfassung, wie z. B. →Lübeck oder →Nürnberg, waren die H.er von jeder Beteiligung an der Stadtregierung ausgeschlossen. Die neuere Forsch. hat gezeigt, daß auch in Städten, in denen nach Zunftkämpfen den Zünften eine Anzahl von Ratssitzen zugestanden wurde, H.er tatsächl. selten oder nie in wichtige Ratsämter und -gremien gelangten. Die meisten der aus dem 13.–15.Jh. überlieferten Statuten oder Ordnungen zeigen die →Zünfte (Ämter, Innungen usw.) in dem normalerweise gemeinten Sinn, nämlich als überwiegend gewerbl. ausgerichtete H.sverbände. Viele dieser Ordnungen stellen wohl das Ergebnis einer Beilegung von H.erunruhen dar (vgl. auch →Revolte); die häufig überlieferten Zusätze und Neufassungen können von bes. Interesse sein. Die Statuten dürften meist nach Anhörung der Zunftmitglieder verfaßt worden sein; bezeichnend ist aber, daß sie vom Stadtherrn oder -rat erlassen wurden, den Zunftmitgliedern in regelmäßigen Abständen vorgelesen wurden und nur mit Genehmigung des Stadtherrn oder -rats verändert werden konnten. Die gewerbl. Zünfte waren also obrigkeitl. konzessionierte und beaufsichtigte Berufsverbände, denen gewählte oder eingesetzte geschworene Obermeister vorstanden. Die Zünfte genossen eine begrenzte Autonomie: sie konnten selbständig Satzungsübertretungen ahnden, Strafen einziehen, neue Mitglieder aufnehmen und Streitigkeiten schlichten; dabei oder bei Querelen zw. verschiedenen Zünften war der Stadtrat Berufungsinstanz. Alle Zünfte waren Vereinigungen selbständiger, überwiegend für den freien Marktverkauf arbeitender H.smeister und vertraten vorrangig deren Interessen wie natürl. auch die der Stadträte, die zweifellos Einfluß auf die gewerbl.-wirtschaftl. Bestimmungen der Zunftordnungen nahmen. →Gesellen und Lehrlinge wurden durch die Zünfte kaum vertreten. Seit dem 15.Jh. lassen sich in Deutschland die ersten Gesellenverbände nachweisen, die einzelne H.sberufe auf regionaler Ebene vertraten. Etwa gleichzeitig begannen auch die Zünfte, die übrigens die Gesellenverbände bekämpften, mit Zusammenschlüssen über die einzelnen Städte hinaus. Die Aufnahme in eine Zunft wurde überall an Bedingungen geknüpft, die im Zuge der Abschließung und Verkleinerung der Zünfte am Ende des MA deutl. verschärft wurden (→Meister, →Lehrling).

[3] *Der Monopolanspruch der Zünfte:* Der Monopolanspruch der meisten Zünfte äußerte sich im Zunftzwang, der ggf. durch das Bannmeilenrecht ergänzt wurde: jeder, der die Erzeugnisse oder Dienstleistungen eines in der Stadt vertretenen H.s herstellte oder anbot, mußte Zunftmitglied sein; im Geltungsbereich des Stadtrechts, aber außerhalb der Mauern durfte das jeweilige H. nicht ausge-

übt werden. Der Zunftzwang dürfte mit gewissen Abstrichen überall durchgesetzt worden sein, aber kaum die von den Zunftmeistern erhoffte Wirkung, ein Marktmonopol zu etablieren, gezeigt haben: die Angebotspalette verwandter Gewerbe, also etwa der →Bader und Barbiere, der Grob- und Feinbäcker usw. überschnitt sich häufig; die heimlich arbeitenden →»Bönhasen« oder »Pfuscher« ließen sich selten ganz unterdrücken; H.er aus anderen Städten durften vielerorts ihre Waren auf den Märkten anbieten; es gab Kl. und Konvente (bes. →Beg[h]inen), die die Überschußproduktion ihrer H.er, die Abgaben ihrer Hintersassen oder auch ihre selbstverfertigten Waren, meist Tuche, in der Stadt anbieten durften. Da sie der städt. Besteuerung nicht unterlagen, teils auch ihre Rohstoffe nicht kaufen mußten, konnten sie erhebl. kostengünstiger produzieren als die Zunfth.er, die gegen solche in ihren Augen unlautere Konkurrenz oft genug mit Gewalt vorgingen.

[4] *Interne Wettbewerbsregelung:* Ziele der in den meisten Statuten breiten Raum einnehmenden Wettbewerbsregulierung zw. den Mitgliedern der eigenen Zunft waren Chancengleichheit, Sicherung des Lebensunterhalts der Mitglieder und die Erschwerung ungewöhnl. wirtschaftl. Erfolgs einzelner Meister. Wege zur Erreichung dieser Ziele waren: gemeinsamer Einkauf von Rohstoffen durch die Zunft oder die Verpflichtung, günstige Quellen allen Kollegen »umzusagen«, Begrenzung der Zahl der Werkstätten, die ein Meister betreiben durfte (im Regelfall eine), Begrenzung der Zahl der Mitarbeiter, strenge Regulierung der Arbeits- und Verkaufszeiten, Festlegung der Verkaufspreise, häufig der regelmäßige Wechsel der Verkaufsstände, so daß jeder Meister an besseren und schlechteren Plätzen anbieten mußte, strenge Regelung der erlaubten Werbemethoden. Künstl. Angebotsverknappungen, wobei die Zunftmitglieder nur abwechselnd produzieren und verkaufen durften, kamen v. a. in den Lebensmittelbranchen vor. Wichtig waren auch die häufigen Verbote des Verleihens von Geld oder Rohstoffen an Zunftkollegen; sie sollten verhindern, daß wohlhabende Meister zu Verlegern der anderen wurden.

[5] *Qualitätskontrollen, Gewerbeaufsicht:* Qualitätskontrollen erstreckten sich meist auf die verwendeten Rohstoffe, die Arbeitsprozesse und die Arbeitsausführung. Die Kontrollen oblagen den Zunftobermeistern und ggf. dazu deputierten Ratsmitgliedern der Stadt; die Hersteller durften vielfach nicht dabei anwesend sein. Die Kontrollen waren im Regelfall bes. streng, wo Sicherheit und Gesundheit der Verbraucher oder – im Fall typischer Exporterzeugnisse – Prosperität und Prestige der Stadt davon abhingen. Jeder Meister war verpflichtet, seine Erzeugnisse mit Stempel oder Marke zu kennzeichnen (→Beschauzeichen); ein Verkauf war bei dauerhaften Gütern erst dann statthaft, wenn eine Prüfung die Ware als einwandfrei befunden hatte und das Zeichen der Stadt angebracht worden war. Zur Erleichterung der Produktions- und Verkaufsüberwachung bei den Lebensmittelgewerben wurden die Marktstände der →Bäcker, →Fleischer usw. an bestimmten Stellen konzentriert oder in spezielle Markthallen verlegt, u. U. die Benutzung städt. Schlacht- und Backhäuser vorgeschrieben. Andere H.er konnten zur Benutzung städt. Schmelzhütten, Brennöfen usw. verpflichtet werden. Der Verbesserung der Feuersicherheit, der Hygiene, der Minimierung von Lärm- und Geruchsbelästigung dienten Maßnahmen wie das Verbot der Nachtarbeit, die Ansiedlung von →Schmieden, →Böttchern, →Gerbern oder →Färbern in bestimmten Straßenzügen oder an den Stadträndern.

Die Zünfte beaufsichtigten auch die Lehrlingsausbildung. Die Lehrzeiten konnten zw. zwei und acht Jahren dauern; drei Jahre waren das üblichste. Es gab im SpätMA eine Tendenz zur Verlängerung der Lehrzeiten. Eine Wanderzeit wurde im MA von den H.sgesellen meist nicht verlangt. Es ist aber bekannt, daß schon im 13. Jh. diese sehr mobil sein konnten; viele H.er ließen sich im Ausland nieder.

[6] *Die wirtschaftliche Lage des Handwerks:* Das Anwachsen der europ. Städte im HochMA führte ohne Zweifel zu einer Blüte des H.s. Seit dem 15. Jh. mehren sich aber die Nachrichten über eine Abschließung der Zünfte, die oft mit ihrer Verkleinerung verbunden war; die zulässige Zahl der selbständigen Meister wurde vielfach auf weniger als die Hälfte des früheren Bestandes herabgesetzt. Diese Erscheinung spricht für verminderte Verdienstchancen im H., so daß die von der Agrarkrisentheorie aufgestellte These eines »Goldenen Zeitalters« des H.s im SpätMA der Überprüfung in jedem Einzelfall bedarf. Die Vergleiche der Einkommen von H.ern, die in Lohnarbeit beschäftigt waren, mit den Preisen von Lebensmitteln, Heizmaterial und Mieten haben im allgemeinen gezeigt, daß von H.erlöhnen selten mehr als das bloße Überleben möglich war. H.er waren im Durchschnitt wesentl. weniger vermögend und relativ höher verschuldet als Kaufleute. Zwar gelang es einigen H.ern, zu Reichtum und Ansehen zu kommen (→Fugger), doch erfolgte der Aufstieg fast immer durch den Übergang zum Handel und Verlag. Das von vielen Zunftordnungen hervorgerufene Bild des selbständigen, in der Werkstatt im eigenen Haus für den Marktabsatz und ggf. den Export produzierenden H.smeisters zeigt nur einen Teil der ma. Wirklichkeit, in der es z. B. auch Hausbäcker und -schlachter ohne Gesellen und ohne eigene Werkstatt, Lohnarbeit von H.smeistern (z. B. im Baugewerbe) und Abhängigkeit von Verlegern gab.

[7] *Technischer Stand des Handwerks, Neuerungen:* Es gab in den europ. Städten einen deutlichen Trend zur immer stärkeren Spezialisierung der handwerkl. Produktion, der sich in der Entstehung einer großen Zahl äußerst spezialisierter Zünfte zeigte. Dabei blieb ein sehr erhebl. Abstand zw. Groß- und Kleinstädten bestehen. Obwohl die Zünfte insgesamt gesehen nicht sonderl. innovationsfreudig waren und häufig Qualitätskontrollen dazu benutzten, um die Einführung arbeitssparender oder qualitätsverbessernder Geräte oder Prozesse zu verlangsamen, nahm das europ. H. viele Neuerungen auf, so die Räderuhr, die Baumwollverarbeitung, das →Saigerverfahren, die Drehbank, den Antrieb von Mühlen-, Hammer- und Sägewerken durch Wind- oder Wasserkraft, die Papierherstellung, den →Buchdruck. Städtische H.er brachten wohl Neuerungen wie den Plattenharnisch auf. Auffällig bleibt, daß sich viele Städte zur Herstellung kunstvoller Großgeräte oder zur Einführung neuer Produkte oder Verfahren in wichtigen Gewerben der nicht an eine Zunft gebundenen →Freimeister bedienten. – Zur Frau im H. vgl. →Frau (C. III), →Frauenzunft.   H.-P. Baum

Q.: J. BAADER, Nürnberger Polizeiordnungen aus dem 13. bis 15. Jh., 1861 – T. SMITH–L. T. SMITH, English Gilds, 1870 – C. WEHRMANN, Die älteren Lübeckischen Zunftrollen, 1872 – O. RÜDIGER, Die ältesten Hamburg. Zunftrollen ..., 1874 – R. DE LESPINASSE, Les métiers et corporations de la ville de Paris, 1879–97 – E. BODEMANN, Die älteren Zunfturkk. der Stadt Lüneburg, 1883 – J. BRUCKER, Straßburger Zunft- und Polizei-Verordnungen des 14. und 15. Jh., 1889 – G. MONTICOLO–E. BESTA, I capitolari delle Arti Veneziani ..., 1896–1914 – H. v. LOESCH, Die Kölner Zunfturkk. ..., 2 Bde, 1907 – B. SCHMIDT, Frankfurter Zunfturkk., 2 Bde, 1914 – H. HOFFMANN, Würzburger Polizeisätze, 1955 – F. HORSCH, Die Konstanzer Zünfte in der Zeit der Zunftbewegung bis 1430 ..., 1979 – *Lit.:* Hb. der dt. Wirtschafts- und Sozialgesch. I, 1971, 122ff., 202f., 334–357 – HRG I, 1687–1692, 1976–1984 – R. EBERSTADT, Der Ursprung des Zunftwesens und der älteren H.erverbände des MA, 1900 – F. KEUTGEN, Ämter und Zünfte, 1903 – H. HOFFMANN, Würzburgs Handel und Gewerbe im MA, 1940 – E. MASCHKE, Verfassung und soziale Kräfte in der dt. Stadt des späten MA, vornehml. in Oberdtl., VSWG 46, 1959, 289–349, 433–476 – H. VOCKE, Gesch. der H.sberufe, 2 Bde, 1959/60 – H. LENTZE, Nürnbergs Gewerbeverfassung im MA, Jb. für frk. Landesgesch. 24, 1964, 207–282 – R. SPRANDEL, Die Ausbreitung des dt. H.s im spätma. Frankreich, VSWG 51, 1964, 66–100 – DERS., Die H.er in den nordwestdt. Städten des SpätMA, HGBll 86, 1968, 37–62 – R. ENNEN, Zünfte und Wettbewerb, 1971 – R. WISSELL, Des alten H.s Recht und Gewohnheit, hg. E. SCHRÄPLER, 5 Bde, 1971–86 – R. ENDRES, Zur Lage der Nürnberger H.erschaft zur Zeit des Hans Sachs, Jb. für frk. Landesgesch. 37, 1977 – F. IRSIGLER, Die wirtschaftl. Stellung der Stadt Köln im 14. und 15. Jh., VSWG Beih. 65, 1979 – Gilden und Zünfte, hg. B. SCHWINEKÖPER (VuF 29, 1985).

II. LÄNDLICHES HANDWERK: [1] *Grundprobleme und Quellenbasis:* In älteren Darstellungen zur Wirtschaftsgesch. wird häufig der Eindruck vermittelt, im MA sei das offene Land außerhalb der Städte fast ausschließlich von der Agrarwirtschaft geprägt gewesen, handwerkl. Tätigkeiten und alle gewerbl. Wirtschaftsformen hätten sich dagegen in den Städten konzentriert. Aus dieser Grundannahme entstand oft die Vorstellung von zwei verschiedenen, einander schroff gegenüberstehenden Lebens- und Wirtschaftsbereichen: auf der einen Seite das berufl. wenig differenzierte flache Land mit seiner Agrarwirtschaft und auf der anderen Seite die vielfältig strukturierten Städte, geprägt von H., Gewerbe und Handel. In Wirklichkeit kann von einem derartigen Gegensatz selbst im SpätMA keine Rede sein. Eine bessere Auswertung der schriftl. Q. (→Urbare, Abgabenverzeichnisse, →Weistümer) und v. a. die archäolog. Forsch. der letzten Jahrzehnte haben ergeben, daß sich im MA umfangreiche handwerkl. und gewerbl. Produktionsstätten auch im ländl. Raum befanden.

[2] *Frühmittelalter:* Die Volksrechte berichten von verschiedenartigen H.ergruppen und von der Ausstattung der Herrenhöfe mit spezialisierten H.szweigen in frk. Zeit. Im alem. Volksrecht werden z. B. Koch, Bäcker, Goldschmied und Schwertschmied erwähnt (Lex Alam., c. 80) sowie Spinn- und Webarbeiten der Frauen im Genitium (ebd., c. 81; →Gynäceum). Das →Capitulare de villis, eine Hauptq. in bezug auf H.er, welche als Spezialisten auf den kgl. Domänen tätig waren, enthält Bestimmungen über diejenigen H.er, die jedem Domänenverwalter in seinem Bereich zur Verfügung stehen sollen: Eisen-, Gold- und Silberschmiede, Schuhmacher, Drechsler, Stellmacher, Schildmacher, Brauer, Bäcker und sonstige Dienstleute (c. 45). Aus dem Bauplan für →St. Gallen (ca. 820) ist der hohe Stellenwert des H.s für die Kl.wirtschaft des FrühMA erkennbar. Danach umfaßte der engere Kl.bereich auch zahlreiche H.erstätten für Schuster, Sattler, Schwertpolierer, Weber und Böttcher. Das gut entwickelte H.ertum kirchl. Grundherrschaften der Karolingerzeit zeigt sich auch in den bekannten Statuten, die Abt →Adalhard 822 für das Kl. →Corbie erließ. In den Grundherrschaften des Adels gab es neben den üblichen Nahrungs-, Bekleidungs- und Bauh.ern häufig Spezialh.er wie Gold- und Schwertschmiede, die sowohl für den Bedarf ihrer adligen Herren als auch für den Marktabsatz produzierten.

Im dörfl. Bereich war das frühma. H. dagegen weniger differenziert. Ihre Woll- und Leinenkleider stellten die abhängigen oder freien Bauern offenbar in der Regel selbst her. Die bäuerl. Hausweberei wird v. a. in den Zinsregistern geistl. Grundherrschaften sichtbar, auch Eisenstücke und -geräte werden genannt. Neben H.ergruppen, die hauptsächl. für ihre Grundherren tätig waren, scheint es in den frühma. Dörfern auch H.er gegeben zu haben, die vorwiegend für ihre bäuerl. Nachbarn arbeiteten (z. T. auch handwerkl. Nebentätigkeit), wobei bes. die Schmiede zu nennen sind. Müller standen dagegen fast ausschließl. im Dienst von Grundherren, die Wassermühlen seit der Karolingerzeit in zunehmendem Maße für die Getreideverwertung erbauten und mittels des aufkommenden Bannrechts (→Bann) die bäuerl. Mitbenutzung erzwangen. Neuere archäolog. Forsch.sergebnisse zeigen, daß im FrühMA in einigen Landschaften eine beachtl. gewerbl. Produktion existierte, v. a. im Bereich der Glas-, Eisen- und Keramikherstellung. Solche Gewerbzweige konzentrierten sich in Siedlungen mit sozial differenzierter Bevölkerung, wobei oft ein erstaunl. hoher Anteil hauptberufl. tätiger H.er vorhanden war.

In Osteuropa trifft man auf die slav. Dienstleistungsdörfer mit spezialisierten H.szweigen, in denen H.er Qualitätsprodukte wie Waffen, Schmiedearbeiten und Kleidungsstoffe für ihre Fs.en und Grundherren herstellten. Sie lagen im 9. und 10. Jh. bes. in der Umgebung von Burgen und Siedlungsplätzen, die als wirtschaftl. und polit. Zentren fungierten. Seit dem 11. Jh., als die gestiegene Geldmenge die Einrichtung ländl. Märkte mögl. machte, wurden die Zwangslieferungen dieser H.er von freiwilliger Produktion für den Verkauf abgelöst.

[3] *Hoch- und Spätmittelalter:* Das Aufblühen der Stadtwirtschaft, die Fortschritte im städt. Gewerbe und die tiefgehenden Strukturveränderungen in der →Grundherrschaft blieben im 12. und 13. Jh. nicht ohne Auswirkungen auf das ländl. H. Im Zuge des Zerfalls der Villikationen löste sich das Fronhofsh. allmähl. aus dem Bereich des →Fronhofs. Die Villikationsherren konnten handwerkl. Produkte jetzt günstiger auf dem Markt erwerben, so daß sie nicht mehr auf ein eigenes H. innerhalb ihrer Villikationen angewiesen waren. Parallel zum Aufblühen des städt. Gewerbes entwickelte sich in den Dörfern das H. weiter voran, da sowohl die Ausbreitung der Geldwirtschaft als auch der Trend zur Spezialisierung der agrar. Produktion die Arbeitsteilung im ländl. Raum begünstigten. Unter den Dorfh.ern sind damals vornehml. Müller, Schmiede und Bäcker zu erwähnen. Dörfliche Bäckereien werden im 13. Jh. ausdrückl. im →Sachsenspiegel und in urkundl. Q. bezeugt. Ähnlich wie die Mühle war die Bäckerei eine Betriebsform, bei der der Dorfherr eine Lizenz- und Abgabenhoheit beanspruchte. In vielen Weistümern werden neben dem Müller und dem Schmied noch der Metzger und der Zimmermann als Dorfh.er genannt. In den Dörfern wurde der Stell- und Radmacher gebraucht, nachdem das primitive Scheibenrad durch das Speichenrad ersetzt worden war. Woll- und Leinenweber arbeiteten einerseits für den Bedarf ihrer bäuerl. Nachbarn und andererseits für entfernte Absatzgebiete. Das städt. Gewerbe verhinderte im SpätMA sowohl durch seine wirtschaftl. Expansion als auch durch den polit. Zwang, den die Städte auf ihr Umland ausübten, jene Weiterentwicklung des Dorfh.s, wie sie im HochMA begonnen hatte. Viele Weistümer bezeugen allerdings, daß im Spät-MA auch außerhalb der Städte und des städt. Bannkreises eine differenzierte gewerbl. Struktur vorhanden war. Neben den schon früher bekannten H.ern werden in den Dörfern nun auch häufig Schuhmacher, Wagner, Böttcher und Zimmerleute genannt. Einige Zweige des ländl.

H.s, die sich für den Export eigneten, erhielten in manchen Orten eine planmäßige Unterstützung durch Grund- und Territorialherren, die dadurch vermeiden wollten, daß sich ihre Landgebiete entvölkerten. In einigen Regionen entstanden im SpätMA außerdem spezialisierte Gewerbelandschaften, wie z. B. in Schwaben, Flandern, Südengland und in der Lombardei.   W. Rösener

Lit.: E. Schulte, Das Gewerberecht der dt. Weistümer, Dt. rechtl. Beitr. III, 4, 1909 – The Cambridge Economic Hist. of Europe, 2: Trade and Industry in the MA, 1952 – A. Skalweit, Vom Werdegang des Dorfh.s, ZAA 2, 1954, 1ff. – K. S. Bader, Rechtsgesch. des ma. Dorfes 2, 1962, 373ff. – A. Dopsch, Die Wirtschaftsentwicklung der Karolingerzeit 2, 1962³, 137ff. – K. Modzelewski, L'organisation »ministériale« en Pologne médiévale, Annales 19, 1964, 1125ff. – S. Thrupp, Medieval Industry (The Fontana Economic Hist. of Europe 1, 1972), 221ff. – Das H. in vor- und frühgesch. Zeit, 1–2, hg. H. Jankuhn u. a., 1981/83 – A.-M. Dubler, H., Gewerbe und Zunft in Stadt und Landschaft Luzern, 1982 – W. Janssen, Gewerbl. Produktion des MA als Wirtschaftsfaktor im ländl. Raum (ebd. 2, 1983) – F. Schwind, Zu karolingerzeitl. Kl. als Wirtschaftsorganismus und Stätten handwerkl. Tätigkeit (Fschr. J. Fleckenstein, 1984), 101ff.

B. Byzantinischer Bereich und Südosteuropa

I. Byzantinischer Bereich – II. Südosteuropa.

I. Byzantinischer Bereich: In frühbyz. Zeit (4.–6. Jh.) wurde das H. in den Städten noch durch Institutionen aus der röm. Ks.zeit geprägt, so war der Anteil der Sklavenarbeit relativ hoch, und es gab zahlreiche staatl. Großwerkstätten. Der Zusammenschluß von H.szweigen zu Korporationen stellte eine Weiterentwicklung der röm. Kollegien dar (→Collegium). Ergiebig sind die Q. zur Verarbeitung von Metall, Glas, Keramik, Textilien, Leder, kosmet. Produkten und zum Bauwesen. Mit dem Niedergang der Städte im 7. Jh. verlagerte sich die handwerkl. Produktion vermutl. oft auf die Kl. In der 2. Hälfte des 9. Jh. beginnt dann die Blütezeit des byz. H.s. Bekannt sind etwa 90 H.sberufe. In zumeist kleinen Werkstätten arbeiteten Besitzer und/oder monatsweise eingestellte Lohnarbeiter. Die staatl. Werkstätten waren ähnlich organisiert und arbeiteten v.a. für die Bedürfnisse des ksl. Hofes. Die H.er waren fast ausschließl. Männer, manchmal auch Geistliche. Die wichtigeren H.sberufe waren in ungefähr 20 Korporationen zusammengeschlossen (→Eparchenbuch). Die Korporationen waren halbstaatl. Institutionen, die zumindest in Konstantinopel von Beamten im Dienst des →Eparchen geleitet wurden. Vorschriften gab es für den Herstellungsprozeß und den Handel mit Rohstoffen und Fertigprodukten sowie für die Regelung der Konkurrenz innerhalb der einzelnen Korporationen. Bes. strengen Kontrollen war die Herstellung von Luxusartikeln unterworfen. Die Aufnahme in eine Korporation war ein Privileg und an die Stellung von Bürgen und die Zahlung einer relativ hohen Gebühr gebunden. Die Korporationen freier H.er, die sich auf bestimmte Stadtviertel konzentrierten, erlangten seit dem 11. Jh. zunehmend polit. Bedeutung. Seit dem 12. Jh. machten handwerkl. Produkte aus dem westl. Abendland dem byz. H. Konkurrenz. Negativ wirkten sich der Verlust des Seidenmonopols (→Seide) infolge des 2. →Kreuzzugs und die Eroberung von Konstantinopel 1204 aus. Mit dem allg. Niedergang der Städte seit dem 13. Jh. zeigen die Q. eine zunehmende Einschränkung des byz. H.s. Die Zahl der Korporationen nahm ab. Die Herstellung von Gütern für den tägl. Bedarf verlagerte sich teilweise auf das ländl. H., in dem nach Familien organisierte und von den Grundbesitzern abhängige H.er tätig waren.

Lj. Maksimović

Lit.: A. Stöckle, Spätröm. und byz. Zünfte, Klio, Beih. 9, 1911 – Ph. Kukules, βυζαντινῶν βίος καὶ πολιτισμος, II/1, 1948, 179–258 – A. P.

KAŽDAN, Cechi i gosudarstvennye masterskie v Kon/pole v IX–X vv., VV 6, 1953, 132–155 – E. FRANCÈS, L'État et les métiers à Byzance, Byzslav 23/2, 1962, 231–249 – SP. VRYONIS, Byz. Δημοκρατία and the Guilds of the Eleventh Century, DOP 17, 1963, 289–314 – E. FRANCÈS, La disparition des corporations byz. (Actes du XIIᵉ Congr. Intern. d'état byz. II, 1964), 93–101 – IstViz 1967, I, 101–128; II, 23–33, 134–154; III, 109–122 – V. A. SMETANIN, Sel'skie remeslenniki pozdnej Vizantii kak social'naja gruppa, Ant. drevn. i sred. veka 7, 1971, 159–171 – DERS., O nekotorych aspektach social'no-ėkonomičeskoj struktury pozdnevizantijskogo goroda, ebd. 8, 1972, 108–119 – S. P. KARPOV, Osobennosti razvitija pozdne-vizantijskogo gorodaėmporija (Trapezund v XII–XV vv.), Viz. očerki 1977, 90–94 – LJ. MAKSIMOVIĆ, Charakter der sozialwirtschaftl. Struktur der spätbyz. Stadt, JÖB 31/1, 1981, 158 ff. – E. KISLINGER, Gewerbe im späten Byzanz (H. und Sachkultur im SpätMA, 1988), 103–126 – s.a. Lit. zu → Eparchenbuch, → Seide.

II. SÜDOSTEUROPA: Im heut. Slovenien und im Binnenland von Kroatien ist ein städt. H. seit dem 13. Jh. nachweisbar. Zünfte (zuerst der Schneider) gab es seit dem 14. Jh. Die handwerkl. Erzeugnisse waren v.a. für die lokalen Märkte bestimmt. Die häufig zugewanderten H.er waren persönl. frei. – In den Städten Dalmatiens betrieben zugewanderte H.er v.a. Kunsth. (z. B. Goldschmiedekunst). Neben Meister und Lehrlingen waren auch Lohnarbeiter tätig. Eine in den Q. bis Anfang des 15. Jh. gen. Zunftorganisation war nur die der Schuhmacher in Zadar. – In Bosnien spielten – bei lange vorherrschender Eigenproduktion im häusl. Bereich – zugewanderte, auf Vertragsbasis arbeitende H.er aus Dubrovnik (Ragusa) und Venedig eine bedeutende Rolle (zuerst Schmiede). – Das H. in Serbien zeigt byz. Einflüsse. Außerdem prägten die aus Mitteleuropa zugewanderten Bergleute und H.er, die sog. → »Sachsen«, die Entwicklung des H.s. Aus städt. und ländl. Bereich sind in Serbien fast 50 verschiedene H.szweige bekannt, die ähnlich wie im Byz. Reich konzentriert waren. Für Zünfte gibt es ebenso wie in Bosnien keine Belege. Das Gesetzbuch des → Stefan Dušan dokumentiert die Stabilität der H.sberufe. – In Bulgarien, das im 11. Jh. unter byz. Herrschaft stand, folgte das H. auch im 2. Bulg. Reich dem byz. Vorbild mit regionalen Sonderentwicklungen. Es dominierte die Verarbeitung von Metall, Stein, Holz, Ton, Häuten und Textilien.

Lj. Maksimović

Lit.: C. JIREČEK, Staat und Gesellschaft im ma. Serbien II, 1912, 41–46 – M. KOS, Istorija Slovenaca, 1960, 248 ff. – M. M. FREJDENBERG, Remeslo v Trogire XIII v., Uč. zap, Velikolukskogo Gos. Ped. Inst. 24, 1964, 126–154 – S. NOVAKOVIĆ, Selo, 1965³, 53–62 – S. LIŠEV, Bŭlgarskiat srednovekoven grad, 1970, 67–90 – F. W. CARTER, Dubrovnik, 1972, 293–324 – N. KLAIĆ, Povijest Hrvata u razvijenom srednjem vijeku, 1976, 119–140 – DIES. – I. PETRICIOLI, Zadar u srednjem vijeku do 1409, 1976, 455–484 – T. RAUKAR, Zadar u XV stoljeću, 1977, 220–245 – D. KOVAČEVIĆ, Gradska naselja srednjovjekovne bosanske države, 1978, 201–222 – J. LUČIĆ, Obrti i usluge u Dubrovniku do početka XIV stoljeća, 1979 – Zgodovina Slovencev, 1979, 196 ff. – N. KLAIĆ, Zagreb u srednjem vijeku, 1982, 278–290.

C. Arabischer und osmanischer Bereich

Im Mittleren Osten läßt sich schon seit dem 1. Jh. des Omayyadenstaates ein hochentwickeltes Kunsth. nachweisen, das bald nicht nur für den ar. byz. und sasanid. Traditionen anknüpfenden Hof, sondern auch für das Stadtbürgertum arbeitete. Neben der Textilindustrie, deren Erzeugnisse auch bis nach Europa gelangten, sind Metallverarbeitung, Glas und Töpferei zu nennen, bes. aber Architekturdekoration in Marmor, Gips usw. sowie alle Gewerbe, die mit dem Baubetrieb zusammenhängen. Über Organisationsformen des H.s ist wenig bekannt; es wird aber angenommen, daß in der arab. Welt vor der osman. Eroberung keine Zünfte existierten. In Damaskus, Aleppo und Kairo gab es während der Mamlükenzeit

(1250–1517) Organisationen junger Männer (fityān), die aber auf dem gemeinsamen Wohnort und nicht auf dem gemeinsam betriebenen H. basierten. Über die Entstehung des osman. Zunftwesens sowie seine Ausbreitung in Syrien und Ägypten gibt es kaum Quellen. Zwar ist das Zeremoniell der aḥis, die als das anatol. Gegenstück zu den fityān gelten, von den osman. Zünften z. T. übernommen worden, aber über die Beziehungen zw. beiden Organisationen, die solch eine Übernahme erst ermöglichten, ist wenig bekannt. Ein Nachweis für die osman. Zünfte sind Prozesse, die ihre Vorsteher und Zunftmeister gegen Mitglieder anderer Zünfte bzw. gegen opponierende Meister aus der eigenen Zunft geführt haben. Die Prozeßregister reichen in Bursa bis ins späte 15. Jh., in anderen Städten des Osman. Reiches nur bis ins 16. Jh. zurück. Die zu dieser Zeit vollausgeformten Zünfte bestanden allein aus den Meistern, während Lehrlinge und Lohnarbeiter keine Mitglieder waren. Mit geringem Erfolg versuchten die Meister den Zugang zu ihrem H. zu beschränken. – Die neuere Forsch. betont weniger die religiöse Funktion der Zünfte als Bruderschaften, sondern beschäftigt sich mit der Frage, ob diese in erster Linie Interessenvertretungen der Meister oder aber staatlicherseits geförderte Institutionen zur Steuereintreibung und Sozialkontrolle gewesen sind.

S. Faroqhi

Lit.: S. D. GOITEIN, A Mediterranean Soc., I: Economic Foundations, 1967 – H. INALCIK, Capital Formation in the Ottoman Empire, JEH 19, 1969, 97–140 – F. TAESCHNER, Zünfte und Bruderschaften im Islam, 1979 – G. BAER, Ottoman Guilds – a Reassessment, 1980, 95–102 – H. GERBER, Economy and Soc. in an Ottoman City, Bursa, 1600–1700, 1988.

D. Judentum

Entgegen geläufigen Vorstellungen war das H. der wichtigste Erwerbszweig der Juden. Dies gilt in bes. Maße für die islam.-christl. Mittelmeerwelt. Jüd. H.er waren hier in allen H.sberufen vertreten, oft in führender Position. Für das 9. Jh. sind in Persien zahlreiche Wanderh.er belegt. Nach der Kairoer → Genisa waren im Mittelmeerraum im 11.–12. Jh. Juden als Gold- und Silberschmiede und in einigen Berufen der Textilbranche tätig, die z. T. von Fernhändlern finanziert wurde und in großem Stil organisiert war. Eine Monopolstellung nahmen die jüd. Seidenweber in Thessalonike und Sizilien ein (→ Seide). Im christl. Teil der Iber. Halbinsel war die Zahl der häufig in Gilden organisierten H.er innerhalb der jüd. Bevölkerung groß (in Städten wie Segovia, Barcelona und Zaragoza oft mehr als die Hälfte der jüd. Einw.). Diese Bevölkerungsschicht, von der Widerstand gegen die Vorherrschaft der jüd. Aristokratie ausging, war auch Träger myst. Strömungen und eines religiösen Konservatismus. Die 1492 aus den Kgr.en Aragón-Kastilien vertriebenen Juden integrierten sich mühelos in die ähnlich strukturierte jüd. H.erschaft N-Afrikas und des Osman. Reiches.

Im aschkenas. Bereich spielten die H.er eine geringere Rolle und waren zumeist nicht zunftmäßig organisiert. Es sind v.a. die den kult. Bedürfnissen der Gemeinde dienenden Berufe (z. B. → Fleischer) zu nennen. M. Toch

Lit.: M. WISCHNITZER, Hist. of Jewish Crafts and Guilds, 1965 – S. D. GOITEIN, A Mediterranean Society, I–IV, 1967–83.

Handwerksdarstellungen → Arbeitsbilder

Hanf (Cannabis sativa L. / Moraceae). H.anbau ist in allen Gebieten mit feuchtwarmen Böden möglich. Von Asien kommend, verbreitete er sich seit dem 5. Jh. v. Chr. in Europa. Im SpätMA lagen bes. Anbauzentren im Baltikum und den angrenzenden russ. Gebieten, in Polen, N-Deutschland, in den Niederlanden, in der Bretagne und in

Burgund. H. gehört wie →Flachs zu den spätma. Industriepflanzen; sein meist gartenmäßiger Anbau auf kleinen Flächen, oft gemischt mit Flachs, und seine Verarbeitung im städt. Gewerbe waren aber weniger arbeitsintensiv als beim Flachs. Die H.faser wurde wegen ihrer großen Reißfestigkeit v. a. zu Segeltuch und Seilen und zu Säcken für Wolle und Getreide verarbeitet. Die sehr groben H.gewebe sind als Material für Textilien im MA kaum nachgewiesen. Ch. Reinicke

Als Rauschmittel wurde der H. im ma. Europa offenbar nicht gebraucht, zumal die hier kultivierte Art aus klimat. Gründen (Hildegard v. Bingen, Phys. I, 11) das als Haschisch bekannte Harz im allg. nicht produziert. Hingegen berichten die islam. Ärzte vielfach über die betäubende Wirkung des (auch von →Marco Polo erwähnten) Ḥašīš, dessen Genuß (→Assassinen) in Asien wie im Vorderen Orient schon seit alters verbreitet war. P. Dilg

Lit.: MARZELL I, 775–781 – HWDA III, 1435–1438 – G. SCHÄFER, Flachs und H., Ciba-Rundschau 6, 1944, H. 62 – L. CASTELLINI, H., ebd. 9, 1962 – R. GELPKE, Drogen und Seelenerweiterung, 1966³, 58–122 – M. R. ALDRICH, Cannabis myths and folklore [Diss. Buffalo 1970] – R. E. SCHULTES – A. HOFMANN, Pflanzen der Götter, 1980, 92–101 – Rausch und Realität, hg. G. VÖLGER, 1981, passim – →Flachs.

Hängesiegel → Siegel

Hangest. 1. H., Adelsfamilie aus der →Picardie (H.-en-Santerre, dép. Somme, arr. Montdidier, cant. Moreuil), belegt seit dem 12. Jh. (*Raoul,* 1139). Im 14. und 15. Jh. teilte sie sich in die Linien der Herren v. Genlis und Herren v. Huqueville. [1] *Ältere Linie:* Wichtige Mitglieder: *Roques,* Herr v. H. und Avesnecourt, belegt 1318–52, ∞ 1. Isabeau de →Montmorency, 2. Alix de →Garlande, gen. 'Possesse'; 1328 kgl. Verleihung des Lehens Jouy en Morin. Teilnehmer der Kriege gegen England (→Hundertjähriger Krieg) 1337–38 und 1348–49; 1344 →panetier de France, 1352 → *Maréchal de France.* – *Jean,* belegt seit 1367, ⚔ bei →Agincourt (Azincourt), war 1407 *maître des* →*arbalétriers,* Conseiller (→*Conseil*) und →*chambellan,* nahm an den Kriegen 1377–79 und 1386 teil, 1395 in Ungarn am Türkenkrieg. 1404 *Capitaine* v. Boulogne. [2] *Linien Genlis und Huqueville:* Wichtigste Mitglieder: *Jean,* Herr v. La Toule und Huqueville, Sohn von Aubert und Alix v. →Harcourt, *maître des* →*arbalétriers,* →capitaine v. Crotoy (1386), Gesandter in England 1401 und 1405. – *Jean,* Herr v. Genlis, →Bailli v. Évreux, * 1420, † 1490, ◻ Rouen, Cölestinerkirche; Sohn von Jean und Marie v. →Saarbrücken; Ritter und →Chambellan Karls VII., am frz. Hof 1446–59; zeitweilig (1463) im Dienst des Hzg.s v. →Burgund. J. ist Autor von »Le gouvernement des princes, le trésor de Noblesse et les fleurs de Valère le Grand« (1497). E. Lalou

Lit.: DBF XVII, 575–579 – P. ANSELME, Hist. généalogique de la maison de France, 1726–39 [Neudr. 1964], VIII, 737–740.

2. H., unter →Philipp IV. einflußreiche Pariser Bürgerfamilie, ebenfalls aus H.-en-Santerre, mit: *Guillaume d. Ä.,* belegt seit 1287, † nach 1325, Bürger v. Montdidier, wirkte als →Bailli (Amiens 1287–96, Caen 1296, Senlis 1297, Vermandois 1298), Rat am →Parlement, →Trésorier du roi und führendes Mitglied der →Chambre des comptes. – Sein Bruder *Pierre,* belegt 1298–1335, ∞ Tochter v. Jean Petit, war Pariser Bürger und →Bailli (Amiens 1298–99, Gisors 1300–03, Rouen 1303–15 und 1322–26, Cotentin 1320–22). – *Guillaume d. J.,* belegt seit 1284, † 1323, leitete die prévôté v. Laon (1284) und war →Bailli in Chaumont, 1287–90; gfl. Bailli v. Blois (1291), Garde de la →prévôté de Paris (1292–96, erneut 1306), Bailli v. Vermandois (1296–1303) und Sens (1306–09). E. Lalou

Q.: ungedr.: Arch. nat., Dokumentation der »Gallia Philippica« – J. VIARD, Journal du Trésor de Charles IV le Bel, 1907.

Hannover, Stadt an der Leine (Niedersachsen). Im 10. Jh. bestand am Fernweg Hildesheim-Bremen auf dem »Hohen Ufer« der Rastort »Tigislege«, dessen Aegidien-Kirche (Mitte 14. Jh., Vorgängerbauten) auf billung. Rechte und einen Ausbau in frühstauf. Zeit weist. Ein 2. Ansatz zur Stadtbildung ergab sich aus der 500 m nw. gelegenen Furt durch die Aue (Mühlen), auf deren Werder die Gf.en v. (Lauen)rode eine Burg (nach 1202 von Pfgf. Heinrich errichtet, 1371 von Bürgern geschleift) als welf. Lehen besaßen. Mit einer dort zu vermutenden älteren Siedlung korrespondierte auf dem Ostufer die ebenfalls ortsherrl. Lehnhofssiedlung. Unklar ist, ob die Rodener 1106 als Allodialerben der →Billunger auftraten oder schon damals Rechte der →Welfen wahrnahmen, doch übte sicher →Lothar v. Süpplingenburg den entscheidenden Einfluß aus. Um 1125 Bau der Marktkirche St. Georg mit einer die beiden vorstädt. Kerne verbindenden, parallel zur Leinstraße wachsenden Zwei-Straßen-Anlage. Hoftag Heinrichs d. Löwen 1163 (wahrscheinl. auch Verleihung des Stadtrechts); sein Enkel →Otto zog die Rodener Lehen ein, ordnete 1241 die Rechtsverhältnisse (Altes Rathaus zuerst Kaufhalle; Rat, Allmende; Mindener Rechtseinflüsse durch Rodener; weitere Verfassungsurkk. 1371, 1392) und sorgte für die Befestigung (1256 erwähnt). Als vierte NW-SO-Achse schloß bis etwa 1300 (Ummauerung 40 ha) die Osterstraße den Ausbau der Altstadt ab. Während die Viertelsgliederung (1303) den vier Längsstraßen entsprach, teilten die Kirchspiele den »birnenförmigen« Grundriß in Querstreifen: Für den 1284 abgepfarrten N (»nova civitas«?) entstand bis 1333 die Geist-Kreuzkirche, 1291 Stiftung eines Minoritenkl. Seit 1360 war die am Ausgang des MA ca. 6000 Einw. zählende Hansestadt Mitglied des →Sächs. Städtebundes; infolge des →Lüneburger Erbfolgekrieges erhielt H. weitgehende Autonomie (Landwehren, Stadtwald); Exporthandwerke (Brauer), Tuch- und Getreidehandel, allg. die Vermarktung landwirtschaftl. Produkte (zwei Jahrmärkte) prägten die Stadtwirtschaft. W. Ehbrecht

Lit.: Führer zu vor- und frühgesch. Denkmälern 49, 1981, 2–30.

Hans

1. H. (Johann), Kg. v. →Dänemark, →Norwegen und →Schweden, Hzg. v. →Schleswig und Holstein, aus dem Hause →Oldenburg; * 2. Febr. 1455 in Aalborg, † 20. Febr. 1513 ebd., ◻ Odense; Sohn von →Christian I. († 1481) und →Dorothea v. Brandenburg; ∞ 1478 Christine v. Sachsen, Tochter von Kfs. →Ernst. – Obwohl schon zu Lebzeiten des Vaters Thronfolger, wurde H. erst 1482–83 als Kg. v. Dänemark und Norwegen anerkannt. Schweden konnte er sich (trotz des Kalmarer Rezesses von 1483) nur 1497–1501 untertan machen; er führte 1501–09 und 1510–12 Kriege gegen die mit →Lübeck verbündete schwed. Opposition (s. a. →Sture). In den Hzm.ern seit 1482 gemeinsam mit seinem Bruder →Friedrich regierend, erfolgte 1490 eine partielle Teilung. Der Eroberungszug gegen →Dithmarschen endete in der Katastrophe v. Hemmingstedt (17. Febr. 1500). Außenpolit. verfolgte H. im wesentl. die Ziele des Vaters (Wiedererwerb Schwedens, Zurückdrängung der →Hanse); Mittel waren der Aufbau einer Kriegsflotte, ein Bündnis mit →Moskau (1493) und die Dreierallianz mit Frankreich und →Schottland (1494 äußerst freizügiger Handelsvertrag mit →Jakob IV.: handelspolit. Gleichstellung von Dänen und Schotten im jeweils anderen Land). Innenpolit. stützte sich H. zunehmend auf bürgerl. Beamte. Die

Förderung des Bürgertums, v. a. der größeren Städte auf Kosten der kleinen, sollte ein Gegengewicht gegen die Hanse schaffen sowie gegen den Adel, der durch die ausgedehnten Sonderrechte der Handfeste von 1483 seinen Einfluß neu gestärkt hatte.   Th. Riis

Lit.: DBL³ V, 544–547 – Th. Riis, Should Auld Acquaintance Be Forgot… Scottish–Danish Relations ca. 1450–1707, I, 1988, 15–20, 81–85.

2. H. v. Bayern → Preußischer Bund

3. H. v. Burghausen → Stethaimer

4. H. v. Gersdorf, gen. Schielhans, * um 1455 wohl Straßburg, † 1529 ebd., Sohn des Straßburger Scherers Heinrich v. G., nahm um 1475/77 als Feldscher an den Kriegen gegen Karl. d. Kühnen teil, praktizierte dann in Straßburg am Antoniterspital. Sein »Feldtbůch der wundtartzney« (Straßburg 1517), ein aus H.' wundärztl. Erfahrungen gespeistes, kompilator. und insbes. →Guy de Chauliac verpflichtetes Werk, gehört zu den ältesten in dt. Sprache gedruckten Wundarzneien. Im 16. Jh. ins Lat. und Holl. übersetzt, wirkte es bis ins 17. Jh. Die z. T. von Hans Wechtlin geschaffenen Abb. bilden einen ersten Höhepunkt der med. Lehrbuchillustration.   J. Telle

Ed.: H. v. G., Feldbuch der Wundarznei (Straßburg 1517) [Vorwort J. Steudel], 1967 – *Lit.:* NDB VI, 322f. – Verf.-Lex.² IV, 626–630 – R. Herrlinger, Gesch. der med. Abb. I, 1967, 140–143 – J. Telle, H. v. G. (Bibl. Palatina, Textbd., hg. E. Mittler, 1986), 339f.

Hanse

I. Begriff, Frühformen – II. Entstehung und Ausbau – III. Ende 14. bis Anfang 16. Jh. – IV. Organisation und Handelssystem.

I. Begriff, Frühformen: Das ursprgl. germ. Rechtswort H., im FrühMA in der Bedeutung 'Schar' (lat. cohors) belegt und seit dem 12. Jh. in NW-Europa wieder gebräuchl., verweist in der Form *hanse, hense, hansa* auf den Bereich des ins Ausland gerichteten Fernhandels. Im wesentl. lassen sich drei Bedeutungsfelder unterscheiden: 1. Gemeinschaft der zu gleichen Zielorten reisenden Kaufleute, 2. Abgabe, die für die Teilnahme am gemeinsamen Handel gefordert wird, 3. Recht der gemeinsam ausgeübten Handelstätigkeit. →Gilde, →Zunft.

Die älteste bekannte H. dt. Kaufleute ist die der Kölner Englandfahrer, der auch Händler aus anderen niederrhein. Städten angehörten. Um 1157 nimmt der engl. Kg. Heinrich II. ihr Haus in London, die »Gildehalle«, in seinen Schutz, befreit die Händler von höheren Abgaben und gewährt günstige Bedingungen für den Verkauf von Wein. 1194 gestattet Kg. Richard I. den freien Verkehr und Marktbesuch im ganzen Land. In den Fernhandelszentren N- und O-Europas ist die Bezeichnung H. nicht belegt. Auf entsprechende Handelsaktivitäten weisen jedoch die verwandten Kaufleutegilden in den Heimatstädten hin, so die »fraternitas danica« in Köln und die »sleyswiker broderschap« in Soest, die beide in das 12. Jh. zurückreichen. Ansätze zu einer umfassenderen Organisation boten die Fahrtgenossenschaften, denen Kaufleute aus mehreren Städten angehörten (→»H. der 17 Städte«, →Gotlandfahrer).

II. Entstehung und Ausbau: Die Entstehung einer Gesamth. seit dem ausgehenden 13. Jh., der schließlich die meisten Kaufleutegruppen und Städte vom Niederrhein bis zum Baltikum angehörten, beruht auf mehreren Voraussetzungen: Neugründung von Städten im Zuge der →Ostsiedlung und an den Ostseeküsten unter starker Beteiligung westfäl.-sächs. Siedler; Ausbau der kommunalen Autonomie gegenüber den Stadt- und Landesherren und Bildung von →Städtebünden; Verfügung über den bevorzugten Verbindungsweg zw. Nordsee (→Hamburg) und Ostsee (→Lübeck); Umorientierung des westfäl. Ostseehandels von →Schleswig nach Lübeck als Ausgangshafen; Überflügeln der älteren Träger des Fernhandels (Friesen, Flamen, Skandinavier, Russen) bis zur gezielten Verdrängung fremder Konkurrenten. →Fernhandel, →Friesenhandel.

Die verstärkten Handelsaktivitäten aus den dt. Städten sind am frühesten im Ostseeraum und an der Tätigkeit der Gotlandfahrergenossenschaft zu beobachten. Hauptziel des von Gotland ausgehenden Handels war →Novgorod, der zentrale Markt für Waren aus dem russ. Hinterland, v. a. für →Pelze. Schon um 1190 sind neben den Gotländern auch Deutsche an einem Vertrag mit Fs. Jaroslav v. Novgorod beteiligt. Zunächst noch als Gäste der Gotländer in deren Novgoroder Niederlassung, konnten die Deutschen bald eine eigene Kirche St. Peter errichten und um 1200 auch einen Hof, das spätere Kontor der H. Die saisonmäßig hier verkehrenden Kaufleute unterstanden einem gewählten Aldermann, die Hofordnung wurde durch die »Skra« geregelt. Für den Handel nach →Livland und →Estland und weiter im Hinterland oder die Düna aufwärts nach Polozk, →Witebsk und bis nach →Smolensk wurden die neugegr. Städte →Riga, →Reval und →Dorpat wichtige Ausgangspunkte. In einem 1229 mit dem Fs.en v. Smolensk abgeschlossenen Vertrag sind die Vertreter der Kaufleute drei vom »got. Ufer« sowie 15 weitere aus Lübeck, →Soest, →Münster, →Groningen, →Dortmund, →Bremen und Riga. Seit der 2. Hälfte des 13. Jh. traten die Kaufleute aus den Ostseestädten stärker hervor.

Die Handelsverbindungen nach →Schweden waren schon durch einen Vertrag zw. Hzg. →Heinrich d. Löwen und Kg. Knut Eriksson auf eine rechtl. Grundlage gestellt worden. 1251 gewährte der Reichsverweser Jarl →Birger den Lübeckern und wenig später den Hamburgern Zollfreiheit und Rechtsschutz. Gleichzeitig wurden Regelungen für die dt. Einwanderer getroffen, die als Kaufleute und Handwerker am Ausbau des schwed. Städtewesens und später der Ratsverfassung beteiligt waren (→Kalmar, →Stockholm). Der Handel zielte vornehml. auf die Produkte des zunehmend erschlossenen →Bergbaus. Dänemark war für den von Lübeck ausgehenden Seehandel v. a. als Durchfahrtsgebiet wichtig. Der Handel selbst konzentrierte sich auf die SW-Küste Schonens, wo vor Skanör und Falsterbo die großen Heringsfänge unter Verwendung des Lüneburger Salzes verarbeitet und verkauft wurden. Auf den saisonal stattfindenden Märkten (→Schonische Messen) verkehrten auch die »umlandsfarer«, meist fremde Händler aus dem Nordseegebiet, die Jütland umschifften und von den dt. Kaufleuten als Konkurrenz bekämpft wurden. Führend waren dabei Lübeck und die anderen wend. Seestädte. Für den Handel mit Norwegen war →Bergen der wichtigste Platz (Stockfisch). Nachdem Bremen schon seit längerem Handelsbeziehungen unterhalten hatte, drangen im 13. Jh. die Kaufleute aus Lübeck und den s. Ostseestädten vor, die in der Getreidezufuhr eine fast monopolartige Stellung erringen konnten. Der Aufenthalt auch über Winter und der Erwerb eigener Höfe führten zur Bildung des späteren H.kontors, der »Dt. Brücke«.

Das seit dem FrühMA bestehende System des Fernhandels ließ die Kaufleute aus dem Ostseeraum schon bald die Verbindung nach den Niederlanden und England suchen. Während der engl. Kg. Heinrich III. den »mercatores de Guthlandia« 1237 Schutz und Abgabenfreiheit in seinem Reich zusicherte, stießen die Lübecker bei ihrem Versuch, an den Rechten der Kölner H. in London teilzuhaben, auf deren Widerstand. Noch 1266/67 wurden eigene H.n für Lübeck und Hamburg eingerichtet, die sich erst um 1280 mit der Kölner zur »hansa Almanie« zusammenschlossen. Das Gelände des »Stalhofs« neben der Kölner »Gildehalle« wurde zum Zentrum des Londoner H.kontors. Der aktive Eigenhandel der fläm. Städte, der sich v. a. auf die Tuchproduktion stützte, ermöglichte es den Ostseekaufleuten erst seit 1252, eine privilegierte Stellung in →Flandern zu erreichen. Nachdem sich H.n einzelner Städte zunächst in Oostkerke und Hoeke am Zwin gebildet hatten und ein bes. von Lübeck betriebener Plan, eine selbständige Handelsniederlassung zu gründen, gescheitert war, wurde →Brügge das Hauptziel, als internat. Markt auch bald Sitz des H.kontors. Es wurde jedoch mehr zum Zentrum der Ostseekaufleute, der »Osterlinge«, als der Kaufleute aus den w. Städten, die auch in →Antwerpen verkehrten. Von Flandern führte der Handel weiter nach Frankreich und zur Iber. Halbinsel. Die Bildung der Gesamth. um 1280 ermöglichte auch die Koordinierung verschiedener Kaufleutegruppen zur Durchsetzung handelspolit. Ziele wie 1280/82 bei der Handelssperre gegen Brügge und 1284/85 gegen Norwegen (→Blockade). Lübeck, das bei diesen Aktionen eine führende Position einnahm, wurde 1293 als Appellationsinstanz für den Novgoroder Hof anerkannt, eine Schwächung der gotländ. Kaufmannsgenossenschaft zugunsten der Heimatstädte, die 1299 auch deren Siegelführung verboten.

Das hans. Handelssystem konnte im 14. Jh. weiter ausgebaut werden. Nach dem Zurückdrängen des fläm. Eigenhandels und einer erneuten Handelssperre gegen Brügge 1307/09 wurden hier und in ganz Flandern weitgehende Rechte durchgesetzt. Trotz des Widerstandes der einheim. Kaufleute und einer wechselhaften Privilegienpolitik der Kg.e festigte sich die Position der H. auch in England, wo Dortmunder Kaufleute Kg. Eduard III. seit 1338 mehrfach Kredite gewährten. Als der →Hundertjährige Krieg sich auch auf die Schiffahrt und den Wollexport nach Flandern auswirkte, zogen die Städte 1356 die Interessenvertretung vom Brügger Kontor an sich und erreichten nach einer Handelssperre, diesmal vom holl. →Dordrecht aus gegen die Gft. Flandern, 1360 die Bestätigung ihrer Privilegien; 1388 erfolgte erneut eine Sperre gegen Flandern, die jedoch nicht von allen Städtegruppen unterstützt wurde.

Mehr als die Auseinandersetzungen mit den benachbarten Territorialfs.en und dem dän. Kg. →Erich VI. zu Beginn des 14. Jh. wurde die Expansionspolitik Kg. →Waldemars IV., der 1360/61 Schonen und Gotland eroberte, als Bedrohung der Handelsverbindungen empfunden. Die Reaktion der H. war jedoch nicht einheitl., da die wend. Städte mehr an den Schonenschen Märkten, die preuß. mehr an der freien Sunddurchfahrt in die Nordsee interessiert waren und die westfäl. sich nur indirekt betroffen fühlten. Die schließlich 1367 auf einem H.tag verabschiedete →Kölner Konföderation führte zum Krieg (→Flotte), zu dessen Finanzierung ein Pfundzoll in den hans. Häfen erhoben wurde. Die Verträge des Friedens v. →Stralsund 1370 bestätigten die Privilegien der H. und enthielten zeitl. begrenzte Garantien. Trotz des erfolgreichen Ausgangs des Krieges haben die Auseinandersetzungen um die Thronfolge in Dänemark und Schweden und der Kampf gegen den Seeraub der →Vitalienbrüder die H. noch mehrere Jahrzehnte lang belastet.

III. Ende 14. bis Anfang 16. Jh.: Verschiedene Faktoren haben sich auf die Vorrangstellung der H. im O-W-Handel negativ ausgewirkt: Entstehung neuer Produktionszentren (Tuchproduktion in →England, →Holland); Zunahme des Handelsvolumens und des Massengütertransports, Vordringen von Konkurrenzprodukten (→Baienfahrt, Hering [→Fisch], →Kupfer, →Wolle); zunehmende Handelstätigkeit nichthans. Kaufleute, die durch den Öresund oder auf den mitteleurop. Landwegen in den Ostseeraum vorstießen; Konsolidierung der Territorialstaaten und handelspolit. Gegenmaßnahmen (→Burgund, →Kalmarer Union); unterschiedl. Handelsinteressen der einzelnen Städtegruppen und Schwerpunktverlagerungen innerhalb des hans. Systems.

Seit der Mitte des 14. Jh. drangen die →Merchant Adventurers mit engl. Tuchen in die Ostsee vor und exportierten aus Stralsund und den preuß. Städten v. a. Getreide und Holz. Gegenmaßnahmen der H. führten zur Einschränkung ihrer Privilegien in England, bis 1388 vorübergehend ein Ausgleich zustande kam, der die Einrichtung einer engl. Niederlassung in →Danzig ermöglichte. Seit Anfang des 15. Jh. verkehrten auch die der H. nicht angehörenden Holländer in der Ostsee und bis nach Novgorod. Sie importierten v. a. Nordseeheringe, eigene Tuche und das Baiensalz und liefen die preuß. und livländ. Städte an, die im Unterschied zu den w. Ostseestädten wechselseitige Handelsbeziehungen unterhielten. Obwohl die hans. Privilegien in Skandinavien im Frieden v. Vordingborg 1435 bestätigt worden waren, konnten die Holländer mit Förderung durch die dän. Kg.e seit 1441 ihre Position ausbauen, worauf die H.städte mit wiederholten Handelsverboten und Boykottmaßnahmen reagierten. Für den Handel der preuß. Städte, die oft im Gegensatz zum →Dt. Orden gestanden hatten, wirkte sich der Wechsel der Landesherrschaft 1466 positiv aus, bes. für Danzig. Der wirtschaftl. Anschluß an das Hinterland verband auch die Städte →Breslau und →Krakau mit den H.städten. Der drohenden Konkurrenz für den schwed. Kupferhandel durch die von S vordringenden Kaufleute aus →Nürnberg und bes. durch die →Fugger versuchte die H. seit 1511 entgegenzutreten. Nachdem die alten Verträge mit Novgorod noch 1392 erneuert worden waren, brachten die livländ. Städte im 15. Jh. den Rußlandhandel in ihre Hand und verdrängten auch die übrigen H.städte. Nach der Eroberung Novgorods durch →Ivan III. verlor das 1514 wiedereröffnete H.kontor schnell an Bedeutung.

Die H. hatte im 14. Jh. Brügge zum zentralen →Stapel für die in den Niederlanden gehandelten Ex- und Importwaren ausgebaut. Die Dezentralisierung des Handels durch die aufstrebenden Städte in den n. Niederlanden und Brabant, die Aktivitäten der Holländer und der Verkehr auch hans. Kaufleute außerhalb Flanderns stellten dieses System jedoch zunehmend in Frage. Seit 1440 erließ der H.tag daher immer neue Vorschriften zum Schutz des Flandernhandels und zur Einhaltung der Stapelbestimmungen. Eine Handelssperre, 1451/57 wegen Verletzung der Privilegien gegen Flandern verhängt, mit der Kontorsverlegung nach →Deventer, außerhalb des burg. Territoriums, blieb ohne nachhaltigen Erfolg. Der Handelsverkehr verlagerte sich v. a. nach Antwerpen, wo die Merchant Adventurers, aber auch die H. Privilegien erwarben. Dennoch erfolgte die offizielle Verlegung des »Kontors v. Brügge« dorthin erst nach 1520. Die Auseinandersetzung um den engl. Ostseehandel und die hans. Gegenmaßnahmen hielten auch im 15. Jh. an, wobei die einzelnen Städtegruppen unterschiedl. Ziele verfolgten. Erst vor dem Hintergrund der polit. Konstellation in W-Europa kam es 1469 zum offenen Seekrieg. Im Frieden v. →Utrecht 1474 erreichte die H. zwar die Bestätigung ihrer Privilegien und Niederlassungen in London und den ostengl. Häfen, ein Zusatzvertrag aber befreite die Holländer vom Stapelzwang in Brügge. 1471 kam es auch zu einem Dissens zw. Köln und der H., der die Grenzen des hans. Handelssystems bereits andeutete. Die Stadt, die die weitere Schoßzahlung an das Brügger Kontor verweigert und in London, gestützt auf ihre alten Sonderprivilegien, weiter Handel getrieben hatte, wurde bis 1476 aus der Gemeinschaft ausgeschlossen. Die Lage der H. in England verschlechterte sich entscheidend erst unter den Tudorkg.en.

Eine Intensivierung und regionale Ausweitung erfuhr der hans. Handel im 15. Jh. einerseits in Richtung der frz. Atlantikküste und bis zur Iber. Halbinsel, woher v. a. Salz, Wein, Bergbau- und Agrarprodukte importiert wurden, und andererseits bis nach Island (Fischfang).

IV. ORGANISATION UND HANDELSSYSTEM: Die übliche Gliederung der H.geschichte in die Phase der »Kaufmannsh.« und seit Mitte des 14. Jh. in die der »Städteh.« ist insofern unpräzise, als es sich um einen komplexen und längerfristigen Prozeß der Umstrukturierung handelt: Schon im 13. Jh. haben auch die Heimatstädte die Interessen ihrer Kaufleute vertreten und sich in handelsorganisator. Fragen eingeschaltet. Seit 1356/66 gibt es als allg. Beschlußgremium der Städte die H.tage (H.rezesse), die auch die Aufsicht über die Kontore beanspruchten, in denen sich Elemente der Kaufmannsorganisation noch am längsten hielten. Dennoch galt die H. auch weiterhin als »ein Verband von Kaufleuten« (K. FRIEDLAND). Erst zu Beginn des 15. Jh. begann sich ein polit.-rechtl. System herauszubilden, in dessen Mittelpunkt die »hensesstede« standen, ca. 70 Städte, die sich an den Gemeinschaftsaufgaben zu beteiligen pflegten, während die übrigen gut 100 Orte nur zeitweise oder über andere Städte mit der H. verbunden waren. Um 1400 setzten auch Bemühungen ein, die Nutzung der Privilegien, die »copmans rechte«, vom Bürgerrecht in einer H.städte abhängig zu machen, ein Problem, das bes. durch die Forderungen der engl. Handelspartner akut war. Die förml. Neuaufnahme von Städten oder ihr Ausschluß bei Rechtsverletzungen und Sturz der patriz. Ratsgewalt (Bremen, Braunschweig, Köln) wurden dagegen schon seit längerem praktiziert. Obwohl sich die Gemeinschaft selbst als »Dt. H.« bezeichnete, gehörten ihr zeitweilig auch nicht zum Reich gehörige Städte an (Stockholm, Krakau). Seit Mitte des 14. Jh. galt eine Einteilung nach Dritteln, in ein lüb.-sächs., im westfäl.-preuß. und ein gotländ.-livländisches. Im ersten dominierte Lübeck, das seit langem mit den benachbarten »wendischen« Städten verbunden war und dem 1418 die Geschäftsführung der H. übertragen wurde. Schwerpunktverlagerungen innerhalb der Städtelandschaft führten um 1500 zur Neugliederung der Drittel und schließlich zur Einrichtung von →Quartieren. Insgesamt blieb die H. eine nur partiell organisierte »Interessengemeinschaft« (A. v. BRANDT), deren Gesamtversammlungen unregelmäßig stattfanden und durch Regional- und Dritteltage ergänzt wurden. Die Ansätze, polit.-militär. Bedrohungen der H. durch bes. Bündnisse zu begegnen, durch die Kölner Konföderation und im 15. Jh. durch wiederholte »Tohopesaten«, wurden nicht weiter ausgebaut. Vieles wurde regional durch Vereinbarungen in Form von Justizverträgen und Städtebünden geregelt.

Das hans. Handelssystem beruhte auf dem Austausch von Waren zw. O- und W-Europa, die überwiegend auf dem Seeweg transportiert wurden. Zu den wichtigsten Produkten aus dem Ostseeraum zählten: Pelze, Wachs, Metalle, Salzheringe, Holz, Getreide, Mehl; aus dem Nordseeraum: Trockenfisch, Wolle, Tuche, Wein, Salz. Durch die Verbindung zu den →Frankfurter Messen, die

Handelsausrichtung v. a. Kölns, das Vordringen der Nürnberger Kaufleute und dann der Fugger bestanden ferner Verbindungen nach Oberdeutschland, zu den osteurop. Ländern und nach Italien. Obwohl fremde Erzeugnisse den weitaus größten Teil des Handelsvolumens ausmachten, fehlte es nicht an Produkten aus den H.städten selbst oder deren Hinterland. Als Massengüter wurden Lüneburger Salz und Getreide aus Mecklenburg sowie den mittelelb. Gebieten exportiert. Ein bedeutender Exportartikel war auch das →Bier. Ferner sind zu nennen: →Bernsteinprodukte aus den Ostseestädten, Metallwaren aus Köln und Braunschweig und Leinwanderzeugnisse aus Westfalen.

Die prakt. Durchführung des Handelsverkehrs und der Schiffahrt beruhte auf verschiedenen Regelungen, die teils von einzelnen Städten, teils von der Gesamth. getroffen wurden. Die Auslandsprivilegien betrafen v. a. folgende Punkte: Rechtsstellung der Kaufleute, Ausschluß des Repressalienarrests, Schutz der Waren, Befreiung vom Strandrecht, Fixierung des Zolls und sonstiger Abgaben, Regelung des Gästehandels, des Engros- und Detailhandels sowie des Stapelrechts. Während die H. und ihre Kontore genau darauf achteten, daß ihre Kaufleute in der Nutzung der Privilegien nicht eingeschränkt wurden, konnten sie selbst nur schwer dazu veranlaßt werden, den engl. und holl. Händlern ähnliche Rechte in den H.städten einzuräumen. Das Prinzip der Gegenseitigkeit, das schon in den frühen Verträgen mit den Gotländern und mit Novgorod erwähnt wird, hatte in der Handelspolitik der H. nur einen geringen Stellenwert. Die Unterbrechung der Schiffahrt von Nov. bis Febr. diente ebenfalls der Reglementierung des Handelsverkehrs, konnte in den Nordseehäfen aber weniger konsequent durchgesetzt werden als in denen der Ostsee. Die Kaufleute selbst, die seit der Mitte des 13. Jh. ihre Waren nicht mehr ständig selbst begleiteten und oft →Handelsgesellschaften eingingen, schlossen sich je nach den Handelsplätzen, die sie bevorzugt aufsuchten, rund 100 Jahre später zu →Fahrerkompanien zusammen.

K. Wriedt

Bibliogr.: DW¹⁰, 240/1–328 – Q.: Die Recesse und anderen Akten der H.tage/H.rezesse, 1. Abt. (1256–1430), ed. K. KOPPMANN, 8 Bde, 1870–97 [Nachdr. 1975]; 2. Abt. (1431–76), ed. G. FRHR. V. D. ROPP, 7 Bde, 1876–92; 3. Abt. (1477–1530), ed. D. SCHÄFER–F. TECHEN, 9 Bde, 1881–1913 – Hans. Gesch.sq./Q. und Darstellungen zur Hans. Gesch., hg. Hans. Gesch.sverein, 7 Bde, 1875–94; NF 32 Bde, 1897–1987 – Hans. UB (975–1500), ed. K. HÖHLBAUM u. a., 11 Bde, 1876–1916 – Q.zur H.-Gesch., ed. R. SPRANDEL (AusgQ XXXVI, 1982) – Lit.: HRG I, 1990ff., 1992ff., 2002f. – HGBll, 106 Bde, 1871–1988 – Hans. Pfingstbll., hg. Hans. Gesch.sverein, 27 Bde, 1905–52 – W. STEIN, hansa, HGBll 15, 1909, 53–113 – Abh. zur Handels- und Sozialgesch., hg. Hans. Arbeitsgemeinschaft der Historiker-Ges. der DDR, 25 Bde, 1958–86 – Hans. Stud. (Forsch. zur ma. Gesch. 8, 1961) – A. v. BRANDT u. a., Die Dt. H. als Mittler zw. Ost und West (Wiss. Abh. der Arbeitsgemeinschaft für Forsch. des Landes Nordrhein-Westf. 27, 1963) – Neue Hans. Stud. (Forsch. zur ma. Gesch. 17, 1970) – H. in Europa, Ausstellungskat., 1973 – PH. DOLLINGER, Die H., 1981³ – R. SCHMIDT-WIEGAND, H. und Gilde, HGBll 100, 1982, 21–40 – K. PAGEL, Die H., neu bearb. F. NAAB, 1983 – J. SCHILDHAUER u. a., Die H., 1985⁶.

Hanse v. London, fläm., Vereinigung fläm., auf England fahrender Kaufleute. Im 13. Jh. bestanden in →Flandern (B. III) mehrere H.n für den Handel mit England, in →Lille (1235 gen.), →Ypern (1240 gen.), →Brügge (1241 gen.), auch in →Douai. Die H. von Douai schloß sich 1240 der H. v. Ypern an. Mit der Aufnahme auch der Händler von →Diksmuide, →Cambrai und →Gent in die Yperner H. wollte man offenbar der wachsenden Handelstätigkeit Brügges in England entgegenwirken und die eigene Vorrangstellung im Wollhandel behaupten. Die

Mitgliederstädte erlitten schwerste Verluste im engl.-fläm. Handelskrieg (seit 1270). Nach der Beilegung der Handelssperre (Vertrag v. Montreuil, 1274) übernahm Brügge die Führung in einer zw. 1275 und 1282 neugebildeten gemeinsamen H., aus der allerdings Gent und Douai ausgeschlossen wurden. Brügge und Ypern stritten zunächst um den Vorrang, wobei Brügge durch den Schiedsspruch v. Lille der erste Platz zukam. Während ursprgl. nur Patrizier Mitglieder der H. v. Brügge gewesen waren, stand nun die neue H. in den 1280er Jahren den Handwerkern offen. Nach wiederholten polit. Streitigkeiten zw. Flandern und England, v. a. aber durch die frz. Besetzung Flanderns seit 1297, fand die H. ein Ende.

J. A. van Houtte

Lit.: H. PIRENNE, La hanse flamande de Londres, ABelgBull 3.R., 27, 1899, 65–108 [Neudr.: DERS., Les villes et les institutions urbaines II, 1939, 157–184] – H. VAN WERVEKE, Les statuts latins et les statuts français de la Hanse flamande de Londres, Bull. Comm. Royale d'Hist. 118, 1953, 289–320 – C. WYFFELS, De Vlaamse Hanse van Londen op het eunde van de XIIIᵉ eeuw, Annales de la Soc. d'Émulation de Bruges 97, 1960, 5–30 – E. PERROY, Le commerce anglo-flamand au XIIIᵉ s.: la Hanse flamande de Londres, RH 252, 1974, 3–18.

Hanse, Pariser *(hanse parisienne des marchands de l'eau),* Zusammenschluß von in →Paris ansässigen Kaufleuten mit Handelsmonopol auf der Seine zw. →Mantes und den Pariser Brücken. Jedem, der nicht die Pariser Bürgern vorbehaltene Vollmitgliedschaft der P.H. (Gebühr 60 s.p.) erworben hatte, war der Import und Export von Waren von und nach Paris verboten bzw. nur eingeschränkt gestattet. Nach dem 1170 von Kg. →Ludwig VII. erneuerten, älteren Privileg durfte für alle zw. Paris und Mantes nicht von marchands de l'eau transportierten Waren die Begleitung *(compagnie française)* eines *bourgeois hansé* erbeten werden, dem dafür entweder der halbe Gewinn aus dem Verkauf oder die Hälfte der Waren zum Nettopreis (Einkaufspreis zuzügl. der bisherigen Transportkosten) überlassen werden mußte. Bei Übertretung drohte Konfiskation der gesamten Waren, die dann zw. dem Kg. und der H. zu gleichen Teilen aufgeteilt wurden. Das Privileg bestätigte der H. zugleich interne Gerichtsbarkeit. Ihr Geltungsbereich umfaßte die Zölle von La Roche-Guyon, Mantes, Meulan, Poissy, Andrésy, Conflans-Ste-Honorine, Maisons, Le Pecq, Épinay und St-Denis. Nur den Kaufleuten v. →Rouen war es gestattet, ohne Auflagen Schiffe in Le Pecq beladen zu lassen und nach Rouen zurückzuführen. Die Privilegien der P.H. waren eine wichtige Voraussetzung für die wirtschaftl. Vorrangstellung von Paris. Ihre Organisation, die marchands de l'eau, der →*prévôt des marchands* und der *parloir des bourgeois,* stellte in gewisser Weise den Kern der nichtkgl. innerstädt. Selbstverwaltung dar. Vergleichbare H.n mit Vorrechten gab es auch in anderen frz. Städten.

N. Bulst

Q.: Études sur les actes de Louis VII., hg. A. LUCHAIRE, 1885, n. 590– Lit.: E. PICARDA, Les marchands de l'eau, 1901 – G. HUISMAN, La juridiction de la municipalité parisienne de St. Louis à Charles VII, 1912 – →Paris.

Hanse der 17 Städte, Vereinigung von Städten aus den Niederlanden und Nordfrankreich zur Abwicklung des Tuchhandels auf den →Champagnemessen. Die Anzahl der Städte ist unklar. In der ältesten Mitgliederliste (1270) werden 22 Städte aufgeführt (unter Einschluß von →Reims und →Châlons-sur-Marne), in späteren Listen (1350 bzw. 1364) ist ihre Zahl geringer. Ein Privileg Kg. Philipps II. August v. Frankreich für Kaufleute aus Flandern, Ponthieu und Vermandois auf den Messen (1185) dürfte sich auf eine ältere Form der H. beziehen. Sicher

bestand die H. förmlich 1230, wahrscheinl. schon 1213. Eine führende Rolle spielten →Arras, →Cambrai, →Douai, →St-Quentin und →Ypern, das möglicherweise den Vorsitz hatte. Mit dem Niedergang der Champagnemessen verlor auch die H. an Bedeutung. J. A. van Houtte

Lit.: →Hanse v. London [H. PIRENNE] – H. LAURENT, Un comptoir de vente internat. au MA, M-A 3.R., 4, 1935, 84–94 – F. VERCAUTEREN, Note sur la survivance de la Hanse des XVII villes du XVᵉ au XVIIᵉ s., RBPH 28, 1950, 1078–1091 – L. CAROLUS-BARRÉ, Les XVII villes (Acad. des Inscriptions et Belles Lettres. Comptes-rendus des séances, 1965), janvier–juin, 20–29.

Hansetage → Hanse

Hapsal, estnisch Haapsalu, Bf.sburg und Stadt an der Westküste Estlands (Wiek). Der Bf. v. →Ösel-Wiek ließ nach Zerstörung des Domes zu Alt-Pernau durch Litauer (1263) Schloß und St. Johannis-Schloßkirche (Dom) errichten und gründete 1279 die Stadt H. Die Handwerker, Ackerbürger und Fischer erhielten Anteile an Fischerei, Waldungen, Wiesen und Weiden und wählten durch ihre consules (Ratmänner) den Gerichtsvogt, der vom Bf. (seit 1391 vom →Drost) bestätigt wurde. 1294 erhielt die Stadt ein dem rigischen ähnl. Stadtrecht, das 1391 erweitert wurde. H. hatte eine Domkirchenschule (später Stadtschule), Stadt- und Kirchspielskirche St. Nikolai (1524), ein Hl. Geist-Hospital mit Kirche (1298, 1381). 1343 wurde H. von aufständ. →Esten belagert, dann vom Dt. Orden entsetzt. Der Bf. wechselte mehrfach die Residenz mit Schloß Arensburg auf Ösel, zuletzt 1532 während der Wiekschen Fehde, die zur Spaltung des Bm.s führte.

H. von zur Mühlen

Lit.: C. RUSSWURM, Das Schloß H. in der Vergangenheit und Gegenwart, 1877 – G. RAUDVER, Haapsalu, 1961.

Ḥaqīqī, Dichtername des Herrschers der turkmen. Stammesföderation der →Qaraqoyunlu, Ǧihānšāh, gest. 1467, dessen dichter. Renommee auf einer Gedichtsammlung (→dīwān) beruht, die 106 pers. Gedichte (mit einer Ausnahme Ghasele) und 119 aserbeidschan-türk. Gedichte (87 Ghasele und 32 Vierzeiler) enthält, die alle in quantitierender Metrik gedichtet sind. Es sind Gedichte erot.-myst. Natur, die erhebl. techn. Können und koran. Gelehrsamkeit, aber wenig individuell Kennzeichnendes, Persönl. oder lyr. Gefühl aufweisen. Nur einige Ausdrücke können als Zeichen einer schiitischen Einstellung verstanden werden. E. Ambros

Lit.: V. MINORSKY, Jihān-shāh Qara-qoyunlu and his Poetry, BSOAS XVI, 1954, 271–297.

Hǟrad, Verwaltungs- und Gerichtsbezirk → Norwegen, →Ding, II

Harald

1. H. Klak, *dän.* Kg. 812–826/841, gehörte einem mit den Söhnen →Gudfreds konkurrierenden Geschlecht an. Um sich der Unterstützung Ks. Ludwigs d. Fr. zu versichern, ließ er sich zusammen mit seinem Gefolge 826 in Ingelheim taufen (Schilderung im 4. Buch des Ludwigs-Epos des →Ermoldus Nigellus). Auf seiner Rückreise nahm er →Ansgar und einen anderen Missionar nach Dänemark mit, scheint selbst aber dän. Boden nicht mehr betreten zu haben. Er erhielt die Gft. →Rüstringen in Friesland und nahm an mehreren Wikingerzügen im Nordseebereich teil. Zum letzten Mal wird H. 841 als Bundesgenosse Ks. Lothars im Kampf gegen andere dän. Wikinger genannt.

I. Skovgaard-Petersen

Lit.: J. STEENSTRUP, Normannerne, I–II, 1876–78 – W. VOGEL, Die Normannen und das frk. Reich, 1906 – I. SKOVGAARD-PETERSEN, Danmarks hist. I, 1978 – P. SAWYER, Danmarkshist. III, 1988.

2. H. Blauzahn (Blåtand) **Gormsson**, *Kg. v. Dänemark* (→Dänemark, C. I), belegt 936–ca. 987. H. wird rühmend erwähnt bei →Adam v. Bremen (I, 59; II, 3, 25–28), dessen chronolog. Angaben aber unklar bleiben. Bereits 936, zu Lebzeiten seines christenfeindl. Vaters →Gorms d. Ä., soll H. die Dänenmission Ebf. →Unnis v. →Hamburg-Bremen gefördert haben. Unsicher ist der Zeitpunkt der Übernahme der Kg.sherrschaft durch H. (958?). Beste Quelle für H.s Regierung ist der auf seinen Befehl gesetzte große Jellingstein (→Jelling), nach dem H. ganz Dänemark (und Norwegen) gewann und die Dänen zu Christen machte. Bleibt auch die genauere Datierung fraglich, so kann H. aufgrund dieses Zeugnisses doch als erster Alleinherrscher über Dänemark gelten. Auch die Errichtung der vier großen Ringburgen →Trelleborg (dendrochronolog. auf 980–981 datiert), Nonnebakken, →Fyrkat und →Aggersborg mag mit seiner Herrschaft in Verbindung stehen. H.s Kämpfe mit →Norwegen, auch in der norw.-isländ. Lit. erwähnt, sowie seine Taufe und die offizielle Christianisierung der Dänen (Erzählung der Eisenprobe Poppas bei →Widukind v. Corvey, III, 65) dürften in die Jahre nach 960 fallen. In den letzten Jahren H.s herrschte (übereinstimmend bei Adam und den flandr. »Gesta Cnutonis« bezeugt) Krieg zw. ihm und seinem Sohn →Svend Gabelbart. H. starb (nach Adam an Allerheiligen, wohl 987) verwundet im Exil zu 'Jumne', dem sagenhaften →Jomsburg; sein Leichnam wurde in die von ihm erbaute Kirche v. →Roskilde übertragen.   I. Skovgaard-Petersen

Lit.: S. BOLIN, Danmark og Tyskland under H. Gormsson, Scandia 4, 1931 – A. E. CHRISTENSEN, Vikingetidens Danmark, 1968 – N. REFSKOU, »In marca vel regno Danorum«, Kirkehist. Samlinger, 1985 – s. a. Lit. zu →Dänemark, →Trelleborg.

3. H. 'Harefoot' (H. Hasenfuß), *Kg. v. →England* 1037–40, †17. März 1040, ▢ Westminster Abbey (später dän. Friedhof, London); Sohn →Knuts d. Gr. und der →Ælfgifu. Nach Knuts Tod wurden H. und sein Halbbruder →Hardeknut, der sich zu dieser Zeit in Dänemark aufhielt, als Herrscher in England von der dän. Flotte in London, von Mercien und wahrscheinl. Northumbrien unterstützt. Das von →Emma und →Godwin beherrschte Wessex hielt zu Hardeknut, dessen Anhänger das Gerücht ausnützten, H. sei nicht der Sohn Knuts, sondern eines Flickschusters. Da Hardeknut in Dänemark verblieb, wurde H. 1037 als alleiniger Kg. anerkannt. P. H. Sawyer

Lit.: W. H. STEVENSON, An alleged son of King H.H., EHR 28, 1913, 112–117 – F. BARLOW, Edward the Confessor, 1970, 42–48.

4. H. II. Godwinson, *Kg. v. →England*, 6. Jan.–14. Okt. 1066, * ca. 1020, ✕ 14. Okt. 1066 bei →Hastings; 2. Sohn von →Godwin, Earl v. →Wessex, und Gytha, Tante von →Sven Estridsen, Kg. v. Dänemark; seit 1044/45 Earl v. Ostanglia. Im Sept. 1051 ging er ins ir. Exil, Rückkehr im Sept. 1052. 1053 (Tod des Vaters) nahm H. das Earldom v. Wessex in Besitz, 1057 auch das Earldom v. →Herefordshire. 1063 ließ er den walis. Fs.en →Gruffydd ap Llewelyn töten und heiratete dessen Witwe Ealdgyth, Tochter →Ælfgars. Er stiftete ein 1060 geweihtes Kollegiatstift zu →Waltham (Essex). H. war nächst dem Kg. der reichste Grundbesitzer Englands. Er wurde zum Nachfolger Kg. →Eduards d. Bekenners gewählt und am Tag nach dessen Tod inthronisiert. Daß er als Kg. allg. anerkannt war, belegt seine Münzprägung im gesamten Land. H. sah sich mit zwei auswärtigen Rivalen konfrontiert: →Harald Harðráði, Kg. v. Norwegen, landete in England, zog am 20. Sept. 1066 gemeinsam mit H.s vertriebenem Bruder →Tostig in York ein, wurde aber von H. überrascht und bei →Stamford Bridge geschlagen und

getötet. Als →Wilhelm, Hzg. d. Normandie, am 28. Sept. 1066 in Pevensey Bay (Sussex) landete, zog H. südwärts, erreichte London am 6. Okt. und fiel in der Schlacht b. Hastings. P. H. Sawyer

Lit.: F. BARLOW, Edward the Confessor, 1970 – A. WILLIAMS, Land and Power in the Eleventh Century ... (Proceedings of the Battle Conference, 1980), 171–187, 230–234.

5. H. Schönhaar (anord. *hárfagri*), *Kg. v. →Norwegen*, † ca. 930, der erste Alleinherrscher über ganz Norwegen. Die Sagalit. des 13. Jh. zeichnet ein lebendiges Bild von H.s Eroberungen, liefert aber nur wenige hist. zuverlässige Auskünfte. Sein entscheidender Sieg in der Schlacht vom Hafrsfjord (um 880?) im norw. Westland gegen ein vereinigtes Heer von Kleinkg.en ist auch in der zeitgenöss. →Skaldendichtung belegt (→Haraldskvæði). Der Ausgangspunkt seiner Eroberungen liegt nach gängiger Meinung im SO Norwegens, während sich H. gegen Ende seiner Regierungszeit offenbar eher im Westland aufhielt. Nach seinem Tod wurde d. Reich wieder geteilt. S. Bagge

Lit.: P. SVEAAS ANDERSEN, Samlingen av Norge og kristningen av landet 800–1130, 1977, 75ff.

6. H. Sigurdsson 'der Harte' (anord. *harðráði*), *Kg. v. →Norwegen*, 1046–66, ✕ 25. Sept. 1066 bei →Stamford Bridge, Halbbruder Olaf Haraldssons, stand in seiner Jugend als Söldnerführer in byz. Diensten und erlangte, auch nach Ausweis byz. Q., einen hohen Rang. Zurück in Norwegen (1046), mußte sein Onkel Magnús ('der Gute') in eine Reichsteilung mit ihm einwilligen. Nach dessen Tod 1047 herrschte H. über ganz Norwegen und beanspruchte zudem – wie schon Magnús – den dän. Thron. Seine Anstrengungen, Dänemark zu erobern, blieben jedoch ohne Erfolg. Im Innern gelang es ihm, eine Reihe von Konkurrenten zu überwinden und der Kg.smacht in weiten Teilen des Landes Geltung zu verschaffen. Er gilt als der Gründer →Oslos und war der erste norw. Kg., der in größerem Umfang Münzprägungen vornahm. In den Sagas wird H. als großer Kriegsmann und tüchtiger, geschickter Herrscher geschildert, der jedoch mit großer Härte gegen seine Widersacher vorging. Nach dem Tod →Eduards des Bekenners versucht er, den engl. Thron an sich zu reißen, unterlag aber →Harald Godwinson. – H. hatte eine große Vorliebe für die →Skaldendichtung; mehrere selbstverfaßte Dichtungen sind erhalten. S. Bagge

Lit.: R. SIMEK–H. PÁLSSON, Lex. der anord. Lit., 1987, 145f. – P. SVEAAS ANDERSEN, Samlingen av Norge..., 1977, 158ff.

Haraldskvæði (anord. 'Haraldslied'), ein im 9. Jh. entstandenes Preislied auf den Norwegerkg. →Harald Schönhaar († ca. 930), dessen einzelne Strophen z. T. fragmentar. in verschiedenen anord. Prosawerken überliefert sind (Heimskringla, Snorra Edda, Fagrskinna, Flateyjarbók), aber erst Mitte des 19. Jh. von P. A. MUNCH und C. R. UNGER unter dem gelehrten Titel »H.« zu einem Lied zusammengestellt wurden. Zumindest die planvoll komponierten Strophen 1–12 dürften von Haralds Hofdichter Þorbjörn hornklofi verfaßt worden sein, die weniger geschlossenen Strophen 13–23 sind nach neuerer Auffassung (v. SEE) ein Zusatz des 12. Jh. Die ältere Forschung hatte das H. als Einheit aufgefaßt. Das H. hat die Form eines Zwiegesprächs: Eine Walküre und ein Rabe unterhalten sich über die Taten Kg. Haralds; zusammen mit den →Hákonarmál und den →Eiríksmál gehört das H. – wegen der gleichzeitigen Verwendung skald. →Kenninge und eddischer Versmaße – zur Gruppe der sog. »eddischen Preislieder«. H. Ehrhardt

Ed.: F. JÓNSSON, Den norsk-islandske skjaldedigtning, 1908–15, I/A, 24ff.; B, 22ff. – *Übers.:* F. GENZMER, Die Edda 2 (Thule 2), 1963 – *Lit.:* Kindlers Lit.-Lex. III, 1466ff. [Lit.] – KL VI, 225f. – R. SIMEK–

H. Pálsson, Lex. der anord. Lit., 1987, 147f. [Lit.] – K. v. See, Stud. zum H. (Edda, Saga, Skaldendichtung, 1981), 295–310.

Harcla(y), Andrew de, engl. Adliger, † März 1323, Mitglied einer bedeutenden Familie aus der Gft. →Cumberland, die er 1312 im Parliament vertrat und deren *sheriff* er 1312–15 und 1319–22 war. Bei der Verteidigung N-Englands gegen die Schotten zwang H. diese 1315 zur Aufhebung der Belagerung v. Carlisle. Zum Dank für seinen Sieg über →Thomas v. Lancaster bei →Boroughbridge erhob Eduard II. H. zum Earl of →Carlisle. Bestürzt durch die Demütigung des Kg.s im schott. Feldzug dieses Jahres, knüpfte H. jedoch im Jan. 1323 eigenmächtige Friedensverhandlungen mit den Schotten an. Sein Verrat wurde aufgedeckt, H. hingerichtet.   J. R. Maddicott

Q.: Chronicon de Lanercost, ed. J. Stevenson, 1839 – *Lit.:* Peerage III, 31 – DNB VIII, 1201–1203 – N. Fryde, The Tyranny and Fall of Edward II, 1321–26, 1979, ch. 11 – G. W. S. Barrow, Robert Bruce, 1988³, ch. 13.

Harcourt, Herren v. (seit 1338 Gf.en), eine der größten Adelsfamilien der →Normandie, behauptete Abstammung von dem Normannen 'Bernhard dem Dänen', einem Gefolgsmann→Rollos im frühen 10. Jh. Erste Angehörige des Geschlechts, die sich nach H. (dép. Eure) i. d. Gft. →Évreux nannten, waren der Sohn eines Turchetil, Anchetil, und sein – hist. besser faßbarer – Sohn *Robert I.,* der um 1100 die Burg H. erbaute (∞ Colette v. Argouges). Seine Söhne waren *Wilhelm,* Herr v. H., und *Philipp* († 7. Febr. 1163), Bf. v. →Bayeux, der als Bauherr der Kathedrale und Wiedergewinner entfremdeten Kirchengutes hervortrat.

Von Wilhelm stammt der anglo-norm. Familienzweig der Herren v. Bosworth ab. Einer seiner Urgroßenkel, *Jean I.* (∞ Alix v. Beaumont), ist als Kreuzzugsteilnehmer unter Ludwig IX. (1248, 1265) belegt. Sein ältester Sohn *Jean II.* 'le Pieux' (* 1245, † 21. Dez. 1302; ∞ 1. Agnes v. Lothringen, 2. Jeanne, Vicomtesse v. Châtellerault) war einer der Helfer → Karls v. Anjou bei der Eroberung Siziliens und nahm als hoher frz. Militär (1285→*Maréchal,* 1295→*Amiral de France*) u. a. führend am Kreuzzug gegen →Aragón teil. Die anderen Söhne traten in die Geistlichkeit ein: *Robert* († 7. März 1315), seit 1291 Bf. v. →Coutances, in diplomat. Diensten Kg. Philipps IV. und Papst Clemens' V. (u. a. Teilnehmer am Konzil v. →Vienne, 1311); *Raoul* (†1307), Archidiakon v. →Rouen und Stifter der Pariser Collège d'Harcourt; *Guy* († 24. April 1336), seit 1303 Bf. v. →Lisieux, Stifter des Pariser Collège de Lisieux (1414 der Stiftung Guillaumes d'→Estouteville angegliedert).

Auch *Jean III.* (∞ Alix v. Brabant) stand im Dienst der frz. Kg.e. In der nächsten Generation verstrickten sich die H. in die anglo-frz. Konflikt. *Jean IV.* 'le Boiteux' (∞ Isabeau de l'Archevêque), der 1338 die Erhebung der Baronie H. zur Gft. erreichte, diente dem frz. Kg. in den Kriegen mit Flandern (1328 bei→Cassel) und England und fiel 1346 bei→Crécy. In derselben Schlacht kämpfte auf engl. Seite sein jüngerer Bruder *Godefroy* 'le Boiteux' (✗ 11. Nov. 1356 bei Brévands, Manche). *Jean V.* (∞ Blanche de Ponthieu, Gfn. v. →Aumale) stand wie sein Vater zunächst auf frz. Seite, geriet jedoch – wie andere Adlige in der durch die Umtriebe →Karls 'des Bösen' erschütterten Normandie – in Gegnerschaft zu Kg. Johann d. Guten und wurde am 5. April 1356 (sog. 'Banquet de Rouen') enthauptet.

Sein Sohn *Jean VI.* (∞ 14. Okt. 1359 Catherine de →Bourbon, Schwägerin Kg. Karls V.), ein hochrangiger Hofmann und Militär, hinterließ zehn Kinder († 29. Febr. 1388); seine jüngeren Brüder begründeten eigene Linien:

Philippe den Zweig der Bonnétable et Olonde (spätere Marquis de Beuvron), *Jacques* (∞ Jeanne v. Enghien, Witwe Johanns v. →Hennegau) die Seigneurs de Montgomery.

Die Hauptlinie wurde fortgesetzt durch *Jean VII.* (∞ Marie d' →Alençon), der als namhafter Ritter an der Belagerung v. →Harfleur und der Schlacht v. →Agincourt (dort gefangengenommen) teilnahm, und *Jean VIII.* (∞ Marguérite de Preullay), gefallen bei →Verneuil (1424); sein Sohn *Louis* († 14. Dez. 1479) trat in den geistl. Stand ein (Bf. v. Bayeux, Patriarch v. Jerusalem). Die Gft. ging daher über *Marie* († 1476), die Tochter Jeans VII., an die Familie ihres Gatten, Anton v. Lothringen, Gf.en v. →Vaudémont und Guise, über (Zweig H.-Lorraine).
     U. Mattejiet

Lit.: DBF XVII, 612–636 [T. de Morembert, M. Nortier; Lit.].

Hardegg, Burg und Stadt an der Thaya, Niederösterreich. Die Herrschaft H. ist kein »reichsunmittelbarer Überrest« der 1055 erwähnten »Böhm. Mark« (Lechner), sondern eine im Laufe des 12. Jh. »aus wilder Wurzel« erfolgte Gründung der salzburg. Gf.en v. Plain. 1140/50 nennen sich Gefolgsleute der Plainer nach H., seit 1187 die Gf.en selbst. Die Bezeichnung Gft. ist für H. erst ab 1294 nachweisbar, die Reichsunmittelbarkeit wurde erst gegen Ende des 15. Jh. erlangt. Die Macht der Gf.en stützte sich auf eine zahlreiche ritterl. Gefolgschaft in Orten der Umgebung; Hauptorte waren neben H. noch Pulkau und das zw. 1280/1305 gegr. Retz. Der Witwe des letzten Gf.en v. Plain-H. († 1260) folgten nach 1314 die verwandten Maidburger, die, stark verschuldet, 1392 die Option des österr. Hzg.s auf die freieigene Herrschaft zulassen mußten, in dessen Besitz sie 1481 endgültig überging. 1495 kam H. ohne Retz an die Prüschenk, die gleichzeitig zu Reichsgf.en von H. erhoben wurden.
     M. Weltin

Lit.: K. Lechner (Heimatbuch des Bezirkes Horn I, 1933), 246 ff., bes. 288–293 – K. Jekl, Die Entwicklung der Herrschaft H. (H. und seine Gesch., 1976), 34 ff. – M. Weltin, Böhm. Mark, Reichsgft. H. und die Gründung der Stadt Retz (Retzer Heimatbuch I, 1984²), 7 ff.

Hardeknut, Kg. v. →Dänemark ca. 1030–42, Kg. v. →England 1040–42, * ca. 1020, † 8. Juni 1042, ▭ Old Minster, Winchester; einziger Sohn →Knuts d. Gr. aus dessen Ehe mit →Emma. Die ca. 1030 einsetzende gemeinsame Münzprägung Knuts und H.s in Dänemark legt die Annahme nahe, daß H. seitdem als Mitkg. fungierte. Nach dem Tod des Vaters (1035) alleiniger Kg. in Dänemark, wurde H. von seiner Mutter, die →Wessex in seinem Namen regierte, zur Geltendmachung seines Anspruchs auf England gedrängt, doch setzte eine rivalisierende Gruppierung seinen Halbbruder→Harald Harefoot durch. H. konnte wegen der Bedrohung Dänemarks durch den norw. Kg. →Magnus nicht nach England ziehen. Erst nach Harald Harefoots Tod (17. März 1040) wurde er von engl. Großen aufgefordert, die Nachfolge zu übernehmen. Da H. offenbar Widerstand befürchtete, kam er mit einer Flotte von 62 Schiffen nach England. Die →Ags. Chronik schmäht H. als unwürdigen und wortbrüchigen Kg. 1041 rief er seinen Halbbruder →Eduard d. Bekenner aus der →Normandie herbei und designierte ihn zum Kg.
     P. H. Sawyer

Q. und Lit.: Encomium Emmae Reginae, ed. A. Campbell, CS 72, 1949 – B. Malmer, King Canute's Coinage in the Northern Countries, 1973 – P. H. Sawyer, Da Danmark blev Danmark, 1988, 272–283, 317f.

Harding (Hardyng), **John,** 1378–?1465, Höfling; Verfasser einer Verschronik zur Rechtfertigung engl. Thronansprüche auf →Schottland, in siebenzeiligen Chaucerstrophen mit Kg.sreim ababbcc, wenig anspruchsvoll in Diktion und Versduktus. Die quellennahe Lancaster-Fassung (um 1457) gibt einen Bericht der Landesgesch. bis 1437 (einziger Texterhalt im Lansdowne Ms. 204 in der British Library). Die überarbeitete und erweiterte York-Fassung (vor 1464) zeigt eine Anpassung an die in den →Rosenkriegen aussichtsreicheren Yorkisten (Harley Ms. 661 und 14 weitere Hss.). – Die Hauptquellen für H. waren lat. und/ oder engl. Versionen der »Brut-Chronik« sowie Norhams »Chronik«; Nebenquellen waren →Geoffrey v. Monmouth, →Chaucers »Troilus and Criseyde«, →Lydgates »Fall of Princes«, Elmham, →Capgrave, Streche, Davies. Die literar. traditionsprägende Festschreibung erfolgte in H.s kürzender wie ergänzender Harley-/York-Fassung auf der Grundlage von Richard Graftons Druck von 1543 (12537 Verse in 1791 Strophen: Proömium, Chronik [242 Kapitel], Reisebericht, Schottlandkarte). H.s klares, zügiges und dramatisierbares Chronikmanuskript war die Teilquelle für →Malorys »Le Morte Darthur« und (seit Graftons Zusatz) für Shakespeares Kg.sdramen. →Chronik, G. II, III.   H. Weinstock

Ed.: J. H., The Chronicle from the Firste Begynnyng of Englande, 2 Parts, 1543 [Faks.-Nachdr.: The English Experience, 805, 1976]–J.H., The Chronicle, ed. H. ELLIS, 1812 – *Lit.:* A. GRANSDEN, Hist. Writing in England, II, 1982, 274–287, 567f. – A. S. G. EDWARDS, H.'s Chronicle and Troilus and Criseyde, NQ 31, 1984, 156.

Häresie. [1] *Begriff und Allgemeines:* Das Wort H. (Abfall vom rechten chr. Glauben) geht auf Paulus zurück (1 Kor 11,19; Gal 5,20; Tit 3,10) und ist als begriffl. Definition wie als hist. Erscheinung in der Prägung, die ihm die Kirchenväter gaben, dem MA überkommen. Namentl. die gegen Manichäer, Pelagianer und Donatisten gerichteten Schriften Augustins und Hieronymus' bildeten den dogmat., die Ketzer-Kataloge Augustins und Isidors v. Sevilla den phänomenolog. Orientierungsrahmen. Die Beschreibung ma. Häretiker unter spätantiken Sekten-Namen mit Kategorien der antihäret. patrist. Polemik ist ein durchgehendes Charakteristikum der ma. Auseinandersetzung mit der H. Isidors Ketzer-Katalog fand Eingang ins kanon. Recht, Augustin und Hieronymus lieferten den Grundstock für die begriffl. Definitionen (Gratian, Dekret C.24 q.3 c.26–40). Danach galt als H. insbes. die eigensinnige Auslegung der Hl. Schrift in einem anderen als vom Hl. Geist inspirierten Sinne, und Häretiker war, wer solche Irrtümer hartnäckig verteidigte. Die kanonist. Tradition, namentl. Hostiensis (Komm. zu X 5.7.3 ad v. »Omnem haereticum«; Summa aurea zu X 5.7 [§ 1]), hat diesen Leitlinien die im MA gültige Ausprägung gegeben. In ihnen offenbart sich als das Grundproblem des Phänomens H. die Frage nach der Authentizität in der Auslegung der chr. Heilsbotschaft und damit ekklesiolog. die Frage, welche innerweltl. Instanz zur verbindl. Entscheidung über Glaubenswahrheiten befugt und insofern Organ der wahren Kirche sei. Die Antworten des MA reichten dabei von einem engen amtskirchl.-institutionellen Verständnis (Gregor VII., Dictatus papae 26: »Quod catholicus non habeatur, qui non concordat Romanae ecclesiae«) bis hin zu einem krassen personalen Individualismus (Wilhelm v. Ockham, Wyclif, Mystik). Definition der H. im MA und Umgang mit ihr waren daher einerseits abhängig von der sich beständig verändernden Gestalt der Kirche je nach der Idee, die man von ihr hatte, und der gesch. Wirklichkeit, die sie besaß; andererseits von Intensität und Differenziertheit der innerkirchl. Diskussion sowie der Tolerierungsbereitschaft gegenüber nonkonformist. Artikulationen. Unter diesen Voraussetzungen erwies sich das Spektrum ma. H. als ungemein breit und die Form ihrer Ausgren-

zung als kompromißlos hart. An der eng gezogenen Toleranzgrenze einer Kirche, in der Glaube zum Gehorsam wurde (Y. CONGAR), stießen sich naturgemäß um so mehr Menschen, je eigenständiger die theol. Diskussion und je inbrünstiger die Suche nach neuen Frömmigkeitsformen verliefen. Bei einer anstatt. organisierten Kirche als integralem Bestandteil der gesellschaftl. polit. Ordnung artikulierten sich zudem polit. Gegensätze religiös, so wie religiöse Spannungen einen polit. Akzent erhielten, wurden dogmat. fundierte Auseinandersetzungen unter brutalem Einsatz von Militär und Justiz entschieden und wurde umgekehrt gegen polit. Gegner der H.vorwurf zum Kampfmittel. In einer Gesellschaft, in der Religion Konvention war, wurde Glaubensabweichung zum Sakrileg. Damit wurde nicht nur die Verfolgung des H.delikts als Majestätsverbrechen juristisch begründet (Innozenz III., »Vergentis«, X 5.7.10), sondern diese Vorstellung prägte das Bild des Häretikers als metaphys. Größe: Das MA empfand den Ketzer nicht als Dissidenten, sondern als Vertreter der Welt Satans, den es zu vernichten galt.

[2] *Geschichte:* Als Teil der Entwicklung allgemeiner religiöser Bewegung und theol. philos. Denkprozesse sind die ma. H.n Indikator einer allgemein-gesellschaftl. Denk- und Verhaltensweise und H. folgl. nicht als in Zeit und Raum isolierte Geschichten von Sekten und Sonderlingen mißzuverstehen; auch die Minderheiten-Problematik wird dem H.-Aspekt nur bedingt gerecht. Der folgende Überblick über die Erscheinungsformen der ma. H. beschränkt sich aus Konvenienz-Gründen dennoch auf die traditionell als von der Groß-Kirche unterschieden angesehenen einzelnen 'Häretiker' oder 'Sekten'. Man muß jedoch den sehr viel weiteren Horizont des ma. H.-Begriffs (angewandt auf Ks. wie Friedrich II. und Ludwig d. Bayern, auf Päpste wie Bonifatius VIII. und Johannes XXII., auf philosophierende Theologen wie →Abaelard, →Gilbert de la Porrée und die Averroisten sowie auf →Eckhart, →Wilhelm v. Ockham, →Marsilius v. Padua und →Wyclif, und auf die geschichtstheol. Werke eines →Joachim v. Fiore und Petrus Johannis →Olivi) vor Augen haben, will man die im folgenden skizzierten Erscheinungsformen ma. H. zutreffend einordnen.

Sieht man von errat. Erscheinungen wie →Clemens und Aldebert in der Zeit des Bonifatius und der gelehrten H. des →Adoptianismus in der Zeit Karls d. Gr. ab, die ebensosehr vom spirituellen wie organisator. Aufschwung der frk. Kirche zeugen wie ihr Verschwinden ein Abflachen reformer. Elans anzeigen, so setzen ma. H.n als nahezu beständige Begleiterscheinungen abendländ. religiöser Bewegung und Denkanstrengung exakt mit der Jahrtausendwende ein.

a) *11. Jh.:* Die erste Phase, begrenzt auf die erste Hälfte des 11. Jh., hat noch Vorspiel-Charakter mit nur wenigen weit verstreuten und untereinander nicht verbundenen Fällen, die jedoch nach Spiritualität und sozialem Spektrum das Grundmuster der im 11.Jh. einsetzenden Kirchenreform verraten: geisterleuchtetes Schriftverständnis, evangeliengetreue Lebensweise nach Christus- und Apostelvorbild und dem Beispiel der Urkirche, Beteiligung von Laien und Klerikern aller Schichten in engem Miteinander. Das erste Beispiel ist der Bauer →Leutard aus Vertus in der Champagne (1000), gefolgt von hohen Klerikern und Laien in →Orléans (1022), Leuten aus dem städt. Erwerbsmilieu in Arras (1025) und einem Kreis vornehmer Laien um die Gfn. der Burg →Monteforte bei Turin (1028); den Beschluß bilden Ketzer aus Lothringen, die Ks. Heinrich III. 1050 in Goslar hängen ließ. Danach werden fast ein Jh. lang das Wort H. und seine Äquivalente (wie z. B. 'Arianer', 'Simonisten', 'Nikolaiten') zu Kampfbegriffen im kirchenpolit. Streit und ändern damit ihren herkömml. Charakter, und das spirituelle Potential der frühen Ketzer geht in der sog. →Gregorianischen Reform auf. Sobald sich die Wege zw. erneuerter Amtskirche und religiöser Bewegung in der 1. Hälfte des 12. Jh. trennen, gibt es auch wieder Ketzer im traditionellen Sinne.

b) *12./13. Jh.:* Die zweite Phase der Gesch. ma. H. wird eingeleitet durch noch immer eng der Kirchenreform verbundene evangelisierende Wanderprediger bisweilen bizarren Zuschnitts von der Art der Kleriker →Tanchelm v. Antwerpen, →Petrus v. Bruis, →Heinrich v. Lausanne oder des bret. Adligen →Eudo/Eon v. Stella, aber auch des volkstribunhaften Predigers und Abaelard-Schülers →Arnold v. Brescia. Beherrscht wird diese zweite, bis etwa zum Ende des 13. Jh. reichende Phase jedoch von den beiden Groß-Sekten der →Katharer und der →Waldenser. In ihnen erhält das ma. Ketzerphänomen erstmals den Charakter einer Massenbewegung, erstmals kommt es auch über die kurzlebige Gruppierung um charismat. Führer hinaus zur Bildung sonderkirchl. Gemeinschaften von Dauer. Die Katharer (von denen sich das dt. Wort 'Ketzer' herleitet; andere Namen sind →Albigenser [Frankreich] und →Patarener [Italien]) begegnen zuerst 1143 in Köln, breiten sich dann rasch in Südfrankreich und Oberitalien aus und vermögen sich schon in den 1170er Jahren als regelrechte Kirche mit Diözesangliederung und quasi klerikaler Spitze zu organisieren. Um der Katharer Herr zu werden, entwickelte die Kirche die für die spätma. Ketzerbekämpfung typ. Gegenmittel: Im Albigenserkrieg (1209–29) das Instrument des Ketzerkreuzzugs, in der päpstl. autorisierten Ketzer-Inquisition seit 1232 das Glaubensgericht, dessen Verdammungsurteile, abgestützt durch die kirchl. sanktionierten Ketzergesetze Ks. Friedrichs II. von 1220, vom 'weltlichen Arm' automat. in Todesurteile umgewandelt und vollstreckt wurden (seit 1224 durchweg Verbrennung). Seit der Mitte des 13. Jh. verlieren sich langsam die Spuren des mit Feuer und Schwert ausgerotteten Katharismus (letzte [postume] Katharerverbrennung 1412 in Chieri bei Turin). Das Verschwinden der Sekte war indessen auch eine Folge geistiger Anstrengungen kirchentreuer Kreise. Namentl. die speziell zur Ketzerbekämpfung begründeten →Dominikaner sowie die →Franziskaner zeigten sich in der polem. Diskussion mittels ihrer scholast. Denkmethodik dem Mythen-Gebäude der kathar. Glaubenslehre als weit überlegen; durch Predigt, Seelsorge und v. a. durch das Vorbild der eigenen Lebensweise nahmen sie darüber hinaus den Katharern bei ihren potentiellen Anhängern den Wind aus den Segeln (später wurden dann auch die päpstl. Inquisitoren mit Vorliebe aus ihren Reihen gewählt). Zuvor schon hatten die Waldenser in ähnl. Weise zu wirken gesucht. Begründet um 1173 durch den Lyoneser Kaufmann Valdes, vereinte die sich vornehml. aus Laienkreisen um ihren Stifter scharende Bewegung die apostol. Ideale der Armut und der Evangelisierung mittels Predigt, wurde jedoch durch Rebellion gegen den Entzug der Predigterlaubnis an die missionierenden Laien (u. a. auch Frauen) zur klandestinen Sekten-Existenz gezwungen. Trotz wiederholter mörder. Verfolgungen der als Organisation wandernder Prediger mit ortsfesten Gläubigen-Gemeinden locker strukturierten Gemeinschaft haben die Waldenser jedoch als einzige ma. Sekte die Zeiten überdauert (seit 1532/33 protestant. Gliedkirche). Von einer Reihe kleinerer und kleinster häret. Gruppen ist oft nicht mehr als der Name bekannt: →Passagier, →Ortlie-

ber, Siegfrieder, Josefisten usw. Bekannter sind die →Amalrikaner, Anhänger des in Paris wirkenden Philosophen →Amalrich v. Bena, die man als Pantheisten verfolgte. Mit ihnen in Verbindung gebracht wird die letzte größere H. im eigtl. Sinne: die sog. H. vom Freien Geist. Beheimatet vornehml. im Begarden- und Beginen-Milieu, ist sie ein Kunstprodukt der Ketzer-Inquisition, die in der Erkenntnis, daß 'freier Geist' (libertas spiritus) vornehml. Freiheit von amtskirchl. Zwängen bedeutete, die von ihr als freigeistig Verfolgten auf Selbstvergottung und Libidinismus festzulegen suchte. In Wirklichkeit handelt es sich dabei um Formen myst. Frömmigkeit und Spekulation, wie sie ihre grandiose Ausprägung im Werke des h. verdächtigen →Eckhart und im verketzerten »Miroir des simples ames« der 1310 in Paris verbrannten Begine Marguerite →Porete gefunden hat. Ohne erkennbaren Sekten-Zusammenhang sind 'Freigeister' von ca. 1270 (Schwäbisches Ries) bis 1458 (Henne Becker, Mainz) verfolgt worden, mit Schwerpunkten in Straßburg, Köln, Thüringen, Böhmen und Schlesien (Schweidnitz), aber auch in Italien.

c) *Spätes 13. Jh. bis zur Reformation:* Die dritte Phase der Geschiche ma. H. ist gekennzeichnet durch das Verschwinden oder das allmähl. Absinken in die Bedeutungslosigkeit der die H.-Szene des hohen MA beherrschenden Groß-Sekten der Katharer und Waldenser sowie der ihnen verwandten Erscheinungen, wie etwa der sog. thür. Kryptoflagellanten (zuletzt 1454 Gegenstand der Verfolgung) oder der sog. →Apostoliker um Gherardo Segarelli und Fra →Dolcino. Das sich in all diesen Sekten artikulierende Potential an Frömmigkeit, Kirchenkritik und ekklesiolog. Reformwillen mündet etwa seit 1300 in entsprechende innerkirchl. Strömungen ein (Kampf der →Franziskaner-Spiritualen um den sog. Usus pauper; Kampf Ludwigs d. Bayern und seiner verketzerten Mitstreiter [v. a. →Marsilius v. Padua und →Wilhelm v. Ockham] um den Ort des Papsttums und der weltl. Gewalt in einer wesensmäßig neu bestimmten Kirche; von →Wyclif entworfenes und von →Hus und seinen Gefährten in gesch. Wirklichkeit umgesetztes Konzept einer materiell armen und als Institution nicht heilskonstitutiven Kirche, die in mehrere voneinander unabhängige Landeskirchen ohne gemeinsames Oberhaupt organisiert sein konnte). Wo die ma. Kirche an ihren inneren Spannungen zu zerbrechen begann, hört der H.-Begriff auf, deutl. außerhalb der Kirche stehende oder gedrängte Gruppen und Strömungen zu bezeichnen. Das Wort H. ist am Ausgang des MA ein bloßer innerkirchl. Kampfbegriff. Einen Sonderweg geht Spanien, wo seit dem 14. Jh. die unter dem Druck christl. Gewaltmission massenhaft zwangskonvertierten Juden und Mauren in den Verdacht des Scheinchristentums gerieten und ihre gnadenlose Verfolgung seit 1481 (Thomas de Torquemada) zur Einrichtung der Generalinquisition führte.　　　　　A. Patschovsky

S. a. →Ostkirche (Sekten).

Bibliogr.: Z. KULCSÁR, Eretnekmozgalmak a XI–XIV. szádban [Les mouvements hérétiques aux XI–XIV s.], 1964 – H. GRUNDMANN, Bibliogr. zur Ketzergesch. des MA (1900–1966), Sussidi eruditi 20, 1967 – C. T. BERKHOUT – J. B. RUSSELL, Medieval Heresies. A Bibliogr. 1960–1979, Subsidia Mediaev. 11, 1981 – A. A. HUGON – G. GONNET, Bibliogr. valdese, 1953 – E. VAN DER VEKENE, Bibl. bibliogr. historiae sanctae inquisitionis, 2 Bde, 1982² – *Lit. [in Auswahl]:* H. GRUNDMANN, Religiöse Bewegungen im MA, 1935, 1961² – DERS., Ketzergesch. des MA (Die Kirche in ihrer Gesch., hg. K. D. SCHMIDT – E. WOLF, 1963 u. ö.) – R. MORGHEN, Medioevo cristiano, 1951 [1965⁴] – R. MANSELLI, Spirituali e beghini in Provenza, 1959 – K.-V. SELGE, Die ersten Waldenser, 2 Bde, 1967 – Hérésies et soc. dans l'Europe préindustrielle, 11ᵉ–18ᵉ s., Civilisations et Soc. 10, 1968 – M. ERBSTÖSSER, Sozialrelig.

Strömungen im späten MA, 1970 – E. Lerner, The Heresy of the Free Spirit in the Later MA, 1972 – F. Graus, Ketzerbewegungen und soziale Unruhen im 14.Jh., ZHF 1, 1974, 3–21 – W. L. Wakefield, Heresy, Crusade and Inquisition in Southern France, 1100–1250, 1974 – D. Kurze, Q. zur Ketzergesch. Brandenburgs und Pommerns, 1975 – E. Le Roy Ladurie, Montaillou …, 1975 – R. Orioli, L'eresia dolciniana, Studi storici 93–96, 1975 – A. Patschovsky, Die Anfänge einer ständigen Inquisition in Böhmen, 1975 – The Concept of Heresy in the MA (11th–13th C.), Mediev. Lovanensia I,4, 1976 – H. Grundmann, Ausgewählte Aufsätze 1, 1976 – M. Lambert, Medieval Heresy …, 1977 [dt. 1981] – G. G. Merlo, Eretici e inquisitori nella società piemontese del Trecento, 1977 – R. I. Moore, The Origins of European Dissent, 1977 – O. Hageneder, Die H. des Ungehorsams und das Entstehen des hierokrat. Papsttums, RHMitt 20, 1978, 29–47 – R. Kieckhefer, Repression of Heresy in Medieval Germany, 1979 – D. Kurze, H. und Minderheit im MA, HZ 229, 1979, 529–573 – A. Patschovsky, Q. zur böhm. Inquisition im 14.Jh., 1979 – R. Manselli, L'eresia del male, 1980² …, Pariser hist. Stud. 19, 1982 – R. Manselli, Il sec. XII: Religione popolare ed eresia, 1983 – R. E. Lerner, Les communautés hérétiques (1150–1500), Le MA et la Bible, ed. P. Riché-G. Lobrichon, 1984, 597–614 – P. Segl, Ketzer in Österreich, 1984 – E. Werner – M. Erbstösser, Ketzer und Hl., 1986 – A. Patschovsky, Was sind Ketzer? … (»… eine finstere und fast unglaubliche Geschichte«? …, hg. M. Kerner, 1987), 169–190 – A. Borst, Barbaren. Ketzer und Artisten. Welten des MA, 1988 (hier 199–231; 232–243) – A. Patschovsky, Freiheit der Ketzer, GWU 39, 1988, 1–16 – s. a. Lit. zu →Katharer, →Waldenser und zu oben gen. Einzelstichworten.

Harfe → Musikinstrumente

Harfleur, Stadt in der →Normandie (dép. Seine-Maritime, arr. Montivilliers), am rechten Ufer der Seinemündung, war wegen ihres geschützten und tiefen →Hafens seit dem 12. Jh. ein wichtiger Umschlagplatz, bedingt durch das nahe Tuchgewerbe im Bereich der Frauenabtei →Montivilliers, der auch H. unterstand, bis Kg. Philipp III. (1270–85) die Stadt erwarb. H. war Importhafen der Kastilier und Portugiesen (Privilegienverleihung durch Philipp VI.). Als befestigter Kriegshafen stand H. mit dem →Clos des Galées zu Rouen in Verbindung und war Flottenstützpunkt Jeans de →Vienne. Nur mit großem militär. Aufwand konnte das stark befestigte H. 1415 von Heinrich V. v. England eingenommen und 1450 von Karl VII. v. Frankreich zurückerobert werden. Heinrich V. plante, H. – wie →Calais – zum engl. Brückenkopf auszubauen, ließ die (vielleicht 8000) Einw. vertreiben und an ihrer Stelle Engländer ansiedeln. Aufgrund der trotz der Rettungsmaßnahmen Ludwigs XI. fortschreitenden Versandung war H.s Rolle im späten 15.Jh. ausgespielt; Le Havre, 5 km flußaufwärts, trat 1517 an seine Stelle.

M. Mollat

Lit.: F. Blanchet, H. du début de la Guerre de Cent Ans à la fondation du Havre (Thèse Éc. nat. des Chartes, 1929) – M. Hérubel, Les origines des ports de la Seine Maritime, 1930 – M. Mollat, Le commerce maritime normand à la fin du MA, 1952 – Hist. du Havre et de l'estuaire de la Seine, hg. A. Corvisier, 1983 – Ch. de Beaurepaire-J. Laporte, Dict. topograph. du dép. de Seine-Maritime II, 1984.

Ḫāriǧiten, älteste religiöse Sekte im →Islam. Starke schismat. Tendenzen traten nach der Ermordung des →Kalifen →ʿUṯmān (656) und in den nachfolgenden Kämpfen zw. →ʿAlī ibn Abī Ṭālib (→Šīʿa) und dem →Omayyaden Muʿāwiya auf. Im Zuge dieser religiöspolit. Auseinandersetzungen scheint der Begriff 'Ḫ.' (der arab. Name weist auf einen 'Auszug' aus der Gemeinde hin) für eine heterodoxe Strömung aufgekommen zu sein, die sich vehement gegen die beiden herrschenden Richtungen des Islams wandte. Als fanat., militär. straff organisierte Gruppen entfachten Ḫ. in der Omayyadenzeit in mehreren Provinzen des islam. Ostens heftige Aufstände;

zu ihren (nicht einheitl.) religiösen Vorstellungen →Islam.

Lit.: EI² IV, 1074–1077.

Hariulf v. St-Riquier (H. v. Oudenburg), nordfrz. lat. Chronist, * um 1060, † 19. April 1143, Mönch in →St-Riquier, seit 1105 Abt. v. →Oudenburg. Sein »Chronicon Centulense« umfaßt die Gesch. von St-Riquier von den Anfängen (7. Jh.) bis 1088, wobei er die Hl.en in der Abtei und bes. den großen Kirchenbau des Abtes →Angilbert rühmt. In Oudenburg schrieb er 1113 die Vita der hl. Madelgisile (Manguille, 7.Jh.), 1114–21 (wohl auf der Grundlage der älteren Vita von Lisiard) die Vita des hl. Arnulf (Arnoud), des Bf.s v. Soissons und Neugründers von Oudenburg (1086). 1141 beschrieb H. seine Gesandtschaft nach Rom, auf der er die Rechte Oudenburgs gegen St-Médard de→Soissons verteidigt hatte.   P. Bourgain

Ed.: MPL 174, 1213–1554 – Chronicon Cent.: F. Lot, 1894 (Coll. textes hist. 17) – Gesandtschaftsbericht: E. Müller, NA 48, 1929–30, 97–115 – *Lit.:* Manitius III, 541–546 – Repfont V, 382f. – Index script. op. lat. belgicorum III, 1, 104 – F. Lot, Nouvelles recherches sur le texte de la chronique de l'abbaye de St-Riquier, BEC 72, 1911, 245–270 – T. Evergates, Historiography and Sociology in Early Feudal Society, Viator 6, 1975, 35–49 – P. A. Sigal, Hist. et historiographie: les miracula aux XIᵉ et XIIᵉ s., Annales de Bretagne 87, 1980, 237–257.

Harlech, neben →Caernarfon die bedeutendste der acht steinernen Burgen, die der engl. Kg. →Eduard I. zum Zweck der Unterwerfung und Befriedung des Fsm.s Wales seit 1277 errichten ließ. Zw. 1283 und 1289 unter der Leitung des Savoyarden Master James of St. George von bis zu 950 Arbeitern erbaut, werden die Baukosten auf rund 9500 £ geschätzt. Der Kalkstein für den Bau wurde per Schiff aus Anglesey und Caernarfon beschafft. Während des walis. Nationalaufstandes unter →Owain Glyn Dŵr war H. zw. 1403 und 1409 in den Händen der Waliser. Überreste der Burg sind erhalten.   M. Richter

Lit.: J. G. Edwards, Edward I's Castle-building in Wales, Proc. Brit. Acad. 32, 1946, 15–81 – H. M. Colvin, The Hist. of the King's Works I, 1963, 357–365 – M. Prestwich, Edward I, 1988, passim.

Harley Lyrics, wichtigste me. Lyrikslg. vor dem 15. Jh., überliefert in der Hs. London, B.L. Harley 2253, die aufgrund paläograph. und inhaltl. Kriterien ca. 1340–50 datiert wird und in Herefordshire entstand, entweder in Hereford selbst oder in Ludlow. Die me. Gedichte sind sprachl. und inhaltl. Gesichtspunkten zufolge teils ins 13., teils ins 14. Jh. zu datieren und stammen aus allen Teilen Englands. Außer me. Texten in Vers und Prosa enthält die Hs. auch lat. und anglofrz. religiöse wie weltl. Dichtung und Prosa. Von den 43 me. Gedichten – zwei davon makkaron. – gehört mehr als die Hälfte zur weltl. →Lyrik. Innerhalb dieser Gruppe ist die Liebeslyrik am stärksten vertreten, die Einflüsse der frz. und prov. Lyrik zeigt; auch frz. Gattungen wie →Pastourelle oder →Reverdie werden übernommen. Weiter enthält die Hs. eine Reihe polit. Gedichte, die frühesten Beispiele dieses Genres in England. Themen der religiösen Lyrik sind u. a. Vergänglichkeitsklage, Passion Christi, Preis Marias (→Mariendichtung). Religiöse wie weltl. Dichtungen verwenden eine große Vielfalt z. T. kunstvoller Vers- und Strophenformen; →Alliteration ist neben dem Endreim häufig wichtigstes Stilmittel, z. B. zur Zeilen- und Strophenbindung. Alle Gedichte sind anonym überliefert; Versuche, mehrere Titel einem Verfasser zuzuschreiben, sind nicht allg. akzeptiert.   M. Gretsch

Bibliogr.: Manual ME 5, XIII, 1975, 1650–1654 – NCBEL I, 697–709 – *Ed.:* K. Böddeker, Ae. Dichtungen des MS Harley 2253, 1878 – N.R. Ker, Facs. of British Museum MS Harley 2253, EETS 255, 1965 – G.L. Brook, The H.L., 1968⁴ – E. Danninger, Sieben polit. Gedichte der

Hs. B.L. Harley 2253, 1980 – *Übers.:* W. ARENS-R. SCHÖWERLING, Me. Lyrik, 1980 – *Lit.:* T. STEMMLER, Die engl. Liebesgedichte des MS Harley 2253 [Diss. Bonn 1962] – D. GRAY, Themes and Images in the Medieval English Religious Lyric, 1972 – E. MEYER-RAVEN, Die me. religiöse Lyrik des MS Harley 2253 [Diss. Regensburg 1972] – M.L. SAMUELS, The Dialect of the Scribe of the H.L., Poetica (Tokyo) 19, 1984, 39–47 – M. GRETSCH, The Fair Maid of Ribblesdale, Anglia 105, 1987, 285–341.

Harmonia (gr. ἁρμονία, Fügung, Gefüge, Übereinstimmung [von nicht übereinstimmenden oder gegensätzl. Teilen], Ebenmaß, [richtiges] Verhältnis, [Zahlen] Proportion). Als Lehnwort ins Lat. übernommen, wird es in realer wie übertragener Bedeutung zuweilen durch musica übersetzt, wie z. B. in der bis zur NZ prägenden Dreiteilung des →Boethius zur Erfassung des zahlhaft geordneten Kosmos: musica mundana, die Verhältnismäßigkeit des Weltalls und der Welt, die Sphärenharmonie; musica humana, die Harmonie von Leib und Seele des Menschen; und musica instrumentalis als die mittels dingl. und menschl. Tonwerkzeuge erklingende, zahlhaft geordnete Musik. Seit der Antike bis ins ausgehende MA von Philosophen und Theoretikern in musikal. Bezug auf nacheinander oder zugleich erklingende Töne in verschiedener Bedeutung gebraucht, wird das Wort H. zunehmend bis zur Ausschließlichkeit als mehrstimmiges Phänomen begriffen: synonym für musica überhaupt; für das gr. Tonsystem systema teleion; für diapason (= Oktavstruktur); für tropus oder modus (Tonart); für genus (Tongeschlecht); für melodia, melos, modulatio (Melodie, melod. Linie); für intervallum (Tonabstand); für consonantia und symphonia (melod., sukzessive Konsonanz innerhalb einer Stimme) und für concordantia (simultane Konsonanz zw. zwei und mehr Stimmen). Zuerst in der →»Musica enchiriadis« (9. Jh.) wird H. auch für Mehrstimmigkeit verwendet, ohne begriffl. Spezialisierung, die sich bald durchsetzt. Bei →Walter Odington (um 1300) noch eine Zusammenschau in der Teilung zw. h. simplex für den gregor. →Choral und h. multiplex für das →Organum. Als Sonderdefinition, ohne terminolog. Nachwirkung, bei seinem Zeitgenossen →Jacobus v. Lüttich h. a natura remota = ein- oder mehrstimmiger Volksgesang; h. naturalis = einstimmiger liturg. Gesang; und h. planissima = mehrstimmige Kirchenmusik. In der Folge verengt sich der musiktheoret. Begriff H. zu Akkord oder Zusammenklang überhaupt (Harmonielehre als Lehre von Zusammensetzung und Aufeinanderfolge von Zusammenklängen).   H. Leuchtmann

Lit.: MGG – RIEMANN – NEW GROVE, s. v.

Harmonische Hand → Guido v. Arezzo

Harmsól (anord. 'Sorgensonne'), eine in Form eines prunkvollen skald. Preisliedes (→Drápa) von den isländ. Augustinermönch Gamli ('der Alte') Ende des 12. Jh. in cluniazens. Geist verfaßtes Bußgedicht von 65 Strophen. Nach einem persönl. Sündenbekenntnis folgen die Hauptstationen des Heilsgeschehens – Christi Geburt, Passion, Auferstehung, Jüngstes Gericht, Himmel und Hölle –, es schließen sich Beispiele göttl. Gnade an (David, Petrus, Maria Magdalena) sowie ein Marienpreis, Memento mori und Ermahnungen zur Buße. H. ist das erste anord. Gedicht mit einem umfassenden Katalog christolog. Themen. Der einfache skald. Stil Gamlis zeigt – trotz Verwendung heidn. Namen und Umschreibungen – Einflüsse aus der Predigt- und Homilienliteratur.   H. Ehrhardt

Ed.: F. JÓNSSON, Den norsk-islandske Skjaldedigtning, 1908–15, I/A, B – *Übers.:* W. LANGE, Chr. Skaldendichtung, 1958 – *Lit.:* Kindlers Lit.-Lex. III, 1482f. [Lit.] – KL VI, 230f. – R. SIMEK-H. PÁLSSON, Lex. der anord. Lit., 1987, 149 [Lit.] – W. LANGE, Stud. zur chr. Dichtung der Nordgermanen, 1958.

Harn, -schau, -traktate. Die bereits von →Hippokrates ('Epidemien') als diagnost. Methode auf der Grundlage der →Humoralpathologie (deren Systematik →Galen weiter ausformt) verwendete H.schau setzte sich gegenüber dem konkurrierenden Pulsgreifen (→Pulstraktate) im FrühMA als führendes diagnost. Verfahren durch.

Die diagnost. Kompetenz des H.s erstreckt sich von der H.bildung her direkt auf die »Zweite Verdauung« (Leber) und über diese hinaus auch auf die »prima digestio« des Magens sowie auf die h.ableitenden Organe. Die im 12. Jh. entwickelte H.regionenlehre ermutigte schließlich h.schauende Ärzte, im H.glas die Topographie des menschl. Leibes abgebildet zu sehen. Bei der H.schau wurde das einen halben Liter fassende, im Abendland bauchige, in Byzanz reagenzglasförmige H.glas (matula), bei dem fünf Regionen unterschieden wurden, vor hellem Hintergrund hochgehoben und dabei Farben, Schwemmteilchen, Bodensatz, Konsistenz, Geruch und Geschmack des Nüchternh.s sowie seit dem 12. Jh. in zunehmendem Maße auch die regionale Verteilung beurteilt.

H.traktate finden sich seit dem FrühMA, im W zunächst schlichte Reihungen von H.regeln (»Ps.galen. H.lehre«, »H.regeln-Katalog«, »Ps.-Alexandros«), im byz. O erste Systematisierungen (H.schriften des Stephanos bzw. des Magnus v. Emesa), die im »Perī oūron biblion« des Theophilos Protospatharios (9. Jh.) richtungweisende Ausformung erfuhren und unter w. Einfluß Anfang des 14. Jh. durch Joannes Aktuarios perfektioniert sowie ins humoralpatholog. Konzept eingebunden wurden. Für das Abendland, das im 7./8. Jh. aus H.schriften erste Hämatoskopietraktate herauszuzweigen begann, ergaben sich wesentl. Anregungen durch die aus dem Griech. bzw. Arab. (→Constantinus Africanus) übers. Traktate des Theophilos sowie →Isaak Judaeus. Der Höhepunkt der urognost. Praxis wurde mit der H.regionenlehre des →Maurus v. Salerno erreicht. Bes. erfolgreich unter den urognost. Texten des 12. Jh. waren der »Kurze H.traktat« (des Maurus? [vom →»Bartholomäus«-Verfasser volkssprachig zugängl. gemacht, gedr. im →»Gart der Gesundheit«]) und das »Carmen de urinis« des →Aegidius Corboliensis (vielfach kommentierte akadem. Pflichtlektüre), das über die »Vlaamsche leringe van orinen« gleichfalls Eingang in die »Gart«-Überlieferung fand; seine Bearbeitung durch →Ortolf v. Baierland war weitverbreitet. Häufig ins ärztl. Vademecum des SpätMA aufgenommen, sind die H.regeln organisationsbestimmendes Gliederungsprinzip im med. Lehrbuch des →Gualtherus Agulinus.

Mit den H.farben befassen sich med. Demonstrationszeichnungen des SpätMA (farbl. abgestufte H.gläser; »H.glasscheiben«). »H.glasschauende Ärzte« illustrieren den »Kurzen H.traktat« des »Bartholomäus« im Heidelberger cpg 644. Die Tradition eines med. Genrebildes, das den »uroskopierenden Arzt« (bzw. Apotheker) zeigt und im weitverbreiteten »Iatromathematischen Arzneibuch« (d. h. im fälschl. sog. »Volkskalender A«) begegnet, läßt sich ins 13. Jh. zurückverfolgen. Häufig dargestellt ist das H.glas als Attribut des Arztes (→Kosmas und Damian).

Therapeut. fand der H. in der Traumatologie Verwendung, wurde als Salbengrundlage und als Vehikel eines Augenwassers gebraucht und mehrfach innerl. verordnet. Bei der Thanatognostik sowie in der Schwangerschaftsdiagnostik (z. B. Geschlechtsvorhersage) wurden H.proben eingesetzt. Militär. wurde der H. zur Brunnen-»Vergiftung« in belagerte Plätze geschossen. Beim Färben von Leinen und anderen Garnen benutzte man ausgefaulten, ammoniakal. H. zur Vorbeize bzw. als Zusatz zur Farb-flotte (H. beize; →Beizmittel, →Farbe). Alkal. reagieren-der ausgefaulter H. diente ferner v. a. in der Romania zum Wäschereinigen.   G. Keil

Lit.: H. CHRISTOFFEL, Grundzüge der Uroskopie, Gesnerus 10, 1953, 89–122 – E. [E.] PLOSS, Die Färberei in der germ. Hauswirtschaft, ZfdPh 75, 1956, 1–22 – DERS., Rotfärbungen im alten Nürnberg, BASF 6, 1956, 227–232 – H. M. KOELBING, Der Urin im med. Denken, I–VII, 1967 – G. KEIL, Der 'Kurze H. traktat' des Breslauer 'Cod. Salernitanus' und seine Sippe [Diss. Bonn 1969] – DERS., Die urognost. Praxis in vor- und frühsalernitan. Zeit [Habil.schr. Freiburg i. Br. 1970] – K. DIMITRIADIS, Byz. Uroskopie [Diss. Bonn 1971] – M. STOFFREGEN, Eine frühma. lat. Übers. des byz. Puls- und Urintraktats des Alexandros [Diss. Berlin 1976] – G. BAADER–G. KEIL, Ma. Dia-gnostik (Fschr. H. GOERKE, hg. CH. HABRICH u. a., 1978), 121–144 – O. RIHA–W. FISCHER, H. diagnostik bei Isaak Judäus, Gilles de Corbeil und Ortolf v. Baierland, SudArch 72, 1988, 212–224.

Harnisch, abgeleitet von frz. *harnais,* der hauptsächl. die Ausstattung des Pferdes, aber auch die Gesamtausrüstung von Mann und Roß bezeichnete. Im letztgen. Sinne bereits bei →Wolfram v. Eschenbach um 1200. Die Bezeichnung H. ging im SpätMA auf den →Plattenharnisch über.
     O. Gamber

Lit.: SAN MARTE, Zur Waffenkunde des älteren dt. MA, 1867.

Harnischgarnitur, offenbar auf Wunsch Maximilians I. um 1490 vom Augsburger Plattner Lorenz→Helmschmid geschaffenes Ensemble aus zahlreichen Harnischteilen, die nicht nur die Zusammenstellung verschiedener (natio-naler) Arten des Feldharnisches, sondern auch mehrerer Arten des Turnierharnisches ermöglichten. Die hierfür erforderlichen Wechsel- und Verstärkungsstücke hießen *doppelstukh.* Allgemeine Aufnahme und größte Blüte er-lebte die H. erst im 2. Drittel des 16. Jh.   O. Gamber

Lit.: O. GAMBER, Der Turnierharnisch zur Zeit Kg. Maximilians I., JKS 52, 1957.

Harnischhaube (mhd. *gupfe,* von frz. *coife*), im 13. Jh. übliche, gepolsterte Haarhaube mit Kinnbinde als dämp-fende Unterlage unter Ringelkapuze und →Helm. Eine selbst mit Ringelgeflecht bedeckte Variante könnte mit *wâpelin* gemeint sein. Die *bâtwat* war eine über der Kapuze sitzende Haube mit ringförmigem Stirnwulst. Noch im SpätMA trug man die H., zum Feldhelm in Form einer kleinen Kappe oder Turbankappe, zum Stechhelm in Gestalt einer wattierten Schneehaube.   O. Gamber

Lit.: SAN MARTE, Zur Waffenkunde des älteren dt. MA, 1867 – QUIRIN V. LEITNER, Der Freydal des Ks.s Maximilian I., 1880–82.

Harnischkragen, Teil des →Plattenharnisches, beste-hend aus je einer kleinen Brust- und Rückenplatte mit bewegl. angefügten Halsreifen. In Deutschland schon in der 1. Hälfte des 15. Jh. entstanden, wurde er um 1450/60 gebräuchlicher, setzte sich aber erst um 1490 endgültig durch. Beim it. Quattrocentoharnisch war kein H. vorge-sehen.   O. Gamber

Lit.: O. GAMBER, Harnischstud. VI, JKS 51, 1955.

Harnischrock. Seit dem endgültigen Verschwinden des langen →Waffenrocks um 1350 bedeckte man die Rüstung mit Kleidungsstücken, die den jeweils mod. Leibröcken der zivilen Kleidung in Form und Schnitt entsprachen. In Deutschland brachte man zw. 1370 und 1430 die stählerne Brustplatte häufig noch über dem H. an. In der Folge verwendete man den H. jedoch nurmehr als Überkleid. Aus einem kittelartigen, freifallenden Hemdrock um 1380 entstand die bes. in W-Europa beliebte, wappengezierte *cotte d'armes* und der →Heroldsrock.   O. Gamber

Lit.: A. HARMAND, Jeanne d'Arc, 1929.

Harnischschuh, Teil des →Plattenharnisches, zu Beginn des 14. Jh. erscheinende Armierung des Schnabelschuhs

durch bewegl. Eisenreifen. Der H. machte alle mod. Veränderungen des Schuhs mit, erhielt daher um 1380 eine lange Schnabelform, die, um 1420 reduziert, ab 1450 erneut auftauchte. Um 1490 gab es wieder Schuhe mit normaler Fußform, die aber bald durch die aus den Nie-derlanden kommenden, breiten »Kuhmaulschuhe« abge-löst wurden. In Italien war der H. nicht üblich. Man begnügte sich mit einem Überschuh aus Ringelgeflecht, der an der Beinröhre des Harnisches hing.   O. Gamber

Lit.: B. THORDEMAN, Armour from the Battle of Wisby, I, 1939 – O. GAMBER, Harnischstud. VI, JKS 51, 1955.

Harnischschultern, it. Erfindung, entstanden aus einer Verbreiterung der alten Achselgeschübe zu Vorder- und Hinterflügen, wobei der allmähl. kräftig erhöhte mittlere Reifen an der Oberkante eine →Brechleiste erhielt. Um 1420 war das charakterist. asymmetr. System des it. Plat-tenharnisches vollendet, da man den rechten Vorderflug für das Einlegen der Lanze tief ausschnitt. Der linke Vor-derflug erhielt als Verstärkung eine Rundscheibe oder eine Platte mit aufgebogenem →Brechrand. Um 1440 kam eine schmale Verstärkung mit Brechrand für den rechten Vorderflug hinzu. Die Hinterflüge, zunächst rechteckig, um 1470 lang und spitz, erhielten um 1490 die bleibende halbrunde Form.   O. Gamber

Lit.: O. GAMBER, Harnischstud. V, VI, JKS 50/51, 1953/55.

Haro, kast. Adelshaus, dessen Vertreter als Herren der Vizcaya (→Biskaya, →Bask. Provinzen) neben den rivali-sierenden →Lara und →Castro zu den bedeutendsten Ma-gnaten innerhalb der Kgr.e Kastilien und León bzw. der Krone →Kastilien zählten. V. a in der →Rioja und in Vizcaya begütert, wurde die Familie nach der gleichnami-gen Burg und Herrschaft in der Rioja benannt. Sie erreich-te schon früh Kg. snähe und besetzte führende Hofämter. In den zahlreichen krieger. Auseinandersetzungen des 12. und 13. Jh. spielten die H. und ihr Anhang immer eine führende Rolle und konnten wichtige Positionen polit. Macht okkupieren, ja die Töchter des Geschlechts wurden als Kg. sgattinnen interessant. Urraca López de H. heirate-te →Ferdinand II. v. León, ebenso wie später Mencía López de H. die Gemahlin →Sanchos II. v. Portugal wurde. Der Abstieg der Familie, der sich im 14. Jh. vollendete, begann, als →Lope Díaz de Haro III. 1288 auf dem Gipfel der Macht in Alfaro von →Sancho IV. v. Kastilien ermordet wurde und der →Señorío der Vizcaya der Familie als Herrschaftsbasis verlorenging.   L. Vones

Lit.: R. G. SALAZAR Y CASTRO, Hist. genealógica de la Casa de H., hg. D. DE LA VALGOMA, 1966 – S. DE MOXO, De la nobleza vieja a la nobleza nueva, Cuadernos de Hist. 3, 1969, 46–54 [Stammtaf.] – G. MARTÍNEZ DÍEZ, Alava Medieval I, 1974.

Harold → Harald

Harpyien → Fabelwesen; →Heraldik

Ḥarrān, Schlacht v. (7. Mai 1104), fand bei der bedeuten-den, heute abgegangenen Stadt und Festung H. (in der nördl. Ǧazīra, zw. Raʾs al-ʿAin und →Edessa) zw. Kreuz-fahrern und Muslimen statt. Während →Bohemund I. v. Antiochia mit seinem Heer hinter einem Hügel verborgen bereitstand, sollte Balduin v. Edessa (→Balduin I.) die feindl. Armee angreifen. Eine muslim. Abteilung aber machte ihrerseits einen Scheinangriff und floh sofort. Die nachsetzende frk. Hauptstreitmacht, die ihre Reihen auf-löste und den Kontakt zu Bohemund verlor, lief direkt in eine Falle, wurde eingekreist und nahezu aufgerieben, Balduin gefangengenommen. Bohemund konnte sich zu-rückziehen. Die Niederlage von H. zerstörte die Legende von der Unbesiegbarkeit der Kreuzfahrer.   P. Thorau

Lit.: EI² III, 227ff. – R. GROUSSET, Hist. des Croisades I, 1934, 404f. –

RUNCIMAN II, 40f. – P. THORAU, Die Burgen der Assassinen in Syrien, Welt des Orients 18, 1988, 133.

Harrien-Wierland ('Harria' und 'Vironia'), Territorium

im n. →Estland, seit dem 11.Jh. von →Dänemark als 'Hzm. E.' beansprucht, nach dem Sieg Waldemars II. bei Lindanyse/Reval (1219) unterworfen und christianisiert, 1227–38 unter Herrschaft des →Schwertbrüderordens (Stadtgründung v. →Reval 1230), seit 1238 wieder dänisch. Das kirchlich als Bm. Reval zum Ebm. →Lund gehörende Gebiet wurde von einem kgl. Hauptmann, mit Hilfe von Vasallen (zumeist Deutsche, nur bis 10% Dänen, wenige Esten), verwaltet. Die Vasallen, deren Zusammenschluß durch das anfängl. gemeinsame Leben auf dem 'Gr. Schloß' zu Reval gefördert wurde, erreichten frühzeitig Selbstverwaltung (Ansätze bereits 1227 und 1238–41, 1259 'universitas vasallorum', 1282 zwölf 'jurati regni', später: 'consularii regis', 1284 eigenes Siegel), Erblichkeit der Lehen (1252 für Mannlehen ausdrücklich erwähnt) und Gerichtsbarkeit über die Bauern (1315→Waldemar-Erichsches Lehnrecht). Der nach dem Estenaufstand v. 1343 vollzogene Verkauf an den →Dt. Orden (1346) änderte nichts an der Machtstellung der 'Harrisch-Wierischen Ritterschaft': 1397 wurde das Lehnrecht durch die vom Hochmeister gewährte 'Jungingensche Gnade' auf Seitenverwandte ausgedehnt.　　　　H. von zur Mühlen

Lit.: →Estland (P. JOHANSEN, 1933; W. BARON WRANGELL, 1967; TH. RIIS, 1985).

Harrowing of Hell → Descent into Hell

Hartbert, Bf. v. →Chur 951–ca. 970; zunächst Kanoni-

kus in Zürich und Priester in Ramosch und Sent, um 937 Kaplan des Hzg.s v. →Schwaben, ab 947 (bis 961) als Abt v. →Ellwangen bezeugt. Aus der Nähe zu Kg.s- wie Hzg.shaus ergab sich offenbar seine Promotion zum Bf. v. Chur, in dessen Machtbereich die für die otton. Italienpolitik wichtigen Bündnerpässe lagen. 951 war H. als Gesandter Ottos I. in Rom, wohl um über die Ks.krone zu verhandeln. Gemeinsam mit Bf. →Udalrich v. Augsburg gelang ihm 954 die Versöhnung Ottos mit seinem Sohn →Liudolf.　　　　　　　　　　　　E. Karpf

Lit.: O. P. CLAVADETSCHER (Helvetia Sacra I, 1, 1972), 472 – H. MAURER, Der Hzg. v. Schwaben, 1978, 67f.

Hartgar v. Lüttich, Bf. v. Lüttich, wohl zw. 840 und

855, Gönner des →Sedulius Scottus; nur dessen H. gewidmete Gedichte (carm. 1–11, 17, 49; ed. L. TRAUBE, MGH PP 3) unterrichten über ihn.　　　　　B. Gansweidt

Lit.: BRUNHÖLZL I, 450, 456–466 – R. DÜCHTING, Sedulius Scottus. Seine Dichtungen, 1968 – F. BRUNHÖLZL, Die Gesänge des fili, AAM 99, 1988, 87–94 – →Sedulius Scottus.

Harthacnut → Hardeknut

Hartlieb, Hans (Johannes), oberdt. Arzt, bedeutender

Fachschriftsteller, * vor 1410 zu »Meglingen«, Diöz. Konstanz, med. Ausbildung in Rom, Wien (?) und Padua (Dr. 1439), stand in Diensten Albrechts VI. v. Österreich, um 1437–40; Ludwigs VII. des Bärtigen v. Baiern-Ingolstadt, 1430/32–37; Albrechts III. v. B.-München [1440–60 Leibarzt]; Siegmunds v. B.-M. 1460 [1460]– 1468; arbeitete aber auch für Mgf. Johann v. Brandenburg-Kulmbach, Hzg. Siegmund v. Tirol sowie für Ks. Friedrich III.

Mit Ausnahme einer lat. 'Practica medicinae' sowie eines dt. »Kräuterbuchs« erweisen sich alle Werke H.s als volkssprachl. verfaßte – Auftragsarbeiten der Höfe. Abgesehen vom 'Puech von allen wildpaden' (1467, nach Felix →Hemmerlins 'balnea naturalia'), entsprechen die Texte typ. höf. Wissensinteressen des 15. Jh.: 1. Mantisch-sortileg. Themenbereich: 'Mondwahrsagebuch' ['De mansionibus'], 1433/35; zweiteilige 'Namenmantik' (um

[1435–]1440); 'Geomantie' (30er Jahre, mit der für H. charakterist. Verflechtung von astrolog. und sortileg. Techniken [Sandkunst]); 'Puoch von der hand' (1448, Chiromantie) sowie das berühmte 'Puoch aller verpoten kunst' (1455/56, Gesamtdarstellung mag.-mant. Verfahren). 2. Moral.-didakt. Bereich: 'Kunst der gedächtnüß' (1432, topolog.-opt. Mnemotechnik); 'Die histori von dem großen Alexander' (1444, zum Fürstenspiegel umgestaltete Kompilation des 'Alexanderromans' [→Alexander d. Gr. VI.]); 'Brandan' (1456/57, eigenständige Bearbeitung von 'Brandans Meerfahrt') sowie der in bürgerl. Auftrag entstandene 'Dialogus miraculorum' (zw. 1456 und 1467, Teilübers. nach →Caesarius v. Heisterbach). 3. Erot.-sexueller (gynäkolog.-embryolog.) Themenbereich: 'Puech Ovidij von der lieb' (1439/40, übers. nach →Andreas Capellanus) sowie 'Das hochverborgen buech »Die gehaim der weyber« mit funfffaltiger gloß' (1460/65, 'Ks.-' und 'Hzg.-Version'; einer Übers. der →'Secreta mulierum' mit interkalierter Glosse des Typs I sowie ein von H. kompilierter Komm.).　　　　　G. Keil

Ed.: D. ULM, J.H.s Buch aller verbotenen Kunst, 1914 – K. DRESCHER, J.H.s Übers. des Dialogus miraculorum des Caesarius v. Heisterbach, DTM 33, 1929 – H. L. WERNECK, Kräuterbuch des J.H., Ostbair. Grenzmarken 2, 1958, 71–124 – W. SCHMITT, H.H.s mant. Schriften und seine Beeinflussung durch Nikolaus v. Kues [Diss. Heidelberg 1962] ['Namenmantik'] – B. WEIDEMANN, 'Kunst der gedächtnüß' und 'De mansionibus' ... [Diss. Berlin 1964] – A. KARNEIN, De Amore deutsch, MTU 28, 1970 – [J.H.], Alexander. Mit einem Nachw. und einer Bibliogr. v. M. FRIEBERTSHÄUSER (Dt. Volksbücher in Faksimiledr., A,1), 1975 – R. LECHNER-PETRI, J.H.s Alexanderroman. Ed. des cgm 581, 1980 – K. BOSSELMANN-CYRAN, 'Secreta mulierum' mit Glosse in der dt. Bearbeitung von J.H., Würzburger med. hist. Forsch. 36, 1985 [ohne die 'funfffaltige gloß'] – Lit.: NDB VII, 722f. – Verf.-Lex.² III, 480–496 – K. DRESCHER, J.H. Über sein Leben und seine schriftsteller. Tätigkeit, Euphorion 25, 1924; 26, 1925 – K. GRUBMÜLLER, Der Hof als städt. Lit.zentrum (Fschr. H. FROMM, 1979), 405–427 – W. SCHMITT, Bio-bibliogr. Bem. zu H.H. (G. KEIL, Fachprosa-Stud., 1982), 255–271.

Hartmann

1. H., Geschichtsschreiber und seit 922 Abt v. St. Gallen, in diesem Amt nur durch eine ungenau datierte Urk. belegt. Er regierte drei Jahre und vier Monate. Sein Todestag ist der 21. Sept., als Todesjahr wird 925 angenommen. →Ekkehard IV. nennt ihn als Verf. eines libellum sui temporis, das aber verloren ist. Mit den beiden etwas jüngeren st. gall. Dichtermönchen gleichen Namens ist er nicht identisch.　　　　　E. Gilomen-Schenkel

Q.: Ekkehard IV., Casus sancti Galli, ed. H. F. HAEFELE, 1980, Kap. 47f., 108–111 – UB St. Gallen III, Nr. 781, 4 – Lit.: Verf.-Lex.²III, 520f. – Helvetia Sacra III/1, 1986, 1282f.

2. H., Bf. v. →Brixen seit 1140, * um 1090 bei Passau, †23. Dez. 1164. H. trat zunächst in das Chorherrenstift St. Nikola zu Passau ein. Dank der Förderung durch den reformfreudigen Salzburger Ebf. →Konrad I. wurde H. 1122 Dekan an der Spitze des Domkapitels v. Salzburg, 1133 Propst in den Chorherrenstiften Chiemsee und Klosterneuburg und 1140 Bf. v. Brixen. Als Bf. entfaltete H. eine kirchl. Reformtätigkeit, förderte die bestehenden geistl. Gemeinschaften und begründete zusammen mit Reginbert v. Säben das Chorherrenstift Neustift b. Brixen. Er war ein Ratgeber Ks. Friedrichs I., der ihm auch nicht seine Huld entzog, als sich H. wie schon im Schisma v. 1159 für Alexander III. erklärte. Um 1200 verfaßte ein Neustifter Chorherr eine Lebensbeschreibung des bald als Hl.n verehrten Bf.s.　　　J. Riedmann

Lit.: A. SPARBER, Leben und Wirken des sel. H., 1957 – DERS., Die Brixner Fs.bf.e im MA, 1968, 56–66 – ST. WEINFURTER, Salzburger Bm.sreform und Bf.spolitik im 12. Jh., Kölner Hist. Abh. 24, 1975 – J. GELMI, Die Brixner Bf.e in der Gesch. Tirols, 1984, 54–57 – J.

RIEDMANN, Das MA (Gesch. des Landes Tirol, hg. J. FONTANA u. a., I, 1985), 316–318.

3. H. v. Aue, einer der wichtigsten Vertreter der mhd. höf. Literatur um 1200. Ungefähre Lebens- und Schaffensdaten lassen sich für die Zeit zw. 1180 und 1220 lediglich erschließen. Die eminente literaturgesch. Bedeutung beruht auf der Vielfalt der von H. verfaßten Werke (Lyrik, weltl. und geistl. Epik in erzähler. Groß- und Kleinformen, ein minnedidakt. Traktat), auf der Vermittlung höf. Literatur aus Frankreich für das dt. Adelspublikum, in der Ausprägung eigener Texttypen und auf seinem neuartigen Literaturverständnis. Seine exzeptionelle Leistung haben bereits die Zeitgenossen gewürdigt. →Gottfried v. Straßburg spricht H. in seinem Literaturexkurs des »Tristan« unter den zeitgenöss. Dichtern den Lorbeerkranz zu im Blick auf seine sprachl.-stilist. Qualitäten und die korrespondierende Beherrschung von Wort und Sinn.

Die Informationen von H.s Selbstporträt im Prolog des »Armen Heinrich« und des »Iweins« markieren seine Bildung als 'litteratus' und bezeichnen seinen Stand als Ministeriale (»dienstmann was er z Ouwe«), doch die Identifizierung des gen. Ortes und die Bestimmung seiner Funktion als Herkunftsangabe H.s oder als Zuordnung zu einem bestimmten Dienstherrn wurden kontrovers diskutiert. Sicher sind H.s Lokalisierung im alem.-oberrhein. Raum und die Voraussetzung eines bedeutenden Adelsgeschlechts zur Förderung seiner umfangreichen lit. Tätigkeit. Eher als die Staufer und Altdorf–Weingartner Welfen kommen die →Zähringer als H.s Auftraggeber in Frage, zu denen auch ein nach Au bei Freiburg i. Br. genanntes Ministerialengeschlecht gehörte.

Biograph. Indizien und werkchronolog. Hinweise ergeben sich nur aus Bezugnahmen bei anderen Autoren (Wolfram v. Eschenbach, Gottfried v. Straßburg, Heinrich v. dem Türlin) und aus innerlit. Erwägungen zu seinem Œuvre. Die früher überstrapazierten Verse im 3. Kreuzlied (Erwähnung des 1193 verstorbenen Sultan Saladin) bieten keinen sicheren Datierungsanhalt.

Am Anfang von H.s lit. Tätigkeit steht wahrscheinl. die »Klage«, ein Streitgespräch zw. 'herze' und 'lîp' über Sinn und Zweck des Minnedienstes, für das keine bestimmte Vorlage aufweisbar ist und das H. vielleicht, angeregt durch lat. und roman. Traditionen, selbst geschaffen hat. Die Belehrung zielt auf eine Aneignung bzw. Vervollkommnung der höf.-ritterl. Tugenden durch den Liebenden und auf die Einordnung der ird. Liebe in den Weg des Menschen zu Gott.

Von den unter H.s Namen in den großen lyr. Sammelhss. überlieferten 18 Liedern werden ihm 14 sicher zugeordnet. Sie behandeln die Minnethematik in verschiedenen Liedtypen mit unterschiedl. Aspekten: Klage über vergebl. Werben, Sehnsucht und Trennung, Erklärung des Mißerfolgs als eigenes Versagen, Hoffnung auf Erfüllung und Preis der Geliebten stehen im Kontrast zu dem sog. »Unmutslied« (MF 216, 29). Darin wendet sich H. von der höf. Liebe als vergebl. Bemühen mit der Forderung nach Gegenseitigkeit der Beziehung ab und entwickelt die Minnethematik in die Richtung einer von →Walther v. der Vogelweide weiter ausformulierten Konzeption. Bes. Beachtung haben in der Forschung H.s drei Kreuzzugslieder gefunden, in denen er den Dienst für Gott gegenüber dem Minnedienst als überlegen preist, weil hier Gegenseitigkeit der Zuwendung grundsätzlich verwirklicht ist und ritterl. Streben in dieser Lebensform höchste Erfüllung erreicht. Die Zuordnung der Lieder zum Kreuzzug Friedrich Barbarossas (1189) oder Hein-

richs VI. (1197) bleibt ebenso umstritten wie die Frage einer persönl. Kreuzzugsteilnahme. Wie in anderen seiner Texte fordert H. eine bestimmte innere Haltung und religiöse Motivierung, er wendet sich damit gegen einen Heilsautomatismus und die polit. Pervertierung des Kreuzzugsgedankens.

Der Artusroman wurde in Deutschland durch H.s »Erec« eingeführt. Er hat →Chrétiens de Troyes »Erec et Enide« übertragen, um etwa die Hälfte verlängert und mit eigenen Akzenten versehen. Im ersten Teil des Doppelwegs werden Erec und Enite zum Ehepaar und erreichen Anerkennung am Artushof. Doch führt die Beschränkung auf die Minnebeziehung ('verligen') zur Vernachlässigung von Herrscher- und Ritterpflichten. Die verlorene Ehre wird auf einem gemeinsamen Aventiureweg restituiert, bis die Reintegration in die Gesellschaft sowie die Ausgewogenheit der Werte und Pflichten erreicht ist, wobei die Unaustauschbarkeit der Personen in der Liebesbeziehung der Ehe große Bedeutung erhält. Indem H.s Roman über Chrétiens Vorlage hinausgehend, nicht am Artushof endet, sondern im Reich von Erecs Vater, dessen Herrschaft er übernimmt und vollkommen ausübt bis zur Apotheose in Gottes Reich, wird wohl eine landesherrl. (zähring.) Interessenperspektive eingeblendet und das gesamte Problem des Romans religiös sanktioniert. H.s zweiter Artusroman »Iwein« spielt das Problem ritterl.-herrscherl. Wertorientierung im gleichen Erzählmodell mit anderen Akzenten durch und differenziert die Anforderungen weiter. Der Artusritter Iwein gewinnt im aventiuremäßigen Kampf Frau (Laudine) und Land, doch vernachlässigt er beides aus Furcht vor dem 'verligen', Fluch und Wahnsinn treffen ihn. In einem Erneuerungsprozeß erkennt er seine Verfehlung, beweist Treue und besteht →aventiuren als soziale Tat im Dienste des Rechts und der Friedensstiftung. Die Demonstration der Artuswürdigkeit steht auch hier nicht am Schluß, sondern das selbständige Laudinereich mit der versöhnten, auf eine neue Basis bestellten Beziehung des Paares. Die Verhaltensnormen bleiben zwar auf das Zentrum bezogen (vgl. Prolog), doch sind sie in der Imitatio der Nachgeborenen im je eigenen Lebens- und Herrschaftsraum zu verwirklichen. In der neueren Forschung werden die sozialhist. Aussagepotenzen der H.schen Artusromane sinnvoll diskutiert, wobei die Bezüge im Rahmen der lit. Kommunikation einer heterogenen Adelsgesellschaft und der ästhet. Brechungen zu verstehen sind.

H.s »Gregorius« gestaltet ein religiöses Thema in einem eigenen Erzähltyp, der höf. Legende: Große Schuld, große Buße, große Gnade werden an Gregorius, dem Kind einer bewußten inzestuösen Verbindung von Bruder und Schwester, demonstriert, das selbst unwissentl. wieder in den Inzest mit der eigenen Mutter gerät (→Gregorius-Legende). Die Vorstellung, daß sich das höf. Publikum in der lit. Rezeption die Buße nachvollziehend anzueignen vermag, bestimmt die Funktion der erzählten Geschichte.

Auch der »Arme Heinrich« behandelt ein religiöses Thema: Die Geschichte eines von Gott reich begabten, wie Hiob durch Aussatz und Leid geprüften Adligen wird verschränkt mit der Opferbereitschaft eines Mädchens, ihr Leben für die Heilung des Herrn und das eigene Seelenheil hinzugeben, ohne daß sich die Erzählung in ein Schuld-Strafe-Schema fügt. Durch Verzicht auf das Opfer und Akzeptieren des Leides ist die Voraussetzung für wunderbare Heilung und die Heirat des ständisch ungleichen, vor Gott auf die gleiche Ebene gerückten Paares geschaffen. Die aus geläufigen Motiven geknüpfte Fabel ist ohne bekannte Vorlage; ob H. eine Mesalliance in seiner

Familie oder in der seines Herrn rechtfertigen sollte, ist umstritten.

H. hat als erster dt.sprachiger Autor den Eigenwert gesehen, der der Literatur als Medium der Reflexion gesellschaftl. und zwischenmenschl. Probleme für die Adelsgesellschaft zukommt.   U. Schulze

Ed.: Lyrik: Das Klagebüchlein, ed. L. WOLFF, 1972 – Des Minnesangs Frühling, 1982³⁷ – Erec: A. LUTZMANN–L. WOLFF–CH. CORMEAU–K. GÄRTNER, 1985⁶ – Mhd. und Übers.: TH. CRAMER, 1981³ – Iwein: G. F. BENECKE–K. LACHMANN–L. WOLFF, 1968⁷ – Mhd. und Übers.: TH. CRAMER, 1981³ – Gregorius: H. PAUL–B. WACHINGER, 1984¹³ – Mhd. und Übers.: F. NEUMANN–B. KIPPENBERG, 1959; 1963 [Reclam Univ. Bibl.] – Der arme Heinrich: H. PAUL–G. BONATH, 1984¹⁵ – Mhd. und Übers.: H. DE BOOR, 1981¹⁵ – Lit.: Verf.-Lex. III, 1981³, 500–520 – P. WAPNEWSKI, H. v. A., 1962, 1979⁷ – K. RUH, Höf. Epik des dt. MA I, 1967, 1977² – G. KAISER, Textauslegung und gesellschaftl. Selbstdeutung, 1973, 1978² – H. v. A., hg. H. KUHN–CH. CORMEAU, 1973 (WdF 309) – V. MERTENS, Gregorius Eremita, 1978 – DERS., Laudine, 1978 – CH. CORMEAU–W. STÖRMER, H. v. A., 1985 [Lit.].

Hartung Cammermeister → Cammermeister, Hartung

Hartwig

1. H. I., Ebf. v. →Hamburg-Bremen 1148–68; *vor 1118, † 11. Okt. 1168 in Bremen; jüngster Sohn Gf. Rudolfs I. v. →Stade und der Richardis aus dem Haus der Gf.en v. →Spanheim-Lavanttal (mütterlicherseits verwandt mit Ebf. →Hartwig v. Magdeburg und Bf. →Hartwig v. Regensburg). 1142 Magdeburger Kanoniker, im selben Jahr schon in Bremen, seit 1144 Dompropst, noch unter Ebf. Adalbero in die nach dem söhnelosen Tod von H.s Brüdern beginnenden Erbauseinandersetzungen um die Gft. Stade verstrickt. 1145 zog Hzg. Heinrich d. Löwe – unter Übergehung der Ansprüche H.s und der Bremer Kirche – die Gft. gewaltsam an sich. Zum Ebf. v. Bremen gewählt, vermochte H. sein Recht gegen den Löwen nicht durchzusetzen, ebensowenig – trotz zahlreicher Urkk. fälschungen – den Primatanspruch seiner Kirche auf Skandinavien. Auch das Recht der Bf.investitur in den von H. wiedererrichteten Bm.ern Oldenburg-→Lübeck, Mecklenburg-→Schwerin und →Ratzeburg gelangte an Heinrich d. Löwen. Glücklos im Kampf gegen den welf. Hzg., ohne engeren Bezug zum stauf. Kgtm., konzentrierte sich H. auf den Landesausbau an Niederelbe und -weser; die Bremer Kirche verdankt H. eine erste größere Hss.sammlung.   B. Schneidmüller

Lit.: ADB X, 716–718 – NDB VIII, 11 – GAMS V 2, 1984, 41–44 [Lit.] – G. ALTHOFF, Heinrich d. Löwe und das Stader Erbe, DA 41, 1985, 66–100.

2. H. II., Ebf. v. →Hamburg-Bremen 1185–90/92 und 1194–1207; † 3. Nov. 1207; ▭ Bremen, Dom, später St. Ansgar. Aus einem brem. Ministerialengeschlecht aus Uthlede (Niederweser) stammend, fungierte H. 1160–71 als Notar →Heinrichs d. Löwen, seit 1168 auch als Bremer Kanoniker. Seine Wahl zum Ebf. muß als Sieg der welf. Partei gelten, trotz der Unterstützung Ks. Friedrichs I. Verstrickt in die Auseinandersetzungen zw. Staufern und Welfen sowie zw. Klerus, Ministerialität und aufstrebendem Stadtbürgertum, wurde H. zugunsten Bf. Waldemars v. Schleswig seines Amtes enthoben, 1194 (auf Vermittlung Ebf. Adolfs v. Köln) restituiert. Behauptung alter Metropolitananspruche (1185/86 Suffraganbm. →Üxküll), Kreuzzugsteilnahme (1197) und anfängl. Parteinahme für Philipp v. Schwaben täuschen über H.s geringen Handlungsspielraum nicht hinweg (1202 Gefangennahme durch die Welfen und erzwungene Preisgabe der Ansprüche auf Stade).   B. Schneidmüller

Lit.: ADB X, 718 f. – NDB VIII, 11 – GAMS V 2, 1984, 49 f., 51 f. [Lit.].

3. H., Ebf. v. →Magdeburg seit 1079, † 17. Juni 1102, aus dem Hause →Spanheim, gründete gemeinsam mit seinen Brüdern das Hauskl. St. Paul im Lavanttal. Zunächst Kanoniker in Mainz, dann Propst in Goslar und Erfurt, wurde H. als Anhänger Gregors VII. vom Gegenkg. →Rudolf v. Rheinfelden als Bf. eingesetzt. Er unterstützte auch →Hermann v. Salm und wurde 1085 von einer Synode ks.treuer Bf.e gebannt. H. floh nach Dänemark. Der von Heinrich IV. auf den Magdeburger Stuhl erhobene Abt Hartwig v. Hersfeld konnte sich auch Heinrichs Abzug nicht halten. H. kehrte zurück und brachte mit sächs. Truppen dem Ks. 1086 eine empfindl. Niederlage bei. 1088 mußte H. jedoch wegen völliger Isolierung mit dem Ks. Frieden schließen. Der Ebf. verpflichtete sich, die sächs. Fs.en mit dem Herrscher auszusöhnen, als dessen Stellvertreter in Sachsen er nun fungierte. Die bes. Nähe zum Hof (1089 Krönung der →Adelheid-Praxedis durch H.) endete etwa 1090, vielleicht weil seine Bemühungen um eine Aussöhnung des Ks.s mit Urban II. keinen unmittelbaren Erfolg hatten. H. setzte die →Hirsauer Reform in →Berge durch.   E. Karpf

Lit.: D. CLAUDE, Gesch. des Ebm.s Magdeburg bis in das 12. Jh., I (Mitteldt. Forsch. 67, 1, 1972), 349 ff.

4. H. I., Bf. v. →Regensburg 1105–26, † 3. März 1126 Regensburg, ▭ St. Emmeram, ebd., aus dem Geschlecht der Gf.en v. →Spanheim. Für die geistl. Laufbahn bestimmt, war H. zunächst Domkleriker in →Salzburg und Dompropst in →Magdeburg. Nachdem seine Kandidatur als Ebf. v. Magdeburg an den Parteikämpfen des →Investiturstreites gescheitert war, erhob ihn Ks. Heinrich V. anstelle eines von seinem Vater eingesetzten Udalrich auf den bfl. Stuhl zu Regensburg. Zeit seines Lebens entschiedener Parteigänger des Ks.s und ständig in dessen Gefolge, stieg H. zu einem der führenden geistl. Reichsfs.en auf, nahm 1107 und 1108 in wichtigen Funktionen am Feldzügen des Ks.s nach Flandern und Ungarn teil und begleitete ihn 1110/11 auf dem 1. Romzug. Auch Heinrichs Bannung 1112 konnte ihn nicht zum Parteiwechsel veranlassen. H. gehört zu den Unterzeichnern des →Wormser Konkordats. Obwohl er bei der Wahl Lothars v. Süpplingenburg noch einmal bestimmend auftrat, begegnet er in dessen Gefolge nicht mehr.

Als Bf. setzte sich H. mehr als seine Vorgänger für religiöse Belange seiner Diöz. ein, nahm sich der Orden sowie der Erneuerung verfallener Kl. wie der Gründung neuer Niederlassungen an, förderte aber als Vertreter der sal. Reichskirchenpolitik die in Regensburg sehr regen Ansätze zur Kirchenreform nur insoweit, als sie nicht gegen die Position des Kgtm.s gerichtet waren. H. beschließt eine Reihe polit. sehr aktiver Bf.e, die dazu beitrugen, daß Regensburg im Investiturstreit eine wichtige Bastion des Kgtm.s bildete.   A. Schmid

Lit.: ADB X, 720 – NDB VIII, 12–14 – LThK² V, 22 – J. STABER, Kirchengesch. des Bm.s Regensburg, 1966, 31 f. – H. ROSANOWSKI, Bf. H. I. v. Regensburg (Stud. und Q. zur Gesch. Regensburgs IV, 1987), 57–78 – K. BOSL, Bayer. Biogr., Ergbd., 1988, 62 – K. HAUSBERGER, Gesch. des Bm.s Regensburg I, 1989, 76–78.

5. H., Ebf. v. →Salzburg seit 991, † 5. Dez. 1023, Sohn des bayer. Pfgf.en Hartwig I., nahm als Parteigänger der Ottonen seinen Aufstieg in der Reichskirche. Er begleitete Otto III. 996 nach Rom und erhielt vom Ks. das Markt-, Maut- und Münzrecht für seinen Bf.ssitz Salzburg. Von Ks. Heinrich II. empfing H. reichen Besitz im Lungau (Mauterndorf 1002), im oberösterr. Kremstal (Schlierbach 1006) und im steir. Ennstal (Admont) mit Salzpfannen und Sudhäusern. Das Gasteinertal, das H. im Rahmen eines Tauschgeschäftes an die Sighardinger übergab, konnte erst 1297 wieder für das Ebm. Salzburg erworben werden. Gemeinsam mit den verwandten →Aribonen und Sighardingern hat sich H. entschieden für die Kl.reform eingesetzt und an der Gründung der Kl. St. Georgen am Längsee in Kärnten, Seeon und Baumburg in Bayern und Göß in der Steiermark mitgewirkt. Im Zusammenhang mit der Kirchenreform ist die Schaffung eines einheitl. Netzes von Pfarrsprengeln erfolgt, die unter H. für (Hof-)Gastein erstmals genau definiert werden. H. ließ in Salzburg die Nonnberger Stiftskirche und den Hartwigdom bauen.   H. Dopsch

Q.: Cod. Hartwici, ed. W. HAUTHALER, Salzburger UB I, 1910, 188–209 – *Lit.:* H. DOPSCH, Der bayer. Adel und die Besetzung des Ebm.s Salzburg im 10. und 11.Jh., Mitt. der Ges. für Salzburger LK 110/111, 1970/71, 125–151 – H. VETTERS, Die ma. Dome zu Salzburg, FMASt 5, 1971, 436ff. – H. DOPSCH, Die Zeit der Karolinger und Ottonen, Gesch. Salzburgs – Stadt und Land I/1, 1981, 21ff.; I/3, 1984, 1243f. [Lit.].

6. H. (Hartung, Heinrich), »Bruder v. Erfurt« OM, als deutschsprachiger Prediger für die Zeit von ca. 1320–40 in einer Predigtslg. bezeugt, deren Autor bzw. Compilator er (nach eigenen Angaben) war; wahrscheinl. ident. mit Heinrich v. Erfurt, der vielfach in der Lit. als Predigerbruder angegeben ist (vgl. TH. KAEPPELI, Script. Ord. Praed. mae. II, 1975, 194). Die Slg. der Predigten (der Epistel und Evangelien) des Kirchenjahres steht in der Tradition der neuplaton.-augustin. Mystik (des Hermann v. Fritzlar, Nikolaus v. Landau, Nikolaus v. Straßburg) und hat weite Verbreitung und Beachtung gefunden. Die Gottesgeburt des Ewigen Wortes in der Seele hat ihren Ort nicht im Erkennen, sondern in der 'memoria'. Für die myst. Erfahrung ist die Unterscheidung der Zeichen der übernatürl. und natürl. Gottesliebe wichtig.   L. Hödl

Lit.: DSAM VII, 185 – LThK²V, 21f., 86f. – Verf.-Lex.² III, 532–535 – V. MERTENS, H. (Hartung/Heinrich) v. E., ZfdA 107, 1978, 81–91.

Hārūn ar-Rašīd, geb. 766, gest. 24. März 809, →Kalif aus der Dynastie der →Abbasiden, folgte 786 seinem Bruder al-Hādī auf den Thron. Während der ersten Hälfte seiner Regierung beherrschte die aus Baktrien stammende Familie der →Barmakiden Hof und Verwaltung: Yaḥyā al-Barmakī als →Wesir, sein Bruder Muḥammad als Kämmerer und seine Söhne al-Faḍl und Ġa'far als Vizekönige der Ost- bzw. Westhälfte des Reiches und als Tutoren der Söhne des Kalifen. Die Barmakiden stärkten die zentrale Reichsverwaltung, indem sie sich auf zivile Beamte (ar. pl. *kuttāb,* 'Schreiber') oft nichtarab. Herkunft stützten. 796 begann sich H., dem Einfluß der Barmakiden zu entziehen, und machte ar-Rāfiqa bei ar-Raqqa am oberen Euphrat zu seiner Residenz. Von hier aus führte er den Austausch von Gesandtschaften mit dem Frankenreich fort, der 765 zw. →Pippin III. und dem Kalifen →al-Manṣūr angeknüpft worden war (und über den ausschließl. frk. Q. berichten). 797 entsandte Karl d. Gr. Lantfried und Sigismund in den Orient; nach deren Tod kehrte ihr Dolmetscher, der Jude Isaac, 802 allein zurück und brachte als Geschenk des Kalifen einen Elefanten nach Aachen mit. Im selben Jahr empfing Karl eine Gesandtschaft H.s in Vercelli und entsandte einen gewissen Radbert nach ar-Raqqa; H.s Gegengesandtschaft, geführt von einem 'Abdallāh, überbrachte Geschenke, darunter eine kunstvolle Klepshydra. Einhard behauptet, H. habe Karl die Macht über das Hl. Grab in →Jerusalem übertragen. Darin hat man eine Art frk. Protektorat über Jerusalem sehen wollen, doch dürfte Karl wohl kaum mehr zugestanden worden sein als eine lat. Kirche beim Hl. Grab und die Erlaubnis zum Bau einer Pilgerherberge. Ende 802 unternahm H. die Pilgerfahrt nach Mekka, wo er in einem feierl. Akt an der Ka'ba die gemeinsame Thronfolge seiner drei Söhne regelte. Auf dem Rückweg kam es im Jan. 803 bei al-Anbār am Euphrat zum plötzl. Sturz der Barmakiden: Ġa'far wurde enthauptet, sein Vater Yaḥyā und seine Brüder wurden eingekerkert. Die um ihren Sturz gesponnenen romant. Legenden verschleiern wohl die Tatsache, daß H. fürchtete, die allzu mächtig gewordene Wesirfamilie könne die designierten Thronfolger in ihre Gewalt bringen und die Thronfolgeordnung umstoßen.

805 besuchte H. als erster regierender Kalif den Iran und residierte in seiner Geburtsstadt Ray (beim heut. Teheran), um die Angelegenheiten der Ostprovinzen zu ordnen. Nach seiner Rückkehr nach ar-Raqqa führte er 806 selbst eine Armee über den Taurus gegen die Byzantiner, kehrte jedoch nach der Einnahme der Grenzfestung Herakleia (Eregli) nach Syrien zurück. Unruhen in Samarqand riefen ihn erneut nach Ostiran; dort starb er 809 in Ṭūs. Die Erinnerung an seine Regierungszeit und an das Mäzenatentum und die Prachtentfaltung der Barmakiden ist in den arab. Q., v. a. aber in den Erzählungen aus →Tausendundeiner Nacht, märchenhaft überhöht worden.   H. Halm

Lit.: S. RUNCIMAN, Charlemagne and Palestine, EHR 50, 1935, 606ff. – D. SOURDEL, Le vizirat abbaside de 749 à 936, 1959–60 – G. MUSCA, Carlo Magno ed Harun al Rashid, 1963 – H. KENNEDY, The Early Abbasid Caliphate, 1981.

Harz, dt. Mittelgebirge (mhd. *hart* 'Bergwald'), erstreckt sich auf einer Länge von 100 km zw. der norddt. Tiefebene und Thüringen, erreicht im nw. Oberharz am Brocken 1142 m Höhe; bis zum Ende des 1. Jt. siedlungsfrei und von Verkehrswegen gemieden. Im Raum →Nordhausen wurden 876 drei Rodungsdörfer dem Kl. →Fulda übertragen, die Ottonen übernahmen später das hier gelegene frk. Krongut. Die »silva que dicitur H.« (1086) war bis zum 13. Jh. ein Reichsforst, der kgl. Wildbann ist 1132 gen. Die 936 gen. Jagdhöfe Bodfeld und Siptenfelde wurden von dt. Kg.en vielfach aufgesucht. Mit seinem Versuch, das entfremdete Krongut am H. zu einem Machtfaktor im Ringen um die Stärkung der Reichsgewalt zu machen, scheiterte Heinrich IV. an den adligen Gewalten, die hier seit dem 1. Drittel des 12. Jh. das Kgtm. verdrängten. Lothar III. setzte vermutl. im Zuge einer Gft.sreform fremde Gf.en auf Reichsgut am H. ein, so daß eine herzogsfreie Herrschaft des Adels entstand. Die Aussöhnung Friedrichs I. mit Heinrich d. Löwen betraf auch den H.raum: 1152 gelangte die Vogtei über →Goslar, 1154 der Wildbann im H., 1158 Scharzfeld, Herzberg und →Pöhlde an die Welfen, während die Staufer die Reichsburg Kyffhausen wiederherstellten und die Stadt Nordhausen 1220 an das Reich zogen.

Nach 1230 wurde die Macht des Reiches von den Gf.en verdrängt. Die zahlreichen Gft.en entstanden nicht durch Rodung, sondern in kgl. Auftrag, und erschienen von Anfang an als geschlossene Flächen. Der H. wurde ein territorial zerpflücktes Gebiet der Harzgf.en: →Anhalt, →Blankenburg, Ilfeld-Honstein, Kirchberg, →Klettenberg, →Mansfeld, →Rothenburg, Scharzfeld-Lauterberg, →Stolberg, Wöltingerode-Woldenberg. Dazu kamen das Hochstift →Halberstadt, das Stift →Quedlinburg, die Hzm.er Braunschweig-Grubenhagen (→Grubenhagen) und -Wolfenbüttel, die →Wettiner und die Reichsstädte Goslar und Nordhausen. Die bäuerl. Besiedlung erfaßte bis 1200 nur den Unterharz. Der Silberbergbau stand am Ende des 10. Jh. am Rammelsberg bei Goslar in Blüte, seit dem 11./12. Jh. wurde der Eisen-, Blei-, Kupfer- und Zinkbergbau in das Gebirge vorgetragen, so daß ihm seit etwa 1200 auch im Oberh. Siedlungen folgten (→Bergbau). Im 15. Jh. wurde er von den Landesherren und den jetzt entstehenden Bergstädten betrieben.

K. Blaschke

Lit.: C. NEUBURG, Goslars Bergbau bis 1552, 1892 – K. BRÜNING, Der Bergbau im H. und im Mansfeldschen, 1926 – K. FRÖLICH, Goslarer Bergrechtsq. des frühen MA, 1953 – K. MASCHER, Reichsgut und Komitat am Südh. im HochMA (Mdt. Forsch. 9, 1957) – F. ROSENHAINER, Die Gesch. des Unterharzer Hüttenwesens, 1968 – Der H. Eine Landschaft stellt sich vor, H. 1–14 (H.museum Wernigerode, 1978–85).

Harzburg → Sachsenaufstand (1073)

Haschisch → Hanf

Ḥasday Crescas → Crescas Ḥasday

Ḥasday ibn Schaprut, ca. 910–970, jüd. Arzt, Mäzen und Hofbeamter ᶜAbdarrāḥmāns III. zu →Córdoba, symbolisierte wie kaum ein zweiter die jüd.-arab. Kultursymbiose im omayyad. Spanien. Im Auftrag seines Herrschers führte er diplomat. Verhandlungen mit Gesandtschaften aus Byzanz und Deutschland, assistierte bei der Übersetzung von →Dioskurides »De materia medica« aus dem Griech. ins Arab. und heilte 958/959 Kg. →Sancho I. v. Léon von seiner Fettsucht. Er förderte die beginnende hebr. Sprachwissenschaft in Spanien (→Grammatik) und versuchte, mit dem Kg. der zum Judentum konvertierten →Chazaren Kontakt aufzunehmen, dem er einen Brief schrieb. Bei internen Angelegenheiten der jüd. Gemeinde, wie bei der Bestellung von Rabbinatsrichtern, setzte er sich auch gegen Widerstände mit seinen Kandidaten durch.

H.-G. v. Mutius

Lit.: E. ASHTOR, The Jews of Moslem Spain I, 1973, 155ff.

Hase. [1] *Gelehrte Tradition:* H. (lat. lepus, falsche varron. Etymologie »Leichtfuß« [vgl. u. a. Isidor, etym. 12, 1, 23]) soll aus Feigheit schnell fliehen. Der »Liber rerum« bei Thomas v. Cantimpré 4, 65 (= Vinzenz v. Beauvais 18, 62); Albertus M., animal. 22, 110; Thomas III, ed. BRÜCKNER (= Konrad v. Megenberg III. A. 45) begründet damit die hauptsächl. nächtl. Nahrungssuche. Nach dem »Experimentator« und nach einem mit Barth. Angl. verwandten Text (Stuttgart, WLB, cod. 2° 24, 15. Jh., f. 118ᵛ) sei der H. zur Erntezeit bzw. im Frühling (Hinweis auf Balzverhalten?) sehr verspielt. Bei Thomas wird das ablenkende Hakenschlagen um die »Sasse« herum erwähnt. Das bibl. Speiseverbot bezieht sich auf die nagerähnl. Klippschliefer, doch war auch der diätet. Wert des H.nfleisches umstritten (vgl. Thomas und Albert). Die sprichwörtl. Fruchtbarkeit beruht nach Plinius (8, 218) auf der jährl. Änderung seines Geschlechts (vgl. Thomas = Vinc. 18, 62; Barth. Angl. 18, 66; Alex. Neckam 2, 134; Pseudoklem., Recog. 8, 25, 5) und/oder der »Überschwängerung« (Plin. 8, 219, zit. von Enzyklopädikern). Antike Motive wie das Schlafen mit offenen Augen (Plin. 11, 147, vgl. [Ps.-]Hugo 4, 10) wurden ebenfalls tradiert.

Ch. Hünemörder

Q.: →Albertus Magnus – →Alexander Neckam – →Bartholomaeus Anglicus – (Basilius) S. Y. RUDBERG, Eustathius, Ancienne version lat. des neuf hom. sur l'Hexameron de Basile de Caes., 1958 – A. BRÜCKNER, Q. stud. zu Konrad v. Megenberg [Diss. Frankfurt 1961] – Hugo de Folieto, De bestiis et aliis rebus, MPL 177 – Isidorus Hispalensis, Etymologiae, ed. W. M. LINDSAY, 2, 1911 – Konrad v. Megenberg. Das Buch der Natur, ed. F. PFEIFFER, 1861 [Neudr. 1962] – Pseudoklementinen, II. Recogn. in Rufins Übers., ed. B. REHM, 1965 – Thomas Cantimpratensis, Liber de natura rerum, T. 1, ed. H. BOESE, 1973 – Vincentius Bellovacensis, Speculum naturale, 1624 [Neudr. 1964].

[2] *Ikonographie:* Bibl. und patrist. Q. heben die bes. Fruchtbarkeit und Unkeuschheit des H.n hervor und sehen in ihm den schwachen Menschen, der vor seinen Verfolgern in den Felsen (= Kirche, Christus) Zuflucht sucht. Das Bildmotiv dreier H.n in einem Kreis, deren Ohren in der Mitte ein gleichseitiges Dreieck bilden, versinnbildlicht den Kreislauf der dreigegliederten Zeit. Auf Jagddarstellungen symbolisiert der H. die menschl. Seele, die durch den Teufel gejagt wird. In negativer Deutung steht er auch für das Unreine und Lichtscheue (hasenschlagender →Adler). Friedl. Verbindung mit Adlern und Löwen symbolisiert den paradies. Frieden. Bei Lasterdarstellung (Ignavia, Luxuria) steht der H. für das sanguin. Temperament, bei Szenen des Marienlebens und der hl. Sippe für gesegnete Fruchtbarkeit.

G. Jászai

Lit.: LCI II, 221–225 – D. FORSTER, Die Welt der Symbole, 1967², 283f. – W. v. SCHMIEDEN, Zur Herkunft des h.nschlagenden Adlers als Herrschaftszeichen Ks. Friedrichs II., Symbolon NF 1, 1972, 79–84 – J. BALTRUSAITIS, Das phantast. MA, 1985², 178–181.

Haselwurz (Asarum europaeum L. / Aristolochiaceae). Volksetymolog. wohl aus gr.-lat. *asarum* umgedeutet, ahd. *hasil-* bzw. *hasenwurz* (Albertus Magnus, De veget. 6, 470: Herba leporis). Med. verwendete man die ein äther. Öl enthaltende Pflanze als harntreibendes, menstruationsförderndes und v. a. als Brechreiz auslösendes Mittel (Macer, ed. CHOULANT, 1532–1568; Circa instans, ed. WÖLFEL, 81); Hildegard v. Bingen (Phys. I, 48) warnt vor einer möglichen abortiven Wirkung.

G. Keil

Lit.: MARZELL I, 457–462 – DERS., Die H . . . ., SudArch 42, 1958, 319–325.

Hasenpoth (lett. Aizpute), am rechten Steilufer der Tebber (lett. Tabra) in der kur. Landschaft Bandowe (→Kurland), im 13. Jh. Burg der Kuren, 1248 durch eine Burg des Dt. Ordens ersetzt. Seit 1295 Sitz des 1290 errichteten, dem Dt. Orden inkorporierten Domkapitels (sechs Domherren) und Mittelpunkt des einen der drei durch Ordensgebiet voneinander getrennten Teile des Bm.s →Kurland mit St. Marien-Dom; die um Burg und Dom sich entwikkelnde kleine Siedlung erhielt 1378 das Stadtrecht. →Riga. Das hier errichtete Franziskanerkl. bestand noch 1558.

M. Hellmann

Lit.: TH. KALLMEYER, Die Begründung dt. Herrschaft und christl. Glaubens während des 13. Jh., Mitt. der Ges. für Gesch. und Altertumskunde der Ostseeprovinzen Rußlands IX, 1859, 147ff. – PH. SCHWARTZ, Kurland im 13. Jh. bis zum Regierungsantritt Bf. Emunds v. Werd, 1875, 77 – Latviešu Konversācijas Vārdnīca I, 1927/28, 150–158 [Lit.] – V. BIĻĶINS, Kuršu brīvības cīņas, 1936.

Ḥasidismus, aschkenasischer (von Ḥassid 'der Fromme'), jüd.-pietist. Strömung in Deutschland im 12.–13. Jh.; ihre Zentren waren Regensburg, Worms und Speyer. Die religiös-soziale Lehre des H. ist in ihren Grundzügen im »Sefer Ḥassidim« ('Buch der Frommen') niedergelegt, das von Samuel d. Frommen († 2. Hälfte 12. Jh.) und dessen Sohn Juda d. Frommen († 1217) verfaßt wurde. Die myst. und theosoph. Lehre des H. ist v. a. in den Schriften aus dem Kreis um →Eleasar v. Worms enthalten. Die theosoph. Auffassung ist transzendent; die göttl. Anthropomorphismen werden einer sich offenbarenden Hypostase (Kawod, 'Glorie') zugewiesen. Der Ḥassid, der danach strebt, das »große Licht« der sich offenbarenden Gottheit zu schauen, muß schwierige religiöse Gebote (den »Willen des Schöpfers«) erfüllen, die über die normative →Halacha hinausgehen und z. T. asket. Züge (→Askese, B) tragen. Darin äußert sich ein entwickeltes Individualbewußtsein und auch eine starke Spannung zur nicht-ḥassid. jüd. Umwelt. Der Ḥassid, der in tiefem Sündenbewußtsein lebt und deshalb sich eingehend mit Bußritualen (→Buße, E) beschäftigt, drängt zu einem Urzustand der Menschheit mit materieller und sozialer Gleichheit zurück. Der Märtyrertod erhält, wahrscheinl. unter dem

Eindruck der Judenverfolgungen von 1096, eine bes. Bedeutung. Der H. enthält zahlreiche okkultist. und dämonolog. Elemente (→Dämonen, E). Sein Stellenwert innerhalb der jüd. Gesellschaft wird unterschiedl. beurteilt (als Volksbewegung, enger Kreis von Gelehrten oder aber Sekte). Er war vom gedankl. Aufbau her keine volkstüml., sondern eher eine elitäre Bewegung, die zu den etablierten Körperschaften und Gruppen der jüd. Gemeinde eine krit. Haltung einnahm. Seine Mystik wirkte auf die frühe →Kabbala in der Provence und auf der Iber. Halbinsel, seine pietist.-ethische Lehre ist im dt. und frz. Judentum z. T. normativ geworden.   I. Yuval

Lit. [ausgew.]: Y. BAER, Zion 3, 1937, 1–50 – J. DAN, Tarbiz 30, 1961, 273–289 – R. EDELMANN, Das Buch der Frommen als Ausdruck des volkstüml. Geisteslebens der dt. Juden im MA (Judentum im MA, hg. P. WILPERT, 1966), 55–71 – Y. BAER, Zion 32, 1967, 129–136 – H. SOLOVEITCHIK, Three Themes in the Sefer Hassidim, AJS Review 1, 1976, 311–357 – M. AWERBUCH, Weltflucht und Lebensverneinung der »Frommen Dtl.s«, AK 60, 1978, 53–93 – I. G. MARCUS, Piety and Society, 1981 – The Religious and Social Ideas of the Jewish Pietists in Medieval Germany, hg. DERS., 1986 – Jehudah ben Chemuel le Hassid, Sefer Hassidim, ed. E. GOURÉVITCH, 1988.

Hastière, lotharing. Abtei OSB an der Maas (heut. Belgien, Prov. Namur), s. von Dinant, gegr. um 900 als Frauenkl. durch den lotharing. Gf. en Wigerich (⊐ ebd.); urspgl. Bauten archäolog. nachgewiesen. Wigerich übertrug H. um 915 als →Precaria an das Bm. →Lüttich, unter Vorbehalt des →Nießbrauchs, wodurch die Abtei bei Wigerichs Sohn →Adalbero (seit 944 Bf. v. →Metz) verblieb; er tradierte sie 945 an die Metzer Abtei St. Glodesindis, deren Priorat H. wurde. 969 machte der Ks. H. durch Vereinigung mit dem 945 gegr. →Waulsort zu einem Männer-Doppelkl. Um 1030 wurde die frühroman. Kirche vom Abt v. Waulsort errichtet. Der berühmte »Psalter v. H.« (um 1073) stammt tatsächl. aus Waulsort. – Mit Hilfe von Urkundenfälschungen und tendenziösen erzählenden Q. versuchten Waulsort wie H., das bestehende Verhältnis anzufechten. Um 1150 erreichte Waulsort mit Hilfe →Wibalds v. Stablo die Herabstufung H.s zum Priorat; um 1200 versuchte H., seine unabhängige Stellung wiederzugewinnen, wurde aber definitiv Waulsort unterstellt.   G. Despy

Lit.: U. NONN, Die gefälschte Urk. des Gf. en Widerich für das Kl. H., RhVjbll 42, 1978, 52–62 – A. DIERKENS, Aux origines des abbayes de Waulsort et d'H. (A. WAYENS, Notes waulsortoises III, 1984), 7–31 – DERS., Abbayes et chapitres entre Sambre et Meuse, 1985 – s. a. Lit. zu →Waulsort.

Hastings, Hafenort am Bourne (südengl. Gft. Sussex); urspgl. →burh des südsächs. Haestinge aus dem 8. Jh.; Erwähnung im →Burghal Hidage, seit 973 eigene Münze; um 1017 von Kg. Knut der Abtei →Fécamp überschrieben. Im 11. Jh. zerstören Sturmfluten den Hafen; nach norm. Eroberung (→Hastings, Schlacht v.) Bau der Burg (1069) und Verschiebung der Siedlung nach O, mit parallelem Straßensystem und Kirchen St. Clement sowie All Saints; indirekte Erwähnung im →Domesday Book (24 burgenses). Erstes Privileg 1155/58 von Heinrich II. an die Barone v. H., Bestätigung 1205 und 1313. Bis in das 14. Jh. ein Haupthafen der →Cinque Ports, somit von Steuern (Lay Subsidy, Poll Tax) befreit. Im 15. Jh. zunehmende Zerstörung des Hafens und Bedeutungsverlust der an der Seeseite ummauerten Stadt mit drei Toren. Bei einer Größe von ca. 30 ha hatte H. wohl nie mehr als 2000 Einw.   B. Brodt

Lit.: W. G. MOSS, Hist. and Antiquities of the Town and Port of H., 1824 – CH. DAWSON, Hist. of H. Castle, 1909 – L. F. SALZMANN, H., 1921 – The Domesday Geography of South East England, hg. H. C. DARBY – E. M. J. CAMPBELL, 1971 – The South Saxons, hg. P. BRANDON, 1978.

Hastings, Schlacht v. (14. Okt. 1066), hatte die Normannenherrschaft in →England zur Folge. Am 28. Sept. 1066 landete Hzg. →Wilhelm v. der Normandie an der engl. Südküste. Der ags. Kg. →Harald II. eilte daraufhin von Yorkshire (→Stamford Bridge) nach London, sammelte ein (hauptsächl. aus Fußtruppen bestehendes) Heer und schlug am 13. Okt. auf dem »Hügel von Senlac« in der Nähe von H. (Sussex), wo die Normannen eine Stellung bezogen hatten, sein Lager auf. Das ags. Aufgebot (wohl höchstens 7000 Mann) umfaßte neben den →Hauskerlen und →Thegns viele ungeübte Peasants. Hzg. Wilhelm, der über ein vermutl. kleineres, aber kriegstüchtiges Heer gebot, griff am nächsten Morgen die vom Marsch ermüdeten Angelsachsen überraschend an. Dabei standen links Bretonen, in der Mitte Normannen, rechts frz. und fläm. Söldner. Die vorderste Reihe wurde von Bogenschützen gebildet, dahinter folgten schwerbewaffnete Fußsoldaten und sodann Reiter. Die Angelsachsen kämpften, auf der Anhöhe stehend, defensiv in geschlossener Formation. Sie wehrten mit Speeren, Streitäxten und Steinwürfen den ersten Angriff ab und warfen die Bretonen zurück. Wilhelm stellte durch persönl. Eingreifen die Ordnung wieder her. Bei einem weiteren Angriff setzten die Normannen offenbar das Mittel scheinbarer Flucht ein, um den Gegner zu täuschen. Sie fügten den Angelsachsen schwere Verluste zu. Deren Position geriet jedoch erst ins Wanken, als am späten Nachmittag Kg. Harald fiel. Während die Hauskerle aushielten, flohen viele der übrigen ags. Krieger, verfolgt von den norm. Reitern. Wilhelm hatte durch seine takt. kluge Führung wesentl. Anteil an dem entscheidenden Sieg, doch hatten auch die Normannen beträchtl. Verluste. →Bayeux, Teppich v.; →»Carmen de Hastingae proelio«.   K. Schnith

Q. und Lit.: HEG II, 791f. [Lit.] – EHD II, 1953 – C-H. LEMMON, The Field of H., 1960² – C. N. BARCLAY, Battle 1066, 1966 – E. TETLOW, The Enigma of H., 1974 – K.-U. JÄSCHKE, Wilhelm d. Eroberer, 1977 – Proceedings of the Battle Conference on Anglo-Norman Stud., hg. R. A. BROWN, erscheinen seit 1978.

Hastings, große baroniale Familie in England, deren erstes bekanntes Mitglied, Walter der Diakon, im →Domesday Book erwähnt ist. Einer seiner Enkel, William († 1165), war steward der Abtei →Bury St. Edmunds. Ein gleichnamiger Vetter diente Kg. Heinrich II. als steward. Dessen Enkel, ebenfalls mit Namen William († 1226), beteiligte sich 1216 am Aufstand gegen Kg. Johann. Sein Sohn Henry († 1250) erwarb durch seine Ehe mit Ada, der 4. Tochter von David, Earl of →Huntingdon, schott. Thronansprüche, die von den H. dann seit 1292 erhoben wurden. Henrys Erbe, ebenfalls mit Namen Henry († 1269), erhielt durch Heirat die Baronie Abergavenny. Er unterstützte Simon de →Montfort, wurde bei →Lewes zum Ritter gekürt, kämpfte bei →Evesham und hielt später →Kenilworth gegen Kg. Heinrich III. Sein Nachfolger und Sohn war John (1262–1313), der zum Parlament geladen wurde (1295) und 1302–04 sowie 1309–11 Seneschall der →Gascogne war. Johns Sohn aus 1. Ehe (mit Isabel, Tochter von William de Valence, Earl of →Pembroke), John (1286–1325), kämpfte bei →Bannockburn und wurde seit 1313 zum Parlament geladen. Dessen Sohn Lawrence (1320–48) erhielt 1339 die Pfgft. Pembroke, kämpfte u. a. bei →Sluis und nahm an der Belagerung von →Calais teil. Er besiegte die Franzosen vor →Crotoy (1347). Seiner Ehe mit Agnes († 1368) der 3. Tochter des Roger →Mortimer, entstammte ein Sohn, John (1347–75), der, seit 1369 in der Gascogne, an der Eroberung von Limoges (1370) teilnahm und Ritter des →Hosenbandordens wurde. Am 23. Juni 1372 unterlag er als Befehlshaber einer in die Guyenne entsandten Streitmacht vor La Rochelle den Kastiliern, geriet in Gefangenschaft, wurde durch Vermittlung Bertrands →Du Guesclin ausgelöst, starb aber, bevor er England erreichte. Aus seiner 2. Ehe mit Anne († 1384), der Erbtochter von Walter, Lord Manny, entstammte ein Sohn, *John,* der bereits 1389 kinderlos starb. Unter diesen Umständen fiel das Earldom Pembroke an die Krone zurück, die Baronie Manny erlosch, und die Baronie H. wurde zum Gegenstand eines langwierigen Rechtsstreits. Für die Pembrokeschen Besitzungen wurde eine Teilung zw. der Krone, den Erben und William →Beauchamp, der von Johns Vater durch →Fideikommiß eine Reihe von Ländereien, darunter Abergavenny, erhalten hatte, vorgenommen. Sir *Edward* H. (1382–1437) of Elsing (Norfolk), Urenkel von John († 1325) aus dessen 2. Ehe, forderte die Führung des Familienwappens (»or a maunche gules«) und, damit verbunden, den Besitz der Baronie H., gegen die Ansprüche *Reginalds* (1362–1440), des 3. Lord →Grey of Ruthin, des rechtmäßigen Vollerben über seine Großmutter Elizabeth, Tochter Johns († 1325) aus 1. Ehe. Nach langem Prozessieren vor dem Court of Chivalry (1401–10) wurde 1410 das Urteil kostenpflichtig zugunsten von Grey gesprochen. H. beugte sich dem Spruch nicht, sondern setzte 1417–37 den Kampf vor dem Marschallamt fort. Erst sein Sohn *John* (1412–77) gab die Sache verloren. 1461 wurde der einflußreiche *William* H., der einer anderen Linie entstammte, zum Lord H. gekürt (→ Hastings, William). Seine Familie starb 1542 im Mannesstamm aus. Der ehemalige Besitz der H. verblieb bei der Familie Grey.

M. Jones

Q. und Lit.: DNB IX, 112 f., 125 f., 129–133 – Peerage, VI, 345–363; X, 388–397 – Account of the Controversy between Reginald, Lord Grey of Ruthin and Sir Edward H., ed. Sir C. G. YOUNG, 1841 – G. T. CLARK, The Rise and Race of H., Archaeological Journal 25, 1869, 12–19, 121–136, 236–257 – R. I. JACK, Entail and Descent: The H. Inheritance, 1370 to 1436, BIHR 38, 1965, 1–19 – J. SHERBORNE, The Battle of La Rochelle and the War at Sea, 1372–75, BIHR 42, 1969, 17–29.

H., William, † 13. Juni 1483, Sohn von Sir Leonard H. († 1455), wurde früh zum Anhänger von →Richard, Hzg. v. York (Plantagenet). 1461 schloß er sich Richards Sohn, Eduard IV., an. Bei →Towton zum Ritter geschlagen, wurde H. einer der führenden Räte Kg. Eduards IV. Mit dem Lord-Titel ausgestattet, bekleidete H. hohe Würden. Gestützt auf seinen stark vergrößerten Besitz, namentl. um die Burgen Ashby und Kirby Muxloe (Leics.), baute er eine mächtige Klientel auf (→Bastard Feudalism). 1470 folgte er seinem Kg. ins Exil und nahm 1471 an der Schlacht v. →Barnet, durch die Eduard die Macht zurückeroberte, teil. Mit neuen Ämtern und Besitzungen überhäuft, empfing H. Pensionen auch von Ludwig XI. v. Frankreich wie von dessen Gegenspieler Karl d. Kühnen und begleitete Kg. Eduard auf dem Frankreichfeldzug von 1475. Nach Eduards Tod unterstützte H. Richard III. gegen die konkurrierenden →Wydevilles. Aus ungeklärten Gründen ließ ihn Richard jedoch bei einer Ratssitzung im Tower verhaften und eilig wegen Hochverrats hinrichten.

M. Jones

Lit.: Peerage VI, 370–374 – W. H. DUNHAM, Lord H.'s Indentured Retainers (1461–83), 1955 – CH. ROSS, Edward IV, 1974 – B. P. WOLFFE, When and why did H. loose his Head?, EHR 89, 1974, 835–844 – DERS., H. Reinterred, ebd. 91, 1976, 813–824 – CH. ROSS, Richard III, 1981.

Hasungen, ehem. Kl. OSB im heut. Hessen (Krs. Wolfhagen). An der Stelle einer von dem aus Schwaben stammenden Wanderprediger Heimerad († 28. Juni 1019) geschaffenen Niederlassung erbaute der Mainzer Ebf. →Ari

bo eine Wallfahrtskirche. Ebf. →Siegfried I. gründete dort 1074 ein Kanonikerstift, das er 1081 in ein Benediktinerkl. Hirsauer Observanz (→Hirsau) umwandelte und als Abt →Lampert v. Hersfeld unterstellte. Unter Siegfrieds kaisertreuem Nachfolger Wezelo zog ein Teil des Konvents nach Hirsau zurück, bis unter Ebf. Ruthard um 1090 die Hirsauer wieder zurückkehrten. H., dessen von Fälschungen durchsetzte Urkk. produktion Kl. verfassungen cluniazens.-hirsauischer und zisterziens. Prägung beeinflußte, lag oft im Streit mit dem Petersstift in →Fritzlar.

A. Gerlich

Lit.: H. BÜTTNER, Das Erzstift Mainz und die Kl. reform im 11. Jh., Archiv für mittelrhein. Kirchengesch. 1, 1949, 30–64, bes. 41, 46 ff., 50 ff. – W. HEINEMEYER, Die Urkk. fälschungen des Kl. H., ADipl 4, 1958, 226–263 – K. HALLINGER, Cluniacensis ss. religionis ordinem elegimus, Jb. für das Bm. Mainz 8, 1958–60, 224–272 – H. KELLER, »Adelsheiliger« und Pauper Christi in Ekkeberts Vita sancti Haimeradi (Fschr. G. TELLENBACH, 1968), 307–324 – W. HEINEMEYER (Fschr. K. JORDAN, 1972), 112–130 – J. S. ROBINSON, Zu den H. er Annalen, DA 34, 1978, 538–550.

Hatfield, Synode v., von Ebf. →Theodor v. Canterbury einberufene und unter seinem Vorsitz 679 tagende Versammlung der ags. Kirche aus Anlaß des →Monotheletismus-Streits zw. Papsttum und oström. Ks., in dem der Papst, nach Konstantinopel zur Synode geladen, sich zuvor der Rechtgläubigkeit der romverbundenen Landeskirchen versichern wollte. →Beda Venerabilis teilt in seiner »Hist. ecclesiastica gentis Anglorum« (IV, 17 f.) Anlaß, Ablauf und einen Teil der Synodalartikel mit, die aus dem Bekenntnis zur röm. Glaubenstradition bestehen.

H. Vollrath

Lit.: A. W. HADDAN – W. STUBBS, Councils and Ecclesiastical Documents III, 1878, 141 ff. – *Lit.:* H. VOLLRATH, Die Synoden Englands bis 1066, 1985.

Hathumar, 1. Bf. v. →Paderborn, wohl 806/807 auf Befehl Karls d. Gr. geweiht, † 9. Aug. 815 (?), ▭ Paderborn, Dom; stammte aus einer sächs. Familie. Als frk. Geisel der →Sachsenkriege erhielt H. seine Ausbildung in →Würzburg, wo er Kleriker wurde. Juli 815 stimmte er auf der Paderborner Reichsversammlung der Gründung des Kl. Hethis (822 nach →Corvey verlegt) zu.

G. Große

Lit.: DHGE XXIII, 520 f. – LThK² V, 26 f. – NDB VIII, 56 – E. MÜLLER, Die Entstehungsgesch. der sächs. Bm. er unter Karl d. Gr., 1938, 53–58 – K. SCHOPPE, Die Gründung der Paderborner Domschule (Von der Domschule zum Gymnasium Theodorianum in Paderborn, hg. K. HONSELMANN, 1962), 7–11.

Háttalykill inn forni ('der alte Schlüssel zu den Versmaßen'; wohl von lat. clavis rhythmica, metrica etc.), eines der exemplar. Werke der →Skaldendichtung, geht nach der altisländ. »Orkneyinga saga« auf den island. Skalden Hallr Þórarinsson und den Orkney-Jarl Rǫgnvaldr Kali Kollsson zurück. Inhaltl. ein vom Drachentöter Sigurd über Hrólfr kraki bis zu den norw. Kg.en reichender Heldenkatalog, stellt der H. in 41 Doppelstrophen ebensoviele Versmaße und Strophentypen zusammen, die zum Repertoire skald. Hofdichter gehörten. Das Werk lehnt sich auch an lat. Schullit. und die Grammatiken von →Priscianus und →Donatus an und weist Einflüsse der Troubadourdichtung auf, vermittelt wohl durch einen Aufenthalt Rǫgnvaldrs am Hof v. Narbonne während einer Jerusalem-Pilgerfahrt. Wie das Mustergedicht →Háttatal neigt der H. stellenweise zur Übersystematisierung der Verstypen.

H. Ehrhardt

Ed.: J. HELGASON-A. HOLTSMARK, H. enn forni (Bibl. Arnamagn. 1), 1941 – Kindlers Lit.-Lex. III, 1498 – *Lit.:* KL VI, 242 f. [A. HOLTSMARK] – K. v. SEE, Germ. Verskunst, 1967, 3 ff. – R. SIMEK-H. PÁLSSON, Lex. der an. Lit. 1987, 149 ff. [Lit.].

Háttatal ('Verzeichnis der Versformen'), der vierte Teil der →Snorra Edda des Isländers Snorri Sturluson, ein um 1220/23 verfaßtes kommentiertes Mustergedicht (102 Strophen, nach Vorbild des →Háttalykill mit 100 verschiedenen skald. Versformen) und zugleich ein Preisgedicht auf Kg. →Hákon Hákonarson und Jarl Skúli von Norwegen. Das Gedicht, die skald. Metrik und Stilistik in ihrem ganzen Formenreichtum dokumentiert, gilt als eine der wichtigsten Q. der →Skaldendichtung.　　　　　　　　　H. Ehrhardt

Ed.: Tн. Möbius, H. Snorre Sturlusonar, 1–2, 1879–81 – Edda Snorra Sturlusonar, ed. F. Jónsson, 1931 – *Übers.:* Die jüngere Edda, übertr. G. Neckel–F. Niedner, 1966 [Neudr.] – *Lit.:* Hoops² VI, 406ff. [G. W. Weber] – KL III, 475–480 [A. Holtsmark] – T. Krömmelbein, Snorri d. Sk. Stud. z. H., 1986 [Lit.].

Ḥaṭṭīn (Ḥiṭṭīn), **Schlacht v.** (3./4. Juli 1187), fand statt auf einem Plateau nahe dem – abgegangenen – Ort H. (10 km nw. von Tiberias in Galiläa), am S-Ende eines Hügels mit zwei 'Hörnern' (arab. *qarnei*). Dem von südl. des Sees Genezareth vorstoßenden →Saladin gelang es, durch Belagerung der Eschiva, gen. →Raimunds III., im Kastell Tiberias das christl. Heer unter Kg. →Guido aus seinem Lager bei Saffūrīya herauszulocken (der Kg. folgte dem fatalen Rat des Templermeisters). Die in drei Schlachtreihen (1. →Raimund III. v. Tripolis, 2. Kg. Guido, 3. Balian v. →Ibelin) gegen Tiberias vorrückenden, durch Sonnenglut und Wassermangel geschwächten Christen, insgesamt wohl knapp 20 000 Mann (bei etwa gleicher Stärke des muslim. Heeres), erlitten am 4. Juli nach einem Nachtlager in ungünstiger Position eine vernichtende Niederlage. Der Kg. und die überlebenden Ritter (mit Ausnahme der von Raimund geführten Abteilung) wurden gefangengenommen; das Hl. →Kreuz fiel in die Hände Saladins, der v. a. unter Templern und Johannitern ein Blutbad anrichtete und an →Rainald v. Châtillon Rache nahm. Die Schlacht v. H. führte zum Verlust →Jerusalems und zum Ende der ersten Kreuzfahrerherrschaft. →Kreuzzüge.　　　　　　　　　P. Herde

Lit.: EI² III, 510–P. Herde, Die Kämpfe bei den Hörnern v. H. und der Untergang des Kreuzritterheeres, RQ 61, 1966, 1–50 – H. Möhring, Saladin und der Dritte Kreuzzug, 1980, 20–23 – J. Prawer, The Battle of H. (Crusader Institutions, hg. Ders., 1980), 484–500– M. C. Lyons–D. E. P. Jackson, Saladin, 1982, 255–266.

Hatto (s. a. →Heito)
1. H. I., Ebf. v. →Mainz 891–913, * um 850, † 15. Mai 913; stammte aus einer schwäb. Adelsfamilie, die Ks. Karls III. Herrschaft stützte. Nach dem Sturz des Ks.s im Nov. 887 ist er auf der Seite →Arnulfs v. Kärnten anzutreffen, der ihm 888 und 889 die Abteien →Reichenau und →Ellwangen, im Sept. 891 das Ebm. →Mainz übertrug. H. wurde einer der maßgebl. Politiker in Herrschernähe. Gunstbeweisen verdankte er die Abteien →Lorsch und →Weißenburg. H. begleitete Arnulf auf dem Italienzug 894 und zwei Jahre später zur Kaiserkrönung nach Rom. Reichspolit. Ereignisse unter maßgebl. Beteiligung H.s waren 899 das Treffen mit →Zwentibold in St. Goar am 4. Febr. 900 die Wahl des noch minderjährigen →Ludwigs d. Kindes. Entsprechend einer Mainzer Grundlinie guten Verhältnisses mit den →Konradinern wirkte er auf Konrads I. Erhebung zum Kg. am 10. Nov. 911 hin. Dieses Verhältnis war bereits zuvor ausschlaggebend für H.s Haltung in der Babenberger Fehde gewesen (→Babenberger, ältere). Die Beziehungen zu Hzg. Heinrich v. Sachsen waren höchst gespannt. Dieser motivierte seine Weigerung, einen Mainzer Hoftag zu besuchen, mit einem angebl. Mordanschlag des Ebf.s.

H. verfügte über eine hohe theol. Bildung. Höhepunkte im Leben H.s waren die Synoden in →Frankfurt 892 und

→Tribur 895, die gleichermaßen auf Bewahrung der kirchl. Eigenrechte wie auf die Stärkung von Arnulfs Herrscheramt bedacht waren.　　　　　　　　　A. Gerlich

Q.: Reg. zur Gesch. der Mainzer Ebf.e I, bearb. J. F. Böhmer–C. Will, 1877 [Nachdr. 1966], XXVII–XXXI, Nr. 84–95 – Mainzer UB I, bearb. M. Stimming, 1934, Nr. 172–189 – *Lit.:* NDB VII, 80 [Lit.] – J. Schur, Kgtm. und Kirche im ostfrk. Reich vom Tode Ludwigs d. Dt. bis zu Konrad I., 1931, 48–58, passim – Hauck III, passim – J. Fleckenstein, Die Hofkapelle der dt. Kg.e I, 1956, passim – L. Falck, Gesch. der Stadt Mainz II, 1972, 38, 44, 52–58, 108 – F. Knöpp, Die Reichsabtei Lorsch I, 1975, 261–267 – F. Jürgensmeier, Das Bm. Mainz, 1988, 49 ff.

2. H. II., Ebf. v. →Mainz 968–970, † 18. Jan. 970; seit 956 Abt v. Fulda als Nachfolger seines Oheims Adalhard. Da er im Gegensatz zu Ebf. →Wilhelm v. Mainz (†968) die Errichtung eines Ebm.s in →Magdeburg befürwortete, setzte Otto d. Gr. ihn als dessen Nachfolger ein. Auf der Synode in Ravenna im Okt. 968 stimmte er der Unterstellung der Bm.er Brandenburg, Havelberg, Meißen, Merseburg und Zeitz unter Magdeburg zu und eröffnete so die Möglichkeit einer eigenen Kirchenorganisation ö. von Elbe und Saale. H. wirkte darauf hin, die Erzkanzlerwürde nach vorangegangener Unsicherheit wieder fest mit dem Mainzer Stuhl zu verbinden.　　　　　　　　　A. Gerlich

Q.: Mainzer UB I, bearb. M. Stimming, 1934, Nr. 209 f. – *Lit.:* W. Schlesinger, Kirchengesch. Sachsens im MA I, 1962, 28–33 – L. Falck, Gesch. der Stadt Mainz II, 1972, 63.

Haube. 1. H. (ahd. *hûba*, mhd. *hûbe*; von idg. *keu-bh-*, 'Wölbung'), Bezeichnung für regional und zeitl. in Form, Material und Verwendung stark differierende Kopfbedeckungen beider Geschlechter. In der ma. Terminologie der Frühzeit unterscheidet sich die H. vom →Hut durch die ihr eigene, dem Kopf sich anschmiegende Rundform. Zunächst dürfte H. nur als Bezeichnung bestimmter Formen von männl. Kopfbedeckungen Verwendung gefunden haben. Als modisches Kleidungsstück fertigt man sie aus kostbarem Material (z. B. mit Goldbändern, in →Brettchenweberei hergestellt, oder mit Perlen- oder Goldstickereien verziert). Als Terminus für eine weibl. Kopfbedeckung tritt H. belegbar erst ab dem 14. Jh. in Erscheinung, vermutl. in der Bedeutung als eng anliegende H., die, wie literar. Q. berichten, unter *Rise* oder »Pfauenhut« sitzen. Zu dieser Zeit wird in der Männermode die H. immer stärker vom Hut verdrängt. H.n dienen allerdings weiter, unter Hüten bzw. →Baretten getragen, als Befestigungshilfe für diese. H. wird schließlich als Bezeichnung für die aus dem vielfältig gelegten und fixierten Kopftuch entwickelte, oft sehr ausladende Kopfbedeckung der verheirateten Frau übertragen. Die Erwähnungen von H.n in den städt. Kleiderordnungen belegen, daß die Bedeutung des Terminus H. im SpätMA uneinheitl. bleibt (unterschiedl. Stoffqualitäten werden angeführt). Bezeichnungen für ma. Kopfbedeckungen wie Burgunderh., Hörnerh. etc. sind nz. Ursprungs. E. Vavra

Lit.: Grimm, DWB X, 562 ff. – L. C. Eisenbart, Kleiderordnungen der dt. Städte zw. 1350 und 1700 (Göttinger Beitr. zur Geschichtswiss. 32, 1962) – H.-F. Foltin, Die Kopfbedeckungen und ihre Bezeichnungen im Dt. (Beitr. zur dt. Philologie 26, 1963) – I. Petraschek-Heim, Die Goldh.n und Textilien im hochma. Gräber von Villach-Judendorf, Neues aus Alt-Villach 7, 1970, 57 ff. – G. Krogerus, Bezeichnungen für Frauenkopfbedeckungen und Kopfschmuck im Mnd. (Commentationes Humanarum Litterarum 72, 1982).

2. H. (mhd. *hûben, heubel,* wohl ident. mit it. *cervelliera*), zur Zeit des frz. Kg.s Ludwig IX. aufkommender kleiner, halbrunder Helm, der auf die →Harnischhaube aufmontiert, nicht sichtbar unter der Ringelkapuze getragen wurde. Gegen Ende des 13. Jh. entstand als Variante die höhere, eiförmige →Beckenhaube, welche ab 1310 als unverdeckt geführter →Helm die H. endgültig verdrängte. Der in mhd. Q. genannte *heubelhuot* dürfte ein runder Helm mit verstärktem Rand oder ganz schmaler Krempe gewesen sein. O. Gamber

Lit.: SAN MARTE, Zur Waffenkunde des älteren dt. MA, 1867.

Haubergeon (frz.; mhd. *haberjoel*), im 12./13. Jh. als Verstärkung über dem →Haubert getragenes kurzes, schweres Ringelpanzerhemd. O. Gamber

Lit.: SAN MARTE, Zur Waffenkunde des älteren dt. MA, 1867.

Haubert (frz.; von dt. *halsberc*), hochma. Ringelpanzerhemd. Seine getrennte oder anhängende Kapuze stammte vom byz. Skaplion ab. Die zunächst halblangen Ärmel wurden in der 2. Hälfte des 12. Jh. unter oriental. Einfluß durch lange Ärmel samt Fäustlingen ersetzt, die Kapuze nun stets fest mit dem Hemd verbunden. Schlitze und Verschlüsse ermöglichten das Abstreifen von Fäustlingen und Kapuze. In dieser Form erhielt sich der H. bis um 1320, doch begann schon um 1250 die allmähl. Aufteilung in Hemd mit Stehkragen, Kapuze und →Handschuhe, die um 1330 allg. üblich wurde. Das Wort H. für das Ringelhemd wurde im SpätMA durch *panzer* ersetzt. O. Gamber

Lit.: SAN MARTE, Zur Waffenkunde des älteren dt. MA, 1867.

Haubitze (von tschech. *houfnice*), ein seit den →Hussitenkriegen bekannter Geschütztyp (→Steinbüchse auf Räderlafette), aus dem vornehml. →Bomben, →Brandkugeln und →Hagelgeschosse verschossen wurden. E. Gabriel

Lit.: B. RATHGEN, Das Geschütz im MA, 1928.

Haudry, Étienne, Pariser Tuchhändler und Hoffinanzier, †Jan./Nov. 1314, ⊡ Paris, Chapelle des Haudriettes, ⚭ Jeanne Bartou; drei Söhne. Seit 1284 im Dienst Kg. →Philipps IV., war H. kgl. →*panetier*, 1296–1308 als Tuchlieferant des Hofs, daneben Prokurator, der die Renten hoher Adliger belieh. Einer der reichsten Bürger von Paris (er zahlte 1298, 1299 und 1300 in der Draperie 58 *livres* an Steuer), kaufte H. mehrere Renten auf den →*Trésor* und erwarb ein Lehen in Annet (dép. Seine-et-Marne). Er stiftete vor 1306 zu Paris ein Hospital (Hôpital des Haudriettes, Rue de la Mortellerie). Seine Testamentsvollstrecker waren sein Schwager Renaud Bartou sowie Pierre, Étienne und Jacques →Marcel, Mitglieder des großen Pariser Handelsbürgertums. E. Lalou

Q.: Arch. nat., Dokumentation der »Gallia Philippica«.

Hauksbók, umfangreiche Sammelhs., entstanden 1306–08, Auftraggeber (z. T. auch Schreiber): Haukr Erlendsson, enthält ganz unterschiedl. Texte (zur frühen Gesch. Islands, Norwegens, Dänemarks; die →Völuspá; z. T. aus dem Lat. übers. lit. sowie wiss.-didakt. Texte verschiedenen Inhalts).

Ed.: F. und E. JONSSON, 1892–96 [Faks.] – J. HELGASON, 1960 – Lit.: KL VI, s. v. [Lit.] – R. SIMEK–H. PÁLSSON, Lex. der anord. Lit., 1987, 151f. [Lit.].

Haupteslösung → Egill Skallagrímsson

Häuptlinge (lat. capitalis, capitaneus; afries. *hauding*, mnd. *hovetling*), in Friesland urspgl. Bezeichnung für die Hauptpersonen in einem Prozeß oder die Anführer von Fehde- und Militärverbänden, seit 1358/59 als bestimmter Titel fries. Machthaber und Standesherren belegt. Im Zuge des grundlegenden sozialen und rechtl. Wandels des 14. Jh., der eine Durchsetzung der personal-herrschaftl. gegenüber den territorial-genossenschaftl. Kräften (→Fries. Freiheit) beinhaltete, verselbständigten sich 'divites' und 'potentes' mit Hilfe eines (geringen) stehenden Militärgefolges und eines (kleinen) befestigten Steinhauses, um schließlich allein als H. definiert zu sein. Zw. Ems und Jade lösten souveräne H.sherrschaften klein- bis groß-

räumigen Zuschnitts (→Brok, tom) die autonomen Landesgemeinden ab, bis 1464 die →Cirksena zu Reichsgf.en wurden. Zw. Ems und Lauwers wurden die H. dagegen durch die Stadt →Groningen wieder zur Einfügung in die landesgemeindl. Strukturen gezwungen, vermochten somit keine bedeutenden Standesprivilegien, wohl aber – durch Aufkauf genossenschaftl. Berechtigungen – eine vollständige Dorfherrschaft zu erlangen. W. der Lauwers konnten die H. als neue Gruppe die überkommene Ordnung zwar schwächen, aber nicht auflösen. Seit dem späten 15. Jh. wurden die H. im gesamten fries. Bereich zum festumrissenen Stand. H. van Lengen

Lit.: H. I. GOSSES, De Friesche hoofdeling (DERS., Verspreide geschriften, 1946), 402–450 – H. VAN LENGEN, Zur Entstehung und Entwicklung der H.sherrschaft im ö. Friesland, Oldenburger Jb. 84, 1984, 25–50 – s. a. Lit. zu →Friesen, Friesland.

Hauptrecht → Besthaupt

Hauptsünden → Sünde

Haus, -formen
A–C. Westlicher Bereich: A. Einleitung – B. Archäologie – C. Rechts- und Verfassungsgeschichte – D. Byzanz – E. Islamisch-arabischer Bereich

A–C. Westlicher Bereich:
A. Einleitung
H. meint im weiteren Sinn jeden von Menschenhand geschaffenen Bau, im engeren ein von Menschen bewohntes Gebäude (Wohnh.), v. a. das →Bauernh. und das →Bürgerh.

Aufrechtstehende H.er sind fast nur aus dem späten MA erhalten, wobei freilich zu berücksichtigen ist, daß kaum ein H. vollständig und unberührt aus dem MA stammt, sondern immer mehrfach verändert wurde. Doch aus der Summe der Einzelbeobachtungen an erhaltenen ma. Bauteilen kann im Verein mit archäolog. Unters. und Funden sowie mit schriftl. und bildl. Überlieferungen ein relativ deutl., freilich noch längst nicht endgültiges Bild von H.bau und H.formen im späten MA entstehen, während die Kenntnis des früh- und auch hochma. H.baus allein anhand der insgesamt noch geringen und meist vieldeutigen Grabungsfunde sehr mangelhaft ist.

Der spätma. H.bestand geht in Mitteleuropa sicher in die Zehntausende, wie erste Überblicke in Westfalen, Hessen und Franken nahelegen. In West- und z. T. auch in Südeuropa ist ebenfalls von einem breiten, ma. Substrat im profanen Bauwesen auszugehen, dagegen scheinen im n. und ö. Europa die ma. Bestände wesentl. geringer zu sein oder zu fehlen. Die regionalen Unterschiede in der Bestandsdichte sind insgesamt groß und bisher kaum erklärt.

Nicht nur die Quantität erhaltener spätma. H.er ist überraschend hoch, sondern auch ihre baul. Qualität. Nach dem bisherigen Forschungsstand muß man davon ausgehen, daß spätestens um 1250 alle wesentl. städt. und wahrscheinl. auch ländl.-bäuerl. Bauweisen und H.formen bereits voll entwickelt waren. Das gilt für den Steinbau (älteste fest datierte Steinh.er 12. Jh.) wie für den Holzbau (älteste Fachwerkh.er z. B. 1267 in Bad Wimpfen, 1268 in Esslingen; ältester Blockbau 1286 im Kanton Schwyz).

Im Großteil des s. Mitteleuropa existiert schon das mehrräumige und häufig auch mehrgeschossige H. Wesentl. Unterschiede zum nz. H.bau bestehen in der Grundstruktur kaum, selbst die Größe ma. H.er steht kaum hinter der jüngerer Bauten zurück. Die Entwicklung zu differenzierten, z. T. sehr qualitätvollen Bau- und H.formen muß also bereits vor 1250 gesucht werden. Dazu stehen manche archäolog. Befunde mit einräumigen Pfosten- und Grubenbauten aus der Zeit nach 1250 in einem gewissen Widerspruch, die wohl nur so interpretiert werden können, daß hochwertige und einfachere H.formen (v. a. in untergeordneten Bauaufgaben) lange nebeneinander her bestanden.   K. Bedal

Lit.: →Bauernh., →Bürgerh., →Dach, →Fachwerkbau – H.bau im MA, Jb. für H.forsch. 33, 1983 – H.bau im MA II, ebd., Sonderbd., 1985 – H.bau im MA III, Sonderbd., 1988 – G. U. GROSSMANN, Der spätma. Fachwerkbau in Hessen, 1983 – F. KASPAR, Fachwerkbauten des 14. bis 16.Jh. in Westfalen, 1986 [Lit.] – K. BEDAL u. a., Ein Bauernh. aus dem MA, 1987 – B. FURRER, Beitr. zur H.gesch. des 13. und 14.Jh. in der Innerschweiz (Der Geschichtsfreund 141, 1988), 175–200 – Beitr. zum städt. Bauen und Wohnen in Nordwestdtl., hg. G. WIEGELMANN–F. KASPAR, 1988.

B. Archäologie

Im folgenden wird nur auf neue Grabungsergebnisse und Literatur Bezug genommen, die im Artikel →Bauernh. nicht berücksichtigt worden sind.

I. Nördliches Europa – II. Britische Inseln und Frankreich – III. Mitteleuropa – IV. Osteuropa – V. Baltikum–Finnland.

I. NÖRDLICHES EUROPA: Bis zur jüngeren Völkerwanderungszeit (VWZ) wurde die eisenzeitl., nur in Schweden nicht sicher nachgewiesene Wohnstallhalle überwiegend als H. benutzt. Erst bei den in der jüngeren VWZ und Merowingerzeit sich entwickelnden Hallen in Dänemark und Schleswig-Holstein wurde der Stall zunehmend ausgeschieden. Schiffsförmig gebauchte Grundrisse, vielfach mit Holzwänden (Bohlenh.), sind in Südskandinavien sowie in karol. Zeit in Westfalen u. den Niederlanden überliefert, erscheinen aber auch in England. Sie wirken im MA-Bestand nicht nach. Wandlastige Bauten treten häufiger längs der Nordseeküste sowie im Binnenland auf, gelegentl. mit Firstsäulen, in Dänemark ohne Verbindung zum Stall (Bulagergård, Hampegård). Inzwischen wurden s. von Dänemark wandlastige H.er vielfach entdeckt, doch erscheinen längs der Küste Wohnstallhallen vom alten Typ, die auch im Husumer Watt und in Alt-Archsum (Sylt) neuerdings belegt sind. Die in Westfalen ausgegrabenen H.er des HochMA zeigen nach der wandlastigen Phase wieder dreischiffige Teile. Ungeklärt ist, ob sich daraus das spätere Nd. Hallenh. entwickelt hat oder ob dieses von den dreischiffigen kl. →Grangien beeinflußt wurde. Ein deutl. Umbruch in der H.entwicklung ist in Norwegen und Schweden in der Wikingerzeit zu erkennen (vgl. z. B.: →Helgö, →Eketorp): Das zunächst einräumige Kleinh. verbreitete sich bis zum Atlantik. In W-Norwegen blieb die Reihung der Einzelh.er üblich, denn die Funktionen der Wohnstallhalle wurden auf Einzelbauten verteilt. Es gab keine Ställe und keine Innenpfosten mehr im Wohnbereich. Mit diesem einräumigen Stubenh. (stofa[an], stova, stuga, stue) breitete sich der Blockbau aus, der auch ildhus (Feuerhaus), bur (Speicher) und badstova erfaßte, die im Gulathing-Gesetz als die üblichen H.formen erscheinen.

Das wandlastige H. besaß eine andere Dachkonstruktion (→Dach). Schräge äußere Wandstützen gingen auf eine auswärts strebende Belastung, wie sie vom Scherendach oder vom Sparrendach erzeugt wurde, zurück. Sie verschwanden nach dem HochMA. Grundrisse mit einräumiger Stube und bald gangartiger, auch unterteilter Vorstube konnten für die Zeit seit dem 12. Jh. bei Stadtgrabungen in Norwegen (Oslo, Kaupang i Borgund, Drontheim), nachgewiesen werden. Über der Vorstube befand sich schon in der alten Raulandstova (um 1200) eine Loft, die zur später allg. üblichen Mehrstöckigkeit überleitete, welche in den bis zu drei Stockwerken hohen

Speichern Höhepunkte nord. Holzarchitektur erreichte. Einflüsse aus der Burgenarchitektur des Festlandes machten sich bei den wehrturmartigen Speichern, bei Kellerstuben, zweigeschossigen Langloften mit Galerien und selbst im Namen »Bergfriedstube« (barfrøstue) bemerkbar. Die dreigliedrigen Grundrisse vom Typ »Kyrkhultstuga« (eingeschossige stuga von zwei zweigeschossigen Speichern seitl. eingerahmt) scheinen die letzten Ausläufer älterer Formen zu sein. Sie wurden auf Herrensitzen und in Städten in Schweden und Dänemark mit erhöhten Seitentrakten aus dem HochMA entdeckt (Kläckeberga, Lund, Næsholm, Smerup) und gehen vielleicht auf kontinentale karol. Anlagen wie den Palas von →Broich zurück. Die Anordnung von Erdgeschossen als Weinkeller oder Stall mit Wohnung über Außentreppe und Galerie findet man in ma. Städten und vielen Landh.ern im Zentralmassiv und Midi wieder. – Auch in der Parstuga (zwei Räume beiderseits eines Mittelganges) könnten herrschaftl. Palastbauweisen nachwirken (vgl. z. B. die Burg Hultaby in Schweden). Wichtig war die Entwicklung von der offenen Feuerstelle über die aare (Mittelherd) zum Eckherd. Nach Einführung eines Kamins konnte so eine höhere Wohnkultur entstehen.

II. BRITISCHE INSELN UND FRANKREICH: In Goltho und Lindsey wurden Rundbauten einheim. Tradition in mittelsächs. Zeit durch Rechteckh.er abgelöst. Hier gab es keine Wohnstallh.er (longhouses). Die bekannten ags. Siedlungen haben sich vervielfacht, von den Hallen der Oberschicht sind neue Belege in Yeavering, Cheddar und Goltho ergraben worden. Die hall war Bestandteil selbst kleiner Bauernh.er und konservierte das offene Feuer. Bei Altformen erscheint häufig ein dreigliedriger Grundriß mit hall, solar und buttery-Flügel (Amberley Court), ähnlich den skand. Typ »Kyrkhultstuga«. Vielleicht gehen beide auf gleiche Wurzeln zurück.

In der Bretagne fand man rechteckige Steinfundamente mit abgerundeten Giebeln (Kerlano, Morbihan, Pen er Malo). An den Ufern des Sees Palandru (Dauphiné) sind rechteckige Schwellbohlenfundamente von H.ern entdeckt worden, die dem 10. Jh. angehören (wohl mit eingezapften Ständern und Lehmstampfwand).

III. MITTELEUROPA: In der VWZ kamen neue H.formen auf. Das Wohnh. war rechteckig mit Pfostenwänden und wandlastig oder hatte Firstsäulen. Es war mit mehreren Nebengebäuden vereint (Scheuern, Ställe und →Grubenh.er), die nie zum Wohnen dienten. Wo nur Grubenh.er beobachtet wurden (Merdingen), sind ebenerdige Bauten nicht nachgewiesen, vgl. z. B. die Siedlungen in Gladbach-Neuwied, Sindelfingen, Sulz. In Bayern sind große Teile von Dörfern (Eching und München-Englschalking, →Kirchheim b. München) ausgegraben. Neben Pfosten- und Grubenbauten kommen auch Steinlagen für die Wand vor (Wülfingen, Kocher). Es lassen sich unter den Wohnh.ern solche mit einem inneren wandlastigen Firstsäulenbau und umlaufenden Pfosten zur Abstützung des Daches ausscheiden. Neben den Dorfh.ern hat es Einzelhöfe der Oberschicht gegeben (Oberparbing-Keuzhof), die schon als lockere Vierseithöfe angelegt sind. Auf der ma. Wüstung Königshagen (Harzgebiet) sind in Vierseithöfen wandlastige Fachwerkh.er mit Kellern gefunden worden. Gut im Holz erhalten sind Pfostenbohlenwandh.er auf Schwellriegeln in der ma. Burg →Husterknupp. Auf ma. Wüstungen im SO (Pfaffenschlag, Mstěnice, Thaya) konnten langrechteckige Wohnh.er nachgewiesen werden, teilweise auch unterteilt und mit Steinsockelwänden, auf denen eher Bohlenständerh.er als Blockbauten oder auch Lehmwände gestanden haben.

IV. Osteuropa: In dem Gebiet zw. Oder und Wolga sind nur vereinzelt gute ältere Grundrisse erhalten. Interessant ist→Biskupin. Aus Schlesien gibt es einige H.er der VWZ, leicht eingetieft, gedrungen rechteckig mit Wandpfosten. Mit der slav. Siedlung nimmt die Zahl der ergrabenen H.er sprunghaft zu. Hier waren die Grubenh.er nicht nur Nebengebäude wie im W, sondern auch Wohnh.er. Aus der frühslav. Zeit kennen wir diese Grubenh.er mit Eckpfosten aus Dessau-Mosigkau oder Březno. Im germ. Bereich treten ähnliche Typen auf (Březno, Bosau), die aber meist Sechspfostenbauten sind gegenüber den Vierpfostenh.ern der Slaven. Kleinere Siedlungen werden einer Großfamilie zuzurechnen sein wie in Borževo am Don (9.–10. Jh.), wohl auch in Dessau-Mosigkau und Březno. In Rußland hat man im standfesten Löß Nischen und Bänke, sogar Öfen modelliert. Mehrfach trugen Pfosten in den Ecken und unter dem First das Dach und stützten die Wandverschalung ab, die vielfach in Blockbautechnik (→Holzbau) konstruiert war. Dies dürfte eine Zwischenform zum reinen Blockbau gewesen sein, der keiner Pfosten bedarf. In Bereznjaki (4.–5. Jh.) und Novotroizkoi (8.–10. Jh.) bestand der Blockbau aus der einräumigen Stube, die auch eine Vorstube wie in Skandinavien haben konnte. In der n. Waldzone sind zahlreiche ebenerdige Blockbauten aus dem Gebiet um Peipus- und Ladogasee sowie in Novgorod nachgewiesen. Die (Rauch-) Öfen bestanden aus Stein und Lehm, die Badeöfen waren locker aus Steinen errichtet. Diese Grundrisse waren in ganz Osteuropa verbreitet.

V. Baltikum–Finnland: Die H.er gleichen weitgehend denen im n. Europa oder in Rußland. Aus der röm. Ks.zeit sind schon Spuren des Blockbaues in Form der gebrannten prismat. Lehmdichtungen bekannt. Auf dem Burgberg Kente bei Riga sind karol. Blockbauten erschließbar, und in den Araischen Seesiedlungen sind Blockbaustuben mit aare und Vorstube in Holz erhalten (wohl 9.–10. Jh.). Blockbauten auf dem estn. Burgberg Löhavere stammen aus dem MA. Aus Finnland kennt man viele Hinweise (Blockbaulehm) aus der Eisenzeit und dem frühen MA, doch kaum konkrete Grundrisse, während auf den Åland-Inseln einige Hallen der jüngeren Eisenzeit entdeckt worden sind.   H. Hinz

Lit.: →Bauernh. – zu [I]: H. Hinz, Stova-Eldhus-Bur, 1988/89 [vollst. Lit. bis 1985] – A. Berg, Norske tømmerhus frå mellomalderen, I: Allment oversyn, 1989 – zu [II]: H. Hinz, Das mobile H., Château-Gaillard 7, 1974, 141–143 – M. Colardelle, Les villages médiévaux du lac de Palandru, 1978 – A. Fenton, The Island Blackh., 1978 – B. W. Cunliffe, The Excavations at Portchester, II Saxon, 1979 – J. G. Hurst, Wharram, 1979 – P. A. Rahtz, The Saxon and Medieval Palaces of Cheddar, 1979 – R. Fossier, Le village et la maison du MA, 1980 – A. Fenton-B. Walker, The Rural Architecture of Scotland, 1981 – G. I. Meirion-Jones, The Vernacular Architecture of Britanny, 1982 – H. Clarke, The Archaeology of Medieval England, 1984 – G. Feresford, Goltho, 1988 – zu [III]: H. Hinz, Die Ausgrabungen auf der Wittenhorst, Krs. Rees, BJ 63, 1963, 368–392 – Ders., Die Ausgrabungen auf dem Kirchberg in Morken, Krs. Bergheim, 1969 – B. Scholkmann, Die archäolog. Ausgrabungen in der oberen Vorstadt Wurmberg in Sindelfingen, 1972, 155–202 – G. Kossack u. a., Zehn Jahre Siedlungsforsch. in Archsum/Sylt, Ber. der Röm.-Germ. Kommission 55, 1974, 262–377 – M. Schulze, Die Wüstung Wulfingen am Kocher, Jb. des Röm.-Germ. Zentralmus. 23 f., 1976 f., 154–311 – U. Osterhaus, Oberparching-Kreuzhof ö. Regensburg, 1977, 2 – R. Christlein, Kirchheim b. München, 1980, 162 f. – W. Sage, H.forsch. und MArchäologie, Jb. für H.forsch. 33, 1982, 9–36 – H. Hinz, Bosau, Unters. einer Siedlungskammer in Ostholstein, VI: Die Grabungen auf dem Möhlenkamp 1974–79, 1983 – S. Winghart, Frühma. Siedlungen in Eching und München-Englschalking, 1983, 139–144 – C. Reichmann, Zur Entstehung des nd. Hallenh.es, Rhein.-Westfäl. Zs. für VK 29, 1984, 11–77 – F. Felgenhauser, Ausgrabungen im Bereich der ma. Dorfwüstung »Hardt« bei Thaya, Niederösterreich

(Beitr. zur MA-Archäologie in Österreich 1, 1985), 15–28 – V. Nekuda, Mstěnice, Zaniklá středověčká ves 1, 1985 – M. Müller-Wille, K. H. Willrith, D. Meyer u. a., Von der Eisenzeit zum MA, Ber. der Röm.-Germ.-Kommission 67, 1986, 139–546 – U. Osterhaus, Ein frühma. Gehöft mit Gräberfeld in Burgweinig, 1986, 139 f. – zu [IV]: I. Pleinerova, Germ. und slav. Komponenten in der Siedlung Březno bei Louny, Germania 43, 1965 – B. Krüger, Dessau-Mosigkau, ein frühslav. Siedlungsplatz im mittleren Elbgebiet, 1967 – J. Herrmann, Die germ. und slav. Siedlungen, das ma. Dorf Tornow, 1973 – B. Dostal, Břeclaw Pohansko, 1975 – I. Pleinerova, Březno, Vesnice prvich Slovanu v severoczádnich Čechach, 1979 – R. Barnycz-Gupieniec, Mieczkalnebudowictwo drewniane e strefie nadbłyctikiej we wczes nym średniowieczu, 1984 – P. A. Rappoport, Archeologija SSSR, Drewnjaja Rus', 1985 – J. Bockowska-Gedikowa-B. Gedika, Wczesnośredniowieczny gród na Ostrówku w Opolu, 1986 – E. Schuldt, Der Holzbau bei den nordwestslav. Stämmen vom 8.–12. Jh., 1988 – H. Hinz, Der skand. Blockbau und seine Beziehungen zum Kontinent (Beitr. zur MArchäologie in Österreich 4, 1988/89) – zu [V]: J. F. Apals, Entwicklung der lettgall. Wohnstätte des 9.–10. Jh. und der Versuch einer Rekonstruktion (Probleme der Erforsch. des H.baues im Altertum [8.–14. Jh.] im NW der UdSSR, 1983) – A. V. Caune, Žilisca Rigi 12.–14. vv po dannym archeologičeskich raskopok, 1984 – P. Uino, Iron Ages Stud. in Salo, 1986.

C. Rechts- und Verfassungsgeschichte

I. Germanisches und deutsches Recht – II. Skandinavien – III. England – IV. Italien – V. Frankreich.

I. Germanisches und deutsches Recht: [1] Unter den idg. Bezeichnungen für das vom Menschen zu seinem Schutz (aus Holz) geschaffene Gebäude scheint die Vorstufe von germ. *husam, *huzam noch gefehlt zu haben. Im Germ. ist dieser Stamm aber durch ahd., as., afries., ae., an. hūs und got. (gud)hūs gut bezeugt. Das H., dessen Mittelpunkt das Herdfeuer bildete, war stets von einem Hofraum umgeben, dessen Zaun auch Nebengebäude umschließen konnte. Es war ein Ort bes. Friedens, dessen Verletzung verschärfte Folgen nach sich zog (→Heimsuchung). Zum Zwecke einer →H.suchung durfte es nur unter Einhaltung strenger Formen betreten werden.

Die vom H. umschlossenen Menschen bildeten eine H.gemeinschaft, die selbst wieder als H. (lat. domus) bezeichnet werden konnte (→Familie, B. VI, 1 a). Ihr Haupt war der erwachsene Mann, mit dem vielleicht schon das Idg. eine Gewalt verbindet, der Frau und Kinder ebenso unterlagen wie das (unfreie) →Gesinde. Bezüglich freier H.angehöriger wurde sie wohl germ. als *mundi-, *mundo-, *munduz ('Schutz') bezeichnet und steht mit lat. manus ('Hand, H.gewalt') in Verbindung. Inhaltlich umfaßte diese personale Herrschaftsgewalt eine Bestimmungs- und Züchtigungsgewalt. Gegenüber Töchtern trat diese v. a. in der Befugnis zur Verheiratung hervor. Eine Veräußerung wird selten gewesen sein. Andererseits hat der H.herr über seine H.genossen Schutz ausgeübt und stand für Schäden ein, die sie verursacht hatten.

Über das H. selbst und weitere zugehörige Sachen hatte der H.herr eine sachenrechtl. Herrschaftsgewalt. In der Regel war er nur zeitl. Träger dieser Gewalt, so daß diese mit seinem Tode auf seine Söhne überging (→Erbrecht, B. I). Söhne konnten jedoch durch Abschichtung aus der H.gemeinschaft ausscheiden, während Töchter bei ihrer Verheiratung eine Ausstattung aus dem H.gut erhielten.

Der Ansicht von O. Brunner, das H. sei der Kern aller →Herrschaft, hat K. Kroeschell mit gewichtigen Gründen widersprochen.

[2] Im Laufe des MA drang v. a. beim Adel und dem städt., von der Landwirtschaft zum Handel und Gewerbe wechselnden Bürger das festere Steinhaus vor. In den Städten wurden die H.er bald auch vermietet und dabei vielfach in einzelne Wohnungen unterteilt. Zugleich wurde der das H. umgebende Hofraum zunehmend überbaut.

In der städt. und ländl. →Gemeinde wurde die H.stätte (mnd. *wort,* lat. area) als Trägerin der genossenschaftl. Rechte und Pflichten angesehen. Als Kennzeichen der zum H. gehörenden Sachen und Rechte diente v. a. auf dem Lande vielfach eine →H.marke.

Der schon von den Volksrechten betonte bes. Friede des H.es wurde von den →Gottes- und →Landfrieden verstärkt. Jedem H. und jeder umzäunten Hofstätte wurde ausdrückl. Frieden zugesprochen (Pax Dei incerta, MGH Const. I, Nr. 426). Dem schlossen sich die →Stadtrechte für das H. des Bürgers an.

Die H.gemeinschaft wurde im Laufe des MA allmähl. kleiner. In den Mittelpunkt der Kleinfamilie rückte die ehel. Genossenschaft von Mann und Frau. Dementsprechend schwächte sich die personale Herrschaftsgewalt des Mannes ab. Gegenüber der Erwartung der Erben, daß das H. beim Tod des Vaters an sie falle, setzte die Kirche die Vorstellung des Freiteils durch. Hieraus entwickelte sich allmähl. die Testierfreiheit (→Testament).   G. Köbler

Lit.: DtRechtswb I, 370–379 – HRG I, 2024 f., 2030–2033 – E. OSEN-BRÜGGEN, Der H.friede, 1857 – BRUNNER, DRG I, 1906², 91 ff., 141 ff.; II, 1928², 758 ff. – H. DÖLLING, H. und Hof in westgerm. Volksrechten, 1958 – O. BRUNNER, Land und Herrschaft, 1965⁵, 254 ff. – K. KROESCHELL, H. und Herrschaft im frühen dt. Recht, 1968 – G. KÖBLER, Das Recht an H. und Hof im spätma. Lübeck (Der Ostseeraum, hg. K. FRIEDLAND, 1980), 31–52 – H. und Familie in der spätma. Stadt, hg. A. HAVERKAMP, 1984 – H. K. SCHULZE, Grundstrukturen der Verfassung im MA II, 1986, 51 ff. – O. G. OEXLE, H. und Ökonomie im frühen MA (K. SCHMID zum 65. Geburtstag, 1988), 101–122.

II. SKANDINAVIEN: Das H. als geschützter Friedensbereich begegnet im skand. Recht erst im Rahmen der hochma. Landfriedensgesetzgebung, etwa in der schwed. →Eidschwurgesetzgebung, oder als ein Bereich der meist vom Kgtm. innitiierten Sonderfrieden, die als Vorläufer eines Landfriedens betrachtet werden können. Erst in solchen Bestimmungen erscheint H.friedensbruch (aschwed. *hemsokn,* adän. *hws brot* durch Einbruch, Raub, Zerstörungen) als ein Delikt, das mit erhöhten Bußen und Friedlosigkeit bestraft wird. Das schwed. *hemsokn* ('Heimsuchung') entspricht dem Tatbestand her dem dän. *hærwærki* ('Heerwerk', 'Bandenverbrechen'), das sich inzwischen auch auf Schädigungen der Hausbewohner beziehen kann oder auch auf den pflügenden Bauern während des Frühjahrs- und Erntefriedens. Im schwed. Königseid, überliefert im Reichsrecht des 14. Jh., wird neben dem Kirchen-, Ding- und Frauenfrieden auch der H.friede *(heemfrið)* als bes. Bereich kgl. Schutzes genannt. Auffällig ist, daß im isländ. und norw. Recht die Vorstellung eines öffentlich garantierten H.friedens nicht nachzuweisen ist. Zwar ist u. a. an den detaillierten Bestimmungen zur H.suchung (anorw./aisländ. *rannsókn,* aschw. *ransak*) erkennbar, daß H. und Hof als Eigentumskomplex einen bes. sensiblen Rechtsbereich darstellten, aber die der H.suchung vorangehenden Zusicherungen eines freien Geleits (aisl./anorw. *grið,* aschw. *gruþ*) waren wohl eher Garantien zw. dem H.herrn (dem Beschuldigten) und demjenigen, der die H.suchung durchführte. Dies gilt auch für das übrige Skandinavien. Die isländ. Termini *grið* (u. a. legales Domizil in einem fremden Haus) und *griðmaðr/griðkona* (die Inhaber eines solchen legalen Wohnrechts, etwa der Gast oder freie Dienstleute) deuten darauf hin, daß hier eine (private) Friedenszusicherung gegeben wurde. Ein »Hausfriede« als ursprüngl. und fundamentales Rechtsinstitut, mit dem noch die ältere Forschung rechnete, ist zumindest in den älteren Schichten der nord. Rechtsüberlieferung nicht erkennbar.

Auch wenn das H. bzw. der Hofbereich erst allmählich zu einem Objekt öffentl. Rechtspflege wurde, spielte es als

Ort von Rechtshandlungen wohl schon früher eine wichtige Rolle. In der überlieferten Form der von regionalen und zeitl. Unterschieden geprägten skand. Rechtsbücher erscheint das H. (in der Regel das H. des Beklagten, bei Erbschaftssachen des Verstorbenen) als Versammlungsort von »Privatgerichten«, die als Elemente des Vergleichswesens außerhalb des Dings agieren konnten, oder aber als z. T exekutiver Bestandteil des vom Ding ausgehenden offiziellen Rechtsgangs fungierten. Dabei tagten die regional unterschiedlich zusammengesetzten Gerichte meist vor dem H., z. T. auch vor der Hofumzäunung. Amtswalter des Kg.s waren ausdrückl. von diesen Gerichten ausgeschlossen. Meist ging es darum, vom Ding als rechtmäßig anerkannte Forderungen zu bemessen und zu vollstrecken, Beweise vorzulegen und zu verlangen und entsprechende Verhandlungen zu führen. Initiator war immer der Kläger mit seinen Zeugen und Eidhelfern, dem der Beklagte seine eigene Partei entgegenstellen konnte.

In Norwegen erfolgte bei Schuldforderungen aller Art eine unter Eid und Zeugen ausgesprochene H.ladung *(heímstefna),* mit der sichergestellt werden sollte, daß der Beklagte am Gerichtstermin vor seinem H. auch anwesend war. Den Spruch dieses privaten Gerichts konnte der Beklagte umgehen, indem er sich der Entscheidung des Dings unterwarf (Gulaþingslög 35 ff.; Frostaþingslög X, 4; IV, 7; X, 4 ff. u. ö.). Im schwed. Ostgötenrecht (R 23: pr u. ö.) erfüllt das sog. 'Fünftgericht' *(fæmt),* das fünf Tage nach einem Dingtermin vor dem H. des Beklagten anberaumt wurde, eine vergleichbare Funktion, ist aber im Rahmen des Eidhelferverfahrens ein integraler Bestandteil des Rechtsgangs. Im schwed. Upplandsrecht (R 3, 8 u. ö.) wurde das *afkiænnuping* ('Zumessungsding') am H. des Beklagten abgehalten, wenn sich dieser nicht vor dem Ding einstellen wollte. In Island fand das *féránsdómr,* ein vom →Allthing eingesetztes Gericht zur Vermögensliquidation eines Geächteten, vor dessen H. statt. Einige Privatgerichte, wie das *skuldadómr* ('Schuldengericht'), *héraðsdómr* (Klagsachen eines Einheim. gegen einen Ausländer) und das – allerdings nur in den Sagas erwähnte – »Türgericht« *(duradómr)* traten am H. des Beklagten zusammen. Überhaupt mußten förml. Ladungen vor Gericht oder zum Ding am H. des Beklagten erfolgen.

Vermögensrechtl. wird das H. häufig als →Fahrhabe behandelt (z. B. Ostgötenrecht G 3) und galt in Schweden erst im 14. Jh. als immobiles Gut.   H. Ehrhardt

Lit.: K. MAURER, Vorlesungen über Anord. Rechtsgesch., Bd. V [Neudr. 1966], 135 f., 336 f., 343 ff. – Å. HOLMBÄCK–E. WESSÉN, Svenska Landskaplagar, 1. ser.: Östgötslagen och Upplandslagen, 1933, XXVff. – R. MEISSNER, Germanenrechte, Bd. 6, 1935, 201; Bd 4, 1939, 265 – K. v. SEE, Das Jütische Recht, 1960, 181 f. – DERS., Anord. Rechtswörter, 1964, 167 ff. – D. STRAUCH, Das Ostgötenrecht, 1970 [Lit.].

III. ENGLAND: Das engl. Wort *house* leitet sich von dem ae. Begriff *hús* ab, der wohl auf *hide* ('sich verbergen, verstecken') zurückweist (mlat. auch: *hucia* und *hous[s]ia*). Im ma. England wurde unter H. nicht nur das Wohnh. verstanden, sondern auch der H.halt und das Anwesen, wobei die im H. lebende →Familie, das zugehörige Land sowie die mit ihm verbundenen Sachwerte (Gerätschaften, Viehbestand) und die Nutzungsrechte an der →Allmende (Weide, Forst) einbezogen wurden. Der H.halt eines Bauern konnte folgende, in mehreren H.ern lebende Personengruppen umfassen: die unmittelbare (Kern-)Familie des Bauern, seine Eltern, unverheiratete Brüder und Schwestern, Gesinde, Unterpächter, Miterben. Oft übernahm der älteste Sohn von dem sich aus Altersgründen zurückziehenden Vater das Anwesen und hatte dann für die Eltern Sorge zu tragen. Hintersassen, die H. und Land besaßen, unterstanden der grundherrl. Kontrolle und durften v. a. keine Erbteilung durchführen, damit ein einziger Hoferbe zur Verfügung stand (→Erbrecht). Die Brüder des Erben mußten ihr Auskommen auswärts suchen oder auf dem Anwesen verbleiben, was die Zahl der H.halte auf einem Anwesen anwachsen ließ. Ein freier Bauer, der H. und Hof besaß (→Eigen, bäuerl.), konnte dagegen nach eigenem Ermessen das Erbe ungeteilt übertragen oder aber auf mehrere Erben aufteilen und hatte auch die Freiheit, sein Anwesen zu veräußern. Die Stellung des als H.haltsvorstand fungierenden Bauern war durch seinen rechtl. und wirtschaftl. Status bestimmt. War er unfrei, so war seine Entscheidungsgewalt durch das Gewohnheitsrecht der jeweiligen Grundherrschaft und den Willen des Herrn gebunden. – Die H.halte der feudalen Aristokratie waren, schon allein aufgrund der zahlreichen Bediensteten (→Gesinde), weitaus größer als diejenigen des Bauerntums. **B. Lyon**

Lit.: G. C. HOMANS, English Villagers of the Thirteenth Century, 1941 – J. KRAUSE, The Medieval Househould, EHR 9, 1956–57, 420–432.

IV. ITALIEN: Die allg. Pauperisierung im FrühMA wirkte sich auch in diesem Bereich aus. Der Begriff »domus« verengte sich im allg. auf die Bezeichnung des Herrenh.es oder eines wichtigen religiösen Bauwerks. »Domus culta« (oder »sala dominicata«) bezeichnete das Wohnh. der Kolonen eines Guts oder das im Eigenbau vom Eigentümer bewirtschaftete Gut selbst, »Casa« die auf den Äckern zum Schutz vor der Witterung errichtete Hütte aus Balken und Flechtwerk (Papias, 11.Jh.).

Das H. bildete den Mittelpunkt des Lebens der →Familie. Nach langob. Recht war es nicht der Pfändung unterworfen. Der Ausschluß eines einzelnen aus der Familie erfolgte durch Vertreibung aus dem H. (Lex Salica). Der Besitz eines H.es war u. a. Voraussetzung für die Zugehörigkeit zu einer (ländl. oder städt.) Gemeinde, woraus sich die Rechte und Pflichten für den »vicinus« (Bewohner des »vicus« und daher Mitnutzer des Gemeinbesitzes [→Allmende]) oder den Stadtbewohner ergaben. Zum Herrenh. s. →Burg.

Auf dem Land war das H. der »rustici« von einer Erbteilung ausgenommen, es konnte – auch bei Vorhandensein mehrerer gleichberechtigter Erben – nur an einen einzigen Erben (mit Ausschluß der Frauen) übergehen. V. a. seit dem Zeitalter der Kommunen wurden die H.er in den Städten nicht nur zu Wohnzwecken, sondern auch gewerbl. genutzt. Auf Delikte, die in fremden H.ern begangen wurden, standen höhere Strafen. Für Majestätsverbrechen war als Strafe die Zerstörung des H.es, eventuell mit Verbot des Wiederaufbaus, vorgesehen. Der H.bau war häufig von Besteuerung ausgenommen, gleiches galt für vom Eigentümer bewohnte H.er. Im SpätMA genossen die H.er der Magnaten Immunität. Die bes. Rechtsstellung des H.es hing nicht zuletzt von seinen Funktionen ab. Als Sitz der Familie diente das H. notwendigerweise zur Bewahrung ihrer Einheit, auf der die soziale Ordnung beruhte. Für die enge Verbindung von H. und Familie wurde durch Sonderregelungen im Erbrecht Vorsorge getroffen: die traditionelle Regel, daß das H. nur an die männl. Nachkommen vererbt wurde, fand durch das Erstgeburtsprinzip eine weitere Einschränkung: der erstgeborene Sohn wurde Alleinerbe des Vermögens und damit auch des H.es. Die enge Beziehung zw. »Haus« und »Adel« drückte sich auch in der Bezeichnung »(Adels-)haus« (Casato) aus, die sich auf die Nachkommenschaft eines einzigen adligen Spitzenahns bezog. Abgesehen von der Immunität ihres Wohnsitzes (Palazzo) erhielten die

Adligen in den Städten auch das Privileg »sich zu vergrößern« (»ingrossazione«), d. h., die H.er und Grundstücke der Nachbarn zu enteignen, um Paläste zu erbauen, die zur Verschönerung der Stadt beitragen sollten (z. B. Florenz). Die bereits erwähnten steuerl. Privilegien belegen die Funktionen des H.es für die Gesellschaft als Wohnsitz, Mittelpunkt des landwirtschaftl. Betriebes, Werkstatt und Laden des Handwerkers und als Laden und Magazin des Kaufmanns. Das H. unterlag jedoch auch rechtl. Restriktionen: es war im allg. Auswärtigen verboten, im Gemeindegebiet H.besitz zu erwerben, da dadurch ein Anrecht auf das Bürgerrecht und damit auf aktive Teilnahme am polit. Leben der Stadt entstanden wäre. **G. Vismara**

Lit.: A. PERTILE, Storia del diritto it., 1897–1932, 1, 486; 4,286f.; 5,155,472 – E. BESTA, Le successioni nella storia del diritto it., 1961, 62 – G. VISMARA, Scritti di storia giuridica 5, 1988, 18ff.

V. FRANKREICH: Das H. ist Zentrum des privaten Lebens, im Gegensatz zum außerhäusl. Bereich, der der öffentl. Rechtsordnung unterworfen ist. Als solches ist das H. der Sammelpunkt der – weiteren oder engeren – →Familie. Mauer und Tür bilden die Grenze, von daher die – auch symbol. – Bedeutung des →Schlüssels. Jeder Angriff auf den Bereich des H.es (Brechen der Tür bzw. des Schlosses) gilt als schweres Vergehen und zieht verschärfte Sanktionen nach sich; röm. Recht und Leges barbarorum stimmen in diesem Punkt völlig überein. Selbst angesichts der sich abschwächenden Vorstellung des Privateigentums bleibt das H. doch der Inbegriff des von den kollektiven Rechtsnormen ausgenommen, lediglich den familiären Regeln unterliegenden Raumes. Seit der Zeit um 1000 genießen 'casa', 'curtis' oder 'mansus' im westfrk.-frz. Bereich einen bes. Schutz, bedingt durch die Ausdehnung des für das H. geltenden Rechtsschutzes auf den mit einer →Einfriedung umgebenen, zum H. gehörenden Besitz.

Im Innern dieses – sehr konkret abgegrenzten – Raumes sind alle 'res privatae' rechtl. Bestandteile des H.es, d. h. Hausrat, Vorräte, Viehbestand sowie alle Personen, mit Ausnahme der im waffenfähigen Alter stehenden Männer (dadurch erhalten die heranwachsenden jungen Männer gleichsam einen »Übergangsstatus«). Sachen und Menschen stehen unter der Autorität des H.herrn, des Ältesten (Senior) unter den männl. H.bewohnern; er ist Inhaber der Gewalt über die Bewohner, von denen jeder seinen festen Platz im H.halt *(maisnie, mesnagne)* hat. Die H.frau (→Frau), deren Rechte im öffentl. Bereich eingeschränkt sind, verfügt im Innern des H.es über eine beachtl. Position; als Inhaberin der Schlüsselgewalt führt sie die häusl. Verwaltung (s. a. →Gesinde).

Das H. ist der Ort, an dem sich familiäre Solidaritäten entwickeln. Aus diesem gemeinsamen Leben im H. erwächst eine Interessengleichheit, die es ggf. mit bewaffneter Hand zu verteidigen gilt. Das Kgtm. der Kapetinger kann erst erfolgreich gegen diese privaten Kriege (werrae) vorgehen, nachdem aufgrund des zunehmenden Individualismus das Zusammenwohnen ganzer Familienbände in einem H. zugunsten einzelner Wohnsitze aufgegeben worden ist.

Ein H., dessen Besitzer Rechte und Aufgaben öffentl. Herrschaft wahrnimmt, ist aus diesem Grunde z. T. ein öffentl. Bereich. Hierdurch bedingt wird im Bereich des Adels (s. a. →Burg) die private Sphäre von der öffentl. funktional abgegrenzt; großer gemeinschaftl. Hauptraum ist der →Palas (aula u. a.). Separat angelegt ist die Küche, womit auch die Trennung des Arbeits- und Lebensbereiches des Gesindes von jenem der Herrschaft unterstrichen wird. Die Mitglieder der Adelsfamilie sind mit eigenen

Gemächern ausgestattet, die hinsichtl. Größe, Lage und Ausstattung rangmäßig abgestuft sind. Ursprgl. Kargheit wird durch Repräsentationsbedürfnis später gemildert (Tapisserien, Pelze, Möblierung). Die Befestigungsbauten (Donjon usw.) heben die militär. Rolle des adligen H.es hervor. Der geistl.-religiösen Funktion dienen die Kapellen.

Bei den bäuerl. Familien ist das Langhaus *(maison longue)* hervorzuheben, aufgeteilt in einen Stall- und einen Wohntrakt, der multifunktionale Züge trägt (Herdraum bei dem ärmeren Großteil der Bauernbevölkerung zugleich Schlafraum). In den Bürgerhäusern ist auf jeden Fall die funktionale Teilung zw. Arbeitsbereich (Werkstatt, Geschäftsraum) und Wohnbereich festzuhalten. Eigener Brunnen und häufig eigener Abtritt sind Zeichen sich steigernden Komfort- und Hygienebedürfnisses. Am Ende des MA wetteiferten die Wohnverhältnisse reicher Bürger mit denen des Adels.   D. Anex-Cabanis

Lit.: J. P. Bardet-P.Chaunu u. a. Le bâtiment. Enquête d'hist. économique, 1971 – La maison de ville, hg. J. Guillaume, 1984 – J. Chapelot-R.Fossier, Le village et la maison au m. â., 1979 – Hist de la vie privée, hg. Ph. Ariès-G. Duby, II, 1985.

D. Byzanz

Die Weite des Byz. Reiches schließt eine Vielzahl sehr unterschiedl. Landschaften ein, die jeweils eigenständigen regionalen Bautraditionen verpflichtet sind. Die Wurzeln dieser Traditionen reichen zuweilen bis in die vorderasiat. Frühgesch. zurück. Hellenisierung und Romanisierung des ö. Mittelmeerraumes haben mit teilweise großflächigen Atrium- und Peristylh.ern die Zentren frühbyz. Städte und Küstensäume geprägt (einzelne Beispiele in Ephesos, Side, Umgebung von Antiocheia, Apameia), doch sind diese Bautypen in der Regel aus röm. Zeit übernommen und haben vielfach bis in das 7. Jh. – manchmal stark umgebaut oder geteilt – fortgelebt. Hinzu trat vornehml. im 4. Jh. ein kompakter spätantiker Giebelhaustyp mit zentralen apsidialen Hallen, der sich in Einzelformen wohl von zeitgleichen →Palästen ableitet. Ein frühbyz. städt. H.typ des 5. oder 6. Jh. läßt sich noch nicht herausarbeiten, da die archäolog. H.forsch. bislang nur ungenügendes Interesse gefunden hat. Unbekannt sind städt. H.er der überwiegend nicht begüterten Bevölkerungsgruppen, die abseits der Hauptstraßen und Stadtkerne in den Randbereichen siedelten. Handwerker und Kleinhändler wohnten in ihren (teilweise doppelgeschossigen) Läden, deren Einraumgrundrisse der röm. Tradition folgten (z. B. in Sardes oder Ephesos). Private H.bauten in der Hauptstadt Konstantinopel sind nur aus literar. Q. der früh- und spätbyz. Zeit bekannt.

Der frühbyz. H.bau in den Dörfern und Weilern des Balkan, Kleinasiens, Syriens, Palästinas, Ägyptens und Nordafrikas war im Gegensatz zu den Städten stark von den naturräuml. Gegebenheiten und Traditionen abhängig. Im anatol. Hochland überwog in weiten Teilen vermutl. das kompakte ein- und zweigeschossige Flachdachh. mit lehmgebundenen Steinmauern und Holzbalkenlagen als Ausgleichsschichten. Geschoßböden und Dächer waren mit zumeist ungehobelten Holzbalken ausgelegt, Böden mit Stampflehm ausgestrichen, die Flachdächer mit dicken Reisiglagen gedeckt und mit einem Lehmauftrag abgedichtet. In steinarmen Hochland- und Flußebenen herrschte Lehmziegelbauweise vor, in den großen Waldregionen ist mit einem höheren Holzanteil im H.bau zu rechnen. In den mehrtl. Ein- und Zweiraumh.ern war die Nutzung für Wohnen, Arbeiten, Essen und Schlafen sowie die Vorratshaltung nicht getrennt, zuweilen gab es eine oft nach S offene H.halle zw. flankierenden Räu-

men. Gesicherte archäolog. Belege für den frühbyz. H.bau finden sich in den s. Küstenregionen Kleinasiens von Lykien bis nach Syrien. Hier herrscht bis zum 6. und frühen 7. Jh. ein mörtelgebundener zweigeschossiger blockhafter Steinbau mit zwei bis vier Räumen, zumeist mit Flachdächern, vor. Die Untergeschosse dienten vermutl. mehrheitl. als Stallungen und Vorratsräume, die Obergeschosse dem Wohnen. Eine ausgeprägte und anspruchsvolle Steinarchitektur mit variantenreichen Privath.ern (zweigeschossig, Giebeldächer mit Ziegeldeckung, Holzdecken, Portiken, Außentreppen zu den Obergeschossen, u. U. freitragende Balkone, Bauschmuck mit Kapitellen und Schrankenplatten) ist in Syrien, vereinzelt auch in Palästina, nachgewiesen.

Im steinarmen Niltal sind in verschiedenen Städten mehrgeschossige Lehmziegelh.er mit Innentreppen und Flachdächern aus frühbyz. Zeit nachweisbar.

Im HochMA hat sich, soweit erkennbar, der H.bau in den Städten und auf dem Land weitgehend angeglichen. In den verbliebenen byz. Kernlanden, in Kleinasien und Griechenland, prägen ein- und zweigeschossige einfache Steinh.er mit wenigen Räumen, vereinzelt zu einem Hofgruppentyp zusammengefaßt, das städt. Erscheinungsbild (Beispiele in Korinth, Athen und Pergamon). Herrschaftl. langrechteckige Giebelh.er mit Gewölbedecken, vereinzelt mit Loggien, sind in Mistra erhalten. –→Dach, H.   H. Hellenkemper

Lit.: G. Tchalenko, Villages antiques de la Syrie du Nord, I–III, 1953–58 – U. Hölscher, The Excavations of Medinet Habu V., Oriental Inst., 1954 – R. Scranton, Medieval Architecture in the Central Area of Corinth (Corinth XVI), 1957–T. Kirilova-Kirova, Il problema della casa bizantina, Felix Ravenna 102, 1971, 263–302 – A. Badawy, Coptic Art and Archaeology, Mass. Inst. of Technology, 1978–J.P. Sodini u. a., Dehes. Recherches sur l'habitat rural, Syria 57, 1980, 1–308 – J.Ch. Balty, Notes sur l'habitat romain, byz. et arabe d'Apamée, Colloque Apamée de Syrie. Bilan des recherches archéologiques 1973–79, 1981, 471–503 – Ch. Bouras, Houses in Byzantium, Deltion tes Christianikes Archaiologikes Etaireias, R. 4, Bd. 11, 1982–83, 1–26 [Lit.] – S.-P. Ellis, An archaeological Study of urban domestic Housing in the Mediterranean A.D. 400–700 [Diss. masch. Oxford 1983] – N.K. Moutsopoulos, Βυζαντινά σπίτια στὸ Μουχλὶ τῆς Ἀρκαδίας, Byzantina 13, 1, 1985, 321–353 – K. Rheidt, Die byz. Wohnstadt von Pergamon, Altertümer von Pergamon 16 [in Vorber.].

E. Islamisch-arabischer Bereich

Wie Ausgrabungen von H.ern aus altoriental. Zeit zeigen, scheint das H. im Vorderen Orient seit Jahrtausenden, bes. im ländl. Bereich, nur geringfügige Veränderungen durchgemacht zu haben. Durchlaufende Bautraditionen und vom jeweils vorhandenen Baumaterial her bestimmte Konstruktionstechniken bestimmen daher maßgebl. den H.bau des Vorderen Orients im ländl. wie im städt. Bereich in ma., vorma. und nachma. Zeit. Es ist deshalb legitim, bei der Betrachtung des H.es des MA im islam.-arab. Bereich Materiallücken mit Befunden vor- und nachma. Zeit aufzufüllen. Grundsätzlich ist von einer geogr. Grobgliederung in zwei große Kulturbereiche auszugehen: in den iran.-oriental. Bereich und in den mediterranean-w. Bereich.

In den Steppen und Ebenen des Ostens bestimmt der Lehm, als Stampflehm luftgetrockneter Lehmziegel und gebrannter Ziegel, die Architektur; der weitverbreitete Mangel an Holz führte schon früh zur Verwendung von Gewölben (Kuppeln, Tonnengewölbe, Trompengewölbe) als Bedachung (→Dach, I). Nur in gebirgsnahen Gebieten und in der Nähe von Flüssen wie Oasen finden von Holzbalken getragene Flachdächer Anwendung. In den gebirgsnahen und Gebirgslandschaften dominiert der Stein (meist Lese- oder Bruchstein) als Baumaterial. Nur vereinzelt treffen wir auf Holzhäuser. Das gebräuchl. Dach ist das von Holzbalken getragene Flachdach. Leicht gewinkelte Pultdächer finden sich in manchen niederschlagsreichen Gebieten. Auch in den w. des iran. Bereiches gelegenen mediterranen Gebieten trifft man in steinarmen Regionen auf Lehm als kennzeichnendes Baumaterial. Stein ist hier aber gebräuchlicher als Lehm. Das verbreitetste Dach ist das Flachdach über Holzbalken.

Vom Grundriß her sind die ländl. H.er des Vorderen Orients in der Regel Gehöfte. Einzelne, meist untereinander unverbundene Räume verschiedener Funktion säumen eine oder mehrere Seiten des Hofes, den an den unbebauten Seiten Mauern oder Zäune einschließen. Die funktionale Differenzierung der Räume findet hier fast ausschließl. eingeschossig auf der Erdgeschoßebene statt (vgl. auch die sog. »Qale«-Gehöfte des iran. Bereiches).

Die »Qaṣba«-Gehöfte des Maġrib weisen dagegen in ihrer vertikalen funktionalen Differenzierung der Räume klare Beziehungen zu den H.ern des Jemen und seiner Nachbargebiete auf.

Das städt. H. ist ein Innenhofhaus. Räume umgeben einen (im Gegensatz zum ländl. H.) opt. ganz abgeschirmten Innenhof, zu dem sich oft schon bei H.ern bescheidener Größe kunstvoll gestaltete Fassaden öffnen, während zur Straße hin allenfalls verzierte Portale und Erker die Monotonität der kargen Straßenfronten durchbrechen. Einfache H.er sind um nur einen Hof angelegt; größere H.er weisen, neben einer mehrgeschossigen (in der Regel höchstens zweigeschossigen) Bebauung eine funktionale Differenzierung um drei Höfe auf. Den (von der Straße her) 1. Hof umgeben Empfangs- und Gästeräume für familienfremde männl. Besucher. Um den 2. Hof (den »Harem«) findet das eigtl. Familienleben statt. Den 3. Hof umgeben Küchen und Lagerräume.   H. Gaube

Lit.: O. REUTHER, Das Wohnhaus in Baghdad und anderen Städten des Iraq, 1910 – A. und A.G. BAHGHAT, Les fouilles d'al-Foustat et les origines de la maison arabe en Egypte, 1921 – D. WILBER, Persian Gardens and Garden Pavilions, 1962 – J. REVAULT, Palais et demeures de Tunis, 1–2, 1967, 1971 – Architektur der Vergänglichkeit, hg. H. WICHMANN, 1983.

Hausbuchmeister, Buch- und Tafelmaler, Kupferstecher, tätig im letzten Viertel des 15. Jh. am Mittelrhein, Notname nach dem von ihm ganz oder z. T. illustr. »Mittelalterlichen Hausbuch« (Slg. Waldburg-Wolfegg). Stilkrit. wurden ihm etwa 90 Kupferstiche zugeschrieben (größtenteils im Amsterdamer Rijksprentenkabinett, darum auch 'Meister des Amsterdamer Kabinetts' gen.). Tafelbilder in den Museen von Dresden, Frankfurt a. M., Freiburg i. Br., Gotha und Mainz; Hss. mit seinen Illustr. im Kupferstichkabinett in Berlin und im Cleveland Mus. of Art; Entwürfe für Kabinettscheiben und ca. 6 Zeichnungen in Berlin, Erlangen, Frankfurt a. M. und Leipzig. – Über das Œuvre des H.s herrscht weitgehend Einigkeit. Die Diskussion zur Identifizierung hat sich nach vielen Namensvorschlägen auf den aus Utrecht stammenden Maler, Holzschnittzeichner und Drucker Erhard Reuwich zugespitzt (Stadtansichten in den 'Peregrinationes in terram sanctam' 1486, Mainz). Die Berührungspunkte zw. seinem Werk und dem gesicherten Werk des H.s reichen jedoch für eine endgültige Identifikation nicht aus.

F. Anzelewsky

Lit.: H. TH. BOSSERT – F. STORCK, Das ma. Hausbuch nach dem Originale…, 1912 – M. LEHRS, Gesch. und krit. Kat. des dt., ndl. und frz. Kupferstiches 8, 1932 – s'Levens Felheid, De Meester van het Amsterdamse Kabinet (Ausst. Kat.), 1985.

Hausgeflügel. Auf Bauern- und Meierhöfen des MA wurden gewöhnl. nur Haushühner und Gänse gehalten.

Enten und →Tauben erforderten bes. Einrichtungen. Auf Burgen hielt man gelegentl. freilaufende Pfauen (u. a. zur Vertilgung von Schlangen). Die Vorschrift des →»Capitulare de villis« (c. 40) über die Haltung mehrerer Arten von Ziergeflügel auf den kgl. Meierhöfen galt wohl nur für Aquitanien. Von größter wirtschaftl. Bedeutung war die *Hühnerhaltung* auf den Bauernhöfen zur Eierproduktion und Hähnchenmast (Abgabe an den Zinsherrn). Die Enzyklopädiker kannten wohl das Verhalten der Hühner bei der Nahrungssuche, bei der Eiablage, während des in in der Dauer etwas von der Außentemperatur abhängigen Brütens, der Führung der Küken und beim Nahen eines Feindes, auch wenn sie wie Thomas v. Cantimpré (5, 58; vgl. Vinzenz v. Beauvais 16, 82–85) sich auf Autoritäten bezogen. Die embryolog. Beobachtungen des Aristoteles (vgl. BÄUMER) gibt Thomas nur nach Plinius (n.h. 10, 145ff.) wieder. Doppeleier und andere Abnormitäten kannte man seit der Antike. Vor dem Unterlegen unter eine Glucke machte man mit den Eiern die Schwimmprobe. Nach der Form der Eier schloß man auf das Geschlecht der Küken. Thomas und Albert geben, z. T. nach dem »Experimentator«, eine gelungene Beschreibung des Haushahns. Das nachts angebl. stärkere Krähen wird natürl. in Thomas' Quelle (Gregor, moral. 30, 3, 14) geistl. gedeutet. Auf den »Experimentator« zurückgehende abergläub. Vorstellungen (→Basilisk) lehnt Albertus M. (23, 116) ab. Ausführl. behandelt Thomas (5, 59) nach dem »Experimentator« und dem »Liber rerum« auch den Kapaun (gallus gallinacius; vgl. auch Albert 23, 118, Glukenrolle von Kapaunen). Der angebl. in Kapaunenleber wachsende Hahnenstein (allectorius) bei Thomas nach Jakob v. Vitry (c. 91) soll den Durst beseitigen.

Über das Vorhandensein von zahmen *Enten* (anates domesticae) informiert Thomas (5, 9) nach der Beschreibung der Stockente (nach dem »Liber rerum«). Albert unterscheidet (23, 25) nicht nur drei Arten von Wildenten, sondern auch graue, weiße und grau-weiße Hausenten.

Auch bei den *Gänsen* (anseres vel aucae) unterscheidet der »Liber rerum« bei Thomas (5, 8) wilde, die selten zum Weiden auf den Boden herabkommen, von ihren schwerfälligen zahmen Verwandten; u. a. aus Isidor (etym. 12, 7, 52) ist ihm die Gesch. von den kapitolin. Gänsen bekannt. Einzelheiten der Zucht übernimmt Thomas von Plinius, das Verhalten von Hausgänsen aus dem »Experimentator«. Hugo v. Folieto (1, 46) deutet die unterschiedl. Färbung der wilden und zahmen Gänse sowie die Rettung des Kapitols in mehrfacher Weise allegorisch. Albert erweist sich durch die Unterscheidung von vier Wildgänsearten (außer der syrischen), darunter der Schneegans, als vorzügl. Ornithologe. Als einziger erkennt er eine gewisse Verwandtschaft zum Schwan. Über die wirtschaftl. wichtige Verwendung der Daunen und Federkiele schweigen alle Enzyklopädiker.   Ch. Hünemörder

Q.: →Albertus Magnus – Hugo de Folieto, De bestiis et aliis rebus, MPL 177 – Isidorus Hispalensis, Etymologiae, ed. W. M. LINDSAY, 2, 1911 – Jacques de Vitry, Hist. orientalis, ed. F. MOSCHUS, 1597 – Vincentius Bellovacensis, Speculum naturale, 1624 [Neudr. 1964] – Thomas Cantimpratensis, Liber de natura rerum, T. 1, ed. H. BOESE, 1973 – *Lit.*: H. BOESE, Zur Textüberl. des Thomas Cantimpratensis' Liber de natura rerum, APraed 39, 1969, 53–68 – Ä. BÄUMER, Die Entwicklung des Hühnchens im Ei … [Diss. Mainz 1985].

Für die *Ikonographie* bedeutend wurde v. a. der Hahn (H.): Bibel und ma. Kirchenlehrer rühmen seine bes. Klugheit und Wachsamkeit. Bildwirksam wurde der H. vornehml. nach dem Bericht der Verleugnung Petri bzw. deren Voraussage durch Christus. In der ma. Kunst ist er oft Symbol des reuigen Sünders, der Buße und der geistigen Wachsamkeit (Turmzier), aber auch der Liberalitas und Sapientia Divina. Als Künder des anbrechenden Tages ist der H. Symbol des Sieges Christi über das Dunkel der Nacht, der Auferstehung und des Jüngsten Gerichts; als Kampfvogel steht er symbol. auch für den Kampf mit weltl. Versuchungen.   G. Jászai

Lit.: LCI II, 206–210 – LThK² IV, 1321f.

Hausgemeinschaft, -genossen → Haus; → Familie B III.

Hausgenossen → Münzerhausgenossen

Hausgesetze → Kondominat

Hausgesinde → Gesinde

Hausgut (kgl.) → Königsgut

Hausierer (dt. *Höcke, Hucker;* engl. *hawker, huckster;* frz. *colporteur* u. a.) waren Händler, z. T. auch Handwerker, die umherziehend ihre Waren bzw. Dienste anboten. Beiden war gemeinsam, daß sie ihr Gewerbe meist auf dem Lande, in stadt- bzw. marktfernen Gebieten ausübten und damit Lücken im normalen Waren- bzw. Leistungsangebot füllten. Das für die NZ gut erforschte Phänomen ist, von vereinzelten frühen Beispielen abgesehen, erst seit dem 15. Jh. besser zu fassen, und zwar in Zunftstatuten (Luzern 1430) und städt. (Nürnberg 15. Jh., Köln 1497) bzw. landesherrl. Verordnungen (Tirol 1506), die das Hausieren zum Schutze des seßhaften Gewerbes und aus ordnungspolizeil. Überlegungen verboten. Die frühen Zeugnisse für H. nennen bes. den Verkauf von Woll- und Seidenstoffen sowie Gewürzen. Als H. sind seit dem 15./16. Jh. u. a. Gottscheer, Savoyarden und Schotten belegt.
                                              Th. Szabó

Lit.: DtRechtswb V, 430f. – GRIMM, DWB X, 674, 1651, 1731 – E. SCHWIEDLAND (Schr. des Vereins für Socialpolitik 82, 1899), IX f. – A. TILLE (ebd. 83), 56f. – W. STIEDA, Das Hausiergewerbe in Dtl., 1899 – F. BRAUDEL, Civilisation matérielle 2, 1980², 58 – A. M. DUBLER, Handwerk, Gewerbe... Luzern, 1982, 393 – M. SPUFFORD, The Great Reclothing of Rural England, 1984, 6f.

Hauskerl (in der dt. verfassungssprachl. Literatur auch Hauskarl, engl. *housecarl,* an. *húskaerl,* 'Gefolgsmann'). Das in der an. Dichtung und in wenigen schwed. Runenschriften belegte Wort bezeichnete in England nach 1016 einen Mann von fremder, in der Regel dän. Herkunft, der Gefolgsmann des Kg.s oder eines Earl war. Die Stellung der H.e entsprach im wesentl. derjenigen der →*thegns.* Einige H.e erscheinen als Landbesitzer, doch konnten sie auch als Dienstleute mit unterschiedl. Funktionen im Haus ihres Herrn leben. Wie andere Mitglieder des kgl. Hofhaltes empfingen auch die H.e des Kg.s einen Sold. Die Ansicht, daß sie eine militär. Elitetruppe mit bes. Recht bildeten, ist irrig.   P. H. Sawyer

Lit.: H. HOOPER, The housecarls in England in the eleventh Century, Anglo-Norman Stud. 7, 1984, 161–176.

Hausmarken (an. *búkuml,* as. *handmahal,* mnd. *hofteiken,* mhd. *handgemahele, húszeichen,* dän. *Bōmarke,* dt. *Hausmarke*) sind wie die Vieh-, Baum- und Holzmarken Eigentums- oder Besitzermarken von rechtl. Bedeutung und Funktion; der äußeren Form nach einfache Zeichen aus geraden und gewinkelten Strichen, auch verbunden mit Punkten, die mit Meißel, Axt oder Messer in das Balkenholz von Wohnhaus oder Stall, an Tür oder Giebel, Maueranker oder Windfang, eingekerbt worden sind. Die Wurzeln dieser »nichtsprachl.« Zeichen, die über die ganze Erde verbreitet sind, führen in eine schriftlose oder schriftarme Kulturstufe und damit in die vordt. Zeit zurück. Früheste Belege für Viehmarken, die mit den H. ident. sein können, finden sich in der →Lex Salica und →Lex Ribuaria. Indem die H. mit dem Gebäude an den Erben

von Haus und Hof fielen, wurden sie auch zu Persönlichkeitszeichen, mit denen Schriftstücke unterzeichnet und Waffen, Geräte und Vieh als persönl. Habe markiert werden konnten. Von hier aus ist zu fragen, ob zw. dem im »Heliand«, im »Parzival« Wolframs v. Eschenbach, im »Sachsenspiegel« u. a. o. erwähnten *Handgemal* »Stammgut« und den H. ein Zusammenhang besteht. Die H. hatten im ländl. Bereich bei der Ackerverlosung und bei der Abrechnung von Abgaben mit dem →Kerbholz bis in die NZ eine Funktion. In der spätma. Stadt entwickelten sich aus den H. die Zeichen der gewerbetreibenden Handwerker (Steinmetzzeichen), die Handelsmarken der Kaufleute und das Notariatssignet (→Beschauzeichen). An der Stelle der einfachen H. konnten auch bildl. Darstellungen von Pflanzen (Baum), Tier (Vogel) und Gegenständen (Glocke) treten; eine Sonderform sind hier die Wirtshausschilder (Kranz; →Gasthaus). Über die Sitte der Hausnamengebung haben diese Hauszeichen auf die Familien- und Straßennamen eingewirkt.   R. Schmidt-Wiegand

Lit.: HOOPS² VI, 566–573 – HRG I, 2034f. – KL III, 543–546 [s. v. Ejermaerke] – Wappenfibel, 1981¹⁷, 201–209 – C. G. HOMEYER, Die Haus- und Hofmarken, 1870 [Nachdr.: 1964] – E. GROHNE, Die H. und Hauszeichen, 1912 – M. GMÜR, Schweizer. Bauernmarken und Holzurkk., 1917 – R. KOCH, Das Zeichenbuch, 1985².

Hausmeier (maior domus), urspgl. Vorsteher des Hausgesindes, dem bes. im frühfrk. Reich ein außerordentl. Aufstieg beschieden war: Er trat hier als Inhaber des bedeutendsten Hausamtes an die Spitze des frk. Adels, um schließlich bis an die Stufen des Kg.sthrones aufzusteigen. – Seine Anfänge wurzeln in der Unfreiheit. Noch in einer Version der Lex Salica (X, 6, MGH LNG IV, 1, 53f.) figuriert der maior (wie die maiorissa) als Leiter des unfreien Hausgesindes, in Entsprechung zum Seneschalk, dem »Altknecht«, dem der maior demnach als »Groß«- oder »Oberknecht« entspricht. In gehobener Stellung begegnet der maior domus an den Höfen der Kg.e in den germ. Völkerwanderungsreichen, ohne daß diese Stellung jedoch bereits deutlicher erkennbar wird. Dies ist erst im →Frankenreich (vgl. Abschnitt B. I) der Fall, wo der H. offenbar zu jeder Hofhaltung gehört. Dementsprechend ist unter den Merowingern zunächst das Nebeneinander mehrerer H. charakterist.: für den Kg., die Kgn., den Kg.ssohn, die Kg.stochter (Gregor v. Tours, Hist. VII, 27, 28, 43). Mit den Reichsteilungen wächst die Bedeutung des H.amtes (Fredegar Cont. c. 4,5), das jeweils für den gen. Reichsteil →Neustrien, →Austrien und →Burgund zuständig ist: Der H. gewinnt Anteil an der Verwaltung des Kg.sgutes und tritt gleichzeitig an die Spitze der kgl. Gefolgschaft, der →trustis dominica (Lex. Rib. t. 1, 91), womit er die dominierende Stellung am Hof gewonnen hat und bereits über den Hof hinaus die Verwaltung des ganzen Reichsteils dirigiert. Während er dabei zunächst im Auftrag des Kg.s fungiert, tritt nach 600 ein entscheidender Wechsel ein, als das Amt des H.s sich der Bindung an den Kg. entzieht und stattdessen unter den Einfluß des Adels gerät. Beispielhaft dafür war die Entwicklung in Burgund. In der Folgezeit stieg die Macht des H.s weiter an. In Neustrien schickte sich der H. →Ebroin an, nach der Entmachtung des Kg.ssohnes auch den Adel selbst niederzuwerfen, rief damit aber den Widerstand des gesamten Adels hervor und wurde 680 ermordet. Sein Nachfahre Waratto konnte sich mit ihm nicht mehr vergleichen. Weder in Neustrien noch in Burgund ist das Amt des H.s erblich geworden. Dagegen gewann die Tendenz zur Erblichkeit des Maiordomats seit dem →Arnulfinger →Pippin I. in Austrien mehr und mehr an Boden.

Pippin I. vereinigte bereits die führende Stellung des

austras. Adels mit dem H. amt, das er seinem Sohn →Grimoald I. übergeben konnte. Auf Grimoald folgte dessen Sohn →Pippin II. als H. und zugleich als dux Austrasiorum, der mit dem Sieg bei →Tertry (687) die Vorherrschaft im Gesamtreich errang (»singularem Francorum obtinuit principatum«, Ann. Mett. prior. ad 687). Nachdem dieser zeitweilig selbst zusätzl. als H. v. Neustrien fungiert hatte, setzte er seinen Sohn→Grimoald (II.), dann dessen Sohn Theudoald als H. v. Neustrien ein. Der Maiordomat war, wenn nicht rechtl., so doch fakt. erblich geworden. Pippin selbst hat allerdings ohne den Titel eines H.s als 'dux' und 'inluster vir' von Austrien aus die Geschicke des gesamten Reichs geleitet, während sein Friedelsohn →Karl Martell nach der Krise des Herrschaftsübergangs (714) die Herrschaft wieder unter formaler Anerkennung des Merowingers →Chilperich II. ausdrückl. als H. geführt hat. Er verfügte über Fiskalbesitz und stellte in seinem eigenen Namen Urkk. nach dem Muster der Kg.surkunden aus. Der Kg. mußte sich mit dem Schein der Herrschaft begnügen. Nach dem Tod →Theuderichs IV. (737) regierte Karl Martell sogar ohne merow. Kg. weiter und teilte seine Herrschaft wie ein Kg. unter seine Söhne auf, nachdem er Pippin (III.) vom Langobardenkg. →Liutprand hatte adoptieren lassen: der dux et princeps Francorum Pippin III. war in der Tat bereits an den Stufen des Kg.sthrones angelangt. Seit Grimoalds I. gescheitertem »Staatsstreich« von 656 hatte sich die Situation gründl. verändert: Pippin III. hatte den Merowinger an Macht und Ansehen weit überholt und bereits eine königsgleiche Stellung erlangt, als er sich 751 mit Hilfe des Papsttums »secundum morem Francorum« (Ann. regni Franc. ad 750) anstelle des letzten Merowingers zum Kg. erheben ließ. Das Amt des H.s, das seinem Geschlecht zu seiner Macht verholfen hatte, wurde beim Aufbau der neuen Herrschaftsorganisation verständlicherweise abgeschafft. J. Fleckenstein

Lit.: BRUNNER, DRG II, 142ff., 168f. u. ö. – DU CANGE V, 181–184 – HRG I, 2035–2040 – WAITZ II, 2, 83ff., 397ff. – SCHRÖDER-KÜNSSBERG, 148, 185 u. ö. – L. DUPRAZ, Le Royaume des Francs et l'ascension politique des maires du palais au déclin du VIIᵉ s. (656–680), 1948 – E. HLAWITSCHKA, Die Vorfahren Karls d. Gr. (Karl d. Gr., I, 1965), 51ff. – J. HEIDRICH, Titulatur und Urkk. der arnulfing. H., ADipl 11/12, 1965/66, 71–279 – H. WOLFRAM, Intitulatio I, MIÖG, Ergbd. 21, 1967 – K. H. HAAS, Stud. zur Entstehungs- und Entwicklungsgesch. des frk. maior-domus-Amts [Diss. Heidelberg, 1968] – H. EBLING, Prosopographie der Amtsträger des Merowingerreichs von Chlothar II. (613) bis Karl Martell (741), Beih. der Francia 2, 1974 – J. HEIDRICH, La maison du palais Neustriens du milieu du VIIᵉ au milieu du VIIIᵉ s. (Beih. der Francia 16/1, 1989), 217–229.

Hausrente → Rentenmarkt, →Steuer

Haussuchung. Spezielle Bezeichnungen in mehreren germ. Sprachen beweisen die Verbreitung des Rechtsinstituts der H. Verfolgte der Herr einer Sache deren Spur, die in ein Gehöft oder Haus führte, so stellte sich ihm der geschützte Hausfriede entgegen, der innerhalb des Zaunes und der vier Pfähle des Hauses galt. Das aus der Antike, von den Kelten und von den Nordgermanen bekannte Gebot der Nacktheit des Haussuchers mochte die Waffenlosigkeit gewährleisten. Im westerlauwerssschen Recht (W. BUMA – F. EBEL, Afries. Rechtsq. 6, III, 66a) ist es auf Fälle beschränkt, in denen kleine Gegenstände gesucht werden, und damit begründet, daß die Haussucher die Sache nicht einschleppen. Soweit rituelle Formen auch die Funktion gehabt haben mögen, die berechtigte H. vom rechtswidrigen Hausfriedensbruch zu unterscheiden, ist sie im westerlauwersschen ebenso wie im sächs. Recht des HochMA durch die notwendige Beteiligung des Richters

übernommen. Häufig wird der die H. verweigernde Hausherr als handhafter Dieb behandelt (Lex Ribuaria [BEYERLE-BUCHNER], 49,2; Lex Burgundionum, 16), was wohl nur für den Fall galt, daß die H. erfolgreich war. Der erfolglose Haussucher wurde bußfällig (Lex Ribuaria 49,3; Pactus legis Alamannorum, 21,2), ob nur bei gewaltsamer H., muß offenbleiben. Nach Lex Baiuvariorum (11,2) mindert der erfolglose Haussucher die Buße, wenn er sie sogleich freiwillig erlegt. Nach sächs. Rechten und dem Rügischen Landrecht des Matthaeus Normann (CIII) muß der Haussucher schon vorher für diesen Fall Sicherheit leisten. Als perfekte Lösung des Konfliktes zw. Haussucher und Hausherrn erscheint die Lösung des aschwed. Rechts, das K. v. AMIRA zufolge Wette und Gegenwette forderte. H. Holzhauer

Lit.: DtRechtswb V, 466ff. – GRIMM, RA II, 1999ff. – HRG I, 2040ff. – K. v. AMIRA, Nordgerm. Obligationenrecht I, 1882, 228 – CL. FRH. v. SCHWERIN, Die Formen der H. in idg. Rechten, 1924 [dazu E. GOLDMANN, ZRGGermAbt 45, 1, 1925, 457ff.].

Haustiere → Tierhaltung

Hauswirtschaft, geschlossene. Der Begriff wurde von der Wirtschaftswiss. des 19. Jh. geprägt und bezeichnet eine grundsätzl. (idealtyp.) ohne Tausch- und Marktverkehr gedachte, autarke Form des Wirtschaftens, in der »der ganze Kreislauf der Wirtschaft von der Produktion bis zur Konsumtion sich im geschlossenen Kreis des Hauses (der Familie, des Geschlechts) vollzieht ... Jedes Produkt durchläuft seinen ganzen Werdegang von der Gewinnung des Rohstoffes bis zur Genußreife in der gleichen Wirtschaft und geht ohne Zwischenhand in den Konsum über, in dem es schließlich wieder untergeht« (K. BÜCHER). Unter den Begriff fallen u. a. die bäuerl. und, als eine bes. weit ausgebaute Form, die Fronhofswirtschaft (→Fronhof) der roman. und germ. Völker im MA, deren Unabhängigkeit vom Markte freilich problemat. ist.

E. Pitz

Lit.: K. BÜCHER, Die Entstehung der Volkswirtschaft, 1893, 1926¹⁷ – M. WEBER, Wirtschaft und Gesellschaft, 1921, 1972⁵ – O. BRUNNER, Das »ganze Haus« und die alteurop. »Ökonomik« (DERS., Neue Wege der Sozialgesch., 1956) – L. BAUER – H. MATIS, Geburt der NZ, 1988.

Hauswurz (Sempervivum tectorum L./Crassulaceae). Die in mehreren Unterarten verbreitete H. erweist sich als äußerst variable Species, die sich mit zahlreichen verwandten Dickblattgewächsen kreuzt. Auf ihren bevorzugten Standort nimmt schon ahd. *hûswurz* oder *hûsloch* Bezug, womit sich zugleich die Vorstellung verband, die auch *Jovis barba* oder mnd. *donderbart* gen. Pflanze auf dem Dach könne vor Blitzschlag schützen. Dieser von Albertus Magnus (De veget. 6, 288) und Konrad v. Megenberg (V, 14) angezweifelte Aberglaube findet sich bereits im 'Capitulare de villis' (70). Im med. Gebrauch dominierte die äußerl. Anwendung bei Hautkrankheiten und Brandwunden; außerdem sollte die H. gegen Impotenz und Taubheit (Hildegard v. Bingen, Phys. I, 42) wirksam sein.

G. Keil

Lit.: MARZELL IV, 243–254 – HWDA III, 1576–1581.

Haut, -krankheiten. Die Formenvielfalt krankhafter H. erscheinungen fand im MA ihren Niederschlag in einer Fülle von volkstüml. und wiss. Bezeichnungen. Da die Namengebung im allg. symptomatolog.-beschreibend war, kamen Überschneidungen mit den verschiedenen Erscheinungsarten von →Aussatz vor, zumal überall Erklärungen der →Humoralpathologie zugrunde gelegt wurden: Darauf weist schon das Wort »Ausschlag« (mhd. *uzslahen*, nd. *utslag*, gr. *exanthema*) hin, als das, was als »Schadmaterie« an der Oberfläche wie eine »Blüte« rasch herauskommt bzw. »herauskocht« (gr. ekzema v. *ἐκζέω*) – meist akute Exantheme, namentl. Blattern, die ursprgl. »Urschlächten« hießen, davon verallgemeinernd »Ausschlag« auch für andere H.veränderungen, wie Krätze, Schorf, Grind, Flechten usw. Sprachl. interessant ist die Terminologie bei →Hildegard v. Bingen, die in ihrer »Physica« Tränke, Salben und Waschungen gegen die verschiedensten H.affektionen nennt. Daneben kannte man im Volk viele mag.-sympathet. Rituale (s. a. →Benediktionen). Die scholast. Medizin bezog sich v. a. auf →Galens Schrift »De tumoribus praeter naturam«, die →Haly Abbas in seinem »Kitāb al-malakī« den zwölf Kapiteln über H.k. zugrunde legte und erweiterte. Bemerkenswert ist die, auch von →Avicenna empfohlene Behandlung mit Quecksilbersalben bei Jucken, Krätze und Läusen. H. H. Lauer

Lit.: O. v. HOVORKA – A. KRONFELD, Vergleichende Volksmedizin II, 1909, 719–780 – P. RICHTER, Gesch. der Dermatologie (Hb. der H.- und Geschlechtskrankheiten, hg. J. JADASSON, XIV, 2, 1928), 1–252 [Lit.] – H. HÖFLER, Dt. Krankheitsnamen-Buch, 1970².

Hautecombe, Abtei OCist (dép. Savoie, am Lac du Bourget), Hauskl. der Gf.en/Hzg.e v. →Savoyen, gegr. zu Beginn des 12. Jh. (1101?, um 1121?), lag ursprgl. in der Montagne de Cessens, wurde 1135, auf Anregung →Bernhards v. Clairvaux, zisterziensisch. Die Verlegung an den heut. Standort soll 1140 aufgrund einer Schenkung Gf. Amadeus' III. erfolgt sein, nach anderer Auffassung aber erst 1189 durch dessen Nachfolger Humbert III., der H. reich beschenkte und hier bestattet wurde. Bis 1730 Grablege (1331–42, unter Gf. →Aymon, Errichtung der Fürstenkapelle), ztw. auch Archiv, war H. der Kristallisationskern des dynast. Bewußtseins der Savoyer. Das Kl., dessen Äbte wiederholt als fsl. Räte fungierten, erwarb reichen Grundbesitz. Im Kreuzzugszeitalter reichte H.s spiritueller Einfluß bis ins Lat. Kaiserreich bis Byzanz. Seit 1440→Kommende, begann ein allmähl. Abstieg. Kg. Karl Felix v. Piemont-Sardinien belebte die dynast. Traditionen neu (1824–43 neogot. Restaurierung). B. Demotz

Lit.: S. GUICHENON, Hist. généal. de la Royale Maison de Savoye, 1660 [Neudr. 1976], T. I, 223, 224, 239 – C. BLANCHARD, Hist. de l'abbaye d'H., Mém. Acad. de Savoie, 1875 – DOM R. CLAIR, Les ordres monastiques et les congrégations religieuses en Savoie (L'Hist. en Savoie n° 68, dec. 1983) – P. DUPARC, Le premier siècle de l'abbaye d'H., Congrès des Sociétés Savantes de Savoie, 1986.

Hauterive (Altenryf, Alta Ripa), Abtei OCist (1848 aufgehoben, 1939 wiederbesiedelt), an der Saane s. von →Freiburg i. Ü. gelegen, wurde von dem Freien Wilhelm v. Glâne († 1143, Stiftergrab in H.) gegr. und 1138 von Mönchen der →Clairvaux-Tochter Cherlieu in Burgund besiedelt. Förderung durch den einheim. Adel, Schutzgewährung durch die Hzg.e v. →Zähringen und frühe Verbindung mit der Stadt Freiburg (Wollproduktion) führten im 12./13. Jh. zu wirtschaftl. und kultureller Blüte. Davon zeugen ein ausgebautes System von→Grangien, ein reges Skriptorium sowie der Kreuzgang und die im 14. Jh. erweiterte Kl.kirche. 1185 wurde das Kl. Kappel am Albis durch H.r Mönche besiedelt, von 1261 an war das Frauenkl. Maigrauge (Magerau) bei Freiburg H. unterstellt. Die Schirmvogtei ging nach 1218 an die Gf.en v. →Neuenburg über, wurde 1299 durch Kg. Albrecht I. den Gf.en v. →Aarberg bestätigt und gelangte 1452 an Freiburg (Burgrechtsvertrag mit Freiburg seit 1341). Schwere Schäden erlitt H. im Sempacherkrieg 1386 und im Savoyerkrieg 1448. 1418 verlieh Papst Martin V. dem Abt Peter d'Affry und seinen Nachfolgern die Pontifikalien. E. Tremp

Q. und Lit.: Helvetia Sacra III, 3, 1, 176–245 [Lit.] – Liber donationum Altaeripae. Cartulaire de l'abbaye cistercienne d'H. (XIIᵉ–XIIIᵉ s.), hg.

E. TREMP, 1984 – E. TREMP, Wie gründet man ein Zisterzienserkl. ?, Zs. für Schweiz. Kirchengesch. 82, 1988, 115–141.

Hauteville, norm. Adelsfamilie, benannt nach ihrem kleinen Lehen H.-la-Guichard im →Cotentin (dép. Manche). Stammvater der Familie ist →Tankred, von dessen zwölf Söhnen sich einige etwa seit 1037 als Söldner in Unteritalien verdingten. 1042 wurde →Wilhelm Eisenarm († 1046) als Gf. v. →Apulien zum Führer der norm. Söldner gewählt, die in den polit. Wirren zunehmend territoriale Eigeninteressen zu entwickeln begannen. Auf Wilhelm Eisenarm folgte sein Bruder →Drogo († 1051), der 1047 von Ks. Heinrich III. mit Apulien und Benevent belehnt wurde. Ihm folgte sein Bruder →Humfred († 1057) und diesem sein Halbbruder →Robert Guiscard, der 1046 nach Unteritalien gekommen war und die Eroberung→Kalabriens vorantrieb. 1059 ließ er sich durch Papst →Nikolaus II. mit Apulien, Kalabrien und dem noch zu erobernden →Sizilien belehnen und gab damit der norm. Herrschaft in Unteritalien ein rechtl. Fundament. Während Robert Guiscard nach und nach die byz. und langob. Herrschaften Unteritaliens beseitigte und sogar einen aggressiven Krieg gegen Byzanz führte, eroberte sein Bruder→Roger I. († 1101) Sizilien und legte sich den Titel eines Großgf.en zu. Nach dem Tod Roberts Guiscard († 1085) folgte ihm sein Sohn →Roger Borsa als Hzg. v. Apulien; dessen Halbbruder→Bohemund I. († 1111) erhielt→Tarent und begründete im Verlauf des 1. Kreuzzuges das Fsm. →Antiochia. Von den nunmehr drei Zweigen der Familie war langfristig der Rogers I. der erfolgreichere. Auf Bohemund I. folgten im Fsm. Antiochia dessen Sohn Bohemund II. († 1131), sodann dessen Tochter Konstanze und ihr Sohn Bohemund III. († 1201). Auf Hzg. Roger Borsa († 1111) folgte in Apulien sein noch minderjähriger Sohn →Wilhelm unter der Regentschaft der Mutter Ala. Da Wilhelm († 1127) kinderlos blieb, hatte er schon 1125 seinen Onkel, Gf. →Roger II. v. Sizilien, als Erben eingesetzt, den Sohn des Großgf.en Roger I., dem zunächst sein Sohn Simon († 1105) nachgefolgt war. Roger II. gelang die Vereinigung aller norm. Herrschaftsgebiete Unteritaliens in seiner Hand. Durch den Gegenpapst Anaklet II. erreichte er 1130 seine Erhebung zum Kg. v. Sizilien, was Innozenz II. notgedrungen 1139 bestätigte. Roger II. († 1154) konnte sein Kgtm. gegen den Angriff Ks. →Lothars III. behaupten, doch gingen ihm drei Söhne im Tod voraus: Hzg. →Roger v. Apulien († 1148), Fs. Tankred v. Tarent und Bari († ca. 1140), Fs. Alfons v. Capua († 1144). Nachfolger wurde somit der einzige Überlebende, →Wilhelm I. (1154–66). Rogers II. postum geborene Tochter →Konstanze heiratete 1186 den dt. Thronfolger →Heinrich VI. und belebte somit die ksl. Ansprüche auf Unteritalien. Dagegen erhob der siz. Hofadel nach dem kinderlosen Tod Kg. →Wilhelms II. (1166–89) Gf. →Tankred v. Lecce (1190–94), einen illegitimen Enkel Rogers II. (Sohn Hzg. Rogers v. Apulien), der sich nur mühsam gegen den festländ. Adel und einen ersten stauf. Eroberungsversuch behaupten konnte und bei seinem Tod das Kgr. dem noch minderjährigen →Wilhelm III. unter der Regentschaft der Kgn.witwe →Sibylle hinterließ; der Thronfolger Roger (III.), verlobt mit der byz. Ks.tochter →Irene, der späteren Gemahlin →Philipps v. Schwaben, war bereits 1193 verstorben. Mit dem Tod Wilhelms III. nach der stauf. Eroberung des Kgr.s (1194) in dt. Gefangenschaft erlosch zu einem unbekannten Zeitpunkt die Familie der H. im Mannesstamm. Th. Kölzer

Q. und Lit.: DBI II, 539–549 – F. CHALANDON, Hist. de la domination normande en Italie et en Sicile, 2 Bde, 1907 – Das Papsttum und die südit. Normannenstaaten 1053–1212, ed. J. DEÉR, 1969 – S. TRAMON-

TANA, I Normanni in Italia, I, 1970–J. J. NORWICH, Die Normannen in Sizilien, 1971 [engl. 1970, it. 1972]–J. DEÉR, Papsttum und Normannen, 1972 – Rec. des actes des ducs normands d'Italie, I, éd. L.-R. MÉNAGER, 1981 – H. HOUBEN, Il »libro del capitolo« del monastero della SS. Trinità di Venosa (Cod. Casin. 334), 1984– S. TRAMONTANA, La monarchia normanna e sveva, 1986.

Hautevillers, Abtei OSB in der →Champagne (dép. Marne, arr. Reims, cant. Ay), gegr. um die Mitte des 7. Jh. vom hl. Nivardus, Bf. v. →Reims, der sie dem hl. Berchar, einem in →Luxeuil geformten Aquitanier und späterem Gründer von →Montier-en-Der, anvertraute. Anfangs befolgte H. eine benediktin.-columban. Mischregel, später die →Regula Benedicti. Als Reimser Eigenkl. wurde H. unter Ebf. →Ebo zur wichtigen Pflegestätte der Karol. Renaissance (→Ebo-Evangeliar, →Utrecht-Psalter). Um 840 erhielt die Abtei Reliquien der hl. →Helena aus Rom. Ebf. →Hinkmar hielt hier →Gottschalk v. Orbais in Gewahrsam und ließ durch den Mönch Anselm ein →Polyptychon, zum Gebrauch der →missi dominici, anlegen. Unter ihm verfaßte →Almannus seine hagiograph. Schriften (u. a. Translatio der hl. Helena).

Ein Regularabt erscheint wieder mit Rotmar, der 952 im Auftrag von Ebf. →Artoldus gemeinsam mit dem Abt von St-Remi die Reform v. St-Basle de Verzy zu überwachen hatte. Die Abtei H., in der Ebf. →Adalbero 986 die Befreiung seines Bruders, des Gf. en v. →Verdun, →Gottfried, aushandelte, kam wohl gegen Ende des 10. Jh. in die Hand der Champagnegf. en. 1095 richtete Gf. Stephan-Heinrich einen Wochenmarkt ein. Nach einem im Helena-Schrein gefundenen Authenticum hatte H. 1120 44 Mönche. Sein Besitz lag konzentriert in der Montagne de Reims sowie im Marnetal zw. Châtillon-s.-Marne und Châlons.

Nach Zerstörungen im Hundertjährigen Krieg wurden die Bauten durch den letzten Regularabt Jean Royer (1507–27) wiederhergestellt. Das Archiv ging bei einer Plünderung durch Hugenotten (1562) zugrunde. M. Bur
Lit.: A. MANCEAUX, Hist. de l'abbaye et du village d'H., 1880 – G. ROBERT, Le temporel du clergé régulier dans le dioc. de Reims en 1384, Nouvelle Revue de Champagne et de Brie 3, 1925, 96–104–F. POIRIER-COUTANSAIS, Les abbayes bénédictines du dioc. de Reims, Gallia monastica 1, 1974 – s. a. Lit. zu →Helena, →Hinkmar.

Hávamál ('Reden des Hohen' [= Odin]), Lied der →Edda, das aus 164 Strophen im Versmaß Ljóδaháttr besteht und zur edd. Spruch- und Wissensdichtung gehört. Es handelt sich um eine Zusammenstellung von Spruchweisheiten unterschiedl. Inhalts, die Odin in den Mund gelegt und auf diese Weise episch verklammert werden. Der Bogen spannt sich von rein ird. Weisheiten bis zum Mythisch-Magischen. Strophen 1–79 (80) behandeln menschl. Verhaltensweisen (Gäste, Tischzucht, Hausstand, Geschenke, Freundschaft, Fehde, Ding) und die Unbeständigkeit aller Lebensverhältnisse (»Altes Sittengedicht«), 81–95 die Launenhaftigkeit der Frauen, 96–110 Odins Liebesabenteuer, 112–137 die Belehrungen Odins für einen gewissen Loddfáfnir »Loddfáfnismál«), 138–145 Odins Runenmagie (»Rúnatal«), 146–163 die Verwendungsweisen einzelner Zaubersprüche (»Ljóδatal«). In der (Epilog-)Strophe 164 wird der Titel des Gedichts genannt.

Die ältere Forsch. betrachtete die überlieferte Fassung der H. im wesentl. als das korrumpierte Produkt eines Zersingungsprozesses, das sich weit von der ursprgl. sinnvollen Anordnung entfernt hatte (LINDQUIST). Das »Alte Sittengedicht« wurde als in sich geschlossenes Dokument bodenständiger, bäuerlich-altgerm. Sittlichkeit gewertet. Nach neueren Forsch. (K. v. SEE, 1972) sind die

H. Werke eines Redaktors, wohl aus der Zeit um die Mitte des 13. Jh., der das vielfältige und unterschiedl. alte Material im Rahmen einer nachvollziehbaren, nicht immer lückenlosen Konzeption zusammenfaßte. Die schon früher festgestellten Beziehungen der H. zu den →Disticha Catonis (altisländ. Übers. »Hugsvinnsmál«) ermöglichten es, die H. in den Zusammenhang des ma. Schulbetriebs und ma. Lit. beziehungen zu stellen. H. Ehrhardt
Ed.: →Edda – H., ed. D. A. EVANS (Viking Soc., Text Ser. VII, 1986 [dazu K. v. SEE, Skandinavistik 1987, 135–147]– Übers.: F. GENZMER – A. HEUSLER, Edda 2, 1922–Lit.: Kindlers Lit.-Lex. III, 1514ff. –KL VI [A. HOLTSMARK], 256–259–I. LINDQUIST, Die Urgestalt der H., 1956– K. v. SEE, Die Gestalt der H., 1972–DERS., Edda, Saga, Skaldendichtung, 1981, 27–72.

Havelberg, Stadt und ehem. Bm. in der westl. Prignitz (heute DDR, Bez. Magdeburg).
I. Burg und Stadt – II. Bistum.

I. BURG UND STADT: [1] *Burg:* Die Frühgesch. H.s ist weitgehend noch ungeklärt, systemat. archäolog. Untersuchungen fehlen. Bereits der älteste Bf.ssitz dürfte im heut. Dombereich gelegen haben, auf einem Hochplateau unmittelbar n. der Havelaue. S. befand sich in einer Havelschlinge die hochma. Stadt. Die Höhenburg von H., die wohl schon vor 948 slav. Stammesmittelpunkt war, wurde vermutl. im Zuge der otton. Eroberung des Gebietes nach der Schlacht v. →Lenzen (929) angelegt. Mit der Zerstörung von H. begann am 29. Juni 983 der große →Slavenaufstand, der die dt. Herrschaft zunächst beendete. Anfang des 12. Jh. war H. Hauptort der Brizaner, mit heidn. Kultplatz (1128 Bericht Ebos, des Biographen →Ottos v. Bamberg, über ein Fest für den Gott Gerovit), und Herrschaftszentrum der wohl christl. Fs. en Wirikind. 1130 von Deutschen besetzt, ging H. kurzzeitig an die heidn. gebliebenen Söhne Wirikinds verloren und wurde 1136/37 von Mgf. →Albrecht d. Bären erobert, war Sitz eines mgfl. Gerichts und lag zunächst im Teilbesitz des Mgf.en.

[2] *Stadt:* Auf der von Havel und 'Stadtgraben' umflossenen Insel gelegen, regelmäßige Stadtanlage mit rechteckigem Markt und Rathaus als Mittelpunkt, von dem vier Radialstraßen ausgehen; ein Straßenring begrenzte das vermutl. ältere Stadtgebiet. Eine Erweiterung in Richtung W auf die gesamte Fläche der Insel (ca. 16 ha) dürfte nach Gründung des Hospitals St. Spiritus (1390) am Sandauer Tor erfolgt sein. Im N, O und W bestanden Brücken, deren Tore die einzige Stadtbefestigung darstellten. Alleinige Pfarrkirche war St. Laurentius im SO. Stadtherr war um 1160 der Mgf. v. →Brandenburg, die von Friedrich I. 1179 gestattete Gründung einer bfl. Stadt blieb ohne Wirkung. Die Stadt betrieb, v. a. im 13. und 14. Jh., Holz- und Getreidehandel mit →Hamburg und war mgfl. Zollstätte.

II. BISTUM: Otto I. gründete das zunächst der Metropole →Mainz unterstellte Missionsbm. H. wohl zugleich mit dem Bm. →Brandenburg am 1. Okt. 948. Die angebl. Stiftungsurk. von 946 ist eine Fälschung des 12. Jh. Zum Bereich der Diöz. gehörten die slav. Burgbezirke der →Prignitz, →Ruppins und des brandenburg.-mecklenburg. Grenzgebietes sowie Teile Vorpommerns (→Pommern). 968 noch während der Amtszeit des ersten Bf.s Dudo (948–981) Unterstellung des Bm.s unter das neue Ebm. →Magdeburg. 983 Flucht des Bf.s Hilderich (981–1002), dessen Nachfolger als Titularbf. e amtierten. Bf. →Anselm v. H. (1129–55) verlegte mit der Gründung des Prämonstratenserstiftes Jerichow 1144 den Bf.ssitz in die Diöz. zurück. Wohl nach dem →Wendenkreuzzug 1147 gründete Anselm das Prämonstratenser-Domkapitel

St. Marien auf dem Burgberg und begann mit dem Dombau (Weihe 16. Aug. 1170).

Mit der definitiven Abgrenzung des Bm.s im NO gegen →Schwerin und →Kammin (Verlust der pommerschen Gebiete) im 13. Jh. Gliederung in neun Archidiakonate. Größere Gebietskomplexe besaß das Hochstift in Prignitz, →Altmark und Havelland. Getrennt vom Kapitel residierte der Bf. seit 1270 in Wittstock, ztw. auch auf der Plattenburg. Ohne Bildung einer eigenen Landesherrschaft blieb das Bm. vom Mgf. en v. Brandenburg abhängig. Der Wallfahrtsort →Wilsnack (ab 1383) verschaffte dem Bf. ztw. beträchtl. Einnahmen. 1506/07 wurde das prämonstratens. Domstift in ein weltl. Kollegiatsstift umgewandelt. Die Reformation wurde erst 1561 eingeführt.

F. Escher

Bibliogr. und Q.: →Brandenburg, Mark (H.-J. SCHRECKENBACH, Bd. III: Cod. dipl. Brandenburg, ed. A. E. RIEDEL, Bd. A, 1) – U. CREUTZ, Bibliogr. der ehem. Kl. und Stifte im Bereich des Bm.s Berlin, des Bfl. Amtes Schwerin und angrenzender Gebiete, 1989² (Mitteldt. Forsch., Sonderreihe Bd. 9) – *Lit.:* Hist. Stätten Dtl. 10, 217–221 [Lit.] – A. ZÖLLNER, Chronik der Stadt H., Bd. 1, 2, 1893/94 – G. WENTZ, Das Bm. H. (GS I, 2), 1933 [Neudr. 1963] – J. B. LEJEUNE, H. im Spiegel der Gesch., 1948 – W. SCHLESINGER, Bem. zu der sog. Stiftungsurk. des Bm.s H., JGMODtl 5, 1956, 1–38 – P. GRIMM, Die vor- und frühgesch. Burgwälle der Bezirke Halle und Magdeburg (Hdb. vor- und frühgesch. Wall- und Wehranlagen 1), 1958 – K.-H. AHRENS, Die verfassungsrechtl. Stellung und polit. Bedeutung der märk. Bm.er im späten MA (Mitteldt. Bm.er im SpätMA, hg. R. SCHMIDT, 1988), 19–32 – s. a. Lit. zu →Prignitz.

Havelok, me. →Romanze (3002 Z. in vierhebigen Reimpaaren), abgefaßt ca. 1295–1310 im Dialekt von Lincolnshire. H., der Sohn des dän. Kg.s Birkabeyn (→Birkebeiner), die engl. Kg.stochter Goldeboru und der Fischer Grim sind die Hauptgestalten der Romanze (abgebildet und benannt auf dem Stadtsiegel von Grimsby, 13. Jh., das von Grim gegr. sein soll). H. wird als vorbildl. Gestalt dargestellt. Als Motiv steht vielleicht die Rechtfertigung eines dän. Herrschers auf dem engl. Thron dahinter. – Der Verfasser, geschult an afrz. Epik, erweist sich als geschickter Erzähler, der den Stoff weitaus breiter und differenzierter darbietet als die beiden älteren anglonorm. Fassungen (Geffrei→Gaimar, »L'Estoire des Engleis«, Z. 1–816, und »Le Lai d'Haveloc«). Exakt bezeichnete Details aus allen Bereichen des öffentl. Lebens sind charakterist. für den eigentüml. Realismus des Gedichts, z. B. volkstüml. Wettkämpfe, Eheschließung mit Morgengabe, Reiserichter (→*eyre*), Büttel, bewaffnete Hüter des Landfriedens. Die Wiese und Hinrichtungsstätte vor der Stadt Lincoln sowie wohl auch die Brücke am Fischmarkt sind hist. Örtlichkeiten nachgezeichnet. G. V. Smithers

Bibliogr.: ManualME 1.I, 1967, 22–25, 211–215 [Nr. 5] – NCBEL I, 431f. – J. A. RICE, ME Romance: An Annotated Bibliogr., 1987, 281–289 – *Ed.:* F. HOLTHAUSEN, H., 1928³ – A. V. C. SCHMIDT – N. JACOBS, Medieval English Romances I, 1980 – G. V. SMITHERS, H., 1987 – *Lit.:* J. WEISS, Structure and Characterisation in H. the Dane, Speculum 44, 1969, 247–257 – G. B. JACK, The Date of H., Anglia 95, 1977, 20–33 – G. V. SMITHERS, The Style of H., MAe 57, 1988, 190–218.

Hawes, Stephen, Hofbeamter und -dichter des engl. Kg.s →Heinrich VII. (und →Heinrichs VIII.?), * 1474/75?, † vor 1530 (1510/11/23?); stammte aus Suffolk, studierte in Oxford. H. ist der Verfasser von mindestens fünf, 1509–11 bei W. de Worde gedruckten Gedichten, zumeist allegor. Traumvisionen mit didakt.-moralisierender Tendenz (»Pastime of Pleasure«, »Example of Virtue«, »Comfort of Lovers«), deren Thematik, Topik und Sprachstil *(aureate diction)* ihn als epigonenhaften →Chaucernachfolger ausweisen. W. Sauer

Bibliogr.: ManualME 4, XI, 1973, 1098–1100, 1305f. – NCBEL I,

650f. – *Q.:* W. E. MEAD, Stephen H. The Pastime of Pleasure, EETS 173, 1928 – F. W. GLUCK – A. B. MORGAN, Stephen H. The Minor Poems, EETS 271, 1974 – F. J. SPANG, The Works of Stephen H. [Faks. Repr.], 1975 – *Lit.:* W. MURISON, Stephen H. (The Cambridge Hist. of English Lit., hg. A. W. WARD – A. R. WALLER, II, 1908), 223–238 – D. PEARSALL, The English Chaucerians (D. S. BREWER, Chaucer and Chaucerians, 1966), 231–233.

Hawkwood, John (Acuto Giovanni), →Condottiero, * um 1320 in Sible Hedingham (Essex), als Sohn eines Gerbers, † 1394 in Florenz, begann seine militär. Laufbahn in der Anfangsphase des →Hundertjährigen Krieges in Frankreich. Nach dem Frieden v. →Brétigny (1360) ging er mit einer kleinen Kompanie nach Italien (Piemont). Er schloß sich der vorwiegend aus Engländern gebildeten »Compagnia Bianca« an, die Pisa im Krieg gegen Florenz (1363) in Sold nahm, und wurde Generalkapitän (1364). Berühmt für seine umsichtige Truppenführung und seine außergewöhnl. Loyalität diente er danach abwechselnd den Visconti und dem Papst (Krieg der »Otto Santi«, →Florenz). 1377 trat er in den Dienst von Florenz, in dem er bis zu seinem Tode verblieb, wobei er in den Zeiten, wo die Republik seiner Truppen nicht bedurfte, für andere kämpfte. Die »Loyalität« des hochbezahlten Condottiero zum florent. Stadtregiment manifestierte sich auch in der Teilnahme seiner Truppen an der Unterdrückungsmaßnahmen während der Wiedereinsetzung des oligarch. Regiments (1382) in der Zeit nach dem →Ciompi-Aufstand. Nach dem Verkauf der Ländereien bei Ravenna, die ihm der Papst verliehen hatte (erstes Feudum eines Condottiero), erwarb H. Besitzungen im Gebiet von Florenz, wo er 1391 auch die Ehrenbürgerschaft und lebenslange Steuerbefreiung erhielt. Seinem Entschluß, in die Heimat zurückzukehren, kam der Tod zuvor. Florenz widmete ihm im Dom ein Grabfresko (1436 von dem erhaltenen Wandgemälde Paolo→Uccellos ersetzt). G. Ciappelli

Lit.: G. TEMPLE LEADER – G. MARCOTTI, Sir J. H., 1889 – CH. OMAN, A Hist. of the Art of War in the MA, II, 1924, 294–300 – F. GAUPP, The Condottiere J. H., History 23, 1938–39, 305–321 – P. CONTAMINE, La guerre au MA, 1980 – s. a. →Lit. Compagnia di ventura (E. RICOTTI, II – M. MALLETT).

Hay, Familie → Erroll, Earls of

Hay, Sir Gilbert, um 1450, schott. Übersetzer dreier Prosawerke und einer langen Alexanderdichtung aus dem Frz. Nach einer autobiograph. Notiz im »Buke of the Law of Armys« war er Ritter, hatte Kg. Karl (VII.) v. Frankreich als Kämmerer gedient, übersetzte 1456 das »Buke« auf Geheiß des Earls v. Orkney. →Alexander d. Gr., VIII.

G. Wieland

Bibliogr.: ManualME 1.I, 1967, 111, 273 [Nr. 69] – NCBEL I, 424 – *Ed.:* J. H. STEVENSON, G. of the Haye's Prose MS, I: The Buke of the Law of Armys or Buke of Bataillis, 1901; II: The Buke of Knychthede and The Buke of Governaunce of Princis, 1914 – J. CARTWRIGHT, G.H., The Buik of King Alexander the Conquerour, STS, 1986 – *Lit.:* J. M. SMITH, The French Background of Middle Scots Lit., 1934, 25f., 139 – M. LINDSAY, Hist. of Scottish Lit., 1977, 65f.

Haymarus (in den Q. gewöhnl.: Monachus), Ebf. v. Caesarea, 1194–1202 Patriarch v. Jerusalem, † 1202 in Akkon. In dem Gedicht »De expugnata Accone« (224 Vagantenstrophen) stellte der Florentiner H. die Anfänge des 3. →Kreuzzugs dar und schilderte als Augenzeuge die Belagerung u. die Einnahme Akkons durch die Kreuzfahrer (1191). Das als Q. wertvolle Werk fand geringe Verbreitung. Als Patriarch war H. an der Umwandlung des →Dt. Ordens in einen Ritterorden beteiligt. Sein Verhältnis zu →Innozenz III. war zeitweilig gespannt. J. Prelog

Ed.: P. E. D. RIANT, De Haymaro Monacho ... disquisitio critica, 1865, 69–118 – W. STUBBS, RS 51, 3, 1870, CV–CXXXVI – *Lit.:* MANITIUS III, 701–703 – Repfont V, 391 [Lit.].

Haynin, Jean de, Herr v. Hainin und Louvignies in der Gft. Hennegau, * Okt. 1423, † 12. Mai 1495, Verfasser von »Mémoires«, in denen er Aufzeichnungen aus seiner langen militär. Dienstzeit als Befehlshaber einer Zehnereinheit im Heer der Hzg. e v. →Burgund verarbeitete. Das in frz. Mundart des zentralen Hennegau geschriebene, im Autograph erhaltene Werk schildert die militär. Zeitereignisse von 1461 bis 1477 (mit Ergänzungen bis 1489) aus der Sicht eines niederrangigen Offiziers und bietet als fesselnde militärgesch. Q. insbes. reiche Aufschlüsse zur soldat. Mentalität der Zeit. P. Avonds

Ed. und Lit.: J. de H. et de Louvegnies, Mémoires, ed. D. D. Brouwers, 1905–06 – A. Bayot, Notice du ms. original des Mémoires de J. de H., Revue du Bibl. et Arch. de Belgique 6, 1908, 109–144 – M. Bronckhart, Étude philologique sur la langue, le vocabulaire et le style du chroniqueur J. de H., 1933.

al-Ḥāzinī, Abūl-Fatḥ ʿAbdarraḥmān, arab. astronom. und physikal. Autor des frühen 12. Jh. von byz. Herkunft, Sklave eines Beamten am Hof von Merv, war al-Ḥ. bekannt wegen seiner asket. Lebensweise. Seine Hauptwerke sind »Mīzān al-ḥikma« ('Waage der Weisheit'), verfaßt 1121–22, und das wenige Jahre ältere astronom. Tafelwerk »az-Zīğ as-Sanjarī«. Beide Werke enthalten wertvolle Nachrichten über al-Ḥ.s griech. und arab. Vorläufer. Die acht Bücher des »Mīzān« behandeln Themen wie die Schwerpunkte und die Unterscheidung reiner Metalle von Legierungen sowie die Details der exakten Aufhängung der Waage. Der »Zīğ« enthält u. a. Tafeln der Sichtbarkeit der Planeten, die z. B. von Naṣīraddīn Ṭusī übernommen wurden. Al-Ḥ.s Werke wurden im MA nicht ins Lat. übersetzt. R. Lorch

Lit.: DSB VII, 335–351 [ält. Lit.] – E. S. Kennedy, A Survey of Islamic Astronomical Tables, Transactions of the American Philosophical Soc., NS 46, 2, 1956, 121–177 – R. Lorch, Al Khāzinī's 'Sphere That Rotates by Itself', Journal of the Hist. of Arabic Science 4, 1980, 287–329 – D. R. Hill, Arabic Water-Clocks, 1981 – D. A. King, The Earliest Islamic Mathematical Methods and Tables for Finding the Direction of Mecca, Zs. für Gesch. der Arab.-Islam. Wissenschaften 3, 1986, 82–149.

Hebamme → Schwangerschaft und Geburt

Heberegister, -rolle, Verzeichnis zu erhebender Abgaben bzw. Rolle mit entsprechendem Inhalt, zur Gruppe der Güterverzeichnisse gehörend. Im frühen MA sind v. a. die as. H.rollen des 10. und 11. Jh. (→Essen, →Freckenhorst, Herzebrock, →Werden) von den einfachen Hubenlisten, den Inventaren der frühen und den →Polyptychen der späten Karolingerzeit zu trennen. In ihnen ist der Landbesitz selbst nicht näher beschrieben, die Einkünfte dagegen sind genau angegeben. Allerdings sind die Unterschiede zu den Polyptychen nur graduell, wie die Ähnlichkeit der Corveyer H.rolle aus dem 11. Jh. mit dem Polyptychon v. →St-Germain des Près v. 829 zeigt. Gleiches gilt für die hoch- und spätma. H. Der Unterschied zu den →Urbaren und Zinsbüchern dieser Zeit ist oft nur minimal. Die H. beziehen sich jedoch meist nur auf Teile einer →Grundherrschaft, wie Ämter oder einzelne Fronhöfe. D. Rödel

Lit.: W. Metz, Zur Gesch. und Kritik der frühma. Güterverzeichnisse Dtl.s, ADipl 4, 1958, 183–206 – R. C. van Caenegem – F. L. Ganshof, Kurze Q.kunde des westeurop. MA, 1963, Kap. IV.

Hebräisch → Jüdische Literatur, → Grammatik E

Hebriden (falsche Lesart von 'Haebudes', Plinius; gäl. Innse Gall; engl.: 'the out [oder outer] isles'), lit. Bezeichnung der Inselgruppe der Western Isles, die der W-Küste von →Schottland vorgelagert sind, bildeten im SpätMA das Zentrum einer mächtigen Herrschaft, der *Lordship of the Isles* (L.). Im 6. Jh. gehörten die H. zum Gebiet der →Pikten und wurden – bis einschließl. Mull, Coll und Tiree – von den Scoten (Iren) aus →Dál Riada kolonisiert. Zw. dem späten 8. Jh. und ca. 900 erfolgte eine nicht sehr intensive Besiedlung durch Norweger, die jedoch Spuren in den Ortsnamen und in den gäl. Dialekten (insbes. auf Lewis und Skye) hinterlassen hat. Die skand. Herrschaft reichte in der Zeit ihrer größten Ausdehnung von Lewis im N bis zur Isle of →Man im S. Ein 'Kgr. der Inseln' entstand wohl durch die erzwungene Anpassung der Norweger an den iroschott. (bzw. pikt.?) Typ der gentilen Provinzialkgr.e. Im 12. Jh. zerfiel dieses Inselkgr. in mindestens zwei kleinere Teilherrschaften: Über Lewis, Harris, Skye sowie Man herrschte eine genuin norw. Dynastie; das Gebiet von Uist, Barra und Rum im N bis Islay im S sowie die Halbinsel Kintyre und der Festlandsdistrikt v. Lorn kamen dagegen unter die Herrschaft einer Familie, deren Hauptvertreter *Somerled MacGillebhrigte* (†1164) war. Sein Sohn *Reginald (Raonall)* und dessen Söhne *Ruari* und *Donald* waren dann die eigtl. Begründer der L., die bereits 1266 erscheint, als der Kg. v. Norwegen dem Kg. v. Schottland die Oberherrschaft über die H. (einschließl. Man) abtrat. Sie war 1336–1493 innerhalb des Kgr.es Schottland ein bedeutender Machtfaktor. Nur vier Lords (Nachkommen von Somerled, Donald) hatten die Herrschaft in Sohnesfolge inne: *John* (1336–87), *Donald* (1387–1423), *Alexander* (1423–49) und *John* (1449–93). John I. erwarb durch Heirat das Territorium v. Garmoran, zusammen mit dem Titel 'of the Isles'; sein Sohn aus seiner 2. Ehe mit einer Tochter des schott. Kg.s Robert II. folgte ihm als Lord of the Isles nach. Die L. war eine lockere Konföderation von →Clans. 1493 wurde die L. von Kg. Jakob IV. eingezogen, der letzte Lord mit einer Staatspension abgefunden. G. W. S. Barrow

Q. und Lit.: A. A. M. Duncan – A. Brown, Argyll and the Isles in the Earlier MA, Proc. Soc. Antiquaries of Scotland 90, 1959 – W. D. H. Sellar, 'Origins and Ancestry of Somerled', SHR 45, 1966 – Hist. Atlas of Scotland ca. 400–ca. 1600, hg. P. McNeill – R. Nicholson, 1975 [W. D. H. Sellar] – J. Bannermann, The Lordship of the Isles (Scottish Soc. in the 15th Century, hg. J. M. Brown, 1977), 209–240 – J. und R. W. Munro, Acts of the Lords of the Isles, 1986 – B. Crawford, Scandinavian Scotland, 1987.

Hecke → Siedlung, -sformen

Heddo (Eddo), Bf. v. →Straßburg, Abt des von ihm gegr. →Ettenheimmünster und von →Münster im Gregorienthal; * um 697, † nach 762, ▢ Ettenheimmünster; aus alem. Adel; 727 von →Pirmin zum Abt des Kl. →Reichenau eingesetzt, entsandte H. 731 zur Einrichtung des religiösen Lebens Mönche nach →Niederaltaich, →Murbach und →Pfäfers. Auf Veranlassung Hzg. →Theudebalds 732 nach Uri verbannt; Befreiung und Wiedereinsetzung in Reichenau durch →Karl Martell, der ihn 734 in der frk.-alem. Auseinandersetzung zum Bf. v. Straßburg erhob. 742/743 mögl. Teilnahme am →Concilium Germanicum, 747 an einer frk. Synode des →Bonifatius und 762 an der Synode v. →Attigny. Als Vermittler zw. den Positionen Pirmins und Bonifatius' sowie →Chrodegangs v. Metz setzte er in seinem Wirkungsbereich große Teile ihres Gedankenguts in die Praxis um. H. Seibert

Q.: P. Wentzcke, Reg. der Bf.e v. Straßburg I, 1908, 222–226 – A. Bruckner, Reg. Alsatiae 496–918, I, 1949 – *Lit.:* DBF XII, 1118f. – DHGE IV, 1414f. – LThK² III, 656 – Helvetia Sacra III/1,2, 1067f. – E. Ewig, St. Chrodegang et la réforme de l'église franque, 1967 [abgedr. in: Ders., Spätantikes und frk. Gallien II, 1979, 232–259] – A. Angenendt, Monachi Peregrini, 1972 – K. Schmid – O. G. Oexle, Voraussetzungen und Wirkung des Gebetsbundes v. Attigny, Francia 2, 1975, 102ff. – H. Schnyder, H., Abt der Reichenau und Bf. v. Straßburg..., Hist. Neujahrsbl. Uri 73/74, 1982/83, 19–50 – H. Seibert, Argentoratum (Gams, Ser. 5, IV/2) [in Vorber.].

Hedeby → Haithabu

Hedene, frk. Hzg.sgeschlecht der späteren Merowinger-zeit im Maingebiet um →Würzburg und in →Thüringen. Aus der »Passio Kiliani« ergibt sich die Mannesfolge Hruodi–H. (Hetan) d. Ä.–Gozbert–H. (Hetan) d. J. Der Leitname begegnet außerdem schon 590 (Chedin/Ethen, austras. Hzg. unter →Childebert II.) und noch einmal gegen Mitte des 7.Jh. (Cheden/Goden, Bruder Bf. Abbos [Goericus'] v. Metz, evtl. ident. mit H. d. Ä.). Die tradi-tionelle Gleichsetzung Hruodis mit Hzg. →Radulf v. Thü-ringen läßt sich nicht halten. Vielmehr scheint Hruodis Sohn H. d. Ä., nicht erst H. d. J., schon nach 642/643 an der Wiedereroberung Thüringens für das Reich mitge-wirkt zu haben. Als einziger bekannter Gesetzgeber der →Lex Ribvaria begegnet er wohl im Liber legum Mgf. →Eberhards v. Friaul. Während auf Betreiben von Goz-berts Frau Geilana →Kilian und seine Gefährten einem Komplott zum Opfer fielen (um 689), hatte nach der Jh.wende die Mission →Willibrords in Thüringen und in Mainfranken dank der Hilfe H.s d. J. und seiner Gemahlin Theodrada durchaus Erfolg. Offenbar wurde H. d. J., der noch am 18. April 717 (716?) urkundete, wenig später auf Betreiben→Karl Martells abgesetzt. Der am→Concilium Germanicum beteiligte Bf. Eddanus, in der Literatur für Bf. →Heddo v. Straßburg gehalten, könnte dem Ver-wandtkreis der H. entstammen.　　　　　　　　　H. Mordek

Q. und Lit.: K. LINDNER, Unters. zur Frühgesch. des Bm.s Würzburg und des Würzburger Raumes, 1972, 52ff., 89ff.–W. SCHLESINGER, Zur polit. Gesch. der frk. Ostbewegung vor Karl d. Gr. (Althessen im Frankenreich, 1975), 36ff., 44 [= VuF 34, 1987, 25ff., 33] – M. WERNER, Adelsfamilien im Umkreis der frühen Karolinger, 1982, 148ff., 156ff. [Lit.] – R. BUTZEN, Die Merowinger ö. des mittleren Rheins, 1987, 146ff., 166ff. [dazu aber: M. WERNER, DA 44, 1988, 271f.] – E. EWIG, Die Merowinger und das Frankenreich, 1988, 100 u.ö. – H. MORDEK [in Vorbereitung].

Hedwig. 1. H. v. Schlesien (Jadwiga), hl. (kanonisiert: 26. März 1267). [1] *Leben und Verehrung:* * um 1178/80, †14. Okt. 1243 in Trebnitz bei Breslau, ☐ ebd.; Tochter →Bertholds V., Gf.en v. →Andechs, und dessen 2. Ge-mahlin Agnes, Tochter Dedos v. Rochlitz, Mgf.en v. →Meißen; ∞ um 1190/92 Heinrich I., Hzg. v. →Schlesien; Kinder:→Heinrich II., Hzg. v. Niederschlesien (✕ 1241), Gertrud, Äbt. des Zisterzienserinnenkl. in Trebnitz, u.a. Nach 20jähriger Ehe legte H. zusammen mit ihrem Mann das Keuschheitsgelübde, aber kein Ordensgelübde ab und zog sich in das bereits 1202 von ihr gegr. Zisterzienserin-nenkl. in Trebnitz zurück. Zu dem reich ausgestatteten Kl. gehörte auch das in Urkk. wiederholt erwähnte und ar-chäolog. gut erforschte Dorf Zawonia in der Nähe von Trebnitz. Dem Angriff der Mongolen 1241 (Schlacht bei →Liegnitz, Tod ihres Sohnes Heinrich) entgingen H. und der Konvent in Krossen a. d. Oder. – Bereits 1267 wurde H. von Clemens IV. wegen ihres umfangreichen karitati-ven Werkes heiliggesprochen. Die feierl. Erhebung ihrer Gebeine erfolgte am 17. Aug. 1267, die Translation in die von ihrem Enkel Władysław, Ebf. v. Salzburg, errich-tete Kapelle am 25. Aug. 1267. Im 14.Jh. verbreitete sich der Heiligenkult H.s rasch, ausgehend zum einen von den Zisterzienserinnen, zum anderen von der Piastendynastie (→Piasten).

[2] *Hagiographie* (Hedwig-Codex): Ein einzigartiges Zeugnis der poln. Hagiographie und eine der wichtigsten Q. zur Piastengenealogie ist die »Vita maior St. Hedwi-gis«, die Ende des 13.Jh. von einem anonymen Autor (wohl Franziskaner) verfaßt wurde, der zwei früheren Viten der H. eine Genealogie hinzufügte (1353 illustriert; sog. »Codex Ostrowski«, heut. J. P. Getty-Museum,

Kalifornien). Im 15.Jh. entstand zusammen mit einer dt. Übers. eine zweite illustrierte Fassung. Zahlreiche Hss. mit dem Text der »Vita maior« bildeten die Grundlage späterer Hagiographien und Predigtvorlagen. Dargestellt wird H. als Matrone mit Herzogshut über dem Kopftuch. Häufigstes Attribut Kirchenmodell, daneben auch Ma-rienstatuette oder Schuhe (vgl. AASS 17. Okt. VIII, 236). S. a.→Hedwigsglas.　　　　　　　　　　T. Dunin-Wąsowicz

Lit.: LCI, s.v. – PSBX, 297–299 – J. BRAUN, Tracht und Attribute der Hl.n, 1943, 314–318–J. GOTTSCHALK, St. H., Hzgn. v. Schlesien, 1964 – O. R. GUSTAW, Hagiografia polska. Słownik bio-bibliograficzny, I, 1971, 475–485 [Bibliogr.] – E. WALTER, Stud. zum Leben der hl. H., Hzgn. v. Schlesien, 1972 – H. MANIKOWSKA, Legenda sw. Jadwigi-obieg i transformacja (Kultura elitarna a kultura masowa w Polsce późnego średniowiecza, pod red. B. GEREMKA, 1978), 155–171–A. v. EUW–J. M. PLOTZEK, Die Hss. der Slg. Ludwig, III: Der H.-Codex, 1982, 74–81 [Bibliogr.] – K. JASIŃSKI, Genealogia sw. Jadwigi (Mente et litteris, 1984), 189–194–T. DUNIN-WĄSOWICZ, La leggenda di Santa Edvige: storia di un manoscritto del XIV s. (Studia nad etnogenę Słowian i kulturą Europy wczesnośredniowiecznej, II, 1988), 21–28.

2. H. (poln. Jadwiga), Kgn. v. →Polen, * wahrscheinl. 15. Febr. 1374, † 17.Juli 1399, ☐ Krakau, Kathedralkir-che; Tochter des ung. Kg.s →Ludwig d. Gr. und der Elisabeth, Kgn. v. Polen; ∞ →Władysław II., Kg. v. Polen. H. wurde bereits mit vier Jahren mit Wilhelm, Sohn des österr. Hzg.s→Leopold III., verlobt. Nach dem Tod ihres Vaters (1382) wurde der Ehevertrag aufgelöst und sie zur Kgn. v. Polen gekrönt. Auf Betreiben der poln. Stände vermählte sich H. mit dem Litauerfs.en Jagiełło, der nach der Taufe den Namen Władysław annahm und 1386 zum Mitkg. v. Polen gekrönt wurde (Bildung der poln.-litauischen Union). Unter H.s Regentschaft wurde das Fsm. →Halič in das Kgr. Polen eingegliedert. Sie versuchte mehrmals zw. der poln.-litauischen Union und dem→Dt. Orden zu vermitteln.　　　　　　　　　G. Labuda

Lit.: A. STRZELECKA, O królowej Jadwidze, 1933 – W. MACIEJEWSKA, Jadwiga królowa polska, 1934 – H. QUILLUS, H. Kgn. v. Polen, 1939 – J. RADLICA, Królowa Jadwiga (Sacrum Poloniae Millenium IV, 1957) – Z. WDOWISZEWSKI, Genealogia Jagiellonów, 1968, 34–37.

Hedwigsgläser, Typ kostbarer Gläser (→Glas), deren Herkunft umstritten ist. Die Benennung beruht auf der Verbindung einiger Exemplare mit der hl. →Hedwig durch die Tradition. Für die unzweifelhaft aus dem MA stammenden Gläser wurde aufgrund der chem. Zusam-mensetzung und der Rezeptregel des »in situ« befindl. Glases v. →Novogródek (Kiever Rus') erstmals von J. PHILIPPE (1970) byz. Provenienz angenommen; diese Auf-fassung wurde von H. WENTZEL (1973) mit weiteren Argumenten (Technik der Ausführung, Formenrepertoi-re des Dekors, stilist. Eigenschaften – bei allerdings zu beobachtenden Unterschieden) untermauert. Für die aus dem Bereich des Ottonenreichs stammenden Gläser dieses Typs wird wohl mit Recht eine Verbindung zur Ksn. →Theophanu gesehen; zumindest ein Teil dieser Gläser, die ein Schlaglicht auf die hohe Meisterschaft byz. Kunst-handwerks werfen, dürfte profaner Bestimmung sein.

Die Hypothese eines fatimid. Ursprungs (CZIHAK, 1890) kann als überholt gelten (kein Fragment dieses Glastyps bisher im Nahen O gefunden, kein Hinweis auf islam. Werkstätten aufgrund von Ikonographie und Tech-nik). Die Techniken röm. Glasschliffs dürften im Bereich von Byzanz weitertradiert worden sein.

Eine offene Frage bleibt der in antiker Weise gestaltete dreieckige Schild auf mehreren erhaltenen Gläsern.

　　　　　　　　　　　　　　　　　　　　J. Philippe

Lit.: J. PHILIPPE, Le monde byz. dans l'hist. de la verrerie, 1970 – H. WENTZEL, Das byz. Erbe der otton. Ks., AaKbll 40, 1971, 15–39 – DERS., Byz. Kleinkunstwerke aus dem Kreis der Ksn. Theophanu, ebd. 441, 1973, 43–86 – J. PHILIPPE, Reliquaires de l'Orient chrétien en verre et en cristal de roche conservés en Belgique, Bull. de l'Inst. archéol. liégeois 86, 1974, 245–288 – R. KOCH, Schliffgläser des Hohen MA, Archäol. Korrespondenzbl. 3, 1977, 229–234 – J. ŠČAPOVA, A propos des coupes dites de sainte Hedwige, Ann. du 7ᵉ congr. (Berlin-Leipzig) de l'Assoc. intern. pour l'hist. du verre, 1978, 255–269 (Zur Nachahmung von H.n im 17./18. Jh. in Schlesien) – G. J. BASS, The Nature of the Serçe Limani Glass, Journal of Glass Stud. 24, 1984 – F. N. ALLEN, The Hedwig Glasses. A Survey, 1987 – E. BAUMGARTNER – I. KRUEGER, Phönix aus Sand und Asche. Glas des MA, Kat. Bonn, 1988, 86–101.

Heer, Heerwesen

A. West- und Mitteleuropa – B. Byzantinisches Reich und Kiever Rus' – C. Arabischer Bereich

A. West- und Mitteleuropa

I. Allgemeine Grundzüge – II. Frankenreich und Frankreich – III. England – IV. Irland – V. Italien – VI. Iberische Halbinsel – VII. Deutschland/Imperium – VIII. Deutscher Orden in Preußen – IX. Hussiten.

I. ALLGEMEINE GRUNDZÜGE: Zielsetzung dieses allg. Artikels über H. und Kriegführung in der Gesellschaft des ma. Okzident ist es, eine Typologie der Kombattanten und der Armeen zu entwerfen, während die spezif. Züge der unterschiedl. geogr. Räume den Gegenstand eigener Artikel bilden (s. die folgenden Abschnitte bzw. die Darstellungen unter einzelnen Ländern wie → Sizilien, → Ungarn, → Polen-(Litauen) usw.).

[1] *Völker und Gemeinschaften in Waffen:* Im MA war die Vorstellung der »Volksbewaffnung« keineswegs unbekannt; mehr als einmal geschah es, daß ein Volk oder eine Gesellschaft in ihrer Gesamtheit für den Kriegsdienst mobilisiert wurde, sowohl zur Durchführung einer Invasion oder Eroberung (z. B. germ. Völker während der sog. »Völkerwanderungszeit«) als auch zur Verteidigung (im FrühMA z. B.: Sachsen im Kampf gegen Karl d. Gr.; im SpätMA: Eidgenossen gegen Karl d. Kühnen). Die öffentl. Institutionen waren trotz ihrer Schwäche und vergleichsweise geringen Effektivität in der Lage, alle verfügbaren Kräfte aufzubieten, unter Überwindung von auftretenden wirtschaftl. und menschl. Problemen. Damit wurde – bis zu einem gewissen Grad – eine Gleichsetzung zw. einer Gesellschaft und ihrer Militärmacht erreicht. Jedes (männl.) Mitglied konnte, wenn die Notwendigkeit es erforderlich machte, zum Kampf herangezogen werden.

Die Kombattanten in Heeren dieses Typs hatten in der Regel selbst für ihren Unterhalt und ihre Ausrüstung, gemäß ihren Vermögensverhältnissen und Fähigkeiten, zu sorgen. Auf dieser Grundlage beruhte z. B. die »Assize of Arms« Kg. Heinrichs II. v. England (1181), die eine wichtige Etappe in der Entwicklung des engl. H.s darstellt.

Unter diesen Voraussetzungen bildete der Krieg ein natürl. und vorhersehbares Ereignis, für das sich ein jeder vorzubereiten hatte. Die Ausbildung für den Krieg war ein Bestandteil der allg. »Sozialisation« und erfolgte im Rahmen der militär. und kulturellen Traditionen des jeweiligen Volkes. Hierbei läßt sich eine Anthropologie des Kriegertums erkennen, mit bestimmten charakterist. Kampfesweisen und Waffen (z. B. Bogen, Spießen, Schleudern usw.), die einer bestimmten ethn. oder sozialen Gemeinschaft eigen waren. Aus verschiedenen Gründen, nicht nur wegen der hohen Kosten, kämpften manche Völker und Gemeinschaften ausschließlich zu Fuß, während einige »Barbarenvölker« einen großen Anteil von Berittenen kannten. Nie allerdings traten in West- und Mitteleuropa, dessen Völker seßhaft lebten, reine Heere von »Reiterkriegern« auf, wie sie der vom Nomadentum geprägte östl.-euras. Raum kannte.

Militär. Einsatz ganzer Bevölkerungen fand vorwiegend in geogr. begrenzten, überschaubaren Räumen statt. Reiche von großer Ausdehnung konnten, selbst wenn sie über eine lange Tradition staatl. Befehls- und Zwangsgewalt verfügten, in bedrohl. Situationen (Vorstellung des »Notstandes«) nie ihr gesamtes Potential an Menschen aufbieten.

Noch an der Schwelle des 14. Jh. wurde selbst in einer sozioökonom. hochentwickelten Region wie Oberitalien ein allg. Aufgebot nicht ausgeschlossen. Dies belegt der griech. und lat. verfaßte Traktat des Theodor Palaiologos (1291–1338), auch überliefert in der frz. Übers. des Jean de Vignai (»Enseignemens et ordonances pour un seigneur qui a guerres et grans gouvernemens a faire«), der dem rechtmäßigen, über loyale Untertanen verfügenden Herrn eines Landes (nicht aber dem »Tyrannen«) die ordnungsgemäße Aufbietung aller »hommes de défense«, von 15 bis 70 Jahren, empfiehlt; als letzte Möglichkeit bleibt, daß die gesamte Einwohnerschaft sich als »meute« oder »ost général« zur Verteidigung zusammenschließt.

[2] *Krieger an der Macht:* Dem Modell der allg. »Volksbewaffnung«, in dem jeder »Zivilist« zugleich auch »Krieger« ist, steht im MA ein anderes Modell gegenüber: Nach ihm ist ein Großteil der Bevölkerung – gegen Zahlung von Abgaben oder Steuern – vom Kriegsdienst suspendiert, wird u. U. sogar waffenlos gehalten, während eine Kriegerschicht sich ihre Situation der Stärke zur Errichtung oder Aufrechterhaltung ihrer Herrschaft zunutze macht. Von daher besteht eine Parallele zw. Strukturen und Organisation des Heeres und der Herrschaftsgewalt. In der ma. Gesellschaft des Westens wird dabei die Tatsache, daß die Macht auf der bewaffneten Stärke beruht, zunehmend als konstitutiv begriffen. Feudale Herrschaft ist charakterisiert durch die von Kriegern über Gruppen von Menschen ausgeübte Macht, wobei sich die herrschenden Krieger ggf. anderer (in ihrem Dienste stehender) Krieger sowie der → Burg als Kristallisationspunkt ihrer Machtausübung bedienen. Auf dieser Grundlage dient der Krieg einer »endogenen« als auch einer »exogenen« Zielsetzung; es geht zum einen um den Schutz eines Territoriums gegen äußere Feinde und die militär. Expansion auf Kosten von Nachbarn oder Konkurrenten, zum anderen um Androhung oder Einsatz von militär. Druck, um von der beherrschten Bevölkerung den größtmöglichen materiellen Ertrag zu erhalten. Der Krieger ist innerhalb dieser feudalen Herrschaft weit mehr als nur ein Herrschaftsinstrument, er ist der Träger der Herrschaft. Der Begriff des 'bellator' oder 'pugnator', der in den Schemata der drei 'ordines' (z. B. bei → Adalbero v. Laon) auftritt, zielt nicht ab auf die Gesamtheit der Kombattanten als sozio-professionelle Gruppe, sondern auf den 'potens', den Träger feudaler Gewalt, schließlich auf den souveränen Herrscher, den 'rex'.

Die Krieger bilden zugleich eine Minderheit und eine Elite. Statt eines allg. Aufgebots, das zw. 10 und 25% einer Bevölkerung erfaßt, machen die kämpfenden Truppen des feudalen Europa nur ca. 1–3% der Gesamtbevölkerung aus. Sie durchlaufen von Jugend an gründliche militär. Lehrjahre und beteiligen sich periodisch an (quasi-) militär. Übungen (Tjost, → Turnier, → Jagd). Sie bilden ein in sich geschlossenes soziales Milieu, mit eigenen Bräuchen, Ritualen (z. B. → *adoubement* und → Schwertleite) und kulturellen Traditionen, die – entsprechend der dominierenden Position der Krieger – auf die Gesamtheit der Gesellschaft ausstrahlen.

Durch das → Rittertum (→ *chevalier*), das den alten Antagonismus von Krieg und Christentum überwindet, erreicht die Gestalt des Kriegers ihre Apotheose. Vom Ende des 11. bis zum Ende des 12. Jh. erscheint als genuine Ausprägung dieser Tendenz der Kreuzfahrer (→Kreuzzug). In den geistl. →Ritterorden verschmelzen die ursprgl. scharf getrennten sozialen Existenzen des »Mönchs« und des »Kriegers«. Dem entspricht ein reiches Spektrum von »Ritter-« oder »Militärheiligen« (→Georg, →Mauritius, →Michael u. a.). Zu den großen Kristallisationsfiguren der Vorstellungswelt des ma. Kriegers zählt Judas Maccabäus, einer der →Neun guten Helden.

Durch die Bindung an die Lebensform und Vorstellungswelt des Rittertums, die allen Trägern der Ritterwürde, vom Herrscher und Fs.en bis zum kämpfenden →Ritter und Knappen (→écuyer), Identität verleiht, teilt sich die Gesellschaft gleichsam in zwei Gruppen. Die →Gottesfriedensbewegung hat diese soziale Zweiteilung bewußt gemacht, wenn nicht geschaffen.

Die Krieger, die sich seit dem 12. Jh. und verstärkt seit dem 13. Jh. auf ihren Epitaphen (→Grab) ritterlich gewappnet für die Ewigkeit abbilden lassen, gehören den verschiedenen Schichten des →Adels an. Ihre Berufung zum Kriegsdienst beruht weithin auf ihren →Lehen, deren Einkünfte ihnen die Kriegführung zugleich ermöglichen und auferlegen, in enger Verbindung von Pflicht und Privileg.

Zu diesem Milieu gehören allerdings ebenso die Krieger ohne Landbesitz, die um so mehr den Wunsch haben, in die – noch relativ offenen – Reihen der Laienaristokratie einzutreten. Im übrigen verfügen die Mitglieder der Kriegergesellschaft keineswegs über gleiche Rechte. Im Bereich der großen Lehen, der Fsm.er und Kgr.e, deren Strukturen sich im Zuge der polit. Neukonzentration (nach der Zersplitterung während des ersten Feudalzeitalters) herausbilden, sind die Krieger eingefügt in das, was man als herrschende Laienklasse bezeichnen könnte. In jedem Fall aber bilden sie innerhalb der Gesellschaft einen eigenen 'ordo' oder 'status' bzw. 'état'.

Die Beschränkung der Kriegführung auf einen relativ engen Personenkreis ist im Verlauf eines mehrschichtigen Prozesses erfolgt, nicht zuletzt genährt von der Furcht vor einer Bewaffnung der zur →Revolte neigenden einfachen Bevölkerung (ein seit dem 14. Jh. gern erörtertes Thema!) und in der festen Überzeugung ihrer militär. Untüchtigkeit. Dieser Auffassung steht jedoch eine andere Tendenz gegenüber, die – unter Voraussetzung einer gerechteren Behandlung des gemeinen Mannes – dessen militär. Beteiligung als durchaus nutzbringend, ja entscheidend ansieht.

[3] *Berufskriegertum:* Die hoch- und spätma. Staaten und Herrschaften stellen neben dem feudalen Aufgebot in zunehmendem Maße 'Berufskrieger' in ihren Dienst. Diese betrachteten ihr 'Kriegshandwerk' nicht als Instrument von Herrschaftsgewinn oder -sicherung, sondern als Mittel des Lebensunterhalts. Damit wird das →Söldnerwesen zum wichtigen Element: Engl. Bogenschützen (→*archers*) dienten dem Hzg. v. Burgund, genues. Armbrustschützen (→*arbalétriers*; →Armbrust) dem Kg. v. Frankreich, ebenso begegnen span. Genietruppen, eidgenöss. Fußknechte, Lütticher Sappeure, dt. Kanoniere usw. Gut ausgebildete und geführte Söldner füllten die Lücken dort, wo die Führungsschicht sich dem Kriegsdienst entzog bzw. ihren krieger.-militär. Charakter verlor. Dies war seit dem 14. Jh. im städtisch geprägten Italien der Fall, in geringerem Maße auch im spätma. England.

Der Einsatz von Söldnerverbänden barg Risiken in sich, bes. wenn diese der Kontrolle ihrer Auftraggeber entglitten, bei Ausbleiben von Soldzahlungen Raubzüge durchführten oder – schlimmer noch – selbst nach der Macht strebten. Eine solche verheerende »Eigendynamik« entfalteten im 12.–13. Jh. z. B. *cottereaux,* →Brabanzonen und *routiers,* im 14. und 15. Jh. die *Grandes compagnies* im südl. Frankreich, die →Katal. und →Navarres. Kompagnien im Osten, die *écorcheurs* (→Armagnaken) in W- und Mitteleuropa, die →*compagnie di ventura* in Italien, bis hin zu den →*Condottieri.* Neben dieser konkreten Gefahr wurde – trotz der vielgerühmten militär. und techn. Kompetenz der Söldnerverbände – deren Loyalität und Ergebenheit grundsätzl. angezweifelt. Daher riet eine Reihe von Autoren, Söldner nur im äußersten Notfall und mit der gebührenden Vorsicht in Dienst zu nehmen.

Die zunehmende »Professionalisierung« des Kriegswesens bei gleichzeitigem – zumindest partiellem – Funktionsverlust der Feudalgesellschaft und der Unlust breiter Adelsschichten am Kriegsdienst (z. B. →*Distraint of Knighthood*) nötigte dennoch zur Anwerbung größerer Söldnerverbände. Als Gegengewicht legten die staatl. Autoritäten zunehmend Wert auf strenge und klare Befehlsstrukturen (Disziplin, Exerzierreglement, Militärgesetzgebung usw.) und Verankerung bestimmter ethischer Werte (Ehre, Treue) in der Mentalität der Truppe. Die damit eingeleitete allmähl. Transformation der Söldnerverbände zu »Soldaten« im neuzeitl. Sinne sollte auch die Anziehungskraft auf Mitglieder des alten Adels verstärken, denen v. a. die Kommandostellen anvertraut waren.

[4] *Chronologische Abfolge:* Die drei skizzierten Modelle entsprechen annähernd drei zeitl. aufeinanderfolgenden Phasen der Militärgesch. des europ. MA. Die Vorstellung eines kollektiv kämpfenden Volkes oder Gentilverbandes tritt v. a. in der Frühzeit des MA auf, die weitgehende Gleichsetzung von Herrschaft und Kriegerfunktion ist ein entscheidender Charakterzug der entwickelten Feudalordnung, während die Genesis des »Berufssoldatentums« aus dem Söldnerwesen einen wichtigen Aspekt der Staats- und Gesellschaftsentwicklung an der Schwelle der Neuzeit markiert.

Dennoch lassen sich unschwer während jeder der drei genannten Perioden auch militär. Formationen der nicht vorherrschenden Typen feststellen: So finden sich in Quellen der Merowingerzeit durchaus Hinweise auf »berufsmäßige« Kriegsleute. Ebenso stellt sich in bezug auf das »Ritterideal«, wie es sich im 11.–12. Jh. definiert, zumindest die Frage, ob der Ritter nicht gleichsam die Funktion eines »Militärs« im Dienst des Fs.en, der Gemeinschaft und des »öffentl. Wohls« ausübte. Weiterhin bestehen auch kollektive Formen der Heeresverfassung, wenn auch in sehr viel eingeschränkterem Maße, im SpätMA fort.

Drei Phänomene sind bes. frappierend: 1. das Auftreten des Ritters als exzeptionellen Typs des Kriegers mit stärkster Wirkung auf Historiographie und geistesgesch.-lit. Überlieferung; 2. die zentrale Position des Kriegers, an dem sich in der Laiengesellschaft zw. 950 und 1150 alle anderen sozialen Gruppen orientieren, während er im SpätMA nur mehr eine wichtige Gruppe neben anderen (Agrarbevölkerung, Juristen, Kaufleuten) ist; 3. die Einbindung des Kriegertums in die staatl. Strukturen. Der Staat monopolisierte nicht nur die legitime Gewaltanwendung, er kanalisierte sie auch; diese Entwicklung beginnt sich in den letzten zwei, drei Jahrhunderten des abendländ. MA durchzusetzen. Ph. Contamine

Lit.: S. nach Teil II.

II. FRANKENREICH UND FRANKREICH: [1] *Frankreich:* Im 3.–5. Jh. wurde die weiträumige Westhälfte des röm. Reiches nach und nach zur Beute fremder Invasoren, die zumeist →Germanen mit ursprgl. Wohnsitzen östl. des

Rheines und nördl. der Donau waren. Diese von eigenen Fs.en oder Kg.en angeführten Gentilverbände setzten im röm. Westreich im Zuge einer längeren Entwicklung eigene Staatsbildungen ('Barbarenreiche') an die Stelle der schwindenden röm. Staatsgewalt und Administration. Bei Einsatz z. T. neuartiger Waffen sowie strateg. und takt. Methoden beruhte die Organisation dieser Heere auf der Verpflichtung und dem Vorrecht der Kriegsteilnahme aller männl. →Freien, wobei der Krieg ein normaler Bestandteil ihres Lebens war. Obwohl an Zahl wesentl. geringer als die (provinzial-)röm. Bevölkerung, konnten die eindringenden Germanen den Zerfall des mächtigen 'exercitus romanus' herbeiführen.

Parallel hierzu erfuhr das spätröm. Militärwesen (→Abschn. B) eine spürbare 'Barbarisierung'. Zahlreiche Germanen dienten als→Foederaten und–neben Römern– als reguläre Truppen im röm. Heer, und die Art der Rekrutierung, die Kriegskunst, die militär. Traditionen waren in zunehmendem Maße germanisch mitgeprägt.

Unter dieser doppelten Perspektive ist auch die bemerkenswerte militär. Expansion der→Franken zu sehen, die sich vom späten 5. Jh. bis zur Mitte des 6. Jh. als 'regnum Francorum' konstituierten. Zum einen waren die Franken der Zeit →Chlodwigs bereits teilweise romanisiert, zum anderen gliederte Chlodwig im Zuge seiner Eroberungen dem entstehenden Frankenreich Bruchstücke röm. Garnisonen und Militärbezirke ein. Zugleich ermöglichte der Übertritt zum kath. Christentum eine frühzeitige, auch militär. Verschmelzung zw. Franken und Gallo-Römern.

Nach dem Verfall des merow. Kgtm.s erfolgte seit dem späten 7. Jh. der Aufstieg der austras. →Hausmeier (→Arnulfinger). Unter Karl Martell, der die Reichseinheit wiederherstellte und 732 die Muslime bei →Poitiers schlug, sowie unter Pippin III. und Karl d. Gr. wurde das Frankenreich in zahlreichen harten Feldzügen zum Großreich ausgedehnt. Diese Expansion beruhte auf einem komplexen und effizienten Militärwesen, über dessen Struktur und hohe Effektivstärken Geschichtsschreibung und Kapitularien Auskunft geben. Karl d. Gr. verfügte, wenn er seine gesamten Streitkräfte zusammenfaßte, über mehrere Zehntausende an Berittenen und eine noch größere Zahl von Kriegern zu Fuß. Hatten die merow. Heere noch stark auf schwerbewaffneten Fußtruppen beruht, so spielte nun die leichte und schwere Kavallerie (→Märzfeld, seit Mitte des 8. Jh. →Maifeld) eine große Rolle. Das Frankenreich unterhielt ständige Garnisonen, insbes. in den 'castra', 'castella' und grenznahen 'oppida'. Auf allen Freien über zwölf Jahren lag die Heeresdienstverpflichtung. Faktisch aber verlagerte sich der Schwerpunkt des Heeres – im Zeichen beginnender Feudalisierung – auf die von Gf.en, Bf.en, Äbten und 'vassi dominici' geführten Truppenverbände im engeren Sinne. →Bußen und Steuern bzw. Abgaben wurden bereits partiell zur Ausrüstung und Bezahlung dieser Truppen verwendet.

Mit den immer heftigeren Nachfolgekämpfen zw. den Mitgliedern des Karolingerhauses ging die Reichseinheit im 9. Jh. verloren. In der sich verselbständigenden Francia occidentalis bildeten sich→Fürstentümer, die ihre eigenen Militärorganisationen entwickelten. Das frk. Heer erwies sich, trotz einzelner Episoden wie der Verteidigung von →Paris (885–886), insgesamt als unfähig zur Normannenabwehr.

[2] *Frankreich:* Zw. dem H. des Frankenreichs und dem des feudalen Frankreich bestanden zahlreiche Verbindungen: entscheidende, noch wachsende Bedeutung der schweren Reiterei (equites, caballarii, die zum Synonym des Kriegers schlechthin wurden; milites), eine gewisse

Kontinuität zw. frk. Aristokratie und Feudaladel, die Erinnerung an die Großtaten unter Karl d. Gr. (→Roland, -slied). Dennoch war die allg. Situation eine völlig andere geworden: Zersplitterung in einzelne, oft kleinräumige Herrschaften, deren adlige Herren den Krieg als einen selbstverständl. Bestandteil ihres Lebens betrieben. Diese Zeit war die Blütezeit der feudalen Burgen, die gemeinsam mit dem Rittertum Leitvorstellungen der Epoche markieren. Die häufigen, vielfach um geringen Einsatz mit einer kleinen Zahl von Bewaffneten, aber recht gewaltsam ausgetragenen adligen Kriegshändel (werrae) provozierten im 11. Jh. die von der Kirche, z. T. im Zusammenspiel mit größeren Fs.en, initiierte→Gottesfriedensbewegung.

Auch die ersten Schritte der Dynastie der →Kapetinger waren, ähnlich wie bei anderen Fs.en dieser Epoche, durch fast ständige, aber räumlich und zeitlich begrenzte Kampfhandlungen gekennzeichnet. Die mehrere Tage oder Wochen dauernden Feldzüge wurden oft nur mit einigen hundert Bewaffneten durchgeführt, wobei Belagerungen und Plünderungszüge gegenüber Feldschlachten im Vordergrund standen.

Erst mit der Eroberung →Englands durch den Hzg. der →Normandie (1066) und mit dem 1.→Kreuzzug (1095–99) begegnen im westeurop. Bereich militär. Expeditionen großen Stils; von nun an standen Probleme der Versorgung, der Ausrüstung und des weiträumigen Transports (auch zur See) größerer Truppenverbände im Vordergrund. Der Mythos des Rittertums erreichte mit Kreuzzügen und geistl. Ritterorden (Templer, Johanniter) seinen Höhepunkt.

Neben den Streitkräften der feudalen Lehnsträger, die sich aus eigenen Einkünften für Aufgebot (*ost*), Reiterstreifzug (*chevauchée*) oder militär. Königsdienst (*garde*) selbst auszurüsten hatten, und den Kontingenten der Städte, Burgorte (*burgi*) und feudalen Herrschaften traten seit der Mitte des 13. Jh. mehr und mehr Söldnerverbände (v. a. *cottereaux,* →Brabanzonen und *routiers*) auf, die oft zu Fuß kämpften und ihre verheerenden Züge teils auf eigene Rechnung, teils im Dienst der rivalisierenden Kg.shäuser der Kapetinger (Ludwig VII., Philipp II. August) und insbes. der →Plantagenêt (Heinrich II., Richard I., Johann) durchführten.

Mit den entscheidenden militär. Erfolgen Philipp Augusts (→Bouvines) wurde das kgl. Heer zur dominierenden Militärmacht im Kgr. Frankreich, doch bestanden die Heere der einzelnen Fs.en weiter, und es kam auch immer wieder zu Söldnerplagen (*Grandes compagnies*, 14. Jh.; *écorcheurs*, 15. Jh.). Insgesamt aber setzte die kapet. Monarchie den inneren Frieden im Lande durch (→Landfrieden), wobei die krieger. Energie der Aristokratie im wesentl. auf äußere Unternehmungen gelenkt wurde (Kreuzzüge Ludwigs IX., Italienfeldzüge Karls v. Anjou, Kreuzzug gegen →Aragón Philipps III.).

Zentralen Stellenwert erhielten militär. Aktivitäten wieder unter Philipp IV. und seinen Söhnen, im Zusammenhang mit den Annexionsbestrebungen gegenüber →Guyenne und→Flandern. Die Kriegführung nahm hinsichtl. des Menschenaufwandes und der Kosten vorher nicht gekannte Dimensionen an. Der gute Ruf der frz. Ritterschaft erlitt schweren Schaden durch die Niederlage, die ihr die →Milizen der flandr. Städte bei →Kortrijk ('Goldsporenschlacht', 1302) zufügten, konnte aber durch spätere Siege (v. a. Cassel, 1328) wiederhergestellt werden. Die Besoldung der Heere, bereits unter Philipp August breit belegt, kam nun allg. in Gebrauch. Der–*arrièreban*, der 'pro defensione regni' zu leisten war, mußte von den Untertanen, die ihn nicht persönl. ableisteten, durch

Steuern abgegolten werden. Alle Inhaber von Lehen, wem immer sie unterstanden, hatten dem Kg. Aufgebotsdienst *(service d'ost)* zu leisten, für den aber nun ausdrückl. Sold gezahlt wurde.

Trotz deutlicher Überlegenheit an Geld und Truppenstärke und einer umsichtigen Militärorganisation unterlagen die Heere der ersten →Valois der neuen engl. Taktik (→Abschnitt IV) bei →Crécy (1346) und →Poitiers (1356). In den Jahren nach diesem Debakel (1356–60) war der frz. Adel durch den völligen Schwund seines militär. Ansehens in seinem Lebensnerv getroffen, ohne daß sich in der frz. Gesellschaft Kräfte fanden, die militärisch seinen Platz hätten einnehmen können. Die Valois betrieben in dieser Periode eine vorwiegend defensive Politik mit (Neu-) Befestigung von Städten und Burgen.

Zur Rückgewinnung der abgetretenen Gebiete (→Brétigny-Calais, 1360) schuf Karl V. eine neuartige Militärorganisation, in der eine kleine Zahl regulärer Kompagnien, bestehend aus *hommes d'armes*, auf Jahresfrist verpflichtet und besoldet, eine wichtige Rolle spielte, verstärkt durch kleinere Spezialeinheiten, gestellt von den 'bonnes villes' oder angeworben im Ausland (z. B. genues. Armbrustschützen, beritten oder zu Fuß). Dieses kgl. Heer, dessen angesehenster Befehlshaber der Connétable →Du Guesclin war, leistete bis 1380 erfolgreiche militär. Tätigkeit durch Rückgewinnung zahlreicher frz. Territorien, verfiel aber nach Karls V. Tod infolge der Finanzkrise. Die Kriegführung war in den nächsten Jahren durch Garnisonen *(établies)* im Grenzgebiet (Flandern, Guyenne) und durch einige mit großen Heereskontingenten durchgeführte Expeditionen (→West-Rozebeke, 1382; Bourbourg 1383; Le Mans, 1392) gekennzeichnet.

Im Bürgerkrieg der →Armagnacs et Bourguignons rivalisierten in Frankreich die Heere der Häuser Orléans und Burgund miteinander. Nach der Katastrophe v. →Agincourt (1415) standen sich auf frz. Boden gegenüber: das auf Mittelfrankreich (Bourges) beschränkte Heer Karls (VII.) v. Frankreich, die fast ausschließl. englisch geprägte Streitmacht der »Doppelmonarchie« Heinrichs V., das Heer Hzg. Philipps des Guten v. Burgund, dessen polit.-militär. Zielsetzungen sich zunehmend auf Gebiete außerhalb Frankreichs richteten. Nach den Erfolgen der frz. Truppen Karls VII., zu denen der Heroismus der →Jeanne d'Arc den unerwarteten Anstoß gegeben hatte, erfolgte 1445–49 die Heeresreorganisation, die v. a. eine Gliederung in die Abteilungen der Ordonnanzkompanien (→*compagnies d'ordonnance*) sowie der Garnisonstruppen, des kleinen stehenden Kanonierkorps und der Reservetruppen (→*francs-archers*, →*arrière-ban* des Adels) beinhaltete. Die solcherart reformierte frz. Militärmacht bestand ihre erste Bewährungsprobe bei der Rückeroberung von →Normandie und Guyenne und gewährleistete für ein halbes Jh. die Sicherheit des Kgr.es. Dem Vorbild des Kgtm.s folgte weithin die Militärorganisation der →Bretagne (unter Franz II.) und namentlich der mit Hilfe der fläm.-niederländ. Finanzkraft durchgeführte Auf- und Ausbau der burg. Armee →Karls des Kühnen, die schließlich an einer maßgebl. von den →Eidgenossen geführten Koalition scheiterte, aber das Militärwesen der frühneuzeitl. Staaten beeinflußte.   Ph. Contamine

Lit.: F. Lot, L'art militaire et les armées au MA, en Europe et dans le Proche-Orient, 2 Bde, 1946 – Ch. Brusten, L'armée bourguignonne de 1465–68, 1953 – J. P. Bodmer, Der Krieger der Merowingerzeit und seine Welt, 1957 – R. C. Smail, Crusading Warfare (1097–1193), 1967² – J. H. Beeler, Warfare in Feudal Europe (730–1200), 1971 – H. S. Bachrach, Merovingian Military Organization (481–751), 1972 – Ph. Contamine, Guerre, État et société à la fin du MA. Études sur les armées des rois de France (1337–1494), 1972 – G. Duby, 27 juillet 1214. Le dim. de Bouvines, 1973 [dt. 1988] – Ch. Brusten, Les compagn. d'ordonnance dans l'armée bourguignonne (Grandson 1476, hg. D. Reichel, 1976), 112–169 – J. F. Verbruggen, The Art of Warfare in Western Europe during the MA (from the eigth century to 1340), 1976 – J. France, La guerre dans la France féodale à la fin du IXᵉ et au Xᵉ s., Revue belge d'hist. militaire 23, 1979, 177–198 – J. F. Verbruggen, L'art militaire dans l'Empire carolingien, ebd. 23, 1979–80, 299–310, 393–412 – G. Jäger, Aspekte des Krieges und der Chevalerie im 14. Jh. in Frankreich. Unters. zu Jean Froissart »Chroniques«, 1981 – M. G. A. Vale, War and Chivalry. Warfare and Aristocratic Culture in England, France and Burgundy at the End of the MA, 1981 – Ph. Contamine, L'armée de Philippe Auguste (La France de Philippe Auguste, le temps des mutations, hg. R. H. Bautier, 1982), 577–593 – A. J. Pollard, John Talbot and the War in France (1427–53), 1983 – A. Plaisse, Un chef de guerre du XVᵉ s. Robert de Floques …, 1984 – M. Jones, L'armée bretonne 1449–91: structures et carrières (La France de la fin du XVᵉ s. Renouveau et apogée, hg. B. Chevalier – Ph. Contamine, 1985), 147–165 – Ph. Contamine, La guerre au MA, 1986² – B. Schnerb, Aspects de l'organisation militaire dans les principautés bourguignonnes [Thèse dact., Paris 1988] – s.a. Lit. zu A VII.

III. England: [1] *Angelsächsische Zeit:* Die übliche ags. Bezeichnung für ein Heer oder militär. Aufgebot zu Land oder zur See war *fyrd*. In engl. Q. des 9. und 10. Jh. wird dagegen für auswärtige – bes. dän. – Verbände der Begriff *here* verwandt. Die ags. Heeresaufgebote bestanden im 8. Jh., soweit sie offensiv eingesetzt wurden, üblicherweise aus aristokrat. Kriegern; militär. Verpflichtungen waren bereits mit Landbesitz verbunden (vgl. →Beda Venerabilis; Gesetzbuch Kg. →Ines v. Wessex; diverse Urkk.). Die militär. Rolle der Freien (→*ceorl*) war im wesentl. auf die Versorgung des Heeres beschränkt. Seit der Mitte des 8. Jh. bestanden die Kg.e bei der Gewährung von Immunitäten für Grundbesitz auf die Einhaltung der »trimoda necessitas«, d. h. Verpflichtung zu fyrd, Brücken- und Burgwerk. Nach dem →Domesday Book war z. B. in der Gft. Berkshire jeweils von fünf Hufen *(hides)*, Größe des adligen Grundbesitzes der →*thegns*, ein miles für den fyrd zu stellen. Die größeren Herren und die Besitzer von *bookland* (→*boc*) hatten dem Heeresaufgebot persönl. unter Strafandrohung der Verwirkung ihres Besitzes Folge zu leisten, während die anderen waffentragenden Männer, thegns und ceorls, in der Gefolgschaft ihrer Herren dienten. Der fyrd war eine bewegl. Streitmacht; obwohl seit der Zeit Kg. →Alfreds beritten, kämpfte er stets zu Fuß. Bei Invasionen wurden auch Freie, ohne Besitz von Pferden, aus der unmittelbaren Umgebung aufgeboten.
                                                         N. P. Brooks

[2] *Hoch- und Spätmittelalter:* Nach 1066 bestand das engl. Heer vorwiegend aus schwerbewaffneten, zu Pferde kämpfenden →Rittern, die von Infanterie unterstützt wurden; aus ags. Zeit wurde jedoch die allg. Aufgebotspflicht der Freien übernommen. Die Ritter waren hauptsächl. Kronvasallen *(tenants-in-chief)*, die für ihren Lehensbesitz einen unbesoldeten jährl. Dienst von 40 Tagen in Friedenszeiten, 60 Tagen in Kriegszeiten zu leisten hatten. Wurde das volle feudale Aufgebot (servitium debitum) vom Kg. nicht beansprucht, so war die Entbindung vom Heeresdienst gegen Zahlung einer festen Abgabe, des →*scutage* ('Schildgeld'), möglich. Ritter versahen auch die Burgwacht, während die →*sergeants* entweder als Reisige oder als Anführer von Fußtruppen dienten. Kg. Wilhelm I. verfügte wohl über 5000 Ritter, Heinrich II. nach den »Cartae Baronum« über 6500 Ritter. Die »Assize of Arms« (1181) verpflichtete jeden wehrfähigen Freien, sich entsprechend seinem Vermögen selbst auszurüsten (Bestimmung auch im »Statute of →Winchester«, 1285). Die anglonorm. und angevin. Kg.e setzten häufig Söldner und Spezialtruppen wie die Kreuzbogenschützen ein. Infolge

der im 13. Jh. steigenden Ausrüstungskosten regte sich verstärkter Widerstand gegen den persönl. Ritterdienst. Unter Eduard I. sank die Zahl der militär. verfügbaren Ritter drast. auf 1500 (→Distraint of Knighthood).

Nach 1230 wurden neben den gesamten Freien auch die Unfreien von Aushebungskommissionen (Commissions of Array) rekrutiert (v. a. Bogenschützen, →archers). Eduard I. hatte 1297–98 in Schottland 28000 Mann unter Waffen; vor →Calais dienten 1346–47 32000 Mann. Die militär. Befehlsgewalt übten im wesentl. Mitglieder der großen Vasallengeschlechter aus; einige führten erbl. die (Ehren-)Titel des →Constable und →Marshal. Seit dem 14. Jh. gingen Ritter und Reisige *(men-at-arms)* dazu über, vor dem Gefecht abzusitzen und an der Seite der Bogenschützen zu Fuß zu kämpfen. Erstmals in den Kriegen gegen →Schottland erprobt, errangen die engl. Armeen mit dieser Taktik spektakuläre Erfolge im →Hundertjährigen Krieg. Die Siege basierten auf der charakterist. hohlkeilförmigen engl. Schlachtordnung, in der von einer starken Defensivposition aus die Bogenschützen an den vorgeschobenen Flanken kämpften, während die abgesessenen Reisigen das Zentrum bildeten.

Um die Mitte des 14. Jh. bestanden die engl. Expeditionskorps im wesentl. aus besoldeten Armeen, mit einer wechselnden Zahl von ausgerüsteten Freiwilligenkompanien aus Reisigen und Bogenschützen, die von einzelnen Kapitänen durch →indenture (Soldvertrag) angeworben wurden, bisweilen verstärkt von Aufgebotstruppen, üblicherweise in einer Gesamtstärke von 5000–10000 Mann. Der Oberbefehl wurde seit Eduard III. häufiger den Söhnen des Kg.s (→Eduard, der »Schwarze Prinz«) oder anderen Hochadligen anvertraut (z. B. →Heinrich, Duke of Lancaster), oft aber auch erfahrenen Söldnerkapitänen von niedrigerem Rang (z. B. Thomas →Dagworth, Robert →Knolles). Der Anteil von Aufgebotskräften, die zunehmend auf den Dienst im Landesinneren beschränkt wurden, ging gegenüber den wohlausgerüsteten Söldnerkompanien zurück. Wenn auch im SpätMA kein stehendes Heer aufgestellt wurde, boten doch die großen Garnisonen (v. a. Calais, die Burgen an der schott. Grenze, in der Normandie und Gascogne) stets eine verfügbare und ausgebildete Truppenreserve. Im 15. Jh. erfolgten auch Ansätze zu einer spezialisierten Artillerie, mit dem Londoner Tower als Arsenal. Die engl. Monarchie unterhielt aufgrund ihrer insularen Position und ihrer kontinentalen Interessen ztw. auch eine→Flotte.   M. Jones

Lit.: zu [1]: STENTON³, 289–291, 582–584 – N. P. BROOKS, The Development of Military Obligations in 8th and 9th Century England (England before the Conquest, hg. P. CLEMOES – K. HUGHES, 1971), 69–84 – DERS., Arms, Status and Warfare in late Saxon England (Ethelred the Unready, hg. D. HILL, Brit. Archaeol. Reports, Brit. ser. 59, 1978), 81–104 – R. ABELS, Bookland and fyrdservice in late Saxon England (Anglo-Norman Stud., 7, 1984), 1–25 – zu [2]: C. W. HOLLISTER, The Military Organization of Norman England, 1965 – H. J. HEWITT, The Organization of War under Edward III, 1966 – M. PRESTWICH, War, Politics and Finance under Edward I, 1972 – A. CURRY, The First English Standing Army? (Patronage, Pedigree and Power in Later Medieval England, hg. CH. ROSS, 1979), 193–214 – C. T. ALLMAND, Lancastrian Normandy, 1415–1450, 1983 – DERS., The Hundred Years War, 1988.

IV. IRLAND: Im 5.–7. Jh. dienten die *fiana*, Gemeinschaften junger Krieger, die einem heidn. Kriegerkult huldigten, den ir. Kleinkg.en bisweilen als Elitetruppen. In den christl. geprägten Rechtstraktaten der Zeit um 700 tritt dagegen der Waffendienst, den alle Untertanen dem Kleinkg. (*rí tuaithe*) schuldeten, in dreifacher Gestalt auf: als *slógad* (Heerfolge gegen äußere Feinde), *fubae* (Spurfolge im Innern gegen Piraten, Pferdediebe und Wölfe) und

rubae (Grenzwacht). Klienten (→Klientel) nahmen am Heeresaufgebot im Gefolge ihrer Herren teil; Säumigen drohte Besitzeinziehung durch den Kg. Der Heeresdienst, den die Bewohner der einzelnen Kleinkgr.e einem →Hochkg. zu leisten hatten, blieb durch Gewohnheitsrecht an bestimmte (Jahres-)Zeiten gebunden. Nach den Wikingerinvasionen stellten die Hochkg.e norw. Söldner in ihren Dienst und zahlten auch an ihre Unterkg.e Sold (*tuarastal*), um diese zum zeitl. unbefristeten Heeresdienst zu verpflichten. Diese Entwicklung ließ die althergebrachte Gastungspflicht (*congbáil*) zur drückenden Last werden. Nach der Normanneninvasion des 12. Jh. nahm das Heer in den örtl. Herrschaften stärker professionellen Charakter an; die Truppenverbände bestanden aus einheim. leichten Fußsoldaten (*kerne*), schwerbewaffneten norm., später schott. Söldnern (→ *gallóglaigh*), ferner – meist adligen – Berittenen. Die Truppen erzwangen von der örtl. Bevölkerung nicht nur Verpflegung und Quartier, sondern auch ihren Sold, gestützt auf Briefe ihrer Dienstherren (als *coyne and livery* bezeichnete Abgabe). Das von der engl. Regierung eingerichtete Heer entsprach im wesentl. dem engl., doch wurden, infolge des dauernden Kriegszustandes, den →Sheriffs in den Gft.en Ritter als 'custodes pacis' mit stärker militär. als richterl. Aufgaben beigeordnet. Noch bis ins 14. Jh. hielt sich im anglo-ir. Bereich das feudale Aufgebot. Das verbreitete private Kriegs- und Fehdewesen konnte auch durch Verbote nicht eingedämmt werden.   K. Simms

Lit.: K. R. McCONE, Werewolves, cyclopes, díberga and fíanna, Cambridge Medieval Celtic Stud. 12, 1986, 1–22 – K. SIMMS, From Kings to Warlords, 1987, 116–128 – R. F. FRAME, Military Service in the Lordship of Ireland 1290–1360 (Medieval Frontier Soc., hg. R. BARTLETT – A. MacKAY, 1989) [im Dr.].

V. ITALIEN: Hatte die karol. Militärordnung die Transformation des vorherrschend von Fußtruppen gebildeten Volksheeres in ein auf feudalen Kontingenten basierendes Reiterheer mit starker funktioneller und sozialer Divergenz zw. dem elitären, kostspielig gerüsteten Krieger, miles, und dem nur mit Wach- und Hilfsdiensten betrauten pedes niedriger Abkunft zur Folge, so führte das Aufkommen der Stadtkommunen in N- und Mittelitalien zu einer komplexeren, auf allgemeiner Wehrpflicht der Bürger beruhenden Heeresorganisation, bei der die einzelnen Waffengattungen mit komplementären Aufgaben (s. a. →Fahnenwagen) betraut waren. Das Gros lag bei den nach topograph. (Stadttore, -viertel), später auch nach korporativen Kriterien organisierten, sich mit der Zeit durch größenmäßige Weiterentwicklung ihrer Hauptwaffen Schild und Lanze und der Verwendung von Schützen funktionsmäßig in *palvesari, picchieri, arcieri* bzw. *balestrieri* aufgliedernden eisenbewehrten defensiv und für begrenzte Gegenangriffe eingesetzten Fußtruppen, derart, daß der mannshohe Setzschild *(palvese)* wie eine bewegl. Mauer außer seinen beidhändig manövrierenden Spießer, den Bogen- oder Armbrustschützen barg. Das zahlenmäßig geringere Aufgebot der zu Reiterdienst und Haltung von Streitrössern verpflichteten vermögenderen (nur z. T. adligen) Bürger wurde verstärkt durch Integrierung von eingebürgerten oder vertragl. gebundenen feudalen Elementen, herangezogen auch zur Besetzung der Kommandostellen. Trotz intensivster Kriegstätigkeit kam es nur selten zu offenen Feldschlachten. Vielmehr war die kommunale Kriegführung durch ihre nahezu perfekte Befestigungs- und Zerstörungstechnik charakterisiert, in der der Beitrag der Handwerker und der im contado rekrutierten Bevölkerung Gewicht hatte.

Der zur Spezialisierung im Reiter- und Armbrustdienst notwendige Zeitaufwand, die Dauer der Operationen und der sich in innerstädt. Parteiungen und oppositionellen Städtebünden (→Guelfen, →Ghibellinen) niederschlagende stauf.-angevin. Gegensatz führten in steigendem Maß zum Rückgriff auf *mercenari*, 1260 zum System der *tallia*, Einführung stehender, von den Alliierten anteilmäßig finanzierter Söldnerheere. Der Übergang von der →Kommune zur →Signorie mit dem Ende der Bürgermilizen und der Behauptung der →Compagnie di ventura (s. a. →Condottiero) hatte seit Ende des 14. Jh. die Professionalisierung des Krieges und eine schärfere Trennung von der Zivilbevölkerung zur Folge und führte zu langwierigen Stellungskriegen, die, angebl. ohne Blutvergießen geführt, scharf von Machiavelli, Befürworter der Bürgermilizen, kritisiert wurden. Entscheidungen brachten weniger die Feuerwaffen als der Einsatz von leichter Kavallerie (Stradiotten), bes. aber der leichten, offensiv eingesetzten Infanterie der Schweizer und der dt. Landsknechte. S. a. →Fahnenwagen. Zum H. im Kgr. Sizilien →Sizilien.   H. Zug Tucci

Lit.: P. Pieri, Alcune questioni sopra la fanteria in Italia nel periodo comunale, RSI 50, 1933 – D. Waley, The Army of the Florentine Republic from the Twelfth to the Fourteenth C., 1968 – H. Zug Tucci, Il Carroccio nella vita comunale italiana, QFitAB 65, 1985 – s. a. Lit. →Compagnia di ventura (Pieri, Waley, Mallett).

VI. Iberische Halbinsel: In westgot. Zeit galt für die Freien und ein Zehntel der zinsbaren Hörigen (*siervos fiscales*) die Pflicht, dem kgl. Aufgebot Folge zu leisten (Liber Iudiciorum IX, 1–2). Der Kg. und die Großen verfügten zudem über 'fideles', die für ihren Kriegsdienst Ländereien 'in stipendio' erhielten. Beide Formen des Aufgebots lebten modifiziert im astur.-leones. Reich fort. In der Zeit der →Reconquista steigerte die Gesellschaft des christl. Spanien ihre militär. Kapazitäten, in Relation zu Wirtschaftsstrukturen, sozialer Hierarchie und polit. Ordnung. Eine große Rolle als militär. Anführer spielten die Gf. en v. →Barcelona und späteren Kg. e v. →Aragón.

Die vielfältigen krieger. Aktivitäten im Rahmen der Reconquista schlugen sich in zahlreichen militär. Begriffen nieder. Wichtigste Bezeichnungen für das zum Angriff gegen feindl. Gebiete ausrückende (große) Heer waren →*fonsado* (seit dem 9. Jh.) und *hueste* (von 'hostis', seit dem 11. Jh. gebräuchl.), während →*apellido* den Verteidigungskrieg bezeichnete. Schnelle berittene Straf- und Plünderungsfeldzüge hießen *cabalgadas, algaras, rebatos, correduras* und *celadas*. Der Wachtdienst (v. a. Grenzwacht) wurde bezeichnet als →*anubda, arrobdat, vigilia*, →*guardia, velas*, in Katalonien als *specula, guayta* und *mirall*, die Bewachung der Herden als *rafala* oder *esculca*, der Schutz der zum Befestigungsbau herangezogenen Einwohner als *almofalla* und *castellería*.

Der Kg. delegierte seit dem 10. Jh. die Leitung des Aufgebots und den militär. Oberbefehl an bes. Amtsträger, kgl. →*alférez* und armiger. Seit dem 12. Jh. wird von kleineren Kriegszügen unter der Leitung von Adligen, städt. Gemeinden oder Ritterorden berichtet, die aber stets im Einklang mit dem übergreifenden Status quo (Waffenstillstand oder Kriegszustand) handelten. Wichtige Bestandteile des Heeres waren die kgl. Leibwache (milites palatii in León), die Garnisonen von Burgen und v. a. die →*infanzones*, seit dem 12. Jh. die →*Hidalgos* und *caballeros*, die für ihre Vasallendienste Land (→*prestimonio*) oder Zahlungen (*estipendio*) erhielten. Die Klientel (*mesnada*) von Hochadligen oder hohen Geistlichen war im Kriegsfall dem kgl. Heer inkorporiert. Die von den Stadtgemeinden (→*Concejo*) aufgestellten Milizen (*milicias con-*

cejiles) gewannen erst seit der Mitte des 12. Jh. an Bedeutung, ebenso die Aufgebote der →Ritterorden.

Noch bedeutender als die Fußtruppen (*talas*) waren die leichte (*à la jineta, alforrats*) und schwere Kavallerie (*à la brida, lanza hombre de armas, armats*); letztere entstand seit Ende des 11. Jh. unter westeurop. Einfluß. Dies begünstigte den Aufstieg der →*caballería villana*, bis im 14. Jh. alle Bürger mit einem bestimmten Vermögen zur Haltung eines Pferdes verpflichtet wurden (*caballería de premia* oder *cuantía*; in Portugal: *acontiados*) und – als Gegenleistung für Privilegien und Abgabenfreiheit – an einem jährl. Feldzug (*fonsado*) auf Kosten des Kg.s oder der Stadtgemeinde teilnehmen mußten. Für diesen Zug, dessen Dauer zw. drei Tagen und drei Monaten betrug, wurde nur noch ein bestimmter Teil der Berittenen und der Fußkrieger einberufen. Bei letzteren bürgerte sich zudem das *adjutorium* ein (Bezahlung eines Kämpfers durch mehrere Dienstpflichtige) bzw. als Ersatz eine Buße, die schließlich zu einer kgl. Sondersteuer (→*pecho*) wurde (*fonsadera*; ptg. *fossadeira* oder *cavalo-de-maio*), aus der der Kg. das nun vermehrt auf »Berufskriegern« beruhende Heer bezahlte. Militär. Bestimmungen, u. a. über die Gestellung und Privilegien der Berittenen, waren in Fueros (z. B. «Fuero v. Cuenca«) und in den →Siete Partidas Alfons' X. (Partida II) sowie in den hiervon beeinflußten späteren Gesetzen (Ordenaçoes Alfons V. v. Portugal, 1446) festgelegt. Die Fueros regelten auch die Verteilung der Beute und der wegen des Lösegeldes begehrten →Kriegsgefangenen sowie die Verhandlungen mit den Loskäufern (*alfaqueques*). Im »Fuero de las Cabalgadas« behielt Alfons X. dem Kgtm. ein Fünftel (*quinto*) der Beute vor.

Seit 1275 beschränkte sich der »Maurenkrieg« auf die Grenze zum Kgr. →Granada, an der auf Kleinkrieg spezialisierte Kriegsleute (*adalides, almocadenes*, →*almogávares*) operierten. Es bestand ein durch ein Abgabensystem (*pagas y llevas*) unterhaltenes Burgennetz. Die städt. Milizen und die Bewaffneten der →Hermandades wurden v. a. zum Heerbann (*apellido*, in Katalonien: *somatén*) aufgeboten, während städt. Leichtberittene, Armbrustschützen (*ballesteros*, ptg. *besteiros*) und seit dem späten 15. Jh. auch die mit Doppelhacken bewaffneten *espingarderos* eine immer wichtigere Rolle spielten. Kriegsdienste wurden den Reisigen durch Sold (*acostamientos*), dem Hochadel durch Ländereien und Geldgeschenke (*tierras, sueldo*) vergolten (vgl. in Kastilien die Ordamientes von 1348, 1391, in Portugal: 1400). In Kastilien entstand im 15. Jh. ein stehendes Reiterheer (*Guardas Reales*), gegliedert in *capitanías*. Das Kgtm. richtete ständige Oberkommandos ein (→*condestables* und →*mariscales* in Kastilien seit dem späten 14. Jh., ztw. *capitanes generales*; Flottenbefehl der Admiräle) und ging zur Soldzahlung aus den normalen fiskal. Einkünften über, während die *fonsadera* seit dem 14. Jh. an Bedeutung verlor. Für bes. militär. Aufgaben (u. a. Anmietung von Galeeren und Geschützherstellung) wurden außerordentl., von den →Cortes zu bewilligende Steuern (*servicios*) ausgeschrieben, z. T. aber auch die aufgrund päpstl. →Indulgenzen gesammelten (Kreuzzugs-) Almosen und auch schon öffentl. Anleihen (*censals* in Aragón, *juros* in Kastilien) verwendet. – S. a. →Katal. und →Navarres. Kompagnien.   M. A. Ladero Quesada

Lit.: A. Palomeque Torres, Contribución al estudio del ejército en los Estados de la Reconquista, AHDE 15, 1944, 205–351 – C. Pescador del Hoyo, La caballería popular en León y Castilla, CHE, 1964 – C. Sanchez-Albornoz, La »pérdida de España«, I, El Ejército visigodo: su protofeudalización, CHE 43–44, 1967, 5–73 – Ders., El ejército y la guerra en el reino asturleonés, 718–1037 (Sett. cent. it. I, 1968), 293–428 – R. Sablonier, Krieg und Kriegertum in der Crónica des Ramon

Muntaner, 1971–H. Grassotti, El deber y el derecho de hacer guerra y paz en León y Castilla, CHE 59–60, 1976, 221–296–J. G. Martínez Martínez, Acerca de la guerra y la paz, los ejércitos, les estrategías y las armas, según le Libro de las Siete Partidas, 1984–M. A. Ladero Quesada, Castilla y la conquista del reino de Granada, 1987²–A. Bruhn de Hoffmeyer, Las Armas en la Hist., Gladius 1988, 31–101–J. F. Powers, A Society Organized for War. The Iberian Municipal Militias in the Central MA (1000–1284), 1988.

VII. Deutschland/Imperium: Die Heeresorganisation des Reichs im HochMA war gekennzeichnet durch lehns- oder landrechtl. gefaßte Kämpfergruppen, die erst im SpätMA zu takt. Körpern mit truppenteilübergreifenden Kommandostrukturen zusammenwuchsen. Neben Berittenen und Fußtruppen standen techn. Waffengattungen, die – wie die →Artillerie – noch bis ins 17. Jh. Eigenständigkeit behielten. Für die Taktik folgte daraus, daß integrierte Operationen verschiedener Waffengattungen zu gleicher Zeit selten vorkamen, häufiger hingegen einzelne Waffengattungen als Kontingente sukzessive in den Kampf geführt wurden und die Planung des Schlachthergangs sich auf Überlegungen zur Gestaltung dieser Abfolge beschränkte. Angesichts dieser Vorbedingungen wird man – entgegen der Aussagen vieler Quellen – die Zahl der an den Kämpfen beteiligten Krieger nicht zu hoch ansetzen dürfen, sofern es sich nicht um landrechtl. geregelte Landwehr (lantweri, defensio patriae) handelte.

Neben die Heerfolgepflicht aus Land- oder Lehnrecht trat zunehmend seit dem 12. Jh. das →Söldnerwesen, das stärker verrechtet war als die übrigen Verbände. Dies zeigt sich im Textgenus der Kriegsartikel, beginnend mit der Heeresordnung Friedrich Barbarossas (1158), aber erstmals durch Maximilian I. 1508 reichsweit erlassen. Söldnerverbände traten bis in das 16. Jh. wiederholt als ethnisch einheitl. Gruppen von Spezialisten für bestimmte Kampfesweisen oder Waffenarten auf. Sie konnten zum militär. Erfolg u. a. dadurch beitragen, daß sie sich nicht an die Konventionen des Kampfes hielten, wie die Truppen des Peter v. Aragón im 13., die →Armagnaken und Hussiten (Abschnitt A.IX) im 15. Jh. Die takt. Planung für den Einsatz solcher Verbände bestand in der Beobachtung ethnisch oder waffentechnisch bedingter Unterschiede in der Kampfesweise durch den Heerführer. Taktik und ihre Auswirkungen auf die Heeresorganisation waren also hauptsächlich bezogen auf Personen und Personengruppen, deren Art zu handeln und sich zu bewegen, weniger auf den Raum. Daher spielte der Krieg um befestigte Plätze (z. B. →Burgen) eine geringe Rolle, die Belagerung von Siedlungen verfolgte weniger geostrateg. Zwecke, sondern galt in erster Linie dem Ziel, Herrschaft über Personen und Gruppen zu errichten resp. konkurrierende Herrschaftsanprüche und Herrschaftsausübung zu überwinden.

Seit dem 14. Jh. gerieten die an das Lehnswesen und die Landesherrschaft gebundene Heeresorganisation und die ritterl. Kampfesweise, die in der Regel das im →Turnier gespielte Anrennen der gegner. Kämpfer gegeneinander und den Zerfall der Schlachtordnung in Zweikämpfe nach dem Zusammenprall beinhaltete, in Konkurrenz zu neuen Formen, die sich im Anwachsen leichtbewaffneter Infanterieverbände, deren Integration zu takt. Körpern und in dem Einsatz von Fernwaffen einschließl. des Feuers als Waffe sowie der Verengung der militär. Terminologie auf solche Bezeichnungen finden, die die Masse der Kämpfer, nicht mehr den Einzelnen hervorheben (z. B. folck, heer, gesellschaft, haufe im Weißkunig Maximilians I.). Die in bezug auf die tradierten Hieb- und Stichwaffen bezogene Ausbildung wie auch die Erhaltung der Kampfkraft war bis dahin dem einzelnen (d. h. für das 11. bis 13. Jh.) dem

Ritter) überlassen geblieben und hatte – wie auch die Logistik – keine zentrale, über längere Zeiträume persistierende Kommandoinstanz erfordert. Nunmehr erzwangen der Einsatz von Armbrust- und Bogenschützen wie auch die Einführung von Handfeuerwaffen und großen Geschützen nicht nur kostenträchtige logist. Maßnahmen – und das hieß: strateg. Planung –, sondern auch die Beschäftigung von zur Herstellung und Handhabung solcher Waffen ausgebildeten Spezialisten. Dies konnte nur organisiert werden durch Instanzen, die Planung und Organisation möglicher, gleichwohl nicht unmittelbar bevorstehender militär. Auseinandersetzungen übernehmen konnten. Solche Instanzen bildeten sich z. B. im Ordensland Preußen (Abschnitt A.VIII) und in den Städten heraus. Für die Feuerwaffen entstand der zunftähnl. Stand der →Büchsenmeister, die ihr Gewerbe im Auftrag der Stadträte ausübten, zugleich wurden Bogner und Pfeilschäfter zur Versorgung mit anderen Fernwaffen beschäftigt. Seit den späten 13. Jh. betrieben einige Städte eine regelmäßige Ausbildung und Übung von Fernfenträgern, die sich in Schützengesellschaften (→Schützen) zusammenschlossen.

Eine Übergangsform zw. der ritterl. und der integrierenden Kampfesweise stellten die →Eidgenossen dar. Sie orientierten ihr Strategiekonzept ohne institutionalisierte Kommandoinstanz bei nur geringer Zahl an Berittenen und vergleichsweise wenig Feuerwaffenträgern auf die Aufstellung und Einhaltung großer, dicht aufgeschlossener Gevierthaufen pikenbewehrter Infanteristen (bei →Murten 1476: ca. 26000), die in Anwendung der ritterl. Kampfesweise auf das Fußvolk dem Schock gegner. Reiterei standhalten oder als inakt. Körper überrennen sollten. Dazu bedurfte es vorbereitender Organisation insoweit, als der Gleichschritt und einige andere Bewegungsabläufe (z. B. das Absenken der Piken aus horizontaler in schräg nach vorn geneigte Haltung) vorweg zu verabreden und das Militärrecht auf die Einhaltung von Befehlen, die auf die Kampfbewegungen gerichtet waren (z. B. das Verbot, aus der Schlachtordnung zu weichen), auszudehnen war (s. a. →Tagsatzung). Auf der Gegenseite versuchte Maximilian I. als dt. Kg., mit den →Landsknechten eine zentrale Kommandobefugnis zu etablieren, die sich auf das Einüben neuer Schlachtformationen, Aufbau und Einsatz von Fern- und Feuerwaffen in takt. Körpern und die Durchsetzung der Disziplin (nach eidgenöss. Vorbild) erstrecken sollte. Er scheiterte, weil diese Synthese aus lehns-, land- und soldrechtl. begründeten Maßnahmen mit den Herrschaftsmitteln des spätma. dt. Kg.s nicht erstellt werden konnte.   H. Kleinschmidt

Lit. [ausgew.]: M. Jähns, Gesch. der Kriegswiss.en, 1889–91 [Lit.]–A. Levy, Beitr. zum Kriegsrecht im MA [Diss. Berlin 1889]–E. v. Frisch, Der Übergang vom Lehensdienst zum Solddienst in Österreich, 1907–J. Jahn, Die Heereszahlen in den Kreuzzügen [Diss. Berlin 1907]–K. Jacobs, Beitr. zur Gesch. der Feuerwaffen am Niederrheine [Diss. Bonn 1910]–H. Delbrück, Gesch. der Kriegskunst im Rahmen der polit. Gesch., T. III, 1923 [Nachdr. 1964], 376–381, 403–413, 470–483, 503–525, 571–682–B. Rathgen, Das Geschütz im MA, 1928–W. Erben, Kriegsgesch. des MA, 1929 [Lit.]–P. Schmitthenner, Das freie Söldnertum im abendländ. Imperium des MA, 1934–E. v. Frauenholz, Entwicklungsgesch. des dt. Heerwesens, Bd. 2, 1.2, 1936–37–H. Grundmann, Rotten und Brabanzonen, DA 5, 1941/42, 419–493–G. Franz, Vom Ursprung und Brauchtum der Landsknechte, MIÖG 61, 1953, 79–98–K.-G. Cram, Judicium belli, 1955–W. Schlesinger, Über germ. Heerkgtm., VuF 3, 1956, 105–141–H. G. Wackernagel, Altes Volkstum der Schweiz, 1956, 283–316–T. Reintges, Ursprung und Wesen der spätma. Schützengilden, 1963–M. H. Keen, The Laws of War in the Later MA, 1965–A. Sennhauser, Hauptmann und Führung im Schweizerkrieg des MA, 1965–W. Schaufelberger, Der alte Schweizer und sein Krieg, 1966–R. Wohl-

FEIL, Ritter, Söldner, Offizier (Fschr. J. BÄRMANN, I, 1966), 45–70 – W. SCHAUFELBERGER, Der Wettkampf in der alten Eidgenossenschaft, 1972 – E. ORTH, Die Fehde in der Reichsstadt Frankfurt a.M., 1973 – J. LANGE, Pulchria Nussia. Die Belagerung der Stadt Neuss 1474/75 (Neuss, Burgund und das Reich, 1975), 9–190 – Die Murtenschlacht, hg. G. GROSJEAN, Freiburger Gesch.blätter, 1976 – V. SCHMIDTCHEN, Die Feuerwaffen des Dt. Ritterordens, 1977 – G. KURZMANN, Maximilian I. und das Kriegswesen der österr. Länder und des Reichs [Diss. masch. Graz 1983] – J. GÖBBELS, Das Militärwesen im Kgr. Sizilien zur Zeit Karls I. v. Anjou, 1984 – H. KLEINSCHMIDT, Tyrocinium militare, 1989, 20–95.

VIII. DEUTSCHER ORDEN IN PREUSSEN: Von 1231 bis um 1400 war das H. auf den Heidenkampf und eine hauptsächl. östl. Expansion ausgerichtet (→Preußen- und Litauerreise). Komtureien und Vogteien stellten die militär. Verwaltungs- und Aufgebotseinheiten dar; Burgen und Städte waren die Stützpunkte. Kurze und schnelle Raub- und Verheerungszüge kennzeichneten die Kriegführung. Nachrichtenwesen und Train waren gut organisiert. Oberster Heerführer war der →Hochmeister, unter ihm der Marschall. Den Kern des Heeres bildete das Ordenskontingent mit Ritterbrüdern, dienenden Brüdern, dienstpflichtigen Lehnsleuten und Dorfschulzen. Es gab Roß-, Plat(t)en- und prußischen Dienst. Hinzu kamen die Streitkräfte der vier Hochstifte und der sechs größten Städte. Die einzelnen Abteilungen führten eigene Banner. Um 1400 dürfte sich die Gesamtzahl der Wehrpflichtigen ohne Troßbauern auf rd. 13 000 belaufen haben, von denen rd. 10 000 im Feld verwendbar waren. Wichtig war der Zustrom von Kreuzfahrern aus dem Reich und aus Westeuropa. – Seit der Schlacht bei →Tannenberg (1410) in der Defensive, mußte der Orden den Charakter seiner Kriegführung ändern (Söldner statt Kreuzfahrer). Die Fernwaffen (starke Armbrüste, Pulverwaffen) gewannen auf Kosten der gepanzerten schweren Reiterei immer mehr an Bedeutung. Mitte des 15. Jh. Veränderungen im H. durch den 13jährigen Krieg. In Livland war das H. des Dt. Ordens (1237–1561) ähnlich organisiert. Militär. Operationen wurden oft mit dem Orden in Preußen koordiniert. Die Balleien im Reich leisteten personelle, finanzielle und militär. Hilfe für den Orden in Preußen. – S. a. →Polen (P.-Litauen). S. Ekdahl

Lit.: F. BENNINGHOVEN, Die Burgen als Grundpfeiler des spätma. Wehrwesens im preuß.-livländ. Deutschordensstaat (VuF 19, T.1, 1976), 565–601 – S. EKDAHL, Die »Banderia Prutenorum« des Jan Długosz – eine Q. zur Schlacht bei Tannenberg 1410, 1976 (AAG, Phil.-Hist. Kl., 3.F., Nr. 104) [Lit.] – A. NADOLSKI, Die Forsch. über die Bewaffnung und die seiner Gegner in Ostmitteleuropa (Ordines militares IV, hg. Z. H. NOWAK, 1987, 49–63) [Lit.].

IX. HUSSITEN: Die →Hussiten brachten eine Reihe neuer Elemente in Aufbau, Ausrüstung und Kriegführung des spätma. Militärwesens ein. Diese waren einerseits bedingt durch das Übergewicht niederer Sozialschichten aus Stadt und Land in den hussit. Heeren, andererseits Resultat der Verbindung kriegserfahrener Hauptleute mit dem städt. Milizsystem, auf dem die straffe Organisation der Kriegführung sowie die militär. Verwaltung und Truppenversorgung beruhte. Aus der erfolgreichen Kooperation der Städtekontingente, die zuerst den Kern des hussit. Heers bildeten, gingen zwei Bünde unter Führung →Prags und →Tábors (1420) hervor, denen sich Haufen der Landbevölkerung, Adelsgefolge und Söldnertruppen anschlossen. Das Prager Städtebundheer verlor 1425 die Vormacht an den Städtebund der →Taboriten und Orebiten (s. a. →Feldheer).

Den zahlenmäßig stärksten Teil der hussit. Heere bildete das Fußvolk, das in selbständigen Haufen nach Waffengattungen, vorwiegend jedoch nach Kampfwagen organisiert war. Deren Besatzung (9–22 Mann) bestand aus Armbrust- und Feuerwaffenschützen sowie Streitkolben- und Lanzenkämpfern. 60 Wagen bildeten zumeist eine Wagenreihe, 180 eine →Wagenburg (Feldheere verfügten sogar über etwa 300 Kampfwagen). Demgegenüber war die nur leicht ausgerüstete Kavallerie zahlenmäßig viel schwächer. Die dem Oberkommando unterstellte Artillerie verfügte über einige Dutzend schwere Feuerwaffen. Die Kontingente der beiden Städtebünde umfaßten ca. 4000 Mann, zusammen mit den Feldheeren betrug die Stärke der stehenden hussit. Heere insgesamt ca. 14000 Mann. Die Ausrüstung war stark von der sozialen Zusammensetzung geprägt. Neben den klass. Blankwaffen wurde v. a. dem Krieg angepaßtes landwirtschaftl. und handwerkl. Gerät verwendet, durch Rückgriff auf städt. Zeughäuser war aber auch eine große Zahl leichter Schuß- und Feuerwaffen verfügbar; die →Feldartillerie verwendete bereits fahrbare Steinschleudern, →Haubitzen und Tarrasbüchsen mit einer Schußweite bis 500 m sowie einige schwere Belagerungsgeschütze.

Der Einsatz von Kampf- und Versorgungswagen sowie bes. die Wagenburg waren Hauptmerkmale der hussit. Kriegstaktik seit Jan →Žižka. Damit war eine verhältnismäßig schnelle Verschiebung großer Kampfverbände möglich, und die Taktik der Wagenburg wog einige Vorteile der sonst beweglicheren gegner. Truppen auf. Sie verhinderte zwar eine offensive Kriegführung, bot jedoch Fußvolk und Artillerie Schutz vor feindl. Reiterei sowie die Möglichkeit zum Einsatz der Schuß- und Feuerwaffen. Die Verwendung von Kampfwagen beeinflußte die Verbreitung ähnl. Techniken in Mitteleuropa bis zum Anfang des 17. Jh. Die frühe, massierte Anwendung von Feuerwaffen schlug sich auch in der Übernahme tschech. Termini (z. B. *pístala* 'Pistole'; *hákovnice* 'Haubitze', 'Arkebuse') in anderen europ. Sprachen nieder. M. Polívka

Lit.: H. TOMAN, Husitské válečnictví za doby Žižkovy a Prokopovy, 1898 – K. TITZ, Ohlasy husitského válečnictví v Evropě, 1922 – R. URBÁNEK, Lipany a konec polních vojjsk, 1934 – J. DURDÍK, Husitské vojenství, 1953 – M. POLÍVKA (Gli aspetti economici della Guerra, XVIᵉ Sett. Prato, 1984).

B. Byzantinisches Reich und Kiever Rus'

I. Byzantinisches Reich – II. Kiever Rus'.

I. BYZANTINISCHES REICH: Grundlage der frühbyz. Entwicklung war die diokletian. Heeresreform, die von Konstantin d. Gr. weitergeführt wurde. Die 'legio' bildete in einer neuen Gliederung weiterhin den Kern der Streitkräfte. Diese waren in drei Gruppen eingeteilt: *limitanei* unter *duces* (→dux) an den Grenzen; *comitatenses* unter →magistri militum an den großen strateg. Knotenpunkten im Landesinnern, das in Militärbereiche (magisteria militum) eingeteilt war; *palatini,* als schlagkräftige Truppe in und um →Konstantinopel. Die Effektivität des Heeres stützte sich zunächst noch auf die kompakte Aufstellung des Fußvolks, während der Reiterei (alae, vexillationes, cunei) eine unterstützende Rolle zukam.

Das Vordringen stärker berittener »Barbarenvölker« (→Goten, →Hunnen) und die Perserkriege (→Sasaniden) zwangen das spätröm./frühbyz. Reich zur Verlagerung des Schwergewichts auf die Kavallerie (ἱπποτοξότης; vgl. die Beschreibung bei Prokop), die an der justinian. »Reconquista« einen wesentl. Anteil hat. Der Übergang von der »Antike« zum »Mittelalter« ist somit gekennzeichnet durch die sich verstärkende Rolle der Kavallerie, gemeinsam mit zunehmendem Einsatz fremder Krieger, die teils einzeln, teils in ethnisch geschlossenen Verbänden in der Reichsarmee kämpften.

Ein wichtiges Moment war die Schrumpfung der Sollstärke der legio (im 6. Jh. auf ca. 1000, gegenüber noch ca.

5600 in der Zeit Hadrians). Neben limitanei und comitatenses (die palatini hatten ihren Sondercharakter bereits verloren) kämpften in der byz. Armee des 6. Jh. →Foederaten, Symmachoi ('Verbündete') und →Bucellarii.

Die Entwicklungen, die sich bis zum Beginn des 7. Jh. vollzogen hatten, spiegeln sich im »Strategikon« des Maurikios wider. Bei großer Bedeutung der von der Kampfesweise der →Avaren beeinflußten byz. Kavallerie blieb auch die Infanterie zahlreich; ihre Aufgabe war es, den ersten Ansturm des Angreifers durch Beschießung abzuschwächen; Besetzung oder Verlust strateg. wichtiger Stellen durch das Fußvolk entschied letzten Endes über den Ausgang des Kampfes. Zur Grundeinheit des Heeres war das Tagma (Bandon, Arithmos) mit ca. 300 Mann geworden; drei Tagmata bildeten eine Moira (Drungos), drei Moirai ein Meros (später Turma). Ein kleineres selbständiges Heer umfaßte drei Meren.

Im Laufe des 7. Jh. kam es zu wichtigen polit.-militär. Entwicklungen, deren bedeutendste die rasche Expansion der →Araber war (s.a. →Byz. Reich, H). Ihrer Abwehr diente die Neuorganisation der Reichsprovinzen in Themen (→Thema; →Byz. Reich, A). Das neue System, das sowohl →Flotte als auch Landstreitkräfte umfaßte, war eng verbunden mit der Verteilung von Land an die Soldaten, das zusammen mit der Dienstpflicht vererbbar war und ihnen als Grundlage des Lebensunterhaltes und der Ausrüstung dienen sollte. Neben den lokalen Themen-Streitkräften, die sich bis zum Ende des 10. Jh. als sehr effektiv erwiesen, verfügte das Heer auch über die →Tagmen (nicht zu verwechseln mit der genannten Grundeinheit), näml. Elitetruppen (vorwiegend hauptstädt.), die aus staatl. bezahlten und ausgerüsteten Berufssoldaten unter dem Kommando eines →Domestikos bestanden. Die bekanntesten dieser Einheiten sind Scholen, →Exkubiten, Arithmoi (unter einem →Drungarios), Hikanatoi und Athanatoi. Neben diesen Truppengattungen, deren Bedeutung u.a. aus dem späteren Aufstieg des Domestikos der Scholen zum Oberbefehlshaber der Armee hervorgeht, ist noch die ksl. Garde, bestehend hauptsächl. aus fremden Kriegern (Türken, Russen, Skandinaviern, später Engländern), zu erwähnen.

Unter Ks. Nikephoros II. Phokas (963–969) wurde der Minimalwert der unveräußerbaren Güter, durch welche die Ausrüstung der Themen-Soldaten finanziert wurde, verdreifacht. Diese Maßnahme zeigt die Wichtigkeit, die der schwerbewaffneten Reiterei zukam; sie fällt nicht zufällig mit der Wiedergewinnung verlorener Territorien und einer gewissen Militarisierung der Gesellschaft zusammen. Nicht ohne Grund kann man behaupten, daß die byz. Armee bis in diese Zeit hinsichtl. Militärtechnologie, Taktik und Ausrüstung die bestorganisierte war.

In der Zeit der Nachfolger des Ks.s Basileios II. (976–1025) läßt sich der Verfall des Themensystems feststellen. Die zunehmende Konkurrenz des Kaisers und seiner hauptstädt. Beamtenaristokratie mit dem einflußreichen Militäradel (→Großgrundbesitz) führte schließlich zum Verschwinden der Soldatengüter und zum Aussterben der Mittelschicht grundbesitzender Soldaten, mit dem Resultat, daß dem Themensystem die Grundlage entzogen wurde.

Der Versuch der Komnenenkaiser (ab 1081), durch einheim. Soldaten die Streitkräfte wiederaufzubauen, hatte einen gewissen Erfolg, konnte dem Heer aber die frühere Effektivität nicht zurückbringen. Von dieser Zeit an ist die →Pronoia bekannt (s.a. →Feudalismus, B.I). In dieser Zeit des Kontakts mit Kreuzfahrern und seldschuk. Türken wußte Byzanz außer eigenen Streitkräften auch schwerbewaffnete Ritter aus Westeuropa sowie seldschuk., pečeneg. und kuman. Reiterdetachements taktisch gut zu verwenden. Die schwere Kavallerie war mit dem Durchbrechen der feindl. Front beauftragt, wobei die bewegl. Reiter den Gegner durch ständigen Pfeilbeschuß in Verwirrung bringen sollten. Das Fußvolk bestand nun v.a. aus Bogenschützen.

Nachdem 1204 die »Lateiner« Konstantinopel erobert hatten, gelang es den griech. Herrschern v. →Nikaia und →Ep(e)iros wie auch dem Restaurator des byz. Ks. reiches, Michael VIII. Palaiologos (1261–82), das Heer wiederherzustellen und eine Reihe militär. Erfolge zu erringen. Doch geriet Byzanz in der folgenden Zeit immer mehr in die Rolle einer bloß lokalen Macht, bedingt durch die Bürgerkriege, in die auch »fränk.« Verbände (so die →Katal. und →Navarres. Kompagnien) eingriffen, und durch die Expansion der Serben und der osman. Türken. Byzanz war nicht mehr in der Lage, eine reguläre Heeresorganisation und ständige Waffenproduktion aufrechtzuerhalten und die neuen Methoden der Kriegführung anzuwenden.

T. G. Kolias

Lit.: F. AUSSARESSES, L'armée byzantine à la fin du VIᵉ siècle d'après le Strategicon de l'empereur Maurice, 1909 – R. GROSSE, Röm. Militärgesch. von Gallienus bis zum Beginn der byz. Themenverfassung, 1920 – N. KALOMENOPOULOS, Ἡ στρατιωτικὴ ὀργάνωσις τῆς ἑλληνικῆς αὐτοκρατορίας τοῦ Βυζαντίου, 1937 – H. AHRWEILER, Recherches sur l'administration de l'empire byz. aux IXᶜ–XIᶜ s., BCH 84, 1960, 1–109 – OSTROGORSKY, Geschichte³ – JONES, LRE II, 607–689; III, 181–211 – A. PERTUSI, Ordinamenti militari, guerre in Occidente e teoria di guerra dei Bizantini (secc. VI–X) (Sett. cent it. XV, II, 1968), 631–700 – J. F. HALDON, Recruitment and Conscription in the Byz. Army, c. 550–950, 1979 – DERS., Byz. Praetorians..., c. 580–900, 1984 – M. GREGORIOU-IOANNIDOU, Παρακμὴ καὶ πτώση τοῦ θεματικοῦ θεσμοῦ... [Diss. Saloniki 1985] – G. DAGRON–H. MIHĂESCU, Le traité sur la guérilla de l'empereur Nicéphore Phocas, 1986–BRÉHIER, Institutions, 334–403 – T. G. KOLIAS, Byz. Waffen. Ein Beitr. zur byz. Waffenkunde von den Anfängen bis zur lat. Eroberung, 1988.

II. KIEVER RUS': In frühostslav. Zeit waren höchstwahrscheinlich alle freien Stammesmitglieder bewaffnet. Die These von der Existenz einer antisch-slav. Klassengesellschaft bereits im 3.–4. Jh. mit einer professionellen adligen Kriegerkaste an der Spitze ist als Spekulation zurückzuweisen. Der archäolog. Befund des 6.–8. Jh. bekräftigt den Tatbestand einer allg. Volksbefragung entsprechend der noch geringen sozialen Differenzierung innerhalb der ostslav. Stammesgemeinschaften. Die fsl. Gefolgschaft (→Družina) entwickelte sich seit dem 9. Jh. unter starker Beteiligung skand. →Waräger zu einer für die Folgezeit maßgebl. Institution der →Kiever Rus'. Sie stellte allein oder im Rahmen größerer Kontingente die militär. Elite der fsl. Streitmacht aus professionellen berittenen adligen Kriegern dar. Aus ihren Reihen rekrutierten sich zugleich die Anführer der nach Hundert- und Tausendschaften gegliederten größeren Truppeneinheiten im Kriegsfall. Bei den großen Heerzügen gegen Byzanz und den Seeunternehmungen ins Kasp. Meer im 10. Jh. (die zeitgenöss. Quellen nennen überhöhte Zahlen von 50000–80000 Mann) spielten aber auch die freien Stammesmitglieder, in späterer Zeit die Bewohner der Städte und ländl. Bezirke eine bedeutende Rolle; dies galt auch für Kämpfe der Fs.en untereinander. Diese ständige Kriegsbeteiligung der freien, nichtadligen Bewohnerschaft (*voi mnogi*) im institutionellen Rahmen des Volksaufgebots (*opolčenie*) läßt sich als Ausdruck einer erst schwach feudalisierten Gesellschaftsordnung werten. Überliefert sind die Namen einiger Voevoden und Tausendschaftsführer (→tysjackie), die aber nur in Ausnahmefällen dem nichtgefolgschaftl. Milieu entstammten. Das aruss. Heer (*voi, voisko, sila,* *polk*) gliederte sich in Fußvolk und Reiterei; letztere wurde – aber nicht ausschließlich – von der fsl. Gefolgschaft gebildet. Es gab auch Söldnertruppen aus Steppennomaden (Torken, →Pečenegen, Polovcer u. a.) und Warägern. Viele Kriegszüge des 9. und 10. Jh. waren Flottenunternehmungen; die hierbei verwendeten Einbäume ließen sich wegen ihres relativ geringen Gewichts über Land schleppen. Die Besatzungen umfaßten ca. 40–60 Mann mit Waffen und Proviant. Über die qualitativ besten, oft kunstvoll verzierten Waffen und Helme verfügten die Gefolgschaftsmitglieder, deren charakterist. Waffen →Schwerter waren, die nach Ausweis der archäolog. Funde oft aus frk. Waffenschmieden stammten. Umstritten ist dagegen, wieweit die Masse der nichtgefolgschaftl. Heeresteile mit Schwertern ausgerüstet war. In den südl. Gebieten trat infolge der Einfälle der Steppennomaden seit dem 10. Jh. der →Säbel, der für den berittenen Kampf mit dem leichtbewaffneten Feind Vorteile bot, allmähl. an die Stelle des Schwertes. In den n. und nw. Gebieten der Rus' erfolgte das Anwachsen der Reiterei im 12. Jh. aufgrund der sich mehrenden Kämpfe mit den Steppennomaden.

Das Fußvolk war v. a. mit Streitäxten, Pfeil und Bogen und Speeren ausgerüstet. Während die Bogenschützen in aufgelöster Schlachtordnung kämpften, fochten die Lanzenträger im Massenkampf. Bei Belagerungen wurden auch Schleuderwaffen eingesetzt. Zum H. der späteren Periode→Moskau (Moskauer Rus').   H. Rüß

Lit.: I. I. LAPUŠKIN, Slavjane Vostočnoj Evropy nakanune obrazovanija Drevnerusskogo gosudarstva, 1968 – F. P. SOROKOLETOV, Istorija voennoj leksiki v russkom jazyke XI–XVII vv., 1970 – A. N. KIRPIČNIKOV, Drevnerusskoë oružie. Dospech, kompleks boevych sredstv IV–XIII vv. Vyp. 3 (= SAI, 1971) – DERS., Vooruženie voinov Kievskoj deržavy v svete russko-skandinavskich kontaktov (Skandinavskij sbornik 22, 1977), 159–174 – B. A. BULKIN, I. V. DUBOV, G. S. LEBEDEV, Archeologičeskie pamjatniki drevnej Rusi IX–XI vekov, 1978 – E. DONNERT, Das Kiewer Rußland. Kultur und Geistesleben vom 9. bis zum Beginn des 13. Jh., 1983.

C. Arabischer Bereich

Die Araber in vorislam. Zeit kannten noch kein auf Berufskrieger gegründetes Heer. In Stammesverbänden lebend, wurden alle waffenfähigen Männer bei Fehden und →Razzien (arab. *ġazwa*) aufgeboten. Auch in der Zeit des Propheten →Mohammed war der »Hl. →Krieg« (arab. *ğihād*) noch eine Pflicht für alle Muslime. Erst mit Aufnahme der großen Eroberungszüge unter den ersten vier Kalifen entwickelte sich im Ansatz eine Armee. Es kam zu einer Trennung zw. den Daheimgebliebenen und den Stammesaufgeboten, deren Krieger aber noch keine »Berufssoldaten« waren. Mit Ausnahme von Syrien wurden sie nicht in den Städten unterworfener Völker stationiert, sondern in eigens errichteten Heerlagern (arab. *amṣār*), die sich langsam zu neuen Städten entwickelten, wie →Baṣra und Kūfa im Iraq, Qairawān in N-Afrika und Fusṭāṭ in →Ägypten. Die Heere bestanden in erster Linie aus mit →Pferden und →Kamelen berittenen Kriegern, die auf einen Troß verzichteten. Ihre große Mobilität, ihre religiöse Begeisterung und die Motivation durch Aussicht auf Beute ersetzten ihren Mangel an strateg. und takt. Kenntnissen. Eine das ganze MA hindurch beliebte Kriegslist war die Scheinflucht (arab. *karr wa-farr*), die v. a. gegenüber schwerbewaffneten und gepanzerten Gegnern (Byzantinern, Persern, später: Kreuzfahrern) angewandt wurde und darauf abzielte, deren Reihen in planloser Verfolgung aufzulösen und damit verwundbar zu machen. Bewaffnet waren die arab. Fußtruppen mit der Lanze (arab. *ḥarba*), die Berittenen mit Wurfspieß (arab.

rumḥ) und Schwert (arab. *saif*), das mit einer langen geraden, ein- oder zweischneidigen Klinge mit fast abgerundeter Spitze nur als Hiebwaffe geeignet war. Der in den Augen der Europäer als charakterist. islam. Waffe geltende→Säbel taucht erst gegen Ende des 13. Jh. im Vorderen Orient auf und fand ab dem 14./15. Jh. breitere Verwendung. Zum Schutz wurden gesteppte Panzer getragen, die aus Leder oder Filz hergestellt waren, bisweilen auch einfache Kettenhemden oder Plattenpanzer (arab. *dir', zarad, ǧawšan*). Hinzu kam ein runder Schild (arab. *daraqa*) aus Leder oder Holz.

Während des Kalifats der →Omayyaden blieben die Stämme die Basis der muslim. Armee. Aufgrund der weit auseinandergezogenen Fronten wurden aber jetzt auch Angehörige fremder, teilweise noch nicht islamisierter Völkerschaften als Hilfstruppen herangezogen. Unter byz. und pers. Einfluß wurde eine in fünf Treffen gestaffelte Schlachtordnung (arab. *ḫamīs*) übernommen (rechter und linker Flügel, Zentrum, Vorhut und Nachhut), desgleichen Belagerungsgeräte wie schwere Katapulte (arab. *manǧanīq*, vom griech. manganikon), Balliste (arab. *'arrāda*), Rammböcke (arab. *dabbāba*) und Belagerungstürme (arab. *burǧ*). Anstelle der ausschließl. Entlohnung durch Beute trat ein durch das Heeresamt (arab. *dīwān al-ǧaiš*) ausgezahlter Sold.

Als die Dynastie der →Abbasiden das Omayyaden-Kalifat hinwegfegte, stützte sie sich vorwiegend auf Söldner aus Ḫorāsān, die für etwa 100 Jahre als Elitetruppe auch die Leibwache des Kalifen bildeten. An die Stelle des immer mehr zurückgedrängten freien und undisziplinierten arab. Stammeskriegertums traten fremde Berufskrieger. Der bedeutsamste Wandel trat unter dem Kalifen al-Muʿtaṣim (883–842) ein. Er ersetzte die Ḫorāsāner durch türk. Kriegssklaven, die sog. →Mamlūken (arab. *mamlūk* 'zu eigen, im Besitz befindlich'), die sich als ausgezeichnete und loyale Reiterkrieger empfahlen. Die meist im Knabenalter gekauften Mamlūken, die eine gründliche islam. und militär. Erziehung erhielten und in keiner Weise mit sozial rechtlosen Sklaven zu vergleichen sind, wurden zu einem immer wichtigeren Bestandteil der islam. Armeen und erlangten als eine Art Prätorianergarde auch polit. Bedeutung, bildeten aber noch nicht das allein ausschlaggebende Element, zumal neben ihnen noch freie Truppenverbände (Kurden und Turkmenen, in Ägypten Berber und Nubier) existierten und namentlich die Dailamiten aus der pers. Bergregion am Kasp. Meer den Abbasiden eine vorzügl. Infanterie stellten. Unter den abbasid. Kalifen wurde das Kriegswesen gründlich weiterentwickelt. Waffen, Helme und Rüstungen wurden schwerer, die Lanzen als Kavalleriewaffe eingesetzt und der berittene türk. Bogenschütze zu einem effizienten Bestandteil der Armee. Hinzu kam die Verwendung von →Griech. Feuer (arab. *naft*) und eine Weiterentwicklung techn. Kriegsgeräte.

Mit dem Putsch der Mamlūken in Kairo (1250) kamen das Sultanat sowie alle wichtigen Ämter des Staates und in der straff gegliederten Armee in die Hände der mamlūk. Offiziere. Nicht erbliche Militärlehen (arab. →*iqṭāʿ*) bildeten die wirtschaftl. Grundlage der Emire (d. h. Offiziere). In dieser eigtl. Blütezeit des islam. H.s bezeugen Kriegshandbücher auch eine geistig-theoret. Auseinandersetzung mit der Kriegführung. Aufgrund anderer sozio-ökonom. Voraussetzungen kam es in der islam. Welt nie zu einer ständisch organisierten, dem abendländ. Rittertum vergleichbaren Kriegerkaste. An der Wende zur Neuzeit, in den Jahren 1516/17, unterlag die ausgezeichnete mamlūk. Kavallerie den Feuerwaffen der osman. Türken und deren Eliteinfanterie, den →Janitscharen. Zum H. im osman. Bereich→Osman. Reich.

P. Thorau

Lit.: Eine Kriegsgesch. der islam. Völker bleibt Desiderat; zur Orientierung s. EI² II, 504–509 [C. CAHEN].

Heergewäte (zusammengesetzt aus mhd. *her* und *wât*, *wæte* ['Kleidung'] bezeichnet zunächst die Schutzausstattung des Kriegers, namentl. Helm und Panzerkleid, im weiteren Sinne die Kampfausrüstungsgegenstände schlechthin, wie sie ausweisl. der Männergrabbeigaben zu den frühesten Objekten individuellen Mobiliareigentums zählen. Bereits der Lex Thuringorum (2,27) gilt die Rüstung als Sondervermögen, das beim Tod des Mannes an dessen nächsten Blutsverwandten fällt, der mit Harnisch und Grundeigen zugleich die Pflicht der→Blutrache bzw. der Erstreitung des→Wergelds für den Toten übernimmt. Noch im 13. Jh. besteht das H. primär aus Stücken militär. Gebrauchs, doch werden, ähnlich wie bei der →Gerade, Ausweitungstendenzen sichtbar, denen etwa der Sachsenspiegel durch enumerative Festlegung auf Schwert, Pferd, Harnisch, Bett, Kissen, Laken, Tisch- und Handtuch sowie zwei Becken begegnen will (Ldr. I,22, § 4). Auch in den z. T. umfänglicheren städt. Katalogen dieser Zeit dominiert der krieger. Bezug; im Interesse städt. Wehrhäftigkeit sollen schwer ersetzbare Teile des H.s möglichst nicht an Stadtfremde fallen. Grundsätzlich beibehalten wird die Sondererbfolge im Mannesstamm (Ldr.III, 15, § 4; I,22, § 5, 27, § 2). Hinterläßt der Verstorbene minorenne Söhne, so nimmt bis zu deren Volljährigkeit ihr ältester ebenbürtiger Schwertmage das H. (Ldr. I,23 § 1). Im Verlauf des SpätMA löst sich das H. gegenständl. aus seiner zunehmend lockerer gewordenen militär. definierten Verknüpfung und erwächst zum Inbegriff einer Vermögensmasse, die zwar erbrechtl. weiterhin separat behandelt wird, nun aber vornehml. Fahrnisobjekte (→Fahrhabe) nichtkrieger. spezifisch-männl. Alltagsgebrauchs umfaßt. Unter Ausschluß der Erbfolge tritt das H. im MA häufig auch als Todfallabgabe (→Mortuarium) an den Grund-, Leib- oder Lehnsherrn in Erscheinung; beseitigt wurde sie in den Städten, die sich zudem frühzeitig ein →Heimfallrecht am erbenlosen H. ihrer Bürger zu sichern wußten.

H. Drüppel

Lit.: GRIMM, RA II, 101ff., 119ff. – HRG II, 29f. – O. STOBBE, Dt. Privatrecht V, 1885, § 293, 130ff. – K. KLATT, Das H. (Deutschrechtl. Beitr. II/2, hg. K. BEYERLE, 1908) – O. COHAUSZ, Das H. der Unfreien in Westfalen, 1926 – R. HÜBNER, Dt. Privatrecht, 1930⁵, 87, 739f. – W. BUNGENSTOCK, H. und Gerade [Diss. Göttingen 1966].

Heermeister → Magister militum

Heerschild, -ordnung. Aus der Grundbedeutung 'Kriegerschild' (langob. *arischild*, nord. *herskjöldr*) abgeleitet, wurde 'H.' im ma. dt. Sprachraum ganz allg. zur Bezeichnung für eine bewaffnete Kriegerschar, einen Kriegszug oder die geschuldete Heerfolge gebraucht. Seit dem 12. Jh. wurde der Begriff meist in engem Zusammenhang mit dem →Lehnswesen verwandt und bedeutete dabei zum einen das Lehnsaufgebot des Lehnsherrn, zum anderen aber auch das Recht des Lehnsherrn, eigene Vasallen zu haben und zur Heerfahrt aufbieten zu können, d. h. die Lehnsfähigkeit überhaupt. In diesem Sinne fand der Begriff auch Eingang in den →Sachsenspiegel, wo er im Rahmen der sog. 'H.ordnung' sogar zum Maßstab für eine lehnrechtl. Standesgliederung des ma. Adels wurde. Hiernach stellte sich die Rangordnung nach Lehnrecht in der Form einer siebenstufigen Pyramide dar, in der auch der Kg. den 1.H., d.h. die 1.Rangstufe, einnahm. Es folgten die geistl. Reichsfs.en (2.H.), die weltl. Reichsfs.-

en (3.H.), die freien Herren (4.H.), die Schöffenbarfreien und Vasallen der freien Herren (5.H.) sowie deren Vasallen (6.H.), wobei der Sachsenspiegel offenließ, ob die an sich im System vorgesehene 7. Stufe überhaupt noch volle Lehnsfähigkeit vermittelte und welche Personengruppen ihr zuzuordnen waren. Die prakt. Konsequenzen dieser Stufenordnung zeigten sich v. a. im Verbot der 'Lehennniederung'. So konnte nach dieser Lehre kein Vasall von einem anderen, der der gleichen oder einer niedrigeren H.stufe angehörte, Lehen empfangen, ohne Gefahr zu laufen, seine Rangstufe innerhalb dieses Systems zu erniedrigen. Da somit die H.stufe, die ein Vasall einnahm, darüber Auskunft gab, ob und ggf. von welcher Standesqualität er selbst Vasallen haben konnte, verkörperte die H.ordnung im Grunde eine Rangordnung des ma. Adels nach dem Grade seiner aktiven Lehnsfähigkeit. Die Lehre von der H.ordnung wurde auch von den späteren Rechtsbüchern (→Deutschenspiegel, →Schwabenspiegel) übernommen, allerdings mit einigen Modifikationen im Bereich der unteren H.stufen, die den unterschiedl. regionalen Gegebenheiten des süddt. Raumes wie auch den gewandelten sozialen Verhältnissen (Aufnahme der →Dienstmannen in die Lehnshierarchie) Rechnung trugen. Obwohl bereits der Sachsenspiegel davon ausging, daß es sich bei dem gesamten System nicht um zwingende Rechtssätze handelte, ist doch anzunehmen, daß diese Vorstellungen auch die Rechtspraxis insoweit geprägt haben, als von der Stauferzeit bis weit in das 15. Jh. hinein den Normen der H.ordnung nicht entsprechende Lehnsverhältnisse grundsätzl. als irregulär und standeswidrig angesehen wurden.

K.-F. Krieger

Lit.: DtRechtswb III, 530ff. – H. MITTEIS, Lehnrecht und Staatsgewalt, 1933, 437ff. – K.-F. KRIEGER, Die Lehnshoheit der dt. Kg.e im SpätMA (ca. 1200–1437), 1979, 117–155 [Lit.] – DERS., Fsl. Standesvorrechte im SpätMA, BDLG 122, 1986, 113f.

Heerweg (dän. *haervejen,* auch: Ochsenweg, dän. *oskenvejen),* ein in N-S-Richtung verlaufender Fernweg durch die jüt. Halbinsel, die wichtigste Landverbindung zw. dem N. und dem Kontinent. Der H. verband das nordjüt. Zentrum →Viborg (Dingort, später Bf.ssitz, wichtiger Etappen- und Hafenort isländ. und norw. Landreisender) mit dem südjüt. →Haithabu (Hedeby), dem bedeutendsten frühma. Handelsort Dänemarks. Die Wegtrasse folgte dem ostjüt. Höhenrücken, führte am alten Kg.ssitz →Jelling vorbei, überquerte nach einer Abbiegung nach O bei Skodborg die Königsau (Kongeå), erreichte den südjüt. Dingort Urnehoved und traf unmittelbar westl. von Haithabu auf das →Danewerk (Weglänge insgesamt ca. 260 km). Hier kreuzte der H. die w.-ö. Handelsroute vom Rheinmündungsgebiet (→Dorestad) über Haithabu und →Birka (S-Schweden) nach →Novgorod. Zahlreiche lokale Wegenetze waren auf den H. ausgerichtet, von denen namentl. die W-O-Route von →Ribe über Kolding nach →Schonen (Schon. Messen), insbes. nach der Aufgabe der Eider-Schlei-Passage Anfang des 12. Jh. (→Hollingstedt), stark frequentiert war.

Die Konzentration stein- und bronzezeitl. Grabhügel in der Umgebung des H.s läßt auf die Herausbildung der Trasse in prähist. Zeit schließen; deutliche Konturen gewinnt die Streckenführung dann in der Wikingerzeit, markiert durch Runensteine und Wallanlagen. Schriftl. Hinweise bzw. Erwähnungen finden sich bei Adam v. Bremen, Saxo Grammaticus, in den dän. Königsgesch. (Knýtlinga Saga, 13. Jh.) sowie in einem Pilgeritinerar des isländ. Abtes Nikolás Bergsson (Mitte 12. Jh.). Nach dieser Wegbeschreibung rechnete man fünf Tagereisen von Viborg bis Haithabu/Schleswig.

Von ca. 1400 bis in die Mitte des 19. Jh. diente der H. als einer der wichtigsten Triftwege der Ochsenherden, die als Schlachtvieh für die norddt. Städte von N-Jütland aus auf die großen Viehmärkte von Ribe und Kolding getrieben wurden.　　　　　　　　　　　　　　　　H. Ehrhardt

Lit.: KL VI, 171–175 [Lit.]; VII, 259, 263 [Lit.] – Nordisk kultur XVI: B, hg. A. SCHÜCK, 1934, 119ff. – O. BRANDT–W. KLÜVER, Gesch. Schleswig-Holsteins, 1976⁷, 25, 30 [Lit.].

Hegemonius, vermutl. aus Syrien, Lebensdaten unbekannt, verfaßte vor 350 in gr. Sprache eine antimanichäist. Schrift: »Thesaurus verus sive disputatio, habita in Carcharis, civitate Mesopotamiae, Archelai episcopi adversus Manen«. Der kath. Bf. A. führt darin erdichtete Streitgespräche siegreich gegen Turbo, Manis Schüler, und v. a. gegen Mani selbst. 348 bei Cyrill v. Jerusalem erwähnt, dürfte diese Q. zur Gesch. der Häresie bereits kurz nach 300 entstanden sein (neben einigen Fragm. nur in lat. Übers. des 4. Jh. erhalten, wenige kopt. Zitate).
　　　　　　　　　　　　　　　　　　　L. C. Batlle

Lit.: MPG XVIII, 1069/264 – CChr 9, 325–329: Ps. Hegem. adv. haer. – DThC VI, 2113–2116 – DSAM X, 200, 214f. – ALTANER-STUIBER, 310f.

Hegesippus, Name des nicht näher bekannten Verf. einer dem 4. Jh. entstammenden lat. Bearbeitung des »Bellum Iudaicum« des Flavius Iosephus; mit Ambrosius (schon im Vat., Pal. lat. 179, 9./10. Jh.), Isaac ex Iudaeo (4. Jh.) und Dexter (4. Jh., Sohn des Pacianus, Bf. v. Barcelona) identifiziert. Nach eigenen Angaben war H. getaufter Jude (Heges. V 2, 1 u. ö.), von ihm stammen ferner eine verlorene Bearbeitung von Kön, vielleicht auch eine Schrift über die »Macchabaeorum res gestae« (H. prol.). B. Gansweidt

Ed.: CSEL 66 – *Lit.:* BARDENHEWER III², 505f. – G. LANDGRAF, Die H.-Frage, Archiv für lat. Lexikogr. und Grammatik 12, 1902, 465–472 – V. USSANI, La questione e la critica del così detto Egesippo, Studi it. di filolog. class. 14, 1906, 245–361 – O. SCHOLZ, Die H.-Ambrosius-Frage, 1913 – G. MORIN, L'opuscule perdu du soi-disant Hégésippe sur les Machabées, RévBén 31, 1914–19, 83–91 – A. BELL, Ps.-H. as the source of some citations in Defensor's »Liber scintillarum«, RévBén 90, 1980, 139–141.

Hegumenos. Die Einrichtung des Hegumenats geht im Grunde auf →Pachomios zurück, sie wird auch von →Basilius vorausgesetzt. Ursprgl. synonym mit →Archimandrit u. a., wird H. die bevorzugte Bezeichnung eines Kl. vorstehers in der ö. Orthodoxie (Abzeichen: Mandyas [Pallium] und Stab [Pateritsa]). Auf Lebenszeit gewählt und nach Bestätigung durch den kirchl. Obern (Patriarch, Ortsbf.) durch →Handauflegung bestellt, ist er der »geistl. Vater« der Kommunität, zuständig und verantwortl. für die Leitung und das Leben seiner Mönche (Unterweisung der Mönche, Verantwortung für ihre Tätigkeiten außerhalb des gemeinsamen Gottesdienstes, für die Einführung der Bewerber und Novizen; Strafgewalt gegen Unbotmäßige). Darum hat er selbst Präsenzpflicht im Kl. Durch Handauflegung (χειροθεσία) weiht er Lektoren und Subdiakone für sein Kl., nach einigen Autoren auch die übrigen »niederen« Grade des Klerus.　　　H. M. Biedermann

Lit.: DACL I, 2739–2761 (s. v. archimandrite) – ThEE 6, 5–7 – P. DE MEESTER, De monachico statu iuxta disciplinam byz., 1942 – P. I. PANAGIOTAKOS, Σύστημα τοῦ Ἐκκλησιαστικοῦ Δικαίου κατὰ τὴν ἐν Ἑλλάδι ἰσχὺν αὐτοῦ. IV: Τὸ Δίκαιον τῶν μοναχῶν, 1957.

Heiðarvíga saga → Saga

Heidelbeere → Beerenfrüchte

Heidelberg, Stadt (Baden-Württ.), am Austritt des Neckars vom Odenwald in die Rheinebene gelegen.

I. Stadtgeschichte – II. Universität.

I. STADTGESCHICHTE: Erstmals 1196 urkundl. erwähnt, wurde die Stadt wohl bereits um 1170/80 von Pfgf.

→Konrad v. Rothenburg im Anschluß an eine im Bereich des heut. Schlosses schon bestehende Burganlage mit zugehörigem Burgweiler und eigener Pfarrkirche (St. Peter) als pfgfl. Lehen vom Hochstift Worms (1225 erstmals als solches erwähnt) gegr. Es handelt sich um eine »durch und durch geplante Stadt« (M. SCHAAB) mit einer die Siedlung von W nach O durchziehenden, in der Mitte zum Marktplatz erweiterten Hauptstraße. Neben der Burg im heut. Schloßbereich (»Untere Burg«) ist im SpätMA noch eine zweite Burg im Gebiet der späteren Molkenkur (»Obere Burg«) bezeugt, die vielleicht schon zur Zeit der Stadtgründung neben der »Unteren Burg« existierte oder später hinzugebaut wurde.

Wenn H. auch bereits im 13. Jh. einen bedeutenden Verwaltungsmittelpunkt im werdenden pfgfl. Territorium bildete, so setzte das eigtl. Wachstum der Stadt erst im Laufe des 14. Jh. ein, als die pfälz. Kfs. en sich auf Dauer in der »Unteren Burg« niederließen und H. damit zur Residenzstadt machten. Im Zuge dieser Entwicklung wurde der sog. 'Schloßberg' im Hangbereich zw. Burg und St. Peter zu einer Ansiedlung für die Hofbediensteten ausgebaut (privilegierter Sonderrechtsstatus bis 1743). Die Stadtgemarkung wurde außerdem auf die kleine »(Obere) Östl. Vorstadt« mit dem St. Jakobsstift (erwähnt seit 1387) ausgedehnt. Der steigende Bevölkerungsdruck führte zu einer wesentl. Ausweitung H.s nach W, als 1392 Kfs. Ruprecht II. das Dorf Bergheim mit den dazugehörigen Ackerbauflächen als »(Untere) Westl. Vorstadt« in das H.er Stadtgebiet eingliederte und auf diese Weise die Stadtfläche (bei ca. 3000 Einw.) auf ca. 80 ha vergrößerte. Mit der zunehmenden Bedeutung H.s als Residenz- und Universitätsstadt im 15. Jh. ging eine rege Bautätigkeit einher (Hl.-Geist-Kirche, kfsl. Kanzlei, Gründung des Dominikanerkl. 1476 u. a.). Als landesherrl. Stadt unterstand H. der unmittelbaren Herrschaftsgewalt des kfsl. Landesherrn. Das bedeutete, daß Stadtobrigkeit und Gerichtsbarkeit des (seit 1287 erwähnten) Rats stets im Auftrag und unter der Kontrolle des Kfs. en ausgeübt wurden, wobei außerdem eine Reihe von Personengruppen, wie der zugezogene Adel, die Geistlichkeit, die Hofbediensteten des Schloßbergs sowie die Angehörigen der Univ., hiervon eximiert waren.　　K.-F. Krieger

Lit.: A. SCHEUERBRANDT, Grundrisse ma. Städte I (Hist. Atlas von Baden-Württ., Erl. IV, 6, 1976), 11–16 – R. KETTEMANN, H. im Spiegel seiner ältesten Beschreibung, 1986 – M. SCHAAB, Gesch. der Kurpfalz I, 1988, 56ff.

II. UNIVERSITÄT: Die älteste Univ. auf dt. Boden gründete Pfgf. →Ruprecht I. (1390), kulturpolit. den Häusern Luxemburg (Univ. Prag) und Habsburg (Univ. Wien) nacheifernd. Dem Stiftungsprivileg Papst Urbans VI. 23. Okt. 1385) folgten am 26. Juni 1386 die Gründungserklärung der Regenten Ruprecht I., →Ruprecht II. und Ruprecht III. und am 18./19. Okt. die Eröffnung des Generalstudiums mit anfangs 3 Lehrern für Philosophie und Theologie. Die kirchenpolit. Situation des Gr. →Abendländ. Schismas prägte die vom Pariser Mag. →Marsilius v. Inghen als landesherrl. beauftragtem Gründungsrektor organisierte Univ. zum Vorort röm. Obödienz als Gegenpol zur avignones. orientierten Pariser »parens scientiarum«, die gleichwohl Verfassungsmodell war. Als Kanzler fungierte gem. Papstbulle der Dompropst v. Worms (zuerst →Konrad v. Gelnhausen). Die ersten Lehrer kamen aus Paris und bes. aus Prag, wo der Kollegiaturenstreit 1384 die »Fremden« vertrieben hatte. Mit solider Ausstattung aus inkorporierten Pfarreien und Kanonikaten, Zehnten und Zöllen, privaten Stiftungen für Artistenkolleg und Bursen, zudem 1391 mit den Quartieren der von Ruprecht II. enteigneten Juden dotiert, blieb die Univ. in der bisher schulenarmen kleinen Residenzstadt von bescheidenem Zuschnitt, wurde bald (mit knapp 5% der Reichsfrequenz) von den Neugründungen Köln, Erfurt, Leipzig überflügelt, wahrte das Niveau jedoch dank der Hofnähe (Erhalt der Univ. seit Testament Ruprechts II. [1395] Erbverpflichtung). Die Dr.en der höheren Fakultäten des 15.Jh. waren regelmäßig kfsl. Räte, wie u. a. Matthaeus v. Krakau, →Konrad v. Soltau, →Konrad v. Soest, teils auch Gesandte auf den Konzilien. Philosophie und Theologie blieben stark der via moderna (»Marsiliana«) verpflichtet. Die Reformation von 1452 steigerte die landesherrl. Univ.regie, unter deren Druck Humanisten trotz Resistenz der Univ. Eingang fanden mit P. →Luder und J. →Wimpfeling, während führende Köpfe der neuen Bildung (K. →Celtis, J. →Reuchlin, R. →Agricola) sich um Joh. v. →Dalberg sammelten und sporad. Vorlesungen hielten.   L. Boehm

Q. und Lit.: UB der Univ. H., hg. E. WINKELMANN, 2 Bde, 1886 – P. MORAW, H.: Univ., Hof und Stadt im ausgehenden MA (Stud. zum städt. Bildungswesen des späten MA und der frühen NZ, hg. B. MOELLER, H. PATZE, K. STACKMANN, 1983, 524–552) – Semper apertus. Sechshundert Jahre Ruprecht-Karls-Univ. H. 1386–1986, I: MA und frühe NZ 1386–1803, hg. W. DOERR, 1985 – R. CH. SCHWINGES, Dt. Univ.besucher im 14. und 15.Jh., Stud. zur Sozialgesch. des Alten Reichs, 1986, bes. 73–83 – P. O. KRISTELLER, Scholastik und Humanismus an der Univ. H. (Der Humanismus und die oberen Fakultäten, hg. G. KEIL, B. MOELLER, W. TRUSEN, 1987).

Heidelberger Liederhandschriften → Liederhandschriften

Heidelberger Stallung, am 26. Juli 1384 in Heidelberg geschlossener Landfriedensvertrag zw. den Fs.en des →Nürnberger Herrenbundes und dem →Rhein. sowie dem →Schwäb. Städtebund. Mit dem auf vier Jahre abgeschlossenen Vertrag erreichten die Städte zwar keine rechtl., aber eine fakt. Anerkennung ihrer Bünde, mußten aber in der umstrittenen →Ausbürger- und Pfahlbürgerfrage Zugeständnisse machen. Die H.S. war kein Reichslandfrieden und hob nicht das reichsrechtl. Verbot der Städtebünde auf. Sie sicherte Hilfe bei Raub, Brand, Mord und unrechtmäßiger Fehde zu, Strafbestimmungen fehlten jedoch. Kg. Wenzel bestätigte den Frieden, trat ihm aber nicht bei. Der Vertrag beendete nur kurzfristig die Auseinandersetzungen zw. Fs.en und Städten, am 5. Nov. 1387 konnte der Frieden in der sog. →»Mergentheimer Stallung« für Schwaben noch um zwei Jahre verlängert werden.   P.-J. Schuler

Q.: RTA I, 438–448, Nr. 246 – E. ASCHE, Die Landfrieden in Dtl. unter Kg. Wenzel [Diss. Greifswald 1914], 83–88 – H. ANGERMEIER, Kgtm. und Landfrieden im dt. SpätMA, 1966, 282–284.

Heiden, -ntum ('gentiles'), im *bibl.* und *patrist.* Sprachgebrauch nicht wertneutrale Bezeichnung in Beziehung bzw. im Gegensatz zu den Getauften (und zu den Juden); 'pagani' pejorisiert (seit dem 4.Jh.) die H. als Ungebildete und Götzendiener (Isidor, Orig., VIII, 10.1–2). Als H.-Christen, der H. (Röm 16,4; Apg 15,23 u. a.) sind von die H. durch die Verkündigung der Apostel die gottwohlgefällige Opfergabe (Röm 15,16). Sie sind aus allen Nationen erwählt als die eschatolog. gottesdienstl. Gemeinde (Offb 7,9–11; 21,23–27). Die gläubiggewordenen H., der äthiop. Eunuch (Apg 8,26–40) und Cornelius v. Cäsarea (10,1–46), galten im MA als Repräsentanten der Kirche der H. Die ungläubigen H. (1 Kor 6,6), die sich der Umkehr versagten, sind die Gottlosen (1 Thess 4,5; vgl. auch 1 Kor 5,1; Eph 2,1f., u. 18f.). Die Kirche ist den Nachstellungen der H. (vgl. RAC XIII, 1149–1190) ausgesetzt, unterliegt ihnen aber nicht (Offb 12–14). Die

Apologeten Justinus, Tertullian u. a. schrieben dagegen ihre Apologien. →Augustinus schrieb die 22 Bücher »De civ. Dei« gegen die H. ('pagani') und bezeichnet sie Retract. 3,43 (CSEL 36, 180) als unbelehrbar und unbekehrbar. H. und Häretiker sind die inneren und äußeren Feinde der »Civitas Dei« und darum auch des christl. Staates (im späteren Verständnis).

In der *ma. Theologie* und Lit. werden die vorchristl. und die bekehrten (getauften) H. von den zeitgenöss. H., die sich gegen die christl. Missionierung (→Missionsgeschichte) sperren, unterschieden. Die vorchristl. H. sieht Abaelard (Dialogus, ed. R. THOMAS, 54, 362f.) in der Nachkommenschaft Noes und seiner Söhne. Sie haben nach Röm 2,14f. das in die Herzen geschriebene Gesetz und sind darum im Vergleich zu den Juden die Erstberufenen. Juden und H. sind die Stammvölker der Kirche; Gott ist ein Gott der Juden und der H., wie die dt. Symbolisten →Rupert v. Deutz, →Honorius Augustodunensis und →Gerhoch v. Reichersberg lehrten.

Das atl. Gebot, die Gottesfeinde zu vernichten, wurde auf H., die sich nicht bekehren ließen, angewendet und teils buchstäblich befolgt, teils gab es dem Auftrag zur Mission und Christianisierung der H. jenen kämpfer. Charakter der Zwangsbekehrung und -taufe. In der geistl. und profanen Lit. werden die H. als Hunde bezeichnet, die – etwa im Rolandslied des Pfaffen Konrad – keine Schonung verdienen.

Im Kontakt und in der Auseinandersetzung mit dem Islam v. a. in Spanien wandelte sich seit dem 11.Jh. in der Theologie und allmähl. auch in der kirchl. Missionspraxis das Verständnis dieser H. In den (seit dem 12. und 13.Jh. auch ins Lat. übertragenen) philos. und theol. Werken des →al-Fārābī, →Avicenna, Algazel und →Averroes begegneten die Lateiner H., die nicht als Gottlose oder Ungläubige schlechthin bezeichnet werden konnten. Sie waren zwar »Feinde des Kreuzes« (Phil 3,18) und standen in wichtigen theol. Fragen (der Schöpfung, Vorsehung und Freiheit) im Gegensatz zur christl. Theologie und Kirche, unter dem schützenden Dach der auch von den Lateinern hochgeschätzten heidn. griech. Philosophen vertraten sie aber eine philos. Gotteslehre, mit der sich die lat. Philosophen und Theologen auseinandersetzen mußten. Der Kampf der Christen mit den Sarazenen und Mauren wurde vielschichtiger. Die höf. Dichtung der Wende des 12. und 13.Jh. konnte nun den Helden der H. ebenso Ehre und Tugend zuerkennen wie Abaelard in seinem (um 1140 geschriebenen) »Dialogus inter Philosophum, Judaeum et Christianum«. Der Philosophus des Dialogs ist Heide und Muslim. Die ma. Religions- und Glaubensgespräche zeigen, daß die H. als Gesprächspartner der Disputationes nach scholast. Verständnis auf dem Weg zur Erkenntnis der Wahrheit stehen. Die unübersehbaren Weggefährten dieser Disputation sind die antiken heidn. Philosophen, deren Studium die kirchl. Bücherverbote (vgl. →Aristoteles verbote) nicht aufhalten konnten. In der Auseinandersetzung mit den alten und modernen H. in der Philosophie und Theologie verbreitete sich in der scholast. Theologie »theol. Toleranz«, die nun ihrerseits dem Vorwurfs des H.tums gewärtig sein mußte. →Thomas v. Aquin schrieb die »Summa contra gentiles« nicht als Streitschrift gegen die H., sondern als Darlegung der strittigen christl. Wahrheiten gegen die 'errores infidelium', die nicht 'auctoritatibus', sondern 'rationibus' widerlegt werden müssen. →Roger Bacon machte die Bekehrung der H. zur Sache der theol. und philos. Gelehrten. →Raimundus Lullus OM stellte der Kreuzzugsdevise Jakobs I. v. Aragón, die Verächter von Christi Namen zu vernichten, seine Theorie und Praxis der Missionierung entgegen. Er begab sich nach Tunis, um vor den Gesetzeskundigen unter den H. von den gemeinsamen Wegen des Glaubens zu sprechen. Vertraut mit dem arab. Schrifttum konzipierte er eine Universalwissenschaft ('ars magna') als Voraussetzung der »Disputatio Raymundi Christiana et Hamar Saraceni«, »Fidelis et infidelis«. Die theol. (nicht: dogmat.) Toleranz trug der Pariser Universitätstheologie von seiten der Franziskanerspiritualen den Vorwurf des H.tums ein (Petrus Johannis →Olivi, Apokalypsenkomm.: »dogmata philosophica seu paganica«). Viele Pariser Kleriker der Artistenfakultät (→Averroismus) bezichtigte man eines neuen H.tums, mit dem das Verurteilungsdekret des Bf.s Stephan →Tempier 1277 abrechnete.

→Nikolaus v. Kues führte die scholast. Ansätze der theol. Toleranz der H. zu Ende mit seiner Idee der religiösen (wiederum nicht: dogmat.) Toleranz. In seiner theol. Sichtung des Korans (»Cribratio Alchorani«) entdeckte er in diesem in theol. Sicht Wahrheitselemente des Christl. und zeigte in einer »geschichtl. Präsuppositionsdialektik« (E. Colomer), daß die heidn. Religionen die christl. voraussetzen. In »De pace fidei« erklärte er sich für eine Toleranz der Religionen der H. (abgedeckt durch philos. Überlegungen). Mit Nikolaus v. Kues stellten auch die Philosophen des Humanismus (M. →Ficino, G. →Pico della Mirandola) die philos. Gottesfrage und die Frage nach der wahren Religion; die H. sind ebenso Zeugen der Wahrheit wie die Juden und Christen. Die philos. Toleranz gegenüber den H. führte in der Schultheologie zu neuen Kontroversen über die ungetauften H. ('pagani').
L. Hödl

Lit.: RAC XIII, 1113–1149 – TRE XIV, 590–601 – Th. Ohm, Die Stellung der H. zu Natur und Übernatur nach dem hl. Thomas v. Aquin, 1927 – M. M. Gorce, La lutte »contra Gentiles« à Paris au XIIIᵉ s. (Mel. Mandonnet [Bibl. Thom. 13], 1930), 223–243 – E. Schenkelheld, Die Religionsgespräche bis zum Ausgang des 13.Jh. [Diss. Marburg 1930] – S. Stein, Die Ungläubigen in der ma. Lit. von 1050–1250, 1930 [Neudr. 1963] – H. D. Kahl, Die völkerrechtl. Lösung der »Heidenfrage« bei Paulus Vladimiri v. Krakau († 1435) und ihre problemgesch. Einordnung, ZOF 7, 1958, 161–209 – H. Beumann, H.mission und Kreuzzugsgedanke in der dt. Ostpolitik des MA, 1964, bes. 177–244 [H. D. Kahl] – Y. Congar, Gentilis et Judaeus au MA, Rech. théol. anc. médiéval, 16, 1969, 222–225 – R. Ch. Schwinges, Kreuzzugsideologie und Toleranz. Stud. zu Wilhelm v. Tyrus, 1977 – Die Mächte des Guten und des Bösen, hg. A. Zimmermann, Ansätze zur Bewältigung ideolog. Pluralität im 12.Jh.: Pierre Abélard und Anselm v. Havelberg, HJb 105, 1985, 353–387 – R. Dabelstein, Die Beurteilung der H. bei Paulus, 1987 – De dignitate hominis, hg. A. Holderegger, R. Imbach, R. S. de Miguel, 1987, bes. 133–171 [E. Colomer].

Heidenheim, ehem. Kl. OSB in Mittelfranken; von dem Angelsachsen Wynnebald unter Mithilfe seines Bruders →Willibald zur Stärkung der Position →Eichstätts zw. Altmühl und Wörnitz und als Missionsposten 751/752 gegr. Eigenkl. Nach Wynnebalds Tod, der in H. bestattet wurde, leitete seine Schwester →Walburgis es als →Doppelkl., deren berühmteste Angehörige die Nonne →Hugeburc war. Um 790 wurde H. vom Eichstätter Bf. Gerhoh in ein Säkularkanonikerstift umgewandelt, 1154/55 aber auf Betreiben Eugens III. mit Benediktinern der Hirsauer Richtung (→Hirsau) besetzt. Die Vogtei, die bei den Gf.en v. Truhendingen lag, ging 1401 an die zollernschen Burg- und Mgf.en über.
A. Wendehorst

Q.: GP II/1, 1923, 10–15 – F. Heidingsfelder, Reg. der Bf.e v. Eichstätt, 1938 – Lit.: Germania Benedictina II, 1970, 114–117.

Heiland → Soteriologie

Heilbronn, Reichsstadt am Neckar (Baden-Württem-

berg), bereits in alam. Zeit besiedelt. Um 841 wurde der kgl. Wirtschaftshof (fiscus dominicus) zu einer kgl. Pfalz ausgebaut und vor 1147 dann zu einer Marktsiedlung erweitert. Um 1220 von Kg. Friedrich II. als kgl. Stadt gegr. 1281 erhielt H. von Kg. Rudolf das Speyerische Stadtrecht und damit weitgehende Selbstverwaltung. Ks. Ludwig d. Bayer verlieh H. 1322 als Dank für die Hilfe gegen Friedrich den Schönen den Blutbann und 1334 das →Privilegium de non evocando, 1360 Erwerb des Schultheißenamtes als Reichspfand. 1225 wurde H. erstmals oppidum, 1265 civitas genannt; vor 1225–1241 erster Mauerbau mit doppeltem Mauerwerk und Graben, 1335 aufgrund eines kgl. Privilegs Verlegung des Nekkarbettes für eine Neubefestigung der Stadt, um 1500 Bau einer Zwingmauer.

An der Spitze der Stadt stand zunächst der erstmals 1250 erwähnte →Schultheiß, der auch die Niedergerichtsbarkeit ausübte, während die Hochgerichtsbarkeit beim kgl. Vogt lag. Seit 1281 ist ein 12köpfiger gewählter Rat bezeugt, der in der Zeit des Interregnums die beiden kgl. Beamten verdrängte; seit 1320 ein und ab 1322 zwei Bürgermeister. Infolge der Zunftunruhen erfolgte 1371/72 eine Verfassungsreform; fortan sind die Zünfte und die Geschlechter paritätisch mit je 13 Mandaten im Rat vertreten; daneben bestand auch noch ein sog. »alter Rat«.

In der Verteidigung seiner reichsstädt. Freiheiten gegen die Gf.en v. →Württemberg beteiligte sich H. seit 1331 am →Schwäb. Städtebund; im 15. Jh. suchte die Stadt in einem Bündnis mit der Kurpfalz polit. Rückendeckung gegen Württemberg. V. a. im 14. Jh. konnte die Stadt durch Käufe ihr Territorium erweitern. Seit 1147 ist in H. eine Münzstätte bezeugt, die bis um 1477 tätig war; aber nur eine Münze konnte ihr bisher als wahrscheinlich zugewiesen werden.

H. war seit 1225 Sitz einer Deutschordenskommende, je eines Franziskaner- (1272), eines Klarissen- (1302) und außerhalb der Stadt gelegenen Karmeliterkl. (1447), zweier Beginenhöfe; es bestanden zahlreiche Klosterhöfe. Seit dem 13. Jh. existierte das Leprosenspital St. Jakobi; später kam ein Sondersiechenhaus hinzu; 1306 wurde das städt. Katharinenspital gegründet.
P.-J. Schuler

Lit.: K. Jäger, Gesch. der Stadt H. und ihrer ehem. Gebiete, 1828 – K. Hermann, Das ma. Kirchenwesen H.s, Bll. für württ. KG 10, 1906 – A. Schliz, Entstehung der Stadtgemeinde H. und erstes H.er Stadtrecht [Diss. Tübingen 1903] – Ders., Verfassung und Verwaltung der Reichsstadt H. im MA, 1911 – H. Buchenau, Die H.er Pfennigmünze des Kg. Sigmunds, BlM, 1912 – K. H. Nägele, Gerichtsverfassung und Rechtsgang in der Reichsstadt H. [Diss. Tübingen 1943] – W. Steinhilber, Die Lepra und das städt. Leprosorium im alten H. (Veröff. des Hist. Vereins H. 21, 1954) – Ders., Das Gesundheitswesen im alten H., 1956 – Heimat und Arbeit. Stadt und Landkrs. H., 1974.

Heilige

A. Westkirche – B. Ostkirche

A. Westkirche

I. Heiligkeit – II. Heiligenverehrung in Liturgie und Volksfrömmigkeit – III. Heiligendarstellung und -attribute.

I. Heiligkeit: Während der ersten chr. Jahrhunderte gab es nur eine einzige Art von H.n: die →Märtyrer, die durch die Nachfolge der Passion Christi die himml. Glorie errungen hatten. Seit dem Ende der Verfolgungszeit erscheinen die Confessores ('Bekenner'): Asketen (→Askese) oder Bf.e (→Bischöfe, hl.), die den Glauben verbreitet oder standhaft verteidigt hatten. Letzteres Modell wurde tonangebend in der Westkirche, v.a. durch die Vita des hl. →Martin von →Sulpicius Severus. In der Folgezeit wurde, bedingt durch den Aufschwung der monast. Lebensform in ihren vielfältigen Formen, der Mönch zu einem Prototyp des H.n (→Columban, →Benedikt v. Nursia), der mit dem hl. Bf. konkurrierte.

Die während des gesamten FrühMA verehrten 'Gottesmänner' können zwar nicht als Nachfolger der antikheidn. Götter angesehen werden, galten aber beim einzelnen Gläubigen wie in Gemeinschaften, die sich einem hl. Schutzpatron unterstellt hatten, als wirksame Helfer und Vermittler gegenüber Gott. Ihren →Reliquien wurde übernatürl. (Wunder-) Kraft (virtus) zugeschrieben; die Sanktuarien zahlreicher H.r wurden zu Ausgangspunkten der →Wallfahrt. In ihrer großen Mehrzahl waren es Mitglieder der Führungsschicht (Bf.e, Äbte, Gründer von Kl. oder Kirchen), die als H. verehrt wurden, und es setzte eine Verschmelzung zw. der Idee der H., hoher, aristokrat. Herkunft und Ausübung der Macht ein (→Adelsheiliger). Hierdurch bedingt, begegnen nur selten Frauen (→Frau A.II.), jüngere Leute oder aber einfache Gläubige als H.

Seit otton. Zeit rühmte der Klerus die Gestalt des hl. →Königs oder der hl. Kgn., die ihr Volk gemäß den Vorschriften der Kirche regierten. So wurden seit dem 11.Jh. die →Kapetinger als Wundertäter betrachtet, während Friedrich Barbarossa →Karl d. Gr. 1165 durch einen Gegenpapst kanonisieren ließ. Diese Bewegung erlebte ihren Höhepunkt in den Ländern an der Peripherie des chr. Europa, in denen die Herrscher, die dort das Christentum eingeführt hatten, als H. verehrt wurden (Böhmen, Ungarn, Skandinavien). Durch die →Gregorian. Reform und das cluniazens., später zisterziens. Mönchtum nahm die Vorstellung der H. jedoch einen stärker kirchl. und spirituellen Charakter an. Unter dem Einfluß des hl. →Bernhard v. Clairvaux und der spirituellen Auffassung der →Buße identifizierte sich das chr. Vollkommenheitsideal nun mit der imitatio Christi, dem Streben nach Vereinigung mit Gott in der →Liebe. Ihren strahlenden Höhepunkt erreichte dieses Streben nach Heiligung mit→Franziskus v. Assisi, der als Krönung eines Lebens der Buße und der evangel. Zeugenschaft die Erfahrung des Göttlichen durch→Stigmatisierung empfing. Von nun an war es einem jeden Christen ohne Unterschied des Ranges oder Geschlechts möglich, ein H.r zu werden, »indem er nackt dem nackten Christus nachfolgte«. Dies führte zur Verehrung einer Vielzahl neuer Laienh.r wie des hl. →Homobonus, eines 1199 von Innozenz III. kanonisierten Kaufmanns aus Cremona, oder Fsn.en wie →Elisabeth v. Thüringen († 1243). Seit Ende des 13.Jh. erfuhr dieser Verinnerlichungsprozeß neue Akzente: Die Mehrzahl der nun neu auftretenden H.n waren Mystiker (→Mystik), die →Visionen erlebten (z.B. →Birgitta v. Schweden), oder aber große Theologen und berühmte Kanzelredner (z.B. →Thomas v. Aquin, →Bernardin v. Siena). Dennoch blieb die große Masse der Gläubigen des SpätMA den ihr stärker zugängl. Formen der H.n, etwa dem Typ des hl. Eremiten oder Pilger verbunden; dies zeigt etwa der während des 15.Jh. im gesamten westl. Europa blühende Kult des hl. →Rochus. A. Vauchez

Lit.: C. POULAIN, L'idéal de sainteté dans l'Aquitaine carolingienne d'après les sources hagiogr. (750–950), 1975 – R. MANSELLI, Francesco d'Assisi, 1980 [dt. 1984] – R. BELL, Saints and Society (1000–1700), 1982 – R. FOLZ, Les saints rois du MA en Occident, 1984 – A. VAUCHEZ, La sainteté en Occident aux derniers siècles du MA d'après les procès de canonisation et les textes hagiogr., 1988².

II. HEILIGENVEREHRUNG IN LITURGIE UND VOLKSFRÖMMIGKEIT: Die Ursprünge der H.v. lassen sich auf den frühchr. Märtyrerkult zurückführen. Die sich in den einzelnen Gemeinden einbürgernden Gedächtnistage beschränkten sich allerdings nur auf die Namenserwähnung in der Eucharistiefeier; kult. Verehrung genossen die Märtyrer hingegen nicht (Aug., De civitate Dei, XXII, 10, 30–31). Mit dem Einbezug von Bf.en und Bekennern (confessores) traten zur Idee der Nachahmung des H.n als eines Aktes der Nachfolge Christi (imitatio) und zur Gebetsgemeinschaft mit und für die H.n (communio sanctorum) die Verehrung (veneratio) und die Anrufung (invocatio) als Fürsprecher (intercessor) hinzu. Mit dem erstmals 993 durch Papst Johannes XV. durchgeführten Prozeß der Kanonisation (Udalrich/Ulrich v. Augsburg) versuchte die Kirche, die H.n zu normieren und der Gefahr von Eigenentwicklungen, etwa beim Kult lokaler H.r, entgegenzuwirken.

Im Gegensatz zu den Kalendarien, Meßoffizien, Präfationsformeln, Stundenbüchern oder H.npredigten können dem Patrozinienwandel und der ma. Namensgebung nur indirekte, teilweise sogar irreführende Hinweise auf die Beliebtheit bestimmter H.r und H.ngruppen entnommen werden. Denn die offizielle, kirchl.-staatl. gelenkte und die populäre H.nverehrung standen oft in Widerspruch zueinander. Als Teil des Frömmigkeitszugs erlebte die H.v. in ihren Inhalten und Bezügen einen erhebl., um 1100 einsetzenden Wandel. Während das FrühMA durch relativ seltene H. und durch die Königsgestalten als polit. Symbolfiguren geprägt war (s. Abschnitt I) und im Patrozinienwesen der Adel hinter dem Kgtm. zurücktrat, führten im Hoch- und SpätMA die stärkere Betonung der Gefühlsmäßigkeit von Frömmigkeit, die Verschiebung polit. Gewichtungen und das Erstarken von Adel und Bürgertum zum wachsenden Einfluß breiterer Volksschichten auf das sakrale Geschehen und die Patrozinienwahl, wobei Standeszugehörigkeit und Sonderpatronate eine bestimmende Rolle zu spielen begannen.

Die frühma. H.v. war v.a. von der als real erfahrbaren Präsenz des H.n bestimmt. Diese gegenstandsbezogene Frömmigkeit betraf zum einen die durch Erscheinungen bestätigte Anwesenheit, so z.B. im Michaelskult (Monte →Gargano, 5.Jh.; Mont-St.-Michel, 8.Jh.), zum anderen die Verfügbarkeit von Gräbern, Reliquien oder anderen Erinnerungsstücken (»Reliquienpatrozinien«). Der Wunsch, sich solche Kultobjekte zu sichern, führte u.a. zu aufwendigen Translationen (Hl. →Drei Könige) und schließlich im HochMA zu Reliquienhäufungen, die neben der Bilderverehrung zum Hauptpunkt der reformator. Kritik an der H.v. gerieten.

Die rasche Zunahme der Kirchen-H.n im MA ergab sich nicht zuletzt durch Kulturkontakte (u.a. durch die Kreuzzüge). Sie brachten eine Reihe bislang so gut wie unbekannter H.r, unter ihnen neben →Maria Magdalena z.B. die später in der Gruppe der »(Vierzehn) Nothelfer« zusammengeschlossenen Achatius, →Barbara, Blasius und Katharina v. Alexandrien nach Europa. Zu ihrer Popularität trug im HochMA die Ausbildung des Standes-, Sonder- und Schutzpatronates bei: aus dem Fürbitter wurde der direkte Ansprechpartner und Helfer (adiutor). Spezielle, durch die hagiograph. Lit., Martyrologien und v.a. die →Legenda aurea des Jacobus de Voragine überlieferte Ereignisse aus dem Leben eines H.n trugen zur Patronatsbildung für einen Stand oder für Situationen und Notlagen des Alltags bei.

Vor dem Hintergrund spätma. Wundersucht nahm die populäre H.v. bisweilen mag. Züge an bei Heilriten an Wallfahrtsorten, bei der Verwendung von Reliquien und Berührungsobjekten (Erde, Wasser und Öl vom H.ngrab) als Phylakterien und bei der Umformung von Gebeten zu Segens- und Beschwörungsformeln, die ihre Wirkung mit einem durch seine Legende spezifizierten Heiligen legitimierten. Wie sehr sich damit aber die populäre H.v. zu einer direkten Kommunikation zw. Mensch und Helfer verselbständigt hat, zeigen Berichte von Strafaktionen (Verfluchungen, »Hängen« von H.nfiguren) gegen H. bei ausbleibendem Erfolg nach Gebeten oder Gelübden.

Ch. Daxelmüller

Lit.: HWDA III, 1668–1681 – LThK ²V, 104–108 – RGG III, 168–175 – C. A. BERNOULLI, Die H.n der Merowinger, 1900 – E.LUCIUS (ed. G. ANRICH), Die Anfänge des H.nkultes in der chr. Kirche, 1904 – D. H. KERLER, Die Patronate der H.n, 1905 – P. SAINTYVES, Les saints successeurs des dieux, 1907 – E. JØRGENSEN, Helgendyrkelse i Danmark, 1909 – M. v. WULF, Über H.v. in den ersten chr. Jhh., 1910 – H. DELEHAYE, Essai sur le culte des saints dans l'antiquité, 1927 – DERS., Le culte des martyrs, 1933 – L. A. VEIT, Volksfrommes Brauchtum und Kirche im dt. MA, 1936 – R. LANSEMANN, Die H.ntage, 1939 – H. SCHAUERTE, Die volkstüml. H.v., 1948 – M. LACKMANN, Verehrung der H.n, 1958 – G. ZIMMERMANN, Patrozinienwahl und Frömmigkeitswandel im MA, Würzburger Diöz.-Gesch.Bll. 20, 1958, 24–126; 21, 1959, 5–124 – M. ZENDER, Räume und Schichten ma. H.v. in ihrer Bedeutung für die Volkskunde, 1959 – TH. KLAUSER, Chr. Märtyrerkult, heidn. Heroenkult und spätjüd. H.v., 1960 – P. Y. EMERY, L'unité des croyants au ciel et sur la terre, Verbum caro 16, 1962, 1–240 – S. BEISSEL, Die Verehrung der H.n und ihrer Reliquien in Dtl. im MA, 1976 [1890¹] – C. L. TRÜB, H. und Krankheit, 1978 – Saints and their cults, 1985, hg. S. WILSON – G. L. MÜLLER, Gemeinschaft und Verehrung der H.n, 1986 – H. EBERHARDT, Hl. Barbara, 1988.

III. HEILIGENDARSTELLUNG UND -ATTRIBUTE: [1] *Frühchristentum:* In den Anfängen der chr. Kunst wurden H. vorwiegend in ntl. und apokryphen Szenen dargestellt und sind dann ggf. aus dem szen. Kontext zu identifizieren (z. B. Maria in Magierhuldigung, Petrus in Hahnszene und Wasserwunder usw.). Gestalten, die Christus begleiten oder Verstorbene geleiten, blieben unbenannt. Mit zunehmender Verehrung der Märtyrer und H.n und ihrer Reliquien seit der Mitte des 4. Jh. begann das Interesse an Einzelgestalten: Namensbeischrift bei Märtyrern und H.n (zunächst in Katakombenbildern und Kleinkunst, später auch in Kirchen), Hervorhebung von Petrus und Paulus durch unterschiedl. Haartracht, bisweilen auch durch das individuelle Attribut der Schlüssel des Petrus, aus der Schar der übrigen Apostel, die nur generelle Attribute besitzen: Philosophengewand, Buchrolle oder Kranz. Das zuvor auf Herrscher und Christus beschränkte Würdezeichen des →Nimbus wurde im 5.Jh. auf Engel und H. übertragen und blieb in O und W in der Folgezeit allgemeinstes Attribut der H.n. Auch die Zahl individueller Attribute stieg an: Identifizierung von Evangelisten durch attributive Beigabe der vier →Evangelistensymbole, von Märtyrern durch Darstellung der Marterwerkzeuge (Rost des Laurentius: Ravenna, Mausoleum der Galla Placidia; zahlreiche Märtyrer mit Martyriumsattributen schriftl. überliefert: Rom, S. Maria Magg.). Marterwerkzeuge sind auch die Löwen der Thekla, während die Kamele des Menas, die Säule des Symeon Stylites, die Ärztetaschen von Cosmas und Damian, das Gotteslamm Johannes d. Täufers (Joh 1,29) oder Pferd, Kleidung und Bewaffnung von Reiterh.n auf andere Ereignisse der Vita des H.n hinweisen. Die seltenen szen. Martyriumsbilder (z. B. Menaspyxis, London) können als Vorläufer ma. Vitendarstellung gelten; doch beschränkte sich in vorikonoklast. Zeit die Darstellung von H.n meist auf Einzel-, Gruppen- oder Reihenbilder, oft im Kontext repräsentativer Bilder Christi (allein oder auf dem Schoß Mariens). Details werden in den Einzelartikeln erwähnt; bes. hingewiesen sei auf die →Drei Könige, weil im Wechsel von der Magierhuldigung zur Anbetung der Kg.e deutl. wird, wie die Darstellungsweise und die Attribute der Legendenentwicklung folgen.

J. Engemann

Lit.: LCI I, 197–201, V–VIII – RByzK II, 1034–1093 – RDK I, 1212–1220 – J. BRAUN, Tracht und Attribute der H.n in der dt. Kunst, 1943 – H. L. KELLER, Reclams Lex. der H.n und der bibl. Gestalten, 1968.

[2] *Mittelalter:* Als Folge der steigenden Verehrung vermehren sich die Darstellungen der einzelnen H.n im Früh-MA ebenso wie die Schilderungen ihrer beispielgebenden Lebensläufe. Die bes. Eigenart der ma. Kunst, die H.n durch Beigabe von allg. und individuellen Attributen zu kennzeichnen, wird entscheidend bereichert. Neben dem Nimbus, der alle H.n auszeichnet, waren als allg. Attribute weitverbreitet: z.B. Palmzweig (Siegeszeichen der Märtyrer), Schriftrolle/Buch (Zeichen für die Verkündigung der Lehre Christi) und Handkreuz (Zeichen der Christusnachfolge). Auch Tunika für die Apostel (Lehrertracht), verschiedene liturg. Gewänder für H. aus dem Priesterstand, Barfüßigkeit als Zeichen für Askese oder Tonsur (corona clericalis) als Zeichen des Mönchsstandes, gehören zu den allg. Attributen. Die individuellen Attribute verweisen auf bes. Ereignisse aus dem Leben der H.n (v. a. ihre Martyrien), aber auch auf auszeichnende Charaktereigenschaften; die sog. »redenden Attribute« beziehen sich bisweilen auf Namen oder Patronate. Wesentl. ist auch der bildtheol. Sinnzusammenhang, in dem H. dargestellt sind (Fürbitte: z. B. Basler Antependium gegen 1020, Paris, Mus. Cluny; Altartafel aus St. Walburga zu Soest, um 1180 Münster, Westfäl. Landesmus.). Oft werden die H.n auch beim Schreiben, als Verfasser ihrer Schriften (Evangelisten, Kirchenväter, -lehrer, Äbte) dargestellt, bes. während ihrer göttl. Inspiration oder in sog. »Widmungsbildern«, ferner bei der hl. Messe oder bei ihrer himml. Erhöhung (Buchdeckel mit Elfenbeinrelief: Christus segnet die Thebäische Legion, darunter die H.n Gereon und Viktor um 1000 [Köln, Schnütgen-Mus.]). Seit karol. Zeit wird auch die Vita der H.n immer häufiger dargestellt (Goldaltar in S. Ambrogio, Mailand; St-Germain, Auxerre: Szenen aus der Stephanusvita). Auch die Illustration der H.nlegenden in Hss. gewinnt größere Verbreitung (Poitiers, Bibl. Mun. Ms. 250 Radegunde-Vita, 11.Jh.; Liudger-Vita, Berlin, Staatsbibl. PKB, Ms. theol. lat. fol. 323, 1080/90). Auch die Zyklen der rheinmaasländ. Reliquienschreine gehören zu den bedeutendsten Beispielen: Hadelinus-Schrein von 1130/50 (Visé, St-Martin), Heribert-Schrein, Köln, 1160/70, u. a. m. Zu den umfangreichsten frühen Zyklen zählt die Tür des Südportals des Gnesener Domes, um 1180 (Adalbert-Vita). Auf dem Höhepunkt dieser Entwicklung der hist.-legendären Darstellungen stehen →Giottos Fresken der Franziskus-Legende, Oberkirche S. Francesco zu Assisi. Bis zum Ende des MA bleibt jedoch der Altar für die Darstellung der H.n von überragender Bedeutung (Flügel- und Schnitzaltäre, u. a. des 15. Jh.; vgl. van→Eyck). Auch im privaten Bereich werden die H.ndarstellungen zunehmend wichtiger (Stundenbuch der Katharina v. Kleve, 1443/45, New York, Pierpont Morgan Library). Am Ende des MA trugen die gedruckten »kleinen Andachtsbilder« zu ihrer Popularisierung und Überleitung in die NZ bei.

G. Jászai

Lit.: LCI V–VIII [Lit.] – RDK I, 1212ff. – Bibl. SS 1–13, 1961–70 [Lit.] – K. KÜNSTLE, Ikonogr. der H.n, 1926 – J. BRAUN, Tracht und Attribute der H.n in der dt. Kunst, 1943 – L. RÉAU, Iconogr. de l'art chrétien, III.1–III.3, 1958/59 – Hist. des saints et de la sainteté chrétienne, 1–11, 1988.

B. Ostkirche

I. Heiligkeit und Heiligenverehrung – II. Heiligendarstellung.

I. HEILIGKEIT UND HEILIGENVEREHRUNG: Der Begriff der H.keit als Abstraktum liegt dem O fern. Er begegnet der H.keit konkret im »hl. Gott«, dem nach dem Propheten das Dreimal-Heilig gebührte (Jes 6,3), im »Hl. Geist«, der alle Handlung wirkt; nicht anders in den »hl. Mysterien Gottes«; hl. sind die Gaben zur »Göttl. Liturgie«, die Geräte, die der Feier dienen, die Ikonen und ganz bes. das Kreuz Christi. V.a. offenbart sich H.keit in den H.n Gottes: Menschen, die gotterfüllt (θεόπνευστος) durch Askese und Frömmigkeit zu vollkommenem Leben gelangt sind oder im Martyrium solche Vollkommenheit erwiesen haben. Ihrem Wesen nach ist H.keit die innere Verfaßtheit des Menschen, grundgelegt in Taufe und →Myron, genährt in der Eucharistie, gelebt in der Befolgung der Gebote, verinnerlicht im immerwährenden Gebet, zuletzt aber von Gott geschenkt als Teilnahme an der 'ungeschaffenen Energie' Gottes. H.keit als Nachfolge des Herrn ist ebenso sakramental wie eschatolog. ausgerichtet. Die Geschichte kennt dafür wechselnde Idealvorstellungen: Märtyrer und Bekenner, Anachoreten und Mönche, Hierarchen und Jungfrauen, aber auch »Narren Christi« – unerreicht über allen H.n das Bild der παναγία, der Mutter des Herrn, der selber das Urbild aller H.keit ist. Bezeugt ist die H.nverehrung im O bereits seit dem 2. Jh. in der Form einer Synaxis am Ort des Martyriums, d.h. sie gilt zuerst den »Blutzeugen« Christi (und ihren Reliquien; Polykarp v. Smyrna), gefolgt von den »Bekennern«, Menschen, die um des Glaubens willen Verfolgung, aber nicht den Tod erlitten hatten. Asketen waren die nächsten, schließlich alle »H.n Gottes« – Menschen, die die höchste Stufe in der Erfüllung des Willens Gottes, in der Nachfolge ihres Herrn erreicht haben und von der »streitenden« zur »triumphierenden« Kirche hinübergegangen sind. Die Anerkennung ihrer Würdigkeit erfolgte zunächst spontan durch Klerus und Volk einer Ortskirche, gleichsam beurkundet in der Eintragung ihres Namens in das H.nverzeichnis (Menologion) durch den zuständigen Bf., weshalb die Verehrung auch erst eine rein lokale am Ort des Martyriums oder des Grabes war. Den Kult bestimmte v.a. das jährl. Gedächtnis, in der Regel am Todestag. Dafür wurden Akoluthien (Festoffizien) verfaßt, Panegyriken gehalten. Bald wurden Kirchen zu Ehren beliebter H.r auch an anderen Orten errichtet und wenn mögl. mit Reliquien ausgestattet. Mit dem Aufkommen bildl. Darstellungen entstanden Ikonen der H.n; ihre H.tümer, von denen manche zu »Wallfahrtsorten« wurden, wurden mit Bilderzyklen aus ihrem Leben geschmückt. Der →Bilderstreit des 8./9. Jh. mußte darum zur Auseinandersetzung auch mit der H.nverehrung selbst werden, und die Rechtfertigung des Ikonenkultes bedeutete zugleich Rechtfertigung und Stärkung der Verehrung ihrer »Urbilder«. Das VII. Ökumen. Konzil (Nikaia II/787) stellte zugleich auch die dogmat. Unterscheidung klar zw. der Anbetung (λατρεία), die Gott allein gebührt, und der Verehrung (τιμητική προσκύνησις), die den H.n, ihren Reliquien und Bildern zusteht. Das Vertrauen auf die fürbittende Hilfe der H.n ist wesentl. Element der H.nverehrung, schon von den Vätern bezeugt, im O etwa von Origenes und bes. →Johannes Chrysostomos.   H. M. Biedermann

Lit.: DThC XIV, 870ff., bes. 880–939 – LThK V, 92, 104–107 – ThEE I, 262–266, 272f., 274f. – TRE XIV, 646–651, 660–664 – H. DELAHAYE, Sanctus. Essai sur le culte des saints dans l'antiquité, 1927 – DERS., Les origines du culte des martyrs, 1933² – B. KÖTTING, Peregrinatio religiosa ..., 1950 – S. FRANK, ΑΓΓΕΛΙΚΟΣ ΒΙΟΣ, 1974 – G. KRETSCHMAR, Die Theologie des H.n in der frühen Kirche ..., Oikonomia 6, 1977, 77–125.

II. HEILIGENDARSTELLUNG: Die H.d. ist auch im O eng mit der Entstehung und Entwicklung des Märtyrerkultes verbunden. Überwiegend werden die H.n betend dargestellt (→Orans/Pietas), so noch charakterist. in den Mosai-

ken von H. Georgios in Thessalonike. Auch die »Heldentaten des Märtyrers«, seine »Qualen« werden den lit. Q. nach abgebildet, der H. aber scheint ihnen entrückt; so bei →Basileios v. Kaisareia oder →Asterios v. Amaseia (MPG 31,489 bzw. 40,336). Charakterist. Beispiel ist Thekla mit den wilden Tieren oder das Martyrium der Euphemia. Die byz. H.d. nach dem Bilderstreit ist angeleitet durch die Diskussionen des Konzils v. Nikaia II i. J. 787 (vgl. MANSI 13,252) einerseits und die Liturgie-Formulare andererseits, die auch Aufnahme und Rolle der H.n im Bildprogramm der Kirchen bestimmen. Lit. Niederschlag dafür sind die Schrift des Elpios (9./10. Jh., vgl. CHATZIDAKIS, EEBS 14, 393–414) bzw. die späteren →Malerbücher. Im Gegensatz zur H.d. des W werden persönl. Attribute nur selten beigegeben (die Ausnahmen vgl. unten). Generell dominiert das in der Hand gehaltene Kreuz. Dies folgt aus der Rolle der H.n als Mitglieder der hl. Hierarchie und Kirchengemeinschaft. Dafür wird Porträttypik durchaus angestrebt. Die Darstellung von Märtyrern und Märtyrerinnen allgemein und anonym wird sehr bald durch differenzierte H.ngruppen ersetzt: 1. Die Gruppe der *Hierarchen* mit dem Kern der Kirchenväter Basileios v. Kaisareia, Gregor v. Nazianz und Johannes Chrysostomos wird nicht nur häufig um weitere Bf.e erweitert, sondern nach dem Bilderstreit treten auch die wichtigsten bfl. Vertreter der Orthodoxie hinzu. Der Darstellungsmodus ist kanonisch: frontal im Bf.sgewand, das Evangelienbuch haltend und segnend, gelegentl. auch die Liturgie feiernd. 2. Die *Soldatenh.n* bilden früh, oft paarweise geordnet, eine eigene Gruppe. In frühbyz. Zeit meist noch wie die Märtyrer gekleidet, wenn auch gelegentl. schon mit militär. Halsschmuck (Maniakion) ausgezeichnet. Bald kommen aber Rüstung und Waffen wie der Sondertypus der *Reiterh.n* hinzu (→Demetrios; →Georg). Größere Gruppenbildung bei den 40 Märtyrern v. Sebaste. 3. Die Gruppe der *Mönchsh.n und Asketen* wird üblicherweise im Mönchsgewand dargestellt. Spezielle Charakteristika sind: Onuphrios und Makarios nackt und mit langem Bart oder die Styliten als Büstenfiguren auf Säulen. 4. Die hl. *Ärzte* treten in der Regel ebenfalls paarweise auf (Anargyroi) und halten – eine der Ausnahmen – Instrumente ihres Berufes (Arzneikästchen, Salbenlöffel u. ä.). 5. Bei den hl. *Frauen* werden nach dem anonymen Typus früh bes. Vorliebe die bekannten Märtyrerinnen in Chiton mit Maphorion dargestellt. Sondergruppen bilden die Ksn.nen (in Chlamys und Loros bzw. Thorakion) und Fsn.nen (in Chiton mit Prosolyma) sowie die Mutter-Sohn-Gruppen (z. B. Julitta und Kyrikos), die das Martyrium gemeinsam erlitten. Sonderfälle (teilweise spät) sind die hl. Marina mit dem Hammer, Paraskeve mit den Leidenswerkzeugen Christi oder Maria Ägyptiaca, zum Skelett abgemagert und die Kommunion empfangend.   M. Restle

Lit.: RByzK II, 1034–1093.

Heilige Familie →Andachtsbild; →Kindheitsgeschichte Jesu

Heilige Lanze, Flügellanze (→Lanze), in deren durchlöchertes Blatt ein Nagel (Stift) eingelassen ist, der angebl. vom Kreuz Christi stammt. lt. Große trugen sie Kg. →Rudolf v. Burgund an, der sie wahrscheinl. auf dem Dreikönigstreffen 926 (LINTZEL) – nach anderen (HOLTZMANN, MAYER) erst 935 – Heinrich I. gegen Abtretung von Teilen Alamanniens überließ (Liudprand, Ant. 4,25). Die H.L. wurde bald zur →Reichsinsignie (heute Wien, Schatzkammer). Das gebrochene Blatt wird, wohl seit Heinrich IV., von einer silbernen, seit Karl VI. zusätzl.

von einer goldenen Hülle zusammengehalten. – Um das
Datum des Erwerbs wie um den Charakter der H.L. und
die Glaubwürdigkeit →Liudprands v. Cremona, der die
H.L. als Herrschaftssymbol über Italien betrachtet, hat
sich eine lange Kontroverse entfaltet. Die dt. Kg.e haben
die H.L. sowohl als Herrschaftszeichen des Gesamtreiches
wie als →Reliquie verehrt und mehrfach in wichtigen
Schlachten mitgeführt. Als Krönungsinsignie hat sie
nachweisl. nur bei der Erhebung Heinrichs II. eine Rolle
gespielt. Von Liudprand als Konstantinslanze charakterisiert, galt sie spätestens im 10. Jh. – aus der burg. Herkunft
ebenso erklärbar wie aus dem otton. Mauritiuskult – als
Lanze des hl. →Mauritius, später aber als Lanze des →Lon-
ginus. Es gab H.L.n auch in anderen Ländern, so über-
reichte z. B. Otto III. nach späteren Berichten Nachbildungen →Bolesław Chrobry und →Stephan d. Hl. Wilhelm v. Malmesbury erwähnt eine angebl. auf Karl d. Gr.
zurückgehende H.L. unter den Brautgeschenken →Hu-
gos v. Franzien für →Æthelstan v. England. Longinuslan-
zen spielen schließlich eine Rolle auf den →Kreuzzügen (so
bei Peter Bartholomäus 1098 in Antiochia und Ludwig
d. Hl. 1241 in Konstantinopel). Doch erreichten diese
Reliquien nicht die Wirksamkeit der Reichsinsignie.

H.-W. Goetz

Lit.: A. Hofmeister, Die H.L., ein Abzeichen des alten Reiches, 1908 –
H.-W. Klewitz, Die H.L. Heinrichs I., DA 6, 1943, 42–58 – A.
Brackmann, Zur Gesch. der H.L. Heinrichs I., DA 6, 1943, 401–411 –
W. Holtzmann, Kg. Heinrich I. und die H.L., 1947 – M. Lintzel, Zur
Erwerbung der H.L. durch Heinrich I., HZ 171, 1951, 303–310 – P. E.
Schramm, Herrschaftszeichen und Staatssymbolik 2, 1955, 492–537 –
M. Uhlirz, Zu den H.L.n der karol. Teilreiche, MIÖG 68, 1960,
197–208 – J. Hörle, Die sog. »Beschreibung der H.L.« bei Liudprand
v. Cremona (Ant. IV 24 und 25), Archiv für mittelrhein. Kirchen-
gesch. 14, 1962, 63–80 – H. E. Mayer, Die Alpen und das Kgr.
Burgund (VuF 10, 1965), 57–76 – K. Hauck (Fschr. W. Schlesinger II,
1974), 276–353 – M. Zufferey, Der Mauritiuskult im Früh- und
HochMA, HJb 106, 1986, 42ff. – W. Giese, Die lancea Domini von
Antiochia (1098/99) (MGH Schr. 33, 1988), 486–504.

Heiligenbild → Andachtsbild; →Bild; →Ikone

Heiligenkreuz, OCist-Abtei bei Baden, Niederösterreich; 1133 vom österr. Mgf.en →Leopold III. d. Hl. auf
Bitten seines Sohnes →Otto v. Freising auf Hausgut gegr.
und von →Morimond aus besiedelt. Die Neugründung,
die unter dem ersten Abt Gottschalk († 1148/49) bereits
300 Mönche und Konversen aufwies, wurde im MA zum
Mutterkl. von →Zwettl (1138), Baumgartenberg (1142),
Czikador (1142), →Marienberg (1197), →Lilienfeld
(1202), Goldenkron (1263) und Neuberg (1327). Von den
ältesten Schenkungen (1138) sind Trumau und Thallern
noch im Kl.besitz. Eine reiche Privilegierung erfolgte
durch otig. Kg.e. 1187 wurde der roman. Kirchenbau
geweiht, 1220–40 die Kl.anlage frühgot. umgebaut, 1295
der got. Hallenchor vollendet. Die Entstehung von 54
Hss. ist für das Skriptorium nachweisbar (bis 1230), darunter die Ausschmückung des »Legendarium Magnum
Austriacum«. Mönche aus H. begegnen als Verfasser von
Predigten sowie theol., philos. und hist. Traktaten, unter
ihnen der als Philologe und Historiker bekannte →Gutolf.
– Im 16. Jh. folgte eine neue Blütezeit der Abtei. W. Koch

Lit.: Hist. Stätten Österr. I, 313–316 – V. Flieder, Die Frühgesch. der
Cistercienserabtei H. im Wienerwald (1130–1246) [Diss. Wien 1957] –
H. Watzl, Das Stift H., 1967⁵ – F. Walliser, Cistercienser Buchkunst,
1969 – W. Koch, Zu den Babenbergergräbern in H., Jb. für LK v.
Niederösterreich NF 42, 1976, 193–215 – H. Watzl, »... in loco, qui
nunc ad sanctam crucem vocatur ...«, 1987.

Heiligen Leben, Der → Hagiographie, B. III

Heiligenlegenden → Hagiographie; →Legenda aurea

Heiligenstadt, Stadt in Thüringen, Hauptort des zur
Mainzer Kirchenprovinz gehörenden Obereichsfeldes.
Die ursprgl. einen Ortsnamen auf »-heim« tragende Siedlung wurde im 8. Jh. vom Erzstift Mainz erworben. Den
heutigen Namen erhielt sie, nachdem Ebf. →Hrabanus
Maurus Reliquien der mainz. Märtyrer Aureus und Justinus in die Martinskirche auf dem »Berge« transferiert und
hier ein ebfl. Eigenstift eingerichtet hatte (Ersterwähnung
1022). Dessen Pröpste amtierten später als Archidiakone
im →Eichsfeld. 990, 1000 und 1036 wurden Mainzer
Suffragane in H. geweiht. Im 11./12. Jh. war H. nach
→Erfurt der wichtigste Aufenthaltsort der Mainzer Ebf.e
in Thüringen. Einen otton. Kg.shof hat es in H. nicht
gegeben. Um 1150 wurde eine ebfl. Münze eingerichtet
und H. zum Marktort ausgebaut. Im Anschluß an den dem
Stiftsberg nach NO vorgelagerten alten Ortskern (Knick-
hagen) wurde damals die spätere Altstadt angelegt. Ebf.
→Siegfried II. (1200–30) erweiterte die Siedlung durch
Anlage der Neustadt planmäßig nach S und begann mit
der Ummauerung der nunmehr städt. Charakter tragenden Siedlung (ca. 27 ha). 1251 werden erstmals Schultheiß,
Rat und Bürgerschaft gen. M. Gockel

Bibliogr. und Lit.: Atlas des Saale- und mittleren Elbegebietes, hg. O.
Schlüter–O. August, Erl. Bd. II, 1961, 160ff. [mit Katasterplan] –
H. Patze, Bibliogr. zur thür. Gesch., 1965, 573–577 – Die dt. Kg.spfal-
zen II, 1984, 196–223 [M. Gockel].

Heiligenviten → Hagiographie

Heiliger Geist, nach dem Zeugnis der Hl. Schrift und der
kirchl. Symbola Gott selbst in seiner heilig-heiligenden
Gegenwart. Nach dem der Ost- und Westkirche gemeinsamen Bekenntnis des 1. Konzils v. Konstantinopel 381
(Denzinger-Schönmetzer nr. 150) geht der H.G. aus
dem Vater hervor (vgl. Joh 15,26), und zwar, wie →Atha-
nasius, →Kyrill v. Alexandrien, →Basilius d. Gr. u.a.
lehrten, durch den Sohn. Die Wesenseinheit von Sohn und
Vater verbietet es aber, den personalen H.G. subordinatia-
nisch zu verstehen (Basilius, De Spiritus s., Contra Eunomium; Gregor v. Nazianz, Epistola 48, Oratio 43). Diese
jungnizän. Theologen brachten das Unterschiedlich-Per-
sonale des H.G.es auf den Begriff. Die westl.-lat. Theologen, allen voran →Hilarius v. Poitiers, De Trinitate VIII,
und →Augustinus, lehrten die Gleichwesentlichkeit und
unterschiedl. Personalität des H.G.es, welcher der Geist
des Vaters und des Sohnes ist (Aug., De Trin. V, 11 u.ö.).
Letzterem folgten die lat. Theologen in der Aussage, daß
der H.G. »vom Vater und vom Sohne ausgeht« (vgl.
Fulgentius v. Ruspe, De Trinitate ad Felicem, cap. 2, wo er
4mal die bekannte Formel mit dem →»filioque« zitiert,
welche später in die theol. und kirchl. Lehre der Westkirche einging). Augustinus hat die H.G.-Theologie der
Westkirche maßgebend beeinflußt. →Anselm v. Canterbury begründete im Monologion (Kap. 49–57), daß Gott,
der höchste Geist, nicht ohne das Wort und die (Vater und
Sohn) gemeinsame Liebe gedacht werden kann und entwickelte in »De processione Spiritus sancti« das theol.
Axiom, welches 1442 in die Lehre des Konzils v. Florenz
einging: im trinitar. Gott »ist alles eins, sofern nicht eine
gegensätzl. Beziehung begegnet« (Denzinger-Schönmetzer nr. 1330). Diese unterschiedl. Lebensbeziehungen
in Gott bestimmten die scholast. →Trinitätstheologie als
solche des personalen Erkennens und Wollens (Thomas v.
Aquin, S.th. I q. 27). Wenn der H.G. nicht auch vom Sohne
hervorgeht, könnte er nicht von ihm unterschieden werden (ebd. q. 36 a. 2). »In einer einzigen Hauchung«, »nicht
wie aus zwei Prinzipien, sondern wie aus einem Prinzip«

geht der H.G. aus dem Vater und dem Sohne hervor, lehrte das II. Konzil v. Lyon 1274 (DENZINGER-SCHÖNMETZER nr. 850) mit der scholast. Theologie. Neben dieser »psycholog.« Trinitätsanalogie (Erinnerung, Einsicht, Wille) hat im MA eine andere das trinitar. Verständnis des H.G.es bestimmt: Liebender, Geliebter, Liebe (Aug., De Trin. VIII c. 7–10). Nach →Richard v. St. Viktor, »De Trinitate«, ist nicht die Selbstliebe, sondern die gegenseitige Liebe von Vater und Sohn die göttl. Liebe. Der H.G. ist der »condilectus«, die Liebe im göttl. Mit-Vollzug. →Raimundus Lullus deckte in der »Ars amativa boni«, dist. 3, im kreatürl. Handeln diese Entsprechung der göttl. Dreieinigkeit »amans, amabilis, amare« auf. →Nikolaus v. Kues schildert in »De visione Dei« (Kap. 16–18) Gott als Liebenden, Liebenswerten und unendliche Liebe und Erfüllung der menschl. Sehnsucht. Er hat die Trinitätsanalogien, die in der Frühscholastik in der Schule v. →Chartres und bei Richard v. St. Viktor, aber auch im 13.Jh. bei →Bonaventura große Beachtung fanden, in der spätscholast. Theologie aber auf zunehmende Ablehnung stießen, neu entdeckt als Wege der trinitar. Gottesbegegnung.

Die Sendung des H.G.es durch Jesus Christus in der Heilsgeschichte (Lk 2,1–12, →Pfingsten) zielt hin auf die Ausgießung der Liebe Gottes in die Herzen der an Christus Glaubenden (Röm 5,5). Zusammen mit 1 Joh 4,16 (»Gott ist die Liebe«) ist Röm 5,5 für Augustinus ein Grundsatz seiner Ekklesiologie und →Soteriologie, welche beide eine große Wirkungsgeschichte in der lat. Kirche und Theologie hatten. »Caritas« und »Communio« sind für Augustinus Wechselbegriffe. Die Kirche ist der Leib des Herrn im Geist des Herrn. Diese pneumat. Grundlegung der Lehre von der Kirche, welche das Sakrament der Firmung bestimmt, wurde im ganzen MA v.a. in den kirchl. Reformbewegungen bedacht, angefangen von →Rupert v. Deutz, →Honorius Augustodunensis und →Gerhoch v. Reichersberg über →Joachim v. Fiore bis zu Nikolaus v. Kues, der in »De concordantia catholica« I,2 den H.G. als Prinzip aller Konkordanz erklärte.

Augustinus' große Synthese von »caritas« und »gratia« hat in der Gesch. der Frömmigkeit und der Theologie ein breites Echo gefunden. Vgl. die H.G.-Hymnen »Veni creator Spiritus« (9.Jh.), »Veni Sancte Spiritus« (→Stephan Langton zugeschrieben). In augustin. Tradition identifizierte →Petrus Lombardus in seinen Sententiae, dem späteren scholast. Lehrbuch der Theologie (Lib.I d.17 n.2, ed. Rom 1971, 142), die gnadenhafte Gottes- und Nächstenliebe des Gläubigen mit dem personalen H.G., der in der Entäußerungsbewegung der G.mitteilung in eins Geber und Gabe ist. An dieser Identitätsthese hat die Schule der Porretaner (→Gilbert v. Poitiers und →Simon v. Tournai) scharfe Kritik geübt (vgl. LANDGRAF, Dogmengeschichte I.1, 220–237). Identität und Differenz von ungeschaffener Gnade des H.G.es und geschaffener Gnade beschäftigt alle scholast. Theologen in den Sentenzenkommentaren. Gottes heilig-heiligender Geist schafft und schenkt nach Thomas v. Aquin, S.th I q.43, die Einwohnung Gottes, indem und insofern er den Menschen liebenswert und liebesfähig macht, damit der so Geheiligte und Gerechtfertigte im Geist des Geistes Gottes dem Gesetz der Gnade und der Freiheit diene (ebd., Ia IIae q.106). →Gnadenlehre.

Alle Gnadengaben Gottes, von der heiligmachenden Gnade bis zu den Chrismen heißen *Gaben des H.G.es.* Die Lehre von den Sieben Gaben des H.G.es – der Weisheit und Einsicht, des Rates und der Stärke, der Wissenschaft und der Frömmigkeit und der Furcht des Herrn (Jes 11,2 in der Vulgata) – wurde im Anschluß an Hieronymus im 13.Jh. bes. von →Philipp d. Kanzler, »Summa de bono«, und Thomas v. Aquin, S.th Ia IIae q.68 a.4–7, dargestellt. Bonaventura behandelte im Sentenzenkomm. (III.d. d.34–36) die Gaben des H.G.es im Kontext der Kardinaltugenden und der Gebote und lagert so Tugend und Gesetz um die ntl. Achse der Gnade des H.G.es. In den »Collationes de VII donis Spiritus sancti« (1268) setzte er sich sehr krit. mit den philos. und eth. Irrtümern der Zeit auseinander. Die scholast. Pfingstpredigten und Traktate über die Gaben des H.G.es sind noch nicht erforscht (vgl. Nikolaus v. Kues, Sermo XXXVII von Pfingsten 1444).   R. Haubst

Lit.: TRE XII, 196–217 – HDG II 1a, 1b, 1985–88 – K. BOECKL, Die sieben Gaben des H.G.es in ihrer Bedeutung für die Mystik nach der Theologie des 13. und 14.Jh., 1931 – B. FROGET, De l'habitation du Saint-Esprit dans les âmes justes d'après la doctrine de s. Thomas d'Aquin, 1938 – R. HAUBST, Das Bild des Einen und Dreieinen Gottes in der Welt nach Nikolaus v. Kues, Trierer Theol. Stud. 4, 1952 – H. DÖRRIES, De Spiritu Sancto. Der Beitr. des Basilius zum Abschluß des trinitar. Dogmas, AAWG.PH III.39, 1956 – J. SCHNEIDER, Die Lehre vom Dreieinigen Gott in der Schule des Petrus Lombardus, MthSt 22, 1961 – J. HOFMEIER, Die Trinitätslehre des Hugo v. St. Viktor, MthSt 25, 1963 – H. WIPFLER, Die Trinitätsspekulation des Richard v. St. Viktor, BGPhMA 41/1, 1965 – W. JAEGER, Gregor v. Nyssas Lehre vom H.G., 1966 – F. WETTER, Die Trinitätslehre des Johannes Duns Scotus, BGPhMA 41/5, 1967 – A. LAMÍNSKI, Der H.G. als Geist Christi und Geist der Gläubigen. Der Beitr. des Athanasios, Erfurter Theol. Stud. 23, 1969 – J. AUER, Kleine Kath. Dogmatik II, 1978 – P. LUISLAMPE, Spiritus vivificans. Grundzüge einer Theol. des H.G.es nach Basilius v. Caesarea, MBTh 48, 1981 – Y. CONGAR, Der H.G., 1982 – H. HEINZ, Trinitar. Begegnungen bei Bonaventura, BGPhMA NF 26, 1985.

Heiliger Rock. Der gemäß Joh 19,23 nahtlose R. Christi gehört zu einer Reihe von Textilien, die neben anderen Passionsreliquien im MA den Ruf von Heiltumsschätzen (z. B. Rom, Aachen, Nürnberg, Bamberg) begründeten und in period. stattfindenden →Heiltumsweisungen den Pilgern gezeigt wurden. Hl. R.e befanden sich neben Trier u. a. auch in →Argenteuil, Bremen, Konstantinopel, London, Rom und Wittenberg. Die Authentizitätsfrage spielte innerhalb der ma. Frömmigkeitspraxis keine oder nur eine indirekte Rolle.

Die Tradition, die hl. →Helena habe dem ersten Trierer Bf., dem hl. Agritius, neben anderen Reliquien den H.R. mitgegeben, läßt sich auf die »Vita St. Helenae« des →Altmannus v. Hautvillers zurückführen. Erst die »Gesta Treverorum« (Anfang 12.Jh.) erwähnen jedoch ausdrückl. den H.R. unter den Reliquien. Vermutl. 1196, im Jahr der Translation, entstand das →Orendelepos, wohl als Beitrag zur Kultpropaganda das bis dahin im Schatten des Trierer Matthiaskults und der →Aachenfahrt stehenden H.R.s. Einen Aufschwung erlebte die Verehrung der Reliquie durch die auf Wunsch Ks. Maximilians 1512 zustande gekommene öffentl. Zeigung, die nach einer Bulle Leos X. von 1515 alle sieben Jahre wiederholt werden sollte. S. a. →»Arma Christi«.   Ch. Daxelmüller

Lit.: LThK² VIII, 1348–1350 – F. J. CLEMENS, Der H.R. zu Trier und die protestant. Kritik, 1845 – G. HENNEN, Eine bibliogr. Zusammenstellung der Trierer Heiligtumsbücher, Centralbl. für Bibl.swesen 4, 1887, 481–550 – E. ISERLOH, Der H.R. und die Wallfahrt nach Trier, Geist und Leben 32, 1959, 271–279 – TH. KEMPF, Legende, Überl., Forsch. Unters. über den Trierer H.R., 1959 – U. MEVES, Stud. zu Kg. Rother, Hzg. Ernst und Grauer Rock (Orendel), 1976.

Heiliges Blut → Blutwunder

Heiliges Grab → Heiliggrab; →Heiliggrabkapelle

Heiliges Jahr. Mit der Ausrufung des ersten H.n. J.es 1300 offerierte →Bonifatius VIII. den Erwerb eines vollkommenen →Ablasses durch den Besuch der Basiliken der Apostelf.en in Rom. Seine Motive waren vielfältig: außer der Seelsorge z. B. auch der Wunsch, daß dadurch im Streit mit →Philipp d. Schönen aller Welt der Gehorsam der Christenheit gegenüber den Aposteln und deren Nachfolger demonstriert würde. Außerdem sollten chiliast. Erwartungen dem Papsttum zugute kommen und Rom ökonom. prosperieren. In Erinnerung an Christi Geburt und zur Vermeidung, daß jemand zweimal im Leben den vollkommenen Ablaß gewänne, sollte das H.J. nur alle 100 Jahre stattfinden.

Wegen des großen Erfolges sowie angesichts der Notlage →Roms rief jedoch Clemens VI. unter Berufung auf Mose schon 1343 ein neues H.J. für 1350 aus, das auch den Besuch der Lateranbasilika erforderte und trotz der Pest wiederum erfolgreich war. Anschließend fälschten viele röm. Kirchen eigene Ablaßangebote und steigerten ihre Zahl ständig. Infolge der Fälschungen galt bald der Besuch von sieben Hauptkirchen als im H.n.J. obligator. (spätestens 1575 auch von den Päpsten gefordert). Seit 1500 war auch die Legende von der Öffnung einer Hl. Pforte Realität. Schon vorher hatten späte Zeitintervalle gekürzt: 1389 auf 33, 1468 auf 25 Jahre. Seit dem 15.Jh. gab es zugleich die Möglichkeit außerordentl. H.r J.e. Und wie schon 1300 blieben pastorale, kirchenpolit. und ökonom. Gründe miteinander verwoben, so auch bei der Verleihung des Romablasses an andere Kirchen und Orte. Seit 1475 führten die H.n J.e außerdem zu städtebaul. Veränderungen in Rom.

Aus Konkurrenzgründen boten bald auch andere Pilgerzentren H.J.e an: →Montmajour und St. Jean (→Lyon) um 1400, →Canterbury 1420 sowie →Santiago de Compostela ca. 1426. In Santiago wurde um 1500 eine Bulle auf Alexander III. gefälscht, die das dortige H.J. auf Calixtus II. zurückführte und es immer dann stattfinden ließ, wenn das Jakobsfest auf einen Sonntag fiel (ca. 14mal im Jh.). Die Bulle gilt in Spanien noch heute als echt. Die Reformation beendete die meisten H.n J.e; Ausnahmen: Rom und Santiago.   B. Schimmelpfennig

Lit.: Dict. of the MA VI, 280f. – H. Thurston, The Roman Jubilee, 1925 – Gli Anni Santi, 1934 – P. Brezzi, Storia degli Anni Santi, 1950 – A. Frugoni, Il Giubileo di Bonifacio VIII, BISI 62, 1950, 1–121 – Ders., Il 'Giubileo' di Tommaso Becket (Scritti i.o. di V. de Caprariis, 1970), 11–18 – A. Stickler, Il Giubileo di Bonifacio VIII, 1977 – B. Schimmelpfennig, Die Anfänge des H.n J.es von Santiago de Compostela im MA, Journal of Med. Hist. 4, 1978, 285–303 – Ders., Röm. Ablaßfälschungen aus der Mitte des 15.Jh. (MGH Schr. 33 V, 1988), 637–658 – →Ablaß [N. Paulus, R. Foreville].

Heiliges Reich (Hl. Römisches Reich). Der Begriff des 'Reichs' (→imperium, →regnum), wohl der wichtigste, auch bes. vielfältige und respektable Begriff der älteren Staatssprache, wurzelnd in biblisch und römisch-antik geprägten Vorstellungen, gestaltete die europ. und bes. die dt. Gesch. bis ins 20.Jh. mit. Wesentlich für das westl. MA war die Verknüpfung von Reichsgewalt und Papstkirche, die – schon im 5.Jh. (→Leo I., →Gelasius I.) allgemein formuliert – durch das Bündnis des frk. Kg.s →Pippin mit dem Papst (751/754) vorbereitet wurde. Der Papst rückte damit von Byzanz ab, sein latentes oder manifestes Primatstreben schuf zugleich zukunftsreiche Konfliktfelder beim westl. Reich. Die Ks.krönung →Karls d. Gr., der erste Höhepunkt okzidentalen ma. Reichsgeschehens, fügte in einer von verschiedenartigen Interessen bestimmten Augenblickskonstellation dem frk. Großkgtm. das imperiale Nomen hinzu, mit mehr Gewicht für die ferne Zukunft als für die Gegenwart von 800. Im Ausgleich mit Byzanz (813) gab man den universalen Anspruch vorerst auf (bis Ende 10.Jh.). Seit 823/850 war die Ks.krönung und damit eigtl. auch die Vergabe des

Reiches ein röm.-päpstl. Vorgang; spätantik-frühma. Vielfalt hatte sich auf einen primär von der Kirche tradierten Kern verengt (bes. seit dem 12.Jh. verstanden als →Translatio imperii).

Fundamental für 850 Jahre dt. Gesch. wurde die (Wieder-)Errichtung des Ks.reiches durch →Otto I. 962, mit deren Folgen sich fortan jedes Jh. (bis zum 18.) je nach den zeitentsprechenden Herausforderungen auseinandersetzen sollte. Die Stellung der Deutschen nach außen und das Maß ihrer inneren Bewußtseins- und Verfassungseigenart wurden dadurch stark mitbestimmt. Auch wurde die »Symbiose« von dt. und »aktiver« Papstgesch. (vom 11. bis ins späte 15.Jh.) samt dem christl. Auftrag des Reiches notwendig gemacht. Angesichts des Mangels an übergreifenden Momenten war der Stolz auf das Reich und dessen sakrale Legitimation sehr wertvoll, während ex post gesehen »moderne« nationale Bewußtseins- und Verfassungsinhalte als nicht so dringlich zurücktraten (kraftvoll erst um 1500 entfaltet). Das Reichsbewußtsein war der wesentl. Inhalt des ma. dt. Nationalbewußtseins. Der Druck auf benachbarte Monarchien, angesichts der überlegenen Legitimität des Reiches entsprechende Kompensationen zu erbringen (klassisch: Frankreich bis Bodin), wird wohl als Entwicklungsmoment unterschätzt.

Einen Haupttatbestand des Erbes bildete der uneinholbare Legitimitätsvorsprung in Gestalt der alleinigen Verankerung des Reiches in der →Heilsgesch., was sich ungeachtet ablehnender Stimmen seit dem 12.Jh in Deutschland durchsetzte, und im gelebten Christentum: →Karl IV. erkannte 1347 den Verfassungsrang von Lk 2, 1, »daß ein Gebot von dem Kaiser Augustus ausging, daß alle Welt geschätzt würde«, und brachte damit wie →Sigmund, →Friedrich III. und Karl V., die ebenfalls diesen Text in der Weihnachtsmette verlasen, die Universalität des Reiches, sein höheres Alter gegenüber der Kirche und (mit Lk 20,25) die Gleichrangigkeit von Ks. und Papst zum Ausdruck. Verknüpft damit, aber auch selbständig zu bewerten ist die ebenso verbreitet akzeptierte Nachfolge des röm. Reiches der Antike, des einzigen wirklichen Staates, den das MA hist. kannte. Dies kam immer wirksamer in der →Legistik und zuvor schon in anderen »ideologisch«-prakt. Ausdrucks- und Auskunftsmitteln der Politik zutage (»elitär« z. B. bei →Otto v. Freising, »populär« in der spätma. »Handbüchern«, →Martin v. Troppau). Die Urkk.sprache machte es jedermann bekannt: »Imperator Romanorum« seit 976, »Imperium Romanum« seit 1034 und »Rex Romanorum« vereinzelt seit 1040, bes. seit →Heinrich V., wohl gegen die päpstl. Herabwürdigung auf den Rang normaler Kg.e gerichtet. Dies alles meinte mitnichten, am allerwenigsten geogr., ein anderes Reich als das dt., von dem man inhaltl. gesehen ohne weiteres seit dem 11.Jh. reden kann, sondern hob den legitimierenden Rückbezug auf die röm. Antike hervor. Es war kein konturenloses oder unpolit. »Reich«, sondern immer dasselbe konkrete, hier aber eben anders akzentuierte oder beschriebene Reich. Denn der Herrscher, auf den es entscheidend ankam, war in dieser oder jener Funktion stets derselbe, und zumeist auch sein »Staatsvolk«. An diesem grundlegenden Faktum darf man nicht dadurch irre werden, daß bei verschiedenen Interessenten nebeneinander für kürzere oder längere Zeit mehrere Begriffsinhalte vom »Reich« bestehen konnten, bes. ein regionaler, auf Rom und die »Romania« bezogener, ein universaler und vom 11. bis 13./14.Jh. ein Imperiums-Begriff, der drei Regna übergeordnet war (→Deutschland [seit ca. 1070, bes. im 12.Jh. »Regnum Teutonicorum« oder »Teutonicum« gen.], →Italien, →Burgund). Entscheidend ist hier der

Blick auf die langen Fristen, die den Erfolg der positiven Bewertung des Reiches durch seine führenden Gruppen nachweisen. An reale Weltherrschaft wurde nur für sehr kurze Zeit gedacht (→Staufer, Karl V.). Hingegen war die bes. Würde des Reiches im kleineren Maßstab durchaus politisch verwertbar; nach →Heinrich VII., der dies im MA zuletzt gleichsam universal beanspruchte, zumal in Richtung auf Ost- und Nordeuropa. Dieser Rang von Reich und Herrscher war auf kraftvolle Dynastien transferierbar (Staufer, →Habsburger, bes. Karl V.).

Schon die Phase ostfrk.-frühdt. Sakralherrschertums, die durch die Krise des →Investiturstreits beendet wurde, war kirchl.-röm.-imperial geprägt, was wohl auch die Domestizierung selbstbewußter Hzm.er erleichterte. Stabilisierung nach mühsamem Neuorientieren zeigt die Stauferzeit; seit 1157 sprach man in der Kanzlei wohl aus Privatinitiative, aber im Einklang mit dem Denken am Hof vom »Hl. Reich« (= nicht sanctum Imperium, also nicht blasphemisch; am besten übersetzt mit »geheiligt«). Dies sollte zunächst im Konflikt mit dem Papst Gleichrangigkeit, Gottunmittelbarkeit und Erhabenheit des Reiches ausdrücken, faßte aber dann für Jahrhunderte am häufigsten und am selbstverständlichsten die politische Heimat der Deutschen ins Wort; damit wurde auch deren fortdauernde betonte Christlichkeit zum Ausdruck gebracht. Das Reden vom »Röm. Reich« blieb polit.-jurist. und wurde von national denkenden Autoren (→Nikolaus v. Kues) schon einmal durch »Imperium Germanicum« zu korrigieren gesucht (1431/32). Der umfassende Titel »Hl. Röm. Reich« (als »Sacrum Imperium Romanum« zuerst 1254) war ähnlich offiziell; der Zusatz »dt. Nation« oder auch »dt. Lande« (zuerst 1409), der im 15. Jh. immer häufiger, jedoch nicht bestimmt wurde, schien noch umständlicher. Die Termini »Dt. Nation« u. ä. für sich gebraucht, konnten enger sein als »Hl. Reich« oder dasselbe bedeuten; sie bezeichnen jedenfalls die auch sonst offenkundige »Nationalisierung« des Reiches in diesem Jh. parallel zu öfter früheren »Nationalisierungen« bei den Nachbarn, die auch früher bedrohlich herausgefordert worden sind. Für Deutschland wird man solche Herausforderungen seit 1470 datieren. Spätestens nun besaß auch das Reden allein vom »Hl. Reich« national-dt. Inhalt, nachdem →Lupold v. Bebenburg schon ein Jh. zuvor die Möglichkeit der Entkoppelung von Weltimperium und »Nationalstaat« als Alternative auch für Deutschland ausgesprochen hatte. Dies alles setzte einen Tatbestand oder Prozeß voraus, die durch das Vordringen der dt. polit. Sprache verstärkt wurden: die Vermischung von »Kaiserreich« und »Königreich«. Das Dt. formulierte beides als »Reich«, was weithin auch der (immer noch herrscher-personalisiert gesehenen) Realität und deren Fortentwicklung entsprach (Zerfall des →Arelats zugunsten Deutschlands und Frankreichs, Gewichtsverlust Italiens, Ausübung der allermeisten Kaiserrechte durch den Kg.). In der →Goldenen Bulle von 1356 konnten in lat. Sprache verschiedene, gleichermaßen ernst gemeinte Reichsbegriffe »durcheinanderlaufen«, die auch hier nicht modern-kategorial gegeneinander ausgespielt werden dürfen. Es bezeichnet die Weite des (fast stets ruhend gebliebenen) Potentials des Reiches, daß die dt. Kfs.en bis zum Vorabend der Moderne »das (weltl.) Oberhaupt der Welt oder der Christenheit« wählten (Goldene Bulle, II,3). V. a. aber stabilisierten das Denken und das Handeln auf das Reich hin ein der Stabilisierung sehr bedürftiges Gebilde.   P. Moraw

Lit.: E. Schubert, Kg. und Reich (Veröff. des Max-Planck-Inst. für Gesch. 63, 1979) – H. Beumann, Der dt. Kg. als »Romanorum Rex«

(SB der wiss. Ges. an der J. W. Goethe-Univ. Frankfurt a. M. XVIII, 2, 1981) – K.-U. Jäschke, Zu universalen und regionalen Reichskonzeptionen beim Tode Ks. Heinrichs VII. (Fschr. B. Schwineköper, 1982), 415–435 – H. Keller, Reichsstruktur und Herrschaftsauffassung in otton.-frühsal. Zeit, FMASt 16, 1982, 74–128 – U. Nonn, Hl. Röm. Reich Dt. Nation, ZHF 9, 1982, 129–142 – H. Heimpel, Kgl. Evangeliumslesung bei kgl. Krönung (Fschr. F. Kempf, 1983), 447–459 – Ders., Kgl. Weihnachtsdienst im späteren MA, DA 39, 1983, 131–206 – P. Moraw, Reich, I–III (Gesch. Grundbegriffe V, 1984), 423–456 [Lit.] – Reich und Kirche vor dem Investiturstreit, hg. K. Schmid, 1985 – E. Karpf, Herrscherlegitimation und Reichsbegriff in der otton. Gesch.sschreibung des 10. Jh. (HF 10, 1985) – H. Beumann, Ausgew. Aufsätze aus den Jahren 1966–86, 1987 – Ansätze und Diskontinuität dt. Nationsbildung im MA, hg. J. Ehlers (Nationes 8, 1989).

Heilige Stadt. Städte oder verdichtete Siedlungsanlagen, die zentralörtl. Kultfunktionen dienen, von myth.-sakralen Gestaltungsprinzipien geprägt sind und/oder sich auf einen hl. oder göttl. Gründer (fundator, κτίστης) berufen, sind in vielen gesch. Epochen inner- und außerhalb Europas anzutreffen. An der Spitze der ma.-christl. H.n S.e rangieren (im W) das zwölftorige →Jerusalem als Mittelpunkt der Welt und Abbild des himml. Jerusalem sowie →Rom als Petrussitz und Zentrum des Imperium Christianum; (im O) →Konstantinopel als »zweites« und nach 1453 auch →Moskau als »drittes Rom«. Während der otton.-sal. Zeit wurden viele Bf.s- und Abtssitze zu präurbanen »Sakrallandschaften« (E. Herzog) ausgestaltet. Hierbei kam die Rom-Imitation durch Anwendung architekton. Grundmuster, durch Übernahme röm. Patrozinien und Reliquien oder durch die Entwicklung von Petrus- und Apostellegenden zum Ausdruck (Aachen, Bamberg, Fulda, Paderborn u. a.). Der ausdrückl. Titel »H. (goldene) S.« (civitas sancta, sacra, aurea) wurde insbes. von →Köln (9. Jh.), →Trier (um 1000), →Mainz, →Aachen und →Prag beansprucht und durch Wort und Bild (Siegel) verbreitet. Der sakrale Charakter der vollentwickelten Ratsstadt wurde durch die Verehrung des Stadtpatrons, durch Prozessionen, durch geistl. Stiftungen und Verwaltungsfunktionen im Bereich der Sakralorganisation betont.   B.-U. Hergemöller

Lit.: W. Müller, Die h. S., 1961 – E. Herzog, Die otton. Stadt, 1964 – A. Haverkamp, »H. S.e« im hohen MA (VuF 35, 1987), 119–156 [Q., Lit.].

Heilig-Geist-Orden, Hospitalorden, geht auf ein um 1170/75 in →Montpellier entstandenes H.-G.-Spital zurück, das von dem später als Sohn des Gf.en →Wilhelm VI./VII. v. Montpellier bezeichneten Guido v. Montpellier gegr. wurde. Die aus Laien bestehende Spitalbruderschaft wurde 1198 von Innozenz III. als »regularis ordo« anerkannt und unter päpstl. Schutz genommen. 1204 vereinigte der Papst das aus der um 725 gegr. »Schola Saxonum« hervorgegangene röm. Hospital S. Maria in Sassia mit dem Spital in Montpellier, gleichzeitig übertrug er Guido die Leitung von S. Maria, dessen Reform und Ausbau er selbst seit 1198 betrieben hatte. Guido leitete bis zu seinem Tode (1208) beide Hospitäler. Danach kam es zur Auseinandersetzung um die Leitung des Ordens. Die 1228 von Gregor IX. herbeigeführte Regelung, wonach der von den Brüdern von S. Maria (nunmehr S. Spirito) in Sassia gewählte Magister entsprechend der 1208 von Innozenz III. getroffenen Bestimmung die Ordensleitung ausüben sollte, hatte, trotz der Autonomiebestrebungen der Franzosen und ungeachtet der von Eugen IV. und Sixtus IV. durchgeführten Reformen, bis ins 16. Jh. Bestand. 1625 wurde die Verbindung zw. den beiden Hospitälern aufgelöst.

Die Ordensbrüder trugen auf schwarzen Mänteln ein weißes Doppelkreuz und verpflichteten sich durch ein viertes Gelübde zum Dienst für die Armen und Kranken. Sie widmeten sich nach den Vorschriften der →Augustinusregel und ihrer auf Guido zurückgehenden, am Vorbild der →Johanniter orientierten Statuten der Hospitalfürsorge in all ihren Formen, in Rom bes. der Pilgerbeherbergung. Sie wurden dabei von Priesterbrüdern sowie Hospitalschwestern unterstützt, die zunächst gemeinsam mit den Brüdern tätig waren, aber seit dem 13. Jh. eigene Konvente bildeten, in denen sie sich – in Italien und Spanien in Klausur – v. a. der Erziehung ausgesetzter Mädchen widmeten. Die Tätigkeit der Brüder wurde von zahlreichen →Bruderschaften gefördert. Der röm. gehörten im 15. Jh. viele Kard. e an. Die finanzielle Absicherung der Hospitaltätigkeit erfolgte im wesentl. durch Schenkungen und Almosensammlungen (Quest), seit 1547 durch den »Monte S. Spirito« (seit 1605/06 durch den »Banco di S. Spirito«). Wie die anderen Hospitalorden unterlag der Orden zunehmend der »Verpfründung«.

Der Orden, der bereits 1198 über neun Niederlassungen in Frankreich und zwei weitere in Rom verfügte, breitete sich durch Neugründungen und Übernahme schon bestehender Häuser über ganz Europa aus. Er zählte zur Zeit seiner größten Blüte (15. Jh.) ca. 740 Niederlassungen; von einer Zugehörigkeit aller H.-G.-Hospitäler zum Orden kann jedoch nicht die Rede sein. In Deutschland gehörten ihm Hospitäler in Memmingen, Markgröningen, Neumarkt (Oberpfalz) und Pforzheim an, die zusammen mit den Spitälern in Stephansfeld (Elsaß), Rufach und Bern die Provinz »Alemania Superior« bildeten. Schwere Verluste in der NZ führten zu einem Niedergang des Ordens und zu seiner Aufhebung am 1. Juli 1847.   K. Elm

Q.: A. F. La Cava, Liber regulae S. Sp., 1947 – O. Hageneder – A. Haidacher, Reg. Inn. III., I, 1964 – MPL, 214f. – M. Ravel, Recherches sur l'Hôpital du S. Esp. à Rome, 1967 – Lit.: P. Brune, Hist. de l'Ordre hospitale du S. Esp., 1892 – P. de Angelis, L'Ordo de S. Sp. in Saxia e le sue filiali nel mondo, 1958 – Ders., L'Ordo di S. Sp. in Saxia, I–II, 1960 [Bibliogr.] – M. Maccarone, Studi su Innocenzo III., 1972, 279–281 – R. Brentano, Rome before Avignon, 1974, 19ff. – E. D. Howe, The Hospital of S. Sp. and Pope Sixtus IV, 1978 – M. Revel, Le rayonnement à Rome et en Italie de l'Ordre du S. Esp. de Montpellier (Cah. d. Fanjeaux 13, 1978) – D. Jetter, Das europ. Hospital, 1986.

Heiliggeistspital → Hospital

Heiliggrab (Ostergrab), Ort, an dem sich die bildhafte Liturgie von Begräbnis und Auferstehung Christi vollzieht, im Idealfall wie z. B. Konstanz in einer H. kapelle, normalerweise abgesondert, etwa im Nebenschiff einer Kirche. Im Früh- und HochMA wurde in einem solchen »Grab« als Symbol Christi am Karfreitag ein Kruzifix oder eine Hostie beigesetzt und in der Auferstehungsfeier von Ostern wieder erhoben. Seit dem 12. Jh. trat eine realist. Christusfigur an die Stelle der Sinnbilder. Solche, z. T. mit bewegl. Armen vom Kreuze abnehmbar, haben sich seit Ende 13. Jh. erhalten. Zugehörige hölzerne, mit Passionsszenen bemalte Grabtruhen sind in den Frauenkl. Maigrauge, Freiburg i. Ue. und Wienhausen, Nds.-Lüneburg, sowie im Mus. Zug aus Baar bewahrt (14. und 15. Jh.). Neben diesen ad hoc aufgestellten H. ern finden sich in Stein gehauene figurenreiche (vollständigstes um 1330 im Münster v. Freiburg/Br.). Ihnen entsprechen H. er mit teilweiser oder ganzer Darstellung in Wandmalerei. Die einfachste H.-Form ist eine Nische mit dem liegenden Leichnam des Erlösers; in den erweiterten Programmen können sich die Gestalten der Grablegungen, der Grabesruhe mit Engeln und Wächtern sowie des Besuches der Frauen am leeren Grab vermischen. Aus dem litur. funktionellen H. kann ein reines →Andachtsbild werden.   A. Reinle

Lit.: LCI I, 182–192 – A. Schwarzweber, Das Hl. Gr. in der dt. Bildnerei des MA, 1940 – W. Lipphardt, Lat. Osterfeiern und Osterspiele, 6 Bde, 1975–81 – P. Jezler, Ostergrab und Depositionsbild [Lizentiatsarb. masch. Zürich 1982] – A. Reinle, Die Ausstattung dt. Kirchen im MA, 1988, 228–237.

Heiliggrabkapellen gehen zurück auf das Grab Christi vor den Toren Jerusalems, nach der wundersamen Entdeckung 326 unter Konstantin baul. ausgestattet, 335 geweiht, bestehend aus Martyrion mit Helenagruft, Golgatha-Hügel und sog. Bema, Anastasis-Grabanlage und Baptisterium; die Grabkapelle lag in einer Rotunde mit Säulenumgang und Vorraum (Anastasis-Kirche). 614 Brand mit anschließendem Neubau, Umbauten durch die Kreuzfahrer und 1555 durch die Franziskaner, nach Brand 1808 heut. Neubau. – Der Ort war im Judentum und Christentum von großer legendenhafter und mytholog. Bedeutung (Altar Abrahams in der NW-Ecke des Atriums; →Golgathafelsen mit dem Grab →Adams, von dem als Mittelpunkt des Paradieses die vier weltumspannenden Paradiesströme ausgehen; Ort des Baumes der Erkenntnis wie des daraus gefertigten Kreuzes Christi [arbor vitae] sowie des künftigen Jüngsten Gerichts). – Seit dem 5. Jh. erscheint die Anastasisrotunde als überkuppelter Zentralbau auf bildl. Darstellungen; seit dem 9. Jh. findet man in W-Europa zahlreiche Nachbildungen als runde oder achteckige Zentralbauten, zur Aufbewahrung von Christi-Passions-Reliquien oder als Friedhofs- (Karner) und Grabkapellen, z. B. St. Michael in Fulda 820/822, →Chorscheitelrotunde, Münster Konstanz, 10. Jh., St-Bénigne in Dijon 1001/18, Fraumünster in Zürich 10. Jh., Abtei Weingarten 1124, Tegernsee, S. Sepolcro in Bologna Mitte 12. Jh., S. Sepolcro in Pisa 1153, Templerkirchen in London 1185, Segovia 1208, Tomar/Portugal, St. Matthias in Kobern/Mosel 1230/40. Neben selbständigen H. gibt es auch Heiliggrab-Nachbauten in kleinerem Format in Kirchen wie z. B. Dom von Aquileja 1077, Kapuzinerkirche in Eichstätt 1147, Dom in Magdeburg 1240/60. Sie sollten ein »Votiv- oder Erinnerungszeichen für eine glückl. vollbrachte Jerusalempilgerfahrt sein oder für die Daheimgebliebenen ein Ort, an welchem sie auf einfache Weise die gleichen oder ähnl. religiöse Andachten verrichten und Gnaden empfangen durften« (A. Reinle).   G. Binding

Lit.: →Chorscheitelrotunde – E. Wifstrand, Konstantins Kirche am Hl. Grab in Jerusalem nach den ältesten lit. Zeugnissen, 1952 – G. Bandmann, Zur Bedeutung der roman. Apsis, Wallraf-Richartz-Jb. 15, 1953, 28–46 – A. Parrot, Der Tempel von Jerusalem – Golgatha und das Hl. Grab, 1956 – E. Dyggve, Sepulcrum domini (Fschr. E. Gerke, 1962), 11–20 – W. Götz, Zentralbau und Zentralbautendenzen in der got. Architektur, 1968, 219–236 [Lit.] – G. Binding, Q., Brunnen und Reliquiengräber in Kirchen, ZAMA 3, 1975, 37–56 – A. Reinle, Zeichensprache der Architektur, 1976, 127–131 – W. Erdmann – A. Zettler, Zur Archäologie des Konstanzer Münsterhügels, Schr. des Vereins für Gesch. des Bodensees 95, 1977, bes. 84–101 [Lit.] – W. Schlink, St-Bénigne in Dijon, 1978 – V. C. Corbo, Il Santo Sepolcro di Gerusalemme, 1981 – Die Busdorfkirche in St. Petrus und Andreas in Paderborn 1036–1986, hg. H. J. Brandt – K. Hengst, 1986, 173–195 – J. van der Meulen – A. Speer, Die frk. Kg. sabtei St-Denis, 1988, 222–226.

Heiligkeit → Heilige

Heiligsprechung → Kanonisation

Heilmittel → Materia medica

Heilpflanzen → Simplicia

Heilsberg (poln. Lidzbark), Stadt in Preußen, im →Ermland. Der →Dt. Orden gründete hier anstelle einer prußischen 1241 eine eigene Burg, die bald zerstört wurde. 1243

wurde das Gebiet dem Bf. v. Ermland zugesprochen, dessen Burg ebenfalls dem Widerstand der →Prußen zum Opfer fiel. Nach deren endgültiger Niederwerfung beauftragte der Bf. 1308 einen schles. Lokator mit der Gründung der Stadt nach →kulm. Recht. Der starke Anteil schles. Siedler wirkte sich bis ins 20. Jh. in sprachl. Besonderheiten aus. Bis zur Mitte des 14. Jh. wurde die planmäßig angelegte Stadt befestigt. Die von Bf. Johann I. (1350–55) gegr., vor 1400 vollendete Burg, die neben dem Hochschloß der →Marienburg das besterhaltene Beispiel einer →Deutschordensburg in Preußen darstellt, diente bis 1795 als Bf. sresidenz. Im 2. →Thorner Frieden 1466 wurde H. mit dem Ermland der Krone →Polen unterstellt.

H. Boockmann

Lit.: DtStb 1, 1939, 61–64 – Hist. Stätten, Ost- und Westpreußen, 84–86 – K. HAUKE – W. TIMM, Schloß H. [1982].

Heilsbronn (Fons salutis), Kl. bei Ansbach, von Bf. →Otto I. v. Bamberg 1132 im Bm. Eichstätt gegr. und mit Zisterziensern aus →Ebrach besiedelt. Reichen Schenkungen, bes. der Gf. en v. →Abenberg, später auch eigenen Zukäufen, verdankt das Kl. seinen großen Besitz. Als Erben der um 1200 ausgestorbenen Abenberger wählten die frk. →Hohenzollern, unter deren Einfluß H. seit Mitte des 13. Jh. geriet, ihre →Grablege (bis 1625) in der Kl. kirche, einem von der Bettelordenskirchenarchitektur beeinflußten Bau aus der 2. Hälfte des 13. Jh. Im SpätMA zeichnete das Kl. sich durch reges geistiges Leben aus (wertvolle Bibl., seit dem 18. Jh. im Besitz der Univ. Erlangen). Landesherrl. Druck führte seit ca. 1525 zur schrittweisen Auflösung des Kl.   A. Wendehorst

Q.: GP 2/I, 1923, 15–17 – Ma. Bibl. Kat. III, 2 1933, 202–218 – Urkk. reg. des Zisterzienserkl. H., bearb. G. SCHUHMANN–G. HIRSCHMANN, 1, 1957– *Lit.:* G. MUCK, Gesch. des Kl. H., 3 Bde, 1879/80– M. GRABMANN, Die wiss. Bestrebungen im ehem. Cistercienserstift Kl. H., Sammelbl. des Hist. Ver. Eichstätt 23, 1908/09, 90–100 – A. HEIDACHER, Die Entstehungs- und Wirtschaftsgesch. des Kl. H., 1955 – M. A. FISCHER, Das ehem. Zisterzienserkl. H. bei Ansbach (Baugesch. 1132–1284), JbffL 24, 1964, 21–109 – F. KRAUTWURST, Die H. er Chorbücher der Univ.-Bibl. Erlangen, ebd. 25, 1965, 273–324; 27, 1967, 253–281 – W. SCHICH, H., ein Zisterzienserkl. im MA, Jb. des Hist. Ver. für Mittelfranken 89, 1977/81, 57–79.

Heilsgewißheit → Heilsplan

Heilsplan, -sgeschichte (gr.-bibl. oikonomia, lat. dispositio, ordo salutis), ein bibeltheol. Grundbegriff, wurde in der patrist. Theologie in zweifacher Hinsicht ausgeführt: Die Kontinuität des Alten und Neuen Bundes erstreckt sich auf die Kirche, in der nach Eph 1, 3–14; 3, 1–13 Gottes ewigkeitl. H. durch Jesus Christus im Hl. Geist zur Entscheidung kommt. Diese Gesch. bedarf der geisterfüllten Auslegung: Der Heilsmittler muß selbst im Heil und also Gott sein (Symbolum Nicaenum, DENZINGER nr. 125), und er muß das Heil menschl. vermitteln als Gott und Mensch (→Hypostat. Union). Auf dieser Grundlage entwickelte →Augustin (De civ. Dei XXII c. 30) seine Theorie von den sieben Weltzeitaltern der H. sg., welche die scholast. Theologie beeinflußte.

In dieser wurde der ordo salutis in all seinen zeitgesch. wie auch überzeitl.-metaphys. Dimensionen reflektiert, in der →Liturgie des Kirchenjahres gefeiert und auch kosmolog. verifiziert. Der geschichtsmächtige ewige Gott verfügt Anbeginn und Vollendung der Welt-Zeit, welche von der Schöpfung herkommt und durch die H. sg. auf die ewige Vollendung hin unterwegs ist. Paradiesische Urzeit und eschatolog. Endzeit entsprechen sich (in je noch größerem Unterschied). In der zwischenzeitl. H. sg. ist durch Jesus Christus der Sieg über Sünde und Tod bereits entschieden, und die Kirche muß sich mit allen Mitteln (»fides-sacramentum-caritas«) für diese Entscheidung einsetzen. Die dt. Symbolisten haben den antagonist. Charakter der H. sg. in der Kirche und in der Weltgesch. betrachtet. →Rupert v. Deutz griff die Sechs-Zeitalter-Lehre Augustins auf und begründete von der Trinität her den trimorphen H. Gottes (De s. trinitate et operibus eius libri XLII, MPL 167, 199–1828). Das Werk des Vaters ist die Schöpfung. Die sechs Zeitalter der Welt-Zeit sind durch die Inkarnation des Sohnes und die Sendung des Hl. Geistes als H. sg. ('historia salutis' Comment. in Zachariam 2, MPL 168, 739, 746) ausgewiesen. Der Hl. Geist wirkt in der Kirche das Heil des Menschen ('cursus salutis'). Die aufkommende Endzeit ist pneumat. bestimmt. Sie gewinnt in der Geschichtsdeutung des →Honorius Augustodunensis und des →Anselm v. Havelberg sowie in den Reformanstößen der Brüder →Gerhoh und →Arno v. Reichersberg ihr eigenes Gewicht. →Joachim v. Fiore versiegelte die durch Christus herbeigeführte Endzeit im Wirken des Hl. Geistes, durch das der ordo salutis vollendet wird. Das Zeitalter des Vaters (AT) wurde durch das des Sohnes abgelöst und dieses muß durch den Hl. Geist vollendet werden. Dieser neue Heilsstand ('novus ordo') ist durch die geisterfüllte und geistfreie Kirche 'ecclesia spiritualis' ausgezeichnet.

In der engen Verbindung der H. sg. mit Kirchen- und Weltgesch. erlangte die Erwartung des »Dritten« geistfreien Zeitalters bereits im MA kirchl. und polit. Sprengkraft. Die Spiritualen, v. a. in den Kreisen der Franziskaner (Petrus Johannis →Olivi), aber auch außerhalb der Bettelorden (→Arnald v. Villanova) eiferten für die radikale Erneuerung der Kirche. Die Theologen der Mendikantenorden suchten in einer Theologie der H. sg. die 1215 durch das Konzil verurteilten Irrtümer des Abtes Joachim (vgl. DENZINGER nr. 803) zu überwinden. →Alexander v. Hales verstand H. sg. und Metaphysik in einer Synthese. Für →Bonaventura ist Christus nicht das Ende der Gesch., sondern die endgültige Wende in der H. sg. →Thomas v. Aquin erschloß den metaphys. Horizont der H. sg. und argumentierte mit »dem Gesetz der Gnade« gegen die joachimit. Irrlehren.

In der hoch- und spätma. Spiritualität, die von den Dominikanertheologen (Meister →Eckhart, →Tauler und →Seuse), aber auch von den Franziskanern (→Ubertino da Casale) beeinflußt ist, wurde die H. sg. vollends verinnerlicht (→Devotio moderna). Das geschichtslose ewige Heil des Menschen wird durch die Gesch. des Lebens Jesu vermittelt.   M. Gerwing/W. Schachten

Lit.: →Ecclesia spiritualis, →Joachim v. Fiore – TRE XII, 608–630 – E. BENZ, Ecclesia spiritualis …, 1934 – K. LÖWITH, Weltgesch. und Heilsgeschehen. Die theol. Voraussetzungen zur Philosophiegesch., 1953 – J. RATZINGER, Die Geschichtstheol. des hl. Bonaventura, 1959 – W. BEINERT, Die Kirche – Gottes Heil in der Welt. Die Lehre von der Kirche nach den Schriften des Rupert v. Deutz, Honorius Augustodunensis und Gerhoch v. Reichersberg, 1973 – W. SCHACHTEN, Ordo salutis. Das Gesetz als Weise der Heilsvermittlung. Zur Kritik des hl. Thomas v. Aquin an Joachim v. Fiore, 1980.

Heiltum → Reliquiar

Heiltumsbuch (frühnhd. 'Heilthumbpuechlein'). Die im SpätMA seit dem 4. Viertel des 15. Jh. bis zur Reformation belegten H. er verzeichnen den Ablauf der →Heiltumsweisungen, die in andächtiger Betrachtung des H. s verfolgt und memoriert werden konnten. Unter den nach dem Rang der kirchl. Festtage abgestuften Schaustellungen der Reliquiare bildeten diese aufwendig inszenierten, mit →Ablaß ausgestatteten Zeigungen unter Einbeziehung von Liturgiefeier und Prozession die exponierteste Präsentationsform des Heiltums. Den Zeigegestus in

Wort und Bild aufnehmend, führen die anläßl. der Heiltumsweisung publizierten H.er mit illustr. Holzschnitten die Reliquiare und deren Inhalt in der Reihenfolge der Weisung auf. Vorzugsweise gehen dieser Abbildung des Heiltums programmat. Illustrationen gruppenidentitätsstiftender Funktion voran (Stadt-/Geschlechterwappen: Nürnberg, 1487; Stadtpatrone: Würzburg, 1493; Repräsentanten eines Geschlechts: Wittenberg, 1510), um den Heiltumsschatz zu lokalisieren und die Gruppe auszuweisen, die über den in den Reliquien gegenwärtigen Gnadenschatz verfügte.

Diesen obligator. Illustrationen konnten sich Darstellungen der Kirche (Wien, 1502) oder des Kirchenpatrons (Bamberg, 1493) und des Verehrungsritus (Bamberg; Hall/Tirol, 1508/09; Nürnberg; Wien) anfügen; in Einzelfällen wurde der Grundbestand, zu dem eine Vorrede mit Anweisungen für die fromme Teilnahme und die zu gewinnenden Ablässe hinzutreten konnte (Hall; Halle, 1526/27), zu einer programmat. Bilderfolge erweitert (Hall). Unter den populären Drucken (in Wien exclusive Pergamentausg. als Widmungsexemplare erhalten) kommt dem Wittenberger H. L. Cranachs d. Ä. und dem Druckexemplar des Haller H.s mit Unika-Holzschnitten H. Burgkmairs d. Ä. bes. künstler. Rang zu; Ausnahmen bilden das kostbar illuminierte private Exemplar Kard. Albrechts v. Brandenburg (Aschaffenburg) und jenes mit Federzeichnungen versehene des Degenhart Pfeffinger (1511/14; Mühldorf/Inn).   H. Erlemann/Th. Stangier

Lit.: G. F. KOCH, Die Kunstausst., 1967, 30–43 – Kat. Reliquien – Verehrung und Verklärung, Köln 1989 [Lit.].

Heiltumsweisung, öffentl. Reliquienausstellungen nach bes. Ritual zu bestimmten Gelegenheiten. Ihr Aufkommen im SpätMA hat mit der sich wandelnden Reliquienverehrung im Rahmen der »gotischen« Frömmigkeitsentwicklungen zu tun. Die Liturgiewiss. nennt diesen Zug seit einem halben Jahrhundert »Schaudevotion«. Sowohl für die Reliquien der Hl.n als auch für das Altarsakrament entstanden Ostensorien und Monstranzen. Die hapt. Kontaktsuche mit den Heiligtümern wurde ergänzt oder abgelöst durch ihre »heilbringende Schau«, die zugleich die Befriedigung kult. Bedürfnisse großer Menschenmassen ermöglichte. Solche aber wurden zunehmend von den damit verbundenen Ablaßkumulationen angezogen, wie sie vornehml. von den röm. Jubeljahrfeiern und ihren Nachahmungen seit 1300 ausgingen. Heiltumsfahrten nennt man darum heute diesen Typus der spätma. Wallfahrt. Auch in Rom stand der Besuch der Hl.ngräber und Reliquienschätze im Vordergrund, wie die Auflistungen in den Pilgerführern (Mirabilia Romae) und noch die Weisungsbalkone in der barocken Vierung von St. Peter für die Hauptreliquien in den vier Kuppelpfeilern belegen. In Aachen diente eine Brücke über den Dächern der Westfassade als weitentfernte Schauempore, ähnlich in Cornelimünster, in Andechs ein Anbau mit Loggia vor der Schatzkammer sowie eine Balustrade über dem Hauptaltar für Weisungen innerhalb der Kirche. Meist wurden vor den Kirchen überdachte und mit Teppichen geschmückte Holzgerüste, sog. Heiltumsstühle, errichtet, auf deren Galerien dann die Reliquien feierl. »gewiesen« werden konnten, so aus Nürnberg, Wien, Hall in Tirol bildl. überliefert, aber auch andernorts, z.B. Xanten belegt. Um der Heiltümer im Gedränge des concursus populi auch wirklich ansichtig zu werden und das Geschehene erinnernd bewahren zu können, gab es seit dem 15.Jh., von der Forschung heute Heiltumsbriefe und Heiltumsspiegel (oder -büchlein) gen. Bilddrucke mit kurzen Erläuterungen, d. h. sowohl →Einblattdrucke als auch illustrierte Flugschriften. Davon zu unterscheiden ist der bildl. überlieferte Gebrauch von tatsächl. Spiegeln (aus dem Hausgebrauch) zum »Einfangen« der opt. Eindrücke wie in Kontaktreliquien. →Gutenberg hat für diesen Zweck in Straßburg an einer gewinnträchtigen Verfahrenstechnik zur Massenherstellung von Spiegelzeichen für die →Aachenfahrt experimentiert. Derartige Pilgerzeichen (meist für den Hut) mit verspiegelten Glastropfen sind seit 1400 indirekt, aber inzwischen gut belegt.

Berühmte H.en in Mitteleuropa waren die alle sieben Jahre stattfindende Aachenfahrt, der 1392 zu München mit den frisch entdeckten Andechser Reliquien veranstaltete röm. Jubelablaß, die Weisung der Nürnberger Reichskleinodien, zu Ende des MA die Erhebung des→hl. Rocks in Trier. Heiltumsbüchlein vor 1520 sind für zahlreiche Orte nachgewiesen. Sie stammen von Kathedralkirchen mit reichen Reliquienschätzen (Bamberg, Magdeburg, Wien, Würzburg), berühmten alten Slg.en wie Aachen, Nürnberg und Andechs, neuen Konkurrenzunternehmen wie Halle und Wittenberg oder Stätten berühmter Hl.r wie St. Ursula in Köln und Afra und Ulrich in Augsburg.

Die eigtl. Weisung der Reliquien geschah in feierl. Gebetsgottesdienst durch höchste kirchl. Würdenträger mit segensartiger Ausrufung und demonstrativen Zeigestockgebärden, Eskortierung durch Bewaffnete und Ankündigung durch Musik. Daher stellen die feierl. Reliquienprozessionen oder Hl.ntrachten (z.B. am Niederrhein) nur eine andere Präsentationsform der H. dar, in Parallele zur Sakramentsverehrung an→Fronleichnam.
                                                          W. Brückner

Lit.: F. FALK, Die Druckkunst im Dienste der Kirche. Vereinsschr. der Görres-Ges., 1879, II, 59–75–ST. BEISSEL, Die Verehrung der Hl. n und ihrer Reliquien in Dtl. im MA, 1890/92, 119–128 – A. L. MAYER, Die heilbringende Schau (Fschr. I. HERWEGEN, 1938) – Der Schatz vom hl. Berg Andechs. Kat. München, 1967– Ausst. Kat. Rhein-Maas, 1972– K. KÖSTER, Gutenbergs Straßburger Aachenspiegel-Unternehmen von 1438/40, Gutenberg-Jb. 1983, 24–44–S. CARELL, Die Wallfahrt zu den sieben Hauptkirchen Roms, JbV 9, 1986, 112–150.

Heilzauber → Volksmedizin

Heimburg, Gregor → Gregor Heimburg (27. G.)

Heimbürge hieß in weiten Teilen Deutschlands (vom Elsaß über die Pfalz und die Landschaften an Mosel, Rhein und Main bis nach Thüringen und Sachsen) ein dörfl. Amtsträger, der nicht von der Herrschaft, sondern von der→Gemeinde bestellt wurde. Er hatte v. a. das Vermögen der Gemeinde zu verwalten und die Nutzung von →Flur und→Allmende zu regeln. Der H. durfte bei Strafe gebieten und verbieten und war häufig auch Richter im Feld- und Flurgericht; sein Amtszeichen war ein Stab. In einigen Gegenden wurde der H. zum Vorsteher der Dorfgemeinde. Auch in Städten kam das Amt nicht selten vor.
                                                          K. Kroeschell

Lit.: DtRechtswb V, 590–595 – HRG II, 50f. – K. H. QUIRIN, Herrschaft und Gemeinde nach mitteldt. Q. des 12.–18.Jh., 1952, 69–72 – K. S. BADER, Dorfgenossenschaft und Dorfgemeinde, 1962, 307–309 – H. WIEMANN, Der H. in Thüringen und Sachsen, 1962.

Heimdall (anord. *Heimdallr,* auch *Heimdali*), eine in der mytholog. Überlieferung häufig erwähnte anord. Göttergestalt, die im Kult sicherlich keine Rolle spielte und für die Forschung, trotz vielfältiger Versuche, nur schwer greifbar ist. H. zählt zu den→Asen, gilt als leuchtend und strahlend, heißt bei →Snorri Sturluson 'der weiße Ase', sein Sitz ist *Himinbjǫrg* ('Himmelsburg'), und er ist Wächter der Götter; er bläst in das Gjallarhorn, um die Götter vor dem heraufziehenden Endzeitkampf (→Ragnarök) zu warnen; im Kampf erschlägt er →Loki, fällt aber selbst. Im Eddalied →»Völuspá« heißen die Menschen »Heimdalls-söhne«, und in der eddischen Rígsþula zeugt H. mit drei Frauen die Stammväter der drei Stände: Unfreie, Bauern und Adel. Für Snorri ist er ein mit neun Schwestern gezeugter Sohn Odins. – Die in der Forschung vorgenommenen Deutungen H.s als Himmelsgott, als Gott der Morgenröte, als Ursprungsgottheit, als Sonnengott, sowie die Zusammenstellung H.s mit Varuna, Mithras, Janus konnten bislang nicht befriedigen.   H. Ehrhardt

Lit.: Kl VI, 298ff. [Lit.] – R. SIMEK, Lex. der germ. Mythologie, 1984, 165f. [Lit.].

Heimfall (*haimfall, heymfall,* engl. *escheat, forfeiture,* frz. *escheoir*) ist der (Wieder-)Anfall von Gütern aus dem Nachlaß Verstorbener oder von Personen, die wegen schwerer Pflichtverletzungen diese Güter verwirkt hatten, an den H.berechtigten. Charakterist. für dieses H.recht ist, daß es – wenn man vom H. bei herrenlosen Sachen absieht – regelmäßig mit den Eigentums- oder Erbrechten der betroffenen Personen konkurrierte und unter bestimmten Voraussetzungen und in bestimmtem Umfange diese Berechtigungen ausschloß. Als Rechtsgrundlagen kommen hierfür mehrere Tatbestände, wie z. B. das Obereigentum, die Dienstherrengewalt, die Gerichtsherrschaft, die Regalität u. a., in Betracht, wobei diesen unterschiedl. Wurzeln in der Praxis auch eine Vielzahl von H.berechtigten – vom einzelnen Grundherrn über Personengemeinschaften bis zum Kg. reichend – entsprach.

Im einzelnen kann man dabei für den Bereich des dt. Sprachraumes unterscheiden: 1. das frühma. H.recht der Dorf- oder Markgenossenschaft, wonach im Markenverband gelegener Grundbesitz im Todesfall an die Gemeindegenossen (vicini) fiel, sofern der Verstorbene keine nahen Angehörigen (ursprgl. wohl nur Söhne) hinterlassen hatte; 2. das H.recht des Grund- und Dienstherrn an dem von ihm ausgegebenen Leihegut, wenn das Leiherecht des Grundholden oder Dienstmannen und seiner Familie erlosch, was – je nach der rechtl. Ausgestaltung des Leiheverhältnisses – bei bestimmten Pflichtverletzungen des Inhabers oder im Todesfalle beim Fehlen nachfolgeberechtigter Erben eintreten konnte; 3. das H.recht des Lehnsherrn am verliehenen Lehengut, wenn der Vasall das Lehen durch →Felonie verwirkte oder wenn im Todesfall keine nach Lehnrecht oder durch Vereinbarung (Gedinge) zur Nachfolge berechtigten Personen vorhanden waren; 4. das H.recht des Gerichtsherrn, das diesem einen Anspruch auf den Nachlaß der hingerichteten oder geächteten Straftäter einräumte; 5. das H.recht von Personengemeinschaften und Institutionen (z. B. Universitäten, Zünfte u. a.), die seit dem SpätMA unter bestimmten Voraussetzungen den Nachlaß ihrer verstorbenen Mitglieder in Anspruch nahmen; 6. das bis in die frk. Zeit zurückreichende H.recht des Kg.s, das diesem die Möglichkeit eröffnete, den gesamten oder teilweisen Nachlaß verstorbener Reichsangehöriger an sich zu ziehen, falls keine erbberechtigten Nachkommen vorhanden waren. Bes. Bedeutung erhielt dieses Recht zeitweise in der Form des →Spolienrechts, das dem Kg. den Zugriff auf den Mobiliarnachlaß verstorbener geistl. Reichsfs.en gestattete, bis das Kgtm. hierauf zugunsten der Kirche zu Beginn des 13. Jh. verzichtete. Seit dem HochMA ging das kgl. H.recht weitgehend auf die Landesherrschaften über.

                                        K.-F. Krieger

Lit.: HRG II, 51–55 – SCHRÖDER-KÜNSSBERG 451, 475, 577 – J. A. TOMASCHEK, Das H.srecht, 1882 – R. CAILLEMER, Études sur les successions au MA, 2 Bde, 1901 – G. BARIL, Le droit de l'évêque aux meubles des intestats étudié en Normandie au MA, 1912 – The English Government at Work, 1327–1336, hg. W. A. MORRIS – J. R. STRAYER, II, 1947, 109ff. – H. M. JEWELL, English Local Administration in the MA, 1972, 99ff.

Heimskringla → Snorri Sturluson

Heimsuchung. Ihr Kern ist der Bruch des Hausfriedens, wozu jedoch stets weitere Elemente hinzutreten: Mord, Verwundung, Schmähung, Zerstörung. In den Volksrechten gehört auch die bandenmäßige Begehung dazu: *harizhut* (Summula de bannis, Capitularia I, Nr. 110), *heriraita* (Lex Baiuvariorum IV, 23), *collecta* (Cap. miss. Silv. Capitularia II, 272). H. erscheint in diesen frühen Rechtsq. als typische Fehdehandlung, bes. deutlich im Pactus Alamannorum (K. A. ECKHARDT, Leges Alamannorum, 1958, cap. 21, § 5). Der Angriff konnte bereits im Umzingeln des Hauses, in einem Pfeilschuß gegen das Tor oder in einem 'colpus ostensibilis' bestehen. Es entspricht dem Zug zur Individualisierung der Tatbestände, daß das Element der bandenmäßigen Begehung bald zurücktritt, obwohl es noch lange als gängige Begehungsweise erscheint. In dieser Typizität wird die H. zu einem eklatanten Fall des Landfriedensbruchs und mit peinl. Strafe bedroht (Reichslandfriede v. 1103, MGH Const. I, 125). Von daher erscheint die H. in den Städten magdeburg. Rechts und im alem. Raum als einer der drei bis sechs Hochgerichtsfälle. In den Städten verliert die H. teilweise den Charakter des Fehdedeliktes: Typisch erscheint nun das Nachsetzen gegenüber einem, der sich nach einem Streit in sein Haus zurückzieht. Infolge der unterschiedl. Überschneidung mit anderen Delikten und der abweichenden Lösung der Konkurrenzfragen sind die für H. gen. Strafen äußerst verschieden und reichen vom Rad bis zu kleinen →Bußen.   H. Holzhauer

Lit.: BRUNNER, DRG II, § 141, 841ff. – DtRechtwb V, 644f. – CH. FRH. v. SCHWERIN (Festg. F. LIEBERMANN, 1921), 287ff. – R. HIS, Das Strafrecht des dt. MA II, 1935, § 38, 333ff.

Heinrich (s. a. Henri, Henricus)

1. H. I., *Kg. des ostfrk.-dt. Reiches,* * um 876, † 2. Juli 936 in Memleben, ◻ Quedlinburg, Stiftskirche; stammte aus der sächs. Familie der →Liudolfinger. Eltern: der sächs. Hzg. →Otto d. Erlauchte († 912), Hadwig, ∞ 1. Hatheburg, 2. →Mathilde. Kinder: von 1.: →Thangmar, von 2.: →Otto I.; →Gerberga (∞ 1. →Giselbert, Hzg. v. Lothringen, 2. →Ludwig IV., Kg. v. Frankreich); →Hadwig (∞ →Hugo v. Francien); →Heinrich d. J.; →Brun, Ebf. v. Köln. – Die Ehe mit Hatheburg (Zugewinn ostsächs. Güter) wurde 909 zugunsten derjenigen mit Mathilde, Nachfahrin Hzg. →Widukinds, aufgelöst (Einflußgewinn in Ostfalen und Engern). Nach dem Tode des Vaters trat H. die Nachfolge im Hzm. →Sachsen an und kam schnell in Konflikt mit den →Konradinern (→Konrad I., dessen Bruder →Eberhard und dem Mainzer Ebf. →Hatto), wobei er seine Stellung behaupten und ausbauen konnte. Nach dem Tode Konrads wurde H. aufgrund von dessen Designation und wohl nach erfolgreichen Verhandlungen über ein umfassendes konradin.-liudolfing. Bündnis im Mai 919 in →Fritzlar zunächst durch die frk. Großen zum Kg. gewählt, es folgte die →Akklamation durch die frk.-sächs. Heeresversammlung. Die vom Mainzer Ebf. →Heriger angebotene Weihe (Salbung und Krönung) lehnte H. ab, ohne damit die polit.-rechtl. Bedeutung eines solchen Akts in Frage zu stellen. Die Geste, die u. a. den Verzicht auf den Anspruch auf zentrale Kirchenhoheit signalisiert haben dürfte, richtete sich wohl an den seinerseits auf eigene Ansprüche verzichtenden Eberhard v. Franken und an die anderen Hzg.e, deren Anerkennung noch gewon-

werden mußte. Die Durchsetzung dieser frk.-sächs. Kg.sherrschaft bei den Hzg.en →Burchard II. v. Schwaben und→Arnulf v. Bayern gelang bis 921. Letzterer hatte zuvor selbst schon sehr weit gediehene Kg.spläne, über deren Konkretisierung (reale Erhebung?) die Q. aber letztl. keine eindeutige Auskunft geben. Der Preis für seine Unterwerfung war u. a. die hzgl. Kirchenhoheit in →Bayern. Dieser polit. Kompromiß sorgte wie die mit den anderen Hzg.en geschlossenen Bündnisse über den Tod H.s hinaus bis in die Zeit unmittelbar nach dem Herrschaftsantritt Ottos I. für stabile Verhältnisse, wobei der prägende Begriff für diese und weitere Abkommen die »amicitia« ('Schwurfreundschaft') war, die eine gleichberechtigte Einigung zw. dem Kg. und seinen Partnern umschreibt und als polit. Konzept durch den relativen Frieden im Innern viel zur erfolgreichen Konsolidierung und beginnenden Expansion des otton. Reichs beigetragen hat. Zielpunkte der von Kg. und Hzg.en teils gemeinsam, teils selbständig organisierten militär.-polit. Unternehmungen waren die w. und s. angrenzenden Bereiche des alten Karolingerreiches ebenso wie die heidn. Gebiete im N und O. Bayrische und schwäb. Interessen richteten sich auf →Italien und →Burgund, H.s Westpolitik v. a., begünstigt durch die Schwäche der westfrk. Zentralgewalt, auf →Lotharingien. Nachdem er noch 921 (Vertrag v. →Bonn) die Hoheit →Karls III. dort gegen die eigene Anerkennung als ostfrk. Kg. bestätigt hatte, gewann er bis 926 das Land für seine Herrschaft. Zugleich konnte er nach dem Tode Burchards II. den Konradiner→Hermann zum schwäb. Hzg. erheben und ein Abkommen mit →Rudolf II. v. Burgund schließen. Im N und O kamen militär. Erfolge gegen Dänen und slav. Völker mit ersten Ansätzen einer Missionspolitik hinzu. Entscheidende Erfolge für die Konsolidierung von H.s Herrschaft waren der neunjährige Waffenstillstand mit den →Ungarn, der zur Errichtung einer Kette von befestigten Plätzen genutzt wurde (→Burgenbauordnung), und der anschließende Sieg (933 bei →Riade) über ein Heer der Reiternomaden. Unter H. kam es 929 erstmals zur Regelung der Thronfolge mit bewußter Individualsukzession zugunsten des Erstgeborenen aus zweiter Ehe (Bruch mit der frk. Teilungstradition). Damit und mit der Übertragung der Kg.swürde an einen Sachsen wurde in wesentl. Elementen bereits das hochma. »Imperium Romanum« mit einem Kern konstituiert, der auch in formaler Hinsicht eine supragentile (nicht mehr allein frk.) Identität besaß, und den ca. ein Jh. später die Zeitgenossen endgültig als »deutsch« zu nennen begannen. →Deutschland, B.II.

E. Karpf

Q.: MGH DD H.I. – Die Sachsengesch. des Widukind v. Korvei, hg. P. Hirsch – H.-E. Lohmann (MGH SRG, 1935) – Liudprand v. Cremonas Antapodosis (Die Werke Liutprands, hg. J. Becker [MGH SRG], 1915) – RI II, 1 [Neudr. 1967] – Lit.: J. Fleckenstein, Die Hofkapelle der dt. Kg.e, II (MGH Schr. 16/2, 1966) – W. Schlesinger, Die Kg.serhebung H.s I. zu Fritzlar i. J. 919 (Fschr. 1974), 121ff. – G. Althoff, Adels- und Kg.sfamilien im Spiegel ihrer Memorialüberlieferung, MMS 47, 1984 – E. Karpf, Kg.serhebung ohne Salbung, HJL 34, 1984, 1ff. – G. Althoff–H. Keller, H.I. und Otto d. Gr., 1985–E. Karpf, Herrscherlegitimation und Reichsbegriff in der otton. Geschichtsschreibung des 10. Jh., 1985–H. Beumann, Die Ottonen, 1987 – →Deutschland.

2. H. II., hl. (Fest: 13. Juli), Ks., dt. Kg. [1] *Leben und Regierung:* * 6. Mai 973 (978?) in Bayern, † 13. Juli 1024 Pfalz →Grone, □ Bamberg, Dom (Grabdenkmal von T. Riemenschneider, 1513 aufgestellt); Urenkel Kg. →Heinrichs I., Eltern: Hzg. →Heinrich d. Zänker v. Bayern und Gisela v. Burgund; ∞→Kunigunde 998/1000, ohne Kinder. – Ausgebildet für den geistl. Stand zunächst

in Hildesheim, wohl auf Anweisung Ks. Ottos II., der damit die Nachkommenschaft seines Gegners von jeder Teilhabe an der Reichsgewalt ausgeschaltet wissen wollte; dann in Regensburg unter der Leitung Bf. →Wolfgangs. Im dortigen Kl. St. Emmeram lernte er auch die vom Kl. →Gorze ausgehende monast. Reform kennen. Doch wurde er bald von seinem Vater an den Regierungsgeschäften beteiligt und folgte ihm 995 als Hzg. H. IV. v. Bayern.

Nach Ottos III. plötzl. Tod fand der geblütsrechtlich legitimierte und durch äußere Umstände seinen Gegenkandidaten gegenüber begünstigte H. zunächst nicht die einhellige Zustimmung der Großen; wahrscheinl. hegten sie auch Zweifel am Vollbesitz seiner körperl. Kräfte. In Mainz wurde er am 7. Juli 1002 durch die Mehrzahl der geistl. und weltl. Fs.en Oberdeutschlands von Ebf. →Willigis gekrönt. Dem nachfolgenden →Umritt durch weite Teile des Reiches wird man weniger als Vervollständigung des Wahlaktes, vielmehr als Bestätigung allg. Anerkennung seiner Herrschaft zu deuten haben. Seine Regierung zeigte, daß auf den Visionär Otto III. ein zäher Realpolitiker gefolgt war, der, durchdrungen von der Sakralität seines Amtes, Unsicherheit und Zweifel nicht kannte und das Reich konsolidierte.

Zunächst standen die Grenzprobleme des Ostens im Vordergrund seiner Politik. Gegen den poln. Kg. →Bolesław Chrobry führte er drei Kriege. Durch das Ärgernis, das sein Bündnis mit den heidn. →Lutizen erregte, mit denen er gegen das christl. Polen zog, ließ er sich nicht beirren. Im Frieden v. →Bautzen (1018) konnte Polen schließlich die Lausitz und das Milsener Land als Lehen behaupten. Im W des Reiches von Flandern bis Burgund griff er mit unterschiedl. Erfolgen gegen die erstarkenden Territorialgewalten ein. Dreimal zog H. nach Italien, wo sich nach Ottos III. Tod →Arduin v. Ivrea als Kg. durchgesetzt hatte. Auf dem 1. Zug (1004) empfing er in Pavia die langob. Kg.skrone; auf dem 2. Zug krönte Benedikt VIII., dem er gegen die →Crescentier Rückhalt gewährt hatte, ihn am 14. Febr. 1014 in St. Peter in Rom zum Ks. Zum dritten Mal zog er 1021/22 nach Italien, um dem Papst und dem südit. Fs.en →Meles v. Bari gegen Byzanz beizustehen; auf dem Rückmarsch setzte er in →Montecassino einen neuen Abt ein und ließ in →Pavia eine Synode (1. Aug. 1022) abhalten, die den Zölibat einschärfte, um den Bestand des Kirchengutes zu sichern.

Innerlich festigte H. das Reich durch noch engere Verflechtungen mit der Kirche. Durch Schenkungen stabilisierte er die Bm.er als Stützen kgl. Macht und beanspruchte sie dafür zu Dienstleistungen. 1004 stellte er das Bm. →Merseburg wieder her. Durch die Gründung des Bm.s →Bamberg 1007 aktivierte er den Obermainraum als Mitte seiner Macht und als neues Glied der →Reichskirche. Die Widerstände gegen die Neugründung brach er nicht ohne Verschlagenheit. Dem Bf. →Heinrich I. v. Würzburg, der einen großen Teil seines Jurisdiktionsgebietes abzutreten hatte, versprach er Rangerhöhung zum Ebf.; nach dem Tode des Eichstätter Bf.s Megingaud, der jede Abtretung verweigert hatte, ernannte er einen ihm willfährigen Nachfolger (→Gundekar I.) zum Bf. Insgesamt vollendete er die Kg.shoheit in der Reichskirche, indem er unbekümmert um Vorschläge von Domkapiteln und Konventen tüchtige Bf.e und Äbte einsetzte. Kl. Reformbewegungen mit spirituellem lothring. Einschlag förderte er, ohne sie zu institutionalisieren. 1023 nahm er zusammen mit Kg. →Robert II. v. Frankreich eine Reformsynode in Pavia in Aussicht, die jedoch nicht mehr zusammentrat.

Kurz nach seinem Tode fand der Ks. Eingang in die

Liturgie, und bald bemächtigte sich die Legende seiner Gestalt: »sie deutete seine Kinderlosigkeit als heroische Tugend und vereinfachte die widerspruchsvollen Züge seines Charakters ... zu einem frommen Idealbild« (H. Appelt). 1146 wurde er von Eugen III. kanonisiert. →Deutschland, B.VI.   A. Wendehorst

Bibliogr.: Bibliogr. zur Gesch. von Stadt und Hochstift Bamberg 1945–1975 (Hist. Verein... Bamberg, 10. Beih., 1980), 427–436–Q.: MGH DD H. II.- RI II, 4 [Neudr. 1971] – MGH SS IV, 679–695; 787–820–BHL, Nr. 3811–3816–*Lit.*:NDB VIII, 310–313–TRE XV, 1–3–JDG H. II., 3 Bde, 1862–75–W. v. d. Steinen, Ks. H. II. der Hl., 1924 – Th. Schieffer, H. II. und Konrad II., DA 8, 1951, 384–437 [Sonderausg. 1969] – R. Klauser, Der H.s- und Kunigundenkult im ma. Bm. Bamberg (95.Ber. des Hist. Vereins ... Bamberg, 1957), 1–208–R. Reinhardt, Ks. H.II. und seine Gemahlin Ksn. Kunigunde, Bavaria Sancta I, hg. G. Schwaiger, 1970, 233–248 – R. Schneider, Die Kg.serhebung H.s II. i.J. 1002, DA 28, 1972, 74–104 – L. Auer, Geburtsjahr und Herkunft Ks. H.s II., ebd., 223–228–K. J. Benz, H.II. und Cluny, RevBén 84, 1974, 313–337 – O. Meyer, Varia Franconiae Historica I, II, 1981 – K. Guth, Die Hl.en H. und Kunigunde, 1986.

[2] *Ikonographie:* Neben Darstellungen H.s auf Münzen und Siegeln finden sich zeitgenöss. Bildwiedergaben auf einigen seiner Stiftungen. Auf dem sog. Baseler →Antependium (Paris, Mus. de Cluny) erscheint er zusammen mit →Kunigunde zu Füßen Christi. Auf einer reichenauischen Miniatur im Perikopenbuch H.s (München, Clm 4452, fol. 2r) werden beide unter der Fürsprache der Bamberger Patrone Petrus und Paulus von Christus gekrönt, während Personifikationen der huldigenden Provinzen den Herrschaftsanspruch des inschriftl. gen. Kg.s H. belegen. Neben einer in der Bildaussage ähnl. Darstellung fol. 11v im Sakramentar H.s, 1002/14 als Wiederholung des Thronbildes →Karls d. Kahlen im →Codex Aureus aus St. Emmeram (München, Clm 4456) entstanden, enthält diese Cimelie fol. 11r eine Krönung des Kg.s durch Christus, während die Regensburger Hl.n Emmeram und Ulrich seine Arme stützen. Eine Variante dieses auf Ex 17,11–13 zurückgehenden Stützmotivs überliefert das in Kl. Seeon 1007/1024 wiederum für Bamberg geschriebene Pontifikale H.s (Bamberg, Staatsbibl., Lit. 53) mit seinem Widmungsbild fol. 2v, auf dem der Herrscher beim Einzug in eine Kirche von zwei Bf.en gestützt wird, eine zum Zeremoniell gehörende Gestik. Das Evangelistar aus Seeon (Bamberg, Staatsbibl., Bibl. 95, fol. 7v) zeigt den Kg. bei der Übergabe der Hs. an die Gottesmutter, ein Band mit dem Komm. Gregors d. Gr. zu Ez (Bamberg, Bibl. 84, fol. 1r) den Ks. als Empfänger der Hs.; das Regensburger Evangeliar im Vatikan (Cod. Ottob. lat. 74, fol. 193v) gibt ihn unter der Taube des Hl. Geistes inmitten personifizierter Tugenden thronend wieder. Spätere, nach dem Tode H.s entstandene Darstellungen überliefern den Herrscher als Hl.n, Stifter oder innerhalb von Szenen, die der H.s- bzw. →Kunigunden-Legende entnommen sind.   J. M. Plotzek

Lit.: LCI VI, 478–481, 483–485–P. E. Schramm, Die dt. Ks. und Kg.e in Bildern ihrer Zeit, I: 751–1152, 1928, 1983, Textbd. bes. 104–117, Tafelbd. Abb. 79–91–P. E. Schramm–F. Mütherich, Denkmale der dt. Kg.e und Ks., 1962, Nr. 110–111, 115, 117, 122, 138, 141 – K. Hoffmann, Taufsymbolik im ma. Herrscherbild, Bonner Beitr. zur Kunstwiss. 9, 1968, bes. 70–81 – H. Keller, Herrscherbild und Herrschaftslegitimation d., FMASt 19, 1985, 290–311 – Ausst. Kat. Das Evangeliar Heinrichs d. Löwen und das ma. Herrscherbild, 1986, Nr. 2, 8–12, Taf. 3, 16–22 – Ausst. Kat. Regensburger Buchmalerei, 1987, Nr. 16; 18, Taf. 6–7, 14 – →Deutschland.

3. H. III., *Ks., dt. Kg.*, aus dem Hause der →Salier, * 28. Okt. 1017, † 5. Okt. 1056 in Bodfeld (Harz), ▢ Speyer, Dom (Herz in Goslar, Ulrichskapelle). Eltern: Ks. →Konrad II. und →Gisela, Tochter Hzg. →Hermanns II. v. Schwaben; ∞ 1. im Juni 1036 mit Gunhild (Kunigunde)

(† 1038), Tochter Kg. →Knuts v. Dänemark, 2. im Nov. 1043 mit →Agnes († 1077), Tochter Hzg. →Wilhelms V. v. Aquitanien und Poitou. Kinder: von 1.: Beatrix (†1062), Äbt. v. Quedlinburg; von 2.: Mathilde († 1060), ∞ →Rudolf v. Rheinfelden; Judith (Sophie) († 1092/96), ∞ 1. Kg. →Salomon v. Ungarn, 2. Fs. →Władysław v. Polen; Adelheid († um 1095), Äbt. v. Quedlinburg und Gandersheim; Ks. →Heinrich IV. († 1106); Konrad († 1055), Hzg. v. Bayern. – Im Febr. 1026 designiert, wurde H. Ostern (14. April) 1028 zehnjährig in Aachen zum Kg. gewählt und von Ebf. →Pilgrim v. Köln gesalbt und gekrönt. Nachdem ihm zuvor schon die Hzm.er Bayern und Schwaben verliehen worden waren, empfing er im Herbst 1038 die Kg.swürde für das seit 1033 mit Deutschland verbundene Kgr. →Burgund. Nach dem Tode seines Vaters (4. Juni 1039) übernahm H. die Regierung des Reiches, das unter seiner Herrschaft einen Höhepunkt ksl. Machtentfaltung erlangte. Für den jungen, umfassend gebildeten Thronfolger hatte der Hofkaplan →Wipo in den »Proverbia« die Maximen einer am Recht orientierten Herrscherethik nach Art eines →Fürstenspiegels zusammengestellt. In seiner prakt. Politik ließ er sich von den Idealen des Friedens (pax) und der Gerechtigkeit (iustitia) leiten. Den von Südfrankreich und Burgund ausgehenden Gedanken des →Gottesfriedens aufgreifend, erließ H. 1043 in Konstanz, 1044 nach seinem Ungarnsieg bei →Menfö und nach seiner Ks.krönung in Rom 1046 kgl. Friedensgebote, verbunden mit Indulgenzen für seine Gegner. Unter dem Einfluß seiner der Gründerfamilie des burg. Reformzentrums →Cluny angehörenden (zweiten) Gemahlin Agnes öffnete er sich dem Anliegen der Kirchenreform. H. unterhielt enge Beziehungen zu führenden Vertretern der kirchl. Reformbewegung wie →Petrus Damiani und →Hugo v. Cluny, welchen er zum Taufpaten für seinen Sohn Heinrich IV. bestimmte. Tatkräftig förderte H. den von seinem Vater begonnenen Dombau zu →Speyer als →Grablege der Salier und Zentrum des Totengedenkens. Für Speyer ließ er in →Echternach ein kostbar ausgestattetes Evangelienbuch (→Codex Aureus v. Speyer) anfertigen.

Planmäßig betrieb H. den Ausbau des von den →Liudolfingern ererbten Reichs- und Hausgutes, dessen Verwaltung er kgl. Dienstmannen (→Ministerialen) übertrug. Bevorzugter Aufenthaltsort wurde die neu errichtete Pfalz →Goslar (nahe den Silbergruben des →Harzes), deren Stift St. Simon und Juda (Weihe 1050) zur Ausbildungsstätte für den Reichsepiskopat wurde (→Reichskirche). Die der Leitung eines Hofgeistlichen (capellarius) unterstellte →Hofkapelle entwickelte sich zu einem zentralen Herrschaftsinstrument. Uneingeschränkt beanspruchte H. das Recht der →Investitur mit Ring und Stab; im Unterschied zu seinem Vater enthielt er sich hierbei jedoch aller simonist. Praktiken (→Simonie). Die vornehml. nach staatspolit. Gesichtspunkten ausgewählten Bf.e bildeten eine zuverlässige Stütze sal. Herrschaft. Mit seinem Eingreifen in die röm. Angelegenheiten (Synoden v. →Sutri und →Rom 1046) stellte sich H. in die Tradition der Rom- und Italienpolitik der otton. Herrscher. Die Erneuerung des Patriziats (→Patricius) bei seiner Ks.krönung Weihnachten 1046 sicherte ihm auch künftig eine entscheidende Mitsprache bei der Papstwahl. Unter den von H. erhobenen dt. Päpsten, Clemens II. (Suidger v. Bamberg), Damasus II. (Poppo v. Brixen), Leo IX. (Brun v. Toul) und Viktor II. (Gebhard v. Eichstätt), die sämtl. ihre Bm.er beibehielten, kam es zu einer bes. engen Verbindung zw. Rom und der Reichskirche im Dienste der Kirchenreform. Die regelmäßigen Interventionen der Ksn. Agnes, seit 1055 auch diejenigen des Thronfolgers Heinrich IV., in den Diplomen H.s III. standen im Zeichen der Herrschaftssicherung des sal. Hauses. Bereits 1053 konnte H. – wenn auch nur unter Vorbehalt – die Zustimmung der Fs.en zur Wahl seines Sohnes als Nachfolger erlangen.

Unter der Regierung H.s bestand die frühma. Einheit von → »regnum« und → »sacerdotium« noch ungebrochen fort. Den aus dem theokrat. Herrschaftsgedanken abgeleiteten Führungsanspruch vermochte er auch gegenüber der Kirche mit Erfolg zu behaupten. Unübersehbar kündigten sich jedoch gegen Ende der Regierung H.s die Symptome einer Krise an. Die Unzufriedenheit der Großen mit seinem die Stammesinteressen vernachlässigenden autokrat. Regierungsstil, die sich in z. T. länger andauernden Aufständen entlud, bedeutete eine ernste Gefährdung der sal. Herrschaft. → Deutschland, C. II.   T. Struve

Q.: Wipo, Opera, ed. H. BRESSLAU (MGH SRG [61], 1915) – MGH DD H. III., ed. H. BRESSLAU-P. KEHR, 1926–31 – Lit.: GEBHARDT⁹ I, 307–321 – HAUCK III, 571–623 – HEG I, 723–730 – NDB VIII, 313–315 – TRE XV, 3–6 – JDG H. III., 2 Bde, 1874–81 – P. KEHR, Vier Kapitel aus der Gesch. Ks. H.s III. (AAB, 1930, Nr. 3) [Nachdr.: JDG II, 1963, 555–615] – B. BISCHOFF, Caesar tantus eras (Fschr. K. STRECKER [MGH Schr. 6], 1941), 247–255 – TH. SCHIEFFER (Die großen Dt., I, 1956), 52–69 – H. THOMAS, Zur Kritik der Ehe H.s III. mit Agnes v. Poitou (Fschr. H. BEUMANN, 1977), 224–235 – E. BOSHOF, Das Reich in der Krise, HZ 228, 1979, 265–278 – M. MINNINGER, H. III. interne Friedensmaßnahmen…, Jb. für westdt. Landesgesch. 5, 1979, 33–52 – T. STRUVE, Die Interventionen H.s IV. in den Diplomen seines Vaters, ADipl 28, 1982, 190–222 – P. G. SCHMIDT, H. III., DA 39, 1983, 582–590 – P. E. SCHRAMM-F. MÜTHERICH, Die dt. Ks. und Kg.e in Bildern ihrer Zeit, 1983, 227–235, 145–160 [Abb.] – R. SCHIEFFER, H. III. (Ks. gestalten des MA, hg. H. BEUMANN, 1984), 98–115 – H. KELLER (Propyläen Gesch. Dtl.s, II, 1986) – E. BOSHOF, Die Salier, 1987, 92–166 – B. MERTA (Intitulatio III [MIÖG, Ergbd. 29], 1988), 176 ff. – F. PRINZ, H. III., HZ 246, 1988, 529–548 – → Deutschland.

4. H. IV., *Ks., dt. Kg.,* * 11. Nov. 1050 in Goslar (?), † 7. Aug. 1106 in Lüttich, ⬚ Speyer, Dom. Eltern: Ks. → Heinrich III. und → Agnes, Tochter Hzg. → Wilhelms V. v. Aquitanien und Poitou; ∞ 1. seit 1066 mit Bertha v. Turin († 1087), Tochter Gf. → Ottos v. Savoyen und der Mgfn. → Adelheid v. Turin, 2. seit 1089 mit → Adelheid (Eupraxia, Praxedis; † 1109). Kinder: von 1.: u. a. Konrad († 1101); Agnes († 1143), ∞ 1. Hzg. → Friedrich I. v. Schwaben, 2. Mgf. → Leopold III. v. Österreich; Ks. → Heinrich V. († 1125). – 1053 aufgrund der Designation seines Vaters zum Kg. gewählt, wurde H., der zunächst den Namen seines Großvaters Konrad trug, am 17. Juli 1054 von Ebf. → Hermann v. Köln in Aachen gekrönt. Nach dem Tode Heinrichs III. (5. Okt. 1056) übernahm die Ksn. Agnes die Regentschaft für den unmündigen Thronfolger, dessen Kgtm. in wiederholter Wahl von den Fs.en bestätigt wurde. Die im Stile Heinrichs III. weitergeführte Politik stieß jedoch beim erstarkenden Reformpapsttum wie bei den auf Wahrung ihrer regionalen Sonderinteressen bedachten Fs.en zunehmend auf Widerstand. Wortführer der fsl. Opposition wurde Ebf. → Anno v. Köln, der H. Anfang April 1062 in → Kaiserswerth entführte, um fortan in seinem Namen die Reichsregierung auszuüben. Nach seiner Mündigkeitserklärung (29. März 1065) begann H., die Reichsgeschäfte zunehmend selbständig zu führen, wobei er sich des Rates Ebf. → Adalberts v. Bremen bediente.

H. verfügte dank bfl. Unterweisung über eine vorzügl. Bildung. Wie sein Vater schätzte er den Umgang mit Klerikern. Auch H. gründete seine Herrschaft auf die Verfügung über die → Reichskirche, doch ging hierbei die unter Heinrich III. erfolgreich praktizierte Verbindung

zur Kirchenreform verloren. Vermutl. auf Initiative Adalberts v. Bremen begann H. im sächs.-thür. Raum seine Kg.slandpolitik. In Konkurrenz zum ansässigen Adel suchte er, das Land von Burgmittelpunkten aus militär. und wirtschaftl. zu erfassen und der Krone dienstbar zu machen. Planung und Durchführung dieses Vorhabens lagen bei dem Goslarer vicedominus Bf. → Benno v. Osnabrück.

Infolge der planvollen Heranziehung von dem Kgtm. treu ergebenen → Ministerialen für Aufgaben der Reichsverwaltung rief H. die Opposition der um den Verlust ihres Einflusses fürchtenden Fs.en hervor. Mit dem 1073 ausbrechenden → Sachsenkrieg begann die erste der gegen die Herrschaft H.s gerichteten Widerstandsbewegungen. H. fand jedoch Unterstützung beim aufstrebenden Bürgertum der rhein. Bf.sstädte und bei der bäuerl. Bevölkerung Oberdeutschlands. Bedrohlich wurde die Lage, als sich nach Ausbruch des Konflikts mit dem Papsttum die innerdt. Opposition mit den kirchl. Gegnern H.s verband. Mit der Erhebung → Rudolfs v. Rheinfelden zum Gegenkg. im März 1077 in → Forchheim entbrannte in Deutschland ein erbitterter Bürgerkrieg. Indem H. Verhandlungsbereitschaft gegenüber dem Papsttum bekundete und gleichzeitig den Ausgleich mit den dt. Fs.en suchte, vermochte er, den Gegenkg. zu isolieren. Dessen Tod in der Schlacht an der → Elster (15. Okt. 1080) wurde im Lager H.s allg. als Gottesurteil verstanden. Das auf Sachsen beschränkte Gegenkgtm. → Hermanns v. Salm blieb hingegen bedeutungslos. Mit dem Tode der Führer der sächs. Opposition, → Ottos v. Northeim (1083) und Bf. → Burchhards v. Halberstadt (1088), brach die Aufstandsbewegung rasch in sich zusammen, ohne daß es H. gelang, dauerhaft in Sachsen Fuß zu fassen. Mit Erfolg konnte H. jedoch die Krönung seines Sohnes Konrad (30. Mai 1087) in Aachen durchsetzen.

Angesichts der innerdt. Spannungen war H. auf Ausgleich mit der röm. Kirche bedacht und bekundete seine Ergebenheit gegenüber dem apostol. Stuhl (ep. 5). Für den neuen Papst → Gregor VII. bekleidete H. eine Schlüsselrolle bei der Verwirklichung seiner Reformziele (→ Gregorian. Reform) in Deutschland. Wohlwollend nahm er H.s Verlangen nach der Ks.krönung auf. Das päpstl.-kgl. Einvernehmen bestand bis Ende 1075 fort. Erst an H.s Eingreifen in Reichsitalien, bes. an der Besetzung des Mailänder Erzstuhles mit dem kgl. Kaplan Thedald, entzündete sich der Konflikt (→ Investiturstreit). In Überschätzung seiner polit. Möglichkeiten, letztl. aber getragen von der romfeindl. Stimmung des dt. Episkopats, reagierte H. auf die päpstl. Vorhaltungen vom Dez. 1075 mit der Absetzung Gregors VII. auf der Wormser Synode (24. Jan. 1076). In der von → Gottschalk v. Aachen verfaßten Propagandaversion des Absetzungsdekrets (ep. 12) berief sich H. demonstrativ auf die Unantastbarkeit der sich allein auf göttl. Einsetzung gründenden kgl. Würde. Gregor VII. untersagte H. daraufhin die Ausübung der Regierungsgewalt in Deutschland und Italien, löste die ihm geleisteten Treueide und verhängte über ihn den Bann. Gegenüber den sogleich auf eine Neuwahl hinarbeitenden dt. Fs.en sah sich H. in → Tribur (Okt. 1076) zu weitgehenden Zugeständnissen genötigt. Der für das Kgtm. bedrohl. Verbindung seiner innerdt. Gegner mit dem Papsttum kam er jedoch mit seinem Bußakt zu → Canossa (28. Jan. 1077) zuvor. Durch die vom Papst empfangene Absolution erlangte H. zwar seine polit. Handlungsfreiheit wieder; der soeben noch betonte Gedanke eines theokrat. Kgtm.s hatte jedoch bleibenden Schaden genommen. Während H. in der Folgezeit versuchte, Gregor VII. zu einer Stellungnahme gegen Rudolf v. Rheinfelden zu bewegen, nahm der Papst getreu der von ihm beanspruchten Schiedsrichterrolle eine abwartende Haltung im dt. Thronstreit ein. In Reaktion auf die 1080 wiederholte Bannung leitete die unter H.s Vorsitz tagende Synode v. →Brixen (25. Juni) ein kanon. Verfahren gegen Gregor VII. ein und nominierte Ebf. Wibert v. Ravenna für den päpstl. Stuhl, der als →Clemens III. H. am 31. März 1084 in Rom zum Ks. krönte.

Die letzten Regierungsjahre H.s wurden von einer das sal. Haus erfassenden Abfallbewegung überschattet. 1093 ließ sich der älteste Ks.sohn Konrad in Mailand zum Kg. v. Italien krönen und nahm Verbindung zu →Urban II. auf. Im Jahr darauf floh H.s zweite Gemahlin Adelheid ins Lager der Mgfn. →Mathilde v. Tuszien. Anfang 1105 fiel der anstelle des für abgesetzt erklärten Konrad zum Kg. erhobene jüngere Sohn Heinrich (V.) vom Vater ab und stellte sich an die Spitze der fsl. Opposition. Auf einer Fs.enversammlung zu →Ingelheim (31. Dez. 1105) mußte der in die Gefangenschaft seines Sohnes geratene H. in die Abdankung einwilligen, nachdem er zuvor die Reichsinsignien hatte ausliefern müssen. Zu einem von den anwesenden päpstl. Legaten geforderten öffentl. Sündenbekenntnis fand er sich jedoch nicht bereit. Von Niederlothringen aus setzte H. den auch mit publizist. Mitteln (epp. 37 und 39) geführten Kampf um die Herrschaft fort. Bevor es jedoch zu einer militär. Entscheidung kam, starb H. in Lüttich.

In einem lebenslang geführten zähen Kampf hat H. versucht, die Rechte der Krone gegenüber den vom Reformpapsttum ausgehenden hierokrat. Bestrebungen wie dem während seiner Minderjährigkeit erstarkten fsl. Partikularismus zu behaupten. Vorausschauend suchte H. dem Kgtm., die aufstrebenden sozialen Schichten der Ministerialität und des Stadtbürgertums als Bundesgenossen zu gewinnen. Von der Unterstützung der Friedensbewegung (Verkündung eines Reichslandfriedens 1103 in Mainz) versprach er sich eine Stärkung der Zentralgewalt. Einen Neuerer wird man ihn jedoch nicht nennen können.   T. Struve

Q.: Vita Heinrici IV. imperatoris, ed. W. EBERHARD (MGH SRG [58], 1899) – Die Briefe H.s IV., ed. C. ERDMANN (MGH DMA 1, 1937) – MGH DD H. IV., ed. D. v. GLADISS-A. GAWLIK, 1941–78 – Q. zur Gesch. Ks. H.s IV., ed. F.-J. SCHMALE (AusQ 12, 1963) – RI III, 2 – Lit.: GEBHARDT⁹ I, 323–353 – HAUCK III, 724–886 – HEG II, 280–313 – NDB VIII, 315–320 – TRE XV, 6–9 – JDG H. IV. und H. V., Bd. 1–5, 1890–1904 – C. ERDMANN, Unters. zu den Briefen H.s IV., AU 16, 1939, 184–253 – W. v. D. STEINEN, Canossa, 1957 – H. L. MIKOLETZKY, Der »fromme« H. IV., MIÖG 68, 1969, 250–265 – A. GAWLIK, Intervenienten und Zeugen in den Diplomen Ks. H.s IV. (1056–1105), 1970 – CH. SCHNEIDER, Prophet. Sacerdotium und heilsgesch. Regnum im Dialog 1073–1077 (MMS 9, 1972) – E. WADLE, H. IV. und die dt. Friedensbewegung (Investiturstreit und Reichsverfassung [VuF 17], 1973), 141–173 – A. GAWLIK, Analekten zu den Urkk. H.s IV., DA 31, 1975, 370–419 – E. BOSHOF, H. IV., 1979 – P. E. SCHRAMM-F. MÜTHERICH, Die dt. Ks. und Kg.e in Bildern ihrer Zeit, 1983, 238–245, 166–175 [Abb.] – J. VOGEL, Gregor VII. und H. IV. nach Canossa (Arbeiten zur FrühMAforsch. 9, 1983) – H. ZIMMERMANN, H. IV. (Ks.gestalten des MA, hg. H. BEUMANN, 1984), 116–134 – H. KELLER (Propyläen Gesch. Dtl.s, II, 1986) – E. BOSHOF, Die Salier, 1987, 166–266 – T. STRUVE, H. IV., FMASt 21, 1987, 318–345 – B. MERTA (Intitulatio III [MIÖG Ergbd. 29], 1988), 182 ff. – T. STRUVE, Ksm. und Romgedanke in sal. Zeit, DA 44, 1988, 424–454 – G. TELLENBACH, Der Charakter H.s IV. (Fschr. K. SCHMID, 1988), 345–367 – T. STRUVE, Gregor VII. und H. IV., StGreg 13/14 [im Dr.] – →Deutschland, →Canossa, →Investiturstreit.

5. H. (IV.), *dt. Kg.* →Konrad III.

6. H. V., *Ks., dt. Kg.,* * 11. Aug. 1086, † 23. Mai 1125 in Utrecht, ☐ Speyer, Dom. Eltern: Ks. →Heinrich IV. und

Bertha v. Turin; ∞ 7. Jan. 1114 mit →Mathilde († 1167), Tochter Kg. →Heinrichs I. v. England. – Als nachgeborener Kg.ssohn zunächst nicht für die Nachfolge im Reich bestimmt, wurde H. im Alter von 12 Jahren auf einer Mainzer Reichsversammlung (10. Mai 1098) anstelle seines abgesetzten Bruders Konrad zum Kg. gewählt und am 6. Jan. 1099 in Aachen gekrönt. Gegenüber seinem mißtrauisch gewordenen Vater mußte er sich hierbei verpflichten, sich niemals gegen dessen Willen in die Reichsgeschäfte einzumischen. Dennoch wurde er von seinem Erzieher, Bf. →Konrad v. Utrecht, offenbar zielgerichtet auf seine künftige Aufgabe vorbereitet. Wohl aus Sorge über eine zunehmende Entfremdung zw. Kgtm. und Adel als Folge der niedere soziale Schichten begünstigenden Politik seines Vaters schloß sich H. der bayer. Adelsopposition an. Er löste eine bis nach Sachsen reichende Abfallbewegung aus. Für seinen Griff nach der Herrschaft versicherte sich H. der Unterstützung Papst →Paschalis' II., von dem er die Lösung der seinem Vater geschworenen Eide erlangte. Nach der erzwungenen Abdankung Heinrichs IV. und der Auslieferung der Reichsinsignien empfing H. am 5. Jan 1106 in Mainz die Huldigung der Fs.en. Obgleich er von diesem Datum an seine Regierungsjahre zählte, konnte er sich erst nach dem Tode seines Vaters (7. Aug. 1106) unangefochten in der Herrschaft behaupten. Durch seine Vermählung mit Mathilde kam es zu einem dauerhaften Bündnis mit dem engl. Kg.

Kaum zur Herrschaft gelangt, setzte H. mit äußerster Härte die von seinem Vater eingeschlagenen Wege fort, wodurch er seinerseits die Gegnerschaft der Fs.en wie des Reformpapsttums heraufbeschwor. Konsequent führte er die von Heinrich IV. im sächs.-thür. Raum begonnene Kg.slandpolitik weiter und suchte, die neugewonnenen Territorien durch Anlage bzw. Ausbau von Reichsburgen zu sichern. Aufgrund der hierbei zwangsläufig auftretenden Interessengegensätze brach das Fs.enbündnis, dem H. seine Herrschaft verdankte, bald zusammen. An der Spitze der wiederum von Sachsen ausgehenden Aufstandsbewegung standen Hzg. →Lothar v. Sachsen (Süpplingenburg) sowie der ehemalige kgl. Kanzler Ebf. →Adalbert I. v. Mainz. Bis zum Ende seiner Regierung ist H. der Ausgleich mit den aufstrebenden Territorialfs.en nicht mehr gelungen. Nach der vernichtenden Niederlage am →Welfesholz bei Eisleben (11. Febr. 1115) war Sachsen für das sal. Kgtm. fakt. verloren.

Nach dem Tode Heinrichs IV. hatte sich der Konflikt mit dem Papsttum auf die Investiturfrage (→Investiturstreit) reduziert. Auf seinem ersten Italienzug (1110/11) gelang H. die Wiederherstellung der Reichsgewalt in Italien. Der von Paschalis II. unterbreitete Plan, nach welchem ein Investiturverzicht des dt. Kg.s durch die völlige Restitution der Regalien kompensiert werden sollte, scheiterte am Widerstand der betroffenen Bf.e. Im Vertrag v. →Ponte Mammolo (11. April 1111) erzwang H. von ihm das Recht der Investitur mit Ring und Stab und ließ sich am 13. April zum Ks. krönen. Anfang 1116 erschien H. erneut in Italien, um die Erbschaft der im Vorjahr verstorbenen Mgfn. Mathilde v. Tuszien (→»Mathild. Güter«) anzutreten. Ein Ausgleich mit dem pragmat. agierenden Papst Calixtus II. scheiterte im Herbst 1119 noch an der Frage der Temporalieninvestitur. Mit dem auf Initiative der Fs.en zustande gekommenen →Wormser Konkordat (23. Sept. 1122), in welchem H. für Deutschland weiterhin eine Einflußnahme auf die Bf.serhebung zugesichert worden war, fand der Investiturstreit seinen formellen Abschluß.

Mit dem kinderlosen Tode H.s war das Haus der Salier erloschen. Zwar ist es H. nicht gelungen, den Aufstieg des Territorialfsm.s aufzuhalten; sein beharrl. Bemühen, die Rechte der Krone zu bewahren, legte jedoch den Grund für die Erneuerung der Kg.smacht unter den →Staufern. →Deutschland, C. IV.　　　　　　　　　　　T. Struve

Q.: Ed. der Urkk. H.s V. von A. GAWLIK-M. THIEL in Vorb. – *Lit.:* GEBHARDT⁹ I, 354–363 – HAUCK III, 885–923 – HEG II, 313–320 – NDB VIII, 320–323 – JDG H. IV. und H. V., Bd. 6–7, 1907–09 – F. HAUSMANN, Reichskanzlei und Hofkapelle unter H. V. und Konrad III. (MGH Schr. 14, 1956) – R. GAETTENS, Das Geburtsjahr H.s V. 1081 oder 1086?, ZRGGermAbt 79, 1962, 52–71 – A. WAAS, H.V. Gestalt und Verhängnis des letzten sal. Ks.s, 1967 – H. J. STÜLLEIN, Das Itinerar H.s V. in Dtl. [Diss. München 1971] – P. E. SCHRAMM-F. MÜTHERICH, Die dt. Ks. und Kg.e in Bildern ihrer Zeit, 1983, 247–253, 180–190 [Abb.] – C. SERVATIUS, H.V. (Ks.gestalten des MA, hg. H. BEUMANN, 1984), 135–154 – H. KELLER (Propyläen Gesch. Dtl.s, II, 1986) – E. BOSHOF, Die Salier, 1987, 267–305 [Lit.] – B. MERTA (Intitulatio III [MIÖG Ergbd. 29], 1988), 195 ff. – →Deutschland, →Investiturstreit.

7. H. VI., *Ks., dt. Kg., Kg. v. Sizilien,* aus dem Hause der →Staufer, * 1165 in Nimwegen, † 28. Sept. 1197 in Messina, ▭ Palermo, Dom. Eltern: →Friedrich I. und →Beatrix v. Burgund; ∞ →Konstanze v. Sizilien am 27. Jan. 1186, Sohn: →Friedrich II.

I. Leben und Regierung – II. Literarische Bedeutung.

I. LEBEN UND REGIERUNG: H. wurde 1169 zum dt. Kg. gewählt und erhielt 1184 die Ritterweihe. Seine Ausrufung zum →Caesar (Mailand, 1186) sollte die Weigerung des Papstes kompensieren, den Thronfolger zum Mitks. zu krönen. Urbans III. antiksl. Parteinahme im Trierer Schisma beantwortete H. auf Weisung Friedrich Barbarossas mit der Besetzung des Kirchenstaates (1186/87). Von großer Tragweite war H.s Heirat mit Konstanze, der Tochter Kg. →Rogers II., die nach dem kinderlosen Tode Kg. →Wilhelms II. († 1189) als Erbin des Kgr.es →Sizilien gelten mußte und ältere ksl. Ansprüche auf friedl. Wege zu realisieren versprach. Der von den siz. Großen beschworenen Eventualerbfolge widersetzte sich der siz. Hofadel durch die Erhebung Gf. →Tankreds v. Lecce, eines illegitimen Enkels Rogers II. (1190). Nach dem Tode Barbarossas im gleichen Jahr Alleinherrscher, scheiterte H.s erster, im Anschluß an die Ks.krönung (15. April 1191) unternommener Versuch, das Kgr. zu erobern; Konstanze fiel in die Hände Tankreds. Der durch die H. angelastete Ermordung des Lütticher Bf.s →Albert v. Löwen (1192) wiederbelebten niederrheinisch-welf. Opposition, die schnell weitere Kreise zog, konnte H. durch die Gefangennahme des engl. Kg.s →Richard Löwenherz begegnen, der sich nur gegen eine hohe Lösegeldzahlung und Lehensnahme seines Kgr.es vom Reich befreien konnte. Den Ausgleich mit den →Welfen förderte die Heirat →Heinrichs v. Braunschweig, Sohn v. Heinrich d. Löwen, mit Agnes, Tochter des rhein. Pfgf.en. Der Tod Tankreds (1194) öffnete H. den Weg ins Kgr. Sizilien, Weihnachten 1194 wurde er in Palermo zum Kg. v. Sizilien gekrönt. Die Familie Tankreds und ihre Berater wurden anläßl. einer (fingierten?) Verschwörung nach Deutschland deportiert. Weitere Maßnahmen zur Sicherung der »unio regni ad imperium« sind nur schemenhaft erkennbar. Das personelle Revirement betraf zunächst die Leitungsfunktionen am Hof, weniger in der Provinz. Für die Zeit von H.s Abwesenheit wurde Konstanze mit der Regierung des siz. Kgr.es beauftragt, die sie freilich kraft eigenen Rechts für sich reklamierte. Im Zusammenhang mit einer geplanten Realunion stehen wohl auch H.s weitere Maßnahmen: die Kreuznahme im Hinblick auf einen beabsichtigten Kreuzzug, v. a. aber der →»Erbreichsplan«, der die geistl. und weltl. Fs.en für die Thronfolge des Ks.sohnes gewinnen

sollte. Die Verhandlungen mit dem Papst, dem Oberlehnsherrn der siz. Kg.e, scheiterten an H.s Weigerung, Sizilien vom Papst zu Lehen zu nehmen. Auch die Fs.en begannen jetzt, dem »Erbreichsplan« zu widerstreben, so daß H. ihn fallen ließ. Doch erreichte er die Wahl seines Sohnes zum dt. Kg. (Dez. 1196). Daß über diese realpolit. Erwägungen hinaus auch das höhere Endziel Jerusalem (Endkaiser-Prophetien; →Eschatologie) eine bestimmende Komponente in H.s Politik war, ist nur zu vermuten. Die Erpressung von Byzanz (norm. Gebietsforderungen, »Alemannensteuer«), die Heirat →Philipps v. Schwaben mit der byz. Ks.tochter →Irene, die Tributzahlungen des almohad. Kalifen v. Tripolis und Tunis sowie die Lehensnahme der Kg.e v. Zypern und Armenien erhielten von dort ihren folgerichtigen Sinn. Als H. nach Sizilien zurückkehrte, entluden sich die Spannungen in einem Aufstand gegen den Ks., an dem angebl. auch Konstanze beteiligt gewesen sein soll. Die Empörung wurde blutig niedergeschlagen, doch starb H. kurz darauf an Malaria und Dysenterie. Konstanze ließ Friedrich nach Palermo bringen, wo er am 17. Mai 1198 zum Kg. v. Sizilien gekrönt wurde.

H.s nur bruchstückhaft überliefertes und in seiner Echtheit oft angezweifeltes »Testament« ist das Eingeständnis des Scheiterns seiner Politik. Wesentl. Bestandteil ist die Weisung, die bislang verweigerten Ansprüche des päpstl. Oberlehnsherrn in bezug auf Sizilien und Mittelitalien anzuerkennen. Gescheitert ist wegen des plötzl. Todes des Ks.s auch der im Sept. 1197 begonnene Kreuzzug, der vorzeitig abgebrochen wurde. H. führte das Stauferreich auf den Höhepunkt seiner Geltung; sein Tod offenbarte freilich schlagartig, auf welch unsicherem Fundament die stauf. Herrschaft gegr. war. →Deutschland, D.IV.

　　　　　　　　　　　　　　　　　　　　　　　Th. Kölzer

II. LITERARISCHE BEDEUTUNG: H. gilt als Verfasser von drei mhd. Minneliedern, indem ihm Bild und Text des 'Keiser Heinrich', die die Weingartner und die Gr. Heidelberger (= Maness.) →Liederhss. eröffnen, heute mit großer Zustimmung zugewiesen werden, während im 19. Jh. demgegenüber erhebl. Zweifel geäußert wurden (HAUPT, LACHMANN). Der Autor von höchstem Stand erweist den →Minnesang des 12. Jh. auch hinsichtl. seiner Entstehung als adlige Repräsentationskunst. Die Erwägungen über den Wert von Liebe und ksl. Macht für das personale Selbstgefühl betonen die existenzbestimmende Kraft der Liebe und begründen wohl eine später geläufige Topik. Formal repräsentieren H.s Lieder ältere dt. Vers- und Strophentypen neben der Orientierung an roman. Vorbildern. Die Datierung der Lieder im zeitl. Umfeld des Mainzer Hoffestes von 1184, der Schwertleite der Barbarossasöhne, ist eine ansprechende Hypothese. U. Schulze

Q.: RI, IV, 3, bearb. G. BAAKEN, 1972–79 – *Lit.: zu [I]:* DBI, s. v. Enrico VI di Svevia [im Dr.] – NDB VIII, 323–326 – Verf.-Lex.² III, 678–682 – TH. TOECHE, Ks. H. VI., 1867 – J. HALLER, Ks. H. VI. und die röm. Kirche, MIÖG 35, 1914, 385–454, 545–669 [separat 1962] – V. PFAFF, Ks. H.s VI. höchstes Angebot an die röm. Kurie, 1927 – E. JAMISON, Admiral Eugenius of Sicily, 1957 – V. PFAFF, Die Gesta Innozenz' III. und das Testament H.s, ZRGKanAbt 50, 1964, 78–126 – N. KAMP, Kirche und Monarchie im stauf. Kgr. Sizilien, I–IV, 1973–82 – P. CSENDES, Die Kanzlei Ks. H.s VI., 1981 – G. TABACCO, Impero e Regno meridionale (Potere, società e popolo tra età normanna ed età sveva, 1983), 13–48 – H. WOLTER, Die Verlobung H.s VI. mit Konstanze von Sizilien i. J. 1184, HJb 105, 1985, 30–51 – H. KELLER, Zw. regionaler Begrenzung und universalem Horizont, 1986 – S. TRAMONTANA, La monarchia normanna e sveva, 1986 – U. SCHMIDT, Kg.swahl und Thronfolge im 12. Jh., 1987 – O. ENGELS, Die Staufer, 1989⁴ – W. ZÖLLNER, H. VI. (Dt. Kg.e und Ks. des MA, hg. E. ENGEL – E. HOLTZ, 1989), 188–196 – TH. KÖLZER, Regno di Sicilia e Impero alla fine del sec. XII (Scritti i. o. di F. GIUNTA, 1989), 645–665 – → Deutschland – *zu [II]: Bibliogr.:* H. TERVOOREN, Bibliogr. zum Minnesang…, 1969, Nr. IX – *Ed.:* Des Minnesangs Frühling, bearb. H. MOSER–H. TERVOOREN, 1982[37] – Die Mhd. Minnelyrik I, ed. G. SCHWEIKLE, 1977 [mit Übers. und Komm.] – *Lit.:* Verf.-Lex.[2] III, 678–682 [G. SCHWEIKLE; Lit.] – J. HALLER, War Ks. H. VI. ein Minnesänger?, Neue Jbb. für das klass. Altertum, Gesch. und dt. Lit. 24, 1921, 109–126 – M. PAUKSCH, Der Minnesänger Ks. H., PBB 48, 1924, 120–123 – H. DE BOOR, Ks. H. 4, 17, PBB (Tübingen) 77, 1955, 366–374 – G. JUNGBLUTH, Die Lieder Ks. H.s, ebd. 85, 1963, 65–82 – P. WAPNEWSKI, Kaiserlied und Kaisertopos. Zu Ks. H. 5,16 (DERS., Waz ist minne?, Stud. zur mhd. Lyrik, 1975, 47–64) – U. PRETZEL, Ks. H.s Königslied (MF 5,16) (Fschr. M.-L. DITTRICH, 1976), 79–94.

8. H. (VII.), *dt. Kg., Kg. v. Sizilien,* * Jan./Juni 1211 in Sizilien, † 12.(?) Febr. 1242 bei Martorano (Prov. Catanzaro), ☐ Cosenza, Dom. Eltern: Ks. →Friedrich II. und Konstanze, Tochter Kg. Alfons' II. v. Aragón; ∞ Margarete († 1266), Tochter Hzg. →Leopolds VI. v. Österreich; Kinder: Heinrich († 1242/45), Friedrich († 1251). – Auf Verlangen Innozenz' III. ließ Friedrich II. den wenige Monate alten H. zum Kg. v. Sizilien krönen. Eine Sekundogenitur im Regnum sollte die Trennung Deutschlands von Sizilien sicherstellen. 1216 holte Friedrich jedoch seinen Sohn nach Deutschland, übertrug ihm das Hzm. →Schwaben sowie das Rektorat über Burgund und erreichte seine Wahl zum dt. Kg. (April 1220), während er selbst wieder die unmittelbare Herrschaft über Sizilien übernahm. Als Ks. und Familienoberhaupt beanspruchte er jedoch die Kontrolle über seinen am 8. Mai 1222 zum dt. Kg. gekrönten Sohn, dem de facto bloß die Rolle eines Reichsverwesers zugedacht war. Die Obhut über den unmündigen H. lag bei den Reichsministerialen, die Regierungsgeschäfte bei einem Regentschaftsrat, in dem Ebf. →Engelbert v. Köln, nach dessen Ermordung (1225) Hzg. →Ludwig I. v. Bayern dominierten. Als dieser nach der Bannung des Ks.s auf die Seite Gregors IX. trat, schüttelte H. dessen Vormundschaft ab und trat selbständig die Regierung an (Weihnachten 1228), wobei er sich zur Festigung der kgl. Position auf den niederen Adel und die Reichsministerialen stützte sowie das Städtewesen förderte. Wie sehr er auch hierbei vom Vater vorgezeichnete Wege ging, geriet er doch in Widerspruch zum imperialen Konzept des Ks.s, das Rücksichtnahme auf die dt. Fs.en erforderte. Am 1. Mai 1231 rangen diese H. wesentl. Zugeständnisse im → »Statutum in favorem principum« ab, das Friedrich in Cividale bestätigen mußte (Mai 1232). H. verpflichtete er unter demütigenden Umständen zu einer fürstenfreundl. Politik. Die polit. und persönl. Differenzen zw. Vater und Sohn führten zur offenen Rebellion H.s. Er mußte sich dem nach Deutschland geeilten Ks. unterwerfen (Juli 1235), wurde seiner Kg.swürde für verlustig erklärt und starb nach siebenjähriger Haft in Süditalien. Die Versuche des jungen unerfahrenen Kg.s., eine eigenständige Politik zu betreiben, führten in die Katastrophe.   W. Koch

Q. und Lit.: NDB VIII, 326 ff. – MGH Const. 2, hg. L. WEILAND, 1896 – RI V, 1–3; V, 4 – E. FRANZEL, Kg. H. VII. v. Hohenstaufen, 1922 – P. ZINSMAIER, Stud. zu den Urkk. H.s (VII.) und Konrads IV., ZGO 100, 1952, 445 ff. – R. SCHMIDT-WIEGAND, Fortuna Caesarea (Stauferzeit, 1978), 195 ff. – H. SCHWARZMAIER, Das Ende der Stauferzeit in Schwaben, 1979, 113 ff. – O. ENGELS, Die Staufer, 1989[4] – →Friedrich II.

9. H. VII., *röm.-dt. Kg., Ks.,* * 1278/79, † 24. Aug. 1313 in Buonconvento b. Siena, ☐ Pisa, Kathedrale (Grabmal von →Tino da Camaino); Sohn Heinrichs VI., Gf.en v. →Luxemburg und La Roche, Mgf. v. Arlon, und der Beatrix v. →Avesnes. H., der in der romanisch geprägten Welt des niederlothring. Adels aufwuchs, wurde am 9. Juni 1292 mit →Margarete, einer Tochter Hzg. Johanns I. v. Brabant, vermählt, ein Unterpfand der Versöhnung der beiden Häuser nach einem Streit um das Hzm. →Limburg (s. a. Schlacht v. →Worringen). Im engl.-frz. Krieg 1294–97 war H. – im Gegensatz zu Kg. →Adolf – ein enger Anhänger Philipps und seit Nov. 1294 lig. Vasall Kg. Philipps IV. v. Frankreich, den er 1305 zur Krönung Papst →Clemens' V. nach Lyon begleitete. H.s Bruder →Balduin wurde auf Betreiben Philipps vom Papst zum Ebf. v. Trier erhoben (1307). Gleichwohl schloß H., ohne von der Ermordung Kg. →Albrechts I. (1. Mai 1308) bereits Kenntnis zu haben, mit einigen benachbarten Fs.en am 11. Mai 1308 ein Bündnis, das u. a. die Möglichkeit der Kg.swahl eines der Partner vorsah. Dieses Bündnis hatte – unter dem Eindruck der rigorosen Maßnahmen Philipps IV. – eine antifrz. Komponente und richtete sich gegen die dt. Thronkandidatur von Philipps IV. Bruder →Karl v. Valois. Am 27. Nov. 1308 wurde H. auf Betreiben der Ebf.e →Peter v. Aspelt v. Mainz und Balduin v. Trier von sechs Kfs.en (ohne Böhmen) zum Kg. gewählt, am 6. Jan. 1309 in Aachen gekrönt. Der Papst gewährte die – nicht erbetene – Approbation, stellte aber die Ks.krönung, um die die Wähler stattdessen ersucht hatten, erst für den 2. Febr. 1312 in Aussicht. Gleichwohl entschloß sich H., so schnell wie möglich nach Italien zu ziehen.

Seine Italienpolitik ist vor dem Hintergrund von zwei Sachverhalten zu beurteilen: 1. der Abneigung der rhein. Kfs.en gegen ein Kgtm., das sich vorrangig in ihrem Bereich betätigte; 2. der Wahrung der Stellung des röm.-dt. Reiches in der Christenheit und der Wiederherstellung seiner Rechte im Arelat, in Reichsitalien und in Teilen des alten Lothar-Reiches, was Konfliktmöglichkeiten mit Philipp IV. und dessen Vetter, dem angevin. Kg. →Robert v. Neapel(-Sizilien), in sich barg.

Im Innern hat H. den Konflikt seiner beiden Vorgänger mit den →Wettinern beendet (Anerkennung von deren Herrschaft über →Meißen und →Thüringen) und sich mit den bei der Kg.swahl übergangenen →Habsburgern arrangiert, während der unter Albrecht I. ausgebrochene Konflikt mit →Württemberg bis 1311 weiterschwelte. Als ihm Gegner →Heinrichs VI. v. Kärnten die Aussicht auf das Kgr. →Böhmen eröffneten, griff H. zu (Heirat seines Sohnes →Johann mit Elisabeth v. Böhmen, 31. Aug. 1310, und Belehnung). Ohne den Erfolg des böhm. Unternehmens abzuwarten, brach H. nach Italien auf, das er Ende Okt. 1310 erreichte. Da H. einen Anspruch auf eine allg. Heeresfolge für den Romzug nicht mehr geltend machen konnte, umfaßte sein Heer (ca. 5000 Mann) überwiegend im westl. Grenzgebiet rekrutierte Truppen. Er beabsichtigte eine Finanzierung mit Steuern Italiens. In seinem Selbstverständnis als über den Parteien der →Guelfen und →Ghibellinen stehender Friedensstifter wurde er in Italien nicht nur von →Dante begrüßt.

Am 6. Jan. 1311 wurde H. in →Mailand mit der (eigens angefertigten) →Eisernen Krone der Langobarden gekrönt. H.s Ruf als Friedensstifter schwand im Verlauf der Mailänder Auseinandersetzungen zw. den von ihm unterstützten →Visconti und den →Della Torre sowie durch sein militär. Vorgehen gegen Cremona und Brescia. Sein infolge der Kämpfe und einer Seuche dezimiertes Heer erreichte Rom am 7. Mai 1312 von Pisa aus auf dem Seeweg (da Florenz den Landweg gesperrt hatte). Nach heftigen Kämpfen in Rom gegen die Truppen von Kg. Roberts Bruder Johann v. Gravina konnte sich H. am 29. Juni 1312 von hierzu beauftragten Kard.en im Lateran krönen lassen (die Peterskirche blieb ihm unzugänglich). Es war die erste Ks.krönung seit 92 Jahren. H.s Krönungsmanifest löste bei Philipp IV. Protest aus. Am 4. Juli schloß

H. ein Bündnis mit dem aragones. Kg. →Friedrich III. v. Sizilien (Trinacria), verließ am 4. Aug. Rom. Das militär. Vorgehen gegen Florenz (Okt. 1312) blieb ergebnislos. Am 26. April 1313 verurteilte H. Kg. Robert wegen Majestätsverbrechens in Abwesenheit zum Tode. H., dessen Gemahlin bereits am 14. Dez. 1311 in Genua verstorben war, erlag am 24. Aug. 1313 dem Malaria, nach hartnäckigen Gerüchten dem Giftmord eines Dominikaners.

H.s Absicht, durch die Herrschaft über Reichsitalien sich reiche Geldquellen zu erschließen, um so den Vorsprung des frz. und engl. Kgtm.s einzuholen, ist gescheitert. Seine Ks.krönung bedeutete aber eine →Renovatio Imperii, die in Neapel, Paris und an der Kurie eine lebhafte Debatte über das Ksm. der Deutschen auslöste. Mit Ausnahme Wenzels haben alle folgenden Kg.e des SpätMA versucht, sich in Rom krönen zu lassen. H. Thomas

Q.: MGH Const. IV – C. WAMPACH, Urkk.- und Q.buch zur Gesch. der altlux. Territorien, 5–7, 1948/49 – Jacques Bretel, Le Tournoi de Chauvency, ed. M. DELBOUILLE, 1932 – F.-J. HEYEN, Ks. H.s Romfahrt, 1965, 1978 – K.-U. JÄSCHKE, Imperator Henricus, Beih. zu Hémecht, 1988 – Lit.: F. SCHNEIDER, Ks. H. VII., 1924/28 – W. M. BOWSKY, Henry VII in Italy, 1960 – K. KLEFISCH, Ks. H. VII. als Gf. v. Luxemburg [Diss. Bonn 1971] – K.-U. JÄSCHKE, Zu universalen und nat. Reichskonzeptionen beim Tode Ks. H.s VII. (Fschr. B. SCHWINEKÖPER, 1982), 415–435 – C. D. DIETMAR, Die Beziehungen des Hauses Luxemburg zu Frankreich (1247–1346), 1983, 195–245 – H. THOMAS, Dt. Gesch. des SpätMA, 1983, 131–152 – Balduin v. Luxemburg, hg. F.-J. HEYEN, 1985.

10. H. I., Kg. v. →England 1100–35, * 1068, † 1. Dez. 1135 bei Gisors; ☐ →Reading; jüngster Sohn →Wilhelms I. d. Eroberers; ∞ 1. Edith/Mathilde, schott. Prinzessin, stammte von den ags. Kg.en ab; 2. Adela v. Löwen; Kinder von 1: Wilhelm († 1120; →Blanche-Nef), →Mathilde (∞ 1. Ks. →Heinrich V., 2. Gottfried, Gf. v. Anjou). – H. betrachtete sich als »purpurgeboren« und im Besitz eines bes. Rechtes auf den engl. Thron. Er riß nach dem Tode seines Bruders →Wilhelm II. das Kgtm. an sich, obwohl Hzg. →Robert v. der Normandie, der älteste Bruder, als Erbe vorgesehen war. H. geriet in eine Auseinandersetzung mit Robert, dem viele anglonorm. Barone anhingen. Ein Friedensschluß zu Alton 1101 hinderte H. nicht daran, Roberts Position in der Normandie zu unterminieren, den er 1106 bei →Tinchebrai besiegte und gefangennahm. H. machte sich zum Hzg. der Normandie. Die Wiedervereinigung Englands mit der Normandie bewirkte einen scharfen Gegensatz zu Kg. Ludwig VI. v. Frankreich, der fortan Wilhelm Clito, einen Sohn Hzg. Roberts, gegen H. unterstützte. Der engl. Kg. mußte in der Folge mehrfach Feldzüge zur Sicherung der Normandie gegen Ludwig und die nordfrz. Fs.en führen. – Schon 1100 rief H. den Ebf. →Anselm v. Canterbury aus dem Exil zurück und nahm Verhandlungen mit ihm auf. Es kam jedoch zu Auseinandersetzungen um die Frage der von den norm. Herrschern geübten Laieninvestitur, die bis 1105 währten und erst im Aug. 1107 zu Westminster formell beigelegt wurden (→Investiturstreit). Der Streit endete mit einem Kompromiß, der es H. erlaubte, weiterhin die den norm. »Gewohnheiten« entsprechende Kirchenhoheit auszuüben. Diese erschien unverzichtbar, weil die Bf.e dem Kreis der Kronvasallen angehörten. H. mußte allerdings in den späteren Jahren päpstl. Legaten die Einreise nach England und die Ausübung von Jurisdiktion gestatten (→Johann v. Crema, →Canterbury, →York). – Außenpolitisch bedeutsam war die Heirat seiner Tochter Mathilde mit Ks. Heinrich V. 1124 plante er gemeinsam mit dem Salier einen Feldzug gegen Frankreich, doch mußte das Unternehmen vorzeitig abgebrochen werden. Nach dem Tode des Thronfolgers Wilhelm holte H. 1126

die (inzwischen verwitwete) Mathilde zurück und zwang die Barone, sie eidl. als »Thronfolgerin« anzuerkennen (1127). Die zweite Heirat Mathildes 1128 verschaffte der engl. Politik einen wichtigen Bundesgenossen in N-Frankreich, rief aber Widersetzlichkeit bei den Baronen hervor, die in Gottfried ihren traditionellen Feind sahen. Die letzten Jahre H.s waren von Unsicherheiten der Thronfolge und offenem Streit mit Gottfried und Mathilde überschattet. H. festigte die Administration (→Exchequer), übte harte Strafjustiz und setzte Patronage als Mittel der Politik ein. Zum Ausbau der Diözesanstruktur s. →Ely, →Carlisle. K. Schnith

Q.: English Hist. Documents, hg. D. C. DOUGLAS, II, 1953 – Regesta Regum Anglo-Norm. II, 1956 – Lit.: R. W. SOUTHERN, King Henry I (Medieval Humanism, 1970), 206ff. – M. CHIBNALL, Anglo-Norman England, 1986 [Lit.] – D. BERG, England und der Kontinent, 1987 [Lit.].

11. H. II., Kg. v. →England 1154–89, * 25. März 1133 in Le Mans, † 6. Juli 1189 in Chinon, ☐ →Fontevrault; stammte aus dem Hause →Plantagenêt (Vater: Gottfried [Geoffrey] P., Gf. v. Anjou [→Angers], Mutter: Ksn. →Mathilde); ∞ 1152 →Eleonore, Erbin des Hzm.s →Aquitanien; Kinder: Wilhelm, →Heinrich d. J., →Richard I. Löwenherz, →Geoffrey, →Johann (Ohneland), Johanna (∞ Wilhelm v. Sizilien), Eleonore (∞ Alfons VIII. v. Kastilien), →Mathilde (∞ →Heinrich d. Löwe). – Von seinem Vater erhielt H. 1149 das Hzm. →Normandie, 1151 erbte er – in Verfolgung des Thronanspruchs seiner Mutter – in England, schloß mit Kg. →Stephan v. Blois eine Nachfolgevereinbarung und wurde nach Stephans Tod zum Kg. gekrönt. Eine seiner ersten öffentl. Handlungen war die Sicherung der Erbfolge für seinen ältesten Sohn, Wilhelm († bereits 1156), sodann für →Heinrich (d. J.). Sowohl in seinem engl. wie kontinentalen Machtbereich (sog. →Angevin. Reich) bemühte sich H. nachdrückl. um die Wiederherstellung und Ausdehnung der Herrschaftsrechte. 1157 leistete →Malcolm IV., Kg. v. Schottland, ihm den Huldigungseid. Im selben Jahr nötigte H. die Fs.en des n. und s. →Wales zur Unterwerfung und Anerkennung der unter den norm. Kg.en Englands gemachten Eroberungen. 1158 erbte H. von seinem Bruder →Gottfried die →Bretagne. 1160 gelang ihm der Rückerwerb von Grenzgebieten der Normandie.

In England setzte H. den Kampf für eine Wiederherstellung der unter Heinrich I. intakten, während der Regierungszeit Stephans v. Blois aber entfremdeten Kronrechte fort. Die Konstitutionen v. →Clarendon (1164), die das Verhältnis von geistl. und weltl. Gewalt regelten, erregten den Widerstand einiger Prälaten, insbes. des Ebf.s v. →Canterbury, →Thomas Becket. Der durch persönl. Antipathie verschärfte Konflikt gipfelte in der Ermordung Beckets (1170), dem ein →Interdikt folgte. Nach H.s Buße kam es zu Verhandlungen zw. dem Kg. und Alexander III., die zur Beilegung der rechtl. und kirchenpolit. Streitpunkte führten. Die Eroberungen, die H. in →Irland machte, boten dem Papsttum Gelegenheit, die noch wesentl. nach den überkommenen ir. Gewohnheiten verfaßte ir. Kirche unter röm. Kontrolle zu bringen. Hauptetappen der Irlandexpansion H.s waren: 1155 eine erste Intervention, um seinen Bruder →Wilhelm Langschwert mit einem Herrschaftsgebiet zu versorgen; 1170 – ohne direkte Beteiligung des Kg.s – eine erfolgreiche Invasion norm. Barone aus dem s. Wales, zwecks Unterstützung des vertriebenen Kg.s v. Leinster, →Dermot mac Murrough, mit anschließender anglonorm. Ansiedlung in Irland. 1171 erschien H. persönl. in Irland und ließ sich dort von

Normannen wie Iren huldigen. Als Sieger zurückgekehrt, verfügte H. über die beste Ausgangsposition für seine in der Normandie stattfindenden Verhandlungen mit den päpstl. Legaten, durch die er seine schwierige persönl. Situation nach Beckets Ermordung überwand. 1172 bestätigte Alexander III. ihn als Herrn über Irland. Die Verlobung Johanns mit Alice, der Tochter Humberts III. v. Maurienne und Savoyen, löste 1173–74 wegen der reichen kontinentalen Mitgift einen Aufstand der älteren Prinzen aus, die von ihrer Mutter Eleonore, den Kg.en v. Frankreich und Schottland sowie von einigen Aristokraten in H.s Herrschaftsbereich unterstützt wurden, wohingegen der Großteil der Aristokratie loyal zum Kg. stand, der sich 1174 erfolgreich durchsetzte.

Das letzte Jahrzehnt der Regierung H.s stand unter ungünstigen Vorzeichen: Sein Schwiegersohn Heinrich d. Löwe mußte nach seinem Sturz Exil in England nehmen (1182–84). Nach dem Tode der Söhne Heinrich († 1183) und Geoffrey († 1186) schlossen sich Richard und Johann gemeinsam mit Kg. →Philipp II. August v. Frankreich zu einer Verschwörung gegen ihren Vater zusammen. Nach Ausbruch des offenen Krieges (1188) zeigten sich Philipp und Richard überall siegreich; H. starb besiegt und gedemütigt. Bleibende Hinterlassenschaft der Regierung H.s waren Regierungs-, Verwaltungs- und Rechtsreformen. Das →Finanzwesen (B. IV) beruhte auf dem →Exchequer, während das Gerichtswesen an die Stelle der älteren, stärker gewohnheitsrechtl. und oft willkürl. Verfahrensweisen nun einheitlichere, zunehmend auch durch Gesetzgebung geregelte Prozeßformen setzte, wobei die beiden processory assizes (Besitzrechtsverordnungen), nämlich →novel disseisin (1166) und →mort d'ancestor (1176), sich als am langlebigsten erwiesen (→Gerichtsverfahren, IV).

J. Critchley

Lit.: J. Boussard, Le gouvernement d'H. II Plantegenêt, 1956 – W. L. Warren, H.II, 1973 – T. H. Keefe, Feudal Assessments and the Political Community under H.II and his Sons, 1983 – J. Gillingham, The Angevin Empire, 1984 – F. Barlow, Thomas Becket, 1986.

12. H. III., Kg. v. →England 1216–72, * 1. Okt. 1207, † 16. Nov. 1272 in Westminster, ältester Sohn Kg. Johanns und seiner 2. Frau, Isabella v. Angoulême, ∞ 20. Jan. 1236 Eleonore v. Provence († 25. Juni 1291). Kinder: →Eduard (I.), →Edmund 'Crouchback', Margarete (∞ Alexander III. v. Schottland) sowie mindestens sechs weitere Nachkommen. – Mit der Thronbesteigung des minderjährigen H. (28. Okt. 1216) begann die erste Vormundschaftsregierung in England seit der norm. Eroberung. Der Regentschaftsrat, unter Vorsitz von William the →Marshall, Earl of Pembroke († 1219), setzte die →Magna Carta wieder in Kraft und schlichtete den unter Johann ausgebrochenen Bürgerkrieg. Nach verschiedenen Stadien eingeschränkter Mündigkeit (1223, 1227) nahm H. seit 1234 die vollen Herrscherrechte wahr. Obwohl H. selbst die Bewahrung des inneren Friedens als wichtigste Errungenschaft seiner aktiven Regierungsjahre (1234–58) ansah, konnte er die Großen seines Reiches nicht zu dauerhafter Loyalität verpflichten, was u. a. mit seinem Versagen als Heerführer (so im erfolglosen Frankreichfeldzug von 1242) und seiner nachgiebigen Haltung gegenüber seiner engsten Umgebung (v. a. gegenüber den Halbbrüdern aus dem Hause →Lusignan) zusammenhängt. Den Magnaten, die nach Ausbau ihrer lokalen Machtstellung drängten (→Baron, III), trat H. mit geringer Energie entgegen. Vergeblich versuchte er, seinem Sohn Edmund die Krone →Siziliens zu erobern. 1258 rissen die Großen die Regierungskontrolle an sich, vertrieben die Lusignans, setzten die Provisions of →Oxford

durch und entmachteten damit den Kg. Nach der Rückkehr aus Frankreich im April 1260, wo H. sich zu Friedensverhandlungen (Ratifizierung des Friedens v. →Paris) aufgehalten hatte, konnte er kurzfristig seine Regierungsgewalt wiederherstellen und die Exilierung Simons de →Montfort erreichen. Nach dem Ausbruch neuer Konflikte unterwarfen der Kg. und Montfort sich dem Schiedsspruch Kg. →Ludwigs IX. (Mise d'→Amiens), der mit seiner Absage an die baronialen Regierungs- und Reformvorstellungen den offenen Bürgerkrieg auslöste (→Barone, Krieg der). Mit der Niederlage von →Lewes und der nachfolgenden Haft des Kg.s (Mai 1264–Aug. 1265) war Montfort fakt. Herr über England. Erst der Sieg Eduards bei →Evesham konnte die Autorität seines Vaters wiederherstellen (»Dictum v. →Kenilworth«). In den folgenden Jahren wurde die kgl. Politik vom Krieg gegen die →Disinherited (bis 1267) und von den Vorbereitungen des unter Führung Eduards geplanten Kreuzzugs beherrscht.

C. H. Knowles

Lit.: R. F. Treharne, The Baronial Plan of Reform, 1258–63, 1932, – F. M. Powicke, H. III and the Lord Edward, 2 Bde, 1947 – M. T. Clanchy, Did H. III have a Policy?, History 53, 1968, 203–216 – D. A. Carpenter, What Happened in 1258? (War and Government in the MA, hg. J. Gillingham – J. C. Holt, 1984), 106–119 – Ders., King, Magnates, and Society: The Personal Rule of King H. III (1234–1258), Speculum 60, 1985, 39–70.

13. H. IV., Kg. v. →England 1399–1413; * ca. April 1366 in Bolingbroke Castle (Gft. Lincs.), † 20. März 1413, □ Canterbury, Kathedrale; einziger überlebender Sohn des mächtigsten engl. Hochadligen, →John of Gaunt, und Enkel Eduards III.; ∞ 1.: 1380/81 Mary († 1394), Tochter und Miterbin von Humphrey →Bohun, Earl of Hereford and Essex; 2.: 7. Febr. 1403 Johanna († 1437), Tochter →Karls II., Kg.s v. Navarra, Witwe →Johanns IV. v. Montfort, Hzg.s v. Bretagne. – H., Earl of Derby, war in jungen Jahren ein namhafter Turnierfechter und weitgereister Ritter (Kriegszüge in Schottland 1384 und 1385, →Preußenreise 1390–91 und 1392, anschließend Aufenthalte in Prag, Wien, Venedig, Jerusalem, Paris). In den polit. Kämpfen unter Richard II. spielte H. zunächst eine geringere Rolle und wurde am 29. Sept. 1397 zum Duke of Hereford gekürt. Angesichts des drohenden eigenen Sturzes klagte er Thomas →Mowbray, Duke of Norfolk, im Parlament des Verrats an. Einem gerichtl. Zweikampf zw. H. und Mowbray gebot der Kg. Einhalt durch Verbannung der beiden Kontrahenten (Sept. 1398), der – nach dem Tode Johns of Gaunt (3. Febr. 1399) – die Konfiskation des riesigen Erbes und ein Verbannungsurteil auf Lebenszeit folgten. Anfang Juli 1399 kehrte H. mit einer kleinen Streitmacht aus dem frz. Exil nach England zurück und fand kaum Widerstand; der auf einem Irlandfeldzug befindliche Kg. geriet im Aug. 1399 unter H.s Kontrolle und ließ sich am 29. Sept. 1399 zur Abdankung überreden. Am folgenden Tage meldete H., vor einem Zusammentreten der Stände, seine – anfechtbaren – Thronansprüche an, fand Anerkennung und konnte sogleich die Regierung antreten (Krönung 13. Okt.).

Ein erprobter Soldat und tatkräftiger Herrscher, blieb H.s Regierung dennoch glücklos. Er führte 1400–05 mehrere – meist erfolglose – Feldzüge gegen →Schottland sowie den walis. Fs.en →Owain Glyn Dwr. Die sich im Innern häufenden Verschwörungen und bewaffneten Revolten (1400, 1403, 1405, 1408) schlug er nieder (Schlacht bei →Shrewsbury, 1403; Hinrichtung →Scropes, Ebf. v. York, 1405). Der unter ständiger Geldnot leidende Kg. sah sich in den Parlaments oft schonungsloser Kritik ausgesetzt. Die späteren Regierungsjahre, ab 1406, standen im Zeichen friedlicherer Zustände, aber auch schwindender Kräfte des Kg.s, der als Begründer der Dynastie →Lancaster die Fundamente für das Kgtm. seines Hauses (bis 1461) geschaffen hat. **A. L. Brown**

Lit.: J. H. WYLIE, Hist. of England under H. the Fourth, 4 Bde, 1884–98 – J. L. KIRBY, H. IV of England, 1970.

14. H. V., *Kg. v.* →*England* 1413–22, * 16. (?) Sept. 1387 in Monmouth, † 31. Aug./1. Sept. 1422 im Schloß Bois de Vincennes, ▢ Westminster Abbey; ältester Sohn von Heinrich (IV.), damals noch Earl of Derby, und Mary →Bohun; ∞ 1420→Katharina, Tochter Kg. →Karls VI. v. Frankreich. – H. wurde 1399, nach der Krönung seines Vaters, zum →Prince of Wales erhoben, kämpfte 1403 bei →Shrewsbury und bis 1408 gegen die walis. Aufstände (→Owain Glyn Dwr). 1410–11 stand er dem King's →Council vor. Späteren Berichten über seine ausschweifende Jugend (vgl. Shakespeare, »Henry IV«) fehlt die zeitgenöss. Quellengrundlage. Bei Antritt der Thronfolge (21. März 1413) war er bestens vorbereitet auf das Herrscheramt, dessen Autorität er streng wahrte. Er ging unbarmherzig gegen Verräter und Ketzer (→Oldcastle, John) vor. Andererseits verstand er es, seine Untertanen zu loyalem Verhalten zu motivieren, und gewann so die einmütige Unterstützung von Adel und Volk für seinen Krieg gegen→Frankreich; diesen führte er im festen Glauben an sein Recht auf den frz. Thron, worin er durch seine Siege (→Agincourt) bestärkt wurde. Karl VI. setzte ihn 1420 zum Erben ein. Doch starb H. vor seinem Schwiegervater. Seine eigene Propaganda hat maßgebl. zu seinem Nachruhm als »Blüte christl. Rittertums« beigetragen, doch hat sich seine umsichtige Regierung für England und die Normandie tatsächl. günstig ausgewirkt. **R. L. Storey**

Q.: Gesta Henrici Quinti, ed. F. TAYLOR–J. S. ROSKELL, 1975 – *Lit.:* J. H. WYLIE–W. T. WAUGH, The Reign of H. the Fifth, 3 Bde, 1914–29 – H. V.: the Practice of Kingship, hg. G. L. HARRISS, 1985 – T. B. PUGH, H. V. and the Southampton Plot, 1988.

15. H. VI., *Kg. v.* →*England* und – dem Titel nach – Kg. v. →Frankreich, * 6. Dez. 1421, † (ermordet) 22. Mai 1471 im Londoner Tower; Sohn von Kg. →Heinrich V. und Katharina v. Valois, Tochter Kg. Karls VI. v. Frankreich; ∞ 23. April 1445 →Margarete v. Anjou; Sohn: →Eduard (9.). – Bereits am 1. Sept. 1422 Kg. geworden, stand H. unter der Vormundschaft seiner Mutter und wurde am 6. Nov. 1429 gekrönt. Der anschließende zweijährige Frankreichaufenthalt gipfelte in der Krönung zum Kg. v. Frankreich am 16. Dez. 1431. Seine starke Religiosität wurde bald von der →Devotio moderna geprägt. Im Nov. 1437 erkannte der King's →Council H.s selbständige Regierung in England förmlich an. Seine Heirat mit Margarete v. Anjou auf Betreiben von William de la →Pole, Earl of Suffolk, und der damit verbundene Waffenstillstand (1444) führten zu einer kurzen Unterbrechung des Krieges mit Frankreich. Der Einfluß H.s auf die Politik in der Folgezeit ist in seinem Ausmaß umstritten. Zwar übernahm er die Verantwortung für eine Reihe militär.-polit. Fehlschläge (Abtretung der Gft. →Maine 1448; engl. Plünderung von →Fougères 1449, die die frz. Rückeroberung der Normandie auslöste), doch war er nicht aktiv an ihnen beteiligt. Lediglich in kirchl. Angelegenheiten setzte der Kg. seinen Willen gegen seine Ratgeber durch, unter denen Suffolk bes. einflußreich war. Die längere Krankheit H.s (Aug. 1453–Jan. 1455) führte zu sich verstärkenden Machtkämpfen der Häuser →Lancaster und →York. H., der in der Schlacht v. St. Albans (1455) verwundet wurde, konnte nach der Schlacht v. Northampton von den »Yorkists« gefangengenommen werden, entfloh aber

1461. 1468 geriet er in die Gefangenschaft →Eduards IV. 1470–71 kehrte H. auf den Thron zurück, wurde aber nach der Schlacht bei Tewkesbury im Tower ermordet. Seine einfache und strenge Lebensführung fand nach seinem Tode viele Bewunderer. Die beiden Colleges in →Eton und →Cambridge wurden von H. errichtet. **G. L. Harriss**

Q. und Lit.: H. the Sixth; a Reprint of John Blackman's Memoir, ed. M. R. JAMES, 1919 – P. GROSJEAN, Henrici VI Angliae Regis Miracula Posthuma (Soc. des Bollandistes, 1935)–R. A. GRIFFITHS, The Reign of H. VI, 1981 – B. P. WOLFFE, H. VI, 1981.

16. H. VII., *Kg. v.* →*England* 1485–1509, * 28. Jan. 1457 in Pembroke, † 21. April 1509 in Richmond (Gft. Surrey), ▢ Westminster; einziger, postum geb. Sohn von Edmund, Earl of Richmond (Sohn von Owen →Tudor und →Katharina, Witwe Kg. Heinrichs V.), und Margarete (1443–1509), Tochter von Johann →Beaufort (→Lancaster); ∞ 18. Jan. 1486 →Elisabeth v. York. – Obwohl ihm Kg. Eduard IV. das Earldom →Richmond entzogen hatte, wurde H. als Anwärter auf die Krone betrachtet und 1462–69 dem Gewahrsam des Earl of Pembroke, William →Herbert, anvertraut. Nach der Zerschlagung der restaurierten Lancaster-Monarchie (1471) wurde H. von seinem Onkel Jasper Tudor in die Bretagne gebracht. Erst nach Richards III. Usurpation (1483) errang H. Anerkennung für seine Thronansprüche, die er durch seine Landung in England und den Sieg bei →Bosworth (1485) durchsetzte. Durch seine Heirat sicherte er sich die Loyalität der für seine Regierung unentbehrl. ehem. 'Yorkists'.

H. hat das Regierungs- und Ämterwesen weniger durch Neuschöpfungen als durch den Ausbau vorhandener Ansätze geprägt. Sein Regierungsstil war gleichwohl rigoroser als derjenige Eduards IV.; auf einer breiteren Basis beruhend, mußte er nicht auf die Interessen weniger Großer Rücksicht nehmen. Von sprichwörtl. Wachsamkeit und großem Arbeitseifer, unterdrückte der Kg. konspirative Umtriebe rasch und in exemplar. Weise. Die Vernichtung der Heerhaufen des Kronprätendenten Lambert →Simnel (1487) gilt als letzte Schlacht der sog. →Rosenkriege. H.s Außenpolitik zielte vor allen Dingen auf Isolierung pseudo-yorkist. Bestrebungen von ihren kontinentalen Hintermännern. Nach einem Frankreichfeldzug (1492) verzichtete er auf weitere Expansion; die friedl. Beziehungen zu Frankreich ermöglichten auch ein Abkommen mit dessen Bundesgenossen →Schottland, bekräftigt 1503 durch die Heirat der Tochter Margarete mit Jakob IV., dem dynast. Ansatzpunkt für die engl.-schott. Union von 1603. **R. L. Storey**

Lit.: S. B. CHRIMES, H. VII, 1972 – M. J. BENNETT, The Battle of Bosworth, 1985 – A. GRANT, H. VII, 1985 – R. A. GRIFFITHS – R. S. THOMAS, The Making of the Tudor Dynasty, 1985 – M. J. BENNETT, Lambert Simnel and the Battle of Stoke, 1987.

17. H. d. J., 2. Sohn Kg. →Heinrichs II. und der →Eleonore, * 1155, † 1183, wurde 1156, nach dem Tode seines älteren Bruders Wilhelm, als Thronerbe anerkannt; ∞ 1160 Margaret, Tochter Kg. Ludwigs VII. v. Frankreich. H. verbrachte seine frühen Jahre im Hofhalt des Kanzlers →Thomas Becket, bis zu dessen Erhebung zum Ebf. v. Canterbury. 1169 und erneut 1170 leistete H. dem frz. Kg. Ludwig VII. den Lehnseid für Anjou, Maine und die Bretagne. Von tatsächl. polit. Macht hielt ihn sein Vater jedoch fern, gegen den sich H. 1173–74 erhob. Während einer weiteren Rebellion starb er. **J. Critchley**

Lit.: W. L. WARREN, H. II, 1973 – J. GILLINGHAM, The Angevin Empire, 1984.

18. H. I., *Kg. v.* →*Frankreich* 1031–69, * 1008, † 4. Aug. 1060 in Vitry-en-Brie, ▢ St-Denis. Als 2. Sohn Roberts II. und Konstanzes v. Arles zunächst mit dem Hzm. →Burgund bedacht, wurde H. nach dem frühen Tod des Bruders und Mitkg.s →Hugo 1027 zum Mitkg. erhoben. Der vehemente Widerstand der Mutter, die den jüngeren Bruder Robert favorisierte (auch noch nach Roberts II. Tod 1031), brachte die Dynastie an den Rand der Katastrophe. Angesichts der erneuten Behauptung adliger Wahlrechtsvorstellungen vermochte sich H. nur mühsam durchzusetzen und fand 1032 den Bruder mit dem Hzm. Burgund ab. Die polit. Aufgaben waren vorgezeichnet im Aufstieg der fsl. Gewalten: In wechselnden Koalitionen mit den Hzg.en und den Gf.en v. Anjou (→Angers) und →Flandern bestand H. im Kampf gegen das Haus →Blois die entscheidende Kraftprobe der frühen Jahre. Erst der Tod Gf. →Odos II. 1037 beendete die Auseinandersetzung, die durch die Burgundpolitik Ks. →Konrads II. in größeren europ. Zusammenhängen aufging. Die Kontakte zu den →Saliern schlugen sich in drei Herrschertreffen (mit Konrad II. 1033 in →Deville, mit →Heinrich III. 1043 und 1056 in →Ivois) und in den ersten beiden Eheschließungen H.s mit Verwandten der Salier nieder. In der Amtsnachfolge der karol. Kg.e betrieb H. in seinen letzten Jahren eine entschiedene, freilich erfolglose Politik zur Rückgewinnung →Lothringens. Im Innern blieb der Kg. zunehmend auf die →Île-de-France unter Vernachlässigung des noch vom Vater bevorzugten Orléanais (→Orléans) beschränkt. Die Zeugenlisten kgl. Urkunden offenbaren, daß sich in der kgl. Umgebung neben Bf.en und Gf.en zunehmend lokale Herren aufhielten. Seit den 40er Jahren lassen sich erste Ansätze zur Straffung der kgl. Verwaltung durch Schaffung von Hofämtern erkennen. Hier boten sich zunächst dem Niederadel, später auch bedeutenderen Familien Möglichkeiten zum Aufstieg im kgl. Dienst.

Nur mühsam vermochte der Kg. die Hoheit über Teile des frz. Episkopats zu bewahren, was sich bes. angesichts der Synode Papst →Leos IX. 1049 in Reims erwies: Von den auf Befehl des Kg.s nicht erschienenen Bf.en wurden mehrere abgesetzt oder exkommuniziert (→Frankreich B). Seine Nachfolge im kgl. Amt sicherte H. mit dem bewährten Mittel des Mitkgtm.s, als er 1059 seinen ältesten, aus der dritten Ehe mit →Anna v. Kiev hervorgegangenen Sohn Philipp I. erheben ließ; im formalisierten Wahlakt beanspruchte der Ebf. v. Reims nach dem Vorbild des Ebf.s v. Mainz das Erstkurrecht.

B. Schneidmüller

Lit.: F. Soehnée, Catalogue des actes d'Henri Iᵉʳ (1031–60), 1907 – J. Dhondt, Les relations entre la France et la Normandie sous Henri Iᵉʳ, Normannia 12, 1939, 465–486 – Ders., Henri Iᵉʳ, l'Empire et l'Anjou (1043–56), RBPH 25, 1946/47, 87–109 – Ders., Quelques aspects du règne d'Henri Iᵉʳ, roi de France (Mél. L. Halphen, 1951), 109–208 – J.-F. Lemarignier, Le gouvernement royal aux premiers temps capétiens (987–1108), 1965, 83ff. – J. Dhondt, Une crise du pouvoir capétien 1032–34 (Misc. med. J. F. Niermeyer, 1967), 137–148 – W. Kienast, Dtl. und Frankreich in der Ks.zeit (900–1270), I, 1974, 154ff. – E. Boshof, Lothringen, Frankreich und das Reich in der Regierungszeit Heinrichs III., RhVjbll 42, 1978, 63–127 – U. Reuling, Die Kur in Dtl. und Frankreich, 1979, 59ff. – J. Ehlers, Gesch. Frankreichs im MA, 1987, 73ff.

19. H. I., *Kg. v.* →*Kastilien,* * 1204 in Valladolid, † 6. Juni 1217 in Palencia durch einen Unfall; Sohn Alfons' VIII. und der Eleonore v. England, Tochter des engl. Kg.s Heinrich II. Plantagenêt. Der Tod seiner fünf älteren Brüder machte H. bereits 1214 zum Kg. Die Regentschaft wurde in Übereinstimmung mit dem Testament Alfons' VIII. von H.s Schwester →Berenguela (3. B.) übernommen. Ein Teil des kast. Adels, an seiner Spitze Gf. Alvar Núñez de →Lara, widersetzte sich der Regentschaft, vorgeblich, um eine Ausschaltung H.s zugunsten des Sohnes

von Berenguela, Ferdinand, zu verhindern. Berenguela verzichtete daraufhin auf die Regentschaft, bedang sich aber aus, vor allen wichtigen Entscheidungen unterrichtet zu werden, woran sich der Gf. v. Lara jedoch nicht hielt. Der daraufhin ausbrechende Bürgerkrieg endete mit H.s frühem Tod; als Kgn. v. Kastilien ebnete Berenguela nun ihrem Sohn den Weg zur Krone (→Ferdinand III.).

L. Suárez-Fernández

Lit.: J. González, Alfonso IX, 2 Bde, 1944 – Ders., El reino da Castilla en la época de Alfonso VIII, 3 Bde, 1960 – s. a. Lit. zu →Berenguela, →Ferdinand III.

20. H. II. Trastámara, *Kg. v.* →*Kastilien,* * um 1333 in Sevilla, † Mai 1379 in S. Domingo de la Calzada, ☐ Toledo, Kathedrale, ⚭ 1350 Juana Manuel, Tochter des Hochadligen und berühmten Autors →Juan Manuel, aus dieser Ehe 3 Kinder: Johann, künftiger Kg. v. Kastilien, Leonor (⚭ Karl III. v. Navarra), Juana. – H. war Bastard Kg. Alfons' XI. v. Kastilien und der →Leonor de Guzmán und wurde adoptiert von dem Magnaten Rodrigo Alvárez de las Asturias, der ihm Noreña, Gijón sowie die für die künftige Dynastie namengebende Gft. →Trastámara übertrug. – H. engagierte sich aktiv in der Opposition gegen seinen Stiefbruder Peter I. v. Kastilien und schloß sich 1354 einer Koalition an, die nach dem Fall von Toro (1356) aber zusammenbrach. 1359 aus aragones. Exil zurückgekehrt, errang H. einen Sieg bei Araviana, unterlag aber 1360 bei Nájera und floh erneut, diesmal nach Frankreich.

Nach Geltendmachung seiner Thronansprüche bereitete er mit Hilfe frz. Söldnerverbände (Weiße Kompanien) und Peters IV. v. Aragón (Vertrag v. Monzón 1363; Versprechen der Abtretung →Murcias) eine Invasion vor, der der Papst Kreuzzugscharakter verlieh. Gemeinsam mit den von →Du Guesclin befehligten frz. Kontingenten fiel er in Kastilien ein, erzwang den Rückzug Peters I. und ließ sich im April 1366 in Burgos zum Kg. krönen. Doch die katastrophale Niederlage bei →Nájera (3. April 1367) gegen Peter I. und dessen engl. Verbündeten →Eduard, den »Schwarzen Prinzen«, zwang H. zur erneuten Flucht nach Frankreich. Doch kehrte er noch im gleichen Jahr zurück, und der lange und verlustreiche Bruderkrieg, in dessen Verlauf H. allmähl. das Übergewicht gewann, wurde fortgesetzt. Die Ermordung Peters I. in →Montiel (März 1369) machte H. den Weg zum Thron frei.

Die Lage H.s blieb jedoch noch über längere Zeit prekär: Im Innern des Reiches sammelten sich weiterhin Anhänger Peters I. in Widerstandszentren (Zamora, Carmona, Galicien); in mehreren span. Reichen (Aragón, Navarra, Portugal) bildete sich eine gegen Kastilien gerichtete Koalition. Erst 1371 erfolgte ein Umschwung, der durch Verträge mit den benachbarten Reichen (1373 Friede v. Santarém mit Portugal, 1375 Vertrag v. Almazán mit Aragón) gefestigt wurde. Die an Aragón gefallene Herrschaft Molina kam an Kastilien zurück, Murcia verblieb unter kast. Herrschaft. Durch die Heirat zw. dem kast. Thronerben Johann und der aragon. Erbtochter Leonor wurden die dynast.-polit. Voraussetzungen für die spätere Hegemonie Kastiliens auf der Iber. Halbinsel geschaffen. Schwieriger gestaltete sich das Verhältnis zu Navarra, mit dem 1379 ein erneuter Konflikt ausbrach.

Auf internationaler Ebene war H. seit dem Vertrag v. →Toledo (1368) ein treuer Verbündeter Frankreichs und brachte im neu aufgeflammten →Hundertjährigen Krieg seine →Flotte gegen England erfolgreich zum Einsatz (1372 Sieg v. →La Rochelle, kast. Plünderungszüge an der Südküste Englands). Für die Rivalität zu England waren neben wirtschaftl. auch polit.-dynast. Motive maßgebend, da der mit einer Tochter Peters I. verheiratete Hzg. v.→Lancaster Ansprüche auf den kast. Thron erhob.

Innenpolitisch ist für H., der seine Krone der Unterstützung des Adels verdankte, auf den ersten Blick die große Zahl von Schenkungen und Gnadenerweisen an seine Parteigänger bezeichnend, was ihm den Beinamen 'el de las mercedes' eintrug. Diese Schenkungen, die hauptsächlich in Herrschaften, deren Jurisdiktion und Einkünfte auf die Empfänger übergingen, bestanden, sollten dem Adel bei der Überwindung der Krise des 14. Jh. helfen. Namentlich die nahen Verwandten des Kg.s (seine Brüder Sancho und Tello, sein Bastardsohn Alfonso →Enríquez) und mehrere alte Hochadelsgeschlechter (→Manuel, →Guzman), aber auch ausländ. Söldnerkapitäne (Du Guesclin, Bernal de Béarn) waren Nutznießer dieser Schenkungspolitik; v. a. aber profitierte davon die aufsteigende neue Adelsschicht (sog. 'nobleza de servicio'), die der Dynastie der Trastámara die militär. und polit.-administrativen Führungskräfte stellte (u. a. Familien der →Mendoza und→Velasco). Bei alledem war H. bestrebt, durch strenge Regelungen des Erbrechts (→mayorazgo) die negativen Auswirkungen seiner Vergabungspolitik auf das Königsgut zu begrenzen.

Im Gegensatz zu seinem Vorgänger berief H. die→Cortes häufig ein, Zeichen seiner Gesprächsbereitschaft gegenüber dem »dritten Stand«. Auf den Cortes v. 1369 (in Toro) wurden Maßnahmen hinsichtl. der Inflationsbekämpfung (Preis- und Lohnfestsetzung) und des Kanzleiwesens getroffen, 1371 (ebenfalls in Toro) die *Audiencia* etabliert. H. begriff seine Herrschaft als eine Vielzahl auf die Zentralgewalt ausgerichteter Institutionen. In diesem Sinne wurde auch das →Finanzwesen weiterentwickelt *(Casa de Cuentas)*. Alle diese Maßnahmen sprechen für eine Festigung der Kg.sgewalt während H.s Regierung, wobei auch das Auftreten bestimmter Identitätsvorstellungen (z. B. Bewußtsein von Grenzen des Reiches, Xenophobie) auf Ansätze zu einem moderneren Staatsverständnis in Kastilien hindeutet.

Komplexer war das Verhältnis H.s zur jüd. Bevölkerung. Hatte die von H. während seines Kampfes gegen Peter I. ermutigte Judenfeindschaft zu schweren Verfolgungen und Vertreibungen geführt, so änderte H. nach der Thronbesteigung seine Haltung, gebot auf den Cortes judenfeindl. Tendenzen Einhalt und nahm mitunter auch Juden in seine Dienste (z. B. Yuçaf Pichon als obersten *Almojarife* am Finanzhof). J. Valdeón

Lit.: L. Suárez-Fernández, Intervención de Castilla en la Guerra de los Cien Años, 1950 – P. E. Russell, The English Intervention in Spain and Portugal in the Time of Edward III and Richard II, 1955 – L. Suárez-Fernández, Política internacional de Enrique II, Hispania 16, 1956, 16–129 – Hist. de España, hg. R. Menéndez Pidal, XIV, 1966 [L. Suárez-Fernández] – J. Valdeón, Enrique II de Castilla: la guerra civil y la consolidación de régimen (1366–71), 1966 – Ders., Los judíos de Castilla y la revolución Trastámara, 1968 – Ders., Notas sobre las mercedes de Enrique II de Castilla, Hispania 28, 1968, 38–55 – S. de Moxó, De la nobleza vieja a la nobleza nueva, Cuadernos de Hist. 3, 1969, 1–210 – J. Gimeno Casalduero, La imagen del monarca en la Castilla del siglo XIV, 1972 – J. Valdeón, La judería toledana en la guerra civil de Pedro I y Enrique II (Simposio Toledo Judaico I, 1973) – Ders., La victoria de Enrique II: Los Trastámaras en el poder, Génesis medieval del Estado Moderno, Castilla y Navarra (1250–1370), 1987, 245–258.

21. H. III., *Kg. v.* →*Kastilien,* * 1379 in Burgos, † 25. Dez. 1406, Sohn Johanns I. und Eleonoras v. Aragón; ∞→Katharina v. Lancaster, Kinder: Johann (II.), Maria (∞ Alfons V. v. Aragón), Katharina (∞ Heinrich v. Villena). H. wurde nach dem unerwarteten Tod des Vaters (1390) bereits mit elf Jahren Kg. Angesichts des Feh-

lens volljähriger Verwandter brach ein Kampf zweier Adelsparteien um die Regentschaft aus, wobei sich die aus dem niederen Adel stammenden ehem. Würdenträger des Vaters, unter Führung des Ebf.s Juan García →Manríque v. Santiago, und die dem Hochadel angehörenden Söhne und Neffen Heinrichs II., unterstützt vom Ebf. Pedro →Tenório, befehdeten. Nicht zuletzt bedingt durch die Schwächung der Kg.sgewalt, kam es 1391 zu blutigen Judenverfolgungen, die, ausgehend von Sevilla, auch Valencia und Katalonien erfaßten. Der niedere Adel, der sich in geschickter Weise der Unterstützung der städt. Prokuratoren auf den Cortes v. Madrid und Burgos versicherte, konnte den Hochadel im Zuge der Auseinandersetzungen definitiv ausschalten. 1393 wurde H. für volljährig erklärt, doch regierte in seinem Namen der Kronrat, beherrscht von den mächtigen, im Aufstieg zu Magnaten begriffenen Familien der →Mendoza, →Stúñiga und →Dávalos. Ab 1396 kann man von einer neuen Regierungsform in Kastilien sprechen. Die Mitglieder der genannten Adelsfamilien, durch Bündnispakte miteinander verbunden, führten die unter dem Vorgänger begonnenen Reformen weiter (Gewaltenteilung zw. Rechtsprechung, Legislative und Verwaltung und deren Aufteilung auf *Audiencia, →Cortes* und →*Consejo real*).

H. betrieb aufgrund seiner engl. Heirat eine Annäherung an England, die aber den traditionell freundschaftl. Beziehungen zu Frankreich keinen Abbruch tat; auf diese Weise wollte er auch eine Stärkung der kast. Seemacht, v. a. im Ärmelkanal, und der Position auf den flandr. Märkten erreichen. Unter H.s Regierung wurden die Messen v. →Medina del Campo eingerichtet. Hatte ein neuer Krieg mit Portugal trotz unentschiedenen Ausgangs die militär. Stärke Kastiliens deutlich gemacht, so erschütterte H. sein Ansehen durch die Parteinahme für den avignones. Papst →Benedikt XIII. (Pedro de Luna), dessen Plan einer Beendigung des Gr. →Abendländ. Schismas auf dem Verhandlungswege vom Kg. unterstützt wurde. H. veranlaßte die Eroberung der Kanar. Inseln (→Atlant. Inseln) und schickte eine Gesandtschaft zu→Timur, um die Mongolen als Verbündete gegen die Türken zu gewinnen. L. Suárez-Fernández

Lit.: E. Mitre Fernández, Evolución de la nobleza en Castilla bajo Enrique III, 1968 – Ders., Notas sobre la ruptura castellano-portuguesa de 1396, RevPort, 1969 – L. Suárez-Fernández, Nobleza y monarquia. Puntos de vista sobre la hist. castellana del siglo XV, 1975².

22. H. IV., *Kg. v.* →*Kastilien,* * 1425 in Valladolid, † 11. Dez. 1474 in Madrid, Sohn Johanns II. und seiner Cousine Maria v. Aragón. Der als schwächl. und launenhaft geschilderte Kg. (G. Marañon: »eunuchenhafte Verdrießlichkeit«) stand stark unter dem Einfluß Juan →Pachecos, den er zum 1. Marqués v. →Villena erhob. Bereits als Erbprinz schaltete sich H. in den Kampf des Adels gegen Álvaro de→Luna ein, dem er die verspätete Herausgabe des von H. als Erbe beanspruchten Fsm.s Asturien anlastete. Vermählt mit seiner Cousine Blanca v. Navarra, löste H. 1453 diese kinderlos gebliebene Ehe und heiratete Johanna v. Portugal, um so ein Bündnis mit dem Nachbarland zu begründen. Nachdem Johanna eine Tochter, die Infantin →Johanna 'la Beltraneja', geboren hatte, unterzeichnete ein Teil des Adels (darunter auch Pacheco) eine geheime Vereinbarung, in der die legitime Abkunft der Infantin in Zweifel gezogen wurde.

Wahrer Grund für die Gegnerschaft des Adels war, daß H. nach dem Tode des Vaters (1454) die Politik Álvaros de Luna fortzusetzen versuchte: Bündnis mit Portugal, Erneuerung des Freundschaftsverhältnisses zu Frankreich, Krieg gegen →Granada, Unterstützung der navarres.

Aufständischen gegen den Kg. v. Arágon. H. scheiterte jedoch mit seiner wenig zielstrebig verfolgten Politik, beugte sich dem Adel und schloß einen Vertrag, in dem er sich mit geringfügigen Kompensationen begnügte. Er bezahlte sein Versagen mit Verlust des Ansehens (Treffen v. Bidasoa, 1463). Von nun an galt sein Bestreben wohl vorwiegend der Rettung des Erbes für seine umstrittene Tochter Johanna. Dieses Ziel suchte er durch schwankende Bündnisse mit Mitgliedern der Familie →Mendoza (Kard. Pedro González und dessen Schwager Beltrán de la Cueva) und den Plan einer Eheschließung Johannas mit seinem Stiefbruder Alfons zu erreichen. H.s disparate Politik führte dazu, daß die Adelsliga, der sich auch der Kg. v. Arágon anschloß, ihm sehr weitgehende Beschränkungen seiner Herrschaftsgewalt abverlangte (1464→Cabezón-Cigales, Manifest v. →Medina). Als der Kg. sich weigerte, setzten ihn die Adligen in einer possenhaften Zeremonie ab (sog. 'farsa de Ávila', 5. Juni 1465) und riefen seinen Stiefbruder als Alfons XII. zum Kg. aus.

Es folgte ein Bürgerkrieg, in dem keine der Parteien den Sieg zu erringen vermochte. Während erneuter Verhandlungen um das Heiratsprojekt zw. Alfons und Johanna verstarb der Prätendent plötzlich (1468). Die Adligen wollten nun dessen Schwester →Isabella als Kgn. proklamieren, doch diese forderte, unter Berufung auf Johannas Illegitimität, anstatt der Krone die Anerkennung ihrer Erbansprüche. H., der sich hierzu schließlich bereitfand (→Toros de Guisando, 1468), arbeitete unter dem Einfluß Pachecos einen Plan aus, der – durch eine doppelte Heiratsverbindung mit Portugal – seiner Tochter Johanna wenigstens einen Teil des Erbes sichern sollte. Doch Isabella setzte ihren Willen durch, heiratete den Erbprinzen v. Arágon, →Ferdinand (s. a. →Kath. Kg.e), und zog damit alle Befürworter einer Stärkung der Kg.sgewalt (darunter v. a. Álvaro und die Mendoza) auf ihre Seite. H., der in der Folgezeit nur mehr wenig Anhang fand, versöhnte sich später mit Isabella, so daß der Eindruck entstehen konnte, sie sei mit seiner Zustimmung auf dem Thron nachgefolgt. L. Suárez-Fernández

Lit.: Memorias de D. Enrique IV de Castilla, Vol. 2: Colección diplomática, 1835–1913–J. B. Sitges, Enrique IV y la excelente señora doña Juana la Beltraneja, 1912 – J. Puyol Alonso, Los cronistas de Enrique IV, BRAH 78–79, 1921 – L. Dubreton, El rey huraño, 1945 – G. Marañón, Ensayo biologico sobre Enrique IV de Castilla y su tiempo, 1945 – J. Torres Fontes, Itinerario de Enrique IV de Castilla, 1955 – S. Sobrequés i Vidal–J. Sobrequés i Callicó, La guerra civil catalana del siglo XV, Bd. I, 1973, 301–464 – J. Sobrequés i Callicó, Catálogo de la cancillería de Enrique IV de Castilla, señor del Principado de Cataluña, 1975 – I. del Val Valdivieso, Isabel la Catolica princesa, 1975 – W. D. Phillips, Jr., Enrique IV and the Crisis of Fifteenth-Century Castile, 1425–1480, 1978 – L. Suárez-Fernández, Los Trastámaras y los Reyes Católicos, 1985 – Ders., Los Reyes Católicos. La conquista del trono, 1989.

23. H. 'el Senador' (Arrigo), *Infant v.* →*Kastilien*, Senator v. →Rom, * um 1230, † 12. Aug. 1303 in Roa (Kastilien), ▢ Valladolid, Franziskanerkl.; 4. Sohn Kg. →Ferdinands III. v. Kastilien-León und der jüngeren →Beatrix (Isabella) (2. B.), Tochter des →Staufers Philipp v. Schwaben und der Irene (Maria) Angelos v. Byzanz. H. tritt erstmals 1253 in Erscheinung (Eroberung der andalus. Städte Arcos und Lebrija im Auftrag seines Bruders, Kg. Alfons X.). Das Scheitern einer Verschwörung gegen den Kg. brachte ihn in Haft, aus der er nach Arágon entfloh (1255), wo Kg. Jakob I. ihn jedoch nicht aufnahm. 1257–59 ist H. am Hofe Heinrichs III. v. England belegt (in Zusammenhang mit dem Sizilien-Projekt des Prinzen →Edmund 'Crouchback'; s. a. →England C. I, 2) und sammelte in dem engl. beherrschten Aquitanien eine Streitmacht

(Ende 1259/Anfang 1260), die er den islam. →Ḥafṣiden für ihren Kampf gegen die →Almohaden zur Verfügung stellte; große Summen des in Nordafrika erworbenen Goldes legte er in Genua an. Auf der Suche nach einer eigenen Herrschaft nahm er 1266 Verhandlungen mit Papst →Clemens IV. und seinem Vetter →Karl v. Anjou auf (erhoffter Erwerb von Korfu oder Sardinien), wurde jedoch von Karl schließlich um hohe Summen betrogen. Von den röm. →Ghibellinen unter Angelo →Capocci zum Senator v. Rom gewählt, gerieten er und sein Vikar Guido da →Montefeltro wegen energ. Wahrnehmung stadtröm. und ghibellin. Interessen in Konflikt mit dem Papst (Exkommunikation 5. April 1268). H. bereitete →Konradin am 24. Juli 1268 in Rom einen triumphalen Empfang, zog Mitte Aug. mit dem Staufer nach Süditalien und trug mit seinen span. Panzerreitern entscheidend zum anfängl. Erfolg, dann aber katastrophalen Ausgang der Schlacht v. →Tagliacozzo bei (23. Aug. 1268). Auf der Flucht bei Rieti erkannt und an Karl ausgeliefert, wurde H. von diesem 23 Jahre lang in Apulien in ehrenvoller Haft gehalten, Sommer 1291 auf Intervention Eduards I. v. England freigelassen.

Ab Sommer 1294 wieder in Kastilien nachweisbar und von seinem Neffen, Kg. Sancho IV., standesgemäß ausgestattet, mischte sich H. nach dessen Tod (25. April 1295) in die Thronkämpfe ein und ließ sich von den →Cortes zum 'tutor' des jungen →Ferdinand (IV.) bestellen (Valladolid, Juli/Aug. 1295); eigene Thronambitionen H.s wurden durch die geschickte Politik der Mutter Ferdinands, →Maria de Molina, vereitelt. Seit 1299 mit Johanna (Juana), der Schwester seines bisherigen Gegners Juan Nuñez de →Lara, verheiratet, unterstützte H. – in konspirativem Zusammenwirken mit Jakob II. v. Arágon – in seinen letzten Jahren die Thronansprüche seines Großneffen Alfons de la →Cerda. Der von Paulet v. Marseille als »lo plus ardit de Burx in Alamanha« ('der Kühnste von Burgos bis Deutschland') gefeierte, selbst in der »Håkonar saga Håkonarsar« des Isländers →Sturla þórðarson gen. H. repräsentiert in seiner adelsstolzen, skrupellosen Art jenen Typ des polit. ambitionierten Condottiere, der seit dem 13. Jh. v. a. im Mittelmeerraum in Erscheinung trat. P. Segl

Q.: Codice dipl. del regno di Carlo I e II d'Angiò, ed. G. del Giudice, Bd 2, 1875 – Reg. de Clément IV., ed. E. Jordan, 1893–1945 – Jofré de Loaysa, Crónica de los reyes de Castilla, ed. A. García Martínez, 1982² – Crónicas de los reyes de Castilla, ed. C. Rosell, BAE 66, 1953 – *Lit.:* G. del Giudice, D. Arrigo di Castiglia, Atti della R. Accad. Napoli, 1875, 153–328 – P. A. Munch, La princesa Cristina de Noruega y el infante D. Felipe..., BRAH 74, 1919, 39–54 – M. Gaibrois de Ballesteros, Hist. de reinado de Sancho IV de Castilla, 3 Bde, 1922–28 – Dies., María de Molina, 1936 – J. de Mata Carriazo, La Atalaya de Tiscar y el infante D. Enrique, 1926 – K. Hampe, Gesch. Konradins v. Hohenstaufen, 1940 – P. S. Leicht, Arrigo di Castiglia, Senatore di Roma, SR 1, 1953, 376–394 – G. González Mínguez, Fernando IV de Castilla, 1976 – P. Herde, Karl I. v. Anjou, 1979.

24. H. v. Arágon und Pimentel, Infant v. Arágon, Gf. v. Ampurias und Hzg. v. Segorbe, * 11. Nov. 1445 in Calatayud, † 1522 in Castelló d'Empuries, erst nach dem Tod des Vaters geb. Sohn des Infanten Heinrich v. Arágon und Sizilien († 1445) und der Beatrix de Pimentel y Enríquez, Neffe Kg. Alfons' v. Arágon. Der wegen seines reichen Erbes »Infant Fortuna« gen. H. gehörte unter Johann II. und bes. unter Ferdinand II. zu den einflußreichsten Persönlichkeiten am aragones. Hof; das wichtigste seiner zahlreichen Ämter war das des kgl. Generalstatthalters in →Katalonien, das er vom 11. Nov. 1479 bis zum 10. Dez. 1493 ausübte. Zugleich stand H. als Gf. v. Ampurias an der Spitze des *brazo militar* (→brazos) der katal. Stände (→Cortes). Als Statthalter war H. an der

Reform des Stadtregiments in →Barcelona ebenso beteiligt wie an der Einführung der Inquisition in Katalonien
und an der Unterdrückung des zweiten Bauernaufstandes
der →Remensas. H.s Sohn Alfons war mit Johanna Folch
de Cardona, der Erbin des Hauses →Prades, verheiratet.

J. Lalinde Abadía

Lit.: J. VICENS VIVES, Ferran II i la ciutat de Barcelona (1479–1516),
1937 – DERS., Política del Rey Católico en Cataluña, 1940 – J. LALINDE
ABADÍA, La institución virreinal en Cataluña, 1964 – S. SOBREQUÉS I
VIDAL–J. SOBREQUÉS I CALLICÓ, La guerra civil catalana del siglo XV,
II, 1973, bes. 48ff.

25. H. ´der Seefahrer`, *Infant v.* →*Portugal* aus dem
Hause →Avís, Förderer der ptg. Expansion im Atlantik; 4.
Sohn Kg. →Johanns I. und der Philippa v. Lancaster, * 4.
März 1394 in Porto, † 13. Nov. 1460 in Sagres. Nach der
Beendigung der Konflikte mit →Kastilien durch Kg. Johann I. richtete sich das Interesse der Handelsmacht Portugal, in der selbst die Krone sich in kommerziellen Aktivitäten engagierte, zunehmend auf Nord-→Afrika. 1415
wurde →Ceuta unter Beteiligung H.s erobert, der sofort
danach zum Ritter geschlagen, sich fortan für die Behauptung der Stadt einsetzte (1418 Entsatzflotte unter H.s
Führung). In dem Maße, in dem Ceuta muslim. Angriffen
ausgesetzt war und seine Stellung als Handelszentrum
verlor, wurde H. offenbar zu einem Hauptverfechter der
neu entwickelten Doppelstrategie: einerseits unbedingte
Verteidigung Ceutas aus geo-, handels- und religionspolit. Gründen, andererseits verstärkte Versuche, auf dem
Seeweg entlang der afrikan. Küste nach S vorzustoßen,
um den Gegner zu umgehen und direkten Zugang zu den
Handelsgütern Innerafrikas (Gold, Gewürze, Sklaven) zu
bekommen. Klug erkannte H. hierin ein Betätigungsfeld
für einen unternehmerisch gesonnenen Prinzen ohne
Thronfolgeaussicht. Er etablierte sich als Gouverneur der
strateg. günstig gelegenen Südprovinz Algarve (1419),
wurde Hzg. v. →Viseu und Administrator des begüterten
→Christusordens. 1419 und 1425 (?) erfolgte die (Wieder-
?)Entdeckung der Madeirainseln und der Beginn der Besiedlung durch Gefolgsleute H.s, 1431 die Besiedlung der
(wieder-?)entdeckten Azoren; 1433 erhielt H. beide Inselgruppen – später auch die Kapverden – zu Lehen und
betrieb entschlossen ihre Besiedlung und kommerzielle
Nutzung (s. a. →Atlant. Inseln). Er bildete durch wirtschaftl. →Monopole (Farbstoffe, Seife, Fischerei, Koral-
len) ein ökonom. Imperium, das ihm die Finanzierung
zahlreicher Entdeckungsfahrten entlang der afrikan. Küste gestattete. Die wichtigste der von H. initiierten Unternehmungen war die Umrundung des Kap Bojador durch
Gil →Eanes (1434). Stießen diese von H. betriebenen oder
mitangeregten Unternehmungen 1460 bis an die Sierra-
Leone-Küste vor, so scheiterten seine Unternehmungen
zur Eroberung →Tangers oder der Kanaren. H. beteiligte
sich – mit Ausnahme der Züge gegen Ceuta 1415 und 1418
– persönl. nicht an den Fahrten. Entgegen den seit dem 17.
Jh. propagierten Legenden gibt es keine zeitgenöss. Zeugnisse für H.s wissenschaftl.-naut. Initiativen (angebl.
Gründung einer Akademie und Sternwarte in Sagres). H.
verfolgte vielmehr eigene und ptg. Macht- und Wirt-
schaftsinteressen, die, in Rivalität zu Kastilien, mehr auf
die Eroberung →Granadas und Nordafrikas als auf die
Errichtung eines ptg. Überseeimperiums abzielten. Als
von Rittertum, Machtpolitik, Glaubenskriegsideen und
modernen handelskapitalist. Techniken geprägte Persönlichkeit nutzte H. aufgrund seiner Stellung die sich in jener
Zeit vollziehenden Entwicklungen so zielstrebig, daß er
zu einer legendenumwobenen Symbolfigur der europ.
→Expansion werden konnte.

H. Pietschmann

Lit.: Azurara, Crónica ... da Guiné, ed. J. DE BRAGANZA, 2 Bde, 1937–
G. HAMANN, Der Eintritt der südl. Hemisphäre in die europ. Gesch.
(SAW. PH 260, 1968) – W. DIFFIE–G. D. WINIUS, Foundations of the
Portuguese Empire (1415–1580), 1977.

26. H. v. Flandern und Hennegau, *Ks. des* →*Lat.
Ksr.es v. Konstantinopel* 1206–16, * 1174 in Valenciennes,
† 11. Juni 1216 in Thessalonike, Bruder und Nachfolger
des ersten Ks.s, →Balduin v. Flandern; ∞ 1. Agnes,
Tochter →Bonifaz´ I. v. Montferrat (1207), 2. Maria v.
Bulgarien. – H. nahm am 4. →Kreuzzug teil und erhielt
nach der Gefangennahme seines Bruders, Ks. Balduins
(14. April 1205), die Regentschaft, wurde aber erst am 20.
Aug. 1206, da Balduins Tod nunmehr als sicher galt, zum
Ks. gekrönt. H.s hist. Aufgabe bestand in der Konsolidierung der Territorialstruktur und der auswärtigen Beziehungen des Lat. Ksr.es; Hauptprobleme waren: die verheerenden Plünderungszüge der Bulgaren und die Bildung von byz. Nachfolgestaaten (→Nikaia, →Epiros) an
der Peripherie des frk. Herrschaftsgebietes, im Innern
dagegen das prekäre Gleichgewicht der großen Lehensträger und die diffizilen Beziehungen zum Hl. Stuhl, aber
auch die Auseinandersetzungen mit dem neugegr. orth.
Patriarchat. Im Kampf mit →Bulgarien führten der Tod
des Zaren →Kalojan (8. Okt. 1207) und die nachfolgenden
Thronkämpfe zu einer Atempause. Der Sieg über ein
bulg.-valach. Heer am 31. Juli 1208 stärkte die Autorität
H.s, der den Autonomiebestrebungen der lombard. Herren im Kgr. →Thessalonike entgegentreten mußte. Gegen
den Aufstieg des byz. Ksr.es v. →Nikaia unter →Theodor
I. Laskaris setzte H. den Sultan v. →Ikonion ein, der 1210
auf H.s Betreiben gegen Nikaia zog, aber unterlag. Am 15.
Okt. 1211 schlug H. die Byzantiner bei Lopadion und
konnte in einem darauffolgenden Vertrag (Nymphaion,
Jan. 1212) die Aufteilung Anatoliens durchsetzen, wobei
das nö. →Bithynien mit dem Hafen Adramyttion an das
Lat. Ksr. fiel. Trotz dieser Teilerfolge H.s bildeten die byz.
Nachfolgestaaten eine wachsende Bedrohung für die Exi-
stenz des Lat. Ksr.es.

Im Innern konnte H. trotz des Vertrags vom März 1204
(erneuert Okt. 1205), der die ksl. Autorität durch einen
Rat der großen Vasallen (mit dem ven. Podestà Mariano
Zeno an der Spitze) begrenzte, eine Reorganisation des
Reiches durchsetzen. Die Inhaber der Ritterlehen hatten
bei vom Rat beschlossenen Feldzügen dem Ks. eine jährl.
Heerfolge von vier Monaten zu leisten. Der Konflikt, der
wegen der Konfiszierung von Kirchengütern aufgetreten
war, wurde durch Intervention des päpstl. Legaten Benedictus, des Kard.presbyters v. S. Susanna, beigelegt (finanzielle Abfindung der betreffenden Kirchen aus dem
Steueraufkommen der neueroberten Gebiete; Anerkennung des neuen Patriarchen v. Venedig, Domenico Moro-
sini, am 17. März 1206). In Mittel- und Südgriechenland
traten mit Otto v. La →Roche als Hzg. v. →Athen und
Gottfried v. →Villehardouin als Fs. v. Achaia (→Morea)
dagegen neue Feudalmächte auf.

Da das Lehnsrecht des Lat. Ksr.es weibl. Nachfolge
zuließ, konnte H.s Tochter →Jolante nach seinem Tod das
väterl. Erbe übernehmen.

A. Carile

Lit.: J. LONGNON, L'empire lat. de Constantinople et la principauté de
Morée, 1949 – →Lat. Ksr.

27. H. I., *Kg. v. Navarra* →Heinrich III., Gf. v. Champagne (49. H.)

28. H. v. Alt-Lübeck, *Fs. der* →*Abodriten,* † 22. März
1127, Eltern: →Gottschalk und Sigrid, Tochter des dän.
Kg.s →Sven Estridsen; ∞ Slawina, Söhne: u. a. Knud,
Sventipolk. H. kehrte 1090 aus seinem dän. Exil zurück,

ließ den heidn. Fs.en Kruto umbringen und konnte bis 1093 mit dän. und sächs. Unterstützung das Abodritenreich wiedererlangen. In mehreren Kämpfen gelang es ihm, seine Herrschaft auf die meisten Stämme zw. Elbe und Oder n. der Havel auszudehnen und 1123/24 sogar bis Rügen vorzudringen. H., der in zeitgenöss. Q. als »rex Slavorum« tituliert wird, erhob →Alt-Lübeck zu seiner Residenz, ließ eigene Münzen prägen, förderte den Burgenbau und die Wirtschaft seines Landes, duldete das Christentum und unterstützte die Mission →Vizelins. Doch blieb die heidn. Opposition mächtig. Seine Ermordung führte das Ende des Abodritenreiches herbei, da auch seine Söhne und Enkel nacheinander Mordanschlägen zum Opfer fielen.

Lit.: →Abodriten; →Gottschalk – HERRMANN, Slawen [Neubearb. 1986], passim.

29. H. III., *Gf. v.* →*Bar,* * um 1247/50, † Sept. 1302 in Neapel, ältester Sohn von Thiébaut (Tedbald) II., Gf. v. Bar, und Jeanne de Toucy. H. trat 1291 die Nachfolge seines Vaters an; ∞ Sept. 1294 zu Bristol Eleonore, Tochter Kg. Eduards I. v. England; zwei Kinder: Eduard, sein späterer Nachfolger, und Jeanne. – Durch seine Heirat trat er in die Reihen der engl.-antifrz. Partei. 1294–95 Statthalter *(lieutenant)* des dt. Kg.s →Adolf v. Nassau im Grenzgebiet, schloß er sich im April 1296 einer dt. Koalition gegen Kg. →Philipp IV. an und wurde bei Louppy im Juni 1297 von Gaucher de →Châtillon, dem Seneschall der →Champagne, geschlagen, woraufhin H. mit dem frz. Kg. Waffenstillstand schloß. Im Juni 1298 war H. Gesandter des Kg.s v. England in Rom. Durch den Vertrag v. Brügge (4. Juni 1301) mußte er für seine links der Maas gelegenen Territorien die frz. Lehenshoheit akzeptieren. Er starb auf der Reise zum Kreuzzug. M. Parisse

Lit.: M. GROSDIDIER DE MATONS, Le comté de Bar des origines au traité de Bruges, 1922, 473–509.

30. H. I., *Hzg. v.* →*Bayern* 948–955, * 919/922 Nordhausen, † 1. Nov. 955 Regensburg, ▭ ebd., Niedermünster; entstammte den →Liudolfingern, Eltern: Kg. Heinrich I. und →Mathilde, ∞ Judith v. Bayern, Sohn: →Heinrich d. Zänker. – Nach vergebl. Versuchen H.s, der im Gegensatz zu seinem Bruder Otto schon als Kg.ssohn geboren war, Ansprüche auf den Thron oder zumindest die Mitregierung geltend zu machen, übertrug ihm Otto I. 939 das Hzm. →Lotharingien, wo er sich jedoch nicht behaupten konnte. Nach einer weiteren Rebellion 941 erhob ihn der Kg. unter Umgehung des von den →Luitpoldingern ausgebildeten Erbrechtes zum Hzg. v. Bayern und übertrug ihm zur Abstützung seiner Herrschaft Teile des Kg.sgutes in Bayern, wodurch das Hzm. endgültig in das entstehende Ottonenreich integriert wurde. 950 erhielt H. die Oberhoheit über den Hzg. v. Böhmen, 952 das Hzm. →Friaul mit den Mgft.en →Istrien, →Aquileia, →Verona und →Trient. Die Hauptleistung H.s war der mit wechselndem Erfolg geführte Abwehrkampf gegen die Ungarn. Im liudolfing. Aufstand ab 953 wurde er wichtigster Helfer Ottos I. A. Schmid

Lit.: ADB XI, 454–457 – NDB VIII, 340 – BWbDG I, 1085 – K. REINDEL, Die bayer. Luitpoldinger 893–989, 1953 – SPINDLER I, 1981², 292–295 – Bayer. Biogr. I, hg. K. BOSL, 1983, 321.

31. H. II. 'd. Zänker' (Beiname erst in der NZ belegt), *Hzg. v.* →*Bayern* (955–976, 985–995) *und* →*Kärnten* (989–995), * 951, † 28. Aug. 995 in Gandersheim, ▭ ebd., Stiftskirche; Neffe→Ottos d. Gr.; Eltern:→Heinrich I. v. Bayern (→Liudolfinger) und Judith, Tochter →Arnulfs, Hzg. v. Bayern (→Luitpoldinger); ∞ Gisela, Schwester →Rudolfs III. v. Burgund, Kinder: (Ks.) →Heinrich (II.),

→Brun, Bf. v. Augsburg, →Gisela (∞→Stephan I., Kg. v. Ungarn). H. wurde nach vorübergehender Vertreibung im Gefolge des liudolfing. Aufstands 953 bereits in kindl. Alter Hzg., unter der Vormundschaft seiner Mutter und Bf. →Abrahams v. Freising. Nach dem Tode Ks. Ottos I. (973) war H. der führende Kopf der Verschwörung gegen →Otto II., an der sich→Boleslav v. Böhmen und→Mieszko v. Polen beteiligten. Sie fand Rückhalt bei den übrigen Mitgliedern der Luitpoldinger. – Nach Aufdeckung der Verschwörung kam H. nach →Ingelheim in Haft, aus der ihm aber 976 die Flucht glückte. Die anschließenden Kämpfe beendete Otto II. mit der Eroberung →Regensburgs im Herbst 976. Er setzte den Hzg., der außerdem von den Bf.en mit dem Kirchenbann belegt wurde, ab und beschnitt sein Territorium durch die Abtrennung Kärntens sowie der seit 952 dem Hzm. übertragenen Gebiete s. der Alpen (Hzm. →Friaul, Mgft. →Istrien, →Aquileia, →Verona und →Trient). Die Ostmark wurde den →Babenbergern übertragen. Vermutl. steht auch die Errichtung des Ebm.s →Prag mit diesen Vorgängen in Zusammenhang. H., dem sich Hzg. Heinrich v. Kärnten und →Heinrich I., Bf. v. Augsburg, anschlossen, setzte 977 den Kampf, der sich überwiegend im Raume →Passau abspielte, fort und wurde nach seiner erneuten Niederringung Bf. →Folkmar v. Utrecht zur Bewachung übergeben. Nach dem Tode Ottos II. 983 freigelassen, versuchte er, mit Hilfe der Vormundschaft über den kindl. Otto III. die Herrschaft im Reich an sich zu bringen. 984 wurde er von Anhängern zum Kg. ausgerufen. Zugleich bekämpfte er den an seiner Stelle eingesetzten Hzg. →Heinrich III. v. Bayern. Auf dem Frankfurter Reichstag 985 kam es zum Ausgleich, durch den H. bei gleichzeitigem Verzicht auf alle weitergehenden Ansprüche sein Hzm. zurückerhielt. Nach dem Tode Heinrichs III. wurde ihm zudem Kärnten übertragen. In seinen späteren Jahren konzentrierte sich H. auf den inneren Ausbau seiner Territorien (Ranshofener Gesetze, 995) und förderte die Anfänge der Kirchenreform. A. Schmid

Lit.: ADB XI, 457–459 – BWbDG I, 1085f. – NDB VIII, 341 – K. REINDEL, Die bayer. Luitpoldinger 893–989, 1953 – SPINDLER I, 1981², 296–302 – Bayer. Biogr., hg. K. BOSL, 1983, 321f.

32. H. III., *Hzg. v.* →*Bayern* 983–985, *Hzg. v.* →*Kärnten* 976–978, 985–989; * bald nach 940, † 5. Okt. 989, ▭ Niederaltaich (?); letzter mit Sicherheit nachweisbarer männl. Angehöriger der →Luitpoldinger. H. wurde nach dem Tode seines Vaters Berthold (→ 3. B.) v. Bayern (947) bei der Nachfolgeregelung von Ks. Otto I. übergangen. Erst 976 übertrug ihm Ks. Otto II. das Hzm. Kärnten, das im Zuge der Abrechnung mit dem rebell. →Heinrich II. v. Bayern abgetrennt wurde, als Entschädigung für langjährige Zurücksetzung. Da sich H. jedoch dem Aufstand Heinrichs II. 977/978 anschloß, verlor er das Hzm. bereits 978 und wurde verbannt. 983 belehnte ihn Otto II. nach dem Tode des Hzg.s →Otto mit Bayern. In der Folgezeit sah sich der treue Parteigänger der Ottonen der Gegnerschaft Heinrichs II. ausgesetzt. Im Rahmen des Ausgleichs zw. diesem und Otto III. verlor H. 985 Bayern wieder und erhielt dafür das Hzm. Kärnten einschließl. der it. Marken zurück. A. Schmid

Lit.: ADB XI, 459 – NDB VIII, 341f. – K. REINDEL, Die bayer. Luitpoldinger 893–989, 1953 – SPINDLER I, 1981², 299–302 – Bayer. Biogr., hg. K. BOSL, 1983, 322.

33. H. IV., *Hzg. v. Bayern* →Heinrich II., Ks. (2. H.)

34. H. V. v. Luxemburg, *Hzg. v.* →*Bayern* 1004–09, 1017–26; * um 960, † 27. Febr. 1026, ▭ vermutl. Osterhofen/Niederbayern. Der erstmals 993 als Gf. im Ardennengau bezeugte H. begleitete Otto III. auf dem Italienzug von 1001/02. 1004 übertrug ihm Heinrich II. in einer symbolträchtigen Belehnungszeremonie das Hzm. Bayern, das er nach seiner Erhebung zum Kg. zunächst noch selber verwaltet hatte. Bei diesen Vorgängen wirkte das überkommene Wahlrecht des bayer. Adels nach. 1004/05 beteiligte sich H. am Feldzug gegen →Bolesław I. Chrobry, erhob sich aber 1008 gegen Heinrich II. und wurde 1009 abgesetzt. Nachdem der Ks. das Hzm. Bayern erneut selber verwaltet hatte, gab er es H., vermutl. im Rahmen der Aktivierung der Ostpolitik, 1017/18 wieder zurück. H. wirkte an der Kg.serhebung Konrads II. mit. – Die Einsetzung des ersten →Luxemburgers auf dem bayer. Hzg.sstuhl zeigt die enge Verbindung zw. Hzm. und Kgtm. bei gleichzeitiger Entfremdung von Stamm und Hzg.samt am Anfang des 11.Jh. A. Schmid

Lit.: ADB XI, 459f. – NDB VIII, 342 – SPINDLER I, 1981², 308f. – Bayer. Biogr., hg. K. BOSL, 1983, 322.

35. H. VI., *Hzg. v. Bayern* →Heinrich III., Ks. (3. H.)

36. H. VII. v. Luxemburg, *Hzg. v.* →*Bayern* 1042–47, † 14. Okt. 1047, ☐ Trier, St. Maximin; seit 1026 Gf. v. →Luxemburg (nach dem Tode seines Onkels, Hzg. Heinrichs V. v. Bayern), außerdem Obervogt der Kl. St. Maximin, →Trier, und →Echternach. 1042 erhielt er unter Umgehung des überkommenen Wahlrechts der bayer. Großen von Ks. Heinrich III. zu Basel das bisher von diesem selber verwaltete Hzm. Bayern, eine Verfügung, die wohl in Zusammenhang mit der Intensivierung der Ostpolitik zu sehen ist. H. nahm an Feldzügen des Ks.s gegen die Ungarn (1042, 1043, 1044) teil. Über den zweiten Luxemburger auf dem bayer. Hzg.sstuhl ist wenig bekannt. A. Schmid

Lit.: ADB XI, 461 – NDB VIII, 342f. – H. RENN, Das erste Luxemburger Gf.enhaus (936–1136), 1941, 116–120 – SPINDLER I, 1981², 314, 317 – Bayer. Biogr., hg. K. BOSL, 1983, 322.

37. H. VIII., *Hzg. v. Bayern* →Heinrich IV., Ks. (3. H.)

38. H. IX. d. Schwarze, *Hzg. v.* →*Bayern* 1120–26, *um 1074, † 13. Dez. 1126 in Ravensburg, ☐ Weingarten; Sohn Hzg. →Welfs IV. v. Bayern (→Welfen), ∞ Wulfhilde, Tochter Hzg. →Magnus' v. Sachsen, Kinder: u. a. →Heinrich d. Stolze, →Welf VI., →Judith (∞ →Friedrich II., Hzg. v. Schwaben). Während des →Investiturstreites zunächst auf der Seite der antiksl. Partei stehend, blieb er nach der Aussöhnung seiner Familie mit Heinrich IV. 1096 ein treuer Anhänger des Saliers, bis er zu Heinrich V. überwechselte. Nach dem Tode seines kinderlosen Bruders →Welf V. erhielt er 1120 das Hzm. Bayern und schaltete sich in die Vorverhandlungen zum →Wormser Konkordat ein. 1125 ergriff er zunächst für seinen Schwiegersohn Partei, unterstützte dann aber →Lothar v. Süpplingenburg, der seine Wahl zum Kg. hauptsächl. H. zu verdanken hatte. Mit diesem Wechsel wurde der stauf.-welf. Gegensatz begründet. Durch seinen Eintritt in das Kl. →Weingarten entzog er sich der Beteiligung an der Exekution gegen den der Reichsacht verfallenen Schwiegersohn. A. Schmid

Lit.: ADB XI, 461f. – NDB VIII, 343 – BWbDG I, 1086f. – SPINDLER I, 1981², 334–337 – Bayer. Biogr., hg. K. BOSL, 1983, 322 – P. C. HARTMANN, Bayerns Weg in die Gegenwart, 1989, 63.

39. H. X. d. Stolze, *Hzg. v.* →*Bayern* 1126–38 und *v.* →*Sachsen* 1137–39, *um 1108, † 20. Okt. 1139 in Quedlinburg, ☐ Königslutter; Eltern: →Heinrich IX. d. Schwarze, Hzg. v. Bayern, und Wulfhilde, Tochter Hzg. →Magnus' v. Sachsen; ∞ →Gertrud, Tochter →Lothars v. Süpplingenburg, Sohn: →Heinrich d. Löwe. – Nach dem Eintritt seines Vaters in das Kl. Weingarten Ende 1126 mit

dem Hzm. Bayern belehnt, betrieb H. eine auf die Verstärkung der hzgl. Position im Zentralraum um →Regensburg ausgerichtete Territorialpolitik, die zu Auseinandersetzungen mit dem Adel, v. a. den Gf.en v. →Bogen und Wolfratshausen, um die Domvogtei und den Bf.sstuhl v. Regensburg führte. H. wurde die wichtigste Stütze Kg. Lothars im S des Reiches während des Thronkampfes mit den →Staufern und nahm an der 2. Italienfahrt Ks. Lothars 1136/37 teil. Für seine militär. Erfolge erhielt er die Mgft. →Tuszien und die privaten Güter →Mathildes v. Tuszien. Als der Ks. ihm die Allode seiner Familie in Sachsen und das Hzm. Sachsen übertrug, verlagerte sich der Schwerpunkt der welf. Hausmacht nach N-Deutschland. Als mächtigster Reichsfs. erhob H. nach dem Tode Lothars Anspruch auf die Kg.skrone, doch scheiterte die Wahl am Einspruch der Kirche und der großen Laienfs.en. Konrad III. händigte ihm die Insignien aus, versagte ihm aber die Huldigung, als dieser die Herausgabe eines der beiden Hzm.er verlangte. H. wurde geächtet und verlor beide Hzm.er; Bayern erhielt der Babenberger →Leopold IV., Sachsen →Albrecht d. Bär, der sich jedoch gegen seinen Vetter nicht durchsetzen konnte. A. Schmid

Lit.: ADB XI, 462–466 – NDB VIII, 343f. – BWbDG I, 1087 – R. GOES, Die Hausmacht der Welfen in Süddtl. [Diss. masch. Tübingen 1960] – SPINDLER I, 1981², 336–339 – Bay. Biogr., hg. K. BOSL, 1983, 322f.

40. H. XI. Jasomirgott, *Hzg. v. Bayern* →Heinrich II., Hzg. v. Österreich (64. H.)

41. H. XVI. (IV.) der Reiche, *Hzg. v. Bayern-Landshut* (→Bayern, C. III., →Wittelsbacher), * 1368, † 30. Juli 1450 in Landshut, ☐ ebd., Kl. Seligenthal. ∞ Margarethe, Tochter Hzg. Albrechts IV. v. Österreich, 25. Nov. 1412). H., bis 1404 unter Vormundschaft seiner Oheime und seiner Mutter, gründete zur Abwehr der territorialen Ansprüche Hzg. →Ludwigs VII. v. Bayern-Ingolstadt 1414 die Kelheimer Sittichgesellschaft (→Rittergesellschaften) und 1415 die Konstanzer Liga. Der gegenseitige Haß der beiden Vettern führte 1417 zum Konstanzer Überfall H.s auf Ludwig. Der folgende Krieg dauerte mit Unterbrechungen (z. B. 1422 durch H.s erfolglosen Litauenzug zur Unterstützung des Dt. Ordens; →Preußen- und Litauenreise) bis 1443, als H. den Gegner in seinen Gewahrsam bringen konnte. Nach dessen Tod 1447 zog H. ungehindert das Ingolstädter Gebiet ein. Zusammen mit dem schon 1429 erworbenen Teil des Straubinger Erbes umfaßte damit H.s Territorium zwei Drittel Bayerns. Im Inneren wahrte H. energisch den Landfrieden; eine Verschwörung der Landshuter Bürger (→Landshut) schlug er mit Härte nieder (1408–10). G. Schwertl

Lit.: NDB VIII, 346 – S. v. RIEZLER, Gesch. Baierns III [Neudr. 1964] – SPINDLER², 240ff., 247–287.

42. H. I., *Hzg. v.* →*Brabant,* * 1165, † 5. Sept. 1235, ältester Sohn von Hzg. Gottfried III. (→Löwen) und Margaretha, Tochter Gf. Heinrichs II. v. →Limburg; ∞ 1. 1179 (1180?) Mathilde († 1210/11), Tochter des Gf.en Matthias v. →Boulogne; 2. 1213 Maria, Tochter Kg. Philipps II. August v. Frankreich. Nach Mitregentschaft (1183) folgte H. 1190 dem Vater nach. Als einer der mächtigsten Reichsfs.en strebte er nach Wiederherstellung der alten niederlothr. Hzg.swürde, doch durchkreuzte Gf. →Balduin V. v. →Hennegau seine Pläne (Hoftag v. Schwäb. Hall, 1190). H.s Politik war durch häufige Frontwechsel im stauf.-welf. Konflikt geprägt. Er setzte die Wahl seines Bruders →Albert zum Bf. v. →Lüttich durch. Als Albert 1192 ermordet wurde und der Verdacht auf Heinrich VI. fiel, betrieb eine Fürstenopposition die Absetzung des Ks.s und die Inthronisation

H.s. Dieser, der 1197 auf dem 3. Kreuzzug eine gewichtige Rolle als Oberbefehlshaber spielte, erlitt in späteren Jahren Rückschläge (1213 Niederlage bei Steppes gegen den Bf. v. Lüttich, 1214 bei →Bouvines als Verbündeter Ottos IV.). Geldknappheit infolge seiner aufwendigen Politik erklärt wohl den ruhigen Verlauf der letzten Regierungszeit H.s.   P. Avonds

Lit.: NDB IX, s. v. – G. SMETS, Henri I, 1908.

43. H. II., *Hzg. v.* →*Brabant,* * 1207 (?), † 1. Febr. 1248, ältester Sohn von H. I., ∞ 1. vor 22. Aug. 1215 Maria († 1235), Tochter →Philipps v. Schwaben; 2. 1240 (bzw. 1239 oder 1241) Sophia († 1275), Tochter →Ludwigs IV., Lfg. en v. →Thüringen. – Seit 1211 Mitregent. 1234 Teilnahme am →Stedinger-Kreuzzug. Folgte 1235 dem Vater nach. Im Streit zw. Ks. und Papst schloß er sich der ksl. Partei an und geriet in Konflikt mit dem Ebf. v. →Köln (1239–42). Nach dem Tode seines Schwiegersohns, des Gegenkg.s →Heinrich Raspe († 1247), verweigerte H. selbst die Annahme der Krone, unterstützte aber die Wahl →Wilhelms II. v. Holland, nicht zuletzt unter dem Druck der Brabanter Städte, von denen der Hzg. finanziell abhängig war. Kurz vor seinem Tod nötigten seine Untertanen ihm ein Landesprivileg ab (sog. »Testament« H.s II., 22. Jan. 1248), das die Hzg.sgewalt beschränkte.
                                              P. Avonds

Lit.: BNB IX, s. v. – NDB IX, s. v. – G. BOLAND – E. LOUSSE, Le testament d'H. II, RHDFE 18, 1939, 348–385.

44. H. III., *Hzg. v.* →*Brabant,* seit 1248, * 1230/31, † 28. Febr. 1261, ältester Sohn von H. II., ∞ 1251 (?) Aleidis († 1273), Tochter Hzg. →Hugos IV. v. Burgund. H. führte ein Friedensregiment, ohne allerdings den alten Anspruch auf die niederlothr. Hzg.swürde aufzugeben. Am 16. Okt. 1257 ließ er sich vom röm. Kg., →Alfons X. v. Kastilien, zum Stellvertreter im Gebiet zw. Brabant und dem Rhein, Trier und der Nordsee, das im wesentl. dem ehem. Hzm. →Niederlothringen entsprach, ernennen. Förderer des lit. Lebens an seinem Hof (→Adenet le Roi), trat der Hzg. auch selbst als Trouvère hervor (vier frz. Gedichte erhalten). Kurz vor seinem Tod, am 26. Febr. 1261, erließ er – wie sein Vater – ein Landesprivileg (»Testament« H.s III.).   P. Avonds

Lit.: A. WAUTERS, Henri III, Bull. Acad. Roy. Belg. 38–40, 1874, 672–691; 1875, 153–207, 351–404 – G. BOLAND, Le testament d'H. III, RHE 38, 1942, 59–96 – A. HENRY, L'œuvre lyrique d'H. III, 1948.

45. H., *slav. Fs. v. Brandenburg* →Pribislav (Heinrich)

46. H. I. (ursprgl. Name: Odo), *Hzg. v.* →*Burgund* aus dem Geschlecht der →Robertiner, † 15. Okt. 1002 in Pouilly-sur-Saône; Sohn →Hugos d. Gr., Bruder von →Hugo Capet und Otto, Hzg. v. Burgund. Odo war bereits Kleriker, als sein Bruder Otto starb. Die burg. Großen trugen Odo trotz zweifelhafter Erbansprüche die Hzg.swürde an, doch fand er erst nach Fürsprache Ebf. →Bruns v. Köln die Anerkennung Kg. Lothars (965). Odo nahm nun den Namen H. an; er behielt z. T. das Auftreten eines Klerikers bei. Zweimal verheiratet (1. um 972 Gerberga v. Chalon, Witwe Kg. Adalberts v. Italien; 2. Garsendis v. Gascogne, die er 996 verstieß), hatte er keine legitimen Nachkommen (dagegen sind zwei mutmaßl. Bastarde namentlich bekannt); er adoptierte den Sohn der Gerberga aus 1. Ehe →Otto Wilhelm. H. war der letzte Hzg., dessen Gewalt sich über das gesamte Hzm. zw. Yonne und Saône erstreckte; sein Erbe fiel nach mehrjährigem Krieg an seinen Neffen, Kg. →Robert II.   J. Richard

Lit.: M. CHAUME, Origines du duché de Bourgogne, 1927 – S. DE VAJAY, A propos de la guerre de Bourgogne, Annales de Bourgogne 34, 1962, 153–169.

47. H. I. 'le Libéral' (mit dem Beinamen 'Richard', der an H.s norm. Abstammung, über →Adela v. England, erinnert), *Gf. v.* →*Champagne,* aus dem Hause →Blois; * 1127 in Vitry-en-Perthois, † 16. März 1181 in Troyes, ▭ ebd., ältester Sohn von Tedbald II. (IV.) und der Eppensteinerin Mathilde v. Kärnten, verlobt zunächst mit Lauretta v. Flandern; ∞ 1164 (nach Verlöbnissen von 1153 und 1159) →Marie, Tochter von Kg. →Ludwig VII. v. Frankreich und →Eleonore. Schwiegersohn und – durch seine Schwester →Adela v. Champagne – Schwager des frz. Kg.s, ließ er 1171 von →Guido de Bazoches seine Genealogie entwerfen. H. reiste zweimal ins Hl. Land: 1147–48 zum 2. →Kreuzzug, auf dem ihm der Basileus die Ritterwürde verlieh, und erneut 1179–81, an seinem Lebensende.

Nach dem Tode Gf. Tedbalds (1152) erhielten H.s Brüder die Gft.en →Blois, →Chartres und →Sancerre, während H. sich das reichste der väterl. Länder, die Champagne mit Troyes, vorbehielt. Als Anhänger des 'ksl.' Papstes →Viktor IV. näherte der Gf. sich Friedrich Barbarossa an (St-Jean-de-Losne, 1162) und erhielt vom Ks. neun lothr. Burgen zu Lehen. Mit dem Episkopat der Champagne in gespannten Verhältnissen lebend, ging er v. a. gegen den Bf. v. →Meaux vor (Nachprägung der bfl. Münze, 1165; Verleihung eines Kommuneprivilegs an die Bürger v. Meaux, 1179). Dank der Erhebung seines Bruders →Wilhelm Weißhand zum Ebf. v. →Reims erreichte H. eine Mediatisierung der großen ebfl. Lehen und faßte Fuß in der nördl. Champagne, wo er keine Hausgüter besessen hatte. Der an der Reform des Klerus wenig interessierte Gf. gründete mehrere große Säkularstifte (Troyes, Bar-sur-Aube, Sézanne) und ein Hôtel-Dieu bei seiner Pfalz. Er richtete für die großen →Champagnemessen die 'gardes des foires' als Polizei- und Kontrollorgan ein. H. hinterließ ca. 500 Urkk., das erste Lehnsregister (Feoda Campanie) und eine Bibliothek, die – im Gegensatz zum Mäzenatentum seiner Frau – kein Interesse an der höf. Literatur verrät.   M. Bur

Lit.: W. HEINEMEYER, Die Verhandlungen an der Saône i. J. 1162, DA, 1964 – M. FOURRIER, Retour au terminus (Mél. J. FRAPPIER, I, 1970) – P. CORBET, Les collégiales comtales de Champagne (v. 1150–v. 1230), Annales de l'Est 3, 1977 – M. BUR, L'images de la parenté chez les comtes de Champagne, Annales, 1983 – P. STIRNEMANN, Quelques bibl. princières et la production hors scriptorium au XIIe s., Bull. archéol., NS 17–18, 1984 – TH. EVERGATES, The Chancery Archives of the Counts of Champagne, Viator 16, 1985 – s. a. Lit. zu →Champagne [M. BUR, 1977].

48. H. II., *Gf. v.* →*Champagne* und Regent des Kgr.es →Jerusalem, * 29. Juli 1166, † 10. Sept. 1197 durch Unfall (Fenstersturz) in Akkon, ▭ ebd., Hl. Kreuz; ältester Sohn von 47, dem er 1181 nachfolgte, doch bis 1187 unter der Vormundschaft seiner Mutter Marie de France. Er verweigerte sich der geplanten Eheverbindung mit dem Hause →Hennegau (eine der beiden Töchter Balduins IV.), verlobte sich 1189 mit Ermesinde, der Tochter →Heinrichs des Blinden, und forderte – gegen Barbarossas Pläne – das Namurer und Luxemburger Erbe. H. nahm das Kreuz und bestimmte auf einer Versammlung seiner Barone (Sézanne, Mai 1190) seinen noch minderjährigen Bruder Tedbald III. zum präsumtiven Nachfolger. Als Neffe der Kg.e v. Frankreich und England übernahm er bis zum Eintreffen Philipp Augusts den Oberbefehl bei der Belagerung v. →Akkon. Am 5. Mai 1192 heiratete er in kanonisch anfechtbarer Ehe Kgn. →Isabella v. Jerusalem, nahm aber mit Rücksicht auf →Guido v. Lusignan nicht den Kg.stitel an. H., dem seine Mutter aus der Champagne reiche Subsidien sandte, profitierte für seine Regentschaft von dem dreijährigen Waffenstillstand, den Richard Löwenherz mit Saladin ausgehandelt hatte. Er trat dem Kapitel der Grabeskirche in der Frage der Patriarchenwahl entgegen und vertrieb die Kolonie der Pisaner aus Akkon. In einen Streit mit Amalrich v. →Lusignan geraten, verlobte H. nach dessen Beilegung seine ältere Tochter Alix mit Amalrichs Sohn Hugo, dem künftigen Kg. v. Zypern. H.s zweite Tochter, Philippina, ehelichte 1215 Erard v. →Brienne, der daraufhin Anspruch auf die Champagne erhob. M. Bur

Lit.: H. D'ARBOIS DE JUBAINVILLE, Hist. des ducs et des comtes de Champagne IV, 1, 1864 – L. COURAJOD, Les armoiries des comtes de Champagne au XIIIᵉ s., Mém. Soc. Antiqu. de France 34, 1874 – H. BETTIN, H. II. v. Champagne, 1910 – M. L. FAUREAU, Gf. H. v. Champagne und die Pisaner im Kgr. Jerusalem, Bolletino storico pisano 47, 1978 (1980).

49. H. III. 'le Gros', *Gf. v.* →*Champagne und Brie, Kg. v.* →*Navarra,* * um 1249, † 22. Juli 1274 in Pamplona, ⬚ ebd., Kathedrale. H. erhielt 1263 von seinem älteren Bruder, Tedbald (Theobald) V., die Gft. Rosnay übertragen, wurde 1265 mit Yolande v. Béarn verlobt, ⬚ 1269 Blanche v. Artois, Nichte Kg. Ludwigs d. Hl., deren Mitgift zum Ankauf der Kastellanei Beaufort verwandt wurde. H., der während des Tunis-Kreuzzuges für seinen Bruder das Kgr. Navarra verwaltete, wurde nach dessen Tod († 4. Dez. 1270) Gf. v. Champagne und Brie, am 1. März 1271 Kg. v. Navarra.

Er reiste zweimal in die Champagne (1271: Lehnshuldigung an den Kg. v. Frankreich; 1273); Kinder: Tedbald (Theobald) (früh durch Unfall verstorben), Johanna (deren Heirat mit Kg. Philipp IV. 1284 den Übergang der Champagne an die Krone vorbereitete), ein unehel. Sohn. M. Bur

Lit.: H. D'ARBOIS DE JUBAINVILLE, Hist. des ducs et des comtes de Champagne IV, 1, 1864.

50. H. I., *Lgf. v. Hessen,* * 24. Juni 1244, † 21. Dez. 1308; Eltern: Hzg. →Heinrich II. v. Brabant und Sophie, Tochter Lgf. →Ludwigs IV. v. Thüringen und der hl. →Elisabeth. Mit dem Erlöschen der →Ludowinger im Mannesstamm nach dem Tode →Heinrich Raspes (1247) konnte Hzgn. Sophie in den ausbrechenden Kämpfen um das Erbe für ihren unmündigen Sohn die Gft. Hessen sichern, während →Thüringen an die Mgf.en v. →Meißen fiel. Seit ca. 1265 selbständig regierend, kennzeichnet H.s Politik das Bemühen um den Auf- und Ausbau seines Territoriums, um Sicherung der Selbständigkeit Hessens und Festigung seiner Position innerhalb des Reiches, wobei er wiederholt in polit. und krieger. Auseinandersetzungen verwickelt wurde. Die 1292 von Kg. →Adolf v. Nassau vorgenommene Erhebung in den Reichsfs.enstand sicherte seiner Familie für Jahrhunderte die führende Stellung in Hessen. U. Braasch-Schwersmann

Lit.: K. WEIDEMANN, Lgf. H. v. Hessen und das Erzstift Mainz, Zs. für hess. Gesch., NF 20, 1895, 399ff. – K. E. DEMANDT, Gesch. des Landes Hessen, 1972² [rev. Nachdr. 1980].

51. H. I. d. J., *Hzg. v. Kärnten* →Heinrich III., Hzg. v. Bayern (32. H.)

52. H. III. (»v. Eppenstein«), *Hzg. v.* →*Kärnten,* † 1122, ⬚ Kl. →St. Lambrecht (Steiermark); Sohn Gf. Markwarts IV. und der Liutbirg; ⬚ 1. Beatrix v. Dießen, 2. Liutkard, 3. Babenbergerin Sophie; keine Kinder. H., 1086 Mgf. v. Istrien, folgte seinem Bruder Liutolt († 1090) als Hzg. v. Kärnten, Mgf. v. Verona und Vogt v. Aquileia nach. Gemeinsam mit seinem Bruder Ulrich (seit 1085 Patriarch v. Aquileia) zählte H. im →Investiturstreit zu den Hauptstützen Heinrichs IV., wechselte aber 1105 zu Heinrich V.

Das von seinem Vater gegr. Kl. St. Lambrecht stattete der kinderlose H. erst 1103 mit reichem Besitz aus. In Kärnten war H. in langwierige Kämpfe mit dem Gf.en Engelbert v. Spanheim, dem Führer der päpstl. Partei, verwickelt. Im Streit um Kirchengüter und Zehnte im Kanaltal mußte sich H. dem Salzburger Ebf. →Konrad I., der seinem Suffragan Hiltebold v. Gurk zu Hilfe geeilt war, unterwerfen und ihn nach Androhung von Kirchenstrafen um Verzeihung bitten. Nach H.s Tod – er wurde erst postum (1130) nach der Burg Eppenstein benannt (→Eppensteiner) – fiel sein Besitz in Kärnten an sein Patenkind Heinrich v. →Spanheim, der ihm als Hzg. folgte. Die umfangreichen steirischen Güter gingen an die verwandten Otakare v. Steyr (→Steiermark). H. Dopsch

Lit.: A. V. JAKSCH, Gesch. Kärntens bis 1135, I, 1928 – C. FRÄSS-EHRFELD, Gesch. Kärntens, I, 1984 – →Eppensteiner.

53. H. V., *Hzg. v.* →*Kärnten* seit 1144, † 1161, ⬚ Kl. Rosazzo (Friaul); stammte aus dem Geschlecht der →Spanheimer, Sohn Hzg. Ulrichs I. und der Judith v. Baden, ⬚ Sophie, Tochter des Mgf.en →Leopold v. Steiermark; keine Kinder. H., der schon als Jüngling Hzg. wurde, mußte bald eine empfindl. Schmälerung seiner bescheidenen hzgl. Machtbasis hinnehmen: sein Onkel, Gf. Bernhard v. Spanheim-Marburg († 1147), vermachte seine reichen Eigengüter und seine zahlreichen Ministerialen in Kärnten an Mgf. →Otakar III. v. Steiermark; 1151 wurde die Mgft. Verona, die seit der Schaffung des Hzm.s Kärnten 976 vom Kärntner Hzg. in Personalunion verwaltet worden war, an H.s Onkel, Mgf. Hermann III. v. Baden, verliehen. Dagegen wog die Bestellung zum Vogt des kleinen Bm.s →Gurk durch Bf. Roman I. 1158 nur wenig. Als Parteigänger der Staufer nahm H. 1154/55 und 1158–60 an den Italienfahrten Friedrich Barbarossas teil. Der Ks. betraute 1160/61 H. mit der Führung einer Gesandtschaft an den mit H.s Onkel Engelbert, Mgf. v. Istrien, verschwägerten Ks. Manuel v. Byzanz. Auf der Rückkehr aus Italien ertrank H. an der Mündung des Tagliamento ins Meer. Sein Bruder →Hermann folgte als Hzg. v. Kärnten. H. Dopsch

Q.: Mon. hist. ducatus Carinthiae III, ed. A. v. JAKSCH, 1904 – *Lit.:* A. v. JAKSCH, Gesch. Kärntens bis 1335, I, 1928 – F. HAUSMANN, Die steir. Otakare, Kärnten und Friaul (Das Werden der Steiermark, hg. G. PFERSCHY, 1980) – C. FRÄSS-EHRFELD, Gesch. Kärntens I, 1984.

54. H. VI., *Hzg. v.* →*Kärnten und Gf. v.* →*Tirol* seit 1295, Kg. v. Böhmen und Polen 1307–10; * um 1270, † 2. April 1335 Schloß Tirol, ⬚ Kl. Stams in Tirol; Eltern: →Meinhard II. (IV.) v. Görz-Tirol und Elisabeth v. Bayern, Witwe Kg. Konrads IV.; ⬚ Anna, älteste Schwester Kg. Wenzels III. v. Böhmen; Erbtochter: →Margarethe »Maultasch«. Nach dem Tode des Vaters übernahm H. gemeinsam mit seinen Brüdern Otto und Ludwig die Regierung in Kärnten und Tirol. Er unterstützte zunächst seinen Schwager →Albrecht I. im Kampf gegen Kg. →Adolf v. Nassau (Schlacht b. →Göllheim 1298) sowie im Krieg gegen die rhein. Kfs.en und empfing von diesem gemeinsam mit seinen Brüdern die von Adolf verweigerten Reichslehen. Aufgrund seiner Erbansprüche, die er durch seine Vermählung erworben hatte, wurde er nach der Ermordung Wenzels (1306) und dem Tode seines Neffen Rudolf (1307), dem sein Vater Kg. Albrecht Böhmen als erledigtes Reichslehen zugesprochen hatte, gegen den Widerstand der Habsburger am 15. Aug. 1307 zum Kg. v. Böhmen gewählt, wo seine Herrschaft nach der Ermordung Kg. Albrechts I. (1308) gesichert schien. Doch besetzte →Johann, der Sohn Heinrichs VII., im Herbst 1310 das Land und verdrängte H. aus Prag, der sich, finanziell völlig erschöpft, in seine Erbländer zurückzog. Mit den Habsburgern, die von ihnen besetzte Gebiete in Kärnten räumten, kam es 1311 zu einem Ausgleich; hingegen mißlang die endgültige Erwerbung der großen Besitzungen des Bm.s Bamberg in Kärnten (Villach, Kanaltal, Lavanttal), die 1311 an H. verpfändet wurden. In Tirol nahm H. die Herrschaft Taufers im Pustertal in Besitz und erreichte die Zurückdrängung der Lehenshoheit der Bf.e v. Trient und Brixen über große Teile des Landes. Im dt. Thronstreit stimmte H. 1314 als »Kg. v. Böhmen« für →Friedrich d. Schönen und unterstützte die Habsburger im Kampf gegen →Ludwig d. Bayern. Nach der Schlacht b. →Mühldorf (1322), an der er nicht teilnahm, konnte H. 1325 einen Ausgleich zw. den beiden Kg.en vermitteln. Treviso und Padua, die H. als Reichsvikar 1325 eroberte, verlor er 1329 wieder an Cangrande I. →della Scala. Ludwig d. Bayer erteilte H. 1330 das Privileg, daß ihm die Töchter in den Reichslehen nachfolgen sollten, widerrief es aber insgeheim kurz darauf. Die Ansprüche auf Böhmen wurden bei der Vereinbarung der Ehe zw. Johann Heinrich, dem Sohn Kg. Johanns v. Böhmen, und H.s Tochter Margarethe gegen eine hohe Abfindung aufgegeben. Nach dem Tode H.s konnten die Habsburger das ihnen in einem Geheimvertrag 1330 von Ludwig d. Bayern zugesicherte Hzm. Kärnten in Besitz nehmen. Tirol dagegen, das sich Ludwig mit den Habsburgern teilen wollte, blieb nach dem einmütigen Willen der Stände H.s Tochter erhalten.   H. Dopsch

Q.: Mon. hist. ducatus Carinthiae X, ed. H. Wiessner, 1969 – *Lit.:* A. v. Jaksch, Gesch. Kärntens, II, 1929, 145–237 – J. Riedmann, Die Beziehungen der Gf.en und Landesfs.en v. Tirol zu Italien bis zum Jahre 1335, SÖA.PHH 307, 1977 – C. Fräss-Ehrfeld, Gesch. Kärntens, I, 1984, 368–397 – J. Riedmann, SpätMA (Gesch. des Landes Tirol I, 1985), 410–419.

55. H. v. Grosmont, *1. Duke of* →*Lancaster,* der nicht dem kgl. Geblüt angehörte (6. März 1351), Earl of →Derby seit 1337, bedeutender Berater Kg. Eduards III.; * 1310, wohl auf Grosmont Castle (Gft. Monmouth), † 23. März 1361, Neffe von →Thomas, Earl of Lancaster, Sohn von Heinrich, Earl of →Leicester und Lancaster, und Maude Chaworth; Earl of Lancaster und Leicester sowie Steward of England seit 1345, Gründungsmitglied des →Hosenbandordens, Earl of →Lincoln seit 1349. Den ihm von Kg. David II. v. Schottland 1359 verliehenen Titel eines Earl of →Moray hat er nie geführt. Schwerpunkte seiner Tätigkeit waren Krieg und Diplomatie: 1337 Plünderungszug gegen Cadzand, 1340 Teilnahme an der Schlacht v. →Sluis, erste selbständige Kommandos in der →Guyenne (Siege bei →Auberoche und Bergerac, 1345), dann bei Calais (1347), Winchelsea (1350) sowie im Feldzug von 1359. Er war kgl. *lieutenant* in der Guyenne (1349–50) und in der Bretagne (1355–58). Im Dienst des Kg.s unternahm er zahlreiche diplomat. Reisen, 1352 eine →Preußenreise. H. verfaßte ein »Livre de Seyntz Medecines«. Den Großteil seines Erbes erhielt sein Schwiegersohn →John of Gaunt.   M. Jones

Ed.: H. of Lancaster, Le Livre de Seyntz Medecines, ed. E. J. Arnould, 1940 – *Lit.:* Peerage VII, 401–410 – K. A. Fowler, The King's Lieutenant. H. of G. …, 1969.

56. H., *lothr. Pfgf.* aus dem Hause der →Ezzonen, † 1061 in Echternach, Sohn Hezelins und Neffe →Ezzos, Enkel Ottos II., Bruder Ottos, Hzg.s v. Kärnten; ∞ Mathilde, Tochter →Gozelos I., v. Lotharingien. H. folgte seinem Vetter Otto um 1045 als Pfgf. nach und verfügte über mehrere Pagi (Zülpich, Eifel, Bonn, Avel) sowie als Vogt über die rhein. Güter v. St. Servatius zu →Maastricht und →Brauweiler. Er wurde von Ebf. →Anno II. v. Köln, der die →Siegburg erobern wollte, in einen Krieg ver-

strickt. 1059 trat H. als Mönch in →Gorze ein, wo sein Vetter Heinrich Abt war, verließ aber das Kl. bald, um den Krieg gegen Köln wieder aufzunehmen. Bereits krank, erstickte und köpfte er am 17. Juli 1060 seine Gemahlin in einem Wahnsinnsanfall. Er starb in Kl.haft. Der ihm nachfolgende Pfgf. Hermann war vielleicht sein Sohn.
M. Parisse

Q.: Vita Annonis archiepiscopi Coloniensis, MGH SS XI, cap. 19, 32, p. 475, 480 – *Lit.:* E. Kimpen, Ezzonen und Heziliniden in der rhein. Pfgf., MIÖG, Erg.bd. 12, 1933, 1–91 – R. Gerstner, Die Gesch. der lothr. und rhein. Pfgft., Rhein. Archiv 40, 1942 – U. Lewald, Die Ezzonen, RhVjBl 43, 1979, 159–162 – G. Jenal, Ebf. Anno II. v. Köln und sein polit. Wirken, 1975, 125–140.

57. H. III., *Gf. v.* →*Luxemburg* und *La Roche* 1281–88, ✗ 5. Juni 1288 bei →Worringen. H. war Sohn des bedeutenden Gf.en Heinrich II. (1246–81), der – in Konkurrenz zu benachbarten Fs.en (v. a. Gf.en v. →Flandern und →Hennegau sowie →Bar) – die lux. Herrschaft erweitert hatte. H., der bereits während der Kreuzzugsteilnahme des Vaters (1270–71) Herrschaftsaufgaben wahrnahm, führte Auseinandersetzungen mit den Herren v. →Vianden (1282), dem Ebf. v. →Trier (1285) und dem Bf. v. →Lüttich (1287). Er machte im Erbstreit um das Hzm. →Limburg seine Ansprüche geltend und zog an der Spitze der lux. Ritterschaft in die Entscheidungsschlacht v. Worringen, in der er der gegner. Koalition unterlag und mit seinen drei Brüdern fiel. – Aus seiner Ehe mit Beatrix v. →Avesnes gingen drei Söhne hervor, von denen Ebf. →Balduin v. Trier und Ks. →Heinrich VII. den Aufstieg des Hauses Luxemburg in der europ. und dt. Gesch. des 14. Jh. begründet haben.
Lit.: →Luxemburg, →Worringen.

58. H. I., Gf. v. Eilenburg, *Mgf. v.* →*Meißen,* * um 1070, ✗ 1103 an der Neiße, einziger überlebender Sohn des Gf.en Dedi II. († 1075); ∞ Gertrud v. Braunschweig, Sohn: Heinrich II. († 1123). 1081 erhielt H. die schon an seinen Vater verliehene Ostmark (Niederlausitz). Anders als dieser im →Investiturstreit auf der Seite Heinrichs IV. stehend, wurde er nach Absetzung des aufständ. Mgf.en →Ekbert II. v. Meißen 1089 mit dessen Mgft. belehnt, ein Hinweis auf die starke Stellung der →Wettiner im mitteldt. Osten. Als H. im Kampf gegen die Slaven fiel, konnte die Witwe die Mgft. Meißen für ihren Sohn erhalten. Mit H. begann die dauerhafte Herrschaft des Hauses Wettin im meißn.-sächs. Raum.   K. Blaschke
Lit.: ADB XI, s. v. – NDB VIII, 372f. – O. Posse, Die Mgf.en v. Meißen und das Haus Wettin bis zu Konrad d. Gr., 1881 – R. Lehmann, Gesch. der Niederlausitz, 1963².

59. H. II., Gf. v. Eilenburg, *Mgf. v. Meißen und der Lausitz* →Meißen

60. H. d. Erlauchte, *Mgf. v.* →*Meißen, Lgf. v.* →*Thüringen,* * zw. 21. Mai/23. Sept. 1218, † Anfang 1288 (vor 8. Febr.), ☐ Kl. Altzella; Eltern: Mgf. →Dietrich d. Bedrängte v. Meißen und Jutta, Tochter Lgf. →Hermanns I. v. Thüringen; Neffe von Lgf. Ludwig IV. v. Thüringen und →Heinrich Raspe; ∞ 1. Konstanze, Tochter Hzg. →Leopolds VI. v. Österreich, 2. Agnes, Tochter Kg. →Ottokars II. v. Böhmen, 3. Elisabeth v. Maltitz (aus Ministerialenfamilie); Söhne von 1.: →Albrecht d. Entartete, Dietrich, Mgf. v. Landsberg, von 3.: Friedrich Clemme, Herr zu Dresden. – H. stand nach dem Tode seines Vaters unter der Vormundschaft seiner Mutter und Lgf. Ludwigs IV., 1230 übernahm er förmlich die Regierung. Nach einem Kreuzzug gegen die →Prussen (1237) versuchte er, im brandenburg. Raum Fuß zu fassen, wo er bis Strausberg vorstieß, letztl. aber vor den →Askaniern zurückweichen mußte. Sein gutes Verhältnis zu Ks. Friedrich II. brachte ihm 1243 die Eventualbelehnung mit der Lgft. Thüringen ein, die beim Aussterben der →Ludowinger 1247 wirksam wurde, doch konnte er sich dort erst 1264 endgültig durchsetzen. Die Verlobung seines Sohnes Albrecht mit der Ks.tochter Margarete verschaffte ihm den Pfandbesitz des →Pleißenlandes. Die Landesherrschaft festigte er durch Stärkung des Hofgerichts, Ausbau der Kanzlei und Maßnahmen gegen die Bf.e v. →Meißen und →Naumburg. In seinem weiten Herrschaftsbereich zw. Werra und Oder beschränkte er sich seit 1262 auf den meißn.-lausitz. Teil und überließ den übrigen Besitz seinen Söhnen Albrecht und Dietrich. Der polit. und militär. befähigte, wegen seines Rechtsgefühls und seiner kultivierten höf. Lebensweise gerühmte Fs. hat für den Aufstieg des Hauses →Wettin Wesentliches geleistet.

K. Blaschke

Lit.: ADB XI, s. v. – NDB VIII, 373 – PATZE-SCHLESINGER, II, 1 – W. R. LUTZ, H. d. Erlauchte (1218–1288), 1977.

61. H. der Blinde, *Gf. v. →Namur und →Luxemburg,* †1196, Sohn des Gf.en Gottfried v. →Namur und der Ermesinde v. →Luxemburg; dreimal verheiratet (u. a. mit Lauretta v. Flandern, um 1154, und Agnes v. Geldern, 1168); erblindet seit 1183. H. wurde nach dem Tode seines leibl. Vetters Konrad II. (1131–36) Gf. v. Luxemburg, 1139 Gf. v. Namur, erbte von seiner Mutter bald darauf Longwy und erlangte um 1150 die Gft.en Durbuy und La Roche, die von nahen Verwandten, die keine direkten Erben hatten, hinterlassen worden waren. Auch war H. Vogt der großen Abteien →Echternach, St. Maximin vor →Trier sowie →Stablo und →Malmedy. H.s Politik war bestimmt vom Kampf, den er um die Vogtei von St. Maximin mit Ebf. →Albero v. Trier und dessen Verbündetem Kg. →Konrad III. führte, und durch das Problem der Erbfolge. Um 1163 setzte H. seinen Neffen →Balduin (IV.) v. Hennegau zum Erben in Namur und Luxemburg ein; zwanzig Jahre später bestätigte er diese Entscheidung. Pfingsten 1184 (→Mainzer Hoffest) akzeptierte Friedrich Barbarossa den Plan, für Balduin die Mgft. Namur als weiträumiges, von Luxemburg bis zum Hennegau reichendes Territorium zu konstituieren. Die Gegner des Hennegauers nahmen dessen drohenden Machtzuwachs jedoch zum Anlaß, für eine Wiederannäherung H.s an seine Gemahlin, von der er fünfzehn Jahre getrennt gelebt hatte, zu sorgen; im Juli 1186 wurde eine Tochter, Ermesinde, geboren. H. versprach sie 1187 an →Heinrich II. v. Champagne, doch löste dieser 1191 das Verlöbnis auf. H. versuchte schließlich, die bereits dem Sohne Balduins übertragene Gft. Namur zurückzuerobern. Auf dem Hoftag v. Schwäb. Hall (23. Sept. 1190) konstituierte Heinrich VI. für den zugleich zum →Reichsfs.en erhobenen Gf.en Balduin (V.) die Mgft. Namur, doch unter Ausschluß Luxemburgs. Nach H.s Tod eroberte der erste Gemahl der Ermesinde, Gf. Theobald I. v. Bar, das Erbe (1198).

M. Parisse

Lit.: F. ROUSSEAU, Henri l'Aveugle, comte de Namur et Luxembourg, 1921 – C. WAMPACH, Urkk. und Q. zur Gesch. der altlux. Territorien I, 1935 – J. SCHOOS, Le développement politique et territorial du pays de Luxembourg dans la première moitié du XIIIe s., 1950, 29–41.

62. H. der Fette, *Gf. v. →Northeim,* † 1101, ▭ in der von ihm als Hauskl. gestifteten Abtei OSB Bursfelde an der Oberweser. Sohn des Gf.en →Otto v. Northeim (†1083), konnte H. durch seine Heirat mit Gertrud v. Braunschweig († 1117) den northeim. Besitz um das reiche Erbe der →Katlenburger und →Brunonen erweitern. Während er nach der bayer. Hzg.swürde nicht gestrebt zu haben scheint, gelang es ihm, nicht zuletzt durch die kgl. Übertragung der in einer Mark zusammengefaßten Gft.en in →Friesland (1099/1100), im sächs.-norddt. Bereich nochmals eine Machtposition ähnlich der seines Vaters einzunehmen. Sie zerbrach, als der Gf. bei dem Versuch der Durchsetzung dieser Rechte in Friesland getötet wurde; der katlenburg. und brunon. Besitz kam über H.s Tochter →Richenza (⚭ →Lothar v. Süpplingenburg) an die →Welfen.

E. Plümer

Lit.: K.-H. LANGE, Die Stellung der Gf.en v. Northeim ..., NdsJb 33, 1961, 79–88 – J. FLECKENSTEIN, Die Gründung von Bursfelde und ihr gesch. Ort, 1983.

63. H. I., *Mgf. v. →Österreich* aus dem Hause der →Babenberger, †23./24. Juni 1018 (wahrscheinl. am Oberrhein, in der Umgebung Ks. Heinrichs II.), Sohn Mgf. Liutpolds I. (†994) und der Richwara (Richardis), Tochter des Gf.en Ernst v. Sualafeldgau; Brüder: →Ernst I., Hzg. v. Schwaben (†1015), →Poppo, Ebf. v. Trier (†1047), Adalbert, Mgf. v. Österreich (†1055), sein Nachfolger; über Gemahlin und Kinder H.s gibt es keine (sicheren) Belege. H. ist 995/996 urkundl. als Mgf. bezeugt, wobei auch die 'regio Ostarrîchi' erstmals erwähnt wird (DO III. 232). In Ausübung seiner Funktion in die Kämpfe Ks. Heinrichs II. gegen den Hzg. v. Polen, →Bolesław Chobry, verwickelt, erwarb er sich krieger. Ruhm. Die Reichsgutschenkung von 1002 (DH II. 22), durch die ihm Gebiete am Ostrand des Wienerwaldes und zw. den Flüssen Kamp und March zugewiesen wurden, ist indirekt Zeugnis für die expansiven Fähigkeiten des Mgf.en. Um 1014 nahm die Pfarrorganisation in der Mark durch den Bf. v. →Passau ihren Anfang. H. hatte seinen Sitz wohl in →Melk, wohin er den Leichnam →Colomans als eine Reliquie überführen ließ (wohl 1014).

G. Scheibelreiter

Q.: Thietmar v. Merseburg, Chron. VII, VIII – *Lit.:* K. LECHNER, Die Anfänge des Stiftes Melk und des St. Koloman-Kultes, Jb. für LK. von Niederösterr. 29, 1948, 47ff. – DERS., Beitr. zur Genealogie der älteren österr. Mg.fen, MIÖG 71, 1963, 246ff. – P. CSENDES, Kg. Heinrich II. und Mgf. H. I. v. Babenberg, Unsere Heimat 47, 1976, 3ff. – →Babenberger.

64. H. II. 'Jasomirgott' (der H.s Frömmigkeit betonende Beiname erst seit dem SpätMA belegt, wohl verballhornter arab. Ausdruck), Pfgf. bei Rhein, *Mgf. und Hzg. v. →Österreich,* Hzg. v. →Bayern, * 1107/08, †13. Jan. 1177 durch einen Sturz vom Pferd, ▭ Wien, Schottenkl.; Sohn Mgf. Leopolds III. († 1136, →Babenberger, jüngere) und Agnes' († 1143), Tochter Ks. Heinrichs IV.; ⚭ 1. Gertrud († 1143), Tochter Ks. Lothars III., 2. Theodora Komnene († 1184), Nichte Ks. Manuels I. Nicht H., sondern sein jüngerer Bruder Leopold IV. wurde 1136 Mgf. v. Österreich und 1139 Hzg. v. Bayern. H. übernahm die sal. Erbgüter seiner Mutter am Rhein und wurde 1140 Pfgf. Nach dem frühen Tod Leopolds folgte er ihm 1141 in der Mark. Um die →Welfen in Bayern auszuschalten, vermittelte Kg. Konrad III., der Halbbruder H.s, die Ehe mit Gertrud, der Witwe Hzg. →Heinrichs d. Stolzen, und übertrug H. 1143 das Hzm. Bayern. Der Tod der Hzgn. im gleichen Jahr machte diese Regelung zunichte. H.s Stellung war stark erschüttert (1145 Exkommunikation, 1146 Niederlage gegen die Ungarn an der Leitha), doch gelang ihm durch die Vermählung mit der Nichte des byz. Ks.s während des 2. Kreuzzugs ein Prestigegewinn. Der Herrschaftsantritt Friedrichs I. ließ die Lösung der bayer. Frage in greifbare Nähe rücken. Nach langwierigen Verhandlungen verzichtete H. am 8. Sept. 1156 zugunsten →Heinrichs d. Löwen auf Bayern und erhielt dafür das rechtl. davon gelöste Österreich als neues, mit beachtl. Privilegien ausgestattetes

Hzm. (→Privilegium minus). In den nächsten Jahren unterstützte H. die Politik Barbarossas (Mailand, päpstl. Schisma, 1166 Gesandtschaft nach Sofia). Versuche, in Österreich erbenlosen Besitz zu erwerben und die Gerichtsbarkeit nicht landsässiger Herren einzuschränken, scheiterten, doch errang er 1169 mit der Vogtei über das Kl. →Admont einen ersten babenberg. Stützpunkt in der →Steiermark. Das Vordringen der dt. Siedlung gegen Böhmen und Eingriffe in den ung. Thronstreit brachten ihn in Gegensatz zu seinen Nachbarn.

H. war keine überragende Persönlichkeit, aber ein zäher und zielbewußter Fs., unter dem die entscheidenden Schritte zur Ausbildung der Landeshoheit getan wurden. Zu seinen Verdiensten zählt die Förderung →Wiens, das durch ihn zur babenberg. Residenz wurde und dessen antik-frühchr. Tradition er betonte. Diesem Bestreben diente auch die Berufung ir. Mönche aus St. Jakob in Regensburg nach Wien (Schottenkl.).   G. Scheibelreiter

Lit.: ADB XI, 554ff. – NDB VIII, 375ff. – JDG K. III. 81f., 137, 279, 313, 656 [W. Bernardi] – F. Eheim, Zur Gesch. der Beinamen der Babenberger, Unsere Heimat 26, 1955, 157 – K. Lechner, Hzg. H. II. Jasomirgott (Gestalter der Geschicke Österr., hg. H. Hantsch, 1962), 35ff. – H. Appelt, Die Babenberger und das Imperium im 12. Jh. (Das babenberg. Österreich, hg. E. Zöllner, 1978), 44ff. – s. a. Lit. zu →Babenberger, jüngere.

65. H. v. Burgund, *Gf. v.* →*Portugal,* * um 1075, † 1112 in Astorga, ▭ Braga, Kathedrale. Aus dem Hause der kapet. Hzg. e. v. →Burgund (jüngerer Sohn des frühverstorbenen Hzg.ssohnes Heinrich), Neffe von →Konstanza, der 2. Gemahlin Kg. →Alfons' VI. v. León-Kastilien, der ihm 1095/96 seine unehel. Tochter Teresa zur Frau gab und die aus dem Verband von →Galicien herausgetrennten Gft.en →Porto und →Coimbra verlieh; für die erstmal als polit. Einheit verstandene ›Portugalensis et Colinbriensis provincia‹ setzte sich sehr schnell der Name ›Portugal‹ durch. H., der sein Herrschaftsgebiet sehr effektiv, wenn auch nominell nur als Vertreter seines Schwiegervaters, regierte, bekämpfte die →Almoraviden, gab Siedlern sowie örtl. Adligen und Rittern Rechte und Privilegien und förderte Kl. und Bf.skirchen, v. a. cluniazensische (→Cluny, B. II). Ein wohl 1105 durch Abt →Hugo v. Cluny vermittelter weitausgreifender Plan, der nach Alfons' VI. Tod eine Aufteilung des kast.-leones. Gesamtreiches unter H. und seinen Vetter Raimund von Galicien vorsah, blieb Theorie. Doch versuchte H., der sich mittlerweile als »nutu Dei . . portugalensium patrie princeps« intitulieren ließ, nach dem Tod seines Schwiegervaters (1109) in wechselnden Bündnissen, in denen er zeitweilig Alfons' Tochter →Urraca, zeitweilig ihren 2. Mann, Alfons I. v. Aragón, unterstützte, eine Teilung des Reiches »per medium« zu erreichen. Der Aufstieg Portugals zum selbständigen Kgr. war während H.s Regierung noch nicht abzusehen.   P. Feige

Lit.: J. V. Serrão, Hist. de Portugal I, 1977, 74–79 – P. Feige, Die Anfänge des ptg. Kgtm.s und seiner Landeskirche (GAKGS 29, 1978), 111–139 – J. Mattoso, O Condado Portucalense (Hist. de Portugal, hg. J. H. Saraiva, I, 1983), 419–468 – B. F. Reilly, The Kingdom of León-Castilla under Queen Urraca, 1982 – Ders., The Kingdom of León-Castilla under King Alfonso VI, 1988 – s. a. Q. und Lit. zu →Portugal.

66. H. v. Badwide, erster *Gf. v.* →*Ratzeburg,* † um 1164; unbekannter adliger Herkunft, benannt vermutl. nach seinem Besitz in Bode bei Ebstorf (nw. Uelzen), ∞ mit einer Verwandten Kg. Waldemars I. v. Dänemark, 1138 von →Albrecht dem Bären mit der Gft. →Holstein belehnt, verlor er sie 1139 an Adolf II. v. Schauenburg (→Schaumburg), erhielt von →Gertrud v. Süpplingen-

burg →Wagrien, das er 1142/43 ebenfalls an Adolf II. verlor. Hzg. →Heinrich der Löwe belehnte ihn 1142/43 mit Ratzeburg und dem Land →Polabien. Die Grenzgft. umfaßte die Länder Ratzeburg, Boitin, Gadebusch, Wittenburg und möglicherweise Boizenburg. H. förderte die Kolonisation des Landes mit Siedlern aus Westfalen sowie die kirchl. Durchdringung, war auch Vogt der Ratzeburger Kirche. Bis zu seinem Tod oft im Gefolge Heinrichs des Löwen belegt. Sein Geschlecht starb mit dem Tod seines Urenkels Bernhard III. vor 1200 aus.   R. Hammel

Lit.: W. Meyer-Seedorf, Gesch. der Gf.en v. Ratzeburg und Dannenberg, Jb. des Ver. für mecklenburg. Gesch. und Altertumskunde 76, 1911 – F. Lammert, Die älteste Gesch. des Landes Lauenburg, 1933.

67. H. (V.), d. Ä., v. →Braunschweig, *rhein. Pfgf.* (→Pfgft. bei Rhein), * um 1173/74, †28. April 1227, ▭ Braunschweig, Dom; ältester Sohn Hzg. →Heinrichs d. Löwen und der →Mathilde; ∞ Ende 1193 Agnes, Erbtochter des rhein. Pfgf.en →Konrad v. Staufen. Er folgte dem Vater in das engl. Exil und übernahm im Streit um den Restbestand der welf. Herrschaftsmasse seit 1191 die Führung der welf. Interessenvertretung. Durch seine Heirat wurde das Pfgf.enamt endgültig in eine patrimoniale Adelsherrschaft umgewandelt, wodurch den Welfen ein entscheidender Einbruch in die stauf. Position am Mittelrhein gelang. Nach der Doppelwahl von 1198 war H. kein bedingungsloser Parteigänger seines Bruders →Otto IV., sondern wechselte schon im Juli 1203 zur stauf. Partei über und trat 1213 die Pfgft. an seinen Sohn Heinrich (d. J.) ab. Das Schwergewicht seiner Herrschaft sah er zunächst in der Pfgft., da er in der welf. Hausmachtzone aufgrund der Paderborner Teilung (1202) nur Streubesitz besaß. Nach dem Tod seines Bruders →Wilhelm v. Lüneburg (1213) erhielt er aber umfangreichen Besitz zw. Elbe und Weser. In diesem Gebiet betraute 1219 Friedrich II. ihn mit dem →Reichsvikariat, einer herzogähnl. Funktion. 1223 setzte H. seinen Neffen →Otto »das Kind« zu seinem Nachfolger ein.   O. Engels

Lit.: H. Patze, Die welf. Territorien im 14. Jh. (Der dt. Territorialstaat im 14. Jh., II, hg. H. Patze, 1971), 7–12 – E. Boshof, Die Entstehung des Hzm.s Braunschweig-Lüneburg, hg. W. D. Mohrmann, 1980, 249–274 – O. Engels (Rhein. Gesch. I 3, hg. F. Petri–G. Droege, 1983), 237–243.

68. H. d. Löwe, *Hzg. v.* →*Sachsen* und →*Bayern,* * um 1129/30, † 6. Aug. 1195, ▭ Braunschweig, Dom; Sohn →Heinrichs d. Stolzen und der Ks.tochter →Gertrud; ∞ 1.: um 1150 →Clementia, Tochter Hzg. →Konrads v. Zähringen; 2.: 1168 →Mathilde, Tochter Kg. Heinrichs II. v. England; Kinder: von 1.: Gertrud (∞ 1.: Friedrich IV., Hzg. v. Schwaben; 2.: →Knut VI., Kg. v. Dänemark), von 2.: Pfgf. →Heinrich V. b. Rhein († 1227), →Otto (IV.), →Wilhelm, Hzg. v. Braunschweig-Lüneburg.

1142 erhielt H. im Rahmen der Ausgleichspolitik Konrads III. zw. →Staufern und →Welfen das 1138 seinem Vater entzogene sächs. Hzg.samt wieder übertragen, dessen Rechtsgrundlagen allerdings schwach waren. Nach dem Vorbild seines Großvaters →Lothar v. Süpplingenburg versuchte er deshalb, durch den machtpolit. Zugriff auf alle mögl. Rechtstitel den hzgl. Superioritätsanspruch auszufüllen. Anläßl. des Aufbruchs zum 2. Kreuzzug klagte H. auf Rückgabe des seinem Vater angebl. zu Unrecht entzogenen bayer. Hzg.samtes. Als Konrad III. die Klage verschob, verweigerten H. und der sächs. Adel die Teilnahme am Kreuzzug. Stattdessen wurde er zum sog. →Wendenkreuzzug (1147) verpflichtet. Seit 1149 erhob H. als Mgf. gegen den Ebf. v. →Hamburg-Bremen Anspruch auf die Wiedererrichtung der ostelb. Bm.er

→Oldenburg, →Ratzeburg und →Mecklenburg/Schwerin sowie die Investitur ihrer Bf.e. Der 1152 zum Kg. gewählte Friedrich I., dessen Interesse auf die Sizilienpolitik gerichtet war, machte H. Zugeständnisse (Gründung und Besetzung der ostelb. Bm.er, Rückgabe des Bayernhzm.s), die aber erst 1154, nach dem →Konstanzer Vertrag, in Kraft traten.

Im Sept. 1156 erhielt er das von ihm schon vorher besetzte Bayern, um die zum Hzm. gewandelte Mgft. →Österreich vermindert, zurück. Obwohl H. die finanziellen Erträge Bayerns nutzbar zu machen suchte und die Keimzelle für die spätere Stadt →München schuf, wandte er sich insgesamt mehr dem N zu. Er nahm an den ersten beiden Italienfahrten des Ks.s teil, erkannte im Schisma v. 1159 den ksl. Papst Viktor IV. an und trennte sich 1162 von Clementia, als die →Zähringer ein eventuelles Bündnis mit dem Kg. v. Frankreich anstrebten. Teils im Bündnis mit →Waldemar I. v. Dänemark eroberte er den slav. Siedlungsraum bis zur Peene und gründete 1159 →Lübeck neu. 1166 erweiterte er um die Hagenstadt und erbaute die Burg Dankwarderode mit Blasiusdom und Löwendenkmal (→Denkmal). Der Versuch eines dt.-engl. Bündnisses ermöglichte ihm 1168 die Heirat mit der engl. Kg.stochter Mathilde.

Es zeigten sich aber auch die Grenzen des Welfen: Seine Absicht, die Eroberungen in Mecklenburg-Pommern durch Ministeriale zu verwalten, mußte 1167 zugunsten von Verlehnungen aufgegeben werden. Seit 1166 lehnten sich die sächs. Fs.en gegen die Versuche, sie zu mediatisieren, z.T. mit Waffengewalt auf. Die Möglichkeit einer Umwandlung des Hzm.s in eine übermächtige Gebietsherrschaft hing indes vom Verhalten des Ks.s ab. Solange dieser in Italien gebunden war, stützte er die Position des Welfen. Nach dem Frieden v. →Venedig aber (die Verweigerung der erbetenen Hilfe von 1176 in →Chiavenna ist nur eine zweitrangige Ursache) war er bereit, H. zu entmachten. Deshalb nahm er 1178 die Klage der Gegner und nicht H.s an. Im Jan. 1179 begann das landrechtl. (jedenfalls ein nichtlehnrechtl.) Verfahren wegen Landfriedensbruch, das Ende Juni in Magdeburg wegen Kontumaz mit der →Acht des Beklagten endete. Da H. zu einer Sühne nicht bereit war, schloß sich ein lehnrechtl. Verfahren wegen Mißachtung der ksl. Majestät an, das im Jan. 1180 in Würzburg durch Fs.enspruch zu einer Aberkennung der Reichslehen führte. In →Gelnhausen wurde schon im April das sächs. Reichslehen anderweitig vergeben, das bayer. Reichslehen nach Eintritt der Oberacht erst im Sept. 1180. Nach seiner Unterwerfung im Nov. 1181 in Erfurt mußte H. ins unbefristete Exil nach England gehen (Sommer 1182–Okt. 1185). Seine Rückkehr war Bedingung eines Bündnisabkommens zw. dem Ks. und Heinrich II. v. England. Weil nur sie, aber nicht die anderen Teile der Abmachung realisiert wurden, blieb die Wiedereinsetzung in alte Rechte aus und konnte H. ohne Urteil im Frühjahr 1189 für die Zeit des 3. Kreuzzuges erneut ins engl. Exil geschickt werden.

Im Okt. 1189 kehrte H. aus England zurück. Seine Aussichten, die alte Stellung zurückzuerwerben, waren nicht schlecht, da der Bremer Ebf. ihn wieder mit der Gft. →Stade belehnte, Lübeck seine Tore öffnete, die Lauenburg erobert werden konnte, und Heinrich VI. durch den im Nov. plötzl. eingetretenen siz. Erbfall nicht in der Lage war, den Friedensbruch zu verfolgen. In Fulda kam es im Juli 1190 zu einem Kompromißfrieden, an den sich H. jedoch nicht hielt. Er resignierte, als sich sein dän. Schwiegersohn im Sommer/Herbst 1193 weigerte, ihm bei der Rückeroberung Nordalbingiens behilfl. zu sein. Sein Sohn Heinrich vermittelte im März 1194 ein Treffen H.s mit dem Ks. in der Pfalz Tilleda, wo sich beide aussöhnten.
— →Deutschland, D.III.   O. Engels

Q.: MGH DD H.d.L. – *Lit.*: K. JORDAN, H.d.L., 1980² – H.d.L., hg. W.-D. MOHRMANN, 1980 – Der Reichstag v. Gelnhausen, hg. H. PATZE, 1981 – G. ALTHOFF, H.d.L. und das Stader Erbe, DA 41, 1985, 66–100 – J. AHLERS, Die Welfen und die engl. Kg.e, 1165–1235, 1987 – E. BOSHOF, Staufer und Welfen in der Regierungszeit Konrads III., AK 70, 1988, 313–341 – O. ENGELS, Stauferstud., hg. E. MEUTHEN–ST. WEINFURTER, 1988, 71–91, 116–130, 191–194.

69. H. II. der Fromme, *Hzg. v. Schlesien (Niederschlesien)*, aus dem Haus der →Piasten, * 1193/94, † 1241 bei Liegnitz, ▭ Breslau, Franziskanerkirche (Tumba 14. Jh.), Sohn Heinrichs I. v. Niederschlesien, und der hl. Hedwig v. Andechs-Meranien, setzte als Universalerbe die Politik seines Vaters, der Schlesien durch Landesausbau und dt. Besiedlung in ein modernes Territorium umgestaltet, dazu Krakau und Teile Großpolens erworben hatte, fort. Durch seine Heirat mit Anna, einer Tochter Kg. Ottokars I. v. Böhmen, die ihm 10 Kinder gebar, legte er die Grundlagen für die spätere polit. Verbindung Schlesiens mit →Böhmen. Nach seinem Tod, der eine Wende in der schles. polit. Geschichte markiert, gingen die poln. Besitzungen verloren und zerfiel Schlesien durch Erbteilung in immer mehr Teilfürstentümer.   J. J. Menzel

Lit.: PSB s. v. – NDB VIII, 395f. – K. JASIŃSKI, Rodowód Piastów śląskich I, 1973 – Gesch. Schlesiens I, 1988⁵, 105ff.

70. H. IV., *Hzg. v. Schlesien-Breslau*, aus dem Haus der →Piasten, † 1290, ▭ Breslau, Kreuzstift (von ihm gegr.), prächtige Tumba des 14. Jh., Enkel von 69, beherrschte als Herr v. →Breslau nur noch Mittelschlesien. In Prag erzogen, stand er auch nach Regierungsantritt beim Tod seines Vaters Heinrichs III. (1266) unter dem Einfluß seines Onkels Kg. →Ottokars II. v. Böhmen. Nach dessen Tode 1278 konnte er das Glatzer Land (→Glatz), nicht aber die Regentschaft Böhmens erringen. 1280 nahm er als erster schles. Hzg. sein Land von Kg. →Rudolf v. Habsburg zu Lehen und wurde dt. Reichsfs. 1288 erlangte er das poln. Hzm. →Krakau und soll nach der poln. Kg.swürde gestrebt haben. Mit dem Bf. v. Breslau focht er einen heftigen Immunitätsstreit aus, der mit einem großen Privileg für das Bm., der Gewährung der Landeshoheit für das Bistumsland, endete. Das Erbe des kinderlos verstorbenen H. fiel an seine schles. Verwandten. H. ist der bedeutendste schles. Piast der 2. Hälfte des 13. Jh. In der Manesseschen Liederhs. sind unter seinem Namen zwei dt. Minnelieder und eine Turnierszene überliefert.

J. J. Menzel

Lit.: NDB VIII, 394f. – PSB, s. v. – Verf.-Lex.² II, s. v. – W. IRGANG, Die Jugendjahre H.s IV. v. Schlesien, ZOF 35, 1986, 321–345 – Gesch. Schlesiens I, 1988⁵, 117ff.

71. H. v. Schweinfurt (gen. Hezilo), Gf. im Volkfeld-, Radenz- und auf dem bayer. →Nordgau 980–1017, † 18. Sept. 1017; ▭ Schweinfurt. Aus dem Geschlecht der »jüngeren →Babenberger« (→Schweinfurt), das zu seinen ausgedehnten Alloden am Mittel- und Obermain 973 noch Reichsgut um →Bamberg erhalten hatte und wegen seiner mächtigen Stellung auch den Mgf.entitel führte. Nach Auseinandersetzungen mit Bf. →Heinrich I. v. Würzburg wurde H. vorübergehend von Ks. Otto III. verbannt. Er unterstützte dann aber die Kg.swahl Heinrichs II., der ihm dennoch das versprochene Hzm. →Bayern, auf das die Schweinfurter eine Expektanz hatten, vorenthielt, um einer übermächtigen Stellung der Babenberger in Süddeutschland vorzubeugen. Deswegen schloß sich der Gf. dem Aufstand des →Bolesław Chrobry v. Polen gegen Heinrich II. an, den dieser aber im

Sommerfeldzug 1003 rasch niederwarf. Durch die Entziehung der Gft.en und anderen Reichslehen, die nach der Begnadigung im Nov. 1004 nur mehr teilweise zurückgegeben wurden, schaltete der Kg. die frk. Babenberger politisch aus, schuf damit aber andererseits die Voraussetzung für die Gründung des Bm.s →Bamberg 1007. In seinen späteren Jahren konzentrierte sich H. auf den inneren Ausbau der ihm verbliebenen Allode und der Nordgaugft.   A. Schmid

Lit.: R. ENDRES, Die Rolle der Gf.en v. Schweinfurt in der Besiedlung Nordostbayerns, JbffL 32, 1972, 1–44 – K. SPINDLER, I, 1981², 308f. [K. REINDEL]; III/1, 1971, 54–57 [F. J. SCHMALE] – K. BOSL, Bayer. Biogr., 1983, 324.

72. H. Raspe, *Lgf. v. → Thüringen, dt. Gegenkg.,* * um 1204, †16. Febr. 1247 auf der Wartburg, ▢ Eisenach; Eltern: →Hermann I., Lgf. v. →Thüringen, und Sophia, Tochter Hzg. Ottos I. v. Bayern; Schwager der hl. →Elisabeth, deren verschwender. Liebestätigkeit er behinderte; H.s drei Ehen blieben kinderlos. – Als jüngerer Bruder Lgf. →Ludwigs IV. v. Thüringen übernahm H. nach dessen Tod die Vormundschaft für seinen Neffen Hermann II. (†1241). Mit der 1243 erwirkten ksl. Eventualbelehnung mgf. →Heinrichs d. Erlauchten v. Meißen mit der Lgft. bereitete er die spätere Vereinigung von →Meißen und Thüringen in den Händen des Hauses →Wettin vor. H.s Treue zu Friedrich II. trug ihm 1239 den Kirchenbann und 1241 das Amt eines Reichsprokurators ein, das er jedoch zwei Jahre später niederlegte, da er inzwischen zum Parteigänger des Papstes geworden war. Nach der Absetzung des Ks.s durch Innozenz IV. 1245 wurde H. als Kompromißkandidat unter Mitwirkung eines päpstl. Legaten am 22. Mai 1246 in Veitshöchheim von den rhein. Ebf.en, einigen Bf.en und thür. Gf.en zum Kg. gewählt, ohne jedoch die Zustimmung der meisten weltl. Fs.en zu finden. Gegen Kg. Konrad IV. errang er bei Frankfurt einen Sieg (5. Aug. 1246), kehrte aber nach einer Niederlage bei Ulm nach Thüringen zurück. Mit H.s Tod erlosch das Haus der →Ludowinger im Mannesstamm. Dem herkömml. Bild H.s als eines ehrgeizigen, herrschsüchtigen, übertrieben frommen Menschen stellte H. PATZE eine mildere Beurteilung entgegen.   K. Blaschke

Lit.: ADB XI, s. v. – NDB VIII, 334ff. – PATZE-SCHLESINGER II, 1, 35–41.

73. H. I., *Lgf. v. → Thüringen,* * um 1155, † 25. April 1217 in Gotha (in geistiger Umnachtung); Eltern: Lgf. →Ludwig II. v. Thüringen und Jutta, Tochter Hzg. →Friedrichs II. v. Schwaben; Vater von →Heinrich Raspe. Im Schatten des regierenden Bruders →Ludwig III. stehend, mit dem zusammen er als Anhänger Friedrich Barbarossas 1180 in die anderthalbjährige Gefangenschaft →Heinrichs d. Löwen geriet, wurde er 1181 mit der Pfgft. →Sachsen belehnt. Als sein Bruder 1190 ohne Erben starb, konnte er sich gegen die Absicht Ks. Heinrichs VI., die Lgft. als erledigtes Lehen einzuziehen, als Nachfolger behaupten. Im dt. Thronstreit wechselte H. in bedenkenloser Verfolgung seiner territorialen Interessen dreimal nacheinander zu Otto IV. über, um schließlich an der Kg.swahl Friedrichs II. 1211 mitzuwirken. Er ließ die →Wartburg über →Eisenach ausbauen und machte sie zu einem Mittelpunkt der höf. Dichtung (hist. nicht faßbare lit. Überlieferung des »Sängerkrieges«; →Wartburgkrieg).   K. Blaschke

Lit.: ADB XII, s. v. – NDB VIII, 642 – PATZE-SCHLESINGER, II, 1, 29–32; II, 2, 207ff.

74. H. I., *Bf. v. →Augsburg* seit 973, ✕ 13. Juli 982 bei →Capo Colonne, Enkel Hzg. →Arnulfs v. Bayern. 977

rebellierte H. mit Hzg. →Heinrich dem Zänker und Hzg. →Heinrich v. Kärnten gegen Ks. Otto II., weshalb er 978 mehrere Monate inhaftiert wurde. Nach seiner Freilassung ließ er den Dom v. Augsburg mit einem neuen Dach versehen und eine Brücke über den Lech zur Kirche St. Afra im Felde hin erbauen. 980/981 unternahm H. eine Sühnewallfahrt nach Rom. Sommer/Herbst 981 zog er mit 100 Panzerreitern zu Ks. Otto II. nach Italien und fand in der Schlacht v. Capo Colonne den Tod.   G. Kreuzer

Lit.: F. ZOEPFL, Das Bm. Augsburg und seine Bf.e im MA, 1955, 77–79 – W. VOLKERT–F. ZOEPFL, Die Reg. der Bf.e und des Domkapitels v. Augsburg I, 1985, Nr. 160–174; Nachtr. 335f.

75. H. II., *Bf. v. →Augsburg* seit 1047, † 3. Sept. 1063 in Augsburg, ▢ ebd., Dom. Vor seiner bfl. Amtszeit war er Mitglied der Hofkapelle Ks. →Heinrichs III. und 1046–47 Leiter von dessen it. Kanzlei. Er erweiterte den Augsburger Dom und erbaute die bfl. Pfalz neu. Mit seinen Domkanonikern und dem Kl. St. Afra hatte er mehrmals Differenzen wegen strittiger Besitztitel. Er nahm an der Augsburger Synode Ende Jan./Anfang Febr. 1051 teil, die von Papst Leo und Ks. Heinrich III. geleitet wurde. Wegen seiner guten Kontakte zur Ksn. →Agnes wurde die Kirche v. Augsburg mit mehreren Schenkungen bedacht. Von 1057–1062, während der Regentschaft für Heinrich IV., war er ein einflußreicher und deshalb auch angefeindeter Berater der Ksn.   G. Kreuzer

Lit.: NDB VIII, 336f. – F. ZOEPFL, s. o., 1955, 91–96 – W. VOLKERT–F. ZOEPFL, s. o., I, 1985, Nr. 276–303; Nachtr. 347–350.

76. H. II. v. Isny, *Bf. v. Basel* seit dem 9. Okt. 1275, Ebf. v. Mainz 1286–88, * 1222 (?) in Isny; † 17./18. März 1288 in Hagenau; ▢ Mainz, Dom; stammte aus Handwerkerkreisen (Familienname: H. Knoderer), Minorit, lehrte nach dem Studium in Paris als Lektor in Basel und Mainz. Unter Rudolf v. Habsburg wirkte er in vielfältigen diplomat. Diensten an der Kurie hinsichtl. der geplanten Ks.krönung wie der Auseinandersetzungen um Reichsrechte in der Lombardei und in der Romagna, in England bezügl. der Heirat des Kg.ssohnes Hartmann sowie in oftmals vermittelnder Funktion zw. Kfs.en, Reichsständen und dem Kronträger. H. wurde von Honorius IV. am 15. Mai 1286 nach Mainz transferiert. Wegen seiner Herkunft angefeindet, blieb seine Politik verstärkt auf die Wahrung der Kg.sstellung im Reich ausgerichtet, auch fand er stets Unterstützung beim Papst. Loyale Beziehungen zur Stadt →Mainz wie zum Pfgf.en →Ludwig II. ermöglichten H. das den Kg. begünstigende Eingreifen in die territorialen Auseinandersetzungen in Schwaben und am Oberrhein. Des Kg.s →Landfriedenspolitik in Thüringen und Meißen wurde von ihm maßgebl. mitgetragen. Der erzstiftl. Eigenbesitz im →Eichsfeld wurde vermehrt, in Erfurt suchte er den Ausgleich mit der Bürgerschaft; die Beziehungen zu den Hzg.en v. →Braunschweig hingegen blieben gespannt. Am Würzburger Konzil im März 1287 nahm H. als zuständiger Metropolit teil, ohne allerdings in der antikurialen Bewegung erkennbar hervorzutreten. Mit Kg. Rudolfs Unterstützung beharrte er damals auf dem Mainzer Krönungsrecht in →Böhmen. Zum Erwerb Österreichs hatte er schon zuvor Rudolf militär. und diplomat. Hilfe geleistet.   A. Gerlich

Q. und Lit.: NDB VIII, 370 f. – Reg. zur Gesch. der Mainzer Ebf.e, bearb. J. F. BÖHMER–C. WILL, II, 1886, LXXV–LXXXVI, 422–439, Nr. 1–114 – RI VI, 1, 1898 – HAUCK V, 1 – E. BAUMGARTEN, H. v. I., Ord. Min., Bf. v. Basel, Ebf. v. Mainz, Erzkanzler Rudolphs v. Habsburg, Zs. für Schweiz. Kirchengesch. 5, 1911, 122–151, 220–226 – F. JÜRGENSMEIER, Das Bm. Mainz, 1988, 112 ff.

77. H. III. v. Neuenburg, *Bf. v. →Basel* seit 1263, † 13. Sept. 1274, versuchte seine Stellung gegenüber

Domkapitel und aufstrebender Bürgerschaft zu festigen und den Ausbau des Hochstifts zum Territorialfsm. voranzutreiben. Er gab der Stadt eine neue Verfassung, gewährte ihr eine Handfeste und ließ Kleinbasel befestigen. Der Konflikt zw. der bischofsfreundl. Adelsfraktion der Psitticher und den prohabsburg. Sternern führte zu einem Krieg mit Gf. Rudolf v. Habsburg. Dessen Wahl zum dt. Kg. beendete die bfl. Expansionspolitik. Das Hochstift verlor an Gebiet, und am 13. Jan. 1274 huldigten Bf. und Stadt dem Kg.   F. Matouš

Lit.: NDB VIII, 339 f. – Helvetia Sacra I/1, 180 f. [Q., Lit.] – R. WACKERNAGEL, Gesch. der Stadt Basel I, 1907, 32–41.

78. H. v. Plauen zu Mühltroff, →*Hochmeister des* →*Dt. Ordens,* * um 1370, † Dez. 1429 als Pfleger in Lochstädt, ▢ Marienburg, Hochmeister-Gruft. H. entstammte dem Ministerialengeschlecht der Vögte v. Plauen. Erste urkdl. Erwähnung 1391, die darauf hindeutet, daß H. mit dem Mgf. en v. →Meißen nach Preußen kam. H. verwaltete 1399–1410 als →Komtur nacheinander mehrere Komtureibezirke (1407–10 Schwetz). Während des poln.-litauischen Angriffs 1410 als Befehlshaber eines Kontingents von 3000 Mann zur Deckung der Westflanke in Schwetz verblieben, erwarb sich H. nach der Niederlage v. →Tannenberg herausragende Bedeutung durch die wirkungsvolle Verteidigung der →Marienburg, rettete so den Ordensstaat und nahm zunächst als Statthalter, dann als Hochmeister (Wahl: 9. Nov. 1410) die staatl. Reorganisation in Angriff. Während H. für Fortführung des Krieges war, drängten Stände, Hilfstruppen und Livländer zum Friedensschluß (1. Frieden v. →Thorn, 11. Febr. 1411). Angesichts der hohen Entschädigungs- und Lösegeldkosten kam es zu einer Fronde; die Erhebung einer Vermögenssteuer trieb einen Teil der Stände unter Führung →Danzigs in die Opposition, was H. und seine Anhänger zu Gewaltmaßnahmen (Verkehrssperre, Hinrichtung der beiden Danziger Bürgermeister) veranlaßte. Nachdem H. zwei Raten der Entschädigungszahlungen überwiesen hatte, hielt er angesichts der Nichteinhaltung der Friedensbedingungen durch Polen-Litauen die dritte zurück und verwandte das Geld zur Rüstung. Es folgten (ergebnislose) Bündnisverhandlungen mit Kg. Sigmund, der sich schließlich mit Polen-Litauen verband und den für den Orden ungünstigen →Ofener Schiedsspruch fällte. H. rief daraufhin einen Landesrat ins Leben, in dem die Stände Mitspracherecht erhielten. Unter äußersten Anstrengungen wurden die restl. Reparationen gezahlt. Gegen den Willen der Friedenspartei bereitete H. einen neuen Krieg mit Polen-Litauen vor; das Aufgebot kehrte am 29. Sept. 1413 aber auf Betreiben des Obersten Marschalls, Michael Küchmeister, an der Grenze bei Lautenburg um. Als H. Küchmeister zur Verantwortung ziehen wollte, wurde der Hochmeister von der Fronde in Marienburg überrumpelt, gefangengenommen und durch ein Ordenskapitel (14. Okt.) für abgesetzt erklärt, schließlich zum Verzicht und Gehorsam gegenüber dem neugewählten Hochmeister Küchmeister genötigt (7. Jan. 1414); H.s Anhänger wurden kaltgestellt oder des Landes verwiesen. H., der wegen Konspiration mit Polen denunziert wurde, blieb fast bis an sein Lebensende in Haft. Die Bewertung seiner Persönlichkeit schwankt zw. heroischer Stilisierung mit tragischen Zügen und Verurteilung als skrupelloser Machtpolitiker.   C. A. Lückerath

Lit.: K. HAMPE, Der Sturz des Hochmeisters H. v. P., SPA. PH 3, 1935 – St. M. KUCZYŃSKY, Wielka Wojna z Zakonem Krzyżáckim w latach 1409–11, 1955, 1980⁴ – W. NÖBEL, Michael Küchmeister, 1969 – M. PELECH, Der Verpflichtungsbrief des Hochmeisters H. v. P., Preußenland 17, 1979, 55–64 – H. BOOCKMANN, Der Dt. Orden, 1980,

170 ff. – S. EKDAHL, Die Schlacht bei Tannenberg 1410, 1, 1982 – M. PELECH, Zu den Steuern im Ordensland Preußen unter Hochmeister H.v.P., Beitr. zur Gesch. Westpreußens 9, 1985, 41–50 – K. NEITMANN, Die Staatsverträge des Dt. Ordens in Preußen 1230–1449, 1986, 122 ff., 378 ff.

79. H. Reuß v. Plauen, →Hochmeister des →Dt. Ordens, * um 1400, † 1. Febr. 1470 in Mohrungen, stammte wie →H. v. Plauen aus dem Ministerialengeschlecht der Vögte v. Plauen, aber aus der um 1300 abgespaltenen jüngeren Linie. Nach Bekleidung wichtiger Ordensämter (u. a. Oberster Marschall und Hochmeister-Statthalter) war er vom 1469 bis zu seinem Tode Hochmeister und hatte als solcher gemäß den Bestimmungen des 2. Friedens v. →Thorn den Eid (u. a. Ratspflicht) vor dem Kg. v. Polen zu leisten.   C. A. Lückerath

80. H. v. Blois OSB, Abt v. →Glastonbury seit 1126, Bf. v. →Winchester seit 1129 (durch seinen Oheim Kg. Heinrich I. v. England); * wohl um 1095, † 1171; Sohn Gf. Stephans v. Blois und einer Tochter Wilhelms d. Eroberers. Cluny, wo er erzogen wurde, blieb H. zeitlebens eng verbunden. Er war 1135 maßgebl. an der Erhebung seines Bruders →Stephan v. Blois auf den engl. Thron beteiligt, nahm fortan vielfach Einfluß auf die Regierung und trat dabei entschieden für die Freiheit der engl. Kirche ein. Ambitionen auf den Erzstuhl v. Canterbury wurden enttäuscht, doch ernannte Innozenz II. 1139 H. zum Legaten für England (bis 1143). Sein Plan, Winchester zum Ebm. erheben zu lassen, scheiterte. Während des Thronstreits zw. Kg. Stephan und Ksn. →Mathilde schloß sich H. 1141 vorübergehend der angevin. Partei an. Seine legatin. Synoden befaßten sich mit polit. Problemen und dem Schutz der Kirche. Die (nepotist.) Personalpolitik H.s rief bei den Zisterziensern Opposition hervor (→Wilhelm, Ebf. v. York; Heinrich Murdac). Er wirkte am Ausgleich zw. Kg. Stephan und Heinrich v. Anjou (→Heinrich II.) 1153 mit und suchte im Streit mit →Thomas Becket zu vermitteln.
                    K. Schnith

Q. und Lit.: L. VOSS, H. v. B., 1932 [Q.: XIII–XVI] – M. D. KNOWLES, The Episcopal Colleagues of Thomas Becket, 1951 – K. SCHNITH (AHC 8, 1976), 103 ff. – Councils and Synods ..., hg. D. WHITELOCK u. a., I, 2, 1981, 762 ff.

81. H. II. v. Virneburg, *Ebf. v.* →*Köln* 1305–32, *1244 oder 1246, † 6. Jan. 1332, ▢ Cassiusstift, Bonn; entstammte einem kleineren Gf.engeschlecht aus der Eifel. Seit 1288 Kanoniker von St. Gereon in Köln, 1292 Kaplan Kg. Adolfs, der ihm weitere Pfründen verschaffte; 1297 Dompropst in Köln. Seine Wahl zum Ebf. v. Trier 1300 wurde vom Papst annulliert. 1304 wählten ihn einige Mitglieder des Domkapitels zum Ebf. v. Köln. Als der Papst ihn 1305 bestätigte, hatte er sich gegen zwei Konkurrenten durchgesetzt. Er blieb ein Parteigänger der Kurie im Reich. Dennoch erhielt er Reichszölle, die sein Vorgänger eingebüßt hatte, zurück. Vor zwei Kg.swahlen ließ H. sich Erweiterungen seines Territoriums zusagen, konnte aber die meisten Versprechungen nicht einlösen. Da er zu lange an Friedrich d. Schönen festhielt, geriet er in Isolation. In der Territorialpolitik gelang ihm 1314 ledigl. der Kauf der Herrschaft Hülchrath. 1324 verlor H. die Burg Volmarstein an die Gf. en v. der →Mark. Ein großes Hindernis einer erfolgreichen Territorialpolitik bildete die von seinen Vorgängern ererbte Finanznot, die er trotz der Besteuerung des Klerus und extensiver Geldleihe nicht lindern konnte. Sein Territorium sicherte er durch Burgen und Stadtrechtsverleihungen. Er versuchte, die Ämterverfassung einzuführen, allerdings ohne Konsequenz. Durch die Bevorzugung von Verwandten bei der Besetzung der Suffraganbm. er und wichtiger Posten in seinem

Stift stärkte er seine Herrschaft. Die Macht der Archidiakone beschränkte er durch Generalvikare und das Offizialat. Der Weltklerus schloß sich wegen seiner Besteuerung und der Bevorzugung der Bettelorden mehrfach, aber erfolglos gegen H. zusammen.

K. Militzer

Lit.: U. Seng, H. II. v. Virneburg als Ebf. v. Köln (Stud. zur Kölner Kirchengesch. 13, 1977).

82. H. I. v. Verdun, *Bf. v.* →*Lüttich* seit 1075, † 31. Mai 1091, Vater: wohl ein Gf. Balduin, Bruder: Friedrich, Gf. v. →Astenois und Toul, verwandt mit Bf. Hermann v. Metz (1073–90) und Hzg. →Gottfried dem Buckligen v. Niederlothringen. Ein Angehöriger des mächtigen Hauses Ardenne-Verdun, war H. zunächst Archidiakon in Verdun und wurde dank Hzg. Gottfrieds Förderung von Heinrich IV. zum Bf. v. Lüttich erhoben. Monast. Reformkreisen nahestehend, blieb H. dem Ks. stets ein getreuer, aber maßvoller Anhänger, der ein Ende des Investiturstreits herbeiwünschte. Bedeutungsvoll war H.s Eintreten für den →Gottesfrieden: am 27. März 1081 verkündete er eine 'treuga Dei', die erste im Imperium. Diese Friedensinitiative, die eine Reaktion auf die Wirren in →Niederlothringen darstellte, stand am Beginn der später als »Lütticher Friedenstribunal« bezeichneten Institution.

J.-L. Kupper

Lit.: J.-L. Kupper, Liège et l'Église impériale, XIᵉ–XIIᵉ s., 1981, 135–138, 294f., 306f., 387–390, 458–463, 498 – Gams, Ser. V, Tom. I, 1982, 73–74.

83. H. I., *Ebf. v.* →*Mainz,* * ca. 1090, † 9. Febr. 1153 in Einbeck; Angehöriger wahrscheinl. der Gf.en v. Wartburg/Thüringen. Emporgestiegen im Dienst der Ebf.e →Adalbert I. und II., deren reichs- und territorialpolit. Linie er weiter folgte, wurde H. mit dem Ebm. unter Beachtung des →Wormser Konkordats am 27. Sept. 1142 durch Kg. →Konrad III. investiert. Seine energ. Initiativen galten der Fürsorge für den Mainzer Besitz in Thüringen und im Weserraum mit Anlehnung an die Welfen gleichermaßen wie am Mittelrhein, wo er allerdings in Rivalität mit stauf. Interessen geriet. Konrad III. setzte ihn am 19. März 1147 für die Zeit seiner Abwesenheit auf dem Kreuzzug als Vormund Kg. Heinrichs (IV.) und Reichsverweser ein. Bis zum Aug. 1149 verschärften sich die Gegensätze auf dem Felde der Kirchenpolitik. Da H. nicht der Aufforderung zum Besuch der Reimser Synode im März 1148 folgte, entband ihn Eugen III. vom Amt, wohl auch aus Gründen der Kl.politik. Der Papst nahm jedoch die Suspension auf Drängen der Kg.e Heinrich und Konrad wieder zurück. Die Verstimmung mit Eugen III. blieb. Neue Gegensätze entstanden 1151, als H. dem bisherigen Reichskanzler und jetzt erhobenen Kölner Ebf. →Arnold die Propstei Limburg entzog. Gespannt waren auch die Beziehungen zu →Wibald v. Stablo und Corvey. Die Übertragung der Mainzer Lehen des 1151 ermordeten Gf.en Hermann v. →Winzenburg an Hzg. →Heinrich d. Löwen gab der Stauferpartei zusätzl. Angriffsmöglichkeiten. Als sich schließlich im März 1152 H. in den Kg.swahlverhandlungen statt für →Friedrich I. für Konrads III. noch unmündigen Sohn →Friedrich einsetzte, ersetzte der neue Herrscher ihn an Pfingsten 1153 unter Zustimmung der von Eugen III. autorisierten Legaten durch →Arnold v. Selenhofen als Ebf. v. Mainz. Die Begründung seiner Absetzung, nach der er sich in den welf. Machtbereich nach Einbeck zurückzog, wurde schon von Zeitgenossen als ungerecht empfunden.

A. Gerlich

Q.: Reg. zur Gesch. der Mainzer Ebf.e I, 1877, LXXI–LXXIII, 319, Nr. 1–353, Nr. 174 – Mainzer UB I, bearb. M. Stimming, 1932, 62,

Nr. 35–359, Nr. 195 – *Lit.:* NDB VIII, 369f. – Hauck IV, passim – L. Falck, Kl.freiheit und Kl.schutz, Archiv für mittelrhein. Kirchengesch. 8, 1956, 21–75 – H. Büttner, Ebf. H. v. Mainz und die Staufer (1142–1153), ZKG 69, 1958, 247–267 – K. Jordan (Fschr. H. Heimpel, 1972), 1042–1062 – F. Jürgensmeier, Das Bm. Mainz, 1988, 57ff.

84. H. III. v. Virneburg, *Ebf. v. Mainz* 1328/37–1346/53, * etwa 1295, † 21. Dez. 1353; Eltern: Gf. Ruprecht II. v. Virneburg († 1304), Kunigunde (unbekannte Familie); Neffe →Heinrichs II., Ebf. v. Köln. Papst →Johannes XXII. providierte H. am 11. Oktober 1328 mit dem Ebm. →Mainz. Das ksl. gesinnte Domkapitel bestellte jedoch am 12. Oktober 1328 Ebf. →Balduin v. Trier zum Provisor. Erst nach dessen Verzicht Anfang Juni 1337 konnte sich H. durchsetzen. Der Ausgleich mit Ks. →Ludwig d. Bayern am 29. Juni 1337 brachte die Einigung auch mit dem Domkapitel, aber den unüberbrückbaren Gegensatz zu Benedikt XII. und Clemens VI. H. trat 1338 auf dem →Speyerer Bf.stag im März, dem →Rhenser Kfs.entag mit Abfassung des Reichsweistums am 16. Juli und dem Hoftag des Ks.s in Frankfurt im Aug. in den Vordergrund. Da er sich stets der Luxemburger Kräftegruppe und päpstl. Mahnungen versagte, wurde er von Clemens VI. am 7. April 1346 abgesetzt. Das Ebm. erhielt Gf. →Gerlach v. Nassau. H. harrte auch nach Ks. Ludwigs Tod (11. Okt. 1347) auf der Wittelsbacher Seite aus und wirkte an den Wahlen zunächst Kg. →Eduards III. v. England, dann des Gf.en →Günther v. Schwarzburg 1348/49 mit. Ließ man seitens des Domkapitels seine kfsl. Kompetenzen unangefochten, wurde im Erzstift eine Sequesterverwaltung unter Führung →Kunos v. Falkenstein eingesetzt. – In den Jahren des Alleinbesitzes (1337–46) hatte H. starke Friedensinitiativen in →Thüringen entfaltet. Am Rhein wurde seine Politik bestimmt durch →Landfrieden Ludwigs d. Bayern, Geleit- und Zollverträge mit den Kfs.en, Vermittlungen im Streit der Gf.enhäuser an der Nahe, auch Beziehungen zu den Gf.en v. →Nassau. Unstimmigkeiten mit →Kurpfalz im →Lorscher Abteiland konnten nicht behoben werden, die Beziehungen zur Lgft. →Hessen blieben gespannt. Konnte H. bis 1346 die Stellung des Erzstiftes und seine reichspolit. Position behaupten, brachte jedoch das Bm.sschisma Einbußen.

A. Gerlich

Q. und Lit.: Reg. der Ebf.e v. Mainz 1289–1396, bearb. H. Otto, I, 2, 1932–35, 194–664, Nr. 3717–6108 – Die Reg. der Ebf.e v. Köln im MA, bearb. W. Kisky, IV: 1304–1332, 1915 – W. Janssen, ebd., V: 1332–1349, 1973 – Ders., ebd., VI: 1349–1362, 1977 – G. Uhl, Unters. über die Politik Ebf. H.s III. v. Mainz und seines Kapitels in den Jahren 1337–46, Archiv für Hess. Gesch. und Altertumskunde NF 15, 1928, 87–146 – A. Gerlich, Nassau in den polit. Konstellationen am Mittelrhein von Kg. Adolf bis Ebf. Gerlach (1292–1346), NassA 95, 1984, 1–37, bes. 32ff.

85. H. Dauphin, →*Electus v.* →*Metz* 1319–25, * 1296/97, † 1349, gehörte als Sohn des Barons Humbert de →La Tour und der Anna v. Dauphiné (→Albon) zum Verwandtenkreis des Fs.enhauses des →Dauphiné. – H. wurde für die geistl. Laufbahn bestimmt und erhielt Kanonikate in Vienne, Lyon, Clermont, Romans, Rouen, Cambrai und Worcester. Am 3. Juni 1317 durch →Provision Papst Johannes' XXII. zum Electus v. Passau erhoben, wurde er durch →Bulle am 4. Mai 1319 auf das Bm. Metz transferiert. H., der nicht die Priesterweihe empfing und nicht als Bf. konsekriert wurde, verwaltete sein Bm. mit Hilfe von Generalvikaren, schaltete sich aktiv in die Politik gegenüber der Stadt Metz ein und intervenierte in einem Krieg der Stadt gegen vier benachbarte Fürstlichkeiten. Daneben war er mit polit.-dynast. und militär. Angelegenheiten des heimatl. Dauphiné befaßt (Vormundschaft über seine Neffen, Krieg gegen die Gf.en v. →Savoyen), denen er sich nach seinem Verzicht auf das Bm. Metz (26. Aug. 1325) gänzlich widmete. **M. Parisse**

Lit.: H. MEYER, Der polit. Einfluß Dtl.s und Frankreichs auf die Metzer Bf.swahlen im MA, 1916, 101–106 – H. TRIBOUT DE MOREMBERT, H.D., Les Cahiers Lorrains, 1932, 90–92, 119–125.

86. H. Zdik, *Bf. v.* →*Olmütz* 1126–50, † 1150, beherrschende Persönlichkeit der böhm.-mähr. Kirche, entstammte wahrscheinl. einer böhm. Klerikerfamilie, überragende Bildung und Reformideen weisen auf ein Studium im Westen hin. Durch seine Unterstützung der Hzg.e v. →Böhmen gegen die Teilfs.en v. →Mähren und die Bekämpfung eigenkirchl. Verhältnisse (→Eigenkirche) in Schwierigkeiten geraten, wich H. ztw. in die Preußenmission aus, führte dennoch in Olmütz wichtige Reformmaßnahmen durch (Erhebung der Wenzelskirche zur neuen Kathedrale, Kapitel- und Liturgiereform, bedeutendes Skriptorium zur Herstellung kirchl. Handbücher – meist nach bayer. Vorlagen – und Anfertigung erster bfl. Urkk. in den böhm. Ländern). Nach seiner Jerusalempilgerfahrt (1137/38), auf der sich H. selbst der Augustinerregel unterwarf, führte die Reformorden in seinem Wirkungsbereich ein (→Prämonstratenser in Windberg/Bayern; →Strahov, Doxan, →Leitomischl/ Böhmen; Hradisch/Mähren; ebenfalls Förderung der →Zisterzienser). Von →Bernhard v. Clairvaux mit der Vorbereitung des Kreuzzugs in Böhmen betraut, nahm H. selbst jedoch am sog. →Wendenkreuzzug (1147) teil. H. war ein Hauptvermittler zw. Kg. Konrad III. und der Kurie; seine kirchenpolit. Bestrebungen wurden von seinem Verwandten, Bf. →Daniel v. Prag, weitergeführt. **P. Hilsch**

Lit.: NOVOTNÝ, I 2, I 3 – Z. FIALA, Jindřich Z. a Kosmas, Zápisky kat. čsl. dějin a archivního studia VII, 1963, 7–19 – P. HILSCH, Die Bf.e v. Prag in der frühen Stauferzeit, 1969 – J. BISTŘICKÝ, Stud. zum Urkk.-, Brief- und Hss.wesen des Bf.s H., ADipl 26, 1980, 135–258.

87. H. Břetislav, *Bf. v.* →*Prag* (1182–97) und Hzg. v. →Böhmen (1193–97), aus dem Haus der →Přemysliden, † 14./15. Juni 1197 in Eger. Nach Studium in Paris Propst v. Vyšehrad, 1182 zum Bf. gewählt. Beliebter Seelsorger, wies die Übergriffe des Adels und des Hzg.s in die böhm. Kirche energisch und mit fsl. Selbstbewußtsein zurück. Politisch stets auf die dt. Herrscher gestützt, errang er auf dem Regensburger Hoftag 1187 gegen den Hzg. v. Böhmen die lange erstrebte Bestätigung der Reichsfürsteneigenschaft des Bf.s v. Prag. In den přemyslid. Thronkämpfen wurde H. zur ehrgeizigen Schlüsselfigur. Als der von ihm zunächst favorisierte →Ottokar Přemysl I. 1193 wegen Zugehörigkeit zum antiksl. Bündnis abgesetzt wurde, bekam H. Böhmen von Ks. Heinrich VI. als Lehen übertragen. Der tüchtige Bf.-Hzg., der von der nat.-tschech. Geschichtsschreibung einseitig als »Dämon der böhm. Geschichte« abgewertet wurde, vereinigte nach der Eroberung →Mährens ohne Widerspruch des Reiches alle drei reichsfsl. Würden der böhm. Länder in seiner Person. **P. Hilsch**

Lit.: NOVOTNÝ, I 2, 1913; I 3, 1928 – P. HILSCH, Die Bf.e v. Prag in der frühen Stauferzeit, 1969.

88. H. I., *Bf. v.* →*Regensburg* 1132–55, † 10./11. Mai 1155 in Regensburg, ☐ ebd., St. Emmeram; aus dem Geschlecht der Gf.en v. Wolfratshausen. Seine schweren Auseinandersetzungen mit Hzg. →Heinrich d. Stolzen v. Bayern um die Domvogtei, wobei es letztl. um die Vorherrschaft im Zentralraum Regensburg und die Stadtherrschaft ging, wurden 1133 beendet: Der Bf. mußte zwar die regensburg. Gft. im Inntal abtreten, behauptete sich aber in der Stadt. H. begleitete Ks. Lothar III. auf dem Italien-

zug 1136 und wurde zum Erzkanzler für Italien bestellt. 1147 nahm H. am Kreuzzug Kg. Konrads III. teil, kehrte allerdings vorzeitig zurück. Vermutl. damit in Zusammenhang steht die erneute Jerusalemfahrt 1150/51. H. förderte in seinem Bm. eine Reihe von Kl. und deren Reform und war an der Gründung mehrerer neuer Niederlassungen beteiligt. **A. Schmid**

Lit.: F. JANNER, Gesch. der Bf.e v. Regensburg II, 1884, 37–122 – J. STABER, Kirchengesch. des Bm.s Regensburg, 1966, 33f. – Bayer. Biogr., hg. K. BOSL, 1983, 324f. – K. HAUSBERGER, Gesch. des Bm.s Regensburg I, 1989, 108–111.

89. H., *Ebf. v. Reims* →Henri de France

90. H. v. Lützelburg, OFM, *Bf. v.* →*Semgallen,* →*Kurland,* dann →*Chiemsee,* Neffe des Mainzer Ebf.s →Siegfried III. v. Eppenstein, † 8. Febr. 1274, ☐ Herrenchiemsee. 1247 von Innozenz IV. zum Bf. v. Semgallen erhoben, in Mainz geweiht, aber kaum in seiner Diöz. tätig. Nach Vereinigung der Diöz. Semgallen mit →Riga wurde H. am 3. März 1251 zum (ersten) Bf. v. Kurland ernannt, erbaute gemeinsam mit dem →Dt. Orden die auch als Bf.ssitz vorgesehene Burg →Memel (Vertrag vom 29. Juli 1252). 1257 predigte er in N-Deutschland das Kreuz für Livland; 1258 regelte er in Memel die Pfarrorganisation für die unterworfenen Teile Kurlands. Der große Kurenaufstand von 1260 vertrieb ihn endgültig. Am 13. Febr. 1263 erhielt er auf Empfehlung Urbans IV. das Bm. →Chiemsee, dem er in umsichtiger und sparsamer Weise vorstand. Im Salzburger Bf.sstreit unterstützte er rückhaltlos den Ebf. Władysław (Ladislaus). **M. Hellmann**

Q.: Livländ. UB I, nr. 67–71 – Preuß.UB I, 1, nr. 244 – JOACHIM-HUBATSCH, Reg. II, nr. 111, 123, 124, 165, 166 – MR I, nr. 481, 490, 496a – *Lit.*: V. BILĶINS, Kuršu brīvības ciņas, 1936 – P. JOHANSEN, Kurlands Bewohner zu Anfang der hist. Zeit (Balt. Lande, I: Ostbalt. Frühzeit, hg. C. ENGEL, 1939), 263–306 – E. WALLNER, Das Bm. Chiemsee im MA (1215–1508), 1967, 94 f., 142 ff. [Q.anh.] – s. a. Lit. zu →Kurland.

91. H. I., *Ebf. v.* →*Trier* seit 956, † 3. Juli 964, ☐ Parma, dann Trier, Dom Andreaskapelle (zerstört); Sohn des ostfrk. Gf.en Otto, entstammt H. dem genealog. Kreis der →Liudolfinger und älteren →Babenberger. Seine Bildung empfing er im Kl. Reichenau und in Würzburg, wo sein Bruder als Poppo I. Bf. war. Seine Erhebung zum Ebf. v. Trier nach →Ruotbert spiegelt die Tendenz Ottos I., einen als »staatstragend« intendierten Episkopat vornehml. aus Verwandten zu bilden. Mit →Wolfgang, dem späteren Bf. v. Regensburg, gestaltete H. Regel- und Wohnverhältnisse der Domgeistlichkeit neu. Nachhaltig hat H. auf Entwicklung und Topographie der aufstrebenden Trierer Metropole gewirkt, indem er um 958 den Markt vor dem Dombering begründete (Errichtung des steinernen Marktkreuzes). Er war maßgebl. an der otton. Reichs- und Kirchenpolitik beteiligt. Am 26. Mai 961 salbte er in Aachen mit den Ebf.en →Brun v. Köln und →Wilhelm v. Mainz Otto II. zum Kg. Das Verfahren gegen →Johannes XII. zeigt seinen Einfluß (Rom, 22. Nov. 963), ebenso die Absetzung des Gegenpapstes →Benedikt V. (Lateran, Juni 964). Die Weihe der Suffraganbf.e →Gerhard I. v. Toul und →Dietrich I. v. Metz durch H. ist umstritten. H. erlag zw. Rom und Acquapendente einer im Heer Ottos I. ausgebrochenen Seuche. **A. Heit**

Q. und Lit.: NDB VIII, s. v. – RI, II, 1–2, 5 – K. LÖHNERT, Personal- und Amtsdaten der Trierer Ebf.e des 10.–15. Jh. [Diss. Greifswald 1908] – R. MARTINI, Die Trierer Bf.swahlen vom Beginn des 10. bis zum Ausgang des 12. Jh., 1909 – J. HEYDENREICH, Die Metropolitangewalt der Ebf.e v. Trier bis auf Balduin, 1938 – F. PAULY, Aus der Gesch. des Bm.s Trier, II, 1969 – T. ZOTZ (Fschr. B. SCHWINEKÖPER, 1982) – W. GLOCKER, Die Verwandten der Ottonen, 1989.

92. H. (Henrik), hl., † 1156, *Bf. v.* →*Uppsala,* Nationalhl.r →Finnlands im MA. Seine Lebensumstände sind wegen mangelnder zeitgenöss. Q. unsicher. Wohl aus England stammend (nach anderer Auffassung aus dem Ebm. Hamburg-Bremen), wirkte er seit Anfang der 50er Jahre des 12. Jh. als Bf. in Uppsala und führte – im Zuge der Missionsbewegung des Ostseeraums – gemeinsam mit dem nach der Krone strebenden schwed. Adligen Erich (→Erich IX.) 1154/55 einen in der Forschung umstrittenen Zug (sog. »Kreuzzug«) nach Finnland durch, wohl in den nördl. Teil der Provinz Eigentl. Finnland (Varsinais-Suomi), in den Ort Kalanti oder in das bereits christl. beeinflußte Gebiet Ala-Satakunta (Gemeinden Kokemäki, Köyliö, Nousiainen). Das Unternehmen blieb ohne größeren Erfolg. Der in Finnland verbliebene H. wurde von Finnen, die wohl wegen der Gastung für ihn und sein bewaffnetes Gefolge erzürnt waren, in Köyliö erschlagen (angebl. von einem Bauern Lalli). – H.s Verehrung wird erst im Laufe des 13. Jh. faßbar, v. a. durch stark ausgeschmückte Legendendichtungen und -überlieferungen. Er wurde 1296 gemeinsam mit Maria zum Patron der neuen Domkirche v. Turku (Åbo) erklärt, in die seine Gebeine 1300 feierlich aus Nousiainen transferiert wurden. Reicher Kult im SpätMA.　　　　　J. Vahtola

Lit. *[ausgew.]:* A. MALINIEMI, De S. Henrico, episcopo et martyre, Suomen Kirkkohistoriallisen Seuran Toim. 45,2, 1942 – J. GALLÉN, Till historien om St. Henriks reliker och hans grav i Nousis, Finskt Mus., 1972 – G. SMEDBERG, Uppsala stifts äldsta hist., Kyrkohist. Årsskrift, 1983 – S. SUVANTO, Ensimmäinen ristiretki – tarua vai totta, Historian Aitta XX, 1987.

93. H. I. (v. Maastricht), *Bf. v.* →*Worms* seit 15. Febr. 1192, † 23. Dez. 1195, ⬜ Worms, Domchor; unbekannter Herkunft, vielleicht ident. mit 'Henricus scolarum magister', der 1165–80 der Stiftsschule St. Servatius in →Maastricht vorstand. Als Vertrauter Heinrichs VI. stieg H. auch wegen seiner erfolgreichen Verhandlungen mit Gregor VIII. und Clemens III. um dessen Ks.krönung in kurzer Zeit vom Schreiber und regie curie cappellanus zum →Protonotar und ztw. Leiter der Kanzlei auf. 1191 außerdem Propst des Marienstifts in →Aachen, ist H. auch nach seiner Erhebung zum Bf. bei wichtigen polit. Angelegenheiten (Freilassung →Richards I. Löwenherz) in der Umgebung des Ks.s zu finden. Während seines dritten Aufenthalts in Italien und Sizilien (März 1194–Mai 1195) wirkte er auch als ksl. Legat und Hofvikar in der Toscana (Ketzerverfolgung in →Prato).　　　H. Seibert

Lit.: JDG H. VI., 1867, passim – M. SCHAAB, Die Diöz. Worms im MA, Freiburger Diöz. Archiv 86, 1966, 208 – P. CSENDES, Die Kanzlei Ks. Heinrichs VI., 1981, 40ff. – I. SELTMANN, Heinrich VI., 1983, 155ff. – H. U. BERENDES, Die Bf.e v. Worms und ihr Hochstift im 12. Jh. [Diss. Köln 1984], 100ff. – H. SEIBERT, Wormatia (Gams, Ser. 5, IV, 4) [im Dr.].

94. H. I., *Bf. v.* →*Würzburg,* † 14. Nov. 1018. Aus edelfreiem rheinfrk. Geschlecht, das neuerdings mit den →Konradinern identifiziert wird. Bruder: Ebf. →Heribert v. Köln; Neffen: →Heribert und Gezemann, Bf.e v. Eichstätt. Wohl von Kg. Otto III. ernannt, begleitete er diesen auf seinem Zug nach Rom, wo er vielleicht am 24. Mai 996 zum Bf. geweiht wurde. Nach Ottos III. Tod wirkte er für die Wahl →Heinrichs II. zum Kg. Das gute Verhältnis zw. beiden wurde getrübt durch die Gründung des Bm.s →Bamberg 1007. Nach Beilegung des Konfliktes nahm H. an Heinrichs Romzug (1013/14) und Ks.krönung teil. Durch reiche Schenkungen erhielt der Bf. von ihm nicht nur Grund und Boden, sondern auch wichtige Hoheitsrechte, mit denen er die Fundamente für das Würzburger Territorium legte. In der Stadt Würzburg, deren Um-

mauerung ihm zugeschrieben wird, gründete er die Kollegiatstifte Haug (um 1000) und St. Stephan (um 1014; später Abtei OSB). Die eigenkirchl. Rechte über die Kl. innerhalb des Bm.s, in denen er die →Gorzer Reform förderte, festigte er mit Hilfe ksl. Bestätigungen. H. gilt als einer der bedeutendsten Würzburger Bf.e. A. Wendehorst

Lit.: NDB VIII, 404f. – P. SCHÖFFEL, Herbipolis Sacra, 1948 – A. WENDEHORST, Das Bm. Würzburg, I (GS NF 1), 1962, 74–88 – H. MÜLLER, Heribert, Kanzler Ottos III. ..., 1977, 41–97 – W. SCHICH, Würzburg im MA, 1977.

95. H. v. Augsburg, † 1083 im Stift St. Mang/Füssen, ⬜ ebd., wurde 1077 Kanonikus in A. (bei der Wahl Wigolds zum Bf. v. A.), zuvor in Aquileia, 1083 als Folge des →Investiturstreits mit Wigold aus A. vertrieben. H. war wohl als Lehrer (»magister« Annal. august. I, MGH SS 3, 129f.) an der Domschule zu A. tätig. Werke: »Planctus Evae« (WALTHER 14815 und 14843), eine Versifizierung der Genesis aus über 2000 einsilbig gereimten leonin. Hexametern (Hauptq. Gen-Komm. des →Hrabanus Maurus); als Dialog zw. M(agister) und D(iscipulus) gestaltete »Musica«, im wesentl. auf »De institutione arithmetica« und »De institutione musica« des →Boethius sowie der »Musica« des →Hermann v. Reichenau beruhend. Seine Gelehrsamkeit zeigt H. durch Verwendung vielsilbiger Wörter, bes. im »Planctus Evae«, und solcher griech. Ursprungs. Nur 3 Hss. des »Planctus«, 1 der »Musica« sind bekannt. Zugeschrieben werden H. 15 hexametr. »proverbia Heinrici« der Hs. München, clm 18580 (12. Jh.) sowie ein daktyl. Vierzeiler über die Introitusmelodien »PRIMUS ut 'Exurge'. 'Rorate', SECUNDUS ut 'Ecce'« der Hs. Bamberg, Staatsb. Lit. 10 (12. Jh.).
　　　　　　　　　　　　　　　　B. Gansweidt

Ed.: M. L. COLKER, Heinrici Augustensis Planctus Evae, Traditio 12, 1956, 149–230 – J. SMITS VAN WAESBERGHE, Musica domni Heinrici Augustensis magistri, Divitiae Musicae Artis A. VII, 1977 (dort S. 28 der Introitus-Vierzeiler) – E. VOIGT, Über die ältesten Sprichwörterslg. des dt. MA, ZDA 30, 1886, 265 [Proverbia] – Lit.: Verf.-Lex.² III, 687–689 – F. SEILER, Dt. Sprichwörter in ma. lat. Fassung, ZDPh 45, 1913, 236–291 – MANITIUS II, 615–618 – RBMA VI, 9166 – M. HUGLO, Rev. du Musicol. 53, 1967, 53–59.

96. H. v. Avranches (Abrincensis), Mag., * Ende 12. Jh., † nach 1259; vielseitiger – 'Berufsdichter', an zahlreichen geistl. und weltl. Höfen, u. a. im Dienst Gregors IX., Ks. Friedrichs II., am engl. Hof. Verfaßte in Metren und Rhythmen preisende, witzige, spött. Dichtungen, grammat. Verse, Hymnen, metr. Hl.enleben (u. a. ein bedeutendes Epos auf →Franziskus v. Assisi mit Anklängen an klass. Schuldichter und an die »Alexandreis« →Walters v. Châtillon). →Michael v. Cornwall nennt ihn 'Archipoeta'.　　　　　　　　G. Bernt

Ed.: E. WINKELMANN, Forsch. zur dt. Gesch. 18, 1873, 484–492 – DERS., Monatsschr. für die Gesch. W-Dtl. 4, 1878, 339ff. – H. WALTHER, Das Streitgedicht in der lat. Lit. des MA, 1920 [erweiterter Neudr. 1984], Nr. 20 – J. P. HEIRONIMUS – C. RUSSEL, PQ 8, 1929, 21–38 – DIES., Colorado Coll. Publ. Feb. 1929, 3–27 – RUSSEL-HEIRONIMUS, The Shorter Latin Poems of Master Henry of A., Relating to England, 1935 – Legenda s. Francisci versificata, Studia Franciscana 10, 4, 1936, 405–521 – Lit.: Repfont V, 412f. – A. HILKA (Festgabe H. DEGERING, 1926), 123–154 – J. C. RUSSEL, Speculum 3, 1928, 34–63 – H. WALTHER (Init.), S. 1164 [Register] – K. BUND, Arch. für Frankfurts Gesch. und Kunst, H. 59, 1985, 9–78 – D. TOWNSEND – A. G. RIGG, MSt 49, 1987, 352–390.

97. H. Bate v. Mecheln

I. Leben. Philosophisches Werk – II. Astrologisches und astronomisches Werk.

I. LEBEN. PHILOSOPHISCHES WERK: H.v.M., * 24. März 1246, † nach 1310, Mag. artium in Paris, beschrieb im »Speculum divinorum et quorundam naturalium« (ed. G.

WALLERAND, Phil. Belg. XI, 1931; ed. E. VAN DE VYVER, Phil. méd. 4 und 10, 1960, 1967) in neuplaton. Tradition die hierarch. Ordnung der Geistwesen und anhangsweise auch 'naturalia'. Er benutzte den Anima-Kommentar des →Johannes Philoponos in der lat. Übers. des →Wilhelm v. Moerbeke OP (ed. Corp. lat. Comment. in Aristotelem Graecorum 3, 1966, LXXXII–LXXXVI). →Thomas v. Aquin war für ihn der »famosus expositor«. →Nikolaus v. Kues schrieb zum Speculum Marginalia (ed. VAN DE VYVER a.a.O., 213–227). L. Hödl

II. ASTROLOGISCHES UND ASTRONOMISCHES WERK: Als eine der führenden Persönlichkeiten der neuen naturwiss. Bewegung im Paris des späten 13. Jh. verfügte H. – trotz seines mögl. Schülerverhältnisses zu →Albertus Magnus und seines stärker philos. orientierten »Speculum« – über ausgeprägte astrolog. Interessen, wie seine astrolog. Autobiographie »Liber servi Dei de Machlinia« zeigt. In Zusammenarbeit mit Obert v. Montdidier und einem Juden Hagins sorgte H. für eine frz. Übersetzung der – einander widersprechenden – Traktate des →Abraham Ibn Ezra und des →Abū Maᶜšar. Nach 1292 schuf er lat. Übers. weiterer Traktate und verfaßte Kommentare, im Bestreben, einen Ausgleich zw. den unterschiedl. Thesen von Abraham Ibn Ezra und Abū Maᶜšar zu finden. An eigenen Werken schrieb er einen Traktat über das →Astrolabium sowie ein dunkles Werk über das →Äquatorium (beide gemeinsam mit Ibn Ezra bei Erhard →Ratdolt 1485 im Dr.), erstellte astronom. Tafeln (Tabule mechlinenses, überlieferte Versionen wohl von 1285–95). Sein Astrolab, unüblicherweise mit einem vollständigen Horizontkreis ausgestattet, diente ausschließl. astrolog. Zwecken. H. hat alle Averroismusverbote (→Averroës) beharrlich ignoriert. J. D. North

Lit.: DSB VI, 272–275 [Lit.] – ECatt V, 367f. – LThK² V, 197 – UEBERWEG-GEYER, 473f., 761 – A. BIRKENMAJER, Henri Bate de Malines, astronome et philosophe de la fin du XIIIᵉ s. (La Pologne au Vᵉ Congr. internat. des sciences hist., 1924) – F. SASSEN, Geschiedenis van de wijsbegeerte in de Nederlanden tot het einde der negentiende eeuw, 1959 – E. VAN DE VYVER, s. o., 232–242 [ältere Lit.].

98. H. Beaufort →Beaufort

99. H. v. Bitterfeld OP, † um 1405, Prager Reformtheologe, trat in den Dominikanerkonvent zu →Brieg ein; 1391 Mag. theol., lehrte an der Univ. →Prag. In Lehre und Seelsorge ging es ihm um eine umfassende Ordens-, Klerus- und Laienreform (»De formatione et reformatione« um 1389; »Collatio sacerdotum«, »De virginitate«, »Determinatio contra simoniam«, »De horis canonicis«). Weniger im Ablaßwesen, gegen dessen Mißbrauch er scharf polemisierte, als vielmehr in der Sakramentenspendung sah er die Möglichkeit zur Förderung des christl. Lebens. Er trat für das umstrittene Recht der Mendikanten ein, den Pfarrmitgliedern die Beichte zu hören (»Determinatio super audientia confessorum«), legte auch Laien die häufige Kommunion nahe (»De institutione sacramenti Eucharistie«, »De crebra communione«) und hielt sie zur Lebensgestaltung in Gottverbundenheit an (»De contemplatione et vita activa«, nach 1391, Kgn. →Hedwig v. Polen gewidmet). M. Gerwing

Lit.: DSAM VII, 180f. – RBMA III, n. 3149 – Verf.-Lex.² III, 699–703 (Predigten verzeichnet im Nachlaß J. B. SCHNEYER, Univ.bibl. Bochum) – V. KOUDELKA, H. v. B. († ca. 1405), APraed 23, 1953, 5–65 – J. KADLEC, Die Bibel in ma. Böhmen, AHDL 31, 1965, 89–109 – DERS., Reholní generální studia při Karlově universitě v době předhusitské, Acta Univ. Carolinae. Hist. Univ. Carolinae Pragensis 7, 1966, 63–108, bes. 71–73 – J. V. POLC, Vita coniugale e comunione quotidiana dei laici…, Lateranum 42, 1976, 203–238 – M. GERWING, Malogranatum oder der dreifache Weg zur Vollkommenheit, 1986.

100. H. v. Bracton (Bratton) →Henricus de Bracton

101. H. (Truchseß) **v. Diessenhofen,** Chronist, * um 1300, † 22. oder 24. Dez. 1376, ☐ Konstanz, Münster; stammte aus ministerial. Familie. Nach Rechtsstudium in Bologna (1324 Rektor) wurde H. Kanonikus in Beromünster und Domherr in Konstanz, später päpstl. Subcollector. Während eines Aufenthaltes in Avignon 1331–37 (dort päpstl. Kaplan) begann er, die Kirchengesch. des →Bartholomaeus v. Lucca zu ergänzen. Aus dieser Arbeit erwuchs schließl. seine Chronik (lat., in annalist. Form) über die Jahre 1333–61, in der H., um Genauigkeit bemüht, Vorgänge am päpstl. Hof und – ab 1338 – Ereignisse aus der süddt. Reichsgesch. schildert. Er neigt den Habsburgern zu und nimmt gegen Ludwig d. Bayern Stellung. Sein gemäßigt-kurialer Standpunkt hindert ihn nicht, die Wiederherstellung der Reichsrechte zu fordern. K. Schnith

Ed.: Beitr. zur Gesch. Böhmens, hg. K. A. C. HÖFLER, Abt. I, Bd. 2, 1864 – BOEHMER, Fontes IV, 16–126 – Lit.: NDB III, 662f. – Repfont V, 422 – Verf.-Lex.² III, 708ff. – P. MORAW, Polit. Sprache und Verfassungsdenken… (Gesch.sschreibung und Gesch.sbewußtsein im späten MA, hg. H. PATZE, 1987), 695ff. [Lit.: 696].

102. H. v. Dinant →Dinant, Henri de

103. H. Egher v. Kalkar OCart, * 1328, † 20. Dez. 1408; 1357 Mag. artium, Bacc. theol. in Paris, 1362 Kanoniker in Kaiserswerth, dann in Köln; 1365 OCart in Köln, 1368 Prior in Monnikhuizen b. Arnheim, 1373 in Roermond, 1377–84 Prior in Köln und 1384–96 in Straßburg. Seit 1396 einfacher Mönch in der Kartause in Köln. Zusammen mit Geert →Groote, dessen Bekehrung er beeinflußt hat, und →Thomas v. Kempen ist H. der Erneuerer der spätma. Spiritualität. Die Kartäusermystik hat die monast. Frömmigkeit an die →Devotio moderna vermittelt. Für die Ordensgesch. der Kartäuser ist seine Schrift »Ortus et decursus ordinis Cartusiensis« (1398 [ed. VERMEER, 1929]) wichtig. In den kurzen Traktaten »Scala spiritualis exercitii« (ed. 1532) und »Informatio meditationis de passione Domini« (ed. H. LINDEMANN, Ons geestelijk Erf 7, 1933, 62–88) lehrte er die Stufen der Gottesgemeinschaft in der Nachfolge Christi. Weitere Werke: Predigtslg. mit 2 Kurzschriften über die Predigtlehre: »Articula pro collatione facienda« (1384–96), »Modus faciendi sermones ad fratres conversos«, Briefslg. (1370–1408). Kurztraktate über die Rhetorik »Loquagium« und Musik »Cantuagium« (ed. H. HÜSCHEN, 1952). L. Hödl

Lit.: DSAM VII, 188–191 – Verf.-Lex.² II, 379–384 – B. SPAADEN, Ons geestelijk Erf 30, 1956, 337–366; 31, 1957, 129–149 – H. J. J. SCHOLTENS, Henrik van Eger uit K.en zijn kring, Dr. L. Reypens-Album, 1964, 383–408 – H. RÜTHING, Der Kartäuser H. E. v. K. 1328–1408 (Veröff. Max Planck Inst. Gesch. 18), 1967.

104. H. v. Erfurt OP →Hartwig v. Erfurt

105. H. v. Freiberg, ep. Dichter des 13. Jh., vermutl. aus Freiberg in Sachsen stammend, tätig im Umkreis des Prager Hofs Kg. →Wenzels II. (1297–1305), Fortsetzer des unvollendeten Tristan-Epos →Gottfrieds v. Straßburg (6890 V.) im Auftrag Reimunds v. Lichtenburg (zw. 1261 und 1329 urkdl. bezeugt) und Verfasser eines Ritterpreisgedichts »Johann v. Michelsberg« für einen böhm. Adligen sowie einer »Legende vom Hl. Kreuz«. – Wohl ohne die Tristan-Fortsetzung →Ulrichs v. Türheim zu kennen, versteht sich H. als adäquater Nachfolger Gottfrieds, doch nimmt er dessen Liebeskonzeption nicht auf. Durch Einführung u. a. des Artushofs und durch Warnung vor weltl. Liebe im Epilog erfolgt eine Umakzentuierung mit wirklichkeitsnahen Erklärungen und allgemein lehrhafter

Tendenz, vorgetragen in einem durchsichtigen Erzählstil. Welche stoffl. Q. H. benutzt hat, ist unbekannt, stilist. ist er über Gottfried hinaus an der höf. Epik geschult.

K. Blaschke

Ed.: Tristan: R. BECHSTEIN, Dt. Dichtungen des MA 5, 1877 [Neudr. 1966]; D. BUSCHINGER, GAG 270, 1982 – Legende vom hl. Kreuz: F. PFEIFFER, Adt. Übungsbuch, 1866, 126–135 – Johann v. Michelsberg: H. DE BOOR, Texte und Zeugnisse II, 1965, 1336–1340 – *Lit.:* Verf.-Lex.² III, 723–730 [H. H. STEINHOFF; Lit.] – A. LEITZMANN, Zu den Tristanfortsetzern, PBB 44, 1920, 122–125 – W. SPIEWOK, Zur Tristan-Rezeption in der ma. dt. Lit., Wiss. Zs. der Univ. Greifswald 12, 1963, 147–155 – B. WACHINGER, Zur Rezeption G.s v. Straßburg im 13. Jh. (Dt. Lit. des späten MA, 1975), 60 – M. SEDLMEYER, H.s v. F. Tristanforts. im Vergleich mit anderen Dichtungen, 1976 – D. BUSCHINGER, Die Tristan-Sage im dt. MA, Zur gesellschaftl. Funktionalität, 1984, 67–88 – M. R. BLAKESLEE, The authorship of Thomas's Tristan, PQ 64, 1985, 555–572.

106. H. v. Friemar d. Ä. (Henricus de Alemania), angesehener Prediger und Augustinertheologe, vorwiegend thomist. Prägung, * um 1245 Friemar (Thüringen), † 18. Okt. 1340 Erfurt. Ca. 1290–1300 und 1315–18 Provinzial, seit 1305 Mag. theol. in Paris. 1311/12 auf dem Konzil v. Vienne. Seit 1317 mag. regens des Erfurter Studienhauses. H.s weit verbreitete, z. T. auch ins Mhd. und Nd. übersetzte asket.-myst. Schriften haben spürbaren Einfluß auf das religiöse Leben des dt. SpätMA ausgeübt. *Werkauswahl:* »Quodlibet« (um 1306), »Commentaria in libros Ethicorum Aristotelis« (1310), »De X praeceptis« (1324), »De origine . . . ordinis fr. erem.s Augustini«, »Opus sermonum de sanctis«, »De quattuor instinctibus«, »De adventu Verbi in mentem«, »De occultatione vitiorum sub specie virtutum«.

A. Zumkeller

Ed. und Lit.: Biogr.-Bibliogr. Lex. II, 674f. – DSAM VII, 191–197 – Verf.-Lex.² III, 730–737 – GINDELE nrr. 1818–1840 – TEEUWEN nrr. 1360–68, 3742–3746, 4727–4728 – C. STROICK, H.v.F., Leben, Werke, philos.-theol. Stellung in der Scholastik, 1954 – ZUMKELLER, Augustinerschule, 200, 207f. – DERS., Manuskripte, 125–163, 579–589 – A. KUNZELMANN, Gesch. der dt. Augustiner-Eremiten I, 1969, 201–205; V, 1974, 13–25 – A. ZUMKELLER, H. de Fr. Tractatus ascetico-mystici, Textausg. mit Unters. I, 1975 – R. G. WARNOCK – A. ZUMKELLER, Der Traktat H.s v. F. über die Unterscheidung der Geister, Textausg. mit Unters., 1977 – D. GUTIÉRREZ, Die Augustiner im MA 1256–1356, dt. 1985, passim.

107. H. v. Friemar d. J., Augustinertheologe, * um 1285 zu Friemar (Thür.), † 21. April 1354 im Augustinerkl. Erfurt, Epitaph in der Augustinerkirche daselbst. – Um 1317/18 hielt er in Paris seine Sentenzenlesung, wo er um 1321 Mag. theol. wurde. Ca. 1318–20 und 1328–36 Provinzial, 1342–50 mag. regens im Studienhaus seines Ordens in Prag. – Verfasser eines hs. weit verbreiteten Komm. zum 4. Sentenzenbuch (vgl. ZUMKELLER, Manuskripte, 157f., 586), dessen Lehre noch der Untersuchung bedarf.

A. Zumkeller

Lit.: DSAM VII, 197 – LThK² V, 188 – C. STROICK, H. v. F., 1954, passim – L. HÖDL, Richard v. Erfurt O. M. als Verf. der »franziskan.« Redaktion des Komm. . . . des H. v. F. d. J., Münch. Theol. Zs. 8, 1957, 138f. – A. KUNZELMANN, Gesch. der dt. Augustiner-Eremiten V, 1974, bes. 324f., 328–330.

108. H. v. Gent (Henricus Gandavensis), Philosoph und Theologe an der Univ. v. Paris, † 29. Juni 1293 Paris, bedeutender Repräsentant der neoaugustin. Strömungen am Ende des 13. Jh. Mag. artium in Paris, danach Mag. theol. (Lehrstuhl ca. 1275–ca. 1292), gleichzeitig Archidiakon von Brügge, danach von Tournai. Wichtige Werke: a) »Quodlibeta« (Erstdruck, Paris 1518), b) »Summa« (Quaestiones ordinariae), aus der Vorlesungstätigkeit erwachsen, c) zugeschriebene Predigten: »Sermo in synodo«, feria 2 post 'Misericordia Domini', 1287, hg. K. SCHLEYER, und »Sermo in die festo s. Catharinae«, gehal-

ten für die Magister und Studenten der Univ. v. Paris. Weitere, sehr wahrscheinl. Zuschreibungen: erster Teil einer Lectura ordinaria super Sacram Scripturam (ed. R. MACKEN, 1971/Opera Omnia, 1980); Quaestiones in VIII libros Physicorum Aristotelis; Syncategoremata (Traktat zur Logik). Eine Slg. von (nun verlorenen) Briefen von seiner Hand befand sich im 14. Jh. in der päpstl. Bibliothek v. Avignon. Weniger wahrscheinl. Zuschreibungen: Liber de virginitate, Summa de poenitentia, Quaestiones super Metaphysicam Aristotelis, Quaestiones super Librum de causis. Seit Ende des 16. und im 17. Jh. wurde H. vom Orden der Serviten als eines ihrer Mitglieder angesehen, und zwar aufgrund einer wahrscheinl. falschen Interpretation eines Dokuments. Das Studium seiner Lehre wurde deshalb im Orden vorgeschrieben. H. nimmt zw. dem Sein und der Wesenheit des Geschöpfes nur einen Intentionalunterschied an, und nicht, wie Thomas v. Aquin und die Thomisten, einen Realunterschied. Im spiritualist. Auffassung vom Menschen, die sich derjenigen Platons und Avicennas annähert, sieht er in der forma corporis das Mittel, durch das die geistige Seele den Leib beherrsche und informiere. Im Gegensatz zu Aristoteles betont er den aktiven und autonomen Charakter von Intellekt und Willen.

R. Macken

Ed.: Opera Omnia [seit 1979] – *Lit.:* R. MACKEN, Hendrik van Gent (Hendricus de Gandavo), wijsgeer en theoloog, NBW VIII, 377–395 [Lit. bis 1979] – Weitere Lit. in NBWff.

109. H. der Glichesaere →Reineke (Reinhart)

110. H. v. Gmünd →Parler

111. H. v. Gorkum, einflußreicher Thomist, * um 1378 in Gorinchem (Diöz. Utrecht), † 19. Febr. 1431 in Köln; nach 1395 Lizentiat in Paris, bis 1419 ebd. Mag. artium, Dez. 1419 Liz. theol. in Köln, wo er die Bursa Montana gründete, dort bis 1431 Prof. philos. und theol. In seinen Werken faßte er →Thomas v. Aquins Lehre didakt. geschickt zusammen (compendium Summae theologiae S. Thomae, gedr. 1473). Die seit dem 15. Jh. immer wieder behauptete Mitarbeit am Supplementum der Summa theologiae ist widerlegt worden. H. vertrat die via antiqua, wenngleich die 1503 gedr. Slg. von tractatus consolatorii den Einfluß →Johannes Gersons verraten und die lectura super Evangelium, in der er gegen →Wyclif und →Hus polemisiert, neuplaton. Züge trägt.

M. Gerwing

Lit.: A. G. WEILER, H. v. G. († 1431), 1962 [Werkübersicht, Lit.] – NDB VIII, 409f. – CH. H. LOHR, Medieval Latin Aristotle commentaries, Traditio 27, 1971, 310–312.

112. H. v. Hall, dt. Alchemiker, Anfang 15. Jh., lebte im mitteldt. Gebiet, hinterließ eine Anweisung zur Salpeterherstellung (»Von Salniter«), die auf artillerist.-büchsenmeisterl. Tätigkeiten deutet. Vermutl. ist H. mit Heinrich Kudorfer identisch, einem ca. 1420/28 in »Hall« (wohl Halle a. d. Saale) wirkenden Alchemiker.

J. Telle

Lit.: Verf.-Lex.² III, 744f. [Lit.].

113. H. v. Harclay (Herceley, Hercle), * um 1270, † 1317 in Avignon, Mag. artium in Oxford, 1297 Priesterweihe, vor 1308 Bacc. in Paris, in Oxford seit 1312 Kanzler, erster Widersacher skotist. Lehrpunkte im Weltklerus an der Oxforder Univ. Quaestionen und das 1. B. seines in krit. Anlehnung an →Johannes Duns Scotus verfaßten Sentenzenkomm. (2. B. unsicher) sind erhalten. Eine breite Kenntnis der Schrift, der Väter und Konzilien, →Anselms und →Robert Grossetestes, aber auch eine erstaunl. genaue Aristoteleslektüre kennzeichnen seine selbständige, meist →Thomas v. Aquin, später auch Joh. Duns Scotus anzielende Kritik. Die Allmacht Gottes und radikale Kontingenz der Schöpfung betonend, lehrt er, daß die menschl. Seele nur durch göttl. Gnade unsterbl. sei. Unter Ablehnung einer natura communis gibt es nach H. nur Individuen, die jede ihre eigene Natur besitzen und bei distinktiver bzw. konfuser Wahrnehmung als ein distinktiver Begriff bzw. Universale gewußt werden. Den Universalien wie den eigtl. Gedankendingen kommt im erkennenden Intellekt objektives Sein zu; H. bezeichnet erstmalig die Seinsweise des göttl. Wortes hinsichtl. seines subsistierenden Erkanntseins als 'esse obiectivum'. Viel diskutiert war seine ihn als bedingten Infinitisten ausweisende Kontinuumslehre, nach der Kontinuen aus aktuell unendl. vielen Punkten bestehen und es bei aktuell unendl. Mengen oder Linien Größenunterschiede im Unendlichen gibt.   M. Laarmann

Ed.: F. PELSTER, Archivio it. per la storia della pietà 1, 1951, 25–82 – A. MAURER, MSt 19, 1957, 79–107; 23, 1961, 163–193 – G. GÁL, FStud 31, 1971, 178–234 – A. MAURER (Fschr. A. CH. PEGIS, 1974), 125–159 – H. KÖSTLER, Gotteserkenntnis im Sentenzenkomm. H.s v. H. [Diss. Innsbruck, 1977] [Lit.]; vgl. ZKTh 100, 1978, 686 – M. G. HENNINGER, FStud 40, 1980, 167–243 [Lit.]; 41, 1981, 250–335 – R. C. DALES, AHDL 50, 1983, 223–255 – V. RICHTER, I Sent. d. 2 q. 1–3 (Stud. zum lit. Werk von Joh. Duns Scotus), 1988, 79–97 – *Lit.:* F. PELSTER [Leben und Werke; grundlegend] (Miscell. F. EHRLE, I, Rom, 1924), 307–356 – J. KRAUS, DT 10, 1932, 36–58, 475–508; 11, 1933, 76–96, 288–314 – A. MAURER, MSt 16, 1954, 1–18 – C. BALIĆ, H. de H. et J. Duns Scotus (Mél. E. GILSON, 1959), 93–121, 701f. – J. E. MURDOCH (Stud. sul XIV sec. in mem. A. MAIER, hg. A. MAIERÙ–A. PARAVICINI, 1981), 219–261.

114. H. v. Herford OP, * vor 1326 in Herford, † 9. Okt. 1370 in Minden. Vor 1328 ins Dominikanerkl. Soest eingetreten, verbrachte H. sein Leben zumeist im Mindener Konvent. Sein hohes Ansehen beruhte auf seinem theol.-hist. Werk, von dem erhalten sind: »De conceptione virginis glor.«, die naturwiss.-philos. Enzyklopädie »Catena aurea entium vel problematum series« und der »Liber de rebus et temporibus memorabilioribus« (teiled. A. POTTHAST, 1859), eine bis 1355 reichende Weltchronik, die die dominikan. Geschichtsschreibung beeinflußte, bes. →Konrad v. Halberstadt und →Hermann Korner.   D. Berg

Lit.: NDB VIII, 411 – Repfont V, 426f. – Verf.-Lex.² III, 745–749 – R. CREYTENS, Les écrivains dominicains dans la chronique d'Albert de Castello, APraed 30, 1960, 227–313 – K. RUNGE, Die frk.-karol. Tradition in der Geschichtsschreibung des späten MA [Diss. Hamburg 1965], 81–130.

115. H. v. Hesler, Autor von drei um 1300 verfaßten geistl. Reimpaarwerken, die zur →Deutschordensliteratur gerechnet werden: das »Evangelium Nicodemi« (E.N.), die »Apokalypse« (A.) und die nur in zwei kleinen Fragmenten erhaltene »Erlösung«. Ihr Verfasser bezeichnet sich als Ritter (A. 16480), nennt seinen Namen und als Wohnsitz 'Hesler' (A. 154f., 'Hasiliere', Erl. 60f.), vermutl. Burgheßler w. von Naumburg, denn zu 'Nebre' (A. 16471), wohl Nebra bei Querfurt, hat er aus seiner Dichtung vorgetragen. Die Selbstzeugnisse weisen nach Thüringen als seine Heimat. Urkdl. Belege für eine Lokalisierung im Deutschordensgebiet sind ebenso schwach begründet wie vermutete Beziehungen zum Orden aufgrund des Wortschatzes und der Provenienz der Hss. seiner Werke. Die Hss. der A. belegen jedoch seine Wirkung im Dt. Orden; auch übernimmt →Nikolaus v. Jeroschin Teile aus der Darlegung seiner metr. Regeln (A. 1303ff.). Daß sein Werk nicht für eine reine Männergesellschaft bestimmt war, zeigt die explizite Rücksichtnahme auf Frauen in seinem Publikum (A. 3711ff.).

Die A. (23254 V.) ist eine Auslegung des bibl. Buches, die aus zeitgenöss. theol. Quellen schöpft. Das E.N. (5392

V.) behandelt den Stoff des im MA beliebten gleichnamigen apokryphen lat. Werkes über Passion und Höllenfahrt Christi und der Veronika-Legende. Es wurde kompiliert mit dem »Marienleben« des Kartäusers →Philipp und mit anderen thematisch verwandten Werken, mit denen es in die »Weltchronik« Heinrichs v. München einging; über deren Prosaauflösung in den →Historienbibeln gelangte es zu einer bis in die Frühdruckzeit reichenden Nachwirkung.   K. Gärtner

Ed.: E. N.: K. HELM, 1902 (Bibl. des Stuttgarter Lit. Vereins, 224) – A.: K. HELM, 1907 (DTMA 8) – Die Fragm. der »Erlösung«: O. v. HEINEMANN–E. STEINMEYER, ZDA 32, 1888, 111–117, 446–449 – *Lit.:* Verf.-Lex.² III, 749–755 [A. MASSER] – P. WIEDMER, Sündenfall und Erlösung bei H. v. H., 1977 (Basler Stud. zur dt. Sprache und Lit. 53) – K. GÄRTNER, Neue Frgm. von H. v. H.s 'E. N.', ZDA 107, 1978, 206–215 – s. a. Lit. zu →Heinrich v. München [P. GICHTEL, 179–184].

116. H. v. Huntingdon, engl. Historiograph, * 1080/90, † um 1155, seit etwa 1109 Archidiakon von Huntingdon. Auf Anregung des Bf.s →Alexander v. Lincoln schrieb H. eine »Historia Anglorum«, die in acht Büchern von 55 v. Chr. bis 1154 führt, dazu zwei Kapitel »De summitatibus« und »De miraculis« enthält. Das Werk entstand von ca. 1130 an in mehreren Arbeitsphasen. H. fußt u. a. auf →Beda Venerabilis und der →Ags. Chronik und kennt auch →Geoffrey v. Monmouth. Er will an der Abfolge der Völker in Britannien von den Römern bis zu den Normannen die strafende Hand Gottes in der Gesch. aufzeigen, hebt auf die Vergänglichkeit des Irdischen ab, hat aber auch Sinn für ritterl. Stoffe und Anekdotisches. Die Historia fand weite Verbreitung (→Robert v. Torigny).   K. Schnith

Ed.: Hist. Anglorum, ed. T. ARNOLD, RS, 1879 – *Lit.:* Repfont V, 427ff. – K. SCHNITH, Speculum Hist., 1965, 246ff. [Lit.] – A. GRANSDEN, Hist. Writing in England c. 550 to c. 1307, 1974 [Lit.] – N. F. PARTNER, Serious Entertainments, 1977.

117. H. v. Kalden, Reichsministeriale, benannt wohl nach der Burg Kaldenberg (Krs. Donau-Ries), * um 1145, † 1214, ▢ Kl. Kaisheim, gilt als Sohn des Marschalls Heinrich Testa v. Pappenheim, stand wie dieser im Dienst Friedrich Barbarossas und →Heinrichs VI. (wohl dessen Erzieher, 1185 als Marschall belegt), zu dessen wichtigsten Helfern H. zählte: 1191 in Nachfolge Heinrich Testas Marschall, 1194 führende Beteiligung an der Eroberung →Siziliens und 1197 zusammen mit →Markward v. Annweiler an der Niederwerfung des siz. Aufstandes, 1196 mit →Konrad I. v. Hildesheim ksl. Gesandter in Byzanz zur Durchsetzung der »Alemannensteuer«. Er unterstützte →Philipp v. Schwaben, dessen Ermordung er eigenhändig an →Otto v. Wittelsbach rächte, schloß sich dann →Otto IV. an, dessen Politik ihn jedoch spätestens 1213 auf die stauf. Seite führte. Bereits von Heinrich VI. reich dotiert (u. a. Moosamt um Neuburg/Donau), beherrschte H. an seinem Lebensende weite Teile des südl. Staufererritoriums.   Th. Kölzer

Lit.: W. KRAFT, Marschall H. v. Kalentin-Pappenheim, Lebensbilder aus dem Bayer. Schwaben 9, 1966, 1–37.

118. H. Kalteisen OP, Doktor theol., Inquisitor, * ca. 1390 Ehrenbreitstein, † 2. Okt. 1465 Koblenz; Studium in Wien (1415) und Köln (1423), wo er 1430 Professor der Theol. wurde, Lector cathedralis in Mainz. Als Inquisitor war er seit 1424 in den Diöz. Cambrai und Lüttich, 1435 in Mainz, Köln, Trier tätig. Seit 25. April 1432 gehörte er als Gesandter des Ebf.s v. Mainz der deputatio fidei des Konzils v. →Basel an. Dort wirkte er u. a. maßgebl. an der Hussitendisputation (1433) und der Verurteilung des →Augustinus v. Rom (1434/35) mit. 1437 wechselte er zu Eugen IV. über und war seither am Ausbau der papalen

Kirchentheorie und -politik gegen Basel engagiert. 1439 und 1441 nahm H. K. an den Reichstagen in →Mainz teil, 1442/43 und 1447 wirkte er als päpstl. Gesandter in Frankreich, 1448 in Brabant und im Rheinland, 1440–52 als magister sacri palatii an der Kurie. Am 28. Febr. 1452 wurde er zum Ebf. v. →Drontheim (Nidaros) bestellt, mußte aber dort resignieren; 1459 wurde er mit dem Titular-Ebm. Caesarea entschädigt. Im Okt. 1454 nahm er als Gesandter des dän. Kg.s am Frankfurter Reichstag teil und bereiste 1455/56 Dtl. als päpstl. Legat und Kreuzzugsprediger gegen die Türken. Sein Werk (v. a. Predigten und kirchentheoret. Schriften, die stark auf→Thomas v. Aquin fußen) ist zum Großteil unediert.   J. Helmrath

Ed. und Lit.: Verf.-Lex.²IV, 966–980– Rep. Germanicum VI: 1447–55, 1985, Nr. 1780 – Opera inedita historiam XII Sessiones concilii Basiliensis respicientia, ed. W. ECKERMANN, 1978, 84–189 – W. KRÄMER, Konsens und Rezeption, 1980, 463 – B. D. HAAGE, »Von der minnenden Seele«. Drei Predigten H.K.s, 1983.

119. H. v. Lamme(s)springe, wahrscheinl. Verf. der Magdeburger Schöppenchronik, * um 1325 vielleicht in Lamspringe (bei Gandersheim), † 1396 oder bald danach. H., der über eine theol.-kanonist. Ausbildung verfügte, war Kleriker in Magdeburg, hatte dort 1350–73 das Amt des Schöffenschreibers inne und fungierte bei mehreren Anlässen als Gesandter der Stadt (so 1359 und 1360 bei Karl IV.). Bedingt durch seine bedeutende Tätigkeit in der städt. Verwaltung und Politik, wandte sich H. der Chronistik zu. – Zum Werk, auch in seinen Fortsetzungen, s. →Magdeburger Schöppenchronik.

Ed. und Lit.: →Magdeburger Schöppenchronik.

120. H. v. Langenstein (Heinricus de Hassia), einer der produktivsten spätma. Gelehrten.
I. Leben – II. Werke – III. Nachwirkung.
I. LEBEN: H., * vermutl. um 1340 in dem nordhess. Dorf Langenstein (bei Marburg/Lahn), † 11. Febr. 1397 in Wien, ▭ ebd., Stephanskirche, entstammte wohl einer nichtadligen Familie; 1363–73 Lehrtätigkeit als magister artium an der Univ. Paris, ab Febr./März 1376 als Magister der Theologie. Der ehem. Prokurator der natio Anglicana (1363) und amtierende Vizekanzler an der Univ. Paris (zw. 1371 und 1381) verhielt sich in den Auseinandersetzungen zu Beginn des Gr. →Abendländ. Schismas zunächst neutral. In zwei Traktaten (1379, 1381) sprach er sich dafür aus, daß ein allg. Konzil das Schisma beenden solle. Da er sich nicht der Oboedienz Clemens' VII. anschließen wollte, mußte er im Frühjahr 1382 Paris verlassen. Möglicherweise nach einem kurzen Aufenthalt in Lüttich verlebte er knapp zwei Jahre (1383/84) am Mittelrhein. Nachdem H. ein Angebot Urbans VI., Bf. v. Ösel in Livland zu werden, abgelehnt hatte, wurde er von Hzg. →Albrecht III. v. Österreich i. J. 1384 an die Univ. Wien berufen, deren Ansehen er mit anderen ehem. Pariser Professoren begründete. Entscheidend an der Reform des Wiener Univ.sstudiums beteiligt, war er 1388/89 Dekan der theol. Fakultät dieser Hohen Schule und 1393/94 deren Rektor.
II. WERKE: H. verfaßte Werke naturwissenschaftl. Inhalts (so u. a. »Quaestio de cometa«; »De reprobatione ecentricorum et epiciclorum«; »Tractatus contra astrologos coniunctionistas de eventibus futurorum«), sozialpolit. Schriften (»Epistola de contractibus emptionis et venditionis«; »Tractatus bipartitus de contractibus«) und theol. Abhandlungen (v. a. Genesiskommentar zu Gen 1–3). Dazu kommen noch mehrere kirchenpolit. Traktate (so z. B. die »Epistola pacis«, die »Epistola concilii pacis« sowie die »Epistola de cathedra Petri«), erbaul. Schriften und Predigten. Den Übergang von einer Univ.sschrift zu

einer Predigt bildet der »Sermo de sancta Catharina«, in dem sich H. über den Aufbau der Wissenschaften äußert. Seine Verfasserschaft an den ihm zugeschriebenen dt. Traktaten (z. B. an der Schrift über die Erkenntnis der Sünde) konnte bisher nicht nachgewiesen werden.
III. NACHWIRKUNG: Darüber läßt sich nicht pauschal urteilen, da wichtige Werke (so z. B. der Genesiskommentar und »De ascensione domini«) weder gedruckt noch genauer untersucht sind. Von den Schriften, in denen H. die sog. konziliare Theorie vertrat, dürfte die »Epistola concilii pacis« (entstanden 1381) die größte Nachwirkung, v. a. auf dem Konzil v. →Konstanz, gehabt haben. Vermittelt durch Pierre d' →Ailly wurden manche Vorstellungen dieses Schismatraktats noch vom Tridentinum rezipiert.   G. Kreuzer

Q. und Lit.: ADB XVII, 672f. – DSB VI, 275f. – DThC VIII/2, 2574–2576 – NDB VIII, 410 – TRE XV, 11–13 – Verf.-Lex.² III, 763–773 – K. J. HEILIG, Krit. Stud. zum Schrifttum der beiden H.e v. Hessen, RQ 40, 1932, 105–176 – J. LANG, Die Christologie bei H. v. L., 1966 – E. SOMMERFELD, Ökonom. Denken in Dtl. vor der frühbürgerl. Revolution [Diss Berlin(-Ost) 1969] – TH. HOHMANN, Initienregister der Werke H.s v. L., Traditio 32, 1976, 399–426 – H. STENECK, Science and Creation in the MA: H. of L. (d. 1397) on Genesis, 1976 – G. KREUZER, H. v. L., 1987 [Q.].

121. H. v. Laufenberg, dt. Dichter, * ca. 1390, † 31. März 1460 in Straßburg. 1424 in Freiburg i. Br., 1433–34 als Dekan in Zofingen (Aargau), später in Freiburg bezeugt, trat 1445 in das von Rulmann →Merswin gegr. Johanniterkl. in Straßburg ein. H.s Werk, z. T. bis auf Fragmente durch den Brand der Straßburger Stadtbibl. 1870 verloren, umfaßt ein »Regimen« (Diätetik, in mehreren Hss. erhalten; 6000 Reimpaarverse), den »Spiegel menschl. Heils« (Übers. des weitverbreiteten »Speculum humanae salvationis«; 15000 Verse), ein bebildertes »Buch der Figuren« (Marientypologie im AT; mehr als 15000 Verse). Ferner stammen von H. Reimpaarreden (→»Facetus«-Übertragung u. a.), Lehrgespräche in Prosa, insbes. aber geistl. Lieder, in denen er die meist lat. Vorlagen (Hymnen, Sequenzen, Marienlieder, Reimoffizien, pia dictamina) teils wörtl. und formgetreu, teils frei bearbeitet.   E. Rauner

Lit.: Verf.-Lex.² V, 614–625.

122. H. »v. Lausanne«, reformator. Wanderprediger, der im Unterschied etwa zu →Robert v. Arbrissel oder →Norbert v. Xanten nicht zum Ordensgründer, sondern zum Ketzer und Sektenstifter wurde. Ausgestattet mit der Erlaubnis →Hildeberts v. Lavardin, predigte er 1116 in dessen Diöz. Le Mans mit derart Unruhe stiftendem Ergebnis, daß ihm Hildebert das weitere Wirken untersagte, nachdem er bei dem angebl. Kleriker im Diakonsrang bedenkl. Wissenslücken festgestellt hatte. Sein nächstes Wirkungsfeld scheint Südfrankreich, namentl. die Provence gewesen zu sein, wo ihn der Ebf. v. Arles 1135 festsetzen und dem Konzil v. Pisa vorführen ließ, wo sich H. zur Abschwörung aller Irrtümer u. zum Rückzug in ein Kl. bereit fand. Trotzdem nahm er sein Leben als zunehmend radikaler werdender Wanderprediger im Midi in einer nicht ganz klaren Verbindung zu →Petrus v. Bruis auf, so daß 1145 →Bernhard v. Clairvaux eine Art Gegenmission zu H. im Midi eröffnen mußte. Danach verlieren sich seine Spuren.   A. Patschovsky

Lit.: R. MANSELLI, Il monaco Enrico e la sua eresia, BISIAM 65, 1953, 1–63 – DERS., Studi sulle eresie del sec. XII (Studi storici 5, 1975², 59–77, 93–109) – A. H. BREDERO, Henri de L.: Pascua mediaevalia (Fschr. J. M. DE SMEET) [Mediaev. Lovaniens. I, 10, 1983]), 108–123.

123. H. v. Lettland (besser: H. der Lettenpriester), bedeutender Geschichtsschreiber, * um 1188 vielleicht in

Poppendorf bei Magdeburg, † nach 1259, Sohn eines Niederadligen, gemeinsam mit livländ. Geiselknaben (daher seine erstaunl. Kenntnisse des Livländ., Lett., Estn.) im holstein. Stift Segeberg erzogen, kam im Sommer 1205 mit Abt Rotmar v. Segeberg, dem Bruder Bf. →Alberts v. Riga, nach Livland, 1208 von Albert zum Priester geweiht, Pfarrer in Papendorf (Rubene), im lett. Grenzgebiet zu den Esten. Er war Missionar, Teilnehmer an gut 30 Feldzügen und Dolmetscher (u. a. Helfer →Wilhelms v. Modena [1225–26], später →Balduins v. Alna) und erlebte alle wichtigen Ereignisse im Liven-, Letten- und Estenlande mit. 1225–27 schrieb er sein »Chronicon Livoniae«, das er zweimal überarbeitete, die wichtigste Quelle für die Anfangszeit Alt-→Livlands (1180–1227), einfach in Aufbau und stilist.-rhetor. Gestaltung, angelehnt an Vulgata, Brevier und Missale, stark geprägt von der im Ostseeraum blühenden Marienverehrung (→Maria). H. schreibt keine »Taten« Bf. Alberts, sondern, gestützt auf eigene Erlebnisse und die Erzählungen von Zeitgenossen, Missionsgesch., die auf weite Strecken die Geschichte von Kämpfen ist. Er widmete sein Werk, »das hohe Lied der Gemeinschaft christlicher Streiter in Riga, geistlicher und weltlicher« (P. JOHANSEN), den »domini et socii Rigenses«. Die Chronik ist nur wenig benutzt worden.   M. Hellmann

Ed.: MGH SS 23, ed. W. ARNDT; auch: MGH SS in us. schol., 1874 – L. ARBUSOW-A. BAUER, 1955 [maßgebend] – AusgQ, übers. A. BAUER, 1959 – *Lit.:* ADB XI, 637–639 – NDB IX, 143 – R. HOLTZMANN, Stud. zu H. v. L., NA 43–44, 1920–22, 161–212 – L. ARBUSOW, Die hs. Überl. des »Ch. L.« H .s v. L., AUL 15, 1926, 189–341 – DERS., Die Forsch. über das »Ch. L.« H.s v. L. 1920–30, ebd. Ph. Ser. I, 6, 1931, 373–390 – H. LAAKMANN, Zur Gesch. H.s v. L. und seiner Zeit, Beitr. zur Kunde Estlands 18, 1933, 57–102 – L. ARBUSOW, Das entlehnte Sprachgut in H.s »Ch. L.«, DA 8, 1950, 100–153 – P. JOHANSEN, Die Chronik als Biographie. H. v. L.s Lebensgang und Weltanschauung, JGO NF 1, 1953, 1–24.

124. H. v. Löwen →Mystik

125. H. v. Marcy OCist, * um 1140 in Marcy, † 1189 in Arras, ☐ in Clairvaux, trat in die Abtei Clairvaux ein; als Abt v. →Hautecombe und später v. Clairvaux nahm er an der Predigt-Kampagne gegen die Katharer in der Languedoc teil, wohnte dem 3. Laterankonzil bei – während dessen Papst Alexander III. zum Kreuzzug gegen die Häretiker aufrief – und war höchstwahrscheinl. Mitverfasser der Niederschrift des Glaubensbekenntnisses des →Valdes. 1179 Kard.-Bf. v. Albano und päpstl. Legat in Albi. H. plante die Belagerung der Burg von Lavaury, die 1181 den Katharern Zuflucht bot, und erreichte, daß sich zwei dorthin geflüchtete Häresiearchen, Bernard Raimond und Raimond de Baimiac, bekehrten. Nach 1187 wurde er von Gregor VIII. zur Kreuzzugspredigt entsandt und wirkte auf dessen Veranlassung als Pazifikator bei den Kg.en v. Frankreich und England sowie beim Bf. v. Arras und dem Gf.en v. Flandern. H. verfaßte einen »Tractatus de peregrinante civitate Dei«.   E. Pásztor

Lit.: Y. CONGAR, Henri de M. . . ., 1958, StAns 43, 190 – CH. THOUZELLIER, Catharisme et valdeisme en Languedoc à la fin du XIIe et au debut du XIIIe s., 1966, s. v.

126. H. 'v. Meißen' (Frauenlob), dt. Dichter und Komponist des späten 13. und frühen 14. Jh., † 29. Nov. 1318, ☐ Mainz (Domkreuzgang, Grabmal 1774 zerstört). I. Überlieferung – II. Leben und Werke – III. Nachruhm und Weiterbildung des Werkes.

I. ÜBERLIEFERUNG: Gesicherte Lebensdaten gibt es nur drei: 1. Aufzeichnung des Richters zu Thaur bei Innsbruck unter dem 17. Aug. 1299 über einen dem »ystrioni dicto Vrouwenlop« gezahlten Betrag; 2. die Angabe des Dichters über sein Auftreten auf einem Ritterfest zu Rostock

1311; 3. das Todesdatum (s. o.), durch zwei Abschriften (vor 1774) der Grabinschrift gut belegt.

Die Überlieferung verdankt ihre Problematik dem ungewöhnl. Ruhm, den F. schon zu Lebzeiten genossen hat. Durch F.-Werkstatt und F.-Nachahmung sowie durch frühzeitig einsetzende biograph. Legendenbildung erscheinen Werk und Persönlichkeit F.s stark überformt und in ihren ursprgl. Umrissen oft hypothet. Außer dem Marienleich (I) und einem Lied (XIV, 1–3) spricht ihm die Überlieferung des 14. Jh. nur noch vier Spruchtöne namentl. zu: *Langen* (V), *Kurzen* (XIII), *Grünen* (VII) und *Würgendrüzzel* (IX) *Ton.* Die großen Spruchton-Hss. des 14. Jh. (C, J) enthalten bereits Pseudo-Gut, jüngere Hss. aber möglicherweise auch echtes, das indes nur stilkritisch zu sichern ist.

II. LEBEN UND WERKE: [1] *Herkunft und Frühwerk (ca. 1260–90):* Vielleicht stammt H. aus Meißen ('von missen' nur nach Hs. E, ca. 1345–50), wo seit 1254 eine Sängerkapelle Mgf. →Heinrichs d. Erlauchten bezeugt ist. Daß H. in jungen Jahren wegen seines Künstlerhochmuts gerügt wird (s. a. →Damen, Hermann), gehört wohl bereits der frühen Legende zu. H.s Anwesenheit 1278 bei der Ritterweihe Hzg. →Heinrichs II. v. Breslau und bei der Schlacht auf dem Marchfeld (→Dürnkrut, 26. Aug. 1278) behauptet seine Strophe (V, 14) im Langen Ton. Erstes datierbares Werk ist die Klage auf den Tod →Konrads v. Würzburg (1287) im Zarten Ton (VIII, 26), worin der geblümte Stil H.s in erstaunlicher Vollendung das Vorbild Konrads weit hinter sich läßt. 1289–90 auf dem Reichstag Rudolfs zu Erfurt oder vor 1302 anderswo dürfte H. wohl im Langen Ton (V, 7.12) eine Anzahl norddt. Fs.en und Herren besungen haben. Spätestens um 1290 entstand »Unser frouwen leich«, der »Marienleich« (I), das bestüberlieferte Werk H.s, das seinen Namen 'Vrouwenlop' (zuerst wohl V. 20124 des »Apollonius« →Heinrichs v. Neustadt) begründet haben dürfte. Dieser →Leich, der vielleicht Spuren der Terminologie Meister →Eckharts zeigt (I, 12, 30f.), ist eine Hohelied-Umdichtung (auf der Grundlage der »Elucidatio in Cantica canticorum« des Alanus ab Insulis?) in 20 Strophen, deren außerordentl. Melodiebildung einem kunstvollen Tonartenplan folgt. Die zu Anfang visionär geschaute Maria wendet sich im Leich ab I, 9 verheißend und selbstrühmend an die Gläubigen. Das Werk hat auf die Lieder Kg. →Wenzels II. v. Böhmen eingewirkt sowie auf die Werke der böhm. Hofdichter Ulrich v. Etzenbach (»Wilhelm v. Wenden«, vor 1291) und wohl auch Heinrich Clusenaere (»Marienlegende«, um 1290).

[2] *Mittlere Periode (1295–1305):* Wohl 1291 beklagt F. im Langen Ton (V, 81) den Tod Hzg. Heinrichs v. Breslau (1290) und Kg. Rudolfs (15. Juli 1291). 1292 war er bei der Schwertleite Kg. Wenzels in Oppeln anwesend (V, 14), zu unbestimmtem Zeitpunkt auch bei einer 'ritterschaft' in Kärnten (V, 14), identisch vielleicht mit dem Hochzeitsfest Hzg. →Heinrichs VI. v. Kärnten und der Tochter Kg. Wenzels (1304). Eine verlorene Totenklage beim Begräbnis Kg. Wenzels (21. Juni 1305) bezeugt →Ottokars »Österr. Reimchronik« (vor 1309), worin F. zum ersten Mal 'meister Heinrich' heißt (V. 86555). Am böhm. Hof könnte auch die Beziehung zum letzten Gönner des Dichters, →Peter v. Aspelt, der als Ebf. v. Mainz 1318 die Grablege im Domkreuzgang veranlaßte, begonnen haben. Einstweilen rätselhaft bleiben sehr selbständige stilist. Analogien zum it. →*dolce stil nuovo*, bes. in dem einzigen namentl. alt bezeugten Lied (XIV, 1–3) und im sicher echten »Minneleich« (III, 1–33). Dieses Werk preist in 33 Strophen aus 33 mal 33 Hebungen die Frau als

wirkende und heilende Naturkraft unter Berufung auf Alanus ab Insulis. 17 isometr. Strophen untergliedern die Großform und sind melodisch simultan ausführbar, einige auch in kanon. Verschränkung. Eigenwillige Regelhaftigkeit läßt die Kryptopolyphonie erkennen. Die letzte Strophe des »Minneleichs« könnte in der Wortfolge »Vrouwen ... lobes« versteckt signiert sein.

[3] *Spätzeit (1311–18):* Auf dem Ritterfest zu Rostock 1311 besingt F. Mgf. Woldemar v. Brandenburg (reg. 1308–19) im Langen Ton (V, 14–16), Kg. Erik Menved v. Dänemark (reg. 1286–1319) im Neuen Ton (XI, 1–2). Eine Reihe von Sprüchen im Würgendrüzzel Ton (IX, 8–19) bringt vielleicht den Wandel der Wahlmeinung Ebf. Peters v. Mainz bis zum 19. Okt. 1314 in prekärer Situation zum Ausdruck; als Antwort auf die Wahl der Gegenpartei (19. Okt. 1314) und Aufruf zur Wahl und Krönung Ludwigs des Bayern (20. und 25. Okt. 1314) erscheint im Goldenen Ton Spruch XII, 19. Am 29. Nov. 1318 ist H. F. in Mainz verstorben. Sein Fronleichnamsgebet im Langen Ton (V, 1) ist einer Überlieferung (des Prager Hofes?) zufolge von Ebf. Peter v. Mainz beim Sakramentsempfang des Sterbenden mit einem Ablaß versehen worden.

III. Nachruhm und Weiterbildung des Werkes: Frühe Legendenbildung ging wohl wesentl. vom Begräbnis F.s im Mainzer Dom aus. Die Würzburger Liederhs. (E) des aus Mainz stammenden →Michael de Leone vermerkt zum Namen F.: »der ze Mencze ist begraben« (ca. 1345–50); ein Nachtrag zur Chronik des →Matthias v. Neuenburg (ca. 1350) berichtet, daß Frauen den Dichter wegen seiner Lobpreisungen des weibl. Geschlechts zu Grabe getragen hätten; eine Menge Wein sei über sein Grab ausgeschüttet worden. Einiges spricht für Existenz und Weiterleben einer F.-Werkstatt. Das Bild der 'Manessischen' Hs. (C) zeigt das F.-Orchester mit dem Fiedler in der Mitte und F. als Dirigenten mit Hermelinkragen, als 'Vulgaris eloquencie princeps', wie ihn →Johann v. Neumarkt nennen wird. Im Wappen F.s Unsre Liebe Frau mit der Krone wie zu Eingang des »Marienleichs«. Anders versucht den Namen F. zu erklären die Spruchreihe vom 3. 'wîp-frouwe-Streit' zw. F. und →Regenbogen, ob 'wîp' oder 'frouwe' mehr zu loben sei. Als lit. Vorbild des Streits hat →Walthers 'wîp-vrouwe'-Lied (47, 36) gedient; dazu kam wohl das Bedürfnis, den Namen F. so zu erklären, daß Regenbogen die Ehre F.s teilte. – Die →Meistersinger sahen in F. einen der Urheber ihrer Kunst und Begründer der ersten Singschule. Ihre Überlieferung kennt über 1000 Strophen in 15 Tönen unter F.s Namen bis ans Ende der Meistersingertradition im 19. Jh. Anonym überliefert, aber sicherlich echt ist das große Streitgedicht »Minne und Welt« (IV) über die Prinzipien von Kraft und Raum. – Einfluß F.s zeigen spätere Werke im Umkreis des Prager Hofes, so musikalisch vielleicht →Guillaume de Machaut, poetisch der auch von Machaut beeinflußte →Heinrich v. Mügeln sowie →Johann v. Tepl im »Ackermann aus Böhmen«.

Die Bedeutung F.s liegt darin, zuerst im dt. Kulturraum musikal. und poet. einen strengen hermetischen Stil geschaffen zu haben. Dessen Prinzip ist die melod. und metaphor. Verselbständigung von verschlüsselnden Abbildungen genau bestimmter Verhältnisse, ohne deren Kenntnis jede Deutung an der faszinierenden Oberfläche der Form haftet.   K. Bertau

Ed.: F. (H. v. Meißen), Leichs, Sangsprüche, Lieder (Göttinger Ausg.), aufgrund der Vorarb. v. H. Thomas, hg. K. Stackmann–K. Bertau (AAG, Phil.-hist. Kl., 3. F., Nr. 119, 1981) – *Lit.:* K. Bertau, Einige Gedanken zur poet.-musikal. Struktur und zu einer hist. Folgeerscheinung der Krypto-Polyphonie im 'Minneleich' des H.F., Jb. der

Oswald v. Wolkenstein Ges. 1, 1980/81, 139–159 – W. Schröder, Zu Stackmanns krit. F.-Edition, MlatJb 17, 1982, 193–199 – K. Stackmann, Über die wechselseitige Abhängigkeit von Editor und Literarhistoriker. Anm. nach dem Erscheinen der Göttinger F.-Ausg., ZDA 112, 1983, 37–54 – Cambridge 'F.'-Kolloquium 1986, hg. W. Schröder (= Wolfram-Stud. X, 1988).

127. H. v. Melk. Dem Namen werden zwei meist Mitte des 12. Jh. datierte, in einer Wiener Hs. um 1300 überlieferte mhd. satir. Reimpredigten zugeordnet: »Vom Priesterleben« (746 Verse, fragmentar. erhalten, ohne Titel) und »Von des todes hugede« ('Erinnerung an den Tod', 1042 V.) mit der Verfassernennung des 'armen chnecht Hainrich', den man aufgrund der bair.-österr. Mundart der Texte und der Fürbitte für einen Abt 'Erchenfried' als Heinrich v. Melk zu bestimmen versucht hat gegen erhebl. Bedenken (Wilmanns, Diemer, zuletzt Neuser).

Im Traditionszusammenhang lat. kirchenreformer. Geistlichenkritik prangert das anonym überlieferte »Priesterleben« die Diskrepanz zw. Auftrag und Lebenspraxis in anschaul. Bildern an, drastisch und mahnend zugespitzt auf Habgier, Simonie und Unzucht. Das dt. Memento mori predigt in zwei Teilen mit weiteren Untergliederungen für Geistliche und Laien aller Stände Abkehr von der Sünde und Hinwendung zu Gott. Die Weltverachtung des Verfassers steht zwar auf breiter bibl.-theol. Grundlage, gewinnt aber durch Fehlen trosthafter Ausblicke sehr scharfe Konturen. Unter der Vergänglichkeitsperspektive wird ritterl.-höf. Leben kritisiert, wobei der Verfasser über kulturell-lit. Vorstellungen verfügt, die eher für eine spätere Entstehung des Textes sprechen. S. a. →Contemptus mundi, B. V.   U. Schulze

Ed.: Der sog. H. v. M., ed. R. Kienast, 1960² – F. Maurer, Religiöse Dichtungen III, 1970, 258–359 – *Lit.:* Verf.-Lex.² III, 787–797 [P. E. Neuser; Lit.] – J. Gernentz, H. v. M., Weimarer Beitr. 6, 1960, 707–726 – R. R. Anderson–U. Goebel, Wortindex und Reimregister zum sog. H. v. M., 1976 – W. Freytag, Das Priesterleben des sog. H. v. M., DVjs 52, 1978, 558–580.

128. H. v. Merseburg OFM, Kanonist, * vermutl. in Merseburg, lehrte um die Mitte des 13. Jh. in Magdeburg. Die in mehreren Hss. überlieferte »Summa super V libros decretalium« stellt eine der frühesten Kommentierungen der Dekretalen Gregors IX. (1234) dar. Sie wurde um 1242 in Magdeburg verfaßt und sollte dem Unterricht an dt. Ordensschulen in Fragen des »forum internum« dienen. Zitiert werden Legisten, →Dekretisten, →Dekretalisten und Theologen. – Folgewerke waren der »Apparatus ad summam fratris Heinrici« (um 1260; dem Lektor Heinrich v. Barben OFM zugeschrieben), die »Casus in summam Heinrici« (1290; anonym) und eine verkürzte Neuredaktion vom Beginn des 14. Jh. (»Summa iuris canonici«, »Summa brevis«).   W. Jürgensen

Lit.: Verf.-Lex.² III, 797–799 – P. B. Kurtscheid OFM, H. v. M., FSt 4, 1917, 239–253 – F. Doelle, Die Rechtsstud. der dt. Franziskaner im MA und ihre Bedeutung für die Rechtsentwicklung der Gegenwart, BGPhMA Suppl. 3, 1935, 1037–1064 – W. Trusen, Forum internum und gelehrtes Recht im SpätMA, ZRGKanAbt 88, 1971, 83–126.

129. H. v. Mondeville (Henricus de M., Armondavilla, Armandavilla, Hermondavilla, o. ä.), * um 1260 wohl in Emondeville (Dép. Manche), † um 1320 in Paris. Als kgl. Hofchirurg unter Philipp IV. und Ludwig X. machte er deren Feldzüge mit, lehrte Medizin, Anatomie und Chirurgie in Montpellier und, ab 1306, in Paris. Dort begann er mit der Niederschrift seines chirurg. Werkes, von dessen fünf konzipierten Teilen er bis zu seinem Tode nur Anatomie und Wundbehandlung vollenden konnte. H. erkannte bereits die Vorzüge einer eiterlosen Wundbehandlung und fand bessere Methoden der Blutstillung, Fremdkörperentfernung und Verbandstechnik. Teile des

Werkes wurden schon 1314 ins Frz. übersetzt. Bald jedoch trat es hinter die umfassenderen Abhandlungen des →Lanfranc(hi) und →Guy de Chauliac zurück.   H. Lauer

Q.: Hss. s. Thorndike-Kibre – S. A. J. Moorat, Cat. of Western Mss. on Medicine and Science in the Wellcome Hist. Medical Library I, 1962, 439–441 – L. C. MacKinney, Medical Ill. in Medieval Mss., 1965, 108, 115, 123, 143, 146, 165 – Ed.: J. L. Pagel, Die Chirurgie des H.v.M., 1892 – A. Bos, La chirurgie de maître Henri de M., 2 Bde, 1897–98 – Lit.: BLA IV, 238f. – DSB VI, 276f. – Verf.-Lex.² III, 800–804 [Lit.] – Sarton III, 865–873 – Wickersheimer, Dict., 282f., Suppl. 1979, 117f.

130. H. v. Morra →Morra

131. H. v. Morungen, einer der bedeutendsten mhd. Lyriker der höf. Epoche um 1200. Die Identität des in der »Gr. Heidelberger Liederhs.« genannten Minnesängers 'Her Heinrich von Morunge' (in den anderen Liederhss. verkürzt bezeichnet) mit einem zw. 1213 und 1218 in zwei Urkk. des Mgf.en Dietrich v. Meißen erscheinenden 'Hendricus de Morungen' ist sehr wahrscheinlich. Er stammte vielleicht von der Burg Morungen bei Sangershausen in →Thüringen, die seit 1154 stauf. war, und könnte im Umkreis Friedrich Barbarossas die Troubadourlyrik kennengelernt haben (skept. Bumke, 60). Als Sänger dürfte er wie auch Walther v. d. Vogelweide am Meißner Hof (→Meißen) aufgetreten sein. Sagenhafte Notizen des 15. und 16. Jh. berichten von dem Lebensende im Leipziger Thomaskl. und einer Reise nach Indien, wie sie ihm die auf H. bezogene Ballade vom »Edlen Möringer« (erst aus dem 15. Jh. überliefert, aber auf das 13. Jh. zurückgehend) andichtete.

Die lyr. Sammelhss. enthalten von H. v. M. insgesamt 115 Strophen, die sich auf 35 Töne bzw. Lieder verteilen und durchweg vers- und reimtechn. von großer, strukturbezogener Formkunst und Klangsensibilität zeugen. Die Texte waren im Gegensatz zu denen anderer Minnesänger in ihrer Echtheit philolog. kaum umstritten, doch alle Versuche, eine Entstehungsreihenfolge der Lieder zu ermitteln, blieben fragwürdig.

H. v. M. schöpfte aus der antiken Mythologie wie aus der christl.-religiösen Vorstellungstradition, knüpfte an die Troubadourkunst wie an kirchl. Hymnen und Mariendichtung an, ohne daß seine Quellen und Vermittlungswege immer genau eruierbar sind. Im Rahmen des Minnesangs zeichnen sich seine Lieder durch einen prägnanten Personalstil aus: Geläufige Motive werden in bes. Weise eingesetzt und bildl. insbes. visuell versinnlicht; verschiedenartige Vorstellungsbereiche erscheinen metaphor. verschmolzen und bisweilen mehr oder weniger spieler. transzendiert. Die assoziationsreiche, oft vieldeutige Textstruktur kommt neuzeitl., im 18./19. Jh. geprägten Poesie-Vorstellungen erstaunlich nahe.

Zentrale Themen der Lieder H.s sind die Bindung des Sängers an die geliebte Herrin ('frouwe') und die künstler. Tätigkeit des Gesangs; beide versteht H. v. M. als einander bedingende, existenzbestimmende Faktoren (»wan ich wart durch sî und durch anders niht geborn«, MF 134, 33; »wan ich durch sanc bin zer werlde geborn«, MF 133,20). Indem der Sänger über die Wirkung der Schönheit, Bewußtloswerden und Schweigen, Leiden und dessen Kundgabe im Lied spricht, wird die gesellschaftsbezogene Funktion seiner Kunst deutlich. Doch hat H. Minne und Minnesang v. a. als Medium der Selbstreflexion begriffen (metaphor. sinnfällig durch Spiegel- und Narzißmotiv). Wie im »Tristan« →Gottfrieds v. Straßburg sind Liebe, Leid und Tod eng miteinander verbunden, und die Liebe wird ins Jenseits hinübergerettet als Dienst der Seele für die 'anima' der Geliebten (»Vil süeziu senftiu tôterinne«, MF

147, 4). Die Gestalt der 'frouwe' erhält bei H. einerseits erot. faszinierende, andererseits auch von aller Realität abrückende Züge. Minnedienst kann als Gottesdienst erscheinen.

Die Wirkung von H.s Liedern auf →Walther v. d. Vogelweide ist themat. und stilist. vielfältig, darüber hinaus finden sich Morungen-Anklänge auch bei vielen späteren Liederdichtern. →Minnesang.   U. Schulze

Bibliogr.: H. Tervooren, Bibliogr. zum Minnesang, 1969, Nr. 575–636 – Ed.: Des Minnesangs Frühling, bearb. H. Moser–H. Tervooren, 1982³⁷ – H.v.M., Lieder, ed. H. Tervooren [mit nhd. Übers.], 1978² – H.v.M., Abb. zur gesamten hs. Überl., Litterae 2, 1971 – Lit.: Verf.-Lex.² III, 804–815 [H. Tervooren; Lit.] – C. V. Kraus, Zu den Liedern H.s v. M., 1916 – K. H. Halbach, Ein Zyklus von M., ZDPh 54, 1929, 401–437 – K. Ruh, Das Tagelied H.s v. M., Trivium 2, 1944, 173–177 – J. Schwietering, Der Liederzyklus H.s v. M., ZDA 82, 1948/50, 77–104 – F. Maurer, Zur Chronologie der Lieder H.s v. M. (Fschr. J. Trier, 1964), 304–312 – G. Schweikle, Textkritik und Interpretation. H.v.M., MF 132, 19, ZDA 93, 1964, 73–107 – Th. Frings, Erforsch. des Minnesangs, PBB (Tübingen) 87, 1965, 1–39 – Ders.–E. Lea, Das Lied vom Spiegel und Narziss..., ebd., 40–200 – P. Kesting, Maria-Frouwe. Über den Einfluß der Marienverehrung auf den Minnesang bis Walther von der Vogelweide, 1965 – A. Hrubý, Hist. Semantik in M.s »Narzissuslied« und die Interpretation des Textes, DVjs 42, 1968, 1–22 – O. Ludwig, Komposition und Bildstruktur. Zu H.s v. M., 'Mir ist geschehen als einem kindelîne', GRM NF 30, 1980, 25–40 – G. Kaiser, Narzißmotiv und Spiegelraub. Eine Skizze zu H.v.M. und Neidhart v. Reuental (Fschr. J. Asher, 1981), 71–81 – G. Schweikle, Doppelfassungen bei H.v.M., Interpretationen und Ed. dt. Texte des MA, 1981, 58–70 – E. v. Reusner, MF 138, 17, ZDPh 103, 1984, 366–370 – C. Huber, Narziß und die Geliebte. Zur Funktion des Narzißmythos im Kontext der Minne bei H.v.M. (MF 145, 1) u. a., DVjs 59, 1985, 587–608 – E. v. Reusner, Hebt die Vollendung der Minnesangkunst die Mögl. vom Minnesang auf. Zu M., MF 139, 19 und 145, 1, DVjs 59, 1985, 572–586 – E. Schmid, Augenlust und Spiegelliebe. Der ma. Narziß, DVjs 59, 1985, 551–571 – R. Barz, Im Lichte der Erinnerung. Zur Poetologie des 'Venusliedes' von H.v.M., Spuren, 1986, 59–80 – I. Kasten, Frauendienst bei Trobadors und Minnesängern im 12. Jh. Zur Entwicklung und Adaption eines lit. Konzepts, 1986, 319–343 – K. Speckenbach, Gattungsreflexion in M.s Lied 'Mir ist geschehen als einem kindelîne', Frühma. Stud. 20, 1986, 36–53 – M. E. Kalinke, 'Sô taget ez in dem herzen mîn', semper idem, 1987, 247–254.

132. H. v. Mügeln, wirksam im 3. Viertel des 14. Jh., Verf. eines vielgestaltigen und insgesamt reich überlieferten, doch erst teilw. edierten und ungleichmäßig erschlossenen Werkes in dt. und lat. Sprache in Vers und Prosa. Wahrscheinl. aus einem Orte Mügeln (Sachsen) gebürtig, klerikal gebildet, aber berufl. und ständ. nicht sicher einzuordnen, stand er, wie sich aus seinen Werken schließen läßt, zu Hertneid v. Pettau (mindestens i. J. 1369), Hzg. →Rudolf IV. v. Österreich, Kg. →Ludwig I. v. Ungarn und wohl Ks. →Karl IV. in Beziehung. Seine dt. Werke umfassen ein umfangreiches Corpus von sprachl.-stilist. wie gedankl.-themat. höchst anspruchsvoller Sangspruchdichtung und die Artes und Tugenden thematisierende allegor. Dichtung »Der Meide Kranz« sowie in Prosa einen Psalmenkomm. (nicht ediert) nach →Nikolaus v. Lyra, eine Ungarnchronik (bis 1333) und eine Bearbeitung des →Valerius Maximus (nicht ediert), seine lat. Werke eine Ungarnchronik (bis 1072; Fragm.?) und eine 15 Artes behandelnde Darstellung der »Artes liberales« (bis auf zwei Proben nicht ediert), beide überwiegend in Versen, sowie eine Inhaltsangabe des AT in Prosa; die beiden letzten Werke haben dt. Parallelen in H.s Sangspruchdichtung. Eine Reihe von Zuschreibungen (v. a. Bibelübersetzung und Verwandtes) gilt i. a. als ungesichert.   H. Szklenar

Ed.: H.v.M., Der Meide Kranz, ed. W. JAHR, 1908 – Chronicon Henrici de Mügeln Germanice conscriptum, ed. E. TRAVNIK; Chronicon Rhythmicum H. de M., ed. A. DOMANOVSZKY, SSrerHung 2, 1938, 87–223, 225–272 – H.v.M., Die kleineren Dichtungen, 1. Abt., Die Spruchsammlung des Göttinger Codex philos. 21, ed. K. STACKMANN (DTMA 50–52, 1959) – H. LUDWIG, H. v. M., AT, 1966 – *Lit.:* Verf.-Lex.² III, 815–827 – K. STACKMANN, Der Spruchdichter H.v.M., 1958 – J. KIBELKA, »Der ware meister« (Philol. Stud. und Q. 13, 1963) – J. HENNIG, Chronologie der Werke H.s v. M. (Hamburger Philol. Stud. 27, 1972) – CH. HUBER, Karl IV. im Instanzensystem von H.s v. M. »Der Meide Kranz«, PBB (Tübingen) 103, 1981, 63–91 – CH. GERHARDT, Zu den Edelsteinstrophen in H.s v. M. Tum, ebd. 105, 1983, 80–116 – DERS., Marienpreis und Medizin, Vestigia Bibliae 6, 1984, 100–122.

133. H. v. München, Verf. einer mhd. gereimten →Weltchronik, Mitte 14. Jh., von stark variierendem Textbestand der 19 Hss. (30000–100000 V.). H.s bislang unedierte Kompilation beruht auf einer erweiterten →Christherre-Chronik, die →Rudolf v. Ems, Jans →Enikel sowie einen »Trojanerkrieg« (nach →Konrad v. Würzburg) und – für die Gesch. des NT – das »Marienleben« Bruder →Philipps verarbeitet. Definitionsmerkmal dieses unter der Autorsigle ›H.‹ überlieferten Chroniktyps ist einerseits – neben der Benutzung chronikal. Q. (»Hist. scholastica«, →»Kaiserchronik«, →»Sächs. Weltchronik« u. a.) – die nahezu unveränderte Einfügung von Passagen aus ps.-hist. Epen (Antikenstoff und karol. Reichsgesch.) in den Basistext, andererseits die von Hs. zu Hs. variierende Verfügbarkeit über diese Textbestandteile.   N. H. Ott

Lit.: Verf.-Lex.² III, 827–837 [N. H. OTT] – P. GICHTEL, Die Weltchronik H.s v. M. in der Runkelsteiner Hs. des Heinz Sentlinger, 1937 – K. GÄRTNER, Philipps »Marienleben« und die »Weltchronik« H.s v. M. (Wolfram-Stud. VIII, 1984), 199–218 – G. KORNRUMPF, Die 'Weltchronik' H.s v. M. (Fschr. I. REIFFENSTEIN, 1988), 493–509.

134. H. v. Neustadt, aus Wiener Neustadt stammender, 1312 urkdl. erwähnter, in Wien ansässiger Arzt, der als Dichter deutschsprachiger Werke bekannt ist und vielseitig gebildet erscheint. (Chronolog. sind seine Dichtungen nicht genauer bestimmbar.) Der ca. 20600 Verse umfassende Roman »Apollonius v. Tyrland« (A.v.T.) behandelt Trennung und wunderbare Vereinigung einer Familie in Ausweitung der lat. »Historia Apollonii regis Tyri« (→Apollonius v. Tyrus), wobei auch andere Q. und Lesefrüchte der höf. Epik verwendet wurden. (Apollonius gründet vor Kg. Artus die Tafelrunde und wird christl. Ks. in Rom.) Die Abenteuer sind im Gegensatz zum höf. Roman nicht durch eine übergreifende Struktur verbunden, doch im einzelnen durch zeitadäquate Schilderungen und Informationen verlebendigt. Das geistl. Gedicht »Gottes Zukunft« (d. i. 'adventus domini') reicht mit ca. 8100 V. von der Geburt Christi (1. Buch) über Leben, Passion, Auferstehung (2. Buch) bis zum Jüngsten Gericht (3. Buch). Das »Compendium Anticlaudiani« (eine um 1300 entstandene Prosabearb. des Epos von →Alanus ab Insulis) diente H. als Hauptquelle und Rahmen, ergänzt durch weitere Vorlagen, z. T. mit eigenwilligen Deutungen versehen (z. B. Gottes Schuld am Sündenfall Adams, Maria als der vollkommene Mensch). Breite theol. Kenntnisse, eigenständige Spekulationen, eschatolog. Erregtheit und stilist. Vielfalt zeichnen das in zwei vollst. Hss. und vier Frgm. überlieferte Werk aus.

Die älteste Heidelberger Hs. enthält im letzten Teil die »Visio Philiberti« (V.Ph.), ein Streitgespräch zw. der zur Hölle verdammten Seele und dem Leib nach einer frz. Vorlage des 12. Jh. entweder als Teil der »Gottes Zukunft« oder als selbständiges Werk geschaffen.   U. Schulze

Ed.: Apollonius v. Tyrland nach der Gothaer Hs., Gottes Zukunft und Visio Philiberti nach der Heidelberger Hs., ed. S. SINGER, DTMA 7, 1906 [Nachdr. 1967] – *Lit.:* Verf.-Lex.² III, 838–845 [P. OCHSENBEIN; Lit.] – S. SINGER, H.s v. N. »A.v.T.« und seine Q., 1911 – M. MARTI, »Gottes Zukunft« von H.v.N., 1911 [Nachdr. 1970] – M. GEIGER, Die »V.Ph.« des H.v.N., 1912 [Nachdr. 1970] – W. SCHÜRENBERG, »A.v.T.«. Fabulistik und Stilwille bei H.v.N., 1934 – H. RUPPRICH, Das Wiener Schrifttum des ausgehenden MA, SAW. PH 228/5, 1954, 27–31 – H. FROMM, Ung. Wortgut bei H.v.N., Ural-Altaische Jbb. 31, 1959, 89–94 – P. OCHSENBEIN, Das Compendium Anticlaudiani, ZDA 98, 1969, 81–109 – DERS., Stud. zum Anticlaudianismus des Alanus ab Insulis, 1975, 76, 189 – K. RUH, Ep. Lit. des dt. SpätMA (Neues Hb. der Literaturwiss. VIII, 1978), 140f. – A. EBENBAUER, Der »A.v.T.« des H.v.N. und die bürgerl. Lit. im spätma. Wien, Die österr. Lit. Ihr Profil. MA bis 18. Jh., 1987, 311–347 – W. RÖCKE, Die Wahrheit der Wunder. Abenteuer der Erfahrung und des Erzählens im »Brandan« und »Apollonius«-Roman (Wege in die Neuzeit, 1987), 252–269.

135. H. v. Nördlingen, † nach 1356. Der Weltpriester H.v.N. ist als Nonnenseelsorger und Propagator myst. Gedankenguts eng mit der Frauenmystik des 14. Jh. verbunden. In seiner Heimatstadt Nördlingen leitete er einen Zirkel frommer Frauen und knüpfte Beziehungen zu den Zisterzienserinnenkl. der Kaisheimer Jurisdiktion, dem Dominikanerinnenkl. →Engelthal und deren Priorin Christine →Ebner. Bes. eng gestaltete sich seine geistl. Freundschaft zu der Dominikanerin Margarete →Ebner im Kl. Maria Medingen (1332 bis zu deren Tod 1351), die auf seine Veranlassung ihre myst. Vita niederschrieb. Durch seine Parteinahme für das Avignoneser Papsttum zum Exil gezwungen (1338), fand H. auf Johannes →Taulers Vermittlung Zuflucht im papsttreuen Basel, wo er einen Kreis von myst. gesinnten »Gottesfreunden« um sich sammelte. Die Umsetzung von →Mechthilds v. Magdeburg »Fließendem Licht der Gottheit« aus dem Nd. ins Alem. dürfte diesem Kreis zuzuweisen sein. 1350 kehrte H. in seine schwäb. Heimat zurück und verbrachte seine letzten Jahre in unstetem Wanderleben. H. ist nicht als origineller myst. Schriftsteller hervorgetreten; seine (meist in der Zeit des Exils entstandenen) Briefe – früheste Zeugnisse einer in den Laienkreisen des 14. Jh. geschätzten persönl. gefärbten Erbauungslit. – erhalten ihre Bedeutung als Dokument der myst. geprägten Religiosität oberdt. religiöser Zirkel. →Brief, B.I, →Mystik.   P. Schmitt

Ed. und Lit.: Verf.-Lex.² III, 845–852 [M. WEITLAUFF; Lit.] – PH. STRAUCH, Margaretha Ebner und H.v.N. Ein Beitrag zur Gesch. der dt. Mystik, 1882 [Nachdr. 1966] – W. OEHL, Dt. Mystikerbriefe des MA (1100–1550), 1931 303–332 [Ausw. in Übertr.] – W. MUSCHG, Die Mystik in der Schweiz (1200–1500), 1935, 290–304 – H. GÜRSCHING, Neue urkdl. Nachrichten über den Mystiker H.v.N. (Festg. G. SCHORNBAUM, 1950), 42–57 – R. SCHULTZ, H.v.N. Seine Zeit und seine Stellung innerhalb der dt. Mystik, Jb. des Vereins für Augsburger Bm.gesch. 10, 1976, 114–164.

136. H. v. Pfalzpaint (Pfolsprundt, Pfolspeunt), bekanntester Wundarzt des dt. MA, * nach 1400, † vor 1465, aus einem bayer. Ministerialengeschlecht mit Sitz in Pfalzpaint/Altmühltal. Vor 1450 in den →Dt. Orden aufgenommen, gelangte H. (über Ellingen?) in den preuß. Ordenszweig und wurde dem Konvent Marienburg überstellt. Als militär. Berater des Hochmeisters visitierte er Ordensburgen im Kulmerland; während der dreijährigen Belagerung auf der Marienburg eingeschlossen, behandelte er 4000 verwundete Ritter und Söldner. – Werke: »Wündärznei« (»Bündth-Ertznei«) nach der Vertreibung von der Marienburg (1457) vermutl. auf einer Ballei außerhalb Preußens verfaßt. Der Text weist H. als Meister med. Fachprosa aus, der sich auf die Behandlung von Geschwürsleiden spezialisiert hatte, die Narkosetechnik beherrschte (→Schlafschwämme) und Bedeutendes in der plast. →Chirurgie leistete (erste Beschreibung einer gestielten Ferntransplantation). Ferner sind als Autographen ein »Visitationsbericht« und ein »Niederschlagungsantrag« erhalten (beide 1453). G. Keil

Ed. und Lit.: Verf.-Lex.² III, 856–862 – Wündärznei: ed. H. Haeser – A. Th. Middeldorpf, 1868; Ch. Weisser [in Vorber.] – K. Sudhoff, Beitr. z. Gesch. d. Chirurgie II, 1918, 531–564 – Ch. Probst, Zwei unbekannte Briefe des Chirurgen H.v.P. aus d. J. 1453, SudArch 50, 1966, 69–78 – G. Keil, Zur Gesch. der plast. Chirurgie, Laryng. Rhinol. 57, 1978, 581–591.

137. H. Rosla, Ende 13. Jh., * in Nienburg, vermutl. Mönch OCist in Walkenried, schrieb nach 1291 ein Epos »Herlingsberga« (überlief. als Teil der »Origo Saxonum« des D. →Engelhus) über die Belagerung der Burg Herlingsberg in gewandten reimlosen Hexametern, anscheinend nach dem Vorbild der »Ilias Latina«, mit hohem ep. Anspruch und homer. Szenerie, die angesichts der lokalen Bedeutung des Gegenstandes etwas unangemessen wirken. G. Bernt

Ed.: J. H. Meibom, Script. rer. Germ. I, 775–783 – *Lit.:* Verf.-Lex.² V, 992f. – O. Lorenz, Dtl. Gesch. s. Q. im MA, II, 136.

138. H. v. Rugge, mhd. Lyriker, der wohl mit einem 1175/78 urkdl. erwähnten 'Heinricus miles de Rugge' (Ministeriale der Pfgf. en v. →Tübingen) ident. ist. Er hat einen kunstvoll gebauten Kreuzzugsleich verfaßt (frühester Beleg dieses Formtyps in dt. Sprache, überliefert außerhalb der großen Lyriksammlungen), in dem er sich selbst als Verfasser nennt, und der durch Bezugnahme auf den Tod Friedrich Barbarossas um 1190 zu datieren ist. Den Heilsgewinn des Ks.s betonend, wendet sich H. gegen Resignation und Kreuzzugsmüdigkeit, z. T. mit der Heldenepik nahestehenden Wendungen.

Die lyr. Sammelhss. überliefern bis zu 34 Strophen in 12 Tönen (so die Maness. Hs.) von H., teilweise in Überlieferungsmischung mit →Reinmar d. A. Mehrstrophige Lieder, Strophenreihungen und einstrophige Gebilde behandeln Minnethematik, Vereinbarkeit von Liebesbindungen und Kreuzzugspflicht, Wert- und Unwertprobleme. H. ist im Umkreis der stauf. Minnesänger →Friedrich v. Hausen u. a. anzusiedeln, hat aber inhaltl. und formal eigenständige Akzente gesetzt und im Rahmen seines kleinen Œuvre verhältnismäßig vielfältige Varianten geschaffen. U. Schulze

Bibliogr.: H. Tervooren, Bibliogr. zum Minnesang…, 1969, Nr. 565–569 – *Ed.:* Des Minnesangs Frühling, bearb. H. Moser, 196–223 – *Lit.:* Verf.-Lex.² III, 869–874 [G. Schweikle] – F. J. Paus, Das Liedercorpus des H.v.R., 1965 – H. Ingebrand, Interpretationen zur Kreuzzugslyrik des Friedrich v. Hausen, Albrecht v. Johansdorf, H.v.R., Hartmann v. Aue und Walther v. d. Vogelweide, 1966 – F. J. Paus, H.v.R. und Reinmar d. A., Deutschunterricht 19, 1967, 17–31.

139. H. v. Saar, * 1242, † nach 1300, Verf. einer teilweise gereimten Chronik des mähr. Zisterzienserkl. Saar (Žd'ár). Mit seinen Eltern (sein Vater war ein dt. Steinmetz) 1257 nach Saar gekommen, trat H. in den Konvent ein, verließ das Kl. 1267/68 aus unbekannten Gründen und kehrte 1294 nach langem Aufenthalt in Böhmen (?) wieder als Laienbruder nach Saar zurück. H. ist nicht, wie früher angenommen, identisch mit dem Annalisten H. v. Heimburg. Seine »Cronica domus Sarensis« berichtet von der Gründung und Gesch. des Kl. und von dessen Gründern und Gönnern, der Familie von Oberseß-Obřan. Ihr Wert liegt in der ungewöhnl. realist. und einfühlsamen Schilderung ma. Kloster- und Adelslebens und persönl. Erfahrungen des Autors. P. Hilsch

Ed.: MGH SS 30, 1, ed. J. R. Dieterich, 1896, 678–706 – J. Ludvíkovský, 1964 – *Lit.:* Verf.-Lex.² III, 874–876 – F. v. Krones, Das Cistercienserkl. Saar in Mähren und seine Gesch. sschreibung, AÖG 85, 1898 – J. Ludvíkovský, H. v. S. und H. v. Heimburg, Op. Univ. Purkynianae Brunensis, Fac. Phil. 92, 1964, 219–231.

140. H. v. Segusia →Henricus de Segusio

141. H. v. Settimello (bei Florenz) (Arrighettus, Herigetus u. ähnl., Henricus Samariensis, H. Pauper, Gandolphinus) studierte in Bologna, verfaßte um 1193 eine 'Elegia' ('de miseria' u. a.) von 502 reimlosen Distichen. 1. Maßlose Klagen über Unglück, Verhöhnung, Demütigung und äußerste Bedrängnis in vielfacher Variation (darin an →Isidors Synonyma erinnernd), mit sich überstürzenden Wort- und Sinnfiguren, Zitaten, Anspielungen, Wortschöpfungen. 2. Erbitterte Wechselrede zw. Autor und Fortuna. 3. 1. 'Fronesis' ('vera Sophia') tritt mit den 7 →Artes auf, weist den Autor zurecht; heftiger Wortwechsel mit Motiven der Zeitklage und des →Contemptus mundi. 3. 2. Fronesis gibt Anleitung zur Besserung des Gemütszustandes durch Tugend- und Verhaltenslehre. H. zeigt breite Kenntnis antiker Autoren und zeitgenöss. Lit. (v. a. Walter v. Châtillon, Matthäus v. Vendôme). Der Anfang läßt Jer Klagelieder anklingen, die 3. Distinction verrät das Vorbild des Boethius. Schlußworte wenden sich u. a. an 'Longepres' (Monachus Florentinus?). – Das Werk ist bes. seit dem 14. Jh. verbreitet, meist in der Umgebung von Schulautoren. G. Bernt

Ed.: MPL 204, 841–868 – G. Cremaschi, 1949 – *Lit.:* Manitius III, 936–939 – Walther 16339 – Repfont V, 440f. – J. Fleming, Journal of Hispanic Philology 7, 1982, 5–13.

142. H. Seuse →Seuse, Heinrich

143. H. Steinhöwel →Steinhöwel, Heinrich

144. H. Taube v. Selbach (früher »v. Rebdorf« gen.), Chronist, † 9. Okt. 1364 in Eichstätt; stammte aus siegerländ. Rittergeschlecht, studierte (in Bologna?) Rechte, wurde Magister und wirkte 1328–35 als Prokurator an der Rota in Avignon. Wohl von 1336 an im Besitz einer Pfründe am Willibaldschor in Eichstätt, war er dort bfl. Kaplan, Poenitentiar und leitendes Mitglied der Kanzlei. Die faktenreiche Chronik H.s schließt an die →»Flores temporum« an und bietet (unter Verwendung kanonist. Texte) Kg.s- und Papstgesch. ca. von 1294 bis 1363. H. neigt im Streit zw. Ludwig d. Bayern und der Kurie zu einem gemäßigten Urteil. – Er verfaßte Biographien zeitgenöss. Eichstätter Bf. e (1306–55). K. Schnith

Ed.: Die Chronik H.s, hg. H. Bresslau (MGH SRG NS I, 1922) – *Lit.:* Repfont V, 441f. – A. Schulte, Die sog. Chronik des H. v. Rebdorf [Diss. Münster 1879] – E. E. Stengel, H. der Taube, MIÖG 71, 1963, 76–86 – P. Moraw, Polit. Sprache und Verfassungsdenken … (Geschichtsschreibung und Geschichtsbewußtsein im späten MA, hg. H. Patze, 1987), 695–726 [Lit.: 697] – NDB VIII, 425.

145. H. der Teichner, österr. Berufsdichter, der um die Mitte des 14. Jh. belehrende Reimpaarreden verfaßt hat. Er lebte wohl zunächst als Fahrender und wurde später wohlhabend in Wien ansässig. Ein Nachruf auf ihn von Peter →Suchenwirt weist auf seinen Tod in den 70er Jahren. Der Beiname 'T.' wird verschieden gedeutet, u. a. als Herkunftsbezeichnung auf Orte in Oberösterreich, Kärnten oder Steiermark bezogen. Die Abschlußformel »Also sprach der Teichner« in fast 750 Reimpaaren (in der Regel 30–120 Verse umfassend, daneben zwei umfangreichere Texte) wirkt als Markenzeichen des Autors, doch wurde sie später auch als Gattungsmerkmal verstanden und von Nachahmern benutzt, so daß in der umfangreichen Überlieferung (15 Slg. en und 29 Hss. mit Streuüberlieferung) authent. und spätere Reden vermischt sein dürften. Die »Reimsprecherkunst« des T. (ca. 69000 Verse) stellt eine Art Laienpredigt dar, in der dem 'sermo humilis' entsprechend, stilist. kunstlos eine Fülle verschiedenster Lehren formuliert sind. Ohne Trennung von geistl. und weltl. Sphäre trägt H. Glaubens- und Lebenslehren vor, expliziert Wissen und erzählt – allerdings selten – Geschichten, oft mit einer 'quaeritur'-Formel beginnend. Seine Moraldidaxe zielt auf das rechte Maß in jedem Verhalten. Ohne Parteilichkeit sieht er die Gefahr der Versündigung bzw. die Möglichkeit zu positiver Bewährung ambivalent in den verschiedensten Sozialordnungen und Situationen, und er wendet sich dementsprechend an alle Stände. U. Schulze

Ed.: H. NIEWÖHNER, DTMA 44, 46, 48, 1953–56 – T.-Reden, Ausgew. Abb. zur hs. Überl., ed. K.-O. SEIDEL, Litterae 54, 1978 – *Lit.:* Verf.-Lex.² III, 884–892 [I. GLIER; Lit.] – H. NIEWÖHNER, Des T.s Gedichte I, ZDA 68, 1931, 137–151 – W. NEUMANN, Zwei berühmte Kärntner aus den Teichen, I: Der mhd. Dichter H.d.T., Carinthia I, 151, 1961, 572–577 – H. MENHARDT, Der Stricker und der T., PBB (Tübingen), 84, 1962, 266–295 – DERS., H.d.T., ein Dichter aus Kärnten (Fschr. G. MORO, 1962), 188–196 – E. LÄMMERT, Reimsprecherkunst im Spät-MA, 1970 – K. O. SEIDEL, 'Wandel' als Welterfahrung des SpätMA im didakt. Werk H.s d. T. (GAG 106), 1973 – H. BÖGL, Soziale Anschauungen bei H.d.T. (GAG 175), 1975 – H.-J. BEHR, Der 'ware meister' und der 'schlechte lay'. Textlinguist. Beobachtungen zur Spruchdichtung H.s v. Mügeln und H.s d. T.s, Zs. für Literaturwiss. und Linguistik 10, 1980, 70–85.

146. H. Totting v. Oyta, * um 1330 Friesoythe (O-Friesland), † 20. Mai 1397 Wien; gehörte zu den ersten Studenten und bedeutenden Professoren der Univ. →Prag (1355 Mag. artium und Bacc. theol.). Um 1360 rector superior an der Artistenfakultät zu Erfurt, wurde H. von Ks. Karl IV. 1366 nach Prag zurückgerufen. Auf Betreiben des →Adalbertus Rankonis geriet H. wegen Disputationsthesen in Häresieverdacht und mußte sich in Avignon verantworten. Am 12. Aug. 1373 freigesprochen, konnte er seine Studien in Paris fortsetzen (1380 Mag. theol.). Er kehrte 1381 nach Prag zurück, wo er Theologie lehrte und das Amt des Vizekanzlers übernahm. 1383/84 folgte er seinem Freund →Heinrich v. Langenstein nach Wien, um ihn beim Neuaufbau der Univ. zu unterstützen. Mit den beiden Gelehrten gelangte die buridan. (→Johannes Buridanus) Form des Nominalismus nach Wien, doch orientierte sich H. in seinen späteren Schriften zunehmend an →Thomas v. Aquin. Zu H.s Werken zählen u. a. die frühen Erklärungen zu aristotel. Schriften und zur Bibel, eine »Lectura textualis super I–IV libros sententiarum«, die »Abbreviatio« des Sentenzen-Komm. des Ockham-Schülers →Adam Wodham (ed. W. J. COURTENAY, 1978), »Quaestiones« (ed. A. LANG, 1953²; J. SCHNEIDER, 1979; O. PLUTA, 1986), ein »Tractatus de contractibus« (Paris 1506) und Predigten. M. Gerwing

Lit.: F. STEGMÜLLER, Rep. comm. in sententias Petri Lombardi I, 1947, nn. 40, 334–342 – NDB VIII, 426 – A. LANG, H. T. v. O., BGPhMA 33, H. 4, 5, 1937 – W. HANISCH, H. T. v. O. und Konrad v. Vechta, 1967 – J. TŘÍŠKA, Literární činnost předhusitské univ., 1967 – A. MAIERU, Logica aristotelica e teologia trinitaria: Enrico T. da O. (Studi sul XIV sec. in mem. di A. MAIER, hg. DERS.–A. PARAVICINI BAGLIANI, 1982), 481–512 – O. PLUTA, Kritik der Unsterblichkeitsdoktrin in MA und Renaissance, 1986.

147. H. von dem Türlin, Verf. des wohl um 1230 entstandenen mhd. Artusromans »Diu Crône« (→Artusdichtung III, →Gra[a]lsdichtung II), nennt sich selbst dreimal im Text und einmal in einem Akrostichon; →Rudolf v. Ems rühmt ihn im Dichterkatalog des »Alexander«. Man sucht H. im dt. Südosten, weil er sich ihm selbst zurechnet, die übliche Lokalisierung in Kärnten ist stark hypothet. Als mögl. Gönner werden die Gf.en v. →Görz oder die v. →Andechs-Meranien vermutet. H. war lit.

gebildet und kannte die frz. Erzähllit. in ungewöhnl. Breite.

Den Titel des ca. 30000 Reimpaarverse umfassenden Romans, der vor →Rudolfs v. Ems »Alexander« und nach Wirnts v. Grafenberg »Wigalois« entstanden ist, hat Rudolf v. Ems aus H.s eigenem Vergleich des Werks mit einer edelsteingezierten Krone (29916–21, 29966–90) abgeleitet: »aller Aventiure Krône« (Alexander v. 3219). Der Autor erzählt in vier Aventiure-Sequenzen (→Aventiure) unter Verwendung von Motiven aus nahezu der gesamten Artuslit. die Bewährung Gaweins (→Gawain) als des herausragenden Helden. Er besteht u. a. die Aventiuren aus den Gawein-Büchern des »Parzival« →Wolframs v. Eschenbach, bekämpft den Entführer der Kgn. Ginover (die Rolle →Lancelots) und kommt zur Gralsburg, wo er die Rittergesellschaft zum Tode erlöst. Mit dem erfolgreichen Abschluß dieser höchsten Aventiure endet der Roman, der in seiner Reihenstruktur tendenziell offen ist: die Aventiure begründet den Status des Helden nicht mehr, sondern bestätigt ihn nur immer aufs neue. Die Abenteuerwelt ist nicht mehr funktionalisierbar, sie bietet sich als verwirrende, unüberschaubare Folge von schreckbildhaften Situationen, in denen nur der von der *Saelde* (Fortuna) begünstigte Held bestehen kann. H. kombiniert und variiert Motive aus der lit. (und mündl.?) frz. und dt. Artustradition und der Heldendichtung und zielt damit auf ein literaturkundiges Publikum, er entwirft ein Gegenbild gegen die chrétien-hartmannsche Didaktisierung des Romans und seine Ausweitung ins Religiöse bei Wolfram und Wirnt (rein myth. Gralsaventiure), sein abwechslungsreicher Erzählstil (bildhafte Szenen, knappe Skizzen, Detailrealismen, Parodistisch-Burleskes wie die Tugendproben) und die Motivfülle entwickeln erzähler. Faszination. Direkte Nachwirkungen hatte sein lit. anspielungsreicher Erzählstil und seine prononciert diesseitige Ritterkonzeption nicht; des →Strickers »Daniel« nimmt die parodist. und die montagehaften Momente auf.

Als Quellen lassen sich »La Mule sanz Frain« des Paien de Maisières, der »Conte du Graal« des →Chrétien de Troyes und seine (alle?) Fortsetzungen, dessen »Lancelot«, der »Lai du cor« und die älteren dt. Artusromane nachweisen. Die Überlieferung ist schlecht: eine vollständige Hs. (Heidelberg Cpg 374 v. J. 1479), sechs Frgm.e.

Das im Ambraser Heldenbuch (Wien ÖNB Cod Ser. nov. 2663) überlieferte Frgm. von 994 vv., eine freie Übertragung des afrz. Fabliau »Du mantel mautaillié«, wird wegen der Übernahme von 4 vv. daraus in die »Crône« (23502–05) als Werk H.s angesehen. Inhaltl. ist die Tugendprobe nicht unwidersprochen (KRATZ, 1972, 2), mittels eines Mantels eine Parallele zu den Trinkhorn- und Handschuhproben der 'Crône'. V. Mertens

Ed.: G. H. F. SCHOLL, 1852 [Nachdr. 1966] – *Lit.:* Verf.-Lex.² III, 894–899 [CH. CORMEAU] – R. E. WALLBANK, The Composition of »Diu Krône« (Fschr. E. VINAVER, 1965), 300–320 – B. KRATZ, Die C. H.s v. d. T. und die Enfances Gawein, GRM 53, 1972, 351–356 – DERS., Kompositionstechnik H.s v. d. T., Amsterdamer Beitr. zur älteren Germanistik 5, 1973, 141–153 – H. DE BOOR, Fortuna in der mhd. Dichtung, insbes. in der Crône des H. v. d. T. (Fschr. F. OHLY, 2, 1975), 311–328 – B. KRATZ, Zur Biographie H.s v. d. T., Amsterdamer Beitr. zur älteren Germanistik 11, 1976, 123–167 – CH. CORMEAU, Wigalois und Diu Crône (MTU 57), 1977 – A. EBENBAUER, Fortuna und Artushof, ZDA 104, 1977, 259–265 – F. P. KNAPP, Virtus und Fortuna in der »Krône« (Österr. Lit. zur Zeit der Babenberger, 1977), 253–265 – B. KRATZ, Die Ambraser 'Mantel'-Erzählung und ihr Autor, Euphorion 1977, 1–17 – H. REINITZER, Zur Erzählfunktion der C. H.s v. d. T., ZDA 104, 1977, 77–196 – L. JILLINGS, »Diu Crône« of H. v. d. T. (GAG 258), 1980 – Die ma. Lit. in Kärnten (Symposion 1980, Wiener Arb. zur germ. Altertumskunde und Philologie 16, 1981) – F.

P. Knapp, Das Ideal des chevalier errant im frz. Prosa-Lancelot und in der »Krone« H.s v. d. T. (Artusrittertum im späten MA, hg. F. Wolfzettel, 1984), 138–145 – E. S. Dick, The Hero and the Magician (The dark figure in medieval German and Germanic lit., ed. E. R. Haymes u. a., 1986), 128–150 – E. Schmid, Familiengeschichten und Heilsmythologie, 1986 – F. P. Knapp, Chevalier errant und fin'amor, 1986.

148. H. v. Veldeke (Heinric van Veldeken), Dichter, * wohl 2. Viertel 12. Jh., † um 1200 (in →Gottfrieds »Tristan« als geraume Zeit verstorben erwähnt). Angehöriger eines Ministerialengeschlechts aus V., 7 km nw. von Hasselt, Belg. Limburg, damals Gft. Loon (frz. Looz). Er muß eine gute Schulbildung genossen haben. (Seine Werke verraten Lateinkenntnisse und große Vertrautheit mit der zeitgenöss. frz. Lit.) Im Auftrag einer Gfn. Agnes v. Loon und auf Bitte des Custos des Maastrichter Servatiuskapitels Hessel verfaßte er, vermutl. 1170/80, den Servatius. 1174 wurde ihm in Kleve auf der Hochzeit der Gfn. Margaretha mit dem Thüringer Lgf.en Ludwig III. die Hs. seines zu 4/5 vollendeten Eneasromans gestohlen. Neun Jahre später wurde sie ihm in Thüringen vom sächs. Pfgf.en Hermann (dem späteren Lgf.en v. Thüringen) wieder ausgehändigt. Er vollendete die Dichtung dort vor 1190. *Werke:* 1. »Sente Servas«, vollständig erhalten in einer limburg. Hs. (Maastricht um 1470), fragment. in Resten einer älteren (um 1200) limburg. Hs., enthält in gut 6200 Paarversen und zwei in etwa gleich umfangreichen Teilen die vita und miracula des Maastrichter Lokalhl.n, dessen Verehrung in der 2. Hälfte des 12. Jh. einen Höhepunkt erreichte. Der Text hatte offenbar Vortragsfunktion für Pilger. Er ist eine erweiterte volkssprachl. Überarbeitung einer neben den Gesta Sancti Servatii (ca. 1130) entstandenen Adaptation des Actus Sancti Servatii (ca. 1066–88) des Iocundus und zeigt im Gegensatz zum Modell ausgewogene Zweiteilung. Auch sonst weist die Dichtung auffällig moderne formale Züge auf: Zügelung der Verslänge, reinen Reim, Beherrschung rhetor. Schemata. Doch ist offenbar die lit. Wirkung beschränkt gewesen, im Gegensatz zu jener des

2. »Eneas« (in der Lit. meist fälschl. »Eneide« gen.), der zu den Anfängen der dt. höf. Ritterepik gehört und diese viel stärker als jedes andere Frühwerk beeinflußt hat (7 zumeist vollständige Hss., 5 fragm. Hss., 1200–spätes 15. Jh.; aus dem ganzen hd. Raum). Ein limburg. Textzeuge fehlt; die Wirkung des sprachl. hd. umgestalteten Gedichts ist von Thüringen ausgegangen. Das gut 13 500 Reimpaarverse umfassende Gedicht ist eine Übers. und Adaptation des anonymen anglonorm. Roman d'Eneas (ca. 1160), der letztl. auf Vergil zurückgehende antike Stoff dient »der Selbstauslegung des neuen höfisch-ritterlichen Menschen (...). Aus dem röm. Nationalepos wird ein mittelalterlicher Ritterroman, in dem Fortuna und Venus, Vorsehung/Schicksal und Minne, die bewegenden Kräfte sind, denen gegenüber der Held sich tapfer zu bewähren hat, und in dem die Menschen und Dinge mittelalterlich umstilisiert werden.« (Schieb). Eine heilsgesch. Deutung (M. L. Dittrich nach Ansätzen Schwietering und Ohlys) ist kontrovers.

3. *Lieder:* In den drei großen alem. Liederhss. sind auf den Namen H.s v. Veldig bzw. Veltkilche(n) insgesamt 71 Strophen überliefert, von denen etwa 50 Strophen von der Kritik als »echt« anerkannt sind; die Mehrheit von ihnen fügt sich zu Liedern zusammen. Über die Chronologie der Lieder ist nichts bekannt; Spekulationen über die Entwicklung des Lyrikers H.v.V. führen zu Zirkelschlüssen. Die Lieder unterscheiden sich stark vom dt. →Minnesang und zeigen mehr Übereinstimmung mit der brabant. Lyrik des 13. Jh. Zentrales Thema ist die Minne im Rahmen der höf. Gesellschaft; es wird nach frz. Vorbild kunstvoll variiert. Auffällig sind u. a. die Natureingänge, die häufige Verflechtung zweier Reimbänder und die iron. Züge.

Die räuml. Entfernung zw. Dichterheimat sowie Sprache und Wirkung des Servatius einerseits, späterem Dichteraufenthalt, Sprache und Wirkung des Eneas und der Lieder andererseits, der Bericht über das Schicksal des Ur-Eneas im Epilog dieses Epos und auffällige nw. Sprachmerkmale in den Liedern haben ein V.-Problem entstehen lassen, das in Versuchen resultierte, das Werk ins »Altlimburgische« umzuschreiben (Anfang: Ettmüllers Lieder-Ed. 1852, noch vor Ed. des Servatius). Diese verfeinerten sich durch wachsende Kenntnisse der ma. limburg. Schreibsprache und durch die Entdeckung von Fragm. der alten Servatius-Hs., deren Sprache dem Original sehr nahe gestanden haben muß. Sie gipfelten in der Ed. des Gesamtwerkes durch Frings-Schieb (s. Lit.). Da von einer limburg.-niederrhein. Wirkung des Eneas jede Spur fehlt und die nw. Einsprengsel in den Liedern nicht als Reste einer limburg. Urfassung in einem Translat, sondern auch als großräumig verständl. Elemente mit regionalem Kolorit in Texten für ein hd. Publikum gedeutet werden können (Tervooren), neigt man wieder stärker dazu, H.v.V. im überlieferten Gewand zu lesen (Moser-Tervooren, 1977, Kartschoke, 1986). Klein nimmt an, H.v.V. habe außer auf den eigenen maasländ. Raum v. a. auf die thüring.-hess. Literatursprache Rücksicht genommen.   J. Goossens

Ed.: Sente Servas: J. H. Bormans, 1858 – P. Piper, Höf. Epik, Erster Teil, die ältesten Vertreter ritterl. Epik in Dtl. (= Dt. Nat.-Lit., hist.-krit. Ausg. 4,1), ca. 1890, 79–241 – G. A. van Es, 1950 – Th. Frings-G. Schieb, 1956 – *Eneas:* L. Ettmüller, 1852 – G. Schieb (– Th. Frings), I. Einl., Text, 1964; II. Unters., 1965; III. Wörterb., 1970 – D. Kartschoke, 1986 – *Lieder:* Th. Frings – G. Schieb, PBB (Halle), 69, 1947, 1–284 – Des Minnesangs Frühling (in den älteren Aufl. Lieder mhd., dann in limburg. Umschrift v. Fr. Vogt, dann in einer verbesserten v. Th. Frings, ab 1977[36] synopt. die mhd. Version B [ergänzt um A] und die Fringssche Fassung, durch H. Moser – H. Tervooren) – *Lit.: Einführungen:* L. J. Rogier, H.v.V., 1931 – G. Schieb, H.v.V., 1965 – J. R. Sinnema, H.v.V., 1972 – W. Sanders, H.v.V...., 1973–1976[2] – *Studien:* J. van Dam, Zur Vorgesch. des höf. Epos, 1923 – J. Jungbluth, Unters. zu H.v.V., 1937 – D. Teusink, Das Verhältnis zw. V.s Eneide und dem Alexanderlied, 1946 – Th. Frings-G. Schieb, Drei Veldekestud., 1949 – J. van Mierlo, De oplossing van het V.-probleem, 1952 – Th. Frings – G. Schieb, Veldeke-Stud. I–XIII, PBB (Halle), 68–71, 1945/46–1949; 74, 1952 – J. van Mierlo, Oude en nieuwe bijdragen tot het V.-probleem, 1957 – C. Minis, Textkrit. Stud. über den Roman d'Eneas und die Eneide von H.v.V., 1959 – M. L. Dittrich, Die 'Eneide' H.s v.V., 1966 – M. Huby, L'adaptation des romans courtois en Allemagne au XIIᵉ et au XIIIᵉ s., 1968 – H.v.V., hg. G. A. R. de Smet, 1971 – Th. Klein – C. Minis, Zwei Stud. zu V. und zum Straßburger Alexander, 1985.

149. H. (Henricus) **v. Villanova,** it. Richter, wohl des 13. oder 14. Jh., möglicherweise aus der Terra d'Otranto (Apulien). Verf. eines hexametr. Preises auf das enzyklopäd. Lehrgedicht »Deificatio« des →Gregor v. Montesacro.   U. Kindermann

Ed.: Cod. Vat. Lat. 5977, fol. 139r.

150. H. Wittenwiler →Wittenwiler, Heinrich

Heinrichau, Abtei OCist in Niederschlesien, an der oberen Ohle, wurde 1222 mit hzgl. Erlaubnis von dem Breslauer Domherrn Nikolaus als geistl. und kulturelles Zentrum gegr. und 1227 mit dt. Zisterziensern aus →Leubus besetzt. Im Mongolensturm 1241 zerstört, hatte das Kl. im 13. Jh. mit erhebl. Schwierigkeiten, insbes. mit dem die Besitzsicherheit gefährdenden poln. →Anerbenrecht, zu kämpfen. Einen lebendigen Eindruck davon wie von den kolonisator. Veränderungen im Umkreis des Kl. vermittelt das einzigartige »H.er Gründungsbuch« (Ende 13./ Anfang 14. Jh.). 1292 wurde Kl. Grüssau von H. aus besiedelt. In zähem Ringen, oft in Streitigkeiten mit der nahen Stadt Münsterberg, vermehrte das Kl. seinen Besitz, den es durch Rodung und Siedlung zu Recht arrondierte. Das Kl. war Grablege mehrerer Hzg.e v. →Münsterberg. Es litt unter den Hussitenkriegen. 1810 säkularisiert.   J. J. Menzel

Q.: Liber fundationis claustri S.M.V. in H., 1854 – Lit.: H. GRÜGER, H., Gesch. eines schles. Zisterzienserkl., 1977 – Hist. Stätten, Schlesien, 1977, 180ff. – H. GRÜGER, H., Jb. der Schles. Friedr.-Wilh.-Univ. zu Breslau 23, 1982, 27ff.

Heinrichsburgen → Burgenbauordnung Heinrichs I.

Heinrici Summarium → Summarium Heinrici

Heinsberg, Stadt im nw. Nordrhein-Westfalen, Sitz einer Adelsfamilie, erwähnt 1085 (Chronik v. St-Trond) mit Goswin (I.) »de castello, quod dicitur Heinesberge«; dieser stammte von der Familie der seit dem frühen 11. Jh. im Niederrheingebiet begüterten 'Flamenses' ab (→Geldern). Mit Goswins I. Enkeln, dem Kölner Ebf. →Philipp und Gottfried I. (†um 1190), starb diese erste H.er Dynastenfamilie aus; die Herrschaft fiel über weibl. Erbfolge zunächst an →Kleve, 1233–1488 an die →Sponheimer. Die Herren v. H. konnten ihre Selbständigkeit durch Anlehnung an die jeweilige Vormacht am Niederrhein behaupten: bis 1288 (→Worringen) an Kurköln (→Köln, Ebm.), nach 1288 an →Brabant, nach 1371 (Baesweiler) an →Jülich und seit dem beginnenden 15. Jh. an Brabant/→Burgund. Nach dem Tode des letzten in H. regierenden Sponheimers, Johann IV. († 1448), kam H. über dessen Töchter zunächst an →Nassau-Saarbrücken, 1483 an Jülich-Berg und wurde 1484 als eigenes Amt dem Hzm. Jülich einverleibt.

Am Fuß der auf einer →Motte angelegten Burg entwickelte sich eine städt. Siedlung: Stadtrechte zw. 1242 und 1255, Umwehrung im auslaufenden 13. Jh., Selbstverwaltung (Bürgermeister und Schöffen; Rat erst 1473); wichtigstes Gewerbe: Weberei. 1128 gründete Oda, die Witwe Goswins I., auf der Burg das Gangolfstift, das erst 1255, nach der Inkorporation der Pfarrkirche, auf den Kirchberg verlegt wurde, verbunden mit der Zuweisung eines vorstädt. Immunitätsbezirks.   W. Herborn

Lit.: H. 700 Jahre Stadt (Fschr., 1956) – S. CORSTEN, Das H.er Land im frühen MA, AHVN 161, 1959, 5–64 – U. LEWALD, Burg, Kl., Stift (VuF 19, 1976), 155–180 – F. EWIG, Das St. Gangolfstift zu H., bearb. H. CANDELS, 1985.

Heinzelmann, Konrad, † 1454 in Nürnberg, seit etwa 1420 als Parlier in Ulm tätig, seit 1429 als Parlier und Stellvertreter Hans Felbers an der Georgskirche in Nördlingen. Ca. 1438 bis 1439 Werkmeister in Rothenburg und damit auch an St. Jakob tätig, seit Mai 1439 in Nürnberg, wo er den Chor von St. Lorenz begann.   G. Binding

Lit.: THIEME-BECKER XVI, 314f. – A. REES, Die Kunstdenkmäler von Mittelfranken VIII, Stadt Rothenburg, Kirchl. Bauten, 1959, 79.

Heiric v. Auxerre, *841, † nach 875, Gelehrter, Schüler des →Haimo v. Auxerre, war als Oblate ins Kl. St-Germain zu Auxerre gekommen. Er studierte bei →Lupus v. Ferrières sowie in Soissons und befaßte sich mit dem Werk des →Johannes Scottus (Eriugena), dessen Neigung zum Griech. er teilte. 865 wurde er zum Priester geweiht und kehrte in sein Kl. zurück. Dort wirkte er als Lehrer; zu seinen Schülern zählte →Remigius v. Auxerre.

Aus H.s Studienzeit stammt seine Slg. von Exzerpten und Sprüchen (Valerius Maximus, Sueton, Theologisches

nach Haimo, Ps. →Caecilius Balbus, »Sententiae sapientium«, »Prognosticon« des →Julianus v. Toledo; am Schluß – vielleicht von jemand anders angefügt – →Solinus und »De septem miraculis mundi«). H. glossierte im Unterricht behandelte Werke und seine eigene, Karl d. Kahlen gewidmete Versifizierung der Vita des hl. →Germanus v. Auxerre. Er verfaßte auch »Miracula s. Germani« in Prosa und ein Homiliar.   J. Prelog

Ed.: R. QUADRI, I Collectanea di Eirico di A., 1966 – Vita Germani: MGH PP III, hg. L. TRAUBE, 428–517 – Miracula: MPL 124, 1207–1270 – MGH SS XIII, 401–404 – MGH Epp. VI, 124–126 – Lit.: BRUNHÖLZL I, 481–485, 571f. – DSAM VII, 282–285 – Repfont V, 448f. [Lit.] – H. BARRÉ, Les Homéliaires caroling. de l'École d'Auxerre, 1962 – R. QUADRI, Sulla data di morte di Eirico di A., StM 24, 1983, 355–366 – J. J. O'MEARA, Eriugena, 1988, 204–209.

Heisterbach, ehem. Kl. OCist, Gemeinde Königswinter, Erzdiöz. Köln. In einem spätlatènezeitl. Ringwall auf dem Stromberg (Petersberg) im Siebengebirge, in dem sich eine frk. Höhensiedlung des 7. Jh. nachweisen läßt, war z. Z. des Kölner Ebf.s→Bruno II. ein Augustinerkonvent ansässig, der 1176 letztmalig erwähnt wird. Nach Mitteilung des →Caesarius v. H. besiedelte Ebf. →Philipp v. Köln am 22. März 1189 den verwaisten Berg mit →Himmeroder Mönchen. Schon 1193 zog der Konvent ins H.er Tal in ein noch von den Augustinern erworbenes Hofgut; »in valle s. Petri« war nach 1200 der offizielle Sitz. Die alte Konventskirche auf dem Petersberg wurde als Kapelle weiterbenutzt, die aufgrund von Ablaßzuwendungen Pilger anzog. 1215 wurde Marienstatt im Westerwald als einzige Tochtergründung besiedelt. Die Blütezeit in der 1. Hälfte des 13. Jh. (Errichtung der roman., dreischiffigen Pfeilerbasilika, nur noch Chorruine erhalten) war auch geprägt durch das literar. Wirken des Priors Caesarius. Der H.er Abt wurde Visitator verschiedener OCist-Kl. des Rheinlandes und aller OCist-Kl. Frieslands.   J. Simon

Q.: F. SCHMITZ, UB der Abtei H., 1908 – Lit.: H. PAUEN, Die Kl.grundherrschaft H., 1913 – Zisterzienser und H., Ausstellung Königswinter, 1980 – H.-E. JOACHIM, Die Ausgrabungen auf dem Petersberg, BJ 182, 1982, 393–439 – M. BUCHERT, Die ehemalige Kl.kirche H., 1986.

Heisterburg, aus dem 9.–10. Jh. stammendes zweiteiliges frk. Kastell (keine curtis), das auf dem hohen Rücken des Deisters bei Nenndorf (Niedersachsen) liegt. Die fast quadrat. Hauptburg mit zwei etwa diagonal gegenüberliegenden Toren, mit eingezogenen Wallenden (einmal fast eine Bastion bildend), mißt 105 × 85 m. Der Wall besteht aus einer 1 m breiten Mörtelmauer mit Anschüttung dahinter und Sohlgraben davor. Im Innern gibt es verstreut in den Fels gehauene →Grubenhäuser mit Treppen und teilweise mit Herd; in den Ecken der Befestigung sind je ein Brunnen oder eine Zisterne. Eine lange Vorburg (zu beiden Seiten durch Wälle, ohne Mörtelmauer, und Talungen eingefaßt) schließt sich an, am unteren Ende ist ein Tor mit eingezogenen Wallenden.   H. Hinz

Lit.: A. v. OPPERMANN – C. SCHUCHHARDT, Atlas vorgesch. Befestigungen Niedersachsens, 1888–1916, 124–126.

Heiti (anord. 'Benennung'), in der anord. Dichtersprache ein poet., synonymes, häufig archaisches Ersatzwort für ein Hauptwort oder einen Eigennamen. Im Gegensatz zur skald. →Kenning (→Skaldendichtung), die in der Regel aus einem Grundwort und einem genitiv. Bestimmungswort besteht, ist das H. eingliedrig (etwa gramr oder allvaldr oder skjǫldungr für 'Kg.', 'Fs.'; Fjǫlnir oder Gautr etc. für 'Odin'). In der anord. Terminologie wird das H. meist ókent heiti ('ungekennzeichneter Ausdruck'), die Kenning kent heiti ('gekennzeichneter Ausdruck') genannt. Das H. gehört zum unerläßl. sprachl.-stilist. Repertoire eines Skalden. So ist eine Vielzahl von H. (darunter auch die zahlreichen Zwergen- und Odinsnamen) in versifizierten Merkgedichten (Þulur) zusammengefaßt. Im Eddalied »Alvíssmál« ordnete man bestimmte H. den »Welten« der Menschen, der Asen, der Wanen, der Riesen etc. zu, die eddische →Rígsþula kennzeichnet mit Hilfe entsprechend zugeordneter H. die ständische Gliederung der Gesellschaft. Wie die Kenning ist auch die H. ein Element der skald. »Wortfülle« (orðgnótt), des virtuosen, variationsreichen Spiels mit der poet. Sprache.

H. Ehrhardt

Lit.: KL VI, 302–304 – R. SIMEK–H. PÁLSSON, Lex. der anord. Lit., 1987, 157f. – K. v. SEE, Skaldendichtung, 1980, 32f. – weitere Lit. →Kenning, →Skaldendichtung.

Heito (Haito, Hatto), Bf. v. →Basel 803–823, Abt der →Reichenau 806–823, * 762/763, † 17. März 836; wohl alam. Herkunft, mit fünf Jahren der Abtei Reichenau übergeben, Mönch, Leiter der Kl.schule; 811 Teilnehmer einer ksl. Gesandtschaft in Konstantinopel. H. veranlaßte den Neubau des Doms v. Basel und der 816 eingeweihten Kl.kirche auf der Reichenau. Im selben Jahr nahm er an der Aachener Reformsynode teil, ist aber wohl kaum Verf. der sog. Murbacher Statuten. Nach 816 entsandte H. zwei Reichenauer Mönche nach Aachen zur Beschaffung eines authent. Exemplars der →Regula Benedicti; er ist vermutl. Verf. des →St. Galler Klosterplans. H. zeigte reges Interesse für Jenseitsvisionen (→Wetti). Kurz nach seiner Resignation (823), nach der er bis zu seinem Tode als einfacher Mönch auf der Reichenau lebte, wurde vermutl. auf seine Veranlassung das Reichenauer Verbrüderungsbuch angelegt.

H. Houben

Lit.: Helvetia Sacra III/1, 1070 [Q., Lit.] – Verf.-Lex.² III, 939ff. – W. HORN – E. BORN, The Plan of St. Gall, 3 Bde, 1979 – F. DOLBEAU, Une vision adressée à H...., AnalBoll 98, 1980, 404 – C. E. INEICHEN-EDER, Addendum to the Manuscript Transmission of H.'s Visio Wettini..., Scriptorium 37, 1983, 98–104 – C. MÜLLER, »Wettinus – Guetinus – Uguetinus« ... (Fschr. H. HAEFELE, 1985), 23–36.

Heizung. [1] *Die häuslichen Feuerstellen:* Herd, Backofen, H. und ggf. Badehaus haben für das ma. Wohnen funktionell wie ideell (Recht, Gebräuche, Aberglaube) zentrale Bedeutung. Die Problemlage (bes. Frühformen der H., lokale/soziale Verbreitung, Chronologie) ist allerdings vergleichsweise schlecht erforscht. Die definitor. Unterscheidung zw. Herd und Ofen ist nicht auf die Funktionen Kochen–Heizen oder offene–geschlossene Feuerstelle polarisierbar: Offenes Feuer kann auch als Wärmequelle dienen (z. B. der offene Kamin), der Ofen auch zur Nahrungsbereitung (z. B. Backofen, Kochofen). Von den Feuerstellen gehen beträchtl. hauskundl. Konsequenzen aus (→Haus): Erst eine Feuerstelle an der Wand oder in einer Ecke ermöglicht die H. eines benachbarten Raumes. Um möglichst mit einem einzigen Rauchabzug auszukommen, werden die Feuerstellen zunehmend gebündelt. Dies beeinflußt die Hausgrundrisse und reduziert die Anzahl der heizbaren Räume. Die norddt. Hauslandschaft ist stärker »herdbezogen« (Hallenhaus) und hält weit über das MA hinaus am offenen Kamin fest, die süddt. ist eher »ofenbestimmt« (→Bauernhaus, B.II.6).

[2] *Der Rauchabzug:* Die älteste Form des häusl. Rauchabzuges ist die Rauchluke direkt am Ofen oder im →Dach (mlat. *fumigale,* mhd. *roucloch, -fenster*), mit mehrfacher Abwärmenutzung. Der lotrechte Schlot (mlat. *fumarium,* mhd. *rouchhus*) besteht am einfachsten aus Brettern und einem Flechtwerk mit Lehmverstrich im Innern (stellenweise bis weit in die NZ). Die feuersichere, aber teurere Form ist gemauert (ahd. *scorenstein*). Aufgrund wiederhol-

ter →Brandkatastrophen fordern die städt. Feuerordnungen regelmäßige Inspektion, Reinigung und Instandhaltung.

[3] *Der Kamin:* Mlat. *caminus* bedeutet häufiger die Feuerstelle (*focus*) schlechthin bzw. die H. insgesamt und nicht nur den Rauchabzug. Von hier leitet sich mlat. *caminata* in der allg. Bedeutung 'heizbarer Raum' ab (→Kemenate). Gemeinsames Merkmal (und Hauptunterschied zur →Stube) scheint die Steinbauweise zu sein. Die H. in der Form des offenen Kamins (nach spätma. Bildquellen auch Kochstelle) hat gegenüber dem Ofen die Nachteile des offenen Feuers (Brandgefahr, Rauch, Schmutz), des geringen Wirkungsgrades und des starken Temperaturgefälles. Einschlägiges Zubehör sind Feuerbock, Feuerschirm, Bank mit Umlegelehne und allenfalls Glutpfanne (mlat. *arula, artilla*).

[4] *Die »rauchlose« Heizung:* Der Ofen (ahd. *ovan,* mlat. *fornax*) wurzelt wahrscheinl. bei diversen gewerbl. Brennöfen, beim Backofen (mlat. *furnus*) und beim osteurop. Kochofen. Er ist in seinen ursprgl. Formen (gemauert und gewölbt oder aus Steinplatten gebaut) schon den Slaven, Ost- und Nordgermanen bekannt und entfaltet sich in entsprechend vielen Varianten. Als Hinterlader kapselt er das Feuer ein, speichert dessen Hitze und strahlt sie »rauchlos« ab (ein epochales und konstitutives Merkmal der Stube). Spätestens seit dem 11. Jh. läßt sich auf oberrhein. Burgen eine Innovation bisher unbekannter (vielleicht alpiner) Herkunft archäolog. nachweisen: das Einsetzen vereinzelter Kacheln in die verputzte Oberfläche des Ofens. Bis ins SpätMA entsteht daraus der künstler. hochrangige, vollkeram. Ofen aus Zierkacheln, der jedoch oberschichtl. bzw. herrschaftl. Repräsentationsobjekt bleibt und nur noch zur H. dient. Prakt. kaum mehr ins MA gehören gußeiserne, oft szen. geschmückte Ofenplatten. V. a. im Bereich der Burgen und Kl. findet sich die fortschrittlichste H. des MA, die Heißluft-H.: Ein Repräsentationsraum wird von einem darunter gelegenen Feuergewölbe aus geheizt, indem man nach Verlöschen des Feuers die Abwärme erhitzter Steine durch das Öffnen spezieller Zugkanäle emporströmen läßt (mlat. *hypocaustum* 'Heizung von unten', eine Variante der antiken Hypokaust-H.). Die gemeinschaftl. Wärmeräume (*calefactorium*) in den Kl. der alten Orden lassen ein weit höheres Alter dieser H. vermuten als die bisher älteste sichere archäolog. Datierung (Ks.pfalz Werla, 1. Hälfte 10. Jh.).

[5] *Soziokulturelle Aspekte:* Die schon gen. und sonstigen zeitgen. Termini (*caumata, durnica, estuarium, pyrale, stuba*) könnten auf unterschiedl. H.sarten hinweisen bzw. von Holz- oder Steinbauweise abhängen oder in der Wortbedeutung regional differieren. Die Einsilbigkeit schon der frühesten schriftl. Belege erweist die offensichtl. Selbstverständlichkeit von H.en. Holz ist der überwiegende Brennstoff. Die ma. H.sgepflogenheiten sind von den heutigen verschieden (kontinuierl. Heizen aus Kostengründen nur ausnahmsweise, z. B. bei Krankheit, in der Regel nur ein Raum pro Wohneinheit). Mehraufwand an H., techn. Raffinesse (z. B. das Hypocaustum) oder aufwendige Gestaltung (z. B. der vollkeram. Kachelofen) haben daher Statusfunktion. Die Regeln der alten Orden fordern die Einschränkung der H. aus Gründen der →Askese.

H. Hundsbichler

Lit.: R. FRANZ, Der Kachelofen, 1969 [Lit.] – P. GRIMM, Zum Ofen in der frühma. Archäologie, Ausgrabungen und Funde 16, 1971, 279–282 – K. BEDAL, Hist. Hausforsch., Beitr. zur Volkskultur in NWDtl. 8, 1978 [Lit.] – J. TAUBER, Herd und Ofen im MA, Schweizer Beitr. zur Kulturgesch. und Archäologie des MA 7, 1980 [Lit.] – J.

TAUBER, Herd, Ofen und Kamin, ZAMA, Beih. 4, 1986, 93–110 [Lit.].

Hel (anord. *hel*, got. *halja*, ahd. *hella*, ags. *hell*, 'Hölle', wohl von germ. *helan*, ahd., ags.; anord. *hylja*, 'verbergen') war nach nord. und wohl auch gemeingerm. Vorstellungen ursprgl. der düstere und unwirtl. Aufenthaltsort aller Toten. Nach den anord. Quellen lag H. unter einer der Wurzeln des Weltenbaums (→Yggdrasil). Die bei →Snorri Sturluson (13. Jh.) zu beobachtende Dreiteilung der Totenreiche (H. für die an Krankheit und Alter Verstorbenen, Ran für die Ertrunkenen und Valhǫll [→Walhall] für die im Kampf Gefallenen) scheint das Produkt späterer Systematisierungen zu sein, ebenso wie die unter christl. Einfluß, insbes. der Visionslit., stehende Darstellung der Unterwelt mit der Jenseitsbrücke Gjallarbrú, dem Unterweltfluß Gjöll, dem waffenführenden Fluß Slídr, der Umzäunung Helgrindr usw. Auch die Personifizierung des Totenreiches in Gestalt der Göttin H. scheint sich erst in der Skaldendichtung v. a. des 12. Jh. herausgebildet zu haben. Sie ist danach die Tochter Lokis und gehört zu den Gegnern der Götter im Endzeitkampf (→Ragnarök). Bes. deutlich dokumentiert sich der Einfluß der chr. Vorstellung von der Hölle als Strafort in Snorris allegorisierender Deutung der Wohnstatt der Göttin H.: Ihre Halle heißt 'die Feuchte', Teller und Messer 'Hunger', ihr Bett 'Krankheit', ihr Bettvorhang 'bleiches Unglück' etc. (Gylfaginning 33). Eine ähnl. hochma. Auffassung der H. findet sich bei →Saxo und in jüngeren Eddaliedern.
H. Ehrhardt

Lit.: KL VI, 304f. – R. SIMEK, Lex. der germ. Mythologie, 1984, 167f. – H. R. ELLIS, The Road to Hell, 1943 – J. DE VRIES, Altgerm. Religionsgesch., 1970³.

Helbling, Seifried → Seifried Helbling

Heldendichtung. Im europ. MA bildet die H. dichtung eine archaische Schicht des dichter. Schaffens. Sie ist in verschiedenen Formen überliefert, als H. lied, H. epos, als →Ballade und Prosaerzählung. Die ältesten Denkmäler der germ. H. dichtung sind in der Form des H. lieds erhalten, sie werden überliefert im N in den H. liedern der →»Edda«, im S nur fragmentar. im ahd. →»Hildebrandslied« und im ae. →»Finnsburg-Fragment«. Es kann kein Zweifel daran bestehen, daß diese Dichtungsform in der Tradition des mündl. Dichtens steht, eine Traditionsweise, die für die ma. H. dichtung allg. vorauszusetzen ist, auch wenn die erhaltenen Zeugnisse meist von der Schriftdichtung in je nach Zeit, Ort und gattungsmäßiger Ausformung unterschiedl. Maße beeinflußt sind. Stoffmäßig läßt sich der Kern der germ. H. dichtung in die Völkerwanderungszeit zurückverfolgen. Ob es neben der Form des H. lieds in der germ. Frühzeit auch andere Erzählformen als Stoffträger gegeben hat, ist eine in der Germanistik umstrittene Frage, die sich insbes. am Begriff der »H. sage« entzündet hat. Als →Epos ist in der altgerm. Literatur die H. dichtung nur bei den Angelsachsen bekannt (→»Beowulf«), eine Großform, die in der formelhaften Diktion zwar der mündl. Dichtungstradition verpflichtet ist, in der Konzeption sich aber wohl an der lat. Epik inspirierte. Im Ae. sind auch Bruchstücke eines →»Waldere«-Epos überliefert, dessen Stoff auch im lat. →»Waltharius«-Epos aus dem 10. Jh. gestaltet wurde.

Während es nach der ags. Zeit nur noch spärl. Zeugnisse für die H. dichtung in England gibt, erlebt die germ. H. dichtung in der mhd. H. epik (im →»Nibelungenlied«, in der →»Kudrun«, in den drei miteinander verbundenen Stoffkomplexen »Burgundenuntergang«, »Siegfrieds Tod« und →»Dietrich v. Bern«) noch eine späte Nachblüte, die bis in das ausgehende MA reicht (»H. bücher«).

Germ. H. ethos und höf.-ritterl. Denkformen, heroische Idealisierung und Lust am märchenhaften Abenteuer, mündl. und schriftl. Erzähl- und Tradierungsweisen gehen die verschiedensten Verbindungen ein, so daß sich mannigfaltige Beziehungen zu anderen ma. Erzählformen und -gattungen ergeben (→Spielmannsepik, Abenteuerroman u. a.). Noch länger bleiben die Stoffe der germ. H. dichtung in der skand. Volksballade lebendig, auf den Färöer-Inseln bis in das 20. Jh. (→Färöische Balladen). Im 13. Jh. entstand in Norwegen als eine Art H. sagenenzyklopädie die »Thidrekssaga«. Eine Sonderform stellen die H. sagas (→Saga) innerhalb der altisländ. →»Fornaldarsögur« dar, die z. T. südgerm. Stoffe (wie die Nibelungensage in der →»Volsunga saga«), z. T. skand. Stoffe (wie in der »Hrólfs saga kraka«) aufgreifen.

Außerhalb der germ. Welt ist die H. dichtung auch in den anderen Sprach- und Kulturräumen des ma. Europa vertreten. In Prosa ist wie in Skandinavien die H. dichtung des alten Irland abgefaßt. Es sind allerdings in die Prosatext metrische Passagen eingestreut, was zu verschiedenen Theorien in bezug auf das Verhältnis zw. Vers und Prosa sowie die Entstehung der air. H. saga geführt hat. Charakteristisch für die air. H. dichtung sind ihre archaischen Züge und die enge Verbindung zur kelt. Mythologie. Verschiedene Zyklen lassen sich unterscheiden, unter denen der →Ulsterzyklus (mit dem Haupthelden Cú Chulainn) der traditionellen H. dichtung am nächsten steht. Im Kymrischen ist eine H. dichtung nicht erhalten, mit Ausnahme der altbrit. »Gododdin« (→Aneirin).

In der Romania ist insbes. die afrz. und altspan. H. epik zu nennen, erstere in einem reichen Corpus von →»Chansons de geste« (mit der »Chanson de Roland« [→»Rolandslied«] als wohl bedeutendstem Vertreter dieser Gattung) überliefert, letztere ist auf den →»Cantar de Mio →Cid« nur fragmentar. bzw. in balladesker Spätform erhalten. Die »Matière de France«, insbes. die Karlsgeste (→Karl d. Gr.), war weit über Frankreich hinaus beliebt und bekannt und regte zu Übers. und Nachahmungen in der me., mhd., an., altit. und altspan. Literatur an.

Will man die ma. europ. H. dichtung als ganze verstehen, dann müssen auch, wie bereits TH. FRINGS und vor ihm die CHADWICKS betont haben, der Balkan und Osteuropa mit in die Betrachtung einbezogen werden. Der südslav. H. dichtung ist v. a. in diesem Jh. im Zusammenhang mit der Erforschung der Gesetze des mündl. Dichtens Beachtung gezollt worden; an ihr haben M. PARRY und A. LORD ihre Theorie des mündl.-formelhaften Dichtens entwickelt. H. dichtung ist auf dem Balkan jedoch nicht nur in der serbokroat. »Junačke pjesme« gegeben, sie ist auch in den H. liedern Albaniens, in den H. balladen Bulgariens, in den heroischen Balladen Rumäniens und in den Klephten- und Akritenliedern (→Akriten) Griechenlands anzutreffen. Diese Dichtungen haben zweifellos ihre Wurzeln in der ma. Zeit, auch wenn sie zum guten Teil erst in der NZ aufgezeichnet wurden. Das wertvollste Zeugnis der byz. Epik ist das H. epos von →»Digenis Akrites«, dessen Verhältnis zur ma. mündl. Dichtung und zu den nz. Akritenliedern im einzelnen jedoch komplex und umstritten ist. Ein ma. Ursprung ist auch für die russ. →Bylinen anzusetzen, obwohl die ältesten überlieferten Texte erst aus dem 17. Jh. stammen. Ma. ist dagegen das →»Igorlied«, eine episch-lyr. Dichtung, die den unglückl. Feldzug des →Igor Svjatoslavič gegen die Kumanen im 12. Jh. zum Vorwurf hat; das Verhältnis des »Igorlieds« zur epischen Volksdichtung ist ähnlich komplex wie beim byz. Akritas-Epos. S. a. →Kalevala.
K. Reichl

Lit.: H. M. CHADWICK–N. K. CHADWICK, The Growth of Lit., 3 Bde, 1932–40 – TH. FRINGS, Europ. H.dichtung, Neophilologus 24, 1938, 1–29 – C. M. BOWRA, Heroic Poetry, 1952 – A. B. LORD, The Singer of Tales, 1960 – Zur germ.-dt. H.sage, hg. K. HAUCK (WdF 14, 1961) – J. DE VRIES, H.lied und H.sage, 1961 – V. M. ŽIRMUNSKIJ, Narodnyj geroičeskij epos, 1962 – E. M. MELETINSKIJ, Proischoždenie geroičeskogo eposa, 1963 – W. HOFFMANN, Mhd. H.dichtung (Grundlagen der Germanistik 14, 1974) – Heroic, Epic and Saga, hg. F. J. OINAS, 1978 – Europ. H.dichtung, hg. K. v. SEE (WdF 500, 1978) – H.sage und H.dichtung im Germ., hg. H. BECK, 1988 – W. HAUBRICHS, 'H.sage' und 'H.dichtung' im frühen MA (Gesch. der dt. Lit. I/1, hg. J. HEINZLE, 1988), 104ff. – B. N. PUTILOV, Geroičeskij epos i dejstvitel'nost', 1988.

Helena. 1. H., hl., Mutter →Konstantins d. Gr.

I. Leben – II. Heiligenverehrung und Ikonographie.

I. LEBEN: H., ca. 249–329, geb. in Drepanum (Bith.), Herbergswirtin in Naissus, lebte m. →Constantius I. (gest. 306) in nicht legitimer Ehe; Mutter Konstantins, an dessen Hof in →Trier sie übersiedelte, und dessen Halbbrüder, die Söhne der Theodora, sie verbannen ließ. Nach Konstantins Sieg über →Maxentius (312) 'nobilissima femina' mit eigenem Palast (Palatium Sessorianum) in Rom, erhielt sie, als Konstantin 324 die Alleinherrschaft errungen hatte, den Titel einer Augusta mit dem Vorrecht des Diadems und der Abbildung auf Goldmünzen. An der Familientragödie im ksl. Haus (Hinrichtung von Crispus und Fausta) war sie wohl nicht unschuldig. Im Besitz einer gewissen Kontrolle über den ksl. Schatz, unternahm H. gegen Ende ihres Lebens eine Pilgerreise nach Palästina, wo sie im Einvernehmen mit Bf. Makarios v. Jerusalem die Geburtskirche in →Bethlehem und die Eleonakirche am Ölberg stiftete (Euseb. vit. Const. 3,42f.). Sie gilt als Stifterin der röm. Kirche S. Croce in Gerusalemme sowie der Märtyrerbasilika SS. Marcellino e Pietro, ▭ ebd., in einem ausgebauten Mausoleum, wohl in dem berühmten H.sarkophag (heute Vat. Mus.).

Im ganzen Reich durch Statuen, Münzen usw. geehrt (Sitzstatue im Capitol. Mus., Rom), wurde sie bald zum Gegenstand von Legenden: Ambrosius (ob. Theod. 42) weiß 395 erstmals von der Auffindung des wahren →Kreuzes durch H. zu berichten. Die weitere Ausschmückung schrieb ihr ein Kirchenbauprogramm im Hl. Land, aber auch die siegreich bestandene Auseinandersetzung mit den Juden um das Kreuz zu. Die im 5. Jh. in der Ostkirche beginnende H.- und Konstantin-Verehrung (Fest: 22. Mai) führte zum Streit zahlreicher Orte um den Anspruch, ihr Geburtsort zu sein. R. Klein

Lit.: RAC III, 372ff.; XIV, 355ff.

II. HEILIGENVEREHRUNG UND IKONOGRAPHIE: Im 9. Jh. in →Usuards Martyrologium aufgenommen (zum 18. Aug.), verbreitete sich ihr Kult von Rom aus (hier mehrere der hl. H. geweihte Kirchen) in Italien (Stadtpatronin v. Pesaro und Ascoli Piceno), Ungarn und Deutschland, namentl. im Rheinland (Köln, →Trier [s. a. →Hl. Rock, →Orendel], Bonn, Xanten). Größte Ausstrahlung erreichte ihre Verehrung in Frankreich: Die Bf.sstadt Illiberis im Roussillon erhielt ihr zu Ehren den Namen ›Castrum Helenae‹ (→Elne). Nach der Translation ihrer angebl. Reliquien nach →Hautvillers, die um 840 durch einen Mönch Teutgisus erfolgt sein soll, wurde die Champagne zum großen Zentrum des H.-Kultes, der durch die »Vita, translatio et miracula S.H.« des →Almannus (nach 882), einen Mirakelbericht des 11. Jh., einen Translationsbericht (1095) und eine erneute Translation, noch 1410, durchgängig belegt ist. Hautvillers war auch der Ausgangspunkt für die Kultverbreitung in Frankreich, wie die erhaltenen Breviarien zeigen.

Die hl. H., die Auffinderin des Hl. Kreuzes, ist auch die Patronin der Nagelschmiede, da sie mit dem Holz des Kreuzes auch die hochverehrten Kreuznägel fand. Die ma. Ikonographie zeigt sie mit Kaiserkrone und -mantel; ihre Attribute sind die Marterinstrumente: Dornenkrone, Nägel und v. a. das Kreuz selbst. Die am häufigsten dargestellten Szenen sind die Kreuzesauffindung (Reims, Kathedrale, 13. Jh.; Florenz, Sta. Croce, Fresken von A. Gaddi, 14. Jh.; Arezzo, S. Francesco, Fresken, Hauptwerk des →Piero della Francesca, 15. Jh.) und die Bestätigung der Echtheit (Arezzo, dto.; Venedig, Ca' d'Oro, Skulptur; Paris, Louvre, anonymes Gemälde der Schule v. Valenciennes, 15. Jh.; Siena, Dommuseum, Täfelchen aus der Schule P. Lorenzettis, 14. Jh.). Eine Einzeldarstellung findet sich in der Kirche v. St-Just de Valcabrère bei St-Bertrand-de →Comminges (dép. Haute-Garonne). – S. a. →Elene. P. A. Sigal

Lit.: Bibl. SS IV, 991–995 – LCI VI, 485–490 – V. LEROQUAIS, Les bréviaires manuscrits médiévaux du bibl. de France, 1934 – L. RÉAU, Iconographie de l'art chrétien III/2, 1958, 633–636 – P. A. SIGAL, Les miracles de sainte Hélène à l'abbaye d'Hautvillers au MA et l'époque moderne, Actes du 97e Congr. du Soc. Sav., Philol. et Hist. jusqu'à 1610, 1979, I, 499–515.

2. H. (russ. Elena), älteste Tochter →Ivans III., Gfs.en v. Moskau, und der Byzantinerin Sofia Palaiolog (Zoë), * 1476, † 1513 (durch Gift?), ▭ Wilna; ∞ 1495 den Jagiellonen →Alexander, Gfs.en v. Litauen und seit 1501 Kg. v. Polen. Erst 1505 sanktionierte der Papst die Heirat mit der Andersgläubigen, deren Religion zu respektieren sich Alexander schriftl. verpflichtet hatte. Demgegenüber wurde mehrfach von Moskauer Seite, v. a. zur Begründung des Krieges von 1500, der Vorwurf einer Beeinträchtigung der Glaubensausübung H.s (und allgemein der Orthodoxen in Litauen) erhoben, den Alexander stets zurückwies. Die durch die gespannten Beziehungen zw. Polen-Litauen und Moskau und den Zwiespalt ihrer Loyalität schwierige Lage H.s verschlechterte sich nach dem Tode ihres Gatten (1506). Ihr Bruder →Vasilij III. forderte sie auf, seine Wahl zum Gfs.en v. Litauen zu betreiben. Bald nach dem Ausbruch des litauisch-moskovit. Krieges von 1512 starb H., die als ein »Opfer polit. Kalküls« bezeichnet worden ist (BESTJUŽEV-RJUMIN). H., die fließend Polnisch sprach, kam mit der humanist. Geisteskultur am poln.-litauischen Hof in Berührung. Eine orth. Kirche und Hofhaltung in Wilna wurden ihr beharrlich verweigert. H. Rüß

Lit.: PSB IX, 359–362 – HGesch Rußlands I, 1981, 648ff. [P. NITSCHE] – R. M. CROSKEY, Muscovite Diplomatic Practice in the Reign of Ivan III, 1987, 248ff.

Helena, ae. Gedicht → Elene

Helfenstein, Gf.en v. Erste nachweisbare Mitglieder der sich nach der oberhalb von Geislingen/Steige gelegenen Burg nennenden Familie waren *Eberhard* (Anfang 12. Jh.) und sein gleichnamiger Sohn (um 1140). *Ludwig* v. H. (1171–1200 nachgewiesen), der als Stammvater gilt, wird mit dem 1147 zusammen mit seinem Vater Rudolf und seinem Bruder →Gottfried, Bf. v. Würzburg, erwähnten Ludwig v. Spitzenberg (Burg bei Geislingen/Steige) identifiziert. Die sich im 13. Jh. in einen Sigmaringer, Spitzenberger (beide im 13. Jh. erloschen) und einen H.er Zweig aufspaltende Familie hatte umfangreiche Güter auf der Schwäb. Alb zw. Geislingen/Steige (dort reiche Zolleinkünfte), Ulm und Heidenheim sowie im Donautal um →Sigmaringen. Der H.er Zweig erwarb um 1258 große Teile des um →Ulm herum gelegenen Besitzes der Gf.en v. →Dillingen und erreichte damit einen Höhepunkt seiner Macht. Die von den Vettern *Ulrich d. Ä.* († 1372) und *Ulrich d. J.* († 1361; durch Heirat mit Maria v. Bosnien verschwägert mit dem ung. Herrscherhaus der Anjou), beide Landvögte in Oberschwaben, 1356 vorgenommene Teilung der Familiengüter in eine Blaubeurer und eine Wiesensteiger Linie sorgte für einen raschen Niedergang. Die Blaubeurer Linie verkaufte die ihr als österr. Erblehen verbliebene Herrschaft →Blaubeuren mit der Kl.vogtei 1447 an Württemberg und ebenso 1448 die Herrschaft Heidenheim mit den Kl.vogteien Anhausen, Herbrechtingen und Königsbronn. Sie erlosch 1517. Die Wiesensteiger Linie mußte 1396 wegen ihrer Schulden die Stammburg mit dem gesamten Besitz auf der Ulmer Alb und der Vogtei über das Kl. Elchingen an die Stadt Ulm verkaufen. Sie erlosch 1627.   I. Eberl

Q. und Lit.: H. F. KERLER, Gesch. der Gf. en v. H., 1840 [mit Urkk.] – C. F. v. STÄLIN, Württ. Gesch. II, 1847, 388–399; III, 1856, 660–666 – Kl. Blaubeuren 1085–1985 (Benediktin. Erbe und evangel. Seminartradition, hg. I. EBERL, 1985).

Helgafell, bedeutender Hof und Augustinerkl. in W-Island. Der wohl gegen Ende des 10. Jh. angelegte Großhof H. entwickelte sich zum Sitz eines mächtigen Häuptlingsgeschlechts, wo u. a. der aus Sagaberichten bekannte →Gode Snorri und der Geschichtsschreiber →Ari enn fróði lebten, und zum lit. und geistigen Zentrum, an dem u. a. historiograph. (Melabók der →Landnámabók, Annalen) und Werke der Sagalit. (→Eyrbyggja saga, möglicherweise auch →Laxdœla saga) entstanden. Das Augustinerkl. ging aus dem 1172 gegr., 1184 nach H. verlegten Kl. →Flatey hervor. Wie das von Bf. Þorlákr Þorhallsson 1168 gegr. Augustinerkl. Þykkvabœr war H. nach der Regel von St-Victor (→Viktoriner) organisiert. Das Kl. wurde Mitte des 16. Jh. aufgelöst.   H. Ehrhardt

Lit.: H. PÁLSSON, H. Saga höfuðbóls og klausturs, 1967 – J. JÓHANNESSON, Islands Hist. i Mellomalderen, 1969, 162 – K. SIMEK–H. PÁLSSON, Lex. der an. Lit., 1987, 160.

Helgilieder, eine Gruppe von drei Heldenliedern der →Edda, die einem rein nord. Stoffkreis angehören, während die übrigen eddischen Heldenlieder Stoffe und Helden südgerm. Herkunft behandeln und nach ihrer Anordnung im Codex Regius der Edda einen Wölsungen-Zyklus bilden. Die H. behandeln die Taten zweier Helden namens Helgi (H. Hiǫrvarðsson und H. Hundingsbani, 'der Hundingstöter'), letzterer wird zum Sohn Kg. Sigmunds und damit zum Bruder Sigurds gemacht. Mit dieser Konstruktion werden auch die H. dem Wölsungen-Zyklus angeschlossen. Beide Heldengestalten gehen wohl ursprgl. auf einen sagenhaften Dänenkg. Helgi aus dem Geschlecht der Skjöldunge zurück. Die H. bestehen aus der »Helgakviða Hiǫrvarðssonar« (Lied von H., dem Sohn von Hiǫrvarðr; HHv), der »Helgakviða Hundingsbani fyrri« (Erstes Lied von H.H.; HH I) und der »Helgakviða Hundingsbana ǫnnur« (Zweites Lied von H.H.; HH II). In ihrem überlieferten Bestand gehören sie zur jüngeren Schicht der Eddalieder und werden kaum vor dem 12. Jh. entstanden sein, doch muß mit älteren Bestandteilen gerechnet werden.

Die H. sind geprägt von einer Wikingerromantik, wie sie sich auch in den später populären Wikingerromanen (→Fornaldarsögur) findet. Hierzu gehören v. a. die Liebesbeziehungen der Helden zu →Walküren (H. Hiǫrvarðsson und Sváva, H. Hundingsbani und Sigrún), das Eingreifen von Schicksalsmächten (→Nornen) (HH I), die tragische Liebe zw. Helgi und Sigrún, die sich erst nach einer letzten Liebesnacht im Grabhügel des erschlagenen Helgi endgültig voneinander trennen können, das Leonorenmotiv und das Märchen vom Tränenkrüglein (HH II), aber auch muntere Schilderungen von Schlacht, Sieg und Ruhm in HH I, burleske Szenen (der als Magd verkleidete

Helgi an der Mühle) in HH II, Schelt- und Schmähreden in HHv und HH II. Die verschiedenen Strophengruppen in HHv und HH II sind durch teilweise längere Prosastücke verknüpft, so daß die Herkunft der Strophen aus einem Heldenroman über Helgi (oder mehreren) nicht auszuschließen ist. Die geschlossenere HH I trägt dagegen – nicht nur wegen der zahlreichen skald. Umschreibungen (→Kenning) – mehr die Züge eines skald. Preislieds, Konflikte und Tragik des Heldenliedes fehlen hier gänzlich.   H. Ehrhardt

Ed.: G. NECKEL–H. KUHN, Edda, 1983⁵ – *Übers.:* F. GENZMER, Die Edda, 1987⁶ – *Lit.:* P. FOOTE, Skand. Dichtung der Wikingerzeit, Neues Hb. der Lit.wiss. 6, 1985, 345ff. – R. SIMEK–H. PÁLSSON, Lex. der anord. Lit., 1987, 160ff. [Lit.].

Helgö, völkerwanderungszeitl. Handelsplatz auf der kleinen Insel H. an der s. Einfahrt in den Mälar-See (ca. 30 km w. von Stockholm), der bis etwa 1000 archäolog. nachweisbar ist. Das reiche Fundmaterial (Ausgrabungen: 1954–78) von den Siedlungsplätzen (mit Pfostenhäusern und →Grubenhäusern), Gräberfeldern und Burgwällen weist H. einerseits als handwerkl. Zentrum aus (z. B. Gußformen, Schmelztiegel, Bronzebarren, Halbfabrikate etc. zur Herstellung von Schmuck [Reliefspangen, Agraffen]; Eisenbarren, -schrott und Halbfabrikate aus Eisen deuten auf ein Eisenhandwerk hin), andererseits als bedeutenden Handelsplatz (Importmaterial wie die berühmte nordind. Buddhastatuette [6. Jh.], die kopt. Schöpfkelle [6. Jh.], der ir. Bf.sstab [8. Jh.]; außerdem Glasbecher, Silber- und Bronzegeschirr, Keramik und Münzen). H. besaß wohl einen ähnlich frühstädt. Charakter wie →Birka.   A. Lundström

Lit.: Excavations at H., I–XI, 1961–88 – Thirteen Stud. on H., hg. A. LUNDSTRÖM (Stud. 7. The Mus. of Nat. Antiquities, 1988).

Heliand ('Heiland'), durch den ersten Editor, J. A. SCHMELLER (1830), geprägte Bezeichnung für eines der bedeutendsten Literaturzeugnisse des FrühMA, eine ca. 6000 Stabreimverse umfassende Darstellung des Lebens Jesu in as. Sprache, entstanden wohl vor Mitte des 9. Jh., auf der Textgrundlage der Evangelienharmonie des →Tatian. Als Auftraggeber (eine erhaltene lat. Praefatio zum H. nennt: »Ludouicus piissimus augustus«) gilt Ludwig d. Dt. Vgl. im einzelnen die ausführl. Behandlung des Werks im Rahmen des Beitrags →Altsächs. Sprache und Lit. – S. a. →Genesisdichtung.

Ed.: H. und Genesis, ed. O. BEHAGHEL, bearb. B. TAEGER, 1984⁹ (ATB 4) – *Lit.:* →Altsächs. Sprache und Lit. [dort ausgew. Lit. bis 1976] – seitdem ersch. [in Auswahl]: Verf.-Lex.² III, 958–971 [B. TAEGER; Lit.] – TRE XV, 16–19 [J. RATHOFER] – Beitr. von B. BISCHOFF und B. TAEGER in: PBB (Tübingen) 101, 1979 [zu den 1977 aufgefundenen Straubinger H.-Fragmenten] – M. WEHRLI, Lit. im dt. MA, 1984, 229f. – B. SOWINSKI, Darstellungsstil und Sprachstil im H., 1985 – W. HAUBRICHS, Die Angelsachsen und die germ. Stämme des Kontinents im frühen MA (Irland und die Christenheit, 1987), 392ff. – DERS., Gesch. der dt. Lit. 1,1: Die Anfänge, 1988, 330–353.

Hélinand de Froidmont, afrz. und mlat. Dichter und Chronist, * um 1160, † nach 1229; entstammte einer nach Frankreich geflüchteten fläm. Adelsfamilie, studierte in Beauvais, wo er als erfolgreicher →Trouvère tätig war. Wohl nach überstandener Todesgefahr gab H. dieses höf.-weltl. Leben auf und trat als Mönch in die Abtei OCist Froidmont (Bm. Beauvais, dép. Oise) ein. Er schrieb einen »Liber de reparatione lapsi« (Mahnung an einen Freund zur Rückkehr ins Kl.) und die berühmten »Vers de la mort« (→Contemptus-mundi-Dichtung), voll beißender Satire, in der nach ihm benannten »Helinandstrophe« (Strophen zu je 12 achtsilbigen Versen mit Reimschema: aab aab bba bba). Vor 1216 (um 1204?) verfaßte H. eine

Weltchronik, von der nur 13 Bücher (von 49) selbständig überliefert sind; große Teile konnten aus dem »Speculum maius« des →Vinzenz v. Beauvais, der H.s Chronik verarbeitete, rekonstruiert werden. Vinzenz übernahm auch H.s neuartiges Verfahren, die aus älteren Werken stammenden Passagen am Rand mit dem Namen des betreffenden Verfassers zu kennzeichnen, selbstverfaßte Textteile dagegen mit 'auctor' zu markieren.

An geistl. Werken verfaßte H. einen Apokalypsen- und (vermutl.) einen Hohelied-Kommentar, eine Passio der Thebaischen Legion sowie 31 Predigten, von denen er einige als Ketzerpredigten an der Univ. Toulouse vortrug. Aus seiner Trouvère-Zeit bewahrte sich H. eine Vorliebe für pointierte Erzählungen, satir. Seitenhiebe und einen überaus metaphernreichen Stil.   P. Bourgain

Ed.: MPL 212, 481–1082–Vers de la mort, ed. F. WULFF–E. WALLBERG, 1905 (SATF) – *Lit.*: MOLINIER III, 89–90, n. 2519–BOSSUAT 3538–39–Repfont V, 405 f. – GRLMA VI – Y. DOSSAT, Les premiers maîtres à l'univ. de Toulouse (Les univ. du Languedoc au XIIIe s., 1970), 179–203 – G. SCHOLZ WILLIAMS, Against Court and School: Heinrich of Melk und H. of F., Neophilologus 42, 1978, 513–526–W. D. PADEN, De monachis rhitmis facientibus, Speculum 55, 1980, 669–685 – M. PAULMIER-FOUCART, Écrire l'hist. au XIIIe s.: Vincent de Beauvais et H. de F., Annales de l'Est 33, 1981, 49–70–J. C. PAYEN, L'homo viator et le croisé: La mort et le salut dans la tradition du douzain (Death in the MA, 1983), 258–285–B. M. KIENZLE, Preaching in H. of F. (Goad and Nail, 1985), 228–240.

Heliodoros. 1. H., Verf. eines Lehrgedichts in ca. 270 Jamben über die »mystische Kunst der Philosophen«, auch »Zum Lobe der hl. Kunst der Chymisten« (s. Paris, Wien; auch lat. Übers.), das Inhalte der alexandrin. →Alchemie wiedergibt und aufgrund einer Widmung an Theodosius II. ins 4. Jh. datiert wird, spätere Entstehung möglich; das Gedicht wurde auch H. v. Emesa (3./4. Jh.), dem Verfasser des spätantiken Romans »Aithiopika«, und H., Bf. v. Trikka/Thessalien (4. Jh.), zugeschrieben.
                                                  G. Jüttner

Lit.: M. BERTHELOT, Les origines de l'alchimie, 1885, 1966 – E. O. v. LIPPMANN, Entstehung und Ausbreitung der Alchemie, 1919.

2. H., Astronom und Neuplatoniker, 5./6. Jh., Schüler des →Proklos in Athen, dann Vorsteher der alexandrin. Schule, Kommentator von Paulos v. Alexandria (ed. O. NEUGEBAUER – D. PINGREE, 1962). Außerdem schrieb er eine astron. Didaktik und wirkte an der Ausg. der »Syntaxis« des Ptolemaios mit. Unter Einbeziehung mag.-astrolog. Schrifttums (u. a. →Hermes Trismegistos) wurde auch ihm die Wertschätzung des Paulos v. Alexandria durch das MA zuteil.   G. Jüttner

Lit.: RE VIII, 18f., Nr. 13 – W. und H. G. GUNDEL, Astrologumena, SudArch, Beih. 6, 1966.

Helisachar, Vertrauter und Kanzler Ks. Ludwigs d. Fr., hatte bereits der aquitan. Kanzlei vorgestanden und übernahm mit Ludwigs Herrschaftsantritt 814 die Leitung der Kanzlei, die er mit großer Tatkraft weiterführte, vom Ks., der ihn als Berater schätzte, schon bald mit der Abtei St-Aubin in →Angers belohnt. 819 als Kanzler von dem vornehmen Angelsachsen→Fridugisus abgelöst, erscheint H. weiterhin in angesehener Stellung am Hof, wiederholt mit polit. Aufgaben betraut, und erhält zu St-Aubin noch →St-Riquier und wahrscheinl. auch →Jumièges hinzu. Obwohl 830 am Aufstand gegen Ludwig beteiligt und danach exiliert, blieb der Bruch nicht endgültig: Als er vor 840 starb, war er wieder Abt und hatte zuvor auch wieder als →missus fungiert. Er hinterließ den Ruf eines bedeutenden Förderers der Wissenschaft.   J. Fleckenstein

Lit.: B. SIMSON, JDG L. d. Fr. 1, 1874; 2, 1876, bes. 234f. – J. FLECKENSTEIN, Hofkapelle 1, 1959, s. v.

Hellas, seit dem letzten Viertel des 7. Jh. ein →Thema des →Byz. Reiches, mit anfangs stark maritimem Charakter, Hauptstadt: →Theben (wegen der Nähe zum Flottenstützpunkt Euripos); umfaßte – ausgehend von der frühbyz. *eparchia* Hellas/Achaia (→Hierokles) – die O-Küste Thessaliens, Mittelgriechenlands und der Peloponnes, mit dem jeweiligen Hinterland (soweit unter byz. Kontrolle). Durch die schrittweise Unterwerfung bzw. Integration der slav. Siedler (seit ca. 578) wandelte sich H. zu einer festländ. administrativen Einheit, die im W an das Thema Nikopolis (→Epeiros) grenzte. Zu Beginn des 9. Jh. wurde die Peloponnes, zu Beginn des 11. Jh. Thessalien (→Thessalonike) abgetrennt, so daß die N-Grenze von H. nun etwa auf der Höhe des Othrys-Gebirges verlief.

Das wegen seiner Randlage in mittelbyz. Zeit wirtschaftl. insgesamt unbedeutende Thema besaß lediglich in Thessalien eine Landwirtschaft von überregionaler Bedeutung und in Theben ein Zentrum der →Seidenproduktion, deren Facharbeiterinnen nach der norm. Eroberung 1147 von Roger II. nach →Palermo entführt wurden; doch traten bald Juden als Spezialisten an ihre Stelle. Die vorwiegend an der Küste gelegenen Handelszentren wurden ab 1082 (Vertrag mit →Venedig) in wachsendem Maße in die Handelspolitik der it. Kommunen einbezogen. Michael →Choniates beschreibt den wirtschaftl. und polit. Verfall der 2. Hälfte des 12. Jh. Mit dem 4. Kreuzzug endete die Verwaltungseinheit H. (→Athen, Hzm.). Nach 1470 wurde das gesamte Gebiet von H., das seit Beginn des 15. Jh. schrittweise von den Türken (→Osman. Reich) erobert worden war, im →Sançak v. Egriboz ('Negroponte') zusammengefaßt.   J. Koder

Lit.: DHGE I, 300–304 – RByzK II, 1099–1189 [J. KODER] – DERS. – F. HILD, H. und Thessalia: Tabula Imperii Byzantini 1, 1976 [neugr. 1987] – J. KODER, Der Lebensraum der Byzantiner, 1984.

Heller, nach der Stadt →Schwäbisch Hall benannte Pfennigmünze (ursprgl. 0,55 g Raugewicht, 0,37 g Feingewicht), erstmals 1189 urkundl. erwähnt, mit stereotyp. beibehaltenen Bildern (Vorderseite: Hand, Rückseite: Gabelkreuz). Die älteste Inschrift »FRISA« (bezogen auf Friedrich I.) wurde unter Heinrich VI. durch »HEINRICVS«, später durch »MONETA« und endlich durch »HALLA« ersetzt. Der geringe Wert des H.s ermöglichte dessen weite Ausbreitung, zunächst in S- und Mitteldeutschland, seit der Mitte des 13. Jh. im Rheinland, wo er zum Zusammenbruch des →Kölner Pfennigs beitrug, bis nach Westfalen und Friesland. Der H., in Schwäbisch Hall bis zum Ende des 15. Jh. geprägt, erreichte seine weiteste Ausdehnung im 14. Jh. und wurde in etlichen Münzstätten nachgeprägt, am längsten in Frankfurt.   P. Berghaus

Lit.: V. SCHROETTER, Wb. der Münzkunde, 1932, 259–261 – F. WIELANDT, Der H. am Oberrhein, HBNum 5, 1951, 32–61 – E. NAU, Haller Pfennige, Württ. Franken NF 44, 1960, 25–62 – N. KLÜSSENDORF, Stud. zu Währung und Wirtschaft am Niederrhein, ..., 1974, 182–189.

Hellespont → Dardanellen

Hellweg (mnd. *helwech* 'lichter Weg'), eine in Westfalen seit ma. Zeit vielfach anzutreffende Bezeichnung für ursprgl. Kg.sstraßen (viae regiae) und Heerstraßen (stratae publicae), die in der Breite einer Speerlanze oder eines Heufuderbaums von Gräben und Zäunen freizuhalten waren. Herausragende Bedeutung erlangte seit karol. Zeit der zw. →Duisburg am Rhein und→Höxter/→Corvey an der Weser an der n. Schwelle des Mittelgebirges verlaufende H., der von Karl d. Gr. durch etappenweise angelegte Burgen und Kg.shöfe wie →Essen, →Dortmund, →Soest und →Paderborn gesichert wurde und noch bis zum Investiturstreit ein häufig benutzter Reiseweg der dt. Kg.e zw. Aachen und Goslar war. Die bes. Stellung des Weges im europ. Verkehrsnetz des Früh- und HochMA führte zur Übertragung der Wegebezeichnung auf die beiderseits des Kg.sweges sich erstreckende Landschaft zw. Ruhr und Lippe. Seit dem SpätMA hatte der H. nur noch regionale Bedeutung.   P. Leidinger

Lit.: GRIMM, DWB X, 976 – H. PIEPER, Der westfäl. H. [Diss. Münster 1928] – A. K. HÖMBERG, Der H. (DERS., Zw. Rhein und Weser, 1967), 196–207.

Helm. Die frühma. H.e stammten zumeist von H.en der Spätantike mit runder Glocke, Stirnreif, Scheitelband und allenfalls Querband ab. Eine Ausnahme machten nur die ostgot., gestückelten →Spangenh.e und die spätsarmat. Strebenh.e sowie die avar. Lamellenh.e des 6. Jh. als Entlehnungen aus der w. und ö. Steppenkultur. Aus der russ. Steppe gelangte im 10. und 11. Jh. ein spitzer Nomadenh. mit Naseneisen nach Zentral- und Westeuropa. Ein mehr gedrungener Kegelh. des 11. und 12. Jh. ohne Naseneisen (Nasale) kam aus Byzanz. In der 2. Hälfte des 12. Jh. tauchten rundscheitlige H.e mit und ohne Nasale auf, von denen Topfh. und Beckenhaube abstammen. Durch Verbreiterung der Nasale zur Gesichtsplatte und Verlängerung der H.wände über die Ohren entstand um 1200 der Topfh. *(helm, helmvaz).* Seine Teile fügten sich schon um 1220 besser zusammen. Um 1240 ließ sich sein Profil in ein Quadrat einschreiben, um 1270 in ein Hochrechteck. Anstelle des flachen Scheitels kam um 1300 ein rundes bis spitzes Scheitelstück auf. Der immer größer und höher werdende Topfh. entwickelte sich 1370–90 zum froschmäuligen Stechh. für den Sport. Aus dem kleinen runden H. ohne Naseneisen wurde im 13. Jh. das *heubel,* eine unter dem →Hersenier verborgene Unterlage des Topfh.s. Um 1300 trat sie als →Beckenhaube offen zutage und erhielt den Rest des Herseniers, die →H.brünne, am Unterrand angehängt. Um 1320/30 schuf man durch Verlängerung der H.wände bis zum Hals hinunter die »große Beckenhaube«. Etwa um 1315 erhielt der H. bereits ein bewegl. Rundvisier, dem um 1360/70 ein spitzes Schnauzenvisier folgte, welches der Beckenhaube den Namen →»Hundsgugel« gab. In Westeuropa kamen um 1400 anstelle der H.brünne eiserne Halsreifen auf, womit das meist mit Rundvisier versehene *Grand Bacinet* entstanden war. Etwa gleichzeitig erschien in Italien der *elmetto* (frz. *armet*) mit Kantenvisier, bei dem zwei aufklappbare Wangenklappen das Kinn umschlossen. Von einer großen, ohne H.brünne getragenen Beckenhaube des 14. Jh. leitete sich die it. →*celata* des 15. Jh. ab. Eine westeurop. Variante war der *bourgignon* (it. *borgognotta*), eine Sturmhaube mit spitzem Sonnenschirm. In Deutschland entstand aus einer Kombination von Beckenhaube und →Eisenhut die spätgot. →»Schallern« mit spitzem Nackenschirm, bewegl. Visier oder einfachem Sehschlitz. Zu ihr gehörte ein eiserner →Bart als Kinn- und Halsschutz.
                                                              O. Gamber

Lit.: W. BOEHEIM, Hb. der Waffenkunde, 1890 – O. GAMBER, Harnischstud. V/VI, JKS 50/51, 1953/55 – D. HEJDOWA, Der sog. St. Wenzels-H., Waffen- und Kostümkunde, 1967–68 – H. MÜLLER, Europ. H.e, 1971.

Helmarshausen, Kl. und Stadt in Hessen, am linken Diemelufer oberhalb der Mündung in die Weser im Treffpunkt der Wege von Köln und Mainz nach Bremen gelegen. Auf dem Grund eines 944 tradierten karol.-otton. Kg.shofes entstand im Rahmen der otton. Kl.politik an Werra und Weser in den Jahren 997–1000 als Stiftung eines kinderlosen Gf.enpaares (wohl esikon.-billung. Verwandtschaft) das 1011 geweihte Benediktinerkl. H. (ð Salvator, im 12. Jh. Petrus u. Maria), dem eine Marktsiedlung zeitl. voranging. Der privilegierte Kl.markt war bes. im 12. Jh. ein nicht unbedeutender Fernhandelsplatz. Das Kl. wurde 1017 dem Paderborner Bf. →Meinwerk übertragen; um 1080 wurde es Mitte eines Paderborner Archidiakonatssitzes. Unter dem der Reformbewegung anhängenden Abt Dietmar I. (aus Corvey, 1080–1112) hub in der 1. Hälfte des 12. Jh. in enger Verbindung zu →Corvey eine weit ausstrahlende künstler. und geistige Blüte an (→Roger v. H.), zugleich konnten die Besitzungen vermehrt und 1107 die Reliquien des hl. Modoald erworben werden. Um in den welf.-stauf. Auseinandersetzungen den Paderborner Ansprüchen zu begegnen, versuchte das Kl. um 1165 und um 1179/92 mittels Überarbeitung und Verfälschung seines Privilegienbestandes, die »Libertas Romana« nach Corveyer Vorbild zu erreichen. Ein 1196 erzielter Vergleich hatte keine Dauer, so daß sich die Abtei bündnissuchend an den Kölner Ebf. →Engelbert I. wandte. Bereits im 12. Jh. war die Siedlung zw. Kl. und Diemelfurt zu städt. Plangestalt gewachsen; sicher vor 1194 wurde die Altstadt befestigt; gleichzeitig ist von einer verfaßten Bürgergemeinde auszugehen. 1220 wurde dem Kölner Ebf. die Hälfte der 1220 oppidum gen. Altstadt und der über dem Ort gelegenen, kurz zuvor erbauten Krukenburg, die die 1126 geweihte Johanneskirche auf dem Berg einschloß (frühe Pfarrkirche?), übertragen. Auf ihn geht die Anlage der ca. 20 ha großen, umfesteten, noch im 14. Jh. wieder wüst gefallenen »nova civitas« zurück (→Doppelstadt), die rechtl. nicht von der Altstadt geschieden war; ab 1237 finden sich Ratsbelege, 1254 werden von beiden Stadtherren die städt. Rechte bestätigt. Im SpätMA wechselten mehrere Pfandherren anteilig in der Ortsherrschaft, bis sich 1540 der hess. Lgf., gestützt auf einen Schutzvertrag v. 1479, endgültig durchsetzen konnte – bedingt auch durch den wirtschaftl. Niedergang von Kl. und Stadt im 15. Jh. Die Einw.zahl der ca. 10 ha großen Stadt und des w. mit ca. 2 ha anschließenden, gesondert befestigten Kl.bereichs lag zusammen im 15. Jh. deutlich unter 1000.   F. B. Fahlbusch

Lit.: F. PFAFF, Die Abtei H., Zs. des Vereins für hess. Gesch. und LK 44, 1910, 188–286; 45, 1911, 1–80 – K. GÜNTHER, Territorialgesch. der Landschaft zw. Diemel und Oberweser vom 12. bis zum 16. Jh. [Diss. masch. Marburg], 1959 – H. STOOB, Forsch. zum Städtewesen in Europa I, 1970, 140–144.

Helmbrünne, am →Helm befestigter Halsschutz aus Ringelgeflecht. Orientalische Helme hatten meist eine kapuzenartige H., welche entweder das ganze Gesicht oder nur die Augen freiließ. Die ma. H. war der Rest des →Herseniers. Sie hing mittels eines angenähten, gelochten Lederbandes, welches über Lochkloben des Helmes geschoben und durch eine durchgefädelte Schnur gesichert war, an der →Beckenhaube und ließ nur das Gesicht frei. Um 1330–60 konnte die H. in der Stirnmitte einhakbares Naseneisen haben. Die H. verschwand mit der Beckenhaube zu Beginn des 15. Jh. Nur der it. →*elmetto* des Quattrocento besaß noch zwei Rudimente der H. Sie hingen an den bewegl. Kinnstücken.   O. Gamber

Helmmaske → Maskenhelm

Helmold v. Bosau, Chronist und Geistlicher. [1] *Leben:* * ca. 1120 wohl im Raum Goslar, † nach 1177 in →Bosau (Holstein). H. kam 1134 in das damals von →Vizelin im Zuge der Missionsbestrebungen →Lothars III. gegr. Augustiner-Chorherrenstift Segeberg, dessen Konvent nach dem Angriff des Abodritenfs.en →Pribislav nach Neumünster zurückverlegt wurde. Er dürfte jedoch zur weiteren Ausbildung nach Braunschweig zu dem welf. Hofkaplan und nachmaligen Oldenburger Bf. Gerold gegangen sein. Nach Neumünster zurückgekehrt (1150 Diakon), besaß er seit etwa 1156 die Pfarrstelle in Bosau (Vizelins und Gerolds Missionsstützpunkt). Die Parteinahme von →Konrad I., Bf. v. Oldenburg und Lübeck, gegen →Heinrich d. Löwen 1167 (Anlaß der Chronik) teilte der prosächs. und antibremisch schreibende H. nicht.

[2] *Werk:* H. verfaßte wohl auf Anregung Gerolds seine mit der Zeit Karls d. Gr. einsetzende »Chronica Slavorum« nach 1163 (wahrscheinl. 1167/68). Die Widmung an die »patres Lubicenses ecclesiae« sollte das dortige Domkapitel in die otton.-sächs. Tradition, die die bisherigen Träger der Mission prägte, einbinden. Bes. Gerolds Einsicht in die Gefährdung des Missionswerkes durch die Konkurrenz zw. sächs. Hzg., Schauenburger (→Schauenburger), Brandenburger und dän. Kg., zw. den Missionsbf.en und dem Ebf. v. →Hamburg-Bremen wurde zum Leitfaden der »Bekehrungsgeschichte«, die in der aus den Gesten (→Gesta) entwickelten Form der Regionalchronik dem Ziel entsprechend akzentuierte (zeitl. Sprünge, Harmonisierung, antithet. Aufbau), oft auch dort Topoi einsetzte, wo die Forsch. glaubte, Informationen unmittelbar ableiten zu können. Im Mittelpunkt steht Ostholstein; Mecklenburg, Brandenburg, Pommern und Skandinavien sind im Blick; die Reichsgesch. dort, wo sie zur Mission in Beziehung steht. Dem Ineinandergreifen von Herrschaftsbildung, Siedlung und Mission entsprechend treten ethn. Fragen zurück. Als die dän. Mission 1168 auf →Rügen Erfolg hat, fügt H. ein 2. Buch an, das mit dem Ehevertrag zw. Dänen und →Welfen 1171 eine Friedenszeit erwarten läßt. Die relative Abgeschiedenheit in Bosau und der aus der Wendung gegen Hamburg-Bremen und Konrad I. v. Lübeck zu erklärende Entstehungszusammenhang begründen den begrenzten Zugriff auf Q.: Neben klass. Einflüssen und einer allg. Kenntnis reichsgesch. Q. (→Disibodenberg, →Frutolf) aus Braunschweiger Zeit fußt sein Werk v. a. auf →Adam v. Bremen und den Viten →Willehads und →Ansgars, auf mündl. Überlieferung und eigener Erfahrung (bei möglichem, aber nicht näher bestimmbarem Zugang zu norddt. Fs.enhöfen und kirchl. Institutionen). Der Wert der bedeutendsten Schriftquelle Niederdeutschlands im 12. Jh. ist heute unbestritten; →Arnold v. Lübeck, →Albert v. Stade und die norddt. Historiographie des SpätMA haben H. rezipiert. W. Ehbrecht

Ed. und Lit.: Repfont V, 406ff. – Verf.-Lex.² III, 976ff. – H. v. B., Chronica Slavorum, ed. H. Stoob (AusgQ, 1973²) – Wattenbach-Schmale I, 427ff.

Helmschau → Turnier, →Herold

Helmschmid, Lorenz, bedeutendster Plattner (Harnischmacher) der dt. Spätgotik, in Augsburg um 1445–1516 tätig. 1477 lieferte er einen Roßharnisch für Friedrich III., 1480 einen Feldharnisch für Maximilian I., dessen Hofplattner er seit 1491 war. 1493 schuf er für den Kg. die erste große →Harnischgarnitur, 1494 war er zusammen mit seinem Bruder Jörg d. J. (um 1450–1502) mit einem Großauftrag Maximilians auf Stech- und Rennzeuge beschäftigt; 1484 hatte H. einen spätgot. Prunkharnisch für Ehzg. Siegmund geliefert. Vom Anfang des 16. Jh. ist kein gesichertes Werk erhalten. Der Riefelharnisch des Pfgf.en Ottheinrich stammt erst von 1516 (ebenso wie die oben gen. Arbeiten in der Waffenslg. des Kunsthist. Museums, Wien), ein sehr ähnlicher Riefelharnisch mit der

Marke des Meisters befindet sich im Hist. Museum, Bern.

Die spätgot. Arbeiten des L. H. sind gekennzeichnet durch elegante Formgebung und reichen Dekor aus getriebenen Gratbündeln, kunstvoll ausgesägten Rändern und messingvergoldeten Lilien-Zierleisten. Die Plattnermarke des L. H. war ein Stechhelm mit Kreuz als Zier. O. Gamber

Lit.: B. Thomas – A. Lhotsky, Der Roßharnisch Ks. Friedrichs III., Belvedere 13/5–8, 1938–43 – B. Thomas, Lorenz Colman, Armourer of Augsburg, Apollo Annual, 1948 – A. v. Reitzenstein, Die Augsburger Plattnersippe der H., MüJb 3.F., Bd. 2, 1951 – B. Thomas, Jörg H.d.J., JKS 52, 1956 – O. Gamber, Der Turnierharnisch zur Zeit Kg. Maximilians I., ebd. 53, 1957.

Helmstedt, Stift und Stadt in Niedersachsen (Bm. Halberstadt), liegt an der frühen Handelsstraße Braunschweig-Magdeburg. Aus einer Missionszelle entstand vor 887 sö. des Dorfes Helmonsted (952) das 1803 aufgehobene Ludgeri-Kl., durch die Personalunion des Abtes dem Kl. →Werden eng verbunden. Der Abt war Stadt- und Grundherr von H., das aus mehreren Siedlungskernen (Dorf, Marktsiedlung des 11. Jh. mit Pfarrkirche St. Stephan, civitas um 1150, Dorf bei der 1155 gen. Walpurgiskapelle; →Heinrich d. Löwe) zur Stadt zusammenwuchs, die ab ca. 1230 mit einer gemeinsamen, im 15. Jh. erneuerten, ca. 32 ha umfassenden Mauer umgeben wurden. Das Ludgeri-Kl. mit der Siedlung Ostendorf blieb ebenso außerhalb der Mauern wie das 1176 errichtete Augustinerinnenkl. im W, das die Pfarrechte der 1249 belegten, welf. Neustadt Neumark besaß. Diese ca. 7 ha umfassende Anlage wurde, wohl kurz nach dem 1307 durch die Stadt erfolgten Ankauf, in den Bering einbezogen. Die stadtherrl. Rechte des Abtes gingen ab dem 13. Jh. zunehmend in die Hand des 1230 bezeugten Rates (1232 magister civium, 1228 städt. Rechte nach Magdeburger Vorbild bezeugt), bes. aber auf die welf. Hzg.e, die seit 1180 die Vogtei innehatten, über: 1490 wurde der Hzg. förml. mit H. belehnt. Das ehedem reiche Kl., dessen Exemtionsprivilegien allerdings gefälscht sind, stand am Ende des 15. Jh. vor dem wirtschaftl. Zusammenbruch. Die Wirtschaft der sich im 15. Jh. zur Hanse haltenden Stadt basierte auf handwerkl., zumeist im niedersächs. Raum vertriebener Eigenproduktion. Im ausgehenden MA dürfte die Einw.zahl max. 3000 betragen haben. 1574 wurde H. Sitz der welf. Landesuniversität. F. B. Fahlbusch

Bibliogr.: Bibliogr. zur dt. hist. Städteforsch., T. 1 (= Städteforsch., B 1), 1986, 647f.

Helmvaz → Helm

Helmzagelschraube → Stechzeug

Helmzier → Zimier

Heloise (Heloissa), * um 1100, † 16. Mai 1164, studierte unter Obhut ihres Onkels, des Kanonikers Fulbert, die Artes in Paris. Früh berühmt wegen ihrer außergewöhnl. Bildung, wurde sie Schülerin und Geliebte →Abaelards. Nach der Geburt ihres gemeinsamen Sohnes Astralabius und ihrer Heirat wurde Abaelard als Opfer der Privatrache Fulberts entmannt (1118/19); H. trat (vor 1131) in das von Abaelard bei Nogent-sur-Seine gegr. Kl. Le →Paraclet ein, dem sie als Priorin, seit 1135 als Äbt., bis zum Tode vorstand. Außer dem Einleitungsschreiben an Abaelard zu ihm vorgelegten Problemata über Kl.fragen und dem Dankesbrief an →Petrus Venerabilis für dessen Besuch u. die Überführung der sterbl. Reste Abaelards ins Kl. Le Paraclet (nach 1142) sind möglicherweise keine authent. Schriften H.s erhalten. Ihr Nachleben ist v. a. durch das den Briefwechsel mit Abaelard und die »Historia calamitatum« enthaltende Sammelwerk bestimmt. Aufgrund dieser lit. hochstehenden Texte (Echtheit umstritten) gilt sie bis heute als Symbolgestalt für die Unbedingtheit weibl. Liebesleidenschaft. P. v. Moos

Ed.: The Letters of Peter the Venerable, ed. G. Constable, 1967, Ep. 167 – Problemata H.ae, MPL 178, 677–730 – Briefwechsel: ed. J. T. Muckle, MSt 15, 1953, 47–94 – T. P. McLaughlin, ebd. 17, 1956, 241–292 – *Lit.*: Ch. Charrier, H. dans l'hist. et la légende, 1933 – P. v. Moos, MA-Forsch. und Ideologiekritik, 1974 – P. Bourgain, H. (Abélard et son temps. Actes du coll. internat. … 1979), 1981, 209–236 – Fälsch. im MA V (MGH Schriften 33/5, 1988), 95–165 [Beitr. J. F. Benton, H. Silvestre] – H. Silvestre, H. et le témoignage du »Carmen ad Astralabium«, RHE 83, 1988, 635–660 – s. a. Lit. zu →Abaelard.

Hélory, Ivo → Ivo Hélory, hl.

Helpericus, Komputist, Mönch von St-Germain zu Auxerre, wirkte dort im 9. Jh. als Lehrer; längere Zeit lebte er im Kl. →Moutier-Grandval. Die von L. Traube vorgeschlagene Gleichsetzung des H. mit →Heiric v. Auxerre hat sich als falsch erwiesen. H. verfaßte einen auf älterer Lit. – er erwähnt Beda und Macrobius – fußenden Computus, der in Frankreich, im dt. Sprachraum sowie in England weite Verbreitung erlangte. Erhalten sind von H. außerdem ein den Computus betreffender Brief sowie eine kurze Abhandlung über die Frage, warum der Todestag Christi mit Trauer begangen wird, während die Todestage der Hl.en Anlaß zu Jubel bieten. J. Prelog

Ed.: MPL 137, 17–48 – MGH Epp. VI, 117–124 – *Lit.*: L. Traube, Vorlesungen und Abh. 3, 1920, 128–152 – P. McGurk, Computus Helperici: Its Transmission in England in the 11th and 12th C., MAe 43, 1974, 1–5.

Helpidius, christl. Dichter, 2. Hälfte 5. Jh.–Mitte 6. Jh., wird mit Rusticus Helpidius Domnulus familiaris Sidonii Apollinaris oder mit Flavius Rusticus Domnulus comes consistorialis bei Theoderich bzw. mit diaconus Elpidius, Arzt Theoderichs, identifiziert. Unter seinem Namen erhalten: »Carmen de Christi Jesu beneficiis« (Christus als Retter der Menschheit) und »Tristicha XXIV historiarum Testamenti ueteris et noui« (24 Epigramme bibl. Inhalts). J. M. Alonso-Núñez

Ed.: MPL 62, 543–548 – *Lit.*: CPL 1506–1508 – REI A 1240 – D. H. Groen, Rustici H.i Carmina, 1942 – S. Cavallin, Le poète Domnulus, Sacris Erudiri 7, 1955, 49–66 – F. Corsaro, Elpidio Rustico, 1955 – L. Alfonsi, Su una fonte del »Carmen de Christi Jesu beneficiis« di Elpidio Rustico, Rivista di Filologia e Istruzione Classica NS 34, 1956, 173–178 – Ders., VC 10, 1956, 33–42.

Helsingør, Stadt in →Dänemark (Seeland), am Øresund, mit der kürzesten Verbindung nach →Schonen. Im Jordebog (→Erdbuch) Waldemars II. (um oder nach 1231) erwähnt; aus dem frühen 13. Jh. stammen auch die ältesten Teile der Stadtkirche St. Olai (heut. Dom). Doch erfolgte die städt. Entwicklung wahrscheinl. erst im frühen 14. Jh. (erste Erwähnung eines Rats in Urkk.), bedingt wohl durch ein wachsendes Interesse des Kgtm.s an der Øresundregion.

Die älteste Siedlung lag vermutl. südl. der heut. Altstadt. 1426 erhielt H., wohl in Zusammenhang mit der Verlagerung des →Sundzolls, kgl. Privilegien (u. a. zur Errichtung von Steinhäusern), die auf eine Verlegung in die Nähe der kgl. Burg Krogen hindeuten. Diese Neuanlage der Stadt erfolgte nach einem rechtwinkligen, an der Küstenlinie orientierten Grundriß, aber ohne Marktplatz. 1509 befahl der Kg. den Bürgern die Befestigung der Stadt (ummauertes Areal: ca. 23 ha) und verlieh ihnen ein an die Stadtrechtsfamilie der Sundstädte angelehntes Recht.

Ohne bedeutendes Hinterland, betrieb H. wohl schon vor dem 16. Jh. regen Handel in der Isefjordregion (See-7Hem(m)erli(n)

land) sowie jenseits des Sundes in Schonen und Halland. Es bestanden drei Bettelordenskl. (Franziskaner: St. Anna, 1420; Dominikaner: St. Nikolai, vor 1441; Karmeliter: St. Marien, 1430, mit Hospital: 1516). Die Einwohnerzahl betrug 1557 ca. 2600, davon 7% Schotten (eigener Schottenaltar in St. Olai) sowie je 3% Dt. und Niederländer. Th. Riis

Lit.: H. i Sundtoldstiden, hg. L. Pedersen, I–II, 1926–29 – Hist. huse i H., udg. af Nationalmuseet, 1973 – K Hørby, Øresundstolden og den skånske skibstold (Middelalderstudier A. E. Christensen, 1966), 245–272 – T. Riis, Juridical and Social Problems of Danish Medieval Towns (Storia della Città 14, 1980), 117–124 – Ders., The Typology of Danish Medieval Towns (ebd. 18, 1981), 117–136 – Ders., Should Auld Acquaintance Be Forgot … Scottish-Danish Relations ca. 1450–1707, I–II, 1988.

Hemd → Kleidung

Hemma. 1. H., Kgn. des ostfrk. Reichs, sel. (Fest im Bm. Regensburg 31. Jan.), * um 808, † 31. Jan. 876, □ St. Emmeram (nach fälschl. Überlieferung im Kl. Obermünster), Regensburg; ∞ 827 Ludwig d. Dt., wohl ebd.; sieben Kinder, darunter →Karlmann, →Ludwig III. (d. J.) und →Karl III. d. Dicke; Tochter des frk. Gf.en Welf und der edlen Sächsin Eigilwich/Heilwich, mit denen der Aufstieg der →Welfen beginnt, deutlich markiert durch die Ehe Ks. Ludwigs d. Fr. mit →Judith, der Schwester H.s. H. hat wiederholt, meist in Regensburg, in Urkk. Ludwigs d. Dt. interveniert (DLdD 110, 128, 141, 161; mehrere Spuria), am interessantesten ist ihre Intervention für die Marienkapelle in Regensburg, neben Frankfurt einem Zentrum der Hofkapelle Ludwigs d. Dt. J. Fleckenstein

Lit.: LCI VI, 494 – LThK² V, 227 – Dümmler² – K. Bauch, Das ma. Grabbild, 1976, 101.

2. H. v. Gurk, hl. (1938 kanonisiert), * um 990, † um 1045; stammte aus Kärntner Hochadel und war mit dem slav. Adel Großmährens und mit Ks. Heinrich II. verwandt. Ihre Großmutter Imma aus dem Geschlecht der bayer. →Luitpoldinger erhielt 975 von Ks. Otto II. für das von ihr begonnene Kl. in Lieding bei G. das Markt-, Maut- und Münzrecht (→Friesach). H.s Gatte Wilhelm II., Gf. v. Friesach und Mgf. an der Sann (Cilli), wurde 1036 von dem abgesetzten Hzg. v. Kärnten, →Adalbero v. Eppenstein, getötet. Nach dem Tod ihrer Söhne benutzte H. den riesigen Besitz ihrer Vorfahren und der Familie Wilhelms (Kärnten, Untersteiermark, Krain) zur Gründung eines Nonnenkl. in →Gurk (1043) und zur Ausstattung des Kl. →Admont, das erst Jahrzehnte nach ihrem Tod errichtet wurde (1074). Die freizügige Form eines »adligen Damenstiftes«, die H. ihrer Gründung gegeben hatte, bot Ebf. →Gebhard v. Salzburg den Vorwand, das Kl. vor 1070 aufzuheben, um dessen reiche Güter für die Gründung des »Eigenbm.s« Gurk zu verwenden, über das H.s mächtige Verwandte bis 1130 die Erbvogtei ausübten. Erst durch die Fälschungen des Kaplans Conrad wurde die fast vergessene H. im Kampf des Bm.s Gurk gegen Salzburg als Gründerin hochstilisiert. Die Übertragung ihrer Gebeine in die neue Krypta des Gurker Domes erfolgte 1174, die Seligsprechung 1287. H. Dopsch

Lit.: L. Hauptmann, Hema i Svetopuk (H. und Zwentibold), Rad 255, 1936, 221–246 – H. Dopsch, Die Stifterfamilie des Kl. Gurk und ihre Verwandtschaft, Carinthia I, 1971 (Festg. Gurk 1), 95–123 – H. v. G., Kat. d. Ausstellung in Straßburg/Kärnten, 1988.

Hem(m)erli(n) (Hämerli u. ä., latinisiert Malleolus), **Felix,** Zürcher Kanonist und Publizist, * 1389 in →Zürich, † 1458/59 in Luzern, entstammte einem altangesehenen und begüterten Zürcher Zunftmeistergeschlecht, studierte vornehml. in →Erfurt (1406/07–09 und 1413, dort

Bacc. des kanon. Rechts), 1412 Kanoniker am Zürcher Großmünster, 1421 Propst des Stiftes in →Solothurn, 1423/24 Dr. decret. in Bologna, drei Romreisen an die Kurie Martins V. (1425, 1426, 1427–28), seit 1428 fast ständiger Aufenthalt in Zürich als Kantor am Großmünster, daneben Chorherr in Zofingen. Nachdem H. bereits das Konzil v. →Konstanz besucht hatte, nahm er 1432–35 mitberatend am Konzil v. →Basel teil.

Stark von konziliaren Reformvorstellungen geprägt, bekämpfte H. unkanon. Verhalten und Sittenverfall und ließ sich – Zeichen seiner kirchl. Gesinnung – 1430 zum Priester weihen. Er verfaßte eine Reihe kirchen- und zeitkrit. Streitschriften, oft in Dialogform; Publizität gewann v. a. »Contra validos mendicantes« (1438), in dem H. die Bettelei der Begarden, Beginen, Lollarden u. a. Laienbewegungen anprangerte. Die Streitigkeiten H.s mit kirchl. und städt. Kreisen Zürichs griffen im Alten →Zürichkrieg (1436–50) auf die polit. Ebene über: H. verteidigte nachhaltig die prohabsburg. Zürcher Politik, was ihm Schutz und Gönnerschaft von seiten der Habsburger und ihres Anhangs eintrug. Um 1444–51 entstand H.s berühmtestes Werk, der Hzg. Albrecht VI. gewidmete »Liber de nobilitate«, der in Form eines Streitgespräches zw. 'nobilis' und 'rusticus', u. a. mit »hist.« Argumenten, den Adel rühmt und vehemente Angriffe gegen die 'Bauern', namentl. die eidgenöss. Schwyzer, richtet; wichtig für die Schweizer Geschichtsschreibung wurde H.s Version der eidgenöss. Herkunftssage.

Nach der Rückführung Zürichs in die Eidgenossenschaft (1450) erneut hart bedrängt und nun auch mit dem Konstanzer Generalvikar Gundolfinger u. a. Prälaten verfeindet, wurde H. während der als Versöhnungsfest zw. Zürchern und Eidgenossen begangenen Fastnacht von 1454 in einer spektakulären Aktion verhaftet und wegen Ungehorsams gegen seinen Bf. zu Ämterverlust und lebenslanger Haft verurteilt. H., der seine Kampf- und Kerkerzeit in mehreren autobiograph.-apologet. Schriften dargestellt hat, wurde wohl erst kurze Zeit vor seinem Tod aus dem – milden – Gewahrsam der Luzerner Franziskaner entlassen.

In H.s umfangreichem Werk (41 Schriften bekannt) verbinden sich kirchl. Reformgedanken mit gelehrten Interessen des »Frühhumanismus«; er verfügte über einige Griechisch- und geringe Hebräischkenntnisse und baute eine Bibliothek von über 500 Bänden auf. Bes. Pflege widmete H. dem Gedächtnis und Werk →Konrads v. Mure, dem er sich als späterer Nachfolger im Kantoramt und als Habsburgerfreund verbunden fühlte. H.s durch Zitate aus Bibel, Kirchenvätern und gelehrtem Recht angereichertes Werk, das auch jurist. Schriften und einen balneolog. Traktat (»De balneis naturalibus«, um 1450) umfaßt, wirkte auf die Tradition des späteren 15. Jh. ein (Übers. des →Niklas v. Wyle; Einfluß auf →Pius II., Peter v. →Andlau, S. →Brant). H.s Schriften sind nicht zuletzt eine ergiebige Quelle für die Kulturgesch. des SpätMA.   U. Mattejiet

Lit.: Verf.-Lex.² III, 989–1001 [K. Colberg; Ed., Lit.] – HBLS IV, 190f. – NDB VIII, 511f. – Repfont V, 408–410 [Ed., Lit.] – B. Reber, F. H. v. Zürich, 1846 [grundlegend; Auszüge in W.] – E. Furrer, Polyhistorie im alten Zürich, Vjs. der Naturforsch. Ges. in Zürich 110, 1965, 363–394 – R. Hieronymus, F. H. und S. Brant (Für Ch. Fischer, 1973), 159–196 – J. C. Schmitt (Études sur l'hist. de la pauvreté, hg. M. Mollat, II, 1974), 547–560 – K. Schreiner, Zur bibl. Legitimation des Adels, ZKG 85, 1974, 343f. – F. Graus, Lebendige Vergangenheit, 1975, 63ff. – P. R. Mathé, Das Verhältnis von Stadt und Land ... (Fribourg. Ville et territoire, 1981), 214–234 – A. Meyer, Zürich und Rom, 1986, 247f.

Hemricourt, Jacques de, Chronist, * 1333 in Lüttich, † 1403 ebd. Patrizier aus Lüttich, verfaßte H. zwei lokalgesch. Werke in frz. Sprache, den »Miroir des nobles de Hesbaye« und den »Traité des guerres d'Awans et de Waroux« (über die Ereignisse von 1296 bis 1336) sowie die Beschreibung der Institutionen des Fürstbm.s →Lüttich, den »Patron de la temporalité«. Ähnlich wie sein großer Zeitgenosse →Froissart zeigt auch Jacques de H. starke Sympathien für Aristokratie und Rittertum.
     P. Bourgain

Ed.: C. De Borman, A. Bayot, E. Poncelet, 1910–31, 3 Bde (Comm. royale d'hist.) – *Lit.:* Molinier V, 91, 3463 – Bossuat, 5056–5058, 6961 – G. Doutrepont, Étude linguistique sur J. de H. et son époque, Mém. couronnés ... par l'Acad. royale de Belgique 45, 1892.

Hendrik → Heinrich

Hengwrt-Handschrift → Ellesmere-Handschrift

Henker → Scharfrichter

Henneberg, nach der Burg H. bei Meiningen benanntes Geschlecht (früher angenommene Herkunft von den älteren →Babenbergern heute bezweifelt), das mit Poppo I. (✗ 1078), der das Fundament für die Besitz- u. Machtfülle seines Hauses zw. Rhön, Thür. Wald und Haßbergen legte, im Gefolge Ks. Heinrichs IV. aufstieg. In Auseinandersetzungen mit →Würzburg, wo die Gf.en v. H. durch ksl. Gunst Burggf.en und Hochstiftsvögte wurden und Gebhard, Sohn Godebolds II., Gründers des henneberg. Hauskl. Veßra, Bf. war, erlitten sie bes. in der 1. Hälfte des 13. Jh. Rückschläge. Ihr polit. Interesse richtete sich dann mehr nach SO; aus dem Erbe der →Andechs-Meranier gewannen sie →Coburg. Die neuerworbenen Gebiete faßte Hermann I., zweimal (1247, 1256) vom Papst favorisierter Thronkandidat, als »Neue Herrschaft« zusammen. Durch die Teilung von 1274 entstanden die Linien Schleusingen, Hartenberg und Aschach (später Römhild). Eine Vormachtstellung H.s in →Franken begründete Berthold VII. (1284–1340), einflußreicher Parteigänger Ks. Ludwigs d. Bayern, der 1310 die Schleusinger Linie in den →Reichsfs.enstand erhob. Als Bertholds Sohn Heinrich VIII. (1340–47) ohne männl. Erben starb, gelangte die Pflege Coburg an die →Wettiner; weitere Verluste schwächten die Position der Gf.en in Franken auf Dauer. Heinrichs VIII. Bruder Johann I. konnte nur wen. Ämter, darunter →Schmalkalden, halten. Beim Aussterben der Linie 1583 fiel das völlig verschuldete Land größtenteils an die Wettiner. Der letzte Sproß der ebenfalls verschuldeten Hartenberger Linie verkaufte den Rest seines Besitzes 1371 an seinen Aschacher Vetter. Die Besitzungen der Gf.en v. H.-Aschach gingen im 14. Jh. zum größten Teil an Würzburg verloren; sie verlegten ihre Residenz 1391 auf Burg Hartenberg, 1465 nach Römhild, von wo aus Georg I., dem Vater Kfs. →Bertholds v. Mainz, noch einmal der Ausbau eines ansehnl. Territoriums gelang. Die Erhebung auch des Römhilder Zweigs in den Reichsfs.enstand 1486 aber hielt den Niedergang der durch eine weitere Teilung geschwächten Linie nicht auf. Sie starb 1549 aus.   A. Wendehorst

Bibliogr.: E. Henning – G. Jochums, Bibliogr. zur Henneberg. Gesch., 1976 – Dies., Nachträge und Ergänzungen, Mainfrk. Jb. 31, 1979, 163–168 – *Q.:* Henneberg. UB, hg. K. Schöppach u. a., 7 Bde, 1842–77 – E. Müller, Übersicht über die Bestände des Landesarchivs Meiningen, 1960 – *Lit.:* NDB VIII, 536–538 – F. Tenner, Burg H., der Stammsitz des Hennebergischen Gf.enhauses, 1936 – E. Zickgraf, Die gefürstete Gft. H.-Schleusingen, 1944 – E. Henning, Die Entwicklung der Landesherrschaft zw. dem n. Thüringer Wald und dem s. Maingebiet am Beispiel der Gft. H., Mainfrk. Jb. 14, 1972, 1–36 – E. Schubert, Berthold VII. (d. Weise) v. H., Frk. Lebensbilder 5, 1973, 1–22.

Hennegau (frz. Hainaut, fläm. Henegouwen), Gft. in den südl. Niederlanden, heute teils zu Belgien (Prov. H.), teils zu Frankreich (Ostteil des dép. Nord).

I. Politische und territoriale Geschichte – II. Wirtschaft.

I. POLITISCHE UND TERRITORIALE GESCHICHTE: Der H. geht zurück auf einen Bezirk der gallo-röm. Civitas der Nervier (spätere Diöz. v. →Cambrai), dessen Zentrum Famars ein spätröm. Castrum bei Valenciennes war. Im FrühMA als 'pagus Fan(o)martensis' bezeichnet, verdrängt der Pagus-Name H., der erstmals im 8. Jh. erscheint, seit dem 9. Jh. denjenigen des pagus Fanomartensis. In diesem westl. Teil →Niederlothringens hatten seit dem 10. Jh. Gf.en aus dem Geschlecht der Reginare (Régnier), mit Sitz in →Mons, die Herrschaft inne. Die dt. Kg.e entzogen Reginar III. (958/959) und seinem Sohn Reginar IV. (974) ihren Besitz und übergaben ihn ergebeneren Anhängern des otton. Kgtm.s zur Verwaltung. Nach einem gescheiterten Rückeroberungszug gegen Mons (976) unterwarf sich Reginar IV. dem Kg. und erlangte seine Güter zurück; lediglich →Valenciennes wurde erst 1047 seinem Enkel Hermann († 1050) zurückerstattet. Hermanns Witwe Richilde heiratete in 2. Ehe den Sohn des Gf.en v. →Flandern, Balduin (VI./I.); damit kam H. an Mitglieder des flandr. Gf.engeschlechts der Balduine (1051–1280). Nach nur kurzzeitiger Personalunion mit Flandern (1067–71) trug Richilde die Gft. dem Bf. v. →Lüttich zu Lehen auf, um sich so gegen Angriffe ihres mächtigen Schwagers →Robert d. Friesen, Gf.en v. Flandern (1071–93), zu schützen; dieses unter Vermittlung Hzg. →Gottfrieds des Buckligen von Niederlothringen in zwei Etappen geschlossene Abkommen, das dem Lütticher übrigens keine polit. Vormachtstellung im H. verlieh, hatte Bestand bis ins frühe 15. Jh.

Im 11. und frühen 12. Jh., in dem sich institutionelle Ansätze abzeichnen (curia, erbl. Hofämter), erfolgte eine territoriale Erweiterung durch Erwerb folgender Besitzungen: Gft. Chièvres (ein Teil der Mark →Ename, 1047), Domänen des Stifts Ste-Waudru zu →Mons, das Gebiet zw. Sambre und Maas (Beaumont-Chimay), beträchtl. Teile des pagus →Ostrevant (frz. Lehen, westl. der Schelde, zw. Valenciennes und Douai gelegen). Balduin IV. (1120–71) stärkte seine Machtposition durch Burgenbau, hielt den Adel in Schach und setzte erste gfl. Beamte ein. In Fortführung dieser Ansätze begründete sein Sohn →Balduin V. (VIII.) (1171–95) zu Beginn seiner Regierung die gfl. Kanzlei und führte mit Hilfe seines Kanzlers →Giselbert v. Mons eine weitausgreifende Politik; Höhepunkte waren: die 1190 bei Friedrich Barbarossa erwirkte Übertragung der Gft. →Namur, die zur Mgft. erhoben wurde (Erbe →Heinrichs des Blinden) und der Erwerb der Gft. Flandern nach dem Tod →Philipps v. Elsaß, dessen Schwester Margarete er geheiratet hatte (1191). Balduin VI. (IX. in Flandern [1195–1205]) erließ 1200 zwei Küren, die ältesten Kodifikationen des Lehn- und Strafrechts des H. An Ostern 1202 nahm er das Kreuz (→Kreuzzug, Vierter) und wurde 1204 zum ersten Ks. v. Konstantinopel gekrönt (→Lat. Ksr.), blieb aber seit einem Bulgarenfeldzug (1205) verschollen. Flandern und H. gingen nacheinander an die beiden Töchter über: zunächst an die kinderlose Johanna (1205–44, ∞ 1. Ferrand v. Portugal, 2. Thomas v. Savoyen); dann an Margarete (1244–80). Da aus den beiden Ehen der Margarete männl. Nachkommen hervorgingen, brach ein erbitterter Erbstreit zw. diesen aus (→Avesnes, →Dampierre). Der frz. Kg. Ludwig d. Hl. schlichtete diesen Konflikt in zwei Schiedssprüchen (1246; 1256: Dit de →Péronne) und sprach H. dem Sohn

aus 1. Ehe, Johann v. Avesnes, Flandern dagegen →Wilhelm v. Dampierre zu. Da Johann bereits 1257 verstarb, folgte →Johann (II.) seiner Großmutter nach (1280–1304) und etablierte sein Haus, die Avesnes, als dritte H.er Grafendynastie. Nach dem Tod des Gf.en v. Holland und Seeland, eines Großneffen Johanns II. v. H. aus dem Haus Avesnes, wurden Holland-Seeland und H. in einer Personalunion dauernd vereinigt. Während Johann (II.) sich bei seinem Kampf gegen die Dampierre der Gunst des dt. Kgtm.s versicherte und – noch 1297 – auch Unterstützung beim frz. Kg. fand, ging sein Sohn Wilhelm I. (1304–37) vom anfängl. Bündnis mit Frankreich immer mehr zur Partei des Kg.s v. England, seines Schwiegersohnes, über. Durch verschlagene Diplomatie und Annäherung an Flandern konnte Wilhelm seinem holl.-hennegauischen Machtkomplex ein stärkeres Gewicht innerhalb der Niederlande verschaffen. Da Wilhelm II. (1337–45) kinderlos verstarb, fiel das Fsm. an seine Schwester Margarete, die Gattin →Ludwigs des Bayern, und damit an das Haus →Wittelsbach, das eine hennegauisch-holl.-seeländ. Linie ausbildete. Im 2. Drittel des 14. Jh. blühte im H. das – später so genannte – 'Ständewesen' auf, mit zahlreichen Versammlungen der drei traditionalen 'ordines'. →Albrecht (Aubert) v. Bayern, der seit 1358 als Regent für seinen wahnsinnigen Bruder Wilhelm III. (1356–89) fungierte, 1389–1404 als Gf. herrschte, bemühte sich, v. a. durch Wahrung der Neutralität im →'Hundertjährigen Krieg', um die Erhaltung guter Beziehungen zu den auswärtigen Fs.en, während er im Innern die großen Feudalherren niederhielt (z. B. Hinrichtung des Herrn v. Enghien). Der schon zu Lebzeiten des Vaters mitregierende Sohn Wilhelm IV. (1404–17), Schwager →Johann Ohnefurchts, des Hzg.s v. Burgund und Gf.en v. Flandern, hinterließ seine Länder der einzigen Tochter, →Jakobäa (1417–33), die seit 1420 mit ihrem 2. Ehemann und Vetter, Johann IV. v. Brabant und Limburg, in einen sich zum Bürgerkrieg ausweitenden Konflikt geriet (1424/25). Als – keineswegs uneigennütziger – Friedensstifter tat sich Hzg. →Philipp der Gute, der Vetter der Gfn., hervor (Vertrag v. Douai, 1. Juni 1425), der den Erwerb der Gft. für sein Haus in mehreren Etappen realisierte: Er ließ sich durch die Landstände des H. als *mainbour* (→mainbournie) anerkennen (22.–23. Juni 1427), erreichte auch die Bestätigung der Gfn. für dieses Regentenamt (Vertrag v. Delft, 3. Juli 1428), um schließlich die Übertragung der Gft. zu erreichen (Vertrag v. Den Haag, 12. April 1433). Damit war H. dem Hzm. →Burgund, auf der Basis der Personalunion, einverleibt; die Verwaltung wurde durch einen *grand bailli* und einen *conseil* ausgeübt. 1482 kam H. mit den meisten anderen burg.-niederländ. Territorien an das Haus →Habsburg.

II. WIRTSCHAFT: Die ca. 5300 km² umfassende Gft. H. war im MA in erster Linie Agrarregion, wobei sich verschiedene Zonen abzeichnen. Die Getreideanbaugebiete, die v. a. im N und SW lagen, erfuhren seit dem 12. Jh. starke Ausdehnung durch Rodungstätigkeit der Gf.en und der großen Abteien; seit dem 13. Jh. verbreitete sich die →Dreifelderwirtschaft. Im SO, jenseits der Sambre, schlossen sich hügelige 'Bocage'-Landschaften an, während im Gebiet zw. Sambre und Maas Forsten dominierten. Im Zentrum der Gft. findet sich dagegen ein Wechsel von Feldern, Weiden und Gehölzen. Das Bocage-Gebiet der nördl. Thiérache ist reich an sog. 'chartes-lois', die zw. 1150 und 1250, oft nach dem Vorbild der Charte v. Prisches (1158), zahlreichen ländl. Gemeinden verliehen wurden. Der Landesausbau des 12. Jh. war eine Hauptgrundlage der erfolgreichen Politik Balduins V. Die noch gesteigerte Prosperität im 13. Jh. brachte dagegen den – bereits stark verschuldeten – Gf.en nur mehr wenig Ertrag, obgleich diese versuchten, durch Ausbreitung des Pachtsystems ihre Einkünfte zu stabilisieren. War kurz vor 1300 in einigen ländl. Regionen Überbevölkerung aufgetreten, so führte der Schwarze Tod von 1349 im zentralen und südl. H. durch Mortalität und Wegzug zu spürbaren Bevölkerungseinbußen. Die Krise der Getreideproduktion des 14. Jh. konnte durch intensiven Anbau anderer Produkte und (ländl.) Gewerbetätigkeit ausgeglichen werden; zu nennen sind: Flachsanbau und Leineweberei im N, Kohleabbau im Hainetal, Weidewirtschaft und Weinhandel im S, Hütten- und Schmiedewesen im Sambre-Gebiet. Ohne ausgeprägte wirtschaftl. Dynamik, war der H. durch seine reichen landwirtschaftl. Erträge doch in die großen Handels- und Wirtschaftsbeziehungen der Niederlande (mit Frankreich, Flandern, Brabant, Holland) eingebunden. Im 15. Jh. setzte sich, trotz mehrfacher Kriege und Seuchenzüge, ein wirtschaftl. Wiederaufschwung durch.

Auch wenn der H. keine starke Urbanisierungsbewegung kannte, lebte im späten MA ein knappes Bevölkerungsdrittel in Städten, wobei einige der 22 'bonnes villes' der Gft. noch halb ländl. Züge trugen. Am ehesten konnte →Valenciennes, das sehr früh, 1114, eine kommunale Charta (sog. 'paix') erhielt, als Zentrum der Tuchverarbeitung mit den großen fläm. Städten wetteifern; auch andere Städte (Enghien, Maubeuge, Chimay, Avesnes, →Binche; später: →Mons, →Ath, Lessines, Chièvres u. a.) produzierten Tuch. Durch das um wirschaftl. Förderung bemühte Haus Avesnes wurde die 'nouvelle draperie' (Erzeugung billigerer Gebrauchstuche) eingeführt (Maubeuge, Valenciennes). Am Ende des 15. Jh. drang die Produktion leichterer Tuche *(sayetterie)* von Arras her ins H. ein. Auch die Leineweberei blühte (Ath, Enghien, Soignies, Mons, Valenciennes). J.-M. Cauchies

Bibliogr.: Bibliogr. de l'hist. du H. (1951–80), hg. J.-M. CAUCHIES – J.-M. DUVOSQUEL, 2 Bde, 1983 – *Q.:* L. DEVILLERS, Cart. des comtes de H., (1337–1436), 7 Bde, 1881–96 – R.-H. BAUTIER – J. SORNAY, Les sources de l'hist. économique …, 2e sér.: Les états de la Maison de Bourgogne, I, 1984 – *Lit.:* L. VANDERKINDERE, La formation territoriale des principautés belges au MA, 2 Bde, 1902 – L. VERRIEST, Le régime seigneurial dans le comté de H., 1916–17 – J. DHONDT, Note critique sur les comtes de H. au Xᵉ s., Annales Cercle archéol. Mons 59, 1945, 123–144 – F. QUICKE, Les Pays-Bas à la veille de la période bourguignonne (1356–84), 1947 – M.-A. ARNOULD, Les dénombrements de foyers dans le comté de H. (XIVᵉ–XVIᵉ s.), 1956 – M. BRUWIER, Le passé économique du H. (Le H. français et belge, 1969), 71–79 – Hist. des Pays-Bas français, hg. L. TRÉNARD, 1972 [H. PLATELLE] – W. MOHR, Gesch. des Hzm.s Lothringen, I, 1974; II, 1976 – G. SIVÉRY, Structures agraires et vie rurale dans le H. à la fin du MA, 2 Bde, 1977–80 – Alg. Gesch. d. Nederlanden II, 1982 [TH. DE HEMPTINNE – M. VANDERMAESEN]; IV, 1980 [G. SIVÉRY – J.-M. CAUCHIES, La législation princière pour le comté de H. (1427–1506), 1982 – Recueil d'études d'hist. hainuyère … M.-A. ARNOULD, hg. J.-M. CAUCHIES – J.-M. DUVOSQUEL, 2 Bde, 1983 – J.-M. CAUCHIES, Les chartes – lois dans le comté de H. (XIIᵉ–XIVᵉ s.): essai de bilan (La charte de Beaumont et les franchises municipales entre Loire et Rhin, 1988), 185–205.

Henning Iwen (Iven), Bf. v. →Kammin 1446–67, † 3. Aug. 1468 in Körlin, □ Köslin. Der aus Stolp stammende H. begegnet zuerst 1441 als Domherr zu Kammin und als Kanzler Hzg. →Bogislaws IV. v. →Pommern. Am 21. Juli 1446 vom Kamminer Domkapitel zum Bf. gewählt, vom Hzg. und vom Konzil v. →Basel bestätigt. Das seine Unabhängigkeit gegenüber dem Kamminer Stift betonende →Kolberg verweigerte dagegen die Huldigung mit Hinweis auf die fehlende Bestätigung durch den (vom Konzil für abgesetzt erklärten) Papst →Eugen IV. Nach Herbeiführung eines Ausgleichs mit dem Nachfolger,

Papst Nikolaus V., und Bischofsweihe H.s (vor 11. Febr. 1448) konnte sich dieser im Stiftsgebiet durchsetzen, doch dauerte der krieger. Streit mit Kolberg an. H. erließ Synodalstatuten (1448, 1454) gegen den Niedergang der Kirchenzucht und untersagte dem Klerus, mit Laien über Trinität, Abendmahl und päpstl. Ablaß zu disputieren. Er war maßgebl. an der Gründung der Univ. →Greifswald (1456), deren erster Kanzler er war, beteiligt. R. Schmidt

Q.: Th. Kanzow, Pomerania, ed. G. GAEBEL, II, 1908, 17 – *Lit.:* ADB XI, 775f. – NDB VIII, 545f. – R. SCHMIDT, Bf. H. I. v. Cammin, BSt NF 53, 1967, 18–42 – DERS., Kräfte, Personen und Motive bei der Gründung der Univ. Rostock und Greifswald (Beitr. zur pomm. und mecklenburg. Gesch., 1981), 8–12 – →Kammin, →Greifswald, →Pommern.

Henochbuch → Apokryphen

Henotikon ('Ενωτικόν), Glaubensedikt Ks. →Zenons vom Herbst 482, welches bezweckte, den politisch unerwünschten Dissens zw. der orth. »Reichskirche« und dem weithin monophysit. Patriarchat Alexandreia zu beseitigen. Anlaß war die Nachfolgefrage im Patriarchenamt v. Alexandreia, denn Zenon hatte den Anfang 482 gewählten pro-chalkedon. Johannes Talaia aus polit. Gründen abgesetzt und machte nun die Anerkennung des neuen, monophysit. Kandidaten, Petros Mongos, abhängig von dessen Zustimmung zum H. Inhaltl. ist das H. eine Modifikation des »Enkyklion«, das Zenons antichalkedon. Vorgänger Basiliskos (475–476) gegen den Willen des Patriarchen v. Konstantinopel, Akakios, erlassen hatte, aber vor seinem Sturz im »Antenkyklion« zurücknehmen mußte: Den Glauben definiert es allein durch die Konzilsbeschlüsse v. →Nikaia (325), →Konstantinopel (381) und →Ephesos (431) unter Ablehnung der Lehren des →Nestorios und →Eutyches; es billigt, anders als das Konzil v. →Chalkedon, die zwölf Anathematismen Kyrills v. Alexandreia, ignoriert aber seine »Mia-physis«-Formel und lehnt indirekt den Tomus Leonis ab. Chalkedon wird fast totgeschwiegen, aber nicht außer Kraft gesetzt. Dies ermöglichte es Akakios, dem Verfasser des H., die Kirchengemeinschaft mit Petros Mongos nach dessen schließlicher Zustimmung aufzunehmen, was im Osten – trotz weiterbestehender Opposition im Mönchtum – zu einer relativen kirchenpolit. Stabilisierung führte. Rom aber lehnte das H. gänzlich ab, woraus das sog. →Akakian. Schisma entstand. G. Prinzing

Lit.: A. S. ATIYA, A Hist. of Eastern Christianity, 1968, 71–75 – HKG II, 3ff. [H.-G. BECK] – H.-G. BECK, Gesch. der orth. Kirche im byz. Reich, 1980, 7–15 – F. WINKELMANN, Die östl. Kirchen in der Epoche der christolog. Auseinandersetzungen (5.–7. Jh.), 1980³, 97ff. – H.-J. SCHULZ, Die Ausformung der Orthodoxie im byz. Reich (Hb. der Ostkirchenkunde I, 1984), 71f.

Henri (s. a. →Heinrich, Henricus)

1. H. de France, Bf. v. →Beauvais, Ebf. v. →Reims, * 1121/1123, † 13. Nov. 1175; jüngerer Bruder Kg. →Ludwigs VII. (→Kapetinger), früh für die kirchl. Laufbahn bestimmt, in kapet. Stiften und Kl. reich bepfründet (bereits 1126 Abt v. St-Mellon de →Pontoise und N.-D. de →Poissy, sodann Abt v. St-Denis de la Châtre in Paris, N.-D. d'→Étampes, St-Spire de →Corbeil, N.-D. de →Mantes, Thesaurar v. St-Martin de →Tours, Subdiakon v. N.-D. de →Paris). Eine plötzliche Konversion ließ ihn 1145 in →Clairvaux eintreten. Nach anfängl. Zögern nahm er 1149 das Bischofsamt v. Beauvais an (Weihe 1150). Seine aktive Politik galt der Wiederherstellung des bfl. Besitzes unter Einzug der in Laienhand geratenen Rentenlehen, was zu ztw. Entfremdung vom Kg. führte (1149–50). H. reformierte die Münze und errichtete einen Bf.spalast. Nach Versöhnung mit seinem Bruder wurde er zum einflußreichen Ratgeber und gab Papst Alexander III. im Schisma Unterstützung (Konzil in Beauvais, 1160), die er nach seiner Wahl zum Ebf. v. Reims (14. Jan. 1162) mit gesteigerter Autorität fortsetzte (Konzil in Reims, 1164). Stets besorgt um die bfl. Besitz- und Machtposition, bekämpfte er 1167 die Freiheitsbestrebungen der Reimser Bürger und initiierte im zweiten Zug eine Art wirtschaftl. Entwicklungsprogramm. Nach Niederschlagung adligen Räuberunwesens und der Sicherung der Zufahrtswege durch Kastellaneien verlieh er Reims 1171 einen Jahrmarkt, der den er an der Blüte der →Champagnemessen zu partizipieren hoffte. Er förderte die Belange der Orden, namentlich der →Templer, und nahm seine ebfl. Aufgaben auch durch Visitationsreisen und regelmäßige Provinzialkonzilien wahr.   P. Demouy/D. Guyotjeannin

Q.: Recueil des lettres, Bibl. mun. Arras, ms. 964 (MARTENE, Veterum scriptorum II, 622–1011) – P. DEMOUY, H. de F. [Ms. masch. 1972, im Dr.] – D. LOHRMANN, PUF, NF VII, 25–38 – Lit.: G. MARLOT, Metropolis Remensis hist. II, Reims 1679, 385–403 – GChr IX, 88–94, 723–731 – HLF XIII, 541–553 – M. PACAUT, Louis VII et son royaume, 1964 – TH. R. GREENE, Henry of Rheims [Diss. Abstr. Ann Arbor 1968] – W. M. NEWMAN, Les seigneurs de Nesle I, 1971, passim – C. J. MacDONOUGH, Hugh Primas and the bishop of Beauvais, MSt 45, 1983, 399–409 – L. FALKENSTEIN, »Pontificalis maturitas vel modestia sacerdotalis?«, AHP 22, 1984, 31–88 – TH. CREPIN-LEBLOND, Une demeure épiscopale du XIIᵉ s., Bull. Archéol., NS 20–21, 1984/85, 7–58 – O. GUYOTJEANNIN, »Episcopus et comes«, 1985 – L. FALKENSTEIN, Appellationen an den Papst und Delegationsgerichtsbarkeit am Beispiel Alexanders III. und Heinrichs v. Frankreich, ZKG 97, 1986, 36–65 – A. S. LEWIS, Le sang royal [frz. 1986].

2. H. d'Andeli, lit. Aktivität ca. 1220–40, * wohl in Les Andelys (Dép. Eure), lebte als Kleriker in Paris und lehrte dort vermutl. an der Univ. Verfaßte zwei satir.-allegor. Dichtungen in der Tradition der Psychomachia des Prudentius: In der »Bataille des septs arts« spiegelt der Kampf zw. Frau Grammatik, die antike und ma. Autoren ins Feld schickt, und Frau Logik, deren Kriegsmaschinen Trivium und Quadrivium sind und die siegreich bleibt, die Auseinandersetzung zw. den Schulen v. Orléans und Paris wider; das gleiche Schema wird parodiert in der »Bataille des vins«: An der Tafel des Kg.s Philipp II. August streiten die Weißweine untereinander um den Vorrang. – H.s bekanntestes Werk, der »Lai d'Aristote«, ist die älteste frz. Fassung der Gesch. von Aristoteles und Phyllis (→Aristoteles, D.). Der schwankhafte Stoff rückt den Text, der auch einige kurze lyr. Einlagen enthält, in die Nähe der burlesken Lai-Parodien, von denen er sich jedoch durch den höf. Ton unterscheidet. Im »Dit du chancelier Philippe« pries H. die Verdienste des 1236 verstorbenen →Philippus Grevius.   A. Gier

Ed.: Œuvres, hg. A. HÉRON, 1881 – L. J. PAETOW, The Battle of the Seven Arts, 1914 – Le Lai d'Aristote, hg. M. DELBOUILLE, 1951 – Lit.: EM I, 786–788 – GRLMA VI – GromPhil II 1, 82of. – G. HERMAN, H.'s Epic Parody »La Bataille des sept arts«, Annuale mediev. 18, 1977, 54–64 – M. ZINK, Autour de la bataille des vins de H. L'imaginaire du vin, 1981, Actes p.p. M. MILNER et M. CHATELAIN, 1983, 111–121.

3. H. d'Arci, Templer in Temple Bruer (Lincolnshire), für den ein anonymer Templer um 1160–80 lat. Texte in anglonorm. Alexandriner umsetzte: Teile aus den »Vitae Patrum« (u. a. das Leben der Hl. Thais), »Antecrist« (basierend auf dem Libellus de Antichristo des →Adso v. Montier-en-Der) sowie die Visio s. Pauli, von der eine ebenfalls anglonorm. Bearbeitung in Achtsilbern aus der 1. Hälfte des 14. Jh. erhalten ist.   M.-R. Jung

Ed. u. Lit.: Da in der älteren Forsch. H. d'A. als Autor gegolten hat, wurden die anonymen Werke unter dessen Namen publiziert: P. MEYER (Notices et extraits des mss. de la Bibl. Nat. et autres bibl. 35, 1,

1895), 137–168 – Vitas Patrum, ed. B. A. O'CONNOR, 1949 – Thais, Antecrist, Visio s. Pauli, ed. R. C. D. PERMAN, Stud. in Medieval French (Fschr. A. EWERT, 1961), 279–321 – M. D. LEGGE, Anglo-Norman Lit. and its Background, 1963 – Achtsilber-Version der Visio: ed. P. MEYER, Romania 24, 1895, 357–375 und 589–591.

4. H. de Valenciennes, Chronist des frühen 13. Jh., Verf. der afrz. »Histoire de l'empereur Henri de Constantinople«, die sich in den Hss. an die Chronik →Villehardouins anschließt und die Ereignisse im →Lat. Kaiserreich v. Konstantinopel Mai 1208 bis Juli 1209 erzählt. Sie ist – neben den Werken Villehardouins und →Roberts de Clari – einer der drei ältesten historiograph. Prosatexte in frz. Sprache. Die Frage, ob es sich nicht eher um eine reimlose Verschronik handelt (G. PARIS), wurde verneint, wohingegen für die Komposition starke Einflüsse der →Chanson de geste angenommen werden (L. F. FLUTRE). Die manchmal unzuverlässige, aber äußerst detailreiche und erzählfreudige Chronik rühmt die Heldentaten Ks. →Heinrichs v. Konstantinopel; Auftraggeber war vielleicht der Ritter Pierre de Douai, der sich 1208 bis Sept. 1209 in Konstantinopel aufhielt. Der Chronist diente wohl als Kleriker dem Ks. in Konstantinopel und ist vielleicht auch Verf. zweier geistl. Dichtungen.   P. Bourgain

Ed.: J. LONGNON, 1948 (Doc. relatifs à l'hist. des croisades, 2) – Lit.: MOLINIER III, 41, Nr. 2350 – Repfont V, 412 – BOSSUAT 3655–3659 – L. F. FLUTRE, Romania 65, 1939, 204–217 – J. LONGNON, ebd. 69, 1946, 198–241 – J. DUFOURNET, R. de Clari, Villehardouin et H. de V. juges de l'empereur H. de Constantinople (Mél. J. LODS, 1978, I), 183–202 – P. M. SCHON, Stud. zum Stil der frühen frz. Prosa, AnalRom 8, 1960.

Henricianer, Anhänger des Häretikers Heinrich der Mönch (sog. →Heinrich v. Lausanne), der unter dem Einfluß des →Petrus v. Bruis nach 1130 eine häret. Strömung vertrat, die von →Bernhard v. Clairvaux verfolgt wurde. Die Hauptthesen der H. sind: Ablehnung der Kindertaufe und der Erbsünde sowie der charismat. Gewalt des Klerus und der Gemeinschaft der Heiligen; hingegen traten sie für die Gültigkeit der wechselseitigen Laienbeichte und für die obligate Armut des Klerus ein.   E. Pásztor

Lit.: R. MANSELLI, Il secolo XII, religione popolare e eresia, 1983, 101–117.

Henricus (s. a. →Heinrich)

1. H. Aristippus, Übersetzer, † 1162 oder kurz danach, um 1155 archidiaconus von Catania (Sizilien); reiste 1158 als Legat des norm. Kg.s Wilhelm I. nach Konstantinopel, von wo er mit griech. Hss. (u. a. »Almagest« des →Ptolemaios), Geschenken →Manuels I. Komnenos, zurückkam. Um 1157/60 beobachtete er einen Ausbruch des Ätna. 1160–62 'familiaris regis' und Verwalter des Kg.reichs, wurde er 1162 als Verschwörer verhaftet und starb im Gefängnis. H. übersetzte →Platos »Menon« (1154/60) und »Phaidon« (vor 1156), die »Meteora« (Buch IV, mit Scholien) des →Aristoteles, Schriften →Gregors v. Nazianz, wohl auch »De vita philosophorum« des →Diogenes Laertios vom Griech. ins Lat.   C. H. Lohr

Ed. und Lit.: DBI IV, 201–206 – Repfont V, 414–416 – SARTON II, 346f. – C. H. HASKINS, Stud. in the Hist. of Mediaeval Science, 1927, 155–193 – Aristoteles lat., Cod. I/1, 1939, 134f. – Plato lat.: 1. Meno, interprete H.o A.o, ed. V. KORDEUTER–C. LABOWSKY, 1940 – L. MINIO-PALUELLO, Henri Aristippe, Guillaume de Moerbeke et les traductions lat. médiévales des »Météorologiques« et du »De generatione et corruptione« d'Aristote, RPhL 45, 1947, 206–235 – Plato lat.: 2. Phaedo, interprete H.o A.o, ed. L. MINIO-PALUELLO, 1950.

2. H. Arnold v. Alfeld OCart, 1407–87, Notar am Basler Konzil, Prior der Basler Kartause, die unter ihm zu einem bedeutenden Ort mönch. Geistigkeit wurde; verfaßte asket.-myst. Schriften (u. a. »De vita Christi«, »De mysterio redemptionis humanae dialogus inter Jesum et

Mariam«, »Meditationes ad BMV«), Predigten, Offizien und eine Chronik der Basler Kartause. G. Bernt

Ed.: Chronica fundationis domus Cartusiensis in Basilea minori, ed. W. Vischer–A. Stern (Basler Chroniken I, 1872), 248–305 – Dialogus de modo perveniendi ad perfectam Dei et proximi dilectionem, ed. B. Pez (Bibl. ascetia 1723/24 [Repr. 1967]), 6, 1ff. – *Lit.:* Basler Chroniken (s. Ed.) I, 239–306, 508–510 – NDB I, 390 – Repfont II, 412f. – Verf.-Lex.² I, 488f.

3. H. Bohic, Kanonist, * vor 1300 in St-Mathieu, Finistère, † nach 1350 in Paris; Studium in Paris und Orléans, Promotion zum Doctor iuris utriusque, Kanonistenausbildung an der Schule Clos-Bruneau in Paris. Kein Vertreter des →Gallikanismus, verfaßte er die »Distinctiones super V libros Decretalium«, auch als »In quinque Decretalium libros commentaria« bekannt (→Dekretalisten). Zwei von H. angefertigte Tabulae helfen die scharfsinnig gegliederte Kommentierung erschließen, die im 14. und 15. Jh. eifrig benutzt wurde. N. Brieskorn

Lit.: Coing, Hdb. I, 367, 378 – DDC II, 928f. – HLF 37, 1938, 153–173 – Repfont V, 419 – Schulte II, 266–270; 267 [Q.].

4. H. de Bracton, engl. Jurist, † 1268, begann seine Laufbahn als Schreiber (clericus) eines kgl. Richters, 1245 Reiserichter (→*eyre*). Zw. 1248 und 1257 Richter am hohen kgl. Gerichtshof →King's Bench, gehörte er zum Kreis der kgl. Rechtsberater und fungierte als Zeuge in Kg.surkunden. Bis in die jüngste Zeit galt H. de B. unbestritten als der alleinige Autor des berühmtesten jurist. Traktats des engl. MA, »De Legibus et Consuetudinibus Regni Angliae«, sowie des vielbenutzten »Notebook«, das ca. 2000 Fälle aus der Rechtsprechung der kgl. Gerichtshöfe referiert und kommentiert. Neuerdings wird – aber keineswegs einhellig – die Ansicht vertreten, daß beide Werke auf Anregung des kgl. Richters William of Raleigh von dessen Schreibern verfaßt worden seien, zu denen vielleicht H. de B. gehörte. – Der Verfasser der ersten umfassenden und rational gegliederten Darlegung des Common Law vereint eingehende Kenntnisse des Prozeßwesens an den Gerichtshöfen und Vertrautheit mit dem röm. Recht und der Rechtsliteratur. Sein großes Verdienst war, daß er durchgängig die besten und bewährtesten Verfahrensweisen der Common-Law-Gerichtshöfe zum Gegenstand seiner Darstellung machte. Sein Traktat wurde zum Vorbild der gesamten Rechtsliteratur unter Eduard I. →Engl. Recht. B. Lyon

Ed. und Übers.: Coing, Hdb. I, 303–305 – S. E. Thorne, 4 Bde, 1968/77 – *Lit.:* F. W. Maitland, The Hist. of English Law, 2 Bde, 1898² – H. Kantorowicz, Bractonian Problems, 1941 – H. G. Richardson, B.: The Problem of His Text, 1965.

5. H. Francigena, vermutl. gebürtiger Franzose, Lehrer an einer Schule in Pavia, verfaßte wohl zw. 1121 und 1124 eine Ars dictandi »Aurea Gemma« mit einem Anhang von 32 meist fiktiven Musterbriefen. Der theoret. Teil ist mit Ausnahme des Widmungsbriefes (an einen Petrus Severiane domus canonicus) und der Praef. noch unveröffentlicht. H. bezeichnet sich selbst als Schüler eines Anselmus; in seiner Ars benutzt er die »Praecepta dictaminum« des →Adalbertus Samaritanus und die »Rationes dictandi prosaice« des →Hugo v. Bologna. Er scheint bei der Übertragung der it. Ars dictandi nach Frankreich mitgewirkt zu haben. H. M. Schaller

Lit.: A. Bütow, Die Entwicklung der ma. Briefsteller bis zur Mitte des 12. Jh., 1908, 30–43 – Ch. H. Haskins, Stud. in mediaeval culture, 1929, 178–180 – Manitius III, 307 – D. Odebrecht, Die Briefmuster des H.F., AU 14, 1936, 231–261 – E. Kantorowicz, Anonymi »Aurea Gemma«, Mediaevalia et Humanistica I, 1943, 41–57 – J. Meisenzahl, Die Bedeutung des Bernhard v. Meiung für das ma. Notariats- und Schulwesen [Diss. masch. Würzburg 1960], 40–41 – s. a. Lit. →Ars dictaminis.

6. H. de Isernia (Apulus, de Sicilia, Siculus, höchstwahrscheinl. mit H. Italicus, Vlach, Kvas ident.), Geburtsjahr unbekannt, † um 1301; seine Herkunft (it. oder böhm.) wird diskutiert. H. studierte in Neapel und Rom, wurde zum Mag. und öffentl. →Notar. Als Ghibelline mußte H. angebl. Italien verlassen und kam an den Hof Hzg. →Heinrichs v. Meißen, um 1270 nach Prag. H. engagierte sich für polit. Ziele Ottokars II. Přemysl und Wenzels II. Als Kanoniker des Kapitels zu Vyšehrad (→Prag) machte er sich um die Entwicklung einer Notarschule verdient und war seit 1381 in der Prager städt. Kanzlei tätig. H. beeinflußte wesentl. die Entfaltung der lat. Kanzleisprache in Böhmen, schuf u. a. einige Formel- und Amtsbrüder und vermittelte den höf., kirchl. und städt. Kreisen in Prag it. Kultureinflüsse. M. Polívka

Lit.: J. Emler, Die Kanzlei Přemysl Otakars II. und Wenzels II., 1978 – S. Šebánek–S. Dušková, Das Urkk.wesen Kg. Ottokars II. v. Böhmen, ADipl 14, 1968 – J. Hrabák u. a., Antika a česká kultura, 1978.

7. H. Martellus Germanus (Heinrich Hammer), biograph. wenig faßbarer dt. Kartograph, wirkte etwa 1480–96 in Rom und Florenz; verwertete seine Kontakte zu den Erzeugnissen bedeutender Kartographen (u. a. des Donnus Nicolaus Germanus) und den Zugang zu aktuellsten topograph. Neukenntnissen (z. B. Niederschlag der Entdeckungen des D. →Cão und des B. →Diaz im Londoner »Insularium illustratum«) verläßl. und auf hohem Niveau in Regional- (überwiegend in kopialer Form) und Weltkarten. Neben zwei Codd. der ptolemäischen »Geographie« (Vatikan; Florenz) und vier kartograph., z. T. moderner ausgestatteten Codd. seines »Insularium illustratum« (Leiden; London; Chantilly; Florenz) hat sich eine großformatige Weltkarte von 1490 (New Haven/Yale, 190 × 108 cm, 11 Bl.) erhalten. Die Weltkarten des H.M. leiten durch Verschmelzung ptolemäischer und moderner Züge zu den Weltkarten eines neuen, realitätsbezogeneren Typus über, wobei bes. die 275 Längengrade umfassende Yale-Variante auf die Kartographie der Renaissance eingewirkt hat. M. Kratochwill

Lit.: R. Almagià, I mappamondi di Enrico Martello e alcuni concetti geografici di Cristoforo Colombo, La Bibliofilia XLII, 1940, 288–311 – A. Vietor, A Pre-Columbian map of the world, circa 1489, Imago Mundi XVII, 1963, 95f. – L. C. Sanz, Un mapa del mundo verdaderamente importante en la famosa Univ. de Yale, Boletín de la R. Soc. Geografica CII, 1966, 7–46 – I. L. Caraci, L'opera cartografica di Enrico Martello e la »prescoperta« dell'America, Riv. Geograf. It. 83, 1976, 335–344 – Dies., Il Planisfero di Enrico Martello della Yale Univ. Libr. e i fratelli Colombo, ebd. 85, 1978, 132–143 – P. Gallez, Das Geheimnis des Drachenschwanzes. Die Kenntnis Amerikas vor Kolumbus, 1980 [kontrovers].

8. H. de Segusio, päpstl. Diplomat und Kanonist, Kard. v. Ostia seit 1262, daher Hostiensis gen., * kurz vor 1200 in Segusio (bei Turin), † 25. Okt. oder 6. Nov. 1271 in Lyon; Studium beider Rechte in Bologna, Priesterweihe (vor 1233), 1235 Ernennung zum Prior des Kathedralkapitels v. Antibes, 1244–50 Bf. v. Sisteron, bis 1262 Ebf. v. Embrun; seit 1236 in diplomat. Diensten der Päpste (u. a. Innozenz' IV.) und Kg.e (u. a. Heinrichs III. v. England). 1239 soll er als Archidiakon in Paris die Dekretalen (→Dekretalisten) unterrichtet haben – eine Annahme, die der Überprüfung bedarf. Meisterwerke kanonist. Kommentierungskunst, übersichtl. Darstellung der »quotidiana« und »practiciatora« und inhaltl. Ausgewogenheit mit dem Akzent auf der →Aequitas sind die »Summa«, gen. die »Summa aurea« (begonnen 1239, beendet 1253), und die »In Quinque Libros Decretalium Lectura«. Ihnen angefügt ist die »Lectura super novellas Innocentii IV.«. N. Brieskorn

Lit.: Coing, Hdb. I, 378–DDC V, 1211–1227–HRG II, 244f.–Nov. Dig. It. XII, 1965, 283–285 – Repfont V, 439f. – Cl. Gallagher, Canon Law and the Christian Community, Analecta Gregoriana 208, 1978.

Henrik Harpestræng (He[i]nricus Dacus), angesehenster Arzt des nord. MA, * Ende des 12. Jh., † 4. April 1244 als Kanoniker in Roskilde; studierte in Salerno (oder Montpellier), Magister; H.s med. Renommee hat zu zahlreichen ps.epigraph. Zuweisungen geführt. Als echt kann ledigl. das Antoniusfeuer-Rezept »Remedium contra sacrum ignem« gelten; bedingt echt sind der pharmakograph. Purgiertraktat »De medicinis laxativis« (ed. J. W. S. Johnsson, 1914; nach→»Circa instans«, »Liber graduum« [→Constantinus Africanus] und→»Regimen sanitatis Salernitanum«) und das in den nord. Fachlit. weitverbreitete »Danske Urtebog« (nach »De viribus herbarum« des→Odo d. Meung und »Liber graduum«). – Das »Größere Arzneibuch« (»Danske Lægebog«, ed. Ch. Molbech, 1826) ist ein altdän. Derivattext, v. a. nach dem »Thesaurus pauperum« des→Petrus Hispanus, der vielgelesene »Liber herbarum« (H.H.s »Latinske Urtebog«, ed. P. Hauberg, 1936) ist das »Kräuterbuch« aus dem »Melleus liquor physicae artis« des obdt. Laienarztes Meister Alexander bzw. Alexander Hispanus. G. Keil

Ed. und Lit.: Verf.-Lex.² III, 476–479 – H., Gamle danske Urtebøger ..., ed. M. Kristensen, 1908–20 – Lægebøger med tilknytning til H.H., hg. P. Hauberg [1937], Theriaca 22, 1982 – W. F. Daems–G. Keil, H.H.s›Latinske Urtebog‹ in den ma. Niederlanden..., Fachprosa-Studien, hg. G. Keil, 1982, 396–416 – O. Riha, Würzb. med. hist. Forsch. 30, 1984.

Henry → Heinrich, →Henricus

Henryson, Robert, schott. Dichter, →Chaucernachfolger, * ca. 1425/30, † ca. 1500 (vor 1508). R. H. wirkte als Schulmeister in Dunfermline; die genaue Identifizierung bereitet wegen der Häufigkeit des Namens im 15. Jh. in Schottland aber Schwierigkeiten. Sein Gesamtwerk umfaßt ca. 5000 Verse; seine Hauptwerke sind größtenteils im *rime royal* (ababbcc) verfaßt: 1. »Morall Fabillis«: 13 Fabeln (→Fabel, V); an die Erzählung ist jeweils eine moral.-allegor. Auslegung (moralitas) angefügt. 2. »Orpheus and Eurydice«, ebenfalls mit anschließender moral.-allegor. Interpretation. 3. »The Testament of Cresseid«: Hier schildert H., wie Cressida für ihre Untreue mit Aussatz bestraft wird und reuig stirbt. Das Werk ist eine Art Fortsetzung und Korrektur zu→Chaucers »Troilus and Criseyde«. Ferner werden H. 12 kürzere Gedichte religiöser wie weltl. Thematik zugeschrieben. H. Sauer

Bibliogr.: Manual ME, 4. X, 1973, 965–988, 1137–1180 – NCBEL I, 658–660 – W. Scheps-J. A. Looney, Middle Scots Poets: A Reference Guide, 1986, 53–117–Ed.: H. H. Wood, The Poems and Fables of R. H., 1933 – D. Fox, The Poems of R. H., 1981 – Ders., R. H., The Poems, 1987–Lit.: D. Gray, R. H., 1979–R. L. Kindrick, R. H., 1979 – M. P. McDiarmid, R. H., 1981.

Hentze, eiserner Fausthandschuh (→Handschuh) des →Plattenharnisch. O. Gamber

Hephaistion v. Theben → Astrologie

Hera → Ära

Heraclius-Traktat (De coloribus et artibus Romanorum; 11.–13. Jh.; Autor ungesichert), in einer umfassenden Hs. des 13. Jh. (Paris) erhalten, teilweise bis ins 9. Jh. zurückzuverfolgen (in Verbindung mit→»Compositiones ad tingenda musiva«, »Mappae clavicula« und »De diversis artibus« des→Theophilus presbyter). Buch I und II enthalten, metr. gefaßt, Farbherstellung, Glasfarben und Behandlung von→Edelsteinen und→Metallen, Buch III (wohl später entstanden) beschreibt in Prosa u. a. auch die→Buchmalerei. G. Jüttner

Ed.: A. Illg, H., Von den Farben und Künsten der Römer, 1888 – Lit.: E. E. Ploss, Ein Buch von alten Farben, 1967 – H. Roosen-Runge, Farbgebung und Technik frühma. Buchmalerei. Stud. zu den Traktaten »Mappae clavicula« und »H.«, 2 Bde, 1967 – Ders., Farben- und Malrezepte in frühma. technolog. Hss. (E. E. Ploss u. a., Alchimia, 1970, 49–66).

Herad (adän. *hæræth,* anorw./aisl. *heraδ,* aschwed. *hætaþ,* 'Harde'), Begriff von unklarer Etymologie (vermutl. von 'Schar', 'Heerhaufen'; 'Bezirk mit Versammlungsplatz'; 'Gegend, Landschaft'), bezeichnet in Skandinavien die kleinste, genau begrenzte und selbständige Verwaltungseinheit, nur in Dänemark, wo das H.system wohl seinen Ursprung hatte, landesweit verbreitet, tritt in Schweden und Norwegen dagegen nur partiell auf (West- und Ostgötaland, Småland; Ost- und Südostnorwegen). Die Anknüpfung der H.-Namen an altes Ortsnamensgut deutet auf eine Entstehung bereits vor der Wikingerzeit (militär. Aufgebotssystem?) hin. Noch im wikingerrechtl. Schiffsgestellungssystem (→Ledung) konnte ein H. bis zu vier 'Schiffsbezirke' (*skipæn*) umfassen, von denen jeder ein Kriegsschiff mit ca. 40 Mann auszurüsten hatte. Diese militär. Funktion des H. war dagegen im hohen und späten MA nicht mehr vorhanden. Nun lagen die Aufgaben des dän. H. (wichtige Q. das →Erdbuch Waldemars II., um 1231) auf dem Gebiet der Rechtspflege und Lokalverwaltung (*hæræz þing,* H.sding). Ein H. war in der Regel in 'Viertel' (*fiarthing*) unterteilt, aus denen die Urteiler (*sannænd mæn* 'Wahrmänner') und 'Ernannten' (*hæræz nænænd*) für bestimmte Dingausschüsse rekrutiert wurden. Bis 1300 fehlte in Dänemark ein H.-Vorsteher. Der schwed. H. kannte dagegen den H.-Häuptling (*hæræps höfþingi*), der als Richter sowie Vertreter der Rechtsinteressen des gesamten H. (bisweilen *allir mæn* 'alle Männer' gen.) gegenüber Dritten fungierte und bestimmte exekutive Befugnisse (Haussuchung, Urteilsvollstreckung) wahrnahm. – In Ostnorwegen diente die H. nicht so sehr der Rechtsprechung, sondern mehr als Beratungsorgan der bäuerl. Selbstverwaltung. H. Ehrhardt

Lit.: KL VI, 488–505 [Lit.]; VII, 251f. – S. Tunberg, Studier rörande Skandinaviens äldsta politiska indeling, 1911 – S. Aakjær, om det oddanske Herred og Sogn (Fschr. K. Erslev, 1927), 1–30.

Herakleios, Ks. 610–641, * 575, † 11. Febr. 641 (nach Abfassung eines in der Forschung vieldiskutierten Testaments). H. entstammte einer schon im 5. Jh. aus Syrien bekannten Familie, sein gleichnamiger Vater war Feldherr im Sāsānidenkrieg und →Exarch v. Karthago (ernannt nach 591, vor 602). H. heiratete in 1. Ehe 610 Eudokia (verstorben bald nach der Geburt des 612 als Mitks. belegten Herakleios [neos] Konstantinos), in 2. Ehe seine Nichte Martina (wahrscheinl. erst 622), die wohl elf Kinder (darunter den späteren Thronfolger Heraklonas) gebar. – Vom Exarchat Karthago aus zog H. 610 mit einer Flotte nach Konstantinopel und vertrieb Ks. →Phokas (5. Okt. 610). H.' Außenpolitik war gekennzeichnet von der Auseinandersetzung mit →Sāsāniden und →Avaren. Durch Vereinbarungen mit den Avaren (619/620/623) setzte er dem Zweifrontenkrieg ein Ende. Die pers.-avar.(-slav.) Belagerung Konstantinopels wurde während der Abwesenheit des Ks.s im Sommer 626 erfolgreich zurückgeschlagen. H.' Perserfeldzüge, deren Zahl und Datierung nicht unumstritten ist, gipfelten 627 im Sieg v. Ninive, dem der Verfall der Sāsānidenherrschaft durch innere Wirren folgte. Ideolog. Höhepunkt war die Wiedergewinnung des 614 geraubten Hl. →Kreuzes und seine Rückführung nach →Jerusalem (628 oder 630). An den Araberfeldzügen in den späten Regierungsjahren nahm der Ks. dagegen nicht mehr persönlich teil. H.' außenpolit. Erfolge basieren v. a. auf Finanzreformen (Silbermünze des Hexagramms). Die Einführung der →Themenorganisation ist ihm nicht zuzuschreiben. Er griff entschieden, wenn auch letztlich erfolglos, in die Nachfolgeregelung ein (Betonung des →Mitkaisertums) und schuf durch die Annahme des →Basileus-Titels die protokollar. Grundlagen für die späteren Jahrhunderte. Durch mehrere Novellen war er auch in der Kirchengesetzgebung tätig. Seinem Glaubensdekret, der →Ekthesis von 638 (s. a. →Monotheletismus), war kein Erfolg beschieden. Unter H.' Regierung erlebten Literatur und Kunst eine letzte große Blüte, an die man erst im 9. Jh. wieder anknüpfte.

P. Schreiner

Q. und Lit.: P. Lemerle, Quelques remarques sur le règne d'Héraclius, StM I, 2, 1960, 347–361 – A. Stratos, (Tò Βυζάντιον στὸν Z' αἰῶνα, 1–3, 1965–69) – G. Rösch, Onoma Basileias. Stud. zum offiziellen Gebrauch der Ks. titel in spätantiker und frühbyz. Zeit, 1978, 37 – H. G. Beck, Gesch. der orth. Kirche im Byz. Reich, 1980, 55–57 – J. Konidaris, Die Novellen des Ks.s H., Fontes Minores 5, 1982, 33–106 – M. F. Hendy, Stud. in the Byz. Monetary Economy c. 300–1450, 1985, 417–420, 494f. – C. Mango, Deux études sur Byzance et la Perse sassanide, TM 9, 1985, 105–118 – D. Misiu, Ἡ διαθήκη τοῦ Ἡρακλείου Α', 1985 – P. Speck, Das geteilte Dossier ..., 1988.

Herakles (lat. Hercules), beliebtester Heros der gr.-röm. Antike, Sohn des Zeus und der sterbl. Alkmene, vollbrachte außer den berühmten 12 Taten zahlreiche Heldentaten und wurde nach dem Tod in den Olymp aufgenommen. Der trag. Held wurde bei den Sophisten (Prodikos) zum eth. Vorbild: freiwillige Entscheidung gegen die Verlockungen der Lust und für den mühevollen Weg der Tugend ('H. am Scheidewege'), bes. wichtig für die ks. zeitl. Kyniker, Wiederaufnahme in Lit. und Kunst des 15. Jh. H.' Aufnahme in den Himmel wurde Bild erhoffter →Apotheose (Igeler Säule bei Trier, 3. Jh.), sein Sieg über den Höllenwächter Cerberus und seine Rückführung der Alkestis sind in Rom (Katakombe Via Latina, 4. Jh.) Bild paganer Jenseitshoffnung (gegen chr. Deutung Finks: Engemann, Tronzo). Bei den Kirchenvätern begegnet meist apologet. Ablehnung, die seltenen positiven Äußerungen sind eher eine Gegenüberstellung von H. und Christus als eine Christianisierung des H. bildes. Die Gleichsetzung des Sternbildes des Knienden (Engonasin) mit dem an Keule und Löwenfell kenntl. H. führt zu dessen Weiterleben in Aratus-Hss. seit karol. Zeit und auf von diesen abhängigen Denkmälern (Rom, 'Kathedra Petri', 9. Jh.; an dieser außerdem wiederverwendete ältere Elfenbeintafeln mit H. taten). Roman. Skulpturen sind z. T. durch die Parallelität der Löwenkämpfe des H. und des atl. Samson angeregt (vgl. Simon, 169–173). H. taten sind häufig auf mittelbyz. Elfenbeinkästen; ein Relief (13. Jh.) an S. Marco, Venedig, knüpft an ein dort wiederverwendetes byz. Beutestück an. Reicheres Nachleben in Lit. und Kunst erst seit Humanismus und Renaissance.

J. Engemann

Lit.: LCI II, 243–246 – RAC XIV, 559–583 – E. Panofsky, Hercules am Scheidewege, 1930 – Ders.-F. Saxl, Classical Mythology in Mediaeval Art, Metrop. Mus. Stud. 4, 1932/33, 228–280 – K. Weitzmann, Greek Mythology in Byz. Art, 1951 – M. Simon, Hercule et le Christianisme, 1955 – G. K. Galinsky, The Heracles Theme, 1972 – J. Fink, Bildfrömmigkeit und Bekenntnis, 1978 – Die Skulpturen von San Marco in Venedig, hg. W. Wolters, 1979 – J. Engemann, JbAC 26, 1983, 128–151 – W. Tronzo, The Via Latina Catacomb, 1986.

Heraldik, Lehre von der Form und dem Gebrauch der →Wappen. Das Wort »Wappen« (= hd. 'Waffen') weist auf ihren militär. Ursprung hin: lat. *arma* (davon frz. *armoiries*, engl. *arms* usw.). Der Ausdruck H. leitet sich von →Herold ab. Im Dt. unterscheidet man zw. »Wappenkunde«, die sich mit dem herald. Regelwerk, und

»Wappenkunst«, die sich mit der Qualität der graph. Ausführung beschäftigt.

I. Allgemeines; West- und Mitteleuropa – II. Italien – III. Kirchliche Heraldik – IV. England, Schottland, Irland – V. Ostmitteleuropa und Ungarn.

I. Allgemeines; West- und Mitteleuropa: [1] *Anfänge:* Die H. entsteht durch eine Zusammenfassung und Reglementierung bereits bestehender, vornehml. militär. Elemente (→Fahnen, Zeichen, →Siegel, →Schilde usw.) in der 1. Hälfte des 12. Jh. im westeurop. Bereich. Die Entwicklung der Rüstungen machte, nicht zuletzt in den vielfältig zusammengesetzten Heeren der →Kreuzzüge, ein Mittel zur Unterscheidung der →Ritter erforderl.; deshalb weisen die ältesten Wappen einfache, auch aus der Ferne leicht erkennbare und sicher unterscheidbare Formen auf, und deshalb ist auch die Auswahl der Farben begrenzt. Älteren wappenähnl. Formen, wie sie etwa auf dem Teppich v. →Bayeux abgebildet sind, fehlt die jurist. und graph. (Form und Farbe) eindeutige Qualität des Wappens; das gleiche gilt für ähnl. Formen in den außereurop. Ländern des MA. Im SpätMA werden oft Personen aus der vorherald. Zeit (z. B. Karl d. Gr. usw.) Wappen zugeschrieben, die sie gar nicht geführt haben können; diese Phantasieprodukte sind dennoch von geistesgesch. und kunsthist. Interesse und somit ebenfalls ein Gegenstand der H.

[2] *Quellen:* Originale Wappenschilde oder andere Wappenteile (Helmzierden etc.) sind nur höchst selten überliefert. Die ältesten Q. der H. sind Siegel (seit 1135), auf denen das Wappen oder auch nur das Wappenbild abgebildet sind; später werden dem eigtl. Siegelbild (Thron-, Reitersiegel) kleine Wappenschilde beigegeben. Weitere Q. der H. sind →Münzen (seit dem 13. Jh.), →Epitaphien und Kenotaphien, Totenschilde, Glasscheiben, →Supra- und Exlibris, Abb. auf Gemälden und in Miniaturen sowie an Gebäuden und auf Gebrauchsgegenständen. Beschreibungen von Wappen finden sich auch in literar. Werken. Bes. wichtige Q. sind die →Wappenbücher und -rollen, die oft von den Herolden selbst geführt werden (seit dem 14. Jh.), die von Ks.n, Kg.en, Päpsten und Pfgf.en ausgestellten →Wappenbriefe und die Aufschwörakten der Domkapitel, in denen in der Regel das Wappen farbig abgebildet ist.

[3] *Aufbau des Wappens; Farben:* Wichtigster und ursprgl. einziger Bestandteil des Wappens ist der Schild, auf dessen dem Feind zugekehrter Seite das Wappenbild aufgemalt ist. Als zweiter wesentl. Bestandteil gilt der →Helm mit der Helmzier (Helmkleinod) und den Helmdecken; mitunter treten andere Kopfbedeckungen an seine Stelle (vgl. Abschnitt III). Ergänzend können die Prunkstücke hinzutreten (Rangkronen, Schildhalter, Wappenmäntel, Devisen, Ordensketten). Näheres s. →Wappen.

In der H. sind nur neun Farben (Tinkturen) zugelassen, davon fünf eigtl. Farben (frz. *émaux*), zwei Metalle (frz. *métaux*) und zwei Pelzarten (frz. *fourrures* oder *pannes*). Die Farben sind: a) rot (frz. *gueules*, engl. *gules*; angebl. von einem pers. Wort für 'Rose'); b) blau (frz./engl. *azure*); c) grün (frz. *sinople*, von der Stadt Sinope, engl. *vert*); d) schwarz (frz./engl. *sable*; eigtl. eine Pelzbezeichnung: der Zobel), in der ältesten Zeit statt dessen auch braun; e) purpur (frz. *pourpre*, engl. *purpose*), im Wappenschild selbst gewöhnl. nicht gebraucht. Die Metalle sind: a) gold (frz./engl. *or*); b) silber (frz./engl. *argent*). Statt gold und silber kann ohne Bedeutungsunterschied auch gelb und weiß gebraucht werden; einige Wappenträger (Zisterzienser und teilweise die Ritterorden) lassen, als

Zeichen der Demut, nur gelb und weiß zu. Die Pelze sind: a) →Feh (frz./engl. *vair*) und b) →Hermelin (frz. *hermines*, engl. *ermine*). Beim Feh wird der Winterpelz verwandt, der auf dem Rücken weiß, auf dem Bauch graublau ist; die Fellstücke können in verschiedener Anordnung zusammengenäht werden. Beim Hermelin dient der weiße Winterpelz, auf den die Schwänze mit ihrer schwarzen Spitze aufgenäht werden. Für die Anordnung der Tinkturen gilt die Regel, daß stets Farbe und Metall aneinanderstoßen sollen und nicht die Farbe an Farbe oder Metall an Metall; von dieser Regel gibt es aber viele Ausnahmen (sog. Rätselwappen), bes. bei sehr alten Wappen. Außerhalb des Systems kommt die natürl. oder Fleischfarbe vor (frz. *carnation*). Ohne herald. Auswirkung ist die Verzierung einer Farbfläche durch Schlangenlinien etc., die sog. Damaszierung (frz. *diapré*).

Die Beschränkung auf die neun Tinkturen erfolgt aus rein prakt. Gründen der optischen Erkennbarkeit und wohl auch der technolog. Herstellbarkeit der Farben. Spekulationen über die Beziehungen zu Planeten, Elementen usw. sind abwegig. Die Farben stehen auch in keiner Beziehung zu den natürl. Farben etwa abgebildeter Tiere und Gegenstände. Erklärungsversuche solcher Farben gehören ins Reich der Wappenfabeln. Die Darstellung der Farben durch Schraffuren (rot: senkrecht, blau: waagerecht, grün: fallend, schwarz: gitterförmig, purpur: steigend, gold: gepunktet) wird erst in der NZ festgelegt.

[4] *Fachsprache:* Die herald. Fachsprache ist ursprgl. frz. Die Terminologie der anderen Sprachen sind Übernahmen oder (teils recht ungeschickte) Übers. aus dem Frz.; eine lat. herald. Terminologie gibt es nicht. Die Beschreibung eines Wappens gemäß der herald. Terminologie heißt →Blasonierung. Aufgrund einer korrekten Blasonierung ist es mögl., den Schild ohne Vorlage richtig zu zeichnen (»aufzureißen«). Die verschiedenen Schildformen (Normannenschild, Rundschild, Tartsche etc.) sind herald. bedeutungslos und werden bei der Blasonierung nicht angegeben.

Die Positionen auf dem Schild sind: Rechts (frz. *dextre*) und links (frz. *senestre*); sie werden immer vom Träger des Schildes aus gesehen, sind für den Betrachter also seitenverkehrt. Das obere Drittel des Schildes (frz. *écu*) ist das Schildhaupt (frz. *chef*), das untere Drittel der Schildfuß (frz. *champagne*), das rechte bzw. linke Drittel des Schildes ist die Seite oder Flanke (frz. *flanc*). Der Punkt genau in der Mitte ist die Herzstelle, ein dort aufgelegter kleinerer Schild heißt Herzschild. Die schmale Außenpartie des Schildes heißt Schildrand. Die Blasonierung verläuft immer von rechts nach links und von oben nach unten; die rechten/oberen Teile des Schildes gelten als vornehmer als die linken/unteren. Völlig einfarbige Schilde sind die Ausnahme; gewöhnl. ist entweder das Feld durch Linien unterteilt, oder es ist eine Figur auf ihm abgebildet, oder auf einem unterteilten Feld ist eine Figur abgebildet. Die dt. Terminologie unterscheidet zw. Heroldsbildern und gemeinen Figuren (s. u.). Die frz. Terminologie teilt in *partitions* und *charges*, wobei einige der Heroldsbilder (z. B. Pfahl, Balken usw.) als *pièces honorables* zu den charges gerechnet werden.

Die Unterteilungen der Schildfläche heißen »Heroldsbilder«. Eine senkrechte Linie in der Mitte des Schildes heißt »gespalten« (frz. *parti*); auch mehrfache Spaltung ist möglich (frz. *palé*). Wenn bei zweifacher Spaltung die rechte und linke Seite dieselbe Farbe aufweisen, wird der mittlere Teil als Pfahl (frz. *pal*) angesprochen. Ein schmaler Pfahl heißt Stab (frz. *vergette*). Verläuft die Linie waagerecht, so ist der Schild »geteilt« (frz. *coupé*), bei zwei Linien

zweimal geteilt (frz. *tiercé*), oder es entsteht ein Balken (eine Binde; frz. *face*). Ein schmaler Balken heißt Leiste (frz. *trangle*), eine schmale Leiste Faden (frz. *devise*). Ein Schild, der gespalten und geteilt ist, so daß vier gleichgroße Viertel entstehen, heißt »quadriert« oder »geviert« (frz. *écartelé*). Diese Teilung ist sehr häufig, bes. bei zusammengesetzten Wappen; die Felder werden reihenweise von 1–4 gezählt. Durch diagonale Linien wird der Schild schräggeteilt, und zwar durch eine von der rechten oberen Ecke ausgehende Linie schrägrechtsgeteilt (frz. *tranché*), durch eine von der linken oberen Ecke ausgehende Linie schräglinksgeteilt (frz. *taillé*); wie bei den geraden Teilungen gibt es auch einen Schrägrechtsbalken (frz. *bande*) und einen Schräglinksbalken (frz. *barre*). Die Kombination beider Diagonalen heißt »schräggeviert« (frz. *écartelé en sautoir*). Die Reihe ließe sich beliebig fortsetzen; die Zahl der möglichen Heroldsbilder ist sehr groß. Auch müssen die Teilungslinien nicht gerade, sondern können auch gebogen, gewellt, zinnenförmig usw. sein.

Die Abb., die in den (einfarbigen oder bereits ein Heroldsbild aufweisenden) Schild gesetzt werden, heißen »gemeine Figuren«. Man unterscheidet natürl., künstl. und erdichtete Figuren. Die natürl. Figuren sind Menschen, Tiere, Pflanzen, Himmelskörper oder Teile von ihnen. Sie werden auch nach ihrer Körperhaltung unterschieden; manche tragen ein charakterist. Attribut (z. B. der Strauß ein Hufeisen im Schnabel). Die häufigsten natürl. Figuren sind →Adler, →Löwe (der schreitende Löwe heißt in der H., außer in England, Leopard) und →Lilien. Die herald. Tiere haben keine symbol. oder emblemat. Bedeutung, auch wenn ihnen in den Wappenfabeln häufig eine solche zugelegt wird. Die künstl. Figuren sind Bauwerke, Werkzeuge, Kleidungsstücke, Waffen und Kreuze, letztere in zahlreichen Varianten. Zu den erdichteten Figuren gehören die Monstra, d. h. →Fabelwesen wie Greif, Drache, Lindwurm, Einhorn, Melusine, Harpyie, Basilisk usw. Die gemeinen Figuren werden nicht in ihrer natürl. Gestalt, sondern in stark vereinfachter und stilisierter Form wiedergegeben. Bei mehreren Figuren in einem Schild ist auch ihre Stellung zueinander wesentlich. Die natürl. Figuren müssen nicht ihre natürl., sondern können jede herald. zulässige Farbe aufweisen; sie können auch nach Art eines Heroldsbildes mehrfarbig tingiert sein. Kronen, Zungen und Krallen (Bewehrung) der natürl. Figuren sind oft vom Körper abweichend gefärbt. – Als »Beizeichen« bezeichnet man Merkmale, durch die gleichförmige Wappen differenziert werden, z. B. Turnierkragen und Bastardfaden.

Für die Helme, Helmzierden und Prunkstücke ist eine ähnl., wenn auch weniger strenge Terminologie ausgebildet worden.

Die zentraleurop., v. a. frz. H. weicht nur selten von den oben geschilderten Regeln ab. In Frankreich ist die herald. Kunstsprache schon seit Anfang des 13. Jh. in der noch heute gebräuchl. Form reglementiert. Die dt. Terminologie ist dagegen noch sehr schwankend und wortreich.

Th. Frenz

II. ITALIEN: Die it. H. beginnt im frühen 12. Jh. Ihre Entwicklung wurde v. a. von Venedig, Genua, Florenz und Mailand sowie von den Päpsten gefördert und erreichte in Skulptur und Zierkunst ein hohes Niveau. Gegen Ende des MA wird sie meist unschön schablonisiert, und die Stilisierung der herald. Tiere wirkt oft unbeholfen, vgl. z. B. den Stil des Wolkenfehs, die Darstellung des Adlers mit gesenkten Flügeln. Es erscheinen alle im MA üblichen Schildformen, doch werden Rundschild, Pferdekopfschild und die rechteckige Tartsche bevorzugt, im 14.–16. Jh. ist bes. der Rundschild beliebt. 1395 verwenden die →Visconti die Hzg.skrone als Rangkrone. – Neben Wappen und Wappenbildern werden die *Imprese* (Bilddevisen) benutzt, seit dem 14. Jh. in Verbindung mit Wappen die Wortdevisen (→Devise). Die Imprese erscheinen auch auf Fahnen, Gewändern, Pferdedecken und an Hausfassaden sowie in Innenräumen. An die Stelle der Helmzierden (mit meist ondulierten und in Quasten auslaufenden Rändern) treten Rangkronen, die auf Helme gesetzt werden. B. Heim

III. KIRCHLICHE HERALDIK: Der Gebrauch von Wappen im kirchl. Bereich setzt erst im 13. Jh. ein. Eine Besonderheit stellt die Timbrierung der Schilde mit kirchl. Würdenzeichen dar. →Mattheus Paris ziert seine »Chronica minor« mit kirchl. Wappen, begleitet von Mitra und Stab. 1259 verwendet der Zisterzienserabt v. Kappel (Zürich) ein Siegel mit Krummstab, pfahlweise hinter dem Schild. Der erste Papst, der ein Wappen führt, ist Bonifaz VIII. Früheren Päpsten wurden nachträgl. Wappen ihrer Familie, versehen mit Tiara und Schlüssel, zugewiesen. Der Schlüssel Petri erscheint bereits 1267 am Papstpalast Clemens' IV. in Viterbo und dann im 14. Jh. am Papstpalast in →Avignon. Der den Kard.en 1245 von Innozenz IV. verliehene Kard.hut wurde bald statt des Helms auf den Schild gesetzt. Er wurde später von Bf.en grün, von Äbten schwarz als Markierung der Wappen benutzt und hatte zunächst keine bestimmte Quastenzahl. Schon im MA verfaßten Geistliche bedeutende herald. Texte, neben Mattheus Paris sind →Bartolus de Saxoferrato, der walis. Bf. John Trevor v. St. Asaph, Bernard de Rousergue sowie die Kanoniker Felix →Hemmerlin und Nicolas Upton zu nennen. B. Heim

IV. ENGLAND, SCHOTTLAND, IRLAND: Die H. entwickelte sich in *England* um die Mitte des 12. Jh. Die meisten früheren Wappen waren einfach, oft geometr. gestaltet; Vasallen orientierten sich an den Wappen ihrer Lehnsherren. Zweifellos hat das Turnierwesen zur Verbreitung der Wappenführung entscheidend beigetragen. Eine der ältesten Sammlungen von Geschlechterwappen erscheint in der »Chronica minor« des →Mattheus Paris. Die Helmzier tritt erst im frühen 14. Jh. auf. Große Adelsfamilien führten →*badges* (Bilddevisen). Kg. Richard III., in dessen Wappen der weiße Eber erschien, vereinigte 1484 die engl. Herolde des Reiches im »College of Arms«. Unter seinen Nachfolgern nahm die Tendenz zu kompliziert gestalteten Wappen zu. Die in der engl. H. verwendete Sprache hat – bis heute – einen stark normanno-frz. Einschlag. Nur wenig Gewicht wurde auf die Abstammung von 16 oder 32 wappenführenden Ahnen (→Ahnenprobe) gelegt. →Devisen waren nicht allg. verbreitet. Die Bf.e verbanden ihre Geschlechterwappen durch Spaltung des Schildes mit den Wappen der jeweiligen Diöz. Entsprechende Wappenvereinigungen führten auch Eheleute (→Allianzwappen). Der →Hosenbandorden wurde 1348 gestiftet.

Die H. *Schottlands* wurde stark geprägt von der Einwanderung aristokrat. Familien im späten 12. Jh. (vgl. z. B. die Familie der →Stewart). Maßgebend für die herald. Gestaltung war weniger die lineare Abkunft als die Orientierung an den Namen großer Familien oder →Clans. Die Bilddevise eines Clan-Oberhauptes wurde von seinen Gefolgsleuten geführt. Im N und W des Landes bewahrten die herrschenden Adelsgeschlechter stärker kelt. Einflüsse (Verwendung eines *lymphad*, eines einmastigen Schiffes). In *Irland* erscheint die H. erst mit der Normanneninvasion von 1170. Eine bes. Bedeutung hatten die Wappen der mächtigen →Fitz Gerald und der →O'Neill (für Ulster), sie wurden zu Symbolen Irlands.

In *Wales* erscheinen die Wappen, die man später berühmten Fs.en der walis. Vorzeit zuschrieb, häufig geviert. M. Maclagan

V. OSTMITTELEUROPA UND UNGARN: [1] *Ostmitteleuropa:* Die ältesten Wappen erscheinen Ende des 12. Jh. und Anfang des 13. Jh., zunächst in Böhmen, dann in Pommern, Schlesien und Polen. Voll ausgebildete Wappen führten als erste die Fs.en auf ihren Siegeln (z. B. Adler in Böhmen, Löwen in Mähren, Greif in Pommern, Adler in Schlesien und Polen). Das Stammeswappen der →Přemysliden bildete die Grundlage für das Wappen des Kgr.es Böhmen, das auf rotem Feld einen silbernen, gekrönten →Löwen mit Doppelschwanz zeigte (seit der Mitte des 13. Jh.). Das Wappen der Piasten prägte das Wappen des Kgr.es Polen, das einen silbernen, goldgekrönten →Adler auf rotem Feld darstellte (seit 1295). Ritterwappen erscheinen im Laufe des 13. Jh., bes. in Polen auf der Basis von herald. umgestalteten Kenn- und Eigentumszeichen (böhm. *merk*, poln. *gmerk*); seit der Mitte des 13. Jh. werden Wappen sowohl von kirchl. als auch weltl. Institutionen, von Städten und Bürgern benutzt. In der poln. H. wurden »Heroldsbilder« selten angewandt, Helmzierden sowie Farben traten in den Hintergrund. Die Blütezeit der H. war in Polen und Böhmen erst im 14. Jh. und setzte sich bis ins 15. Jh. fort. Als erster poln. Heraldiker gilt Jan Długosz, der in seinen »Annalen« Wappen und Banner beschreibt und in dessen »Banderia Prutenorum« die in der Schlacht v. →Tannenberg (15. Juli 1410) von Polen und Litauen erbeuteten Fahnen dargestellt sind. Er soll auch das erste poln. →Wappenbuch verfaßt haben. Litauen übernahm den Gebrauch von Wappen 1413 (Vollzug der poln.-litauischen Union) von Polen. Auf die Wappenentwicklung in Rußland hatte die poln. H. Einfluß.

Das Wappen des →Dt. Ordens zeigte ein schwarzes, mitunter weiß eingefaßtes Kreuz. Friedrich II. gewährte das Recht, den Schwarzen Adler auf goldenem Grund dem Hochmeisterkreuz aufzulegen, 1250 gestattete Ludwig IX. d. Hl. v. Frankreich die Anbringung der goldenen Lilien an den Enden des aufgelegten silbernen Stabkreuzes. Die Hochmeister übernahmen im allg. das Ordenskreuz in ihre Familienwappen, die häufig geviert wurden, wobei im ersten und vierten Feld das Ordenskreuz erschien. Die Deutschordensritter führten das Ordenskreuz in einem mit dem Wappen ihres Geschlechts gevierten Schild. St. K. Kuczyński

[2] *Ungarn:* Um 1190 erscheint erstmals das Doppelkreuz des kgl. Wappens, seit dem 13. Jh. treten Wappen auf Siegeln von Privatpersonen und Städten auf, seit dem 15. Jh. sind sie überall verbreitet. Turnier- und Wappenbücher fehlen in Ungarn fast völlig. Wappensiegel sind zahlreich vertreten. Adlige und städt. →Wappenbriefe sind erhalten. Bei den ung. Wappen dominiert im Gegensatz zur westeurop. H. die natürl. Darstellung. Zur Zeit der Türkenkriege erscheinen auf den Krieg bezogene Wappenbilder, z. B. ein das Schwert haltender Arm, ein abgehauener türk. Kopf. In der städt. H. sind topograph. Wappenbilder häufig, auch die Darstellung von Handwerksgeräten wird üblich. Selten treten dagegen Pelzarten auf. I. Bertényi

Bibliogr.: E. HENNING – G. JOCHUMS, Bibliogr. zur H. Schrifttum Dtl.s und Österreichs bis 1980 (Bibliogr. der hist. Hilfswiss. I, 1984) – *Lit.: zu [I]:* G. A. SEYLER, Gesch. der H., 1885/90 – M. PASTOUREAU, Les armoiries (Typologie des sources du MA occidental, Facs. 20, 1976) – F. GALL, Österr. Wappenkunde, Hb. der Wappenwiss., 1977 – O. NEUBECKER, H., 1977 – Wappenfibel, Hb. der H., 1981[17] – Lex. der H., 1984 – L. WALTER, Das große Buch der Wappenkunst, 1984[3] – Dict. héraldique, 1985 – A. C. FOX-DAVIES, A Complete Guide to Heraldry,

1985 – A New Dict. of Heraldry, 1987 – *zu [II]*: H. G. STRÖHL, Herald. Atlas, 1883 – G. CAMBIN, Die Mailänder Rundschilde, 1987 – *zu [III]*: D. L. GALBREATH, Papal Heraldry, 1930 – B. HEIM, Heraldry in the Catholic Church, 1978 – *zu [IV]*: SIR A. WAGNER, Heralds and Heraldry in the MA, 1939 – SIR TH. INNES OF LEARNEY, Scots Heraldry, 1956 – E. MACLYSAGHT, Irish Families, 1957 – SIR A. WAGNER, Heralds of England, 1967 – T. WOODCOCK – J. M. ROBINSON, The Oxford Guide to Heraldry, 1988 – *zu [V, 1]*: M. KOLÁŘ – A. SEDLÁČEK, Českomoravská heraldika, I–II, 1902–25 – A. B. E. V.D. OELSNITZ, Herkunft und Wappen der Hochmeister des Dt. Ordens 1198–1525, 1926 – S. MIKUCKI, Heraldyka Piastów śląskich do schyłku XIV wieku (Hist. Śląska, III, 1936), 441–552, 856–867 – K. SCHWARZENBERG, Heraldika, 1941 – M. GUMOWSKI, Hb. der poln. H., 1969 – J. BIENIAK, Heraldyka polska przed Długoszem (Sztuka i ideologia XV wieku, 1978), 165–210 – Z. M. ZENGER, Česká heraldika, 1978 – *zu [V, 2]*: I. BERTÉNYI, Kis magyar cimertan, 1983.

Herbarien → Kräuterbücher

Herbarius Moguntinus, Grundtyp bebilderter Kräuterbuch-Inkunabeln, bahnbrechend in satz- wie in buchtechn. Hinsicht; erwuchs aus den Herstellungsschwierigkeiten beim →»Gart der Gesundheit«, inhaltl. dem »Promptuarium medicinae« verpflichtet und in der Kapitelstruktur ans →»Circa instans« angelehnt, mit meisterhafter Verbindung von Text und Bild (Drucker P. →Schöffer; Bildprogramm den →»Secreta salernitana« entlehnt). Dem am 11. April 1484 auf der Frankfurter Frühjahrsmesse vorgestellten Mainzer Erstdruck wurde in späteren Varianten ein Titelblatt mit Angabe von Entstehungsort, -jahr und Druckoffizin vorgeschaltet. Die lat. Urfassung (»H. latinus«) erzielte bis 1520 zwölf (Löwen, Speyer, Passau, Paris, Vicenza, Venedig), die vom Würzburger Drucker Jan Veldener übers. dt. Version (»H. in Dietsche«) drei Nachdrucke (Löwen 1484; Antwerpen 1500/01, 1510), die it. – freie – Übers. (»H. italice«) sieben Ausgaben (Venedig 1522–65).　　　　G. Keil

Ed.: Den herbarius jn dyetsche, Antwerpen: W. Vorsterman [1500 oder 1501], Faks. hg. L. J. VANDEWIELE, 1974 – *Lit.*: Verf.-Lex.² III, 1017–1025 – A. C. KLEBS, A cat. of early herbals... from the... library of Dr. K. Becher, Karlsbad, 1925 – R. W. FUCHS, Die Mainzer Frühdr. mit Buchholzschnitten, AGB 2, 1960, 1–129 – G. KEIL (Fschr. W. F. DAEMS, 1982), 589–635.

Herbauge, frühma. pagus und Gft. entlang der Atlantikküste südl. der →Loire, erstmals bei Gregor v. Tours erwähnt, gehörte zwar zur Civitas der galloröm. Pictones, wurde aber von Nantes aus durch den hl. Martin v. Vertou im späten 6. Jh. christianisiert. Es bestand vielleicht ein eigenes Bm. mit Sitz in Rezé bei Nantes (einziger bekannter Bf.: Adelfius, belegt 511 beim Konzil v. Orléans). In der 2. Hälfte des 9. Jh. versuchten die Gf.en v. H. erfolglos, sich des Vordringens der Gf.en v. →Nantes zu erwehren. Während der Normanneneinfälle fanden die Mönche v. →Noirmoutier mit ihren Reliquien 836 Zuflucht in St-Philibert de Grandlieu (Deas), doch gaben sie dieses Kl. nach der norm. Plünderung von 847 auf und zogen weiter nach →Cunault (858). H. war – wie die benachbarten Gft.en Tiffauges und Pouzauges – im 10. Jh. ein ständiger Zankapfel zw. den Grafenfamilien v. →Poitiers und v. Nantes, bis es im 11. Jh. zur Teilung kam: der nördl. Teil (Pagus v. →Retz) kam zur →Bretagne, kirchl. zur Diöz. v. Nantes, der südl. Bereich dagegen – weltl. wie kirchl. – an Poitiers. Der Name H. verschwand danach.　　　G. Devailly

Lit.: →Bretagne (A. DE LA BORDERIE, II, 1898; E. DURTELLE DE ST-SAUVEUR, I) – L. MAITRE, Annales de Bretagne 12, 1897, 33–59 – A. RICHARD, Hist. des comtes de Poitou I, 1903 – D. AUPEST-CONDUCHÉ, ebd. 79, 1971, 135–147 – Bull. phil. et hist. du Congr. de Nantes, 1977, 147–163 – J.-P. BRUNTERC'H, Puissance temporelle et pouvoir diocésain des évêques de Nantes entre 936 et 1049, Mém. soc. d'hist. et d'arch. de la Bretagne, 61, 1984, 29–82.

Herbazgo (herbaticum, pascuria, herbaje), Weidegebühr in Kastilien und León, wird in den Q. immer gemeinsam mit dem →*montazgo,* der Gebühr für die Weidenutzung in Wäldern und Gehölzen (→Forst, III), genannt. Bei beiden handelt es sich um →Regalien. Im HochMA wurden beide Abgaben von zahlreichen Herren in ihren Herrschaften erhoben. Seit dem 12. Jh. gestanden die Kg.e den städt. →Concejos ihre Erhebung zumindest auf Königsgut zu; die unmittelbaren Nachbarn blieben davon ausgenommen, nur Fremde wurden damit belegt. Die Kg.e befreiten die Herden der Kl. und anderer Institutionen im ganzen Kgr. durch Privilegien von der Zahlung. 1343 nahm Alfons XI. die Erhebung des montazgo, den die durchziehenden Viehherden zu entrichten hatten, erneut für die Krone in Anspruch; gleiches galt für den seltener gen. H.
Lit.: →Montazgo.　　　　　　　M.-A. Ladero Quesada

Herberge (ahd. *heriberga,* mhd. *herberge*) wird im gesamten MA ebenso wie hospitium, taberna u. a. als Bezeichnung für Schankstätten, →Gasthäuser und Übernachtungsgelegenheiten, im späten MA und in der frühen NZ jedoch verstärkt für einfache und billige Unterkünfte (Winkel-, Heckh.n, alberghi minori etc.) verwendet. Auch den Pilgerhäuser und Heime der →Elendenbruderschaften heißen vielfach H.n (→Hospital). Eine wichtige Rolle im inner- und interstädt. Sozialleben spielten die Gesellen-H.n, die sich um 1500 aus den Gesellen-Trinkstuben entwickelten und von Herbergseltern geleitet wurden. Sie dienten nicht nur der Gruppenbindung, sondern häufig auch der Arbeitsvermittlung, Beköstigung und Unterbringung (wandernder) →Gesellen.
Lit.: →Gasthaus, →Gesellen.　　　　　B.-U. Hergemöller

Herbert (s. a. →Heribert)

1. H. d. Ä., Gf. v. Épernay →Heribert II. v. Vermandois

2. H., William, † 1469, ältester Sohn von Sir William ap Thomas of Raglan (aus Gwent) und der Gwladus, Tochter des Dafydd Gam of Brecknock; ∞ 1449 Anne Devereux. H. war der erste walis. Adlige, der zum →Peer der engl. Krone aufstieg. Mächtiger Amtsträger im sö. Wales und nach Heeresdienst in Frankreich 1452 zum Ritter gekürt, stellte er sich in den 50er Jahren gegen die Partei der →Lancaster, wohl bedingt durch sein Gefolgschaftsverhältnis zu →Richard, Duke of →York. Für seinen Einsatz im Bürgerkrieg von 1460–61 ernannte Kg. Eduard IV. H. zum Lord (1461), Ritter des →Hosenbandordens (1462), Mitglied des King's →Council und kgl. lieutenant (Beiname: 'master-lock') in →Wales, wo er 1468 die letzte Bastion der 'Lancastrians', →Harlech, einnahm. Er empfing das von Jasper →Tudor verwirkte Earldom →Pembroke und hielt dessen Neffen Heinrich (VII.) in Gewahrsam. H. war im Besitz großer, vorwiegend in Wales gelegener Güter. In einen Konflikt mit dem ihm übelwollenden Richard →Neville, Earl of Warwick, geraten, unterlag H. im Juli 1469 in der Schlacht v. Edgecote und wurde hingerichtet. Die Familie starb im Mannesstamm mit H.s unbedeutendem Sohn William († 1490) aus.　　　　　　　　　　　　　R. A. Griffiths

Lit.: DNB XXVI, 218–220 – Peerage X, 400–403 – Dict. of Welsh Biogr., 354 – D. H. THOMAS, The H.s of Raglan (Wales MA, 1967) – R. A. GRIFFITHS, The Principality of Wales in the Later MA, I, 1972, 155–158 – G. H. R. KENT, The Estates of the H. Family [Diss. Keele 1973] – C. D. ROSS, Edward IV, 1974.

3. H. v. Bosham, Theologe und Biograph →Thomas Beckets, * ca. 1120, † ca. 1194; stammte aus Bosham (Sussex), studierte Theologie in Paris unter →Petrus Lombardus. 1157 erstmals nachweisbar als Gesandter des engl. Kg.s Heinrich II. zu Ks. Friedrich I. Nach Beckets Erhebung zum Ebf. v. Canterbury wurde H. einer seiner engsten Vertrauten. In den Verhandlungen mit Heinrich II. während des Exils Beckets unterstützte H. den Ebf. in seiner Unnachgiebigkeit vor allen anderen (Montmirail 1169). Nach dem Tod Beckets (1170) geriet er in Isolation und kehrte nur noch einmal (um 1187) nach England zurück. Die letzten Jahre seines Lebens verbrachte H. in der Abtei →Ourscamp (Arras).

Werke: H.s Vita Beckets (nicht vor 1186 beendet) ist neben der Lebensbeschreibung von William FitzStephen am authentischsten; sie entlehnt nicht von anderen Berichten und drückt H.s Interesse an den Motiven des Ebf.s aus (Materials III, 248). Als hagiograph. Stud. über Becket verfaßte H. den »Liber Melorum«. Seine theol. Stud. legte H. in einem Komm. zur Psalterübersetzung des Hieronymus (»Hebraica«) nieder.   Th. Eckert

Ed. und Lit.: Materials for the Hist. of Thomas Becket III, ed. J. C. ROBERTSON, RS 67, 1877, 155–534 – Repfont V, 1984, 444f. – B. SMALLEY, The Becket Conflict and the Schools, 1973 – A. GRANSDEN, Hist. Writing in England c. 550 to c. 1307, 1974 – J. O'REILLY, An Image of Martyrdom in the 'Lives' of Thomas Becket, AnalBoll 99, 1981, 303–314 – →Thomas Becket.

4. H. v. Clairvaux, OCist, vermutl. aus S-Frankreich, Mönch in C., 1170 Abt v. Mores, 1181 Ebf. v. Torres (Sassari), verfaßte um 1178 als Sekretär des Abtes Heinrich, den er auf seinen Visitationsreisen begleitete, in C. den für Kulturgesch. und Kl.leben des 12. Jh. sowie als Q. für die Exempel-Lit. des 12.–15. Jh. (Exordium magnum cisterciense) bedeutsamen »Liber miraculorum et visionum«, dessen zahlreiche Hss. auf drei Textredaktionen zurückgehen; Q. u. a. →Wilhelm v. Malmesbury, »Gesta regum Anglorum«. H. gilt auch als Initiator der Vita IV. S. Bernardi (MPL 185, 531–550).   F. Wagner

Ed.: MPL 185, 1271–1384 – F. CHIFFLET, De miraculis (Sancti Bernardi ... genus illustre assertum, 1660, 161–394) – *Lit.:* P. LEHMANN, SMGB 45, 1927 – B. GRIESSER, H. v. C. und sein Liber miraculorum, Cistercienser-Chronik 54, 1947 – B. P. MCGUIRE, The Cistercians and the Rise of the Exemplum in Early 13th C. France, CM 34, 1983, 213.

Herbord, Mönch des Kl. Michelsberg ob Bamberg, Biograph Bf. →Ottos I. v. Bamberg, † 27. Sept. 1168. Edelfreier, wohl bayer. Herkunft, wahrscheinl. ident. mit dem gleichnamigen Regensburger Kanoniker und Domscholaster der 30er und 40er Jahre des 12. Jh., dem →Idung v. Prüfening sein »Argumentum« widmete, seit 1146 im Benediktinerkl. Michelsberg (→Bamberg, III). Verfaßte 1159 auf der stoffl. Basis der Prüfeninger und Ebos Otto-Vita eine Biographie Bf. Ottos I. v. Bamberg in Form eines Dreiergesprächs, aus der sein gregorian. geprägtes Reformbewußtsein und seine Kritik an der Michelsberger Vorstellung von Otto v. Bamberg als »Apostel« der Pommern spricht. Verbreitet war die um 1189 entstandene Kurzfassung.   J. Petersohn

Ed.: R. KÖPKE, MGH SS XX, 1868 – JAFFÉ, BRG V, 1869 – J. WIKARJAK–K. LIMAN, MPH NS VII, 3, 1974 [dazu: J. PETERSOHN, DA 33, 1977] – *Lit.:* Repfont V, 446f. – Verf.-Lex.² III, 1025–1027.

Herbort v. Fritzlar, Verf. eines mhd. »Lied von Troja« (LvT) im Auftrag des Lgf.en →Hermann v. Thüringen (1190–1217), an dessen Hof bes. Interesse für dt. Bearbeitungen antiker Stoffe herrschte (→Heinrich v. Veldeke). Trotz der Selbstnennung des Autors 'von fritzlar herbort ein gelarter schulere' sind seine Stellung und die Datierung seines Werkes nicht genauer bestimmbar. H.s Epos ist die älteste erhaltene Behandlung des Trojastoffes in dt. Sprache. Obwohl sich H. als Übersetzer der um 1165 entstandenen »Estoire de Troie« des →Benoît de Sainte-Maure versteht, ist er frei mit seiner Vorlage umgegangen und hat stark gekürzt (18458 statt 30000 V.). Eher hist. interessiert

hat er höf. Idealisierungen zurückgedrängt, die Minne als Gefährdung der Helden gesehen und die Greuel des Krieges hervorgekehrt. Die Griechen sind positiver dargestellt als bei Benoît. Die Verbreitung des Werkes war begrenzt (überliefert sind eine vollst. Hs. aus dem 14. Jh. und zwei ältere Bruchstücke), der Trojastoff erschien in 13./14. Jh. in neuen, aufwendigeren Bearbeitungen bei →Konrad v. Würzburg und im »Göttweiger →Trojanerkrieg«. S. a. →Trojadichtung.   U. Schulze

Ed.: G. K. FROMMANN, 1837 [Nachdr. 1966] – *Lit.:* Verf.-Lex.² III, 1027–1031 [H.-H. STEINHOFF; Lit.] – C. FISCHER, Der afrz. Roman de Troie des Benoît de Sainte-More als Vorbild für die mhd. Trojadichtungen des H.v.F. und des Konrad v. Würzburg, Neuphil. Stud. 2, 1883, 65–142 – K. J. WORSTBROCK, Zur Tradition des Trojastoffes und seiner Gestaltung bei H.v.F., ZDA 92, 1963, 248–274 – G. P. KNAPP, Hector und Achill, 1974, 23–51 – H. LENGENFELDER, Das »LvT« H.s v. F., 1975 – W. H. JACKSON, The Concept of Knighthood in H.v.F. »Liet von Troyge«, Forum for Modern Language Stud. 17, 1981, 131–145 – J. M. PASTRE, H.v.F., Konrad v. Würzburg et la ville de Troie, La représentation de l'Antique au MA, 1982 – J. KNAPE, War H.v.F. der Verf. des 'Vers pilatus', ZDA 115, 1986, 468–481.

Hercules → Herakles

Herdsteuer (auch Herdgeld, -pfund, u. a.; frz. *fouage*; engl. *smokefarthing, -money*; it. *tassa dei fuochi*), bis in die NZ die Bezeichnung für eine jährl. Steuer, die unabhängig von der Zahl der Hausbewohner von einem Herd bzw. Rauchfang in immer gleicher Höhe erhoben wurde, so in Italien, Frankreich, Deutschland, den Niederlanden und England; sie erscheint auch als Synonym für 'Haushalt' und 'Haus'. Dieser vermutl. älteste Steuertyp garantierte dem Empfänger, weltl. oder kirchl. Herrschaftsträgern, ein gleichbleibendes Steuerminimum. Als im 13. Jh. die proportionale Steuer aufkam, wurde die H. beibehalten und entwickelte sich in vielen Städten zu Grundsteuer, Vorschoß, Giebelpfennig, Bürger- und Schirmgeld. Die Städte versuchten, eine Verbindung zw. Bezahlung der H. und dem Erwerb des Bürgerrechts zu verhindern (z. B. Frankfurt a. M. 1475). Auf dem Lande bedeutete die H. häufig die Ablösung von Fronden oder ähnl. Abgaben oder die Verdinglichung persönl. Abgaben (z. B. Kopfzins). Mit der Entrichtung der H. war auch die Zulassung zur Wahl des Zehntgerichts und die Teilnahme am Gemeindeleben verbunden.

H. konnte auch andere Bedeutungen haben, so z. B. im Sinne von Todfallrecht (→Mortuarium). Mit dem Begriff 'H.' wurden auch andere Steuerarten bezeichnet (z. B. die →*taille*). S. a. →Feuerstättenverzeichnis.   P.-J. Schuler

Lit.: DtRechtswb V, 760–765 – HRG II, 92 – R.-H. BAUTIER, Feux, population et structure sociale au milieu du XV⁰ s., Annales 14, 1959, 255ff. – A. ERLER, Bürgerrecht und Steuerpflicht im ma. Städtewesen, 1963², 30 – M.-A. ARNOULD, Les Relevés des feux, TS fasc. 18, 1976.

Hereditas (lat.; 'Erbe, Erbschaft, -teil, -folge, -gut, -hof' u. ä.). In stadtrechtl. Q. wird H. gleichbedeutend mit »res«, »substantia« oder verbalen Umschreibungen (»omnia que possidebat« – 1. Freiburger Stadtrecht, § 2) sowohl zur Bezeichnung der Gesamtmasse des an die Erbberechtigten (heredes, hereditati, hereditarii) fallenden Vermögens als auch zur Erläuterung bestimmter Sondervermögen und Todesfallabgaben (→Gerade, →Heergewäte, →Leibgedinge) verwendet. Häufig wird zw. dem ererbten Gut (bona hereditaria, heredium, hereditarium, *ervegut, erfgut*) und dem anderweitig erworbenen und zugewonnenen Vermögen (Kaufgut, Gewinnland etc.) unterschieden (Münster, Neumarkt/Schlesien, Freiburg/Br.). Bes. strengen Vorschriften unterliegen die freien und zinspflichtigen immobilen Hereditates (Erbgüter) auf dem Land und in der Stadt, deren Übertragung oft von der Erlaubnis der nächsten Erben (Erbenlaub), des Stadtrats, des Stadt- oder Landesherrn oder – wie im Fall der →»Maiestas Carolina« Karls IV. von 1355 – sogar von der Krone abhängig gemacht wird.　B.-U. Hergemöller

Q.: B. Diestelkamp, Elenchus Fontium Hist. Urbanae I, 1967 [Stadtrechtsq.] – Lit.: HRG, s. v. Erbrecht, Erbenlaub, Erbenwartsrecht, Erbgut – R. Hammel, H., area und domus, Jb. für Hausforsch. 35, 1986.

Hereford. [1] *Stadt und Bm.:* Der Bf.ssitz H. im w. England wurde 679/680 von Ebf. →Theodorus v. Canterbury für die Magonsaetan gegr., die ein w. und s. des Severn sowie ö. des Brecon gelegenes Unterkgtm. v. →Mercien bildeten. H., erstmals 736/740 belegt, bestand wohl seit ca. 700. Es erscheint 914 als →*burh*, 939 als Münzstätte. 1052 wurde eine Burg errichtet. Stadt und Bm. H. sind in den Jahren vor der norm. Eroberung schlecht bezeugt. Nach 1066 erweiterte Earl Wilhelm →Fitz Osbern († 1071) das Areal der Stadt durch Anlage eines neuen Marktplatzes und verlieh das Recht v. →Breteuil-sur-Iton. Bf. Robert Losinga (1079–95) übertrug den Domkanonikern Güter als Präbenden und setzte den ersten Archidiakon ein. Bf. Robert v. Béthune (1131–48) sicherte die w. Bm.sgrenzen gegen die Ansprüche walis. Bm.er und verdichtete trotz der anarch. Zustände die bestehende weitmaschige Pfarrorganisation durch die Weihe zahlreicher neuer Kapellen. Bis 1189 verfügte die städt. Gemeinde über eine Selbstverwaltung. Seit 1218 machten die Juden (seit 1178 ansässig) und später die Stadtbürger dem Bf. den Jahrmarkt und die rechtl. Immunität streitig, doch konnte Bf. Peter v. Aigueblanche (1240–68) seine Rechtsansprüche 1262 durchsetzen. Dieser zu der bei Hofe einflußreichen Gruppe der Savoyarden zählende Bf. betrieb ausgeprägten Nepotismus, gegen den sich seine Nachfolger, v. a. der 1320 kanonisierte Thomas →Cantilupe (1275–87), wandten. Nach der Eroberung von →Wales verlor H. zwar seine strateg., nicht aber seine wirtschaftl. Bedeutung, die bis ins 14. Jh. auf dem Wollhandel beruhte. Die in der Diöz. stark verbreiteten →Lollarden wurden von Bf. John Trefnant (1389–1404) erbittert verfolgt.　J. Barrow

Q.: Charters and Records of H. Cathedral, ed. W. W. Capes, 1908 – The Letters and Charters of Gilbert Foliot, ed. A. Morey – C. N. L. Brooke, 1967 – Lit.: Hist. Towns, hg. M. Lobel, I, 1969, s. v. – St. Thomas Cantilupe, Bp. of H., hg. M. Jancey, 1982.

[2] *Earldom:* Der erste Earl v. H. nach der norm. Eroberung war Wilhelm →FitzOsbern v. Breteuil-sur-Iton, der H. zw. 1067 und 1070 verliehen bekam. Ihm folgte sein Sohn Roger v. Breteuil nach, der aber wegen Verschwörung gegen Kg. Wilhelm gefangengesetzt wurde. Er starb noch 1087 in Haft. Das Earldom erlosch und wurde erst 1141 von Ksn. →Mathilde wiedererrichtet, zugunsten von Miles v. Gloucester, der unter Heinrich I. Sheriff v. →Gloucester und bis zu seinem Wechsel von 1139 ein Anhänger Stephans v. Blois war. Nach Miles' Tod (1143) kam das Earldom in den Besitz seines Sohnes Robert, der von Heinrich II. bestätigt wurde. Nach Roberts Tod (1155) erneut eingezogen, wurde das Earldom 1200 von Kg. Johann zugunsten von Henry de Bohun ein weiteres Mal wiederbegründet und von den →Bohun im Mannesstamm bis 1373 weitervererbt.　J. Critchley

Q.: Odericus Vitalis, Hist. eccl., éd. M. Chibnall, II, 1969, 260f., 282–285 – Letters of Lanfranc, ed. H. Clover – M. Gibson, 1979, 118–123 – Lit.: Peerage VI, s. v.

Hereford Gospels. Das Evangeliar v. H. (Cathedral Library MS P. I. 2), dessen insulare prunkvolle Halbunziale wohl ins mittlere (nicht, wie sonst angenommen, ins späte) 8. Jh. weist, enthält die Evangelien (es fehlen Mt 1.18–2.8 und Lk 1.1–17 bis »virtute«) als »Mischtext« aus Vetus Latina und Vulgata, der zur kelt. Hss.-Familie gehört und dem Text des →»Book of Chad« nahesteht. Der Buchschmuck beschränkt sich auf verzierte Initialen: ganzseitige zu Beginn von Mt, Mk und Joh; kleinere im Text. Der Schreibort ist unbekannt, doch deutet die Verwendung bestimmter Abkürzungen eher auf walis. als auf engl. Herkunft hin. Spätestens seit der Zeit des Bf.s Æthelstan (1013/16–1056), der als Zeuge in zwei ags. auf den beiden letzten Bll. eingetragenen Urkk. erscheint, befindet sich die Hs. im Besitz der Kathedralbibl. zu H.
P. R. Robinson

Lit.: New Pal. Soc., 1st Ser., Plates 233f. – W. M. Lindsay, Early Welsh Script, 1912, 41–43 – L. Hopkin-James, The Celtic Gospels, 1934 – P. McGurk, Latin Gospel Books from A. D. 400 to A. D. 800, 1961, no. 15 – CLA II, 1972, no. 157 – J. J. G. Alexander, Insular Mss., 1978, no. 38.

Hereford-Karte, Weltkarte (mappa mundi) von ca. 1283, benannt nach ihrem Fundort, der Kathedrale v. →Hereford. Die H.-K. stellt gleichsam ein Weltgemälde dar, dessen geogr. Gehalt nicht durch Vermessungen festgelegt wurde. Irgendeine Übereinstimmung mit den Formen moderner Kartographie besteht nicht. Ihre Größe umfaßt mit ca. 135 × 165 cm etwa die Hälfte der vergleichbaren, etwas älteren →Ebstorfer Weltkarte. Als Material diente ein Kalbfell. Außerhalb der kreisförmig begrenzten mappa mundi wurden das Jüngste Gericht und andere chr. Szenen dargestellt. Die mappa ist, ebenso wie die Ebstorfer Karte, geostet. Etwa im Zentrum liegt Jerusalem. Die Abgrenzung der Kontinente geschieht durch ein geringfügig abgewandeltes T-Schema, bei dem der Durchmesser des Kreises durch die Flüsse Tanais und Nil, der senkrecht darauf stehende Radius durch das Mittelmeer gebildet sein sollte. Die – intensive – Beschriftung wurde in Lat. und anglonorm. Afrz. vorgenommen. Die figürl. Darstellungen entstammen der Bibel, der Alexandersage und Plinius (etwa die Monstren), während – im Unterschied zur Ebstorfer Karte – die antike Mythologie keine Rolle spielt. Auffallend häufig finden sich Entfernungsangaben, die allerdings – ebenso wie die Vertauschung der Kontinentbezeichnungen 'Africa' und 'Europa' – keinen Einfluß auf die geograph. Darstellung haben. Der Autor nennt sich selbst 'Richard de Haldingham e de Lafford'; es handelt sich um Richard de Bello, dem um 1283 als Domherr v. Lincoln die Orte Holdingham und Sleaford unterstanden und der 1305 zum Domherrn v. Hereford ernannt wurde, wo er 1313 zuletzt Erwähnung fand. S. a. →Karten.
U. Lindgren

Lit.: G. R. Crone, The H. World Map, 1950 – A. C. Moir, The World Map in H. Cathedral; M. Letts, The Pictures in the H. Mappa Mundi, o. J. [1955] – L. Bagrow – R. A. Skelton, Meister der Kartographie, 1985⁵ – A.-D. v. den Brincken, Kartograph. Q. Welt-, See- und Regionalkarten (TS, fasc. 51, 1988).

Herford, Stift (♂ Maria, 860 Pusinna; protestant. ca. 1533, aufgehoben 1803/10) und Stadt in Westfalen. Im Kreuz der späteren Fernstraßen entstand in günstiger Furtlage im Bereich sächs. Großhöfe karolingerzeitl. eine kgl. curtis (838 Herivurth, 972 curtis imperatoria Herivurde). Der hier um 800 gegr. hochadlige Damenkonvent wurde Ludwig d. Frommen unterstellt und reich mit Kg.sgut ausgestattet; er erfuhr in enger Beziehung zur Abtei →Corvey im 9. Jh. eine erste Blüte. Früh entwickelte sich auch eine Kaufleutesiedlung mit Jacobikirche; 973 bestätigte Otto I. vorhandene Markt-, Münz- und Zollrechte. 1155 wurde das Stift von Hadrian IV. weitgehend von der Paderborner Diözesangewalt eximiert, 1011 für den niederen Adel außerhalb der Stadt das Stift Maria auf dem

Berge errichtet. Um die Mitte des 12. Jh. ist eine verfaßte Bürgergemeinde anzusetzen. Vor 1220 (1191 magister civium, Ende des 12. Jh. Nicolai-Marktkirche) war die Ratsentwicklung abgeschlossen, wobei der Rat zu einem Drittel aus Ministerialen der Äbt. bestand. Nach Dortmunder Vorbild bildeten sich Stadtrechte. 1256 überantwortete die Äbt. dem Rat die niederen Gerichtsrechte, im Gegenzug verpflichtete sich die Gemeinde zum militär. Schutz des Stiftes. Gertrud v. d. Lippe hatte zusammen mit dem Kölner Ebf., auf den im 13. Jh. die Vogteirechte übergingen, vor 1224 die 17 ha umfassende Neustadt H. mit eigenem Rat gegr. (→Enger). Die bei Abtei und Kg.shof gewachsene, über sal. Fernhändlersiedlung und Gewerbemarkt aus mehreren Siedlungskernen entstandene Altstadt bildet mit der nach gängigem Gestaltmuster planmäßig angelegten Neustadt das typische Beispiel einer →Doppelstadt. Der noch im 13. Jh. vollendete Bering umfaßte 56 ha Grundfläche und barg um 1500 ca. 3000–3500 Einw. Zahlreiche geistl. Niederlassungen kennzeichne ebenso wie namhafte Tuchproduktion eine Blütezeit H.s im 14./15. Jh., das sich seit 1430 eng zur →Hanse hielt. Konnte sich 1244 der Kölner noch gegen die Bürgergemeinde durchsetzen, so schloß sich H. 1246 dem Ladbergener Bund, 1255 dem Rhein. Landfriedensbund an; im 14. Jh. organisierte sich H. in den westfäl. Landfriedensbünden, im 15. Jh. bevorzugt in lokalen Schutzbündnissen (→Lemgo). Die frühen Kg.srechte, die eximierte Stellung des reichsunmittelbaren Stiftes, die emanzipierte Bürgergemeinde, die Gogerichts- und Vogteirechte des Kölner Ebf.s und die Besitzverhältnisse in der Neustadt H. führten dazu, daß die »kleine territoriale Sonderbildung Stift und Stadt H.« (F. Korte) entstand, die im 16./17. Jh. sich um ihre Anerkennung als Reichsstadt bemühte (→Freie Städte).   F. B. Fahlbusch

Lit.: R. Pape, Sancta Herfordia, 1979 [dort: S. 355–362 ausführl. Bibliogr.] – F. B. Fahlbusch, Städte und Kgtm. im frühen 15. Jh. (= Städteforsch. A 17), 1983, 135–140 – 1200 Jahre H. (Fschr., 1989).

Herger, vermutl. Name des Autors eines Teils der unter 'Spervogel' bzw. 'Der junge Spervogel' in der Kl. und Gr. Heidelberger Liederhs. überlieferten Sangsprüche, die in der Forschung als Werk verschiedener Verfasser gelten. Den in einer Strophe (MF 26,21) gen. Namen 'Herger' als Autor zu verstehen und ihm alle im gleichen Ton gehaltenen 28 Strophen zuzuweisen, ist umstritten.

Auf jeden Fall sind die unter dem Namen zusammengefaßten Sprüche die frühesten lit. fixierten Zeugnisse dieses Texttyps, auch wenn ältere vorlit. Spruchdichtung vorauszusetzen ist. Die Datierung ergibt sich aufgrund von Gönnernennungen (Walther v. Hausen, bis 1173 urkdl. belegt, Vater des Minnesängers →Friedrich v. Hausen, u. a.), die den Autor als fahrenden Berufssänger an Adelshöfen des Mittelrheins und Mitteldeutschlands zeigen. Die formal und inhaltl. zu sechs Gruppen jeweils verzahnten Strophen (sechs Pentaden und eine Triade) behandeln Herrenlob und -tadel, Not und Unbehaustheit des Fahrenden, Tierfabeln und religiöse Inhalte, z. T. in hymn. gesteigertem Ton. Der Autor kannte geistl. dt. Dichtung und wohl auch den frühen Minnesang. S. a. →Spruchdichtung.   U. Schulze

Bibliogr.: H. Tervooren, Bibliogr. zum Minnesang…, 1969, Nr. 59–61 – *Ed.*: Des Minnesangs Frühling, bearb. H. Moser–H. Tervooren, 1982³⁷ – *Lit.*: Verf.-Lex.² III, 1035–1041 [V. Honemann; Lit.] – O. Grüters, K. Hauck, Th. Frings, Der Anonymus Spervogel–H.s, DVjs 27, 1953, 31–47 – H. Moser, Der 'Sprüche' H.s Artzugehörigkeit und Gruppenbildung (Fschr. J. Trier, 1964), 284–303 – K. Grubmüller, Meister Esopus (MTU 56, 1977), 112–123 – Ders., Die

Regel als Komm. (Wolfram-Stud. V, 1979), 22–40–M. Liechtenhan, Die Strophengruppen H.s im Urteil der Forsch., 1980.

Heribert

1. H., *Gf. v. Laon* →Laon

2. H. I., *Gf. v. Vermandois*, † 6. Nov. 900/906, Begründer des Hauses »Vermandois«, Enkel →Bernhards v. Italien, Sohn Gf. Pippins und vermutlich einer Dame aus dem Hochadel des Pariser Raums, war als Karolinger im Mannesstamm eng mit den Führungsschichten →Neustriens und der →Francia verwandt. Vergleichbar mit anderen Herrschaftsbildungen in Westfranken (→Robertiner in Neustrien, Rudolf in →Burgund, Balduin in →Flandern), vollzog sich der Aufstieg der »Vermandois« im späten 9. Jh. Zw. 886 und 898 erwarb H. die Gft. →Soissons und die Laienabbatiate v. St-Crépin und St-Médard/Soissons. Enge Bindungen zu Kg. →Odo verschafften ihm 888/889 die Gft.en →Meaux (mit →Château-Thierry) und Mérezais, evtl. auch→Beauvais, →Vexin und →Senlis, die H. zur Abwehr der →Normannen zusammenfaßte. 893 in Opposition zu Odo, waren H. und sein Bruder Pippin neben Ebf. →Fulco v. Reims maßgebl. an der Erhebung Kg. →Karls III. beteiligt. Ein erneuter Parteiwechsel zu Odo brachte den Erwerb der Gft. Vermandois und des Laienabbatiats v. St-Quentin 896. Während seiner Auseinandersetzungen mit den Gf.en v. Flandern wurde H. zw. 900 und 906 erschlagen.

Lit.: →Heribert III.   B. Schneidmüller

3. H. II., *Gf. v. Vermandois*, † 23. Febr. 943, ☐ St-Quentin. Die vom Vater begründete Vormacht in der Francia sicherte H. einen bes. Rang in den Auseinandersetzungen um das westfrk. Kgtm. Bezeugt als Gf. v. Meaux, Vermandois und Soissons (später verloren) wie als Laienabt v. St-Crépin und St-Médard, vielleicht auch in anderen Gft.en Erbe des Vaters, sicherte H. seine Macht durch ein doppeltes Ehebündnis mit den →Robertinern. Deren Kampf mit den →Karolingern prägte die wechselhafte Gesch. H.s seit 923: Sein »Verrat« führte zu Gefangennahme und Einkerkerung Karls III., aber auch zur Nutzung des abgesetzten Kg.s als Faustpfand gegen Kg. →Rudolf v. Burgund (923–936). Nach Auseinandersetzungen mit Flandern im N verlagerte H. seine Expansion nach O auf Kosten des Ebm.s →Reims: Hier ließ er 925 seinen fünfjährigen Sohn →Hugo zum Ebf. erheben und sich Reimser Kirchenlehen ausliefern (der Streit um Hugo wurde erst nach 946 durch Absetzung beigelegt). Damit hatte H. sein Ziel, in der Francia die erste Stelle nach dem Kg. einzunehmen, fast erreicht, zusätzl. gesichert durch Kommendationen an die ostfrk. Kg.e Heinrich I. und Otto I. Erst H.s Ausgriff auf→Laon, die letzte Bastion des Kgtm.s in der Francia, führte zu wechselvollen Kämpfen: Die Furcht vor H.s Vormacht bewegte 936 den Robertiner →Hugo d. Gr. zur Kg.serhebung des Karolingers →Ludwig IV., der sich bald in Laon wie in Reims durchsetzen sollte und damit die alten Rivalen H. und Hugo einte und in ein Bündnis mit Otto I. trieb (Kommendation 940 in →Attigny). Trotz einer vereitelten Kg.skandidatur von 936 hatte H. sein Haus als dritte, eigenständige Kraft im →westfrk. Reich erwiesen, die durch seinen Tod 943 und durch Erbstreitigkeiten der Söhne, die erst 946 die Nachfolge regelten, an Bedeutung verlor.

Lit.: →Heribert III.   B. Schneidmüller

4. H. III., *Gf. v. Vermandois*, † 980/984. Während 946 Albert I. die Gft. Vermandois und Robert († 967) die Gft. Meaux erhielten, ist ihr Bruder H. zunächst nur als Laienabt v. St-Médard sowie als Gatte der Kg.switwe Edgiva und damit in Bindung zum karol. Haus zu belegen. Robert vermehrte sein Erbe um die Gft. Troyes, die er 967 H. hinterließ, der die Gft. en Meaux und Troyes mit eigenen Gütern im Soissonnais und um Château-Thierry vereinte. Kg. →Lothar ernannte den Mann seiner Großmutter 967 zum Pfgf. en, der sich in Analogie zum robertin. Hzg. stitel (dux Francorum) fortan »comes Francorum« nannte. H. gab einem Raum in der ö. Francia erste Konturen, den sein gleichnamiger Neffe und dessen Sohn Stephan I. weiter formten: als Gft. →Champagne(-Brie) spielte dieser Besitz, der als Erbe an →Odo II. v. Blois überging, eine herausragende Rolle in der ma. Gesch. →Frankreichs.

B. Schneidmüller

Lit.: HEG I, 737ff. – F. Lot, Les derniers Carolingiens, 1891 – K. F. Werner, Unters. zur Frühzeit des frz. Fsm. s (9.–10. Jh.), WaG 20, 1960, 87–119 – W. Kienast, Comes Francorum und Pfgf. v. Frankreich (Festg. P. Kirn, 1961), 80–92 – G. Schneider, Ebf. Fulco v. Reims und das Frankenreich, 1973 – W. Kienast, Dtl. und Frankreich in der Ks. zeit (900–1270), I, 3, 1974/75² – M. Bur, La formation du comté de Champagne (v. 950–v. 1150), 1977 – B. Schneidmüller, Karol. Tradition und frühes frz. Kgtm., 1979 – O. Guyotjeannin, Noyonnais et Vermandois aux Xᵉ et XIᵉ s., BEC 139, 1981, 143–189 – R. Fossier, Le Vermandois au Xᵉ s. (Media in Francia, 1989), 177–186 – K. F. Werner, Die Ursprünge Frankreichs bis zum Jahr 1000, 1989, 483ff.

5. H., *Ebf. v.* →*Besançon* (Elekt: 1163, Weihe: 30. Juli 1167 durch Paschalis III. in Rom), † 10. Sept. 1170; gebürtiger Rheinländer, Kanoniker des Aachener Marienstifts, 1140–59 in der Reichskanzlei tätig, 1159–63 Propst des Aachener Marienstifts und wohl Leiter der →Hofkapelle, seit 1150 mehrfach mit polit. Missionen betraut. Als Ebf. hatte er gegen den von Alexander III. eingesetzten Ebf. Walter die in →Burgund geschwächte Position Friedrich Barbarossas – auch als ksl. Legat für die Gft. Burgund – zu behaupten.

O. Engels

Lit.: NDB VIII, 613f. – J. Y. Mariotte, Le comté de Bourgogne sous les Hohenstaufen 1156–1208, Cah. d'Études Comtoises 4, 1963, 89ff. – E. Meuthen, Die Aachener Pröpste bis zum Ende der Stauferzeit, Zs. des Aachener Gesch. svereins 78, 1967, 37–41 – J. Riedmann, Stud. über die Reichskanzlei unter Friedrich Barbarossa in den Jahren 1156–1166, MIÖG 75, 1967, 370, 386f.

6. H., *Bf. v.* →*Eichstätt*, † 24. Juli 1042; aus hochfreiem rheinfrk. Geschlecht, Neffe Ebf. →Heriberts v. Köln und Bf. →Heinrichs I. v. Würzburg; 1022 von Ks. Heinrich II. zum Bf. ernannt, leitete in Eichstätt eine lebhafte Bautätigkeit ein. Sein Plan einer Verlegung des Bf. ssitzes nach Neuburg a. d. Donau wurde nicht verwirklicht. Von seinen liturg. Dichtungen sind sechs Hymnen überliefert (AnalHym 50, 290–296).

A. Wendehorst

Q.: F. Heidingsfelder, Reg. der Bf. e v. Eichstätt, 1938, 58–65, Nr. 162–178 – St. Weinfurter, Die Gesch. der Eichstätter Bf. e des Anonymus Haserensis, 1987 – Lit.: NDB VIII, 614 – Verf.-Lex.² III, 1042f. – St. Weinfurter, Sancta Aureatensis Ecclesia, ZBLG 49, 1986, 3–40.

7. H., *Ebf. v.* →*Köln* 999–1021, * um 970, † 16. März 1021, ☐ Kl. Deutz; heute Pfarrkirche St. H./Köln-Deutz. Über seinen Vater Hugo, wahrscheinl. Gf. im mittelrhein. Einrichgau, entstammte H. dem gebhardin.-wetterauischen Zweig der →Konradiner, der durch Gf. Udo mit den →Heribertinern v. Vermandois verwandt war. Nach seiner Ausbildung an der Wormser Domschule und im Kl. →Gorze wurde H. durch seinen Förderer, den Wormser Bf. und Kanzler Hildibald, zum Propst von dessen Kirche und zum Mitglied der kgl. Kapelle berufen. Früh mit Otto III. befreundet, erhob dieser ihn 994 zum Kanzler für Italien und bot ihm das Bm. Würzburg an, das 995 H. s Bruder →Heinrich übernahm. Auf dem 1. Italienzug in der engeren Umgebung des Ks. s, war er in der Folge einer seiner wichtigsten Helfer bei der Verwirklichung der »Restitutio rei publicae« und →»Renovatio Imperii Ro-

manorum«, v. a. in Ravenna. Die Vereinigung der dt. und it. Kanzlerwürde 998 in seiner Person zeigt Ottos Wertschätzung des Vertrauten (Archi-Logotheta) und symbolisiert die Idee eines die Regna überwölbenden, unter christl.-karol. Vorzeichen erneuerten Imperium Romanum. H. s Versuch, 1002 seinem Verwandten Hzg. →Hermann II. v. Schwaben die Nachfolge im Kgtm. zu sichern, führte zur Entfernung vom Hof unter Heinrich II., der ihn nur fallweise zu Reichsgeschäften heranzog. Wohl erst nach Intervention der mit dem Ks. verwandten →Ezzonen ist H. zum Bf. gewählt worden. Stärken seines Pontifikats lagen in Verwaltung und Organisation, bes. in der Armenfürsorge. Den Idealen monast. Reform v. Gorze-St. Maximin war H. verbunden; die von ihm 1002/03 gegr. Abtei →Deutz vertraute er mit Folpert einem Exponenten der Bewegung an.   Heribert Müller

Q. und Lit.: H. Müller, H., Kanzler Ottos III. und Ebf. v. Köln, 1977 – Ders., H. v. Köln (um 970–1021), Rhein. Lebensbilder 8, 1980, 7–20 – Ser. episcoporum … V/1, cur. St. Weinfurter-O. Engels, 1982, 22f. – Reg. Pontificum Romanorum, GP VII/1, auct. Th. Schieffer, 1986, 51 f., 243 – M. L. Arduini, Rupert v. Deutz (1076–1129) und der ʻStatus christianitatisʼ seiner Zeit…, 1987, 204–244 [vgl. StM 20, 1979, 87–138].

8. H., *Ebf. v. Mailand* →Aribert

Heriger. 1. H., Abt v. →Lobbes, mlat. Autor, † 31. Okt. 1007. H. war Scholaster in Lobbes und trat 990 die Nachfolge des Abtes →Folcuin an. Wohl seit 972 gehörte H. zum engsten Kreis des Bf. s →Notker v. Lüttich und kann wohl als eigtl. Autor mehrerer unter Notkers Namen laufender Werke gelten. H., dem seine Abtei große geistige Ausstrahlung verdankt, gehört mit seiner breiten Kenntnis antiker lat. Autoren, der kirchl. Literaturtradition sowie der ma. Hagiographie und Geschichtsschreibung zu den bedeutendsten und vielseitigsten Gelehrten des 10. Jh. Seine Werke, zumeist um 980 entstanden, tragen stark kompilator. Charakter. An hagiograph. Arbeiten sind zu nennen: die »Vita secunda Remacli Stabulensis«, »Vita tertia metrica Ursmari Lobiensis«, »Vita, translationes, miracula Landoaldi, Landradae et sociorum« und die in ihrer Zuschreibung unsichere »Vita Hadelini«. H. verfaßte auch einen eucharist. Traktat: »De corpore et sanguine domini«. Sein Hauptwerk sind die »Gesta pontificum Tungrensium et Leodiensium« (→Gesta), eine breitangelegte Kompilation der Gesch. der Bf. e v. →Lüttich bis zum Tode des hl. →Remaclius, die um die Mitte des 11. Jh. von →Anselm v. Lüttich wiederentdeckt und an den Anfang seiner Bistumsgesta gestellt wurden.

J.-L. Kupper

Ed.: MGH SS VII, 162–189 [Gesta]; weitere Ed.: Repfont V, 449–451 – Ind. Scriptorum Operumque Lat.-Belg. M. Ae., hg. L. Genicot – P. Tombeur, I, 1973, 97–101, 143, 155, 159, 165–167 – Lit.: O. Hirzel, Abt H. v. L., 1910 – Wattenbach – Holtzmann – Schmale I, 1967, 140–144; III, 1971, 51f. – F. Dolbeau, Damase, le »Carmen contra paganos« et H. de L., RevAug 27, 1981, 38–43 – A. Dierkens, La production hagiographique à Lobbes au Xᵉ s., RevBén 93, 1983, 245–259 – R. G. Babcock, On the »Vita Ursmari« of H. of L., MJb 18, 1983, 105f. – Ders., H. of L. and the Freising Florilegium, 1984 – Ders., H. and the Study of Philosophy at Lobbes in the 10th Cent., Traditio 40, 1984, 307–317 – Ders., A Revival of Claudian in the 10th century, CM 37, 1986, 203–221 – J. Meyers, La »Vita sancti Hadelini«, Trésors d'art religieux au pays de Visé et saint Hadelin, 1988, 51–64 – s. a. Lit. zu →Lobbes, →Lüttich.

2. H., Ebf. v. Mainz 913–927, † 1. Dez. 927; Herkunft unbekannt. H. s Mitwirkung an der Hohenaltheimer Synode im Sept. 916 und Intervenienzen verdeutlichen, daß er Konrads I. Kgtm. stützte, dies sicher aufgrund bisheriger Kooperation der Mainzer Kirche mit den →Konradinern. An Heinrichs I. Erhebung in →Fritzlar wirkte er maßgebl.

mit. Einem Vorstoß Kg. Karls d. Einfältigen v. Frankreich bis Worms im Frühherbst 920 leistete H. Widerstand. An Heinrichs I. Verhandlungen mit Karl am 7. Nov. 921 in Bonn, der Koblenzer Synode 922 und dem Wormser Hoftag am 3. Nov. 926 nahm H. als Gefolgsmann Heinrichs I. teil. Das in Gefahr des Übergangs an das Ebm. Salzburg geratene Amt des →Erzkanzlers sicherte H. 923 für Mainz.   A. Gerlich

Q. und Lit.: HEG I, 670–676 – NDB VIII, 615 – Reg. der Ebf.e v. Mainz, bearb. J. F. Böhmer–C. Will, I, 1877, XXXI, 96ff., Nr. 1–16 – Bresslau I, 422–437 – H. Büttner, Heinrichs I. Südwest- und Westpolitik, 1964, 16–25, 49f. – L. Falck, Gesch. der Stadt Mainz 2, 1972, 57, 63.

Hering → Fisch

Herisvad (Herrevad, lat. Herivadum), ältestes dän. Kl. OCist, in Schonen (ö. von Helsingborg, heute zu Schweden), gegr. 1144 von Mönchen aus →Cîteaux auf Initiative Ebf. →Eskils v. Lund (der u. a. auch um 1150 das Kl. OCist →Esrum gründete). Das von Buris Henriksen (ca. 1130–67), einem Mitglied des Kg.shauses, gestiftete Kl. Tvis (N-Jütland) wurde mit frz. Mönchen aus H. besetzt; auf Fünen wurde 1173 die Zisterzienserabtei Holme (später: Brahetrolleborg) von H. aus gegründet. Bf. Radulf v. Ripen reformierte das ehem. Benediktinerkl. Seem bei Ripen durch Mönche aus H. 1173 wurde dieser Konvent nach →Løgum/Lügum (S-Jütland) verlegt. Zum polit. und kirchenpolit. Hintergrund der Zisterziensergründungen in Dänemark vgl. →Dänemark, Abschn. C.II und E [Lit.].   H. Ehrhardt

Lit.: J. Danstrup–H. Koch, Danmarks Hist. III, 1963, 249f.

Heriveus (Hervé), Ebf. v. →Reims seit 9. Juli 900, † 2. Juli 922, Neffe des Gf.en Hucbald v. →Ostrevant, zunächst →Notar der Kanzlei Kg. →Odos I., dann →Karls III. 'd. Einfältigen', wurde Nachfolger Ebf. →Fulcos, dessen Mörder er sofort nach Amtsantritt exkommunizierte, während er gegenüber dem Anstifter, Gf. Balduin II. v. Flandern, aus polit. Rücksichten auf Sanktionen verzichtete. H. stützte sich auf seinen Bruder Odo und seinen Neffen Heriveus, dem er Reimser Güter übertrug. Er gewann seinem Ebm. den alten Besitz Kusel ('Remigiusland') in der Diöz. Mainz zurück, entriß mit Waffengewalt dem Gf.en des 'pagus Castricensis', Erlebald, und befestigte Coucy. In →Mouzon stellte er die Abtei wieder her und setzte Kanoniker ein. In Reims weihte er die extra muros gelegene Kirche St-Denis und ließ die Kathedralkrypta freilegen. Auf einem Konzil zu Trosly (909) definierte er Temporalia und Spiritualia, mahnte den Kg. zu gerechtem Regiment und forderte eine Klosterreform. Er setzte sich nachdrücklich für die Bekehrung als Voraussetzung einer Ansiedlung der Normannen (→Normandie) im Kgr. ein (914 Übersendung einer Sammlung von 23 Kapiteln an Ebf. Wido v. Rouen). Als Erzkanzler (909–910, 919–921) stützte H. den Kg. während des Aufstands der Großen gegen →Hagano (920), duldete aber 922, bereits schwerkrank, den Abfall seiner Umgebung zu →Robert I. und dessen Königsweihe in St-Remi durch den Ebf. v. Sens. H.' polit. Vorbild war Fulco, sein pastorales dagegen →Hinkmar.   M. Bur

Lit.: R. H. Bautier (Mél. L. Halphen, 1951) – G. Schmitz, H. v. Reims, Francia 6, 1978 [1979] – E. Schröder, Die westfrk. Synoden von 888 bis 987 und ihre Überlieferung, 1980 – J. Hourlier, Reims et les Normands, Mém. de la Soc. d'Agriculture … de la Marne 99, 1984.

Herlin, Friedrich, süddt. Maler, * um 1425/30 Rothenburg (?), † 1500 Nördlingen, ebd. 1459 erstmals gen., 1467 Bürgerrecht und Steuerbefreiung. Schon sein frühestes Werk, Tafeln eines Marienaltars von 1459 (Stadtmus.

Nördlingen, Bayer. Nat. mus. München), zeugen von einer Gesellenreise in die Niederlande. Bei dem um 1462–65 entstandenen Hauptwerk, den Flügeln des Hochaltars von St. Georg in Nördlingen (Stadtmus.), kontrastieren die bürgerl. Stiftergruppen in Kirchenbänken mit den Szenen aus der Jugend Christi der Innenseiten, die z. T. auf Rogier van der Weydens Columba-Altar zurückgehen. In den Hochaltarflügeln für St. Jakob in Regensburg (1466) wird die zeit- und ortstyp. expressive Vergröberung und Verbürgerlichung der ndl. Hofkunst weitergeführt.   Ch. Klemm

Lit.: NDB, s. v. – A. Stange, Dt. Malerei der Gotik, 8, 1957, 86–92 – Ders., Krit. Verz. der dt. Tafelbilder vor Dürer, 2, 1970, Nr. 984ff. – H. Stafski, Der Nürnberger Bildhauer Simon Lainberger als Mitarbeiter der Maler F.H. und Hans Pleydenwurff, Anzeiger des. Germ. Nat. mus. 1982, 23–30.

Hermandades ('Verbrüderungen', →'Einungen'), seit dem 12. Jh. in den christl. Reichen der Iber. Halbinsel genossenschaftl. Vereinigungen zw. Personen, bald auch Institutionen, die sich durch einen gemeinsamen Verbrüderungseid zum gemeinsamen Handeln bis hin zur Selbsthilfe aneinander gebunden hatten. In Kastilien und León – in der 2. Hälfte des 13. Jh. auch in Aragón als vom Kgtm. offiziell anerkannte Juntas, in die ein *Sobrejuntero* als Vertreter des Kg.s entsandt wurde – bildeten sich H. zw. →*Concejos* und Gemeinden heraus, deren rechtl. Beziehungen zueinander durch »Cartas de Hermandad« geregelt wurden. Ziel dieser Zusammenschlüsse war es, innerhalb der jeweiligen städt. Rechtsgrenzen für die Sicherheit der Personen und Güter Sorge zu tragen, d. h. allg. für die Aufrechterhaltung der öffentl. Ordnung zu wirken. Dies schloß die Verfolgung und Aburteilung von Straftätern ein. Zu diesem Zweck wurden Sicherheitstruppen *(quadrillas)* mit Polizeifunktion aufgestellt und eigene Gerichtshöfe mit *Alcaldes de Hermandad* als Sonderrichtern eingerichtet. Eine solche Hermandad stellte die *Santa Hermandad Vieja de Toledo, Talavera y Ciudad Real* zu Anfang des 14. Jh. dar. Daneben existierten auch H. als Städtebünde zur Wahrung gemeinsamer wirtschaftl. Interessen, wie die *Hermandad de la Marisma*, in der seit 1296 acht Hafenstädte an der kantabr. Küste zusammengeschlossen waren, oder als Organisationsform gleichgerichteter Gruppeninteressen, wie der *Concejo de la →Mesta*, der als Hermandad aller Viehzüchter und Hirten des Kgr.es zu verstehen ist.

Ihre nachhaltigste Wirkung erzielten die H. jedoch als polit. Vereinigungen, die sich unter Teilnahme der Städte und Stände zum Schutz ihrer partikularen Interessen gegen die Politik des Kgtm.s formierten, als die adligen Stände Einfluß auf die Regierungsentscheidungen forderten und sich Funktionen der Organe der Kg.sgewalt aneigneten. Die H. wandelten sich so zu polit. Institutionen, die manchmal zeitweise, manchmal auf Dauer mit eigenen Organisationsformen und Rechtsstatuten neben den →Cortes agierten und, v. a. in Zeiten akuter Krisen oder Unmündigkeit der Thronfolger, bedeutenden Druck auf die Kg.sgewalt ausüben konnten. Häufig vereinigten sich Concejos mit jenen Adligen, die am Hof keinen Erfolg hatten, um ihre Rechte und Freiheiten gemeinsam zu verteidigen und sich gegen die Mißachtung der →Fueros und sonstige Willkür zur Wehr zu setzen. Bedeutende ständeübergreifende H. gab es 1282 in Kastilien, als Alfons X. abgesetzt und die Regierungsgewalt auf Sancho IV. übertragen wurde, und 1295 sowie 1315 während der Minderjährigkeit Ferdinands IV. und Alfons' XI. Aber bereits 1325 und wiederum 1329 weigerte sich Alfons XI., die Rechte der H. zu bestätigen, und 1390 verfügte Johann

I. ein Verbot der *ayuntamientos* und Ligen. Dennoch ist in Krisenzeiten immer wieder ein Aufleben der polit. H. zu beobachten, so 1464 unter Heinrich IV., bevor die→Kath. Kg.e seit 1475/76 darangingen, nach dem Vorbild der *Santa Hermandad Vieja* eine reichsweite neue *Santa Hermandad* aufzurichten, die von den Monarchen aus geprägt wurde. Während in Navarra ebenfalls Juntas nachzuweisen sind, fand die polit. Seite der H.-Institution in Aragón ihre deutlichste Ausprägung in den zw. 1264 und 1348 wirksamen Adelsunionen, die vom Kgtm. 1283 das Zugeständnis eines ihre Rechte und Freiheiten festlegenden *Privilegio General* ertrotzen konnten.

Während die bürgerl.-liberale Geschichtsschreibung des 19. Jh. die Entstehung der H. vornehml. aus dem Antagonismus zw. Adelsoligarchie und städt. Rechtssphäre erklärte, die H. folgl. als Schutzbündnisse der Concejos gegen die Mächtigen des Reiches sah (PUYOL Y ALONSO), suchte man später die Ursachen in der Schwäche der Monarchie und betonte, daß der Adel weder als abgeschlossene Schicht zu betrachten sei, noch die Städte und andere Schichten bedrückt habe (SUÁREZ FERNÁNDEZ), um die H. neuerdings als Ausdruck sich wandelnder Gruppeninteressen, wechselnder Koalitionsmöglichkeiten und popularen städt. Protestes gegen Pressionen aus verschiedenen Richtungen zu fassen. L. Vones

Lit.: L. SUÁREZ FERNÁNDEZ, Evolución hist. de las H. castellanas, CHE 16, 1951, 5–78 – M. DEL CARMEN CARLÉ, Del Concejo medieval castellano-leonés, 1968 – L. GARCÍA DE VALDEAVELLANO, Carta de Hermandad entre los Concejos de la Extremadura castellana y del arzobispado de Toledo en 1295, RevPort 12, 1969, 56–76 – M. LUNENFELD, The Council of the Santa Hermandad, 1970 – E. BENITO RUANO, H. en Asturias durante la Edad Media, 1971 – A. ALVAREZ DE MORALES, Las H. expresión del movimiento comunitario de España, 1974 – C. GONZÁLEZ MÍNGUEZ, Contribución al estudio de las H. en el reinado de Fernando IV. de Castilla, 1974 – S. MORETA, Malhechores-Feudales, 1978 – J. I. RUIZ DE LA PEÑA, La Hermandad leonesa de 1313 (León Medieval, 1978), 139–164 – J. VALDEON BARUQUE, Los conflictos sociales en el reino de Castilla en los siglos XIV y XV, 1979³ – C. GONZÁLEZ MÍNGUEZ, El movimiento hermandino en Álava (En la España Medieval II/1, 1982), 435–452 – M. GARCÍA FERNÁNDEZ, La Hermandad General de Andalucía durante la minoría de Alfonso XI de Castilla, 1312–1325 (Historia. Instituciones. Documentos 12, 1985), 351–375 – Y. GUERRERO NAVARRETE, La Hermandad de 1476 y Burgos, Anuario de Estu dios Medievales 16, 1986, 532–565 – J. M. SÁNCHEZ BENITO, Santa H. Vieja de Toledo, Talavera y Ciudad Real (s.s XIII–XV), 1987.

Hermann

1. H. v. Salm, *dt. Gegenkg.* seit 1081, † 28. Sept. 1088, ▭ Metz. Aus dem angesehenen und begüterten Hause →Luxemburg; Vater: Giselbert, Gf. v. →Salm, seit 1047 Gf. v. Luxemburg. H. wurde am 6. Aug. 1081 in Ochsenfurt von wenigen schwäb. und sächs. Fs.en unter Führung des von Heinrich IV. abgesetzten Hzg.s →Welf IV. v. Bayern zum Nachfolger des im Vorjahr gefallenen Gegenkg.s →Rudolf v. Rheinfelden erhoben. Nach einer förml. Nachwahl durch die Sachsen in Eisleben wurde er am 26. Dez. 1081 von Ebf. →Siegfried v. Mainz auf sächs. Boden in Goslar gekrönt. Von Anfang an blieb das Gegenkgtm. H.s, der vorwiegend in Goslar residierte, auf Ostsachsen beschränkt. Militär. Erfolge bei Höchstädt (11. Aug. 1081) und auf dem Pleichfeld nö. Würzburg (11. Aug. 1086) über Anhänger Heinrichs IV. bewirkten keine Veränderung des polit. Kräfteverhältnisses. Ein im Herbst 1082 zur Unterstützung→Gregors VII. geplanter Italienzug wurde auf die Nachricht vom Tode→Ottos v. Northeim abgebrochen. Eine Bf.ssynode unter Leitung des päpstl. Legaten Otto v. Ostia bestätigte Ostern 1085 in Quedlinburg zwar den Bann über Heinrich IV. und den von ihm erhobenen Papst→Clemens III.; doch als der Ks.

Mitte des Jahres selbst nach Sachsen kam, war der Abfall im Lager des Gegenkg.s nicht mehr aufzuhalten, so daß H. zeitweise bei den Dänen Zuflucht suchen mußte. Als H. nach dem Tode Bf. →Burchards v. Halberstadt und dem Parteiwechsel Ebf. →Hartwigs v. Magdeburg jeden Rückhalt in Sachsen verloren hatte, zog er sich 1088 – möglicherweise unter Verzicht auf die kgl. Würde – nach Lotharingien zurück. Mit dem Tode H.s noch im selben Jahr war das Gegenkgtm. in Deutschland erloschen.

T. Struve

Q. und Lit.: Die beiden einzigen Urkk. in: Die Urkk. Heinrichs IV., ed. D. V. GLADISS–A. GAWLIK (MGH DD VI, 1941–78), 677–680 – NDB VIII, 628–630 – H. MÜLLER, H. v. Luxemburg, Gegenkg. Heinrichs IV. [Diss. Halle 1888] – JDG H. IV. und H. V., Bd. 3–4, 1900–03 – H. RENN, Das erste Luxemburger Gf.enhaus (Rhein. Archiv 39, 1941), 154–157 – L. FENSKE, Adelsopposition und kirchl. Reformbewegung im ö. Sachsen (Veröff. des Max-Planck-Inst. für Gesch. 47, 1977), bes. 108, 111–116.

2. H. I. v. Baden, * um 1040, † 26. April 1074 in Cluny, ältester Sohn des →Zähringers →Berthold I. (4. B.) und der Richwara (Abkunft strittig, vielleicht Tochter Hzg. Hermanns IV. v. Schwaben), seit 1061 belegt, 1064 Gf. im →Breisgau, vor 1072 Mgf. in der Grenzmark →Verona des Hzm.s→Kärnten, das sein Vater seit 1061 innehatte; ⚭ Judith, Tochter des Gf.en Adalbert v. →Calw (Mitstifterin von→Hirsau); Sohn: Mgf. Hermann (I., unterschiedl. Zählung) v. Baden. H. trat 1073 unter Zurücklassung von Frau und Kind als einfacher Mönch in→Cluny ein, wo er nach asket. Leben starb. Seine Konversion wird in den Quellen als vorbildhaft gerühmt und in Legende und Sage weiter ausgeschmückt; die von →Ulrich v. Zell verfaßte Vita ist verloren. Von seinen Nachkommen, den Mgf.en v. →Baden, wird H. als Spitzenahn festgehalten und als »Seliger« verehrt. H. Schwarzmaier

Lit.: NDB VIII, 643 [ält. Lit.] – J. WOLLASCH, H., Mgf. v. Baden (Die Zähringer. Anstoß und Wirkung, hg. H. SCHADEK – K. SCHMID, 1986), 184–187 – DERS., Mgf. H. und Bf. Gebhard III. v. Konstanz (Die Zähringer in der Kirche des 11. und 12. Jh., hg. K. S. FRANK, 1987), 27–31 – G. WUNDER, Die ältesten Mgf.en v. Baden, ZGO 135, 1987, 109.

3. H., *Mgf. v. →Meißen,* † 1038, aus der Familie der →Ekkehardinger, Sohn→Ekkehards I. und der Schwanhild (→Billunger); nach der Ermordung des Vaters († 30. April 1002) mit→Regelindis, d. Tochter des→Bolesław Chrobry, vermählt. Während die Mgft. an H.s Onkel→Gunzelin überging, blieben H. und sein Bruder Ekkehard II. zunächst im wesentl. auf ihre Eigengüter beschränkt. Nach einer Fehde H.s mit seinem – auch des Paktierens mit Polen bezichtigten – Onkel Gunzelin wurde dieser 1009 durch ein Fs.engericht abgesetzt, und H. erhielt die Mgft. Sein polit.-militär. Handeln stand überwiegend im Zeichen der Abwehr der Angriffe Polens gegen die Mark Meißen, deren Besitz er in einer Reihe von Kämpfen sichern konnte. Mehrmals versuchte er, zw. dem dt. Kg. und seinem Schwiegervater zu vermitteln. In seinen letzten Regierungsjahren, die aufgrund des Friedensschlusses zw. Konrad II. und Mieszko II. v. Polen (1031) friedlicher verliefen, konnte der Mgf. erste Ansätze des Landesausbaus einleiten. Bereits 1028 ließ H. das Bm. →Zeitz auf das ekkeharding. Allod→Naumburg verlegen und mit Eigengut reich ausstatten – ein bemerkenswerter, die herausragende Stellung der Familie dokumentierender Vorgang, dessen Gedächtnis die Stifterfiguren des Naumburger Westchores (13. Jh.), unter ihnen die »primi fundatores« H. und Regelindis, wachhielten. U. Mattejiet

Lit.: NDB VIII, 637f. – →Ekkehardinger, →Meißen, →Naumburg.

4. H. Billung, *Hzg. in →Sachsen,* † 13. März 973 in Quedlinburg, Eltern unbekannt, ⚭ Hildegard, fünf Kinder (u. a. →Bernhard I., Hzg.; Schwanhild, ∞→Ekkehard I.; Mathilde, ∞ 1. Balduin III. v. →Flandern, 2. →Gottfried d. Ä., Gf. v. Verdun). – Otto I. übertrug H. im Herbst 936 den Befehl auf dem Redarier-Feldzug, dem wohl ein ständiger Auftrag des Grenzschutzes im Niederelberaum folgte. Doch ist H. hier als Mgf. erst 953 bezeugt. Während seiner Abwesenheit wurde H. von Otto I. wiederholt mit der Wahrnehmung von Gerichts- und Herrschaftsbefugnissen betraut (953, während des Aufstandes →Liudolfs; 961, anläßl. des zweiten Romzugs Ottos; 966, vielleicht auf den gesamten sächs. Raum bezogene »Prokuration«). Die kgl. Kanzlei vermied es, H.s Befehlsgewalt mit dem Hzg.stitel zu belegen und nannte ihn 'marchio' oder 'comes'. Im Mittelpunkt seiner Herrschaftsausübung stand die NO-Grenze; H. hielt die slav. Völkerschaften der →Abodriten, →Wagrier und →Redarier (s. a. →Elb- und Ostseeslaven) in Abhängigkeit vom Reich. Er hinterließ seinem Sohn Bernhard ein »machtvolles Herrschaftsgebilde« (FREYTAG). →Billunger.

U. Mattejiet

Lit.: ADB XII, 151–153 – NDB VIII, 640f. – HERMANN, Slawen [Neubearb. 1986], passim – →Billunger, →Sachsen.

5. H. I., *Hzg. v. →Schwaben* seit 926, † 10. Dez. 949, ⌑ Reichenau, St-Kilians-Kapelle, aus der Familie der →Konradiner, Sohn Gebhards († 910), Hzg. in Lotharingien, ∞ Reginlinde, Witwe →Burchards I. v. Schwaben. H., der ein wichtiger Helfer Kg. Heinrichs I. war, erhielt von diesem nach dem Tode Burchards I. das Hzm. Schwaben übertragen und verfügte außerdem über das →Elsaß. Als loyaler Anhänger Ottos I., der auch während der schweren Krise von 938/939 (Aufstand →Heinrichs, des Bruders Ottos) zum Kg. stand, empfing H. die Abtei →Echternach; seine Tochter und Erbin Ita (Ida) wurde 947 mit Ottos Sohn →Liudolf vermählt. Der wegen seiner Klugheit gerühmte H. zählte gemeinsam mit seinem Bruder Udo zu den engsten Beratern Ottos und hat v. a. bei dessen Politik gegenüber →Lotharingien und dem westfrk. Reich sowie in der frühen Phase otton. Italienpolitik Einfluß ausgeübt.

Lit.: ADB XII, 153f. – NDB VIII, 641 – →Konradiner, →Schwaben.

6. H. II., *Hzg. v. →Schwaben* und →Elsaß aus der Familie der →Konradiner, † 4. Mai 1003, wohl Sohn Hzg. Konrads († 997) und der Judith/Jutta (?), Großneffe von H. I., ∞ Gerberga, Tochter Kg. Konrads v. Burgund. H. war nach Ottos III. Tod zunächst aussichtsreichster Thronbewerber, da ihn die Mehrheit der bei Ottos Beisetzung versammelten Fs.en unterstützte, wurde aber durch Hzg. Heinrich v. Bayern (→Heinrich II.), mit Unterstützung des Ebf.s →Willigis v. Mainz, verdrängt (Juni 1002). H. erkannte den Erfolg seines überlegenen Konkurrenten zunächst nicht an, so daß es zu krieger. Auseinandersetzungen (u. a. in Straßburg) kam. Angesichts eines drohenden Feldzuges Heinrichs II. gegen Schwaben unterwarf er sich jedoch am 1. Okt. 1002 zu Bruchsal. Als er wenige Monate später starb, übernahm Heinrich II. die Vormundschaft für H.s Sohn und Nachfolger Hermann III. (1003–11).

Lit.: ADB XII, 153–155 – NDB VIII, 641f. – →Konradiner, →Schwaben.

7. H. IV., *Hzg. von →Schwaben,* † Sommer 1038; entstammte der 2. Ehe der →Gisela (3. G.) mit dem Babenberger →Ernst I. v. Schwaben und war jüngerer Bruder Hzg. →Ernsts II. v. Schwaben. H., der durch die 3. Ehe seiner Mutter zum Stiefsohn Ks. →Konrads II. wurde, erhielt als Minderjähriger nach der Rebellion Ernsts II. 1030 dessen Hzm. Schwaben übertragen, doch zunächst

unter (vormundschaftl.) Amtsausübung Bf. Warmanns v. →Konstanz. H. heiratete 1036 Gfn. →Adelheid (4. A.) v. Turin und wurde mit der Mgft. →Turin belehnt.

Lit.: →Schwaben, →Turin.

8. H. I., *Lgf. v. →Thüringen,* * um 1155, † 25. April 1217 in Gotha (in geistiger Umnachtung); Eltern: Lgf. →Ludwig II. v. Thüringen und Jutta, Tochter Hzg. →Friedrichs II. v. Schwaben; Vater von →Heinrich Raspe. Im Schatten des regierenden Bruders →Ludwig III. stehend, mit dem zusammen er als Anhänger Friedrich Barbarossas 1180 in die anderthalbjährige Gefangenschaft →Heinrichs d. Löwen geriet, wurde er 1181 mit der Pfgft. →Sachsen belehnt. Als sein Bruder 1190 ohne Erben starb, konnte er sich gegen die Absicht Ks. Heinrichs VI., die Lgft. als erledigtes Lehen einzuziehen, als Nachfolger behaupten. Im dt. Thronstreit wechselte H. in bedenkenloser Verfolgung seiner territorialen Interessen dreimal nacheinander zu Otto IV. über, um schließlich an der Kg.swahl Friedrichs II. 1211 mitzuwirken. Er ließ die →Wartburg über →Eisenach ausbauen und machte sie zu einem Mittelpunkt der höf. Dichtung (hist. nicht faßbare lit. Überlieferung des »Sängerkrieges«; →Wartburgkrieg).   K. Blaschke

Lit.: ADB XII, s. v. – NDB VIII, 642 – PATZE-SCHLESINGER, II, 1, 29–32; II, 2, 207ff.

9. H., *Bf. v. →Augsburg* seit 1096, † 11. März 1133 in Augsburg, entstammte dem Geschlecht der Mgf.en v. Vohburg. Über einen längeren Zeitraum wurde ihm, bes. von seiten seines eigenen Domklerus und Abt →Eginos v. St. Ulrich und Afra, vorgeworfen, er sei durch Geld von Ks. Heinrich IV. zum Bf. erhoben worden. Spätestens seit dem Wormser Konkordat (1122) erlangte er allgemeine Anerkennung. Seine Persönlichkeit und sein Wirken wurden, da sie weitgehend aus der Sicht seiner Gegner geschildert sind, sicher zu Unrecht fast nur negativ gezeichnet. Gegen Ende seiner Amtszeit war er Anhänger einer bfl. gelenkten Klosterreform. Die Zerstörung Augsburgs durch Truppen Kg. Lothars III. Ende August 1133 konnte er nicht verhindern.   G. Kreuzer

Lit.: NDB VIII, 630 – F. ZOEPFL, Das Bm. Augsburg und seine Bf.e im MA, 1955, 109–126 – W. VOLKERT – F. ZOEPFL, Die Reg. der Bf.e und des Domkapitels v. Augsburg I, 1985, Nr. 366–477; Nachtr. 356–363.

10. H. I., *Bf. v. →Bamberg* 1065–75, † 25. (26.?) Juli 1085 in Münsterschwarzach, ⌑ ebd. Wohl aus edelfreiem rheinfrk. Geschlecht, von Kg. Heinrich IV. zum Bf. ernannt, offenbar ohne vorhergehende Wahl durch das Domkapitel. 1070 Verleihung des →Palliums durch Alexander II. Obwohl H.s Einfluß in der Reichspolitik und die Gunst des Kg.s wertvolle Erwerbungen für das Bm. ermöglichten, nahm die Opposition des Domkapitels, das bei Papst Gregor VII. Anklage wegen →Simonie gegen ihn erhob, an Schärfe zu. Da H. mehreren Vorladungen nach Rom nicht folgte, setzte der Papst ihn am 20. April 1075 ab; als auch Heinrich IV. ihn fallen ließ, zog er sich nach →Münsterschwarzach zurück. Mit dessen Abt →Ekkebert zog er nach Rom, wo er zwar die Absolution von Kirchenstrafen erreichte, nicht aber seine Wiedereinsetzung als Bf.   A. Wendehorst

Q.: E. FRHR. v. GUTTENBERG, Die Reg. der Bf.e und des Domkapitels v. Bamberg, 1963, 193–248, Nr. 379–482 – *Lit.:* NDB VIII, 630 – E. FRHR. v. GUTTENBERG, Das Bm. Bamberg I (GS II, 1, 1937), 106–111 – G. B. BORINO, La lettera di Ermanno vescovo di Bamberga a Gregorio VII (1075), StGreg 6, 1959–61, 311–328 – O. MEYER u. a., Oberfranken im HochMA, 1973, 54–59 – R. SCHIEFFER, H.I., Bf. v. Bamberg, Frk. Lebensbilder 6, 1975, 55–76.

11. H. v. Salza, *Hochmeister des →Dt. Ordens,* →Salza, Hermann v.

12. H. v. Bekeshovede (Buxhövden), 1. Bf. v. →Dorpat, * um 1170, † zw. 1248 und 1254, ▢ Dorpat. Seit 1217 Abt v. St. Paul bei Bremen, jüngerer Bruder Bf. →Alberts I. v. Riga, der ihn 1219 zum Bf. v. Estland ernannte, vom Ebf. v. Magdeburg geweiht, konnte H. erst 1224 nach d. Aufhebung der dän. Sperre über Lübeck nach Livland fahren, lebte zuerst auf der ehem. Estenburg →Odenpäh, verlegte noch im gleichen Jahr den Bf.ssitz von →Leal nach Dorpat und schuf hier die baul. und institutionellen Grundlagen des Bm.s und Domkapitels (s. im einzelnen →Dorpat, 1), vergab Land an Vasallen und erlegte den Bauern den Zehnten auf. 1225 in Riga, ging er 1227 nach Deutschland (1234–35 als Weihbf. in Trier). H. teilte seinen Herrschaftsbereich mit dem →Schwertbrüderorden. 1240 nahm er an dem Feldzug gegen die Russen v. →Novgorod teil, schloß 1243 mit den Bf.en v. →Riga und →Ösel-Wiek ein Bündnis gegen alle auswärtigen Gegner. 1248 resignierte er und zog sich, krank und erblindet, in das Zisterzienserkl. →Falkenau zurück.   M. Hellmann

Q.: Heinrich v. Lettland XXIII, II; XXVIII, I – Livländ. UB I, nr. 61–63, 125, 140, VI, nr. 2716 – Hildebrand, Livonica nr. 35 – B. Russow, Chronik, SS rer Livonicarum II, 15 – Lit.: L. Arbusow sen., Livlands Geistlichkeit vom Ende des 12. bis ins 16. Jh., Jb. für Genealogie, Heraldik und Sphragistik, 1900, 59 – Latviešu Konversācijas Vārdnīca VI, 1931, 11762f. – →Dorpat.

13. H. I., Ebf. v. →Köln 889/890–924 (?), † 11. April 924 (?), ▢ Köln, (Hildebold-)Dom. Im Pontifikat des zuvor wohl mit einer (Konradinerin?) Gerberga verheirateten H. spiegelt sich die Stellung Kölns und Lothringens zw. den in W und O entstehenden karol. Nachfolgestaaten: 895–897 als Erzkaplan Kg. →Zwentibolds v. Lothringen belegt, stand H. in den folgenden Jahren meist im Schatten der Trierer Amtsbrüder; bei Abschluß des →Bonner Vertrags (921) im Gefolge des westfrk.-frz. Kg.s Karl III., stellte er sich im →Lütticher Bm.sstreit auf Seiten →Giselberts und wohl auch Kg. Heinrichs I. In Köln, wo er auch dem Stift St. Gereon vorstand, bemühte er sich um Beseitigung der durch den Normanneneinfall v. 881/882 bedingten Verluste und wies 922 die Kanonissen des von den Ungarn zerstörten Stifts Gerresheim in das von ihm wiedererrichtete Kl. St. Ursula ein. Ohne dauerhaften Erfolg versuchte er, Bremen als Suffragan in seine Provinz zurückzuzwingen (→Hamburg-Bremen). Trotz der Differenzen mit Lüttich und Bremen sowie in der Frage des Palliengebrauchs pflegte H. gute Beziehungen zum Hl. Stuhl, bes. zu Johannes X.   Heribert Müller

Q.: F. W. Oediger, Reg. der Ebf.e v. Köln I, 1954–61, 92–105 – Ser. episcoporum ... V/1, cur. St. Weinfurter – O. Engels, 1982, 17f. – Reg. Pontificum Romanorum, GP VII/1, auct. Th. Schieffer, 1986, 36–46 [vgl. GP VI, 36–45] – Lit.: NDB VIII, 634f. – F. W. Oediger, Gesch. des Ebm.s Köln I, 1972², 97–99 – Th. Schieffer, Adnotationes zur GP ... (I), ADipl 32, 1986, 503–545.

14. H. II., Ebf. v. →Köln 1036–56, † 11. Febr. 1056, ▢ Köln, (Hildebold-)Dom; Sohn Pfgf. →Ezzos v. Lothringen und der Mathilde, Tochter Ks. Ottos II. Die Bedeutung des bereits unter Konrad II. als Kaplan, it. Kanzler und Teilnehmer am letzten Italienzug einflußreichen Propstes und Archidiakons der Kölner Kirche kulminierte unter Heinrich III., wie zahlreiche Interventionen des Ebf.s und Erzkanzlers für Italien, sein Einsatz für Wazo als Bf. v. Lüttich, die Weihe der ksl. Stiftung St. Simon und Judas in →Goslar, die Taufe (1051) und Krönung Heinrichs IV. (1054) wie auch seine und seiner Familie Kg.streue beim Aufstand des oberloth. Hzg.s →Gottfried d. Bärtigen (1044–49) erweisen. Als Ebf. erhielt er von Leo IX. anläßl. eines Besuchs in Köln 1049 gegebene Versprechen 1052 (V 7) urkundl. bestätigt: Die Privilegie-

rungen (auch als Erzkanzler des apostol. Stuhls), nach neueren Forsch. zweifellos eine echte Dokumentation der Rechtsstellung der Kölner Kirche, entschieden auch über den Vorrang im Reichsepiskopat, u. a. gegen Trierer Primatansprüche.   Heribert Müller

Q.: F. W. Oediger, Reg. der Ebf.e v. Köln I, 1954–61, 225–242 – Ser. episcoporum ... V/1, cur. St. Weinfurter – O. Engels, 1982, 24f. – Regesta Pontificum Romanorum, GP VII/1, auct. Th. Schieffer, 1986, 55–60 – Lit.: NDB VIII, 635 – D. Lück, Die Kölner Ebf.e H. II. und Anno II. als Erzkanzler der röm. Kirche, ADipl 16, 1970, 1–50 – F. W. Oediger, Gesch. des Ebm.s Köln I, 1972², 111–114 – H. Wolter (Stud. und Vorarbeiten zur GP VI, 1976), 101–151 – U. Lewald, Die Ezzonen, RhVjbll 43, 1979, 120–168 – O. Engels (Fschr. J. Kard. Höffner, 1986), 78–80.

15. H. III., Ebf. v. →Köln 1089–1099, † 21. Nov. 1099, ▢ Kl. Siegburg, stammte aus dem edelfreien Geschlecht der Hochstaden. Der mit Ebf. →Hartwig v. Magdeburg und Bf. Johann I. v. Speyer verwandte H. wurde bes. von Ebf. →Anno II. gefördert. 1074/75 als Kölner vicedomnus und seit 1076 als Propst v. St. Viktor in Xanten belegt, bestellte ihn Heinrich IV., als dessen dt. Kanzler H. seit 1085 amtierte, zum Ebf. v. Köln. Obgleich bis 1095 Erzkanzler für Italien und zuverlässiger Anhänger des Ks.s, spielte er dennoch keine erkennbare reichs- und kirchenpolit. Rolle. Auf sein bfl. Amt konzentriert, unterstützte er die Verbreitung der →Siegburger Reform (→Brauweiler, →Gladbach, St. Pantaleon in →Köln) sowie allg. die stadtköln. Stifte.   Heribert Müller

Q.: F. W. Oediger, Reg. der Ebf.e v. Köln I, 1954–61, 359–370 – Ser. episcoporum ... V/1, cur. St. Weinfurter – O. Engels, 1982, 29 – Lit.: NDB VIII, 635 – F. W. Oediger, Gesch. des Ebm.s Köln I, 1972², 129f.

16. H. (IV.), Lgf. v. Hessen, Ebf. v. →Köln 1480–1508; * 1449/50, † wohl 19. Okt. 1508 in Poppelsdorf b. Bonn, ▢ Köln, Dom; 3. Sohn des Lgf.en →Ludwig I. v. Hessen u. der Anna, Tochter des Kfs.en →Friedrich I. v. Sachsen; 1462 in Köln immatrikuliert, Propst zu Fritzlar (1465), Aachen, St. Gereon in Köln, Scholastiker zu Worms, Kanoniker zu Mainz (1466) und am Kölner Domstift. 1472 zog er die Bewerbung um den Bf.sstuhl v. Hildesheim zurück. Als sich im Erzstift Köln der Streit zw. Ebf. →Ruprecht und den Stiftsständen zuspitzte, wurde H. vom Domkapitel zum Administrator und von den Stiftsständen im März 1473 zum Stiftsverweser gewählt. Im Krieg zw. Ruprecht und den von der Stadt →Köln unterstützten Stiftsständen hat H. 1474/75 persönl. die Verteidigung der belagerten Stadt →Neuß bis zum Entsatz durch Ks. Friedrich III. geleitet. Am 8. Sept. 1475 vom Ks. zum Regierer des Kölner Erzstifts bestellt, wurde H. nach dem Tod Ruprechts vom Domkapitel am 11. Aug. 1480 zum Ebf. gewählt (päpstl. Bestätigung: 15. Nov. 1480; ksl. Belehnung: Dez. 1485). 1486 krönte H. Maximilian I. zum König. 1496 wurde er Koadjutor, 1498 Administrator v. Paderborn. – Mit der Stadt →Köln kam es zu Auseinandersetzungen, v. a. um den Kölner Zoll und das geistl. Gericht. Im Erzstift setzte er sich für eine Modernisierung der Verwaltung, die Konsolidierung der Finanzen und eine Münzreform ein. Aus persönl. Überzeugung widmete er sich kirchl. Reformen, v. a. der Kl.reform.
  C. v. Looz-Corswarem

Lit.: ADB XII, 130ff. – NDB VIII, 635f. – W. D. Penning, Die weltl. Zentralbehörden im Erzstift Köln ..., 1977 – W. Janssen, Der Bf., Reichsfs. und Landesherr (14. und 15. Jh.), Festg. Kard. Höffner 1986 – B. Neidiger, Ebf.e, Landesherren und Reformkongregationen, RhVjbll [im Dr.].

17. H., Bf. v. →Metz 1073–90, † Mai 1090, ▢ Metz, St-Pierre aux Images; entstammte einer Seitenlinie des Geschlechts der Gf.en v. Ardenne (→Verdun); H.s Neffe war

Bf. v. Lüttich (Heinrich v. Verdun, 1076–91). – H. war Propst v. St. Lambert zu Lüttich und wurde Anfang 1073 als Nachfolger →Adalberos III. († 13. Nov. 1072) zum Bf. v. Metz erhoben. 1074 reiste er nach Rom, wo er mit den aus der lotharing. Hzg.sfamilie stammenden Mgfn.en v. Tuszien, →Beatrix und →Mathilde, zusammentraf. Papst →Gregor VII. betraute ihn mit der Untersuchung von Streitfällen, die die Bf.e v. Bamberg, Verdun und Toul betrafen. Gegen seine Überzeugung war H. Mitunterzeichner der antigregorian. Erklärung vom 24. Jan. 1076, schickte jedoch dem Papst ein erklärendes Schreiben. Später begann H., gegen die Politik Heinrichs IV. Widerstand zu leisten und empfing einen Brief Gregors mit Erläuterungen in einer Reihe von Fragen, die H. dem Papst gestellt hatte (Aug. 1076). Sachwalter des Papstes in der Diöz. Lüttich, trat H., wenn auch nach einigem Zögern, offen auf die gregorian. Seite über, woraufhin ihn Heinrich IV. und der Hzg. v. Lothringen 1078 aus Metz vertrieben. Erneut in Rom, nahm H. an der Synode von 1079 teil und erhielt 1081 einen weiteren Brief Gregors, in dem der Papst seine gegen den dt. Kg. gerichteten Entscheidungen begründete, sowie in derselben Angelegenheit einen Brief Ebf. →Gebhards v. Salzburg. H. hielt sich nun vorwiegend in der Diöz. Lüttich auf und nahm insbes. die Angelegenheiten der zu Metz gehörenden Abtei →St-Trond wahr; eine Anerkennung des Kg.sanhängers →Egilbert als Ebf. v. →Trier lehnte er ab. Im April 1085 wurde er von einem Hoftag abgesetzt; auf den Bf.ssitz v. Metz gelangte zunächst die Abt v. St-Arnoud, Walo, dann Bruno v. Calw (1085–88). Erst Anfang 1089 konnte H. nach Metz zurückkehren, wo er kurz vor seinem Tod noch die Translation der Reliquien des hl. Clemens vornahm (1. Mai 1090). Trotz seines Eintretens für das gregorian. Papsttum hat H. niemals völlig mit dem Kgtum. gebrochen. M. Parisse

Q.: MGH Epp. sel. (Reg. Greg. IV, 2, 293; VIII, 21, 544) – MGH L.d.L. I, 261–279 – Lit.: F. RUPERTI–G. HOCQUARD, Hériman évêque de Metz, Ann. Soc. Hist. Arch. Lorr. 39, 1930, 503–578 – S. SALLOCH, H. v. Metz. Ein Beitrag zur Gesch. des dt. Episkopats im Investiturstreit, 1931 – H. D. WENZEL, Das Bm. Metz während des Investiturstreites [Diss. masch. Frankfurt/M. 1951] – F.-R. ERKENS, Die Trierer Kirchenprovinz im Investiturstreit, 1987, 45–66.

18. H. II. v. Katzenelnbogen, *Bf. von Münster* →Münster

19. H. *Bf. v.* →*Prag,* † 17. Sept. 1122, stammte aus Utrecht, zunächst Kaplan des Kg.s v. Böhmen, →Vratislav II., und Propst v. Bunzlau, 1099 wegen seiner diplomat. und polit. Verdienste durch Hzg. →Břetislav II. auf Anraten von dessen Schwager →Wiprecht v. Groitzsch zum Bf. erhoben. Obwohl infolge von Thronwirren ztw. zur Flucht genötigt und in Gefangenschaft, behauptete H. mit Geschick seine Stellung: An der Erhebung →Vladislavs I. war er entscheidend beteiligt, die dynast. Gegensätze suchte er auszugleichen. Der Aufstieg der böhm. Kirche setzte sich unter dem gebildeten H. fort. Die von ihm zugelassene und auf dem Totenbett beklagte Rückkehr der Juden zu ihrem Glauben nach den ersten Prager Verfolgungen und sein anfängl. Widerstand gegen die aufkommende Verehrung der hl. →Ludmila bezeugen seinen Realitätssinn. P. Hilsch

Lit.: NOVOTNÝ, I 2, 1913 – W. WOSTRY, Dt. Bf.e vor 1200 (Sudetendt. Lebensbilder 2, hg. E. GIERACH, 1930), 8–18.

20. H., *Bf. v.* → *Verden,* †11. Aug. 1167 bei Rom an einer Seuche; zunächst Archidiakon und Kustos in →Halberstadt, 1148 zum Bf. v. Verden gewählt, aber erst 1153 geweiht. Eine der zuverlässigsten Stützen →Heinrichs des Löwen in →Sachsen, vertrat H. den Anspruch des Hzg.s auf die Bf.sinvestitur in den rechtselb. Bm.ern (Lübeck, Ratzeburg, Schwerin). In der Reichspolitik neben →Rainald v. Dassel einer der wichtigsten Berater Friedrich Barbarossas, gehörte H. seit 1158 zu den maßgebl. Köpfen der Italienpolitik (beteiligt 1161 an der Belagerung →Mailands sowie an den Italienzügen 1163 und 1166). Die starke Beanspruchung H.s in der ksl. Politik brachte eine Vernachlässigung der bfl. Pflichten mit sich; ein Erstarken des Domkapitels und Klagen der Geistlichkeit waren die Folgen. Dennoch stellt der als weise, klug und vorsichtig gerühmte H. unter den Verdener Bf.en die überragende Persönlichkeit dar. M. Puhle

Lit.: ADB XII, 157f. – NDB VIII, 643 – O. WURST, Bf. H.v.V. ..., 1972.

21. H. v. Carinthia (Hermannus de Carinthia, H.v. Kärnten), Übersetzer math. und physikal. Werke aus dem Arab., 1138–43 in Spanien und S-Frankreich tätig; übertrug die »Elemente« des →Euklid, die »Sphaerica« des Theodosios, die astronom. →Tafeln des →al-Ḫwārizmī in der Bearb. →al-Maǧrīṭīs (verschollen), das »Planisphaerium« des →Ptolemaios (vollendet 1. Juni 1143), den »Liber de circulis« (verschollen, von H. in seinem »Planisphaerium« als eigenes Werk bezeichnet), den »Liber de invenienda radice« und den »Liber de opere numeri et operis materia« (beide von →Richard v. Fournival H. zugeschrieben). Aus dem Gebiet der Physik übersetzte er die »Fatidica« (Prognostica) des →Sahl ibn Bišr (1138), »De occultis«, »Liber imbrium«, dazu »Introductorium maius« (1140) und »De revolutionibus nativitatum« (verschollen) des →Abū Maʿšar. Zw. 1141 und 1143 übersetzte H. die islam. Texte »De generatione Mahumet« und »Doctrina Mahumet«. Mit →Robert v. Chester übertrug H. den →Koran, 1143 vollendete er in Béziers sein Werk »De essentiis«. H. L. L. Busard

Lit.: Repfont V, 458 ff. – H. L. L. BUSARD, The Translation of the Elements of Euclid from the Arabic into Lat. by H. of C.(?), Books I–VI, 1968; Books VII–XII, 1977 – CH. BURNETT, Arabic into Lat. in 12th century Spain: the Works of H. of C., MJb 23, 1978, 100–134 – S. M. LOW-BEER, H. of C. The Liber Imbrium, the Fatidica and the De indagatione cordis, DissAb A 40/5, 1979, 2812 – CH. BURNETT, H. of C. De essentiis, 1982.

22. H. v. Heilighafen (H.us de Sancto Portu), ʿKerkhereʾ zu H. (heut. Heiligenh.), Mag. art. in Paris, begleitete 1246 die holstein. Prinzen von der Pariser Univ. in die Heimat zurück. 1284 ging er – vermutl. im Auftrag Gf. Adolfs V. v. Holstein – als 60jähriger ein zweites Mal nach Paris, wo er den Prototyp eines an den Laien gerichteten »Herbarius communis« (neben lat. Drogenbezeichnung nd. Pflanzennamen) verfaßte; darin wirft er theoret. Ballast ab, bevorzugt im Sinne salernitan. Kostendämpfung (→Antidotarium Nicolai) billige Arzneistoffe sowie das Angebot der heim. Flora. Die Versatzstücke sind v. a. der salernitan. Drogenkunde entnommen (→»Circa instans«, »Liber graduum« [→Constantinus Africanus] und »Macer«), teilw. auch →Avicenna bzw. →Rhazes entlehnt und mittels Enzyklopädien (→Vinzenz v. Beauvais) kompiliert. G. Keil

Lit.: Verf.-Lex.² III, 1061f. – H. EBEL, Der ʿHerbarius communisʾ des H. de S. P. und das ʿArzneibüchleinʾ des Claus v. Metry, Texte und Unters. zur Gesch. der Naturwiss. 1, 1940 – A. LINDGREN, Die ʿaquae medicinalesʾ des mnd. Gothaer Arzneibuches, 1979, 19f. u. ö.

23. H. v. Köln (H. v. Scheda, Hermannus quondam Iudaeus), jüd. Konvertit aus Köln, * 1107/08, † nach 1181, Verfasser einer – in der Forschung umstrittenen – Autobiographie (»De sua conversione«). S. im einzelnen →Konvertiten.

Ed.: J. Greven, AHVN 115, 1929, 11–131 – G. Niemeyer, MGH QG 4, 1963 – *Lit.:* Verf.-Lex.² III, 1066–1068 – →Konvertiten.

24. H. Korner (Corner, Koerner) OP, * ca. 1365 in Lübeck, † ca. März 1438 ebd. Wahrscheinl. 1386 capitaneus in Lübeck, wurde H.K. später Dominikaner, wirkte seit ca. 1397 als Ordenslehrer in Halberstadt/Magdeburg, 1414–26 meist als Lesemeister in Lübeck, wo er nach theol. Stud. in Erfurt (1435 Dr. theol.) starb. Seit 1416 schuf H.K. meist aufgrund von Ordens-Q. und mündl. Nachrichten wenig selbständig eine für die Gesch. N-Deutschlands materialreiche Weltchronik bis zur Gegenwart (»Chronica novella«) in vier lat. Rez. (ed. J. Schwalm, 1895) und eine kürzere nd. Fassung, die sprachgesch. wertvoll ist. D. Berg

Lit.: NDB XII, 590 – Verf.-Lex.² V, 317–320 – Chr. dt. Städte 26, 1899, 3ff., 183ff.; 28, 1902, 345ff. – E. Kleineidam, Univ. Studii Erffordensis I, 1964, 191ff. – H. Kölln, Unters. zu den nd. Bearbeitungen der Chronik H.K.s [Diss. masch. Kiel 1965] – M. Wierschin, Hss. der Ratsbücherei Lüneburg, 1969, 93ff. – Th. Kaeppeli, Scriptores Ord. Praed., II, 1975, 224f.

25. H. d. Lahme →Hermann v. Reichenau

26. H. v. Niederaltaich, OSB, Historiograph, * 1200/01, † 31. Juli 1273. Wohl im Kl. →Niederaltaich gebildet, vertrat H. dessen Interessen mehrmals an der Kurie und wurde 1242 Abt. Förderung durch die bayer. Hzg.e ermöglichte ihm, die wirtschaftl. Situation seines Kl. zu konsolidieren. Sein Hauptwerk bilden die an →Ekkehard v. Aura anknüpfenden und →Otto v. Freising sowie weitere Q. verwertenden Annalen (508/1106– 1273), deren letzten Teil er von ca. 1250 an ziemlich gleichzeitig mit den Ereignissen schrieb. Es geht H. um die Rechtsposition von Niederaltaich, die Gesch. der →Wittelsbacher und anderer für das Kl. wichtiger Dynastien, die bayer. Stammestradition. Demgegenüber tritt die Reichs- und Papstgesch. zurück. Weitere von H. verfaßte oder veranlaßte Schriften: »De institutione monasterii Altahensis«; »De advocatis Altahensibus«; genealog. Arbeiten; Besitzaufzeichnungen. Der ihm eigene Sinn für Administration und Rechenhaftigkeit zeigt sich am deutlichsten in den Notizen (»De rebus suis gestis«), die über seine bedeutende Bautätigkeit informieren. Die Annalen erreichten beträchtl. Verbreitung. H. weist voraus auf das spätma. bayer. Landesbewußtsein. K. Schnith

Ed.: MHG SS XVII, 1861 – *Lit.:* Repfont V, 455ff. – Verf.-Lex.² III, 1076ff. [Lit.] – Spindler II, 751f. [H. Glaser] – J. Klose, Das Urk.wesen Abt H.s, 1967 – Ausst.-Kat. Wittelsbach und Bayern I 1, 1980, 362f. [K. Schnith] – M. Müller, Die Annalen und Chroniken im Hzm. Bayern 1250–1314, 1983, 5ff. – J. M. Moeglin, Les ancêtres du prince, 1985, 23ff.

27. H. v. Reichenau (d. Lahme; Hermannus Contractus), Gelehrter, Dichter, Gesch.sschreiber, * 18. Juli 1013, † 24. Sept. 1054. Dem schwäb. Gf.engeschlecht von Altshausen (Gf.en v. →Veringen; Eltern: Wolfrad und Hiltrud) entstammend, wurde H. mit sieben Jahren dem Kl. →Reichenau übergeben, wo er um 1043 die Priesterweihe empfing. Von frühester Kindheit an spast. gelähmt, war er zeitlebens an den Tragstuhl gefesselt (daher seit dem 12. Jh. der Beiname 'Contractus') und konnte nur mit Mühe sprechen. H. war einer der vielseitigsten und bedeutendsten Gelehrten seiner Zeit und zudem ein gefeierter Lehrer, dessen astronom.-komputist. Stud. zu Unrecht in Vergessenheit geraten sind. War doch die Frage nach dem Verhältnis des Menschen zu der ihm in der Schöpfung Gottes zugewiesenen Zeit wesentl. Antrieb für seine Beschäftigung mit der Gesch.

Hervorragend in den Fächern des Quadriviums (in Nachfolge →Berns v. Reichenau; →Artes liberales) unterwiesen, verfaßte H. einen musiktheoret. Traktat, in dem er u. a. in Anlehnung an byz. Notation eine eigene Notenschrift entwickelte. Zwei dazugehörige Merkverse (»Ter terni sunt modi«; »ter tria iunctorum«) waren im MA weit verbreitet. Daneben trat er als Verfasser hagiograph. und litur. Werke, darunter der beliebten Mariensequenz »Ave praeclara maris stella« (jahrhundertelang wurden ihm auch das »Salve regina« und das »Alma redemptoris mater« zugeschrieben), hervor. Im Auftrage seines Abtes führte er eine z. T. auf eigenen Nachforsch. beruhende Neubearb. des Martyrologiums des →Notker Balbulus von St. Gallen [ungedr.] durch. Als Frucht seiner math. und astronom. Stud. entstanden Lehrschriften über den Gebrauch des →Abakus, über die Regeln des ma. Zahlenkampfspiels (→Rhythmomachie), über Konstruktion und Funktion des →Astrolabiums sowie über die Sonnen- und Mondfinsternisse (→Finsternis). Seine bei der Berechnung des synod. Mondmonats erzielten, Beda Venerabilis korrigierenden Entdeckungen legte er um 1040 in einem als »Forschungsbericht« (A. Borst) konzipierten Brief an Herrand nieder. Mit dem Tabellenwerk des 1042 entstandenen →»Computus« [ungedr.] schuf er ein verläßl. Hb. der Zeitrechnung (→Komputistik). Doch scheinen ihm gegen Ende seines Lebens Zweifel an der seinen Berechnungen zugrunde liegenden, durch die christl. Tradition sanktionierten Annahme völliger Gleichförmigkeit von Sonnenbahn und Mondlauf gekommen zu sein.

Mit seiner von Christi Geburt bis 1054 reichenden Weltchronik schuf H. ein das gesamte Reich einbeziehendes Gesch.swerk, dem er durch konsequente Zählung nach →Inkarnationsjahren ein festes chronolog. Gerüst verlieh. Beachtung verdient sein Versuch, die hist. →Chronologie durch astronom. Ereignisse zu sichern (→Chronik, C.I). Ob die sich eng mit H.s Chronik berührende Reichenauer Ks.chronik (sog. →Schwäb. Weltchronik«, Text nicht erhalten, ledigl. erschlossen) eine – möglicherweise von ihm selbst stammende – Vorlage (Schmale) darstellte oder ein von seinem Schüler →Berthold (22. B.) hergestellter Auszug (Robinson) der Chronik war, ist strittig. H.s durchaus krit., auf Anschaulichkeit bedachte Darstellung, die kaum Einflüsse antiker Autoren erkennen läßt, ist eine wichtige Q. für die Gesch. Konrads II. und Heinrichs III. T. Struve

Ed.: L. Ellinwood, Musica Hermanni Contracti, 1936, 1952² – W. Brambach, Die verloren geglaubte Hist. de s. Afra und das Salve regina des Hermannus Contractus, 1892 – G. M. Dreves, AnalHym 44, 1904, 204–206; 50, 1907, 308–319; 52, 1909, 195f. – Qualiter multiplicationes fiant in abaco, ed. P. Treutlein (Bull. di bibliografia e di storia delle scienze matematiche e fisiche 10, 1877), 643–647 – De conflictu rithmimachiae, ed. E. Wappler, Zs. für Mathematik und Physik, hist.-lit. Abt. 37, 1892, 1–17 – De mensura astrolabii, ed. J. Drecker, Isis 16, 1931, 200–219 – De utilitatibus astrolabii, MPL 143, 389–412 – Prognostica de defectu solis et lune, Teiled. A. Cordoliani (Le computiste H. de Reichenau, Misc. di storia Ligure 3, 1961), 165–190 – A. Borst, Ein Forsch.sber. H.s d. Lahmen, DA 40, 1984, 474–477 – Chronica, ed. G. H. Pertz (MGH SS V, 1844), 67–133 – R. Buchner, AusgQ 11, 1961, 628–707 [für die Jahre 901–1054] – *Lit.:* Manitius II, 756–777 – MGG VI, 228–232 – NDB VIII, 649f. – Verf.-Lex.² III, 1082–1090 – Wattenbach–Holtzmann–Schmale I, 232–238; III, 75*f. – R. Buchner, Gesch.sbild u. Reichsbegriff H.s v. Reichenau, AK 42, 1960, 37–60 – Ders., Der Verfasser der Schwäb. Weltchronik, DA 16, 1960, 289–396 – H. Oesch, Berno und H. v. Reichenau als Musiktheoretiker (Publ. der Schweizer musikforsch. Ges. II, 9, 1961), 84–251 – A. Duch, Das Gesch.swerk H.s v. Reichenau in seiner Überlieferung (ebd.), 184–203 – Szövérffy, Annalen I, 376ff. – G. Koch, Die Bamberger Überlieferung des Computus H.s v. Reichenau, Ber. des Hist. Vereins Bamberg 102, 1966, 89–107 – F.-J. Schmale, Die Reichenauer Weltchronistik (Die Abtei Reichenau, hg. H. Maurer, 1974), 125–158 – A. Borst, H. der Lahme und die Gesch.,

Hegau 32/33, 1975/76, 7–18 – M. Borgolte, Über die persönl. und familiengesch. Aufzeichnungen H.s d. Lahmen, ZGO 127, 1979, 1–15 – W. Bergmann, Der Traktat 'De mensura astrolabii' des H. v. Reichenau, Francia 8, 1980, 65–103 – I. S. Robinson, Die Chronik H.s v. Reichenau und die Reichenauer Ks.chronik, DA 36, 1980, 84–136 – M. Hess–P. Conzelmann, Zur Bedeutung des Astrolabs in den Schr. H.s d. Lahmen v. Reichenau, AK 62/63, 1980/81, 49–63 – A. Borst, s. o., 1984, 379–477 – DSB VI, 301–303.

28. H. v. Sachsenheim →Sachsenheim

29. H. v. Schildesche (H. de Scildis, de Westphalia),
Augustinertheol., * 8. Sept. ca. 1290 Schildesche (heut. Bielefeld-Sch.), † 8. Juli 1357 Würzburg. Seit 1333 Mag. theol. in Paris, 1337–39 Provinzial, seit 1340 Generalvikar und oberster Pönitentiar des Bf.s v. →Würzburg. Einflußreicher Schriftsteller und Vertreter der dt. →Mystik. Werkauswahl: »Introductorium iuris« (um 1330, von großem Einfluß auf die populare Rechtslit. des MA), »Tractatus contra haereticos negantes immunitatem s. ecclesiae« (um 1330, gegen →Marsilius v. Padua), »Speculum manuale sacerdotum« (1334/45, 10 Inkunabeln), »Compendium de quattuor sensibus Sacrae Scripturae« (1345–50), »Claustrum animae« (1347–49, asket. Hb.) und »Tractatus de conceptione gloriosae virginis Mariae« (um 1350, früheste in Deutschland verfaßte Schrift über die Immaculata). 　　　　　　　　　　　　　　　　A. Zumkeller
Lit.: DSAM VII, 302–308 – Verf.-Lex.² III, 1107–1112 – Gindele nrr. 1852–1875 – Teeuwen nrr. 1402–1410, 3751–3752, 4734 – E. Seckel, Beitr. zur Gesch. beider Rechte im MA I, 1898 – A. Zumkeller, Schrifttum und Lehre des H. v. S., 1959 – Ders., Wiedergefundene exeget. Werke H.s v. S., Augustinianum 1, 1961, 236–272, 452–503 – A. Kunzelmann, Gesch. der dt. Augustiner-Eremiten V, 1974, 25–34.

30. H. v. Tournai, mlat. Autor; † 1147 (?, verschollen
auf dem 2. Kreuzzug); stammte aus einer Ritterfamilie von Tournai. Beim Eintritt seiner Eltern in das Kl. OSB St-Martin zu Tournai wurde er 1095 als Oblate dieser Abtei übergeben, wo er vom ersten Abt Odo erzogen wurde; H. war von 1127–36 selbst Abt dieses Kl. Sein Geschichtswerk »Liber de restauratione monasterii S. Martini Tornacensis« (1142/46; MGH SS XIV, 274–317) erhebt sich weit über die reine Klostergesch.; ferner schrieb er den kleinen Traktat »De incarnatione Christi« (MPL 180, 9–38). H. wird meist identifiziert mit Hermann v. Laon, Verf. der für die Entstehung des OPraem wichtigen »Miracula S. Mariae Laudunensis« (1. Fassung 1140/42, 2. Fassung 1146/47; BHL 5398). 　　　　　　　　G. Declercq
Lit.: Manitius III, 531–535 – G. Niemeyer, Die Miracula S. Mariae Laudunensis des Abtes H. v. T., DA 27, 1971, 135–174 – Index Script. Oper. Latino-Belg. MA, hg. L. Genicot – P. Tombeur, III, 1, 1977, 84f., 106f., 148; III, 2, 1979, 127–130 [Lit.].

31. H. de Valenciennes, Trouvère, spätes 12. Jh.,
Sohn eines Robert aus Valenciennes im Hennegau; nach eigenen Angaben erhielt er später die Tonsur. Seine weitverbreitete frz. Bibeldichtung (vorwiegend Genesis, Zusammenfassung der vier Evangelien unter Verwendung der Apokryphen, in einigen Hss. auch: »Roman de Sapience« gen.) umfaßt 7200 Alexandriner in 744 Laissen.
　　　　　　　　　　　　　　　　　M.-R. Jung
Ed.: O. Moldenhauer, II [Diss. Greifsw. 1914] – H. Burkowitz, III [ebd.] – E. Kremers, IV [ebd.] – E. Martin, V [ebd.] – I. Spiele, Li Romanz de Dieu …, 1975 – *Lit.:* DBF XVII, 1081 – DLF, s.v. – GRMLA VI.

32. H. v. Wartberge, Chronist, wohl aus einer ursprgl.
im westfäl. Warburg beheimateten Familie stammend, †nach 1380. Seit der Mitte des 14. Jh. in Livland, seit ca. 1358 Kaplan nacheinander bei drei livländ. →Landmeistern des →Dt. Ordens, die er, wie auch die Landmarschälle, auf ihren Zügen und Reisen begleitete, in deren Auftrag er aber auch selbständige diplomat. Aufgaben ausführte

(1366 Danzig, 1380 Waffenstillstandsverhandlungen mit Jagiello v. Litauen und der Stadt →Polock). Sein um 1370 begonnenes, nur in einer Hs. erhaltenes »Chronicon Livoniae« führt in schlichtem, nicht fehlerfreiem Latein in annalist. Form von den Anfängen Livlands bis 1378, beruht im ersten Teil auf der Chronik →Heinrichs v. Lettland und der →Livländ. Reimchronik, die aber willkürlich zugunsten des Dt. Ordens verfälscht werden (dies hat schon ein ma. Benutzer jeweils am Rande vermerkt). Seit ca. 1358 war er vielfach Augen- und Ohrenzeuge der berichteten Ereignisse, konnte auch das Archiv des Landmeisters benutzen. Seine Mitteilungen sind wertvolle Nachrichten, insbes. über die Begegnungen mit Litauern, deren Sprache er vielleicht verstand. Von H. stammt wohl auch die »Relatio« über die Danziger Verhandlungen des Dt. Ordens mit dem Ebf. v. Riga (1366). 　　　M. Hellmann
Ed.: Chronicon: E. Strehlke, SS rer. Pruss. II, 21–116 – Relatio: ebd. II, 148–155 [lat., wohl ursprgl. Fassung], Livländ. UB II, nr. 536 [dt. Fassung] – *Lit.:* ADB 41, 185 – NDB 8, 652 – Lietuvių Enciklopedija VIII, 1956, 205.

33. H. v. Werden, verf. um 1225/26 einen »Hortus
deliciarum«, eine Versifizierung der von →Petrus Riga übergangenen Spr., in ca. 10000 Hexametern. 　G. Bernt
Ed. und Lit.: J. B. Pitra, Spicilegium Solesmense II, III (vgl. Ind. III, 607) [Auszüge] – P. G. Schmidt (Tradition und Wertung, Fschr. F. Brunhölzl, 1989), 261–264 [Lit.], 264–266 [Auszüge].

Hermannstadt (lat. Cibinium, Villa Hermani; ung. Nagyszeben; rumän. Sibiu), Stadt im südl. →Siebenbürgen, von dt. Kolonisten im 12. Jh. gegründet, bis 1918 zu Ungarn, dann zu Rumänien. Erste urk. Erwähnung im Zusammenhang mit der Propstei St. Ladislaus (1192–96) in Cibinium; der Ort wird 1223 erstmals als 'Villa Hermani', 1366 als 'Hermannstadt' bezeichnet; im letzteren Jahr erhielt der Ort das Stadtrecht. Am 11. April 1241 zerstörten die →Mongolen H. vollständig; nur rund 100 Einwohner überlebten. Danach setzte die erste befestigte Umfriedung der Stadt ein; anfangs umfaßte sie nur die sog. Oberstadt, rings um den heut. Gr. und Kl. Ring, mit der Marienkirche (heute ev. Stadtpfarrkirche) im Zentrum. Infolge der Türkeneinfälle wurde auch die Unterstadt bis Ende des 15. Jh. mit Ringmauern, Wehrtürmen und Basteien versehen, deren etliche sich bis heute erhalten haben. H. konnte nie durch Feindeshand erobert werden. Polit., kulturelles und wirtschaftl. Zentrum der Siebenbürger →Sachsen, zählte die Stadt im 16. Jh. rund 6000 Einw. Die neue Zunftordnung von 1376 nennt 19 Zünfte mit 25 Gewerben; im 16. Jh. gab es bereits fast doppelt so viele. Die Kaufleute aus H. trieben nicht nur im ganzen SO, sondern auch in Mittel- und Westeuropa regen Handel (Blüte im 14.–15. Jh.). Die Schulen in H. erlaubten deren Abgängern seit dem Ausgang des 14. Jh. eine Fortführung der Ausbildung an ausländ. Universitäten. H., seit 1486 Sitz der Sächs. Nationsuniversität, war ein Zentrum des Humanismus und der Reformation; seine »Kapellenbibliothek« (Bücherei des Gymnasiums) besitzt wertvolle Wiegendrucke. 　　　　　A. Armbruster
Lit.: W. Brucker, H. in Siebenbürgen, 1909 – E. Sigerus, Vom alten H., 3 Bde, 1922–28 – E. M. Thalgott, H. Die baugesch. Entwicklung einer siebenbürg. Stadt, 1934 – I. Fabritius-Dancu, Plimbare prin Sibiul Vechi, 1983.

Hermannus

1. H. de Westfalia →Hermann v. Schildesche

2. H. Alemannus, † 10. Nov. 1272; 1240–1256 in
Toledo Übersetzer von Werken des Aristoteles und seiner Kommentatoren aus dem Arab. ins Lat.; dann im Dienst Kg. Manfreds v. Sizilien, 1266–72 Bf. v. Astorga. H. übersetzte →Aristoteles' Nikomach. Ethik und Poetik

(beide mit →Averroes' mittlerem Komm.), die sog. »Summa Alexandrinorum« (arab. Zusammenfassung der Ethik), Aristoteles' »Rhetorik«, →al-Farabis »Didascalia in Rhetoricam Aristotelis«. Unter Berücksichtigung des hebr. Urtextes übertrug er die Psalmen aus dem Lat. ins Kastilische.	C. H. Lohr

Lit.: NDB VIII, 645 – Repfont V, 453–455 [Ed.] – Sarton II, 833f. – W. F. Boggess, Viator 2, 1971, 227–250 – J. B. Allen, Mosaic 9/3, 1976, 67–81 – G. B. Fowler, AHDL 49, 1982, 195–252 – C. H. Lohr, Commentaires d'Aristote au MA lat., 1988, 108f. [Lit.].

3. H. Contractus → Hermann v. Reichenau

4. H. magister, Schüler Abaelards, der nach 1130 Abaelards mündl. vorgetragene Sentenzen aufschrieb (»Sententie Hermanni« seit Ostlender). Evtl. Verf. eines Komm. zu Röm (so Ostlender 214, anders Luscombe, 163 A1). Stegmüllers Vermutung (vgl. K. Reinhardt, NDB VIII, s.v.), H. sei als Autor von Glossen in St. Gallen nachweisbar, hat sich nicht bestätigt (Peppermüller, 132ff.); ihr Autor ist →Hermann v. Reichenau (Bischoff).	R. Peppermüller

Ed.: MPL 178, 1685–1758 – S. Buzzetti, Sententie mag. P. Abelardi (Sent. Hermanni), 1983 – Lit.: RBMA IX, nr. 3235 – H. Ostlender, TQ 117, 1936, 208–252 – B. Bischoff, Glossen Hermanns d. L. ..., Anecdota Novissima (Q. und Unters. zur lat. Philol. des MA 7), 1984, 35–48 – C. Mews, RTh 53, 1986, 130–184 – Ders., CChrCM XIII, 1987, 203–308 – R. Peppermüller (Fschr. H. Hommel, Spudasmata XL, 1988), 127–134 – →Abaelard (Luscombe).

Hermeias v. Alexandrien → Neuplatonismus

Hermes, griech. Gott des Wissens und schnellen Handel(n)s (Flügelzeichen). Gleichgesetzt dem ägypt. Thot (menschl. Vermittler göttl. Wissens und der Schrift). Lat. ʿmercuriusʾ (Planet Merkur) und gleichgesetzt dem flüchtigen →Quecksilber (engl. ʿmercuryʾ; →Elemente). Ps. Autor einer Vielzahl astrol.-mag.-med.-esoter. Schriften (→Corpus hermeticum, →Hermet. Schrifttum, →Hermes Trismegistos, →Astrologie, →Alchemie).	G. Jüttner

Hermes Trismegistos (lat. ʿHermes omnia solus et ter unusʾ, Martial. V 24, 15). Dem ägypt. Thot gleichgesetzt (→Hermes), gilt er der Antike als Vermittler primär astronom.-astrolog. Wissens, dann auch von in dieser »Sympathie« wirkender Gesundheits- und Krankheitskräften und -konstellationen, wie der darin einbezogenen anthropozentr. gesehenen Heilpflanzen. Das später stark ausgeweitete Schriftenkonvolut z. T. ägypt. Ursprungs (→Hermet. Schrifttum) ist möglicherweise in ptolemäischer Zeit in Memphis (nicht Alexandria) zusammengestellt worden. H. T. ist der griech. Antike als »Autor« wohl vertraut. Entsprechend den Verstirnungssagen wird seit Eratosthenes der Gott der Astrologie mit dem Planeten Merkur identifiziert (Firm. VI, 18), der in Epiphanien seinen Jüngern Anubis und Aesculapius (Asklepios) sein göttl. Wissen über Sternenwelt und -schicksal mitgeteilt hat. Nach →Clemens v. Alexandria (37, 3) bilden 42 »Bücher« den wesentl. Kern. Ihre Urform und prägende vorhergehende Anschauungen werden in der Antikenforsch. (u. a. Gundel) behandelt. Für das MA war ein späteres Konzentrat mit neueren Erweiterungen (→Corpus hermeticum) eher bekannt und maßgebend. G. Jüttner

Lit.: RE VIII, 792 – W. Gundel–H. G. Gundel, Astrologumena, SudArch, Beih. 6, 1966, u. a. 10–27.

Hermetisches Schrifttum. Das in griech./hellen. Zeit schon in größerem Umfang nachgewiesene und →Hermes Trismegistos zugeschriebene Werk bildete von Anfang an ein Konvolut zunächst vornehml. astronom.-astrolog. Inhalts, dem sich bald auch Gesundheits- und Krankheitskonstellationen und Heilwirkungen der den Sternen jeweils zugeordneten Pflanzen angeschlossen haben. Urform – ohne exakten Nachweis – sind ägypt. astrolog. Priestertexte mit Verbindung zu Mesopotamien. Fragmente und auch Erweiterungen (u. a. →Alchemie) sind in dem späteren und auf das MA Einfluß nehmenden→Corpus hermeticum aufgenommen. G. Jüttner

Lit.: W. Gundel–H. G. Gundel, Astrologumena, SudArch, Beih. 6, 1966, u. a. 10–27 [Bibliogr.].

Hernando del Pulgar, kast. Höfling und Schriftsteller, * um 1425, † nach 1490. Er lebte lange am Hof Johanns II., Heinrichs IV. und Isabellas d. Kath., deren Sekretär er war, und bekleidete wichtige diplomat. Ämter. Sein lit. Œuvre ist offenbar in seinen späteren Lebensjahren entstanden: a) Slg. von 31 Briefen polit. und persönl. Inhalts (Burgos 1485 [?]). b) Chronik der Regierungszeit der Kath. Kg.e (1. Teil endet 1486, 2. Teil Bericht über den Krieg gegen→Granada bis 1490; eine spätere Redaktion ist anscheinend einem Bearbeiter zuzuweisen). c) Slg. von 25 Biographien »Claros varones de Castilla« aus der Regierungszeit Johanns II. und Heinrichs IV. (Toledo 1486), klass. Vorbildern, v. a. aber Fernán Pérez de →Guzmán verpflichtet, jedoch »moderner« und sprachl. und stilist. verfeinert. d) Gelehrte Glossen zu den→»Coplas de Mingo Revulgo«; »Tratado de los Reyes de Granada« (nicht erhalten). A. Várvaro

Ed.: Tratado de los reyes de Granada, ed. A. Valladares de Sotomayor, Semanario erudito XII, 1788, 57114 – Letras e Glosa a las Coplas de Mingo Revulgo, ed. J. Dominguez Bordona, 1929 – Crónica de los Reyes Católicos, ed. J. de M. Carriazo, 1943 – Claros varones de Castilla, ed. R. B. Tate, 1971 [rev. Neudr. 1985] – Lit.: J. Simon Díaz, Bibliogr. de la Lit. hispánica, t. 3, 1965, vol. 2, 391–399 (n° 6053–141) – J. L. Romero, Sobre la historiogr. y la hist., 1945, 153–169 – C. Real de la Riva, Revista de Lit. 20, 1961, 271–306 – N. del Castillo Mathieu, Breve analisis de las Generaciones y semblanzas de Fernán Pérez de Guzmán, Thesaurus 33, 1978, 422–445 – M. C. Bianchini, F. del P., una testimonianza della formazione del concetto di monarchia nello stato moderno, Rassegna Iberistica 15, 1982, 25–32.

Herold. Das Wort H., im 14. Jh. als *heralt* in die mhd. Sprache eingegangen, kommt zunächst aus dem afrz. *héraut, hiraut*. Letzteres geht auf ein ahd. *hariowalt* (ʿHeerwalterʾ) zurück, urprgl. vermutl. Personen, die die Symbole der Götter und der Geschlechter kannten. Mit dem Aufkommen der →Wappen trat dieser Personenkreis seit dem 12. Jh. deutlicher in Erscheinung und fand aufgrund seiner Wappenkenntnisse wichtige Aufgaben als Beobachter bei krieger. Auseinandersetzungen, als Sachverständige im ritterl. Turnier oder als Kuriere im diplomat. Dienst. In den Dichtungen der Minnesänger werden diese Personen als Garzune (frz. *garçons*), Krogierer (ʿAusruferʾ) oder Knappen von den Wappen bezeichnet und dem fahrenden Volk der Spielleute zugerechnet.

Der Aufstieg der H.e hängt bes. mit der Rolle zusammen, die sie bei der Abhaltung von→Turnieren im 12. und 13. Jh. spielten. In diesem Kontext erscheinen auch die frühen Belege (vgl. die »Histoire de →Guillaume le Maréchal«). Aufgrund ihrer Kenntnisse im Wappenwesen waren die H.e bei krieger. Angelegenheiten für die Musterung der Vasallen und ihrer Wappen sowie für die Zusammenstellung von Aufgebotsrollen und Gefallenenlisten zuständig. Von H.en gegen Ende des 13. Jh. geschaffene Verzeichnisse über die Anwesenheit von Rittern bei bestimmten Feldzügen sind z. B. die frz. Flandern-Rolle von 1297 und die engl. Falkirk-Rolle von 1298.

In der 2. Hälfte des 14. Jh., als die Amtsbezeichnung ʿH.ʾ sich in den meisten europ. Ländern verbreitet hatte, waren die H.e zu einer gefestigten Stellung emporgestiegen. Bei der Vorbereitung und Abhaltung von Turnieren waren sie anerkannte Experten und traten bes. bei der sog. Helm-schau in Erscheinung, bei der die Schilde und Helmzier-den der Teilnehmer geprüft und ihre Turnierfähigkeit mittels →Ahnenproben beurteilt wurden. Auch bei fei-erl. Krönungszeremonien, Schwertleiten und Begräbnis-sen waren sie aufgrund ihrer Kenntnisse gesuchte Ratge-ber. In Kriegszeiten hatten sie die Aufgabe, Erhebungen in den Ritterstand am Vorabend von Schlachten zu pro-tokollieren, nach Rittern unter den Toten zu suchen und die Heldentaten von hervorragenden Kämpfern aufzu-zeichnen (s. a. →H.sdichtung). Die H.e konnten als Bot-schafter zw. den kriegführenden Parteien auftreten. Sie waren im 14. und 15. Jh. in der Regel dienstmäßig ange-stellt und erhielten eine Amtstracht (→H.srock) sowie einen H.sstab. Die H.e übernahmen zudem offizielle Aufgaben, so etwa im »Statutum armorum« des engl. Kg.s Eduard I. und in den Duellbestimmungen Philipps IV. v. Frankreich. Sie entwickelten die Terminologie des Wappenwesens, dessen Regeln nach ihnen als →Heraldik bezeichnet wurden. Auf die H.e gehen daher zahlreiche Aufzeichnungen zeitgenöss. Wappen in Gestalt von Wappenrollen und Turnierbüchern zurück. Im Laufe des 15. Jh. bildete sich allmähl. eine Rangfolge in der H.szunft heraus, die vom Persevanten über den H. zum Wappenkg. (rex armorum) reichte, der in seinem Bezirk Inspektionsreisen durchführen, die Wappenschilde und Helmzierden des Adels überprüfen und neue Heiratsver-bindungen in herald. Hinsicht begutachten mußte. Die H.e erhielten Amtsnamen, die sich in der Regel von Ländern, Wappen oder Orden ableiteten (Amtsbezeich-nung des ksl. H.s: »Romreich«; des burg. H.s: »Gelre«, nach dem Hzm. →Geldern; des Wappenkg.s v. Schott-land: »Lyon«, nach dem schott. Löwenwappen). Mit dem Niedergang des Turnierwesens im 16. Jh. und dem Wandel der Kriegstechnik verloren die H.e allmähl. ihre alte Bedeutung.   W. Rösener

Lit.: GRIMM, DWB X, 1122ff. – HRG II, 99ff. – E. FRH. V. BERCHEM, Die H.e und ihre Beziehungen zum Wappenwesen (Beitr. zur Gesch. der Heraldik, 1939), 117–219 – A. R. WAGNER, Heralds and Heraldry in the MA, 1956² – P. ADAM-EVEN, Les fonctions militaires des hérauts d'armes, leurs influence sur le développement de l'héraldique, Schweiz. Archiv für Heraldik, 1957 – M. PASTOUREAU, Traité d'héral-dique, 1979, 61ff. – Das ritterl. Turnier im MA, hg. J. FLECKENSTEIN (Veröff. des Max-Planck-Inst. für Gesch. 80, 1985) – M. KEEN, Das Rittertum, 1987, 205ff.

Heroldsdichtung

I. Deutsche Literatur – II. Französische Literatur – III. Englische Literatur.

I. DEUTSCHE LITERATUR: H. (auch: Wappendichtung) be-zeichnet eine spezif. Form von Ehrenreden, die den Lob-preis eines noch lebenden oder verstorbenen Adligen mit hist.-biograph. Details und der kundigen Beschreibung seines →Wappens verbinden. Diese Wappenschilderung, →Blasonierung oder Visierung genannt, folgt einem nur geringfügig variierten Schema: zunächst der Schild, dann Helm, Helmzier und schließlich Helmdecke. Beliebt ist die allegorisierende Auslegung der Wappenmotive, ins-bes. der -tiere. Nicht alle Verfasser sind berufsmäßige →Herolde. H. ist Gelegenheitsdichtung, die vermutl. an-läßlich eines Turniers oder Kriegszuges verfaßt und vor-getragen, aber nur in Ausnahmefällen schriftl. fixiert wur-de. Die Überlieferung spiegelt die Popularität der Gattung nur unvollkommen. Die Versuche, eine Traditionslinie von antiken über germ. Schilddichtungen zu rekonstru-ieren, bleiben hypothet. Einzelne Wappenschilderungen bereichern schon die höf. Großepik des 12./13. Jh. bei →Heinrich v. Veldeke, →Wolfram v. Eschenbach,

→Konrad v. Würzburg wie auch die hist. Kleindichtung des 13. Jh. (Konrads v. Würzburg »Turnier v. Nantes«, Hirzelins »Schlacht b. Göllheim«). Gut dokumentiert ist die H. erst für das 14. Jh. durch seine Hauptvertreter Gelre (seit 1339 Herold der Hzg.e v. Geldern) und den österr. Berufsdichter Peter →Suchenwirt (1320/30–nach 1395). An der Wende vom 14. zum 15. Jh. dichtete Wi-gand v. Marburg als Herold des Dt. Ordens, 1415–24 erstellte der Herold Johann Holland ein versifiziertes Ver-zeichnis des bayer. Turnieradels, und auch im Œuvre des Nürnberger Hans →Rosenplüt (um 1400–nach 1460) gibt es einige H.en im 16. Jh. ersetzt symbol.-phantast. Aus-deutung von Adelswappen (Jost Ammans »Wappen- und Stammbuch«, 1589) ihre sachl. Kennzeichnung. Hier mündet die H. in die lit. Emblematik des Barock ein.
                                                  K. Kellermann

Lit.: Verf.-Lex.², s. v. [einzelne Autoren] – MERKER-STAMMLER² I, 650–653 [G. BEBERMEYER] – H. ROSENFELD, Nord. Schilddichtung und ma. Wappendichtung, ZDPh 61, 1936, 232–269 – U. PETERS, Herolde und Sprecher in ma. Rechnungsbüchern, ZDA 105, 1976, 233–250 – ST. VAN D'ELDEN, Peter Suchenwirt and Heraldic Poetry, 1976.

II. FRANZÖSISCHE LITERATUR: Bei der seit dem 13. Jh. faßbaren Überlieferung denkwürdiger Turniere oder Kriegsereignisse durch Herolde gerieten diese in Konflikt mit dichtenden Spielleuten (vgl. z.B. den »Dit des hé-rauts« von Henri de Laon). Ein Sarrazin schildert im »Roman de Hem« (1278, pikard., über 4500 V.) ein Tur-nier, bei dem er neben zeitgenöss. Rittern auch lit. Gestal-ten (Artusdichtung, Chansons de geste) auftreten läßt und Wappen beschreibt. – Nach der Schlacht von →Crécy (1346) verfaßte Jean de Biteri den »Dit de VIII blasons« (330 V.), in dem die personifizierten ritterl. Tugenden mit den Schilden illustrer Gefallener der frz. Seite auftreten. Im 15. Jh. wandeln sich Rolle und Selbstverständnis der 'Herolde': Der Chronist und Verf. von Turniertraktaten Jean Le Fèvre, Herr v. St-Rémy (1395/96–1468), Waffen-herold (gen. Charolais) Hzg. Philipps des Guten v. Bur-gund und als 'Toison d'or' Wappenkg. des Ordens vom →Goldenen Vlies (seit 1432), war ein hochgebildeter Di-plomat; herald. und historiograph. Schriften hinterließ auch der Herold →Berry. Ein Wappenherold mag auch Verfasser des die frz. Nation verherrlichenden »Débat des hérauts d'armes de France et d'Angleterre« (Prosa; zw. 1453 und 1461) sein, in dem ein frz. und ein engl. Herold vor Dame Prudence über die Vorzüge ihrer beiden Länder streiten.   A. Gier

Ed.: Le dit des hérauts par Henri de Laon, hg. A. LÅNGFORS, Romania 43, 1914, 216–225 – Sarrasin, Le roman de Hem, hg. A. HENRY, 1939 – Jehan de Biteri, Dit des VIII blasons, hg. A. TOBLER, JREL 5, 1864, 211–218 – Jean Le Fèvre de Saint-Rémy, Chronique, ed. F. MORAND (SHF), 2 Bde, 1876–1881 – Le débat des hérauts d'armes de France et d'Angleterre, hg. L. PANNIER, 1887 – *Lit.:* GromPhil II I, 761 [Roman de Hem] – G. DOUTREPONT, La litt. fr. à la cour des ducs de Bourgogne, 1909, 436–437 [Jean Le Fèvre] – S. HOFER, Gesch. der mfrz. Lit., 2 Bde, 1933–37, Bd. 1, 117f.; Bd. 2, 149, 220f.

III. ENGLISCHE LITERATUR: Bereits gegen 1250 findet die Heraldik Eingang in die »Chronica majora« des →Mat-thaeus Parisiensis (Matthew Paris) und um 1300 in den anglo-norm. »Siège de Caerlaverock«. Die me. Literatur kennt herald. Passagen in der →Romanzen- und →Artus-dichtung (auch mit Ausdeutung wie in →»Sir Gawain and the Green Knight«, 619–665), im Militärschrifttum sowie in der →Chaucernachfolge (→»Assembly of Ladies«, →Lydgates »Epithalamion«, →Dunbars »The Thrissill and the Rois«). Bilddevisen haben wichtige Funktionen in der polit.-allegor. Dichtung (→»Winner and Waster« und BROWN-ROBBINS, Ind. Nr. 3529) sowie in der Literatur der

Rosenkriege. Interesse an Wappenbeschreibung zeigen die Chronisten →Harding und Rous. Heraldische Traktate sind überwiegend erst aus dem späten 15. Jh. überliefert (»Book of St. Albans«, Loutfut-Ms.).   K. Bitterling

Bibliogr.: C. Brown–R. H. Robbins, The Ind. of ME Verse, 1943 – ManualME 5, XIII, 1975, Nr. 87, 196–198 – Lit.: A. R. Wagner, A Catalogue of English Medieval Rolls of Arms, 1950 – K. H. Göller, Die Wappen Kg. Arthurs in der Hs. Lansdowne 882, Anglia 79, 1961, 253–266 – N. Denholm-Young, Hist. and Heraldry 1254 to 1310, 1965 – H. Schroeder, Der Topos der Nine Worthies in Lit. und bildender Kunst, 1971 – G. J. Brault, Early Blazon, 1972.

Heroldsrock. Aus einem ungegürteten Kittel (frz. *cotte*) des späten 14. Jh. entstandenes Amtskleid der spätma. →Herolde. Der H. war kurzärmlig, trapezförmig geschnitten, seitl. offen und mit dem Wappen des Herrn oder der Herrschaft geschmückt, die der Herold vertrat.

     O. Gamber

Herolt, Johannes, bezeugt 1436 als Beichtiger, Prediger und 1451 als Generalvikar im Katharinenkl. Nürnberg, 1438 ebd. als Dominikanerprior, † 1468. Sein in über 450 Hss. und 180 Inkunabeln verbreitetes, bis ins 18. Jh. enorm wirksames Œuvre umfaßt elf lat. Werke, in denen er unter der Selbstbezeichnung »discipulus« aus vielen Autoritäten dem Seelsorger als Handreichung zu volksnaher Predigt »non subtilia, sed simplicia« zusammenstellt: »De eruditione Christifidelium« (1416) erklärt katechet. Hauptstücke wie Dekalog, Credo, Sakramente, Sünden; vier Predigtslg.en (1418, 1434, 1435, 1437) enthalten eine Fülle von →Exempla, die im »Promptuarium exemplorum secundum ordinem alphabeti« und im »Promptuarium de miraculis B. Mariae V.« (beide 1434) registriert und auf fast 1000 Stücke vermehrt werden; ein undat. Promptuarium registriert die sonntags anzukündigenden Hl.en-Tage der kommenden Woche; zwei »Postillae« (1439; o. J.) stellen zu Episteln und Evangelienperikopen Auslegungen »secundum sensum litteralem«, die »Applicationes ad sermones secundum proprietates rerum naturalium« 1463 (1467?) allegor. Auslegungen bereit.   K. Kunze

Ed.: J. H., Opera, 3 Bde, Mainz 1612 – Disciplus redivivus…, ed. B. Elers, 2 Bde, Augsburg 1728 – Lit.: EM IV, 600, 605 – R. Newhauser, From Treatise to Sermon: J. H. on the novem peccata aliena [im Ersch.].

Heron v. Alexandria, griech. Ingenieur und Mathematiker, Lebenszeit unbekannt, vermutl. Ende des 1. Jh. aufgrund einer von ihm in seiner »Dioptra« erwähnten, auf den 13. März 62 n. Chr. datierbaren Mondfinsternis. Wichtigste math. Werke: ein Kommentar zu →Euklids Elementen (nur in Auszügen erhalten), die »Definitiones« und »Metrika«, letztere eine stark praxisorientierte Abhandlung über die Vermessung von ebenen und gekrümmten Flächen (H.sche Dreiecksformel) sowie Körpern. Noch stärker der Praxis zugewandt sind die sich an die »Metrika« anschließenden, H. zugeschriebenen, minderwertigen Schriften »Geometrika«, »Stereometrika«, »De mensuris«, usw., die z. T. erst in byz. Zeit entstanden sein dürften. Unter H.s mech. Werken sind v. a. zu nennen: die »Mechanika« (nur in der arab. Übers. des →Qusṭā ibn Lūqā erhalten), die im Anschluß an →Archimedes die physikal. und math. Grundlagen der Mechanik erörtern und Beschreibungen diverser →Maschinen bringen; ferner die »Pneumatika«, die z. T. in der Nachfolge →Philons v. Byzanz die Frage der Existenz eines Vakuums sowie die Theorie von Luft- und Wasserdruck diskutieren und sich darauf der Beschreibung zahlreicher Gebrauchsgeräte (v. a. Wasserhebern) und spektakulären Spielereien (z. B. Wasserorgel, Heronsball) zuwenden. Weitere mech. Schriften sind die dem Bau antiker Geschütze und Auto-

matentheatern gewidmeten »Belopoiika« und die »Automatopoiika«. Daneben schrieb H. auch über Landvermessung (»Dioptra«) und opt. Fragen (»Katoptrika«; nur in der lat. Übers. »De speculis« des →Wilhelm v. Moerbeke erhalten, früher meist →Ptolemaios zugeschrieben).

H.s Schriften haben das MA direkt und indirekt entscheidend beeinflußt. So stützte sich z. B. →al-Ḫwārizmī bei der Abfassung des geometr. Teils seiner auch im lat. MA wirkungsreichen Algebra wesentl. auf das heron. Schrifttum, und →an-Nairīzī zitiert H. in seinem Kommentar zu Euklids Elementen sogar häufig namentlich. Aber auch die byz. Rechenbücher, die ihrerseits wiederum das lat. MA beeinflußten, stehen vielfach in der heron. Tradition. H.s »Pneumatika« andererseits waren im späteren MA und in der Renaissance sehr beliebt (über 100 Hss. nach Drachmann), wobei allerdings die ältesten Textzeugen nach neueren Forschungen (Grant) wohl nicht auf H., sondern auf seinem Vorgänger Philon beruhen dürften.   E. Neuenschwander

Ed.: H. is Alexandrini opera quae supersunt omnia, 5 Bde, 1899–1914 – Lit.: Die Großen der Weltgesch. II, 333–379 [F. Krafft; Werkübers.; ält. Lit.] – DSB VI, 310–315 – RE VIII/1, 992–1080 – Sezgin V, 151–154 – M. Boas, H.s »Pneumatica«: A Study of its Transmission and Influence, Isis 40, 1949, 38–48 – E. Grant, Henricus Aristippus, William of Moerbeke and Two Alleged Mediaeval Translations of H.s »Pneumatica«, Speculum 46, 1971, 656–669 – E. S. Kennedy – M. Mawaldi, Abū al-Wafāʾ and the H. Theorems, J. for the Hist. of Arabic Science 3, 1979, 19–30 – E. Neuenschwander, Reflections of the Sources of Arabic Geometry, SudArch 72, 1988, 160–169.

Herovalliana, Collectio, nach A. Vyon d'Hérouval benannte systemat. Kirchenrechtsslg. der frühen Karolingerzeit (2. Hälfte des 8. Jh., w. Frankenreich), die ihre Hauptq., die »Collectiones →Vetus Gallica« und vermutl. »Sancti Mauri«, erstaunl. frei rezipierte. Als typische Reformslg. hat die H. im Frankenreich einschließl. Italiens eine beachtl. Breitenwirkung erzielt und noch die Kanonistik der →Gregorian. Reform beeinflußt.   H. Mordek

Teiled.: MPL 99, 989–1086A – Lit.: H. Mordek, Kirchenrecht und Reform im Frankenreich, 1975, 109–143 – Ders., Analecta canonistica I, BMCL 16, 1986, 4 ff.

Herr, Herrschaft. [1] *Wort- und Begriffsgeschichte:* Über die Grundzüge der aufschlußreichen Etymologie herrscht in der Forsch. Einigkeit. Das Wort 'H.' leitet sich vom ahd. Adjektiv *her* ab ('hoch', 'erhaben', 'würdig'). Dabei liegt der urprgl. Wortform *herro* der Komparativ *heriro* zugrunde. Daraus hatte schon Grimms Wörterbuch gefolgert, 'H.' meine »zunächst nur den Höhergestellten gegenüber dem Geringeren, den Befehlenden gegenüber dem Knechte«, zumal der Höchste, der Herrscher selbst, ursprgl. mit dem ahd. *truhtin* bezeichnet wurde. Dazu paßt die Beobachtung, daß 'heriro' als eine Lehnübersetzung zu →'senior' verstanden werden muß. Ein H. nimmt dem Wortsinne nach also nur im Verhältnis zu anderen eine relativ höhere Stellung ein, ohne daß über eine ihn möglicherweise selbst betreffende Unterordnung schon irgendetwas ausgesagt wäre. Auch wenn die Vokabel zunehmend, schon im Ahd., auf einen höchsten Herrscher und Gott bezogen werden konnte, blieb sie doch andererseits stets geeignet, übergeordnete gesellschaftl. Positionen zu bezeichnen: den Ehemann und Vater, den Dienstherrn und Gläubiger, den Gefolgs- und Lehnsherrn. Dementsprechend diente das ahd. *herscap* der Kennzeichnung von Würde und Vornehmheit sowie allg. einer H.enstellung, welcher sich ein spezif. Gehalt nicht zuweisen ließ.

Im HochMA gewinnt der Begriff schärfere Konturen. Nach den Beobachtungen von K. Kroeschell finden sich seit dem 13. Jh., aber auch erst seit dieser Zeit, »klare

Belege für ›herscap‹ als Herrenstellung über Sachen, Eigenleute oder größere Gebiete«. Seitdem läßt sich feststellen, daß die Begriffe H. und H.schaft vornehml. jenem zugeordnet werden, der Verfügungsgewalt über Sachen und Rechte oder polit. Befugnisse, insbes. im Bereich der →Gerichtsbarkeit, innehat. Objekt der H.enstellung und daher Inhalt von H.schaft können jedoch weiterhin individuelle Vermögensrechte ebenso sein wie →Regalien und Positionen in der Gerichtsbarkeit, die im polit. Gesamtsystem eher als untergeordnet zu bezeichnen sind, wie die von →Schultheißen, →Schöffen oder Zunftmeistern (→Zunft). Doch wird im SpätMA der H.schaftsbegriff in wachsendem Umfang auch in einem polit. Sinne generalisiert und schließlich im 15. Jh. mit der Begriffsprägung →'Landesherrschaft' mit der territorialen Dimension von H.schaft fest verbunden. Diese Entwicklung dürfte wesentl. vom Bedeutungswandel des lat. →'dominium' mitbestimmt worden sein; dieses Wort wurde mit dem zunehmenden Einfluß der Rezeption in den Kanzleien vielfach im Sinne des röm. Eigentumsbegriffs (→Eigentum, A.I) verwendet und daher auf Grund und Boden sowie auf die zugehörigen Leute und Rechte bezogen.

[2] *Herrschaft als wissenschaftliche Kategorie:* Der H.-schaftsbegriff wird in der modernen Forsch. intensiv dazu benutzt, um die verschiedenartigen polit. Gewaltverhältnisse und Abhängigkeiten zu charakterisieren. Komposita wie H.schaftsformen, -gefüge, -entwicklung sind ebenso üblich geworden wie die Verbindung des H.schaftsbegriffs mit jeder beliebigen Ebene der ständ. und polit. Ordnungen; das Spektrum reicht von der »Adelsh.schaft« bis zur »Reichsh.schaft«. Dieser Sprachgebrauch spiegelt insofern noch die Etymologie des Wortes wider, als er die Relativität der Überordnung erkennen läßt. Er ist jedoch irreführend, da H.schaft im MA niemals wie ein Abstraktum zur Bezeichnung jedweder polit. Gewalt verwendet wurde, sondern stets an konkrete Befugnisse gebunden blieb. Vollends anachronist. wäre es, wollte man den H.schaftsbegriff in soziolog. Sinne auf schlechthin jede effektive Machtausübung anwenden, ohne daß deren Legitimation Beachtung fände. Methodisch unangemessen wäre eine so weit ausgreifende, von aller Normativität absehende Verwendung des Wortes H.schaft deshalb, weil dieses stets auf jeweils konkrete Rechte des H.schaftsinhabers abstellt und daher »an Recht gebunden blieb« (R. KOSELLECK). Ist einerseits hinsichtl. der Anachronismusgefahr in der Forsch. ein weitgehender Konsens festzustellen, so ist andererseits große Zurückhaltung gegenüber Begriffsbestimmungen zu beobachten. H. MITTEIS definierte H.schaft als »rechtlich normierte Befehlsmacht«, als einen »legitimierten Anspruch auf fremdes Tun«. Dieser H.schaftsbegriff bedarf insofern der Modifikation, als er einen für das MA nicht angemessenen stat. Rechtsbegriff voraussetzt, der vorgab, die stets im Fluß befindl. Rechtsentwicklung gleichsam objektiv fixieren zu können. Akzeptiert man dagegen, daß die ma. Verfassungsgesch. »als Wandel eines Gefüges von Ordnungen« zu verstehen ist und »das allgemeine Recht und ... die subjektive Berechtigung des Einzelnen« oft zusammenfallen (R. SPRANDEL), Rechtslage und Geltendmachung von Rechten also häufig nicht zu unterscheiden sind, dann ist H.schaft im Sinne eines heurist. Forsch.s-begriffs zu definieren als ein rechtl. begründeter Anspruch auf fremdes Tun, mit welchem Befehls- (Gebots-)befugnisse meist verbunden sein werden. So eingegrenzt, scheint der H.schaftsbegriff aber auch unverzichtbar, will man nicht zu noch unschärferen Termini – wie etwa 'Gewalt' – oder offenbaren Anachronismen wie 'Obrig-

keit' (ein Begriff des 15./16. Jh.) oder 'Hoheit' (17./18. Jh.) seine Zuflucht nehmen.

[3] *Die verfassungsgeschichtliche Struktur und Bedeutung der Herrschaft:* Die Begriffsgesch. und die in der Forsch. zu beobachtende Übereinstimmung gestatten den Schluß, daß H.schaft als eine der Entdeckung und Realisierung des Souveränitätsbegriffs zeitl. vorangehende polit. Form verstanden werden muß. In diametralem Gegensatz zum Souveränitätsbegriff Bodins (1576) darf H.schaft weder als eine höchste Gewalt noch als axiomat. Anknüpfungspunkt für eine deduktive Ableitung beliebiger Kompetenzen mißgedeutet werden. Unterscheidet sich damit ma. H.schaft wesentl. von nz. Staatskonzeptionen – und deren charakterist. Merkmal: der gemeinwohlorientierten Allzuständigkeit –, so ergibt sich zwangsläufig, daß H.schaft nicht generell abstrakt, sondern nur durch Beschreibung ihrer realen Typen veranschaulicht werden kann. Eine solche, der Sache nach in der Forsch. längst anerkannte Typologie setzt herkömmlicherweise in erster Linie beim H.schaftsobjekt an. Vollständig wird der H.schaftsgedanke jedoch erst erfaßt, wenn auch das H.schaftssubjekt, also die H.enstellung, Beachtung findet.

Als geläufigste H.schaftstypen verdienen zunächst solche Rechtspositionen von polit. Gewicht Erwähnung, deren Objekt ein Verfassungssubstrat darstellt. So im Falle der →Grundh.schaft, Lehnh.schaft (→Lehen, Lehnswesen), Stadth.schaft (→Stadt), Kirchenh.schaft, Landesh.schaft. H.schaft kann sich aber auch ausschließlich oder doch ganz überwiegend gerade auf die Person des H.schaftsunterworfenen beziehen, wie etwa im Falle der Leibh.schaft oder der →Vormundschaft. Gemeinsame Merkmale aller dieser H.schaftsformen festzustellen ist schon deshalb schwierig, weil – je nach dem im konkreten Fall gegebenen Rechtsstruktur – der einzelne Typus in sich nicht als ein auf alle möglichen Fälle anwendbares Modell beschrieben werden kann. Dennoch lassen sich im Wege der Induktion einige wenige Elemente ermitteln, welche in den meisten H.schaftsverhältnissen gegeben sein werden und daher als charakterist. Merkmale aller Typen ma. H.schaft betrachtet werden dürfen. Dazu gehört in erster Linie die Gehorsamspflicht im Falle der Ausübung herrschaftl. Rechte, also etwa die Pflicht zur Fron (→Frondienste), zur Lehnsfolge, zum Erscheinen im Gericht, zu Abgabenleistung (→Abgaben). Andererseits ist der H.schaftsinhaber verpflichtet, →Schutz zu gewähren. In dieser Wechselbezüglichkeit der gegenseitigen Pflichten im Rahmen eines H.schaftsverhältnisses spiegelt sich dessen personale Struktur wider. Die Beziehung wird erforderlichenfalls durch einen →Zins oder eine andere dem Herrn zu leistende Gabe äußerlich erkennbar gemacht. Ein gemeinsamer Ursprung aller H.schaft, etwa im germ. →Haus, läßt sich nicht nachweisen. Dagegen darf dem Gegenpol →»Genossenschaft« insofern weiterhin Bedeutung beigemessen werden, als wichtige soziale Aufgaben, v. a. im Bereich der gerichtl. Konfliktbewältigung, Standesgenossen obliegen. Vornehml. gilt dies für das →Urteil, dessen Akzeptanz mit dem Konsens stark. gleichstehender Personen besser gewährleistet ist als durch das – nur der Vollstreckung dienende – herrschaftl. Gebot. H.schaft und Genossenschaft sind daher nicht als einheitl. Prinzip, sondern nur in ihrer funktionalen Unterscheidung zu verstehen. – Als H.schaftsinhaber kommen in der ma. Gesellschaft vorrangig die Angehörigen des →Adels, aber auch die →Ministerialen und daneben selbst →Bürger in Betracht. Die H.enstellung ist darüber hinaus sozialgesch. nicht unbedingt fixiert. »H.« heißt auch ein Kleriker oder ein gelehrter Jurist, ohne daß solche Personen zugleich auch über H.schaftsrechte gebieten müßten. »H.« bezeichnet weiterhin, auch im SpätMA und in der frühen NZ, den bloß ständ. höher Gestellten, ohne daß dieser auch schon Träger polit. Rechte sein müßte.

Bereitet es schon Mühe, mangels eines allg. anerkannten abstrakten H.schaftsbegriffs im MA gemeinsame H.schaftsmerkmale zu ermitteln, so muß es auch schwerfallen, allg. Tendenzen einer H.schaftsentwicklung festzustellen. Zu diesen gehört aber nach verbreiteter und gut begründeter Überzeugung der Prozeß der Verdinglichung von H.schaft, womit die zunehmende Abhängigkeit der zw. Personen bestehenden Rechtsverhältnisse von sachenrechtl. Beziehungen – Grundeigentum, Erbleihe (→Emphyteusis) u. a. – gemeint ist. Als eine weitere generelle Tendenz der H.schaftsentwicklung bedürfte näherer Erforschung die Herausbildung dessen, was am Ende des MA »Untertänigkeit« heißt. Diese zeigt eine Intensivierung der H.schaft an, die in erster Linie auf der Entstehung verhaltenssteuernder Bestimmungsbefugnisse und Gebote, endlich auch einer einschlägigen Gesetzgebung, beruht. Indem die H.schaft aber polizeil. ordnend tätig wird, gewinnt sie allmähl. eine neue Qualität, für die im 15. Jh. das Wort 'Obrigkeit' geprägt wird. Damit aber bahnt sich eine dem ma. H.schaftsdenken fremde Konzentration der vornehmsten polit. Rechte an, für die in der NZ der Begriff des Staates steht. Vgl. auch:→Don, Dom; →potestas;→Staat;→Souveränität.   D. Willoweit

Lit.: DtRechtswb V, 781ff., 854ff. – GRIMM, DWB X, 1124ff., 1152ff. – HRG II, 104ff. – W. SCHLESINGER, Die Entstehung der Landesh.-schaft, 1941 – H. KÄMPF, H.schaft und Stadt im MA, 1956 – R. WENSKUS, Stammesbildung und Verfassung, 1961 – O. BRUNNER, Land und H.schaft, 1965⁵ – K. KROESCHELL, Haus und H.schaft im frühen dt. Recht, 1968 – H. GÜNTHER, Freiheit, H.schaft und Gesch., 1979 – R. KOSELLECK, H.schaft (Gesch. Grundbegriffe, hg. O. BRUNNER u. a., III, 1982), 1ff. – P. MORAW, »H.schaft im MA« (Gesch. Grundbegriffe, hg. O. BRUNNER u. a., III, 1982), 5ff. – H. BOLDT, Dt. Verfassungsgesch. I, 1984 – H. K. SCHULZE, Grundstrukturen der Verfassung im MA, 1–2, 1985/86 – R. SPRANDEL, Verfassung und Gesellschaft im MA, 1988³.

Herrad v. Landsberg. [1] *Leben und Werk:* H., Äbt. v. Hohenburg (Ste-Odile) im Elsaß (seit wenig vor 1178), † 1196 oder bald danach, prägte mit ihrer Vorgängerin und Lehrerin Relinde eine Epoche hoher geistiger Kultur des Stiftes. Sie leitete das Gemeinschaftsunternehmen eines großen Sammelwerks, des »Hortus deliciarum«, der nach einem klaren Plan in Wort, Bild und Musik eine umfassende Lehre von den Dingen des Glaubens, der Kirche und der Natur bot. Erklärende Marginalien (aus dem »Summarium Heinrici«) und über 1200 dt. Glossen unterstreichen die pädagog. Absicht. Die Texte wurden zum großen Teil gängigen Darstellungen (z. B. →Petrus Comestor, →Honorius Augustodunensis) entnommen. Das Werk enthielt etwa 60 poet. Texte, v. a. Hymnen, vielfach mit Melodie. Von diesen sind einige aus dem Hohenburger Kreis (H. selbst, 'Hugo Sacerdos', 'Conradus Hohenburgensis', 'Godesscalcus') hervorgegangen, andere sind gängiges Gut, z. T. von namhaften Autoren (→Hildebert v. Lavardin, →Petrus Pictor u. a.). Die Hs. ist 1870 in Straßburg verbrannt und nur aus älteren Aufzeichnungen rekonstruierbar.   G. Bernt

Ed.: O. GILLEN, H.v.L.: 'H.d.', 1979 – R. GREEN – M. EVANS – C. BISCHOFF – M. CURSCHMANN, H. of Hohenburg: 'H.d.', 1979 [vollst. Ed. mit Unters.] – Lit.: Verf.-Lex.² III, 1138–1144 – Repfont V, 467f. – Medioevo latino 2,4,6,7,8,9.

[2] *Zu den Miniaturen:* Von den ehemals 336 mit Wasserfarbe kolorierten Miniaturen sind ca. 240 in Kopien erhalten, die meisten als Federzeichnungen, wenige als farbige Bilder. Abgesehen von völlig neuen Bilderfindungen

(Schicksalsrad), wurden Vorlagen westeurop. und byz. Herkunft verwendet. Byz. Einflüsse v. a. im Bildzyklus des NT und des Jüngsten Gerichts erkennbar (Gewandbehandlung, z. T. auch Gestik), Anregungen dazu vermutl. aus sog. »Musterbüchern«. Weitere Q.: abendländ. Buchmalerei, Teppichstickerei (Teppich v. Bayeux); allgemein abendländ.: Motiv der Judenhüte, Spruchbänder. Neben bibl. Geschehnissen und chr. Allegorien auch Schilderung weltl. Szenen. Sie gehören zu den wichtigsten Q. für Kleidung, Lebensgewohnheiten, Gebräuche, Stand der Technik usw. des hohen MA.   M. Grams-Thieme

Lit.: O. GILLEN, Ikonograph. Stud. zum H. d. H.v.L., Kunstwiss. Stud. 9, 1931 – N. MAYERS, Stud. zum H. d. H.v.L. [Diss. Wien 1967] – G. CAMES, Allégories et symboles dans l'H.d., 1971.

Herrand v. Wildonie, steir. Adliger, * ca. 1230, † 1278, Truchseß v. Steier (→Steiermark) wie sein gleichnamiger Vater, verheiratet mit der Tochter →Ulrichs v. Lichtenstein, polit. und militär. aktiv auf seiten Bélas v. Ungarn, Ottokars II. v. Böhmen, Rudolfs v. Habsburg und gelegentl. lit. tätig. H.s Interesse an Lit. mag durch seinen Schwiegervater angeregt sein. Überliefert sind drei Minnelieder (Gr. Heidelberger Liederhs.) und vier Verserzählungen, in denen sich H. selbst nennt und bei denen die Autorschaft eines Adligen im 13. Jh. ungewöhnlich ist. Gattungsmäßige und themat. Beziehungen zu den Maeren des →Stricker sind deutlich. H. hat internationales Erzählgut selbständig aufbereitet: »Die treue Gattin« und »Der betrogene Gatte« behandeln in überzogen positiver und schwankhaft negativer Version die ehel. Treue einer Frau, »Der nackte Kaiser« und »Die Katze« belehren mit Mirakel- und Tiermärchenmotiven über Herrscherpflicht und Vasallentreue. Die Bestimmung von H.s Erzählungen primär für den Familienkreis (so FISCHER) ist einleuchtend, doch ging ihre Wirkung darüber hinaus, wie die Überlieferung im »Ambraser Heldenbuch« zeigt.   U. Schulze

Ed.: Lieder in: Dt. Liederdichter des 13. Jh., ed. C. v. KRAUS, I, 1952, 588–589 – Vier Verserzählungen, ed. H. FISCHER – P. SAPPLER (ATB 51, 1969²) [Lit.] – Lit.: Verf.-Lex.² III, 1144–1147 [M. CURSCHMANN; Lit.] – M. CURSCHMANN, Zur literarhist. Stellung H.s v. W., DVjs 40, 1966, 56–79 – DERS., Ein neuer Fund zur Überlieferung des 'Nackten Kaiser' von H. v. W., ZDPh 86, 1967, 22–58 – J. MARGETTS, Scenic Significance in the Work of H. v. W., Neophilologus 54, 1970, 142–148 – DERS., H.v.W. The Political Intentions of 'Der blôze keiser' and 'Diu katze' (Court and Poet, 1982), 249–266.

Herrenalb (Alba, später: Alba Dominorum), Abtei OCist im n. Schwarzwald (Baden-Württemberg, Krs. Calw), wurde um 1150 vom Gf.en Berthold III. v. →Eberstein und seiner Gemahlin Uta gestiftet. Neben den Ebersteinern traten die Mgf.en v. →Baden als Förderer hervor; an sie ging im 13. Jh. auch die bis dahin von den Ebersteinern ausgeübte →Vogtei über. H. begründete ein großes, geschlossenes Territorium und erlangte bereits im MA →Reichsunmittelbarkeit. Die Übertragung der Vogtei an die Gf.en v. →Württemberg durch Ludwig d. Bayern (1338) war eine Quelle heftiger Konflikte zw. Württemberg und Baden (1403 Befestigung der Abtei). 1497 beseitigte Württemberg im militär. Handstreich die Reichsunmittelbarkeit H.s. Das Kl. wurde im Bauernkrieg geplündert, 1535 zwangsweise die Reformation eingeführt.

U. Mattejiet

Lit.: Hist. Stätten Dtl. VI, 1980, 330f. – H. PFLÜGER, Schutzverhältnisse der Reichsabtei H., 1958 – A. KOTTMANN, H., 1966.

Herrieden, Mönchskl., um 780 (urkdl. erstmals 797) von einem Adligen Cadolt gegr. und bald danach in Reichsbesitz übergegangen. Der 1. Abt, Deocar (Theutgar), kam aus →Fulda, Liutpert, der 3. Abt, wurde Ebf. v. Mainz

(863–889), der Mönch →Wolfhard († um 902) wirkte als religiöser Schriftsteller. Von Kg. Arnulf wurde das reich begüterte Kl. Bf. →Erchanbald v. Eichstätt übergeben, der in H. Säkularkanoniker einwies, deren Propst stets dem Eichstätter Domkapitel angehörte. Der →Anonymus Haserensis war wohl ztw. Kanoniker in H. Die Vogtei hatten bis zur Verdrängung im 14. Jh. durch die Bf. e v. Eichstätt die Gf. en v. →Oettingen, die Obervogtei die v. →Hohenlohe inne. Bei den Auseinandersetzungen Kg. Ludwigs d. Bayern mit Kraft v. Hohenlohe wurde H. 1317 teilweise zerstört.   A. Wendehorst

Q.: F. HEIDINGSFELDER, Reg. der Bf. e v. Eichstätt, 1938 – Lit.: DtStbV/ I, 1971, 253–255 – M. ADAMSKI, H., Kl., Stift und Stadt im MA, 1954 – E. KLEBEL, Eichstätt und H. im Osten, JbffL 14, 1954, 87–95 – H. K. RAMISCH, Lkrs. Feuchtwangen, 1964, 66–84 – Germania Benedictina 2, 1970, 117f.

Herrlichkeit Gottes → Visio beatifica

Herrschaft → Herr, Herrschaft

Herrschaftszeichen → Insignien

Herrscherabsetzung. Die Frage nach der Zulässigkeit der H. wurde unterschiedl. beantwortet. Sowohl die frühchristl. Auffassung, das Volk habe auch einen »ungerechten« Herrscher hinzunehmen, als auch der Satz des röm. Rechts, der Herrscher sei von den Gesetzen gelöst, und das germ. Prinzip des →Widerstandsrechts wirkten auf die Meinungsbildung ein. Bei den Herrscherentsetzungen im FrühMA handelte es sich oft um Verlassung (z. B. Ks. →Karl III., 887). Ein Neuansatz resultierte aus dem Anspruch Gregors VII., es stehe dem Papst zu, »Ks.« abzusetzen (→»Dictatus papae«). Gregor untersagte 1076 Heinrich IV. die Ausübung der Regierung, der 1105/06 zum »freiwilligen« Thronverzicht gezwungen wurde. Der Vorstoß des Papsttums wurde von der Kanonistik des 12./ 13. Jh. aufgearbeitet, die teilweise eine indirekte Depositionsbefugnis (als Folge von →Exkommunikation) annahm, dann aber mehr und mehr ein direktes Absetzungsrecht des Papstes vertrat. Aus der Translationslehre wurde gefolgert, der →Ks. sei nur durch den Papst absetzbar. Häresie und/oder andere schwere Verfehlungen sollten eine Deposition rechtfertigen; Innozenz IV. nannte in seinem Dekretalenkommentar die Anklagepunkte »perjuria«, »pactorum fractiones«, »sacrilegia«, »suspitiones heretice pravitatis«. Entsprechende Vorwürfe führten auf dem Konzil v. →Lyon 1245 zur Absetzung Ks. Friedrichs II. durch den Papst (Urteilsspruch »Ad apostolice dignitatis« auszugsweise im »Liber Sextus«, VI 2.14.2). Bei Unfähigkeit und Nachlässigkeit eines Kg. s (→Sancho II. v. Portugal) hielt Innozenz IV. ledigl. die Einsetzung eines Koadjutors für angemessen. In Deutschland wurden mehrfach rebellierende Kg. ssöhne/Mitkg. e von ihrem Vater mit Zustimmung der Fs. en entthront (Konrad [III.] 1098, →Heinrich [VII.] 1235). Die Absetzung Kg. Adolfs v. Nassau durch die Kfs. en (→Gerhard, Ebf. v. Mainz) 1298 schloß sich eng an das Vorbild von Lyon an. Ludwig d. Bayer wurde 1323/24 an der Kurie in kanon. Prozeß für regierungsunfähig erklärt, nicht »abgesetzt«, weil er nicht approbiert war. Die Deposition Kg. Wenzels 1400 berücksichtigte nur teilweise das kirchenrechtl. Muster. Die Kfs. en schrieben nun der Mehrheit des Kurkollegs das Recht der Kg. sabsetzung zu (umgekehrter Wahlvorgang) und bildeten so das Reichsrecht weiter. Das Depositionsrecht des Papsttums trat in der Folge zurück. In →England wurde die Abdankung Eduards II. 1326/27 durch die »Stände« erzwungen, die vorgaben, das Regnum zu repräsentieren. Bei der Entthronung Richards II. 1399 wurde nach seiner Resignation zusätzl. ein Depositionsverfah-

ren durchgeführt, das sich in gewissem Maß an dem Urteil von Lyon orientierte. – Die Herrscher vertraten grundsätzl. die Auffassung, sie unterständen nur dem Urteil Gottes (Heinrich IV., Brief 12).   K. Schnith

Lit.: F. KERN, Gottesgnadentum und Widerstandsrecht im früheren MA, 1954² – O. HAGENEDER, Das päpstl. Recht der Fs. enabsetzung: seine kanonist. Grundlegung (1150–1250), AHP 1, 1963, 53ff. – K. SCHNITH, Gedanken zu den Kg. sabsetzungen im SpätMA, HJb 91, 1971, 309ff. [Lit.] – F. KEMPF, Die Absetzung Friedrichs II. im Lichte der Kanonistik (Probleme um Friedrich II., hg. J. FLECKENSTEIN, 1974) – F. GRAUS, Das Scheitern von Kg. en: Karl VI., Richard II., Wenzel IV. (Das spätma. Kgtm. im europ. Vergleich, hg. R. SCHNEIDER, 1987), 17ff.

Herrscherbild → Bildnis, →Hand Gottes

Herrscherpult → Zeremoniell

Herrscherzeremoniell → Zeremoniell

Herse (westnord. *hersir*, Etymologie unklar), in der norw./isländ. Prosalit. (→Saga) und der →Skaldendichtung (nicht aber in der Rechtslit.) belegter, wohl nur in den westnorw. Küstengebieten verbreiteter wikingerzeitl. Häuptlingstitel, der seit der Zeit →Olafs d. Hl. n († 1030) mehr und mehr aus den Q. verschwindet. Unstrittig ist die herausragende erbl. Machtstellung der H. n innerhalb eines begrenzten Gebietes mit Funktionen im Bereich von bäuerl. Dingversammlung und Volksaufgebot. Dagegen lehnt die neuere Forschung eine früher angenommene sakrale Aufgabe und Machtstellung der H. n im heidn. Bereich wie auch eine enge Anbindung an den →Herad ab. Die Nachricht in der »Heimskringla« des →Snorri Sturluson, Kg. →Harald Schönhaar habe nach der Reichseinigung in jedem →Fylke einen →Jarl und mindestens vier H. n eingesetzt, gilt als Anachronismus. Manches deutet vielmehr darauf hin, daß die wohl geringe Zahl der H. n das aufkommende Reichskgtm. ablehnten. Nach A. HOLMSEN bezieht sich der H.-Titel vornehml. auf Repräsentanten einer wikingerzeitl. Häuptlingsschicht, deren Macht und Reichtum v. a. auf Handels- und Heerfahrten beruhten. Mit dem Ende der Wikingerzeit vollzog sich dann eine Machtverlagerung zur grundbesitzenden Bauernaristokratie. →Norwegen.   H. Ehrhardt

Lit.: KL VI, 512f. [Lit.] – A. HOLMSEN, Norges historie I, 1949 – P. SVEAAS-ANDERSEN, Samlingen av Norge og kristningen av landet 800–1130, 1977, 278ff., 300f. [Lit.]

Hersenier, vom oström. *skaplion* abstammende ma. Ringelkapuze mit großer Gesichtsöffnung, zunächst vom Panzerhemd (→Haubert) trennbar. Im 12. Jh. wurde sie aber fest mit diesem verbunden und der Gesichtsausschnitt verkleinert, was bes. Vorrichtungen zum Abstreifen des H. erforderte. Entweder man verlängerte das schräg geschnittene Gesichtsloch bis zum Scheitel und verband es mit einer armierten Kappe (*gupfe*, von frz. *coiffe*) oder man versah das H. mit einem klappenartigen Kinnlatz, dessen Zipfel an den Schläfen festgebunden wurden. Schon um die Mitte des 13. Jh. wurde das H. bisweilen vom Panzerhemd getrennt, wodurch die Verschlüsse unnötig wurden. Das getrennte H. endete in Westeuropa in einen halbrunden Kragen, in Deutschland in je einen viereckigen Latz über Brust und Rücken. Die Gupfe oder ein eiserner Unterhelm (*heubel* →Helm) wurden oft in das H. eingearbeitet. Eine am offen getragenen Helm angehängte →Helmbrünne löste zu Beginn des 14. Jh. das H. ab.   O. Gamber

Hersfeld, Kl. und Stadt in Hessen, am linken Ufer der Fulda im Mündungsgebiet von Haune und Geis.

[1] *Kloster:* An der Stelle der 736 (nicht 743) von dem Bonifatius-Schüler →Sturmi gegr. Einsiedelei (cella) ließ

→Lul, der Nachfolger des →Bonifatius auf dem Mainzer Erzstuhl, zw. 769/775 auf bfl. Eigengut ein Kl. errichten. 775 dem Schutz Karls d. Gr. unterstellt und mit dem Recht freier Abtswahl ausgestattet (MGH D.K.d.G. 1, 89 = WEIRICH, Nr. 5/6), erhielt die Reichsabtei H. (Heireulfisfelt) durch die Schenkungen der frk. Kg.e und anderer Personen reichen Grundbesitz im hess.-thür. Raum (»Breviarium s. Lulli«, 9. Jh. = WEIRICH, Nr. 38). Durch die von Lul (nach 780) veranlaßte Übertragung der Gebeine des hl. →Wigbert († 747) von →Fritzlar nach H. wurde die Verehrung der Gründungspatrone Simon und Judas zurückgedrängt. Die neue, dem Andenken Wigberts gewidmete Kirche wurde am 28. Okt. 850 von Ebf. →Hrabanus Maurus v. Mainz geweiht. Nach dem Brand von 1038 erfolgte bereits 1040 die Weihe des Ostteils der wiederhergestellten Kirche, während der gesamte Bau erst 1144 vollendet wurde.

Der Aufschwung des geistigen Lebens im 10. Jh. gab den Anstoß für eine Gesch.sschreibung in H. (verlorene »Hersfelder Annalen«, bis 984). Bes. Förderung erfuhr die an Hss. klass. Autoren reiche Bibliothek durch Abt Gozbert (970–984). Nach dem erfolgreichen Wirken →Godehards v. Niederaltaich in H. (Abt von 1005–12) stand die Schule des Kl. in hohem Ansehen. Mit dem Mönch →Lampert erreichte die Gesch.sschreibung im 11.Jh. einen Höhepunkt; er verfaßte 1073 eine Vita des Kl.gründers Lul. In der Frage der Kirchenreform verteidigte H. den Standpunkt des benediktin. Reichsmönchtums. Während des →Investiturstreits stand H. auf der Seite Heinrichs IV., zu dessen Verteidigung hier 1092/93 ein unbekannter Mönch eine Streitschrift (»Liber de unitate ecclesiae conservanda«) verfaßte. Mehrfach benutzte Heinrich IV. das Kl. als Ausgangspunkt für seine Feldzüge gegen die Sachsen (1086 Belagerung durch die Kg.sgegner). Die Bildung eines Territoriums im späten MA war begleitet von Auseinandersetzungen mit den auf die Wahrung ihrer Vogteirechte bedachten Lgf.en v. →Thüringen und Hessen.

[2] *Stadt:* H.s Lage am Schnittpunkt wichtiger Fernstraßen begünstigte die Ansiedlung von Handwerkern und Kaufleuten sowie die Errichtung eines Marktes (urkundl. bezeugt seit 1142), seit 1170 wird H. als Stadt bezeichnet. Die Pfarrechte der älteren Marienkirche gingen auf die Marktkirche über. Die um 1230 begonnene Ummauerung wurde wohl erst im 14. Jh. vollendet. Im 12. Jh. eingewanderte flandr. Tuchmacher begründeten einen bis in die NZ hinein florierenden Gewerbezweig. Die spätma. Entwicklung der Stadt wurde von Auseinandersetzungen mit den H.er Äbten (Vitalisnacht 1378) begleitet, die erst mit der Übertragung des Schutzes an die Lgf.en v. Hessen Anfang des 15. Jh. endeten.   T. Struve

Q.: Lampert v. H., Vita Lulli und Kl.gesch., ed. O. HOLDER-EGGER (MGH SRG [38], 1894), 307–340, 343–354 – H. WEIRICH, UB der Reichsabtei H., I (VHKH 19/1, 1936) – T. STRUVE, HJL 19, 1969, 118–123 [Äbte] – *Lit.:* PH. HAFNER, Die Reichsabtei H., 1936² – E. ZIEGLER, Das Territorium der Reichsabtei H., 1939 – W. DERSCH, Hess. Kl.buch (VHKH 12a, 1940²), 74–80 – H. BEUMANN, Eigils Vita Sturmi und die Anfänge der Kl. H. und Fulda, HJL 2, 1952, 1–15 – W. NEUHAUS, Gesch. von H., 1954² – H. BEUMANN, H.s Gründungsjahr, HJL 6, 1956, 1–24 – H. WUNDER, Die Wigberttradition in H. und Fritzlar [Diss. Erlangen-Nürnberg 1969] – K.-U. JÄSCHKE, Zu schriftl. Zeugnissen für die Anfänge der Reichsabtei H., BDLG 107, 1971, 94–135 – T. STRUVE, Zur Gesch. der H.er Kl.schule im MA, DA 27, 1971, 530–543 – Hist. Stätten Dtl. IV, 20–23 – GP IV, 4, 272–285.

Herstal (lat. Ha[e]ristalium, wallon. Hèsta; 'Heerstelle, -lager', von frk. 'hari' und 'stall'), Ort und frk. Königspfalz nö. →Lüttich (heut. Belgien, Prov. und Bezirk Lüttich). Der Ort, an dem zahlreiche, doch inkohärente röm. Funde gemacht wurden und der in der Völkerwanderungszeit wohl größere Bedeutung erlangte, wird erstmals ca. 720 erwähnt (villa). Das 752 genannte 'palatium' wurde bis 920 von den karol. Herrschern oft besucht. Es diente Karl d. Gr. in seinen frühen Regierungsjahren als bevorzugter Aufenthaltsort (elf Aufenthalte zw. 770 und 784) und war ein polit. Zentrum erster Ordnung (→Fulrad, Hruodland/ →Roland, Gf. Anselm u. a.). Die genaue Lage der Pfalz ist unbekannt, doch befand sie sich wohl nahe der Kirche (Notre Dame) in einem sandigen Gebiet am Maasufer, umgeben von einem Netz von Wasserläufen (Place Licour). H. war Zentrum eines →fiscus von ca. 2500–3000 ha sowie einer 'forestis' (877). In nachkarol. Zeit gehörte die Domäne ('honor') den Hzg.en v. →Brabant (bis 1740). Die örtl. Gerichtsbarkeit unterstand dem Oberhof zu →Aachen. Seit ca. 1000 war die Marienkirche in H. im Besitz des Aachener Marienstiftes, das die – noch heute belegte – Karlsverehrung einführte. – Der gern als 'Pippin v. H.' bezeichnete Hausmeier Pippin II. († 714) hat nie in H. residiert.   A. Joris

Lit.: A. JORIS, Le palais carolingien d'H., M-A 79, 1973, 385–420 [Lit.] – M. WERNER, Der Lütticher Raum in frühkarol. Zeit, 1980, bes. 445.

Hertford, Synode v. (673), Versammlung der ags. Kirche auf Einladung und unter Vorsitz des Ebf.s →Theodorus v. Canterbury. Das Protokoll, nach Diktat des Ebf.s von seinem Schreiber aufgesetzt, wurde von →Beda Venerabilis in seine »Hist. ecclesiastica gentis Anglorum« (IV, 5) übernommen. Es nennt Ort und Zeit, Teilnehmer, allg. Zwecksetzung und zehn Artikel. Mit der Verpflichtung auf das röm. Osterdatum, die territoriale und jurisdiktionelle Einheit der Diöz., die »stabilitas loci« der Mönche und zu jährl. Synode erweist sie sich als Element der institutionellen Wiederbegründung der ags. Kirche durch den von Rom entsandten Ebf. als Folge der Synode v. →Whitby (664).   H. Vollrath

Ed.: A. W. HADDAN – W. STUBBS, Councils and Ecclesiastical Documents III, 1878, 118ff. – *Lit.:* H. MAYR-HARTING, The Coming of Christianity to Anglo-Saxon England, 1972 – H. VOLLRATH, Die Synoden Englands bis 1066, 1985.

Hertford, Earldom, wahrscheinl. 1138 von Kg. Stephan für *Gilbert de* →*Clare* († ca. 1152, kinderlos) geschaffen, der im Unterschied zu den älteren Earldom-Verleihungen der anglo-norm. Zeit nur über geringen Besitz in H.shire verfügte. Der Titel 'Earl of H.' wurde von seinen Nachfolgern relativ selten geführt. Auf Gilbert folgte sein Bruder *Roger* († 1173), dessen Sohn *Richard* († 1217) den Familienbesitz v. a. durch seine Heirat mit Amicia, der 2. Tochter des Earl of →Gloucester, vergrößerte. Richards Sohn *Gilbert* († 1230) erbte auch das Earldom Gloucester, das nun stärker namengebend für die Familie wurde. 1314, nach dem Tod *Gilberts,* des letzten Earl of H. and Gloucester, bei →Bannockburn, kam der Titel des 'Earl of H.' bis zum 16. Jh. außer Gebrauch.   M. C. Prestwich

Lit.: Peerage VI, 498–503 – →Clare.

Heruler (Eruler), ostgerm. Stamm. Um 250 aus Südskandinavien vertrieben, zog ein kleinerer Teil nach W: Am Niederrhein wurden kriegsgefangene H. auf röm. Gebiet angesiedelt, aus denen sich später eine mehrfach erwähnte Auxiliartruppe (numerus Erulorum) rekrutierte. Im 5. Jh. sind Plünderungszüge der westl. H. an den Küsten Galliens und Spaniens bezeugt. Die Hauptmasse des Stammes zog jedoch zunächst zum Schwarzen Meer, von wo aus die H. seit 267 Griechenland u. den Balkan überfielen, aber schließlich von den Römern besiegt wurden. Im 4. Jh. gerieten die H. in Abhängigkeit von den →Ostgoten, im 5. Jh. von den →Hunnen. Nach dem Tode

→Attilas siedelten sie an der mittleren Donau (größte Ausdehnung: um 500). Unter den germ. Söldnern →Odoakers stellten sie das Hauptkontingent. →Theoderich d. Gr. adoptierte den H.-Kg. Rudolf als Waffensohn; unter ihm erlitten sie eine vernichtende Niederlage durch die →Langobarden (vor 512). Während danach der kleinere Teil des Stammes mit der kgl. Familie wieder nach Skandinavien zurückkehrte, wurde der Großteil von Ks. →Anastasios I. ins oström. Reich (Illyricum) aufgenommen und von Ks. →Justinian südl. der Save angesiedelt und christianisiert. Als selbständige Abteilungen unter eigenen Stammesführern leisteten sie für Byzanz Söldnerdienste und kämpften gegen →Perser, →Vandalen und Ostgoten. Seit der Mitte des 6. Jh. verstummen die Zeugnisse über sie. Die Zuweisung archäologischer Funde ist bisher unsicher. Tendenziöse Hauptquelle: Prokop bell. Goth. 2, 14.   J. Gruber

Lit.: Kl. Pauly II, 1112f. – RE VIII, 1150–1167; XXIII, 451f. – Schmidt I, 548–564 – Abriß der Gesch. antiker Randkulturen, hg. W.-D. v. Barloewen, 1961 – Die Völker an der mittleren und unteren Donau im 5. und 6. Jh., hg. H. Wolfram–F. Daim, 1980, bes. 277f. – Kat. Germanen, Hunnen und Awaren, Germ. Nat. Mus. 1988, bes. 122.

Herv(a)eus Natalis (Nédélec) OP, Anführer der jüngeren Thomistenschule, * nach 1250, † 7. Aug. 1323 in Narbonne, 1276 OP in Morlaix/Bretagne (darum H. Brito). Nach 1305 veröffentlichte er seinen Sentenzenkomm. Bereits als Bakkalar schrieb er die Defensio doctrinae Thomae, das Correctorium gegen →Jakob v. Metz und wahrscheinl. auch die sog. Quodlibeta Minora (V–XI). 1307–08/09 Mag. theol. in Paris, lehrte (Quaest. ordinariae) und disputierte (Quodlibeta maiora I–IV). Seit 1309 Provinzial, seit 1318 Ordensgeneral. Als Theologe und als Ordensoberer verteidigte er die Doktrin des →Thomas v. Aquin gegen →Heinrich v. Gent (De quatuor materiis) und seit 1307 gegen →Joh. Duns Scotus (Quodl. I) und gegen →Petrus Aureoli (Quodl. IV). Krit. setzte sich H. auch mit →Jakob v. Metz OP und →Durandus de S. Porciano OP auseinander, die in wesentl. philos. und theol. Positionen von Thomas abwichen. Er selbst lehnte jedoch Thomas' These vom realen Unterschied von esse und essentia ab und sprach sich für den Vorrang der essentia aus. Er war ein entschiedener Gegner der psycholog. Trinitätslehre, verteidigte jedoch Thomas' Lehre von der instrumentalen, dispositiven Wirksamkeit der Sakramente.   L. Hödl

Ed.: P. Glorieux, Rep. I n.64: Sentenzenkomm. (Ed. 1505, 1647, vgl. F. Stegmüller, Rep. Sent. I n.348–59); Quodlib. I–XI (Ed. 1486, 1513, vgl. P. Glorieux, Litt. Quodl. I 200–208, II 138f.); Quaest. disp. (Ed. 1513); Def. doctr. fr. Thomae (part. unkrit. ed. E. Krebs, BGPhMA 11, 1912); De potest. eccles. et papali (gegen Joh. de Polliaco) (Ed. 1500, 1647); De iurisdict. (ed. L. Hödl, Mitt. Grabmann-Inst. 2, 1959) et exempt. (unkrit. Ed. Mansi, Ann. eccles. Card. Baronii IV, 1749, 567–580). *Teiled.:* R. M. Martin, Xen. Thom. III, 233–47 (De peccato orig.) – P. Stella, Sales.21, 1959, 125–170 (De quatuor materiis), 22, 1960, 2, 245–325 (De cognitione primi principii q.8) – T. Takada, De relatione c. Durandum . . ., 1966 – *Lit.:* B. Hauréau, Hist. Litt. France XXXIV, 1914, 308–351 – A. de Guimarães, APraed 8, 1938, 5–81 – C. O. Vollert, AnalGreg 42, 1947 – L. Hödl, MThSt 10, 1956 – Th. W. Koehler, StAns 58, 1971 – →Durandus de S. Porciano [J. Koch].

Hervé IV. v. Donzy, Herr v. St-Aignan, Gf. v. →Nevers, bedeutender frz. Adliger der Zeit →Philipps II. August, * wohl 1170/75, † 21. Jan. 1222 in St-Aignan (Berry), ☐ Abtei →Pontigny. – H. entstammte der Familie der Herren v. →Donzy, die aufgrund ihrer weitverstreuten Besitzungen vielfältige Lehensbeziehungen mit oft widersprüchl. Loyalitätsverpflichtungen unterhielt. – H. geriet um den Besitz der Herrschaft Gien in Konflikt mit dem Gf. en v. Nevers, →Peter II. v. →Courtenay (dem späteren Ks. v. Konstantinopel), den er 1199 besiegte und gefangennahm. Kg. Philipp II. August schaltete sich in diesen Streit ein in dem Bestreben, die z. T. noch an das konkurrierende kgl. Haus Plantagenêt gebundenen Donzy auf die kapet. Seite zu ziehen. Der Kg. vermittelte die Freilassung Peters, nötigte ihn aber zugleich, H. seine Erbtochter Mahaut zur Frau zu geben; dieser leistete dem frz. Kg. den ligischen Lehnseid und willigte in die Abtretung Giens an die Krone ein.

Nunmehr konnte Philipp II. H. für seinen vom Papst unterstützten Krieg gegen Kg. Johann v. England einsetzen: Einnahme von →Château-Gaillard, Eroberung der →Normandie (1203–04). Auch an den folgenden frz. Feldzügen in Touraine und Poitou nahm H. aktiv teil. Obwohl von Papst Innozenz III. als Ketzer- und Judenfreund gerügt, zog H. in den Kreuzzug gegen die →Albigenser (Kreuznahme: 1. Mai 1209), lehnte aber ein Amt in der Verwaltung der neueroberten südfrz. Gebiete ab.

Die folgenden Jahre waren u. a. geprägt durch Konflikte H.s mit Abteien seiner Region (Cluny, Vézelay), gegen die er z. T. gemeinsam mit seinem Bruder Gottfried, dem Prior v. La →Charité, gewaltsam vorging. Von kirchl. Seite wurde H. vorgeworfen, in kanon. unrechtmäßiger Ehe mit Mahaut zu leben. Diese Streitigkeiten führten zu Interventionen des Kg.s und des Papstes.

In der polit. Krise von 1214 fiel H. zu Kg. Johann v. England ab. Nach dem Sieg bei →Bouvines zog Philipp II. mehrere Besitzungen H.s, die an angevin. Gebiete grenzten, ein und war zugleich bemüht, dessen reiches Erbe dem kapet. Kg.shaus zu sichern. Daher mußte H. sich bereitfinden, seine Erbtochter Agnes mit Philipp, dem Enkel des Kg.s, zu vermählen (8. Sept. 1217). Als dieser Plan wegen des frühen Todes des Prinzen (1218) scheiterte, nahm der Kg. dem H. das ausdrückl. Versprechen ab, seine Tochter nur mit kgl. Zustimmung wiederzuverheiraten.

1218 nahm H. erneut das Kreuz, kämpfte vor →Damiette, verließ aber auf die Nachricht vom Tode seines Schwiegervaters, Ks. Peters v. Konstantinopel, im Aug. 1219 abrupt das Kreuzfahrerheer, um dessen frz. Territorien in Besitz zu nehmen, was z. T. nur unter Schwierigkeiten gelang (Widerstand des Bf.s v. Auxerre). H. fiel 1222 Gerüchten zufolge einem Giftmord zum Opfer. Seine Gemahlin Mahaut († 1257) heiratete in 2. Ehe 1226 den Gf. en Gui v. →Forez, die Tochter Agnes (wohl 1221) Gui v. →Châtillon, Gf. v. St-Pol; die Ehe blieb kinderlos.   U. Mattejiet

Lit.: DBF XI, 547f. – R. de Lespinasse, H. de D., 1868 – La France de Philippe-Auguste: le temps des mutations, hg. R.-H. Bautier, 1982 [Lit.] – →Donzy, →Nevers, →Philipp II. August.

Herveus v. Déols (Burgi-Dolensis) OSB, magister, † 1149/50, stammte aus Le Mans, trat in das Kl. Bourg-Dieu (Berry) ein, wo er sich fünfzig Jahre hindurch dem Studium der Bibel und der Väter widmete. Nach einer (verschollenen) Erklärung der Ps. Dionysius. Hierarchia caelestis verfaßte er zahlreiche Komm. zu bibl. Büchern, sammelte Miracula B. Mariae V., wies u. a. auf Abweichungen des Missale-Textes von der Hl. Schrift hin und erläuterte kurz vor seinem Tod die »Cena beati Cipriani« (Ps. →Cypriani Cena). Selbständigkeit in der Auslegung, Anerkennung der Interpretationsvielfalt und klarer, einfacher Stil lassen H. als hervorragenden Exegeten monast. Tradition im 12. Jh. erscheinen.   E. Rauner

Lit.: DSAM VIII, 323–378 – RBMA, Nr. 3251–3289 – *Ed.:* MPL 181 [Teiled.].

Herz, ahd. *herza,* mhd. *herze,* ags. *heorte.* Volkstüml. wie wiss. Begrifflichkeit des MA knüpft an die antiken Traditionen vom H.en als der organ. und seel.-geistigen Lebensmitte an. Dem antiken Doppelsinn von καρδία entsprechend wird H. auch bisweilen mit »Magen« gleichgesetzt (H.grube-Magengrube), so wie die gesamte Zwerchfellregion auch in anderen Kulturen als Sitz von Schmerz und Gemütsbewegungen gilt (vgl. Isidor v. Sevilla, Etym. XI, 118 cor < cura- 'Sorge'). Der zentralen Bedeutung von H. entspricht eine Fülle von kultur- und sozialgesch. Aspekten: In Redewendungen, Märchen und Sagen, bes. auch in der höf. Dichtung (→Hartmann v. Aue, →Gottfried v. Straßburg) ist das H. Sitz von Liebe und Emotionen. H. und geliebte Person werden identifiziert. Den H.wechsel der Liebenden bezeugen bildl. Darstellungen (Regensburger Wandteppich, 14. Jh.). Anfänge einer H.-Jesu-Verehrung (Gebete, Lieder) finden sich schon im 12. Jh. Die H.en hochgestellter Persönlichkeiten (→Heinrich III., →Richard Löwenherz u. a.) werden gesondert bestattet. Mag. Bedeutung hat das H. in H.amuletten und im H.bildzauber, der gegen Dämonen und Feinde, als Liebesmittel oder bei Krankheiten (z. B. H.spann) Anwendung findet: Neben Nachbildungen des H.ens aus Wachs oder Gebäck werden die H.en bes. Tiere, wie Löwe, Hirsch, Geier oder Fledermaus, aufgelegt, gegessen oder stellvertretenden Manipulationen (z. B. H.stich) unterzogen. Oft sind die Anweisungen antiker Herkunft (z. B. Plinius). *Anatomie und Physiologie* des H.ens stützen sich schon bei den Arabern v. a. auf →Aristoteles und →Galen: Konusform und Linkslagerung des H.ens, seine Kammern, Klappen und der Abgang der großen Gefäße werden beschrieben. Die rechte H.kammer empfängt einen Teil des von der Leber produzierten Nährblutes, das hier verfeinert und dann durch Öffnungen in der H.scheidewand in die linke Kammer, den Sitz der eingepflanzten Lebenswärme, überführt wird. Hier findet die Erwärmung des Blutes und seine Vermischung mit »Lebensgeist« *(spiritus vitalis)* statt (→Blut), der durch die Lungen über direkte Verbindungen zw. Bronchien und H.gefäßen ergänzend der linken Kammer zugeführt wird. Das erwärmte und pneumatisierte Blut wird dann, durch Aorta und Arteriensystem, zur Belebung ebenfalls in die Peripherie geschickt. Während →Rhazes (lib. ad Almansorem, 1500, I, 10, ed. P. DE KONING, 1903) u. a. wie →Galen (De usu part. corp. hum. VI, 7–21, ed. C. G. KÜHN, 1882) von zwei H.kammern sprechen, sucht →Avicenna (lib. canonis, ed. A. Alpagus – B. Rinius Venetus, 1582, III, 11) die Dreikammertheorie des Aristoteles (de part. an. III, 4) zu begründen, indem er jene Durchtrittstelle in der H.scheidewand als dritte Kammer bezeichnet. Im Abendland machen auf diesen Widerspruch die Übers. von →Haly Abbas durch →Constantinus Africanus (Liber pantegni III, 22; IX, 25) und später ausführl. →Alfredus Anglicus mit seiner →Alexander Neckam gewidmeten Schrift »De motu cordis« aufmerksam. Ohne Wirkung dagegen bleibt ein Komm. des Ibn an-Nafis, der gegen Avicenna die Durchlässigkeit des Ventrikelseptums infrage stellt und so schon früh an einen Lungenkreislauf denkt. Ausführl. Beschreibungen des H.ens, seiner Funktionen und Krankheiten finden sich unter Bezug auf die arabist. Überlieferung auch bei frühen Enzyklopädisten (→Bartholomaeus Anglicus, de propr. rer. 1601, XXXVI, 183–187; →Thomas v. Cantimpré, de nat. rer. I, ed. M. BOESE, 1973, 49–51). Auch in der *Psychologie* des H.ens, bei der Frage nach der Lokalisation des vernunftbegabten Seelenteils, macht sich der Gegensatz zw. Galenisten und Aristotelikern bemerkbar. Von

den arab. Arztphilosophen orientieren sich die einen an der platon. Tradition und an Galen, der das →Hirn für das Zentrum des Denkens, der Wahrnehmung und der Erinnerung hielt. Andere, wie →al-Fārābī, folgen Aristoteles, der auch die Vernunftseele schon beim Embryo im H.en angelegt sah: Für al-Fārābī ist das H. als Fürst aller Seelenkräfte Mittelpunkt einer, im arab. Kulturkreis allg. beliebten organizist. Staatsmetaphorik vom Kgr. der lebendigen Seele. In der chr.-scholast. Seelenlehre wird eine Lokalisationstheorie vermieden, wenn auch in der leibhaftigen Bewegtheit des H.ens das Wirken der allgegenwärtigen Seele am deutlichsten in Erscheinung tritt: Bei →Albertus Magnus (de animal., ed. E. FILTHAUT, Op. omnia XII, 1955, 71–309; quaest. 55, 107f.), →Thomas v. Aquin (De motu cordis ad mag. Philippum, dt.-lat. Ausg. v. W.-U. KLÜNKER, 1987, 101–112) und in der Anthropologie des →Petrus Hispanus wird das H. so über seine organ. Manifestation hinaus zum integrierenden Prinzip leibseel. Ganzheit.   H. H. Lauer

In der *bibl. und patrist. Theologie* ist H. ein fundamentales Bildwort für die Liebe Gottes, »die ausgegossen ist in unser H. durch den Hl. Geist« (Röm 5, 5). Gott hat ein H., in dem nach Hos 11, 8 Gottes Gerechtigkeit in seine erbarmende Liebe umgebrochen wird. Die ntl. Kreuzesbotschaft ist die Erfüllung dieser Verheißung des Geheimnisses des göttl. H.ens (»arcanum cordis«, Bonaventura, opusc. 3 Lignum vitae, ed. Opera omnia VIII, 79). Vgl. Joh 19,34–37 in der Auslegung der Väter. →Augustinus hat die scholast. Theologie des H.ens in zweifacher Weise bestimmt. Mit Ps 51,19 deutete er das zerschlagene und gedemütigte H. als das gottgefällige Opfer und begründete (De civ. Dei X c.5) den liturg. Dienst der Gemeinde in der Tiefe des H.ens (»sursum corda«). Das H. ist für Augustin auch der Bestimmungsort des Wortes der Offenbarung, das in der Inwendigkeit des H.ens dialog. Charakter gewinnt (»cor ad cor loquitur«). Obwohl →Thomas v. Aquin das Unterscheidende der augustin. Theologie des H.ens kannte (S.th. II^a II^ae q.44 a.4), war er um die Synthese von Erkennen und Lieben bemüht (»caritas est in ratione«). In der Franziskanertheologie des →Bonaventura, v. a. aber des Petrus Johannis →Olivi und →Raimundus Lullus kann der bibl. Begriff H. synonym verwendet werden für das freie Wollen. Das H. ist der Ort der personalen Selbstbestimmung und Selbstverfügung. Die geistl. Theologie des →Hugo v. St. Victor und →Bernhard v. Clairvaux und die Frauenmystik des 12. bis 14. Jh. entdeckten im H.en die Dimension der Inwendigkeit, Andacht und der Minne, die auch in der Dichtung (z. B. →Gottfried v. Straßburg) beschrieben wurde. Eine ähnl. Bedeutung gewann das H. auch in der islam. Mystik (→al-Gazzālī).   L. Hödl

Lit.: EJud VIII, 7–9– GRIMM, DWB 4/2, 1207–1262–HWDA III, 1794 – 1813 [Lit.]–HWP III, 1100–1112 [Lit.]–LThK² V, 285–287, 289–294 [Zur H.-Jesu-Verehrung im MA]–RAC XIV, 1093–1131 [Lit.]–O. v. HOVORKA – A. KRONFELD, Vergleichende Volksmedizin, 1908/09, II, 63–69 – E. MÜHSAM, Zur Lehre vom Bau und der Bedeutung des menschl. H.ens im klass. Altertum, Janus 15, 1910, 797–833 – C. BAEUMKER, Die Stellung des Alfred v. Sareshel (Alfredus Anglicus) und seiner Schrift De motu cordis in der Wiss. des beginnenden XIII. Jh., SBA.PPH 1913, 3–64 – D. SCHÄFER, Ma. Brauch bei der Überführung von Leichen, SPA, 1920, 478–498–K. RICHSTÄTTER, Die H.-Jesu-Verehrung im dt. MA, 1924² – M. MEYERHOF, Ibn an-Nafis und seine Theorie des Lungenkreislaufs, QstGNM 4, H. 1, 1933, 37–88 und Anh. – T. BURCKHARDT, Vom Sufitum, 1953 – F. HEIMPLÄTZER, Die Metaphorik des H.ens im Minnesang des 12. und 13. Jh. [Diss. Heidelberg 1953]–R. BEITL, Wb. der dt. Volkskunde, 1955², 325–H. RITTER, Al-Ghasali..., 1959–M. SCHMID, Der Weg zu Harvey, S.ber. Phys.-med. Soz. Erlangen 79, 1959, 66–101 – X. v. ERTZDORFF, Das

'H.' in der lat.-theol. und frühen volkssprachigen religiösen Lit., Beitr. zur Gesch. d. dt. Sprache und Lit. 84, 1962, 249–301 – K. SPECKENBACH, Stud. zum Begriff »edelez herze« im Tristan Gottfrieds v. Straßburg, 1965 – A. MAXSEIN, Philosophia cordis. Das Wesen der Personalität bei Augustinus, 1966 – H. SCHIPPERGES, Grundzüge einer scholast. Anthropologie bei Petrus Hispanus, Ptg. Forsch., I. R., 7, 1967, 1–51 – D. THIES, Die Lehre der arab. Mediziner Tabari und Ibn Hubal über H., Lunge, Gallenblase und Milz (Beitr. zur Sprach- und Kulturgesch. des Orients 20, 1968) – H. H. LAUER, Das H. in der Medizin des arab. MA, Heidelberger Jb. 13, 1969, 103–115 – W. GEWEHR, Zu den Begriffen *anima* und *cor* im frühma. Denken, Zs. Religion und Geistesgesch. 27, 1975, 40–55 – DERS., Ethik und ärztl. Denken im arab. MA, SudArch Beih. 24, 1984, 72–86 – E. LERLE, καρδία als Bezeichnung für den Mageneingang, Zs. für ntl. Wiss. 76, 1985, 292–294.

Herzegowina (serbokroat. Hercegovina), hist. Landschaft, entstanden im SpätMA im Rahmen des bosn. Staates (→Bosnien). Die Bezeichnung geht zurück auf den von einem der letzten Landesherren, Stefan Vukčić (1435–66) aus der Familie →Kosača seit 1448 geführten Titel 'herceg' (Hzg., dux). Doch setzte sich der Name erst während der osman. Herrschaft durch, wozu sicher der →Sanǧaq v. H. beitrug. In lat. und it. Quellen heißt die Region bis ins 18. Jh. 'ducatus s. Sabbe' bzw. 'ducato di san Saba' (aufgrund der starken Verehrung des hl. →Sava durch die bosn. Herrscher), oft nur einfach 'ducato'. Im früheren MA hatten im Bereich der nachmaligen H. die Fsm.er →Zahumlje und →Trebunien bestanden. Dann gehörten die Gebiete, ohne damals bereits eine Einheit zu bilden, zum serb. Reich der Nemanjiden (bis 1327, 1330, 1373, 1377). Der eigtl. Gründer der Landesherrschaft war der Großvojvode Sandalj Hranić Kosača (1392–1435), der Onkel von Stefan Vukčić. Aufgrund mehrerer Verzeichnisse der Burgen und Gaubezirke (1444, 1448, 1454) sind wir über den Umfang der spätma. H.gut unterrichtet; sie erstreckte sich etwa von Poljice am Fluß Cetina bis zum Hinterland von Kotor, im Landesinnern bis zum Fluß Lim und zur oberen Neretva (ausgenommen das Gebiet →Ragusas an der Küste). Fast das gesamte Territorium des Hzg.s Stefan kam 1465 unter türk. Herrschaft, nur die Umgebung v. Novi konnte bis 1482 gegen die Osmanen gehalten werden. S. Ćirković

Lit.: M. DINIĆ, Zemlje hercega svetog Save, Glas Srpske Kraljevske Akad. 182, 1940, 151–257 – V. ATANASOVSKI, Pad Hercegovine, 1979.

Herzog, Herzogtum. Im folgenden werden Grundzüge und Probleme des ma. Hzm.s behandelt. Zur Entwicklung der einzelnen Hzm.er vgl. →Aquitanien, →Bayern, →Bretagne, →Burgund usw.; s. a. →dux; →Fürst, Fürstentum; →Deutschland; →Frankreich; →Italien.

[1] *Charakter und Entwicklung:* »Hzg.« (lat. dux, ahd. *heritogo*) bezeichnet den Inhaber einer provinzialen Herrschaftsgewalt unterhalb der Kg.sebene, vornehml., aber nicht ausschließl. im →Frankenreich und in seinen Nachfolgestaaten. Die Gesch. des Hzm.s wird – trotz mancher Kontinuitäten – gemeinhin in verschiedene Perioden eingeteilt:

a) Ein sog. *älteres Stammeshzm.* ging auf den Dukat der Merowingerzeit zurück (→dux), der zunächst eine eher begrenzte und noch nicht durchgängige, sich über mehrere Komitate (→comes) erstreckende Verwaltung mit vorwiegend militär. Aufgaben umfaßte, sich in den Randgebieten und in den ostrhein. Stammesprovinzen im Zuge sinkender Kg.sgewalt jedoch zu eigenständiger Herrschaft entwickelte. Das austras. Hausmeiertum (→Hausmeier) der Karolinger fügte sich hier durchaus ein. Die karol. Kg.e Pippin und Karl d. Gr. gliederten die verselbständigten Hzm.er erneut dem Reich ein und beseitigten die »Stammeshzg.e«. Den Abschluß dieser Entwicklung bildete der Sturz des Bayernhzg.s →Tassilo III. (788).

b) Nach einer Phase der Statthalterschaften und Unterkgr.e karol. Kg.ssöhne (regna) entwickelten sich seit dem späten 9. Jh. aus Machthäufung und Eigenherrschaft (vgl. u. a. →Grundherrschaft, Bau von →Burgen, →Eigenkl., →Vasallen), Ämtern und Kg.snähe sowie nicht zuletzt aus der Grenzverteidigung gegen →Normannen, →Slaven und →Ungarn v. a. in den Grenz- oder Mgft.en der frk. Nachfolgestaaten in Auseinandersetzung zw. rivalisierenden Geschlechtern sog. *jüngere Stammeshzm.er* bzw. (eher) Fsm.er (→Fürst). Ihre Inhaber konnten sich eine Vorherrschaft in den Provinzen und regna sichern und gegenüber dem Kg. (Konrad I.) verteidigen (→Liudolfinger in →Sachsen, →Luitpoldinger in →Bayern, →Hunfridinger in Alamannien, →Konradiner in →Franken, Reginare in →Lotharingien). Die it. »Hzm.er« bzw. Mgft.en knüpften dabei an die langob. Dukate an. Während die frz. Fsm.er (→Fürst), von denen im Zuge einer längeren Entwicklung sieben den Hzg.stitel erwerben konnten, eine oft eigenständige Entwicklung einschlugen, wurden diese fsl. Herrschaften im dt. Raum spätestens unter den →Ottonen wieder als Hzm.er institutionalisiert und in die Reichsverfassung eingegliedert und allmähl. stärker vom Kg. kontrolliert. Im dt. Reich des 10. bis 12. Jh. wurden Hzm.er und Fsm.er gleichsam identisch. KIENASTs Versuch, umgekehrt auch in Frankreich »Stammeshzm.er« nachzuweisen, stößt dagegen auf Ablehnung.

c) Von diesem »älteren« unterscheidet sich nach herrschender Meinung ein *jüngeres Hzm.,* das, seit dem 12. Jh., im Territorialfsm. (→Landesherrschaft) aufging. Damit war, aus dt. Sicht, jedoch nur eine Entwicklung nachvollzogen, die beispielsweise in Frankreich längst vorgegeben war. Daher betont man heute eher die Ähnlichkeit der fsl. Gewalten in den frk. Nachfolgestaaten und betrachtet das Hzm. als eine Sonderform des Fsm.s.

[2] »*Amts- oder Stammesdukat?*«: Charakter und Territorium, v. a. des »jüngeren Stammeshzm.s«, werden in der Forsch. noch weitgehend diskutiert. Gegen eine früher unbestrittene Stammesbildung haben sich zunehmend Bedenken erhoben, seit die »Stämme« (→Stamm) als nicht ausschließl. ethn., sondern als polit. und veränderl. Einheiten erkannt sind: Nicht die Stammesherrschaft, sondern die kgl. Berufung habe das Hzm. geschaffen, das eher an die Traditionen der karol. Teilkgr.e als an die Stammesprovinzen anknüpfte (WERNER); die aus verschiedenen Faktoren gebildete »Hzg.sprovinz« sei veränderl. und daher nicht »Stammesgebiet« gewesen (MAURER); die fsl. Herrschaftsrechte hätten sich ledigl. auf Teile der Stammesprovinzen konzentriert, aber auch darüber hinausgegriffen (GOETZ). Der Versuch, die Stammesbindung nicht als unabdingbare Vorgabe zu werten, würde die weithin gesondert betrachteten Anfänge um 900 tatsächl. besser in eine Kontinuität der späteren Entwicklung stellen, nach der immer wieder neue Dukate (ohne »Stammesgrundlage«) geschaffen (959 Teilung Lotharingiens, 976 Kärnten, 1156 Österreich, 1180 Steiermark) oder Hzm.er an Geistliche verliehen wurden (954 lothring. Dukat →Bruns v. Köln, 1168 Würzburger Dukat, 1180 köln. Dukat Westfalen). Der Forsch.sstreit, der sich im Grunde auf die Frühzeit des »jüngeren Stammeshzm.s« beschränkt und spätere Jahrhunderte kaum berührt, betrifft im Prinzip das Verhältnis von fsl. und hzgl. Gewalt, von Stammes- und Amtsdukat bzw. die Frage, ob das Hzm. von vornherein ein Amt bezeichnet oder erst im 10. Jh. dazu geworden ist. Meist hat man nach dem Zeitpunkt der Ausbildung einer souveränen Stellung gefragt, die teils als »wirkliches Hzm.« (STINGL: Führerstellung im Stamm, die nicht auf

kgl. Einsetzung beruht), teils – treffender – als Fsm. bezeichnet wird (WERNER; BRUNNER). Wenn »dux« nach Ausweis begriffsgesch. Studien allerdings nicht den »vollen Fs.entitel« (BRUNNER), sondern gerade den Amtscharakter betont (GOETZ), dann lassen die Titelunters. (KIENAST, STINGL, BRUNNER) nicht, wie erwartet, die Verselbständigung, sondern die Institutionalisierung der Fsm.er erkennen, die sich keineswegs nur machtmindernd für die Fs.en auswirkte, wobei der Begriffsgebrauch, bes. in Frankreich, erst relativ spät eindeutig wird. Die Gesch. der Hzm.er ist somit nicht nur als ein Widerstreit von Stammes- und Amtsdukat, sondern v. a. von fsl. (Eigen-)Gewalt und amtl. Stellung zu betrachten. Bei der notwendigen territorialen Bindung solcher Institutionen spielten regna und, damit in vielen Fällen mehr oder weniger kongruent, Stammesprovinzen sicherl. – aber eben nicht zwangsläufig und unveränderl. – eine Rolle, die noch genauerer Untersuchung bedarf. Wieweit ein Rückhalt seitens des Stammesadels, ein (mancherorts vielberufenes) »Stammesbewußtsein« oder gar eine Hzg.swahl hinzutraten, bleibt eine offene Frage. Die These einer Entwicklung vom Amtsdukat zum Stammesdukat (und wieder zum Amtsdukat) verschleiert bei solchem Sachverhalt den Doppelcharakter des Hzm.s; »Amts«- und »Stammeshzm.« sind kaum klar voneinander zu trennen; vielmehr wäre – unter Berücksichtigung regionaler wie individueller Unterschiede – genauer zw. der Amtsstellung und der fsl. Eigenherrschaft der Hzg.e zu unterscheiden.

[3] *Amtscharakter und Souveränität:* Das Hzm. war in allen Phasen grundsätzl. als Amt, als eine dem Kg. untergeordnete Provinzialherrschaft, konzipiert und ist so vielfach, wie im dt. HochMA, beibehalten worden. Die Hzg.e wurden vom Kg. eingesetzt, der die Hzm.er, wie Otto I., teilweise an Verwandte oder, wie unter den Saliern, an minderjährige Kg.ssöhne vergab, aber sie waren ebenso wieder absetzbar. Die vielfach zu beobachtende Ausbildung von »Hzg.sdynastien« in allen Hzm.ern zeigt jedoch, daß die Kg.e bei der Besetzung der Hzm.er nicht völlig frei waren und daß sich ein gewisser Anspruch der Hzg.sfamilie auf das Amt ausbildete; die Einsetzung von Landesfremden nahm oft durch Einheirat in das heim. Hzg.sgeschlecht darauf Rücksicht. Andererseits verweist die immer mehr auf den Kreis der Hzg.e beschränkte Funktion als weltl. Intervenienten in Kg.surkk. auf die Kg.snähe und die institutionelle Bedeutung der hochma. Hzg.e, aus deren Kreis – mit wenigen Ausnahmen – auch die Kg.e und Thronanwärter stammten.

Der Amtscharakter schloß nun eine tatsächl., von den jeweiligen Machtkonstellationen abhängige Souveränität und Selbständigkeit einzelner Hzg.e und Hzg.sgeschlechter keineswegs aus. Tatsächl. ist die Gesch. des Hzm.s in allen Phasen immer wieder von Tendenzen zur Errichtung einer kg.gleichen Stellung geprägt. Die Aufstände der Hzg.e, auch der eigenen Verwandten und Kg.ssöhne, mit denen sich die otton., sal. und stauf. Kg.e auseinanderzusetzen hatten, sind Ausfluß der hzgl. Doppelstellung als kgl. Beauftragter und als fsl., auf eine starke Vasallenschaft gestützter Eigenherr mit kg.sgleicher Stellung. Die dt. Kg.e (wie Heinrich II.) setzten deshalb zur besseren Kontrolle immer wieder Landesfremde als Hzg.e ein (vgl. WEINFURTER). Das konfliktreiche Verhältnis zw. Kg. und Hzg. erweist sich insgesamt als ein polit. Problem des hochma. Reiches, führte seit den Ottonen aber nicht mehr zu einer Abschaffung der Hzm.er als eines unverzichtbaren Elements der Reichsverfassung. In Frankreich hingegen waren Hzg.e und Fs.en außerhalb der Krondomäne souveräne Landesherren.

[4] *Aufgaben und Befugnisse:* Die Befugnisse der Hzg.e sind nie umfassend untersucht worden und tatsächl. nur in einzelnen Belegen greifbar, die durchaus zeit- und personenabhängig sein können. Danach oblagen den Hzg.en grundsätzl. Funktionen in der Heeresführung – hier lag ja auch der Ursprung des Titels –, in der Gerichtsbarkeit sowie (später) bei der Wahrung des Landfriedens; nur bedingt hingegen übten sie eine Kirchenhoheit im Hzm. aus. Ob ihnen bei der Einberufung von Landtagen eine Führungsrolle qua Amt oder nur infolge ihrer Vorrangstellung zukam, bedarf noch genauerer Untersuchung. Trotz territorialer Bindung bedeutete das Hzm. aber keine gleichmäßige Gebietsherrschaft, sondern konzentrierte sich auf bestimmte Kernlandschaften und »Vororte« (MAURER), die sich mit wechselnden Hzg.sgeschlechtern verlagerten, während die Befugnisse nach außen hin abnahmen. Insgesamt sollte man die von oben (Kg.) und unten (Adel) beschränkte Hzg.smacht bei aller Bedeutung für die Reichsverfassung daher auch nicht überschätzen.

[5] *Herzogtum und Territorialstaat:* Die seit dem späteren 12. Jh. verstärkt zu beobachtende Entwicklung des Hzm.s zur territorial geschlossenen Landesherrschaft ist als Übergang vom Amts- zum Gebietshzm. (WERLE) oder als – gern mit dem Prozeß gegen →Heinrich d. Löwen (1180) in Verbindung gebrachte – »Zerschlagung der Stammeshzm.er« nur unvollkommen charakterisiert, sondern war in der reichsfsl. Stellung der Hzg.e, der längst gelockerten Stammesgrundlage und der Bildung neuer Hzm.er innerhalb der alten Stammesprovinzen tatsächl. lange vorbereitet. Neue Hzg.sherrschaften, wie die der neben den Stauferhzg.en amtierenden →Zähringer in →Schwaben, deren Ansprüche anfangs naturgemäß noch auf Widerstand stießen und denen man, da ihnen die traditionelle Grundlage fehlte, als »Titelhzg.e« bezeichnet hat (WERLE), belegen die Umgestaltung zum geschlossenen Territorium (Territorialhzm.). Die Bezeichnung »Titelhzg.e«, die oft den Stammsitz zum Ausgangspunkt nimmt (Zähringer, →Andechs-Meranien, →Limburg, →Brabant, →Braunschweig-Lüneburg), darf aber nicht darüber hinwegtäuschen, daß hier den alten, nun räuml. endgültig beschränkten, aber weiter existierenden Hzg.en völlig gleichwertige Hzg.sgewalten an die Seite traten, daß die in der Regel mit der Fs.enerhebung gekoppelte Ernennung weiterhin dem Kg. oblag und daß die alten Hzm.er sich ebenfalls zu Territorien wandelten. Letztere wurden dadurch nicht aufgelöst, ihre Gesch. ging aber fortan in der Gesch. der Reichsfsm.er auf (→Reichsfs.enstand), ohne daß diese sich ausschließl. aus den Dukaten entwickelten. Das Hzm. insgesamt wurde zum erbl., an die Landesherrschaft gebundenen »Titelhzm.«, dessen Kennzeichen das →Fahnenlehen war, während der Amtscharakter bedeutunglos war.   H.-W. Goetz

Lit.: G. LÄWEN, Stammeshzg. und Stammeshzm. (Neue Dt. Forsch. Abt. Ma. Gesch. 1, 1935) – G. TELLENBACH, Kgtm. und Stämme in der Werdezeit des dt. Reiches (Q. und Stud. zur Verfassungsgesch. des dt. Reiches in MA und NZ 7, 4, 1939) – M. LINTZEL, Zur Stellung der ostfrk. Aristokratie beim Sturz Karls III. und der Entstehung der Stammeshzm.er, HZ 166, 1942, 457–472 – Ksm. und Hzg.sgewalt im Zeitalter Friedrichs I. (Schr. des Reichsinst. für ältere dt. Gesch.skunde 9, 1944) – H. WERLE, Titelhzm. und Hzg.sherrschaft, ZRGGermAbt 73, 1956, 225–299 – K. BOSL, Das bayer. Stammeshzm., ZBLG 25, 1962, 275–282 – D. CLAUDE, Unters. zum frühfrk. Comitat, ZRGGermAbt 81, 1964, 1–79 – K. F. WERNER, Heeresorganisation und Kriegführung im dt. Kgr. des 10. und 11. Jh. (Ordinamenti Militari in Occidente nell'alto medio evo, Sett. cent. it. 15, 1967), 791–843 [DERS., Structures politiques du monde française VIe–XIIe s., 1979] – W. KIENAST, Der Hzg.stitel in Frankreich und Dtl. (9.–12. Jh.), 1968 – K. BRUNNER, Der frk. Fs.entitel im 9. und 10. Jh. (Intitulatio II, hg. H.

WOLFRAM, 1973), 179–340 – H. STINGL, Die Entstehung der dt. Stammeshzm.er am Anfang des 10. Jh. (Unters. zur dt. Staats- und Rechtsgesch. NF 19, 1974) – TH. ZOTZ, Der Breisgau und das alem. Hzm. (VuF Sonderbd. 15, 1974) – B. J. BEHR, Das alem. Hzm. bis 750 (Geist und Werk der Zeiten 41, 1975) – M. PARISSE, Les ducs et le duché de Lorraine au XIIᵉ s., 1048–1206, BDLG 111, 1975, 86–102 – H. KELLER, Frk. Herrschaft und alem. Hzm. im 6. und 7. Jh., ZGO 124 (NF 85), 1976, 1–30 – A. R. LEWIS, The Dukes in the Regnum Francorum A.D. 550–751, Speculum 51, 1976, 381–410 – H.-W. GOETZ, »Dux« und »Ducatus«, 1977 – H. MAURER, Der Hzg. v. Schwaben, 1978 – F.-R. ERKENS, Zur verfassungsrechtl. Stellung der Hzg.e v. Limburg im 12. und 13. Jh., RhVjbll 43, 1979, 169–195 – K. F. WERNER, Les duchés »nationaux« d'Allemagne au IXᵉ et au Xᵉ s. (Les Principautés au MA, 1979), 29–46 [DERS., Vom Frankenreich zur Entfaltung Dtl.s und Frankreichs, 1984, 311–328] – K. F. WERNER, La genèse des duchés en France et en Allemagne (Nascità dell'Europa ed Europa carolingia: un' equazione da verificare, Sett. cent. it. 27, 1981), 175–207 [DERS., Vom Frankenreich ..., 278–310] – H. KELLER, Schwäb. Hzg.e als Thronbewerber: Hermann II. (1002), Rudolf v. Rheinfelden (1077), Friedrich v. Staufen (1125), ZGO 131 (NF 92), 1983, 123–162 – H. C. FAUSSNER, Kgl. Designationsrecht und hzgl. Geblütsrecht (SAW 429, 1984) – ST. WEINFURTER, Die Zentralisierung der Herrschaftsgewalt im Reich unter Ks. Heinrich II., HJb 106, 1986, 241–297. S. a. →dux; →Fürst, Fürstentum und die Lit. zu den einzelnen Hzm.ern.

Herzogenbusch → 's Hertogenbosch

Herzog Ernst, mhd. Dichtung aus der 2. Hälfte des 12. Jh. Während der H. E. früher meist im Zusammenhang mit der (ebenso vagen wie problemat.) Gruppe der sog. »Spielmannsepen« betrachtet wurde, herrscht heute die Tendenz vor, ihn wegen seiner Thematik von Machtsicherung und Herrschaftslegitimation als »Staatsroman« (H. KUHN) zu verstehen und mit →König Rother oder →Rolandslied in Verbindung zu bringen.

In kontaminierender Anlehnung an hist. Ereignisse (953: Aufstand →Liudolfs gegen seinen Vater Otto I., 1027–30: Kampf →Ernsts II. v. Schwaben gegen seinen Stiefvater →Konrad II., 941: Versöhnung →Heinrichs mit seinem Bruder Otto I. anläßl. der Christmette in Frankfurt) behandelt der Text das Verhältnis von Ksm. und Vasallität im Lehensstaat. Die anfängl. Harmonie, die aus der engen und vertrauensvollen Zusammenarbeit der Mächtigen im Reich erwächst, wird durch eine polit. Intrige erschüttert: Ks. Otto, der sich in seiner Herrschaft bedroht glaubt, bekriegt in dem Bayernhzg. Ernst seinen Stiefsohn und gleichzeitig mächtigen Vasallen, der daraufhin zum Empörer gegen die Reichsgewalt wird. Beide handeln in subjektiver Überzeugung von der Rechtmäßigkeit ihres Kampfes, bis sich Ernst gegen die Übermacht des Ks.s nicht länger verteidigen kann und mit seinen Gefolgsleuten das Reich verläßt. In der Fremde (sein Weg führt ihn über Byzanz in die Fabelwelt v. Tausendundeine Nacht und nach Jerusalem) bewährt er sich als Heerführer und Landesherr: er, der im Reich aufgrund der Interessenkonstellation gezwungenermaßen zum Störenfried und Bedroher der staatlichen Ordnung geworden war, zeigt sich nun unter veränderten Bedingungen als Garant des Friedens u. d. polit. Stabilität. Dadurch erwirbt er sich das (moral.) Recht, ins Reich zurückkehren zu dürfen. Nachdem er durch eine List Ottos Verzeihung erlangt hat, wird er von dem inzwischen von seiner Unschuld überzeugten Ks. wieder in seine alten Machtbefugnisse als Hzg. v. Bayern eingesetzt, wodurch die ursprgl. Harmonie im Lehensverband restituiert ist.

Die auf diese Weise wiedergewonnene Utopie ist angesichts der Kämpfe zw. Staufern und Welfen um die Vorrangstellung im Reich als polit. Programm zu verstehen: Der Text propagiert Interessenausgleich und friedl. Kooperation als Mittel der Konfliktlösung, ohne dabei eine

der beiden Parteien durch einseitige Schuldzuweisung zu diskreditieren.

Der H. E.-Stoff liegt in insgesamt zehn Bearbeitungen vor: H. E.-A: mhd., Fragm. (459 V.), 2. Hälfte des 12. Jh.; H. E.-B: mhd., ältester vollständiger Text, Anfang des 13. Jh.; H. E.-C: lat. Prosa, 13. Jh.; H. E.-D: mhd., 2. Hälfte des 13. Jh.; H. E.-E: lat. Hexameterfassung, Autor: Odo v. Magdeburg, 1212–1218, für Ebf. Albrecht II. v. Kefernburg; H. E.-Erf.: lat. Prosa, 13. Jh.; H. E.-F: frühnhd. Prosa, Übers. von C, 15. Jh.; H. E.-G: mhd., Liedfassung mit Reduktion des Reichsteils, 14. Jh.; H. E.-Kl.: mhd., Fragm. (92 V.), 13. Jh.; H. E.-Volksbuch: Kurzfassung von F, 16. Jh.　　　　　　　　H.-J. Behr

Text: H. E., ed. K. BARTSCH, 1869 (A, B, F, G) – H. E., ed., übers. und komm. B. SOWINSKI, 1972 (A, B. Kl) – H. E., ed. H.-J. BEHR, 1979 [Faks.] [dort die übrigen Textausg.] – *Lit.:* Verf.-Lex.² III, 1170–1191 [H. SZKLENAR – H.-J. BEHR; Lit.] – W. J. SCHRÖDER, Spielmannsepik, 1967 – M. CURSCHMANN, Spielmannsepik, 1968 [Forschungsber., ält. Lit.] – W. HELLMANN, Fs., Herrscher und Fürstengemeinschaft, 1969 – U. MEVES, Stud. zu Kg. Rother, H. E. und Grauer Rock, 1976 – Spielmannsepik, hg. W. J. SCHRÖDER, 1977 – H.-J. BEHR, Polit. Realität und lit. Selbstdarstellung, 1978 – J. KÜHNEL, Zur Struktur des H. E., Euphorion 73, 1979, 248–271 – W. STÖRMER, »Spielmannsdichtung« und Gesch., ZBLG 43, 1980, 556ff. – H. SIMON-PELANDA, Schein, Realität und Utopie, 1984 (H. E.-B).

Herzogstuhl → Kärnten

Herzogtum → Herzog

Hesse, »der Jude v. Salms [Solms]« (Salmsse), Leib- und Wundarzt, med. Fachschriftsteller und Übersetzer sowie Schriftgelehrter, * um 1360, Jude aus (?) Salmes, Saulmes (Vielsalm, Kr. Bastogne, belg. Prov. Luxemburg), schloß 1430 ein dt. sprachiges arzneil. Kompendium ab (Exzerpte bei Johan van Seghen; Abschrift in Cod. B 34 (Irm. 1376) Univ. Bibl. Erlangen [um 1500 aus Kl. →Heilsbronn]), das vorwiegend aus Übers. besteht (→»Circa instans«, »Chirurgia« des Bartholomäus v. Montfort, »Secrarium practicae medicinae« des okzitan. Arztes Johannes Jacobi († 1384). Den Auftrag zu letztgen. Übersetzungsarbeit erhielt H. von »seinem Herrn«, Gf. Johann V. v. Sponheim 1427 auf Grevenburg oberhalb Trarbach a. d. Mosel, für den er auch ein Gesundheitsregimen konzipierte. H. gilt als Schöpfer des »Pflasters von Solmes« (→Peter v. Ulm, Cirurgia cap. 43; Passauer Wundarznei cap. 242).　　　　　　　　M. E. v. Matuschka

Lit.: Verf.-Lex.² I, 621, 1284; IV, 743, 889f. – H. SCHUBERT, Die Passauer Wundarznei [Diss. masch. München 1954] – G. KEIL, Die 'Cirurgia' Peters v. Ulm ... (Forsch. zur Gesch. der Stadt Ulm, 2, 1961), bes. 139–141 [Anm. 98, Identifizierung der Kompendiumstexte] – O. PÜLTZ, A. DIETZEL, G. BAUER, Die dt. Hss. der Univ. Bibl. Erlangen, 1973, 45f. – S. a. →Sponheim.

Hessen →Landgrafschaft Hessen (im Rahmen dieses Beitrags auch ausführl. Darstellung der Gesch. des hess. Raums im Früh- und HochMA)

Hesychasmus, traditionelle gelehrte Bezeichnung für eine Strömung im byz. theol. Denken. Die Begriffe Hesychia (ἡσυχία, ʻSchweigen, Stille') und Hesychast (ἡσυχαστής, ʻEinsiedler, Eremit') begegnen häufig bei Kirchenvätern und älteren theol. Autoren (z. B. Johannes Klimakos). Zum Schlüsselbegriff des theol. Denkens wurde der H. jedoch erst durch den sog. H.streit des 14. Jh., und er bezeichnete nun eine spezif. Sicht des Verhältnisses des Menschen zu Gott. Wichtigste Vertreter des H. waren →Gregorios Sinaites und Gregorios →Palamas, während →Barlaam v. Kalabrien, Gregoras →Akyndinos und Nikephoros →Gregoras als Hauptgegner auftraten. Das Konzil v. 1341 verdammte Barlaams Auffassung, doch war der Patriarch Johannes XIV. Kalekas bestrebt, den

Konflikt zu dämpfen; er ließ Palamas, der von der Kontroverse nicht ablassen wollte, in Haft nehmen. Demgegenüber unterstützte die staatl. Gewalt die Hesychasten, die auf dem Konzil v. 1351 ihren entscheidenden Sieg errangen: Barlaam und Akyndinos verfielen dem Anathem, Gregoras blieb lebenslang in Haft. 1359 wurde Palamas zum Hl.n erklärt, und in der 2. Hälfte des 14. Jh. gehörten nahezu alle Patriarchen v. Konstantinopel der h. Partei an. Von Byzanz aus gelangten Sehweisen des H. in andere orth. Länder (Bulgarien, Serbien, Moldau und Valachei, Altrußland).

Die Gegner des H., namentl. Akyndinos, warfen Palamas und seinen Anhängern Neuerungssucht und einen Bruch mit der theol. Tradition vor. Barlaam klagte die Hesychasten gar der Häresie des Messalianismus (→Messalianer) an, da sie angebl. die Auffassung vertraten, man könne Gottes Wesenheit mit ird. Augen erschauen. Andere Kritiker verurteilten den mangelnden Rationalismus der h. Lehre und die Anwendung vernunftwidriger Rituale. Apologetiker des H. im 20. Jh. verstanden den H. dagegen, nicht zuletzt angesichts des althergebrachten Gebrauchs der Bezeichnung Hesychia und verwandter Begriffe, ledigl. als traditionell geprägte Richtung der orth. →Mystik und verwarfen die negative Bewertung des Akyndinos.

Das zentrale Problem des Christentums, die Erlösung, umfaßte in der Sehweise der Hesychasten zwei Aspekte: 1. Wie konnte Gott, der menschl. Sinnes- und Vernunfterfahrung nicht zugänglich war, vom Menschen im Zuge eines Prozesses der Selbstheiligung erreicht werden? – 2. Wie mußte man sich verhalten, um dieses Ziel zu erreichen? Die von Barlaam aufgezeigte Schwierigkeit bestand in der – vom Standpunkt der formalen Logik her – unüberbrückbaren Kluft zw. Gottheit und Menschen. Gott war für den Menschen nicht nur unbegreifbar, sondern von anderer →Substanz. Die Hesychasten, die teilweise auf →Symeon dem Theologen fußten, sahen im →Licht, dem unkörperlichsten unter den Objekten der Welt, die Möglichkeit eines Aufstiegs des Menschen zu Gott. Nach Symeon erschaute der Gerechte im Zustand der Ekstase das göttl. Licht, das ihm herrlichste visionäre Empfindungen verlieh. Die Hesychasten übernahmen dieses abstrakte Konzept Symeons und setzten das göttl. Licht mit dem Taborlicht (→Tabor) gleich. Gegenüber Barlaams Kritik, daß sie das Taborlicht für eine göttl. Substanz hielten, betonten sie, das Taborlicht sei zwar göttlich und unerschaffen, aber keine *ousia* (essentia) Gottes; die göttl. *energeia* (→Energie) sei nicht ident. mit der göttl. Substanz, aber ewig mit Gott verbunden. Die göttl. Gnade sei mit der energeia des Taborlichts verknüpft.

Während die traditionelle Kirche starkes Gewicht auf →Sakramente und →Ikonen als Mittler zw. Mensch und Gott legte, betonten die Hesychasten – in der Nachfolge Symeons – die individuellen und persönl. Möglichkeiten der Selbstheiligung, Gebet und Kontemplation. Das Jesusgebet, das Flehen um Erbarmen, sollte alle Bereiche des menschl. Denkens und Handelns durchdringen; es sollte durch Worte wie durch stille Meditation ausgedrückt werden, wobei Gregorios Sinaites sehr wohl die Gefahr erkannte, daß die endlose Wiederholung des Gebetes zum seelisch unbeteiligten »Formalakt« absinken konnte.

Bereits Symeon hatte sich mit dem äußeren Verhalten während des Gottesdienstes befaßt. Die Hesychasten gingen einen Schritt weiter, indem sie eine bestimmte meditative Übung vorschrieben: Durch langsames Einatmen sollte das →Pneuma ('Hauch') das Herz über Nase und Lungen erreichen und die Seele gleichsam umarmen, so wie ein heimkehrender Mann Frau und Kinder umarmt. Diese Übung hatte in einer geschlossenen Zelle stattzufinden. Der Hesychast sollte dabei über Bart und Brust streichen und die Augen auf die Mitte seines Körpers, den Nabel, richten. Setzte er diese Übung Tag und Nacht fort, so würde ihm unbeschreibl. Freude zuteil werden. Barlaam, der diese Praktik als »Nabelschau« (vgl. seinen Traktat gegen die »omphalopsychoi«) verspottete, verstand nicht, daß dies Verhalten extremer Ausdruck einer individuellen Gottessuche war. Diese individualist. Annäherung an das Erlösungsproblem, die sich bis zu einem gewissen Grade außerhalb der Institution der Kirche vollzog, stieß auf Widerstand bei den prolatein. Intellektuellen wie Prochos →Kydones, der 1368 wegen seiner antihesychast. Polemik exkommuniziert wurde.

Die soziale und kulturelle Wirkung des H. ist in der Forschung viel diskutiert worden. V. Lazarev vertrat die extreme Auffassung, der Sieg des H. habe in der 2. Hälfte des 14. Jh. zum kulturellen Niedergang und zur Versteinerung der byz. Kunst, nach ihrem glanzvollen Aufschwung am Beginn dieses Jh., geführt. Somit kontrastierte der H. zum →Humanismus des zeitgenöss. westl. Europa. Andererseits sind einige positive Züge des H. betont worden, insbes. seine Hinwendung zur menschl. Persönlichkeit und zum individuellen Denken und Handeln. Von daher hat man den H. mit dem chiliast.-myst. Denken des 13. und 14. Jh., z. B. eines →Joachim v. Fiore, verglichen. G. Prochorov bemühte sich, die andersartige Rolle des H. in Altrußland herauszuarbeiten und schrieb ihm große Bedeutung als Element der Mobilisierung aller Kräfte gegen die Mongolenherrschaft zu.   A. Kazhdan

Lit.: I. Hausherr, Hésychasme et prière, OrChrAn 176, 1966 – G. Podskalsky, Zur Gestalt und Gesch. des H., OKS 16, 1967, 13–32 – G. Prochorov, Isichazm i obščestvennaja mysl' v Vostočnoj Evrope v XIV v., TODRL 22, 1968, 86–108 – E. Bakalova, Kăm văprosa za otraženieta na isichazma vărchu izkustvota, Tărnovska knižovna škola, 1974, 373–389 – J. Meyendorff, Byz. H.: Hist., Theol. and Social Problems, 1974 – L. M. Clucas, Eschatolog. Theory in Byz. H., BZ 70, 1977, 324–346 – D. Angelov, Isichazmăt-săščnost i rolja, Palaeobulgarica 5, 1981, no. 4, 56–78.

Hesychios. 1. H. v. Jerusalem, Mönch, Priester, theol. Schriftsteller, † nach 450. Wirkte seit etwa 412 in Jerusalem, hochangesehen als Prediger und Theologe. Er soll die ganze Hl. Schrift erklärt haben. In seinen Komm. folgte er der alexandrin.-allegor. Methode; seine Christologie ist ebenfalls alexandrin. und neigt zum Monophysitismus. Das umfangreiche Werk ist nur z. T. erhalten (Komm. zu Leviticus, Homilien über Job, Psalmenkomm. u. a.). Sein Leviticus-Komm. ist seit dem 9. Jh. in lat. Übers. bekannt und wurde von den lat. Theologen rezipiert. In der ma. Sakramentenlehre zählt er zu den »auctoritates«.   K. S. Frank

Ed.: CPG 3, 6550–6596 – Altaner-Stuiber⁸, 333f. – *Lit.:* DSAM VII, 399–408.

2. H. v. Milet (Illustris), byz. Historiker, 6. Jh. – Schrieb in der Zeit Justinians (527–565) eine Weltgesch. und eine Slg. von Biographien berühmter griech. Schriftsteller (Onomatologos/Nomenclator). Christl. Autoren wurden darin nicht aufgeführt; der Verf. war möglicherweise Heide. Beide Werke sind nur fragmentar. erhalten. – Der Nomenclator wurde im 9. Jh. überarbeitet, wobei Notizen über christl. Schriftsteller hinzugefügt wurden.   K. S. Frank

Ed.: C. Müller, Fragm. Hist. Grec. IV, 1885, 143–155 – F. Jacoby, Frgm. Gr. Hist. Nr. 390 – J. Flach, 1882 – *Lit.:* Diz. Patristico I, 1225f.

Hetoimasie → Thronbild

Hetzjagd → Jagd

Heuristik, Auffindungs-, Erfindungskunst, aus gr. εὑ-ρίσκω, ältere Form »Heuretik« (reuchlinisch: Hevretik) (von gr. εὑρετικὴ scil. τέχνη). H. stellt eine gräzisierende Umprägung der lat. Wendung »ars inveniendi« dar, die bei Cicero in der Rhetorik ein für Topik stehender Ausdruck ist (Cicero, Top. II,6). – Das Finden der Gedanken, die »inventio« *(heuresis),* bildet nach Cicero (De inv. I.9) den ersten Teil der Rhetorik. Die Lehre eines Systems log. durchdachter Regeln wird seit Ovid in den Dienst der Poesie gestellt.

Vom MA wird das Lehrgebäude der antiken Rhetorik über das patrist. Schrifttum übernommen und innerhalb der →Artes liberales schulmäßig gepflegt. Das Schema der ciceron. Rhetorik und damit deren erste Grundkategorie, die »inventio«, prägt u. a. die Homiletik und die Poetik des MA und wird für ma. Zwecke auf so Verschiedenes wie Briefkunst, Abfassung gerichtl. Schriftstücke, Malerei und Musik angewandt. – Die vielseitige ma. Nutzanwendung der antiken Inventioanweisung erlebt bis ins 18. Jh. in den Bereichsheuristiken eine Fortentwicklung. – Im SpätMA wird der Name »ars inveniendi« v. a. durch →Raimundus Lullus (Ramón Lull) mit der Idee verknüpft, ein System aufzubauen, das für die Erkenntnisgewinnung in allen Wissenschaften grundlegend sein soll.

Speziell seit der beginnenden NZ wird – im Gegensatz zum »Syllogismus, der ledigl. das schon Gewußte beweisend oder widerlegend herausstellen oder auf Besonderes anwenden könne« (WINDELBAND, 1910, 320) – eine »ars inveniendi« als Inbegriff von Regeln, Methoden und Prinzipien intendiert, die bei der Erforschung der Wahrheit, d. h. von unbekannten Gesetzmäßigkeiten, neuen Tatsachen und bei der Suche nach Problemlösungen zu beachten sind. Eine derart als Wissenszweig der Forschung verstandene ars inveniendi wird seit Anfang des 17. Jh. von Humanisten bewußt auch als »Heuretik«, später seit der dt. Aufklärungsphilosophie u. a. bis heute als »H.« bezeichnet. **M. E. v. Matuschka**

Lit.: C. F. FLÖGEL, Einl. in die Erfindungskunst, 1760, 189ff., 288ff. – W. WINDELBAND, Lehrbuch der Gesch. der Philosophie, 1910⁵ – J. M. BOCHENSKI OP, Formale Logik, 1956, – E. R. CURTIUS, Europ. Lit. und lat. MA, 1965⁵, 75, 87 – H. LAUSBERG, Hb. der lit. Rhetorik, 1973², 26, 146, 550 – M. E. v. MATUSCHKA, H. Wortgesch. und hist. Entwicklung, Philosophia Naturalis 22, 1985, 416–424.

Heuschrecken, artenreiche Insektenordnung, hauptsächl. in warmen Ländern. Die grüne H. (lat. locusta), das Heupferd, wurde von der größeren gefürchteten Wanderh. (vgl. Plinius, n. h. 11, 104) in der Antike unterschieden, und zwar in drei Stadien: bruchus, athelabus und locusta (Glossa ordinaria in Lev. 11,22 und in Joel 1,4,5 zit. bei Vinzenz v. Beauvais, spec. nat. 20, 140 und Bartholomaeus Anglicus 12,24; Rodulphus super Lev. zit. bei Vinc. 20,120). Das kleinste, bes. gefräßige ungeflügelte Stadium von gelbl. Farbe (Thomas v. Cantimpré 9,10 = Albertus, De animal. 26,11 = Vinc. 20,120) ist wohl ein Heuhupfer. Der athelabus hat nach Glossa in Nahum 3 (zit. bei Thomas 20,141) nur Stummelflügel (Thomas 9,4 = Albertus 26,9) und soll im Herbst Eier legen, aus denen im Frühjahr Junge schlüpfen (vgl. Plin. 11,101). Bei der locusta hebt Thomas (9,25) den pferdeartigen Kopf und die grüne Färbung (wegen der Etymologie, abweichend von Isidor, etym. 12,8,9, nach dem Liber rerum, nicht nach Gregor d. Gr.) und (nach dem »Experimentator«, vgl. Wolfenbüttel, HAB, cod. Aug. 8.8.4°, f. 33r) den viereckigen Mund, den spornartigen Hinterleib und die Sprungbeine hervor. Albertus erwähnt (26,17) die vier häutigen Flügel und die vorstehenden Kiefer. Das Auftreten von Wanderh. bei Südwinden hat zur These ihrer Windentstehung geführt

(Thomas 9,25 nach Experimentator = Barth. Angl. = Jorach bei Arnoldus Saxo 2,4). Ein Reflex der antiken Furcht vor solchen Invasionen findet sich noch bei Thomas unter Hinweis auf die gesetzl. Bekämpfung dreimal im Jahr auf der nordafrikan. Cyrenaica (nach Plin. 11,105). Konrad v. Megenberg (III.F. 16) berichtet von einem aus Ungarn bis an den Rhein vorgedrungenen Schwarm z. Zt. Ks. Ludwigs IV., den der von ihm selber in Paris 1337 gesehene Komet (vgl. Konrad II, 11) angekündigt hat. Thomas diskutiert im Vierfüßerbuch (4,67 = Vinc. 19,81) die Frage, ob Johannes d. Täufer (Mt 3,4) in der Wüste wie die Parther (vgl. Plin. 11,106) das Insekt, ein gleichnamiges Kraut, von dem Jakob v. Vitry (hist. orient. c. 53) von einem syr. Mönch eines Jordankl. gehört habe, oder ein kaninchenartiges Tier verzehrte. Unter Bezugnahme auf Ps.-Aristoteles (h. a. 10,6 p. 637 b 16ff.), wonach eine singende locusta ohne Beisein eines Männchens Junge bekam, entscheidet sich Thomas fälschl. mit Augustinus für den Vierfüßer. Die ausführl. Zusammenstellung der Q. bei Vinzenz (20,120; 139–143) berücksichtigt allein alle antiken Abwehrmaßnahmen und die volksmed. Verwendung. Wegen der häufigen Erwähnung der H. in der Bibel (34 mal locusta) sind Allegoresen in der ma. Lit. verbreitet: der bruchus bedeutet Thomas (9,10) wegen seiner Freßlust die Verleumder, die »adlacta« (9,4 = athelabus) die nach zeitl. Gütern statt nach dem ewigen Leben Strebenden. Bei Hrabanus Maurus (8,7) versinnbildlichen die H. nomadisierende Völker, die Heiden, Dämonen, Hochmut und Leichtsinn, die Zungen von Schmeichlern und leere Lobredner. **Ch. Hünemörder**

Q.: →Albertus Magnus, →Arnold v. Sachsen, →Bartholomaeus Anglicus; Isidorus Hispalensis, Etymologiae, ed. W. M. LINDSAY, 2, 1911 – Konrad v. Megenberg, Das Buch der Natur, ed. F. PFEIFFER, 1861 [Neudr. 1962] – Hrabanus Maurus, De universo [= De naturis rerum), MPL 111 – Thomas v. Cantimpré, Liber de natura rerum, T. 1: Text, ed. H. BOESE, 1973 – Vincentius Bellovacensis, Speculum naturale, 1624 [Neudr. 1964] – Glossa ordinaria, MPL 113.

Heveller, slav. Völkerschaft an der mittleren Havel (→Elb- und Ostseeslaven). Die Eigenbezeichnung war *Stodor'ane, der nhd. Name 'H.' geht auf eine as. Namensform zurück, seit ca. 845 (Hehfeldi, Geographus Bavarus) bis in das 12. Jh. häufig in Varianten belegt: »Sclavos, qui dicuntur Hevelli« (Widukind I, 35 zu 928/ 929), »Stoderaniam, que Hevellun dicitur« (Thietmar IV, 29 zu 997) und der »pagus« bzw. »provincia Heveldun« (z. B. MGH D O.I. 105, 948), ein as. Dativ Plural, der in die germ. Personengruppennamen einzuordnen und älter als das 6. Jh. ist. Die häufigen »-ld«-Schreibungen dürften Ergebnis einer frühen volksetymolog. Angleichung an die verbreiteten Gaunamen auf »-feld« gewesen sein. Sowohl der ursprgl. Stammesname *Habelli, abgeleitet vom germ. Namen *Habula (Havel), wie auch dieser selbst blieben also nach der slav. Einwanderung im 6. Jh. dem westgerm. Sprachgebiet bekannt, was nur bedeuten kann, daß germ. Restbevölkerung am Entstehen des slav. Stammes beteiligt war. Den Namen Stodorjane trug entweder ein einwandernder slav. Verband oder er ist von der slav. Bezeichnung für das Stammesgebiet, Stodor, abgeleitet worden. Die zentrale Lage erklärt, daß hier Angehörige sämtl. archäolog.-kultureller Gruppen der seit ca. 550 einwandernden Slaven aufeinandertrafen. Ausläufer der Siedlergruppen mit →Keramik vom Prager und Rüssener Typ trafen im 6./7. Jh. auf die von O vorstoßenden Leute vom Sukow-Szeligi-Typ; zu ihnen kamen im 7. Jh. die Einwanderer der Feldberger bzw. Tornower Gruppe. Ihre Auseinandersetzungen spiegeln sich im Bau von Burgen verschiedener Typen. Das Siedlungsgebiet der H.

erstreckte sich an den Fluß- und Seeufern des Havelbogens zw. →Spandau bis hinter Rathenow. Hauptburg und Sitz des Herrschers war die→Brandenburg. Es bleibt zweifelhaft, ob der zu 789 gen. Wilzenfs. →Dragowit hier residierte. Die weitere Entwicklung setzt ein die Stammesorganisation hinter sich lassendes Staatswesen voraus: offensichtl. regierte eine Dynastie: eine Fsn. →Drahomir heiratet um 906/907 den Böhmenfs. en →Vratislav I. und wird die Mutter des hl. →Wenzel; ein christl. Fs. →Tugumir verschafft um 940 den Deutschen die Herrschaft über die Brandenburg. Kg. Heinrich I. hatte sie 928/929 schon einmal erobert, wobei (Widukind II,21) sich alle Stämme bis zur Oder unterwarfen, ein Gebiet, das offensichtl. mit dem 948 gegr. Bm. Brandenburg ident. war. Diese Ausdehnung und die dynast. Verbindung der Drahomir bezeugen das Bestehen eines H. reiches. Es ist mögl., daß die Dynastie von den Ottonen in ihrer Würde belassen wurde. Wahrscheinl. herrschte sie über das Kernland auch nach dem Aufstand der mit den H.n verbundenen→Lutizen 983 (→Dietrich, Mgf. der sächs. Nordmark [8.]); er beseitigte dt.-christl. Herrschaft und Einfluß gründl., darunter auch die Burgwarde, die auf den slav. →Burgbezirken (civitates) beruhten. Um 845 gab es acht, deren archäolog. Bestimmung mögl. erscheint, darunter die stadtähnl. Anlagen Brandenburg und Spandau; ihre Stellung im Verfassungssystem ist nicht klar. Die Wirtschaft mit schwachem Getreidebau und ausgeprägter Jagd war weniger entwickelt als in anderen Gebieten der Elb- und Ostseeslaven, doch fällt im 11. Jh. eine große Menge kleiner Silberschätze auf, deren Besitzer mit einer berittenen Oberschicht in Verbindung gebracht werden, die vielleicht frei war, Boden besaß und offenbar am Fernhandel teilnahm, in unbefestigten Siedlungen und in Burgen lebte und als Kastellane über die Burgen der w. und ö. Havelgrenze gebot (Rathenow, Potsdam, Spandau). Das mittlere Havelgebiet um die Brandenburg kannte in spätslav. Zeit außer ihr keine Burg; vermutl. unterstand das Land dem Fs. en selbst, was dadurch bestätigt wird, daß der letzte Herrscher, →Pribislav – Heinrich, die Zauche, das unmittelbar s. der Havel gelegene Land, dem Sohn →Albrechts d. Bären zum Patengeschenk machte. Er war wie sein offenbar von heidn. Untertanen ermordeter Vorgänger, der comes Meinfried, Christ. Ihm war er kraft des Erbrechts nachgefolgt, führte den Kg.stitel und prägte Münzen. Seine rechtl. Stellung zum Reich ist unklar; jedenfalls konnte er den Mgf.en der →Nordmark, →Albrecht, zum Erben einsetzen: der Staat der H., der 1150 sein Ende fand, ist die slav. Wurzel der nun entstehenden Mark →Brandenburg. Mit ihm hatte ebenso der Kult des Triglav auf dem Harlungerberg über Brandenburg sein Ende gefunden wie der Dualismus zw. christl. Herrschern und heidn. Untertanen.   E. Bohm

Lit.: H.-D. KAHL, Slawen und Dt. in der brandenburg. Gesch. des 12. Jh., 1964 – H. LUDAT, An Elbe und Oder um das Jahr 1000, 1971 – R. E. FISCHER, Die Ortsnamen der Havellandes, 1976 – K. GREBE, Zur frühslaw. Besiedlung des Havelgebietes, Veröff. des Mus. für Ur- und Frühgesch. Potsdam 10, 1976, 7–54 – L. DRALLE, Slaven an Havel und Spree, 1981 – HERRMANN, Slawen [Neubearb. 1986] – B. SASSE, Die spätslaw. und frühdt. Zeit (Das Havelland, hg. W. RIBBE, 1987) – →Elb- und Ostseeslaven.

Hexabiblos (ἑξάβιβλος, auch: πρόχειρον τῶν νόμων), handbuchartige Kompilation des bürgerl. Rechts (z. T. unter Berücksichtigung des kanon. Rechts), verfaßt 1345 von →Konstantinos Armenopulos. S. a. →Byz. Recht.

Hexaemeron, Sechstagewerk der Schöpfung (Gen 1 [zur Herkunft des Begriffs s. VAN WINDEN, 1251f.]). Die ma. H.-Auslegungen führen eine Tradition fort, die ihren Ursprung im hellenist. Judentum hat (Philon v. Alexandria, 1. Jh. n. Chr.) und die v. a. über die Kirchenväter →Basilius d. Gr. mit seinen neun Homilien über das H. und →Ambrosius in die abendländ. Theologie einging. Dabei wurde der griech. Begriff H. nur selten lat. als »De operibus sex dierum« wiedergegeben oder durch Titel wie »De mundi creatione« o. ä. ersetzt. Ziel der H.-Auslegungen war vornehml. die Integration der jeweils herrschenden naturwiss. Vorstellungen (→Kosmologie, →Weltbild) in den bibl. Schöpfungsglauben; doch versuchten zahlreiche Autoren darüber hinaus mit Hilfe der allegor. Schriftauslegung (→Bibel, B.I.2) zu zeigen, daß der Schöpfungsbericht Gen 1 in verschlüsselter Form bereits Aussagen über Trinität, Christologie, Heilsgesch. und Moral enthalte. Höhepunkt der H.-Auslegung war das 12. Jh.; derzeit sind aus dem MA 192 lat. Komm. oder andere Schriften zur Weltschöpfung bekannt (ZAHLTEN, 202; Zusammenstellung ebd., 284–300. Zum Bereich der Ostkirche vgl. →Bibel, B.II.3). Die H.-Auslegungen hatten starken Einfluß auf die bildl. Darstellungen der Schöpfungsgesch. im MA (ZAHLTEN, 102–215).
                    R. Peppermüller

Lit.: DTC VI, 2, 2325–2354 – RAC XIV, 1250–1269 [J. C. M. VAN WINDEN] – RBMA – Y.-M. CONGAR (Mél. H. DE LUBAC, I, 1963), 189–222 – F. E. ROBBINS, The Hexaemeral Lit., 1912 – J. ZAHLTEN, Creatio Mundi. Darstellungen der sechs Schöpfungstage und naturwiss. Weltbild im MA, 1979 [Lit.].

Hexameter (dactyl.), Hauptform der metr. Dichtung des MA, vom Epos bevorzugt, aber in fast allen poet. Gattungen anzutreffen, selbst in der liturg. Dichtung; durch das eleg. Distichon (→Elegie) ist die Verbreitung zusätzl. ausgeweitet. Der H. erscheint im 7.–8. Jh. gelegentl. in unmetr., grob silbenzählenden Formen ('langob. H.'; →Ionas v. Bobbio; vorher schon 'rhythm. H.' bei →Commodianus). Seit →Sedulius dringt allmähl. die Assonanz ein, sie weicht nach und nach dem reinen Reim, der seit dem 10. Jh. häufig auftritt, zunächst bis zum 11. Jh. überwiegend einsilbig, seit dem 12. Jh. zweisilbig. Vielfach reimen die Versschlüsse paarweise ('caudati'), häufiger Penthemimeres mit Versschluß ('leonin.' Reim). Ebenfalls seit dem 12. Jh. werden auch andere Arten gereimter H. üblich, v. a. die 'trinini salientes' (z. B. →Bernhard v. Morlas). Daneben wird stets auch der reimlose H. gepflegt (geradezu programmat. →Marbod v. Rennes, Liber decem capitulorum, 1; vgl. auch KLOPSCH, 44). Eine bes. Form des H. sind die 'versus rapportati', in denen jedes Wort eines Verses zu dem gehört, das im andern Vers an gleicher Stelle steht.   G. Bernt

Lit.: W. MEYER, Ges. Abh. zur mlat. Rhythmik I, 1905, 79–98 – D. NORBERG, Introd. à l'étude de la versification lat. ma., 1958, 64–69 – P. KLOPSCH, Einf. in die mlat. Verslehre, 1972.

Hexe, Die, einer der 6 in der →Hulthemschen Hs. (Brabant, etwa 1410) überlieferten mnl. Schwänke, die wahrscheinl. Mitte oder 2. Hälfte des 14. Jh. entstanden sind. Der 2 Szenen mit 111 paarweise reimenden Versen umfassende Text, in dem die fläm. Städte →Kortrijk und →Gent erwähnt werden, schildert zunächst, wie zwei Frauen zur Einsicht gelangen, daß alle Mißgeschicke ihres tägl. Lebens von Juliane, einer alten Frau, herrühren, die im Besitz eines Zauberbuches ist. In der 2. Szene entlarven sie Juliane als Zauberin und bestrafen sie mit einer Tracht Prügel. In dem ganzen Text kommt das Wort 'Hexe' nicht vor; erst Literaturhistoriker des 19. Jh. haben dem Schwank diesen Titel gegeben. In der Hs. geht dem Text das →abel spel »Lanseloet« voraus, das mit der Ankündigung des Schwankes endet.   H. van Dijk

Ed.: Middelned. dram. poëzie, ed. P. LEENDERTZ, 1907, 115–118 – Het abel spel »Lanseloet van Denemerken« en de sotternie »Die Hexe« na volghende, ed. G. Stellinga, 1962 – *Lit.:* H. C. N. Wijgaards (Handelingen v. d. Zuidned. Maatschappij voor Taal- en Letterkunde en Geschiedenis 22, 1968), 411–424.

Hexen, Hexerei. [1] *Allgemeiner Überblick:* Die Bezeichnung 'H.' trat als Sammelbegriff erst seit dem Beginn des 15. Jh., wohl in der Schweiz, auf. Ihre etymolog. Herleitung ist unsicher. Vorher gab es unterschiedl. Namen, die von verschiedenen Aspekten herrührten. Hexerei im weiteren Sinne ist die Benutzung natürl. und übernatürl. Kräfte, meist um schädl. Wirkungen zu erreichen (maleficium). Diese sog. »schwarze« →Magie wurde von der »weißen« unterschieden, die das Wahrsagen, die →Astrologie, Heilkünste u. a. umfaßte. Der Glaube an Kräfte, die allg. nicht erklärbare Ergebnisse hervorbrachten, läßt sich weit in die Antike zurückverfolgen. Er war auch im MA stark verbreitet, ebenso der praktizierte Schadenszauber.

Für die strafrechtl. Verfolgung sind infolge der Bedeutung des röm. Rechts im MA diese Grundlagen nicht zu übersehen. →Zauberei war hier zunächst straflos, wenn sie nicht zum Nachteil von Menschen eingesetzt wurde. Solche Delikte wurden jedoch schon früh geahndet, in schweren Fällen sogar mit der Todesstrafe durch Verbrennen. Unter den Ks. n Konstantin d. Gr. und Constantius II. ist die Diskriminierung auch auf das früher erlaubte Wahrsagen ausgedehnt worden. Eine Zusammenfassung der rechtl. Grundlagen erfolgte unter Ks. Justinian I., bes. im cap. »De maleficiis . . .« seines Codex (I.IX, tit. 18,5). Die Kirchenväter haben sich an vielen Stellen gegen die damals praktizierte Magie ausgesprochen. Hier entstand die Annahme eines Teufelspaktes (→Teufel), welche wir bei Augustinus finden, die aber sicher schon früher vorhanden war. Die sog. germ. Volksrechte des 5. bis 8. Jh. sind ohne Frage von röm. Recht beeinflußt, teilten aber im allg. die rigorosen Bestimmungen der leges nicht. Hier ist v. a. zw. schädl. und nichtschädl. Zauberei unterschieden worden. Letztere wurde mit →Wergeld und →Buße geahndet. Vereinzelt wird auch schon die Verbrennung erwähnt.

Im Vordergrund der kirchl. Bemühungen stand die Bekämpfung des →Aberglaubens. Der in frk. Zeit entstandene canon »Episcopi« ging schließlich in das →Decretum Gratiani ein. Im allg. hat die Kirche die Anwendung von Magie bis weit in das HochMA hinein nur mit Bußen belegt.

Im weltl. Recht wird dann in der »Treuga Henrici« von 1224 bestimmt, daß »heretici, incantatores, malefici« mit empfindl. arbiträren Strafen zu belegen seien. Der Sachsenspiegel kennt die Feuerstrafe für Ketzerei, Zauberei und Vergiftung. In dt. Rechtsq. des 13. Jh. erscheint bereits die Erwähnung des Teufelspaktes. Von der Mitte des 13. Jh. an gab es nur wenige H.nprozesse. Seit etwa 1350 kam es zu größeren Verfolgungen in Toulouse und Carcassonne, dann nach der Jh. wende zu einer Reihe von Verfahren, bes. in Luzern, Basel und Freiburg i. Br., aber auch in Italien und Frankreich. Weitere zeitl. Schwerpunkte zeigen sich v. a. in den Jahren 1455–60 und 1480–85, auch in S-Deutschland. Der Vorrang der Initiative lag zunächst bei der geistl. Gerichtsbarkeit, bes. bei Inquisitoren. Aber auch die weltl. Gerichtsbarkeit schaltete sich stärker ein, vornehml. wegen Schadenszauber. Insgesamt verhielt sie sich noch zurückhaltend.

Die Naturphilosophie und Theologie der Scholastik übernahmen antikes Gedankengut, Inhalte der hl. Schrift, röm. Recht, Äußerungen von Kirchenvätern, aber auch Auffassungen des Volksaberglaubens und bestätigten die Verbindung der schwarzen Magie mit dem Teufel und den

Dämonen. Diese theoret. Ansichten, die möglicherweise mitveranlaßt wurden durch angebl. mag. Praktiken, welche man den damals auftretenden Ketzerbewegungen anlastete, hatten ihre prakt. Auswirkungen bes. bei den sie bekämpfenden Inquisitoren. Diese durften H.n zunächst nur verfolgen, wenn ihr Verhalten »nach Häresie rieche«. Wahrscheinl. ist es ihrem Bestreben nach Ausweitung der eigenen Kompetenz zuzuschreiben, daß es in der 1. Hälfte des 15. Jh. zur Ausbildung des sog. kumulativen H.nbegriffs kam. Hexerei war demnach →Apostasie, →Häresie. Tatbestandsmerkmale waren u. a. Teufelspakt, Teufelsbuhlschaft, H.nflug und Sabbat als Zusammenkunft der H.nsekte. Einflüsse dieser Art lassen sich bereits in einigen früheren Prozessen und Traktaten nachweisen. Sie fanden aber ihren prägnantesten Ausdruck im sog. »Malleus maleficarum« ('Hexenhammer') der Inquisitoren Heinrich Institoris (Krämer) und Jakob Sprenger von 1487, wobei der erstere der eigtl. Verfasser war. Sie hatten von Innozenz VIII. 1484 dessen Bulle »Summis desiderantes« zur Berechtigung ihrer H.nverfolgung erwirkt, die sie diesem Werk voranstellten. Es bringt in den ersten beiden Teilen alle möglichen Auffassungen über die angebl. Schändlichkeit der H.ntätigkeit, die fast ausschließlich auf Frauen bezogen wird, um im dritten Teil prozessuale Grundlagen ihrer Bekämpfung zu bieten. Veranlassung dieser Arbeit war wohl der Mißerfolg, den die Inquisitoren erlebten, v. a. das Mißtrauen und die Abweisung durch lokale und kirchl. Instanzen. So versuchte man, die Kompetenz und Verantwortung der weltl. Behörden bei diesem »delictum mixti fori« stark hervorzuheben und sie zur Verfolgung aufzurufen.

Entscheidend, auch für die spätere Zeit, sind im »Malleus maleficarum« die prozessualen Hinweise. Das H.nverfahren ist danach ident. mit dem Ketzerprozeß, der als summar. Verfahren erhebl. vom gemeinrechtl. →Inquisitionsprozeß abwich. Aufgrund der Annahme eines »crimen laesae majestatis divinae« wurde auch die Hexerei als sog. »crimen exceptum« angesehen, bei dem nicht mehr alle Prozeßregeln angewandt zu werden brauchten. Die von den it. Kriminalisten herausgearbeiteten Voraussetzungen und Einschränkungen der Folteranwendung (→Folter) wurden nicht beachtet. Als Zeugen konnten sonst nicht zugelassene Personen auftreten, auch Mittäter. Die Verteidigung war eingeschränkt. Das Urteil erging nicht in voller Rechtskraft, falls es doch auf Freispruch lauten sollte. Eine →Appellation wurde grundsätzl. nicht zugelassen.

Die H.nprozesse im MA hatten jedoch keine einheitl. Rechtsgrundlage. Im weltl. Bereich stand zunächst der Schadenszauber im Vordergrund. Die Strafen wurden im allg. zurückhaltend ausgesprochen. Entscheidend für die spätere Zeit sollte jedoch die Umwandlung des Prozeßrechts in fast ganz Kontinentaleuropa nach dem Verbot der kirchl. Mitwirkung bei →Gottesurteilen (1215) und der Zurückdrängung von Reinigungseiden (→Eid) werden. Nun konnten auch hier Elemente des Inquisitionsprozesses und v. a. die Folter Anwendung finden. Am Ende des MA trat das Engagement der kirchl. Gerichtsbarkeit bei H.nverfolgungen in vielen Territorien auffallend zurück. Mit Ausnahme von Italien und Spanien übernahmen weltl. Behörden diese Tätigkeit, weitgehend, v. a. unter dem Einfluß des röm. Rechts, auf den Schadenszauber gerichtet. Als gesetzl. Meilensteine in Deutschland sind die Halsgerichtsordnungen von Bamberg 1507 und die Karls V. von 1532 zu erwähnen. Dann aber wurden sowohl in kath. wie auch protestant. Gebieten Teufelspakt und H.nsekte v. a. als Tatbestandsmerkmale anerkannt, was zu den großen epidem. Verfolgungen der frühen NZ führte, die es im MA noch gar nicht gab.   W. Trusen

[2] *Hexenglaube und Zauberei:* Dem MA waren alle wesentl. Inhalte der H.ntheorie geläufig. Thomas v. Aquin, der das augustin. Modell der These vom Teufelspakt aufnahm (S.th.II^a II^{ae} q.92 a.1), systematisierte die heterogenen Elemente des Aberglaubens im Begriff der H. und der ketzer. Hexerei. Seine Superstitionssystematik legte die theoret. Grundlagen für die Lehre von Teufelsbündnis und Satanskult und trug dadurch wesentl. zur Entwicklung des spätma. und frühnz. H.nwahns, der H.nverfolgung und der Einrichtung der Inquisition bei.

Weitere wichtige Bestandteile des H.nglaubens sind der zeichenhaft in Form der Eheschließung und durch Geschlechtsverkehr mit dem Incubus oder Succubus vollzogene Paktschluß sowie die Teilnahme am H.nsabbat: die Vorstellung vom dämon. Nachtflug findet sich u. a. bereits im »canon Episcopi« oder bei →Burchard v. Worms (Decret. liber X,1), war jedoch nicht unumstritten; während der »Malleus maleficarum« ihn zur Glaubenssache erklärte, betrachtete man ihn im MA als satan. Illusion oder als Traum. Schließlich ist die Identifizierung der Hexerei mit dem Schadenszauber im MA längst bekannt. Die Trennung zw. Magie mittels dämon. Beistands (magia daemoniaca, illicita) und der magia naturalis (magia licita) erklärt, daß etwa divinator. Praktiken selten zum Gegenstand nz. H.nprozesse gemacht wurden. Vorwürfe an die malefici betrafen das Giftmischen (z. B. →Regino v. Prüm, »De synodalibus causis et disciplinis ecclesiasticis«, II, c. 82), die Herstellung von Liebestränken (philtra) und Salben, u. a. aus menschl. Leichen(teilen), die den H.nflug ermöglichen sollten, das Wettermachen (z. B. »Poenitentiale Egberti«, c. 14) und den Milchzauber. H.n wurde es ferner zugeschrieben, Tiergestalt annehmen (Lykanthropie) und durch Nestelknüpfen, Türschwellen- und Bildzauber andere Menschen willenlos, sexuell hörig und krank machen oder sogar töten zu können. Die ma. Lit., zu der »Dialogus miraculorum« des →Caesarius v. Heisterbach, setzte sich immer wieder ausführl. mit dem Wirken von Zauberern und →Dämonen auseinander.

Bei Thomas v. Aquin fehlte ein gültiges, gesellschaftl. anwendbares System des Zaubereidelikts. Ähnlich wie die mag. Effekte, aber auch die Zuweisung z. B. des Amulettwesens oder der Divination an die magia daemoniaca bzw. naturalis umstritten waren, blieb anfangs die jurist. Verfolgung der Zauberei uneinheitlich. Das sal. Recht ahndete Giftmischerei und Zauberei, die das Opfer nicht töteten, mit der Buße der Lebensgefährdung, das ribuar. mit halbem Wergeld. Die auf eine harte Repression der heidn. Sachsen abzielende →»Capitulatio de partibus Saxoniae« Karls d. Gr. (785) bedrohte die Verbrennung von vermeintl. H.n und Zauberern und damit verbundenen Kannibalismus dagegen mit dem Tode (cap. 6).

Zaubereianklagen, v. a. wegen heimtück. Mordanschläge (Assassinate) mittels →Bildzauber, sind gehäuft aus dem spätma. Frankreich (bes. aus der Zeit Philipps IV.) und von der avignones. Kurie (Pontifikat Johannes' XXII.) bekannt; derartige Vorwürfe wurden in einigen Fällen zum Bestandteil spektakulärer Prozesse gegen einflußreiche Mitglieder der Oberschicht, z. T. in Verbindung mit Häresie/Blasphemie und Sodomie (vgl. z. B. →Templer, -prozeß, Enguerrand de →Marigny, Gilles de →Rais). Von solchen Beschuldigungen als 'malefici' waren Männer und Frauen im übrigen gleichermaßen betroffen, die Todesstrafe war jedoch nicht die Regel.

Die Subsumierung der Wahrsagekünste und des Zau-

bers unter den Begriff der Häresie, wie sie sich im 13. Jh. vollzog, ermöglichte den Übergang von der Ketzer- zur H.ninquisition: mit dem von der ma. Dämonologie festgeschriebenen Institut des Dämonenpaktes ließen sich die Zauberei nun als bewußte Abwendung von Gott und die magi als teufl. Gegenkirche bestimmen. Damit begründete man das Vorgehen gegen nichtkonforme religiöse Sekten wie gegen ethn. und sexuelle Minderheiten, nämlich gegen die Katharer und Waldenser sowie gegen die Juden (s. a. →Hostienfrevel, →Ritualmordbeschuldigung) und die Homosexuellen (→Homosexualität). Die Einrichtung der Inquisition, die Verfolgung der Ketzerbewegungen des 12. Jh., die Aufforderung Innozenz' III. von 1209 zum Kreuzzug gegen die Waldenser und das für die spätere Gesch. der systemat. H.nverfolgung bedeutungsvolle Edikt Johannes' XXII. gegen die Zauberei sprechen hier eine beredte Sprache.   Ch. Daxelmüller

Q.: J. Hansen, Q. und Unters. zur Gesch. des H.nwahns, 1901 – H. C. Lea – A. C. Hawland, Materials towards a Hist. of Witchcraft, 3 Bde, 1957² – European Witchcraft, hg. E. W. Monter, 1969 – Malleus maleficarum, 1487 [Einl.: G. Jerouschek, 1989; Dt. Übers.: J. W. R. Schmidt, 1987²] – *Lit.:* K. Baschwitz, H.n und H.nprozesse, 1963 – K. Thomas, Religion and the Decline of Magic, 1971 – C. Ginzburg, I benandanti, 1972 – S. Leutenbauer, Hexerei und Zauberdelikt in der Lit. von 1450 bis 1550, 1972 – J. B. Russell, Witchcraft in the MA, 1972 – N. Cohn, Europe's Inner Demons, 1975 – M. Hammes, H.nwahn und H.nprozesse, 1977 – W. Brückner, Überlegungen zur Magietheorie (Magie und Religion, hg. L. Petzoldt, 1978), 404–419 – R. Kieckhefer, European Witch Trials: Their Foundations in Popular and Learned Culture (1300–1500), 1978 – E. Peters, The Magician, the Witch and the Law, 1978 – D. Harmening, Superstitio, 1979 – G. Henningsen, The Witches' Advocate, 1980 – G. Schormann, H.nprozesse in Dtl., 1981 – E. Le Roy Ladurie, Montaillou, 1983 – G. Heinsohn – O. Steiger, Die Vernichtung der weisen Frauen, 1987 – B. P. Levack, The witch-hunt in early Modern Europe, 1987 – H.n und H.nprozesse in Dtl., hg. W. Behringer, 1988 – Der H.hammer, hg. P. Segl, 1988.

Hexensalbe → Hexen

Hexham (von ae. *hagustald* 'junger Krieger' und dem Suffix *hām* 'Heim'), Stadt, Abtei und kleiner Distrikt (H.shire) in Northumberland (→Northumbrien), am rechten Ufer des Tyne, unmittelbar unterhalb des Zusammenflusses von South und North Tyne gelegen; ursprgl. wohl Außenposten eines auf die röm. villa Corbridge zentrierten frühen ags. Grundherrschaftsverbandes. 674 erscheint H. als regio bei der Übertragung des Ortes durch Kgn. →Etheldreda an Bf. →Wilfrid v. York. Diese regio (H.shire) umfaßte ursprgl. ein Gebiet beiderseits des Tyne. Die in H. von Wilfrid errichtete, von Zeitgenossen gerühmte Basilika (☿ Andreas; Krypta erhalten) muß als wichtiges Zeugnis seiner Bemühungen um eine »Romanisierung« der northumbr. Kirche gelten. Nach Wilfrids Vertreibung aus Northumbrien (677) schuf der Ebf. v. Canterbury das Bm. H. für Eata, den Freund des hl. →Cuthbert (678). Eine Reihe von Bf.en, zu denen traditionell auch Wilfrid und Cuthbert gezählt wurden, ist bis 821 belegt. Bedeutendster Bf. war der hl. →Acca, ein Freund →Bedas, der wohl die Übergabe von Andreas-Reliquien an den Kg. der →Pikten für das spätere →St-Andrews veranlaßt hat.

Nach der dän. Zerstörung des Kl. (875) bestand H. als *minster* fort; es war der Sitz einer kleinen Klerikergemeinschaft unter der Leitung eines Propstes (erbl. Amt seit dem späten 10. Jh.). Der letzte Erbpropst, Eilaf II., war der Vater des hl. →Ælred v. Rievaulx (1100–67). Kirche und Kirchenbesitz v. H. unterstanden der Kirche des hl. Cuthbert, d. h. dem Bm. →Durham. Kg. Heinrich I. entzog im Verlauf seines Streites mit dem Bf. v. Durham, →Ranulf

Flambard, das Priorat H. jedoch dem Bm. Durham und übertrug es dem Ebm. York, das von da an auch die Herrschaft über Stadt und Shire ausübte.

1113 löste Ebf. Thomas II. das alte minster auf und begründete an seiner Stelle ein bedeutendes augustin. Regularkanonikerstift (sog. *abbey*; reicher roman.-got. Baubestand erhalten), das in seinen ersten Gewohnheiten dem Vorbild von →Huntingdon folgte. Der berühmte *frithstol* (7.–8. Jh.) ist der einzige in England erhaltene frühe Bf.sstuhl und versinnbildlicht das in H. geltende Asylrecht (→Asyl).

H. war eine Pflegestätte der Chronistik (Prior Richard, 1142–62, schrieb u. a. eine Chronik der Regierung Kg. Stephans; Prior Johannes setzte die Gesch. der Kg.e v. England des →Simeon v. Durham fort); eine bedeutende Simeon-Hs. des 12.–13. Jh. (CCC, Cambridge 139) stammt vielleicht aus H. Trotz des Niedergangs des Priorats im SpätMA bildete H.shire einen der großen, für Nordengland charakterist. Immunitätsbezirke, der aber wegen angebl. Mißbrauchs des Asylrechts durch Gesetzesbrecher von den Tudor aufgehoben wurde. Die Aufhebung des Priorats (1537) löste den einzigen größeren prokath. Volksaufstand in England, die »Pilgrimage of Grace«, aus.　　　　　　　　　　　　　　G. W. S. Barrow

Lit.: The Priory of H., hg. J. RAINE (Surtees Soc. 1864–65) – Hist. of Northumberland, III, hg. A. B. HINDS, 1896; IV, hg. J. C. HODGSON, 1897 – D. KNOWLES, The Monastic Order in England, 1949 – DERS. – R. N. HADCOCK, Medieval Religious Houses: England and Wales, 1971 – A. GRANSDEN, Hist. Writing in England, ca. 550–1307, 1974.

Hey, Jean, »Meister v. Moulins«, tätig um 1480 bis nach 1504 im Bourbonnais, bedeutendster frz. Maler seiner Generation. Seinem Namen und der künstler. Herkunft nach aus den Niederlanden stammend, wird H. aufgrund des signierten, 1494 für Jean Cueillette, Rat Karls VIII. und Trésorier Peters II. v. Bourbon, gemalten »Ecce homo« (Brüssel) und Steuerlisten von Moulins mit dem »Meister v. M.« identifiziert. Seine »Geburt Christi mit Kard. Jean Rolin« (um 1480/82, Autun) ist noch stark von seinem Lehrer (?) Hugo van der →Goes geprägt. Am Hof des Hzg.s v. Bourbon tätig, glich er sich zunehmend der frz. Tradition →Fouquets u. a. an (vgl. v. a. Portraits von Karl II. v. Bourbon [um 1485, München] und des Dauphin Charles Orland [1494, Louvre]). Sein Hauptwerk ist das Triptychon der Kathedrale v. Moulins (1499–1501), mit Madonna in der Glorie, Stiftern (Peter II. v. Bourbon und Familie) und Schutzhl.n. H.s Kunst nähert sich in ihrer plast. Klarheit und harmon. Ausgewogenheit der Hochrenaissance.　　　　　　　　　　　　　　Ch. Klemm

Lit.: M. HUILLET D'ISTRIA, Le Maître de Moulins, 1961 – CH. STERLING, J.H., le Maître de Moulins, Rev. Art 1/2, 1968, 27–33 – DERS., Deux nouveaux dessins fr. du 15ᵉ s. (Ars auro prior. Stud. J. BIALOSTOCKI, 1981), 209–215.

Heymericus de Campo (van de Velde), einer der bedeutendsten Vertreter des Albertismus (→Albertus Magnus), * um 1395 in Zon (Brabant), † 11. Aug. 1460 in Löwen; 1410 Studium in Paris bei Johannes de Nova Domo, 1422 in Köln bei Ruotger Overbach de Tremonia, wo er nach der Priesterweihe und Promotion zum Theologieprofessor an der Univ. ernannt wurde. Anfang 1433 bis Ende Febr. 1435 vertrat er die Univ. Köln am Konzil v. →Basel; 1435–53 Professor an der Univ. Löwen. Sein bis heute wenig erschlossenes Schrifttum umfaßt rund 30 Titel philos. sowie theol. Inhalts. Im Gefolge von Albertus Magnus stark neuplaton. geprägt und von →Raimundus Lullus beeinflußt, zeichnet er sich durch äußerst subtile Gedankenführung aus.　　　　　　　　　　　　P. Ladner

Lit.: Verf.-Lex.² III, 1210ff. – G. G. MEERSSEMAN, Gesch. des Albertismus II, 1935, 12–121 – P. LADNER, Revolutionäre Kirchenkritik am Basler Konzil? Zum Konziliarismus des H.d.C., 1985 – J. HELMRATH, Das Basler Konzil 1431–1449, 1987 – E. MEUTHEN, Kölner Univ.-gesch. I, 1988.

Heytesbury, William, Mathematiker, 1330, 1338/39 und 1348 als Mitglied des Merton College genannt, Gründungsmitglied von Queen's College (1341), spätestens 1348 Dr. theol., 1371 wohl Kanzler der Univ. Oxford, neben Thomas →Bradwardine, →Richard Swineshead und →Johannes Dumbleton einer der Hauptvertreter der →Mertonschule, die sich v. a. mit der quantitativen Änderung von Qualitäten beschäftigte. In seinen später als Lehrbücher benutzten, etwa 1335 erschienenen Hauptschriften »Regule solvendi sophismata« und »Sophismata« behandelt H. Klassen log. Trugschlüsse und spezielle Sophismen; er beschäftigte sich dabei auch mit dem Problem des Kontinuums. H. gibt in den »Regule« in Verbindung mit der Behandlung der Formlatituden den ersten datierbaren Beweis für das Gesetz der gleichmäßig beschleunigten Bewegung (Merton-Regel).　　M. Folkerts

Lit.: DSB VI, 376–380 [Hss., Ed., ält. Lit.] – C. WILSON, W. Heytesbury. Medieval Logic and the Rise of Math. Physics, 1960 – W. H. On maxima and minima: Chapter 5 of Rules for solving sophismata …, transl. J. LONGEWAY, 1984.

Hezilo (Hettilo, Ethilo), Bf. v. →Hildesheim, * ca. 1020–25, † 5. Aug. 1079 in Hildesheim, □ ebd., Mauritiuskirche; stammte aus frk. Familie; Verwandte von ihm waren gleichfalls Mitglieder der Reichskirche (u. a. Poppo, Bf. v. Paderborn; Kuno, Propst des Moritzstiftes in Hildesheim, später Bf. v. Brescia). H., der seine lit. und theol. Bildung wohl in →Bamberg erworben hatte, war noch unter Heinrich III. Mitglied der →Hofkapelle, 1051/52 Propst v. St. Simon und Juda zu →Goslar, 1053 Kanzler für Italien, 1054 als Nachfolger Azelins Bf. v. Hildesheim. Er erwarb eine Reihe von Grafschaftsrechten (in den Archidiakonaten v. Elze, Reden, Freden, Wallensen) sowie zwei große Forstbannbezirke (Leine, Innerste); v. a. aber war er bemüht, die Position Hildesheims in und um →Goslar, im Herzen der sal. »Königslandschaft«, stark auszubauen (1062), wobei er wie andere führende Mitglieder des Episkopats (→Adalbert v. Bremen, →Anno v. Köln) die Situation während der Unmündigkeit →Heinrichs IV. ausnutzte. Der Rangstreit H.s mit dem Abt v. →Fulda, der zu blutigen Kämpfen in Gegenwart des jungen Kg.s eskalierte (Pfingsten 1063 gar in der Goslarer Kirche, nach Lampert v. Hersfeld unter H.s persönl. Anfeuerung), ist ein berüchtigtes Beispiel für die Bestrebungen mächtiger Bf.e dieser Zeit, ihre Stellung auf Kosten der Reichsabteien zu erweitern. Durch die selbständiger werdende Politik des Kg.s zunehmend in die Defensive gedrängt, nahm H. während des Sachsenaufstandes und des Investiturstreites eine eher schwankende, z. T. vermittelnde Haltung ein. Zunächst wohl den sächs. Gegnern des Kg.s nahestehend, trat er seit 1075, bedingt durch Heinrichs militär. Erfolge, stärker auf die Seite der Königsanhänger und war Mitunterzeichner der antigregorian. Wormser Erklärung (24. Jan. 1076). Als einer der großen Bauherren und Kunstförderer auf dem Hildesheimer Bf.ssitz (Neubau des Domes nach dem Brand von 1046, »H.leuchter« im Dom, »H.kreuz« für das von ihm gegr. Kreuzstift) hat H. die große geistes- und kunstgesch. Tradition Hildesheims maßgebl. mitgestaltet.

　　　　　　　　　　　　　　　U. Mattejiet

Lit.: NDB IX, 104 [Q., ält. Lit.] – C. ERDMANN, H. v. Hildesheim und seine Briefe (Stud. zur Brieflit. Dtl.s im 11. Jh., 1938) – →Hildesheim, Bm.; →Hofkapelle.

Hibernensis, Collectio Canonum, themat. geordnete Slg. des ir. kanon. Rechtes, die in Irland spätestens in der 1. Hälfte des 8. Jh. kompiliert wurde. Eine Hs. (Bibl. Nat. lat. 12021) nennt als Kompilatoren Rubin v. Dairinis († 725) und Cú Chuimne v. Iona († 747). Es existieren zwei Fassungen: A (derzeit als einzige ediert) und B. Unklar ist, welche Fassung die ältere ist und in welcher Weise beide voneinander abhängen. Die letzte in der Fassung A zitierte Autorität ist → Theodorus, Ebf. v. Canterbury († 690), in B dagegen → Adamnanus v. Hy († 704). Hauptq. der C.C.H. sind: AT und NT, päpstl. Dekretalen, Beschlüsse griech., afrikan. und gall. Synoden, Kirchenväter, → Eusebios v. Kaisareia und andere Geschichtswerke, insulare Autoren (→ Gildas, → Finnian, Theodorus und Adamnanus) sowie Beschlüsse ir. Synoden. Die C.C.H. befaßt sich (ungeachtet der Herkunft oder des Alters der einzelnen Kanones) mit Problemen und der Rechtspraxis der ir. Kirchen, v. a. des 7. Jh.; sie ist vom einheim. → Ir. Recht geprägt. Ihre rasche Verbreitung auch auf dem Kontinent sicherte der C.C.H. eine beachtl. Rezeption. D. Ó Corráin

Ed.: H. WASSERSCHLEBEN, Die ir. Kanonenslg., 1885² – *Lit.:* J. F. KENNEY, Sources of the Early Hist. of Ireland: Ecclesiastical, 1929 – M. P. SHEEHY, Influences of Ancient Irish Law on the ʻCollect. Hibernensisʼ, Proceedings Third Internat. Conference of Medieval Canon Law, 1971, 31–41 – H. MORDEK, Kirchenrecht und Reform im Frankenreich, 1975 – M. P. SHEEHY, The.C.C.H. – A Celtic Phenomenon (Die Iren und Europa im frühen MA, hg. H. LÖWE, 1982), 525–535.

Hibernicus exul (ʻder ir. Auswandererʼ) nennt sich der sonst unbekannte Autor eines bedeutenden lat. Gedichtfragments von 103 Hexametern, das als eines der frühesten Zeugnisse karol. → Panegyrik den Sieg → Karls d. Gr. über den abgefallenen Hzg. der Bayern, → Tassilo III. (787), rühmt. Es wurde die Vermutung ausgesprochen, das Fragment bilde den Anfang des – als Teil eines größeren Epos aufgefaßten – berühmten Gedichts → »Karolus magnus et Leo papa«, was unbewiesen ist. Trotz einiger Identifizierungsversuche (L. TRAUBE mit → Dungal »v. St-Denis« bzw. »v. Pavia«, M. ESPOSITO gar mit → Dicuil) bleibt die Person des H. e. im dunkeln. D. Ó Cróinín

Ed.: E. DÜMMLER, MGH PP I, 1881, 395–412 – *Lit.:* MANITIUS I, 370–374 – J. F. KENNEY, Sources for the Early Hist. of Ireland, 1929, Nr. 348 (II), 349 – M. ESPOSITO, JTS 33, 1932, 125ff. – G. BERNT, Das lat. Epigramm im Übergang von der Spätantike zum frühen MA, 1968, 228–231 – BRUNHÖLZL I, 303f.

Hidalgo (altkast. *hijodalgo, fijodalgo*; in einer Urk. von 1187 ʻfilio de algoʼ; höchstwahrscheinl. von lat. ʻfilius de aliquodʼ) bezeichnete seit dem Ende des 12. Jh. als Synonym für → *Infanzón* in Kastilien und León den Adligen unterhalb des Hochadels im Sinne eines Sohnes aus einer Familie mit bekanntem erbl. Besitztum (MENÉNDEZ PIDAL), wurde vielleicht aber auch auf die freien Einw. der → *Concejos* bezogen, die aufgrund ihres Besitzes die Fähigkeit hatten, Kriegsdienst zu Pferd zu leisten (*Caballeros villanos*; → *caballer(a)*, und auf diese Weise in den Adelsstand aufsteigen konnten (CARLÉ). Die These von CASTRO, den Begriff aus der arab. Bezeichnung für hörige Bauern (ʻibn aljoms, ibn aljumsʼ) abzuleiten, wurde von SÁNCHEZ-ALBORNOZ zurückgewiesen. Die H. bildeten im SpätMA, als die Bezeichnung ʻInfanzónʼ verschwand, den eigtl. Ritterstand bzw. den Niederadel und waren durch Steuerbefreiung privilegiert. Die Hidalguía war ursprgl. als erbl.

Geburtsadel definiert, doch bildeten sich bald Aufstiegsmöglichkeiten aus, wenn auch noch Diego de Valera ein kgl. Recht der Erhebung von H.s ausschloß (»Puede el Rey facer caballeros mas no fijodalgo«). Dies stand jedoch in Widerspruch zu den → Siete Partidas, in denen ein solches schon seit dem 13. Jh. erwähnt wird (»puedeles dar onrra de fijosdalgo a los que no lo fuesen por linaje«; Partida II, 27, 1.6). Man unterschied zw. *Hidalguía de sangre* als Geburtsstand (dazu gehörten auch der *H. notorio* und der *H. de solar conocido*) und *Hidalguía de privilegio*, die durch kgl. Erhebung erworben werden konnte, aber bis in die Zeit der → Kath. Kg.e weder *Limpieza de sangre* noch die Qualität eines *Christiano Viejo* voraussetzte, wie die Aufnahme von → Konvertiten, ja selbst Handwerkern, zeigt. Der *H. de señorío del Rey* war dem unmittelbaren Befehl des Monarchen unterworfen, der *H. de los Concejos* dem Stadtrecht und zur Teilnahme am Stadtregiment verpflichtet; der *H. de ejecutoria* hatte seinen Stand durch ein Gerichtsverfahren nachgewiesen. Seit Ende des 14. Jh. waren für den H. bes. Richter, die *Alcaldes de los Hijosdalgo*, zuständig, die der kgl. Kanzlei angehörten und vor denen später der Adelsnachweis geführt werden mußte. → Homens de paratge, → Nobleza/Nobreza. L. Vones

Lit.: Dic. Medieval Español II, 1986, 1231, 1258 [M. ALONSO] – C. SÁNCHEZ-ALBORNOZ, De los banū al-ajmās a los fijosdalgo?, CHE 16, 1951, 130–145 [Neudr.: DERS., Estudios polémicos, 1979, 226–243] – M. DEL CARMEN CARLÉ, Infanzones e H., CHE 33–34, 1961, 56–100 – B. BLANCO GONZÁLEZ, Del cortesano al discreto, I, 1962 – R. KONETZKE, Zur Gesch. des span. H., SFGG.GAKGS 19, 1962, 147–160 – M.C. GERBET, Les guerres et l'accès à la noblesse en Espagne de 1465 à 1592 (Mél. de la Casa Velázquez 8, 1972), 295–326 – DIES., La population noble dans le royaume de Castille vers 1500, Anales de Hist. Antiqua y Medieval 20, 1977–79, 78–99 – DIES., La noblesse dans le royaume de Castille, 1979 – DIES.–J. FAYARD, Fermeture de la noblesse et pureté de sang dans les concejos du Castille au XVᵉ s.: à travers les procès d'hidalguía (La ciudad hispánica durante los siglos XIII al XVI, Bd. 1, 1985), 443–473 – M. C. GERBET, Essai sur l'apparition d'une moyenne noblesse dans l'Estrémadure de la fin du MA, Anuario de estudios medievales 16, 1986, 557–570.

Hiddensee, Goldschatz v., gefunden größtenteils 1872, weitere Stücke ermittelt bis 1874 nach einer Sturmflut bei Neuendorf an der Westküste der Ostseeinsel H. Es sind bekannt und erhalten: Aus drei Drähten geflochtener Halsring mit Stempelornament, 153 g; runde Schmuckscheibe, 8 cm ∅, ehemals mit Anstecknadel, verziert in Flechtband-Tierornamentik unter Verwendung von Guß-, Treib-, Granulations- und Filigrantechnik, 114 g; vier kleine und sechs größere kreuzförmige Hängestücke unter Kombination von stilisiertem Vogel- und Kreuzmotiv, verziert in Flechtbandornamentik, zusammen 309,4 g; vier Zwischenglieder in Form längl. Filigranperlen, zusammen 21,8 g. Ursprgl. gehörten mindestens weitere Zwischenglieder zu dem als wesentl. Teil eines fsl. Halsschmuckes zu deutenden Schatz. – Die Schmuckstücke sind wahrscheinl. am Ende des 10. Jh. in Dänemark hergestellt worden. Entsprechende Modelle bzw. Gußformen wurden im Hafen v. → Haithabu/Schleswig gefunden. Die Fundumstände des Schatzes sind nicht völlig geklärt. J. Herrmann

Lit.: Corpus archäolog. Q. zur Frühgesch. auf dem Gebiet der DDR (7.–12. Jh.), hg. J. HERRMANN – P. DONAT, 2. Lfg., 1979, Nr. 44/221 [Lit., Abb.].

Hîde → Hufe

MITARBEITER DES VIERTEN BANDES

Das Verzeichnis beruht auf Angaben der Mitarbeiter der Lieferungen 1–10,
die von 1987 bis 1989 erschienen sind.

D'Agostino, Alfonso, Milano
Ahrweiler, Hélène, Paris
Albert, Karl, Wuppertal
Allmand, Christopher T., Liverpool
Alonso-Núñez, José M., Madrid
Ambros, Edith, Wien
Ament, Hermann, Mainz
Anawati, Georges C., OP, al-Ḳāhira (Kairo)
Andreolli, Bruno, Bologna
Anex-Cabanis, Danielle, Toulouse
Angenendt, Arnold, Münster (Westf.)
Anton, Hans H., Trier
Anzelewsky, Fedja, Berlin
Århammar, Nils, Groningen
Armbruster, Adolf, München
Asch, Jürgen, Hannover
Assfalg, Julius, München
Auer, Johann†, Regensburg
Autrand, Françoise, Paris
Avella-Widhalm, Gloria, München
Avonds, Piet, Antwerpen

Baaken, Gerhard, Tübingen
Bagge, Sverre, Bergen
Bak, János M., Vancouver
Balard, Michel, Paris
Banti, Ottavio, Pisa
Barley, Maurice W., Nottingham
Barone, Giulia, Roma
Barrow, Geoffrey W. S., Edinburgh
Barrow, Julia S., Birmingham
Bartoli, Marco, Roma
Battenberg, Friedrich, Darmstadt
Batlle, Carmen, Barcelona
Batlle, Columba, OSB, Gerona
Baudot, Marcel, Paris
Bauer, Axel, Heidelberg
Bauer, Martin, Stuttgart
Baum, Hans-Peter, Gerbrunn

Baumeister, Theofried, Mainz
Baumgartner, Emmanuèlle, Paris
Baumgärtner, Ingrid, Augsburg
Becker, Hans-Jürgen, Köln
Becksmann, Rüdiger, Freiburg i. Br.
Becquet, Jean, OSB, Ligugé
Bedal, Konrad, Bad Windsheim
Behr, Hans-Joachim, Münster (Westf.)
Benincà, Paola, Padova
Berg, Dieter, Hannover
Berger, Günter, Bielefeld
Berghaus, Peter, Münster (Westf.)
Bergner, Heinz, Gießen
Berings, Geert, Gent
Bernhard, Michael, München
Bernt, Günter, München
Berschin, Walter, Heidelberg
Bertau, Karl H. L., Erlangen-Nürnberg
Bertényi, Iván, Budapest
Besamusca, Albertus A. M., Utrecht
Beumann, Helmut, Marburg a. d. Lahn
Biedermann, Hermenegild M., OSA, Würzburg
Bienvenu, Jean-Marc, Rouen
Bierbrauer, Katharina, Königswinter
Biesterfeldt, Hans H., Bochum
Binding, Günther, Köln
Biondi, Albano, Modena
Bischofberger, Hermann, Brunnen
Bitterli, Rosmarie, Luzern
Bitterling, Klaus, Berlin
Blake, Ernest O., Southampton
Blake, Norman F., Sheffield
Blaschke, Karlheinz, Friedewald
Blasius, Andreas, Bochum, Schwelm

Blickle, Peter, Bern
Blockmans, Willem P., Leiden
Blok, Dirk P., Amsterdam
Blum, Paul R., Berlin
Blumenkranz, Bernhard, Paris
Blumenthal, Uta-Renate, Washington
Bocchi, Francesca, Bologna
Böck, Franz-Rasso, Augsburg
Bockholdt, Rudolf, München
Boehm, Laetitia, München
Bogumil, Karlotto, Essen
von Bogyay, Thomas, München
Bohm, Eberhard, Berlin
Bonnassie, Pierre, Toulouse
Boockmann, Hartmut, Göttingen
Boone, Marc, Gent
Borgolte, Michael, Freiburg i. Br.
Borovi, József, Budapest
Böttger-Niedenzu, Beata, Augsburg
Bourgain, Pascale, Paris
Bouvris, Jean-Michel, Alençon
Braasch-Schwersmann, Ursula, Marburg a. d. Lahn
Briesemeister, Dietrich, Berlin
Brieskorn, Norbert, SJ, München
Brinkhoff, Lucas, OFM, Trier
Brisch, Klaus, Berlin
Brodt, Bärbel, Münster (Westf.)
Brooks, Nicholas P., Birmingham
Brown, Alfred L., Glasgow
Brückner, Wolfgang, Würzburg
Brühl, Carlrichard, Gießen
Brunhölzl, Franz, München

Bruni, Francesco, Napoli, Verona
Brunner, Horst, Würzburg
Buck, August, Marburg a. d. Lahn
Bullough, Donald A., St. Andrews
Bulst, Neithard, Bielefeld
Bur, Michel, Nancy
Busard, Hubertus L. L., Venlo
Busby, Keith, Norman, Oklahoma
Busse, Heribert, Kiel
van Buuren, Alphonsus M. J., Amersfoort
Byrne, P., Dublin

van Caenegem, Raoul, Gent
De Capitani, François, Bern
Cardini, Franco, Firenze, Bari
Carile, Antonio, Bologna
Carlen, Louis, Fribourg
Castro y Castro, Manuel de, OFM, Madrid
Cauchies, Jean-Marie, Bruxelles
Cervani, Roberta, Trieste
Charles-Edwards, Thomas M., Oxford
Chomel, Vital, Grenoble
Ciappelli, Giovanni, Firenze
Ćirković, Sima, Beograd
Claude, Dietrich, Marburg a. d. Lahn
Clauss, Manfred, Berlin
Cobban, Alan, Liverpool
Coigneau, Dirk, Gent
Contamine, Philippe, Paris
Coppini, Donatella, Firenze
Corsten, Severin, Bonn
Cosentino, Salvatore, Bologna
Coulet, Noël, Aix-en-Provence
Courth, Franz, SAC, Vallendar
Cramer, Winfrid, OSB, Münster (Westf.)
Cremonesi, Carla †, Milano

Critchley, John S., Exeter
Csendes, Peter, Wien
Cuozzo, Errico, Cosenza
Cupane, Carolina, Wien
Cursente, Benoît, Nice

Daxelmüller, Christoph, Freiburg i. Br.
Decker, Wolfgang, Köln
Declercq, Georges, Gent
Decorte, Jos N. J., Leuven
Delcorno, Carlo, Bologna
De Leo, Pietro, Roges di Rende/Cosenza
Dell'Omo, Mariano-Antimo, OSB, Abbazia di Montecassino
Delmaire, Bernard, Lille
Delogu, Paolo, Roma
Demotz, Bernard, Lyon
Demouy, Patrick, Reims
Deneke, Bernward, Nürnberg
Denton, Jeffrey H., Manchester
Despy, Georges, Brüssel
Devailly, Guy, Rennes
Devroey, Jean-Pierre, Bruxelles
Díaz Martín, Luis V., Valladolid
Diedrich, Volker, Hamburg
van Dieten, Jan-Louis, Amsterdam
Van Dijk, Hans, Utrecht
Dilcher, Gerhard, Frankfurt a. M.
Dilg, Peter, Marburg a. d. Lahn
Dilger, Konrad, Hamburg
Diller, Hans-Jürgen, Bochum
Dini, Bruno, Firenze
Dinzelbacher, Peter, Salzburg
Djurić, Ivan, Beograd
Djurić, Vojislav J., Beograd
Dobson, Richard B., Cambridge
Doherty, Charles, Dublin
Dolan, T. P., Dublin
Dolbeau, François, Meudon-la Forêt
Donati, Maria Teresa, Milano
Dopsch, Heinz, Salzburg
Dossat, Yves, Toulouse
Drüppel, Herbert, Würzburg
Dubois, Jacques, Paris
Ducellier, Alain, Toulouse
Düchting, Reinhard, Heidelberg
Dufour, Jean, Paris
Dujčev, Ivan †, Sofija

Dunin-Waşowicz, Teresa, Warszawa
Dürig, Walter, München
Durling, Richard J., Kiel

Ebel, Friedrich, Berlin
Ebel, Uda, Würzburg
Ebenbauer, Alfred, Wien
Eberl, Immo, Tübingen
Ebling, Horst, Bonn
Ebner, Herwig, Graz
Eckert, Thomas, Oxford
Edbury, Peter W., Cardiff
van Egmond, Warren, Tempe, Arizona
Ehbrecht, Wilfried, Münster (Westf.)
Ehlers, Joachim, Braunschweig
Ehrhardt, Harald, Friedrichsdorf
Eifler, Günter, Mainz
Ekdahl, Sven, Berlin
Elbern, Victor H., Berlin
Elm, Kaspar, Berlin
Elwert, Wilhelm Th., Mainz
Emminghaus, Johannes H., Wien
Engelhardt, Paulus, OP, Bottrop
Engels, Odilo, Köln
Engemann, Josef, Bonn
Epp, Verena, Düsseldorf
Erfen, Irene, Berlin
Erlemann, Hildegard, Münster (Westf.)
Ernst, Stephan, Paderborn
van Esbroek, Michel, München
Escher, Felix, Berlin
Ewert, Christian, Madrid
Eymann, Hugo S., OSB, Beuron

Fahlbusch, Friedrich Bernward, Warendorf
Fantoni, Giuliana L., Milano
Faroqhi, Suraiya, München
Fasoli, Gina, Bologna
Fedalto, Giorgio, Padova
Feige, Peter, Madrid
Felten, Franz J., Berlin
Ferjančić, Božidar, Beograd
Ferluga, Jadran, Münster (Westf.); Motovun
Fernández Conde, Francisco J., Oviedo
Filip, Václav, Würzburg
Fleckenstein, Josef, Göttingen
Flemming, Barbara, Leiden
Flusin, Bernard, Paris

Fodale, Salvatore, Palermo
Folkerts, Menso, München
Fontaine, Jacques, Paris
Fornasari, Giuseppe, Trieste
Fournier, Gabriel, Clermont-Ferrand
Frank, Karl Suso, OFM, Freiburg i. Br.
Fransen, Gérard, Louvain-La-Neuve
Freise, Eckhard, Münster (Westf.)
Frenken, Ansgar, Augsburg
Frenz, Thomas, Passau
Fried, Pankraz, Augsburg
Friel, Jan, London
Fritze, Wolfgang H., Berlin
Fügedi, Erik, Budapest

Gabriel, Erich, Wien
Gamber, Ortwin, Wien
Gansweidt, Birgit, München
García y García, Antonio, Salamanca
García Oro, José, Santiago de Compostela
Gärtner, Kurt, Marburg a. d. Lahn
Gaube, Heinz, Tübingen
Gawlik, Alfred, München
Geerlings, Wilhelm, Bochum
Genov, I., Sofija
Gerl, Hanna-Barbara, München
Gerlich, Alois, Wiesbaden
Gerwing, Manfred, Bochum
Gessa, Ester, Cagliari
Gier, Albert, Bamberg
Gigante, Marcello, Napoli
Gilomen-Schenkel, Elsanne, Basel
Giordanengo, Gérard, Paris
Girgensohn, Dieter, Göttingen
Giustiniani, Vito R., Freiburg i. Br.
Glauche, Günter, München
Gligorijević-Maksimović, Mirjana, Beograd
Gnädinger, Louise, Zürich
Gneuss, Helmut, München
Göbbels, Joachim, Würzburg
Gockel, Michael, Marburg a. d. Lahn

Goehl, Konrad, Heidenheim a. d. Brenz
Goetting, Hans, Göttingen
Goetz, Hans-Werner, Bochum
Goetze, Jochen, Heidelberg
Goñi Gaztambide, José, Pamplona
Goossens, Jan, Münster (Westf.)
Görlach, Manfred, Köln
Gössmann, Elisabeth, Tokyo
Grams-Thieme, Marion, Köln
Graßmann, Antjekathrin, Lübeck
Graus, František †, Basel
Green, Judith A., Belfast
Gretsch, Mechthild, München
Griffiths, Ralph A., Swansea
Groenke, Ulrich, Köln
Grohe, Johannes, Augsburg
Große, Gabriele, St-Germain-en-Laye
Große, Rolf, Paris
Gruber, Joachim, Erlangen-Nürnberg
Grubmüller, Klaus, Münster (Westf.)
Guerout, Jean, Paris
Gündisch, Konrad G., Heilbronn
Gutkas, Karl, Wien
Guyotjeannin, Olivier, Boulogne
Györffy, György, Budapest

Haas, Max, Basel
Haase, Claus-Peter, Kiel
Hagemann, Hans-Rudolf, Basel
Hahn, Johannes, Heidelberg
Haider, Siegfried, Linz
Haidukiewicz, Leszek, Krakow
Halm, Heinz, Tübingen
Hamann, Günther, Wien
Hammel, Rolf, Lübeck
Hannick, Christian, Trier
Harding, Alan, Liverpool
Harmuth, Egon †, Wien
Harriss, Gerald L., Oxford
Hartmann, Wilfried, München, Salzburg
Haubst, Rudolf, Mainz
Hauschild, Wolf-Dieter, Osnabrück

Häußling, Angelus A., OSB, Maria Laach, Benediktbeuern
Hayez, Michel, Avignon
Hecht, C. R., Gießen
Heckenbach, Willibrord P., OSB, Maria Laach
Heers, Jacques, Paris
Heim, Bruno, Olten
Heinemeyer, Karl, Marburg a. d. Lahn
Heinzelmann, Martin, Paris
Heit, Alfred, Trier
Hellenkemper, Hansgerd, Köln
Hellmann, Manfred, München
Helmrath, Johannes, Köln
Hemann, Friedrich-Wilhelm, Münster (Westf.)
de Hemptinne, Thérèse, Gent
Hennig, John †, Basel
Herbers, Klaus, Tübingen
Herbert, Nicholas M., Gloucester
Herborn, Wolfgang, Bonn
Herde, Peter, Würzburg
Hergemöller, Bernd-Ulrich, Münster (Westf.)
Herrmann, Bernd, Göttingen
Herrmann, Hans-Walter, Riegelsberg
Herrmann, Joachim, Berlin (DDR)
Hewsen, Robert H., Glassburo, N.J.
Higounet, Charles †, Bordeaux
Hild, Friedrich, Wien
Hils, Hans-Peter, Heidelberg
Hilsch, Peter, Tübingen
Hinz, Hermann, Tübingen
Hlaváček, Ivan, Praha
Hödl, Günther, Klagenfurt
Hödl, Ludwig, Bochum
Hoeges, Dirk, Bonn
Hoffmann, Erich, Kiel
Hofmeister, Adolf E., Verden (Aller)
Hofmeister, Herbert, Wien
Holbach, Rudolf, Trier
Holenstein, Stefan, Zürich
Holzhauer, Heinz, Münster (Westf.)
Hooper, Nicholas A., Otley
Hörandner, Wolfram, Wien
Hösch, Edgar, München
Houben, Hubert, Lecce

van Houtte, Jan A., Leuven, Roma
Hucker, Bernd U., Vechta
von Huebner, Dietmar, München
Hundsbichler, Helmut, Krems a. d. Donau
Hünemörder, Christian, Hamburg
Hunger, Herbert, Wien
Hye, Franz-Heinz, Innsbruck

Illian, Martina, Köln
Ineichen, Gustav, Göttingen
Irmscher, Johannes, Berlin (DDR)
Iserloh, Erwin, Münster (Westf.)

Jacobsen, Peter Christian, Köln
Jaeckel, Peter, München
Jäger, Helmut, Würzburg
Janssen, Walter, Würzburg
Jaritz, Gerhard, Krems a. d. Donau
Jarnut, Jörg, Paderborn
Jászai, Géza, Münster (Westf.)
Jeudy, Colette, Paris
Jewell, Helen M., Leeds
Jexlev, Thelma, København
Johanek, Peter, Münster (Westf.)
Jones, Michael, Nottingham
Jonsson, Bengt R., Stockholm
Joris, André, Sart-Jalhay
Jung, Marc-René, Zürich
Jungmann-Stadler, Franziska, München
Junk, Heinz-K., Münster (Westf.)
Jürgensen, Werner, Nürnberg
Jütte, Robert, Haifa
Jüttner, Guido, Berlin

Kadlec, Jaroslav, Litoměřice
Kaiser, Reinhold, Essen
Kalić, Jovanka, Beograd
Kamp, Norbert, Braunschweig
Karpf, Ernst, Frankfurt a. M.
Karpp, Gerhard, Düsseldorf
Kaschtanow, Serguej, Moskau
Kazhdan, Alexander P., Washington
Keil, Gundolf, Würzburg

Kellenbenz, Hermann, Warngau
Kellermann, Karina, Berlin
Kier, Hiltrud Köln
Kindermann, Udo, Erlangen-Nürnberg
King, Edmund J., Sheffield
King, Heinz P., St. Andrews
Kislinger, Ewald, Wien
Klein, Richard, Erlangen-Nürnberg
Kleinheyer, Bruno, Regensburg
Kleinschmidt, Harald, Stuttgart
Klemm, Christian, Zürich
Kłoczowski, Jerzy, Paris
Klüppelholz, Heinz, Mülheim-Ruhr
Knowles, Clive H., Cardiff
Köbler, Gerhard, Innsbruck
Koch, Walter, München
Kocher, Gernot, Graz
Koczerska, Maria, Warszawa
Koder, Johannes, Wien
Kolias, Taxiarchis G., Joannina
Kollbach, Bernd, Celle
Koller, Heinrich, Salzburg
Kölzer, Theo, Gießen
König, Eberhard, Berlin
Konstantinou, Evangelos, Würzburg
Köpstein, Helga, Berlin (DDR)
Korsgaard, Peter, Holbæk
Kortüm, Hans-Henning, Tübingen
Kottje, Raymund, Bonn
Kramer, Kurt, Karlsruhe
Kratochwill, Max, Wien
Kreiser, Klaus, Bamberg
Kreutzer, Gert, Kiel
Kreuzer, Georg, Augsburg
Krieger, Gerhard, Köln
Krieger, Karl-Friedrich, Mannheim
Kroeschell, Karl, Freiburg i. Br.
Krüger, Karl-Heinrich Münster (Westf.)
Kuczyński, Stefan K., Warszawa
Kuhlen, Franz-Josef, Marburg a. d. Lahn
Kühn, Norbert, Köln
Kühn, Ulrich, Wien
Kühnel, Harry, Krems a. d. Donau
Kunze, Konrad, Freiburg

Künzl, Hannelore, Heidelberg
Kupper, Jean-Louis, Liège
Küppers, Kurt, Regensburg
Kurz, Rainer, Mistelbach a. d. Zaya

Laarmann, Matthias, Lünen
Labuda, Gerard, Poznań
Ladero Quesada, Miguel A., Madrid
Ladner, Pascal, Fribourg
Laiou, Angeliki E., Cambridge, Mass.
Lalinde Abadía, Jesús, Barcelona
Lalou, Elisabeth, Paris
Lambert, M. D., Stroud
Lange, Elisabeth, Bonn
Langgärtner, Georg †, Würzburg
Lapidge, Michael, Cambridge
Lauer, Hans H., Marburg a. d. Lahn
Leclerq, Jean, OSB, Clervaux
Leguay, Jean-Pierre, Aixles-Bains
Leidinger, Paul, Warendorf
Leisten, Thomas, Tübingen
van Lengen, Hajo, Aurich
Leonardi, Claudio, Firenze
Leuchtmann, Horst, München
Lieberich, Heinz, München
Linage Conde, Antonio, Madrid
Lindgren, Uta, Bayreuth
Lloyd, Terence H., Swansea
Locatelli, René, Besançon
Lohr, Charles H., Freiburg i. Br.
Lömker, Annette, Münster (Westf.)
Longère, Jean, Paris
von Looz-Corswarem, Clemens Graf, Köln
Lorch, Richard, München
Lückerath, Carl A., Köln
Ludwig, Karl-Heinz, Bremen
Lund, Niels, København
Lundström, Agneta, Stockholm
Luzzati, Michele, Pisa Sassari
Lymant, Brigitte, Köln
Lyon, Bryce, Providence, R.I.

Maaz, Wolfgang, Berlin

Macek, Josef, Praha

Machilek, Franz, Bamberg

Macken, Raymond, Leuven

Maclagan, Michael, Oxford

Maddicott, John R. L., Oxford

Maksimović, Ljubomir, Beograd

Maleczek, Werner, Graz

Marckhgott, Gerhart, Linz

Margaroli, Paolo, Borgomanero

Mariacher, Giovanni, Padova, Murano

Marilier, Jean, Dijon

Martin, Hervé, Rennes

Martin, Norbert, München

Martin, Thomas M., Gießen

Martínez Díez, Gonzalo, Valladolid

Marzolph, Ulrich, Göttingen

Matanov, Ch., Sofija

Mathé, Piroska, Aargau

Matouš, František, Basel

Mattejiet, Ulrich, München

Mattoso, José, Parede

von Matuschka, Michael Graf, Erlangen-Nürnberg

Maurer, Helmut, Konstanz

Mazal, Otto, Wien

Mazzarese Fardella, Enrico, Palermo

McGinn, Bernard, Chicago

McSparran, Frances, Ann Arbor, Mich.

Medaković, Dejan, Beograd

Mehl, Dieter, Königswinter

Meinhardt, Helmut, Gießen

Menestò, Enrico, Perugia

Menne, Albert, Dortmund

Menniti Ippolito, Antonio, Roma

Menzel, Josef J., Mainz

Mertens, Volker, Berlin

Metz, Wolfgang, Speyer a. Rh.

Meuthen, Erich, Köln

Meyer, Egbert, Köln

Meyer, Hans B., SJ, Innsbruck

Meyer-Eller, Sören, München

Militzer, Klaus, Köln

Miltenburg, Adriaan, Utrecht

Misonne, Daniel, OSB, Abbaye de Maredsous, Denée

Mojsisch, Burkhard, Bochum

Moleta, Vincent, Nedlands, Australia

Mollat, Michel, Paris

van Moolenbroek, Jacob J., Hilversum

von Moos, Peter, Münster (Westf.)

Moraw, Peter, Gießen

Mordek, Hubert, Freiburg i. Br.

Mörschel, Ulrike, Gießen

Moser, Peter, Bamberg

Mostert, Marco, Amsterdam

von zur Mühlen, Heinz, Neubiberg

Mühlethaler, Jean-Claude, Baden

Muir, Lynette R., Leeds

Müller, Heribert, Frankfurt a. M.

Müller, Irmgard, Bochum

Müller, Maria E., Berlin

Müller, Ulrich, Salzburg

Müller-Wille, Michael, Kiel

von Mutius, Hans-Georg, München

Nagel, Tilman, Göttingen

Neidiger, Bernhard, Stuttgart

Neubecker, Ottfried, Stuttgart

Neuenschwander, Erwin A., Zürich

Neumann, Christoph K., München

Neumann, Johannes, Oberkirch-Bottenau

Ní Chatháin, Próinséas, Dublin

Nicol, Donald M., Cambridge

Niedenzu, Adalbert, Augsburg

Niehoff, Birgit, Münster (Westf.)

Niehoff, Franz, Münster (Westf.)

Nikolajević, Ivanka, Beograd

Nilgen, Ursula, München

Nonn, Ulrich, Bonn

North, John D., Groningen

Noth, Albrecht, Hamburg

Nyberg, Tore S., Odense

Ó Corráin, Donnchádh O., Cork

Ó Cróinín, Dáibhi, Galway

Oexle, Otto G., Göttingen

von Olberg, Gabriele, Berlin

Onasch, Konrad, Halle (Saale)

Ott, Norbert H., München

Paarhammer, Hans, Salzburg

Pailhes, Claudine, Foix

Palmboom, Ellen, Amsterdam

Pandimiglio, Leonida, Roma

Papadimitriou, Helena-Elli, München

Parisse, Michel, Nancy, Göttingen

Pásztor, Edith, Roma

Patschovsky, Alexander, Konstanz

Pellegrini, Luigi, Chieti

Peña, Nicole de, Angers

Peppermüller, Rolf, Bochum

Pérez Rodríguez, Estrella, Valladolid

Peroni, Adriano, Firenze, Pavia

Pesch, Otto, Hamburg

Petersohn, Jürgen, Marburg a. d. Lahn

Petitjean, Michel, Dijon

Petke, Wolfgang, Göttingen

Petta, Don Marco, Grottaferrata

Petti Balbi, Giovanna, Parma

Peyer, Hans C., Zürich

Philippe, Joseph, Liège

Pichler, Johannes W., Salzburg

Pieler, Peter E., Wien

Pietschmann, Horst, Hamburg

Pilch, Herbert, Freiburg i. Br.

Pischke, Gudrun, Bühren

Pistarino, Geo, Genova

Pitz, Ernst, Berlin

Pladevall-Font, Antoni, Barcelona

Plotzek, Joachim M., Köln

Plümer, Erich, Einbeck

Podskalsky, Gerhard, SJ, Frankfurt a. M.

Poeschke, Joachim, Düsseldorf

Pohl, Hans, Bonn

Pohl, Werner, Augsburg

Polica, Sante, Roma

Polívka, Miloslav, Praha

Pollems, Katrin, München

Polock, Marlene, München

Popović, Alexandre, Paris

Poppe, Andrzej, Warszawa

Poulin, Joseph-Claude, Quebec

Poulle, Emmanuel, Paris

Preinerstorfer, Rudolf, Wien

Prelog, Jan, München

Prestwich, Michael C., Durham

Preto, Paolo, Padova

Prevenier, Walter, Gent

Prinzing, Günter, Mainz

Prosperetti, Ercoli, Fiorella, Milano

Puhle, Matthias, Braunschweig

Pulega, Andrea, Milano

Putscher, Marielene, Köln

Puza, Richard, Tübingen

Quadlbauer, Franz, Kiel

Quinto, Riccardo, Leuven

Raab, Heribert, Fribourg

Radtke, Christian, Schleswig

Rasmussen, Jørgen N., København

Rauner, Erwin, München

Redigonda, Luigi, OP, Bologna

Reichl, Karl, Bonn

Reinicke, Christian, Düsseldorf

Reinle, Adolf, Zürich

Restle, Marcell St., München

Reynaert, Joris, Gent

Ribbe, Wolfgang, Berlin

Richard, Jean, Dijon

Richards, Jeffrey, Lancaster

Richter, Michael, Konstanz

Richter-Bernburg, Lutz, Bonn

Riedmann, Josef, Innsbruck

Rigaudière, Albert, Paris

Riis, Thomas, København

Riley-Smith, Jonathan, London

Ristow, Günter, Köln

Roberg, Burkhard, Bonn

Robinson, Pamela R., London

Rödel, Dieter, Würzburg

Roesdahl, Else, Århus

Roger, Jean-Marc, Poitiers
Rollason, David W., Durham
Roloff, Hans-Gert, Berlin
Romanello, Marina, Udine
Rösener, Werner, Göttingen
Rossi, Luciano, Zürich
Roßmann, Heribert, Regensburg
Rötting, Hartmut, Braunschweig
Rüegg, Walter, Belp
Rugo, Pietro, Feltre
Ruppert, Godehard, Hannover
Rüß, Hartmut, Versmold
Ryckaert, Marc, Gent

Sachs, Klaus-Jürgen, Erlangen-Nürnberg
Sage, Walter, Bamberg
Samsó, Julio, Sant Cugat del Vallés
Sánchez-Herrero, José, Sevilla
Sand, Alexander, Bochum
Sandmann, Mechthild, Münster (Westf.)
Sansone, Giuseppe E., Roma
Santschi, Catherine, Genève
Sauer, Hans, München
Sauer, Walter, Heidelberg
Sawyer, Birgit, Alingsås
Sawyer, Peter H., Alingsås
Schaab, Meinrad, Wilhelmsfeld
Schachten, Winfried, Freiburg i. Br.
Schaller, Dieter, Bonn
Schaller, Hans Martin, München
Schaufelberger, Walter, Zürich
Scheffczyk, Leo, München
Scheibelreiter, Georg, Wien
Schein, Sylvia, Haifa
Schenk, Richard, OP, München
Scherner, Karl O., Mannheim
Schieffer, Rudolf, Bonn
Schieffer, Theodor, Bonn
Schild, Wolfgang, Bielefeld
Schimmelpfennig, Bernhard, Augsburg
Schipperges, Heinrich, Heidelberg

Schmale, Franz-Josef, Bochum
Schmalzbauer, Gudrun, Trier
von Schmettow, Hildegard Gräfin, Kiel
Schmid, Alois, Eichstätt
Schmid, Hans, München
Schmid, Karl, Freiburg i. Br.
Schmidinger, Heinrich, Salzburg
Schmidt, Hans-Joachim, Berlin
Schmidt, Heinrich, Oldenburg
Schmidt, Roderich, Marburg a. d. Lahn
Schmidt, Tilmann, Tübingen
Schmidt-Wiegand, Ruth, Münster (Westf.)
Schmitt, Peter, Berlin
Schmitz, Rolf P., Köln
Schmolinsky, Sabine, München
Schnall, Uwe, Bremerhaven
Schneider, Johannes, München
Schneider, Reinhard, Saarbrücken
Schneidmüller, Bernd, Oldenburg
Schnith, Karl, München
Schoppmeyer, Heinrich, Bochum
Schott, Clausdieter, Zürich
Schreiner, Klaus, Bielefeld
Schreiner, Peter, Köln
Schubert, Ernst, Göttingen
Schuh, Hans-Manfred, Bonn
Schuler, Peter-Johannes, Bonn
Schuller, Wolfgang, Konstanz
Schulz, Knut, Berlin
Schulz, Winfried, Paderborn
Schulze, Reiner, Frankfurt a. M.
Schulze, Ursula, Berlin
Schwaibold, Matthias, Zürich
Schwarzmaier, Hansmartin, Karlsruhe
Schwertl, Gerhard, München
Schwind, Fred, Marburg a. d. Lahn
von See, Klaus, Frankfurt a. M.
Seegrün, Wolfgang, Osnabrück

Segl, Peter, Bayreuth
Seibert, Hubertus, Mainz
Seibt, Werner, Wien
Selirand, Jüri, Tallinn
Sellheim, Rudolf, Frankfurt a. M.
Semmler, Josef, Düsseldorf
Sensi, Mario, Perugia
Serra, Armando, Roma
Sheridan Walker, Sue, Winnetka, Ill.
Sigal, Pierre A., Montpellier
Sigurðsson, Jón V., Laudås
Silagi, Gabriel, München
Simek, Rudolf, Wien
Simms, Katherine, Dublin
Simon, Jürgen, Düsseldorf
Simonetti, Manlio, Roma
Singer, Hans-Rudolf, Mainz-Germersheim
Skovgaard-Petersen, Inge, København
Smeur, A. J. E. M., Dorst
Smith, David M., York
Smith, Julia M. H., Hartford, Conn.
Smithers, G. V., Durham
Sot, Michel, Paris
Spieß, Pirmin, Mannheim
Sprandel, Rolf, Würzburg
Spuler, Berthold, Hamburg
Stahleder, Helmuth, München
Stangier, Thomas, Münster (Westf.)
Steenweg, Helge, Göttingen
Stein, Dietrich, Marne
Steindorff, Ludwig, Münster (Westf.)
Steinmann, Martin, Basel
Stephan, Christine, Baden-Baden
Steppe, Wolfhard, Lustheim
Stockmeier, Peter†, München
Stolz, Susanne, Köln
Storey, Robin L., Nottingham
Störmer, Wilhelm, München
Stouff, Louis, Aix-en-Provence
Streich, Brigitte, Göttingen
Strobl, Sebastian, Köln
Struve, Tilman, Düsseldorf
Súarez Fernández, Luis, Madrid

Summerson, Henry R. T., London
Suntrup, Rudolf, Münster (Westf.)
Szabó, Thomas, Göttingen
Szklenar, Hans, Heidelberg

Tabacco, Giovanni, Torino
Tangheroni, Marco, Pisa
Telle, Joachim, Heidelberg
Thoen, Erik, Gent
Thomann, Johannes, Zürich
Thomas, Heinz, Bonn
Thorau, Peter, Tübingen
Thumser, Matthias, Marburg a. d. Lahn
Tietz, Manfred, Bochum
Tietze, Andreas, Wien
Tits-Dieuaide, Marie-Jeanne, Paris
Toch, Michael, Jerusalem
Tramontin, Silvio, Venezia
Trapp, Erich, Bonn
Trapp, Joseph B., London
Trautz, Fritz, Heidelberg
Tremp, Ernst, Fribourg
Trusen, Winfried, Würzburg
Tucci, Ugo, Trieste
Tuck, J. Anthony, Bristol
Turner, A. J., Le Mesnil-Le-Roi

Uecker, Heiko, Bonn
Ulshöfer, Kuno, Nürnberg
Ulsig, Erik, Århus
Unverfehrt, Gert, Göttingen
Van Uytfanghe, Marc, Gent

Vahtola, Jouko, Oulu
Valdéon, Julio, Valladolid
Vandermaesen, Maurice, Brugge
Várvaro, Alberto, Napoli
Vasina, Augusto, Bologna
Vauchez, André, Paris
Vavra, Elisabeth, Krems a. d. Donau
Vekeman, Herman W. J., Köln
Verger, Jacques, Paris
Verhulst, Adriaan, Gent
Vierck, Hayo†, Münster (Westf.)
Vilfan, Sergij, Ljubljana
Vismara, Giulio, Milano
Visser, Jacobus C., Maasland

Vitale-Brovarone, Alessandro, Salerno

Vogellehner, Dieter, Freiburg i. Br.

Vogt, Hermann-Josef, Tübingen

Vollrath, Hanna, Köln

Voltmer, Ernst, Trier

Vones, Ludwig, Köln

Vones-Liebenstein, Ursula, Köln

Vultaggio, Claudia, Napoli

van der Waerden, Bartel, Zürich

Wagner, Fritz, Berlin

Walliser, Peter R., Zollikofen

Weber, Gerd W., Frankfurt a. M.

Weigand, Rudolf, Würzburg

Weimar, Peter, Zürich

Weinrich, Lorenz, Berlin

Weinstock, Horst, Aachen

Weitzel, Jürgen, Frankfurt a. M.

Wellas, Michael B., Athen

Weltin, Max, Wien

Wendehorst, Alfred, Erlangen-Nürnberg

Wensky, Margret, Bonn

Wenzel, Siegfried, Swarthmore, PA.

Wessel, Klaus †, München

Westermann-Angerhausen, Hiltrud, Münster (Westf.)

Westfehling, Uwe, Köln

Wetzel, Claus-Dieter, Göttingen

Weyke, Lothar, Hamburg

Wicki, Nikolaus, Luzern

Wieland, Gernot, München

Wiemers, Michael, Köln

Wiesflecker, Hermann, Graz

Willoweit, Dietmar, Würzburg

Wils, Jean-Pierre, Tübingen

Winkelman, Johan, Waddinxveen

Winzer, Ulrich, Münster (Westf.)

Wippel, John F., Washington

Wirth, Gerhard, Bonn

Witthöft, Harald, Siegen

Wolf, Armin, Frankfurt a. M.

Wolter, Heinz, Köln

Wolters, Jochen, Unterreichenbach

Wormald, C. Patrick, Oxford

Wormald, Jenny, Oxford

van de Wouw, Hans, Den Haag

Wriedt, Klaus, Osnabrück

Wunder, Heide, Kassel

Yorke, Barbara A. E., Winchester

Yuval, Israel, Jerusalem

Zambarbieri, Teresa, Milano

Zapp, Hartmut, Freiburg i. Br.

Zeitler-Abresch, Gabriele, Köln

Zender, Matthias, Bonn

Zielinski, Herbert, Gießen

Zimmermann, Harald, Tübingen

Zotz, Thomas, Göttingen

Zug Tucci, Hannelore, Trieste

Zumbroich, Eberhard M., Gaildorf

Zumkeller, Adolar, OSA, Würzburg

ÜBERSETZER DES VIERTEN BANDES

Englisch, französisch: Mattejiet, Roswitha, München
Englisch (anglistische Beiträge): Steppe, Wolfhard, München
Französisch (rechtsgeschichtliche Beiträge): Weimar-Danckelmann,
   Karin, Zürich
Italienisch: Avella, Antonio, München
Niederländisch: Kirchmeyr, Elsa, Horrem;
   Peters, Werner, Münster
Portugiesisch, spanisch: Heinz, Wolfgang, München;
   Vones-Liebenstein, Ursula, Köln
Serbokroatisch: Steindorff, Ludwig, Münster
Skandinavische Sprachen: Ehrhardt, Harald, Frankfurt a. M.

ABBILDUNGEN

Die Strichzeichnungen fertigte Norbert H. Ott, München, an.